PONS

Wörterbuch für
Schule und Studium

Studienausgabe

Englisch
Deutsch

Neubearbeitung 2006

Ernst Klett Sprachen

Barcelona · Belgrad · Budapest
Ljubljana · London · Posen · Prag
Sofia · Stuttgart · Zagreb

PONS Wörterbuch für Schule und Studium
Englisch-Deutsch

Studienausgabe

Bearbeitet von: Marieluise Schmitz

Bearbeitet auf der Basis des PONS Wörterbuch für Schule und Studium, Studienausgabe Englisch – Deutsch/Deutsch – Englisch, ISBN 3-12-517507-0

Einige der Beispiele in diesem Wörterbuch basieren auf Beispielen aus dem Korpus des Cambridge International Dictionary of English (Cambridge University Press, 1995) (www.cambridge.org/elt/cide). Dies ist mit Einwilligung von Cambridge University Press erfolgt.

Warenzeichen
Wörter, die unseres Wissens eingetragene Warenzeichen darstellen, sind als solche gekennzeichnet. Es ist jedoch zu beachten, dass weder das Vorhandensein noch das Fehlen derartiger Kennzeichnungen die Rechtslage hinsichtlich eingetragener Warenzeichen berührt.

Dieses Werk folgt der amtlichen Regelung der deutschen Rechtschreibung in der Fassung von 2006.

1. Auflage 2006 (1,01)

Projektleitung: Ursula Martini

Sprachdatenverarbeitung: Andreas Lang, conTEXT AG für Informatik und Kommunikation, Zürich

Einbandentwurf: deutschewerbeagentur, Stuttgart
Logoentwurf: Erwin Poell, Heidelberg
Logoüberarbeitung: Sabine Redlin, Ludwigsburg
Satz: Dörr + Schiller GmbH, Stuttgart
Druck: Legoprint S.p.A., Lavis (TN)
Printed in Italy

ISBN-10: 3-12-517586-0
ISBN-13: 978-3-12-517586-0

INHALT

CONTENTS

Übersicht über die Infokästen Land und Leute im englisch-deutschen Wörterbuchteil
Info-boxes Land und Leute in the English-German part of the dictionary

Übersicht über die Infokästen mit Formulierungshilfen im englisch-deutschen Wörterbuchteil
Info-boxes with useful phrases in the English-German part of the dictionary

Info-boxes Land und Leute in the German-English part of the dictionary
Übersicht über die Infokästen Land und Leute im deutsch-englischen Wörterbuchteil

Info-boxes with useful phrases in the German-English part of the dictionary
Übersicht über die Infokästen mit Formulierungshilfen im deutsch-englischen Wörterbuchteil

▶ USING THIS DICTIONARY

1. Headwords

In addition to words this dictionary lists letters of the alphabet, abbreviations, clippings, acronyms, multi-word units and proper nouns.

D <*pl* -'s>, **d** <*pl* 's *or* -s> [di:] *n* ① (*letter*) D *nt*, d *nt*; ~ **for David** [*or* AM **as in Dog**] D für Dora; *see also* **A 1** ② MUS D *nt*, d *nt*; ~ **flat** Des *nt*, des *nt*; ~ **sharp** Dis *nt*, dis *nt*; *see also* **A 2** ③ (*school mark*) ≈ Vier *f*, ≈ ausreichend; *see also* **A 3** ④ (*Roman numeral*) D *nt*, d *nt*

BBC [ˌbi:bi:'si:] *n* BRIT *abbrev of* **British Broadcasting Corporation** BBC *f*

de·tox [ˌdi:'tɒks, AM di:'tɑ:ks] *n no pl* (*fam*) ① (*treatment*) *short for* **detoxification** Entzug *m fam* ② (*place*) *short for* **detoxification centre** Entziehungsanstalt *f*

WYSIWYG ['wɪziwɪg] COMPUT *acr for* **what you see is what you get** WYSIWYG (*Ausdruck, der besagt, dass exakt der Inhalt eines Bildschirms ausgedruckt wird, so wie angezeigt*)

cafe au lait <*pl* -s> [ˌkæfeɪəʊ'leɪ, AM kæ'feɪoʊ-] *n* Milchkaffee *m*

Dan·ube ['dænju:b] *n no pl* ■ **the** ~ die Donau

2. Organization of the dictionary

Dictionaries, telephone directories and libraries follow differing systems for alphabetical organization. This dictionary uses the following principles:

When the spelling of two headwords is otherwise the same, lower case letters precede upper case letters.

abs *n* ANAT (*fam*) *short for* **abductors** Abduktionsmuskel *mpl*
ABS [ˌeɪbi:'es] *n no pl* AUTO *abbrev of* **anti-lock braking system** ABS *nt*

ä, **ö** and **ü** are treated like their counterparts without umlaut. When two words have the same spelling except for the umlaut, the simple vowel comes first.

▶ BENUTZERHINWEISE

1. Die Stichwörter

Das Wörterbuch führt nicht nur Wörter, sondern auch einzelne Buchstaben und Abkürzungen als Stichwörter auf, ebenso Kurzwörter, Akronyme, Mehrwortausdrücke und Eigennamen.

B, b <-, - *o fam* -s, -s> [be:] *nt* ① (*Buchstabe*) B [*or* b]; ~ **wie Berta** B for Benjamin BRIT, B as in Baker AM ② MUS B flat; ■ **b** (*Erniedrigungszeichen*) flat

ABM <-, -s> [a:be:'ɛm] *f Abk von* **Arbeitsbeschaffungsmaßnahme** job creation scheme [*or* AM plan]

Re·ha <-> ['re:ha] *f kein pl* MED *kurz für* **Rehabilitation** rehab

AStA <-[s], -[s] *o* Asten> ['asta] *m* SCH *Akr von* **Allgemeiner Studentenausschuss** Student Union, NUS BRIT

Fa·ta Mor·ga·na <- -, - Morganen *o* -s> ['fa:ta mɔr'ga:na, *pl* -'ga:nən] *f* ① (*Luftspiegelung*) mirage ② (*Wahnvorstellung*) fata morgana, hallucination

Bo·den·see ['bo:dn̩ze:] *m* ■ **der** ~ Lake Constance

2. Die alphabetische Anordnung

Da es kein einheitliches Alphabetisierungsprinzip gibt – Wörterbücher, Telefonbücher und Bibliothekskataloge sind alphabetisch unterschiedlich angeordnet –, ist es notwendig, das in diesem Wörterbuch gültige Alphabetisierungsprinzip zu erläutern:

Unterscheiden sich zwei Wörter nur durch Klein- und Großschreibung, so steht das kleingeschriebene Wort vor dem großgeschriebenen.

ver·mö·gen [fɛɐ̯'mø:gn̩] *vt irreg* (*geh*) ■ **etw** ~ to be capable of [doing] [*or* be able to do] sth; ■ ~, **etw zu tun** to be capable of doing [*or* be able to do] sth
Ver·mö·gen <-s, -> [fɛɐ̯'mø:gn̩] *nt* ① FIN assets *pl*; (*Geld*) capital *no art, no pl*; (*Eigentum*) property *no art, no pl* ② *kein pl* (*geh*) ■ **jds** ~ sb's ability [*or* capability]; **jds** ~ **übersteigen/über jds** ~ **gehen** to be/go beyond sb's abilities

Die Umlaute **ä**, **ö** und **ü** werden wie Varianten der Vokale **a**, **o** und **u** behandelt und stehen bei diesen. Der einfache Vokal (ohne Trema) steht jeweils vor demjenigen mit Trema.

zah·len ['tsa:lən] **I.** *vt* ① (*be~*) ■ **[jdm] etw [für etw** *akk*] ~ to pay [sb] sth [for sth]; **seine Miete/Schulden** ~ to pay one's rent/debts; **das Hotelzimmer/Taxi** ~ (*fam*) to pay for a hotel room/taxi ② (*Gehalt auszahlen*) ■ **[jdm] etw** ~ to pay [sb] sth **II.** *vi* ① (*Gehalt auszahlen*) **[gut/besser/schlecht]** ~ to pay [well/more/badly] ...
zäh·len ['tsɛ:lən] **I.** *vt* ① (*addieren*) ■ **etw** ~ to count sth; **das Geld auf den Tisch** ~ to count the money on the table ② (*geh: Anzahl aufweisen*) ■ **etw** ~ to number sth *form*, to have sth; **der Verein zählt 59 Mitglieder** the club has [*or* numbers] 59 members ...

The letter **ß** is treated like **ss** and words spelled with **ß** come after words spelled with **ss**.

Hyphens, slashes, full stops, commas and spaces between words are ignored in alphabetic organization.

starchy ['stɑːtʃi, AM 'stɑːrtʃi] *adj* ① FOOD stärkehaltig ② FASHION gestärkt ③ (*pej fam: formal*) *people* reserviert; ~ **image** angestaubtes Image *fam*
'star-crossed *adj inv* (*liter*) unheilvoll *liter;* ■ **to be ~: this plan was ~ right from the beginning** dieser Plan war von Anfang an zum Scheitern verurteilt; ~ **lovers** unglücklich Liebende
star·dom ['stɑːdəm, AM 'stɑːr-] *n no pl* Starruhm *m,* Leben *nt* als Star

ac·cus·tomed [ə'kʌstəmd] *adj* ① *pred* (*used*) ■ **to be ~ to sth** etw gewohnt sein; **to become** [*or* **get**] [*or* **grow**] **~ to sth** sich *akk* an etw *akk* gewöhnen; ■ **to be ~ to doing sth** gewohnt sein, etw zu tun ② *attr, inv* (*usual*) gewohnt, üblich
AC/DC [ˌeisiː'diːsiː] **I.** *n no pl* ELEC *abbrev of* **alternating current/direct current** WS/GS **II.** *adj inv* (*fam: bisexual*) bi *fam*
ace [eɪs] **I.** *n* ① (*in cards*) Ass *nt;* ~ **of diamonds/clubs/hearts/spades** Karo-/Kreuz-/Herz-/Pikass *nt* ② (*fam: expert*) Ass *nt;* **to be an ~ at sth** ein Ass in etw *dat* sein ...

am [æm, əm] *vi first pers. sing of* **be**
a.m. [ˌeɪ'em] *inv abbrev of* **ante meridiem: at 6 ~** um sechs Uhr morgens
AM [ˌeɪ'em] *n no pl abbrev of* **amplitude modulation** AM *f*

tom·cat ['tɒmkæt, AM 'tɑːm-] *n* Kater *m*
Tom, Dick and 'Harry, Tom, Dick or 'Harry *n no pl* Hinz und Kunz; **any** [*or* **every**] ~ jeder x-Beliebige
tome [təʊm, AM toʊm] *n* (*usu hum*) Schmöker *m fam;* **weighty ~** dicker Wälzer *fam*

'air·head *n esp* AM (*pej sl*) Dussel *m pej fam,* Hohlkopf *m pej fam;* **a total ~** ein Volltrottel *m pej fam* **'air hole** *n* Luftloch *nt* **'air hostess** *n* BRIT, AUS (*dated*) Stewardess *f,* Flugbegleiterin *f*
airi·ly ['eərɪli, AM 'er-] *adv* leichthin, abschätzig *pej,* wegwerfend *pej;* **she waved her hand ~** sie machte eine wegwerfende Handbewegung; **to dismiss sb/sth ~** jdn/etw [leichthin] abtun

If spelling is otherwise the same, the form with a full stop, hyphen or space is listed after the one without.

bar·gain 'base·ment *n* AM Untergeschoss *nt* mit Sonderangeboten **'bar·gain-base·ment** *n modifier* (*prices, suit*) Billig-

Der Buchstabe **ß** wird wie **ss** behandelt und steht nach dem Doppel-s.

floss[RR], **floß**[ALT] ['flɔs] *imp von* **fließen**
Floß <-es, Flöße> [floːs, *pl* 'fløːsə] *nt* raft

Bindestriche, Schrägstriche, Punkte, Kommas und Wortzwischenräume zählen nicht als Buchstaben; sie werden bei der alphabetischen Einordnung ignoriert.

Eck <-[e]s, -e> ['ɛk] *nt* ① ÖSTERR, SÜDD (*Ecke*) corner ② SPORT corner [of the goal]; **das kurze/lange ~** the near/far corner [of the goal] ▸ WENDUNGEN: **über ~** diagonally
EC-Kar·te *f Abk von* **Euroscheckkarte** Eurocheque card
Eck·ball *m* SPORT corner; **einen ~ geben/schießen** to award [*or* give]/take a corner; **einen ~ verwandeln** to score from a corner **Eck·bank** *f* corner bench **Eck·da·ten** *pl s.* **Eckwert**

Adop·tiv·kind *nt* adopted [*or* adoptive] child
Adr. *f Abk von* **Adresse** addr.
Ad·re·na·lin <-s> [adrena'liːn] *nt kein pl* adrenalin

Bil·li·on <-, -en> [bɪ'li̯oːn] *f* trillion
bim, bam! ['bɪm 'bam] *interj* ding, dong!
Bim·bam ['bɪmbam] *m* ▸ WENDUNGEN: **ach du heiliger ~!** (*fam*) good grief! *fam*

in·op·por·tun ['ɪnʔɔpɔrtuːn, ɪnʔɔpɔr'tuːn] *adj* (*geh*) inopportune, ill-timed; **es für ~ halten, etw zu tun** to consider it inappropriate to do sth
in pet·to [ɪn 'pɛto] *adv* **etw** [**gegen jdn**] **~ haben** (*fam*) to have sth up one's sleeve [for sb] *fam*
in punc·to [ɪn 'pʊŋkto] *adv* (*fam*) concerning, with regard to; ■ **~ einer S.** *gen* concerning [*or* with regard to] sth, in so far as sth is concerned
In·put <-s, -s> ['ɪnpʊt] *m* ① INFORM (*eingegebenes Material*) input ② (*Anregung*) stimulus; (*Einsatz*) commitment; **in unserer Beziehung ist mein ~ wesentlich größer als der seine** I bring considerably more to the relationship than he does

Bei gleicher Schreibung wird die Form mit Punkt, Bindestrich oder Leerschlag nach der Form ohne eingeordnet.

Ab·szis·se <-, -n> [aps'tsɪsə] *f* MATH abscissa
Abt, Äb·tis·sin <-[e]s, Äbte> [apt, ɛp'tɪsɪn, *pl* 'ɛptə] *m, f* abbot *masc,* abbess *fem*
Abt. *f Abk von* **Abteilung** dept.
ab|ta·keln *vt* ① NAUT ■ **etw ~** to unrig sth ② (*heruntergekommen*) ■ **abgetakelt** seedy

Parentheses in headwords show that the word also occurs without the letters in parentheses. These headwords are organized as though the parentheses were not printed.

fledged [fledʒd] *adj inv* ❶ (*able to fly*) *bird* flügge *präd,* flugfähig; *insect* geflügelt ❷ (*fig: mature*) *child* flügge *fam; person* ausgebildet, fertig; **to be fully** ~ [völlig] selbständig sein; **newly** ~ **dancer** frisch gebackener Tänzer/frisch gebackene Tänzerin
fledg(e)·ling ['fledʒlɪŋ] **I.** *n* ❶ (*bird*) Jungvogel *m,* [gerade] flügge gewordener Vogel ❷ (*fig, usu pej: inexperienced person*) Grünschnabel *m meist pej fam ...*
flee <fled, fled> [fli:] **I.** *vi* ❶ (*run away*) fliehen; (*seek safety*) flüchten; **she fled from the room in tears** sie rannte weinend aus dem Zimmer; **to** ~ **to the country** sich *akk* aufs Land flüchten ...

Eingeklammerte Buchstaben werden bei der alphabetischen Einordnung berücksichtigt. Die Klammern zeigen an, dass das Wort auch in einer Variante ohne den betreffenden Buchstaben existiert.

Es·sen(s)·aus·ga·be *f* ❶ (*Schalter*) serving counter ❷ *kein pl* (*Verteilung einer Mahlzeit*) serving of meals; **die** ~ **ist morgens um 7** meals are served every morning at 7 **Es·sen(s)·mar·ke** *f* meal voucher [*or* AM ticket] **Es·sens·zeit** *f* mealtime

Arabic numerals within headwords are organized as they would be spelled out.

BST [ˌbi:es'ti:] *n no pl abbrev of* **British Summer Time**
B2B [ˌbi:tə'bi:] *n modifier abbrev of* **business to business:** ~ **website** B2B-Website *f fachspr* (*für Aktionen zwischen Unternehmen*)
B2C [ˌbi:tə'si:] *n modifier abbrev of* **business to customer:** ~ **website** B2C-Website *f fachspr* (*für Aktionen zwischen Unternehmen und Endverbrauchern*)
B2E [ˌbi:tə'i:] *n modifier abbrev of* **business to employee:** ~ **website** B2E-Website *f fachspr* (*für Aktionen zwischen Unternehmen und ihren Mitarbeitern*)
bub [bʌb] *n* AM (*dated fam*) Freundchen *nt meist hum fam*

Kommt in einem Stichwort eine arabische Zahl vor, wird sie so angeordnet wie ihre ausgeschriebene Form.

drei·eckig, 3-eckigRR ['draiʔɛkɪç] *adj* triangular
Drei·ecks·tuch *nt* ❶ MODE triangular shawl ❷ MED triangular bandage

Many nouns that designate occupations or particular characteristics have a masculine and feminine form.

The English-German part of the dictionary lists the masculine, feminine and gender-neutral forms of such words are listed at their correct alphabetic position. If the German equivalent has a feminine form, this is indicated.

'chair·man *n* Vorsitzende(r) *m;* (*of a company*) Vorstand *m*
'chair·man·ship *n* Vorsitz *m;* **his** ~ **of the commission lasted for two years** er leitete die Kommission zwei Jahre lang; **to meet under the** ~ **of sb** unter jds Vorsitz [*o* dem Vorsitz von jdm] tagen **'chair·per·son** *n* Vorsitzende(r) *f(m)*
'chair·wom·an *n* Vorsitzende *f*

Viele Substantive, die Tätigkeiten oder – im weitesten Sinne – Verhaltensweisen bezeichnen, existieren in männlicher und weiblicher Form; dasselbe gilt für Berufsbezeichnungen.

Im englisch-deutschen Teil werden beide Formen sowie ggf. ihre geschlechtsneutrale Variante an ihrer richtigen alphabetischen Stelle aufgeführt. In der deutschen Übersetzung wird die Feminform ggf. mitberücksichtigt.

In the German-English part of the dictionary both forms are generally given in one entry. This is one instance in which strict alphabetic order may be interrupted.

Im deutsch-englischen Teil werden beide Formen in der Regel in einem gemeinsamen Eintrag aufgeführt und übersetzt. Hierbei steht die weibliche Form mitunter nicht an ihrer alphabetisch korrekten Stelle.

Fach <-[e]s, Fächer> [fax, *pl* fɛçɐ] *nt* ❶ (*Unterteilung*) *Tasche, Brieftasche, Portmonee* pocket; *Schrank, Regal* shelf; (*Ablegefach*) pigeonhole; *Automat* drawer ❷ (*Wissens-, Sachgebiet*) subject; **vom** ~ **sein** to be a specialist; **sein** ~ **verstehen** to understand one's subject, to know one's stuff [*or* BRIT onions] *fam;* **das ist nicht mein** ~**/ich bin nicht vom** ~ that's not my line
Fach·ar·bei·ter(in) *m(f)* skilled worker **Fach·ar·bei·ter·brief** *m* certificate of proficiency

Compound headwords with the same first component are nested.

de·'liv·ery ad·dress *n* Lieferungsanschrift *f* **de·'liv·ery boy** *n* (*of newspapers, brochures*) Austräger *m* **de·'liv·ery charges** *npl* Versandkosten *pl* **de·'liv·ery man** *n* Ausfahrer *m,* Fahrer *m* **de·'liv·ery per·son** *n* Lieferant(in) *m(f),* Lieferer, -in *m, f* **de·'liv·ery room** *n,* **de·'liv·ery suite** *n,* **de·'liv·ery unit** *n* Kreißsaal *m* **de·'liv·ery van** *n* Lieferwagen *m*

Spelling variants are generally given in correct alphabetical order. When there is no other form between them in the alphabet, they are listed on the same line and separated by a comma.

ac·cu·rate·ly ['ækjərətli, AM -jɚ-] *adv* ❶ (*precisely*) genau, exakt ❷ (*correctly*) richtig ❸ (*without missing*) *hit* zielgenau
ac·cursed [ə'kɜːsɪd, AM ə'kɜːrst] *adj,* **ac·curst** [ə'kɜːst, AM ə'kɜːrst] *adj* (*old*) ❶ (*liter: bewitched*) verflucht, verwünscht ❷ *attr* (*damned*) verdammt *fam,* verflixt *fam*
ac·cu·sa·tion [,ækjʊ'zeɪʃᵊn] *n* ❶ (*charge*) Beschuldigung *f,* Anschuldigung *f;* LAW Anklage *f* (**of** wegen *+gen*); **to make an ~ against sb** jdn beschuldigen…

Less common spelling variants are cross-referred to more common ones.

ex·presso *n see* **espresso**

es·pres·so [es'presəʊ, AM -soʊ] *n* ❶ *no pl* (*strong coffee*) Espresso *m* ❷ (*cup of coffee*) Espresso *m kein pl* ❸ (*coffee machine*) Espressomaschine *f*

Two exceptions to strict alphabetical order are American spellings and phrasal verbs.

2.1. American spellings

American spellings appear in their correct alphabetic position with a cross-reference to the main entry in British spelling. They are repeated at the main entry where they interrupt alphabetic organization.

aes·thet·ic [iːs'θetɪk], AM *a.* **es·thet·ic** [es'θet̬-] *adj* ästhetisch

es·thet·ic *adj* AM *see* **aesthetic**

2.2 Phrasal verbs

Phrasal verbs are listed in a block at the end of the entry for the base verb. For ease of consultation each phrasal verb entry is marked with a diamond and written out in full. Each phrasal verb entry begins on a new line. Within a phrasal verb entry the swung dash (~) stands for the base verb.

Zusammengesetzte Stichwörter, deren erster Wortteil gleich ist und die alphabetisch aufeinanderfolgen, werden in Gruppen zusammengefasst.

Duft·mar·ke *f* JAGD scent mark **Duft·no·te** *f* ❶ (*Duft von besonderer Prägung*) [a particular type of] scent [*or* fragrance]; **eine schwere/etwas herbe/süßliche ~** a strong/slightly acrid/sweet scent [*or* fragrance] ❷ (*pej: Ausdünstung*) smell, odour [*or* AM -or] **Duft·reis** *m* basmati rice **Duft·sen·sa·ti·on** *f* fragrant sensation **Duft·stoff** *m* ❶ CHEM aromatic substance ❷ BIOL scent, odour [*or* AM -or] **Duft·was·ser** *nt* (*hum*) perfume, scent, BRIT toilet water **Duft·wol·ke** *f* cloud of perfume

Verschiedene Schreibweisen eines Wortes werden an alphabetisch korrekter Stelle angegeben und erscheinen nur dann gemeinsam, wenn im Alphabet kein anderes Stichwort dazwischenkommt.

Mi·nu̲·ten·zei·ger *m* minute hand
mi·nu·ti·ös, mi·nu·zi·ös [minu'tsi̯øːs] **I.** *adj* (*geh*) meticulously exact [*or* detailed] **II.** *adv* (*geh*) meticulously
Min·ze <-, -n> ['mɪntsə] *f* BOT mint *no pl*

Andernfalls wird von der selteneren Variante auf die frequentere verwiesen.

bäu·e·risch ['bɔyərɪʃ] *adj s.* **bäurisch**

bäu·risch ['bɔyrɪʃ] *adj* (*pej*) boorish, oafish

Zwei Ausnahmen zu dem sonst konsequent durchgeführten strikt alphabetischen Prinzip bilden die amerikanischen Schreibungen und die Phrasal Verbs.

2.1. Amerikanische Schreibvarianten

Die amerikanische Schreibung wird einmal an alphabetischer Stelle mit einem Verweis auf die britische Schreibung und ein zweites Mal im Eintrag mit der britischen Schreibung aufgeführt. Hierbei wird die alphabetische Anordnung durchbrochen. Die vollständige Behandlung des Stichworts findet dann im Eintrag mit der britischen Schreibung statt.

2.2. Phrasal Verbs

Feste Verbindungen von Verb und Adverb bzw. Präposition (sog. Phrasal Verbs) werden am Ende des Eintrags für das Grundverb in einer eigenen, in sich alphabetisch geordneten Kategorie zusammengefasst. Um ein Auffinden des jeweiligen Phrasal Verbs zu erleichtern, ist jeder Phrasal-Verb-Eintrag mit einer Raute markiert und gänzlich ausgeschrieben. Jeder Phrasal-Verb-Eintrag fängt auf einer neuen Zeile an. In den Kontextangaben steht für das Verb eine Tilde (~), die Ergänzung wird wiederholt.

ask [ɑːsk, AM æsk] **I.** *vt* ① (*request information*) ■ **to ~ [sb] sth** [*or form* **sth [of sb]**] [jdn] etw fragen; **she ~ed me about Welsh history** sie fragte mich was zu der Geschichte von Wales …
◆ **ask after** *vi* ■ **to ~ after sb** sich *akk* nach jdm erkundigen
◆ **ask around** *vi* herumfragen *fam;* ■ **to ~ around for sb/sth** überall nach jdm/etw fragen
◆ **ask in** *vt* ■ **to ~ sb in** jdn hereinbitten; **to ~ sb in for a coffee** jdn auf einen Kaffee hereinbitten [*o* einladen]
◆ **ask out** *vt* **to ~ sb out for dinner/to the cinema** jdn ins Restaurant/ins Kino einladen; **I'd like to ~ her out** ich würde gern mit ihr ausgehen
◆ **ask over,** BRIT *a.* **ask round** *vt* (*fam*) ■ **to ~ sb over** [*or* **round**] jdn [zu sich *dat*] einladen

The symbol ↻ in phrasal verb entries shows that the sequence of object and complement can be reversed. In the example below it is possible to say *to eye up sb/sth* and *to eye sb/sth up.*

Bei Phrasal-Verb-Einträgen gibt das Symbol ↻ an, dass die Reihenfolge von Objekt und Ergänzung auch vertauscht werden kann. Im Beispiel unten sind möglich: *to eye up sb/sth* und *to eye sb/sth up.*

eye [aɪ] **I.** *n* ① (*visual organ*) Auge *nt;* **her ~s flashed with anger** ihre Augen blitzten vor Zorn; **he had tears in his ~s** ihm standen Tränen in den Augen …
◆ **eye up** *vt* ① (*look at carefully*) ■ **to ~ up ↻ sb/sth** jdn/etw prüfend ansehen [*o* in Augenschein nehmen] [*o pej* beäugen]; **to ~ sb/sth up curiously/thoughtfully/warily** jdn/etw neugierig/nachdenklich/argwöhnisch betrachten ② (*look at with desire*) ■ **to ~ up ↻ sb/sth** jdn/etw mit begehrlichen Blicken betrachten *geh* ③ (*look at covetously*) ■ **to ~ up ↻ sb** jdn mit Blicken verschlingen, jdn aufdringlich ansehen

3. Symbols and markings

3.1 German spelling reform

This dictionary follows the German spelling reform as revised by the Interstate Commission for German Spelling. The changes as set down in the revision come into force on 1 August 2006 in Germany, Austria, Switzerland and all German-speaking regions of Europe. Until the spelling reform is firmly established, old and new spellings will both occur. This dictionary covers both old and new spellings so that users can always find the form they look up, be it old or new.

In order to save space, a cross-reference system refers you from the old to the new spelling (when old and new forms do not occur next to each other in the alphabet). Full headword treatment can be found under the new spelling.

Old spellings are marked with a superscript ALT and new spellings are marked with a superscript RR symbol.

3. Besondere Zeichen in und an den Stichwörtern

3.1. Die Rechtschreibreform

Dieses Wörterbuch berücksichtigt die Neuregelung der deutschen Rechtschreibung mit den vom Rat für deutsche Rechtschreibung vorgeschlagenen Änderungen. Diese Neuregelungen treten am 1. August 2006 in Deutschland, Österreich und der Schweiz sowie in allen deutschsprachigen Teilen Europas in Kraft.

In den nächsten Jahren werden die alten und die neuen Schreibweisen weiterhin nebeneinander existieren, denn die Buch- und Zeitungsverlage stellen sich unterschiedlich schnell um. Aus diesem Grund führt das Wörterbuch die von der Rechtschreibreform betroffenen Wörter sowohl in der alten als auch in der neuen Schreibung auf. Die Benutzer haben somit die Möglichkeit, die ihnen jeweils vorliegende Form eines Worts nachzuschlagen. Um zu vermeiden, dass sich das Wörterbuch durch diese notwendigen doppelten Nennungen zu sehr aufbläht, wurde ein umfassendes Verweissystem eingearbeitet, das die Benutzer von der alten zur neuen Schreibung führt (sofern alt und neu alphabetisch nicht unmittelbar aufeinanderfolgen). Bei der neuen Schreibung finden Sie dann die gesuchte Übersetzung.

Die alte Schreibung wird durch das hochgestellte Symbol ALT kenntlich gemacht, die neue durch das hochgestellte Zeichen RR für Rechtschreibreform.

be·läm·mert[RR] [bəˈlɛmɐt] *adj* (*sl*) ① (*betreten*) sheepish, embarrassed ② (*scheußlich*) lousy; **dieses ~e Wetter!** the stupid [*or fam* lousy] [*or sl* shitty] weather!

be·lem·mert[ALT] *adj* (*sl*) *s.* **belämmert**

Old spellings are given only in simple entries, not in compounds. E.g. the old spelling 'Fluß' is a headword. But 'Flußkrebs' and 'Flußpferd' are not headwords. Only 'Flusspferd' and 'Flusskrebs' appear as headwords.

Alte Schreibungen werden nur bei einfachen, nicht bei zusammengesetzten Wörtern (Komposita) gekennzeichnet. Die „alten" Komposita „Flußkrebs" und „Flußpferd" werden nicht mehr als Stichwörter aufgeführt, sondern nur die neuen Schreibungen „Flusskrebs" und „Flusspferd".

Flụss·krebsRR *m* crayfish
Flụss·pferdRR *nt* hippopotamus

If you cannot find a compound because of a spelling change, search for the old spelling of its first component, e.g. Fluß. There you will find a cross-reference to the new spelling.

Wenn die Benutzer Schwierigkeiten haben, ein zusammengesetztes Wort in seiner neuen Schreibung aufzufinden, können sie auf das Grundwort in seiner alten Schreibung (also „Fluß") zurückgehen; dort finden sie den Verweis auf die neue Schreibung.

FlussRR <-es, Flüsse> *m,* **Fluß**ALT <-sses, Flüsse> [flʊs, *pl* 'flʏsə] *m* ❶ (*Wasserlauf*) river; **den ~ aufwärts/abwärts fahren** to travel upriver/downriver [*or* upstream/downstream]; **jdn/etw über den ~ setzen** to ferry sb/sth across the river …

One of the most important changes that the German spelling reform has brought about concerns spelling as one or two words. In many cases a word that used to be written together is now written as two words. As a result, it loses its headword status and becomes a phrase within an entry. To simplify finding such elements a cross-reference system has been developed which directs you to the exact part of the entry in which the item is listed.

Eine der wichtigsten Veränderungen, die die Rechtschreibreform im Hinblick auf ein Wörterbuch bringt, betrifft die Zusammen- und Getrenntschreibung. In zahlreichen Fällen wird aus einem bisher zusammengeschriebenen Wort ein kleines Syntagma, d. h. eine Fügung aus mehreren Wörtern, die kein Stichwort mehr ist, sondern nun innerhalb des Eintrags steht. Das Auffinden solch einer Fügung wird dadurch erleichtert, dass bei dem Stichwort alter Schreibung ein präziser Verweis die genaue Position der Fügung angibt.

flö̱·ten|ge·henALT *vi irreg sein* (*sl*) *s.* **flöten I.4**

all·ge·mein ['algə'main] **I.** *adj* ❶ *attr* (*alle betreffend*) general … **II.** *adv* … ❷ (*nicht spezifisch*) generally; **der Vortrag war leider sehr ~ gehalten** unfortunately the lecture was rather general [*or* lacked focus]; **eine ~ bildende Schule** *a school providing a general rather than specialized education;* ~ **medizinisch** general medical *attr*

Similarly, some words that used to be written separately are now written together, and thus become new headwords. The 'old' phrase is not highlighted because this marking is only applied to headwords.

Umgekehrt werden durch die Rechtschreibreform bisherige Syntagmen, also getrennt geschriebene Fügungen, in neue Stichwörter umgewandelt. Hier findet eine Verschmelzung statt. Die „alte" Fügung wird nicht durch ALT gekennzeichnet, weil diese Markierung, wie bereits gesagt, nur auf der Ebene der Stichwörter verwendet wird.

Diens·tag·a·bendRR [di:nsta:gʔa:bn̩t] *m* Tuesday evening

All German translations comply with the new spelling rules.

Sämtliche Übersetzungen folgen der neuen deutschen Rechtschreibung.

3.2 Syllabification and intonation

3.2 Silbentrennung und Betonungszeichen

Syllabification is given where relevant. The small dots in headwords indicate the points at which the word may be separated by a hyphen.

Die Silbentrennung wird im Stichwort angegeben. Die Worttrennung wird jeweils durch einen Trennungspunkt markiert.

poly·un·satu·rat·ed [ˌpɒliʌn'sætʃəreɪtɪd, AM ˌpɑ:liʌn'sætʃəreɪt̬-] *adj inv* CHEM mehrfach ungesättigt

trom·bone [trɒm'bəʊn, AM trɑ:m'boʊn] **I.** *n* ❶ (*instrument*) Posaune *f* ❷ (*player*) Posaunist(in) *m(f)* **II.** *n modifier* (*lessons, player, solo*) Posaunen-

Kau·der·welsch <-[s]> ['kaudɐvɛlʃ] *nt kein pl* (*pej*) …
pri·ckeln ['prɪkl̩n] *vi* ❶ (*kribbeln*) to tingle, to prickle …

Where no phonetic code is given, the main spoken emphasis of the German headword is indicated by a stress mark. When a diphthong (**ai, ei, eu, au, äu**) or long vowel in a German headword is underlined it indicates stress. A dot indicates a stressed short vowel.

Where no phonetic code is given, the main spoken emphasis of the English headword is indicated by a stress mark.

tropi·cal 'fruit *n* Tropenfrucht *f*

Intonation variants are listed together.

3.3 Grammatical symbols

A vertical line shows where a separable verb can be separated.

A superscript star (*) shows that the perfect participle is formed without *ge-*

Words with the same spelling but with significantly different meanings are distinguished from each other by a superscript Arabic numeral.

in·cense¹ ['ɪnsen(t)s] *n no pl* ❶ (*substance*) Räuchermittel *nt;* (*in church*) Weihrauch *m;* **stick of ~** Räucherstäbchen *nt* ❷ (*smoke*) wohlriechender Rauch; (*in church*) Weihrauch *m*

in·cense² [ɪn'sen(t)s] *vt* ■**to ~ sb** jdn empören [*o* aufbringen]; **to be ~d by** [*or* **at**] **sb/sth** über jdn/etw erbost [*o* aufgebracht] sein; ■**to ~ sth** etw aufstacheln; **the judgement ~d public opinion** das Urteil empörte die Öffentlichkeit

3.4. Other symbols within an entry

Irregular inflections of nouns, verbs and adjectives are given in angle brackets.

get <got, got *or* AM, CAN *usu* gotten> [get] **I.** *vt* ❶ (*obtain*) ■**to ~ sth** etw erhalten …

Grammatical constructions are marked with a box.

ex·peri·enced [ɪk'spɪəriən(t)st, ek-, AM -'spɪr-] *adj* (*approv*) erfahren; **an ~ eye** ein geschultes Auge; **someone ~** *applicant* jemand mit mehr Erfahrung; ■**to be ~ at** [*or* **in**] **sth** Erfahrung in etw *dat* haben, in etw *dat* erfahren sein

Bei deutschen Stichwörtern ohne Phonetik wird die Betonung direkt im Stichwort markiert. Der tiefgestellte Strich kennzeichnet einen Diphthong (Zwielaut: **ai, ei, eu, au, äu**) oder einen langen Vokal (Selbstlaut), der tiefgestellte Punkt einen kurzen Vokal.

ver·knaut·schen* **I.** *vt* ■**etw ~** to crease [*or* crumple] sth; (*unabsichtlich a.*) to get sth creased **II.** *vi sein* to be/get creased [*or* crumpled [up]]

Ẹrnst·fall *m* emergency; **den ~ proben** to practise [*or* AM *a.* -ice] for an emergency; **im ~** in an emergency, in case of emergency **ẹrnst·ge·meint** *adj attr s.* **ernst 3**

Bei englischen Stichwörtern ohne Phonetikangabe wird die Betonung direkt im Stichwort durch das Zeichen ' markiert.

Verschiedene Betonungsmöglichkeiten werden hintereinander angegeben.

Preis-Leis·tungs-Ver·hạ̈lt·nis, Preis-Leis·tungs·ver·hạ̈lt·nis *nt kein pl* cost effectiveness, price-performance ratio

3.3. Grammatische Zeichen

Der feine Strich kennzeichnet den ersten Teil bei trennbaren Verben.

durch|bli·cken ['dʊrçblɪkn̩] *vi* ❶ (*hindurchsehen*) ■[**durch etw**] ~ to look through [sth] …

Das hochgestellte Sternchen (*) zeigt an, dass das Partizip Perfekt des Verbs ohne *ge-* gebildet wird.

ver·kraf·ten* [fɛɐ̯'kraftn̩] *vt* ■**etw ~** ❶ (*innerlich bewältigen*) to cope with sth ❷ (*aushalten*) to cope with [*or* stand] sth; **ich könnte ein Bier ~** (*hum*) I could do with a beer

Hochgestellte arabische Ziffern machen gleich geschriebene Wörter mit unterschiedlichen Bedeutungen (Homographe) kenntlich.

Ka·bi·nett¹ <-s, -e> [kabi'nɛt] *nt* ❶ POL (*Kollegium der Minister*) cabinet ❷ KUNST (*kleiner Raum im Museum*) gallery

Kabinẹtt² <-s, -e> *m* KOCHK *special quality German wine*

3.4. Besondere Zeichen im Eintrag

Unregelmäßige Pluralformen, Verb- und Steigerungsformen werden in spitzen Klammern angegeben.

ver·schlei·ßen <verschlịss, verschlịssen> **I.** *vi sein* to wear out **II.** *vt* ❶ (*abnutzen*) ■**etw ~** to wear out sth *sep* …

Grammatische Konstruktionen sind mit einem Kästchensymbol markiert.

jap·sen ['japsn̩] *vi* (*fam*) ■[**nach etw**] ~ to gasp [for sth]; **er tauchte aus dem Wasser und japste nach Luft** he surfaced gasping for air

Where German constructions are translated by phrasal verbs, the label *sep* indicates that the position of object and complement can be reversed. For instance 'to wear sth out' and 'to wear out sth' are both possible.

4. Entry structure

4.1 Roman numerals

Parts of speech sections are divided by Roman numerals, e.g. prepositions and conjunctions.

an·other [ə'nʌðəʳ, AM -ðɚ] **I.** *adj* ① (*one more*) noch eine(r, s); **can I have ~ piece of cake, please?** kann ich bitte noch ein Stück Kuchen haben? … **II.** *pron no pl* ① (*different one*) ein anderer/eine andere/ein anderes; **moving from one place to ~** von einem Ort zu einem anderen umziehen …

In verb entries Roman numerals separate transitive, intransitive and reflexive use.

◆**fly in I.** *vi* einfliegen; **my wife's ~ing in from New York tonight** meine Frau kommt heute Abend mit dem Flugzeug aus New York **II.** *vt* ■**to ~ in** ⊂ **sth** etw einfliegen; **the restaurant flies its fish in daily from Scotland** das Restaurant lässt seinen Fisch täglich aus Schottland einfliegen

The use of a headword as a noun modifier is also dealt with in a separate Roman numeral category.

'house·hold I. *n* Haushalt *m* **II.** *n modifier* (*appliance, member*) Haushalts-; (*expense, task, waste*) häuslich; **~ chores** Hausarbeit *f*; **~ items** [*or* **goods**] Hausrat *m*

In German-English entries Roman numerals separate adjectival use from adverbial use.

Bei Phrasal Verbs in der Zielsprache wird eine Angabe über die Trennbarkeit der Konstruktion gemacht: bei "to wear out sth" zeigt die Angabe *sep* an, das auch "to wear sth out" möglich ist.

ver·schlei·ßen <verschliss, verschlissen> **I.** *vi sein* to wear out **II.** *vt* ① (*abnutzen*) ■**etw ~** to wear out sth *sep* ② (*jds Kräfte verzehren*) ■**sich ~** to wear oneself out, to get worn out; ■**jdn ~** to wear out sb *sep*, to go through sb

4. Aufbau der Einträge

4.1. Römische Ziffern

Mit Hilfe der römischen Ziffern wird ein Eintrag unter grammatischen Gesichtspunkten gegliedert. Die Ziffern zeigen also verschiedene grammatische Funktionen des Stichworts an:

Unterschiedliche Wortarten wie z. B. Präposition und Konjunktion werden mit römischen Ziffern voneinander unterschieden.

wäh·rend ['vɛːrənt] **I.** *präp +gen* during **II.** *konj* ① (*zur selben Zeit*) while ② (*wohingegen*) whereas; **er trainiert gerne im Fitnessstudio, ~ ich lieber laufen gehe** he likes to work out in the gym, whereas I prefer to go for a run

Bei Verben wird zwischen transitiv, intransitiv und reflexiv unterschieden.

er·schre·cken I. *vt* <erschreckte, erschreckt> *haben* ① (*in Schrecken versetzen*) ■**jdn ~** to give sb a fright ② (*bestürzen*) ■**jdn ~** to alarm sb, to shock sb **II.** *vi* <erschrickt, erschreckte *o* erschrak, erschreckt *o* erschrocken> *sein* ■[**vor jdm/etw**] **~** to get a fright [from sb/sth]; **~ Sie nicht, ich bin's nur!** don't get a fright, it's only me! **III.** *vr* <erschrickt, erschreckte, erschreckt *o* erschrocken> *haben* (*fam: einen Schrecken bekommen*) ■**sich** [**über etw** *akk*] **~** to be shocked [by sth]

Attributiv verwendete Substantiva, sog. *noun modifiers* werden ebenfalls in einer separaten Kategorie behandelt.

Bei den Adjektiven wird der adverbiale Gebrauch kenntlich gemacht.

groß·zü·gig I. *adj* ① (*generös*) generous; **ein ~es Trinkgeld** a generous [*or* handsome] tip ② (*nachsichtig*) lenient ③ (*in großem Stil*) grand; **ein ~er Plan** a large-scale plan **II.** *adv* ① (*generös*) generously ② (*nachsichtig*) leniently ③ (*weiträumig*) spaciously

4.2 Arabic numerals

Arabic numerals indicate different meanings of the headword within a part of speech category. The elements in parentheses or subject labels show which sense is being dealt with in each category.

ice [aɪs] **I.** *n no pl* ❶ (*frozen water*) Eis *nt;* (*ice cubes*) Eis *nt,* Eiswürfel *m;* **my hands are like ~** meine Hände sind eiskalt ❷ BRIT (*ice cream*) Eis *nt,* Eiscreme *f* ❸ AM (*fam*) Diamant[en] *m[pl]* ...

4.2. Arabische Ziffern

Die arabischen Ziffern kennzeichnen die unterschiedlichen Bedeutungen des Stichworts innerhalb einer Wortart. Die eingeklammerten Angaben in kursiver Schrift (oder – in anderen Fällen – die abgekürzten Sachgebietshinweise) erläutern, welche Bedeutung jeweils vorliegt.

Ga·be <-, -n> [ˈgaːbə] *f* ❶ (*geh: Geschenk*) gift, present; REL offering; **eine milde ~** alms *pl,* a small donation *hum* ❷ (*Begabung*) gift; **die ~ haben, etw zu tun** to have a [natural] gift of doing sth ❸ *kein pl* MED (*das Verabreichen*) administering *no indef art, no pl* ❹ SCHWEIZ (*Preis, Gewinn*) prize

4.3 Idiom block

Idiom blocks are introduced by a black triangle. They consist of set idioms that cannot be attributed to a particular sense of the headword. The underlined guide words help you find your way through the block. Guide words are underlined according to the following system:

headword + noun

headword + adjective/adverb

headword + verb

headword + preposition

other

foot [fʊt] **I.** *n* <*pl* feet> [*pl* fiːt] ❶ (*limb*) Fuß *m;* ... ► PHRASES: **the boot** [*or* **shoe**] **is on the other ~** die Situation ist umgekehrt; **see, the boot is on the other ~ now** siehst du, das Blatt hat sich gewendet; **to have a ~ in both camps** auf beiden Seiten beteiligt sein; **to have feet of clay** auch nur ein Mensch sein, seine Schwächen haben; **to get a ~ in the door** einen Fuß in die Tür kriegen *fam,* [mit einem Fuß] hineinkommen ...

4.3. Phraseologischer Block

Ein schwarzes Dreieck leitet den Block der festen Wendungen ein. Dies sind in der Regel bildhafte Redewendungen, die sich nur schwer oder gar nicht auf die Grundbedeutung (oder -bedeutungen) des Stichworts zurückführen lassen. Die Unterstreichung dient der besseren Orientierung im Wendungsblock. Sie hebt die sogenannten Ordnungswörter hervor, die nach einem bestimmten System angeordnet sind:

Stichwort + Substantiv

Stichwort + Adjektiv/Adverb

Stichwort + Verb

Stichwort + Präposition

Rest

Mund <-[e]s, Münder> [ˈmʊnt, *pl* ˈmʏndɐ] *m* ❶ ANAT mouth; **etw in den ~ nehmen** to put sth in one's mouth; **ein Glas an den ~ setzen** to put a glass to one's mouth; **mit vollem ~e** with one's mouth full ❷ ZOOL (*Maul*) mouth ► WENDUNGEN: **~ und Nase aufsperren** (*fam*) to gape in astonishment; **aus berufenem ~e** from an authoritative source; **sich** *dat* **den ~ fusselig reden** to talk till one is blue in the face; **einen großen ~ haben** to have a big mouth, to be all talk [*or* mouth] [*or* BRIT *fam* all mouth and trousers]; **den ~ [zu] voll nehmen** (*fam*) to talk [too] big; **den ~ aufmachen** [*o* **auftun**] to speak up; **den ~ aufreißen** (*sl*) to talk big; **jdm über den ~ fahren** (*fam*) to cut sb short; **[jd ist] nicht auf den ~ gefallen** (*fam*) [sb is] never at a loss for words; **etw geht von ~ zu ~** sth is passed on from mouth to mouth [*or* person to person] ...

5. Guides to the correct translation: meaning differentiation

Equivalents that are separated from each other only by commas are interchangeable.

fort·night [ˈfɔːtnaɪt, AM ˈfɔːrt-] *n usu sing esp* BRIT, AUS zwei Wochen, vierzehn Tage ...

5. Wegweiser zur richtigen Übersetzung

Übersetzungen, die, nur durch Kommas getrennt, nebeneinanderstehen, sind gleichbedeutend und somit austauschbar.

Ka·raf·fe <-, -n> [kaˈrafə] *f* decanter, carafe

5.1 Field labels

Field labels indicate the field in which a particular usage is common.

cir·cuit [ˈsɜːkɪt, AM ˈsɜːr-] *n* ❶ (*closed system*) Kreis[lauf] *m;* ELEC Schaltsystem *nt* ❷ SPORTS Rennstrecke *f;* **to do a ~** eine Runde drehen ❸ (*circular route*) Rundgang *m* (**of** um/durch +*akk*) ...

5.1. Sachgebietsangaben

Sachgebietsangaben zeigen an, auf welchen Wissensbereich sich die vorliegende Wortbedeutung und ihre Übersetzung beziehen.

Kin·der·sitz *m* ❶ AUTO (*Rücksitzaufsatz*) child safety seat ❷ (*Fahrradaufsatz*) child-carrier seat

5.2 Sense glosses

When a headword has more than one sense, meaning discrimination is given. This information is given in parentheses and shows which sense of the headword is being treated.

hul·la·ba·loo ['hʌləbəlu:] *n usu sing* (*dated*) ❶ (*noise*) Lärm *m;* **to make a ~** einen Riesenlärm veranstalten *fam* ❷ (*commotion*) Trara *nt fam* (**about/over** um *+akk*)

5.3 Elements in italics

Context elements, also called collocates, are given in italics. The following examples show how different types of collocate guide you to the sense you are looking for.

5.3.1 In verb entries: typical subjects of the verb

fiz·zle ['fɪzl] *vi* zischen
◆ **fizzle out** *vi fireworks, enthusiasm* verpuffen; *attack, campaign, plan* im Sand verlaufen; *interest* stark nachlassen [*o* zurückgehen]...

5.3.2 In verb entries: typical objects of the verb

dry [draɪ] **I.** *adj* <-ier, -iest *or* -er, -est> ❶ (*not wet*) trocken... **III.** *vt* <-ie-> ■**to ~ sth** etw trocknen; *fruit, meat* etw dörren; (*dry out*) etw austrocknen; (*dry up*) etw abtrocknen; **~ your eyes!** wisch dir die Tränen ab!; (*stop crying*) hör auf zu weinen!; **to ~ the dishes** [das Geschirr] abtrocknen...

5.3.3 In adjective entries: nouns that are typically modified by the adjective

soft [sɒft, AM sɑ:ft] *adj* ❶ (*not hard*) weich; **the ice cream had gone ~** das Eis war geschmolzen; **~ contact lenses** weiche Kontaktlinsen; **~ tissue** MED Weichteile *ntpl* ❷ (*smooth*) weich; *cheeks, skin* zart; *cloth, dress* weich; *leather* geschmeidig; **~ hair** seidiges Haar...

5.3.4 In noun entries: typical 'of'-complements

hum [hʌm] **I.** *vi* <-mm-> ❶ (*make sound*) *engine* brummen... **III.** *n* Summen *nt kein pl; of machinery* Brummen *nt kein pl; of insects* Summen *nt kein pl; of a conversation* Gemurmel *nt kein pl; of a small machine* Surren *nt kein pl;* **I could hear the constant ~ of the traffic outside** von draußen her konnte ich das stetige Brausen des Verkehrs hören

5.2. Bedeutungshinweise

Bedeutungshinweise sind notwendig bei Stichwörtern, die mehr als eine Bedeutung – mit jeweils unterschiedlichen Übersetzungen – haben. Die Hinweise stehen hinter den arabischen Ziffern in runden Klammern. Sie geben an, für welche Bedeutung des Stichworts die Übersetzung gilt.

keck [kɛk] *adj* ❶ (*vorlaut*) cheeky, saucy ❷ (*provokant*) bold

5.3. Kursive Angaben

Mitunter ist es nicht möglich, für das Stichwort eine einzige, allgemein gültige Übersetzung anzugeben, weil es je nach Kontext anders übersetzt werden muss. In diesem Fall werden die verschiedenen Übersetzungen des Stichworts aufgeführt, wobei kursive Wörter den jeweiligen Kontext angeben, von dem die einzelne Übersetzung abhängt. Diese kursiven, nicht übersetzten Wörter nennt man Kollokatoren; darunter versteht man Wörter, die mit dem Stichwort eine enge, typische Verbindung eingehen und oft mit ihm zusammen vorkommen. Folgende Typen von Kollokatoren führen in diesem Werk zur richtigen Übersetzung.

5.3.1. In Verbeinträgen: Typische Subjekte des Verbs oder des verbalen Ausdrucks

sprit·zen ['ʃprɪtsn̩] **I.** *vi* ❶ *haben* (*in Tropfen auseinanderstieben*) *Regen, Schlamm* to spray; *Fett* to spit ❷ *sein* (*im Strahl gelangen*) *Wasser* to spurt; (*aus einer Wasserpistole*) to squirt...

5.3.2. In Verbeinträgen: Typische direkte Objekte des Verbs

gra·ben <grub, gegraben> ['gra:bn̩] **I.** *vi* ❶ (*Erde ausheben*) to dig ❷ (*durch Graben suchen*) ■**nach etw** *dat* **~** to dig for sth **II.** *vt* ❶ (*ausheben*) ■**etw ~** *Grube, Loch* to dig sth ❷ (*geh: versenken*) ■**etw in etw** *akk* **~** to sink sth into sth...

5.3.3. In Adjektiveinträgen: Substantive, die typischerweise zusammen mit dem Adjektiv vorkommen

sta·che·lig ['ʃtaxəlɪç] *adj Rosen* thorny; *Kakteen, Tier* spiny, spinous *spec;* (*mit kleineren Stacheln*) prickly

5.3.4. In Substantiveinträgen: Typische Genitivanschlüsse

Stor·no <-s, Storni> ['ʃtɔrno, *pl* 'ʃtɔrni] *m o nt Reise, Auftrag* cancellation; *einer Buchung* reversal

6. Source and target language labels

6.1 Usage labels

If a headword or a translation deviates from neutral style then it is marked. Usage labels given at the beginning of an entry or of a Roman or Arabic numeral section apply to the entire entry or section.

ago·ny 'aunt *n* BRIT (*fam*) Briefkastentante *f hum fam*, Kummerkastentante *f hum fam*

6. Beschreibende Angaben zu Quell- und Zielsprache

6.1. Stilangaben

Weicht ein Stichwort von der neutralen Standardsprache ab, so wird dies grundsätzlich angegeben. Die Angaben erfolgen sowohl in der Quell- als auch in der Zielsprache. Stilangaben zu Beginn eines Eintrags oder einer Kategorie (d. h. eines römisch oder arabisch bezifferten Absatzes) beziehen sich auf den gesamten Eintrag oder auf den gesamten Absatz.

ver·knal·len* (*fam*) **I.** *vt* (*verschwenden*) ▪ **etw** ~ to squander sth **II.** *vr* (*sich verlieben*) ▪ **sich [in jdn]** ~ to fall head over heels in love [with sb]; ▪ **[in jdn] verknallt sein** to be head over heels in love [with sb], to be crazy [*or fam* nuts] about sb

in German, designates very informal language that is generally only used by young people amongst themselves. This style can appear flippant and can cause offence, e.g. *Fresse, krepieren*	*derb*	bezeichnet im Deutschen einen sehr saloppen Sprachgebrauch, der nur von meist jüngeren Sprechern untereinander verwendet wird. Dieser Stil wirkt leicht flapsig und kann daher Anstoß erregen, z. B. *Fresse, krepieren*
refers to informal language as it is used between family members and friends in a relaxed atmosphere and in private letters, e.g. *to shut up, to rip sb off doof*	*fam*	bezeichnet umgangssprachlichen Sprachgebrauch, wie er zwischen Familienmitgliedern und Freunden in zwangloser Unterhaltung und in privaten Briefen verwendet wird, z. B. *doof, jdn übers Ohr hauen, total*
designates English language that is very informal but not vulgar, e.g. *to take the piss out of sb*	*fam!*	bezeichnet im Englischen stark umgangssprachlichen, saloppen Sprachgebrauch, z. B. *take the piss out of sb*
designates spoken and written formal English usage, e.g. *peruse, mordacity;* in German, designates official language as used in official correspondence, in forms or in official statements, e.g. *Bewirtung, Postwertzeichen, wohnhaft sein*	*form*	bezeichnet im Englischen gehobenen Sprachgebrauch, wie er bei gewählter Ausdrucksweise üblich ist, z. B. *peruse, mordacity;* bezeichnet im Deutschen förmlichen Sprachgebrauch, wie er im amtlichen Schriftverkehr, auf Formularen oder in formellen Ansprachen üblich ist, z. B. *Bewirtung, Postwertzeichen, wohnhaft sein*
designates spoken and written formal German language, e.g. *eruieren, Diskrepanz*	*geh*	bezeichnet im Deutschen gehobenen Sprachgebrauch, sowohl in der gesprochenen wie der geschriebenen Sprache, wie er bei gewählter Ausdrucksweise üblich ist, z. B. *eruieren, Diskrepanz*
refers to literary language, e.g. *to beseech, to doff one's hat*	*liter*	bezeichnet literarischen Sprachgebrauch, wie er nur in Romanen zu finden ist, z. B. *Blendung, Eiland*
indicates poetic usage, e.g. *o'er, morn, mead*	*poet*	bezeichnet poetischen Sprachgebrauch, wie er nur in der Lyrik vorkommt, z. B. *Antlitz, Odem*
in English, designates slang or jargon, e.g. *to sock sb one;* in German, designates usage that is very informal but not vulgar as well as language of certain social groups, e.g. young people: *flennen; jdm eine ballern, Bruchbude*	*sl*	bezeichnet im Englischen Slang oder Jargon, z. B. *to sock sb one;* bezeichnet im Deutschen stark umgangssprachlichen, saloppen Sprachgebrauch oder die Ausdrucksweise bestimmter Gruppen, z. B. Jugendliche: *flennen, jdm eine ballern, Bruchbude*
designates taboo language that is generally considered vulgar and that causes offence.	*vulg*	bezeichnet Wörter, die allgemein als vulgär gelten und daher tabu sind. Ihr Gebrauch erregt meist Anstoß.

6.2 Age labels

When a word no longer belongs to contemporary language this is indicated in both languages.

alas [ə'læs] *interj* ❶ (*dated*) leider [Gottes] ❷ (*old*) ~ **[and alack]** weh mir/uns *liter*

6.2. Altersangaben

Es wird in beiden Sprachen grundsätzlich angegeben, wenn ein Wort oder Ausdruck nicht mehr dem heutigen Sprachgebrauch entspricht.

echauf·fie·ren* [eʃɔ'fi:rən] *vr* (*geh*) ▪ **sich [über jdn/etw]** ~ to get worked up [*or form* to excite oneself] [about sb/sth]

designates language as it might be used by 50–65 year-olds, e.g. a *brick (*for a *helpful person).* These are words that are still in use, but which sound old-fashioned. German e. g.: *Biene (nice girl), Leibesübungen (physical education)*	*dated* *veraltend*	bezeichnet ein Wort oder einen Ausdruck, wie er von der Altersgruppe der 50- bis 65-Jährigen benutzt wird, z. B. a *brick (*als Bezeichnung für eine *hilfreiche Person).* Es handelt sich um Wörter, die noch im Gebrauch sind, die aber etwas altmodisch klingen. Deutsch z. B.: *Biene (nettes Mädchen), Leibesübungen (Sportunterricht)*
designates a word or expression that is no longer in current use, but which is still understood, e.g. *brigand (bandit), to wait on sb (to visit sb).* German e.g.: *Abort (toilet), Backfisch (teenage girl)*	*old* *veraltet*	bezeichnet ein Wort oder einen Ausdruck, der heutzutage nicht benutzt, aber durchaus noch verstanden wird, z. B. *brigand (Bandit), to wait on sb (jdn besuchen).* Deutsch z. B.: *Abort (Toilette), Backfisch (Teenager)*
for words that have completely disappeared from current usage. These often desginate things that are now referred to by a different name, e.g. *Acropolis, European Community*	*hist*	für Wörter, die gar nicht mehr im Gebrauch sind. Oft sind es Bezeichnungen für Dinge, die heute einen anderen Namen tragen, z. B. *Ceylon, Ecu, Dienstleistungsabend*

6.3 Rhetoric labels

Many words and phrases carry a particular connotation. This is indicated in both source and target language. Rhetoric labels also indicate figurative usage and proverbs.

6.3. Rhetorische Angaben

Viele Wörter und Wendungen können in einer bestimmten Sprechabsicht verwendet werden. In diesen Fällen wird bei der Quellsprache ein entsprechender Vermerk gemacht. Rhetorische Absichten in der Zielsprache werden ebenfalls kenntlich gemacht.

> **abode** [ə'bəʊd, AM ə'boʊd] **I.** *n* ❶ *(form or hum: home)* Wohnung *f;* **welcome to my humble** ~ willkommen in meiner bescheidenen Hütte *hum* …

> **gaf·fen** ['gafn̩] *vi (pej)* ■**[nach jdm/etw]** ~ *(fam)* to gape [*or* BRIT *pej fam* gawp] [at sb/sth], to stare [at sb/sth]; **was gaffst du so?** what are you gawping [*or* gaping] at!

designates words and expressions that are used in a positive way, showing that the speaker has a good opinion of somebody or something, e. g. *pristine (almost new, in very good condition)*	*approv*	bezeichnet aufwertende, bejahende Wörter und Ausdrücke, die zeigen, dass der Sprecher eine positive Einstellung gegenüber einer Person oder Sache hat, z. B. *pristine (fast neu, in sehr gutem Zustand)*
designates emphatic usage, e. g. *truly (very)*	*emph*	bezeichnet emphatischen Sprachgebrauch, z. B. *niemals (nie)*
designates euphemistic usage, i.e. words or expressions that are used to describe a word that the speaker wishes to avoid, e.g. *to pass away (to die)*	*euph*	bezeichnet verhüllenden Sprachgebrauch; statt des eigentlichen Worts wird stellvertretend dieser beschönigende Ausdruck gebraucht, z. B. *das stille Örtchen (Toilette).*
designates figurative usage, e.g *teething troubles (*for *problems at the beginning of something)*	*fig*	bezeichnet übertragenen Sprachgebrauch; das Wort oder die Wendung dient – im übertragenen Sinn – als Bild für das, was man ausdrücken will, z. B. *Kinderkrankheiten (*übertragen für *Anfangsprobleme)*
designates humorous usage, e.g. *egghead*	*hum*	bezeichnet scherzhaften Sprachgebrauch, z. B. *Gerstensaft*
designates ironic usage; the speaker really means the opposite of what he/she is saying, e.g. *very funny!*	*iron*	bezeichnet ironischen Sprachgebrauch; der Sprecher meint eigentlich das Gegenteil dessen, was er sagt, z. B. *sehr witzig!*
designates pejorative usage; the speaker expresses contempt or disapproval, e.g. *gab*	*pej*	bezeichnet einen abwertenden Sprachgebrauch; der Sprecher drückt damit seine abschätzige Haltung aus, z. B. *Gequassel*
designates offensive usage, e.g. *Chink (*for *Chinese person)*	*pej!*	bezeichnet einen beleidigenden Sprachgebrauch, z. B. *Schlitzauge (*für *Asiate)*
designates a proverb, e.g. *out of sight, out of mind*	*prov*	bezeichnet ein Sprichwort, z. B. *aus den Augen, aus dem Sinn*

6.4 Regional labels

Globalization has made international communication increasingly important. This dictionary takes this fact into consideration by supplying a number of regional varieties of English as well as German.

The 'base' languages and languages of description used in this dictionary are British English and German from Germany.

6.4. Regionale Angaben

Im Zuge der Globalisierung ist es heute wichtiger denn je, möglichst viele Menschen erreichen zu können. Daher berücksichtigt dieses Wörterbuch einige regionale Sprachvarianten sowohl des Englischen als auch des Deutschen.

Die im Wörterbuch verwendete „Grund-“ und Beschreibungssprache ist das britische Englisch bzw. das Deutsch aus Deutschland.

English-German part

juice [dʒu:s] *n* ❶ *no pl* (*of fruit, vegetable*) Saft *m;* **lemon ~** Zitronensaft *m* ❷ (*liquid in meat*) ■ **~s** *pl* [Braten]saft *m kein pl* ❸ (*natural fluid*) ■ **~s** *pl* Körpersäfte *mpl;* **digestive/gastric ~s** Verdauungs-/Magensaft *m* ❹ AM (*sl: influence, power*) Einfluss *m,* Macht *f;* **to have [all] the ~** das [absolute] Sagen haben *fam* ❺ (*fig: energy*) **creative ~s** kreative Kräfte; **to get the creative ~s flowing** schöpferisch tätig [*o* kreativ] werden ❻ (*sl: electricity*) Saft *m sl;* (*petrol*) Sprit *m fam*

American English is supplied systematically and on all levels: pronunciation, spelling, words and phrases. Whenever applicable the corresponding British word is supplied in parentheses (see e.g. at the entry *baloney* below).

hearty ['hɑ:ti, AM 'hɑ:rţi] **I.** *adj* ❶ (*warm*) herzlich; **she has a warm and ~ laugh** sie hat ein warmes und herzliches Lachen; **~ congratulations** herzliche Glückwünsche ...

ma·neu·ver *n, vi, vt* AM *see* **manoeuvre**

ba·lo·ney [bə'ləʊni, AM -'loʊni] **I.** *n no pl* ❶ AM (*Bologna sausage*) ≈ Fleischwurst *f* ❷ (*fam: nonsense*) Quatsch *m fam,* Blödsinn *m fam,* Schwachsinn *m fam* **II.** *interj* AM Quatsch

nice [naɪs] **I.** *adj* ❶ (*approv: pleasant*) schön, angenehm; **did you have a ~ holiday?** war es schön im Urlaub? ... ❷ (*amiable*) nett, freundlich; **it was very ~ of you to drive her home** es war sehr nett von dir, sie nach Hause zu fahren ...

Australian English is treated mainly on the lexical level.

arvo ['a:voʊ] *n* AUS Nachmittag *m*

The most important Canadianisms have also been included.

toonie ['tu:ni] *n* CAN (*fam*) Zweidollarmünze *f*

Cultural aspects of all regions are featured in special boxes.

fresh·man ['freʃmən] AM **I.** *n* ❶ (*fresher*) Studienanfänger *m* ❷ (*first-year high school student*) Gymnasiast *m* im ersten Jahr ❸ (*beginner*) Neuling *m* **II.** *n modifier* frisch gebacken *hum fam*

i Kultur

Ein **Freshman** ist in den USA ein Schüler der neunten Klasse, ein *Sophomore* ein Schüler der 10. Klasse, ein *Junior* ein Schüler der 11. Klasse und ein *Senior* ein Schüler der 12. Klasse. Das sind die üblichen Bezeichnungen der *High-School*-Jahre, auch wenn die *High School* in vielen Gegenden jetzt erst mit der 10. Klasse beginnt. Diese Begriffe werden außerdem auch für Studenten in den vier *College*-Jahren verwendet.

Englisch-deutscher Teil

Amerikanisches Englisch wird auf allen Ebenen systematisch berücksichtigt: Aussprache, Schreibung, Wörter und Wendungen. Wann immer zutreffend, wird die britische Entsprechung des amerikanischen Wortes in Klammern angegeben (wie z. B. beim Eintrag *baloney* unten).

Australisches Englisch wird hauptsächlich auf der Wortschatzebene aufgeführt.

Die wichtigsten kanadischen Wörter wurden ebenfalls aufgenommen.

Zusätzlich werden kulturelle Phänomene aller Regionen in Boxen berücksichtigt.

Kran·ken·ver·si·che·rung *f* health insurance; **gesetzliche/private ~** national/private health insurance

i Kultur

In Germany, everybody who is gainfully employed and either not registered to a business or is self-employed must have a **Krankenversicherung** – *health insurance.* The same is true for Austria, but in Switzerland, health insurance is voluntary. Nevertheless, over 95% of Swiss do have health insurance.

Besides German from Germany, German from Austria and Switzerland are shown in equivalents.

In der Zielsprache werden außer dem Binnendeutschen auch das Schweizerdeutsche und das österreichische Deutsch berücksichtigt.

'cell phone *n* Mobiltelefon *nt,* Handy *nt,* Natel *nt* SCHWEIZ; (*on ship*) Funktelefon *nt*

Janu·ary ['dʒænjuəri, AM -jueri] *n* Januar *m,* Jänner *m* ÖSTERR, SÜDD, SCHWEIZ; *see also* **February**

German-English part

The German of Germany, Austria and Switzerland are included.

Deutsch-englischer Teil

Außer dem Deutschen Deutschlands werden das Deutsche von Österreich und der Schweiz besonders berücksichtigt.

Jän·ner <-s, -> ['jɛnɐ] *m* ÖSTERR January

Natel® <-s, -s> *nt* SCHWEIZ (*Handy*) mobile [phone] BRIT, cellphone AM

Expressions used exclusively in Northern or Southern Germany are also supplied.

Deutsche Wörter und Wendungen, die ausschließlich regional Verwendung finden, werden entsprechend markiert.

Dös·kopp <-s, -köppe> [-kɔp] *m* NORDD (*fam*) dozy nit BRIT *fam,* dope

Fa·sching <-s, -e *o* -s> ['faʃɪŋ] *m* SÜDD (*Fastnacht*) carnival

American spellings, words and phrases are always given in equivalents.

Amerikanisches Englisch wird in der Zielsprache sowohl in der Schreibung als auch für Wörter und Wendungen systematisch angegeben.

Hu·mor¹ <-s, *selten* -e> [hu'mo:ɐ̯] *m* ❶ (*Laune*) good humour [*or* AM -or], cheerfulness; **einen goldenen ~ haben** to be irrepressibly good-humoured ❷ (*Witz, Wesensart*) [sense of] humour [*or* AM -or] ...

Ein·kaufs·zen·trum *nt* [out-of-town] shopping centre [*or* AM -er] [*or* mall]

ein|bre·chen *irreg* **I.** *vi* ❶ *sein o haben* (*Einbruch verüben*) ■ **[bei jdm/in etw]** ~ *dat o akk* to break in[to sb's home/sth]; **beim Juwelier ist eingebrochen worden** the jeweller's has been broken into, there has been a break-in at the jeweller's ...

6.4.1. Table of regional labels used in the dictionary

6.4.1. Übersicht über die verwendeten regionalen Abkürzungen

item used only in the USA, e.g. *charley horse (muscle cramp)*	AM	nur in USA gebrauchter Ausdruck, z. B. *charley horse (Muskelkrampf)*
item used only in Australia, e.g. *arvo (afternoon)*	AUS	nur in Australien gebrauchter Ausdruck, z. B. *arvo (Nachmittag)*
item used only in Great Britain, e.g. *counterfoil*	BRIT	nur in Großbritannien gebrauchter Ausdruck, z. B. *counterfoil (abtrennbarer Teil)*
item used only in Canada, e.g. *toonie (two dollar coin)*	CAN	nur in Kanada gebrauchter Ausdruck, z. B. *toonie (Zweidollarmünze)*
regional item, e.g. *hisself (*für *himself)*	DIAL	regional begrenzt gebrauchter Ausdruck, z. B. *Bütte (wannenartiges Gefäß)*
item used only in India	IND	nur in Indien gebrauchter Ausdruck
item used only in Ireland	IRISH	Ausdruck aus dem Irischen
item used only in Northern England	NBRIT	nur in Nordengland gebrauchter Ausdruck
item used only in New Zealand	NZ	nur in Neuseeland gebrauchter Ausdruck
item used only in South Africa	SA	nur in Südafrika gebrauchter Ausdruck
item used only in Scottish English	SCOT	nur im Schottischen gebrauchter Ausdruck
cultural item specific to Germany, e.g. *Bundesgrenzschutz, Bundestag*	BRD	v. a. typisch bundesrepublikanische Phänomene wie z. B. *Bundesgrenzschutz, Bundestag*
item used especially in Central Germany, e.g. *Karneval (carnival)*	MITTELD	besonders im mitteldeutschen Raum gebrauchter Ausdruck, z. B. *Karneval*

item used only in Northern Germany, e.g. *Aufnehmer (cloth)*

NORDD

nur im Norden Deutschlands gebrauchter Ausdruck, z. B. *Aufnehmer (Wischlappen)*

item used only in Austria, e.g. *Marille (apricot), Jänner (January)*

ÖSTERR

nur in Österreich gebrauchter Ausdruck, z. B. *Marille (Aprikose), Jänner (Januar)*

item used only in Switzerland, e.g. *Natel (mobile phone)*

SCHWEIZ

Ausdruck, der nur in der Schweiz gebraucht wird, z. B. *Natel (Handy)*

word or expression used only in Southern Germany, e.g. *Bub (boy)*

SÜDD

nur im Süden Deutschlands gebrauchter Ausdruck, z. B. *Bub (Junge)*

6.5 Other labels

Further markers are used in both languages to indicate restriction of an item to a certain age-group, situation or frequency of use.

designates specialist language that lay people would generally not use, e.g. *Korrelat (correlate)* — *fachspr*

designates a word or expression used mainly when speaking to children, e.g.. *"wau wau" machen (to go 'woof woof')* — *Kindersprache*

designates language that is only rarely used, e.g. *malade (unwell)* — *selten*

6.5. Sonstige Angaben

Weitere Angaben werden zu beiden Sprachen gemacht, wenn der Gebrauch eines Wortes auf eine bestimmte Altersgruppe, Sprechsituation oder Zeit beschränkt ist.

spec — bezeichnet einen von Laien nicht benutzten Fachausdruck. z. B. *Korrelat (ergänzende Entsprechung)*

childspeak — bezeichnet einen Ausdruck, der nur im Gespräch mit kleinen Kindern benutzt wird, z. B. *„wau wau" machen*

rare — bezeichnet selten gebrauchte Sprache, z. B. *malade (krank)*

7. Phonetics

Phonetics are given in IPA (International Phonetic Alphabet).

The reference used for English phonetics was *PONS Daniel Jones English Pronouncing Dictionary*, 15th edition (1997).

The reference used for German phonetics was *DUDEN Aussprachewörterbuch*, 4th fully revised and updated edition (2000).

7. Phonetik

Zur Bezeichnung der Aussprache wurden die phonetischen Zeichen des IPA (International Phonetic Alphabet) verwendet.

Für das Englische diente *PONS Daniel Jones English Pronouncing Dictionary*, 15th edition (1997) als Hilfsmittel.

Für das Deutsche wurde *DUDEN Aussprachewörterbuch*. 4. neu bearbeitete und aktualisierte Auflage (2000) zugrunde gelegt.

▶ KEY TO PHONETIC SYMBOLS

Phonetics are given in IPA (International Phonetic Alphabet).

The reference used for English phonetics was *PONS Daniel Jones English Pronouncing Dictionary,* 15th edition (1997).

The reference used for German phonetics was *DUDEN Aussprachewörterbuch,* 4th fully revised and updated edition (2000).

▶ LISTE DER LAUTSCHRIFTZEICHEN

Zur Bezeichnung der Aussprache wurden die phonetischen Zeichen des IPA (International Phonetic Alphabet) verwendet. Für die Umschrift des Englischen wurde *PONS Daniel Jones English Pronouncing Dictionary,* 15th edition (1997) zugrunde gelegt. Für das Deutsche diente *DUDEN Aussprachewörterbuch* 4. neu bearbeitete und aktualisierte Aufl. (2000) als Hilfsmittel.

Phonetic Symbols

	Zeichen der Lautschrift	
cat	[æ]	
	[a]	matt
father, card	[ɑː]	Casting
pot, bottom	[ɒ] (BRIT)	
	[ɐ]	bitter
	[ɐ̯]	Uhr
	[ã]	Chanson
	[ãː]	Gourmand
croissant	[ɑ̃ː]	
	[ai]	heiß
ride, my	[aɪ]	
	[au]	Haus
house, about	[aʊ]	
big	[b]	Ball
	[ç]	ich
dad	[d]	dicht
edge, juice	[dʒ]	Gin, Job
pet, best	[e]	Etage
	[eː]	Beet, Mehl
	[ɛ]	Nest, Wäsche
	[ɛː]	wählen
bird, cur, berth	[ɜː]	
	[eː]	Allee
	[ɛ̃]	timbrieren
fin de siècle	[ɛ̃ː]	Teint
Africa, potato	[ə]	halte
sudden	[ᵊ]	
bust, multi	[ʌ]	
rate	[eɪ]	
there, hair	[eə] (BRIT)	
fast	[f]	Fett, viel
gold	[g]	Geld
hello	[h]	Hut
sit	[ɪ]	Bitte
	[i]	Vitamin
read, meet	[iː]	Bier
	[i̯]	Studie
here, beer	[ɪə] (BRIT)	

Lautschriftzeichen

	Zeichen der Lautschrift	
	[o]	Oase
	[oː]	Boot, drohen
	[o̯]	loyal
	[ɔ]	Post
caught, ought	[ɔː]	
boat, rode	[əʊ] (BRIT)	
boat, rode	[oʊ] (AM)	
	[õ]	Fondue
	[õː]	Fonds
restaurant	[ɔ̃ː]	
	[ø]	Ökonomie
	[øː]	Öl
	[œ]	Götter
	[œː]	Server
boy, noise	[ɔɪ]	
	[ɔy]	Mäuse
pat	[p]	Papst
	[pf]	Pfeffer
right	[r]	Rad
bitter	[ʳ] (BRIT)	
bitter	[ɚ] (AM)	
soft	[s]	Rast, besser, heiß
shift	[ʃ]	Schaum, sprechen, Chef
take	[t]	Test, treu
better	[t̬] (AM)	
	[ts]	Zaun
chip, patch	[tʃ]	Matsch, tschüs
think, bath	[θ]	
father, bathe	[ð]	
	[u]	zunächst
moose, lose	[uː]	Hut
	[u̯]	aktuell
book, put	[ʊ]	Mutter
	[ui]	pfui
moor	[ʊə] (BRIT)	
vitamin	[v]	wann
wish, why	[w]	
loch	[x]	Schlauch

yellow	[j]	**j**a
cat, **k**ing	[k]	**K**ohl, **C**omputer
	[kv]	**Qu**adrat
queen	[kw]	
little	[l]	**L**ast
litt**le**	[l̩]	Neb**el**
mo**m**	[m]	**M**eister
nice	[n]	**n**ett
	[n̩]	sprech**en**
ri**ng**, ri**n**k, bi**n**go	[ŋ]	Ri**ng**, bli**n**ken

	[ks]	fi**x**, A**x**t, La**chs**
	[y]	M**y**kene
	[yː]	T**y**p
	[y̆]	Et**u**i
	[ʏ]	f**ü**llen
zebra, ja**zz**	[z]	Ha**s**e, **s**auer
plea**s**ure	[ʒ]	**G**enie
glottal stop	ʔ	Knacklaut
primary stress	ˈ	Hauptbetonung
secondary stress	ˌ	Nebenbetonung
length symbol	ː	Längezeichen
indicates nazalization	˜	Nasalierte Aussprache

A

Aa

A <*pl* -'s>, **a** <*pl* -'s *or* -s> [eɪ] *n* ❶ (*letter*) a *nt*, A *nt*; **a capital A/small a** ein großes A/ein kleines a; **~ for Andrew** [*or* AM **as in Abel**] A wie Anton ❷ MUS A *nt*, a *nt*; **~ flat** As *nt*, as *nt*; **~ sharp** Ais *nt*, ais *nt*; **~ major** A-Dur *nt*; **~ minor** a-Moll *nt*; **~ natural** A *nt*, a *nt*; **key of ~** A-Schlüssel *m*; **to be in** [**the key of**] **~ major/minor** in A-Dur/a-Moll geschrieben sein ❸ (*school mark*) ≈ Eins *f*, ≈ sehr gut; **~ minus/plus** Eins minus/plus; **to get straight ~s** nur Einser schreiben; **to be an ~ student** AM, AUS ein Einserschüler/eine Einserschülerin sein; **to get** [**an**] **~** eine Eins schreiben; **to give sb an ~** jdm eine Eins geben

a [eɪ, ə], *before vowel* **an** [æn, ᵊn], **I.** *art indef* ❶ (*undefined*) ein(e) ❷ *after negative* ■**not ~** kein(e); **there was not ~ person to be seen** es war niemand zu sehen; **I haven't got ~ chance** ich habe nicht die geringste Chance ❸ (*one*) ein(e); **can you pass me ~ slice of bread please?** reichst du mir mal bitte eine Scheibe Brot?; **I need ~ new pencil** ich brauche einen neuen Bleistift ❹ *before profession, nationality* **she wants to be ~ doctor** sie möchte Ärztin werden; **she's ~ teacher** sie ist Lehrerin; **he's ~n Englishman** er ist Engländer ❺ *introducing state* ein(e); **~ 17th-century cottage** ein Landhaus im Stil des 17. Jahrhunderts; **this is ~ very mild cheese** dieser Käse ist sehr mild ❻ (*work of an artist*) ein(e); **is that ~ Picasso?** ist das ein Picasso? ❼ (*quite*) ein(e); **that's ~ thought!** das ist ein guter Einfall! ❽ *limiting uncountables* ein(e); **I only have ~ limited knowledge of Spanish** ich habe nur mäßige Spanischkenntnisse ❾ *before unit* **I'd love ~ coffee** ich hätte gern einen Kaffee; **can I have ~ knife and fork please?** kann ich bitte Messer und Gabel haben? ❿ *as multiplier* ein(e); **you won't go far on ~ litre of petrol** mit einem Liter Benzin wirst du nicht weit kommen; **we walked for half ~ mile** wir gingen eine halbe Meile weit; **~ dozen** ein Dutzend; **~ few** ein paar; **~ hundred/~ thousand** hundert/tausend; **count up to ~ thousand** zähle bis tausend; **~ million** eine Million; **one and ~ half** eineinhalb; **three-quarters of ~n hour** eine dreiviertel Stunde; **six tenths of ~ second** sechs Zehntelsekunden ⓫ *before unknown name* ein [gewisser] .../eine [gewisse] ...; **there's ~ Ms Evans to see you** eine [gewisse] Frau Evans möchte Sie sprechen ⓬ (*denoting likeness*) ein(e); **she'll never be ~ Greta Garbo** sie wird niemals eine Greta Garbo sein ⓭ *before family name* ein(e); **I'd never have guessed he was ~ Wilson** ich hätte nie gedacht, dass er ein Wilson ist ⓮ *before date* ein(e); **my birthday is on ~ Friday this year** mein Geburtstag fällt dieses Jahr auf einen Freitag ⓯ *before product* ein(e); **she drives ~ Ford** sie fährt einen Ford **II.** *prep* **he earns $100,000 ~ year** er verdient im Jahr 100.000 Dollar; **three times ~ day** dreimal täglich; **twice ~ week** zweimal die Woche; **once ~ month** einmal im Monat

A[1] <*pl* -'s *or* -s> [eɪ] *n* ❶ (*hypothetical person, thing*) A; **suppose ~ was B's sister** angenommen A wäre die Schwester von B; [**to get**] **from ~ to B** von A nach B [kommen] ❷ (*blood type*) A ❸ (*first, best*) **~ 1** eins A *fam* ► PHRASES: **from ~ to Z** von A bis Z

A[2] *n* ❶ *abbrev of* **amp** A ❷ *abbrev of* **answer** Antw. ❸ BRIT *abbrev of* **A level**

AA [ˌeɪ'eɪ] *n* ❶ + *sing/pl vb abbrev of* **Alcoholics Anonymous** AA, die Anonymen Alkoholiker ❷ + *sing/pl vb* BRIT ■**the ~** *abbrev of* **Automobile Association** ≈ ADAC *m*

AAA [ˌtrɪpl'eɪ] *n* + *sing/pl vb* AM *abbrev of* **American Automobile Association** ≈ ADAC *m*

aard·vark ['ɑːdvɑːk, AM 'ɑːrdvɑːrk] *n* Erdferkel *nt*

AB [eɪ'biː] *n* AM *abbrev of* **Bachelor of Arts** Bakkalaureus *m* der philosophischen/naturwissenschaftlichen Fakultät (*unterster akademischer Grad in englischsprachigen Ländern*)

aback [ə'bæk] *adv* **to take sb ~** jdn erstaunen [*o* verblüffen]; **to be taken ~** überrascht [*o* erstaunt] sein; (*sad*) betroffen sein

aba·cus <*pl* -es> ['æbəkəs] *n* MATH Abakus *m*; **to operate** [*or* **use**] **an ~** ein Rechenbrett benutzen

aban·don [ə'bændən] **I.** *vt* ❶ (*leave*) ■**to ~ sth** *place, houses* etw verlassen [*o* aufgeben]; **to ~ ship** das Schiff verlassen ❷ (*leave behind*) ■**to ~ sth** etw zurücklassen; **she ~ed her rucksack** sie ließ ihren Rucksack [einfach] stehen; **to ~ one's car** sein Auto stehen lassen ❸ (*give up*) ■**to ~ sth** etw aufgeben; **they ~ed their attempt to climb the mountain** sie brachen den Versuch ab, den Berg zu besteigen; **to ~ a plan** einen Plan fallen lassen; **to ~ all pretence of doing sth** noch nicht mal so tun, als würde man etw tun; ■**to be ~ed** *rescue, search* eingestellt werden ❹ SPORTS **to ~ a game/match** ein Spiel/Match abbrechen; **to ~ play** das Spiel abbrechen ❺ (*desert*) ■**to ~ sb** jdn verlassen; **to ~ a baby** ein Baby aussetzen; **to ~ sb to his/her fate** jdn seinem Schicksal überlassen; **to ~ one's husband/wife** seinen Ehemann/seine Ehefrau sitzen lassen *fam* ❻ (*lose self-control*) ■**to ~ oneself to sth** sich *akk* etw *dat* hingeben; **he ~ed himself to his emotions** er ließ seinen Gefühlen freien Lauf **II.** *n no pl* Hingabe *f*; **with ~** mit Leib und Seele; **people were cavorting about with wild ~** die Leute tollten ausgelassen herum

aban·doned [ə'bændənd] *adj inv* ❶ (*discarded*) verlassen; **~ cars** gebliebene Autos ❷ (*dissolute*) *person* verkommen ❸ (*empty*) *building* leer stehend *attr*; **~ property** herrenloses Gut ❹ (*cast off*) *person* verlassen; **~ baby** ausgesetztes Baby ❺ (*carefree*) unbekümmert, sorglos ❻ (*pej dated: wicked*) zügellos; **~ behaviour** [*or* AM **behavior**] schamloses Benehmen

aban·don·ment [ə'bændənmənt] *n no pl* ❶ *of a place* Verlassen *nt*; *of a land* [Land]flucht *f* ❷ *of a person* Imstichlassen *nt* ❸ (*cancellation*) Aufgabe *f* ❹ (*self-abandon*) Hingabe *f*

abase [ə'beɪs] *vt* (*form*) ■**to ~ sb** jdn erniedrigen; ■**to ~ oneself** [**before sb**] sich *akk* [vor jdm] erniedrigen

abashed [ə'bæʃt] *adj* verlegen, beschämt; **to be** [*or* **feel**] **~ at sth** sich *akk* [wegen] einer S. *gen* schämen; **to look ~** verlegen aussehen

abate [ə'beɪt] (*form*) **I.** *vi rain* nachlassen; *storm, anger* abflauen, sich *akk* legen; *pain, fever, fear* abklingen **II.** *vt* ■**to ~ sth** etw vermindern [*o* verringern]; *sth's intensity* etw abschwächen; **to ~ noise** Lärm dämpfen

abate·ment [ə'beɪtmənt] *n no pl* (*form*) ❶ (*lessening*) Nachlassen *nt*; *of storm, anger also* Abflauen *nt* ❷ (*reducing*) Verminderung *f*; *of tax* Senkung *f*; **~ of noise** Lärmbekämpfung *f*

ab·at·toir ['æbətwɑːʳ] *n* BRIT Schlachthof *m*

ab·bess <*pl* -es> ['æbes, AM -əs] *n* Äbtissin *f*

ab·bey ['æbi] *n* Abtei[kirche] *f*

ab·bot ['æbət] *n* Abt *m*

abbr. I. *n short for* **abbreviation** Abk. **II.** *adj short for* **abbreviated** abgek.

ab·bre·vi·ate [ə'briːvieɪt] *vt usu passive* ■**to ~ sth** etw abkürzen; (*less content*) etw kürzen; ■**to be ~d** abgekürzt werden; **the name Susan is often ~d to Sue** Susan wird oft mit Sue abgekürzt; **~d form** Kurzform *f*; **~d version** Kurzfassung *f*, gekürzte Fassung

ab·bre·via·tion [əˌbriːvi'eɪʃᵊn] *n* ❶ (*short form*) Abkürzung *f* (**for** für +*akk*), Kürzel *nt* (**for** für +*akk*) ❷ (*shorter version*) *of text* Kürzung *f*

ABC[1] [ˌeɪbiː'siː] *n* ❶ (*alphabet*) ABC *nt*; **to be as easy** [*or* **simple**] **as ~** kinderleicht sein ❷ (*rudiments*) ABC *nt*, Einmaleins *nt*; **the ~ of photography** das Einmaleins des Fotografierens

ABC[2] [ˌeɪbiː'siː] *n* TV ❶ AUS *abbrev of* **Australian Broadcasting Corporation**: ■**the ~** die ABC ❷ AM *abbrev of* **American Broadcasting Corporation** ABC *f*

ABCs [ˌeɪbiː'siːz] *npl* AM (*fam*) *see* **ABC**[2] **2**

ab·di·cate ['æbdɪkeɪt] **I.** *vi* ① *monarch* abdanken; *pope* zurücktreten ② *(not fulfil)* **to ~ from one's duty** seine Pflicht[en] nicht einhalten; **to ~ from one's responsibilities** sich *akk* seiner Verantwortung entziehen **II.** *vt* ① *(resign)* **to ~ the throne** auf den Thron verzichten ② *(renounce)* ■**to ~ sth** etw aufgeben, auf etw *akk* verzichten; **to ~ a right** auf ein Recht verzichten; **to ~ a responsibility** es ablehnen, [eine] Verantwortung zu übernehmen

ab·di·ca·tion [ˌæbdɪ'keɪʃᵊn] *n* ① *of a monarch* Abdankung *f;* **~ of the throne** Verzicht *m* auf den Thron ② *no pl (renunciation)* Aufgabe *f;* **~ of a right** Verzicht *m* auf ein Recht

ab·do·men ['æbdəmən, æb'dəʊ-] *n* ① MED Unterleib *m,* Abdomen *nt fachspr* ② ZOOL *of insect* Hinterleib *m*

ab·domi·nal [æb'dɒmɪnᵊl, AM -'dɑːmə-] *adj inv* Unterleibs-, Bauch-, Abdominal- *fachspr;* **~ operation** Unterleibsoperation *f;* **~ pain** Unterleibsschmerzen *mpl;* **~ pregnancy** Bauchhöhlenschwangerschaft *f;* **~ wall** Bauchdecke *f*

ab·duct [əb'dʌkt] *vt* ■**to ~ sb [from sth]** jdn [aus etw *dat*] entführen

ab·duc·tion [əb'dʌkʃᵊn] *n* Entführung *f*

ab·duc·tor [əb'dʌktəʳ, AM -ɚ] *n* Entführer(in) *m(f)*

abed [ə'bed] *adv inv (old)* im Bett

ab·er·rant [æb'erᵊnt] *adj (form)* anomal *geh,* abnorm *geh*

ab·er·ra·tion [ˌæbə'reɪʃᵊn] *n* ① *(deviation)* Abweichung *f* **(from** von *+dat)* ② *(outside norm)* Anomalie *f* ③ ASTRON, BIOL, COMPUT, PHYS Aberration *f fachspr*

abet <-tt-> [ə'bet] *vt* ■**to ~ sb/sth** jdn/etw unterstützen [*o* begünstigen]; **to ~ a crime** Beihilfe zu einem Verbrechen leisten; **to ~ a criminal** einen Verbrecher/eine Verbrecherin unterstützen; **to aid and ~ sth** LAW etw begünstigen, etw *dat* Vorschub leisten; **to aid and ~ sb [in sth/in doing sth]** LAW jdm [bei etw *dat*] Beihilfe leisten

abet·tor [ə'betəʳ, AM -t̬ɚ] *n esp* LAW Helfershelfer(in) *m(f)*

abey·ance [ə'beɪən(t)s] *n no pl* **to be in ~** [vorübergehend] außer Kraft [gesetzt] sein; *hostilities* eingestellt sein; *issue* ruhen; **to be held in ~** auf Eis gelegt sein; **to hold sth in ~** etw ruhen lassen

ab·hor <-rr-> [əb'hɔːʳ, AM æb'hɔːr] *vt (form)* ■**to ~ sb/sth** jdn/etw verabscheuen

ab·hor·rence [əb'hɒrᵊn(t)s, AM æb'hɔːr-] *n no pl* Abscheu *f* **(of** vor *+dat*/gegen *+akk*); **she has an ~ of change** sie hasst Veränderungen; **to look at sb/sth in** [*or* **with**] **~, to regard sb/sth with ~** jdn/etw mit Abscheu betrachten

ab·hor·rent [əb'hɒrᵊnt, AM æb'hɔːr-] *adj* abscheulich; **I find his cynicism ~** sein Zynismus ist mir zuwider

abide [ə'baɪd] **I.** *vt usu neg (not like)* ■**sb cannot ~ sth/sb** jd kann etw/jdn nicht ausstehen; *(not endure)* ■**sb cannot ~ sth** jd kann etw nicht ertragen **II.** *vi* <abided *or old* abode, abided *or old* abode> ① *(old: stay)* verweilen *geh* ② *(continue)* fortbestehen; **values that ~ unchanged** Werte, die unverändert Bestand haben

◆**abide by** *vi* ■**to ~ by sth** *rule* etw befolgen [*o* [ein]halten]; **to ~ by a law** sich *akk* an ein Gesetz halten; **to ~ by a promise** sich *akk* an ein Versprechen halten

abid·ing [ə'baɪdɪŋ] *adj attr* beständig, anhaltend *attr;* **~ love** immer während Liebe; **~ values** bleibende Werte

abil·ity [ə'bɪləti, AM -t̬i] *n* ① *no pl (capability)* Fähigkeit *f;* **to the best of my abilities** so gut [*o* soweit] ich kann; **my ~ to help is restricted** ich kann leider nur bedingt helfen; **to make use of one's abilities** seine Fähigkeiten einsetzen; **to have the ~ to do sth** die Fähigkeit besitzen, etw zu tun, etw können; **to have lost the ~ to do sth** nicht mehr fähig sein, etw zu tun ② *no pl (talent)* Talent *nt,* Begabung *f;* **someone of her ~ is bound to succeed** jemand mit ihrer Begabung wird es sicher weit bringen; **exceptional ~** außergewöhnliche Begabung; **a man/woman of ~** ein fähiger Mann/eine fähige Frau ③ *(skills)* ■**abilities** *pl* Fähigkeiten *fpl;* **she is a woman of considerable abilities** sie ist eine sehr fähige Frau ④ *(intelligence)* [geistiges] Potential; **mixed abilities** SCH unterschiedliche Leistungsstufen

ab·ject ['æbdʒekt] *adj* ① *(extreme)* äußerste(r, s); **~ coward** elender Feigling; **~ failure** kompletter Fehlschlag; **~ misery** tiefstes Elend; **~ poverty** bittere Armut; **to live in ~ fear** in größter Angst leben ② *(degraded) conditions* erbärmlich ③ *(humble)* unterwürfig; *apology also* demütig; *failure* kläglich

ab·ject·ly ['æbdʒektli] *adv* unterwürfig, demütig; *fail* kläglich

ab·ject·ness ['æbdʒektnəs] *n no pl* ① *(degraded condition)* Erbärmlichkeit *f* ② *of person* Unterwürfigkeit *f; of an apology* Demut *f*

ab·jure [əb'dʒʊəʳ, AM -dʒʊr] *vt (form)* ■**to ~ sth** etw *dat* abschwören *geh*

ab·la·tive ['æblətɪv, AM -t̬-] LING **I.** *adj* Ablativ-, im Ablativ **II.** *n* ① *(word)* Ablativ *m* ② *no pl (case)* ■**the ~** der Ablativ

ab·laut ['æblaʊt] *n* LING Ablaut *m*

ablaze [ə'bleɪz] *adj pred* ① *(burning)* ■**to be ~** in Flammen stehen; **to set sth ~** etw in Brand stecken ② *(bright)* **this painting is ~ with colour** dieses Bild leuchtet voller Farben; **the ballroom was ~ with lights** der Ballsaal war hell erleuchtet ③ *(fig: impassioned)* **her eyes were ~ with excitement** ihre Augen leuchteten vor Aufregung; **his face was ~ with anger** sein Gesicht glühte vor Zorn

able ['eɪbl] *adj* ① <more *or* better ~, most *or* best ~> *pred (can do)* ■**to [not] be ~ to do sth** etw [nicht] tun können; **I'm afraid I won't be ~ to come tomorrow** ich fürchte, ich kann morgen nicht kommen; **the person best ~ to help you is the manager** am ehesten kann Ihnen da wohl der Geschäftsführer weiterhelfen ② <abler *or* more ~, ablest *or* most ~> *(clever)* talentiert, fähig; **~ mind** fähiger Kopf

able-bodied [ˌeɪbl'bɒdɪd, AM -'bɑːdɪd] *adj* gesund, kräftig; MIL [wehr]tauglich **able-bodied 'sea·man** *n,* **able 'sea·man** *n* NAUT Vollmatrose *m*

abloom [ə'bluːm] *adj pred* ■**to be ~** blühen; *trees also* in [voller] Blüte stehen

ab·lu·tion [ə'bluːʃᵊn] *n* ① *no pl* REL Waschung *f* ② *(form or hum)* Waschung *f;* **to perform one's ~s** sich *akk* waschen; *(euph)* seine Notdurft verrichten

ably [ˌeɪb|i] *adv* geschickt, gekonnt; **~ led** kompetent geführt

ABM [eɪbi'em] *n abbrev of* **Automated Banking Machine** Geldautomat *nt*

ab·ne·gate ['æbnɪgeɪt] *vt (form)* ■**to ~ sth** etw *dat* entsagen *geh*

ab·ne·ga·tion [ˌæbnɪ'geɪʃᵊn] *n no pl (form)* ① *(rejection)* Verzicht *m* **(of** auf *+akk*), Entsagung *f* **(of** *+gen*) ② *(self-denial)* Selbstverleugnung *f*

ab·nor·mal [æb'nɔːmᵊl, AM -'nɔːr-] *adj* anormal, abnorm; *weather also* ungewöhnlich, untypisch; **~ heart rhythm** unregelmäßiger Herzschlag; **to be mentally ~** psychisch krank sein

ab·nor·mal·ity [ˌæbnɔː'mæləti, AM -nɔːr'mælət̬i] *n* ① MED *(anomaly)* Anomalie *f; of heart rhythm* Unregelmäßigkeit *f;* **the X-rays showed no abnormalities** die Röntgenaufnahmen zeigten keine Auffälligkeiten; **fetal** [*or* BRIT *a.* **foetal**] **~** fetale Missbildung ② *no pl (unusualness)* Abnormität *f; of a situation* Außergewöhnlichkeit *f;* **~ of sb's behaviour** [*or* AM **behavior**] Verhaltensstörung *f*

ab·nor·mal·ly [æb'nɔːmᵊli, AM -'nɔːr-] *adv* ungewöhnlich, abnorm, außergewöhnlich; **the success rate was ~ high** die Erfolgsquote war außerordentlich hoch; **to behave ~** sich *akk* auffällig verhalten

Abo <*pl* -s> ['æbəʊ] *n* AUS *(pej! fam) short for* **Aborigine**

aboard [ə'bɔːd, AM ə'bɔːrd] **I.** *adv inv* ① *(on plane, ship)* an Bord; *(on train)* im Zug; **hop ~, I'll give you a lift** spring rein, ich nehme dich mit; **all ~!** *(on train, bus)* alles einsteigen!; *(on plane, ship)* alle Mann an Bord!; **to climb ~** einsteigen ② *(new)* ■**to be ~** neu im Team sein **II.** *prep* ① *(onto, into)* **to go/get ~ a bus/train** in einen Bus/Zug einsteigen; **to go/get**

~ **a plane/ship** an Bord eines Flugzeugs/Schiffes gehen; **the flight attendant welcomed us ~ the plane** die Flugbegleiterin begrüßte uns an Bord des Flugzeugs ❷ *after n* (*on*) an Bord; **they enjoyed the voyage ~ the luxury cruise liner** sie genossen die Reise an Bord des Luxuskreuzers

abode [əˈbəʊd, AM əˈboʊd] **I.** *n* ❶ (*form or hum: home*) Wohnung *f;* **welcome to my humble ~** willkommen in meiner bescheidenen Hütte *hum* ❷ *no pl* (*form: residence*) Wohnsitz *m,* Aufenthalt[sort] *m;* **of** [*or* **with**] **no fixed ~** ohne festen Wohnsitz; **to be of** [*or* **with**] **no fixed ~** keinen festen Wohnsitz haben **II.** *vi* (*old*) *pt, pp of* **abide**

abol·ish [əˈbɒlɪʃ, AM -ˈbɑːl-] *vt* ■**to ~ sth** etw abschaffen; **to ~ a law** ein Gesetz aufheben

abo·li·tion [ˌæbəˈlɪʃən] *n no pl* Abschaffung *f;* LAW Abolition *f fachspr;* **the ~ of a law** die Aufhebung eines Gesetzes

abo·li·tion·ist [ˌæbəˈlɪʃənɪst] **I.** *n* Abolitionist(in) *m(f) geh* **II.** *adj inv* **he has strong ~ views on capital punishment** er ist entschiedener Gegner der Todesstrafe

A-bomb [ˈeɪˌbɒm, AM -ˌbɑːm] *n abbrev of* **atom bomb** Atombombe *f*

abomi·nable [əˈbɒmɪnəbl̩, AM -ˈbɑːm-] *adj* furchtbar, schrecklich; **~ noise** grässliches Geräusch; **~ smell** widerwärtiger Geruch; **~ weather** scheußliches Wetter; **to taste ~** abscheulich schmecken

abomi·nable ˈsnow·man *n* Yeti *m*

abomi·nably [əˈbɒmɪnəbli, AM -ˈbɑːm-] *adv* schrecklich, furchtbar; **the play was ~ acted** das Stück war sehr schlecht gespielt; **she behaved ~** sie benahm sich unmöglich; **to stink ~** abscheulich stinken

abomi·nate [əˈbɒmɪneɪt, AM -ˈbɑːm-] *vt* (*form or dated*) ■**to ~ sb/sth** jdn/etw verabscheuen

abomi·na·tion [əˌbɒmɪˈneɪʃən, AM -ˌbɑːm-] *n* (*dated*) ❶ *no pl* (*loathing*) Abscheu *m* (**of** vor +*dat*); **to have an absolute ~ of sth** etw zutiefst verabscheuen ❷ (*detestable thing*) Abscheulichkeit *f;* **this painting is an ~** dieses Gemälde ist einfach scheußlich

abo·rigi·nal [ˌæbəˈrɪdʒənəl] *adj inv* ursprünglich; **~ forest** Urwald *m;* **~ inhabitant** Ureinwohner(in) *m(f);* **~ species** einheimische Spezies

Abo·rigi·nal [ˌæbəˈrɪdʒənəl] **I.** *n* [australischer] Ureinwohner/[australische] Ureinwohnerin, Aborginal *m;* ■**~s** *pl* Aboriginals *pl* (*dieser Ausdruck wird von den Ureinwohnern Australiens vorgezogen*) **II.** *adj* der Aborigines *nach n*

i Kultur

Die **Aboriginal Flag** – *Flagge der Ureinwohner Australiens* wurde erstmals 1971 bei einer Demonstration zum **Aboriginal Day** von ihrem Erfinder und Designer, dem Künstler Harold Thomas, gehisst. Die schwarze obere Hälfte der Flagge steht für die **Aboriginal people** – *das Volk der australischen Ureinwohner,* die rote untere Hälfte für die rote Erde des *outback– australischer Busch,* der gelbe Kreis in der Mitte symbolisiert die Sonne. Die **Aboriginal Flag** ist zum Symbol für die Einheit, die Stärke und den Stolz der **Aboriginal people** geworden.

Abo·rigi·ne [ˌæbəˈrɪdʒəni] *n* [australischer] Ureinwohner/[australische] Ureinwohnerin, Aborigine *m;* ■**~s** *pl* Aborigines *pl; see also* **Aboriginal I.**

abort [əˈbɔːt, AM əˈbɔːrt] **I.** *vt* ❶ (*prevent birth*) **to ~ a baby/fetus** [*or* BRIT *a.* **foetus**] ein Baby/einen Fötus abtreiben; **to ~ a pregnancy** eine Schwangerschaft abbrechen; **to ~ a woman** bei einer Frau einen Schwangerschaftsabbruch durchführen; **to ~ oneself** [selbst] abtreiben ❷ (*stop*) ■**to ~ sth** etw abbrechen; **to ~ a flight/mission** einen Flug/eine Mission abbrechen **II.** *vi* ❶ (*prevent birth*) die Schwangerschaft abbrechen, abtreiben *fam* ❷ (*miscarry*) eine Fehlgeburt haben ❸ *foetus* abgehen

abor·tion [əˈbɔːʃən, AM əˈbɔːr-] *n* ❶ (*termination*) Schwangerschaftsabbruch *m,* Abtreibung *f fam;* **to have** [*or* **get**] **an ~** einen Schwangerschaftsabbruch durchführen lassen, abtreiben *fam;* **to do** [*or* **perform**] **an ~ on sb** bei jdm einen Schwangerschaftsabbruch vornehmen; **to induce an ~** eine Abtreibung einleiten ❷ (*miscarriage*) Fehlgeburt *f* ❸ (*sl: failure*) Reinfall *m fam* ❹ (*pej: creature*) Missgeburt *f pej*

abor·tion·ist [əˈbɔːʃənɪst, AM əˈbɔːr-] *n* Abtreibungsarzt, -ärztin *m, f;* **back-street ~** Engelmacher(in) *m(f)*

abor·tive [əˈbɔːtɪv, AM əˈbɔːrt̬-] *adj inv* ❶ (*form: not successful*) *attempt* gescheitert; *plan* misslungen ❷ MED abortiv *fachspr,* abtreibend *attr*

abound [əˈbaʊnd] *vi* ❶ (*be very numerous*) [sehr] zahlreich sein; **wildlife ~s in these woods** in diesen Wäldern gibt es sehr viel Wild; **rumours ~ that ...** zahlreiche Gerüchte kursieren, dass ... ❷ (*have many of*) ■**to ~ with** [*or* **in**] **sth** von etw *dat* wimmeln; **this book ~s with typing errors** in diesem Buch wimmelt es von Tippfehlern; **it is an area ~ing in wild plants** dieses Gebiet ist reich an Wildpflanzen

about [əˈbaʊt] **I.** *prep* ❶ *after n* (*on subject of*) über +*akk;* **prediction ~ the weather** Wettervorhersage *f;* **what's that book ~?** worum geht es in dem Buch?; **the movie is ~ the American Civil War** der Film handelt vom Amerikanischen Bürgerkrieg; **they had a discussion ~ how to improve the situation** sie diskutierten darüber, wie sie ihre Lage verbessern könnten; **he has a phobia ~ spiders** er hat eine Spinnenphobie; **she had some misgivings ~ the talk** sie hatte wegen des Gesprächs Bedenken; **anxiety ~ the future** Angst *f* vor der Zukunft; *after vb* über +*akk;* **she talked ~ business all night** sie sprach den ganzen Abend über das Geschäft; **he often tells jokes ~ dumb blonds** er erzählt oft Blondinenwitze; **I asked him ~ his beliefs** ich fragte ihn nach seinen Überzeugungen; **she doesn't care much ~ politics** sie interessiert sich kaum für Politik; **she always dreams ~ winning the lottery** sie träumt immer davon, im Lotto zu gewinnen; *after adj* über +*akk;* **they were happy ~ the pregnancy** sie freuten sich über ihre Schwangerschaft; **he was still unsure ~ what he should do** er war sich noch nicht sicher, was er tun sollte; **we are now certain ~ our decision to move** wir sind fest entschlossen, umzuziehen; **all ~ sb/sth** alles über jdn/etw; **he taught us all ~ parliament** wir haben von ihm alles über das Parlament gelernt; **to go** [*or* **be**] **on ~ sth** stundenlang von etw *dat* erzählen ❷ (*affecting*) gegen +*akk;* **to do something ~ sth** etw gegen etw *akk* unternehmen; **will you please do something ~ the leaky tap?** kümmerst du dich bitte mal um den tropfenden Wasserhahn?; **I can't do anything ~ it** ich kann nichts dagegen machen; **to do much/little/nothing ~ sth** viel/wenig/nichts gegen etw *akk* tun; **they did nothing ~ the problem** sie haben das Problem nicht angepackt; **there's nothing we can do ~ it** dagegen können wir nichts machen; **be quick ~ it!** beeil dich [damit]!, mach schnell!; **while sb is ~ sth** wo jd gerade dabei ist *fam;* BRIT (*fam*) **could you make me some coffee too while you're ~ it?** wo Sie gerade dabei sind: könnten Sie mir auch einen Kaffee machen? ❸ (*surrounding*) um +*akk;* **she put her arms ~ him** sie legte ihre Arme um ihn; **the world ~ sb** die Welt um jdn herum; **he takes little notice of the world ~ him** er nimmt von seiner Umgebung kaum Notiz ❹ *after vb* (*expressing movement*) **he wandered ~ the house, wondering what to do** er lief im Haus herum und überlegte, was zu tun sei; **she looked ~ the room** sie sah sich in dem Zimmer um ❺ (*characteristic of*) an +*dat;* **what exactly didn't you like ~ the play?** was genau hat dir an der Aufführung nicht gefallen?; **there is a deep sadness ~ him** ihn umgibt eine tiefe Melancholie; **to have a way ~ one** etwas [*o* eine Art] an sich *dat* haben; **he has a way ~ him that I don't like** er hat etwas an sich, das mir nicht gefällt; **there's something ... ~ sb/sth** etwas ... an sich *dat* haben; **there's something strange ~ him** er hat etwas Merkwürdiges an sich ❻ (*expressing location*) **she must be ~ the place somewhere** sie muss hier irgendwo sein; ~ **one['s person]** BRIT (*form*) bei sich *dat;* **do you have a pen ~ you[r person]?** hast du einen Federhalter bei dir? ❼ (*involved with*) **to be ~ doing sth** etw beabsichtigen [*o* vorhaben]; **the takeover was not ~ getting rid of competition** die Übernahme sollte nicht die Konkurrenz ausschalten; **it's all ~ having fun** alle wollen nur Spaß haben ▸ PHRASES: **to go ~ [doing] sth** mit etw *dat* umgehen; **how do you go ~ getting a fishing licence here?** wie geht man vor, wenn man hier einen Angelschein machen will?; **what ~ your job?** was ist mit deiner Arbeit?; (*as suggestion*) **what ~ a trip to the zoo?** wie wäre es mit einem Besuch im Zoo?; (*inviting information*) **is that your car? – yes, what ~ it?** ist das da Ihr Auto? – ja, was ist damit?; **what ~ us?** was ist mit uns?; **what ~ going to the zoo?** wie wäre es mit einem Besuch im Zoo? **II.** *adv inv* ❶ (*approx*) ungefähr; **he's ~ six feet tall** er ist ungefähr 1,80 m groß; **we met them ~ two months ago** wir trafen sie vor etwa zwei Monaten; **if you turn up ~ eight, that should be OK** es reicht, wenn du so gegen acht Uhr kommst ❷ (*almost*) fast; **I've had just ~ enough from you!** ich habe allmählich genug von dir!; **that's just ~ the limit!** das ist ja so ziemlich der Gipfel! ❸ *esp* BRIT (*around*) herum; **don't leave things ~ on the floor** lass keine Sachen auf dem Boden herumliegen; **stop moving ~** bleib doch mal ruhig stehen ❹ *esp* BRIT (*in the area*) hier; **have you seen Sally ~?** hast du Sally irgendwo gesehen? ❺ (*opposite*) andersherum; **to turn sth ~** etw herumdrehen; ~ **turn!** [*or* AM **face!**] MIL kehrt! **III.** *adj pred, inv* ❶ (*in the area*) ■**to be ~** in der Nähe sein; **he's ~ somewhere** er ist hier irgendwo; **there's a lot of flu ~ at the moment** im Moment geht die Grippe um ❷ (*intending*) ■**to be ~ to do sth** dabei sein, etw zu tun; **she was ~ to leave when Mark arrived** sie wollte gerade gehen, als Mark ankam; **he's ~ to burst into tears** er bricht gleich in Tränen aus; **we're just ~ to have supper** wir sind gerade beim Abendessen; **I'm not ~ to beg for his apology** ich werde ihn bestimmt nicht um eine Entschuldigung bitten ▸ PHRASES: **to be up** [*or* **out**] **and ~** auf den Beinen sein

about-'face AM, AUS, **about-'turn** BRIT **I.** *n* ❶ *esp* MIL (*reversal*) Kehrtwendung *f;* **to do a quick ~** eine schnelle Kehrtwendung machen ❷ (*change of opinion*) Kehrtwendung *f* um 180 Grad *fam;* **they've done a complete ~** sie haben ihre Meinung um 180° geändert **II.** *vi* MIL kehrtmachen; ~! kehrt!

above [əˈbʌv] **I.** *prep* ❶ (*over*) über +*dat;* **the helicopter was hovering ~ the building** der Hubschrauber schwebte über dem Gebäude; **my sister lives in the room ~ mine** meine Schwester wohnt im Zimmer über mir; ■**up ~ sth/sb** hoch über etw/jdm ❷ (*greater than*) über +*akk;* **we can't handle banquets ~ 50 people** Bankette mit mehr als 50 Personen können wir nicht ausrichten; ■**to be ~ sth** über etw *dat* sein; **the temperature is barely ~ freezing** die Temperatur ist kaum über dem Gefrierpunkt; **our rates of pay are ~ average** unsere Bezahlung liegt über dem Durchschnitt; ~ **[and beyond] sth** [weit] über etw *dat;* **buying a new car is ~ our financial limits right now** ein neues Auto zu kaufen geht im Augenblick über unsere finanziellen Verhältnisse; **profits this year were ~ and beyond all expectation** die Profite lagen dieses Jahr weit über allen Erwartungen ❸ (*superior to*) ■**to be/feel ~ sb** über jdm stehen/sich *akk* über jdn erhaben fühlen; **he thinks he's ~ everyone else** er hält sich für besser als alle anderen; ■**to be/feel ~ sth** über etw *dat* stehen/sich *akk* über etw *akk* erhaben fühlen; **to get ~ oneself** größenwahnsinnig werden *fam;* **to have ideas ~ one's station** BRIT (*form or hum*) sich *akk* für etwas Besseres halten; **to be ~ sth** über etw *akk* erhaben sein; **his behaviour is ~ criticism** sein Verhalten ist über jede Kritik erhaben ❹ (*more importantly than*) **she values her job ~ her family** sie stellt ihre Arbeit über ihre Familie; **they value freedom ~ all else** für sie ist die Freiheit wichtiger als alles andere; ~ **all** vor allem ❺ (*louder than*) **we could hardly hear each other speak ~ the music** wir konnten einander bei der Musik kaum verstehen ▸ PHRASES: **to be ~ one's head/sb** einem/jdm zu hoch sein *fam* **II.** *adv* ❶ (*on higher level*) oberhalb, darüber; **they live in the flat ~** sie wohnen in der Wohnung darüber; (*above oneself*) sie wohnen in der Wohnung über mir/uns; **the sky ~** der Himmel über uns/ihnen etc.; **from ~** von oben ❷ (*overhead*) **from ~** von oben; **seen from ~** von oben betrachtet ❸ (*in the sky*) am Himmel; **he looked up to the stars ~** er blickte hinauf zu den Sternen ❹ (*in heaven*) im Himmel; **the Lord ~** der Herr im Himmel; **He came from ~** Er stieg vom Himmel herab ❺ (*higher-ranking*) **[orders] from ~** [Anweisungen *fpl*] von oben *fam* ❻ (*earlier in text*) oben; **the address given ~** die oben genannte Adresse; **as mentioned ~** wie oben erwähnt; **see ~** siehe oben **III.** *adj attr, inv* (*form*) obige(r, s) *attr;* **the ~ address** die oben genannte Adresse; **in the ~ diagram/paragraph** im obigen Diagramm/Absatz **IV.** *n* ❶ ■**the ~** (*things*) das Obengenannte; (*person*) der/die Obengenannte; (*several*) die Obengenannten *pl* ❷ (*in text*) ■**the ~** das Obenerwähnte [*o* Obige]

above 'board (*fam*) **I.** *adj pred* einwandfrei; **it's all ~!** es ist alles korrekt!; **to be all** [*or* **completely**] **open and ~** völlig offen und ehrlich sein **II.** *adv* einwandfrei **above-'men·tioned** (*form*) **I.** *adj inv* oben genannte(r, s) **II.** *n* ■**the ~** (*thing*) das Obenerwähnte; (*person*) der/die Obenerwähnte; (*several*) die Obenerwähnten

ab·ra·ca·dab·ra [ˌæbrəkəˈdæbrə] **I.** *interj* Abrakadabra **II.** *n* Abrakadabra *nt*

abrade [əˈbreɪd] *vt* (*form*) ■**to ~ sth** etw abschleifen; GEOL etw abtragen [*o fachspr* erodieren]; **to ~ skin** Haut abschürfen

abra·sion [əˈbreɪʒən] *n* ❶ (*injury*) Abschürfung *f* ❷ *no pl* (*abrading*) Abnutzung *f;* MECH Abrieb *m;* GEOL Erosion *f;* **to be resistant to ~** strapazierfähig sein

abra·sive [əˈbreɪsɪv] **I.** *adj* ❶ (*rubbing*) abreibend; ~ **cleaner** Scheuermittel *nt;* ~ **paper** Schmirgelpapier *nt;* ~ **surface** raue Oberfläche ❷ (*unpleasant*) aggressiv; ~ **criticism** scharfe [*o* harsche] Kritik **II.** *n* ❶ (*detergent*) Scheuermittel *nt* ❷ MECH Schleifmittel *nt*

abra·sive·ly [əˈbreɪsɪvli] *adv* schroff, harsch

abra·sive·ness [əˈbreɪsɪvnəs] *n no pl* ❶ *of a detergent* Schärfe *f; of a surface* Rauheit *f* ❷ (*impoliteness*) Schroffheit *f,* Schärfe *f*

abreast [əˈbrest] *adv* ❶ (*side by side*) nebeneinander, Seite an Seite ❷ (*alongside*) auf gleicher Höhe; **to come** [*or* **draw**] **~ of sb/sth** mit jdm/etw gleichziehen ❸ (*up to date*) ■**to be ~ of sth** über etw *akk* auf dem Laufenden sein; **to keep ~ of sth** sich *akk* über etw *akk* auf dem Laufenden halten; **to keep sb ~ of sth** jdn über etw *akk* auf dem Laufenden halten

abridge [əˈbrɪdʒ] *vt* ❶ (*shorten*) **to ~ a book/script** ein Buch/Manuskript kürzen ❷ (*curtail*) **to ~ sb's liberties** jds Freiheiten *fpl* einschränken; **to ~ sb's rights** jds Rechte *ntpl* beschneiden

abridged [əˈbrɪdʒd] *adj* gekürzt; ~ **edition** gekürzte Ausgabe; ~ **version** Kurzfassung *f*

abridg(e)·ment [əˈbrɪdʒmənt] *n* ❶ (*version*) *of a book* gekürzte Ausgabe; (*summary*) Kurzfassung *f* ❷ *no pl* (*shortening*) Kürzung *f;* **letters to the editor are subject to ~** der Herausgeber behält sich vor, Leserbriefe zu kürzen

abroad [əˈbrɔːd, AM əˈbrɑːd] **I.** *adv inv* ❶ (*in foreign country*) im Ausland; **he's currently ~ on business** er ist momentan geschäftlich im Ausland; **to go ~** ins Ausland fahren ❷ (*form: current*) ■**to be ~** umgehen; **there is a rumour ~ that ...** es geht [*o* kursiert] das Gerücht, dass ... ❸ (*liter or old: outside*) ■**to be ~** [draußen] unterwegs sein **II.** *n no pl* **[to return** [*or* **come back**]] **from ~** aus dem Ausland [zurückkehren]

ab·ro·gate ['æbrə(ʊ)geɪt, AM -rəg-] *vt* (*form*) ■**to ~ sth** etw aufheben [*o fachspr* annullieren]; **to ~ a law/treaty** ein Gesetz/einen Vertrag außer Kraft setzen

ab·ro·ga·tion [ˌæbrə(ʊ)'geɪʃᵊn, AM -rə'-] *n no pl* (*form*) Aufhebung *f*, Annullierung *f fachspr; of a treaty* Außerkraftsetzung *f*

ab·rupt [ə'brʌpt] *adj* ① (*sudden*) abrupt, plötzlich; **~ change of subject** abrupter Themenwechsel; **~ departure** plötzliche Abreise; **to come to an ~ end** ein jähes Ende finden; **to come to an ~ halt** *car* plötzlich anhalten ② (*brusque*) *manner, person, reply* schroff; ■**to be ~ with sb** zu jdm sehr schroff [*o* barsch] sein ③ (*steep*) steil; *slope also* schroff

ab·rupt·ly [ə'brʌptli] *adv* ① (*suddenly*) abrupt, unvermittelt, plötzlich ② (*brusquely*) schroff ③ (*steeply*) steil, schroff

ab·rupt·ness [ə'brʌptnəs] *n no pl* ① (*suddenness*) Plötzlichkeit *f*, Unvermitteltheit *f* ② (*brusqueness*) Schroffheit *f*; *of a person* schroffe Art ③ (*steepness*) Steilheit *f*, Steile *f*

abs *n* ANAT (*fam*) *short for* **abductors** Abduktionsmuskel *mpl*

ABS [ˌeɪbiː'es] *n no pl* AUTO *abbrev of* **anti-lock braking system** ABS *nt*

ab·scess <*pl* -es> ['æbses] *n* MED Abszess *m*

ab·scond [əb'skɒnd, AM -'skɑːnd] *vi* ① (*run away*) sich *akk* davonmachen, abhauen *fam*; **to ~ abroad** sich *akk* ins Ausland absetzen; ■**to ~ with sb** mit jdm durchbrennen *fam* ② (*escape*) türmen *fam*, ausbrechen

ab·scond·er [əb'skɒndəʳ, AM -'skɑːndɚ] *n* Ausreißer(in) *m(f) fam*

ab·seil ['æbseɪl] *esp* BRIT, AUS **I.** *vi* (*in rock climbing*) [sich *akk*] abseilen **II.** *n* Abstieg *m* (*durch Abseilen*)

ab·seil·ing ['æbseɪlɪŋ] *n no pl esp* BRIT, AUS (*in rock climbing*) Abseilen *nt*

ab·sence ['æbsᵊn(t)s] *n* ① *no pl* (*non-appearance*) Abwesenheit *f*; (*from school, work*) Fehlen *nt*; **in** [*or* **during**] **sb's ~, in the ~ of sb** in [*o* während] jds Abwesenheit *f* ② (*period away*) Abwesenheit *f*, Fehlen *nt*; (*from school*) Fehlzeit *f* ③ *no pl* (*lack*) Fehlen *nt*, Nichtvorhandensein *nt*; ■**in the ~ of sth** in Ermangelung einer S. *gen*; **in the ~ of any more suitable candidates ...** da es keine weiteren geeigneten Kandidaten gab, ... ▶ PHRASES: **~ makes the heart grow fonder** (*prov*) die Liebe wächst mit der Entfernung *prov*

ab·sent I. *adj* ['æbsᵊnt] *inv* ① (*not there*) abwesend; **to be ~ from work/school** auf der Arbeit/in der Schule fehlen; **to mark sb as ~ in the register** [*or* AM **on the attendance sheet**] SCH jdn im Klassenbuch als fehlend eintragen ② *usu pred* (*lacking*) ■**to be ~** fehlen ③ (*distracted*) [geistes]abwesend; **~ expression** geistesabwesender Gesichtsausdruck **II.** *vt* ['æbsent] (*form*) ① (*leave*) ■**to ~ oneself** sich *akk* zurückziehen; **he ~ed himself from the room** er verließ den Raum ② (*not appear*) **to ~ oneself** [**from work**] [von der Arbeit] fernbleiben

ab·sen·tee [ˌæbsᵊn'tiː] *n* Abwesende(r) *f(m)*, Fehlende(r) *f(m)*; **there are many ~s from school this week** diese Woche fehlen viele in der Schule

ab·sen·tee 'bal·lot *n* AM (*postal vote*) Briefwahl *f*

ab·sen·tee·ism [ˌæbsᵊn'tiːɪzᵊm] *n no pl* häufiges Fernbleiben [*o* Fehlen], Krankfeiern *nt pej*; (*truancy also*) Schwänzen *nt fam*

ab·sen·tee 'land·lord *n nicht ortsansässiger Vermieter oder Verpächter* **ab·sen·tee 'vote** *n* AUS (*postal vote*) Briefwahl *f*

ab·sent·ly ['æbsᵊntli] *adv* [geistes]abwesend

absent-'minded *adj* (*momentarily*) geistesabwesend; (*habitually*) zerstreut; **~ professor** zerstreuter Professor

absent-'minded·ly *adv* (*momentarily*) geistesabwesend; (*habitually*) zerstreut

absent-'minded·ness *n no pl* (*moment*) Geistesabwesenheit *f*; (*trait*) Zerstreutheit *f*

ab·sinth(e) [ˌæbsɛ̃θ] *n no pl* (*liqueur*) Absinth *m*

ab·so·lute [ˌæbsə'luːt] **I.** *adj inv* ① (*complete*) absolut, vollkommen; **with ~ certainty** mit hundertprozentiger Sicherheit; **to not be ~ proof** kein eindeutiger Beweis sein ② *attr* (*emphatic*) absolut, total; **an ~ angel** ein wahrer Engel; **an ~ disaster** eine einzige Katastrophe; **an ~ idiot** ein ausgemachter Idiot; **an ~ mess** ein einziges Durcheinander; **to talk ~ nonsense** kompletten Unsinn reden ③ (*not relative*) absolut; **in ~ terms** absolut gesehen ④ (*unlimited*) absolut, uneingeschränkt; **~ ruler** unumschränkter Herrscher/unumschränkte Herrscherin ⑤ LING absolut **II.** *n* PHILOS Absolutheit *f*

ab·so·lute·ly [ˌæbsə'luːtli] *adv inv* ① (*completely*) absolut, völlig; **you're ~ right** Sie haben vollkommen [*o* völlig] Recht; **you have ~ no idea** du hast [ja] überhaupt keine Ahnung; **~ forbidden** strikt verboten; **sth is ~ true** etw stimmt hundertprozentig; **to ~ agree with sb** jdm vollkommen zustimmen; **to ~ believe in sth** etw bedingungslos glauben; **to trust sb ~** jdm bedingungslos vertrauen ② (*emphatic*) absolut; **it's been ~ ages since we last met!** wir haben uns ja Jahrhunderte nicht gesehen! *fam*; **it was an excellent film – ~!** das war ein toller Film – absolut! *sl*; **~ not!** nein, überhaupt nicht!; **~ delicious** einfach köstlich; **to be ~ determined to do sth** fest [*o fam* wild] entschlossen sein, etw zu tun; **~ nothing** überhaupt nichts; **to mean ~ everything to sb** jdm alles bedeuten; *person, animal also* jds Ein und Alles *nt* sein ③ LING absolut

ab·so·lute ma·'jor·ity *n* POL absolute Mehrheit **ab·so·lute 'zero** *n no pl* PHYS absoluter Nullpunkt

ab·so·lu·tion [ˌæbsə'luːʃᵊn] *n no pl* REL Absolution *f*; **to give** [*or* **grant**] **sb ~** jdm [die] Absolution erteilen; **to give** [*or* **grant**] **sb ~ from** [*or* **of**] **his/her sins** jdn von seinen Sünden lossprechen

ab·so·lut·ism [ˌæbsə'luːtɪzᵊm, AM -t̬ɪz-] *n no pl* POL Absolutismus *m*

ab·solve [əb'zɒlv, AM -'zɑː(l)v] *vt* (*form*) ① (*exonerate*) ■**to ~ sb** [**of** [*or* **from**] **sth**] jdn [von etw *dat*] freisprechen; **to ~ sb from responsibility** jdn aus der Verantwortung entlassen; **to ~ sb of his/her vow** jdn von seinem Gelübde entbinden ② REL **to ~ sb of his/her sins** jdn von seinen Sünden lossprechen

ab·sorb [əb'zɔːb, -sɔːb, AM -'sɔːrb, -zɔːrb] *vt* ① (*soak up*) ■**to ~ sth** etw aufnehmen [*o fachspr* absorbieren]; *liquids a.* etw aufsaugen; MED etw resorbieren; °**to be ~ed into the bloodstream** *drug* in den Blutkreislauf gelangen ② *usu passive* (*become part*) ■**to be ~ed by** [*or* **into**] **sth** in etw *akk* integriert werden ③ (*accommodate for*) ■**to ~ sth** *changes* etw auffangen ④ (*reduce*) ■**to ~ sth** *blow* etw abfangen; **to ~ light** Licht absorbieren [*o fam* schlucken]; **to ~ noise** Schall dämpfen [*o fam* schlucken] ⑤ (*understand*) ■**to ~ sth** *information, news* etw aufnehmen ⑥ (*engross*) ■**to ~ sb** jdn beanspruchen [*o* in Anspruch nehmen]; **to ~ sb's attention/time** jds Aufmerksamkeit *f*/Zeit *f* beanspruchen; **to completely ~ sb's attention/time** jds ganze Aufmerksamkeit/Zeit in Anspruch nehmen

ab·sorbed [əb'zɔːbd, -'sɔːbd, AM -'sɔːrbd,-'zɔːrbd] *adj usu pred* ■**to be ~** [**in sth**] [in etw *akk*] vertieft [*o* versunken] sein; **to be ~ in one's thoughts** [ganz] in Gedanken versunken sein

ab·sorb·en·cy [əb'zɔːbən(t)si, -'sɔː-, AM -'sɔːrb-, -'zɔːr] *n no pl* Absorptionsfähigkeit *f*; *of cotton, paper* Saugfähigkeit *f*

ab·sorb·ent [əb'zɔːbənt, -'sɔː-, AM -'sɔːr-, -'zɔːr-] *adj* absorptionsfähig; *cotton, paper* saugfähig

ab·sorb·ing [əb'zɔːbɪŋ, -'sɔː-, AM -'sɔːr-, -'zɔːr-] *adj* fesselnd, packend; **an ~ problem** ein kniffeliges Problem

ab·sorp·tion [əb'zɔːpʃᵊn, AM -'sɔːrp-] *n no pl* ① (*absorbing*) Absorption *f fachspr*, Aufnahme *f*; **power of ~** Absorptionsfähigkeit *f* ② (*incorporation*) Aufnahme *f*; *of people also* Integration *f* ③ *of a blow* Abfangen *nt*, Dämpfung *f* ④ (*engrossment*) Vertieftsein *nt*; (*in a problem*) intensive Beschäftigung

ab·stain [əb'steɪn] *vi* ① (*eschew*) ■**to ~** [**from sth**] sich *akk* [einer S. *gen*] enthalten *geh*; **to ~ from alcohol** keinen Alkohol trinken ② (*not vote*) sich *akk* der Stimme enthalten

ab·stain·er [əb'steɪnəʳ, AM -ɚ] *n* Abstinenzler(in) *m(f)*

ab·ste·mi·ous [æb'stiːmiəs] *adj* **~ life/person** enthaltsames

Leben/enthaltsamer Mensch; ~ **meal** bescheidenes Essen

ab·sten·tion [əb'sten(t)ʃᵊn] *n* ❶ *no pl* (*eschewal*) Abstinenz *f* (**from** von *+dat*), Enthaltsamkeit *f* ❷ *no pl* (*not voting*) Stimmenthaltung *f* ❸ (*noncommittal vote*) [Stimm]enthaltung *f*; **those in favour? those against? ~s?** wer ist dafür? wer dagegen? Enthaltungen?

ab·sti·nence ['æbstɪnən(t)s] *n no pl* Abstinenz *f* (**from** von *+dat*), Verzicht *m* (**from** auf *+akk*)

ab·sti·nent ['æbstɪnənt] *adj* enthaltsam, abstinent

ab·stract I. *adj* ['æbstrækt] abstrakt; ~ **art/painting** abstrakte Kunst/Malerei; ~ **noun** LING Abstraktum *nt fachspr* II. *n* ['æbstrækt] ❶ (*summary*) Zusammenfassung *f* ❷ (*generalized form*) ■**the** ~ das Abstrakte; **in the** ~ abstrakt, theoretisch ❸ ART abstraktes Werk ❹ PHILOS Abstraktum *nt fachspr* III. *vt* [æb'strækt] ❶ (*summarize*) ■**to** ~ **sth** etw zusammenfassen ❷ (*euph form: steal*) ■**to** ~ **sth** etw entwenden *geh* ❸ (*form: remove*) ■**to** ~ **sth** [**from sth**] etw [aus etw *dat*] entnehmen ❹ (*consider separately*) ■**to** ~ **sth** [**from sth**] etw [von etw *dat*] trennen

ab·stract·ed [æb'stræktɪd] *adj* gedankenverloren, [geistes]abwesend

ab·stract·ed·ly [æb'stræktɪdli] *adv* gedankenverloren, [geistes]abwesend

ab·strac·tion [æb'strækʃᵊn] *n* ❶ (*generalization*) Abstraktion *f* ❷ (*process*) Abstrahieren *nt* ❸ *no pl* (*distraction*) [Geistes]abwesenheit *f* ❹ (*form: removal*) Entnahme *f* (**from** von *+dat*)

ab·stract 'noun *n* LING Abstraktum *nt fachspr*

ab·struse [æb'stru:s] *adj* abstrus

ab·surd [əb'zɜ:d, -'sɜ:d, AM -'sɜ:rd, -'zɜ:rd] I. *adj* ❶ (*illogical*) absurd ❷ (*foolish*) töricht; **don't be ~!** sei nicht albern! ❸ (*ridiculous*) lächerlich; **to look** ~ lächerlich aussehen II. *n* ■**the** ~ das Absurde; **the theatre of the** ~ das absurde Theater

ab·surd·ist [eb'sɜ:dɪst, AM -'sɜ:rd-] *adj* absurd

ab·surd·ity [əb'zɜ:dəti, -'sɜ:-, AM -'sɜ:rdət̬i, -'zɜ:r-] *n* ❶ *no pl* (*nature*) *of an idea, situation* Absurdität *f*; **the** ~ **of the situation** das Absurde an der Situation ❷ (*thing*) Absurdität *f*; **to be an** ~ absurd sein

ab·surd·ly [əb'zɜ:dli, -'sɜ:d-, AM -'sɜ:rd-, -'zɜ:rd-] *adv* absurd; **to behave** ~ sich *akk* kindisch [*o* lächerlich] benehmen

abun·dance [ə'bʌndən(t)s] *n no pl* ❶ (*plentifulness*) Fülle *f* (**of** von *+dat*); **to have an** ~ **of sth** reich an etw *akk* sein; **Canada has an** ~ **of wildlife** Kanada hat eine sehr reiche Tierwelt; **he had an** ~ **of good ideas** er hatte jede Menge guter Ideen; **in** ~ in Hülle und Fülle ❷ (*prosperity*) Reichtum (**of** an *+dat*)

abun·dant [ə'bʌndənt] *adj* reichlich; **there was food in** ~ **supply** es gab Essen in Hülle und Fülle; **there is** ~ **evidence that ...** es gibt jede Menge Beweise dafür, dass ...; **in** ~ **detail** in aller Ausführlichkeit; ~ **harvest** reiche Ernte; ~ **vegetation** üppige Vegetation; ■**to be** ~ **in sth** reich an etw *dat* sein

abun·dant·ly [ə'bʌndəntli] *adv* ❶ (*plentifully*) reichlich; **sth is** ~ **available** etw gibt es reichlich ❷ (*extremely*) **to be** ~ **clear that ...** mehr als klar sein, dass ...; **to make sth** ~ **clear** etw mehr als deutlich zu verstehen geben

abuse I. *n* [ə'bju:s] ❶ *no pl* (*affront*) [**verbal**] ~ Beschimpfung[en] *fpl*; **a stream** [*or* **torrent**] **of** ~ ein Schwall *m* von Beschimpfungen; **a term of** ~ ein Schimpfwort *nt*; **to hurl** ~ **at sb** jdn beschimpfen; **to hurl a torrent of** ~ **at sb** jdm einen Schwall von Beschimpfungen entgegenschleudern ❷ *no pl* (*maltreatment*) Missbrauch *m*; **child** ~ Kindesmissbrauch *m*; **to have been a victim of child** ~ als Kind missbraucht worden sein; **mental/physical** ~ psychische/körperliche Misshandlung; **sexual** ~ sexueller Missbrauch ❸ *no pl* (*misuse*) Missbrauch *m*; **be open to** ~ sich leicht missbrauchen lassen, leicht ausgenutzt werden; **alcohol/drug** ~ Alkohol-/Drogenmissbrauch *m* ❹ (*breach*) Verletzung *f*; ~ **of human rights** Menschenrechtsverletzungen *fpl* ❺ (*corrupt practice*) ■~**s** *pl* korrupte Machenschaften II. *vt* [ə'bju:z] ❶ (*verbally*) **to** [**verbally**] ~ **sb** jdn beschimpfen ❷ (*maltreat*) ■**to** ~ **sb/an animal** jdn/ein Tier missbrauchen; **to** ~ **sb emotionally/physically/sexually** jdn psychisch/körperlich/sexuell misshandeln ❸ (*exploit*) ■**to** ~ **sth** etw missbrauchen; **to** ~ **one's authority/position** seine Autorität/Position missbrauchen; **to** ~ **sb's kindness** jds Freundlichkeit *f* ausnützen; **to** ~ **sb's trust** jds Vertrauen *nt* missbrauchen ❹ (*breach*) **to** ~ **sb's rights** jds Rechte *ntpl* verletzen

abus·er [ə'bju:zəʳ, AM -ɚ] *n* **child** ~ Kinderschänder(in) *m(f)*; **drug** ~ Drogenabhängige(r) *f(m)*

abu·sive [ə'bju:sɪv] *adj* ❶ (*insulting*) beleidigend; ~ **language** Beleidigungen *fpl*; ~ **phone call** obszöner Anruf; **to become** ~ [**to sb**] [jdm gegenüber] ausfallend werden ❷ (*maltreating*) misshandelnd *attr*; ~ **parents** Eltern, die ihre Kinder missbrauchen

abu·sive·ly [ə'bju:sɪvli] *adv* beleidigend; **they shouted** ~ **at each other** sie riefen sich gegenseitig Beschimpfungen zu

abut <-tt-> [ə'bʌt] I. *vt no passive* ■**to** ~ **sth** *land, house* an etw *akk* grenzen II. *vi* ■**to** ~ **on sth** *land, house* an etw *akk* grenzen

abut·ter [ə'bʌtəʳ, AM -t̬ɚ] *n* Anlieger(in) *m(f)*, Anrainer(in) *m(f)* *bes* ÖSTERR

abuzz [ə'bʌz] *adj pred* ❶ (*buzzing*) **the city is** ~ in der Stadt ist ordentlich was los *fam* ❷ (*full of*) **to be** ~ **with excitement over sth** in heller Aufregung über etw *akk* sein

abys·mal [ə'bɪzmᵊl] *adj* entsetzlich, katastrophal

abys·mal·ly [ə'bɪzmᵊli] *adv* entsetzlich, katastrophal; **the film was** ~ **bad** der Film war miserabel; **they're** ~ **ignorant of politics** sie haben erschreckend wenig Ahnung von Politik

abyss [ə'bɪs] *n* (*a. fig*) Abgrund *m*; **on the edge** [*or* **brink**] **of an** ~ am Rande eines Abgrunds

Ab·ys·sinia [ˌæbɪ'sɪniə] *n* (*hist*) Abessinien *nt*

AC [ˌeɪ'si:] *n* ❶ AM *abbrev of* **air conditioner** ❷ *no pl* AM *abbrev of* **air conditioning** ❸ *no pl, no art* ELEC *abbrev of* **alternating current**: **230 V** ~ 230 V AC

a/c, AM *a.* **A/C** *n no pl abbrev of* **account** Kto.

aca·cia [ə'keɪʃə] *n* Akazie *f*

aca·deme ['ækədi:m] *n no art, no pl* UNIV (*form or hum*) die akademische Welt; **the groves** [*or* **halls**] **of** ~ die akademischen Gefilde

aca·demia [ˌækə'di:miə] *n no pl, no art* die akademische Welt; (*more concrete*) die Universität *f*

aca·dem·ic [ˌækə'demɪk] I. *adj* ❶ *usu attr, inv* (*university*) akademisch; ~ **institution** Universitätseinrichtung *f*; ~ **year** Studienjahr *nt* ❷ (*not vocational*) wissenschaftlich; ~ **approach** wissenschaftlicher Ansatz ❸ (*scholarly*) wissenschaftlich; ~ **interests** geistige Interessen ❹ (*pej: theoretical*) *question* akademisch ❺ (*irrelevant*) hypothetisch II. *n* Lehrkraft *f* an der Universität

aca·dem·ical·ly [ˌækə'demɪkli] *adv* wissenschaftlich; **she's always done well** ~ sie war immer gut in der Schule; **to be** ~ **gifted** intellektuell begabt sein; **to be** ~ **inclined** geistige Interessen haben

acad·emi·cian [əˌkædə'mɪʃᵊn, AM ˌækədə'-] *n* ❶ (*member*) Akademiemitglied *nt* ❷ AM (*academic*) Lehrkraft *f* an der Universität

acad·emy [ə'kædəmi] *n* ❶ (*training*) Akademie *f*; **military** ~ Militärakademie *f*; **police** ~ Polizeischule *f* ❷ (*scholarly institution*) Akademie *f*; **the French A~** die Französische Akademie ❸ *esp* AM, SCOT (*school*) [höhere] Schule

Acad·emy A'ward *n* FILM Academy Award *m*, Oscar *m* (*Filmpreis der Motion Picture Academy*)

acan·thus <*pl* -thi> [ə'kæn(t)θəs, *pl* -(t)θaɪ] *n* ❶ BOT Akanthus *m*, Bärenklau *m o f* ❷ ARCHIT Akanthus *m*

a cap·pel·la [ˌækə'pelə, AM ˌɑ:k-] *inv* I. *adj* a cappella, A-cappella- II. *adv* a cappella

ACAS ['eɪˌkæs] *n abbrev of* **Advisory, Conciliation, and Arbitration Service** *Schlichtungsstelle für Arbeitskonflikte*

A

ac·cede [æk'siːd] *vi* (*form*) ❶ (*agree*) ■**to ~ to sth** etw *dat* zustimmen; **to ~ to a demand/request** einer Forderung/Bitte nachgeben; **to ~ to a proposal** in einen Vorschlag einwilligen ❷ (*assume*) **to ~ to a position** einen Posten übernehmen; **to ~ to the throne** den Thron besteigen; **to ~ to sb's title** jds Titel übernehmen ❸ (*become member*) ■**to ~ to sth** etw *dat* beitreten

ac·cel·er·ate [ək'seləreɪt] **I.** *vi* ❶ (*go faster*) beschleunigen; *driver* Gas geben *fam* ❷ (*increase*) zunehmen, [schnell] ansteigen; **his heartbeat ~d** sein Herzschlag beschleunigte sich ❸ PHYS beschleunigen **II.** *vt* ■**to ~ sth** ❶ *vehicle* etw beschleunigen; **to ~ one's speed** die Geschwindigkeit erhöhen ❷ (*fig*) *decline, change* etw beschleunigen ❸ CHEM, PHYS etw beschleunigen

ac·cel·era·tion [əkˌselə'reɪʃᵊn] *n no pl* ❶ *of a car* Beschleunigung *f;* **to have good/poor ~** gut/schlecht beschleunigen, eine gute/schlechte Beschleunigung haben; **~ of speed** Geschwindigkeitserhöhung *f* ❷ (*fig: quickening*) Beschleunigung *f* ❸ PHYS Beschleunigungsrate *f*

ac·cel·era·tor [ək'seləreɪtəʳ, AM -t̬ɚ] *n* ❶ (*in car*) Gaspedal *nt,* Gas *nt fam;* **to depress** [*or* **step on**] **the ~** aufs Gas treten *fam;* **to ease** [*or* **let**] **up on the ~** vom Gas gehen *fam* ❷ PHYS [Teilchen]beschleuniger *m*

ac·'cel·era·tor pe·dal *n* Gaspedal *nt*

ac·cent I. *n* ['æksᵊnt, AM -sent] ❶ (*pronunciation*) Akzent *m;* **broad/pronounced ~** breiter/starker Akzent; **German/Scottish ~** deutscher/schottischer Akzent; **to get rid of one's ~** seinen Akzent verlieren; **to speak with an ~** einen Akzent haben, mit einem Akzent sprechen; **to speak without an ~** akzentfrei sprechen, keinen Akzent haben ❷ (*over letter*) Akzent *m* ❸ (*stress*) Betonung *f,* Akzent *m* ❹ (*focus*) Betonung *f,* Schwerpunkt *m;* **to put the ~ on sth** etw in den Mittelpunkt stellen ❺ (*liter: tone*) ■**~s** *pl* Stimme *f,* Tonfall *m* **II.** *vt* [ək'sent, AM æk'-] ■**to ~ sth** etw betonen; **to ~ an aspect** einen Aspekt hervorheben

ac·cen·tu·ate [ək'sentʃueɪt] *vt* ■**to ~ sth** ❶ (*highlight*) *aspect, feature, quality* etw betonen [*o* hervorheben] ❷ MUS, LING etw akzentuieren

ac·cen·tua·tion [əkˌsentʃu'eɪʃᵊn] *n no pl* Betonung *f*

ac·cept [ək'sept] **I.** *vt* ❶ (*take when offered*) ■**to ~ sth** etw annehmen; **to ~ sb's advice/an apology/a suggestion** jds Ratschlag *m*/eine Entschuldigung/einen Vorschlag annehmen; **to ~ an award** eine Auszeichnung entgegennehmen; **to ~ a bribe** sich *akk* bestechen lassen; **to ~ an invitation/a job/an offer/a gift** eine Einladung/eine Stelle/ein Angebot/ein Geschenk annehmen; **to ~ sb as a member** jdn als Mitglied aufnehmen ❷ (*take in payment*) ■**to ~ sth** etw annehmen; **do you ~ credit cards?** kann man bei Ihnen mit Kreditkarte zahlen?; **this telephone ~s only coins** an diesem Telefon kann man nur mit Münzen telefonieren ❸ (*believe*) ■**to ~ sth** etw glauben; (*more official*) etw Glauben schenken ❹ (*acknowledge*) ■**to ~ sth** etw anerkennen; **she refused to ~ all the blame** sie weigerte sich, die ganze Schuld auf sich zu nehmen; **to ~ responsibility** Verantwortung übernehmen; ■**to ~** [**that**] ... akzeptieren, dass ...; **I ~ that I've made a mistake** ich sehe ein, dass ich einen Fehler gemacht habe ❺ (*resign oneself to*) ■**to ~ sth** etw akzeptieren [*o* hinnehmen]; **to ~ sb's decision** jds Entscheidung *f* akzeptieren; **to ~ one's fate/a situation** sich *akk* mit seinem Schicksal/einer Situation abfinden; ■**to ~** [**the fact**] **that ...** [die Tatsache] akzeptieren, dass ..., sich *akk* damit abfinden, dass ... ❻ (*include socially*) ■**to ~ sb** jdn akzeptieren **II.** *vi* zusagen, annehmen; ■**to ~ to do sth** einwilligen, etw zu tun

ac·cept·abil·ity [əkˌseptə'bɪləti, AM -ət̬i] *n no pl* Annehmbarkeit *f,* Akzeptabilität *f geh*

ac·cept·able [ək'septəbl̩] *adj* ❶ (*satisfactory*) akzeptabel, hinnehmbar; ■**to not be ~** untragbar sein; ■**to be ~ to sb** für jdn akzeptabel [*o* annehmbar] sein; **if these terms are ~ to you, ...** wenn Sie mit diesen Bedingungen einverstanden sind, ... ❷ (*form: welcome*) recht, willkommen; **chocolates make a very ~ gift** Schokolade kommt als Mitbringsel immer gut an ❸ (*enough*) ausreichend; **anything over a pound would be quite ~** jede Spende über einem Pfund ist in Ordnung

ac·cept·ably [ək'septəbli] *adv* ❶ (*satisfactorily*) angemessen, akzeptabel ❷ (*enough*) hinreichend ❸ (*correctly*) korrekt

ac·cept·ance [ək'septən(t)s] *n* ❶ *no pl* (*accepting*) *of an invitation, offer, proposal, cheque* Annahme *f; of idea* Zustimmung *f* ❷ (*positive answer*) Zusage *f;* **letter of ~** schriftliche Zusage ❸ *no pl* (*toleration*) Hinnahme *f* ❹ *no pl* (*recognition*) Anerkennung *f,* Akzeptanz *f geh;* **there is a general ~ that ...** man ist sich allgemein einig, dass ...; **to gain ~** Anerkennung bekommen; **to meet with general ~** allgemeine Anerkennung finden

ac·'cept·ance speech *n* (*by winner*) Dankesrede *f;* (*by elected*) Antrittsrede *f*

ac·cept·ed [ək'septɪd] *adj* anerkannt; **it is generally ~ that ...** es ist eine allgemein anerkannte Tatsache, dass...

ac·cess ['ækses] **I.** *n no pl* ❶ (*entry*) Zugang *m;* (*to room, building*) Zutritt *m;* **the only ~ to the village is by boat** das Dorf ist nur mit dem Boot zu erreichen; **no ~ to the top floor** kein Durchgang zum obersten Stockwerk; BRIT **"~ only"** „Anlieger frei"; **main ~ to a building** Haupteingang *m* eines Gebäudes; **to be difficult of ~** BRIT (*form*) schwer zugänglich sein; **to deny sb ~** [**to sth**] jdm den Zugang [*o* Zutritt] [zu etw *dat*] verwehren; **to deny a vehicle ~ to a street** eine Straße für ein Fahrzeug sperren; **to gain ~** [**to sth**] sich *dat* Zugang [*o* Zutritt] [zu etw *dat*] verschaffen ❷ (*use*) Zugang *m;* **~ to children** LAW das Recht, die Kinder zu sehen; **~ to information** Zugriff *m* auf Informationen; **to give** [*or* **grant**]/**refuse** [*or* **deny**] **sb ~ to sth** jdm Zugang zu etw *dat* gewähren/verweigern; **he was granted ~ to the family's private correspondence** er durfte die Privatkorrespondenz der Familie einsehen **II.** *vt* COMPUT **to ~ data** auf Daten zugreifen; **to ~ a file** eine Datei öffnen

'ac·cess code *n* COMPUT Zugangscode *m,* Zugriffscode *m* **'ac·cess course** *n* BRIT *Kurs, der den Eintritt in den höheren Bildungsweg ermöglicht*

ac·ces·sibil·ity [əkˌsesə'bɪləti, AM -ət̬i] *n no pl* ❶ (*entry*) Zugänglichkeit *f* ❷ (*fig*) *of literature, sb's work* Zugänglichkeit *f*

ac·ces·sible [ək'sesəbl̩] *adj usu pred* ❶ (*approachable*) [leicht] erreichbar; **the resort is easily ~ by car** der Ort ist mit dem Auto leicht zu erreichen; **the shelves aren't very ~** man kommt nicht sehr gut an die Regale heran ❷ (*obtainable*) [leicht] verfügbar; ■**to be ~ to sb** jdm zugänglich sein ❸ (*easy*) verständlich; ■**to be ~** [**to sb**] [jdm] [intellektuell] zugänglich sein ❹ *person* zugänglich; ■**to be ~ to sb** für jdn ansprechbar sein

ac·ces·sion [ək'seʃᵊn] *n no pl* (*form*) ❶ (*assumption*) Antritt *m;* **~ to a post** Amtsantritt *m;* **~ to power** Machtübernahme *f;* **~ to the throne** Thronbesteigung *f* ❷ (*membership*) Beitritt *m* (**to** zu + *dat*) ❸ *to a treaty* Zustimmung *f*

ac·ces·sor·ize [ək'sesᵊraɪz, AM -ər-] *vt usu passive* ■**to be ~d** mit Accessoires versehen sein; ■**to ~ sth** etw mit Accessoires versehen; **to ~ a car** [**with sth**] ein Auto [mit etw *dat*] ausstatten; **to ~ a room** [**with sth**] ein Zimmer [mit etw *dat*] dekorieren

ac·ces·so·ry [ək'sesᵊri] *n* ❶ *usu pl* FASHION Accessoire *nt;* **matching accessories** passende Accessoires ❷ *usu pl* (*equipment*) Zubehör *nt* ❸ (*tool*) Extra *nt* ❹ (*criminal*) Helfershelfer *m;* **he became an ~ to the crime** er machte sich am Verbrechen mitschuldig; **~ before the fact** LAW Anstifter(in) *m(f);* **to be charged with being an ~ after the fact** LAW der Beihilfe beschuldigt werden

'ac·cess road *n,* **'ac·cess route** *n* ❶ (*to place*) Zufahrt[sstraße] *f* ❷ BRIT (*to motorway*) [Autobahn]zubringer *m* **'ac·cess time** *n* COMPUT Zugriffszeit *f*

ac·ci·dence ['æksɪdᵊn(t)s] *n* LING Flexion *f fachspr*
ac·ci·dent ['æksɪdᵊnt] *n* ❶ (*with injury*) Unfall *m;* **road** ~ Verkehrsunfall *m;* **train/plane** ~ Zug-/Flugzeugunglück *nt;* ~ **at work** Arbeitsunfall *m;* **to have an** ~ einen Unfall haben; **he had an** ~ **with the carving knife** er hat sich mit dem Tranchiermesser verletzt; **without** ~ gefahrlos ❷ (*without intention*) Versehen *nt;* **sorry, it was an** ~ tut mir leid, es war keine Absicht; **by** ~ aus Versehen ❸ (*chance*) Zufall *m;* **by** ~ zufällig; **more by** ~ **than design** eher zufällig als geplant; **it is no/pure** ~ **that ...** es ist kein/reiner Zufall, dass ... ❹ (*mishap*) Missgeschick *nt;* **I'm afraid I've had an** ~ mir ist leider ein Missgeschick passiert ❺ (*euph: defecation*) Malheur *nt euph, hum;* **my son's just had an** ~ meinem Sohn ist gerade ein [kleines] Malheur passiert ❻ (*euph: unplanned child*) Unfall *m fam* ► PHRASES: ~**s will happen** so was kommt vor; ~**s will happen in the best regulated families** so etwas kommt in den besten Familien vor; **it was an** ~ **waiting to happen** es musste ja so kommen
ac·ci·den·tal [,æksɪ'dentᵊl, AM -t̬ᵊl] **I.** *adj* ❶ (*unintentional*) versehentlich, unbeabsichtigt; **it was** ~ es war ein Versehen ❷ TRANSP Unfall-; ~ **damage** Unfallschaden *m;* ~ **death** LAW Unfalltod *m* ❸ (*chance*) zufällig; **purely** ~ rein zufällig **II.** *n* MUS [Noten]vorzeichen *nt,* Akzidens *nt fachspr*
ac·ci·den·tal·ly [,æksɪ'dentᵊli, AM -t̬ᵊli] *adv* ❶ (*unintentionally*) versehentlich; ~ **on purpose** (*hum*) rein zufällig *iron* ❷ (*by chance*) zufällig
ac·ci·dent and e'mer·gen·cy unit *n* Notaufnahme *f,* Notfallstation *f* **ac·ci·dent 'black spot** *n* BRIT neuralgischer Punkt *geh;* **this junction is an** ~ das ist eine unfallträchtige Kreuzung **'ac·ci·dent in·sur·ance** *n no pl* Unfallversicherung *f* **'ac·ci·dent-prone** *adj usu pred* ■**to be** ~ ein Pechvogel sein, vom Pech verfolgt sein
ac·claim [ə'kleɪm] **I.** *vt usu passive* ■**to be** ~**ed** [**as sth**] [als etw] gefeiert werden **II.** *n no pl* ❶ (*applause*) Beifall *m* ❷ (*praise*) Anerkennung *f;* **critical** ~ gute Kritiken; **to receive** ~ Anerkennung erhalten
ac·cla·ma·tion [,æklə'meɪʃᵊn] *n no pl* (*form*) Beifall *m,* Beifallsbekundung[en] *f*[*pl*]; **to carry a motion by** ~ einen Antrag durch [*o* per] Akklamation annehmen; **shouts of** ~ Beifallsrufe *mpl;* **elected by** ~ durch [*o* per] Zuruf gewählt
ac·cli·mate ['ækləmeɪt] *vt, vi* AM *see* **acclimatize**
ac·cli·ma·tion [,æklɪ'meɪʃᵊn] *n* AM, **ac·cli·ma·ti·za·tion** [ə,klaɪmətaɪ'zeɪʃᵊn, AM -t̬ə'-] *n no pl* Akklimatisation *f,* Akklimatisierung *f;* ~ **to a new environment** Eingewöhnung *f* in eine neue Umgebung
ac·cli·ma·tize [ə'klaɪmətaɪz] **I.** *vi* sich *akk* akklimatisieren; **to** ~ **to new conditions/a new situation** sich *akk* an neue Bedingungen/eine neue Situation gewöhnen; **to** ~ **to a country** sich *akk* in einem Land einleben **II.** *vt* ■**to** ~ **sb/oneself** [**to sth**] jdn/sich [an etw *akk*] gewöhnen; **to get** [*or* **become**] ~**d** [**to sth**] sich *akk* [an etw *akk*] gewöhnen
ac·co·lade ['ækəleɪd] *n usu sing* ❶ (*praise*) Anerkennung *f* ❷ (*prize*) Auszeichnung *f*
ac·com·mo·date [ə'kɒmədeɪt, AM ə'kɑːm-] **I.** *vt* ❶ (*offer lodging*) ■**to** ~ **sb** *person* jdn unterbringen; *building* jdn aufnehmen [*o geh* beherbergen]; **the chalet** ~**s up to 6 people** die Hütte bietet Platz für bis zu 6 Personen ❷ (*form: store*) ■**to** ~ **sth** etw unterbringen ❸ (*help*) ■**to** ~ **sb** jdm entgegenkommen ❹ (*supply*) ■**to** ~ **sb with sth** jdn mit etw *dat* versorgen; **should we be unable to** ~ **you with precisely the item you require, ...** sollten wir Ihnen nicht genau den gewünschten Artikel beschaffen können, ... ❺ (*adapt*) ■**to** ~ **oneself to sth** sich *akk* an etw *akk* anpassen ❻ (*fit in with needs*) ■**to** ~ **sth** etw *dat* Rechnung tragen **II.** *vi* ■**sb** ~**s to sth** jd stellt sich *akk* auf etw *akk* ein
ac·com·mo·dat·ing [ə'kɒmədeɪtɪŋ, AM ə'kɑːmədeɪt̬-] *adj* hilfsbereit, entgegenkommend
ac·com·mo·da·tion [ə,kɒmə'deɪʃᵊn, AM ə,kɑːm-] *n* ❶ *no pl* BRIT, AUS (*lodging*) Unterkunft *f;* **"~ wanted"** „Zimmer gesucht"; **to find** ~ eine Unterkunft finden ❷ AM (*lodging*) ■~**s** *pl* Unterkunft *f* ❸ *no pl* (*space*) Platz *m;* **the block provides** ~ **for 500 office workers** der Komplex bietet Platz für 500 Büroangestellte ❹ AM (*space*) ■~**s** *pl* [Sitz]plätze *mpl* ❺ (*seats*) Sitzplätze *mpl* ❻ (*form: compromise*) Einigung *f;* **to reach an** ~ [**with sb**] [mit jdm] eine Einigung erzielen
ac·com·mo·'da·tion ad·dress *n* BRIT Deckadresse *f* **ac·com·mo·'da·tion bu·reau** *n* Wohnungsvermittlung *f*
ac·com·pa·ni·ment [ə'kʌmpᵊnɪmənt] *n* ❶ MUS Begleitung *f* (**to** zu +*dat*); **piano** ~ Klavierbegleitung *f;* **he sang to a piano** ~ er sang und wurde dabei vom Klavier begleitet ❷ (*complement*) Begleitung *f;* **a dry white wine is the perfect** ~ **to fish** ein trockener Weißwein passt ideal zu Fisch; **to the** ~ **of boos/cheers** unter [*o* begleitet von] Buh-/Jubelrufen
ac·com·pa·nist [ə'kʌmpənɪst] *n* MUS Begleiter(in) *m(f)*
ac·com·pa·ny <-ie-> [ə'kʌmpəni] *vt* ❶ (*escort*) ■**to** ~ **sb** jdn begleiten ❷ (*complement*) ■**to** ~ **sth** etw begleiten; **we chose a white Burgundy to** ~ **the main course** zum Hauptgang wählten wir einen weißen Burgunder; **the course books are accompanied by four cassettes** den Kursbüchern liegen vier Kassetten bei ❸ *usu passive* (*occur together*) ■**to be accompanied by sth** mit etw *dat* einhergehen ❹ MUS ■**to** ~ **sb/oneself** jdn/sich selbst begleiten
ac·com·plice [ə'kʌmplɪs, AM *also* -'kɑːm-] *n* Komplize, -in *m, f;* ~ **in/to crime** Komplize, -in *m, f* bei einem Verbrechen
ac·com·plish [ə'kʌmplɪʃ, AM *also* -'kɑːm-] *vt* ■**to** ~ **sth** etw schaffen *fam;* **to** ~ **a goal** ein Ziel erreichen; **to** ~ **a task** eine Aufgabe erledigen; **to** ~ **nothing/something** nichts/etwas erreichen
ac·com·plished [ə'kʌmplɪʃt, AM *also* -'kɑːm-] *adj* fähig; **to be an** ~ **actor/actress** ein versierter Schauspieler/eine versierte Schauspielerin sein; ~ **performance/piece of work** gelungene Vorstellung/Arbeit; ■**to be** ~ **at** [*or* **in**] **sth** zu etw *dat* fähig sein; **he is** ~ **in the art of painting** er beherrscht die hohe Kunst des Malens
ac·com·plish·ment [ə'kʌmplɪʃmənt, AM *also* -'kɑːm-] *n* ❶ *no pl* (*completion*) Vollendung *f; of an aim* Erreichen *nt; of a task* [erfolgreiche] Beendigung ❷ *usu pl* (*skill*) Fähigkeit *f,* Fertigkeit *f* ❸ (*achievement*) Leistung *f*
ac·cord [ə'kɔːd, AM -'kɔːrd] **I.** *n* ❶ (*treaty*) Vereinbarung *f;* POL Abkommen *nt;* **to reach an** ~ **with sb on sth** mit jdm eine Einigung über etw *akk* erzielen ❷ *no pl* (*agreement*) Übereinstimmung *f;* ■**to be in** ~ **with sb** mit jdm *dat* übereinstimmen; ■**to be in** ~ **with sth** sich *akk* mit etw *dat* in Einklang befinden; ■**to be in** ~ **with sb on sth** mit jdm in etw *dat* übereinstimmen; **with one** ~ geschlossen ► PHRASES: **of one's/it's own** ~ (*voluntarily*) aus eigenem Antrieb, von sich *dat* aus; (*without external cause*) von alleine [*o* selbst], ohne fremdes Zutun **II.** *vt* (*form*) ■**to** ~ [**sb**] **sth** [jdm] etw gewähren; **they** ~**ed him a hero's welcome** er wurde wie ein Held empfangen; **to** ~ **sb courtesy** jdm eine Höflichkeit erweisen; **to** ~ **sb a title** jdm einen Titel verleihen **III.** *vi* sich *dat* entsprechen; ■**to** ~ **with sth** mit etw *dat* übereinstimmen
ac·cord·ance [ə'kɔːdᵊn(t)s, AM -'kɔːrd-] *prep* **in** ~ **with sth** entsprechend einer S. *gen,* gemäß einer S. *gen*
ac·cord·ing·ly [ə'kɔːdɪŋli, AM -'kɔːrd-] *adv inv* ❶ (*appropriately*) [dem]entsprechend ❷ (*thus*) folglich
ac·cord·ing to [ə'kɔːdɪŋ, AM -'kɔːrd-] *prep* ❶ (*as told by*) nach +*dat,* zufolge +*dat;* ~ **the weather report** dem Wetterbericht zufolge; ~ **our records you owe us $130** nach unseren Unterlagen schulden Sie uns noch $130 ❷ (*as basis*) gemäß +*dat,* nach +*dat;* ~ **the laws of physics** nach den Regeln der Physik; **she lives** ~ **her principles** sie lebt gemäß ihren Prinzipien ❸ (*as instructed by*) nach +*dat;* **did it all go** ~ **plan?** verlief alles nach Plan?; ~ **the dictionary, this word has many meanings** dem Wörterbuch zufolge hat dieses Wort viele Bedeutungen ❹ (*depending on*) entsprechend +*dat;*

~ **season** der Jahreszeit entsprechend

ac·cor·di·on [əˈkɔːdiən, AM -ˈkɔːr-] *n* Akkordeon *nt*

ac·ˈcor·di·on file *n* AM Fächermappe *f* **ac·ˈcor·di·on pleats** *npl* Plisseefalten *fpl*

ac·cost [əˈkɒst, AM -ˈkɑːst] *vt* (*form*) ■**to ~ sb** jdn ansprechen; (*more aggressively*) jdn anpöbeln

ac·count [əˈkaʊnt] **I.** *n* ❶ (*description*) Bericht *m;* **by** [*or* **from**] **all ~s** nach allem, was man so hört; **by his own ~** eigenen Aussagen zufolge; **to give** [*or form* **render**] **an ~ of sth** Bericht über etw *akk* erstatten, etw schildern ❷ (*bank service*) Konto *nt;* **bank/**BRIT **building society ~** Bank-/Bausparkassenkonto *nt;* **to have an ~ with a bank** ein Konto bei einer Bank haben; **to draw money out of** [*or* **withdraw money from**] **an ~** Geld von einem Konto abheben; **savings** [*or* BRIT **deposit**] **~** Sparkonto *nt;* **current** BRIT [*or* AM **checking**] **~** (*personal*) Girokonto *nt;* (*business*) Kontokorrentkonto *nt fachspr;* **joint ~** Gemeinschaftskonto *nt;* **to be on one's ~** *money* auf dem Konto sein; **to open/close an ~** [**with sb**] ein Konto [bei jdm] eröffnen/auflösen; **to pay sth into** [*or* AM, AUS **deposit sth in**] **an ~** etw auf ein Konto überweisen; (*in person*) etw auf ein Konto einzahlen ❸ (*credit*) [Kunden]kredit *m;* **will that be cash or ~?** zahlen Sie bar oder geht das auf Rechnung?; **to buy sth on ~** BRIT etw auf Kredit kaufen; **to have an ~ with sb/at** [*or* **with**] **sth** bei jdm/etw auf Rechnung kaufen; **to pay sth on ~** BRIT (*dated*) etw anzahlen, eine Anzahlung auf etw *akk* leisten; **to put sth on** [*or* **charge sth to**] **sb's ~** etw auf jds Rechnung *f* setzen, jdm etw in Rechnung stellen ❹ (*bill*) Rechnung *f;* **to settle** [*or* **pay**] **an ~** eine Rechnung bezahlen [*o geh* begleichen] ❺ (*records*) ■**~s** *pl* [Geschäfts]bücher *ntpl;* **~s payable** Verbindlichkeiten *fpl;* **~s receivable** Forderungen *fpl,* Außenstände *pl;* **to keep the ~s** *esp* BRIT die Buchhaltung machen; **to keep an ~ of sth** über etw *akk* Buch führen ❻ (*customer*) Kunde, -in *m, f,* [Kunden]vertrag *m* ❼ *no pl* (*consideration*) **to take sth into ~** [*or* **to take ~ of sth**] etw berücksichtigen [*o* in Betracht ziehen]; **to take into ~ that ...** berücksichtigen [*o* in Betracht ziehen], dass ...; **to take no ~ of sth** [*or* **to leave sth out of** [**the**] **~**] etw nicht berücksichtigen, etw außer Acht lassen ❽ (*reason*) **on that ~ I think ...** aus diesem Grund schlage ich vor, ...; ■**on ~ of sth** aufgrund einer S. *gen;* **on my/her/his ~** meinet-/ihret-/seinetwegen; **on no** [*or* **not on any**] **~** auf keinen Fall, unter keinen Umständen ❾ *no pl* (*form: importance*) **to be of little ~** von geringer Bedeutung sein; **to be of no ~** keinerlei Bedeutung haben ❿ *no pl* (*responsibility*) **on one's own ~** auf sein eigenes Risiko ▶ PHRASES: **to give a good ~ of oneself** eine gute Figur abgeben; (*in a fight, competition*) sich *akk* wacker schlagen; **to be called** [*or* **brought**] **to ~** [**for sth**] [für etw *akk*] zur Verantwortung [*o* Rechenschaft] gezogen werden; **to settle** [*or* **square**] **~s with sb** mit jdm abrechnen; **to turn sth to** [**good**] **~** (*form*) aus etw *dat* seinen Vorteil ziehen **II.** *vt* (*form*) **to ~ oneself fortunate** sich *akk* glücklich schätzen; **I would ~ it an honour if ...** ich würde mich geehrt fühlen, wenn ... **III.** *vi* ❶ (*explain*) ■**to ~ for sth** etw erklären, über etw Rechenschaft ablegen; **there's no ~ing for taste**[**s**] über Geschmack lässt sich streiten ❷ (*locate*) ■**to ~ for sth** den Verbleib einer S. *gen* erklären; ■**to ~ for sb** jds Verbleib *m* klären ❸ (*make up*) ■**to ~ for sth: students ~ for the majority of our customers** Studenten machen den größten Teil unserer Kundschaft aus ❹ (*bill*) ■**to ~ for sth** etw mit einberechnen ❺ (*dated: defeat*) ■**to ~ for sb** jdn zur Strecke bringen *geh*

ac·count·abil·ity [əˌkaʊntəˈbɪləti, AM -t̬əˈbɪlət̬i] *n no pl* Verantwortlichkeit *f* (**to** gegenüber +*dat*)

ac·count·able [əˈkaʊntəbl̩, AM -t̬ə-] *adj usu pred* ❶ (*responsible*) verantwortlich; **to hold sb ~** [**for sth**] jdn [für etw *akk*] verantwortlich machen [*o* zur Rechenschaft ziehen]; ■**to be ~** [**to sb**] [**for sth**] [jdm gegenüber] [für etw *akk*] verantwortlich sein; **she is ~ only to the managing director** sie ist nur dem leitenden Geschäftsführer gegenüber Rechenschaft schuldig ❷ (*explicable*) nachvollziehbar

ac·count·an·cy [əˈkaʊntən(t)si, AM -tᵊn(t)-] *n no pl* Buchhaltung *f,* Buchführung *f*

ac·count·ant [əˈkaʊntənt] *n* [Bilanz]buchhalter(in) *m(f);* **chartered** BRIT, AUS [*or* AM **certified public**] **~** Wirtschaftsprüfer(in) *m(f)*

ac·ˈcount book *n* Kassenbuch *nt* **ac·ˈcount ex·ecu·tive** *n* Sachbearbeiter(in) *m(f)* für Kundenwerbungen **ac·ˈcount hold·er** *n* Kontoinhaber(in) *m(f)*

ac·count·ing [əˈkaʊntɪŋ, AM -t̬ɪŋ] *n no pl* Buchführung *f,* Buchhaltung *f* **ac·ˈcount·ing pe·ri·od** *n* Abrechnungszeitraum *m,* Rechnungsperiode *f*

ac·ˈcount num·ber *n* Kontonummer *f* **ac·ˈcounts de·part·ment** *n* Buchhaltung *f*

ac·cou·ter·ments [əˈkuːt̬ɚmənts] *esp* AM, **ac·cou·tre·ments** [-trə-] *npl* (*form or hum*) ❶ (*clothes*) Kleidung *f,* Outfit *nt fam* ❷ (*equipment*) Ausrüstung *f*

ac·cred·it [əˈkredɪt] *vt usu passive* ❶ (*credit*) ■**to be ~ed with sth** etw bestätigt bekommen; **he is ~ed with being the world's best sprinter** man sagt, dass er der beste Sprinter der Welt sei ❷ (*approve*) ■**to have been ~ed** *certificate* anerkannt worden sein ❸ (*authorize*) ■**to be ~ed to sb/sth** *ambassador* bei jdm/etw akkreditiert sein ❹ (*ascribe*) ■**to be ~ed to sb** jdm zugeschrieben werden

ac·credi·ta·tion [əˌkredɪˈteɪʃᵊn, AM -dəˈ-] *n no pl* ❶ (*approval*) Zustimmung *f,* Beifall *m;* **to receive full ~** volle Zustimmung erhalten ❷ (*authorization*) *of ambassador* Akkreditierung *f*

ac·cred·it·ed [əˈkredɪtɪd] *adj inv* akkreditiert *geh; organization, school* anerkannt; *person* zugelassen

ac·cre·tion [əˈkriːʃᵊn] *n* (*form*) ❶ *no pl* (*increase*) Zuwachs *m,* Anwachsen *nt;* **~ of capital** Kapitalzuwachs *m* ❷ (*layer*) Zuwachs *m* ❸ GEOL Anlagerung *f;* (*sediment*) Ablagerung *f*

ac·cru·al [əˈkruːəl] *n* ❶ (*addition*) Hinzukommen *nt; of interest* Auflaufen *nt* ❷ (*amount*) Zuwachs *m* ❸ FIN ■**~s** *pl* Verbindlichkeiten *fpl*

ac·crue [əˈkruː] *vi* (*form*) ❶ FIN zuwachsen; *interest* anfallen, auflaufen ❷ (*be due*) ■**to ~ to sb/sth** jdm/etw zukommen *geh;* **little benefit will ~ to London from the new road scheme** London wird wenig von dem neuen Straßenbauprojekt haben ❸ (*increase*) sich *akk* ansammeln

ac·cu·mu·late [əˈkjuːmjəleɪt] **I.** *vt* ■**to ~ sth** etw ansammeln; **to ~ evidence** Beweismaterial sammeln; **to ~ interest** Zinsen akkumulieren *fachspr;* **to ~ wealth** Reichtümer anhäufen **II.** *vi* sich *akk* ansammeln; *debt, interest* sich ansammeln, sich akkumulieren *fachspr; evidence* sich häufen

ac·cu·mu·la·tion [əˌkjuːmjəˈleɪʃᵊn] *n* ❶ *no pl* (*collecting*) [An]sammeln *nt,* Akkumulation *f geh; of wealth* Anhäufen *nt* ❷ *no pl* (*growth*) Zuwachs *m* (**of** an +*dat*) ❸ (*quantity*) Ansammlung *f; of sand* Anhäufung *f*

ac·cu·mu·la·tor [əˈkjuːmjəleɪtəʳ] *n* BRIT, AUS ❶ (*battery*) Akkumulator *m,* Akku *m fam* ❷ (*bet*) *Art von Wette auf eine Serie von Pferderennen, bei der eventuelle Gewinne auf jeweils das nächste Rennen übertragen werden*

ac·cu·ra·cy [ˈækjərəsi, AM -jɚ-] *n no pl* Genauigkeit *f; of projectile* Zielgenauigkeit *f;* **unerring ~** Treffsicherheit *f*

ac·cu·rate [ˈækjərət, AM -jɚ-] *adj* ❶ (*precise*) genau, akkurat *geh;* **~ predictions** präzise Voraussagen ❷ (*correct*) richtig; ■**to not be ~** nicht stimmen; **an ~ report of sth** eine getreue Wiedergabe einer S. *gen* ❸ *aim* zielgenau; **her shot was ~** ihr Schuss war genau

ac·cu·rate·ly [ˈækjərətli, AM -jɚ-] *adv* ❶ (*precisely*) genau, exakt ❷ (*correctly*) richtig ❸ (*without missing*) *hit* zielgenau

ac·cursed [əˈkɜːsɪd, AM əˈkɜːrst] *adj,* **ac·curst** [əˈkɜːst, AM əˈkɜːrst] *adj* (*old*) ❶ (*liter: bewitched*) verflucht, verwünscht ❷ *attr* (*damned*) verdammt *fam,* verflixt *fam*

ac·cu·sa·tion [ˌækjʊˈzeɪʃᵊn] *n* ❶ (*charge*) Beschuldigung *f,* Anschuldigung *f;* LAW Anklage *f* (**of** wegen +*gen*); **to make an**

A

~ **against sb** jdn beschuldigen; **unfounded** [*or* **wild**] ~ grundlose Anschuldigung ② *no pl* (*accusing*) Vorwurf *m;* **with an air of** ~ vorwurfsvoll

ac·cu·sa·tive [əˈkjuːzətɪv, AM -t̬ɪv] LING **I.** *n no pl* Akkusativ *m;* **in the** ~ im Akkusativ **II.** *n modifier* (*ending*) Akkusativ-; ~ **case** Akkusativ *m*

ac·cu·sa·tory [əˈkjuːzətᵊri, AM -tɔːri] *adj look* anklagend; *tone* vorwurfsvoll

ac·cuse [əˈkjuːz] *vt* ① (*charge*) ■**to** ~ **sb** [**of sth**] jdn [wegen einer S. *gen*] anklagen; **to be** ~**d of a crime** wegen eines Verbrechens unter Anklage stehen; **to stand** ~**d of sth** (*form*) einer S. *gen* angeklagt sein ② (*claim*) ■**to** ~ **sb of sth** jdn einer S. *gen* beschuldigen; **are you accusing me of lying?** willst du damit sagen, dass ich lüge?; **I'm often** ~**d of being too abrasive with people** mir wird oft vorgeworfen, dass ich zu harsch mit Leuten umgehe

ac·cused <*pl* -> [əˈkjuːzd] *n* ■**the** ~ (*single person*) die/der Angeklagte; (*several*) die Angeklagten *pl*

ac·cus·er [əˈkjuːzəʳ, AM -ɚ] *n* Ankläger(in) *m(f)*

ac·cus·ing [əˈkjuːzɪŋ] *adj look* anklagend *attr; tone* vorwurfsvoll

ac·cus·ing·ly [əˈkjuːzɪŋli] *adv look* anklagend *attr; say* vorwurfsvoll

ac·cus·tom [əˈkʌstəm] *vt* ■**to** ~ **sb/oneself to sth** jdn/sich an etw *akk* gewöhnen; ■**to** ~ **sb/oneself to doing sth** jdn/sich daran gewöhnen, etw zu tun; (*teach sb/oneself*) jdn/sich angewöhnen, etw zu tun

ac·cus·tomed [əˈkʌstəmd] *adj* ① *pred* (*used*) ■**to be** ~ **to sth** etw gewohnt sein; **to become** [*or* **get**] [*or* **grow**] ~ **to sth** sich *akk* an etw *akk* gewöhnen; ■**to be** ~ **to doing sth** gewohnt sein, etw zu tun ② *attr, inv* (*usual*) gewohnt, üblich

AC/DC [ˌeɪsiːˈdiːsiː] **I.** *n no pl* ELEC *abbrev of* **alternating current/direct current** WS/GS **II.** *adj inv* (*fam: bisexual*) bi *fam*

ace [eɪs] **I.** *n* ① (*in cards*) Ass *nt;* ~ **of diamonds/clubs/hearts/spades** Karo-/Kreuz-/Herz-/Pikass *nt* ② (*fam: expert*) Ass *nt;* **to be an** ~ **at sth** ein Ass in etw *dat* sein ③ SPORTS (*serve*) Ass *nt;* **to score an** ~ ein Ass schlagen, mit einem Ass punkten ▶ PHRASES: **to be** [*or* **come**] **within an** ~ **of** **death/losing/winning** um Haaresbreite [*o* um ein Haar] sterben/verlieren/gewinnen; **to have an** ~ **up one's** **sleeve** [*or* AM *a.* **in the** **hole**] noch einen Trumpf in [*o* auf] der Hand haben; **to** **have** [*or* **hold**] **all the** ~**s** alle Trümpfe in der Hand haben [*o* halten]; **to** **play** **one's** ~ seinen Trumpf ausspielen **II.** *n modifier* (*dated sl*) Spitzen-; ~ **footballer** Spitzenfußballer(in) *m(f);* ~ **pilot/reporter** Starpilot(in) *m(f)*/-reporter(in) *m(f)* **III.** *adj inv* (*fam*) klasse *fam,* spitze *fam* **IV.** *vt* (*fam*) ■**to** ~ **sb** jdn mit einem Ass schlagen

◆**ace out** *vt* AM (*in a competition*) ■**to** ~ **out** ⊂ **sb** jdn übertreffen

acer·bic [əˈsɜːbɪk, AM əˈsɜːr-] *adj* ① CHEM (*sour*) sauer; ~ **taste** saurer Geschmack; *of wine* herbes Aroma ② (*form: harsh*) scharf; *remark* bissig; *wit* beißend

acer·bity [əˈsɜːbəti, AM əˈsɜːrbət̬i] *n no pl* ① CHEM (*sourness*) Säure *f; of wine* Herbheit *f* ② (*form: harshness*) Schärfe *f; of remark* Bissigkeit *f*

ac·et·am·ino·phen <*pl* -s *or* -> [ˌæsɪt̬əˈmɪnəfən] *n* AM ① *no pl* (*substance*) Paracetamol *nt* ② (*pill*) Paracetamoltablette *f*

ac·etate [ˈæsɪteɪt] *n no pl* ① CHEM Acetat *nt fachspr,* Essigsäureester *m fachspr* ② (*cloth*) Azetat *nt*

acetic [əˈsiːtɪk, AM -t̬ɪk] *adj* CHEM essigsauer

acetic ˈacid *n no pl* Essigsäure *f*

ac·etone [ˈæsɪtəʊn, AM -toʊn] *n no pl* CHEM Aceton *nt fachspr,* Azeton *nt fachspr*

acety·lene [əˈsetɪliːn, AM -t̬ə-] *n no pl* CHEM Acetylen *nt fachspr*

ache [eɪk] **I.** *n* ① (*pain*) Schmerz[en] *m[pl]*; **I have a terrible** ~ **in my head** ich habe fürchterliche Kopfschmerzen; **dull** ~ dumpfer Schmerz; ~**s and pains** Wehwehchen *ntpl hum* ② (*woe*) Schmerz *m;* **heart**~ [Herzens]kummer *m* **II.** *vi* ① (*feel pain*) schmerzen; **I'm** ~**ing all over** mir tut alles weh; **my back** ~**s** mein Rücken tut [mir] weh ② (*grieve*) schmerzen; **my heart** ~**s for you** das tut mir sehr leid für dich! ③ (*desire*) ■**to** ~ **for sb/sth** sich *akk* nach jdm/etw sehnen; ■**to** ~ **to do sth** sich *akk* danach sehnen, etw zu tun

achiev·able [əˈtʃiːvəbl] *adj* erreichbar

achieve [əˈtʃiːv] **I.** *vt* ① (*accomplish*) ■**to** ~ **sth** etw erreichen; **to** ~ **nothing/something** nichts/etwas erreichen [*o* ausrichten] ② (*gain*) **to** ~ **an aim** ein Ziel erreichen; **to** ~ **fame** Ruhm erlangen; **to** ~ **success** Erfolg erzielen; **to** ~ **a victory** einen Sieg erringen; **I'll never** ~ **anything** ich werde es nie zu etwas bringen **II.** *vi* erfolgreich sein

achieve·ment [əˈtʃiːvmənt] *n* ① (*feat*) Leistung *f* (**in** in +*dat*); ~**s in science** Leistungen [in] der Wissenschaft; **a great/remarkable** ~ eine große/bemerkenswerte Leistung; **scientific** ~ wissenschaftliche Errungenschaft ② *no pl* (*achieving*) Erreichen *nt,* Erlangen *nt;* ~ **of an aim** Erreichen *nt* eines Ziels; ~ **of a victory** Erringen *nt* eines Sieges ③ SCH (*progress*) Leistung *f;* ~ **quotient** Leistungsquotient *m;* ~ **test** Leistungstest *m*

achiev·er [əˈtʃiːvəʳ, AM -ɚ] *n* Leistungsmensch *m;* **to be an** ~ leistungsstark sein; **high/low** ~ leistungsstarke/leistungsschwache Person

Achilles ˈheel [əˌkɪliːzˈ-, AM əˈkɪliːzˌ-] *n usu sing* (*fig*) Achillesferse *f* **Achilles ˈten·don** *n* Achillessehne *f*

ach·ing [ˈeɪkɪŋ] *adj* ① (*painful*) schmerzend *attr;* ~ **back/head/tooth** schmerzender Rücken/Kopf/Zahn ② (*woeful*) schmerzend *attr;* **with an** ~ **heart** mit wehem Herzen *poet*

ach·ing·ly [ˈeɪkɪŋli] *adv* (*liter*) unsagbar *geh;* ~ **beautiful** unbeschreiblich schön; ~ **funny** unsäglich komisch

achy [ˈeɪki] *adj* (*fam*) schmerzend; **I feel** ~ **all over** mir tut alles weh

acid [ˈæsɪd] **I.** *n* ① CHEM Säure *f* ② *no pl* (*criticism*) Kritik *f* ③ *no pl* (*sl: LSD*) Acid *nt sl;* **to drop** ~ Acid nehmen *sl* ▶ PHRASES: **on** ~ (*fam*) [nur] noch viel schlimmer, [aber] noch ätzender *sl* **II.** *adj* ① CHEM sauer; ~ **soil** saurer Boden; ~ **solution** saure Lösung; ~ **stomach** übersäuerter Magen ② (*sour*) *taste* sauer ③ (*critical*) scharf; *remark* bissig

ˈacid bath *n* Säurebad *nt* **ˈacid drop** *n* BRIT saurer Drops, saures Bonbon **ˈacid head** *n* (*sl*) LSD-Abhängige(r) *f(m)* **ˈacid house** *n no pl* MUS Acid House *nt*

acid·ic [əˈsɪdɪk] *adj* ① CHEM säurehaltig ② (*sour*) *taste* sauer ③ (*critical*) scharf

acidi·fy <-ie-> [əˈsɪdɪfaɪ] **I.** *vt* ■**to** ~ **sth** *soil, water* etw übersäuern **II.** *vi water* sauer werden; *soil* versauern

acid·ity [əˈsɪdəti, AM -ət̬i] *n no pl* ① CHEM Säuregehalt *m,* Acidität *f fachspr* ② (*sourness*) Säure *f* ③ (*criticism*) Schärfe *f; of remark* Bissigkeit *f*

acid·ly [ˈæsɪdli] *adv* (*fig*) bissig

acid ˈrain *n no pl* saurer Regen **ˈacid test** *n* ① CHEM Säureprobe *f* ② (*fig*) Feuerprobe *f*

ac·knowl·edge [əkˈnɒlɪdʒ, AM -ˈnɑːl-] *vt* ① (*admit*) ■**to** ~ **sth** etw zugeben; ■**to** ~ **having done sth** zugeben, etw getan zu haben; ■**to** ~ **that ...** zugeben, dass ... ② (*respect*) ■**to** ~ **sb/sth** [**as sth**] jdn/etw [als etw] anerkennen; **he was generally** ~**d to be an expert** er galt allgemein als Experte ③ (*reply to*) ■**to** ~ **sth** *signal* den Empfang von etw *dat* bestätigen; **to** ~ **sb's greeting** jds Gruß *m* erwidern; **to** ~ **a letter** einen Brief beantworten ④ (*thank for*) **to** ~ **sth** etw würdigen ⑤ (*notice*) ■**to** ~ **sb/sth** jdn/etw wahrnehmen [*o* bemerken]

ac·knowl·edged [əkˈnɒlɪdʒd, AM -ˈnɑːl-] *adj inv* anerkannt

ac·knowl·edg(e)·ment [əkˈnɒlɪdʒmənt, AM -ˈnɑːl-] *n* ① *no pl* (*admission*) Eingeständnis *nt* (**of** von +*dat*), Bekenntnis (**of** zu +*dat*); ~ **of guilt** Schuldeingeständnis *nt* ② *no pl* (*respect*) Anerkennung *f,* Würdigung *f;* **in** ~ **of sth** in Anerkennung einer S. *gen* ③ *no pl* (*reply*) Erwiderung *f* ④ *no pl* (*gratefulness*) Zeichen *nt* [der Dankbarkeit]; **she stood up and bowed in** ~ sie erhob sich und verbeugte sich zum Dank

❺ (*confirmation*) [Empfangs]bestätigung *f;* **I have received no** ~ ich habe keine Antwort erhalten ❻ PUBL (*credits in book*) ■ **~s** *pl* Danksagung *f*

acme ['ækmi] *n no pl* (*liter*) Höhepunkt *m;* **to reach** [*or form* **attain**] **the** ~ **of sth** den Höhepunkt einer S. *gen* erreichen

acne ['ækni] *n no pl* Akne *f*

aco·lyte ['ækəlaɪt, AM -kə-] *n* ❶ REL Messdiener(in) *m(f);* (*Catholic*) Ministrant(in) *m(f)* ❷ (*liter: follower*) Gefolgsmann, -frau *m, f*

acorn [eɪ'kɔːn, AM -'kɔːrn] *n* Eichel *f*

acous·tic [ə'kuːstɪk] *adj inv* ❶ (*relating to sound*) akustisch ❷ (*soundproof*) schalldämpfend

acous·ti·cal·ly [ə'kuːstɪkəli, AM -kli] *adv* akustisch

acous·tic 'cou·pler *n* COMPUT Akustikkoppler *m* **acous·tic gui·'tar** *n* Akustikgitarre *f* **acous·tic 'nerve** *n* ANAT [Ge]hörnerv *m*

acous·tics [ə'kuːstɪks] *n* ❶ + *pl vb of hall* Akustik *f;* **the ~s of a room** die Raumakustik ❷ + *sing vb* PHYS Akustik *f*

ac·quaint [ə'kweɪnt] *vt* ■ **to** ~ **sb/oneself with sth** jdn/sich mit etw *dat* vertraut machen

ac·quaint·ance [ə'kweɪntən(t)s] *n* ❶ (*friend*) Bekannte(r) *f(m)* ❷ *no pl* (*form: relationship*) Bekanntschaft *f* (**with** mit +*dat*); **sb's ~s** jds Bekanntenkreis *m;* **to make sb's** ~ [*or* **the** ~ **of sb**] jds Bekanntschaft *f* machen ❸ *no pl* (*form: knowledge*) Kenntnis *f* (**with** +*gen*)

ac·quaint·ed [ə'kweɪntɪd, AM -t̬-] *adj pred* ❶ (*with person*) ■ **to be** ~ [**with sb**] [mit jdm] bekannt sein; **to become** [*or* **get**] ~ **with sb** jdn kennen lernen, jds Bekanntschaft machen; **to get better** ~ sich besser [*o* näher] kennen lernen ❷ (*with facts*) ■ **to be** ~ **with sth** mit etw *dat* vertraut sein; **to become** [*or* **get**] ~ **with sth** mit etw *dat* vertraut werden, sich *akk* mit etw *dat* vertraut machen

ac·qui·esce [ˌækwi'es] *vi* (*form*) ■ **to** ~ [**in** [*or* **to**] **sth**] [in etw *akk*] einwilligen, sich *akk* [mit etw *dat*] einverstanden erklären

ac·qui·es·cence [ˌækwi'esən(t)s] *n no pl* Einwilligung *f* (**in/to** in +*akk*), Zustimmung *f* (**in/to** zu +*dat*); ~ **was the easier option** Nachgeben war die einfachere Lösung

ac·qui·es·cent [ˌækwi'esənt] *adj* fügsam, nachgiebig

ac·quire [ə'kwaɪər, AM -ɚ] *vt* ❶ (*obtain*) ■ **to** ~ **sth** etw erwerben ❷ (*develop*) **to** ~ **a habit** eine Gewohnheit annehmen; **to** ~ **a taste for sth** Geschmack *m* [*o* Gefallen *m*] an etw *dat* finden; **this wine is rather an ~d taste** dieser Wein ist gewöhnungsbedürftig ❸ (*learn*) ■ **to** ~ **sth** *knowledge* sich *dat* etw aneignen ❹ (*gain*) **to** ~ **a reputation of being sth** den Ruf bekommen, etw zu sein

ac·quired char·ac·te'r·is·tics *npl* BIOL erworbene Eigenschaften *fpl* **ac·quired im·mune de·fi·cien·cy syn·drome** *n no pl,* **AIDS** *n no pl* erworbene Immuninsuffizienz **ac·quired im·'mu·nity** *n no pl* MED erworbene Immunität

ac·quire·ment [ə'kwaɪəmənt, AM -ɚmənt] *n* ❶ (*skill*) Fertigkeit *f* ❷ *no pl* (*acquiring*) Erwerb *m; of firm* Übernahme *f; of habits* Annehmen *nt; of knowledge* Aneignung *f*

ac·quir·er [ə'kwaɪərər, AM -ɚɚ] *n esp* AM FIN Erwerber(in) *m(f);* **potential ~s** potentielle Käufer

ac·qui·si·tion [ˌækwɪ'zɪʃən] *n* ❶ (*purchase*) Anschaffung *f,* Errungenschaft *f geh o hum* ❷ *no pl* (*acquiring*) Erwerb *m; of firm* Übernahme *f; of habits* Annehmen *nt; of knowledge* Aneignung *f*

ac·quisi·tive [ə'kwɪzɪtɪv, AM -ət̬ɪv] *adj* (*pej*) habgierig *pej;* **the** ~ **society** die erwerbssüchtige Gesellschaft

ac·quisi·tive·ness [ə'kwɪzɪtɪvnəs, AM -ət̬ɪv-] *n* (*pej*) Habgier *f pej,* Raffsucht *f pej*

ac·quit <-tt-> [ə'kwɪt] *vt* ❶ *usu passive* (*free*) ■ **to** ~ **sb** jdn freisprechen; **to be ~ted on a charge** von einem Anklagepunkt freigesprochen werden ❷ (*perform*) **to** ~ **oneself badly/well** seine Sache schlecht/gut machen; **to** ~ **oneself like sb** sich *akk* wie jd verhalten

ac·quit·tal [ə'kwɪtəl, AM -t̬-] *n* ❶ (*verdict*) Freispruch *m* (**on** von +*dat*) ❷ (*performance*) Erfüllung *f*

acre ['eɪkər, AM -ɚ] *n* ❶ (*unit*) ≈ Morgen *m;* ■ **~s** *pl* Grundbesitz *m* ❷ ■ **~s** *pl* (*fam: lots*) **there's ~s of room in here** hier ist jede Menge Platz

acre·age ['eɪkərɪdʒ, AM -krɪdʒ] *n no pl* AGR ≈ Morgen *m,* Land *nt*

ac·rid ['ækrɪd] *adj* ❶ (*pungent*) *smell* stechend; *smoke* beißend; *taste* bitter ❷ (*cross*) scharf, bissig

ac·ri·mo·ni·ous [ˌækrɪ'məʊniəs, AM -'moʊ-] *adj* (*form*) erbittert; *remark* bissig

ac·ri·mo·ni·ous·ly [ˌækrɪ'məʊniəsli, AM -'moʊ-] *adv* (*form*) erbittert; **he separated** ~ **from his wife** er trennte sich im Streit von seiner Frau

ac·ri·mo·ny ['ækrɪməni, AM -moʊni] *n no pl* (*form*) ❶ *of person* Verbitterung *f;* **we separated without** ~ wir trennten uns im Guten ❷ *of row* Schärfe *f; of remark* Bissigkeit *f*

ac·ro·bat ['ækrəbæt] *n* Akrobat(in) *m(f)*

ac·ro·bat·ic [ˌækrə'bætɪk, AM -t̬-] *adj* akrobatisch

ac·ro·bat·ics [ˌækrə'bætɪks, AM -t̬-] *n* ❶ + *pl vb* (*movements*) Akrobatik *f* ❷ + *sing vb* (*skill*) Akrobatik *f;* **mental** ~ *pl* Gehirnakrobatik *f,* geistige Klimmzüge *hum*

ac·ro·branch·ing ['ækrə(ʊ)brɑːntʃɪŋ, AM -kroʊbræn-] *n no pl* *Extremsportart, bei der der am Baumstamm angeseilte Sportler über die Baumkrone läuft*

ac·ro·nym ['ækrə(ʊ)nɪm, AM -rənɪm] *n* Akronym *nt*

acropo·lis <*pl* -es> [ə'krɒpəlɪs, AM -'krɑːp-] *n* HIST Stadtburg *f;* ■ **the A~** die Akropolis

across [ə'krɒs, AM -'krɑːs] **I.** *prep* ❶ (*on other side of*) über +*dat;* **her best friend lives** ~ **town** ihr bester Freund lebt am anderen Ende der Stadt; **the old part of town was** ~ **the bridge** die Altstadt lag jenseits der Brücke; **his best friend lives** ~ **the street from him** sein bester Freund wohnt auf der gegenüberliegenden Straßenseite ❷ (*from one side to other*) über +*akk;* **go** ~ **the street to the bakery** geh' über die Straße in die Bäckerei; **the German flag has three stripes going** ~ **it** die deutsche Fahne hat drei quer verlaufende Streifen; ~ **country** über Land ❸ (*everywhere within*) **people** ~ **the globe** die Menschen auf der ganzen Welt; **small islands are scattered** ~ **the Pacific Ocean** kleine Inseln sind im ganzen Pazifischen Ozean verstreut; ~ **the population** in der ganzen Bevölkerung; **a hurt look spread** ~ **her face** ein verletzter Ausdruck kam über ihr Gesicht ❹ (*find unexpectedly*) **she stumbled** ~ **her lost key** sie fand ganz zufällig ihren verloren gegangenen Schlüssel wieder; **I ran** ~ **Peter today** ich habe heute ganz zufällig Peter getroffen ▸ PHRASES: ~ **the <u>board</u>** allgemein, generell **II.** *adv inv* ❶ (*to other side*) hinüber; (*from other side*) herüber; (*on road*) **let me help you** ~ lassen Sie mich Ihnen über die Straße helfen; **to look** ~ **at sb** zu jdm hinüber-/herübersehen; **to walk** ~ hinüber-/herübergehen ❷ (*on other side*) drüben; ~ **from sb/sth** jdm/etw gegenüber; **he sat** ~ **from me at the table** er saß mir am Tisch gegenüber ❸ (*wide*) breit; *of circle* im Durchmesser; **the table is two feet** ~ der Tisch ist zwei Fuß breit ❹ (*diagonal*) querdurch ❺ (*crossword*) waagerecht ▸ PHRASES: **to get one's <u>point</u>** ~ sich *akk* verständlich machen; **to <u>put</u> one** ~ [AM **on**] **sb** (*fam*) jdn an der Nase herumführen

a'cross-the-board *adj attr,* **across the board** *adj pred* allgemein; **the initiative has** ~ **support** die Initiative findet breite Unterstützung

acros·tic [ə'krɒstɪk, AM -'krɑːs-] *n* LIT Akrostichon *nt fachspr*

acryl·ic [ə'krɪlɪk] **I.** *n* ❶ *no pl* (*fibre*) Acryl *nt* ❷ (*paint*) Acrylfarbe *f* **II.** *n modifier* (*fibre, paint*) Acryl-; ~ **pullover** Acrylpullover *m,* Pullover *m* aus Acryl

act [ækt] **I.** *n* ❶ (*deed*) Handlung *f,* Tat *f,* Akt *m geh;* **it was an** ~ **of complete madness** es war der schiere Wahnsinn; **the simple** ~ **of telling someone ...** schon allein, dass man jemandem davon erzählt ...; ~ **of aggression** Angriff *m;* ~ **of charity** Akt *m* der Nächstenliebe; **an** ~ **of God** höhere Gewalt; ~ **of grace** Gnadenakt *m*/-erlass *m;* ~ **of terrorism**

Terrorakt *m;* **brave** ~ mutige Tat; **sexual** ~ Geschlechtsakt *m;* **to catch sb in the** ~ jdn auf frischer Tat ertappen; **to catch sb in the** ~ **of doing sth** jdn erwischen, wie er/sie etw tut; **to be in the** [**very**] ~ **of doing sth** [gerade] dabei sein, etw zu tun ② (*play*) Akt *m* ③ (*pretence*) Schau *f fam;* **it's all an** ~ das ist alles nur Schau; **to do one's 'kind uncle'/'proud father'** ~ (*pej*) den netten Onkel/stolzen Vater spielen; **to put on an** ~ (*fam*) eine Schau abziehen ④ (*performance*) Nummer *f;* **comedy** ~ Lachnummer *f;* **trapeze** ~ Trapeznummer *f* ⑤ (*performers*) Nummer *f fam* ⑥ LAW Gesetz *nt;* ~ **of Parliament** vom Parlament verabschiedetes Gesetz; **under the Education/Prevention of Terrorism A**~ unter dem Bildungs-/Antiterrorismusgesetz; **to pass an** ~ ein Gesetz verabschieden ▶ PHRASES: **to do a disappearing** [*or* **vanishing**] ~ verschwinden *fam; person also* sich *akk* aus dem Staub machen; **to have done a vanishing** ~ sich in Luft aufgelöst haben *fam;* **to be a hard** [*or* **tough**] ~ **to follow** (*fam*) schwer zu überbieten sein; **to get one's** ~ **together** (*fam*) sich *akk* am Riemen reißen *fam;* **to get** [*or* **muscle**] **in on the** ~ sich *akk* einmischen **II.** *vi* ① (*take action*) handeln; **to** ~ **on impulse** unüberlegt handeln; ■**to** ~ **for sth** *community* für etw *akk* handeln; ■**to** ~ **from** [*or* **out of**] **sth** *greed, motives* aus etw *dat* heraus handeln ② (*function*) ■**to** ~ **as sth** *person* als etw fungieren; *thing* als etw dienen; **you'll have to** ~ **as chairman if he doesn't show up** du musst als Vorsitzender einspringen, wenn er nicht auftaucht; **she** ~**ed as guide for the group** sie übernahm die Führung der Gruppe ③ (*represent*) ■**to** ~ **for** [*or* **on behalf of**] **sb** *client* jdn vertreten ④ (*react*) **to** ~ **on sth** auf etw *akk* reagieren ⑤ + *adv* (*behave*) sich *akk* benehmen; **he has been** ~**ing foolishly/very strangely recently** er hat sich in letzter Zeit idiotisch/ziemlich seltsam benommen; **you're** ~**ing like a child!** du benimmst dich wie ein kleines Kind!; **he** ~**s like an idiot** er führt sich auf wie ein Idiot; ■**to** ~ **as if ...** so tun, als ob ... ⑥ + *adj* (*fam: pretend*) sich *akk* verhalten; **try and** ~ **normal** versuch, dich normal zu verhalten; **he was** ~**ing very scared** er verhielt sich sehr verängstigt ⑦ (*play*) [Theater] spielen; **I always wanted to** ~ ich wollte schon immer Theater spielen ⑧ (*sham*) schauspielern *fam;* **she was simply** ~**ing** sie tat nur so ⑨ (*take effect*) ■**to** ~ [**on sth**] [auf etw *akk*] wirken; **it takes a while before the drug starts to** ~ es dauert eine Weile, bevor das Medikament zu wirken beginnt **III.** *vt* ① (*play*) ■**to** ~ **sb/sth** jdn/etw spielen, eine Rolle spielen; **to** ~ **Desdemona** die Desdemona spielen ② (*behave as*) **to** ~ **the fool/innocent/martyr** den Idioten/Unschuldigen/Märtyrer spielen ▶ PHRASES: **to** ~ **a part** [jdm] etwas vormachen; **to** ~ **the part** überzeugend sein

◆**act in** *vt* ■**to** ~ **sth in** etw internalisieren

◆**act out** *vt* ① (*realize*) ■**to** ~ **out sth** etw ausleben; **to** ~ **out a fantasy** eine Fantasie ausleben ② (*perform*) ■**to** ~ **out sth** etw nachspielen ③ PSYCH **to get** ~**ed out** *feelings* sich *akk* äußern

◆**act up** *vi* (*fam*) ① *person* Ärger [*o* Theater] machen; *child* sich *akk* ungezogen benehmen ② *thing* Ärger [*o* Probleme] machen *fam; computer* verrückt spielen

act·ing ['æktɪŋ] **I.** *adj attr, inv* stellvertretend; ~ **manager** stellvertretender Geschäftsführer/stellvertretende Geschäftsführerin **II.** *n no pl* ① (*activity*) Schauspielerei *f* ② (*performance*) Darstellung *f*

ac·tin·ium [æk'tɪniəm] *n no pl* CHEM Actinium *nt fachspr*

ac·tion ['ækʃᵊn] *n* ① *no pl* (*activeness*) Handeln *nt;* **what we need is** ~ wir brauchen Taten; **only decisive** ~ **will stop the crisis from escalating** nur ein entschlossenes Vorgehen wird eine Eskalation der Krise verhindern; **we need firm** ~ wir müssen entschlossen vorgehen; **course of** ~ Vorgehensweise *f;* **could you tell me what the best course of** ~ **is?** wie soll ich Ihrer Meinung nach am besten vorgehen?; **so, what's the plan of** ~**?** wie sieht also die Strategie aus?; **a man/woman of** ~ ein Mann/eine Frau der Tat; **prompt** ~ promptes Handeln; **to go** [*or* **spring**] **into** ~ in Aktion treten; **to prod** [*or* **spur**] **sb into** ~ jdn dazu bringen, etw zu tun; **to put sth into** ~ etw in die Tat umsetzen; **to put sb out of** ~ jdn außer Gefecht setzen; **to take** ~ handeln; **no** ~ **was taken** es wurde nichts unternommen; **in** ~ in Aktion; **to be out of** ~ außer Gefecht sein ② (*act*) Handlung *f,* Tat *f;* **you're responsible for your own** ~**s now** du bist jetzt selbst für das, was du tust, verantwortlich; **your** ~ **in releasing the caged animals was highly irresponsible** es war höchst unverantwortlich von Ihnen, die eingesperrten Tiere freizulassen ③ (*gesture*) Bewegung *f;* **I'll say the words and you can mime the** ~**s** ich spreche die Worte und du kannst die Bewegungen dazu machen ④ *no pl* (*plot*) **the** [**main**] ~ die [Haupt]handlung ⑤ *no pl* FILM Action *f fam;* **lights, camera,** ~**!** Beleuchtung, Kamera, Aufnahme! ⑥ *no pl* (*combat*) Einsatz *m;* **to be destroyed by enemy** ~ durch Feindeinwirkung zerstört werden; **to go into** ~ ins Gefecht ziehen; **to be killed in** ~ fallen; **to be missing in** ~ vermisst sein; **to see** ~ *troops* im Einsatz sein; **to be in** ~ *platoon* im Einsatz sein ⑦ (*battle*) Gefecht *nt,* Kampf *m* ⑧ *no pl* (*function*) Arbeitsweise *f,* Funktionsweise *f;* **to go** [*or* **spring**] **into** ~ in Gang kommen; **to put sth out of** ~ etw außer Betrieb setzen; **in** ~ in Betrieb; **to be out of** ~ außer Betrieb sein ⑨ *no pl* (*effect*) Wirkung *f;* **the fibres are broken down by chemical** ~ die Fasern werden durch chemische Vorgänge zersetzt ⑩ (*mechanism*) Mechanismus *m* ⑪ (*coordination*) Bewegung *f* ⑫ (*in court*) Prozess *m,* Klage *f;* ~ **for libel, libel** ~ Verleumdungsklage *f;* **to bring an** ~ [**for sth**] **against sb** [wegen einer S. *gen*] gegen jdn Klage erheben, jdn [wegen einer S. *gen*] verklagen ⑬ *no pl* (*strike*) Streik *m* ⑭ *no pl* ■**the** ~ (*excitement*) das Geschehen; (*fun also*) die Action *fam;* **... where the** ~ **is ...** wo was los ist ▶ PHRASES: **to want a piece** [*or* **slice**] **of the** ~ (*fam*) eine Scheibe vom Kuchen abhaben wollen; ~**s speak louder than words** (*prov*) Taten sagen mehr als Worte *prov;* **the wheels of bureaucracy creak into** ~ *esp* BRIT (*hum*) die Mühlen der Bürokratie setzen sich langsam in Bewegung

ac·tion·able ['ækʃᵊnəbl] *adj inv* LAW strafbar; *statement* klagbar

'ac·tion com·mit·tee *n* Aktionskomitee *nt* **'ac·tion fig·ure** *n* Actionfigur *f* **'ac·tion film** *n* Actionfilm *m* **'ac·tion group** *n* Aktionskomitee *nt* **'ac·tion-packed** *adj story, film* spannungsgeladen, actiongeladen *fam* **'ac·tion paint·ing** *n no pl* Actionpainting *nt* **ac·tion 're·play** *n* BRIT, AUS TV Wiederholung *f* (*meist in Zeitlupe*) **'ac·tion sta·tions** *esp* BRIT **I.** *npl* MIL Stellung *f;* **"~!"** „Stellung [beziehen]!"; **to be at** ~ in Stellung sein; (*fig a.*) an seinem Platz sein **II.** *interj* aufgepasst!

ac·ti·vate ['æktɪveɪt] *vt* ■**to** ~ **sth** ① (*trigger*) etw aktivieren [*o* in Gang setzen]; **to** ~ **an alarm** einen Alarm auslösen ② CHEM, PHYS (*speed up*) etw aktivieren

ac·ti·va·ted 'car·bon, ac·tive 'car·bon *n no pl* Aktivkohle *f*

ac·ti·va·ted 'sludge *n* Belebtschlamm *m*

ac·ti·va·tion [,æktɪ'veɪʃᵊn] *n no pl* Aktivierung *f; of alarm* Auslösen *nt*

ac·tive ['æktɪv] **I.** *adj* ① (*not idle*) aktiv; *children* lebhaft; **mentally/physically** ~ geistig rege/körperlich aktiv; **to keep** ~ aktiv bleiben ② (*not passive*) aktiv; **to take an** ~ **interest** reges Interesse an etw *dat* zeigen; **to take** [*or* **play**] **an** ~ **part in sth** sich *akk* aktiv an etw *dat* beteiligen; ~ **support** tatkräftige Unterstützung; **politically** ~ politisch aktiv [*o* tätig] ③ *inv* (*not inert*) aktiv; ~ **volcano** aktiver Vulkan ④ (*radioactive*) radioaktiv ⑤ *inv* LING aktiv ⑥ *pred* (*astir*) aktiv; **to be** ~ **during the day/at night** tag-/nachtaktiv sein **II.** *n no pl* LING ~ [**voice**] Aktiv *nt;* **in the** ~ im Aktiv

'ac·tive list *n* MIL Liste *f* der Reserveoffiziere; **to be on the** ~ zur ständigen Verfügung stehen

ac·tive·ly ['æktɪvli] *adv* aktiv; **to be** ~ **involved in sth** intensiv an etw *dat* beteiligt sein [*o* mitarbeiten]

ac·tive 'ser·vice *n,* AM **ac·tive 'duty** *n no pl* MIL aktiver Dienst; **on** ~ im Einsatz

ac·tive·wear ['æktɪvweəʳ, AM -wer] *n no pl* Activewear *f* (*Bekleidung für leistungsorientierten Sport*)

ac·tiv·ism ['æktɪvɪzᵊm] *n no pl* Aktivismus *m*

ac·tiv·ist ['æktɪvɪst] *n* Aktivist(in) *m(f)*

ac·tiv·ity [æk'tɪvəti, AM -ət̬i] *n* (1) (*activeness*) Aktivität *f*; **economic activities** wirtschaftliche Unternehmungen; **social activities** gesellschaftliche Aktivitäten (2) *no pl* (*liveliness*) Lebhaftigkeit *f*; *in market, place etc* geschäftiges Treiben; *in office* Geschäftigkeit *f*; **a flurry of ~** eine Hektik (3) *usu pl* (*pastime*) Aktivität *f*, Veranstaltung *f*; (*mental*) Beschäftigung *f*; **outdoor activities** Aktivitäten *fpl* im Freien (4) *usu pl* (*undertakings*) Aktivitäten; **classroom activities** schulische Tätigkeiten; **criminal/terrorist activities** kriminelle/terroristische Tätigkeiten [*o* Aktivitäten] (5) (*radioactivity*) Radioaktivität *f*

ac·tor ['æktəʳ, AM -ɚ] *n* (1) (*performer*) Schauspieler *m* (2) (*pretender*) Schauspieler(in) *m(f)*

ac·tor-di·rec·tor [ˌɑktədɪ'rektəʳ, AM -tɚdɪ'rektɚ] *n* Regie führender Schauspieler/Regie führende Schauspielerin

ac·tress <*pl* -es> ['æktrəs] *n* Schauspielerin *f*

ac·tual ['æktʃuəl] *adj attr, inv* (1) (*real*) eigentlich, tatsächlich; *facts* konkret, tatsächlich (2) (*genuine*) echt; **your ~ ...** BRIT (*fam*) der/die/das echte ... (3) (*current*) derzeitig; **in the ~ situation** bei der derzeitigen Lage (4) (*precise*) genau; **and those are the ~ words he used?** und das hat er so gesagt?; **in ~ fact** tatsächlich

ac·tu·al·ity [ˌæktʃu'æləti, AM -ət̬i] *n* (*form*) (1) *no pl* (*reality*) Wirklichkeit *f*, Realität *f*; **in ~** in Wirklichkeit (2) (*conditions*) ■**actualities** *pl* tatsächliche Gegebenheiten; **the actualities of life** die Lebensbedingungen

ac·tu·al·ize [ˌæk(t)ʃuəlaɪz] *vt* (*form*) ■**to ~ sth** etw realisieren; **to ~ one's dream** seinen Traum verwirklichen

ac·tu·al·ly ['æktʃuəli] *adv inv* (1) (*in fact*) eigentlich; **so what ~ happened?** was ist denn nun passiert?; **who ~ took this decision?** wer hat denn nun diese Entscheidung eigentlich getroffen?; **that isn't ~ what I meant** das habe ich eigentlich nicht gemeint (2) (*surprisingly*) tatsächlich; **I'm one of the few people who don't ~ like champagne** ich gehöre zu den wenigen Leuten, die tatsächlich keinen Champagner mögen; **they've ~ decided to get married** sie haben tatsächlich beschlossen, zu heiraten (3) (*hum, iron: unexpectedly*) tatsächlich (4) (*correcting, polite*) eigentlich, in Wirklichkeit; **~, that's my seat you're sitting in** ich glaube, Sie sitzen auf meinem Platz; **I'm ~ rather busy at the moment** ich bin im Augenblick ziemlich beschäftigt

ac·tu·arial [ˌæktʃu'eəriəl, AM -'eri-] *adj inv* FIN versicherungsmathematisch *fachspr*

ac·tu·ary ['æktʃuəri] *n* FIN Versicherungsmathematiker(in) *m(f)*, Aktuar(in) *m(f) fachspr*

ac·tu·ate ['æktʃueɪt] *vt* (1) (*operate*) ■**to ~ sth** *device, mechanism* etw in Gang setzen (2) TECH (*trigger*) ■**to ~ sth** etw auslösen (3) (*form: motivate*) ■**to be ~d by sth** von etw *dat* angetrieben sein

acu·ity [ə'kjuːəti, AM -ət̬i] *n no pl* (*form*) Schärfe *f*; *of thought* Scharfsinn *m*; **visual ~** Sehschärfe *f*

acu·men ['ækjʊmən, AM ə'kjuː-] *n no pl* Scharfsinn *m*; **business ~** Geschäftssinn *m*; **political ~** politischer Weitblick; **to show ~ in doing sth** in etw *dat* Weitblick zeigen

acu·pres·sure ['ækjʊpreʃəʳ, AM -ɚ] *n no pl* Akupressur *f*

acu·punc·ture ['ækjʊpʌŋ(k)tʃəʳ, AM -ɚ] *n no pl* Akupunktur *f*

acute [ə'kjuːt] **I.** *adj* (1) (*serious*) akut; *difficulties* ernst, gravierend *geh*; **the crisis is becoming ever more ~** die Krise verschärft sich immer mehr; **~ anxiety** ernsthafte Sorge; **~ illness** akute Erkrankung; **~ pain** heftiger Schmerz; **~ shortage** akuter Mangel (2) (*keen*) scharf; **~ hearing** feines Gehör; **~ sense of smell** ausgeprägter Geruchssinn (3) (*shrewd*) scharfsinnig; **~ observation** genaue [*o* scharfe] Beobachtung (4) (*sharp*) spitz; **~ angle** spitzer Winkel **II.** *n* LING Akut *m fachspr*

acute 'ac·cent *n* LING Akut *m fachspr* **'acute-an·gled** *adj* spitzwinklig

acute·ly [ə'kjuːtli] *adv* (1) (*extremely*) äußerst; **to be ~ ill** sehr krank sein; **to feel sth ~** etw intensiv fühlen [*o* empfinden]; **to be ~ aware of sth** sich *dat* einer S. *gen* sehr bewusst sein (2) (*shrewdly*) scharfsinnig

acute·ness [ə'kjuːtnəs] *n no pl* (1) (*severity*) Ernsthaftigkeit *f*; *of illness* Akutheit *f*; *of pain* Intensität *f* (2) (*shrewdness*) Schärfe *f*, Scharfsinn *m*; *of sb's observations* Genauigkeit *f* (3) (*keenness*) Feinheit *f*

ad [æd] *n* (*fam*) *short for* **advertisement** Anzeige *f*; (*on TV*) Werbespot *m*; **precision-targeted ~** zielgruppenspezifische Werbung

AD [ˌeɪ'diː] *adj abbrev of* **Anno Domini** n. Chr.

ad·age ['ædɪdʒ] *n* Sprichwort *nt*

'ad agen·cy *n short for* **advertising agency** Werbeagentur *f*

ada·gio [ə'dɑː(d)ʒiəʊ, AM -(d)ʒoʊ] MUS **I.** *adv* adagio **II.** *adj* adagio, langsam **III.** *n* Adagio *nt fachspr*

Adam ['ædəm] *n no pl* Adam *m* ▶ PHRASES: **to not know sb from ~** jdn überhaupt nicht kennen; **you don't know me from ~** du hast doch gar keine Ahnung, wer ich bin

ada·mant ['ædəmənt] *adj* (1) *pred person* ■**to be ~** unnachgiebig sein; ■**to be ~ about** [*or* **in**] **sth** auf etw *dat* beharren [*o* bestehen]; ■**to be ~ that ...** darauf beharren [*o* bestehen], dass ... (2) *refusal* hartnäckig

ada·mant·ly ['ædəməntli] *adv* hartnäckig; **to be ~ opposed to sth** etw entschieden ablehnen

Ad·am's 'ap·ple *n* Adamsapfel *m*

adapt [ə'dæpt] **I.** *vt* (1) (*modify*) ■**to ~ sth** etw anpassen; *machine* etw umstellen [*o* umbauen]; ■**to ~ sth to sth** etw an etw *akk* anpassen (2) (*adjust*) ■**to ~ sth** [**to sth**] etw [an etw *akk*] anpassen; **we had to ~ our lifestyle to the new circumstances** wir mussten unseren Lebensstil an die neuen Verhältnisse anpassen; ■**to ~ oneself to sth** sich *akk* an etw *akk* gewöhnen (3) (*rewrite*) ■**to ~ sth for sb/sth** etw für jdn/etw bearbeiten [*o geh* adaptieren]; **the play has been ~ed for children** das Stück wurde für Kinder umgearbeitet **II.** *vi* ■**to ~** [**to sth**] sich *akk* [einer S. *dat*] anpassen; BIOL sich *akk* [einer S. *dat*] adaptieren *fachspr*; **children ~ very easily to new environments** Kinder gewöhnen sich sehr leicht an eine neue Umgebung

adapt·abil·ity [əˌdæptə'bɪləti, AM -ət̬i] *n no pl* Anpassungsfähigkeit *f* (**to/for** an +*akk*)

adapt·able [ə'dæptəbl] *adj* anpassungsfähig; *machine* vielseitig; **to be ~ to sth** *person* sich *akk* an etw *akk* anpassen können; *thing* sich *akk* an etw *akk* anpassen lassen

ad·ap·ta·tion [ˌædæp'teɪʃᵊn] *n* (1) *no pl* (*adapting*) Anpassung *f* (**to** an +*akk*) (2) *no pl* (*modifying*) Umbau *m* (**to** +*gen*); *of machine* Umstellung *f* (**to** auf +*akk*) (3) (*work*) Bearbeitung *f*, Adaption *f geh* (4) BIOL Adaptation *f fachspr*

adapt·ed [ə'dæptɪd] *adj inv* angepasst; **specially ~** an spezielle Bedürfnisse angepasst

adapt·er *n see* **adaptor**

adap·tive [ə'dæptɪv] *adj* BIOL anpassungsfähig

adap·tor [ə'dæptəʳ, AM -ɚ] *n* (1) (*device*) Adapter *m* (2) (*plug*) Adapter *m*; (*with several*) Mehrfachsteckdose *f*, Mehrfachstecker *m* (3) (*writer*) Bearbeiter(in) *m(f)*

ADC *n abbrev of* **aide-de-camp**

add [æd] **I.** *vt* (1) (*mix*) ■**to ~ sth** [**to sth**] *ingredients* etw [zu etw *dat*] hinzufügen [*o* dazugeben] (2) (*include*) ■**to ~ sth to sth** etw *dat* etw hinzufügen (3) (*attach*) ■**to ~ sth** [**to sth**] [etw *dat*] etw hinzufügen, etw an etw *akk* anfügen; **I ~ed her name to the list** ich habe ihren Namen mit auf die Liste gesetzt (4) (*say*) ■**to ~ sth** [**to sth**] [etw *dat*] etw hinzufügen (5) (*sum*) ■**to ~ sth** [**together**] etw addieren [*o* zusammenzählen]; ■**to ~ sth to sth** etw zu etw *dat* [dazu]zählen (6) (*contribute*) ■**to ~ sth to sth** etw zu etw *dat* beitragen ▶ PHRASES: **to ~ insult to injury ...** um die Sache noch schlimmer zu machen, ... **II.** *vi* ❶ (*do sums*) addieren, zusammenzählen ❷ (*increase*) ■**to** ~ **to sth** zu etw *dat* beitragen; **these little extras all** ~ **to the cost** all diese kleinen Extras erhöhen die Kosten

◆**add in** *vt* ■**to** ~ **in** ○ **sth** etw hinzufügen [*o* einkalkulieren]

◆**add on** *vt* ■**to** ~ **on** ○ **sth** ❶ (*include*) etw [mit] dazurechnen ❷ (*attach*) etw hinzufügen ❸ (*build*) etw anbauen

◆**add up I.** *vi* ❶ (*do sums*) addieren ❷ (*total*) ■**to** ~ **up to sth** *bill* sich *akk* auf etw *akk* belaufen ❸ (*accumulate*) sich *akk* summieren; ■**to** ~ **up to sth** *costs, expenses* sich *akk* auf etw *akk* belaufen ❹ (*fam: make sense*) **it doesn't** ~ **up** es macht [*o* ergibt] keinen Sinn; **now it all** ~**s up!** so passt alles zusammen! ❺ (*lead to*) ■**to** ~ **up to sth** zu etw *dat* beitragen; **various people made suggestions, but they didn't** ~ **up to much** verschiedene Leute machten Vorschläge, doch letztlich kam nicht viel dabei heraus **II.** *vt* ■**to** ~ **up** ○ **sth** etw addieren [*o* zusammenzählen]

ADD [ˌeɪdiːˈdiː] *n no pl abbrev of* **attention deficit disorder**

add·ed [ˈædɪd] *adj inv* zusätzlich; ~ **to which ...** *esp* BRIT hinzu kommt, dass ...

add·ed 'value *n* FIN Mehrwert *m fachspr*

ad·den·da [əˈdendə] *n pl of* **addendum**

ad·den·dum <*pl* -da> [əˈdendəm, *pl* -də] *n* ❶ (*addition*) Nachtrag *m* (**to** zu +*dat*) ❷ (*appendix*) ■**addenda** *pl* Anhang *m,* Addenda *pl fachspr*

ad·der [ˈædəʳ, AM -ɚ] *n* Otter *f,* Viper *f*

ad·dict [ˈædɪkt] *n* ❶ (*junkie*) Abhängige(r) *f(m),* Süchtige(r) *f(m);* **drug** ~ Drogenabhängige(r) *f(m);* **to become an** ~ süchtig werden ❷ (*hum: fan*) Süchtige(r) *f(m);* **he's a chocolate** ~ er ist süchtig nach Schokolade

ad·dict·ed [əˈdɪktɪd] *adj usu pred* ❶ (*dependent*) ■**to be** ~ **to sth** von etw *dat* abhängig sein, nach etw *dat* süchtig sein; **to be** ~ **to cocaine/heroin** kokain-/heroinsüchtig sein; **to be** ~ **to drugs** drogenabhängig [*o* drogensüchtig] sein; **to get sb** ~ jdn abhängig [*o* süchtig] machen ❷ (*enthusiastic*) süchtig; ■**to be** ~ **to sth** nach etw *dat* süchtig sein

ad·dic·tion [əˈdɪkʃᵊn] *n* ❶ *no pl* (*dependency*) Abhängigkeit *f* (**to** von +*dat*), Sucht *f* (**to** nach +*dat*); **alcohol/drug** ~ Alkohol-/Drogenabhängigkeit *f,* Alkohol-/Drogensucht *f* ❷ (*craving*) Sucht *f;* **shopping can become an** ~ Einkaufen kann zur Sucht werden

ad·dic·tive [əˈdɪktɪv] *adj* ❶ (*causing dependency*) ■**to be** ~ abhängig [*o* süchtig] machen; **to be highly** ~ schnell süchtig machen; ~ **drug/substance** Suchtdroge *f*/Suchtmittel *nt* ❷ (*enjoyable*) ■**to be** ~ süchtig machen; **video games can be** ~ Videospiele können zur Sucht werden ❸ PSYCH ~ **personality** Suchttyp *m*

'add·ing ma·chine *n* Addiermaschine *f* **add·ing 'up** *n no pl* Addieren *nt*

ad·di·tion [əˈdɪʃᵊn] *n* ❶ *no pl* (*adding*) Addition *f* ❷ *no pl* (*attaching*) Hinzufügen *nt* (**to** an +*akk*); *of building* Anbau *m* (**to** an +*akk*) ❸ *no pl* (*including*) Aufnahme *f* ❹ (*extra*) Ergänzung *f* (**to** zu +*dat*), Zusatz *m* (**to** zu +*dat*); ~ **to the family** (*hum*) [Familien]zuwachs *m* ❺ ■**in** ~ außerdem; ■**in** ~ **to sth** zusätzlich zu etw *dat*

ad·di·tion·al [əˈdɪʃᵊnᵊl] *adj inv* zusätzlich; ~ **charge** Aufpreis *m*

ad·di·tion·al·ly [əˈdɪʃᵊnᵊli] *adv inv* außerdem, zusätzlich; **and** ~ **he said that ...** und ergänzend fügte er hinzu, dass ...

ad·di·tive [ˈædɪtɪv, AM -t̬ɪv] **I.** *n* Zusatz *m;* **chemical** ~**s** chemische Zusätze **II.** *adj* zusätzlich

ad·dle [ˈædl̩] **I.** *vt* (*hum*) **to** ~ **sb's brain** jds Verstand *m* verwirren **II.** *vi* verderben; *eggs* faulen

ad·dled [ˈædl̩d] *adj* ❶ (*hum: muddled*) verwirrt; ~ **brain** benebeltes [Ge]hirn ❷ (*rotten*) verdorben; ~ **eggs** faule Eier

add-on [ˈædɒn, AM -ɑːn] *n* COMPUT Zusatzgerät *f;* (*several*) Zubehör *nt*

ad·dress I. *n* <*pl* -es> [əˈdres, AM ˈæd-] ❶ (*abode*) Adresse *f,* Anschrift *f;* **she's not at that** ~ **any more** sie wohnt nicht mehr dort; **business/home** ~ Geschäfts-/Privatadresse *f,* **physical** ~ Postanschrift *f;* **not known at this** ~ Empfänger unbekannt ❷ (*form: skill*) Geschick *nt* ❸ COMPUT Adresse *f* ❹ (*speech*) Rede *f* (**to** an +*akk*); (*for a particular occasion*) Ansprache *f* (**to** an +*akk*) ❺ (*title*) **form of** ~ [Form *f* der] Anrede *f* ❻ (*liter: courtship*) **to pay one's** ~**es to sb** jdm den Hof machen *hum o veraltend* **II.** *vt* [əˈdres] ❶ (*write address*) ■**to** ~ **sth** [**to sb/sth**] etw [an jdn/etw] adressieren; **to** ~ **a letter/a parcel** einen Brief/ein Paket adressieren ❷ (*direct*) ■**to** ~ **sth to sb: he** ~**ed a few introductory remarks to the audience** er richtete einige einführende Bemerkungen an die Zuhörer; ■**to** ~ **oneself to sb/sth** sich *akk* an jdn/etw wenden ❸ (*speak to*) ■**to** ~ **sb** jdn ansprechen; **were you** ~**ing me?** haben Sie mit mir gesprochen?; **he rose to** ~ **the meeting** er erhob sich, um zu der Versammlung zu sprechen; ■**to** ~ **oneself to sb** jdn ansprechen ❹ (*use title*) ■**to** ~ **sb** [**as sth**] jdn [als etw *akk*] anreden ❺ (*deal with*) ■**to** ~ **sth** *issue* etw ansprechen ❻ (*in golf*) **to** ~ **the ball** den Ball anvisieren

ad·'dress book *n* Adressbuch *nt*

ad·dressee [ˌædresˈiː] *n* Empfänger(in) *m(f),* Adressat(in) *m(f) geh*

ad·'dress la·bel *n* Adress[en]aufkleber *m*

ad·duce [əˈdjuːs, AM *esp* əˈduːs] *vt* (*form*) ■**to** ~ **sth** *facts, evidence* etw anführen

ad·enoi·dal [ˌædɪˈnɔɪdᵊl, AM -dᵊn-] *adj inv* nasal; **he sounds** ~ er näselt

ad·enoids [ˈædɪnɔɪdz, AM -dᵊn-] *npl* (*in throat*) Rachenmandelwucherungen *fpl;* (*in nose*) Polypen *mpl,* Adenoide *ntpl fachspr*

adept I. *adj* [əˈdept] geschickt; ~ **performer** talentierter Darsteller/talentierte Darstellerin; ■**to be** ~ **at** [*or* **in**] [**doing**] **sth** in etw *dat* geschickt sein; **he was never very** ~ **in the finer arts of conversation** er hatte noch nie ein Talent für gepflegte Unterhaltung **II.** *n* [ˈædept] (*liter*) Meister(in) *m(f)* (**at** in +*dat*)

adept·ly [əˈdeptli] *adv* geschickt

ad·equa·cy [ˈædɪkwəsi] *n no pl* ❶ (*sufficiency*) Angemessenheit *f,* Zulänglichkeit *f* ❷ (*suitability*) Tauglichkeit *f,* Eignung *f*

ad·equate [ˈædɪkwət] *adj* ❶ (*sufficient*) ausreichend, genügend *attr; excuse* angemessen ❷ (*suitable*) angemessen, adäquat *geh;* **to find** ~ **words** die passenden Worte finden ❸ (*commensurate*) ■~ **to sth** einer S. *dat* angemessen ❹ (*barely sufficient*) zulänglich; **to be** ~ [aus]reichen

ad·equate·ly [ˈædɪkwətli] *adv* ❶ (*sufficiently*) ausreichend ❷ (*suitably*) angemessen ❸ (*barely sufficiently*) zulänglich; **we shall do** ~**, but are unlikely to make a large profit** wir werden gerade so auskommen, aber sicherlich keinen großen Gewinn machen

ADHD [ˌeɪdiːeɪtʃˈdiː] *n abbrev of* **attention deficient hyperactivity disorder**

ad·here [ədˈhɪəʳ, AM -ˈhɪr] *vi* ❶ (*form: stick*) ■**to** ~ [**to sth**] [an etw *akk*] kleben [*o geh* haften] ❷ (*follow*) ■**to** ~ **to sth** *rule* sich *akk* an etw *akk* halten ❸ (*support*) ■**to** ~ **to sth** *a principle* an etw *dat* festhalten ❹ (*represent*) ■**to** ~ **to sth** bei etw *dat* bleiben; **the translator has** ~**d very strictly to the original text** der Übersetzer hat sich strikt an den Originaltext gehalten

ad·her·ence [ədˈhɪərᵊn(t)s, AM -ˈhɪr-] *n no pl* (*form*) Festhalten *nt* (**to** an +*dat*); *of rule* Befolgung *f* (**to** +*gen*)

ad·her·ent [ədˈhɪərᵊnt, AM -ˈhɪr-] (*form*) **I.** *n* Anhänger(in) *m(f)* **II.** *adj* klebend *attr,* haftend *attr*

ad·he·sion [ədˈhiːʒᵊn] *n no pl* ❶ (*sticking*) Haften *nt* (**to** an +*dat*), Adhäsion *f fachspr* (**to** von +*dat*) ❷ (*stickiness*) Haftvermögen *nt* ❸ (*form*) *see* **adherence**

ad·he·sive [ədˈhiːsɪv] **I.** *adj* haftend *attr,* klebend *attr* **II.** *n no pl* Klebstoff *m,* Kleber *m fam* **III.** *n modifier* (*label, tape*) Klebe-; ~ **plaster** Heftpflaster *nt*

ad hoc [ˌædˈhɒk, AM -ˈhɑːk] *inv* **I.** *adj* Ad-hoc-; **to do sth on an** ~ **basis** etw spontan tun **II.** *adv* ad hoc

adieu [əˈdjuː, AM *esp* -ˈduː] **I.** *interj* (*liter or old*) adieu; ~, **then my friends** lebt wohl, meine Freunde **II.** *n* <*pl* -s *or* -x> (*liter or old*) Adieu *nt*, Lebewohl *nt*; **to bid sb/sth ~** [*or* ~ **to sb/sth**] jdm/etw Lebewohl sagen

ad in·fi·ni·tum [ˌædɪnfɪˈnaɪtəm, AM -t̬əm] *adv inv* ad infinitum *geh*, endlos

adi·os [ˈædiɒs, AM ˌɑːdiˈoʊs, ˈædi-] *interj esp* AM (*fam*) adios *sl*

adi·pose [ˈædɪpəʊs, AM -əpoʊs] *adj attr, inv* MED fetthaltig *attr*, adipös *fachspr*

adi·pose ˈtis·sue *n no pl* MED Fettgewebe *nt*

adj *n abbrev of* **adjective** Adj.

ad·ja·cent [əˈdʒeɪsᵊnt] *adj* (*form*) ❶ (*next to*) angrenzend; **the ~ building** das Gebäude nebenan; **her room was ~ to mine** ihr Zimmer lag neben meinem ❷ (*nearby*) nah[e]; ~ **to where I live** in der Nähe meiner Wohnung

ad·jec·ti·val [ˌædʒɪkˈtaɪvᵊl] *adj inv* adjektivisch; ~ **ending** Adjektivendung *f*

ad·jec·ti·val·ly [ˌædʒɪkˈtaɪvᵊli] *adv inv* adjektivisch

ad·jec·tive [ˈædʒɪktɪv] *n* Adjektiv *nt*, Eigenschaftswort *nt*

ad·join [əˈdʒɔɪn] **I.** *vt* ■**to ~ sth** an etw *akk* angrenzen; *building* an etw *akk* stoßen **II.** *vi* aneinandergrenzen

ad·join·ing [əˈdʒɔɪnɪŋ] *adj attr, inv* angrenzend *attr*, nebeneinanderliegend *attr*; ~ **room** Nebenzimmer *nt*

ad·journ [əˈdʒɜːn, AM -ɜːrn] **I.** *vt usu passive* ■**to ~ sth** (*interrupt*) etw unterbrechen; (*suspend*) etw verschieben [*o geh* vertagen]; LAW etw vertagen; **to ~ the court** die [Gerichts]verhandlung vertagen **II.** *vi* ❶ (*stop temporarily*) eine Pause einlegen [*o* machen], unterbrechen; (*end*) aufhören; **shall we ~ for lunch?** sollen wir eine Mittagspause einlegen? ❷ (*form or dated: move to*) **to ~ to the living** [*or* **sitting**] **room** sich *akk* ins Wohnzimmer begeben

ad·journ·ment [əˈdʒɜːnmənt, AM -ɜːrn-] *n* ❶ (*temporary stop*) Unterbrechung *f* ❷ *no pl* (*until another day*) Verschiebung *f*; LAW Vertagung *f* (**until** bis +*dat*)

ad·judge [əˈdʒʌdʒ] *vt usu passive* (*form*) ❶ (*evaluate as*) **to be ~d bankrupt** für bankrott erklärt werden; **to be ~d the winner** zum Sieger erklärt werden ❷ (*award*) ■**to ~ sth to sb** jdm etw zuerkennen

ad·ju·di·cate [əˈdʒuːdɪkeɪt] (*form*) **I.** *vi* ■**to ~** [**up**]**on sth** über etw *akk* entscheiden; LAW über etw *akk* ein Urteil fällen; **to ~ on a dispute** einen Streit entscheiden, ein Urteil in einem Streit[fall] fällen **II.** *vt* **to ~ a claim/dispute** über einen Anspruch/Streit entscheiden; ■**to be ~d sth** zu etw *dat* erklärt werden; **to be ~d bankrupt** für bankrott erklärt werden

ad·ju·di·ca·tion [əˌdʒuːdɪˈkeɪʃᵊn] *n* (*form*) ❶ (*judgment*) Entscheidung *f*, Urteil *nt*; ~ **in bankruptcy** Konkurseröffnung *f* ❷ *no pl* (*consideration*) Beurteilung *f*; **to be under ~ in the courts** gerichtlich verhandelt werden

ad·ju·di·ca·tor [əˈdʒuːdɪkeɪtəʳ, AM -t̬ɚ] *n* (*form*) Schiedsrichter(in) *m(f)*, Schlichter(in) *m(f)*; (*in competition*) Preisrichter(in) *m(f)*

ad·junct [ˈædʒʌŋ(k)t] **I.** *n* ❶ (*secondary item*) Zusatz *m*, Beigabe *f* ❷ (*assistant*) Assistent(in) *m(f)* ❸ LING Ergänzung *f*; **adverbial ~** adverbiale Ergänzung **II.** *adj doctor, surgeon* Assistenz-; ~ **professor** AM außerordentlicher Professor; ~ **teacher** AM Hilfslehrer(in) *m(f)*

ad·jure [əˈdʒʊəʳ, AM -ˈdʒʊr] *vt* (*form*) ■**to ~ sb to do sth** jdn beschwören [*o* inständig bitten], etw zu tun

ad·just [əˈdʒʌst] **I.** *vt* ❶ (*set*) ■**to ~ sth** etw [richtig] einstellen [*o* regulieren]; **to ~ a lever** einen Hebel verstellen ❷ (*rearrange*) **to ~ one's clothing** seine Kleidung in Ordnung bringen ❸ (*tailor*) ■**to ~ sth** etw umändern; **to ~ a seam** (*take in*) einen Saum umnähen; (*let out*) einen Saum auslassen ❹ (*adapt*) ■**to ~ sth to sth** etw einer S. *dat* anpassen [*o* auf etw *akk* ausrichten]; **to ~ oneself to sth** sich *akk* auf etw *akk* einstellen ❺ (*in insurance*) **to ~ a claim** einen Anspruch berechnen; **to ~ the damages** den Schadensersatz regulieren **II.** *vi* (*adapt*) ■**to ~ to sth** sich *akk* an etw *akk* anpassen; (*feel comfortable with*) sich *akk* an etw *akk* gewöhnen; ■**to ~ to doing sth** sich *akk* daran gewöhnen, etw zu tun

ad·just·able [əˈdʒʌstəbl̩] *adj* verstellbar, regulierbar, justierbar; ~ **creature** anpassungsfähiges Lebewesen

ad·just·able ˈspan·ner *n* BRIT, AUS verstellbarer Schraubenschlüssel, Universalschlüssel *m*, Engländer *m*

ad·just·ment [əˈdʒʌstmənt] *n* ❶ (*mental*) Anpassung *f*, Umstellung *f*; **to make an ~** [**from sth**] **to sth** sich *akk* [von etw *dat*] auf etw *akk* umstellen ❷ (*mechanical*) Einstellung *f*, Regulierung *f*, Justierung *f fachspr* ❸ (*alteration*) *of a knob, lever, settings* Verstellung *f*; *of clothing* Änderung *f*; **to make an ~ to the length of trousers** die Länge von Hosen ändern

ad·ju·tant [ˈædʒʊtᵊnt] *n* Adjutant *m*; ~ **general** Generaladjutant *m*

ad lib [ˌædˈlɪb] **I.** *adv inv* ❶ (*without preparation*) aus dem Stegreif, spontan ❷ (*at one's desire*) nach Belieben **II.** *adj inv* (*improvised*) improvisiert; (*spontaneous*) spontan

ad-lib <-bb-> [ˌædˈlɪb] **I.** *vi* improvisieren; **just ~!** lass dir etwas einfallen! **II.** *vt* ■**to ~ sth** etw improvisieren

ˈad·man *n* Werbefachmann *m* **ˈad·mass** *n esp* BRIT ■**the ~** + *sing/pl vb die durch Werbung manipulierbare Bevölkerungsgruppe*

ad·min·is·ter [ədˈmɪnɪstəʳ, AM -ɚ] *vt* ❶ (*manage*) ■**to ~ sth** etw verwalten; **the country was ~ed by the British until recently** das Land stand bis vor kurzem unter britischer Verwaltung ❷ (*handle*) ■**to ~ sth** etw handhaben; **the economy has been badly ~ed by the government** die Regierung macht eine schlechte Wirtschaftspolitik ❸ LAW **to ~ an estate/a trust** einen Nachlass/eine Treuhandgesellschaft verwalten ❹ (*dispense*) ■**to ~ sth** [**to sb**] [jdm] etw geben; (*issue*) etw [an jdn] ausgeben; **to ~ aid** [*or* **relief**] **to sb** jdm Hilfe [*o* Unterstützung] zukommen lassen [*o* gewähren]; **to ~ first aid** [**to sb**] [bei jdm] erste Hilfe leisten; **to ~ justice** [**to sb**] [über jdn] Recht sprechen; **to ~ medicine** [**to sb**] [jdm] Medizin verabreichen; **to ~ punishment** [**to sb**] [jdn be]strafen, [über jdn] eine Strafe verhängen; **to ~ a severe blow to sb** (*fig*) jdm einen schweren Schlag versetzen ❺ (*be official witness to*) **to ~ an oath to sb** jdm einen Eid abnehmen

ad·min·is·trate [ədˈmɪnɪstreɪt] *vt* ■**to ~ sth** etw verwalten; **to ~ the affairs of a company** ein Unternehmen leiten; **to ~ the company's business** die Firmengeschäfte leiten [*o* führen]

ad·min·is·tra·tion [ədˌmɪnɪˈstreɪʃᵊn] *n* ❶ *no pl* (*management*) Verwaltung *f*; ECON, ADMIN Verwaltungsangelegenheiten *fpl* ❷ (*managers*) ■**the ~** + *sing/pl vb* die Verwaltung ❸ *esp* AM (*term in office*) Amtszeit *f*, Amtsperiode *f* (*des amerikanischen Präsidenten*) ❹ (*government*) Regierung *f*; **the Kennedy A~** die Regierung Kennedy ❺ *no pl* (*dispensing*) *of a medicine* Verabreichung *f*, Gabe *f*; ~ **of an oath** Vereidigung *f*

ad·min·is·tra·tive [ədˈmɪnɪstrətɪv] *adj attr, inv* administrativ, Verwaltungs-

ad·min·is·tra·tive ˈbody *n* Verwaltungsorgan *nt*, Verwaltungsbehörde *f* **ad·min·is·tra·tive ˈdis·trict** *n* Verwaltungsbezirk *m*

ad·min·is·tra·tive·ly [ədˈmɪnɪstrətɪvli] *adv* verwaltungstechnisch, in administrativer Hinsicht

ad·min·is·tra·tor [ədˈmɪnɪstreɪtəʳ, AM -t̬ɚ] *n* ❶ (*person in charge*) Leiter(in) *m(f)*; (*of a company*) Geschäftsführer(in) *m(f)* ❷ (*clerk*) Verwaltungsbeamte(r) *m*, Verwaltungsbeamte [*o* -in] *f* ❸ LAW Verwalter(in) *m(f)*; *of an inheritance* Nachlassverwalter(in) *m(f)*

ad·mi·rable [ˈædmᵊrəbl̩] *adj* bewundernswert; **to do an ~ job** hervorragende [*o* ausgezeichnete] Arbeit leisten

ad·mi·rably [ˈædmᵊrəbli] *adv* bewundernswert, erstaunlich; **to cope** [*or* **deal**] **~ with sth** etw großartig meistern; **to handle sb/sth ~** mit jdm/etw auf bewundernswerte Weise umgehen [*o fam* erstaunlich gut fertigwerden]

ad·mi·ral [ˈædmᵊrəl] *n* Admiral(in) *m(f)*

Ad·mi·ral·ty ['ædmᵊrəlti] *n no pl* BRIT ■**the** ~ ❶ (*hist: court*) die Admiralität ❷ (*naval department*) das Marineministerium

ad·mi·ra·tion [,ædmə'reɪʃᵊn] *n no pl* ❶ (*respect*) Bewunderung *f* (**for** für *+akk*), Hochachtung *f*, Respekt *m* (**for** vor *+dat*) ❷ (*wonderment*) Bewunderung *f*; **to be the object of sb's** ~ von jdm bewundert werden ❸ (*object*) Gegenstand *m* der Bewunderung; **to be the** ~ **of everyone** von allen bewundert werden

ad·mire [əd'maɪəʳ, AM -ɚ] *vt* ❶ (*respect*) ■**to** ~ **sb/sth** jdn/etw bewundern; ■**to** ~ **sb for sth** jdn wegen einer S. *gen* bewundern ❷ (*find pleasing*) ■**to** ~ **sb/sth** jdn/etw bewundern; **to** ~ **oneself in the mirror** sich *akk* im Spiegel bewundern; **to** ~ **sb from afar** jdn aus der Ferne anhimmeln

ad·mir·er [əd'maɪərəʳ, AM -'maɪrɚ] *n* ❶ (*with romantic interest*) Verehrer(in) *m(f)*, Bewunderer *m*, Bewunderin *f*; (*hum: suitor*) Verehrer(in) *m(f)*; **secret** ~ anonymer [*o* heimlicher] Verehrer/anonyme [*o* heimliche] Verehrerin ❷ (*supporter*) Anhänger(in) *m(f)*

ad·mir·ing [əd'maɪərɪŋ, AM -'maɪrɪŋ] *adj attr* bewundernd; **to get lots of** ~ **glances** [*or* **looks**] viele bewundernde Blicke auf sich *akk* ziehen

ad·mir·ing·ly [əd'maɪərɪŋli, AM -'maɪr-] *adv* voller Bewunderung

ad·mis·sibil·ity [əd,mɪsə'bɪləti, AM -əţi] *n no pl* (*form*) Zulässigkeit *f*

ad·mis·sible [əd'mɪsəbḷ] *adj* (*form*) zulässig, erlaubt; ~ **evidence** LAW zulässiges Beweismaterial

ad·mis·sion [əd'mɪʃᵊn] *n* ❶ *no pl* (*entering*) Eintritt *m*; (*acceptance*) Zutritt *m*, Einlass *m*; (*into university*) Zulassung *f*, Aufnahme *f*; (*into hospital*) Einlieferung *f* ❷ *no pl* (*entrance fee*) Eintritt[spreis] *m*, Eintrittsgeld *nt*; **to charge** ~ Eintritt verlangen ❸ (*acknowledgment*) Eingeständnis *nt*; **by his/her own** ~ nach eigenem Eingeständnis, wie er/sie selbst zugibt

ad·'mis·sion charge *n*, **ad·'mis·sion fee** *n* Eintritt *m kein pl*, Eintrittspreis *m*

ad·mit <-tt-> [əd'mɪt] **I.** *vt* ❶ (*acknowledge*) ■**to** ~ **sth** etw zugeben [*o* eingestehen]; **to** ~ **defeat** seine Niederlage eingestehen; **to** ~ **an error** [*or* **a mistake**]/**one's guilt** einen Irrtum [*o* Fehler]/seine Schuld zugeben [*o* einräumen]; **to freely** ~ **sth** etw ohne Umschweife zugeben ❷ (*allow entrance*) ■**to** ~ **sb/sth** jdn/etw hereinlassen/hineinlassen; **this ticket** ~**s one person only** diese Eintrittskarte ist nur für eine Person gültig; **no minors** [*or* **minors not**] ~**ted** Zutritt ab 18 Jahren; ■**to** ~ **sb to** [AM **the**] **hospital** jdn ins Krankenhaus einliefern ❸ (*allow*) ■**to** ~ **sth** etw zulassen; **to** ~ **evidence** LAW ein Beweismittel zulassen ❹ (*hold*) ■**to** ~ **sb** jdm Platz bieten; **the theatre** ~**s 300 people** das Theater fasst 300 Personen **II.** *vi* ■**to** ~ **to sth** etw zugeben [*o* eingestehen]

◆**admit of** *vi* (*form*) ■**to** ~ **of sth** etw zulassen [*o* erlauben]

ad·mit·tance [əd'mɪtən(t)s] *n no pl* (*entrance*) Zutritt *m*, Einlass *m*; *to club* Aufnahme *f*; **"no ~"** „Betreten verboten"; **to deny** [*or* **refuse**] **sb** ~ **to sth** jdm den Zutritt zu etw *dat* verwehren; **to gain** ~ **to sth** sich *dat* zu etw *dat* Zutritt verschaffen

ad·mit·ted·ly [əd'mɪtɪdli, AM -ţɪd-] *adv inv* zugegebenermaßen, anerkanntermaßen; ~, **I could have tried harder** zugegeben, ich hätte mir mehr Mühe geben können

ad·mix·ture [əd'mɪkstʃəʳ, AM -tʃɚ] *n usu sing* ❶ CHEM Beimischung *f*, Zusatz *m* ❷ (*form: additional element*) Zugabe *f*, Beigabe *f*

ad·mon·ish [əd'mɒnɪʃ, AM -'mɑːnɪʃ] *vt* (*form*) ■**to** ~ **sb** [**for sb**] jdn [wegen einer S. *gen*] ermahnen; **to** ~ **sb gently** jdn freundlich ermahnen; ■**to** ~ **sb to do sth** jdm dringend raten, etw zu tun

ad·mon·ish·ment [əd'mɒnɪʃmənt, AM -'mɑːnɪʃ-] *n*, **ad·mo·ni·tion** [,ædmə'nɪʃᵊn] *n* (*form*) Ermahnung *f*; (*warning*) Warnung *f*

ad·moni·tory [əd'mɒnɪtᵊri, AM -'mɑːnətɔːri] *adj* (*form*) [er]mahnend *attr*, warnend *attr*

ad nau·seam [,æd'nɔːziæm, AM *esp* -'nɑː-] *adv inv* bis zum Überdruss

ado [ə'duː] *n no pl* (*commotion, delay*) großer Aufwand, Aufheben *nt*, Trara *nt fam*; **much** ~ **about nothing** viel Lärm um nichts; **with much** ~ unter großem Aufwand, mit viel Trara *fam*; **without** [**further** [*or* **more**]] ~ ohne [weitere] Umstände [*o* weiteres]

ado·be [ə'dəʊbi, AM -'doʊbi] **I.** *n* ❶ *no pl* (*clay*) [luftgetrockneter] Lehmziegel, Luftziegel *m*, Adobe *m fachspr* ❷ (*house*) Haus *nt* aus Adobeziegeln **II.** *n modifier* (*hut, vase, figurine*) Adobe-; ~ **brick** luftgetrockneter Lehmziegel, Luftziegel *m*, Adobeziegel *m fachspr*; ~ **house** Haus *nt* aus Adobeziegeln

ado·les·cence [,ædə'lesᵊn(t)s] *n no pl* (*youth*) Jugend[zeit] *f*, Adoleszenz *f fachspr*; (*puberty*) Pubertät *f*; **to have a troubled** ~ eine stürmische Jugend haben

ado·les·cent [,ædə'lesᵊnt] **I.** *adj* ❶ *inv* (*of teenagers*) heranwachsend, jugendlich; ~ **concerns/problems** die Sorgen/die Probleme Heranwachsender ❷ (*pej: immature*) pubertär *pej*, unreif *pej* **II.** *n* Jugendliche(r) *f(m)*

Adonis <*pl* -es> [ə'dəʊnɪs, AM -'dɑː-] *n* Adonis *m*, Schönling *m iron*

adopt [ə'dɒpt, AM -'dɑːpt] *vt* ❶ (*raise*) ■**to** ~ **sb** jdn adoptieren; **to** ~ **a child** ein Kind adoptieren; **to have one's child** ~**ed** sein Kind zur Adoption freigeben; **to** ~ **sb into one's family** jdn in seine Familie aufnehmen ❷ (*sponsor*) **to** ~ **a child/refugee** die Patenschaft für ein Kind/einen Flüchtling übernehmen ❸ (*put into practice*) ■**to** ~ **sth** etw annehmen [*o* übernehmen]; **to** ~ **a cautious/pragmatic approach to sth** vorsichtig/pragmatisch an eine S. herangehen; **to** ~ **an attitude** eine Haltung annehmen; **to** ~ **a hard line** eine harte Linie vertreten; **to** ~ **a measure** eine Maßnahme ergreifen; **to** ~ **a policy/**[**different**] **strategy** eine Politik/[neue] Strategie verfolgen; **to** ~ **a stern tone** einen strengen Ton anschlagen ❹ (*take up*) ■**to** ~ **sth** etw annehmen; **to** ~ **an accent/a mannerism** einen Akzent/eine Eigenart annehmen; **to** ~ **a pose** eine Pose [*o* Haltung] einnehmen ❺ (*select*) **to** ~ **sb as a candidate** BRIT jdn als Kandidaten/Kandidatin auswählen; **to** ~ **sth as one's mascot** etw zu seinem Maskottchen machen; **to** ~ **sth as one's slogan** etw zu seinem Slogan erklären

adopt·ed [ə'dɒptɪd, AM -'dɑːpt-] *adj* ❶ (*into a family*) adoptiert, Adoptiv-; ~ **child** Adoptivkind *nt* ❷ (*selected*) Wahl-; **Rome is her** ~ **city** sie ist Wahlrömerin; **to be sb's** ~ **country** jds Wahlheimat *f* sein

adop·tion [ə'dɒpʃᵊn, AM -'dɑːp-] *n* ❶ *no pl* (*act*) Adoption *f*, Annahme *f* [an Kindes statt]; **to offer** [*or* **put up**] **a child for** ~ ein Kind zur Adoption freigeben ❷ (*instance*) Adoption *f* ❸ *no pl* (*taking on*) Annahme *f*; *of a technology* Übernahme *f*; *of a method* Aneignung *f* ❹ *no pl* (*choice*) **country of** ~ Wahlheimat *f*

a'dop·tion agen·cy *n* Adoptionsagentur *f*

adop·tive [ə'dɒptɪv, AM -'dɑːp-] *adj attr, inv* ❶ (*through adoption*) Adoptiv-; ~ **parents** Adoptiveltern *pl*; ~ **siblings** Adoptivgeschwister *pl* ❷ (*selected*) Wahl-; ~ **country** Wahlheimat *f*

ador·able [ə'dɔːrəbḷ] *adj* entzückend, bezaubernd, hinreißend; **your nephew is just** ~ dein Neffe ist einfach süß

ado·ra·tion [,ædə'reɪʃᵊn] *n no pl* ❶ (*respectful love*) Verehrung *f*; (*devotion*) grenzenlose Liebe, Hingabe *f*; **to look at sb with** ~ **in one's eyes** jdn mit verliebten Augen anschauen; **complete** ~ völlige [*o* bedingungslose] Hingabe ❷ REL Anbetung *f*; **the** ~ **of the Virgin Mary** die Marienverehrung

adore [ə'dɔːʳ, AM -'dɔːr] *vt* ❶ (*love*) ■**to** ~ **sb/sth** jdn/etw über alles [*o* abgöttisch] lieben; (*admire*) jdn/etw aufrichtig bewundern ❷ (*like very much*) ■**to** ~ **sb** für jdn schwärmen; **to** [**absolutely** [*or* **simply**]] ~ **sth** etw [einfach] wunderbar finden [*o* lieben]; **I** ~ **chocolate** ich liebe Schokolade; ■**to** ~ **doing sth** etw liebend [*o* sehr] gern tun ❸ REL **to** ~ **God** Gott anbeten

ador·ing [ə'dɔːrɪŋ] *adj attr* (*loving*) liebend *attr*; (*devoted*) hingebungsvoll; ~ **mother** liebevolle Mutter; ~ **wife** liebende

Ehefrau

adorn [əˈdɔːn, AM -ˈdɔːrn] *vt usu passive* (*liter*) ■**to ~ sth [with sth]** etw [mit etw *dat*] schmücken [*o geh* zieren]; ■**to ~ oneself** sich *akk* schön machen

adorn·ment [əˈdɔːnmənt, AM -ˈdɔːrn-] *n* (*liter*) ❶ (*ornament*) Schmuck *m*, Verzierung *f* ❷ *no pl* (*act*) Schmücken *nt*, Verschönerung *f*

ad·re·nal *n* ■**the ~s** *pl* die Nebennieren [*o* Adrenaldrüsen] *fpl*

ad·re·nal ˈgland [əˈdriːnəl] *n* Nebenniere *f*

adrena·lin(e) [əˈdrenəlɪn] *n no pl* Adrenalin *nt;* **these arguments always get my ~ going** diese Argumente bringen mich immer in Fahrt; **burst** [*or* **rush**] **of ~** Adrenalinstoß *m;* **to release ~** Adrenalin ausschütten

aˈdrena·lin junkie *n* (*thrill seeker*) Adrenalinjunkie *m* (*jd, der den ständigen Nervenkitzel braucht*)

adrift [əˈdrɪft] **I.** *adv* ❶ (*not moored*) treibend *attr;* **he spent three days ~ on the sea** er trieb drei Tage lang auf dem Meer; **to cut a boat ~ from its moorings** ein Boot losmachen; **to float ~** treiben ❷ BRIT (*fam*) **to come** [*or* **go**] **~** (*become unfastened*) sich *akk* lösen, aufgehen *fam* ❸ (*fig*) **to go ~** (*fail*) fehlschlagen, daneben gehen *fam* ▶ PHRASES: **to cast** [*or* **turn**] **sb ~** jdn seinem Schicksal überlassen **II.** *adj pred* ❶ (*not moored*) [umher]treibend *attr;* **to be ~ [on the ocean]** [auf See] treiben ❷ (*fig: lost*) verloren, einsam; (*without purpose*) ziellos, haltlos

adroit [əˈdrɔɪt] *adj* (*skilful*) geschickt, gewandt; (*mentally*) clever; **he's very ~ as a debater** er ist sehr redegewandt; **to become ~ at sth** ein Geschick in etw entwickeln

adroit·ly [əˈdrɔɪtli] *adv* (*skilfully*) geschickt; (*cleverly*) clever

adroit·ness [əˈdrɔɪtnəs] *n no pl* (*skilfulness*) Geschicklichkeit *f*, Gewandtheit *f*, Geschick *nt;* (*mental*) Cleverness *f*

adu·la·tion [ˌædjʊˈleɪʃən, AM ˌædʒə-] *n no pl* (*admiration*) Vergötterung *f*, Verherrlichung *f;* (*flattery*) Schmeichelei *f*, Lobhudelei *f pej*

adu·la·tory [ˌædjʊˈleɪtəri, AM ˈædʒələtɔːri] *adj* (*flattering*) schmeichlerisch; (*idealizing*) verherrlichend

adult [ˈædʌlt, AM, *Brit also* əˈdʌlt] **I.** *n* ❶ (*grown-up*) Erwachsene(r) *f(m);* ■**to be an ~** erwachsen sein; **~s only** nur für Erwachsene ❷ (*animal*) ausgewachsenes Tier **II.** *adj inv* ❶ (*grown-up*) *person* erwachsen; *animal* ausgewachsen ❷ (*relating to grown-ups*) *behaviour* reif, vernünftig; **his behaviour is not very ~** er benimmt sich ziemlich unreif; **let's try to be ~ about this** lass uns das wie erwachsene Leute regeln ❸ *attr* (*sexually explicit*) [nur] für Erwachsene; *film* nicht jugendfrei; **~ magazine** Pornomagazin *nt*

adult edu·ˈca·tion I. *n no pl* Erwachsenenbildung *f* **II.** *n modifier* **~ courses** Kurse *mpl* für Erwachsene; **~ institute** ≈ Volkshochschule *f* **adult edu·ˈca·tion cen·tre** *n* Erwachsenenbildungsstätte *f*, ≈ Volkshochschule *f*

adul·ter·ate [əˈdʌltəreɪt, AM -təreɪt] *vt* ■**to ~ sth** ❶ (*use additives*) etw verfälschen; **to ~ wine with water** Wein panschen ❷ (*spoil*) etw verderben

adul·ter·at·ed [əˈdʌltəreɪtɪd, AM -təreɪṭɪd] *adj* ❶ (*with additives*) *drugs* unrein, verunreinigt; *food* verfälscht; *drink* gepanscht ❷ (*spoilt*) verdorben ❸ (*changed*) verfälscht

adul·tera·tion [əˈdʌltəreɪʃən, AM -tereɪ-] *n no pl* ❶ (*debasement*) Verunreinigung *f;* *of food* Verfälschung *f;* *of a drink* Panschen *nt;* **~ of food** Nahrungsmittelfälschung *f* ❷ (*changing*) Verfälschung *f*, Verhunzung *f pej fam*

adul·ter·er [əˈdʌltərər, AM -tɚɚ] *n* Ehebrecher *m*

adul·ter·ess <*pl* -es> [əˈdʌltərəs, AM -tɚ-] *n* Ehebrecherin *f*

adul·ter·ous [əˈdʌltərəs, AM -tɚ-] *adj* ehebrecherisch; **~ relationship** ehebrecherische Beziehung

adul·tery [əˈdʌltəri, AM -tɚi] *n* ❶ *no pl* (*infidelity*) Ehebruch *m;* **to commit ~** Ehebruch begehen, die Ehe brechen *geh;* **thou shalt not commit ~** du sollst nicht ehebrechen ❷ (*act*) Seitensprung *m*

ˈadult film *n* nicht jugendfreier Film

adult·hood [ˈædʌlthʊd, AM *and Brit also* əˈdʌlt-] *n no pl* (*state*) Erwachsensein *nt;* (*period*) Erwachsenenalter *nt;* **to reach ~** erwachsen werden; **to legally reach ~** volljährig werden

ad·um·brate [ˈædʌmbreɪt] *vt* (*form*) ■**to ~ sth** ❶ (*outline*) etw umreißen [*o* skizzieren] ❷ (*hint at*) etw andeuten, auf etw *akk* hinweisen; (*foreshadow*) etw erahnen lassen

ad·um·bra·tion [ˌædʌmˈbreɪʃən] *n no pl* (*form*) ❶ (*outline*) [vager] Entwurf, Idee *f* ❷ (*foreshadowing*) Ankündigung *f*, Andeutung *f;* (*sign*) Anzeichen *nt*

ad·vance [ədˈvɑːn(t)s, AM -ˈvæːn(t)s] **I.** *vi* ❶ (*make progress*) ■**to ~ [in sth]** [mit etw *dat*] Fortschritte machen [*o* vorankommen] ❷ (*be promoted*) aufsteigen, befördert werden ❸ (*move forward*) sich *akk* vorwärtsbewegen, vorwärtsgehen; MIL vorrücken; (*approach*) näher kommen, sich *akk* nähern; **the troops ~d on the city** die Truppen marschierten auf die Stadt zu **II.** *vt* ❶ (*develop*) ■**to ~ sth** etw voranbringen [*o* weiterbringen]; **to ~ one's career/a cause** seine Karriere/eine Sache vorantreiben ❷ (*make earlier*) ■**to ~ sth** etw vorverlegen; ■**to ~ sb sth** *money* jdm etw vorstrecken [*o* vorschießen] ❸ (*postulate*) ■**to ~ sth** *plan, idea* etw vorbringen ❹ (*increase*) **to ~ a price** einen Preis erhöhen ❺ (*promote*) ■**to ~ sb** jdn befördern **III.** *n* ❶ *no pl* (*forward movement*) Vorwärtsgehen *nt*, Vorrücken *nt;* **nothing could stop the ~ of the flood waters** nichts konnte die Wassermassen aufhalten ❷ (*progress*) Fortschritt *m* ❸ (*ahead of time*) **in ~** im Voraus; **please let me know in ~** sag mir bitte vorher Bescheid; **she arrived in ~ of everyone else** sie kam vor allen anderen an ❹ (*payment*) Vorschuss *m* (**on** auf +*akk*) ❺ (*flirtation*) ■**~s** *pl* Annäherungsversuche *mpl;* **unwelcome ~s** unerwünschte Annäherungsversuche *mpl;* **to reject** [*or* **spurn**] **sb's ~s** jds Annäherungsversuche *mpl* zurückweisen, jdm die kalte Schulter zeigen *fam* **IV.** *adj attr* vorherig; **~ copy** Vorausexemplar *nt*, Vorabdruck *m;* **~ payment** Vorauszahlung *f;* **without ~ warning** ohne Vorwarnung, unangekündigt

ad·vance ˈbook·ing *n* Reservierung *f;* **to make an ~** im Voraus reservieren

ad·vanced [ədˈvɑːn(t)st, AM -ˈvæːn(t)st] *adj* ❶ (*in skills*) fortgeschritten; **he's a very ~ pupil for his age** für sein Alter ist er ein sehr reifer Schüler; **~ French** Französisch für Fortgeschrittene; **at an ~ level** auf einem höheren Niveau; **~ mathematics** höhere Mathematik ❷ (*in development*) fortschrittlich; **~ civilization** hoch entwickelte Zivilisation ❸ (*in time*) fortgeschritten; **his cancer is quite ~** der Krebs ist bei ihm schon weit fortgeschritten; **~ age** vorgerücktes [*o* fortgeschrittenes] Alter; **a person of ~ years** eine Person vorgerückten Alters; **~ in pregnancy** hochschwanger

ad·ˈvanced class *n* AM, **ad·ˈvanced course** *n* AM Fortgeschrittenenkurs *m*

ad·vance di·ˈrec·tive *n* AM (*living will*) letztwillige Verfügung gegen Lebensverlängerung

ad·vanced ˈpho·to sys·tem *n* Advanced Photo System *nt*

ad·vanced tech·ˈnol·ogy *n no pl* hoch entwickelte [*o* moderne] Technik

ad·ˈvance guard *n* MIL Vorhut *f*

ad·vance·ment [ədˈvɑːn(t)smənt, AM -ˈvæːn(t)s-] *n* ❶ *no pl* (*movement forward*) Vorrücken *nt*, Vorankommen *nt* ❷ (*progress*) Fortschritt *m* ❸ *no pl* (*improvement*) Verbesserung *f;* (*furtherance*) Förderung *f* ❹ *no pl* (*in career*) Weiterkommen *nt*, Aufstieg *m;* (*promotion*) Beförderung *f geh;* **opportunity for ~** Aufstiegsmöglichkeit *f*

ad·vance ˈnotice *n no pl* Vorankündigung *f*, Voranzeige *f;* **to give sb ~ of sth** jdm von etw vorher Bescheid geben; **two months' ~** Ankündigung *f* zwei Monate im Voraus **ad·vance ˈpayment** *n* Vorauszahlung *f;* (*on a wage, salary*) Vorschuss *m* **ad·vance ˈwarning** *n no pl* vorherige Warnung, Vorwarnung *f;* **to give sb ~** jdn vorwarnen [*o* vorher warnen]

ad·van·tage [ədˈvɑːntɪdʒ, AM -ˈvæːnṭɪdʒ] *n* ❶ (*benefit*) Vorteil *m;* **she had the twin ~s of wealth and beauty** sie war nicht nur reich, sondern auch schön; **to give sb an ~ over sb** jdm einen Vorteil gegenüber jdm verschaffen; **to have the ~ of sb** BRIT (*form*) jdm gegenüber im Vorteil [*o* überlegen] sein; **to take ~ of sb** (*pej*) jdn ausnutzen *pej*, sich *dat* jdn zunutze machen; **to take ~ of sth** (*approv*) etw nutzen; **to turn sth to [one's] ~** etw zu seinem Vorteil wenden; ▪**to be at an ~ over sb** gegenüber jdm im Vorteil sein; ▪**to be to sb's ~** für jdn von Vorteil sein, zu jds Vorteil sein ❷ *no pl* TENNIS Vorteil *m*; **~ Jackson!** Vorteil Jackson!

ad·van·ta·geous [ˌædvɑːnˈteɪdʒəs, AM *esp* -væːn-] *adj* günstig, vorteilhaft, von Vorteil; ▪**to be ~ to sb** für jdn vorteilhaft [*o* von Vorteil] sein; **the lower tax rate is particularly ~ to poorer families** von der Steuersenkung profitieren besonders einkommensschwache Familien

ad·van·ta·geous·ly [ˌædvɑːnˈteɪdʒəsli, AM *esp* -væːn-] *adv* günstig, vorteilhaft

ad·vent [ˈædvent] *n no pl* ❶ (*coming*) Beginn *m*, Anfang *m*; **the ~ of an era** der Anbruch eines neuen Zeitalters ❷ REL ▪**A~** Advent *m*, Adventszeit *f*; **the second A~** der zweite Advent

ˈAd·vent cal·en·dar *n* Adventskalender *m*

ad·vent·ist [ˈædvəntɪst] *n* Adventist(in) *m(f)*; **Seventh Day A~s** Adventisten *mpl* des Siebenten Tages

ad·ven·ti·tious [ˌædvᵊnˈtɪʃəs] *adj* (*form: by chance*) zufällig; (*unexpected*) unerwartet

ad·ven·ti·tious·ly [ˌædvᵊnˈtɪʃəsli] *adv* (*form: by chance*) zufällig[erweise], durch Zufall; (*unexpectedly*) unerwarteterweise

ad·ven·ture [ədˈventʃəʳ, AM -tʃɚ] **I.** *n* ❶ (*thrilling experience*) Abenteuer *nt*, Erlebnis *nt*; **to be quite an ~** ein ziemliches Abenteuer sein; **to have an ~** ein Abenteuer erleben ❷ *no pl* (*excitement*) Aufregung *f*; **to live a life of ~** ein abenteuerliches Leben führen; **to have a sense [*or* spirit] of ~** abenteuerlustig sein; **to look for [*or* seek] ~** Abenteuer suchen; **she's always looking for ~** sie ist immer auf der Suche nach Abenteuern **II.** *n modifier* (*book, film, tale*) Abenteuer-

ad·ˈven·ture ad·dict *n* Abenteuersüchtige(r) *f(m)*

ad·ˈven·ture game *n* Abenteuerspiel *nt* **ad·ven·ture ˈplay·ground** *n* Abenteuerspielplatz *m*

ad·ven·tur·er [ədˈventʃᵊrəʳ, AM -tʃɚɚ] *n* ❶ (*seeker of excitement*) Abenteurer(in) *m(f)*; **to be an ~** abenteuerlustig sein ❷ (*pej: gambler*) Spieler(in) *m(f) pej*, Glücksritter(in) *m(f) a. pej*

ad·ven·tur·ous [ədˈventʃᵊrəs] *adj* ❶ (*filled with adventures*) abenteuerlich ❷ (*daring*) abenteuerlustig, risikofreudig; (*willing to experiment*) experimentierfreudig

ad·ven·tur·ous·ly [ədˈventʃᵊrəsli] *adv* ❶ (*filled with adventures*) abenteuerlich ❷ (*daringly*) abenteuerlustig, risikofreudig; (*willing to experiment*) experimentierfreudig

ad·verb [ˈædvɜːb, AM -vɜːrb] *n* Adverb *nt*

ad·ver·bial [ədˈvɜːbiəl, AM -ˈvɜːrb-] **I.** *n* Adverbialbestimmung *f*, Adverbiale *nt fachspr* **II.** *adj inv* adverbial; **~ phrase** adverbiale Bestimmung, Adverbialsatz *m*; **~ usage of an adjective** adverbialer Gebrauch eines Adjektivs

ad·ver·sarial [ˌædvəˈseəriəl, AM -vɚˈseri-] *adj* gegensätzlich, antagonistisch *geh*; **an ~ relationship** ein gespanntes Verhältnis

ad·ver·sary [ˈædvəsᵊri, AM -vɚseri] **I.** *n* ❶ (*opponent*) Gegner(in) *m(f)*, Kontrahent(in) *m(f) geh*; **to come up against a powerful ~** SPORTS auf einen starken Gegner treffen ❷ ▪**the A~** (*the Devil*) der Widersacher [*o* Teufel] **II.** *adj* gegnerisch

ad·verse [ˈædvɜːs, AM ædˈvɜːrs] *adj attr* ❶ (*hostile*) ablehnend; **~ reaction** Ablehnung *f* ❷ (*unfavourable*) ungünstig; *criticism, effect* negativ; **~ [weather] conditions** widrige [Wetter]verhältnisse *ntpl*; **to have an ~ effect on sb/sth** sich *akk* nachteilig auf jdn/etw auswirken; **~ impact** nachteilige Auswirkung; **~ publicity** Negativschlagzeilen *fpl*, Negativwerbung *f*

ad·verse·ly [ˈædvɜːsli, AM ædˈvɜːrsli] *adv* ❶ (*hostilely*) ablehnend ❷ (*unfavourably*) ungünstig, negativ, nachteilig; **to affect sb/sth ~** (*damage*) sich *akk* nachteilig auf jdn/etw auswirken; (*influence*) einen negativen Einfluss auf jdn/etw haben

ad·ver·sity [ədˈvɜːsəti, AM -ˈvɜːrsəṭi] *n* ❶ (*difficulty*) Unglück *nt*, Missgeschick *nt* ❷ *no pl* (*time of trouble*) Not *f*; **in ~** in [Zeiten] der Not [*o* Notzeiten]

ad·vert [ˈædvɜːt] *n* BRIT (*fam*) *short for* **advertisement** (*in a newspaper*) Anzeige *f*, Inserat *nt*, Annonce *f* (**for** für +*akk*); (*on a notice board*) Aushang *m*; (*on TV*) Werbespot *m*

ad·ver·tise [ˈædvətaɪz, AM -ˈvɚ-] **I.** *vt* ▪**to ~ sth** ❶ (*publicize*) für etw *akk* Werbung machen; **to ~ sth as energy-saving** etw als Energie sparend anpreisen ❷ (*in a newspaper*) etw [in einer Zeitung] inserieren; (*on a noticeboard*) etw in einem Aushang anbieten ❸ (*announce*) etw ankündigen [*o* bekannt geben] [*o* bekannt machen]; **if you're applying for other jobs, I wouldn't ~ the fact at work** dass du dich für andere Stellen bewirbst, würde ich auf der Arbeit nicht herumposaunen; **to ~ one's presence** sich *akk* auffällig verhalten; **to ~ one's willingness** seine Bereitschaft bekunden **II.** *vi* ❶ (*publicize*) werben, Werbung [*o* Reklame] machen ❷ (*in a newspaper*) inserieren, eine Anzeige [*o* Annonce] [*o* ein Inserat] in die Zeitung setzen; (*on a noticeboard*) einen Aushang machen; ▪**to ~ for sb/sth** jdn/etw per Inserat suchen

ad·ver·tise·ment [ədˈvɜːtɪsmənt, AM ˌædvɚˈtaɪzmənt] *n* Werbung *f kein pl*, Reklame *f kein pl* (**for** für +*akk*); (*in a newspaper*) Anzeige *f*, Annonce *f*, Inserat *nt* (**for** für +*akk*); (*on a notice board*) Aushang *m* (**for** für +*akk*); **job ~** Stellenanzeige *f*; **the property ~s in a newspaper** der Immobilienteil einer Zeitung; **television ~** Werbespot *m*; (*fig*) Reklame *f*, Aushängeschild *nt*; **he's not a very good ~ for his firm** er ist keine gute Reklame für seine Firma

ad·ver·tis·er [ˈædvətaɪzəʳ, AM -vɚtaɪzɚ] *n* ❶ (*general*) Werbungtreibende(r) *f(m)*; **~s** die Werbung ❷ (*professional*) Werbefachmann, -frau *m, f* ❸ (*agency*) Werbeagentur *f* ❹ (*in a newspaper*) Inserent(in) *m(f)*

ad·ver·tis·ing [ˈædvətaɪzɪŋ, AM -vɚ-] *n no pl* ❶ (*commercials*) Werbung *f*, Reklame *f* ❷ (*industry*) Werbebranche *f*, Werbung *f fam*

ˈad·ver·tis·ing ac·count *n* Kundenetat *m* **ˈad·ver·tis·ing agen·cy** *n* Werbeagentur *f* **ˈad·ver·tis·ing cam·paign** *n* Werbekampagne *f*, Werbefeldzug *m* **ˈad·ver·tis·ing in·dus·try** *n no pl* Werbebranche *f*, Werbewirtschaft *f* **ˈad·ver·tis·ing me·dia** *npl* Werbeträger *m* **ˈad·ver·tis·ing space** *n no pl* Werbefläche *f*, Reklamefläche *f*; (*in newspaper*) Anzeige[nfläche] *f* **ˈad·ver·tis·ing time** *n no pl* Werbezeit *f*; **a minute of ~** eine Werbeminute [*o* Minute Werbung]

ad·ver·torial [ˌædvəˈtɔːriəl, AM -vɚ-] *n* Textanzeige *f*

ad·vice [ədˈvaɪs] *n* ❶ *no pl* (*recommendation*) Rat *m*; **my ~ is to give yourself up to the police** ich würde dir raten, dich der Polizei zu stellen; **some [*or* a piece of] ~** ein Rat[schlag] *m*, eine Empfehlung; **financial/legal ~** Finanz-/Rechtsberatung *f*; **to take financial/legal/medical ~** einen Finanzexperten/Rechtsanwalt/Arzt zu Rate ziehen, sich *akk* finanziell/juristisch/medizinisch beraten lassen; **to ask [sb] for ~** [jdn] um Rat fragen [*o* bitten]; **to give [*or* offer] sb ~** jdm einen Rat geben [*o* erteilen]; **to give sb some good ~** jdm einen guten Rat geben; **to ignore sb's ~** nicht auf jds Rat *m* hören; **to take sb's ~** jds Rat[schlag] *m* beherzigen [*o* befolgen]; **take my ~!** hör[e] auf meinen Rat [*o* mich]!; ▪**on sb's ~** auf jds Rat *m* hin ❷ ECON (*notification*) Bescheid *m*, Mitteilung *f*, Avis *m o nt fachspr*; **~ of delivery** Rückschein *m*; **as per ~** laut Bericht [*o fachspr* Avis]

ad·ˈvice col·umn *n* AM (*agony column*) Beratungsrubrik *f*, Briefkasten *m*, Kummerecke *f fam* **ad·ˈvice col·umn·ist** *n* AM Briefkastenonkel, -tante *m, f hum fam*; ▪**to be an ~** Leserbriefe beantworten **ad·ˈvice note** *n* ECON Versandanzeige *f*, [Versand]avis *m o nt fachspr*

ad·vis·abil·ity [ədˌvaɪzəˈbɪləti, AM -əṭi] *n no pl* Ratsamkeit *f*;

they questioned the ~ of building so near the airport sie bezweifelten, dass es ratsam sei, so nahe am Flughafen zu bauen

ad·vis·able [əd'vaɪzəbl̩] *adj* ratsam, empfehlenswert; **a certain amount of caution is ~ at this point** jetzt ist ein gewisses Maß an Vorsicht geboten

ad·vise [əd'vaɪz] **I.** *vt* ■**to ~ sb** ❶ (*give council*) jdn beraten; **she ~d us when to come** sie sagte uns, wann wir kommen sollten; **to be ill-/well-~d** schlecht/gut beraten sein; ■**to ~ sb against sth** jdm von etw *dat* abraten, jdn vor etw *dat* warnen; ■**to ~ sb to do sth** jdm [dazu] raten, etw zu tun ❷ (*inform*) jdn informieren; ■**to ~ sb of sth** jdm etw mitteilen, jdn über etw *akk* informieren; **please ~ us of the expected time of arrival** bitte geben Sie uns Bescheid, wann Sie voraussichtlich ankommen werden **II.** *vi* (*give council*) raten; ■**to ~ against sth** von etw *dat* abraten, jdn vor etw *dat* warnen; ■**to ~ on sth** bei etw *dat* beraten; **she ~s on African policy** sie ist Beraterin für afrikanische Politik; ■**to ~ with sb** AM sich *akk* mit jdm beraten

ad·vis·ed·ly [əd'vaɪzɪdli] *adv* bewusst, absichtlich

ad·vis·er [əd'vaɪzəʳ, AM -zɚ], **ad·vis·or** *n* Berater(in) *m(f)*, Ratgeber(in) *m(f)*; **chief ~** enger Berater/enge Beraterin; (*in politics*) Mitglied *nt* des engsten Beraterstabs; **legal/military ~** Rechts-/Militärberater(in) *m(f)*; **spiritual ~** geistlicher Berater/geistliche Beraterin

ad·vi·so·ry [əd'vaɪzᵊri] *adj* beratend; **~ board** Beratungsstelle *f*; **in ~ capacity** in beratender Funktion [*o* Eigenschaft]; **~ committee** Beratungsausschuss *m*, beratender Ausschuss; LAW Gutachterausschuss *m*

ad·vo·ca·cy ['ædvəkəsi] *n no pl* Befürwortung *f* (**of** +*gen*), Eintreten (**of** für +*akk*); **the ~ of human rights** das Eintreten für die Menschenrechte

'ad·vo·ca·cy group *n* POL Lobby *f*

ad·vo·cate **I.** *vt* ['ædvəkeɪt] ■**to ~ sth** etw unterstützen [*o* befürworten]; **she ~s taking a more long-term view** sie ist dafür, eine langfristigere Perspektive einzunehmen; **to ~ a cause** für eine Sache eintreten, sich *akk* für eine Sache einsetzen [*o* engagieren] **II.** *n* ['ædvəkət, -keɪt] ❶ POL Befürworter(in) *m(f)*, Verfechter(in) *m(f)*; **to be an ~ of environmentalism/women's rights** für den Umweltschutz/die Rechte der Frauen eintreten; **strong ~** engagierter Befürworter/engagierte Befürworterin ❷ LAW [Rechts]anwalt, -anwältin *m, f*; (*defence lawyer*) Verteidiger(in) *m(f)* ▶ PHRASES: **the devil's ~** Advocatus *m* Diaboli

'ad writ·er *n* Werbetexter(in) *m(f)*

adz AM, **adze** [ædz] *n* Dechsel *f*

aegis ['i:dʒɪs] *n no pl* Ägide *f geh*, Schirmherrschaft *f*; **under the ~ of sb** [*or* **under sb's ~**] unter der Schirmherrschaft einer Person *gen*

aeon ['i:ən], AM **eon** ['i:ɑ:n] *n* Äon *m geh*, Ewigkeit *f*

aer·ate [eə'reɪt, AM er'eɪt] *vt* ❶ (*expose to air*) ■**to ~ sth** etw durchlüften; **to ~ the soil** den Erdboden auflockern ❷ (*carbonate*) **to ~ a liquid** eine Flüssigkeit mit Kohlensäure versetzen [*o* anreichern] ❸ MED **to ~ blood** Blut Sauerstoff zuführen

aer·at·ed *adj* ❶ (*with carbon dioxide*) mit Kohlensäure versetzt ❷ *pred* BRIT (*fam*) ■**to get ~ [about sth]** sich *akk* [über etw *akk*] aufregen; **don't get so ~!** reg dich ab! *fam*

aer·ial ['eəriəl, AM 'eri-] **I.** *adj attr, inv* aus der Luft, Luft-; **~ bombardment** [*or* **bombing**]/**war[fare]** Luftangriff *m*/-krieg *m*; **~ photograph** [*or* **view**] Luftaufnahme *f*, Luftbild *nt* **II.** *n* Antenne *f*

aer·ial·ist ['eriəlɪst] *n* AM (*trapeze artist*) Trapezkünstler(in) *m(f)*; (*tightrope walker*) Seiltänzer(in) *m(f)*

aer·ial 'lad·der *n* Drehleiter *f* **aer·ial 'rail·way** *n* Seilbahn *f*

aerie ['eri] *n esp* AM *see* **eyrie**

aero·bat·ic [ˌeərə(ʊ)'bætɪk, AM ˌeroʊ'bæţ-] *adj attr, inv* Kunstflug-; **~ display** Flugschau *f*

aero·bat·ics [ˌeərə(ʊ)'bætɪks, AM ˌeroʊ'bæţ-] *npl* ❶ (*flying manoeuvres*) Flugkunststücke *ntpl*; **display of ~** Flugschau *f* ❷ + *sing vb* (*stunt flying*) Kunstflug *m kein pl*

aero·bic [eə'rəʊbɪk, AM e'roʊ-] *adj inv* aerob *fachspr*; **~ exercise** Aerobicübung *f*

aero·bics [eə'rəʊbɪks, AM e'roʊ-] *n no pl* ❶ (*exercise*) Aerobic *nt*; **high-/low-impact ~** intensives/gemäßigtes Aerobic; **to do ~** Aerobic machen ❷ (*exercise class*) Aerobickurs *m*; **to go to ~** zum Aerobic gehen

ae'ro·bics in·struc·tor *n*, **ae'ro·bics teach·er** *n* Aerobiclehrer(in) *m(f)*

aero·drome ['eərədrəʊm] BRIT, AM **air·drome** ['erdroʊm] *n* (*dated*) Flugplatz *m*, Flughafen *m*, Aerodrom *nt veraltet*

aero·dy·nam·ic [ˌeərə(ʊ)daɪ'næmɪk, AM ˌeroʊ-] *adj* aerodynamisch; **~ law** Gesetz *nt* der Aerodynamik

aero·dy·nam·ical·ly [ˌeərə(ʊ)daɪ'næmɪkli, AM ˌeroʊ-] *adv* aerodynamisch

aero·dy·nam·ics [ˌeərə(ʊ)daɪ'næmɪks, AM ˌeroʊ-] *n* ❶ *no pl* (*subject*) Aerodynamik *f* ❷ *pl* (*property*) Aerodynamik *f*

aero·gram ['erəgræm] AM, AUS, **aero·gramme** ['eərə(ʊ)græm] *n* BRIT Luftpostleichtbrief *m*, Aerogramm *nt*

aero·naut·ic [ˌeərə(ʊ)'nɔ:tɪk, AM ˌerə'nɑ:ţɪk] *adj inv* Luftfahrt-, aeronautisch; **~ engineering** Luftfahrttechnik *f*

aero·naut·ics [ˌeərə(ʊ)'nɔ:tɪks, AM ˌerə'nɑ:ţɪks] *n* + *sing vb* (*science*) Luftfahrt *f*, Aeronautik *f veraltet*; (*aircraft construction*) Luftfahrttechnik *f*

aero·plane ['eərə(ʊ)pleɪn], AM **air·plane** ['erpleɪn] *n* Flugzeug *nt*

aero·sol ['eərəsɒl, AM 'erəsɑ:l] **I.** *n* ❶ (*mixture*) Aerosol *nt* ❷ (*spray container*) Spraydose *f*, Sprühdose *f* **II.** *n modifier* (*can, paint*) Sprüh-, Aerosol- *fachspr*; **~ cologne** Eau-de-Cologne-Spray *nt*; **~ deodorant** Deospray *nt*; **~ hairspray** Haarspray *nt*; **~ spray** Aerosolspray *nt*

aero·space ['eərə(ʊ)speɪs, AM 'eroʊ-] *n modifier* (*company, industry, technology*) Raumfahrt-; **~ engineer** Luft- und Raumfahrtingenieur(in) *m(f)*; **~ lab** Weltraumlabor *nt*; **~ research** Raumforschung *f*

aes·thete ['i:sθi:t], AM *a.* **es·thete** ['es-] *n* Ästhet(in) *m(f)*; PHILOS Ästhetiker(in) *m(f)*

aes·thet·ic [i:s'θetɪk], AM *a.* **es·thet·ic** [es'θeţ-] *adj* ästhetisch

aes·theti·cal·ly [i:s'θetɪkli, AM es'θeţ-], AM *a.* **es·theti·cal·ly** *adv* ästhetisch; **~ pleasing** ästhetisch ansprechend; **~ speaking** vom ästhetischen Standpunkt aus

aes·the·ti·cian [ˌi:sθə'tɪʃᵊn], AM *a.* **es·the·ti·cian** [ˌes-] *n* ❶ BRIT (*person who appreciates beauty*) Ästhetiker(in) *m(f)* ❷ AM (*beautician*) Kosmetiker(in) *m(f)*

aes·thet·ics [i:s'θetɪks], AM *a.* **es·thet·ics** [es'θeţ-] *n no pl* Ästhetik *f*

aeti·ol·ogy [ˌi:ti'ɒlədʒi], AM *a.* **eti·ol·ogy** [-ţi'ɑ:l-] *n* MED Ätiologie *f fachspr*

afar [ə'fɑ:ʳ, AM ə'fɑ:r] *adv inv* weit [weg], fern; **from ~** von weit her, aus der Ferne; **to admire sb from ~** jdn aus der Ferne anhimmeln

af·fabil·ity [ˌæfə'bɪləti, AM -əţi] *n no pl* Freundlichkeit *f*, Umgänglichkeit *f*

af·fable ['æfəbl̩] *adj* freundlich, umgänglich

af·fably ['æfəbli] *adv* freundlich; **to greet sb ~** jdn freundlich grüßen; **to slap sb ~ on the back** jdm freundschaftlich auf den Rücken klopfen

af·fair [ə'feəʳ, AM -'fer] *n* ❶ (*matter*) Angelegenheit *f*, Sache *f*; **that's my own ~** das ist ganz allein meine Sache; **he is an expert in South American ~s** er ist ein Südamerikakenner; **~s of state** Staatsangelegenheiten *fpl*, Staatsgeschäfte *ntpl*; **the state of ~s** die aktuelle Lage [*o* Situation], der Stand der Dinge; **how's the state of ~s?** wie sieht's aus? *fam*; **domestic ~s** häusliche Angelegenheiten *fpl*; POL innenpolitische Angelegenheiten *fpl*; **financial ~s** finanzielle Angelegenheiten *fpl*, Finanzfragen *fpl*; **foreign ~s** Außenpolitik *f*, auswärtige Angelegenheiten; **to handle an ~** mit einer Angelegenheit umge-

affirming

making sure	sich vergewissern
Everything OK?	**Alles in Ordnung?**
Have I done that right?	**Habe ich das so richtig gemacht?**
Did you enjoy the meal?	**Hat es Ihnen geschmeckt?**
Is that/this the bus for/to Frankfurt?	**Ist das der** Bus nach Frankfurt?
on the phone: **Is that the** Jobcentre?	*am Telefon*: **Bin ich hier richtig beim** Arbeitsamt?
Is that the film you were raving about? (*fam*)	**Ist das** der Film, von dem du so geschwärmt hast?
Are you sure you've got the right door number?	**Bist du dir sicher, dass** die Hausnummer stimmt?

assuring someone of something	jemandem etwas versichern, beteuern
The train **really was** late.	Der Zug hatte **wirklich** Verspätung.
Honestly! I didn't know anything about it.	**Ganz erhrlich,** ich habe davon nichts gewusst.
Believe it or not; they **really** have split up.	**Ob du's nun glaubst oder nicht;** sie haben sich **tatsächlich** getrennt.
I assure you the car will go on running for a good while yet.	**Ich kann Ihnen versichern, dass** das Auto noch einige Jahre fahren wird.
Believe/Trust me, the concert is going to be a huge success.	**Glaub mir**, das Konzert wird ein Riesenerfolg.
You can be sure/certain he didn't notice a thing.	**Du kannst ganz sicher sein,** er hat nichts gemerkt.
I guarantee (you) the majority will vote against (it).	**Ich garantiere Ihnen, dass** die Mehrheit dagegenstimmen wird.
I swear the takings have been properly declared.	Die Einnahmen sind ordnungsgemäß versteuert, **das kann ich beschwören.**

hen; **to handle sb's ~s** jds Geschäfte *ntpl* besorgen; **to meddle in sb's ~s** sich *akk* in jds Angelegenheiten einmischen ❷ (*event, occasion*) Angelegenheit *f*, Sache *f fam*, Geschichte *f fam* ❸ (*controversial situation*) Affäre *f*; **the Dreyfus ~** die Dreyfusaffäre; (*scandal*) Skandal *m* ❹ (*sexual relationship*) Affäre *f*, Verhältnis *nt*; **love ~** Liebesaffäre *f*; **extramarital ~** außereheliches Verhältnis; **to have an ~ [with sb]** [mit jdm] eine Affäre [*o* ein Verhältnis] haben ❺ (*fam: object*) Ding *nt fam*, Teil *nt sl*; **she wore a long black velvet ~** sie trug ein langes Teil aus schwarzem Samt *sl*

af·fect [ə'fekt] *vt* ❶ (*have effect on*) ▪**to ~ sb/sth** sich *akk* auf jdn/etw auswirken; (*influence*) jdn/etw beeinflussen; (*concern*) jdn/etw betreffen; **the disease only ~s cattle** die Krankheit befällt nur Rinder ❷ (*move*) ▪**to be ~ed by sth** von etw *dat* bewegt [*o* ergriffen] sein; **I was deeply ~ed by the film** der Film hat mich tief bewegt ❸ (*have negative effect on*) ▪**to ~ sb/sth** auf jdn/etw negative Auswirkungen haben; **to ~ health** der Gesundheit schaden ❹ (*esp pej: feign*) ▪**to ~ sth** etw vortäuschen [*o* vorgeben] ❺ (*like*) ▪**to ~ sth** etw mögen, für etw *akk* eine Vorliebe haben; **he ~s fancy outfits** er trägt gern ausgefallene Klamotten

af·fec·ta·tion [ˌæfek'teɪʃᵊn] *n* (*pej*) ❶ (*pretended quality*) Vortäuschung *f*; **..., he said with an ~ of nonchalance ...**, sagte er mit gespielter Gleichgültigkeit ❷ (*pej: artificial behaviour*) Affektiertheit *f pej*; **she has so many little ~s** sie benimmt oft so affektiert ❸ *no pl* (*pretence*) Verstellung *f*

af·fect·ed [ə'fektɪd] *adj* ❶ (*pej: insincere*) affektiert *pej*, geziert *pej*; (*fake*) unecht *pej*, gekünstelt *pej*; **to have a very ~ manner** sich *akk* sehr affektiert [*o* geziert] benehmen; **~ smile** künstliches [*o* gezwungenes] Lächeln; **~ style of writing** gekünstelter Stil ❷ (*influenced*) betroffen

af·fect·ed·ly [ə'fektɪdli] *adv* (*pej: artificially*) affektiert *pej*, geziert *pej*, gekünstelt *pej*; (*unnaturally*) auf unnatürliche Weise

af·fect·ing [ə'fektɪŋ] *adj* bewegend, ergreifend, rührend

af·fec·tion [ə'fekʃᵊn] *n no pl* (*kindly feeling*) Zuneigung *f*; (*love*) Liebe *f*; **she felt little ~ for the child** sie fühlte wenig für das Kind; **display of ~** Ausdruck *m* von Zärtlichkeit; **to have a deep ~ for sb** zu jdm eine tiefe Zuneigung haben; **to show ~ for sb** seine Zuneigung zu jdm zeigen

af·fec·tion·ate [ə'fekʃᵊnət] *adj* liebevoll, zärtlich; **he is a very ~ boy** er ist ein sehr liebebedürftiger Junge; **your ~ daughter** (*in a letter*) deine dich liebende Tochter

af·fec·tion·ate·ly [ə'fekʃᵊnətli] *adv* liebevoll, zärtlich

af·fec·tions [ə'fekʃᵊnz] *npl* Liebe *f kein pl*, Zuneigung *f kein pl*; **to win sb's ~** jds Zuneigung *f* gewinnen

af·fi·da·vit [ˌæfɪ'deɪvɪt] *n* [schriftliche] eidesstattliche [*o* eidliche] Erklärung, Affidavit *nt fachspr*; **to swear an ~** eine eidliche Erklärung abgeben

af·fili·ate I. *vt* [ə'fɪlieɪt] *usu passive* ❶ ECON ▪**to be ~d with sth** mit etw *dat* assoziiert sein; (*in subordinate position*) etw *dat* angeschlossen [*o* angegliedert] sein; ▪**to ~ oneself to sb/sth** sich *akk* jdm/etw anschließen ❷ (*admit*) ▪**to ~ sb** jdn [als Mitglied] aufnehmen **II.** *n* [ə'fɪliət] (*related entity*) Konzernunternehmen *nt*, Schwestergesellschaft *f*; (*subsidiary*) Tochtergesellschaft *f*; (*branch*) Zweigfirma *f*, Zweigorganisation *f*

af·filia·tion [əˌfɪli'eɪʃᵊn] *n* ❶ ECON Angliederung *f*; **the group has ~s with several organizations abroad** dem Konzern sind mehrere Organisationen im Ausland angegliedert; **lack of ~ [to sb/sth]** Unabhängigkeit *f* [von jdm/etw]; **political ~s** politische Zugehörigkeit ❷ (*admittance*) Aufnahme *f* (*als Mitglied*)

af·fili'a·tion or·der *n* BRIT Unterhaltsverfügung *f*

af·fin·ity [ə'fɪnəti, AM -əṱi] *n* ❶ (*solidarity*) Verbundenheit *f kein pl*; **to feel an ~ for sb** sich *akk* jdm verbunden fühlen ❷ (*similarity*) Gemeinsamkeit *f*, Verwandtschaft *f kein pl*, Affinität *f geh*

af·'finity group *n* AM Interessenvertretung *f*

af·firm [əˈfɜːm, AM -ˈfɜːrm] *vt* ■**to ~ sth** ❶ (*state*) etw versichern [*o* beteuern] ❷ (*confirm*) etw bekräftigen

af·fir·ma·tion [ˌæfəˈmeɪʃᵊn, AM -fɚˈmeɪ-] *n* ❶ (*positive assertion*) Bekräftigung *f,* Bestätigung *f;* **the film is an ~ of life** der Film bejaht das Leben ❷ (*declaration*) Versicherung *f,* Beteuerung *f* ❸ LAW eidesstattliche Erklärung, Versicherung *f* an Eides statt

af·firma·tive [əˈfɜːmətɪv, AM -ˈfɜːrmət̬ɪv] **I.** *adj* zustimmend, positiv; **~ answer** [*or* **response**] positive Antwort; **~ gesture** zustimmende Geste; **~ nod** zustimmendes Nicken; **~ sentence** bejahender [*o* positiver] Satz **II.** *n* Zustimmung *f,* Bejahung *f;* **to answer** [*or* **reply**] **in the ~** mit Ja antworten; **she asked the question, expecting an ~** sie stellte die Frage in Erwartung einer positiven Antwort **III.** *interj* ■**~!** *esp* AM jawohl!, richtig!

af·firma·tive 'ac·tion *n no pl* (*preferential treatment*) positive Diskriminierung *fachspr;* (*for a job*) Quotenregelung *f* (*zugunsten benachteiligter Minderheiten*)

af·firma·tive·ly [əˈfɜːmətɪvli, AM -ˈfɜːrmət̬ɪv-] *adv* positiv, zustimmend, bejahend; **to answer** [*or* **reply**] **~** sich *akk* zustimmend äußern, eine positive Antwort geben

af·fix I. *vt* [əˈfɪks, ˈæfɪks] ■**to ~ sth** (*attach*) etw befestigen [*o* anbringen]; (*stick on*) etw ankleben; (*clip on*) etw anheften; **to ~ one's signature to sth** seine Unterschrift unter etw *akk* setzen; **to ~ one's stamp upon sth** etw mit seinem Stempel versehen **II.** *n* <*pl* -es> [ˈæfɪks] LING Affix *nt fachspr*

af·flict [əˈflɪkt] *vt* ■**to ~ sb/sth** jdn/etw plagen [*o* heimsuchen]; **he is ~ed with severe rheumatism** er leidet an schwerem Rheumatismus

af·flic·tion [əˈflɪkʃᵊn] *n* ❶ (*misfortune*) Elend *nt kein pl,* Not *f,* Plage *f* ❷ (*illness*) Leiden *nt,* Gebrechen *nt* ❸ *no pl* (*distress*) Kummer *m,* Betrübnis *f*

af·flu·ence [ˈæfluən(t)s] *n no pl* ❶ (*abundance*) Überfluss *m* ❷ (*wealth*) Wohlstand *m,* Reichtum *m*

af·flu·ent [ˈæfluənt] **I.** *adj* wohlhabend, reich; **~ society** Wohlstandsgesellschaft *f;* **~ way of life** Leben *nt* im Überfluss **II.** *n* ■**the ~** *pl* die Reichen *pl*

af·flu·en·za [ˌæfluːˈenzə] *n no pl* Wohlstandssyndrom *nt* (*als psychische Störung bei Menschen, die im Wohlstand leben, jedoch unzufrieden sind*)

af·ford [əˈfɔːd, AM əˈfɔːrd] *vt* ❶ (*have money for*) ■**to ~ sth** sich *dat* etw leisten; ■**to be able to ~ sth** sich *dat* etw leisten können ❷ (*allow oneself*) ■**to ~ sth: I simply can't ~ the time to come** ich habe einfach nicht die Zeit zu kommen; ■**to be able to ~ to do sth** es sich *dat* leisten [*o* erlauben] können, etw zu tun; **he can ill ~ to ...** er kann es sich kaum leisten, ...; **you can't ~ to miss this once-in-a-lifetime opportunity** diese einmalige Gelegenheit darfst du dir nicht entgehen lassen ❸ (*form: provide*) ■**to ~** [**sb**] **sth** [jdm] etw bieten [*o* gewähren]; **to ~ little protection** kaum Schutz bieten

af·ford·able [əˈfɔːdəbl̩, AM -ˈfɔːrd-] *adj price* erschwinglich

af·for·est [əˈfɒrɪst, AM -ˈfɔːr-] *vt* **to ~ land** Land wieder aufforsten

af·for·esta·tion [əˌfɒrɪˈsteɪʃᵊn, AM -ˈfɔːrəst-] *n no pl* [Wieder]aufforstung *f*

af·fray [əˈfreɪ] *n esp* LAW (*form*) Schlägerei *f,* Rauferei *f*

af·front [əˈfrʌnt] **I.** *n* Beleidigung *f,* Affront *m geh* (**to** gegen +*akk*); **their rejection was an ~ to his dignity** ihre Zurückweisung verletzte ihn in seiner Würde **II.** *vt usu passive* ■**to ~ sb/sth** jdn/etw beleidigen [*o* kränken]; ■**sb is ~ed by** [*or* **at**] **sth** etw hat jdn gekränkt; **she was most ~ed by his sexist comments** er hat sie mit seinen sexistischen Bemerkungen ziemlich vor den Kopf gestoßen

Af·ghan [ˈæfgæn] **I.** *n* ❶ (*person*) Afghane, -in *m, f* ❷ (*wool covering*) Wolldecke *f;* (*shawl*) [breiter] Wollschal ❸ (*carpet*) Afghan *m* ❹ (*dog*) Afghane *m* **II.** *adj* afghanisch; **the ~ situation** die Situation in Afghanistan

Af·ghan 'hound *n* Afghane *m*

Af·ghani·stan [æfˈgænɪstæn, AM -nəstæn] *n* Afghanistan *nt*

afi·cio·na·do [əˌfɪʃiəˈnɑːdəʊ, AM -doʊ] *n* Fan *m,* Liebhaber(in) *m(f)*

afield [əˈfiːld] *adv* ❶ (*distant*) entfernt; **far/further ~** weit/weiter entfernt [*o* weg] ❷ HUNT im Feld

aflame [əˈfleɪm] *adj pred, inv* (*liter*) ❶ (*on fire*) in Flammen; ■**to be ~** in Flammen stehen ❷ (*fig: full of passion*) **~ with desire** voll heißem [*o* brennend vor] Verlangen ❸ (*fig: glowing*) glühend *attr,* leuchtend *attr;* **to be ~ with colour** in allen Farben leuchten; **to be ~ with embarrassment** vor Verlegenheit glühen

afloat [əˈfləʊt, AM -ˈfloʊt] *adj* ❶ *pred, inv* (*floating*) über Wasser; ■**to be ~** schwimmen; *boat* seetüchtig sein; **she spent seven days ~ on a raft** sie trieb sieben Tage auf einem Floß; **to keep** [*or* **stay**] **~** sich *akk* über Wasser halten, nicht untergehen ❷ *pred* (*fig: without debts*) schuldenfrei; **to keep** [*or* **stay**] **~** sich *akk* über Wasser halten *fig* ❸ *after n* (*in circulation*) **there is a rumour ~ that ...** es geht das Gerücht [um], dass ...

aflutter [əˈflʌtəʳ, AM -ˈflʌt̬ɚ] *adj pred* (*hum*) aufgeregt, nervös, unruhig; **to set sb's heart ~** jdm Herzklopfen verursachen

afoot [əˈfʊt] *inv* **I.** *adj pred* im Gange; **I'm sure something's ~** ich bin sicher, da ist etwas im Gange; **the children are very quiet – I think there's mischief ~** die Kinder sind so ruhig – ich glaube, sie hecken etwas aus *fam* **II.** *adv esp* AM zu Fuß

afore [əˈfɔː, AM əˈfɔːr] (*old*) **I.** *adv inv* ❶ (*earlier*) vorher, früher ❷ (*ahead*) voraus, voran; (*in front*) vorne **II.** *conj* (*old*) bevor

afore·men·tioned (*form*), **afore·said** (*form*) **I.** *adj inv, attr* (*in a text*) oben erwähnt, oben genannt, obige(r, s); (*in a conversation*) besagte(r, s) **II.** *n* <*pl* -> ■**the ~** (*in a text*) der/die/das [Oben]erwähnte [*o* [Oben]genannte]; (*in a conversation*) der/die/das Erwähnte

A4 [ˌeɪˈfɔːʳ, AM -ˈfɔːr] **I.** *n no pl* [DIN-]A4 **II.** *n modifier* (*paper*) [DIN-]A4-; **~ pad** [DIN-]A4-Block *m*

afraid [əˈfreɪd] *adj pred* ❶ (*frightened*) verängstigt; **to be** [*or* **feel**] **~** Angst haben, sich *akk* fürchten; **to be ~ that ...** befürchten, dass ...; **to make sb ~** jdm Angst machen, jdn verängstigen; ■**to be ~ for sb/sth** um jdn/etw Angst haben; ■**to** [**not**] **be ~ of sb/sth** vor jdm/etw [keine] Angst haben; **to be ~ of heights** Höhenangst haben; ■**to** [**not**] **be ~ to do sth** sich *akk* [nicht] scheuen, etw zu tun ❷ *inv* (*expressing regret*) **I'm ~ not** leider [*o* bedauerlicherweise] nicht; **I'm ~ so** leider ja, ich bedaure, ja *geh;* **this is your room – it's rather small, I'm ~** dies ist Ihr Zimmer – leider ist es sehr klein; **I don't agree at all, I'm ~** da kann ich Ihnen leider nicht zustimmen

A-frame [ˈeɪfreɪm] *n* ❶ ARCHIT Stützrahmen *m,* A-Rahmen *m fachspr* ❷ *esp* AM (*house*) Haus *nt* mit A-Rahmen

afresh [əˈfreʃ] *adv inv* [noch einmal] von vorn [*o* von neuem]; **to look at sth ~** etw noch einmal ansehen; **to start sth ~** etw noch einmal von vorn beginnen

Af·rica [ˈæfrɪkə] *n* Afrika *nt*

Af·ri·can [ˈæfrɪkən] **I.** *n* Afrikaner(in) *m(f)* **II.** *adj* afrikanisch

Af·ri·can Ameri·can [ˌæfrikənəˈmerɪkən] *n* Afroamerikaner(in) *m(f)*

Af·ri·can 'vio·let *n* Usambaraveilchen *nt*

Af·ri·kaans [ˌæfrɪˈkɑːn(t)s] *n no pl* Afrikaans *nt*

Af·ri·ka·ner [ˌæfrɪˈkɑːnəʳ, AM -nɚ] *n* Afrika[a]nder(in) *m(f)*

Afro [ˈæfrəʊ, AM -roʊ] *n* Afro-Look *m*

Afro-Ameri·can I. *n* Afroamerikaner(in) *m(f)* **II.** *adj* afroamerikanisch **Afro-Car·ib·bean** *adj* afrokaribisch; **~ music** schwarze karibische Musik

Afro·cen·trism [ˌæfrəʊˈsentrɪzᵊm, AM -roʊ-] *n* Afrozentrismus *m*

Afro·cen·trist [ˌæfrəʊˈsentrɪst, AM -roʊ-] *n* Afrozentrist(in) *m(f)*

aft [ɑːft, AM æft] *inv* NAUT **I.** *adv* achtern; **fore and ~** längsschiffs; (*fig*) über die gesamte Länge **II.** *adj attr* Achter-; **~ deck** Achterdeck *nt*

af·ter [ˈɑːftəʳ, AM ˈæftɚ] **I.** *prep* ❶ (*later time*) nach +*dat;* **~ two weeks of vacationing** nach zwei Wochen Ferien; **he usually takes a nap ~ lunch** er macht nach dem Mittagessen normalerweise einen kurzen Mittagsschlaf; **the day ~ tomorrow**

übermorgen; **the week ~ next** übernächste Woche; [**a**] **quarter ~ six** AM [um] Viertel nach Sechs; **~ hours** nach Feierabend; **~ the fact** danach, hinterher ❷ (*in pursuit of*) **to be ~ sb/sth** hinter jdm/etw her sein ❸ (*following*) nach *+dat;* **the letter C comes ~ B** der Buchstabe C kommt nach B; **~ you** nach Ihnen ❹ (*because of*) nach *+dat;* **~ saying what he did, I'll never talk to him again** nachdem was er gesagt hat, werde ich nie wieder ein Wort mit ihm wechseln; **~ all** schließlich ❺ (*behind*) nach *+dat;* **can you lock up ~ you?** können Sie zuschließen, wenn Sie gehen?; **he shut the door ~ them** er schloss die Tür hinter ihnen; **she stared ~ him in disbelief** sie sah ihm ungläubig nach ❻ (*in honour of*) nach *+dat;* **to name sb/sth ~ sb/sth** jdn/etw nach jdm/etw [be]nennen; **to be named ~ sb** nach jdm benannt sein ❼ (*similar to*) nach *+dat;* **to take ~ sb** nach jdm kommen; **she takes ~ her mother** sie kommt nach ihrer Mutter ❽ (*about*) nach *+dat;* **he politely inquired ~ his uncle's health** er erkundigte sich höflich nach dem Befinden seines Onkels ❾ (*despite*) trotz *+dat;* **~ all his efforts, he still failed the driving test** trotz all seiner Bemühungen fiel er durch die Führerscheinprüfung; **~ all** trotzdem ❿ (*in comparison to*) verglichen mit *+dat;* **their children seem small ~ his** ihre Kinder wirken klein verglichen mit seinen ⓫ (*many in succession*) nach *+dat;* **hour ~ hour** Stunde um Stunde; **she ate one piece of cake ~ another** sie aß ein Stück Kuchen nach dem anderen **II.** *conj* nachdem; **I'll call you ~ I take a shower** ich rufe dich an, wenn [*o* sobald] ich geduscht habe; **soon** [*or* **shortly**] [*or* **not long**] **~ sth** kurz nachdem ...; **soon ~ we joined the motorway, the car started to make a strange noise** wir waren noch nicht lange auf der Autobahn, als der Motor seltsame Geräusche von sich gab; **right** [*or* **straight**] [*or* **immediately**] **~ sth** unmittelbar nachdem ...; **I went to the post office straight ~ I left you** ich bin direkt von dir zur Post gelaufen **III.** *adv inv* ❶ (*at a later time*) danach; **the day/week ~** einen Tag/eine Woche danach [*o* darauf]; **shortly** [*or* **soon**] **~** kurz [*o* bald] danach [*o* darauf]; **he passed away and she died shortly ~** zuerst starb er und kurze Zeit später folgte sie ihm in den Tod ❷ (*behind*) **marriage, house, baby – and what comes ~?** Hochzeit, Haus, Kinder – und was kommt dann?; **a mouse ran into the bushes and the cat ran ~** eine Maus rannte in die Büsche und die Katze hinterher ❸ (*fam: afterwards*) danach, nachher; **what are you going to do ~?** was hast du nachher vor? **IV.** *adj inv* (*liter*) später; **in ~ years** in späteren Jahren

'after·birth *n* Nachgeburt *f* **'after·care** *n no pl* (*after hospital stay*) Nachbehandlung *f,* Nachsorge *f;* (*after prison sentence*) Resozialisierungshilfe *f,* Entlassenenfürsorge *f* **'after·din·ner** *adj attr, inv conversation* nach dem Mittagessen; **~ drink** Verdauungsschlückchen *nt;* **~ nap** Mittagsschläfchen *nt;* **~ speech** Tischrede *f* **'after·ef·fect** *n* (*consequence*) Auswirkung *f;* (*after illness*) Nachwirkung *f;* (*of event*) Folge *f;* **to suffer from ~s** unter Nachwirkungen leiden **'after·glow** *n no pl* ❶ (*of sun*) Abendrot *nt,* Abendleuchten *nt* ❷ (*good feeling*) angenehme [*o* schöne] Erinnerung; **to bask in the ~ of sth** in Erinnerungen an etw *akk* schwelgen **'after·growth** *n no pl* Schößling *m,* Nachtrieb *m* **'after·life** *n no pl* Leben *nt* nach dem Tod; **to believe in an ~** an ein Leben nach dem Tod glauben

'after·mar·ket *n* ❶ COMM Verbrauchermarkt *m* ❷ STOCKEX Nachbörse *f* **'after·math** [-mɑːθ, AM -mæθ] *n no pl* Folgen *fpl,* Nachwirkungen *fpl;* ■**in the ~ of sth** (*effects*) infolge einer S. *gen;* (*time*) im Anschluss an etw *akk*

after·noon [ˌɑːftəˈnuːn, AM ˌæftɚ-] **I.** *n* Nachmittag *m;* **good ~!** guten Tag!; **all ~** den ganzen Nachmittag; **early/late ~** am frühen/späten Nachmittag; **mid-~** am Nachmittag; **this/tomorrow/yesterday ~** heute/morgen/gestern Nachmittag; **in the ~** am Nachmittag, nachmittags; **at 4.00 in the ~** um vier Uhr Nachmittag; **on the ~ of May 23rd** am Nachmittag des 23. Mai; **on Wednesday ~** [am] Mittwochnachmittag; **on Friday ~s** freitagnachmittags, am Freitagnachmittag **II.** *adj attr* nachmittäglich, Nachmittags-; **~ nap** [Nach]mittagsschläfchen *nt*

after·noons [ˌɑːftəˈnuːnz, AM ˌæftɚ-] *adv inv esp* AM nachmittags

after·noon 'tea *n no pl* BRIT [Nachmittags]tee *m*

'after·pains *npl* Nachwehen *pl*

af·ters [ˈɑːftəz] *n no pl* BRIT (*fam*) Nachtisch *m;* **for ~** zum [*o* als] Nachtisch

after-sales 'ser·vice *n no pl* Kundendienst *m* **'after·shave** *n no pl* Rasierwasser *nt,* Aftershave *nt,* Aftershavelotion *f* **'after·shock** *n* Nachbeben *nt* **'after·taste** *n usu sing* Nachgeschmack *m kein pl a. fig;* (*fig*) Erinnerung *f;* **to leave a bad/bitter/unpleasant ~** einen schlechten/bitteren/unangenehmen Nachgeschmack hinterlassen **'after·thought** *n usu sing* nachträglicher Einfall; **as an ~** im Nachhinein; **she only asked me to her party as an ~** es fiel ihr erst später ein, mich zu ihrer Party einzuladen

after·ward [ˈɑːftəwəd, AM ˈæftɚ-], **after·wards** [ˈɑːftəwədz, AM ˈæftɚ-] *adv inv* (*later*) später; (*after something*) danach, anschließend; **shortly** [*or* **soon**] **~** kurz danach [*o* darauf]

'after·word *n* Nachwort *nt* **'after·world** *n no pl* ■**the ~** das Jenseits

Aga® [ˈɑːgə] *n* BRIT, **Aga® 'cook·er** *n* BRIT [Aga-]Herd *m* (*mit Kohle, Gas oder Öl ständig betriebener Herd mit großen Kochplatten und mehreren Röhren für verschiedene Temperaturen*)

again [əˈgen, əgeɪn] *adv inv* ❶ (*as a repetition*) wieder; (*one more time*) noch einmal, nochmal; **don't do that ~!** mach das ja nicht noch einmal! *fam;* **Deborah's late ~** Deborah kommt [schon] wieder mal zu spät *fam;* **~ and ~** immer wieder; **never ~** nie wieder; **once ~** (*one more time*) noch einmal, einmal mehr *geh;* (*another time*) wieder einmal; **yet ~** schon wieder ❷ (*fam: after forgetting sth*) nochmal *fam;* **what's her name ~?** wie ist nochmal ihr Name? ❸ (*twice as much*) noch [ein]mal; **as much ~** noch [ein]mal so viel, doppelt so viel ❹ (*anew*) noch einmal, nochmals; **to do** [*or* **start**] **sth** [**all**] **over ~** mit etw *dat* noch einmal [von vorne] anfangen ▸ PHRASES: **come ~?** wie bitte?; **now and ~** von Zeit zu Zeit, dann und wann, gelegentlich; **then** [*or* **there**] **~** andererseits, auf der anderen Seite

against [əˈgen(t)st] **I.** *prep* ❶ (*in opposition to*) gegen *+akk;* **cheating is ~ his principles** Mogeln ist gegen seine Prinzipien; **~ one's better judgement** wider besseres Wissen; **to say sth ~ sb** etw gegen jdn sagen; **to have sth ~ sb** etw gegen jdn haben; **what do you have ~ her? I think she's really nice** was hast du gegen sie? ich finde sie ziemlich nett; **to be ~ sth/sb** gegen etw/jdn sein; **why is everybody always ~ me?** warum sind immer alle gegen mich?; **to be ~ sb's doing sth** dagegen sein, dass jd etw tut; SPORTS **the odds are 2 to 1 ~** die Chancen stehen 2 zu 1 dagegen ❷ (*in competition with*) gegen *+akk;* **~ time/the clock** gegen die Zeit/Uhr ❸ (*to disadvantage of*) gegen *+akk;* **crime ~ women has dropped in recent years** Verbrechen gegen Frauen sind in den letzten Jahren zurückgegangen; **odds are ~ sb/sth** die Chancen stehen gegen jdn/etw ❹ (*in anticipation of*) gegen *+akk;* **he wore a rain poncho ~ the wind and rain** er trug einen Regenponcho gegen den Wind und den Regen; **he has been immunized ~ polio** er ist gegen Polio geimpft worden; **to protect/guard oneself ~ sth/sb** sich *akk* gegen etw/jdn schützen/wehren ❺ (*in comparison to*) **~ her situation, we're doing okay** im Vergleich zu ihrer Situation geht es uns gut; **the dollar rose ~ the euro** der Dollar stieg gegenüber dem Euro; **to weigh sth ~ sth** ECON etw gegen etw *akk* abwägen ❻ FASHION, ARCHIT (*in contrast to*) gegen *+akk* ❼ (*in contact with*) gegen; **the rain splashed ~ the window** der Regen prasselte gegen das Fenster ❽ (*toward*) gegen *+akk;* **~ the wind/current** gegen den Wind/die Strömung; **~ the**

light/sun gegen das Licht/die Sonne ❾ (*perpendicular to*) **saw the wood ~ the grain** säge das Holz quer zur [*o* gegen die] Maserung ❿ FIN, ECON (*in exchange for*) gegen +*akk;* **the licence will be issued ~ payment of a fee** die Lizenz wird gegen die Zahlung einer Gebühr ausgestellt **II.** *adv inv* gegen; **there was a majority with only 14 voting ~** es gab eine Mehrheit bei nur 14 Gegenstimmen

agape [əˈgeɪp] *adj pred* mit offenem Mund; **the girls were ~ with excitement** den Mädchen blieb vor Aufregung der Mund offen; **to be ~ with wonder** [*or* **surprise**] erstaunt [*o fam* baff] sein

ag·ate [ˈægət] **I.** *n* ❶ (*gem*) Achat *m* ❷ *no pl* (*type of stone*) Achat *m* **II.** *n modifier* (*bracelet, jewellery, ring*) Achat-

age [eɪdʒ] **I.** *n* ❶ (*length of existence*) Alter *nt; of star* Lebensdauer *f;* **do you know the ~ of that building?** wissen Sie, wie alt dieses Gebäude ist?; **what ~ is your brother?** wie alt ist dein Bruder?; **he's about your ~** er ist ungefähr so alt wie du; **to be 10/45 years of ~** 10/45 Jahre alt sein; **old ~** das [hohe] Alter; **to act** [*or* **be**] **one's ~** sich *akk* seinem Alter entsprechend verhalten; **to feel one's ~** die Jahre spüren; **to not look** [*or* **show**] **one's ~** jünger aussehen, als man ist; **at his ~** in seinem Alter; **she was still riding her bike at the ~ of 80** mit 80 fuhr sie noch immer Fahrrad ❷ *no pl* (*adult status*) **to be of ~** erwachsen sein; LAW volljährig sein; **to come of ~** erwachsen werden; LAW volljährig [*o* mündig] werden; (*fig*) reifen, zu voller Blüte gelangen *geh;* **to be under ~** minderjährig [*o* unmündig] sein ❸ *no pl* (*old age*) Alter *nt;* **the pages of the book had crumbled with ~** die Seiten des Buchs hatten sich mit den Jahren aufgelöst; **to improve with ~** mit den Jahren besser werden ❹ (*era*) Zeitalter *nt,* Ära *f;* **in this day and ~** heutzutage; **through the ~s** im Lauf der Jahrhunderte ▶ PHRASES: **~ before beauty** (*usu hum*) Alter vor Schönheit *bes hum* **II.** *vi* ❶ (*become older*) altern, alt werden ❷ FOOD (*mature*) reifen **III.** *vt* ❶ *usu passive* (*develop*) ■**to ~ sth** etw reifen lassen [*o* lagern]; **to ~ cheese/sherry/wine** Käse/Sherry/Wein reifen lassen ❷ (*change appearance*) ■**to ~ sth/sb** etw/jdn altern lassen; **to ~ a table/painting** einen Tisch/ein Gemälde älter aussehen lassen ❸ (*determine age*) ■**to ~ sth** das Alter einer S. *gen* bestimmen

ˈage brack·et *n* Altersgruppe *f,* Altersklasse *f*

aged¹ [ˈeɪdʒd] *adj after n* **a boy ~ 12** ein zwölfjähriger [*o* zwölf Jahre alter] Junge; **children ~ 8 to 12** Kinder [im Alter] von 8 bis 12 Jahren

aged² [ˈeɪdʒɪd] **I.** *adj* (*old*) alt, betagt **II.** *n* ■**the ~** *pl* die alten Menschen *pl,* die Alten *pl*

ˈage gap *n* Altersunterschied *m*

age-gap [ˈeɪdʒgæp] *n modifier* BRIT (*fam: older*) (*friend*) viel älter; (*younger*) viel jünger **age group** [ˈeɪdʒˌgruːp] *n* Altersgruppe *f,* Altersklasse *f*

age·ing [ˈeɪdʒɪŋ], AM, AUS **ag·ing** *adj attr, inv person* alternd; *machinery* veraltend *attr*

age·ism [ˈeɪdʒɪzᵊm], AM, AUS **ag·ism** *n no pl* Diskriminierung *f* älterer Menschen, Seniorenfeindlichkeit *f*

age·ist [ˈeɪdʒɪst], AM, AUS **ag·ist** *adj* ■**to be ~** ältere Menschen diskriminieren, seniorenfeindlich sein

age·less [ˈeɪdʒləs] *adj inv beauty* zeitlos; **~ wisdom** ewig gültige Weisheit

ˈage lim·it *n* Altersgrenze *f* **ˈage-long** *adj attr, inv* unendlich lang, ewig *fam;* **~ process** sehr langwieriger Prozess

agen·cy [ˈeɪdʒᵊn(t)si] *n* ❶ (*private business*) Agentur *f;* **advertising ~** Werbeagentur *f;* **employment ~** Arbeitsvermittlungsbüro *nt,* Arbeitsvermittlungsagentur *f;* **estate/travel ~** Makler-/Reisebüro *nt;* **modelling ~** Modellagentur *f* ❷ (*subsidiary*) Geschäftsstelle *f,* Vertretung *f* ❸ (*of government*) Behörde *f;* (*of public administration*) Dienststelle *f;* **government ~** Regierungsstelle *f,* Behörde *f;* **non-governmental ~** Nichtregierungsorganisation *f* ❹ *no pl* (*form, liter: force*) Wirkung *f;* **through** [*or* **by**] **the ~ of water** durch [*o* mit Hilfe von] Wasser; **through** [*or* **by**] **sb's ~** [*or* **the ~ of sb**] durch jds Vermittlung

agen·da [əˈdʒendə] *n* ❶ (*for a meeting*) Tagesordnung *f;* **to be on/high on** [*or* **at the top of**] **the ~** oben auf der Tagesordnung stehen; (*fig*) oberste Priorität haben ❷ (*for action*) Programm *nt;* **to set the election ~** das Wahlprogramm festlegen; **to be on the ~** auf dem Programm stehen; **that's been on my ~ for three weeks** das will ich jetzt schon seit drei Wochen machen; **to have a hidden ~** geheime Pläne haben; **to have an ~ for sb** etw mit jdm vorhaben

agent [ˈeɪdʒᵊnt] *n* ❶ (*representative*) [Stell]vertreter(in) *m(f);* (*for artists*) Agent(in) *m(f);* **insurance ~** Versicherungsvertreter(in) *m(f);* **travel ~** Reisebürokaufmann, -frau *m, f;* (*of package tours*) Reiseveranstalter(in) *m(f)* ❷ (*of a secret service*) Agent(in) *m(f),* Spion(in) *m(f);* **enemy ~** feindlicher Agent/feindliche Agentin; **secret** [*or* **undercover**] **~** Geheimagent(in) *m(f)* (*der sich in die zu observierende Gruppe einschleust*), Undercoveragent(in) *m(f)* ❸ (*substance*) Mittel *nt,* Wirkstoff *m;* **cleaning ~** Reinigungsmittel *nt* ❹ (*one that acts*) Handelnde(r) *f(m);* **to be a free ~** sein eigener Herr sein ❺ (*force*) [Wirk]kraft *f,* Ursache *f;* **his greed was the ~ of his own destruction** durch seine Gier richtete er sich selbst zugrunde; **an ~ of change** ein Motor *m* der Veränderung

Agent ˈOr·ange *n no pl* CHEM Agent Orange *nt*

agent pro·vo·ca·teur <*pl* agents provocateurs> [ˌæʒɑ̃ːprəvɒkəˈtɜːʳ, AM ˌɑːʒɑ̃ːproʊvɑːkəˈtɜːr] *n* Agent provocateur *m,* Lockspitzel *m pej*

age of con·ˈsent *n* Ehemündigkeitsalter *nt* **ˈage-old** *adj inv* uralt **ˈage-re·lat·ed** *adj* altersbedingt; **~ disease** Alterskrankheit *f*

ag·glom·er·ate [əˈglɒmᵊrət, AM -ˈglɑːmɚ-] *n,* **ag·glom·era·tion** [əˌglɒməˈreɪʃᵊn, AM -glɑːmə-] *n* Ansammlung *f,* Anhäufung *f,* Konglomerat *nt geh*

ag·gran·dize·ment [əˈgrændɪzmənt] *n no pl* (*esp pej*) Vergrößerung *f,* Vermehrung *f; of power* Ausdehnung *f;* **personal** [*or* **self-**]**~** Erhöhung *f* des persönlichen Ansehens

ag·gra·vate [ˈægrəveɪt] *vt* ❶ (*worsen*) ■**to ~ sth** etw verschlechtern [*o* verschlimmern] ❷ (*fam: annoy*) ■**to ~ sb** jdm auf die Nerven gehen *fam;* ■**to be ~d by sth** von etw *dat* genervt sein *sl*

ag·gra·vat·ed as·ˈsault *n no pl* schwere Körperverletzung **ag·gra·vat·ed ˈbur·gla·ry** *n no pl* BRIT schwerer Einbruch

ag·gra·vat·ing [ˈægrəveɪtɪŋ, AM -t̬-] *adj* ❶ (*fam: annoying*) unangenehm, ärgerlich, nervig *fam;* **it is very ~ to have to wait so long** dieses lange Warten ist total nervig *fam* ❷ LAW (*worsening*) erschwerend

ag·gra·va·tion [ˌægrəˈveɪʃᵊn] *n no pl* ❶ (*worsening*) Verschlimmerung *f,* Verschärfung *f* ❷ (*fam: annoyance*) Ärger *m;* ■**to be an ~ to sb** jdm Ärger machen *fam*

ag·gre·gate **I.** *n* [ˈægrɪgət] ❶ (*totality*) Gesamtheit *f,* [Gesamt]menge *f;* (*sum total*) Summe *f;* (*total value*) Gesamtwert *m;* **in the ~** alles in allem, insgesamt, im Ganzen ❷ SPORTS Gesamtergebnis *nt,* Gesamtwertung *f* ❸ (*cluster*) Anhäufung *f,* Ansammlung *f,* Aggregat *nt fachspr;* **snowflakes are loose ~s of ice crystals** Schneeflocken sind Gebilde aus locker verbundenen Eiskristallen ❹ MATH mehrgliedriger Ausdruck (*dessen Glieder durch + oder - verbunden sind*), Aggregat *nt fachspr* **II.** *adj* [ˈægrɪgeɪt] *inv* FIN, ECON gesamte(r, s), Gesamt- **III.** *vt* [ˈægrɪgət] ■**to ~ sth** ❶ (*add*) etw summieren ❷ (*amount to*) sich *akk* auf etw *akk* belaufen

ag·gre·ga·tion [ˌægrɪˈgeɪʃᵊn] *n no pl* (*accumulation*) Ansammlung *f,* Anhäufung *f,* Aggregation *f geh;* (*bringing together*) Vereinigung *f;* ECON Zusammenschluss *m,* Fusion *f* (**into** zu +*dat*)

ag·gres·sion [əˈgreʃᵊn] *n no pl* ❶ (*violent feeling*) Aggression *f,* Aggressivität *f;* (*violent action*) Angriff *m;* **act of ~** aggressive Handlung, Angriff *m;* LAW Angriffshandlung *f;* **male ~** männliche Gewalt; **naked ~** nackte Gewalt; **to have a lot of ~**

towards sb/sth jdn gegenüber eine Menge Aggressionen haben; **to work off** [*or* **out**] **one's ~ on sb/sth** seine Aggressionen an jdm/etw auslassen ❷ SPORTS offensives Spiel

ag·gres·sive [əˈgresɪv] *adj* ❶ (*tending toward violence*) aggressiv; ~ **fighter** angriffslustiger Kämpfer ❷ (*showing great energy*) energisch, forsch; SPORTS offensiv ❸ (*too confident*) *lover* ungestüm; *salesman* aufdringlich

ag·gres·sive·ly [əˈgresɪvli] *adv* ❶ (*in a violent way*) aggressiv, angriffslustig ❷ (*with great energy*) energisch, forsch; SPORTS offensiv

ag·gres·sive·ness [əˈgresɪvnəs] *n no pl* ❶ (*hostility*) Aggressivität *f,* Angriffslust *f* ❷ (*active behaviour*) Forschheit *f;* SPORTS Offensivspiel *nt*

ag·gres·sor [əˈgresəʳ, AM -ɚ] *n* Angreifer(in) *m(f);* MIL, POL Aggressor *m*

ag·grieved [əˈgriːvd] *adj* gekränkt, verletzt; ■**to be ~ at sth** wegen einer S. *gen* gekränkt sein

ag·gro [ˈægrəʊ] *n no pl* BRIT, AUS (*sl*) ❶ (*violence*) Zoff *m fam;* **there was some ~ between rival football fans** es kam zu Krawallen zwischen rivalisierenden Fußballfans ❷ (*trouble*) Ärger *m;* **the general ~ of life** die normalen Alltagsprobleme

aghast [əˈgɑːst, AM -ˈgæst] *adj pred* entsetzt, entgeistert; ■**to be ~ at sth** über etw *akk* entsetzt sein

ag·ile [ˈædʒaɪl, AM -əl] *adj* (*nimble*) geschickt, beweglich; *fingers* flink; (*lithe*) geschmeidig; (*lively*) lebhaft; **to have an ~ mind** (*fig*) geistig beweglich [*o* flexibel] sein; **an ~ politician** (*fig*) ein geschickter Politiker/eine geschickte Politikerin

ag·il·ity [əˈdʒɪləti, AM -t̬i] *n no pl* Flinkheit *f,* Beweglichkeit *f;* (*litheness*) Geschmeidigkeit *f,* Behändigkeit *f;* **mental ~** geistige Beweglichkeit [*o* Flexibilität]

agin [əˈgɪn] *prep* DIAL (*fam*) dagegen

ag·ing *adj* AM, AUS *see* **ageing**

ag·ism *n no pl* AM, AUS *see* **ageism**

ag·ist *adj* AM, AUS *see* **ageist**

agi·tate [ˈædʒɪteɪt] **I.** *vt* ❶ (*make nervous*) ■**to ~ sb** jdn aufregen; ■**to be ~d** sich *akk* aufregen; **she is ~d by the least little thing!** sie regt sich wegen jeder Kleinigkeit auf! ❷ (*shake*) ■**to ~ sth** etw schütteln; (*stir*) etw [um]rühren **II.** *vi* ■**to ~ against/for sth** sich *akk* [öffentlich] gegen/für etw *akk* einsetzen

agi·tat·ed [ˈædʒɪteɪtɪd, AM -t̬ɪd] *adj* aufgeregt, beunruhigt

agi·tat·ed·ly [ˈædʒɪteɪtɪdli, AM -t̬ɪdli] *adv* aufgeregt, nervös

agi·ta·tion [ˌædʒɪˈteɪʃən] *n no pl* ❶ (*nervousness*) Aufregung *f,* Erregung *f;* **in a state of** [**great**] **~** [sehr] aufgeregt ❷ (*activism*) Agitation *f;* **in 1920 women in America got the vote, after 72 years of ~** 1920 bekamen die Frauen in Amerika das Wahlrecht, nachdem sie 72 Jahre dafür gestritten hatten ❸ (*of a liquid*) [Auf]rühren *nt*

agi·ta·tor [ˈædʒɪteɪtəʳ, AM -t̬ɚ] *n* ❶ (*person*) Agitator(in) *m(f) pej* ❷ (*device*) Rührapparat *m*

agit·prop [ˈædʒɪtprɒp, AM -prɑːp] *n no pl* propagandistische Kunst, Agitprop *m fachspr*

agleam [əˈgliːm] *adj pred* erleuchtet; *eyes* glänzend; **the boy's eyes were ~** die Augen des Jungen funkelten

aglow [əˈgləʊ, AM -ˈgloʊ] *adj pred* (*liter*) ■**to be ~** *fire, light* brennen; *face* glühen; *eyes* leuchten, strahlen; **the city at night was ~ with lights** in der Nacht war die Stadt hell erleuchtet

AGM [ˌeɪdʒiːˈem] *n* BRIT, AUS *abbrev of* **annual general meeting**

ag·no·sia [əgˈnəʊsɪə, AM -ˈnoʊ-] *n no pl* MED Agnosie *f fachspr*

ag·nos·tic [ægˈnɒstɪk, AM -ˈnɑː-] **I.** *n* Agnostiker(in) *m(f)* **II.** *adj* agnostisch; ■**to be ~ about** [*or* **on**] **sth** etw nicht glauben

ag·nos·ti·cism [ægˈnɒstɪsɪzəm, AM -ˈnɑː-] *n no pl* Agnostizismus *m*

ago [əˈgəʊ, AM əˈgoʊ] *adv inv* **a minute/a year ~** vor einer Minute/einem Jahr; **long ~** vor langer Zeit; **that was long ~** das ist schon lange her; **long ~ and far away** vor langer Zeit; **as long ~ as 1924** schon 1924

agog [əˈgɒg, AM əˈgɑːg] *adj pred* gespannt; **she was all ~ to hear what had happened** sie brannte darauf, zu hören, was geschehen war; **to be ~ with curiosity/excitement/expectation** sehr neugierig/aufgeregt/gespannt sein; **the audience was ~ with curiosity** das Publikum platzte fast vor Neugierde

ago·nize [ˈægənaɪz] **I.** *vt* ■**to ~ sb** jdn quälen **II.** *vi* ❶ (*suffer*) sich *akk* [ab]quälen ❷ (*consider anxiously*) hin- und herüberlegen; ■**to ~ about** [*or* **over**] **sth** sich *dat* über etw *akk* den Kopf zermartern; **she ~d for days about whether she should take the job** sie rang tagelang mit sich, ob sie die Stelle annehmen sollte

ago·nized [ˈægənaɪzd] *adj* gequält; **~ cry** schmerzerfüllter Schrei

ago·niz·ing [ˈægənaɪzɪŋ] *adj* ❶ (*very painful*) qualvoll, quälend; **~ pain** unerträglicher Schmerz; **to die an ~ death** einen qualvollen Tod sterben ❷ (*very difficult*) schmerzlich, schlimm; **to go through an ~ time** eine schwere [*o* harte] Zeit durchmachen

ago·ny [ˈægəni] *n* ❶ *no pl* (*pain*) Todesqualen *fpl,* unerträgliche Leiden *ntpl,* heftiger Schmerz; **they lay screaming in ~** sie lagen da und schrieen vor Schmerzen; **oh, the ~ of defeat!** (*fig*) was für eine schmachvolle Niederlage!; ■**to be in ~** große Schmerzen [*o* Qualen] leiden; **sb is in an ~ of doubt** jdn quälen schlimme Zweifel; **to be in an ~ of indecision/suspense** von qualvoller Unentschlossenheit/Ungewissheit geplagt werden; **to prolong the ~** [**of sth**] sich *akk* noch länger [mit etw *dat*] [herum]quälen; **to put sb/an animal out if his/her/its ~** jdn/ein Tier von seinen Qualen erlösen; **to suffer agonies of sth** sich *akk* mit etw *dat* [herum]quälen, von etw *dat* geplagt werden ❷ (*struggle before death*) Agonie *f geh,* Todeskampf *m* ▸ PHRASES: **to pile** [*or* **put**] **on the ~** dick auftragen *fam*

ago·ny 'aunt *n* BRIT (*fam*) Briefkastentante *f hum fam,* Kummerkastentante *f hum fam*

'agon·y col·umn *n* BRIT (*fam*) Kummerkasten *m fam,* Kummerecke *f fam*

i Kultur

Agony column nennt man eine Rubrik in einer Zeitung oder einer Zeitschrift, in der Briefe von Lesern veröffentlicht werden, die Rat für ihre persönlichen Probleme suchen. Eine *agony aunt,* oder ganz selten auch ein *agony uncle,* gibt dann Ratschläge zur Lösung dieser Probleme.

ago·ra·pho·bia [ˌægərəˈfəʊbiə, AM -ˈfoʊ-] *n no pl* Platzangst *f,* Agoraphobie *f fachspr*

ago·ra·pho·bic [ˌægərəˈfəʊbɪk, AM -ˈfoʊ-] **I.** *adj* agoraphobisch *fachspr;* ■**to be ~** an Platzangst [*o fachspr* Agoraphobie] leiden **II.** *n* ■**to be an ~** an Platzangst [*o fachspr* Agoraphobie] leiden

agrar·ian [əˈgreəriən, AM -ˈgreri-] *adj* landwirtschaftlich, agrarisch, Agrar-; **~ land** Agrarland *nt;* **~ production** landwirtschaftliche Produktion

agree [əˈgriː] **I.** *vi* ❶ (*have same opinion*) zustimmen; **I don't ~** ich bin anderer Meinung; **I ~ about Francis** was Francis anbetrifft, bin ich mit dir einer Meinung; **experts seem unable to ~** die Experten können sich anscheinend nicht einigen; ■**to ~ with sb** mit jdm einer Meinung sein [*o* übereinstimmen]; **she couldn't ~ less with him** sie ist ganz anderer Meinung als er; **we couldn't ~ more with them** wir stimmen mit ihnen absolut überein; ■**to ~ on sth** über etw *akk* einer Meinung sein; **my father and I don't ~ on very much** mein Vater und ich sind selten einer Meinung ❷ (*consent to*) zustimmen, einwilligen; **~d!** einverstanden!; **let's ~ to disagree** [*or* **differ**] ich fürchte, wir können uns nicht einigen; **I don't ~ with what**

A

agreement

expressing agreement	**zustimmen**
Yes, I think so too.	Ja, das denke ich auch.
I completely agree with you there.	Da bin ich ganz Ihrer Meinung.
I endorse that. (*form*)	Dem schließe ich mich an. (*form*)
I absolutely agree with you.	Ich stimme Ihnen voll und ganz zu.
Yes, that's exactly what I think.	Ja, das denke ich auch.
That's exactly how I see it.	Das sehe ich ganz genauso.
You're absolutely right.	Du hast vollkommen Recht.
I can only agree with you there.	Da kann ich Ihnen nur Recht geben.
That's (just/exactly) what I said.	(Genau) das habe ich auch gesagt.
I think so too.	Finde ich auch.
Exactly!/(That's) right!	Genau!/Stimmt!

you are saying ich sehe das [ganz] anders; ■**to ~ to sth** sich *akk* auf etw *akk* einigen; ■**to ~ with sb** jdm zustimmen ❸ (*endorse*) ■**to ~ with sth** für etw *akk* sein, etw befürworten *geh* ❹ (*be good for*) ■**to ~ with sb** *food* jdm [gut] bekommen ❺ (*get along*) miteinander auskommen, sich *akk* vertragen ❻ (*match up*) übereinstimmen, entsprechen; ■**to ~ with sth** mit etw *dat* übereinstimmen ❼ LING übereinstimmen, kongruieren *fachspr* **II.** *vt* ❶ *esp* BRIT (*accept*) ■**to ~ sth** mit etw *dat* einverstanden sein; **to ~ a date** einen Termin vereinbaren; ■**to ~ whether/when/that ...** sich *akk* darauf einigen [*o* verständigen], ob/wann/dass ... ❷ (*admit*) ■**to ~ that ...** zugeben, dass ...

agree·able [əˈgriːəbl̩] *adj* ❶ (*pleasant*) angenehm; *weather* freundlich; **he's quite an ~ guy** er ist ein recht netter Bursche; **~ spot** hübsches Fleckchen [Erde] *fam* ❷ (*acceptable*) **mutually ~** für beide [Seiten] akzeptabel [*o* annehmbar]; ■**to be ~ to sb** für jdn akzeptabel [*o* annehmbar] sein ❸ (*consenting*) ■**to be ~ to sth** einer S. *dat* zustimmen, mit etw *dat* einverstanden sein; **bring your wife too, if she's ~** bring deine Frau mit, wenn sie einverstanden ist

agree·ably [əˈgriːəbli] *adv* angenehm; **the waiter smiled ~** der Kellner lächelte freundlich; **~ surprised** angenehm überrascht

agreed [əˈgriːd] *adj inv* ❶ *pred* (*of one opinion*) einig; ■**to be ~ [on sth]** sich *akk* [auf etw *akk*] geeinigt haben; **are we all ~ on that?** sind alle damit einverstanden? ❷ (*accepted*) akzeptiert; **it's generally ~ that ...** es ist eine allgemein anerkannte Tatsache, dass ... ❸ (*pre-arranged*) vereinbart; **we must stick to our ~ policy** wir müssen an unserer [einmal] vereinbarten Taktik festhalten

agree·ment [əˈgriːmənt] *n* ❶ *no pl* (*same opinion*) Übereinstimmung *f,* Einigkeit *f;* **mutual ~** gegenseitiges Einverständnis [*o* Einvernehmen]; **unanimous ~** Einmütigkeit *f;* **to reach an ~** zu einer Einigung kommen, sich *akk* einigen; ■**to be in ~ with sb** mit jdm übereinstimmen, sich *dat* mit jdm einig sein ❷ (*approval*) Zustimmung *f,* Einwilligung *f* ❸ (*arrangement*) Vereinbarung *f,* Übereinkunft *f;* **to break an ~** sich *akk* nicht an eine Vereinbarung halten; **to keep** [*or fam* **stick to**] **an ~** sich *akk* an eine Vereinbarung halten; **to make an ~ with sb** mit jdm eine Vereinbarung treffen, sich *dat* mit jdm einigen; **to reach an ~** eine Vereinbarung treffen ❹ (*contract, pact*) Vertrag *m,* Abkommen *nt,* Vereinbarung *f;* **to break the terms of an ~** gegen ein Abkommen verstoßen, die Bestimmungen eines Vertrages verletzen; **trade ~** Handelsabkommen *nt;* **to break/sign an ~** einen Vertrag [*o* ein Abkommen] brechen/unterzeichnen; **to enter into an ~** einen Vertrag schließen, eine Vereinbarung treffen ❺ FIN (*consistency*) Übereinstimmung *f* ❻ LING Übereinstimmung *f,* Kongruenz *f fachspr;* **to be in ~** übereinstimmen, kongruieren *fachspr*

ag·ri·bio·tech [ˌægriˈbaɪəʊtek, AM -ˈbaɪoʊ-] *adj inv* (*engineering biologically engineered food*) *company, firm* Gentechnik-

ag·ri·busi·ness [ˈægriˌbɪznɪs] *n no pl* Agroindustrie *f,* Landwirtschaft *f;* **the ~ sector** der Agrarsektor [*o* landwirtschaftliche Sektor]

ag·ri·cul·tur·al [ˌægriˈkʌltʃ(ə)r(ə)l] *adj* landwirtschaftlich, Landwirtschaft-, agrarisch, Agrar-; **~ land** Agrarland *nt,* Ackerland *nt,* landwirtschaftliche Nutzflächen *fpl;* **~ science** Agrarwissenschaft *f*

ag·ri·cul·ture [ˈægrikʌltʃə(r), AM -tʃɚ] *n no pl* Landwirtschaft *f,* Ackerbau *m;* **subsistence ~** Landwirtschaft *f* zur Selbstversorgung

agrono·my [əˈgrɒnəmi, AM -ˈgrɑː-] **I.** *n no pl* Landwirtschaftswissenschaft *f,* Agronomie *f fachspr* **II.** *n modifier* (*professor*) der Agronomie *nach n*

ag·ro·ˈtour·ism *n no pl* Ferien *pl* auf dem Bauernhof

aground [əˈgraʊnd] **I.** *adv inv* NAUT auf Grund; **to go** [*or* **run**] **~** (*onto bottom or bank*) auf Grund laufen, auflaufen; (*onto shore*) stranden; (*fig*) scheitern **II.** *adj pred* (*grounded*) auf Grund gelaufen, aufgelaufen; (*stranded*) gestrandet

ah [ɑː] *interj* (*in realization*) ach so; (*in happiness*) ah; (*in sympathy*) oh; (*in pain*) au[tsch]

aha [ɑːˈhɑː] *interj* (*in understanding*) aha; (*in glee*) haha

ahchoo [əˈtʃuː] *interj* AM hatschi

ahead [əˈhed] *adv* ❶ *inv* (*in front*) vorn; **the road ~ looks rather busy** die Straße vor uns sieht ziemlich voll aus; **we let the other cars get ~ of us** wir ließen die anderen Autos überholen; **full speed ~** volle Kraft voraus; **straight ~** geradeaus ❷ (*more advanced*) **to be ~ of one's time** seiner Zeit voraus sein; **to be way ~ of sb/sth** jdm/etw um einiges voraus sein; **to be [years] ~ of sb/sth** jdm/etw [um Jahre] voraus sein; **to put sb/sth ~** jdn/etw nach vorne bringen ❸ (*in the future*) **he has a lonely year ~** es liegt ein einsames Jahr vor ihm; **to look ~** nach vorne sehen [*o* schauen]; **to plan** [*or* **think**] **~** vorausschauend [*o* für die Zukunft] planen ❹ (*prior to*) **to go ~** (*in advance*) vor[aus]gehen; **you go on ~, and I'll meet you at the cinema** geh du schon mal vor; ich treffe dich dann am Kino; **to send sth on ~** etw vorausschicken ❺ (*proceed*) vorwärts; **to move ~** vorankommen; **the project is moving ~ quickly** mit dem Projekt geht es schnell voran

ahem [əˈhem] *interj* (*esp hum*) ähem *bes hum*

ahis·tori·cal [ˌeɪhɪˈstɒrɪk(ə)l, AM -ˈstɔːr-] *adj* ahistorisch *geh*

ahoy [əˈhɔɪ] *interj* ahoi; **land ~!** Land in Sicht!; **ship ~!** Schiff

ahoi!
AI [ˌeɪ'aɪ] *n no pl* ❶ COMPUT, SCI *abbrev of* **artificial intelligence** ❷ MED, BIOL *abbrev of* **artificial insemination**
aid [eɪd] **I.** *n* ❶ *no pl* (*assistance*) Hilfe *f;* (*support*) Unterstützung *f;* **the concert was in ~ of famine relief** das Konzert fand zugunsten der Hungerhilfe statt; **he gets about with the ~ of a walking stick** er benutzt einen Spazierstock zum Gehen; **to come/go to the ~ of sb** (*help*) jdm zu Hilfe kommen [*o* helfen]; (*support*) jdn unterstützen ❷ *no pl* (*governmental assistance*) Hilfe *f;* **emergency ~** Soforthilfe *f;* **financial ~** finanzielle Hilfe [*o* Unterstützung]; **foreign ~** Entwicklungshilfe *f* ❸ (*helpful tool*) [Hilfs]mittel *nt,* Gerät *nt;* **hearing ~** Hörgerät *nt;* **slimming ~** Schlankheitsmittel *nt,* Schlankmacher *m fam* ❹ AM (*assistant*) Berater(in) *m(f);* NAUT, MIL (*aide-de-camp*) Adjutant(in) *m(f)* ▸ PHRASES: **what's this in ~ of?** BRIT (*fam*) wofür soll das gut sein? *fam* **II.** *vt* (*assist, help*) ■**to ~ sb/sth** jdm/etw helfen; (*support*) jdn/etw unterstützen ▸ PHRASES: **to ~ and abet sb** LAW jdn begünstigen; (*esp of murder*) jdm Beihilfe leisten; (*a. hum*) mit jdm gemeinsame Sache machen
aide [eɪd] *n* Berater(in) *m(f);* ■**an ~ to sb** jds Berater/Beraterin
aide-de-camp <*pl* aides-de-camp> [ˌeɪddə'kɑ̃, AM -'kæmp] *n* ❶ NAUT, MIL Adjutant(in) *m(f)* ❷ POL, MIL Berater(in) *m(f)*
AIDS [eɪdz], **Aids** *n no pl abbrev of* **acquired immune deficiency syndrome** Aids *nt;* **to have full-blown ~** an Aids im Endstadium erkrankt sein
Aid to Fami·lies with De·pend·ent Chil·dren *n* AM *Unterstützung bedürftiger Familien mit unterhaltsberechtigten Kindern*
ail [eɪl] **I.** *vi* kränkeln **II.** *vt* ■**to ~ sb** ❶ (*liter or hum dated: hurt*) jdn plagen; **what ~s you?** was fehlt dir? ❷ (*cause problems*) jdm Probleme [*o* Schwierigkeiten] bereiten
ailer·on ['eɪlərɒn, AM -ərɑːn] *n* AVIAT Querruder *nt*
ail·ing ['eɪlɪŋ] *adj* ❶ *inv* (*ill*) krank; (*sickly*) kränkelnd *attr,* kränklich ❷ (*failing*) kränkelnd *attr;* **~ company** in Schwierigkeiten befindliches Unternehmen; **~ economy** kränkelnde Wirtschaft
ail·ment ['eɪlmənt] *n* Leiden *nt,* Krankheit *f;* **heart ~** Herzleiden *nt;* **little ~s** (*pej*) jds Wehwehchen *ntpl;* **minor ~s** leichte Beschwerden *fpl*
aim [eɪm] **I.** *vi* ❶ (*point*) zielen; ■**to ~ at** [*or* **for**] **sb/sth** auf jdn/etw zielen ❷ (*head*) ■**to ~ for sb/sth** auf jdn/etw zugehen; **let's ~ for Coventry first** lass uns zuerst in Richtung Coventry fahren ❸ (*try for a time*) **to ~ for 7.30/next week/January** 7.30 Uhr/nächste Woche/Januar anpeilen *fam* ❹ (*try to achieve*) ■**to ~ at** [*or* **for**] **sth** etw zum Ziel haben [*o* anstreben]; **to ~ at perfection** nach Perfektion streben, perfekt sein wollen; ■**to ~ at doing** [*or* **to do**] **sth** sich *dat* vornehmen [*o* vorhaben], etw zu tun; **to ~ to please** gefallen wollen; **at our store we ~ to please** in unserem Laden ist der Kunde König ▸ PHRASES: **to ~ high** hoch hinaus wollen **II.** *vt* ❶ (*point*) ■**to ~ sth at sb/sth** mit etw *dat* auf jdn/etw zielen; **to ~ a camera/weapons at sb/sth** eine Kamera/Waffen auf jdn/etw richten; **to ~ a kick/punch at sb** nach jdm treten/schlagen ❷ (*direct at*) **to ~ sth at sb** etw an jdn richten; **I'm sure that comment was ~ed at hurting his feelings** ich bin sicher, dieser Kommentar sollte seine Gefühle verletzen **III.** *n* ❶ *no pl* (*skill*) Zielen *nt;* **sb's ~ is good/bad** jd kann gut/schlecht zielen; **to take ~** [**at sb/sth**] [auf jdn/etw] zielen ❷ (*goal*) Ziel *nt,* Absicht *f;* **I don't know what his ~s were in making such an accusation** ich weiß nicht, was er mit dieser Beschuldigung bezwecken wollte; ■**with the ~ of doing sth** in der Absicht etw zu tun; **sb's ~ in life** jds Lebensziel *nt;* **chief** [*or* **main**] **~** Hauptziel *nt;* **overriding ~** vorrangiges Ziel
aim·less ['eɪmləs] *adj* (*esp pej: without direction*) ziellos; (*without purpose*) sinnlos, planlos
aim·less·ly ['eɪmləsli] *adv* (*without direction*) ziellos; (*without purpose*) sinnlos, planlos; **to walk ~** ziellos umherirren
aim·less·ness ['eɪmləsnəs] *n no pl* (*esp pej: lack of direction*) Ziellosigkeit *f;* (*lack of purpose*) Sinnlosigkeit *f,* Planlosigkeit *f*
ain't [eɪnt] (*sl*) ❶ = **has not, have not** *see* **have** ❷ = **am not, is not, are not** *see* **be** ▸ PHRASES: **if it ~ broke, don't fix it** (*prov*) lass lieber die Finger davon, sonst wird es nur noch schlimmer
aïoli [aɪ'əʊli, AM -'oʊli] *n* Aioli *f,* Knoblauchmajonäse *f*
air [eəʳ, AM er] **I.** *n* ❶ *no pl* (*oxygen*) Luft *f;* **fresh/stale ~** frische/stickige Luft; **let's go get a breath of fresh ~** lass uns schnell mal ein bisschen frische Luft schnappen ❷ (*air conditioning*) Klimaanlage *f* ❸ *no pl* (*sky*) **put your hands in the ~!** Hände hoch!; **supremacy in the ~** Lufthoheit *f,* Luftherrschaft *f;* **to fire into the ~** in die Luft schießen; **to travel by ~** fliegen; **by ~** mit dem Flugzeug ❹ *no pl* (*in broadcasting*) Äther *m;* **you're on the ~** du bist auf Sendung!; **the company advertises over the ~** die Firma macht im Fernsehen/Radio Werbung; **to be taken off the ~** abgesetzt werden ❺ *no pl* (*facial expression*) Ausstrahlung *f,* Miene *f;* (*manner*) Auftreten *nt;* **she asked why with an ~ of confusion** leicht verwirrt fragte sie nach dem Grund; **she has an ~ of confidence about her** sie strahlt eine gewisse Selbstsicherheit aus; **the hat lends her an ~ of elegance** der Hut gibt ihr ein elegantes Aussehen ❻ (*affected manner*) Gehabe *nt,* Getue *nt;* **to give oneself** [*or* **put on**] **~s** vornehm tun, sich *akk* aufspielen ❼ MUS Melodie *f,* Air *nt fachspr* ▸ PHRASES: **~s and graces** (*pej*) Allüren *fpl pej;* **hot ~** (*pej*) heiße Luft *pej;* **out of thin ~** aus dem hohlen Bauch heraus; **to clear the ~** die Situation klären; **to be floating** [*or* **walking**] **on ~** im siebten Himmel sein; **to give oneself** [*or* **put on**] **~s** [**and graces**] (*pej*) vornehm tun; **to give ~ to sth** AM etw zur Sprache bringen; **to go up in the ~** in die Luft gehen; **to be in the ~** in der Luft liegen; **to be up in the ~** in der Schwebe sein **II.** *n modifier* ❶ (*of atmosphere*) (*quality, pollution*) Luft-; **~ bubble** Luftblase *f;* **~ intake** (*opening*) Lufteinlass *m,* Lufteintritt *m;* (*quantity*) Luftmenge *f,* Zuluft *f* ❷ (*of aircraft*) Flug-, Flugzeug-; **~ ambulance** Rettungshubschrauber *m;* **~ crash** Flugzeugabsturz *m;* **~ disaster** Flugzeugunglück *nt;* **~ traffic** Luftverkehr *m,* Flugverkehr *m;* **~ transportation** Beförderung *f* auf dem Luftweg **III.** *vt* ■**to ~ sth** ❶ (*ventilate*) etw lüften; **to ~ clothes** Kleider auslüften lassen; **to ~ a room** einen Raum [durch]lüften, frische Luft in einen Raum lassen ❷ (*make known*) etw zur Sprache bringen; (*in conversation*) etw darlegen [*o* kundtun]; **to ~ one's grievances** seinem Kummer Luft machen *fam;* **to ~ one's views** seine Ansichten äußern ❸ AM (*broadcast*) etw senden; **the game will be ~ed live on BBC 1** das Spiel wird live auf BBC 1 übertragen **IV.** *vi* ❶ AM TV, RADIO gesendet [*o* ausgestrahlt] werden ❷ (*ventilate*) auslüften, durchlüften
◆**air out** *vt* ■**to ~ out** ◯ **sth** *room* etw [durch]lüften; *clothes* etw auslüften
'air bag *n* Airbag *m* **'air·base** *n* Luftwaffenstützpunkt *m* **'air bed** *n* BRIT, AUS Luftmatratze *f* **'air·borne** *adj inv* ❶ (*transported by air*) in der Luft befindlich; **~ bacteria/radioactivity** in der Luft vorhandene Bakterien *ntpl*/Radioaktivität; **~ disease** durch die Luft übertragene Krankheit ❷ MIL ■**to be ~** sich *akk* in der Luft befinden; **~ troops** Luftlandetruppen *fpl,* Luftlandeeinheiten *fpl* ❸ (*flying*) ■**to be ~** fliegen, in der Luft sein; **to get ~** *plane* abheben, starten; *bird* losfliegen ❹ (*fig: working*) ■**to be ~** funktionieren, laufen *fam* **'air brake** *n* AUTO Druckluftbremse *f;* AVIAT Landeklappe *f,* Luftbremse *f* **'air·brick** *n* BRIT, AUS (*ventilated brick*) Entlüftungsziegel *m,* Lüftungsstein *m;* (*adobe*) Luftziegel *m* **'air bridge** *n* BRIT ❶ AVIAT Fluggastbrücke *f,* Gangway *f* ❷ POL Luftbrücke *f* **'air·brush I.** *n* ❶ (*device*) Spritzapparat *m,* Spritzpistole *f* ❷ (*technique*) Airbrush-Technik *f* **II.** *vt* ■**to ~ sth** etw aufsprühen **air 'car·go** *n no pl* Luftfracht *f* **air-con·'di·tioned** *adj inv* klimatisiert, mit Klimaanlage **air con·'di·tion·er** *n* Klimaanlage *f* **air con·'di·tion·ing** *n no pl* ❶ (*process*) Klimatisierung *f* ❷ (*plant*) Kli-

maanlage *f;* **to have ~** mit einer Klimaanlage ausgestattet sein; **to turn the ~ down/up** die Klimaanlage schwächer/stärker einstellen **'air-cooled** *adj inv engine* luftgekühlt, mit Luftkühlung *nach n* **air 'cor·ri·dor** *n* Luftkorridor *m* **'air cov·er** *n no pl* Luftsicherung *f*

'air·craft <*pl* -> *n* Luftfahrzeug *nt,* Flugzeug *nt;* **commercial ~** Verkehrsflugzeug *nt;* **enemy ~** feindliches Flugzeug **'air·craft car·ri·er** *n* Flugzeugträger *m* **'air·craft in·dus·try** *n no pl* Flugzeugindustrie *f*

'air·crew *n + sing/pl vb* Crew *f,* Flugpersonal *nt* **'air cush·ion** *n* Luftkissen *nt,* Luftpolster *nt* **'air-·cush·ioned** *adj* luftgepolstert **air·drome** ['erdroʊm] *n* AM *(dated) see* **aerodrome**

'air-dry *vt* ■**to ~ sth** etw lufttrocknen

air·er ['eərəʳ] *n* BRIT Wäscheständer *m,* Trockenständer *m*

'air·fare *n* Flugpreis *m* **'air·field** *n* Flugplatz *m* **'air fil·ter** *n* Luftfilter *m* **'air force** *n* Luftwaffe *f,* Luftstreitkräfte *mpl* **'air freight** *n no pl (transport)* Luftfracht *f; (charge)* Luftfrachtgebühr *f* **'air fresh·en·er** *n* ❶ *no pl (substance)* Raumduft *m* ❷ *(device)* Duftspray *nt; (tree-shaped)* Duftbäumchen *nt* **air gui·'tar** *n (fam)* Luftgitarre *f fam* **'air·gun** *n* Luftgewehr *nt* **'air·head** *n esp* AM *(pej sl)* Dussel *m pej fam,* Hohlkopf *m pej fam;* **a total ~** ein Volltrottel *m pej fam* **'air hole** *n* Luftloch *nt* **'air hostess** *n* BRIT, AUS *(dated)* Stewardess *f,* Flugbegleiterin *f*

airi·ly ['eərɪli, AM 'er-] *adv* leichthin, abschätzig *pej,* wegwerfend *pej;* **she waved her hand ~** sie machte eine wegwerfende Handbewegung; **to dismiss sb/sth ~** jdn/etw [leichthin] abtun

air·ing ['eərɪŋ, AM 'er-] *n* ❶ *(ventilation)* [Durch]lüften *nt,* Auslüften *nt;* **to give sth a good ~** etw gut [durch]lüften [*o* auslüften] ❷ *(public exposure)* **to have** [*or* **be given**] **a good ~** [in der Öffentlichkeit] ausgiebig diskutiert werden; **to give sth an ~** etw an die Öffentlichkeit bringen

'air·ing cup·board *n* BRIT [Wäsche]trockenschrank *m*

air·less ['eələs, AM 'er-] *adj inv* ❶ *(without oxygen)* luftleer, luftlos ❷ *(stuffy)* stickig ❸ *(without breeze)* windstill

'air let·ter *n* Luftpostbrief *m* **'air·lift** **I.** *n* Luftbrücke *f* **II.** *vt* ■**to ~ sth** etw über eine Luftbrücke befördern; **to ~ sb out of somewhere** jdn per Flugzeug aus einem Ort evakuieren **'air·line** *n* Fluggesellschaft *f,* Fluglinie *f* **'air·lin·er** *n* Verkehrsflugzeug *nt,* Passagierflugzeug *nt,* Linienflugzeug *nt* **'air·lock** *n* ❶ AEROSP, NAUT Luftschleuse *f* ❷ *(bubble)* Luftsack *m,* Lufteinschluss *m,* Luftblase *f* **'air·mail** **I.** *n no pl* Luftpost *f;* **to send sth [by] ~** etw per Luftpost schicken **II.** *n modifier (letter, stamp, sticker)* Luftpost- **III.** *vt* **to ~ a letter/package** einen Brief/ein Paket per [*o* mit] Luftpost schicken **'air·man** *n* ❶ *(pilot)* Pilot *m; (crew member)* Flugbegleiter *m* ❷ MIL Flieger *m*

'air mattress *n* Luftmatratze *f*

'Air Miles *n pl* Flugmeilen *fpl;* **to collect ~** Flugmeilen sammeln **'air pis·tol** *n* Luftpistole *f* **'air·plane** *n* AM *see* **aeroplane** **'air·play** *n no pl* RADIO Sendezeit *f;* **to get extensive ~** oft im Radio gesendet [*o fam* gespielt] werden **'air pock·et** *n* AVIAT Luftloch *nt;* **to hit an ~** in ein Luftloch geraten **'air·port** **I.** *n* Flughafen *m* **II.** *n modifier (parking, restaurant, restroom, shop)* Flughafen-; **~ bus** Zubringerbus *m,* Flughafenbus *m;* **~ facilities and services** Flughafeneinrichtungen *fpl;* **~ security** Sicherheitsmaßnahmen *fpl* am Flughafen; **~ tax** Flughafengebühr *f* **'air pow·er** *n no pl* Schlagkraft *f* der Luftwaffe; **superior ~** Luftüberlegenheit *f* **'air pres·sure** *n no pl* Luftdruck *m* **'air·proof** *adj inv* luftdicht **'air pump** *n* Luftpumpe *f* **'air raid** *n* Luftangriff *m* **'air raid shel·ter** *n* Luftschutzbunker *m,* Luftschutzraum *m* **'air raid si·ren** *n* Fliegeralarm *m* **'air ri·fle** *n* Luftgewehr *nt* **'air·ship** *n* Luftschiff *nt* **'air show** *n* Flugschau *f* **'air·sick** *adj* luftkrank, schlecht *(beim Fliegen)* **'air·sick·ness** *n no pl* Luftkrankheit *f* **'air·sick·ness bag** *n* Spucktüte *f* für Luftkranke **'air·space** *n no pl* Luftraum *m*

'air spam *n (sl)* Spamming *nt* auf dem Handy *fachspr (unerwünschte Werbebotschaft auf dem Handy, die den potenziellen Käufer direkt zum Anbieter dirigieren soll)* **'air·speed** *n no pl* Fluggeschwindigkeit *f,* Eigengeschwindigkeit *f* **'air·stream** *n* METEO Luftstrom *m,* Luftströmung *f* **'air strike** *n* Luftangriff *m,* Luftschlag *m;* **to launch an ~** einen Luftangriff durchführen **'air·strip** *n* Start- und Landebahn *f* **'air ter·mi·nal** *n* Terminal *nt o m* **'air·tight** *adj inv* luftdicht, hermetisch abgedichtet; **~ alibi** *(fig)* wasserdichtes [*o* hieb- und stichfestes] Alibi; **~ excuse** *(fig)* glaubwürdige Entschuldigung; **~ raft** abgedichtetes Floß **'air·time** *n no pl* TV, RADIO Sendezeit *f* **air-to-'air** *adj inv* AVIAT Bord-Bord-; MIL Luft-Luft-; **~ combat** Luftkampf *m;* **~ refuelling** Auftanken *nt* in der Luft **air-to-'ground** *adj,* **air-to-'sur·face** *adj attr, inv* AVIAT Bord-Boden-; MIL Luft-Boden-; **~ attack** Luftangriff *m*

'air traf·fic *n no pl* ❶ *(transportation mode)* Flugverkehr *m,* Luftverkehr *m* ❷ *(volume)* Flugaufkommen *nt;* **high volume of ~** hohes Flugaufkommen **air traf·fic con·'trol** *n no pl* ❶ *(job)* Flugsicherung *f* ❷ *(facility)* Flugsicherungsdienst *m,* Flugleitung *f* **air traf·fic con·'trol·ler** *n* Fluglotse, -in *m, f*

'air trav·el *n no pl* Flug *m,* Flugreise *f* **air vice-'mar·shal** *n* BRIT, AUS Generalmajor(in) *m(f)* **'air·waves** *npl* ❶ *(signal)* Radiowellen *fpl* ❷ *(radio programme)* Kanal *m fam;* ■**to be on the ~** gesendet werden, über den Äther gehen *fam* **'air·way** *n* ❶ ANAT Luftröhre *f* ❷ *(air corridor)* Luftkanal *m; (route)* Flugroute *f,* Flugstrecke *f,* Luftweg *m* ❸ *(airline company)* Fluggesellschaft *f,* Fluglinie *f* ❹ AM *(airwaves)* ■**~s** *pl* Äther *m kein pl* **'air·woman** *n* ❶ *(pilot)* Pilotin *f; (crew member)* Flugbegleiterin *f* ❷ MIL Fliegerin *f* **'air·worthi·ness** *n no pl* Flugtauglichkeit *f,* Flugtüchtigkeit *f;* **certificate of ~** Flugtauglichkeitszeugnis *nt* **'air·worthy** *adj* flugtüchtig, flugtauglich

airy ['eəri, AM 'eri] *adj* ❶ ARCHIT luftig ❷ *(light)* leicht; *gauze, silk* hauchdünn ❸ *(graceful)* anmutig, graziös; **with an ~ step** leichtfüßig ❹ *(pej: lacking substance)* leichtfertig *pej,* windig *pej fam;* **~ promises** leere Versprechungen *fpl*

airy-fairy [ˌeəri'feəri, AM ˌeri'feri] *adj esp* BRIT *(fam)* wirklichkeitsfremd, versponnen, abgehoben *sl*

aisle [aɪl] *n* Gang *m,* Korridor *m; of church* Seitenschiff *nt,* Seitenchor *m; (separating seating areas)* Mittelgang *m* ▸ PHRASES: **to have sb rolling in the ~s** jdn dazu bringen, sich *akk* vor Lachen zu kugeln *fam;* **with an act like that, you'll have them rolling in the ~s** bei so einer Nummer werden sie Tränen lachen; **to take sb down the ~** jdn zum Traualtar führen

'aisle seat *n* Sitzplatz *m* am Gang

aitch <*pl* -es> [eɪtʃ] *n* BRIT h *nt,* H *nt;* **to drop one's ~es** das H nicht aussprechen

ajar [ə'dʒɑːʳ, AM -dʒɑːr] *inv* **I.** *adj pred* **to be** [*or* **stand**] **~** einen Spalt offen stehen, angelehnt sein **II.** *adv* angelehnt; **to leave sth ~** etw einen Spalt offen stehen lassen

aka [ˌeɪkeɪ'eɪ] *abbrev of* **also known as** alias

akim·bo [ə'kɪmbəʊ, AM -boʊ] *adj inv, attr* [**with**] **arms ~** die Arme in die Hüften [*o* Seite] gestemmt

akin [ə'kɪn] *adj pred* ähnlich; ■**to be ~ to sth** etw *dat* gleichen [*o* ähnlich sein]

ala·bas·ter ['æləbæstəʳ, AM -ɚ] **I.** *n no pl* Alabaster *m* **II.** *n modifier (lamp, table, bowl)* alabastern, Alabaster-; *(liter) skin* Alabaster-, wie Alabaster

à la carte [ˌælə'kɑːt, AM ˌɑːlə'kɑːrt] *inv* **I.** *adv* à la carte, nach der [Speise]karte; **to order ~** à la carte [*o* nach der Karte] bestellen **II.** *adj* à la carte; **~ menu** Menü *nt* à la carte, nach der Tageskarte zusammengestelltes Menü

alack [ə'læk] *interj (old)* wehe *liter;* **alas and ~** wehe mir/uns *liter*

alac·rity [ə'lækrəti, AM -t̬i] *n no pl (form: speed)* Schnelligkeit *f; (eagerness)* Eifer *m,* Eilfertigkeit *f,* Bereitwilligkeit *f;* **with ~** *(speedily)* schnell; *(eagerly)* bereitwillig, eilfertig, eifrig; **he acted with ~ and determination** er hat schnell und entschlossen gehandelt; **she accepted the money with ~** sie nahm das Geld gerne an

Aladdin's cave [əˌlædɪnz'keɪv] *n no pl* BRIT Fundgrube *f;* **to be a veritable ~ of sth** eine wahre Fundgrube für etw *akk* sein

à la mode [ˌæləˈməʊd, AM ˌɑːləˈmoʊd] **I.** *adv* ❶ (*stylish*) modisch, nach der neuesten Mode, à la mode *veraltet* ❷ AM FOOD (*with ice cream*) mit Eis; **would you like the apple pie with cream or ~?** hätten Sie den Apfelkuchen gerne mit Sahne oder mit Vanilleeis? **II.** *adj* ❶ (*stylish*) modisch, in Mode ❷ *after n* AM (*with ice cream*) mit Eis ❸ (*braised*) gespickt und geschmort; **beef ~** mit Gemüse zubereiteter Rinderschmorbraten, Boeuf à la mode *nt*

alarm [əˈlɑːm, AM -ˈlɑːrm] **I.** *n* ❶ *no pl* (*worry*) Angst *f*, Beunruhigung *f*, Besorgnis *f*; **to give sb cause for ~** jdm einen Grund zur Sorge geben; **to cause sb ~** (*fear*) jdn beunruhigen; (*fright*) jdn erschrecken ❷ (*signal*) Alarm *m*; **false ~** falscher [*o* blinder] Alarm, Fehlalarm *m*; **to give** [*or* **raise**] [*or* **sound**] **the ~** den Alarm auslösen, Alarm geben; (*fig*) Alarm schlagen ❸ (*device*) Alarmanlage *f*, Alarmvorrichtung *f*; **burglar ~** Alarmanlage *f*, Diebstahlsicherung *f*; **car ~** Autoalarmanlage *f*, Autodiebstahlsicherung *f*; **fire ~** (*warning*) Feueralarm *m*; (*apparatus*) Feuermelder *m*; **smoke ~** (*warning*) Rauchalarm *m*; (*apparatus*) Rauchmelder *m* ❹ (*clock*) Wecker *m*; *see also* **alarm clock** ▶ PHRASES: **to ring ~ bells** die Alarmglocken läuten lassen **II.** *vt* ■**to ~ sb** ❶ (*worry*) jdn beunruhigen, jdm Sorgen machen [*o* bereiten]; (*frighten*) jdn erschrecken [*o* ängstigen] ❷ (*warn of danger*) jdn alarmieren [*o* warnen]

ˈalarm call *n* Weck[an]ruf *m* **ˈalarm clock** *n* Wecker *m*; **to set the ~ for six o'clock** den Wecker auf sechs Uhr stellen

alarmed [əˈlɑːmd, AM -ˈlɑːrmd] *adj* ❶ (*worried*) beunruhigt, besorgt; (*frightened*) erschrocken; **please don't be ~** bitte erschrecken Sie nicht [*o* bleiben Sie ruhig]; **I am ~ to hear this news** diese Nachricht macht mir Angst ❷ *inv* (*with device*) **to be ~** eine Alarmanlage besitzen, mit einer Alarmanlage ausgerüstet sein

alarm·ing [əˈlɑːmɪŋ, AM -ˈlɑːrm-] *adj* (*worrying*) beunruhigend, Besorgnis erregend; (*frightening*) erschreckend, beängstigend

alarm·ing·ly [əˈlɑːmɪŋli, AM -ˈlɑːrm-] *adv* (*worryingly*) beunruhigend[erweise]; (*frighteningly*) erschreckend[erweise], beängstigend[erweise]

alarm·ism [əˈlɑːmɪzᵊm, AM -ˈlɑːr-] *n no pl* Schwarzmalerei *f fig*

alarm·ist [əˈlɑːmɪst, AM -ˈlɑːrm-] (*pej*) **I.** *adj* schwarzseherisch *pej fam* **II.** *n* Schwarzseher(in) *m(f) pej*, Panikmacher(in) *m(f) pej*

alas [əˈlæs] *interj* ❶ (*dated*) leider [Gottes] ❷ (*old*) **~ [and alack]** weh mir/uns *liter*

Albania [ælˈbeɪniə] *n* Albanien *nt*

Al·ba·nian [ælˈbeɪniən] **I.** *n* ❶ (*person*) Albaner(in) *m(f)* ❷ (*language*) Albanisch *nt* **II.** *adj* albanisch

al·ba·tross <*pl* -es> [ˈælbətrɒs, AM -trɑːs] *n* ❶ (*bird*) Albatros *m* ❷ (*fig: encumbrance*) Last *f*, Belastung *f*; **to be an ~ around sb's neck** für jdn eine Belastung sein, jdm ein Klotz am Bein sein *fam*

al·be·it [ɔːlˈbiːɪt, AM *also* ɑːl-] *conj* wenn [*o* sei es] auch, obgleich *geh*

al·bi·no [ælˈbiːnəʊ, AM -ˈbaɪnoʊ] **I.** *adj inv* Albino-, albinotisch *fachspr* **II.** *n* Albino *m*

al·bum [ˈælbəm] *n* ❶ (*of music*) [Musik]album *nt* ❷ (*book*) Album *nt*; **family/photo/stamp ~** Familien-/Foto-/Briefmarkenalbum *nt*

al·bu·men [ˈælbjumən, AM ælˈbjuːmən] *n no pl* BIOL Eiweiß *nt*, Eiklar *nt*, Albumen *nt fachspr*

al·che·mist [ˈælkəmɪst] *n* Alchimist(in) *m(f)*

al·che·my [ˈælkəmi] *n no pl* ❶ (*chemistry*) Alchimie *f* ❷ (*fig: magic*) Zauberei *f*, Magie *f*; **by ~** auf wundersame Weise

al·co·hol [ˈælkəhɒl, AM -hɑːl] *n no pl* ❶ (*ethyl alcohol*) [Äthyl]alkohol *m*; **rubbing ~** Franzbranntwein *m* ❷ (*alcoholic drink*) Alkohol *m*; **I could smell the ~ on his breath from ten feet away!** ich konnte seine Fahne schon aus drei Metern Entfernung riechen! *fam*; **~-free** alkoholfrei; **to be off the ~** nicht [mehr] trinken

al·co·hol·ic [ˌælkəˈhɒlɪk, AM -ˈhɑːlɪk] **I.** *n* Alkoholiker(in) *m(f)*, Trinker(in) *m(f)* **II.** *adj* (*person*) alkoholsüchtig, trunksüchtig; (*drink*) alkoholisch, alkoholhaltig; **an ~/a non-~ drink** [*or* **beverage**] ein alkoholhaltiges/ein alkoholfreies Getränk

Al·co·hol·ics A'nony·mous *n* die Anonymen Alkoholiker *pl*

al·co·hol·ism [ˈælkəhɒlɪzᵊm, AM -hɑːlɪ-] *n no pl* Alkoholismus *m*, Trunksucht *f*

al·co·pop [ˈælkəʊpɒp] *n* BRIT (*fam*) alkoholhaltige Limonade

al·cove [ˈælkəʊv, AM -koʊv] *n* (*niche*) Nische *f*; (*for sleeping*) Alkoven *m*

al den·te [ælˈdenteɪ] *adj inv* al dente

al·der [ˈɔːldəʳ, AM -ɚ] *n* Erle *f*

al·der·man [ˈɔːldəmən, AM -dɚ-, *pl* mən] *n* POL ❶ BRIT (*hist: appointed*) Alderman *m*, Ratsherr *m* ❷ AM, CAN, AUS (*elected*) Alderman *m*, Stadtrat, -rätin *m, f*

ale [eɪl] *n* Ale *nt*

alert [əˈlɜːt, AM -lɜːrt] **I.** *adj* ❶ (*wide awake*) munter, [hell]wach ❷ (*bright*) aufgeweckt; **to have an ~ mind** aufgeweckt sein ❸ (*watchful*) wachsam; (*attentive*) aufmerksam; (*conscious*) bewusst; **to keep** [*or* **stay**] **~** aufpassen; ■**to be ~ to sb/sth** vor jdm/etw auf der Hut sein; **to be ~ to the dangers of sth** sich *dat* der Gefahren einer S. *gen* bewusst sein **II.** *n* ❶ (*alarm*) Alarm *m*; (*warning signal*) Alarmsignal *nt*; **if there is an ~, don't panic!** bei Ertönen des Alarmsignals Ruhe bewahren!; **air-raid ~** Fliegeralarm *m*; **red ~** höchste Alarmstufe ❷ *no pl* (*period of watchfulness*) Alarmbereitschaft *f*, Alarmzustand *m*; **state of ~** Alarmbereitschaft *f*, Alarmzustand *m*; **to be put on full ~** in Einsatzbereitschaft versetzt werden; *army* in Gefechtsbereitschaft versetzt werden; ■**to be on the ~** [**for sth**] [vor etw *dat*] auf der Hut sein **III.** *vt* ■**to ~ sb to sth** ❶ (*notify*) jdn auf etw *akk* aufmerksam machen ❷ (*warn*) jdn vor etw *dat* warnen

alert·ness [əˈlɜːtnəs, AM -lɜrt-] *n no pl* ❶ (*watchfulness*) Wachsamkeit *f*; (*attentiveness*) Aufmerksamkeit *f* ❷ (*intelligence*) Aufgewecktheit *f*

A lev·el [ˈeɪlevᵊl] *n* BRIT ■[**the/one's**] **~s** *pl* ≈ das Abitur *kein pl*; **to take one's ~s** das Abitur machen

i Kultur

Das **A Level** (**Advanced level**) ist eine Abschlussprüfung, die Schüler der 6. Klasse einer höheren Schule in England, Wales und Nordirland ablegen. Die meisten Schüler wählen drei Prüfungsfächer, aber es ist auch möglich, jeweils nur ein Fach zu nehmen. Mit den bestandenen **A Levels** können die Schulabgänger dann an einer Universität studieren.

al·fal·fa [ˌælˈfælfə] *n no pl* Luzerne *f*, Alfalfa *f*

al·ˈfal·fa sprout *n* Luzernensprosse *f*

al·fres·co [ælˈfreskəʊ, AM -koʊ] **I.** *adv* **to eat** [*or* **dine**] **~** draußen [*o* im Freien] essen **II.** *adj attr* im Freien; **~ lunch** Mittagessen *nt* im Freien

alga <*pl* -e> [ˈælgə, *pl* -dʒiː, -dʒaɪ] *n* Alge *f*

al·gae [ˈældʒiː] *n pl of* **alga**

al·ge·bra [ˈældʒɪbrə] *n no pl* Algebra *f*

al·ge·bra·ic [ˌældʒɪˈbreɪɪk] *adj* algebraisch; **~ equation** algebraische Gleichung

Al·ge·ria [ælˈdʒɪəriə, AM -ˈdʒɪr-] *n* Algerien *nt*

Al·ge·rian [ælˈdʒɪəriən, AM -ˈdʒɪr-] **I.** *n* Algerier(in) *m(f)* **II.** *adj* algerisch

al·go·rithm [ˈælgᵊrɪðᵊm] *n* Algorithmus *m*

ali·as [ˈeɪliəs] **I.** *n* (*code name*) Deckname *m*; (*different name*) falscher Name; **to give/use an ~** einen Decknamen/falschen Namen angeben/benutzen; **to go under the ~ of Jim Beam** unter dem Decknamen/falschen Namen Jim Beam auftreten **II.** *adv* alias; **Paul Sopworth, ~ Rupert Sharp** Paul Sopworth, alias Rupert Sharp

ali·bi [ˈælɪbaɪ] *n* Alibi *nt*; **cast-iron** [*or* **airtight**] **~** hieb- und

A

stichfestes [o wasserdichtes] Alibi

Alice band ['ælɪs-] *n* Brit Haarband *nt*

al·ien ['eɪliən] **I.** *adj* ❶ (*foreign*) ausländisch ❷ (*strange*) fremd; (*pej*) seltsam; **to be ~ to sb** jdm fremd sein; **to be ~ to sb's nature/religion** jds Wesen/Religion fremd sein; **~ idea** abwegige Idee **II.** *n* ❶ (*form or pej: foreigner*) Ausländer(in) *m(f)*; **illegal ~** (*form*) sich *akk* illegal im Land aufhaltender Ausländer; Am illegaler Einwanderer; **resident ~** (*form*) im Inland ansässiger Ausländer; Am sich *akk* legal im Land aufhaltender Ausländer, einbürgerungswilliger Ausländer; Brit unbeschränkt steuerpflichtiger Ausländer (*bei mehr als 6 Monaten Aufenthalt*); **non-resident ~** (*form*) im Inland nichtansässiger Ausländer; Brit beschränkt steuerpflichtiger Ausländer (*bei weniger als 6 Monaten Aufenthalt*) ❷ (*from space*) Außerirdische(r) *f(m)*, außerirdisches Wesen

al·ien·ate ['eɪliəneɪt] *vt* ❶ (*estrange*) ■**to ~ sb** jdn befremden [*o* vor den Kopf stoßen]; ■**to ~ sb from sb** jdn von jdm entfremden; **to ~ sb's affections** Am Law jdn zum Ehebruch verleiten (*indem man ihn dem Ehepartner entfremdet*) ❷ (*lose*) **to ~ sb's support** sich *dat* jds Unterstützung verscherzen

al·iena·tion [ˌeɪliə'neɪʃən] *n no pl* ❶ (*estrangement*) Entfremdung *f* ❷ (*separateness*) Entfremdetsein *nt*, Isoliertheit *f*

alight[1] [ə'laɪt] *adj pred* ❶ (*on fire*) **to be ~** in Flammen stehen, brennen; **to get a fire ~** ein Feuer in Gang bringen; **to set sth ~** etw in Brand stecken [*o* setzen]; (*fig*) **to set sb ~** jdn begeistern ❷ (*shining brightly*) ■**to be ~** strahlen; **her eyes were ~ with mischief** ihre Augen blitzten schalkhaft

alight[2] [ə'laɪt] *vi* ❶ (*from train, bus etc*) ■**to ~ from sth** aus etw *dat* aussteigen ❷ *bird, butterfly* ■**to ~ on** [*or* **upon**] **sth** auf etw *dat* landen, sich *akk* auf etw *dat* niederlassen *geh*; (*fig*) **her eyes ~ed upon a painting** ihr Blick fiel auf ein Gemälde ❸ (*find*) ■**to ~ on sth** etw [zufällig] entdecken, auf etw *akk* [zufällig] stoßen

align, Am *a.* **aline** [ə'laɪn] *vt* ❶ (*move into line*) ■**to ~ sth** [**with sth**] etw [auf etw *akk*] ausrichten; **to ~ the wheels of a vehicle** bei einem Fahrzeug die Spur einstellen ❷ Archit ■**to ~ sth** etw fluchten ❸ (*fig: support*) ■**to ~ oneself with** [*or* **behind**] **sb/sth** sich *akk* hinter jdn/etw stellen; **to be ~ed with a group/plan on certain issues** mit einer Gruppe/einem Plan in bestimmten Punkten übereinstimmen

align·ment [ə'laɪnmənt] *n* ❶ *no pl* (*correct positioning*) Ausrichten *nt*; **the wheels are out of ~** die Spur ist falsch eingestellt ❷ *no pl* (*fig*) **to be in/out of ~ with sb/sth** mit jdm/etw übereinstimmen [*o* konform gehen]/nicht übereinstimmen [*o* nicht konform gehen]; **to bring supply into ~ with demand** das Angebot der Nachfrage angleichen ❸ (*of supporters*) Gruppierung *f*

alike [ə'laɪk] **I.** *adj pred* ❶ (*identical*) gleich, identisch ❷ (*similar*) ähnlich **II.** *adv* ❶ (*similarly*) gleich; **to look ~** sich *dat* ähnlich sehen; **to think ~** gleicher Ansicht sein ❷ (*equally*) gleich; **to treat sb ~** jdn gleich behandeln ❸ (*both*) **cars and motorbikes ~** sowohl Autos als auch Motorräder; **friends and family ~** Freunde und Familienmitglieder gleichermaßen ▸ Phrases: **let's share and share ~!** teilen wir gerecht!

ali·men·ta·ry ca·nal [ælɪˌmentəri-] *n* Verdauungskanal *m*, Verdauungstrakt *m*

ali·mony ['ælɪməni, Am -moʊ-] *n no pl* Unterhalt *m*; (*payment also*) Unterhaltszahlung *f*

aline *vt* Am *see* **align**

A-line *adj attr, inv* [unten] ausgestellt; **~ skirt** ausgestellter Rock

A-list ['eɪlɪst] **I.** *n* ■**to be on the ~** auf der In-Liste stehen **II.** *n modifier* (*fam*) **~ party** Promi-Party *f fam*

alive [ə'laɪv] *adj pred, inv* ❶ (*not dead*) lebendig, lebend *attr*; ■**to be ~** leben, am Leben sein; **it's great** [*or* **good**] **to be ~** das Leben ist [wunder]schön; **to be ~ and well** [*or* **kicking**] gesund und munter [*o fam* putzmunter]; (*fig*) *industry* boomen *sl*; **dead or ~** tot oder lebendig; **to be more dead than ~** total erschöpft sein; **to be the happiest person ~** der glücklichste Mensch der Welt sein; **to be buried ~** lebendig begraben werden; **to be burnt ~** bei lebendigem Leib verbrannt werden; **to keep sb ~** jdn am Leben erhalten; **to keep hope ~** die Hoffnung aufrechterhalten; (*fig*) **to be eaten ~ by mosquitoes** von Mücken zerfressen werden ❷ (*lively*) lebendig *fig*; **look ~!** beeil dich!; **to come ~** lebendig werden; **to bring sb/sth** [*or* **make sb/sth come**] **~** *characters, story* jdn/etw lebendig werden lassen ❸ (*aware*) ■**to be ~ to sth** sich *dat* einer S. *gen* bewusst sein ❹ (*swarming*) **to be ~ with ants/people** vor Ameisen/Menschen wimmeln ▸ Phrases: **to eat sb ~** aus jdm Hackfleisch machen *fig*

al·ka·li <*pl* -s *or* -es> ['ælkəlaɪ] *n* Alkali *nt fachspr*, Lauge *f*, Base *f*

al·ka·line ['ælkəlaɪn] *adj* alkalisch, basisch; **~ reaction** alkalische [*o* basische] Reaktion; **~ solution** alkalische Lösung, Lauge *f*, Laugenflüssigkeit *f*

alkie, alky ['ælki] *n* (*sl*) Säufer(in) *m(f) fam*

all [ɔːl, Am *also* ɑːl] **I.** *adv inv* ❶ (*entirely*) ganz, völlig; **she was ~ in favour of my idea, but now she's changed her mind** sie hat meinen Plan hundertprozentig unterstützt, aber jetzt ihre Meinung geändert; **the story is ~ about ...** die ganze Geschichte handelt von ...; **tell me ~ about it** erzähl mir alles!; **there were ten of us, ~ told** wir waren insgesamt zehn; **to be ~ charm** seinen ganzen Charme spielen lassen; **to be ~ ears** ganz Ohr sein; **to be ~ eyes** gespannt zusehen; **~ in green** ganz in Grün; **to be ~ in one piece** heil [*o* wohlbehalten] sein; **to be ~ of a piece with sth** mit etw *dat* völlig übereinstimmen; **to be success ~ round** ein voller Erfolg sein; **to be ~ smiles** über das ganze Gesicht strahlen; **to be ~ talk** [*or sl* **mouth**] nur daherreden; **~ wool** reine Wolle; **~ aflutter** ganz aus dem Häuschen *fam*; **~ alone** ganz allein; **~ the better/more difficult** umso besser/schwieriger; **I feel ~ the better for your visit** seit du da bist, geht es mir schon viel besser; **not ~ that happy** nicht gerade glücklich; **to be ~ for doing sth** ganz dafür sein, etw zu tun; **my son is ~ for spending the summer on the beach** mein Sohn will den Sommer unbedingt am Strand verbringen; **~ along** die ganze Zeit, von Anfang an; **she's been fooling us ~ along** sie hat uns die ganze Zeit getäuscht; **~ over** (*finished*) aus und vorbei; **~ over sth** (*everywhere*) **the baby got food ~ over its bib** das Baby hatte sein ganzes Lätzchen mit Essen bekleckert ❷ (*very*) äußerst, ausgesprochen; **she was ~ upset** sie war äußerst aufgebracht ❸ **~ but** (*almost*) fast ❹ **at ~** (*in any way*) überhaupt; **do you ever travel to the States at ~?** fährst du überhaupt je in die Staaten?; **is there any chance at ~ of seeing you next week?** sehen wir uns nächste Woche überhaupt?; **if at ~** wenn überhaupt ❺ Sports (*to both sides*) *score* **the score is three ~** es steht drei zu drei [unentschieden] [*o* drei beide] ▸ Phrases: **to be ~ over the <u>place</u>** [*or* Brit **<u>shop</u>**] (*fam*) überall sein; (*confused*) **she was so nervous at the interview that she was ~ over the place** sie war bei dem Interview so angespannt, dass sie völlig von der Rolle war; **that's sb ~ <u>over</u>** das ist typisch jd, das sieht jdm ähnlich; **he invited me out for dinner and then discovered he didn't have any money – that's Bill ~ over!** er lud mich ein, mit ihm auswärts zu essen und merkte dann, dass er kein Geld bei sich hatte – typisch Bill!; **to <u>be</u> ~ over sb** (*pej: excessively enthusiastic*) sich *akk* [geradezu] auf jdn stürzen; (*fam: [sexually] harass*) jdn total anmachen *fam*; **to <u>be</u> not ~ there** (*fam*) nicht ganz bei Verstand [*o* Trost] sein, nicht alle Tassen im Schrank haben *fig fam*; **to <u>go</u> ~ out for sth** alles für etw *akk* tun; **to be ~ <u>up</u> with sb** (*fam*) das Aus für jdn bedeuten **II.** *adj attr, inv* ❶ (*every one of*) alle; (*the whole of*) der/die/das ganze ...; **~ imported timber must be chemically treated against disease** alles importierte Holz muss chemisch gegen Krankheiten behandelt werden; **I had to use ~ my powers of persuasion** ich musste meine ganze Überzeugungskraft aufbieten; **a toothbrush, toothpaste and ~ that jazz** eine

Zahnbürste, Zahncreme und das ganze Zeug; ~ **day** den ganzen Tag; **on ~ fours** auf allen Vieren; **with ~ haste** [*or* **speed**] [*or* **dispatch**] (*form*) so schnell wie möglich; **in ~ honesty** [*or* **sincerity**] ganz ehrlich; ~ **her life** ihr ganzes Leben; **for ~ the money** trotz des ganzen Geldes; ~ **the time** die ganze Zeit; ~ **the trouble** der ganze Ärger; ~ **the way** den ganzen [weiten] Weg ❷ (*the only one, ones*) alle; **are those ~ the strawberries you can find?** sind das alle Erdbeeren, die du finden kannst?; **I was ~ the family she ever had** ich war die einzige Familie, die sie je hatte ▶PHRASES: ~ **good things must come to an end** alles geht einmal zu Ende; **to go ~ the way [with sb]** (*euph fam*) es richtig [mit jdm] machen *euph fam* **III.** *pron* ❶ (*everybody*) alle; **the best-looking of ~** der Bestaussehende von allen; ~ **who ...** alle, die ...; ~ **and sundry** jedermann, Gott und die Welt; **in ~** insgesamt; **one and ~** alle; **let's sing now one and ~!** lasst uns jetzt alle zusammen singen; ■~ **but ...** bis auf ... +*akk* ❷ (*everything*) alles; ~ **is not lost yet** noch ist nicht alles verloren; **it's ~ [that] I can do to stay awake** mehr kann ich nicht tun, um wach zu bleiben; **for ~ I care, they can claim whatever they want** von mir aus können sie behaupten, was sie wollen!; **for ~ I know ...** so viel ich weiß ...; **the watch I wanted was, of course, the most expensive of ~** die Uhr, die ich wollte, war natürlich die teuerste von allen; **there are many professions which interest him, but most of ~, he'd like to be a zookeeper** viele Berufe interessieren ihn, aber am liebsten wäre er Zoowärter; (*fam*) **what with the fog and ~, I'd really not drive tonight** bei dem Nebel möchte ich heute Nacht wirklich nicht fahren; **in ~** insgesamt; ~ **in ~** alles in allem ❸ (*the whole quantity, extent*) alle(s); **have you drunk it ~?** hast du ausgetrunken?; **four bedrooms, ~ with balconies** vier Schlafzimmer, alle mit Balkon; **we saw ~ of them** wir sahen sie alle; **have you drunk ~ of the milk?** hast du die ganze Milch getrunken?; **your proposal is ~ very well in theory, but ...** in der Theorie ist dein Vorschlag ja schön und gut, aber ...; **to be ~ one to sb** jdm gleichgültig [*o fam* gleich] sein ❹ (*at least*) mindestens; **it's going to cost ~ of a million dollars** das kostet mindestens eine Million Dollar; **the book has sold ~ of 200 copies** von dem Buch sind ganze 200 Exemplare verkauft worden; **he always eats the entire apple, core and ~** er isst immer den ganzen Apfel mit dem Gehäuse; ~ **but sb/sth** alle außer jd/etw; ~ **but one of the pupils came to the outing** nur ein Schüler kam nicht mit zum Ausflug ❺ (*the only thing*) alles; ~ **I want is to be left alone** ich will nur in Ruhe gelassen werden; **the remark was so silly, it was ~ she could do not to laugh** die Bemerkung war so dumm, dass sie sich sehr zusammenreißen musste, um nicht zu lachen; (*fig*) **that's ~ I need right now** das hat mir jetzt gerade noch gefehlt; ~ **[that] it takes is a little bit of luck** man braucht nur etwas Glück ▶PHRASES: ~**'s well that ends well** (*prov*) Ende gut, alles gut; **to give** [*or* **put**] **one's ~** alles geben; ~ **told** insgesamt; **they tried a dozen times ~ told** sie versuchten es insgesamt ein Dutzend Mal; **nothing** [*or* **not anything**] **at ~** überhaupt nichts; ~ **for one, and one for ~** (*saying*) alle für einen, einer für alle; **and ~** (*fam*) auch; **get one for me and ~** bring mir auch einen

all- *in compounds* ~**-girl band** ausschließlich aus Mädchen bestehende Band; ~**-glass/~-steel building** Ganzglas-/Ganzstahlgebäude *nt;* ~**-male team** reine Männermannschaft

Allah ['ælə] *n no art* Allah

all-A'meri·can I. *adj* ❶ (*typically American*) typisch amerikanisch ❷ AM SPORTS (*top-rated amateur*) ~ **fullback** bester Verteidiger eines Jahres (*wird von der amerikanischen Sportpresse gewählt*) ❸ (*fully American*) **cars of ~ manufacture** ausschließlich in den USA hergestellte Autos; **an ~ negotiating team** ein rein amerikanisches [*o* nur mit Amerikanern besetztes] Verhandlungsteam **II.** *n* AM amerikanischer Nationalspieler/amerikanische Nationalspielerin **'all-around** *adj attr* AM (*all-round*) allgemein; **he appears to be an ~ failure** ihm scheint alles zu misslingen; ~ **sportsman** Allroundsportler *m*

allay [ə'leɪ] *vt* (*form*) **to ~ sb's anger/fears** jds Zorn/Befürchtungen beschwichtigen; **to ~ sb's concern/doubts/suspicions** jds Bedenken/Zweifel/Argwohn zerstreuen; **to ~ sb's hunger/pain/thirst** jds Hunger/Schmerz/Durst stillen

all-'clear *n* Entwarnung *f;* **to give** [*or* **sound**] **the ~** Entwarnung geben **all 'com·ers** *npl* (*fam*) *alle möglichen Herausforderer/Konkurrenten;* **to take on ~** es mit jedem Herausforderer aufnehmen

al·le·ga·tion [ælə'geɪʃən] *n* Behauptung *f;* **to make an ~ about** [*or* **against**] **sb** jdn beschuldigen; **to make ~s of professional misconduct against sb** jdm Amtsmissbrauch vorwerfen

al·lege [ə'ledʒ] *vt* ■**to ~ that ...** behaupten, dass ...; **it was ~d that Johnson struck Mr Rahim** Johnson soll Mr Rahim geschlagen haben; **Mr Smythe is ~d to have been ...** Mr Smythe war angeblich ...

al·leged [ə'ledʒd] *adj inv* angeblich

al·leg·ed·ly [ə'ledʒɪdli] *adv inv* angeblich

al·le·giance [ə'liːdʒən(t)s] *n usu sing* Loyalität *f,* Ergebenheit *f;* **oath of ~** Fahneneid *m;* **to pledge** [*or* **swear**] **~ to sb** jdm Treue geloben [*o* schwören]; **to pledge** [*or* **swear**] **~ to sth** ein Gelübde auf etw *akk* ablegen, einen Eid auf etw *akk* leisten; **to pledge ~ to the flag** AM den Fahneneid leisten

al·le·gori·cal [ælə'gɒrɪkəl, AM -'gɔːr-] *adj* allegorisch, [sinn]bildlich, gleichnishaft; ~ **representation** sinnbildliche Darstellung; ~ **symbol** Sinnbild *nt*

al·le·gori·cal·ly [ælə'gɒrɪkəli, AM -'gɔːr-] *adv* allegorisch; **to write ~** allegorisieren

al·le·go·ry ['ælɪgəri, AM -gɔːri] *n* LIT, ART ❶ *no pl* (*genre*) Allegorik *f* ❷ (*representation*) Allegorie *f*

al·le·luia [ˌælɪ'luːjə] **I.** *interj* halleluja **II.** *n* Halleluja *nt,* Loblied *nt*

Allen key ['ælən,-] *n* Inbusschlüssel *m,* Innensechskantschlüssel *m* **'Allen screw** *n* Inbusschraube *f,* Innensechskantschraube *f* **'Allen wrench** *n* Inbusschlüssel *m,* Innensechskantschlüssel *m*

al·ler·gen ['ælədʒen, AM -ɚ-] *n* Allergen *nt*

al·ler·gen·ic [ælə'dʒenɪk, AM -ɚ'-] *adj* allergen

al·ler·gic [ə'lɜːdʒɪk, AM -'lɜːr-] *adj* allergisch; ■**to be ~ to sth** auf etw *akk* allergisch reagieren, gegen etw *akk* allergisch sein *a. fig*

al·ler·gy ['ælədʒi, AM -ɚ-] *n* Allergie *f* (**to** gegen +*akk*)

al·le·vi·ate [ə'liːvieɪt] *vt* **to ~ deficiencies** Mängel beheben; **to ~ fears** Ängste abbauen; **to ~ pain/suffering** Schmerzen/Leiden lindern; **to ~ problems/stress** Probleme/Stress verringern

al·le·via·tion [əˌliːvi'eɪʃən] *n no pl* Reduzierung *f,* Verminderung *f; of pain, discomfort* Linderung *f*

al·ley ['æli] *n* ❶ (*between buildings*) Gasse *f,* schmaler Durchgang; **blind ~** (*a. fig*) Sackgasse *f a. fig* ❷ (*in park*) Parkweg *m;* ~ **of trees** Allee *f* ▶PHRASES: **this is right up my ~** AM, AUS (*enjoyable*) das ist ganz mein Fall; (*easy for me*) darin [*o* damit] kenne ich mich aus

'al·ley cat *n* streunende Katze; (*fig sl: person*) *jd mit lockerem Lebenswandel;* **to have the morals of an ~** eine lockere Moral haben **'alley·way** *n* Gasse *f*

All 'Fools' Day *n* der erste April **All 'Hallows** *n* Allerheiligen *nt*

al·li·ance [ə'laɪən(t)s] *n* ❶ (*group*) Allianz *f,* Bündnis *nt;* **the Atlantic A~** das Atlantische Bündnis; **military ~** Militärbündnis *nt;* **to form** [*or* **forge**] **an ~ with sb** ein Bündnis mit jdm schließen, sich *akk* mit jdm verbünden ❷ *no pl* (*state*) Verbindung *f,* Zusammenschluss *m;* **to be in ~ with sb [against sb]** sich *akk* mit jdm [gegen jdn] verbündet haben

al·lied ['ælaɪd] *adj* ❶ (*united*) verbündet; MIL alliiert; **the A~ forces** die alliierten Streitkräfte ❷ (*related*) ähnlich; ~ **sub-**

jects/trades verwandte Gebiete/Berufe ❸ (*together with*) ■ **~ with** [*or* **to**] **sth** gepaart mit etw *dat;* **enthusiasm ~ with a love of children** Enthusiasmus gepaart mit einer Liebe zu Kindern

Al·lies ['ælaɪz] *npl* (*hist*) ■ **the ~** die Alliierten *pl*

al·li·ga·tor ['ælɪgeɪtəʳ, AM -t̬ɚ] *n* Alligator *m* ▶ PHRASES: **see you later, ~** (*dated*) man sieht sich *fam,* also bis dann *fam*

all-im·'por·tant *adj inv* überaus wichtig, wesentlich; **the ~ thing is to make a profit at the end** es kommt vor allem darauf an, am Ende einen Gewinn zu erzielen **all 'in** *adj pred, inv* (*fam*) ■ **to be ~** völlig alle sein *fam,* fix und fertig sein *fam* **all-'in** *adj attr* alles inbegriffen; **~ rate** Inklusivpreis *m,* Pauschalpreis *m* **all-in-'one I.** *adj attr, inv* ❶ (*polyfunctional*) *cleaner* Allzweck-; **~ shampoo/conditioner** Shampoo *nt/* Festiger *m* für jeden Typ ❷ BRIT FASHION einteilig **II.** *n* BRIT Einteiler *m;* (*overalls*) Overall *m*

al·lit·era·tion [ˌəlɪtə'reɪʃᵊn, AM -lɪt̬-] *n no pl* Alliteration *f,* Stabreim *m*

all-night·er [ɔːl'naɪtəʳ, AM -t̬ɚ] *n* **to pull an ~** (*sl*) [die Nacht] durcharbeiten

al·lo·cate ['æləkeɪt] *vt* ■ **to ~ sth** [**to sb**] *flat, task* [jdm] etw zuteilen [*o* zuweisen]; **to ~ blame for sth to sb** jdm die Schuld an etw *dat* zuschieben; **to ~ funds** [**for sth**] [Geld]mittel [für etw *akk*] bereitstellen

al·lo·ca·tion [ˌælə'keɪʃᵊn] *n usu sing* (*assignment*) Zuteilung *f;* (*distribution*) Verteilung *f;* **~ of funds** Bereitstellung *f* von [Geld]mitteln

al·lo·path·ic [ˌælə(ʊ)'pæθɪk] *adj* allopathisch *fachspr,* schulmedizinisch

al·lopa·thy [ə'lɒpəθi, AM ə'lɑː-] *n no pl* Allopathie *f*

al·lo·phone ['æləfoʊn] *n* ❶ CAN *Person, deren Muttersprache weder Englisch noch Französisch ist* ❷ LING Allophon *nt*

al·lot <-tt-> [ə'lɒt, AM -'lɑːt] *vt* **to ~ sb a job/a room** [*or* **a job/a room to sb**] jdm eine Arbeit/einen Raum zuteilen; **three hours have been ~ed for this task** für diese Aufgabe wurden drei Stunden angesetzt

al·lot·ment [ə'lɒtmənt, AM -'lɑːt-] *n* ❶ (*assignment*) Zuteilung *f;* (*distribution*) Verteilung *f* ❷ BRIT (*plot of land*) Schrebergarten *m*

al·lot·ted [ə'lɒtɪd, AM -'lɑːt-] *adj* zugeteilt; **the final speaker overran her ~ time** die Schlusssprecherin hielt die [festgesetzte] Redezeit nicht ein; **the ~ space** die vorgesehene Fläche

all 'out *adv* ▶ PHRASES: **to go ~** sich *akk* mächtig ins Zeug legen *fam;* **to go ~ to do sth** alles daransetzen, um etw zu tun **all-'out** *adj attr* umfassend; **~ attack** Großangriff *m;* **~ commitment** voller Einsatz; **to make an ~ effort to do sth** nichts unversucht lassen, etw zu tun **all-'over** *adj attr* gleichmäßig, lückenlos; **the material has an ~ pattern of grapevines** der Stoff ist komplett mit Weinstöcken bedruckt; **~ tan** nahtlose Bräune

al·low [ə'laʊ] **I.** *vt* ❶ (*permit*) ■ **to ~ sth** etw erlauben [*o* gestatten]; (*make possible*) etw ermöglichen; **we must not ~ these problems to affect our plans** wir dürfen nicht zulassen, dass diese Probleme unsere Pläne beeinflussen; **why has the project been ~ed to continue if it's such a disaster?** warum hat man das Projekt weiterlaufen lassen, wenn es so ein Desaster ist?; **to ~ access** Zugang gewähren; **to ~ a goal** ein Tor anerkennen; ■ **to ~ sb to do sth** jdm erlauben, etw zu tun; ■ **to ~ sb sth** jdm etw zugestehen; **he didn't ~ us enough time to finish the test** er hat uns nicht genug Zeit für den Test gelassen; **she isn't ~ed any sweets** sie darf keine Süßigkeiten essen; **pets aren't ~ed in this hotel** Haustiere sind in diesem Hotel nicht erlaubt; **please ~ me through!** lassen Sie mich bitte durch!; ■ **to ~ oneself sth** sich *dat* etw gönnen ❷ (*allocate*) ■ **to ~ sth** etw einplanen; **to ~ sb the benefit of the doubt** im Zweifelsfall zu jds Gunsten entscheiden ❸ (*concede*) ■ **to ~ that ...** zugeben [*o* eingestehen], dass ... ▶ PHRASES: **to ~ sb a free hand** jdm freie Hand lassen; **~ me** (*form*) erlauben Sie, Sie gestatten **II.** *vi* **we'll do it if time ~s** wir machen es wenn die Zeit es zulässt; (*form*) ■ **to ~ of sth** etw zulassen; **this rule ~s of no exceptions** diese Regel gilt ohne Ausnahme

◆**allow for** *vi* ■ **to ~ for sth** etw berücksichtigen [*o* in Betracht ziehen]; *error, delay* etw einkalkulieren; **have these prices been adjusted to ~ for inflation?** sind diese Preise inflationsgerecht angepasst worden?

al·low·able [ə'laʊəbḷ] *adj* zulässig; **~ expenses** abzugsfähige [*o* steuerlich absetzbare] Ausgaben

al·low·ance [ə'laʊən(t)s] *n* ❶ (*permitted amount*) Zuteilung *f,* zugeteilte Menge; **baggage ~** zulässiges Gepäck; **cost-of-living ~** Teuerungszulage *f;* **entertainment ~** Aufwandsentschädigung *f;* **mileage ~** Kilometerpauschale *f;* **tax ~** Steuerfreibetrag *m;* **travel ~** Reisekostenzuschuss *m* ❷ *no pl* (*for student*) Ausbildungsbeihilfe *f; esp* AM (*pocket money*) Taschengeld *nt* ❸ **to make** [**an**] **~ for sth** (*prepare for*) etw bedenken [*o* einkalkulieren]; **to make ~s for a fact** eine Tatsache berücksichtigen; **to make ~s for sb** mit jdm nachsichtig sein, jdn entschuldigen

al·loy I. *n* ['ælɔɪ] Legierung *f;* **~ wheels** Leichtmetallräder *ntpl,* Alu-Felgen *fpl* **II.** *vt* [ə'lɔɪ] (*liter*) ■ **to ~ sth** *pleasure* etw beeinträchtigen [*o* trüben]

all-'pow·er·ful *adj inv* allmächtig **all-'pur·pose** *adj attr kitchen knife, tool, vehicle* Allzweck-, Universal-; **~ glue** Alleskleber *m* **all-pur·pose 'flour** *n no pl* AM (*plain flour*) Haushaltsmehl *nt* (*entspricht Mehl des Typs 405*)

all right I. *adj inv* ❶ (*OK*) in Ordnung; (*approv fam: very good*) nicht schlecht *präd;* **don't worry now, it's ~** schon gut, es ist alles wieder in Ordnung; **gosh, this wine's ~, isn't it?** Mensch, dieser Wein ist aber nicht übel!; **that's ~** (*apologetically*) das macht nichts; (*you're welcome*) keine Ursache; **what did you think of the film? – it was ~, nothing special** wie fandest du den Film? – na ja, nichts Besonderes; **would it be ~ if ...?** wäre es dir recht, wenn ...?; **it'll be ~ to leave your car here** du kannst deinen Wagen ruhig hierlassen; **to be a bit of ~** BRIT (*fam*) nicht schlecht aussehen; **perfectly ~** völlig in Ordnung; **to be doing ~** ein angenehmes Leben führen; ■ **to be ~ with sb** jdm recht sein ❷ (*healthy*) gesund; (*safe*) gut; **are you ~?** ist alles in Ordnung?, bist du okay?; **well, we got as far as London ~, but then ...** bis London sind wir ja noch gut gekommen, aber dann ...; **to get home ~** gut nach Hause kommen **II.** *interj* ❶ (*in agreement*) o.k., in Ordnung ❷ (*approv sl: in approval*) bravo, super ❸ BRIT (*fam: greeting*) **~?** wie geht's?; **~, John?** na wie geht's, John? **III.** *adv inv* ❶ (*doubtless*) auf jeden Fall, zweifellos; **are you sure it was him? – oh, it was him ~** bist du sicher, dass er es war? – oh ja, eindeutig! ❷ (*quite well*) ganz gut; **are you managing ~ in your new job?** kommst du in deinem neuen Job gut zurecht?

all-'round *adj inv* Allround-; **~ sportsman** Allroundsportler *m;* **~ talent** Alleskönner(in) *m(f)* **all-round·er** [-'raʊndəʳ, AM -dɚ] *n* BRIT, AUS Alleskönner(in) *m(f),* Multitalent *nt;* SPORTS Allroundsportler(in) *m(f)* **All 'Saints' Day** *n* Allerheiligen *nt* **All 'Souls' Day** *n* Allerseelen *nt* **'all·spice** *n* Piment *m o nt,* Nelkenpfeffer *m* **'all-star I.** *adj attr, inv musical, tournament* Star-, Gala-, Spitzen-; **~ cast** Starbesetzung *f;* **~ team** Auswahlmannschaft *f* **II.** *n* AM SPORTS Auswahlspieler(in) *m(f)* **'all-time** *adj attr, inv* Rekord-, unübertroffen; **~ high/low** Höchst-/Tiefststand *m,* Rekordhoch *nt/*-tief *nt;* **profits are at an ~ high** die Gewinne waren noch nie so hoch; **to set an ~ best** eine absolute Bestmarke aufstellen

al·lude [ə'luːd] *vi* ■ **to ~ to sth** auf etw *akk* anspielen

al·lure [ə'ljʊəʳ, AM -'lʊr] **I.** *n no pl* (*attractiveness*) Anziehungskraft *f,* Reiz *m;* (*enticing charm*) Verführungskraft *f;* **the town lost much of its ~** die Stadt büßte viel von ihrem Reiz ein; **sexual ~** erotische Ausstrahlung **II.** *vt* (*form*) ■ **to ~ sb to do sth** [*or* **into doing sth**] jdn dazu verführen, etw zu tun

al·lur·ing [əˈljʊəʳɪŋ, AM -ˈlʊr-] *adj* (*attractive*) attraktiv, anziehend; (*enticing*) verführerisch; ~ **prospect** verlockende Aussicht

al·lur·ing·ly [əˈljʊəʳɪŋli, AM -ˈlʊr-] *adv* verführerisch

al·lu·sion [əˈluːʒᵊn] *n* Anspielung *f*, Andeutung *f*; **to make an ~ to sth** eine Anspielung auf etw *akk* machen, auf etw *akk* anspielen

al·lu·sive [əˈluːsɪv] *adj* voller Anspielungen

al·lu·sive·ness [əˈluːsɪvnəs] *n no pl* Indirektheit *f*; **I find his ~ rather irritating** seine Art, in Andeutungen zu reden, geht mir auf die Nerven

al·lu·vial [əˈluːviəl] *adj* GEOG angeschwemmt, alluvial *fachspr;* ~ **deposit** Anschwemmung *f*, Ablagerung *f*; ~ **land** Schwemmland *nt;* ~ **plain** Schwemmebene *f*

ˈall-weath·er *adj attr, inv coat, soccer pitch* Allwetter-, wetterfest; ~ **ice rink** wettergeschützte Eisbahn; ~ **jacket** Allwetterjacke *f*; ~ **paint** wetterfeste Farbe

ally [ˈælaɪ] **I.** *n* Verbündete(r) *f(m);* **staunch** ~ zuverlässiger Verbündeter; HIST, POL Alliierte(r) *m* **II.** *vt* <-ie-> ■**to ~ oneself with** [*or* **to**] **sb** sich *akk* mit jdm verbünden [*o* zusammentun]; ■**to ~ oneself with** [*or* **to**] **sth** sich *akk* etw *dat* anschließen

alma ma·ter [ˌælməˈmɑːtəʳ, AM -ˈmeɪt̬ɚ] *n usu sing* ❶ (*form or hum: place of study*) Alma Mater *f a. hum, iron* ❷ AM (*college song*) Schulhymne *f*

al·ma·nac(k) [ˈɔːlmənæk, ˈæl-] *n* Almanach *m*, Jahrbuch *nt*

al·mighty [ɔːlˈmaɪti, AM -t̬i] **I.** *adj* ❶ REL allmächtig; **God** ~ Gott, der Allmächtige ❷ (*fam: huge*) *crash, fuss, roar, row* Riesen- *fam*, Mords- *fam;* ~ **bang** Mordsknall *m fam;* ~ **jam** Riesenstau *m fam* **II.** *interj* **God** [*or* **Christ**] ~**!** beim Allmächtigen!

Al·mighty [ɔːlˈmaɪti, AM -t̬i] *n* ■**the** ~ der Allmächtige

al·mond [ˈɑːmənd, AM *also* ˈɑːl-] **I.** *n* ❶ (*nut*) Mandel *f*; **blanched ~s** abgezogene Mandeln; **chopped/toasted ~s** gehackte/geröstete Mandeln; **slivered ~s** Mandelstifte *mpl* ❷ (*tree*) Mandelbaum *m* **II.** *n modifier* (*essence, cake, biscuits, oil, soap*) Mandel-

al·mond ˈpaste *n no pl* Marzipan *nt*

al·most [ˈɔːlməʊst, AM -moʊst] *adv* fast, beinahe; **I ~ wish I hadn't invited him** mir wäre es fast lieber, ich hätte ihn nicht eingeladen; **we're ~ there** wir sind gleich da; **they'll ~ certainly forget to do it** es ist so gut wie sicher, dass sie vergessen werden, es zu tun; **I ~ died when I saw the damage** mich traf fast der Schlag, als ich den Schaden sah; ~ **impossible** praktisch [*o* so gut wie] unmöglich

alms [ɑːmz] *npl* (*old*) Almosen *ntpl veraltet;* ~ **to** [*or* **for**] **the poor** Almosen *ntpl* für [*o* an] die Armen

alms·house *n* (*old*) Armenhaus *nt veraltet*

aloe [ˈæləʊ, AM -oʊ] *n* ❶ (*plant*) Aloe *f* ❷ [**bitter**] **~s** (*laxative*) [bitterer] Aloesaft, Bärengalle *f hum* (*Abführmittel, das aus dem Saft eingedickter Blätter besteht*)

aloe vera [ˌæləʊˈvɪərə, AM -oʊˈvɪrə] *n* Aloe vera *f*; HORT *a.* echte Aloe

aloft [əˈlɒft, AM -ˈlɑːft] *adv inv* hoch; **to bear/hold sth ~** (*form*) etw emporhalten/hoch halten *geh*

alone [əˈləʊn, AM -ˈloʊn] **I.** *adj* ❶ *pred, inv* (*without others*) allein; ~ **among his colleagues, he ...** er war der Einzige in seinem Kollegenkreis, der ...; **am I ~ in thinking that he's guilty?** bin ich als Einzige der Meinung, dass er schuldig ist?; **they were never left ~ together** man ließ sie nie miteinander allein; **to feel ~** sich *akk* einsam fühlen; **to leave sb ~** jdn in Ruhe lassen; **he needs to be left ~** er braucht seine Ruhe ❷ *after n, inv* (*only*) allein; **it's Jane and Jane ~ I would like to talk to** ich möchte nur mit Jane reden!; **let ~** ganz zu schweigen von, geschweige denn **II.** *adv* allein; **to live ~** für sich [*o* allein] leben ▶ PHRASES: **time ~ will tell** (*prov*) die Zukunft wird es zeigen; **time ~ will tell whether the operation was a success** jetzt muss man einfach abwarten, ob die Operation ein Erfolg war; **laugh and the world laughs with you, cry and you cry ~** (*prov*) lache, und die Welt lacht mit dir, weine, und du weinst allein *prov;* **to leave well enough ~** die Dinge lassen, wie sie sind, an etw *akk* nicht rühren; **to go it ~** (*fam: become self-employed*) sich *akk* selbständig machen; (*act independently*) etw im Alleingang machen

along [əˈlɒŋ, AM -ˈlɑːŋ] **I.** *adv inv* ❶ (*ahead*) vorwärts; **the party was going ~ successfully until ...** die Party war ein Erfolg, bis ...; **how far ~ are you with your essay?** wie weit bist du mit deinem Aufsatz? ❷ (*there*) **go on ahead – I'll be ~ in a minute** geh du vor – ich komme gleich nach; **another bus will be ~ in ten minutes** in zehn Minuten kommt der nächste Bus; **a little girl came ~ and started talking to me** da kam ein kleines Mädchen auf mich zu und sprach mich an; **to stroll ~** dahinschlendern, einen Bummel machen ❸ (*from the beginning*) **all ~** die ganze Zeit, von Anfang an ❹ (*together with*) ■~ **with sb** zusammen mit jdm; **he arrived ~ with two friends** er kam mit zwei Freunden; **to bring/take sb/sth ~** jdn/etw mitbringen/-nehmen; (*fig*) **he just came ~ for the ride** er ist einfach nur so mitgekommen **II.** *prep* ❶ (*on*) entlang +*akk;* **they drove ~ Highway 1** sie fuhren den Highway 1 entlang; **she scattered salt ~ the path** sie streute Salz auf den Weg; **all ~ sth** entlang einer S. *gen;* **there are many wineries all ~ this road** entlang dieser Straße gibt es viele Weinkellereien ❷ (*during*) während +*gen;* ~ **the train ride to Berlin, I met several nice people** auf der Zugfahrt nach Berlin habe ich einige nette Leute kennen gelernt; ~ **the way** unterwegs, auf dem Weg; **I've picked up a good deal of experience ~ the way** ich habe in dieser Zeit eine Menge Erfahrung gesammelt ❸ (*beside*) entlang +*akk;* ~ **a wall/road** entlang einer Wand/Straße ❹ (*across*) entlang +*gen;* **there were little windows ~ the top of the corridor** oben entlang des Gangs befanden sich kleine Fenster; **there were small cracks all ~ the base of the house** entlang des gesamten Hausfundaments gab es kleine Risse ❺ (*in addition to*) ■~ **with** zusammen mit +*dat;* ~ **with my mother, my two sisters came to visit** meine beiden Schwestern kamen zusammen mit meiner Mutter zu Besuch; **to take** [*or* **bring**] **sth ~ with one** etw mitnehmen/-bringen; **whenever they go to the park they always bring their frisbee ~ with them** wann immer sie in den Park gehen nehmen sie ihre Frisbee mit

along·side [əˌlɒŋˈsaɪd, AM -ˈlɑːŋ-] **I.** *prep* ❶ (*beside*) parallel zu +*dat;* NAUT längsseits +*gen;* **the new pill will be used ~ existing medicines** die neue Pille wird neben bereits vorhandenen Medikamenten Verwendung finden ❷ (*be of same standard*) **to rank ~ sth** den gleichen Standard wie etw haben, mit etw *dat* mithalten **II.** *adv inv* daneben; **the lorry pulled up ~** der Laster fuhr heran; **a tanker with a tugboat ~** ein Tanker und ein Schleppboot Bord an Bord

aloof [əˈluːf] **I.** *adj* (*reserved*) zurückhaltend; ~ **manner** reservierte [*o* distanzierte] Art **II.** *adv* **to keep** [*or* **remain**] [*or* **stand**] ~ [**from sth**] sich *akk* [aus etw *dat*] heraushalten, sich *akk* [von etw *dat*] fernhalten

aloof·ness [əˈluːfnəs] *n no pl* Zurückhaltung *f*, Distanziertheit *f*

aloud [əˈlaʊd] *adv inv laugh, read* laut; **to wonder ~ whether ...** laut darüber nachdenken, ob ...

al·paca [ælˈpækə] **I.** *n* ❶ (*llama*) Alpaka *nt* ❷ *no pl* (*wool*) Alpakawolle *f*, Alpaka *nt* **II.** *n modifier* (*wool, coat, blanket*) Alpaka-; ~ **cardigan** Strickjacke *f* aus Alpaka

al·pha [ˈælfə] *n* ❶ (*of Greek alphabet*) Alpha *nt* ❷ BRIT UNIV (*mark*) Eins *f*; **to get an ~** eine Eins bekommen ▶ PHRASES: **the ~ and omega** REL der Anfang und das Ende; (*fig*) das A und O *fig*

al·pha·bet [ˈælfəbet] *n* Alphabet *nt*

al·pha·beti·cal [ælfəˈbetɪkᵊl, AM -ˈbet̬-] *adj inv* alphabetisch; **in ~ order** in alphabetischer Reihenfolge

al·pha·beti·cal·ly [ælfəˈbetɪkᵊli, AM -ˈbet̬-] *adv* alphabetisch; **to arrange words ~** Wörter alphabetisch ordnen

al·pha·bet·ize [ˈælfəbetaɪz, AM -ˈbət-] *vt* ■**to ~ sth** etw alphabetisieren [*o* alphabetisch ordnen]

A

al·pha·bet 'soup *n* Buchstabensuppe *f;* AM *(fig)* **the names of these authorities are just** ~ die Namen dieser Behörden sind ein einziger Buchstabenwirrwarr

al·pha 'male *n* Alpha-Männchen *nt*

al·pha·nu·mer·ic [ˌælfənju:'merɪk, AM *also* -nu:-] *adj inv* alphanumerisch

'al·pha par·ti·cle *n* PHYS Alphateilchen *nt* **'al·pha ray** *n* PHYS Alphastrahl *m* **'al·pha rhythm** *n no pl* MED, PHYSIOL Alpha-Rhythmus *m* **'al·pha test** *n* ECON Alphatest *m* **'al·pha waves** *npl* PHYS Alphawellen *pl*

al·pine ['ælpaɪn] **I.** *adj climate, flowers* alpin, Gebirgs-, Hochgebirgs-; ~ **scene** [Hoch]gebirgslandschaft *f;* ~ **skiing** alpiner Skisport **II.** *n* [Hoch]gebirgspflanze *f*

Al·pine ['ælpaɪn] *adj ski resort, guide* alpine(r, s), Alpen-; ~ **flower** Alpenblume *f;* ~ **meadow** Alm *f*

al·pine 'plant *n* [Hoch]gebirgspflanze *f*

Alps [ælps] *npl* ■**the** ~ die Alpen *pl;* **the French/Swiss** ~ die Französischen/Schweizer Alpen

al·ready [ɔ:l'redi, AM *also* ɑ:l-] *adv inv* ❶ *(before now)* schon, bereits ❷ *(so soon)* jetzt schon; **we're not there** ~**, are we?** sind wir etwa schon da? ❸ AM *(indicating impatience)* endlich; **turn the page** ~**!** blättere endlich mal um!; **all right** ~**!** jetzt reicht's aber!

al·right [ɔ:l'raɪt, AM *also* ɑ:l-] *adj, adv, interj see* **all right**

Al·sace [æl'sæs] *n* Elsass *nt*

Al·sace-Lor·raine [ælˌsæslɒ'reɪn, AM -loʊ'-] *n* Elsass-Lothringen *nt*

Al·sa·tian [æl'seɪʃən] **I.** *n* ❶ BRIT *(dog)* [deutscher] Schäferhund ❷ *(rare: native of Alsace)* Elsässer(in) *m(f)* ❸ *(dialect)* Elsässisch *nt* **II.** *adj* elsässisch

also ['ɔ:lsəʊ, AM -soʊ] *adv inv* ❶ *(too)* auch, außerdem; **not only ... but** ~ **...** nicht nur ..., sondern auch ... ❷ *(furthermore)* darüber hinaus

'also-ran *n* ■**to be an** ~ unter ‚ferner liefen' landen; *(fig)* auf keinen grünen Zweig kommen *fam*

al·tar ['ɔ:ltəʳ, AM -tɚ] *n* Altar *m;* **high** ~ Hochaltar *m; (fig)* **to lead sb to the** ~ jdn zum Altar führen; **to sacrifice sth on the** ~ **of sth** etw auf dem Altar einer S. *gen* opfern *geh*

'al·tar boy *n* Ministrant *m* **'altar·piece** *n* Altarbild *nt*

al·ter ['ɔ:ltəʳ, AM -tɚ] **I.** *vt* ❶ *(change)* ■**to** ~ **sth** etw ändern; **that doesn't** ~ **the fact that ...** das ändert nichts an der Tatsache, dass ...; **to** ~ **clothes** Kleidungsstücke umarbeiten [*o* ändern] ❷ *esp* AM *(euph: castrate)* **to have an animal** ~**ed** ein Tier kastrieren lassen ▸ PHRASES: **circumstances** ~ **cases** es kommt auf die Umstände an **II.** *vi* sich *akk* ändern; **things will soon** ~ **for the better** die Dinge werden sich bald zum Besseren wenden

al·ter·able ['ɔ:ltəʳəbl̩, AM -tɚ-] *adj* veränderbar; ■**to be** ~ sich ändern lassen

al·tera·tion [ˌɔ:ltə'reɪʃən, AM -tɚ-] *n* Änderung *f;* **the house needed extensive** ~**s** das Haus musste von Grund auf saniert werden; **some** ~**s to our original plans are necessary** einige unserer ursprünglichen Pläne müssen geändert werden

al·ter·ca·tion [ˌɔ:ltə'keɪʃən, AM *also* 'ɑ:l-] *n* heftige Auseinandersetzung, lautstarker Streit

al·ter ego *n* ❶ *(alternative personality)* anderes Ich, Alter Ego *nt* ❷ *(liter: intimate friend)* Alter Ego *nt*

al·ter·nate I. *vi* ['ɔ:ltəneɪt, AM -t̬ɚ-] abwechseln; **the children** ~**d between being excited and tired** die Kinder waren mal müde und mal aufgedreht; **her cheerfulness** ~**d with despair** sie erlebte ein Wechselbad von Heiterkeit und Verzweiflung **II.** *vt* ■**to** ~ **sth with sth: he** ~**d working in the office with working at home** abwechselnd arbeitete er mal im Büro und mal zu Hause **III.** *adj* [ɔ:l'tɜ:nət, AM -'t̬ɜ:r-] *attr, inv* ❶ *(by turns)* abwechselnd; **the soldiers were in a state of** ~ **panic and bravado** die Verfassung der Soldaten schwankte zwischen Panik und Tapferkeit; **on** ~ **days** jeden zweiten Tag ❷ *(different)* andere(r, s) *attr; (alternative)* alternativ; ~ **juror** Ersatzgeschworene(r) *f(m)*

al·ter·nate·ly [ɔ:l'tɜ:nətli, AM -tɜ:r-] *adv* abwechselnd, im Wechsel

al·ter·nat·ing ['ɔ:ltəneɪtɪŋ, AM -tɚneɪt̬-, 'ɑ:l-] *adj inv* alternierend *attr,* abwechselnd aufeinanderfolgend *attr*

al·ter·nat·ing 'cur·rent *n no pl* Wechselstrom *m*

al·ter·na·tive [ɔ:l'tɜ:nətɪv, AM -'tɜ:rnet̬-] **I.** *n* Alternative *f* (**to** zu +*dat*); **I'm afraid I have no** ~ **but to ask you to leave** ich fürchte, wir müssen Sie bitten, zu gehen **II.** *adj* ❶ *attr (offering choice)* alternativ, Ersatz-; ~ **date** Ausweichtermin *m* ❷ *(unconventional) music, lifestyle* alternativ

'al·ter·na·tive en·er·gy *n no pl* alternative Energie

al·ter·na·tive·ly [ɔ:l'tɜ:nətɪvli, AM -'tɜ:rnət̬-] *adv (instead of)* stattdessen; *(as a substitute)* ersatzweise

'al·ter·na·tive medi·cine *n* Alternativmedizin *f,* alternative Heilmethoden *fpl*

al·ter·na·tor ['ɔ:ltəneɪtəʳ, AM -tɚneɪt̬ɚ, *also* 'ɑ:l-] *n* Wechselstromgenerator *m;* AUTO Lichtmaschine *f*

al·though [ɔ:l'ðəʊ, AM -ðoʊ, *also* 'ɑ:l] *conj* obwohl, obgleich *geh;* ~ **it might not help, ...** auch wenn es vielleicht nichts hilft, ...; **I'm rather shy,** ~ **I'm not as bad as I used to be** ich bin ziemlich schüchtern, allerdings nicht mehr so wie früher; **she's very kind,** ~ **a bit bossy** sie ist sehr lieb, wenn auch ein wenig bestimmend

al·time·ter ['æltɪmi:təʳ, AM æl'tɪmət̬ɚ] *n* Höhenmesser *m*

al·ti·tude ['æltɪtju:d, AM -tətu:d] *n* Höhe *f* [über dem Meeresspiegel [*o* Normalnull]]; **we are flying at an** ~ **of 15000 metres** wir fliegen in einer Höhe von 15000 Metern; **at high/low** ~ in großer/niedriger Höhe

'al·ti·tude sick·ness *n no pl* Höhenkrankheit *f*

alto ['æltəʊ, AM -toʊ] **I.** *n* ❶ *(singer)* Altist(in) *m(f),* Altsänger(in) *m(f)* ❷ *(vocal range)* Altstimme *f;* **to sing** ~ Alt singen **II.** *adj attr, inv saxophone, flute* Alt-

al·to·geth·er [ˌɔ:ltə'geðəʳ, AM -ɚ, *also* ɑ:l-] *adv* ❶ *(completely)* völlig, ganz; **that's a different matter** ~ das ist etwas ganz anderes; **I'm not** ~ **sure I want that** ich bin gar nicht so sicher, ob ich das will; **it is not** ~ **surprising that ...** es kommt nicht ganz überraschend, dass ... ❷ *(in total)* insgesamt; **that'll be £5** ~ das macht dann insgesamt 5 Pfund ❸ *(everything considered)* alles in allem; **he is selfish and** ~ **an unpleasant man** er ist egoistisch und überhaupt ein unangenehmer Mensch

al·tru·ism ['æltruɪzəm] *n no pl* Altruismus *m geh,* Uneigennützigkeit *f*

al·tru·ist ['æltruɪst] *n* Altruist(in) *m(f) geh*

al·tru·is·tic [ˌæltru'ɪstɪk] *adj* altruistisch *geh,* selbstlos; ~ **motives** uneigennützige Motive

al·tru·is·ti·cal·ly [ˌæltru'ɪstɪkəli] *adv* selbstlos, uneigennützig

alu·min·ium [ˌæljə'mɪniəm, -jʊ'mɪnjəm], AM **alu·mi·num** [ə'lu:mɪnəm] *n no pl* Aluminium *nt*

alu·min·ium 'foil *n* Alufolie *f*

alu·mi·nize [ə'lju:mɪnaɪz, AM -'lu:-] *vt* ■**to** ~ **sth** etw aluminieren [*o* mit Aluminium überziehen]

alum·na <*pl* -nae> [ə'lʌmnə, *pl* -ni:] *n esp* AM Absolventin *f*

alum·nae [ə'lʌmni:] *n pl of* **alumna**

alum·ni [ə'lʌmnaɪ] *n pl of* **alumnus**

alum·nus <*pl* -ni> [ə'lʌmnəs, *pl* -naɪ] *n* Absolvent *m*

al·ways ['ɔ:lweɪz, AM *also* 'ɑ:l-] *adv inv* ❶ *(at all times)* immer, ständig; **you're** ~ **complaining** ständig beklagst du dich ❷ *(as last resort)* immer noch; **if you miss this train you can** ~ **catch the next one** wenn du diesen Zug verpasst, kannst du immer noch den nächsten nehmen; **we could** ~ **ask for help** wir könnten ja auch nach Hilfe bitten ▸ PHRASES: **the customer is** ~ **right** der Kunde ist König; **the grass is** ~ **greener on the other side** [**of the fence**] die Kirschen in Nachbars Garten schmecken immer besser

Alzheimer's ['æltshaɪməʳz, AM 'ɑ:ltshaɪmɚz] *n,* **Alzheimer's dis·ease** *n no pl* Alzheimerkrankheit *f,* Alzheimer *m*

am [æm, əm] *vi first pers. sing of* **be**
a.m. [ˌeɪ'em] *inv abbrev of* **ante meridiem: at 6** ~ um sechs Uhr morgens
AM [ˌeɪ'em] *n no pl abbrev of* **amplitude modulation** AM *f*
amal·gam [ə'mælgəm] *n* ❶ (*form: blend*) Mischung *f* (**of** aus +*dat*) ❷ MED Amalgam *nt*
amal·gam·ate [ə'mælgəmeɪt] **I.** *vt* ❶ *usu passive* (*unite*) ■**to be** ~**d with sth** *companies* mit etw *dat* fusioniert worden sein; *departments* mit etw *dat* zusammengelegt worden sein; ■**to be** ~**d as sth** zu etw *dat* zusammengeschlossen worden sein; *departments* mit etw *dat* zusammengelegt worden sein ❷ CHEM *metals* ■**to** ~ **sth with sth** etw mit etw *dat* verschmelzen **II.** *vi union, company* sich *akk* zusammenschließen
amal·gama·tion [əˌmælgə'meɪʃᵊn] *n* ❶ *no pl* (*act of uniting*) Vereinigung *f,* Zusammenschluss *m* ❷ (*union*) Vereinigung *f,* Verband *m;* CHEM Amalgamation *f,* Amalgamierung *f*
amanu·en·ses [əˌmænju'en(t)siːz] *n pl of* **amanuensis**
amanu·en·sis <*pl* -ses> [əˌmænju'en(t)sɪs] *n* (*dated form*) Schreibgehilfe *m* [eines Gelehrten], Amanuensis *m veraltet*
ama·rant(h) ['æmᵊræn(t)θ] *n* Amarant *m*
ama·ret·to [ˌæmə'retəʊ, AM -t̬oʊ] *n* Amaretto *m kein pl*
ama·ryl·lis [ˌæmə'rɪlɪs] *n* Amaryllis *f*
amass [ə'mæs] *vt* ■**to** ~ **sth** etw anhäufen; **to** ~ **evidence/information** Beweise/Informationen zusammentragen; **to** ~ **wealth** [*or* **a fortune**] ein Vermögen anhäufen
ama·teur ['æmətəʳ, AM -mətʃɚ] **I.** *n* ❶ (*non-professional*) Amateur(in) *m(f)* ❷ (*pej: novice*) Dilettant(in) *m(f)* **II.** *adj attr, inv historian, astronomer, photographer, painter* Hobby-; (*non-professional*) *athlete, tennis player* Amateur-; ~ **career** Amateurlaufbahn *f;* ~ **dramatics** [*or* **theatrics**] Laienspiel *nt;* **to have an** ~ **interest in sth** sich *akk* für etw *akk* aus Liebhaberei interessieren; ~ **sports** Amateursportarten *pl*
ama·teur·ish ['æmətᵊrɪʃ, AM *also* ˌæmə'tɜːrɪʃ] *adj* (*pej*) dilettantisch *pej*
ama·teur·ish·ly ['æmətᵊrɪʃli, AM *also* ˌæmə'tɜːrɪʃli] *adv* (*pej*) dilettantisch *pej*
ama·teur·ish·ness ['æmətᵊrɪʃnəs, AM *also* ˌæmə'tɜːrɪʃnəs] *n no pl* (*pej*) Dilettantismus *m pej*
ama·tory ['æmətᵊri, AM -tɔːr-] *adj* (*liter*) amourös; ~ **experience** amouröses Abenteuer
amaze [ə'meɪz] *vt* ■**to** ~ **sb** jdn erstaunen [*o* verblüffen]; **it never ceases** [*or* **fails**] **to** ~ **me that ...** es wundert mich immer wieder, dass ...; **it** ~**s me how you can live in such a dirty house** wie hältst du es nur in einem so dreckigen Haus aus?; **it** ~**s me to think that ...** ich kann kaum glauben, dass ...; ■**to be** ~**d that ...** erstaunt sein, dass ...; ■**to be** ~**d by** [*or* **at**] **sth** über etw *akk* erstaunt [*o* verblüfft] sein
amazed [ə'meɪzd] *adj* erstaunt, verblüfft
amaze·ment [ə'meɪzmənt] *n no pl* Erstaunen *nt,* Verwunderung *f;* **to sb's** ~ zu jds Verwunderung [*o* Erstaunen]; **to shake one's head in** ~ erstaunt den Kopf schütteln
amaz·ing [ə'meɪzɪŋ] *adj* ❶ (*very surprising*) erstaunlich; **that is going to cost an** ~ **amount of money** das wird unglaublich teuer werden; **it's** ~ **to think that ...** man kann sich kaum vorstellen, dass ...; **to be truly** ~ wirklich erstaunlich sein ❷ (*fam: excellent*) toll *fam;* **he mixes the most** ~ **drinks** er mixt die tollsten Drinks *fam;* **you're** ~ du bist unglaublich
amaz·ing·ly [ə'meɪzɪŋli] *adv* erstaunlich, unglaublich; **now that was an** ~ **good idea!** das war aber eine außergewöhnlich gute Idee!; ~ **enough** erstaunlicherweise, überraschenderweise
Ama·zon ['æməzᵊn, AM -zɑːn] *n* ❶ (*female warrior*) Amazone *f* ❷ (*in South American*) ■**the** [**River**] ~ der Amazonas ❸ (*hum, often pej*) Mannweib *nt pej*
ama·zo·nian [ˌæmə'zəʊniən, AM -zoʊ-] *adj* (*hum*) amazonenhaft
Ama·zo·nian [ˌæmə'zəʊniən, AM -zoʊ-] *adj* ❶ *inv* Amazonas-; ~ **rain forest** Regenwald *m* am Amazonas ❷ (*hum*) amazonenhaft
am·bas·sa·dor [æm'bæsədəʳ, AM -ɚ] *n* ❶ (*of a country*) Botschafter(in) *m(f)* (**to** in +*dat*); **to appoint/name/recall an** ~ einen Botschafter ernennen/nominieren/abberufen ❷ (*authorized messenger*) Gesandte(r) *f(m)*
am·bas·sa·dorial [æmˌbæsə'dɔːriəl] *adj* Botschafts-, Botschafter-, eines Botschafters; ~ **duties** Aufgaben *fpl* eines Botschafters; ~ **level** Botschafterebene *f;* ~ **secretary** Botschaftssekretär(in) *m(f)*
am·bas·sa·dress <*pl* -es> [æm'bæsədːrəs] *n* (*dated*) ❶ (*female ambassador*) Botschafterin *f* ❷ (*wife of ambassador*) Gattin *f* eines Botschafters ❸ (*messenger or representative*) Gesandte *f*
am·ber ['æmbəʳ, AM -ɚ] **I.** *n* ❶ *no pl* (*fossil*) Bernstein *m;* **preserved in** ~ in Bernstein eingeschlossen ❷ *no pl* (*colour*) Bernsteingelb *nt;* BRIT (*traffic light*) Gelb *nt;* **the lights turned to** ~ die Ampel schaltete auf Gelb **II.** *n modifier* (*necklace*) Bernstein- **III.** *adj* bernsteinfarben
am·ber 'nec·tar *n* BRIT, AUS (*hum*) flüssiges Brot *hum*
am·bi·dex·trous [ˌæmbɪ'dekstrəs] *adj* ❶ (*in hands*) beidhändig [gleich geschickt] ❷ (*skilful*) ungewöhnlich geschickt ❸ (*insincere*) doppelzüngig ❹ (*sl: bisexual*) bi *fam*
am·bi·ence ['æmbɪən(t)s, AM *also* ˌɑːmbɪ'ɑːn(t)s] *n no pl* Ambiente *nt,* Atmosphäre *f*
am·bi·ent ['æmbɪənt] **I.** *adj attr* (*form*) umgebend; ~ **sound** Nebengeräusch *nt;* ~ **temperature** Außentemperatur *f,* Umgebungstemperatur *f* **II.** *n* (*techno style*) Ambiente *nt*
am·bi·gu·ity [ˌæmbɪ'gjuːəti, AM -bə'gjuːət̬i] *n* ❶ *no pl* (*manner*) Zweideutigkeit *f,* Doppeldeutigkeit *f,* Ambiguität *f* ❷ (*instance*) Unklarheit *f*
am·bigu·ous [æm'bɪgjʊːəs] *adj* (*with double meaning*) zweideutig, mehrdeutig; (*unclear*) unklar; ~ **feelings** gemischte Gefühle; ~ **wording** missverständlicher Wortlaut
am·bigu·ous·ly [æm'bɪgjʊːəsli] *adv* (*with double meaning*) zweideutig; (*not clearly*) unklar; ~ **worded** missverständlich ausgedrückt; **to smile** ~ vieldeutig lächeln
am·bit ['æmbɪt] *n no pl* (*form*) Bereich *m;* **to fall** [*or* **come**] **within the** ~ **of sth** unter etw *akk* fallen, zu etw *dat* gehören; **to fall** [*or* **come**] **within the** ~ **of sb** in jds Zuständigkeit[sbereich] fallen
am·bi·tion [æm'bɪʃᵊn] *n* ❶ *no pl* (*wish to succeed*) Ehrgeiz *m;* **a lack of** ~ mangelnder Ehrgeiz ❷ (*aim*) Ambition[en] *f*[*pl*], [angestrebtes] Ziel; **the leaders of both parties have presidential** ~**s** die Führer beider Parteien streben die Präsidentschaft an; **sb's life's** ~ jds Lebenstraum; **burning** ~ brennender Wunsch; **territorial** ~ territoriales Ziel
am·bi·tious [æm'bɪʃəs] *adj* ❶ (*full of ambition*) ehrgeizig; ■**to be** ~ **for sb** für jdn große Pläne haben; ■**to be** ~ **to do sth** etw unbedingt tun wollen ❷ (*showing ambition*) ehrgeizig, ambitiös; ~ **aim** hochgestecktes Ziel; ~ **project** ehrgeiziges Projekt
am·bi·tious·ly [æm'bɪʃəsli] *adv* ehrgeizig
am·biva·lence [æm'bɪvələn(t)s] *n no pl* Ambivalenz *f geh,* Zwiespältigkeit *f*
am·biva·lent [æm'bɪvələnt] *adj* zwiespältig; **to be** ~ **about** [*or* **toward**[**s**]] **sth** zwiespältige [*o* gemischte] Gefühle gegenüber etw *dat* haben; **I feel pretty** ~ **about whether ...** ich bin mir etwas unsicher, ob ...; ~ **attitude** ambivalente Haltung; ~ **feelings** gemischte Gefühle
am·biva·lent·ly [æm'bɪvələntli] *adv* ambivalent *geh,* zwiespältig
am·ble ['æmbl] **I.** *vi* schlendern, bummeln; **to** ~ **along/off** dahin-/davonschlendern **II.** *n no pl* ❶ (*stroll*) Schlendern *nt;* **leisurely** ~ gemächlicher Spaziergang ❷ (*of a horse*) Passgang *m*
am·bro·sia [æm'brəʊziə, AM -broʊʒə] *n no pl* (*liter*) Ambrosia *f geh,* Götterspeise *f;* (*fig*) Köstlichkeit *f*
am·bu·lance ['æmbjələn(t)s] *n* Krankenwagen *m,* Rettungswa-

gen *m,* Unfallwagen *m;* MIL Feldlazarett *nt;* **air** ~ Rettungshubschrauber *m;* ~ **crew/service** Rettungsmannschaft *f*/-dienst *m;* ~ **siren** Krankenwagensirene *f*

'am·bu·lance chas·er *n* AM (*pej: journalist*) Sensationsreporter(in) *m(f);* (*lawyer*) *ein Rechtsanwalt, der aus Unfällen Kapital macht, indem er die Unfallopfer als Klienten zu gewinnen versucht* **'am·bu·lance-chas·ing** *adj journalist* sensationslüstern; **an** ~ **lawyer** *ein Rechtsanwalt, der aus Unfällen Kapital macht, indem er die Unfallopfer als Klienten zu gewinnen versucht*

am·bu·lance 'heli·cop·ter *n* Rettungshubschrauber *m* **am·bu·lance·man** *n* BRIT, AUS (*driver*) Krankenwagenfahrer *m;* (*attendant*) Sanitäter *m* **am·bu·lance·wom·an** *n* BRIT, AUS (*driver*) Krankenwagenfahrerin *f;* (*attendant*) Sanitäterin *f*

am·bu·la·tory [ˌæmbjəˈleɪtᵊri, AM ˈæmbjələtɔːri] *adj* ambulant; **we have an** ~ **medical service** wir haben einen mobilen medizinischen Dienst; ~ **patient** ambulanter Patient

am·bush [ˈæmbʊʃ] **I.** *vt usu passive* ■**to be** ~**ed** aus dem Hinterhalt überfallen werden **II.** *n* ❶ (*attack*) Überfall *m* aus dem Hinterhalt; **to be caught in an** ~ in einen Hinterhalt geraten ❷ *no pl* (*attack strategy*) Angreifen *nt* aus dem Hinterhalt; **to lie** [*or* **wait**] **in** ~ im Hinterhalt lauern; **to lie** [*or* **wait**] **in** ~ **for sb** jdm auflauern

ame·ba <*pl* -s *or* -bae> *n esp* AM *see* **amoeba**

ame·bic *adj esp* AM *see* **amoebic**

ame·lio·rate [əˈmiːliᵊreɪt, AM -liə-] *vt* (*form*) ■**to** ~ **sth** etw verbessern; **to** ~ **symptoms** Symptome lindern

ame·lio·ra·tion [əˌmiːliᵊˈreɪʃᵊn, AM -liə-] *n no pl* (*form*) Verbesserung *f*

amen [ˌɑːˈmen, ˌeɪ-] *interj* ❶ REL Amen ❷ (*expressing agreement*) ~ **to that!** Gott sei's gedankt!; **to say** ~ **to sth** (*fig*) Ja und Amen zu etw *dat* sagen

ame·nable [əˈmiːnəbl̩] *adj* ❶ (*obedient*) gehorsam; ~ **child** braves Kind; ~ **dog** folgsamer Hund ❷ (*teachable*) *horse, pupil* gelehrig; ■**to be** ~ **to sth** etw *dat* gegenüber aufgeschlossen sein ❸ (*susceptible*) ■**to be** ~ **to sth** auf etw *akk* anschlagen; **her kidney failure is not** ~ **to medical treatment** ihr Nierenversagen lässt sich medizinisch nicht behandeln

amend [əˈmend] *vt* ■**to** ~ **sth** (*change*) etw [ab]ändern; (*add to*) etw ergänzen; **to** ~ **the constitution/data/a law** die Verfassung/Daten/ein Gesetz ändern; **to** ~ **one's lifestyle/behaviour** (*form*) seinen Lebenswandel/sein Verhalten ändern

amend·ment [əˈmen(d)mənt] *n* ❶ (*change*) Änderung *f;* (*addition*) Ergänzung *f;* ~ **to a bill** Abänderung *f* einer Gesetzesvorlage; ~ **to the constitution** Zusatzartikel *m* zur Verfassung; **the second/fifth** ~ AM der Zweite/Fünfte Zusatzartikel [zur Verfassung]; **constitutional** ~ Verfassungsänderung *f;* **to propose/table an** ~ einen Änderungsantrag stellen/einbringen ❷ *no pl* (*altering*) Änderung *f;* (*alteration*) Ergänzung *f* ❸ (*form: improvement*) Verbesserung *f*

amends [əˈmendz] *npl* **to make** ~ Schadenersatz leisten; **to make** ~ **for sth** etw wiedergutmachen

amen·ity [əˈmiːnəti, AM əˈmenət̬i] *n* ❶ (*facilities*) ■**amenities** *pl* Freizeitzentren *pl,* Freizeiteinrichtungen *pl;* **accommodation with basic amenities** Unterkunft *f* mit einfachstem Komfort; **public amenities** öffentliche Einrichtungen ❷ *no pl* (*pleasantness*) **the** ~ **of modern civilization** die Annehmlichkeiten *fpl* der modernen Zivilisation

Ameri·ca [əˈmerɪkə] *n* Amerika *nt;* ■**the** ~**s** Nord-, Süd- und Mittelamerika *nt*

Ameri·can [əˈmerɪkən] **I.** *adj* amerikanisch; **to be as** ~ **as apple pie** typisch amerikanisch sein; **the** ~ **dream** der amerikanische Traum; ~ **English** amerikanisches Englisch **II.** *n* Amerikaner(in) *m(f)*

Ameri·can Civ·il War *n* ■**the** ~ der amerikanische Bürgerkrieg **Ameri·can 'foot·ball** *n no pl* BRIT, AUS American Football *m* **Ameri·can 'In·dian** *n* Indianer(in) *m(f)*

Ameri·can·ism [əˈmerɪkənɪzᵊm] *n* LING Amerikanismus *m*

Ameri·cani·za·tion [əˌmerɪkənaɪˈzeɪʃᵊn] *n* Amerikanisierung *f*

Ameri·ca·nize [əˈmerɪkənaɪz] *vt* ■**to** ~ **sth** etw amerikanisieren; **to become** ~**d** *person* Amerikaner/Amerikanerin werden

Am·er·in·dian [ˌæməˈrɪndiən] **I.** *adj inv* indianisch, Indianer-; (*Eskimo*) eskimoisch, Eskimo-; ~ **brave** Indianerkrieger *m;* ~ **languages** Indianersprachen *pl;* (*Eskimo*) Eskimosprachen *pl;* ~ **tribe** Indianerstamm *m* **II.** *n* Indianer(in) *m(f);* (*Eskimo*) Eskimo *m,* Eskimofrau *f*

am·ethyst [ˈæməθɪst] **I.** *n* ❶ (*stone*) Amethyst *m* ❷ (*colour*) Amethyst[blau] *nt* **II.** *n modifier* (*brooch, bracelet, pendant*) Amethyst- **III.** *adj* amethystfarben

ami·abil·ity [ˌeɪmiəˈbɪləti, AM -t̬i] *n no pl* Freundlichkeit *f,* Liebenswürdigkeit *f*

ami·able [ˈeɪmiəbl̩] *adj* freundlich, liebenswürdig

ami·ably [ˈeɪmiəbl̩i] *adv* freundlich, liebenswürdig; **to be** ~ **disposed towards sb** jdm wohlgesinnt sein

ami·cable [ˈæmɪkəbl̩] *adj* ❶ (*friendly*) freundlich; ~ **manner** freundliche [*o* liebenswürdige] Art ❷ (*mutual*) ~ **divorce** einvernehmliche [*o* einverständliche] Scheidung; ~ **settlement** gütliche Einigung, gütlicher Vergleich

ami·cably [ˈæmɪkəbl̩i] *adv* freundlich; **to settle sth** ~ etw freundschaftlich regeln; **to settle a dispute** ~ einen Streit gütlich beilegen; **to share sth** ~ etw brüderlich teilen

amid(st) [əˈmɪd] *prep* ❶ (*surrounded by*) inmitten +*gen* ❷ (*together with*) inmitten +*gen* ❸ (*during*) mitten in +*dat;* ~ **the dancing, he asked her if she would marry him** mitten beim Tanzen fragte er sie, ob sie ihn heiraten wolle

amid·ships [əˈmɪdʃɪps], AM *a.* **amid·ship** *adv inv* NAUT mittschiffs

amidst [əˈmɪdst] *prep* (*liter, form*) *see* **amid**

ami·no acid [əˌmiːnəʊˈ-, AM -noʊˈ-] *n* Aminosäure *f*

Amish [ˈɑːmɪʃ] **I.** *n* ■**the** ~ die Amischen **II.** *adj inv* Amisch

amiss [əˈmɪs] **I.** *adj pred* verkehrt; **I knew that something was** ~ ich wusste, dass etwas nicht stimmte; **we could find nothing** ~ wir konnten keinen Fehler feststellen **II.** *adv* **a word of apology would not go** ~ eine Entschuldigung könnte nicht schaden; **to take sth** ~ etw übelnehmen

am·ity [ˈæmɪti, AM -ət̬i] *n no pl* (*form*) Freundschaft *f,* Harmonie *f*

am·meter [ˈæmɪtəʳ, AM -t̬ɚ] *n* Amperemeter *nt,* Strommesser *m*

ammo [ˈæməʊ, AM -oʊ] *n* (*fam*) *short for* **ammunition** Munition *f*

am·mo·nia [əˈməʊniə, AM -moʊnjə] *n no pl* ❶ (*gas*) Ammoniak *nt* ❷ (*liquid*) Salmiakgeist *m*

am·mo·nium [əˈməʊniəm, AM -moʊn-] **I.** *n no pl* Ammonium *nt* **II.** *n modifier* Ammonium-; ~ **carbonate** Ammoniumkarbonat *nt,* Hirschhornsalz *nt;* ~ **chloride** Ammoniumchlorid *nt,* Salmiak *m;* ~ **sulphate** Ammoniumsulfat *nt,* schwefelsaures Ammonium

am·mu·ni·tion [ˌæmjəˈnɪʃᵊn] *n no pl* Munition *f;* **blank** ~ Platzpatronen *fpl,* Manövermunition *f;* **live** ~ scharfe Munition; (*fig*) **to provide** ~ **for sb** [*or* **sb with** ~] jdn mit Munition versorgen *fig,* jdm Munition liefern *fig*

am·mu·'ni·tion de·pot *n,* **am·mu·'ni·tion dump** *n* Munitionslager *nt*

am·ne·sia [æmˈniːziə, AM -ʒə] *n no pl* Amnesie *f,* Gedächtnisschwund *m*

am·nes·ty [ˈæmnəsti] *n* Amnestie *f geh,* [allgemeiner] Straferlass; **to declare an** ~ eine Amnestie erlassen *geh,* Straffreiheit gewähren

Am·nes·ty Inter·na·tion·al *n no art* Amnesty International

am·nio·cen·teses [ˌæmnɪəʊsenˈtiːsiːz, AM -oʊ-] *n* MED *pl of* **amniocentesis**

am·nio·cen·tesis <*pl* -teses> [ˌæmnɪəʊsenˈtiːsɪs, AM -nɪoʊ- *pl* -siːz] *n* Amniozentese *f fachspr,* Fruchtwasseruntersuchung *f*

am·ni·ot·ic flu·id [ˌæmnɪɒtɪkˈ-, AM -ɑːt̬ɪk-] *n* Fruchtwasser *nt*

amoe·ba <*pl* -s *or* -bae>, AM **ame·ba** [əˈmiːbə, *pl* -biː] *n* Amöbe *f*
amoe·bic, AM **ame·bic** [əˈmiːbɪk] *adj inv* Amöben-; ~ **dysentery** MED Amöbenruhr *f*
amok [əˈmɒk, AM əˈmʌk] *adv* **to run** [*or* **go**] ~ Amok laufen
among [əˈmʌŋ] *prep*, **amongst** [əˈmʌŋst] *prep* (*liter, form*) ❶ (*between*) unter *akk/dat;* ~ **friends** unter Freunden; **talk about it** ~ **yourselves for a while** besprecht es mal unter euch für eine Weile; **they wanted to discuss it** ~ **themselves for a minute** sie wollten es kurz untereinander besprechen; **there is much anger** ~ **the taxpayers** unter den Steuerzahlern gibt es viel Unmut; **to divide up/distribute sth** ~ **sb/sth** etw unter jdm/etw auf-/verteilen ❷ (*as part of*) ~ **her talents are singing and dancing** zu ihren Talenten zählen Singen und Tanzen; [**just**] **one** ~ **many** [nur] eine(r, s) von vielen; **he is one** ~ **many unemployed actors** er ist einer von vielen arbeitslosen Schauspielern ❸ (*in midst of*) inmitten *gen* ❹ (*in addition to*) ~ **her other problems, she drinks too much** zusätzlich zu ihren anderen Problemen trinkt sie zu viel; ~ **other things** unter anderem
amon·til·la·do [əˌmɒntɪˈlɑːdəʊ, AM əˌmɑːntəˈlɑːdoʊ] *n* Amontillado *m*
amor·al [ˌeɪˈmɒrəl, AM -ˈmɑː-] *adj* amoralisch
amo·ral·ity [eɪməˈræləti, AM -ˌmɔːˈræləṭi] *n no pl* Amoralität *f*
amo·rous [ˈæmᵊrəs] *adj* ❶ (*relating to desire*) amourös; ~ **advances** [erotische] Annäherungsversuche; ~ **look** verliebter Blick ❷ (*feeling desire*) liebeshungrig
amo·rous·ly [ˈæmᵊrəsli] *adv* verliebt
amor·phous [əˈmɔːfəs, AM -mɔːr-] *adj* amorph *geh*, formlos, gestaltlos
amor·tiz·able [əˈmɔːtaɪzəbl̩, AM ˌæmɔːrˈtaɪ-] *adj* ECON (*form*) amortisierbar; ~ **assets** abschreibbare Vermögenswerte; ~ **mortgage** Tilgungshypothek *f*
amor·ti·za·tion [əˌmɔːtɪˈzeɪʃᵊn, AM æˌmɔːrˈṭə-] *n* ECON (*form*) Amortisation *f*, Amortisierung *f*, Abschreibung *f; of a mortgage* Tilgung *f*
amor·tize [əˈmɔːtaɪz, AM æˈmɔːr-] *vt* (*form*) ECON ■**to** ~ **sth** etw tilgen [*o fachspr* amortisieren]
amount [əˈmaʊnt] **I.** *n* ❶ (*quantity*) Menge *f;* **you wouldn't believe the** ~ **of trouble I've had with this car** du glaubst gar nicht, wie viel Ärger ich mit diesem Auto schon hatte; **I had a certain** ~ **of difficulty finding the house** ich hatte gewisse Schwierigkeiten, das Haus zu finden; **the new tax caused a huge** ~ **of public anger** die neue Steuer hat einen öffentlichen Aufruhr verursacht; **with varying** ~**s of interest** mit unterschiedlich großem Interesse ❷ *of land* Fläche *f* ❸ FIN *of money* Betrag *m;* **debts to the** ~ **of £50** Schulden *fpl* in Höhe von 50 Pfund; **small/large** ~ **of money** kleiner/großer Geldbetrag; **total** ~ Gesamtbetrag *m;* ~ **carried forward** Übertrag *m* **II.** *vi* ❶ (*add up to*) ■**to** ~ **to sth** sich *akk* auf etw *akk* belaufen; (*fig*) etw *dat* gleichkommen; **keeping silent** ~**s to supporting him** jetzt zu schweigen heißt quasi, ihn zu unterstützen ❷ (*be successful*) **he'll never** ~ **to much** er wird es nie zu etwas bringen
amp [æmp] ❶ *short for* **ampere** Ampere *nt* ❷ MUS *short for* **amplifier** Verstärker *m*
am·per·age [ˈæmpᵊrɪdʒ, AM -prɪdʒ] *n no pl* Amperezahl *f*, Stromstärke *f*
am·pere [ˈæmpeəʳ, AM -pɪr] *n* (*form*) Ampere *nt*
am·per·sand [ˈæmpəsænd, AM -pɚ-] *n* kaufmännisches Und-Zeichen, Et-Zeichen *nt, das Zeichen ‚&'*
am·pheta·mine [æmˈfetəmiːn, AM -feṭ-] *n* Amphetamin *nt*
am·phib·ian [æmˈfɪbiən] *n* ❶ (*animal*) Amphibie *f* ❷ (*vehicle*) Amphibienfahrzeug *nt*
am·phibi·ous [æmˈfɪbiəs] *adj inv* ❶ *animal* amphibisch; ~ **animal** amphibisches Lebewesen ❷ AUTO (*operating on land and water*) Amphibien-; MIL amphibisch; ~ **attack** amphibischer Angriff, Angriff *m* vom Meer her; ~ **vehicle** Amphibienfahrzeug *nt*
am·phi·thea·ter [ˈæm(p)fəˌθiːəṭɚ] AM, **am·phi·thea·tre** [-fɪˌθɪətəʳ] *n* BRIT, AUS Amphitheater *nt*
am·pho·ra <*pl* -s *or* -rae> [ˈæm(p)fᵊrə, *pl* -riː] *n* Amphore *f*, Amphora *f*
am·pho·rae [ˈæm(p)fᵊriː] *n pl of* **amphora**
am·ple <-r, -st> [ˈæmpl̩] *adj* ❶ (*plentiful*) reichlich; (*enough*) genügend *attr;* ~ **evidence** hinreichende Beweise ❷ (*hum: large*) groß; ~ **bosom** üppiger Busen; ~ **girth** stattlicher Umfang
am·pli·fi·ca·tion [ˌæmplɪfɪˈkeɪʃᵊn] *n no pl* ❶ (*making loud*) Verstärkung *f* ❷ (*system*) Verstärker *m* ❸ (*form: detail*) Ausschmückung *f;* **my colleague's statement needs no further** ~ die Bemerkung meines Kollegen braucht nicht weiter ausgeführt werden
am·pli·fi·er [ˈæmplɪfaɪəʳ, AM -ɚ] *n* Verstärker *m*
am·pli·fy <-ie-> [ˈæmplɪfaɪ] *vt* ❶ (*make louder*) **to** ~ **the volume** lauter machen; **they have amplified the volume to a point unusual even for rock concerts** diese Lautstärke ist sogar für ein Rockkonzert außergewöhnlich ❷ (*form: intensify*) ■**to** ~ **sth** *a phenomenon* etw vertiefen ❸ (*enlarge upon*) ■**to** ~ **sth** etw weiter ausführen [*o* ausführlicher erläutern]
am·pli·tude [ˈæmplɪtjuːd, AM *also* -tuːd] *n* ❶ *no pl* (*breadth*) Weite *f;* (*range*) Umfang *m* ❷ PHYS Amplitude *f fachspr*, Schwingungsweite *f*
am·ply [ˈæmpli] *adv* reichlich; **as yesterday's discussions** ~ **demonstrated,...** bei der gestrigen Diskussion wurde zur Genüge deutlich, ...; ~ **justified** vollauf gerechtfertigt
am·poule [ˈæmpuːl] *n* Ampulle *f*
am·pul·la <*pl* -lae> *n* Amphore *f*
am·pu·tate [ˈæmpjəteɪt] **I.** *vt* ■**to** ~ **sth** etw amputieren **II.** *vi* amputieren
am·pu·ta·tion [ˌæmpjəˈteɪʃᵊn] *n* Amputation *f*
am·pu·tee [ˌæmpjəˈtiː] *n* Amputierte(r) *f(m)*
amuck *adv see* **amok**
amu·let [ˈæmjʊlət] *n* Amulett *nt*
amuse [əˈmjuːz] **I.** *vt* ■**to** ~ **sb** jdn amüsieren [*o* belustigen]; ■**to** ~ **oneself** sich *akk* amüsieren; ■**to** ~ **oneself with sth** sich *dat* mit etw *dat* die Zeit vertreiben **II.** *vi* unterhalten; **these stories were meant to** ~ diese Geschichten waren zur Unterhaltung gedacht
amused [əˈmjuːzd] *adj look, smile* amüsiert; **I told Helena about it and she was not** ~ ich erzählte es Helena, und sie fand das gar nicht komisch; **to keep sb** ~ jdn bei Laune halten; **to keep oneself** ~ sich *dat* die Zeit vertreiben; ■**to be** ~ **at sth** sich *akk* über etw *akk* amüsieren
amuse·ment [əˈmjuːzmənt] *n* ❶ *no pl* (*state*) Belustigung *f;* **she smiled in** ~ sie lächelte vergnügt; **they looked on in** ~ **as he searched desperately for his keys** sie sahen belustigt zu, während er seine Schlüssel verzweifelt suchte; [**much**] **to his/her** ~ [sehr] zu seinem/ihrem Vergnügen; **for one's own** ~ zu seinem eigenen Vergnügen; **to be a source of** ~ Freude bereiten ❷ (*entertainment*) Belustigung *f;* **what do you do for** ~**?** was machst du so in deiner Freizeit? ❸ BRIT (*place*) Vergnügungsstätte[n] *f*[*pl*]; **fairground** ~**s** Rummelplatzattraktionen *fpl*
a'muse·ment ar·cade *n* BRIT Spielsalon *m*, Spielhalle *f*
a'muse·ment park *n* AM, AUS Freizeitpark *m*, Vergnügungspark *m*
amus·ing [əˈmjuːzɪŋ] *adj* amüsant, unterhaltsam; **I don't find that very** ~ ich finde das nicht sehr witzig!; ~ **situation** komische Situation
amus·ing·ly [əˈmjuːzɪŋli] *adv* amüsant; (*funny*) komisch, lustig
an [æn, ᵊn] *art indef* ein(e) (*unbestimmter Artikel vor Vokalen oder stimmlosem h*); *see also* **a**
ana·bol·ic ster·oid [ˌænəbɒlɪkˈ-, AM -bɑːl-] *n* anaboles Steroid; PHARM Anabolikum *nt*

anach·ron·ism [əˈnækrənɪzᵊm] *n* Anachronismus *m geh*
anach·ro·nis·tic [əˌnækrəˈnɪstɪk] *adj* anachronistisch *geh*
anach·ro·nis·ti·cal·ly [əˌnækrəˈnɪstɪkᵊli] *adv* anachronistisch *geh*
ana·con·da [ˌænəˈkɒndə, AM -ˈkɑːn-] *n* ZOOL Anakonda *f*
anaemia [əˈniːmiə], AM **anemia** *n no pl* Anämie *f fachspr,* Blutarmut *f;* **iron-deficiency** ~ Eisenmangelanämie *f*
anaemic [əˈniːmɪk], AM **anemic** *adj* anämisch *fachspr,* blutarm; (*fig, pej*) saft- und kraftlos *fam; performance* schwach
an·aes·the·sia [ˌænəsˈθiːziə], AM **an·es·the·sia** [-θiːʒə] *n no pl* Anästhesie *f fachspr,* Betäubung *f,* Narkose *f;* **general** ~ Vollnarkose *f;* **local** ~ örtliche Betäubung; **spinal** ~ Spinalanästhesie *f;* **to induce** ~ narkotisieren
an·aes·thet·ic [ˌænəsˈθetɪk], AM *a.* **an·es·thet·ic** [-ˈθet̬-] **I.** *n* Betäubungsmittel *nt,* Anästhetikum *nt fachspr;* **local** ~ (*anaesthesia*) örtliche Betäubung; (*substance*) Lokalanästhetikum *nt;* **spinal** ~ Spinalanästhetikum *nt;* **under** ~ in Narkose **II.** *adj inv* betäubend
anaes·the·tist [əˈniːsθətɪst], AM **anes·the·tist** [əˈnesθət̬-] *n* Anästhesist(in) *m(f) fachspr,* Narkosearzt, -ärztin *m, f*
anaes·the·tize [əˈniːsθətaɪz], AM **anes·the·tize** [-ˈnes-] *vt* ■**to** ~ **sb** jdn betäuben [*o fachspr* narkotisieren]; (*fig*) jdn lähmen; **the shock had** ~**d her** sie war wie gelähmt vor Schreck
ana·gram [ˈænəgræm] *n* LING Anagramm *nt*
anal [ˈeɪnᵊl] *adj inv* ❶ ANAT anal; ~ **intercourse** Analverkehr *m;* ~ **stage** PSYCH anale Phase ❷ (*fam*) hyperordentlich; **don't be so** ~**!** sei nicht so pingelig! *fam;* ~**-retentive** krankhaft ordnungsbedürftig
an·alge·sic [ˌænəlˈdʒiːzɪk] **I.** *adj* schmerzlindernd, schmerzstillend **II.** *n* Analgetikum *nt fachspr,* Schmerzmittel *nt*
anal·ly [ˈeɪnᵊli] *adv* ❶ ANAT anal ❷ PSYCH ~ **retentive** krankhaft ordnungsbedürftig
ana·log *n, adj* AM *see* **analogue**
ana·log·ic(al) [ˌænəˈlɒdʒɪk(ᵊl), AM -lɑː-] *adj* analog, entsprechend; (*parallel*) parallel
analo·gous [əˈnæləgəs] *adj* analog (**to** zu +*dat*); (*comparable*) ■**to be** ~ **to sth** etw *dat* entsprechen
ana·logue [ˈænəlɒg], AM **ana·log** [-lɑːg] **I.** *n* Analogon *nt geh,* Entsprechung *f;* **the European** ~**s of the British Parliament** die europäischen Gegenstücke [*o geh* Pendants] zum britischen Parlament **II.** *adj* analog; ~ **computer** Analogrechner *m;* ~ **read-out** Analoganzeige *f*
anal·ogy [əˈnælədʒi] *n* (*similarity*) Analogie *f geh,* Ähnlichkeit *f;* (*comparison*) Vergleich *m;* **a group was set up on the** ~ **of a self-supporting community** es wurde eine Gruppe analog zu einer selbst versorgenden Gemeinschaft gebildet; **to draw an** ~ eine Parallele ziehen; ■**by** ~ [**with sth**] in Analogie [zu etw *dat*]
ana·lyse [ˈænᵊlaɪz], AM **ana·lyze** *vt* ■**to** ~ **sth** etw analysieren; CHEM etw untersuchen; ■**to** ~ **sb** PSYCH jdn analysieren
analy·sis <*pl* -ses> [əˈnæləsɪs, *pl* -siːz] *n* ❶ (*examination*) Analyse *f;* (*conclusions*) Beurteilung *f;* **this theory will never withstand** [*or* **hold up under**] ~ diese Theorie wird sich niemals halten können, wenn man sie erstmal genauer unter die Lupe nimmt; **in the final** [*or* **last**] ~ letzten Endes ❷ PSYCH [Psycho]analyse *f;* ■**to be in** ~ AM zum Psychiater gehen
ana·lyst [ˈænəlɪst] *n* Analytiker(in) *m(f) geh;* STOCKEX Analyst(in) *m(f) fachspr,* Börsenfachmann, -frau *m, f;* (*psychoanalyst*) Psychoanalytiker(in) *m(f);* **business** ~ Konjunkturanalytiker(in) *m(f);* **financial** ~ Finanzexperte, -in *m, f;* **food** ~ Lebensmittelchemiker(in) *m(f);* **systems** ~ Systemanalytiker(in) *m(f)*
ana·lyti·cal [ˌænəˈlɪtɪkᵊl] *adj* analytisch *geh;* ~ **chemistry** analytische Chemie; ~ **mind** analytischer Verstand
ana·lyze *vt* AM *see* **analyse**
ana·paest [ˈænəpest], AM **ana·pest** *n* LIT Anapäst *m*
ana·paes·tic [ˈænəpestɪk], AM **ana·pes·tic** *adj* LIT Anapäst-, anapästisch; ~ **metre** Versmaß *nt* des Anapästs
ana·pest *n* AM *see* **anapaest**
ana·pes·tic *adj* AM *see* **anapaestic**
an·ar·chic(al) [ænˈɑːkɪk(ᵊl), AM ænˈɑːr-] *adj* anarchisch
an·ar·chism [ˈænəkɪzᵊm, AM -ɚ-] *n no pl* Anarchismus *m*
an·ar·chist [ˈænəkɪst, AM -ɚ-] **I.** *n* Anarchist(in) *m(f)* **II.** *adj* anarchistisch
an·ar·chis·tic [ˌænəˈkɪstɪk, AM -ɚˈ-] *adj* anarchistisch
an·ar·chy [ˈænəki, AM -ɚ-] *n no pl* Anarchie *f;* (*social disorder also*) Chaos *nt;* **to be in a state of** ~ sich *akk* in einem Zustand der Anarchie befinden
anath·ema [əˈnæθəmə] *n no pl* REL Anathema *nt;* (*detested thing*) Gräuel *m;* ■**to be** ~ **to sb** jdm ein Dorn im Auge sein; **to declare** [*or* **pronounce**] **sth** ~ etw verdammen
anath·ema·tize [əˈnæθəmətaɪz] *vt* (*liter*) ■**to** ~ **sb** ❶ REL jdn mit dem Kirchenbann belegen, jdn anathematisieren *fachspr* ❷ (*fig: condemn*) jdn verdammen
ana·tomi·cal [ˌænəˈtɒmɪkᵊl, AM -tɑː-] *adj* anatomisch; ~ **drawings/specimen** anatomische Studien/anatomisches Präparat
anato·mize [əˈnætəmaɪz, AM -ˈnæt̬-] *vt* ■**to** ~ **sth** ❶ (*examine structure*) etw im Einzelnen darlegen ❷ (*dissect*) etw sezieren
anato·my [əˈnætəmi, AM -ˈnæt̬-] *n* ❶ *no pl* (*body structure*) Anatomie *f* ❷ (*hum: body*) Körperteil *nt* ❸ *no pl* (*fig: analysis*) Analyse *f*
an·ces·tor [ˈænsestəʳ, AM -ɚ] *n* ❶ (*forebear*) Vorfahr[e], -in *m, f,* Ahn[e], -in *m, f geh;* ~ **worship** Ahnenkult *m* ❷ (*prototype*) Prototyp *m;* (*forerunner*) Vorläufer(in) *m(f)*
an·ces·tral [ænˈsestrᵊl] *adj attr, inv* Ahnen-, Vorfahren-; ~ **acres** Familienbesitz *m;* ~ **home** Stammsitz *m;* **he returned to his** ~ **home** er kehrte in das Land seiner Väter zurück *geh;* ~ **influences** Erbeinflüsse *mpl;* ~ **rights** angestammte Rechte
an·ces·try [ˈænsestri] *n* Abstammung *f;* **she is of Polish/royal** ~ sie ist polnischer/königlicher Abstammung
an·chor [ˈæŋkəʳ, AM -kɚ] **I.** *n* ❶ NAUT Anker *m;* **to be** [*or* **lie**] [*or* **ride**] **at** ~ vor Anker liegen; **to drop** ~ Anker werfen, vor Anker gehen; **to weigh** ~ den Anker lichten ❷ (*fig: linchpin*) [Rettungs]anker *m;* **she was my** ~ **when things were difficult for me** sie war mein Halt, als ich in Schwierigkeiten war **II.** *vt* ❶ NAUT **to** ~ **a boat/ship** ein Boot/Schiff verankern ❷ (*a. fig: fix*) ■**to** ~ **sth** etw verankern ❸ *esp* AM **to** ~ **a radio program/show** eine Radiosendung/eine Show moderieren **III.** *vi* vor Anker gehen; (*alongside a quay*) anlegen
an·chor·age [ˈæŋkᵊrɪdʒ] *n* Ankerplatz *m;* (*fig*) Halt *m kein pl;* (*attachment point*) Verankerung *f;* **to find safe** ~ **with sb** (*fig*) bei jdm festen Halt finden
an·cho·rite [ˈæŋkᵊraɪt] *n* (*hist*) Anachoret *m hist,* Klausner *m*
ˈan·chor·man *n* Moderator *m* **ˈan·chor·person** *n* Moderator(in) *m(f)* **ˈan·chor·woman** *n* Moderatorin *f*
an·cho·vy [ˈæntʃəvi, AM -oʊvi] *n* An[s]chovis *f fachspr,* Sardelle *f;* ~ **butter** Sardellenbutter *f;* ~ **paste** An[s]chovispaste *f*
an·cien ré·gime <*pl* anciens régimes> [ˈɑ̃(nt)siænreɪˈʒiːm, AM ˌɑːn(t)-] *n* alte Werte *mpl*
an·cient [ˈeɪn(t)ʃᵊnt] **I.** *adj* ❶ (*of long ago*) alt; **since** ~ **times** von alters her *geh;* (*fig fam: very old*) antik *hum,* uralt ❷ (*of antiquity*) antik; ~ **history** Alte Geschichte; ~ **Rome** das antike [*o* alte] Rom; **in** ~ **times** in der Antike, im Altertum; **the** ~ **world** die [Welt der] Antike ▶ PHRASES: **to be** ~ **history** (*hum*) ein alter Hut sein *fam* **II.** *n* ❶ (*people*) ■**the** ~**s** *pl* die Alten *pl* (*die* [*alten*] *Römer und Griechen*) ❷ (*hum: very old person*) Alte(r) *f(m),* Greis(in) *m(f)*
an·cil·lary [ænˈsɪlᵊri, AM ˈæntsəleri] *adj* ❶ (*additional*) zusätzlich; (*of secondary importance*) zweitrangig; ■**to be** ~ **to sth** im Vergleich zu etw *dat* [nur] an zweiter Stelle stehen ❷ *attr, inv* (*duties, equipment*) Zusatz-; ~ **industries** Zulieferindustrien *fpl;* ~ **roads/role** Nebenstraßen *fpl*/-rolle *f;* ~ **staff/workers** Hilfspersonal *nt*/-kräfte *fpl*
and [ænd, ənd] *conj* ❶ (*in linkage with*) und; **John, Mary** ~ **also their two kids** John, Mary sowie die beiden Kinder;

both ... ~ ...: both John ~ Annie agreed John und Annie waren beide einverstanden; **she likes both vegetarian ~ meat-filled foods** sie mag vegetarische Gerichte ebenso gern wie Fleischgerichte ❷ MATH **6 ~ 5 is 11** 6 und [*o* plus] 5 ist 11; (*within numbers*) **I have hundred ~ fifty-two dollars** ich habe hundert[und]zweiundfünfzig Dollar ❸ (*then*) und [dann]; **let's go into town ~ have dinner out** gehen wir doch in die Stadt etwas essen!; **he sat down in the bath tub ~ the phone began to ring** er hatte sich gerade in die Badewanne gesetzt, als das Telefon zu klingeln anfing; **... ~ then ...** ...[,] und dann ...; **I got dressed and then had my breakfast** ich zog mich an, und anschließend habe ich gefrühstückt ❹ (*in order to*) **go ~ ask that man if he knows the time** frag [doch] den Mann da nach der Uhrzeit; **I asked him to go ~ find my glasses** ich bat ihn, meine Brille zu suchen; **let's wait ~ see what she says** warten wir mal ab, was sie sagt; **come ~ give me that gun** komm, gib mir das Gewehr!; **come ~ see me tomorrow** komm mich morgen besuchen!; **try ~ think of where you may have left the keys** versuche dich zu erinnern, wo du die Schlüssel gelassen haben könntest! ❺ (*to emphasize*) **I'll tell you when I'm good ~ ready** ich sag's dir, wenn ich so weit bin; **that tea is nice ~ hot** dieser Tee ist [so richtig] schön heiß ❻ (*in repetition*) ■**... ~ ...** immer ...; **more ~ more money** immer mehr Geld; **they drove faster ~ faster** sie fuhren immer schneller; **he talked ~ talked** er redete andauernd; **we laughed ~ laughed** wir haben nur gelacht; **we walked for miles ~ miles** wir sind meilenweit gelaufen; **for hours ~ hours** stundenlang; **time ~ time again** immer wieder, andauernd ▶PHRASES: **~ all** (*everything else*) mit allem Drum und Dran; (*sl: for emphasis*) **I was so mad ~ all that I ...** ich war dermaßen wütend, dass ich ... *fam;* **they were a great team ~ all** sie waren ein echt tolles Team *sl;* **~ all that** (*related things*) und dergleichen; **~ how** (*yes, definitely*) und wie! *fam;* **~ so on** [*or* **forth**] [*or* **~ so on, ~ so forth**] und so weiter [und so fort]

An·des ['ændi:z] *npl* ■**the ~** die Anden *pl*

and·iron ['ændaɪən, AM -daɪɚn] *n* Feuerbock *m,* Kaminbock *m*

an·dro·gyne ['ændrə(ʊ)dʒaɪn, AM -droʊ-] *n* androgyner Mensch, Zwitter *m*

an·drogy·nous [æn'drɒdʒɪnəs, AM -'drɑ:dʒən-] *adj* ❶ (*sexually ambiguous*) androgyn ❷ (*hermaphroditic*) zweigeschlechtig, zwittrig

an·drogy·ny [æn'drɒdʒɪni, AM -'drɑ:dʒən-] *n no pl* ❶ (*dual sexuality*) Androgynie *f* ❷ BIOL Hermaphroditismus *m fachspr,* Zweigeschlechtigkeit *f,* Zwittrigkeit *f*

an·droid ['ændrɔɪd] *n* Androide *m*

an·ec·do·tal [ænɪk'dəʊtəl, AM -'doʊṭəl] *adj* anekdotisch, anekdotenhaft

an·ec·dote ['ænɪkdəʊt, AM -doʊt] *n* Anekdote *f*

anemia *n* AM *see* **anaemia**

anemic *adj* AM *see* **anaemic**

anemo·ne [ə'neməni] *n* Anemone *f,* Buschwindröschen *nt*

an·es·thesia *n* AM *see* **anaesthesia**

an·es·thet·ic *n* AM *see* **anaesthetic**

an·es·the·tist *n* AM *see* **anaesthetist**

an·es·the·tize *vt* AM *see* **anaesthetize**

anew [ə'nju:, AM -'nu:] *adv inv* (*form*) noch einmal, von neuem, aufs Neue; **to begin ~** einen neuen Anfang machen

an·gel ['eɪndʒəl] *n* ❶ (*spiritual being*) Engel *m;* **~ of death** Todesengel *m;* **guardian ~** Schutzengel *m;* **fallen ~** gefallener Engel ❷ (*person*) Engel *m;* **be an ~ and help me with this** sei so lieb und hilf mir dabei; **~ of mercy** rettender Engel; **a ministering ~** ein barmherziger Engel; **to be no ~** nicht gerade ein Engel sein *fam* ❸ (*sponsor*) [edler] Spender/[edle] Spenderin; (*financial backer*) Geldgeber(in) *m(f)* ▶PHRASES: **fools rush in where ~s fear to tread** (*prov*) törichte Leute mischen sich in Dinge ein, an die sich Klügere nicht heranwagen; **to be on the side of the ~s** sich *akk* tugendhaft verhalten

'an·gel cake *n* BRIT, **'an·gel food cake** *n* AM ≈ Biskuitkuchen *m* (*Kuchen ohne Eigelb und Butter*)

an·gel·ic [æn'dʒelɪk] *adj* engelhaft; **an ~ voice** eine Stimme wie ein Engel; **to have an ~ face** ein Engelsgesicht haben

an·gel·ica [æn'dʒelɪkə] *n no pl* Angelika *f,* Brustwurz *f,* Engelwurz *f*

an·geli·cal·ly [æn'dʒelɪkəli] *adv* engelgleich *geh,* wie ein Engel

an·ger ['æŋgəʳ, AM -ɚ] **I.** *n no pl* Ärger *m* (**at/over** über +*akk*); (*fury*) Wut *f* (**at/over** auf +*akk*); (*wrath*) Zorn *m;* **to contain** [*or* **restrain**] [*or* **suppress**] **one's ~** seinen Ärger unterdrücken; (*fury*) seine Wut zügeln; (*wrath*) seinen Zorn im Zaum halten; **to feel ~ towards sb** auf jdn wütend sein; (*filled with wrath*) einen Groll gegen jdn hegen; **to show ~ at sth** über etw *akk* wütend sein **II.** *vt* ■**to ~ sb** jdn ärgern; (*more violently*) jdn wütend machen; ■**to be ~ed by sth** sich *akk* über etw *akk* ärgern; (*more violently*) über etw *akk* wütend sein

'an·ger man·age·ment *n* Zornbewältigung *f* **'an·ger-man·age·ment** ['æŋgə,mænɪdʒmənt, AM -gɚ-] *n modifier* (*class, seminar, problem*) Zornbewältigungs-

an·gi·na *n,* **an·gi·na pec·to·ris** [æn'dʒaɪnə'pektərɪs] *n* MED Angina pectoris *f*

an·gio·plas·ty ['ændʒiə(ʊ)plæsti, AM dʒiə-] *n* MED Angioplastik *f fachspr,* Gefäßplastik *f*

an·gle ['æŋgl] **I.** *n* ❶ (*between two lines*) Winkel *m;* **the picture was hanging at an ~** das Bild hing schief; **he wore his hat at a jaunty ~** er trug den Hut keck über dem Ohr; **interior ~** Innenwinkel *m;* **right ~** rechter Winkel; **at an ~ of 20°** in einem Winkel von 20°, in einem 20°-Winkel ❷ (*perspective*) Blickwinkel *m,* Perspektive *f;* **what is the best news ~ for this story?** wie zieht man diese Story am besten auf?; **I realized I was looking at it from the wrong ~** ich stellte fest, dass ich es von der falschen Seite betrachtete; **to consider sth from all ~s** etw von allen Seiten betrachten; (*opinion*) Standpunkt *m;* **what's your ~ on this issue?** wie stehst du zu diesem Problem? **II.** *vt* ❶ (*fig: slant*) ■**to ~ sth** *story, article* etw färben *fig* ❷ (*fig: direct*) ■**to ~ sth at sb/sth** etw auf jdn/etw ausrichten; **the comic is ~d at 8- to 12-year-olds** Zielgruppe des Comics sind Acht- bis Zwölfjährige

◆**angle for** *vi* ■**to ~ for sth** ❶ (*old: fish*) etw angeln ❷ (*pej: be after*) auf etw *akk* aus sein

an·gled ['æŋgld] **I.** *adj* ❶ (*positioned*) ■**to be ~ to sth** [winkelförmig] auf etw *akk* ausgerichtet sein; **~ shot** FBALL Flanke *f;* TENNIS Cross *m* ❷ (*fig: slanted*) tendenziös *pej,* gefärbt **II.** *in compounds* -winklig; **acute-/obtuse-~** spitz-/stumpfwinklig; **right-~ triangle** rechtwinkliges Dreieck

angle·poise® ['æŋglpɔɪz] *n,* **angle·poise 'lamp®** *n* BRIT Gelenkleuchte *f,* Gelenklampe *f,* Architektenlampe *f*

an·gler ['æŋgləʳ, AM -glɚ] *n* Angler(in) *m(f)*

An·gli·can ['æŋglɪkən] **I.** *adj* anglikanisch; **~ Church** anglikanische Kirche **II.** *n* Anglikaner(in) *m(f)*

An·gli·can·ism ['æŋglɪkənɪzəm] *n no pl* Anglikanismus *m*

an·gli·cism ['æŋglɪsɪzəm] *n* Anglizismus *m*

an·gli·cist ['æŋglɪsɪst] *n* Anglist(in) *m(f)*

an·gli·cize ['æŋglɪsaɪz] *vt* ■**to ~ sth** etw anglisieren

an·gling ['æŋglɪŋ] *n no pl* (*form*) Angeln *nt*

An·glo ['æŋgləʊ, AM -gloʊ] **I.** *n* ❶ AM Angloamerikaner(in) *m(f)* ❷ CAN Anglokanadier(in) *m(f)* ❸ BRIT SPORTS (*fam*) *jd, der für einen englischen Verein spielt, aber für die schottische, walisische oder nordirische Nationalmannschaft ausgewählt wurde* **II.** *adj* englisch, Anglo-

Anglo-A'merican I. *n* Angloamerikaner(in) *m(f)* **II.** *adj* angloamerikanisch **Anglo-'Catholic I.** *n* Anglokatholik(in) *m(f)* **II.** *adj* anglokatholisch **Anglo-'Indian I.** *n* ❶ (*of ancestry*) Anglo-Inder(in) *m(f)* ❷ (*dated: British person*) *in Indien geborene(r) o lebende(r) Engländer/Engländerin* **II.** *adj* angloindisch

an·glo·phile ['æŋglə(ʊ)faɪl, AM -glə-] **I.** *n* Englandliebhaber(in) *m(f)*, Anglophile(r) *f(m)*; **to be an ~** anglophil sein **II.** *adj* anglophil

an·glo·phobe ['æŋglə(ʊ)fəʊb, AM -gləfoʊb] **I.** *n* Englandhasser(in) *m(f)* **II.** *adj* anglophob, englandfeindlich

an·glo·pho·bia ['æŋglə(ʊ)fəʊbiə, AM -gləfoʊ-] *n no pl* Anglophobie *f*

an·glo·phone ['æŋglə(ʊ)fəʊn, AM -gləfoʊn] *esp* CAN **I.** *n* englischsprachige Person **II.** *adj* englischsprachig

Anglo-'Saxon I. *n* ❶ (*hist: of English descent also*) Angelsachse, -sächsin *m, f* ❷ (*language*) Angelsächsisch *nt* **II.** *adj* ❶ (*hist: of English descent also*) angelsächsisch ❷ AM (*of English heritage*) **White ~ Protestant** weißer angelsächsischer Protestant

an·go·ra [æŋ'gɔːrə] **I.** *n no pl* Angorawolle *f*; (*mohair*) Mohär *m* **II.** *n modifier* (*cat, goat, rabbit, sweater*) Angora-

An·go·stu·ra bit·ters® [ˌæŋgə'stjʊərə-, AM -stʊrə-] *n pl* Angostura® *m*, Angosturabitter *m*

an·gri·ly ['æŋgrɪli] *adv* verärgert; (*furious*) zornig; (*enraged*) wütend

an·gry ['æŋgri] *adj* ❶ (*annoyed*) verärgert; (*stronger*) zornig; (*enraged*) wütend; **don't worry, I'm not ~** keine Sorge, ich bin dir nicht böse; **~ young man** LIT, THEAT (*dated*) Rebell *m*, Angry young man *m geh*; **to make sb ~** jdn verärgern; (*stronger*) jdn wütend machen; ■**to be ~ about** [*or* **at**] **sth** sich *akk* über etw *akk* ärgern; ■**to be ~ with** [*or* **at**] **sb/oneself** sich *akk* über jdn/sich selbst ärgern ❷ (*showing anger*) zornig, erzürnt *geh*; **~ crowd** aufgebrachte Menge; **to exchange ~ words** einen heftigen Wortwechsel haben ❸ (*stormy*) stürmisch; **~ clouds** bedrohliche Wolken; **~ sky** finsterer Himmel ❹ MED entzündet; **on her leg was an ~ sore** sie hatte eine böse Wunde an ihrem Bein

angst [æŋ(k)st] *n no pl* [neurotische] Angst; PHILOS [Existenz]angst *f*

an·guish ['æŋgwɪʃ] *n no pl* Qual *f*; (*pain*) Schmerz *m*; ■**to be in ~** Qualen leiden; **to cause sb ~** jdm Leid zufügen

an·guished ['æŋgwɪʃt] *adj* qualvoll; (*worried*) sorgenvoll; **~ cry** schmerzerfüllter Schrei

an·gu·lar ['æŋgjʊləʳ, AM -lɚ] *adj features, face* kantig; (*bony*) knochig

an·gu·lar·ity [ˌæŋgjʊ'lærəti, AM -'lerət̬i] *n no pl of face, features* Kantigkeit *f*; *of body* Knochigkeit *f*

an·hy·drous [æn'haɪdrəs] *adj* anhydrisch *fachspr*, wasserfrei

ani·mal ['ænɪməl] **I.** *n* ❶ (*creature*) Tier *nt*; **farm ~** Nutztier *nt*; **domestic ~** Haustier *nt* ❷ (*fig: crude person*) Tier *nt* ▸ PHRASES: **to be different ~s** zwei Paar Schuhe sein; **to be a political ~** ein politisch engagierter Mensch sein, ein Zoon politikon *nt* sein *geh*; **to be that rare ~: ...** zu der seltenen Spezies ... gehören; **she's that rare animal: an enormously successful and yet modest person** sie gehört zu der seltenen Spezies von Menschen, die sowohl unglaublich erfolgreich und dennoch bescheiden sind; **there's** [*or sl* **there ain't**] **no such ~** so etwas gibt es nicht, so was gibt's nicht *fam* **II.** *n modifier* ❶ *doctor* Tier-; **~ droppings** Tierkot *m geh*, [Tier]mist *m*; **~ fat** tierisches Fett, tierische Fette *ntpl*; **~ instincts** animalische Instinkte; **~ trainer** Dompteur, Dompteuse *m, f*; **~ welfare** ≈ Tierschutz *m* ❷ (*strong*) **~ attraction** [*or* **magnetism**] animalische Anziehungskraft; **~ spirits** Lebensgeister *mpl*, Vitalität *f*

ani·mal 'hus·band·ry *n no pl* Viehzucht *f*

ani·mal·is·tic [ˌænɪməl'ɪstɪk, AM -mə'lɪs-] *adj* (*pej*) tierisch *pej*, animalisch; (*instinctive*) triebhaft; **~ urge** animalischer Trieb

ani·mal 'king·dom *n no pl* ■**the ~** das Tierreich **ani·mal 'rights** *npl das Recht der Tiere auf Leben und artgerechte Haltung*; **~ activist** Tierschützer(in) *m(f)*

ani·mate I. *adj* ['ænɪmət] *inv* lebend *attr*, belebt **II.** *vt* ['ænɪmeɪt] (*fig*) ■**to ~ sth** etw beleben

ani·mat·ed ['ænɪmeɪtɪd, AM -t̬ɪd] *adj* ❶ (*lively*) *discussion* lebhaft; **to have an ~ conversation** sich *akk* angeregt unterhalten ❷ FILM **~ cartoon** [*or* **film**] [Zeichen]trickfilm *m*, Animationsfilm *m*

ani·mat·ed·ly ['ænɪmeɪtɪdli, AM -t̬ɪdli] *adv* lebhaft; **to debate ~** sich *akk* angeregt unterhalten

ani·ma·teur [ˌænɪmə'tɜːʳ, AM -tɜːr] *n* BRIT ❶ (*promoter*) Animateur(in) *m(f)* ❷ (*teacher*) Lehrer(in) *m(f)* für künstlerische Darstellungsformen

ani·mat·ics [ænɪ'mætɪks] *n* Computeranimation *f*

ani·ma·tion [ænɪ'meɪʃən] *n* ❶ *no pl* (*energy*) Lebhaftigkeit *f* ❷ FILM Animation *f*; **computer ~** Computeranimation *f*

ani·ma·tor ['ænɪmeɪtəʳ, AM -t̬ɚ] *n* Trickfilmzeichner(in) *m(f)*

ani·ma·tron·ic [ænɪmə'trɒnɪk, AM 'trɑːnɪk] *adj* computeranimiert

ani·ma·troni·cal·ly [ænɪmə'trɒnɪkli, AM 'trɑːnɪk-] *adv* wie ein Roboter

ani·mism ['ænɪmɪzəm] *n no pl* REL Animismus *m*

ani·mist ['ænɪmɪst] *n* REL Animist(in) *m(f)*

ani·mos·ity [ˌænɪ'mɒsəti, AM -mɑːsət̬i] *n* ❶ *no pl* (*feeling*) Feindseligkeit *f* (**towards** gegenüber +*dat*); **to bear ~ towards sb** feindselige Gefühle gegen jdn hegen ❷ (*act*) feindselige Äußerung, Feindseligkeit *f*

an·ise ['ænɪs, AM æn'iːs] *n no pl* Anis *m*

ani·seed [ænɪsiːd] *n no pl* ❶ (*seed*) Anissamen *m* ❷ (*flavouring*) Anis *m*

an·kle ['æŋkl̩] *n* [Fuß]knöchel *m*; **to sprain** [*or* **twist**] **one's ~** sich *dat* den Knöchel [*o fam* Fuß] verstauchen

'an·kle-bit·er *n esp* AM, AUS (*hum*) Krabbelkind *nt fam*, Balg *m o nt meist pej fam* **'ankle·bone** *n* Sprungbein *nt* **'an·kle boots** *n pl* Halbstiefel *mpl* **'an·kle-deep** *adj inv* knöcheltief, bis zu den Knöcheln; **during the revolution, the streets were ~ in blood** während der Revolution watete man auf den Straßen in Blut **'an·kle sock** *n* BRIT Söckchen *nt* **'an·kle strap** *n* Schuhriemen *m*

an·klet ['æŋklət] *n* ❶ (*chain*) Fußkettchen *nt* ❷ AM (*sock*) Söckchen *nt*

an·nal·ist ['ænəlɪst] *n* Chronist(in) *m(f)*

an·nals ['ænəlz] *npl* Annalen *pl*; **in the ~ of mankind** in der Geschichte der Menschheit; **to go down in the ~ of history** in die Annalen der Geschichte eingehen *geh*

an·neal [ə'niːl] *vt* ■**to ~ sth** *metal* etw ausglühen; **to ~ glass** Glas kühlen

an·nex ['æneks] **I.** *vt* **to ~ a territory** ein Gebiet *nt* annektieren, sich *dat* ein Gebiet einverleiben **II.** *n* <*pl* -es> AM *see* **annexe**

an·nexa·tion [ˌænek'seɪʃən] *n* Annektierung *f*, Annexion *f*

an·nexe ['æneks], AM **an·nex** *n of a building* Nebengebäude *nt*; (*extended part*) Anbau *m*; (*pej fig*) Anhängsel *nt*

an·ni·hi·late [ə'naɪəleɪt, AM -əleɪt] *vt* ■**to ~ sth** etw vernichten [*o* [völlig] zerstören]; **to ~ a disease** eine Krankheit ausrotten; ■**to ~ sb** (*fig*) jdn vernichtend schlagen

an·ni·hi·la·tion [əˌnaɪ'leɪʃən, AM -ə'-] *n* Vernichtung *f*; (*fig*) vernichtende Niederlage

an·ni·ver·sa·ry [ænɪ'vɜːsəri, AM -'vɜːr-] *n* ❶ (*date*) Jubiläum *nt*, Jahrestag *m*; (*of a death*) Todestag *m*; **tomorrow is the thirtieth ~ of the revolution** morgen jährt sich die Revolution zum dreißigsten Mal; **wedding ~** Hochzeitstag *m*; **to celebrate one's golden/silver ~** goldene Hochzeit/Silberhochzeit feiern ❷ (*celebration*) Jubiläumsfeier *f*, Jahresfeier *f*; **~ party** Jubiläumsparty *f*

an·no·tate ['ænə(ʊ)teɪt, AM -əteɪt] *vt* ■**to ~ sth** etw kommentieren [*o* mit Anmerkungen versehen]; **~d edition/text** kommentierte Ausgabe/kommentierter Text

an·no·ta·tion [ˌænə(ʊ)'teɪʃən, AM -nə'-] *n* ❶ *no pl* (*act*) Kommentierung *f* ❷ (*note*) Kommentar *m*; (*footnote*) Anmerkung *f*

an·no·ta·tor ['ænə(ʊ)teɪtəʳ, AM -əteɪt̬ɚ] *n* Kommentator(in) *m(f)*

an·nounce [ə'naʊn(t)s] *vt* ■**to ~ sth** [**to sb**] [jdm] etw bekannt geben; **to ~ a result** ein Ergebnis verkünden; ■**to ~ that ...** bekannt geben, dass ...

an·nounce·ment [ə'naʊn(t)smənt] *n* Bekanntmachung *f,* Mitteilung *f;* (*on train, at airport*) Durchsage *f;* (*on radio*) Ansage *f;* (*in newspaper*) Anzeige *f;* **to make an ~ to sb about sth** jdm etw mitteilen

an·nounc·er [ə'naʊn(t)səʳ, AM -sɚ] *n* [Radio-/Fernseh]sprecher(in) *m(f),* Ansager(in) *m(f) veraltend;* **sports ~** AM (*commentator*) Kommentator(in) *m(f)*

an·noy [ə'nɔɪ] *vt* ■**to ~ sb** jdn ärgern [*o* aufregen]; (*get on nerves*) jdn nerven *fam;* **sorry, am I ~ing you?** Entschuldigung, störe ich Sie?; **it really ~s me when ...** es regt mich echt auf, wenn ... *fam*

an·noy·ance [ə'nɔɪən(t)s] *n* ① *no pl* (*anger*) Ärger *m;* (*weaker*) Verärgerung *f;* **to hide one's ~** seinen Ärger verbergen; **much to his/her ~** sehr zu seinem/ihrem Ärger ② (*pest*) Ärgernis *nt*

an·noyed [ə'nɔɪd] *adj* verärgert; **don't get so ~** lass dich dadurch nicht ärgern; ■**to be ~ at** [*or* **with**] **sb/sth** über jdn/etw verärgert sein; **to be ~ to discover/hear/see that ...** etw mit Verärgerung entdecken/hören/sehen, dass ...

an·noy·ing [ə'nɔɪɪŋ] *adj* ärgerlich; **the ~ thing about it is that ...** was mich daran ärgert [*o* das Ärgerliche an der Sache] ist, dass ...; **~ habit** lästige Angewohnheit

an·noy·ing·ly [ə'nɔɪɪŋli] *adv* ① (*irritatingly*) störend; **she's so ~ sure of herself** ihr Selbstbewusstsein geht mir so was von auf die Nerven *fam* ② (*to one's annoyance*) ~ [**enough**] ärgerlicherweise

an·nual ['ænjuəl] **I.** *adj inv* jährlich; (*for particular year*) Jahres-; **~ checkup** jährliche Routineuntersuchung; **~ event** alljährliches [*o* alljährlich stattfindendes] Ereignis; **~ growth** Jahreswachstum *nt;* **~ income** Jahreseinkommen *nt;* **~ migration** alljährliche Migration; **~ rainfall** Niederschlagsmenge *f* pro Jahr; **~ report** Jahresbericht *m;* **~ sales** Jahresumsatz *m* **II.** *n* ① (*publication*) Jahrbuch *nt* ② (*plant*) einjährige Pflanze

an·nual ge·ne·ral 'meet·ing *n* BRIT, AUS Jahreshauptversammlung *f*

an·nual·ized ['ænjuəlaɪzd, AM -əlaɪzd] *adj* auf das Jahr umgerechnet

an·nu·al·ly ['ænjuəli] *adv inv* [all]jährlich

an·nual 'meet·ing *n* AM Jahresversammlung *f*

an·nu·ity [ə'nju:əti, AM -nu:əṱi] *n* ① (*sum of money*) Jahreszahlung *f* ② (*contract*) Jahresrente *f;* **~ policy** Rentenversicherungspolice *f*

an·nul <-ll-> [ə'nʌl] *vt* ■**to ~ sth** etw annullieren; **to ~ a contract** einen Vertrag auflösen; **to ~ a judgement** ein Urteil aufheben; **to ~ a marriage** eine Ehe annullieren [*o* für ungültig erklären]

an·nul·ment [ə'nʌlmənt] *n* Annullierung *f geh; of a marriage, contract also* Auflösung *f; of a judgement* Aufhebung *f*

An·nun·cia·tion [ə,nʌn(t)si'eɪʃən] *n* REL ■**the ~** ① (*event*) die Verkündigung ② (*church festival*) Mariä Verkündigung

an·nus hor·ri·bi·lis [,ænəshɒ'ri:bɪlɪs, AM -hɔ:'-] *n* Annus horribilis *nt*

an·nus mi·ra·bi·lis <*pl* anni mirabiles> [,ænəsmɪ'rɑ:bəlɪs, AM ,ɑ:n-] *n* (*form*) denkwürdiges Jahr; **this year has been Clare's ~** dieses Jahr war für Clare sehr erfolgreich

an·ode ['ænəʊd, AM -oʊd] *n* ELEC Anode *f*

ano·dize ['ænə(ʊ)daɪz, AM -oʊd-] *vt* CHEM ■**to ~ sth** etw eloxieren *fachspr*

ano·dyne ['ænə(ʊ)daɪn, AM -oʊd-] **I.** *adj* ① (*pej form: soothing*) einlullend *fam;* (*dull*) *music* unauffällig; *approach* neutral ② MED schmerzstillend *attr* **II.** *n* MED Schmerzmittel *nt*

anoint [ə'nɔɪnt] *vt* ① (*with oil*) ■**to ~ sb/sth** jdn/etw einölen ② REL ■**to ~ sb** [**king**] jdn [zum König] salben; **to ~ sb as one's successor** (*fig*) jdn zu seinem Nachfolger/seiner Nachfolgerin auserwählen

anoint·ed [ə'nɔɪntɪd, AM -ṱɪd] *adj* gesalbt; (*fig*) erwählt

anoint·ment [ə'nɔɪntmənt] *n* Salbung *f;* **~ as a priest** Priesterweihe *f*

anoma·lous [ə'nɒmələs, AM -'nɑ:-] *adj* anomal, ungewöhnlich

anoma·lous·ly [ə'nɒmələsli, AM -'nɑ:-] *adv* (*form*) anomal; **the third judge awarded points rather ~** der dritte Preisrichter wich bei der Punktevergabe ziemlich von den anderen ab

anoma·ly [ə'nɒməli, AM -'nɑ:-] *n* ① (*irregularity*) Anomalie *f kein pl,* Abnormität *f;* **statistical ~** statistische Abweichung; **to be something of an ~** etwas seltsam sein ② *no pl* (*state*) Absonderlichkeit *f*

an·omie ['ænəmi] *n no pl* Anomie *f*

anon [ə'nɒn, AM -'nɑ:n] *adv inv* (*old*) bald, alsogleich *veraltet geh;* **see you ~** (*hum*) bis demnächst

anon *abbrev of* **anonymous**

ano·nym·ity [,ænə'nɪməti, AM -əṱi] *n no pl* Anonymität *f;* **to preserve one's ~** seine Anonymität wahren, anonym bleiben

anony·mous [ə'nɒnɪməs, AM -'nɑ:nə-] *adj call* anonym; **to remain ~** anonym bleiben; (*fig*) **he has a rather ~ face** er hat ein ziemlich unauffälliges Gesicht

anony·mous·ly [ə'nɒnɪməsli, AM -'nɑ:nə-] *adv* anonym

anophe·les <*pl* -> [ə'nɒfɪli:z, AM -'nɑ:fə-] *n* ZOOL Anopheles *f fachspr,* Malariamücke *f*

ano·rak ['ænəræk] *n* ① (*jacket*) Anorak *m* ② BRIT (*fam: person*) *Einzelgänger, der sich einem speziellen Hobby obsessiv hingibt*

ano·rec·tic [,ænəʳ'ektɪk] *adj see* **anorexic**

ano·rexia *n no pl,* **ano·rexia ner·vo·sa** [,ænə,reksɪənɜ:'vəʊzə, AM -nɜ:r'voʊ-] *n no pl* Magersucht *f,* Anorexia nervosa *f fachspr,* Anorexie *f fachspr*

ano·rex·ic [,ænə'reksɪk] **I.** *adj* MED (*a. fig*) magersüchtig **II.** *n* Magersüchtige(r) *f(m);* ■**to be an ~** magersüchtig sein

an·other [ə'nʌðəʳ, AM -ɚ] **I.** *adj* ① (*one more*) noch eine(r, s); **can I have ~ piece of cake, please?** kann ich bitte noch ein Stück Kuchen haben?; **Danny's had yet ~ car accident** Danny hatte schon wieder einen Unfall! ② (*similar to*) ein zweiter/zweites/eine zweite; **many Americans feared the Gulf War would be ~ Vietnam** viele Amerikaner befürchteten, dass der Golfkrieg ein zweites Vietnam würde ③ (*not the same*) ein andere/anderes/eine andere; **~ man would have tried to cover up his mistake** ein anderer hätte versucht, seinen Fehler zu vertuschen; **that's ~ matter** [**entirely**] das ist etwas [ganz] anderes; **... but that's ~ story ...** doch das ist eine andere Geschichte; **ask me ~** frag mich nicht *fam;* **to be in ~ world** ganz woanders sein ▸ PHRASES: **to live to fight ~ day** (*hum*) etw überleben [*o* überstehen]; **one man's meat is ~ man's poison** (*prov*) des einen Freud, des andern Leid *prov;* **to have ~ thing coming** (*fam*) sich *akk* gewaltig irren *fam,* auf dem Holzweg sein *fam;* **tomorrow is ~ day** (*saying*) morgen ist auch noch ein Tag **II.** *pron no pl* ① (*different one*) ein anderer/eine andere/ein anderes; **moving from one place to ~** von einem Ort zu einem anderen umziehen; **talking about a problem is one thing but doing something about it is ~** über ein Problem zu sprechen, ist eine Sache, eine Lösung dafür zu finden, eine ganz andere; **one way or ~** irgendwie ② (*additional one*) noch eine(r,s); **those pastries are delicious – could I have ~?** diese Törtchen sind köstlich – könnte ich noch eines haben?; **he was eating one ice cream after ~** er aß ein Eis nach dem anderen; **I refuse to listen to ~ of your crazy ideas!** ich höre mir nicht noch eine von deinen verrückten Ideen an!; **yet ~** noch eine(r, s) ③ (*each other*) **one ~** einander

A. N. Other [,eɪ,en'ʌðəʳ] *n* BRIT (*hum*) N.N. (*Person, deren Namen* [*noch*] *unbekannt ist*)

an·sa·fone® ['ɑ:n(t)səfəʊn] BRIT, **an·sa·phone®** *n* BRIT Anrufbeantworter *m*

an·swer ['ɑ:n(t)səʳ, AM 'æn(t)sɚ] **I.** *n* ① (*reply*) Antwort *f* (**to** auf +*akk*); (*reaction also*) Reaktion *f;* (*fig: equivalent*) Pendant *nt geh* (**to** zu +*dat*), Gegenstück *nt* (**to** zu +*dat*); **there was no**

~ (*telephone*) es ist keiner rangegangen; (*doorbell*) es hat keiner aufgemacht; **he didn't give an** ~ er antwortete nicht; **in** ~ **to your letter ...** in Beantwortung Ihres Schreibens ... *geh;* **to be the** ~ **to sb's prayer(s)** (*hum, iron*) ein Geschenk des Himmels sein; ~ **to a question** Antwort *f* auf eine Frage; **a straight** ~ eine direkte Antwort; **by way of an** ~ als Antwort; **to get an/no** ~ eine/keine Antwort bekommen ❷ (*solution*) Lösung *f;* MATH Ergebnis *nt;* **there's no easy** ~ es gibt dafür keine Patentlösung; ~ **to a problem** Lösung *f* eines Problems; **to know all the** ~**s** (*a. iron: be well-informed*) alles wissen, die Antwort auf alle Fragen kennen; (*be big-headed*) [immer] alles besser wissen ❸ LAW Klageerwiderung *nt,* Replik *f* ► PHRASES: **a soft** ~ **[turneth away wrath]** (*saying*) mit ein bisschen Ruhe kann man so manchen Zorn besänftigen **II.** *vt* ■ **to** ~ **sth** ❶ (*respond to*) *question* etw beantworten, auf etw *akk* antworten; **"why not?" he** ~**ed** „warum nicht?" erwiderte er; **not many people have** ~**ed our want ad so far** bis jetzt haben sich noch nicht viele auf unsere Suchanzeige gemeldet; **this** ~**s all our prayers** unsere Gebete wurden erhört! *geh;* **to** ~ **the call of sb** jdm gehorchen; **to** ~ **the call to [do] sth** (*dated*) dem Ruf folgen, etw zu tun *geh;* **to** ~ **the call of nature** (*a. hum*) dem Ruf der Natur folgen *a. hum;* **to** ~ **the call for volunteers** sich *akk* freiwillig melden; **to** ~ **the door[bell]** die Tür öffnen; **to** ~ **the telephone** ans Telefon gehen; ■ **to** ~ **sb** jdm antworten; ~ **me!** antworte [mir]!/antworten Sie! ❷ (*fit, suit*) etw *dat* entsprechen; *prayer* etw erhören; **that** ~**ed our prayers** das war wie ein Geschenk des Himmels; **to** ~ **a need** einem Bedürfnis entgegenkommen; **to** ~ **a purpose** einem Zweck dienen ❸ LAW **to** ~ **charges** sich wegen einer Klage verantworten **III.** *vi* antworten, eine Antwort geben; **nobody** ~**ed** (*telephone*) es ist keiner rangegangen; (*doorbell*) es hat keiner aufgemacht

◆ **answer back** *vi* widersprechen; *child* freche Antworten geben; **don't** ~ **back!** keine Widerrede!

◆ **answer for** *vi* ■ **to** ~ **for sb/sth** ❶ (*take responsibility*) für jdn/etw Verantwortung tragen; **to have a lot to** ~ **for** (*pej*) einiges auf dem Kerbholz haben *fam* ❷ *esp* BRIT (*approv: vouch for*) sich *akk* für jdn/etw verbürgen

◆ **answer to** *vi* ❶ (*take orders*) ■ **to** ~ **to sb** jdm Rede und Antwort stehen ❷ **to** ~ **to a description** einer Beschreibung entsprechen ❸ (*form or hum*) **to** ~ **to the name of ...** auf den Namen ... hören *geh*

an·swer·able ['ɑ:n(t)sᵊrəbl̩, AM 'æn(t)-] *adj pred* ❶ (*responsible*) verantwortlich; ■ **to be** ~ **for sth** für etw *akk* verantwortlich sein ❷ (*accountable*) haftbar; ■ **to be** ~ **to sb** jdm gegenüber zur Rechenschaft verpflichtet sein ❸ ■ **to [not] be** ~ *question* [nicht] zu beantworten sein

'an·swer·ing ma·chine *n* Anrufbeantworter *m* **'an·swer·ing ser·vice** *n* Fernsprechauftragsdienst *m*

an·swer·phone ['ɑ:n(t)səfəʊn] *n* BRIT Anrufbeantworter *m*

ant [ænt] *n* Ameise *f;* **to have** ~**s in one's pants** (*dated or hum*) Hummeln im Hintern haben *hum fam*

ant·acid [ˌæn'tæsɪd] *n* MED, PHARM Antazidum *nt*

an·tago·nism [æn'tægᵊnɪzmᵊ] *n* Antagonismus *m geh;* (*hostility*) Feindseligkeit *f* (**towards** gegenüber +*dat*)

an·tago·nist [æn'tægənɪst] *n* Antagonist(in) *m(f),* Gegner(in) *m(f),* Widersacher(in) *m(f)*

an·tago·nis·tic [ænˌtægə'nɪstɪk] *adj* antagonistisch; (*hostile*) feindlich; ■ **to be** ~ **toward[s] sb/sth** jdm/etw gegenüber feindselig eingestellt sein

an·tago·nis·ti·cal·ly [ænˌtægə'nɪstɪkᵊli] *adv* feindlich; **to react** ~ feindselig reagieren

an·tago·nize [æn'tægənaɪz] *vt* ■ **to** ~ **sb** sich *dat* jdn zum Feind machen, jdn gegen sich *akk* aufbringen

Ant·arc·tic [æn'tɑ:ktɪk, AM -'tɑ:rk-] **I.** *n* ■ **the** ~ die Antarktis **II.** *adj animal, flora and fauna* antarktisch; *expedition, explorer* Antarktis-; ~ **Circle** südlicher Polarkreis; ~ **Ocean** südliches Eismeer

ante ['ænti, AM -t̬i] *n usu sing* Einsatz *m;* **to raise [***or* **up] the** ~ (*fig*) den Einsatz erhöhen

ant·eater ['æntˌi:tə^r, AM -t̬ɚ] *n* Ameisenbär *m*

ante·ced·ent [ˌæntɪ'si:dᵊnt] **I.** *n* ❶ (*form: forerunner*) Vorläufer(in) *m(f);* ■ ~**s** *pl* (*past history*) Vorgeschichte *f kein pl; of a person* Vorleben *nt* ❷ LING Beziehungswort *nt,* Bezugswort *nt,* Antezedenz *nt fachspr* **II.** *adj inv* (*form*) früher

ante·cham·ber ['æntɪˌtʃeɪmbə^r, AM -t̬ɪˌtʃeɪmbɚ] *n* (*form*) Vorzimmer *nt;* (*waiting room*) Wartezimmer *nt*

ante·date [ˌæntɪ'deɪt, AM 'æntɪdeɪt] *vt* (*form*) ■ **to** ~ **sth** ❶ (*give earlier date*) etw vordatieren ❷ (*precede in time*) etw *dat* [zeitlich] vorangehen; **these buildings** ~ **his reign** diese Gebäude stammen aus der Zeit vor seiner Herrschaft

ante·di·lu·vian [ˌæntɪdɪ'lu:viən, AM -t̬ɪdə'-] *adj inv* (*hum*) vorsintflutlich *fam;* (*dated*) altmodisch

ante·lope <*pl* -s *or* -> ['æntɪləʊp, AM -t̬ᵊloʊp] *n* Antilope *f*

ante·na·tal [ˌæntɪ'neɪtᵊl, AM -t̬ɪ'neɪt̬ᵊl] **I.** *adj attr, inv* pränatal, vorgeburtlich; ~ **class** Geburtsvorbereitungskurs *m;* ~ **clinic** Klinik *f* für Schwangere; ~ **screening** pränatale Diagnostik **II.** *n* Schwangerschaftsvorsorgeuntersuchung *f*

ante·na·tal·ly [ˌæntɪ'neɪtᵊli, AM -t̬ɪ'neɪt̬ᵊli] *adv inv* pränatal

an·ten·na [æn'tenə] *n* ❶ <*pl* -nae> *of an insect* Fühler *m;* (*fig*) Gespür *nt kein pl;* **pair of** ~**e** Fühlerpaar *nt* ❷ <*pl* -s> (*aerial*) Antenne *f;* **radio** ~ Radioantenne *f*

an·ten·nae [æn'teni:] *n pl of* **antenna**

ante·penul·ti·mate [ˌæntɪpə'nʌltɪmət, AM -t̬ɪpɪ'nʌltə-] **I.** *adj inv* drittletzte(r, s) *attr* **II.** *n* (*form*) ■ **the** ~ der/die/das Drittletzte

ante·ri·or [æn'tɪəriə^r, AM 'tɪrɪɚ] *adj inv* MED, BIOL vordere(r, s) *attr,* anterior *fachspr*

ante·room ['æntɪru:m, AM -t̬ɪru:m] *n* Vorzimmer *nt;* (*waiting room*) Wartezimmer *nt*

an·them ['æn(t)θəm] *n* Hymne *f;* REL Choral *m;* **national** ~ Nationalhymne *f*

an·ther ['æn(t)θe^r, AM -θɚ] *n* BOT Staubbeutel *m*

ant·hill ['ænthɪl] *n* (*a. fig*) Ameisenhaufen *m*

an·tholo·gist [æn'θɒlədʒɪst, AM -θɑ:lə-] *n* Herausgeber(in) *m(f)* einer Anthologie

an·tholo·gize [æn'θɒlədʒaɪz, AM -θɑ:lə-] *vt* ■ **to be** ~**d** in eine Anthologie aufgenommen werden

an·thol·ogy [æn'θɒlədʒi, AM -θɑ:lə-] *n* ❶ (*of literature*) Anthologie *f;* ~ **of short stories** Auswahl *f* von Kurzgeschichten; ~ **of verse** Gedichtsammlung *f;* ~ **of modern verse** Anthologie *f* moderner Lyrik ❷ (*of art/music*) Sammlung *f*

an·thra·cite ['æn(t)θrəsaɪt] **I.** *n* Anthrazit *m;* (*colour also*) Anthrazitgrau *nt* **II.** *adj* anthrazit[farben]

an·thrax ['æn(t)θræks] *n no pl* MED Milzbrand *m,* Anthrax *m fachspr*

'an·thrax at·tack *n* Milzbrandattentat *nt*

an·thro·po·cen·tric [ˌæn(t)θrə(ʊ)pə(ʊ)'sentrɪk, AM -θrəpə'-] *adj* SOCIOL anthropozentrisch

an·thro·po·cen·tri·cal·ly [ˌæn(t)θrə(ʊ)pə(ʊ)'sentrɪkᵊli, AM -θrəpə-] *adv* SOCIOL anthropozentrisch

an·thro·po·cen·trism [ˌæn(t)θrə(ʊ)pə(ʊ)'sentrɪzᵊm, AM -θrəpə-] *n no pl* SOCIOL Anthropozentrismus *m*

an·thro·poid ['æn(t)θrə(ʊ)pɔɪd, AM -θrə-] **I.** *n* BIOL Menschenaffe *m,* Anthropoid[e] *m fachspr* **II.** *adj* ❶ *inv* (*of primates*) Menschen-; ~ **ape** Menschenaffe *m* ❷ (*fig hum: ape-like*) affenartig

an·thro·po·logi·cal [ˌæn(t)θrəpə'lɒdʒɪkᵊl, AM -'lɑ:-] *adj* SOCIOL anthropologisch

an·thro·po·logi·cal·ly [ˌæn(t)θrəpə'lɒdʒɪkᵊli, AM -'lɑ:-] *adv* SOCIOL anthropologisch

an·thro·polo·gist [ˌæn(t)θrə'pɒlədʒɪst, AM -'pɑ:lə-] *n* Anthropologe, -in *m, f*

an·thro·pology [ˌæn(t)θrə'pɒlədʒi, AM -'pɑ:lə-] *n no pl* Anthropologie *f*

an·thro·po·mor·phic [ˌæn(t)θrəpə(ʊ)'mɔ:fɪk, AM -pə'mɔ:r-] *adj* SOCIOL anthropomorphisch; (*of human figure*) anthropomorph

an·thro·po·mor·phi·cal·ly [ˌæn(t)θrəpə(ʊ)'mɔːfɪkəli, AM -pə'mɔːr-] *adv* SOCIOL anthropomorphisch; (*of human figure*) anthropomorph

an·thro·po·mor·phism [ˌæn(t)θrəpə(ʊ)'mɔːfɪzəm, AM -pə'mɔːr-] *n no pl* SOCIOL Anthropomorphismus *m*

anti ['ænti, AM -t̬i, -taɪ] **I.** *n* Gegner(in) *m(f)*; **are you a pro or an ~?** bist du dafür oder dagegen? **II.** *adj* ■**to be ~** dagegen sein **III.** *in compounds* Anti-/anti- **IV.** *prep* gegen; **to be ~ sb/sth** gegen jdn/etw sein

anti·a'bor·tion *adj* Anti-Abtreibungs-; **~ activist** Abtreibungsgegner(in) *m(f)*; **~ group** Gruppe *f* von Abtreibungsgegnern/-gegnerinnen **anti-'age·ing**, AM **anti-'ag·ing** *adj inv* den Alterungsprozess aufhaltend; *attr;* ■**to be ~** den Alterungsprozess aufhalten **anti-'air·craft** *adj attr, inv* Flugabwehr-; **~ emplacement** Flakstellung *f*; **~ gun** Flak *f* **anti·bac·'te·rial** *adj inv* antibakteriell **anti·bi·ot·ic** [-baɪ'ɒtɪk, AM -'ɑːt̬ɪk] **I.** *n usu pl* Antibiotikum *nt* **II.** *adj inv* antibiotisch **'anti·body** *n* Antikörper *m*

an·tic ['æntɪk] *adj* (*liter*) bizarr; (*strange*) seltsam

anti·car·cino·gen·ic [ˌæntɪˌkɑːsɪnə(ʊ)'dʒenɪk, AM -t̬ɪˌkɑːrsənoʊ'-] *adj inv* krebshemmend, antikarzinogen *fachspr*

anti-'choice *adj* ■**to be ~** *gegen das Recht der Frau sein, über eine Abtreibung selbst zu bestimmen;* **~ activist** Gegner(in) *m(f)* des Selbstbestimmungsrechts der Frau

'Anti·christ *n* ■**the ~** der Antichrist

an·tici·pate [æn'tɪsɪpeɪt, AM -'tɪsə-] *vt* ❶ (*expect*) ■**to ~ sth** etw erwarten, mit etw *dat* rechnen; (*foresee*) etw vorhersehen [*o* vorausahnen] ❷ (*act in advance*) ■**to ~ sth** etw *dat* vorgreifen; **she ~d his every wish** sie kam all seinen Wünschen zuvor; **to ~ one's inheritance** sein Erbe im Voraus verbrauchen ❸ (*be first*) ■**to ~ sb/sth** jdm/etw vorausgehen; **is it true that Eric the Red ~d Columbus in discovering America?** stimmt es, dass Erich der Rote vor Kolumbus Amerika entdeckt hat?

an·tici·pa·tion [ænˌtɪsɪ'peɪʃən, AM -sə'-] *n no pl* ❶ (*expecting*) Erwartung *f*; (*pleasure in advance*) Vorfreude *f*; **thank you in ~** vielen Dank im Voraus; **eager ~** gespannte Erwartung; ■**in ~ of sth** in [freudiger] Erwartung einer S. *gen* ❷ (*being first*) Vorwegnahme *f* ❸ (*acting in advance*) Vorausberechnung *f*

an·tici·pa·tory [ænˌtɪsɪ'peɪtəri, AM æn'tɪsəpətɔːri] *adj* vorwegnehmend *attr;* **~ chill** bange Vorahnung; **~ thrill** gespannte Erwartung

anti-'cleri·cal *adj* kirchenfeindlich **anti-'cleri·cal·ism** *n no pl* Antiklerikalismus *m*, Kirchenfeindlichkeit *f* **anti·cli·'mac·tic** *adj* enttäuschend **anti-'cli·max** *n* Enttäuschung *f*; LIT Antiklimax *m;* **to be a bit** [*or* **something**] **of an ~** etwas enttäuschend sein **anti-'clock·wise** *adv* BRIT, AUS gegen den Uhrzeigersinn **anti·co·agu·lant** [-kəʊ'ægjʊlənt, AM -koʊ'ægjə-] **I.** *n* MED Antikoagulans *nt fachspr* **II.** *adj inv* [blut]gerinnungshemmend *attr* **anti-'com·mun·ist** **I.** *adj* antikommunistisch **II.** *n* Antikommunist(in) *m(f)* **anti-con-'sum·er·ist** **I.** *adj* konsumfeindlich **II.** *n* Konsumfeind(in) *m(f)*, Konsumgegner(in) *m(f)* **anti-cor-'ro·sive** *n* Korrosionsschutz *m*

an·tics ['æntɪks] *npl* Kapriolen *fpl*, Eskapaden *fpl*; (*spontaneous ideas*) Launen *fpl* **anti-'cy·clone** *n* METEO ❶ (*storm*) Gegenwirbelsturm *m* ❷ (*high-pressure area*) Hochdruckgebiet *nt* **anti·de·'pres·sant** **I.** *n* Antidepressivum *nt* **II.** *adj* antidepressiv

anti·dis·crimi·'na·tion [ˌæntɪdɪˌskrɪmɪ'neɪʃən, AM -t̬-] *n modifier* Antidiskriminierungs-; **an ~ law** ein Antidiskriminierungsgesetz *nt*

anti·dote ['æntɪdəʊt, AM -t̬ɪdoʊt] *n* Gegengift *nt*, Gegenmittel *nt;* ■**to be an ~ for** [*or* **to**] **sth** (*a. fig*) ein Gegenmittel *nt* für etw *akk* sein

'anti·freeze *n no pl* Frostschutzmittel *nt*

anti-'gay [ˌæntɪ'geɪ, AM -t̬-] *adj* homosexuellenfeindlich **anti·gen** *n* MED Antigen *nt*

anti-'glob·al·ist [ˌæntɪ'gləʊbəlɪst, AM -t̬ɪ'gloʊ-] *n* Globalisierungsgegner(in) *m(f)*

anti-'hate group [ˌæntɪ'heɪtˌgruːp, AM -t̬ɪ'-] *n* Antihassgruppe *f* **'anti-hero** *n* Antiheld *m* **anti'his·ta·mine** *n* MED, PHARM ❶ *no pl* (*substance*) Antihistamin *nt* ❷ (*dosage*) Antihistaminikum *nt* **anti-in-'flam·ma·tory** **I.** *n* entzündungshemmendes Mittel **II.** *adj inv* entzündungshemmend **'anti-knock** **I.** *n no pl* TECH Antiklopfmittel *nt* **II.** *n modifier* TECH Antiklopf-; **~ agent** Antiklopfmittel *nt* **anti-'knock·ing** *adj attr, inv* TECH Antiklopf- **'anti let·ter** *n* Protestbrief *m* **'anti-lock** *adj attr brakes* Antiblockier- **anti-lock 'brak·ing sys·tem** *n* AUTO Antiblockiersystem *nt* **'anti·log** *n* (*fam*), **anti-'loga·rithm** *n* MATH Numerus *m* **anti·ma·cas·sar** [ˌæntɪmə'kæsəʳ, AM -t̬ɪmə'kæsɚ] *n* (*dated*) Sesselschoner *m;* (*for sofas*) Sofaschoner *m* **'anti·mat·ter** *n no pl* PHYS Antimaterie *f* **anti-'mis·sile** *adj attr, inv* Antiraketen-; **~ defence** Raketenabwehr *f*

anti·mony ['æntɪməni, AM -t̬əmoʊ-] *n no pl* Antimon *nt*

anti-'noise *n no pl* Gegengeräusch *nt* **anti-'nu·clear** *adj* Antiatom-; ■**to be ~** gegen Atomkraft sein, Atom[kraft]gegner/-gegnerin [*o* Kernkraftgegner/-gegnerin] sein **anti-'oxi·dant** *n* Antioxidationsmittel *nt*, Antioxidans *nt*

anti·pas·ti [ˌæntɪ'pæsti, AM -t̬ɪ'pɑːsti] *n pl of* **antipasto** Antipasti *pl*

anti·pas·to <*pl* -s *or pl* -ti> [ˌæntɪ'pæstəʊ, AM -t̬ɪ'pɑːstoʊ, *pl* -tiː] *n* Antipasto *m o nt*

anti·pa·thet·ic [ˌæntɪpə'θetɪk, AM -t̬ɪ'pəθet̬ɪk] *adj attitude, reaction* unsympathisch; ■**to be ~ to sb/sth** gegen jdn/etw eine Abneigung haben

an·tipa·thy [æn'tɪpəθi] *n usu sing* Antipathie *f geh*, Abneigung *f* (**for/to**[**wards**] gegen +*akk*); **racial ~** Rassismus *m*

anti-per·son-'nel *adj attr, inv* gegen Menschen gerichtet; **~ bomb** Splitterbombe *f*; **~ mine** Tretmine *f* **anti·per·spi·rant** [ˌæntɪ'pɜːspərənt, AM -t̬ɪ'pɜːrspɚ-] **I.** *n* Antitranspirant *nt* **II.** *adj* antitranspiratorisch; **to have ~ qualities** eine schweißhemmende Wirkung haben

An·tipo·dean [ænˌtɪpə(ʊ)'diːən] **I.** *adj inv* BRIT ❶ australisch ❷ neuseeländisch **II.** *n* ❶ Australier(in) *m(f)* ❷ Neuseeländer(in) *m(f)*

An·tipo·des [æn'tɪpədiːz] *npl* BRIT ■**the ~** ❶ GEOG Australien *nt* und Neuseeland *nt* ❷ (*opposite directions*) entgegengesetzte Teile der Erde

anti·quar·ian [ˌæntɪ'kweəriən, AM -t̬ə'kweri-] **I.** *n* ❶ (*antique dealer*) Antiquitätenhändler(in) *m(f)*; (*bookseller*) Antiquar(in) *m(f)* ❷ (*collector*) Antiquitätensammler(in) *m(f)* ❸ (*student*) Altertumsforscher(in) *m(f)* **II.** *adj* antiquarisch

anti·quari·an·ism [ˌæntɪ'kweəriənɪzəm, AM -t̬ə'kweri-] *n no pl* Interesse *nt* für Antiquitäten

anti·quary ['æntɪkwəri, AM -t̬əkweri-] *n* (*dated: dealer*) Antiquitätenhändler(in) *m(f)*; (*collector*) Antiquitätensammler(in) *m(f)*

anti·quat·ed ['æntɪkweɪtɪd, AM -t̬ə-] *adj* (*pej*) antiquiert *a. hum; industries, institutions* veraltet; (*fig*) **now I'm thirty I feel positively ~!** (*hum*) jetzt, wo ich dreißig bin, fühle ich mich wirklich uralt; **~ attitude** altmodische Einstellung

an·tique [æn'tiːk] **I.** *n* ❶ (*collectable object*) Antiquität *f*; **~ dealer** Antiquitätenhändler(in) *m(f)*; **~ shop** Antiquitätengeschäft *nt* ❷ (*pej, iron: object*) Antiquität *f hum* **II.** *adj* antik **III.** *vi* (*fam*) ■**to ~** Antiquitäten kaufen

an·tiq·uity [æn'tɪkwəti, AM -t̬i] *n* ❶ *no pl* (*ancient times*) Altertum *nt* ❷ *no pl* (*great age*) hohes Alter; **to be of great ~** sehr alt sein ❸ (*relics*) ■**antiquities** *pl* Altertümer *pl*

anti-'rac·ist **I.** *adj* antirassistisch **II.** *n* Antirassist(in) *m(f)*

an·tir·rhi·num [ˌæntɪ'raɪnəm, AM -t̬ə-] *n* BOT (*form*) Antirrhinum *nt fachspr*, Löwenmaul *nt kein pl*

anti-'rust *adj attr, inv* Rostschutz- **anti-'Se·mite** *n* (*pej*) Antisemit(in) *m(f)* **anti-'Se·mit·ic** *adj* antisemitisch **anti-'Se·mi·tism** *n no pl* Antisemitismus *m* **anti-'sep·tic** [ˌæntɪ'septɪk, AM -t̬ə-] **I.** *n* Antiseptikum *nt*, antiseptisches Mittel **II.** *adj* antiseptisch, keimtötend; (*fig, pej*) *buildings, apartments* steril *pej*

anti-'shock memo·ry [ˌæntɪ'ʃɒkˌmeməri, AM -t̬ɪ'ʃɑːk-] *n no pl,*

anti-skip tech·'nol·ogy [æntɪˌskɪptek'nɒlədʒi, AM -t̬ɪˌskɪptek'nɑ:-] *n no pl* (*on CD players*) Antischocksystem *nt* **anti-'smok·ing** *adj* Nichtraucher- **anti-'so·cial** *adj* ❶ (*harmful to society*) unsozial; (*alienated from society*) asozial ❷ (*not sociable*) ungesellig, nicht gesellig **anti-'stat·ic** *adj* antistatisch **anti-'tank** *adj attr, inv* Panzerabwehr-

an·tith·esis <*pl* -ses> [æn'tɪθəsɪs, *pl* -si:z] *n* Gegenteil *nt;* (*contrast*) Gegensatz *m;* (*in rhetoric*) Antithese *f;* ■**in ~ to sth** im Gegensatz zu etw *dat*

anti·thet·ic(al) [ˌæntɪ'θetɪk(ᵊl), AM -t̬ɪθet̬-] *adj inv* antithetisch, gegensätzlich; ■**to be ~ to sth** zu etw *dat* im Widerspruch stehen

anti·'tox·in [ˌæntɪ'tɒksɪn, AM -t̬ɪ'tɑ:k-] *n* MED Gegengift *nt,* Antitoxin *nt fachspr*

anti-'trust law *n esp* AM Kartellgesetz *nt*

anti·'vi·ral [ˌæntɪ'vaɪ(ə)rᵊl, AM -t̬ɪ'vaɪr-] MED **I.** *adj* antiviral; **~ drug** antivirales Arzneimittel **II.** *n* ■**~s** *pl* Virostatika *ntpl fachspr*

ant·ler ['æntlə^r, AM -ɚ] *n* Geweihstange *f;* **pair of ~s** Geweih *nt*

an·to·nym ['æntənɪm, AM -tᵊn-] *n* LING Antonym *nt fachspr*

an·tony·mous [æn'tɒnɪməs, AM -'tɑ:n-] *adj* antonym *fachspr;* **~ word** Antonym *nt fachspr*

ant·sy ['æntsi] *adj* AM (*fam*) *child* zappelig *fam;* ■**sb is ~** jd ist kribbelig *fam;* ■**to be ~ to do sth** (*very eager to do sth*) darauf brennen, etw zu tun

anus ['eɪnəs] *n* Anus *m*

an·vil ['ænvɪl, AM -vᵊl] *n* Amboss *m;* (*in ear also*) Incus *m fachspr*

anxi·ety [æŋ'zaɪəti, AM -ət̬i] *n* ❶ *no pl* (*feeling of concern*) Sorge *f,* Besorgnis *f;* **a source of ~** ein Anlass *m* zur Sorge; **to feel ~ [about sth]** sich *dat* [um etw *akk*] Sorgen machen ❷ (*concern*) Angst *f* ❸ *no pl* (*desire*) Verlangen *nt;* **... hence his ~ to get his work finished ...** daher ist er auch so bestrebt, seine Arbeit fertig zu bekommen

an'xi·ety at·tack *n* Panikattacke *f,* Angstanfall *m* **an'xi·ety com·plex** *n* Angstkomplex *m* **an'xi·ety dis·or·der** *n* Angststörung *f* **an'xi·ety neu·ro·sis** *n* Angstneurose *f*

anx·ious ['æŋ(k)ʃəs] *adj* ❶ (*concerned*) besorgt; **she always gets ~ if we don't arrive when we say we will** sie macht sich immer Sorgen, wenn wir nicht zur angegebenen Zeit zurückkommen; **to keep an ~ eye on sth** auf etw *akk* ein wachsames Auge haben; **~ look** besorgter Blick; (*more serious*) sorgenvoller Blick; ■**to be ~ about sth** sich *dat* um etw *akk* Sorgen machen, um etw *akk* besorgt sein; (*more serious*) um etw *akk* Angst haben ❷ (*eager*) bestrebt; **I'm ~ that we get there on time** ich hoffe [sehr], dass wir rechtzeitig dort ankommen; ■**to be ~ to do sth** [eifrig] darauf bedacht sein, etw zu tun; ■**to be ~ for sth** ungeduldig auf etw *akk* warten

anx·ious·ly ['æŋ(k)ʃəsli] *adv* ❶ (*with concern*) besorgt ❷ (*eagerly*) sehnsüchtig; **~ awaited** sehnsüchtig erwartet; (*with excitement*) mit Spannung erwartet

any [eni, əni] **I.** *adj* ❶ (*of amount*) irgendein(e) *attr;* **I don't think there'll be ~ snow this Christmas** ich glaube nicht, dass es dieses Jahr an Weihnachten schneien wird; **do you have** [*or* **have you got**] **~ basil?** haben Sie Basilikum? ❷ (*of unrestrictedness*) jede(r, s) *attr;* **I love ~ form of chocolate** ich liebe jede Art von Schokolade; **absolutely ~ food would be better than nothing at all** wirklich jedes Essen wäre besser als überhaupt nichts; **~ complaints should be addressed to the hotel manager** jegliche Beschwerden sollten an den Hoteldirektor/die Hoteldirektorin gerichtet werden; **ring me up ~ time** du kannst mich jederzeit anrufen; **~ day/moment/time now** jeden Tag/Moment/jederzeit; **~ minute now there's going to be a massive quarrel between those two** jede Minute kann es zu einem massiven Streit zwischen den beiden kommen; **at ~ one time** zu jeder Zeit; **in ~ case** [*or fam* **at ~ rate**] (*whatever happens*) auf jeden Fall; (*above and beyond that*) überhaupt **II.** *pron* ❶ + *sing vb* (*each*) jede(r, s); **we're happy to welcome each and ~ who want to come to the picnic** wir freuen uns über jeden Einzelnen, der zum Picknick kommen möchte; **~ of the dresses/cars** jedes der Kleider/Autos; **~ of you should ...** jeder von euch sollte ... ❷ + *pl vb* (*some of many*) welche(r, s); **we've got one copy here but we don't have ~ to sell** wir haben hier ein Exemplar, aber zum Verkaufen haben wir keine; **I haven't seen ~ of his films** ich habe keinen seiner Filme gesehen; **are ~ of those pictures over there yours?** sind von den Bildern da drüben welche von dir?; **not ~/~ at all** überhaupt keine/welche ❸ + *sing vb* (*some of quantity*) welche(r, s); **do you have any basil? – I'm sorry, there isn't ~ left** hast du Basilikum? – ich fürchte, es ist keines mehr da; **if there's ~ left, throw it away** wenn noch was übrig ist, wirf es weg; **is there ~ of that lemon cake left?** ist noch etwas von dem Zitronenkuchen übrig?; **hardly ~** kaum etwas; **not ~/~ at all** überhaupt keine(r, s)/welche(r, s) ❹ + *sing vb* (*not important which*) irgendeine(r, s); **I need someone to give me a hand – ~ of you will do** ich brauche jemand, der mir hilft – egal wen ▶ PHRASES: **to not have ~ [of it]** nichts davon wissen wollen **III.** *adv inv, usu neg* ❶ (*at all*) überhaupt, gar; **are you feeling ~ better after your illness?** fühlst du dich denn etwas besser nach deiner Krankheit?; **can't you drive ~ faster?** können Sie nicht etwas schneller fahren?; **if I have to stay here ~ longer, ...** wenn ich noch länger hierbleiben muss, ...; AM (*fam*) **that didn't help ~** das hat überhaupt nichts genutzt ❷ **~ more** noch mehr; **I don't do yoga ~ more** ich mache kein Yoga mehr; **I don't expect we'll have ~ more trouble from him** ich glaube nicht, dass wir noch weiteren Ärger von ihm zu erwarten haben; **I can't tell you ~ more than that** ich kann dir nicht mehr als das sagen; **~ more of those remarks and I'll thump you!** noch eine solche Bemerkung und es knallt! *fam;* **~ old sth** (*fam*) jede(r, s) x-beliebige etw *fam;* **I can't wear just ~ old thing to my brother's wedding** ich kann nicht jedes x-beliebige Teil zur Hochzeit meines Bruders tragen! *fam*

any·body ['eniˌbɒdi, AM -ˌbɑ:di] *pron,* **any·one** *pron* ❶ (*each person*) jede(r, s); **~ could do it** jeder könnte das machen; **it was still ~'s game at half-time** zur Halbzeit war das Spiel noch offen; **to be ~'s guess** völlig offen sein ❷ (*someone*) jemand; **does ~ here look familiar?** kennst du hier jemanden?; **~ else?** noch jemand?; **~ else for coffee?** möchte noch jemand Kaffee? ❸ (*no one*) ■**not ~** niemand; **there wasn't ~ there/around** es war niemand da ❹ (*important person*) jemand; **he'll never be ~** er wird nie wer sein *fam;* **~ who is ~ ...** (*hum*) jeder, der was auf sich hält, ... ❺ (*unimportant person*) **he's not just ~ – he's one of the most important people in the car industry** er ist nicht irgendwer – er ist einer der wichtigsten Menschen in der Autoindustrie ▶ PHRASES: **to be ~'s** (*fam*) leicht zu haben sein *fam*

any·how ['enihaʊ] *adv inv* ❶ (*in any case*) sowieso; *see also* **anyway** ❷ (*in a disorderly way*) irgendwie

any·more [ˌeni'mɔ:r] *adv inv* AM *see* **any III.2**

any·one ['eniwʌn] *pron see* **anybody**

any·place ['enipleɪs] *adv inv* AM (*anywhere*) irgendwo

any road ['enirəʊd] *adv inv* NBRIT *see* **anyway**

any·thing ['eniθɪŋ] *pron indef pronoun,* + *sing vb* ❶ (*each thing*) alles; **~ you like** alles, was du willst; **let's go to a movie – pick ~ you like** schauen wir uns einen Film an – such dir einfach einen aus; **she could be ~ between 30 and 40** [*or* **from 30 to 40**] zwischen 30 und 40 könnte sie echt alles sein; **he is ~ but racist** er ist alles, nur kein Rassist!; **~ and everything** absolut alles ❷ (*something*) **is there ~ I can do to help?** kann ich irgendwie helfen?; (*in shop*) **~ else?** darf es noch was sein?; **does it look ~ like an eagle?** sieht das irgendwie wie ein Adler aus?; **hardly ~** kaum etwas; **not ~ much** nicht viel ❸ (*nothing*) **not ~** nichts; **not ~ like ...** nicht annähernd ...; **it doesn't taste ~ like wine** das schmeckt absolut nicht nach Wein; **no strings attached, you don't have to join up or ~** keinerlei Verpflichtungen, du musst weder beitreten noch sonst was ▶PHRASES: **~ for a quiet life** Hauptsache Ruhe *fam;* **~ goes** (*fam*) erlaubt ist, was gefällt *fam;* **when lots of kids from the neighbourhood come over for a party, ~ goes** wenn viele Kinder aus der Nachbarschaft zu einer Party kommen, kann alles passieren; **[as] ... as ~** (*fam*) ausgesprochen ...; **not for ~ [in the world]** um nichts in der Welt; **like ~** (*fam*) wie verrückt *fam*

any·time ['enitaɪm] *adv inv* jederzeit; **~ soon** in nächster Zukunft

any·way ['eniweɪ] *adv inv,* AM *a.* **any·ways** ['eniweɪz] *adv inv* (*fam*) ❶ (*in any case*) sowieso; **what's he doing there ~?** was macht er dort überhaupt? ❷ (*well*) jedenfalls; **~!** na ja!

any·where ['eni(h)weəʳ, AM -(h)wer] *adv inv* ❶ (*in any place*) überall; **you won't find a prettier village ~ in England** nirgendwo in England werden Sie ein schöneres Dorf finden; **~ else** irgendwo anders; **there are a few words that you don't hear ~ else** es gibt einige Wörter, die man nirgendwo anders hört ❷ (*some place*) irgendwo; **could you help me? I'm not getting ~** könntest du mir helfen? ich komme einfach nicht weiter; **I don't feel I'm getting ~** ich habe nicht das Gefühle, dass ich irgendwie vorankomme; **he isn't ~ near as popular as he used to be** er ist nicht annähernd so populär wie früher; **I should be arriving ~ between 9 and 10 pm** ich müsste irgendwann zwischen 9 und 10 Uhr abends ankommen; **are we ~ near finishing yet?** kommen wir jetzt irgendwie zum Ende?; **to go ~** irgendwohin gehen; **miles from ~** (*fam*) am Ende der Welt *hum*

i Kultur

Der **Anzac Day** (**A**ustralian and **N**ew **Z**ealand **A**rmed **C**orps) am 25. April ist in Australien und Neuseeland ein nationaler Volkstrauertag mit Gottesdiensten und Trauermärschen. An diesem Tag wird der Landung der später besiegten *Anzacs* auf der türkischen Halbinsel Gallipoli im Ersten Weltkrieg am 25. April 1915 gedacht.

AOB [ˌeɪəʊ'biː] *n no pl* BRIT *abbrev of* **any other business** (*on meeting agenda*) Diverses

A-OK [ˌeɪoʊ'keɪ] AM **I.** *adj inv* (*perfectly okay*) topfit *fam;* (*very lively*) putzmunter *fam* **II.** *adv inv* (*perfectly okay*) perfekt; (*extremely good*) astrein *sl;* **the car is working ~!** das Auto fährt wie geschmiert! *fam*

aor·ta [eɪ'ɔːtə, AM -'ɔːrt̬ə] *n* Aorta *f*

apace [ə'peɪs] *adv* (*dated a. liter*) zügig

apart [ə'pɑːt, AM -'pɑːrt] *adv* ❶ (*separated*) auseinander, getrennt; **I can't tell them ~** ich kann sie nicht auseinanderhalten; **to be far [*or* miles] [*or* wide] ~** (*a. fig*) weit auseinanderliegen; **to blow ~** [in der Luft] zerfetzen; **to come [*or* fall] ~** auseinanderfallen; **their marriage is falling ~** ihre Ehe geht in die Brüche; **to move ~** (*a. fig*) sich *akk* auseinanderbewegen; **to be set ~** sich *akk* abheben; **to take sth ~** etw auseinandernehmen [*o* [in seine Einzelteile] zerlegen]; (*fig fam*) etw auseinandernehmen *fam* [*o sl* verreißen]; **to take sb ~** (*fig fam*) jdn auseinandernehmen *fam* [*o fam* in der Luft zerreißen] ❷ *after n* (*to one side*) beiseite *nach n;* **joking ~** (*fig*) Spaß beiseite; (*not including*) ausgenommen; **the North coast ~, ...** abgesehen von der nördlichen Küste ...; (*distinctive*) besonders; **a breed ~** eine besondere [*o* spezielle] Sorte; **politicians are a breed ~** Politiker/Politikerinnen sind eine Sache für sich; **sb is poles [*or* worlds] ~** jdn trennen Welten *fig;* **they're poles ~ in their way of thinking** zwischen ihren Denkarten liegen Welten *fig;* **to be a race ~** eine Klasse für sich sein; **she was a race ~ from all the other singers** sie war um Klassen besser als alle anderen Sänger/Sängerinnen ❸ (*in addition to*) außerdem, zusätzlich zu *+dat;* (*except for*) abgesehen von *+dat;* **you and me ~** abgesehen von dir und mir; ■**~ from sth/sb** von etw/jdm abgesehen

apart·heid [ə'pɑːteɪt, AM ə'pɑːrthaɪt, -heɪt] *n no pl* Apartheid *f,* Rassentrennung *f*

apart·ment [ə'pɑːtmənt, AM ə'pɑːr-] *n esp* AM Wohnung *f;* (*smaller*) Appartement *nt,* Apartment *nt;* **holiday [*or* AM vacation] ~** Ferienwohnung *f;* **the Royal ~s** die königlichen Gemächer *geh*

a'part·ment build·ing *n* AM, **a'part·ment house** *n* AM Wohnhaus *nt;* (*with smaller flats*) Appartementhaus *nt,* Apartmenthaus *nt*

apa·thet·ic [ˌæpə'θetɪk, AM -'θet̬-] *adj* apathisch, teilnahmslos; (*without drive*) antriebsarm; ■**to be ~ about [*or* towards] sth** gegenüber etw *dat* gleichgültig sein; **you're so ~ about everything** dir ist alles so egal *fam*

apa·thy ['æpəθi] *n no pl* Apathie *f,* Teilnahmslosigkeit *f;* (*uninterestedness*) Gleichgültigkeit *f* (**about/towards** gegenüber *+dat*)

ape [eɪp] **I.** *n* ZOOL [Menschen]affe *m;* (*person*) **you big ~!** (*fig sl*) du Riesenbaby! *fam* ▶PHRASES: **to go ~ [*or* ~shit]** *esp* AM (*sl*) ausflippen *fam,* durchdrehen *fam;* (*be very angry*) fuchsteufelswild werden **II.** *vt* ■**to ~ sb/sth** jdn/etw nachahmen [*o pej* nachäffen]

ape·ri·tif [əˌperə'tiːf, AM ɑːˌperɪ'-] *n* Aperitif *m*

ap·er·ture ['æpətʃəʳ, AM -ə·tʃʊr] *n* [kleine] Öffnung; PHOT Blende *f*

apex <*pl* -es *or* apices> ['eɪpeks, *pl* 'eɪpɪsiːz] *n* ❶ (*form: top*) Spitze *f; of the heart, lung* Apex *m fachspr; of a career* Höhepunkt *m; of an organization* Spitze *f; of a mountain* Gipfel *m; of a roof* First *m* ❷ MATH (*opposite base*) Spitze *f*

APEX ['eɪpeks] *n no pl acr for* **Advance Purchase Excursion: ~ ticket** APEX-Ticket *nt* (*reduziertes Flugticket bei Vorauszahlung*)

apha·sia [ə'feɪziə, AM -ʒə] *n* PSYCH, MED Aphasie *f fachspr*

apha·sic [ə'feɪzɪk] *adj inv* PSYCH, MED aphatisch *fachspr,* sprachgestört

aphid ['eɪfɪd, AM *also* 'æf-] *n* Blattlaus *f*

apho·rism ['æfᵊrɪzᵊm, AM -ə·ɪzᵊm] *n* LIT Aphorismus *m geh*

apho·rize *vi* sich *akk* treffend ausdrücken

aph·ro·disi·ac [ˌæfrə(ʊ)'dɪziæk, AM -rə'-] *n* Aphrodisiakum *nt*

apia·rist ['eɪpiərɪst] *n* (*spec*) Imker(in) *m(f),* Bienenzüchter(in) *m(f)*

api·ary ['eɪpiəri, AM -eri] *n* Bienenhaus *nt,* Bienenstock *m*

api·cal ['æpɪkᵊl] *adj inv* (*form*) apikal *fachspr,* Spitzen-

api·ces ['eɪpɪsiːz] *n pl of* **apex**

api·cul·ture ['eɪpɪkʌltʃəʳ, AM -ə·] *n no pl* (*spec*) Bienenzucht *f*

apiece [ə'piːs] *adv after n, inv* das Stück; **for £500 ~** für £500 das Stück; (*per person*) jeder; **give them five ~** gib ihnen je fünf

aplenty [ə'plenti, AM -t̬i] *adj after n, inv* in [Hülle und] Fülle, en masse *fam*

aplomb [ə'plɒm, AM -ɑːm] *n no pl* Aplomb *m geh,* [Selbst]sicherheit *f;* (*casual air*) Gelassenheit *f;* **to do sth with [one's usual] ~** etw mit [der üblichen] Souveränität erledigen *geh;* **she conducted the meeting with characteristic ~** sie leitete das Treffen mit der für sie typischen Selbstverständlichkeit

apoca·lypse [ə'pɒkəlɪps, AM -'pɑːk-] *n no pl* ❶ (*catastrophic destruction*) Apokalpyse *f geh;* **nuclear ~** nukleare Katastrophe ❷ REL ■**the A~** (*end of the world*) das Weltende, der Weltuntergang; (*book*) die Apokalypse

apoca·lyp·tic [əˌpɒkə'lɪptɪk, AM -ˌpɑːk-] *adj* apokalyptisch; (*fig*) **~ speech** Unheil[ver]kündende Rede *geh*

apoc·ry·pha [ə'pɒkrəfə, AM -'pɑː-] *n pl* Schriften *fpl* zweifelhafter Herkunft; REL Apokryphen *ntpl fachspr*

apoc·ry·phal [ə'pɒkrɪfᵊl, AM -'pɑːkrə-] *adj* (*form*) ❶ (*doubtful*) apokryph[isch], zweifelhaft; **~ story** (*fig*) zweifelhafte Geschichte ❷ (*of Apocrypha*) apokryph

A

apologizing

admitting, confessing	zugeben, eingestehen
It's my fault.	Es ist meine Schuld.
Yes, it was my mistake.	Ja, es war mein Fehler.
I've really messed that/things up. (*fam*)	Da habe ich Mist gebaut. (*fam*)
I admit I acted too hastily.	**Ich gebe es ja zu:** Ich habe da zu vorschnell gehandelt.
You are right; I should have given the matter more consideration.	**Sie haben Recht, ich hätte** mir die Sache gründlicher überlegen **sollen.**
apologizing	**sich entschuldigen**
(Oh,) I didn't mean to do that!	(Oh,) das habe ich nicht gewollt!
I'm sorry!	Es tut mir leid!
Excuse me!/Sorry!/I beg your pardon!	Entschuldigung!/Verzeihung!/Pardon!
Please excuse me!/I'm sorry!	Entschuldigen Sie bitte!
I didn't mean it.	Das habe ich nicht gewollt.
That wasn't my intention. (*form*)	Das war nicht meine Absicht. (*form*)
I really must apologize for that.	Dafür muss ich mich wirklich entschuldigen.
accepting apologies	**auf Entschuldigungen reagieren**
That's okay! (*fam*)	Schon okay!/Nichts passiert! (*fam*)
It doesn't matter at all!	Das macht doch nichts!
That's all right!/Never mind!/Not a problem!	Keine Ursache!/Macht nichts!/Kein Problem!
Don't worry about it.	Mach' dir deshalb keine Sorgen.
Don't lose any sleep over it. (*fam*)	Lass' dir da mal keine grauen Haare wachsen. (*fam*)

apo·gee ['æpə(ʊ)dʒiː, AM -ədʒi] *n no pl* ❶ (*form: zenith*) Höhepunkt *m* ❷ ASTRON Apogäum *nt fachspr,* Erdferne *f*

apo·liti·cal [ˌeɪpə'lɪtɪkəl, AM -'lɪt̬ə-] *adj* apolitisch *geh,* unpolitisch

apolo·get·ic [əˌpɒlə'dʒetɪk, AM əˌpɑːlə'dʒet̬ɪk] *adj* ❶ (*showing regret*) entschuldigend *attr;* ■**to be ~ about** [*or* **for**] **sth** etw bedauern, sich *akk* für etw *akk* entschuldigen ❷ *pred* (*pej: obsequious*) bescheiden; **stop being so ~ about everything!** spiel nur nicht immer den Untertan!

apolo·geti·cal·ly [əˌpɒlə'dʒetɪkli, AM əˌpɑːlə'dʒet̬ɪk-] *adv* entschuldigend; (*hesitantly*) **to laugh/smile ~** zaghaft lachen/lächeln

apolo·gia [ˌæpə'ləʊdʒə, AM -'loʊ-] *n* (*form, liter*) Apologie *f geh,* Rechtfertigung *f;* (*written piece*) Rechtfertigungsschrift *f*

apolo·gist [ə'pɒlədʒɪst, AM -'pɑːl-] *n* (*form*) Verteidiger(in) *m(f),* Apologet(in) *m(f) geh;* (*fig: advocate*) Verfechter(in) *m(f)*

apolo·gize [ə'pɒlədʒaɪz, AM -'pɑːl-] *vi* sich *akk* entschuldigen (**to** bei *+dat,* **for** für *+akk*); **he ~d for the fact that ...** er entschuldigte sich dafür, dass ...; **she ~d profusely** sie bat vielmals um Verzeihung; (*form*) **I do ~ if ...** ich bitte Sie zu entschuldigen, wenn ...

apo·logy [ə'pɒlədʒi, AM -'pɑːl-] *n* ❶ (*statement of regret*) Entschuldigung *f;* **to be full of apologies** sich *akk* vielmals entschuldigen; **to make** [*or* **offer**] **an ~** um Entschuldigung bitten; **she owes him an ~ for ...** sie muss sich bei ihm dafür entschuldigen, dass ... ❷ ■**apologies** *pl* (*regrets*) Bedauern *nt kein pl;* **please accept our apologies for the inconvenience we have caused** wir bitten vielmals um Entschuldigung für die Unannehmlichkeiten, die wir Ihnen bereitet haben; **to make apologies** sich *akk* entschuldigen; **to send one's apologies** sich *akk* entschuldigen lassen ❸ (*form: formal defence*) Verteidigung *f,* Apologie *f geh* (**for** für *+akk*) ❹ (*esp hum fam: sorry sight*) **what an ~ for a buffet!** was soll denn das für ein armseliges Büfett sein!

apo·plec·tic [ˌæpə'plektɪk] *adj* ❶ MED apoplektisch *fachspr;* **~ stroke** apoplektischer Anfall *fachspr,* Schlaganfall *m* ❷ (*usu hum: very angry*) cholerisch; **to be ~ with fury** [*or* **rage**] vor Wut schäumen [*o* [fast] platzen]

apo·plexy ['æpəpleksi] *n no pl* ❶ MED (*spec*) Apoplexie *f fachspr,* Schlaganfall *m,* Gehirnschlag *m* ❷ (*rage*) Rage *f;* **a fit of ~** ein Wutanfall *m*

apos·tasy [ə'pɒstəsi, AM ə'pɑːs-] *n no pl* (*form*) Apostasie *f geh,* Abfall *m,* Lossagung *f*

apos·tate [ə'pɒsteɪt, AM -'pɑːs-] *n* (*form*) Apostat(in) *m(f) geh,* Abtrünnige(r) *f(m)*

apos·tle [ə'pɒsl̩, AM 'pɑːsl̩] *n* ❶ (*of Jesus Christ*) ■**A~** Apostel *m;* **the 12 A~s** die 12 Apostel ❷ (*advocate*) Apostel *m oft iron geh,* Verfechter(in) *m(f);* **~ of a belief** Glaubensbote, -in *m, f geh;* **~ of peace** Friedensapostel *m oft iron geh*

ap·os·tol·ic [ˌæpə'stɒlɪk, AM -'stɑːl-] *adj* apostolisch

apos·tro·phe [ə'pɒstrəfi, AM -'pɑːs-] *n* LING Apostroph *m*

apoth·ecary [ə'pɒθəkəri, AM -'pɑːθə-] *n* (*hist*) Provisor *m veraltet,* Apotheker(in) *m(f)*

apoth·eo·sis <*pl* -ses> [əˌpɒθi'əʊsɪs, AM -'pɑːθi'oʊ-, *pl* -siːz] *n* (*form, liter*) ❶ (*culmination*) Höhepunkt *m;* **the ~ of a dream** die Erfüllung eines Traums; **to achieve** [*or* **reach**] **an ~** einen Höhepunkt erreichen ❷ (*deification*) Apotheose *f geh,* Vergöttlichung *f*

apoth·eo·size [ə'pɒθiə(ʊ)saɪz, AM -'pɑːθioʊ-] *vt* ■**to ~ sb/sth** jdn/etw verherrlichen

app [æp] *n* COMPUT (*sl*) *short for* **computer application** Anwendung *f*

ap·pal <-ll-> [ə'pɔ:l], AM *usu* **ap·pall** *vt* ■**to ~ sb** jdn entsetzen; ■**to be ~led at** [*or* **by**] **sth** über etw *akk* entsetzt sein

ap·pal·ling [ə'pɔ:lɪŋ] *adj* (*shocking*) schockierend; **~ behaviour** unerträgliches Benehmen; **~ conditions** verheerende Zustände; (*terrible*) schrecklich *fam;* **~ headache** entsetzliche [*o* fürchterliche] Kopfschmerzen *fam*

ap·pal·ling·ly [ə'pɔ:lɪŋli] *adv* (*shockingly*) schockierend; **~ high** erschreckend hoch; (*terribly*) schrecklich *fam,* entsetzlich *fam*

ap·pa·ra·tus [ˌæpᵊr'eɪtəs, AM -ə'ræṭəs] *n* ❶ *no pl* (*equipment*) Gerät *nt;* **breathing ~** Sauerstoffgerät *nt;* **climbing ~** Turngerät *nt;* **piece of ~** Gerät *nt,* Apparat *m* ❷ (*system*) System *nt,* Apparat *m;* **~ of communism** kommunistisches System

ap·par·el [ə'pærᵊl, AM *esp* -'per-] *n no pl* (*esp form*) ❶ (*clothing*) Kleidung *f;* **sports ~** (*collective*) Sportkleidung *f;* (*single piece*) Sportdress *m;* **women's ~** Damenmode *f;* **men's ~** Herrenmode *f* ❷ (*fig: covering*) Kleid *nt fig geh,* Gewand *nt fig geh;* **to take on the ~ of sth** die Form einer S. *gen* annehmen

ap·par·ent [ə'pærᵊnt, AM *esp* -'per-] *adj* ❶ (*obvious*) offensichtlich; **for no ~ reason** aus keinem ersichtlichen Grund ❷ (*seeming*) scheinbar; **~ contradiction** scheinbarer Widerspruch; **~ innocence** scheinbare Unschuld

ap·par·ent·ly [ə'pærᵊntli, AM *esp* -'per-] *adv* (*evidently*) offensichtlich; (*it seems*) anscheinend; **~, we have to change all the labels** es sieht so aus, als ob wir alle Etiketten ändern müssen

ap·pa·ri·tion [ˌæpᵊr'ɪʃᵊn, AM -pə'r-] *n* ❶ (*ghost*) Erscheinung *f* ❷ *no pl* (*dramatic appearance*) Erscheinen *nt*

ap·peal [ə'pi:l] **I.** *vi* ❶ (*attract*) ■**to ~ to sb/sth** jdn/etw reizen; (*aim to please*) jdn/etw ansprechen; **to ~ to the senses** die Sinne ansprechen ❷ (*protest formally*) Einspruch einlegen; LAW Berufung einlegen (**against** gegen +*akk*); **to ~ against a verdict** ein Urteil anfechten; ■**to ~ to sth** an etw *akk* appellieren; **to ~ to the High Court** den obersten Gerichtshof anrufen ❸ (*plead*) ■**to ~ [to sb] for sth** [jdn] um etw *akk* bitten; **to ~ to sb's conscience/emotions** an jds Gewissen *nt*/Gefühle *pl* appellieren **II.** *vt* LAW **to ~ a case/verdict** mit einem Fall/gegen ein Urteil in die Berufung gehen **III.** *n* ❶ (*attraction*) Reiz *m,* Anziehungskraft *f;* **sex ~** Sexappeal *m;* **wide ~** Breitenwirkung *f;* **to have wide ~** weite Kreise ansprechen; **to have** [*or* **hold**] **an ~** einen Reiz ausüben; **to lose one's ~** seinen Reiz verlieren ❷ (*formal protest*) Einspruch *m;* LAW Berufung *f* (**against** gegen +*akk*); **he won his ~** seinem Einspruch wurde stattgegeben; **court of ~** Berufungsgericht *nt;* **to consider an ~** sich *akk* mit einem Einspruch befassen; **to lodge an ~** (*protest*) Einspruch einlegen; LAW in Berufung gehen; **to reject an ~** einen Einspruch ablehnen ❸ (*request*) Appell *m* (**for** für +*akk*); **the note of ~ in her voice** der bittende Unterton in ihrer Stimme; **~ for donations** Spendenaufruf *m;* **to issue** [*or* **make**] **an ~** sich *akk* [nachdrücklich] an jdn wenden, appellieren *geh;* **the police have issued an ~ to the public to stay away from the centre of town** die Polizei hat die Öffentlichkeit aufgerufen, dem Stadtzentrum fernzubleiben; **to launch** [*or* **make**] **an ~** einen Appell [*o* Aufruf] starten

ap·peal·ing [ə'pi:lɪŋ] *adj* ❶ (*attractive*) attraktiv; **~ idea** verlockende Idee; ■**to be ~ [to sb]** [für jdn] verlockend sein; **there is something quite ~ about his lifestyle** sein Lebensstil hat was *fam;* (*charming*) reizend; **~ smile** gewinnendes Lächeln ❷ (*beseeching*) *eyes, look* flehend

ap·peal·ing·ly [ə'pi:lɪŋli] *adv* ❶ (*attractively*) reizvoll; **to dress ~** sich *akk* ansprechend kleiden ❷ (*beseechingly*) flehend *geh;* **to look ~** flehentlich schauen *geh;* **to speak ~ [about sth]** [über etw *akk*] nachdrücklich sprechen

ap·pear [ə'pɪəʳ, AM ə'pɪr] *vi* ❶ (*become visible*) erscheinen; **stains started ~ing on the wall** Flecken kamen auf der Wand zum Vorschein; (*be seen also*) sich *dat* zeigen; (*arrive also*) auftauchen; (*come out also*) herauskommen ❷ (*come out*) *film* anlaufen; *newspaper, book* erscheinen; (*perform*) auftreten; **she ~s briefly in the new Bond film** sie ist kurz in dem neuen Bond-Film zu sehen ❸ (*present oneself*) auftreten; **they will be ~ing before magistrates** sie werden sich vor den Schiedsmännern verantworten müssen; **to ~ in court** vor Gericht erscheinen ❹ (*seem*) scheinen; **there ~s to be some mistake** da scheint ein Fehler vorzuliegen; **it ~s [to me] that ...** ich habe den Eindruck, dass ...; **it would ~ [that] ...** es sieht ganz so aus, als ob ...; **to ~ [to be] calm** ruhig erscheinen; **to ~ [to be] unfriendly/tired** unfreundlich/müde wirken; **so it ~s, it would ~ so** sieht ganz so aus; **it ~s not** sieht nicht so aus ▸ PHRASES: **speak of the devil and he ~s** (*prov*) wenn man vom Teufel spricht, dann kommt er auch schon *prov*

ap·pear·ance [ə'pɪərᵊn(t)s, AM -'pɪr-] *n* ❶ (*instance of appearing*) Erscheinen *nt;* (*on TV, theatre*) Auftritt *m;* **stage ~** Bühnenauftritt *m;* **~ on television** Fernsehauftritt *m;* **to make** [*or* **put in**] **an ~** auftreten ❷ (*in a place*) Erscheinen *nt;* **court ~** Erscheinen *nt* vor Gericht ❸ *no pl* (*looks*) Aussehen *nt; of a room* Ambiente *nt; of wealth* Anstrich *m;* (*manner*) Auftreten *nt;* **the large car gave an immediate ~ of wealth** das große Auto vermittelte sofort den Eindruck von Reichtum; **neat/smart ~** gepflegtes/ansprechendes Äußeres; **at first ~** auf den ersten Blick ❹ ■**~s** *pl* (*outward aspect*) äußerer [An]schein; **to do sth for the sake of ~s** etwas tun, um den Schein zu wahren ▸ PHRASES: **to** [*or* AM **from**] **all ~s** allem Anschein nach; **~s can be deceptive** (*saying*) der Schein trügt *prov;* **to keep up ~s** den Schein wahren; **~s matter** (*saying*) Kleider machen Leute *prov*

ap·pease [ə'pi:z] *vt* (*form*) ❶ (*pacify*) ■**to ~ sb** jdn beruhigen [*o* besänftigen]; **to ~ a conflict** einen Konflikt beilegen [*o* schlichten] ❷ (*relieve*) **to ~ one's appetite/hunger** seinen Appetit/Hunger stillen; (*suppress*) seinen Appetit/Hunger zügeln; **to ~ sb's anger/curiosity** jds Zorn beschwichtigen *geh*/Neugier befriedigen

ap·pease·ment [ə'pi:zmənt] *n no pl* ❶ (*conciliation*) Versöhnung *f; of one's critics* Besänftigung *f* ❷ (*relief*) *of anger* Beschwichtigung *f geh; of hunger* Stillen *nt*

ap·'pease·ment poli·cy *n* Beschwichtigungspolitik *f*

ap·pel·lant [ə'pelənt] *n* LAW Appellant(in) *m(f) veraltet,* Berufungskläger(in) *m(f)*

ap·pel·la·tion [ˌæpə'leɪʃᵊn] *n* (*form*) Bezeichnung *f;* (*address*) Anrede *f*

ap·pend [ə'pend] *vt* (*form*) ■**to ~ sth to sth** etw *dat* etw hinzufügen

ap·pend·age [ə'pendɪdʒ] *n* (*form*) ❶ (*lesser part*) Anhang *m;* (*hum: partner*) Anhängsel *nt hum* ❷ (*limb*) Gliedmaße *f*

ap·pen·dec·to·my [ˌæpen'dektəmi] *n* MED Blinddarmoperation *f*

ap·pen·di·ces [ə'pendɪsi:z] *n pl of* **appendix**

ap·pen·di·ci·tis [əˌpendɪ'saɪtɪs, AM -ṭ-] *n no pl* Blinddarmentzündung *f,* Appendizitis *f fachspr*

ap·pen·dix [ə'pendɪks, *pl* -dɪsi:z] *n* ❶ <*pl* -es> (*body part*) Blinddarm *m,* Appendix *m fachspr;* **to have one's ~ removed** [*or* [**taken**] **out**] sich *dat* den Blinddarm herausnehmen lassen ❷ <*pl* -dices *or* -es> (*in book or magazine*) Anhang *m,* Appendix *m fachspr*

ap·per·tain [ˌæpə'teɪn, AM -ɚ'-] *vi no passive* ■**to ~ to sth** (*form*) zu etw *dat* gehören

ap·pe·tite ['æpɪtaɪt, AM -pə-] *n* Appetit *m;* **to curb one's ~** seinen Appetit zügeln; **to give sb an ~** jdm Appetit machen; **all that walking has given me an ~** das Laufen hat mich hungrig gemacht; **to have an ~** Appetit haben; **to ruin** [*or* **spoil**] [*or* **take away**] **one's ~** sich *dat* den Appetit verderben; (*fig*) **~ for success** Erfolgshunger *m*

ap·pe·tite sup·'pres·sant *n* Appetitzügler *m*

ap·pe·tiz·er ['æpɪtaɪzəʳ, AM -pətaɪzɚ] *n* ❶ (*before meal*) Appetithappen *m,* Appetitanreger *m* ❷ *esp* AM (*first course*) Vorspeise *f*

A

ap·pe·tiz·ing ['æpɪtaɪzɪŋ, AM -pə-] *adj* (*enticing*) appetitlich; (*fig: attractive*) reizvoll; **an ~ prospect/thought** eine verlockende Aussicht/ein verlockender Gedanke

ap·plaud [ə'plɔːd, AM *esp* -'plɑːd] **I.** *vi* applaudieren, [Beifall] klatschen **II.** *vt* ❶ (*clap*) ■**to ~ sb** jdm applaudieren [*o* Beifall spenden] ❷ (*form: praise*) ■**to ~ sb/sth** jdn/etw loben; **to ~ a decision** eine Entscheidung begrüßen

ap·plause [ə'plɔːz, AM *esp* -'plɑːz] *n no pl* [**a round of**] ~ Applaus *m;* **so let's have a round of ~ please for ...** und so bitte ich um [kräftigen] Applaus für ...; **loud ~** tosender Applaus [*o* Beifall]; **to be greeted** [*or* **met**] **with ~** mit Beifall empfangen werden; (*fig*) begrüßt werden

ap·ple ['æpl] *n* Apfel *m;* **to peel an ~** einen Apfel schälen ▶ PHRASES: **an ~ a day keeps the doctor away** (*saying*) ein Apfel pro Tag und man bleibt gesund; **the ~ of sb's eye** jds Augapfel *m* [*o* Liebling] *m;* **as sure as** [**God made**] **little ~s** (*fam*) so sicher wie das Amen in der Kirche *prov;* **the ~ never falls far from the tree** (*prov*) der Apfel fällt nicht weit vom Stamm *prov*

ap·ple 'but·ter *n* AM (*apple jelly*) Apfelgelee *m o nt* (*mennonitische Spezialität*) **'ap·ple cart** *n* ▶ PHRASES: **to upset the ~** alles über den Haufen werfen *fam* **'apple-cheeked** *adj* rotbäckig, rotwangig **'apple·jack** *n no pl esp* AM Apfelschnaps *m* **'ap·ple juice** *n* Apfelsaft *m* **'ap·ple or·chard** *n* [Obst]garten *m* mit Apfelbäumen **ap·ple 'pie** *n* ❶ FOOD gedeckter Apfelkuchen ❷ AM (*approv: homeliness*) Heimische *nt;* **as American as ~** durch und durch amerikanisch ▶ PHRASES: **an apple-pie bed** BRIT *ein Bett, in dem das Bettzeug zum Spaß so gefaltet ist, dass man sich nicht ausstrecken kann;* **apple-pie order** schönste Ordnung; **their house is always in apple-pie order** ihr Haus sieht immer tipptopp aus *fam* **ap·ple 'sauce** *n no pl* Apfelmus *nt* **'ap·ple tree** *n* Apfelbaum *m*

ap·pli·ance [ə'plaɪən(t)s] *n* ❶ (*for household*) Gerät *nt;* **household ~**[**s**] Haushaltsgerät[e] *nt*[*pl*]; **electric ~**[**s**] Elektrogerät[e] *nt*[*pl*] ❷ MED (*instrument*) Instrument *nt;* **surgical ~s** Stützapparate *mpl;* (*artificial limbs*) Prothesen *fpl* ❸ (*fire engine*) [Feuer]löschfahrzeug *nt* ❹ *no pl* BRIT (*action, process*) Anwendung *f*

ap·pli·cable [ə'plɪkəbl] *adj pred* ■**to be ~** [**to sb/sth**] [auf jdn/etw] anwendbar sein; (*on form*) **not ~** nicht zutreffend

ap·pli·cant ['æplɪkənt] *n* Bewerber(in) *m(f)* (**for** für +*akk*); **how many ~s did you have for the job?** wie viele haben sich für die Stelle beworben?

ap·pli·ca·tion [,æplɪ'keɪʃən] *n* ❶ (*formal request*) *for a job* Bewerbung *f* (**for** um +*akk*); *for a permit* Antrag *m* (**for** auf, für +*akk*); *for a patent* Anmeldung *f* (**for** von +*dat*); **to put together/send off/submit an ~** eine Bewerbung anfertigen/abschicken/einreichen ❷ *no pl* (*process of requesting*) Anfordern *nt;* **on ~ to sb/sth** auf Anfrage bei jdm/etw; **free information will be sent out on ~** Gratisinformationen können angefordert werden ❸ *no pl* (*relevance*) Bedeutung *f* (**to** für +*akk*) ❹ *no pl* (*implementation*) Anwenden *nt;* **the ~ of a law/regulation** die Anwendung eines Gesetzes/einer Regelung ❺ (*coating*) Anstrich *m; of cream, ointment* Auftragen *nt* ❻ (*use*) Anwendung *f* ❼ *no pl* (*sustained effort*) Eifer *m* ❽ (*computer program*) Anwendung *f;* **spreadsheet ~** Tabellenkalkulationsprogramm *nt;* **word processing ~** Textverarbeitungsprogramm *nt*

ap·pli·'ca·tion form *n* (*for job*) Bewerbungsformular *nt;* (*for permit*) Antragsformular *nt;* (*for patent*) Anmeldungsformular *nt*

ap·pli·ca·tor ['æplɪkeɪtəʳ, AM -t̬ɚ] *n* ❶ (*for applying sth*) Vorrichtung *f;* (*for applying cream*) [Creme]spatel *m;* (*to push*) [Creme]spender *m* ❷ (*for inserting sth*) Einführhilfe *f*

ap·plied [ə'plaɪd] **I.** *adj* anwendungsorientiert; **~ linguistics/mathematics** angewandte Linguistik/Mathematik **II.** *pt of* **apply**

ap·pli·qué [æp'liːkeɪ, AM 'æplə-] **I.** *n no pl* (*way of decorating*) Applikation *f;* (*decorated cloth*) mit Applikationen versehenes Kleidungsstück **II.** *vt usu passive* ■**to be ~ed** [**onto sth**] [auf etw *akk*] appliziert sein

ap·ply <-ie-> [ə'plaɪ] **I.** *vi* ❶ (*formally request*) ■**to ~ for sth** (*for a job*) sich *akk* um etw *akk* bewerben; (*for permission*) etw *akk* beantragen (**to** bei +*dat*); **Tim's applied to join the police** Tim hat sich bei der Polizei beworben; **to ~ for a grant/job** sich *akk* um [*o* für] ein Stipendium/eine Stelle bewerben; **to ~ for a passport** einen Pass beantragen; **to ~ for a patent** ein Patent anmelden ❷ (*submit application*) **to ~ for a job** eine Bewerbung einreichen; **to ~ in writing** sich *akk* schriftlich bewerben; **please ~ in writing to the address below** bitte richten Sie Ihre schriftliche Bewerbung an unten stehende Adresse ❸ (*pertain*) gelten; ■**to ~ to sb/sth** jdn/etw betreffen **II.** *vt* ❶ (*put on*) ■**to ~ sth** [**to sth**] etw [auf etw *akk*] anwenden; **to ~ a bandage** einen Verband anlegen; **to ~ cream/paint** Creme/Farbe auftragen; **to ~ make-up** Make-up auflegen; **to ~ a splint to sth** etw schienen ❷ (*use*) ■**to ~ sth** etw gebrauchen; **to ~ the brakes** bremsen; **to ~ force** Gewalt anwenden; **to ~ pressure to sth** auf etw *akk* drücken; **to ~ sanctions** Sanktionen verhängen; **to ~ common sense** sich *akk* des gesunden Menschenverstands bedienen ❸ (*persevere*) ■**to ~ oneself** sich *akk* anstrengen

ap·point [ə'pɔɪnt] *vt* ❶ (*select*) ■**to ~ sb** [**to do sth**] jdn [dazu] berufen[, etw zu tun]; ■**to ~ sb** [**as**] **sth** jdn zu etw *dat* ernennen; **to ~ sb as heir** jdn als Erben einsetzen; **to ~ a commission** eine Kommission einrichten ❷ *usu passive* (*form: designate*) ■**to have been ~ed** *date* festgesetzt worden sein ❸ LAW (*form*) ■**to ~ sth** [**to sb/sth**] [jdm/etw] etw übertragen

ap·point·ed [ə'pɔɪntɪd, AM -t̬-] *adj* ❶ *inv* (*selected*) ernannt ❷ *inv* (*form: designated*) vereinbart; **at the ~ hour** zur vereinbarten [*o* verabredeten] Stunde; **the ~ place** die vereinbarte Stelle; **the ~ time** die vereinbarte [*o* verabredete] Zeit ❸ (*form: furnished*) eingerichtet; **the room is well-~** der Raum ist gut ausgestattet; **fully ~** vollständig eingerichtet

ap·poin·tee [ə,pɔɪn'tiː] *n* Ernannte(r) *f(m)*

ap·point·ment [ə'pɔɪntmənt] *n* ❶ *no pl* (*being selected*) Ernennung *f* (**as** zu +*dat*) ❷ (*selection*) Einstellung *f* ❸ (*official meeting*) Verabredung *f;* **dental ~** Zahnarzttermin *m;* **to cancel/miss an ~** [**to see sb** [*or* **with sb**]] einen Termin [mit jdm] absagen/verpassen; **to have/keep an ~** [**to see sb** [*or* **with sb**]] eine Verabredung [mit jdm] haben/einhalten; **to keep one's ~s** seine Termine einhalten; **to make an ~** [**with sb**] [mit jdm] einen Termin ausmachen; **by ~ only** nur nach Absprache [*o* Vereinbarung] ▶ PHRASES: **by ~ to sb** auf jds Geheiß; **Carter's Ltd, confectioners by ~ to the Queen** Carter's Ltd, Königliche Hofkonditorei

ap·por·tion [ə'pɔːʃən, AM ə'pɔːr-] *vt* (*form*) ■**to ~ sth** etw aufteilen; **to ~ blame to sb** jdm die Schuld zuweisen

ap·po·site ['æpəzɪt] *adj* (*form*) passend; **~ comparison** treffender Vergleich; **~ observation** richtige Beobachtung; **~ remark** treffende Bemerkung; **his remarks were ~** seine Bemerkungen waren angebracht

ap·po·si·tion [,æpə'zɪʃən] *n no pl* (*form*) ❶ LING Beifügung *f*, Apposition *f fachspr;* **to be in ~** appositionell [*o* appositiv] sein *fachspr* ❷ (*juxtaposition*) Nebeneinanderstellen *nt*

ap·prai·sal [ə'preɪzəl] *n* ❶ (*evaluation*) Bewertung *f*, Beurteilung *f;* (*appreciation*) Würdigung *f; of performance* Kritik *f;* **job ~** Arbeitsbewertung *f;* **to carry out/give an ~** eine Bewertung durchführen/Beurteilung abgeben ❷ (*estimation*) [Ab]schätzung *f;* **~ of damage**[**s**] Schätzung *f* des Schadens[ersatzes]

ap·praise [ə'preɪz] *vt* ❶ (*evaluate*) ■**to ~ sb/sth** jdn/etw bewerten [*o* einschätzen]; **to ~ evidence** Beweise *mpl* prüfen; **to ~ sb's needs** jds Bedürfnisse einschätzen; **to ~ a performance** eine Aufführung besprechen [*o* rezensieren]; **to ~ a situation** eine Situation einschätzen [*o* abschätzen]; **to ~ work** Arbeit *f* bewerten ❷ (*estimate*) ■**to ~ sth** *damage,* *price* etw schätzen

ap·praisee [əˌpreɪ'zi:] *n* Beurteilte(r) *f(m)*

ap·prais·er [ə'preɪzəʳ, AM -ɚ] *n* ❶ (*of student*) Tutor(in) *m(f)*, Mentor(in) *m(f)*; (*of employee*) Begutachter(in) *m(f)* ❷ (*of property*) Gutachter(in) *m(f)*, Sachverständige(r) *f(m)*; **antiques** ~ *esp* AM Antiquitätenschätzer(in) *m(f)*; **real-estate** ~ *esp* AM Immobilienschätzer(in) *m(f)*

ap·pre·ci·able [ə'pri:ʃəbl̩] *adj progress* beträchtlich, beachtlich; ~ **change** tief greifende Veränderung; ~ **difference** nennenswerter Unterschied

ap·pre·ci·ably [ə'pri:ʃəbli] *adv* deutlich, beträchtlich; **her health has improved** ~ ihr Gesundheitszustand hat sich deutlich gebessert

ap·pre·ci·ate [ə'pri:ʃieɪt] **I.** *vt* ❶ (*value*) ■**to** ~ **sb/sth** jdn/etw schätzen; (*be grateful for*) ■**to** ~ **sth** etw zu schätzen wissen; **I'd** ~ **it if ...** könnten Sie ...; (*more formal*) ich wäre Ihnen sehr verbunden, wenn ... *geh* ❷ (*understand*) ■**to** ~ **sth** für etw *akk* Verständnis haben; **we** ~ **the need for immediate action** wir sehen die Notwendigkeit sofortiger Hilfe ein; **to** ~ **the danger** sich *dat* der Gefahr bewusst sein; ■**to** ~ **that ...** verstehen, dass ... **II.** *vi* **to** ~ **in value** im Wert steigen

ap·pre·cia·tion [əˌpri:ʃi'eɪʃᵊn] *n no pl* ❶ (*gratitude*) Anerkennung *f*; **the crowd cheered in** ~ die Menge jubelte begeistert; **a token of** ~ ein Zeichen *nt* der Dankbarkeit ❷ (*understanding*) Verständnis *nt* (**of** für +*akk*); (*insight*) Einsicht *f* (**of** in +*akk*); **to have no** ~ **of sth** für etw *akk* keinen Sinn haben; (*not know*) sich *dat* einer S. *gen* nicht bewusst sein ❸ (*increase in value*) [Wert]steigerung *f*

ap·pre·cia·tive [ə'pri:ʃiətɪv, AM -t̬ɪv] *adj* ❶ (*grateful*) ■**to be** ~ [**of sth**] [für etw *akk*] dankbar sein ❷ (*show appreciation*) anerkennend *attr*; ~ **audience** dankbares Publikum; ■**to be** ~ **of sth** etw zu schätzen wissen

ap·pre·cia·tive·ly [ə'pri:ʃiətɪvli, AM -t̬ɪv-] *adv* (*gratefully*) dankbar; (*with appreciation*) anerkennend

ap·pre·hend [ˌæprɪ'hend] *vt* (*form*) ❶ (*arrest*) ■**to** ~ **sb** jdn festnehmen [*o* verhaften] ❷ (*comprehend*) ■**to** ~ **sth** etw einsehen; (*understand*) etw verstehen ❸ (*old: await anxiously*) ■**to** ~ **sth** etw befürchten; **to** ~ **danger** Gefahr wittern

ap·pre·hen·sion [ˌæprɪ'hen(t)ʃᵊn] *n no pl* ❶ (*form: arrest*) Festnahme *f*, Verhaftung *f* ❷ (*form: comprehension*) Verständnis *nt*; (*insight*) Einsicht *f*; ~ **of reality** Realitätssinn *m*; **Carl has no** ~ **of what the world's really like** Carl hat keine Vorstellung davon, wie die Welt tatsächlich ist ❸ (*anxiety*) Besorgnis *f*; (*stronger*) Befürchtung *f* (**about** über +*akk*); **in a state of** ~ voller Befürchtungen; **with a feeling of** ~ beklommen

ap·pre·hen·sive [ˌæprɪ'hen(t)sɪv] *adj* besorgt; (*scared*) ängstlich; ■**to be** ~ **about** [*or* **for**] **sth** vor etw *dat* Angst haben; **I'm very** ~ **about tomorrow's meeting** das morgige Treffen liegt mir [schwer] im Magen *fam*

ap·pre·hen·sive·ly [ˌæprɪ'hen(t)sɪvli] *adv* besorgt

ap·pren·tice [ə'prentɪs, AM -t̬-] **I.** *n* Auszubildende(r) *f(m) geh*, Lehrling *m*; ~ **carpenter** Tischlerlehrling *m* **II.** *vt usu passive* ■**to be** ~**d to sb** bei jdm in die Lehre gehen

ap·pren·tice·ship [ə'prentɪsʃɪp, AM -t̬ɪs] *n* ❶ (*training*) Ausbildung *f*, Lehre *f*; **to do an** ~ eine Lehre machen ❷ (*period of training*) Lehrzeit *f*

ap·prise [ə'praɪz] *vt* (*form*) ■**to** ~ **sb of sth** jdn von etw *dat* in Kenntnis setzen

ap·proach [ə'prəʊtʃ, AM -'proʊ-] **I.** *vt* ❶ (*come closer*) ■**to** ~ **sb/sth** sich *akk* jdm/etw nähern; (*come towards*) auf jdn/etw zukommen; **you can only** ~ **this area by air** dieses Gebiet kann man nur auf dem Luftweg erreichen ❷ (*of amount, time*) ■**to** ~ **sth: the total amount is** ~**ing $1000** die Gesamtsumme nähert sich der 1000-Dollar-Marke; **my grandfather is** ~**ing 80** mein Großvater wird bald 80; **it's** ~**ing lunchtime** es geht auf Mittag zu ❸ (*of quality*) ■**to** ~ **sb/sth** an jdn/etw heranreichen; **the service here doesn't even** ~ **a decent standard** der Service hier ist unter allem Standard ❹ (*ask*) ■**to** ~ **sb** an jdn herantreten; **she hasn't** ~**ed him about it yet** sie hat ihn noch nicht deswegen angesprochen; ■**to** ~ **sb for sth** jdn um etw *akk* bitten ❺ (*handle*) ■**to** ~ **sth** etw in Angriff nehmen **II.** *vi* sich *akk* nähern **III.** *n* ❶ (*coming*) Nähern *nt kein pl*; ~ **of dusk** Einbruch *m* der Dämmerung; **at the** ~ **of winter ...** wenn der Winter naht, ... ❷ (*preparation to land*) [Lande]anflug *m* ❸ (*access*) Zugang *m*; **the southern** ~**es to Manchester** die südlichen Zufahrtsstraßen nach Manchester; **the** ~**es to this island ...** die Seewege zu dieser Insel ...; ~ **road** Zufahrtsstraße *f* ❹ (*appeal*) Herantreten *nt*; **to make an** ~ **to sb** an jdn herantreten ❺ (*proposal*) Vorstoß *m*; **to make an** ~ **to sb** sich *akk* an jdn wenden ❻ *usu pl* (*dated: sexual advance*) Annäherungsversuch *m*; **to make** ~**es to sb** bei jdm Annäherungsversuche machen ❼ (*methodology*) Ansatz *m* ❽ (*fig*) **that was the closest** ~ **to an apology that you'll ever get!** mehr als das wirst du als Entschuldigung nie [zu hören] bekommen

ap·proach·abil·ity [əˌprəʊtʃə'bɪləti, AM əˌproʊtʃə'bɪlət̬i] *n* Zugänglichkeit *f kein pl*

ap·proach·able [ə'prəʊtʃəbl̩, AM -'proʊ-] *adj person* umgänglich; *place* zugänglich, erreichbar; ~ **building** betretbares Gebäude

ap·pro·ba·tion [ˌæprə(ʊ)'beɪʃᵊn, AM -prə'-] *n no pl* (*form*) ❶ (*praise*) Lob *nt*; **a word of** ~ ein Wort *nt* des Lobes ❷ (*approval*) Zustimmung *f*; **the council has finally indicated its** ~ **of the plans** der Rat hat schließlich sein Einverständnis mit den Plänen angezeigt

ap·pro·pri·ate **I.** *adj* [ə'prəʊpriət, AM -proʊ-] ❶ (*suitable*) angemessen, angebracht, passend; **it's difficult to find the** ~ **words** es ist schwierig, die richtigen Worte zu finden; **it wouldn't be** ~ **for me to comment** es steht mir nicht zu, das zu kommentieren; ■**to be** ~ **to sth** etw *dat* angemessen sein; ~ **to the occasion** dem Anlass entsprechend ❷ (*relevant*) entsprechend; **please complete the** ~ **part of this form** bitte füllen Sie den zutreffenden Teil des Formulars aus **II.** *vt* [ə'prəʊprieɪt, AM -'proʊ-] (*form*) ■**to** ~ **sth** ❶ (*steal*) sich *dat* etw aneignen; (*embezzle*) etw unterschlagen ❷ (*set aside*) etw bereitstellen; **to** ~ **funds** einen Fonds zuteilen

ap·pro·pri·ate·ly [ə'prəʊpriətli, AM -'proʊ-] *adv* passend; ~ **dressed** passend gekleidet; **to answer/speak** ~ angemessen antworten/sprechen; **to comment** ~ treffend kommentieren; (*in all justice*) gerechterweise

ap·pro·pri·ate·ness [ə'prəʊpriətnəs, AM -'proʊ-] *n no pl* Angemessenheit *f*

ap·pro·pria·tion [əˌprəʊpri'eɪʃᵊn, AM -ˌproʊ-] *n* ❶ *no pl* (*act of taking*) Aneignung *f*; (*embezzlement*) Unterschlagung *f* ❷ (*allotment*) Zuteilung *f* ❸ FIN ■~**s** *pl* Mittelzuweisungen *fpl*

ap·prov·al [ə'pru:vᵊl] *n no pl* ❶ (*praise*) Anerkennung *f*; (*benevolence*) Wohlwollen *nt*; **to meet with the** ~ **of sb** jds Beifall finden; **to win sb's** ~ jds Anerkennung gewinnen ❷ (*consent*) Zustimmung *f*; **a nod of** ~ ein zustimmendes Nicken; **a stamp of** ~ (*fig*) eine Absegnung *hum fam* ▶ PHRASES: **on** ~ ECON zur Ansicht; (*to try*) zur Probe

ap·prove [ə'pru:v] **I.** *vi* ❶ (*agree with*) ■**to** ~ **of sth** etw *dat* zustimmen ❷ (*like*) ■**to** ~/**not** ~ **of sb** etwas/nichts von jdm halten; ■**to** ~ **of sth** etw gutheißen **II.** *vt* ■**to** ~ **sth** (*permit*) etw genehmigen; (*consent*) etw billigen; **the minutes of the last meeting were** ~**d** das Protokoll des letzten Treffens wurde angenommen; **to** ~ **expenses** Kosten [*o* Ausgaben] übernehmen; **to** ~ **the sale of sth** etw zum Verkauf freigeben

ap·proved [ə'pru:vd] *adj* ❶ (*agreed*) bewährt; **what's the** ~ **way of dealing with this?** wie geht man üblicherweise damit um? ❷ (*sanctioned*) [offiziell] anerkannt

ap·prov·ing [ə'pru:vɪŋ] *adj* zustimmend *attr*; (*benevolent*) wohlwollend

ap·prov·ing·ly [ə'pru:vɪŋli] *adv* anerkennend; **to comment** ~ beipflichtend kommentieren; **to laugh** ~ zustimmend lachen; **to smile** ~ wohlwollend lächeln

A

approx *adv abbrev of* **approximately** ca.
ap·proxi·mate I. *adj* [əˈprɒksɪmət, AM əˈprɑːk-] ungefähr; **the ~ cost will be about $600** die Kosten belaufen sich auf ca. 600 Dollar; **the train's ~ time of arrival is 10.30** der Zug wird voraussichtlich um 10:30 Uhr ankommen; **an ~ number** ein [An]näherungswert *m* **II.** *vt* [əˈprɒksɪmeɪt, AM əˈprɑːk-] (*esp form*) ■**to ~ sth** sich etw *dat* nähern; ■**to ~ sth to sth** etw an etw *akk* annähern **III.** *vi* [əˈprɒksɪmeɪt, AM əˈprɑːk-] (*esp form*) ■**to ~ to sth** etw *dat* annähernd gleichkommen; **to ~ to the truth** der Wahrheit nahekommen
ap·proxi·mate·ly [əˈprɒksɪmətli, AM əˈprɑːk-] *adv* ungefähr, etwa; **~ three weeks** ca. drei Wochen
ap·proxi·ma·tion [əˌprɒksɪˈmeɪʃən, AM əˌprɑːk-] *n* (*form*) ❶ (*estimation*) Annäherung *f;* **could you give me a rough ~ of ...** können Sie mir ungefähr sagen, ...; **that's only an ~, I can't give you an exact figure** das ist nur eine grobe Schätzung, ich kann Ihnen die genaue Zahl nicht sagen ❷ (*semblance*) Annäherung *f* (**of/to** an +*akk*); **what he said bore no ~ whatsoever to the truth** was er sagte, wurde in keiner Weise der Wahrheit gerecht
ap·pur·te·nance [əˈpɜːtɪnən(t)s, AM əˈpɜːrtən-] *n usu pl* (*form*) Zubehör *nt,* Insignien *pl a. hum*
APR [ˌeɪpiːˈɑːʳ, AM -ˈɑːr] *n* FIN *abbrev of* **annual percentage rate** Jahreszinssatz *m*
Apr. *n abbrev of* **April** Apr.
après-ski [ˌæpreɪˈskiː, AM ˌɑːp-] **I.** *n no pl* Après-Ski *nt* **II.** *adj bar, entertainment* Après-Ski-
apri·cot [ˈeɪprɪkɒt, AM -kɑːt, ˈæp-] **I.** *n* ❶ (*fruit*) Aprikose *f,* Marille *f* ÖSTERR ❷ *no pl* (*colour*) Apricot *nt,* Aprikosenfarbe *f* **II.** *n modifier* (*tree, jam, sauce*) Aprikosen-; **~ preserves** eingeweckte Aprikosen **III.** *adj* apricotfarben, aprikosenfarben
April [ˈeɪprəl] *n* April *m;* **~ shower** Aprilschauer *m; see also* **February**
April 'Fool *n* ❶ (*trick*) Aprilscherz *m;* **to play an ~ on sb** jdn in den April schicken ❷ (*person*) Aprilnarr *m;* **~!** April, April!
April 'Fools' Day *n* der erste April
a prio·ri [ˌeɪpraɪˈɔːraɪ, AM ˌɑːpriːˈɔːri, -raɪ] (*form*) **I.** *adj* a priori *fachspr,* apriorisch *fachspr;* **~ reasoning** apriorisches Denken **II.** *adv* a priori *fachspr;* **to reason ~** apriorisch denken
apron [ˈeɪprən] *n* ❶ (*clothing*) Schürze *f;* **kitchen ~** Küchenschürze *f* ❷ AVIAT **~ [area]** Vorfeld *nt* ❸ THEAT Vorbühne *f*
'apron stage *n* THEAT Vorbühne *f,* Proszenium *nt fachspr*
'apron strings *npl* Schürzenbänder *ntpl* ▶ PHRASES: **to be tied to sb's ~** (*fig, pej*) an jds Rockzipfel hängen *fam*
ap·ro·pos [ˌæprəˈpəʊ, AM -ˈpoʊ] **I.** *adj pred* passend; **his remarks were hardly ~** seine Bemerkungen waren wenig angebracht **II.** *adv* ❶ (*relevantly*) apropos *geh* ❷ (*incidentally*) übrigens, apropos *geh,* da wir gerade davon sprechen **III.** *prep* (*form*) apropos; **~ of nothing** ganz nebenbei, übrigens
APS [ˌeɪpiːˈes] *n abbrev of* **advanced photo system**
apse [æps] *n* Apsis *f fachspr*
apt [æpt] *adj* ❶ (*appropriate*) passend; **~ description/remark** treffende Beschreibung/Bemerkung; **~ moment** geeigneter Moment ❷ (*clever*) geschickt; (*talented*) begabt; **she is very ~ at repair work** sie hat Talent im Umgang mit Werkzeug ❸ *pred* (*likely*) ■**to be ~ to do sth: the kitchen roof is ~ to leak when it rains** es kann sein, dass es durch das Küchendach tropft, wenn es regnet
ap·ti·tude [ˈæptɪtjuːd, AM *esp* -tuːd] *n* Begabung *f,* Talent *nt;* **to have/show ~ at** [*or* **for**] **sth** für etw *akk* Talent haben/zeigen
'ap·ti·tude test *n* Eignungstest *m*
apt·ly [ˈæptli] *adv* passend
apt·ness [ˈæptnəs] *n no pl* (*form*) ❶ (*appropriateness*) Angemessenheit *f* ❷ (*dated: aptitude*) Begabung *f,* Talent *nt;* **~ for drawing** Zeichentalent *nt*
aqua·cul·ture [ˌækwəˈkʌltʃəʳ, AM ˌɑːkwəˈkʌltʃɚ] *n* Aquakultur *f*
aqua·lung [ˌækwəˈlʌŋ, AM ˌɑːk-] *n* Tauchgerät *nt*
aqua·marine [ˌækwəməˈriːn, AM ˌɑːk-] **I.** *n no pl* ❶ (*stone*) Aquamarin *m* ❷ (*colour*) Aquamarinblau *nt* **II.** *adj* aquamarinblau, aquamarinfarben
aqua·plane [ˈækwəpleɪn, AM ˈɑːk-] **I.** *vi* ❶ BRIT (*slip*) ins Rutschen geraten; **the wheels ~d across the water** die Reifen schwammen auf dem Wasser auf *fachspr* ❷ (*ride on single board*) Monoski laufen **II.** *n* Monoski *m*
aquaria [əˈkweəriə, AM əˈkwer-] *n pl of* **aquarium**
Aquar·ian [əˈkweəriən, AM əˈkwer-] **I.** *n* Wassermann *m;* **to be an ~** ein Wassermann *m* sein **II.** *adj* **the typical ~ personality** der typische Wassermann
aquar·ium <*pl* -s *or* -ria> [əˈkweəriəm, AM əˈkwer-, *pl* -riə] *n* Aquarium *nt*
Aquar·ius [əˈkweəriəs, AM -ˈkwer-] *n* ❶ *no art* (*zodiac sign*) Wassermann *m,* Aquarius *m;* **he was born under ~** er wurde im Sternzeichen Wassermann geboren ❷ (*person*) Wassermann *m;* **I'm an ~** ich bin [ein] Wassermann
aquat·ic [əˈkwætɪk, AM -ţ-] **I.** *adj inv* ❶ (*water-related*) aquatisch; **~ animal** Wassertier *nt;* **~ plant** Wasserpflanze *f* ❷ (*played in/on water*) *sports* Wasser- **II.** *n* ❶ (*plant*) Wasserpflanze *f;* (*animal*) Wassertier *nt* ❷ SPORTS ■**~s** Wassersportarten *fpl*
aquati·cal·ly [əˈkwætɪkli, AM -ţ-] *adv inv* **some plants can only be grown ~** manche Pflanzen können nur im Wasser gezogen werden
aqua·tint [ˈækwətɪnt, AM ˈɑːk-] *n* ART Aquatinta *f fachspr*
aqua·vit [ˈækwəvɪt, AM ˈɑːkwəviːt] *n* Aquavit *m*
aque·duct [ˈækwɪdʌkt] *n* Aquädukt *m o nt*
aque·ous [ˈeɪkwiəs] *adj* (*form*) ❶ (*containing water*) wäss[e]rig; (*damp*) feucht; **~ environment** Feuchtbiotop *nt;* **to live in an ~ environment** am Wasser leben; **an ~ solution** eine wässrige Lösung ❷ (*like water*) wasserartig ❸ GEOL **~ rocks** Unterwassergestein *nt*
aqui·line [ˈækwɪlaɪn, AM -lən] *adj* (*esp liter*) adlerähnlich, Adler-; **~ nose** Adlernase *f*
Arab [ˈærəb, AM *esp* ˈer-] **I.** *n* Araber(in) *m(f)* **II.** *adj inv* arabisch; **the ~ countries** die arabischen Länder, Arabien *nt*
ara·besque [ˌærəˈbesk, AM *esp* ˌer-] *n* ❶ (*ballet position*) Arabeske *f* ❷ ART Arabeske *f*
Ara·bian [əˈreibiən] *adj inv* arabisch; **the ~ peninsula** die arabische Halbinsel
Ara·bic [ˈærəbɪk, AM *esp* ˈer-] **I.** *n no pl* Arabisch *nt* **II.** *adj inv* arabisch; (*of language*) arabischsprachig
Ara·bic 'nu·mer·al *n* arabische Ziffer
ar·able [ˈærəbl̩, AM *esp* ˈer-] *adj* (*cultivable*) anbaufähig, bebaubar; (*being used*) landwirtschaftlich nutzbar; **~ land is at a premium here** Ackerland steht hier hoch im Kurs; **~ area** landwirtschaftliche Nutzfläche
arach·nid [əˈræknɪd] ZOOL **I.** *n* (*spec*) Spinnentier *nt;* ■**~s** *pl* Arachn[o]iden *pl fachspr* **II.** *adj* (*spec*) spinnenartig
arach·no·pho·bia [əˌræknə(ʊ)ˈfəʊbiə, AM -nəˈfoʊ-] *n no pl* (*spec*) Arachnophobie *f fachspr*
ar·bi·ter [ˈɑːbɪtəʳ, AM ˈɑːrbɪţɚ] *n* ❶ (*settler of dispute*) Vermittler(in) *m(f);* **the government will be the final ~ in the dispute** die Regierung wird im Streit das letzte Wort haben; **~ of fashion** Modezar *m;* **moral ~** Moralapostel *m* ❷ *see* **arbitrator**
ar·bi·trage [ˌɑːbɪˈtrɑːʒ, AM ˈɑːrbɪtrɑːdʒ] *n no pl* FIN, STOCKEX Arbitrage *f fachspr*
ar·bi·tra·geur [ˌɑːbɪtrɑːˈʒɜːʳ, AM ˈɑːrbɪtrɑːʒɚ] *n* FIN, STOCKEX Arbitrageur *m*
ar·bi·trari·ly [ˌɑːbɪˈtreərəli, AM ˌɑːrbəˈtrer-] *adv* ❶ (*randomly*) arbiträr *geh* ❷ (*pej: despotically*) willkürlich
ar·bi·trari·ness [ˈɑːbɪtrərɪnəs, AM ˈɑːrbətrer-] *n no pl* Willkür *f;* **the ~ of his action infuriated me** seine willkürliche Vorgehensweise ärgerte mich
ar·bi·trary [ˈɑːbɪtrəri, AM ˈɑːrbətreri] *adj* ❶ (*random*) arbiträr *geh;* **~ decision** spontane Entscheidung ❷ (*pej: despotic*) willkürlich; **~ ruler** despotischer Herrscher/despotische Herr-

scherin

ar·bi·trate ['ɑ:bɪtreɪt, AM 'ɑ:rbə-] **I.** *vt* **to ~ an argument** [*or* **a dispute**] einen Streit schlichten **II.** *vi* (*settle dispute*) als Vermittler/Vermittlerin fungieren; (*mediate*) vermitteln

ar·bi·tra·tion [,ɑ:bɪ'treɪʃən, AM ,ɑ:rbə'-] *n no pl* Schlichtung *f;* (*process*) Schlichtungsverfahren *nt;* **to avoid ~** Schlichtung *f* vermeiden; **to go to ~** einen Schlichter/eine Schlichterin anrufen; **to settle a dispute/strike by ~** einen Streit/Streik durch Schlichtung beilegen

ar·bi·tra·tor ['ɑ:bɪtreɪtəʳ, AM 'ɑ:rbətreɪt̬ɚ] *n* (*reach compromise*) Schlichter(in) *m(f);* (*make decision*) Schiedsrichter(in) *m(f);* **expert ~** erfahrener Schlichter/erfahrene Schlichterin; **to appoint an ~** einen Schlichter/eine Schlichterin ernennen

ar·bor *n* AM, AUS *see* **arbour**

'Ar·bor Day *n* AM, AUS *traditioneller Baumpflanzungstag*

ar·bor·eal [ɑ:'bɔ:riəl, AM ɑ:r'-] *adj* auf Bäumen lebend *attr;* **monkeys are ~ animals** Affen leben auf Bäumen; **~ studies** Baumlehrkunde *f*

ar·bo·retum [,ɑ:bər'i:təm, AM ,ɑ:rbə'ri:-] *n* Baumgarten *m*

ar·bori·cul·ture ['ɑ:bərɪ,kʌltʃəʳ, AM 'ɑ:rbɚɪ,kʌltʃɚ] *n* Baumzucht *f*

ar·bour ['ɑ:bəʳ], AM **ar·bor** ['ɑ:rbɚ] *n* Laube *f*

arc [ɑ:k, AM ɑ:rk] **I.** *n* ❶ (*curve*) Bogen *m* ❷ ELEC Lichtbogen *m* **II.** *vi* ❶ (*curve*) einen Bogen beschreiben ❷ ELEC einen Lichtbogen bilden; **a spark ~ed across when he attached the wire to the battery** ein Funken sprang in hohem Bogen über, als er das Kabel an der Batterie anbrachte

ar·cade [ɑ:'keɪd, AM ɑ:r'-] *n* ❶ (*covered passageway*) Säulengang *m,* Arkade *f* ❷ (*galleria*) [**shopping**] ~ [Einkaufs]passage *f*

Ar·ca·dia [ɑ:'keɪdi:ə, AM ɑ:r'-] *n* (*esp liter*) Arkadien *nt liter*

Ar·ca·dian [ɑ:'keɪdi:ən, AM ɑ:r'-] *adj* (*esp liter*) arkadisch *fig liter*

ar·cane [ɑ:'keɪn, AM ɑ:r'-] *adj* (*form*) geheimnisvoll, undurchschaubar; **~ procedures** esoterische Praktiken

arch[1] [ɑ:tʃ, AM ɑ:rtʃ] **I.** *n* Bogen *m;* **~ of the foot** Fußgewölbe *nt* **II.** *vi* sich *akk* wölben **III.** *vt* **to ~ one's back** den Rücken krümmen; **to ~ one's eyebrows** die Augenbrauen heben

arch[2] [ɑ:tʃ, AM ɑ:rtʃ] *adj* verschmitzt; **to give sb an ~ look** jdn schelmisch anblicken; **an ~ smile** ein spitzbübisches Lächeln

arch- [ɑ:tʃ, AM ɑ:rtʃ] *in compounds* Erz-; **~-rival** Erzrivale, -in *m, f;* **~-villain** Erzschurke *m,* Mordsschlingel *m hum*

ar·chaeo·logi·cal [,ɑ:kiə'lɒdʒɪkəl], AM **ar·cheo·logi·cal** [,ɑ:rkiə'lɑ:-] *adj* archäologisch; **~ dig** [Aus]grabungsort *m;* **~ find** archäologische Fundstätte; **~ site** Ausgrabungsstätte *f*

ar·chaeo·logi·cal·ly [,ɑ:kiə'lɒdʒɪkəli], AM **ar·cheo·logi·cal·ly** [,ɑ:rkiə'lɑ:-] *adv* archäologisch

ar·chae·olo·gist [,ɑ:ki'ɒlədʒɪst], AM **ar·che·olo·gist** [,ɑ:rki'ɑ:l-] *n* Archäologe, -in *m, f*

ar·chae·ol·ogy [,ɑ:ki'ɒlədʒi], AM **ar·che·ol·ogy** [,ɑ:rki'ɑ:l-] *n no pl* Archäologie *f*

ar·chae·op·ter·yx [,ɑ:ki'ɒptərɪks, AM ,ɑ:rki'ɑ:p-] *n* ORN Archäopteryx *m*

ar·cha·ic [ɑ:'keɪɪk, AM ɑ:r'-] *adj* ❶ (*antiquated*) veraltet, archaisch *geh* ❷ (*hum fam: old-fashioned*) altmodisch

ar·chai·cal·ly [ɑ:'keɪɪkəli, AM ɑ:r'-] *adv* in archaischer Form

ar·cha·ism ['ɑ:keɪɪzəm, AM 'ɑ:rki-] *n* Archaismus *m geh*

arch·angel ['ɑ:keɪndʒəl, AM 'ɑ:r-] *n* Erzengel *m*

arch·'bishop *n* Erzbischof *m*

i Kultur

Der **Archbishop of Canterbury** ist der Erzbischof der südlichen Provinz der *Church of England – Kirche von England* oder *Anglican Church – anglikanischen Kirche.* Der **Archbishop of York** ist der Erzbischof der nördlichen Provinz. Als Oberhaupt der Kirche trägt der **Archbishop of Canterbury** den Titel *Primate of All England – Primas von ganz England.* Der *Archbishop of York* ist ihm untergeordnet und hat den Titel *Primate of England – Primas von England.* Der **Archbishop of Canterbury** spielt weltweit eine wichtige Rolle in der *Anglican Church:* er ist der *First Peer of the Realm – Erste Abgeordnete* und hat auch die Aufgabe, den Monarchen in der *Westminster Abbey* zu krönen.

arch·'bishop·ric *n* Erzbistum *nt* **arch·'deacon** *n* Erzdiakon *m,* Archidiakon *m* **arch·'deacon·ry** *n* Archidiakonat *nt* **arch·'dio·cese** *n* Erzdiözese *f* **arch·'duchess** *n* Erzherzogin *f* **arch'duke** *n* Erzherzog *m*

arched [ɑ:tʃt, AM ɑ:rtʃt] *adj* gewölbt; **~ door** Bogenportal *nt;* **~ roof** Tonnendach *nt;* **~ window** Bogenfenster *nt*

arch-'en·emy *n* Erzfeind(in) *m(f)*

ar·cheo·logi·cal(·ly) *adv* AM *see* **archaeological(ly)**

ar·che·olo·gist *n* AM *see* **archaeologist**

ar·che·ol·ogy *n no pl* AM *see* **archaeology**

arch·er ['ɑ:tʃəʳ, AM 'ɑ:rtʃɚ] *n* Bogenschütze, -in *m, f*

'archer·fish *n* Schützenfisch *m*

ar·chery ['ɑ:tʃəri, AM 'ɑ:r-] *n no pl* Bogenschießen *nt*

ar·che·typ·al [,ɑ:kɪ'taɪpəl, AM ,ɑ:r-] *adj* urbildlich, archetypisch; **an ~ English gentleman** ein vorbildlicher englischer Gentleman

ar·che·type ['ɑ:kɪtaɪp, AM 'ɑ:r-] *n* ❶ (*typical example*) Urform *f,* Ausgangsform *f* ❷ PSYCH Archetyp[us] *m*

ar·che·typi·cal [,ɑ:kɪ'tɪpɪkəl, AM ,ɑ:rkə'-] *adj* archetypisch

Archi·medean screw [,ɑ:kɪmi:diən'skru:, AM ,ɑ:rkə-] *n* MATH archimedische Spirale

Archimedes' prin·ci·ple [,ɑ:kɪmi:di:z'prɪn(t)səpl̩, AM ,ɑ:rkə-] *n* das archimedische Prinzip

archi·pela·go <*pl* -s *or* -es> [,ɑ:kɪ'peləgəʊ, AM ,ɑ:rkə'peləgoʊ] *n* Archipel *m*

archi·tect ['ɑ:kɪtekt, AM 'ɑ:rkə-] *n* ❶ ARCHIT Architekt(in) *m(f)* ❷ (*fig: creator*) Schöpfer(in) *m(f)* ▶ PHRASES: **every man is the ~ of his own fortune** (*prov*) jeder ist seines Glückes Schmied *prov*

archi·tec·tur·al [,ɑ:kɪ'tektʃərəl, AM ,ɑ:rkə'-] *adj* architektonisch; **~ plan** Bauplan *m*

archi·tec·tur·al·ly [,ɑ:kɪ'tektʃərəli, AM ,ɑ:rkə'-] *adv* architektonisch

archi·tec·ture ['ɑ:kɪtektʃəʳ, AM 'ɑ:rkətektʃɚ] *n no pl* ❶ (*subject*) Architektur *f,* Baukunst *f* ❷ (*style*) Architektur *f,* Baustil *m*

archi·trave ['ɑ:kɪtreɪv, AM 'ɑ:rkə-] *n* ❶ ARCHIT Architrav *m* ❷ (*moulded frame*) Ziergebälk *nt* (*plastischer Zierrat um Türen und Fenster*)

ar·chiv·al [ɑ:'kaɪvəl, AM ,ɑ:r-] *adj inv* Archiv-; **~ research** Forschung *f* in Archiven

ar·chive ['ɑ:kaɪv, AM 'ɑ:r-] **I.** *n* Archiv *nt* **II.** *n modifier* (*document, material, research*) Archiv-; **~ footage** Archivmaterial *nt*

ar·chi·vist ['ɑ:kɪvɪst, AM 'ɑ:rkaɪ-] *n* Archivar(in) *m(f)*

arch·ly ['ɑ:tʃli, AM 'ɑ:rtʃ-] *adv* schelmisch

'arch·way *n* Torbogen *m*

'arc lamp, 'arc light *n* Bogenlampe *f*

arc·tic ['ɑ:ktɪk, AM 'ɑ:rk-] *adj* ❶ GEOG arktisch; **~ expedition** Nordpolexpedition *f* ❷ (*fig: extremely cold*) eiskalt; **the weather's really ~ today** heute herrscht geradezu eine arktische Kälte; **~ conditions** arktische [Wetter]verhältnisse

Arc·tic ['ɑ:ktɪk, AM 'ɑ:rk-] *no pl n* ■ **the ~** die Arktis

Arc·tic 'Circle *n* nördlicher Polarkreis **Arc·tic 'fox** *n* Polarfuchs *m* **Arc·tic 'hare** *n* Polarhase *m* **Arc·tic 'Ocean** *n* Nördliches Eismeer **Arc·tic 'tern** *n* Küstenseeschwalbe *f*

arc 'weld·ing *n no pl* Lichtbogenschweißung *f;* (*act of welding*) Lichtbogenschweißen *nt*

ar·dent ['ɑ:dənt, AM 'ɑ:r-] *adj* leidenschaftlich; **~ admirer** glühender Verehrer/glühende Verehrerin; **~ desire** brennender Wunsch; **~ feminist** vehemente Feministin; **~ plea** innige Bitte

ar·dent·ly [ˈɑːdᵊntli, AM ˈɑːr-] *adv* leidenschaftlich, inbrünstig *geh*

ar·dor [ˈɑːrdɚ] AM, AUS, **ar·dour** [ˈɑːdəʳ] *n no pl* BRIT, AUS Leidenschaft *f*, Begeisterung *f* (**for** für +*akk*)

ar·du·ous [ˈɑːdjuːəs, AM ˈɑːrdʒuːəs] *adj* anstrengend, beschwerlich; ~ **task** mühsame Aufgabe

ar·du·ous·ly [ˈɑːdjuːəsli, AM ˈɑːrdʒuːəs-] *adv* angestrengt

ar·du·ous·ness [ˈɑːdjuːəsnəs, AM ˈɑːrdʒuːəs-] *n no pl* Beschwerlichkeit *f*, Mühseligkeit *f*

are [ɑːʳ, AM ɑːr] *vi, vt see* **be**

area [ˈeəriə, AM ˈeri-] *n* ① (*region*) Gebiet *nt*, Region *f*; ~ **of the brain** Hirnregion *f*; ~ **of coverage** Reichweite *f*; **danger** ~ Gefahrenzone *f*; ~ **of the lung** Lungenbereich *m*; ~ **manager** Gebietsleiter(in) *m(f)*; **testing** ~ Testgelände *nt* ② (*subject field*) Gebiet *nt fig*; ~ **of competence/knowledge** Wissensgebiet *nt* ③ (*surface measure*) Fläche *f*, Flächeninhalt *m*; ~ **of a circle** Kreisfläche *f*; **50 square kilometres in** ~ eine Fläche von 50 km^2 ④ FBALL (*fam*) Strafraum *m* ⑤ (*approximately*) ■**in the** ~ **of ...** ungefähr ...; **in the** ~ **of £200** etwa 200 Pfund

area ˈbomb·ing *n* MIL Flächenbombardement *nt* **area ˈcode** *n* AM, AUS (*dialling code*) Vorwahl *f*

arena [əˈriːnə] *n* ① (*for entertainment*) Arena *f*; (*sports stadium*) Stadion *nt* ② (*fig*) Arena *f fig*; **the political** ~ die politische Bühne; **to enter the** ~ die Bühne betreten *fig*

aren't [ɑːnt, AM ɑːrnt] = **are not** *see* **be**

are·ola [əˈriᵊlə] *n* ANAT ① (*of nipple*) Warzenhof *m* ② (*of eye*) Augenringe *pl*

ar·gen·tif·er·ous [ˌɑːdʒᵊnˈtɪfᵊrəs, AM ˈɑːr-] *adj* silberhaltig

Ar·gen·ti·na [ˌɑːdʒᵊnˈtiːnə, AM ˈɑːr-] *n* Argentinien *nt*

Ar·gen·tine [ˈɑːdʒᵊntaɪn, AM ˈɑːr-], **Ar·gen·tin·ian** [ˌɑːdʒᵊnˈtɪniən, AM ˌɑːr-] **I.** *adj* argentinisch **II.** *n* Argentinier(in) *m(f)*

ar·gon [ˈɑːgɒn, AM ˈɑːrgɑːn] *n no pl* CHEM Argon *nt*

ar·got [ˈɑːgeʊ, AM ˈɑːrgoʊ] *n* Argot *m o nt*, Jargon *m*

ar·gu·able [ˈɑːgjuəbl̩, AM ˈɑːrg-] *adj* ① (*open to debate*) fragwürdig ② (*able to be maintained*) diskutabel; **it is** ~ **that ...** es ist durchaus vertretbar, dass ...

ar·gu·ably [ˈɑːgjuəbli, AM ˈɑːrg-] *adv* wohl; **he is** ~ **one of the world's finest football players** er dürfte wohl zu den besten Fußballern der Welt gehören

ar·gue [ˈɑːgjuː, AM ˈɑːrg-] **I.** *vi* ① (*disagree*) sich *akk* streiten; ■**to** ~ **with sb** mit jdm streiten; ■**to** ~ **about** [*or* **over**] **sth** sich wegen einer S. *gen* streiten ② (*reason*) argumentieren; ■**to** ~ **against/for** [*or* **in favour of**] **sth** sich *akk* gegen/für etw *akk* aussprechen **II.** *vt* ① (*debate, reason*) ■**to** ~ **sth** etw erörtern; **a well-~d article** ein Artikel mit Hand und Fuß *m*; ■**to** ~ **sth away** etw wegdiskutieren; ■**to** ~ **that ...** dafürsprechen, dass ...; *person* ② (*persuade*) ■**to** ~ **sb into/out of doing sth** jdm etw ein-/ausreden ►PHRASES: **to** ~ **the toss** (*fam*) gegen etw *akk* sein

◆**argue down** *vt esp* AM ■**to** ~ **sb down** jdn niederreden

◆**argue out** *vt* ■**to** ~ **out** ◌ **sth** etw ausdiskutieren

ar·gu·ment [ˈɑːgjəmənt, AM ˈɑːrg-] *n* ① (*heated discussion*) Wortwechsel *m*, Auseinandersetzung *f*; **without any** ~ ohne weitere Diskussionen; **to be engaged in** ~ in eine Auseinandersetzung verwickelt sein; **to get into have an** ~ [**with sb**] [mit jdm] streiten ② (*case*) Argument *nt* (**against/for** gegen/für +*akk*); **there's a strong** ~ **for banning cars from the city centre** es spricht einiges dafür, Autos aus der Innenstadt zu verbannen; ~ **of a book** These *f* eines Buches

ar·gu·men·ta·tion [ˌɑːgjəmənˈteɪʃᵊn, AM ˌɑːrg-] *n no pl* Argumentation *f*, Beweisführung *f*

ar·gu·men·ta·tive [ˌɑːgjəˈmentətɪv, AM ˌɑːrgjəmenṭəṭɪv] *adj* (*pej*) streitsüchtig

argy-bargy [ˌɑːdʒiˈbɑːdʒi] *n no pl* BRIT (*fam*) Geplänkel *nt fam*

aria [ˈɑːriə] *n* Arie *f*

Arian [ˈeəriən, AM ˈeriən] **I.** *n* ① REL Arianer(in) *m(f)* ② ASTROL Widder *m* **II.** *adj* arianisch

arid [ˈærɪd, AM ˈer-] *adj* ① (*very dry*) dürr, ausgedörrt; ~ **climate** Trockenklima *nt*; ~ **zone** Trockenzone *f* ② (*fig: boring*) trocken *fig*; **an** ~ **book** ein langweiliges Buch; (*unproductive*) unergiebig; **after several** ~ **years ...** nach einer Durststrecke von mehreren Jahren ...

Aries [ˈeəriːz, AM ˈeriːz] *n* ① *no art* ASTROL, ASTRON (*star sign, formation*) Widder *m* ② ASTROL (*person*) Widder

aright [əˈraɪt] *adv* (*liter or dated*) richtig

arise <arose, arisen> [əˈraɪz] *vi* ① (*come about*) sich *akk* ergeben; **should complications** ~ **...** sollte es zu Schwierigkeiten kommen ...; **should doubt** ~**, ...** sollten Zweifel aufkommen, ...; **should the need** ~**, ...** sollte es notwendig werden, ... ② (*form: get up*) aufstehen ③ (*liter: rise*) sich *akk* erheben

arisen [əˈrɪzᵊn] *pp of* **arise**

ar·is·to·cra·cy [ˌærɪˈstɒkrəsi, AM ˌerəˈstɑː-] *n* + *pl/sing vb* ■**the** ~ ① (*nobility*) die Aristokratie ② (*fig: the highest-placed*) die Elite, die Crème de la Crème

aris·to·crat [ˈærɪstəkræt, AM əˈrɪs-] *n* Aristokrat(in) *m(f)*

aris·to·crat·ic [ˌærɪstəˈkrætɪk, AM əˌrɪstəˈkræṭɪk] *adj* aristokratisch

arith·me·tic I. *n* [əˈrɪθmətɪk] *no pl* Arithmetik *f*; **to do some quick mental** ~ etw schnell im Kopf ausrechnen **II.** *adj* [ˌærɪθˈmetɪk, AM ˌerɪθˈmeṭɪk] Rechen-; ~ **mean** arithmetisches Mittel; ~ **problem** Rechenaufgabe *f*; ~ **progression** arithmetische Reihe

arith·meti·cal [ˌærɪθˈmetɪkᵊl, AM ˌerɪθˈmeṭɪk-] *adj* Rechen-

arith·meti·cal·ly [ˌærɪθˈmetɪkᵊli, AM ˌerɪθˈmeṭɪk-] *adv* arithmetisch; **to solve a problem** ~ ein Problem rechnerisch lösen

ark [ɑːk, AM ɑːrk] *n no pl* ① (*boat*) Arche *f*; **to look as if it came out of the** ~ (*fig fam*) äußerst altmodisch wirken; *see also* **Noah's ark** ② (*box*) **the A~ of the Covenant** die Bundeslade ③ AGR Unterstand *m* für Freilaufschweine

arm[1] [ɑːm, AM ɑːrm] *n* ① ANAT Arm *m*; **at** ~**'s length** mit [aus]gestreckten Armen; **to keep sb at** ~**'s length** (*fig*) jdn auf Distanz halten; **to hold sb in one's** ~**s** jdn in den Armen halten; **to put** [*or* **throw**] **one's** ~**s round sb** den Arm um jdn legen; **to take sb in one's** ~**s** jdn in die Arme nehmen; ~ **in** ~ Arm in Arm; **on one's** ~ am Arm ② (*sleeve*) Ärmel *m* ③ (*armrest*) Armlehne *f* ④ GEOG Arm *m*; ~ **of land** Landzunge *f*; ~ **of a river/of the sea** Fluss-/Meeresarm *m* ⑤ (*division*) Abteilung *f* ►PHRASES: **to cost an** ~ **and a leg** (*fam*) Unsummen kosten

arm[2] [ɑːm, AM ɑːrm] **I.** *vt* ① (*supply with weapons*) ■**to** ~ **sb** [**with sth**] jdn [mit etw *dat*] bewaffnen; ■**to** ~ **oneself for sth** (*fig*) sich *akk* für etw *akk* wappnen ② (*prepare for detonation*) **to** ~ **a bomb** eine Bombe scharfmachen; **to** ~ **a rocket** eine Rakete zündfertig machen **II.** *n* ■~**s** *pl* ① (*weapons*) Waffen *fpl*; **to lay down one's** ~**s** die Waffen niederlegen; **to take up** ~**s** [**against sb/sth**] den Kampf [gegen jdn/etw] aufnehmen; **under** ~**s** kampfbereit ② (*heraldic insignia*) Wappen *nt*; **the King's A~s** Zum König (*auf Wirtshaustafeln*) ►PHRASES: **to be up in** ~**s about** [*or* **against**] [*or* **over**] **sth** über etw *akk* in Streit geraten

ar·ma·da [ɑːˈmɑːdə, AM ɑːrˈ-] *n* Kriegsflotte *f*; **the Spanish A~** die spanische Armada

ar·ma·dil·lo [ˌɑːməˈdɪləʊ, AM ˌɑːrməˈdɪloʊ] *n* Gürteltier *nt*

Ar·ma·ged·don [ˌɑːməˈgedᵊn, AM ˌɑːr-] *n no pl* ① REL Armageddon *nt* ② (*fig*) Katastrophe *f*

ar·ma·ment [ˈɑːməmənt, AM ˈɑːr-] *n* ① *usu pl* (*weapons*) Waffen *fpl* ② *no pl* (*process of arming*) Bewaffnung *f*, Aufrüstung *f*

ˈar·ma·ments pro·gramme *n* MIL Rüstungsprogramm *nt*

ar·ma·ture [ˈɑːmətʃəʳ, AM ˈɑːrmətʃɚ] *n* ① (*dynamo's rotating coil*[*s*]) Relais *nt* ② (*magnetically induced moving part*) Anker *m* ③ (*animal armour*) Panzer *m*; (*plant armour*) Bewehrung *f* ④ (*framework for a sculpture*) Innengerüst *nt*

ˈarm·band *n* ① (*on sleeve*) Armbinde *f* ② (*swimming aid*) Schwimmflügel *m*

ˈarm candy *n* (*fam*) reizende Begleiterin **ˈarm·chair I.** *n* (*chair*) Sessel *m*, Lehnstuhl *m* **II.** *n modifier* (*fig*) Möchtegern-

fam; ~ **politician** Stammtischpolitiker(in) *m(f)*

armed [ɑːmd, AM ɑːrmd] *adj inv* bewaffnet; ~ **resistance** bewaffneter Widerstand

armed 'forces *npl* ■ **the** ~ die Streitkräfte *pl*

Ar·me·nia [ɑːˈmiːniə, AM ɑːrˈ-] *n* Armenien *nt*

Ar·me·nian [ɑːˈmiːniən, AM ɑːrˈ-] **I.** *adj* armenisch; **she is** ~ sie ist Armenierin **II.** *n* ❶ (*person*) Armenier(in) *m(f)* ❷ (*language*) Armenisch *nt*

arm·ful *n* Armvoll *m kein pl,* Ladung *f fam* **arm·hole** *n* Armloch *nt*

ar·mi·stice [ˈɑːmɪstɪs, AM ˈɑːrmə-] *n* Waffenstillstand *m;* **to declare an** ~ einen Waffenstillstand ausrufen

arm·let *n* Armband *nt* (*am Oberarm*) **'arm·lock** *n* Fesselgriff *m* (*mittels Drehen des Arms auf den Rücken*)

ar·mor *n no pl* AM, AUS *see* **armour**

ar·mored *adj* AM *see* **armoured**

ar·mor·er *n* AM *see* **armourer**

ar·mo·ri·al [ɑːˈmɔːriəl, AM ɑːrˈ-] *adj* heraldisch, Wappen-; ~ **bearings** Wappenschild *nt;* ~ **escutcheon** Wappenschild *nt*

ar·mory *n* AM *see* **armoury**

ar·mour [ˈɑːməʳ], AM **ar·mor** [ˈɑːrmɚ] *n no pl* ❶ HIST Rüstung *f;* **knights in** ~ Ritter in [voller] Rüstung; **suit of** ~ Panzerkleid *nt* ❷ MIL **body** ~ kugelsichere Weste; ~ **plate** Panzerplatte *f* ❸ MIL (*tanks*) Panzerfahrzeuge *ntpl* ❹ ZOOL Panzer *m*

ar·moured [ˈɑːməd], AM **ar·mored** [ˈɑːrmɚd] *adj* ❶ (*furnished with armour*) gepanzert; ~ **car** Panzer[späh]wagen *m;* ~ **glass** Panzerglas *nt;* ~ **personnel carrier** gepanzerter Mannschaftswagen; ~ **train** Panzerzug *m* ❷ (*furnished with armoured vehicles*) bewaffnet; ~ **division** Panzerdivision *f*

ar·mour·er [ˈɑːmərəʳ], AM **ar·mor·er** [ˈɑːrmɚɚ] *n* Waffenmeister *m*

'ar·mour-pierc·ing *adj* MIL panzerbrechend; ~ **bullet** Panzersprengkugel *f;* ~ **shell** Panzergranate *f* **ar·mour-'plat·ed** *adj* gepanzert

ar·moury [ˈɑːmᵊri], AM **ar·mory** [ˈɑːr-] *n* ❶ (*weapons stockpile, depot*) Waffenarsenal *nt,* Waffenlager *nt,* Zeughaus *nt hist* ❷ (*fig*) Arsenal *nt fig;* **the only weapon left in his** ~ **was indifference** das Einzige, was er noch auf Lager hatte, war Gleichgültigkeit zu markieren *fam*

'arm·pit *n* ANAT Achselhöhle *f* ► PHRASES: **the** ~ **of the universe** [*or* **world**] das dreckigste Loch der Welt *pej sl* **'arm·rest** *n* Armlehne *f*

'arms con·trol *n,* **arms 'limi·ta·tion** *n* MIL Abrüstung *f* **'arms race** *n* ■ **the** ~ das Wettrüsten

'arm-twist·ing *n no indef art, no pl* (*fig*) Überredungskunst *f*

'arm-wres·tling *n no pl* Armdrücken *nt*

army [ˈɑːmi, AM ˈɑːrmi] *n* ❶ MIL Armee *f;* ■ **the** ~ das Heer; [**to be**] **in the** ~ beim Militär [sein]; **to go into** [*or* **join**] **the** ~ zum Militär gehen ❷ (*fig*) Schwarm *m,* Heer *nt*

'army ant *n* Wanderameise *f* **'army base** *n* Militärlager *nt* **'army brat** *n* (*fam*) Militärsprössling *m fam o hum* **army 'dis·pos·als store** *n* AUS, **army-'navy store** *n usu* AM Army Shop *m* **'army of·fic·er** *n* Armeeoffizier *m* **army regu·'la·tions** *n* Militärdienstvorschrift *f* **army 'sur·plus** **I.** *n* Militärüberschuss *m* (*überzählige Armeebestände an Kleidung etc., die von der Allgemeinheit erworben werden können*) **II.** *n modifier* (*boots, clothing, rucksacks, tents*) Militär-; ~ **store** Army Shop *m*

ar·ni·ca [ˈɑːnɪkə, AM ˈɑːr-] *n* Arnika *f*

A-road [ˈeɪrəʊd, AM -roʊd] *n* BRIT ≈ Bundesstraße *f*

aro·ma [əˈrəʊmə, AM -ˈroʊ-] *n* ❶ (*smell*) Aroma *nt,* Duft *m;* **to give off an** ~ einen Duft verströmen ❷ (*fig*) **an** ~ **of nostalgia** ein Hauch *m* von Nostalgie

aroma·'thera·py **I.** *n no pl* Aromatherapie *f* **II.** *n modifier* (*bath, oil*) Aromatherapie-; ~ **massage** Massage *f* mit ätherischen Ölen

aro·mat·ic [ˌærə(ʊ)ˈmætɪk, AM ˌerəˈmæt̬-] *adj* aromatisch

arose [əˈrəʊz, AM -ˈroʊz] *pt of* **arise**

around [əˈraʊnd] **I.** *adv inv* ❶ (*round*) herum; **the right/wrong way** ~ richtig/falsch herum; **to come** ~ vorbeikommen; **to get** ~ **to doing sth** endlich dazu kommen, etw zu tun; **to show sb** ~ jdn herumführen; **to turn** ~ sich *akk* umdrehen ❷ (*round about*) rundum, ringsherum; **that tune has been going** ~ **and** ~ **in my head** diese Melodie geht mir nicht aus dem Kopf; **to come from miles** ~ von weither [zusammen]kommen *geh;* **to** [**have a**] **look** ~ sich *akk* umsehen ❸ (*in circumference*) im Durchmesser ❹ (*in different directions*) umher; **to wave one's arms** ~ mit den Armen [herum]fuchteln; **to get** ~ herumkommen; **to walk** ~ umhergehen ❺ (*nearby*) in der Nähe; **will you be** ~ **next week?** bist du nächste Woche da?; **there's a lot of flu** ~ **at the moment** die Grippe grassiert im Augenblick; **mobile phones have been** ~ **for quite a while** Handys sind bereits seit längerem auf dem Markt ❻ (*approximately*) ungefähr ► PHRASES: **to have been** ~ (*fam*) in der Welt herumgekommen sein; **see you** ~ (*fam*) bis demnächst mal *fam* **II.** *prep* ❶ (*surrounding*) um +*akk;* **he put his arms** ~ **her and gave her a big hug** er legte seine Arme um sie und drückte sie fest; **all** ~ **sth** um etw *akk* herum; **there are trees all** ~ **the house** um das ganze Haus herum stehen Bäume ❷ (*circling*) um +*akk;* **the moon goes** ~ **the earth** der Mond kreist um die Erde; **they walked** ~ **the lake** sie liefen um den See ❸ (*curving to other side of*) um +*akk;* **drive** ~ **the corner** fahr' um die Ecke; **to be just** ~ **the corner** gleich um die Ecke sein ❹ (*at points at*) um +*akk* ... herum; **they sat** ~ **the dinner table** sie saßen um den Tisch herum ❺ (*here and there within*) um +*akk;* **she looked** ~ **the house** sie sah sich im Haus um; **from all** ~ **the world** aus aller Welt ❻ (*do nothing*) **to lie/sit/stand** ~ herumliegen/-sitzen/-stehen ❼ (*about*) um ungefähr; **I heard a strange noise** ~ **12:15** um ungefähr 12.15 Uhr hörte ich ein seltsames Geräusch; *see also* **round** ❽ (*based on*) **to centre/revolve** ~ **sth** sich *akk* um etw *akk* konzentrieren/drehen ❾ (*to solve*) **to get** ~ **sth** um etw *akk* herumkommen; **there seems to be no way** ~ **this problem** es führt wohl kein Weg um dieses Problem herum

around-the-'clock **I.** *adj* 24-Stunden-, rund um die Uhr; ~ **bombing** Dauerbombardierung *f* **II.** *adv* durchgehend, ohne Unterbrechung

arous·al [əˈraʊzᵊl] *n no pl* sexuelle Erregung; **to be in a state of** ~ sexuell erregt sein

arouse [əˈraʊz] *vt* ❶ (*stir*) ■ **to** ~ **sth** etw erwecken *liter;* **to** ~ **anger** Zorn erregen; **to** ~ **concern** Bedenken hervorrufen; **to** ~ **controversy** zu Unstimmigkeiten führen; **to** ~ **opposition** auf Widerstand stoßen; **to** ~ **suspicion** Verdacht erregen ❷ (*sexually excite*) ■ **to** ~ **sb** jdn erregen

aroused [əˈraʊzd] *adj* erregt

ar·peg·gio [ɑːˈpedʒiəʊ, AM ɑːrˈpedʒioʊ] *n* MUS Arpeggio *nt*

arr. **I.** *vi* TRANSP *abbrev of* **arrive 1** **II.** *n* TRANSP *abbrev of* **arrival** Ank. **III.** *adj* MUS *abbrev of* **arranged** arr.

ar·rack [ˈærək, AM ˈer-] *n* Arrak *m*

ar·raign [əˈreɪn] *vt* LAW ■ **to** ~ **sb** jdn vor Gericht stellen; **to be** ~**ed on charges of sth** wegen einer S. *gen* angeklagt werden; **to** ~ **sb for murder** jdn des Mordes anklagen

ar·raign·ment [əˈreɪnmənt] *n* LAW Anklageerhebung *f*

ar·range [əˈreɪndʒ] **I.** *vt* ■ **to** ~ **sth** ❶ (*organize*) etw arrangieren; **to** ~ **a date** einen Termin vereinbaren; **to** ~ **a marriage** eine Heirat zuwege bringen; **to** ~ **matters** die Angelegenheit regeln; **to** ~ **a meeting** ein Treffen in die Wege leiten ❷ (*put in order*) etw ordnen; **to** ~ **flowers** Blumen arrangieren; **to** ~ **oneself according to height** sich der Größe nach aufstellen ❸ MUS (*adapt*) etw arrangieren; **to** ~ **a piece for an instrument** ein Stück für ein Instrument einrichten **II.** *vi* festlegen; ■ **to** ~ [**with sb**] **to do sth** etw [mit jdm] vereinbaren; ■ **to** ~ **for sb to do/have sth** etw für jdn organisieren; **she's** ~**d for her son to have swimming lessons** sie hat für ihren Sohn Schwimmunterricht gebucht

ar·ranged 'mar·riage *n* arrangierte Hochzeit
ar·range·ment [ə'reɪndʒmənt] *n* ❶ ■ ~**s** *pl* (*preparations*) Vorbereitungen *fpl* ❷ (*agreement*) Abmachung *f;* **to have an ~ with sb** mit jdm eine Abmachung getroffen haben; **to come to an ~** zu einer Übereinkunft kommen; **by [prior] ~ with the bank** nach vorheriger Absprache mit der Bank ❸ (*method of organizing sth*) Vereinbarung *f;* **what are your current working ~s?** welche arbeitsmäßigen Verpflichtungen haben Sie momentan? ❹ (*ordering*) Arrangement *nt;* **an ~ of dried flowers** ein Gesteck *nt* von Trockenblumen; MUS **an ~ for saxophone and piano** ein für Saxophon und Klavier arrangiertes [Musik]stück
ar·rang·er [ə'reɪndʒəʳ, AM -ɚ] *n* ❶ MUS Arrangeur(in) *m(f)* ❷ (*of flowers*) **flower ~** Florist(in) *m(f)*
ar·rant ['ærᵊnt, AM 'er-] *adj attr* (*liter or dated*) völlig; **~ nonsense** absoluter Schwachsinn *fam*
ar·ras ['ærəs, AM 'er-] *n* Arazzo *m*
ar·ray [ə'reɪ] I. *n* ❶ (*display*) stattliche Reihe; **an ~ of people** eine Menschenmenge ❷ (*form o liter: clothes*) Aufmachung *f,* Kleidung *f* ❸ MIL **in battle ~** in Schlachtordnung II. *vt* ❶ (*display*) ■**to ~ sth** etw aufreihen ❷ MIL (*deploy*) ■**to be ~ed against sb/sth** gegen jdn/etw aufgestellt werden ❸ (*form o liter: clothe*) ■**to ~ oneself** sich *akk* herausputzen *hum*
ar·rears [ə'rɪəz, AM -'rɪrz] *npl* ❶ FIN (*overdue money*) Rückstände *mpl;* **~ of interest** Zinsrückstände *mpl;* **rent ~** Mietrückstände *mpl* ❷ (*behind*) **in ~** FIN in Verzug; **to be paid in ~** nachträglich beglichen werden; **to be two goals in ~** SPORTS zwei Tore zurückliegen
ar·rest [ə'rest] I. *vt* ❶ LAW (*apprehend*) ■**to ~ sb** jdn verhaften ❷ (*form: stop*) ■**to ~ [the development of] sth** etw zum Stillstand bringen; **the treatment has so far done little to ~ the spread of the cancer** die Behandlung hat dem Krebs bis jetzt kaum Einhalt geboten ❸ (*attract*) **to ~ sb's attention** jds Aufmerksamkeit erregen II. *n* LAW Verhaftung *f;* **to place [*or* put] sb under ~** jdn in Haft nehmen
ar·rest·ed de·'vel·op·ment *n* aufgehaltene Entwicklung
ar·rest·er [ə'restəʳ, AM -ɚ] *n* ❶ (*preventive device*) **fire ~** Brandverhüter *m* ❷ MIL Fangkabel *nt* (*Aufhaltevorrichtung für auf Flugzeugträgern landende Kampfflugzeuge*)
ar·rest·ing [ə'restɪŋ] *adj* ❶ (*striking*) faszinierend; **~ account** fesselnde Geschichte; **~ outfit** atemberaubendes Outfit; **~ performance** eindrucksvolle Vorstellung ❷ LAW **~ officer** Polizeibeamter/-beamtin, der/die eine Festnahme durchführt
ar·'rest war·rant *n* Haftbefehl *m*
ar·ri·val [ə'raɪvᵊl] *n* ❶ (*at a destination*) Ankunft *f;* **~ of a baby** Geburt *f* eines Babys; **~ of an invention/a technology** Einführung *f* einer Erfindung/Technologie; **time of ~** Ankunftszeit *f;* **~s hall** TRANSP Ankunftshalle *f* ❷ (*person*) Ankommende(r) *f(m);* **their new ~ was keeping them busy** (*fam*) ihr Baby hielt sie auf Trab; **how's your latest ~?** wie geht's dem Familienzuwachs? *fam*
ar·rive [ə'raɪv] *vi* ❶ (*come [to a destination]*) *bus, plane, train* ankommen; *mail, season* kommen; **to ~ at [*or* in] a place/a town** an einem Ort/in einer Stadt eintreffen; **to ~ at a conclusion/decision** (*fig*) zu einem Schluss/einer Entscheidung gelangen; **to ~ at a compromise** einen Kompromiss erzielen; **to ~ at a result** zu einem Ergebnis kommen ❷ (*fam or fig: establish one's reputation*) sein Ziel erreichen, es schaffen *fam* ❸ (*be born*) kommen, geboren werden
ar·ro·gance ['ærəgən(t)s, AM 'er-] *n no pl* Arroganz *f*
ar·ro·gant ['ærəgənt, AM 'er-] *adj* arrogant
ar·ro·gant·ly ['ærəgəntli, AM 'er-] *adv* arrogant
ar·ro·gate ['ærə(ʊ)geɪt, AM 'erə-] *vt* (*form*) ■**to ~ sth [to oneself]** sich *dat* etw anmaßen
ar·row ['ærəʊ, AM 'eroʊ-] *n* ❶ (*missile*) Pfeil *m* ❷ (*pointer*) Pfeilzeichen *nt,* Pfeil *m*
'arrow·head *n* Pfeilspitze *f* **'arrow·root** *n no pl* ❶ BOT (*plant*) Pfeilwurz *f* ❷ FOOD (*starch*) Pfeilwurzstärke *f*

arse [ɑːs] BRIT, AUS I. *n* ANAT (*vulg*) Arsch *m derb* ▶ PHRASES: **not to know one's ~ from one's elbow** völlig bescheuert sein *sl;* **~ about face** Hals über Kopf; **to kick sb/sth's ~** jdn/etw übertrumpfen; **get your ~ in gear!, get off your ~!** setz deinen Hintern in Bewegung! *sl;* **move [*or* shift] your ~!** (*get moving*) beweg dich! *fam;* (*make room*) rutsch rüber! *fam;* **to work one's ~ off** sich *dat* den Arsch aufreißen *derb* II. *n modifier* BRIT **the ~ end of a place** (*sl*) die Abbruchgegend eines Ortes *pej fam* III. *vi* (*vulg*) ■**to ~ around [*or* about]** herumblödeln *fam* IV. *vt* **sb cannot be ~d with sth** jd schert sich *akk* einen Dreck um etw *akk sl*
arse·hole *n* BRIT, AUS (*vulg*) Arschloch *nt vulg* **'arse-kiss·er** *n* BRIT, AUS (*vulg*), **'arse-lick·er** *n* BRIT, AUS (*vulg*) Arschkriecher *m pej derb*
ar·senal ['ɑːsᵊnᵊl, AM 'ɑːr-] *n* [Waffen]arsenal *nt*
ar·senic ['ɑːsᵊnɪk, AM 'ɑːr-] *n no pl* Arsen *nt*
ar·son ['ɑːsᵊn, AM 'ɑːr-] *n no art, no pl* Brandstiftung *f*
ar·son·ist ['ɑːsᵊnɪst, AM 'ɑːr-] *n* Brandstifter(in) *m(f)*
art [ɑːt, AM ɑːrt] I. *n* ❶ (*drawing, painting, sculpture*) bildende Kunst ❷ (*creative activity*) Kunst *f,* Kunstform *f;* **~s and crafts** Kunsthandwerk *nt,* Kunstgewerbe *nt* ❸ ■**the ~s** *pl* (*creative activity collectively*) die Kunst ❹ (*high skill*) Geschick *nt,* Kunst *f;* **the ~ of cooking** die Kochkunst ❺ *pl* UNIV (*area of study*) ■**the ~s** Geisteswissenschaften *fpl* II. *n modifier* (*collection, collector, critic, dealer*) Kunst-
art deco [ˌɑːt'dekəʊ, AM ˌɑːrt'dekoʊ] *n no art* Art déco *m o nt*
ar·te·fact ['ɑːtɪfækt, AM 'ɑːrt̬ə-] *n* Artefakt *nt*
ar·te·rial [ɑː'tɪəriəl, AM ɑːr'tɪri-] *adj* ❶ *inv* ANAT arteriell; **~ wall** Arterienwand *f* ❷ TRANSP Haupt-; **~ railway** Hauptstrecke *f;* **~ road** Hauptverkehrsstraße *f*
ar·te·rio·sclero·sis [ɑːˌtɪəriəʊskle'rəʊsɪs, AM ɑːrˌtɪrioʊsklə'roʊsəs] *n* MED Arterienverkalkung *f,* Arteriosklerose *f fachspr*
ar·te·rio·sclerot·ic [ɑːˌtɪəriəʊsklə'rɒtɪk, AM ɑːrˌtɪrioʊsklə'rɑːt̬ɪk] *adj* arteriosklerotisch
ar·tery ['ɑːtᵊri, AM 'ɑːrt̬ɚi] *n* ❶ ANAT Arterie *f* ❷ TRANSP Hauptverkehrsader *f*
ar·te·sian well [ɑːˌtiːziən'wel, AM ɑrˌtiːʒᵊn] *n* artesischer Brunnen
art·ful ['ɑːtfᵊl, AM 'ɑːrt-] *adj* geschickt; **~ dodger** durchtriebenes Bürschchen
art·ful·ly ['ɑːtfᵊli, AM 'ɑːrt-] *adv* geschickt
art·ful·ness ['ɑːtfᵊlnəs, AM 'ɑːrt-] *n no pl* Geschick *nt;* **~ of speech** Redegewandtheit *f*
art his·'to·rian *n* Kunsthistoriker(in) *m(f)* **art 'his·tory** *n* Kunstgeschichte *f*
ar·thrit·ic [ɑː'θrɪtɪk, AM ɑːrθrɪt̬ɪk] MED I. *adj* arthritisch II. *n* Arthritiker(in) *m(f)*
ar·thri·tis [ɑː'θraɪtɪs, AM ɑːrθraɪt̬əs] *n no pl* MED Gelenkentzündung *f,* Arthritis *f fachspr*
ar·thro·pod ['ɑːθrəpɒd, AM 'ɑːrθrəpɑːd] *n* ZOOL Gliederfüßler *m;* **the ~s** die Arthropoden *pl fachspr*
ar·tic [ɑː'tɪk] *n* BRIT (*fam*) *short for* **articulated lorry** Sattelschlepper *m*
ar·ti·choke ['ɑːtɪtʃəʊk, AM 'ɑːrt̬ətʃoʊk] *n* **[globe] ~** Artischocke *f;* **~ bottom** Artischockenboden *m;* **~ heart** Artischockenherz *nt*
ar·ti·cle ['ɑːtɪkl̩, AM 'ɑːrt̬ɪ-] *n* ❶ (*writing*) Artikel *m* ❷ (*object*) Gegenstand *m,* Artikel *m;* **~ of clothing/furniture** Kleidungs-/Möbelstück *nt;* **~ of value** Wertgegenstand *m* ❸ LING Artikel *m* ❹ LAW Paragraph *m;* **~s of association** Vereinssatzung *f;* **~s of incorporation** AM Gründungsurkunde *f* ❺ REL **~ of faith** Glaubensartikel *m* ❻ **to be doing [*or* in] ~s** BRIT, AUS eine Rechtsanwaltsausbildung machen
ar·ti·cled ['ɑːtɪkl̩d, AM 'ɑːrt̬ɪ-] *adj inv* LAW ■**to be ~ to sb/sth** an jdn/etw vertraglich gebunden sein; **~ clerk** Anwärter(in) *m(f)* für die Rechtsanwaltslaufbahn
ar·ticu·lacy [ɑː'tɪkjələsi, AM ɑːr'-] *n no pl* Ausdrucksfähigkeit *f*
ar·ticu·late I. *adj* [ɑː'tɪkjələt, AM ɑːr'-] ❶ *person* redegewandt ❷ *thing* verständlich II. *vt* [ɑː'tɪkjəleɪt, AM ɑːr'-] (*form*) ❶ (*ex-*

press clearly) ■ **to ~ sth** etw aussprechen; **to ~ an idea** eine Idee äußern; **to ~ one's opposition** sich *akk* gegen etw *akk* aussprechen ❷ (*pronounce clearly*) ■ **to ~ sth** etw artikulieren; **to ~ a sound** einen Laut bilden ❸ ANAT **to be ~d with sth** mit etw *dat* durch ein Gelenk verbunden sein

ar·'ticu·lat·ed lor·ry *n* BRIT Sattelschlepper *m*

ar·ticu·late·ly [ɑːˈtɪkjələtli, AM ɑːrˈ-] *adv* verständlich

ar·ticu·late·ness [ɑːˈtɪkjələtnəs, AM ɑːrˈ-] *n no pl* Ausdrucksfähigkeit *f*

ar·ticu·la·tion [ɑːˌtɪkjəˈleɪʃən, AM ɑːrˌ-] *n no pl* ❶ (*clear expression*) deutliche Formulierung ❷ (*clear pronunciation*) Artikulation *f* ❸ ANAT Gelenkverbindung *f*, Gelenkaufhängung *f*

ar·ti·fact [ˈɑːtɪfækt, AM ˈɑːrt̬ə-] *n* Artefakt *nt*

ar·ti·fice [ˈɑːtɪfɪs, AM ˈɑːrt̬ə-] *n* (*form*) ❶ *no pl* (*guile*) List *f* ❷ (*trick*) Trick *m*, List *f*

ar·ti·fi·cial [ˌɑːtɪˈfɪʃəl, AM ˌɑːrt̬əˈ-] *adj* ❶ (*not natural*) künstlich; **~ colour[ing]** Farbstoff *m*; **~ eye** künstliches Auge; **~ fertilizer** Kunstdünger *m*; **~ fibre** Kunstfaser *f*; **~ flavour** Geschmacksverstärker *m*; **~ kidney** künstliche Niere; **~ leg/teeth** Bein-/Zahnprothese *f*; **~ limb** Prothese *f*; **~ sweetener** Süßstoff *m*; **~ turf** Kunstrasen *m* ❷ (*pej: not genuine*) aufgesetzt; **an ~ smile** ein unechtes Lächeln

ar·ti·fi·cial in·semi·'na·tion *n* künstliche Befruchtung **ar·ti·fi·cial in·'tel·li·gence** *n* künstliche Intelligenz

ar·ti·fi·cial-in·tui·tion soft·ware [ˌɑːtɪfɪʃəlɪntjuˈɪʃənˈsɒftweəʳ, AM ˌɑrːt̬əfɪʃəlɪntuˈɪʃənˈsɑːftwer] *n* Artificial Intuition Software *f*

ar·ti·fi·ci·al·ity [ˌɑːtɪfɪʃiˈæləti, AM ˌɑːrt̬əfɪʃiˈælət̬i] *n no pl* Künstlichkeit *f*

ar·ti·fi·cial·ly [ˌɑːtɪˈfɪʃəli, AM ˌɑːrt̬əˈ-] *adv* künstlich

ar·ti·fi·cial res·pi·'ra·tion *n* künstliche Beatmung; **to give sb ~** jdn beatmen

ar·til·lery [ɑːˈtɪləri, AM ɑːrˈ-] *n no pl* MIL ❶ (*large guns*) Artillerie *f*; **~ fire** Artilleriefeuer *nt* ❷ (*branch of army*) ■ **the ~** das Artilleriekorps

ar·'til·lery·man *n* Artillerist *m*

ar·ti·san [ˈɑːtɪzæn, AM ˈɑːrt̬əzən] *n* Handwerker(in) *m(f)*

art·ist [ˈɑːtɪst, AM ˈɑːrt̬əst] *n* Künstler(in) *m(f)*

ar·tiste [ɑːˈtiːst, AM ɑːrˈ-] *n* THEAT, TV Artist(in) *m(f)*; (*pej*) Pseudokünstler(in) *m(f)*

ar·tis·tic [ɑːˈtɪstɪk, AM ɑːrˈ-] *adj* ❶ (*skilled at art*) kreativ; **~ ability** künstlerische Fähigkeit; **~ arrangement** kunstvolles Arrangement; **~ style/taste** Kunststil *m*/-geschmack *m*; **~ temperament** künstlerische Veranlagung ❷ (*relating to art*) künstlerisch; **~ circles** Künstlerkreise *pl*; **~ director** künstlerischer Leiter/künstlerische Leiterin

ar·tis·ti·cal·ly [ɑːˈtɪstɪkli, AM ɑːrˈ-] *adv* künstlerisch

art·ist·ry [ˈɑːtɪstri, AM ˈɑːrt̬ə-] *n no pl* Kunstfertigkeit *f*

art·less [ˈɑːtləs, AM ˈɑːrt-] *adj* ungekünstelt, ehrlich

art·less·ly [ˈɑːtləsli, AM ˈɑːrt-] *adv* ehrlich, schlicht

art nou·veau [ˌɑːnuːˈvəʊ, AM ˌɑːrnuːˈvoʊ] *n* Jugendstil *m*

'art pa·per *n* Kunstdruckpapier *nt* **'art stu·dio** *n* Atelier *nt*

artsy *adj* AM (*pej fam*) *see* **arty**

artsy-craftsy *adj* AM (*fam*) *see* **arty-crafty** **artsy-fartsy** *adj* AM (*pej fam*) *see* **arty-farty**

'art·work *n no pl* Illustrationen *fpl*

arty [ˈɑːti], AM **artsy** [ˈɑːrtsi] *adj* (*usu pej fam*) gewollt bohemienhaft; **~ film** Film *m* mit künstlerischem Anspruch

arty-crafty [-ˈkrɑːfti], AM **artsy-craftsy** [-ˈkræftsi] *adj* (*fam*) aufgesetzt künstlerisch **arty-farty** [-ˈfɑːti], AM **artsy-fartsy** [-ˈfɑːrtsi] *adj* (*pej fam*) gewollt bohemienhaft; **~ type** Künstlertyp *m fam*

arvo [ˈɑːvoʊ] *n* AUS Nachmittag *m*

Aryan [ˈeəriən, AM ˈeriən] **I.** *n* Arier(in) *m(f)* **II.** *adj* arisch

as [æz, əz] **I.** *conj* ❶ (*when*) als; **he gets more and more attractive ~ he gets older** er wird mit zunehmendem Alter immer attraktiver; **~ of next month** ab nächstem Monat ❷ (*indicating comparison*) wie; **do ~ I say!** mach, was ich sage!; **knowing him ~ I do, ...** wie ich ihn kenne, ...; **~ is often the case with children, ...** wie das oft bei Kindern so ist, ...; **she is an actor ~ is her brother** sie ist Schauspielerin, wie ihr Bruder; *esp* AM **all merchandise is sold ~ is** alle Güter werden verkauft, wie sie sind; **~ it happens** rein zufällig; **I've spent far too much money ~ it is** ich habe sowieso schon zu viel Geld ausgegeben; (*a. hum*) **..., ~ my mother puts it ...**, wie meine Mutter immer so schön sagt; **he's a little on the large side, ~ it were** er ist ein bisschen groß geraten, sagen wir einmal so; **such riches ~ he has, he is still not happy** so reich er auch ist, glücklich ist er noch immer nicht; **I'd never seen him looking so miserable ~ he did that day** ich habe ihn noch nie so traurig gesehen wie damals; BRIT **you can revise them ~ and when I send them to you** du kannst sie dann redigieren, sobald ich sie dir schicke; **~ to where we'll get the money from, we'll talk about that later** wir werden noch darüber sprechen, wo wir das Geld hernehmen sollen; **he was uncertain ~ to which road to take** er war sich nicht sicher, welche Straße er nehmen sollte; **exactly ~ ...** genauso wie ...; **just ~ ...** so wie ...; **~ usual** wie gewöhnlich; **~ things turned out** [*or* **happened**] [*or* **stood**] wie sich zeigte; **~ it stood at the time, ...** so wie die Dinge damals standen, ...; **~ things are** [*or* **stand**], **~ it stands** so wie die Dinge stehen; **~ you wish** [*or* **like**] [*or* **prefer**] (*form*) wie Sie wünschen; **~ if** [*or* **though**] **...** als ob ...; **it isn't ~ if she wasn't warned** es ist ja nicht so, dass sie nicht gewarnt worden wäre; (*used for emphasis*) **~ if ...** als ob; **~ if I care[d]** als ob mich das interessieren würde! ❸ (*because*) **~ ...** da ... ❹ (*used to add a comment*) wie; **~ already mentioned ...** wie bereits erwähnt ...; **~ you know** wie du weißt ❺ (*though*) **angry ~ he was** so verärgert er auch war; **sweet ~ he is** so süß er auch ist; **try ~ he might** so sehr er es auch versuchte **II.** *prep* ❶ (*in the capacity of*) als; **~ prime minister he is ...** als Premierminister ist er ... ❷ (*like, in the same way*) als; **he went to the fancy-dress party dressed ~ a banana** er kam als Banane verkleidet zum Kostümfest; **the news came ~ no surprise** die Nachricht war keine Überraschung; **use your coat ~ a blanket** nimm deinen Mantel als Decke; **such big names ~ ...** so große Namen wie ...; **such agricultural states ~ Kansas and Oklahoma** Agrarstaaten wie Kansas und Oklahoma; **he wasn't thrilled – ~ for me, I got used to the idea** er war nicht begeistert – ich dagegen gewöhnte mich an die Vorstellung; **the necklace was reported ~ having been stolen** die Kette war als gestohlen gemeldet; **~ a matter of principle** aus Prinzip ❸ (*during*) als; **he had often been ill ~ a child** als Kind war er oft krank **III.** *adv inv* ❶ (*equally*) ■ **~ ... ~ ...** [genau]so ... wie ...; **he's ~ tall ~ Peter** er ist so groß wie Peter; **I can run just ~ fast ~ you** ich kann genauso schnell laufen wie du; **~ much ~ ...** so viel wie ...; **I don't earn ~ much ~ Paul** ich verdiene nicht so viel wie Paul; **they live in the same town ~ my parents** sie wohnen in derselben Stadt wie meine Eltern; **twice/three times ~ much** [**~ ...**] zweimal/dreimal so viel [wie ...]; **she's not half ~ self-confident ~ people think** sie ist bei weitem nicht so selbstbewusst, wie man denkt ❷ (*indicating an extreme*) ■ **~ little ~ ...** schon für ...; **you can pick up a second-hand machine for ~ little ~ £20** ein gebrauchtes Gerät kriegt man schon für 20 Pfund; **prices have risen by ~ much ~ 50%** die Preise sind um ganze 50% gestiegen; **the decision could affect ~ many ~ 2 million people** die Entscheidung könnte immerhin 2 Mio. Menschen betreffen; **these sunflowers can grow ~ tall ~ 8 ft** diese Sonnenblumen können bis zu 8 Fuß hoch werden

asa·foeti·da [ˌæsəˈfetɪdə, AM -ˈfet̬ə-] *n no pl* BOT, FOOD Asant *m*

asap [ˌeɪeseɪˈpi, ˈeisæp] *adv abbrev of* **as soon as possible** baldmöglichst

as·bes·tos [æsˈbestɒs, AM -təs] **I.** *n no pl* Asbest *m* **II.** *n modifier* (*suit*) Asbest-

as·bes·to·sis [ˌæsbesˈtəʊsɪs, AM -ˈtoʊ-] *n no pl* MED Asbestose *f fachspr*, Asbeststaublunge *f*

as·cend [əˈsend] **I.** *vt* (*form*) ■**to ~ sth** etw emporsteigen *geh;* **to ~ the stairs** die Treppe hinaufsteigen; **to ~ the throne** den Thron besteigen **II.** *vi* ❶ (*move upwards*) aufsteigen; *lift* hinauffahren; **Christ ~ed into heaven** Christus ist in den Himmel aufgefahren; **in ~ing order** in aufsteigender Reihenfolge; **in ~ing order of importance** nach zunehmender Wichtigkeit ❷ (*lead up*) emporführen *geh; path* hinaufführen ❸ (*fig form: rise in position*) aufsteigen; **she hoped in time to ~ to the status of head of department** sie hoffte, möglichst schnell Abteilungsleiterin zu werden

as·cend·ancy, as·cend·ency [əˈsendən(t)si] *n no pl* Vormachtstellung *f;* **to be in the ~ [over sb]** [jdm] überlegen sein

as·cend·ant, as·cend·ent [əˈsendənt] **I.** *n no pl* (*form*) ❶ **to be in the ~** (*be gaining influence*) im Kommen sein; (*have supremacy*) beherrschenden Einfluss haben ❷ ASTROL Aszendent *m;* **to be in the ~** im Aszendenten stehen **II.** *adj* ASTROL aszendierend *fachspr*

as·cen·sion [əˈsen(t)ʃən] *n* ❶ (*going up*) Aufstieg *m* ❷ REL ■**the A~** Christi Himmelfahrt *f*

As·ˈcen·sion Day *n* Himmelfahrt *f,* Himmelfahrtstag *m*

as·cent [əˈsent] *n* ❶ (*upward movement*) Aufstieg *m; of a mountain* Besteigung *f;* **~ to power** (*fig*) Aufstieg *m* zur Macht ❷ (*slope*) Anstieg *m*

as·cer·tain [ˌæsəˈteɪn, AM -ɚˈ-] *vt* (*form*) ❶ (*find out*) ■**to ~ sth** etw feststellen; **to ~ the etymology of a word** die Etymologie eines Wortes sichern; **to ~ the truth** die Wahrheit herausfinden ❷ (*make sure*) ■**to ~ that ...** sicherstellen [*o* dafür sorgen], dass ...

as·cet·ic [əˈsetɪk, AM -t̬ɪk] **I.** *n* Asket(in) *m(f)* **II.** *adj* asketisch

as·ceti·cal·ly [əˈsetɪkəli, AM -t̬ɪkli] *adv* asketisch

as·ceti·cism [əˈsetɪsɪzəm, AM əˈset̬ə-] *n no pl* Askese *f*

ASCII [ˈæski:] **I.** *n no pl acr for* **American Standard Code for Information Interchange** ASCII *m* **II.** *n modifier* (*file, format*) ASCII-; **~ code** ASCII-Code *m*

ascor·bic acid [əˌskɔ:bɪkˈ-, AM əˌskɔ:r-] *n no pl* Askorbinsäure *f*

as·cot [ˈæskət, AM -kɑ:t] *n modisch gewickeltes Herrenhalstuch*

i Kultur

Ascot ist ein Dorf in Berkshire, in dem 1711 auf Wunsch von Queen Anne eine runde Rennbahn gebaut wurde. Das **Royal Ascot** ist eine viertägige Rennveranstaltung, die jedes Jahr im Juni stattfindet und meistens von der Königin besucht wird. Der **Ascot Gold Cup** ist ein 4-km-Rennen für Pferde, die älter als drei Jahre sind. Das **Royal Ascot** ist auch wegen der dort getragenen ausgefallenen Mode berühmt.

As·cot ˈheat·er® *n* BRIT ≈ Warmwasserboiler *m*

as·crib·able [əˈskraɪbəbl] *adj* ■**to be ~ to sb/sth** jdm/etw zuzuschreiben sein; (*due to*) auf jdn/etw zurückzuführen sein

as·cribe [əˈskraɪb] *vt* ■**to ~ sth to sb/sth** etw auf jdn/etw zurückführen; **to ~ the blame to sb** jdm die Schuld zuschieben; **to ~ a play to an author** ein Bühnenstück einem Autor zuschreiben

as·crip·tion [əˈskrɪpʃən] *n* ❶ *no pl* (*form: ascribing*) Zuschreibung *f;* **the ~ of human feelings to animals is quite common** Tieren werden häufig menschliche Gefühle zugeschrieben ❷ REL *Lobpreisung am Ende einer Predigt*

asep·sis [ˌeɪˈsepsɪs] *n no pl* Asepsis *f fachspr,* Keimfreiheit *f*

asep·tic [ˌeɪˈseptɪk] *adj* aseptisch *fachspr,* steril; **~ dressing** steriler Verband; **~ wound** keimfreie Wunde

asexu·al [ˌeɪˈsekʃʊəl, AM -ʃuəl] *adj* ❶ (*without intercourse*) ungeschlechtlich; **~ reproduction** ungeschlechtliche Fortpflanzung ❷ (*without sex organs*) geschlechtslos; (*lacking sexuality*) asexuell; **~ relationship** platonische Beziehung

asexu·al·ity [ˌeɪsekʃʊˈælɪti, AM -ʃuˈælət̬i] *n no pl* Geschlechtslosigkeit *f,* Asexualität *f*

asexu·al·ly [ˌeɪˈsekʃʊəli, AM -ʃuəli] *adv* ungeschlechtlich; **to reproduce ~** sich *akk* ungeschlechtlich fortpflanzen

ash¹ [æʃ] *n* ❶ *no pl* (*from burning*) Asche *f* ❷ (*remains*) ■**~es** *pl* Asche *f kein pl; of person also* verkohlte Überreste; **the ~es of Dresden** Dresden *nt* nach dem Feuersturm; **they didn't rescue much from the ~es of their former home** sie konnten nur wenig aus den Flammen retten; **to be in ~es** völlig zerstört sein; **to lay sth in ~es** etw in Schutt und Asche legen; **to reduce a city to ~es** eine Stadt in Feuer und Rauch aufgehen lassen; **~es to ~es** Erde zu Erde ❸ SPORTS ■**the A~s** *pl eine Krickettrophäe in Form einer kleinen Urne, um die zwischen England und Australien gespielt wird* ▶ PHRASES: **sth turns to ~es in one's mouth** etw wird für jdn zur großen Enttäuschung; **to rise [like a phoenix] from the ~es** wie Phönix aus der Asche auferstehen

ash² [æʃ] *n* (*tree*) Esche *f;* (*wood also*) Eschenholz *nt*

ashamed [əˈʃeɪmd] *adj pred* ■**to be ~ [of sb/sth]** sich *akk* [für jdn/etw] schämen; **owning an old car is nothing to be ~ of** ein älteres Auto zu besitzen ist keine Schande; **that's nothing to be ~ of!** dafür [*o* deswegen] brauchst du dich [doch] nicht zu schämen!; **I'm ~ to be seen with you** es ist mir peinlich, mit dir gesehen zu werden; ■**to be ~ of oneself,** ■**to feel ~** sich *akk* schämen; **you ought to be ~ of yourself!** du solltest dich schämen!, schäm dich!

ˈash bin *n* BRIT Mülleimer *m; see also* **dustbin ash ˈblond(e)** **I.** *n* **to be an ~ woman** aschblondes Haar haben **II.** *adj* aschblond **ˈash·can** *n* AM (*dated*) Mülleimer *m*

ash·en [ˈæʃən] *adj* aschgrau; *face* kreidebleich

ash·en-faced *adj* aschfahl, totenblass; (*after shock also*) schreckensbleich

ashore [əˈʃɔ:ʳ, AM -ˈʃɔ:r] *adv inv* ❶ (*on land*) an Land; **to be/go ~** an Land sein/gehen; **life ~** Leben *nt* auf dem Festland ❷ (*to land*) **to run ~** *ship* stranden; **to swim/wade ~** ans Ufer schwimmen/waten; **to wash ~** an Land gespült werden

ˈash pan *n* Aschenkasten *m*

ash·ram [ˈæʃrəm] *n* REL Aschram *m* (*rel. Zentrum in Indien*)

ˈash·tray *n* Aschenbecher *m* **Ash ˈWednes·day** *n* Aschermittwoch *m*

ashy [ˈæʃi] *adj* (*consisting of*) aus Asche, aschig; (*covered with*) mit Asche bedeckt; (*resembling ash*) aschenähnlich, aschig

Asia [ˈeɪʃə, AM ˈeɪʒə] *n no pl* Asien *nt*

Asia ˈMi·nor *n* Kleinasien *nt*

Asian [ˈeɪʃən, AM ˈeɪʒən] **I.** *n* Asiate, -in *m, f;* BRIT (*from Indian subcontinent*) *Abkömmling des indischen Subkontinents;* AM (*from Far East*) *Asiate fernöstlicher Herkunft* **II.** *adj* asiatisch

Asian Aˈmeri·can **I.** *n* Amerikaner(in) *m(f)* ostasiatischer Abstammung **II.** *adj* amerikanisch-[ost]asiatisch; **the ~ community** die Gemeinschaft der Amerikaner ostasiatischer Abstammung **Asian ˈflu** *n* asiatische Grippe

Asi·at·ic [ˌeɪʃiˈætɪk, AM -ʒiˈæt̬ɪk] (*esp pej*) **I.** *n* Asiate, -in *m, f* **II.** *adj* asiatisch

aside [əˈsaɪd] **I.** *adv inv* ❶ (*to one side*) auf die Seite; **to draw [*or* pull] the curtain ~** den Vorhang aufziehen; **to stand ~** zur Seite treten; **to turn ~** sich *akk* zur Seite drehen ❷ (*away from other people*) abseits; **to take sb ~** jdn beiseitenehmen ❸ (*for later use*) **to lay sth ~** etw zur Seite legen [*o* beiseitelegen]; **to leave sth ~ [for now]** etw [erst einmal] [weg]lassen; **to put [*or* set] sth ~** (*stop thinking about*) etw aufschieben [*o* auf später verschieben]; (*hold in reserve*) etw zurücklegen; **to put ~ some money** etwas Geld beiseitelegen ❹ *esp* AM (*except*) [**all**] **joking ~** Spaß beiseite ❺ THEAT **to say sth ~** etw beiseitesprechen (*als Regieanweisung*) **II.** *n* ❶ (*whispered*) geflüsterte Bemerkung *f;* THEAT Aparte *f* ❷ (*incidental*) Nebenbemerkung *f*

aside from [] *prep* ❶ (*except for*) ■**~ sth** abgesehen von etw *dat;* **I hardly watch any television, ~ news** ich sehe kaum Fernsehen, abgesehen von Nachrichten ❷ (*away from*) **please step ~ the door** bitte treten Sie von der Tür zurück

asi·nine [ˈæsɪnaɪn] *adj* dumm; **~ comment** [*or* **remark**] törichte Bemerkung

ask [ɑ:sk, AM æsk] **I.** *vt* ❶ (*request information*) ■**to ~ [sb] sth** [*or form* **sth [of sb]**] [jdn] etw fragen; **she ~ed me about Welsh history** sie fragte mich was zu der Geschichte von Wales; **~ him why he did it!** frag ihn, warum er es getan hat!; **to ~ a question [about sth]** [zu etw *dat*] eine Frage stellen; **may I ~ you a question?** darf ich Sie etwas fragen?; **to ~ sb a riddle** jdm ein Rätsel stellen ❷ (*request*) ■**to ~ sth** um etw *akk* bitten; **the solicitor ~ed that her client should be allowed to make a telephone call** die Anwältin ersuchte darum, ihren Klienten telefonieren zu lassen; **and you're ~ing me to believe that?!** und ich soll das glauben?!; **to ~ [sb] advice/a favour** [jdn] um Rat/einen Gefallen bitten; **to ~ sb's opinion** jdn um seine Meinung bitten; ■**to ~ sb for sth** [*or form* **sth of sb**] jdn um etw *akk* bitten; **she ~ed me for help** sie bat mich, ihr zu helfen ❸ (*invite*) ■**to ~ sb [to sth]** jdn [zu etw *dat*] einladen ❹ (*demand a price*) **to ~ £50 [for sth]** 50 Pfund [für etw *akk*] verlangen; **how much are they ~ing for the car?** was wollen sie für das Auto haben? ❺ (*expect*) **to ~ too much of sb** zu viel von jdm verlangen; **that's ~ing a lot!** Sie verlangen eine ganze Menge! ▸ PHRASES: **don't ~ me** mich brauchst du nicht zu fragen; **if you ~ me** wenn du mich fragst; **I ~ you!** ich bitte dich! **II.** *vi* ❶ (*request information*) fragen; **you may well ~, well may you ~** BRIT (*hum*) gute Frage; ■**to ~ about sb/sth** nach jdm/etw fragen, sich *akk* nach jdm/etw erkundigen; **how did the meeting go? – don't ~!** wie war das Treffen? – frag bloß nicht!; **I was only ~ing!** war ja nur 'ne Frage! *fam* ❷ (*make a request*) bitten; **if you need help, don't hesitate to ~** [*or* **you only have to ~**] wenn Sie Hilfe brauchen, sagen Sie es nur; **I ~ed to see my accountant** ich bat um einen Termin mit meinem Steuerberater ❸ (*wish*) ■**to ~ for sth** sich *dat* etw wünschen; **who could ~ for anything more?** was kann man sich Besseres wünschen? ❹ (*fig: take a risk*) ■**to be ~ing for sth** etw geradezu herausfordern; **if you leave your car unlocked, you're simply ~ing to have it stolen** wenn Sie Ihren Wagen nicht abschließen, laden Sie die Autodiebe ja förmlich ein; **you're ~ing for trouble** du willst wohl Ärger haben!; **he's always ~ing for trouble** er macht immer Ärger; **you're ~ing for it** du willst es ja nicht anders ▸ PHRASES: **don't ~, don't tell policy** MIL Politik *f* des Stillschweigens (*über sexuelle Orientierung*)

◆**ask after** *vi* ■**to ~ after sb** sich *akk* nach jdm erkundigen

◆**ask around** *vi* herumfragen *fam;* ■**to ~ around for sb/sth** überall nach jdm/etw fragen

◆**ask in** *vt* ■**to ~ sb in** jdn hereinbitten; **to ~ sb in for a coffee** jdn auf einen Kaffee hereinbitten [*o* einladen]

◆**ask out** *vt* **to ~ sb out for dinner/to the cinema** jdn ins Restaurant/ins Kino einladen; **I'd like to ~ her out** ich würde gern mit ihr ausgehen

◆**ask over,** BRIT *a.* **ask round** *vt* (*fam*) ■**to ~ sb over** [*or* **round**] jdn [zu sich *dat*] einladen

askance [ə'skæn(t)s] *adv* ❶ (*distrustfully*) misstrauisch; **to look ~ at sb/sth** jdn/etw misstrauisch anschauen ❷ (*disapprovingly*) missbilligend; **to look ~ at sb** jdn schief ansehen *fam* ❸ (*sideways*) seitwärts; **to glance at sb ~** jdn von der Seite anblicken

askew [ə'skju:] **I.** *adj pred* ❶ (*not level*) schief ❷ (*fig: erroneous*) schief *fig,* daneben *fig* ❸ (*fig: unbalanced*) *balance* unausgewogen **II.** *adv* ❶ (*not level*) *hang* schief ❷ (*wrong*) **to go ~** schieflaufen; **our original plan went somewhat ~** es lief nicht so, wie ursprünglich geplant

ask·ing ['ɑ:skɪŋ, AM 'æsk-] *n no pl* **if you want it, it's yours for the ~** wenn du es willst, kannst du es gerne haben; **the promotion was Kate's for the ~** Kate war die Beförderung sicher; **plastic watches are to be had for the ~** Plastikarmbanduhren kriegt man an jeder Ecke

'ask·ing price *n* (*fam*) Angebotspreis *m*

aslant [ə'slɑ:nt, AM -'slænt] **I.** *prep* quer +*akk/dat* über [*o* schräg] **II.** *adv* schief

asleep [e'sli:p] *adj pred, inv* ❶ (*sleeping*) schlafend *attr;* ■**to be ~** schlafen; (*fig*) **to be fast** [*or* **sound**] **~** tief und fest schlafen; **to be half ~** am Einschlafen sein; **to fall ~** einschlafen ❷ (*numb*) **my foot/arm is ~** mein Fuß/Arm ist eingeschlafen

asp [æsp] *n* Natter *f*

as·para·gus [ə'spærəgəs, AM -'sper-] **I.** *n no pl* Spargel *m* **II.** *n modifier* (*soup*) Spargel-

a's·para·gus fern *n* Asparagus *m* **a's·para·gus spear** *n* Spargelstange *f* **a's·para·gus tip** *n* Spargelspitze *f*

as·par·tame [ə'spɑ:teɪm, AM 'æspɚ-] *n no pl* PHARM *diätetischer Süßstoff*

as·pect ['æspekt] *n* ❶ (*point of view*) Aspekt *m,* Gesichtspunkt *m,* Blickwinkel *m;* **have you really thought about it from every ~?** hast du wirklich jeden Aspekt bedacht? ❷ (*feature*) Aspekt *m,* Seite *f* ❸ (*outlook*) Lage *f,* Ausrichtung *f;* **southern ~** Südlage *f;* **the dining room has a southern ~** das Esszimmer liegt nach Süden ❹ (*form: appearance*) Erscheinung *f* ❺ *no pl* (*countenance*) Miene *f,* Gesichtsausdruck *m* ❻ LING Aspekt *m* ❼ ASTROL Aspekt *m,* Planetenstellung *f*

as·pen ['æspən] *n* Espe *f,* Zitterpappel *f;* **to shiver/tremble like an ~ leaf** wie Espenlaub zittern

as·per·ity [æs'perəti, AM -ət̬i] *n* (*form*) ❶ *no pl* (*severity*) Schroffheit *f; of winter* Strenge *f;* **with ~** streng ❷ ■**asperities** *pl* (*form: hardships*) Mühsal *f,* Strapazen *fpl*

as·per·sion [ə'spɜ:ʃᵊn, AM ə'spɜ:rʒᵊn] *n* (*form*) Verleumdung *f;* **~ on sb's character** moralische Verunglimpfung einer Person *gen;* **to cast ~s on sb** jdn verleumden

as·phalt ['æsfælt, AM -fɑ:lt] **I.** *n* Asphalt *m* **II.** *vt* ■**to ~ sth** etw asphaltieren **III.** *n modifier* (*road, square*) asphaltiert; **~ drive** asphaltierte Auffahrt

as·phalt 'jun·gle *n* AM (*fam*) Asphaltdschungel *m*

as·phyxia [əs'fɪksiə] *n no pl* Asphyxie *f fachspr geh,* Erstickungstod *m*

as·phyxi·ate [əs'fɪksieɪt] **I.** *vi* (*form*) ersticken **II.** *vt* ■**to ~ sb** jdn ersticken

as·phyxia·tion [əsˌfɪksi'eɪʃᵊn] *n no pl* (*lack of oxygen*) Sauerstoffmangel *m;* (*suffocation*) Erstickung *f;* **to die from ~** ersticken

as·pic ['æspɪk] *n no pl* FOOD Aspik *m*

as·pi·dis·tra [ˌæspɪ'dɪstrə, AM -pə'-] *n* Aspidistra *f fachspr,* Schildblume *f*

as·pir·ant ['æspɪrᵊnt, AM -pɚ-] **I.** *n* (*form*) Aspirant *m geh,* Bewerber(in) *m(f);* **~ to fame/power** Anwärter(in) *m(f)* auf Ruhm/die Macht **II.** *adj attr* aufstrebend

as·pi·rate LING **I.** *n* ['æspᵊrət] LING Aspirata *f fachspr,* Hauchlaut *m* **II.** *vt* ['æspᵊreɪt, AM -pəreɪt] LING ■**to ~ sth** etw hauchen [*o fachspr* aspirieren] **III.** *vi* ['æspᵊreɪt, AM -pəreɪt] LING aspirieren *fachspr*

as·pi·ra·tion [ˌæspᵊr'eɪʃᵊn, AM -pə'reɪ-] *n* ❶ (*hope*) Ambition *f geh,* Bestreben *nt;* (*aim*) Ziel *nt;* **she has ~s to a career in politics** sie strebt eine politische Laufbahn an ❷ LING Aspiration *f fachspr,* Behauchung *f*

as·pire [ə'spaɪər, AM -ɚ] *vi* ■**to ~ to** [*or* **after**] **sth** etw anstreben, nach etw *dat* streben; **to ~ to be president/the best** danach trachten, Präsident/der Beste zu werden

as·pi·rin ['æspᵊrɪn] *n* Aspirin *nt*

as·pir·ing [ə'spaɪərɪŋ, AM -ɚɪŋ] *adj* aufstrebend; (*ambitious*) ambitioniert, ehrgeizig

ass[1] <*pl* -es> [æs] *n* ❶ (*donkey*) Esel *m* ❷ (*stupid person*) Esel *m pej fam,* Dummkopf *m pej;* **pompous ~** Wichtigtuer(in) *m(f) pej fam;* **to make an ~ of oneself** sich *akk* lächerlich machen ▸ PHRASES: **the law is an ~** BRIT das Gesetz macht keinen Sinn; **to not be within an ~'s roar of doing sth** IRISH nicht die geringste Chance haben, etw zu tun

ass[2] <*pl* -es> [æs] *n esp* AM ❶ (*fam!: arse*) Arsch *m derb* ❷ *no pl* (*vulg: sex*) Sex *m* ▸ PHRASES: **to be a pain in the ~** eine Nervensäge sein *fam;* **to be a piece of ~** zum Vernaschen sein *sl;* **to be on sb's ~** ständig hinter jdm her sein; **to be up sb's ~** jdm auf den Fersen sein; **to bore sb's ~ off** [*or* **the ~ off sb**] jdn zu Tode langweilen *fam;* **to get one's ~ somewhere** seinen Arsch irgendwohin bewegen *derb;* **to get sb's ~** sich *dat* jdn vorknöpfen *fam;* **to not give an ~ about sb/sth** (*fam!*) sich *akk* einen Dreck um jdn/etw scheren *sl;* **to kiss sb's ~** jdm in den Arsch kriechen *derb;* **kiss my ~!** du kannst mich mal! *derb;* **to ram** [*or* **shove**] [*or* **stick**] **sth up one's ~** (*fam!*) sich *dat* etw in den Hintern stecken *derb;* **to talk sb's ~ off** jdn vollquasseln *fam;* **to talk one's ~ off** *esp* AM endlos reden [*o fam* labern]; **to work the ~ off sb** [*or* **sb's ~ off**] jdn triezen; **to work one's ~ off** sich *dat* den Arsch aufreißen *derb; see also* **arse**

◆**ass about, ass around** *vi* AM (*arse about*) herumblödeln *fam*

as·sail [əˈseɪl] *vt* (*form*) ❶ (*attack*) ■**to ~ sb** jdn angreifen [*o* überfallen] ❷ (*attack verbally*) ■**to ~ sb** jdn anfeinden; **to ~ sb with insults** jdn beschimpfen ❸ *usu passive* (*torment*) **to be ~ed by doubts/worries** von Zweifeln/Ängsten geplagt werden ❹ (*overwhelm*) **to be ~ed with problems/questions** mit Problemen/Fragen bombardiert werden; **to be ~ed with letters** massenweise Briefe bekommen *fam*

as·sail·able [əˈseɪləbl̩] *adj* angreifbar

as·sail·ant [əˈseɪlənt] *n* Angreifer(in) *m(f)*

as·sas·sin [əˈsæsɪn, AM -ən] *n* Mörder(in) *m(f);* (*esp political*) Attentäter(in) *m(f)*

as·sas·si·nate [əˈsæsɪneɪt, AM -əneɪt] *vt* ■**to ~ sb** ein Attentat auf jdn verüben

as·sas·si·na·tion [əˌsæsɪˈneɪʃᵊn] *n* ❶ (*of important person*) Attentat *nt* (**of** auf +*akk*) ❷ *no pl* (*murdering*) Ermordung *f;* **character ~** (*fig*) Rufmord *m*

as·sas·si·'na·tion at·tempt *n* Attentat *nt,* Mordanschlag *m*

as·sault [əˈsɔːlt] **I.** *n* ❶ MIL Angriff *m* (**on** auf +*akk*); **to launch an ~ on sb/sth** jdn/etw angreifen ❷ (*physical attack*) Überfall *m;* **indecent** [*or* **sexual**] **~** Vergewaltigung *f;* **verbal ~** (*fig*) verbale Attacke ❸ (*fig: attempted climb*) Bestürmung *f fig;* **an ~ on the north face of the Eiger** ein Versuch, die Eiger-Nordwand zu bezwingen ❹ (*fig: attempt to eradicate*) Bekämpfung *f;* **an ~ on racism/sexism** ein Feldzug *m* gegen Rassismus/Sexismus ❺ (*attempt to deal with*) **to make an ~ on sth** gegen etw *akk* angehen; **she decided to make a determined ~ on the paperwork** sie entschloss sich, endlich den Papierkram aufzuräumen **II.** *vt* ■**to ~ sb** jdn [tätlich] angreifen; **to indecently** [*or* **sexually**] **~ sb** jdn vergewaltigen

as·sault and 'bat·tery *n no pl* LAW tätlicher Angriff **as·'sault boat** *n* Sturmboot *nt* **as·'sault course** *n* BRIT MIL Übungsgelände *nt* **as·'sault craft** <*pl* -> *n,* **as·'sault boat** *n* Sturmboot *nt*

as·say [əˈseɪ] **I.** *vt* ■**to ~ sth** *precious metal* etw prüfen **II.** *n* CHEM Prüfung *f*

as·sem·blage [əˈsemblɪdʒ] *n* ❶ (*collection*) Ansammlung *f; of birds* Schar *f* ❷ *no pl* TECH Montage *f* ❸ ART Assemblage *f fachspr*

as·sem·blag·ist [əˈsemblɪdʒɪst] *n* ART Assemblagist(in) *m(f) fachspr*

as·sem·ble [əˈsembl̩] **I.** *vi* sich *akk* versammeln **II.** *vt* ❶ (*collect*) ■**to ~ sth** etw sammeln ❷ TECH ■**to ~ sth** etw montieren [*o* zusammenbauen]; **to ~ parts of a model plane** Teile eines Modellflugzeugs zusammensetzen ❸ (*bring together*) **to ~ people** Menschen zusammenkommen lassen; **to ~ troops** Truppen zusammenziehen

as·sem·bler [əˈsembləʳ, AM -blɚ] *n* ❶ (*person*) Montagearbeiter(in) *m(f)* ❷ (*machine*) Assembler *m fachspr* ❸ COMPUT Assembler *m fachspr;* (*program*) Assemblerprogramm *nt*

as·sem·bly [əˈsembli] *n* ❶ (*gathering*) Versammlung *f;* AM Unterhaus *nt;* **the United Nations General A~** die Generalversammlung der Vereinten Nationen; **national ~** Nationalversammlung *f* ❷ SCH Schülerversammlung *f* ❸ *no pl* (*action*) **freedom of ~** Versammlungsfreiheit *f;* **the right of free ~** das Recht auf Versammlungsfreiheit; **unlawful ~** Zusammenrottung *f* ❹ *no pl* TECH Montage *f* ❺ TECH (*assembled structure*) Baueinheit *f,* Baugruppe *f*

as·'sem·bly hall *n* Saal *m* (*der für Versammlungen genutzt wird*); SCH Aula *f* **as·'sem·bly lan·guage** *n* COMPUT Assemblersprache *f fachspr* **as·'sem·bly line** *n* Montageband *nt,* Fließband *nt a. fig* **as·'sem·bly line sys·tem** *n* Fließbandsystem *nt* **as·'sem·bly·man** *n* AM Abgeordneter *m* **as·'sem·bly plant** *n* Montagewerk *nt* **as·'sem·bly point** *n* Sammelplatz *m* **as·'sem·bly room** *n* Versammlungsraum *m,* Saal *m* **as·'sem·bly·wom·an** *pl n* AM Abgeordnete *f*

as·sent [əˈsent] *n no pl* (*form*) Zustimmung *f;* **it was, by general ~, the high spot of the evening** das war, und darüber sind sich alle einig, eindeutig der Höhepunkt des Abends; **royal ~** BRIT königliche Genehmigung; **to give one's ~ to sth** seine Zustimmung zu etw *dat* geben; **to nod one's ~** zustimmend nicken

as·sert [əˈsɜːt, AM -ˈsɜːrt] *vt* ❶ (*state firmly*) ■**to ~ sth** auf etw *akk* bestehen; (*insist on*) etw beteuern; **to ~ one's innocence** seine Unschuld beteuern ❷ (*demand*) ■**to ~ sth** etw geltend machen [*o* einfordern]; **to ~ one's authority** sich *akk* durchsetzen; **to ~ control over sb** Kontrolle über jdn ausüben; **to ~ one's independence** seine Unabhängigkeit behaupten; **to ~ one's right to do sth** auf seinem Recht bestehen, etw zu tun, sein Recht geltend machen, etw zu tun ❸ (*act confidently*) ■**to ~ oneself** sich *akk* durchsetzen [*o* behaupten]

as·ser·tion [əˈsɜːʃᵊn, AM -ˈsɜːr-] *n* ❶ (*claim*) Behauptung *f; of innocence* Beteuerung *f* ❷ *no pl of authority, control* Geltendmachung *f,* Beanspruchung *f*

as·ser·tive [əˈsɜːtɪv, AM -ˈsɜːrt̬ɪv] *adj* ❶ (*self-confident*) durchsetzungsfähig; ■**to be ~** Durchsetzungsvermögen zeigen ❷ (*conspicuous*) auffallend

as·ser·tive·ly [əˈsɜːtɪvli, AM -ˈsɜːrt̬ɪv-] *adv* ❶ (*confidently*) selbstsicher ❷ (*distinctively*) betont

as·ser·tive·ness [əˈsɜːtɪvnəs, AM -ˈsɜːrt̬ɪv-] *n no pl* Durchsetzungsvermögen *nt,* Bestimmtheit *f*

as·ser·tive·ness train·ing *n no pl psychologische Schulung im selbstbewussten Umgang mit Menschen zur alltäglichen Selbstbehauptung*

as·sess [əˈses] *vt* ■**to ~ sth** ❶ (*evaluate*) etw einschätzen [*o* beurteilen]; **it's difficult to ~ how they'll react to our suggestions** man kann nicht voraussagen, wie sie unsere Vorschläge aufnehmen werden; **to ~ the cost of sth** die Kosten für etw *akk* veranschlagen; **to ~ damage** einen Schaden schätzen; **to ~ damages at 1,000 euros** die Schäden auf 1.000 Euro schätzen ❷ *usu passive* (*tax*) ■**to be ~ed** *person* steuerlich geschätzt [*o* veranlagt] werden; *property* besteuert werden; **to be ~ed for tax** für steuerpflichtig erklärt werden

as·sess·able [əˈsesəbl̩] *adj* BRIT besteuerbar; ■**to be ~** versteuert werden müssen; **~ income** steuerpflichtiges Einkommen

as·sess·ment [əˈsesmənt] *n* ❶ *of damage* Schätzung *f* ❷ *no pl* (*evaluation*) Beurteilung *f,* Bewertung *f,* Einschätzung *f* ❸ (*taxation*) Veranlagung *f,* Besteuerung *f* ❹ SCH, UNIV Einstufung *f*

as·ses·sor [əˈsesəʳ, AM -ɚ] *n* ❶ (*insurance, tax*) Taxator(in) *m(f) fachspr,* Schätzer(in) *m(f)* (*von Steuern oder Beitragsabgaben*) ❷ (*legal advisor*) Sachverständige(r) *f(m);* **legal ~** sachverständiger Beisitzer/sachverständige Beisitzerin ❸ (*for insurance*) Gutachter(in) *m(f)*

as·set [ˈæset] *n* ❶ (*good quality*) Pluspunkt *m,* Vorzug *m;* **his eyes are his best ~** seine Augen sind das Beste an ihm ❷ (*valuable person*) Bereicherung *f;* (*useful thing*) Vorteil *m;* **she's a tremendous ~ to the club** sie ist ein Riesengewinn für den Klub; **a reliable car is a great ~** ein zuverlässiger Wagen ist Gold wert ❸ ■**~s** *pl* (*property*) Vermögenswerte *pl,* Vermögensgegenstände *pl;* **liquid ~s** flüssige Mittel *pl;* **net ~s**

Nettovermögen *nt*
'as·set-strip·per *n* (*pej*) *jd, der eine Firma aufkauft, um sie anschließend ohne Rücksicht auf diese selbst und ihre Zukunft Gewinn bringend auszuschlachten*
'as·set-strip·ping *n no pl* (*pej*) *Aufkauf einer Firma zum alleinigen Zweck ihrer anschließenden Gewinn bringenden Verwertung*
ass·hole *n* AM (*vulg: arsehole*) Arschloch *nt vulg*
as·si·du·ity [ˌæsɪ'dju:əti, AM -'u:əṭi] *n no pl* ❶ (*diligence*) Fleiß *m* ❷ (*perseverance*) Ausdauer *f,* Beharrlichkeit *f*
as·sidu·ous [ə'sɪdjuəs, AM -'sɪdʒu-] *adj* ❶ (*diligent*) gewissenhaft; **the government has been ~ in the fight against inflation** die Bekämpfung der Inflation steht bei der Regierung an erster Stelle; **~ investigation** gründliche Untersuchung; (*careful*) genau; **he displays an ~ attention to detail** er achtet auf jedes Detail ❷ (*regular and dedicated*) eifrig; ■**to be ~** beharrlich sein
as·sidu·ous·ly [ə'sɪdjuəsli, AM -'sɪdʒu-] *adv* ❶ (*painstakingly*) beharrlich, gewissenhaft; (*carefully*) sorgfältig; **to ~ avoid sth** etw um jeden Preis vermeiden ❷ (*regularly*) eifrig
as·sidu·ous·ness [ə'sɪdjuəsnəs, AM -'sɪdʒu-] *n no pl* ❶ (*diligence*) Fleiß *m,* Gewissenhaftigkeit *f;* (*care*) Sorgfalt *f* ❷ (*regularity*) Eifer *m*
as·sign [ə'saɪn] *vt* ❶ (*allocate*) ■**to ~ sth to sb** [*or* **sb sth**] *place, room* jdm etw zuweisen; **these contracts are ~ed to the firm making the lowest offer** die Firma, die das günstigste Angebot macht, bekommt den Zuschlag für den Auftrag; **to ~ a task/role to sb** jdm eine Aufgabe/Rolle zuteilen ❷ (*appoint*) ■**to ~ sb to sth** *a task* jdm etw übertragen; **I've been ~ed to interview the candidates** ich wurde damit betraut, die Kandidaten zu interviewen; (*set aside*) **to ~ a day/time for sth** einen Tag/Zeitpunkt für etw *akk* festlegen ❸ (*send elsewhere*) ■**to be ~ed to a place** an einen Ort versetzt werden; **Mr Taylor will be ~ed to your staff** Herr Taylor wird Ihrem Personal zugeteilt ❹ (*attribute*) **to ~ the blame for sth to sb/sth** jdm/etw die Schuld an etw *dat* geben; **to ~ importance to sth** etw *dat* Bedeutung beimessen; **to ~ a motive for a murder** ein Motiv für einen Mord finden; COMPUT **to ~ a function to a key** eine Taste mit einer Funktion belegen ❺ LAW ■**to ~ sth** [**to sb**] *a business* [jdm] etw übertragen, etw [an jdn] abtreten
as·sig·na·tion [ˌæsɪg'neɪʃᵊn] *n* (*form or hum*) Stelldichein *nt veraltend o hum*
as·sign·ment [ə'saɪnmənt] *n* ❶ (*task*) Aufgabe *f;* (*job*) Auftrag *m;* **diplomatic ~** diplomatische Mission; **foreign ~** Auslandsauftrag *m;* **homework ~** Hausaufgabe *f;* **to send sb on an ~** jdm einen Auftrag erteilen; **to be on ~ somewhere** irgendwo im Einsatz sein [*o* einem Auftrag nachgehen] ❷ (*mission*) Mission *f* ❸ *no pl* (*attribution*) **~ of blame** Schuldzuweisung *f*
as·simi·lable [ə'sɪmᵊləbl] *adj* ❶ (*integrable*) integrierbar ❷ (*comprehensible*) verständlich
as·simi·late [ə'sɪmɪleɪt, AM -əleɪt] **I.** *vt* ❶ (*integrate*) ■**to ~ sb** jdn integrieren; **to ~ immigrants into the community** Einwanderer in die Gesellschaft eingliedern; **to ~ information** Informationen aufnehmen ❷ (*comprehend fully*) **to be easily ~d by sb** für jdn leicht verständlich sein ❸ (*form: make similar*) ■**to ~ sth to sth** etw mit etw *dat* in Einklang bringen ❹ (*take in*) **to ~ food/information** Nahrung/Informationen aufnehmen **II.** *vi* ■**to ~ into sth** *immigrants* sich *akk* in etw *akk* eingliedern
as·simi·lation [əˌsɪmɪ'leɪʃᵊn, AM -ə'leɪ-] *n no pl* ❶ (*integration*) Integration *f,* Eingliederung *f;* **problems of ~** Anpassungsschwierigkeiten *pl* ❷ (*understanding*) Aneignung *f* (*von Lerninhalten*) ❸ *of food* Aufnahme *f*
as·sist [ə'sɪst] **I.** *vt* ■**to ~ sb** jdm helfen (**with** bei +*dat*); **to ~ the police in** [*or* **with**] **their inquiries** die Polizei bei ihren Nachforschungen unterstützen; ■**to ~ sth** *process* etw vorantreiben **II.** *vi* helfen (**with** bei +*dat*); **to ~ in an operation** bei einer Operation assistieren **III.** *n* SPORTS Vorlage *f*
as·sist·ance [ə'sɪstᵊn(t)s] *n no pl* Hilfe *f;* **can I be of any ~?** kann ich Ihnen irgendwie behilflich sein?; **financial ~** finanzielle Unterstützung; **to come to sb's ~** jdm zu Hilfe kommen; **to give sb ~** jdm helfen, jdm Hilfe leisten *geh*
as·sis·tant [ə'sɪstᵊnt] *n* ❶ (*helper*) Assistent(in) *m(f)* ❷ *esp* BRIT (*in shop*) Verkäufer(in) *m(f);* [**foreign language**] **~** SCH, UNIV *muttersprachliche Hilfskraft im fremdsprachlichen Unterricht*
as·sis·tant 'cam·era op·era·tor *n* zweiter Kameramann/zweite Kamerafrau **as·sis·tant head·'master** *n* SCH Konrektor *m* **as·sis·tant 'man·ag·er** *n* stellvertretender Direktor/stellvertretende Direktorin; (*in shop*) stellvertretender Filialleiter/stellvertretende Filialleiterin **as·sis·tant pro·'fes·sor** *n* AM UNIV *habilitierte*(*r*) *Dozent*(*in*) *mit regulärem Lehrauftrag und Anwartschaft auf eine volle Professorenstelle* **as·sis·tant sales 'man·ag·er** *n* stellvertretender Verkaufsleiter/stellvertretende Verkaufsleiterin
as·sist·ed 'liv·ing I. *n* betreutes Wohnen **II.** *n modifier* (*facility, residence, services*) mit Heimhilfe *nach n*
as·sist·ed-liv·ing 'com·mu·nity [əˌsɪstɪdlɪvɪŋkə'mju:nɪti, AM -ṭi] *n Siedlung, in der Menschen betreut wohnen*
as·sist·ed 'places scheme *n* BRIT *jetzt abgeschafftes Programm der Beitragsübernahme durch lokale Behörden mit dem Zweck, Kindern unvermögender Eltern die Teilnahme am Unterricht nichtstaatlicher Schulen zu ermöglichen*
assizes [ə'saɪzɪz] *npl* BRIT (*hist*) vierteljährliche [Schwur]gerichtssitzungen in Grafschaften
assn *n abbrev of* **association**
assoc. *n abbrev of* **association** Verband *m*
as·so·ci·ate I. *n* [ə'səʊʃiət, AM -'soʊ-] (*friend*) Gefährte, -in *m, f;* (*colleague*) Kollege, -in *m, f;* (*of criminals*) Kumpan *m hum,* Komplize, -in *m, f;* **he's a known ~ of the Mafia boss** er gehört zu dem Dunstkreis vom Mafiaboss; **business ~** Geschäftspartner(in) *m(f);* **close ~** enger Vertrauter/enge Vertraute **II.** *vt* [ə'səʊʃieɪt, AM -'soʊ-] ■**to ~ sb/sth with sth** jdn/etw mit etw *dat* in Verbindung bringen; **they ~ enjoying themselves with getting drunk** sie setzen Spaßhaben mit Sichbetrinken gleich; ■**to be ~d with sth** *cause and effect* in Zusammenhang mit etw *dat* stehen; ■**to ~ oneself with sth** sich *akk* etw *dat* anschließen **III.** *vi* [ə'səʊʃieɪt, AM -'soʊ-] ■**to ~ with sb** mit jdm verkehren
As·so·ci·ate [ə'soʊʃiət] *n* AM UNIV *Grad, der nach Abschluss von 2 Jahren an einem Juniorencollege verliehen wird*
as·so·ci·ate di·'rec·tor *n* THEAT Spielleiter(in) *m(f);* FILM Aufnahmeleiter(in) *m(f)* **as·so·ci·ate 'mem·ber** *n* assoziiertes [*o* außerordentliches] Mitglied **as·so·ci·ate pro·'fes·sor** *n* AM außerordentlicher Professor **as·so·ci·ate's de·'gree** *n* AM UNIV *Grad, der nach Abschluss von 2 Jahren an einem Juniorencollege verliehen wird*
as·so·cia·tion [əˌsəʊʃi'eɪʃᵊn, AM -ˌsoʊ-] *n* ❶ (*organization*) Vereinigung *f,* Verein *m;* (*corporation*) Verband *m;* **medical ~** Ärztekammer *f;* (*romantic relationship*) Verhältnis *nt* ❷ *no pl* (*involvement*) Verbundenheit *f,* Zugehörigkeit *f;* **our ~ with the feminist movement began at university** wir engagieren uns seit unserer Studienzeit in der feministischen Bewegung; **in ~ with sb/sth** in Verbindung mit jdm/etw ❸ (*mental connection*) Assoziation *f* ❹ *no pl* (*combination*) Verknüpfung *f*
as·so·cia·tion 'foot·ball *n no pl* BRIT FBALL (*form*) Verbandsfußball *m*
as·so·nance ['æsᵊnən(t)s] *n no pl* LIT Assonanz *f*
as·sort·ed [ə'sɔ:tɪd, AM -'sɔ:rṭɪd] *adj* ❶ *attr* (*mixed*) gemischt; **~ colours** (*for pencils, etc*) verschiedene Farben; **~ flavours** Gewürzmischung *f;* **~ goods** Gemischtwaren *pl;* **~ sweets** Süßigkeitenmischung *f,* Konfekt *nt* ❷ (*going well together*) **to be well/poorly ~** gut/schlecht zusammenpassen
as·sort·ment [ə'sɔ:tmənt, AM -'sɔ:rt-] *n usu sing* Sortiment *nt,* Auswahl *f* (**of** an +*dat*); **motley ~** bunte Mischung; **rich ~**

reichhaltiges Sortiment

asst *n, adj abbrev of* **assistant**

as·suage [əˈsweɪdʒ] *vt* (*liter*) ❶ (*relieve*) **to ~ sb's anger** jds Zorn beschwichtigen; **to ~ one's conscience** sein Gewissen erleichtern; **to ~ sb's grief** jds Kummer besänftigen; **to ~ pain** Schmerzen lindern ❷ (*satisfy*) **to ~ sb's desire** jds Verlangen befriedigen; **to ~ one's hunger/thirst** seinen Hunger/Durst stillen

as·sume [əˈsjuːm, AM -suːm] *vt* ❶ (*regard as true*) ■**to ~ sth** etw annehmen; **to ~ sb's guilt** jdn für schuldig halten; ■**to ~ [that] ...** annehmen, dass ..., davon ausgehen, dass ...; **let's ~ that ...** angenommen, ... ❷ (*adopt*) ■**to ~ sth** etw annehmen; **to ~ an air of indifference** gleichgültig tun; **to ~ an air of sophistication** sich *akk* kultiviert geben; **to ~ a pose** eine Haltung annehmen; **to ~ a role** eine Rolle übernehmen ❸ (*take on*) **to ~ office/the mantle of presidency** sein Amt/die Präsidentschaft antreten; **to ~ power** die Macht ergreifen; **to ~ huge/frightening proportions** gewaltige/beängstigende Ausmaße annehmen; **to ~ full responsibility for sth** die volle Verantwortung für etw *akk* übernehmen

as·sumed [əˈsjuːmd, AM -suːmd] *adj attr* vorgeblich; **~ identity/name** angenommene Identität/angenommener Name; **under an ~ name** unter einem Deckmantel

as·sum·ing [əˈsjuːmɪŋ, AM -suːm-] *adj* anmaßend

as·sump·tion [əˈsʌm(p)ʃən] *n* ❶ (*supposition*) Annahme *f;* (*presupposition*) Voraussetzung *f;* **on the ~ that ...** wenn man davon ausgeht, dass ...; **I acted on the ~ that ...** ich ging davon aus, dass ... ❷ *no pl* (*hypothesizing*) Vermutung *f,* Annahme *f* ❸ *no pl* (*taking over*) Übernahme *f;* **~ of power** Machtübernahme *f*

As·sump·tion [əˈsʌm(p)ʃən] *n* REL ■**the ~** Mariä Himmelfahrt *f*

as·sur·ance [əˈʃʊərən(t)s, AM -ˈʃʊr-] *n* ❶ (*self-confidence*) Selbstsicherheit *f,* Selbstvertrauen *nt;* **to have ~** sicher auftreten ❷ (*promise*) Zusicherung *f;* **despite repeated ~s that ...** ungeachtet der Tatsache, dass man wiederholt beteuert hatte, dass ...; **~ to the contrary** gegenteilige Zusicherung; **to give an ~ of sth** etw zusichern ❸ BRIT (*insurance*) [Lebens]versicherung *f*

as·sure [əˈʃʊəʳ, AM -ˈʃʊr] *vt* ❶ (*confirm certainty*) ■**to ~ sb [that] ...** jdm zusichern, dass ...; ■**to ~ sb of sth** jdm etw zusichern ❷ (*promise*) ■**to ~ sb of sth** jdn etw zusichern; **assuring you of our best possible service at all times** für die bestmögliche Ausführung unserer Dienstleistungen stehen wir jederzeit ein ❸ (*ensure*) ■**to ~ sth** etw sicherstellen; **to ~ sb's safety** jds Sicherheit gewährleisten; **to ~ the survival of sth** das Überleben einer S. *gen* sichern; ■**to ~ oneself of sth** sich *dat* etw sichern ❹ BRIT (*form: insure*) **to ~ one's life** eine Lebensversicherung abschließen

as·sured [əˈʃʊəʳd, AM -ˈʃʊrd] **I.** *n esp* BRIT FIN Versicherte(r) *f(m)* **II.** *adj* ❶ (*confident*) selbstsicher; **to appear** [*or* **be**] **~** selbstsicher auftreten ❷ (*certain*) sicher, gesichert; **to rest ~** sicher [*o* beruhigt] sein

as·sur·ed·ly [əˈʃʊəʳɪdli, AM -ˈʃʊr-] *adv* ❶ (*confidently*) selbstsicher ❷ (*certainly*) sicher[lich]

as·ter [ˈæstəʳ, AM -tɚ] *n* BOT Aster *f*

as·ter·isk [ˈæstərɪsk] **I.** *n* Sternchen *nt,* Asteriskus *m fachspr;* **marked with an ~** mit einem Sternchen gekennzeichnet **II.** *vt* ■**to ~ sth** etw mit einem Sternchen versehen

astern [əˈstɜːn, AM -ˈstɜːrn] *adv* ❶ NAUT (*aft*) achtern; **full steam ~!** volle Kraft zurück!; **to go ~** achteraus fahren ❷ (*behind*) hinter; ■**to be ~ of sb** hinter jdm zurückliegen

as·ter·oid [ˈæstərɔɪd, AM -tər-] *n* ASTRON Asteroid *m*

asth·ma [ˈæsθmə, AM ˈæzmə] *n no pl* Asthma *nt*

ˈasth·ma at·tack *n* Asthmaanfall *m*

asth·mat·ic [æsθˈmætɪk, AM æzˈmæt̬ɪk] **I.** *n* Asthmatiker(in) *m(f)* **II.** *adj* asthmatisch; ■**to be ~** an Asthma leiden, Asthma haben *fam;* **~ attack** Asthmaanfall *m;* **~ wheeze** asthmatisches Keuchen

asth·mati·cal·ly [æsθˈmætɪkəli, AM æzˈmæt̬ɪk-] *adv* MED asthmatisch

as·tig·mat·ic [ˌæstɪɡˈmætɪk, AM -ˈmæt̬ɪk] *adj* MED astigmatisch *fachspr*

as·tig·ma·tism [əˈstɪɡmətɪzəm] *n no pl* MED Astigmatismus *m fachspr,* Zerrsichtigkeit *f*

astir [əˈstɜːʳ, AM -ˈstɜːr] *adj pred* (*liter or dated*) ❶ (*out of bed*) ■**to be ~** auf [den Beinen] sein ❷ (*full of activity*) ■**to be ~** von emsigem Treiben erfüllt sein; **the station is ~ with commuters hurrying off to work** im Bahnhof herrscht durch die Berufspendler hektisches Treiben

aston·ish [əˈstɒnɪʃ, AM -ˈstɑːn-] *vt* ■**to ~ sb** jdn erstaunen [*o* überraschen]; **you ~ me!** (*iron*) was du nicht sagst! *fam*

aston·ished [əˈstɒnɪʃt, AM -ˈstɑːn-] *adj* erstaunt; ■**to be ~ at sth** über etw *akk* erstaunt sein; **we were ~ to hear that ...** wir waren erstaunt, dass ...

aston·ish·ing [əˈstɒnɪʃɪŋ, AM -ˈstɑːn-] *adj* erstaunlich; ■**it's ~ that ...** es ist erstaunlich, dass ...; **it's ~ to think that ...** man kann sich gar nicht mehr vorstellen, dass ...; **~ beauty** unglaubliche Schönheit

aston·ish·ing·ly [əˈstɒnɪʃɪŋli, AM -ˈɑːnɪʃ-] *adv* erstaunlich; **~ enough, ...** erstaunlicherweise ...

aston·ish·ment [əˈstɒnɪʃmənt, AM -ˈɑːnɪʃ-] *n no pl* Erstaunen *nt,* Verwunderung *f;* **everyone expressed their ~ at his sudden death** alle waren erstaunt über seinen plötzlichen Tod; **to the ~ of sb, to sb's ~** zu jds Verwunderung [*o* Erstaunen]; **to scream in ~** vor Verblüffung schreien; **to stare in ~** verblüfft starren

astound [əˈstaʊnd] *vt* ■**to ~ sb** jdn sehr erstaunen [*o* verblüffen]

astound·ed [əˈstaʊndɪd] *adj pred* ■**to be ~** verblüfft [*o* bestürzt] sein; **to be ~ to discover that ...** bestürzt [*o* mit Bestürzung] feststellen, dass ...

astound·ing [əˈstaʊndɪŋ] *adj* ❶ (*amazing*) erstaunlich; **I find it ~ that ...** ich kann es kaum fassen, dass ...; **~ fact** verblüffende Tatsache; **~ revelations** schockierende Enthüllungen ❷ (*very great*) erstaunlich, außerordentlich

astound·ing·ly [əˈstaʊndɪŋli] *adv* ❶ (*surprisingly*) erstaunlich, verblüffend ❷ (*extremely*) erstaunlich, außerordentlich

as·tra·khan [ˌæstrəˈkæn] **I.** *n no pl* Astrachan *m* **II.** *n modifier* (*coat*) Astrachan-; **an ~ jacket** eine Jacke aus Astrachan

as·tral [ˈæstrəl] *adj attr* ASTRON Astral- *fachspr,* Sternen-

as·tral ˈbody *n* PHILOS Astralleib *m* **as·tral ˈplane** *n* PHILOS Astralzustand *m* **as·tral pro·ˈjec·tion** *n* PHILOS *Trennung von Körper und Seele*

astray [əˈstreɪ] *adv* verloren; **to go ~** *letter* verloren gehen; *person* vom Weg abkommen; (*fig*) auf Abwege geraten; **to lead sb ~** jdn irreleiten; (*fig*) jdn auf Abwege bringen

astride [əˈstraɪd] **I.** *prep* ❶ (*on*) rittlings auf +*dat* ❷ (*even pace*) **to keep ~ with sb/sth** gleichauf mit jdm/etw bleiben ❸ (*as leader of*) an der Spitze +*gen;* **she sat ~ a worldwide business empire** sie saß an der Spitze eines weltweiten Handelsimperiums ❹ (*on both sides of*) zu beiden Seiten +*gen* **II.** *adv* rittlings

as·trin·gen·cy [əˈstrɪndʒən(t)si] *n no pl* ❶ *of lotion* zusammenziehende Wirkung ❷ *of vinegar* Säure *f* ❸ (*fig: severity*) Schärfe *f fig*

as·trin·gent [əˈstrɪndʒənt] **I.** *n* MED Adstringens *nt fachspr* **II.** *adj* adstringierend; (*fig*) scharf *fig*

as·trin·gent·ly [əˈstrɪndʒəntli] *adv* scharf *fig;* **to speak ~ of sb** bissige Bemerkungen über jdn machen

as·tro·bi·ol·ogy [ˌæstrə(ʊ)baɪˈɒlədʒi, AM -troʊbaɪˈɑːl-] *n no pl* Astrobiologie *f*

as·tro·bleme [ˈæstrə(ʊ)bliːm, AM -troʊ-] *n* Astroblem *nt,* fossiler Meteoritenkrater

as·tro·labe [ˈæstrə(ʊ)leɪb, AM -trə-] *n* NAUT Astrolabium *nt fachspr*

as·trolo·ger [əˈstrɒlədʒəʳ, AM əˈstrɑːlədʒɚ] *n* Astrologe, -in *m, f*

as·tro·logi·cal [ˌæstrəˈlɒdʒɪkəl, AM -ˈlɑːdʒɪk-] *adj* astrologisch; ~ **book** Buch *nt* über Astrologie

as·trolo·gist [əˈstrɒlədʒɪst, AM əˈstrɑːlə-] *n* Astrologe, -in *m, f*

as·trol·ogy [əˈstrɒlədʒi, AM əˈstrɑːlə-] *n no pl* Astrologie *f*

as·tro·naut [ˈæstrənɔːt, AM *also* -nɑːt] *n* Astronaut(in) *m(f)*

as·tro·naut·ics [ˌæstrə(ʊ)nɔːtɪks, AM -trəˈnɑːt̬ɪks] **I.** *n + sing vb* Raumfahrt *f*, Raumfahrttechnologie *f* **II.** *n modifier* (*expert*) Raumfahrt-

as·trono·mer [əˈstrɒnəməʳ, AM əˈstrɑːnəmɚ] *n* Astronom(in) *m(f)*

as·tro·nom·ic [ˌæstrəˈnɒmɪk, AM -ˈnɑːmɪk] *adj prices* astronomisch *fam*

as·tro·nomi·cal [ˌæstrəˈnɒmɪkəl, AM -ˈnɑːm-] *adj* ❶ *attr* ASTRON (*findings, observations*) astronomisch; (*laboratory, projects*) Astronomie- ❷ (*fig: enormous*) astronomisch *fam*, riesig; ~ **price** astronomischer Preis; **to be** ~ *prices* ins Unermessliche gehen

as·tro·nomi·cal·ly [ˌæstrəˈnɒmɪkəli, AM -ˈnɑːm-] *adv* (*a. fig*) astronomisch *a. fig;* **to be** ~ **different** extrem unterschiedlich sein; **to be** ~ **expensive** unerschwinglich teuer sein

as·trono·my [əˈstrɒnəmi, AM əˈstrɑːnə-] *n no pl* Astronomie *f*

as·tro·physi·cal [ˌæstrə(ʊ)ˈfɪzɪkəl, AM -troʊˈ-] *adj* astrophysikalisch

as·tro·physi·cist [ˌæstrə(ʊ)ˈfɪzɪsɪst, AM -troʊˈ-] *n* Astrophysiker(in) *m(f)*

as·tro·phys·ics [ˌæstrə(ʊ)ˈfɪzɪks, AM -troʊˈ-] *n + sing vb* Astrophysik *f*

AstroTurf® [ˈæstrə(ʊ)tɜːf, AM -troʊtɜːrf] *n no pl* künstlicher Rasen

as·tute [əˈstjuːt, AM əˈstuːt] *adj* schlau, clever *fam*, scharfsinnig

as·tute·ly [əˈstjuːtli, AM *esp* əˈstuːt-] *adv* schlau

as·tute·ness [əˈstjuːtnəs, AM əˈstuːt-] *n no pl* Scharfsinn *m*, Scharfsinnigkeit *f; of mind* Schärfe *f*

asun·der [əˈsʌndəʳ, AM -dɚ] *adv* (*form, liter: apart*) entzwei, auseinander; (*in pieces*) in Stücke; **those whom God hath joined together let no man put** ~ was Gott zusammengefügt hat, soll der Mensch nicht scheiden; **to split sth** ~ etw spalten; **to tear sth** ~ etw auseinanderreißen

Asy·lo [əˈsaɪləʊ, AM -loʊ] *n* Gutschein *m* für Asylanten (*um Haushaltsartikel und Lebensmittel zu kaufen*)

asy·lum [əˈsaɪləm] *n* ❶ (*protection*) Asyl *nt;* (*fig*) Zuflucht *f;* **political** ~ politisches Asyl; **to apply for/grant/seek** ~ Asyl beantragen/gewähren/suchen ❷ (*dated: institution*) Heim *nt;* **lunatic** ~ (*pej dated*) Irrenanstalt *f pej;* **mental** ~ (*dated*) Nervenheilanstalt *f*

aˈsy·lum seek·er *n* Asylsuchende(r) *f(m)*, Asylbewerber(in) *m(f)*

asym·met·ric(al) [ˌeɪsɪˈmetrɪk(əl)] *adj* asymmetrisch; (*fig*) unausgewogen

asym·met·ri·cal·ly [ˌeɪsɪˈmetrɪkəli] *adv* asymmetrisch

asym·me·try [eɪˈsəmetri] *n* ❶ (*lack of regularity*) Asymmetrie *f* ❷ *no pl* (*imbalance*) Unausgewogenheit *f*

at [æt, ət] *prep* ❶ (*in location of*) ~ **sth, at the baker's** beim Bäcker; **she's standing** ~ **the bar** sie steht an der Theke; **my number** ~ **the office is 2154949** meine Nummer im Büro lautet 2154949; **the man who lives** ~ **number twelve** der Mann, der in Nummer zwölf wohnt; **I'd love to stay** ~ **home** ich möchte gerne zu Hause bleiben; **John's** ~ **work right now** John ist gerade bei der Arbeit; ~ **the top of the stairs** am oberen Treppenende; **sb** ~ **the door** (*sb wanting to enter*) jd an der Tür; ~ **sb's feet** neben jds Füßen ❷ (*attending*) ~ **sth,** ~ **the party/festival** auf [*o* bei] der Party/dem Festival; **we spent the afternoon** ~ **the museum** wir verbrachten den Nachmittag im Museum; ~ **school** auf [*o* in] der Schule; ~ **university** auf [*o* an] der Universität; ~ **work** auf [*o* bei] der Arbeit; ~ **the institute** am Institut; **while he was** ~ **his last job, he learned a lot** in seiner letzten Stelle hat er eine Menge gelernt ❸ (*during time of*) ~ **sth: he was defeated** ~ **this election** er wurde bei dieser Wahl geschlagen; **what are you doing** ~ **Christmas?** was macht ihr an Weihnachten?; ~ **the weekend** am Wochenende; ~ **night** in der Nacht, nachts; **our train leaves** ~ **2:00** unser Zug fährt um 2:00 Uhr; ~ **daybreak** im Morgengrauen; ~ **nightfall** bei Einbruch der Nacht; ~ **midnight** um Mitternacht; **I'm busy** ~ **present** [*or* **the moment**] ich habe im Moment viel zu tun; **I can't come to the phone** ~ **the moment** ich kann gerade nicht ans Telefon kommen; **I'm free** ~ **lunchtime** ich habe in der Mittagspause Zeit; **we always read the kids a story** ~ **bedtime** wir lesen den Kindern zum Schlafengehen immer eine Geschichte vor; ~ **the age of 60** im Alter von 60; **most people retire** ~ **65** die meisten Leute gehen mit 65 in Rente; ~ **the beginning/end** am Anfang/Ende; ~ **this stage of research** bei diesem Stand der Forschung; ~ **a time** auf einmal, gleichzeitig; **just wait a second – I can't do ten things** ~ **a time** eine Sekunde noch – ich kann nicht tausend Sachen auf einmal machen; **his death came** ~ **a time when the movement was split** sein Tod kam zu einem Zeitpunkt, als die Bewegung auseinanderbrach; ~ **the time** zu dieser Zeit, zu diesem Zeitpunkt; ~ **the same time** (*simultaneously*) zur gleichen Zeit, gleichzeitig; **they both yelled "no!"** ~ **the same time** beide schrieen im gleichen Moment „nein!"; (*on the other hand*) auf der anderen Seite; **I like snow –** ~ **the same time, however, I hate the cold** ich mag Schnee – andererseits hasse ich die Kälte; ~ **no time** [*or* **point**] [*or* **stage**] nie[mals] ❹ (*to amount of*) **he can see clearly** ~ **a distance of 50 metres** er kann auf eine Entfernung von 50 Metern noch alles erkennen; **learners of English** ~ **advanced levels** Englischlernende mit fortgeschrittenen Kenntnissen; **he denied driving** ~ **120 km per hour** er leugnete, 120 km/h schnell gefahren zu sein; **he drives** ~ **any speed he likes** er fährt so schnell er will; ~ **50 kilometres per hour** mit [*o* bei] 50 km/h; **the horse raced to the fence** ~ **a gallop** das Pferd raste im Galopp auf den Zaun zu; **the children came** ~ **a run** die Kinder kamen alle angelaufen; ~ **£20** für 20 Pfund; **I'm not going to buy those shoes** ~ **$150!** ich zahle für diese Schuhe keine 150 Dollar!; ~ **that price, I can't afford it** für diesen Preis kann ich es mir nicht leisten; **the bells ring** ~ **regular intervals** die Glocken läuten in regelmäßigen Abständen; **inflation is running** ~ **5%** die Inflation liegt im Moment bei 5%; ~ **least** (*at minimum*) mindestens; **clean the windows** ~ **least once a week!** putze die Fenster mindestens einmal pro Woche!; (*if nothing else*) zumindest; ~ **least you could say you're sorry** du könntest dich zumindest entschuldigen; **they seldom complained – officially** ~ **least** sie haben sich selten beschwert – zumindest offiziell; ~ **[the] most** [aller]höchstens; **I'm afraid we can only pay you £5 an hour at [the] most** ich befürchte, wir können Ihnen höchstens 5 Pfund in der Stunde zahlen ❺ (*in state of*) **I love watching the animals** ~ **play** ich sehe den Tieren gerne beim Spielen zu; **everything is** ~ **a standstill** alles steht still; **the country was** ~ **war** das Land befand sich im Krieg; **she finished** ~ **second place in the horse race** sie belegte bei dem Pferderennen den zweiten Platz; **to be** ~ **an advantage/a disadvantage** im Vorteil/Nachteil sein; **to be** ~ **fault** im Unrecht sein; ~ **first** zuerst, am Anfang; ~ **first they were happy together** anfangs waren sie miteinander glücklich; ~ **last** endlich, schließlich; + *superl;* **she's** ~ **her best when she's under stress** sie ist am besten, wenn sie im Stress ist; **he was** ~ **his happiest while he was still in school** in der Schule war er noch am glücklichsten; ~ **large** in Freiheit; **there was a murderer** ~ **large** ein Mörder war auf freiem Fuß ❻ *after adj* (*in reaction to*) **I was so depressed** ~ **the news** ich war über die Nachricht sehr frustriert; **we are unhappy** ~ **the current circumstances** die gegenwärtigen Umstände machen uns unglücklich; (*fam*) **don't be angry** ~ **her!** ärgere dich nicht über sie!; **I'm amazed** ~ **the way you can talk** ich bin erstaunt, wie du reden kannst; *after vb;* **many people in the audience were crying ~ the film** viele Leute im Publikum weinten wegen des Films; **they laughed ~ her funny joke** sie lachten über ihren komischen Witz; **she shuddered ~ the thought of flying in an airplane** sie erschauderte bei dem Gedanken an einen Flug in einem Flugzeug; **her pleasure ~ the bouquet was plain to see** ihre Freude über den Blumenstrauß war unübersehbar ❼ (*in response to*) **I'm here ~ your invitation** ich bin auf Ihre Einladung hin gekommen; **~ your request we will send extra information** auf Ihre Bitte hin senden wir Ihnen zusätzliche Informationen; **~ that** daraufhin ❽ *after vb* (*in ability to*) bei *+dat;* **he excels ~ estimating the seriousness of the offers** er tut sich beim Einschätzen der Ernsthaftigkeit der Angebote hervor; *after adj;* **he's very good ~ getting on with people** er kann sehr gut mit Menschen umgehen; **she's good ~ maths but bad ~ history** sie ist gut in Mathematik, aber schlecht in Geschichte; **he is poor ~ giving instructions** er kann keine guten Anweisungen geben; *after n;* **he's a failure ~ love** er kennt sich kaum in der Liebe aus ❾ *after vb* (*repeatedly do*) an *+dat;* **the dog gnawed ~ the bone** der Hund knabberte an dem Knochen herum; **she clutched ~ the thin gown** sie klammerte sich an den dünnen Morgenmantel; **if you persevere ~ a skill long enough, you will master it** wenn man eine Fertigkeit lange genug trainiert, beherrscht man sie auch; **to be ~ sth** mit etw *dat* beschäftigt sein; **he's been ~ it for at least 15 years** er macht das jetzt schon seit 15 Jahren ❿ *after vb* (*expressing object of action*) **they smiled ~ us as we drove by** sie lächelten uns zu, als wir vorbeifuhren; **he glanced ~ his wife before he answered** er warf seiner Frau einen Blick zu, bevor er antwortet; **she hates it when people laugh ~ her** sie hasst es, ausgelacht zu werden; **the kids waved ~ their father** die Kinder winkten ihrem Vater zu; **some dogs howl ~ the moon** manche Hunde heulen den Mond an; **the policeman rushed ~ him** der Polizist rannte auf ihn zu; **the policy aimed ~ reducing taxation** die Politik hatte eine Steuerreduzierung zum Ziel; **what are you hinting ~?** was hast du vor?; **to go ~ sb** jdn angreifen ⓫ *after n* (*expressing the means by which sth is done*) **~ a rough guess, I'd say the job will take three or four weeks** grob geschätzt würde ich sagen, die Arbeit dauert drei bis vier Wochen ▶ PHRASES: **to be ~ the <u>end</u> of one's rope** mit seinem Latein am Ende sein; **~ <u>hand</u>** in Reichweite; **we have to use all the resources ~ hand** wir müssen alle verfügbaren Ressourcen einsetzen; **to be ~ one's <u>wit's</u> end** mit seiner Weisheit am Ende sein; **~ <u>all</u>** überhaupt; **she barely made a sound ~ all** sie hat fast keinen Ton von sich gegeben; **I haven't been well ~ all recently** mir ging es in letzter Zeit gar nicht gut; **I don't like him ~ all** ich kann ihn einfach nicht ausstehen; **did she suffer ~ all?** hat sie denn gelitten?; **nothing/nobody ~ <u>all</u>** gar [*o* überhaupt] nichts/niemand; **I'm afraid I've got nothing ~ all to say** ich befürchte, ich habe gar nichts zu sagen; **there was nobody at home ~ all when I called** dort war niemand zu Hause, als ich anrief; **not ~ <u>all</u>** (*polite response*) gern geschehen, keine Ursache; (*definitely not*) keineswegs, überhaupt [*o* durchaus] nicht; **I'm not ~ all in a hurry – please don't rush** ich habe es wirklich nicht eilig – renne bitte nicht so; **to <u>get</u> ~ sth** auf etw hinaus wollen [*o* abzielen]; **~ <u>that</u>** noch dazu; **<u>where</u> it's ~** (*fam: fashionable*) wo etw los ist; **New York is where it's ~, stylewise** in New York ist modemäßig richtig was los *fam*

at 'all *adv* ❶ (*of any kind*) irgendein; **is there any doubt ~ in your mind?** haben Sie auch nur den geringsten Zweifel? ❷ (*any degree*) irgendwie; **are you ~ worried about the outcome?** machen Sie sich gar keine Gedanken, wie es ausgehen könnte? ❸ (*emphasizing the negative*) ■**not ~** überhaupt [*o* gar] nicht; **he's had no food ~** er hatte überhaupt nichts gegessen; **to have no money ~** überhaupt kein Geld haben; **nobody/nothing ~** überhaupt niemand/nichts; **nowhere ~** nirgends, nirgendwo ❹ (*even*) überhaupt; **why bother getting up ~?** warum soll man sich überhaupt die Mühe machen, aufzustehen?

ata·vism ['ætəvɪzəm, AM 'æt̬-] *n no pl* ❶ BIOL Atavismus *m fachspr* ❷ (*reversion*) Rückschritt *m* in der Entwicklung

ata·vis·tic [ˌætə'vɪstɪk, AM ˌæt̬ə'-] *adj* BIOL atavistisch *fachspr*

at bat ['ætˌbæt] *n* Chance *f* zu schlagen

ate [et, eɪt, AM eɪt] *pt of* **eat**

A-team ['eɪˌti:m] *n* Spitzengruppe *f,* Spitzenmannschaft *f*

at·el·ier [ə'teljieɪ, 'ætel-, AM ˌæt̬əl'jeɪ] *n* Atelier *nt*

athe·ism ['eɪθiɪzəm] *n no pl* Atheismus *m*

athe·ist ['eɪθiɪst] **I.** *n* Atheist(in) *m(f)* **II.** *adj* atheistisch

athe·is·tic(al) [ˌeɪθi'ɪstɪk(əl)] *adj* atheistisch

athe·naeum [ˌæθə'ni:əm], AM **athe·neum** <*pl* -nea> *n* Athenäum *nt*

Athe·nian [ə'θi:niən] **I.** *adj* athenisch **II.** *n* Athener(in) *m(f)*

Ath·ens ['æθənz] *n* Athen *nt*

ath·ero·scle·ro·sis [ˌæθərəʊsklə'rəʊsɪs, AM -roʊsklə'roʊsəs] *n no pl* MED Arteriosklerose *f*

ath·lete ['æθli:t] *n* Athlet(in) *m(f);* **to be a sexual ~** sexuell sehr aktiv sein

ath·lete's 'foot *n no pl* Fußpilz *m*

ath·let·ic [æθ'letɪk, AM -'let̬ɪk] *adj* ❶ SPORTS sportlich; **~ club** Sportclub *m;* **~ events** sportliche Ereignisse; **~ shorts** kurze Sporthose; **~ socks** Sportstrümpfe *pl* ❷ (*physically fit*) athletisch, sportlich; **~ body** durchtrainierter Körper

ath·leti·cism [æθ'letɪsɪzəm, AM -'let̬ə-] *n no pl* Sportlichkeit *f*

ath·let·ics [æθ'letɪks, AM -'let̬-] *n no pl* Leichtathletik *f*

ath·let·ic sup·'port *n,* **ath·let·ic sup·'port·er** *n* AM (*form: jockstrap*) Genitalschutz *m*

at-'home *n zwangloser Empfang bei sich zu Hause;* **we are going to have an ~** wir geben eine kleine Party bei uns zu Hause

atishoo [ə'tɪʃu:] *interj* BRIT hatschi

At·lan·tic [ət'læntɪk, AM -t̬ɪk] **I.** *n no pl* ■**the ~ [Ocean]** der Atlantik **II.** *adj* (*current, coast*) Atlantik-; **the ~ Provinces** CAN *die atlantischen Provinzen Kanadas* (*Neubraunschweig, Neufundland, Neuschottland, Prinz-Eduard-Insel*)

At·lan·tis [ət'læntɪs, AM -t̬ɪs] *n no pl* Atlantis *nt*

at·las <*pl* -es> ['ætləs] *n* ❶ (*book of maps*) Atlas *m;* **road ~** Straßenatlas *m;* **~ of the world** Weltatlas *m* ❷ (*guide with maps*) Führer *m;* **~ of plants/wines, plant/wine ~** Pflanzen-/Weinführer *m*

atm *n abbrev of* **atmosphere**

ATM [ˌeɪti:'em] *n abbrev of* **automated teller machine** Geldautomat *m,* Bankomat *m bes* SCHWEIZ

at·mos·phere ['ætməsfɪəʳ, AM -fɪr] *n* ❶ (*of Earth*) Atmosphäre *f;* (*of a planet also*) Lufthülle *f* ❷ PHYS Atmosphäre *f* ❸ *no pl* (*air*) **the ~ in the room was so stuffy I could hardly breathe** in dem Zimmer war so stickig, dass ich kaum atmen konnte ❹ (*fig: mood*) Atmosphäre *f,* Stimmung *f;* **~ of gloom/happiness** düstere/fröhliche Stimmung; **to have ~** *restaurant* Atmosphäre haben, stimmungsvoll sein

at·mos·pher·ic [ˌætməs'ferɪk] *adj* ❶ (*in atmosphere*) atmosphärisch; **~ oxygen** Luftsauerstoff *m* ❷ (*setting a mood*) stimmungsvoll

at·mos·pher·ic 'pres·sure *n no pl* Luftdruck *m*

at·mos·pher·ics [ˌætməs'ferɪks] *npl* RADIO atmosphärische Störungen

at·oll ['ætɒl, AM 'æta:l] *n* Atoll *nt*

atom ['ætəm, AM 'æt̬-] *n* PHYS Atom *nt;* (*fig*) Bisschen *nt;* **he hasn't an ~ of sense** er besitzt keinen Funken Vernunft; **if you had an ~ of feeling ...** wenn du auch nur einen Hauch von Gefühl hättest, ...

'atom bomb *n* Atombombe *f*

atom·ic [ə'tɒmɪk, AM -'a:m-] *adj inv* PHYS *energy, structure* Atom-; *explosion, pollution, catastrophe* atomar; **~ warfare** atomare Kriegsführung

atomi·cal·ly [əˈtɒmɪkᵊli, AM -ˈɑːm-] *adv inv* atomar; ~ **powered** atombetrieben; ~ **powered weapons** Atomwaffen *pl*
atom·ic 'bomb *n* Atombombe *f* **atom·ic 'mass** *n* NUCL Atommasse *f* **atom·ic 'pow·er** *n no pl* Atomkraft *f* **atom·ic 'pow·er sta·tion** *n* Atomkraftwerk *nt* **atom·ic re·'ac·tor** *n* Atomreaktor *m* **atom·ic 'war·fare** *n no pl* Atomkrieg *m* **atom·ic 'weight** *n* NUCL Atomgewicht *nt*
at·om·ize [ˈætəmaɪz, AM ˈæt̬-] *vt* ■**to ~ sth** *liquids* etw zerstäuben; (*fig*) etw auflösen
at·om·iz·er [ˈætəmaɪzəʳ, AM ˈæt̬əmaɪzɚ] *n* Zerstäuber *m*
aton·al [eɪˈtəʊnᵊl, AM -ˈtoʊ-] *adj* MUS atonal
atone [əˈtəʊn, AM əˈtoʊn] **I.** *vi* ■**to ~ for sth** etw wiedergutmachen; **to ~ for a sin** für eine Sünde Buße tun **II.** *vt* **to ~ one's sins** für seine Sünden büßen
atone·ment [əˈtəʊnmənt, AM əˈtoʊn-] *n no pl* (*form*) Buße *f*; **Day of A~** (*Christian*) Buß- und Bettag *m*; (*Jewish*) Versöhnungstag *m*
atop [əˈtɒp, AM əˈtɑːp] *prep* (*old liter*) ■**~ sth** [oben] auf etw *dat*
atrium [ˈeɪtriəm] *n* ❶ HIST Atrium *nt*; ARCHIT *a.* Innenhof *m* ❷ MED Vorhof *m*, *des Herzens*
atro·cious [əˈtrəʊʃəs, AM -troʊ-] *adj* grässlich; *weather, food* scheußlich; ~ **conditions** grauenhafte Zustände; ~ **crime** scheußliches Verbrechen
atro·cious·ly [əˈtrəʊʃəsli, AM -troʊ-] *adv* grässlich, schrecklich, grauenhaft
atroc·ity [əˈtrɒsəti, AM əˈtrɑːsət̬i] *n* ❶ (*cruel deed*) Gräueltat *f*; **war-time ~** Kriegsverbrechen *nt* ❷ *no pl* (*shocking cruelty*) Grausamkeit *f*; **an act of ~** eine grausame Tat
at·ro·phy [ˈætrəfi] **I.** *n no pl* Atrophie *f fachspr*; ~ **of the muscles** Muskelschwund *m* **II.** *vi* <-ie-> ❶ MED atrophieren *fachspr*, verkümmern ❷ (*fig: diminish*) nachlassen, schwinden
at·tach [əˈtætʃ] **I.** *vt* ❶ (*fix*) ■**to ~ sth [to sth]** etw [an etw *dat*] befestigen; **to ~ a label** ein Schild anbringen; (*sticker*) einen Aufkleber aufkleben ❷ (*connect*) ■**to ~ sth to sth** etw mit etw *dat* verbinden ❸ (*form: send as enclosure*) ■**to ~ sth [to sth]** *report, copy* etw [etw *dat*] beilegen ❹ (*join*) ■**to ~ oneself to sb** sich *akk* jdm anschließen ❺ (*assign*) ■**to be ~ed to sth** etw *dat* zugeteilt sein; **she was ~ed to the Nigerian government as an advisor** sie stand der nigerianischen Regierung als Beraterin zur Seite ❻ (*attribute*) **to ~ importance [***or* **significance] to sth** etw *dat* Bedeutung beimessen; **to ~ value to sth** Wert auf etw *akk* legen; **I don't ~ much weight to his opinions** mir ist es relativ egal, was er denkt ❼ (*associate*) **to ~ certain conditions to sth** bestimmte Bedingungen an etw *akk* knüpfen **II.** *vi* (*form*) **no blame ~es to you** dich trifft keine Schuld; **great honour ~es to winning this award** es ist eine große Ehre, diese Auszeichnung verliehen zu bekommen
at·ta·ché [əˈtæʃeɪ, AM *also* ˌæt̬əˈʃeɪ] *n* Attaché *m*; **cultural ~** Kulturattaché *m*; **commercial ~** Handelsattaché *m*
at·'ta·ché case *n* Aktenkoffer *m*, Diplomatenkoffer *m*
at·tached [əˈtætʃt] *adj* ■**to be ~ to sb/sth** an jdm/etw hängen *fig*
at·tach·ment [əˈtætʃmənt] *n* ❶ (*fondness*) Sympathie *f*; **to form an ~ to sb** sich *akk* mit jdm anfreunden ❷ *no pl* (*support*) Unterstützung *f* ❸ *no pl* (*assignment*) **he spent a year on ~ to the War Office** er war ein Jahr dem Kriegsministerium unterstellt; **on ~ to a department/foreign government** zur besonderen Verwendung in einer Abteilung/bei einer fremden Regierung ❹ (*for appliances*) Zusatzgerät *nt* ❺ LAW (*legal possession*) Pfändung *f* ❻ COMPUT Anhang *m*, Attachment *nt*
at·tack [əˈtæk] **I.** *n* ❶ (*assault*) Angriff *m*; **all-out ~** Großangriff *m*; **to launch [***or* **make] an ~ against [***or* **on] sb/sth** einen Angriff auf jdn/etw unternehmen [*o* starten], jdn/etw angreifen; **to be [***or* **go] on the ~** zum Angriff übergehen; **to be [***or* **come] under ~** angegriffen werden ❷ (*bout*) Anfall *m*; **he is embarrassed by his ~s of shyness** es ist ihm peinlich, dass ihn immer wieder die Schüchternheit überkommt; **asthma ~** Asthmaanfall *m*; **~ of the giggles** Lachanfall *m*; **~ of hysteria** hysterischer Anfall ❸ *no pl* (*severe criticism*) Angriff *m*; **to come under ~** unter Beschuss geraten *fig* ❹ (*in team sports*) Angriff *m*; **the team has a strong ~** die Mannschaft ist sehr angriffsstark; **to be strong in [***or* AM **on] ~** angriffsstark sein ▸ PHRASES: **the best method of defence is ~** (*prov*) Angriff ist die beste Verteidigung *prov* **II.** *vt* ❶ (*physically, verbally*) ■**to ~ sb/sth** jdn/etw angreifen; ■**to ~ sb** *dog* jdn anfallen; *criminal* jdn überfallen ❷ (*cause damage*) *illness, pest, insects* ■**to ~ sb/sth** jdn/etw angreifen; **these rose bushes are being ~ed by greenfly** diese Rosensträucher sind vollkommen verlaust ❸ SPORTS (*try to score*) **to ~ the ball/goal** den Ball/das Tor angreifen ❹ (*fig: tackle*) **to ~ a problem** ein Problem anpacken [*o* angehen] [*o* in Angriff nehmen] ❺ (*fig: eat greedily*) ■**to ~ sth** sich *akk* über etw *akk* hermachen, über etw *akk* herfallen; **to ~ the fridge** den Kühlschrank plündern **III.** *vi* angreifen
at·'tack-dog [əˈtækdɒg, AM -dɑːg] *adj attr, inv* (*fig fam*) hinterlistig
at·tack·er [əˈtækəʳ, AM -ɚ] *n* Angreifer(in) *m(f)*; **the old lady never saw her ~** die alte Dame hat nicht gesehen, wer sie überfallen hatte; (*fig*) Kritiker(in) *m(f)*
at·tain [əˈteɪn] *vt* ■**to ~ sth** etw erreichen; **to ~ a grade** eine Note erhalten; **to ~ independence** die Unabhängigkeit erlangen, unabhängig werden; **to ~ one's majority** volljährig werden
at·tain·able [əˈteɪnəbl̩] *adj* erreichbar
at·tain·ment [əˈteɪnmənt] *n* ❶ *no pl* (*achieving*) Erreichen *nt*; *of academic qualifications* Erlangen *nt* ❷ *no pl* (*achievement*) Errungenschaft *f*, Leistung *f*; **the standards of ~ are low** der Leistungsstandard ist niedrig ❸ ■**~s** *pl* (*accomplishments*) Fertigkeiten *pl*, Kenntnisse *pl*
at·tempt [əˈtem(p)t] **I.** *n* ❶ (*try*) Versuch *m*; **to make an ~ at doing sth** versuchen, etw zu tun; **she made an ~ at a smile** sie versuchte, ein Lächeln zustande zu bringen; **brave/doomed/half-hearted ~** tapferer/aussichtsloser/halbherziger Versuch; **at the first/second ~** beim ersten/zweiten Versuch ❷ (*murder*) **an ~ on sb's life** ein Anschlag *m* auf jds Leben **II.** *vt* ■**to ~ sth** etw versuchen; **he ~ed a joke** er versuchte, einen Witz zu machen **III.** *vi* ■**to ~ to do sth** versuchen, etw zu tun
at·tempt·ed [əˈtem(p)tɪd] *adj attr, inv* **~ murder/robbery** versuchter Mord/Raub
at·tend [əˈtend] **I.** *vt* (*form*) ❶ (*be present at*) ■**to ~ sth** etw besuchen; **the concert was well-~ed** das Konzert war gut besucht; **to ~ church/school** in die Kirche/Schule gehen; **to ~ a conference** auf einer Konferenz sein; (*in future*) auf eine Konferenz gehen; **to ~ a course** einen Kurs besuchen [*o* machen]; **to ~ a funeral/wedding** zu einer Beerdigung/Hochzeit gehen ❷ (*accompany*) ■**to ~ sb** jdn begleiten ❸ MED (*care for*) ■**to ~ sb** jdn [ärztlich] behandeln ❹ (*form: be a part of*) ■**to ~ sth** mit etw *dat* verbunden sein [*o* einhergehen]; **this job is ~ed by a certain amount of danger** dieser Einsatz birgt gewisse Gefahren in sich **II.** *vi* ❶ (*be present*) teilnehmen; **I regret that I will be unable to ~** leider kann ich nicht kommen; ■**to ~ at sth** bei etw *dat* anwesend sein; **to ~ at church** den Gottesdienst besuchen ❷ (*listen carefully*) aufpassen ❸ (*old*) ■**to ~ on sb** jdn aufwarten *veraltet geh*
◆**attend to** *vi* ❶ (*take care of*) ■**to ~ to sb/sth** sich *akk* um jdn/etw kümmern ❷ (*deal with*) ■**to ~ to sth** etw erledigen ❸ (*take notice of*) ■**to ~ to sth** auf etw *akk* achten; **you must ~ to what I am saying!** du musst mir zuhören!
at·tend·ance [əˈtendᵊn(t)s] *n* ❶ *no pl* (*being present*) Anwesenheit *f*; **~ at lectures is compulsory** bei Vorlesungen besteht Anwesenheitspflicht ❷ (*number of people present*) Besucher *mpl*, Besucherzahl *f* ❸ (*care*) **to be in ~ [on sb]**

[jdm] zur Verfügung stehen; **the singer never goes out without his security men in** ~ der Sänger verlässt das Haus niemals ohne seine Bodyguards an seiner Seite ▶ PHRASES: **to dance** ~ **on sb** um jdn herumscharwenzeln *pej fam*

at·tend·ant [əˈtendᵊnt] **I.** *n* ❶ (*guide, helper*) Aufseher(in) *m(f)*, Wärter(in) *m(f)*; (*in swimming pool*) Bademeister(in) *m(f)*; **car park** ~ Parkwächter(in) *m(f)*; **museum** ~ Museumswärter(in) *m(f)*; **petrol** [*or* **gas**] **station** ~ Tankwart(in) *m(f)* ❷ (*servant*) Diener(in) *m(f)*, Bedienstete(r) *f(m)* **II.** *adj* (*form*) ~ **circumstances** Begleitumstände *pl*; ■**to be** ~ **on sth** mit etw *dat* verbunden sein

at·tend·ing phy·ˈsi·cian *n* behandelnder [*o* diensthabender] Arzt/behandelnde [*o* diensthabende] Ärztin

at·ten·tion [əˈten(t)ʃᵊn] *n no pl* ❶ (*notice*) Aufmerksamkeit *m*; ~**!** Achtung!; **could I have your** ~**, please?** dürfte ich um Ihre Aufmerksamkeit bitten?; **he tried to escape the** ~ **of the police** er versuchte, bei der Polizei nicht aufzufallen; **your** ~ **seems to be wandering** Sie scheinen nicht bei der Sache zu sein; **to be the centre of** ~ im Mittelpunkt des Interesses stehen; **to pay** ~ **to detail** auf Details achten; **to attract** [*or* **catch**] [*or* **get**] **sb's** ~ jdn auf sich *akk* aufmerksam machen; **to call** [*or* **draw**] ~ **to sth** die Aufmerksamkeit auf etw *akk* lenken; **to give sth one's undivided** [*or* **full**] ~ etw *dat* seine ungeteilte [*o* ganze] Aufmerksamkeit schenken; **to pay** ~ Acht geben, aufpassen; **to pay** ~ **to sb/sth** jdm/etw Aufmerksamkeit schenken; **to turn one's** ~ **to sth** seine Aufmerksamkeit auf etw *akk* richten ❷ (*maintenance*) Wartung *f*, Instandhaltung *f*; **my washing machine needs** ~ meine Waschmaschine muss überholt werden ❸ (*care*) Pflege *f*; **my fingernails need** ~ ich muss mich mal wieder um meine Fingernägel kümmern; **medical** ~ ärztliche Behandlung; **you should seek medical** ~ **for that cut** du solltest diese Schnittwunde ärztlich behandeln lassen ❹ (*in letters*) **for the** ~ **of Mr Miller,** ~**: Mr Miller** zu Händen von Mr Miller ❺ *no pl esp* MIL (*stiff stance*) Stillstand *m*; ~**!** stillgestanden!; **to stand at** ~ stillstehen; **to stand to** ~ Haltung annehmen ❻ ■ ~**s** *pl* (*interests*) Aufmerksamkeit *f kein pl*, Interesse *nt kein pl*; **to turn one's** ~**s to sth** seine Aufmerksamkeit etw *dat* zuwenden; (*courting*) **to pay one's** ~**s to sb** jdm den Hof machen

at·ten·tion de·fi·cient hyper·ac·ˈtiv·ity dis·or·der *n*, **at·ten·tion ˈdefi·cit dis·or·der** *n* Aufmerksamkeitsdefizitsyndrom *nt*

at·ten·tion-seek·ing I. *n no pl der Wunsch, aufzufallen* **II.** *adj attr* **an** ~ **person** *jd, der beachtet werden will* **at·ˈten·tion span** *n* Konzentrationsvermögen *f*; **to have a long/short** ~ sich lang/nur kurz auf etwas konzentrieren können

at·ten·tive [əˈtentɪv, AM -t̬ɪv] *adj* ❶ (*caring*) fürsorglich; ■**to be** ~ **to sb/sth** sich *akk* fürsorglich um jdn/etw kümmern; **to be** ~ **to sb's needs** jds Bedürfnisse berücksichtigen ❷ (*listening*) aufmerksam

at·ten·tive·ly [əˈtentɪvli, AM -t̬ɪv-] *adv* ❶ (*caringly*) fürsorglich ❷ (*taking notice*) aufmerksam; **to listen** ~ aufmerksam zuhören

at·ten·tive·ness [əˈtentɪvnəs, AM -t̬ɪv-] *n no pl* ❶ (*care*) Fürsorglichkeit *f* ❷ (*listening*) Aufmerksamkeit *f*

at·tenu·ate [əˈtenjueɪt] *vt* (*form*) ■**to** ~ **sth** etw abschwächen

at·tenu·at·ed [əˈtenjueɪtɪd, AM -eɪt̬ɪd] *adj* (*form*) abgeschwächt; *person* geschwächt

at·tenua·tion [əˌtenjuˈeɪʃᵊn] *n no pl* (*form*) ❶ (*weakening*) Schwächung *f* ❷ RADIO Abschwächung *f*, Dämpfung *f*

at·test [əˈtest] **I.** *vt* ■**to** ~ **sth** ❶ (*demonstrate*) *support, excellence* etw beweisen [*o* zeigen] ❷ LAW etw bestätigen [*o* beglaubigen]; (*on oath*) etw beschwören **II.** *vi* ■**to** ~ **to sth** *competence, fact* etw beweisen

at·tes·ta·tion [æˌtesˈteɪʃᵊn, AM ˌæt̬-] *n* ❶ (*formal declaration*) Bescheinigung *f*, Beglaubigung *f* ❷ (*proof*) Beweis *m*

at·tic [ˈætɪk, AM ˈæt̬-] *n* Dachboden *m*, Speicher *m*; **in the** ~ auf dem Dachboden

at·tire [əˈtaɪəʳ, AM -ˈtaɪɚ] *n no pl* (*form*) Ornat *m*, Staat *m hum*; (*hum*) Aufputz *m hum veraltet*

at·tired [əˈtaɪəʳd, AM -ˈtaɪɚd] *adj pred, inv* (*form*) ■**to be** ~ **in sth** in etw *akk* gehüllt [*o hum o veraltet* gewandet] sein

at·ti·tude [ˈætɪtjuːd, AM ˈæt̬ətuːd, *also* -tjuːd] *n* ❶ (*way of thinking*) Haltung *f*, Einstellung *f*; **the government's** ~ **to**[**wards**] **the refugees is not sympathetic** die Regierung steht den Flüchtlingen nicht wohlwollend gegenüber; **I don't like your** ~ deine Haltung gefällt mir nicht; **to undergo a change of** [*or* **in**] ~ seine Meinung ändern; **to have an** ~ **problem** *esp* AM eine falsche Einstellung haben; **to have** [*or* **take**] **the** ~ **that ...** die Meinung vertreten, dass ... ❷ (*body position, also in ballet*) Stellung *f*; (*facial expression*) Miene *f*; **she lay sprawled across the sofa in an** ~ **of complete abandon** sie lümmelte völlig selbstvergessen auf dem Sofa rum

at·tor·ney [əˈtɜːrni] *n* AM (*lawyer*) Anwalt, Anwältin *m, f*; **civil/criminal** ~ Zivil-/Strafverteidiger(in) *m(f)*; **defence** [*or* AM **defense**] ~ Verteidiger(in) *m(f)*; ~ **for the plaintiff** Anwalt *m*/Anwältin *f* des Klägers

at·tor·ney-at-ˈlaw <*pl* attorneys-at-law> *n* AM (*lawyer*) Anwalt, Anwältin *m, f* **At·tor·ney-ˈGe·ne·ral** <*pl* Attonies General> *n* (*in UK*) Generalstaatsanwalt, -anwältin *m, f*; (*in USA*) Justizminister(in) *m(f)*

at·tract [əˈtrækt] *vt* ■**to** ~ **sb/sth** jdn/etw anziehen; **her ideas have** ~**ed a lot of support** ihre Ideen wurden sehr positiv aufgenommen; **to** ~ **sb's attention** jds Aufmerksamkeit erregen; **to** ~ **criticism** auf Kritik stoßen; **to** ~ **sb's notice** jds Aufmerksamkeit auf sich *akk* ziehen, jdn auf sich *akk* aufmerksam machen; **to** ~ **sb physically** jdn körperlich anziehen; ■**to be** ~**ed by** [*or* **to**] **sb/sth** jdn/etw attraktiv finden

at·trac·tion [əˈtrækʃᵊn] *n* ❶ *no pl* PHYS Anziehungskraft *f* ❷ *no pl* (*between people*) Anziehung *f*; **she felt an immediate** ~ **to him** sie fühlte sich sofort zu ihm hingezogen ❸ (*entertainment*) Attraktion *f*; **main** ~ Hauptattraktion *f*; **tourist** ~ Touristenattraktion *f* ❹ (*appeal*) Reiz *m*; **I don't understand the** ~ **of ...** ich weiß nicht, was so toll daran sein soll, ...; **to hold no** ~ **for sb** für jdn nicht attraktiv sein

at·trac·tive [əˈtræktɪv] *adj* ❶ (*good-looking*) attraktiv; **physically/sexually** ~ körperlich/sexuell anziehend ❷ (*pleasant*) *countryside, scenery* reizvoll ❸ (*interesting*) verlockend; ~ **price** attraktiver Preis; ~ **salary** anständiges Gehalt

at·trac·tive·ly [əˈtræktɪvli] *adv* attraktiv, reizvoll

at·trac·tive·ness [əˈtræktɪvnəs] *n no pl* Attraktivität *f*; *of view, countryside* Reiz *m*; **the** ~ **of an offer/a proposition** das Verlockende eines Angebots/eines Vorschlags; **physical/sexual** ~ körperliche/sexuelle Anziehungskraft

at·trib·ut·able [əˈtrɪbjətəbl̩, AM -jət̬ə-] *adj pred* ■**to be** ~ **to sb/sth** jdm/etw zuzuschreiben sein

at·tri·bute I. *vt* [əˈtrɪbjuːt] ❶ (*ascribe*) ■**to** ~ **sth to sth** etw auf etw *akk* zurückführen; **to** ~ **the blame to sb** jdm die Schuld geben; **to** ~ **importance to sth** etw *dat* Bedeutung beimessen ❷ (*give credit for*) ■**to** ~ **sth to sb** jdm etw zuschreiben **II.** *n* [ˈætrɪbjuːt] ❶ (*characteristic*) Eigenschaft *f*, Merkmal *nt* ❷ LING Beifügung *f*, Attribut *nt fachspr*

at·tribu·tion [ˌætrɪˈbjuːʃᵊn] *n no pl* ❶ (*of work of art*) Zuordnung *f*; **the** ~ **of this work to Leonardo is now disputed by several experts** inzwischen bestreiten einige Experten, dass dieses Werk Leonardo zuzuordnen ist ❷ (*of characteristic*) Zuschreibung *f*; (*of event to cause*) Zurückführung *f*; **the** ~ **of the crash to pilot error is still pure speculation** dass der Absturz auf einen Pilotenfehler zurückzuführen ist, ist noch immer reine Spekulation

at·tribu·tive [əˈtrɪbjətɪv, AM -jət̬-] *adj inv* LING attributiv, Attributiv-

at·tribu·tive·ly [əˈtrɪbjətɪvli, AM -jət̬ɪv-] *adv inv* LING attributiv

at·tri·tion [əˈtrɪʃᵊn] *n no pl* ❶ (*wearing down*) Abrieb *m*, Abnutzung *f*, Verschleiß *m* ❷ (*gradual weakening*) Zermürbung *f*; **war of** ~ Zermürbungskrieg *m* ❸ AM, AUS (*personnel reduction*) *Personalabbau durch Weggang von Angestellten,* *die dann nicht mehr ersetzt werden* ❹ REL (*false contrition*) Attrition *f fachspr,* unvollkommene Reue

at·tune [əˈtjuːn, AM *esp* əˈtuːn] *vt* ❶ (*adjust*) ■**to be ~d to sth** auf etw *akk* eingestellt sein; **to become ~d to sth** sich *akk* an etw *akk* gewöhnen; ■**to ~ sth to sth** etw auf etw *akk* abstimmen; ■**to ~ oneself to sth** sich *akk* auf etw *akk* einstellen, sich *akk* an etw *akk* gewöhnen; **to be well ~d to one another** gut aufeinander eingespielt sein ❷ MUS (*old*) **to ~ an instrument** ein Instrument stimmen

at·tuned [əˈtjuːnd, AM *esp* əˈtuːnd] *adj pred* **to be ~ politically** politisch interessiert sein

ATV [ˌeɪtiːˈviː] *n* AUTO *abbrev of* **all-terrain vehicle** Geländefahrzeug *nt*

atypi·cal [ˌeɪˈtɪpɪkəl] *adj* atypisch, untypisch; ■**to be ~ of sb/sth** untypisch für jdn/etw sein, für jdn/etw nicht typisch sein

auber·gine [ˈəʊbəʒiːn, AM ˈoʊbɚ-] **I.** *n* ❶ BRIT (*vegetable*) Aubergine *f* ❷ *no pl* (*colour*) Aubergine *nt* **II.** *adj* aubergine[farben]

aubrie·tia [ɔːˈbriːʃə, AM ɑː-] *n* BOT Blaukissen *nt,* Aubrietie *f fachspr*

auburn [ˈɔːbən, AM ˈɑːbɚn] **I.** *n no pl* Rotbraun *nt,* Rostrot *nt* **II.** *adj* rotbraun, rostrot

ˈauburn-haired *adj* mit rotbraunen Haaren; ■**to be ~** rotbraune Haare haben

au cou·rant [ˌəʊkʊˈrɑ̃, AM ˌoʊkuːˈrɑːn] *adj* up to date *sl*

auc·tion [ˈɔːkʃən, AM *esp* ˈɑːk-] **I.** *n* Auktion *f,* Versteigerung *f;* **~ of furniture** Möbelauktion *f;* **~ of jewellery** Schmuckauktion *f;* **to hold an ~** eine Auktion veranstalten; **to put sth up for ~** etw zur Versteigerung anbieten; **to sell sth by ~** etw versteigern; **to be sold at** [*or* BRIT **by**] **~** versteigert werden **II.** *vt* ■**to ~ sth** [**off**] etw versteigern

auc·tion ˈbridge *n* (*old*) Auktionsbridge *nt*

auc·tion·eer [ˌɔːkʃənˈɪəʳ, AM ˌɑːkʃənˈɪr] *n* Auktionator(in) *m(f)*

auda·cious [ɔːˈdeɪʃəs, AM ɑː-] *adj* ❶ (*bold*) kühn, wagemutig, verwegen ❷ (*rude*) dreist, unverfroren

auda·cious·ly [ɔːˈdeɪʃəsli, AM ɑː-] *adv* ❶ (*boldly*) kühn, wagemutig, verwegen ❷ (*rudely*) dreist, unverfroren

auda·cious·ness [ɔːˈdeɪʃəsnəs, AM ɑː-] *n no pl,* **audac·ity** [ɔːˈdæsəti, AM ɑːˈdæsət̬i] *n no pl* ❶ (*boldness*) Kühnheit *f,* Wagemut *m,* Verwegenheit *f* ❷ (*impertinence*) Dreistigkeit *f,* Unverfrorenheit *f;* **to have the ~ to do sth** die Unverfrorenheit [*o* Dreistigkeit] besitzen, etw zu tun

audibil·ity [ˌɔːdɪˈbɪləti, AM ˌɑːdɪˈbɪlət̬i] *n no pl* Hörbarkeit *f*

audible [ˈɔːdəbl̩, AM ˈɑː-] *adj* hörbar, [deutlich] vernehmbar

audib·ly [ˈɔːdəbli, AM ˈɑː-] *adv* hörbar, vernehmlich

audi·ence [ˈɔːdiən(t)s, AM ˈɑː-] *n* ❶ + *sing/pl vb* (*at performance*) Publikum *nt kein pl;* THEAT *a.* Besucher *mpl;* TV Zuschauer *mpl;* RADIO [Zu]hörer *mpl;* (*readership*) Leserschaft *f kein pl,* Leserkreis *m;* **to appeal to a large ~** ein breites Publikum ansprechen ❷ (*formal interview*) Audienz *f;* **private ~** Privataudienz *f;* **to have an ~ with sb** eine Audienz bei jdm haben

audi·ence par·tici·ˈpa·tion *n no pl* Publikumsbeteiligung *f*

audio [ˈɔːdiəʊ, AM ˈɑːdioʊ] *adj inv* Audio-; **~ book** Hörbuch *nt;* **~ cassette** [Hör]kassette *f;* **~ frequency** Tonfrequenz *f,* Hörfrequenz *f;* **~ tape** Tonband *nt*

audio-ˈvisual *adj inv* audiovisuell

audit [ˈɔːdɪt, AM ˈɑː] **I.** *n* FIN Rechnungsprüfung *f,* Buchprüfung *f* **II.** *vt* ❶ FIN ■**to ~ sth** etw [amtlich] prüfen ❷ AM, AUS UNIV **to ~ a class** einen Kurs [nur] als Gasthörer besuchen

audi·tion [ɔːˈdɪʃən, AM ɑːˈ-] **I.** *n* (*for actor*) Vorsprechen *nt;* (*for singer*) Vorsingen *nt;* (*for dancer*) Vortanzen *nt;* (*for instrumentalist*) Vorspielen *nt;* **to hold an ~** [*or* **~s**] (*for actor*) vorsprechen lassen; (*for singer*) vorsingen lassen; (*for dancer*) vortanzen lassen; (*for instrumentalist*) vorspielen lassen **II.** *vi actor* vorsprechen; *singer* vorsingen; *instrumentalist* vorspielen; *dancer* vortanzen (**for** für +*akk*) **III.** *vt* ■**to ~ sb** jdn vorsprechen/vorsingen/vortanzen/vorspielen lassen

audi·tor [ˈɔːdɪtəʳ, AM ˈɑːdɪt̬ɚ] *n* Rechnungsprüfer(in) *m(f),* Buchprüfer(in) *m(f);* **external ~** außerbetrieblicher Rechnungsprüfer [*o* Buchprüfer]/außerbetriebliche Rechnungsprüferin [*o* Buchprüferin]

audi·to·ria [ˌɔːdɪˈtɔːriə, AM ˌɑːdəˈ-] *n pl of* **auditorium**

audi·to·rium <*pl* -s *or* -ria> [ˌɔːdɪˈtɔːriəm, AM ˌɑːdəˈ-, *pl* -riə] *n* ❶ THEAT Zuschauerraum *m* ❷ *esp* AM (*hall for listeners*) Zuhörersaal *m,* Vortragssaal *m;* (*for spectators*) Vorführungsraum *m* ❸ AM (*building*) Festhalle *f;* (*for concerts*) Konzerthalle *f*

audi·tory [ˈɔːdɪtəri, AM ˈɑːdətɔːri] *adj inv* ❶ (*connected with hearing*) Hör-; MED Gehör- ❷ (*received by ear*) akustisch; MED auditiv

audi·tory ca·ˈnal *n* Gehörgang *m* **audi·tory ˈnerve** *n* Gehörnerv *m*

au fait [ˌəʊˈfeɪ, AM ˌoʊ-] *adj pred* vertraut; ■**to be ~ with sth** mit etw *dat* vertraut sein; (*informed*) über etw *akk* auf dem Laufenden sein

Aug. *n abbrev of* **August** Aug.

auger [ˈɔːgəʳ, AM ˈɑːgɚ] *n* (*for wood*) Handbohrer *m,* Schlangenbohrer *m fachspr;* (*for ground*) Erdbohrer *m,* Schlangenbohrer *m fachspr;* (*in agriculture*) Schnecke *f*

aught [ɔːt, AM ɑːt] *pron* (*old liter*) irgendetwas; **they might have left already, for ~ I know!** was weiß ich, vielleicht sind sie ja längst weg!

aug·ment I. *vt* [ɔːgˈment, AM ɑːgˈ-] (*form*) ■**to ~ sth** etw vergrößern; **to ~ a fund** einen Fonds aufstocken; **to ~ one's income** sein Einkommen verbessern **II.** *vi* [ɔːgˈment, AM ɑːgˈ-] (*form*) zunehmen; *income* steigen **III.** *n* [ˈɔːgmənt, AM ˈɑːg-] LING Augment *nt fachspr*

aug·men·ta·tion [ˌɔːgmənˈteɪʃən, AM ˌɑːg-] *n* (*form*) ❶ *no pl* (*increase*) Vermehrung *f;* *of income* Erhöhung *f,* Steigerung *f* ❷ (*addition*) Zunahme *f,* Zuwachs *m;* **breast ~** Brustvergrößerung *f;* **~s to one's income** zusätzliche Einkünfte ❸ MUS Augmentation *f fachspr*

au gra·tin [ˌəʊˈgrætɛ̃(ŋ), AM oʊˈgrɑːtən] *adj after n, inv* überbacken, au gratin; **potatoes ~** überbackene Kartoffeln

augur [ˈɔːgəʳ, AM ˈɑːgɚ] **I.** *vi* **to ~ ill/well for sb/sth** ein schlechtes/gutes Zeichen [*o* Omen] für jdn/etw sein **II.** *vt* ■**to ~ sth** etw verheißen **III.** *n* (*hist*) Wahrsager(in) *m(f),* Augur(in) *m(f) geh*

augu·ry [ˈɔːgjʊri, AM ˈɑːgjɚi] *n* ❶ (*form: omen*) [Vor]zeichen *nt,* Omen *nt* (**for** für +*akk*) ❷ *no pl* (*soothsaying*) Weissagung *f,* Prophezeiung *f*

august [ɔːˈgʌst, AM ɑː-] *adj* (*liter*) erhaben, hoheitsvoll, majestätisch

August [ˈɔːgəst, AM ˈɑː-] *n* August *m; see also* **February**

auk [ɔːk, AM ɑːk] *n* Alk *m;* **great ~** Toralk *m,* Riesenalk *m*

aunt [ɑːnt, AM ænt] *n* Tante *f;* **honorary ~** Nenntante *f*

auntie, aunty [ɑːnti, AM ænt̬i] *n* (*fam*) ❶ (*also childspeak: aunt*) Tantchen *nt* ❷ BRIT (*hum: the BBC*) *scherzhafte Bezeichnung für die BBC;* AUS (*hum: the ABC*) *scherzhafte Bezeichnung für die australische Rundfunkgesellschaft*

au pair [ˌəʊˈpeəʳ, AM oʊˈper] *n* Aupair *nt;* **to work as an ~** als Aupair arbeiten; **~ girl** Aupairmädchen *nt*

aura [ˈɔːrə] *n* ❶ (*quality*) Aura *f;* **there's an ~ of sadness about him** er strahlt eine gewisse Traurigkeit aus; **the woods have an ~ of mystery** die Wälder haben so etwas Geheimnisvolles an sich ❷ (*surrounding light*) Aura *f*

aural [ˈɔːrəl] *adj inv* akustisch; MED aural, Gehör-; **~ delight** Ohrenschmaus *m;* **~ material** Tonmaterial *nt*

aural·ly [ˈɔːrəli] *adv* akustisch; MED aural *fachspr*

aure·ole [ˈɔːriəʊl, AM -oʊl] *n* ❶ (*liter: halo*) Aureole *f geh,* Heiligenschein *m;* *esp* ART Strahlenkranz *m fachspr* ❷ ASTRON Korona *f*

auri·cle [ˈɔːrɪkl̩] *n* ❶ (*of heart*) Herzohr *nt,* Herzvorhof *m* ❷ (*of ear*) Ohrmuschel *f,* Auricula *f fachspr*

auricu·lar [ɔːˈrɪkjʊləʳ, AM -jəlɚ] *adj* ❶ (*form: relating to hearing*) Hör-, Gehör-, aurikulär *fachspr* ❷ (*form: of/through the ear*)

A

Ohren-; MED aurikulär *fachspr;* (*by the ear*) akustisch; ~ **witness** Ohrenzeuge(in) *m(f)* ❸ (*relating to heart*) die Herzohren betreffend, zu den Herzohren gehörig, aurikulär *fachspr,* Aurikular- *fachspr*

auro·ra [ɔːˈrɔːrə] *n* ❶ (*polar light*) Polarlicht *nt* ❷ (*poet: rosy dawn*) Morgenröte *f,* Aurora *f poet*

auro·ra aus·tra·lis [-ɒsˈtreɪlɪs, AM -ɔːˈstreɪ-] *n no pl* Südlicht *nt*

auro·ra bo·real·is [-bɒriˈeɪlɪs, AM -bɔːriælɪs] *n no pl* Nordlicht *nt*

aus·pices [ˈɔːspɪsɪz, AM ˈɑː-] *npl* ❶ (*backing*) Schirmherrschaft *f,* Auspizien *pl geh;* **under the ~ of ...** unter der Schirmherrschaft des/der ... ❷ (*auguries*) Vorzeichen *pl,* Auspizien *pl geh*

aus·pi·cious [ɔːˈspɪʃəs, AM ɑː-] *adj* (*form*) viel versprechend, günstig; ~ **occasion** feierlicher Anlass

aus·pi·cious·ly [ɔːˈspɪʃəsli, AM ɑː-] *adv* viel versprechend, günstig

Aus·sie [ˈɒzi, AM ˈɑːzi] (*fam*) **I.** *n* Australier(in) *m(f)* **II.** *adj inv* australisch

aus·tere [ɒsˈtɪəʳ, AM ɑːˈstɪr] *adj* ❶ (*without comfort*) karg; (*severely plain*) nüchtern; *room* schmucklos; (*ascetic*) asketisch, enthaltsam ❷ (*joyless and strict*) ernst, streng; ~ **attitude** unbeugsame Haltung

austerely [ɒsˈtɪəʳli, AM ɑːˈstɪr-] *adv* streng; ~ **beautiful** von herber Schönheit; ~ **elegant** von schlichter Eleganz; ~ **simple** karg und schlicht; **to live** ~ asketisch leben

aus·ter·ity [ɒsˈterəti, AM ˈɑːsterət̬i] **I.** *n* ❶ *no pl* (*absence of comfort*) Rauheit *f,* Härte *f* ❷ *no pl* (*plainness*) Einfachheit *f;* (*with not much*) Kargheit *f;* (*asceticism*) Askese *f,* Enthaltung *f* ❸ *no pl* (*strictness*) Ernstheit *f,* Strenge *f* ❹ ■ **austerities** *pl* Entbehrungen *pl,* Entsagungen *pl* **II.** *n modifier* ECON ~ **budget** Sparhaushalt *m;* ~ **measures** Sparmaßnahmen *pl*

aus·ˈter·ity pro·gram *n* AM, **aus·ˈter·ity pro·gramme** *n* Sparprogramm *nt*

Aus·tral·asia [ˌɒstrəˈleɪʒə, AM ˌɑːstrəˈ-] *n* Australien *nt* und Ozeanien *nt*

Aus·tral·asian [ˌɒstrəˈleɪʒən, AM ˌɑːstrəˈ-] **I.** *n* Ozeanier(in) *m(f)* **II.** *adj* ozeanisch, südwestpazifisch

Aus·tralia [ɒsˈtreɪliə, AM ɑːˈstreɪljə] *n* Australien

i Kultur

Der **Australia Day** am 26. Januar ist ein nationaler Feiertag zum Gedenken an die Gründung der ersten britischen Siedlung auf australischem Boden 1788 in Sydney Cove. Für die *Aborigines – die Ureinwohner Australiens* ist das der Tag der Invasion ihres Landes. An diesem Tag finden viele kulturelle Veranstaltungen statt, die schwarze und weiße Australier zusammenbringen sollen.

Aus·tral·ian [ɒsˈtreɪliən, AM ɑːˈstreɪljən] **I.** *n* ❶ (*person*) Australier(in) *m(f)* ❷ (*language*) australisches Englisch **II.** *adj* australisch

Aus·ˈtral·ian Rules *n + sing vb* SPORTS ~ **football** *australische Art des Football mit 18 Spielern*

Aus·tra·lo·pithe·cus [ˌɒstrələ(ʊ)ˈpɪθɪkəs, AM ˌɑːstrəloʊˈ-] *n* ARCHEOL Australopithecus *m*

Aus·tria [ˈɒstriə, AM ˈɑː-] *n* Österreich *nt*

Aus·trian [ˈɒstriən, AM ˈɑː-] **I.** *n* ❶ (*person*) Österreicher(in) *m(f)* ❷ (*language*) Österreichisch *nt* **II.** *adj* österreichisch

auteur [əʊˈtɜː, AM oʊˈtɜːr] *n* Filmregisseur(in) *m(f)* mit einem ausgeprägten Stil

authen·tic [ɔːˈθentɪk, AM ɑːˈθent̬ɪk] *adj* ❶ (*genuine*) *manuscript, document* authentisch; **this is an ~ 1920s dress** dieses Kleid stammt original aus den Zwanzigern; **is this painting ~?** ist dieses Gemälde ein Original?; ~ **Scottish accent** unverfälschter schottischer Akzent ❷ (*reliable*) *account* authentisch ❸ (*legitimate*) berechtigt

authen·ti·cate [ɔːˈθentɪkeɪt, AM ɑːˈθent̬ɪ-] *vt* ■ **to ~ sth** etw bestätigen; LAW etw beglaubigen; **to ~ a painting/document** die Echtheit eines Gemäldes/Dokuments bescheinigen

authen·ti·ca·tion [ɔːˌθentɪˈkeɪʃᵊn, AM ɑːˌθent̬ɪˈ-] *n no pl* (*confirmation*) Bestätigung *f;* LAW Beglaubigung *f; of a painting, document* Echtheitserklärung *f*

au·then·tic·ity [ˌɔːθenˈtɪsəti, AM ˌɑːθentɪsət̬i] *n no pl* ❶ (*genuineness*) Echtheit *f,* Authentizität *f geh* ❷ (*legitimacy*) *of a claim* Berechtigung *f*

author [ˈɔːθəʳ, AM ˈɑːθɚ] **I.** *n* ❶ (*profession*) Schriftsteller(in) *m(f); of particular book, article* Verfasser(in) *m(f),* Autor(in) *m(f);* **a book with the ~'s compliments** ein Buch *nt* mit einer Widmung des Autors/der Autorin; **~'s copy** Autorenexemplar *nt;* **~'s royalties** Tantiemen *fpl* ❷ (*fig form: causer*) Urheber(in) *m(f),* Verursacher(in) *m(f)* **II.** *vt* ■ **to ~ sth** ❶ (*write*) etw schreiben [*o* verfassen] ❷ *esp* AM (*fig*) etw zustande bringen [*o* arrangieren]; **to ~ a deal** ein Geschäft in die Wege leiten

author·ess <*pl* -es> [ˈɔːθᵊres, AM ˈɑːθɚɪs] *n* (*dated: profession*) Schriftstellerin *f;* (*writer*) Verfasserin *f,* Autorin *f*

autho·rial [ɔːˈθɔːriəl, AM ɑːˈ-] *adj inv* Autoren-, eines/des Autors; ~ **intention** Absicht *f* des Autors/der Autorin; ~ **voice** Stimme *f* des Autors/der Autorin

authori·tar·ian [ˌɔːθɒrɪˈteəriən, AM əˌθɔːrəˈte-] **I.** *adj* autoritär; ~ **state** autoritärer Staat **II.** *n* autoritärer Mensch; ■ **to be an ~** autoritär sein

authori·tar·ian·ism [ɔːˌθɒrɪˈteəriənɪzᵊm, AM əˌθɔːrəˈteriən-] *n* ❶ POL (*system*) autoritäres System ❷ (*quality*) autoritäre Einstellung; POL, PSYCH Autoritarismus *m fachspr*

authori·ta·tive [ɔːˈθɒrɪtətɪv, AM əˈθɔːrəteɪt̬ɪv] *adj* ❶ (*reliable*) zuverlässig, verlässlich; (*official*) amtlich ❷ (*definitive*) maßgebend, maßgeblich ❸ (*commanding*) gebieterisch, Respekt einflößend

authori·ta·tive·ly [ɔːˈθɒrɪtətɪvli, AM əˈθɔːrəteɪt̬ɪvli] *adv* ❶ (*with authority*) zuverlässig ❷ (*definitively*) maßgeblich, maßgebend ❸ (*commandingly*) gebieterisch, bestimmt

author·ity [ɔːˈθɒrəti, AM əˈθɔːrət̬i] *n* ❶ *no pl* (*right of control*) Amtsgewalt *f;* **to be in ~** verantwortlich sein; **to be in** [*or* **have**] **~ over sb** jdm übergeordnet sein; **to be under sb's ~** jdm gegenüber verantwortlich sein; **to exercise** [*or* **exert**] [*or* **use**] **one's ~ over sb** Weisungsbefugnis gegenüber jdm haben ❷ *no pl* (*permission*) Vollmacht *f,* Befugnis *f;* **to act without ~** seine Befugnisse überschreiten; **on one's own ~** in eigener Verantwortung ❸ (*strength of personality*) Autorität *f,* Souveränität *f* ❹ (*knowledge*) Sachverstand *m,* Kompetenz *f;* **to speak with ~ on sth** kompetent über etw *akk* reden ❺ (*expert*) Autorität *f,* Kapazität *f,* Experte(in) *m(f);* **to be an ~ on sth** eine Autorität für etw *akk* sein; **world ~** international anerkannte Autorität ❻ (*responsible organization*) Behörde *f,* Amt *nt;* **education ~** Schulamt *nt;* **health ~** Gesundheitsbehörde *f* ❼ ■ **the authorities** *pl* (*bodies having power*) die Behörden; **competent authorities** zuständige Behörden; **to report sb/sth to the authorities** jdn/etw den Behörden melden ▶ PHRASES: **to have sth on sb's ~** etw von jdm wissen; **to have sth on good ~** etw aus zuverlässiger Quelle wissen

authori·za·tion [ˌɔːθᵊraɪˈzeɪʃᵊn, AM ˌɑːθɚɪˈ-] *n no pl* (*approval*) Genehmigung *f,* Erlaubnis *f;* (*delegation of power*) Bevollmächtigung *f,* Ermächtigung *f,* Autorisierung *f*

author·ize [ˈɔːθᵊraɪz, AM ˈɑː-] *vt* ■ **to ~ sth** etw genehmigen [*o* bewilligen]; ■ **to ~ sb to do sth** jdn bevollmächtigen [*o* ermächtigen], etw zu tun

author·ized [ˈɔːθᵊraɪzd, AM ˈɑː-] *adj inv* autorisiert; **"entry is permitted only to ~ personnel"** „Unbefugten ist der Zutritt verboten"; **"~ personnel only"** „Zutritt nur für Befugte"; ~ **biography** autorisierte Biografie

ˈAuthor·ized Ver·sion *n esp* BRIT ■ **the ~** *offizielle englische Bibelübersetzung von 1611*

author·ship [ˈɔːθəʃɪp, AM ˈɑːθɚ-] *n no pl* ❶ (*being the writer*)

Urheberschaft *f,* Autorschaft *f;* **of unknown** ~ eines unbekannten Autors [*o* Verfassers] ❷ (*as profession*) Schriftstellerei *f,* Schriftstellerberuf *m*

autism [ˈɔːtɪzᵊm, AM ˈɑː-] *n no pl* Autismus *m*

autis·tic [ɔːˈtɪstɪk, AM ɑːˈ-] *adj* autistisch

auto [ˈɔːtəʊ, AM ˈɑːt̬oʊ] **I.** *n* AM (*dated*) Auto *nt* **II.** *n modifier esp* AM (*concerning cars*) *dealer, industry, maker* Auto-; (*automatic*) automatische(r, s); ~ **store** COMPUT automatische Zwischenspeicherung; ~ **restart** COMPUT Selbstanlauf *m*

auto·bi·og·ra·pher [ˌɔːtəbaɪˈɒgrəfəʳ, AM ˌɑːt̬əbaɪˈɑːgrəfɚ] *n* Autobiograf(in) *m(f)*

auto·bio·gra·phi·cal [ˌɔːtəˌbaɪə(ʊ)ˈgræfɪkᵊl, AM ˌɑːt̬əˌbaɪəˈ-] *adj* autobiografisch

auto·bi·og·ra·phy [ˌɔːtəbaɪˈɒgrəfi, AM ˌɑːt̬əbaɪˈɑː-] *n* Autobiografie *f*

auto-ˈbronz·er *n* BRIT, **auto-ˈbronz·ing cream** *n* BRIT Selbstbräuner *m*

auto·cade [ˈɑːt̬oʊkeɪd] *n* AM Fahrzeugkolonne *f,* Wagenkolonne *f,* Konvoi *m*

autoc·ra·cy [ɔːˈtɒkrəsi, AM ɑːˈtɑːk-] *n* ❶ (*society*) Autokratie *f geh* ❷ *no pl* (*form of government*) Absolutismus *m* ❸ *no pl* (*fig*) Alleinherrschaft *f*

auto·crat [ˈɔːtəkræt, AM ˈɑːt̬ə-] *n* Autokrat(in) *m(f) geh*

auto·crat·ic [ˌɔːtəˈkrætɪk, AM ˌɑːt̬əˈkræt̬-] *adj* autokratisch *geh;* ~ **rule** Alleinherrschaft *f*

auto·crati·cal·ly [ˌɔːtəˈkrætɪkᵊli, AM ˌɑːt̬əˈkræt̬-] *adv* autokratisch *geh*

auto·cross [ˈɔːtə(ʊ)krɒs, AM ˈɑːt̬oʊkrɑːs] *n no pl* Autocross *nt*

auto·cue® [ˈɔːtə(ʊ)kjuː] *n* BRIT TV Teleprompter® *m*

auto·erot·ic [ˌɔːtəʊɪˈrɒtɪk, AM ˌɑːt̬oʊɪˈrɑːt̬ɪk] *adj* autoerotisch

auto·eroti·cism [ˌɔːtəʊɪˈrɒtɪsɪzᵊm, AM ˌɑːt̬oʊɪˈrɑːt̬ɪ-] *n no pl* Autoerotik *f*

auto·fo·cus *n* PHOT Autofokus *m*

auto·gi·ro [ˌɔːtə(ʊ)ˈdʒaɪ(ə)rəʊ, AM ˌɑːt̬oʊˈdʒaɪroʊ] *n* AEROSP Autogiro *m fachspr,* Tragschrauber *m fachspr*

auto·graph [ˈɔːtəgrɑːf, AM ˈɑːt̬əgræf] **I.** *n* ❶ (*signature*) Autogramm *nt;* **to ask sb for his/her** ~ jdn um ein Autogramm bitten ❷ (*manuscript*) Urschrift *f,* Autograph *nt geh* **II.** *vt* ■**to** ~ **sth** etw signieren

auto·gy·ro *n see* **autogiro**

auto·im·mune *adj inv* autoimmun, Autoimmun-; ~ **disease/system** Autoimmunkrankheit *f*/-system *nt*

auto·mat [ˈɑːt̬əmæt] *n* AM Automatenrestaurant *nt*

automa·ta [ɔːˈtɒmətə, AM ɑːˈtɑːmə-] *n pl of* **automaton**

auto·mate [ˈɔːtəmeɪt, AM ˈɑːt̬ə-] *vt* ■**to** ~ **sth** etw automatisieren

auto·mat·ed [ˈɔːtəmeɪtɪd, AM ˈɑːt̬ə-] *adj* automatisiert; **fully** ~ vollautomatisiert

auto·mat·ed ˈtell·er ma·chine *n* AM Geldautomat *m*

auto·mat·ic [ˌɔːtəˈmætɪk, AM ˌɑːt̬əˈmæt̬ɪk] **I.** *adj* ❶ (*operating independently*) automatisch; **fully** ~ vollautomatisch; ~ **pistol** Selbstladepistole *f;* ~ **rifle** Selbstladegewehr *nt;* ~ **washing machine** Waschautomat *m* ❷ (*involuntary*) automatisch; ~ **driving** mechanisches Fahren; ~ **reaction** mechanische [*o* automatische] Reaktion ❸ (*immediate*) automatisch **II.** *n* ❶ (*non-manual machine*) Automat *m* ❷ (*car*) Automatikwagen *m* ❸ (*pistol*) Selbstladepistole *f;* (*rifle*) Selbstladegewehr *nt* ❹ (*washing machine*) Waschautomat *m*

auto·mati·cal·ly [ˌɔːtəˈmætɪkᵊli, AM ˌɑːt̬əˈmæt̬ɪk-] *adv* ❶ (*without human control*) automatisch; (*train doors*) selbsttätig ❷ (*without thinking*) mechanisch ❸ (*inevitably*) automatisch, zwangsläufig

auto·mat·ic ˈan·swer·ing ma·chine *n* (*dated*) automatischer Anrufbeantworter; *see also* **answerphone auto·mat·ic ˈpi·lot** *n* Autopilot *m* **auto·mat·ic ˈtell·er** *n* AM Geldautomat *m* **auto·mat·ic trans·ˈmis·sion** *n* Automatikgetriebe *nt*

auto·ma·tion [ˌɔːtəˈmeɪʃᵊn, AM ˌɑːtəˈ-] *n no pl* Automatisierung *f;* **factory/office** ~ Automatisierung *f* in einer Fabrik/der Büroarbeit

automa·ton <*pl* -mata *or* -s> [ɔːˈtɒmətᵊn, AM ɑːˈtɑːmə-, *pl* -mətə] *n* Automat *m,* Roboter *m a. fig*

auto·mo·bile [ˈɔːtəmə(ʊ)biːl, AM ˈɑːt̬əmoʊ-] *esp* AM **I.** *n* Auto *nt,* Kraftfahrzeug *nt* **II.** *n modifier* (*parts, manufacturer, industry, mechanic*) Auto-; *club* Automobil-; ~ **accident** Autounfall *m;* ~ **industry** Auto[mobil]industrie *f;* ~ **insurance** Kraftfahrzeugversicherung *f*

ˈAuto·mo·bile As·so·cia·tion *n* BRIT ≈ Allgemeiner Deutscher Automobilclub

auto·mo·tive [ˌɔːtəˈməʊtɪv, AM ˌɑːt̬əˈmoʊt̬ɪv] *adj attr, inv industry, trade, manufacturing* Auto-; *vehicle* selbstfahrend

auto·nom·ic ner·vous sys·tem [ˌɔːtənɒmɪk-, AM ˌɑːt̬ənɑːmɪk-] *n* ANAT vegetatives [*o* autonomes] Nervensystem **auto·nom·ic ˈre·flex** *n* ANAT unbedingter Reflex

autono·mous [ɔːˈtɒnəməs, AM ɑːˈtɑːnə-] *adj* autonom, unabhängig, selbständig; ■**to be** ~ **of sth** von etw *dat* unabhängig sein

autono·my [ɔːˈtɒnəmi, AM ɑːˈtɑː-] *n no pl* Autonomie *f,* Unabhängigkeit *f* (**from** von +*dat*)

auto·pi·lot [ˈɔːtəʊpaɪlət, AM ˈɑːt̬oʊ-] *n* ❶ (*on aircraft*) Autopilot *m;* **to be on** ~ mit Autopilot fliegen ❷ *no pl* (*fig*) **to be on** ~ etw [nur noch ganz] automatisch machen, etw automatisch abspulen

autop·sy [ˈɔːtɒpsi, AM ˈɑːtɑːp-] *n* ❶ (*post-mortem*) Autopsie *f* (**on** +*gen*); **to carry out** [*or* **perform**] **an** ~ **on sb** an jdm eine Autopsie durchführen [*o* vornehmen] ❷ (*examination process*) Obduktion *f geh,* Leichenöffnung *f;* **to conduct an** ~ **upon sb** bei jdm eine Obduktion vornehmen

auto·route [ˈɔːtəruːt] *n* CAN Autobahn *f* (*in Quebec*)

auto·sug·ges·tion [ˌɔːtə(ʊ)səˈdʒestʃᵊn, AM ˌɑːt̬oʊ-] *n no pl* Autosuggestion *f*

auto·sug·ges·tive [ˌɔːtə(ʊ)səˈdʒestɪv, AM ˌɑːt̬oʊ-] *adj* autosuggestiv

autumn [ˈɔːtəm, AM ˈɑːt̬ᵊm] *esp* BRIT **I.** *n* Herbst *m;* **in** [**the**] ~ im Herbst; [**in**] **late** ~ [im] Spätherbst **II.** *n modifier* (*day, festival, weather*) Herbst-; ~ **leaves** Herbstlaub *nt;* ~ **term** Wintersemester *nt*

autum·nal [ɔːˈtʌmnᵊl, AM ɑːˈ-] *adj esp* BRIT Herbst-, herbstlich; ~ **colours** Herbstfarben *pl;* BOT Herbstfärbung *f;* ~ **equinox** Herbst-Tagundnachtgleiche *f;* ~ **hues** Herbsttöne *pl*

autumn ˈcro·cus *n* Herbstzeitlose *f*

aux·ilia·ry [ɔːgˈzɪliᵊri, AM ɑːgˈzɪljᵊ-] **I.** *n* ❶ (*soldier*) Soldat(in) *m(f)* der Hilfstruppen ❷ BRIT (*assistant nurse*) Hilfsschwester *f;* **medical** ~ ärztliches Hilfspersonal ❸ LING Hilfsverb *nt,* Auxiliar *nt fachspr* ❹ (*assistant*) Hilfskraft *f* **II.** *adj* Hilfs-; (*additional*) Zusatz-; ~ **staff** Aushilfspersonal *nt*

aux·ˈilia·ry nurse *n* BRIT Schwesternhelferin *f* **aux·ˈilia·ry verb** *n* LING Hilfsverb *nt,* Auxiliar *nt fachspr*

av [æv] *n* (*sl*) *short for* **avatar**

AV [ˌeɪˈviː] *adj* AM *abbrev of* **audio-visual**

avail [əˈveɪl] **I.** *n* Nutzen *m;* **to** [*or* **of**] **no** ~ vergeblich; **of what** ~ **is it ...?** was nutzt es denn ...?; **to little or no** ~ mehr oder weniger erfolglos **II.** *vt* (*old*) **it** ~**ed her nothing to complain** ihre Beschwerde hatte nichts genutzt **III.** *vt* (*form*) ■**to** ~ **oneself of sth** von etw *dat* Gebrauch machen; **to** ~ **oneself of the opportunity to do sth** die Gelegenheit nutzen, etw zu tun

avail·abil·ity [əˌveɪləˈbɪləti, AM -ət̬i] *n no pl* Verfügbarkeit *f,* Erhältlichkeit *f;* ECON Lieferbarkeit *f;* **the offer is subject to** ~ das Angebot gilt, so lange der Vorrat reicht; ~ **of jobs** Stellenmarkt *m*

avail·able [əˈveɪləbḷ] *adj* ❶ (*free for use*) verfügbar, zur Verfügung stehend; *attr;* **can we finish the project in the time** ~**?** können wir das Projekt in der vorhandenen Zeit abschließen?; **this is the best software** ~ das ist die beste Software, die es gibt; **he took the next** ~ **train to Rome** er nahm den nächstmöglichen Zug nach Rom; **to make sth** ~ [**to sb**] [jdm] etw zur

A

aversion

expressing antipathy	Antipathie ausdrücken
I don't like him (very much).	Ich mag ihn nicht (besonders).
I think that bloke is just impossible.	Ich finde diesen Typ unmöglich.
He's an (a real) arsehole. (*sl*)/She's a (real) bitch. (*sl*)	Das ist ein (richtiges) Arschloch. (*sl*)
I can't stand/bear him.	Ich kann ihn nicht ausstehen.
That woman gets on my nerves/drives me mad. (*fam*)	Diese Frau geht mir auf den Geist/Wecker/Keks. (*fam*)
expressing boredom	**Langeweile ausdrücken**
How boring!/Talk about boring!	Wie langweilig!/So was von langweilig!
I'll fall asleep/nod off in a minute!	Ich schlaf gleich ein!
It's enough to send you to sleep!	Das ist ja zum Einschlafen!
The film is (just) one big yawn.	Der Film ist ja eine Schlaftablette.
This nightclub is dead boring. (*sl*)	Diese Disco ist total öde. (*sl*)
expressing disgust	**Abscheu ausdrücken**
Yuk!	Igitt!
You make me sick!	Du widerst mich an!
That is absolutely revolting!	Das ist geradezu widerlich!
That is (quite) disgusting!	Das ist (ja) ekelhaft!
That disgusts me!	Das ekelt mich an!
That makes me (want to) puke! (*sl*)	Ich find' das zum Kotzen! (*sl*)

Verfügung stellen ❷ *usu pred* (*not busy*) ■**to be ~** abkömmlich [*o* frei] [*o* verfügbar] sein; **sorry, Mr Paul's not ~ at present** tut mir leid, Mr Paul ist im Moment leider verhindert; **I'm afraid I won't be ~ on the 19th** ich befürchte, ich habe am 19. keine Zeit; **are you ~ for dinner tonight?** kannst du heute Abend zum Essen kommen? ❸ *usu pred* ECON ■**to be ~** erhältlich [*o* vorrätig] sein; (*in stock*) lieferbar sein; **~ goods** lieferbare Waren; **~ size** vorrätige Größe ❹ *usu pred* (*romantically unattached*) ■**to be ~** frei [*o* ungebunden] sein

ava·lanche [ˈævəlɑːn(t)ʃ, AM -æntʃ] *n* ❶ (*snow slide*) Lawine *f;* **risk of ~s** Lawinengefahr *f* ❷ (*fig: large influx*) Lawine *f fig,* Flut *f fig;* **to receive an ~ of letters/complaints** eine wahre Lawine an Briefen/Beschwerden bekommen

avant-garde [ˌævɑ̃ː(ŋ)ˈgɑːd, AM ˌɑːvɑːntˈgɑːrd] **I.** *n + sing/pl vb* Avantgarde *f* **II.** *adj* avantgardistisch

ava·rice [ˈævərɪs] *n no pl* [Hab]gier *f,* Habsucht *f;* **to be rich beyond the dreams of ~** unvorstellbar reich sein; **to earn wealth beyond the dreams of ~** märchenhaft viel verdienen

ava·ri·cious [ˌævərˈɪʃəs, AM -əˈrɪ-] *adj* (*form*) habgierig, habsüchtig

ava·ri·cious·ly [ˌævərˈɪʃəsli, AM -əˈrɪʃ-] *adv* (*form*) habgierig, habsüchtig

ava·tar [ˌævəˈtɑːr, AM ˈævətɑːr] *n* Avatar *m*

Ave [ˈɑːveɪ] *n short for* **Ave Maria** Ave *nt*

Ave. *n abbrev of* **Avenue** Ave.

avenge [əˈvenʤ] *vt* ■**to ~ sb/sth** jdn/etw rächen; ■**to ~ oneself on sb** [**for sth**] sich *akk* an jdm [für etw *akk*] rächen

aveng·er [əˈvenʤər, AM -ɚ] *n* Rächer(in) *m(f)*

av·enue [ˈævənjuː, AM *esp* -nuː] *n* ❶ (*broad street*) Avenue *f,* Boulevard *m;* (*tree-lined*) Allee *f;* BRIT (*leading to house*) Allee *f;* **an ~ of lime trees** eine Lindenallee ❷ (*fig: possibility*) Weg *m;* **to explore every ~** alle möglichen Wege prüfen

aver <-rr-> [əˈvɜːr, AM -ˈvɜːr] *vt* (*form*) ■**to ~ sth** etw beteuern

av·er·age [ˈævərɪʤ] **I.** *n* ❶ (*mean value*) Durchschnitt *m;* **to have risen by an ~ of 4%** durchschnittlich um 4% gestiegen sein; **on ~** im Durchschnitt ❷ *no pl* (*usual standard*) Durchschnitt *m;* **to be about the ~** dem Durchschnitt entsprechen; [**to be**] [**well**] **above/below ~** [weit] über/unter dem Durchschnitt [liegen] ❸ MATH Durchschnitt *m,* Mittelwert *m;* **law of ~s** Gesetz *nt* der Durchschnittsbildung **II.** *adj inv* ❶ (*arithmetic*) durchschnittlich; *income, age* Durchschnitts-; **sb on an ~ income** jd mit einem Durchschnittseinkommen; **~ rainfall** durchschnittliche Niederschlagsmenge ❷ (*typical*) durchschnittlich, Durchschnitts-; **of ~ ability** mit durchschnittlichen Fähigkeiten; **the ~ man** der Durchschnittsbürger; **~ person** Otto Normalverbraucher; **above/below ~** über-/unterdurchschnittlich **III.** *vt* ❶ (*have in general*) ■**to ~ sth** im Durchschnitt [*o* durchschnittlich] etw betragen; **to ~ 70 hours a week** durchschnittlich 70 Stunden pro Woche arbeiten; **to ~ £12,000 per year** durchschnittlich 12.000 Pfund im Jahr verdienen ❷ (*find average*) ■**to ~ sth** von etw *dat* den Durchschnitt ermitteln

◆**average out I.** *vt* ■**to ~ out** ↻ **sth** den Durchschnitt einer S. *gen* berechnen [*o* ermitteln]; **to ~ out a column of figures** den Durchschnitt einer Zahlenkolonne ermitteln **II.** *vi* ❶ (*have as average*) ■**to ~ out at sth** im Durchschnitt etw betragen, sich *akk* im Durchschnitt auf etw *akk* belaufen ❷ (*even out*) sich *akk* ausgleichen

av·er·age·ly [ˈævərɪʤli] *adv* durchschnittlich, im Durchschnitt

averse [əˈvɜːs, AM -ˈvɜːrs] *adj pred* ■**to be ~ to sth** etw *dat* abgeneigt sein; ■**to not be ~ to sth** etw *dat* nicht abgeneigt sein, nichts gegen etw *akk* haben

aver·sion [əˈvɜːʃən, AM -ˈvɜːrʒən] *n* ❶ (*intense dislike*) Abneigung *f,* Aversion *f geh;* **to have an ~ to sb/sth** eine Abneigung [*o* Aversion *geh*] gegen jdn/etw haben ❷ (*hated thing*) Gräuel *m;* **greed is my pet ~** Habgier ist mir ein besonderer

Gräuel

a'ver·sion thera·py *n no pl* PSYCH Aversionstherapie *f*

avert [ə'vɜːt, AM -'vɜːrt] *vt* ❶ *(turn away)* **to ~ one's eyes/gaze [from sth]** seine Augen/seinen Blick [von etw *dat*] abwenden; **to ~ one's thoughts from sth** seine Gedanken von etw *dat* abwenden ❷ *(prevent)* ■**to ~ sth** etw verhindern; **to ~ an accident** einen Unfall verhüten; **to ~ a blow** einen Schlag abwehren; **to ~ a conflict/crisis** einen Konflikt/eine Krise abwenden

aviary ['eɪviəri, AM -eri] *n* Vogelhaus *nt,* Voliere *f geh*

avia·tion [ˌeɪvi'eɪʃən] *n no pl* ❶ *(operating of aircraft)* Fliegerei *f,* Fliegen *nt;* *(aeronautics)* Luftfahrt *f;* **the British Civil A~ Authority** die britische Luftfahrtbehörde; **the US A~ Administration** das Luftfahrtministerium der USA ❷ *(aircraft manufacture)* Flugzeugbau *m,* Flugzeugtechnik *f*

avi'a·tion fuel *n no pl* Flugbenzin *nt* **avi'a·tion in·dus·try** *n* Flugzeugindustrie *f*

avia·tor ['eɪvieɪtəʳ, AM -t̬ɚ] *n (dated)* Flieger(in) *m(f)*

avid ['ævɪd] *adj* ❶ *(eager)* eifrig, begeistert, leidenschaftlich; **~ desire** sehnlicher Wunsch ❷ *(greedy)* gierig; ■**to be ~ for sth** gierig nach etw *dat* sein

avid·ity [ə'vɪdəti, AM -ət̬i] *n no pl (enthusiasm)* Begeisterung *f* (**for** für *+akk*), Leidenschaftlichkeit *f* (**for** für *+akk*); *(greed)* Begierde *f* (**for** nach *+dat*), Gier *f* (**for** nach *+dat*)

avid·ly ['ævɪdli] *adv (very enthusiastically)* begeistert, leidenschaftlich; *(greedily)* begierig, gierig

avi·on·ics [ˌeɪvi'ɒnɪks, AM -ɑːnɪks] *n* ❶ *+ sing vb* AVIAT *(technology)* Luftfahrtelektronik *f,* Avionik *f fachspr* ❷ *+ pl vb* AVIAT *(devices)* Bordelektronik *f,* Avionik *f fachspr*

avo·ca·do <*pl* -s *or* -es> [ˌævə'kɑːdəʊ, AM -doʊ] *n* Avocado *f*

avo·cet ['ævə(ʊ)set, AM -əset] *n* ORN Säbelschnäbler *m*

avoid [ə'vɔɪd] *vt* ❶ *(stay away from)* ■**to ~ sb/sth** jdn/etw meiden [*o* aus dem Weg gehen]; **to ~ sb's eyes** jds Blicken ausweichen; **to ~ sb/sth like the plague** jdn/etw wie die Pest meiden *fam* ❷ *(prevent sth happening)* ■**to ~ sth** etw vermeiden [*o* umgehen]; **I'm not going if I can possibly ~ it** wenn ich es irgendwie vermeiden kann, werde ich nicht [hin]gehen; **to ~ the danger** die Gefahr meiden; *(specific occasion)* der Gefahr entgehen; **to narrowly ~ sth** etw *dat* knapp entgehen; **to studiously ~ sth** etw sorgfältig vermeiden ❸ *(not hit)* ■**to ~ sth** *obstacle* etw *dat* ausweichen

avoid·able [ə'vɔɪdəbl̩] *adj* vermeidbar

avoid·ance [ə'vɔɪdən(t)s] *n no pl* Vermeidung *f; of taxes* Umgehung *f;* **tax ~** Steuerumgehung *f*

av·oir·du·pois [ˌævədə'pɔɪz, AM ˌævɚ-] *n,* **av·oir·du·pois weights** *npl* Avoirdupoissystem *nt (angloamerikanisches Gewichtssystem vor der Umstellung auf das metrische System);* **~ pound** Pfund *nt*

avow [ə'vaʊ] *vt (form)* ■**to ~ sth** etw bekennen; ■**to ~ that ...** eingestehen, dass ...; ■**to ~ oneself to sth** sich *akk* zu etw *dat* bekennen; **to ~ one's love to sb** jdm seine Liebe erklären *liter;* **an ~ed opponent** ein erklärter Gegner

avow·al [ə'vaʊəl] *n no pl (form)* Bekenntnis *nt; of beliefs* Bekundung; **to make an ~ of one's love** seine Liebe gestehen

avowed [ə'vaʊd] *adj attr* erklärte(r, s) *attr,* ausgesprochene(r, s) *attr*

avow·ed·ly [ə'vaʊɪdli] *adv* erklärtermaßen, eingestandenermaßen

avun·cu·lar [ə'vʌŋkjələʳ, AM -lɚ] *adj* onkelhaft

avun·cu·lar·ly [ə'vʌŋkjələʳli, AM -lɚ-] *adv* onkelhaft, wie ein [lieber] Onkel

AWACS ['eɪwæks] *n acr for* **airborn warning and control system** AWACS *nt*

await [ə'weɪt] *vt* ■**to ~ sb/sth** jdn/etw erwarten; **a prisoner ~ing trial** ein Gefangener/eine Gefangene, dessen/deren Fall noch zur Verhandlung ansteht; **eagerly ~ed** sehnlichst erwartet; **long ~ed** lang ersehnt

awake [ə'weɪk] **I.** *vi* <awoke *or* AM *a.* awaked, awoken *or* AM *a.* awaked> ❶ *(stop sleeping)* aufwachen, erwachen ❷ *(fig)* ■**to ~ to sth** sich *dat* einer S. *gen* bewusst werden **II.** *vt* <awoke *or* AM *a.* awaked, awoken *or* AM *a.* awaked> ❶ *(from sleep)* ■**to ~ sb** jdn [auf]wecken ❷ *(fig: rekindle)* ■**to ~ sth** etw wiedererwecken ❸ *(cause to realize)* ■**to ~ sb to sth** jdm etw bewusst machen; *(make interested)* jds Interesse für etw *akk* wecken **III.** *adj pred* ❶ *(not asleep)* wach; **wide ~** hellwach; **to keep** [*or* **stay**] **~** wach bleiben; **to keep sb ~** jdn wach halten; **to lie ~** wach liegen ❷ *(fig)* ■**to be ~ to sth** sich *dat* einer S. *gen* bewusst sein

awak·en [ə'weɪkən] **I.** *vt (liter)* ❶ *usu passive (wake up)* ■**to be ~ed [by sb/sth]** [von jdm/etw] geweckt werden ❷ *(fig: start)* ■**to ~ sth** etw [er]wecken ❸ *(fig: make aware)* ■**to ~ sb to sth** jdm etw bewusst machen **II.** *vi* erwachen, aufwachen

awak·en·ing [ə'weɪkənɪŋ] *n usu no pl* Erwachen *nt;* **rude ~** böses Erwachen; **sudden ~** plötzliche Erkenntnis

award [ə'wɔːd, AM -'wɔːrd] **I.** *vt* **to be ~ed damages** Schadenersatz zugesprochen bekommen; **to ~ sb a grant** jdm ein Stipendium gewähren; **to ~ sb a medal/prize** jdm eine Medaille/einen Preis verleihen **II.** *n* ❶ *(prize)* Preis *m,* Auszeichnung *f* (**for** für *+akk*); **to be presented with an ~** eine Auszeichnung [verliehen] bekommen, einen Preis bekommen ❷ *(compensation)* Entschädigung *f;* **~ of damages** Zubilligung *f* von Schadenersatz ❸ LAW Zuerkennung *f;* *(judicial decision)* Schiedsspruch *m*

award-win·ning [ə'wɔːdwɪnɪŋ, AM -'wɔːrd-] *adj attr, inv* preisgekrönt

aware [ə'weəʳ, AM -'wer] *adj* ❶ *pred (knowing)* ■**to be ~ of sth** sich *dat* einer S. *gen* bewusst sein; **as far as I'm ~** soviel [*o* soweit] ich weiß; **not that I'm ~ of** nicht, dass ich wüsste; **to be well/perfectly** [*or* **acutely**] **~ of sth** sich *dat* einer S. *gen* wohl/sehr wohl bewusst sein; ■**to be ~ that ...** sich *dat* bewusst sein, dass ..., sich *dat* darüber im Klaren sein, dass ...; ■**to make sb ~ of sth** jdm etw bewusst machen ❷ *pred (physically sensing)* ■**to be ~ of sb/sth** jdn/etw bemerken; **he was ~ of a pain in his left arm** er spürte einen Schmerz in seinem linken Arm ❸ *(well informed)* unterrichtet, informiert; **ecologically ~** umweltbewusst; **to act politically ~** politisch bewusst handeln ❹ *child* aufgeweckt

aware·ness [ə'weəʳnəs, AM -'wer-] *n no pl* Bewusstsein *nt;* **environmental ~** Umweltbewusstsein *nt*

a'ware·ness course *n* Selbstbewusstseinstraining *nt*

awash [ə'wɒʃ, AM -'wɑːʃ] *adj pred* ❶ *(with water)* unter Wasser, überflutet; ■**to be ~** unter Wasser stehen, überschwemmt sein ❷ *(fig: overwhelmed)* ■**to be ~ with sth** voll von etw *dat* sein; **Parliament is ~ with rumours** im ganzen Parlament brodelt die Gerüchteküche; **to be ~ with money** im Geld schwimmen

away [ə'weɪ] **I.** *adv inv* ❶ *(elsewhere)* weg; **to be ~ on business** geschäftlich unterwegs sein; **to go ~** weggehen, fortgehen; **to move ~** wegziehen; **she's ~ from work with a cold** sie ist heute nicht bei der Arbeit, da sie erkältet ist ❷ *(distant)* weg; **oh, but it's miles ~** aber das ist ja ewig weit weg von hier! *fam;* **to move ~ from somewhere** sich von etw *dat* entfernen; **five miles ~ [from here]** fünf Meilen [von hier] entfernt; **as far ~ as possible** so weit weg wie möglich; **~ from the city** außerhalb der Stadt; **~ from each other** voneinander entfernt; **to keep** [*or* **stay**] **~ from sb/sth** sich *akk* von jdm/etw fernhalten ❸ *(in another direction)* weg; **to look ~** wegsehen; **to turn ~** sich *akk* abwenden ❹ *(fig: from subject, trouble)* **to move a discussion ~ from sth** das Gespräch auf ein anderes Thema bringen ❺ *(in future time)* **to be two days/six months ~** *event* in zwei Tagen/sechs Monaten sein; **to be still/only a week ~** erst/schon in einer Woche sein; **summer still seems a long time ~** der Sommer scheint noch weit entfernt ❻ *(through entire period of time)* **we danced the night ~** wir tanzten die ganze Nacht durch; **you're dreaming**

your life ~ du verträumst noch dein ganzes Leben ❼ (*continuously*) dahin-; **to drink the night** ~ die ganze Nacht über trinken; **to be laughing** ~ ständig am Lachen sein; **to write** ~ drauflosschreiben *fam* ❽ SPORTS (*at opponents' ground*) **to play** ~ auswärts spielen ❾ (*old liter*) ~**!** hinweg! *veraltet liter* **II.** *adj inv, attr* SPORTS auswärts, Auswärts-; ~ **game** [*or* **fixture**] [*or* **match**] Auswärtsspiel *nt;* ~ **team** Gastmannschaft *f;* ~ **win** Auswärtssieg *m*

awe [ɔː, AM ɑː] **I.** *n no pl* Ehrfurcht *f;* **to fill sb with** ~ jdn mit Ehrfurcht erfüllen; **to hold sb in** ~ großen Respekt vor jdm haben, jdn sehr bewundern; **to stand in** ~ **of sb** vor jdm gewaltigen Respekt haben **II.** *vt* <BRIT aweing *or* AM awing> ■**to** ~ **sb** jdm Ehrfurcht einflößen; (*intimidate*) jdn einschüchtern; **to be** ~**d into silence** beeindruckt schweigen

awed [ɔːd, AM ɑːd] *adj* ehrfurchtsvoll, ehrfürchtig

awe·in·spir·ing *adj* Ehrfurcht gebietend; **an** ~ **sight** ein erhabener Anblick

awe·some [ˈɔːsəm, AM ˈɑː-] *adj* ❶ (*impressive*) beeindruckend, eindrucksvoll ❷ (*intimidating*) beängstigend ❸ AM (*sl: very good*) spitze *sl,* super *sl;* **to look** ~ spitze aussehen *fam*

awe·strick·en [ˈɔːˌstrɪkᵊn, AM ˈɑː-] *adj,* **awe·struck** [ˈɔːˌstrʌk, AM ˈɑː-] *adj* [von Ehrfurcht] ergriffen; ~ **expression** ehrfurchtsvoller Ausdruck

aw·ful [ˈɔːfᵊl, AM ˈɑː-] *adj* ❶ (*extremely bad*) furchtbar, schrecklich, scheußlich; **what an** ~ **thing to say!** das war aber gemein von dir!; **you're really** ~ du bist wirklich schlimm!; ~ **quarrel** schlimmer Streit; **to be too** ~ **for words** unbeschreiblich schlecht sein; **to look** ~ schrecklich [*o* fürchterlich] aussehen; **to smell** ~ fürchterlich stinken ❷ *attr* (*great*) außerordentlich, eindrucksvoll; **an** ~ **lot** eine riesige Menge

aw·ful·ly [ˈɔːfᵊli, AM ˈɑː-] *adv* furchtbar *fam,* entsetzlich *fam;* **I'm** ~ **sorry** es tut mir unheimlich [*o* furchtbar] leid; **I'm not** ~ **good at skiing** ich kann nicht besonders gut Ski fahren; (*dated*) **would you mind** ~ **if ...** würde es dir viel ausmachen, wenn ...; **it's not** ~ **important** es ist nicht so wichtig; **an** ~ **long way** ein schrecklich weiter Weg; ~ **kind** furchtbar nett

aw·ful·ness [ˈɔːfᵊlnəs, AM ˈɑː-] *n no pl* Furchtbarkeit *f,* Schrecklichkeit *f;* **in all its** ~ in seinem ganzen schrecklichen Ausmaß

awhile [əˈ(h)waɪl] *adv inv* eine Weile; **not yet** ~ so bald nicht!; **to rest** ~ sich *akk* eine Weile ausruhen

awk·ward [ˈɔːkwəd, AM ˈɑːkwɚd] *adj* ❶ (*difficult*) schwierig; **to be at an** ~ **age** in einem schwierigen Alter sein; **an** ~ **customer** (*fig*) ein schwieriger Mensch, ein unangenehmer Zeitgenosse; **to make things** ~ **for sb** es jdm schwer machen ❷ (*embarrassing*) unangenehm, peinlich; ~ **question** peinliche Frage; ~ **silence** betretenes Schweigen, peinliche Stille; **to feel** ~ sich *akk* unbehaglich fühlen; **I feel quite** ~ **about that** das ist mir ziemlich unangenehm ❸ (*inconvenient*) ungünstig; **tomorrow morning is a bit** ~ **for me** morgen früh passt es mir nicht so gut; **an** ~ **time** unpassende [*o* ungünstige] Zeit ❹ (*clumsy*) unbeholfen, linkisch *pej* ❺ BRIT (*uncooperative*) faul, unnütz

awk·ward·ly [ˈɔːkwədli, AM ˈɑːkwɚdli] *adv* ❶ (*inconveniently*) ungünstig, unpassend; ~ **timed** zu einem ungünstigen Zeitpunkt; ~ **placed** an einem ungünstigen Ort ❷ (*feeling embarrassed*) verlegen, betreten ❸ (*clumsily*) unbeholfen, ungeschickt; (*inelegantly*) linkisch *pej;* **to fall** ~ unglücklich hinfallen ❹ (*unskilfully*) ungeschickt ❺ BRIT (*contrarily*) eigensinnig

awk·ward·ness [ˈɔːkwədnəs, AM ˈɑːkwɚd-] *n no pl* ❶ (*embarrassed feeling*) Betretenheit *f,* Verlegenheit *f* ❷ (*embarrassing nature*) Peinlichkeit *f* ❸ (*lack of grace*) Unbeholfenheit *f,* Ungeschicklichkeit *f* ❹ (*difficulty*) Schwierigkeit *f* ❺ (*lack of skill*) Ungeschicktheit *f* ❻ BRIT (*uncooperativeness*) mangelnde Hilfsbereitschaft

awn·ing [ˈɔːnɪŋ, AM ˈɑː-] *n* (*on house*) Markise *f;* (*of caravan*) Vorzelt *nt,* Vordach *nt;* (*on waggon*) Plane *f;* (*on ship*) Sonnensegel *nt*

awoke [əˈwəʊk, AM -ˈwoʊk] *pt of* **awake**

awok·en [əˈwəʊkᵊn, AM -ˈwoʊk-] *pp of* **awake**

AWOL [ˈeɪwɒl, AM -wɑːl] *adj pred acr for* **absent without leave: to go** ~ MIL sich *akk* unentschuldigt von der Truppe entfernen; (*fig*) verschwinden

awry [əˈraɪ] *adj pred* ❶ (*wrong*) verkehrt; **to go** ~ schiefgehen, fehlschlagen ❷ (*untidy*) unordentlich ❸ (*askew*) *picture* schief

aw-shucks [ˌɑːˈʃʌks] *adj attr* AM (*fam*) bescheiden, unaufdringlich; ~ **smile** sprödes Lächeln

ax AM, **axe** [æks] **I.** *n* Axt *f,* Beil *nt* ► PHRASES: **to get the** ~ (*fam*) *workers* entlassen werden; *projects* gestrichen werden; **to have an** ~ **to grind** (*have a personal grievance*) ein persönliches Interesse haben; (*have reason for complaint*) Grund zur Klage haben; **to wield the** ~ **on sth** etw radikal kürzen **II.** *vt* ■**to** ~ **sth** (*reduce*) *budget* etw radikal kürzen; (*eliminate*) *project* etw [radikal] streichen; **to** ~ **jobs** Stellen [zusammen]streichen; ■**to** ~ **sb** jdn entlassen

axi·om [ˈæksiəm] *n* Axiom *nt geh,* Grundsatz *m;* **a widely held** ~ ein allgemein anerkannter Grundsatz

axio·mat·ic [ˌæksiəˈmætɪk, AM -ˈmæt̬-] *adj* axiomatisch *geh;* **it is** ~ **that ...** es liegt auf der Hand, dass ...

axio·mati·cal·ly [ˌæksiəˈmætɪkᵊli, AM -ˈmæt̬-] *adv* selbstverständlich

axis <*pl* axes> [ˈæksɪs, *pl* -siːz] *n* ❶ (*of spinning object*) [Dreh]achse *f* ❷ MATH Achse *f* ❸ (*hist*) ■**the A~** die Achse

'Axis Pow·ers *n* (*hist*) ■**the** ~ *pl* die Achsenmächte *pl*

axle [ˈæksl̩] *n* Achse *f;* **back/front** ~ Hinter-/Vorderachse *f*

aya·tol·lah [ˌaɪəˈtɒlə, AM -ˈtoʊlə] *n* Ayatollah *m*

aye [aɪ] **I.** *interj* ❶ SCOT, NBRIT (*yes*) ja ❷ NAUT zu Befehl, jawohl; ~**,** ~**, sir!** zu Befehl, Herr Kapitän! **II.** *n* POL Jastimme *f;* **the** ~**s have it** die Mehrheit ist dafür

Ayur·veda [aɪʊəˈveɪdə, AM ˌɑːjʊrˈ-] *n no pl* Ayurveda *m*

azalea [əˈzeɪliə, AM ˈzeɪljə] *n* Azalee *f*

az·ido·thy·mi·dine [əˈzaɪdɔˌθɪmɪdən] *n no pl* MED Azidothymidin *nt*

azi·muth [ˈæzɪməθ] *n* ASTRON Azimut *m o nt fachspr,* Scheitelkreis *m*

AZT [ˌeɪzedˈtiː, AM -ziːˈ-] *n no pl abbrev of* **azidothymidine** AZT *nt*

Az·tec [ˈæztek] **I.** *n* Azteke, -in *m, f* **II.** *adj inv* aztekisch, Azteken-; ~ **language** Aztekisch *nt*

az·ure [ˈæʒəʳ, AM ˈæʒɚ] **I.** *n no pl* Azur[blau] *nt* **II.** *adj* azur[blau]; *eyes* tief blau

Bb

B <*pl* -'s>, **b** <*pl* -'s *or* -s> [biː] *n* ❶ (*letter*) B *nt,* b *nt;* ~ **for Benjamin** [*or* AM **as in Baker**] B für Berta; *see also* **A 1** ❷ MUS H *nt,* h *nt;* ~ **flat** B *nt,* b *nt;* ~ **sharp** His *nt,* his *nt; see also* **A 2** ❸ (*mark*) ≈ Zwei *f,* ≈ gut; *see also* **A 3**

b *n* ❶ AM *abbrev of* **billion** Mrd. ❷ *abbrev of* **born** geb.

B¹ <*pl* -'s *or* -s> [biː] *n* ❶ (*hypothetical person, thing*) B; *see also* **A¹ 3** ❷ (*blood type*) B ► PHRASES: **plan** ~ Plan *m* B

B² [biː] *n* ❶ *abbrev of* **black lead** B; ~ **pencil** Bleistift *m* mit der Härte B ❷ *abbrev of* **bishop** (*in chess*) L

BA [ˌbiːˈeɪ] *n* ❶ *abbrev of* **Bachelor of Arts** B. ❷ *abbrev of* **British Airways** BA *f*

baa [bɑː] **I.** *n no pl* Blöken *nt,* Geblöke *nt* **II.** *vi* blöken, mähen, mäh machen *fam*

baa·ing [ˈbɑːɪŋ] *n no pl* Blöken *nt,* Geblöke *nt*

baas [bɑːs] *n* SA Herr *m*

bab·bitt met·al ['bæbɪt 'metᵊl] *n no pl* Weißmetall *nt*

bab·ble ['bæbl̩] **I.** *n no pl* ❶ (*confused speech*) Geplapper *nt pej fam,* Gebabbel *nt* DIAL *pej fam;* ~ **of voices** Stimmengewirr *nt* ❷ (*murmuring sound*) Murmeln *nt; of water* Geplätscher *nt; of a brook* Plätschern *nt* ❸ (*pej: jargon*) **internet** ~ Internetjargon *m* **II.** *vi* ❶ (*talk incoherently*) plappern, brabbeln *fam,* quasseln *fam; baby* babbeln *fam,* lallen ❷ *water* plätschern **III.** *vt* ■**to** ~ **sth** (*incoherently*) etw stammeln; (*tell a secret*) etw ausplaudern; **to** ~ **an excuse** eine Entschuldigung stottern

◆**babble out** *vt* ■**to** ~ **out** ◯ **sth** etw ausplaudern

babe [beɪb] *n* ❶ (*liter: baby*) Kindlein *nt liter;* ~ **in arms** Säugling *m;* **newborn** ~ Neugeborenes *nt* ❷ (*inexperienced person*) Neuling *m,* Anfänger(in) *m(f)* ❸ (*fam: form of address*) Schatz *m fam,* Baby *nt fam* ❹ (*fam: attractive woman*) Süße *f,* Puppe *f sl;* AM (*attractive man*) Baby *nt,* Süßer *m*

ba·bel ['beɪbᵊl] *n* ❶ *no pl* (*confusion*) Gewirr *nt* ❷ *of languages* babylonisches Sprachengewirr ❸ **the Tower of B~** REL der Turmbau zu Babel; (*fig*) der Babylonische Turm

ba·boon [bə'bu:n, AM *also* bæ-] *n* ❶ (*monkey*) Pavian *m* ❷ (*pej: person*) Neandertaler *m fig, pej*

baby ['beɪbi] **I.** *n* ❶ (*child*) Baby *nt; of animals* Junges *nt;* (*nursing child*) Säugling *m;* **to expect/have a** ~ ein Baby [*o* Kind] erwarten/bekommen ❷ (*youngest person*) Jüngste(r) *f(m);* **the** ~ **of the family** das Nesthäkchen ❸ (*childish person*) Kindskopf *m;* **don't be such a** ~ **– this won't hurt a bit** stell dich nicht so an – es wird nicht wehtun! ❹ *esp* AM (*fam: affectionate address*) Baby *nt,* Schatz *m,* Liebling *m* ❺ (*responsibility*) **ask Philipp, it's his** ~ frag Philipp, es ist sein Ding ▸PHRASES: **to throw the** ~ **out with the bath water** das Kind mit dem Bade ausschütten; **to be left holding the** ~ etw ausbaden müssen **II.** *n modifier* ❶ (*very young*) (*bird, elephant*) klein; ~ **boy/girl** kleiner Sohn/kleines Töchterchen; **a** ~ **dog** ein Hündchen *nt* ❷ (*small variety*) Mini-; ~ **car** Kleinwagen *m;* ~ **carrots** Babymöhren *pl;* ~ **vegetables** junges Gemüse ❸ (*for babies*) (*bath, equipment, shoes, things, toys*) Baby-; ~ **clothes** Babywäsche *f* **III.** *vt* <-ie-> ■**to** ~ **sb** jdn wie ein kleines Kind behandeln

'baby bat·ter·ing *n no pl* Kindesmisshandlung *f*

'Baby Bell *n* AM TELEC (*fam*) *eine der sieben Firmen, die nach der Zerschlagung des AT&T-Monopols entstand* **'baby blue I.** *n no pl* Bleu *nt* **II.** *adj pred* himmelblau, bleu *präd* **'baby-blue** *adj attr* bleu *präd* **'baby blues** *npl* ❶ (*fam: blue eyes*) blaue Augen ❷ (*fam: post-natal depression*) postnatale Depression **'baby boom** *n* Babyboom *m fam* **'baby boom·er** *n* ❶ (*person*) ■**to be a** ~ einem geburtenstarken Jahrgang angehören ❷ ■**the** ~**s** *pl* (*generation*) ≈ die Nachkriegsgeneration *kein pl* **'baby bug·gy**® *n esp* BRIT Buggy *m;* (*more robust version*) Sportwagen *m* **'baby car·riage** *n* AM (*pram*) Kinderwagen *m* **'baby food** *n no pl* Babynahrung *f* **baby 'grand** *n* MUS Stutzflügel *m* **Baby·gro**® ['beɪbigrəʊ, AM -groʊ] *n* Strampler *m*

ba·by·hood ['beɪbihʊd] *n no pl* Säuglingsalter *nt*

ba·by·ish ['beɪbiɪʃ] *adj* (*pej*) kindisch *pej*

ba·by·ish·ly ['beɪbiɪʃli] *adv* wie ein kleines Kind

ba·by·ish·ness ['beɪbiɪʃnəs] *n no pl* Kindsköpfigkeit *f*

'baby milk *n no pl* Babymilch *f* **'baby-mind·er** *n* BRIT Tagesmutter *f;* (*profession*) Kinderpfleger(in) *m(f)* **'baby oil** *n* Babyöl *nt* **'baby's breath** *n no pl* Schleierkraut *nt* **'baby·sit** <-tt-, -sat, -sat> **I.** *vi* babysitten *fam;* ■**to** ~ **for sb** bei jdm babysitten *fam* **II.** *vt* ■**to** ~ **sb** auf jdn aufpassen **'baby·sit·ter** *n* Babysitter(in) *m(f)* **'baby·sit·ting** *n* Babysitting *nt,* Babysitten *nt* **'baby talk** *n no pl* Babysprache *f* **'baby tooth** *n* Milchzahn *m* **'baby walk·er** *n* Laufstuhl *m* **'baby wipe** *n* [Baby-]feuchttüchlein *nt*

bac·ca·rat ['bækərɑ:, AM ˌbækə'rɑ:] *n no pl* Bakkarat *nt*

bac·cha·nal ['bækənᵊl, AM ˌbækə'nɑ:l] *n* (*liter*) Bacchanal *nt geh*

bac·cha·na·lian [ˌbækə'neɪliən] *adj* (*liter*) bacchantisch *geh*

bac·cy ['bæki] *n no pl* BRIT, AUS (*dated sl*) Tabak *m*

bach·elor ['bætʃᵊləʳ, AM -ᵊlɚ] *n* ❶ (*unmarried man*) Junggeselle *m;* **a confirmed** ~ ein eingefleischter Junggeselle; **an eligible** ~ ein begehrter Junggeselle ❷ UNIV **B~ of Arts/Science** Bakkalaureus *m* der philosophischen/naturwissenschaftlichen Fakultät (*unterster akademischer Grad in englischsprachigen Ländern*)

bach·elor a'part·ment *n* AM, **'bach·elor flat** *n* Junggesellenwohnung *f;* CAN (*one-room*) Einzimmerwohnung *f* **'bach·elor pad** *n* (*fam*) Junggesellenwohnung *f* **'bach·elor par·ty** *n* AM Junggesellenabschiedsparty *f*

'Bach·elor's de·gree *n* Bakkalaureat *nt,* BA; **to have a** ~ [**in sth**] ein BA [in etw *dat*] haben

i Kultur

Ein **Bachelor's degree** ist in der Regel ein erster Universitätsabschluss, den Studenten nach drei, in einigen Fächern erst nach vier oder fünf Jahren Studium erhalten. Die wichtigsten Abschlüsse sind *BA* (*Bachelor of Arts*) für geisteswissenschaftliche Fächer, *BSc* (*Bachelor of Science*) für naturwissenschaftliche Fächer, *BEd* (*Bachelor of Education*) für die pädagogische Ausbildung, *LLB* (*Bachelor of Laws*) für die Rechtswissenschaft und *BMus* (*Bachelor of Music*) für die Musikwissenschaft.

Bach flow·er rem·edies [bætʃ 'flaʊəʳ ˌremədɪz] *npl* NATURMED Bachblüten *pl*

ba·cil·lus <*pl* bacilli> [bə'sɪləs, *pl* bə'sɪlaɪ] *n* Bazillus *m*

back [bæk] **I.** *n* ❶ (*body part*) Rücken *m;* **to be on one's** ~ daniederliegen *geh o hum,* flachliegen *fam;* **to lie on one's** ~ auf dem Rücken liegen; **to put** [*or* **throw**] **one's** ~ **out** sich *akk* verheben; **to slap sb on the** ~ jdm auf den Rücken klopfen; **behind sb's** ~ (*fig*) hinter jds Rücken ❷ (*behind front*) *of a building, piece of paper* Rückseite *f; of a chair* Lehne *f;* **we sat at the** ~ **of the theatre** wir saßen ganz hinten im Theater; **Ted is out** [*or* BRIT, AUS **round**] **the** ~ [*or* AM **out back**] Ted ist draußen hinterm Haus *fam;* **at** [*or* **in**] **the** ~ [**of the bus/book**] hinten [im Bus/Buch]; ~ **to front** verkehrt herum ❸ SPORTS (*defensive player*) Verteidiger(in) *m(f)* ▸PHRASES: **at the** ~ **of beyond** am Ende der Welt, j.w.d. ['jɔtve:de:] *fam;* **to know sth** ~ **to front** etw im Schlaf [*o* vorwärts und rückwärts] können *fig;* **to be glad to see the** ~ **of sb** froh sein, jdn los zu sein; **to know sth like the** ~ **of one's hand** etw in- und auswendig [*o fam* wie seine Westentasche] kennen; **in** [*or* **at**] **the** ~ **of one's mind** im Hinterkopf; **to have one's** ~ **against the wall** mit dem Rücken zur Wand stehen *fig;* **to do sth on the** ~ **of sth** etw auf der Basis [*o* aufgrund] einer S. *gen* tun; **to get off sb's** ~ jdn in Ruhe lassen; **to get** [*or* **put**] **sb's** ~ **up** jdn in Rage bringen [*o* wütend machen]; **to put one's** ~ **into sth** sich *akk* in etw *akk* hineinknien; **to ride on the** ~ **of sth** im Fahrwasser einer S. *gen* mitschwimmen; **to stab sb in the** ~ jdm in den Rücken fallen *fig;* **to turn one's** ~ **on sb** (*reject sb*) sich *akk* von jdm abwenden; (*ignore sb*) jdm den Rücken [zu]kehren **II.** *adj attr, inv* ❶ (*rear*) Hinter-; ~ **door** Hintertür *f;* ~ **entrance** Hintereingang *m;* ~ **leg** Hinterbein *nt;* ~ **pocket** Gesäßtasche *f;* ~ **seat** Rücksitz *m;* ~ **tooth** Backenzahn *m* ❷ MED Rücken-; ~ **pain/problems** Rückenschmerzen *mpl*/Rückenprobleme *ntpl* ❸ (*old*) alt *attr;* ~ **issue** alte Ausgabe ▸PHRASES: **to be on the** ~ **burner** auf Eis liegen; **to put sth on the** ~ **burner** etw auf Eis legen **III.** *adv inv* ❶ (*to previous place*) [wieder] zurück; **there and** ~ hin und zurück; **to be** ~ [wieder] zurück sein; **to bring** ~ **memories** Erinnerungen wecken; **to come** ~ zurückkommen; **to come** ~ [**into fashion**] wieder in Mode kommen; **to put sth** ~ etw zurücklegen; **to want sb/sth** ~ jdn/etw zurück[haben] wollen ❷ (*to the rear, behind*) zurück; ~ **and forth** hin und her; **to lie** ~

sich *akk* zurücklegen; **to look** ~ sich *akk* umgucken, zurückblicken *a. fig;* **to sit** ~ sich *akk* zurücklehnen; **to stand** [**well**] ~ zurücktreten, Abstand halten; **to throw** ~ **one's head** den Kopf zurückwerfen; (*fig*) **to hold sb** ~ jdn zurückhalten; **don't let anything hold you** ~ lass dich durch nichts aufhalten ❸ (*in return*) zurück; **to call** ~ zurückrufen; **to fight** [*or* **hit**] ~ zurückschlagen; **to pay sth** ~ etw zurückzahlen; **to write** ~ zurückschreiben ❹ (*into past*) zurück; **as far** ~ **as I can remember** so weit ich zurückdenken kann ▸ PHRASES: **to get** [*or* **pay**] **sb** ~ [*or* **get** ~ **at sb**] [**for sth**] jdm etw heimzahlen **IV.** *vt* ❶ (*support*) ■**to** ~ **sth** *idea, plan, proposal* etw unterstützen [*o* befürworten]; ■**to** ~ **sb** jdn unterstützen, jdm den Rücken stärken; **to** ~ **a horse** auf ein Pferd setzen ❷ (*drive*) **she** ~**ed the car into the garage** sie fuhr rückwärts in die Garage ▸ PHRASES: **to** ~ **the wrong horse** aufs falsche Pferd setzen *fig fam* **V.** *vi car* zurücksetzen; **the car** ~**ed down the hill** das Auto fuhr rückwärts den Berg hinunter

◆**back away** *vi* ■**to** ~ **away from sb/sth** vor jdm/etw zurückweichen

◆**back down** *vi* nachgeben, einen Rückzieher machen *fam;* **to** ~ **down from** [*or* **on**] **an opinion/a plan** von einem Plan/einem Standpunkt abkommen

◆**back into** *vi person* ■**to** ~ **into sb** mit jdm zusammenstoßen; ■**to** ~ **into sth** rückwärts gegen etw *akk* fahren; **the red Honda** ~**ed into a Mercedes** der rote Honda fuhr rückwärts in einen Mercedes

◆**back off** *vi* ❶ (*go away*) sich *akk* zurückziehen; (*stop*) stocken; (*leave alone*) ~ **off!** lass mich in Ruhe! ❷ *car* zurücksetzen

◆**back onto** *vi* ■**to** ~ **onto sth** hinten an etw *akk* [an]grenzen

◆**back out** *vi* einen Rückzieher machen *fam;* **to** ~ **out from** [*or* **of**] **a contract/deal** aus einem Vertrag/Geschäft aussteigen *fam*

◆**back up I.** *vi* sich *akk* stauen; *sink* verstopfen; **to** ~ **up for ... miles/kilometres** [*or* AM **kilometers**] sich *akk* über ... Meilen/Kilometer stauen **II.** *vt* ❶ (*support*) ■**to** ~ **up** ↻ **sb/sth** jdn/etw unterstützen; (*confirm*) ■**to** ~ **up** ↻ **sth** etw bestätigen ❷ COMPUT **to** ~ **up data/files to a disk** Daten/Dateien auf einer Diskette sichern ❸ (*reverse*) **to** ~ **up a car/lorry** einen Wagen/Laster zurücksetzen

'back·ache *n no pl* Rückenschmerzen *mpl* **back 'ba·con** *n* CAN ≈ gekochter Schinkenspeck **'back bench** *n* BRIT POL hintere Sitzreihe im Unterhaus (*für Parlamentsabgeordnete ohne besonderes Amt*); ■**the** ~**es** *pl* das Plenum **back·'bench·er** *n* BRIT POL *einfaches Mitglied des Unterhauses* **'back·biting** *n no pl* Lästern *nt* **'back·bone** *n* ❶ (*spine*) Rückgrat *nt a. fig,* Wirbelsäule *f* ❷ (*important part*) Pfeiler *m fig,* Herz *nt fig* ❸ *no pl* (*character*) Rückgrat *nt fig* **'back·break·ing** *adj* anstrengend, erschöpfend; ~ **work** Knochenarbeit *f* **'back·burn·er** *vt usu passive* AM ■**to have been** ~**ed** zurückgestellt worden sein; *project* verschoben worden sein **back 'burn·er** *n* hintere Kochplatte ▸ PHRASES: **to put sth on the** ~ etw auf Eis legen **'back cata·logue** *n* (*of an artist*) Repertoire *nt* **'back·chat** *n no pl* BRIT (*fam*) Widerrede *f;* **that's enough of that** ~**!** Schluss jetzt! **'back·cloth** *n esp* BRIT THEAT Prospekt *m* **'back·comb** *vt esp* BRIT **to** ~ **one's hair** sich das Haar toupieren **'back·coun·try** *n no pl* (*pej*) Hinterland *nt* **back 'cov·er** *n* Rückseite *f;* PUBL U4-Seite *f* **back·'date** *vt* ❶ (*affix earlier date*) **to** ~ **a cheque/contract** einen Scheck/Vertrag zurückdatieren ❷ *usu passive* (*make retroactive*) ■**to be** ~**d: a pay rise in March** ~**d to January** eine Gehaltserhöhung im März rückwirkend ab Januar **back 'door** *n* Hintertür *f;* **through the** ~ (*a. fig*) durch die Hintertür *a. fig* **'back·drop** *n* THEAT Prospekt *m,* Hintergrund *m a. fig*

-backed [bækt] *in compounds* -unterstützt

back·er [bækəʳ, AM -ɚ] *n* Förderer, -in *m, f;* **financial** ~**s** Geldgeber *pl*

'back·fire *vi* ❶ AUTO frühzünden ❷ (*go wrong*) fehlschlagen; **it** ~**d on us** es erwies sich als Eigentor ❸ *gun* nach hinten losgehen **'back·flip** *n* Salto *m* [*o* Rolle *f*] rückwärts **'back·gam·mon** *n no pl* Backgammon *nt*

back·ground ['bækgraʊnd] **I.** *n* ❶ (*rear view*) *a.* PHOT, FILM Hintergrund *m;* THEAT Kulisse *f;* **white lettering on a blue** ~ weiße Schrift auf blauem Grund ❷ (*inconspicuous position*) **to fade into the** ~ in den Hintergrund treten; **to stay in the** ~ im Hintergrund bleiben ❸ SOCIOL Herkunft *f,* Verhältnisse *ntpl,* Background *m;* **to be** [*or* **come**] **from a poor** ~ aus armen Verhältnissen stammen ❹ **with a** ~ **in ...** mit Erfahrung in ...; **to have a** ~ **in sth** (*experience*) Erfahrung in etw *dat* haben; (*training*) eine Ausbildung in etw *dat* haben ❺ (*explanatory circumstances*) Umstände *mpl,* Hintergründe *mpl;* **against a** ~ **of high unemployment** vor dem Hintergrund [*o* angesichts] einer hohen Arbeitslosenquote **II.** *n modifier* ❶ (*from surroundings*) (*music*) Hintergrund-; ~ **lighting** indirekte Beleuchtung; ~ **noise** Geräuschkulisse *f* ❷ (*concerning origins*) (*information, knowledge*) Hintergrund-; **to do a** ~ **check on sb** jdn polizeilich überprüfen

'back·ground check *n* Überprüfung *f* der Vergangenheit, Nachforschungen *fpl*

'back·hand *n no pl* SPORTS Rückhand *f;* **to have a strong** ~ eine starke Rückhand haben **'back·hand·ed** *adj* ❶ (*insincere*) *action* unredlich; *manner* zweideutig; **a** ~ **compliment** ein zweifelhaftes Kompliment ❷ (*indirect*) *manner, way* indirekt ❸ ~ **writing** (*handwriting*) nach links geneigte Schrift **'back·hand·er** *n* ❶ SPORTS Rückhandschlag *m* ❷ BRIT (*fam: bribe*) Bestechungsgeld *nt,* Schmiergeld *nt pej fam;* **to take a** ~ **from sb** sich *akk* von jdm schmieren lassen *pej fam* **'back·hoe** *n* Tieflöffel[bagger] *m,* Löffeltiefbagger *m*

back·ing ['bækɪŋ] *n no pl* ❶ (*support*) Rückhalt *m,* Unterstützung *f;* (*aid*) Hilfe *f* ❷ (*stiffener*) Verstärkung *f;* FASHION *a.* Vlies *nt* ❸ MUS Begleitung *f*

back 'is·sue *n* JOURN alte Ausgabe **'back·lash** *n* ❶ (*adverse reaction*) Gegenreaktion *f;* **to provoke a** ~ eine Gegenreaktion heraufbeschwören ❷ TECH [Zahn]spiel *nt* **'back·less** *adj inv dress* rückenfrei **'back·list** *n* Backlist *f fachspr* (*Verzeichnis der lieferbaren Bücher ohne Neuerscheinungen*) **'back·log** *n usu sing* Rückstand *m;* **to have a** ~ **of work** mit der Arbeit im Rückstand sein **back 'num·ber** *n* PUBL alte Ausgabe **'back·pack I.** *n esp* AM (*rucksack*) Rucksack *m* **II.** *vi* mit dem Rucksack reisen; **to** ~ **around Spain** mit dem Rucksack durch Spanien reisen **'back·pack·er** *n* (*traveller*) Rucksackreisende(r) *f(m);* (*hiker*) Wanderer, -in *m, f* **'back·pack·ing** *n no pl* (*travelling*) Rucksackreisen *nt;* (*hiking*) Wandern *nt* **back 'pas·sage** *n* BRIT (*euph*) Mastdarm *m,* Enddarm *m* **'back pay** *n no pl* (*of wages*) Lohnnachzahlung *f;* (*of salaries*) Gehaltsnachzahlung *f* **back 'pay·ment** *n* Nachzahlung *f* **'back-ped·al** *vi* ❶ (*pedal backwards*) rückwärtstreten ❷ (*fig: reverse opinion, action*) einen Rückzieher machen *fam* (**on** bei +*dat*) **'back road** *n* Nebenstraße *f,* Seitenstraße *f* **'back room I.** *n* Hinterzimmer *nt a. fig* **II.** *n modifier* (*secret*) ~ **politics** Hintertreppenpolitik *f;* (*behind the scenes*) (*staff, worker*) im Hintergrund; **the** ~ **boys** (*scientists*) die Hintermänner *pl;* AM (*politicians*) die Drahtzieher *pl* **'back-scratch·er** *n* ❶ (*instrument*) Rückenkratzer *m* ❷ (*pej*) *jd, der jdm einen Gefallen tut, nur um selbst davon zu profitieren* **'back·scratch·ing** *n no pl* Klüngelei *f,* Gekungel *nt* **'back seat** *n* ❶ (*in car*) Rücksitz *m* ❷ (*fig, pej: inferior position*) untergeordnete Stellung; **to take a** ~ in den Hintergrund treten **back-seat 'driv·er** *n* (*pej*) ❶ (*passenger*) besserwisserischer Beifahrer/besserwisserische Beifahrerin ❷ (*fig: unwanted advisor*) Besserwisser(in) *m(f) pej,* Wichtigtuer(in) *m(f) pej fam* **'back·side** *n* (*fam*) Hinterteil *nt fam,* Hintern *m fam* ▸ PHRASES: **sb needs a boot** [*or* **kick**] **up the** ~ jdm muss man [mal wieder] in den Hintern treten *fam;* **to get off one's** ~ seinen Hintern in Bewegung setzen *fam;* **to sit** [**around**] **on one's** ~ keinen Finger rühren

backslapper ['bækslæpəʳ, AM -ɚ] *n* (*fam*) leutseliger Mensch

B

'back·slap·ping **I.** *n no pl* Schulterklopfen *nt* **II.** *adj* ① (*hearty*) jovial ② (*rowdy*) laut **'back·slash** *n esp* COMPUT Backslash *m* **'back·slid** *vi pt of* **backslide** **'back·slide** *vi irreg* rückläufig sein; **a backsliding development/tendency** eine rückläufige Entwicklung/Tendenz; *person* rückfällig werden; *religious believer* abtrünnig werden **'back·space** *n*, **'back·space key** *n* Backspace-Taste *f* **'back·stab·ber** *n* (*pej fam: woman*) falsche Schlange *pej;* (*man*) falscher Fuffziger *fam* **'back·stage** **I.** *n* THEAT Garderobe *f* **II.** *adj* ① (*behind the stage*) hinter der Bühne; ~ **worker** Bühnenarbeiter(in) *m(f)* ② (*secret*) Geheim- **III.** *adv* hinter der Bühne [*o fig a.* den Kulissen] **'back·stairs** **I.** *npl* Hintertreppe *f* **II.** *n modifier* (*gossip*) Hintertreppen-; ~ **deal** undurchsichtiges Geschäft **III.** *adv* **to do sth** ~ etw unter der Hand tun **'back·stitch** *n* Steppstich *m* **'back·stop** *n* ① BRIT SPORTS (*in rounders*) *Position beim Schlagball* ② AM SPORTS (*fam: baseball catcher*) Fänger(in) *m(f)* ③ (*fig: protection*) Schutz *m* (**against** gegen +*akk*) **'back·street** **I.** *n* kleine Seitenstraße **II.** *n modifier* (*fig*) Hinterhof-; ~ **abortion** (*fig*) illegale Abtreibung; ~ **abortionist** (*fig*) Engelmacher(in) *m(f);* ~ **atmosphere** Hinterhofatmosphäre *f;* ~ **loan shark** Kredithai *m pej* **'back·stroke** *n no pl* Rückenschwimmen *nt;* **to swim** ~ rückenschwimmen **'back talk** *n no pl* AM (*fam*) Widerrede *f,* unverschämte Antwort[en] *f[pl]* **'back·track** *vi* ① (*go back*) wieder zurückgehen ② (*change opinion*) einlenken; **to ~ on one's demands** seine Forderungen zurücknehmen; **to ~ on one's statements** seinen Standpunkt aufgeben

'back·up ['bækʌp] **I.** *n* ① (*support*) Unterstützung *f,* Hilfe *f* ② COMPUT Sicherung *f,* Backup *nt* **II.** *n modifier* (*equipment*) Hilfs-; ~ **generator** Notstromaggregat *nt;* ~ **method** *Maßnahmen, um ein vorheriges Versäumnis wiedergutzumachen;* ~ **staff** Reservepersonal *nt* **'back·up copy** *n* COMPUT Sicherungskopie *f* **'back·up disk** *n* COMPUT Sicherungsdiskette *f* **'back·up light** *n* AM AUTO Rückfahrscheinwerfer *m* **'back·up sing·er** *n* AM Backgroundsänger(in) *m(f)* **'back·up sys·tem** *n* ① TECH (*reserve system*) Sicherheitssystem *nt,* Notsystem *nt* ② (*fig*) **your colleagues are your ~ when things go wrong** wenn etwas schiefgeht, kannst du auf deine Kollegen zählen

back·ward ['bækwəd, AM -wɚd] **I.** *adj* ① (*facing rear*) rückwärtsgewandt [*o* -gerichtet]; (*reversed*) Rück[wärts]-; **in a ~ direction** rückwärts; **a ~ step** ein Schritt nach hinten; **she left without so much as a ~ glance** sie ging, ohne sich auch nur noch einmal umzuschauen ② (*slow in development*) *children* zurückgeblieben ③ (*underdeveloped*) *region, area, state* unterentwickelt, rückständig ▶PHRASES: **to not be ~ in coming forward** nicht zimperlich sein **II.** *adv inv see* **backwards**

'back·ward-look·ing *adj* rückständig; ~ **ideas** altmodische Vorstellungen

back·ward·ness ['bækwədnəs, AM -wɚd-] *n no pl* Rückständigkeit *f*

back·wards ['bækwədz, AM -wɚdz] *adv* ① (*towards the back*) rückwärts, nach hinten; **to walk ~ and forwards** hin- und hergehen ② (*in reverse*) **to count ~** rückwärtszählen; **to know sth ~ [and forwards]** etw in- und auswendig kennen ③ (*downhill*) zurück; **the ball rolled ~** der Ball rollte zurück ④ (*into past*) zurück; **to look ~** zurückblicken ▶PHRASES: **to bend** [*or* **lean**] **over ~** alles versuchen, sich *dat* einen abbrechen *fam*

'back·wash *n* ① (*receding waves*) Rückströmung *f* ② (*fig: effects*) [Aus]wirkung *f,* Nachwirkung *f;* **the ~ of the war** die Nachwehen *fpl* des Kriegs; (*repercussions*) Rückwirkung *f,* Nachspiel *nt* **'back·water** *n* ① (*of river*) stehendes Gewässer, totes Wasser ② (*isolated place*) *Ort, an dem die Uhren stillgestanden sind;* (*pej*) rückständiger Ort, toter Fleck *pej fam;* **rural ~** ländliche Einöde *pej,* tiefste Provinz *pej* **'back·woods** **I.** *npl* ■**the ~** *weit abgelegene Waldgebiete;* **in the ~** in der hintersten Provinz **II.** *n modifier* ① (*of backwoods*) (*road, town*) hinterwäldlerisch ② (*crude, rough*) ungeschliffen; ~ **manners** ungehobelte Manieren **'back·woodsman** *n* ① (*pej: living in backwoods*) Waldbewohner(in) *m(f)* ② (*pej: crude person*) Hinterwäldler(in) *m(f) iron* ③ BRIT (*fam*) *ehemaliges Mitglied des britischen Oberhauses, das nur selten zu den Sitzungen erschien; heute vom Oberhaus ausgeschlossen*

back·'yard *n* ① BRIT (*courtyard*) Hinterhof *m* ② AM (*back garden*) Garten *m* hinter dem Haus ▶PHRASES: **in one's own ~** vor der eigenen Haustür *fig;* **to have sth in one's ~** etw in nächster Nähe [*o* vor der Haustür] haben

ba·con ['beɪkᵊn] *n* [Schinken]speck *m;* **a rasher of ~** eine Scheibe [Schinken]speck; ~ **and eggs** Eier *ntpl* mit Speck [*o* Schinken] ▶PHRASES: **to bring home the ~** (*earn support*) die Brötchen verdienen *fam;* (*succeed*) erfolgreich sein; SPORTS das Rennen machen

bac·te·ria [bæk'tɪəriə, AM -'tɪr-] *n pl of* **bacterium** Bakterien *pl*

bac·te·rial [bæk'tɪəriᵊl, AM -'tɪr-] *adj inv* bakteriell, Bakterien-

bac·te·rio·logi·cal [bæk,tɪəriə'lɒdʒɪkᵊl, AM -,tɪriə'lɑːdʒɪ-] *adj* bakteriologisch

bac·te·ri·olo·gist [bæk,tɪəri'ɒlədʒɪst, AM -,tɪriə'ɑːlə-] *n* Bakteriologe, -in *m, f*

bac·te·ri·ol·ogy [bæk,tɪəri'ɒlədʒi, AM -,tɪriə'ɑːlə-] *n no pl* Bakteriologie *f*

bac·te·rium <*pl* -ria> [bæk'tɪəriəm, AM -'tɪriəm] *n* Bakterie *f*

bad <worse, worst> [bæd] **I.** *adj* ① (*inferior*) schlecht; **not ~!** nicht schlecht!; ■**to be ~ at sth** etw nicht gut können; **he's very ~ at spelling** in Rechtschreibung ist er sehr schlecht; **to be in ~ form** BRIT (*esp dated*) nicht in Form sein ② (*unpleasant*) schlimm, übel; **things are looking ~ [for him]** es sieht nicht gut [für ihn] aus; **a ~ character** ein schlechter Charakter; **a ~ dream** ein böser Traum; **a ~ neighbourhood** eine verkommene [Wohn]gegend; **to have a ~ personality** eine unangenehme Art haben; **sb's ~ points** jds schlechte Seiten; **a ~ smell** ein übler Geruch; **to be a ~ sport** ein schlechter Verlierer/eine schlechte Verliererin sein; ~ **taste** schlechter Geschmack; **to have a ~ temper** schlecht gelaunt sein ③ (*negative*) schlecht, böse; ~ **blood** böses Blut; **to go from ~ to worse** vom Regen in die Traufe kommen *prov* ④ (*pity*) schade; **too ~** zu schade [*o fam* dumm] ⑤ (*difficult*) schlecht, schwierig; **to have a ~ marriage** eine schlechte Ehe führen; ~ **times** schwere Zeiten ⑥ (*unfortunate*) (*decision*) schlecht, unglücklich; ~ **luck** Pech *nt* ⑦ (*harmful*) schlecht, schädlich; ■**to be ~ for sb** schlecht für jdn sein; **to be ~ for one's health** jds Gesundheit schaden; **to be ~ for one's teeth** schlecht für die Zähne sein ⑧ (*spoiled*) *food* verdorben; (*fig*) **a ~ atmosphere** eine schlechte Atmosphäre; **[to act] in ~ faith** in böser Absicht [handeln]; ~ **name** schlechter Ruf ⑨ MED schlimm, böse; **to have a ~ cold/leg** eine schlimme Erkältung/ein schlimmes Bein haben ⑩ (*serious*) ~ **debt** uneinbringliche Schuld; **a ~ storm** ein heftiger Sturm; **to be nowhere near as ~ as ...** nicht halb [*o* annähernd] so schlimm wie ... ⑪ (*unacceptable*) *person, character, manners* schlecht, unmöglich; **to fall in with a ~ crowd** in eine üble Bande geraten; **a ~ egg** (*fig*) eine üble Person; **a ~ habit** eine schlechte Angewohnheit; **to use ~ language** Kraftausdrücke benutzen ⑫ AM (*sl: cool*) fabelhaft, super ▶PHRASES: **to give sth up as a ~ job** BRIT etw abschreiben *fig fam* **II.** *adv* ① (*fam: sorry*) schlecht; **to feel ~ about sth** sich *akk* wegen einer S. *gen* schlecht fühlen ② (*negatively*) schlecht; **things look ~ in this company** in der Firma sieht es nicht gut aus ▶PHRASES: **sb has it ~** (*sl*) jdn hat es schwer erwischt *hum;* **he's got it ~ for Lucy** er ist total verknallt in Lucy *fam* **III.** *n no pl* ① (*ill luck*) **to take the good with the ~** auch das Schlechte [*o* die schlechten Seiten] in Kauf nehmen ② (*evil people*) ■**the ~** die Bösen *pl* ③ (*destroyed condition*) **to go to the ~** *fruit* schlecht werden, verderben ④ (*in debt*) **to be in the ~** im Minus sein ⑤ (*mistake*) Fehler *m*

'bad boy *n* (*rebel*) ■**the ~ of sth** das Enfant terrible einer S.

gen geh

bad·die, bad·dy ['bædi] *n (fam)* Bösewicht *m,* Schurke, -in *m, f pej*

bade [bæd, beɪd] *vt (old) pt of* **bid**

badge [bædʒ] *n* Abzeichen *nt;* (*sticker*) Aufkleber *m;* (*made of metal*) Button *m;* (*on car*) Plakette *f,* Markenemblem *nt;* **membership ~** Mitgliedsabzeichen *nt;* **police ~** Polizeimarke *f*

badg·er ['bædʒəʳ, AM -ɚ] **I.** *n* Dachs *m* **II.** *vt* ■**to ~ sb** jdn bedrängen; **stop ~ing me** lass mich endlich in Ruhe; ■**to ~ sb into [doing] sth** [*or* **to do sth**] jdn in den Ohren liegen, damit er/sie etw tut

badi·nage ['bædɪnɑːʒ] *n no pl* (*hum liter*) Frotzeleien *fpl,* Spötteleien *fpl*

bad·lands ['bædlændz] *npl* unfruchtbares Land, Ödland *nt kein pl*

bad·ly <worse, worst> ['bædli] *adv* ❶ (*poorly*) schlecht; **to do ~** *in exam* schlecht abschneiden; FIN schlecht stehen; **to be ~ made** schlecht verarbeitet sein; **she came out of the affair rather ~** sie kam ziemlich angeschlagen aus der Sache heraus ❷ (*negatively*) schlecht; **to think ~ of sb** [*or* **to think of sb ~**] schlecht von jdm denken ❸ (*very much*) sehr, dringend; **to be ~ in need of sth** etw dringend benötigen; **to want sth ~** etw unbedingt wollen ❹ (*severely*) schwer; **~ defeated** vernichtend geschlagen; **~ hurt** schwer verletzt

bad·ly 'off *adj pred* ❶ (*poor*) arm; **they were rather ~** es ging ihnen finanziell ziemlich schlecht ❷ (*lacking*) **to be ~ for sth** etw dringend brauchen

bad·min·ton ['bædmɪntən] *n no pl* Badminton *nt,* ≈ Federball *m*

'bad·mouth *vt esp* AM (*fam*) ■**to ~ sb** über jdn herziehen *fam* [*o pej* lästern]

bad·ness ['bædnəs] *n no pl* (*moral*) Schlechte *nt;* (*inferior quality*) mindere Qualität

bad-'tem·pered *adj* (*easily irritated*) leicht aufbrausend, cholerisch; (*in a bad mood*) schlecht gelaunt, übellaunig; (*restless*) unruhig; **a ~ horse** ein nervöses Pferd

BAe *abbrev of* **British Aerospace** ≈ DASA *f*

baf·fle ['bæfl] **I.** *vt* ❶ (*confuse*) ■**to ~ sb** jdn verwirren [*o* vor ein Rätsel stellen]; (*amaze*) jdn verblüffen; **she was completely ~d by his strange behaviour** durch sein seltsames Verhalten war sie ganz vor den Kopf gestoßen ❷ (*hinder*) ■**to ~ sth** etw verhindern; **to ~ a plan** einen Plan vereiteln [*o* durchkreuzen] ❸ (*restrain*) **to ~ the noise** den Lärm dämpfen **II.** *n* TECH Umlenkblech *nt,* Ablenkplatte *f*

baf·fle·ment ['bæflmənt] *n no pl* Verblüffung *f*

'baf·fle plate *n* TECH Umlenkblech *nt,* Ablenkplatte *f*

baf·fling ['bæflɪŋ] *adj* (*confusing*) verwirrend; (*mysterious*) rätselhaft; (*amazing*) verblüffend

bag [bæg] **I.** *n* ❶ (*container*) Tasche *f;* (*drawstring ~*) Beutel *m;* (*sack*) Sack *m;* **a ~ of flour** (*small*) ein Paket *nt* Mehl; (*big*) ein Sack *m* Mehl; **a ~ of potatoes** (*small*) ein Beutel *m* Kartoffeln; (*big*) ein Sack *m* Kartoffeln; **paper/plastic ~** Papier-/Plastiktüte *f;* **a ~ of crisps/sweets** eine Tüte Chips/Bonbons ❷ (*handbag*) Handtasche *f;* (*travelling bag*) Reisetasche *f;* **to pack one's ~s** die Koffer packen ❸ (*baggy skin*) **to have ~s under one's eyes** Ringe unter den Augen haben ❹ ■**~s of ...** *pl* BRIT, AUS (*fam*) jede Menge ...; **~s of money/time/space** jede Menge Geld/Zeit/Platz ❺ (*pej: dumpy woman*) fette Kuh *pej;* (*grumpy woman*) Schreckschraube *f pej fam;* **an old ~** (*pej sl*) eine [alte] Schachtel *pej fam* ❻ HUNT (*game caught*) Beute *f,* Strecke *f fachspr* ▸ PHRASES: **to throw sb out ~ and <u>baggage</u>** jdn in hohem Bogen hinauswerfen; **to be a ~ of <u>bones</u>** nur Haut und Knochen sein *fig fam;* **the whole ~ of <u>tricks</u>** (*everything*) das ganze Zeug *fam,* die ganze Chose *fam;* (*set of ingenious plans etc.*) die ganze Trickkiste *fam;* **sth isn't <u>really</u> sb's ~** (*dated sl*) etw ist nicht jds Bier *fam;* **sth <u>is</u> in the ~** jd hat etw in der Tasche *fam* **II.** *vt* <-gg-> ❶ (*put in bag*) **to ~ sth** *fruit, groceries* etw eintüten, etw in eine Tüte einpacken ❷ (*fam: secure*) ■**to ~ [sb] sth** [*or* **to ~ sth [for sb]**] etw [für jdn] ergattern [*o* erbeuten]; **he ~ged himself a trophy wife** er hat eine tolle Eroberung gemacht *fam* ❸ (*hunt and kill*) **to ~ an animal** ein Tier erlegen [*o* zur Strecke bringen]

◆**bag out** *vt* AUS (*fam: criticize*) ■**to ~ sb out** an jdm herummäkeln *fam*

◆**bag up** *vt* ■**to ~ up** ↔ **sth** *fruit, groceries* etw in eine Tüte [ein]packen; **to ~ up flour** Mehl eintüten; **to ~ up grain** Getreide abfüllen; **to ~ up potatoes** Kartoffeln einsacken

baga·telle [bægətel] *n* (*liter o form*) Bagatelle *f*

ba·gel [beɪgᵊl] *n* Bagel *m* (*weiches, ringförmiges Brötchen*)

bag·ful <*pl* bagfuls *or* bagsful> ['bægfʊl] *n* **a ~ of apples** eine Tasche voller Äpfel; **a ~ of goodies** Wundertüte *f;* **a ~ of dreams** (*fig*) ein Meer *nt* aus Träumen; **a ~ of memories** (*fig*) eine Flut von Erinnerungen; **a ~ of votes** (*fig*) unzählige Stimmen

bag·gage ['bægɪdʒ] *n no pl* ❶ (*luggage*) Gepäck *nt;* **pieces of ~** Gepäckstücke *pl;* **excess ~** Übergepäck *nt* ❷ (*army equipment*) [Marsch]gepäck *nt* ❸ (*pej, hum: woman*) Miststück *nt pej fam,* Biest *nt pej fam* ❹ (*burden*) **ideological ~** ideologischer Ballast; **to carry emotional/childhood ~ with one** seelischen Ballast/Ballast aus der Kindheit mit sich *dat* herumtragen

'bag·gage al·low·ance *n* Freigepäck *nt* **'bag·gage car** *n* AM, AUS Gepäckwagen *m* **'bag·gage check** *n* Gepäckkontrolle *f* **'bag·gage claim** *n* Gepäckausgabe *f* **'bag·gage handler** *n* Gepäckträger(in) *m(f)* **'bag·gage rack** *n* Gepäckablage *f;* (*net*) Gepäcknetz *nt* **'bag·gage re·claim area** *n* Gepäckausgabe *f* **'bag·gage room** *n* Gepäckaufbewahrung[sstelle] *f* **'bag·gage van** *n* Gepäcktransporter *m*

bag·gy ['bægi] *adj* zu weit; **~ clothes** weite [*o* weit geschnittene] Kleidung; **~ shirt** ausgeleiertes [*o* sackartiges] T-Shirt; **~ trousers** ausgebeulte Hose

'bag lady *n* Obdachlose *f* (*die ihr gesamtes Hab und Gut in Einkaufstüten mit sich führt*) **'bag·man** *n* ❶ BRIT (*old sl: travelling salesman*) Handlungsreisende(r) *m(f) veraltend,* Vertreter(in) *m(f)* ❷ AUS (*tramp*) Landstreicher(in) *m(f),* Tramp *m;* (*in town*) Stadtstreicher(in) *m(f)* ❸ CAN (*political fundraiser*) *jd, der Parteispenden sammelt* **'bag·pipe** *n modifier* (*music, playing*) Dudelsack- **'bag·pip·er** *n* Dudelsackspieler(in) *m(f),* Dudelsackpfeifer(in) *m(f)* **'bag·pipes** *npl* Dudelsack *m*

bags [bægz] *vt* BRIT, AUS (*esp childspeak*) **I ~ed it first!** ich zuerst!; **~ that chair!** <u>den</u> Stuhl krieg ich!; **~ I sit in the front seat!** <u>ich</u> will vorne sitzen!

ba·guette [bæ'gət] *n* Baguette *nt o f,* Stangenweißbrot *nt*

'bag·worm *n* ZOOL Raupe *f* des Sackträgers

bah [bɑː] *interj* bah

Ba·ha·mas [bə'hɑːməz] *npl* ■**the ~** die Bahamas *pl*

Ba·ha·mian [bə'heɪmiən] **I.** *n* Baham[a]er(in) *m(f)* **II.** *adj attr* baham[a]isch

bail [beɪl] **I.** *n* ❶ (*money*) Kaution *f;* **to grant ~** die Freilassung gegen Kaution gewähren; **to jump ~** die Kaution verfallen lassen und fliehen; **to put up** [*or* **post**] [*or* **stand**] **~ for sb** für jdn [die] Kaution stellen; **to release** [*or* **remand**] **sb on ~** jdn gegen [eine] Kaution freilassen; **to set ~ at ...** die Kaution auf ... festsetzen ❷ (*printer, typewriter bar*) Papierhalter *m* ❸ (*for horses*) Trennstange *f* **II.** *vi* [Wasser] [aus]schöpfen **III.** *vt* ❶ (*remove*) **to ~ water** Wasser [aus]schöpfen ❷ (*release*) ■**to ~ sb** jdn gegen Kaution freilassen ❸ AUS (*rob*) ■**to ~ sb** jdn überfallen

◆**bail out I.** *vt* ❶ (*pay to release*) ■**to ~ out** ↔ **sb** für jdn [die] Kaution stellen ❷ (*help*) ■**to ~ sb out** jdm aus der Klemme [*o* Patsche] helfen *fam* **II.** *vi* ❶ (*jump out*) [mit dem Fallschirm] abspringen, aussteigen *fachspr* ❷ (*discontinue*) aufhören, aussteigen *fam,* sich *akk* ausklinken *hum fam*

bail·iff ['beɪlɪf] *n* ❶ BRIT (*for buildings*) Verwalter(in) *m(f);* (*for*

land) [Guts]verwalter(in) *m(f)*; **to call** [*or* **send**] **in the ~s** den Verwalter/die Verwalterin einschalten ❷ AM (*prison official*) Gerichtsdiener *m veraltet*, Justizwachtmeister(in) *m(f)*
baili·wick ['beɪlɪwɪk] *n* ❶ (*district or jurisdiction of a bailiff*) Amtsbezirk *m* ❷ (*fam: interest*) Steckenpferd *nt*
bails [beɪlz] *npl* (*in cricket*) Querholz *nt kein pl*
bairn [beən] *n* SCOT, NBRIT Kind *nt*
bait [beɪt] **I.** *n* Köder *m a. fig*; **to swallow the ~** anbeißen; (*fig*) **to rise to swallow** [*or* **swallow**] **the ~** [*or* **take**] sich *akk* ködern lassen *fig*, anbeißen *fig*, in die Falle gehen *fig* **II.** *vt* ❶ (*put bait on*) ■**to ~ sth** etw mit einem Köder versehen ❷ (*tease*) ■**to ~ sb** [**about sth**] jdn [mit etw *dat*] aufziehen; (*harass*) jdn [wegen einer S. *gen*] schikanieren ❸ (*torment*) ■**to ~ sb** jdn quälen; (*with dogs*) ■**to ~ an animal** die Hunde auf ein Tier hetzen
baize [beɪz] *n no pl* Fries *m*; (*for billiard table*) [grüner] Fries
bake [beɪk] **I.** *vi* ❶ (*cook*) backen ❷ (*fam: be hot*) kochen *fam*, glühend heiß sein; *impers*; **it's baking outside** draußen ist es wie im Backofen *fam*; **I'm baking** ich komme fast um vor Hitze **II.** *vt* ❶ (*cook*) ■**to ~ sth** etw [im Ofen] backen; **to ~ bread/cake/fish** Brot/Kuchen/Fisch backen; **to ~ potatoes** Kartoffeln im Ofen backen ❷ (*pottery*) ■**to ~ sth** etw brennen **III.** *n* ❶ (*dish*) **fish/vegetable ~** Fisch-/Gemüseauflauf *m* ❷ AM (*social event*) gesellige Zusammenkunft (*mit bestimmten Speisen*); **lobster ~** Hummerparty *f*
baked [beɪkt] *adj attr* gebraten; *bread, cake, biscuits* gebacken; **~ apple** Bratapfel *m*; **~ potatoes** Ofenkartoffeln *pl* (*in der Schale*)
baked A'las·ka *n* Omelette surprise *f* **baked 'beans** *n* Baked Beans *pl*, Bohnen *fpl* in Tomatensoße; **Boston ~** *im Ofen gegarte Bohnen mit Speck und Zuckerrübensirup*
Ba·ke·lite® ['beɪkəlaɪt] *n no pl* Bakelit® *nt*
bak·er ['beɪkəʳ, AM -kɚ] *n* Bäcker(in) *m(f)*; **at the ~'s** in der Bäckerei, beim Bäcker
bak·er's 'doz·en *n* dreizehn [Stück]
bak·ery ['beɪkəri] *n* (*selling bread*) Bäckerei *f*; (*selling bread and cakes*) Bäcker- und Konditorei *f*; **to go to the ~** zum Bäcker gehen
Bake·well tart ['beɪkweltɑːt] *n* BRIT *Törtchen mit Mandel- und Marmeladenfüllung*
bak·ing ['beɪkɪŋ] *n no pl* Backen *nt*; (*pottery*) Brennen *nt*
'bak·ing dish *n* Auflaufform *f*; (*for cakes, bread*) Backform *f* **'bak·ing pow·der** *n no pl* Backpulver *nt* **'bak·ing sheet** *n* Backblech *nt* **'bak·ing soda** *n no pl* Natron *nt* **'bak·ing tin** *n* Backform *f*
bala·cla·va [ˌbælə'klɑːvə] *n* Kapuzenmütze *f*
bala·lai·ka [ˌbælə'laɪkə] *n* Balalaika *f*
bal·ance ['bælən(t)s] **I.** *n* ❶ *no pl* (*a. fig: equilibrium*) Balance *f a. fig*, Gleichgewicht *nt a. fig*; **the ~ of nature** das Gleichgewicht der Natur; **the natural ~** das ökologische Gleichgewicht; **to keep one's ~** das Gleichgewicht [be]halten; **to lose one's ~** das Gleichgewicht verlieren; (*fig*) die Fassung verlieren; **to regain one's ~** das Gleichgewicht wiedergewinnen *a. fig*; **to throw sb off ~** (*fig*) jdn aus dem Gleichgewicht bringen *fig* ❷ *no pl* (*equality*) Gleichgewicht *nt*; **the ~ of power** das Kräftegleichgewicht; **to hold the ~ of power** das Kräftegleichgewicht aufrechterhalten; **to redress the ~** das Gleichgewicht wiederherstellen; **to strike a ~ between two things** den Mittelweg zwischen zwei Dingen finden; **to upset the** [**delicate**] **~ between two things** das [empfindliche] Gleichgewicht zwischen zwei Dingen durcheinanderbringen; **on ~** alles in allem ❸ (*scales*) Waage *f* ❹ FIN Saldo *m*, Kontostand *m*; (*amount left to pay*) Restbetrag *m* ❺ ECON **~ of payments** Zahlungsbilanz *f*; **~ of trade** Handelsbilanz *f* ❻ (*amount left*) Rest *m* ❼ (*harmony*) Ausgewogenheit *f* ▸ PHRASES: **the ~ of opinion is ...** die Mehrheit der Leute ist der Meinung, ...; **to be** [*or* **hang**] **in the ~** in der Schwebe sein *fig* **II.** *vi* ❶ (*remain steady*) balancieren ❷ (*be equal*) [aus]balancieren, bilanzieren *fachspr*; ■**to ~ out** sich ausgleichen **III.** *vt* ❶ (*compare*) ■**to ~ sth with** [*or* **against**] **sth** etw gegen etw *akk* abwägen ❷ (*keep steady*) ■**to ~ sth** etw balancieren; **to ~ sth on one's head** etw auf dem Kopf balancieren ❸ (*achieve equilibrium*) ■**to ~ sth against sth** etw gegen etw *akk* abwägen; **to ~ the books** FIN die Bilanz aufstellen; **to ~ the economy** [*or* **budget**] den Haushalt ausgleichen ❹ (*neutralize*) ■**to ~ sth** etw ausgleichen
bal·anced ['bæləntst] *adj* ausgewogen; **a ~ diet** eine ausgewogene Ernährung; **~ judgement** objektives Urteil; **a ~ personality** eine ausgeglichene Persönlichkeit
bal·ance-of-'pay·ment defi·cit *n* Zahlungsbilanzdefizit *nt*
'bal·ance sheet *n* Bilanz *f*
'bal·ancing act *n* Balanceakt *m a. fig*; **I had to do a ~ between work and family** ich musste Arbeit und Familie irgendwie miteinander vereinbaren
bal·co·ny ['bælkəni] *n* ❶ Balkon *m* ❷ THEAT ■**the ~** der Balkon [*o* erste Rang]
bald [bɔːld] *adj* ❶ (*lacking hair*) glatzköpfig, kahl; **~ spot** [*or* **patch**] kahle Stelle; **to be** [**as**] **~ as a coot** völlig kahl sein; **to go ~** eine Glatze bekommen, kahl werden ❷ **a ~ tyre** ein abgefahrener Reifen ❸ (*blunt*) unverblümt ❹ (*unadorned*) **~ speech** knappe Rede; **~ style** schlichter [*o* schmuckloser] Stil
bald 'eagle *n* weißköpfiger Seeadler
bal·der·dash ['bɔːldədæʃ, AM 'bɔːldɚ-] *n no pl* (*dated*) Blödsinn *m pej fam*, Quatsch *m fam*
bald-'head·ed *adj* glatzköpfig *attr*, kahlköpfig *attr*; **a ~ man** ein Glatzkopf *m*
baldie ['bɔːldi] *n* (*pej fam*) Glatzkopf *m fam*
bald·ing ['bɔːldɪŋ] *adj* **a ~ man** ein Mann mit schütterem Haar; ■**to be ~** eine Glatze bekommen
bald·ly ['bɔːldli] *adv* unumwunden, unverblümt; **to put it ~, ...** um es geradeheraus zu sagen, ...
bald·ness ['bɔːldnəs] *n no pl* ❶ (*lacking hair*) Kahlheit *f* ❷ *of style* Knappheit *f*, Schlichtheit *f* ❸ (*bluntness*) Unverblümtheit *f*
baldy ['bɔːldi] **I.** *n* (*pej fam*) Glatzkopf *m fam* **II.** *adj* SCOT, IRISH kahl
bale [beɪl] **I.** *n* ❶ (*bundle*) Ballen *m* ❷ BRIT, AUS (*rare*) *see* **bail** **II.** *vt* ❶ ■**to ~ sth** *hay, paper, cotton* etw bündeln ❷ BRIT, AUS (*rare*) *see* **bail**
bale·ful ['beɪlfəl] *adj* ❶ (*menacing*) böse, bedrohlich; **to give sb a ~ glance** jdm einen bösen Blick zuwerfen ❷ (*fig*) folgenschwer
bale·fully ['beɪlfəli] *adv* böse, bedrohlich
balk [bɔːk, BRIT *a.* bɔːlk] **I.** *n* Balken *m* **II.** *vi* ❶ (*stop short*) *horse* scheuen ❷ (*be unwilling*) ■**to ~ at sth** vor etw *dat* zurückschrecken
Bal·kan States [ˌbɔːlkən'steɪts] *npl* Balkanstaaten *pl*
ball [bɔːl] **I.** *n* ❶ (*for play*) Ball *m*; **to bounce the ~** den Ball aufspringen lassen; **to hit the ~** den Ball treffen ❷ (*sth ball-shaped*) *of wool, string* Knäuel *m o nt*; *of dough* Kugel *f*; **to crush paper into a ~** Papier zusammenknüllen; **to curl oneself into a ~** sich *akk* [zu einem Knäuel] zusammenrollen ❸ (*body part*) Ballen *m*; **~ of the hand/foot** Hand-/Fußballen *m* ❹ (*formal dance*) Ball *m*; **summer ~** Sommerball *m* ❺ (*root ball of tree*) [Wurzel]ballen *m* ❻ ■**~s** *pl* (*fam!: testicles*) *see* **balls** ▸ PHRASES: **the ~ is in your court** du bist am Ball *fam*; **to take one's eye off the ~** nicht am Ball bleiben, unaufmerksam werden; **to be on the ~** auf Zack sein *fam*; **to get** [*or* **set**] [*or* **start**] **the ~ rolling** eine Sache in Gang bringen, den Stein ins Rollen bringen *fig*; **to have a ~** Spaß haben, sich *akk* bestens amüsieren *fam*; **to play ~** (*be active*) spuren *fam*; (*cooperate*) mitmachen **II.** *vt* ❶ **to ~ one's fist** die Faust ballen ❷ AM (*sl: have sex with*) ■**to ~ sb** jdn bumsen *vulg*
◆**ball up** *vi, vt* AM *see* **balls up**
bal·lad ['bæləd] *n* Ballade *f*
bal·lad·eer [ˌbælə'dɪəʳ, AM -dɪr] *n* Liedermacher(in) *m(f)*

ball-and-'sock·et joint *n* ANAT Kugelgelenk *nt*
bal·last ['bæləst] *n no pl* ❶ (*for ship, balloon*) Ballast *m;* **to take in/discharge** ~ Ballast aufnehmen/abwerfen ❷ RAIL (*for rail track or road*) Schotter *m* ❸ ELEC Ballast *m* (*Stabilisator, um Spannungen auszugleichen*)
ball 'bear·ing *n* (*bearing*) Kugellager *nt;* (*ball*) Kugellagerkugel *f* **'ball boy** *n* Balljunge *m* **'ball·cock** *n* MECH Schwimmerhahn *m*
bal·le·ri·na [bæl^əri:nə] *n* Ballerina *f;* **prima** ~ Primaballerina *f*
bal·let ['bæleɪ, AM bæ'leɪ] **I.** *n no pl* Ballett *nt;* **the Bolshoi B~** das Bolshoi Ballett **II.** *n modifier* (*of ballet*) (*teacher, school, shoes*) Ballett-; ~ **company** Ballett *nt;* ~ **class** Ballettunterricht *m*
'bal·let danc·er *n* Balletttänzer(in) *m(f)*
bal·let·ic [bə'letɪk] *adj* graziös, anmutig
'bal·let mas·ter *n* Ballettmeister(in) *m(f)*
'ball field *n* AM Spielfeld *nt* **'ball game** *n* AM Baseballspiel *nt* ▶ PHRASES: **that's a whole** <u>**new**</u> ~ das ist eine ganz andere Sache **'ball girl** *n* Ballmädchen *nt* **'ball·gown** *n* Ballkleid *nt*
bal·lis·tic [bə'lɪstɪk] *adj* ❶ ballistisch ❷ (*huge, extreme*) ungeheuer ▶ PHRASES: **to** <u>**go**</u> ~ (*fam*) ausflippen *fam,* durchdrehen *fam*
bal·lis·tic 'mis·sile *n* Raketengeschoss *nt*
bal·lis·tics [bə'lɪstɪks] *n + sing vb* Ballistik *f*
bal·loon [bə'lu:n] **I.** *n* ❶ (*toy*) [Luft]ballon *m* ❷ SPORTS, TRANSP [Heißluft]ballon *m,* Freiballon *m;* METEO Wetterballon *m* ❸ (*in comics*) Sprechblase *f* ❹ (*glass*) ~ [**glass**] Cognacschwenker *m* **II.** *vi* **the rumours soon ~ed into a full-grown scandal** was als Gerücht anfing, wurde schon bald ein handfester Skandal; ■**to** ~ **out** *dress, trousers, sail* sich *akk* aufblähen
bal·loon·ing [bə'lu:nɪŋ] *n no pl* Ballonfahren *nt*
bal·loon·ist [bə'lu:nɪst] *n* Ballonfahrer(in) *m(f)*
bal·lot ['bælət] **I.** *n* ❶ (*process*) [geheime] Abstimmung; (*election*) Geheimwahl *f;* **voting is by** ~ die Abstimmung ist geheim; **first/second** ~ erster/zweiter Wahlgang; **secret** ~ Geheimwahl *f;* **to hold a** ~ abstimmen; (*elect*) wählen; **to put sth to the** ~ über etw *akk* [geheim] abstimmen ❷ (*vote*) ■**the** ~ die abgegebenen Stimmen ❸ (*paper*) Stimmzettel *m,* Wahlzettel *m* **II.** *vi* abstimmen; **they ~ed unanimously to accept the deal** der Vorschlag wurde einstimmig angenommen **III.** *vt* ■**to** ~ **sb** [**on sth**] jdn [über etw *akk*] abstimmen lassen
'bal·lot box *n* Wahlurne *f* **'bal·lot pa·per** *n* Stimmzettel *m* **'bal·lot-rig·ging** *n no pl* Wahlfälschung *f,* Wahlmanipulation *f*
'ball·park *n* AM Baseballstadion *nt* **'ball·park fig·ure** *n esp* AM Richtwert *m;* **the** ~ **is £2000** das wird schätzungsweise 2000 Pfund kosten; **in the** ~ in der Größenordnung **'ball play·er** *n* Baseballspieler(in) *m(f)* **'ball·point** *n,* **ball·point 'pen** *n* Kugelschreiber *m,* Kuli *m fam* **'ball·room** *n* Ballsaal *m* **ball·room 'danc·ing** *n no pl* Gesellschaftstanz *m*
balls [bɔ:lz] *n pl* (*fam!*) Eier *pl derb* ▶ PHRASES: **to be** [**a** <u>**load**</u> **of**] ~ [völliger] Mist [*o* Quatsch] sein *pej fam;* **it takes** [**a** <u>**lot**</u> **of**] ~ **to do sth** es gehört schon eine Menge Mut dazu, etw zu tun; **to** <u>**have**</u> **the** ~ **to do sth** genug Mumm [in den Knochen] haben, etw zu tun; **to** <u>**have**</u> **sb by the** ~ jdn in der Tasche haben *fam*
◆**balls up I.** *vi* BRIT, AUS Mist *fam* [*o derb* Scheiße] bauen **II.** *vt* ■**to** ~ **up** ↻ **sth** etw vermasseln *fam*
'balls-up *n no pl* BRIT (*fam!*) Scheiß *m derb;* (*confusion*) Durcheinander *nt*
ballsy ['bɔ:lzi] *adj* AM (*fam!*) mutig, unerschrocken
'ball valve *n* MECH Kugelventil *nt*
bal·ly ['bæli] *adj inv* (*dated fam*) verdammt *fam*
bal·ly·hoo [,bæli'hu:, AM 'bæli-] *n no pl* (*dated fam*) Tamtam *nt pej fam,* Tara *nt pej fam*
bal·ly·rag <-gg-> ['bæliræg] *vt* (*sl*) ■**to** ~ **sb** [**about doing sth**] jdn [wegen einer S. *gen*] schikanieren
balm [bɑ:m] *n* ❶ (*ointment*) Salbe *f; no pl* (*fig: relief*) Balsam *m;* **to be** ~ **to sb** Balsam für jdn [*o* jds Seele] sein ❷ (*tree*) Balsambaum *m;* (*resin*) [aromatischer] Duft; **tiger** ~ Tigerbalsam *m* ❸ (*lemon balm*) Zitronenmelisse *f*
balmy ['bɑ:mi] *adj* ❶ (*soothing*) wohltuend, lindernd ❷ (*mild, gentle*) *air, breeze, weather* mild ❸ *fragrance* wohlriechend
ba·lo·ney [bə'ləʊni, AM -'loʊni] **I.** *n no pl* ❶ AM (*Bologna sausage*) ≈ Fleischwurst *f* ❷ (*fam: nonsense*) Quatsch *m fam,* Blödsinn *m fam,* Schwachsinn *m fam* **II.** *interj* AM Quatsch
bal·sa ['bɔ:lsə] *n* ❶ (*tree*) Balsabaum *m* ❷ *no pl* (*wood*) Balsaholz *nt*
bal·sam ['bɔ:lsəm] **I.** *n no pl* ❶ (*resin*) Balsam *m* ❷ (*soothing substance*) Balsam *m* ❸ (*fig: soothing influence*) Balsam *m geh* ❹ (*tree*) Balsambaum *m* **II.** *adj attr* wohltuend
bal·sam·ic 'vin·egar *n no pl* Balsamessig *m*
'bal·sa wood *n no pl* Balsaholz *nt*
bal·ti ['bɔ:lti] *n no pl pakistanische Art des Kochens*
Bal·ti ['bɔ:lti] **I.** *n* ❶ (*person*) Balti *m o f* ❷ *no pl* (*language*) Balti *nt* **II.** *adj* aus Baltistan
Bal·tic ['bɔ:ltɪk] **I.** *adj attr* baltisch; **the** ~ **Sea** die Ostsee; ■**the** ~ **States** die baltischen Staaten *pl,* das Baltikum **II.** *n* ■**the** ~ die Ostsee
bal·us·trade [,bælə'streɪd, AM 'bæl-] *n* Balustrade *f,* Geländer *nt,* Brüstung *f*
bam·boo [bæm'bu:] *n no pl* Bambus *m*
bam·boo 'cane *n* Bambusrohr *nt,* Bambusstock *m* **bam·'boo shoot** *n* Bambussprosse *f*
bam·boo·zle [bæm'bu:zl] *vt* ❶ (*confuse*) ■**to** ~ **sb** jdn verwirren [*o* aus dem Konzept bringen]; ■**to be ~ed by sth** von etw *dat* verwirrt sein ❷ (*fam: trick*) ■**to** ~ **sb** jdn übers Ohr hauen *fam;* **she was ~d into telling him her credit card number** sie ließ sich von ihm ihre Kreditkartennummer abluchsen
ban [bæn] **I.** *n* Verbot *nt;* ~ **on smoking/talking** Rauch-/Redeverbot *nt;* **to lift a** ~ **on sth** das Verbot einer S. *gen* aufheben; **to place** [*or* **put**] **a** ~ **on sth** etw verbieten [*o* untersagen] **II.** *vt* <-nn-> ■**to** ~ **sth** etw verbieten; ■**to** ~ **sb** jdn ausschließen; ■**to be ~ned from sth** von etw *dat* ausgeschlossen werden; **she was ~ned from driving for two years** sie erhielt zwei Jahre Fahrverbot
ba·nal [bə'nɑ:l] *adj* banal, trivial
ba·nal·ity [bə'næləti, AM -t̬i] *n* Banalität *f*
ba·na·na [bə'nɑ:nə, AM -'nænə] **I.** *n* Banane *f;* **a bunch of ~s** eine Staude Bananen **II.** *n modifier* (*ice cream, cake*) Bananen-; ~ **yoghurt** Bananenjoghurt *m o nt,* Joghurt *m o nt* mit Bananengeschmack
ba·'na·na peel *n* Bananenschale *f* **ba·na·na re·'pub·lic** *n* (*pej*) Bananenrepublik *f oft pej*
ba·na·nas [bə'nɑ:nəz, AM -'nænəz] *adj pred* ■**to be** ~ (*fam*) verrückt sein, ein Rad abhaben *fam;* **to go** ~ durchknallen *sl;* **to drive sb** ~ jdn verrückt machen
ba·'na·na skin *n* ❶ (*peel*) Bananenschale *f* ❷ BRIT (*fam*) unerwartetes Problem **ba·na·na 'split** *n* Bananensplit *nt* **ba·'na·na tree** *n* Bananenstaude *f*
banc·as·sur·ance [,bæŋkə'ʃɔ:rən(t)s] *n no pl* BRIT *von einer Bank vermittelte Versicherung*
band[1] [bænd] **I.** *n* ❶ *of metal, cloth* Band *nt;* **rubber** [*or* **elastic**] ~ Gummiband *nt* ❷ *of colour* Streifen *m;* (*section also*) Abschnitt *m;* ~ **of grass** Grasstreifen *m;* METEO ~ **of cloud** Wolkenband *nt;* **a** ~ **of light rain and showers** ein zerrissenes [Wolken]band mit Regenschauern ❸ (*in clothing*) Band *nt;* **hat** ~ Hutband *nt;* **head** ~ Stirnband *nt;* **waist** ~ Bund *m;* (*for trousers also*) Hosenbund *m* ❹ (*range*) Bereich *m,* Kategorie *f;* TELEC Frequenzband *nt;* **UHF** ~ UHF-Band *nt;* **in the 30-40 age** ~ in der Altersgruppe von 30-40 [Jahren]; **tax** ~ Steuerklasse *f* ❺ (*ring*) Ring *m;* **wedding** ~ Trauring *m,* Ehering *m* **II.** *vt* ❶ (*put band on*) ■**to** ~ **sth** ein Band um etw *akk* wickeln; ■**to** ~ **sth together** [**with sth**] etw [mit etw *dat*] zusammenbinden ❷ BRIT SCH ■**to** ~ **sb** jdn einstufen
band[2] [bænd] **I.** *n* ❶ MUS (*modern*) Band *f,* Gruppe *f;* (*traditional*) Kapelle *f,* Orchester *nt;* **brass** ~ Blaskapelle *f,* Blasorchester

nt; ~ **practice** Probe *f* ❷ *of robbers* Bande *f,* Gang *f* ❸ AM *of animals* Herde *f;* ~ **of birds** Vogelschwarm *m;* **a** ~ **of wild dogs** ein Rudel *nt* wilder Hunde **II.** *vi* sich *akk* zusammentun *fam*

◆**band together** *vi* ■**to** ~ **together with sb** sich *akk* mit jdm vereinigen [*o* zusammenschließen]

band·age ['bændɪdʒ] **I.** *n* Verband *m;* (*of cloth*) Binde *f;* (*for support*) Bandage *f* **II.** *vt* ■**to** ~ **sth** (*limb*) etw bandagieren; **she had her hand** ~**d** sie hatte einen Verband um ihre Hand; **to** ~ **a wound** eine Wunde verbinden

'Band-Aid® *n* Hansaplast® *nt,* Heftpflaster *nt* **'band-aid so·lu·tion** *n* AM Übergangslösung *f,* Notbehelf *m*

ban·dan·na [bæn'dænə] *n* [großes buntes oder weißgeflecktes] Halstuch; (*handkerchief*) großes Taschentuch

B & B [ˌbiːən(d)'biː] *n* BRIT *abbrev of* **bed and breakfast**

ban·de·rol(e) ['bændərəʊl, AM -roʊl] *n* Wimpel *m,* [Lanzen]fähnchen *nt*

ban·di·coot ['bændɪkuːt] *n* ❶ AUS (*marsupial*) Beuteldachs *m,* Bandikut *m fachspr* ❷ IND (*rat*) Malabarratte *f,* Bandikutratte *f*

band·ing ['bændɪŋ] *n* ❶ FASHION Borte *f* ❷ (*division*) **tax** ~ Steuerklassifizierung *f,* Einstufung *f* in eine Steuerklasse ❸ (*labelling of animals*) Kennzeichnung *f* [von Tieren]; ~ **of birds** [Vogel]beringung *f* ❹ BRIT SCH Einstufung *f* (*nach Fähigkeit*)

bandit ['bændɪt] *n* ❶ (*robber, murderer*) Gangster *m,* Bandit(in) *m(f)* ❷ (*swindler*) Gauner(in) *m(f),* Betrüger(in) *m(f)*

'band·lead·er *n* (*dated*) Bandleader(in) *m(f)* **'band·mas·ter** *n of a military band* Leiter(in) *m(f)* des Musikkorps, Musikmeister(in) *m(f); of a brass band* Kapellmeister(in) *m(f)* **'band mem·ber** *n,* **'bands·man** *n* (*modern music*) Bandmitglied *nt;* (*traditional music*) Mitglied *nt* einer Kapelle **'band·stand** *n* Musikpavillon *m,* Orchesterpavillon *m* **'band·wagon** *n* AM (*old*) Musikantenwagen *m,* [Fest]wagen *m* mit einer Musikkapelle ► PHRASES: **to climb** [*or* **jump**] [*or* **get**] **on the** ~ auf den fahrenden Zug aufspringen *fig,* Mitläufer(in) *m(f)* einer S. *gen* werden **band·width** ['bændwɪtθ] *n* TELEC Bandbreite *f*

ban·dy¹ ['bændi] *adj* krumm; ~ **legs** O-Beine *pl*

ban·dy² <-ie-> ['bændi] *vt usu passive* ■**to be bandied about** [*or* **around**] verbreitet werden, in Umlauf gesetzt werden; **large figures were bandied about** man warf mit großen Zahlen um sich; **I won't** ~ **words with you** (*dated*) ich möchte mich nicht mit dir herumstreiten; **to** ~ **rumours about** [wilde] Gerüchte verbreiten

ban·dy-leg·ged *adj* o-beinig *attr;* ■**to be** ~ O-Beine haben

bane [beɪn] *n no pl* Ruin *m,* Verderben *nt;* **he's the** ~ **of my life!** er bringt mich noch mal ins Grab! *fam;* **to be more of a** ~ **than a boon** eher ein Fluch als ein Segen sein

bang [bæŋ] **I.** *n* ❶ (*loud sound*) Knall *m;* **to go off with a** ~ *gun, fireworks* krachend [*o* mit einem Knall] losgehen ❷ (*blow*) Schlag *m;* **there was a loud** ~ **on the door** jemand hämmerte gegen die Tür; **a** ~ **on the head** ein Schlag *m* auf den Kopf ❸ ■~**s** *pl* AM (*fringe*) [kurzer] Pony ❹ (*vulg: sexual intercourse*) Fick *m vulg* ❺ (*drug dose*) Schuss *m sl* ► PHRASES: **to go** [AM **over**] **with a** ~ (*fam*) ein [Bomben]erfolg [*o* echter Knaller] sein *fam* **II.** *adv* ❶ (*precisely*) genau, exakt; **to walk slap** ~ **into sb/sth** geradewegs mit jdm/etw *dat* zusammenstoßen; ~ **in the middle of the road/of dinner** mitten auf der Straße/beim Essen; ~ **on** BRIT (*fam*) absolut korrekt, genau richtig; ~ **up-to-date** topaktuell, hochaktuell ❷ **to go** ~ (*make loud noise*) [mit einem lauten Knall] explodieren; *balloon* [laut] knallend zerplatzen ► PHRASES: ~ **goes sth** (*fig*) etw geht dahin *fig,* mit etw *dat* ist es aus; ~ **goes my pay rise** das war's dann wohl mit meiner Gehaltserhöhung *fam* **III.** *interj* ■~! *gun* Peng!; *explosion* Krawumm! **IV.** *vi* Krach machen; *door, shutters* knallen, schlagen; **to** ~ **at the door** an [*o* gegen] die Tür hämmern [*o* schlagen] **V.** *vt* ❶ (*hit*) **to** ~ **the door** die Tür zuschlagen; **to** ~ **one's fist on the table** mit der Faust auf den Tisch hauen; **to** ~ **one's head on sth** sich den Kopf an etw anschlagen; **to** ~ **the phone down** den Hörer auf die Gabel knallen ❷ AM (*cut hair*) **to** ~ **one's hair** sich *dat* einen Pony schneiden ❸ **to** ~ **a woman** (*vulg*) eine Frau bumsen [*o* vögeln] *vulg* ► PHRASES: **to** ~ **the drum** die Werbetrommel rühren *fig*

◆**bang away** *vi* ❶ (*make noise*) *gun* drauflosknallen *fam; person* [herum]ballern *fam;* (*work loudly*) herumhämmern *fam,* herumknallen *fam* ❷ (*fig: work hard*) ■**to** ~ **away at sth** sich *akk* hinter etw *akk* klemmen ❸ (*vulg: have sex*) [herum]bumsen *vulg,* [herum]vögeln *vulg*

◆**bang in** *vt* **to** ~ **in a nail/peg** [*or* **to** ~ **a nail/peg in**] einen Nagel/einen Stift einschlagen

◆**bang on** *vi* ■**to** ~ **on about sth** BRIT (*pej sl*) etw breittreten *fig*

◆**bang up** *vt* (*fam*) ■**to** ~ **up** ↻ **sb** jdn einbuchten *fam*

bang·er ['bæŋəʳ, AM -ɚ] *n* ❶ BRIT (*old car*) Klapperkiste *f fam,* Rostlaube *f fam* ❷ (*firework*) Knaller *m,* Kracher *m* ❸ BRIT (*fam: sausage*) [Brat]wurst *f;* ~**s and mash** Würstchen *ntpl* mit Kartoffelbrei

bangin' ['bæŋɪn] *adj* (*fam*) *idea, plan, date* toll *fam*

Ban·gla·deshi [ˌbæŋglə'deʃi] **I.** *n* Bangale, -in *m, f,* Bangladeshi *m o f* **II.** *adj* bangalisch

ban·gle ['bæŋgl̩] *n* (*for arm*) Armreif[en] *m;* (*for ankle*) Fußreif *m,* Fußring *m*

bang-up ['bæŋʌp] *adj* AM (*sl*) bombig *fam,* prima *fam,* klasse *fam;* **to do a** ~ **job on sth** etw toll hinkriegen *sl*

ban·ish ['bænɪʃ] *vt* ■**to** ~ **sb from sth** jdn aus etw *dat* verbannen *fig;* **to** ~ **sb from a country** jdn des Landes verweisen, jdn aus einem Land ausweisen; **to** ~ **sth from one's mind** sich *dat* etw aus dem Kopf schlagen; **to** ~ **all sad thoughts** alle traurigen Gedanken verbannen

ban·ished ['bænɪʃt] *adj inv, attr* verbannt

ban·ish·ment ['bænɪʃmənt] *n no pl* (*form*) Verbannung *f*

ban·is·ter ['bænɪstəʳ, AM -əstɚ] *n usu pl* [Treppen]geländer *nt*

ban·jo ['bændʒəʊ, AM -dʒoʊ] *n* <*pl* -s *or* -es> Banjo *nt*

bank¹ [bæŋk] **I.** *n* ❶ *of a river* Ufer *nt;* (*sloping*) Böschung *f;* (*elevated area*) Abhang *m;* RAIL Bahndamm *m;* ~ **of fog** Nebelbank *f,* Nebelwand *f;* **grassy** ~**s** grüne Hänge ❷ *of a road, railway* [Kurven]überhöhung *f* ❸ (*of aircraft*) Querlage *f,* Schräglage *f* ❹ (*row of objects*) Reihe *f* ❺ (*oar tier*) Ruderbank *f* **II.** *vi* AVIAT in die Querlage [*o* in den Kurvenflug] gehen, den Kurvenflug einleiten **III.** *vt* ❶ (*heap*) ■**to** ~ **sth** etw anhäufen [*o* aufschichten]; **to** ~ **a fire** ein Feuer mit Asche bedecken ❷ AVIAT **to** ~ **an aircraft** ein Flugzeug in die Querlage bringen [*o* in die Kurve legen] ❸ (*confine*) ■**to** ~ **sth** *water* etw eindämmen [*o* eingrenzen]

bank² [bæŋk] **I.** *n* ❶ (*financial institution*) Bank *f;* **to break the** ~ die Bank sprengen; **to keep sth in a** ~ etw auf [*o* bei] der Bank deponieren [*o* hinterlegen]; **to pay sth into a** ~ etw bei einer Bank einzahlen; **to have money at** [*or* **in**] **a bank** Geld auf der Bank haben ❷ (*banker in gambling*) [Spiel]bank *f,* Bankhalter(in) *m(f);* **to play** ~ die Bank halten ❸ (*storage place*) Bank *f* **II.** *vi* ❶ (*have an account*) ein Bankkonto haben; (*transact*) Bankgeschäfte machen; ■**to** ~ **with** [*or* **at**] **sb** bei jdm ein Konto haben; **where do you** ~? bei welcher Bank sind Sie? ❷ AM (*work in banking*) in [*o* bei] einer Bank arbeiten ❸ (*in gambling*) die Bank halten **III.** *vt* **to** ~ **money** Geld [auf [*o* bei] der Bank] einzahlen; **to** ~ **valuables** Wertsachen [in [*o* bei] einer Bank] deponieren

◆**bank on** *vi* ■**to** ~ **on sth** (*rely on*) sich *akk* auf etw *akk* verlassen, auf etw *akk* zählen; (*expect*) mit etw *dat* rechnen; **can I** ~ **on your support?** kann ich auf dich zählen?; ■**to** ~ **on sb doing sth** sich *akk* darauf verlassen, dass jd etw tut

bank·abil·ity [ˌbæŋkə'bɪləti, AM -ti] *n* Ertragsfähigkeit *f,* Marktwert *m*

bank·able ['bæŋkəbl̩] *adj* ❶ FIN bankfähig, diskontierbar *fachspr;* ~ **assets** bankfähige Vermögenswerte ❷ (*successful*) gewinnbringend, einträglich

'bank ac·count *n* Bankkonto *nt* **'bank bal·ance** *n* Kontostand

m **'bank book** *n* Sparbuch *nt* **'bank card** *n* Scheckkarte *f* **'bank charges** *npl* Kontoführungsgebühren *pl,* Kontoführungskosten *pl,* Bankgebühren *pl* **'bank clerk** *n* Bankangestellte(r) *f(m)* **'bank draft** *n* Bankscheck *m,* Bankwechsel *m*
bank·er ['bæŋkəʳ, AM -kɚ] *n* ❶ (*in bank*) Banker(in) *m(f) fam* ❷ (*in gambling*) Bankhalter(in) *m(f)*
'bank·er's card *n* Scheckkarte *f* **'bank·er's draft** *n* Bankscheck *m,* Bankwechsel *m* **'bank·er's or·der** *n* Dauerauftrag *m*
bank 'holi·day *n* ❶ BRIT öffentlicher Feiertag ❷ AM Bankfeiertag *m*

i Kultur

Ein **bank holiday** ist einer der ursprünglich etwa 30 Feiertage, die von der Bank of England als Urlaubstage gerechnet wurden. Heute ist ein **bank holiday** ein *public holiday – gesetzlicher Feiertag.*

bank·ing ['bæŋkɪŋ] **I.** *n* Bankwesen *nt,* Bankgeschäft *nt,* Bankgewerbe *nt;* **to be in ~** bei einer Bank arbeiten **II.** *n modifier* (*business, facilities*) Bank-
'bank·ing hours *npl* Schalterstunden *pl,* Öffnungszeiten *pl* [einer Bank]
'bank ma·chine *n* Geldautomat *m* **bank 'man·ag·er** *n* Zweigstellenleiter(in) *m(f)* einer Bank, Filialleiter(in) *m(f)* einer Bank **'bank·note** *n* Banknote *f,* Geldschein *m* **'bank rate** *n* Diskontsatz *m,* amtlicher Diskont **'bank rob·ber** *n* Bankräuber(in) *m(f)* **'bank rob·bery** *n* Bankraub *m,* Banküberfall *m* **'bank·roll I.** *n* (*bank notes*) Banknotenrolle *f,* Banknotenbündel *nt,* Bündel *nt* Geldscheine; (*fig fam*) finanzielle Mittel, Geldmittel *pl* **II.** *vt* (*fam*) ■**to ~ sb** jdm finanziell unter die Arme greifen *fam;* **to ~ a project** ein Projekt finanzieren
bank·rupt ['bæŋkrʌpt] **I.** *adj* ❶ (*insolvent*) bankrott, zahlungsunfähig; **to go ~** in Konkurs gehen, Bankrott machen *fam* ❷ (*deficient*) arm; **this book is ~ of plot** in diesem Buch gibt es keine Handlung; **to be ~ of ideas** keine Ideen haben; **to be morally ~** (*fig*) moralisch verarmt sein; **to be politically ~** politisch erledigt [*o* ruiniert] sein **II.** *vt* ■**to ~ sb/sth** *person, company* jdn/etw [finanziell] ruinieren **III.** *n* Konkursschuldner *m,* Gemeinschuldner *m,* Bankrotteur *m;* **to declare sb a ~** jdn für zahlungsunfähig [*o* zum Gemeinschuldner] erklären
bank·rupt·cy ['bæŋkrʌp(t)si] *n* ❶ *no pl* (*insolvency*) Bankrott *m,* Konkurs *m;* **to be forced into ~** in den Bankrott [*o* Konkurs] getrieben werden ❷ (*individual case*) Konkursfall *m* ❸ *no pl* (*fig*) **moral ~** moralische Verarmung
'bank·rupt·cy proceedings *npl* Konkursverfahren *nt*
bank 'sort code *n* BRIT Bankleitzahl *f* **'bank state·ment** *n* Kontoauszug *m,* Bankauszug *m* **'bank trans·fer** *n* Überweisung *f*
ban·ner ['bænəʳ, AM -ɚ] **I.** *n* ❶ (*sign*) Transparent *nt,* Spruchband *nt* ❷ (*flag*) Banner *nt,* Fahne *f;* **to carry the ~ of sth** (*fig*) sich *dat* etw auf seine Fahne geschrieben haben *fig;* **to carry the ~ of freedom** (*fig*) die Fahne des Friedens hochhalten *fig;* **under the ~ of sth** (*fig*) unter dem Banner einer S. *gen* **II.** *adj attr* AM *year* überragend, ausgezeichnet, erstklassig
ban·ner 'head·line *n* Schlagzeile *f,* Balkenüberschrift *f*
ban·nis·ter *n see* **banister**
ban·nock ['bænək] *n runder, flacher und ungesäuerter Kuchen aus Hafer- oder Gerstenmehl*
banns [bænz] *npl* Aufgebot *nt;* **to forbid the ~** Einspruch gegen die Eheschließung erheben; **to publish the ~** das Aufgebot verkünden [*o* aushängen]
ban·quet ['bæŋkwɪt] **I.** *n* Bankett *nt,* [offizielles] Festessen **II.** *vi* festlich speisen, tafeln **III.** *vt* **to ~ sb on fine food and drink** jdn festlich bewirten
'ban·quet hall *n,* **ban·quet·ing hall** ['bæŋkwɪtɪŋ,hɔːl, AM -t̬ɪŋ] *n* Bankettsaal *m,* Festsaal *m*
ban·quette [ˌbæŋ'ket] *n* gepolsterte Sitzbank
ban·shee ['bænʃiː] *n* IRISH Todesfee *f,* Banshee *f;* **to wail** [*or* **howl**] **like a ~** gespenstisch heulen
ban·tam ['bæntəm, AM -t̬əm] **I.** *n* ❶ (*chicken*) Bantamhuhn *nt,* Zwerghuhn *nt* ❷ (*fig: person*) *energische, aggressive kleine Person* ❸ CAN SPORTS (*player under 15*) Bantam *m o f* **II.** *n modifier* (*for players under 15*) Bantam-; **~ hockey league** Bantam-Hockeyliga *f*
ban·tam·weight *n* ❶ (*sportsman*) Boxer(in) *m(f)* im Bantamgewicht, Bantamgewichtler(in) *m(f)* ❷ (*weight class*) Bantamgewicht *nt* (*bis 54 kg*)
ban·ter ['bæntəʳ, AM -t̬ɚ] **I.** *n no pl* scherzhaftes Gerede, heitere Neckerei **II.** *vi* herumscherzen, Späße machen; ■**to ~ with sb** mit jdm herumscherzen
ban·ter·ing ['bæntᵊrɪŋ] *adj* scherzhaft, neckend
Ban·tu <*pl* - *or* -s> ['bæntuː] *n* ❶ (*African*) Bantu *m o f;* SA (*dated or pej!: offensive term*) Bantuneger(in) *m(f) pej* ❷ (*language*) Bantu *nt*
ban·yan ['bænjæn, AM -jən] *n* Banyanbaum *m,* indischer Feigenbaum
ban·zai ['bænzaɪ, AM bɑːnz-] *interj japanischer Schlachtruf/Hochruf*
bao·bab ['beɪəʊbæb, AM -oʊ-] *n* Baobab *m,* Affenbrotbaum *m*
BAOR *n* (*hist*) *abbrev of* **British Army of the Rhine** Britische Rheinarmee
bap [bæp] *n* BRIT *weiches rundes Brötchen* [*für Sandwich*]
bap·tism ['bæptɪzᵊm] *n* Taufe *f;* **~ of fire** Feuertaufe *f fig*
bap·tis·mal [bæp'tɪzmᵊl] *adj* Tauf-; **~ certificate** Taufschein *m;* **~ font** Taufstein *m,* Taufbecken *nt*
bap·tist ['bæptɪst] *n* Täufer *m;* **John the B~** Johannes der Täufer
Bap·tist ['bæptɪst] **I.** *n* Baptist(in) *m(f)* **II.** *n modifier* (*minister, congregation*) Baptisten-; **the B~ Church** die Kirche der Baptisten, die Baptistengemeinde
bap·tist·(e)ry ['bæptɪstᵊri] *n* ❶ (*building*) Baptisterium *nt fachspr,* Taufkapelle *f* ❷ (*basin*) Taufbecken *nt,* Taufstein *m*
bap·tize [bæp'taɪz, AM 'bæp-] *vt* ■**to ~ sb** jdn taufen; **I was ~d Elizabeth** ich wurde [auf den Namen] Elisabeth getauft; **to be ~d a Protestant/Catholic** protestantisch/katholisch getauft werden
bar [bɑːʳ, AM bɑːr] **I.** *n* ❶ (*long rigid object*) Stange *f,* Stab *m; of a cage, cell* Gitterstab *m;* **to be behind ~s** hinter Schloss und Riegel sein ❷ (*in shape of bar*) **a ~ of chocolate** ein Riegel *m* Schokolade; **a ~ of gold** ein Goldbarren *m;* **a ~ of soap** ein Stück *nt* Seife ❸ (*band of colour*) Streifen *m,* Band *nt;* **~ of light** Lichtstrahl *m* ❹ BRIT (*heating element*) *Heizelement in künstlichen Kaminen* ❺ MIL *Querstreifen eines Rangabzeichens* ❻ BRIT (*marking end*) *Schranke oder Grenzlinie im House of Commons* ❼ (*sandbank*) Barre *f,* Sandbank *f* ❽ (*obstacle*) Hemmnis *nt,* Hindernis *nt;* **to be a ~ to sth** einer S. *dat* im Wege stehen ❾ (*for drinking*) Lokal *nt,* Bar *f;* (*counter*) Bar *f,* Theke *f;* **the man behind the ~** der Mann hinter dem Tresen *fam* ❿ (*small shop*) Imbiss *m* ⓫ LAW Gerichtshof *m;* **to be called to the ~** als Anwalt zugelassen werden ⓬ MUS Takt *m;* **three-four ~** Dreivierteltakt *m* **II.** *vt* <-rr-> ❶ (*fasten*) ■**to ~ sth** *door, window* etw verriegeln [*o* versperren] ❷ (*obstruct, hinder*) ■**to ~ sth** *road* etw blockieren; **the centre of the town was ~red off to football supporters** das Stadtzentrum war für Fußballfans gesperrt; **to ~ sb's way/path** jdm den Weg verstellen [*o* versperren] ❸ (*prohibit*) ■**to ~ sth** etw verbieten [*o* untersagen]; ■**to ~ sb from sth** jdn von etw *dat* ausschließen; ■**to be ~red from doing sth** bei etw *dat* nicht zugelassen werden; **he was ~red from playing for England** er durfte nicht für England antreten **III.** *prep* außer, ausgenommen, abgesehen von; **~ one** außer einem; **~ none** [alle] ohne Ausnahme, ohne Einschränkung, ausnahmslos
Bar [bɑːʳ, AM bɑːr] *n* LAW ■**the ~** ❶ BRIT, AUS (*in higher courts*)

B

die höhere Anwaltschaft; **to be called to the ~** als Anwalt/Anwältin vor höheren Gerichten zugelassen werden ② AM (*all lawyers*) die Anwaltschaft; **to be admitted to the ~** als Anwalt/Anwältin [vor Gericht] zugelassen werden

barb [bɑːb, AM bɑːrb] *n* ① *of hook, arrow* Widerhaken *m,* Stachel *m* ② (*insult*) Gehässigkeit *f,* Spitze *f,* bissige [*o* spitze] Bemerkung

Bar·ba·dian [bɑːˈbeɪdiən, AM bɑːr-] **I.** *n* Barbadier(in) *m(f)* **II.** *adj* barbadisch

bar·bar·ian [bɑːˈbeəriən, AM bɑːrˈber-] *n* ① HIST Barbar(in) *m(f)* ② (*fig, pej: uncultured person*) Barbar(in) *m(f) fig, pej*

bar·bar·ic [bɑːˈbærɪk, AM bɑːrˈber-] *adj* ① (*cruel*) barbarisch, grausam ② (*fig: uncultured*) unkultiviert, ungesittet, primitiv

bar·bari·cal·ly [bɑːˈbærɪkᵊli, AM bɑːrˈber-] *adv* barbarisch, grausam

bar·bar·ism [ˈbɑːbᵊrɪzᵊm, AM ˈbɑːr-] *n no pl* ① (*uncultureedness*) Barbarei *f,* Unkultiviertheit *f* ② (*cruelty*) Barbarei *f,* Grausamkeit *f;* **acts of ~** Gräueltaten *fpl,* Grausamkeiten *fpl* ③ LING [Sprach]barbarismus *m*

bar·bar·ity [bɑːˈbærəti, AM bɑːrˈbærət̬i] *n* Barbarei *f,* Grausamkeit *f*

bar·ba·ri·za·tion [ˌbɑːbəraɪˈzeɪʃᵊn, AM ˌbɑːr-] *n no pl* Verrohung *f,* Entmenschlichung *f*

bar·ba·rize [ˈbɑːbəraɪz, AM ˈbɑːr-] **I.** *vt* ■**to ~ sth** etw verrohen [*o* verwildern] lassen **II.** *vi* verrohen, verwildern

bar·ba·rous [ˈbɑːbᵊrəs, AM ˈbɑːr-] *adj* (*form, liter*) *act, treatment* grausam, roh, barbarisch

bar·ba·rous·ly [ˈbɑːbᵊrəsli, AM ˈbɑːr-] *adv* auf barbarische Weise, barbarisch

bar·ba·rous·ness [ˈbɑːbᵊrəsnəs, AM ˈbɑːr-] *n no pl* Rohheit *f,* Grausamkeit *f,* Barbarei *f*

bar·be·cue [ˈbɑːbɪkjuː, AM ˈbɑːr-] **I.** *n* ① (*utensil*) Grill *m,* Bratrost *m* ② (*event*) Grillparty *f;* **to have a ~** grillen **II.** *vt* ■**to ~ sth** etw grillen

bar·be·cue ˈsauce *n* Barbecue-Soße *f,* Grillsoße *f*

barbed [bɑːbd, AM bɑːrbd] *adj attr* ① *hook, arrow* mit Widerhaken [*o* Stacheln] ② (*fig: hurtful, unkind*) scharf *fig,* verletzend *fig;* **~ wit** beißender Humor; **~ joke** boshafter Witz; **~ comment** bissiger Kommentar; **~ remark** bissige [*o* spitze] Bemerkung

barbed ˈwire *n* Stacheldraht *m*

barbell [ˈbɑːbel, AM ˈbɑːr-] *n* Hantel *f*

bar·ber [ˈbɑːbəʳ, AM ˈbɑːrbɚ] *n* [Herren]friseur *m;* **to go to the ~'s** zum Friseur gehen

ˈbar·ber·shop *n* AM Friseurgeschäft *nt,* Friseurladen *m* (*für Herren*) **bar·ber·shop quar·ˈtet** *n* MUS Barbershop-Quartett *nt*

bar·bie [ˈbɑːbi, AM ˈbɑːr-] *n* AUS (*fam*) *short for* **barbecue** (*utensil*) Grill *m;* (*event*) Grillparty *f*

Bar·bie doll® [ˈbɑːbi, AM ˈbɑːr-] *n* Barbie[-Puppe]® *f*

bar·bi·tal [ˈbɑːrbɪt̬ᵊl] *n no pl* AM, **bar·bi·tone** [ˈbɑːbɪtəʊn, AM ˈbɑːrbətoʊn] *n* PHARM Barbital *nt fachspr*

bar·bi·tu·rate [ˈbɑːbɪtʃᵊrət, AM ˈbɑːr-] *n* Barbiturat *nt fachspr,* Schlafmittel *nt*

Bar·bour jack·et® [ˈbɑːbəʳ, AM ˈbɑːrbɚ-] *n* Barbour-Jacke® *f* (*gewachste Allwetterjacke*)

Bar-B-Q [ˈbɑːbɪkjuː, AM ˈbɑːr-] *n* (*fam*) *see* **barbecue**

barb·wire [ˈbɑːrbwaɪɚ] *n no pl* AM *see* **barbed wire**

ˈbar chart *n* Histogramm *nt,* Säulendiagramm *nt,* Balkendiagramm *nt* **ˈbar code** *n* Strichcode *m,* EAN-Code *m,* Balkencode *m* **ˈbar cod·ed** *adj* mit Strichkodierung *nach n* **ˈbar code read·er** *n,* **ˈbar code scan·ner** *n* Strichcodeleser *m,* Strichcodescanner *m*

bard [bɑːd, AM bɑːrd] *n* (*liter*) Barde *m poet,* Sänger *m poet o iron,* Dichter *m;* **the B~ of Avon** Shakespeare

bare [beəʳ, AM ber] **I.** *adj* ① (*unclothed*) nackt, bloß; **in ~ feet** barfuß; **to do sth with one's ~ hands** (*fig*) etw mit seinen bloßen Händen tun; **with ~ midriff** nabelfrei; **to be ~ to the waist** einen nackten Oberkörper haben ② (*uncovered*) **~ branch** kahler Ast; **~ landscape** karge Landschaft ③ (*empty*) *cupboard* leer; **the room was ~ of furniture** in dem Zimmer standen keinerlei Möbel ④ (*unadorned*) bloß, nackt, schlicht; **the ~ facts** die nackten Tatsachen; **the ~ truth** die ungeschminkte [*o* nackte] Wahrheit; **to lay sth ~** etw freilegen; **to lay ~ the truth** (*fig*) die Wahrheit ans Licht bringen ⑤ (*basic*) **the ~ minimum** das absolute Minimum; **the ~ necessities** [*or* **essentials**] [**of life**] das [zum Leben] Allernotwendigste ▸ PHRASES: **the ~ bones** [**of a story**] die Grundzüge [einer Geschichte] **II.** *vt* ■**to ~ sth** etw entblößen; **to ~ one's head** den Hut abnehmen [*o* ziehen]; **to ~ one's heart/soul to sb** jdm sein Herz ausschütten, sich *akk* jdm anvertrauen; **to ~ one's teeth** die Zähne zeigen [*o* fletschen]

ˈbare·back I. *adj inv* ohne Sattel, ungesattelt; **~ rider** *Reiter auf einem ungesattelten Pferd* **II.** *adv inv* **to ride ~** (*without a saddle*) ohne Sattel reiten; (*sl: have unprotected sex*) ungeschützten Sex haben **ˈbare·faced** *adj* (*pej*) unverhüllt, schamlos, unverfroren; **~ lie** unverschämte Lüge **ˈbare·foot, bare·ˈfoot·ed I.** *adj inv* barfüßig, barfuß **II.** *adv inv* barfuß **bare·ˈhead·ed I.** *adj inv* barhäuptig, ohne Kopfbedeckung **II.** *adv inv* ohne Kopfbedeckung **bare in·ˈfini·tive** *n* LING einfache Infinitivform **bare-ˈknuck·le** [ˌbeəˈnʌkl̩, AM ˌber-] *adj attr* ① ohne Boxhandschuhe ② (*fig*) brutal **bare-ˈknuck·led** [ˌbeəˈnʌkl̩d, AM ˌber-] *adj attr* brutal **bare-ˈleg·ged** *adj* mit bloßen Beinen

bare·ly [ˈbeəli, AM ˈber-] *adv inv* ① (*hardly*) kaum; **we ~ made it on time** wir haben es gerade noch rechtzeitig geschafft; **he looked at us with ~ concealed hostility** er machte kaum Anstrengungen, seine Feindseligkeit vor uns zu verbergen ② (*scantily*) karg, spärlich, dürftig; **~ furnished** spärlich möbliert

bare·ness [ˈbeənəs, AM ˈber-] *n of a person* Nacktheit *f,* Blöße *f; of a landscape* Kargheit *f,* Kahlheit *f; of a room* Leere *f*

barf [bɑːf, AM bɑːrf] **I.** *vi esp* AM (*fam!*) kotzen *derb* **II.** *n no pl* Kotze *f derb*

ˈbarf bag *n* AM (*fam!*) Kotztüte *f derb*

bar·fly *n* (*fam*) Kneipenhocker(in) *m(f) fam*

bar·gain [ˈbɑːgɪn, AM ˈbɑːr-] **I.** *n* ① (*agreement*) Handel *m,* Geschäft *nt;* **to drive a hard ~** hart verhandeln, einen harten Verhandlungskurs fahren; **to keep one's side of the ~** seinen Anteil [des Abkommens] erfüllen; **to strike** [*or* **make**] **a ~** einen Handel machen; (*reach an agreement*) eine Übereinkunft [*o* Verabredung] treffen ② (*good buy*) guter Kauf; **what a ~!** das ist aber günstig! [*o* ja geschenkt!]; **a real ~** ein echtes Schnäppchen *fam* ▸ PHRASES: **into the ~** darüber hinaus, obendrein, noch dazu **II.** *n modifier* **~ buy** Preisschlager *m;* **~ counter** Sonderangebotstisch *m,* Theke *f* für Sonderangebote; **~ offer** Sonderangebot *nt;* **~ rate** Sonderpreis *m;* **~ table** Tisch *m* mit Sonderangeboten **III.** *vi* ① (*negotiate*) ■**to ~** [**with sb**] [mit jdm] [ver]handeln; ■**to ~ for sth** um etw *akk* feilschen ② (*expect*) ■**to ~ that ...** damit rechnen [*o* davon ausgehen], dass ...

◆**bargain away** *vt* ■**to ~ away** ⊂ **sth** sich *dat* etw abhandeln lassen; **I've ~ed away my freedom** ich habe meine Freiheit geopfert

◆**bargain for** *vi* ■**to ~ for sth** ① (*negotiate for*) um etw *akk* verhandeln; (*at the market*) um etw *akk* feilschen ② (*reckon with*) etw erwarten, mit etw *dat* rechnen; **to get more than one ~ed for** eine unangenehme Überraschung erleben

◆**bargain on** *vi* ■**to ~ on sth** auf etw *akk* zählen, sich *akk* auf etw *akk* verlassen

bar·gain ˈbase·ment *n* AM Untergeschoss *nt* mit Sonderangeboten **ˈbar·gain-base·ment** *n modifier* (*prices, suit*) Billig- **ˈbar·gain bin** *n* Wühlkorb *m* **ˈbar·gain-bin** *n modifier* (*sweater*) Ausverkaufs-, reduziert **ˈbar·gain hunt·er** *n* Schnäppchenjäger(in) *m(f) fam*

bar·gain·ing [ˈbɑːgɪnɪŋ, AM ˈbɑːr-] **I.** *n no pl* [Ver]handeln *nt* **II.** *n modifier* (*framework, position*) Verhandlungs-

'bar·gain·ing chip *n*, **'bar·gain·ing counter** *n* BRIT Trumpfkarte *f* [bei Verhandlungen] *fig* **'bar·gain·ing power** *n* Verhandlungsstärke *f*, Verhandlungsmacht *f* **'bar·gain·ing table** *n* **to let sb sit at the ~** jdn an den Verhandlungstisch bitten

'bar·gain price *n* Sonderpreis *m*, Spottpreis *m fam* **'bar·gain sale** *n* Verkauf *m* zu herabgesetzten Preisen, Ausverkauf *m* **'bar·gain ta·ble** *n* Wühltisch *m*

barge [bɑːdʒ, AM bɑːrdʒ] **I.** *n* (*for cargo*) Lastschiff *nt*, Lastkahn *m*; (*for pleasure*) Prunkschiff *nt*, Galaboot *nt* **II.** *vi* ❶ (*dash*) rempeln; **they ~d through the crowd** sie drängten sich durch die Menge; ■**to ~ into sb** in jdn hineinlaufen, jdn anrempeln ❷ (*push*) drängeln, schieben **III.** *vt* **to ~ one's way through sth** sich *dat* seinen Weg durch etw *akk* bahnen, sich *akk* durch etw *akk* durchkämpfen; **to ~ one's way to the front** sich *akk* nach vorne drängeln

◆**barge in** *vi* (*enter*) hereinplatzen *fam*, hereinstürmen *fam*; (*interrupt*) ins Wort fallen; **sorry to ~ in ...** entschuldigen Sie, wenn ich Sie unterbreche ...; **to ~ in on a meeting** in ein Treffen hineinplatzen

'bar graph *n* Histogramm *nt*, Säulendiagramm *nt*, Balkendiagramm *nt* **'bar·hop·ping** *n esp* AM *no pl* Kneipentour *f*, Sauftour *f fam*; **to go ~** von einer Kneipe in die nächste ziehen, eine Kneipentour machen

bar·ite ['bɑːraɪt] *n no pl* CHEM Baryt *m fachspr*, Schwerspat *m*

bari·tone ['bærɪtəʊn, AM 'berətoʊn] **I.** *n* Bariton *m*, Baritonstimme *f* **II.** *n modifier* (*voice, sax*) Bariton-

bar·ium ['beəriəm, AM 'ber-] *n no pl* CHEM Barium *nt*

'bar·ium meal *n* BRIT, AUS, AM **bar·ium 'sul·fate** *n Kontrastflüssigkeit* [*mit Bariumsulfat*]

bark[1] [bɑːk, AM bɑːrk] *n no pl* (*part of tree*) [Baum]rinde *f*, Borke *f*

bark[2] [bɑːk, AM bɑːrk] **I.** *n* (*animal cry*) Bellen *nt*; (*fig*) Anblaffen *nt fam*, Anschnauzen *nt fam*; **to give a ~** bellen ▶ PHRASES: **sb's ~ is worse than his/her <u>bite</u>** Hunde, die bellen, beißen nicht **II.** *vi* (*give a bark*) bellen ▶ PHRASES: **to ~ up the wrong <u>tree</u>** auf dem Holzweg sein *fig*

◆**bark out** *vt* ■**to ~ out** ↔ **sth** etw [barsch] bellen

'bar·keep *n*, **'bar·keep·er** *n* AM ❶ (*bar owner*) Barbesitzer(in) *m(f)*, [Gast]wirt(in) *m(f)* ❷ (*server of drinks*) Barkeeper *m*, Barmixer *m*, Barmann *m*

bark·ing ['bɑːkɪŋ] *adv* BRIT (*fam*) verrückt; **to be ~ mad** total durchgeknallt sein *fam*, einen Hau haben *sl*

bar·ley ['bɑːli, AM 'bɑːr-] *n no pl* Gerste *f*; **pearl ~** Gerstengraupen *fpl*, Perlengraupen *fpl*

'bar·ley sug·ar *n hartes, beigefarbenes Zuckerbonbon* **'bar·ley wa·ter** *n Gerstenwasser mit Zitronen- oder Orangengeschmack*

'bar line *n* MUS Taktstrich *m* **'bar·maid** *n* Bardame *f* **'bar·man** *n* Barmann *m*, Barkeeper *m*, Barmixer *m*

bar mitz·vah [bɑː'mɪtsvə, AM bɑːr-] *n* ❶ (*ritual*) Bar Mizwa *f* ❷ (*boy*) Bar-Mizwa *m*

bar·my ['bɑːmi, AM 'bɑːr-] *adj esp* BRIT (*fam*) bekloppt *fam*, bescheuert *fam*; *idea also* blödsinnig *fam*; *person also* plemplem *fam*

barn [bɑːn, AM bɑːrn] *n* Scheune *f*, Scheuer *f* DIAL; (*for animals only*) [Vieh]stall *m*

bar·na·cle ['bɑːnəkl̩, AM 'bɑːrn-] *n* ZOOL Rankenfußkrebs *m*, Rankenfüßer *m*

'barn dance *n Tanzveranstaltung mit ländlicher Musik*

Barney ['bɑːni, AM 'bɑːr-] *n* (*sl*) *jd, der eine tolle* [*Surf*]*ausrüstung hat, die Sportart aber nicht beherrscht*

bar·ney ['bɑːni] *n* BRIT Krach *m fam*, Streit *m*; **to have a ~ with sb** mit jdm Krach haben *fam*

'barn owl *n* ORN Schleiereule *f* **'barn·storm** **I.** *vi esp* AM [Wahl]reden haltend durch die Provinz ziehen **II.** *vt esp* AM **to ~ the country** im Wahlkampf [*o* wahlkämpfend] durchs Land ziehen **'barn·yard** ['bɑːnjɑːd, AM 'bɑːrnjɑːrd] *n esp* AM [Bauern]hof *m*

ba·rom·eter [bə'rɒmɪtəʳ, AM -'rɑːmət̬ɚ] *n* Barometer *nt*; (*fig*) [Stimmungs]barometer *nt*, Stimmungsmesser *m*

baro·met·ric(al) [ˌbærə(ʊ)'metrɪk, AM ˌberə-] *adj* barometrisch, Barometer-; **~ pressure** Luftdruck *m*, atmosphärischer Druck

bar·on ['bærən, AM 'ber-] *n* Baron *m*, Freiherr *m*; (*fig*) Magnat *m*, Baron *m fig*; **drug ~** Drogenbaron *m sl*; **oil ~** Ölmagnat *m*; **press ~** Pressezar *m*

Bar·on ['bærən, AM 'ber-] *n* Baron *m* (*als Anrede*)

bar·on·ess ['bærənəs, AM 'ber-] *n* Baronin *f*, Baronesse *f*, Freifrau *f*

Bar·on·ess ['bærənəs, AM 'ber-] *n* Baronin *f* (*als Anrede*)

bar·on·et ['bærənɪt, AM 'ber-] *n* Baronet *m*

bar·on·et·cy ['bærənɪtsi, AM 'ber-] *n* Baronetstand *m*, Baronetswürde *f*

ba·ro·nial [bə'rəʊniəl, AM -'roʊ-] *adj* ❶ (*great*) fürstlich, herrschaftlich, großartig ❷ (*of a baron*) (*insignia, crest*) Barons-

baro·ny ['bærəni, AM 'ber-] *n* Baronie *f*, Machtbereich *m* eines Barons/einer Baronin

ba·roque [bə'rɒk, AM -'roʊk] **I.** *adj* barock, Barock- **II.** *n no pl* ■**the ~** der/das Barock

barque [bɑːk, AM bɑːrk] *n* ❶ (*sailing ship*) Bark *f* ❷ (*poet, liter: boat*) Barke *f*

bar·rack ['bærək] *vt* BRIT ■**to ~ sb** jdn ausbuhen

bar·rack·ing ['bærəkɪŋ] *n no pl* Pfeifen *nt*, Buhrufe *mpl*, Gejohle *nt fam*

bar·racks ['bærəks, AM 'ber-] *npl + sing/pl vb* ■**the ~** die Kaserne

bar·rack 'square *n* Kasernenhof *m*

bar·ra·cou·ta <*pl* - *or* -s> [ˌbærə'kuːtə, AM ˌberə'kuːt̬ə] *n* ❶ (*fish*) Hechtmakrele *f* ❷ NZ (*fam*) *längliches Brot*

bar·ra·cu·da <*pl* - *or* -s> [ˌbærə'kuːdə, AM ˌber-] *n* ❶ (*fish*) Barrakuda *m*, Pfeilhecht *m* ❷ AM (*fig*) Finanzhyäne *f*, Geldhai *m*

bar·rage ['bærɑː(d)ʒ, AM bə'rɑː(d)ʒ] **I.** *n* ❶ MIL Sperrfeuer *nt* ❷ (*rapid succession*) Hagel *m fig*, Flut *f fig*; **they received a ~ of criticism** es hagelte nur so an Kritik; **a ~ of complaints** eine Beschwerdeflut; **a ~ of questions** ein Schwall *m* von Fragen ❸ BRIT (*barrier*) Wehr *nt*, Staustufe *f*, Talsperre *f* **II.** *vt* **to be ~d with complaints/questions** mit Beschwerden/Fragen bombardiert werden

bar·rage bal·'loon *n* MIL Sperrballon *m*

barre [bɑːʳ, AM bɑːr] *n* [Ballett]stange *f*

bar·rel ['bærəl, AM *also* 'ber-] **I.** *n* ❶ (*container*) Fass *nt*, Tonne *f* ❷ (*measure for beer and oil*) Barrel *nt* ❸ *of an animal* Rumpf *m*, Leib *m* ❹ *of a gun* Lauf *m*, Schaft *m*; *of a cannon* Rohr *nt* ❺ *of a pen* Tank *m* ▶ PHRASES: **to be a ~ of <u>fun</u>** [*or* **<u>laughs</u>**] ein [echter] Spaßvogel sein *fam*; **I wouldn't say he's a ~ of laughs** er ist nicht gerade eine Stimmungskanone; **to have sb <u>over</u> a ~** jdn in der Hand haben *fam* **II.** *vi* <BRIT -ll- *or* AM *usu* -l-> (*fam*) rasen *fam* **III.** *vt* <BRIT -ll- *or* AM *usu* -l-> ■**to ~ sth** etw in Fässer [ab]füllen

bar·rel-'chest·ed *adj* ■**to be ~** einen breiten Brustkorb haben **'bar·rel or·gan** *n* MUS Drehorgel *f*, Leierkasten *m* **'bar·rel roll** *n* AVIAT Rolle *f* (*im Kunstflug*) **'bar·rel vault** *n* ARCHIT Tonnengewölbe *nt*

bar·ren ['bærən, AM *esp* 'ber-] *adj* ❶ *man, animal, plant* unfruchtbar, steril; (*old*) *woman* kinderlos; **a ~ landscape** eine karge [*o* öde] [*o* kahle] Landschaft ❷ (*producing no results*) nutzlos, zwecklos; **~ capital** totes Kapital ❸ (*fig: unproductive*) unproduktiv, unergiebig, dürftig; **to be of ~ results** kaum Erfolg haben; **~ years** magere Jahre

bar·ren·ness ['bærənnəs, AM *esp* 'ber-] *n of a plant, soil* Unfruchtbarkeit *f*, Sterilität *f*; *of a landscape* Kargheit *f*, Unergiebigkeit *f*; (*old*) *of a woman* Kinderlosigkeit *f*

bar·rette [bə'ret] *n* AM (*hair slide*) [Haar]spange *f*

bar·ri·cade ['bærɪkeɪd, ˌbærə'keɪd, AM 'berə-] **I.** *n* Barrikade *f* **II.** *vt* ■**to ~ sth** etw verbarrikadieren [*o* verrammeln]; ■**to ~ oneself into sth** sich *akk* in etw *dat* verschanzen [*o* verbarrikadieren]

bar·ri·er ['bæriər, AM 'beriər] *n* ❶ (*obstacle*) Barriere *f,* Hindernis *nt;* (*man-made*) Absperrung *f;* (*at railway station*) Schranke *f* ❷ (*preventing communication*) Barriere *f,* Hindernis *nt;* **language ~** Sprachbarriere *f*
'bar·ri·er cream *n* BRIT Hautschutzcreme *f* **'bar·ri·er reef** *n* Wallriff *nt,* vorgelagertes Riff; ■**the Great B~** das Große Barriereriff
bar·ring ['bɑːrɪŋ] *prep* ausgenommen, außer, abgesehen von; **we should arrive at ten o'clock ~ any unexpected delays** wenn es keine unerwarteten Verspätungen gibt, werden wir so um zehn ankommen
bar·rio [bɑːrioʊ] *n* AM Barrio *m* (*vorwiegend spanischsprachiges Viertel in amerikanischen Städten*)
bar·ris·ter ['bærɪstəʳ] *n,* **bar·ris·ter-at-law** [ˌbærɪstəʳətlɔː] *n* BRIT, AUS Barrister *m,* Rechtsanwalt *m*/Rechtsanwältin *f* [bei höheren Gerichten]
bar·row ['bærəʊ, AM 'beroʊ] *n* ❶ (*wheelbarrow*) Schubkarren *m* ❷ (*cart*) Wagen *m,* Karren *m*
'bar·row boy *n* Straßenverkäufer *m,* Straßenhändler *m* (*mit Karren*)
bar·ry [bɑːri] *adv* SCOT (*good*) großartig
'bar snack *n* [kleiner] Imbiss, Snack *m* **'bar stool** *n* Barhocker *m* **bar·tend·er** ['bɑːˌtendəʳ, AM 'bɑːrˌtendɚ] *n esp* AM Barkeeper *m,* Barmixer *m*
bar·ter ['bɑːtəʳ, AM 'bɑːrtɚ] **I.** *n no pl* Tausch[handel] *m,* Tauschgeschäft *nt* **II.** *vi* ❶ (*exchange of goods*) Tauschhandel [be]treiben; **to ~ for sth** um etw *akk* handeln [*o* feilschen]; ■**to ~ for sth with sth** etw gegen etw *akk* tauschen ❷ (*bargain*) [ver]handeln **III.** *vt* ■**to ~ sth for sth** etw gegen etw *akk* tauschen
bary·on ['bærɪɒn] *n* PHYS Baryon *nt*
bas·alt ['bæsɔːlt, AM bə'sɔːlt] *n no pl* GEOL Basalt *m*
base¹ [beɪs] **I.** *n* ❶ (*bottom*) *of mountain, tree, lamp* Fuß *m; of vase, glass* Boden *m; of statue, sculpture, column* Sockel *m,* Fuß *m;* ANAT *of spine* Basis *f,* Unterteil *nt;* **~ of the brain** Gehirnbasis *f* ❷ (*basis*) *of opinion* Grundlage *f; of research* Ausgangspunkt *m,* Basis *f* ❸ (*foundation*) Grundlage *f,* Basis *f,* Ausgangspunkt *m;* (*of paint*) Substrat *nt,* Grundstoff *m* ❹ (*main location*) Hauptsitz *m;* MIL Basis *f,* Stützpunkt *m,* Standort *m* ❺ (*main ingredient*) Hauptbestandteil *m,* Grundstoff *m* ❻ (*first ingredient used*) Grundlage *f,* Untergrund *m;* (*for painting*) Grundierung *f* ❼ CHEM Base *f,* Lauge *f* ❽ BIOL [Purin]base *f* ❾ MATH (*number*) Grundzahl *f,* Basis *f;* (*of triangle*) Basis *f,* Grundlinie *f,* Grundseite *f;* (*for solids*) Grundfläche *f* ❿ ELEC (*middle of transistor*) Basis[zone] *f* ⓫ LING (*primary morpheme*) [Wort]stamm *m;* (*root*) Wurzel *f* ⓬ SPORTS (*in baseball*) Mal *nt,* Base *f;* **to touch second ~** bis zur zweiten Base kommen ▸ PHRASES: **to get to first ~** *esp* AM (*fig fam*) etw erreichen, einen Schritt nach vorn machen; **to get to first ~ with sb** *esp* AM (*fam*) bei jdm landen können *fam;* **to be off ~** AM (*fam: be mistaken*) falschliegen; (*be surprised*) völlig überrascht sein; **to touch ~** *esp* AM sich *akk* mit jdm in Verbindung setzen, sich *akk* bei jdm melden **II.** *vt* ❶ ■**to be ~d** *firm* seinen Sitz haben; *soldier* stationiert sein ❷ (*taken from*) ■**to be ~d on sth** auf etw *dat* basieren [*o* beruhen] ❸ (*prove*) ■**to ~ sth on sth** *speculation* etw auf etw *akk* stützen [*o* gründen]
base² [beɪs] *adj* ❶ (*liter: immoral*) niederträchtig, gemein, feige, niedrig; **~ crime** niederträchtiges [*o* feiges] Verbrechen; **~ motives** niedere Beweggründe ❷ (*menial*) *work, job* niedrig, geringwertig, untergeordnet, minderwertig
'base·ball *n* ❶ (*game*) Baseball *m o nt* ❷ (*ball*) Baseball *m*

i Kultur

Baseball ist der amerikanische Nationalsport. Zwei Mannschaften zu je neun Spielern sind abwechselnd *up,* d.h. sie versuchen, *runs – Punkte* zu machen indem die Spieler vier *bases – Platten* nacheinander berühren, die in einem *diamond – Innenfeld* angeordnet sind. Der *pitcher – Werfer* der Gegenseite wirft den Ball und der *batter – Schlagmann* der Gegenmannschaft versucht, den Ball mit seinem Schläger zu treffen. Der **batter** muss mindestens die erste Platte erreichen, bevor die Gegenseite den Ball unter Kontrolle bekommt.

'base·ball cap *n* Baseballkappe *f,* Baseballmütze *f* **base·ball 'dia·mond** *n Spielfeld beim Baseball* **'base·ball jack·et** *n* Baseballjacke *f*
'base·board *n* AM Fußleiste *f,* Wandleiste *f* **'base camp** *n* Basislager *nt,* Versorgungslager *nt* **'base form** *n* LING Stammform *f,* Grundform *f* **'base·less** *adj* unbegründet, grundlos, aus der Luft gegriffen; **~ accusations/allegations** haltlose Anschuldigungen/Behauptungen; **to be completely ~** *accusations* jeglicher Grundlage entbehren **'base·line** *n* SPORTS ❶ (*in tennis, volleyball*) Grundlinie *f* ❷ (*in baseball*) *Verbindungslinie von einer Base zur nächsten*
base·ly ['beɪsli] *adv* niederträchtig, gemein, niedrig
'base·man *n* (*in baseball*) Baseman *m,* Spieler *m* an einer Base; **first/second/third ~** Spieler *m* an der ersten/zweiten/dritten Base
base·ment ['beɪsmənt] *n* (*living area*) Untergeschoss *nt,* Tiefgeschoss *nt,* Souterrain *nt;* (*cellar*) Keller *m,* Kellergeschoss *nt;* **~ flat** Souterrainwohnung *f*
base 'met·al *n* unedles Metall
base·ness ['beɪsnəs] *n no pl* ❶ (*liter*) *of a person* Niederträchtigkeit *f,* Gemeinheit *f; of a motive* Niedrigkeit *f* ❷ *of a task* Minderwertigkeit *f,* Unzulänglichkeit *f*
'base rate *n* BRIT FIN Leitzins *m,* Eckzins *m*
bases¹ ['beɪsiz] *n pl of* **base**
bases² ['beɪsiːz] *n pl of* **basis**
bash [bæʃ] **I.** *n* <*pl* -es> ❶ (*blow*) [heftiger] Schlag ❷ BRIT (*sl*) Versuch *m;* **to have a ~ at sth** etw [einmal] probieren, sein Glück mit etw *dat* versuchen ❸ (*sl: party*) Party *f,* Fete *f sl* **II.** *vi* ■**to ~ into sb/sth** mit jdm/etw zusammenstoßen **III.** *vt* ❶ (*hit hard*) ■**to ~ sb** jdn verhauen [*o* verprügeln]; **to ~ one's head/knee on sth** mit dem Kopf/Knie gegen etw *akk* knallen ❷ (*fam: criticize*) ■**to ~ sb** jdn [verbal] niedermachen; **you can ~ them all you want, but ...** du kannst über sie sagen, was du willst, aber ...
◆**bash on** *vi* BRIT (*fam*) ■**to ~ on [with sth]** [mit etw *dat*] weitermachen
◆**bash out** *vt* **to ~ out a report** schnell mal einen Bericht zusammenschreiben *fam;* **to ~ out a tune on the piano** ein bisschen auf dem Klavier herumklimpern
bash·ful ['bæʃfᵊl] *adj* (*in general*) schüchtern, verschämt, scheu; (*on particular occasion*) verlegen; **to feel ~ about doing sth** sich *akk* schämen [*o* genieren], etw zu tun
bash·ful·ly ['bæʃfᵊli] *adv* (*in general*) schüchtern, verschämt; (*on particular occasion*) verlegen
bash·ful·ness ['bæʃfᵊlnəs] *n no pl* (*in general*) Schüchternheit *f,* Verschämtheit *f;* (*on particular occasion*) Verlegenheit *f*
bash·ing ['bæʃɪŋ] *n no pl* Prügel *mpl;* **to take a ~** ganz schön was abkriegen *fam,* eine Abreibung bekommen
-bash·ing *in compounds* ❶ (*assault*) **queer-~** Zusammenschlagen *nt* von Schwulen, Überfälle *mpl* auf Schwule; (*criticism*) **union-~** Schlechtmachen *nt* der Gewerkschaften, Einprügeln *nt* auf die Gewerkschaften ❷ REL **Bible-~ Christian** *Christ, der auf die Bibel schwört*
ba·sic ['beɪsɪk] *adj* ❶ (*fundamental*) grundlegend, fundamental; ■**to be ~ to sth** grundlegend [*o* wesentlich] für etw *akk* sein; **to have a ~ command of sth** [nur] Grundkenntnisse in etw *dat* besitzen; **the ~ facts** das Wesentliche; **~ needs** elementare Bedürfnisse, Grundbedürfnisse *ntpl;* **~ requirements** Grundvoraussetzungen *fpl* ❷ (*elementary*) *terminology, ingredients* Grund-; **~ vocabulary** Grundwortschatz

m; ■**the** ~**s** *pl* die Grundlagen; **to go back to the** ~**s** zum Wesentlichen zurückkehren ③ *(very simple) accommodation, food* [sehr] einfach; *car* ohne viele Extras *präd* ④ CHEM basisch ⑤ GEOL basisch

BASIC ['beɪsɪk] *n no pl, no art* COMPUT *see* **Beginner's All-purpose Symbolic Instruction Code** BASIC *nt*

ba·si·cal·ly ['beɪsɪkᵊli] *adv* ① *(fundamentally)* im Wesentlichen, im Grunde, hauptsächlich ② *(fam: actually)* eigentlich, im Grunde; **this is** ~ **your best brand of speakers** dies ist im Grunde die beste Lautsprechermarke ③ *(very)* **I was** ~ **furious** ich war richtig [*o fam* echt] wütend

Ba·sic 'Eng·lish *n no pl auf 850 Wörter begrenzter englischer Wortschatz für die internationale Kommunikation* **ba·sic i'dea** *n* Grundidee *f* **ba·sic 'pay** *n (for blue-collar workers)* Grundlohn *m; (for white-collar workers)* Grundgehalt *nt* **ba·sic 'sala·ry** *n* Grundgehalt *nt* **ba·sic vo·'cabu·lary** *n* Grundwortschatz *m* **ba·sic 'wage(s)** *n* Grundlohn *m*

bas·il ['bæzᵊl, AM 'beɪzᵊl] *n no pl* Basilikum *nt*

ba·sili·ca [bə'zɪlɪkə, AM -sɪl-] *n* ARCHIT, REL Basilika *f*

ba·sin ['beɪsᵊn] *n* ① *(for cooking, washing)* Schüssel *f; (for mixing)* Rührschüssel *f; (washbasin)* Waschbecken *nt* ② *(round valley)* [Tal]kessel *m,* [Tal]mulde *f,* Becken *nt* ③ *(for mooring boats)* [Hafen]becken *nt* ④ *(for swimming)* Schwimmbecken *nt,* Bassin *nt*

ba·sis <*pl* **bases**> ['beɪsɪs, *pl* -si:z] *n* Grundlage *f,* Basis *f;* ■**to be the** ~ **for sth** als Grundlage für etw *akk* dienen; ■**on the** ~ **of sth** auf der Grundlage [*o* Basis] einer S. *gen;* **to do sth on a regular** ~ etw regelmäßig tun; **to do sth on a voluntary** ~ etw auf freiwilliger Basis tun

bask [bɑ:sk, AM bæsk] *vi* ① *(sit in the sun)* **to** ~ **in the sun** sich *akk* in der Sonne aalen *fam,* ein Sonnenbad nehmen ② *(fig)* ■**to** ~ **in sth** *approval, success* sich *akk* in etw *dat* sonnen *fig*

bas·ket ['bɑ:skɪt, AM 'bæskət] *n* ① *(container)* Korb *m* ② *(amount in basket)* Korb[inhalt] *m;* **two** ~**s of ...** zwei Körbe voll ... ③ FIN ~ **of currencies** Währungskorb *m* ④ SPORTS *(net)* [Basketball]korb *m* ⑤ SPORTS *(goal)* Korb *m;* **to score** [*or* **make**] **a** ~ einen Korb werfen ►PHRASES: **to be a** ~ **case** *(pej)* ein hoffnungsloser Fall sein

'bas·ket·ball I. *n* Basketball *m* **II.** *n modifier (coach, shoes, star, team)* Basketball- **'bas·ket·ful** *n* **a** [**whole**] ~ **of fruits/vegetables** ein [ganzer] Korb voll[er] Obst/Gemüse **'bas·ket·mak·ing** *n no pl* Korbflechterei *f,* Korbflechten *nt*

'bas·ketry ['bɑ:skɪtri, AM 'bæskət-] *n* ① *(craft)* Korbflechterei *f* ② *(baskets)* Korbwaren *fpl*

'bas·ket·work *n* ① *(making baskets)* Korbflechten *nt,* Korbflechterei *f* ② *(objects produced)* Korbwaren *fpl,* Korbarbeiten *fpl*

bask·ing shark ['bɑ:skɪŋʃɑ:k, AM 'bæskɪŋʃɑ:rk] *n* Riesenhai *m*

bas·ma·ti [bæs'mɑ:ti] *n,* **bas·ma·ti 'rice** *n no pl* Basmatireis *m*

basque [bæsk] *n* Schößchenjacke *f*

Basque [bæsk] **I.** *n* ① *(person)* Baske, -in *m, f* ② *(language)* Baskisch *nt* **II.** *adj* baskisch

bas-relief [ˌbɑ:rɪ'li:f] *n no pl* Basrelief *nt;* **to profile in** ~ das Profil eines Basreliefs anfertigen

bass¹ [beɪs] **I.** *n* ① *(voice)* Bass *m,* Bassstimme *f;* **to sing** ~ Bass singen ② *(singer)* Bass[sänger] *m,* Bassist *m* ③ *(on amplifier)* Bass *m* **II.** *n modifier (guitar, clarinet)* Bass-; ~ **drum** große Trommel, Basstrommel *f;* ~ **fiddle** Bassgeige *f;* ~ **viol** Gambe *f*

bass² [bæs] *n (fish)* Barsch *m*

bass 'clef [beɪs] *n* Bassschlüssel *m*

bas·set ['bæsɪt] *n,* **'bas·set hound** *n* Basset *m*

bas·si·net [ˌbæsɪ'net] *n (baby basket)* Babykorb *m; (with wheels)* Stubenwagen *m*

bass·ist ['beɪsɪst] *n* Bassist(in) *m(f)*

bas·soon [bə'su:n] *n* Fagott *nt*

bas·tard ['bɑ:stəd, AM 'bæstɚd] *n* ① *(pej: as abuse)* Dreckskerl *m pej derb,* Schweinehund *m pej derb,* Scheißkerl *m pej derb;* ■**to be a** [**real**] ~ **to sb** sich *akk* jdm gegenüber wie ein [echtes] Schwein verhalten *derb;* **you** ~**!** du Hund! *pej fam;* **to be a lucky** [*or* BRIT **jammy**] ~ *(hum)* ein verdammter Glückspilz sein *fam* ② *(sl: difficult)* **this crossword's a** ~ das Kreuzworträtsel hier ist eine verdammt harte Nuss *fam* ③ *(pej old: illegitimate child)* Bastard *m veraltet,* uneheliches Kind; ~ **son/daughter** unehelicher Sohn/uneheliche Tochter; **to be born a** ~ ein uneheliches Kind sein

bas·tardi·za·tion [ˌbɑ:stədaɪzeɪʃən, AM ˌbæstɚ-] *n no pl (of culture, language, tradition)* Verfälschung *f*

bas·tard·ize ['bɑ:stədaɪz, AM 'bæstɚ-] *vt* ■**to** ~ **sth** *language, art* etw verfälschen

bas·tard·ized ['bɑ:stədaɪzd, AM 'bæstɚ-] *adj* verfälscht, verhunzt *fam,* verschandelt *fam*

baste [beɪst] *vt* ■**to** ~ **sth** ① FOOD *roast, turkey* etw mit [Braten]saft beträufeln [*o* begießen] ② *(tack)* etw [an]heften

bas·ti·on ['bæstiən, AM -tʃən] *n* ① *(in fortification)* Bastion *f,* Bollwerk *nt,* Festung *f* ② *(sth which protects)* Bollwerk *nt fig,* Bastion *f fig,* Säule *f fig,* Stütze *f fig;* **a** ~ **of freedom** ein Bollwerk *nt* des Friedens

bat¹ [bæt] *n* ① *(animal)* Fledermaus *f* ② *(pej)* **an old** ~ eine alte Schrulle *fam o pej* ►PHRASES: **to have** ~**s in the belfry** eine Meise [*o* einen Vogel] haben *fam;* **like a** ~ **out of hell** als wäre der Teufel hinter einem her; **to be** [**as**] **blind as a** ~ blind wie ein Maulwurf sein

bat² [bæt] *vt (of eyelashes)* **to** ~ **one's eyelashes** mit den Wimpern klimpern; **to** ~ **one's eyelashes at sb** jdm zuzwinkern; **to not** ~ **an eyelid** *(fig)* nicht mal mit der Wimper zucken

bat³ [bæt] **I.** *n (in baseball, cricket)* Schläger *m,* Schlagholz *nt* ►PHRASES: [**right**] **off the** ~ AM *(immediately)* prompt, auf Anhieb, sofort; **to do sth off one's own** ~ BRIT *(fam)* etw auf eigene Faust tun *fam* **II.** *vi* <-tt-> SPORTS schlagen **III.** *vt* <-tt-> **to** ~ **the ball** den Ball schlagen

◆**bat around** <-tt-> *vt* AM *(fam)* **to** ~ **around the idea** [**of doing sth**] [*or* **to** ~ **the idea around** [**of doing sth**]] eine Idee ausführlich bequatschen *fam,* lange über einen Plan diskutieren

batch [bætʃ] **I.** *n* <*pl* **-es**> Schwung *m,* Stapel *m,* Stoß *m; of cookies, muffins, bread* Schub *m,* Ladung *f; of persons* Gruppe *f; of rules, regulations* Bündel *nt* **II.** *vt* ■**to** ~ **sth together** etw bündelweise zusammenfassen; COMPUT ■**to** ~ **sth** etw stapelweise [*o* als Stapel] verarbeiten

'batch-bake *vt* ■**to** ~ **sth: we** ~**d twenty-five chocolate cakes** wir haben gleich 25 Schokoladenkuchen auf einmal gebacken **'batch file** *n* COMPUT Batchdatei *f* **'batch mode** *n* COMPUT Stapelbetrieb *m* **batch 'pro·cess·ing** *n* COMPUT Stapelverarbeitung *f,* Batchverarbeitung *f*

bat·ed [beɪtɪd, AM -t̬ɪd] *adj* **with** ~ **breath** mit angehaltenem Atem

bath [bɑ:θ, AM bæθ] **I.** *n* ① *(tub)* [Bade]wanne *f; (room)* Bad[ezimmer] *nt* ② *(water)* Bad[ewasser] *nt;* **sorry, I'm in the** ~ tut mir leid, ich sitze gerade in der Badewanne; **to run** [**sb/oneself**] **a** ~ [jdm/sich] ein Bad einlassen [*o* einlaufen lassen] ③ *(washing)* Bad *nt;* **to give sb/sth a** ~ jdn/etw baden; **to have** [*or esp* AM **take**] **a** ~ ein Bad nehmen, baden ④ ■~**s** *pl* MED Bäder *pl; (spa town)* Heilbad *nt,* Kurbad *nt* ⑤ ■~**s** *pl,* + *sing/pl vb* BRIT, AUS *(dated: pool)* [Schwimm]bad *nt,* Badeanstalt *f* ⑥ CHEM *(liquid)* Bad *nt; (container)* Behälter *m* **II.** *n modifier (oil, water)* Bade-; ~ **essence** Badezusatz *m;* ~ **pillow** Kopfpolster *nt* für die Badewanne; ~ **rack** Badewannenablage *f;* ~ **rail** Badewannengriff *m;* ~ **scales** Personenwaage *f;* ~ **toys** Spielzeug *nt* für die Badewanne; ~ **window** Bad[ezimmer]fenster *nt* **III.** *vi* [sich *akk*] baden **IV.** *vt* **to** ~ **sb/a baby** jdn/ein Baby baden

'bath cube *n* BRIT Würfel *m* Badesalz

bathe [beɪð] **I.** *vi* ① BRIT *(swim)* schwimmen; **to** ~ **in sea water** in Meerwasser baden ② AM *(bath)* ein Bad nehmen, [sich *akk*] baden **II.** *vt* ① MED ■**to** ~ **sth** etw baden; **to** ~ **one's**

eyes ein Augenbad machen; **to ~ one's feet** ein Fußbad nehmen ❷ (*fig: cover*) **to be ~d in sweat** schweißgebadet sein; **to be ~d in tears** in Tränen aufgelöst sein; **the sun ~d the city in shades of gold** die Sonne tauchte die Stadt in goldenes Licht ❸ (*fig: surround*) ■**to be ~d in sth: he returned home ~d in the glory of his success** er kehrte heim und schwelgte im Glanz seines Erfolgs ❹ AM (*bath*) ■**to ~ sb/a baby** jdn/ein Baby baden **III.** *n no pl* (*dated*) Bad *nt*

bath·er ['beɪðəʳ, AM -ðɚ] *n* (*dated*) Badende(r) *f(m)*

bath·ing ['beɪðɪŋ] *n no pl* Baden *nt;* **to go ~** baden gehen

'bath·ing beach *n* Badestrand *m* **'bath·ing cap** *n* Bademütze *f,* Badekappe *f* **'bath·ing cos·tume** *n* BRIT, AUS (*dated*), **'bath·ing suit** *n* AM Badeanzug *m* **'bath·ing trunks** *npl* Badehose *f*

'bath mat *n* (*beside bath*) Wannenvorleger *m,* Badematte *f;* (*beside shower*) Duschvorleger *m;* (*inside bath*) Badewanneneinlage *f;* (*inside shower*) Duscheinlage *f*

ba·thos ['beɪθɒs, AM -θɑːs] *n no pl* (*liter*) Umschlag *m* ins Triviale, Bathos *nt fachspr,* Antiklimax *f fachspr*

'bath·robe *n* Bademantel *m*

'bath·room *n* ❶ (*room*) Bad[ezimmer] *nt;* **~ en suite** [*or* **en suite ~**] an das Schlafzimmer angrenzendes Bad ❷ AM, AUS (*lavatory*) Toilette *f;* **to go to the ~** auf die Toilette gehen **bath·room 'fit·tings** *npl* BRIT Badezimmerausstattung *f* **bath·room 'scales** *npl* [Personen]waage *f* **bath·room 'sink** *n* Waschbecken *nt* **bath·room 'tissue** *n* (*form*) Toilettenpapier *nt*

'bath salts *npl* Badesalz *nt kein pl* **'bath·time** *n* Badezeit *f* **'bath tow·el** *n* Bade[hand]tuch *nt* **'bath·tub** *n esp* AM (*bath*) Badewanne *f*

ba·tik [bæt'iːk, AM bə'tiːk] **I.** *n no pl* Batik *m o f* **II.** *adj attr, inv* Batik-

bat·man ['bætmən] *n esp* BRIT Offiziersbursche *m veraltet*

ba·ton ['bætᵊn, AM bə'tɑːn] *n* ❶ (*in conducting*) Taktstock *m,* Dirigentenstab *m* ❷ (*majorette*) [Kommando]stab *m;* **under the ~ of sb** unter der [Stab]führung einer Person *gen* ❸ (*in relay races*) Staffelholz *nt,* Stab *m;* **~ change** Stabwechsel *m* ❹ (*truncheon*) Schlagstock *m,* [Polizei]knüppel *m*

'ba·ton charge *n* BRIT Schlagstockeinsatz *m*

bats [bæts] *adj pred* (*pej fam*) ❶ (*confused*) bekloppt *fam;* ■**to be ~** nicht [mehr] alle Tassen im Schrank haben *fam;* **to go ~** überschnappen *fam* ❷ (*iron: enthusiastic*) ■**to be ~** aus dem Häuschen sein *fam;* **I wasn't exactly ~ about that** ich war nicht gerade entzückt darüber

bats·man *n* SPORTS Schlagmann *m,* Schläger *m* **bats·wom·an** *n* SPORTS Schlagfrau *f,* Schlägerin *f*

bat·tal·ion [bə'tæliən, AM -ljən] *n* Bataillon *nt*

bat·ten ['bætᵊn] **I.** *n* Latte *f,* Leiste *f;* **the sailors nailed ~s over the hatches** die Matrosen vernagelten die Lukendeckel mit Brettern **II.** *vt* ■**to ~ sth** etw mit Latten [*o* Brettern] befestigen **III.** *vi* ■**to ~ on sb** es sich *akk* auf jds Kosten gut gehen lassen; ■**to ~ on sth** sich *akk* an etw *dat* gütlich tun *geh;* (*fig*) sich *akk* an etw *dat* weiden

◆**batten down** *vt* ■**to ~ sth ⊂ down** etw mit Latten befestigen; NAUT etw verschalken *fachspr;* **to ~ down the hatches** die Luken dicht machen; (*fig fam*) sich *akk* auf etwas gefasst machen

bat·ter¹ ['bætəʳ, AM 'bæt̬ɚ] **I.** *n* [Back]teig *m* **II.** *vt* FOOD ■**to ~ sth** etw panieren

bat·ter² ['bætəʳ, AM 'bæt̬ɚ] **I.** *n* SPORTS Schlagmann *m* **II.** *vt* ❶ (*assault*) ■**to ~ sb** jdn verprügeln; ■**to ~ sth** auf etw *akk* einschlagen ❷ (*bruise or damage*) ■**to ~ sb** jdn böse [*o* übel] zurichten; ■**to ~ sth** *car* etw verbeulen **III.** *vi* schlagen; (*with fists*) hämmern; **the waves ~ed against the rocks** die Wellen schlugen gegen die Felsen

◆**batter down** *vt* ■**to ~ down ⊂ sth** *door* etw einschlagen; **to ~ down a wall** eine Wand niederreißen

◆**batter in** *vt* ■**to ~ in ⊂ sth** etw einschlagen

bat·tered ['bætəd, AM 'bæt̬ɚd] *adj* ❶ (*beaten, injured*) misshandelt, geschlagen; **~ wife house** Frauenhaus *nt* ❷ (*damaged*) böse zugerichtet; *car* verbeult; *clothes* abgetragen; *equipment* schadhaft; *furniture* ramponiert; *hat* zerbeult; *toys* beschädigt; (*fig*) **~ economy** angeschlagene Wirtschaft; **~ image** ramponiertes Image ❸ (*covered in batter*) in Teig gehüllt, paniert; **~ fish** panierter Fisch

bat·tered child 'syn·drome *n* Kindesmisshandlung *f*

bat·ter·ing ['bætᵊrɪŋ, AM 'bæt̬-] *n* ❶ (*attack*) Prügel *mpl,* Schläge *mpl;* **to give sb a ~** jdn verprügeln; **she'd been given many a ~ by her man** sie wurde oft von ihrem Mann misshandelt ❷ (*fam: defeat*) Niederlage *f;* **to take a ~** eine Niederlage einstecken *fam*

'bat·ter·ing ram *n* Rammbock *m;* MIL (*hist*) Sturmbock *m hist,* Belagerungswidder *m hist*

bat·tery ['bætᵊri, AM 'bæt̬-] *n* ❶ (*power*) Batterie *f;* **the ~ is** [*or* **has gone**] **dead** die Batterie ist leer; **batteries not included** ohne Batterien; **rechargeable ~** Akku *m,* Akkubatterie *f;* **solar ~** Solarbatterie *f;* **~-operated** [*or* **-powered**] batteriebetrieben ❷ (*large number*) Unmenge *f;* **a ~ of experts** eine [ganze] Reihe von Experten; **a ~ of questions** eine Unmenge [an [*o* von]] Fragen; **a ~ of criticism** eine Flut von Kritik ❸ (*weapons*) Batterie *f* ❹ *no pl* **assault and ~** (*aggression*) Bedrohung *f* mit tätlichem Angriff, tätliche Bedrohung; (*harming*) Körperverletzung *f*

'bat·tery charg·er *n* [Batterie]ladegerät *nt* **'bat·tery farm·ing** *n* BRIT, AUS Legebatterien *fpl* **'bat·tery hen** *n* BRIT, AUS Batteriehuhn *nt*

bat·ting ['bætɪŋ, AM -t̬-] *n no pl* SPORTS Schlagen *nt;* **to be good at ~** gut schlagen können

bat·tle ['bætl̩, AM 'bæt̬l̩] **I.** *n* ❶ MIL Kampf *m,* Gefecht *nt,* Schlacht *f;* **to join ~ with sb** sich *dat* mit jdm eine Schlacht liefern; **to have been killed in ~** [im Kampf] gefallen sein ❷ (*fig: struggle*) Kampf *m fig* (**against** gegen +*akk,* **for** für/um +*akk*); **~ of wills** Machtkampf *m;* **~ of wits** geistiger Wettstreit; **~ of words** Wortgefecht *nt;* **to do ~** kämpfen; **to fight a ~** einen Kampf führen ▸PHRASES: **to win the ~ but lose the war** ein Gefecht gewinnen, aber den Krieg verlieren; **to lose the ~ but win the war** ein Gefecht verlieren, aber den Krieg gewinnen; **that is half the ~** damit ist die Sache schon halb gewonnen; **to fight a losing ~** auf verlorenem Posten kämpfen **II.** *vi* (*a. fig: fight*) kämpfen *a. fig;* ■**to ~ against sth** gegen etw *akk* kämpfen; **to ~ against prejudice** gegen Vorurteile ankämpfen; ■**to ~ for sth** um etw *akk* kämpfen; ■**to ~ over sth** um etw *akk* kämpfen; ■**to ~ with sb/sth** mit jdm/etw kämpfen **III.** *vt* AM ■**to ~ sth** gegen etw *akk* [an]kämpfen; **to ~ one's way to the top** sich *akk* nach oben [durch]kämpfen [*o* an die Spitze kämpfen]

◆**battle out** *vt* ■**to ~ out ⊂ sth** etw bis zum Ende durchstehen

'bat·tle·ax AM, **'bat·tle·axe** *n* BRIT, AUS ❶ (*hist: weapon*) Streitaxt *f hist* ❷ (*fig, pej sl: woman*) Schreckschraube *f pej fam,* [alter] Drachen *m pej fam* **'bat·tle cruis·er** *n* Schlachtkreuzer *m* **'bat·tle cry** *n* Schlachtruf *m* **'bat·tle·dress** *n no pl* Kampfanzug *m* **'bat·tle fa·tigue** *n* Kriegsneurose *f,* Frontkoller *m fam* **'bat·tle·field** *n* ❶ (*site*) Schlachtfeld *nt;* **Naseby was one of the famous Civil War ~s** Naseby war einer der berühmten Schauplätze des Bürgerkriegs; **the fracas turned the restaurant into a ~** nach dem Aufstand glich das Restaurant einem Schlachtfeld ❷ (*fig*) ECON [hart] umkämpftes Geschäft ❸ (*fig: topic*) Reizthema *nt* **'bat·tle·ground** *n* ❶ (*site*) Schlachtfeld *nt* ❷ (*fig: subject of dispute*) Reizthema *nt* **'bat·tle line** *n* Kriegsfront *f,* Kampflinie *f;* (*fig*) **the ~s are drawn** die Fronten sind geklärt

bat·tle·ments ['bætl̩mənts, AM 'bæt̬l̩-] *npl* Zinnen *pl*

bat·tler ['bætl̩əʳ, AM -l̩ɚ] *n* Kämpfernatur *f,* Kämpfer(in) *m(f) fig*

'bat·tle-scarred *adj* ❶ (*damaged by war*) kriegsbeschädigt, vom Krieg gezeichnet *geh* ❷ (*fig: marked by experiences*) mitgenommen, gezeichnet *geh* **'bat·tle·ship** *n* Schlachtschiff *nt*

'bat·tle zone *n* Kriegsschauplatz *m,* Kampfgebiet *nt*
bat·ty ['bæti, AM -t̬i] *adj* (*fam*) bekloppt *fam,* plemplem *fam*
bauble ['bɔːbl̩, AM 'bɑː-] *n* (*ornament*) ■ **~s** *pl* Flitterzeug *nt kein pl;* (*trinket*) Nippes *pl;* (*toy*) [Kinder]spielzeug *nt kein pl*
baulk [bɔːk, AM *also* bɑːk] *vi see* **balk**
baux·ite ['bɔːksaɪt, AM *also* 'bɑːk-] *n no pl* Bauxit *m*
Ba·var·ian [bə'veəriən, AM -'veri-] **I.** *adj* bay[e]risch **II.** *n* Bayer(in) *m(f)*
bawdi·ly ['bɔːdɪli, AM *also* 'bɑː-] *adv* obszön, vulgär, unanständig; **to talk ~** unanständige Sachen erzählen
bawdi·ness ['bɔːdɪnəs, AM 'bɑː-] *n no pl* Obszönität *f,* Derbheit *f*
bawdy ['bɔːdi, AM *also* 'bɑː-] *adj* derb, obszön, unanständig, schlüpfrig
bawl [bɔːl, AM bɑːl] **I.** *vi* ❶ (*bellow*) brüllen, schreien; ■ **to ~ at sb** jdn anbrüllen [*o* anschreien] ❷ (*weep*) heulen, flennen *fam* **II.** *vt* ■ **to ~ sth** etw schreien [*o* brüllen]; **to ~ one's eyes out** sich *dat* die Seele aus dem Leib schreien *fam;* **to ~ a song** ein Lied grölen
◆**bawl out** *vt* ❶ (*fam: reprimand*) ■ **to ~ out** ⊂ **sb** jdn zusammenstauchen *fam* ❷ (*bellow*) ■ **to ~ out** ⊂ **sth** etw herausbrüllen [*o* herausschreien]
bawl·ing ['bɔːlɪŋ, AM *also* 'bɑːl-] *n* Brüllen *nt,* Schreien *nt*
bawl·ing 'out *n* Anschiss *m sl;* **to give sb a real ~** jdn zur Schnecke machen *fam*
bay[1] [beɪ] *n* ❶ (*in building*) Abteilung *f* ❷ (*for parking*) Parkbucht *f;* (*for unloading*) Ladeplatz *m,* Ladebereich *m* ❸ (*window*) Erker *m* ❹ (*body of water*) Bai *f,* Bucht *f;* **the B~ of Biscay** der Golf von Biskaya ❺ (*tree*) Lorbeer[baum] *m*
bay[2] [beɪ] **I.** *n* Braune(r) *m* **II.** *adj* braun; **~ horse** braunes Pferd, Fuchs *m*
bay[3] [beɪ] **I.** *vi* bellen, anschlagen; HUNT melden; **the mastiffs ~ed around the dead fox** die Doggen verbellten den toten Fuchs; **to ~ for blood** (*fig*) nach Blut lechzen *fig* **II.** *n no pl* ❶ (*bark*) Bellen *nt,* Gebell *nt* ❷ (*driven into corner*) ■ **at ~** *cornered animal* gestellt; **animal at ~** in die Enge getriebenes Tier; **to hold** [*or* **keep**] **sb/sth at ~** (*fig*) sich *dat* jdn/etw vom Leib halten; **to keep one's fears at ~** seine Ängste unter Kontrolle halten
'bay leaf *n* Lorbeerblatt *nt*
bayo·net ['beɪənət, AM ˌbeɪə'net] **I.** *n* Bajonett *nt,* Seitengewehr *nt;* **fix ~s!** Bajonette aufgepflanzt! **II.** *vt* ■ **to ~ sb** jdn mit dem Bajonett aufspießen
'bayo·net charge *n* Bajonettangriff *m*
bayou ['baɪ(j)uː] *n* AM sumpfiger Flussnebenarm
bay 'win·dow *n* Erkerfenster *nt*
ba·zaar [bə'zɑːʳ, AM -'zɑːr] *n* ❶ (*oriental market*) Basar *m;* (*shopping area*) Einkaufsviertel *nt;* (*group of shops*) Ladenstraße *f,* Einkaufsstraße *f;* (*market*) Markt *m* ❷ (*fund-raiser*) [Wohltätigkeits]basar *m;* **Christmas ~** Weihnachtsbasar *m*
ba·zoo·ka [bə'zuːkə] *n* Bazooka *f*
BBC [ˌbiːbiː'siː] *n* BRIT *abbrev of* **British Broadcasting Corporation** BBC *f*
BBC 'Eng·lish *n* BRIT ≈ Standard-Englisch *nt* **BBC Pro·nun·ci'a·tion** *n* BRIT BBC-Aussprache *f*
BC [biː'siː] *adv abbrev of* **before Christ** v. Chr.
be <was, been> [biː, bi] *vi + n/adj* ❶ (*describes*) sein; **she's quite rich/ugly** sie ist ziemlich reich/hässlich; **what is that?** was ist das?; **she's a doctor** sie ist Ärztin; **what do you want to ~ when you grow up?** was willst du einmal werden, wenn du erwachsen bist?; **you need to ~ certain before you make an accusation like that** du musst dir ganz sicher sein, bevor du so eine Anschuldigung vorbringst; **"may I ~ of service Madam?" the waiter asked** „kann ich Ihnen behilflich sein, gnädige Frau?", fragte der Kellner; **to ~ on the same wavelength** auf der gleichen Wellenlänge liegen *fam;* **to ~ able to do sth** etw tun können, in der Lage sein, etw zu tun; **to ~ from a country/a town** aus einem Land/einer Stadt kommen ❷ (*composition*) sein, bestehen aus; **is this plate pure gold?** ist dieser Teller aus reinem Gold? ❸ (*opinion*) ■ **to ~ for/against sth** für/gegen etw *akk* sein; **to ~ all for sth** ganz [*o* sehr] für etw *akk* sein ❹ (*calculation*) sein, machen, kosten; **two and two is four** zwei und zwei ist vier; **these books are 50p each** diese Bücher kosten jeweils 50p ❺ (*timing*) **to ~ late/[right] on time** zu spät/[genau] rechtzeitig kommen ❻ (*location*) sein; *town, country* liegen; **the keys are in that box** die Schlüssel befinden sich in der Schachtel; **the food was on the table** das Essen stand auf dem Tisch; **he's not here** er ist nicht da; **to ~ in a fix** [*or* **jam**] (*fam*) in der Klemme stecken *fam;* **to ~ in a bad situation/trouble** in einer schwierigen Situation/Schwierigkeiten sein ❼ *pp* (*visit*) sein; **the postman hasn't been yet** der Briefträger war noch nicht da; **I've never been to Kenya** ich bin noch nie in Kenia gewesen ❽ (*take place*) stattfinden; **the meeting is next Tuesday** die Konferenz findet am nächsten Montag statt ❾ (*do*) sein; **to ~ on benefit** [*or* AM **welfare**] Sozialhilfe bekommen, Sozialhilfeempfänger/Sozialhilfeempfängerin sein; **to ~ on a diet** auf Diät sein; **to ~ on the pill** die Pille nehmen; **to ~ on standby/on holiday** in [Ruf]bereitschaft/im Urlaub sein; ■ **to ~ up to sth** etw im Schild[e] führen ❿ (*exist*) existieren, vorhanden sein; (*old liter: live*) leben, sein; **let her ~!** lass sie in Ruhe!; **to ~ or not to ~, that is the question** Sein oder Nichtsein, das ist die Frage; **there is/are ...** es gibt ... ⓫ (*expresses possibility*) **can it** [**really**] **~ that ...?** (*form*) ist es [tatsächlich] möglich, dass ...?; **is it that ...** (*form*) kann es sein, dass ... ⓬ **sth is to ~ done** (*expresses ability*) etw kann getan werden; **the exhibition is currently to ~ seen at the City Gallery** die Ausstellung ist zurzeit in der Stadtgalerie zu besichtigen ⓭ ■ **to ~ to do sth** (*expresses allowance*) etw dürfen; (*expresses obligation*) etw sollen; ■ **to not ~ to do sth** etw nicht dürfen; **what are we to do?** was sollen wir tun?; **you're to sit in the corner and keep quiet** du sollst dich in die Ecke setzen und ruhig sein ⓮ ■ **to ~ to do sth** (*expresses future*) etw tun werden; **we are to visit Australia in the spring** im Frühling reisen wir nach Australien; (*expresses future in past*) **she was never to see her brother again** sie sollte ihren Bruder nie mehr wiedersehen; (*in conditionals*) **if I were you, I'd ...** an deiner Stelle würde ich ...; **if sb was** [*or* **were**] **to do sth, ...** wenn jd etw tun würde, ...; **if he was to work harder, he'd get better grades** wenn er härter arbeiten würde, bekäme er bessere Noten; **were sb to do sth, ...** (*form*) würde jd etw tun, ...; **were I to refuse, they'd be very annoyed** würde ich mich weigern, wären sie äußerst verärgert ⓯ (*impersonal use*) **what is it?** was ist?; **what's it to ~?** (*what are you drinking*) was möchten Sie trinken?; (*please decide now*) was soll es denn [nun] sein?; **it is only fair for me** es erscheint mir nur fair; **is it true that you were asked to resign?** stimmt es, dass man dir nahegelegt hat, dein Amt niederzulegen?; **it's not that I don't like her – it's just that we rarely agree on anything** es ist nicht so, dass ich sie nicht mag – wir sind nur selten einer Meinung; **as it were** sozusagen, gleichsam ⓰ (*expresses imperatives*) **~ quiet or I'll ...!** sei still oder ich ...!; **~ seated!** (*form*) setzen Sie sich!, nehmen Sie Platz! *geh;* **~ yourself!** sei du selbst! [*o* ganz natürlich!] ⓱ (*expresses continuation*) ■ **to ~ doing sth** gerade etw tun; **don't talk about that while I'm eating** sprich nicht davon, während ich beim Essen bin; **she's studying to be a lawyer** sie studiert, um Rechtsanwältin zu werden; **it's raining** es regnet; **you're always complaining** du beklagst dich dauernd ⓲ (*expresses passive*) **to ~ asked/pushed** gefragt/gestoßen werden; **to ~ discovered by sb** von jdm gefunden werden; **to ~ left an orphan** als Waise zurückbleiben; **to ~ left speechless** sprachlos sein ▸ PHRASES: **the ~-all and end-all** das Ein und Alles [*o* A und O]; **to ~ off form** nicht in Form sein; **the joke is on sb** jd ist der Dumme; **~ that as it may** wie dem auch sei; **so ~ it** so sei es, sei's drum *fam;* **far ~ it from sb to do sth** nichts liegt jdm ferner, als etw

zu tun; **to ~ off** (*go away, leave*) weggehen; (*begin spoiling*) schlecht sein; **~ off with you! go away!** geh! hau ab! *fam*

beach [biːtʃ] **I.** *n* <*pl* -es> Strand *m;* **pebble** [*or* BRIT **shingle**] ~ Kieselstrand *m;* **on the ~** am Strand ▶ PHRASES: **to be not the only pebble on the ~** nicht der/die Einzige sein; **you're not the only pebble on the ~** ich komme auch ohne dich zurecht **II.** *vt* **to ~ a boat** ein Boot auf [den] Strand setzen; **they ~ed the boat on the shore** sie zogen das Boot an den Strand; **~ed dolphin/whale** gestrandeter Delphin/Wal

'beach bag *n* Strandtasche *f* **'beach ball** *n* Wasserball *m* **'beach bug·gy** *n* Strandbuggy *m,* Strandwagen *m* **'beach bum** *n* (*fam*) Strandliebhaber(in) *m(f)* **beach·comber** [-ˌkəʊməʳ, AM -ˌkoʊmɚ] *n* Strandgutsammler(in) *m(f)* **'beach·front** *esp* AM **I.** *n* Strandpromenade *f* **II.** *n modifier* (*location, house, property*) am Strand; **~ party** Strandparty *f* **'beach·head** *n* Brückenkopf *m* **'beach hut** *n* Strandhäuschen *nt* **'beach re·sort** *n* Badeort *m* **'beach·wear** *n no pl* (*clothing*) Strandkleidung *f;* FASHION Strandmode *f*

bea·con ['biːkᵊn] *n* ❶ (*signal*) Leuchtfeuer *nt,* Signalfeuer *nt;* **chain of ~s** BRIT Lichterkette *f;* (*fig*) **honesty shone from him like a ~** er strahlte eine unglaubliche Aufrichtigkeit aus ❷ (*fig: inspiration*) Leitstern *m fig geh;* **to light a ~ of hope/love** ein Zeichen der Hoffnung/Liebe setzen

bead [biːd] *n* ❶ (*for jewellery*) Perle *f;* **glass/wooden ~** Glas-/Holzperle *f* ❷ (*fig: droplet*) Tropfen *m,* Perle *f fig;* **~s of perspiration** [*or* **sweat**] Schweißtropfen *mpl,* Schweißperlen *fpl* ❸ REL ■ **~s** *pl* Rosenkranz *m;* **to count** [*or* **say**] [*or* **tell**] **one's ~s** den Rosenkranz beten ▶ PHRASES: **to draw** [*or* **take**] **a ~ on sb/sth** auf jdn/etw zielen

bead·ed ['biːdɪd] *adj* ❶ (*decorated*) mit Perlen besetzt [*o* verziert] ❷ (*with drops*) **after an hour of aerobics your face will be ~ with sweat** nach einer Stunde Aerobic läuft dir der Schweiß übers Gesicht

bead·ing ['biːdɪŋ] *n* Perlstab *m,* Perlstabverzierung *f;* TECH Bördelrand *m,* Sicke *f fachspr*

beady ['biːdi] *adj* (*pej*) **~ eye** waches Auge; **~ eyes** [glänzende] Knopfaugen; **she's always got her ~ eyes on me** sie lässt mich nicht aus den Augen

bea·gle ['biːgl] *n* Beagle *m*

beak [biːk] *n* ❶ (*bird mouth*) Schnabel *m;* (*fam: person's nose*) große Nase, Zinken *m hum fam* ❷ BRIT (*dated fam: judge*) Kadi *m fam*

beak·er ['biːkəʳ, AM -ɚ] *n* ❶ (*drinking vessel*) Becher *m* ❷ SCI, TECH Becherglas *nt*

'Beak·er cup *n Tonschale aus dem Neolithikum*

beam [biːm] **I.** *n* ❶ (*light*) [Licht]strahl *m,* Strahlenbündel *nt;* **electron ~** Elektronenstrahl *m;* **full ~** AM AUTO Fernlicht *nt;* **laser ~** Laserstrahl *m;* (*fig*) **to be off ~** danebenliegen *fam,* auf dem falschen Dampfer sein *fam* ❷ (*baulk*) Balken *m;* **exposed wooden ~s** frei liegende Holzbalken ❸ SPORTS Schwebebalken *m* ▶ PHRASES: **to be broad in the ~** breite Hüften haben **II.** *vt* ❶ (*transmit*) ■ **to ~ sth** etw ausstrahlen [*o* senden]; **to ~ a broadcast** eine Sendung ausstrahlen; (*fig*) etw [ver]senden [*o* schicken] ❷ (*give*) **to ~ a smile at sb** jdm ein Lächeln zuwerfen; **"I'm so pleased to see you," he ~ed** mit seinem Lächeln signalisierte er „ich freue mich so, dich zu sehen" **III.** *vi* ❶ (*glow*) strahlen ❷ (*smile*) strahlen; **she ~ed with delight** sie strahlte vor Freude; ■ **to ~ at sb** jdn anstrahlen [*o* anlächeln]

◆**beam down I.** *vi* niederstrahlen; *sun* scheinen; **the hot summer sun ~ed down on them** die heiße Sommersonne brannte auf sie herunter **II.** *vt* (*in Star Trek*) ■ **to ~ down** ⊂ **sb/sth** jdn/etw [herunter]beamen

◆**beam up** *vt* (*in Star Trek*) ■ **to ~ up** ⊂ **sb/sth** jdn/etw hochbeamen; **~ me up, Scotty** beam me up Scotty!

beam-'ends *npl* NAUT Balkenköpfe *pl* [*o* -enden] *pl;* **the ship was on her** [*or* **the**] **~** das Schiff hatte Schlagseite; **to be on one's ~** BRIT (*dated fam*) [finanziell] am Ende [*o fam* pleite] sein

beam·ing ['biːmɪŋ] *adj* strahlend; **~ smile** freudestrahlendes Lächeln; ■ **to be ~** strahlen

bean [biːn] *n* (*seed*) Bohne *f;* (*pod*) [Bohnen]hülse *f;* **baked ~s** Baked Beans *pl;* **coffee ~s** Kaffeebohnen *fpl;* **French** [*or* **green**] **~s** grüne Bohnen; **runner ~s** Stangenbohnen *pl;* (*fig*) **to not have a ~** (*fam*) keinen Pfennig in der Tasche haben *fam;* **old ~** BRIT (*dated*) altes Haus *hum fam* ▶ PHRASES: **to be full of ~s** putzmunter [*o* quicklebendig] sein *fam;* **to spill the ~s** aus der Schule plaudern; **to spill the ~s to sb about sth** jdm etw verraten

'bean·bag *n* ❶ (*chair*) Sitzsack *m,* Knautschsessel *m* ❷ (*child's toy*) Bohnensäckchen *nt* **bean·bag 'chair** *n* AM Sitzsack *m,* Knautschsessel *m* **'bean count·er** *n* AM, AUS (*pej sl*) Erbsenzähler(in) *m(f) pej fam,* Pedant(in) *m(f) pej* **'bean curd** *n* Bohnengallerte *f* (*Ausgangsprodukt für die Tofuherstellung*) **'bean feast** *n* BRIT, AUS (*fam*) Riesenfete *f fam,* Gelage *nt* **'bean·pole** *n* (*hum fam*) Bohnenstange *f hum fam,* lange Latte *hum fam* **'bean sprouts** *npl* Sojabohnensprossen *fpl,* Sojabohnenkeimlinge *mpl*

bear¹ [beəʳ, AM ber] *n* ❶ (*animal*) Bär *m;* **black/brown ~** Schwarz-/Braunbär *m;* **she ~** Bärin *f;* **to be like a ~ with a sore head** [*or* AM **like a real ~**] (*fig fam*) ein richtiger Brummbär sein *fam* ❷ (*stock market pessimist*) Baissespekulant(in) *m(f);* (*sb calculatedly selling stocks*) Baissier *m* ▶ PHRASES: **it's a ~ to do sth** es ist kompliziert, etw zu tun

bear² <bore, borne *or* AM *a.* born> [beəʳ, AM ber] **I.** *vt* ❶ (*carry*) ■ **to ~ sth** etw tragen; (*liter*) **he was borne backwards by a large wave** er wurde von einer großen Welle zurückgerissen; **to ~ arms** (*form*) Waffen tragen; **to ~ gifts** (*form*) Geschenke mitbringen; **to ~ tidings** (*old liter*) Neuigkeiten überbringen ❷ (*display*) **to ~ a date/an imprint/an inscription** ein Datum/einen Aufdruck/eine Aufschrift tragen ❸ (*be identified by*) **to ~ sb's name** jds Namen tragen [*o geh* führen] ❹ (*behave*) **to ~ oneself: he bore himself with dignity** er zeigte Würde ❺ (*support*) **to ~ the load/the weight** die Last/das Gewicht tragen; (*fig*) **to ~ the cost** die Kosten tragen ❻ (*endure, shoulder*) ■ **to ~ sth** etw ertragen [*o* erdulden]; **what might have happened doesn't ~ thinking about** man darf gar nicht daran denken, was hätte passieren können; **he said something so awful that it doesn't ~ repeating** er sagte so etwas Schreckliches, dass ich es gar nicht wiederholen möchte; **to ~ the blame** die Schuld auf sich *akk* nehmen; **to ~ the** [**burden of**] **responsibility** die [Last der] Verantwortung tragen; **to ~ one's cross** sein Kreuz tragen *fig;* **to ~ the discomfort/hardship** die Unbequemlichkeit/Mühe auf sich *akk* nehmen; **to ~ the pain/tribulation** den Schmerz/Kummer ertragen ❼ (*tolerate*) ■ **to not be able to ~ sb** jdn nicht ertragen [*o* ausstehen] können; ■ **to not be able to ~ sth** jdn/etw nicht ertragen können; ■ **to not be able to ~ boredom/suspense** Langeweile/Spannung nicht aushalten; ■ **to not be able to ~ jokes/criticism** Spaß/Kritik nicht vertragen; ■ **to not ~ to do sth** es nicht ertragen können, etw zu tun ❽ (*harbour resentments*) **to ~ sb a grudge** einen Groll gegen jdn hegen *geh;* **to ~ sb ill-feeling** auf jdn nicht gut zu sprechen sein; **to not ~ any ill-feeling against sb** nichts gegen jdn haben; **to ~ sb ill-will** jdm gegenüber nachtragend sein; **to ~ no ill-will** keine Feindschaft empfinden ❾ (*possess*) **to ~ an** [**uncanny**] **likeness** [*or* **similarity**] **to sb** [unheimliche] Ähnlichkeit mit jdm haben; **to ~ a** [**strong**] **resemblance to sb** [große] Ähnlichkeit mit jdm haben, jdm sehr ähnlich sehen; **to ~ the** [*or* **a**] **scar** eine Narbe davontragen *fig,* gezeichnet sein *geh* ❿ (*keep*) **I'll ~ that in mind** ich werde das mit berücksichtigen ⓫ (*give birth to*) **to ~ a baby** ein Kind gebären [*o* zur Welt bringen]; **to ~ sb a child** jdm ein Kind gebären; **his wife bore him a son** seine Frau schenkte ihm einen Sohn; **I was born in April** ich bin im April geboren; **to ~ cubs/foals/young** ZOOL Welpen/Fohlen/Junge bekommen ⓬ AGR, BOT **to**

~ **fruit** (*a. fig*) Früchte tragen *a. fig;* FIN, ECON **to ~ interest at 8%** 8 % Zinsen bringen, mit 8 % verzinst sein ⓭ **to ~ testimony** [*or* **witness**] Zeugnis ablegen; **to ~ witness to sth** von etw *dat* Zeugnis ablegen, etw bezeugen; **to ~ false witness** (*old*) falsches Zeugnis ablegen *veraltend* **II.** *vi* ❶ (*tend*) **to ~ left/right** sich *akk* links/rechts halten ❷ (*be patient*) ■**to ~ with sb** mit jdm Geduld [*o* Nachsicht] haben ❸ (*press*) drücken; **to ~ on a lever** einen Hebel betätigen ❹ (*approach*) ■**to ~ down on** [*or* **upon**] **sb/sth** auf jdn/etw zusteuern ❺ (*be relevant*) ■**to ~ on sth** etw betreffen; (*have affect on*) etw beeinflussen ❻ (*put pressure on*) **to bring pressure to ~ on sb/sth** Druck *m* auf jdn/etw ausüben

◆**bear out** *vt* ■**to ~ out** ○ **sb/sth** jdn/etw bestätigen; **to ~ sb out in sth** jdn in etw *dat* bestätigen, jdm in etw *dat* Recht geben; ■**to ~ sb out on sth** jdm bei etw *dat* den Rücken stärken

◆**bear up** *vi* standhalten, durchhalten; **how is she? – oh she's ~ing up** wie geht es ihr? – nun ja, sie lässt sich nicht unterkriegen; **to** [**not**] **~ up under questioning** einer Befragung [nicht] standhalten

bear·able ['beərəbl̩, AM 'berə-] *adj* erträglich

beard [bɪəd, AM bɪrd] **I.** *n* Bart *m;* ZOOL [Ziegen]bart *m;* **full ~** Vollbart *m;* **to grow a ~** sich *dat* einen Bart wachsen [*o* stehen] lassen; **to have** [*or* **sport**] **a ~** einen Bart tragen [*o* haben] **II.** *vt* (*dated liter*) ■**to ~ sb** jdm trotzen [*o* die Stirn bieten]; **to ~ sb in his/her den** [*or* **lair**] jdn in seiner/ihrer Zufluchtsstätte stellen ▸ PHRASES: **to ~ the lion in his** [*or* **her**] **den** sich *akk* in die Höhle des Löwen wagen *fig*

beard·ed ['bɪədɪd, AM 'bɪrd-] *adj inv* bärtig; ■**to be ~** einen Bart haben

beard·less ['bɪədləs, AM 'bɪrd-] *adj inv* bartlos, ohne Bart; ■**to be ~** keinen Bart haben

bear·er ['beərəʳ, AM 'berɚ] *n* ❶ (*conveyor, messenger*) Überbringer(in) *m(f);* **why are you always the ~ of bad news?** warum bringst du immer schlechte Nachrichten? ❷ (*form: of financial document*) Inhaber(in) *m(f);* **~ of shares** Aktionär(in) *m(f)* ❸ (*pallbearer*) Sargträger *m*

'bear hug *n* ❶ (*in wrestling*) Umklammerung *f,* Klammer *f* ❷ (*embrace*) heftige Umarmung; (*fig*) **to be in the ~ of a sect** in die Fänge einer Sekte geraten sein

bear·ing ['beəʳɪŋ, AM 'ber-] *n* ❶ GEOG, NAUT Peilung *f;* **to take a ~ on sth** etw anpeilen, sich *akk* an etw *dat* orientieren; ■**~s** *pl* (*position*) Lage *f kein pl,* Position *f;* (*direction*) Kurs *m kein pl,* Richtung *f;* **to get** [*or* **find**] **one's ~s** (*fig*) sich *akk* zurechtfinden [*o fig* orientieren], zurechtkommen; **to lose one's ~s** die Orientierung verlieren; **to plot one's ~s** (*position*) die Position feststellen; (*direction*) den Kurs ermitteln ❷ (*deportment*) Benehmen *nt kein pl,* Betragen *nt kein pl,* Verhalten *nt kein pl;* (*posture*) Haltung *f;* **she had a proud, distinguished ~** sie hatte eine stolze, vornehme Art; **dignified ~** würdige Haltung ❸ TECH Lager *nt* ❹ (*relevance*) Tragweite *f kein pl,* Bedeutung *f kein pl;* **to have some ~ on sth** für etw *akk* von Belang [*o* relevant] sein; **to have no ~ on sth** zu etw *akk* keinen Bezug haben, für etw *akk* belanglos sein

bear·ish ['beərɪʃ, AM 'ber-] *adj* ❶ STOCKEX baissierend; ■**to be ~** auf Baisse spekulieren ❷ (*grumpy*) brummig

'bear·skin *n* ❶ (*bear fur*) Bärenfell *nt* ❷ (*military hat*) Bärenfellmütze *f*

beast [bi:st] *n* ❶ (*animal*) Tier *nt;* **~ of burden** (*liter*) Lasttier *nt;* **the king of the ~s** der König der Tiere ❷ (*fam: nasty person*) Biest *nt pej fam,* Ekel *nt pej fam;* (*cruel person*) Bestie *f pej;* **to be a ~ to sb** zu jdm biestig sein *fam;* **to bring out the ~ in sb** das Tier in jdm zum Vorschein bringen; **a ~ of a day** BRIT ein scheußlicher Tag

beastie ['bi:sti] *n* SCOT (*hum: animal*) Tier *nt;* (*fam: insect*) Insekt *nt,* Tierchen *nt fam*

beast·ly ['bi:s(t)li] *adj* (*fam*) ❶ (*disappointing, nasty*) scheußlich, garstig, ekelhaft; **~ weather** BRIT Mistwetter *nt fam* ❷ (*unfair, unpleasant*) gemein, fies *fam,* eklig *fam*

beat [bi:t] **I.** *n* ❶ (*pulsation, throb, palpitation*) Schlag *m;* of *the heart* Klopfen *nt;* (*act*) Schlagen *nt kein pl,* Pochen *nt kein pl* ❷ (*in music*) Takt *m;* **to the ~ of the music** im Takt der Musik; **to have a strong ~** einen ausgeprägten Rhythmus haben ❸ *usu sing* (*of policemen*) Revier *nt;* **to be on one's ~** seine Runde machen; **to walk the ~** die Runde machen; **on a ~** auf einem Rundgang ❹ (*fig: area of interest*) **to be off sb's ~** nicht jds Fach *nt* sein **II.** *adj pred* (*fam*) ❶ (*exhausted*) völlig erschöpft, erschlagen *fam,* fix und fertig *fam;* **to be dead ~** *esp* BRIT todmüde [*o fam* total geschafft] sein ❷ (*vanquished, defeated*) geschlagen, besiegt; **to have sb ~** CHESS jdn schachmatt gesetzt haben **III.** *vt* <beat, beaten *or fam* beat> ❶ (*bang, pound often*) ■**to ~ sb** jdn schlagen; **to ~ one's child/wife** sein Kind/seine Frau [ver]prügeln; **to ~ sb to death** jdn zu Tode prügeln; **to ~ sb black and blue** jdn grün und blau schlagen *fam;* **to ~ sb senseless** (*fam*) jdn bewusstlos schlagen; **to brutally** [*or* **savagely**] **~ sb** jdn brutal zusammenschlagen; **to ~ a confession out of sb** ein Geständnis aus jdm herausprügeln ❷ AM (*mix food*) **to ~ eggs** Eier verrühren ❸ (*cut through*) **to ~ one's path through sth** sich *dat* einen Weg durch etw *akk* bahnen ❹ ■**to ~ sb** (*defeat*) jdn schlagen [*o* besiegen]; (*do better than*) jdn übertreffen; **to ~ sb hands down** jdn haushoch schlagen; **to ~ a record** einen Rekord brechen; **to comfortably** [*or* **easily**] [*or* **soundly**] **~ sb/sth** jdn/etw leicht [*o* mühelos] schlagen; **to ~ sb/sth fair and square** jdn/etw ehrlich [*o* mit fairen Mitteln] schlagen; **to narrowly ~ sb/sth** jdn/etw knapp schlagen; ■**to ~ sb/sth by sth** jdn/etw mit etw *dat* schlagen; ■**to ~ sb to sth** jdm bei etw *dat* zuvorkommen ❺ (*be better than*) ■**to ~ sb/sth** jdn/etw schlagen, besser als jd/etw sein; **you can't ~ our local Italian restaurant for a good pizza** eine bessere Pizza als bei unserem Italiener findest du nirgends ❻ (*prophylactically take action*) ■**to ~ sth** etw umgehen; **to ~ the rush** die Stoßzeit umgehen ❼ (*hit rhythmically*) ■**to ~ sth** auf etw *akk* trommeln; **to ~ a drum** trommeln; **to ~ time** den Takt schlagen ▸ PHRASES: **to ~ one's brains out** sich *dat* den Kopf zerbrechen *fig;* **to ~ sb's brains out** (*fam*) jdm den Schädel einschlagen *fam;* **to ~ one's breast** [*or* **chest**] sich *dat* an die Brust schlagen *fig;* **to ~ the** [**living**] **daylights out of sb** jdn windelweich schlagen *fam;* **to ~ sb at their own game** jdn mit seinen eigenen Waffen schlagen *fig;* **to ~ the hell out of sb** (*sl*) jdn fürchterlich verdreschen *fam;* **to ~ the pants off sb** [*or* BRIT **sb hollow**] (*fam*) jdn vernichtend schlagen; **to ~ a path to sb's door** jdm die Bude einrennen *fam;* **to ~ sb to the punch** [*or esp* BRIT **the draw**] (*fire gun before other*) schneller als jd ziehen; (*get in first blow*) jdm zuvorkommen; **to ~ the rap** AM sich *akk* herauswinden *fam;* **to ~ a** [**hasty**] **retreat** [schnell] einen Rückzieher machen; **if you can't ~ 'em, join 'em** (*saying*) verbünde dich mit ihnen, wenn du sie nicht besiegen kannst *fig;* **that ~s everything** [*or* AM *a.* **all**] (*sl*) das schlägt dem Fass den Boden aus *fam;* **~ it!** (*sl*) hau ab! *fam;* **it ~s me** [*or* **what ~s me is**] **how/why ...** es ist mir ein Rätsel, wie/warum ... **IV.** *vi* <beat, beaten *or fam* beat> ❶ (*throb, vibrate, pound*) schlagen; *sun* brennen; *heart also* klopfen, pochen; *rain* peitschen; (*on metal*) prasseln; **the doctor could feel no pulse ~ing** der Arzt konnte keinen Puls feststellen ❷ AM ■**to ~ on sb** auf jdn einschlagen; **to ~ on the door** gegen die Tür hämmern ▸ PHRASES: **to ~ about** [*or* AM **around**] **the bush** um den heißen Brei herumreden *fam*

◆**beat back** *vt* ■**to ~ back** ○ **sth** etw abwehren; MIL etw zurückschlagen; *blaze* eindämmen

◆**beat down I.** *vi hail, rain* niederprasseln; *sun* niederbrennen **II.** *vt* ■**to ~ down** ○ **sb/sth** jdn/etw herunterhandeln; **I ~ him down to £35** ich habe ihn auf 35 Pfund heruntergehandelt

◆**beat off** *vt* ■**to ~ off** ○ **sb/sth** jdn/etw abwehren; MIL jdn/etw zurückschlagen

◆**beat out** *vt* ❶ (*extinguish*) **to ~ out the fire** das Feuer ausschlagen ❷ (*percussively create sounds*) ■**to ~ out** ○ **sth** etw schlagen [*o* trommeln] ❸ AM (*defeat*) ■**to ~ sb out** jdn aus dem Rennen werfen [*o* Feld schlagen]
◆**beat up** I. *vt* ■**to ~ up** ○ **sb** jdn verprügeln [*o fam* zusammenschlagen] II. *vi* AM ■**to ~ up on sb** jdn verprügeln

beat·en ['bi:tᵊn, AM -t̬ᵊn] *adj inv* geschlagen; *earth* festgetreten; *metal* gehämmert, getrieben; **~ gold** Blattgold *nt;* **~ track** Trampelpfad *m;* **to be off the ~ track** abgelegen sein, abseits vom Weg liegen

beat·en-'up *adj* ramponiert *fam*

beat·er ['bi:təʳ, AM -t̬ɚ] *n* ❶ (*stick for hitting*) Schläger *m,* Knüppel *m;* (*for cookery*) Rührbesen *m;* (*for carpets*) [Teppich]klopfer *m;* **electric ~** Mixer *m* ❷ (*person rousing game*) Treiber(in) *m(f)*

'beat gen·era·tion *n* Beatgeneration *f*

bea·tif·ic [ˈbi:ətɪfɪk] *adj* (*liter*) [glück]selig, beglückt; **~ smile** seliges Lächeln

bea·tifi·cal·ly [ˈbi:ətɪfɪkᵊli] *adv* (*liter*) [glück]selig

be·ati·fi·ca·tion [bi,ætɪfɪ'keɪʃᵊn, AM -ˌæt̬ə-] *n* Seligsprechung *f,* Beatifikation *f fachspr*

be·ati·fy [bi'ætɪfaɪ, AM -'æt̬ə-] *vt* REL ■**to ~ sb** jdn seligsprechen [*o fachspr* beatifizieren]

beat·ing ['bi:tɪŋ, AM -t̬-] *n* ❶ (*smacking*) Prügel *mpl,* Schläge *mpl* ❷ (*defeat*) Niederlage *f;* **to take a ~** (*be defeated*) eine Niederlage [*o* Schlappe] einstecken *fam* ❸ (*hard to better*) **it will take some ~ to make a cake better than mom's** Mutters Kuchen ist kaum zu übertreffen

beat·ing-'up *n* Abreibung *f fam*

Be·ati·tudes [bi'ætɪtju:dz, AM -'æt̬ətu:dz, *also* -ju:dz] *npl* ■**the ~** die Seligpreisungen

beat·nik ['bi:tnɪk] *n* Beatnik *m*

'beat-up *adj* (*fam*) ramponiert *fam*

beau <*pl* -s *or* -x> [bəʊ, AM boʊ] *n* (*boyfriend*) Liebhaber *m,* Freund *m;* (*dated: male suitor/wooer/admirer*) Galan *m veraltet,* Verehrer *m veraltend o hum*

beau monde [bəʊ'mɒnd, AM ˌboʊ'mɑ:nd] *n no pl* (*dated*) ■**the ~** ≈ die Schickeria *fam*

beaut [bju:t] I. *n* (*fam or dated: thing*) Prachtstück *nt,* Prachtexemplar *nt;* (*woman*) Schönheit *f* II. *adj* AUS (*fam*) klasse *fam,* toll *fam*

beau·te·ous ['bju:tiəs, AM -t̬-] *adj* (*poet*) wunderschön, herrlich, prachtvoll

beau·ti·cian [bju:'tɪʃᵊn] *n* Kosmetiker(in) *m(f)*

beau·ti·fi·ca·tion [ˌbju:tɪfɪ'keɪʃᵊn, AM -t̬ə-] *n no pl* Verschönerung *f*

beau·ti·ful ['bju:tɪfᵊl, AM -t̬ə-] I. *adj* ❶ (*very attractive*) schön; **extremely ~** wunderschön ❷ (*uplifting, inspiring*) *time, music* herrlich, großartig; (*very good, excellent*) *cake* wunderbar, exzellent; *sight, weather* herrlich; (*very caring, kind-hearted*) *person* großartig, wunderbar; *deed* großartig ❸ **the ~ people** (*dated: hippies*) die Hippies *pl;* (*trendy affluent set*) die Schickeria *meist pej fam* II. *n* (*fam: form of address*) **hello, ~** hallo, schönes Kind *fam*

beau·ti·ful·ly ['bju:tɪfᵊli, AM -t̬ə-] *adv* schön; (*very well*) wunderbar; (*excellently, faultlessly*) ausgezeichnet, hervorragend

beau·ti·fy ['bju:tɪfaɪ, AM -t̬ə-] *vt* ■**to ~ sb/sth** jdn/etw verschönern; (*esp hum*) **to ~ oneself** sich *akk* schön machen *a. hum fam*

beau·ty ['bju:ti, AM -t̬i] *n* ❶ *no pl* (*attractiveness*) Schönheit *f;* **haunting ~** betörende Schönheit; **natural** [*or* **scenic**] **~** landschaftliche Schönheit ❷ (*very attractive woman*) Schönheit *f,* schöne Frau ❸ (*fam: outstanding specimen*) Prachtstück *nt,* Prachtexemplar *nt* ❹ *no pl* (*attraction*) **the ~ of our plan ...** das Schöne an unserem Plan ... ❺ (*iron fam: strong punch*) Haken *m* ► PHRASES: **~ is in the eye of the beholder** (*prov*) über Geschmack lässt sich [bekanntlich] streiten *fam,* die Geschmäcker sind verschieden; **~ is only skin deep** (*prov*) es ist nicht alles Gold, was glänzt *prov;* **~ is truth, truth ~** Schönheit ist Wahrheit und Wahrheit ist Schönheit

'beau·ty con·test *n,* **'beau·ty pag·eant** *n* Schönheitswettbewerb *m* **'beau·ty par·lor** AM, **'beau·ty par·lour** *n* Schönheitssalon *m,* Kosmetiksalon *m* **'beau·ty queen** *n* Schönheitskönigin *f* **'beau·ty sa·lon** *n,* **'beau·ty shop** *n* AM Schönheitssalon *m,* Kosmetiksalon *m* **'beau·ty sleep** *no pl n* (*hum*) Schlaf *m* vor Mitternacht, Schönheitsschlaf *m hum* **'beau·ty spot** *n* ❶ (*in countryside*) schönes [*o* hübsches] Fleckchen [Erde] ❷ (*on face*) Schönheitsfleck *m*

bea·ver ['bi:vəʳ, AM -vɚ] I. *n* ❶ (*animal*) Biber *m;* (*fig*) Arbeitstier *nt fig* ❷ (*fur*) Biber[pelz] *m* ❸ AM (*vulg: female genitals*) Muschi *f vulg* ❹ (*Beaver Scout*) *Neuling bei den Pfadfindern* II. *vi* (*fam*) **to ~ away** schuften *fam*

'Bea·ver Scout *n Neuling bei den Pfadfindern* **bea·ver·tail** ['bi:vɚteɪl] *n* CAN FOOD *in Öl gebackenes süßes Gebäck in Form eines Biberschwanzes*

be·bop ['bibɒp, AM -bɑ:p] *n* MUS Bebop *m*

be·calmed [bɪ'kɑ:md] *adj* ❶ NAUT ■**to be ~** in eine Flaute geraten sein ❷ (*fig*) **~ state** Stagnation *f*

be·came [bɪ'keɪm] *pt of* **become**

be·cause [bɪ'kɒz, AM -'kɑ:z] I. *conj* ❶ (*for the reason that*) weil, da; **all the more ... ~ ...** umso mehr ... als ...; **he was all the more surprised at the gifts ~ he had forgotten his own birthday** er war umso überraschter über die Geschenke, hatte er doch den eigenen Geburtstag vergessen; **don't think I'm going to give in just ~ you're smiling so sweetly at me!** glaub nicht, dass ich nachgebe, bloß weil du mich so süß anlächelst! ❷ (*fam: for*) denn; **have you been away, ~ we haven't seen you recently?** waren Sie weg? wir haben Sie nämlich in letzter Zeit gar nicht gesehen ► PHRASES: **just ~!** [einfach] nur so!; **why can't we go? – just ~!** warum können wir nicht hingehen? – darum! II. *prep* ■**~ of** wegen +*gen*

beck [bek] *n* ❶ BRIT (*little stream*) [Wild]bach *m* ❷ *no pl* (*hand gesture*) Wink *m,* Zeichen *nt;* (*nod*) Nicken *nt;* (*fig*) **to be at sb's ~ and call** jdm voll und ganz zur Verfügung stehen, nach jds Pfeife tanzen

beck·on ['bekᵊn] I. *vt* ■**to ~ sb** jdm ein Zeichen geben; **he ~ed me to join them** er gab mir ein Zeichen, dass ich mich zu ihnen gesellen solle; ■**to ~ sb over** jdn herüberwinken II. *vi* ❶ (*signal*) winken; ■**to ~ to sb** jdm [zu]winken [*o* ein Zeichen geben] ❷ (*fig: call*) locken *fig,* rufen *fig;* **I have to go because work ~s** ich muss gehen, die Arbeit ruft ❸ (*fig: appear probable*) *future* winken *fig*

be·come <became, become> [bɪ'kʌm] I. *vi + adj/n* werden; **this species almost became extinct** diese Art wäre fast ausgestorben; **what ever became of Moe Lester?** was ist wohl aus Moe Lester geworden?; **what has become of my jacket?** wo ist nur meine Jacke hingekommen?; **to ~ angry** ärgerlich [*o* böse] werden; **to ~ convinced that ...** zu der Überzeugung kommen [*o geh* gelangen], dass ...; **to ~ interested in sb/sth** anfangen, sich *akk* für jdn/etw zu interessieren II. *vt* ❶ (*change into*) ■**to ~ sth** etw werden; **she wants to ~ an actress** sie will Schauspielerin werden; **to ~ a legend in one's own time** [*or* **lifetime**] schon zu Lebzeiten zur Legende werden ❷ (*dated: look good*) ■**sth ~s sb** etw steht jdm ❸ (*befit*) ■**to ~ sb** sich *akk* für jdn schicken

be·com·ing [bɪ'kʌmɪŋ] *adj* (*dated*) ❶ (*attractive, neat, tasteful*) vorteilhaft, geschmackvoll; **that dress is very ~** das Kleid steht dir sehr gut ❷ (*suitable appropriate*) schicklich; ■**to be ~** sich *akk* ziemen *veraltend geh*

bec·que·rel [ˌbekə'rel] *n* Becquerel *nt*

bed [bed] I. *n* ❶ (*furniture*) Bett *nt;* **to get out of ~** aufstehen; **to go to ~** zu [*o* ins] Bett gehen; **to make the ~** das Bett machen; **to put sb to ~** jdn ins [*o* zu] Bett bringen; **in ~** im Bett ❷ (*related to sexuality*) **to be good in ~** gut im Bett sein *fam;* **to go to ~ with sb** mit jdm ins Bett gehen *fam* ❸ TOURIST [Hotel]bett *nt* ❹ TYPO **to put sth to ~** etw in Druck geben

❺ *(flower patch)* Beet *nt;* ~ **of flowers** Blumenbeet *nt* ❻ *(foundation substratum)* Unterlage *f,* Bett *nt fig;* ~ **of clay/rock/sand** Lehm-/Gesteins-/Sandschicht *f;* **sea** ~ Meeresgrund *m,* Meeresboden *m* ❼ FOOD Beilage *f;* **the chicken was served on a** ~ **of rice** das Hähnchen wurde auf Reis serviert ▸ PHRASES: **his life was a** ~ **of nails** er musste in seinem Leben viel Schweres durchmachen; **this is no** ~ **of roses** das ist kein Zuckerschlecken *fam;* **to get out of** [*or* AM *a.* **up on**] **the wrong side of the** ~ mit dem linken Fuß [zuerst] aufstehen *fig;* **to be in** ~ **with sb** *(pej)* mit jdm unter einer Decke stecken *pej;* **to be in** ~ **with sth** *(pej)* etw unterstützen; **I wouldn't kick her out of** ~ *(hum sl)* ich würde sie nicht von der Bettkante stoßen *hum fam;* **as you make your** ~ **so you must lie on it,** AM **you made your** ~**, now lie in it** *(prov)* wie man sich bettet, so liegt man *prov* **II.** *vt* <-dd-> *(dated)* ■**to** ~ **sb** jdm beiwohnen *euph veraltend geh*

◆**bed down** *vi* ❶ *(slumber, sleep)* sein Lager aufschlagen; **to** ~ **down on the couch** auf dem Sofa kampieren *fam* ❷ *(have sexual intercourse)* ■**to** ~ **down with sb** mit jdm schlafen [*o* ins Bett gehen] *fam* ❸ *(reach state of normality)* sich *akk* legen [*o* normalisieren]

◆**bed out** *vt* HORT ■**to** ~ **out** ⇄ **sth** *plants* etw auspflanzen

BEd [bi:'ed] *n* BRIT *abbrev of* **Bachelor of Education** Bakkalaureus *m* der Erziehungswissenschaften

bed and 'board *n esp* BRIT Unterkunft *f* und Verpflegung *f* **bed and 'break·fast** *n* Übernachtung *f* mit Frühstück; ~ **place** Frühstückspension *f;* **to do** ~ Übernachtung *f* mit Frühstück anbieten

be·daub [bɪ'dɔ:b, AM -'dɑ:b] *vt usu passive* ■**to be** ~**ed with sth** mit etw *dat* beschmiert sein; ~**ed with clay** lehmbeschmiert

'bed-bath *n* BRIT Krankenwäsche *f* im Bett; **to be given a** ~ **by sb** von jdm im Bett gewaschen werden **'bed·bug** *n* [Bett]wanze *f* **'bed·clothes** *npl* Bettzeug *nt kein pl*

bed·der ['bedəʳ, AM -ɚ] *n* HORT Setzling *m*

bed·ding ['bedɪŋ] **I.** *n no pl* Bettzeug *nt;* AGR [Ein]streu *f* **II.** *adj attr, inv* Freiland-, Beet-; ~ **plant** Gartenpflanze *f,* Freilandpflanze *f*

be·deck [bɪ'dek] *vt usu passive* ■**to** ~ **sth** etw schmücken [*o* zieren]; ■**to be** ~**ed with sth** mit etw *dat* geschmückt sein

be·dev·il <BRIT -ll- *or* AM *usu* -l-> [bɪ'devᵊl] *vt* ❶ *(distress, worry)* ■**to** ~ **sb/sth** jdn/etw belasten [*o* bedrücken]; ■**to be** ~**ed by sth** von etw *dat* geplagt [*o* gequält] werden ❷ *(complicate)* ■**to** ~ **sth** etw verkomplizieren [*o* erschweren]

'bed·fel·low *n (fig)* Verbündete(r) *f(m),* Genosse, -in *m, f hum;* **the priest and the politician made strange** ~**s** der Pfarrer und der Politiker gaben ein merkwürdiges Gespann ab

bed·lam ['bedləm] *n no pl* Chaos *nt,* Tumult *m;* **it was absolute** ~ **at the football ground** auf dem Fußballplatz ging es zu wie im Irrenhaus *fam*

'bed lin·en *n* Bettwäsche *f kein pl*

Bedou·in ['bedʊɪn] **I.** *adj attr, inv* Beduinen- **II.** *n* <*pl* -s *or* -> Beduine, -in *m, f*

'bed·pan *n* Bettpfanne *f,* Bettschüssel *f* **'bed·post** *n* Bettpfosten *m* ▸ PHRASES: **between you, me and the** ~ *(fam)* unter uns gesagt

be·drag·gled [bɪ'dræɡl̩d] *adj* ❶ *(wet)* durchnässt, tropfnass ❷ *(untidy)* verdreckt, ungepflegt

'bed·rid·den *adj* bettlägerig **'bed·rock** *n no pl* Grundgestein *nt,* Felssohle *f,* Felsgrund *m; (fig)* Basis *f,* Fundament *nt fig,* Grundlage *f*

'bed·room I. *n* Schlafzimmer *nt;* **guest** [*or* **spare**] ~ Gästeschlafzimmer *nt;* **master** ~ großes Schlafzimmer; **parents'** ~ Elternschlafzimmer *nt* **II.** *n modifier (window, mirror, wall)* Schlafzimmer-; ~ **eyes** Schlafzimmerblick *m fam;* ~ **suburb** [*or* **town**] Schlafstadt *f fam*

-bedroom *in compounds with numbers* -zimmer; **a three-~ house** ein Haus *nt* mit drei Schlafzimmern

bed·room com·'mu·nity *n* AM Schlafstadt *f fam* **bed·room 'farce** *n* Schlafzimmerkomödie *f* **'bed·room scene** *n* Bettszene *f* **bed·room 'suite** *n* Schlafzimmergarnitur *f,* Schlafzimmereinrichtung *f*

'bed·side *n no pl* Seite *f* des Bettes; **to be at sb's** ~ an jds Bett sitzen **bed·side 'lamp** *n* Nachttischlampe *f* **bed·side 'man·ner** *n* **to have a good** ~ gut mit Kranken umgehen können **bed·side 'table** *n* Nachttisch *m*

'bed·sit *n* BRIT *short for* **bedsitter** Einzimmerappartement *nt* **bed·'sit·ter** *n esp* BRIT, *form* **bed-'sit·ting room** *n esp* BRIT *(small flat)* Einzimmerappartement *nt; (room)* Wohnschlafzimmer *nt* **'bed·sore** *n* wund gelegene Stelle **'bed·spread** *n* Tagesdecke *f* **'bed·stead** *n* Bettgestell *nt* **'bed·time** *n no pl* Schlafenszeit *f;* **it's** ~ Zeit fürs Bett!; **it's long** [*or* **way**] **past your** ~ du solltest schon längst im Bett sein; **at** ~ vor dem Schlafengehen **bed·time 'sto·ry** *n* Gutenachtgeschichte *f*

'Bedu·in *n, adj see* **Bedouin**

bed-wetting *n no pl* Bettnässen *nt*

bee [bi:] *n* ❶ *(insect)* Biene *f;* **swarm of** ~**s** Bienenschwarm *m;* **worker** ~ Arbeitsbiene *f,* Arbeiterin *f* ❷ AM, AUS *(meet)* Treffen *nt,* Kränzchen *nt;* **sewing** ~ Nähkränzchen *nt* ❸ *(competition)* Wettbewerb *m* ▸ PHRASES: **to have a** ~ **in one's bonnet** einen Tick haben *fam;* **he thinks he's the** ~**s' knees** *esp* BRIT *(fam)* er hält sich für den Größten *fam;* **to be a busy** [*or* **busy as a**] ~ *(hum)* fleißig wie eine Biene sein

Beeb [bi:b] *n no pl* BRIT *(fam) abbrev of* **British Broadcasting Corporation** BBC *f*

beech [bi:tʃ] **I.** *n* ❶ *(tree)* Buche *f* ❷ *(wood)* Buchenholz *nt,* Buche *f;* **made of** ~ aus Buchenholz **II.** *n modifier (cabinet, chair, table)* Buchen-; ~ **marten** Steinmarder *m*

'beech·nut *n* Buchecker *f*

beef [bi:f] **I.** *n no pl* ❶ *(meat)* Rindfleisch *nt;* **minced** [*or* AM **ground**] ~ Rinderhack[fleisch] *nt;* **roast** ~ Roastbeef *nt* ❷ *(forcefulness, vigour)* [Muskel]kraft *f,* Mumm *m fam,* Schmalz *nt hum fam; (fig)* **the government report didn't have much** ~ **in it** dem Regierungsbericht fehlte es an Biss ❸ *(complaint)* Beschwerde *f,* Meckerei *f pej fam;* **my main** ~ **about the job is that ...** an der Arbeit passt mir vor allem nicht, dass ... **II.** *vi* nörgeln *pej,* meckern *pej fam;* ■**to** ~ **about sth** sich *akk* über etw *akk* beschweren

◆**beef up** *vt (fam)* ■**to** ~ **up** ⇄ **sth** etw aufmöbeln *fam;* **to** ~ **up a team** ein Team verstärken; ■**to** ~ **sth up with sth** etw mit etw *dat* aufmöbeln [*o* aufpeppen] *fam*

'beef·bur·ger *n* Beefburger *m,* Hamburger *m* **'beef·cake** *n (sl)* ❶ *(strong man)* Muskelpaket *nt fam,* Muskelprotz *m fam* ❷ *(muscles)* Muskeln *mpl* **'beef cat·tle** *npl* Schlachtrinder *ntpl,* Mastrinder *ntpl* **'Beef·eater** *n* BRIT Beefeater *m,* Tower-Wächter *m* **'beef·steak** *n* Beefsteak *nt* **beef·steak to·'ma·to** *n,* **'beef to·ma·to** *n* Fleischtomate *f*

beefy ['bi:fi] *adj (fam)* ❶ *(muscular)* muskulös, bullig *fam* ❷ *(high-powered, efficient)* leistungsstark, effizient ❸ *(like beef)* fleischig, Rindfleisch-

'bee·hive *n* ❶ *(of bees)* Bienenstock *m; (rounded)* Bienenkorb *m* ❷ *(hairstyle)* toupierte Hochfrisur **'bee-keep·er** [-ˌki:pəʳ, AM -pɚ] *n* Imker(in) *m(f),* Bienenzüchter(in) *m(f)* **'bee-keep·ing** [-ˌki:pɪŋ] *n no pl* Bienenhaltung *f,* Bienenzucht *f,* Imkerei *f* **'bee·line** *n no pl* **to make a** ~ **for sb/sth** schnurstracks auf jdn/etw zugehen

been [bi:n, AM bɪn] *pp of* **be**

beep [bi:p] **I.** *vt* ❶ *(make brief noise)* **to** ~ **one's horn** hupen ❷ *(fam: on pager)* ■**to** ~ **sb** jdn anpiepen *fam;* ■**to be** ~**ed** angepiept werden *fam* **II.** *vi* piepen; *(on ship)* tuten; *(in car)* hupen; ■**to** ~ **at sb** jdn anhupen **III.** *n* Piep[s]ton *m; of a car* Hupen *nt kein pl; of a ship* Tuten *nt kein pl*

beep·er ['bi:pəʳ, AM -pɚ] *n (fam)* Signalgeber *m,* Piepser *m fam*

beep·ing ['bi:pɪŋ] *n* Piepsen *nt kein pl; of a car* Hupen *nt kein pl; of a ship* Tuten *nt kein pl*

beer [bɪər, AM bɪr] *n* ❶ *no pl (drink)* Bier *nt;* **half-pint/pint of**

~ viertel/halber Liter Bier ❷ (*bottle*) Bier *nt*, Flasche *f* Bier; (*glass*) Bier *nt*, Glas *nt* Bier ▶PHRASES: **life's not all ~ and skittles** BRIT (*prov*) das Leben ist nicht nur eitel Sonnenschein *veraltend o hum*

'beer bel·ly *n* (*fam*) Bierbauch *m fam* **'beer gar·den** *n* Biergarten *m* **'beer gut** *n* (*fam*) Bierbauch *m fam* **'beer mat** *n* Bierdeckel *m*, Bierfilz *m* **'beer store** *n* CAN *von der Provinzregierung Ontario geführter Bierladen* **'beer tent** *n* Bierzelt *nt*

beery ['bɪəri, AM 'bɪri] *adj* ❶ (*of beer*) Bier-; ~ **breath** Bierfahne *f fam* ❷ (*tipsy*) bierselig

'bee sting *n* Bienenstich *m*

'bees·wax *n no pl* Bienenwachs *nt*

beet [bi:t] *n* ❶ (*edible plant root*) [Runkel]rübe *f*; ~ **sugar** Rübenzucker *m* ❷ AM (*beetroot*) rote Bete [*o* Rübe]

bee·tle ['bi:tḷ, AM -ṭḷ] **I.** *n* Käfer *m* **II.** *adj* buschig; ~ **brows** buschige Augenbrauen **III.** *vi* BRIT ■**to ~ along** entlangpesen *fam; person also* entlangsausen *fam*, im Laufschritt entlangeilen

◆**beetle away** *vi* BRIT **to ~ away at [doing] a job** emsig mit einer Arbeit beschäftigt [*o* zugange] sein

◆**beetle off** *vi* BRIT abschwirren *fam*, abziehen *fam*, verschwinden

bee·tle-browed [-,braʊd] *adj* mit buschigen Augenbrauen; ■**to be ~** buschige Augenbrauen haben

beet·root ['bi:tru:t] *n* BRIT Rote Bete; **to go [*or* turn] as red as a ~** knallrot werden *fam*, rot werden wie eine Tomate *hum fam*

be·fall <befell, befallen> [bɪ'fɔ:l] (*old*) **I.** *vt* ■**to ~ sb** *calamity* jdm zustoßen [*o geh* widerfahren] **II.** *vi* sich *akk* ereignen

be·fell [bɪ'fel] *pt of* **befall**

be·fit <-tt-> [bɪ'fɪt] *vt* (*form*) ■**to ~ sb** jdm geziemen *geh o veraltend*; **..., as ~s someone of her position** ..., wie es jemandem in ihrer Stellung geziemt

be·fit·ting [bɪ'fɪtɪŋ, AM -ṭɪŋ] *adj* (*form*) schicklich, geziemend *veraltend*; **that behaviour is not ~ of a man his age** dieses Verhalten schickt sich nicht für einen Mann seines Alters

be·fore [bɪ'fɔ:ʳ, AM -'fɔ:r] **I.** *prep* ❶ (*at previous time to*) vor +*dat*; **to wash one's hands ~ the meal** sich *dat* vor dem Essen die Hände waschen; **I need to go ~ 2:00** ich muss vor 2.00 Uhr gehen; **the day ~ yesterday** vorgestern; ~ **one's time** vorzeitig; **just ~ sth** kurz vor etw; **she always buys her Christmas presents just ~ Christmas** sie kauft ihre Weihnachtsgeschenke immer kurz vor Weihnachten; ■~ **doing sth** vor etw *dat*; ~ **leaving he said goodbye to each of them** vor seiner Abfahrt verabschiedete er sich von jedem Einzelnen ❷ (*in front of*) vor +*dat*; *with verbs of motion* vor +*akk*; **the letter K comes ~ L** der Buchstabe K kommt vor dem L; **the patterns swam ~ her eyes** die Zeichen verschwammen vor ihren Augen; (*encountered first*) vor +*dat*; **there is a large sign ~ the house** vor dem Haus ist ein großes Schild; **just ~** genau vor +*dat*; **the bus stop is just ~ the school** die Bushaltestelle befindet sich direkt vor der Schule ❸ (*higher ranking*) vor +*dat*; **many mothers put their children's needs ~ their own** vielen Müttern sind die Bedürfnisse ihrer Kinder wichtiger als ihre eigenen; **I'd go to debtors' prison ~ asking her for money** ich würde wegen der Schulden eher ins Gefängnis gehen als sie nach Geld zu fragen ❹ (*in presence of*) vor +*dat*; **he stood up ~ the audience** er stand vor dem Publikum auf; (*for examination, consideration*) vor +*dat*; **our case is coming ~ the court this week** unser Fall kommt diese Woche vor Gericht ❺ (*in future*) vor +*dat*; **to lie ~ one** vor jdm liegen; **the job lay ~ them** die Arbeit lag vor ihnen; **to have sth ~ one** etw vor sich *dat* haben; **you have your whole future ~ you** du hast noch deine ganze Zukunft vor dir **II.** *adv inv* (*earlier, previously*) zuvor, vorher; **I have never seen that ~** das habe ich noch nie gesehen; **have you been to Cologne ~?** waren Sie schon einmal in Köln?; **haven't we met ~?** kennen wir uns nicht?; **that has never happened ~** das ist [bisher] noch nie passiert; **she has seen it all ~** sie kennt das alles schon; **to be as ~** wie früher sein; ~ **and after** davor und danach **III.** *adj after n* zuvor; **the day ~ it had rained** tags zuvor hatte es geregnet; **the year ~ it had been rather quiet** das Vorjahr war ganz ruhig verlaufen **IV.** *conj* ❶ (*at previous time*) bevor; ~ **you criticize me, ...** bevor du mich kritisierst, ...; **she was waiting long ~ it was time** sie wartete schon lange, bevor es so weit war; **right [*or* just] ~ ...** kurz bevor ...; **just ~ she left the house, ...** als sie gerade das Haus verlassen wollte, ...; **but ~ I knew it, she was gone** doch ehe ich mich versah, war sie verschwunden ❷ (*rather than*) bevor, ehe; ~ **they testified against their friends, they said they'd go to jail** sie würden eher ins Gefängnis gehen als gegen ihre Freunde auszusagen; **they would die ~ they would cooperate with each other** sie würden lieber sterben als miteinander zusammenzuarbeiten ❸ (*until*) bis; **it was an hour ~ the police arrived** es dauerte eine Stunde, bis die Polizei eintraf; ~ **we got the test results back, a month had gone by** wir warteten einen Monat auf die Testergebnisse ❹ (*so that*) damit; **you must say the password at the door ~ they'll let you in** du musst an der Tür das Kennwort sagen, damit sie dich hineinlassen

before·hand [bɪ'fɔ:hænd, AM -'fɔ:r-] *adv inv* vorher, im Voraus; **we were informed ~** wir wurden zuvor informiert

be·'fore-tax *adj attr, inv* Brutto-; ~ **income** Bruttoeinkommen *nt*

be·friend [bɪ'frend] *vt* ■**to ~ sb** ❶ (*become friends with*) sich *akk* mit jdm anfreunden ❷ (*look after*) sich *akk* einer Person *gen* annehmen *geh*; ■**to be ~ed by sb** von jdm Beistand erhalten

be·fuddled [bɪ'fʌdḷd] *adj* ❶ (*muddled*) verwirrt ❷ (*intoxicated*) benebelt; **to be ~ by drink** benebelt sein

beg <-gg-> [beg] **I.** *vt* ❶ (*ask for charity*) ■**to ~ sth** um etw *akk* betteln; ■**to ~ sth from [*or fam* off] sb** etw von jdm schnorren *fam* ❷ (*request*) **to ~ leave to do sth** (*form*) um Erlaubnis bitten etw tun zu dürfen; **stop it, I ~ you** hör auf, ich bitte dich; ■**to ~ sb to do sth** jdn bitten, etw zu tun; ■**to ~ that ...** darum bitten, dass ...; **to ~ sb's forgiveness** jdn um Entschuldigung [*o* Verzeihung] bitten; **I ~ your pardon** entschuldigen Sie bitte ❸ (*leave unresolved*) **to ~ the question** keine Antwort auf die [eigentliche] Frage geben; **you're always ~ging the question** du weichst immer nur aus; **this crisis ~s the question of his leadership** diese Krise wirft die Frage nach seinen Führungsqualitäten auf ▶PHRASES: **to go ~ging** noch zu haben sein, keinen Abnehmer/keine Abnehmerin finden **II.** *vi* ❶ (*seek charity*) betteln; ■**to ~ for sth** um etw *akk* betteln, um etw *akk* bitten ❷ (*request*) ■**to ~ of sb: don't give up, I ~ of you** (*form*) ich flehe Sie an, geben Sie nicht auf! *geh*; **to ~ for clemency [*or* mercy]** um Gnade flehen *geh*; **I ~ to inform you that ...** (*form*) ich erlaube mir, Sie davon in Kenntnis zu setzen, dass ... *geh*, ich möchte Ihnen mitteilen, dass...; **I ~ to differ** (*form*) ich erlaube mir, anderer Meinung zu sein *geh* ❸ (*request*) *dog* Männchen machen

◆**beg off** *vi* ■**to ~ off [from] sth** (*fam*) sich *akk* [bei etw *dat*] entschuldigen lassen; **we ~ged off the meeting** wir sagten das Treffen ab; **to ~ off work** sich *dat* freigeben lassen

be·gan [bɪ'gæn] *pt of* **begin**

be·gat [bɪ'gæt] *pt of* **beget**

be·get <-tt-, begot *or esp old* begat, begotten> [bɪ'get] *vt* ❶ (*liter or old: father*) **to ~ a child** ein Kind zeugen ❷ (*fig form: bring about*) ■**to ~ sth** etw gebieten *liter*; **crime ~s crime** Gewalt erzeugt Gegengewalt

beg·gar ['begəʳ, AM -ɚ] **I.** *n* ❶ (*poor person*) Bettler(in) *m(f)* ❷ + *adj esp* BRIT **little ~** kleiner Schlingel *hum*, Racker *m hum*; **lucky ~** Glückspilz *m*; **you lucky ~!** du Glücklicher/du Glückliche! ▶PHRASES: **~s can't be choosers** (*saying*) in der Not darf man nicht wählerisch sein, in der Not frisst der Teufel Fliegen *prov*; **if wishes were horses, [then] ~s would ride** (*prov*) vom Wünschen allein ist noch niemand reich geworden

B

II. *vt* ■**to ~ sb** jdn an den Bettelstab bringen; **to ~ a company** eine Firma herunterwirtschaften [*o* in den Ruin treiben]; ■**to ~ oneself** sich *akk* ruinieren ▶PHRASES: **to ~ belief** [einfach] unglaublich sein; **to ~ description** jeder Beschreibung spotten, [einfach] unbeschreiblich sein

beg·gar·ly ['begəli, AM -ɚli] *adj usu attr* (*dated*) erbärmlich; **a ~ amount of money** ein lumpiger Geldbetrag; **a ~ existence** eine kümmerliche Existenz; **a ~ meal** ein kärgliches Mahl; **a ~ pay** eine armselige Bezahlung

beg·gar-my-'neigh·bour *n* BRIT Bettelmann *m* (*Kartenspiel für zwei, bei dem der Gewinner am Ende alle Karten hat*)

beg·ging ['begɪŋ] *n no pl* Betteln *nt*

'beg·ging let·ter *n* (*fam*) Bittbrief *m*

be·gin <-nn-, began, begun> [bɪ'gɪn] **I.** *vt* ❶ (*commence*) ■**to ~ sth** etw anfangen [*o* beginnen]; **it's ~ning to snow** es fängt an zu schneien; **she began life as the daughter of a waitress** sie kam als Tochter einer Kellnerin zur Welt; **to ~ a conversation** eine Unterhaltung anfangen; **to ~ a phase** in eine Phase eintreten; **to ~ work** mit der Arbeit beginnen ❷ (*start using*) ■**to ~ sth** mit etw *dat* beginnen; *food, bottle* etw anbrechen; **you needn't ~ a new loaf of bread** du musst kein neues Brot anschneiden; **you should ~ a new page** du solltest eine neue Seite anfangen **II.** *vi* ❶ (*commence*) anfangen, beginnen; **let's ~** fangen wir an!; **I don't know where to ~** ich weiß gar nicht, wo ich anfangen soll; **the film ~s at seven** der Film fängt um sieben an; **I'll ~ by welcoming our guests** zuerst werde ich unsere Gäste begrüßen; ■**to ~ again** neu anfangen; **to ~ promisingly** viel versprechend anfangen; ■**to ~ on sth** mit etw *dat* anfangen [*o* beginnen]; ■**to ~ to do sth** anfangen, etw zu tun; **she was ~ning to get angry** allmählich wurde sie wütend; **I can't [even] ~ to describe this phenomenon** ich kann dieses Phänomen nicht einmal annähernd beschreiben; **there were six of us to ~ with but then two people left** anfangs waren wir noch zu sechst, zwei sind dann aber gegangen; **the hotel was awful – to ~ with, our room was too small, then ...** das Hotel war schrecklich – erstmal war unser Zimmer viel zu klein und dann ...; ■**to ~ with sth** mit etw *dat* anfangen ❷ (*open speech act*) **"well," he began ...** „also", fing er an ... ❸ (*originate*) beginnen; **where does this road ~?** wo fängt diese Straße an? ▶PHRASES: **charity ~s at home** (*prov*) das Hemd ist näher als der Rock *prov;* **life ~s at forty** (*saying*) mit vierzig fängt das Leben erst [richtig] an

be·gin·ner [bɪ'gɪnəʳ, AM -nɚ] *n* Anfänger(in) *m(f);* **German for ~s** Deutsch für Anfänger; **~'s luck** Anfängerglück *nt;* **false ~** Einsteiger(in) *m(f)* mit Vorkenntnissen

be·'gin·ners' slope *n* AM, AUS (*nursery slope*) Anfängerhügel *m fam,* Idiotenhügel *m hum fam*

be·gin·ning [bɪ'gɪnɪŋ] **I.** *n* ❶ (*starting point*) Anfang *m;* (*in time*) Beginn *m;* **at** [*or* **in**] **the ~** am Anfang, zu Beginn; **the ~ of the end** der Anfang vom Ende; **from ~ to end** (*place*) von vorn bis hinten; (*temporal*) von Anfang bis Ende, von der ersten bis zur letzten Minute; **at the ~ of the month** am Monatsanfang; **we will meet at the ~ of the month** wir treffen uns Anfang des Monats; **promising** [*or form* **auspicious**] **~** viel versprechender Anfang ❷ ■**~s** *pl* (*origin*) Anfänge *mpl,* Ursprung *m;* **the ~s of civilization** die Anfänge [*o* der Ursprung] der Zivilisation; **to rise from humble ~s** sich *akk* aus kleinen Verhältnissen hocharbeiten ❸ ■**~s** *pl* (*start*) erste Anzeichen; **I've got the ~s of a headache** ich glaube, ich bekomme Kopfschmerzen ▶PHRASES: **in the ~ was the Word** REL (*prov*) am Anfang war das Wort **II.** *adj attr, inv* Anfangs-; **~ course** Anfängerkurs *m;* **~ stage** Anfangsstadium *nt;* **~ student** Studienanfänger(in) *m(f)*

be·gone [bɪ'gɒn, AM -'gɑːn] *interj* (*liter or old*) **~!** fort [*o* hinweg] [mit dir]! *geh*

be·gonia [bɪ'gəʊniə, AM -'goʊnjə] *n* Begonie *f*

be·got [bɪ'gɒt, AM -'gɑːt] *pt, pp of* **beget**

be·got·ten [bɪ'gɒtᵊn, AM -'gɑːt̬-] *pp of* **beget**

be·grudge [bɪ'grʌdʒ] *vt* ❶ (*allow unwillingly*) ■**to ~ sb sth** jdm etw missgönnen; **I don't ~ him his freedom** ich gönne ihm seine Freiheit ❷ (*resent*) ■**sb ~s sth** jdm tut es um etw *akk* leid ❸ (*be reluctant*) ■**to ~ doing sth** etw widerwillig [*o* ungern] tun; **I ~ getting up early** ich stehe ungern früh auf ❹ (*regret*) ■**to ~ having done sth** etw bereuen, bereuen, dass man etw getan hat

be·guile [bɪ'gaɪl] *vt* (*liter*) ❶ (*charm*) ■**to ~ sb** jdn betören *geh;* ■**to be ~d** [**by sth**] [von etw *dat*] betört sein *geh* ❷ (*delight*) ■**to ~ sb** [**with sth**] jdn [mit etw *dat*] in seinen Bann ziehen *geh* ❸ (*mislead*) ■**to ~ sb** [**with sth**] jdn [mit etw *dat*] täuschen; ■**to ~ sb into doing sth** jdn dazu verlocken [*o* verleiten], etw zu tun ❹ (*wile away*) **to ~ the tedium** sich *dat* die Langeweile vertreiben

be·guil·ing [bɪ'gaɪlɪŋ] *adj* ❶ (*charming*) betörend *geh,* verführerisch ❷ (*intriguing*) faszinierend; **that's a ~ argument, but I'm not convinced by it** das Argument hat was, aber überzeugen tut es mich nicht

be·guil·ing·ly [bɪ'gaɪlɪŋli] *adv* betörend *geh,* verführerisch

be·gun [bɪ'gʌn] *pp of* **begin**

be·half [bɪ'hɑːf, AM -'hæf] *n no pl* **on ~ of sb/sth** [*or* **on sb's/sth's ~**] (*speaking for*) im Namen einer Person/einer S. *gen;* (*as authorized by*) im Auftrag von jdm/etw; **I'm writing to you on ~ of Mr Smith** ich schreibe Ihnen in Vertretung von Mr. Smith; **on my/her ~ ...** meinetwegen/ihretwegen ...; **when I heard people talking about him behind his back, I got angry on his ~** als ich die Leute hinter seinem Rücken reden hörte, wurde ich in seinem Namen wütend

be·have [bɪ'heɪv] **I.** *vi* ❶ *people* **how did he ~ towards you?** wie hat er sich dir gegenüber verhalten?; **to ~ badly/well** sich *akk* schlecht/gut benehmen; **to ~ strangely** sich *akk* merkwürdig verhalten [*o* benehmen]; (*act properly*) sich *akk* benehmen; **~!** benimm dich! ❷ *object, substance* sich verhalten; *appliance* funktionieren **II.** *vt* ■**to ~ oneself** sich *akk* [anständig] benehmen

be·haved [bɪ'heɪvd] *adj pred, inv, with adv* **to be badly ~** unartig [*o* ungezogen] sein, ein schlechtes Benehmen haben; **to be well-~** artig [*o* brav] [*o* gut erzogen] sein

be·'hav·ior *n* AM *see* **behaviour**

be·'hav·ior·al *adj* AM *see* **behavioural**

be·'hav·ior·ism *n* AM *see* **behaviourism**

be·'hav·ior·ist *n* AM *see* **behaviourist**

be·hav·iour [bɪ'heɪvjəʳ], AM **be·hav·ior** [-vjɚ] **I.** *n no pl* ❶ *of a person* Benehmen *nt,* Verhalten *nt,* Betragen *nt;* **to be on one's best ~** sich *akk* von seiner besten Seite zeigen ❷ *of a car* [Fahr]verhalten *nt; of an engine* [Betriebs]verhalten *nt* **II.** *n modifier* (*pattern*) Verhaltens-

be·hav·iour·al [bɪ'heɪvjᵊrᵊl], AM **be·hav·ior·al** [-vjɚ-] *adj inv* Verhaltens-; **~ psychology/science** Verhaltenspsychologie *f*/ -forschung *f*

be·hav·iour·ism [bɪ'heɪvjᵊrɪzᵊm], AM **be·hav·ior·ism** [-vjɚ-] *n no pl* PSYCH Behaviorismus *m fachspr*

be·hav·iour·ist [bɪ'heɪvjᵊrɪst], AM **be·hav·ior·ist** [-vjɚ-] **I.** *n* PSYCH Behaviorist(in) *m(f) fachspr* **II.** *adj* PSYCH behavioristisch *fachspr*

be·'hav·iour pat·tern *n* Verhaltensmuster *nt* **be·'hav·iour thera·py** *n* Verhaltenstherapie *f*

be·head [bɪ'hed] *vt* ■**to ~ sb** jdn köpfen [*o geh* enthaupten]

be·held [bɪ'held] *pt of* **behold**

be·hest [bɪ'hest] *n no pl* (*form*) ■**at sb's ~** [*or* **the ~ of sb**] auf jds Geheiß *geh;* **the budget proposal was adopted at the President's ~** der Haushaltsentwurf wurde auf Weisung des Präsidenten angenommen

be·hind [bɪ'haɪnd] **I.** *prep* ❶ (*in back of*) hinter +*dat; with verbs of motion* hinter +*akk;* **the cat was ~ the chair sleeping** die Katze lag schlafend hinter dem Sessel; **to fall ~ sb** hinter jdn zurückfallen; **his face was hidden ~ the mask** sein

Gesicht war hinter einer Maske verborgen; ~ **the wheel** hinterm Lenkrad [*o* Steuer] ❷ (*hidden by*) hinter +*dat;* **the town lay ~ the mountain** die Stadt lag hinter dem Berg ❸ (*as basis for*) hinter +*dat;* **the motivating factor ~ his sudden enthusiasm** der ausschlaggebende Faktor für seinen plötzlichen Enthusiasmus; **the idea ~ the whole movement** die Idee hinter der ganzen Bewegung ❹ (*in support of*) hinter +*dat;* **I'm ~ you all the way** ich stehe voll hinter dir ❺ (*as past experience*) hinter +*dat;* **they had half of their exercises ~ them** sie hatten die Hälfte der Übungen hinter sich; **to put sth ~ sb** etw hinter sich *dat* lassen; **long ~** weit zurück ❻ (*responsible for*) hinter +*dat;* **he wondered what was ~ his neighbour's sudden friendliness** er fragte sich, was hinter der plötzlichen Freundlichkeit seines Nachbarn steckte ❼ (*late for*) hinter +*dat;* **to be/get ~ schedule** in Verzug sein/geraten ❽ (*less advanced*) **to be ~ sb in sth** jdm in etw *dat* hinterher sein ▸ PHRASES: ~ **sb's back** hinter jds Rücken; **to go ~ sb's back** jdn hintergehen; ~ **every great man there stands a great woman** (*prov*) hinter jedem starken Mann steht eine starke Frau; ~ **the scenes** hinter den Kulissen; **to be ~ the times** hinter der Zeit zurück[geblieben] sein **II.** *adv* hinten; **we were seated ~** wir saßen hinten; **our house has a garden ~** unser Haus hat hinten einen Garten; **to attack from ~** von hinten [*o* hinterrücks] angreifen; **to come from ~** wieder zur Spitze aufschließen; **to fall ~** zurückfallen; **to leave sb/sth ~** jdn/etw zurücklassen; **to leave sth ~** (*fail to take*) etw [versehentlich] stehen/liegen lassen; (*as a sign*) etw zurücklassen [*o* hinterlassen]; **to leave ~ a stain/a scar/a trail of destruction** einen Fleck/eine Narbe/eine Spur der Verwüstung hinterlassen; **to stay ~** noch dableiben; **to walk ~ [sb]** hinter [jdm] hergehen **III.** *adj pred* ❶ (*in arrears*) ■**to be ~ with sth** *the rent* mit etw *dat* im Rückstand [*o* Verzug] sein ❷ (*overdue*) ■**to be ~ sb** hinter jdm zurückliegen; **to be ~ with one's work** mit seiner Arbeit im Rückstand sein ❸ (*mentally slow*) **to be [a long way] ~** [weit] zurück sein; **to be ~ in a subject** in einem Fach hinterherhinken **IV.** *n* (*fam*) Hintern *m fam;* **why don't you get off your ~ and do something!** nun beweg deinen Hintern und tu was! *fam*

be·hind·hand [bɪˈhaɪndhænd] *adj pred* ■**to be ~ with sth** mit etw *dat* im Rückstand [*o* Verzug] sein

be·hind the 'scenes *adv* hinter den Kulissen; **to act/work ~** hinter den Kulissen agieren/arbeiten

be·'hind-the-scenes *adj attr, inv* hinter den Kulissen; ~ **activity** Hintergrundaktivität *f;* ~ **person** Person *f* im Hintergrund; ~ **work** Arbeit *f* im Verborgenen

be·hold <beheld, beheld> [bɪˈhəʊld, AM -ˈhoʊld] **I.** *vt* (*liter or esp old*) ■**to ~ sth** etw erblicken *geh;* **the landscape was beautiful to ~** die Landschaft war schön anzuschauen **II.** *interj* **~!** (*old liter*) siehe! *veraltet geh;* **lo and ~** siehe da *veraltet geh*

be·hold·en [bɪˈhəʊldən, AM -ˈhoʊld-] *adj pred* (*form*) ■**to be ~ to sb [for sth]** jdm [wegen einer S. *gen*] verpflichtet [*o* verbunden] sein

be·hold·er [bɪˈhəʊldəʳ, AM -ˈhoʊldɚ] *n* (*liter or old*) Betrachter(in) *m(f),* Beschauer(in) *m(f) geh* ▸ PHRASES: **beauty is in the eye of the ~** schön ist, was [den Leuten] gefällt *prov*

be·hookie *n* AM (*fam*) Hintern *m*

behoove [bɪˈhuːv] AM, **behove** [bɪˈhəʊv] *vt* (*form or dated*) ■**it ~s sb to do sth** es [ge]ziemt jdm, etw zu tun *veraltet geh;* **it ill ~s us to do nothing** es steht uns schlecht an, untätig zu bleiben *veraltend geh*

beige [beɪʒ] *adj* beige[farben]

beigel *n see* **bagel**

be·ing [ˈbiːɪŋ] **I.** *n* ❶ (*creature*) Wesen *nt;* ~ **from another planet** Wesen *nt* von einem anderen Stern ❷ (*existence*) Dasein *nt;* **to bring** [*or* **call**] **sth into ~** etw ins Leben rufen; **to come into ~** entstehen ❸ (*soul*) Wesen *nt,* Sein *nt;* **she hated him with all her ~** sie hasste ihn aus tiefster Seele **II.** *adj after n* **for the time ~** vorerst, vorläufig, einstweilen **III.** *see* **be**

be·jee·sus [bəˈdʒiːzəs] **I.** *interj* ■**~!** (*exclamation expressing surprise*) na, so was! *fam* **II.** *n no pl* (*sl*) **to beat the ~ out of sb** (*give sb a sound beating*) jdn windelweich schlagen; **to scare the ~ out of sb** jdn zu Tode erschrecken

be·jewel·ed [bɪˈdʒuːəld] *esp* AM, **be·jewell·ed** *adj* mit Juwelen geschmückt [*o pej fam* behängt]; (*fig*) **the sky was ~ with stars** der Himmel war mit Sternen übersät *geh*

be·la·bor [bɪˈleɪbɚ] AM, **be·la·bour** [-əʳ] *vt* ❶ (*overdo*) **to ~ a subject** ein Thema zu Tode reiten; **to ~ a point** auf einem Punkt herumhacken *fam* ❷ (*dated: beat soundly*) ■**to ~ sb [with sth]** auf jdn [mit etw *dat*] einschlagen [*o* eindreschen]; (*attack verbally*) **to ~ sb with insults/abuse** jdn [mit Beleidigungen/Beschimpfungen] attackieren [*o* traktieren]

be·lat·ed [bɪˈleɪtɪd, AM -t̬ɪd] *adj* verspätet; ~ **birthday greetings** nachträgliche Geburtstagsgrüße

be·lat·ed·ly [bɪˈleɪtɪdli, AM -t̬ɪd-] *adv* verspätet, nachträglich

belch [beltʃ] **I.** *n* <*pl* -es> Rülpser *m fam* **II.** *vi* aufstoßen, rülpsen *fam* **III.** *vt* ■**to ~ sth** etw ausstoßen; *volcano* etw ausspeien

◆**belch out, belch forth** *vt* ■**to ~ sth** ↻ **out** [*or* **forth**] *ash, fumes* etw ausstoßen

be·lea·guered [bɪˈliːgəd, AM -gɚd] *adj* ❶ (*besieged*) belagert; **to be ~ by an army/reporters** von einer Armee/Reportern belagert werden ❷ (*fig: overburdened*) überlastet; **sb is ~ with work** jdm wächst die Arbeit über den Kopf ❸ (*fig: beset*) bedrängt; **the fields were ~ by pests** die Felder wurden von Schädlingen heimgesucht; ~ **parents** geplagte Eltern; **to be ~ by problems** von Problemen geplagt werden

bel·fry [ˈbelfriː] *n* Glockenturm *m* ▸ PHRASES: **to have bats in the ~** einen Vogel haben *fam*

Bel·gian [ˈbeldʒən] **I.** *n* Belgier(in) *m(f)* **II.** *adj* belgisch

Bel·gium [ˈbeldʒəm] *n* Belgien *nt*

be·lie <-y-> [bɪˈlaɪ] *vt* ■**to ~ sth** ❶ (*disprove*) etw widerlegen [*o geh* Lügen strafen] ❷ (*cover up*) etw verbergen, über etw *akk* hinwegtäuschen

be·lief [bɪˈliːf] *n* ❶ (*faith*) Glaube *m kein pl;* **political/religious ~s** politische/religiöse Überzeugungen; **to be beyond** [*or* BRIT *a.* **beggar**] **~** [einfach] unglaublich sein; **to shake sb's ~ in sth** jds Glauben an etw *akk* erschüttern ❷ (*view*) Überzeugung *f,* Ansicht *f;* **it is my firm ~ that ...** ich bin der festen Überzeugung, dass ...; **in the ~ that ...** im Glauben, dass ...; **to the best of my ~** nach bestem Wissen und Gewissen; **contrary to popular ~** entgegen der allgemeinen Auffassung

be·liev·able [bɪˈliːvəbl] *adj* glaubwürdig, glaubhaft

be·lieve [bɪˈliːv] **I.** *vt* ❶ (*presume true*) ■**to ~ sth** etw glauben; **~ [you] me** du kannst mir glauben!; **would you ~ it?** kannst du dir das vorstellen?, also unglaublich! *fam;* **I wouldn't have ~d it of them** das hätte ich nicht von ihnen gedacht; **she couldn't** [*or* **could hardly**] **~ her ears/eyes** sie traute ihren Ohren/Augen nicht; **I couldn't ~ my luck** ich konnte mein Glück [gar] nicht fassen; **I'll ~ it when I see it!** das glaube ich erst, wenn ich es sehe!; **I can't ~ how ...** ich kann gar nicht verstehen, wie ...; **~ it or not** ob du es glaubst oder nicht *fam;* **to not ~ a word of sth** kein Wort von etw *dat* glauben; ■**to ~ sb to be sth** jdn für etw *akk* halten; ■**to ~ that ...** glauben, dass ...; **to find sth hard to ~** etw kaum glauben [*o* fassen] können; **she found it hard to ~ that ...** es fiel ihr schwer, zu glauben, dass ... ❷ **to make ~ [that]** [*or* **to be**] **...** (*pretend*) so tun, als ob ...; **the boys made ~ to be** [*or* **that they were**] **pirates** die Jungen taten so, als wären sie Piraten ▸ PHRASES: **seeing is believing** (*saying*) was ich sehe, glaube ich **II.** *vi* ❶ (*be certain of*) ■**to ~ in sth** *UFOs, God* an etw *akk* glauben ❷ (*have confidence*) ■**to ~ in sb/sth** auf jdn/etw vertrauen ❸ (*support sincerely*) ■**to ~ in sth** für etw *akk* sein, viel von etw *dat* halten; **I ~ in going for a run every morning** ich bin fest davon überzeugt, dass man täglich morgens joggen sollte ❹ (*think*) glauben, denken; **Jane Roberts, I ~?** sind Sie nicht

B

belief

expressing belief	glauben
I think she will pass the exam.	**Ich glaube, dass** sie die Prüfung bestehen wird.
Our team **will definitely** win.	Unsere Mannschaft **wird hundertprozentig** gewinnen.
I reckon this story is true.	Ich **denke schon, dass** diese Geschichte wahr ist.
I believe this story **to be** true. (*form*)	**Ich halte** diese Geschichte **für** wahr. (*form*)
expressing assumption	**Vermutungen ausdrücken**
I don't think she will come.	**Ich glaube nicht, dass** sie kommt.
I assume/suppose he's happy with/in his new job.	**Ich nehme an, dass** ihm seine neue Arbeit gefällt.
I consider it to be a distinct possibility that the stock market will crash in the near future. (*form*)	**Ich halte** einen Börsenkrach in der nächsten Zeit **für durchaus denkbar.** (*form*)
I've got a feeling about it.	**Ich habe da so eine Ahnung.**
I get the feeling he's keeping something from us.	**Ich habe so den Eindruck, dass** er uns etwas verheimlicht.
I suspect she might have made a mistake with the final bill.	**Es kommt mir so vor, als ob** sie bei der Abrechnung einen Fehler gemacht hat.
I have an inkling she won't put up with it much longer.	**Ich habe das Gefühl, dass** sie das nicht mehr lange mitmacht.

Jane Roberts?; **the robbers are ~d to have escaped via Heathrow Airport** man nimmt an, dass die Räuber über den Flughafen Heathrow entkommen sind; **we have [every] reason to ~ that ...** wir haben [allen] Grund zu der Annahme, dass ... *geh;* **I ~ not/so** ich glaube nicht/schon

be·liev·er [bɪˈliːvəʳ, AM -ɚ] *n* ❶ (*religious follower*) Gläubige(r) *f(m)* ❷ (*enthusiast*) [überzeugter] Anhänger/[überzeugte] Anhängerin; **I'm a ~ in health food** ich glaube an gesunde Ernährung; **to be a [great] ~ in doing sth** [sehr] für etw *akk* sein, [sehr] viel von etw *dat* halten

Belisha bea·con [bɪˌliːʃəˈ-] *n* BRIT [*gelbes*] *Blinklicht an brit. Zebrastreifen*

be·lit·tle [bɪˈlɪtl̩, AM -t̬l̩] *vt* ■**to ~ sth** etw herabsetzen [*o* schlechtmachen]; *one's successes, achievements* etw schmälern; **she tends to ~ her own efforts** sie neigt dazu, ihre eigenen Bemühungen runterzuspielen; ■**to ~ oneself** sich *akk* schlechter machen, als man ist

bell [bel] **I.** *n* ❶ (*for ringing*) Glocke *f;* (*small one*) Glöckchen *nt;* **the ~s were ringing out** die Glocken läuteten; **bicycle/door ~** Fahrrad-/Türklingel *f;* **[as] clear as a ~** (*pure*) glasklar; (*obvious*) völlig klar; **a sound as clear as a ~** ein glockenreiner Ton; **the whole thing is as clear as a ~ to me** das Ganze ist sonnenklar für mich; **sth rings a ~ [with sb]** (*fig*) etw kommt jdm bekannt vor; **she showed me the list of names but none of them rang any ~s** sie zeigte mir die Namensliste, aber mit keinem von ihnen konnte ich [irgend]etwas anfangen; **does this song ring any ~s with you?** erinnert dich dieses Lied an [irgend]etwas? ❷ (*signal*) Läuten *nt kein pl,* Klingeln *nt kein pl;* **there's the ~ for lunch/school** es läutet zur Mittagspause/zum Unterricht; **to give sb a ~** BRIT (*fam*) jdn anrufen ▸ PHRASES: **to be [as] sound as a ~** völlig in Ordnung sein; **you're looking as sound as a ~** du siehst kerngesund aus; **hell's ~s** (*surprised*) heidenei! *sl,* Mensch [Meier]!; (*angry*) zum Donnerwetter!; **[to be] saved by the ~** [gerade] noch einmal davon[ge]kommen [sein] *fam;* **with ~s on** AM, AUS (*fam*) mit Vergnügen; **everybody's waiting for you with ~s on** alle sind schon ganz gespannt auf dich; **she was there on time with ~s on** pünktlich war sie da und stand schon in den Startlöchern **II.** *vt* **to ~ a cow/a goat/a sheep** einer Kuh/einer Ziege/einem Schaf eine Glocke umhängen ▸ PHRASES: **to ~ the cat** der Katze die Schelle umhängen *fig*

bel·la·don·na [ˌbeləˈdɒnə, AM -ˈdɑːnə] *n no pl* PHARM Belladonna *f,* Atropin *nt;* BOT Tollkirsche *f*

ˈbell-bot·toms *npl* Schlaghose[n] *f[pl]* **ˈbell·boy** *n* [Hotel]page *m,* Hoteljunge *m*

belle [bel] *n* (*dated*) Schöne *f,* Schönheit *f;* **the ~ of the ball** die Ballkönigin

ˈbell-flow·er *n* Glockenblume *f* **ˈbell·hop** *n* AM (*bellboy*) [Hotel]page *m,* Hoteldiener *m*

bel·li·cose [ˈbekɪkəʊs, AM -koʊs] *adj* (*pej form*) kriegerisch; *person* streitsüchtig; **to be in a ~ mood** in kriegerischer Stimmung sein, zum Streiten aufgelegt sein

bel·lig·er·ence [bəˈlɪdʒərən(t)s] *n,* **bel·lig·er·en·cy** [bəˈlɪdʒərən(t)si] *n no pl* Kampf[es]lust *f,* Kriegslust *f; person* Streitlust *f*

bel·lig·er·ent [bəˈlɪdʒərənt] *adj* (*pej*) kampflustig, kriegerisch; *person also* streitlustig, streitbar, aggressiv; **~ behaviour** aggressives Verhalten; **~ nation** Krieg führende Nation; **~ people** kriegerisches [*o* kampflustiges] Volk

bel·lig·er·ent·ly [bəˈlɪdʒərəntli] *adv nation* kämpferisch; *person* aggressiv, streitlustig; **to behave ~** sich *akk* aggressiv verhalten

ˈbell jar *n* Glasglocke *f*

bel·low [ˈbeləʊ, AM -loʊ] **I.** *vt* **to ~ orders** Befehle brüllen; **to ~ a song** ein Lied grölen **II.** *vi bull, cannon, surf* brüllen; ■**to ~ [that ...]** *person* [lauthals] schreien [*o* brüllen] [, dass ...] **III.** *n* Gebrüll *nt;* **to give a ~ of pain** einen Schmerzensschrei ausstoßen [*o fam* loslassen]; **to give a ~ of rage** voller Wut schreien

bel·lows [ˈbeləʊz, AM -loʊz] *npl* Blasebalg *m;* **a pair of ~s** ein Blasebalg *m*

ˈbell pep·per *n* AM (*sweet pepper*) Paprika *m* **ˈbell-pull** *n* Klingelzug *m* **ˈbell-push** *n* BRIT Klingel *f,* Klingelknopf *m* **ˈbell-ring·er** *n* Glöckner *m* **ˈbell tower** *n* Glockenturm *m*

bel·ly [ˈbeli] **I.** *n* (*fam*) Bauch *m; of a person also* Magen *m; of ship, plane also* Unterseite *f; of a string instrument* Resonanzboden *m,* Decke *f* ▸ PHRASES: **sb's eyes are bigger than his/her ~** bei jdm sind die Augen größer als der Magen *prov;* **to have fire in one's ~** voller Enthusiasmus sein, Feuer im Hintern haben *fam;* **the way to a man's heart is through his ~** (*prov*) die Liebe geht durch den Magen *prov;* **to go [*or* AM *a.* turn] ~ up** (*fam*) bankrottgehen, pleitegehen *fam* **II.** *n modi-*

fier Bauch-; ~ **pork** Schweinebauch *m* **III.** *vi* <-ie-> NAUT ■**to ~ out** *sails* sich *akk* [auf]blähen

'bel·ly·ache I. *n* (*fam*) Bauchschmerzen *mpl,* Bauchweh *nt kein pl fam* **II.** *vi* (*fam*) jammern; (*complain*) meckern (**about** über +*akk*) **'bel·ly·ach·ing** *n* (*fam*) Gejammer *nt pej;* (*complaining*) Gequengel *nt pej fam,* Nörgelei *f pej;* **stop that ~!** hör endlich auf zu jammern!; **constant/continual ~** ständiges Gejammer *pej fam* **'bel·ly band** *n* PUBL Bauchbinde *f* **'bel·ly bar** *n* Nabelstecker *m* **'bel·ly but·ton** *n* (*fam*) [Bauch]nabel *m* **'bel·ly dance** *n* Bauchtanz *m* **'bel·ly-danc·er** *n* Bauchtänzerin *f* **'bel·ly danc·ing** *n no pl* Bauchtanz *m* **'bel·ly flop I.** *n* Bauchklatscher *m fam* **II.** *vi* <-pp-> ① (*dive*) einen Bauchklatscher machen ② AVIAT eine Bauchlandung machen **bel·ly·ful** ['belɪfʊl] *n no pl* (*fam*) **to have a ~** einen vollen [*o* vollgeschlagenen] Bauch haben *fam;* (*fig*) **to have a ~ of sth** genug von etw *dat* haben, die Nase von etw *dat* voll haben *fam* **'bel·ly land·ing** *n* AVIAT Bauchlandung *f* **'bel·ly laugh** *n* (*fam*) dröhnendes Lachen; **to let out a real ~** lauthals lachen

be·long [bɪ'lɒŋ, AM -'lɑːŋ] *vi* ① (*have right place*) gehören; **to ~ together** zusammengehören; (*be in right place*) hingehören; **where do these spoons ~?** wohin gehören diese Löffel?; **to put sth back where it ~s** etw dahin zurücklegen, wo es hingehört; (*should be*) **that sort of person ~s in jail** so jemand gehört ins Gefängnis; **you don't ~ here** Sie haben hier nichts zu suchen ② (*be a member*) [dazu]gehören; **to ~ nowhere** nirgends dazugehören; **they told him to his face that he didn't ~ there** sie haben ihm ins Gesicht gesagt, dass er hier nicht hergehöre; **she didn't feel as if she ~ed in her job anymore** sie fühlte sich an ihrem Arbeitsplatz einfach nicht mehr am richtigen Platz ③ (*fit in*) ■**to ~ somewhere** irgendwo hinpassen; **she doesn't really ~ here** sie passt eigentlich nicht hierher; **everybody wants to ~** jeder will dazugehören

◆**belong to** *vi* ① (*be owned*) ■**to ~ to sb** jdm gehören ② (*be member of*) ■**to ~ to sth** zu etw *dat* gehören, etw *dat* angehören ③ (*in category*) ■**to ~ to sth** zu etw *dat* gehören ④ (*be due*) ■**to ~ to sb** jdm zustehen [*o geh* gebühren]; **the honour ~s to the rescue team** die Ehre gebührt der Rettungsmannschaft

be·long·ing [bɪ'lɒŋɪŋ, AM -'lɑːŋ-] *n no pl* Zugehörigkeit *f;* **to feel** [*or* **have**] **a sense of ~** sich *akk* dazugehörig fühlen

be·long·ings [bɪ'lɒŋɪŋz, AM -'lɑːŋ-] *npl* Hab und Gut *nt kein pl,* Habseligkeiten *fpl;* **personal ~** persönliche Sachen; (*on a train etc.*) **"please make sure you collect all your personal ~"** „bitte vergewissern Sie sich, dass Sie nichts [im Zug etc.] vergessen haben"

be·loved [bɪ'lʌvɪd] **I.** *n no pl* Geliebte(r) *f(m),* Liebling *m* **II.** *adj* geliebt, teuer *fig geh;* **to be ~ by/of all** von allen geliebt werden; **dearly ~, ...** (*at weddings, funerals*) liebe Brüder und Schwestern im Herrn, ...

be·low [bɪ'ləʊ, AM -'loʊ] **I.** *adv* ① (*lower*) unten, darunter; **I listened to the voices ~** ich horchte auf die Stimmen, die von unten heraufklangen; **the fiends of ~** (*liter*) die bösen Geister der Hölle [*o* Unterwelt]; **down ~** NAUT unter Deck; **here ~** (*hum, iron*) auf Erden *geh* ② (*on page*) unten; **see ~** siehe unten; **the information ~ is strictly confidential** die nachstehenden Hinweise sind streng vertraulich ③ (*lower in rank*) **an officer ~** ein rangniederer Offizier ④ (*in temperature*) unter null; **5°/10° ~** 5/10 Grad minus **II.** *prep* ① (*lower than*) unter +*dat;* **they saw the valley far ~ them** sie sahen das Tal weit unter sich ② (*underneath*) unter +*dat; with verbs of motion* unter +*akk* ③ (*under surface of*) unter +*dat; with verbs of motion* unter +*akk;* **the sun had sunk ~ the horizon** die Sonne war hinter dem Horizont versunken ④ (*south of*) unterhalb +*gen;* **Washington D.C. is ~ New York** Washington D.C. liegt unterhalb von New York ⑤ (*less than*) unter +*dat;* **to be ~ average in sth** in etw *dat* unter dem Durchschnitt sein [*o* liegen]; **it's 10° ~ zero today** heute ist es 10° unter null ⑥ (*quieter than*) unter +*dat;* **they spoke ~ a whisper** sie flüsterten leise ⑦ (*inferior to*) **to be ~ sb** unter jdm stehen ⑧ (*lower standard than*) **to marry ~ oneself** unterhalb seines Standes heiraten; **to sink ~ oneself** unter seine Würde sinken; **to be ~ sb** unter jds Würde sein

belt [belt] **I.** *n* ① (*for waist*) Gürtel *m;* **to hit sb below the ~** jdn unter der Gürtellinie treffen; (*fig*) **their comments were really below the ~** ihre Kommentare gingen wirklich unter die Gürtellinie ② (*in martial arts*) Gürtel *m;* **the black/brown ~** der schwarze/braune Gürtel; **she's a black ~** sie hat den schwarzen Gürtel ③ (*conveyor*) Band *nt;* **conveyor ~** Förderband *nt;* AM (*highway*) Umgehungsstraße *f* ④ (*area*) Gebiet *nt,* Bezirk *m;* **agricultural ~** landwirtschaftliche Zone, Anbaugebiet *nt;* **commuter ~** Einzugsbereich *m* [einer Großstadt]; **green ~** [**of a city**] Grüngürtel *m* [einer Stadt]; **industrial ~** Industriegebiet *nt,* Industrierevier *nt;* **wheat ~** Weizengürtel *m* ⑤ (*fam: a punch*) Schlag *m;* (*drink from bottle*) Schluck *m* ▸ PHRASES: **~ and <u>braces</u>** BRIT (*fam*) doppelt und dreifach *fam;* **to <u>tighten</u> one's ~** den Gürtel enger schnallen *fig fam;* [**to have sth**] **<u>under</u> one's ~** [etw] hinter sich *dat* [haben]; **that typing course is a good thing to have under your ~** es ist gut, wenn man diesen Schreibmaschinenkurs gemacht hat; **she had a few years work under her ~ as a probation officer** sie hat einige Jahre Praxis als Bewährungshelferin; **to have a couple of drinks <u>under</u> one's ~** (*sl*) sich *dat* einige Drinks hinter die Binde gegossen haben *sl* **II.** *vt* ① (*fasten*) **to ~ a coat** den Gürtel eines Mantels zumachen ② (*fam: hit*) ■**to ~ sb** jdn [mit einem Riemen] verprügeln; **he ~ed her on the jaw** er haute ihr eine aufs Maul *derb;* **to ~ a ball at the goal** einen Ball aufs Tor knallen *fam* **III.** *vi* (*fam*) rasen *fam;* **to ~ along** [*or* **down**] entlangrasen *fam*

◆**belt out** *vt* (*fam*) **to ~ out a song** ein Lied schmettern

◆**belt up** *vi* ① *esp* BRIT, AUS (*sl: be quiet*) die Klappe [*o* den Rand] halten *fam* ② AUTO sich *akk* anschnallen

belt·er ['beltəʳ, AM -ɚ] *n* (*sl*) **to be a ~** ein [tolles] Ding sein *fam,* der [helle] Wahnsinn sein *fam;* **that was a ~ of a goal** das war ja ein Wahnsinnstor! *fam*

'belt·way *n* AM (*ring road*) Umgehungsstraße *f*

be·ly·ing [bɪ'laɪɪŋ] *present progressive of* **belie**

be·moan [bɪ'məʊn, AM -'moʊn] *vt* (*form*) ■**to ~ sth** etw beklagen; **to ~ one's fate** sein Schicksal beklagen [*o* beweinen]

be·mused [bɪ'mjuːzd] *adj* verwirrt; **to give sb a ~ look** jdn verständnislos ansehen

bench <*pl* -es> [bentʃ] *n* ① (*public seat*) Bank *f;* ■**the ~** SPORTS die [Auswechsel]bank ② LAW ■**the ~** die [Richter]bank, das Gericht; **to serve** [*or* **sit**] **on the ~** als Richter/Richterin tätig sein, auf dem Richterstuhl sitzen; **to take the ~** AM (*become judge/magistrate*) Richter/Richterin werden; AM (*open court proceedings*) die Verhandlung eröffnen ③ ■**the ~es** *pl* BRIT (*where MPs sit*) die Regierungsbank; **the government/opposition ~es** die Regierungs-/Oppositionsbank ④ TECH (*worktop*) **work ~** Werkbank *f;* CHEM (*in lab*) Arbeitstisch *m*

'bench·mark I. *n usu sing* ① (*in surveying*) Höhenmarke *f,* Abrisspunkt *m,* Festpunkt *m* ② (*standard*) Maßstab *m,* Bezugspunkt *m;* (*fig*) **to set a ~** einen Maßstab setzen ③ COMPUT (*programme*) Bewertungsprogramm *nt,* Testprogramm *nt* **II.** *n modifier* **~ case** Modellfall *m;* COMPUT **~ run/test** Vergleichslauf *m*/-test *m* **'bench press** *n* SPORTS Drücken *nt* in Rückenlage **bench 'seat** *n* AUTO Sitzbank *f* **'bench top** *n* AUS Arbeitsfläche *f* **'bench·warm·er** *n* AM SPORTS (*substitute*) Ersatzspieler(in) *m(f)* (*der/die kaum eingesetzt wird*)

bend [bend] **I.** *n* ① (*in a road*) Kurve *f;* (*in a pipe*) Krümmung *f;* (*in a river*) Biegung *f;* **to take a ~** um die Kurve fahren ② ■**the ~s** *pl* (*fam*) MED die Caissonkrankheit *kein pl fachspr,* die Taucherkrankheit *kein pl* ▸ PHRASES: **to <u>go</u> round the ~** durchdrehen *fig fam,* durchknallen *sl,* überschnappen *fam;* **to <u>drive</u>** [*or* **<u>send</u>**] **sb round the ~** jdn zum Wahnsinn treiben *fam* **II.** *vi* <bent, bent> ① (*turn*) *road* biegen, eine Biegung [*o*

Kurve] machen; **the road ~s round to the left** die Straße biegt nach links; **to ~ forwards/backwards** sich *akk* vor-/zurückbeugen; **to be bent double** sich *akk* krümmen [*o* biegen]; ■**to ~ to sth/sb** (*fig*) sich *akk* etw/jdm beugen, etw/jdm nachgeben ❷ (*be flexible*) *wire, metal* sich leicht biegen lassen; **be careful, that wire ~s easily** Vorsicht, der Draht verbiegt sich leicht; (*fig*) **to ~ to sb's will** *person* sich *akk* jdm fügen **III.** *vt* ■**to ~ sth** etw biegen; (*deform*) etw verbiegen; **to ~ one's arms/legs/knees** seine Arme/Beine/Knie beugen; **to ~ the law** das Gesetz zu seinen Gunsten auslegen; **to ~ the rules** (*fig*) sich *akk* nicht ganz an die Regeln halten, ein Auge zudrücken; **to ~ the truth** (*fig*) die Wahrheit verdrehen; **to ~ sb's will** sich *dat* jdn gefügig machen *geh,* sich *akk* jds Willen beugen *geh* ▸ PHRASES: **to ~ sb's ear** (*fig*) jdm in den Ohren liegen *fig,* jdn ein Ohr abschwatzen *fam;* **to ~ one's elbow** AM einen zur Brust nehmen *fam;* **to ~ before the wind** dem Druck nachgeben

◆**bend back I.** *vt* ■**to ~ back** ⟲ **sth** *a branch* etw zurückbiegen; **to ~ sth back into shape** etw wieder in [die ursprüngliche] Form bringen **II.** *vi* sich *akk* nach hinten beugen

◆**bend down** *vi* sich *akk* niederbeugen [*o* bücken]

◆**bend over, bend forward** *vi* sich *akk* vorbeugen ▸ PHRASES: **to ~ over backwards** sich *dat* die allergrößte Mühe geben, sich *akk* überschlagen *fig fam*

bend·able ['bendəbl̩] *adj* biegbar

bend·ed ['bendɪd] *adj* (*form*) **on ~ knee[s]** auf Knien *a. fig,* inständig *geh;* **to go down on ~ knees to sb** (*fig*) vor jdm in die Knie gehen [*o geh* auf die Knie fallen] *meist fig,* vor jdm einen Kniefall tun *meist fig liter*

bend·er ['bendəʳ, AM -dɚ] *n* (*fam*) Sauftour *f sl,* Zechtour *f fam;* **to go on a ~** auf [eine] Sauftour gehen *sl,* eine Zechtour unternehmen *fam*

bend·ing ['bendɪŋ] *n no pl* Bücken *nt*

bendy ['bendi] *adj* ❶ *road* kurvig, kurvenreich; *river, path* gewunden; **the river is very ~ at this point** der Fluss macht hier viele Biegungen ❷ (*easily bendable*) biegsam

be·neath [bɪ'ni:θ] **I.** *prep* ❶ (*lower than*) unter +*dat;* **to peek out ~ sth** unter etw *dat* hervorsehen ❷ (*underneath*) unter +*dat; with verbs of motion* unter +*akk;* **to give way ~ sb** unter jdm nachgeben ❸ (*under surface of*) unter +*dat; with verbs of motion* unter +*akk;* **the sun had sunk ~ the horizon** die Sonne war hinter dem Horizont versunken ❹ (*quieter than*) unter +*dat;* **they spoke ~ a whisper** sie flüsterten leise ❺ (*inferior to*) **to be ~ sb** unter jdm stehen; (*lower standard than*) unter jds Würde sein; **to be ~ contempt** verachtenswert sein **II.** *adv inv* unten, darunter

Ben·edic·tine [,benɪ'dɪktɪn] *n* ❶ (*monk*) Benediktiner(in) *m(f)* ❷ *no pl* (*liqueur*) Benediktiner *m* (*Kräuterlikör*)

ben·edic·tion [,benɪ'dɪkʃᵊn] *n* (*form*) Segnung *f;* (*after meal*) Dankgebet *nt,* Danksagung *f*

ben·efac·tion [,benɪ'fækʃᵊn, AM -nə'-] *n* ❶ (*form: gift*) Spende *f,* Stiftung *f* ❷ *no pl* (*form: act*) Wohltätigkeit *f*

ben·efac·tor ['benɪfæktəʳ, AM -nəfæktɚ] *n* (*philanthropist*) Wohltäter *m;* (*patron*) Gönner *m,* Stifter *m*

ben·efac·tress <*pl* -es> ['benɪfæktrəs, AM -nə-] *n* (*philanthropist*) Wohltäterin *f;* (*patroness*) Gönnerin *f,* Stifterin *f*

be·nefi·cence [bɪ'nefɪsᵊn(t)s] *n* ❶ (*form: endowment*) Stiftung *f* ❷ *no pl* (*kindness*) Wohltätigkeit *f,* Mildtätigkeit *f*

be·nefi·cent [bɪ'nefɪsᵊnt] *adj* (*form: kindly*) gütig; (*charitable*) wohltätig, mildtätig

ben·efi·cial [,benɪ'fɪʃᵊl] *adj* (*approv*) nützlich; **~ effect** [*or* **influence**] positive Auswirkung, Nutzen *m;* ■**to be ~ to sth** für etw *akk* nützlich [*o* vorteilhaft] sein

bene·fi·ciary [,benɪ'fɪʃᵊri, AM *also* -'fɪʃiəri] *n* Nutznießer(in) *m(f);* **~ of a judgement/will** Begünstigte(r) *f(m)* eines Urteils/Testaments; **~ of a law/ruling** Nutznießer(in) *m(f)* eines Gesetzes/einer Regelung

ben·efit ['benɪfɪt] **I.** *n* ❶ (*advantage*) Vorteil *m;* (*profit*) Nutzen *m;* **the lecture was of great ~** der Vortrag hat viel gebracht *fam;* **the ~s of this plan must be clear to everyone** die Vorzüge dieses Plans müssen jedem klar sein; **I offered her the ~s of my experience** ich bot ihr an, von meiner Erfahrung zu profitieren; **she drinks a lot less now to the ~ of her health** sie trinkt jetzt sehr viel weniger, was ihrer Gesundheit zugutekommt; **~ of education** Bildungsprivileg *nt;* **with the ~ of hindsight** im Nachhinein; **to derive** [*or* **get**] [**much**] **~ from sth** einen [großen] Nutzen aus etw *dat* ziehen; **I didn't derive much ~ from school** die Schule hat mir nicht viel gebracht *fam;* **to give sb the ~ of the doubt** im Zweifelsfall zu jds Gunsten entscheiden; **for the ~ of sb** zu jds Nutzen [*o* Gunsten]; **for the ~ of those who weren't listening the first time, ...** für all diejenigen, die beim ersten Mal nicht zugehört haben, ... ❷ BRIT (*welfare payment*) Beihilfe *f,* Unterstützung *f;* **family/housing/maternity ~** Kinder-/Wohn-/Mutterschaftsgeld *nt;* **sickness/unemployment ~** Kranken-/Arbeitslosengeld *nt;* **social security ~** BRIT Sozialhilfe *f;* **to be on ~** Sozialhilfe bekommen [*o* beziehen] **II.** *vi* <-t- *or* -tt-> ■**to ~ from sth** von etw *dat* profitieren, aus etw *dat* Nutzen ziehen; **who do you think ~s from her death?** wer, glaubst du, hat etwas von ihrem Tod?; **he'd ~ from a few days off** ein paar freie Tage würden ihm gut tun **III.** *vt* <-t- *or* -tt-> ■**to ~ sb/sth** jdm/etw nützen

'ben·efit con·cert *n* Benefizkonzert *nt,* Wohltätigkeitskonzert *nt* **'ben·efit match** *n* Benefizspiel *nt* **'ben·efit per·for·mance** *n* Wohltätigkeitsveranstaltung *f*

be·nevo·lence [bɪ'nevᵊlən(t)s] *n no pl* (*approv*) Wohlwollen *nt;* (*kindness*) Güte *f; of a judge etc.* Milde *f*

be·nevo·lent [bɪ'nevᵊlənt] *adj* (*approv: warm-hearted*) gütig, mild, wohlwollend; (*generous*) wohltätig

be·'nevo·lent fund *n* Wohltätigkeitsfond *m*

be·nevo·lent·ly [bɪ'nevᵊləntli] *adv* wohlwollend, gütig

be·'nevo·lent so·ci·ety *n* Wohltätigkeitsverein *m*

Ben·gal [,beŋ'gɔ:l] *n* Bengalen *nt*

Ben·ga·li [,beŋ'gɔ:li] **I.** *adj* bengalisch; **~ tiger** bengalischer Tiger **II.** *n* ❶ (*person*) Bengale, -in *m, f* ❷ (*language*) Bengali *nt,* das Bengalische

be·night·ed [bɪ'naɪtɪd, AM -t̬ɪd] *adj* (*pej*) hirnrissig *pej fam,* völlig unbedarft [*o* ahnungslos]; *country, region* gottverlassen; **a ~ idea** eine hirnrissige Idee

be·nign [bɪ'naɪn] *adj* ❶ (*approv: kind*) gütig; **~ climate** mildes Klima; **~ neglect** gütige Nachsicht ❷ MED **~ polyp/tumour** gutartiger Polyp/Tumor

be·nign·ly [bɪ'naɪnli] *adv* wohlwollend

bent [bent] **I.** *pt, pp of* **bend II.** *n* (*inclination*) Neigung *f;* **to follow one's ~** seiner Neigung folgen; ■**to have a** [**natural**] **~ for sth** einen [natürlichen] Hang zu etw *dat* haben; (*character*) Schlag *m* **III.** *adj* ❶ *esp* BRIT (*sl: corrupt*) *the police* korrupt ❷ *usu pred* (*pej dated: homosexual*) schwul *fam* ❸ (*determined*) ■**to be** [**hell**] **~ on** [*or* **upon**] [**doing**] **sth** zu etw *dat* [wild] entschlossen sein, etw auf Teufel komm raus wollen *sl* ❹ (*curved*) umgebogen; *wire* verbogen; *person* gekrümmt

be·numbed [bɪ'nʌmd] *adj* (*form: with shock, sadness*) benommen, betäubt; **~ with cold** taub vor Kälte; **~ with horror** starr vor Entsetzen

ben·zene ['benzi:n] *n no pl* Benzol *nt*

ben·zine ['benzi:n] *n* Benzin *nt*

ben·zo·di·aze·pine ['benzəʊdaɪazəpi:n, AM 'benzoʊ-] *n* Benzodiazepine *ntpl*

be·queath [bɪ'kwi:ð] *vt* ■**to ~ sth to sb** jdm etw hinterlassen *a. fig;* **to ~ a fortune to sb** jdm ein Vermögen hinterlassen [*o* vermachen]

be·quest [bɪ'kwest] *n* Vermächtnis *nt,* Hinterlassenschaft *f;* LAW (*form*) **to make a ~ to sb** jdm ein Vermächtnis aussetzen *geh*

be·rate [bɪ'reɪt] *vt* (*form*) ■**to ~ sb** jdn ausschelten *veraltend geh*

be·reave [bɪ'ri:v] *vt usu passive* ■**to have been ~d of sb**

B

(*form*) jdn verloren haben

be·reaved [bɪˈri:vd] **I.** *adj inv* ~ **children/parents** trauernde Kinder/Eltern **II.** *n* ■**the** ~ *pl* die Hinterbliebenen *pl*

be·reave·ment [bɪˈri:vmənt] *n* (*death*) Trauerfall *m*, Todesfall *m*; (*loss*) schmerzlicher Verlust; **to suffer a** ~ einen [schmerzlichen] Verlust erleiden

be·reft [bɪˈreft] *adj pred* (*form*) ■**to be** ~ **of sth** einer S. *gen* beraubt sein; **to feel [utterly]** ~ sich *akk* [völlig] verlassen fühlen

be·ret [ˈbereɪ, AM bəˈreɪ] *n* Baskenmütze *f*; MIL Barett *nt*

ber·ga·mot [ˈbɜ:gəmɒt, AM ˈbɜ:rgəmɑ:t] *n* Bergamotte *f*; (*tree also*) Bergamottenbaum *m*; (*fruit also*) Herrenbirne *f*; ~ **oil** Bergamottöl *nt*

berk [bɜ:k] *n* BRIT, AUS (*sl: fool*) Spinner(in) *m(f) pej fam*; (*oaf*) Blödmann *m pej fam*, Dussel *m fam*; **right** ~ ausgemachter Trottel *pej fam*; **I felt a right** ~ **when ...** ich kam mir total blöd vor, als ...

Ber·mu·da shorts *npl* Bermudas *pl*, Bermudashorts *pl*

ber·ry [ˈberi] *n* Beere *f*; **wheat berries** Weizenkörner *ntpl*; **to go** ~**-picking** Beeren sammeln [*o* pflücken] gehen ▶ PHRASES: **to be as brown as a** ~ schokoladenbraun sein *fam*

ber·serk [bəˈzɜ:k, AM bəˈzɜ:rk] *adj pred* ■**to be** ~ außer sich *dat* sein; **to go** ~ [fuchsteufels]wild werden *fam*, [vor Wut] außer sich *dat* geraten *geh*, ausrasten *fam*

berth [bɜ:θ, AM bɜ:rθ] **I.** *n* ❶ (*bed*) NAUT [Schlaf]koje *f*; RAIL Schlafwagenbett *nt* ❷ (*for ship*) Liegeplatz *m* ❸ NAUT (*distance*) Seeraum *m*; **to give a ship a wide** ~ ein Schiff auf guten Abstand [von Land] halten; **to give sb a wide** ~ (*fig*) um jdn einen großen Bogen machen *fig* **II.** *vt* **to** ~ **a ship** ein Schiff am Kai festmachen **III.** *vi* [am Kai] anlegen [*o* festmachen]

be·seech <beseeched *or* besought, beseeched *or* besought> [bɪˈsi:tʃ] *vt* (*form*) ■**to** ~ **sb to do sth** jdn anflehen, etw zu tun

be·seech·ing [bɪˈsi:tʃɪŋ] *adj* flehentlich *geh*, flehend

be·set <-tt-, beset, beset> [bɪˈset] *vt usu passive* ❶ (*surrounded*) ■**to be** ~ **by sth** *midges, flies* von etw *dat* bedrängt [*o* verfolgt] werden ❷ (*affect*) ■**to be** ~ **by** [*or* **with**] **sth** von etw *dat* heimgesucht [*o* geplagt] werden; ~ **by worries** von Sorgen geplagt

be·set·ting [bɪˈsetɪŋ, AM -t̬ɪŋ] *adj* hartnäckig; ~ **sin** Gewohnheitslaster *nt*

be·side [bɪˈsaɪd] *prep* ❶ (*next to*) neben +*dat*; *with verbs of motion* neben +*akk*; **right** ~ **sb/sth** genau neben jdm/etw ❷ (*together with*) neben +*dat*; *with verbs of motion* neben +*akk* ❸ (*in addition to*) außer +*dat*; ~ **football, he can play baseball really well** außer Football spielt er auch recht gut Baseball ❹ (*except for*) abgesehen von +*dat* ❺ (*in comparison to*) neben +*dat*; **to pale** ~ **sth** neben etw *dat* verblassen ❻ (*overwhelmed by*) **to be** ~ **oneself with sth** wegen etw *dat* [völlig] außer sich *dat* sein; **she was** ~ **herself with joy** sie war außer sich vor Freude ❼ (*irrelevant to*) **to be** ~ **the point** nebensächlich sein; (*not an option*) **to be** ~ **the question** ausgeschlossen sein

be·sides [bɪˈsaɪdz] **I.** *adv inv* außerdem, überdies; **I've had job offers from two firms and plenty more** ~ ich hatte Stellenangebote von zwei Firmen und daneben noch von zahlreichen anderen; **many more** ~ noch viele mehr **II.** *prep* ❶ (*in addition to*) außer +*dat*; **do you play any other sports** ~ **ice-skating?** betreibst du noch andere Sportarten außer Eislaufen? ❷ (*except for*) abgesehen von

be·siege [bɪˈsi:dʒ] *vt* ❶ MIL (*surround*) ■**to** ~ **sth** *a town* etw belagern; ■**to** ~ **sb** jdn umzingeln [*o fig* belagern] ❷ (*overwhelm*) ■**to** ~ **sb with sth** jdn mit etw *dat* überschütten; **to be** ~**d with letters** mit Briefen überhäuft werden; **to be** ~**d with requests** mit Bitten bedrängt werden

be·smear [bɪˈsmɪəʳ, AM -ˈsmɪr] *vt* (*liter o form*) ■**to** ~ **sb/sth** jdn/etw beschmutzen [*o* beschmieren]

be·smeared [bɪˈsmɪəʳd, AM -ˈsmɪrd] *adj pred* (*form*) beschmiert *a. fig*, beschmutzt *a. fig*; **his face was** ~ **with chocolate** sein Gesicht war voller Schokolade

be·smirch [bɪˈsmɜ:tʃ, AM -ˈsmɜ:rtʃ] *vt* (*liter*) ■**to** ~ **sth** etw besudeln *geh o veraltet o a. fig*; **to** ~ **sb's good name** jds guten Namen beschmutzen; ■**to** ~ **sb** jdn schlechtmachen

be·sot·ted [bɪˈsɒtɪd, AM -ˈsɑ:t̬ɪd] *adj* ■**to be** ~ **with sb/sth** in jdn/etw völlig vernarrt sein; **to be** ~ **with an idea** von einer Idee besessen sein

be·sought [bɪˈsɔ:t, AM -ˈsɑ:t] *pt, pp of* **beseech**

be·spat·ter [bɪˈspætəʳ, AM -ˈspæt̬ɚ] *vt* ■**to** ~ **sb/sth** jdn/etw bespritzen

be·spat·tered [bɪˈspætəd, AM -ˈspæt̬ɚd] *adj pred shoes* bespritzt

be·speak <bespoke, bespoken> [bɪˈspi:k] *vt* (*old form*) ■**to** ~ **sth** von etw *dat* zeugen *geh*

be·spec·ta·cled [bɪˈspektək!d] *adj inv, attr* bebrillt

be·spoke [bɪˈspəʊk, AM -ˈspoʊk] **I.** *adj inv* BRIT (*form*) nach Maß, Maß-; ~ **tailor** Maßschneider(in) *m(f)*; ~ **tailoring** Maßkonfektion *f*, maßgeschneiderte Kleidung **II.** *pt of* **bespeak**

be·spo·ken [bɪˈspəʊkᵊn, AM -ˈspoʊ-] *pp of* **bespeak**

best [best] **I.** *adj inv superl of* **good** (*finest, most excellent*) beste(r, s); **what are you** ~ **at in school?** in welchem Fach bist du am besten?; **it is** ~ **to ...** am besten ...; **the** ~ **thing she can do is forget him** das Beste, was sie machen kann, ist ihn zu vergessen; **it would be** ~ **if ...** am besten wäre es, wenn ...; **he is acting in her** ~ **interests** er handelt nur zu ihrem Besten; **what's the** ~ **way to the station?** wie komme ich am besten zum Bahnhof?; **to be on one's** ~ **behaviour** sich *akk* von seiner besten Seite zeigen; **the** ~ **days of my life** die schönste Zeit meines Lebens; ~ **friend** bester Freund/beste Freundin; ~ **regards** [*or* **wishes**] viele [*o* beste] Grüße; **give my** ~ **wishes to your wife** richten Sie Ihrer Frau herzliche Grüße von mir aus ▶ PHRASES: **sb's** ~ **bet** (*fam*) der beste Weg; **if you want to get to the station before 10 o'clock, your** ~ **bet would be to take a taxi** wenn Sie vor 10 Uhr am Bahnhof sein wollen, nehmen Sie am besten ein Taxi; **to wear one's** ~ **bib and tucker** sich *akk* in Schale werfen *fam*; **put your** ~ **foot forward** streng dich an; **may the** ~ **man win** möge der/die Beste gewinnen; **the** ~ **things come in small packages** [*or* **parcels**] (*prov*) die Größe sagt noch nichts über den Wert aus; **the** ~ **part** der größte Teil; **for the** ~ **part of two decades** fast zwei Jahrzehnte lang; **the** ~ **thing since sliced bread** (*fam*) das [absolute] Nonplusultra *oft hum o iron*; **the** ~ **things in life are free** (*saying*) die schönsten Dinge im Leben kosten nichts; **with the** ~ **will in the world** beim besten Willen **II.** *adv inv superl of* **well** am besten; **which evening would suit you** ~ **for the party?** welcher Abend würde dir für die Party am besten passen?; **Ayers Rock is** ~ **seen at sunset** Ayers Rock besucht man am besten bei Sonnenuntergang; **we'd** ~ **be going now** am besten gehen wir jetzt; **as** ~ **you can** so gut du kannst; **to do as one thinks** ~ tun, was man für richtig hält **III.** *n no pl* ❶ (*the finest*) ■**the** ~ der/die/das Beste; **this is journalism at it's** ~ das ist Journalismus vom Feinsten; **all the** ~**!** (*fam*) alles Gute!; **and** ~ **of all** und allem voran; **just do the work to the** ~ **of your ability** machen Sie die Arbeit einfach so gut Sie können; **he can dance with the** ~ **of them** was das Tanzen betrifft, braucht er sich wirklich nicht zu schämen; **we've already had the** ~ **of the hot weather this summer** die heißen Tage dieses Sommers sind jetzt wohl mehr oder weniger vorbei; **he just wanted the** ~ **for her** er wollte nur das Beste für sie; **to be the** ~ **of friends** die besten Freunde sein; **to be in the** ~ **of health** bei bester Gesundheit sein; **to the** ~ **of my knowledge** meines Wissens; **the** ~ **that money can buy** das Beste, was mit Geld zu kaufen ist; **to bring out the** ~ **in sb** das Beste in jdm zum Vorschein bringen; **to get the** ~ **out of sb** das Beste aus jdm herausholen; **to do/try one's [level** [*or* **very**]] ~ sein Bestes tun/versuchen; **to be all for the** ~ besser so sein; **to be at one's** ~ in Höchstform [*o* bester Verfassung] sein ❷ (*the most *optimistic*) ~ **of luck!** viel Glück!; **and the ~ of British** [**luck**] **to you!** (*iron, hum*) na, dann mal viel Glück!; **please give her my ~** bitte richten Sie ihr meine Grüße aus; **at the ~ of times** in den besten Zeiten; **to send one's ~** AM seine besten [Glück]wünsche senden; **at ~** bestenfalls ❸ **to get** [*or* **have**] **the ~ of sb** über jdn die Oberhand gewinnen; (*fig*) jdn besiegen; **to get** [*or* **have**] **the ~ of a game** ein Spiel gewinnen; **to play the ~ of three/five** *so lange spielen, bis eine Mannschaft zweimal/dreimal gewonnen hat* ▶ PHRASES: **make the ~ of a bad bargain** [*or* BRIT **job**] [*or* AM **situation**], **make the ~ of things** [*or* **it**] das Beste daraus machen; **six of the ~** BRIT SCH (*euph dated*) sechs Schläge (*mit dem Rohrstock*); **to wear one's Sunday ~** seine Sonntagskleider [*o hum* seinen Sonntagsstaat] tragen; **the ~ of both worlds** das Beste von beidem **IV.** *vt* ■ **to ~ sb** jdn schlagen [*o* besiegen]

best- [ˌbest] *in compounds* best-; **~-dressed** bestgekleidet *attr;* **~-kept secret** bestgehütetes Geheimnis; **~-looking** am besten aussehend ▶ PHRASES: **the ~-laid schemes of mice and men gang oft agley** (*prov*) selbst Pläne, die bestens durchdacht sind, scheitern oft

best be·'fore date *n* Mindesthaltbarkeitsdatum *nt* **best 'boy** *n Assistent des Elektrikers beim Film*

bes·tial ['bestiəl, AM 'bestʃəl] *adj* bestialisch, tierisch

bes·ti·al·ity [ˌbesti'æləti, AM ˌbestʃi'æləṭi] *n no pl* ❶ (*brutality*) Bestialität *f; of person a.* Brutalität *f* ❷ (*sexual behaviour*) Sodomie *f*

bes·ti·ary ['bestiəri, AM -tʃieri] *n* LIT (*hist*) Bestiaire *nt,* Bestiarium *nt*

be·stir <-rr-> [bɪ'stɜːʳ, AM -'stɜːr] *vt* (*form*) ■ **to ~ sb to do** [*or* **into doing**] **sth** jdn dazu bringen, etw zu tun; ■ **to ~ oneself to do sth** (*hum*) sich *akk* dazu aufraffen, etw zu tun; ■ **to ~ sth** (*fig*) etw in Bewegung bringen

best 'man *n* Trauzeuge *m* (*des Bräutigams*)

be·stow [bɪ'stəʊ, AM -'stoʊ] *vt* (*form*) ■ **to ~ sth** [**up**]**on sb** jdm etw verleihen; (*in a will*) jdn etw hinterlassen; **to ~ a favour on sb** jdm eine Gunst erweisen; **to ~ a gift on sb** jdm etw schenken; **to ~ an office** [**up**]**on sb** jdm ein Amt übertragen; **to ~ a title** [**up**]**on sb** jdm einen Titel verleihen

be·stow·al [bɪ'stəʊəl, AM -'stoʊ-] *n no pl* (*form*) Verleihung *f;* **~ of consent** feierliche Zustimmung; **~ of honour** Ehrerweisung *f*

be·strew <bestrewed, bestrewn *or* bestrewed> [bɪ'struː] *vt* (*liter*) ■ **to ~ sth** etw verstreuen; **autumn leaves ~ed the lawn** Herbstblätter lagen verstreut auf dem Rasen; ■ **to ~ sth with sth** etw mit etw *dat* übersäen

be·strewn [bɪ'struːn] *vt* (*liter*) *pp of* **bestrew**

be·strid·den [bɪ'strɪdən] *vt* (*form*) *pp of* **bestride**

be·stride <bestrode, bestridden> [bɪ'straɪd] *vt* (*form, liter*) **to ~ a chair** sich *akk* rittlings auf einen Stuhl setzen; **to ~ a horse** sich *akk* auf ein Pferd schwingen

be·strode [bɪ'strəʊd, AM -'stroʊd] *pt of* **bestride**

best-'sell·er *n* Bestseller *m* **best-'sell·er list** *n* Bestsellerliste *f* **best-'sell·ing** *adj inv* Bestseller-; **~ author** Erfolgsautor(in) *m(f)*

bet [bet] **I.** *n* ❶ (*gamble*) Wette *f;* **to lay** [*or* **make**] [*or* **place**] **a ~ on sth** wetten, dass etw passiert, auf etw *akk* wetten; **to make a ~ with sb** mit jdm wetten ❷ (*fig: guess*) Tipp *m;* **all ~s are off** alles ist möglich; **it's a safe ~ that he won't remember my birthday tomorrow** ich könnte wetten, dass er morgen meinen Geburtstag vergisst; **to be a good ~** ein guter Tipp sein **II.** *vt* <-tt-, bet *or* -ted, bet *or* -ted> **to ~ £10/$20 on sb/sth** auf jdn/etw 10 Pfund/20 Dollar setzen [*o* wetten]; **I ~ you £25 that ...** ich wette mit dir um 25 Pfund, dass ...; **I'll ~ him anything he likes that he won't pass the exams** ich gehe jede Wette mit ihm [darauf] ein, dass er die Prüfungen nicht bestehen wird; **to ~ two to one on sb/sth** zwei zu eins auf jdn/etw wetten ▶ PHRASES: **you can ~ your boots** [*or* **bottom dollar**] [*or* **shirt**] [*or* AM *fam!* **ass**] **that ...** du kannst deinen Kopf [*o* dein Hemd] darauf verwetten, dass ...; **you ~!** (*fam*) das kannst du mir aber glauben!, aber sicher! **III.** *vi* wetten; ■ **to ~ on sb/sth** (*fam*) auf jdn/etw wetten [*o* setzen]; **I wouldn't ~ on it** ich würde nicht darauf wetten; **do you want to ~?** wollen wir wetten?; **I'll ~!** (*as a reply*) und ob!; **to ~ heavily** hoch wetten

beta ['biːtə, AM 'beɪṭə] *n* Beta *nt;* BRIT SCH, UNIV gut

'beta-block·er *n* PHARM Betablocker *m*

beta·caro·tene *n* Betakarotin *nt*

be·tel ['biːtəl, AM -ṭəl] *n no pl* Betel *m*

bête noire <*pl* bêtes noires> [ˌbet'nwɑːʳ, AM -'nwɑːr] *n* Gräuel *m;* ■ **to be sb's ~** jdm ein Gräuel sein

be·to·ken [bɪ'təʊkən, AM -'toʊ-] *vt* (*old*) ■ **to ~ sth** etw bedeuten; (*suggest*) auf etw *akk* hindeuten; **he gave her a gift to ~ his gratitude** er gab ihr ein Geschenk als Zeichen seiner Dankbarkeit

be·tray [bɪ'treɪ] *vt* ❶ (*be disloyal*) ■ **to ~ sth** etw verraten; **to ~ a promise** sich *akk* nicht an ein Versprechen halten; **to ~ a secret to sb** jdm ein Geheimnis verraten; **to ~ sb's trust** jds Vertrauen missbrauchen; ■ **to ~ sb** (*be unfaithful*) jdm untreu sein; (*deceive*) jdn betrügen [*o geh* hintergehen] ❷ (*reveal feelings*) ■ **to ~ sth** etw zeigen [*o* erkennen lassen]; **to ~ one's ignorance** seine Unkenntnis verraten

be·tray·al [bɪ'treɪəl] *n* ❶ *no pl* (*treachery*) Verrat *m; of trust* Enttäuschung *f;* **this was an act of ~** das war Verrat ❷ (*act of treachery*) verräterische Handlung

be·troth [bɪ'trəʊð, AM -'troʊð] *vt usu passive* (*form or old*) ■ **to be ~ed to sb** jdm versprochen sein *veraltet*

be·troth·al [bɪ'trəʊðəl, AM -'troʊ-] *n* (*form or old*) Verlobung *f*

be·trothed <*pl* -> [bɪ'trəʊðd, AM -'troʊðd] *n* (*form or old*) Anverlobte(r) *f(m) veraltet,* Verlobte(r) *f(m)*

bet·ter[1] ['betəʳ, AM 'beṭɚ] **I.** *adj inv comp of* **good** ❶ (*superior*) besser; **~ luck next time** vielleicht klappt's ja beim nächsten Mal *fam;* **~ than nothing** besser als nichts; **it's ~ that way** es ist besser so; **she is much ~ at tennis than I am** sie spielt viel besser Tennis als ich; **far ~** weit besser; ■ **to be ~ for sb/sth** für jdn/etw besser sein; **to be no ~ than one should be** kein Heiliger/keine Heilige sein ❷ (*healthier*) besser; **I'm much ~ now** mir geht's schon viel besser; **he's no ~** sein Zustand hat sich [noch immer] nicht gebessert; **to get ~** sich *akk* erholen ❸ (*most*) **the ~ part** der größte Teil; **the ~ part of an hour** fast eine Stunde [lang] ▶ PHRASES: **~ the devil you know than the devil you don't know** (*prov*) von zwei Übeln wählt man besser dasjenige, das man bereits kennt; **discretion is the ~ part of valour** (*prov*) Vorsicht ist die Mutter der Porzellankiste *prov fam;* **~ late than never** (*saying*) besser spät als nie; **~ safe than sorry** (*saying*) Vorsicht ist besser als Nachsicht *prov;* **to go one ~** noch einen draufsetzen *fam* **II.** *adv comp of* **well** ❶ (*in superior manner*) besser; *like* lieber, mehr; **she did much ~ in her second exam** sie schnitt in ihrer zweiten Prüfung viel besser ab; **there is nothing I like ~ than lying in bed on a Sunday morning** ich mag nichts lieber als an einem Sonntagmorgen im Bett zu liegen; **some questions are ~ left unanswered** manche Fragen sollten besser unbeantwortet bleiben; **or ~ still ...** oder noch besser ... ❷ (*to a greater degree*) mehr; **she is much ~-looking than her brother** sie sieht viel besser als ihr Bruder aus; **you had ~ go home now** es wäre besser, wenn Sie jetzt nach Hause gingen; **to think ~ of sth** sich *dat* etw anders überlegen; **I think ~ of him** ich habe jetzt eine bessere Meinung von ihm **III.** *n no pl* ❶ (*improvement*) Bessere *nt;* **I have not seen ~ this year** ich habe dieses Jahr nichts Besseres gesehen; **to change for the ~** sich *akk* zum Guten wenden; **to expect ~ of sb** was Besseres von jdm erwarten; **all** [*or* **so much**] **the ~** umso besser; **you'll be all the ~ for a good holiday** ein schöner Urlaub wird dir [richtig] gut tun ❷ ■ **one's ~s** *pl* (*hum old*) *Leute, die über einem stehen;* **our elders and ~s** *ältere Leute mit mehr* [*Lebens*]*erfahrung* ▶ PHRASES: **to get the ~ of sb** über jdn die

B

Oberhand gewinnen; **to do sth for ~ or [for] worse** etw ungeachtet seiner möglichen Folgen tun **IV.** *vt* ■**to ~ sth** etw verbessern; ■**to ~ oneself** (*improve social position*) sich *akk* verbessern; (*further one's knowledge*) sich *akk* weiterbilden

bet·ter² ['betəʳ, AM 'bet̬ɚ] *n jd, der eine Wette abschließt*

bet·ter 'half *n* (*hum fam*) bessere Hälfte *hum fam*

bet·ter·ment ['betəmənt, AM 'bet̬ɚ-] *n no pl* Verbesserung *f;* ECON Wertsteigerung *f;* **self-~** [berufliches] Vorwärtskommen

bet·ter-'off **I.** *adj* besser dran *präd fam;* (*financially*) bessergestellt *präd,* wohlhabender *präd* **II.** *n + pl vb* ■**the ~** die Bessergestellten [*o geh* Bessersituierten] *pl;* (*earning more money*) die Besserverdienenden *pl*

bet·ting ['betɪŋ, AM 'bet̬-] **I.** *n no pl* ❶ (*gambling*) Wetten *nt;* **~ on horses** Pferdewetten *fpl;* **what's the ~ that ... ?** (*fig fam*) um was wetten wir, dass ... ? ❷ (*stake*) Wetteinsatz *m;* **the ~ is running high** die Wetteinsätze sind hoch **II.** *adj* Wett-; **if I were a ~ person, ...** wenn ich darum wetten müsste, ...

'bet·ting of·fice *n,* **'bet·ting shop** *n* BRIT Wettbüro *nt*

bet·tor ['betəʳ, AM 'bet̬ɚ] *n esp* AM *jd, der eine Wette abschließt*

be·tween [bɪ'twiːn] **I.** *prep* ❶ (*in middle of*) zwischen *+dat; with verbs of motion* zwischen *+akk* ❷ (*within*) zwischen *+dat;* **to have nothing ~ one's ears** nichts zwischen den Ohren haben *fam* ❸ (*from one place to other*) zwischen *+dat; with verbs of motion* zwischen *+akk;* (*at point within*) **the town lies halfway ~ Rome and Florence** die Stadt liegt auf halbem Weg zwischen Rom und Florenz ❹ (*from one time to other*) zwischen *+dat;* **traffic is at its worst ~ 7:00 and 8:00 am** der Verkehr ist am schlimmsten zwischen 7.00 und 8.00 Uhr morgens; **you shouldn't eat ~ meals** du sollst nicht zwischen den Mahlzeiten essen; **~ times** [*or* **whiles**] in der Zwischenzeit ❺ (*in interaction with*) zwischen *+dat;* **an agreement ~ the parties** eine Übereinkunft zwischen den Parteien; **the survey shows a link ~ asthma and air pollution** die Untersuchung zeigt einen Zusammenhang zwischen Asthma und Luftverschmutzung ❻ (*among*) zwischen *+dat;* **a close friendship had existed ~ them** zwischen ihnen hatte eine enge Freundschaft bestanden; **trade ~ the two countries has increased** der Handel zwischen den beiden Ländern hat zugenommen; **let me tell you something ~ friends** lass mich dir unter Freunden was sagen; **~ you and me** unter uns gesagt ❼ (*separating*) zwischen *+dat;* **to stand/come ~ sb/sth [and sb/sth]** zwischen jdm/etw [und jdm/etw] stehen/zwischen jdn/etw [und jdn/etw] geraten [*o* kommen]; **what's the difference ~ them?** was ist der Unterschied zwischen ihnen? ❽ (*combination of*) zwischen *+dat;* **something ~ sb/sth and sb/sth** etwas zwischen jdm/etw und jdm/etw; **a cross/mixture ~ sth/sb and sth/sb** ein Mittelding/eine Mischung zwischen jdm/etw und jdm/etw ❾ (*one from many*) zwischen *+dat;* **to be torn ~ sth [and sth]** zwischen etw *dat* [und etw *dat*] hin und her gerissen sein ►PHRASES: **to read ~ the lines** zwischen den Zeilen lesen **II.** *adv inv* dazwischen; **[just] ~ you and me** [*or* **ourselves**] unter uns gesagt, im Vertrauen gesagt; ■**in-~** dazwischen; **~-meal snack** Zwischenmahlzeit *f*

be·twixt [bɪ'twɪkst] **I.** *adv inv* **~ and between** dazwischen **II.** *prep* (*dated*) (*between*) zwischen *+dat; with verbs of motion* zwischen *+akk* ►PHRASES: **there's many a slip ~ cup and lip** (*prov*) man soll den Tag nicht vor dem Abend loben

bev·el ['bevᵊl] **I.** *vt* <BRIT -ll- *or* AM *usu* -l-> ■**to ~ sth** *piece of metal* etw abschrägen **II.** *n* (*angle*) Abschrägung *f;* (*sloping surface*) Schräge *f*

bev·eled ['bevᵊld], BRIT *esp* **bev·elled** *adj* abgeschrägt; **~ edge** Schrägkante *f*

bev·er·age ['bevᵊrɪdʒ] *n* Getränk *nt;* **hot ~** warmes Getränk; **alcoholic ~s** alkoholische Getränke, Alkoholika *pl*

bev·vy ['bevi] *n* BRIT (*sl*) [alkoholisches] Getränk, Drink *m fam;* **do you fancy a ~?** hättest du Lust, einen trinken zu gehen?

bevy ['bevi] *n* ❶ (*people*) Schar *f* ❷ (*birds*) Schar *f,* Schwarm *m* ❸ (*pej: items*) Wust *m kein pl*

be·wail [bɪ'weɪl] *vt* (*form, liter*) ■**to ~ sth** etw beklagen

be·ware [bɪ'weəʳ, AM -'wer] **I.** *vi* sich *akk* in Acht nehmen; **~!** Vorsicht!; ■**to ~ of sb/sth** sich *akk* vor jdm/etw hüten [*o* in Acht nehmen]; **"~ of pickpockets!"** „vor Taschendieben wird gewarnt!"; **"~ of the dog"** „Vorsicht, bissiger Hund!"; ■**to ~ of doing sth** sich *akk* davor hüten, etw zu tun **II.** *vt* ■**to ~ sb** sich *akk* vor jdm in Acht nehmen, vor jdm auf der Hut sein

be·whisk·ered [bɪ'(h)wɪskəd, AM -kɚd] *adj* (*liter*) mit Schnurrbart; **a ~ gentleman** ein Herr mit einem Schnurrbart; ■**to be ~** einen Schnurrbart tragen

be·wigged [bɪ'wɪgd] *adj inv* (*liter*) mit Perücke; ■**to be ~** eine Perücke tragen

be·wil·der [bɪ'wɪldəʳ, AM -dɚ] *vt* ■**to ~ sb** ❶ (*baffle*) jdn verwirren ❷ (*surprise*) jdn verblüffen

be·wil·dered [bɪ'wɪldəd, AM -ɚd] *adj* (*baffled*) verwirrt, verdutzt *fam;* (*surprised*) verblüfft, perplex

be·wil·der·ing [bɪ'wɪldᵊrɪŋ, AM -ɚɪŋ] *adj* verwirrend; (*surprising*) verblüffend

be·wil·der·ment [bɪ'wɪldəmənt, AM -ɚmənt] *n no pl* Verwirrung *f;* (*surprise*) Verblüffung *f,* Erstaunen *nt*

be·witch [bɪ'wɪtʃ] *vt* ❶ (*put under spell*) ■**to ~ sb/sth** jdn/etw verzaubern [*o* verhexen] ❷ (*enchant*) ■**to ~ sb** jdn bezaubern

be·witch·ing [bɪ'wɪtʃɪŋ] *adj* bezaubernd, hinreißend

be·yond [bi'ɒnd, AM -'(j)ɑːnd] **I.** *prep* ❶ (*on the other side of*) über *+akk,* jenseits *+gen;* **~ the river was a small town** jenseits des Flusses gab es eine kleine Stadt; **if you look just ~ the lake** wenn du gerade über den See hinaus schaust ❷ (*after*) nach *+dat;* **~ 7:00/2000** nach 7.00 Uhr/2000; **they waited until just ~ 6:00** sie warteten bis kurz nach 6.00 Uhr; **my kids are way ~ 18** meine Kinder sind weit über 18 ❸ (*further than*) über *+akk;* **she has always lived ~ her means** sie hat immer über ihre Verhältnisse gelebt; **to go ~ a joke** über einen Witz hinausgehen; **to be ~ the reach of sb** außerhalb jds Reichweite sein [*o* liegen]; **to see ~ sth** über etw *akk* hinaus sehen; **to be ~ the pale** (*pej*) indiskutabel sein; **~ sb's wildest dreams** jenseits jds wildester Träume ❹ (*too difficult for*) ■**~ sth** jenseits einer S. *gen;* **this is ~ my comprehension** das liegt über meinem Verständnis; ■**to be ~ sb** jdm zu hoch sein *fam;* **that's way ~ me** das ist mir viel zu hoch ❺ (*more than*) ■**~ sth** mehr als etw; **I can't pay anything ~ $5** ich kann nicht mehr als $5 zahlen; **profits this year were above and ~ all expectation** die Profite lagen dieses Jahr weit über allen Erwartungen; **~ that** darüber hinaus; **to go ~ sth** über etw *akk* hinaus gehen ❻ (*higher than*) höher als ❼ (*except for*) außer *+dat* ❽ (*surpassing*) jenseits *+gen;* **his car was damaged ~ repair** sein Auto wurde irreparabel beschädigt; **his honesty is ~ question** seine Ehrlichkeit steht außer Frage; **to be ~ help** (*hum, pej*) nicht mehr zu helfen sein **II.** *adv inv* (*in space*) jenseits; (*in time*) darüber hinaus, nach; **~ specified completion date** über das festgesetzte Fertigstellungsdatum hinaus; **a painting of Cape Town harbour with Table Mountain ~** ein Gemälde vom Hafen Kapstadts mit dem Tafelberg im Hintergrund; **to go ~ sth** über etw *akk* hinausgehen, etw übersteigen; **to go far ~ sth** etw bei weitem übersteigen **III.** *n* ■**the ~** das Jenseits ►PHRASES: **at the back of ~** *esp* BRIT am Ende der Welt *hum*

BFPO [ˌbiːefpiː'əʊ] *n no pl, no art* BRIT *abbrev of* **British Forces Post Office** *Poststelle der britischen Streitkräfte*

bhan·gra ['bæŋgrə] *n* MUS *Musikstil, der Bestandteile der indischen und der westlichen Musik in sich vereint*

bhp [ˌbiːeɪtʃ'piː] *n abbrev of* **brake horsepower** (*horsepower*) PS *nt;* (*force required for braking*) Bremsleistung *f*

bi [baɪ] (*sl*) **I.** *adj* bi *sl* **II.** *n* Bisexuelle(r) *f(m)*

bi- [baɪ] *in compounds* ❶ (*two times per*) **~-weekly/-yearly** zweimal wöchentlich [*o* die Woche]/jährlich [*o* zweimal im Jahr]; (*once every two*) **~-weekly** vierzehntägig, alle zwei

Wochen; ~-**yearly** halbjährlich, alle sechs Monate ❷ (*with two*) zwei-; ~-**coloured** zweifarbig

bi·an·nual [baɪ'ænjuəl] *adj attr, inv* (*twice a year*) zweimal jährlich; (*half-yearly*) halbjährlich; ~ **report** Halbjahresbericht *m*

bias ['baɪəs] **I.** *n usu sing* ❶ (*prejudice*) Vorurteil *nt,* Voreingenommenheit *f;* **to have a ~ against sth** gegen etw *akk* eine Abneigung haben ❷ *no pl* (*one-sidedness*) Einseitigkeit *f; of interest* Befangenheit *f* (**against** gegenüber +*dat*); **to accuse sb of ~** jdm Befangenheit vorwerfen ❸ (*predisposition*) Neigung *f;* (*nature*) Veranlagung *f,* Vorliebe *f* (**in favour of, towards** für +*akk*) ❹ *no pl* FASHION schräger Schnitt; ~-**cut** schräg geschnitten; ~-**cutting** Schrägschnitt *m;* **on the ~** diagonal [*o* schräg] zum Fadenlauf **II.** *vt* <BRIT -ss- *or* AM *usu* -s-> ■**to ~ sth** etw einseitig darstellen; ■**to ~ sb** jdn beeinflussen; ■**to ~ sb against sth** jdn gegen etw *akk* einnehmen

bi·ased ['baɪəst], BRIT *esp* **bi·assed** *adj* voreingenommen; ~ **account** [*or* **report**] tendenziöser Bericht; **to be ~ in sb's favour** für jdn voreingenommen sein; ~ **opinions** vorgefasste Meinungen

bi·ath·lon [baɪ'æθlən, AM -lɑ:n] *n* Biathlon *nt*

bib [bɪb] *n* Lätzchen *nt* ▸ PHRASES: **to wear one's best ~ and tucker** sich *akk* in Schale werfen *fam*

bi·ble ['baɪbl] *n* Bibel *f*

Bi·ble ['baɪbl] *n* Bibel *f;* ~-**reading class** Bibelstunde *f*

Bi·ble-bash·er [-ˌbæʃər, AM -ɚ] *n* (*pej fam*) Bibelfanatiker(in) *m(f),* christlicher Eiferer **'Bi·ble-bash·ing** *n* (*fam*) *fanatisches Predigen der Bibel* **'Bi·ble belt** *n* AM *sehr christliche Gebiete der USA* **'Bi·ble-thump·ing** *n esp* AM (*fam*) *fanatisches Predigen der Bibel*

bib·li·cal ['bɪblɪkəl] *adj inv* biblisch; ~ **research** Bibelforschung *f;* **in the ~ sense** im biblischen Sinne; ~ **times** biblisches Zeitalter

bib·li·og·ra·pher [ˌbɪbli'ɒgrəfər, AM -ɚ] *n* Bibliograf(in) *m(f)*

bib·lio·graph·ic [ˌbɪbliə(ʊ)'græfɪk, AM -oʊ'-], **bib·lio·graphi·cal** [ˌbɪbliə(ʊ)'græfɪkəl, AM -oʊ'-] *adj* bibliografisch

bib·li·og·ra·phy [ˌbɪbli'ɒgrəfi, AM -'ɑ:grə-] *n* Bibliografie *f*

bib·lio·phile ['bɪbliə(ʊ)faɪl, AM -əfaɪl] *n* (*form*) Bibliophile(r) *f(m),* Bücherliebhaber(in) *m(f)*

bi·cam·er·al [ˌbaɪ'kæmərəl] *adj inv* POL, ADMIN Zweikammer-, mit zwei Kammern; ~ **system** Zweikammersystem *nt*

bicarb ['baɪkɑ:b, AM baɪ'kɑ:rb] *n* (*fam*) *short for* **bicarbonate of soda** Natron *nt*

bi·car·bo·nate [ˌbaɪ'kɑ:bənət, AM -'kɑ:r-] *n,* **bi·car·bo·nate of 'so·da** *n* CHEM doppelt kohlensaures Natrium *fachspr,* Natriumbikarbonat *nt fachspr;* (*in cookery*) Natron *nt*

bi·cen·tenary [ˌbaɪsen'ti:nəri] BRIT, **bi·cen·ten·nial** [ˌbaɪsen'teniəl] AM **I.** *n* zweihundertjähriges Jubiläum; **the ~ of Goethe's birth/death** Goethes zweihundertster Geburtstag/Todestag **II.** *adj attr* Zweihundertjahr-; ~ **celebration** Zweihundertjahrfeier *f*

bi·ceps <*pl* -> ['baɪseps] *n* Bizeps *m*

bick·er ['bɪkər, AM -ɚ] *vi* sich zanken, aneinandergeraten, sich *akk* in den Haaren liegen

bick·er·ing ['bɪkərɪŋ] *n no pl* Gezänk *nt*

bickie ['bɪki] *n* BRIT, AUS (*fam*) Keks *m*

bi·coast·al [baɪ'kəʊstəl, AM -'koʊ-] *adj inv* AM ❶ (*on both coasts*) an der Ost- und Westküste [der USA] *nach n;* ~ **airline commuter** *jd, der geschäftlich häufig von Küste zu Küste fliegt;* **to go ~** (*fam*) an beiden Küsten tätig werden ❷ (*from coast to coast*) *telephone call* von der Ostküste zur Westküste *nach n*

bi·cy·cle ['baɪsɪkl] **I.** *n* Fahrrad *nt;* **to get on one's ~** aufs Fahrrad steigen; **to ride a ~** Fahrrad fahren, Rad fahren; **by ~** mit dem Fahrrad **II.** *n modifier* Fahrrad-; ~ **tour** Fahrradtour *f;* ~ **clip** Hosenklammer *f*

'bi·cy·cle chain *n* Fahrradkette *f* **'bi·cy·cle pump** *n* Fahrradpumpe *f,* Luftpumpe *f*

bid[1] <-dd-, bid *or* bade, bid *or* bidden> [bɪd] *vt* (*form*) ❶ (*greet sb*) ■**to ~ sb sth** jdm etw wünschen; **to ~ sb farewell** jdm Lebewohl sagen *geh;* **to ~ one's hopes farewell** (*liter*) seine Hoffnungen aufgeben [*o geh* begraben]; **to ~ sb good morning** jdm einen guten Morgen wünschen; **to ~ sb welcome** jdn willkommen heißen ❷ (*old: command*) ■**to ~ sb [to] do sth** jdn etw tun heißen *geh;* **he ~ them leave at once** er hieß sie sofort gehen *geh* ❸ (*old: invite*) ■**to ~ sb to sth** jdn zu etw *dat* laden *geh*

bid[2] [bɪd] **I.** *n* ❶ (*offer*) Angebot *nt;* (*at an auction*) Gebot *nt;* [**hostile**] **takeover ~** [feindliches] Übernahmeangebot; **to put in a ~** ein Angebot vorlegen ❷ (*attempt*) Versuch *m;* **her ~ for re-election was unsuccessful** ihr Bemühen um eine Wiederwahl war erfolglos; **to make a ~ for fame** versuchen Ruhm zu erlangen; **to make a ~ for power** nach der Macht greifen ❸ CARDS Ansage *f* **II.** *vi* <-dd-, bid, bid> ❶ (*offer money*) bieten ❷ (*tender*) ein Angebot unterbreiten; **to ~ for a contract** sich *akk* um einen Auftrag bewerben ❸ CARDS reizen **III.** *vt* <-dd-, bid, bid> ■**to ~ sth** etw bieten

◆**bid up** *vt* (*at auctions*) **to ~ up** ↻ **the prices** die Preise durch Bieten in die Höhe treiben

bid·der ['bɪdər, AM -ɚ] *n* Bieter(in) *m(f),* Bietende(r) *f(m);* **highest ~** Meistbietende(r) *f(m)*

bid·ding [bɪdɪŋ] *n no pl* ❶ (*making of bids*) Bieten *nt;* (*at an auction*) Steigern *nt;* **to open** [*or* **start**] **the ~** das erste Gebot machen ❷ (*form or old or hum: command*) Geheiß *nt;* **you must do your father's ~, young man** du musst tun, was dein Vater dir sagt, junger Mann; **at sb's ~** auf jds Geheiß *geh* ❸ CARDS Reizen *nt*

bid·dy ['bɪdi] *n* (*pej fam*) Oma *f pej sl,* Muttchen *nt pej fam;* **old ~** (*pej*) alte Schachtel *pej fam*

bide [baɪd] *vt* ❶ **to ~ one's time** den rechten Augenblick [*o* Moment] abwarten ❷ (*dated*) **to ~ awhile** verweilen *geh*

bi·det ['bi:deɪ, AM bɪ'deɪ] *n* Bidet *nt*

bi·en·nial [baɪ'eniəl] **I.** *adj inv* alle zwei Jahre stattfindend, zweijährlich; ~ **plant** zweijährige Pflanze **II.** *n* BOT zweijährige Pflanze

bier [bɪər, AM bɪr] *n* Bahre *f*

biff [bɪf] (*fam*) **I.** *n* Schlag *m,* Hieb *m* **II.** *vt* ■**to ~ sb** jdn hauen *fam;* **to ~ sb on the nose** jdm eins auf die Nase geben *fam*

bi·fo·cal [baɪ'fəʊkəl, AM 'baɪˌfoʊ-] *adj inv* Bifokal-; ~ **spectacles** Bifokalbrille *f*

bi·fo·cals [baɪ'fəʊkəlz, AM 'baɪˌfoʊ-] *npl* Bifokalbrille *f*

bi·fur·cate ['baɪfəkeɪt, AM -fɚ-] (*form*) **I.** *vi river* sich gabeln **II.** *vt* ■**to ~ sth** etw aufteilen; **to ~ responsibility** Verantwortung teilen

big <-gg-> [bɪg] *adj* ❶ (*of size, amount*) groß; **the ~ger the better** je größer desto besser; **to receive a ~ boost** starken Auftrieb erhalten; **a ~ drop in prices** ein starker Preisrückgang; ~ **eater** (*fam*) großer Esser/große Esserin; ~ **meal** üppiges Mahl; ~ **screen** [Groß]leinwand *f;* **to be a ~ spender** (*fam*) auf großem Fuß leben; ~ **stake** hoher Spieleinsatz; ~ **tip** großzügiges Trinkgeld; ~ **toe** großer Zeh; ~ **turnout** großes Zuschaueraufgebot; **the ~gest-ever ...** der/die/das Größte ... aller Zeiten ❷ (*of maturity*) groß, erwachsen; ~ **boy/girl** großer Junge/großes Mädchen; ~ **brother/sister** großer Bruder/große Schwester; ~ **enough** groß [*o* alt] genug ❸ (*significant*) bedeutend, wichtig; **she's ~ in marketing** sie ist ganz groß im Bereich Marketing vertreten; ~-**budget film** Film *m* mit großem Budget; ~ **day** großer [*o* bedeutender] Tag; **it's the ~ day then?** (*fam: wedding day*) heute ist also der große Tag?; ~ **decision** schwerwiegende Entscheidung; **to have ~ ideas** (*fam*) Rosinen im Kopf haben *fam;* ~ **words** (*fam*) große Worte ❹ (*fam: to express emphasis*) groß; (*on a large scale*) in großem Stil; **he fell for her in a ~ way** er verliebte sich bis über beide Ohren in sie; ■**to be ~ on sth** auf etw *akk* stehen *fam* ❺ (*pej, iron fam: generous*) großzügig, nobel *fam;* **that was very ~ of you** das war aber nobel von dir ▸ PHRASES: **to be/get too ~ for one's boots** (*pej fam: craving for admira-*

tion) größenwahnsinnig sein/werden; (*feeling superior*) eingebildet sein/werden; **the ~ boys** die Großen; **~ deal!** (*fam*) na und! *fam;* **no ~ deal** (*fam*) nicht der Rede wert; **sb's eyes are ~ger than their stomach** jds Augen sind größer als sein Magen; **to be a ~ fish in a little** [*or* **small**] **pond** der Hecht im Karpfenteich sein; **to have ~ger fish to fry** Wichtigeres zu tun haben; **to give sb a ~ hand** (*fam*) jdm begeistert Applaus spenden; **what's the ~ idea?** (*iron fam*) was soll [denn] das? *fam;* **~ oaks from little acorns grow** *esp* BRIT (*prov*) alles Große hat [einmal] klein angefangen; **the ~ger they are, the harder they fall** (*prov*) wer hoch steigt, fällt tief *prov;* **to make it ~** (*fam*) großen Erfolg haben, groß einschlagen *fam*

biga·mist ['bɪgəmɪst] *n* Bigamist(in) *m(f)*

biga·mous ['bɪgəməs] *adj inv* bigamistisch

biga·mous·ly ['bɪgəməsli] *adv inv* bigamistisch

biga·my ['bɪgəmi] *n no pl* Bigamie *f;* **to commit ~** Bigamie begehen

Big 'Ap·ple *n* (*fam*) ■**the ~** New York *nt;* **to take a bite of the ~** AM New York besuchen **'big band** *n* Bigband *f,* Big Band *f* **big 'bang** *n* Urknall *m* **big 'bang theo·ry** *n* Urknalltheorie *f*

i Kultur

Big Ben war ursprünglich der Spitzname der großen, 1856 gegossenen Glocke im Turm der *Houses of Parliament,* benannt nach Sir Benjamin Hall, dem damaligen *Chief Commissioner of Works.* Heute wird der Name für die große Uhr und den Turm verwendet. Das Schlagen der vollen Stunden des **Big Ben** wird außerdem vor bestimmten Radio- und Fernsehnachrichten eingespielt.

big 'bickies *npl* AUS (*fam*) ▶ PHRASES: **to make ~** das große Geld [*o fam* die große Kohle] machen **Big 'Board** *n* AM (*fam*) New Yorker Börse *f* **Big 'Broth·er** *n no pl* der Große Bruder; **~ society** totalitärer Staat, Überwachungsstaat *m* **big 'bucks** *npl esp* AM (*fam*) das große Geld, die große Kohle *fam,* ein Haufen Kies *sl;* **~ prize money** hohe Siegesprämie **big 'business** *n no pl* ■**to be ~** ein lukratives Geschäft sein **big 'business** *n no pl* (*high finance*) Großkapital *nt;* (*major industry*) Großindustrie *f* **big 'cat** *n* Großkatze *f,* Raubkatze *f* **big 'cheese** *n* (*fam*) hohes Tier *fam* **Big 'Chief** *n,* **Big 'Dad·dy** *n* [Familien-/Firmen]oberhaupt *nt* **big 'deal** *n* (*iron*) **~!** na und! *fam;* **what's the ~?** ja und – was ist da jetzt so toll daran?; **that's no ~** (*sl*) das ist nichts Besonderes; **to make a ~ out of sth** ein großes Theater um etw *akk* machen *fam* **big 'dip·per** *n* BRIT Achterbahn *f,* Berg- und Talbahn *f* **Big 'Dip·per** *n* AM ASTRON Großer Bär [*o* Wagen] **big 'end** *n* TECH Pleuelfuß *m,* Schubstangenkopf *m* **big 'fish** *n* (*fam*) toller Hecht *fam* **'Big·foot** *n großes, behaartes menschenähnliches Wesen, das im Nordwesten der USA und in Nordkanada vorkommen soll* **big 'game** *n no pl* Großwild *nt* **big 'game hunt·er** *n* Großwildjäger(in) *m(f)*

biggie ['bɪgi] *n* (*fam*) Knüller *m fam*

big 'gun *n* (*fam*) große Nummer *fam* **'big-head** *n* (*pej fam*) Angeber(in) *m(f) pej* **big-'head·ed** *adj* (*pej fam*) eingebildet **big-'heart·ed** *adj* (*approv: generous*) großherzig; (*noble-minded*) großmütig **'big league** (*fam*) **I.** *n* Spitze *f;* **to join the ~ of Formula 1** in die Spitzengruppe der Formel 1 aufsteigen **II.** *adj* hochrangig **Big 'Mo** *n* AM (*fam*) Schwungkraft *f;* **to keep up the ~** den Schwung nicht verlieren **big 'money** *n* (*fam*) ein Haufen *m* Geld *fam;* **to cost ~** eine [ganze] Stange Geld kosten *fam* **'big mouth** *n* (*pej fam: conceited person*) Großmaul *nt pej fam;* (*indiscreet person*) Schwätzer(in) *m(f) pej,* Plaudertasche *f hum, pej,* Klatschbase *f pej fam;* **keep your ~ shut!** halt die Klappe! *fam;* **to have a ~** eine große Klappe haben *fam;* **to open one's ~** alles ausplaudern *fam* **big 'name** *n* (*fam*) Größe *f,* berühmte [*o* namhafte] Persönlichkeit **big 'noise** *n* (*fam*) hohes Tier *fam; see also* **big name**

big·ot ['bɪgət] *n* Eiferer *m;* **religious ~** religiöser Eiferer

big·ot·ed ['bɪgətɪd, AM -t̬ɪd] *adj* (*pej*) fanatisch; REL bigott *geh*

big·ot·ry ['bɪgətri] *n no pl* (*pej*) Fanatismus *m;* REL Bigotterie *f*

big-screen T'V [ˌbɪgskriːntiː'viː] *n* Großbildfernseher *m*

'big shot *n* (*fam*) hohes Tier *fam* **big 'smoke** *n* ■**the ~** BRIT (*fam*) London *nt; esp* AUS (*fam*) die Großstadt **big-'tick·et** *adj attr* AM kostspielig **'big time** *n* (*fam*) **to be in the ~** eine große Nummer sein *fam;* **to hit** [*or* **make**] **the ~** den großen Durchbruch schaffen **'big-time** ['bɪgtaɪm] **I.** *adv inv* (*fam: in a big way*) großartig **II.** *adj attr criminal* berühmt-berüchtigt; *capitalist, company, manufacturer* im großen Stil *nach n;* **~ boy** große Nummer *fam;* **~ comedian** erstklassiger Komiker/erstklassige Komikerin; **~ politician** Spitzenpolitiker(in) *m(f);* **~ racketeer** Obergauner(in) *m(f) fam* **big 'top** *n* großes Zirkuszelt **big 'wheel** *n* BRIT Riesenrad *nt* **'big·wig** *n* (*fam*) hohes Tier *fam;* **local ~** Lokalmatador(in) *m(f) oft hum;* **party ~** Parteigröße *f*

bi·jou ['biːʒuː] *adj attr* (*approv*) schmucke(r, s) *attr geh;* **a ~ flat** eine nette kleine Wohnung; **a ~ residence** ein schnuckliges kleines Haus *fam*

bika·thon ['baɪkəθɒn, AM -θɑːn] *n* Fahrradrennen *nt* für einen wohltätigen Zweck

bike [baɪk] **I.** *n* ❶ (*fam: bicycle*) [Fahr]rad *nt;* **child's ~** Kinder[fahr]rad *nt;* **to get on a ~** auf ein Fahrrad steigen; **to learn how to ride a ~** Rad fahren lernen; **to ride a ~** Rad fahren; **by ~** mit dem [Fahr]rad ❷ (*motorcycle*) Motorrad *nt,* Maschine *f fam* ▶ PHRASES: **on your** [*or* **yer**] **~!** BRIT (*sl*) hau ab! *fam* **II.** *vi* (*fam: ride bicycle*) mit dem Fahrrad fahren, radeln *fam;* (*ride motorcycle*) mit dem Motorrad fahren

'bike lane *n,* **'bike·way** *n* [Fahr]radweg *m*

bik·er ['baɪkəʳ, AM -kɚ] *n* (*fam*) ❶ (*on bicycle*) [Fahr]radfahrer(in) *m(f),* Radler(in) *m(f)* ❷ (*on motorbike*) Motorradfahrer(in) *m(f)* ❸ (*in motorcyclists' gang*) Rocker(in) *m(f)*

'bik·er boots *n pl* Bikerstiefel *mpl*

'bike shed *n esp* BRIT (*walled-in*) Fahrradschuppen *m;* (*open*) Fahrradstand *m*

bikie ['baɪki] *n* AUS (*fam*) Rocker(in) *m(f)*

bi·ki·ni [bɪ'kiːni] *n* Bikini *m;* **~ bottoms** Bikinihose *f,* Bikiniunterteil *nt;* **~ top** Bikinioberteil *nt;* **a ~-clad woman** eine Frau im Bikini

bi·'ki·ni line *n* Bikinizone *f;* ■**to do one's ~** die Bikinizone enthaaren

'bikkie, 'bikky *n* AUS *see* **bickie**

bi·la·bial [baɪ'leɪbiəl] *adj inv* bilabial *geh*

bi·lat·er·al [baɪ'lætᵊrᵊl, AM -'læt̬ɚ-] *adj inv* bilateral *geh*

bil·berry ['bɪlbᵊri, AM -ber-] *n* ❶ (*shrub*) Heidelbeerstrauch *m,* Blaubeerstrauch *m* ❷ (*berry*) Heidelbeere *f,* Blaubeere *f*

bil·by ['bɪlbi] *n australische Rattenart*

bile [baɪl] *n no pl* Galle *f;* (*fig: rancour*) Bitterkeit *f;* (*anger*) Ärger *m;* **~ acid** Gallensäure *f;* **~ duct** Gallengang *m meist pl,* Gallenwege *pl*

bilge [bɪldʒ] *n* ❶ *no pl* (*sl or dated: nonsense*) Unsinn *m;* **don't talk ~** erzähl keinen Quatsch *fam* ❷ NAUT Bilge *f;* **~ water** Bilgenwasser *nt*

bil·har·zia [bɪl'hɑːziə, AM -'hɑːrzi-] *n* MED Bilharziose *f*

bi·lin·gual [baɪ'lɪŋgwᵊl] *adj inv* zweisprachig, bilingual *fachspr;* **~ secretary** Fremdsprachensekretär(in) *m(f)*

bili·ous ['bɪliəs, AM -jəs] *adj* ❶ MED Gallen-; (*fig: bad-tempered*) übellaunig; (*irritable*) reizbar; **~ attack** MED Gallenkolik *f;* **~ mood** üble Laune; **sb is very ~** jdm läuft immer gleich die Galle über ❷ (*nasty*) widerlich, scheußlich

bilk [bɪlk] *vt* (*fam*) ■**to ~ sb** [**of sth**] jdn [um etw *akk*] prellen *fam* [*o* bringen]

bill¹ [bɪl] **I.** *n* ❶ (*invoice*) Rechnung *f;* **could we have the ~, please?** wir möchten bitte zahlen, zahlen bitte!; **put it on my ~** setzen Sie das auf meine Rechnung; **to foot the ~** die Rechnung bezahlen [*o geh* begleichen] ❷ AM (*bank note*) Geldschein *m*, Banknote *f*; [**one-**]**dollar** ~ Dollarschein *m*, Dollarnote *f* ❸ (*proposed law*) Gesetzentwurf *m*, Gesetzesvorlage *f*; **to amend a** ~ (*change*) eine Gesetzesvorlage [*o* einen Gesetzentwurf] abändern; (*add*) eine Gesetzesvorlage [*o* einen Gesetzentwurf] ergänzen; **to pass a** ~ ein Gesetz verabschieden; **to throw out a** ~ (*fam*) ein Gesetz ablehnen ❹ (*placard*) Plakat *nt*; **"stick no ~s"** „Plakate ankleben verboten" ❺ (*list of celebrities*) Besetzungsliste *f*; **to top** [*or* **head**] **the** ~ der Star des Abends sein ► PHRASES: **to fit the** ~ der/die/das Richtige [*o* Passende] sein **II.** *vt* ❶ (*invoice*) ■**to** ~ **sb** jdm eine Rechnung ausstellen; ■**to** ~ **sb for sth** jdm etw in Rechnung stellen, jdm etw berechnen ❷ *usu passive* (*listed*) ■**to be** ~**ed** angekündigt werden

bill² [bɪl] **I.** *n of bird* Schnabel *m* **II.** *vi* **to** ~ **and coo** (*hum*) [miteinander] turteln

Bill [bɪl] *n no pl* BRIT (*sl*) **the** [**old**] ~ die Polente *sl*

bil·la·bong ['bɪləbɒŋ] *n* AUS toter Flussarm

'bill·board *n* Reklamefläche *f*, Reklametafel *f*; (*wall*) Plakatwand *f*

bil·let ['bɪlɪt, AM -ət] **I.** *n* MIL Quartier *nt* **II.** *vt usu passive* ■**to be** ~**ed** untergebracht werden; (*soldiers*) einquartiert werden

billet-doux <*pl* billets-doux> [ˌbɪleɪ'du:] *n* (*liter or usu hum*) Liebesbrief *m*, Billetdoux *nt veraltet*

'bill·fold *n* AM Brieftasche *f* **'bill·hook** *n* Hippe *f*

bil·liard ['bɪliəd, AM -jɚd] *n modifier* Billard-; ~ **ball** Billardkugel *f*

bil·liards ['bɪliədz, AM -jɚdz] *n no pl* Billard *nt*

bill·ing ['bɪlɪŋ] *n no pl* ❶ (*list*) Programm *nt*; (*advance notice*) Ankündigung *f*; **to get** [*or* **have**] **top** ~ an oberster Stelle auf dem Programm stehen ❷ (*publicity*) **advance** ~ Reklame *f*; **to live up to one's** ~ halten, was man verspricht ❸ (*invoicing*) Rechnungsschreiben *nt*

bil·lion ['bɪliən, AM -jən] *n* Milliarde *f*; BRIT (*old*) Billion *f*; ~ **dollar industry** Milliardengeschäft *nt*; **to spend** ~**s on sth** (*fam*) Unsummen für etw *akk* ausgeben *fam*

bil·lion·aire [ˌbɪliə'neəʳ, AM -jə'ner] *n esp* AM Milliardär(in) *m(f)*

bill of ex·'change *n* Wechsel *m*, Tratte *f fachspr* **bill of 'fare** *n* Speisekarte *f* **bill of 'goods** *n* AM Frachtbrief *m*; **to sell sb a** ~ (*fig*) jdn verschaukeln *fam* **bill of 'health** *n* [mündliche] Gesundheitsattestierung [*o* Gesundheitsbestätigung] **bill of 'lad·ing** *n* Seefrachtbrief *m*, Konnossement *nt fachspr* **bill of 'rights** *n* BRIT Bill of Rights *f* (*britisches Staatsgrundgesetz*); ■**the B~** AM *Zusatzklauseln 1 bis 10 zu den Grundrechten*

bil·low ['bɪləʊ, AM -oʊ] **I.** *vi* ❶ (*surge*) wogen *geh* ❷ (*bulge*) *cloth* sich blähen; *smoke* in Schwaden aufsteigen; *skirt* sich bauschen; (*fig*) sich *akk* aufblähen [*o* ausweiten]; ~**ing corruption** schnell anwachsende Korruption **II.** *n usu pl* ❶ (*wave*) Woge *f geh* ❷ *of cloud, steam* Schwaden *m*; ~**s of smoke** Rauchschwaden *pl*

bil·lowy ['bɪləʊi, AM -oʊi] *adj* (*liter*) ❶ (*rolling in waves*) wogend *geh* ❷ (*swelling out*) in Schwaden aufsteigend; **the steam left the top of the water tower in a** ~ **cloud** der Dampf stieg in Schwaden vom Wasserturm auf

'bill post·er *n* Plakat[an]kleber(in) *m(f)*; **"~s will be prosecuted"** „das Ankleben von Plakaten wird strafrechtlich verfolgt" **'bill post·ing** *n no pl* Plakatkleben *nt* **'bill stick·er** *n* Plakat[an]kleber(in) *m(f)*; *see also* **bill poster**

bil·ly ['bɪli] *n* ❶ BRIT, AUS (*for camping*) Kochgeschirr *nt* (*zum Campen*) ❷ AM (*truncheon*) Knüppel *m* ❸ (*male goat*) Ziegenbock *m*

'bil·ly·can *n* BRIT, AUS Kochgeschirr *nt* (*zum Campen*) **'bil·ly goat** *n* Ziegenbock *m* **billy-o** ['bɪliəʊ] *n no pl* BRIT, AUS (*dated sl*) **like** ~ wie verrückt *fam*

bim·bo <*pl* -es *or* -s> ['bɪmbəʊ, AM -boʊ] *n* (*pej sl*) Häschen *nt fam*, Puppe *f pej fam*; **blonde** ~ blondes Dummchen *pej fam*

bi-'month·ly **I.** *adj inv* ❶ (*twice a month*) zweimal im Monat; **to have a** ~ **meeting** sich *akk* zweimal im Monat treffen ❷ (*every two months*) zweimonatlich, alle zwei Monate; ~ **magazine** zweimonatlich erscheinende Zeitschrift **II.** *adv* ❶ (*twice a month*) zweimal im Monat ❷ (*once every two months*) alle zwei Monate, zweimonatlich

bin [bɪn] **I.** *n* ❶ BRIT, AUS (*for waste*) Mülleimer *m*; BRIT Mülltonne *f*; **to consign sth to** [*or* **throw sth in**] **the** ~ etw wegwerfen; **to consign a plan to the** ~ (*fig*) einen Plan verwerfen ❷ (*for storage*) Behälter *m*; **bread** ~ Brotkasten *m*; **corn** ~ Getreidesilo *m*; **wine** ~ Weinregal *nt* **II.** *vt* BRIT ■**to** ~ **sth** etw wegwerfen; (*fig*) etw bleiben lassen

bi·na·ry ['baɪnᵊri] *adj inv* binär; ~ **fission** Zellteilung *f*; ~ **numbers** binäre Zahlen

bi·na·ry 'code *n*, **bi·na·ry sys·'tem** *n* binäres System

'bin bag *n* BRIT Müllbeutel *m*, Mülltüte *f*

bind [baɪnd] **I.** *n* (*fam: obligation*) Verpflichtung *f*; (*burden*) Belastung *f*; **to be a bit of a** ~ ziemlich lästig sein; **to be in a bit of a** ~ in der Klemme stecken [*o* sitzen] *fam* **II.** *vi* <bound, bound> binden; *clay, soil* fest werden **III.** *vt* <bound, bound> ❶ (*fasten*) ■**to** ~ **sb to sth** jdn an etw *akk* fesseln; ■**to** ~ **sth to sth** etw an etw *akk* festbinden; **to be bound hand and foot** an Händen und Füßen gefesselt sein; ■**to be bound to sb** (*fig*) eine starke Bindung zu jdm haben ❷ (*cause to congeal*) ■**to** ~ **together** ↔ **sth** etw zusammenbinden; ■**to** ~ **together** ↔ **sb** (*fig*) jdn verbinden ❸ (*commit*) ■**to** ~ **sb to sth** jdn zu etw *dat* verpflichten, jdn an etw *akk* binden; **to** ~ **sb to secrecy** jdn zum Stillschweigen verpflichten ❹ *usu passive* ■**to** ~ **sth** (*attach*) etw anbringen; *cloth* etw annähen; **to** ~ **one's feet** seine Füße einschnüren; **to** ~ **one's hair** seine Haare zusammenbinden ❺ TYPO **to** ~ **a book** ein Buch binden

◆**bind over** *vt usu passive* LAW ■**to be bound over** verwarnt werden; **he was bound over to keep the peace** es wurde ihm zur Auflage gemacht, die öffentliche Ordnung zu wahren

◆**bind up** *vt* ❶ (*bandage*) ■**to** ~ **up** ↔ **sb/sth** jdn/etw verbinden; **to** ~ **up one's hair** sich *dat* die Haare hochbinden; **to** ~ **up a prisoner** einen Gefangenen fesseln ❷ *usu passive* (*connect*) ■**to be bound up with sth** mit etw *dat* zusammenhängen [*o* in Zusammenhang stehen]; ■**to be bound up together** *events* etwas miteinander zu tun haben; *people* einander verbunden sein *geh*

bind·er ['baɪndəʳ, AM -dɚ] *n* ❶ (*cover*) Einband *m*; (*notebook*) Hefter *m* ❷ (*sb who covers books*) Buchbinder(in) *m(f)* ❸ (*substance*) Bindemittel *nt* ❹ AGR [Mäh]binder *m*

bind·ery ['baɪndᵊri, AM -dɚi] *n* Buchbinderei *f*

bindhi ['bɪndi] *n* Bindi *nt* (*Schmuck, der auf die Stirnmitte aufgeklebt wird*)

bind·ing ['baɪndɪŋ] **I.** *n no pl* ❶ (*covering*) Einband *m*; **embossed leather** ~ Ledereinband *m* mit Prägedruck ❷ (*act*) Binden *nt* ❸ (*textile strip*) [Naht]band *nt* ❹ (*on ski*) Bindung *f* **II.** *adj* ❶ *attr* verbindlich; ~ **agreement** verbindlicher [*o* bindender] Vertrag; **legally** ~ rechtsverbindlich ❷ MED stopfend

bind·weed ['baɪndwi:d] *n no pl* BOT Winde *f*

binge [bɪndʒ] (*fam*) **I.** *n* Gelage *nt*; (*orgy*) Orgie *f*; **drinking** ~ Saufgelage *nt fam*; ~**-eating** Fressgelage *nt*; (*greed*) Esssucht *f*; **shopping** ~ Kaufrausch *m*; **to go on a** ~ auf Sauftour gehen *fam*; (*shopping*) groß shoppen gehen *fam*; (*eating*) ein Fressgelage abhalten *fam* **II.** *vi* heißhungrig essen; ■**to** ~ **on sth** sich *akk* mit etw *dat* voll stopfen *fam*

bin·go ['bɪŋgəʊ, AM -goʊ] **I.** *n no pl* Bingo *nt* **II.** *interj* (*fam*) ■~! bingo! *sl* (*drückt positives Erstaunen, Überraschung aus; wird auch verwendet nach gefundener Lösung*)

'bin lin·er *n* BRIT Müllbeutel *m*, Mülltüte *f* **'bin man** *n* BRIT (*fam*) Müllmann *m*

bin·ocu·lars [bɪ'nɒkjələz, AM -'nɑ:kjəlɚz] *npl* Fernglas *nt*; **a pair of** ~ ein Fernglas *nt*; **to look through** ~ durch ein Fernglas schauen

bi·no·mial [baɪ'nəʊmiəl, AM -'noʊ-] MATH **I.** *n* Binom *nt* **II.** *adj* binomisch

bio- [baɪə(ʊ)-, AM baɪoʊ-] *in compounds* Bio-

bio·aera·tion [ˌbaɪəʊeəˈreɪʃᵊn, AM ˌbaɪoʊerˈeɪʃᵊn] *n* Belebtschlammverfahren *nt* (*biologische Abwasserreinigung*) **bio·'chemi·cal** *adj* biochemisch **bio·'chemi·cal·ly** *adv* biochemisch **bio·'chem·ist** *n* Biochemiker(in) *m(f)* **bio·'chem·is·try** *n no pl* Biochemie *f* **bio·chip** [ˈbaɪəʊtʃɪp, AM ˈbaɪoʊ-] *n* (*chips loaded with DNA*) Biochip *m* **bio·de'grad·able** *adj* biologisch abbaubar **bio·de'grade** *vi* sich zersetzen **bio·de·'ter·gent** *n* biologisches Reinigungsmittel; (*washing powder*) biologisches Waschmittel **bio·di·'ver·sity** *n no pl* Artenvielfalt *f* **bio-docu·'men·tary** [ˌbaɪəʊˌdɒkjəˈmentᵊri, AM ˌbaɪoʊˌdɑːkjəˈment̬ɚi] *n* biographische Dokumentation **bio·dy·'nam·ic** *adj* biodynamisch **bio·en·gi·'neer·ing** *n no pl* Biotechnik *f* **bio·ethi·cist** [ˌbaɪəʊˈeθəsɪst, AM ˌbaɪoʊ-] *n* Bioethiker(in) *m(f)* **bio·'eth·ics** *n + sing vb* Bioethik *f* **bio·'feed·back** *n no pl* Biofeedback *nt* **'bio·fuel** *n no pl* Biotreibstoff *m*, biologischer Treibstoff

biog [baɪˈɒg, AM baɪˈɑːg] *n* (*fam*) *see* **biography** Bio *f fam* **'bio·gas** *n* Biogas *nt*

bi·og·raph·er [baɪˈɒgrəfəʳ, AM -ˈɑːgrəfɚ] *n* Biograf(in) *m(f)*

bio·graphi·cal [ˌbaɪəʊˈgræfɪkᵊl] *adj* biografisch

bi·og·ra·phy [baɪˈɒgrəfi, AM -ˈɑːgrəfi] *n* ❶ (*account of life*) Biografie *f* ❷ *no pl* (*genre*) Biografie *f*, biografische Literatur

bio·in·for·mat·ics [ˌbaɪə(ʊ)ɪnfəˈmætɪks, AM ˌbaɪoʊɪnfɚˈmæt̬-] *n + sing vb* Bioinformatik *f kein pl* **bio·in·'sec·ti·cide** *n* Bioinsektizid *nt fachspr*, biologisches Insektenbekämpfungsmittel

bio·logi·cal [ˌbaɪəˈlɒdʒɪkᵊl, AM -ˈlɑːdʒɪkᵊl] *adj* biologisch

bio·logi·cal 'clock *n* (*fam*) biologische Uhr **bio·logi·cal con·'trol** *n* biologische Schädlingsbekämpfung **bio·logi·cal e'vent** *n* biologischer Anschlag, Anschlag *m* mit biologischen Waffen

bio·logi·cal·ly [ˌbaɪəˈlɒdʒɪkᵊli, AM -ˈlɑːdʒɪ-] *adv* biologisch; ~ **active chemicals** biologisch wirksame Chemikalien; **to be ~ based** [*or* **determined**] auf biologischer Grundlage basieren

bio·logi·cal 'war·fare *n* biologische Krieg[s]führung **bio·logi·cal 'weap·ons** *npl* biologische Waffen

bi·olo·gist [baɪˈɒlədʒɪst, AM -ˈɑːlə-] *n* Biologe, -in *m, f*

bi·ol·ogy [baɪˈɒlədʒi, AM -ˈɑːlə-] **I.** *n no pl* Biologie *f*; **human ~** Humanbiologie *f*; **marine ~** Meeresbiologie *f* **II.** *n modifier* (*book, department, lecture*) Biologie-

bio·mass [ˌbaɪəʊˈmæs, AM ˌbaɪoʊ-] *n* Biomasse *f* **bio·medi·cine** [ˌbaɪəʊˈmedɪsᵊn, AM ˌbaɪoʊˈmedɪsən] *n* Biomedizin *f* **bio·mor·phic** [ˌbaɪəʊˈmɔːfɪk, AM ˌbaɪoʊˈmɔːr-] *adj* biomorph **'bio movie** *n* AM (*fam*) biografischer Film

bi·on·ic [baɪˈɒnɪk, AM -ˈɑːnɪk] *adj* ❶ MED bionisch ❷ (*fam: extremely active*) hyperaktiv

bio·'pes·ti·cide *n* biologisches Schädlingsbekämpfungsmittel **bio·'phys·ics** *n + sing vb* Biophysik *f*

biopic [ˈbaɪəʊpɪk, AM ˌbaɪoʊ-] *n* (*sl*) Filmbiografie *f*

bi·op·sy [ˈbaɪɒpsi, AM -ɑːpsi] *n* Biopsie *f*

'bio·rhythm *n* Biorhythmus *m* **'bio·sphere** *n no pl* Biosphäre *f* **'bio·tech** [ˈbaɪəʊtek, AM ˈbaɪoʊ-] *adj attr, inv* biotechnisch, Biotechnik-; **the ~ industry** die Biotechnik-Industrie **bio·tech·'nol·ogy** *n no pl* (*science, research*) Biotechnologie *f*; (*process*) Biotechnik *f*

'bio·ter·ror·ism [ˈbaɪəʊˌterᵊrɪzᵊm] *n* Bioterrorismus *m*

bio·tope [ˈbaɪə(ʊ)təʊp, AM ˌbaɪoʊtoʊp] *n* Biotop *m o nt*

'bio·weap·on [ˈbaɪəʊwepᵊn, AM ˈbaɪoʊ-] *n* biologische Waffe

bi·par·ti·san [ˌbaɪpɑːtɪˈzæn, AM baɪˈpɑːrt̬əzən] *adj inv* ❶ (*of two political parties*) Zweiparteien- ❷ (*backed by two political parties*) von zwei Parteien getragen; **a ~ agreement** von beiden Parteien erzielte Übereinkunft

bi·ped [ˈbaɪped] *n* Zweifüß[l]er *m*

bi·plane [baɪpleɪn] *n* Doppeldecker *m*

bi·po·lar [baɪˈpəʊləʳ, AM -ˈpoʊlɚ] *adj* bipolar, zweipolig; ~ **psychosis** bipolare Psychose

bi·po·lar de·'pres·sion *n no pl* PSYCH bipolare Depression

bi·ra·cial [baɪˈreɪʃᵊl] *adj inv* gemischtrassig

birch [bɜːtʃ, AM bɜːrtʃ] **I.** *n* <*pl* -es> ❶ (*tree*) Birke *f* ❷ *no pl* (*hist: type of punishment*) ■**the ~** *Züchtigung mit der Rute;* **to bring back the ~** die Prügelstrafe wieder einführen ❸ (*hist: stick*) Rute *f* **II.** *vt* (*hist*) ■**to ~ sb** jdn mit der Rute züchtigen *geh*

bird [bɜːd, AM bɜːrd] **I.** *n* ❶ (*creature*) Vogel *m*; **a flock of ~s** ein Vogelschwarm *m*; **caged ~** Käfigvogel *m*; **migrating** [*or* **migratory**] **~** Zugvogel *m*; **wading ~** Stelzvogel *m*; **to feel free as a ~** sich *akk* frei wie ein Vogel fühlen ❷ (*fam: person*) **home ~** Nesthocker *m fam*; **odd** [*or* **rare**] **~** (*fam*) seltener Vogel *fam*; **strange ~** komischer Kauz [*o fam* Vogel] ❸ (*dated sl: young female*) Puppe *f fam*, Biene *f fam*; **game old ~** BRIT, AUS (*approv*) flotte Alte *fam*; **old ~** (*fam*) alte Schachtel *fam*; **to pick up** [*or* **pull**] **a ~** BRIT, AUS (*sl or dated*) 'ne Mieze aufreißen *sl* ❹ BRIT, AUS (*dated sl: be in prison*) **to do ~** sitzen *fam*, hinter Gittern sitzen ▶PHRASES: **to know about the ~s and bees** (*euph*) aufgeklärt sein; **to be a ~ in a gilded cage** in einem goldenen Käfig sitzen; **to see a ~'s-eye view of sth** etw aus der Vogelperspektive betrachten; **~s of a feather flock together** (*prov*) Gleich und Gleich gesellt sich gern *prov*; **a ~ in the hand is worth two in the bush** (*prov*) besser ein Spatz in der Hand als eine Taube auf dem Dach *prov*; **to kill two ~s with one stone** zwei Fliegen mit einer Klappe schlagen *fam*; **the early ~ catches the worm** (*prov*) Morgenstunde hat Gold im Munde *prov*; **a little ~ told me** das sagt mir mein kleiner Finger; **a little ~ told me that ...** ein kleines Vögelchen hat mir gezwitschert, dass ...; **the ~ has flown** der Vogel ist ausgeflogen *fam*; **to give sb the ~** jdn auspfeifen; [**strictly**] **for the ~s** AM, AUS (*fam*) für die Katz *fam* **II.** *n modifier* ~ **call** Vogelruf *m*; ~ **droppings** Vogelmist *m*, Vogeldreck *m fam*; ~ **life** Vogelwelt *f*; ~ **sanctuary** Vogelreservat *nt*, Vogelschutzgebiet *nt*

'bird bath *n* Vogelbad *nt* **'bird·brain** *n* (*fam*) Spatzenhirn *nt sl* **'bird·brained** *adj* (*fam*) gehirnamputiert *sl*; ■**to be ~** ein Spatzenhirn haben *sl* **'bird·cage** *n* Vogelkäfig *m* **'bird course** *n* CAN *sehr einfacher Kurs an der Universität* **'bird dog** *n* AM (*gun dog*) Hühnerhund *m* **'bird·house** *n* Vogelhaus *nt*; (*big one*) Voliere *f*

birdie [ˈbɜːdi, AM ˈbɜːrdi] **I.** *n* ❶ (*esp childspeak: small bird*) Piepmatz *m Kindersprache* ❷ (*golf*) Birdie *nt* ❸ AM (*shuttlecock*) Federball *m* ▶PHRASES: **watch the ~** gleich kommt's Vögelchen (*beim Fotografen*) **II.** *vt* (*in golf*) **to ~ a hole** einen Schlag unter Par spielen

'birdie dance *n* BRIT ■**the ~** der Ententanz, der Vogerltanz ÖSTERR

'bird·like *adj* vogelähnlich, vogelartig **bird of 'para·dise** <*pl* birds of paradise> *n* Paradiesvogel *m* **bird of 'pas·sage** <*pl* birds of passage> *n* Zugvogel *m*; (*fig a.*) unsteter Mensch **bird of 'prey** <*pl* birds of prey> *n* Raubvogel *m* **'bird·seed** *n no pl* Vogelfutter *nt* **bird's-eye 'view** *n* Vogelperspektive *f* **'bird's nest** *n* Vogelnest *nt* **'bird·song** *n no pl* Vogelgesang *m* **'bird ta·ble** *n* BRIT Futterplatz *m* (*für Vögel*) **'bird·watch·er** *n* Vogelbeobachter(in) *m(f)* **'bird·watch·ing** *n no pl* Beobachten *nt* von Vögeln

Biro® BRIT, **biro®** [ˈbaɪ(ə)rəʊ] *n* BRIT Kugelschreiber *m*, Kuli *m fam*

birth [bɜːθ, AM bɜːrθ] *n* ❶ (*event of being born*) Geburt *f*; **from ~** von Geburt an; **country/date/place of ~** Geburtsland *nt*/-datum *nt*/-ort *m*; **~s and deaths** Geburten und Todesfälle; ~ **defect** Geburtsfehler *m*, konnataler Defekt *fachspr*; ~ **pangs** Geburtswehen *fpl*; **difficult ~** schwierige Geburt *a. fig*; **live ~** Lebendgeburt *f*; **to be present at the ~** bei der Geburt [mit] dabei sein; **to give ~** entbinden; **to give ~ to a child** ein Kind zur Welt bringen [*o* gebären] *liter*; **to give ~ to sth** (*fig*) etw hervorbringen [*o* schaffen] ❷ *no pl* (*family*) Abstammung *f*, Herkunft *f*; **of illegitimate/legitimate ~** unehelicher/ehelicher Abstammung; **by ~** von Geburt; **to be English by ~** gebürtiger Engländer/gebürtige Engländerin sein; **to be of low/noble ~** niedriger/adliger Abstammung sein

'birth cer·tifi·cate *n* Geburtsurkunde *f* **'birth con·trol** *n*

B

Geburtenkontrolle *f*, Geburtenregelung *f*; ~ **pill** Antibabypille *f*, orales Kontrazeptivum

birth·day ['bɜ:θdeɪ, AM 'bɜ:r-] **I.** *n* Geburtstag *m*; **happy** ~ [**to you**]! alles Gute zum Geburtstag! **II.** *n modifier* ~ **boy/girl** (*fam*) Geburtstagskind *nt hum*; ~ **cake** Geburtstagstorte *f*, Geburtstagskuchen *m*; ~ **card** Geburtstagskarte *f* **Birth·day 'Hon·ours** *npl* BRIT *Titel- und Ordensverleihungen am offiziellen Geburtstag des britischen Monarchen/der britischen Monarchin*; ~ **list** *Liste der von der Königin auf Vorschlag der Regierung zu ehrenden britischen Bürger* **'birth·day par·ty** *n* Geburtstagsparty *f*, Geburtstagsfeier *f* **'birth·day pres·ent** *n* Geburtstagsgeschenk *nt* **'birth·day suit** *n* (*euph*) **to appear in one's** ~ im Adams-/Evaskostüm erscheinen *hum fam*; **to wear** [*or* **be** **in**] **one's** ~ (*fam or hum*) im Adamskostüm herumlaufen *hum fam*

'birth·ing cen·ter *n* AM Geburtshaus *nt*

'birth·mark *n* Muttermal *nt*, Geburtsmal *nt* **'birth moth·er** *n* biologische Mutter **'birth·place** *n* Geburtsort *m* **'birth rate** *n* Geburtenrate *f* **'birth·right** *n* Geburtsrecht *nt*, angestammtes Recht; **to drive sb out of his** ~ jdn seines Geburtsrechts berauben; (*right of first born*) Erstgeburtsrecht *nt*; **to sell one's** ~ (*fig*) sein Erstgeburtsrecht verkaufen *fig* **'birth·stone** *n* Monatsstein *m* **'birth·weight** *n* Geburtsgewicht *nt*

bis·cuit ['bɪskɪt] *n* ❶ BRIT, AUS Keks *m*; **cheese and** ~**s** Käsekräcker *mpl*; **dog** ~ Hundekuchen *m*; **a packet of** ~**s** eine Packung Kekse ❷ AM (*bread type*) Brötchen *nt* ▶ PHRASES: **that** [**really**] **takes the** ~ BRIT (*fam: sth astonishing*) das schlägt dem Fass den Boden aus; (*sth irritating*) das ist die Höhe

bi·sect [baɪ'sekt, AM 'baɪsekt] *vt* ■**to** ~ **sth** (*split in two*) etw zweiteilen; (*divide equally*) etw in der Mitte durchschneiden

bi·sec·tion [baɪ'sekʃᵊn] *n* (*in two parts*) Zweiteilung *f*; (*in two halves*) Halbierung *f*

bi·sex·ual [baɪ'sekʃuəl] **I.** *n* Bisexuelle(r) *f(m)*; ■**to be a** ~ bisexuell sein **II.** *adj inv* bisexuell

bish·op ['bɪʃəp] *n* ❶ (*priest*) Bischof *m* ❷ CHESS Läufer *m*

bish·op·ric ['bɪʃəprɪk] *n* ❶ (*term*) Amtszeit *f* (*eines Bischofs*) ❷ (*diocese*) Bistum *nt*, Diözese *f* ❸ (*function*) Bischofsamt *nt*

bi·son <*pl* -s *or* -> ['baɪsᵊn, -zᵊn] *n* (*buffalo*) Bison *m*; (*European buffalo*) Wisent *m*; **herds of** ~ Bisonherden *fpl*

bisque [bi:sk, AM bɪsk] *n no pl* (*of fish*) Fischcremesuppe *f*, Schellfischsuppe *f*; (*of vegetable*) Gemüsesuppe *f*

bis·tro ['bi:strəʊ, AM -troʊ] *n* Bistro *nt*

bit[1] [bɪt] *n* ❶ (*fam: small piece*) Stück *nt*; ~**s of glass** Glasscherben *fpl*; ~**s of paper** Papierfetzen *mpl*; **little** ~**s** Stückchen *pl*; **to blow sth to** ~**s** etw zerreißen; **to fall** [*or* **come**] **to** ~**s** kaputtgehen *fam*; **to go to** ~**s** (*fig*) [psychisch] zusammenbrechen, durchdrehen *fam*; **to smash sth to** ~**s** etw zerschmettern [*o* zertrümmern]; **to tear sth to** ~**s** etw in Stücke reißen ❷ (*small amount*) ■**a** ~ **of ...** ein wenig [*o* bisschen] ...; **with a** ~ **of luck, I'll pass the exam** mit viel Glück bestehe ich die Prüfung; **she heard a** ~ **of news about an old friend** sie erfuhr Neuigkeiten über einen alten Freund; **a** ~ **of trouble** ein bisschen Ärger; **to have a** ~ **put away** einiges auf der hohen Kante haben ❸ (*part*) Teil *m*; **bring your** ~**s and pieces!** BRIT bring deine Siebensachen mit!; **sewing** ~**s and pieces** Nähutensilien *ntpl*; **to do one's** ~ (*fam*) seinen Teil beitragen, das Seinige tun; ~ **by** ~ Stück für Stück, nach und nach; **I saved up the money** ~ **by** ~ ich habe mir das Geld Groschen für Groschen zusammengespart; **we rebuilt the house over years** ~ **by** ~ wir haben das Haus über die Jahre Stein für Stein wieder aufgebaut ❹ (*fam: short time*) **I'm just going out for a** ~ ich gehe mal kurz raus *fam*; **I'll come along in a** ~ ich komme gleich nach; **hold on** [*or* **wait**] **a** ~ warte mal [kurz] ❺ (*somewhat*) **Mary's put on a** ~ **of weight** Mary hat ganz schön zugenommen; **he's a** ~ **of a bore** er ist ein ziemlicher Langweiler; **it's a** ~ **of a nuisance** das ist ganz schön lästig; **he's a** ~ **of an artist** er ist künstlerisch begabt; **he's a** ~ **of a poet** er ist gar kein so schlechter Dichter; **I'm a** ~ **tired** ich bin ziemlich müde; **the house is a** ~ **like a Swiss chalet** das Haus sieht ein bisschen wie ein Schweizer Chalet aus; **he's a good** ~ **older than his wife** er ist um einiges älter als seine Frau; ■**not a** ~ kein bisschen; **not the least** [*or* **slightest**] ~ **...** kein bisschen ...; **... but not a** ~ **of it** BRIT ... aber nichts dergleichen [*o fam* nicht die Spur]; **quite a** ~ ziemlich; **that's quite a** ~ **of ice cream!** das ist ganz schön viel Eiscreme! ❻ (*rather*) **that was a** ~ **much** das war ein starkes Stück; **that was a** ~ **too much of a coincidence** das konnte kein Zufall mehr sein ❼ BRIT (*fam or hist: coin*) Groschen *m fam*; **threepenny/sixpenny** ~ Dreipence-/Sixpencestück *nt*; **two** ~**s** AM (*dated*) 25 Cents ▶ PHRASES: **to be a** ~ **of fluff** [*or* **stuff**] [*or* **skirt**] BRIT (*sl*) eine dufte Biene sein *fam*; **she was his** ~ **on the side for several years** BRIT (*sl*) sie war jahrelang seine heimliche Geliebte; **to be a** ~ **of all right** BRIT (*sl*) große Klasse sein *fam*

bit[2] [bɪt] *vt, vi pt of* **bite**

bit[3] [bɪt] *n* Trense *f*; (*fig*) **she was chafing at the** ~ **waiting for the moment when she could visit her boyfriend** sie konnte es kaum erwarten, ihren Freund besuchen zu dürfen ▶ PHRASES: **to have** [*or* **get**] [*or* **take**] **the** ~ **between one's teeth** (*start working*) sich *akk* an die Arbeit machen; (*become rebellious*) aufmüpfig werden; (*try hard*) sich *akk* mächtig anstrengen

bit[4] [bɪt] *n* (*drill*) Bohrer[einsatz] *m*; (*chisel*) Meißel *m*

bit[5] [bɪt] *n* COMPUT Bit *nt*

bitch [bɪtʃ] **I.** *n* <*pl* -es> ❶ (*female dog*) Hündin *f* ❷ (*fam: complaint*) **to have a good** ~ mal richtig lästern *fam*; **to get into a** ~ **about sth** gemeinsam über etw *akk* schimpfen, sich *akk* gemeinsam über etw *akk* auslassen ❸ (*fam: mean woman*) Drachen *m fam*, Hexe *f*, Bissgurn *f* SÜDD, ÖSTERR *fam*; **you** ~**!** du Miststück! *derb* ❹ (*fig sl: bad situation*) Mist *m fig fam*; **what a** ~**!** so ein Mist! *fam*; **life's a** ~ das Leben ist ungerecht; **a** ~ **of a job** ein Scheißjob *m sl* **II.** *vi* (*fam!*) ■**to** ~ **about sb/sth** über jdn/etw lästern

◆**bitch up** *vt* AM (*fam!*) ■**to** ~ **sth** ↻ **up** etw versauen *sl*

bitchi·ness ['bɪtʃɪnəs] *n no pl* (*fam!*) Gemeinheit *f*, Gehässigkeit *f*

bitchy ['bɪtʃi] *adj* (*fam!*) gemein, gehässig

bite [baɪt] **I.** *n* ❶ (*using teeth*) Biss *m*; *of an insect* Stich *m*; ~ **mark** Bisswunde *f*; **snake/dog** ~ Schlangen-/Hundebiss *m*; **to give sb a** ~ jdn beißen; **to have a** ~ **to eat** (*fam*) eine Kleinigkeit [*o fam* einen Happen] essen; **to take a** ~ **of a pizza** von einer Pizza abbeißen; (*fig: portion*) **the legal costs took a big** ~ **out of their money** ein großer Teil ihres Geldes ging für die Rechtskosten drauf *fam* ❷ (*fig: sharpness*) Biss *m fig fam*, Schärfe *f fig*; **to give sth more** ~ *report, critique* etw schärfer formulieren; **to have** [**real**] ~ [echten] Biss haben *fam* ❸ (*fish*) Anbeißen *nt*; **at last I've got a** ~ endlich hat etwas angebissen ❹ *no pl* (*pungency*) Schärfe *f* ▶ PHRASES: **another** [*or* **a second**] [*or* **a double**] ~ **of the cherry** *esp* BRIT eine zweite Chance **II.** *vt* <bit, bitten> ❶ (*cut with teeth*) ■**to** ~ **sb** jdn beißen; *insect* jdn stechen; **to** ~ **one's lips** sich *dat* auf die Lippen beißen; (*fig*) sich *dat* das Lachen verbeißen; **to** ~ **one's nails** an seinen Nägeln kauen ❷ (*grip road*) *tyres* **to** ~ **the road** greifen ❸ (*affect people*) ■**to** ~ **sth** sich *akk* auf etw *akk* auswirken; **the laws** ~ **him hard** die Gesetze treffen ihn hart ▶ PHRASES: **to** ~ **the bullet** in den sauren Apfel beißen; **to** ~ **the dust** (*esp hum: crash*) stürzen; (*die*) ins Gras beißen *sl*; (*fig*) scheitern; **to** ~ **the hand that feeds one** die Hand beißen, die einen füttert; **to** ~ **one's tongue** sich *dat* auf die Zunge beißen; **to be badly bitten by sth** von etw *dat* schwer erwischt worden sein *fam*; **the racing bug bit him badly** das Rennfieber hat ihn schwer mitgenommen; **what's biting you?** (*fam*) was ist mit dir los?; ~ **me!** AM (*vulg*) leck mich am Arsch! *derb* **III.** *vi* <bit, bitten> ❶ (*with teeth*) *dog, snake* beißen; *insect* stechen; **just go and ask her – she won't** ~ (*hum*) frag sie mal – sie beißt [dich] schon nicht; ■**to** ~ **into sth** in etw *akk* beißen ❷ (*a. fig: take bait*) anbeißen; **to ~ at bait** anbeißen *a. fig* ❸ (*grip road*) *tyres* **these tyres are biting very well** diese Reifen haben ein sehr griffiges Profil ❹ (*affect adversely*) einschneidende Wirkung haben; **the recession was beginning to ~** die Rezession machte sich langsam bemerkbar ❺ (*reduce*) ■**to ~ into sth** etw reduzieren; **her job began to ~ into her free time** ihr Job nahm immer mehr ihrer Freizeit in Anspruch ❻ (*attack*) ■**to ~ into sth: the rope bit into his flesh** das Seil schnitt in sein Fleisch ein; (*fig*) **the cold began to ~ into their bones** die Kälte begann ihnen in die Knochen zu kriechen ▶PHRASES: **once bitten, twice shy** (*prov*) ein gebranntes Kind scheut das Feuer *prov;* **that ~s!** (*fam*) so ein Mist! *fam*

◆**bite back** *vt* ■**to ~ sth** ⇆ **back** *one's anger* etw hinunterschlucken *fig*

◆**bite off I.** *vt* ■**to ~ sth** ⇆ **off** etw abbeißen ▶PHRASES: **to ~ sb's head off** (*fam*) jdm den Kopf abreißen *fig;* **to ~ off too much** [*or* **more than one can chew**] sich *akk* übernehmen, sich *dat* zu viel zumuten **II.** *vi* (*sl: imitate*) ■**to ~ off of sb** sich *dat* etw von jdm abschauen *fam*

bit·er ['baɪtəʳ, AM -t̬ɚ] *n* ▶PHRASES: **the ~ is bit** wer andern eine Grube gräbt, fällt selbst hinein *prov;* **this is a case of the ~ being bit** diesmal ging der Schuss nach hinten los

'bite-sized *adj* mundgerecht; (*fig fam: small*) winzig

bit·ing ['baɪtɪŋ, AM -t̬-] *adj* beißend *attr a. fig;* (*fig*) scharf; **~ criticism** scharfe Kritik; **~ sarcasm/satire** beißender Sarkasmus/Spott; **~ wind** schneidender Wind

bit·map ['bɪtmæp] *n* COMPUT Bitmap *f fachspr* **'bit part** *n* FILM kleine Nebenrolle

bit·ten ['bɪtᵊn] *vt, vi pp of* **bite**

bit·ter ['bɪtəʳ, AM -t̬ɚ] **I.** *adj* <-er, -est> ❶ (*sour*) *flavour, taste* bitter; **~ almonds** Bittermandeln *pl;* **~ chocolate** BRIT Zartbitterschokolade *f;* **~ lemon** Bitterlemon *nt* ❷ (*fig: painful*) bitter, schmerzlich; **~ disappointment** bittere [*o* herbe] Enttäuschung; **I pursued my claims to the ~ end** ich kämpfte bis zum bitteren Ende um mein Geld; **~ experience/truth** bittere [*o* schmerzliche] Erfahrung/Wahrheit; **~ fruits** bittere Früchte; **to taste the ~ fruits of sth** die negativen Auswirkungen einer S. *gen* zu spüren bekommen; **~ irony** bittere [*o* grausame] Ironie; **to sweeten the ~ medicine** [*or* **pill**] die bittere Pille versüßen; **to be a ~ pill to swallow** ein harter Schlag [*o* Wermutstropfen] sein; **a ~ memory** eine quälende Erinnerung; **a ~ reminder** ein trauriges Andenken; **~ remorse** bittere [*o* tiefe] Reue ❸ (*resentful*) ■**to be ~ [about sth]** [über etw *akk*] verbittert sein; **~ expression** verbitterter Gesichtsausdruck; **~ glance** [*or* **look**] beleidigter [*o* gekränkter] Blick; **~ humour** [*or* AM **humor**] Zynismus *m;* **~ and twisted** kauzig und verbittert ❹ (*harsh*) erbittert; **~ dispute** heftiger Streit; **~ grudge** tiefer Groll ❺ (*stinging*) bitterkalt; **~ cold** bittere Kälte; **~ wind** schneidender [*o* eisiger] Wind; **~ winter** strenger Winter **II.** *n* BRIT, AUS **a glass of ~** ein Glas *nt* Bitter; **half a ~** ein kleines Bitter

bit·ter·ly ['bɪtəli, AM -t̬ɚli] *adv* ❶ (*painfully*) bitter; **~ disappointed** schwer [*o* tief] enttäuscht; **to resent sth ~** etw bitter bereuen; **to weep ~** bitterlich weinen ❷ (*intensely*) sehr; **~ contested** heftig umstritten; **~ jealous** krankhaft eifersüchtig; **to condemn ~** vehement verurteilen ❸ (*bitingly*) **~ cold** bitterkalt

bit·tern ['bɪtən, AM -t̬ɚn] *n* Rohrdommel *f*

bit·ter·ness ['bɪtənəs, AM -t̬ɚ-] *n no pl* ❶ (*rancour*) Groll *m,* Verbitterung *f* (**towards** gegenüber +*dat*); *of an answer* Heftigkeit *f;* **feeling of ~** Vorbehalte *pl,* Ressentiments *pl* ❷ FOOD (*acidity*) Bitterkeit *f,* bitterer Geschmack

bit·ters ['bɪtəz, AM -t̬ɚz] *n + sing vb* Magenbitter *m*

'bit·ter·sweet *adj* bittersüß *a. fig;* **~ chocolate** AM Zartbitterschokolade *f*

bit·ty ['bɪti] *adj* BRIT, AUS (*pej fam*) zusammengestückelt *fam o fig,* zusammengestoppelt *fam o pej*

bi·tu·men ['bɪtʃəmɪn, AM bɪ'tu:mən] *n no pl* Asphalt *m,* Bitumen *nt fachspr*

bi·tu·mi·nous [bɪ'tʃu:mɪnəs, AM -'tu:m-] *adj* asphalthaltig, bitumenhaltig, bituminös *fachspr;* **~ coal** Steinkohle *f,* Fettkohle *f*

bi·valve ['baɪvælv] **I.** *n* zweischalige Muschel **II.** *adj* zweischalig

bivou·ac ['bɪvuæk] **I.** *n* Biwak *nt,* Lager *nt;* **~ tent** Biwakzelt *nt* **II.** *vi* <-ck-> biwakieren

bi·week·ly [baɪ'wi:kli] **I.** *adj inv* ❶ (*every two weeks*) zweiwöchentlich, vierzehntägig; (*magazine*) Zeitschrift, die vierzehntäglich erscheint ❷ (*twice a week*) zweimal wöchentlich [*o* in der Woche] **II.** *adv inv* ❶ (*every two weeks*) zweiwöchentlich, vierzehntägig ❷ (*twice a week*) zweimal wöchentlich [*o* in der Woche]

biz [bɪz] *n* (*sl*) *short for* **business: the music ~** das Musikgeschäft *nt*

bi·zarre [bɪ'zɑ:ʳ, AM -'zɑ:r] **I.** *adj* bizarr, seltsam; **~ behaviour** [*or* AM **behavior**] seltsames [*o* absonderliches] Verhalten; **~ twist** seltsame Wendung **II.** *n* ■**the ~** das Bizarre

bi·zarre·ly [bɪ'zɑ:li, AM -'zɑ:rli] *adv* bizarr; **to behave ~** sich *akk* merkwürdig verhalten

bi·zarre·ness [bɪ'zɑ:nəs, AM -'zɑ:r-] *n no pl* Bizarrheit *f,* Skurrilität *f*

BL [ˌbi:'el] *n abbrev of* **Bachelor of Law** Bakkalaureus *m* der Rechtswissenschaften

blab <-bb-> [blæb] (*fam*) **I.** *vt* ■**to ~ sth** etw ausplaudern *fam;* ■**to ~ sth to sb** jdm etw verraten **II.** *vi* plaudern; ■**to ~ to sb** jdm gegenüber nicht dichthalten *fam*

blab·ber ['blæbəʳ, AM -ɚ] (*fam*) **I.** *vi* plappern; ■**to ~ on about sth** ständig über etw *akk* quasseln *fam* **II.** *n* Plappermaul *nt fam*

'blab·ber·mouth *n* (*fam*) Plappermaul *nt fam*

black [blæk] **I.** *adj* ❶ (*colour*) schwarz; **~ bear** Schwarzbär *m;* **as ~ as night** so schwarz wie die Nacht; **to be beaten ~ and blue** grün und blau geschlagen werden ❷ (*dismal*) schwarz *fig,* düster; **~ despair** tiefste Verzweiflung; **to look as ~ as thunder** ein finsteres Gesicht machen ❸ (*filthy*) schwarz, schmutzig ❹ (*people*) schwarz; ■**to be ~** Schwarze(r) *f(m)* sein; **the ~ vote** die Stimmen *pl* der Schwarzen ▶PHRASES: **to paint a [very] ~ picture** ein düsteres Bild malen; **to be not as ~ as one is painted** nicht so schlecht wie sein Ruf sein **II.** *n* ❶ (*person*) Schwarze(r) *f(m)* ❷ *no pl* (*wearing black clothes*) **to be dressed in ~** in Schwarz gekleidet sein ❸ (*not in debt*) **to be in the ~** in den schwarzen Zahlen sein **III.** *vt* ■**to ~ sth** ❶ (*darken*) etw schwarz färben; **to ~ sb's eye** (*dated*) jdm ein blaues Auge schlagen; **to ~ one's face** sein Gesicht schwärzen [*o* schwarz anmalen]; **to ~ shoes** Schuhe wichsen ❷ BRIT (*boycott*) etw boykottieren

◆**black out I.** *vi* [für einen Moment] bewusstlos [*o* ohnmächtig] werden, [kurz] das Bewusstsein verlieren **II.** *vt* ■**to ~ out** ⇆ **sth** ❶ (*not show light*) etw verdunkeln [*o* abdunkeln] ❷ (*fig: censure*) etw unterschlagen; (*keep secret*) etw geheim halten; **to ~ out a TV programme** die Ausstrahlung einer Fernsehsendung verhindern ❸ (*block out*) etw verdrängen [*o* unterdrücken]

Black 'Af·ri·ca *n* Schwarzafrika *nt* **black and 'white I.** *adj* ❶ (*documented*) **[down] in ~** schwarz auf weiß ❷ (*not in colour*) schwarzweiß; **~ television** Schwarzweißfernsehen *nt* ❸ (*clear-cut*) sehr einfach [*o* klar]; **a ~ issue** kein Entweder-oder-Thema *nt* **II.** *n* ❶ (*in film, photography*) Schwarzweißtechnik *f;* **he likes working with ~** er arbeitet gern mit Schwarzweißfotografie; **they made the film in ~** der Film wurde in Schwarzweiß gedreht ❷ (*oversimplified view*) Vereinfachung *f;* **to see things in ~** die Dinge schwarzweiß sehen

'black·ball *vt* ■**to ~ sb** (*vote against*) gegen jdn stimmen; (*reject*) jdn ausschließen **black 'belt** *n* ADMIN Zone *f* mit überwiegend schwarzer Bevölkerung; GEOL Gegend *f* mit schwarzerdigem Boden; SPORTS schwarzer Gürtel; ■**to be a ~** ADMIN überwiegend von Schwarzen bewohnt werden; GEOL aus schwarzerdigem Boden bestehen; SPORTS ein Schwarzgürtel sein **black·berry** ['blækbəri, AM -,beri] **I.** *n* Brombeere *f;* ~ **and apple pie** Brombeerapfelkuchen *m* **II.** *n modifier* (*ice cream, jam, pie, yogurt*) Brombeer-; ~ **bush** Brombeerstrauch *m;* ~ **tart** Brombeerkuchen *m* **black·berry·ing** ['blækbəriɪŋ, AM -,beri-] *n no pl* Brombeersammeln *nt,* Brombeerpflücken *nt;* **to go** ~ in die Brombeeren gehen *fam* **'black·bird** *n* Amsel *f* **'black·board** *n* Tafel *f;* ~ **eraser** Tafelschwamm *m* **'black book** *n* (*fig*) schwarze Liste; **to be in sb's** ~**s** bei jdm schlecht angeschrieben sein **black 'box** *n* AEROSP Flugschreiber *m;* SCI Blackbox *f* **'black·boy** *n* AUS Yucca *f* **black 'cof·fee** *n* schwarzer Kaffee **black 'com·edy** *n* schwarze Komödie **'Black Count·ry** *n* BRIT *Industriegebiet in den englischen Midlands* **black·cur·rant** [,blæk'kʌrənt, AM 'blæk,kɜːr-] **I.** *n* schwarze Johannisbeere **II.** *n modifier* (*jelly, juice*) ~ **bush** schwarzer Johannisbeerstrauch **Black 'Death** *n* HIST ■**the** ~ der schwarze Tod **black e'cono·my** *n* Schattenwirtschaft *f,* Untergrundwirtschaft *f*

black·en ['blækən] **I.** *vt* ❶ (*make black*) ■**to** ~ **sth** etw schwärzen; **smoke-**~**ed** rauchgeschwärzt ❷ (*malign*) ■**to** ~ **sb** jdn anschwärzen *fam;* **to** ~ **sb's name** [*or* **image**] [*or* **reputation**] dem Ruf einer Person schaden **II.** *vi* schwarz [*o* dunkel] werden, sich *akk* verdunkeln

black Eng·'lish, Black Eng·'lish *n* schwarzes Englisch (*das Englisch der Schwarzen*) **black 'eye** *n* blaues Auge, Veilchen *nt fam* **black-eyed 'bean** *n,* **black-eyed 'pea** *n* AM Schwarzaugenbohne *f* **'black·fly** *n* Blattlaus *f;* **to suffer from** ~ von Blattläusen befallen sein **black·guard** ['blægɑːd, AM -gɑːrd] *n* (*pej dated*) Bösewicht *m,* Schuft *m,* Lump *m fam* **'black·head** *n* MED Mitesser *m* **black 'hole** *n* PHYS schwarzes Loch *a. fig* **Black Hole of Cal'cut·ta** *n* ■**the** ~ *berüchtigtes Gefängnis in Indien* **black 'hu·mor** AM, **black 'hu·mour** *n* schwarzer Humor **black 'ice** *n* Glatteis *nt*

black·ing ['blækɪŋ] *n* ❶ (*for shoes*) schwarze Schuhcreme [*o* Schuhwichse] ❷ BRIT (*industrial action*) *of goods* Boykott *m;* (*by trade union*) Bestreiken *nt*

black·ish ['blækɪʃ] *adj* schwärzlich

black·jack ['blækdʒæk] *n* ❶ CARDS Siebzehnundvier *nt* ❷ AM (*cosh*) Totschläger *m* **black 'lead** *n* Graphit *m* **'black·leg** *n* BRIT (*pej*) Streikbrecher(in) *m(f)* **'black·list I.** *vt* ■**to** ~ **sb** jdn auf die schwarze Liste setzen **II.** *n* schwarze Liste **black 'look** *n* finstere Miene *fam;* **to give sb a** ~ jdm einen finsteren Blick zuwerfen **black 'mag·ic** *n* schwarze Magie

'black·mail I. *n* LAW (*act*) Erpressung *f;* **to use emotional** ~ **on sb** jdn emotionell unter Druck setzen; (*money*) Erpressungsgeld *nt;* **open to** ~ erpressbar **II.** *vt* ■**to** ~ **sb** jdn erpressen; **to** ~ **money out of sb** Geld von jdm erpressen; **they tried to** ~ **me into giving them money** sie versuchten mich durch Erpressung zur Herausgabe des Geldes zu zwingen

'black·mail·er *n* Erpresser(in) *m(f)*

Black Ma·'ria *n* (*dated*) grüne Minna *fam o veraltend* **black 'mark** *n* Tadel *m;* SCH Verweis *m;* (*reprimand*) Minuspunkt *m fig* **black 'mar·ket** *n* Schwarzmarkt *m;* **there was a thriving** ~ **in cigarettes during the war** während des Krieges blühte der Schwarzhandel mit Zigaretten **black mar·ke·'teer** *n* Schwarzhändler(in) *m(f)* **Black 'Mass** *n* schwarze Messe **black 'mood** *n* Depression *f;* **to be in a** ~ eine Depression haben **Black 'Mus·lim** *n* Black Moslem *m*

black·ness ['blæknəs] *n no pl* Schwärze *f,* Dunkelheit *f,* Finsternis *f*

black·out ['blækaʊt] *n* ❶ (*unconsciousness*) Ohnmachtsanfall *m;* **to suffer from** ~**s** unter Ohnmachtsanfällen leiden ❷ (*in broadcasting*) [Strom]ausfall *m;* (*loss of picture*) Bildausfall *m;* (*loss of sound*) Tonausfall *m* ❸ (*censor*) Sperre *f;* **to impose a news** ~ eine Nachrichtensperre verhängen ❹ (*covering of lights*) Verdunkelung *f* **black 'pep·per** *n* schwarzer Pfeffer **black 'pud·ding** *n* BRIT Blutwurst *f* **Black 'Sea** *n* Schwarzes Meer **black 'sheep** *n* (*fig*) schwarzes Schaf *fig* **'black·smith** *n* [Huf]schmied *m* **'black spot** *n* ❶ (*dangerous spot*) Gefahrenstelle *f;* **accident** ~ [Unfall]gefahrenstelle *f* ❷ (*problem region*) Problemgebiet *nt;* **a** ~ **for unemployment** ein Gebiet *nt* mit hoher Arbeitslosigkeit **'Black stud·ies** *n + sing vb Studienfach, das sich mit der Geschichte der Schwarzen in den USA befasst* **'black·thorn** *n* BOT Schwarzdorn *m,* Schlehdorn *m* **black 'tie** *n* Smoking *m;* ~ **event** Veranstaltung *f* mit Smokingzwang; **is it** ~**?** muss man mit Smoking kommen? **black 'trea·cle** *n* BRIT FOOD Melasse *f,* Sirup *m* **black 'wid·ow** *n* ZOOL schwarze Witwe

blad·der ['blædəʳ, AM -ɚ] *n* ANAT [Harn]blase *f;* **full** ~ volle Blase; **to empty one's** ~ die Blase entleeren

blade [bleɪd] **I.** *n* ❶ (*flat part*) Klinge *f;* ~ **of grass** Grashalm *m;* ~ **of an oar** Ruderblatt *nt;* ~ **of a turbine** Turbinenschaufel *f,* Turbinenblatt *nt;* **shoulder** ~ Schulterblatt *nt* ❷ (*liter or dated: man*) Draufgänger *m;* **a dashing young** ~ ein verwegener junger Bursche *veraltend* **II.** *vi* SPORTS (*fam*) Inliners fahren *fam,* bladen *fam,* inlinen *fam*

blag [blæg] (*sl*) **I.** *n* BRIT (*robbery*) bewaffneter Raubüberfall; (*fam: a bluff*) Bluff *m* **II.** *vt* <-gg-> BRIT (*rob*) ■**to** ~ **sb** jdn berauben; **to** ~ **a bank** eine Bank ausrauben; (*fig*) ■**to** ~ **sth** etw schnorren *fam;* **to** ~ **one's way into/out of sth** sich *akk* in etw *akk* hineinmanövrieren/aus etw *dat* herausreden **III.** *vi* (*fam*) bluffen; ■**to** ~ **about sth** sich *akk* über etw *akk* lustig machen

blah blah ['blɑːblɑː], **blah blah 'blah** *interj* (*fam*) blabla *fam*

blame [bleɪm] **I.** *vt* ■**to** ~ **sb/sth for sth** [*or* **sth on sb/sth**] jdm/etw die Schuld an etw *dat* geben, jdn/etw für etw *akk* verantwortlich machen; **he has only himself to** ~ er hat es sich selbst zuzuschreiben; ■**to** ~ **sb for doing sth** jdn beschuldigen, etw getan zu haben; ■**to not** ~ **sb for sth** jdm etw nicht verübeln ▸ PHRASES: **a bad workman** ~**s his tools** (*prov*) ein schlechter Handwerker schimpft über sein Werkzeug **II.** *n no pl* ❶ (*guilt*) Schuld *f;* **where does the** ~ **lie?** wer hat Schuld?; **to lay** [*or* **apportion**] **the** ~ **on sb/sth for sth** jdm/etw die Schuld an etw *dat* zuschieben [*o* geben]; **to pin the** ~ **for sth on sb** jdm etw anhängen *fam;* **to put the** ~ **on sb/sth** jdm/etw die Schuld geben; **to shift the** ~ **onto sb** jdm die Schuld zuschieben; **to take the** ~ die Schuld auf sich *akk* nehmen ❷ (*fault*) Tadel *m*

blame·less ['bleɪmləs] *adj* schuldlos; ~ **life** untadeliges Leben

'blame·worthy *adj* (*form*) schuldig; (*neglect*) tadelnswert

blanch [blɑːn(t)ʃ, AM blæn(t)ʃ] **I.** *vi* erblassen, erbleichen, blass [*o* bleich] werden **II.** *vt* ❶ (*cause to whiten*) ■**to** ~ **sth** etw bleichen ❷ (*parboil*) **to** ~ **vegetables** Gemüse blanchieren; ~**ed almonds** blanchierte Mandeln

blanc·mange [blə'mɒn(d)ʒ, AM -'mɑːn(d)ʒ] *n no pl* Pudding *m*

bland [blænd] *adj* ❶ (*usu pej: lacking flavour*) fade; (*fig*) nichts sagend, vage ❷ MED (*easily digested*) mild, beruhigend; ~ **diet** Schonkost *f* ❸ (*mild*) sanft, mild; ~ **disposition** nüchterne [*o* kühle] Veranlagung; ~ **manner** ruhige Art

blan·dish·ments ['blændɪʃmənts] *npl* (*cajoleries*) Überredungskünste *fpl;* (*flatteries*) Schmeicheleien *fpl*

bland·ly ['blændli] *adv* farblos; (*not distinctive*) nichts sagend; ~ **polite** ausdruckslos höflich

bland·ness ['blændnəs] *n no pl* ❶ (*flatness*) Fadheit *f* ❷ (*mild-mannered*) Sanftheit *f,* Milde *f*

blank [blæŋk] **I.** *adj* ❶ (*empty*) leer; ~ **page** [*or* **paper**] [*or* **sheet**] leeres [*o* unbeschriebenes] Blatt, Leerseite *f;* ~ **space** Leerraum *m,* Lücke *f;* ~ **tape** Leerband *nt;* (*fig*) **to go** ~ eine Mattscheibe haben *fam;* **my mind went** ~ ich hatte ein Brett vor dem Kopf *fam;* **the screen went** ~ COMPUT der Rechner stürzte ab; TV das Bild fiel aus ❷ (*without emotion*) ~ **expression** ausdruckslose Miene; (*without comprehension*) ~ **look** verständnisloser Blick; **my inquiries drew only** ~ **stares** auf meine Fragen machten alle nur ein verdutztes Gesicht ❸ (*complete*) völlig; ~ **despair** schiere Verzweiflung; ~ **refus-**

al glatte Ablehnung **II.** *n* ❶ (*empty space*) Leerstelle *f*, Lücke *f* ❷ (*mental void*) Gedächtnislücke *f*; **I've no idea – my mind is a complete ~** ich habe keine Ahnung – ich habe eine totale Mattscheibe *fam;* **the rest is a ~** an den Rest kann ich mich nicht erinnern ❸ (*non-lethal cartridge*) Platzpatrone *f*; **~ cartridge** [*or* **ammunition**] Platzpatrone *f*; **to fire a ~** eine Platzpatrone abfeuern ▶ PHRASES: **to draw a ~** (*non-winner*) eine Niete ziehen; (*fig*) kein Glück haben; (*not remember*) keine Ahnung haben; **his name draws a ~** zu seinem Namen fällt mir nichts ein **III.** *vt* ■**to ~ sth ↔ out** (*blot out*) etw ausstreichen; **some names in the report have been ~ed out** manche Namen wurden aus dem Bericht gestrichen; (*repress memory*) etw aus dem Gedächtnis streichen, etw verdrängen

blank 'check AM, **blank 'cheque** *n* Blankoscheck *m;* (*fig*) Freibrief *m;* **to give sb a ~** jdm freie Hand geben

blan·ket [ˈblæŋkɪt] **I.** *n* [Bett]decke *f;* (*fig*) Decke *f*, Hülle *f;* **a ~ of gloom enveloped the losing team** eine düstere Stimmung umgab die Verlierermannschaft; **~ of snow** Schneedecke *f* **II.** *vt* ■**to ~ sth** etw bedecken [*o* zudecken]; **to be ~ed in fog** von Nebel umgeben sein **III.** *adj attr* umfassend, ausgedehnt; **~ condemnation** generelle [*o* pauschale] Verurteilung; **~ coverage** JOURN ausführliche Berichterstattung; FIN Pauschaldeckung *f;* **~ term** Allerweltswort *nt*

blan·ket 'bomb·ing *n* Flächenbombardement *nt*

blank·ly [ˈblæŋkli] *adv* (*without expression*) ausdruckslos; (*without comprehension*) verständnislos; (*surprised*) verdutzt

blank 'verse *n* LIT Blankvers *m*

blare [bleəʳ, AM bler] **I.** *n no pl* Geplärr *nt pej fam;* **a ~ of trumpets** Trompetengeschmetter *nt* **II.** *vi radio* plärren; *music* dröhnen; *trumpets* schmettern

◆**blare out I.** *vt* ■**to ~ out ↔ sth** *words* etw hinausplärren; **the radio was blaring out loud music** aus dem Radio dröhnte laute Musik; **to ~ out a melody** eine Melodie hinausschmettern; **to ~ out an order** einen Befehl hinausbrüllen **II.** *vi music* schmettern; *words* plärren; *order* brüllen

blar·ney [ˈblɑːni, AM ˈblɑːrni] *n no pl* [plumpe] Schmeichelei; **to have kissed the B~ Stone** (*fig*) Leute beschwatzen können *fam*

bla·sé [ˈblɑːzeɪ, AM blɑːˈzeɪ] *adj* gelangweilt, gleichgültig; ■**to be ~ about sth** etw *dat* gleichgültig gegenüberstehen

blas·pheme [ˌblæsˈfiːm, AM ˈblæsfiːm] *vi* [Gott] lästern; **to ~ against sb/sth** jdn/etw schmähen *liter*

blas·phem·er [ˌblæsˈfiːməʳ, AM ˈblæsfiːmɚ] *n* Gotteslästerer *m*

blas·phe·mous [ˈblæsfəməs] *adj* blasphemisch *geh*, [gottes]lästerlich

blas·phe·mous·ly [ˈblæsfəməsli] *adv* blasphemisch *geh*, [gottes]lästerlich

blas·phe·my [ˈblæsfəmi] *n no pl* Blasphemie *f geh*, Gotteslästerung *f;* (*iron*) Majestätsbeleidigung *f iron*

blast [blɑːst, AM blæst] **I.** *n* ❶ (*explosion*) Explosion *f*, Detonation *f* ❷ (*air*) Stoß *m*, Druckwelle *f;* **a ~ of air** ein Luftstoß *m* ❸ (*noise*) Schmettern *nt;* **a sudden ~ of music** ein plötzlicher Schwall Musik; **a ~ from the past** (*hum*) eine Begegnung mit der Vergangenheit; **~ of a trumpet** Trompetenstoß *m;* **to blow a ~ on a trumpet** in eine Trompete stoßen; **~ of a whistle** Pfeifton *m;* **at full ~** *radio* in voller Lautstärke ❹ AM (*fam: lot of fun*) tolle Zeit *fam;* **we had a ~ last night!** das war schon toll gestern Nacht! *fam* **II.** *interj* (*fam! or dated*) verdammt! *sl;* **~ it!** so ein Mist! *pej fam* **III.** *vt* ❶ (*explode*) ■**to ~ sth** etw sprengen; (*fig*) ■**to ~ sth/sb** etw/jdn heftig angreifen [*o* unter Beschuss nehmen] *fig;* **he ~ed his way up the charts** er hat die Charts erobert ❷ (*fam: hit*) **to ~ the ball** mit Wucht schießen, einen Gewaltschuss machen *fam* **IV.** *vi* fluchen

◆**blast away** *vi* ❶ (*fire continuously*) drauflos ballern *fam* ❷ MUS losplärren *fam*, losdröhnen

◆**blast off** *vi* ASTRON, AEROSP abheben, starten

◆**blast out I.** *vt* ■**to ~ sth ↔ out** etw hinausschmettern; **loudspeakers were ~ing out the latest hits** aus den Lautsprechern dröhnten die neuesten Hits **II.** *vi* dröhnen, plärren

blast·ed [ˈblɑːstɪd, AM ˈblæst-] *adj* ❶ (*liter: ruined*) verwüstet, in Schutt und Asche; **~ heath** BRIT verdorrte [*o* verbrannte] Heidelandschaft ❷ *attr, inv* (*fam!: damned*) verdammt *sl*, verflucht *sl* ❸ *pred* AM (*sl: very drunk*) sturzbesoffen *fam*, total blau *fam;* **to get ~** sich *akk* total voll laufen lassen *sl*

'blast fur·nace *n* Hochofen *m*

blast·ing [ˈblɑːstɪŋ, AM ˈblæst-] *n no pl* ❶ (*blowing up*) Sprengung *f*, Detonation *f* ❷ (*fig: reprimand*) Verweis *m* ❸ (*fig: criticism*) Verriss *m*, vernichtende Kritik

blast-off [ˈblɑːstɒf, AM ˈblæstɑːf] *n* [Raketen]start *m*, Abschuss *m*

'blast wave *n* Detonationswelle *f*, Druckwelle *f*, Stoßwelle *f*

blat [blæt] *vi esp* AM blöken

bla·tant [ˈbleɪtᵊnt] *adj* offensichtlich, eklatant *geh;* **~ attempt** offensichtlicher Versuch; **~ ignorance** offenkundige Unwissenheit; **~ lie** unverfrorene [*o* unverschämte] Lüge; **~ racism** unverhohlener [*o* offener] Rassismus

bla·tant·ly [ˈbleɪtᵊntli] *adv* eklatant *geh*, offensichtlich; **~ obvious** überdeutlich

blath·er [ˈblæðəʳ, AM -ɚ] **I.** *n no pl* Geschwätz *nt*, Gefasel *nt fam* **II.** *vi* faseln *fam*, quatschen *fam;* **he does rather ~** er redet einen ziemlichen Unsinn daher

◆**blather on** *vi* (*pej*) dumm daherreden, herumfaseln *fam*

blax·ploi·ta·tion [ˌblæksplɔɪˈteɪʃᵊn] *n no pl esp* AM (*fam*) Blaxploitation *f* (*Darstellung von Schwarzen in stereotypen Rollen*)

blaze [bleɪz] **I.** *n* ❶ (*fire*) Brand *m*, Feuer *nt* ❷ (*light*) Glanz *m*, Leuchten *nt;* (*fig*) **~ of colour** [*or* AM **color**] Farbenpracht *f;* **~ of glory** Ruhmesglanz *m;* **in a ~ of glory** mit Glanz und Gloria; **to be surrounded by a ~ of publicity** im Rampenlicht der Öffentlichkeit stehen ❸ (*sudden attack*) Anfall *m*, Ausbruch *m;* **~ of anger** Wutanfall *m* ❹ ZOOL (*on a horse*) Blesse *f* **II.** *vi* glühen, leuchten, strahlen; *eyes* glänzen; *fire* [hell] lodern; *sun* brennen; **to ~ with anger/passion** (*fig liter*) vor Zorn/Leidenschaft glühen *liter* **III.** *vt* **to ~ a trail** [*or* **path**] einen Weg markieren; (*fig*) neue Wege beschreiten *fig*, Pionierarbeit leisten; **to ~ the way for sb/sth** jdm/etw den Weg bahnen

◆**blaze away** *vi* ❶ (*burn*) [dahin]brennen, lodern ❷ (*shine*) [nicht aufhören zu] strahlen ❸ (*shoot*) losschießen, drauflosfeuern *fam;* (*fig*) pausenlos reden

◆**blaze down** *vi sun* sengen, herunterbrennen; *lamps* herabstrahlen

◆**blaze up** *vi* aufflammen, auflodern; (*fig*) aufbrausen; **to ~ up at sth** bei etw *dat* [wütend] auffahren

blaz·er [ˈbleɪzəʳ, AM -ɚ] *n* Blazer *m*, [Sport]jacke *f;* **school ~** Jacke *f* der Schuluniform

blazes [ˈbleɪzɪz] *npl* (*fam or dated*) [**what**] **the ~ ...?** was zum Teufel ...? *fam;* **go to ~!** scher dich zum Teufel! *fam*

blaz·ing [ˈbleɪzɪŋ] *adj* glühend heiß; (*fig*) erbittert; **~ fire** loderndes Feuer; **~ headlights** grelle Scheinwerfer; **~ heat** sengende Hitze; **~ inferno** flammendes Inferno; **~ lie** unverfrorene Lüge; **~ row** heftiger Streit; **~ sunshine** [*or* **sun**] grelles Sonnenlicht

blaz·on [ˈbleɪzᵊn] *vt usu passive* ❶ (*proclaim*) ■**to be ~ed** verbreitet [*o* verkündet] werden ❷ (*display*) ■**to be ~ed** gezeigt werden; *on clothing* abgebildet sein; **her name was ~ed across the front of the theatre** ihr Name prangte an der Vorderseite des Theaters; ■**to ~ sth with sth** etw mit etw *dat* versehen

bleach [bliːtʃ] **I.** *vt* ■**to ~ sth** etw bleichen **II.** *n* <*pl* -es> ❶ (*chemical*) Bleichmittel *nt;* (*for hair*) Blondierungsmittel *nt* ❷ *no pl* (*cleaning agent*) Reinigungsmittel *nt*

bleach·ers [ˈbliːtʃɚz] *npl* AM unüberdachte [Zuschauer]tribüne

bleach·ing [ˈbliːtʃɪŋ] **I.** *n no pl* (*colour loss*) Bleichen *nt;* (*hair*) Blondieren *nt;* (*disinfecting*) Desinfektion *f* **II.** *adj attr, inv* **~ agent** Bleichmittel *nt;* **~ powder** Bleichpulver *nt*, Chlorkalk *m,* Bleichkalk *m*

bleak [bli:k] *adj* kahl, öde; ~ **landscape** trostlose [*o* karge] Landschaft; ~ **weather** raues [*o* kaltes] Wetter; (*fig*) trostlos, düster *fig*

beari·ly ['blɪərəli, AM 'blɪr-] *adv* müde, unausgeschlafen

bleary ['blɪəri, AM 'blɪri] *adj* (*sleepy*) verschlafen; ~ **eyes** müde [*o* trübe] Augen; (*blurred*) verschwommen

bleary-'eyed *adj* mit müden [*o* trüben] Augen; **to look** ~ verschlafen aussehen

bleat [bli:t] **I.** *vi sheep* blöken; *goat* meckern; *calf* muhen; (*fig, pej*) *person* in weinerlichem Ton reden, jammern **II.** *n of sheep* Blöken *nt,* Geblök *nt; of goat* Meckern *nt; of calf* Muhen *nt;* (*fig*) *of a person* Gejammer *nt,* Gemecker *nt*

bled [bled] *pt, pp of* **bleed**

bleed [bli:d] **I.** *vi* <bled, bled> bluten; **to** ~ **heavily** stark bluten ▶PHRASES: **my heart** ~**s** (*iron*) mir blutet das Herz **II.** *vt* <bled, bled> ❶ (*hist: take blood*) ■**to** ~ **sb** jdn zur Ader lassen [*o* schröpfen]; **to** ~ **sb dry** [*or* **white**] (*fig fam*) jdn [finanziell] bluten lassen *fam,* jdn schröpfen *fig fam* ❷ TECH, AUTO **to** ~ **brakes** Bremsen entlüften; **to** ~ **liquid** Flüssigkeit ablassen

bleed·er ['bli:dəʳ, AM -ɚ] *n* ❶ BRIT (*vulg*) Scheißkerl *m sl,* Arschloch *nt sl;* **little** ~**s** kleine Biester *fam;* (*fam*) **the poor** ~**!** die/der Ärmste!; **you lucky** ~**!** du Glückspilz! ❷ (*haemophiliac*) Bluter(in) *m(f)*

bleed·ing ['bli:dɪŋ] BRIT INF! **I.** *adj attr, inv* verdammt *sl* **II.** *adv inv* verdammt *sl*

bleed·ing heart 'lib·er·al *n* (*pej fam*) *Liberale(r), der/die auf die Tränendrüse drückt*

bleep [bli:p] BRIT **I.** *n* TECH Piepton *m,* Piep[s]en *nt* **II.** *vi* piepsen **III.** *vt* ■**to** ~ **sb** jdn über einen Piepser rufen

bleep·er ['bli:pəʳ, AM -ɚ] *n* BRIT TECH Piepser *m,* Funkrufempfänger *m*

blem·ish ['blemɪʃ] **I.** *n* <*pl* -es> Makel *m,* Schönheitsfehler *m;* **skin** ~ Hautunreinheiten *pl;* **without** ~ makellos; (*fig*) untadelig; **there was not a** ~ **on his character** er war völlig unbescholten; **a reputation without** ~ ein tadelloser Ruf; ~**-free** ohne Makel; (*fig*) untadelig **II.** *vt* ■**to** ~ **sth** etw verunzieren [*o* verunstalten]; **to** ~ **sb's reputation** (*fig*) jds Ruf schaden [*o* schädigen]

blench [blen(t)ʃ] *vi* bleich werden, erbleichen; (*fig*) **to** ~ **at a thought** vor einem Gedanken zurückschrecken

blend [blend] **I.** *n* Mischung *f,* Zusammensetzung *f; of food* Mischung *f,* Zusammenstellung *f; of wine* Verschnitt *m a. pej* **II.** *vt* ■**to** ~ **sth** etw [miteinander] vermischen **III.** *vi* ❶ (*match*) ■**to** ~ **with sb/sth** zu jdm/etw passen; MUS mit jdm/etw harmonisieren ❷ (*not be noticeable*) ■**to** ~ **into sth** mit etw *dat* verschmelzen; **the thief tried to** ~ **into the crowd** der Dieb versuchte in der Menge zu entkommen

◆**blend in** *vi* sich *akk* vermischen [*o* verbinden]; ■**to** ~ **in with sth** [gut] zu etw *dat* passen, mit etw *dat* harmonieren

blend·ed ['blendɪd] *adj* FOOD zusammengemischt, gemixt; *coffee* aus verschiedenen Sorten zusammengestellt; *alcohol* verschnitten

blend·er ['blendəʳ, AM -ɚ] *n* (*person*) Mischer(in) *m(f);* (*apparatus*) Mixer *m,* Mixgerät *nt*

bless <-ed *or liter* blest, -ed *or liter* blest> [bles] *vt* ■**to** ~ **sb/sth** jdn/etw segnen; **to** ~ **God** (*praise*) Gott rühmen [*o* preisen]; (*thank*) Gott danken ▶PHRASES: ~ **your** [**little**] **cotton socks!** BRIT du bist ein Schatz!; ~ **my soul!** (*dated*) du meine Güte!; ~ **you!** [*or* **your heart**] Gott segne dich!; ~ **him/her!** der/die Gute!; ~ **you!** (*after a sneeze*) Gesundheit!; (*as thanks*) das ist lieb von dir!

bless·ed ['blesɪd] *adj* gesegnet, selig; (*euph*) dumm, verdammt *sl;* ~ **ground** gesegnete Erde; **not a** ~ **soul** keine Menschenseele; **the B~ Virgin** die heilige Jungfrau [Maria]; ■**to be** ~ **with sth** mit etw *dat* gesegnet sein ▶PHRASES: ~ **are the meek ...** (*prov*) selig sind die Sanftmütigen, ...

bless·ed·ly ['blesɪdli] *adv* glücklicherweise

bless·ing ['blesɪŋ] *n* ❶ (*benediction*) Segen *m,* feierliche Zustimmung; **to give one's** ~ **to sth** zu etw *dat* seinen Segen geben ❷ (*good fortune*) Segen *m,* Geschenk *nt* Gottes *geh* ❸ (*approv: boon*) Segnung *f,* Wohltat *f* ▶PHRASES: **to be a** ~ **in disguise** sich *akk* im Nachhinein als Segen erweisen; **to count one's** ~**s** für das dankbar sein, was man hat

blest [blest] *pt, pp of* **bless**

bleth·er ['bleðəʳ, AM -ɚ] *vi esp* BRIT faseln *fam,* schwafeln *fam*

blew [blu:] *pt of* **blow**

blight [blaɪt] **I.** *vt* ■**to** ~ **sth** etw vernichten; (*fig*) etw zunichte machen [*o* ruinieren]; **to** ~ **sb's chances** jds Chancen *pl* zunichte machen **II.** *n* Pflanzenkrankheit *f;* **potato** ~ Kartoffelfäule *f;* (*fig*) Plage *f;* **to cast a** ~ **on sth** einen Schatten auf etw *akk* werfen *fig,* etw verderben *fig*

blight·er ['blaɪtəʳ] *n* BRIT (*fam: girl*) Luder *nt sl,* Mistding *nt fam;* (*boy*) Lümmel *m fam,* Mistkerl *m fam*

blight-rid·den ['blaɪtrɪdən] *adj* (*fam*) schrecklich, trostlos

bli·mey ['blaɪmi] *interj* BRIT (*dated fam*) [ach] du liebe Zeit! *fam,* du meine Güte! *fam*

blimp [blɪmp] *n* ❶ AVIAT Parsevalluftschiff *nt* (*kleines, Zeppelin ähnliches Prallluftschiff*) ❷ BRIT (*pej: pompous, conservative*) Reaktionär(in) *m(f) pej,* Ultrakonservative(r) *f(m) pej fam;* (*militarist*) Militarist(in) *m(f) pej;* **Colonel B~** (*dated*) Betonkopf *m pej* ❸ AM (*fam: fat person*) Fettsack *m pej fam* ❹ FILM Schallschutzhaube *f* (*für eine Kamera*)

blimp·ish ['blɪmpɪʃ] *adj* BRIT (*pej fam*) ❶ (*ultraconservative*) reaktionär *pej,* stockkonservativ *pej fam* ❷ (*old: militarist*) militaristisch *pej*

blind [blaɪnd] **I.** *n* ❶ BRIT (*awning*) Markise *f* ❷ (*indoor window shade*) [Lamellen]vorhang *m,* Jalousie *f;* **roller** ~ Jalousie *f,* Rollo *nt;* **Venetian** ~ [Stab]jalousie *f* ❸ (*cloaking*) Tarnung *f* ❹ (*pretext*) Vorwand *m,* Alibi *nt;* (*to mask emotion*) Fassade *f;* (*for illegal activities*) Vertuschung *f* ❺ (*people who can't see*) ■**the** ~ *pl* die Blinden *pl;* **a newspaper for the** ~ eine Zeitung für Blinde ▶PHRASES: **it's a case of the** ~ **leading the** ~ (*prov*) der Blinde will den Lahmen führen; **the one-eyed man is king in the country of the** ~ *esp* BRIT (*prov*) unter Blinden ist der Einäugige König *prov* **II.** *vt* ❶ (*permanently*) ■**to** ~ **sb** jdn blind machen; (*temporarily*) *sun, light* jdn blenden; **to be** ~**ed by** [*or* **with**] **tears** blind vor Tränen sein ❷ (*fig: impress*) ■**to** ~ **sb** jdn blenden; **to** ~ **sb with science** jdn mit seinem Wissen beeindrucken ❸ *usu passive* (*fig: deceive*) ■**to be** ~**ed by sb/sth** sich *akk* von jdm/etw blenden lassen; **his prejudices** ~**ed him to the fact that he was being illogical** seine Vorurteile täuschten ihn über seinen Mangel an Logik hinweg; **to be** ~**ed by love** blind vor Liebe sein **III.** *adj* ❶ (*sightless*) blind; **to go** ~ erblinden, blind werden; **to be** ~ **in one eye** auf einem Auge blind sein ❷ (*fig: unable to perceive*) blind; ■**to be** ~ **to sth** etw nicht bemerken ❸ *pred* (*fig: unprepared*) auf gut Glück; **he went into the interview** ~ er ging unvorbereitet ins Interview ❹ *pred esp* BRIT (*fig: without reserve*) rückhaltlos; **he swore** ~ **that he had locked the door** er versicherte hoch und heilig, die Tür verschlossen zu haben ❺ (*fig: lack judgement*) blind; ~ **acceptance/devotion** bedingungslose Akzeptanz/Hingabe; ~ **anger** [*or* **rage**]/**jealousy** blinde Wut/Eifersucht; ~ **obedience** blinder Gehorsam ❻ (*concealed*) verborgen, versteckt; ~ **curve** schwer einsehbare Kurve ❼ (*closed*) *pipe* blind; (*walled up*) *door, window* blind ❽ *attr esp* BRIT (*fam: any, the least*) **he hasn't done a** ~ **bit of work since lunch** er hat seit dem Mittagessen noch keinen Handschlag getan [*o* Finger gerührt]; **to not take a** ~ [*or* **the** ~**est**] **bit of notice of sth** etw überhaupt nicht beachten; **it doesn't matter what I say, she doesn't take a** ~ **bit of notice** egal, was ich sage, sie hört überhaupt nicht zu; **not a** ~ **bit of it** kein bisschen, keine Spur *fam* ▶PHRASES: **to be as** ~ **as a bat** (*fam*) so blind wie ein Maulwurf sein; **to turn a** ~ **eye to sth** etw ignorieren, vor etw *dat* die Augen verschließen; **love is** ~ Liebe macht blind

B

IV. *adv* ❶ (*without sight*) blind; **to fly ~** blind fliegen; **to taste wines ~** Weine kosten, ohne aufs Etikett zu schauen ❷ FOOD **to bake sth ~** etw blind [*o* ohne Füllung] backen ❸ **to be ~ drunk** stockbetrunken sein *fam*

blind 'al·ley *n* (*a. fig*) Sackgasse *f a. fig;* **to lead sb down** [*or* **up**] **a ~** *plan, idea* jdm nicht weiterbringen **blind 'date** *n* Blind Date *nt,* Verabredung *f* mit einem/einer Unbekannten; **to go** [**out**] **on a ~** ein Blind Date haben

blind·er ['blaɪndəʳ, AM -ɚ] *n* (*fam*) ❶ BRIT SPORTS **to have/play a ~ of a game** ein Superspiel hinlegen *fam;* **a ~ of a goal** ein wunderschönes Tor, ein Traumtor *nt fam* ❷ BRIT (*excessive drinking*) Kneipentour *f fam,* Sauftour *f fam;* **to go out on a ~** eine Sauftour machen *fam,* auf Sauftour gehen *fam* ❸ AM (*blinkers*) ■ **~s** *pl* Scheuklappen *fpl*

blind·fold ['blaɪn(d)fəʊld, AM -foʊld] **I.** *n* Augenbinde *f* **II.** *vt* ■ **to ~ sb** ❶ (*cover eyes*) jdm die Augen verbinden ❷ (*fig: impede*) jdn blenden; **hate ~s the mind** Hass macht blind **III.** *adv inv* ❶ (*eyes covered*) **to do sth ~** etw mit verbundenen Augen tun ❷ (*without thinking*) blind[lings]; **to sign a contract ~** einen Vertrag ohne weiteres unterschreiben ❸ (*with ease*) ■ **to be able to do sth ~** etw im Schlaf tun können; **she passed her exams practically ~** sie bestand ihre Prüfungen spielend

blind·fold·ed ['blaɪn(d)fəʊldɪd, AM -foʊld-] *inv* **I.** *adj* ■ **to be ~** die Augen verbunden haben **II.** *adv* (*fig*) **to do sth ~** etw mit verbundenen Augen tun

blind·ing ['blaɪndɪŋ] *adj* ❶ (*bright*) *flash* blendend *attr; light also* grell ❷ (*obstructing vision*) ■ **to be ~** die Sicht rauben; **he struggled through the ~ snowstorm** er kämpfte sich durch den Schneesturm, wobei er kaum die Hand vor den Augen sah; **to have a ~ headache** solche Kopfschmerzen haben, dass einem der Schädel platzt ❸ BRIT (*fam: skilful*) brillant ▶ PHRASES: **to come to sb in a ~ <u>flash</u>** jdm blitzartig klar werden

blind 'land·ing *n* AVIAT Blindlandung *f*

blind·ly ['blaɪndli] *adv* ❶ *inv* (*without seeing*) blind ❷ (*fig: without thinking*) blindlings; (*without plan*) ziellos; (*without purpose*) sinnlos

blind man's 'bluff *n esp* AM, **blind man's 'buff** *n* Blindekuh

blind·ness ['blaɪndnəs] *n no pl* ❶ (*inability to see*) Blindheit *f* ❷ (*fig: lacking perception*) **to have a ~ to sth** etw nicht sehen [*o* bemerken], für etw *akk* blind sein

'blind side *n* toter Winkel; SPORTS ungeschützte Seite **'blind·side** *vt usu passive* AM ■ **to ~ sb** jdn überrumpeln; ■ **to be ~d** unliebsam überrascht werden **'blind spot** *n* ❶ MED blinder Fleck ❷ TRANSP toter Winkel ❸ (*difficulty, weakness*) schwacher Punkt, Schwachpunkt *m;* **she has a bit of a ~ about maths** Mathematik ist nicht gerade ihre Stärke **'blind·worm** *n* Blindschleiche *f*

blink [blɪŋk] **I.** *vt* **to ~ one's eyes** mit den Augen zwinkern [*o* blinzeln]; **to not ~ an eye** (*fig*) nicht mit der Wimper zucken; **without ~ing an eye** ohne mit der Wimper zu zucken; **to ~ back tears** die Tränen zurückhalten **II.** *vi* ❶ (*as protective reflex*) blinzeln; (*intentionally*) zwinkern ❷ (*ignore*) ■ **to ~ at sth** über etw *akk* hinwegsehen ❸ (*of a light*) blinken; **to ~ left/right** links/rechts anzeigen **III.** *n* ❶ (*eye reflex*) Blinzeln *nt kein pl;* (*intentionally*) Zwinkern *nt kein pl;* **in the ~ of an eye** (*fig*) blitzschnell, im Handumdrehen ❷ (*without hesitation*) **to do sth without a ~** etw ohne weiteres tun ▶ PHRASES: **to <u>be</u> on the ~** (*fam*) kaputt sein *fam*

blink·er ['blɪŋkəʳ, AM -ɚ] *n* ❶ AUTO Blinker *m* ❷ *esp* BRIT (*a. fig: for horses*) ■ **~s** *pl* Scheuklappen *fpl a. fig*

blink·ered ['blɪŋkəd, AM -ɚd] *adj esp* BRIT ■ **to be ~** ❶ *inv* (*wearing blinkers*) Scheuklappen tragen ❷ (*fig: narrow-minded*) engstirnig [*o* borniert] sein, Scheuklappen aufhaben; **to have a ~ attitude** sich *akk* Neuerungen verschließen

blink·ers ['blɪŋkəz, AM -ɚz] *npl esp* BRIT Scheuklappen *fpl;* **to wear ~** Scheuklappen tragen; (*fig*) **to have ~ on** engstirnig [*o* borniert] sein, Scheuklappen tragen

blink·ing ['blɪŋkɪŋ] *adj attr, inv esp* BRIT (*fam*) verflixt *fam,* verdammt *fam;* **I'll do whatever I ~ well like!** ich tue verdammt noch mal das, was mir passt! *sl;* **~ idiot** verdammter Idiot/verdammte Idiotin *fam*

blip [blɪp] *n* ❶ (*on radar screen*) Echoimpuls *m,* Echoanzeige *f* ❷ (*short sound*) [elektronischer] Signalton ❸ (*fig: deviation*) Abweichung *f,* Ausreißer *m fam*

bliss [blɪs] *n no pl* [Glück]seligkeit *f,* Entzücken *nt;* **what ~!** herrlich!; **domestic ~** häusliches Idyll; **pure** [*or* **sheer**] **~** die reine Wonne; **wedded** [*or* **marital**] **~** Eheglück *nt* ▶ PHRASES: **<u>ignorance</u> is ~** (*prov*) selig die Armen im Geiste! *iron*

bliss·ful ['blɪsfᵊl] *adj* glückselig; *couple* glücklich; *smile* selig; *memories* wunderschön; **don't tell them, it's better to leave them in ~ ignorance** sag ihnen besser nichts, nach dem Motto: was ich nicht weiß, macht mich nicht heiß

bliss·ful·ly ['blɪsfᵊli] *adv* glücklich; **to be ~ happy** überglücklich sein; **to be ~ ignorant** aus Unwissenheit glücklich sein; **to be ~ unaware of sth** sich *dat* einer S. *gen* zum Glück nicht bewusst sein; **to smile ~** verzückt [*o* selig] lächeln

blis·ter ['blɪstəʳ, AM -ɚ] **I.** *n* ❶ (*on feet, skin*) Blase *f* ❷ (*bubble*) Blase *f* **II.** *vt* ■ **to ~ sth** Blasen auf etw *dat* hervorrufen; **the elements have ~ed the paintwork** aufgrund der Witterungseinflüsse wirft die Farbe Blasen; **the sun ~ed his back quite badly** er hat sich in der Sonne schlimme Blasen auf dem Rücken geholt **III.** *vi paint, metal* Blasen werfen; *skin* Blasen bekommen

blis·tered ['blɪstəd, AM -ɚd] *adj* ■ **to be ~** *feet* Blasen haben; **~ white paint** weiße Farbe, die Blasen geworfen hat

blis·ter·ing ['blɪstᵊrɪŋ, AM -ɚ-] *adj* ❶ (*intense*) Wahnsinns- *fam;* **~ attack** massiver Angriff; **~ heat** brütende Hitze; **to set a ~ pace** ein mörderisches Tempo vorlegen *fam* ❷ (*scathing*) verletzend, scharf; **~ remarks** kränkende Bemerkungen; **~ sarcasm** beißender Sarkasmus

'blis·ter pack *n esp* BRIT Klarsichtpackung *f*

blithe [blaɪð] *adj* ❶ (*liter: joyous*) fröhlich; **~ spirit** Frohnatur *f* ❷ (*careless*) unbekümmert; **to have a ~ disregard for rules** sich *akk* nonchalant über Regeln hinwegsetzen *geh;* **to work with ~ indifference** schlampig arbeiten *pej fam*

blithe·ly ['blaɪðli] *adv* unbekümmert; **she ~ agreed to the contract** vertrauensselig willigte sie in den Vertrag ein; **to be ~ indifferent to sth** sich *akk* um etw *akk* nicht scheren *fam;* **to be ~ unaware of sth** sich *akk* über etw *akk* einer frommen Täuschung hingeben *geh*

blith·er·ing ['blɪðᵊrɪŋ, AM -ɚ-] *adj attr* total *fam;* **~ idiot** [Voll]idiot(in) *m(f) pej fam,* [Voll]trottel *m pej fam*

blitz [blɪts] **I.** *n no pl* ❶ (*air attack*) [plötzlicher] Luftangriff *m;* **to carry out a ~ on sth** einen Luftangriff auf etw *akk* fliegen ❷ BRIT (*in WW II*) ■ **the B~** *deutsche Luftangriffe auf britische Städte im Zweiten Weltkrieg* ❸ (*fig fam: attack*) **to have a ~ on sth** etw in Angriff nehmen; **the President is to launch a ~ on teenage crime** der Präsident wird eine Kampagne zur Bekämpfung der Jugendkriminalität starten **II.** *vt* ❶ (*attack*) **to ~ a city** Luftangriffe auf eine Stadt fliegen ❷ (*fig: attack*) ■ **to ~ sth** etw in Angriff nehmen

blitz·krieg ['blɪtskriːg] *n no pl* Blitzkrieg *m*

bliz·zard ['blɪzəd, AM -ɚd] *n* ❶ (*snowstorm*) Schneesturm *m,* Blizzard *m* ❷ (*fig: pile*) Unmasse *f;* (*large quantity*) Flut *f* (**of** von +*dat*)

bloat·ed ['bləʊtɪd, AM 'bloʊt̬-] *adj* ❶ (*swollen*) aufgedunsen ❷ (*overindulgence*) voll gestopft *fam;* **~ feeling** Völlegefühl *nt* ❸ (*fig: excessive*) **~ bureaucracy** aufgeblähter Verwaltungsapparat *pej,* bürokratischer Wasserkopf *pej*

bloat·er ['bləʊtəʳ, AM 'bloʊt̬ɚ] *n* Räucherhering *m*

blob [blɒb, AM blɑːb] *n* ❶ (*spot*) Klecks *m;* **~ of ink** Tintenklecks *m;* **~ of paint** Farbfleck *m* ❷ (*vague mass*) Klümpchen *nt;* (*vague spot*) [diffuser] Fleck ❸ (*pej fam!: person*) **fat ~** Fettsack *m pej fam*

bloc [blɒk, AM blɑːk] *n* POL ❶ Block *m;* **the Eastern ~** (*hist*) der Ostblock; **trading ~** Handelsgemeinschaft *f* ❷ (*group of people*) [Interessen]gruppe *f,* Lobby *f*

block [blɒk, AM blɑːk] **I.** *n* ❶ (*solid lump*) *of metal, stone, wood* Block *m;* **~ of wood** Holzklotz *m* ❷ (*toy*) **building ~** Bauklötzchen *nt,* Bauklotz *m* ❸ (*for executions*) ■**the ~** der Richtblock; **to go** [*or* **be sent**] **to the ~** hingerichtet werden ❹ SPORTS Startblock *m;* **to be first off the** [**starting**] **~s** als Erster vom Start wegkommen ❺ BRIT (*commercial package*) *butter, ice cream* Packung *f;* **~ of chocolate** Block *m* [*o* [dicke] Tafel] Schokolade ❻ AUTO **engine ~** Motorblock *m* ❼ (*set*) **~ of shares** Aktienpaket *nt;* **~ of tickets** [Eintritts]karten *fpl* in fortlaufender Reihe; *esp* BRIT (*pad of paper*) Block *m;* **sketch ~** Zeichenblock *m* ❽ (*unit*) *of time, exams, seats* Block *m* ❾ BRIT (*building*) Hochhaus *nt,* Klotz *m pej;* **~ of flats** Mehrfamilienhaus *nt,* Wohnblock *m;* **high-rise office** [*or* **tower**] **~** Bürohochhaus *nt;* **shower ~** Duschraum *m* ❿ *esp* AM, AUS (*part of neighbourhood*) [Häuser]block *m;* **to go** [*or* **walk**] **around the ~** eine Runde um den Block drehen ⓫ *usu sing* (*obstruction*) Verstopfung *f* ⓬ (*impediment*) Hemmung *f,* Blockierung *f;* **his attitude is a ~ to progress** seine Einstellung hemmt den Fortschritt; **to have a mental ~** eine geistige Sperre haben; (*in exam*) einen Black-out haben; **the workers in this company have got a mental ~ about change** die Arbeiter dieser Firma sperren sich innerlich gegen jede Veränderung ⓭ FIN **to put a ~ on an account** ein Konto sperren lassen ⓮ (*ballet shoe*) Ballettschuh *m* (*mit Zehenverstärkung*) ⓯ (*pulley*) Block *m,* Rolle *f* ⓰ COMPUT [Text]block *m* ⓱ TYPO Druckstock *m,* Klischee *nt fachspr* ▸ PHRASES: **to be a <u>chip</u> off the old ~** ganz der Vater sein; **to put one's <u>head</u> on the ~ for sb** für jdn durchs Feuer gehen; **to be like a ~ of <u>ice</u>** [gefühls]kalt sein; **to be the new <u>kid</u> on the ~** der/die Neue sein; **to be/sit/stand like a ~ of <u>stone</u>** wie versteinert sein/dasitzen/dastehen; **to <u>knock</u> sb's ~ off** (*fam*) jdm eins aufs Maul geben *sl* **II.** *adj attr, inv* **to make ~ bookings** blockweise reservieren **III.** *vt* ❶ (*hinder passage*) ■**to ~ sth** etw blockieren; **to ~ an artery/a pore/a pipeline** eine Arterie/Pore/Pipeline verstopfen; **to ~ an exit/a passage** einen Ausgang/Durchgang verstellen [*o* versperren]; **to ~ the traffic** den Verkehr blockieren [*o* aufhalten] ❷ (*stop, prevent*) ■**to ~ sth** etw blockieren; **to ~ progress** den Fortschritt aufhalten [*o* hemmen]; **to ~ a project** ein Vorhaben durchkreuzen; **to ~ a proposal** einen Vorschlag blockieren; **to ~ sb's view/way** jdm die Sicht/den Weg versperren; ■**to ~ sb** jdm im Weg stehen ❸ FIN **to ~ an account** ein Konto sperren; **to ~ payment** die Zahlung verweigern ❹ SPORTS **to ~ the ball** den Ball abblocken; **to ~ one's opponent** den Gegner blockieren

◆**block in** *vt* ❶ (*hem in*) ■**to ~ sb/sth** ○ **in** jdn/etw einkeilen; (*with car*) jdn zuparken ❷ ART ■**to ~ sth** ○ **in** etw ausmalen ❸ (*add a unit*) ■**to ~ sth** ○ **in** etw [zusätzlich] einplanen

◆**block off** *vt* ■**to ~ sth** ○ **off** ❶ (*prevent entry*) etw blockieren [*o* versperren]; **to ~ off a street** eine Straße sperren; **to ~ off a part of town** einen Stadtteil abriegeln ❷ (*prevent use*) *fireplace, room, window* etw versiegeln

◆**block out** *vt* ■**to ~ out** ○ **sth** ❶ (*ignore*) **to ~ out emotions/the past/thoughts** Gefühle/die Vergangenheit/Gedanken verdrängen; **to ~ out noise/pain** Lärm/Schmerzen ausschalten ❷ (*obscure*) **to ~ out the light** das Licht nicht durchlassen [*o* abhalten]; **that building ~s out the sunlight from this room** das Gebäude nimmt diesem Raum das Sonnenlicht ❸ (*sketch*) etw in Umrissen entwerfen ❹ (*suppress*) etw unterdrücken ❺ PHOT etw [weg]retouchieren

◆**block up I.** *vt* ■**to ~ sth** ○ **up** ❶ (*obstruct*) etw blockieren; (*clog*) etw verstopfen; **my nose is** [*or* **I'm**] **all ~ed up** meine Nase ist total zu *fam* ❷ (*fill in*) *hole, window, entrance, room* etw zumauern **II.** *vi* ■**to be ~ed up** *nose, pipe* verstopft sein

block·ade [blɒk'eɪd, AM blɑː'keɪd] **I.** *n* Blockade *f;* **economic ~** Wirtschaftsblockade *f,* Embargo *nt;* **naval ~** Seeblockade *f;* **to break** [*or* **run**] **a ~** eine Blockade durchbrechen; **to impose a ~** eine Blockade errichten [*o* verhängen]; **to lift** [*or* **raise**] **a ~** eine Blockade aufheben **II.** *vt* **to ~ a harbour** [*or* AM **harbor**] einen Hafen abriegeln [*o* sperren]

block·age ['blɒkɪdʒ, AM 'blɑː-] *n* Verstopfung *f*

block and 'tack·le *n* Flaschenzug *m* **'block·bust·er I.** *n* ❶ (*book*) Bestseller *m;* (*film*) Kassenschlager *m fam* ❷ (*bomb*) Fliegerbombe *f* **II.** *adj* sehr erfolgreich; **~ film** [*or* AM **movie**] Kassenschlager *m fam,* Kinohit *m* **block 'capi·tals** *npl* Blockbuchstaben *mpl;* **in ~** in Blockschrift

blocked [blɒkt, AM blɑːkt] *adj* ❶ (*no way through*) *passage, entrance, road* blockiert, gesperrt; *pipe, nose, pore* verstopft; **~ artery** Arterienverschluss *m* ❷ (*prevented*) ■**to be ~** verhindert [*o* abgeblockt] werden ❸ FIN **~ account** gesperrtes Konto **'block·head** *n* (*pej fam*) Strohkopf *m pej fam,* Trottel *m pej fam* **'block·house** *n* Blockhaus *nt* **block 'let·ters** *npl* Blockbuchstaben *mpl* **'block vote** *n* POL Sammelstimme *f*

Bloc Qué·bé·cois [blɑːk,keɪbeɪ'kwɑː] *n* CAN *Bundespartei, die die Selbständigkeit Quebecs favorisiert*

blog [blɒg, AM blɑːg] INET Blog *nt,* Internettagebuch *nt*

blogging ['blɒgɪŋ, AM 'blɑːg-] *n no pl, no art* INET Blogging *nt*

bloke [bləʊk] *n* BRIT (*fam*) Typ *m fam,* Kerl *m fam*

blok·(e)ish ['bləʊkɪʃ] *adj* BRIT typisch männlich; **a ~** [**kind of**] **man** ein typischer Mann

blond(e) [blɒnd, AM blɑːnd] **I.** *adj hair* blond; *complexion* hell **II.** *n* (*person*) Blonde(r) *f(m);* (*woman*) Blondine *f;* **dumb ~** (*pej*) dümmliche Blondine *pej;* **to be a** [**natural**] **~** [von Natur aus] blond sein

blood [blʌd] **I.** *n no pl* ❶ ANAT Blut *nt;* **getting information out of you is like trying to get ~ out of a stone** dir muss man ja alles aus der Nase ziehen *fam;* **to donate** [*or* **give**] **~** Blut spenden; **to spill** [*or* **shed**] **~** Blut vergießen ❷ (*fig: violence*) Blut *nt;* **~ and guts** [*or* AM *usu* **gore**] viel Gewalt; **there was so much ~ and guts in the film** der Film strotzte von gewalttätigen Szenen ❸ (*fig: lineage*) Blut *nt;* (*ancestors*) Vorfahren *fpl;* **one's own flesh and ~** sein eigen[es] Fleisch und Blut *geh,* seine eigenen Kinder; **to have blue ~** blaublütig [*o* adelig] sein; **she's got blue ~** in ihren Adern fließt blaues Blut *geh;* **to be of the ~** [**royal**] von königlichem Geblüt sein *geh;* **to be of the same ~** gleicher Abstammung sein, zur selben Familie gehören ❹ (*fig: temperament*) Temperament *nt;* **young ~** junges Blut ❺ BRIT (*dated: fashionable man*) Stutzer *m veraltet,* Geck *m veraltend* ▸ PHRASES: **to have ~ on one's <u>hands</u>** Blut an den Händen [kleben] haben; **~, <u>sweat</u> and tears** Blut, Schweiß und Tränen; **~ and <u>thunder</u>** Mord und Totschlag; **this newspaper is all ~ and thunder** diese Zeitung ist das reinste Revolverblatt; **~ is thicker than <u>water</u>** (*prov*) Blut ist dicker als Wasser *prov;* **<u>bad</u> ~** böses Blut; **to make sb's ~ run <u>cold</u>** jdm das Blut in den Adern gefrieren lassen; **in <u>cold</u> ~** kaltblütig; **to draw <u>first</u> ~** (*fight*) den ersten Hieb platzieren; (*advantage*) als Erster erfolgreich sein; **we scored in the third minute so it was first ~ to us** wir machten in der dritten Minute ein Tor, damit lagen wir erst einmal vorn; **<u>fresh</u>** [*or* **<u>new</u>**] **~** frisches Blut; **sb's ~ is <u>up</u>** [*or* AM **<u>boiling</u>**] jd ist wütend [*o fam* auf hundertachtzig]; **to <u>be</u> after** [*or* **out for**] **sb's ~** es jdm heimzahlen wollen; **sth makes sb's ~ <u>boil</u>** etw macht jdn rasend [*o* bringt jdn auf die Palme] *fam;* **sth <u>is</u> in one's ~** etw liegt jdm im Blut; **to <u>taste</u> ~** Blut lecken **II.** *vt* ❶ HUNT **to ~ a hound** einen Jagdhund an Blut gewöhnen; **to ~ a novice** BRIT einen [Jagd]neuling mit Blut taufen ❷ (*fig: initiate*) ■**to ~ sb** jdn [neu] einführen; **the club had to ~ two young players** der Klub musste zwei unerfahrene Spieler auf den Platz schicken

blood 'al·co·hol *n no pl* Blutalkohol *m* **'blood bank** *n* MED Blutbank *f* **'blood·bath** *n* Blutbad *nt* **'blood broth·er** *n* leiblicher Bruder; (*by ceremony*) Blutsbruder *m* **'blood clot** *n* Blutgerinnsel *nt* **'blood count** *n* MED (*procedure*) Blutbild *nt;* (*results*) Anteil *m* der roten Blutkörperchen; **her ~ is much**

too low sie hat viel zu wenig rote Blutkörperchen **'blood·curdling** *adj novel, film* gruselig; ~ **scream** [*or* **shriek**] markerschütternder [*o* durchdringender] Schrei **'blood do·nor** *n* Blutspender(in) *m(f)* **'blood group** *n* Blutgruppe *f* **'blood·hound** *n* ❶ (*dog*) Bluthund *m* ❷ (*fig pej fam: detective*) Schnüffler(in) *m(f) pej;* (*in pursuit*) Spürhund *m pej fig*

blood·ied ['blʌdid] *adj* (*liter*) blutbefleckt, blutbeschmiert

bloodi·ly ['blʌdɪli] *adv* blutig

bloodless ['blʌdləs] *adj* ❶ *inv* (*without violence*) unblutig, friedlich ❷ (*pale*) *face* blutleer, leichenblass ❸ (*emotionless*) blutleer *fig,* leidenschaftslos

'blood·let·ting *n no pl* ❶ (*bloodshed*) Blutvergießen *nt* ❷ (*fig: quarrelling*) Hickhack *m o nt fam* ❸ MED (*hist or a. fig*) Aderlass *m a. fig* **'blood·line** *n* ❶ (*ancestry*) Linie *f* ❷ ZOOL Stammbaum *m* **'blood lust** *n no pl* (*desire to see violence*) Blutrünstigkeit *f;* (*desire to kill*) Lust *f* zu töten, Blutdurst *m;* (*uncontrollable*) Blutrausch *m* **'blood mon·ey** *n no pl* ❶ (*pej: payment for killing*) Mörderlohn *m* ❷ (*compensation for killed person*) Blutgeld *nt* **blood 'or·ange** *n* Blutorange *f* **'blood plas·ma** *n no pl* Blutplasma *nt* **'blood poi·son·ing** *n no pl* Blutvergiftung *f* **'blood pres·sure** *n no pl* Blutdruck *m;* **to have high/low** ~ hohen/niedrigen Blutdruck haben; **to put up sb's** ~ [*or* **make sb's** ~ **rise**] (*fig*) jds Blutdruck *m* in die Höhe treiben, jdn wütend machen **blood 'pud·ding** *n* BRIT Blutwurst *f* **blood-red** *adj* blutrot **blood re·'la·tion** *n* Blutsverwandte(r) *f(m)* **'blood·shed** *n no pl* Blutvergießen *nt* **'blood·shot** *adj* blutunterlaufen **'blood sport** *n usu pl Sportarten, bei denen Tiere getötet werden, z.B. Hetzjagden und Hahnenkämpfe* **'blood·stain** *n* Blutfleck *m* **'blood·stained** *adj* blutbefleckt, blutbeschmiert **'blood·stock** *n + sing/pl vb* Vollblutpferde *ntpl;* **a horse of Arab** ~ ein reinrassiger Araber **'blood·stream** *n* Blutkreislauf *m* **'blood·suck·er** *n* (*leech*) Blutegel *m;* (*fig*) Blutsauger *m* **'blood sug·ar** *n no pl* MED Blutzucker *m;* ~ **level** Blutzuckerspiegel *m* **'blood test** *n* Bluttest *m* **'blood·thirsty** *adj* blutrünstig, blutdürstig *geh* **'blood transfusion** *n* [Blut]transfusion *f,* Blutübertragung *f* **'blood type** *n* Blutgruppe *f* **'blood ves·sel** *n* Blutgefäß *nt;* (*fig fam*) **to burst a** ~ ausflippen *sl;* **he almost burst a** ~ **when he saw the telephone bill** als er die Telefonrechnung sah, hätte ihn fast der Schlag getroffen *fam*

bloody ['blʌdi] **I.** *adj* ❶ (*with blood*) blutig; **to have a** ~ **nose** aus der Nase bluten; **to give sb a** ~ **nose** (*fight*) jdm die Nase blutig schlagen; (*fig: defeat*) jdm zeigen, wer der Stärkere ist ❷ *attr* (*violent*) gewalttätig, grausam; *war* blutig ❸ *attr, inv* BRIT, AUS (*fam!: emphasis*) verdammt *sl;* **you took your** ~ **time!** du hast dir verdammt lange Zeit gelassen!; **you're a** ~ **genius** du bist [mir] vielleicht ein Genie!; [**what the**] ~ **hell!** (*in surprise*) Wahnsinn! *fam;* (*in anger*) verdammt [nochmal] *sl;* **what the** ~ **hell do you think you're doing in my office?** was, zum Teufel, haben Sie hier in meinem Büro verloren? *sl;* **not a** ~ **thing** überhaupt nichts ▸ PHRASES: **to scream** ~ **murder** *esp* AM brüllen wie am Spieß **II.** *adv inv* BRIT, AUS (*fam!*) total *fam,* verdammt *fam;* **to be** ~ **awful** schrecklich [*o sl* zum Kotzen] sein; **not** ~ **likely!** kommt nicht in Frage!; ~ **marvellous** [*or* **terrific**] (*a. iron*) großartig *a. iron;* ~ **stupid** total bescheuert *sl;* **to be** ~ **useless** zu gar nichts taugen; **to** ~ **well do sth** einfach etw tun; **I wish you'd stop complaining and** ~ **well get on with your job** ich wünschte, du würdest aufhören zu jammern und einfach deine Arbeit weitermachen **III.** *vt* <-ie-> *usu passive* ■**to** ~ **sth** etw mit Blut besudeln

Bloody 'Mary *n* Bloody Mary *f* **bloody-'mind·ed** *adj* ❶ (*malicious*) boshaft ❷ BRIT (*uncooperative*) stur; ■**to be** ~ immer Schwierigkeiten machen **bloody-'mind·ed·ness** *n* ❶ (*maliciousness*) Boshaftigkeit *f* ❷ BRIT (*stubbornness*) Sturheit *f*

bloom [bluːm] **I.** *n no pl* ❶ BOT Blüte *f;* (*of trees*) [Baum]blüte *f,* Blühet *f* SCHWEIZ; **to be in** [**full**] ~ in [voller] Blüte stehen; **to come into** ~ aufblühen ❷ (*complexion*) Duftigkeit *f; of a face* Rosigkeit *f* ▸ PHRASES: **in the** ~ **of youth** (*liter*) in der Blüte der Jugend *liter* **II.** *vi* ❶ (*produce flowers*) blühen ❷ (*fig: flourish*) seinen Höhepunkt erreichen, zu voller Blüte gelangen *geh* ❸ (*of person*) **to** ~ **late** spät erblühen; (*of artist*) zu spätem Ruhm gelangen

bloom·er ['bluːməʳ, AM -ɚ] *n* ❶ (*flowering plant*) Blühpflanze *f;* **an early spring** ~ ein Frühblüher ❷ AM (*developing person*) **to be a late** ~ ein Spätentwickler sein ❸ BRIT (*dated fam: blunder*) Fehler *m;* **to make a** ~ einen Bock schießen *fam*

bloom·ers ['bluːməz, AM -ɚz] *npl* ❶ (*knickers*) Schlüpfer *m,* [lange] Unterhose, Liebestöter *pl hum fam* ❷ (*hist: trousers*) [Damen]pumphose *f*

bloom·ing[1] ['bluːmɪŋ] *adj inv* blühend; **to look** ~ (*healthy*) blühend [*o* wie das blühende Leben] aussehen; (*relaxed*) [gut] erholt aussehen

bloom·ing[2] ['bluːmɪŋ], **bloom·in'** ['bluːmɪn] *inv* **I.** *adj attr* BRIT (*fam: damned*) verdammt *sl,* verflixt *fam* **II.** *adv* BRIT (*fam*) verdammt *fam*

bloop·er ['bluːpəʳ, AM -ɚ] *n esp* AM Panne *f,* Missgeschick *nt*

Bloquiste [blɑːˈkiːst] *n* CAN *Mitglied der Bloc Québécois*

blos·som ['blɒsəm, AM 'blɑːs-] **I.** *n no pl* ❶ (*on a tree*) [Baum]blüte *f,* Blühet *f* SCHWEIZ; **the apple** ~ die Apfelblüte ❷ BRIT (*fam: affectionate name*) Süße *f fam,* Kleine *f fam* **II.** *vi* ❶ (*flower*) blühen ❷ (*mature*) [heran]reifen; *trade* gedeihen; *friendship, relationship* blühen und gedeihen; ■**to** ~ [**out**] *person* aufblühen; ■**to** ~ **into sth** zu etw *dat* erblühen ❸ (*seem to grow*) Gestalt annehmen; **a smile** ~**ed on her lips** auf ihren Lippen zeigte sich ein Lächeln

blot [blɒt, AM blɑːt] **I.** *n* ❶ (*mark*) Klecks *m;* **ink** ~ Tintenklecks *m* ❷ (*ugly feature*) Schandfleck *m;* **a** ~ **on the landscape** ein Schandfleck in der Landschaft ❸ *no pl* (*flaw*) Makel *m,* Schandfleck *m;* **to be a** ~ **on sb's character** ein schlechtes Licht auf jds Charakter *m* werfen; **to be a** ~ **on sb's reputation** ein schwarzer Fleck auf jds weißer Weste sein **II.** *vt* <-tt-> ❶ (*mark*) ■**to** ~ **sth over sth** etw mit etw *dat* beklecksen ❷ (*dry*) ■**to** ~ **sth** etw abtupfen; **to** ~ **a page** eine Seite [mit Löschpapier] ablöschen ▸ PHRASES: **to** ~ **one's copybook** BRIT sich *akk* unmöglich machen, seinen [guten] Ruf ruinieren

◆**blot out** *vt* ❶ (*erase*) **to** ~ **out the memory/thought of sb/sth** die Erinnerung/den Gedanken an jdn/etw auslöschen; **to** ~ **out a pain** einen Schmerz unterdrücken ❷ (*cover over*) **sth** ~**s out the sun** etw verdeckt die Sonne; **a dark cloud suddenly** ~**ted out the sun** eine dunkle Wolke schob sich plötzlich vor die Sonne

blotch [blɒtʃ, AM blɑːtʃ] **I.** *n* <*pl* -es> (*unsightly mark*) Fleck *m;* (*on face*) Pustel *f,* Ausschlag *m; of ink, paint, colour* Klecks *m,* Fleck *m;* **to be covered with** ~**es** mit Flecken übersät sein **II.** *vt usu passive* ■**to be** ~**ed** bekleckst sein; ~**ed with ink** voller Tintenkleckse

blotchy ['blɒtʃi, AM 'blɑːtʃi] *adj* fleckig

blot·ter ['blɒtəʳ, AM 'blɑːt̬ɚ] *n* [Tinten]löscher *m*

'blot·ting pa·per *n no pl* Löschpapier *nt*

blot·to ['blɒtəʊ, AM 'blɑːt̬oʊ] *adj pred* (*dated sl*) stinkbesoffen *sl;* **to get** [**completely**] ~ sich *akk* vollkommen zusaufen *sl*

blouse [blaʊz, AM *esp* blaʊs] *n* Bluse *f*

blou·son ['bluːzɒn, AM *also* blaʊsɑːn] *n* Blouson *m o nt*

blow[1] [bləʊ, AM bloʊ] **I.** *vi* <blew, blown> ❶ (*wind*) wehen, blasen; (*move with wind*) *papers, leaves* wegwehen, davonwehen; **the window blew open/shut** das Fenster wurde auf-/zugeweht; **an icy wind began to** ~ ein eisiger Wind kam auf ❷ (*make sound*) *horn, trumpet, whistle* ertönen; **he scored the winning goal just before the whistle blew** er erzielte das Siegtor kurz vor dem Schlusspfiff ❸ (*cool down*) *food* pusten ❹ *esp* BRIT (*fam: pant*) keuchen ❺ *whale* spritzen, blasen; **there she** ~**s!** Wal in Sicht! ❻ *fuse, light bulb* durchbrennen; *gasket* undicht werden; **the fuse has** ~**n** die Sicherung ist rausgesprungen *fam* ❼ (*fam: leave*) abhauen *fam;* **OK folks, I've got to** ~ so Leute, ich muss dann mal los *fam* ▸ PHRASES: **sb** ~**s hot and cold** jd kann sich *akk* nicht entscheiden **II.** *vt* <blew, blown> ❶ *(move in air)* ■ **to ~ sth** etw blasen; *papers, leaves* etw wehen; **the gale blew the ship onto the rocks** der Sturm trieb das Schiff auf die Felsen; **to ~ sb a kiss** [*or* **to ~ a kiss at sb**] jdm ein Küsschen zuwerfen ❷ *(instrument)* ■ **to ~ sth** *horn, whistle* etw blasen; **to ~ a horn** MIL ein Hornsignal geben; **to ~ the trumpet** Trompete spielen; **the referee blew the whistle to signal the end of the game** der Schiedsrichter pfiff das Spiel ab ❸ *(push air into)* **to ~ an egg** ein Ei ausblasen; **to ~ a fire** ein Feuer anfachen; **to ~ one's nose** sich *dat* die Nase putzen ❹ *(produce by blowing)* **to ~ bubbles** [Seifen]blasen produzieren; **to ~ glass** Glas blasen; **to ~ smoke rings** [Rauch]ringe [in die Luft] blasen ❺ *(burn out, explode)* ■ **to ~ sth** *valve, gasket* etw kaputtmachen [*o* zerstören]; **to ~ a bridge** eine Brücke sprengen; **to ~ a car** ein Auto in die Luft sprengen; **to be ~n to pieces** in Stücke gesprengt werden; **to ~ a safe** einen Safe [auf]sprengen; **we blew a tyre on the motorway** uns ist auf der Autobahn ein Reifen geplatzt; **I've ~n a fuse/light bulb** mir ist eine Sicherung/Glühbirne durchgebrannt ❻ *(fam: spend extravagantly)* **to ~ money** Geld verpulvern [*o* durchbringen] ❼ *(fam: expose)* ■ **to be ~n** *cover* auffliegen ❽ BRIT *(fam: damn)* ~ [**it**]! verflixt!; **~ the expense, we'll take it!** scheiß auf die Kosten, wir nehmen es! *derb;* **I'll be ~ed!** das werden wir ja sehen!; **I'm ~ed if he thinks he can cheat me!** das wollen wir doch mal sehen, ob der mich reinlegen kann! ❾ *(fam: bungle)* ■ **to ~ sth** etw vermasseln *fam* ❿ *(vulg: fellate)* ■ **to ~ sb** jdm einen blasen *derb* ▶ PHRASES: **to ~ one's cool** *esp* AM die Fassung verlieren, sich *akk* aufregen; **to ~ a fuse** [*or* **gasket**] in die Luft gehen *fam,* explodieren; **to ~ the gaff** BRIT *(fam)* nicht dichthalten; **to ~ the gaff on sb** BRIT *(fam)* jdn verpfeifen *fam;* **to ~ one's own horn** [*or* **trumpet**] sich *akk* selbst loben; **to ~ one's lid** [*or* **stack**] [*or* **top**] *(fam)* explodieren, in die Luft gehen *fam;* **to ~ sb's mind** *(fam)* jdn restlos verblüffen; **to ~ smoke** übertreiben; **he's just ~ing smoke** das ist doch nur heiße Luft; **to ~ the whistle on sb** *(fam)* über jdn auspacken *fam* **III.** *n* ❶ *(act of blowing)* Blasen *nt;* *(musical instruments)* Spielen *nt;* **let me have a ~ of your trumpet** lass mich mal deine Trompete spielen! ❷ *of nose* **to have a** [**good**] **~** sich *dat* [gründlich] die Nase putzen ❸ BRIT *(dated: fresh air)* **to go for a ~** einen [ausgedehnten] Spaziergang machen ❹ *no pl* *(sl: marijuana)* Pot *nt*

blow[2] [bləʊ, AM bloʊ] *n* ❶ *(hit)* Schlag *m;* *(with fist)* Fausthieb *m;* **at one ~** auf einen Schlag; **to come to ~s over sth** sich *akk* wegen einer S. *gen* prügeln; **to match sth ~ for ~** haargenau mit etw *dat* übereinstimmen ❷ *(fig: support)* **to strike a ~ for sth** sich *akk* aktiv für etw *akk* einsetzen ❸ *(fig: misfortune)* [Schicksals]schlag *m;* *(shock)* Schlag *m;* **to come as** [*or* **be**] **a** [**terrible**] **~** ein schwerer Schlag sein; **to cushion** [*or* **soften**] **the ~** den [Schicksals]schlag abmildern

◆**blow about, blow around I.** *vi* herumgewirbelt werden, herumfliegen **II.** *vt* ■ **to ~ sb/sth ⊂ about** [*or* **around**] jdn/etw herumwirbeln; **they got very ~n about by the gale** sie hatten Mühe, sich gegen den Sturm zu behaupten

◆**blow away** *vt* ❶ *(wind)* ■ **to ~ away ⊂ sth** etw wegwehen ❷ *(fam: shoot and kill)* ■ **to ~ away ⊂ sb** jdn wegpusten *fam;* *(fig)* jdn umlegen *sl* ❸ *(fig fam: shock)* ■ **to ~ sb ⊂ away** jdn [fast] umhauen *fig fam;* **the news of their divorce really blew me away** die Nachricht von ihrer Scheidung hat mich fast umgehauen ▶ PHRASES: **to ~ the cobwebs away** BRIT jdn [wieder] munter machen

◆**blow back I.** *vi* zurückwehen **II.** *vt* ■ **to ~ sb/sth ⊂ back** jdn/etw zurückwehen

◆**blow down I.** *vi* umgeweht werden **II.** *vt* ■ **to ~ sth ⊂ down** etw umwehen; **to ~ down a fence** einen Zaun eindrücken

◆**blow in I.** *vi* ❶ *(be blown down)* *window* eingedrückt werden ❷ *(blow inside)* *dust, sand* hineinwehen ❸ *(fam: arrive)* hereinschneien *fam* **II.** *vt* **to ~ a window ⊂ in** ein Fenster eindrücken

◆**blow off I.** *vt* ❶ *(breathe to remove)* ■ **to ~ sth ⊂ off** etw herunterblasen; *wind* etw herunterwehen; **I blew the dust off the old book** ich blies den Staub von dem alten Buch ❷ *(remove violently)* **to ~ off an arm/a leg** *explosion* einen Arm/eine Bein abreißen; **the strength of the explosion blew her leg off** die Explosion war so stark, dass ihr ein Bein abgerissen wurde ❸ AM *(fam: not take seriously)* ■ **to ~ sth ⊂ off** etw nicht ernst nehmen; *(not do one's duty)* etw sausen lassen *fam* ▶ PHRASES: **to ~ the lid off sth** etw aufdecken; **to ~ off steam** sich *akk* abreagieren, Dampf ablassen *fam* **II.** *vi* ❶ BRIT *(usu childspeak fam)* pup[s]en *fam* ❷ *(blow away)* weggeweht werden, wegfliegen

◆**blow out I.** *vt* ❶ *(extinguish)* **to ~ a candle ⊂ out** eine Kerze ausblasen; **by morning the storm had ~n itself out** am Morgen hatte sich der Sturm ausgetobt ❷ *(burst)* **to ~ a tyre** [*or* AM **tire**] **⊂ out** einen Reifen zum Platzen bringen ❸ *(kill)* **to ~ one's/sb's brains out** sich/jdm eine Kugel durch den Kopf jagen ❹ *(fill with air)* **to ~ out one's cheeks** die Backen aufblasen **II.** *vi* ❶ *(go out)* *candle, fire* verlöschen ❷ *(burst)* *tyre* platzen ❸ *(erupt)* *gas, oil well* außer Kontrolle geraten

◆**blow over I.** *vi* ❶ *(fall down)* *tree* umstürzen ❷ *(pass)* vorbeigehen; *argument, row, trouble* sich *akk* beruhigen [*o* legen] **II.** *vt* ■ **to ~ sb/sth ⊂ over** jdn/etw umwerfen

◆**blow through** *vi* *(sl)* ■ **to ~ through sth** *money* etw verpulvern *fam*

◆**blow up I.** *vi* ❶ *(develop)* *storm, gale* [her]aufziehen; *scandal* sich *akk* zusammenbrauen; **to ~ up out of all proportion** grotesk übersteigerte Formen annehmen ❷ *(explode)* explodieren, hochgehen *fam;* *(fig)* an die Decke gehen *fam* ❸ *(go wrong)* **to ~ up in one's face** *(fig)* ins Auge gehen *fam* **II.** *vt* ❶ *(inflate)* ■ **to ~ sth ⊂ up** etw aufblasen; *(fig)* etw hochspielen [*o* hochstilisieren] ❷ *(enlarge)* **to ~ up a photo/picture** ein Photo/Bild vergrößern ❸ *(destroy with explosive)* ■ **to ~ sth ⊂ up** etw in die Luft jagen *fam*

blow·back ['bləʊbæk, AM 'bloʊ-] *n* *(backlash)* Rückschlag *m*

blow-by-'blow *n* detailgenau; **to give sb a ~ account** jdm haarklein Bericht erstatten

'blow-dry I. *vt* <-ie-> **to ~ sb's/one's hair** jdm/sich die Haare fönen **II.** *n no pl* Fönen *nt*

blow·er ['bləʊəʳ] *n* BRIT, AUS *(fam)* Telefon *nt*

'blow·fly *n* Schmeißfliege *f* **'blow·gun** *n* Blasrohr *nt* **'blow·hard** *n* AM *(pej fam)* Wichtigtuer(in) *m(f) pej,* Renommist(in) *m(f) pej geh;* **to be a ~** sehr von sich *dat* eingenommen sein **'blow·hole** *n* Atemloch *nt* **'blow job** *n* *(vulg)* **to give sb a ~** jdm einen blasen *vulg* **'blow·lamp** *n* Lötlampe *f*

blown [bləʊn, AM bloʊn] *vt, vi pp of* **blow**

blow·out ['bləʊaʊt, AM 'bloʊ-] *n* ❶ BRIT *(fam: huge meal)* Schlemmerei *f,* Gelage *nt* ❷ AM *(party)* Fete *f fam,* Party *f* ❸ *(eruption)* *oil, gas* Eruption *f* ❹ *esp* AM *(bursting of tyre)* Platzen *nt* [eines Reifens] **'blow·pipe** *n* ❶ *(weapon)* Blasrohr *nt* ❷ CHEM Lötrohr *nt* ❸ *(glass-making)* Glasbläserpfeife *f*

blowsy ['blaʊzi] *adj* *(pej)* ungeschlacht; **~ woman** ordinäres Weibsbild *pej fam,* Schlampe *f pej fam*

'blow·torch *n* Lötlampe *f* **'blow-up I.** *n* ❶ PHOT Vergrößerung *f* ❷ *(explosion)* Explosion *f* ❸ *(fam: quarrel)* Streit *m,* Krach *m fam* **II.** *adj attr* **~ pillow** aufblasbares Kissen

blowy ['bləʊi, AM 'bloʊi] *adj* windig

blowzy *adj see* **blowsy**

BLT [ˌbi:el'ti:] *n esp* AM *abbrev of* **bacon, lettuce and tomato sandwich** *Sandwich mit gebratenem Speck, Salat und Tomate*

blub <-bb-> [blʌb] *vi* BRIT *(fam)* plärren *fam,* flennen *fam*

blub·ber[1] ['blʌbəʳ, AM -ɚ] *vi* *(fam)* flennen *fam,* heulen *fam*

blub·ber[2] ['blʌbəʳ, AM -ɚ] *n no pl* ❶ *(of sea mammals)* Speck *m* ❷ *(pej fam: fat)* Speck *m fam*

bludg·eon ['blʌdʒᵊn] **I.** *n* *(dated)* Knüppel *m,* Keule *f*

II. *vt* ❶ (*beat*) ■**to ~ sb** jdn verprügeln; **to ~ sb to death** jdn zu Tode prügeln ❷ (*fig: coerce*) ■**to ~ sb into doing sth** jdn zwingen, etw zu tun

blue [blu:] I. *adj* <-r, -st> ❶ (*colour*) blau; **to be ~ with cold** blaugefroren [*o* blau vor Kälte] sein; **dark/greeny/light ~** dunkel-/grün-/hellblau; **to go ~** blau anlaufen ❷ (*depressed*) traurig, melancholisch gestimmt ❸ (*fam: pornographic*) *joke* schweinisch *fam,* ordinär; **~ movie** Pornofilm *m* ► PHRASES: **to do sth until one is ~ in the face** etw tun, bis man schwarz wird; **once in a ~ moon** alle Jubeljahre einmal *fam;* **to scream ~ murder** BRIT (*scream loudly*) brüllen wie am Spieß; (*complain*) Zeter und Mordio schreien II. *n* ❶ (*colour*) Blau *nt;* **to be dressed all in ~** ganz in Blau [gekleidet] sein; **the boys in ~** (*hum fam*) die Gesetzeshüter *pl hum* ❷ BRIT SPORTS **a Cambridge/an Oxford ~** *Student/Studentin der Universität Cambridge bzw. Oxford, der/die seine/ihre Universität in einem sportlichen Wettkampf vertritt bzw. vertreten hat;* **he was awarded a cricket ~** er durfte seine Universität in einem Kricketspiel vertreten ❸ (*snooker ball*) blaue Billardkugel ► PHRASES: **out of the ~** aus heiterem Himmel, ohne Vorwarnung III. *vt* <blu[e]ing, -d> BRIT (*sl*) **to ~ money** [sein] Geld rauswerfen *fam*

blue 'baby *n* blausüchtiger Säugling **'blue·bell** *n* [blaue Wiesen]glockenblume **'blue·berry** ['blu:bᵊri, AM -ˌberi] *n* Heidelbeere *f,* Blaubeere *f meist* NORDD, Schwarzbeere *f* SÜDD **'blue·bird** *n* (*in N America*) Rotkehlhüttensänger *m;* (*in S Asia*) Elfenblauvogel *m* **blue-black** *adj* schwarzblau **blue-'blood·ed** *adj* ad[e]lig, blaublütig *oft iron* **'blue·bot·tle** *n* Schmeißfliege *f* **blue 'cheese** *n* [Blau]schimmelkäse *m* **'blue chip** I. *n* Börsenstandardwert *m,* Standardaktie *f,* Blue Chip *m fachspr* II. *adj attr, inv* **~ company** finanziell abgesichertes Unternehmen; **~ share** Standardaktie *f,* Bluechip *m* **blue-'col·lar** *adj attr, inv* **~ job** wenig qualifizierte Arbeit; **~ worker** Arbeiter(in) *m(f)* **'blue-eyed** *adj* mit blauen Augen *nach n,* blauäugig *attr;* (*fig*) **~ boy** BRIT, AUS (*pej fam*) Liebling *m* **Blue 'Flag** *n* Blaue Flagge (*Abfahrtssignalflagge, Flagge P des internationalen Signalbuches*) **blue 'funk** *n* (*sl*) **to be in a ~** in heller Panik sein, sich *dat* vor Angst in die Hosen machen *sl* **'blue·grass** *n no pl Art Countrymusik aus dem Süden der USA*

blue·ish ['blu:ɪʃ] *adj* bläulich

'blue·jay *n* ORN Blauhäher *m* **'blue jeans** *npl* [Blue]jeans *pl* **'blue law** *n* AM (*fam*) *puritanisches Gesetz, das bestimmte Aktivitäten aus religiösen Gründen verbietet*

blue·ness ['blu:nəs] *n no pl* Bläue *f*

blue-'pen·cil *esp* BRIT I. *n* Rotstift *m;* **to go over a manuscript/a text with a ~** ein Manuskript/einen Text korrigieren II. *vt* <BRIT -ll- *or* AM *usu* -l-> ■**to ~ sth** etw korrigieren **'blue·print** *n* Blaupause *f;* (*fig*) Plan *m,* Entwurf *m* **blue 'rib·and** *n,* **blue 'rib·bon** *n* ❶ (*hist*) **the ~** das Blaue Band (*Auszeichnung für Rekordleistung*) ❷ AM *esp* SCH (*prize*) erster Preis, höchste Auszeichnung; **a ~ of excellence** das blaue Band für hervorragende Leistungen **'blue-rib·bon** *adj attr, inv* hochrangig, führend

blues [blu:z] *npl* ❶ (*fam*) **to have the ~** melancholisch gestimmt [*o fam* schlecht drauf] sein ❷ (*music*) Blues *m*

'blue·stock·ing *n* (*old or pej*) Blaustrumpf *m veraltend o pej* **'blue tit** *n* Blaumeise *f*

'Blue·tooth ['blu:tu:θ] I. *n* TECH Bluetooth-Technologie *f* (*drahtlose Verbindung elektronischer Geräte*) II. *n modifier* (*device, chip*) Bluetooth- *fachspr,* drahtlos

bluff¹ [blʌf] I. *vi* bluffen *fam* II. *vt* ❶ (*deceive*) ■**to ~ sb** jdn täuschen [*o fam* bluffen]; **she ~ed the doorman into thinking she was a reporter** sie machte den Türsteher glauben, dass sie eine Reporterin sei ❷ (*pretend*) **to ~ one's way into/out of sth** sich *akk* in etw *akk* hinein-/aus etw *dat* herausmogeln; **he's very good at ~ing his way out of trouble** er versteht es, sich aus der Affäre zu ziehen; **she ~ed her way into that job** sie hat sich den Job regelrecht erschwindelt III. *n* (*pretence*) Bluff *m fam;* **to call sb's ~** (*challenge sb*) jdn auffordern, Farbe zu bekennen; (*expose sb*) jdn bloßstellen

bluff² [blʌf] I. *n* (*steep bank*) Steilhang *m;* (*shore*) Kliff *nt,* Steilküste *f* II. *adj* (*direct, outspoken*) *manner* direkt, schroff, rau

bluff·er ['blʌfəʳ, AM -ɚ] *n* Bluffer(in) *m(f);* **he's an old ~** er blufft gerne

blu·ish ['blu:ɪʃ] *adj* bläulich

blun·der ['blʌndəʳ, AM -ɚ] I. *n* schwer[wiegend]er [*o* grober] Fehler, grober Schnitzer *fam;* **to commit** [*or* **make**] **a ~** (*by doing sth*) einen schweren Fehler begehen [*o* machen], Mist bauen *fam;* (*by saying sth*) ins Fettnäpfchen treten II. *vi* ❶ (*make a bad mistake*) einen groben Fehler [*o* Schnitzer] machen [*o* begehen] ❷ (*act clumsily*) ■**to ~** [**about** [*or* **around**]] [herum]tappen; (*fig fam*) ■**to ~ into sth** in etw *akk* hineinplatzen ❸ (*fig: talk clumsily*) ■**to ~ about** herumstottern, herumstammeln III. *vt* ■**to ~ sth** ❶ (*do wrongly*) bei etw *dat* einen groben Fehler machen, etw verpatzen *fam* ❷ (*say clumsily*) etw stammeln

blun·der·buss <*pl* -es> ['blʌndəbʌs, AM -dɚ-] *n* ❶ (*hist: gun*) Donnerbüchse *f hum veraltend* ❷ AM **to be a ~** ungeschickt sein

blun·der·er ['blʌndᵊrəʳ, AM -ɚɚ] *n* Tollpatsch *m;* **to be a ~** ungeschickt sein

blun·der·ing ['blʌndᵊrɪŋ, AM -ɚ-] *adj attr, inv* (*pej fam*) ungeschickt, tollpatschig, trottelig *pej fam;* **you ~ idiot!** du Vollidiot! *pej sl*

blunt [blʌnt] I. *adj* ❶ (*not sharp*) stumpf; **~ instrument** stumpfer Gegenstand ❷ (*thick, unrefined*) *finger* plump ❸ (*fig: direct, outspoken*) direkt; (*unfriendly*) ungehobelt, schroff; **I'll be ~** ich sage es Ihnen ganz unverblümt II. *vt* ❶ (*make less sharp*) ■**to ~ sth** etw stumpf machen ❷ (*fig: dampen*) **to ~ sb's enthusiasm/interest** jds Begeisterung *f*/Interesse *nt* dämpfen [*o* einen Dämpfer versetzen]

blunt·ly ['blʌntli] *adv* direkt, unverblümt; **to put sth ~** etw ganz offen sagen

blunt·ness ['blʌntnəs] *n no pl* Direktheit *f*

blur [blɜːʳ, AM blɜ:r] I. *vi* <-rr-> verschwimmen II. *vt* <-rr-> ■**to ~ sth** etw verschwimmen lassen; **alcohol ~s your brain** Alkohol benebelt den Verstand; **to ~ a picture** die Konturen eines Bildes verschwimmen lassen III. *n no pl* undeutliches Bild; ■**to be a ~** verschwimmen; (*fig*) **it's all just a ~ to me now** ich erinnere mich nur noch vage daran; **the last few days have gone by in a ~** die letzten Tage sind einfach an mir vorbeigerauscht

blurb [blɜ:b, AM blɜ:rb] *n* (*fam*) Klappentext *m*

blurred [blɜ:d, AM blɜ:rd] *adj* ❶ (*vague*) verschwommen, undeutlich; *photograph, picture* unscharf ❷ (*not clearly separated*) nicht klar voneinander getrennt, verwischt; **male and female roles are becoming ~** die Rollen von Mann und Frau lassen sich immer weniger klar voneinander abgrenzen

blur·ry ['blɜ:ri] *adj* undeutlich, verschwommen; *photograph, picture* unscharf; **to have ~ eyesight** schlechte Augen haben

blurt [blɜ:t, AM blɜ:rt] *vt* ■**to ~ out** ↔ **sth** mit etw *dat* herausplatzen *fam*

blush [blʌʃ] I. *vi* erröten, rot werden II. *n* ❶ (*red face*) Erröten *nt kein pl;* **a ~ of shame crept up his face** er wurde rot vor Scham; **the dawn came with a ~ of red** (*fig poet*) die Morgendämmerung überzog den Himmel rot; **to spare sb's ~es** jdn nicht verlegen machen ❷ AM (*blusher*) Rouge *nt* ► PHRASES: **at first ~** auf den ersten Blick

blush·er ['blʌʃəʳ, AM -ɚ] *n* Rouge *nt*

'blush·er brush *n* Rougepinsel *m*

blush·ing ['blʌʃɪŋ] *adj attr* errötend

blus·ter ['blʌstəʳ, AM -ɚ] I. *vi* ❶ (*speak angrily*) poltern, sich *akk* ereifern; **he ~ed and shouted at everyone** er überschüttete jeden mit Schimpfreden ❷ METEO *wind, gale* toben, tosen II. *n no pl* Theater *nt pej*

blus·tery ['blʌstᵊri, AM -ɚi] *adj weather* stürmisch

Blu-Tack® ['blu:tæk] *n no pl* Posterstrip *m meist pl* (*blaue Masse, mit der man Poster ohne sichtbare Klebestreifen an der Wand anbringen kann*)

BM [ˌbi:'em] *n* AM ① UNIV *abbrev of* **Bachelor of Medicine** Bakkalaureus *m* der Medizin ② MED (*euph fam*) *abbrev of* **bowel movement**

bn *n abbrev of* **billion**

BO [ˌbi:'əʊ, AM -'oʊ] *n no pl* (*esp fam*) *abbrev of* **body odour**

boa ['bəʊə, AM 'boʊə] *n* ① (*scarf*) Boa *f;* **feather** ~ Federboa *f* ② (*snake*) Boa *f*

boa con·'stric·tor *n* Boa constrictor *f*

boar [bɔ:ʳ, AM bɔ:r] *n* ① (*pig*) Eber *m;* **wild** ~ Wildschwein *nt;* (*male*) Keiler *m* ② (*meat*) Wildschwein[fleisch] *nt*

board [bɔ:d, AM bɔ:rd] **I.** *n* ① (*plank*) Brett *nt;* (*blackboard*) Tafel *f;* (*notice board*) Schwarzes Brett; (*signboard*) [Aushänge]schild *nt;* (*floorboard*) Diele *f* ② + *sing/pl vb* ADMIN, POL Behörde *f,* Amt *nt;* (*committee*) Ausschuss *m,* Kommission *f;* BRIT (*ministry*) Ministerium *nt;* **B~ of Education** AM Bildungsausschuss *m;* ~ **of examiners** Prüfungskommission *f;* ~ **of governors** Kuratorium *nt,* Aufsichtsgremium *nt;* ~ **of inquiry** Untersuchungsausschuss *m;* **the Scottish Tourist B~** das schottische Fremdenverkehrsamt; **B~ of Trade** BRIT Handelsministerium *nt;* AM Handelskammer *f* ③ + *sing/pl vb* (*group of interviewers*) Kommission *f* (*zur Auswahl von Bewerbern*); **to be on a** ~ einer Auswahlkommission angehören; **to go on a** ~ *interviewer* als Prüfer an einem Auswahlverfahren teilnehmen; *candidate* sich *akk* einem Auswahlgespräch unterziehen ④ + *sing/pl vb* ECON ~ **of directors** Vorstand *m;* **supervisory** ~ Aufsichtsrat *m* ⑤ + *sing/pl vb* BRIT (*public facility*) **coal/electricity/gas/water** ~ Versorgungsunternehmen *nt* für Kohle/Strom/Gas/Wasser ⑥ *no pl* TOURIST **bed and** ~ [*or esp* BRIT ~ **and lodging**] [*or* AM **room and** ~] Kost und Logis, Vollpension *f;* **full** ~ Vollpension *f;* **half** ~ Übernachtung *f* mit Frühstück, Halbpension *f* ⑦ THEAT ■**the** ~**s** *pl* die Bretter *pl,* die die Welt bedeuten; **to tread the** ~**s** auf der Bühne stehen ⑧ (*in* [*ice*]*hockey*) ■**the** ~**s** *pl* die Bande; **he crashed into the** ~**s** er krachte an die Bande; **to be on the** ~**s** an die Bande gedrängt werden ⑨ AM (*examination*) ■**the** ~**s** *pl* [Abschluss]prüfung *f;* **the medical** ~**s** die Prüfungen in Medizin ⑩ TRANSP **on** ~ (*a. fig*) an Bord *a. fig;* **as soon as I was on** ~**, I began to have second thoughts** sobald ich zugestiegen war, kamen mir Bedenken; **to be on** ~ **an aircraft/a train** im Flugzeug/Zug sitzen; **to go on** ~ **a bus/train** in einen Bus/Zug einsteigen; **to go on** ~ **a plane** ein Flugzeug besteigen; **to be on** ~ **a ship** sich *akk* an Bord eines Schiffes befinden ▶ PHRASES: **to bring** [*or* **take**] **sb on** ~ [**for sth**] jdn [an etw *dat*] beteiligen [*o* [bei etw *dat*] mitmachen] lassen]; **to let sth go by the** ~ etw unter den Tisch fallen lassen; **to sweep the** ~ alles gewinnen, alle Preise abräumen *fam;* **to take on** ~ **sth** (*take into consideration*) etw bedenken; (*agree to do*) etw übernehmen; **across the** ~ (*all things included*) alles in allem; (*completely*) rundum, auf der ganzen Linie; **this project needs radical reorganization across the** ~ dieses Projekt muss ganz generell von Grund auf neu organisiert werden **II.** *vt* ① (*cover with wood*) ■**to** ~ **sth** ⊂ **up** [*or* **over**] etw mit Brettern vernageln ② (*accommodation*) ■**to** ~ **sb/an animal** jdn/ein Tier unterbringen; **to** ~ **a lodger** einem Pensionsgast Kost und Logis bieten; **to** ~ **sb in a school** jdn in einem Internat unterbringen ③ TRANSP **to** ~ **a plane/ship** ein Flugzeug/Schiff besteigen; **attention, we are now** ~**ing flight 701** Achtung, die Passagiere des Flugs 701 können jetzt an Bord gehen ④ NAUT **to** ~ **a ship** ein Schiff entern **III.** *vi* ① TOURIST logieren *veraltend;* **to** ~ **with sb** bei jdm wohnen (*als Pensionsgast*) ② (*at a school*) im Internat wohnen ③ AVIAT [Passagiere] einlassen; **flight BA345 is now** ~**ing at Gate 2** die Passagiere für Flug BA345 können jetzt über Gate 2 zusteigen

board·er ['bɔ:dəʳ, AM 'bɔ:rdɚ] *n* ① SCH Internatsschüler(in) *m(f)* ② (*lodger*) Pensionsgast *m;* (*regular diner*) Kostgänger(in) *m(f) veraltend;* **to take in** ~**s** Pensionsgäste aufnehmen

'board game *n* Brettspiel *nt*

board·ing ['bɔ:dɪŋ, AM 'bɔ:rd-] *n* Unterbringung *f* in einem Internat

'board·ing card *n* BRIT Bordkarte *f* **'board·ing fees** *npl* Internatsgebühren *fpl* **'board·ing house** *n* ① (*small hotel*) Pension *f* ② SCH Internatstrakt *m* **'board·ing ken·nels** *npl* Tierpension *f* **'board·ing pass** *n* AM (*boarding card*) Bordkarte *f* **'board·ing school** *n* Internat *nt*

'board meet·ing *n of executives* Vorstandssitzung *f; of owners' representatives* Aufsichtsratssitzung *f* **'board·room** *n* ① (*conference room*) Sitzungssaal *m* ② + *sing/pl vb* (*fig: decision-makers*) Vorstand *m,* Chefetage *f*

boards [bɔ:dz, AM 'bɔ:rdz] *npl see* **board I. 8, 9, 10**

'board shorts *npl* AUS Badehose *f*

'board·walk *n* AM Steg *m,* Uferpromenade *f* (*aus Holz*)

boast [bəʊst, AM boʊst] **I.** *vi* (*pej*) prahlen *pej,* angeben *pej fam;* ■**to** ~ **about** [*or* **of**] **sth** mit etw *dat* angeben, sich *akk* mit etw *dat* brüsten *geh;* ■**to** ~ **that ...** damit angeben, dass ... **II.** *vt* ■**to** ~ **sth** ① (*say boastfully*) etw prahlerisch verkünden ② (*possess*) sich *akk* einer S. *gen* rühmen **III.** *n* (*pej*) großspurige Behauptung *pej;* **to be an empty** ~ reine Angeberei sein *fam;* **it is sb's proud** ~ **that ...** jd tut sich *dat* viel darauf zugute, dass ... *geh*

boast·er ['bəʊstəʳ, AM 'boʊstɚ] *n* (*pej*) Aufschneider(in) *m(f) pej fam,* Gernegroß *m hum fam,* Angeber(in) *m(f) pej fam*

boast·ful ['bəʊstfᵊl, AM 'boʊst-] *adj* (*pej*) großspurig *pej,* angeberisch *pej fam;* ~ **talk** Prahlerei *f pej,* Angeberei *f pej fam;* ■**to be** ~ prahlen *pej,* angeben *pej fam;* **without wanting to be** ~**, ...** ohne mich selbst loben zu wollen, ...

boast·ful·ly ['bəʊstfᵊli, AM 'boʊst-] *adv* (*pej*) großspurig *pej,* angeberisch *pej fam;* **I don't want to speak** ~ **about my own achievements** ich möchte nicht in Eigenlob verfallen

boast·ful·ness ['bəʊstfᵊlnəs, AM 'boʊst-] *n no pl* (*pej*) Prahlerei *f pej,* Angeberei *f pej fam*

boat [bəʊt, AM boʊt] **I.** *n* ① (*on river, canal, lake*) Boot *nt;* (*on sea*) Schiff *nt;* **to miss the** ~ das Schiff verpassen; (*fig fam*) den Anschluss verpassen; **to take the** ~ das Schiff nehmen; **to travel by** ~ mit dem Schiff fahren ② (*for gravy*) Soßenschüssel *f,* Sauciere *f* ▶ PHRASES: **to be in the same** ~ im selben Boot sitzen; **to push the** ~ **out** BRIT ganz groß feiern, ein Fass aufmachen *fam* **II.** *vi* Boot fahren **III.** *vt* ■**to** ~ **sth somewhere** etw irgendwohin verschiffen

boat·er ['bəʊtəʳ, AM 'boʊt̬ɚ] *n* Kreissäge *f hum fam* (*flacher, runder Strohhut*)

'boat hook *n* Bootshaken *m* **'boat house** *n* Bootshaus *nt*

boating ['bəʊtɪŋ, AM 'boʊt̬-] **I.** *n no pl* Bootfahren *nt;* **to go** ~ Bootfahren gehen, eine Bootsfahrt machen; (*go rowing*) rudern gehen **II.** *adj attr, inv* Boots-; ~ **lake** See *m* mit Wassersportmöglichkeiten

'boat·load *n* Schiffsladung *f;* **in** ~**s, by the** ~ (*fig*) in Scharen

'boat·man *n* ① (*hirer of boats*) Bootsverleiher *m;* (*provider of transport*) Bootsführer *m;* (*of rowing boat*) Ruderer *m* ② NAUT (*naval rank*) Bootsmann *m* **'boat peo·ple** *npl* Boatpeople *pl*

'boat race *n* Bootsrennen *nt,* Regatta *f;* (*of rowing boats*) Ruderregatta *f;* ■**the B~ R~** BRIT die Oxford-Cambridge-Regatta

i Kultur

Das alljährliche **Boat Race** – *Regatta* wird an einem Samstag im März auf der *Thames* – *Themse* von jeweils acht Ruderern der Universitäten Oxford und Cambridge ausgetragen. Das erste Rennen auf der heute noch genutzten 7,2 km langen Strecke fand 1845 statt.

boat·swain ['bəʊsᵊn, 'bəʊtsweɪn, AM 'boʊsᵊn] *n* NAUT [Hoch]bootsmann *m* **'boat train** *n* Zug *m* mit Fährenanschluss

'boat trip *n* Bootsfahrt *f* **'boat·yard** *n* [Boots]werft *f;* (*dry dock*) Liegeplatz *m*

bob[1] [bɒb, AM bɑːb] *n* Bubikopf *m,* Bobfrisur *f*

bob[2] <-bb-> [bɒb, AM bɑːb] **I.** *vi* ① (*move*) ■**to ~ [up and down]** sich *akk* auf und ab bewegen, auf und ab hüpfen; *boxer* [rasch] ausweichen; *bird's tail* wippen; *rabbit* hoppeln; *boat* schaukeln; **don't ~ up and down so** sei nicht so zappelig *fam,* zappel nicht so herum *fam;* ■**to ~ [up]** [plötzlich] auftauchen *a. fig;* **to ~ out of sight** abtauchen *fam* ② (*curtsy*) knicksen **II.** *vt* **to ~ one's head** nicken; **to ~ a curtsy [to sb]** [vor jdm] knicksen **III.** *n* (*nod*) Nicken *nt kein pl;* **with a ~ of one's head** mit einem Kopfnicken; (*curtsy*) [angedeuteter] Knicks

bob[3] [bɒb, AM bɑːb] *vt* (*sl: fix with plastic surgery*) ■**to ~ sth** *nose* etw richten *fam*

bob[4] [bɒb, AM bɑːb] *n* BRIT (*shilling*) fünf Pence; (*hist*) Schilling *m;* **to not be short of a ~ or two** (*iron*) das nötige Kleingeld haben *iron*

bob[5] [bɒb, AM bɑːb] *n* (*fam*) *short for* **bobsleigh** Bob *m*

Bob [bɒb] *n no pl* ▶ PHRASES: **~'s your uncle** BRIT (*fam*) die Sache ist erledigt, und fertig ist der Lack *fam;* **just tell them you're a friend of mine and ~'s your uncle, you'll get the job** sag ihnen einfach, dass du ein Freund von mir bist, dann hast du den Job schon in der Tasche *fam*

bobbed [bɒbd, AM bɑːbd] *adj* **to have ~ hair** einen Bubikopf [*o* eine Bobfrisur] haben

bob·bin ['bɒbɪn, AM 'bɑːb-] *n* Spule *f*

bob·ble ['bɒbl̩] *n* BRIT Pompon *m,* Bommel *f o m bes* NORDD

'bob·ble hat *n* BRIT Pudelmütze *f*

bob·by ['bɒbi] *n* BRIT (*dated fam*) Polizist(in) *m(f),* Bobby *m fam;* **~ on the beat** Streifenpolizist *m* (*der zu Fuß oder mit dem Fahrrad unterwegs ist*)

bob·by pin ['bɒbi,pɪn, AM 'bɑːbi,-] *n* AM, AUS Haarklammer *f*

bobs [bɒbz, AM bɑːbz] *npl* Krimskrams *m kein pl*

'bob·sleigh *n* Bob[sleigh] *m* **'bob·tail** *n* ① (*docked tail*) kupierter Schwanz ② (*dog*) kupierter Hund; (*horse*) Pferd *nt* mit gestutztem [*o* kupiertem] Schwanz

bod [bɒd, AM bɑːd] *n* ① BRIT, AUS (*fam: person*) Type *f fam;* (*man*) Typ *m fam;* (*woman*) Tussi *f pej sl;* **to be [a bit of] an odd ~** ein komischer [*o* seltsamer] Vogel sein *fam* ② AM (*fam: body*) Körper *m,* Body *m fam;* **that guy has a great ~** der Typ hat einen Superbody *sl*

bo·da·cious [boʊ'deɪʃəs] *adj* AM (*sl*) super *fam,* geil *sl*

bode [bəʊd, AM boʊd] **I.** *vi* **to ~ well/ill** etwas Gutes/Schlechtes bedeuten [*o geh* verheißen], ein gutes/schlechtes [Vor]zeichen sein **II.** *vt* ■**to ~ sth** etw ahnen lassen [*o geh* verheißen]

bo·dega [boʊ'deɪgə] *n* AM Bodega *f*

bodge *vt* BRIT *see* **botch**

bodh·ran ['baʊrɑːn] *n* BRIT *schottisch-irische Trommel*

bod·ice ['bɒdɪs, AM 'bɑːd-] *n* (*part of dress*) Oberteil *nt;* (*underwear*) Mieder *nt*

'bod·ice-rip·per *n* AM *Roman, in dem der Heldin sexuelle Gewalt angetan wird*

bodi·ly ['bɒdɪli, AM 'bɑːdəli] **I.** *adj attr, inv* körperlich; **~ fluids** Körperflüssigkeiten *fpl;* **~ functions** Körperfunktionen *fpl;* **he has lost control of his ~ functions** er hat die Kontrolle über seinen Körper verloren; **~ harm** [*or* **injury**] Körperverletzung *f;* **I was afraid they were going to cause me ~ harm** ich hatte Angst, dass sie mir etwas antun würden; **grievous ~ harm** LAW schwere Körperverletzung; **~ needs** leibliche Bedürfnisse **II.** *adv inv* ① (*with force*) gewaltsam, mit Gewalt ② (*as a whole*) als Ganzes; **the whole house was moved ~ to a new site** das ganze Haus wurde, so wie es war, an einen neuen Standort versetzt

bod·kin ['bɒdkɪn, AM 'bɑːd-] *n* Durchziehnadel *f*

body ['bɒdi, AM 'bɑːdi] *n* ① (*physical structure*) Körper *m,* Leib *m liter;* **she's just after his ~** (*fig*) ihr Interesse an ihm ist rein körperlich [*o* sexuell]; **the ~ of Christ** der Leib Christi; **~ and soul** ganz und gar, mit Leib und Seele; **she put ~ and soul into her work** sie hatte sich völlig ihrer Arbeit verschrieben ② (*trunk*) Rumpf *m* ③ (*dated: person*) Mensch *m;* **how is a ~ supposed to live in these conditions?** wie soll jemand unter diesen Bedingungen leben?; **she's a cheerful old ~** sie ist ein fröhliches Haus *fam* ④ + *sing/pl vb* (*organized group*) Körperschaft *f,* Organisation *f,* Organ *nt,* Gremium *nt,* Komitee *nt;* **advisory ~** beratendes Gremium, beratender Ausschuss; **controlling ~** Aufsichtsgremium *nt;* **governing ~** Leitung *f;* **legislative ~** gesetzgebendes Organ ⑤ + *sing/pl vb* (*group*) Gruppe *f;* **student ~** Studentenschaft *f;* **in a ~** gemeinsam ⑥ (*quantity*) Masse *f,* Menge *f,* Haufen *m fam;* **a substantial ~ of opinion opposes change** es gibt eine große Gruppe, die einmütig gegen Veränderungen ist; **~ of evidence/information** Sammlung *f* von Beweis-/Informationsmaterial ⑦ (*central part*) Hauptteil *m,* Wesentliche(s) *nt; of an army* Kerntruppe *f; of a church* Hauptschiff *nt; of a plane, ship* Rumpf *m; of a string instrument* Schallkörper *m;* **in the ~ of the House** BRIT (*Parliament*) im Plenum [des Parlaments] ⑧ AUTO Karosserie *f* ⑨ (*corpse*) Leiche *f;* (*of an animal*) Kadaver *m,* [Tier]leiche *f;* **the dog's ~ lay on the rubbish heap** der tote Hund lag auf dem Abfallhaufen ⑩ (*material object*) Gegenstand *m;* SCI Körper *m;* **celestial** [*or* **heavenly**] **~** Himmelskörper *m;* **foreign ~** Fremdkörper *m* ⑪ (*substance, thickness*) *of hair* Fülle *f,* Volumen *nt; of paper* Stärke *f; of wine* Gehalt *m;* **to have a full ~** *wine* vollmundig sein ⑫ (*lake, sea*) **~ of water** Gewässer *nt* ⑬ FASHION Body *m* ▶ PHRASES: **to keep ~ and soul together** Leib und Seele zusammenhalten; **his wages are barely enough to keep ~ and soul together** sein Lohn ist zum Leben zu wenig und zum Sterben zu viel; **over my dead ~** nur über meine Leiche

'body bag *n* Leichensack *m* **'body blow** *n* (*a. fig*) schwerer Schlag; **to come as a ~ to sb** jdn hart treffen **'body build·er** *n* Bodybuilder(in) *m(f)* **'body-build·ing** *n no pl* Bodybuilding *nt* **'body clock** *n* innere [*o* biologische] Uhr **'body·guard** *n* ① (*person*) Bodyguard *m* ② + *sing/pl vb* (*group*) Leibwache *f* **'body lan·guage** *n no pl* Körpersprache *f* **'body lo·tion** *n* Körperlotion *f* **'body odor** AM, **'body odour** *n no pl* Körpergeruch *m* **body 'poli·tic** *n no pl,* + *sing/pl vb* POL [staatliches] Gemeinwesen **body psycho·'thera·py** *n* Körperpsychotherapie *f* **'body search** *n* Leibesvisitation *f* **'body snatch·er** *n* (*old*) Leichenräuber(in) *m(f)* **'body stock·ing** *n* FASHION Body[stocking] *m* **'body·suit** *n* FASHION Body[suit] *m* **'body·surf** *vi* sich *akk* von den Wellen tragen lassen **'body warm·er** *n* BRIT Thermoweste *f,* gefütterte Weste **'body·work** *n no pl* AUTO Karosserie *f;* NATURMED Körperarbeit *f* **body wrap** ['bɒdiræp, AM 'bɑːdi-] *n* Ganzkörperpackung *f*

Boer ['bəʊəʳ, AM bɔːr] *n* Bure, -in *m, f*

Boer 'War *n* ■**the ~** der Burenkrieg

boff [bɑːf] *vt* AM (*sl*) ■**to ~ sb** mit jdm schlafen *fam*

bof·fin ['bɒfɪn] *n* BRIT, AUS (*fam: scientist*) Wissenschaftler(in) *m(f);* (*one interest*) Fachidiot(in) *m(f) pej fam*

bof·fo ['bɑːfoʊ] *adj,* **bof·fo·la** [bɑː'foʊlə] *adj* AM (*fam*) herausragend, Super-

bog [bɒg, AM bɑːg] **I.** *n* ① (*wet ground*) Sumpf *m;* **peat ~** [Torf]moor *nt* ② BRIT, AUS (*sl*) Klo *nt fam,* Scheißhaus *nt derb;* **~ paper** (*sl*) Klopapier *nt fam* **II.** *vt* <-gg-> ■**to be ~ged down** stecken bleiben; **to get ~ged down** sich *akk* verheddern [*o* verzetteln]; **to be ~ged down with work** (*fig fam*) viel zu tun [*o fam* einen Haufen Arbeit] haben **III.** *vi* <-gg-> ① *esp* AM (*stand still*) zum Stillstand kommen ② (*get stuck*) stecken bleiben; (*fig*) sich *akk* festfahren, sich *akk* verheddern

◆**bog off** *vi* BRIT (*sl*) abhauen *sl*

bo·gey ['bəʊgi, AM 'boʊ-] *n* ① (*fear*) Schreckgespenst *nt;* **her biggest ~ is being left alone** es ist ihr Alptraum, allein gelassen zu werden ② BRIT (*sl: nasal mucus*) Popel *m fam* ③ SPORTS (*golf score*) Bogey *nt fachspr*

'bo·gey·man *n* (*fam*) Butzemann *m Kindersprache,* schwarzer Mann *Kindersprache*

bog·gle ['bɒgl̩, AM 'bɑ:-] **I.** *vi* sprachlos sein; **he ~d at the suggestion** der Vorschlag verschlug ihm die Sprache; **what she said made the imagination ~** was sie sagte, war kaum vorstellbar; **the mind ~s at how much they spend on food** man fasst sich an den Kopf, wenn man hört, wie viel sie für Essen ausgeben **II.** *vt* **to ~ the mind** unglaublich sein, die Vorstellungskraft übersteigen; **it rather ~s the mind, doesn't it?** da bleibt einem doch der Mund offen stehen! *fam*

bog·gy ['bɒgi, AM 'bɑ:gi] *adj* schlammig, matschig *fam; ground* morastig

bo·gie *n* AM *see* **bogey**

'bog stand·ard *adj* BRIT (*fam*) Nullachtfünfzehn- *fam*, stinknormal *sl*

bo·gus ['bəʊgəs, AM 'boʊ-] *adj* unecht, vorgetäuscht; *name, doctor* falsch; *documents* falsch, gefälscht; *transaction, claim* Schein-; **a ~ argument** ein aus der Luft gegriffenes Argument; **~ company** Scheinfirma *f*

bogy *n see* **bogey**

bo·he·mian [bə(ʊ)'hi:miən, AM boʊ'-] **I.** *n* Bohemien *m* **II.** *adj* **~ life** Künstlerleben *nt;* **to lead a ~ way of life** wie ein Bohemien leben, ein Künstlerleben führen; ■**to be ~** nach Art der Boheme sein *geh*

boho *adj attr* (*sl*) *short for* **bohemian II.**

boil [bɔɪl] **I.** *n* ❶ *no pl* (*heat a liquid*) **to be on the** [*or* AM **at a**] **~** kochen; **to bring sth to the** [*or* AM **a**] **~, to come to the** [*or* AM **a**] **~** anfangen zu kochen; **to let sth come to the** [*or* AM **a**] **~** etw aufkochen lassen [*o* zum Kochen bringen]; **to give sth a ~** etw kochen; **to go off the ~** BRIT aufhören zu kochen ❷ MED Furunkel *m o nt* ▸ PHRASES: **to go off the ~** BRIT (*stop doing sth*) abspringen; (*lose interest*) das Interesse verlieren **II.** *vi* ❶ FOOD kochen; **the potatoes have ~ed dry** das ganze Kartoffelwasser ist verkocht ❷ CHEM den Siedepunkt erreichen ❸ (*fig*) *sea, river* brodeln, schäumen ❹ (*fig fam: anger*) **to ~** [*or* **be ~ing**] **with rage** vor Wut kochen *fam* ❺ (*fig fam: be hot*) stark schwitzen; **you'll ~ if you wear that jumper** in dem Pullover wirst du dich zu Tode schwitzen *fam* ▸ PHRASES: **to make sb's blood ~** jdn aufregen **III.** *vt* ■**to ~ sth** ❶ (*heat*) etw kochen; **~ the water before you drink it** koch das Wasser ab, bevor du es trinkst; (*fig*) **Jane can't ~ an egg** Jane kann gerade mal ein Spiegelei in die Pfanne hauen *fam* ❷ (*bring to boil*) etw zum Kochen bringen; **to ~ the kettle** den Kessel heiß machen ❸ (*wash*) etw [aus]kochen

◆**boil away** *vi* verkochen

◆**boil down I.** *vi* (*reduce*) *sauce* einkochen ▸ PHRASES: **sth all ~s down to sth** etw läuft auf etw *akk* hinaus **II.** *vt* ■**to ~ down** ↻ **sth** ❶ FOOD (*reduce*) etw einkochen ❷ (*fig: condense*) etw zusammenfassen [*o* komprimieren]; (*edit down*) etw kürzen

◆**boil over** *vi* ❶ (*flow over*) überkochen ❷ (*fig: go out of control*) *situation* außer Kontrolle geraten, eskalieren; *person* die Geduld verlieren, ausrasten *fam*

◆**boil up I.** *vt* ■**to ~ up** ↻ **sth** etw aufkochen **II.** *vi trouble* sich *akk* anstauen [*o* zusammenbrauen]

boiled [bɔɪld] *adj attr, inv bacon, ham* gekocht; **hard-/soft-~ egg** hart/weich gekochtes Ei; **~ potatoes** Salzkartoffeln *fpl*

boiled 'sweet *n* BRIT Bonbon *nt*

boil·er ['bɔɪləʳ, AM -ɚ] *n* ❶ (*in house*) Boiler *m*, Heißwasserspeicher *m* ❷ RAIL, TECH [Dampf]kessel *m* ❸ BRIT (*fam: chicken*) Suppenhuhn *nt* ❹ BRIT (*fam: woman*) Trine *f pej fam*, Spinatwachtel *f pej fam*

'boiler·house *n* Kesselhaus *nt* **'boiler·mak·er** *n* ❶ (*for ships, trains*) Kesselschmied(in) *m(f)* ❷ (*of heating*) Heizungsbauer(in) *m(f)* ❸ (*drink*) *Krug mit Bier und Whisky, der auf einen Zug geleert wird* **'boiler·man** *n* Heizungsinstallateur *m* **'boiler·plate** ['bɔɪləpleɪt, AM -lɚ-] **I.** *adj attr, inv* Standard- **II.** *n no pl* AM klischeebehaftete Sprache **'boil·er room** *n* Kesselraum *m* **'boil·er suit** *n* BRIT, AUS Overall *m*

boil·ing ['bɔɪlɪŋ] **I.** *adj* ❶ *inv* (*100 °C*) kochend ❷ (*extremely hot*) sehr heiß; **I'm ~** ich komme um vor Hitze; **~** [**hot**] **weather** unerträgliche Hitze **II.** *n no pl* BRIT (*sl*) **the whole ~** das ganze Zeug *fam*

'boil·ing point *n* Siedepunkt *m;* **to reach ~** (*start to boil*) den Siedepunkt erreichen; (*fig: become instable*) eskalieren, sich *akk* immer mehr aufheizen; **when the sauce reaches ~, lower the heat** wenn die Soße anfängt zu kochen, dreh die Flamme kleiner

bois·ter·ous ['bɔɪstᵊrəs] *adj* ❶ (*rough*) wild; (*noisy*) laut ❷ (*exuberant*) übermütig, ausgelassen; **to be in ~ spirits** in ausgelassener Stimmung sein

bois·ter·ous·ly ['bɔɪstᵊrəsli] *adv* ❶ (*noisily*) laut ❷ (*exuberantly*) übermütig, ausgelassen

bold [bəʊld, AM boʊld] *adj* ❶ (*brave*) mutig; **to put on a ~ front** sich *akk* zusammennehmen, beherrscht auftreten; **to make a ~ move** Mut zeigen; **to take a ~ step** ein Wagnis eingehen ❷ (*strong*) kräftig; *pattern* auffällig; *handwriting* schwungvoll; **~ brush strokes** kühne Pinselstriche; **~ colours** [*or* AM **colors**] kräftige Farben; **in ~ type** in fetten Buchstaben; **printed in ~ type** fett gedruckt ❸ (*not shy*) mutig, forsch; (*cheeky*) keck, frech; **as ~ as brass** frech wie Oskar *fam;* **if I may be** [*or* **make**] **so ~** (*form*) wenn ich mir eine Bemerkung erlauben darf; (*in questions*) wenn Sie mir die Frage gestatten

bold·ly ['bəʊldli, AM 'boʊld-] *adv* ❶ (*bravely*) mutig ❷ (*defiantly*) keck, frech, unverschämt *pej*

bold·ness ['bəʊldnəs, AM 'boʊld-] *n* ❶ (*bravery*) Mut *m*, Beherztheit *f;* (*cheekiness*) Unverfrorenheit *f* ❷ (*willingness to take risks*) Risikobereitschaft *f* ❸ (*strongness*) *colours* Kräftigkeit *f; pattern* Auffälligkeit *f*

bole [bəʊl, AM boʊl] *n* Baumstamm *m*

bo·lero¹ ['bɒlərəʊ, AM bə'leroʊ] *n* (*jacket*) Bolero *m*, Bolerojäckchen *nt*

bo·lero² [bə'leərəʊ, AM bə'leroʊ] *n* MUS Bolero *m*

boll [bəʊl, bɒl, AM boʊl] *n* Samenkapsel *f*

bol·lard ['bɒlɑ:d, AM 'bɑ:lɚd] *n* NAUT, TRANSP Poller *m*

bollix up *vt see* **bollocks II.**

bol·locking ['bɒləkɪŋ] *n* BRIT (*vulg*) Standpauke *f fam*, Strafpredigt *fam;* **to get a good** [*or* **right**] **~** Klartext zu hören kriegen *sl;* **to give sb a good** [*or* **right**] **~** jdn zur Sau machen *derb* [*o fam* gehörig zusammenstauchen]

bol·locks ['bɒləks] BRIT, AUS **I.** *n* (*vulg*) ❶ (*testicles*) Eier *ntpl derb* ❷ (*rubbish*) totaler Quatsch [*o* Schwachsinn] *fam;* **you're talking ~!** du redest Stuss! *sl;* **what a load of ~!** du hast wohl den Arsch auf! *derb;* **~ to that!** scheiß drauf! *derb;* **well, ~ to that, you can get stuffed** ach ja, du kannst mich am Arsch lecken *vulg* **II.** *vt* (*vulg*) ■**to ~ up** ↻ **sth** etw vermasseln *fam*

bo·lo·gna [bə'ləʊni, AM -'loʊ-] *n no pl* AM, AUS Lyoner[wurst] *f*

bo·lo·ney *n see* **baloney**

Bol·she·vik ['bɒlʃəvɪk, AM 'boʊl-] *n* ❶ POL (*hist*) Bolschewik *m* ❷ (*pej fam: radical socialist*) Bolschewik *m pej veraltend*, Kommunist(in) *m(f)*

Bol·she·vism ['bɒlʃəvɪzᵊm, AM 'boʊl-] *n no pl* Bolschewismus *m*

bol·shie <-r, -st> BRIT (*fam*), **bol·shy** ['bɒlʃi] *adj* BRIT (*fam*) patzig *pej fam*

bol·ster ['bəʊlstəʳ, AM 'boʊlstɚ] **I.** *n* Nackenrolle *f* **II.** *vt* ❶ (*prop up*) ■**to ~ sth** etw stützen; **they had to ~ the roof** sie mussten das Dach abstützen ❷ (*encourage*) ■**to ~ sb up** jdn unterstützen, jdm die Stange halten *fam;* **to ~ sb's confidence** [*or* **morale**] jdn moralisch unterstützen [*o* aufbauen]; **to ~ one's image** etw für sein Image tun ❸ (*increase*) ■**to ~ sth up** etw erhöhen; **I need to ~ my earnings somehow** irgendwie muss ich mein Einkommen aufbessern; **to ~ fears** Ängste schüren

bolt [bəʊlt, AM boʊlt] **I.** *vi* ❶ (*move quickly*) [schnell] rennen, rasen *fam*, flitzen *fam;* **she ~ed to the phone** sie stürzte ans Telefon ❷ (*run away*) weglaufen, ausreißen *fam*, durchbrennen *fam; horse* durchgehen; **the horse has ~ed** (*fig*) der Zug ist schon abgefahren; **the rabbits ~ed away** die Kaninchen schossen [*o geh* stoben] davon ❸ (*lock*) schließen; *door* verriegeln ❹ HORT *plant* ins Kraut schießen **II.** *vt* ❶ (*gulp down*) ■**to ~ sth** ↻ **[down]** etw hinunterschlingen ❷ (*lock*) **to ~ a door/window** eine Tür/ein Fenster verriegeln ❸ (*fix*) ■**to ~ sth on[to] sth** etw mit etw *dat* verbolzen **III.** *n* ❶ (*rapid move*) Sprung *m*, Satz *m*; **to make a ~ for freedom** das Weite suchen, flüchten ❷ (*lightning*) **~ of lightning** Blitz[schlag] *m* ❸ (*on a door*) Riegel *m*; **to draw the ~** den Riegel vorschieben ❹ (*screw*) Schraubenbolzen *m* ❺ (*of a crossbow*) Bolzen *m* ❻ (*of a gun*) Schlagbolzen *m* ❼ (*roll of wallpaper*) Rolle *f*; (*roll of cloth*) [Stoff]ballen *m* ►PHRASES: **to be a ~ from** [*or* **out of**] **the blue** aus heiterem Himmel [*o* völlig unerwartet] kommen; **the nuts and ~s of sth** die praktischen Details; **to have shot one's ~** (*fam*) sein Pulver verschossen haben *fig*

'bolt-hole *n esp* BRIT, AUS Unterschlupf *m*; **to find a ~** Unterschlupf finden **bolt 'up·right** *adv inv* aufrecht; **she sat ~ in bed, listening carefully** sie saß kerzengerade im Bett und hörte aufmerksam zu

bomb [bɒm, AM bɑːm] **I.** *n* ❶ (*explosive*) Bombe *f*; **letter/parcel ~** Brief-/Paketbombe *f*; **unexploded ~** Blindgänger *m*; **to drop a ~ on sth** eine Bombe auf etw *akk* werfen; **to go like a ~** abgehen wie ein geölter Blitz *sl*; **sth looks as if** [*or* **though**] **a ~ has hit it** etw sieht aus, als hätte eine Bombe eingeschlagen; **to plant a ~** eine Bombe legen; **to put a ~ under sb/sth** (*fig fam*) jdn/etw völlig umkrempeln; **to throw a ~** eine Bombe werfen ❷ (*atom bomb*) ■**the ~** die [Atom]bombe ❸ BRIT (*fam: lot of money*) Unsumme *f meist pl* ❹ BRIT (*fig fam: success*) **to go [like** [*or* **down**]] **a ~** ein Bombenerfolg sein *fam*; *party* gut abgehen *sl* ❺ AM (*fam: flop*) **to be a ~** ein Misserfolg [*o fam* Flop] sein **II.** *vt* ■**to ~ sth** etw bombardieren; **this pub was ~ed a few years ago** in dieser Kneipe ging vor ein paar Jahren eine Bombe hoch *fam* **III.** *vi* (*fam*) [völlig] danebengehen *fam*

◆**bomb out I.** *vi* ■**to ~ out on sth** bei etw *dat* kläglich scheitern; **to ~ out on an exam** mit Pauken und Trompeten durch eine Prüfung fallen **II.** *vt* ■**to ~ sth** ↻ **out** etw zerbomben; **to ~ sb out [of his/her home]** jdn ausbomben

bom·bard [bɒm'bɑːd, AM bɑːm'bɑːrd] *vt* ❶ (*attack*) ■**to ~ sth** etw bombardieren ❷ (*fig: overwhelm*) ■**to ~ sb with sth** jdn mit etw *dat* überhäufen; **to ~ sb with questions** jdn mit Fragen bombardieren *fam*

bom·bar·dier [ˌbɒmbə'dɪəʳ, AM ˌbɑːmbə'dɪr] *n* ❶ (*soldier*) Artillerieunteroffizier(in) *m(f)* ❷ (*aircraft personnel*) Bombenschütze, -in *m, f*

bom·bard·ment [bɒm'bɑːdmənt, AM bɑːm'bɑːrd-] *n* ❶ (*attack*) Bombardierung *f*, Bombardement *nt*; **aerial ~** Bombardierung *f* [aus der Luft] ❷ (*fig*) **a ~ of questions** ein Kreuzfeuer *nt* von Fragen

bom·bast ['bɒmbæst, AM 'bɑːm-] *n no pl* Schwulst *m pej*, Bombast *m pej*

bom·bas·tic [bɒm'bæstɪk, AM bɑːm'-] *adj* (*pompous*) bombastisch, pathetisch *oft pej*; *statement, speech* hochtrabend *pej*; (*sentimental*) schwülstig *pej*

'bomb at·tack *n* (*by plane*) Bombenangriff *m*; (*by terrorists*) Bombenattentat *nt* **'bomb cra·ter** *n* Bombentrichter *m* **'bomb dis·pos·al unit** *n* BRIT Bombenräumkommando *nt*

bombed [bɑːmd] *adj pred* AM (*fam: on drugs*) total zu *sl*; (*on alcohol*) voll *fam*, hinüber *fam*

bomb·er ['bɒməʳ, AM 'bɑːmɚ] *n* ❶ (*plane*) Bombenflugzeug *nt*, Bomber *m fam* ❷ (*person*) Bombenleger(in) *m(f)*

'bomb·er jack·et *n* Bomberjacke *f*

bomb·ing ['bɒmɪŋ, AM 'bɑːm-] *n* MIL Bombardierung *f*; (*terrorist attack*) Bombenanschlag *m*

'bomb·proof *adj* bombensicher **'bomb scare** *n* Bombenwarnung *f* **'bomb·shell** *n* ❶ (*a. fig: bomb*) Bombe *f a. fig*; **her decision came as a ~** ihr Entschluss schlug wie eine Bombe ein; **to drop a ~** (*fig*) die Bombe platzen lassen ❷ (*woman*) Sexbombe *f sl* **'bomb site** *n* Trümmerfeld *nt* **'bomb squad** *n* AM (*bomb disposal unit*) Bombenräumkommando *nt*

bona fide [ˌbəʊnə'faɪdi, AM ˌboʊnə'faɪd, 'faɪdi, bɑːnə] **I.** *adj* ❶ (*genuine*) echt; LAW **~ agreement** Bona-fide-Abkommen *nt*, Abkommen, das in gutem Glauben geschlossen wurde; **~ alibi** hieb- und stichfestes Alibi ❷ (*serious*) ehrlich; **~ offer** seriöses Angebot **II.** *adv* in gutem Glauben, gutgläubig

bona fi·des [ˌbəʊnə'faɪdiːz, AM ˌboʊ-] *n* ❶ *no pl* (*sincere intention*) guter Glaube ❷ + *pl vb* (*credentials*) Referenzen *fpl*

bo·nan·za [bə'nænzə] **I.** *n* ❶ (*source of prosperity*) Goldgrube *f fig fam*; **to enjoy a ~** hohe Gewinne machen ❷ (*event*) Event *nt*; **a fashion ~** ein Modetreff *m* ❸ MIN Goldader *f*; **to strike a ~** auf eine Goldader stoßen **II.** *n modifier* einträglich, lukrativ *geh*; **a ~ month** ein lukrativer Monat

bonce [bɒn(t)s] *n* BRIT (*sl: head*) Birne *f hum sl*

bond [bɒnd, AM bɑːnd] **I.** *n* ❶ (*emotional connection*) Bindung *f*; **~ between mother and child** Bindung *f* zwischen Mutter und Kind; **family ~s** Familienbande *pl geh*; **~[s] of friendship/love** Bande *pl* der Freundschaft/Liebe *geh*; **a close ~** eine enge Bindung; **to break a ~** die Verbindung lösen ❷ (*obligation*) Verpflichtung *f*; **the ~s of marriage** das Band der Ehe ❸ FIN Schuldschein *m*; **government ~** Staatsanleihe *f*; **registered ~** Namensschuldverschreibung *f*; **savings ~** festverzinsliches Wertpapier ❹ LAW (*agreement*) schriftliche Verpflichtung; **to enter into a ~** [durch Urkunde] eine Verpflichtung eingehen ❺ AM LAW (*bail*) Kaution *f* ❻ (*poet: shackles*) ■**~s** *pl* Fesseln *fpl*; **the ~s of oppression/tyranny** (*fig*) die Fesseln der Unterdrückung/Tyrannei *fig* ❼ CHEM Bindung *f* ❽ ECON Zollverschluss *m*, Plombierung *f*; **to place goods in ~** Waren unter Zollverschluss nehmen ►PHRASES: **my word is [as good as] my ~** (*saying*) auf meine Zusage ist Verlass **II.** *vt* ❶ (*unite emotionally*) ■**to ~ sb** jdn verbinden [*o* zusammenschweißen] ❷ (*stick together*) ■**to ~ sth together** etw zusammenfügen; ■**to ~ sth to sth** etw mit etw *dat* [fest] verbinden ❸ ECON ■**to ~ sth** etw in Zollverschluss nehmen **III.** *vi* haften

bond·age ['bɒndɪdʒ, AM 'bɑːn-] *n no pl* ❶ (*liter: slavery*) Sklaverei *f*; **to be in ~ [to sb]** [bei jdm] in Sklaverei sein; **to be in ~ to superstitious beliefs** (*fig*) dem Aberglauben verfallen sein ❷ (*sexual act*) Fesseln *nt*; **to be into ~** Fesselung mögen

bond·ed ['bɒndɪd, AM 'bɑːn-] *adj* ❶ ECON (*put into a warehouse*) *goods* unter Zollverschluss; **~ warehouse** Zollgutlager *nt* ❷ FIN durch Obligationen gesichert; **~ dept** Obligationsschuld *f* ❸ **a ~ travel agent/tour operator** BRIT *Reisebüro/Reiseunternehmen, das sich im Interesse seiner Kunden gegen den eigenen Bankrott versichert hat*

'bond-hold·er *n* FIN Obligationsinhaber(in) *m(f)*

bond·ing ['bɒndɪŋ, AM 'bɑːn-] *n no pl* Bindung *f*; PSYCH Bonding *nt*

'bond·man *n* Leibeigene(r) *m*; (*slave*) Sklave *m*

'bond pa·per *n no pl qualitätsvolles Schreib- und Druckpapier*

'bonds·man *n* Leibeigene(r) *m*; (*slave*) Sklave *m* **'bond·stone** *n* ARCHIT Binderstein *m* **'bonds·wom·an, 'bond·wom·an** *n* Leibeigene *f*; (*slave*) Sklavin *f*

bone [bəʊn, AM boʊn] **I.** *n* ❶ ANAT Knochen *m*; *of fish* Gräte *f*; FOOD **off the ~** *fish* entgrätet; *meat* entbeint ❷ *no pl* (*material*) Bein *nt*; **made of ~** aus Bein ►PHRASES: **to be a bag of ~s** nur noch Haut und Knochen sein; **~ of contention** Zankapfel *m*; **to work one's fingers to the ~** sich *akk* abrackern *sl*; **to be all skin and ~[s]** aus Haut und Knochen bestehen; **to be close to the ~** unter die Haut gehen; **to be frozen** [*or* **chilled**] **to the ~** völlig durchgefroren sein *fig*; **to cut** [*or* **pare**] **sth to the ~** etw drastisch einschränken; **to feel sth in one's ~s** etw instinktiv fühlen; **to make no ~s about sth** kein Geheimnis aus etw *dat* machen; **to have a ~ to pick with sb** mit jdm ein Hühnchen zu rupfen haben *fam* **II.** *n modifier* ❶ ANAT (*graft, structure*) Knochen- ❷ (*made of bone*) Bein-;

~-**handled knife** Messer *nt* mit Beingriff **III.** *vt* **to ~ a fish** einen Fisch entgräten; **to ~ a piece of meat** Fleisch ausbeinen
◆**bone up** *vi (fam)* ■**to ~ up on sth** etw büffeln [*o* pauken] *fam*
bone 'chi·na *n* feines Porzellan
boned [bəʊnd, AM boʊnd] *adj* ~ **fish** entgräteter Fisch; ~ **meat** ausgebeintes Fleisch
-boned [bəʊnd, AM boʊnd] *in compounds* -knochig; **big-** [*or* **large-**]/**fine-~** groß-/feinknochig
bone 'dry *adj inv* staubtrocken **'bone frac·ture** *n* Knochenbruch *m* **'bone·head** *n (pej sl)* Holzkopf *m pej sl*, Dummkopf *m pej* **bone·headed** [ˌbəʊn'hedɪd, AM ˌboʊn-] *adj (sl)* schwachsinnig *pej fam*, blöd *fam* **'bone idle** *adj (pej)*, **'bone lazy** *adj (pej)* ■**to be ~** stinkfaul sein *sl*
bone·less ['bəʊnləs, AM 'boʊn-] *adj inv* ~ **chicken** Hühnerfleisch *nt* ohne Knochen; ~ **fish** entgräteter Fisch; ~ **meat** ausgebeintes Fleisch
'bone mar·row *n no pl* Knochenmark *nt* **'bone meal** *n no pl* Knochenmehl *nt*
bon·er ['bəʊnəʳ, AM 'boʊnɚ] *n* ❶ *esp* AM *(vulg: erect penis)* Ständer *m sl* ❷ *(sl: blunder)* Schnitzer *m fam;* **to pull a ~** einen Schnitzer machen *fam*
'bone·shak·er *n* BRIT *(hum fam)* Klapperkiste *f fam* **'bone·yard** ['bəʊnjɑːd, AM 'boʊnjɑːrd] *n (sl)* Friedhof *m*
bon·fire ['bɒnfaɪəʳ, AM 'bɑːnfaɪɚ] *n* Freudenfeuer *nt;* **to build a ~** einen Scheiterhaufen machen
'bon·fire night BRIT, **'Bon·fire Night** *n* BRIT *Abend des 5. November, an dem in Großbritannien Freudenfeuer abgebrannt werden*
bong [bɒŋ, AM bɑːŋ] *n* Gongschlag *m*
bon·go <*pl* -s *or* -es> ['bɒŋgəʊ, AM 'bɑːŋgoʊ] *n*, **bon·go drum** *n* MUS Bongo *nt o f*
bon·ho·mie ['bɒnɒmi, AM ˌbɑːnə'miː] *n no pl* gute Laune; **to be full of ~** vor guter Laune sprühen
bonk [bɒŋk, AM bɑːŋk] **I.** *n* ❶ BRIT *(vulg: sexual intercourse)* Nummer *f derb;* ■**to have a ~** eine Nummer schieben *sl* ❷ *(hum fam: hit)* Klaps *m fam* **II.** *vt* ❶ BRIT *(vulg: have sex with)* ■**to ~ sb** mit jdm vögeln *vulg* ❷ *(hum fam: hit)* ■**to ~ sb/sth** jdn/etw schlagen **III.** *vi* BRIT *(vulg)* vögeln *vulg*
bonk·ers ['bɒŋkəz, AM 'bɑːŋkɚz] *adj pred (hum fam)* verrückt, übergeschnappt *fam*
bon mot <*pl* bons mots> [ˌbɔ̃ː(m)'məʊ, AM ˌbɔ̃ːn'moʊ] *n* Bonmot *nt geh*
bon·net ['bɒnɪt, AM 'bɑːn-] *n* ❶ *(hat)* Mütze *f;* *(worn by women)* Haube *f* ÖSTERR, SÜDD *veraltet;* **baby's ~** Babymütze *f*, Babyhaube *f* ÖSTERR, SÜDD ❷ BRIT, AUS AUTO Motorhaube *f*
bon·ny ['bɒni] *adj* BRIT strahlend gesund; ~ **baby** prächtiges Baby; ~ **lass** hübsches Mädchen; **to look ~** prächtig aussehen
bon·sai ['bɒnsaɪ, AM ˌbɑːn'saɪ] *n* ❶ *no pl (method)* Bonsai *nt* ❷ *(tree)* Bonsai *m;* ~ **tree** Bonsaibaum *m*
bons mots [ˌbɔ̃ː(m)'məʊ, AM ˌbɔ̃ːn'moʊ] *n pl of* **bon mot**
bon·spiel ['bɒnspiːl] *n* SCOT Eisschießen *nt*
bons vi·vants [ˌbɔ̃ː(ŋ)vi'vɑ̃(ŋ), AM ˌbɑːnviː'vɑːnt] *n pl of* **bon vivant**
bo·nus ['bəʊnəs, AM 'boʊ-] *n* ❶ FIN Prämie *f;* **Christmas ~** Weihnachtsgratifikation *f;* **productivity ~** Ertragszulage *f;* **a ~ issue** eine Emission von Gratisaktien; ~ **share** Gratisaktie *f* ❷ *(fig: sth extra)* Bonus *m*
bon vi·vant <*pl* bons vivants> [ˌbɔ̃ː(ŋ)vi'vɑ̃(ŋ), AM ˌbɑːnviː'vɑːnt] *n*, **bon vi·veur** <*pl* bons viveurs> [ˌbɔ̃ː(ŋ)vi'vɜːʳ] *n* BRIT Bonvivant *m*
bon vo·yage [ˌbɔ̃ː(ŋ)vɔɪ'ɑːʒ, AM ˌbɑːnvwaɪ'-] *interj* gute Reise!
bony ['bəʊni, AM 'boʊ-] *adj* ❶ *(with prominent bones)* knochig ❷ *(full of bones) fish* voller Gräten; *meat* knochig
bonze [bɒnz, AM bɑːnz] *n* REL Bonze *m*
bon·zer ['bɒnzəʳ] *adj* AUS *(dated fam)* wunderbar, super *sl*
boo [buː] **I.** *interj (fam)* ❶ *(to surprise)* huh ❷ *(to show disapproval)* buh ▶ PHRASES: **she wouldn't say ~ to a goose** sie ist ein schüchternes Pflänzchen **II.** *vi* buhen *fam* **III.** *vt* ■**to ~ sb** jdn ausbuhen *fam;* **to ~ sb off the stage** jdn von der Bühne wegbuhen *fam* **IV.** *n* Buhruf *m*
boob [buːb] **I.** *n* ❶ *usu pl (sl: breast)* **big ~s** große Titten *derb* ❷ *(fam: blunder)* Schnitzer *m fam* ❸ AM *(person)* Trottel *m pej* **II.** *vi (fam)* einen Schnitzer machen *fam*
'boob job *n (sl)* Brustkorrektur *f*
boo-boo ['buːbuː] *n* ❶ *(fam: mistake, blunder)* Schnitzer *m fam* ❷ AM *(fam: small injury)* Wehweh *nt Kindersprache,* Aua *nt Kindersprache*
'boob tube *n (fam)* ❶ FASHION *trägerloses, bauchfreies Top* ❷ AM *(fam: television)* Glotze *f fam*
boo·by ['buːbi] *n* Trottel *m pej*
'boo·by prize *n* Trostpreis *m* **'boo·by trap** *n* ❶ *(practical joke)* Streich *m* ❷ *(bomb)* getarnte Bombe **'boo·by-trap I.** *vt* ❶ *(as a joke)* ■**to ~ sth** etw präparieren; **she had ~ped the door with a bag of flour** sie hatte oben an der angelehnten Tür eine Tüte Mehl platziert ❷ *(as a bomb)* **to ~ a car** eine Bombe in einem Auto installieren **II.** *n modifier* **a ~ bomb** eine harmlos getarnte Bombe **'boo·by-trapped** *adj* ❶ *(as a joke) chair, desk, door* präpariert ❷ *(with a bomb)* mit einem Sprengsatz versehen
boo·dle ['buːdl̩] *n no pl (fam)* Zaster *m fam;* **oodles of ~** *(sl)* jede Menge Zaster *fam*
boog·er ['bʊgɚ] *n* AM *(bogey)* Popel *m fam*
'boo·gey·man *n* AM *see* **bogeyman**
boo·gie ['buːgi, AM 'bʊgi] *(dated)* **I.** *vi (fam)* shaken *fam* **II.** *n (fam)* Schwof *m sl;* **I enjoy a good ~ from time to time** ich schwinge immer mal wieder gern das Tanzbein
'boo·gie board *n* Surfbrett *nt* zum Drauflegen
boo·hoo [ˌbuː'huː] *interj* bäh!; *(iron)* schluchz! *iron*
book [bʊk] **I.** *n* ❶ *(for reading)* Buch *nt;* **the ~ of Genesis/Exodus** das Buch Genesis/Exodus; **the good ~** die Bibel; **to be in the ~** im Telefonbuch stehen; **to look sth up in a ~** etw in einem Buch nachschlagen; **look up the number in the ~** sieh die Nummer im Telefonbuch nach!; **to write a ~ [on sth]** ein Buch [über etw *akk*] schreiben ❷ *(set)* Heftchen *nt;* ~ **of samples** Musterbuch *nt;* **a ~ of stamps/tickets** ein Briefmarken-/Fahrkartenheftchen *nt* ❸ *(for bets)* **to open** [*or* **start**] [*or* **keep**] **a ~ on sth** Wetten über etw *akk* annehmen ❹ *pl (financial records)* ■**the ~s** die [Geschäfts]bücher *pl;* **to do the ~s** die Abrechnung machen; **to go over the ~s** die [Geschäfts]bücher überprüfen; **on the ~s** eingetragen; **we've only got 22 members on our ~s** wir haben nur 22 eingetragene Mitglieder ▶ PHRASES: **to take a <u>leaf</u> out of sb's ~** sich *dat* an jdm ein Beispiel nehmen; **to be a <u>closed</u> ~ [to sb]** für jdn ein Buch mit sieben Siegeln sein; **to be in sb's <u>good</u>/<u>bad</u> ~s** bei jdm gut/schlecht angeschrieben sein; **to <u>do</u> sth by the ~** etw nach den Buchstaben des Gesetzes machen; **<u>little</u> <u>black</u> ~** *(fam) Adressbuch mit Adressen von Geliebten/Liebhabern;* **to <u>buy</u> by the ~** strikt nach Anleitung kaufen; **to <u>bring</u> sb to ~** jdn zur Rechenschaft ziehen; **to <u>do</u> sth by the ~** etw nach Vorschrift machen; **to be able to <u>read</u> sb like a ~** jdn völlig durchschauen; **to <u>suit</u> one's ~** jdm gelegen kommen; **to <u>throw</u> the ~ at sb** jdm gehörig den Kopf waschen *fam;* **in <u>my</u> ~** meiner Meinung nach **II.** *vt* ❶ *(reserve)* ■**to ~ sth** etw buchen; ■**to ~ sb sth** [*or* **sth for sb**] etw für jdn reservieren ❷ *(by policeman)* ■**to ~ sb** jdn verwarnen; **to be ~ed for speeding** eine Verwarnung wegen erhöhter Geschwindigkeit bekommen **III.** *vi* reservieren; **it's advisable to ~ early** es empfiehlt sich, frühzeitig zu buchen; ■**to ~ to do sth** sich *akk* für etw *akk* vormerken lassen; **we've ~ed to fly to Morocco on Friday** wir haben für Freitag einen Flug nach Marokko reserviert; **to ~ into a hotel** in ein Hotel einchecken; **to be fully ~ed** ausgebucht sein
◆**book in I.** *vi esp* BRIT einchecken **II.** *vt* ■**to ~ sb ↔ in** für jdn ein Hotel buchen
◆**book out** *esp* BRIT **I.** *vi* ■**to ~ out [of a hotel]** [aus einem

Hotel] auschecken **II.** *vt* **to ~ sb out [of a hotel]** [*or* **to ~ out sb**] jdn [aus einem Hotel] auschecken

◆**book through** *vt* ■**to ~ sb through: she's ~ed through to Sydney via Singapore** sie hat für Sydney mit einem Zwischenstopp in Singapur gebucht

◆**book up** *vi* buchen; **to ~ up a course** einen Kurs buchen; **to ~ up for a holiday** [*or* AM **vacation**] einen Urlaub buchen; ■**to be ~ed up/out** ausgebucht sein

book·able ['bʊkəbl̩] *adj inv* ❶ (*able to be reserved*) erhältlich; **~ in advance** im Vorverkauf erhältlich ❷ SPORTS **a ~ offence** ein Regelverstoß, der zu ahnden ist

'book·bind·er *n* Buchbinder(in) *m(f)* **'book·bind·er's** *n* Buchbinderei *f* **'book·bind·ing** *n no pl* Buchbinderhandwerk *nt* **'book·case** *n* Bücherschrank *m* **'book club** *n* Buchgemeinschaft *f*, Buchklub *m* **'book·end** *n* Buchstütze *f*

i Kultur

Der **Booker Prize** (kurz für: *Booker McConnell Prize for Fiction*) wurde 1969 von der Maschinenbaufirma Booker McConnell ins Leben gerufen. Der angesehene Literaturpreis wird jedes Jahr im September für den besten auf Englisch erschienenen Roman des Vorjahres vergeben. Gewinner des **Booker Prize** der letzten Jahre waren DBC Pierre (2003), Yann Martel (2002), Peter Carey (2001) und Margaret Atwood (2000).

'book fair *n* Buchmesse *f*

bookie ['bʊki] *n* (*fam*) *short for* **bookmaker** Buchmacher(in) *m(f)*

book·ing ['bʊkɪŋ] *n* ❶ (*reservation*) Reservierung *f*; **advance ~s** Vorreservierung[en] *f*; **a block ~** eine Gruppenreservierung; **to cancel a ~** eine Buchung stornieren; **to make a ~** etw buchen ❷ SPORTS Verwarnung *f*

'book·ing clerk *n* Schalterbeamte(r) *m*, Schalterbeamte [*o* -in] *f* **'book·ing of·fice** *n* ❶ THEAT Theaterkasse *f* ❷ RAIL (*dated*) Fahrkartenschalter *m*

book·ish ['bʊkɪʃ] *adj* (*esp pej*) ❶ (*studious*) streberhaft ❷ (*unworldly*) weltfremd

'book·keep·er *n* Buchhalter(in) *m(f)* **'book·keep·ing** *n no pl* Buchhaltung *f* **'book-learn·ing** *n no pl* Bücherweisheit *f*

book·let ['bʊklət] *n* Broschüre *f*

'book·mak·er *n* Buchmacher(in) *m(f)* **'book·mak·er's** *n* Wettannahme[stelle] *f*, Wettbüro *nt* **'book·mark I.** *n* Lesezeichen *nt* **II.** *vt* INET **to ~ a website** bei einer Webseite ein Lesezeichen setzen, eine Webseite zu seinen Favoriten hinzufügen

'book·mark·er *n* Lesezeichen *nt* **'book·mo·bile** *n* AM (*mobile library*) Bücherbus *m* **book on tape** *n* Hörbuch *nt* **'book·plate** *n* Exlibris *nt fachspr* **'book·rest** *n* Lesepult *nt* (*zum Lesen am Tisch*) **'book re·view** *n* Buchbesprechung *f* **'book re·view·er** *n* Buchkritiker(in) *m(f)* **'book·seller** *n* Buchhändler(in) *m(f)* **'book·shelf** *n* Bücherregal *nt* **'book·shop** *n* Buchgeschäft *nt* **'book·stall** *n* Bücherstand *m* **'book·store** *n* AM Buchgeschäft *nt* **'book to·ken** *n* Büchergutschein *m* **'book trade** *n* Buchhandel *m*; **to be in the ~** im Buchhandel arbeiten **'book value** *n* FIN Buchwert *m* **'book·work** *n* ❶ FIN Buchführung[sarbeit] *f* ❷ SCH Bücherstudium *nt* **'book·worm** *n* Bücherwurm *m hum*

Bool·ean ['bu:liən] *adj attr, inv* MATH **~ algebra** boolesche Algebra

boom¹ [bu:m] ECON **I.** *vi* florieren, boomen *fam* **II.** *n* Boom *m*, Aufschwung *m*; **~ and bust** *rascher Aufschwung, dem der Zusammenbruch folgt;* **a consumer/property ~** ein Konsum-/Immobilienboom *m*; **a ~ in the sale of property** [*or* **in the property market**] ein Immobilienboom *m* **III.** *n modifier* florierend; **a ~ time** Hochkonjunktur *f*; **a ~ town** eine aufstrebende Stadt; **a ~ year** ein Jahr *nt* des Aufschwungs; **the ~ years** die Jahre wirtschaftlichen Aufschwungs

boom² [bu:m] **I.** *n* Dröhnen *nt kein pl* **II.** *vi* ■**to ~ [out]** dröhnen **III.** *vt* ■**to ~ [out] sth** etw mit dröhnender Stimme befehlen

boom³ [bu:m] *n* ❶ (*floating barrier*) Baum *m* ❷ NAUT Baum *m* ❸ FILM, TV Galgen *m*

'boom box *n* AM (*sl*) G[h]ettoblaster *m fam*

boom·er ['bu:məʳ] *n* AUS ❶ (*kangaroo*) *ausgewachsenes männliches Känguru* ❷ (*wave*) große Welle

boom·er·ang ['bu:mᵊræŋ, AM -mər-] **I.** *n* Bumerang *m* **II.** *vi* (*fig*) ■**to ~ on sb** *scheme, plan* sich *akk* für jdn als Bumerang erweisen *fig*

boom·ing ['bu:mɪŋ] *inv* **I.** *adj attr* dröhnend; **a ~ voice** eine dröhnende Stimme **II.** *n no pl* Dröhnen *nt*; **the ~ of thunder** das dröhnende Grollen des Donners *liter*

boon [bu:n] *n usu sing* Segen *m fig*; **a ~ companion** (*liter*) ein wunderbarer Begleiter/eine wunderbare Begleiterin; **to be** [*or* **prove**] **a ~ [to sb]** sich *akk* [für jdn] als Segen erweisen

boon·docks ['bu:ndɒks, AM -dɑ:ks] *npl* AM, AUS (*pej sl*) ■**the ~** die tiefste Provinz

boor [bɔ:ʳ, AM bʊr] *n* (*pej*) Rüpel *m pej*

boor·ish ['bɔ:rɪʃ, AM 'bʊr-] *adj* (*pej*) rüpelhaft *pej*

boost [bu:st] **I.** *n* Auftrieb *m*; **to give a ~ to sth** etw *dat* Auftrieb geben [*o* verleihen]; **to give a ~ to the economy** die Wirtschaft ankurbeln **II.** *vt* ■**to ~ sth** ❶ (*improve, increase*) etw ansteigen lassen; **the theatre managed to ~ its audiences by cutting the price of tickets** der ermäßigte Eintritt brachte dem Theater vermehrten Zulauf; **to ~ sb's ego** jds Selbstvertrauen steigern; **to ~ sb's image** jds Image aufmöbeln *fam*; **to ~ morale** die Stimmung heben ❷ (*fam: promote*) für etw *akk* die Werbetrommel rühren ❸ ELEC etw verstärken

boost·er ['bu:stəʳ, AM -ɚ] *n* ❶ (*improvement*) Verbesserung *f*; **to be a confidence/morale ~** das Selbstvertrauen/die Stimmung heben ❷ MED zusätzliche Dosis, Boosterdosis *f fachspr*; **a ~ vaccination** [*or fam* **shot**] eine Auffrischungsimpfung

'boost·er rock·et *n* Trägerrakete *f* **'boost·er seat** *n* AUTO Kindersitz *m*

boot [bu:t] **I.** *n* ❶ (*footwear*) Stiefel *m*; **ankle ~** Stiefelette *f*; **walking ~** Wanderschuh *m*; **Wellington ~**, AM **rubber ~** Gummistiefel *m* ❷ (*fam: kick*) Stoß *m*; **to get the ~** (*fig*) hinausfliegen *fam*; **to give sb the ~** (*fig*) jdn hinauswerfen *fam*; **to put the ~ in** BRIT (*kick sb brutally*) jdn mit Fußtritten fertigmachen; (*fig: make a situation worse*) einer Sache die Krone aufsetzen ❸ BRIT AUTO (*for luggage*) Kofferraum *m*; AM (*wheel clamp*) Wegfahrsperre *f* ❹ BRIT (*a. hum fam: woman*) **old ~** Schreckschraube *f fam* ❺ **to ~** obendrein, überdies ▸PHRASES: **the ~'s on the other foot** BRIT die Lage sieht anders aus; **to have one's heart in one's ~s** das Herz in der Hose haben; **to feel one's heart drop into one's ~s** merken, wie einem der Arsch auf Grundeis geht *sl*; **to be/get too big for one's ~s** hochnäsig sein/werden; **to bet one's ~s that ...** (*fam*) darauf wetten, dass ...; **to die with one's ~s on** [*or* **in one's ~s**] in den Sielen sterben; **to lick sb's ~s** jdm die Füße küssen *fig* **II.** *vt* (*fam*) ■**to ~ sth** etw *dat* einen Tritt versetzen [*o* geben]; ■**to be ~ed off sth** achtkantig aus etw *dat* fliegen *sl*

◆**boot out** *vt* (*fam*) ■**to ~ sb out** jdn hinauswerfen; **to ~ sb out of a company** jdn rausschmeißen [*o fam* feuern]; **to ~ sb out of the house** jdn aus der Wohnung/aus dem Haus rausschmeißen *fam*

◆**boot up** *vt* **to ~ the computer** ○ **up** den Computer hochfahren

'boot·black *n esp* AM (*dated*) Schuhputzer(in) *m(f)* **'boot camp** *n* AM Ausbildungslager *nt*

bootee ['bu:ti, AM -ṭi] *n* gestrickter Babyschuh

booth [bu:ð, bu:θ, AM bu:θ] *n* ❶ (*cubicle*) Kabine *f*; (*in a restaurant*) Sitzecke *f*; **polling ~** Wahlkabine *f*; **telephone ~** Telefonzelle *f* ❷ (*at a fair*) Stand *m*

bootie *n see* **bootee**

'boot·jack *n* Stiefelknecht *m* **'boot·lace** *n* Schnürsenkel *m*, Schuhband *nt* ÖSTERR **'boot·leg I.** *adj attr, inv* ❶ (*sold illegally*) geschmuggelt ❷ (*illegally made*) illegal hergestellt; ~ **alcohol** schwarz gebrannter Alkohol; ~ **CDs** Raubpressungen *fpl;* ~ **tapes** Raubkopien *fpl* **II.** *vt* <-gg-> ■**to ~ sth** ❶ (*sell illegally*) etw schmuggeln ❷ (*make illegally*) etw illegal herstellen; **to ~ alcohol** Alkohol schwarz brennen **III.** *vi* <-gg-> Schwarzhandel betreiben **'boot·leg·ger** *n* ❶ (*seller*) Schwarzhändler(in) *m(f)* ❷ (*manufacturer*) illegaler Hersteller/illegale Herstellerin; (*of alcohol*) Schwarzbrenner(in) *m(f)* **'boot·lick·er** *n* (*pej*) Kriecher(in) *m(f) pej,* Schleimer(in) *m(f) pej* **'boot·mak·er** *n* Schuhmacher(in) *m(f)* **'boot·strap** *n* Stiefelschlaufe *f* ▸ PHRASES: **to pull** [*or* **haul**] **oneself up by one's ~s** sich *akk* aus eigener Kraft hochrappeln

boo·ty ['bu:ti, AM -t̬i] *n* Beutegut *nt*

booze [bu:z] **I.** *n* (*fam*) ❶ *no pl* (*alcohol*) Alk *m fam;* **to be off the ~** nicht mehr trinken; **to be on the ~** saufen *derb* ❷ (*activity*) Sauferei *f derb;* **to go out on the ~** auf Sauftour gehen *fam* **II.** *vi* (*fam*) saufen *derb;* **to have been boozing all night** die ganze Nacht durchgezecht haben

'booze bus *n* AUS Polizeiwagen *m* mit Alkomat

booz·er ['bu:zəʳ, AM -ɚ] *n* (*fam*) ❶ BRIT (*pub*) Kneipe *f* ❷ (*person*) Säufer(in) *m(f) pej derb*

booze-up ['bu:zʌp] *n* (*fam*) Besäufnis *nt sl*

booz·ing ['bu:zɪŋ] *n no pl* Trinken *nt* **boozy** ['bu:zi] *adj* (*fam*) versoffen *sl;* ~ **breath** Fahne *fig fam*

bop [bɒp, AM bɑ:p] **I.** *vi* (*fam or dated*) tanzen **II.** *vt* (*fam*) ■**to ~ sb** [**on the head**] jdm eine auf den Kopf geben *fam* **III.** *n* ❶ (*fam: dance*) Tanz *m* ❷ (*type of jazz*) Bop *m*

bop·py ['bɒpi, AM 'bɑ:pi] *adj* tanzbar; ~ **music** flotte Musik

bora ['bɔ:rə] *n* ❶ (*wind*) Bora *f* ❷ AUS SOCIOL *Initiationsritual der Aborigines*

bor·age ['bɒrɪdʒ, AM 'bɔ:r-] *n* BOT, FOOD Borretsch *m*

bo·rax ['bɔ:ræks] *n* CHEM Borax *m*

Bor·deaux [bɔ:'dəʊ, AM bɔ:r'doʊ] *n* ❶ (*region*) Bordelais *nt* ❷ (*town*) Bordeaux *nt* ❸ (*wine*) Bordeaux *m*

bor·del·lo [bɔ:'deləʊ, AM bɔ:r'deloʊ] *n* Bordell *nt*

bor·der ['bɔ:dəʳ, AM 'bɔ:rdɚ] **I.** *n* ❶ (*frontier*) Grenze *f* ❷ (*edge*) Begrenzung *f; of picture* Umrahmung *f* ❸ (*in garden*) Rabatte *f;* **a herbaceous ~** ein Blumenbeet *nt* ❹ FASHION Borte *f;* **an embroidered ~** eine gestickte Borte **II.** *adj attr, inv* Grenz-; ~ **dispute** Grenzstreit *m* **III.** *vt* ■**to ~ sth** ❶ (*be or act as frontier*) an etw *akk* grenzen ❷ (*bound*) etw begrenzen **IV.** *vi* ■**to ~ on sth** an etw *akk* grenzen *a. fig*

bor·der·er ['bɔ:dᵊrəʳ, AM 'bɔ:rdɚɚ] *n* Grenzbewohner(in) *m(f)*

bor·der·ing ['bɔ:dᵊrɪŋ, AM 'bɔ:rdɚ-] *adj attr, inv* angrenzend; ~ **country** Nachbarland *nt*

bor·der·land ['bɔ:dᵊlænd, AM 'bɔ:rdɚ-] *n* ❶ GEOG Grenzgebiet *nt* ❷ (*fig*) Grenzbereich *m fig* **bor·der·line** ['bɔ:dᵊlaɪn, AM 'bɔ:rdɚ-] **I.** *n usu sing* Grenze *f fig* **II.** *adj usu attr* Grenz-; ~ **case** Grenzfall *m;* **to be a ~ candidate** gerade noch als Kandidat/Kandidatin akzeptiert werden; **to be a ~ failure/pass** knapp durchfallen/durchkommen

bore[1] [bɔ:ʳ, AM bɔ:r] *n* Flutwelle *f;* **the Severn ~** die Severn-Flutwelle

bore[2] [bɔ:ʳ, AM bɔ:r] *pt of* **bear**

bore[3] [bɔ:ʳ, AM bɔ:r] **I.** *n* ❶ (*thing*) langweilige Sache; **what a ~** wie langweilig ❷ (*person*) Langweiler(in) *m(f);* **a crashing ~** BRIT ein furchtbarer Langweiler/eine furchtbare Langweilerin **II.** *vt* ■**to ~ sb** [**with sth**] jdn [mit etw *dat*] langweilen; **to ~ sb to death** [*or* **to tears**] (*fig*) jdn zu Tode langweilen

bore[4] [bɔ:ʳ, AM bɔ:r] **I.** *n* ❶ (*spec: of pipe*) Innendurchmesser *m* ❷ (*calibre*) Kaliber *nt;* **a small-~ shotgun** ein kleinkalibriges Gewehr ❸ (*hole*) Bohrloch *nt* **II.** *vt* ■**to ~ sth** etw bohren; **to ~ a hole in sth** ein Loch in etw *akk* bohren **III.** *vi* ■**to ~ through sth** etw durchbohren; (*fig*) **her eyes ~d into me** ihre Augen durchbohrten mich

bo·real ['bɔ:riəl] *adj* ❶ GEOL boreal ❷ GEOG **northern ~ forest** winterkalte Waldzone

bored [bɔ:d, AM bɔ:rd] *adj* gelangweilt; **I'm ~!** mir langt's! *fam;* **to be ~ with doing sth** es satthaben, etw zu tun; **to be ~ stiff** [*or* BRIT **rigid**] [*or* **to death**] [*or* **to tears**] (*fig*) zu Tode gelangweilt sein

bore·dom ['bɔ:dəm, AM 'bɔ:r-] *n no pl* Langeweile *f;* **out of** [**sheer**] ~ aus [reiner] Langeweile

'bore·hole *n* Bohrloch *nt;* **to sink a ~** ein Bohrloch [in die Erde] treiben

bor·er ['bɔ:rəʳ, AM 'bɔ:rɚ] *n* ❶ ZOOL (*worm*) Bohrwurm *m;* (*mollusc*) Bohrmuschel *f;* (*insect*) Bohrfliege *f* ❷ (*tool*) Bohrer *m*

bo·ric ['bɔ:rɪk] *adj attr, inv* CHEM Bor-; ~ **acid** Borsäure *f*

bor·ing ['bɔ:rɪŋ] *adj* langweilig; **to find sth ~** etw langweilig finden

bor·ing·ly ['bɔ:rɪŋli] *adv* langweilig

born [bɔ:n, AM bɔ:rn] *adj inv* ❶ (*brought into life*) geboren; (*form*) **she's a Dubliner ~ and bred** sie ist eine waschechte Dublinerin; (*fig*) *concept, idea* entstanden, hervorgegangen; **English-~** in England geboren; **to be ~ into a poor/wealthy family** in eine arme/reiche Familie geboren werden; **still-~** totgeboren ❷ (*with natural ability*) geboren; **a ~ leader** eine geborene Führerpersönlichkeit; ■**to be ~ to do sth** dazu bestimmt sein, etw zu tun ▸ PHRASES: **to be ~ with a silver spoon in one's mouth** mit einem silbernen Löffel im Mund geboren werden; **I wasn't ~ yesterday** ich bin schließlich nicht von gestern

'born-again *adj attr, inv* überzeugt; ~ **Christian** überzeugter Christ/überzeugte Christin

borne [bɔ:n, AM bɔ:rn] *vi* ❶ *pt of* **bear** ❷ BRIT (*form: understand*) **to be ~ in on/upon sb** jdm klar werden, jdm dämmern *fam*

-borne [bɔ:n, AM bɔ:rn] *in compounds* (*air-, water-*) übertragen; **a mosquito-~ disease** eine Krankheit, die von Moskitos übertragen wird

bo·ron ['bɔ:rɒn, AM 'bɔ:rɑ:n] *n* CHEM Bor *nt*

bor·ough ['bʌrə, AM 'bɜ:roʊ] *n* Verwaltungsbezirk *m;* **the London ~ of Westminster** die Londoner Stadtgemeinde Westminster

bor·row ['bɒrəʊ, AM 'bɑ:roʊ] **I.** *vt* ❶ (*take temporarily*) ■**to ~ sth** [**from sb**] etw [von jdm] leihen; **to ~ a book from a** [**lending**] **library** ein Buch aus einer Bibliothek ausleihen ❷ (*fig*) **to ~ sth from another language** etw aus einer anderen Sprache entlehnen ❸ MATH **to ~ a number** eine Zahl borgen **II.** *vi* Geld leihen; **to ~ heavily** Geld pumpen, wo es nur geht *fam*

bor·rowed ['bɒrəʊd, AM 'bɑ:roʊd] *adj inv* ausgeliehen; **he lives on ~ time** seine Tage sind gezählt

bor·row·er ['bɒrəʊəʳ, AM 'bɑ:roʊɚ] *n* ❶ (*from a bank*) Kreditnehmer(in) *m(f)* ❷ (*from a library*) Entleiher(in) *m(f)*

bor·row·ing ['bɒrəʊɪŋ, AM 'bɑ:roʊ-] *n* ❶ (*take temporarily*) Ausleihen *nt;* ~ **from another language** Entlehnen *nt* aus einer Fremdsprache; **public ~** Staatsverschuldung *f* ❷ ■**~s** *pl* (*debts*) Darlehenssumme[n] *f[pl];* *from bank* Kredit aufnehmen

borsch(**t**) [bɔ:ʃ(t), AM bɔ:r-] *n no pl* FOOD Borschtsch *m*

bor·stal ['bɔ:stᵊl, AM 'bɔ:r-] *n* BRIT (*hist*) Jugendstrafanstalt *f*

bor·zoi ['bɔ:zɔɪ, AM 'bɔ:r-] *n* ZOOL Barsoi *m*

bosh [bɒʃ, AM bɑ:ʃ] *n* (*dated*) Schwachsinn *m fam,* Quatsch *m sl*

bo's'n ['bəʊsᵊn, AM 'boʊ-] *n* (*fam*) NAUT Hochbootsmann *m*

Bos·nia ['bɒzniə, AM 'bɑ:z-] *n* Bosnien *nt*

Bos·nian ['bɒzniən, AM 'bɑ:z-] *adj* Bosnier(in) *m(f)*

bos·om ['bʊzᵊm] *n usu sing* (*form o liter*) ❶ (*breasts*) Busen *m;* **to hold sb to one's ~** jdn an die Brust drücken ❷ (*centre of emotions*) das Innere; **in the ~ of one's family** (*esp hum*) im Schoß der Familie

bos·om 'bud·dy *n* AM, **'bos·om friend** *n,* **'bos·om pal** *n* Busenfreund(in) *m(f)*

bos·omy ['bʊzᵊmi] *adj* vollbusig

Bos·pho·rus ['bɒsfərəs, AM 'bɑːsfɚ-], **Bos·po·rus** ['bɒspərəs, AM 'bɑːspɚ-] *n* GEOG ■**the ~** der Bosporus

boss[1] [bɒs, AM bɑːs] **I.** *n* (*person in charge*) Chef(in) *m(f)*, Boss *m fam;* **who's the ~ here?** (*usu hum fam*) wer hat hier das Sagen?; **to be one's own ~** sein eigener Herr sein **II.** *vt* (*fam*) ■**to ~ sb [about [***or* **around]]** jdn herumkommandieren *fam*

boss[2] [bɒs, AM bɑːs] *n* ❶ (*on shield*) Buckel *m* ❷ ARCHIT [Gewölbe]kappe *f*

boss[3] [bɑːs] *adj* AM (*fam: excellent*) erstklassig, spitzenmäßig *fam*

boss-'eyed *adj* BRIT (*sl*) schielend *attr;* ■**to be ~** einen Silberblick haben *fam o hum*

bossi·ness ['bɒsɪnəs, AM 'bɑːs-] *n no pl* Herrschsucht *f*

bossy ['bɒsi, AM 'bɑːsi] *adj* (*pej*) herrschsüchtig, herrisch; **~ boots** BRIT (*childspeak*) rechthaberischer Kerl

bosun ['bəʊsən, AM 'boʊ-] *n* (*fam*) NAUT Hochbootsmann *m*

bo·tani·cal [bə'tænɪkəl] *adj inv* botanisch; **~ species** Pflanzenarten *fpl*

bo·tan·ic(al) 'gar·den *n* botanischer Garten

bota·nist ['bɒtənɪst, AM 'bɑːt-] *n* Botaniker(in) *m(f)*

bota·ny ['bɒtəni, AM 'bɑːt-] *n* Botanik *f*

botch [bɒtʃ, AM bɑːtʃ] **I.** *n* Pfusch *m kein pl fam;* **to make a ~ of sth** etw verpfuschen *fam* **II.** *vt* ■**to ~ sth [up]** etw verpfuschen [*o* verpatzen] *fam*

botched [bɒtʃt, AM bɑːtʃt] *adj attr* stümperhaft; **~ suicide attempt** misslungener Selbstmordversuch

botch·er ['bɒtʃəʳ, AM 'bɑːtʃɚ] *n* Stümper(in) *m(f)*

botch-up ['bɒtʃʌp, AM 'bɑːtʃ-] *n* Pfusch *m kein pl fam;* **to make a ~ of sth** etw verpfuschen *fam*

bot·fly ['bɒtflaɪ, AM 'bɑːt-] *n* Dasselfliege *f*

both [bəʊθ, AM boʊθ] **I.** *adj attr, inv* ❶ *predeterminer* beide; **~ my parents are journalists** meine Eltern sind beide Journalisten ❷ *determiner* beide; **I think it's important to listen to ~ sides** ich denke, es ist wichtig, beide Seiten anzuhören; **I had been looking forward to a delicious meal with excellent service – but I was disappointed on ~ counts** ich hatte mich auf ein leckeres Essen mit exzellentem Service gefreut – aber ich wurde in beiden Punkten enttäuscht; **in ~ cases** in beiden Fällen; **at ~ ends** an beiden Enden; **~ eyes/hands/legs** beide Augen/Hände/Beine; **he was blind in ~ eyes** er war auf beiden Augen blind; **~ sexes** Männer und Frauen; **on ~ sides of the Atlantic** auf beiden Seiten des Atlantiks ►PHRASES: **to burn the candle at ~ ends** Raubbau mit seiner Gesundheit betreiben; **to have/want things [*or* it] ~ ways** alles haben wollen **II.** *pron* beide; **Mike and Jim ~ have red hair** Mike und Jim haben beide rote Haare; **would you like milk or sugar or ~?** möchtest du Milch oder Zucker oder beides?; **Jackie and I are ~ self-employed** Jackie und ich sind beide selbständig; **~ of these pictures are fine** beide Bilder sind schön; **are ~ of us invited, or just you?** sind wir beide eingeladen oder nur du?; **a picture of ~ of us together** ein Bild von uns beiden gemeinsam; (*form*) **I've got 2 children, ~ of whom are good at maths** ich habe 2 Kinder, die beide gut in Mathe sind **III.** *adv* ■**~ ... and ...: I felt ~ happy and sad at the same time** ich war glücklich und traurig zugleich; **~ Mike and Jim have red hair** Mike und Jim haben beide rote Haare; **it has won favour with ~ young and old** es hat Zustimmung bei Jung und Alt gefunden; **our products need to be competitive in terms of ~ quality and price** unsere Produkte müssen sowohl bei der Qualität als auch beim Preis wettbewerbsfähig sein; **~ men and women** sowohl Männer als auch Frauen

both·er ['bɒðəʳ, AM 'bɑːðɚ] **I.** *n* ❶ (*trouble*) Mühe *f;* **it is no ~ [at all]** [überhaupt] kein Problem!; **to go to all the ~ of doing sth** sich *dat* die Mühe machen, etw zu tun; **to not be/to not seem worth the ~** kaum der Mühe wert sein ❷ (*nuisance*) Belastung *f;* **to not want to be a ~** nicht lästig sein wollen; **to get into a spot of ~** BRIT (*fam*) Schwierigkeiten bekommen; **there was a spot of ~ in town last night** letzte Nacht gab es in der Stadt eine Schlägerei **II.** *interj esp* BRIT **~!** Mist! *sl* **III.** *vi usu negative* **to [not] ~ doing [*or* to do] sth** sich *dat* [nicht] die Mühe machen, etw zu tun; **you'd have found it if you'd ~ed looking** hättest du wirklich danach gesucht, dann hättest du es auch gefunden; **I can't be ~ed to cook this evening** heute Abend kann ich mich nicht zum Kochen überwinden; **you needn't have ~ed to do it now, it could have waited** damit hätten Sie sich Zeit lassen können; **why did nobody ~ to tell me something was wrong?** warum hat mir eigentlich keiner gesagt, dass etwas nicht stimmte?; **he walked out of the office without ~ing to say goodbye** er ging aus dem Büro, ohne auch nur auf Wiedersehen zu sagen; **why ~?** warum sich darüber den Kopf zerbrechen?; **don't ~!** lass nur!; **to not ~ about [doing] sth** sich *akk* nicht um etw *akk* kümmern **IV.** *vt* ■**to ~ sb** jdn belästigen; **don't ~ me!** verschone mich damit!; **quit ~ing me!** lass mich in Ruh'!; **what's ~ing you?** wo drückt der Schuh?; **my tooth is ~ing me** ich habe Zahnschmerzen; **the heat was beginning to ~ him** die Hitze begann ihm zu schaffen zu machen; **it doesn't ~ me if he doesn't turn up** es ist mir gleichgültig, wenn er nicht kommt; **to ~ about sth** auf etw *akk* achten

both·era·tion [ˌbɒðər'eɪʃən, AM ˌbɑːðə'reɪ-] *interj* (*dated*) verflixt! *fam*

both·ered ['bɒðəd, AM 'bɑːðɚd] *adj* beeinträchtigt; **I'm not ~** es stört mich nicht; **to feel [*or* be] hot and ~** sich *akk* unbehaglich fühlen

both·er·some ['bɒðəsəm, AM 'bɑːðɚ-] *adj* lästig; **a ~ little man** ein kleiner Quälgeist; **~ noise** schrecklicher Lärm

bo·try·tis [bɒt'raɪtɪs, AM boʊ'traɪṭəs] *n* BOT Botrytis *f*

bot·tle ['bɒtl̩, AM 'bɑːṭl̩] **I.** *n* ❶ (*container*) Flasche *f;* **baby's ~** Fläschchen *nt;* **a one-/two-litre ~ of lemonade** eine Ein-/Zweiliterflasche Limonade; **milk ~** Milchflasche *f;* **a ~ of milk** eine Flasche Milch; **to fill a ~ [with sth]** eine Flasche [mit etw *dat*] abfüllen ❷ (*fam: alcohol*) **to be on the ~** [Alkohol] trinken; **to be back on the ~** wieder zu trinken beginnen; **to hit the ~** saufen *derb;* **to take to the ~** zur Flasche greifen ❸ BRIT (*sl: courage, confidence*) Mumm *m fam;* **to have a lot of ~** Mumm haben *fam;* **to lose one's ~** kalte Füße kriegen *fig fam* **II.** *vt* ■**to ~ sth** ❶ BRIT (*preserve in jars*) etw einmachen [*o* ÖSTERR, SÜDD einrexen] ❷ (*put into bottles or jars*) etw abfüllen

◆**bottle out** *vi* BRIT (*sl*) kneifen *fam*

◆**bottle up** *vt* ❶ (*repress*) ■**to ~ sth** ↔ **up** *feelings, anger* etw unterdrücken ❷ (*entrap*) ■**to ~ sb/sth** ↔ **up** jdn/etw einschließen

'bot·tle bank *n* BRIT Altglascontainer *m* **'bot·tle brush** *n* Flaschenbürste *f* **'bot·tle cap** *n* AM Flaschenverschluss *m*

bottled ['bɒtl̩d, AM 'bɑːṭl̩d] *adj inv* ❶ (*sold in bottles*) in Flaschen abgefüllt; **~ beer** Flaschenbier *nt;* **~ gas** Flaschengas *nt* ❷ BRIT (*preserved in jars or bottles*) eingemacht

bot·tle-end 'glasses *npl* AM Aschenbecher *m fig* **'bot·tle-fed** *adj* mit der Flasche gefüttert; **a ~ baby** ein Flaschenkind *nt* **'bot·tle-feed** *vt* **to ~ a baby** ein Baby mit der Flasche füttern **'bot·tle-green** *adj inv* flaschengrün **'bot·tle heat·er** *n* Fläschchenwärmer *m* **'bot·tle·neck** *n* ❶ TRANSP verengte Fahrbahn ❷ (*fig*) Engpass *m fig* ❸ MUS **~ guitar** mit Bottleneck[s] gespielte Gitarre **'bot·tle-nose I.** *n* Knollennase *f* **II.** *adj inv* **~[d] dolphin** Großer Tümmler; **~[d] whale** Entenwal *m* **'bot·tle open·er** *n* Flaschenöffner *m* **'bot·tle par·ty** *n* BRIT Bottleparty *f* **'bot·tle screw** *n* Spannschraube *f* **'bot·tle store** *n* BRIT, **'bot·tle shop** *n* AUS (*off-licence*) Getränkeladen *m* (*inkl. Spirituosen*) **'bot·tle top** *n* Flaschenverschluss *m* **'bot·tle tree** *n* BOT Flaschenbaum *m*

bot·tom ['bɒtəm, AM 'bɑːṭ-] **I.** *n* ❶ (*lowest part*) Boden *m; on chair* Sitz *m; in valley* Talsohle *f*, unteres Ende; **the boat was floating ~ up** das Boot trieb kieloben; **bikini/pyjama ~s** Bikini-/Pyjamahose *f;* **at the ~ of the page** am Seitenende; **rock ~** (*fig*) Tiefststand *m;* **the ~ dropped out of her world**

(*fig*) ihre Welt brach zusammen; **the ~ of the sea** der Meeresgrund; **at the ~ of the stairs** am Fuß der Treppe; **from top to ~** von oben bis unten; **to be at the ~** (*fig*) am Boden sein *fig;* **to sink to the ~** auf den Grund sinken; **to start at the ~** ganz unten anfangen ❷ (*end*) Ende *nt;* **to be [at the] ~ of one's class** Klassenletzte(r) sein; **at the ~ of the garden** im hinteren Teil des Gartens; **at the ~ of the street** am Ende der Straße ❸ ANAT Hinterteil *nt* ▶ PHRASES: **to mean sth from the ~ of one's heart** etw aus tiefster Seele meinen; **to be at the ~ of sth** einer Sache zugrunde liegen; **to get to the ~ of sth** einer Sache auf den Grund gehen; **at ~** im Grunde [genommen]; **~s up!** (*fam*) ex! *fam* **II.** *adj inv* untere(r, s); **the ~ end of the table** das Tischende; **in ~ gear** BRIT im ersten Gang; **~ half of a bikini/pair of pyjamas** Bikini-/Pyjamahose *f;* **the ~ half of society** die Unterschicht der Gesellschaft; **the ~ shelf** das unterste Regal ▶ PHRASES: **you can bet your ~ dollar that ...** du kannst darauf wetten, dass ... **III.** *vi* ECON ■**to ~ out** seinen Tiefstand erreichen

bot·tom 'drawer *n* BRIT **to put sth away in one's ~** etw für die Aussteuer beiseitelegen

bot·tom·less ['bɒtəmləs, AM 'bɑːt̬-] *adj inv* ❶ (*without limit*) unerschöpflich ❷ (*fig: very deep*) unendlich *fig;* **a ~ pit** ein Fass *nt* ohne Boden *fig;* **to be a ~ pit** unersättlich sein

bot·tom 'line *n usu sing* ❶ FIN Bilanz *f,* Abschluss *m;* **the boss is interested only in the ~** den Chef interessiert nur, was unterm Strich herauskommt ❷ (*fig: main point*) Wahrheit *f;* **the ~ is we need more customers** mit einem Wort: wir brauchen mehr Kundschaft **bot·tom-of-the-'range** *adj* **a ~ product** ein billiges Produkt

bot·ty ['bɒti] *n* BRIT (*childspeak*) *short for* **bottom** Popo *m fam*

botu·lism ['bɒtjʊlɪzᵊm, AM ˌbɑːtʃə-] *n no pl* MED Nahrungsmittelvergiftung *f,* Botulismus *m fachspr*

bou·doir ['buːdwɑːʳ, AM -wɑːr] *n* (*old*) Boudoir *nt,* Damenzimmer *nt*

bouf·fant ['buːfɑ̃(ŋ), AM buː'fɑːnt] *adj* toupiert; **~ hairstyle** Toupierfrisur *f*

bou·gain·vil·lea [ˌbuːgᵊn'vɪliə] *n* Bougainvillea *f*

bough [baʊ] *n* (*esp liter*) Ast *m*

bought [bɔːt, AM *esp* bɑːt] *vt pt of* **buy**

bou·gie ['buː(d)ʒi] *n* MED Bougie *f*

bouil·la·baisse [ˌbuːjə'bes, -'beɪs] *n* FOOD Bouillabaisse *f*

bouil·lon ['buːjɔ̃(ŋ), AM 'bʊljɑːn] *n* FOOD Bouillon *f;* **~ cube** Suppenwürfel *m*

boul·der ['bəʊldəʳ, AM 'boʊldɚ] *n* Felsbrocken *m,* Felsblock *m;* **erratic ~** erratischer Block

'boul·der clay *n no pl* GEOL [eiszeitlicher] Geschiebelehm

boules [buːl] *n* SPORTS Boule *nt,* Boccia *nt*

boule·vard ['buːləvɑːd, AM 'bʊləvɑːrd] *n* Boulevard *m,* Prachtstraße *f*

bounce [baʊn(t)s] **I.** *n* ❶ (*rebound*) Aufspringen *nt kein pl; esp* BRIT SPORTS *ball* Aufprall; **a bad ~** ungünstig abgeschlagener Ball; **to be beaten by the ~** nicht mehr an den Ball kommen ❷ *no pl* (*spring*) Sprungkraft *f; hair, rubber* Elastizität ❸ (*fig: vitality*) Energie *f,* Schwung *m* ❹ AM (*fam: eject, sack*) **to give sb the ~** jdn hinauswerfen *fam* **II.** *vi* ❶ (*rebound*) springen; SPORTS *ball* aufspringen ❷ (*jump up and down*) hüpfen; **the car ~d down the bumpy track** der Wagen holperte den unebenen Fahrweg entlang; **to ~ into the room** (*fig*) ins Zimmer stürzen ❸ FIN (*fam*) *cheque* platzen *fam* ❹ (*work as bouncer*) als Türsteher arbeiten ▶ PHRASES: **to be bouncing off the walls** AM (*fam*) *children* total aufgedreht sein **III.** *vt* ❶ (*cause to rebound*) ■**to ~ sth** etw aufspringen lassen; **to ~ a baby** ein Baby schaukeln ❷ FIN (*fam*) **to ~ a cheque** [*or* AM **check**] einen Scheck platzen lassen ❸ AM (*throw out*) ■**to ~ sb** jdn hinauswerfen *fam* (*aus einer Kneipe*)

◆**bounce around** *vi* (*be unfocused*) *person* abschweifen

◆**bounce back I.** *vi* ❶ (*rebound*) zurückspringen ❷ (*fig: recover*) wieder auf die Beine kommen **II.** *vt* **to ~ the ball back [to sb]** den Ball [zu jdm] zurückwerfen

◆**bounce off I.** *vi* abprallen, abspringen *a. fig; echo, sound* widerhallen; *radio waves* reflektieren; **to ~ off at an angle** schräg abprallen; **after the meeting, he ~d off back to the office** nach dem Meeting düste er ins Büro zurück *fam* **II.** *vt* ■**to ~ sth off sth** etw von etw *dat* abprallen lassen; *radio waves* reflektieren; **criticism just ~s off her** Kritik prallt einfach an ihr ab

bounc·er ['baʊn(t)səʳ, AM -ɚ] *n* ❶ (*person*) Rausschmeißer *m fam* ❷ (*sl: cheque*) geplatzter Scheck *fam* ❸ (*in cricket*) stark aufsteigender Ball

bounc·ing ['baʊn(t)sɪŋ] *adj* lebhaft; **a ~ baby boy/girl** ein strammer Junge/ein strammes Mädchen; **to be ~ with happiness** vor Glück strahlen

bouncy ['baʊn(t)si] *adj* ❶ *mattress* federnd; **a ~ ball** ein Ball, der gut springt; **~ castle** Hüpfburg *f* ❷ (*fig: cheerful and lively*) frisch und munter

bound[1] [baʊnd] **I.** *vi* (*leap*) springen; *kangaroo* hüpfen; **to ~ out of bed** aus dem Bett springen **II.** *n* (*leap*) Sprung *m,* Satz *m;* **with one** [*or* **a single**] **~** mit einem Satz ▶ PHRASES: **by leaps and ~s** sprunghaft

bound[2] [baʊnd] **I.** *vt usu passive* (*border*) ■**to be ~ed by sth** von etw *dat* [*o* durch etw *akk*] begrenzt werden **II.** *n* ■**~s** *pl* Grenze *f;* **to be outside the ~s of acceptable behaviour** die Grenze akzeptablen Verhaltens überschritten haben; **to be within the ~s of the law** sich *akk* im Rahmen des Gesetzes bewegen; **to go beyond the ~s of possibility** die Grenzen des Möglichen überschreiten; **to keep sth within ~s** etw in [vernünftigen] Grenzen halten; **to know no ~s** keine Grenzen kennen ▶ PHRASES: **to be out of ~s** *ball* im Aus sein; *area* Sperrgebiet sein **III.** *adj pred* (*immersed in*) ■**to be ~ up in sth** von etw *dat* in Anspruch genommen sein; ■**to be ~ with sth** mit etw *dat* in [engem] Zusammenhang stehen; **Britain's fate is inextricably ~ with Europe's** das Schicksal Großbritanniens ist eng mit dem Schicksal Europas verbunden

bound[3] [baʊnd] *adj inv* ■**to be ~ for X** unterwegs nach X sein; **where is this ship ~ for?** wohin fährt dieses Schiff?; **to be ~ for success** (*fig*) auf dem besten Weg sein, erfolgreich zu sein

bound[4] [baʊnd] **I.** *pt, pp of* **bind II.** *adj pred, inv* ❶ (*certain*) **she's ~ to come** sie kommt ganz bestimmt; **you're ~ to forget people's names occasionally** man vergisst zwangsläufig ab und zu die Namen anderer Leute; **I'm ~ to say that ...** (*form*) ich muss sagen, ...; **he's in the pub, I'll be ~** (*dated or a. hum*) ich möchte wetten, er ist in der Kneipe; **to be ~ to happen** zwangsläufig geschehen; **it was ~ to happen** das musste so kommen ❷ (*obliged*) verpflichtet; ■**to be ~ to do sth** verpflichtet sein, etw zu tun ▶ PHRASES: **to be ~ and determined** AM [fest] entschlossen sein

-bound *in compounds* ❶ (*going to*) in Richtung ...; **Berlin-/London-~** nach Berlin/London; **north~/south~** in Richtung Norden/Süden; **in~ and out~ trains** aus- und einfahrende Züge ❷ (*prevented*) verhindert; **the road is fog~** auf der Straße herrscht dichter Nebel; **house~/wheelchair-~** ans Haus/an den Rollstuhl gefesselt; **snow~ airport** eingeschneiter Flughafen

bounda·ry ['baʊndᵊri] *n* ❶ (*limit*) Grenze *f;* **to transgress the boundaries of good taste** die Grenzen des guten Geschmacks überschreiten; **to cross a ~** eine Grenze überqueren; **to draw/mark a ~ [between two places]** eine Grenze [zwischen zwei Orten] ziehen/darstellen; **to expand beyond a ~** sich *akk* über eine Grenze hinaus ausdehnen ❷ SPORTS (*in cricket*) Spielfeldgrenze *f* (*beim Kricket*)*;* **to hit** [*or* **score**] **a ~** [den Ball] über die Spielfeldgrenze hinaus schlagen

bound·en duty [ˌbaʊndən'-] *n no pl* (*dated or a. hum*) Pflicht *f* und Schuldigkeit *f geh*

bound·er ['baʊndəʳ, AM -ɚ] *n* (*dated*) Schuft *m fam,* Lump *m oft pej fam*

bound·less ['baʊndləs] *adj* grenzenlos, unbegrenzt

boun·te·ous ['baʊntiəs, AM -t̬iəs] *adj* (*old liter*) ❶ (*abundant*) reichlich; **a ~ harvest** eine reiche Ernte ❷ (*generous*) freigebig, großzügig ❸ (*lavish*) überschwänglich; **she was always a woman of ~ affection** sie zeigte immer überströmende Liebenswürdigkeit

boun·ti·ful ['baʊntɪfᵊl, AM -t̬ə-] *adj* (*liter*) ❶ (*generous*) freigebig, großzügig; **Lady B~** die gute Fee ❷ (*abundant*) reichlich; **a ~ crop** [*or* **harvest**] eine reiche Ernte

boun·ty ['baʊnti, AM -t̬i] *n* ❶ (*reward*) Belohnung *f;* (*for capturing sb*) Kopfgeld *nt;* **to place a ~ of $10,000 on sb's head** eine Belohnung in Höhe von 10.000 Dollar auf jdn aussetzen ❷ *no pl* (*liter: generosity*) Freigebigkeit *f,* Großzügigkeit *f* ❸ (*great amount*) Fülle *f*

boun·ty hunt·er *n* ❶ (*hunter of criminals*) Kopfgeldjäger(in) *m(f)* ❷ (*animal tracker*) Fährtensucher(in) *m(f)*

bou·quet [bʊ'keɪ, AM boʊ'-] *n* ❶ (*of flowers*) Bukett *nt geh,* [Blumen]strauß *m* ❷ (*aroma*) Bukett *nt; of wine* Blume *f,* Bukett *nt*

bour·bon ['bɜːbən, AM 'bɜːr-] *n* Bourbon *m*

bour·geois ['bɔːʒwɑː, AM 'bʊrʒ-] **I.** *adj* ❶ (*middle-class*) bürgerlich ❷ (*pej: philistine*) spießbürgerlich, spießig *pej* ❸ (*capitalistic*) bourgeois *veraltet* **II.** *n* ❶ (*person of middle class*) Bürger(in) *m(f)* ❷ (*pej: philistine*) Spießbürger(in) *m(f),* Spießer(in) *m(f)* ❸ (*in communist writing*) Bourgeois *m geh*

bour·geoi·sie [ˌbɔːʒwɑː'ziː, AM ˌbʊrʒ-] *n + sing/pl vb* ❶ (*middle class*) Bürgertum *nt* ❷ (*capitalist class*) ■**the ~** die Bourgeoisie

bout [baʊt] *n* ❶ (*short attack*) Anfall *m;* **a ~ of coughing** ein Hustenanfall *m;* **a ~ of insanity** ein Anfall *m* von Wahnsinn; **drinking ~** Trinkgelage *nt oft hum;* (*going out*) Sauftour *f fam* ❷ (*in boxing*) Boxkampf *m;* (*in wrestling*) Ringkampf *m*

bou·tique [buː'tiːk] *n* Boutique *f*

bo·vine ['bəʊvaɪn, AM 'boʊ-] *adj* ❶ (*of cows*) Rinder-; **~ growth hormone** Rinderwachstumshormon *nt* ❷ (*fig: stupid*) einfältig; (*limited*) beschränkt; (*sluggish*) träge

bov·ver ['bɒvəʳ] *n no pl* BRIT (*sl*) Straßenkämpfe *mpl;* (*between gangs*) Bandenkämpfe *mpl;* **to go out looking for ~** auf eine Schlägerei aus sein *fam*

'bov·ver boots *npl* BRIT (*sl*) Springerstiefel *mpl,* Rockerstiefel *mpl* **'bov·ver boy** *n* BRIT (*sl*) Rocker *m;* (*misbehaving*) Rowdy *m*

bow¹ [bəʊ, AM boʊ] *n* ❶ (*weapon*) Bogen *m;* **~ and arrows** Pfeil und Bogen *pl;* **to draw one's ~** den Bogen spannen ❷ (*for an instrument*) Bogen *m* ❸ (*knot*) Schleife *f* ▸PHRASES: **to have many/two strings to one's ~** mehrere/zwei Eisen im Feuer haben *fam*

bow² [baʊ] **I.** *vi* ■**to ~** [**to sb/sth**] sich *akk* [vor jdm/etw] verbeugen [*o geh* verneigen]; **to ~ to public pressure** (*fig*) sich *dat* öffentlichem Druck beugen ▸PHRASES: **to ~ and scrape** (*pej*) katzbuckeln **II.** *vt* **to ~ one's head** den Kopf senken [*o geh* neigen] **III.** *n* ❶ (*bending over*) Verbeugung *f,* Verneigung *f geh;* **to give** [*or* **make**] **a ~** [**to sb**] [vor jdm] eine Verbeugung machen; **to make one's ~** (*fig*) sein Debüt geben; **to take a ~** sich *akk* [unter Applaus] verbeugen; **to take one's final ~** (*fig*) seine letzte Vorstellung geben, zum letzten Mal auftreten ❷ NAUT Bug *m* ▸PHRASES: **to fire a warning shot across sb's ~s** einen Warnschuss vor jds Bug *m* abfeuern

◆**bow down** *vi* ❶ (*to show reverence*) ■**to ~ down** [**before sb**] sich *akk* [vor jdm] verbeugen [*o geh* verneigen] ❷ (*obey sb*) ■**to ~ down to sb** sich *akk* jdm fügen

◆**bow out I.** *vi* (*stop taking part*) sich *akk* verabschieden; (*retire from job*) sich *akk* ins Privatleben zurückziehen; **to ~ out of a project** aus einem Projekt aussteigen *fam* **II.** *vt* ■**to ~ sb out** jdn hinauskomplimentieren *euph geh*

bowd·ler·ize ['baʊdləraɪz] *vt* (*pej*) ■**to ~ sth** etw zensieren; **to ~ a film** anstößige Stellen aus einem Film herausschneiden

bow 'door *n* NAUT Bugklappe *f*

bowed¹ [baʊd] *adj* (*bent over*) gebeugt; **~ down** [*or* **under**] niedergebeugt; **the roses were ~ under with blossoms** die Rosen waren über und über mit Blüten beladen

bowed² [bəʊd, AM boʊd] *adj* (*curved*) bogenförmig, gebogen

bow·el ['baʊəl] *n* ❶ *usu pl* MED (*intestine*) Darm *m,* Gedärm *nt,* Eingeweide *pl;* **to move one's ~s** Stuhl[gang] haben ❷ (*liter: depths*) ■**~s** *pl* Innere *nt kein pl;* **the ~s of the Earth** das Erdinnere, das Innere der Erde

'bow·el move·ment *n* Stuhl[gang] *m*

bow·er ['baʊəʳ, AM -ɚ] *n* (*liter*) schattiges Plätzchen; (*enclosed by foliage*) [Garten]laube *f;* **to sit under a leafy ~** an einem schattigen Plätzchen sitzen

bow·head whale ['bəʊhed,-, AM 'boʊ-] *n* Grönlandwal *m*

bowie knife, Bowie knife *n* Bowiemesser *nt*

bowl¹ [bəʊl, AM boʊl] *n* ❶ (*dish*) Schüssel *f;* (*shallower*) Schale *f;* **a ~ of cornflakes** eine Schüssel Cornflakes; **a ~ of rice** eine Schale Reis; **a ~ of soup** eine Tasse Suppe ❷ *esp* AM (*bowl-shaped building*) ■**the B~** das Stadion ▸PHRASES: **life is just a ~ of cherries** das Leben ist einfach wunderbar; **she's so rich that life's just a ~ of cherries for her** sie ist so reich, dass das Leben für sie das reinste Zuckerschlecken ist *fam*

bowl² [bəʊl, AM boʊl] SPORTS **I.** *vi* ❶ (*in cricket*) werfen ❷ (*play tenpins*) bowlen, Bowling spielen; (*play skittles*) kegeln; (*play bowls*) Bowls spielen **II.** *vt* ❶ (*dismiss*) ■**to ~ sb** jdn ausschlagen ❷ (*roll a ball*) **to ~ a ball** einen Ball rollen; **to ~ a bowling ball** eine Bowlingkugel werfen **III.** *n* ❶ (*in bowls*) Kugel *f;* (*in bowling*) Bowlingkugel *f* ❷ BRIT ■**~s** *+ sing vb* Bowling *nt;* **to play** [**at**] **~s** Bowling spielen

◆**bowl along** *vi* dahinrollen; **they ~ed along the road** sie rauschten die Straße entlang

◆**bowl out** *vt usu passive* SPORTS **to ~ sb** ⊂ **out for a number of runs** jdn für eine bestimmte Anzahl von Läufen ausschlagen

◆**bowl over** *vt usu passive* ■**to ~ over** ⊂ **sb** ❶ (*knock over*) jdn über den Haufen rennen *fam;* (*by car*) jdn über den Haufen fahren *fam;* (*hit with a ball*) jdn umwerfen ❷ (*fig: astonish*) jdn umwerfen *fam,* jdn umhauen *fam;* ■**to be ~ed over** sprachlos sein; **she was ~ed over when she heard she'd won the competition** es verschlug ihr die Sprache, als sie hörte, dass sie den Wettbewerb gewonnen hatte

bow-leg·ged [bəʊ'legɪd, AM boʊ-] *adj* O-beinig *attr fam* **bow·legs** [bəʊ'legz, AM boʊ-] *npl* O-Beine *ntpl fam*

bowl·er ['bəʊləʳ, AM 'boʊlɚ] *n* ❶ (*in cricket*) Werfer *m* ❷ (*at bowls*) Bowlsspieler(in) *m(f);* (*at bowling*) Bowlingspieler(in) *m(f)* ❸ (*hat*) Bowler *m,* Melone *f hum fam*

bowl·er 'hat *n* Bowler *m,* Melone *f hum fam*

'bowl game *n* AM *eins von mehreren Footballspielen, die nach der eigentlichen Saison zwischen besonders ausgewählten Mannschaften ausgetragen werden*

bow·line ['bəʊlɪn, AM 'boʊ-] *n* NAUT Palstek *m*

bowl·ing ['bəʊlɪŋ, AM 'boʊ-] *n no pl* ❶ (*tenpins*) Bowling *nt;* (*skittles*) Kegeln *nt* ❷ (*in cricket*) Werfen *nt;* **to open the ~** den ersten Wurf machen

'bowl·ing al·ley *n* (*for tenpins*) Bowlingbahn *f;* (*for skittles*) Kegelbahn *f* **'bowl·ing green** *n* Rasenfläche *f* für Bowls

bow·man ['bəʊmən, AM 'boʊ-] *n* ❶ (*archer*) Bogenschütze, -in *m, f* ❷ (*rower*) Bugmann *m* **'bow·string I.** *n* Bogensehne *f* **II.** *vt* (*hist*) ■**to ~ sb** jdn erdrosseln **bow 'tie** *n* FASHION Fliege *f;* **to tie a ~** eine Fliege binden **bow 'win·dow** *n* Erkerfenster *nt*

bow-wow I. *interj* [ˌbaʊ'waʊ] wauwau **II.** *n* ['baʊˌwaʊ] (*childspeak: dog*) Wauwau *m Kindersprache*

box¹ [bɒks, AM bɑːks] **I.** *vi* boxen; ■**to ~ against sb** gegen jdn boxen **II.** *vt* ❶ (*in match*) ■**to ~ sb** gegen jdn boxen ❷ (*slap*) **to ~ sb's ears** jdn ohrfeigen **III.** *n* Schlag *m;* **to give sb a ~ on the ears** jdm eine Ohrfeige geben

box² [bɒks, AM bɑːks] **I.** *n* ❶ (*container*) Kiste *f;* **cardboard ~** Karton *m;* **chocolate ~** Pralinenschachtel *f;* **~ of cigars** Schachtel *f* Zigarren; **a ~ of cookies** eine Dose Kekse; **~ of matches** Streichholzschachtel *f;* **tool ~** Werkzeugkasten *m;* **wooden ~** Holzkiste *f* ❷ (*rectangular space*) Kästchen *nt,*

Feld *nt* ❸ (*small space*) **telephone** ~ Telefonzelle *f;* **their new house is just a** ~ ihr neues Haus ist eigentlich nur so groß wie ein Schuhkarton ❹ (*in theatre*) Loge *f* ❺ BRIT, AUS SPORTS (*protective equipment*) Suspensorium *nt* ❻ (*fam: television*) ■**the** ~ die [Flimmer]kiste *fam,* der Kasten *fam,* die Glotze *sl* **II.** *vt* ❶ (*place in box*) ■**to** ~ **sth** [**up**] etw in einen Karton legen; (*wrap*) etw [in einen Karton/eine Schachtel] verpacken ❷ NAUT **to** ~ **the compass** *alle Kompasspunkte der Reihe nach aufzählen;* (*change direction*) eine Kehrtwendung machen

◆**box in** *vt* ■**to** ~ **in** ↻ **sth** etw einklemmen; **to** ~ **in a car** ein Auto einparken; **to feel** ~**ed in** (*fig*) sich *akk* eingeengt fühlen

◆**box off** *vt* ■**to** ~ **off** ↻ **sth** etw abteilen [*o* abtrennen]; **to** ~ **an area off** einen Bereich abtrennen

◆**box up** *vt* ■**to** ~ **up** ↻ **sth** etw [in Kartons] einpacken

box³ [bɒks, AM bɑːks] *n no pl* (*tree*) Buchsbaum *m*

'box calf *n* Boxkalf *nt* **box 'cam·era** *n* Box[kamera] *f* **box 'can·dy** *n* AM *in einer Schachtel verpackte Süßigkeiten* **'box·car** *n* AM ❶ (*freight car*) [geschlossener] Güterwagen ❷ (*sl: pair of sixes*) ■~**s** *pl* Sechserpasch *m kein pl* **boxed 'set** *n Sortiment in einer Box*

box·er ['bɒksəʳ, AM 'bɑːksɚ] *n* ❶ (*dog*) Boxer *m* ❷ (*person*) Boxer(in) *m(f)*

box·ers ['bɒksəz, AM 'bɑːksɚz] *n,* **'box·er shorts** *npl* Boxershorts *pl*

box·ing ['bɒksɪŋ, AM 'bɑːks-] **I.** *n no pl* Boxen *nt* **II.** *n modifier* (*champion*) Box-

'box·ing card *n* Boxprogramm *nt*

'Box·ing Day *n* BRIT, CAN zweiter Weihnachtsfeiertag, der 26. Dezember

i Kultur

In Großbritannien wird der 26. Dezember **Boxing Day** genannt. Der Name stammt aus einer Zeit als Lehrlinge nach dem ersten Weihnachtstag in *boxes – Schachteln* Trinkgelder bei den Kunden ihrer Meister einsammelten. Früher wurde auch das Geld, das man einem Lieferanten oder Angestellten zu Weihnachten gab, als *Christmas box* bezeichnet.
In Irland heißt der 26. Dezember *St Stephen's Day.*

'box·ing gloves *npl* Boxhandschuhe *mpl* **'box·ing match** *n* Boxkampf *m* **'box·ing ring** *n* Boxring *m*

box 'junc·tion *n markierter Kreuzungsbereich, der bei Stau nicht befahren werden darf* **box 'lunch** *n* AM (*packed lunch*) Lunchpaket *nt* **'box num·ber** *n* Chiffre[nummer] *f* **'box of·fice** *n* Kasse *f* (*im Kino, Theater*) **box of·fice ap·'peal** *n* **to have great** ~ ein [echter] Kassenschlager sein *fam* **box of·fice at·'trac·tion** *n,* **box of·fice 'draw** *n* **to be a great** [*or* **huge**] ~ ein [riesiger [*o* gewaltiger]] Kassenschlager sein *fam* **box of·fice 'fail·ure** *n* Flop *m,* Pleite *f fam* **box of·fice 'hit** *n* Kassenschlager *m fam* **box of·fice re·'ceipts** *npl* verkaufte Eintrittskarten *fpl* **box of·fice 'star** *n* [Kassen]star *m* **box of·fice suc·'cess** *n* Kassenerfolg *m* **box of·fice 'tak·ings** *npl* verkaufte Eintrittskarten *fpl*

'box·room *n* BRIT Abstellraum *m,* Abstellkammer *f* **'box score** *n* AM SPORTS tabellarischer Spielbericht (*Ergebnis- und Spielbericht eines Sportereignisses*) **'box seat** *n* ❶ THEAT (*seat in a box*) Logenplatz *m* ❷ SPORTS (*seat closest to action*) *Platz auf den vordersten Rängen* **'box span·ner** *n esp* BRIT, AUS Steckschlüssel *m* **'box spring** *n* Sprungfeder *f* **box spring 'mat·tress** *n* Sprungfedermatratze *f* **'box top** *n* Kartondeckel *m* (*einer Kartonpackung*) **'box·wood** *n no pl* Buchsbaumholz *nt* **'box wrench** *n* AM (*box spanner*) Steckschlüssel *m*

boxy ['bɒksi, AM 'bɑːksi] *adj* kastenförmig, kistenförmig; ~ **shape** Kastenform *f*

boy [bɔɪ] **I.** *n* ❶ (*male child*) Junge *m,* Bub *m* SÜDD, ÖSTERR, SCHWEIZ ❷ ■**the** ~**s** *pl* (*friends*) **he always spends Friday nights with the** ~**s** er verbringt Freitagnacht immer mit seinen Kumpels; **one of the** ~**s** ein richtiger Mann [*o fam* echter Kerl] ❸ (*in office, shop*) Laufbursche *m;* (*in hotel, lift*) Boy *m* ▶ PHRASES: **the big** ~**s** die Großen; **the** ~**s in blue** (*fam*) die Polizei *f,* die Jungs in Grün *hum fam;* **to be a local** ~ **made good** ein erfolgreicher junger Mann von hier sein; ~**s will be** ~**s** (*saying*) Jungs sind nun mal so; **my** ~ (*dated*) mein Junge; **our/the** ~**s** MIL unsere Jungs **II.** *interj* [**oh**] ~**, that was good!** Junge, Junge, war das gut! *fam*

'boy band *n* Boygroup *f*

boy·cott ['bɔɪkɒt, AM -kɑːt] **I.** *vt* ■**to** ~ **sth** etw boykottieren **II.** *n* Boykott *m;* **to lift a** ~ einen Boykott aufheben; **to put a** ~ **on sb/sth** [*or* **sb/sth under a** ~] über jdn/etw einen Boykott verhängen

'boy·friend *n* Freund *m*

boy·hood ['bɔɪhʊd] **I.** *n no pl* (*as a child*) Kindheit *f;* (*as a teenager*) Jugend *f* **II.** *n modifier* (*as a child*) Kindheits-; (*as a teenager*) Jugend-

boy·ish ['bɔɪɪʃ] *adj* jungenhaft; (*of woman*) knabenhaft *geh;* ~ **enthusiasm** kindlicher Enthusiasmus

boy·ish·ly ['bɔɪɪʃli] *adv* jungenhaft; (*of woman*) knabenhaft; ~ **enthusiastic** kindlich begeistert

boy-meets-'girl *adj* Liebes-; ~ **story** Liebesgeschichte *f* **Boy 'Scout** *n* (*dated*) Pfadfinder(in) *m(f)* **Boy Scout Jam·bo·'ree** *n* Pfadfindertreffen *nt* **Boy Scout 'Troop** *n* Pfadfindervereinigung *f,* Pfadfindergruppe *f* **'boy toy** *n* AM (*toy boy*) jugendlicher Liebhaber, Gespiele *m veraltet o hum* **boy 'won·der** *n* Wunderknabe *m,* Wunderkind *nt*

bozo ['bəʊzəʊ, AM 'boʊzoʊ] *n esp* AM (*sl*) dummer Kerl *fam,* Depp *m pej*

bra [brɑː] *n* ❶ (*for woman*) BH *m fam* ❷ AM (*for car*) *Lederüberzug für die Schnauze eines Autos als Schutz vor Steinchen*

braai [braɪ] SA **I.** *n* Grillfest *nt* **II.** *vt* ■**to** ~ **sth** etw grillen **III.** *vi* grillen

brace [breɪs] **I.** *n* ❶ *esp* BRIT MED ■~ [*or esp* AM, AUS ~**s**] (*for teeth*) Zahnklammer *f,* Zahnspange *f;* (*for back*) Stützapparat *m* ❷ BRIT, AUS (*for trousers*) ■~**s** *pl* Hosenträger *mpl* ❸ *esp* AM (*callipers*) ■~**s** *pl* Stützapparat *m* ❹ (*pair of birds*) [Feder-wild]paar *nt;* ~ **of partridges** Rebhuhnpaar *nt* **II.** *vt* ❶ (*prepare for*) ■**to** ~ **oneself for sth** (*mentally*) sich *akk* auf etw *akk* gefasst machen; (*physically*) sich *akk* auf etw *akk* vorbereiten ❷ (*support*) ■**to** ~ **sth** [**with sth**] etw [mit etw *dat*] [ab]stützen; (*horizontally*) etw [mit etw *dat*] verstreben

◆**brace up** *vi* sich *akk* zusammenreißen

brace and 'bit *n* Bohrwinde *f*

brace·let ['breɪslət] *n* ❶ (*jewellery*) Armband *nt,* Armreif *m* ❷ (*fam: handcuffs*) Handschelle[n] *f[pl]*

brac·ing ['breɪsɪŋ] *adj* erfrischend, belebend, anregend; ~ **climate** Reizklima *nt*

brack·en ['brækᵊn] *n no pl* Adlerfarn *m*

brack·et ['brækɪt] **I.** *n* ❶ *usu pl* (*in writing*) Klammer *f;* **in** [**round/square**] ~**s** in [runden/eckigen] Klammern; **to be included in** ~**s** in Klammern stehen ❷ AM, AUS (*square writing symbols*) ■~**s** *pl* eckige Klammern ❸ (*category*) Klasse *f,* Gruppe *f,* Stufe *f;* **age** ~ Altersgruppe *f;* **income** ~ Einkommensstufe *f;* **tax** ~ Steuerklasse *f* ❹ (*L-shaped support*) Konsole *f,* [Winkel]stütze *f* **II.** *vt* ❶ (*put into brackets*) ■**to** ~ **sth** etw einklammern [*o* in Klammern setzen] ❷ (*include in one group*) ■**to** ~ **sb with sb** jdn mit jdm in einen Topf werfen *fam;* **to** ~ **sth together** etw in einen Topf schmeißen *fam*

brack·ish ['brækɪʃ] *adj* leicht salzig; *water* brackig; ~ **water** Brackwasser *nt*

brad·awl ['brædɔːl, AM -ɑːl] *n* [flache] Ahle *f,* Pfriem *m*

brag <-gg-> [bræg] **I.** *vi* ■**to** ~ [**about sth**] [mit etw *dat*] prahlen [*o* angeben] **II.** *vt* ■**to** ~ **that ...** damit prahlen [*o* angeben],

dass ...
brag·gart ['brægət, AM -ɚt] *n (pej dated)* Prahler(in) *m(f)*
Brah·man ['brɑːmən], **Brah·min** ['brɑːmɪn] *n* Brahmane *m*
braid [breɪd] **I.** *n* ❶ *no pl (on cloth)* Borte *f; (on uniform)* Litze *f; (with metal threads)* Tresse[n] *f[pl]* ❷ *esp* AM *(plait)* Zopf *m,* Flechte *f geh* **II.** *vt esp* AM ■**to ~ sth** etw flechten **III.** *vi esp* AM flechten
braid·ing ['breɪdɪŋ] *n see* **braid I.**
Braille [breɪl] *n no pl* Blindenschrift *f,* Brailleschrift *f*
brain [breɪn] **I.** *n* ❶ *(organ)* Gehirn *nt;* ■**~s** *pl* [Ge]hirn *nt* ❷ *(intelligence)* Verstand *m;* **to have a good ~** einen scharfen Verstand haben; ■**~s** *pl (intelligence)* Intelligenz *f kein pl,* Grips *m fam,* Köpfchen *nt fam; (imagination)* Einbildung *f kein pl,* Fantasie *f kein pl;* **to have ~s** *(fam)* Köpfchen [*o* Grips] haben *fam;* **to use one's ~s** seinen Kopf [*o fam* sein Hirn] anstrengen ❸ *(fam: intelligent person)* heller Kopf *fam;* **the best ~s** die fähigsten Köpfe ❹ *(smartest of a group)* ■**the ~s** + *sing vb* der [hellste] Kopf ▶ PHRASES: **to blow sb's ~s out** *(fam)* jdm eine Kugel durch den Kopf jagen *fam,* jdm das [Ge]hirn rauspusten *sl;* **to have sth on the ~** *(pej fam)* immer nur an etw *akk* denken; **to pick sb's ~[s]** jdm ein Loch in den Bauch fragen *fam,* jdn löchern *fam* **II.** *vt (fam)* ■**to ~ sb** jdm den Schädel einschlagen *fam;* ■**to ~ oneself** sich *dat* den Kopf [an]stoßen **III.** *adj* Gehirn-
'brain cell *n* Gehirn[gewebe]zelle *f* **'brain·child** *n* genialer Einfall, Geistesprodukt *nt* **'brain dam·age** *n* [Ge]hirnschaden *m* **'brain dead** *adj* [ge]hirntot; **to declare sb ~** jdn für [ge]hirntot erklären **'brain death** *n* [Ge]hirntod *m* **'brain dis·or·der** *n* [Ge]hirnerkrankung *f,* [Ge]hirnstörung *f* **'brain drain** *n* Braindrain *m,* Abwanderung *f* von Wissenschaftlern/Wissenschaftlerinnen ins Ausland **'brain fe·ver** *n (dated)* Hirnhautentzündung *f*
brain·less ['breɪnləs] *adj* hirnlos *pej;* **~ idiot** Vollidiot *m pej*
'brain pow·er *n (fam)* Intelligenz *f;* **to have ~** eine Leuchte sein *fam* **'brain scan** *n* Computertomographie *f* des Schädels **'brain·storm I.** *vi* ein Brainstorming machen **II.** *vt* **to ~ a project** zu einem Projekt ein Brainstorming machen **III.** *n* ❶ BRIT *(fam: brain shutdown)* Anfall *m* geistiger Umnachtung; **to have a ~** geistig weggetreten sein *fam* ❷ AM *(brainwave)* Geistesblitz *m fam* **'brain·storm·ing** *n no pl* Brainstorming *nt,* gemeinsame Problembewältigung **'brain·storm·ing ses·sion** *n* Brainstorming *nt;* **to have a ~** ein Brainstorming abhalten [*o* durchführen] **'brain teas·er** *n (sth puzzling)* Rätsel *nt; (puzzle)* Denksportaufgabe *f* **'brain tis·sue** *n* Gehirngewebe *nt* **'brain trust** *n* AM Braintrust *m,* politische/wirtschaftliche Beratergruppe **'brain tu·mour** *n* [Ge]hirntumor *m* **'brain·wash** *vt (pej)* ■**to ~ sb** jdn einer Gehirnwäsche unterziehen **'brain·wash·ing** *n* Gehirnwäsche *f* **'brain wave** *n* MED Hirn[strom]welle *f* **'brain·wave** *n (fam)* Geistesblitz *m fam* **'brain·work** *n no pl* Kopfarbeit *f*
brainy ['breɪni] *adj (intelligent)* gescheit; *(rapid mental grasp)* aufgeweckt
braise [breɪz] *vt* FOOD ■**to ~ sth** etw schmoren
brake[1] [breɪk] **I.** *n* Bremse *f;* **anti-lock ~** Antiblockierbremse *f;* **to apply** [*or* **put on**] **the ~s** bremsen; **to release the ~[s]** *(by hand)* die Bremse lösen; *(by foot)* den Fuß von der Bremse nehmen; **to slam on the ~[s]** *(fam)* in die Eisen steigen *fam,* auf die Bremse latschen *sl* **II.** *vi* bremsen; **to ~ sharply** [*or* **hard**] scharf bremsen
brake[2] [breɪk] *n* BOT [Adler]farn *m*
'brake band *n* AUTO Bremsband *nt* **'brake block** *n (on bike)* Bremsklotz *m,* Bremsbacke *f fachspr* **'brake cable** *n* Bremszug *m,* Bremsseil *nt* **'brake drum** *n* Bremstrommel *f* **'brake fluid** *n* Bremsflüssigkeit *f* **'brake lights** *npl* Bremslichter *ntpl* **'brake lin·ing** *n* Bremsbelag *m* **'brake pads** *npl* Bremsbeläge *mpl* **'brake ped·al** *n* Bremspedal *nt* **'brake shoe** *n* Bremsklotz *f,* Bremsbacke *f fachspr*
brak·ing ['breɪkɪŋ] *n no pl* Bremsen *nt*
'brak·ing dis·tance *n* Bremsweg *m*
bram·ble ['bræmbl̩] *n* ❶ *(bush)* Brombeerstrauch *m* ❷ *(berry)* Brombeere *f* ❸ *esp* AM *(thorny bush)* Dornenstrauch *m,* Dornengestrüpp *nt*
bran [bræn] *n no pl* Kleie *f*
branch [brɑːn(t)ʃ, AM bræn(t)ʃ] **I.** *n* ❶ *(of a bough)* Zweig *m; (of the trunk)* Ast *m* ❷ *esp* AM *(fork)* **~ of a river** Flussarm *m;* **~ of a road** Abzweigung *f* ❸ *(local office)* Zweigstelle *f,* Filiale *f* ❹ *(subdivision)* Zweig *m* **II.** *vi* ❶ *(form branches)* Zweige treiben ❷ *(fig: fork)* sich gabeln
◆**branch off I.** *vi* sich verzweigen [*o* gabeln]; *(into other direction)* abzweigen **II.** *vt* **to ~ off a subject** [*or* **topic**] vom Thema abkommen
◆**branch out** *vi* ❶ *(enter a new field)* seine Aktivitäten ausdehnen [*o* erweitern]; **the manufacturer recently ~ed out into children's wear** das Angebot des Herstellers umfasst seit kurzem auch Kinderkleidung; **to ~ out on one's own** sich *akk* selbständig machen; ■**to ~ out [to sth]** [auf etw *akk*] umsatteln *fam* ❷ *(get active)* aktiv werden; **to ~ socially** gesellschaftlich mehr unternehmen
'branch line *n* Nebenstrecke *f,* Zweiglinie *f* **branch 'man·ag·er** *n* Filialleiter(in) *m(f),* Zweigstellenleiter(in) *m(f)* **'branch net·work** *n* Filialnetz *nt,* Zweigstellennetz *nt* **'branch of·fice** *n* Filiale *f,* Zweigstelle *f,* [Zweig]niederlassung *f*
brand [brænd] **I.** *n* ❶ *(product)* Marke *f;* **own** [*or* AM **store**] [*or* AUS **generic**] **~** Hausmarke *f* ❷ *(fig: type)* Art *f;* **do you like his ~ of humour?** magst du seinen Humor? ❸ *(mark)* Brandmal *nt geh; (on animals)* Brandzeichen *nt* ❹ *(liter: flame)* Feuer *nt,* Brand *m* **II.** *vt* ❶ *usu passive (fig pej: label)* ■**to be ~ed [as] sth** als etw gebrandmarkt sein ❷ *(mark with hot iron)* ■**to ~ an animal** ein Tier mit einem Brandzeichen versehen ❸ COMM ■**to ~ sth** etw mit dem Markennamen versehen
brand·ing iron ['brændɪŋ,-] *n* Brandeisen *nt*
bran·dish ['brændɪʃ] *vt* ■**to ~ sth** etw [drohend] schwingen; **to ~ a gun** mit einer Pistole [herum]fuchteln *fam;* **to ~ a letter** aufgeregt mit einem Brief wedeln
brand 'loy·al·ty *n* Markentreue *f* **brand 'man·age·ment** *n* Markenpositionierung *f* **'brand name** *n* Markenname *m* **brand 'new** *adj inv* [funkel]nagelneu *fam,* brandneu *fam;* **~ car** fabrikneues Auto; **~ baby** neugeborenes Baby
bran·dy ['brændi] *n* Weinbrand *m,* Brandy *m*
'bran·dy but·ter *n* Weinbrandbutter *f (Creme aus Butter, Zucker und Weinbrand, die gewöhnlich an Weihnachten zum 'Christmas pudding' gegessen wird)* **'bran·dy snap** *n dünnes, oft mit Schlagsahne gefülltes Ingwerteigröllchen, das als Nachspeise gegessen wird*
brash [bræʃ] *adj (pej)* ❶ *(cocky)* dreist, unverfroren; **~ manner** aufdringliche Art ❷ *(gaudy)* grell
brash·ly ['bræʃli] *adv* dreist, unverfroren
brash·ness ['bræʃnəs] *n no pl* Dreistigkeit *f,* Unverfrorenheit *f*
brass [brɑːs, AM bræs] **I.** *n* ❶ *(metal)* Messing *nt;* **made of ~** aus Messing ❷ *(brass engraving)* Gedenktafel *f (aus Messing)* ❸ + *sing/pl vb* MUS *(brass instrument section)* ■**the ~** die Blechinstrumente *ntpl,* das Blech ❹ *no pl (approv fam: cheek)* Frechheit *f;* **to have ~** kess [*o* frech] sein; *(be bumptious)* vorwitzig sein; **to have the ~ to do sth** *(audacity)* die Frechheit besitzen, etw zu tun ❺ *no pl* BRIT *(dated fam: money)* Kies *m sl,* Kohle *f fam* ▶ PHRASES: **where there's muck there's ~** BRIT *(saying)* Dreck und Geld liegen eng beisammen **II.** *n modifier* ❶ *(made of brass) (handle, plaque)* Messing- ❷ MUS **the ~ section** die Blechbläsern; **~ instrument** Blechinstrument *nt*
brass 'balls *npl* AM *(vulg: brass neck)* Schneid *m fam,* Mumm *m fam* **brass 'band** *n* Blaskapelle *f*
brassed 'off *adj pred* BRIT *(fam)* ■**to be ~ with sth/sb** von etw/jdm die Nase voll haben *fam,* etw satthaben *fam;* ■**to be ~ with doing sth** es satthaben, etw zu tun *fam*
bras·se·rie ['bræsəri, AM ˌbræsə'riː] *n* Brasserie *f*

B

brass 'far·thing *n* (*fam*) **to be not worth a ~** keinen Pfifferling [*o fam* roten Heller] wert sein; **to not care a ~ about sth** sich *akk* einen Dreck für etw *akk* interessieren *fam;* **to not have a ~** keinen Pfifferling [*o fam* roten Heller] haben **'brass hat** *n* (*sl*) MIL hohes Tier *fam*

bras·siere ['bræsɪəʳ, AM brə'zɪr] *n* (*dated form*) Büstenhalter *m*

brass 'knuck·les *npl* Schlagring *m* **brass 'mon·key weath·er** *n no pl* Hundewetter *nt fam;* (*cold*) Saukälte *f fam;* **it's ~ today** es ist arschkalt heute *sl* **brass 'neck** *n* BRIT (*pej*) **to have the ~ to do sth** die Stirn [*o fam* den Nerv] haben, etw zu tun **brass 'plate** *n* Messingschild *nt* **'brass-rub·bing** *n* ❶ *no pl* (*activity*) Durchpausen *nt* (*eines Bildes auf einer Messingtafel*) ❷ (*impression made*) Pausezeichnung *f* (*eines Bildes auf einer Messingtafel*) **brass 'tacks** *npl* (*fam*) **to get down to ~** zur Sache kommen **'brass·ware** *n no pl* Messinggegenstände *mpl,* Messingware *f*

brassy ['brɑːsi, AM 'bræsi] *adj* ❶ (*like brass*) messingartig; (*colour*) messingfarben, messingfarbig ❷ MUS (*of brass instrument*) **~ sound** blecherner Klang ❸ (*pej: loud and harsh*) **~ voice** dröhnende Stimme ❹ (*pej: cocky*) frech, unverschämt, dreist

brat [bræt] *n* (*pej fam*) Balg *m od nt fam,* Gör *nt* NORDD, Göre *f* NORDD; **a spoilt ~** ein verzogenes Balg *fam,* ein verzogener Fratz *bes* SÜDD, ÖSTERR; **~ pack** (*fam*) *Gruppe junger, berühmt-berüchtigter* [*Film*]*leute*

bra·va·do [brə'vɑːdəʊ, AM -doʊ] *n no pl* Draufgängertum *nt,* [prahlerischer] Wagemut *m*

brave [breɪv] I. *adj* ❶ (*fearless*) mutig, unerschrocken, kühn; **the government revealed its ~ new approach to homelessness** die Regierung gab ihren entschlossenen Neuansatz zur Bekämpfung der Obdachlosigkeit bekannt; **to put up a ~ fight** sich tapfer schlagen, tapfer kämpfen ❷ (*stoical*) tapfer; **~ smile** tapferes Lächeln ▶ PHRASES: **to put on a ~ face** sich *dat* nichts anmerken lassen II. *n* (*dated*) [indianischer] Krieger III. *vt* ■**to ~ sth** etw *dat* die Stirn bieten; **to ~ the danger/weather** der Gefahr/dem Wetter trotzen

◆**brave out** *vt* ■**to ~ out** ⭘ **sth** etw [tapfer] durchstehen

brave·ly ['breɪvli] *adv* tapfer, mutig

brav·ery ['breɪvᵊri] *n no pl* Tapferkeit *f,* Mut *m*

bra·vo [brɑː'vəʊ, AM 'brɑːvoʊ] *interj* (*dated or a. hum*) **~, ~!** bravo, bravo!

bra·vu·ra [brə'vjʊərə, AM -'vjʊrə] I. *n no pl* Bravour *f* II. *adj* Bravour-, bravourös

brawl [brɔːl, AM *esp* brɑːl] I. *n* [lautstarke] Schlägerei II. *vi* sich *akk* [lautstark] schlagen

brawl·ing ['brɔːlɪŋ, AM *esp* 'brɑː-] *n no pl* Schlägereien *fpl*

brawn [brɔːn, AM *esp* brɑːn] *n no pl* ❶ (*strength*) Muskelkraft *f,* Stärke *f;* **I prefer ~ to brains** für mich sind Muskeln wichtiger als Hirn ❷ BRIT, AUS FOOD Schweinskopfsülze *f*

brawny ['brɔːni, AM *esp* 'brɑː-] *adj* (*muscular*) muskulös; (*strong*) kräftig, stark

bray [breɪ] I. *vi donkey, mule* schreien; (*pej*) *person* kreischen; **~ing laugh** (*pej*) wieherndes Lachen; **to ~ with laughter** (*pej*) vor Lachen schreien *fam* II. *n* [Esels]schrei *m*

braze [breɪz] I. *vt* ■**to ~ sth** etw hartlöten II. *n* [Hart]lötstelle *f*

bra·zen ['breɪzᵊn] I. *adj* unverschämt, schamlos, frech; **~ hussy** frecher Fratz *hum;* **~ lie** schamlose Lüge *hum* II. *vt* ■**to ~ it out** ❶ (*pretend there is no problem*) es durchhalten ❷ (*show no remorse*) es eisern verfechten

bra·zen·ly ['breɪzᵊnli] *adv* unverschämt, schamlos, dreist; **to lie ~** schamlos lügen

bra·zi·er ['breɪziəʳ, AM -ʒɚ] *n* ❶ (*heater*) [große, flache] Kohlenpfanne ❷ AM (*barbecue*) [Grill]rost *m*

Bra·zil [brə'zɪl] *n* Brasilien *nt*

Bra·zil·ian [brə'zɪliən, AM -'ziljən] I. *n* Brasilianer(in) *m(f)* II. *adj* brasilianisch

Bra·'zil nut *n* ❶ (*tree*) Juvia-Nussbaum *m* ❷ (*nut*) Paranuss *f*

braz·ing ['breɪzɪŋ] *n no pl* Hartlöten *nt*

breach [briːtʃ] I. *n* ❶ (*infringement*) Verletzung *f,* Verstoß *m;* **~ in/of an agreement** Verletzung *f* einer Vereinbarung; **~ of confidence** [*or* **faith**] Vertrauensbruch *m;* **~ of contract** Vertragsbruch *m;* **~ of duty** Pflichtverletzung *f;* **~ of the law** Gesetzesübertretung *f;* **~ of promise** Wortbruch *m,* Wortbrüchigkeit *f;* **security ~** Verstoß *m* gegen die Sicherheitsbestimmungen ❷ (*estrangement*) Bruch *m,* Riss *m;* (*discord*) Zwist *m geh* ❸ (*gap*) Bresche *f veraltend,* Lücke *f;* **to make a ~** [**in the enemy's lines**] MIL eine Bresche [in die feindlichen Linien] schlagen, [die feindlichen Linien] durchbrechen; **to step into the ~** (*fig*) einspringen, in die Bresche springen *geh,* aushelfen II. *vt* ❶ (*break*) **to ~ an agreement** eine Vereinbarung verletzen; **to ~ a contract** einen Vertrag brechen ❷ (*infiltrate*) ■**to ~ sth** *a defence, the enemy lines* etw durchbrechen III. *vi* an die Oberfläche kommen; *whale* auftauchen

breach of the 'peace *n* BRIT öffentliche Ruhestörung

bread [bred] *n no pl* ❶ (*food*) Brot *nt;* (*type of bread*) Brotsorte *f;* **crust of ~** Brotrinde *f,* Brotkruste *f;* **a loaf of ~** ein Brot *nt;* (*unsliced*) ein Laib *m* Brot; **a slice of ~** eine Scheibe Brot; **~ and water** (*fig: diet of poverty*) Brot und Wasser; (*chosen abstinence*) Luft und Ideale; **to bake ~** Brot backen ❷ REL Hostie *f;* **to break the ~** das Brot brechen ❸ (*dated sl: money*) Kies *m sl,* Moos *f sl,* Kohle *f fam* ▶ PHRASES: **~ and circuses** Brot und Spiele; **the ~ of life** das Brot des Lebens; **for her, music was the ~ of life** für sie war die Musik wie ein Lebenselixier; **to take the ~ out of sb's mouth** jdm das Wasser abgraben; **to know which side one's ~ is buttered** (*fam*) seinen Vorteil kennen; **to want one's ~ buttered on both sides** (*fam*) das Unmögliche wollen; **the best thing since sliced ~** die beste Sache seit Menschengedenken; **he thinks his new secretary's the best thing since sliced ~** er hält seine neue Sekretärin für absolut spitze *fam;* **to cast one's ~ upon the waters** etw ohne eine Dankeserwartung tun; **to earn one's** [**daily**] **~** (*form*) sein Brot verdienen, sich *dat* seine Brötchen verdienen *fam;* **man/one cannot live by ~ alone** (*saying*) der Mensch lebt nicht vom Brot allein *prov*

bread and 'but·ter I. *n* (*food*) Butterbrot *nt;* (*fig: income*) Lebensunterhalt *m;* (*job*) Broterwerb *m;* **this is my ~** damit verdiene ich mir meinen Lebensunterhalt II. *n modifier* alltäglich, gewöhnlich; **~ letter** Dankesbrief *m* (*für Gastfreundschaft*); **~ pudding** Brotauflauf *m* **'bread bas·ket** *n* ❶ (*container*) Brotkorb *m* ❷ (*region*) Kornkammer *f* ❸ (*fam*) Bauch *m* **'bread bin** *n* BRIT, AUS Brotkasten *m* **'bread·board** *n* Brotschneidebrett *nt* **'bread box** *n esp* AM (*bread bin*) Brotkasten *m* **'bread·crumb** *n* Brotkrume *f,* Brotkrümel *m;* (*for coating food*) ■**~s** *pl* Paniermehl *nt kein pl,* Semmelbrösel *mpl o* ÖSTERR *ntpl;* **to coat** [*or* **cover**] **sth with ~s** etw panieren

bread·ed ['bredɪd] *adj inv* paniert

'bread·fruit <*pl* -s *or* -> *n* Brotfrucht *f* **'bread knife** *n* Brotmesser *nt* **'bread·line** *n* ❶ *no pl* BRIT (*not enough to live on*) Existenzminimum *nt;* **to be** [*or* **live**] **on the ~** am Existenzminimum leben ❷ AM (*queue*) *Schlange vor einer Essensausgabestelle*

breadth [bretθ, bredθ] *n no pl* ❶ (*broadness*) Breite *f;* (*width*) Weite *f* ❷ (*fig: multidimensionality*) Ausdehnung *f,* Weite *f;* **~ of learning** umfassende Bildung; **~ of mind** große [geistige] Aufgeschlossenheit

'bread·win·ner *n* Ernährer(in) *m(f),* Geldverdiener(in) *m(f);* **to be the ~** die Brötchen verdienen *fam*

break [breɪk] I. *n* ❶ (*fracture*) Bruch *m;* (*in glass, pottery*) Sprung *m;* (*in rock, wood*) Riss *m;* MED Bruch *m* ❷ (*gap*) Lücke *f;* (*in rock*) Spalt *m;* (*in line*) Unterbrechung *f* ❸ (*escape*) Ausbruch *m;* **to make a ~** ausbrechen ❹ (*interruption*) Unterbrechung *f,* Pause *f; esp* BRIT SCH (*during classes*) Pause *f;* (*holiday*) Ferien *pl;* **coffee/lunch ~** Kaffee-/Mittagspause *f;* **Easter/Christmas ~** Oster-/Weihnachtsferien *pl;* **commercial ~** TV, RADIO Werbung *f;* **to have** [*or* **take**] **a ~** eine Pause machen; **we decided to have a short ~ in Paris** wir beschlossen, einen Kurzurlaub in Paris zu verbringen; **to need a ~ from sth** eine Pause von etw *dat* brauchen ❺ METEO **~ of day** Tagesanbruch *m;* **a ~ in the weather** (*liter*) ein Wetterumschwung *m* ❻ (*divergence*) Bruch *m;* **a ~ with family tradition** ein Bruch mit der Familientradition ❼ (*end of relationship*) Abbruch *m;* **to make a clean/complete ~** einen sauberen/endgültigen Schlussstrich ziehen; **to make the ~ [from sb/sth]** die Beziehung [zu jdm/etw] abbrechen ❽ (*opportunity*) Chance *f,* Gelegenheit *f;* **she got her main ~ as an actress in a Spielberg film** sie hatte ihre größte Chance als Schauspielerin in einem Spielbergfilm ❾ SPORTS (*in tennis*) **~ [of serve]** Break *m o nt;* (*in snooker, billiards*) Anstoß *m* ▶ PHRASES: **give me a ~!** (*fam: knock it off!*) hör auf [damit]!; (*give me a chance*) gib mir eine Chance! **II.** *vt* <broke, broken> ❶ (*shatter*) ■**to ~ sth** etw zerbrechen; (*in two pieces*) etw entzweibrechen; (*force open*) etw aufbrechen; (*damage*) etw kaputtmachen *fam;* (*fracture*) etw brechen; **we heard the sound of ~ing glass** wir hörten das Geräusch von zerberstendem Glas; **to ~ an alibi** (*fig*) ein Alibi entkräften; **to ~ one's arm** sich *dat* den Arm brechen; **to ~ one's back** [*or* AM **ass**] (*fig fam*) sich *akk* abrackern [*o* abstrampeln] *fam;* **to ~ sb's back** (*fig*) jdm das Kreuz brechen *fig;* **to ~ a bottle/a glass** eine Flasche/ein Glas zerbrechen; **to ~ an egg** ein Ei aufschlagen; **to ~ sb's heart** (*fig*) jdm das Herz brechen *geh;* **to ~ a nail/tooth** sich *dat* einen Nagel/Zahn abbrechen; **to ~ sb's nose** jdm die Nase brechen; **to ~ sth into smithereens** etw in [tausend] Stücke schlagen; **to ~ the sonic** [*or* **sound**] **barrier** die Schallmauer durchbrechen; **to ~ a window** ein Fenster einschlagen ❷ (*momentarily interrupt*) ■**to ~ sth** etw unterbrechen; **I need something to ~ the monotony of my typing job** ich brauche etwas, das etwas Abwechslung in meine eintönige Schreibarbeit bringt; **to ~ sb's fall** jds Fall abfangen; **to ~ a circuit** ELEC einen Stromkreis unterbrechen; **to ~ step** [*or* **stride**] aus dem Gleichschritt kommen; MIL aus dem Schritt fallen ❸ (*put an end to*) ■**to ~ sth** etw zerstören; **to ~ the back of sth** BRIT, AUS das Schlimmste einer S. *gen* hinter sich *akk* bringen; **we can ~ the back of this work today if we really try** wenn wir uns ernsthaft bemühen, können wir diese Arbeit heute zum größten Teil erledigen; **to ~ camp** das Lager abbrechen; **to ~ a deadlock** einen toten Punkt überwinden, etw wieder in Gang bringen; **to ~ a habit** eine Gewohnheit aufgeben; **to ~ sb of a habit** jdm eine Angewohnheit abgewöhnen; **to ~ an impasse** [*or* **a stalemate**] aus einer Sackgasse herauskommen; **to ~ a romantic mood** eine romantische Stimmung kaputtmachen *fam;* **to ~ the peace/a record/the silence** den Frieden/einen Rekord/das Schweigen brechen; **to ~ a spell** einen Bann brechen; **to ~ sb's spirit** jdn mutlos machen; **to ~ a strike** einen Streik brechen; **to ~ the suspense** [*or* **tension**] die Spannung lösen ❹ SPORTS **to ~ a tie** in Führung gehen, einen Führungstreffer erzielen; ■**to ~ sb** TENNIS jdm das Aufschlagspiel abnehmen ❺ (*violate*) ■**to ~ sth** etw brechen; **to ~ an agreement** eine Vereinbarung verletzen; **to ~ a date** eine Verabredung nicht einhalten; **to ~ a/the law** ein/das Gesetz übertreten; **to ~ a treaty** gegen einen Vertrag verstoßen; **to ~ one's word** sein Wort brechen ❻ (*forcefully end*) ■**to ~ sth** etw durchbrechen; **to ~ sb's hold** sich *akk* aus jds Griff befreien ❼ (*decipher*) **to ~ a cipher/a code** eine Geheimschrift/einen Code entschlüsseln ❽ (*make public*) ■**to ~ sth** etw bekannt geben; JOURN etw veröffentlichen; ■**to ~ sth to sb** jdm etw mitteilen [*o* sagen]; **~ it to me gently!** (*hum*) bring's mir schonend bei!; **how will we ever ~ it to her?** wie sollen wir es ihr nur sagen?; **to ~ the news to sb** jdm die Nachricht beibringen ❾ (*separate into parts*) ■**to ~ sth** etw auseinanderreißen; **to ~ bread** REL das [heilige] Abendmahl empfangen; **to ~ bread [with sb]** (*dated liter*) [mit jdm] das Brot brechen *veraltet* [*o* sein Brot teilen]; **to ~ a collection** [*or* **set**] eine Sammlung auseinanderreißen ❿ (*make change for*) **to ~ a note** [*or* AM **bill**] einen Geldschein wechseln [*o fam* kleinmachen] ⓫ (*crush spirit*) ■**to ~ sb** jdn brechen [*o fam* kleinkriegen]; **her spirit had been broken by the regime in the home** das in dem Heim herrschende System hatte sie seelisch gebrochen; ■**to ~ an animal** (*tame*) ein Tier zähmen; (*train*) ein Tier abrichten; **to ~ sb's will** jds Willen *m* brechen ⓬ (*leave*) **to ~ cover** MIL aus der Deckung hervorbrechen; (*from hiding place*) aus dem Versteck herauskommen; **to ~ formation** MIL aus der Aufstellung heraustreten; **to ~ rank** MIL aus dem Glied treten; **to ~ rank[s]** (*fig*) die eigenen Reihen verraten; **to ~ ship** sich *akk* beim Landgang absetzen ⓭ (*open up*) **to ~ ground** den ersten Spatenstich machen; **to ~ fresh** [*or* **new**] **ground** (*fig*) Neuland [*o* neue Gebiete] erschließen ▶ PHRASES: **to ~ the <u>bank</u>** (*hum*) die Bank sprengen; **sticks and stones may ~ my <u>bones</u> [but names will never hurt me]** (*saying*) Beschimpfungen können mir nichts anhaben; **you can't make an omelette without ~ing <u>eggs</u>** (*saying*) wo gehobelt wird, da fallen Späne *prov;* **to ~ the <u>ice</u>** (*fam*) das Eis brechen; **~ a <u>leg</u>!** (*fam*) Hals- und Beinbruch! *fam;* **to ~ the <u>mould</u>** innovativ sein; **to ~ <u>wind</u>** einen fahren lassen *fam* **III.** *vi* <broke, broken> ❶ (*shatter*) zerbrechen; (*stop working*) kaputtgehen *fam;* (*fall apart*) auseinanderbrechen ❷ (*interrupt*) Pause machen; **shall we ~ [off] for lunch?** machen wir Mittagspause? ❸ *wave* sich *akk* brechen; **a wave broke over the boat** eine Welle brach über dem Boot zusammen ❹ (*change in voice*) **her voice was ~ing with emotion** vor Rührung versagte ihr die Stimme; **the boy's voice is ~ing** der Junge ist [gerade] im Stimmbruch ❺ METEO *weather* umschlagen; *dawn, day* anbrechen; *storm* losbrechen ❻ (*collapse under strain*) zusammenbrechen ❼ (*become public*) *news, scandal* bekannt [*o* publik] werden, ans Licht kommen ❽ (*in billiards, snooker*) anstoßen ❾ BOXING sich *akk* trennen ❿ (*move out of formation*) *clouds* aufreißen; *crowd* sich *akk* teilen; MIL, SPORTS sich *akk* auflösen ⓫ MED [auf]platzen; **the waters have broken** die Fruchtblase ist geplatzt ▶ PHRASES: **to ~ <u>even</u>** kostendeckend arbeiten; **to ~ <u>free</u>** ausbrechen, sich *akk* befreien; **to ~ <u>loose</u>** sich *akk* losreißen; **it's <u>make</u> or ~!** es geht um alles oder nichts!

◆**break away** *vi* ❶ (*move away forcibly*) ■**to ~ away from sb/sth** sich *akk* von jdm/etw losreißen ❷ (*split off*) sich *akk* absetzen; **one or two of the tourists broke away [from the tour group]** einige Touristen trennten sich von der Reisegruppe ❸ (*separate and move away*) abbrechen; **huge chunks of ice are ~ing away from the iceberg** von dem Eisberg brechen riesige Eisbrocken ab ❹ (*shun*) sich *akk* lossagen *geh;* ■**to ~ away from sth** sich *akk* von etw *dat* lossagen *geh;* (*turn away*) sich *akk* von etw *dat* abkehren

◆**break down I.** *vi* ❶ (*stop working*) stehen bleiben; *engine* versagen; **my car broke down at the traffic lights** mein Auto blieb an der Ampel liegen ❷ (*dissolve*) sich *akk* auflösen; *marriage* scheitern, in die Brüche gehen ❸ (*emotionally*) zusammenbrechen **II.** *vt* ■**to ~ down ↻ sth** ❶ (*force open*) etw aufbrechen; (*with foot*) etw eintreten ❷ (*overcome*) etw niederreißen; **to ~ down a barrier** eine Schranke niederreißen; **to ~ down prejudices against sb** Vorurteile gegen jdn abbauen; **to ~ down sb's reserve** jds Zurückhaltung *f* überwinden; **to ~ down sb's resistance** jds Widerstand *m* brechen ❸ CHEM etw aufspalten ❹ (*separate into parts*) etw aufgliedern; **can you please ~ down these figures so I can understand them better?** können Sie diese Zahlen bitte aufschlüsseln, damit ich sie besser verstehen kann?

◆**break in I.** *vi* ❶ (*enter by force*) einbrechen ❷ (*interrupt*) unterbrechen **II.** *vt* ❶ (*condition*) **to ~ in ↻ one's shoes** seine Schuhe einlaufen; **to ~ in ↻ a car/an engine** AM ein Auto/einen Motor einfahren ❷ (*tame*) ■**to ~ an animal ↻ in** ein Tier zähmen; (*train*) ein Tier abrichten; **to ~ in a horse** ein Pferd zureiten; **to ~ in one's staff** (*fig*) das Personal einarbeiten ❸ (*interrupt*) ■**to ~ in on sth** in etw *akk* hineinplatzen *fam*

◆**break into** *vi* ① (*forcefully enter*) ■**to ~ into sth** in etw *akk* einbrechen; **to ~ into a car** ein Auto aufbrechen ② (*start doing sth*) **to ~ into applause/laughter/tears** in Beifall/Gelächter/Tränen ausbrechen; **to ~ into a run** [plötzlich] zu laufen anfangen ③ (*divide up*) **to ~ into pieces** [in Stücke] zerbrechen ④ (*get involved in*) ■**to ~ into sth** sich *akk* an etw *dat* beteiligen; **to ~ into a business** in ein Geschäft einsteigen
◆**break off I.** *vt* ■**to ~ off ○ sth** ① (*separate forcefully*) etw abbrechen ② (*terminate*) etw beenden; **to ~ off an engagement** eine Verlobung lösen; **to ~ off one's friendship with sb** jdm die Freundschaft aufkündigen *geh;* **to ~ off a relationship** eine Beziehung beenden; **he tried to ~ it off with her** er versuchte mit ihr Schluss zu machen; **to ~ off talks** Gespräche abbrechen **II.** *vi* ① (*separate*) abbrechen ② (*stop speaking*) abbrechen; (*temporarily*) innehalten *geh*
◆**break open** *vt* ■**to ~ open ○ sth** etw aufbrechen; **to ~ a safe open** einen Safe knacken *fam*
◆**break out** *vi* ① (*escape*) ausbrechen; **to ~ out of jail** aus dem Gefängnis ausbrechen ② (*begin*) ausbrechen; *storm* losbrechen; **to ~ out laughing** in Gelächter ausbrechen; **to ~ out singing** [plötzlich] zu singen anfangen ③ (*suddenly say*) herausplatzen *fam* ④ (*become covered with*) **to ~ out in a rash/in spots** einen Ausschlag/Pickel bekommen; **to ~ out in [a] sweat** ins Schwitzen kommen; **when I heard the noise I broke out in a cold sweat** als ich das Geräusch hörte, brach mir der kalte Schweiß aus
◆**break through** *vi* ① (*make one's way*) sich *akk* durchdrängen ② (*be successful*) einschlagen *fam,* groß rauskommen *fam* ③ ■**to ~ through sth** etw [durch]brechen; **I tried to ~ through the crowd** ich versuchte mir einen Weg durch die Menge zu bahnen; **the sun broke through the clouds** die Sonne brach durch die Wolken; **to ~ through a barrier** eine Barriere überwinden
◆**break up I.** *vt* ① (*end*) **to ~ up one's friendship with sb** seine Freundschaft mit jdm beenden; **to ~ up a marriage** eine Ehe zerstören; **to ~ up a meeting** eine Versammlung auflösen [*o* Sitzung aufheben]; **to ~ up a strike** einen Streik abbrechen ② (*forcefully end*) ■**to ~ up ○ sth** etw [gewaltsam] beenden; (*dissolve*) etw auflösen ③ (*split up*) ■**to ~ up ○ sth** etw aufspalten; **to ~ up a cartel/a gang/a monopoly** ein Kartell/eine Bande/ein Monopol zerschlagen; **to ~ up a coalition/a union** eine Koalition/einen Zusammenschluss auflösen; **to ~ up a collection** [*or* **set**]/**family** eine Sammlung/Familie auseinanderreißen; **~ it up, you two!** (*fam*) auseinander, ihr beiden! ④ (*dig up*) ■**to ~ up sth** etw aufbrechen; **to ~ up the ground** [*or* **soil**] den Boden umgraben ⑤ (*fam*) **to ~ sb up** (*cause laughter*) jdn zum Lachen bringen; **that show really broke me up** bei der Show hab ich mich wirklich totgelacht *fam; esp* AM (*upset emotionally*) jdn aus der Fassung bringen; **his wife's sudden departure broke him up completely** als ihn seine Frau plötzlich verließ, ist er total zusammengebrochen **II.** *vi* ① (*end relationship*) sich *akk* trennen, Schluss machen *fam* ② (*come to an end*) enden; *meeting* sich *akk* auflösen; *marriage* scheitern, in die Brüche gehen ③ (*fall apart*) auseinandergehen; *coalition* auseinanderbrechen; *aircraft, ship* zerschellen; (*in air*) zerbersten ④ SCH schließen, aufhören; **when do you ~ up?** wann beginnen bei euch die Ferien? ⑤ (*laugh*) loslachen *fam; esp* AM (*be upset*) die Fassung verlieren; **he broke up completely when his brother died** er brach völlig zusammen, als sein Bruder starb
◆**break with** *vi* ① (*end relationship*) ■**to ~ with sb** mit jdm brechen ② (*not follow*) ■**to ~ with sth** mit etw *dat* brechen; **to ~ with precedent** sich *akk* nicht an die herkömmliche Praxis halten

break·able ['breɪkəbl] **I.** *adj* zerbrechlich **II.** *n* ■**~s** *pl* zerbrechliche Ware

break·age ['breɪkɪdʒ] *n* ① (*sth broken*) Bruch *m;* **the customer must pay for any ~s** zerbrochene Ware muss vom Kunden bezahlt werden ② *no pl* (*action of breaking*) Zerbrechen *nt;* **there was some ~ of valuable goods during the removal** während des Umzugs ging wertvolle Ware in die Brüche

'break·away I. *n* Lossagung *f,* Abfall *m veraltend;* (*splitting off*) Absplitterung *f* **II.** *n modifier* (*group*) Splitter- **'break-dance** *vi* Breakdance tanzen **'break danc·er** *n* Breakdancer(in) *m(f)* **'break-danc·ing** *n no pl* Breakdance *m*

'break·down *n* ① (*collapse*) Zusammenbruch *m;* (*failure*) Scheitern *nt;* **a ~ in communication[s]** (*between people*) ein Kommunikationsverlust ② (*engine failure*) Motorschaden *m;* (*car defect*) Panne *f* ③ (*list*) Aufgliederung *f,* Aufschlüsselung *f* ④ (*decomposition*) Zersetzung *f* ⑤ PSYCH [Nerven]zusammenbruch *m; see also* **nervous breakdown** **'break·down lor·ry** *n* BRIT Abschleppwagen *m* **'break·down ser·vice** *n* Abschleppdienst *m* **'break·down truck** *n* BRIT, **'break·down van** *n* BRIT Abschleppwagen *m*

break·er ['breɪkəʳ, AM -ɚ] *n* (*wave*) Brecher *m*

'break·er's yard *n* Autofriedhof *m fam*

break·fast ['brekfəst] **I.** *n* Frühstück *nt;* **to have ~** frühstücken **II.** *vi* (*form*) frühstücken; **to ~ on bacon and eggs** Eier mit Speck zum Frühstück essen

'break·fast menu *n* Frühstückskarte *f* **'break·fast ta·ble** *n* Frühstückstisch *m* **break·fast 'tele·vi·sion** *n* Frühstücksfernsehen *nt*

'break-in *n* Einbruch *m* **break·ing and 'en·ter·ing** *n* LAW Einbruch *m;* **to charge sb with ~** jdn des Einbruchs anklagen **'break·ing ball** *n,* **'break·ing pitch** *n* SPORTS gezielter Wurfball **'break·ing point** *n* Tiefpunkt *m;* **her nerves were at ~** sie war nervlich völlig am Ende **'break·neck** *adj attr of vehicle* **at ~ speed** mit halsbrecherischer Geschwindigkeit; *evolution, progress* rasend schnell **'break·out** *n* Ausbruch *m* **'break point** *n* SPORTS Breakpunkt *m;* **to win a ~** einen Breakpunkt machen **'break·through** *n* Durchbruch *m* (**in** bei +*dat*) **'break-up** *n* Auseinanderbrechen *nt;* (*on rocks*) Zerschellen *nt;* (*in air*) Zerbersten *nt;* (*of a marriage*) Scheitern *nt;* **~ of an empire** Zerfall *m* eines Imperiums [*o* Reiches]; **~ of a group** Auflösung *f* einer Gruppe **'break·wa·ter** *n* Wellenbrecher *m* **'break·wind** *n* AUS *see* **windbreak**

bream <*pl* -s *or* -> [bri:m] *n* Brachsen *m,* Brachse *f,* Brasse *f* NORDD, MITTELD

breast [brest] **I.** *n* ① (*mammary gland*) Brust *f;* (*bust*) Busen *m* ② (*of bird*) Brust *f* ③ (*liter: chest*) Brust *f;* (*heart*) Herz *nt* ▶ PHRASES: **~ is best** (*saying*) Muttermilch ist immer noch das Beste; **to make a clean ~ of sth** etw gestehen; **to soothe the savage ~** einen aufgebrachten Menschen beruhigen; **to beat one's ~** sich *dat* an die Brust schlagen **II.** *vt* **to ~ a hill** einen Berg ersteigen [*o geh* erklimmen]; **to ~ the waves** gegen die Wellen ankämpfen

'breast·bone *n* Brustbein *nt* **'breast can·cer** *n* Brustkrebs *m* **'breast-feed** <-fed, -fed> **I.** *vi* stillen, die Brust geben **II.** *vt* **to ~ one's baby** sein Baby stillen, seinem Baby die Brust geben **'breast-feed·ing** *n* Stillen *nt* **'breast im·plant** *n* Brustimplantat *nt* **'breast·plate** *n* MIL Brustharnisch *m* **breast 'pock·et** *n* Brusttasche *f* **'breast screen·ing** *n no pl* Brustuntersuchung *f* **'breast·stroke** *n no pl* Brustschwimmen *nt;* **to do [the] ~** brustschwimmen

breath [breθ] *n* ① (*air*) Atem *m;* (*act of breathing in*) Atemzug *m;* **bad ~** Mundgeruch *m;* **with bated ~** mit angehaltenem Atem; **to take a deep ~** tief Luft holen; **in the next/same ~** (*fig*) im nächsten/gleichen Atemzug; **to be out** [*or* **short**] **of ~** atemlos [*o* außer Atem] sein; **to catch one's ~** [*or* **get one's ~ back**] verschnaufen; **to draw ~** Luft [*o* Atem] holen *fam;* **to gasp for ~** nach Atem ringen; **to hold one's ~** die Luft anhalten; (*fig: wait anxiously*) den Atem anhalten; **don't hold your ~** (*fam*) rechne nicht heute oder morgen damit; **to mutter [sth] under one's ~** [etw] leise vor sich *akk* hin murmeln; **to take sb's ~ away** jdm den Atem rauben; **to waste one's ~** in den Wind reden ② *no pl* (*wind*) **a ~ of air** ein Hauch *m,* ein

Lüftchen *nt;* **it's like a ~ of fresh air when she visits** (*fig*) es ist so erfrischend, wenn sie zu Besuch kommt; **to go out for a ~ of fresh air** an die frische Luft gehen, frische Luft schnappen gehen ▸ PHRASES: **to be the ~ of life [to sb]** für jdn so wichtig sein wie die Luft zum Atmen; **to save one's ~** [BRIT **to cool one's porridge**] sich *dat* die Worte sparen

breatha·lyse ['brethəlaɪz], *esp* AM **breatha·lyze** *vt* ■**to ~ sb** jdn blasen [*o fam* pusten] lassen (*in ein Röhrchen zum Nachweis des Atemalkohols*)

breatha·lys·er® ['brethəlaɪzəʳ], *esp* AM **Breatha·lyz·er®** [-ɚ] *n* Alcotest® *m,* Alkoholtestgerät *nt*

breathe [bri:ð] **I.** *vi* atmen; **to ~ through one's nose** durch die Nase atmen; **to let wine ~** Wein atmen lassen; **to ~ again/more easily** (*fig*) [erleichtert] aufatmen ▸ PHRASES: **to ~ down sb's neck** jdm im Nacken sitzen **II.** *vt* ❶ (*exhale*) ■**to ~ sth** etw [aus]atmen; **to ~ garlic fumes** nach Knoblauch riechen ❷ (*whisper*) ■**to ~ sth** etw flüstern [*o geh* hauchen] ❸ (*let out*) **to ~ a sigh of relief** erleichtert aufatmen ❹ (*blow air into*) **to ~ sth into sth** Luft in etw *akk* blasen; **we had to ~ air into the baby's lungs** wir mussten das Baby beatmen ▸ PHRASES: **to ~ [new] life into sth** [neues] Leben in etw *akk* bringen; **to not ~ a word** kein Sterbenswörtchen sagen; **to ~ one's last** (*liter*) seinen letzten Atemzug tun *geh*

◆**breathe in I.** *vi* einatmen **II.** *vt* ■**to ~ in** ○ **sth** etw einatmen; **to ~ in fresh air** frische Luft schnappen

◆**breathe out I.** *vi* ausatmen **II.** *vt* ■**to ~ out** ○ **sth** etw ausatmen

breath·er ['bri:ðəʳ, AM -ɚ] *n* ❶ (*brief rest*) Atempause *f,* Verschnaufpause *f;* **to need/take a ~** eine Verschnaufpause brauchen/machen ❷ AM (*break*) **let's take a ~** lass uns mal 'ne Pause machen *fam*

'breath fresh·en·er *n* **people often suck a peppermint as a ~** viele lutschen Pfefferminz, um ihren Atem zu erfrischen

breath·ing ['bri:ðɪŋ] *n no pl* (*respiration*) Atmung *f;* (*process*) Atmen *nt;* **steady ~** gleichmäßige Atemzüge

'breath·ing ap·pa·rat·us *n* Sauerstoffgerät *nt* **'breath·ing room** *n,* **'breath·ing space** *n* ❶ (*break*) Atempause *f,* Verschnaufpause *f fam* ❷ (*fig: for moving freely*) Bewegungsfreiheit *f;* **I need some ~ to decide what to do!** ich brauche etwas Luft, um zu entscheiden, was zu tun ist

breath·less ['breθləs] *adj* atemlos, außer Atem; **to leave sb ~** (*physically*) jdm den Atem rauben; (*with excitement*) jdm den Atem verschlagen

breath·less·ly ['breθləsli] *adv* außer Atem, atemlos; (*holding one's breath*) mit angehaltenem Atem

'breath·tak·ing *adj* atemberaubend **'breath·tak·ing·ly** *adv* (*remarkably*) atemberaubend; (*incredibly*) unglaublich **'breath test** *n* Alkoholtest *m*

breathy ['breθi] *adj* rauchig, hauchig

bred [bred] **I.** *pt, pp of* **breed II.** *adj pred* aufgezogen; **she's a New Zealander born and ~** sie ist Neuseeländerin durch und durch; **a country-~ boy** ein Junge *m* vom Land

breech [bri:tʃ] **I.** *n* ❶ (*of gun barrel*) Verschluss *m* ❷ (*hist: buttocks*) Gesäß *nt* **II.** *vt* (*hist*) **to ~ a boy** einem Jungen Kniehosen anziehen

breech 'birth *n,* **breech de·'liv·ery** *n* Steißgeburt *f*

breeches ['brɪtʃɪz, 'bri:-] *npl* Kniehose *f;* **riding ~** Reithose *f;* **to wear the ~ [in the family]** BRIT (*fig*) die Hosen [in der Familie] anhaben *fam*

breech pres·en·'ta·tion *n* Steißlage *f*

breed [bri:d] **I.** *vt* <bred, bred> (*grow*) **to ~ dogs/plants** Hunde/Pflanzen züchten; (*fig*) **to ~ crime** Verbrechen *nt* hervorbringen; **to ~ poverty** Armut *f* verursachen; **to ~ resentment** Ärger hervorrufen ▸ PHRASES: **what's bred in the bone will come out in the flesh** [*or* **blood**] (*prov*) was angeboren ist, setzt sich eines Tages auch durch; **familiarity ~s contempt** (*saying*) zu große Vertrautheit führt zu Verachtung **II.** *vi* <bred, bred> sich *akk* fortpflanzen, sich *akk* paaren; *birds* brüten; *rabbits* sich *akk* vermehren **III.** *n* ❶ (*of animal*) Rasse *f;* (*of plant*) Sorte *f;* **~s of animal** Tierarten *fpl* ❷ (*fam: of person*) Art *f,* Sorte *f,* Schlag *m;* **to be a dying ~** einer aussterbenden Gattung angehören; **a ~ apart** eine Sorte für sich *fam*

breed·er ['bri:dəʳ, AM -ɚ] *n* Züchter(in) *m(f)*

breed·er re·'ac·tor *n* NUCL Brüter *m,* Brutreaktor *m*

breed·ing ['bri:dɪŋ] *n no pl* ❶ (*of animals*) Zucht *f* ❷ (*dated: of people*) Erziehung *f;* **[good] ~** [gute] Kinderstube [*o* Erziehung]

'breed·ing ground *n* ❶ (*place*) Brutstätte *f;* (*for birds*) Brutplatz *m* ❷ (*fig: contributing factor*) Brutstätte *f* **'breed·ing sea·son** *n* Zeit *f* der Fortpflanzung und Aufzucht der Jungen; (*for birds*) Brutzeit *f*

breeze [bri:z] **I.** *n* ❶ (*light wind*) Brise *f* ❷ (*fam: sth very easy*) Kinderspiel *nt fam* ❸ *no pl* (*small cinders*) Kohlenlösche *f* **II.** *vi* ■**to ~ through sth** etw mühelos tun [*o* spielend schaffen]; *esp* AM **to ~ to victory** spielend siegen

◆**breeze in** *vi* [fröhlich] hereinschneien *fam*

◆**breeze out** *vi* **to ~ out of a room** unbekümmert aus einem Zimmer herausschlendern

'breeze block *n* Bimsstein *m*

breezy ['bri:zi] *adj* ❶ (*pleasantly windy*) windig; (*airy*) luftig ❷ (*jovial*) unbeschwert, heiter

breth·ren ['breðrən] *npl* REL (*dated*) Brüder *mpl*

breve [bri:v] *n* ❶ LING (*accent*) Kürzezeichen *nt* ❷ MUS (*note*) Brevis *f*

brevia·ry ['bri:viəri, AM -eri] *n* REL Brevier *nt*

brev·ity ['brevəti, AM -əṭi] *n no pl* (*shortness*) Kürze *f;* (*conciseness*) Prägnanz *f*

brew [bru:] **I.** *n* ❶ (*brewed drink*) Gebräu *nt;* (*beer*) Bräu *nt* ❷ (*concoction*) Gebräu *nt;* **witch's ~** Zaubertrank *m;* (*fig*) Mischung *f* **II.** *vi* ❶ (*prepare drink*) **to let the tea ~** den Tee ziehen lassen ❷ (*fig: be about to begin*) *storm, trouble* sich *akk* zusammenbrauen **III.** *vt* **to ~ beer** Bier brauen; **to ~ coffee/tea [for sb]** [jdm] Kaffee/Tee kochen; **to ~ a potion** ein Trank zusammenbrauen

◆**brew up I.** *vi* ❶ BRIT (*fam: brew tea*) sich *dat* einen Tee machen ❷ (*develop*) *storm, trouble* sich zusammenbrauen **II.** *vt* (*fam*) **would you mind ~ing up a cuppa, love?** könntest du mir vielleicht eine Tasse Tee machen, Liebling?

brew·er ['bru:əʳ, AM -ɚ] *n* [Bier]brauer(in) *m(f)*

brew·er's 'yeast *n* Bierhefe *f*

brew·ery ['bru:əri, AM -ɚi] *n* (*company*) Brauerei *f;* (*for production*) Brauhaus *nt*

bri·ar ['braɪəʳ, AM 'braɪɚ] *n* ❶ BOT (*thorny plant*) Dornbusch *m* ❷ (*pipe*) Bruyèrepfeife *f*

bribe [braɪb] **I.** *vt* ■**to ~ sb [with sth]** jdn [mit etw *dat*] bestechen; **to ~ a witness** einen Zeugen/eine Zeugin kaufen; ■**to ~ sb into doing sth** jdn bestechen, etw zu tun **II.** *n* Bestechung *f;* **to accept** [*or* **take**] **a ~** sich *akk* bestechen lassen; **to offer sb a ~** jdn bestechen wollen

brib·ery ['braɪbəri] *n no pl* Bestechung *f*

bric-a-brac ['brɪkəˌbræk] *n no pl* Nippes *pl,* Nippsachen *pl*

brick [brɪk] *n* ❶ (*building block*) Ziegel[stein] *m,* Backstein *m;* **to invest in ~s and mortar** in Immobilien investieren; (*buy a house*) ein Haus kaufen ❷ *usu sing* (*dated or a. hum: loyal person*) prima Kumpel *m sl,* feiner Kerl *fam* ▸ PHRASES: **you can't make ~s without straw** (*prov*) wo nichts ist, kann auch nichts werden *prov;* **to come down on sb like a ton of ~s** (*fam*) jdn [richtig] fertigmachen *fam*

◆**brick in** *vt* ■**to ~ in** ○ **sth** etw einmauern

◆**brick off** *vt* ■**to ~ off** ○ **sth** etw durch eine Mauer [ab]trennen

◆**brick up** *vt* **to ~ up** ○ **a window** ein Fenster zumauern

'brick·bat *n* ❶ (*missile*) Backsteinbrocken *m* ❷ (*criticism*) heftige Kritik; (*insulting*) beleidigende Kritik

brickie ['brɪki] *n esp* BRIT, AUS (*fam*), **'brick·lay·er** *n* Maurer(in) *m(f)*

'brick·lay·ing *n no pl* Mauern *nt;* (*trade*) Maurerhandwerk *nt,* Maurerarbeit *f* **'brick-red** *adj* ziegelrot

bricks and 'mor·tar re·tail·er *n* konventioneller Einzelhändler (*im Gegensatz zu Internethändlern*)

brick 'wall *n* [Ziegelstein]mauer *f,* [Backstein]mauer *f* ▸ PHRASES: **to come up against a ~** gegen eine Mauer rennen; **to be talking to a ~** gegen eine Wand reden **'brick·work** *n no pl* Mauerwerk *nt* (*aus Ziegeln o Backstein*) **'brick·works** *n + sing/pl vb,* **'brick·yard** *n* Ziegelei *f*

brid·al ['braɪdᵊl] *adj* (*of a wedding*) Hochzeits-; (*of the bride*) Braut-

'brid·al show·er *n* AM Brautparty *f* (*bei der die Brautgeschenke überreicht werden*) **'brid·al suite** *n* Hochzeitssuite *f* **'brid·al veil** *n* Brautschleier *m* **'brid·al wear** *n* Brautkleider *ntpl* **'brid·al wreath** *n* ❶ (*for the bride*) Brautkranz *m* ❷ (*shrub*) Spierstrauch *m*

bride [braɪd] *n* Braut *f;* **may I kiss the blushing ~?** (*hum*) darf ich die [sittsame] Braut küssen? *veraltend;* **child ~** *Braut, die noch im Kindesalter ist;* **father of the ~** Brautvater *m;* **mother of the ~** Brautmutter *f*

bride·groom ['braɪdgrʊm, -gru:m] *n* Bräutigam *m* **'brides·maid** *n* Brautjungfer *f* **bride-to-'be** *n* zukünftige Braut

bridge [brɪdʒ] **I.** *n* ❶ (*over gap*) Brücke *f;* **suspension ~** Hängebrücke *f;* (*fig*) Überbrückung *f* ❷ (*dental structure*) [Zahn]brücke *f* ❸ *usu sing* (*of nose*) Nasenrücken *m* ❹ (*of glasses*) Brillensteg *m* ❺ MUS (*of instrument*) Steg *m* ❻ (*on ship*) Kommandobrücke *f* ❼ *no pl* (*card game*) Bridge *nt* ▸ PHRASES: **to be water under the ~** der Vergangenheit angehören; **a lot of water has gone under the ~ since then** seit damals ist viel Wasser den Rhein hinuntergeflossen; **let's cross that ~ when we come to it** alles zu seiner Zeit **II.** *vt* ■**to ~ sth** über etw *akk* eine Brücke schlagen; (*fig*) etw überbrücken; **to ~ a gap** eine Kluft überwinden

'bridge·head *n* MIL Brückenkopf *m;* (*fig*) Stützpunkt *m,* Ausgangspunkt *m;* **to establish a ~** einen Brückenkopf bilden [*o* errichten] **'bridge loan** *n* AM (*bridging loan*) Überbrückungskredit *m* **'bridge toll** *n* Brückenzoll *m,* Brückenmaut *f bes* ÖSTERR

'bridge tour·na·ment *n* Bridgeturnier *nt*

'bridge·work *n no pl esp* AM MED Brücke *f*

'bridg·ing loan ['brɪdʒɪŋ-] *n* BRIT, AUS Überbrückungskredit *m*

bri·dle ['braɪdl] **I.** *n* Zaumzeug *nt,* Zaum *m* **II.** *vt* ❶ (*put a bridle on*) **to ~ a horse** ein Pferd aufzäumen, einem Pferd das Zaumzeug anlegen ❷ (*fig: curb*) ■**to ~ one's tongue** seine Zunge im Zaum halten **III.** *vi* ■**to ~ at sth** sich *akk* über etw *akk* entrüsten

'bri·dle path *n,* **'bri·dle·way** *n* Reitweg *m*

Brie [bri:] *n* Brie *m*

brief [bri:f] **I.** *adj* ❶ (*lasting short time*) kurz; **~ delay/interval** kurze Verzögerung/Pause ❷ (*concise*) *account, description, summary* knapp, kurz; ■**to be ~** sich *akk* kurz fassen; **in ~** kurz gesagt ❸ (*short in length*) *shorts, skirt* kurz **II.** *n* ❶ BRIT, AUS (*instructions*) Anweisungen *fpl,* Instruktionen *fpl;* **it was my ~ to make sure that ...** ich hatte die Aufgabe, sicherzustellen, dass ... ❷ LAW Unterlagen *fpl* zu einer Rechtssache; **to hold a ~ for sb** jdn vor Gericht anwaltlich vertreten; **to prepare a ~** eine Rechtssache [für die Verhandlung] vorbereiten ❸ BRIT (*fam: lawyer*) Anwalt, Anwältin *m, f* ❹ ■**~s** *pl* (*underpants*) Slip *m,* Unterhose *f* ▸ PHRASES: **to hold no ~ for sb/sth** von jdm/etw nichts halten **III.** *vt* (*form*) ❶ (*inform*) ■**to ~ sb [about** [*or* **on**] **sth]** jdn [über etw *akk*] informieren [*o sl* briefen] ❷ BRIT LAW **to ~ counsel** *einen Anwalt mit der Vertretung eines Falles beauftragen*

brief·case ['bri:fkeɪs] *n* Aktentasche *f,* Aktenmappe *f*

brief·ing ['bri:fɪŋ] *n* ❶ (*meeting*) [Einsatz]besprechung *f,* Briefing *nt geh;* **to conduct a ~** eine Besprechung abhalten; **pre-flight ~** Flugvorbesprechung *f* ❷ (*information*) Anweisung[en] *f*[*pl*], Instruktion[en] *f*[*pl*]; **to receive a thorough ~** genaue Anweisungen erhalten

brief·ly ['bri:fli] *adv* ❶ (*for a short time*) *chat, speak, talk* kurz ❷ (*concisely*) *answer* knapp ❸ (*in short*) kurz [gesagt], kurzum

brief·ness ['bri:fnəs] *n no pl* Kürze *f*

bri·er [braɪəʳ, AM braɪɚ] *n see* **briar**

brig¹ [brɪg] *n* NAUT Brigg *f fachspr,* Zweimaster *m*

brig² [brɪg] *n* AM [Militär]gefängnis *nt*

Brig. *n* BRIT, AUS *abbrev of* **Brigadier** Brig.

bri·gade *n* [brɪ'geɪd] MIL Brigade *f;* (*fig hum*) **the anti-smoking/animal rights ~** die Antiraucherfront/Tierschutzbewegung

briga·dier [ˌbrɪgə'dɪəʳ, AM -'dɪr] *n* BRIT MIL Brigadegeneral *m,* Brigadier *m*

briga·dier 'ge·ne·ral *n* MIL Brigadegeneral *m,* Brigadier *m*

brig·and ['brɪgᵊnd] *n* (*liter: bandit*) Bandit(in) *m(f);* (*robber*) Räuber(in) *m(f)*

brig·an·tine ['brɪgᵊnti:n] *n* NAUT Brigantine *f fachspr,* Brigg *f fachspr*

bright [braɪt] **I.** *adj* ❶ (*shining*) *light* hell; (*blinding*) grell; *star also* leuchtend *attr; sunlight, sunshine* strahlend *attr;* **his eyes were ~ with tears** in seinen Augen glänzten Tränen ❷ (*vivid*) leuchtend *attr,* strahlend *attr;* **~ blue** strahlend blau; **~ red** leuchtend rot; **a ~ red face** ein knallrotes Gesicht ❸ (*full of light*) hell; **a ~ day** ein heiterer Tag; **a ~ room** ein [freundlicher,] heller Raum ❹ (*intelligent*) intelligent, gescheit *fam;* **~ child** aufgewecktes Kind; **~ idea** glänzende *iron* Idee, glorreiche Idee ❺ (*cheerful*) fröhlich, heiter; **that was the one ~ spot in a pretty awful day** das war der einzige Lichtblick an diesem grässlichen Tag; **a ~ smile** ein strahlendes Lächeln ❻ (*promising*) viel versprechend; (*favourable*) günstig; *future* rosig ▸ PHRASES: **to look on the ~ side [of sth]** etw positiv sehen; **~-eyed and bushy-tailed** voller Schwung und Elan, frisch und munter; **~ and early** in aller Frühe **II.** *n* AM AUTO ■**~s** *pl* Fernlicht *nt*

bright·en ['braɪtᵊn] **I.** *vt* ■**to ~ [up]** ↻ **sth** ❶ (*make brighter*) etw heller machen [*o* aufhellen] ❷ (*make look more cheerful*) etw auflockern; **to ~ up a room** einen Raum freundlicher machen ❸ (*make more promising*) etw verbessern; **to ~ sb's life** Freude in jds Leben *nt* bringen **II.** *vi* ■**to ~ [up]** ❶ (*become cheerful*) fröhlicher werden; *eyes* aufleuchten; *face* sich *akk* aufhellen [*o* aufheitern] ❷ (*become more promising*) *future* rosiger aussehen; *prospects* besser werden; *weather* sich *akk* aufklären, aufheitern

bright·ly ['braɪtli] *adv* ❶ (*not dimly*) hell; **the sun is shining ~** die Sonne strahlt; **~ lit** hell erleuchtend ❷ (*vividly*) leuchtend; **~ coloured** knallbunt ❸ (*cheerfully*) fröhlich, heiter

bright·ness ['braɪtnəs] *n no pl* ❶ *of light* Helligkeit *f; of the sun, a face* Strahlen *nt; of eyes* Leuchten *nt; of metal* Glanz *m* ❷ TV Helligkeit *m;* **to adjust the ~** die Helligkeit einstellen

bright spark *n* BRIT (*iron*) Intelligenzbolzen *m pej fam* **'bright·work** *n no pl* AUTO blanke Teile *ntpl*

brill [brɪl] BRIT, AUS **I.** *adj* (*brilliant*) toll *fam,* cool *sl* **II.** *interj* (*brilliant*) brillant!, klasse! *fam,* toll! *fam*

bril·liance ['brɪliən(t)s] *n,* **bril·lian·cy** ['brɪliən(t)si] *n no pl* ❶ (*great ability*) Brillanz *f,* große Begabung, großes Talent; (*cleverness*) Scharfsinn *m; of an idea, a plan* Genialität *f* ❷ (*great brightness*) *of hair, metal* strahlender Glanz; *of the sun, a face* Strahlen *nt; of stars, eyes* Funkeln *nt; of snow, water* Glitzern *nt*

bril·liant ['brɪliənt] **I.** *adj* ❶ (*brightly shining*) *eyes* leuchtend *attr; face, sun* strahlend *attr;* **~ colours** leuchtende [*o* brillante] Farben; **a ~ smile** ein strahlendes Lächeln; **~ sunlight** strahlender Sonnenschein; **~ blue** leuchtend blau; **~ white** strahlend weiß ❷ (*clever*) *person* hoch begabt, genial; *plan* brillant; **~ idea** glänzende Idee; **a ~ actor** ein brillanter Schauspieler/eine brillante Schauspielerin ❸ BRIT (*fam: excellent*) hervorragend; **we had a ~ time** wir hatten eine tolle Zeit

II. *interj* Brit (*fam*) toll! *fam*, klasse! *fam*

bril·lian·tine ['brɪliəntiːn] I. *n no pl* Brillantine *f veraltend*, Haarpomade *f veraltend*, Haargel *nt* II. *vt* **to ~ one's hair** sein Haar mit Gel [*o veraltend* Pomade] frisieren; **~d hair** pomadeglänzendes Haar

bril·liant·ly ['brɪliəntli] *adv* ❶ (*with great skill*) brillant, meisterhaft, erstklassig ❷ (*extremely brightly*) leuchtend *attr*, glänzend *attr*; **~ lit** hell erleuchtet; **to shine ~** strahlen

brim [brɪm] I. *n* ❶ (*of hat*) Krempe *f* ❷ (*top*) Rand *m*; **to fill sth to the ~** etw bis an den Rand füllen; **filled** [*or* **full**] **to the ~ with sth** randvoll mit etw *dat* sein II. *vi* <-mm-> ■**to ~ with sth** voll von etw *dat* sein; **her eyes ~med with tears** ihr standen die Tränen in den Augen; **his eyes are ~ming with humour** aus seinen Augen lacht der Schalk; **to ~ with ideas** vor [*o* von] Ideen übersprudeln

◆**brim over** *vi* ❶ (*overflow*) überlaufen, überfließen, überschwappen *fam* ❷ (*be full of*) ■**to ~ over with sth** voll von etw *dat* sein; **to be ~ming over with confidence** vor Selbstbewusstsein nur so strotzen; **to be ~ming over with energy/ideas** vor Energie/Einfällen sprühen; **to be ~ming over with health** vor/von Gesundheit strotzen

brim·ful ['brɪmfʊl] *adj inv, pred* randvoll; **to be ~ of ideas/life/surprises** (*fig*) voller Ideen/Leben/Überraschungen sein; **~ of soup** bis zum Rand mit Suppe gefüllt

brim·stone ['brɪmstə(ʊ)n, Am -stoʊn] *n no pl* (*old*) Schwefel *m*

brine [braɪn] *n* ❶ *no pl* (*salty water*) Sole *f*; (*seawater*) Salzwasser *nt* ❷ (*for food*) [Salz]lake *f*; **olives/tuna in ~** Oliven *fpl*/Thunfisch *m* in Salzlake

bring <brought, brought> [brɪŋ] *vt* ❶ (*convey*) ■**to ~ sb/sth** jdn/etw mitbringen; **shall I ~ anything to the party?** soll ich etwas zur Party mitbringen?; **I've brought my sister with me** ich habe meine Schwester mitgebracht; **I didn't ~ my keys with me** ich habe meine Schlüssel nicht mitgenommen; ■**to ~ sb sth** [*or* **sth to sb**] jdm etw bringen; **I've brought you a present** ich habe dir ein Geschenk mitgebracht; **to ~ sth to sb's attention** jdn auf etw *akk* aufmerksam machen; **to ~ sth to sb's knowledge** jdn von etw *dat* in Kenntnis setzen; **to ~ news** Nachrichten überbringen; **to ~ word** Nachricht geben ❷ (*cause to come*) ■**to ~ sb** [**to a place**] jdn [an einen Ort] verschlagen; **so what ~s you here to London?** was hat dich hier nach London verschlagen?; **the walk brought us to a river** der Spaziergang führte uns an einen Fluss; **her screams brought everyone running** durch ihre Schreie kamen alle zu ihr gerannt; (*fig*) **this ~s me to the second part of my talk** damit komme ich zum zweiten Teil meiner Rede; **to ~ sth to the** [*or* Am **a**] **boil** etw zum Kochen bringen; **to ~ sth to a close** [*or* **a conclusion**] [*or* **an end**] etw zum Abschluss bringen; **to ~ an issue into focus** ein Thema in den Brennpunkt rücken; **to ~ a picture into focus** ein Bild scharf einstellen; **to ~ salaries in line with sth** Gehälter an etw *akk* angleichen ❸ (*cause to befall*) ■**to ~** [**sb**] **sth** [*or* **sth** [**to** [*or* **for**] **sb**]] [jdm] etw bringen; **this has brought me nothing but trouble** das hat mir nichts als Probleme eingebracht; **what will the future ~ for us?** was wird uns die Zukunft bringen?; **the explosion brought the whole building crashing to the ground** durch die Explosion stürzte das gesamte Gebäude ein; **to ~ happiness/misery** Glück/Unglück bringen; **to ~ sb luck** jdm Glück bringen; **to ~ peace to a region** einer Region den Frieden bringen; **to ~ sb to a state of near despair** jdn an den Rand der Verzweiflung bringen; **to ~ sb to the verge of bankruptcy** jdn an den Rand des Bankrotts bringen ❹ Law (*lodge*) ■**to ~ sth** [**against sb**] etw [gegen jdn] vorbringen; **to ~ an action/charges against sb** Klage/Anklage gegen jdn erheben; **to ~ a complaint against sb** eine Beschwerde gegen jdn vorbringen ❺ (*force*) ■**to ~ oneself to do sth** sich *akk* [dazu] durchringen, etw zu tun ❻ (*sell for*) ■**to ~ sth** etw [ein]bringen; **to ~ a price** einen Preis erzielen; **to ~ a profit** Profit bringen ❼ Radio, TV (*broadcast*) ■**to ~ sb sth** [*or* **sth to sb**] **next week we'll be ~ing you part two of this exciting serial** den zweiten Teil dieser spannenden Serie sehen Sie nächste Woche; **unfortunately we can't ~ you that report from Timbuktu right now** leider können wir den Bericht aus Timbuktu im Moment nicht senden ▶Phrases: **to ~ an animal to bay** ein Tier stellen; **to bring sb to bay** jdn in die Enge treiben; **to ~ sb to book** jdn zur Rechenschaft ziehen; **to ~ sth home to sb** jdm etw vor Augen führen [*o* klarmachen]; **to ~ sth to life** etw zum Leben erwecken; **to ~ sth to light** etw ans Licht bringen, etw aufdecken; **to ~ sth to mind** etw in Erinnerung rufen, an etw *akk* erinnern; **to ~ tears to sb's eyes** jdm Tränen in die Augen treiben; **to ~ sb to trial** jdn vor Gericht bringen; **to ~ influence to bear on sb/sth** jdn/etw beeinflussen; **to ~ pressure to bear on sb/sth** auf jdn/etw Druck ausüben

◆**bring about** *vt* ■**to ~ about** ○ **sth** ❶ (*cause to happen*) etw verursachen [*o* herbeiführen] ❷ (*achieve*) ■**to have been brought about by sth** durch etw *akk* zustande gekommen sein

◆**bring along** *vt* ■**to ~ along** ○ **sth/sb** etw/jdn mitbringen

◆**bring around** *vt esp* Am ❶ (*fetch around*) ■**to ~ around** ○ **sth/sb** etw/jdn mitbringen ❷ (*make conscious*) ■**to ~ sb around** jdn wieder zu Bewusstsein bringen ❸ (*persuade*) ■**to ~ sb around** jdn umstimmen; ■**to ~ sb around to sth** jdn zu etw *dat* überreden; *to a point of view* jdn von etw *dat* überzeugen

◆**bring back** *vt* ❶ (*return*) ■**to ~ back** ○ **sth/sb** etw/jdn zurückbringen; **to ~ back the colour to sb's cheeks** jdn wieder munter machen; **to ~ life back to a town** eine Stadt mit neuem Leben erfüllen ❷ (*reintroduce*) ■**to ~ back** ○ **sth** etw zurückbringen [*o* wiederbringen]; **to ~ back the death penalty** die Todesstrafe wieder einführen ❸ (*call to mind*) **to ~ back memories** [**to sb**] Erinnerungen [bei jdm] wecken; **these photographs ~ it all back to me** wenn ich diese Fotos ansehe, sehe ich alles wieder vor mir

◆**bring down** *vt* ❶ (*fetch down*) ■**to ~ down** ○ **sth/sb** etw/jdn herunterbringen ❷ (*make fall over*) ■**to ~ down** ○ **sb** jdn zu Fall bringen; ■**to ~ down** ○ **sth** etw umstoßen ❸ (*shoot down*) **to ~ down a plane** ein Flugzeug abschießen ❹ (*depose*) ■**to ~ down** ○ **sb/sth** jdn/etw zu Fall bringen; **to ~ down a government** eine Regierung stürzen ❺ (*reduce*) ■**to ~ down** ○ **sth** etw senken [*o* herabsetzen]; **to ~ down inflation/prices** die Inflation/Preise senken ❻ (*make depressed*) ■**to ~ down** ○ **sb** jdn deprimieren ▶Phrases: **to ~ the house down** einen Beifallssturm auslösen; **to ~ sb down a peg** [**or two**] jdm einen Dämpfer versetzen

◆**bring forth** *vt* (*form*) ■**to ~ forth** ○ **sth** etw hervorbringen

◆**bring forward** *vt* ■**to ~ forward** ○ **sth** ❶ (*reschedule earlier*) **to ~ forward an election/a meeting** Wahlen/eine Sitzung vorverlegen ❷ (*present for discussion*) etw vorbringen; **to ~ an issue forward for debate** ein Thema zur Diskussion stellen; **to ~ forward a proposal** einen Vorschlag machen ❸ Fin (*carry over*) etw übertragen

◆**bring in** *vt* ❶ (*fetch in*) ■**to ~ in** ○ **sb/sth** jdn/etw hereinbringen; **to ~ in the harvest** die Ernte einbringen ❷ (*introduce*) ■**to ~ in** ○ **sth** etw einführen; **to ~ in a bill** einen Gesetzentwurf einbringen; **to ~ in a rule** eine Regel einführen; **to ~ in a topic** [*or* **subject**] ein Thema zur Sprache bringen ❸ (*ask to participate*) ■**to ~ in** ○ **sb** jdn einschalten [*o* hinzuziehen] ❹ Fin (*earn*) ■**to ~ in** ○ **sth** *money* etw [ein]bringen; **to ~ in a profit of £ 1,000** einen Profit von 1000 Pfund machen ❺ Law (*produce*) **to ~ in a verdict of guilty/not guilty** einen Schuldspruch/Freispruch fällen

◆**bring into** *vt* ❶ (*ask to join*) ■**to ~ sb into sth** jdn zu etw *dat* hinzuziehen; **this initiative will ~ new recruits into the fire service** diese Initiative wird der Feuerwehr neue Leute bringen ❷ (*introduce into discussion*) ■**to ~ sth into sth** etw [in etw *akk*] einbringen; **why do they always ~ sex into**

their advertisements? warum enthalten ihre Werbungen immer Sex?
◆**bring off** *vt* (*fam*) ■**to ~ off** ◌ **sth** etw zustande bringen; **she managed to ~ off the biggest cheque fraud in history** ihr gelang der größte Scheckbetrug aller Zeiten
◆**bring on** *vt* ❶ (*cause to occur*) ■**to ~ on** ◌ **sth** etw herbeiführen; MED etw verursachen [*o* auslösen] ❷ (*cause to experience*) ■**to ~ sth on sb: she brought disgrace on the whole family** sie brachte Schande über die ganze Familie; **you brought it on yourself** du bist selbst schuld ❸ (*improve*) ■**to ~ on** ◌ **sb** jdn weiterbringen
◆**bring out** *vt* ❶ (*fetch out*) ■**to ~ out** ◌ **sth** etw herausbringen; **to ~ sth out of one's pocket** etw aus seiner Tasche ziehen ❷ BRIT, AUS (*encourage to be less shy*) ■**to ~ sb out** jdm die Hemmungen nehmen ❸ (*introduce to market*) ■**to ~ out** ◌ **sth** etw auf den Markt bringen; *book, CD* etw herausbringen ❹ (*reveal*) ■**to ~ out** ◌ **sth** etw zum Vorschein bringen ❺ (*utter*) **to ~ out a few words** ein paar Worte herausbringen ❻ (*cause rash*) **sth ~s sb out in a rash** jd bekommt von etw *dat* einen Ausschlag
◆**bring over** *vt* ❶ (*fetch over*) ■**to ~ over** ◌ **sb/sth** etw/jdn herbeibringen ❷ (*persuade*) **to ~ sb over to one's side** jdn auf seine Seite bringen; **to ~ sb over to one's point of view** jdn von seiner Meinung überzeugen
◆**bring round** *vt esp* BRIT ❶ (*fetch round*) ■**to ~ round** ◌ **sth/sb** etw/jdn mitbringen ❷ (*bring back to consciousness*) ■**to ~ sb round** jdn wieder zu Bewusstsein bringen ❸ (*persuade*) ■**to ~ sb round** [**to sth**] jdn [zu etw *dat*] überreden
◆**bring through** *vt* ■**to ~ sb through sth** *bad times* jdn durch etw *akk* bringen; **their faith brought them through** ihr Glaube half ihnen weiter
◆**bring to** *vt* ■**to ~ sb to** jdn wieder zu Bewusstsein bringen
◆**bring together** *vt* **to ~ together people** [*or* **to ~ people together**] Menschen zusammenbringen; (*in crisis*) Menschen zusammenschweißen; (*introduce*) Menschen miteinander bekannt machen
◆**bring up** *vt* ❶ (*carry up*) ■**to ~ up** ◌ **sth/sb** etw/jdn heraufbringen ❷ (*rear*) ■**to ~ up** ◌ **sb** jdn großziehen [*o* aufziehen]; **we brought them up to respect other people's rights** wir erzogen sie dazu, die Rechte anderer Menschen zu respektieren; **to be brought up a Catholic** katholisch erzogen werden; **a well/badly brought-up child** ein gut/schlecht erzogenes Kind ❸ (*mention*) ■**to ~ up** ◌ **sth** etw zur Sprache bringen; **don't ~ up that old subject again** fang nicht wieder mit diesem alten Thema an; **to ~ up sth for discussion** etw zur Diskussion stellen ❹ (*fam: vomit*) **to ~ up one's breakfast/lunch** das Frühstück/Mittagessen ausspucken *fam* ❺ MIL (*convey*) **to ~ up reinforcements/supplies** die Front mit Verstärkung/Vorräten versorgen ❻ COMPUT (*make appear on screen*) **to ~ up a menu/dialog box** ein Menü/Dialogfenster aufrufen ▶ PHRASES: **to ~ up the <u>rear</u>** das Schlusslicht bilden; **to ~ sb up <u>short</u>** jdn plötzlich zum Anhalten bringen
bring and 'buy sale *n* BRIT, AUS [Wohltätigkeits]basar *m* (*bei dem mitgebrachte Sachen verkauft werden*)
brink [brɪŋk] *n no pl* ❶ (*edge*) *of a cliff, gorge, pond* Rand *m* ❷ (*fig: verge*) Rand *m*, Grenze *f*; ■**to be on the ~ of sth** kurz vor etw *dat* stehen; **to be on the ~ of bankruptcy** [*or* **ruin**] kurz vor dem Bankrott stehen; **to drive sb to the ~ of a nervous breakdown** jdn an den Rand eines Nervenzusammenbruchs bringen; **to be on the ~ of extinction** vom Aussterben bedroht sein; **to be on the ~ of war** kurz vor Kriegsausbruch stehen
brink·man·ship ['brɪŋkmənʃɪp] *n no pl* Spiel *nt* mit dem Feuer
briny ['braɪni] **I.** *adj* salzig **II.** *n no pl* BRIT (*hum dated*) ■**the ~** die See
brio ['bri:əʊ, AM -oʊ] *n no pl* Schwung *m*
bri·oche [bri:'ɒʃ, AM *also* -'oʊʃ] *n* Brioche *f o* ÖSTERR *nt*
bri·quet(te) [brɪ'ket] *n* Brikett *nt*
brisk [brɪsk] *adj* ❶ (*quick*) zügig, flott; **to give sth a ~ flick with a duster** etw schnell mit einem Staubtuch abwischen; **~ pace** flottes Tempo; **to walk at a ~ pace** zügig marschieren; **~ walk** strammer Spaziergang ❷ (*sharp*) *tone* energisch ❸ (*busy*) *sales, trade* lebhaft, rege ❹ (*cool*) *weather, wind* frisch
bris·ket ['brɪskɪt] *n no pl* FOOD Bruststück *nt*
brisk·ly ['brɪskli] *adv* ❶ (*quickly*) zügig, flott; **to walk ~** eiligen Schrittes laufen ❷ (*sharply*) energisch; **to say sth ~** etw energisch sagen ❸ (*busily*) lebhaft, rege; **to sell ~** sich wie warme Semmeln verkaufen
brisk·ness ['brɪsknəs] *n no pl of a pace* Zügigkeit *f*, Flottheit *f*; *of manner, tone* Nachdruck *m*; *of trade* Lebhaftigkeit *f*
bris·tle ['brɪsl] **I.** *n* Borste *f*; (*on a man's face*) [Bart]stoppel *f meist pl*; **badger ~** Dachshaar *nt*; **brush ~s** Pinselborsten *fpl*; **natural ~[s]** Naturborsten *fpl* **II.** *vi* ❶ (*become erect*) *fur* sich *akk* sträuben; *hair* sich *akk* aufstellen ❷ (*fig: react angrily*) ■**to ~ [at sth]** sich *akk* [über etw *akk*] empören
◆**bristle with** *vt* ■**to ~ with sth** vor etw *dat* strotzen, von etw *dat* voll sein; **to ~ with anger** vor Zorn beben; **to ~ with mistakes/people/police** von Fehlern/Menschen/Polizei wimmeln
brist·ly ['brɪsli] *adj* borstig, stoppelig, stachelig; **~ chin** stoppeliges Kinn; **~ hair** borstige Haare
Brit [brɪt] *n* (*fam*) ❶ (*person*) Brite, -in *m, f* ❷ MUS Brit-Award *m*
Brit·ain ['brɪtᵊn] *n* Großbritannien *nt*
Bri·tan·nic Maj·es·ty [brɪˌtænɪk'mædʒəsti] *n* **His/Her ~** Seine/Ihre Britannische Majestät
britches ['brɪtʃɪz] *npl esp* AM Kniehose *f*; [**riding**] **~** Reithose *f* ▶ PHRASES: **to be too <u>big</u> for one's ~** größenwahnsinnig sein
Brit·ish ['brɪtɪʃ, AM -t̬-] **I.** *adj* britisch **II.** *npl* ■**the ~** die Briten *pl*
Brit·ish 'Broad·cast·ing Cor·po·ra·tion *n no pl, + sing/pl vb* ■**the ~** die BBC (*britische Rundfunkgesellschaft*) **Brit·ish 'Eng·lish** *n no pl* britisches Englisch
Brit·ish·er ['brɪt̬ɪʃɚ] *n* AM (*fam*) Brite, -in *m, f*
Brit·ish 'Isles *npl* **the ~** die Britischen Inseln

i Kultur

Die **British Library**, die britische Staatsbibliothek, die 1994 vom *British Museum* in einen Neubau bei St Pancras in London umgezogen ist, beherbergt rund 18 Millionen Bücher.

Brit·ish 'Sum·mer Time *n no pl* britische Sommerzeit
Brit·on ['brɪtᵊn] *n* Brite, -in *m, f*; HIST Bretone, -in *m, f*
brit·tle ['brɪtl̩, AM -t̬-] **I.** *adj* ❶ (*fragile*) zerbrechlich, spröde; **~ bones** brüchige Knochen; **a ~ layer of ice** eine dünne Eisschicht ❷ (*fig: unpleasantly sharp*) *laugh, voice* schrill; *behaviour, person* laut, aber unsicher **II.** *n* [Nuss]krokant *nt*
bro [broʊ] *n esp* AM (*fam*) *short for* **brother** ❶ Bruder *m* ❷ *usu sing* (*form of address*) Bruderherz *nt fam*
broach [brəʊtʃ, AM broʊtʃ] **I.** *vt* ■**to ~ sth** ❶ (*begin to discuss*) *subject* etw anschneiden ❷ (*open*) etw öffnen; **to ~ a barrel** [*or* **cask**] ein Fass anstechen; (*containing beer also*) ein Fass anzapfen **II.** *n* <*pl* -es> AM (*brooch*) Brosche *f*
B-road ['bi:rəʊd, AM -roʊd] *n* BRIT ≈ Landesstraße *f*
broad [brɔ:d, AM *also* brɑ:d] **I.** *adj* ❶ (*wide*) *street, river* breit; **~ shoulders** breite Schultern ❷ (*spacious*) weit; **a ~ expanse** eine weite Ausdehnung ❸ (*obvious*) deutlich, klar; **to drop** [*or* **give**] **a ~ hint** einen Wink mit dem Zaunpfahl geben ❹ (*general*) allgemein; **to be in ~ agreement** weitgehend übereinstimmen [*o* einer Meinung sein]; **a ~ description/generalization** eine grobe Beschreibung/Verallgemeinerung; **to give a ~ outline of sth** etw in groben Zügen darstellen; **a ~ range/**

spectrum eine breite Palette/ein breites Spektrum ❺ (*wide-ranging*) weitreichend, ausgedehnt; *education* umfassend; *interests* vielseitig; **to have a ~ appeal** sich allgemeiner Beliebtheit erfreuen; **a ~ cross section of the population** weite Teile der Bevölkerung ❻ (*liberal*) *idea, view* tolerant; *outlook* großzügig ❼ (*strong*) stark, ausgeprägt; **a ~ accent/grin** ein breiter Akzent/ein breites Grinsen ❽ (*coarse*) derb; **~ comedy/humour** derbe Komödie/derber Humor ▶ PHRASES: **~ in the beam** (*hum dated*) breit gebaut; **in ~ daylight** am helllichten Tag[e] **II.** *n esp* AM (*pej! sl*) Tussi *f pej fam*

'broad bean *n* Saubohne *f*, dicke Bohne

broad·cast ['brɔːdkɑːst, AM 'brɑːdkæst] **I.** *n* Übertragung *f*; (*programme*) Sendung *f*; **a live ~ of the concert** eine Liveübertragung des Konzerts; **a live television/radio ~** eine Livesendung im Fernsehen/Radio **II.** *vi* <broadcast *or* AM broadcasted, broadcast *or* AM broadcasted> senden; **to ~ on long wave** auf Langwelle senden **III.** *vt* <broadcast *or* AM broadcasted, broadcast *or* AM broadcasted> ■**to ~ sth** ❶ (*transmit*) etw senden [*o* ausstrahlen]; **to ~ a match** ein Spiel übertragen; **to ~ a programme** ein Programm senden [*o* ausstrahlen]; **to ~ an SOS** ein SOS funken; **to be ~ live** live ausgestrahlt werden ❷ (*fam: spread widely*) etw an die große Glocke hängen; **to ~ a rumour** ein Gerücht [überall] verbreiten

broad·cast·er ['brɔːdkɑːstəʳ, AM 'brɑːdkæstɚ] *n* Medienstar *m*; (*announcer*) Sprecher(in) *m(f)*; (*presenter*) Moderator(in) *m(f)*

broad·cast·ing ['brɔːdkɑːstɪŋ, AM 'brɑːdkæst-] *n no pl* (*radio*) Rundfunk *m*; (*TV*) Fernsehen *nt*; **educational/news ~** Bildungs-/Nachrichtensendungen *fpl*; **satellite ~** Satellitenübertragungen *fpl*; **sports ~** Sportsendungen *fpl*

broad·en ['brɔːdən, AM *also* 'brɑːd-] **I.** *vi* ❶ (*become wider*) sich *akk* verbreitern, breiter werden ❷ (*become more inclusive*) breiter werden, sich ausdehnen; *horizon* sich erweitern **II.** *vt* ■**to ~ sth** ❶ (*make wider*) etw verbreitern [*o* breiter machen] ❷ (*fig: expand*) etw vergrößern; **living in India ~ed my outlook on life** durch das Leben in Indien habe ich ein viel offeneres Weltbild bekommen; **to ~ one's horizons/one's mind** seinen Horizont erweitern; **to ~ the scope of a discussion** eine Diskussion ausweiten

◆**broaden out I.** *vi see* **broaden I. II.** *vt* (*make more general*) ■**to ~ out** ↔ **sth** etw ausdehnen; **to ~ out a definition/an interpretation** eine Definition/Interpretation allgemeiner fassen

'broad gauge *n no pl* Breitspur *f* **'broad jump** *n no pl* AM (*long jump*) ■**the ~** der Weitsprung **'broad·leaf** BOT **I.** *n* breitblättrige Pflanze **II.** *adj attr, inv* breitblättrig; **~ forest** *Wald, in dem Bäume mit breitblättrigem Laub wachsen* **'broad-leaved** *adj* breitblättrig; **~ endive** Breitblattendivie *f*; **~ plant** breitblättrige Pflanze; **~ tree** Baum *m* mit breitblättrigem Laub

broad·ly ['brɔːdli, AM *also* 'brɑːdli] *adv* ❶ (*generally*) allgemein, in groben Zügen; **I ~ agree with you** ich stimme weitgehend mit dir überein; **~ speaking, ...** ganz allgemein gesehen, ... ❷ (*widely*) breit; **when Ann saw all the presents she smiled ~** als Ann die ganzen Geschenke sah, lachte sie über das ganze Gesicht; **to grin ~** breit grinsen

broad·'mind·ed *adj* (*approv*) tolerant

broad·'mind·ed·ness *n no pl* (*approv*) Toleranz *f*

broad·ness ['brɔːdnəs, AM *also* 'brɑːd-] *n no pl* Weite *f*; *of accent, grin* Breite *f*

'broad·sheet *n* BRIT, AUS ❶ (*newspaper*) großformatige [seriöse] Zeitung ❷ (*advertisement*) Plakat *nt* **broad-'shoul·dered** *adj* breitschultrig **'broad·side** *n* **to fire a ~ [at sb]** [auf jdn] eine Breitseite abfeuern *a. fig* **broad-'spec·trum** *adj* MED Breitband-; **~ antibiotic** Breitbandantibiotikum *nt*

bro·cade [brə(ʊ)'keɪd, AM broʊ'-] **I.** *n no pl* Brokat *m* **II.** *n modifier* (*gown, jacket, skirt*) Brokat-, brokaten *geh*

broc·co·li ['brɒkəli, AM 'brɑː-] *n no pl* Broccoli *m*, Brokkoli *m*

bro·chure ['brəʊʃəʳ, AM broʊ'ʃʊr] *n* Broschüre *f*; **travel ~** Reisekatalog *m*

brogue[1] [brəʊg, AM broʊg] *n usu sing irischer oder schottischer Akzent*

brogue[2] [brəʊg, AM broʊg] *n* Brogue *m fachspr* (*Herrenschuh mit zierenden Lochornamenten und Flügelkappe*)

broil [brɔɪl] *vt esp* AM (*grill*) ■**to ~ sth** etw grillen

broil·er ['brɔɪləʳ, AM -ɚ] *n* ❶ (*chicken*) [Brat]hähnchen *nt*, [Brat]hendel *nt* SÜDD, ÖSTERR ❷ *esp* AM (*grill*) Grill[rost] *m*

'broil·er pan *n esp* AM (*grill pan*) Grillpfanne *f*

broil·ing ['brɔɪlɪŋ] *adj inv* AM (*fam*) glühend heiß

broke [brəʊk, AM broʊk] **I.** *pt of* **break II.** *adj pred* (*fam*) abgebrannt *fam*, pleite *fam*, blank *fam*; **to go ~** bankrottgehen, pleitegehen *fam* ▶ PHRASES: **if it ain't ~ don't fix it** (*iron fam*) verändre nichts, das funktioniert; **to go for ~** (*fam*) alles auf eine Karte setzen

bro·ken ['brəʊkən, AM 'broʊk-] **I.** *pp of* **break II.** *adj inv* ❶ (*shattered*) zerbrochen; **~ arm/finger** gebrochener Arm/Finger; **~ bottle** zerbrochene Flasche; **~ filling** herausgebrochene Füllung; **~ glass** Glasscherben *fpl* ❷ (*not functioning*) *watch* kaputt ❸ (*defeated*) *man, woman* gebrochen ❹ (*not fluent*) **in ~ English** in gebrochenem Englisch ❺ (*interrupted*) unterbrochen ❻ (*dotted*) gestrichelt; **a ~ line** eine gestrichelte Linie ❼ *attr* (*not adhered to*) *contract, promise* gebrochen; **a ~ engagement** eine gelöste Verlobung; **a ~ marriage** eine zerbrochene Ehe

'bro·ken-down *adj inv* ❶ (*not working*) kaputt ❷ (*dilapidated*) verfallen, baufällig; **~ furniture** abgewohnte Möbel **bro·ken 'fami·ly** <*pl* -lies> *n* zerbrochene Familie **bro·ken-'heart·ed** *adj* untröstlich **bro·ken 'home** *n* zerrüttete Familienverhältnisse

bro·ken 'up *adj pred* (*fam*) ■**to be ~** aus der Fassung geraten sein, aufgebracht [*o* aufgelöst] sein

bro·ker ['brəʊkəʳ, AM 'broʊkɚ] **I.** *n* ❶ ECON (*agent*) Makler(in) *m(f)*; (*on the Stock Exchange*) Börsenmakler(in) *m(f)*, Broker(in) *m(f) fachspr* ❷ (*negotiator*) Vermittler(in) *m(f)*, Unterhändler(in) *m(f)* **II.** *vt* ■**to ~ sth** etw aushandeln; **to ~ a ceasefire/deal** einen Waffenstillstand/ein Geschäft aushandeln

bro·ker·age ['brəʊkərɪdʒ, AM 'broʊ-] *n no pl* ECON ❶ (*activity*) Maklergeschäft *nt* ❷ (*fee*) Maklergebühr *f*

'bro·ker·age firm *n*, **'bro·ker·age house** *n* Maklerfirma *f*

bro·ker-'deal·er *n* Börsenmakler(in) *m(f)*, Broker(in) *m(f) fachspr*

brol·ly ['brɒli] *n esp* BRIT, AUS (*fam*) Schirm *m*

bro·mide ['brəʊmaɪd, AM 'broʊ-] *n* ❶ CHEM Bromid *nt* ❷ MED Beruhigungsmittel *nt* ❸ (*platitude*) Gemeinplatz *m*, Platitude *f geh*

bro·mine ['brəʊmiːn, AM 'broʊ-] *n no pl* CHEM Brom *nt*

bron·chi ['brɒŋkiː, AM 'brɑːŋ-] *n pl of* **bronchus**

bron·chial ['brɒŋkiːəl, AM 'brɑːŋ-] *adj inv* Bronchial-

bron·chial pneu·'mo·nia *n no pl* Bronchopneumonie *f fachspr*

'bron·chial tubes *npl* Bronchien *fpl*

bron·chi·tis [brɒŋ'kaɪtɪs, AM brɑːŋ'kaɪt̬ɪs] *n no pl* Bronchitis *f*

bron·cho·pneu·mo·nia [ˌbrɒŋkə(ʊ)njuː'məʊniə, AM ˌbrɑːŋkoʊnuː'moʊnjə] *n no pl* MED Bronchopneumonie *f fachspr*

bron·chus <*pl* -chi> ['brɒŋkəs, AM 'brɑːŋ-, *pl* kiː] *n* MED Bronchus *m fachspr*

bron·co <*pl* -os> ['brɒŋkəʊ, AM 'brɑːŋkoʊ] *n wildes Pferd im Westen der USA*

bron·to·sau·rus <*pl* -ruses *or* -ri> [ˌbrɒntə'sɔːrəs, AM ˌbrɑːnt̬ə'-] *n* Brontosaurus *m*

Bronx cheer [ˌbrɑːŋks'tʃɪr] *n esp* AM (*fam: raspberry*) verächtliches Zischen; **to give sb a ~** jdn auspfeifen

bronze [brɒnz, AM brɑːnz] **I.** *n* ❶ *no pl* (*metal*) Bronze *f* ❷ ART Bronzeobjekt *nt* ❸ (*medal*) Bronzemedaille *f*; *see also* **bronze medal II.** *n modifier* (*urn, sculpture, plate, figure*) Bronze- **III.** *adj inv* bronzefarben; (*made of bronze*) Bronze-

'Bronze Age I. *n no pl* HIST ■**the ~** die Bronzezeit **II.** *adj attr,* *inv* Bronzezeit-; ~ **civilizations** Kulturen *fpl* der Bronzezeit

bronzed [brɒnzd, AM brɑ:nzd] *adj skin* [sonnen]gebräunt, braun

bronze 'med·al *n* Bronzemedaille *f;* **to get** [*or* **win**] **a** ~ Bronze [*o* eine Bronzemedaille] gewinnen

brooch <*pl* -es> [brəʊtʃ, AM broʊtʃ] *n* Brosche *f*

brood [bru:d] **I.** *n* ❶ (*hatch*) Brut *f* ❷ (*hum: young children*) Brut *f kein pl hum,* Nachwuchs *m kein pl* **II.** *vi* ❶ (*mope*) Trübsal blasen; (*worry at length*) grübeln; ■**to** ~ **on** [*or* **over**] **sth** über etw *dat* brüten, über etw *akk* [nach]grübeln ❷ ZOOL (*sit on eggs*) brüten **III.** *vt* **to** ~ **eggs** Eier ausbrüten

broodi·ness ['bru:dinəs] *n no pl* ❶ (*fam*) Kinderwunsch *m* ❷ (*pensiveness*) Nachdenklichkeit *f*

brood·ing ['bru:dɪŋ] *adj* beunruhigend; **dark** ~ **clouds** dunkle, schwere Wolken; **a** ~ **expanse of marshland** ein unheimliches Moorgebiet; **a** ~ **silence** eine drückende Stille

'brood mare *n* Zuchtstute *f*

broody ['bru:di] *adj* ❶ ZOOL brütig ❷ (*fam: ready to have children*) **to feel** ~ den Wunsch nach einem Kind haben ❸ (*mopey*) grüblerisch

brook[1] [brʊk] *n* Bach *m*

brook[2] [brʊk] *vt* (*form: tolerate*) ■**to** ~ **sth** etw dulden

broom [bru:m, brʊm] *n* ❶ (*brush*) Besen *m* ❷ *no pl* BOT Ginster *m*

'broom han·dle *n,* **'broom·stick** ['bru:mstɪk, 'brʊm-] *n* Besenstiel *m*

Bros. *npl* ECON *abbrev of* **brothers** Gebr.

broth [brɒθ, AM brɑ:θ] *n no pl* FOOD Brühe *f,* Fond *m*

broth·el ['brɒθəl, AM 'brɑ:θ-] *n* Bordell *nt*

broth·er ['brʌðə', AM -ɚ] **I.** *n* ❶ (*son of same parents*) Bruder *m;* ~**s and sisters** Geschwister *ntpl* ❷ (*comrade*) ■~**s!** *pl* Kameraden!, Brüder!; ~**s in arms** Waffenbrüder *mpl* ❸ REL (*monk*) Bruder *m;* **B**~ **Michael** Bruder *m* Michael ❹ *esp* AM (*fam: male friend*) Kumpel *m* ▸ PHRASES: **I am not my** ~**'s keeper** ich bin nicht der Hüter meines Bruders *geh* **II.** *interj* (*fam*) Mann! *fam,* Mannomann! *fam*

broth·er·hood ['brʌðəhʊd, AM -ɚ-] *n* ❶ + *sing/pl vb* (*male group*) Bruderschaft *f* ❷ *no pl* (*feeling*) Brüderlichkeit *f*

'broth·er-in-law <*pl* brothers-in-law> *n* Schwager *m*

broth·er·ly ['brʌðəli, AM -ɚli] *adj* (*amongst brothers*) brüderlich; (*amongst friends*) freundschaftlich; **some** ~ **advice** ein freundschaftlicher Rat; ~ **love** Bruderliebe *f*

'broth·ers-in-law *n pl of* **brother-in-law**

brough·am ['bru:əm, AM broʊm] *n* Brougham *m fachspr* (*Einspänner oder Auto mit offenem Fahrersitz*)

brought [brɔ:t, AM brɑ:t] *pp, pt of* **bring**

brou·ha·ha ['bru:hɑ:hɑ:] *n usu sing* (*fam*) Wirbel *m* (**over** um +*akk*)

brow [braʊ] *n* ❶ *usu sing* (*forehead*) Stirn *f;* **to mop** [*or* **wipe**] **one's** ~ sich *dat* den Schweiß von der Stirn wischen; **to wrinkle one's** ~ die Stirn runzeln ❷ (*eyebrow*) Augenbraue *f* ❸ *usu sing* (*fig*) ~ **of a hill** Bergkuppe *f*

brow·beat <-beat, -beaten> ['braʊbi:t] *vt* ■**to** ~ **sb** jdn einschüchtern; ■**to** ~ **sb into doing sth** jdn unter Druck setzen, dass er etw tut

brown [braʊn] **I.** *n* Braun *nt* **II.** *adj* ❶ (*chocolate-coloured*) braun ❷ (*tanned*) *skin* braun; ~ **from the sun** sonnengebräunt; **to go** ~ braun werden, bräunen **III.** *vt* FOOD ■**to** ~ **sth** *onion* etw [an]bräunen; *meat* etw anbraten **IV.** *vi* FOOD braun werden

◆**brown off** *vt* BRIT, AUS (*dated fam*) ■**to be** ~**ed off with sth** etw satthaben *fam;* **to become** [*or* **get**] ~**ed off with sth** etw [so langsam] satthaben *fam*

brown 'ale *n no pl* BRIT dunkles Bier **'brown bag** *n* AM *braune Papiertüte für Eingekauftes im Supermarkt* **'brown-bag** <-gg-> *vt* AM **to** ~ **one's lunch** [*or* **food**] sein [Mittag]essen [von zu Hause] mitbringen **brown 'bag·ger** *n* AM *jd, der sein Essen von zu Hause mitbringt* **brown-bag 'lunch** *n* AM *von zu Hause mitgebrachtes Mittagessen;* **to have a** ~ *von zu Hause mitgebrachte Sachen zu Mittag essen* **brown-bag 'semi·nar** *n* AM *Treffen, bei dem Essen von zu Hause mitgebracht wird* **'brown bear** *n* Braunbär *m* **'brown belt** *n* SPORTS ❶ (*belt*) brauner Gürtel ❷ (*person*) Träger(in) *m(f)* des braunen Gürtels **brown 'bread** *n no pl locker gebackenes Brot aus dunklerem Mehl, etwa wie Mischbrot* **'brown coal** *n no pl* Braunkohle *f* **'brown goods** *npl* Unterhaltungselektronik *f kein pl* **brown hy·'ena** *n* Schabrackenhyäne *f*

brownie ['braʊni] *n esp* AM *kleiner Schokoladenkuchen mit Nüssen*

Brownie ['braʊni] *n,* BRIT *a.* **'Brownie Guide** *n* junge Pfadfinderin

'Brownie pack *n + sing/pl vb Gruppe junger Pfadfinderinnen*

'brownie point *n* (*hum fam*) Pluspunkt *m;* **to get** [*or* **score**] [*or* **win**] ~**s** Pluspunkte machen

brown·ish ['braʊnɪʃ] *adj* bräunlich

'brown-nose *vi esp* AM (*pej sl*) katzbuckeln *pej fam,* arschkriechen *pej derb*

'brown-nos·er *n esp* AM (*pej sl*) Arschkriecher(in) *m(f) pej derb* **'brown-out** *n* AM (*during war*) partielle Verdunkelung; (*due to electricity failure*) partieller Stromausfall **brown 'pa·per** *n no pl* Packpapier *nt* **'brown rat** *n* Wanderratte *f* **brown 'rice** *n no pl* ungeschälter Reis, Naturreis *m* **'brown·stone** *n esp* AM ❶ *no pl* (*stone*) rötlich brauner Sandstein ❷ (*house*) [rotbraunes] Sandsteinhaus **brown 'sug·ar** *n no pl* brauner Zucker

browse [braʊz] **I.** *vi* ❶ (*skim*) **to** ~ **through a book/magazine** ein Buch/eine Zeitschrift durchblättern, in einem Buch/einer Zeitschrift [herum]blättern ❷ (*look around*) **to** ~ [**around a shop**] sich *akk* in einem Geschäft umsehen, in einem Laden [herum]stöbern ❸ INET browsen, surfen ❹ (*graze*) ■**to** ~ [**on sth**] [auf etw *dat*] grasen [*o* weiden] **II.** *vt* ■**to** ~ **sth** ❶ ZOOL etw abfressen ❷ COMPUT etw durchsehen; **to** ~ **the Internet/the World Wide Web** im Internet/World Wide Web surfen **III.** *n no pl* ❶ (*look-around*) **to go for** [*or* **take**] **a** ~ **around** [*or* **in**] **a shop** sich *akk* in einem Geschäft umsehen, in einem Laden [herum]stöbern ❷ (*look-through*) **to have a** ~ **through a book/magazine** ein Buch/eine Zeitschrift durchblättern, in einem Buch/einer Zeitschrift [herum]blättern

brows·er ['braʊzə', AM -ɚ] **I.** *n* ❶ (*in shop*) *jd, der im Geschäft [herum]stöbert;* (*in books*) *jd, der in einem Buch schmökert, herumblättert* ❷ INET Browser *m* **II.** *n modifier* INET Browser-; ~ **history** Liste *f* der besuchten Websites

bruise [bru:z] **I.** *n* ❶ MED Bluterguss *m,* blauer Fleck; (*contusion*) Prellung *f;* **to be covered in** ~**s** überall blaue Flecken haben ❷ (*on fruit*) Druckstelle *f* **II.** *vt* ❶ (*injure*) ■**to** ~ **sb** jdm blaue Flecken zufügen; **to** ~ **one's arm/leg** sich *akk* am Arm/Bein stoßen ❷ (*fig: hurt*) **to** ~ **sb's ego/feelings/pride** jds Ego *nt*/Gefühle *ntpl*/Stolz *m* verletzen **III.** *vi* einen blauen Fleck bekommen, sich *akk* stoßen; *fruit* Druckstellen bekommen

bruised [bru:zd] *adj* ❶ (*injured*) geprellt; **to be badly** ~ eine schwere Prellung haben; **to be battered and** ~ grün und blau sein ❷ (*fig: emotionally hurt*) verletzt

bruis·er ['bru:zə', AM -zɚ] *n* (*hum fam*) ❶ (*brute*) Schläger[typ] *m fam* ❷ (*boxer*) Boxer(in) *m(f)* ❸ (*big baby*) Pummel *m fam,* Dickerchen *nt fam*

bruis·ing ['bru:zɪŋ] **I.** *n no pl* MED Bluterguss *m* **II.** *adj usu attr* verletzend *a. fig;* ~ **contest** aufreibender Wettkampf; ~ **encounter** unerfreuliches Treffen

bruit [bru:t] *vt usu passive* (*form or hum*) ■**to** ~ **sth abroad** [*or* **around**] [*or* **about**] etw überall herumerzählen

brum·bie AUS, **brum·by** ['brʌmbi] *n* AUS Brumby *nt fachspr,* australisches Wildpferd

brunch <*pl* -es> [brʌntʃ] *n* Brunch *m*

bru·nette [bru:'net] **I.** *n* Brünette *f* **II.** *adj inv* brünett

brunt [brʌnt] *n no pl* Wucht *f;* **to bear** [*or* **take**] **the** ~ **of sth**

etw am stärksten zu spüren bekommen

brush [brʌʃ] **I.** *n* <*pl* -es> ❶ (*for hair, cleaning*) Bürste *f;* (*broom*) Besen *m;* (*for painting*) Pinsel *m* ❷ *no pl* (*act of brushing*) Bürsten *nt;* **to give sth a ~** etw abbürsten; **to give one's teeth a ~** sich *dat* die Zähne putzen ❸ *usu sing* (*stroke*) leichte Berührung ❹ (*encounter*) Zusammenstoß *m;* **to have a ~ with sb** mit jdm aneinandergeraten; **to have a ~ with death** dem Tode knapp entronnen sein; **to have a ~ with the law** mit dem Gesetz in Konflikt geraten ❺ *no pl* AM, AUS (*brushwood*) Unterholz *nt,* Gestrüpp *nt* ❻ (*fox's tail*) Fuchsschwanz *m,* Lunte *f fachspr* **II.** *vt* ❶ (*clean*) ■**to ~ sth** etw abbürsten; (*rub*) etw bürsten; **to ~ one's hair** sich *dat* die Haare bürsten; **Jackie ~ed her hair out of her eyes** Jackie strich sich die Haare aus dem Gesicht; **to ~ one's teeth** sich *dat* die Zähne putzen ❷ (*touch lightly*) **to ~ sb's cheek** jds Wange *f* leicht berühren ❸ (*apply a substance*) ■**to ~ sth with sth** etw mit etw *dat* bestreichen **III.** *vi* (*touch lightly*) ■**to ~ against sth/sb** etw/jdn streifen; ■**to ~ by sb** an jdm vorbeieilen

◆**brush aside** *vt* ❶ (*move aside*) ■**to ~ aside** ↻ **sth/sb** etw/jdn wegschieben ❷ (*dismiss*) ■**to ~ aside** ↻ **sth** etw abtun; ■**to ~ aside** ↻ **sb** jdn ignorieren

◆**brush away** *vt* ■**to ~ away** ↻ **sth** ❶ (*wipe*) etw wegwischen; **to ~ away a fly** eine Fliege verscheuchen; **to ~ away one's tears** sich *dat* die Tränen abwischen ❷ (*dismiss*) etw [aus seinen Gedanken] verbannen

◆**brush down** *vt* ■**to ~ down** ↻ **sb/sth** jdn/etw abbürsten; ■**to ~ oneself down** sich *akk* zurechtmachen [*o* herrichten]

◆**brush off** *vt* ❶ (*remove with brush*) ■**to ~ off** ↻ **sth** etw abbürsten ❷ (*ignore*) ■**to ~ off** ↻ **sb** jdn abblitzen lassen *fam;* ■**to ~ off** ↻ **sth** etw zurückweisen

◆**brush out** *vt* ■**to ~ out** ↻ **sth** etw [her]ausbürsten; **to ~ out one's hair** sich *akk* die Haare ausbürsten; **to ~ out knots in one's hair** Knoten aus seinem Haar herausbürsten

◆**brush past** *vt* ■**to ~ past sb** jdn streifen

◆**brush up I.** *vi* ■**to ~ up on sth** *one's knowledge* etw auffrischen **II.** *vt* ■**to ~ up sth** *one's knowledge* etw auffrischen

brushed [brʌʃt] *adj inv* aufgeraut; **~ aluminium** mattes Aluminium; **~ cotton** Baumwollvelours *m*

'brush fire *n* AM, AUS Buschfeuer *nt* **'brush-off** *n no pl* Abfuhr *f;* **to get the ~ from sb** von jdm einen Korb bekommen *fam;* **to give sb the ~** jdm eine Abfuhr erteilen, jdn abblitzen lassen *fam* **'brush·stroke** *n usu pl* Pinselstrich *m* **'brush·wood** *n no pl* Reisig *nt;* **to gather ~** Reisig sammeln **'brush·work** *n no pl* Pinselführung *f*

brusque [bruːsk, AM brʌsk] *adj manner, tone* schroff, brüsk; *behaviour* rüde; ■**to be ~ with sb** schroff zu jdm sein

brusque·ly ['bruːskli, AM 'brʌsk-] *adv answer, say* schroff, brüsk; **to behave ~** sich ungehobelt [*o* rüde] benehmen

brusque·ness ['bruːsknəs, AM 'brʌsk-] *n no pl* Schroffheit *f,* rüdes Benehmen

Brus·sels ['brʌsəlz] *n no pl* Brüssel *nt*

Brus·sel(s) 'sprout *n* ❶ (*plant*) ■**~s** *pl* Rosenkohl *m kein pl,* Sprossenkohl *f kein pl* ÖSTERR ❷ (*bud*) Rosenkohlröschen *nt,* Kohlsprosse *f* ÖSTERR

bru·tal ['bruːtəl, AM -t̬-] *adj* brutal *a. fig;* **with ~ honesty** mit schonungsloser Offenheit; **the ~ truth** die ungeschminkte Wahrheit

bru·tal·ity [bruː'tæləti, AM -əti] *n no pl* Brutalität *f*

bru·tal·ize ['bruːtəlaɪz, AM -t̬-] *vt* ■**to ~ sb** ❶ (*treat cruelly*) jdn brutal behandeln ❷ (*make brutal*) jdn verrohen lassen, jdn brutalisieren

bru·tal·ly ['bruːtəli, AM -t̬-] *adv* brutal *a. fig;* **to be ~ honest** [*or* **frank**] **with sb** jdm die ungeschminkte Wahrheit sagen, zu jdm schonungslos offen sein

brute [bruːt] **I.** *n* ❶ (*savage*) Bestie *f* ❷ (*brutal person*) brutaler Kerl, Brutalo *m,* Rohling *m* ❸ (*animal*) Vieh *nt meist pej,* Tier *nt* **II.** *adj attr, inv* brutal, roh, grausam; **~ force** rohe Gewalt

brut·ish ['bruːtɪʃ, AM -t̬-] *adj* brutal, roh, grausam

bruv [brʌv] *n usu sing* BRIT (*hum fam*) Bruderherz *nt hum*

BS [ˌbiː'es] **I.** *n* ❶ *no pl abbrev of* **bullshit I.** ❷ AM *abbrev of* **Bachelor of Science** Bakkalaureus *m* der Naturwissenschaften **II.** *vt, vi abbrev of* **bullshit IV.,V.**

BSc [ˌbiːes'siː] *n abbrev of* **Bachelor of Science** Bakkalaureus *m* der Naturwissenschaften

B-school ['biskuːl] *n* AM (*fam*) Wirtschaftskurs *m* an einer Universität; **she goes to ~** sie studiert Betriebswirtschaft

BSE [ˌbiːes'iː] *n no pl* BRIT *abbrev of* **bovine spongiform encephalopathy** BSE *f*

BST [ˌbiːes'tiː] *n no pl abbrev of* **British Summer Time**

B2B [ˌbiːtə'biː] *n modifier abbrev of* **business to business**: **~ website** B2B-Website *f fachspr* (*für Aktionen zwischen Unternehmen*)

B2C [ˌbiːtə'siː] *n modifier abbrev of* **business to customer**: **~ website** B2C-Website *f fachspr* (*für Aktionen zwischen Unternehmen und Endverbrauchern*)

B2E [ˌbiːtə'iː] *n modifier abbrev of* **business to employee**: **~ website** B2E-Website *f fachspr* (*für Aktionen zwischen Unternehmen und ihren Mitarbeitern*)

bub [bʌb] *n* AM (*dated fam*) Freundchen *nt meist hum fam*

bub·ble ['bʌbl̩] **I.** *n* (*ball of air*) Blase *f;* (*utopian state*) Seifenblase *f;* **suddenly the ~ burst** auf einmal ist alles wie eine Seifenblase geplatzt; **to blow a ~** eine Seifenblase machen; **to burst sb's ~** (*fig*) jds Illusionen *fpl* zerstören; COMM (*deceptive scheme*) Seifenblase *f fig* **II.** *vi* kochen; *coffee, stew* brodeln; *boiling water, fountain* sprudeln; *champagne* perlen; (*make bubbling sound*) blubbern; (*fig*) *anger* kochen

◆**bubble over** *vi* ■**to ~ over with sth** vor etw *dat* [über]sprudeln; **to ~ over with ideas** vor Ideen sprühen

◆**bubble up** *vi rage* [auf]steigen; *gas* in Blasen aufsteigen; *liquid* aufsprudeln

bub·ble and 'squeak *n no pl esp* BRIT *Gericht aus gekochtem Kohl, mit gekochten Kartoffeln und evtl. gebratenem Fleisch* **'bub·ble bath** *n* ❶ (*bath*) Schaumbad *nt* ❷ *no pl* (*liquid*) Schaumbad *nt,* Badeschaum *m* **'bub·ble gum** *n* Bubble Gum® *m* (*Kaugummi, mit dem man Blasen machen kann*) **bub·ble-jet 'print·er** [ˌbʌbl̩dʒet'prɪntəʳ, AM -ɚ] *n* COMPUT Bubblejet-Drucker *m fachspr* (*Tintenstrahldrucker, bei dem eine Luftblase den Austritt der Tinte aus den Düsen bewirkt*) **bub·ble-jet 'print·ing** *n no pl* COMPUT Drucken *nt* mit einem Bubblejet-Drucker

bub·bler ['bʌbl̩əʳ, AM -l̩ɚ] *n* ❶ AM (*drinking fountain*) Trink[wasser]brunnen *m* ❷ (*old: swindler*) Schwindler(in) *m(f),* Betrüger(in) *m(f)*

'Bub·ble Wrap® *n no pl* Luftpolsterfolie *f*

bub·bly ['bʌbl̩i] **I.** *n no pl* (*fam*) Schampus *m fam* **II.** *adj* ❶ (*full of bubbles*) *drink* sprudelnd; *melted cheese* Blasen werfend ❷ (*lively*) temperamentvoll, lebhaft

bu·bon·ic plague [bjuːˌbɒnɪk'pleɪɡ, AM -ˌbɑː-] *n no pl* Beulenpest *f*

buc·ca·neer [ˌbʌkə'nɪəʳ, AM -'nɪr] *n* Seeräuber(in) *m(f),* Freibeuter(in) *m(f),* Pirat(in) *m(f)*

buck¹ [bʌk] *n esp* AM, AUS (*fam: dollar*) Dollar *m;* **to make a fast** [*or* **a quick**] [*or* **an easy**] **~** eine schnelle Mark machen

buck² [bʌk] **I.** *n* <*pl* - *or* -s> ❶ (*male deer*) Bock *m;* (*male rabbit*) Rammler *m;* (*antelope*) Antilope *f* ❷ (*liter: stylish young man*) Dandy *m* **II.** *n modifier* **~ rabbit** Rammler *m* **III.** *vi* bocken **IV.** *vt* ❶ (*of horse*) ■**to ~ sb** jdn abwerfen ❷ (*oppose*) **to ~ the odds** die Statistiken sprengen; **to ~ the trend** [*or* **tide**] sich dem Trend widersetzen

buck³ [bʌk] *n no pl* (*fam*) **the ~ stops here!** auf meine Verantwortung!; **to pass the ~** [**to sb**] die Verantwortung [auf jdn] abwälzen

◆**buck up I.** *vi* (*fam*) ❶ (*cheer up*) [wieder] Mut fassen [*o* guter Dinge sein]; **~ up!** Kopf hoch! ❷ (*hurry up*) sich *akk* beeilen [*o fam* ranhalten] **II.** *vt* ■**to ~ sb up** jdn aufmuntern [*o* aufheitern] ► PHRASES: **to ~ one's ideas up** sich *akk* zusammenreißen

buck·et ['bʌkɪt] **I.** *n* ❶ (*pail*) Eimer *m,* Kübel *m;* **champagne ~** Sektkübel *m;* **a ~ of water** ein Eimer *m* Wasser ❷ (*fam: large amounts*) ■ **~s** *pl* Unmengen *fpl;* **to weep** [*or* **cry**] **~s** wie ein Schlosshund heulen; **in ~s** eimerweise; **the rain came down in ~s** es goss wie aus Kübeln ► PHRASES: **to kick the ~** (*sl*) ins Gras beißen *fam* **II.** *vi* (*fam*) ❶ BRIT, AUS (*rain heavily*) ■ **to ~ down** wie aus Eimern gießen ❷ (*career*) rasen; **to ~** [*or* **go ~ing**] **along the road** die Straße entlangrasen; **to ~** [*or* **go ~ing**] **down the hill** den Hügel hinunterrasen

'buck·et bri·gade *n + sing/pl vb* Feuerwehr *f* **'buck·et·ful** <*pl* -s *or* bucketsful> *n* ❶ (*amount bucket holds*) Eimer *m* ❷ (*a lot*) **~s of cash** Geld wie Heu; **~s of water** eimerweise Wasser; **we're getting ~s of rain** bei uns schüttet es wie aus Eimern **'buck·et·loads** *npl* (*fam*) ■ **~ of ...** jede Menge ... *fam* **'buck·et seat** *n* AUTO, AVIAT Schalensitz *m* **'buck·et shop** *n* BRIT (*fam*) Billigreisebüro *nt*

i Kultur

Der **Buckingham Palace** ist der Londoner Wohnsitz des britischen Monarchen. Der Palast wurde von 1821 bis 1830 von John Nash für King George IV. gebaut und hat über 600 Räume. Die Einweihung fand 1837 zur Thronbesteigung Queen Victorias statt.

buck·le ['bʌkl] **I.** *n* Schnalle *f* **II.** *vt* ❶ (*fasten*) **I ~d myself into my seat** ich schnallte mich an; **to ~ one's belt** seinen Gürtel [zu]schnallen; **to ~ one's seat belt** sich *akk* anschnallen; **to ~ one's shoes** sich *dat* die Schuhe zumachen ❷ (*bend out of shape*) ■ **to ~ sth** etw verbeulen; (*bend*) etw verbiegen **III.** *vi roof, pavement* nachgeben; **my knees began to ~** ich bekam weiche Knie

◆ **buckle down** *vi* sich *akk* dahinterklemmen *fam*

◆ **buckle in** *vt* ■ **to ~ in** ↔ **sb/sth** jdn/etw anschnallen

◆ **buckle on** *vt* ■ **to ~ on** ↔ **sth** sich *dat* etw anschnallen; **to ~ on one's backpack** sich *dat* den Rucksack aufschnallen

◆ **buckle under** *vi* ■ **to ~ under** [**to sb/sth**] [jdm/etw] nachgeben; **to ~ under to pressure/sb's demands** dem Druck/jds Forderungen *fpl* nachgeben

buck·led ['bʌkld] *adj* ❶ *inv* (*fastened*) zugeschnallt; (*with a buckle*) mit einer Schnalle; **~ leather shoes** lederne Schnallenschuhe ❷ (*twisted*) verformt; **~ metal/a ~ girder** verzogenes Metall/ein verzogener Balken; **to have a ~ wheel** *bike* einen Achter haben

buck 'na·ked *adj inv* AM (*fam*) splitter[faser]nackt *fam*

'buck-pass·ing *n no pl* **"the time for ~ has passed," said the politician** „es ist damit vorbei, dass die Verantwortung auf andere abgewälzt werden kann", sagte der Politiker **buck 'pri·vate** *n* AM rangniedrigster Soldat **buck 'ser·geant** *n* AM rangniedrigster Feldwebel

buck·shee [bʌk'ʃiː] *adj inv esp* BRIT (*fam*) gratis, umsonst **buck·shot** *n no pl* grobkörniger Schrot, Rehposten *m fachspr*

buck·skin ['bʌkskɪn] **I.** *n* ❶ *no pl* Wildleder *nt* ❷ (*clothes*) ■ **~s** *pl* Wildlederkleidung *f kein pl;* (*shoes*) Wildlederschuhe *mpl* **II.** *n modifier* (*jacket, pouch, hat, gloves*) Wildleder- **'bucks par·ty** *n* AUS (*fam: stag party*) *Saufabend des Bräutigams mit seinen Kumpeln am Vorabend der Hochzeit* **'buck·tooth** *n* (*fam*) vorstehender Zahn **'buck·wheat** *n no pl* Buchweizen *m* **buck·wheat 'cake** *n* Buchweizenpfannkuchen *m,* Blini *pl,* Buchweizenpalatschinke *f* ÖSTERR **buck·wheat 'flour** *n no pl* Buchweizenmehl *nt*

bu·col·ic [bjuː'kɒlɪk, AM -'kɑːlɪk] *adj* (*liter*) ländlich idyllisch, bukolisch *liter*

bud¹ [bʌd] BOT **I.** *n* Knospe *f;* **to be in ~** Knospen haben **II.** *vi* <-dd-> knospen, Knospen treiben

bud² [bʌd] *n* AM (*fam*) Freundchen *nt meist hum fam*

Bud·dhism ['bʊdɪzᵊm, AM 'buː-] *n no pl* Buddhismus *m*

Bud·dhist ['bʊdɪst, AM 'buː-] **I.** *n* Buddhist(in) *m(f)* **II.** *adj inv* buddhistisch

bud·ding ['bʌdɪŋ] *adj attr, inv* (*fig*) angehend; **~ journalist** begabte(r) Nachwuchsjournalist(in)

bud·dy ['bʌdi] *n* AM (*fam*) Kumpel *m fam*

'bud·dy list *n* INET Buddyliste *f,* Adressliste *f* **'bud·dy sys·tem** *n Sicherheitsmaßnahme, bei der, z.B. bei Ausflügen mit Kindern, die Teilnehmer sich in Paaren zusammenschließen, damit sie aufeinander gegenseitig aufpassen/sich gegenseitig helfen*

budge [bʌdʒ] **I.** *vi* ❶ (*move*) sich *akk* [vom Fleck] rühren, sich *akk* [von der Stelle] bewegen ❷ (*change mind*) nachgeben; ■ **to ~ from sth** von etw *dat* abrücken; **to ~ from one's original story** von seiner ursprünglichen Geschichte abweichen **II.** *vt* ❶ (*move*) ■ **to ~ sth** etw [von der Stelle] bewegen ❷ (*cause to change mind*) ■ **to ~ sb** jdn umstimmen

◆ **budge up** *vi* BRIT (*fam*) zusammenrücken

budg·eri·gar ['bʌdʒᵊrɪgɑːʳ, AM -gɑːr] *n* (*form*) Wellensittich *m*

budg·et ['bʌdʒɪt] **I.** *n* ❶ (*financial plan*) Budget *nt,* Etat *m;* **to draw up a ~** ein Budget erstellen; ■ **the B~** der öffentliche Haushalt[splan] ❷ (*amount available*) Budget *nt;* **to be on a tight ~** ein knappes Budget haben; **to overspend one's ~** sein Budget überziehen; **to remain within** [**one's**] **~** im Budgetrahmen bleiben; **on ~** wie im Budget vorgesehen **II.** *vt* ❶ (*allow*) **to ~ £200,000** ein Budget von 200.000 Pfund veranschlagen ❷ (*use carefully*) **to ~ one's time/one's wages** sich *dat* die Zeit/seinen Lohn einteilen **III.** *vi* ein Budget aufstellen; ■ **to ~ for sth** etw [im Budget] vorsehen **IV.** *adj attr, inv* preiswert; **~ travel** Billigreisen *fpl;* **~ prices** Tiefpreise *mpl*

budg·et·ary ['bʌdʒɪtᵊri, AM -teri] *adj inv* Etat-, Budget-, Haushalts-

'budg·et com·mit·tee *n + sing/pl vb* Haushaltsausschuss *m* **'budg·et cut** *n* Budgetkürzung *f,* Haushaltskürzung *f,* Etatkürzung *f*

budgie ['bʌdʒi] *n* (*fam*) Wellensittich *m*

buff¹ [bʌf] **I.** *n no pl* ❶ (*colour*) Gelbbraun *nt* ❷ (*leather*) [festes, weiches] Leder ► PHRASES: **in the ~** nackt, im Adams- und Evaskostüm *hum fam* **II.** *adj* gelbbraun **III.** *vt* ■ **to ~** [**up**] **sth** etw polieren

buff² [bʌf] *n* (*fam*) Fan *m;* **computer ~** Computerfreak *m fam*

buf·fa·lo <*pl* - *or* -oes> ['bʌfᵊləʊ, AM -əloʊ] *n* Büffel *m*

buff·er¹ ['bʌfəʳ, AM -ɚ] **I.** *n* Puffer *m;* (*on railway track*) Prellbock *m* **II.** *vt* ❶ (*protect*) ■ **to ~ sb** [**against sth**] jdn [vor etw *dat*] schützen [*o* bewahren] ❷ (*moderate*) **to ~ the impact/shock/strain** den Aufprall/den Schock/die Belastung auffangen [*o* dämpfen] ❸ CHEM, INFORM, TECH ■ **to ~ sth** etw puffern

buff·er² ['bʌfəʳ, AM -ɚ] *n* BRIT (*fam*) **an old ~** ein alter Knacker *pej fam*

'buff·er state *n* POL Pufferstaat *m* **'buff·er zone** *n* POL Pufferzone *f*

buf·fet¹ ['bʊfeɪ, 'bʌ-, AM bə'feɪ] **I.** *n* ❶ (*food*) Büfett *nt;* **cold ~** kaltes Büfett ❷ BRIT (*restaurant*) [Bahnhofs]imbiss *m* **II.** *n modifier* (*dinner, meal, supper*) mit Büfett

buf·fet² ['bʌfɪt] *vt usu passive* ■ **to ~ sth** etw [heftig] hin und her bewegen

'buf·fet car *n esp* BRIT ≈ Speisewagen *m*

buf·foon [bə'fuːn] *n* Clown *m,* Kasper *m;* **to play the ~** den Clown spielen

buf·foon·ery [bə'fuːnᵊri] *n no pl* Herumgealbere *nt*

bug [bʌg] **I.** *n* ❶ (*insect*) ■ **~s** *pl* Ungeziefer *nt kein pl;* (*true bug*) Wanze *f;* **bed ~** Bettwanze *f* ❷ (*fam*) MED Bazillus *m;* **to have a ~** einen Bazillus haben ❸ COMPUT (*fault*) Bug *m fachspr,* Fehler *m* ❹ (*listening device*) Wanze *f;* **to plant** [*or* **install**] **a ~** eine Wanze installieren ❺ (*fam: enthusiasm*) Fieber *nt;* **to be bitten by** [*or* **to catch**] [*or* **to get**] **the sailing/Internet-surfing ~** vom Segel-/Internetfieber gepackt werden

II. *vt* <-gg-> ❶ (*install bugs*) ■**to ~ sth** etw verwanzen; **to ~ a telephone** ein Telefon abhören ❷ (*eavesdrop on*) ■**to ~ sth** *conversation* etw abhören ❸ (*fam: annoy*) ■**to ~ sb [about sth]** jdm [mit etw *dat*] auf die Nerven gehen; **stop ~ging me!** hör auf zu nerven! *fam* ❹ (*fam: worry*) ■**to ~ sb** jdm Sorgen bereiten

'bug·bear *n* Schreckgespenst *nt* **bug-'eyed** *adj inv* mit hervorquellenden Augen; ■**to be ~** hervorquellende Augen haben; **to go ~** Glupschaugen [*o* Stielaugen] bekommen **bug 'eyes** *npl* Glupschaugen *ntpl,* Stielaugen *ntpl*

bug·ger ['bʌgəʳ, AM -ɚ] **I.** *n* ❶ BRIT, AUS (*vulg: contemptible person*) Scheißkerl *m derb,* Arschloch *nt derb* ❷ BRIT, AUS (*vulg: pitied person*) armes Schwein *fam* ❸ BRIT, AUS (*vulg: annoying thing*) Scheißding *nt pej derb* ❹ (*pej vulg: practising anal intercourse*) Arschficker *m vulg* ❺ (*lucky*) **you lucky ~!** du hast vielleicht ein Schwein! *sl* ▶ PHRASES: **it's got ~ all to do with you!** BRIT, AUS (*sl*) das geht dich einen Dreck an! *derb;* **he knows ~ all about computers** BRIT, AUS (*sl*) er hat keinen blassen Schimmer von Computern *fam* **II.** *interj esp* BRIT, AUS (*vulg*) **~!** Scheiße! *derb;* **~ it!** Scheiß drauf! *derb,* zum Teufel damit! *fam;* **~ me!** [ach] du meine Fresse! *sl* **III.** *vt* ❶ BRIT, AUS (*sl: cause serious damage*) ■**to ~ sth/sb** etw/jdn ruinieren ❷ LAW (*have anal intercourse*) ■**to ~ sb** mit jdm Analverkehr haben ❸ (*vulg: have anal intercourse*) ■**to ~ sb** jdn in den Arsch ficken *vulg*

◆**bugger about, bugger around I.** *vi* BRIT, AUS (*sl*) herumkaspern; **to ~ about [*or* around] with the radio/stereo player** am Radio/an der Stereoanlage herumfummeln *fam* **II.** *vt* BRIT, AUS (*sl*) ■**to ~ sb about [*or* around]** jdn verarschen *derb*

◆**bugger off** *vi* (*sl*) abhauen *fam;* **~ off!** hau ab! *fam*

◆**bugger up** *vt* (*sl*) ■**to ~ up** ↻ **sth** etw versauen *sl;* **he's ~ed up the computer** er hat den Computer geschrottet *sl;* **to ~ up one's chances** sich *dat* die Chancen vermasseln *fam*

bug·gered ['bʌgəd] *adj pred* BRIT, AUS (*vulg*) am Arsch *derb;* (*exhausted also*) fix und fertig *fam;* **I'll be ~ if I'll say sorry to her** ich werde einen Teufel tun und mich bei ihr entschuldigen *fam*

bug·gery ['bʌgᵊri] *n no pl* ❶ LAW Analverkehr *m;* (*bestiality*) Sodomie *f* ❷ (*vulg*) Arschfickerei *f vulg*

bug·ging ['bʌgɪŋ] *n no pl* Verwanzen *nt;* **the ~ of a telephone** das Einbauen von Wanzen in ein Telefon

'bug·ging de·vice *n* Wanze *f,* Abhörgerät *nt;* **to plant [*or* install] a ~** eine Wanze installieren

bug·gy¹ ['bʌgi] *n* ❶ BRIT (*pushchair*) Buggy *m* ❷ AM (*pram*) Kinderwagen *m* ❸ (*small vehicle*) Buggy *m* ❹ (*carriage*) Kutsche *f;* **horse-drawn ~** Pferdekutsche *f*

bug·gy² ['bʌgi] *adj* ❶ (*infested with bugs*) verlaust ❷ COMPUT fehlerhaft ❸ AM (*insane*) gestört, verrückt

bu·gle ['bju:gḷ] *n* Horn *nt*

'bu·gle boy *n* Hornist *m* **'bu·gle call** *n* Hornsignal *nt;* **to give [*or* sound] a ~** ein Hornsignal blasen

bu·gler ['bju:gləʳ, AM -glɚ] *n* Hornist(in) *m(f)*

build [bɪld] **I.** *n no pl* Körperbau *m,* Figur *f* **II.** *vt* <built, built> ❶ (*construct*) ■**to ~ sth** etw bauen; **the church is built of [*or* out of] [*or* from] brick** die Kirche ist aus Backstein; **to ~ a [bon]fire** ein [Freuden]feuer machen; **to ~ a memorial [*or* monument]** ein Denkmal errichten; **to ~ a nest** ein Nest bauen; **to ~ an office block** ein Bürogebäude errichten; **to ~ a wall** eine Wand ziehen ❷ (*fig*) ■**to ~ sth** etw aufbauen; **to ~ a more democratic society/a new career** eine demokratischere Gesellschaft/eine neue Laufbahn aufbauen; **to ~ a better future [for sb]** [jdm [*o* für jdn]] eine bessere Zukunft schaffen; **to ~ one's vocabulary** sein Vokabular ausbauen ▶ PHRASES: **Rome wasn't built in a day** (*prov*) Rom wurde nicht an einem Tag erbaut *prov* **III.** *vi* <built, built> ❶ (*construct*) bauen ❷ (*increase*) zunehmen, wachsen; *tension* steigen

◆**build in** *vt* ■**to ~ in** ↻ **sth** ❶ ARCHIT etw einbauen; **the wardrobes in the bedrooms are all built in** alle Schränke in den Schlafzimmern sind Einbauschränke ❷ (*incorporate*) *safeguards* etw einbauen

◆**build into** *vt* ■**to ~ sth into sth** ❶ ARCHIT etw in etw *akk* einbauen; **the hotel had been built into the rock** das Hotel wurde in den Felsen hineingebaut ❷ (*incorporate*) etw in etw *akk* integrieren

◆**build on I.** *vi* ❶ (*take advantage of*) ■**to ~ on sth** auf etw *akk* bauen [*o* setzen]; **to ~ on one's reputation** auf seinen Ruf setzen ❷ (*add extension*) ■**to ~ on** ↻ **sth** etw anbauen **II.** *vt* ❶ ARCHIT **to ~ sth on rock/solid foundations** etw auf Fels/soliden Grundfesten errichten ❷ (*base*) ■**to be built on sth** auf etw *akk* basieren

◆**build up I.** *vt* ❶ (*strengthen*) ■**to ~ up** ↻ **sth/sb** etw/jdn aufbauen; **to ~ up one's body** Krafttraining machen; **to ~ up muscles** Muskeln aufbauen ❷ (*develop*) ■**to ~ up** ↻ **sth/sb** etw/jdn aufbauen; **police have built up a profile of the serial killer** die Polizei hat ein Profil des Serienmörders erstellt; **to ~ up a business/library** eine Firma/Bibliothek aufbauen; **to ~ up one's lead** seinen Vorsprung ausbauen; **to ~ up speed** die Geschwindigkeit erhöhen ❸ (*hype*) **to ~ sth up into a crisis** etw zu einer Krise hochspielen; **to ~ up a sportsman/team** einen Sportler/eine Mannschaft hochjubeln **II.** *vi* (*increase*) zunehmen; *traffic* sich *akk* verdichten; *backlog* größer werden; *pressure* sich *akk* erhöhen

build·er ['bɪldəʳ, AM -ɚ] *n* (*worker*) Bauarbeiter(in) *m(f);* (*contractor*) Bauherr(in) *m(f)*

build·ing ['bɪldɪŋ] *n* Gebäude *nt,* Bau *m*

'build·ing block *n* ❶ (*element*) Baustein *m* ❷ (*child's toy*) Bauklotz *m* **'build·ing code** *n* Bauvorschrift[en] *f[pl]* **'build·ing con·trac·tor** *n* Bauunternehmer(in) *m(f)* **'build·ing ma·terial** *n* Baumaterial[ien] *nt[pl]*, Baustoffe *mpl* **'build·ing per·mit** *n* Baugenehmigung *f* **'build·ing site** *n* Baustelle *f,* Baugelände *nt;* **the ~ is off-limits** der Zutritt zur Baustelle ist verboten **'build·ing so·ci·ety** *n* BRIT, AUS Bausparkasse *f* **'build·ing super·in·ten·dent** *n* Hausverwalter(in) *m(f)* **'build·ing trade** *n no pl* Baugewerbe *nt*

'build-up *n* ❶ (*increase*) Zunahme *f;* **~ of pressure** Druckanstieg *m;* **~ of traffic** Verkehrsverdichtung *f;* **~ of troops** Truppenaufmarsch *m,* Truppenmassierung *f geh* ❷ (*hype*) Werbung *f* ❸ (*preparations*) Vorbereitung *f*

built [bɪlt] **I.** *pp, pt of* **build II.** *adj inv* gebaut; **heavily/well ~** kräftig/gut gebaut; **slightly ~** zierlich

built-in ['bɪltɪn] *adj inv* ❶ (*attached*) eingebaut, Einbau-; **~ cupboard** Einbauschrank *m;* **~ wardrobe** Einbaukleiderschrank *m* ❷ (*integrated*) integriert, eingebaut; **~ homing device** MIL integriertes Zielfluggerät ❸ (*inherent*) eingebaut

built-up ['bɪltʌp] *adj* ❶ (*having many buildings*) *area* verbaut ❷ (*raised*) erhöht; **~ heels/shoes** erhöhte Absätze/Schuhe

bulb [bʌlb] *n* ❶ BOT Zwiebel *f,* Knolle *f,* Bulbus *m fachspr* ❷ (*round part*) *of a bow* Wulst *m o f; of a breast pump, test tube* Kolben *m; of a dropper, horn* Ballon *m; of a thermometer* Kugel *f* ❸ ELEC Glühlampe *f,* [Glüh]birne *f fam; see also* **light bulb** ❹ ANAT knollenförmiges Organ, Bulbus *m fachspr*

bulb·ous ['bʌlbəs] *adj* knollig, Knollen-; **~ nose** Knollennase *f;* **~ plant** Knollenpflanze *f*

Bul·garia [bʌl'geəriə, AM -'geri-] *n* Bulgarien *nt*

Bul·gar·ian [bʌl'geəriən, AM -'geri-] **I.** *adj* bulgarisch **II.** *n* ❶ (*person*) Bulgare, -in *m, f* ❷ (*language*) Bulgarisch *nt*

bulge [bʌldʒ] **I.** *n* ❶ (*protrusion*) Wölbung *f,* Rundung *f;* (*in driveway, road*) Unebenheit *f;* (*in metal, pipe*) Ausbeulung *f,* Beule *f;* (*in tyre*) Wulst *m;* ARCHIT Wulst *m,* Ausbauchung *f,* Vorsprung *m;* MIL [Front]ausbuchtung *f;* NAUT Kielraum *m,* Bilge *f fachspr* ❷ (*increase*) Anschwellen *nt,* Zunahme *f;* STOCKEX [plötzlicher] [Kurs]anstieg ▶ PHRASES: **the battle of the ~** (*hum*) der Kampf gegen die Pfunde; **the Battle of the B~** MIL die Ardennenschlacht **II.** *vi* ❶ (*swell*) sich runden [*o* wölben]; *eyes* hervortreten, hervorquellen; **he chewed the toffee, his cheeks bulging** er kaute das Karamellbonbon mit vollen Backen; **her eyes ~d in surprise** vor Überraschung fielen ihr die Augen fast aus dem Kopf *fam* ❷ (*be full*) ■**to be bulging with sth** *bag, briefcase, wallet* prall mit etw *dat* gefüllt sein, mit etw *dat* voll gestopft sein ❸ (*protrude*) ■**to ~ over sth** über etw *akk* hängen ▶PHRASES: **to be bulging at the seams** (*fam*) aus allen Nähten platzen *fam,* brechend voll sein *fam*

◆**bulge out** *vi* sich wölben; *eyes* hervorquellen

bulg·ing [ˈbʌldʒɪŋ] *adj attr* ❶ (*full*) *container* zum Bersten voll; *stomach, wallet* prall gefüllt ❷ (*protruding*) *eyes* hervorquellend

bul·gur [ˈbʌlgəʳ, AM -gɚ] *n,* **bul·gur ˈwheat** *n no pl* Bulgur *m,* Weizengrütze *f*

bu·limia [bʊˈlɪmiə, AM bjuːˈ-, buː-] *n,* **bu·limia ner·vo·sa** [bʊˌlɪmiənɜːˈvəʊsə, AM bjuːˌlɪmiənɜːrˈvoʊsə] *n no pl* Bulimie *f*

bu·lim·ic [bʊˈlɪmɪk, AM bjuːˈliː-, -lɪ-] **I.** *adj* bulimisch **II.** *n* Bulimiker(in) *m(f)*

bulk [bʌlk] **I.** *n* ❶ *no pl* (*mass*) Masse *f;* **to be of tremendous ~** sehr massig sein ❷ (*size*) Ausmaß *nt; of a book, work* Umfang; *of a problem* Größe *f* ❸ (*quantity*) **in ~** in großen Mengen; ECON en gros ❹ (*large body*) massiger Körper ❺ *no pl* (*largest part*) Großteil *m,* größter Teil; **the ~ of the spectators/visitors** die große Masse der Zuschauer/Besucher; **the ~ of the work** die meiste Arbeit ❻ *no pl* (*in port*) **to break ~** Stückgut aufteilen; NAUT mit dem Löschen der Ladung beginnen **II.** *n modifier* (*coffee, paper*) in großen Mengen; ECON en gros; **~ goods** Massengüter *ntpl;* ECON Schüttgut *nt kein pl;* **~ haulage** Massengutverkehr *m;* **~ order** Großauftrag *m;* **~ store** AM Großhändler *m,* Grossist *m* **III.** *vi* (*liter*) **to ~ large** einen großen Raum einnehmen; **to ~ large in sb's thoughts** [*or* **on sb's mind**] eine große Rolle in jds Denken *nt* spielen

◆**bulk out** *vt* ■**to ~ sb out** jdn fülliger machen; ■**to ~ sth out** etw voluminöser machen; *food* etw strecken

ˈbulk-buy *vi* in großen Mengen [*o* en gros] [ein]kaufen **bulk ˈbuy·ing** *n no pl* Großeinkauf *m,* Einkauf *m* en gros

bulked-up [bʌlktˈʌp] *adj* gestärkt **ˈbulk·head** *n* MECH Trennwand *f;* AEROSP, AVIAT [Brand]schott *nt;* NAUT Schott *nt* **bulk·head ˈseat** *n* AVIAT Trennwandsitz *m,* Bulkheadsitz *m fachspr*

bulky [ˈbʌlki] *adj* ❶ (*person*) massig, unförmig ❷ (*unwieldy*) *goods, luggage* sperrig

bull [bʊl] **I.** *n* ❶ (*male bovine*) Stier *m,* Bulle *m* ❷ (*male elephant, walrus*) Bulle *m* ❸ (*fig: strong man*) Bulle *m fam;* **a ~ of a man** ein Bulle *m* von Mann ❹ *no pl* ASTROL Stier *m* ❺ *no pl* (*fam: nonsense*) Quatsch *m fam,* Blödsinn *m fam,* Quark *m sl;* **that's a bunch of ~** das ist doch alles Quatsch *fam* ❻ STOCKEX Haussier *m,* [Hausse]spekulant(in) *m(f)* ❼ *no pl* BRIT (*centre of target*) **to hit the ~** (*a. fig*) ins Schwarze treffen, einen Volltreffer landen; *see also* **bull's eye 1** ▶PHRASES: **like a ~ in a china shop** wie ein Elefant im Porzellanladen; **like a ~ at a gate** wie ein wild gewordener Stier [*o* ein Wilder]; **to take the ~ by the horns** den Stier bei den Hörnern packen; **to be [like] a red rag to a ~** [wie] ein rotes Tuch sein **II.** *n modifier* (*elephant, moose, whale*) -bulle *m;* **~ calf** Bullenkalb *nt,* Stierkalb *nt* **III.** *vi* sich *dat* rücksichtslos seinen Weg bahnen; **he ~ed through the crowd** er drängte sich rücksichtslos durch die Menge

ˈbull·dog *n* Bulldogge *f;* (*fig*) zäher Bursche *fam*

ˈbull·dog clip *n* BRIT, AUS Flügelklammer *f* [mit Feder] [*o* Halteklammer]; MED Verbandsklammer *f*

bull·doze [ˈbʊldəʊz, AM -doʊz] *vt* ❶ ■**to ~ sth** [**flat**] (*level off*) etw einebnen [*o* planieren]; (*clear*) etw räumen; (*tear down*) etw abreißen ❷ (*fig: force*) ■**to ~ sb into doing sth** jdn so einschüchtern, dass er etw tut; **to ~ sth through a committee/parliament** etw in einem Ausschuss/im Parlament durchboxen *fam*

bull·doz·er [ˈbʊldəʊzəʳ, AM -doʊzɚ] **I.** *n* Bulldozer *m,* Planierraupe *f* **II.** *n modifier* (*methods, tactics*) Einschüchterungs-; **~ type** Gewaltmensch *m,* brutaler Kerl *fam*

bul·let [ˈbʊlɪt] **I.** *n* ❶ MIL Kugel *f;* **to fire a ~** einen Schuss abfeuern; **to fire ~s** schießen, feuern; **to run like a ~** blitzschnell rennen ❷ TYPO großer Punkt, Spiegelstrich *m* ▶PHRASES: **to bite the ~** in den sauren Apfel beißen, die Kröte [*o* bittere Pille] schlucken; **to give sb the ~** jdn feuern *fam* **II.** *n modifier* (*wound*) Schuss-; **~ hole** Einschussloch *nt;* **~ shot** Pistolenschuss *m,* Gewehrschuss *m*

bul·let-ˈhead·ed *adj* ❶ (*having a round head*) rundköpfig; ■**to be ~** einen runden Kopf haben ❷ (*pej: stubborn*) dickköpfig *pej*

bul·letin [ˈbʊlətɪn, AM -ətɪn] *n* ❶ (*public notice*) Bulletin *nt,* Verlautbarung *f;* (*update*) [kurzer] Lagebericht, Meldung *f;* [**news**] **~** MEDIA [Kurz]nachrichten *fpl* ❷ (*newsletter*) Mitteilungsblatt *nt,* Rundschreiben *nt;* **church ~** Gemeindebrief *m*

ˈbul·letin board *n* ❶ AM (*notice board*) schwarzes Brett, Anzeigenbrett *nt,* Anschlagtafel *f* ❷ COMPUT schwarzes Brett, [elektronisches] Anzeigenbrett, Mailbox *f*

ˈbul·let·proof **I.** *adj* kugelsicher, schusssicher **II.** *vt* ■**to ~ sth** etw kugelsicher machen **bul·let·proof ˈvest** *n* kugelsichere Weste **ˈbul·let train** *n* (*fam*) Superexpress *m,* [japanischer] Hochgeschwindigkeitszug

ˈbull·fight *n* Stierkampf *m* **ˈbull·fight·er** *n* Stierkämpfer(in) *m(f)* **ˈbull·fight·ing** *n no pl* Stierkampf *m* **ˈbull·finch** *n* ❶ (*bird*) Dompfaff *m,* Gimpel *m* ❷ BRIT (*obstacle*) hohe Hecke, Bullfinch *m fachspr* **ˈbull·frog** *n* Ochsenfrosch *m* **bull·ˈhead·ed** *adj* (*pej*) dickköpfig *pej fam,* eigensinnig *pej* **ˈbull·horn** *n* AM Megafon *nt*

bul·lion [ˈbʊliən, AM *and Brit also* -jən] *n no pl* ungemünztes Edelmetall, Gold-/Silberbarren *mpl;* **gold/silver ~** Gold-/Silberbarren *mpl*

bull·ish [ˈbʊlɪʃ] *adj* ❶ (*aggressive*) draufgängerisch, ungestüm ❷ (*obstinate*) dickköpfig, eigensinnig ❸ ECON steigend *attr;* STOCKEX haussierend *attr;* (*fig*) optimistisch

ˈbull market *n* STOCKEX [Börsen]hausse *f,* Markt *m* mit steigenden Kursen **ˈbull-neck** *n* Stiernacken *m* **ˈbull-necked** [-nekt] *adj* stiernackig

bull·ock [ˈbʊlək] **I.** *n* Ochse *m* **II.** *vi* AUS, NZ (*fam*) sich *akk* abrackern [*o* schinden] *fam*

ˈbull·ring *n* Stierkampfarena *f*

bull·rush [ˈbʊlrʌʃ] *n see* **bulrush**

ˈbull's eye **I.** *n* ❶ (*target centre*) Zentrum *nt* der Zielscheibe; (*in darts*) Bull's eye *nt;* **to hit the** [*or* **get a**] **~** (*a. fig*) ins Schwarze treffen *a. fig,* einen Volltreffer landen *a. fig* ❷ (*shot*) Volltreffer *m* ❸ (*circular pane*) Butzenscheibe *f;* NAUT Bullauge *nt* ❹ FOOD [großes, rundes] Pfefferminzbonbon **II.** *interj* (*fig*) völlig richtig!

ˈbull·shit (*fam!*) **I.** *n no pl* Schwachsinn *m fam,* Blödsinn *m fam,* Quatsch *m fam;* **don't give me that ~** komm mir nicht mit so 'nem Scheiß *sl;* **a load** [*or* **bunch**] **of ~** völliger Quatsch *fam,* kompletter Schwachsinn *fam* **II.** *interj* **~!** [so ein] Blödsinn! *fam,* Quatsch [mit Soße]! *fam* **III.** *adj excuse* windige(r, s) *pej fam* **IV.** *vt* <-tt-> ❶ (*deceive*) ■**to ~ sb** jdn verscheißern [*o* verarschen] *sl* ❷ (*convince*) ■**to ~ sb into doing sth** jdn dazu bequatschen, etw zu tun *pej fam* ❸ (*make excuses*) **to ~ one's way out of doing sth** sich *akk* mit windigen Ausreden vor etw *dat* drücken **V.** *vi* <-tt-> Quatsch reden *fam,* Scheiß erzählen *sl* **ˈbull·shit·ter** *n* (*pej fam!*) Großmaul *nt pej fam,* Schwätzer *m pej fam* **ˈbull·ter·ri·er** *n* Bullterrier *m*

bul·ly [ˈbʊli] **I.** *n* ❶ (*in school*) Rüpel *m,* Rabauke *m fam;* (*intimidator*) brutaler [*o* gemeiner] Kerl, Schläger *m fam;* **you're just a big ~** du bist ein ganz gemeiner Kerl; **the class ~** der Schlimmste [*o* größte Rabauke] in der Klasse ❷ FOOD Cornedbeef *nt,* Rinderpökelfleisch *nt* **II.** *vt* <-ie-> ■**to ~ sb** jdn tyrannisieren [*o* drangsalieren]; ■**to ~ sb into doing sth** jdn so weit einschüchtern, dass er etw tut **III.** *adj* ▶PHRASES: **~ for you** (*hum, a. iron fam*) gratuliere! *hum, a. iron,* na prima! *hum, a. iron fam;* **~ for him/her** (*hum, a. iron fam*) echt toll, wie er/

sie das macht *hum, a. iron* **IV.** *interj* AM (*fam*) prima! *fam,* klasse! *fam,* gut gemacht!

'bul·ly beef *n no pl* Cornedbeef *nt,* Rinderpökelfleisch *nt* **'bul·ly boy** *n* (*dated fam*) Gorilla *m pej fam,* [angeheuerter] Schläger *fam* **bul·ly 'pul·pit** *n* AM [Macht]tribüne *f,* Einflusssphäre *f*

bul·rush <*pl* -es> ['bʊlrʌʃ] *n* [große] Binse

bul·wark ['bʊlwək, AM -wərk] *n* ❶ (*protective wall*) Bollwerk *nt;* (*in port*) Hafendamm *m* ❷ (*fig*) Wall *m,* Bollwerk *nt,* Schutz *m* (**against** vor +*dat*) ❸ NAUT ■ **~s** *pl* Schiffswand *f,* Schanzkleid *nt kein pl fachspr*

bum [bʌm] **I.** *n* ❶ (*pej: good-for-nothing*) Penner *m pej sl,* Arschloch *nt pej vulg* ❷ AM (*tramp*) Landstreicher *m,* Tippelbruder *m meist hum,* Penner *m pej sl* ❸ *esp* BRIT, AUS (*fam: bottom*) Hintern *m fam;* **to give sb a kick up the ~** jdn in den Hintern treten *fam* ❹ (*avid practitioner*) **ski/tennis ~** Ski-/Tennisfreak *m* ▶ PHRASES: **to get the ~'s rush** AM (*fam*) rausgeschmissen werden *fam;* **to give sb the ~'s rush** AM (*fam*) jdn rausschmeißen *fam;* **to be on the ~** AM (*sl: broken*) kaputt [*o derb* im Arsch] sein; (*sl: be a vagrant*) ein Penner sein *sl* **II.** *adj attr, inv* (*pej fam*) ❶ (*inadequate*) miserabel, mies *fam,* Scheiß- *derb;* (*not working*) *fuse, plug* defekt; **to do a ~ job of doing sth** etw völlig vermasseln *fam;* **~ steer** AM, AUS Irreführung *f,* Verschaukelung *f fam,* Verarschung *derb;* **to give sb a ~ steer** jdn irreführen [*o fam* verschaukeln] [*o derb* verarschen] ❷ (*unpleasant*) bescheuert *fam,* beschissen *sl* ❸ (*unfair*) mies *fam;* **~ rap** AM (*unfair punishment*) ungerechte Strafe; (*false criminal charge*) zu Unrecht erhobene Anklage; (*unfair treatment*) ungerechte Behandlung; **the book review was a ~ rap** der Verriss des Buches war ungerechtfertigt; **to get the ~ rap** AM der/die Gelackmeierte sein *fam,* die Arschkarte kriegen *derb;* **to give sb a ~ rap** jdn ungerecht behandeln ❹ (*unhealthy*) **~ knee/leg** schlimmes [*o fam* kaputtes] Knie/Bein **III.** *vt* <-mm-> (*fam*) ■ **to ~ sth off sb** etw von jdm schnorren *fam*

◆**bum about** *vi,* **bum around** *vi* (*fam*) ❶ (*do nothing*) herumgammeln *fam,* herumlungern *fam;* **to ~ around the house/town/the university** zu Hause/in der Stadt/an der Universität herumhängen *fam* ❷ (*travel*) **to ~ around Europe** [kreuz und quer] durch Europa ziehen [*o* trampen]

◆**bum out** *vt* AM (*fam*) ■ **to ~ sb out** jdm die Stimmung vermiesen *fam;* ■ **to be ~med out** (*depressed*) [völlig] am Boden zerstört sein *fam;* (*angry*) stinksauer [*o fam* angefressen] sein; **to get ~med out** (*depressed*) depressiv werden; (*angry*) stinksauer werden *fam*

'bum·bag *n* BRIT, AUS Gürteltasche *f*

bum·ble ['bʌmbḷ] *vi* ❶ (*fam: go awkwardly*) torkeln, dahinstolpern ❷ (*fig fam: muddle through*) ■ **to ~ through sth** sich *akk* durch etw *akk* wursteln *fam* ❸ AM (*fam: make mistake*) sich *akk* irren ❹ (*mumble*) stockend reden, stammeln; **to ~ through a speech** stockend eine Rede halten ❺ (*buzz*) *bees* summen

◆**bumble around** *vt* BRIT (*fam*) ■ **to ~ around a place** irgendwo herumfuhrwerken [*o* herumwursteln] *fam*

◆**bumble up** *vt* AM ■ **to ~ up** ↻ **sth** *deal, project* etw vermasseln [*o* verbocken] *fam*

bum·ble·bee ['bʌmblbiː] *n* Hummel *f*

bum·bling ['bʌmblɪŋ] *adj attr* ❶ (*confused*) schusselig *fam,* zerstreut ❷ (*clumsy*) tollpatschig; **~ idiot** ausgemachter Volltrottel *fam;* **~ incompetence** Stümperhaftigkeit *f fam*

bumf [bʌm(p)f] *n no pl esp* BRIT, AUS (*fam*) ❶ (*printed matter*) Papierkram *m fam* ❷ (*paperwork*) [leidiger] Papierkram *fam*

bummed *adj* (*fam*) angefressen *fig fam;* ■ **to be ~ that ...** angefressen sein, dass ... *fig fam*

bum·mer ['bʌməʳ, AM -ɚ] (*fam*) **I.** *n* Mist *m fam;* ■ **to be a ~** saublöd sein *sl;* **what a ~!** so ein Mist! *fam* **II.** *interj* verdammt *fam,* Mist *fam,* Scheiße *derb*

bump [bʌmp] **I.** *n* ❶ (*on head*) Beule *f;* (*in road*) Unebenheit *f,* [kleine] Erhebung, Hubbel *m fam;* **speed ~** Bodenschwelle *f* (*zur Verkehrsberuhigung*) ❷ AVIAT [Wind]bö *f,* [Steig]bö *f* ❸ AM (*fam: in price*) Erhöhung *f;* (*in salary*) Erhöhung *f,* Aufbesserung *f;* (*promotion*) Beförderung *f;* **he got a ~ to manager** er wurde zum Geschäftsführer befördert ❹ (*fam: light blow*) leichter Schlag [*o* Stoß]; AUTO [leichter] Zusammenstoß [mit Blechschaden]; **to get a ~ on one's head** sich *dat* den Kopf anschlagen ❺ (*thud*) dumpfer Schlag, Bums *m fam,* Rumsen *nt;* **to go ~** rumsen *fam,* poltern ❻ BRIT (*hum: pregnant belly*) dicker Bauch *hum* ❼ BRIT (*fam*) **to give sb the ~s** *jdn an Armen und Beinen festhalten und dann mehrmals hintereinander hochwerfen* **II.** *vt* ❶ **to ~ a vehicle** mit einem Fahrzeug zusammenstoßen, ein Fahrzeug anfahren; ■ **to ~ oneself** sich *akk* [an]stoßen ❷ AM (*replace*) ■ **to ~ sb** jdn abservieren *fam* ❸ *usu passive* AM (*fam*) AVIAT **to get ~ed from a flight** von der Passagierliste gestrichen werden, aus einem Flug ausgebucht werden **III.** *vi* ■ **to ~ along** (*vehicle*) dahinrumpeln; (*passenger*) durchgeschüttelt werden, eine unruhige Fahrt haben; (*air passenger*) einen unruhigen Flug haben; **to ~ along a road/track** eine Straße/die Schienen entlangrumpeln [*o* entlangholpern] *fam*

◆**bump into** *vi* ■ **to ~ into sb** ❶ (*knock against*) mit jdm zusammenstoßen; ■ **to ~ into sth** gegen etw *akk* stoßen ❷ (*fig: meet by chance*) jdm [zufällig] in die Arme laufen

◆**bump off** *vt* (*sl*) ■ **to ~ sb** ↻ **off** jdn umlegen *fam,* jdn um die Ecke bringen *fam*

◆**bump up I.** *vt* (*fam*) ■ **to ~ sth** ↻ **up** etw erhöhen [*o* anheben]; **to ~ up prices/taxes** die Preise/Steuern erhöhen; **to ~ up productivity** die Produktivität steigern **II.** *vi* AM ■ **to ~ up against sb** jdn zufällig treffen

bump·er ['bʌmpəʳ, AM -ɚ] *n* Stoßstange *f;* **back/front ~** vordere/hintere Stoßstange

'bump·er car *n* [Auto]skooter *m;* **to drive ~s** Autoskooter fahren **bump·er 'crop** *n* Rekordernte *f* **'bump·er stick·er** *n* Autoaufkleber *m*

bumph [bʌm(p)f] *n no pl see* **bumf**

bump·kin ['bʌmpkɪn] *n* (*pej fam*) Hinterwäldler(in) *m(f) pej;* **country ~** (*man*) Bauerntölpel *m pej;* (*woman*) Landpomeranze *f hum, a. pej fam*

bump 'start I. *n* AUTO Anschieben *nt;* **to give sb a ~** jds Auto *nt* anschieben **II.** *vt* **to ~ a car** ein Auto anschieben

bump·tious ['bʌmpʃəs] *adj* (*pej*) überheblich, aufgeblasen, wichtigtuerisch

bump·tious·ness ['bʌmpʃəsnəs] *n no pl* Überheblichkeit *f,* Aufgeblasenheit *f,* Wichtigtuerei *f*

bumpy ['bʌmpi] *adj* ❶ (*uneven*) uneben, holp[e]rig ❷ (*jarring*) unruhig; **~ air** böiger Wind; **~ flight** unruhiger Flug; **~ ride** (*in a car*) unruhige Fahrt; (*on a boat*) stürmische Überfahrt ❸ (*fig*) bewegt, mit Höhen und Tiefen; **a ~ career** eine Karriere mit manchen Rückschlägen

bum 'rap *n* **to take a ~** *esp* AM (*unfair criticism*) unfairer Kritik ausgesetzt sein

bun [bʌn] *n* ❶ (*pastry*) [rundes] Gebäckstück [*o* Teilchen]; **currant ~** Rosinenbrötchen *nt* ❷ *esp* AM (*bread roll*) Brötchen *nt,* Semmel *f* BES. SÜDD, Weck[en] *m* SÜDD, Weggli *nt* SCHWEIZ ❸ (*hair style*) [Haar]knoten *m,* Dutt *m* NORDD; **she wears her hair in a ~** sie trägt einen Knoten ❹ *esp* AM, AUS (*fam: buttocks*) ■ **~s** *pl* Po *m kein pl fam,* Hintern *m kein pl fam* ▶ PHRASES: **she has a ~ in the oven** (*usu hum fam*) sie kriegt ein Kind *fam*

bunch <*pl* -es> [bʌn(t)ʃ] **I.** *n* ❶ (*group*) *of bananas* Büschel *m;* *of carrots, parsley, radishes* Bund *m;* *of files, measures, newspapers* Bündel *nt;* *of flowers* Strauß *m;* **~ of grapes** Weintraube *f;* **~ of keys** Schlüsselbund *m* ❷ (*fam: group*) *of people* Gruppe *f,* Haufen *m fam;* **a ~ of idiots** ein Haufen *m* [von] Idioten; **~ of thieves** Diebespack *nt* ❸ *esp* AM (*fam: lot*) Menge *f,* Haufen *m fam;* **thanks a ~!** tausend Dank!; **a whole ~ of problems** jede Menge Probleme ❹ (*wad*) **in a ~** *cloth* aufgebauscht, bauschig ❺ *pl* BRIT **to wear one's hair in ~es** Zöpfe [*o fam* Rattenschwänzchen] tragen ▶ PHRASES: **to be the**

best [*or* **pick**] **of the** ~ der/die/das Beste von allen sein; **to be the best of a bad** ~ (*person*) noch der/die Beste von allen sein; (*thing*) noch das Beste von allem sein; **to give sb a** ~ **of fives** BRIT (*hum sl*) jdm eine [mit der Faust] reinhauen *sl* **II.** *vt* ❶ (*put in bunches*) **to** ~ **carrots/parsley/radishes** Karotten/Petersilie/Radieschen bündeln ❷ (*flex*) **to** ~ **one's muscles** seine Muskeln spielen lassen **III.** *vi* sich bauschen

◆**bunch together I.** *vi people, animals* sich *akk* zusammendrängen, ein [dicht gedrängtes] Häufchen bilden; *cloth* sich bauschen **II.** *vt* ■**to** ~ **sth together** etw zu einem Bündel zusammenfassen

◆**bunch up I.** *vt* ■**to** ~ **up** ⟲ **sth** etw zusammenknüllen; *cloth* etw [zusammen]raffen **II.** *vi people, animals* sich *akk* [zusammen]drängen; *cloth* sich bauschen

bun·dle [ˈbʌndl] **I.** *n of bank notes, clothes, sticks* Bündel *nt* ►PHRASES: **a** [**precious**] ~ **of joy** (*fam*) ein Wonneproppen *m;* **a** ~ **of laughs** [*or* **fun**] eine Frohnatur, ein Spaßvogel *m;* **a** ~ **of mischief** (*child*) ein [kleiner] Racker [*o* Schlingel] *fam;* **a** ~ **of nerves** ein Nervenbündel; **to go a** ~ **on sth** BRIT (*fam*) auf etw *akk* stehen *fam;* **to make a** ~ [**on sth**] (*fam*) [mit etw *dat*] einen Haufen Geld verdienen *fam* **II.** *vt* ■**to** ~ **sth into sth** etw in etw *akk* hineinquetschen [*o* hineinstopfen] *fam;* ■**to** ~ **sb into sth** jdn irgendwohin verfrachten *fam* **III.** *vi* ■**to** ~ **into sth** ❶ (*cram*) sich *akk* in etw *akk* hineinzwängen [*o fam* hineinquetschen] ❷ (*move quickly*) in etw *akk* eilen; **we** ~**d into the bus** wir sprangen in den Bus

◆**bundle off** *vt* ■**to** ~ **sb off** jdn wegschaffen; **the children were** ~**d off to school** die Kinder wurden in aller Eile zur Schule geschickt

◆**bundle up I.** *vi* sich *akk* warm anziehen [*o fam* einpacken] **II.** *vt* ❶ (*dress warmly*) ■**to** ~ **sb up** jdn warm anziehen [*o fam* einpacken] ❷ (*bunch together*) **to** ~ **up papers/sticks** Papiere/Stöcke bündeln

bung [bʌŋ] **I.** *n* ❶ *esp* BRIT [Flaschen]verschluss *m,* Pfropfen *m,* Stöpsel *m;* (*of cork*) Korken *m;* (*of wood*) Spund *m* ❷ (*underhand payment*) Schmiergeld *nt pej fam* **II.** *vt* ❶ *esp* BRIT (*close*) ■**to** ~ **sth** etw verschließen ❷ *esp* BRIT, AUS (*fam: toss*) ■**to** ~ **sth somewhere** etw irgendwohin schmeißen *fam*

◆**bung up** *vt* ■**to** ~ **up** ⟲ **sth** (*intentionally*) etw zustopfen [*o* verschließen]; (*unintentionally*) etw verstopfen; ■**to be** ~**ed up** *nose* verstopft sein

bun·ga·low [ˈbʌŋgəlәʊ, AM -oʊ] *n* Bungalow *m*

bun·gee [bʌndʒiː] **I.** *n* Gurt *m* **II.** *vi* Bungee springen

ˈ**bun·gee cord** *n* Gurt *m* [mit Haken] ˈ**bun·gee jump·ing** *n no pl* Bungeespringen *nt,* Bungeejumping *nt* ˈ**bun·gee rope** *n* Bungeeseil *nt*

ˈ**bung·hole** *n* Spundloch *nt,* Zapfloch *nt*

bun·gle [ˈbʌŋgl] **I.** *vt* ■**to** ~ **sth** [**up**] etw verpfuschen [*o* vermasseln] *fam* **II.** *vi* pfuschen *fam,* Mist bauen *fam* **III.** *n* Pfusch *m kein pl fam,* Pfuscherei *f fam;* **to make a** ~ **of sth** etw verpfuschen *fam*

bun·gler [ˈbʌŋglәʳ, AM -ɚ] *n* (*pej*) Pfuscher(in) *m(f) pej fam,* Stümper(in) *m(f) pej*

bun·gling [ˈbʌŋglɪŋ] **I.** *n no pl* Stümperei *f,* Pfuscherei *f fam* **II.** *adj attr, inv* ungeschickt; ~ **fool** [*or* **idiot**] ausgemachter Trottel

ˈ**bun·gy jump·ing** *n no pl see* **bungee jumping**

bun·ion [ˈbʌnjәn] *n* Fußballenentzündung *f*

bunk [bʌŋk] **I.** *n* ❶ (*in boat*) Koje *f;* (*in driver's cabin*) Schlafstelle *f,* Schlafkoje *f;* (*in train*) Bett *nt,* Liege *f* ❷ (*part of bed*) **bottom/top** ~ unteres/oberes Bett (*eines Etagenbetts*) ❸ *no pl* (*fam*) völliger Blödsinn *fam* ►PHRASES: **to do a** ~ BRIT, AUS (*fam*) [heimlich] abhauen *fam,* sich *akk* aus dem Staub machen *fam* **II.** *vi* (*fam*) ■**to** ~ [**down**] sich *akk* aufs Ohr legen *fam* [*o sl* hauen]; **to** ~ **together** AM sich *dat* eine Bude teilen *fam,* Zimmergenossen sein (*in einem College*)

◆**bunk off** *vi* BRIT (*sl*) sich *akk* verkrümeln *fam,* verduften *fam;* **to** ~ **off school** die Schule schwänzen *fam*

bunk ˈbed *n* Etagenbett *nt*

bun·ker [ˈbʌŋkәʳ, AM -ɚ] *n* ❶ MIL Bunker *m* ❷ (*in golf*) Bunker *m*

bun·kum [ˈbʌŋkәm] *n no pl* (*fam*) Blödsinn *m fam,* Quatsch *m fam*

bun·ny [ˈbʌni] *n* ❶ (*childspeak*) Häschen *nt* ❷ AM (*fam: waitress*) Bunny *nt* (*leicht bekleidete, mit Hasenohren und Stummelschwänzchen versehene Bedienung*); **Playboy** ~ Playboy-Häschen *nt*

ˈ**bun·ny girl** *n* (*fam*) Bunny *nt* ˈ**bun·ny-hop I.** *vi* <-pp-> *children* hüpfen, hopsen *fam;* (*with bicycle*) mit dem Fahrrad Sprünge vollführen **II.** *vt* <-pp-> ■**to** ~ **sth** etw mit dem Fahrrad überspringen **III.** *n* (*jump*) Hüpfer *m fam,* Hopser *m fam;* (*with bike*) Sprung *m* [mit dem Fahrrad] ˈ**bun·ny rab·bit** *n* (*childspeak*) Häschen *nt*

Bun·sen (**bur·ner**) [ˈbʌn(t)sәn(ˌbɜːnәʳ), AM -sɪn(ˌbɜːrnɚ)] *n* Bunsenbrenner *m*

bunt [bʌnt] **I.** *vi* (*in baseball*) den Ball [leicht] abtropfen lassen *fachspr* **II.** *vt* (*in baseball*) **to** ~ **a ball** einen Ball [leicht] abtropfen lassen *fachspr*

bunt·ing [ˈbʌntɪŋ, AM -t̬ɪŋ] *n no pl* ❶ (*decoration*) Schmücken *nt* mit Fähnchen [*o* Wimpeln]; NAUT Beflaggung *f* ❷ (*material*) Fahnenstoff *m,* Flaggenstoff *m*

buoy [bɔɪ, AM *also* ˈbuːi] **I.** *n* Boje *f* **II.** *vt* ❶ (*float*) ■**to** ~ **sb** [**up**] *water* jdn tragen ❷ (*cause to rise*) **to** ~ **prices** [**up**] Preise in die Höhe treiben ❸ (*encourage*) ■**to** ~ **sb up** jdm Auftrieb geben; **to** ~ **sb's hopes** [**up**] jdm [neue] Hoffnungen machen; **to** ~ **sb's spirits** [**up**] jds Stimmung *f* heben

buoy·an·cy [ˈbɔɪәn(t)si] *n no pl* ❶ (*ability to float*) Schwimmfähigkeit *f* ❷ AVIAT, NAUT Auftrieb *m* ❸ (*fig: vivacity*) Schwung *m,* Elan *m* ❹ ECON steigende Konjunktur; **a** ~ **in the demand for steel** eine lebhafte Nachfrage nach Stahl

buoy·ant [ˈbɔɪәnt] *adj* ❶ (*able to float*) schwimmfähig; **most woods are** ~ die meisten Hölzer schwimmen ❷ (*cheerful*) ■**to be** ~ vergnügt [*o* bester Stimmung] sein; **to be in a** ~ **mood** in Hochstimmung [*o* bester Stimmung] sein ❸ ECON *demand, market* lebhaft; *prices* steigend *attr*

buoy·ant·ly [ˈbɔɪәntli] *adv* heiter, vergnügt

bup·pie [ˈbʌpi] *n* Yuppie *m* schwarzer Hautfarbe

bur *n see* **burr**

burb [bɜːrb] *n* AM (*fam*) *short for* **suburb** Vorort *m,* Vorstadt *f*

Bur·ber·ry® [ˈbɜːbәri, AM ˈbɜːrberi] *n* ❶ (*coat*) Burberrymantel *m* ❷ *no pl* (*cloth*) Burberrymantelstoff *m*

bur·ble [ˈbɜːbḷ, AM ˈbɜːr-] **I.** *vi* ❶ (*of water*) plätschern ❷ (*pej: babble*) plappern *pej fam,* quasseln *pej fam* **II.** *vt* (*pej*) ■**to** ~ **sth** etw brabbeln *fam;* **to** ~ **one's speech** [*or* **words**] nuscheln

◆**burble away** *vi* drauflos plappern; *baby* vor sich *akk* hin brabbeln

◆**burble on** *vi* drauflos [*o* in einem fort] quasseln *fam*

bur·den [ˈbɜːdәn, AM ˈbɜːr-] **I.** *n* ❶ (*load*) Last *f;* **heavy** ~ schwere Last ❷ (*fig: obligation*) Belastung *f,* Last *f,* Bürde *f geh;* ~ **of proof** LAW Beweislast *f;* **to be a heavy** ~ **to bear** sehr belastend [*o* eine schwere Belastung] sein; **to place a** ~ **on sb** jdn einer Belastung aussetzen; ■**to be a** ~ **to sb** für jdn eine Belastung sein ❸ (*form: gist*) *of views* Kern *m; of writings* Hauptthema *nt,* Kernthema *nt; of a song* Refrain *m* ►PHRASES: **the white man's** ~ die Bürde des weißen Mannes **II.** *vt* ❶ (*load*) ■**to** ~ **sb/sth** jdn/etw beladen ❷ (*bother*) ■**to** ~ **sb** jdn belasten

bur·den·some [ˈbɜːdәnsәm, AM ˈbɜːr-] *adj* (*form*) belastend, mühsam, lästig

bu·reau <*pl* -x *or* AM, AUS *usu* -s> [ˈbjʊәrәʊ, AM ˈbjʊroʊ] *n* ❶ (*government department*) Amt *nt,* Behörde *f;* **immigration** ~ Einwanderungsbehörde *f* ❷ *esp* AM (*office*) [Informations]büro *nt,* Agentur *f* ❸ *esp* BRIT (*desk*) Sekretär *m* ❹ AM (*chest of drawers*) Kommode *f*

bu·reau·cra·cy [bjʊәˈrɒkrәsi, AM bjʊˈrɑː-] *n* (*esp pej*) ❶ (*organization*) Bürokratie *f,* Verwaltung *f;* (*officials*) Beamtenschaft *f* *kein pl,* Staatsdiener *mpl* ❷ *no pl* (*paperwork*) Bürokratie *f pej,* Amtsschimmel *m hum, a. pej fam*

bu·reau·crat ['bjʊərə(ʊ)kræt, AM 'bjʊrə-] *n* Bürokrat(in) *m(f);* **faceless ~** anonymer Bürokrat

bu·reau·crat·ic [ˌbjʊərə(ʊ)'krætɪk, AM ˌbjʊrə'kræt̬-] *adj* bürokratisch; **~ hassle** Ärger *m* mit der Bürokratie

bu·reau de change <*pl* bureaux de change> [ˌbjʊərəʊdə'ʃɑ̃nʒ, AM ˌbjʊroʊ-] *n* Wechselstube *f*

bu·reaus *usu* AM, AUS, **bu·reaux** *n pl of* **bureau**

bur·geon ['bɜ:dʒᵊn, AM 'bɜ:r-] *vi* (*form*) gedeihen; *business, industry, plant* expandieren; *economy, plant, trade* blühen, florieren *geh,* boomen *fam; love, plant* sprießen

bur·geon·ing ['bɜ:dʒᵊnɪŋ, AM 'bɜ:r-] *adj attr, inv business, economy, trade* blühend *attr,* florierend *attr geh; industry, population* wachsend; *talent, town* aufstrebend; **~ growth** rasches Wachstum

bur·ger ['bɜ:gəʳ, AM 'bɜ:rgɚ] *n* (*fam*) *short for* **hamburger** [Ham]burger *m;* **bacon ~** Hamburger *m* mit Schinkenspeck; **cheese ~** Cheeseburger *m;* **veg[gi]e ~** vegetarischer Hamburger

burgh·er ['bɜ:gəʳ, AM 'bɜ:rgɚ] *n* (*old or hum*) Bürger(in) *m(f)*

bur·glar ['bɜ:gləʳ, AM 'bɜ:rglɚ] *n* Einbrecher(in) *m(f)*

'bur·glar alarm *n* Alarmanlage *f;* **to set off a ~** eine Alarmanlage auslösen

bur·glar·ize ['bɜrgləraɪz] *vt* AM **to ~ an apartment/a house/an office** in eine Wohnung/ein Haus/ein Büro einbrechen; **they were ~d** bei ihnen wurde eingebrochen

'bur·glar·proof *adj* einbruchsicher

bur·gla·ry ['bɜ:glᵊri, AM 'bɜ:rg-] *n* ❶ (*break-in*) Einbruch *m* ❷ *no pl* (*theft*) Einbruchdiebstahl *m*

bur·gle ['bɜ:gḷ, AM 'bɜ:rgḷ] *vt esp* BRIT, AUS **to ~ an apartment/a house/an office** in eine Wohnung/ein Haus/ein Büro einbrechen; **they were ~d** bei ihnen wurde eingebrochen

bur·gun·dy ['bɜ:gᵊndi, AM 'bɜ:r-] **I.** *n* ❶ (*wine*) Burgunder *m* ❷ (*colour*) Burgunderrot *nt* **II.** *adj* burgunderrot

bur·ial ['beriəl] *n* ❶ (*ceremony*) Beerdigung *f,* Begräbnisfeier *f;* **~ at sea** Seebestattung *f* ❷ *no pl* (*interment*) Begräbnis *nt,* Beerdigung *f*

'bur·ial ground *n* Friedhof *m;* HIST Begräbnisstätte *f* **'bur·ial place** *n,* **'bur·ial site** *n* Grabstätte *f*

burk [bɜ:k] *n* BRIT, AUS *see* **berk**

bur·lap ['bɜ:rlæp] *n no pl* AM Sackleinen *nt;* **~ sack** [grober] Leinensack

bur·lap 'bag *n* Jutetasche *f*

bur·lesque [bɜ:'lesk, AM bɜ:r-] *n* ❶ (*something written*) Parodie *f,* Persiflage *f geh* ❷ *no pl* (*genre*) Burleske *f* ❸ AM (*variety show*) Varietévorstellung *f;* (*comedy show*) Klamauksendung *f*

bur·ly ['bɜ:li, AM 'bɜ:r-] *adj* kräftig [gebaut], stämmig

burn¹ [bɜ:n, AM bɜ:rn] *n* SCOT Bächlein *nt*

burn² [bɜ:n, AM bɜ:rn] **I.** *n* ❶ (*injury*) Verbrennung *f,* Brandwunde *f;* (*sunburn*) Sonnenbrand *m;* (*sensation*) Brennen *nt;* **first/second/third degree ~s** Verbrennungen *fpl* ersten/zweiten/dritten Grades; **severe ~s** schwere Verbrennungen ❷ (*damage*) Brandfleck *m,* Brandstelle *f;* (*from acid*) Verätzung *f;* **cigarette ~** Brandloch *nt* ❸ AEROSP Zündung *f* **II.** *n modifier* (*damage, wound*) Brand- **III.** *vi* <burnt *or* AM *usu* burned, burnt *or* AM *usu* burned> ❶ (*be in flames*) *wood, fire* brennen; *house* in Flammen stehen; (*be destroyed*) *house, forest* abbrennen; *furniture, paper* verbrennen; **to ~ to death** verbrennen ❷ FOOD anbrennen ❸ (*sunburn*) einen Sonnenbrand bekommen; **my skin ~s easily** ich bekomme leicht einen Sonnenbrand ❹ (*illuminate*) *candle, light* brennen ❺ (*acid*) ätzen, Verätzungen verursachen ❻ (*hot sensation*) *spicy food, skin* brennen; *forehead* glühen ❼ (*fig*) ■**to be ~ing to do sth** (*have a longing*) darauf brennen, etw zu tun; (*be impatient*) es kaum abwarten können, etw zu tun; (*be eager*) [ganz] heiß darauf sein, etw zu tun *fam* ❽ (*fig: feel strongly*) **to ~ with anger** vor Wut kochen; **to be ~ing with curiosity** vor Neugierde [fast] sterben; **to ~ with desire/passion** vor Begierde/Leidenschaft brennen *geh;* **to ~ with embarrassment** vor Verlegenheit [ganz] rot werden; **to ~ with shame** vor Scham rot anlaufen **IV.** *vt* <burnt *or* AM *usu* burned, burnt *or* AM *usu* burned> ❶ (*damage with heat*) ■**to ~ sb/sth** jdn/etw verbrennen; **to ~ a village** ein Dorf niederbrennen; ■**to ~ oneself** sich *akk* verbrennen; **to be ~t to death** verbrennen; (*in accident*) in den Flammen umkommen; **to ~ one's fingers/tongue** (*a. fig*) sich *dat* die Finger/Zunge verbrennen; **to ~ sth to the ground** etw bis auf die Grundmauern niederbrennen; **to ~ a hole in sth** ein Loch in etw *akk* brennen; **to be ~t at the stake** auf dem Scheiterhaufen verbrannt werden; (*fig*) ans Kreuz genagelt werden *fig;* **to be ~t alive** [*or* **to death**] bei lebendigem Leibe verbrennen ❷ FOOD ■**to ~ sth** etw anbrennen lassen; **to ~ sth to a crisp** etw verschmoren lassen ❸ (*sunburn*) ■**to be ~t** einen Sonnenbrand haben ❹ (*cause hot sensation*) **to ~ sb's skin/tongue** *spicy food, sun* jdm auf der Haut/Zunge brennen; **I've ~t my tongue** ich habe mir die Zunge verbrannt; **the curry ~t her throat** das Curry brannte ihr im Hals ❺ (*acid*) ■**to ~ sth** etw verätzen ❻ (*use up*) **to ~ calories/fat** Kalorien/Fett verbrennen; **to ~ gas/oil/petrol** Gas/Öl/Benzin verbrauchen ❼ COMPUT **to ~ a CD/DVD-ROM** eine CD/DVD-ROM brennen ▸ PHRASES: **to ~ one's boats** [*or* **bridges**] alle Brücken hinter sich *dat* abbrechen; **to ~ the candle at both ends** sich *akk* übernehmen; **to ~ in hell** in der Hölle schmoren; **to ~ the midnight oil** bis spät in die Nacht hinein arbeiten; **I've got all the money and it's ~ing a hole in my pocket** ich habe so viel Geld und das will jetzt ausgegeben werden *fam;* **to have got money to ~** Geld wie Heu haben; **to ~ rubber** (*fam*) auf die Tube drücken *fam;* **to have time to ~** alle Zeit der Welt haben

◆**burn away** **I.** *vi* verbrennen; *building, forest* abbrennen; *candle, fire* herunterbrennen; (*continuously*) vor sich hinbrennen **II.** *vt* ■**to ~ sth ↔ away** etw abbrennen; **to ~ away hair** Haare versengen

◆**burn down** **I.** *vt* ■**to ~ sth ↔ down** etw abbrennen [*o geh* niederbrennen] **II.** *vi building* niederbrennen; *forest* abbrennen; *candle, fire* herunterbrennen

◆**burn off** *vt* **to ~ off ↔ gas/oil** Gas/Öl abfackeln; **to ~ off ↔ a wart** MED eine Warze ausbrennen

◆**burn out** **I.** *vi* ❶ (*extinguish*) *fire, candle* herunterbrennen ❷ *rocket* ausbrennen ❸ AM (*fam: reach saturation*) ■**to ~ out on sth** etw schnell überhaben *fam* ❹ (*stop functioning*) *bulb, fuse* durchbrennen; (*slowly*) *cable, coil, wire* durchschmoren **II.** *vt* ❶ (*stop burning*) **the candle/fire/match ~t itself out** die Kerze/das Feuer/das Streichholz brannte herunter ❷ *usu passive* (*be destroyed*) **her talent has ~t out** mit ihrem Talent ist es vorbei; **to be ~t out of house and home** durch einen Brand Haus und Hof verlieren; ■**to ~ out ↔ sb** jdn ausräuchern ❸ (*become exhausted*) ■**to ~ oneself out** sich *akk* völlig verausgaben [*o fam* kaputtmachen]; ■**to be ~t out** [völlig] ausgebrannt sein

◆**burn up** **I.** *vi* ❶ (*by fire*) verbrennen; (*destroy*) verbrennen; *fire* auflodern ❷ (*fig: be feverish*) glühen ❸ AEROSP *rocket, satellite* verglühen ▸ PHRASES: **to ~ up the road** die Straße entlangrasen **II.** *vt* ❶ (*consume*) ■**to ~ up ↔ sth** etw verbrauchen; *energy, fuel also* etw fressen *pej fam;* **to ~ up fat** Fett verbrennen ❷ (*fig fam*) **to be ~t up with hatred/jealousy** (*be consumed by*) sich *akk* vor Hass/Eifersucht verzehren *geh;* **she was ~t up with suspicion** immerzu nagten Zweifel an ihr ❸ AM (*make angry*) ■**to ~ sb up** jdn zur Weißglut treiben

'burned out *adj see* **burnt out**

burn·er ['bɜ:nəʳ, AM 'bɜ:rnɚ] *n* ❶ (*heater*) Brenner *m;* AM *a.* Kochplatte *f* ❷ CHEM, TECH Brenner *m*

burn·ing ['bɜ:nɪŋ, AM 'bɜ:rn-] **I.** *adj attr, inv* ❶ (*on fire*) brennend; *face* glühend ❷ (*fig: intense*) *ambition, desire* brennend; *passion* glühend ❸ (*controversial*) *issue* heiß diskutiert;

problem, question brennend ❹ (*stinging*) brennend; **to have a ~ sensation on one's skin** ein Brennen auf der Haut spüren **II.** *n no pl* **there's a smell of ~** es riecht verbrannt

bur·nish ['bɜːnɪʃ, AM 'bɜːr-] *vt* (*esp liter*) ■**to ~ sth** etw blank reiben [*o* polieren] [*o fachspr* brünieren]

bur·nished ['bɜːnɪʃt, AM 'bɜːr-] *adj* (*esp liter*) poliert; (*fig*) **~ skin** goldbraune Hautfarbe; (*face*) goldbrauner Teint

'burn·out *n* ❶ *no pl* (*exhaustion*) [vollkommene] Erschöpfung; **to suffer ~** [völlig] ausgebrannt sein *sl* ❷ AM (*pej: person*) ausgebrannter Mensch; (*drug abuser*) Junkie *m sl*

i Kultur

Die **Burns' Night** wird am 25. Januar, dem Geburtstag des schottischen Dichters *Robert Burns* (1759-96), weltweit von Schotten und anderen Burns-Anhängern gefeiert. Zu dieser Feier gibt es ein besonderes Essen, das *Burns Supper*, zu dem *haggis – eine Art Hackbraten aus gewürzten Eingeweiden eines Schafes, vermischt mit Hafer und Zwiebeln, die im Schafsmagen gekocht und später im Ofen gebraten werden*, *neeps – Rüben* und *mashed tatties – Kartoffelbrei* gehören.

burnt [bɜːnt, AM bɜːrnt] **I.** *vt, vi pt, pp of* **burn II.** *adj* (*completely*) verbrannt; (*partly*) *food* angebrannt; (*from sun*) verbrannt; **there's a ~ smell** es riecht verbrannt; **~ sugar** Karamellzucker *m*

burnt 'of·fer·ing *n* ❶ (*sacrifice*) Brandopfer *nt* ❷ BRIT (*hum*) angebranntes Essen **'burnt out, 'burnt-out** *adj attr, inv* ❶ *building* ausgebrannt; *fuse* durchgebrannt ❷ (*fig: exhausted*) ausgebrannt *fam* ❸ (*fig: disillusioned*) desillusioniert ❹ AM (*fam: from drugs*) verkifft *sl*

burp [bɜːp, AM bɜːrp] **I.** *n* Rülpser *m; of a baby* Bäuerchen *nt;* **to let out a [big] ~** [laut] rülpsen **II.** *vi* aufstoßen, rülpsen *fam; baby* ein Bäuerchen machen **III.** *vt* **to ~ a baby** ein Baby aufstoßen lassen

burr [bɜːʳ, AM bɜːr] *n* ❶ BOT Klette *f* ❷ BRIT *of a telephone* Summen *nt,* Summton *m; of cogs* Surren *nt* ❸ LING **to speak with a ~** ein gerolltes Zäpfchen-R sprechen (*im Westen Englands und in Schottland*)

bur·ri·to [bə'riːtəʊ, AM -t̬oʊ] *n* Burrito *m,* gefüllte Tortilla

bur·row ['bʌrəʊ, AM 'bɜːroʊ] **I.** *n of fox, rabbit* Bau *m* **II.** *vt* ❶ **to ~ a hole/tunnel** ein Loch/einen Tunnel graben ❷ (*fig: hide*) ■**to ~ sth [into sth]** etw [in etw *akk*] vergraben **III.** *vi* ❶ (*dig*) ■**to ~ [into sth]** einen Bau [in etw *akk*] graben; ■**to ~ through sth** sich *akk* durch etw *akk* [hin]durchgraben ❷ (*fig: search through*) ■**to ~ through sth** etw durchwühlen [*o* gründlich durchsuchen]

bur·sar ['bɜːsəʳ, AM 'bɜːrsɚ] *n* Finanzverwalter(in) *m(f);* UNIV Schatzmeister(in) *m(f),* Quästor(in) *m(f) fachspr;* **~'s office** Rentamt *nt;* UNIV Quästur *f fachspr*

bur·sa·ry ['bɜːsᵊri, AM 'bɜːr-] *n esp* BRIT ❶ (*grant*) Stipendium *nt* ❷ (*bursar's office*) Rentamt *nt;* UNIV Quästur *f fachspr*

burst [bɜːst, AM bɜːrst] **I.** *n* ❶ (*rupture*) *of pipe* [Rohr]bruch *m; of tyre* Platzen *nt* ❷ (*explosion*) Explosion *f* ❸ *of flame* auflodern ❹ (*sudden activity*) Ausbruch *m;* **~ of activity** plötzliche Geschäftigkeit; **~ of applause** Beifallssturm *m;* **~ of growth** Wachstumsschub *m;* **to undergo a ~ of growth** einen Schuss tun *fam;* **~ of economic growth** plötzlich einsetzendes Wirtschaftswachstum; **~ of laughter** Lachsalve *f;* **~ of speed** Spurt *m;* **to put on a ~ of speed** einen Zahn zulegen *fam* **II.** *vi* <burst *or* AM *a.* bursted, burst *or* AM *a.* bursted> ❶ (*explode*) *balloon, pipe, tyre* platzen; *bubble* zerplatzen; *dam* bersten, brechen; *wound* aufplatzen; (*fig, hum: when stuffed*) platzen *fig* ❷ (*fig: eager to do*) ■**to be ~ing to do sth** darauf brennen, etw zu tun ❸ (*fam: toilet*) **I'm ~ing to go to the loo!** ich muss ganz dringend aufs Klo! *fam* ❹ (*come suddenly*) durchbrechen; **the sun ~ through the clouds** die Sonne brach durch die Wolken; **to ~ through the enemy lines** die feindlichen Stellungen durchbrechen ❺ (*be full*) *suitcase* zum Bersten voll sein, platzen *a. fig;* **to ~ with anger/curiosity/joy/pride** vor Wut/Neugier/Freude/Stolz platzen; **to ~ with energy/health/joie de vivre** vor Kraft/Gesundheit/Lebensfreude [nur so] strotzen; **to ~ with excitement/happiness** vor Aufregung/Glück ganz außer sich *dat* sein ▶ PHRASES: **to ~ at the <u>seams</u>** (*fam*) aus allen Nähten platzen; **to do sth <u>fit</u> to ~** (*fam*) etw mit voller Kraft tun; **she was crying fit to ~** sie war völlig in Tränen aufgelöst; **Tom was singing fit to ~** Tom sang aus vollem Hals; **she is talking fit to ~** sie redet wie ein Wasserfall **III.** *vt* <burst *or* AM *a.* bursted, burst *or* AM *a.* bursted> ■**to ~ sth** etw zum Platzen bringen; **the river ~ its banks** der Fluss trat über die Ufer; **she ~ a blood vessel** ihr ist eine Ader geplatzt; **to ~ a balloon/tyre** einen Ballon/Reifen platzen lassen ▶ PHRASES: **to ~ sb's <u>bubble</u>** jds Illusionen *pl* zerstören

◆**burst in** *vi* ❶ (*enter suddenly*) hereinstürzen, hineinstürzen ❷ (*surprise*) ■**to ~ in on sb** bei jdm hereinplatzen; **to ~ in on a meeting** in eine Versammlung hineinplatzen

◆**burst into** *vi* ❶ (*enter suddenly*) ■**to ~ into sth** in etw *akk* hereinstürzen [*o* hineinstürzen] ❷ (*start suddenly*) **to ~ into blossom** [*or* **flower**] [plötzlich] aufblühen; **to ~ into flames** in Flammen aufgehen; **to ~ into laughter** in [schallendes] Gelächter ausbrechen; **to ~ into song** laut zu singen anfangen; **to ~ into tears** in Tränen ausbrechen; **to ~ into view** plötzlich auftauchen

◆**burst open I.** *vi* ❶ (*open suddenly*) *chest, door, lid* aufspringen; *door, window* auffliegen ❷ (*split open*) *blister, bud, wound* aufplatzen **II.** *vt* ■**to ~ sth ↻ open** etw aufreißen; **to ~ a watermelon open** eine Wassermelone aufbrechen

◆**burst out** *vi* ❶ (*hurry out*) herausstürzen; **to ~ out of a room** aus einem Zimmer stürmen ❷ (*speak*) losplatzen; **"don't go!" he ~ out** „geh nicht!" platzte es aus ihm heraus ❸ (*commence*) **to ~ out crying/laughing/screaming** in Tränen/Gelächter/Geschrei ausbrechen ❹ (*appear*) *sun, emotions* hervorbrechen

bur·ton ['bɜːtən] *n no pl* **to have <u>gone</u> for a ~** BRIT (*dated fam*) dahin [*o* vorbei] sein *fam*

bury <-ie-> ['beri] *vt* ❶ (*put underground*) ■**to ~ sb** jdn begraben; ■**to ~ sth** etw vergraben; **to be buried alive** lebendig begraben sein ❷ (*fig: hide*) ■**to ~ sth** etw verbergen; **she buried her face in her hands** sie vergrub ihr Gesicht in den Händen; **to ~ one's pain** seine Schmerzen nicht zeigen ❸ (*engross*) **to ~ oneself in one's book/one's work** sich *akk* in sein Buch/seine Arbeit versenken; **to be buried in one's book/thoughts/work** ganz in sein Buch/seine Gedanken/seine Arbeit versunken [*o* vertieft] sein ▶ PHRASES: **to ~ the <u>hatchet</u>** das Kriegsbeil begraben; **to ~ one's <u>head</u> in the sand** den Kopf in den Sand stecken

◆**bury away** *vt* (*fig*) ■**to ~ sth ↻ away** etw verbergen

bus [bʌs] **I.** *n* <*pl* -es *or* AM *a.* -ses> [Omni]bus *m;* **school ~** Schulbus *m;* **to catch/miss the ~** den Bus bekommen/verpassen; **to go by ~** mit dem Bus fahren; **to take the ~** den Bus nehmen **II.** *vt* <-ss- *or* AM *usu* -s-> ■**to ~ sb** (*bring by bus*) jdn mit dem Bus befördern; AM (*for integration*) *farbige Schulkinder mit dem Bus zu vorwiegend von nichtfarbigen Kindern besuchten Schulen transportieren* **III.** *vi* <-ss- *or* AM *usu* -s-> ❶ AUTO mit dem Bus fahren ❷ AM (*in restaurant*) [Geschirr] abräumen

'bus·boy *n* AM Abräumer *m,* Hilfskellner *m*

'bus·by ['bʌzbi] *n* [hohe] Bärenfellmütze

'bus con·duc·tor *n* Busschaffner(in) *m(f)* **'bus driv·er** *n* Busfahrer(in) *m(f)*

bush <*pl* -es> [bʊʃ] *n* ❶ (*plant*) Busch *m* ❷ (*thicket*) Gebüsch *nt* ❸ (*fig: great amount*) **~ of hair** [dichtes] Haarbüschel ❹ *no pl* (*in Africa, Australia*) Busch *m;* (*wilderness in general*) Wildnis *f* ▶ PHRASES: **to <u>beat</u> the ~es** AM (*fam*) alles abklap-

pern *fam;* **to beat around** [*or* **about**] **the** ~ um den heißen Brei herumreden, wie die Katze um den heißen Brei herumschleichen
bushed [bʊʃt] *adj pred* (*fam*) ❶ (*exhausted*) erschlagen *fam,* kaputt *fam,* groggy *fam* ❷ AUS (*lost in the bush*) ■**to be** ~ sich *akk* im Busch verlaufen haben ❸ AUS (*bewildered*) verblüfft; ■**to be** ~ **by sth** von etw *dat* befremdet sein
bush·el [bʊʃᵊl] *n* Bushel *m fachspr* (*amerikanisch und britisches Getreidemaß*), Scheffel *m hist;* **a** ~ **of grain/wheat** ein Bushel *m* Getreide/Weizen ▶PHRASES: **to hide one's light under a** ~ sein Licht unter den Scheffel stellen
'bush fire *n* Buschfeuer *nt* **'bush·man** *n* ❶ *esp* AUS (*inhabitant*) Buschbewohner *m;* (*expert*) Buschkenner *m;* ■**to be a** ~ im Busch leben ❷ ■**B**~ (*people*) Buschmann *m;* (*language*) Buschmannsprache *f* (*eine der Khoisan-Sprachen*) **'bush rang·er** *n* ❶ AM (*living far from civilization*) ■**to be a** ~ in der Wildnis leben ❷ (*footpad*) Strauchdieb *m,* Wegelagerer *m* ❸ AUS (*hist: outlaw*) Buschräuber *m,* Bushranger *m* **bush 'tele·graph** *n no pl* (*hum dated*) Buschtrommel *f hum* **'bush·walk·ing** *n no pl* AUS Buschwanderung *f* **'bush·whack** AM **I.** *vi* sich *dat* einen Weg bahnen **II.** *vt* ■**to** ~ **sb** jdn aus dem Hinterhalt überfallen
bushy ['bʊʃi] **I.** *adj* buschig **II.** *n* AUS (*pej fam*) Hinterwäldler(in) *m(f) pej fam*
busi·ly ['bɪzɪli] *adv* eifrig, geschäftig; **to be** ~ **engaged on sth** intensiv mit etw *dat* beschäftigt sein
busi·ness <*pl* -es> ['bɪznɪs] **I.** *n* ❶ *no pl* (*commerce*) Handel *m,* [kaufmännisches] Gewerbe; **is your visit for** ~ **or pleasure?** ist ihr Besuch dienstlicher oder privater Natur?; **to combine** [*or* **mix**] ~ **with pleasure** das Angenehme mit dem Nützlichen verbinden; **never mix** ~ **with pleasure** Dienst ist Dienst und Schnaps ist Schnaps *fam;* **to do** ~ **with sb** mit jdm Geschäfte machen [*o* geschäftliche Beziehungen unterhalten] [*o* Handel treiben]; **to go into** ~ Geschäftsmann/Geschäftsfrau werden; **he went into** ~ **as a caterer** er ging ins Gaststättengewerbe; **to go out of** ~ das Geschäft aufgeben; **to talk** ~ zur Sache kommen; **on** ~ beruflich, dienstlich, geschäftlich ❷ *no pl* (*sales volume*) Geschäft *nt;* (*turnover*) Umsatz *m;* **how's** ~ **at the moment?** was machen die Geschäfte?; ~ **is booming/slow** die Geschäfte gehen hervorragend/nicht gut ❸ (*profession*) Branche *f;* **what line of** ~ **are you in?** in welcher Branche sind Sie tätig? ❹ (*company*) Unternehmen *nt,* Firma *f,* Betrieb *m;* **to start up** [*or* **establish**] **a** ~ ein Unternehmen gründen ❺ *no pl* (*matter*) Angelegenheit *f;* (*fam: concern, affair*) Angelegenheit *f,* Sache *f;* **see** [*or* **go**] **about your** ~ (*fam*) kümmere dich um deine eigenen Angelegenheiten; **that's none of your** ~ (*fam*) das geht dich nichts an; **to be a time-consuming** ~ eine zeitraubende Angelegenheit sein; **to have no** ~ **to do** [*or* **doing**] **sth** nicht das Recht haben, etw zu tun; **to make sth one's** ~ sich *dat* etw zur Aufgabe machen; **to mind one's own** ~ (*fam*) sich *akk* um seine eigenen Angelegenheiten kümmern ❻ *no pl* **to mean** ~ (*be serious*) es [wirklich] ernst meinen ❼ *no pl* (*process*) **to get on with the** ~ **of sth** mit etw *dat* weitermachen ▶PHRASES: ~ **before pleasure** (*prov*) erst die Arbeit, dann das Vergnügen *prov;* **to be** ~ **as usual** (*prov*) den gewohnten Gang gehen; **to get down to** ~ zur Sache kommen; **to be the** ~ BRIT (*sl*) spitze sein *fam;* **to be in the** ~ **of** [**doing**] **sth** dafür zuständig sein, etw zu tun; **I'm not in the** ~ **of telling you what to do** es ist nicht meine Sache, Ihnen zu sagen, was Sie zu tun haben; **to do one's** ~ (*euph: person*) austreten, sich *akk* erleichtern *euph;* (*dog*) sein Geschäft verrichten *euph;* **to do the** ~ BRIT (*sl*) es treiben *sl,* eine Nummer schieben *sl;* **like nobody's** ~ (*fam*) ganz toll *fam;* **to hurt like nobody's** ~ ganz arg wehtun *fam;* **to run like nobody's** ~ ganz schnell rennen; **what a** ~ was für ein Umstand **II.** *n modifier* (*account, letter, meeting, partner*) Geschäfts-
'busi·ness ad·dress *n* Geschäftsadresse *f* **busi·ness ap'point·ment** *n* geschäftliche Verabredung **'busi·ness card** *n* Visitenkarte *f,* Geschäftskarte *f* **'busi·ness class** *n no pl* Businessclass *f* **busi·ness 'coun·sel·lor** *n* Unternehmensberater(in) *m(f)* **'busi·ness end** *n* (*hum fam*) *of a gun* Mündung *f; of a knife* Klinge *f,* Schneide *f;* **to stand behind the** ~ **of a horse** dort stehen, wohin ein Pferd ausschlagen kann **'business hours** *npl* Geschäftszeiten *fpl,* Öffnungszeiten *fpl* **'business let·ter** *n* Geschäftsbrief *m* **'busi·ness·like** *adj* geschäftsmäßig, sachlich **busi·ness 'lunch** *n* Geschäftsessen *nt,* Arbeitsessen *nt* **'busi·ness·man** *n* Geschäftsmann *m;* (*leader*) Manager *m;* (*entrepreneur*) Unternehmer *m* **'business park** *n* Industriepark *m,* Gewerbegebiet *nt* **'busi·ness people** *npl* Geschäftsleute *pl;* (*leaders*) Manager(innen) *mpl(fpl);* (*entrepreneurs*) Unternehmer(innen) *mpl(fpl)* **business 'tac·tic** *n usu pl* [Geschäfts]strategie *f,* [Geschäfts]politik *f* **busi·ness trans·'ac·tion** *n* Geschäft *nt,* Handel *m kein pl,* Geschäftsvorfall *m fachspr* **'busi·ness trip** *n* Dienstreise *f,* Geschäftsreise *f* **'busi·ness·wom·an** *n* Geschäftsfrau *f;* (*leader*) Managerin *f;* (*entrepreneur*) Unternehmerin *f*
busk [bʌsk] *vi* BRIT, AUS Straßenmusik machen
busk·er ['bʌskəʳ, AM -ɚ] *n* Straßenmusikant(in) *m(f)*
'bus lane *n* Busspur *f* **'bus·load** *n* Busladung *f;* ~**s of tourists** ganze Busladungen *fpl* von Touristen **bus·man's 'holi·day** *n* Arbeitsurlaub *m* **'bus ser·vice** *n usu sing* Busverbindung *f,* Busverkehr *m*
bus·ses ['bʌsɪz] *n* AM *pl of* **bus**
'bus shel·ter *n* Wartehäuschen *nt,* Bushäuschen *nt* **'bus sta·tion** *n* Busbahnhof *m* **'bus stop** *n* Bushaltestelle *f*
bust¹ [bʌst] **I.** *n* ❶ (*statue*) Büste *f* ❷ (*breasts*) Büste *f,* Busen *m;* (*circumference*) Brustumfang *m,* Brustweite *f,* Oberweite *f;* **large/small** ~ (*breasts*) großer/kleiner Busen; (*circumference*) große/kleine Oberweite **II.** *n modifier* (*measurement, size*) Brust-
bust² [bʌst] **I.** *n* ❶ (*recession*) [wirtschaftlicher] Niedergang; (*bankruptcy*) Pleite *f* ❷ (*sl*) Razzia *f;* **drug** ~ Drogenrazzia *f* ❸ AM (*fam: punch*) [Faust]schlag *m* **II.** *adj pred, inv* (*fam*) ❶ (*broken*) kaputt, hinüber *fam* ❷ (*bankrupt*) **to go** ~ bankrottgehen, Pleite machen *fam* **III.** *vt* <bust *or* AM *usu* busted, bust *or* AM *usu* busted> ❶ (*fam: break*) ■**to** ~ **sth** etw kaputtmachen *fam* ❷ (*fam: beat*) **to** ~ **a record** einen Rekord brechen ❸ AM (*sl: arrest*) ■**to** ~ **sb** jdn festnehmen; SCH, UNIV **he got** ~**ed cheating** er wurde beim Spicken erwischt *fam* ▶PHRASES: **to** ~ **one's arse** [*or* AM **ass**] (*fam!*) sich *akk* kaputtmachen *fam,* sich *dat* den Arsch aufreißen *derb;* **to** ~ **a gut** (*fam!: work hard*) sich *dat* ein Bein ausreißen *fam;* (*laugh*) sich *akk* kaputtlachen *fam*
◆**bust into** *vt* (*sl*) **to** ~ **into a market** in einen Markt vordringen
◆**bust out** *vi* (*fam*) **to** ~ **out of jail** [*or* **prison**] aus dem Gefängnis ausbrechen
◆**bust up** (*fam*) **I.** *vt* ■**to** ~ **up** ⊂ **sth** ❶ (*put an end to*) etw abrupt beenden; **to** ~ **up a meeting** eine Versammlung sprengen [*o* auffliegen lassen] ❷ (*destroy*) etw zerstören [*o fam* kaputtmachen] **II.** *vi couple* sich *akk* trennen, Schluss machen *fam*
bust·ed ['bʌstɪd] *vt, adj* AM (*fam*) *see* **bust² II.**
bust·er ['bʌstəʳ, AM -ɚ] *n no pl esp* AM (*dated or pej fam*) Meister *m pej, iron fam,* Junge *m pej fam,* Freund *m pej, iron fam,* Freundchen *nt pej, iron fam;* **cut it out,** ~**!** lass das, Junge!; **well,** ~**, …** so, Freundchen, …
bus·tle ['bʌsl] **I.** *n* ❶ *no pl* (*activity*) geschäftiges Treiben, Betriebsamkeit *f;* **hustle and** ~ reges Treiben, reger Betrieb; (*general activity*) Getriebe *nt;* (*commotion*) Hektik *f pej;* **the hustle and** ~ **of the city** das Getriebe der Großstadt ❷ (*hist: on dress*) Turnüre *f hist,* Gesäßpolster *nt* **II.** *vi* **the street** ~**d with activity** auf der Straße herrschte reger Betrieb; **the house** ~**d with activity** im Haus war was los *fam,* das Haus war voller Leben; ■**to** ~ **around** [*or* **about**] geschäftig hin und

her laufen, herumwuseln *fam;* ■**to ~ in/out** geschäftig hinein-/hinauseilen

bus·tling ['bʌslɪŋ] *adj attr, inv place* belebt, voller Leben *nach n; town* lebendig; *people* geschäftig

bust-up ['bʌstʌp] *n* BRIT, AUS (*fam*) Krach *m fam;* **a big ~** ein Riesenkrach *m;* **to have a ~ with sb** sich *akk* mit jdm verkrachen *fam,* Krach mit jdm haben *fam*

busty ['bʌsti] *adj* (*fam*) vollbusig

busy ['bɪzi] **I.** *adj* ❶ (*occupied*) beschäftigt; **are you ~?** haben Sie einen Moment Zeit?; **I'm very ~ this week** ich habe diese Woche viel zu tun; ■**to be ~ with** [*or* **doing**] **sth** mit etw *dat* beschäftigt sein; **to get ~** loslegen *fam,* sich *akk* an die Arbeit machen; **to keep oneself/sb ~ with sth** sich/jdn mit etw *dat* beschäftigen; **I'll keep myself ~ with a magazine while I wait** ich werde mir die Zeit, während ich warte, mit einer Illustrierten vertreiben; **he keeps himself ~ by building a model train set in his free time** er verbringt seine Freizeit mit dem Bau einer Modelleisenbahn; **to keep sb ~** *children, work* jdn in Atem [*o fam* Trab] halten ❷ (*active*) *day* arbeitsreich; *life* bewegt, ereignisreich; *intersection, street* viel befahren, verkehrsreich; *seaport* stark frequentiert *geh,* umschlagstark; *shop* stark besucht [*o geh* frequentiert]; **I've had a ~ day** ich hatte heute viel zu tun; **December is the busiest time of the year** der Dezember ist die Jahreszeit, in der am meisten los ist ❸ (*pej: overly decorated*) überladen; (*too colourful*) *wallpaper* zu bunt; *pattern* unruhig ❹ *esp* AM TELEC besetzt; **the line is ~** die Leitung ist besetzt ▶PHRASES: **to be** [**as**] **~ as a <u>bee</u>** bienenfleißig sein; **the children were as ~ as bees picking apples** die Kinder waren mit Feuereifer dabei, Äpfel zu pflücken **II.** *vt* <-ie-> ■**to ~ oneself with sth** sich *akk* mit etw *dat* beschäftigen

busy 'bee *n* (*fam*) Arbeitsbiene *f fig fam,* Arbeitspferd *nt fig* **'busy·body** *n* (*pej fam*) Wichtigtuer(in) *m(f) pej,* G[e]schaftlhuber *m* SÜDD, ÖSTERR *pej fam;* **some interfering ~** irgendein Wichtigtuer, der sich überall einmischen muss **'busy sig·nal** *n esp* AM TELEC Besetztzeichen *nt* **'busy·work** *n no pl* AM (*mindless*) stumpfsinnige Arbeit; (*routine*) Routinearbeit *f*

but [bʌt, bət] **I.** *conj* ❶ (*although*) aber; **she's nice ~ bossy** sie ist nett, wenn auch rechthaberisch ❷ (*however*) aber, jedoch; **he's a nice guy ~ I'm not interested in him** er ist zwar ein netter Kerl, doch ich bin an ihm nicht interessiert; **I think it's true, ~ then I'm no expert** ich denke, das trifft zu – ich bin allerdings keine Expertin ❸ (*except*) als, außer; **what could I do ~ give him all my money?** mir blieb nichts anderes übrig, als ihm mein ganzes Geld zu geben; (*old liter*) **they would live their lives differently ~ that they were young again** sie würden es anders anfangen, wenn sie nochmal jung wären ❹ (*rather*) sondern; **we must not complain about the problem ~ help to put it right** wir sollten nicht über das Problem klagen, sondern zu seiner Lösung beitragen ❺ (*in addition*) **not only ... ~ also ...** [**too**] nicht nur[,] ... sondern auch ... **II.** *prep* ❶ (*except*) außer +*dat;* **who ~ me can do that?** wer außer mir kann das machen?; **this is the last episode ~ one** das ist die vorletzte Folge; **I have no questions ~ one** ich habe nur noch eine Frage; **all/anyone ~ sb** alle/jeder außer jdm; **anything ~** alles außer +*dat* ❷ (*only*) außer +*dat;* **no one ~ him can solve that problem** niemand außer ihm kann das Problem lösen; **she wanted to go nowhere ~ home** sie wollte nur noch nach Hause; **this car has been nothing ~ trouble** dieses Auto hat nichts als Ärger gemacht ❸ (*rather*) sondern; **she's not a painter ~ a writer** sie ist nicht Malerin, sondern Schriftstellerin **III.** *n* Aber *nt;* **no ~s, go clean your room!** keine Widerrede, räum jetzt dein Zimmer auf! ▶PHRASES: **no** [**<u>ifs</u>, ands or**] **~s about it** da gibt es kein Wenn und Aber; **but me <u>no</u> ~s!** (*prov*) komm mir nicht mit Ausreden! **IV.** *adv inv* ❶ (*form: only*) nur, lediglich; **she's ~ a young girl** sie ist doch noch ein junges Mädchen; **I cannot** [**help**] **~ wonder ...** ich frage mich bloß, ...; **one cannot ~ smile at the monkey's antics** man muss über die Streiche des Affen einfach lächeln ❷ *esp* AM (*really*) aber auch; **everyone, ~ everyone, will be there** jeder, aber auch wirklich jeder, wird dort sein ▶PHRASES: **~ <u>for</u>** bis auf; **~ for the storm, we would have finished the roof by now** wäre der Sturm nicht gewesen, wären wir mit dem Dach jetzt fertig; **~ <u>that</u>** (*old*) **I don't deny ~ that it's true** ich streite nicht ab, dass es stimmt; **~ <u>then</u>** [**again**] (*on the other hand*) andererseits; (*after all*) schließlich, immerhin

bu·tane ['bju:teɪn] *n no pl* Butan[gas] *nt*

butch [bʊtʃ] **I.** *adj* ❶ (*pej: masculine*) maskulin *a. pej* ❷ (*tough*) muskulös, kräftig gebaut; **~ man** Muskelmann *m fam* **II.** *n* <*pl* -es> ❶ (*pej: lesbian*) maskuliner Typ *a. pej* ❷ (*tough man*) Muskelmann *m fam*

butch·er ['bʊtʃəʳ, AM -ɚ] **I.** *n* ❶ (*job*) Metzger(in) *m(f),* Fleischer(in) *m(f),* Schlachter(in) *m(f)* NORDD, Fleischhauer(in) *m(f)* ÖSTERR ❷ (*pej: killer*) Schlächter(in) *m(f) pej* ▶PHRASES: **the ~, the <u>baker</u>,** [**and**] **the candlestick-maker** alle möglichen Leute, Hinz und Kunz *fam* **II.** *vt* ❶ (*slaughter*) ■**to ~ an animal** ein Tier schlachten; **the animals were ~ed for meat** die Tiere wurden geschlachtet und zu Fleisch verarbeitet ❷ (*murder*) ■**to ~ sb/an animal** jdn/ein Tier niedermetzeln [*o* abschlachten] ❸ (*fig: ruin*) ■**to ~ sth** etw verhunzen *fam;* **to ~ a language** eine Sprache verunstalten ❹ SPORTS **to ~ a team** eine Mannschaft vernichtend schlagen [*o fam* auseinandernehmen]

butch·er's ['bʊtʃəz, AM -ɚz] *n* ❶ <*pl* -ers *or* -ers'> (*meat shop*) Metzgerei *f,* Fleischerei *f;* **are you going to the ~?** gehst du zum Metzger? ❷ *no pl* BRIT (*rhyming sl: look*) Blick *m;* **let's have a ~ at your present, then** dann werfen wir mal einen Blick auf dein Geschenk **butch·er's 'block** *n* Küchenwagen *m* **butch·er's 'hook** *n no pl* BRIT (*rhyming sl: look*) Blick *m; see also* **butcher's 2**

butch·ery ['bʊtʃᵊri, AM -ɚi] *n* ❶ *no pl* (*murder*) Abschlachten *nt pej,* Niedermetzeln *nt pej* ❷ *no pl* (*trade*) Fleischerhandwerk *nt;* (*act*) Verarbeitung *f* von Fleisch ❸ BRIT (*slaughterhouse*) Schlachthof *m*

but·ler ['bʌtləʳ, AM -lɚ] *n* Butler *m*

but·ler's 'pan·try *n* Geschirrkammer *f,* Anrichtekammer *f*

butt [bʌt] **I.** *n* ❶ (*thick bottom part*) dickes Ende; *of a rifle* Kolben *m; of a cigarette* Stummel *m,* Kippe *f fam* ❷ (*sl: cigarette*) Glimmstängel *m fam* ❸ AM (*sl: buttocks*) Po *m,* Hintern *m fam;* **a swat on the ~** ein Klaps *m* auf den Po; **to get off one's ~** seinen Hintern in Bewegung setzen *fam* ❹ (*hit with head*) Stoß *m* [mit dem Kopf]; **to give sb a ~** jdm einen [Kopf]stoß versetzen ❺ (*usu fig: target*) Ziel *nt a. fig,* Zielscheibe *f a. fig;* **he was always the ~ of his brother's criticism** die Kritik seines Bruders richtete sich immer gegen ihn; **to be the ~ of sb's jokes** die Zielscheibe des Spotts einer Person *gen* sein ❻ (*barrel*) Fass *nt,* Tonne *f;* [**rain**] **water ~** Regentonne *f* ▶PHRASES: **sth <u>bites</u> sb in the ~** (*fam*) *past* etw holt jdn [wieder] ein *fig* **II.** *vt* ■**to ~ sb/sth** jdm/etw einen Stoß mit dem Kopf versetzen; **to ~ one's head against the wall** mit dem Kopf gegen die Wand stoßen ▶PHRASES: **to ~ <u>heads</u> with sb** (*fam*) sich *dat* die Köpfe einschlagen **III.** *vi* ❶ (*hit*) *person* mit dem Kopf stoßen; *goat* mit den Hörnern stoßen ❷ (*adjoin*) **the two houses ~ up against each other** die beiden Häuser stoßen aneinander

◆**butt in** *vi* (*fam*) dazwischenplatzen, stören; ■**to ~ in on sb** jdm ins Wort fallen; (*become involved*) sich *akk* einmischen

◆**butt into** *vi* (*fam*) **to ~ into sb's business/conversation** sich *akk* in jds Geschäfte/Unterhaltung einmischen

◆**butt out** *vi* ❶ AM (*fam!*) sich *akk* raushalten *fam;* **~ out, Dad, this isn't your problem** misch dich nicht ein, Papa, das geht dich nichts an *fam* ❷ AM (*fam: extinguish cigarette*) seine Zigarette ausdrücken

butte [bju:t] *n* AM GEOL Restberg *m,* Zeugenberg *m,* Spitzkuppe *f*

but·ter ['bʌtəʳ, AM -t̬ɚ] **I.** *n no pl* Butter *f;* **bread and ~** Butter-

B

brot *nt;* **to spread ~ on one's bread** sich *dat* Butter aufs Brot schmieren; **toast and ~** Toast *m* mit Butter ▶PHRASES: **she looks as if ~ wouldn't melt in her mouth** sie sieht aus, als könnte sie kein Wässerchen trüben **II.** *vt* **to ~ a piece of bread** eine Scheibe Brot mit Butter bestreichen [*o* buttern]

◆**butter up** *vt* ■**to ~ sb up** *sep* jdm Honig um den Bart [*o* Mund] schmieren *fam*

'but·ter·ball AM **I.** *n* (*usu hum: person*) Fettkloß *m pej fam* **II.** *n modifier* **~ turkey** *ein besonders großer, saftiger Truthahn* **'but·ter·bean** *n* Wachsbohne *f* **'but·ter·cream** *n no pl* Buttercreme *f* **'but·ter·cup** *n* Butterblume *f* **'but·ter·dish** *n* Butterdose *f*

but·tered ['bʌtəd, AM -t̬ɚd] *adj* mit Butter; *bread, toast* gebuttert, mit Butter bestrichen; **he dropped the toast ~ side down** er ließ den Toast auf die Butterseite fallen

'but·ter·fat *n no pl* [Butter]fett *nt,* [Milch]fett *nt* **'but·ter·fin·gers** <*pl* -> *n* (*hum*) Tollpatsch *m fam,* Schussel *m fam*

but·ter·fly ['bʌtəflaɪ, AM -t̬ɚ-] **I.** *n* ❶ (*insect*) Schmetterling *m;* (*fig*) flatterhafter Mensch *pej;* **a social ~** ein Partygirl *pej* ❷ (*in swimming*) Butterfly *m,* Schmetterlingsstil *m* ▶PHRASES: **to have butterflies [in one's stomach]** (*fam: be excited*) einen Flattermann haben *fam;* (*be nervous*) ein flaues Gefühl [im Magen] haben **II.** *n modifier* (*collection, net, trap, wing*) Schmetterlings- **III.** *vt* <-ie-> **to ~ a cutlet/turkey breast** ein Schnitzel/eine Putenbrust in der Mitte einschneiden und auseinanderklappen **'but·ter·fly kiss** *n* flüchtige Liebkosung (*mit den Augenwimpern*) **'but·ter·fly stroke** *n* ■**the ~** der Butterfly [*o* Schmetterlingsstil]

but·ter·'ic·ing *n no pl* Buttercreme *f* **'but·ter knife** *n* Buttermesser *nt* **'but·ter·milk** *n no pl* Buttermilch *f* **but·ter 'moun·tain** *n* **the [European] ~** der [europäische] Butterberg **but·ter·nut 'squash** *n* AM Flaschenkürbis *m* **'but·ter·scotch** **I.** *n* ❶ *no pl* Karamell *m o* SCHWEIZ *nt,* Sahnekaramell *m o* SCHWEIZ *nt,* Butterkaramell *m o* SCHWEIZ *nt* ❷ (*individual sweet*) Karamellbonbon *nt,* Toffee *nt* **II.** *n modifier* (*fudge, ice cream, icing, sauce*) Karamell- **but·ter 'tart** *n* CAN *mit einer Karamellcreme und Rosinen gefülltes kleines Mürbteigküchlein*

but·tery ['bʌtᵊri, AM -t̬ɚ-] **I.** *adj* ❶ (*with butter*) butt[e]rig; **~ biscuits** Butterkekse *mpl* ❷ (*covered with butter*) butterbeschmiert, butt[e]rig, voll Butter *präd* **II.** *n esp* BRIT Kantine *f;* UNIV Mensa *f,* Cafeteria *f*

but·tock ['bʌtək, AM -t̬-] *n* [Po]backe *f,* [Hinter]backe *f;* ■**~s** *pl* Gesäß *nt,* Hinterteil *nt fam*

but·ton ['bʌtᵊn] **I.** *n* ❶ (*fastening device*) Knopf *m;* **to do up/undo one's ~s** seine Knöpfe zu-/aufmachen; (*on shirt*) sein Hemd zu-/aufknöpfen ❷ TECH (*operating device*) [Schalt]knopf *m;* (*of a doorbell*) Klingelknopf *m;* **to push a ~** auf einen Knopf drücken ❸ AM (*badge*) Button *m,* Abzeichen *nt,* Plakette *f* ▶PHRASES: **at the push of a ~** auf Knopfdruck *fig;* **cute as a ~** AM goldig; **to be right on the ~** *esp* AM (*be correct*) den Nagel auf den Kopf treffen; (*at exact time*) auf den [Glocken]schlag genau sein; **it was 10:30 on the ~ when the doorbell rang** es war genau 10:30, als es klingelte; **to not be worth a ~** keinen Pfifferling wert sein *fam;* **to push [*or* press] sb's ~s** jdn auf die Palme bringen **II.** *vt* ■**to ~ one's coat/jacket** den Mantel/die Jacke zuknöpfen ▶PHRASES: **to ~ it** [*or* **one's lip**] *esp* AM (*fam*) den Mund halten *fam* **III.** *vi* **to ~ down the front/at** [*or* AM **in**] **the back** sich *akk* vorne/hinten knöpfen lassen

◆**button up** *vt* ■**to ~ up sth** *sep coat, jacket* etw zuknöpfen; **to ~ up a deal** (*fig*) eine Sache unter Dach und Fach bringen

but·ton-down [ˌbʌtᵊn'daʊn], **but·toned-down** [bʌtᵊnd'daʊn] *adj attr, inv* ❶ FASHION **~ collar** Button-down-Kragen *m* (*Kragen, dessen Enden am Hemd festgeknöpft werden*) ❷ AM (*usu pej: conservative*) *person* erzkonservativ, der alten Schule *nach n;* (*unimaginative*) fantasielos **but·ton-down 'fly** *n,* **'but·ton fly** *n* Knopfleiste *f* (*als Hosenverschluss*) **'but·ton·hole** **I.** *n* ❶ (*on clothing*) Knopfloch *nt* ❷ *esp* BRIT (*flower*) Blume *f* im Knopfloch **II.** *vt* ■**to ~ sb** jdn zu fassen kriegen, sich *dat* jdn schnappen *fam;* (*not let go*) jdn festnageln **but·ton 'mush·room** *n* junger Champignon **'but·ton nose** *n* Stupsnase *f*

'butt pack *n* AM (*sl: bumbag*) Gürteltasche *f*

but·tress ['bʌtrəs] **I.** *n* <*pl* -es> ❶ ARCHIT Strebepfeiler *m,* Stützpfeiler *m,* Bogenpfeiler *m;* **flying ~** Strebebogen *m* ❷ (*fig: support*) Stütze *f* **II.** *vt* ❶ ARCHIT **to ~ a wall** eine Wand [durch Strebepfeiler] stützen ❷ (*fig: support*) ■**to ~ sth** etw untermauern

but·ty ['bʌti] *n esp* NBRIT (*filled roll*) belegtes Brötchen; (*sandwich*) Sandwich *nt,* Stulle *f* NORDD *fam*

bux·om ['bʌksəm] *adj* vollbusig, drall

buy [baɪ] **I.** *n* Kauf *m;* **bad ~** schlechter Kauf, Fehlkauf *m;* **quite a ~** ein guter Kauf, ein Schnäppchen *nt fam* **II.** *vt* <bought, bought> ❶ (*purchase*) ■**to ~ [oneself] sth** [sich *dat*] etw kaufen; **money can't ~ love** Liebe kann man sich nicht erkaufen; **$20 ~s a lot less than it used to** heute bekommt man für 20 Dollar viel weniger als früher; ■**to ~ sb sth** [*or* **sth for sb**] jdm etw kaufen; ■**to ~ sth from** [*or fam* **off**] **sb** jdm etw abkaufen ❷ (*obtain*) **to ~ recognition/success/victory** sich *dat* Anerkennung/Erfolg/einen Sieg erkaufen; **to ~ time** Zeit gewinnen ❸ (*bribe*) ■**to ~ sb** jdn kaufen *fam;* **to ~ sb's vote** jds Stimme kaufen ❹ (*sl: believe*) **to ~ a claim/an excuse/a story** jdm eine Behauptung/eine Entschuldigung/ eine Geschichte abkaufen *fam;* **I don't ~ it** das nehme ich dir nicht ab ❺ (*agree to*) ■**to ~ sth** etw *dat* zustimmen; **I'll ~ that!** der Meinung bin ich aber auch! ▶PHRASES: **to ~ the farm** AM (*fam*) den Löffel abgeben *sl;* **to have everything money can ~** alles haben, was man mit Geld kaufen kann; **to ~ sb's silence** sich *dat* jds Stillschweigen erkaufen; **to ~ it** (*sl: believe*) dran glauben müssen *sl;* (*be killed*) den Löffel abgeben *sl* **III.** *vi* im Einkauf tätig sein

◆**buy in** *vt* BRIT ■**to ~ in sth** *sep* sich *akk* mit etw *dat* eindecken

◆**buy into** *vi* ❶ ECON (*pay for a share*) **to ~ into a business/a company** sich *akk* in ein Unternehmen/eine Firma einkaufen ❷ (*gain access*) **to ~ into a club/organization** sich *dat* Zugang zu einem Klub/einer Organisation verschaffen ❸ AM (*sl*) ■**to ~ into sth** (*get involved*) sich *akk* auf etw *akk* einlassen; (*be convinced of*) von etw *dat* überzeugt sein; (*accept*) sich *akk* etw *dat* anschließen; *point of view* etw teilen

◆**buy off** *vt* ■**to ~ off sb** *sep* jdn kaufen *fam*

◆**buy out** *vt* ❶ (*take over*) **to ~ out a company/shares in a company** eine Firma/Aktien einer Firma aufkaufen ❷ (*buy sb's share*) ■**to ~ out sb** *sep* jdn auszahlen ❸ BRIT MIL ■**to ~ oneself out** sich *akk* [vom Militärdienst] freikaufen

◆**buy up** *vt* ■**to ~ up sth** *sep* etw aufkaufen

buy·er ['baɪəʳ, AM -ɚ] *n* ❶ (*purchaser*) Käufer(in) *m(f);* COMM Abnehmer(in) *m(f)* ❷ (*as job*) Einkäufer(in) *m(f);* (*manager*) Einkaufsleiter(in) *m(f)*

buy·er-driv·en pric·ing [ˌbaɪədrɪvᵊn'praɪsɪŋ, AM ˌbaɪɚ-] *n no pl* vom Käufermarkt gesteuerte Preissetzung

buy·er's 'mar·ket *n* Käufermarkt *m*

buy·ing ['baɪɪŋ] *n no pl* Kauf *m,* Kaufen *nt;* **panic ~** Panikkauf *m meist pl;* **spontaneous ~** Spontankauf *m*

buy·ing pow·er *n no pl* Kaufkraft *f*

'buy·out ['baɪaʊt] *n* Aufkauf *m,* Übernahme *f;* **management ~** [Firmen]übernahme *f* durch das Führungspersonal [*o* Management]; **leveraged ~** fremdfinanzierte [Firmen]übernahme, durch Leihkapital finanzierter Aufkauf [einer Firma]

buzz [bʌz] **I.** *vi* ❶ (*make low sound*) *bee, mosquito, buzzer* summen; *fly, bug* brummen; *ears* dröhnen, sausen; **his ears were ~ing after the concert** ihm dröhnten die Ohren nach dem Konzert ❷ (*be active with*) **my head was ~ing with thoughts** mir schwirrten alle möglichen Gedanken durch den Kopf; **the room ~ed with conversation** das Zimmer war von Stimmengewirr erfüllt; **the place was ~ing with excite-**

ment es herrschte ein aufgeregtes Durcheinander ❸ (*go quickly*) sausen ❹ AM (*fam: be tipsy*) ■ **to be ~ed** angesäuselt sein *fam* **II.** *vt* ❶ (*call*) ■ **to ~ sb** (*buzzer*) jdn über den Summer rufen; (*telephone*) jdn anrufen ❷ AVIAT ■ **to ~ sth** *airplane* im Tiefflug über etw hinwegsausen; *motor boat* dicht an etw *dat* vorbeifahren **III.** *n* <*pl* -es> ❶ *of a bee, mosquito, buzzer* Summen *nt kein pl; of a fly, bug* Brummen *nt kein pl* ❷ *no pl* (*activity*) **~ of conversation** Stimmengewirr *nt;* **~ of excitement** aufgeregtes Durcheinander ❸ (*call*) Ruf *m* über den Summer; **to give sb a ~** (*buzzer*) jdn über den Summer rufen; (*fam: telephone*) jdn anrufen ❹ (*fam: rumour, gossip*) Gerede *nt kein pl* ❺ (*fam: high feeling*) [Nerven]kitzel *m,* Kick *m sl;* (*from alcohol*) Rausch *m;* **to have a ~** einen Rausch [*o fam* sitzen] haben; (*from marijuana*) vollgedröhnt sein *sl;* **sth/sb is a ~ to be around** (*fam*) sich *akk* in der Gegenwart einer S. *gen/* in jds Gegenwart wohl fühlen ❻ *no pl* (*rumour*) Gerücht *nt;* **the ~ is that ...** man munkelt, dass ...

◆**buzz around** *vi* ❶ (*fly*) *insect* herumschwirren, herumsurren; **the fighter planes ~ed around the city** die Kampfflugzeuge umflogen dröhnend die Stadt ❷ (*fig: move busily*) herumschwirren

◆**buzz off** *vi* (*fam!*) abschwirren *fam,* die Fliege machen *sl;* **~ off!** (*fam!*) zisch ab! *sl*

buz·zard [ˈbʌzəd, AM -ɚd] *n* ❶ BRIT (*European hawk*) Bussard *m* ❷ AM (*turkey vulture*) Truthahngeier *m*

buzz·er [ˈbʌzəʳ, AM -ɚ] *n* Summer *m*

ˈbuzz phrase *n* Modeausdruck *m* **ˈbuzz word** *n* Schlagwort *nt,* Modewort *nt*

b/w *abbrev of* **black and white** sw.

by [baɪ] **I.** *prep* ❶ (*near*) bei, in der Nähe; **to grab sb ~ the arm** jdn am Arm packen; **~ sb's side** an jds Seite ❷ (*method*) mit, durch; **that's all right ~ me** ich bin damit einverstanden; **~ car/train** mit dem Auto/Zug; **~ the door** durch die Tür; **to live ~ the rules** sich *akk* an die Vorschriften halten; **~ trade** [*or* **profession**] von Beruf; [**all**] **~ oneself** [ganz] alleine ❸ (*measurement*) um; **~ X per cent** um x Prozent; **to sell ~ the dozen/hundred/thousand** zu Dutzenden/Hunderten/Tausenden verkaufen; **to get paid ~ the hour** stundenweise bezahlt werden; **X metres ~ Y** x Meter mal y Meter ❹ (*not later than*) [spätestens] bis; **~ five o'clock** [spätestens] bis fünf Uhr; **~ the 14 February** [spätestens] bis zum 14.02.; **~ the time ...** als ..., bis ... **II.** *adv inv* ❶ (*past*) vorbei; **time goes ~ pretty quickly if you keep yourself busy** wenn man sich beschäftigt, vergeht die Zeit ziemlich schnell; **to pass ~** vorbeikommen; **to speed ~ sb/sth** an jdm/etw vorbeisausen ❷ (*near*) in der Nähe; **close ~** ganz in der Nähe, in unmittelbarer Nähe ❸ (*in reserve*) **to put** [*or* **lay**] **~** zurücklegen ▸ PHRASES: **~ and large** im Großen und Ganzen; **~ and ~** nach und nach

bye [baɪ] *interj* (*fam*) tschüs *fam*

bye-bye [ˌbaɪˈbaɪ] *interj* (*fam*) tschüs *fam;* **to go ~** AM (*childspeak*) gehen; **it's time to go ~** es ist Zeit, tschüs zu sagen; **to go ~s** *esp* BRIT (*childspeak*) in die Heia gehen *Kindersprache*

ˈby(e)-law *n* ❶ POL Gemeindeverordnung *f* ❷ ■ **~s** *pl* (*of organization*) Satzung *f* **ˈby-elec·tion** *n esp* BRIT, CAN Nachwahl *f*

ˈby·gone I. *adj attr, inv age, era, world* vergangen; **to long for the ~ days** sich *akk* nach den alten Zeiten sehnen **II.** *n* ▸ PHRASES: **to let ~s be ~s** die Vergangenheit ruhen lassen

ˈby·line *n* ❶ FBALL Tor[aus]linie *f* ❷ (*in a newspaper*) Verfasserangabe *f*

BYOB [ˌbiːwaɪəʊˈbiː, AM -oʊˈ-] *adj inv abbrev of* **bring your own bottle/booze/beer** Bottle-; **~ party** Bottleparty *f*

ˈby·pass I. *n* ❶ TRANSP Umgehungsstraße *f* ❷ MED (*operation*) Bypass *m* **II.** *vt* ❶ (*detour*) **to ~ an area/a town/the town centre** ein Gebiet/eine Stadt/die Innenstadt umfahren ❷ (*not consult*) ■ **to ~ sb** jdn übergehen; (*omit*) **to ~ a phase/stage/step** eine Phase/ein Stadium/einen Schritt überspringen ❸ (*fig: avoid*) **to ~ a difficulty/an issue/a problem** eine Schwierigkeit/ein Problem/eine Frage vermeiden

ˈby·pass op·era·tion *n* Bypassoperation *f* **ˈby·pass sur·gery** *n no pl* Bypassoperation *f;* **to have ~** sich *akk* einer Bypassoperation unterziehen **ˈby·path** *n* ❶ TRANSP Seitenweg *m* ❷ (*fig: secondary issue*) Nebenaspekt *m* **ˈby·play** *n no pl* THEAT Nebenhandlung *f* **ˈby-prod·uct** *n* Nebenprodukt *nt;* (*fig*) Begleiterscheinung *f*

byre [ˈbaɪəʳ] *n* BRIT (*dated liter*) Kuhstall *m*

ˈby·road *n* Nebenstraße *f,* Seitenstraße *f* **ˈby·stand·er** *n* Zuschauer(in) *m(f);* **innocent ~** unbeteiligter Zuschauer/unbeteiligte Zuschauerin, Unbeteiligte(r) *f(m)*

byte [baɪt] *n* COMPUT Byte *nt;* **giga-/kilo-/mega~** Giga-/Kilo-/Megabyte *nt*

ˈby·way *n* ❶ TRANSP Seitenweg *m* ❷ (*fig: secondary issue*) Nebenaspekt *m* **ˈby·word** *n* ❶ (*notable example*) Musterbeispiel *nt* (**for** für +*akk*), Inbegriff *m;* **their shops are a ~ for good value** ihre Geschäfte stehen für Qualität ❷ (*motto*) Schlagwort *nt* ❸ (*proverb*) Sprichwort *nt*

byz·an·tine [bɪˈzæntaɪn, AM ˈbɪzəntiːn] *adj* ❶ (*pej: overly complicated*) *explanations, procedures* hoch kompliziert, schwer durchschaubar ❷ ARCHIT ■ **B~** byzantinisch

Cc

C <*pl* -'s>, **c** <*pl* -'s *or* -s> [siː] *n* ❶ (*letter*) C *nt,* c *nt;* **~ for** [*or* AM *a.* **as in**] **Charlie** C wie Cäsar; *see also* **A 1** ❷ MUS C *nt,* c *nt;* **~ flat** ces *nt,* Ces *nt;* **~ sharp** Cis *nt,* cis *nt; see also* **A 2** ❸ (*school mark*) ≈ Drei *f,* ≈ befriedigend; *see also* **A 3** ❹ (*Roman numeral*) C *nt,* c *nt*

c *abbrev of* **circa** ca.

C[1] <*pl* -'s *or* -s> [siː] *n* (*symbol for 100*) **~-note** AM Hundertdollarschein *m*

C[2] ❶ *after n abbrev of* **Celsius** C ❷ *abbrev of* **cancer**: **the Big ~** (*fam*) Krebs *m*

ca *prep abbrev of* **circa** ca.

cab [kæb] *n* ❶ (*of a truck*) Führerhaus *nt,* Führersitz *m* ❷ *esp* AM, AUS (*taxi*) Taxi *nt;* **to call/hail a ~** ein Taxi rufen [*o* kommen lassen]/herbeiwinken; **by ~** mit dem Taxi; **to go by ~** ein Taxi nehmen ❸ (*hist: horse-drawn*) Droschke *f hist*

ca·bal [kəˈbæl, AM -ˈbɑːl] *n* (*pej*) ❶ (*intrigue*) Kabale *f veraltet,* Intrige *f* ❷ (*group*) Clique *f pej,* Klüngel *m pej*

caba·ret [ˈkæbəreɪ, AM ˌkæbəˈreɪ] *n* ❶ (*performance*) Varietee *nt;* (*satirical*) Kabarett *nt* ❷ (*nightclub*) Nachtklub *m* mit Varieteevorführungen, Kleinkunstbühne *f*

ˈcaba·ret act *n* Varieteenummer *f*

cab·bage [ˈkæbɪdʒ] *n* ❶ (*vegetable*) Kohl *m kein pl,* Kraut *nt kein pl bes* SÜDD; (*head*) Kohlkopf *m;* **savoy ~** Wirsing[kohl] *m;* **red/white ~** Rot-/Weißkohl *m bes* NORDD, Rot-/Weißkraut *nt bes* SÜDD, ÖSTERR ❷ *no pl* (*vegetable dish*) Kohl *m* ❸ *esp* BRIT (*pej: dull person*) Trottel *m pej fam,* Dummkopf *m pej;* (*with mental injury*) geistiger Krüppel *a. pej*

cab·bage·town [ˈkæbɪdʒtaʊn] *n* CAN Elendsviertel *nt,* Slumviertel *nt*

cab·bie *n,* **cab·by** [ˈkæbi] *n, esp* AM **ˈcab·driv·er** *n* Taxifahrer(in) *m(f)*

ca·ber [ˈkeɪbəʳ] *n* SCOT SPORTS [Baum]stamm *m;* **tossing the ~** Baumstammwerfen *nt* (*bei den Highland Games*)

cab·in [ˈkæbɪn] *n* ❶ (*on ship*) Kabine *f,* Kajüte *f;* (*on plane, for passengers*) Fahrgastraum *m;* (*for pilot*) Cockpit *nt,* Kanzel *f;* (*on truck*) Führerhaus *nt* ❷ (*wooden house*) [Block]hütte *f;* (*for holidays*) Ferienhütte *f*

'cab·in boy *n* Schiffsjunge *m;* (*steward*) Kabinensteward *m* **'cab·in class** *n* zweite Klasse, Kajütenklasse *f,* Kabinenklasse *f* **'cab·in crew** *n* + *sing/pl vb* Flugbegleitpersonal *nt,* Crew *f* **'cab·in cruis·er** *n* Kajütboot *nt*

cabi·net ['kæbɪnət] **I.** *n* ❶ (*storage place*) Schrank *m;* (*small*) Schränkchen *nt;* (*for television*) Fernsehschrank *m;* **display** ~ Vitrine *f;* **filing** ~ Aktenschrank *m;* **medicine** ~ Arzneimittelschrank *m* ❷ + *sing/pl vb* BRIT, AUS, CAN POL (*senior ministers*) Kabinett *nt;* AM (*advisers to President*) persönliche [*o* engste] Berater **II.** *n modifier* (*decision, member, meeting, session*) Kabinetts-

i Kultur

In Großbritannien ist das **Cabinet** – *Kabinett* ein Gremium wichtiger Minister, das regelmäßig mit dem *Prime Minister* – *Premierminister* zusammenkommt. Das **Shadow Cabinet** – *Schattenkabinett* ist ein Gremium wichtiger Mitglieder der Opposition.

'cabi·net mak·er *n* Möbeltischler(in) *m(f),* Möbelschreiner(in) *m(f),* Kunstschreiner(in) *m(f)* **cabi·net 'min·is·ter** *n* Kabinettsminister(in) *m(f),* Kabinettsmitglied *nt* **cabi·net re·'shuf·fle** *n* BRIT Kabinettsumbildung *f*

'cab·in fe·ver *n no pl esp* AM Gefühl *nt* der Beengtheit; **sb has** ~ jdm fällt die Decke auf den Kopf **'cab·in staff** *n* + *sing/pl vb* Flugbegleitpersonal *nt,* Crew *f*

ca·ble ['keɪbl] **I.** *n* ❶ *no pl* (*thick rope*) NAUT Tau *nt,* Trosse *f fachspr* ❷ ELEC (*wire*) [Leitungs]kabel *nt,* Leitung *f;* **coil of** ~ Kabelrolle *f;* **to lay** ~**s** Kabel verlegen ❸ *no pl* TV Kabelfernsehen *nt* ❹ TELEC Kabelnetz *nt;* **to go over to** ~ [*or* **a** ~ **number**] an das Kabelnetz abgeben, zu einer Nummer im Kabelnetz umschalten ❺ (*message*) Telegramm *nt,* Kabel *nt veraltet;* **to send sth by** ~ etw als Telegramm schicken [*o veraltet* kabeln] ❻ (*knitting pattern*) Zopf *m* **II.** *vt* ❶ (*send telegram*) ■**to** ~ **sb** jdm ein Telegramm schicken; ■**to** ~ **sb sth** jdm etw telegrafieren ❷ TV ■**to be** ~**d** verkabelt sein **III.** *vi* ein Telegramm schicken, kabeln *veraltet*

'ca·ble car *n* (*on mountain*) *system* Seilbahn *f;* *cabin* [Seilbahn]kabine *f;* (*on street*) *system* Kabelbahn *f;* *car* [Kabelbahn]wagen *m* **'ca·ble·gram** *n* Telegramm *nt,* Kabel *nt veraltet* **'ca·ble net·work** *n* TV Kabelnetz *nt* **ca·ble 'rail·way** *n* Kabelbahn *f,* Standseilbahn *f* **'ca·ble stitch** *n* Zopfmuster *nt* **ca·ble 'tele·vi·sion** *n,* **ca·ble T'V** *n no pl* Kabelfernsehen *nt*

ca·boo·dle [kə'bu:dl] *n esp* AM (*fam*) **the whole** [**kit and**] ~ (*things*) der ganze Krempel *fam;* (*people*) der ganze Haufen *fam,* die ganze Sippschaft *fam*

ca·boose [kəbu:s] *n* AM NAUT Kombüse *f;* RAIL Dienstwagen *m*

'cab rank *n* Taxistand *m*

cab·rio·let ['kæbriə(ʊ)leɪ, AM ˌkæbriə'leɪ] *n* Kabrio[lett] *nt*

'cab stand *n* AM (*taxi rank*) Taxistand *m*

ca·cao [kæ'kaʊ, AM kə'kɑ:oʊ] *n no pl* ❶ (*tree*) Kakaobaum *m* ❷ (*seed*) ~ [**bean**] Kakaobohne *f*

cache [kæʃ] **I.** *n* ❶ (*hiding place*) Versteck *nt,* geheimes Lager; (*stockpile*) geheimer Vorrat; ~ **of weapons** geheimes Waffenlager ❷ COMPUT Cache *m* (*kleiner Pufferspeicher*) **II.** *vt* ■**to** ~ **sth** etw verstecken

cache 'memo·ry *n no pl* COMPUT Cachespeicher *m*

ca·chet ['kæʃeɪ, AM kæ'ʃeɪ] *n no pl* ❶ (*prestige*) Prestige *nt,* Ansehen *nt;* **international** ~ internationales Ansehen; **this type of jacket used to have a certain** ~ eine solche Jacke machte früher etwas her *fam* ❷ (*distinguishing feature*) Qualitätsmerkmal *nt*

cack [kæk] *vt* BRIT (*vulg*) ■**to** ~ **oneself** (*be frightened*) sich *dat* vor Angst in die Hose machen [*o derb* scheißen]

cack-hand·ed [ˌkæk'-] *adj* BRIT, AUS (*fam*) ungeschickt, tollpatschig *fam*

cack·le ['kækl] **I.** *vi chicken, goose* gackern; *person also* gackeln *fam,* gickeln DIAL *fam* **II.** *n* ❶ (*chicken noise*) Gackern *nt kein pl;* **to give a** ~ gackern ❷ (*laughter*) Gegacker *nt fam,* Gekicher *nt;* (*noisy talk*) Geschnatter *nt pej fam;* **to cut the** ~ mit dem Geschnatter aufhören

ca·copho·nous [kə'kɒfənəs, AM -'kɑ:-] *adj* (*form*) misstönend, kakophonisch *fachspr*

ca·copho·ny [kə'kɒfəni, AM -'kɑ:-] *n no pl* (*form*) Missklang *m,* Kakophonie *f fachspr;* (*noise*) Krach *m*

cac·ti ['kæktaɪ] *n pl of* **cactus**

cac·tus <*pl* -es *or* cacti> ['kæktəs, *pl* -taɪ] *n* Kaktus *m*

cad [kæd] *n* (*pej dated or hum*) Lump *m pej,* Schuft *m pej*

CAD [kæd] *n no pl abbrev of* **Computer-Aided Design** CAD *nt*

ca·dav·er [kə'dɑ:və, AM -'dævɚ] *n* (*form*) *of humans* Leiche *f;* *of an animal* Kadaver *m*

ca·da·ver·ous [kə'dævᵊrəs] *adj* (*pale*) totenbleich, aschgrau; (*thin*) ausgemergelt, ausgezehrt; (*about to die*) vom Tode gezeichnet

cad·die ['kædi] **I.** *n* SPORTS Caddie *m* **II.** *vi* <-y-> ■**to** ~ **for sb** jds Caddie sein

'cad·die car *n,* **'cad·die cart** *n* Golfschlägerwagen *m,* Caddie *m fachspr*

cad·dy ['kædi] **I.** *n* ❶ (*small container*) Dose *f,* Büchse *f;* **tea** ~ Teedose *f;* **tool** ~ Werkzeugkasten *m* ❷ (*in golf*) Caddie *m* **II.** *vi* ■**to** ~ **for sb** jds Caddie sein

ca·dence ['keɪdᵊn(t)s] *n* ❶ (*intonation*) Tonfall *m;* (*rhythm*) *of speech* [Sprech]rhythmus *m,* Sprachmelodie *f;* *of poetry, prose* Rhythmus *m* ❷ (*fall in pitch*) Abfallen *nt* [der Stimme] ❸ (*regular sound*) *of an engine* Laufrhythmus *m;* **the** ~ **of the rustling leaves was soothing** das gleichmäßige Rascheln der Blätter war beruhigend ❹ MUS Kadenz *f*

ca·det [kə'det] *n* MIL Kadett *m,* Offiziersanwärter *m;* LAW Polizeischüler *m*

cadge [kædʒ] (*fam*) **I.** *vt* ■**to** ~ **sth off** [*or* **from**] **sb** etw von jdm schnorren *fam;* **he's always cadging free meals off his clients** er lässt sich von seinen Kunden immer zum Essen einladen **II.** *vi* betteln, schnorren *fam;* **I think she was cadging for a bed for the night** ich glaube, sie war auf eine kostenlose Schlafgelegenheit aus

cadg·er ['kædʒəʳ, AM -ɚ] *n* (*pej*) Schnorrer(in) *m(f) fam*

cad·mium ['kædmiəm] *n no pl* Kadmium *nt*

ca·dre ['kɑ:dəʳ, AM 'kædri:] *n* ❶ (*elite trained group*) Führungsgruppe *f;* MIL, POL, SPORTS Kader *m* ❷ (*individual member*) Kadermitglied *nt*

Cae·sar·ean [sɪ'zeəriən] **I.** *adj inv* ❶ (*of Caesar*) cäsarisch *geh* ❷ MED Kaiser-; ~ **delivery** [*or* **birth**] Geburt *f* durch Kaiserschnitt; **she was a** ~ **delivery** sie wurde mit Kaiserschnitt entbunden; ~ **section** Kaiserschnitt *m* **II.** *n* MED Kaiserschnitt *m*

Caesar sal·ad [ˌsi:zə'-, AM -zɚ'-] *n* Cäsarensalat *m*

cae·sium ['si:ziəm] *n no pl* Cäsium *nt*

café, cafe ['kæfeɪ, AM kæ'feɪ] *n* Café *nt;* **sidewalk** ~ Straßencafé *nt*

cafe au lait <*pl* -s> [ˌkæfeɪəʊ'leɪ, AM kæ'feɪoʊ-] *n* Milchkaffee *m*

cafe 'bar *n* Café-Restaurant *nt*

caf·eteria [ˌkæfə'tɪəriə, AM -'tɪriə] *n* Cafeteria *f*

cafe·tière [ˌkæfə'tjeəʳ, AM -'tjer] *n* Cafetiere *f,* Pressfilterkanne *f*

caff [kæf] *n* BRIT (*fam*) Café *nt*

caf·fein(e) ['kæfi:n, AM -'i:n] *n no pl* Koffein *nt;* (*in tea*) T[h]ein *nt*

caf·fè lat·te <*pl* -s> [ˌkæfer'læteɪ] *n* Milchkaffee *m*

caf·tan ['kæftæn] *n* Kaftan *m*

cage [keɪdʒ] **I.** *n* ❶ (*for animals*) Käfig *m;* **rabbit** ~ Kaninchenstall *m;* (*fig*) Gefängnis *nt* ❷ (*elevator type*) Fahrkorb *m;* MIN Förderkorb *m* ❸ SPORTS (*baseball*) Gitter *nt;* (*hockey*) Tor *nt;* (*soccer*) Tor *nt,* Kasten *m fam* **II.** *vt* ■**to** ~ **an animal** ein Tier in einen Käfig sperren; **to prowl** [*or* **pace**] **like a** ~**d animal** hin- und herlaufen wie ein Tier im Käfig; ■**to** ~ **sb** [**up**] (*fam*) jdn hinter Gitter bringen *fam*

cag·ey ['keɪdʒi] *adj* (*fam*) ❶ (*secretive*) verschlossen, zugeknöpft *fam;* **every time I ask him about it, he becomes very** ~ er antwortet jedes Mal ausweichend, wenn ich ihn danach frage; **she's** ~ **about her age** sie macht ein Geheimnis aus ihrem Alter ❷ (*sneaky*) durchtrieben, gerissen *fam,* clever *fam*

cag·ey·ness *n no pl see* **caginess**

cagi·ly ['keɪdʒɪli] *adv* (*fam*) zögernd, zurückhaltend; **to reply** ~ ausweichend antworten

cagi·ness ['keɪdʒɪnəs] *n no pl* (*fam*) ❶ (*secretiveness*) Verschlossenheit *f* ❷ (*dishonesty*) Durchtriebenheit *f,* Gerissenheit *f,* Cleverness *f fam*

ca·goul(e) [kə'gu:l] *n* BRIT Regenjacke *f* [mit Kapuze]

ca·hoots [kə'hu:ts] *npl* (*fam*) **to be in** ~ [**with sb**] [mit jdm] gemeinsame Sache machen [*o fam* unter einer Decke stecken]

Cain [keɪn] *n* REL Kain ▸PHRASES: **to raise** ~ (*fam: make noise*) einen Höllenlärm [*o* ein Höllenspektakel] machen *fam;* (*complain*) einen Riesenkrach schlagen

cairn [keən, AM kern] *n* Steinhaufen *m* (*als Landmarke, Grab- oder Gedenkstätte*), Cairn *m fachspr*

ca·jole [kə'dʒeʊl, AM -'dʒoʊl] **I.** *vt* ■**to** ~ **sb** jdn beschwatzen *fam;* ■**to** ~ **sb into doing sth** jdn dazu überreden, etw zu tun **II.** *vi* [schmeichelnd] betteln

ca·jol·ing [kə'dʒeʊlɪŋ, AM -'dʒoʊl-] **I.** *n* ❶ *no pl* (*action*) Schmeicheln *nt kein pl,* Schöntun *nt kein pl* ❷ (*words*) Schmeicheleien *fpl;* **her** ~**s are driving me crazy** ihr ständiges Bitten und Betteln macht mich noch verrückt **II.** *adj attr* schmeichlerisch; *tone, voice* einschmeichelnd

Ca·jun ['keɪdʒən] **I.** *adj* Cajun-; ~ **music** Cajun-Musik *f* **II.** *n* ❶ (*person*) Cajun *m o f* ❷ (*dialect*) Cajun *nt* (*im Raum New Orleans*)

cake [keɪk] **I.** *n* ❶ (*in baking*) Kuchen *m;* (*layered*) Torte *f;* **birthday/wedding** ~ Geburtstags-/Hochzeitstorte *f;* **butter/sponge** ~ Rühr-/Biskuitkuchen *m;* **chocolate** ~ Schokoladenkuchen *m;* **fruit** ~ englischer [Tee]kuchen; **a piece** [*or* **slice**] **of** ~ ein Stück *nt* Kuchen ❷ (*patty*) Küchlein *nt;* **fish** ~ Fischfrikadelle *f,* Fischlaibchen *nt* ÖSTERR; **potato** ~ Kartoffelpuffer *m,* Reibekuchen *m* ❸ (*block*) ~ **of soap** Stück *nt* Seife ❹ AM (*sl: Black English: money*) Knete *f sl* ▸PHRASES: **a piece of** ~ (*fam*) kinderleicht, ein Kinderspiel *nt,* ein Klacks *m fam;* **to have a fair slice of the** ~ sein Stück vom Kuchen abbekommen; **to have one's** ~ **and eat it** [**too**] beides gleichzeitig wollen; **to take the** ~ (*fam*) alles übertreffen, den Vogel abschießen *fam* **II.** *n modifier* (*ingredients, form, mixture, recipe*) Kuchen- **III.** *vt* **to be** ~**d with blood/mud** blut-/dreckverkrustet sein; **to be** ~**d with filth** schmutzbedeckt sein **IV.** *vi blood, make-up* eintrocknen; *blood, mud* eine Kruste bilden

'cake flour *n* AM *griffig-lockeres Mehl, Typ 405* (*für Kuchen*) **'cake mix** *n* Backmischung *f* **'cake pan** *n* AM, **'cake tin** *n esp* BRIT Kuchenform *f* **'cake·walk** *n no pl* ❶ (*dance*) Cakewalk *m* ❷ AM (*fam: easily reached goal*) Kinderspiel *nt fig,* Spaziergang *m fig*

CAL [kæl, ˌsi:er'el] *n no pl abbrev of* **Computer-Aided Learning** CAL

cala·bash <*pl* -es> ['kæləbæʃ] *n* ❶ (*fruit*) Flaschenkürbis *m,* Kalebasse *f* ❷ (*tree*) Kalebassenbaum *m*

cala·boose ['kæləbu:s] *n* AM DIAL (*prison*) Kittchen *nt fam*

cala·mari [ˌkælə'mɑ:ri] *npl* Calamares *mpl*

cala·mine ['kælə'maɪn] *n,* **cala·mine 'lo·tion** *n no pl* MED Galmeilotion *f,* Calamina *f fachspr*

ca·lami·tous [kə'læmɪtəs, AM -ət̬əs] *adj* verheerend, katastrophal

ca·lam·ity [kə'læməti, AM -əti] *n* ❶ (*disaster*) Katastrophe *f* ❷ *no pl* Unglück *nt*

Ca·lam·ity 'Jane *n* (*pej fam*) Pechmarie *f fam*

cal·cif·er·ous [kæl'sɪfᵊrəs] *adj* kalkhaltig

cal·ci·fy <-ie-> ['kælsɪfaɪ] CHEM **I.** *vt* ■**to** ~ **sth** etw verkalken [*o fachspr* kalzifizieren] **II.** *vi* verkalken, kalzifizieren *fachspr*

cal·cium ['kælsiəm] *n no pl* Kalzium *nt,* Calcium *nt fachspr*

cal·cu·lable ['kælkjələbl] *adj* ❶ MATH, ECON kalkulierbar, berechenbar; **the total damage is** ~ **at $15,000** der Gesamtschaden ist auf 15.000 $ zu veranschlagen ❷ AM (*reliable*) verlässlich

cal·cu·late ['kælkjəleɪt] **I.** *vt* ❶ (*compute*) ■**to** ~ **sth** etw berechnen; (*as estimate*) etw veranschlagen; (*in advance*) etw vorausberechnen [*o fachspr* kalkulieren] ❷ *passive* (*intend*) ■**to be** ~**d to do sth** darauf abzielen, etw zu tun; **his words were** ~**d to manipulate her** seine Worte sollten sie manipulieren ❸ AM (*fam: suppose*) ■**to** ~ **that ...** vermuten [*o* annehmen], dass ... **II.** *vi* ■**to** ~ [**on sth**] [mit etw *dat*] rechnen

cal·cu·lat·ed ['kælkjəleɪtɪd, AM -t̬ɪd] *adj* beabsichtigt, gewollt; *risk* kalkuliert; **to take a** ~ **risk** ein kalkuliertes Risiko eingehen

cal·cu·lat·ing ['kælkjəleɪtɪŋ, AM -t̬ɪŋ] *adj attr* (*pej*) berechnend *pej;* ~ **manner** berechnende Art; **cold and** ~ kalt und berechnend

cal·cu·la·tion [ˌkælkjə'leɪʃᵊn] *n* ❶ ECON, MATH Berechnung *f;* (*in advance*) Vorausberechnung *f,* Kalkulation *f;* (*estimate*) Schätzung *f;* **to make** [*or* **do**] ~**s** Berechnungen [*o* Kalkulationen] anstellen; **by our** ~**s** nach unseren Schätzungen ❷ *no pl* (*in math*) Rechnen *nt;* **it took some** ~ es bedurfte einiger Rechnerei ❸ *no pl* (*pej: selfish planning*) Berechnung *f pej;* **there's an element of** ~ **in his behaviour** sein Verhalten hat etwas Berechnendes

cal·cu·la·tor ['kælkjəleɪtəʳ, AM -t̬ɚ] *n* Rechner *m;* **pocket** ~ Taschenrechner *m*

cal·cu·lus ['kælkjələs] *n no pl* MATH Differenzialrechnung *f,* Integralrechnung *f,* Infinitesimalrechnung *f*

cal·dron *n see* **cauldron**

cal·en·dar ['kæləndəʳ, AM -dɚ] **I.** *n* ❶ (*of the year*) Kalender *m;* **the Jewish/Muslim** ~ der jüdische/islamische Kalender; **the ancient Greeks had a different** ~ **than we do** die alten Griechen hatten eine andere Zeitrechnung als wir ❷ (*time planner*) [Termin]kalender *m* ❸ (*schedule*) Programm *nt;* ~ **of events** [Veranstaltungs]programm *nt* **II.** *vt* ■**to** ~ **sth** etw in einen Kalender eintragen

cal·en·dar 'month *n* Kalendermonat *m* **cal·en·dar 'year** *n* Kalenderjahr *nt*

calf <*pl* calves> [kɑ:f, AM kæf, *pl* kɑ:vz, *Am* kævz] *n* ❶ (*young cow, whale etc*) Kalb *nt;* (*young animal*) Junge(s) *nt,* Jungtier *nt;* **to be in** ~ *animal* trächtig sein ❷ *no pl* (*leather*) Kalbsleder *nt* ❸ ANAT Wade *f*

'calf-length *adj inv coat, skirt* wadenlang, dreiviertellang

'calf love *n no pl* Jugendliebe *f,* erste Liebe **'calf·skin I.** *n no pl* Kalbsleder *nt* **II.** *n modifier* (*bag, book binding, boots, shoes*) Kalbsleder-

cali·ber *n no pl* AM *see* **calibre**

cali·brate ['kælɪbreɪt] *vt* **to** ~ **an instrument/a scale/a thermometer** ein Instrument/eine Waage/ein Thermometer eichen [*o fachspr* kalibrieren]

cali·brat·ed ['kælɪbreɪtɪd, AM -t̬ɪd] *adj* geeicht, kalibriert *fachspr*

cali·bra·tion [ˌkælɪ'breɪʃᵊn] *n no pl* Eichung *f,* Kalibrierung *f fachspr*

cali·bre ['kælɪbəʳ], AM **cali·ber** [-ləbɚ] *n* ❶ *no pl* (*quality*) Niveau *nt,* Format *nt,* Kaliber *nt fam;* **the competition entries were of high** ~ für den Wettkampf waren hochrangige Wettkämpfer und Wettkämpferinnen gemeldet ❷ *no pl* (*diameter*) *of a pipe, vessel* [Innen]durchmesser *m; of a bullet, gun, rocket* Kaliber *nt*

cali·co <*pl* -es *or* -s> ['kælɪkəʊ, AM -koʊ] **I.** *n* ❶ *no pl* BRIT (*white cloth*) Baumwollnesselstoff *m,* Kattun *m,* Kaliko *m;* AM (*printed cloth*) bedruckter Kattun, Druckkattun *m* ❷ AM (*cat*) [bunt]gefleckte Katze **II.** *n modifier* (*blouse, dress, skirt*) Baumwoll-

cali·co 'cat *n* AM [bunt]gefleckte Katze

ca·lif *n see* **caliph**
cali·per *n* AM *see* **calliper**
ca·liph ['keɪlɪf], AM **calif** *n* (*hist*) Kalif *m hist*
cal·is·then·ics *n + sing/pl vb* AM SPORTS *see* **callisthenics**
call [kɔ:l, AM *esp* kɑ:l] **I.** *n* ❶ (*on telephone*) [Telefon]anruf *m,* [Telefon]gespräch *nt,* Telefonat *nt;* **were there any ~s for me?** hat jemand für mich angerufen?; **will you take the ~?** nehmen Sie das Gespräch an?; **international ~s have become cheaper** Auslandsgespräche sind billiger geworden; **to give sb a ~** jdn anrufen; **to make a ~** einen Anruf tätigen, ein Telefongespräch führen; **to receive a ~** einen Anruf erhalten, angerufen werden; **the radio station received a lot of ~s** bei dem Radiosender gingen viele Anrufe ein; **to return a ~** zurückrufen ❷ (*by doctor*) Hausbesuch *m;* (*on a friend*) Stippvisite *f fam;* **to make ~s** Hausbesuche machen; **to pay a ~ on sb** bei jdm vorbeischauen ❸ (*shout*) Ruf *m;* (*yell*) Schrei *m; of an animal* Ruf *m,* Schrei *m;* **give a ~ if you need something** melde dich, wenn du etwas brauchst; **duck ~** HUNT Entenlockpfeife *f,* Entenlocke *f fachspr;* **a ~ for help** ein Hilferuf *m;* **within ~** in Rufweite [*o* Hörweite] ❹ (*to wake*) **to give sb a ~** jdn wecken ❺ (*demand*) Forderung *f* (**for** nach +*dat*) ❻ (*vocation*) Berufung *f;* **he felt the ~ to join the ministry** er fühlte sich zum Priesteramt berufen ❼ *no pl* ECON Nachfrage *f* (**for** nach +*dat*) ❽ (*form or a. hum: need*) Veranlassung *f,* Grund *m;* **to have no ~ for sth** keinen Grund für etw *dat* haben ❾ (*appeal*) *of the desert, the sea, the wild* Ruf *m* ❿ (*judgement*) Entscheidung *f;* SPORTS [Schiedsrichter]entscheidung *f;* **we had a hard ~ to make** wir mussten eine schwierige Entscheidung treffen; AM **is telling white lies right or wrong? – I think that's a judgement ~** sind Notlügen richtig oder falsch? – ich glaube, das ist eine Frage der Beurteilung ▸ PHRASES: **to be at sb's beck and ~** jdm jederzeit zu Diensten stehen; **I've got him at my beck and ~** er tanzt völlig nach meiner Pfeife; **to answer the ~ of nature** mal kurz verschwinden müssen *fam;* **to be on ~** Bereitschaft [*o* Bereitschaftsdienst] haben **II.** *vt* ❶ (*on telephone*) ■**to ~ sb** jdn anrufen; (*wake*) jdn telefonisch wecken; **to ~ sb collect** AM jdn per R-Gespräch anrufen ❷ (*give name*) ■**to ~ sb sth: they've ~ed her daughter Katherine** sie haben ihre Tochter Katherine genannt; **what's that actor ~ed again?** wie heißt dieser Schauspieler nochmal?; **what's that ~ed in Spanish?** wie heißt das auf Spanisch?; **no one ~s him by his real name** niemand nennt ihn bei seinem richtigen Namen; **she's ~ed by her second name, Jane** sie wird mit ihrem zweiten Namen Jane gerufen; **to ~ sb names** jdn beschimpfen ❸ (*regard as*) **to ~ sb a close friend** jdn als guten Freund/gute Freundin bezeichnen; **you ~ this a meal?** das nennst du ein Essen?; **I'm not ~ing you a liar** ich sage nicht, dass du lügst; **I can't remember exactly but let's ~ it £10** ich weiß es nicht mehr genau, aber sagen wir mal 10 Pfund ❹ (*say out loud*) ■**to ~ sth** etw rufen; ■**to ~ sth at sb** jdm etw zurufen; **he ~ed insults at her** er beleidigte sie mit lauten Worten ❺ (*summon*) ■**to ~ sb** jdn rufen; **I was ~ed to an emergency meeting** ich wurde zu einer dringenden Sitzung gerufen; **to ~ attention to oneself** auf sich *akk* aufmerksam machen; **to ~ sb's attention to sth** jds Aufmerksamkeit auf etw *akk* lenken; **to ~ sb to dinner** jdn zum Abendessen rufen; **to ~ sth to mind** (*recall*) sich *dat* etw ins Gedächtnis zurückrufen; (*remember*) sich *akk* an etw *akk* erinnern; **to ~ sb to order** (*ask for quiet*) jdn um Ruhe bitten; (*reprimand*) jdn zur Ordnung rufen; **to ~ sth into play** etw ins Spiel bringen; (*get under way*) etw in die Wege leiten; **to ~ sth into question** etw in Frage stellen; **to ~ sb into a room** jdn in ein Zimmer bitten; (*rudely*) jdn in ein Zimmer beordern; **to ~ a witness** LAW einen Zeugen/eine Zeugin aufrufen ❻ (*summon to office*) ■**to ~ sb** jdn berufen; (*by God*) jdn aussersehen; (*destined to be*) ■**to be ~ to do sth** dazu bestimmt sein, etw zu tun ❼ (*give orders for*) **to ~ an election/a meeting** Wahlen/eine Konferenz ansetzen [*o geh* anberaumen]; **to ~ a halt to a development/fighting** einer Entwicklung/kämpferischen Auseinandersetzungen Einhalt gebieten *geh;* **to ~ a strike** einen Streik ausrufen ❽ AM (*fam: challenge*) ■**to ~ sb on sth** jdn auf etw *akk* ansprechen; (*show disapproval*) jdn wegen einer S. *gen* zur Rede stellen ❾ SPORTS **to ~ a ball** (*baseball*) einen Ball geben; **to ~ a ball/pocket/shot** AM (*in billiards, pool*) eine Kugel/ein Loch/einen Stoß anmelden; **to ~ the game** AM das Spiel unterbrechen [*o* abbrechen]; **to ~ a shot a goal** ein Tor geben ❿ FIN (*demand payment*) **to ~ a loan/mortgage** die Ablösung eines Darlehens/einer Hypothek fordern ▸ PHRASES: **to ~ sb's bluff** (*ask to prove*) jdn beim Wort nehmen; (*challenge to do*) jdn auf die Probe stellen; **to ~ it a day** (*fam*) Schluss machen; **let's ~ it a day!** Schluss für heute!; **to ~ it quits** es gut sein lassen; **to ~ one's shot** AM die Karten aufdecken; **to ~ [all] the shots** [*or* **to ~ the tune**] das Kommando [*o* Sagen] haben; **to ~ a spade a spade** (*usu hum fam*) das Kind beim Namen nennen; **to ~ sth one's own** etw sein Eigen nennen *geh;* **don't ~ us, we'll ~ you** (*after job interview*) wir kommen auf Sie zurück (*impliziert aber bereits Absage*) **III.** *vi* ❶ (*telephone*) anrufen; **who's ~ing, please?** wer ist am Apparat?; **to ~ collect** AM ein R-Gespräch führen ❷ (*drop by*) hereinschauen *fam,* vorbeischauen ❸ (*shout*) rufen; (*yell*) schreien; (*of an animal, a bird*) schreien ❹ (*summon*) ■**to ~ to sb** nach jdm rufen

◆**call after I.** *vi* (*yell to*) ■**to ~ after sb** jdm nachrufen **II.** *vt usu passive* ■**to ~ sb after sb** jdn nach jdm [be]nennen; ■**to be ~ed after sb** nach jdm benannt worden sein

◆**call away** *vt usu passive* ■**to ~ sb ◯ away** jdn wegrufen; **to ~ sb away on business** jdn ohne Vorankündigung auf Geschäftsreise schicken; ■**to be ~ed away** abberufen werden

◆**call back I.** *vt* ❶ (*return call*) ■**to ~ sb back** jdn zurückrufen ❷ (*ask to return*) ■**to ~ back ◯ sb** jdn zurückrufen ❸ (*defective product*) ■**to ~ back ◯ sth** etw zurückrufen **II.** *vi* ❶ (*phone again*) zurückrufen ❷ (*return: to shop*) wiederkommen

◆**call by** *vi* hereinschauen *fam,* vorbeischauen

◆**call down** *vt* ❶ (*implore*) **to ~ down curses on sb** jdn verwünschen; **to ~ God's help/wrath down on sb** Gottes Hilfe/Zorn auf jdn herabrufen ❷ AM (*scold*) ■**to ~ down ◯ sb** jdn heruntermachen *fam*

◆**call for** *vi* ❶ (*collect*) ■**to ~ for sb/sth** jdn/etw abholen ❷ (*ask*) ■**to ~ for sb** nach jdm rufen; **to ~ for help** um Hilfe rufen ❸ (*demand*) ■**to ~ for sth** nach etw *dat* verlangen; **this ~s for a celebration** das muss gefeiert werden; **I don't think that remark was ~ed for** ich glaube, diese Bemerkung war unangebracht; **to ~ for order** um Ruhe bitten

◆**call forth** *vt* (*form*) **to ~ forth criticism/protests** Kritik/Proteste hervorrufen

◆**call in I.** *vt* ❶ (*ask to come*) ■**to ~ in ◯ sb** jdn hereinbitten ❷ FIN **to ~ in a loan** ein Darlehen aufkündigen **II.** *vi* ❶ RADIO, TV **to ~ in to a show** bei laufender [*o* während einer] Sendung anrufen ❷ (*drop by*) ■**to ~ in on sb** bei jdm vorbeischauen *fam;* **to ~ in at the butcher's** beim Metzger vorbeigehen

◆**call off** *vt* ❶ (*cancel*) ■**to ~ off ◯ sth** etw absagen; **to ~ off a search/a strike** eine Suche/einen Streik abbrechen [*o fam* abblasen] ❷ (*order back*) **to ~ off one's dog** seinen Hund zurückrufen

◆**call on** *vi* ❶ (*appeal to*) ■**to ~ on sb to do sth** jdn dazu auffordern, etw zu tun; **I now ~ on everyone to raise a glass to the happy couple** und nun bitte ich Sie alle, Ihr Glas auf das glückliche Paar zu erheben; **to ~ on a witness to testify** einen Zeugen/eine Zeugin in den Zeugenstand rufen ❷ (*visit*) ■**to ~ on sb** bei jdm hereinschauen *fam;* **why don't you ~ on me?** warum kommst du nicht mal vorbei? *fam* ❸ (*use*) **to ~ on sb's assistance** jds Hilfe in Anspruch nehmen; **to ~ on one's resolve/willpower** seine Entschlusskraft/Willenskraft zusammennehmen; **to ~ on [all] one's strength** [all] seine

calming down

calming down	beruhigen
Don't panic!	Nur keine Panik!
Don't you worry about a thing.	Machen Sie sich da keine Sorgen.
Don't worry; we'll manage it all right.	Keine Angst, das werden wir schon hinkriegen.
We'll just have to wait and see (what happens).	Abwarten und Tee trinken!
It'll be all right.	Es wird schon werden.
It's not as bad as all that.	Alles halb so schlimm.
Stay calm!/Relax!/Keep cool!	Immer mit der Ruhe!

Kräfte zusammennehmen

◆**call out** I. *vt* ❶ (*shout*) ■**to ~ out** ↔ **sth** etw rufen; (*yell*) etw schreien; **to ~ out obscenities** [**at sb**] [jdn an]pöbeln ❷ (*put into action*) **to ~ out the fire brigade/national guard** die Feuerwehr/Nationalgarde in Bewegung setzen II. *vi* rufen; (*yell*) aufschreien; **if she ~s out, he comes running** sie braucht nur Piep zu machen und schon kommt er herbeigeeilt; **he ~ed out in pain** er schrie vor Schmerzen auf

◆**call over** *vt* ■**to ~ sb over** jdn bitten, näher zu kommen

◆**call round** *vi* BRIT hereinschauen *fam*, vorbeischauen

◆**call up** *vt* ❶ *esp* AM (*telephone*) ■**to ~ up** ↔ **sb** jdn anrufen ❷ COMPUT ■**to ~ up** ↔ **sth** etw abrufen ❸ MIL ■**to ~ up** ↔ **sb** jdn einberufen [*o* einziehen] ❹ (*conjure up*) **to ~ up images/memories/thoughts** Bilder/Erinnerungen/Vorstellungen wachrufen

cal·la·net·ics® [ˌkæləˈnetɪks, AM -t̬-] *n + sing/pl vb* Callanetics® *pl*

'call box *n* BRIT Telefonzelle *f* **call di·'ver·sion** *n no pl* Rufumleitung *f*

call·er [ˈkɔːləʳ, AM ˈkɑːlɚ] *n* ❶ (*on telephone*) Anrufer(in) *m(f)* ❷ (*visitor*) Besucher(in) *m(f)*; **we don't get many ~s here** wir bekommen hier wenig Besuch

call·er I'D *n no pl* TELEC Anruferkennung *f*

'call girl *n* Callgirl *nt*

cal·lig·ra·phy [kəˈlɪgrəfi] I. *n no pl* Kalligraphie *f*, Kunst *f* des Schönschreibens II. *n modifier* (*lettering, pen, style*) Schönschreib-

call-in [ˈkɔːlɪn, AM *esp* ˈkɑːl-] *n* Anruf *m*; *see also* **phone-in**

call·ing [ˈkɔːlɪŋ, AM *esp* ˈkɑːl-] *n* ❶ (*profession*) Beruf *m* ❷ (*inner impulse*) Berufung *f*, Bestimmung *f*; **it is her ~ to be a writer** sie ist zur Schriftstellerin berufen

'call·ing card *n* ❶ AM (*telephone card*) Telefonkarte *f*; (*telephone charge card*) Telefonkreditkarte *f* ❷ *esp* AM (*personal card*) Visitenkarte *f*, Visitkarte *f* ÖSTERR

cal·li·per [ˈkælɪpəʳ], AM **cali·per** [-ləpɚ] *n* ❶ TECH ■**~s** *pl* Greifzirkel *m*, Tast[er]zirkel *m*; **inside/outside ~s** Innen-/Außentaster *m* ❷ MED ~ [**splint**] Beinschiene *f*, Gehapparat *m*

cal·lis·then·ics [kælɪsˈθenɪks], AM **cal·is·then·ics** [-ləsˈ-] *n + sing/pl vb* [leichte] Gymnastik, Freiübungen *fpl*, Fitnessübungen *fpl*

cal·lous [ˈkæləs] I. *adj* hartherzig, herzlos, gefühllos II. *n* <*pl* -es> *see* **callus**

cal·lous·ly [ˈkæləsli] *adv* hartherzig, herzlos, ungerührt

cal·lousness [ˈkæləsnəs] *n no pl* Herzlosigkeit *f*, Gefühlskälte *f*, Gefühllosigkeit *f*

cal·low [ˈkæləʊ, AM -oʊ] *adj* (*pej liter*) unreif, unfertig; **~ youth** Milchgesicht *nt a. pej*, grüner Junge *a. pej*; **Mark was just a ~ youth of sixteen** Mark war mit seinen sechzehn Jahren noch grün hinter den Ohren

'call sign *n*, **'call sig·nal** *n* [Funk]rufzeichen *nt*, [An]rufsignal *nt* **'call-up** *n* MIL Einberufung *f* **'call-up pa·per** *n* MIL Einberufungsbescheid *m*

cal·lus <*pl* -es> [ˈkæləs] *n* MED Kallus *m fachspr*; (*of skin*) [Horn]schwiele *f*; (*of bone*) [Knochen]narbe *f*; BOT Wundgewebe *nt kein pl*, [verhärtete] Wucherung, Kallus *m fachspr*; **knotty ~es** knorrige Wucherungen

'call wait·ing *n no pl* Anklopfen *nt*, Anklopffunktion *f*

calm [kɑːm, AM kɑː(l)m] I. *adj* ❶ (*not nervous*) ruhig, gelassen; **he has a very ~ manner** er hat ein besonnenes Wesen; **to be cool, ~ and collected** ruhig und gefasst sein; **to remain cool, ~ and collected** die Nerven bewahren [*o* behalten]; **to keep** [*or* **stay**] **~** ruhig bleiben, [die] Ruhe bewahren; **she's not very good at keeping ~** sie verliert leicht die Nerven ❷ (*peaceful*) ruhig, friedlich ❸ METEO windstill; NAUT *sea* ruhig II. *n* (*esp liter*) ❶ (*calmness*) Ruhe *f*, Stille *f*; **~ of mind** Gelassenheit *f* ❷ METEO Windstille *f*; NAUT Flaute *f*; **the ~ before the storm** (*a. fig*) die Ruhe vor dem Sturm *a. fig*; **dead ~** Flaute *f*, völlige Windstille III. *vt* ■**to ~ sb/sth** jdn/etw beruhigen; **have a drink – it will ~ your nerves** trink etwas – das wird dich beruhigen; ■**to ~ oneself** sich *akk* beruhigen

◆**calm down** I. *vi* sich *akk* beruhigen; *storm, wind* abflauen, sich *akk* legen II. *vt* ■**to ~ sb** ↔ **down** jdn beruhigen; ■**to ~ oneself down** sich *akk* beruhigen

calm·ing [ˈkɑːmɪŋ, AM ˈkɑː(l)m-] *adj* beruhigend; **to have a ~ effect on sb** auf jdn besänftigend wirken

calm·ly [ˈkɑːmli, AM ˈkɑː(l)m-] *adv* ruhig, gelassen; **she reacted surprisingly ~ to the news** sie reagierte erstaunlich gefasst auf die Nachricht; **to argue ~** sachlich [*o* nüchtern] argumentieren; **to do sth ~ and collectedly** etw in aller Seelenruhe tun

calm·ness [ˈkɑːmnəs, AM ˈkɑː(l)m-] *n no pl* ❶ (*inner peace*) Ruhe *f*, Gelassenheit *f*; **she had never felt such ~ before** sie hatte noch nie zuvor so eine innere Ruhe verspürt ❷ (*smoothness*) Ruhe *f*, Stille *f*; **the ~ of the sea/weather** das ruhige Meer/Wetter

Cal·or gas® [ˈkæləʳ,-] BRIT I. *n no pl* Butangas *nt* II. *n modifier* Butangas-; **~ stove** [Butan]gaskocher *m*

ca·lor·ic [kəˈlɒrɪk, AM -ˈlɔːr-] *adj* ❶ *inv* PHYS kalorisch, Wärme- ❷ (*high-calorie*) kalorienreich

calo·rie [ˈkælᵊri] I. *n* Kalorie *f*; **to be high/low in ~s** kalorienreich/-arm sein, viele/wenig Kalorien haben; **to count ~s** die Kalorien zählen II. *n modifier* Kalorien-; **~-counting** Kalorienzählen *nt*; **~-controlled diet** Kaloriendiät *f*; **~-conscious** kalorienbewusst; **~-reduced** brennwertvermindert

calo·rif·ic [ˌkæləˈrɪfɪk] *adj* ❶ PHYS kalorisch, Wärme-; **~ value** Heizwert *m*; FOOD Brennwert *m* ❷ (*fam: high-calorie*) kalorienreich; **to be very ~** eine Kalorienbombe sein

cal·um·ny [ˈkæləmni] *n* (*form*) ❶ *no pl* (*defamation*) Verleumdung *f*, Schmähung *f geh*; **to be subjected to ~** verleumdet werden ❷ (*instance*) Verleumdung *f*; **to utter calumnies** verleumderische Reden führen

cal·va·dos [ˈkælvədɒs, AM ˌkælvəˈdoʊs] *n no pl* Calvados *m*

Cal·va·ry ['kælvᵊri] *n no pl, no art* ❶ (*site of crucifixion*) Golgatha *nt,* Kalvarienberg *m* ❷ (*fig: place of sacrifice*) Martyrium *nt,* Golgatha *nt liter*
calve [kɑːv, AM kæv] *vi* kalben, abkalben *fachspr*
calves [kɑːvz, AM kævz] *n pl of* **calf**
Cal·vin·ism ['kɑːlvɪnɪzᵊm] *n no pl* REL Kalvinismus *m*
Cal·vin·ist ['kɑːlvɪnɪst] REL **I.** *n* Kalvinist(in) *m(f)* **II.** *adj* kalvinistisch
cal·vin·is·tic, Cal·vin·is·tic [ˌkɑːlvɪ'nɪstɪk] *adj* REL kalvinistisch; (*fig*) streng
ca·lyp·so <*pl* -s *or* -es> [kə'lɪpsəʊ, AM -soʊ] *n* Calypso *m*
ca·lyx <*pl* -lyces *or* -es> ['keɪlɪks, *pl* -lɪsiːz] *n* BOT Kelch *m*
cam [kæm] *n* AUTO Nocken *m*
CAM [kæm] *n abbrev of* **computer assisted manufacture** CAM
ca·ma·ra·derie [ˌkæmə'rɑːdᵊri, AM -ɚi] *n no pl* Kameradschaft *f*
cam·ber ['kæmbəʳ, AM -ɚ] *n* ❶ (*road slope*) Wölbung *f,* Überhöhung *f* ❷ BRIT Quergefälle *nt;* **reverse** ~ [Straßen]wölbung *f*
Cam·bo·dia [ˌkæm'bəʊdiə, AM -'boʊ-] *n no pl* Kambodscha *nt*
Cam·bo·dian [ˌkæm'bəʊdiən, AM -'boʊ-] **I.** *n* ❶ (*native*) Kambodschaner(in) *m(f)* ❷ *no pl* (*language*) Kambodschanisch *nt* **II.** *adj inv* kambodschanisch
cam·bric ['kæmbrɪk] *n no pl* FASHION Kambrik[batist] *m,* Cambrai *m,* Kammertuch *nt*
camcord *vt* ■**to** ~ **sb/sth** jdn/etw mit der Videokamera filmen
cam·cord·er ['kæmˌkɔːdəʳ, AM -ˌkɔːrdɚ] *n* TV Camcorder *m*
came [keɪm] *vi pt of* **come**
cam·el ['kæmᵊl] **I.** *n* ❶ ZOOL Kamel *nt* ❷ (*colour*) Kamelhaarfarbe *f* **II.** *n modifier* (*herd, owner, ride, safari*) Kamel- **III.** *adj* ❶ (*camel hair*) Kamelhaar-; ~ **coat** Kamelhaarmantel *m* ❷ (*colour*) kamelhaarfarben, beige
'cam·el hair I. *n no pl* ❶ (*hair*) Kamelhaar *nt* ❷ (*fabric*) Kamelhaarstoff *m* **II.** *n modifier* (*brush, coat*) Kamelhaar-
ca·mel·lia [kə'miːliə, AM -ljə] *n* BOT Kamelie *f*
Cam·elot ['kæməlɒt, AM -lɑːt] *n* AM (*presidency of John Fitzgerald Kennedy*) *Zeit der Präsidentschaft John F. Kennedys*
cam·el sa·'fa·ri *n* Kamelsafari *f*
Cam·em·bert ['kæməmbeəʳ, AM -ber] *n usu no pl* Camembert *m*
cameo <*pl* -os> ['kæmiəʊ, AM -oʊ] **I.** *n* ❶ (*stone*) Kamee *f* ❷ THEAT, FILM Miniaturrolle *f,* winzige Nebenrolle **II.** *n modifier* (*brooch*) Kameen-
cameo ap·'pear·ance *n* FILM, THEAT Kurzauftritt *m* **'cameo part** *n,* **'cameo role** *n* FILM, THEAT [kleine] Nebenrolle *f*
cam·era¹ ['kæmᵊrə] **I.** *n* (*for photos*) Kamera *f,* Fotoapparat *m;* (*for filming*) [Video]kamera *f,* Filmkamera *f;* TV Fernsehkamera *f,* Filmkamera *f;* **to be on** ~ vor der Kamera stehen; **to go on** ~ vor die Kamera treten ▶ PHRASES: **the** ~ **loves sb** jd ist fotogen **II.** *n modifier* (*assistant, lens, sale, store*) Kamera-; ~ **case** Kameratasche *f;* ~ **strap** Kamera[trage]riemen *m*
cam·era² ['kæmᵊrə] *n no pl* LAW **in** ~ unter Ausschluss der Öffentlichkeit; (*fig*) hinter verschlossenen Türen; **trial in** ~ nichtöffentliche Verhandlung; **to sit in** ~ unter Ausschluss der Öffentlichkeit verhandeln
'cam·era an·gle *n* Aufnahmewinkel *m* **'cam·era crew** *n* + *sing/pl vb* Kamerateam *nt* **'cam·era·man** *n,* **'cam·era op·era·tor** *n* FILM Kameramann, -frau *m, f;* JOURN Pressefotograf(in) *m(f)* **cam·era phone** ['kæmᵊrəfəʊn, AM -foʊn] *n* Fotohandy *nt,* Camera Phone *nt* **'cam·era-ready** *adj inv* druckreif, reprofähig *fachspr;* ~ **copy** Druckvorlage *f* **'cam·era shot** *n* PHOT Aufnahme *f;* FILM [Film]sequenz *f* **'cam·era-shy** *adj* kamerascheu **'cam·era·wom·an** *n* FILM Kamerafrau *f;* JOURN Pressefotografin *f* **'cam·era work** *n no pl* Kameraführung *f*
cami·knick·ers ['kæmiˌnɪkəz] *npl* BRIT Spitzenhemdhöschen *nt*
cami·sole ['kæmisəʊl, AM -soʊl] *n* Mieder *nt,* Leibchen *nt veraltet*
camo·mile ['kæmə(ʊ)maɪl, AM -məmiːl] **I.** *n* Kamille *f;* **Roman** ~ echte Kamille **II.** *n modifier* (*oil, tea, rinse, wrap*) Kamillen-
camou·flage ['kæməflɑːʒ, AM -flɑː(d)ʒ] **I.** *n no pl* ❶ (*a. fig: act*) Tarnung *f a. fig* ❷ (*means*) Tarnung *f;* (*colouring*) Tarnbemalung *f;* (*material*) Verhüllung *f;* **this cream is an excellent** ~ **for scars** diese Creme macht Narben unsichtbar **II.** *n modifier* (*clothing, jacket, net*) Tarn-; ~ **paint** Tarnfarbe *f,* Tarnanstrich *m* **III.** *vt* ■**to** ~ **sb/sth/oneself** jdn/etw/sich tarnen; ~**d advertising** Schleichwerbung *f*
camp¹ [kæmp] **I.** *n* ❶ (*encampment*) [Zelt]lager *nt;* **Guide** [*or* AM **Girl Scout**] ~ Pfadfinderinnenlager *nt;* **holiday** ~ BRIT Ferienlager *nt,* Ferienkolonie *f;* **peace** ~ Friedenslager *nt,* Friedenscamp *nt;* **Scout** ~ Pfadfinderlager *nt;* **summer** ~ AM Ferienlager *nt,* Sommerlager *nt;* **to be on** ~ BRIT zelten, campen; **to go on** ~ BRIT Campen gehen [*o* fahren]; **to pitch/break** ~ ein Lager [*o* die Zelte] aufschlagen/abbrechen ❷ MIL [Feld]lager *nt,* Militärlager *nt;* (*temporary*) Biwak *nt;* **army** ~ Heerlager *nt,* Feldlager *nt;* **prison/refugee** ~ Gefangenen-/Flüchtlingslager *nt* ❸ (*fig: like-minded group*) Lager *nt,* Partei *f,* Seite *f;* **to have a foot in both** ~**s** sich *dat* beide Möglichkeiten offenhalten; **the pro-abortion** ~ die Abtreibungsbefürworter *pl;* **rival** ~ gegnerisches Lager; **to go over to the other** ~ ins andere Lager überwechseln **II.** *n modifier* (*commander, fire, kitchen*) Lager- **III.** *vi* ■**to** ~ [**out**] zelten, campen; **to go** ~**ing** campen [*o* zelten] gehen
camp² [kæmp] **I.** *n no pl* Manieriertheit *f,* Affektiertheit *f,* Geziertheit *f* **II.** *adj* ❶ (*pej: theatrical*) *performance, show* theatralisch *pej; style* manieriert *pej,* gekünstelt *pej; behaviour* affektiert *pej;* **high** ~ übertrieben, überzogen ❷ (*effeminate*) tuntenhaft *sl,* tuntig *sl* **III.** *vi* sich *akk* affektiert benehmen **IV.** *vt* ■**to** ~ **sth** ◯ **up** bei etw *dat* zu dick auftragen *fam;* **to** ~ **up a role** eine Rolle überzogen spielen; **to** ~ **it up** übertreiben
cam·paign [kæm'peɪn] **I.** *n* ❶ (*publicity*) Kampagne *f* (**for** für +*akk,* **against** gegen +*akk*), Aktion *f,* Feldzug *m;* **advertising** ~ Werbekampagne *f,* Reklamefeldzug *f;* **door-to-door** ~ Haustüraktion *f;* **publicity** ~ Werbeaktion *f,* Werbefeldzug *m;* ~ **of violence** Gewaltaktion *f;* **political** ~ politische Aktion; **to launch a** ~ eine Kampagne starten ❷ (*for election*) [**election**] ~ Wahlkampf *m,* Wahlkampagne *f;* **the Republican** ~ der Wahlkampf der Republikaner ❸ MIL Feldzug *m,* Offensive *f* **II.** *n modifier* POL (*office, poster, slogan, speech*) Wahlkampf-; ~ **button** Wahlkampfplakette *f,* Wahlkampfanstecker *m;* ~ **coordinator** [*or* **manager**] Wahlkampfmanager(in) *m(f),* Wahlkampfleiter(in) *m(f);* ~ **donation** Wahlgeschenk *nt;* ~ **issue** Wahlkampfthema *nt;* ~ **pledge** [*or* **promise**] Wahlversprechen *nt* **III.** *vi* kämpfen, sich *akk* engagieren; **they've been** ~**ing for years to get him out of prison** sie setzen sich seit Jahren für seine Freilassung ein; ■**to** ~ **against sb/sth** gegen jdn/etw kämpfen; ■**to** ~ **for** [*or* **on behalf of**] **sb/sth** für jdn/etw eintreten, sich *akk* für jdn/etw engagieren
cam·paign·er [kæm'peɪnəʳ, AM -ɚ] *n* ❶ (*in election*) Wahlwerber(in) *m(f)* ❷ (*advocate*) Kämpfer(in) *m(f);* **environmental** ~ Umweltschützer(in) *m(f),* Umweltaktivist(in) *m(f);* ■**to be a** ~ **for sth** sich *akk* für etw *akk* einsetzen; ■**to be a** ~ **against sth** etw bekämpfen ❸ MIL Kämpfer *m,* Feldzugteilnehmer *m;* **old** ~ alter Kämpfer, Veteran *m*
'cam·paign trail *n* Wahlkampftour *f*
cam·pa·nolo·gist [ˌkæmpə'nɒlədʒɪst, AM -'nɑːl-] *n* Glöckner(in) *m(f)*
cam·pa·nol·ogy [ˌkæmpə'nɒlədʒi, AM -'nɑːl-] *n no pl* Kunst *f* des Glockenläutens
cam·panu·la [kəm'pænjʊlə] *n* Glockenblume *f,* Campanula *f fachspr*
camp 'bed *n* Campingliege *f;* MIL Feldbett *nt* **camp 'chair** *n* Campingstuhl *m,* Klappstuhl *m*
camp·er ['kæmpəʳ, AM -ɚ] *n* ❶ (*person*) Camper(in) *m(f)* ❷ (*vehicle*) Wohnmobil *nt,* Campingbus *m,* Campingwagen *m;* (*trailer*) Wohnwagen *m,* Wohnanhänger *m*
'camp·er van *n* Wohnmobil *nt,* Caravan *m* **camp-'fe·ver** *n no pl* Flecktyphus *m,* Läusefleckfieber *nt,* epidemisches [*o* klassisches] Fleckfieber **'camp·fire I.** *n* Lagerfeuer *nt* **II.** *n modifier*

Lagerfeuer-; ~ **song** Pfadfinderlied *nt* **camp 'fol·low·er** *n* ❶ MIL (*civilian follower*) Marketender(in) *m(f) hist* ❷ (*for cause*) Anhänger(in) *m(f)*, Mitläufer(in) *m(f) pej* **'camp·ground** *n* AM Campingplatz *m*, Zeltplatz *m*

cam·phor ['kæm(p)fəʳ, AM -ɚ] *n no pl* Kampfer *m*; ~ **ball** Mottenkugel *f*

camp·ing ['kæmpɪŋ] **I.** *n no pl* Camping *nt*, Zelten *nt*; **to go** ~ zelten gehen [*o* fahren] **II.** *n modifier* (*equipment*) Camping-; ~ **holiday** [*or* AM **vacation**] Campingurlaub *m*

'camp·ing ground *n* AUS, **'camp·ing site** *n* Campingplatz *m*, Zeltplatz *m* **'camp·ing van** *n* Wohnmobil *nt*, Caravan *m* **'camp·site** *n* Campingplatz *m*, Zeltplatz *m* **'camp stool** *n* Campinghocker *m*

cam·pus ['kæmpəs] **I.** *n* (*university*) Universität *f*; (*university grounds*) Campus *m*; **on** ~ auf dem Campus **II.** *n modifier* (*buildings, facilities*) Universitäts-, Campus-; ~ **life** Universitätsleben *nt*; ~ **safety** Sicherheit *f* auf dem Campus [*o* an der Universität]

cam·shaft ['kæmʃɑ:ft, AM -ʃæft] *n* AUTO Nockenwelle *f*

can¹ [kæn] **I.** *n* ❶ (*container*) Dose *f*, Büchse *f*; **beer/drink** ~ Bier-/Getränkedose *f*; **food** ~ Konservendose *f*, Konservenbüchse *f*; **milk** ~ Milchkanne *f*; **petrol** ~ Benzinkanister *m* ❷ (*contents*) **a** ~ **of lemonade** eine Dose Limonade; **a** ~ **of paint** eine Büchse Farbe; **a** ~ **of oil** ein Kanister *m* Öl ❸ AM (*fam: prison*) ■**the** ~ der Knast *fam* ❹ AM (*sl: toilet*) Klo *nt fam*, Scheißhaus *nt derb* ▶ PHRASES: **a** ~ **of worms** eine verzwickte Angelegenheit *fam*; **to open [up] a** ~ **of worms** ein heißes Eisen anpacken; **to be in the** ~ FILM im Kasten sein *fam*; **this project is finally in the** ~ dieses Projekt ist endlich abgeschlossen **II.** *vt* ❶ (*put in cans*) ■**to** ~ **sth** etw einmachen [*o* eindosen] ❷ *esp* AM (*fam: stop*) ■**to** ~ **sth** mit etw *dat* aufhören; ~ **it!** hör auf damit! ❸ AM (*fam: fire*) ■**to** ~ **sb** jdn rausschmeißen *fam*

can² <could, could> [kæn, kən] *aux vb* ❶ (*be able to*) können, in der Lage sein; **she** ~ **speak four languages** sie spricht vier Sprachen; **the doctors are doing all they** ~ die Ärzte tun, was sie können; **who** ~ **blame her?** wer will es ihr verdenken?; ~ **do** kein Problem; **no can** ~ tut mir leid ❷ (*fam: be permitted to*) können, dürfen; **you** ~ **park over there** Sie können dort drüben parken; ~ **I go out to play, Mum?** darf ich draußen spielen, Mami? ❸ (*offering assistance*) können; ~ **I help you with those bags?** soll ich Ihnen mit den Taschen helfen?; ~ **I be of any help?** kann ich irgendwie helfen? ❹ (*fam: requesting*) können; ~ **you tell him I'm in London next week?** könntest du ihm ausrichten, dass ich in der nächsten Woche in London bin?; ~ **you make a little less noise, please?** könntest du bitte etwas leiser sein? ❺ (*making a demand*) **you** ~ **stop that right away!** hör sofort damit auf!; (*threatening*) **if you carry on like that, you** ~ **just go to bed!** wenn du so weitermachst, kannst du gleich ins Bett gehen! ❻ (*be possible*) können; **he** ~ **be really annoying at times** manchmal kann er wirklich anstrengend sein; (*said to show disbelief*) **you** ~**'t be hungry already!** du kannst doch nicht schon wieder Hunger haben!; **you** ~**'t be serious!** das ist nicht dein Ernst!

Cana·da ['kænədə] *n no pl* Kanada *nt*

'Cana·da Day *n* CAN *kanadischer Nationalfeiertag am 01.07.*

Ca·na·dian [kə'neɪdiən] **I.** *n* Kanadier(in) *m(f)*; **English** ~ Anglokanadier(in) *m(f)*; **French** ~ Frankokanadier(in) *m(f)* **II.** *adj inv* kanadisch; ~ **English/French** kanadisches Englisch/Französisch

ca·nal [kə'næl] *n* ❶ TRANSP, NAUT Kanal *m*; **Panama C~** Panamakanal *m* ❷ ANAT, BOT Kanal *m*, Röhre *f*; **birth** ~ Geburtskanal *m*; **auditory** ~ Gehörgang *m*

ca·'nal boat *n* Schleppkahn *m*

cana·li·za·tion [ˌkænᵊlaɪ'zeɪʃᵊn, AM -lɪ'-] *n no pl* ❶ (*sewerage system*) Kanalisation *f* ❷ (*building of a canal*) Kanalbau *m* ❸ (*of a river*) Kanalisierung *f*

cana·lize ['kænᵊlaɪz, AM -nəl-] *vt* ■**to** ~ **sth** ❶ (*provide with canals*) etw kanalisieren ❷ (*convert into a canal*) etw in einen Kanal umwandeln; **to** ~ **a river** einen Fluss kanalisieren

cana·pé ['kænəpeɪ] *n* Cocktailhappen *m*, Appetithappen *m*, Kanapee *nt meist pl*

ca·nard ['kænɑ:d, AM kə'nɑ:rd] *n* (*liter*) [Zeitungs]ente *f*, Falschmeldung *f*

ca·nary [kə'neəri, AM -'neri] **I.** *n* Kanarienvogel *m*; *esp* BRIT (*fam*) **to have a** ~ Zustände kriegen *fam* **II.** *adj inv* ~ **yellow** kanariengelb

Ca·'nary Is·lands *npl* Kanarische Inseln, Kanaren *pl* **ca·'nary seed** *n no pl* Kanarienvogelfutter *nt*

ca·nas·ta [kə'næstə] *n* CARDS Canasta *nt*

can-can ['kænkæn] *n* Cancan *m*; **to do** [*or* **dance**] **the** ~ Cancan tanzen

can·cel <BRIT -ll- *or* AM *usu* -l-> ['kæn(t)sᵊl] **I.** *vt* ■**to** ~ **sth** ❶ (*call off*) etw absagen; **to** ~ **a plan** einen Plan fallen lassen ❷ (*remove from schedule*) etw streichen; ■**to have been** ~**led** *train* gestrichen worden sein; *plane also* annulliert worden sein ❸ (*undo*) etw rückgängig machen; **to** ~ **a booking** [*or* **reservation**]/**an order** eine Reservierung/einen Auftrag stornieren ❹ (*annul*) etw annullieren; (*revoke*) etw widerrufen; **to** ~ **a contract/decree** einen Vertrag/eine Verfügung aufheben; **to** ~ **sb's debts** jdn seine Schulden erlassen; **to** ~ **an instruction** eine Anweisung zurücknehmen ❺ (*discontinue*) etw beenden; COMPUT etw abbrechen; **to** ~ **a subscription for sth** ein Abonnement für etw *akk* kündigen, etw abbestellen ❻ FIN **to** ~ **a cheque** [*or* AM **check**] (*stop payment*) einen Scheck stornieren; (*mark paid*) einen Scheck entwerten ❼ (*mark as used*) *ticket* etw entwerten; **to** ~ **a stamp** eine Briefmarke [ab]stempeln [*o* entwerten] ❽ MATH etw [weg]kürzen; **to** ~ **each other** sich *akk* gegenseitig aufheben **II.** *vi* absagen

◆**cancel out I.** *vi* sich *akk* [gegenseitig] aufheben **II.** *vt* ■**to** ~ **out** ↔ **sth** etw aufheben; (*fig*) etw zunichte machen; **this cheque will** ~ **out her debt** mit diesem Scheck wird sie ihre Schulden ausgleichen können

can·cel·la·tion [ˌkæn(t)sᵊl'eɪʃᵊn] *n* ❶ (*calling off*) *of an appointment, concert, match* Absage *f*; *of a plan* Aufgabe *f* ❷ (*from schedule*) Stornierung *f*, Streichung *f*; **many trains are subject to** ~ viele Züge werden gestrichen ❸ (*undoing*) *of an order* Stornierung *f*; *of a booking, reservation also* Rückgängigmachung *f* ❹ (*annulling*) Annullierung *f*; (*revocation*) Widerruf *m*; *of a debt* Erlass *m*; *of a decree* Aufhebung *f*; *of an instruction* Zurücknahme *f*, Widerrufung *f*; ~ **of a contract** Aufhebung *f* eines Vertrags, Rücktritt *m* von einem Vertrag ❺ (*discontinuation*) Kündigung *f*; *of a subscription* Abbestellung *f* ❻ FIN (*stop payment*) *of a cheque* Stornierung *f*; (*marking paid*) Entwertung *f* ❼ (*marking used*) Entwertung *f*; *of a stamp also* Abstempeln *nt*

can·cer ['kæn(t)səʳ, AM -ɚ] **I.** *n* ❶ *no pl* (*disease*) Krebs *m*; **breast** ~ Brustkrebs *m*, Mammakarzinom *nt fachspr*; **lung** ~ Lungenkrebs *m*, Lungenkarzinom *nt fachspr*; **skin** ~ Hautkrebs *m*; ~ **of the stomach/throat** Magen-/Kehlkopfkrebs *m* ❷ (*growth*) Krebsgeschwulst *f*, Karzinom *nt*; **benign/malign** ~ gut-/bösartige Geschwulst; (*fig*) Krebsgeschwür *nt* **II.** *n modifier* (*cell, patient, research*) Krebs-

Can·cer ['kæn(t)səʳ, AM -ɚ] *n* ❶ *no art, no pl* (*sign of Zodiac*) Krebs *m*; **to be born under** ~ im Zeichen [des] Krebs geboren sein ❷ (*person*) Krebs *m*

'can·cer check-up *n* Krebsvorsorgeuntersuchung *f* **'can·cer clin·ic** *n* Krebsklinik *f*

Can·cer·ean, Can·cer·ian [kæn(t)'sɪəriən, AM -'seri-] *n* ASTROL Krebs *m*

can·cer·ous ['kæn(t)sᵊrəs] *adj* ❶ (*diseased*) krebsbefallen ❷ (*tumour-like*) krebsartig; ~ **growth** krebsartige Wucherung; ~ **tumour/ulcer** Krebsgeschwulst *f*/-geschwür *nt*

'can·cer re·search *n no pl* MED Krebsforschung *f* **can·cer**

C

screen·ing *n no pl* Krebsvorsorgeuntersuchung *f* **'can·cer stick** *n (sl)* Sargnagel *m fig fam*
can·de·la·bra <*pl* - *or* -s> [ˌkændəlˈɑːbrə, AM -dəˈlɑː-] *n* Leuchter *m,* Kandelaber *m*
can·did [ˈkændɪd] *adj* offen, ehrlich, aufrichtig; **let me be ~ with you** ich will ganz offen mit Ihnen sein; **he was quite ~ about it** er sprach ganz offen darüber; ~ **camera** versteckte Kamera; ~ **picture** Schnappschuss *m;* ~ **talks** offene [*o* freimütige] Gespräche
can·di·da [ˈkændɪdə] *n* MED Candida *f fachspr*
can·di·da·cy [ˈkændɪdəsi] *n no pl* POL Kandidatur *f,* Bewerbung *f* (**for** für +*akk*)
can·di·date [ˈkændɪdət] *n* ❶ POL (*competitor*) Kandidat(in) *m(f),* Bewerber(in) *m(f);* **to stand** [*or* AM **run**] **as ~ for sth** für etw *akk* kandidieren, sich *akk* um etw *akk* bewerben; **there are three ~s standing in the election** drei Kandidaten stehen zur Wahl; (*likely prospect*) Anwärter(in) *m(f)* ❷ ECON Bewerber(in) *m(f)* ❸ BRIT, AUS SCH, UNIV Prüfungskandidat(in) *m(f),* Examenskandidat(in) *m(f),* Prüfling *m* ❹ (*possible choice*) [möglicher] Kandidat; **this department is a likely ~ for staff cuts** diese Abteilung steht wohl auf der Liste für Personaleinsparungen
can·di·da·ture [ˈkændɪdətʃəʳ] *n no pl* BRIT Kandidatur *f,* Bewerbung *f*
can·did·ly [ˈkændɪdli] *adv* offen, ehrlich, aufrichtig; **~, I was hoping ...** offen gesagt hatte ich gehofft, ...; **to speak ~** offen [*o* ehrlich] sein
can·died [ˈkændid] *adj inv* eingezuckert; *fruit, ginger* kandiert; (*fig pej*) honigsüß *pej,* schmeichlerisch *pej*
can·died 'peel *n* (*of lemon*) Zitronat *nt;* (*of orange*) Orangeat *nt*
can·dle [ˈkændl] **I.** *n* Kerze *f;* **scented ~** Duftkerze *f;* **to light a ~** eine Kerze anzünden ▸ PHRASES: **to burn one's** [*or* AM **the**] **~ at both ends** Raubbau mit seiner Gesundheit treiben; **to not hold a ~ to sb** jdm nicht das Wasser reichen können; **the game is not worth the ~** die Sache ist nicht der Mühe wert **II.** *n modifier* (*wax*) Kerzen-; ~ **bulb** ELEC Kerze[nbirne] *f* **III.** *vt* ■**to ~ sth** etw gegen das Licht halten
'can·dle·light *n no pl* Kerzenlicht *nt,* Kerzenschein *m;* ~ **dinner** Abendessen *nt* bei Kerzenschein; **at early ~** am frühen Abend **'can·dle·lit** *adj inv room* von Kerzen erleuchtet [*o* erhellt]; ~ **dinner** Abendessen *nt* bei Kerzenschein **Can·dle·mas** [ˈkændl̩məs] *n* [Mariä] Lichtmess *nt* **'can·dle·pow·er** *n no pl* PHYS Lichtstärke *f* **'can·dle·stick** *n* Kerzenständer *m,* Kerzenleuchter *m,* Kerzenhalter *m* **'can·dle·wick I.** *n no pl* ❶ (*of candle*) Kerzendocht *m* ❷ (*fabric*) Frottierplüsch *m* **II.** *n modifier* (*dressing gown, towel*) Frottierplüsch-
can-'do *adj attr* AM zuversichtlich, optimistisch; ~ **attitude** Optimismus *m,* Zuversicht *f*
can·dor [ˈkændɚ] AM, **can·dour** [-əʳ] *n no pl* Offenheit *f,* Ehrlichkeit *f,* Aufrichtigkeit *f*
can·dy [ˈkændi] **I.** *n* ❶ *no pl* (*sugar*) Kandiszucker *m* ❷ AM (*sweets*) Süßigkeiten *fpl,* Bonbons *ntpl,* Konfekt *nt geh;* (*piece of candy*) Bonbon *m o nt;* (*chocolate*) Praline *f* ▸ PHRASES: **to be like taking ~ from a baby** ein Kinderspiel sein **II.** *n modifier* (*jar, bar*) Zucker-; ~ **stick** Zuckerstange *f* **III.** *vt* ■**to ~ sth** etw kandieren [*o* mit Zucker überziehen]
'can·dy-ass *n* AM (*fam*) Feigling *m pej,* Waschlappen *m pej* **'can·dy·floss** *n no pl* BRIT Zuckerwatte *f* **'can·dy store** *n* AM Süßwarenladen *m,* Süßwarengeschäft *nt* **'can·dy stripe** *n* Muster *nt* mit bunten Streifen **'can·dy-striped** *adj* bunt gestreift **'can·dy·tuft** *n* BOT Schleifenblume *f*
cane [keɪn] **I.** *n* ❶ *no pl* (*of plant*) Rohr *nt* ❷ (*stick*) Stock *m;* (*for walking*) [Spazier]stock *m;* (*for punishing*) [Rohr]stock *m* ❸ *no pl* (*punishment*) **to get the ~** [eine Tracht] Prügel bekommen; *on hand* eine auf die Finger [*o* DIAL Tatze] [*o fam* Pfoten] bekommen **II.** *n modifier* Rohr-; ~ **basket** Weidenkorb *m,* geflochtener Korb; ~ **coffee table** Rattantischchen *nt;* ~ **furniture** Rattanmöbel *ntpl;* ~ **juice** Zuckerrohrsaft *m;* ~ **work** Rohrgeflecht *nt* **III.** *vt* ❶ (*weave*) ■**to ~ sth** etw flechten ❷ (*punish*) ■**to ~ sb** jdn [mit einem Stock] züchtigen
cane 'chair *n* Rohrstuhl *m,* Rattanstuhl *m* **cane 'sug·ar** *n no pl* Rohrzucker *m*
ca·nine [ˈkeɪnaɪn] *adj inv* Hunde-
ca·nine 'tooth *n* Eckzahn *m,* Reißzahn *m*
can·is·ter [ˈkænɪstəʳ, AM -əstɚ] *n* Behälter *m;* (*for fluids*) Kanister *m;* (*of metal*) Büchse *f,* Dose *f;* **metal ~** Blechbüchse *f,* Blechdose *f;* **plastic ~** Plastikbehälter *m;* **waterproof ~** wasserdichter Behälter
can·ker [ˈkæŋkəʳ, AM -ɚ] *n* ❶ *no pl* BOT Brand *m,* Baumkrebs *m* ❷ MED (*on humans*) Mundgeschwür *nt,* Lippengeschwür *nt;* (*on dogs, cats*) Ohrräude *f kein pl;* (*on horses*) Hufkrebs *m kein pl,* Strahlfäule *f kein pl* ❸ *no pl* (*fig form: evil*) Krebsgeschwür *nt*
'can·ker sore *n* Lippengeschwür *nt*
can·na·bis [ˈkænəbɪs] *n no pl* ❶ (*plant*) Cannabis *m,* Hanf *m* ❷ (*drug*) Cannabis *m,* Haschisch *nt,* Marihuana *nt*
canned [kænd] *adj* ❶ *inv* FOOD konserviert, Dosen-; ~ **beer** Dosenbier *nt;* ~ **fruit** Obstkonserven *fpl,* Dosenobst *nt fam;* ~ **heat** Brennspiritus *m;* ~ **meat** Büchsenfleisch *nt;* ~ **tomatoes** Dosentomaten *fpl,* Tomaten *fpl* aus der Dose; ~ **vegetables** Gemüsekonserven *fpl* ❷ *inv* MEDIA **the applause was ~** der Beifall kam vom Band; ~ **music** Musik *f* aus der Konserve *fam* ❸ *pred* (*fam: drunk*) blau *fam,* voll *fam;* **to get ~** sich *akk* betrinken [*o fam* voll laufen lassen] ❹ AM (*fam: from job*) **to be/get ~** entlassen werden
can·ne(l)·lo·ni [ˌkænəlˈəʊni, AM -əˈloʊ-] *n no pl* Cannelloni *pl*
can·ner [ˈkænəʳ, AM -ɚ] *n* ❶ (*employee*) Arbeiter(in) *m(f)* in einer Konservenfabrik ❷ (*employer*) Konservenfabrikant(in) *m(f)*
can·nery [ˈkænəri] *n* Konservenfabrik *f*
can·ni·bal [ˈkænɪbəl] *n* (*person*) Kannibale, -in *m, f,* Menschenfresser(in) *m(f);* (*animal*) **some fishes are ~s** manche Fische fressen sich gegenseitig
can·ni·bal·ism [ˈkænɪbəlɪzʳm] *n no pl* Kannibalismus *m,* Menschenfresserei *f*
can·ni·bal·is·tic [ˌkænɪbəlˈɪstɪk, AM -bəˈl-] *adj inv* kannibalisch
can·ni·bal·ize [ˈkænɪbəlaɪz, AM -bəl-] *vt* **to ~ a car** ein Auto ausschlachten
can·ni·ly [ˈkænɪli] *adv* ❶ (*shrewd*) schlau, geschickt ❷ (*cautious*) vorsichtig, behutsam
can·ning [ˈkænɪŋ] **I.** *n no pl* ❶ (*preserving*) Konservierung *f;* (*in cans*) Konservenherstellung *f,* Konservenfabrikation *f* ❷ (*recording*) Tonaufnahme *f,* Tonaufzeichnung *f* **II.** *adj attr, inv* Konserven-, Konservierungs-; ~ **factory** [*or* **plant**] Konservenfabrik *f;* ~ **jar** Einmachglas *nt*
can·non [ˈkænən] **I.** *n* ❶ MIL Kanone *f,* Geschütz *nt* ❷ BRIT (*in billiards*) Karambolage *f* ▸ PHRASES: **a loose ~** ein unberechenbarer Faktor; **he's a loose ~** er ist unberechenbar **II.** *n modifier* (*fire*) Kanonen-, Geschütz- **III.** *vi* ❶ (*collide*) ■**to ~ into sb/sth** mit jdm/etw zusammenprallen ❷ BRIT (*in billiards*) karambolieren; ■**to ~ off sth** von etw *dat* abprallen
can·non·ade [ˌkænəˈneɪd] *n* Kanonade *f,* Beschießung *f*
'can·non ball *n* Kanonenkugel *f* **'can·non fod·der** *n* Kanonenfutter *nt*
can·not [ˈkænɒt, AM -nɑːt] *aux vb* **we ~ but succeed** wir können nur gewinnen; *see also* **can**
can·ny [ˈkæni] *adj* ❶ (*clever*) schlau, raffiniert, gerissen; **to strike a ~ bargain** einen vorteilhaften Handel schließen ❷ NBRIT, SCOT (*approv: nice*) nett; **a ~ lad** ein netter Typ *fam;* **to have a ~ time** eine schöne Zeit haben ❸ (*cautious*) vorsichtig, umsichtig
ca·noe [kəˈnuː] *n* Kanu *nt,* Paddelboot *nt;* BRIT Kajak *nt* ▸ PHRASES: **to paddle one's own ~** (*handle affairs*) auf eigenen Beinen [*o* Füßen] stehen; (*mind one's business*) sich *akk* um seine eigenen Angelegenheiten kümmern

ca·noe·ing [kəˈnuːɪŋ] *n no pl* Paddeln *nt;* SPORTS Kanufahren *nt,* Kanusport *m*
ca·noe·ist [kəˈnuːɪst] *n* Kanufahrer(in) *m(f);* SPORTS Kanute, -in *m, f*
can·on[1] [ˈkænən] **I.** *n* ❶ (*guideline*) Richtschnur *f,* [Grund]regel *f,* [Grund]prinzip *nt* ❷ REL Kanon *m,* Kirchengebot *nt;* **Church ~s** Kirchenrecht *nt,* kirchliche Vorschriften ❸ LIT Kanon *m;* **the Shakespearean ~** Shakespeares Gesamtwerk; **the literary ~** die [gesamte] Literatur **II.** *n modifier* **~ law** kanonisches Recht, Kirchenrecht *nt*
can·on[2] [ˈkænən] *n* REL Kanoniker *m,* Kanonikus *m*
can·on[3] [ˈkænən] *n* MUS Kanon *m*
can·oni·za·tion [ˌkænənaɪˈzeɪʃən, AM -nɪˈ-] *n* Heiligsprechung *f,* Kanonisation *f fachspr*
can·on·ize [ˈkænənaɪz] *vt* ■**to ~ sb** jdn heiligsprechen [*o fachspr* kanonisieren]
ca·noodle [kəˈnuːdl̩] *vi* (*hum dated fam*) [rum]knutschen *fam;* **to ~ with sb** mit jdm schmusen *fam*
ˈcan open·er *n* Dosenöffner *m,* Büchsenöffner *m*
cano·py [ˈkænəpi] *n* ❶ (*awning*) Überdachung *f;* (*over throne, bed*) Baldachin *m;* **~ bed** Himmelbett *nt;* (*over entrance*) Vordach *nt;* (*pergola*) Pergola *f* ❷ (*sunshade*) Sonnendach *nt,* Markise *f;* BRIT (*on pram*) Sonnenschutz *m* ❸ AVIAT Kanzeldach *nt,* Kanzelhaube *f,* Kabinendach *nt* ❹ (*on parachute*) Fallschirmkappe *f* ❺ (*treetops*) Blätterdach *nt* ❻ (*liter: sky*) Firmament *nt liter,* Himmelszelt *nt liter*
cant[1] [kænt] *n no pl* ❶ (*hypocrisy*) Heuchelei *f,* Scheinheiligkeit *f;* (*pious talk*) frömmlerisches [*o* scheinheiliges] Gerede; **~ phrases** leere [*o* hohle] Phrasen ❷ LING Jargon *m,* Fachsprache *f,* Kauderwelsch *nt pej;* **thieves' ~** Gaunersprache *f,* Argot *nt o m*
cant[2] [kænt] **I.** *n* Schräge *f,* Abschrägung *f,* geneigte Fläche **II.** *vt* ■**to ~ sth** etw kippen [*o* schräg stellen] **III.** *vi* sich *akk* neigen [*o* auf die Seite legen]; ■**to ~ sth over** etw umkippen
◆**cant off** *vt* ■**to ~ sth** ↻ **off** etw abschrägen
can't [kɑːnt, AM kænt] (*fam*) = **cannot**
Cantab [ˈkæntæb] *adj inv short for* **Cantabrigiensis** der Universität Cambridge
can·ta·loup(e) [ˈkæntəluːp, AM -t̬əloʊp] *n* Kantalupmelone *f,* Charentaismelone *f*
can·tan·ker·ous [ˌkænˈtæŋkərəs] *adj* (*quarrelsome*) streitsüchtig; (*grumpy*) mürrisch, knurrig, muff[e]lig *fam*
can·ta·ta [kænˈtɑːtə, AM kənˈtɑːt̬ə] *n* MUS Kantate *f*
can·teen[1] [kænˈtiːn] *n* Kantine *f;* UNIV Mensa *f*
can·teen[2] [kænˈtiːn] *n* ❶ BRIT, AUS (*for cutlery*) Besteckkasten *m* ❷ MIL Feldflasche *f*
can·ter [ˈkæntəʳ, AM -t̬ɚ] **I.** *n* ❶ (*gait*) Handgalopp *m,* Kanter *fachspr;* **the stallion broke in an easy ~** der Hengst verfiel in einen leichten Galopp ❷ (*horse ride*) [Aus]ritt *m;* **to go for a ~** einen Ausritt machen **II.** *vi* ❶ (*ride at canter*) leicht [*o* langsam] galoppieren ❷ (*go for a ride*) ausreiten, einen Ausritt machen
can·ti·lever [ˈkæntɪliːvəʳ, AM -t̬əliːvɚ] ARCHIT **I.** *n* Ausleger *m,* Träger *m,* Kragarm *m fachspr* **II.** *adj* freitragend, Ausleger-; **~ beam** Ausleger[balken] *m,* Freiträger *m,* Kragarm *m fachspr;* **~ bridge** Auslegerbrücke *f,* Kragbrücke *f fachspr*
can·ton [ˈkæntɒn, AM -tɑːn] *n* ADMIN Kanton *m*
Can·ton [ˌkænˈtɒn, AM -ˈtɑːn] *n* GEOG Kanton *nt*
Can·ton·ese [ˌkæntəˈniːz, AM -tənˈiːz] **I.** *n* <*pl* -> ❶ (*person*) Kantonese, -in *m, f* ❷ *no pl* (*language*) Kantonesisch *nt* **II.** *adj inv* kantonesisch
Ca·nuck [kəˈnʌk] *n* CAN (*fam*) Kanadier(in) *m(f);* *esp* AM (*fam: French Canadian*) Frankokanadier(in) *m(f)*
can·vas [ˈkænvəs] **I.** *n* <*pl* -es> ❶ *no pl* (*cloth*) Segeltuch *nt;* (*for painting*) Leinwand *f;* **under ~** im Zelt ❷ (*painting*) [Öl]gemälde *nt* **II.** *n modifier* (*bag, shoes*) Segeltuch-; **~ cover** AUTO Plane *f,* Wagenverdeck *nt*
can·vass [ˈkænvəs] **I.** *vt* ❶ (*gather opinion*) ■**to ~ sb** jdn befragen; ■**to ~ sth** etw erforschen [*o* untersuchen]; **to ~ local opinion** sich *dat* ein Bild von der Meinung der einheimischen Bevölkerung verschaffen ❷ POL, ECON (*solicit*) **to ~ customers** Kunden werben; **to ~ orders** Aufträge hereinholen; **to ~ votes for a party** um Stimmen für eine Partei werben ❸ (*fam: for discussion*) ■**to ~ sth** etw zur Diskussion stellen **II.** *vi* POL um Stimmen werben, Wahlwerbung betreiben; ECON eine Werbekampagne durchführen, Werbung machen **III.** *n* <*pl* -es> POL Wahlkampagne *f,* Aktion *f;* ECON Werbekampagne *f,* Werbefeldzug *m;* **house-to-house ~** Haustüraktion *f*
can·vass·er [ˈkænvəsəʳ, AM -ɚ] *n* POL Wahlhelfer(in) *m(f),* Stimmenwerber(in) *m(f);* ECON Vertreter(in) *m(f)*
can·vass·ing [ˈkænvəsɪŋ] *n* POL Wahlwerbung *f,* Wahlkampagne *f;* ECON Kundenwerbung *f,* Reklame *f;* **to go ~** POL Wahlwerbung machen, um Stimmen werben; ECON Kundenwerbung betreiben
can·yon [ˈkænjən] *n* Schlucht *f,* Cañon *m*
CAP [ˌsiːeɪˈpiː] *n* EU *abbrev of* **Common Agricultural Policy** GAP
cap[1] [kæp] **I.** *n* ❶ (*hat*) Mütze *f,* Kappe *f;* **shower ~** Duschhaube *f;* **swimming** [*or* AM *usu* **bathing**] **~** Bademütze *f,* Badekappe *f;* **workman's ~** Arbeitermütze *f;* **peaked ~** Schirmmütze *f;* **in ~ and gown** UNIV mit Doktorhut [*o* Barett] und Talar ❷ *esp* BRIT SPORTS (*fig*) *Ziermütze als Zeichen der Aufstellung für die Nationalmannschaft;* **Davis has 17 Scottish ~s** Davis hat 17-mal in der schottischen Nationalmannschaft gespielt; **to win a ~** in die Nationalmannschaft berufen werden ❸ (*cover*) Verschluss *m;* (*top*) Verschlusskappe *f;* (*lid*) Deckel *m,* Kappe *f;* (*on tooth*) Krone *f,* Schutzkappe *f;* **lens ~** PHOT Objektivdeckel *m* ❹ GEOL Deckschicht *f* ❺ (*limit*) Obergrenze *f,* Maximum *nt;* **salary ~** AM Gehaltsobergrenze *f,* Einkommensgrenze *f* ❻ BRIT (*contraceptive*) Pessar *nt* ❼ (*for toy gun*) Zündplättchen *nt,* Spielzeugpatrone *f* ▸ PHRASES: **to go** [**somewhere**] **~ in hand** kleinlaut auftreten; **to put on one's thinking ~** (*fam*) scharf nachdenken *fam;* **if the ~ fits, wear it** BRIT (*prov*) wem der Schuh passt, der soll ihn sich anziehen; **to set one's ~ at** [*or* AM **for**] **sb** (*dated*) es auf jdn abgesehen haben **II.** *vt* <-pp-> ❶ (*limit*) **to ~ the costs** die Kosten begrenzen; **to ~ prices** ein Preislimit festlegen; **to be ~ped at 10%** auf maximal 10% beschränkt sein ❷ *esp* BRIT SPORTS ■**to ~ sb** jdn für die Nationalmannschaft aufstellen; **she's been ~ped for Scotland 17 times** sie hat 17-mal in der schottischen Nationalmannschaft gespielt ❸ (*cover*) ■**to ~ sth** etw bedecken; **to have one's teeth ~ped** seinen Zähne überkronen lassen ❹ (*outdo*) ■**to ~ sth** etw überbieten; **and to ~ it all ...** und um den Ganzen dann die Krone aufzusetzen ...; **to ~ the climax** alles übertreffen
cap[2] [kæp] *n* TYPO *short for* **capital** [**letter**] großer Buchstabe, Großbuchstabe *m;* **in ~s** in Großbuchstaben; **small ~s** Kapitälchen *ntpl*
ca·pa·bil·ity [ˌkeɪpəˈbɪləti, AM -əṭi] *n* ❶ *no pl* (*ability*) Fähigkeit *f,* Vermögen *nt;* **to be beyond sb's ~** jds Fähigkeiten übersteigen; **to have the ~ to do sth** in der Lage sein, etw zu tun ❷ (*potentialities*) Entwicklungsmöglichkeiten *fpl,* Potenzial *nt;* **~ for growth** Wachstumsmöglichkeiten *fpl,* Wachstumschancen *fpl* ❸ MIL Potenzial *nt;* **nuclear ~** nukleares Potenzial; **to develop nuclear ~** zur Atommacht werden
ca·pable [ˈkeɪpəbl̩] *adj* ❶ (*competent*) fähig; *judge* kompetent; *worker* tüchtig; **to leave sth in sb's ~ hands** (*a. hum*) etw vertrauensvoll in jds Hände *fpl* legen; **~ mother** gute Mutter ❷ (*able*) fähig, befähigt; **your plan is ~ of being improved** deinen Plan könnte man noch besser machen; ■**to be ~ of doing sth** in der Lage sein, etw zu tun
ca·pably [ˈkeɪpəbli] *adv* kompetent, geschickt, gekonnt *fam*
ca·pa·cious [kəˈpeɪʃəs] *adj* ❶ (*form*) *room* geräumig; *suit* weit; *pocket, bag* groß ❷ (*fig*) **~ memory** sehr gutes Gedächtnis; **~ mind** aufnahmefähiger Verstand
ca·paci·tor [kəˈpæsɪtəʳ, AM -əṭɚ] *n* ELEC Kondensator *m*

C

ca·pac·ity [kə'pæsəti, AM -ət̬i] **I.** *n* ① (*available space*) Fassungsvermögen *nt,* Rauminhalt *m,* Volumen *nt;* **the stadium has a seating ~ of 50,000** das Stadium hat 50.000 Sitzplätze ② *no pl* (*ability*) Fähigkeit *f,* Vermögen *nt;* **it seems to be beyond his ~ to do that** offensichtlich ist er damit überfordert; **is it within her ~ to do it?** ist sie in der Lage, das zu tun?; **mental ~** geistige Fähigkeiten *fpl;* **to have a ~ for sth** etw gut können; **to have a ~ for alcohol** [*or* **drink**] trinkfest sein ③ *no pl* LAW Geschäftsfähigkeit *f* ④ *no pl* MIL **military ~** militärische Schlagkraft ⑤ (*output*) Leistung[sfähigkeit] *f* ⑥ *no pl* (*maximum output*) Kapazität *f;* **to be full to ~** absolut voll sein; **filled to ~** ganz voll, randvoll; **to work below/at full ~** nicht ganz/voll ausgelastet sein ⑦ (*position*) Funktion *f,* Stellung *f;* (*role*) Eigenschaft *f;* **he was speaking in his ~ as a critic** er sprach in seiner Eigenschaft als Kritiker; **in her ~ as a lawyer** [in ihrer Funktion] als Anwältin **II.** *n modifier* ① (*maximum*) Höchst-, Maximal-; **the hotel is at ~ occupancy** das Hotel ist voll belegt; **to carry a ~ load** voll beladen sein; **~ working** ECON Vollauslastung *f* ② THEAT, MUS **to play to ~ audience** vor ausverkauftem Saal spielen; **the star was cheered by a ~ crowd** ein volles Haus jubelte dem Star zu

cape[1] [keɪp] *n* Kap *nt,* Vorgebirge *nt;* **the C~ of Good Hope** das Kap der guten Hoffnung; **C~ Town** Kapstadt *nt*

cape[2] [keɪp] *n* Umhang *m,* Cape *nt*

caped [keɪpt] *adj inv* mit einem Umhang

ca·per[1] ['keɪpəʳ, AM -ɚ] **I.** *n* ① (*liter: joyful leap*) Luftsprung *m,* Freudensprung *m;* **to cut a ~** einen Luftsprung machen ② (*usu pej: dubious activity*) Ding *nt sl,* krumme Sache *fam,* Gaunerei *f fam* **II.** *vi* Luftsprünge machen, herumtollen, herumhüpfen

ca·per[2] ['keɪpəʳ, AM -ɚ] *n usu pl* FOOD Kaper *f meist pl*

ca·pil·lary [kə'pɪləri, AM 'kæpəleri] **I.** *n* ① ANAT Kapillare *f,* Kapillargefäß *nt* ② (*fine tube*) Kapillare *f,* Haarröhrchen *nt,* Kapillarröhre *f* **II.** *n modifier* Kapillar-; **~ action** Kapillarwirkung *f,* Kapillareffekt *m*

capi·tal ['kæpɪtəl, AM -t̬əl] **I.** *n* ① (*city*) Hauptstadt *f;* **financial ~** Finanzmetropole *f* ② (*letter*) Großbuchstabe *m;* **in** [**large**] **~s** in Großbuchstaben; **small ~s** Kapitälchen *ntpl* ③ ARCHIT Kapitell *nt,* Kapitäl *nt* **II.** *n modifier* ① (*principal*) Haupt-; **~ city** Hauptstadt *f;* **~ error** Kardinalfehler *m,* schwerwiegender Fehler ② (*upper case*) Groß-; **~ letter** Großbuchstabe *m;* **I'm hungry with a ~ H** ich habe einen Riesenhunger ③ LAW Kapital-; **~ offence** Kapitalverbrechen *nt* ④ *no pl* FIN Vermögen *nt,* Kapital *nt;* **human ~** Menschenkapital *nt;* (*invested funds*) [Anlage]kapital *nt;* **to put ~ into a company** Kapital in ein Unternehmen investieren; **to make ~** [**out**] **of** [*or* **from**] **sth** (*fig*) aus etw *dat* Kapital schlagen **III.** *adj* BRIT (*dated*) einmalig; **~ joke** Mordsspaß *m fam*

capi·tal al·'low·ance *n* FIN Abschreibung *f* **capi·tal 'as·sets** *npl* FIN Kapitalvermögen *nt kein pl;* ECON Wirtschaftsgüter *ntpl,* Vermögensgegenstände *mpl* **capi·tal 'crime** *n* Kapitalverbrechen *nt* **capi·tal ex·'pendi·ture** *n no pl* Investitionsausgaben *fpl,* Kapitalaufwendungen *fpl* **capi·tal 'gains** *n* Veräußerungsgewinn *m,* Kapitalgewinn *m* **capi·tal 'gains tax** *n no pl* Kapitalgewinnsteuer *f,* Kapitalertragssteuer *f* **capi·tal in·'ten·sive** *adj pred,* **capi·tal-in·'ten·sive** *adj attr* anlagenintensiv, kapitalintensiv; **~ industries** kapitalintensive Wirtschaftszweige **capi·tal in·'vest·ment** *n* FIN Kapitalanlage *f,* Geldanlage *f;* ECON Anlageinvestitionen *fpl*

capi·tal·ism ['kæpɪtəlɪzəm, AM -t̬əl-] *n no pl* Kapitalismus *m*

capi·tal·ist ['kæpɪtəlɪst, AM -t̬əl-] **I.** *n* ① (*investor*) Anleger(in) *m(f),* Investor(in) *m(f)* ② (*supporter of capitalism*) Kapitalist(in) *m(f) oft pej;* (*fig, pej*) Ausbeuter(in) *m(f) pej* **II.** *adj* kapitalistisch; (*pej*) ausbeuterisch *pej*

capi·tal·ist·ic [ˌkæpɪtəl'ɪstɪk, AM -t̬ə'lɪs-] *adj* kapitalistisch; (*pej*) ausbeuterisch *pej*

capi·tali·za·tion [ˌkæpɪtəlaɪ'zeɪʃən, AM -t̬əlɪ'-] *n no pl* ① LING Großschreibung *f* ② FIN Kapitalisierung *f,* Kapitalisation *f,* Aktivierung *f;* **~ of profits** Aktivierung *f* des Gewinns

capi·tal·ize ['kæpɪtəlaɪz, AM -t̬əl-] **I.** *vt* ① LING ■**to ~ sth** etw großschreiben ② FIN ■**to ~ sth** etw kapitalisieren [*o* aktivieren] *fachspr;* **to be under-~d** unterkapitalisiert sein *fachspr* **II.** *vi* (*fig*) ■**to ~ on sth** aus etw *dat* Kapital schlagen

capi·tal 'let·ter *n* Großbuchstabe *m;* **in ~s** in Großbuchstaben **capi·tal 'pun·ish·ment** *n no pl* Todesstrafe *f*

capi·ta·tion [ˌkæpɪ'teɪʃən, AM -ə'-] *n* FIN Kopfsteuer *f*

Capi·tol ['kæpət̬əl] *n* ■**the ~** AM das Kapitol

ca·pitu·late [kə'pɪtjʊleɪt, AM -'pɪtʃəleɪt] *vi* MIL kapitulieren, sich *akk* ergeben; (*fig*) aufgeben, kapitulieren; **to ~ to sb/sth** MIL sich *akk* jdm/etw ergeben; (*fig*) vor jdm/etw kapitulieren

ca·pitu·la·tion [kəˌpɪtjʊ'leɪʃən, AM -ˌpɪtʃə'-] *n* MIL Kapitulation *f* (**to** vor +*dat*); (*fig*) Nachgeben *nt*

capo ['kɑːpoʊ] *n esp* AM (*sl: in mafia*) Capo *m sl*

capon ['keɪpən, AM -pɑːn] *n* FOOD Kapaun *m*

capped [kæpt] *adj inv* FIN nach oben begrenzt, gedeckelt; **~ rate** Höchstzinssatz *m,* Maximalzinssatz *m;* **the interest rate is ~** der Zinssatz ist nach oben begrenzt; **~ rate mortgage** Hypothek *f* mit Maximalzinssatz

cap·puc·ci·no <*pl* -s> [ˌkæpʊ'tʃiːnəʊ, AM -ə'tʃiːnoʊ] *n* Cappuccino *m*

ca·price [kə'priːs] *n* (*liter*) ① (*whim*) Laune *f,* Kaprice *f geh* ② *no pl* (*spontaneity*) Launenhaftigkeit *f* ③ (*unpredictable event*) Willkür *f;* **Nature's ~s** die Launen der Natur

ca·pri·cious [kə'priːʃəs] *adj* (*liter*) *person* launisch *pej,* launenhaft, kapriziös *geh; tyrant* unberechenbar; *weather* wechselhaft

ca·pri·cious·ly [kə'priːʃəsli] *adv* ① (*moodily*) launenhaft, launisch *pej* ② (*arbitrarily*) willkürlich

ca·pri·cious·ness [kə'priːʃəsnəs] *n no pl* ① (*moodiness*) Launenhaftigkeit *f* ② (*arbitrariness*) Willkür *f; of a decision* Willkürlichkeit *f*

Cap·ri·corn ['kæprɪkɔːn, AM -rəkɔːrn] *n* ① *no art, no pl* (*Zodiac sign*) Steinbock *m;* **the Tropic of ~** der Wendekreis des Steinbocks; **to be born under ~** im Zeichen des Steinbocks geboren sein ② (*person*) Steinbock *m*

cap·si·cum ['kæpsɪkəm] *n* ① HORT, BOT Paprika *m,* Kapsikum *nt fachspr* ② FOOD Pfefferschote *f,* Peperoni *f;* (*hot spice*) spanischer Pfeffer ③ *no pl* MED Kapsikum *nt*

cap·size [kæp'saɪz, AM 'kæpsaɪz] **I.** *vi* NAUT kentern **II.** *vt* ■**to ~ sth** NAUT etw zum Kentern bringen; (*fig*) etw ruinieren; **to ~ a project** ein Projekt scheitern lassen

cap·stan ['kæpstən] *n* NAUT [Anker]winde *f,* Schiffswinde *f,* Kapstan *m fachspr;* MECH Tonwelle *f,* Tonrolle *f*

cap·sule ['kæpsjuːl, AM -səl] *n* ① AEROSP [Raum]kapsel *f* ② PHARM [Arznei]kapsel *f* ③ ANAT Kapsel *f,* Schale *f;* **articular ~** Gelenkkapsel *f*

cap·tain ['kæptɪn, AM -tən] **I.** *n* ① NAUT, AVIAT Kapitän(in) *m(f)* ② SPORTS [Mannschafts]kapitän(in) *m(f),* Mannschaftsführer(in) *m(f)* ③ MIL (*in army*) Hauptmann *m;* (*in navy, air force*) Kapitän(in) *m(f)* ④ ECON **~ of industry** Großindustrielle(r) *f(m)* **II.** *vt* ■**to ~ sth** etw anführen; MIL etw befehligen; **to ~ a team** Mannschaftskapitän/Mannschaftskapitänin sein

cap·tain·cy ['kæptɪnsi] *n* ① (*term*) Führung *f;* **her ~ of the Welsh team was very successful** unter ihr war das walisische Team sehr erfolgreich ② *no pl* (*role*) Führerschaft *f,* Führung *f;* MIL Befehligung *f,* Befehl *m*

cap·tion ['kæpʃən] *n* ① (*heading*) Überschrift *f,* Titel *m* ② (*under illustration*) Bildunterschrift *f,* Legende *f;* (*under cartoon*) Bildtext *m*

cap·tious ['kæpʃəs] *adj* (*form*) überkritisch, spitzfindig

cap·ti·vate ['kæptɪveɪt, AM -tə-] *vt* (*approv*) ■**to ~ sb** jdn faszinieren [*o* in seinen Bann ziehen]

cap·ti·vat·ing ['kæptɪveɪtɪŋ, AM -təveɪt̬ɪŋ] *adj* (*approv*) faszinierend, bezaubernd; **~ smile** einnehmendes [*o* gewinnendes] Lächeln

cap·tive ['kæptɪv] **I.** *n* Gefangene(r) *f(m)* **II.** *adj inv* gefangen; *animal* in Gefangenschaft; **~ audience** unfreiwilliges Publikum; **to take/hold** [*or* **keep**] **sb** ~ jdn gefangen nehmen/halten

cap·tiv·ity [kæpˈtɪvəti, AM -əṭi] *n no pl* Gefangenschaft *f;* (*fig*) Unterdrückung *f;* **to be in** ~ in Gefangenschaft sein; **animals bred in** ~ in Gefangenschaft gezüchtete Tiere

cap·tor [ˈkæptəʳ, AM -ɚ] *n of a person* Entführer(in) *m(f); of a hostage* Geiselnehmer(in) *m(f); of a country* Eroberer *m; of a ship* Kaperer *m*

cap·ture [ˈkæptʃəʳ, AM -ɚ] **I.** *vt* ❶ (*take prisoner*) ■**to** ~ **sb** jdn gefangen nehmen; *police* jdn festnehmen ❷ (*take possession*) **to** ~ **a city** eine Stadt einnehmen [*o* erobern]; **to** ~ **a ship** ein Schiff kapern [*o* aufbringen]; **to** ~ **a treasure** einen Schatz erobern ❸ (*fig: gain*) ■**to** ~ **sth** *control, prize* etw erringen; **the Democrats** ~**d 70% of the votes** die Demokraten konnten 70% der Stimmen auf sich vereinigen; **to** ~ **sb's attention/interest** jds Aufmerksamkeit *f*/Interesse *nt* erregen; **to** ~ **sb's sympathy** jds Sympathie *f* gewinnen ❹ ECON **to** ~ **the market** den Markt erobern ❺ (*depict accurately*) ■**to** ~ **sth** etw einfangen; **to** ~ **sth in a painting/on film** etw in einem Bild/auf Film festhalten ❻ COMPUT ■**to** ~ **sth** etw erfassen **II.** *n of a person* Gefangennahme *f;* (*by police*) Festnahme *f; of a city* Einnahme *f,* Eroberung *f; of a ship* Kapern *nt,* Aufbringen *nt*

car [kɑːʳ, AM kɑːr] **I.** *n* ❶ (*vehicle*) Auto *nt,* Wagen *m;* **let's go by** ~ lass uns mit dem Auto fahren! ❷ RAIL Waggon *m,* Wagen *m;* **buffet/restaurant/sleeping** ~ Buffet-/Speise-/Schlafwagen *m* ❸ (*in airship, balloon*) Gondel *f* **II.** *n modifier* (*accident, dealer, keys, tyres*) Auto-; ~ **door** Wagentür *f,* Autotür *f;* ~ **factory** Automobilfabrik *f;* ~ **rental service** Autovermietung *f,* Autoverleih *m;* ~ **renter** Automieter(in) *m(f);* ~ **stereo** Autoradio *nt;* ~ **tax** Kraftfahrzeugsteuer *f,* Kfz-Steuer *f*

car ac·ˈces·so·ry *n* Autozubehörteil *nt;* **car accessories** *pl* Autozubehör *nt* **car ˈaer·ial** *n* BRIT, **car an·ˈten·na** *n* AM Autoantenne *f*

ca·rafe [kəˈræf] *n* Karaffe *f*

cara·mel [ˈkærəməl, AM *esp* ˈkɑːrməl] **I.** *n* ❶ *no pl* (*burnt sugar*) Karamell *m o* ÖSTERR SCHWEIZ *a. nt,* gebrannter Zucker ❷ (*a sweet*) Karamellbonbon *nt,* Karamelle *f* ❸ (*colour*) Karamell *nt* **II.** *adj inv* ❶ FOOD Karamell-; ~ **cream** Karamellcreme *f* ❷ (*colour*) karamell[farben]

cara·mel·ize [ˈkærəməlaɪz, AM ˈkɑːrməl-] **I.** *vi* karamellieren **II.** *vt* ■**to** ~ **sth** etw karamellisieren; ~**d sweets** Karamellbonbons *ntpl*

cara·pace [ˈkærəpeɪs, AM ˈker-] *n* ZOOL (*shell*) Rückenschild *m,* [Rücken]panzer *m;* (*fig*) Panzer *m,* Schutzschild *m;* **no sense of guilt ever penetrated his moral** ~ er ließ nie irgendwelche Schuldgefühle an sich herankommen

car·at [ˈkærət, AM ˈker-] **I.** *n* <*pl* -s *or* -> Karat *nt* **II.** *n modifier* -karätig; **one-**~ **diamond** einkarätiger Diamant; **24-**~ **gold** 24-karätiges Gold

cara·van [ˈkærəvæn, AM ˈker-] *n* ❶ BRIT (*vehicle*) Wohnwagen[anhänger] *m,* Wohnanhänger *m;* **gypsy** ~ Zigeunerwagen *m* ❷ + *sing/pl vb* (*group of travellers*) Karawane *f;* **to join a** ~ sich *akk* einer Karawane anschließen

cara·van·ning [ˈkærəvænɪŋ] *n no pl* BRIT Urlaub *m* im Wohnwagen, Wohnwagenurlaub *m;* **we take the children** ~ **every summer** wir fahren mit den Kindern jeden Sommer mit dem Wohnwagen in Urlaub; **to go** ~ Urlaub im Wohnwagen machen

ˈcara·van park *n* AUS [Camping]platz *m* für Wohnwagen

cara·van·sa·ry [ˌkærəˈvænsəri, AM ˌker-], AM *a.* **cara·van·se·rai** [ˌkerəˈvænsəraɪ] *n* + *sing/pl vb* Karawanserei *f*

ˈcara·van site *n* BRIT [Camping]platz *m* für Wohnwagen

cara·way [ˈkærəweɪ, AM ˈker-] *n no pl* Kümmel *m*

ˈcara·way seeds *npl* Kümmelsamen *mpl,* Kümmelkörner *ntpl*

carb [kɑːb, AM kɑːrb] *n* (*fam*) *short for* **carbohydrate** Kohle[n]hydrat *nt*

car·bide [ˈkɑːbaɪd, AM ˈkɑːr-] *n* CHEM Karbid *nt*

car·bine [ˈkɑːbaɪn, AM ˈkɑːr-] *n* MIL Karabiner *m*

ˈcar body *n* Karosserie *f*

car·bo·hy·drate [ˌkɑːbə(ʊ)ˈhaɪdreɪt, AM ˈkɑːrboʊ-] CHEM **I.** *n* Kohle[n]hydrat *nt;* **to be high/low in** ~**s** viele/wenig Kohlehydrate enthalten **II.** *n modifier* Kohlehydrat-; ~ **sweetener** Zuckeraustauschstoff *m*

car·bol·ic [kɑːˈbɒlɪk, AM kɑːrˈbɑː-] *adj inv* Karbol-; ~ **soap** Karbolseife *f*

car·bol·ic ˈacid *n* Karbolsäure *f,* Phenol *nt*

ˈcar bomb *n* Autobombe *f*

car·bon [ˈkɑːbən, AM ˈkɑːr-] **I.** *n* ❶ *no pl* CHEM Kohlenstoff *m* ❷ (*dated: copy*) Durchschlag *m,* Kopie *f* ❸ (*dated: paper*) Kohlepapier *nt,* Durchschlagpapier *nt* **II.** *n modifier* CHEM (*fibre*) Kohle[nstoff]-; ~ **compound** Kohlenstoffverbindung *f*

car·bon·at·ed [ˈkɑːbəneɪtɪd, AM ˈkɑːrbəneɪṭ-] *adj* kohlensäurehaltig, mit Kohlensäure

ˈcar·bon copy *n* Durchschlag *m,* Durchschrift *f;* (*fig*) Ebenbild *nt;* **she's a** ~ **of her mother** sie ist ihrer Mutter wie aus dem Gesicht geschnitten **car·bon-copy ˈcrime** *n* Nachahmungstat *f* **car·bon ˈdat·ing** *n no pl* SCI Radiokarbonmethode *f,* Radiokohlenstoffmethode *f,* Kohlenstoffdatierung *f,* C-14-Methode *f fachspr* **car·bon di·ˈox·ide** *n no pl* Kohlendioxid *nt,* Kohlensäure *f*

car·bon·ic [kɑːˈbɒnɪk, AM kɑːrˈbɑːn-] *adj* Kohlen-, kohlenstoffhaltig; ~ **acid** Kohlensäure *f*

car·bon·if·er·ous [ˌkɑːbəˈnɪfərəs, AM ˌkɑːr-] *adj* GEOL kohlehaltig, kohleführend; ■**the C**~ [**epoch**] das Karbon

car·bon·ize [ˈkɑːbənaɪz, AM ˈkɑːr-] CHEM **I.** *vt* ■**to** ~ **sth** etw verkohlen [*o fachspr* karbonisieren] **II.** *vi* verkohlen; **to** ~ **at low temperature** schwelen

car·bon mon·ˈox·ide I. *n no pl* Kohlenmonoxid *nt,* Kohlenoxid *nt* **II.** *n modifier* (*level, poisoning, pollution*) Kohlenmonoxid-

ˈcar·bon pa·per *n no pl* (*dated*) Kohlepapier *nt,* Durchschlagpapier *nt*

car-ˈboot sale *n* BRIT *Verkauf persönlicher Gegenstände aus dem Kofferraum auf einem Parkplatz*

car·bun·cle [ˈkɑːbʌŋkl, AM ˈkɑːr-] *n* ❶ MED (*swelling*) Karbunkel *m* ❷ (*gem*) Karfunkel *m* ❸ *no pl* (*gemstone*) rund geschliffener Granat

car·bu·retor [ˈkɑːrbəreɪṭɚ] AM, **car·bu·ret·tor** [ˌkɑːbjəˈretəʳ] *n* BRIT AUTO Vergaser *m*

car·case *esp* BRIT, **car·cass** <*pl* -es> [ˈkɑːkəs, AM ˈkɑːr-] *n* ❶ (*of an animal*) Tierleiche *f,* [Tier]kadaver *m;* (*of a meat animal*) Rumpf *m;* (*of poultry*) Gerippe *nt,* Überreste *mpl* ❷ (*of a vehicle*) [Auto]wrack *nt;* ~**s of burnt-out vehicles** ausgebrannte Autowracks ❸ (*pej sl: of human body*) Kadaver *m pej sl*

car·cino·gen [kɑːˈsɪnədʒən, AM kɑːrˈ-] *n* Krebserreger *m,* Karzinogen *nt fachspr,* Kanzerogen *nt fachspr;* **a class one** ~ einer der gefährlichsten Krebserreger

car·cino·gen·ic [ˌkɑːsɪnə(ʊ)ˈdʒenɪk, AM ˌkɑːrsənoʊ-] *adj* Krebs erregend [*o* auslösend], karzinogen *fachspr,* kanzerogen *fachspr*

car·ci·no·ma [ˌkɑːsɪˈnəʊmə, AM ˌkɑːrsənˈoʊ-] *n* Karzinom *nt fachspr,* Krebsgeschwulst *f,* Tumor *m*

card[1] [kɑːd, AM kɑːrd] **I.** *n* ❶ *no pl* (*paper*) Pappe *f,* Karton *m* ❷ (*piece of paper*) Karte *f;* **blank** ~ Leerkarte *f,* Blankokarte *f;* **business** [*or* **visiting**]/**index** ~ Visiten-/Karteikarte *f* ❸ (*postcard*) [Post]karte *f,* Ansichtskarte *f* ❹ (*with a message*) [Glückwunsch]karte *f;* **anniversary/birthday/Christmas** ~ Jubiläums-/Geburtstags-/Weihnachtskarte *f;* **get-well** ~ Genesungskarte *f;* **greeting** ~ Grußkarte *f,* Glückwunschkarte *f;* **valentine** ~ Grußkarte *f* zum Valentinstag ❺ (*game*) [Spiel]karte *f;* **playing** ~ Spielkarte *f;* [**game of**] ~**s** *pl* Kartenspiel *nt;* **I've never been much good at** ~**s** ich konnte noch nie gut Karten spielen; **house of** ~**s** (*a. fig*) Kartenhaus *nt;* **pack** [*or* AM *a.* **deck**] **of** ~**s** Kartenspiel *nt,* Karten *fpl;* **to deal/shuffle the** ~**s** die Karten austeilen/mischen; **to play** ~**s** Karten spielen ❻ (*for paying*) Karte *f;* **cash** ~ Geldautomatenkarte *f;* **charge**

C

~ Kundenkreditkarte *f;* **cheque** [*or* **banker's**] [*or* AM **bank**] ~ Scheckkarte *f;* **credit/phone** ~ Kredit-/Telefonkarte *f* ❼ (*proof of identity*) Ausweis *m;* **identity** [*or* **ID**] ~ Personalausweis *m;* **membership** ~ Mitgliedskarte *f,* Mitgliedsausweis *m* ❽ BRIT (*fam: employment papers*) ■ **~s** *pl* [Arbeits]papiere *ntpl;* **to ask for one's ~s** sich *dat* seine Papiere geben lassen, kündigen; **to get one's ~s** entlassen werden; **to give sb his/her ~s** jdn entlassen, jdm kündigen ▸ PHRASES: **to hold** [*or* **keep**] **one's ~s close to one's chest** sich *dat* nicht in die Karten schauen lassen; **to have a ~ up one's sleeve** noch etwas in petto haben; **to put** [*or* **lay**] **one's ~s on the table** seine Karten auf den Tisch legen; **to have** [*or* **hold**] **all the ~s** alle Trümpfe in der Hand haben; **to play one's best** [*or* **trump**] **~** seinen höchsten Trumpf ausspielen; **to play one's ~s right** [*or* **well**] geschickt vorgehen; **to throw in one's ~s** sich *akk* geschlagen geben; **to be on** [*or* AM **in**] **the ~s** zu erwarten sein **II.** *n modifier* ❶ (*using cards*) Karten-; **~ catalogue** [*or* AM **catalog**] Zettelkatalog *m,* Kartei *f;* **~ index** Kartei *f,* Kartothek *f* ❷ (*using playing cards*) (*game, trick*) Karten- **III.** *vt* AM ■ **to ~ sb** sich *dat* jds Ausweis *m* zeigen lassen; ■ **to be ~ed** seinen Ausweis vorzeigen müssen

card² [kɑːd, AM kɑːrd] *n* (*dated fam*) Spaßvogel *m,* Witzbold *m*

card³ [kɑːd, AM kɑːrd] **I.** *n* MECH Wollkamm *m,* Kratze *f fachspr,* Karde *f fachspr* **II.** *vt* **to ~ cotton/wool** Baumwolle/Wolle kämmen

car·da·mom [ˈkɑːdəməm, AM ˈkɑːrd-] *n,* BRIT *a.* **car·da·mum** *n,* AM *a.* **car·da·mon** [-mən] *n* Kardamom *m o nt*

ˈcard·board I. *n no pl* Pappe *f,* [Papp]karton *m;* (*fig pej*) **to be ~** klischeehaft [*o* stereotyp] sein *pej* **II.** *n modifier* Papp-, Karton-; **~ box** [Papp]karton *m,* Pappschachtel *f;* **~ packaging** Kartonverpackung *f,* Kartonage *f* **card·board ˈcity** *n esp* BRIT Obdachlosensiedlung *f,* Pappschachtelstadt *f* **card-carry·ing ˈmem·ber** *n* POL eingetragenes Mitglied **ˈcar deck** *n* NAUT, TRANSP Wagendeck *nt* **ˈcard game** *n* Kartenspiel *nt* **ˈcard·hold·er** *n* FIN Karteninhaber(in) *m(f)*

car·di·ac [ˈkɑːdiæk, AM ˈkɑːr-] *adj inv* Herz-; **~ disease** Herzkrankheit *f;* **~ patient** Herzpatient(in) *m(f),* Herzkranke(r) *f(m)*

car·di·ac ar·ˈrest *n* Herzstillstand *m*

car·die *n* BRIT (*fam or childspeak*) *short for* **cardigan**

car·di·gan [ˈkɑːdɪgən, AM ˈkɑːr-] *n* Strickjacke *f*

car·di·nal [ˈkɑːdɪnᵊl, AM ˈkɑːr-] **I.** *n* ❶ REL Kardinal *m* ❷ ORN Kardinal[vogel] *m* ❸ MATH Grundzahl *f,* Kardinalzahl *f* **II.** *adj attr, inv* Haupt-, hauptsächlich, grundlegend; **~ error** Kardinalfehler *m;* **~ rule** Grundregel *f;* **~ sin** Todsünde *f*

car·di·nal ˈnum·ber *n* Kardinalzahl *f,* Grundzahl *f* **car·di·nal ˈpoint** *n* Himmelsrichtung *f* **car·di·nal ˈvir·tue** *n* Kardinaltugend *f*

ˈcard in·dex *n* Kartei *f; of a library* Katalog *m*

car·dio [ˈkɑːdiəʊ, AM ˈkɑːrdioʊ] **I.** *n* (*aerobics*) Cardio *nt* **II.** *n modifier* (*fitness, session, shape, workout*) Cardio-

car·dio·funk [ˈkɑːdiə(ʊ)fʌŋk, AM ˈkɑːrdioʊ-] *n no pl* Cardiofunk *m* (*herzstärkendes Aerobic*)

car·dio·gram [ˈkɑːdiə(ʊ)græm, AM ˈkɑːrdioʊ-] *n* MED Kardiogramm *nt*

car·dio·graph [ˈkɑːdiə(ʊ)grɑːf, AM ˈkɑːrdioʊgræf] *n* MED Kardiograph *m*

car·di·og·ra·phy [ˌkɑːdiˈɒgrəfi, AM ˌkɑːrdiˈɑːg-] *n no pl* MED Kardiographie *f*

car·di·olo·gist [ˌkɑːdiˈɒlədʒɪst, AM ˌkɑːrdiˈɑːl-] *n* MED Kardiologe, -in *m, f*

car·di·ol·ogy [ˌkɑːdiˈɒlədʒi, AM ˌkɑːrdiˈɑːl-] *n no pl* MED Kardiologie *f*

car·dio·pul·mo·nary [ˌkɑːdiə(ʊ)ˈpʌlmənᵊri, AM ˌkɑːrdioʊˈpʊlməneri] *adj inv* kardiopulmonal *fachspr,* Herz-Lungen-; **~ disease** Herz-Lungen-Erkrankung *f*

car·dio·vas·cu·lar [ˌkɑːdiə(ʊ)ˈvæskjʊləʳ, AM ˌkɑːrdioʊˈvæskjələ˞] *adj inv* kardiovaskulär *fachspr,* Herz-Kreislauf-

car·doon [kɑːˈduːn, AM kɑːrˈ-] *n* spanische Artischocke, Gemüseartischocke *f,* Karde *f*

car ˈdoor *n* Autotür *f,* Wagentür *f*

ˈcard·phone *n* Kartentelefon *nt* **ˈcard·punch** *n* BRIT (*dated*) Lochkartenmaschine *f,* Kartenlocher *m,* Lochkartenstanzer *m* **ˈcard·shark** *n esp* AM, **ˈcard·sharp** *n* Falschspieler(in) *m(f),* Zinker(in) *m(f) fam* **ˈcard ta·ble** *n* Kartentisch *m,* Spieltisch *m* **ˈcard vote** *n* BRIT Abstimmung *f* durch Wahlmänner

car·dy [ˈkɑːdi] *n* BRIT (*fam or childspeak*) *short for* **cardigan** Strickjacke *f*

care [keəʳ, AM ker] **I.** *n* ❶ *no pl* (*looking after*) Betreuung *f;* (*of children, the elderly*) Pflege *f;* (*in hospital*) Versorgung *f;* **to be in ~** in Pflege sein; **to be taken** [*or* **put**] **into ~** in Pflege gegeben werden; **to take** [**good**] **~ of sb** sich *akk* [gut] um jdn kümmern, jdn [gut] versorgen; **to be under a doctor's ~** bei einem Arzt in Behandlung sein ❷ *no pl* (*protection*) Obhut *f;* **to be in** [*or* **under**] **sb's ~** in jds Obhut sein; **to take** [**good**] **~ of sb/sth** gut auf jdn/etw aufpassen; **take ~** [**of yourself**]! pass auf dich auf!, mach's gut! *fam* ❸ *no pl* (*responsibility*) **to take ~ of sth** sich *akk* um etw *akk* kümmern, für etw *akk* Sorge tragen *geh;* **you paid for dinner last time, let me take ~ of it** du hast schon das letzte Essen bezahlt, lass mich das jetzt übernehmen; **all the travel arrangements have been taken ~ of** sämtliche Reisevorbereitungen wurden getroffen; **to take ~ of oneself** für sich *akk* selbst sorgen, sich *akk* um sich *akk* selbst kümmern; [**in**] **~ of ...** c/o ..., zu Händen von ... ❹ *no pl* (*maintenance*) Pflege *f;* **hair ~** Haarpflege *f;* **to take ~ of oneself** sich *akk* pflegen; **to take good ~ of sth** *car, toys, machine* etw schonen ❺ *no pl* (*carefulness*) Sorgfalt *f,* Aufmerksamkeit *f;* **have a ~!** BRIT (*dated*) pass doch auf!, gib Acht!; **to take ~ with sth** bei etw *dat* aufpassen; **you need to take a bit more ~ with your spelling** du musst dir mit deiner Rechtschreibung mehr Mühe geben; **take ~ not to spill your coffee** pass auf, dass du den Kaffee nicht verschüttest; **to take ~ that ...** darauf achten, dass ...; **take ~ that you don't fall!** pass auf, dass du nicht hinfällst!; **to do sth with ~** etw sorgfältig machen; **to drive with ~** umsichtig fahren; **driving without due ~ and attention** BRIT LAW fahrlässiges Verhalten im Straßenverkehr; **to handle sth with ~** mit etw *dat* vorsichtig umgehen; **'handle with ~'** ‚Vorsicht, zerbrechlich!' ❻ (*worry*) Sorge *f;* **to not have** [*or* **be without**] **a ~ in the world** keinerlei Sorgen haben; **to be free from ~** unbesorgt sein, keine Sorgen haben **II.** *vi* ❶ (*be concerned*) betroffen sein; **I think he ~s quite a lot** ich glaube, es macht ihm eine ganze Menge aus; **I could**[**n't**] **~ less** *esp* AM (*fam*) das ist mir völlig egal *fam;* **as if I ~d** als ob mir das etwas ausmachen würde; **for all I ~** meinetwegen; **who ~s?** (*it's not important*) wen interessiert das schon?; (*so what*) was soll's?; ■ **to ~ about** [*or* **for**] **sth** sich *dat* aus etw *dat* etwas machen ❷ (*feel affection*) Zuneigung fühlen; **I didn't know you ~d!** ich wusste ja gar nicht, dass du dir etwas aus mir machst; **I think he ~s for her very much** ich glaube, sie bedeutet ihm sehr viel ❸ (*want*) ■ **to ~ to do sth** etw tun mögen; **would you ~ to join us for dinner?** darf ich Sie zum Abendessen einladen?; ■ **to ~ for sth** etw mögen; **would you ~ for a drink?** möchten Sie etwas trinken? ❹ (*look after*) ■ **to ~ for sb/sth** sich *akk* um jdn/etw kümmern **III.** *vt* ■ **sb does not ~ how/what/where/whether/who/why ...** jdm ist es gleich [*o* egal], wie/was/wo/ob/wer/warum ...; **I don't ~ how much it costs** ich achte nicht auf den Preis

ca·reen [kəˈriːn] **I.** *vt* **to ~ a boat** ein Schiff kielholen **II.** *vi* ❶ NAUT sich *akk* auf die Seite legen, krängen *fachspr* ❷ *esp* AM (*career*) rasen

ca·reer [kəˈrɪəʳ, AM -ˈrɪr] **I.** *n* ❶ (*profession*) Beruf *m;* **he's taking up a ~ in the police force** er geht in den Polizeidienst; **I want a ~ in teaching** ich möchte Lehrer werden; **she has a very well-paid ~ as a doctor** sie arbeitet als gut bezahlte Ärztin ❷ (*working life*) Karriere *f,* Werdegang *m,*

Laufbahn *f;* **don't do anything that will ruin your ~!** setze deine Karriere nicht aufs Spiel!; **he will be able to look back on a brilliant ~** er wird auf eine glänzende Laufbahn zurückblicken können; **to enter upon a ~ in business** eine Laufbahn in der Wirtschaft einschlagen **II.** *n modifier* ❶ (*professional*) Berufs-; **~ politician** Berufspolitiker(in) *m(f)* ❷ BRIT (*job prospects*) ■ **~s ...** (*adviser, outlook, prospects*) Berufs-; **~s office** Berufsberatung *f* **III.** *vi* rasen; **to ~ out of control** außer Kontrolle geraten; **to ~ down a slope** einen Hang hinunterrasen

ca·'reer girl *n* (*dated*) Karrierefrau *f*

ca·reer·ist [kəˈrɪərɪst, AM -ˈrɪr-] (*usu pej*) **I.** *n* Karrierist(in) *m(f) pej,* Karrieremacher(in) *m(f)* **II.** *adj* karrieristisch *pej*

ca·'reer lad·der *n* Karriereleiter *f* **ca·reer-'mind·ed** *adj,* **ca·reer-'ori·en·tat·ed** *adj* karriereorientiert **ca·'reer pros·pect** *n* Berufsaussichten *fpl;* ■ **~s** *pl* Aufstiegsmöglichkeiten *fpl* **ca·'reers of·fic·er** *n* BRIT Berufsberater(in) *m(f)* **ca·'reer wom·an** *n* Karrierefrau *f*

'care·free *adj* sorgenfrei, unbekümmert, sorglos

care·ful [ˈkeəfəl, AM ˈker-] *adj* ❶ (*cautious*) vorsichtig; *driver* umsichtig; **you can't be too ~ these days** man kann heutzutage nicht vorsichtig genug sein; **be ~ to look both ways when you cross the road** denke daran, in beide Richtungen zu sehen, bevor du die Straße überquerst; **be ~ about the ice on the road** fahr vorsichtig – es ist glatt draußen; **to be ~ with sth** mit etw *dat* vorsichtig umgehen; ■ **to be ~ [that] ...** darauf achten, dass ...; ■ **to be ~ where/what/who/how ...** darauf achten, wo/was/wer/wie ...; **be ~ how you phrase that question** überlege dir genau, wie du die Frage stellst ❷ (*meticulous*) sorgfältig; *examination* gründlich; *analysis* umfassend; *worker* gewissenhaft; **to pay ~ attention to sth** auf etw *akk* genau achten; **to make a ~ choice** sorgfältig auswählen; **after ~ consideration** nach reiflicher Überlegung; **to make a ~ search of sth** etw gründlich [*o* genau] durchsuchen; **[be] ~ how you go!** BRIT (*dated*) pass auf dich auf!

care·ful·ly [ˈkeəfəli, AM ˈker-] *adv* ❶ (*cautiously*) vorsichtig; **to handle sth ~** mit etw *dat* achtsam [*o* vorsichtig] umgehen ❷ (*painstakingly*) sorgfältig, gewissenhaft, gründlich; **to examine sb ~** jdn gründlich untersuchen; **to listen ~** aufmerksam zuhören; **to prepare sth ~** etw gewissenhaft [*o* sorgfältig] vorbereiten; **to sift sth ~** etw genau unter die Lupe nehmen

care·ful·ness [ˈkeəfəlnəs, AM ˈker-] *n no pl* ❶ (*caution*) Vorsicht *f,* Achtsamkeit *f* ❷ (*meticulousness*) Sorgfalt *f,* Gründlichkeit *f*

'care·giv·er *n esp* AM ❶ (*for ill/disabled person*) Pflegekraft *f* ❷ (*for child*) Kinderbetreuer(in) *m(f)* **'care la·bel** *n* Pflegeetikett *nt*

care·less [ˈkeələs, AM ˈker-] *adj* ❶ (*lacking attention*) unvorsichtig; *driver* leichtsinnig, unaufmerksam; ■ **to be ~ with sth** mit etw *dat* leichtsinnig umgehen; **why are you so ~ with your things?** warum passt du nicht besser auf deine Sachen auf? ❷ (*unthinking*) *remark* unbedacht, unüberlegt; *talk* gedankenlos ❸ (*not painstaking*) nachlässig, unordentlich ❹ (*carefree*) unbekümmert, sorglos, ungezwungen; **~ elegance** lässige Eleganz; **~ simplicity** unbekümmerte Naivität

care·less·ly [ˈkeələsli, AM ˈker-] *adv* ❶ (*without attention*) leichtsinnig, unvorsichtig ❷ (*negligently*) nachlässig, unordentlich ❸ (*thoughtlessly*) gedankenlos ❹ (*nonchalantly*) lässig, unbekümmert

care·less·ness [ˈkeələsnəs, AM ˈker-] *n no pl* ❶ (*lack of care*) Nachlässigkeit *f* ❷ (*thoughtlessness*) Gedankenlosigkeit *f,* Unüberlegtheit *f* ❸ (*lack of carefulness*) Unvorsichtigkeit *f,* Leichtsinn *m*

car·er [ˈkeərəʳ] *n* BRIT Betreuer(in) *m(f);* **Ken is the children's main ~** meistens kümmert sich Ken um die Kinder

ca·ress [kəˈres] **I.** *n* <*pl* -es> Streicheln *nt,* Liebkosung *f veraltend geh;* ■ **~es** *pl* Zärtlichkeiten *fpl* **II.** *vt* ■ **to ~ sb/sth** jdn/etw streicheln **III.** *vi* Zärtlichkeiten austauschen

'care·tak·er **I.** *n* BRIT (*janitor*) Hausmeister(in) *m(f);* AM (*property manager*) Hausverwalter(in) *m(f)* **II.** *adj attr, inv* **~ government** Übergangsregierung *f,* Interimsregierung *f,* geschäftsführende Regierung **'care·worn** *n* von Sorgen gezeichnet, vergrämt

'car fer·ry *n* Autofähre *f*

car·go [ˈkɑːgəʊ, AM ˈkɑːrgoʊ] **I.** *n* <*pl* -s *or* -es> ❶ *no pl* (*goods transported*) Fracht *f,* Ladung *f,* Frachtgut *nt* ❷ (*load of goods*) *of wool, rice* Ladung *f* **II.** *n modifier* (*container, weight*) Fracht-; **~ plane** [*or* **aircraft**] Transportflugzeug *nt,* Frachtflugzeug *nt;* **~ ship** [*or* **boat**] [*or* **vessel**] Frachter *m,* Frachtschiff *nt;* **~ transport** Gütertransport *m*

car·go trou·sers *npl* Cargohose *f*

'car hire *esp* BRIT **I.** *n* Autovermietung *f kein pl* **II.** *n modifier* Autovermietungs-; **~ company** Leihwagenfirma *f,* Autoverleih *m* **'car·hop** *n* AM (*dated fam*) Bedienung *f* in einem Drive-in-Restaurant

Car·ib·bean [ˌkærɪˈbiːən, kəˈrɪbi-, AM ˌkerɪ'-, kəˈrɪbi-] **I.** *n no pl* ■ **the ~** (*sea*) die Karibik; (*islands*) die Karibischen Inseln **II.** *adj inv* karibisch; *person also* karibischer Abstammung; **the ~ Islands** die Karibischen Inseln; **the ~ Sea** das Karibische Meer, die Karibik; ■ **to be ~** aus der Karibik stammen

cari·bou [ˈkærɪbuː, AM ˈker-] *n* ZOOL Karibu *m o nt*

cari·ca·ture [ˈkærɪkətʃʊəʳ, AM ˈkerəkətʃʊr] **I.** *n* Karikatur *f;* (*pej a.*) Spottbild *nt pej;* **to become a ~ of oneself** zu einer Karikatur seiner selbst werden **II.** *vt* ■ **to ~ sb/sth** (*draw*) jdn/etw karikieren; (*parody*) jdn/etw parodieren

cari·ca·tur·ist [ˈkærɪkətʃʊərɪst, AM ˈkerəkətʃʊr-] *n* Karikaturist(in) *m(f)*

cari·es [ˈkeəriːz, AM ˈker-] *n no pl* Karies *f;* **dental ~** Zahnkaries *f,* Zahnfäule *f*

ca·ril·lon [kærˈɪljən, AM ˈkerəlɑːn] *n* Glockenspiel *nt;* (*music also*) Glockenspielmusik *f*

car·ing [ˈkeərɪŋ, AM ˈker-] *adj* (*approv*) warmherzig, mitfühlend, einfühlsam; *person* fürsorglich; *society* sozial; *atmosphere* mitmenschlich

'car·ing pro·fes·sion *n* Sozialberuf *m*

'car in·sur·ance *n no pl* ❶ (*policy*) Kraftfahrzeugversicherung *f,* Kfz-Versicherung *f* ❷ (*premium*) Kfz-Versicherungsprämie *f,* Kfz-Versicherungsbeitrag *m* **'car·jack** **I.** *n* Wagenheber *m* **II.** *vt* **to ~ a vehicle** ein Auto entführen [und die Insassen berauben] **'car·jack·ing** *n* Autoentführung *f,* Autoraub *m kein pl*

car·mine [ˈkɑːmaɪn, AM ˈkɑːr-] **I.** *n* Karmin[rot] *nt* **II.** *adj* karminrot, karminfarben

car·nage [ˈkɑːnɪdʒ, AM ˈkɑːr-] *n no pl* Blutbad *nt,* Gemetzel *nt;* **the annual ~ on the roads** das alljährliche Blutvergießen auf den Straßen; **scene of ~** blutiges Schauspiel

car·nal [ˈkɑːnəl, AM ˈkɑːr-] *adj* (*form*) ❶ *inv* (*fleshly*) fleischlich, körperlich; (*sexual*) sexuell, sinnlich; **~ desire** sinnliche Begierde, Fleischeslust *f veraltet o hum;* **~ pleasures** sinnliche Freuden ❷ (*fig: worldly*) profan, weltlich

car·nal·ity [kɑːˈnæləti, AM kɑːrˈnæləṭi] *n no pl* (*form*) Sinnlichkeit *f,* Fleischeslust *f veraltet o hum*

car·nal 'knowl·edge *n no pl* (*form*) **to have ~ of sb** mit jdm Geschlechtsverkehr haben

car·na·tion [kɑːˈneɪʃən, AM kɑːr'-] **I.** *n* ❶ (*plant*) [Garten]nelke *f* ❷ (*flower*) Nelke *f* ❸ (*colour*) Blassrot *nt,* Rosarot *nt* **II.** *adj* rosa; **~ pink** zartrosa

car·ni·val [ˈkɑːnɪvəl, AM ˈkɑːrnə-] **I.** *n* ❶ (*festival occasion*) Volksfest *nt;* AM (*funfair*) Jahrmarkt *m* ❷ (*pre-Lenten festival*) Karneval *m,* Fasching *m bes* SÜDD, ÖSTERR, Fastnacht *f* **II.** *n modifier* (*procession, parade, time*) Karnevals-; **~ atmosphere** ausgelassene Stimmung

car·ni·vore [ˈkɑːnɪvɔːʳ, AM ˈkɑːrnəvɔːr] *n* ❶ (*meat-eater*) Fleischfresser *m,* Karnivore *m fachspr* ❷ (*plant*) Fleisch fressende Pflanze, Karnivore *f fachspr* ❸ (*hum: non-vegetarian*) Fleischfresser(in) *m(f) hum*

car·nivo·rous [kɑːˈnɪvərəs, AM kɑːrˈnɪ-] *adj inv* BOT, ZOOL Fleisch fressend, karnivor *fachspr;* ~ **plant** Fleisch fressende Pflanze

car·ob [ˈkærəb, AM ˈker-] *n* ① *no pl* FOOD Johannisbrot *nt* ② BOT Johannisbrotbaum *m*

car·ol [ˈkærəl, AM ˈker-] **I.** *n* [fröhliches] Lied *nt,* Jubellied *nt,* Lobgesang *m;* **Christmas** ~ Weihnachtslied *nt* **II.** *n modifier* (*book*) Weihnachtslieder-; ~ **concert** weihnachtliches Liedersingen, Weihnachtssingen *nt* **III.** *vi* <BRIT -ll- *or* AM *usu* -l-> fröhlich singen; **to go ~ling** als Sternsinger von Haus zu Haus ziehen; (*fig*) **to ~ away** jubilieren

car·ol·er *n* AM, **car·ol·ler** [ˈkærələʳ, AM ˈkerələr] *n,* **ˈcar·ol sing·er** *n* Sternsinger(in) *m(f)*

ˈcar·ol-sing·ing *n no pl* Weihnachtssingen *nt,* Sternsingen *nt;* **to go** ~ als Sternsinger von Haus zu Haus ziehen

caro·tene [ˈkærətiːn, AM ˈker-] *n no pl* Karotin *nt*

ca·rous·al [kəˈraʊzəl] *n no pl* (*dated or hum*) Trinkgelage *nt meist hum,* Zecherei *f veraltend o hum*

ca·rouse [kəˈraʊz] *vi* zechen *veraltend o hum,* ein Gelage feiern

carou·sel [ˌkærəˈsel, AM ˈkerəsel, kær-] *n* ① *esp* AM (*roundabout*) Karussell *nt* ② AVIAT [Gepäck]ausgabeband *nt,* Gepäckkarussell *nt* ③ PHOT (*slide holder*) ■**C~**® Rundmagazin *nt*

ˈcar own·er *n* Autobesitzer(in) *m(f)*

carp[1] <*pl* - *or* -s> [kɑːp, AM kɑːrp] *n* FOOD Karpfen *m*

carp[2] [kɑːp, AM kɑːrp] *vi* ■**to ~ [about sb/sth]** [über jdn/etw] meckern *fam,* [an jdm/etw] herumnörgeln *fam;* **I can't stand the way he's always ~ing** ich kann sein ständiges Herumnörgeln nicht ausstehen; ■**to ~ at sb** an jdm herummäkeln *fam;* **she never stops ~ing at him** sie hat immer etwas an ihm auszusetzen

car·pal bone [ˈkɑːpəl,-, AM ˈkɑːrpəl,-] *n* ANAT (*of hand*) Handwurzelknochen *m;* (*of foot*) Vorderfußwurzelknochen *m* **car·pal tun·nel ˈsyn·drome** *n no pl* MED Karpaltunnelsyndrom *nt fachspr*

ˈcar park *n* BRIT, AUS Parkplatz *m;* **multi-storey** ~ Parkhaus *nt;* **underground** ~ Tiefgarage *f*

car·pen·ter [ˈkɑːpəntəʳ, AM ˈkɑːrpəntər] *n* Zimmermann *m,* Schreiner(in) *m(f),* Tischler(in) *m(f)*

car·pen·ters [ˈkɑːpəntəz, AM ˈkɑːrpəntərz] *npl* Zimmermannshose *f*

car·pen·try [ˈkɑːpəntri, AM ˈkɑːr-] *n no pl* ① (*activity*) Zimmerhandwerk *nt,* Schreinerhandwerk *nt,* Tischlerhandwerk *nt;* **Martin is learning** ~ Martin lernt Tischler *fam* ② (*item*) [**piece of**] ~ Zimmermannsarbeit *f,* Schreinerarbeit *f,* Tischlerarbeit *f*

car·pet [ˈkɑːpɪt, AM ˈkɑːrpət] **I.** *n* ① (*rug*) Teppich *m;* ~ **of flowers** Blumenteppich *m;* ~ **of snow** Schneedecke *f;* **to fit** [*or* **lay**] **a** ~ einen Teppich[boden] verlegen; **fitted** [*or* AM **wall-to-wall**] ~ Teppichboden *m* ② *no pl* (*floor covering*) Bodenbelag *m* ▶ PHRASES: **to be on the** ~ (*be reprimanded*) zusammengestaucht werden; (*be under discussion*) diskutiert werden; **to sweep sth under the** ~ etw unter den Teppich kehren **II.** *vt* ① (*instal rug*) ■**to ~ sth** etw [mit einem Teppich] auslegen; **to ~ the stairs** einen Läufer auf die Treppenstufen legen ② (*fig fam: severely reprimand*) **to ~ sb** [**for sth**] jdn [wegen einer S. *gen*] zusammenstauchen [*o* zur Minna machen] *fam*

ˈcar·pet bag *n* (*dated*) Reisetasche *f* **ˈcar·pet·bag·ger** *n esp* AM (*pej*) politischer Abenteurer [*o* Karrieremacher] (*insbesondere Politiker aus dem Norden der USA, der nach dem Amerikanischen Bürgerkrieg in den Südstaaten Karriere machen wollte*) **ˈcar·pet bomb·ing** *n* ① *no pl* (*activity*) Flächenbombardierung *f,* großflächige Bombardierung ② (*instance*) Flächenbombardement *nt*

car·pet·ed [ˈkɑːpɪtɪd, AM ˈkɑːrpət̬-] *adj inv* mit einem Teppich ausgelegt; **to have a ~ bathroom** einen Teppich im Bad haben; **thickly** ~ mit einem dicken Teppich ausgelegt; (*fig*) **to be ~ with flowers** mit Blumen übersät sein

car·pet·ing [ˈkɑːpɪtɪŋ, AM ˈkɑːrpət̬-] *n no pl* Teppich[boden] *m,* Teppichware *f,* Teppiche *mpl*

ˈcar·pet slip·pers *n* Hausschuhe *mpl,* Pantoffeln *mpl* **ˈcar·pet sweep·er** *n* Teppichkehrer *m,* Teppichkehrmaschine *f*

ˈcar phone *n* Autotelefon *nt* **ˈcar·pool I.** *n* Fahrgemeinschaft *f* **II.** *vi* eine Fahrgemeinschaft bilden, in einer Fahrgemeinschaft fahren **ˈcar·pool·ing** *n no pl* Bildung *f* einer Fahrgemeinschaft **ˈcar·port** *n* Einstellplatz *m* [mit Schutzdach], Autounterstand *m,* Carport *m*

car·riage [ˈkærɪdʒ, AM ˈker-] *n* ① (*horse-drawn*) Kutsche *f* ② BRIT (*train waggon*) Personenwagen *m,* Reisezugwagen *m* ③ (*posture*) [Körper]haltung *f* ④ (*of a typewriter*) Wagen *m,* Schlitten *m* ⑤ *no pl* BRIT (*transport costs*) Transportkosten *pl,* Frachtkosten *pl,* Frachtgebühr *f,* Rollgeld *nt;* **that will be £150, ~ included** das macht 150 Pfund, inklusive Fracht

ˈcar·riage clock *n* BRIT Reisewecker *m,* Reiseuhr *f* **car·riage ˈfor·ward** *adv* BRIT Fracht zahlt Empfänger, Frachtkosten per Nachnahme, unfrei **car·riage ˈfree** *adv* BRIT frachtfrei, Transport bezahlt **car·riage ˈpaid** *adv* BRIT frachtfrei, Transport bezahlt **ˈcar·riage re·turn** *n* ① (*button*) Wagenrücklauftaste *f,* Rückführtaste *f,* Zeilentaste *f* ② (*device*) Wagenrücklauf *m* **ˈcar·riageway** *n* BRIT Fahrbahn *f;* **dual** ~ vierspurige Straße, Schnellstraße *f;* **northbound** ~ Fahrbahn *f* in nördlicher Richtung

car·ri·er [ˈkæriəʳ, AM ˈkeriər] *n* ① (*person*) Träger(in) *m(f); of luggage* Gepäckträger(in) *m(f); of water* [Wasser]träger(in) *m(f);* (*messenger*) Überbringer(in) *m(f),* Bote, -in *m, f* ② MIL (*vehicle*) Transporter *m;* AVIAT Transportflugzeug *nt;* NAUT Transportschiff *nt;* [**aircraft**] ~ Flugzeugträger *m;* [**troop**] ~ Truppentransporter *m* ③ (*transport company*) *of people* Personenbeförderungsunternehmen *nt; of goods* Transportunternehmen *nt,* Spedition *f;* (*by air*) Fluggesellschaft *f;* (*person*) Frachtunternehmer(in) *m(f),* Spediteur(in) *m(f)* ④ MED *of disease* [Über]träger(in) *m(f)* ⑤ BRIT (*fam: bag*) Tragetasche *f; see also* **carrier bag** ⑥ RADIO ~ [**wave**] Träger *m,* Trägerwelle *f* ⑦ PHYS Trägersubstanz *f* ⑧ CHEM Katalysator *m*

ˈcar·ri·er bag *n* BRIT Tragetasche *f;* (*of plastic*) [Plastik]tüte *f;* (*of paper*) [Papier]tüte *f* **ˈcar·ri·er pi·geon** *n* Brieftaube *f*

car·ri·on [ˈkæriən, AM ˈker-] *n no pl* Aas *nt;* ~ **eater** Aasfresser *m*

ˈcar·ri·on ˈcrow *n* Rabenkrähe *f*

car·rot [ˈkærət, AM ˈker-] **I.** *n* ① (*vegetable*) Möhre *f,* Karotte *f,* Mohrrübe *f* NORDD, gelbe Rübe SÜDD, Rüebli *nt* SCHWEIZ ② (*fam: reward*) Belohnung *f,* Anreiz *m;* **to dangle** [*or* **hold out**] **a ~ in front of sb** versuchen jdn zu ködern; **the ~ and** [**the**] **stick** Zuckerbrot und Peitsche **II.** *n modifier* (*cake, juice, soup, salad*) Karotten-, Möhren-

car·rot-and-ˈstick *adj attr, inv* (*fam*) **sometimes I just have to resort to the ~ approach with my children** manchmal hilft bei meinen Kindern nur noch Zuckerbrot und Peitsche

ˈcar·rot-top *n* (*hum fam*) Rotschopf *m fam*

car·roty [ˈkærəti, AM ˈkerət̬i] *adj* möhrenfarben, karottenrot; ~ **hair** feuerrotes Haar

car·ry <-ie-> [ˈkæri, AM ˈkeri] **I.** *vt* ① (*in hands, arms*) ■**to ~ sb/sth** jdn/etw tragen; **why do you always ~ so much stuff around?** warum schleppst du immer so viel Zeug mit dir herum? *fam;* **to ~ sb piggyback** jdn huckepack tragen ② (*in vehicle*) ■**to ~ sb/sth: I'm so tired my legs won't ~ me** ich bin so müde, ich kann mich kaum mehr auf den Beinen halten; **the bus was ~ing our children to school** der Bus brachte unsere Kinder zur Schule; **the truck was not ~ing a load** der Lastwagen war nicht beladen; **the stranded ship was ~ing cargo** das gestrandete Schiff hatte eine Ladung an Bord ③ (*have on one's person*) ■**to ~ sth** etw [bei sich *dat*] haben [*o* tragen] ④ (*remember*) **to ~ sth in one's head** etw [im Kopf] behalten; **to ~ a memory of sth** etw in Erinnerung behalten; **to ~ a tune** eine Melodie halten ⑤ MED (*transmit*) ■**to ~ sth** etw übertragen; ■**to be carried by sth** von etw *dat* übertragen werden ⑥ (*bear, have*) **to ~ conviction** überzeugend sein; **to ~ insurance** versichert sein; **to ~ a penalty** eine [Geld]strafe nach sich *dat* ziehen; **to ~ responsibility** Verantwortung tragen; **to ~ sail** NAUT Segel gesetzt haben; **to ~ weight with sb** jdn sehr beeindrucken; **all cigarette packets ~ a warning** auf allen Zigarettenpäckchen steht eine Warnung ❼ (*support*) ■**to ~ sth** etw tragen; **the ice isn't thick enough to ~ my weight** das Eis ist nicht dick genug, um mein Gewicht zu tragen; **I'm ~ing a lot of work at the moment** ich habe im Moment viel Arbeit; **the company is currently being carried by its export sales** die Firma wird im Moment durch ihre Exporte getragen; **we cannot afford to ~ people who don't work hard** Leute, die nicht hart arbeiten, sind für uns nicht tragbar; **to ~ oneself well** sich *akk* gut halten ❽ (*sell*) ■**to ~ sth** *shop* etw führen ❾ (*win support*) ■**to ~ sb** jdn auf seine Seite ziehen; **the party's popular plans will surely ~ the day at the next election** mit ihren populären Vorhaben wird die Partei die nächsten Wahlen für sich entscheiden; **his motion was carried unanimously** sein Antrag wurde einstimmig angenommen ❿ JOURN ■**to ~ sth** über etw *akk* berichten; **the newspapers all ~ the same story on their front page** die Zeitungen warten alle mit der gleichen Story auf; **to ~ a headline** eine Schlagzeile haben ⓫ (*develop*) **to ~ an argument to its [logical] conclusion** ein Argument [bis zum Schluss] durchdenken; **to ~ sth to extremes** [*or* **its limits**] etw bis zum Exzess treiben, mit etw *dat* zu weit gehen; **to ~ a joke too far** den Spaß zu weit treiben ⓬ MATH (*put into next column*) **to ~ a number** eine Zahl im Sinn behalten ⓭ (*be pregnant*) **to ~ a child** ein Kind erwarten, schwanger sein; **when I was ~ing Rajiv** als ich mit Rajiv schwanger war ▶ PHRASES: **to ~ the <u>can</u>** BRIT (*fam*) den schwarzen Peter haben; **to ~ a <u>torch</u> for sb** (*fam*) jdn anhimmeln *fam;* **to ~ <u>all</u> before one** vollen Erfolg haben; (*hum*) *woman* viel Holz vor der Hütte haben *hum* **II.** *vi* ❶ (*be audible*) zu hören sein ❷ (*fly*) fliegen

◆**carry away** *vt* ❶ (*remove*) ■**to ~ sth ↔ away** *storm, flood* etw [mit sich *dat*] forttragen [*o* wegreißen] ❷ (*be overcome by*) ■**to be carried away [by sth]** sich *akk* [von etw *dat*] mitreißen lassen; (*be enchanted by*) [von etw *dat*] hingerissen sein; **to get carried away [with sth]** es [mit etw *dat*] übertreiben; **I got rather carried away with buying presents** ich war beim Geschenkekaufen irgendwie nicht zu bremsen; **don't get carried away!** (*fam*) jetzt übertreib es mal nicht! *fam*

◆**carry back** *vt* ■**to ~ sb back to the old days** jdn in alte Zeiten [zurück]versetzen

◆**carry forward** *vt* FIN ■**to ~ sth forward** etw übertragen

◆**carry off** *vt* ❶ (*take away*) ■**to ~ sb ↔ off** jdn wegtragen; (*in football*) jdn vom Spielfeld tragen; ■**to ~ sth ↔ off** etw wegtragen; *thieves* etw erbeuten ❷ (*succeed*) ■**to ~ sth off** etw hinbekommen ❸ (*win*) ■**to ~ off ↔ sth** etw gewinnen; **to ~ off a prize** einen Preis mit nach Hause nehmen

◆**carry on I.** *vt* ■**to ~ on ↔ sth** etw weitermachen [*o* fortsetzen]; **we'll ~ on this conversation later** wir reden später weiter; **~ on the good work** weiter so! **II.** *vi* ❶ (*continue*) weitermachen; ■**to ~ on doing sth** etw weiter[hin] tun; **to ~ on as if nothing has happened** [*or* **as usual**] so weitermachen, als ob nichts geschehen wäre ❷ (*fam: make a fuss*) Radau machen *fam,* den Aufstand proben *iron fam;* (*cry uncontrolledly*) Zeter und Mordio schreien *fam;* ■**to ~ on at sb** (*argue incessantly*) mit jdm herumzanken *fam;* (*complain incessantly*) an jdm herummäkeln *fam* ❸ (*dated fam*) ■**to ~ on with sb** mit jdm ein Techtelmechtel haben *fam,* etwas mit jdm haben *fam* ❹ (*continue*) ■**to ~ on with sth** [erst mal] mit etw *dat* weitermachen; (*make do with sth*) [erst mal] mit etw *dat* auskommen

◆**carry out** *vt* ■**to ~ out ↔ sth** ❶ (*take out*) etw hinaustragen ❷ (*perform task*) etw durchführen; (*make real*) etw realisieren [*o* wahr machen]; **to ~ out an attack** angreifen; **to ~ out sth to the letter** etw haargenau befolgen; **to ~ out an order** einen Befehl befolgen [*o* ausführen]; **to ~ out a search** eine Suche durchführen; **to ~ out a threat** eine Drohung wahr machen

◆**carry over I.** *vt* ■**to ~ over ↔ sth** ❶ FIN (*bring forward*) einen Übertrag von etw *dat* machen; STOCKEX etw prolongieren *fachspr* ❷ (*postpone*) etw verlegen [*o* verschieben]; **to ~ over a week's holiday** eine Woche Urlaub ins neue Jahr herübernehmen **II.** *vi* ❶ (*have an effect on*) ■**to ~ over into sth** Einfluss auf etw *akk* haben; (*have a negative effect on*) etw beeinträchtigen ❷ (*remain*) übrig bleiben; ■**to ~ over from sth** aus etw *dat* stammen

◆**carry through** *vt* ❶ (*sustain*) ■**to ~ sb/an animal through** jdn/ein Tier durchbringen ❷ (*complete successfully*) ■**to ~ through ↔ sth** etw durchführen; **to ~ a plan through** einen Plan in die Tat umsetzen

'car·ry-all *n* AM ❶ (*travel bag*) Tragetasche *f,* Reisetasche *f* ❷ TRANSP (*horse-drawn vehicle*) *einspänniges, vierrädriges Fuhrwerk;* (*motorized vehicle*) Kombiwagen *m* **'car·ry-cot** *n* BRIT Babytragetasche *f* **car·ry-'for·ward** *n* FIN Übertrag *m,* Vortrag *m*

'car·ry·ing agent *n* Spediteur(in) *m(f),* Transportunternehmer(in) *m(f)* **'car·ry·ing ca·pac·ity** *n* ❶ (*maximum load*) Nutzlast *f,* Tragfähigkeit *f; of cable* Belastbarkeit *f* ❷ ECOL zulässige Siedlungsdichte **'car·ry·ing charge** *n* AM ❶ ECON (*interest on instalments*) Zins *m* für Teilzahlungskredit ❷ (*property owner's costs*) laufende Kosten **car·ry·ing-'on** <*pl* carryings-on> *n* (*fam*) ❶ *no pl* (*dubious affair*) Machenschaft[en] *f[pl]* ❷ (*dubious activity*) Machenschaft[en] *f[pl],* Umtriebe *pl* **'car·ry·ing trade** *n* Transportgewerbe *nt,* Speditionsgeschäft *nt*

'car·ry-on *n no pl* BRIT (*fam*) ❶ (*fuss*) Aufregung *f;* **there was a real ~ at the butcher's today** heute war beim Metzger ziemlich viel los; **what a ~!** was für ein Getue! ❷ (*dubious activity*) Machenschaft[en] *f[pl]* ❸ (*love affair*) [Liebes]affäre *f* **car·ry-on 'lug·gage** *n no pl* Handgepäck *nt* **'car·ry-out I.** *n* AM, SCOT ❶ (*food*) Schnellimbiss *m* ❷ (*shop*) Imbissstube *f* **II.** *adj attr, inv* Schnellimbiss-; **a ~ pizzeria** eine Schnellpizzeria **'car·ry-over** *n* ❶ STOCKEX [Saldo]vortrag *m,* Übertrag *m* ❷ (*left over*) Überbleibsel *nt*

'car seat *n* AUTO Autositz *m,* Wagensitz *m* **'car·sick** *adj* **he always gets ~** ihm wird beim Autofahren immer schlecht **'car·sick·ness** *n no pl* Übelkeit *f* (*beim Autofahren*)

cart [kɑːt, AM kɑːrt] **I.** *n* ❶ (*pulled vehicle*) Wagen *m,* Karren *m;* **horse ~** Pferdewagen *m;* **a horse and ~** Pferd und Wagen ❷ AM (*supermarket trolley*) Einkaufswagen *m* ▶ PHRASES: **to <u>put</u> the ~ before the horse** das Pferd von hinten aufzäumen **II.** *vt* (*transport with effort*) ■**to ~ sth** etw mühsam transportieren; (*carry*) etw schleppen *fam*

◆**cart around** *vt* ■**to ~ sth ↔ around** etw mit sich *dat* herumschleppen *fam*

◆**cart away** *vt* ■**to ~ sth ↔ away** etw abtransportieren [*o* *fam* wegschaffen]

◆**cart off** *vt* ■**to ~ sb ↔ off** jdn [mit Gewalt] wegbringen

carte blanche [ˌkɑːtˈblɑ̃(nt)ʃ, AM ˌkɑːrtˈblɑː(n)ʃ] *n no pl* Freibrief *m,* Carte blanche *f geh;* **to give sb ~ [to do sth]** jdm freie Hand geben[, etw zu tun]

car·tel [kɑːˈtel, AM kɑːrˈ-] *n* Kartell *nt*

cart·er [ˈkɑːtər, AM ˈkɑːrt̬ɚ] *n* Kutscher(in) *m(f),* Fuhrmann *m*

Car·tesian [kɑːˈtiːziən, AM kɑːrˈtiːʒ(ə)n] *adj inv* PHILOS, MATH kartes[ian]isch; **~ coordinates** kartesische Koordinaten

cart·horse [ˈkɑːthɔːs, AM ˈkɑːrthɔːrs] *n* Zugpferd *nt,* Kutschpferd *nt*

car·ti·lage [ˈkɑːtɪlɪdʒ, AM ˈkɑːrt̬(ə)l-] *n* MED *no pl* Knorpel *m*

car·ti·lagi·nous [ˌkɑːtɪˈlædʒɪnəs, AM ˌkɑːrt̬əˈlædʒ(ə)n-] *adj* MED Knorpel-, knorp[e]lig

'cart·load *n* Wagenladung *f* (**of** von +*dat*)

car·tog·ra·pher [kɑːˈtɒgrəfər, AM kɑːrˈtɑːgrəfɚ] *n* Kartograph(in) *m(f)*

car·tog·ra·phy [kɑːˈtɒgrəfi, AM kɑːrˈtɑːg-] *n no pl* Kartographie *f*

C

car·ton ['kɑːtᵊn, AM 'kɑːr-] *n* Karton *m;* (*commercial packaging*) Karton *m,* Kiste *m;* (*small*) Schachtel *f;* **milk** ~ Milchtüte *f*

car·toon [kɑː'tuːn, AM kɑːr'-] *n* ❶ (*drawing*) Cartoon *m o nt,* Karikatur *f* ❷ ART (*preparatory drawing*) Karton *m* ❸ FILM Zeichentrickfilm *m*

car·'toon char·ac·ter *n* Zeichentrickfigur *f*

car·'toon·ist [kɑː'tuːnɪst, AM kɑːr'-] *n* ❶ ART Karikaturist(in) *m(f)* ❷ FILM Zeichner(in) *m(f)* [von Zeichentrickfilmen], Trickzeichner(in) *m(f)*

car·toon 'strip *n* Cartoon *m o nt*

car·tridge ['kɑːtrɪdʒ, AM 'kɑːr-] *n* ❶ (*for ink*) Patrone *f* ❷ (*container*) Hülle *f;* (*for ammunition*) Patrone *f* ❸ (*cassette*) Kassette *f* ❹ (*pick-up head*) Tonabnehmer *m*

'car·tridge belt *n* Patronengurt *m,* Patronengürtel *m* **'car·tridge case** *n* Patronenhülse *f* **'car·tridge pa·per** *n* Zeichenpapier *nt* **'car·tridge pen** *n* Füllfederhalter *m*

'cart track *n* BRIT Feldweg *m* **'cart·wheel** I. *n* ❶ (*wheel of cart*) Wagenrad *nt* ❷ SPORTS Rad *nt;* (*activity*) Radschlagen *nt;* **to do** [*or* **turn**] **a** ~ ein Rad schlagen II. *vi* Rad schlagen

carve [kɑːv, AM kɑːrv] I. *vt* ■**to** ~ **sth** ❶ (*cut a figure*) etw schnitzen; (*with a chisel*) etw meißeln; (*cut a pattern*) etw [ein]ritzen; **to be** ~**d from stone** aus Stein gemeißelt sein ❷ FOOD (*cut meat*) etw tranchieren [*o* zerlegen] ❸ (*cut*) etw zerschneiden; (*fig: establish*) etw erreichen; **to** ~ **a name for oneself** sich *dat* einen Namen machen; **to** ~ **a niche for oneself** eine [Markt]nische [für sich *akk*] finden; ■**to** ~ **sth out** etw herausschneiden; **to** ~ **out a tunnel in a rock** einen Tunnel in den Fels treiben [*o* schlagen] II. *vi* tranchieren

◆**carve up** *vt* ❶ (*divide*) ■**to** ~ **sth** ↻ **up** etw [auf]teilen ❷ BRIT (*fam: cut in front of*) ■**to** ~ **sb** ↻ **up** jdn schneiden ❸ (*cut up*) ■**to** ~ **sb** ↻ **up** jdn [mit einem Messer] böse zurichten

carv·er ['kɑːvəʳ, AM 'kɑːrvɚ] *n* ❶ (*person*) Bildhauer(in) *m(f);* *wood* Holzschnitzer(in) *m(f);* (*at the table*) Vorschneider(in) *m(f)* ❷ (*knife*) Tranchiermesser *nt;* **electric** ~ elektrisches [Tranchier]messer

car·very ['kɑːvᵊri] *n* BRIT *offene Fleischzubereitung in einem Restaurant*

'carve-up *n* BRIT (*fam*) Verteilung *f;* (*sharing-out*) Anteil *m* (*bei einer Beute*)

carv·ing ['kɑːvɪŋ, AM 'kɑːrv-] *n* ART ❶ *no pl* (*art of cutting*) Bildhauerei *f;* *of wood* Schnitzen *nt* ❷ (*ornamental figure*) in Stein gemeißelte Figur; (*of wood*) Schnitzerei *f*

'carv·ing knife *n* Tranchiermesser *nt* **'carv·ing set** *n* Tranchierbesteck *nt*

'car wash *n* Autowaschanlage *f*

casa·no·va [ˌkæsə'nəʊvə, AM -'noʊ-] *n* (*pej*) Casanova *m fam*

cas·cade [kæs'keɪd] I. *n* ❶ (*waterfall*) Wasserfall *m;* (*artificial waterfall*) Kaskade *f* ❷ (*liter: flowing mass*) Kaskade *f* II. *vi* sich ergießen; (*fig*) *hair* in Wellen herabfallen

case[1] [keɪs] *n* ❶ (*instance*) Fall *m;* **is that the** ~ **with you?** trifft das für Sie zu?; **it's not a** ~ **of choice but of having to** mit Wollen hat das nichts zu tun, eher mit Müssen; **if that is the** ~ **...** in diesem Fall ...; *esp* AM **in the** ~ **of her having failed ...** sollte sie nicht bestanden haben, ...; **in no** ~ **should you light a cigarette** Sie sollten auf keinen Fall eine Zigarette anzünden; **in** ~ **of an emergency** im Notfall; ~ **of an illness** Krankheitsfall *m;* [**just**] **in** ~ für alle Fälle ❷ LAW [Rechts]fall *m;* **the detective on the** ~ der Detektiv, der den Fall bearbeitet; **an assault** ~ ein Fall *m* von Körperverletzung; **the** ~ **for the defence/prosecution** Beweislage *f;* **let's hear the** ~ **for the defence** die Verteidigung hat das Wort; **murder** ~ Mordfall *m;* **to lose/win a** ~ einen Prozess verlieren/gewinnen; **to rest one's** ~ seine Beweisführung abschließen; (*fam*) **I rest my** ~ und, was habe ich gesagt! ❸ (*supporting argument*) Argument[e] *nt[pl]* (**for/against** für/gegen +*akk*); **a** ~ **in point** ein [zu]treffendes Beispiel; **to make** [**out**] **a** ~ **for/against sth** für/gegen etw *akk* argumentieren; **to overstate the** ~ etw zu vehement vertreten ❹ (*actual fact, reality*) ■**to be the** ~ der Fall sein; **as** [*or* **whatever**] **the** ~ **might** [*or* **may**] **be** wie dem auch sein mag ❺ (*fig: person*) **he's a** ~ er ist eine komische Type; **to be a hard** ~ ein schwerer Fall sein; **to be a hopeless/sad** ~ ein hoffnungsloser/trauriger Fall sein ❻ (*fam*) **to be/get on sb's** ~ jdm auf die Nerven gehen; **get off my** ~! hör auf, mich zu nerven! ❼ LING (*noun form*) Kasus *m fachspr,* Fall *m;* **to be in the accusative/genitive** ~ im Akkusativ/Genitiv stehen

case[2] [keɪs] *n* ❶ (*suitcase*) Koffer *m* ❷ (*for display*) Vitrine *f,* Schaukasten *m* ❸ (*packaging plus contents*) Kiste *f;* *for instruments* Kasten *m;* **a** ~ **of wine** eine Kiste Wein ❹ (*small container*) Schatulle *f;* (*for hat*) Schachtel *f;* (*for spectacles*) Etui *nt;* (*for musical instrument*) Kasten *m;* (*for CD, MC, umbrella*) Hülle *f* ❺ TYPO Setzkasten *m;* **lower/upper** ~ **letter** Klein-/Großbuchstabe *m;* **to be written in lower/upper** ~ **letters** klein/groß geschrieben sein

case[3] [keɪs] *vt* (*fam*) **to** ~ **the joint** sich *dat* den Laden mal ansehen *sl;* **to** ~ **a place** einen Ort inspizieren

'case book *n* Akte *f* [über einen Fall]; MED Krankenakte *f*

cased [keɪst] *adj pred, inv cable* ummantelt; ■**to be** ~ **in sth** von etw *dat* umgeben [*o* umhüllt] sein

case 'his·to·ry *n* Krankengeschichte *f* **'case law** *n no pl* LAW Fallrecht *nt*

case·ment ['keɪsmənt] *n,* **case·ment 'win·dow** *n* Flügelfenster *nt;* (*frame*) Fensterflügel *m*

'case study *n* Fallstudie *f*

cash [kæʃ] I. *n no pl* Bargeld *nt;* **how much do you have on you in ready** ~? wie viel haben Sie in bar dabei?; **£100** ~ **down and the rest when the work is finished** 100 Pfund sind sofort fällig und der Rest, wenn die Arbeit fertig ist; ~ **in advance** Bargeldvorschuss *m;* **to pay by** [*or* **in**] ~ bar bezahlen; **to be strapped for** [*or* **short of**] ~ (*fam*) blank sein *fam* II. *vt* **to** ~ **a cheque** [*or* AM **check**] einen Scheck einlösen [*o* einwechseln]; ■**to** ~ **in** ↻ **sth** etw einlösen; **to** ~ **in chips/tokens** Chips/Gutscheine eintauschen; **to** ~ **in** [**one's chips**] (*fig, euph fam*) den Löffel abgeben *fam*

◆**cash in** *vi* ■**to** ~ **in on sth** mit etw *dat* Geld machen, aus etw *dat* Kapital schlagen; **to** ~ **in on the act** abzocken *fam*

◆**cash up** *vi* BRIT Kasse machen, abrechnen

cash-and-'car·ry I. *n* Discountladen *m,* Discounter *m* II. *adj inv* ECON Discount-; ~ **sale** Discountverkauf *m* III. *adv* im Discount; **to buy sth** ~ etw im Discount kaufen **'cash bal·ance** *n* Kassenbestand *m,* Kassenbilanz *f* **'cash bar** *n bei Festlichkeiten: Bar, an der man selbst bezahlt* **'cash book** *n* FIN Kassenbuch *nt* **'cash box** *n* Geldkassette *f* **'cash card** *n esp* BRIT Geldautomatenkarte *f* **'cash cow** *n* (*fam*) umsatzstarkes Produkt, Cashcow *f* **'cash crop** *n* AM *ausschließlich zum Verkauf bestimmte Agrarprodukte* **'cash desk** *n* BRIT Kassenschalter *m* **'cash dis·pens·er** *n* BRIT Geldautomat *m*

cash·ew ['kæʃuː] *n,* **'cash·ew nut** *n* Cashewnuss *f;* (*tree*) Nierenbaum *m*

'cash flow *n* FIN Cashflow *m,* Kassenzufluss *m*

'cash-flow *adj attr* Cashflow-, Liquiditäts-; **to have a** ~ **problem** ein Liquiditätsproblem haben; (*fam*) etw knapp mit dem Geld sein, abgebrannt sein *fam*

cash·ier[1] [kæʃ'ɪəʳ, AM -'ɪr] *n* Kassierer(in) *m(f);* **to be a bank** ~ am Schalter einer Bank arbeiten

cash·ier[2] [kə'ʃɪəʳ, AM -'ʃɪr] *vt* MIL ■**to** ~ **sb** jdn unehrenhaft entlassen

'cash ma·chine *n esp* BRIT Geldautomat *m*

cash·mere ['kæʃmɪəʳ, AM 'kæʒmɪr, -ʃ-] *n* FASHION Kaschmir *m*

cash on de·'liv·ery *n no pl* Nachnahme *f,* Zahlung *f* bei Lieferung; **to send sth** ~ etw per Nachnahme verschicken **'cash pay·ment** *n* Barzahlung *f* **'cash·point** *n* BRIT Geldautomat *m* **'cash reg·is·ter** *n* Registrierkasse *f* **'cash sale** *n* [Verkauf *m* gegen] Barzahlung *f*

cas·ing ['keɪsɪŋ] *n* ❶ (*cover, shell*) Hülle *f,* Umhüllung *f;* *of a* *machine* Verkleidung *f; of a cable* Ummantelung *f; of a sausage* [Wurst]pelle *f* ❷ (*window*) [Fenster]futter *nt;* (*door*) [Tür]verkleidung *f*

ca·si·no <*pl* -os> [kə'si:nəʊ, AM -noʊ] *n* [Spiel]kasino *nt*

cask [kɑ:sk, AM kæsk] *n* Fass *nt;* **a ~ of wine** ein Weinfass *nt*

cas·ket ['kɑ:skɪt, AM 'kæsk-] *n* ❶ (*box*) Kästchen *nt,* Schatulle *f geh;* (*for jewels*) Schmuckkästchen *nt* ❷ AM (*coffin*) Sarg *m* ❸ BRIT (*for cremation*) *Holzkästchen zur Aufnahme von Totenasche*

cas·sa·va [kə'sɑ:və] *n no pl* Maniok *m*

cas·se·role ['kæsᵊrəʊl, AM -əroʊl] **I.** *n* ❶ (*pot*) Schmortopf *m,* Kasserolle *f;* **iron ~** gusseiserne Kasserolle ❷ (*stew*) ≈ Eintopf *m* **II.** *vt* ■**to ~ sth** etw in einer Kasserolle kochen

cas·sette [kə'set] *n* Kassette *f;* **audio ~** Tonbandkassette *f,* Audiokassette *f;* **video ~** Videokassette *f*

cas·'sette deck *n* Kassettendeck *nt* **cas·'sette play·er** *n* Kassettenrecorder *m,* Kassettenspieler *m* **cas·'sette re·cord·er** *n* Kassettenrecorder *m*

cas·sock ['kæsək] *n* Talar *m,* Soutane *f*

cast [kɑ:st, AM kæst] **I.** *n* ❶ + *sing/pl vb* THEAT, FILM Besetzung *f,* Ensemble *nt;* **supporting ~** (*actors playing minor roles*) Besetzung *f* der Nebenrollen ❷ (*moulded object*) [Ab]guss *m* ❸ (*plaster*) Gips[verband] *m* ❹ (*squint*) **to have a ~ in one's eye** schielen, einen Silberblick haben *fam* ❺ (*worm excretion*) Ausscheidung *f; of birds of prey* Gewölle *nt* **II.** *vt* <cast, cast> ❶ (*throw*) ■**to ~ sth** etw werfen; **to ~ a fishing line** eine Angelschnur auswerfen; **to ~ in one's lot with sb** sich *akk* auf Gedeih und Verderb mit jdm einlassen; **to ~ a net** ein Netz auswerfen; **to ~ a shoe** *horse* ein Hufeisen verlieren; **to ~ one's skin** *snake* sich *akk* häuten ❷ (*direct*) **to ~ aspersions** [*or* **nasturtiums**] **on sth** BRIT (*hum*) über jdn lästern; **to ~ doubt on sth** etw zweifelhaft erscheinen lassen; **to ~ an eye** [*or* **a glance**] **over sth** einen Blick auf etw *akk* werfen; **to ~ light on sth** Aufschluss über etw *akk* geben; **to ~ one's mind back to sth** sich *akk* an etw *akk* zu erinnern versuchen; **to ~ a shadow on** [*or* **over**] **sth** (*a. fig*) einen Schatten auf etw *akk* werfen; **to ~ a slur on sth** etw in den Schmutz ziehen ❸ (*allocate roles*) **to ~ a film** das Casting für einen Film machen; **he was often ~ as the villain** ihm wurde oft die Rolle des Schurken zugeteilt; **to ~ sb in a role** jdm eine Rolle geben; **to ~ sb to type** jdn auf eine bestimmte Rolle festlegen ❹ (*give*) **to ~ one's vote** seine Stimme abgeben ❺ (*make in a mould*) **to ~ a bell** eine Glocke gießen ▸ PHRASES: **to ~ caution to the winds** es darauf ankommen lassen; **to be ~ in the same mould** [*or* AM **mold**] **as sb** aus demselben Holz geschnitzt sein; **to ~ one's net wide** seine Fühler in alle Richtungen ausstrecken; **to ~ pearls before swine** Perlen vor die Säue werfen

◆**cast about** *vi,* **cast around** *vi* ❶ (*search*) ■**to ~ about** [*or* **around**] **for sth** auf der Suche nach etw *dat* sein ❷ HUNT ■**to ~ about** [*or* **around**] **for an animal** die Witterung eines Tieres *gen* aufnehmen

◆**cast aside** *vt* ■**to ~ sth** ○ **aside** sich *akk* von etw *dat* befreien; **to ~ old clothes aside** alte Kleider ablegen; **to ~ inhibitions aside** Hemmungen loswerden

◆**cast away** *vt* ❶ (*discard*) ■**to ~ away** ○ **sth** etw wegwerfen ❷ (*end up*) ■**to be ~ away somewhere** irgendwohin verschlagen werden; NAUT irgendwo stranden ❸ *see* **cast aside**

◆**cast down** *vt* ❶ (*fig*) ■**to be ~ down** niedergeschlagen sein ❷ (*lower*) **to ~ down one's eyes** die Augen niederschlagen; **to ~ down weapons** die Waffen strecken

◆**cast off I.** *vt* ❶ (*get rid of*) ■**to ~ sb/sth** ○ **off** jdn/etw loswerden; (*free oneself of*) sich *akk* von jdm/etw befreien; **to ~ off friends** sich *akk* von Freunden lossagen ❷ (*knitting*) **to ~ off stitches** Maschen abketten ❸ (*dated: throw off*) ■**to ~ off** ○ **sth** etw abwerfen ❹ NAUT ■**to ~ off** ○ **sth** *ropes, lines* etw losmachen **II.** *vi* NAUT ablegen

◆**cast on** *vt* **to ~ on stitches** Maschen aufschlagen

◆**cast out** *vt* ■**to ~ sb/sth** ○ **out** jdn/etw vertreiben; **to ~ out demons** Dämonen austreiben

◆**cast up** *vt* ■**to ~ sth** ○ **up** etw an Land spülen

cas·ta·nets [ˌkæstə'nets] *npl* Kastagnetten *fpl*

cast·away ['kɑ:stəweɪ, AM 'kæst-] *n* ❶ (*survivor*) Schiffbrüchige(r) *f(m)* ❷ (*discarded object*) ausrangierter Gegenstand

caste [kɑ:st, AM kæst] *n* ❶ *no pl* (*social class system*) Kastenordnung *nt* ❷ + *sing/pl vb* (*social class*) Kaste *f*

cas·tel·lat·ed ['kæstəleɪtɪd, AM -t̬-] *adj* schlossähnlich

'caste mark *n Zeichen der Kastenzugehörigkeit*

cast·er ['kɑ:stəʳ, AM 'kæstɚ] *n* ❶ (*person*) Gießer(in) *m(f)* ❷ (*machine*) Gießmaschine *f* ❸ *see* **castor**

'cast·er sug·ar *n* BRIT, AUS Streuzucker *m*

'caste sys·tem *n* Kastenordnung *f*

cas·ti·gate ['kæstɪgeɪt, AM -tə-] *vt* (*form*) ■**to ~ sb** [**for sth**] jdn [wegen einer S. *gen*] geißeln *geh*

cas·ti·ga·tion [ˌkæstɪ'geɪʃᵊn, AM -ə'-] *n* Geißelung *f;* (*rebuke*) scharfer Verweis, scharfe Rüge

cast·ing ['kɑ:stɪŋ, AM 'kæst-] *n* ❶ (*mould*) Guss *m; no pl* (*moulding*) Gießen *nt* ❷ THEAT Casting *nt,* Vorsprechen *nt* ❸ (*fishing*) Auswerfen *nt* (*der Netze*)

'cast·ing vote *n* entscheidende [*o* ausschlaggebende] Stimme

cast 'iron I. *n no pl* Gusseisen *nt* **II.** *n modifier* ❶ (*made of cast iron*) (*bracket, cooking pot, nail*) aus Gusseisen ❷ (*firm*) **a ~ alibi** ein wasserdichtes [*o* hieb- und stichfestes] Alibi; **a ~ will** ein eiserner Wille ❸ (*certain*) **a ~ guarantee** eine sichere Garantie; **a ~ promise** ein festes [*o liter* ehernes] Versprechen

cas·tle ['kɑ:sl̩, AM 'kæsl̩] **I.** *n* ❶ (*fortress*) Burg *f;* (*mansion*) Schloss *nt* ❷ (*fam: chess piece*) Turm *m* ▸ PHRASES: **to build ~s in the air** Luftschlösser bauen *prov* **II.** *vi* CHESS rochieren

'cast-off I. *n* ❶ (*clothing*) abgelegtes Kleidungsstück; ■**~s** *pl* abgelegte Kleidung ❷ (*fig fam: ex-lover*) Verflossene(r) *f(m) fam* **II.** *adj inv* (*second-hand*) gebraucht; (*worn*) getragen; (*discarded*) abgelegt

cas·tor ['kɑ:stəʳ, AM 'kæstɚ] *n* ❶ (*wheel*) Laufrolle *f,* Gleitrolle *f* (*unter Möbeln*) ❷ (*for sugar, pepper*) Streuer *m*

cas·tor 'oil *n no pl* Rizinusöl *nt* **cas·tor 'oil plant** *n* Rizinus *m*

'cast·or sug·ar *n* Streuzucker *m*

cas·trate [kæs'treɪt, AM 'kæstreɪt] *vt* **to ~ sb/an animal** jdn/ein Tier kastrieren; (*fig: weaken*) ■**to ~ sb/sth** jdn/etw schwächen

cas·tra·tion [kæs'treɪʃᵊn] *n no pl* Kastration *f*

cas·tra·to <*pl* -ti> [kæs'trɑ:təʊ, AM -toʊ] *n* Kastrat *m*

cas·ual ['kæʒjuəl, AM 'kæʒuəl] **I.** *adj* ❶ (*not planned*) zufällig; **a ~ acquaintance** ein flüchtiger Bekannter/eine flüchtige Bekannte; **a ~ glance** ein flüchtiger Blick ❷ (*irregular*) gelegentlich; **~ sex** Gelegenheitssex *m;* **~ user of drugs** gelegentlicher Drogenkonsument/gelegentliche Drogenkonsumentin; **~ work** Gelegenheitsarbeit *f;* **~ worker** Gelegenheitsarbeiter(in) *m(f)* ❸ (*careless*) gleichgültig; (*offhand*) beiläufig; (*incidental*) zufällig; (*not sympathizing*) sachlich; **~ attitude** gleichgültige Haltung; **~ observer** zufälliger Beobachter/zufällige Beobachterin; **~ remark** beiläufige Bemerkung ❹ (*informal*) lässig, salopp; **~ clothes** legere Kleidung; **~ shirt** Freizeithemd *nt;* **~ wear** Freizeitkleidung *f;* **to go business ~** *office, company* im Büro legere Kleidung einführen **II.** *n* ❶ (*clothes*) ■**~s** *pl* zwanglose [*o* saloppe] Kleidung; (*shoes*) Slippers *mpl* ❷ BRIT (*hooligan*) halbstarker Schlägertyp

cas·ual 'Fri·day *n* **to implement a policy of ~** einführen, dass im Büro freitags legere Kleidung getragen werden darf

cas·ual·ly ['kæʒjuəli, AM 'kæʒuəli] *adv* ❶ (*without seriousness*) beiläufig; **to treat sb ~** jdn kaum beachten ❷ (*irregularly*) nicht kontinuierlich; **to be employed ~** nicht fest angestellt sein ❸ (*accidentally*) zufällig ❹ (*informally*) lässig, leger; **~ dressed** salopp gekleidet

cas·ual·ty ['kæʒjuəlti, AM -ʒu:l-] *n* ❶ (*accident victim*) [Unfall]opfer *nt;* (*injured person*) Verletzte(r) *f(m);* (*dead per-*

C

son) Todesfall *m* ❷ (*fig: negative result*) Opfer *nt* ❸ *no pl* BRIT (*hospital department*) Unfallstation *f*, Unfallchirurgie *f*

'cas·ual·ty de·part·ment *n* BRIT Unfallstation *f*, Unfallchirurgie *f* **'cas·ual·ty toll** *n* Zahl *f* der Opfer [*o* der Toten und Verletzten] **'cas·ual·ty ward** *n* Unfallstation *f*, Unfallchirurgie *f*

casu·ist·ry ['kæʒjuɪstri, AM -ʒu-] *n no pl* Spitzfindigkeit *f*, Kasuistik *f geh*

cat¹ [kæt] *n* ❶ (*animal*) Katze *f*; (*class of animal*) Katze *f*; **big ~** Großkatze; **a domestic ~** eine Hauskatze; **a stray ~** eine streunende [*o* herrenlose] Katze; **to have a pet ~** eine Katze als Haustier haben ❷ (*fig fam: spiteful woman*) Klatschweib *nt pej fam*, Giftspritze *f pej fam;* **who's she – the ~'s mother?** wer ist die denn schon? *pej fam* ❸ (*dated sl: person, usu male*) Typ *m fam;* **he thinks he's the ~'s whiskers** er glaubt, er hätte den Vogel abgeschossen *fam;* **cool** [*or* **hep**] **~** cooler [*o* scharfer] Typ *sl* ▶ PHRASES: **to let the ~ out of the bag** die Katze aus dem Sack lassen *prov;* **to look like the ~ that got the cream** *esp* BRIT sich *akk* freuen wie ein Schneekönig; **all ~s are grey in the dark** [*or* AM **at night, all ~s are gray**] (*prov*) bei Nacht sind alle Katzen grau *prov;* **to fight** [*or* **be**] **like ~ and dog** wie Hund und Katze sein *prov;* **a ~ in hell's chance** BRIT nicht die Spur einer Chance; **a ~ may look at a king** *esp* BRIT (*prov*) sieht doch die Katze den Kaiser an; **while the ~'s away the mice will play** (*prov*) wenn die Katze nicht zuhause ist, tanzen die Mäuse auf dem Tisch *prov;* [**a game of**] **~ and mouse** [ein] Katz-und-Maus-Spiel *nt;* **to set** [*or* **put**] **the ~ among the pigeons** BRIT für die Katze im Taubenschlag sorgen; **to be like a ~ on a hot tin roof** [*or* BRIT *dated* **hot bricks**] Hummeln im Hintern haben *fam;* (*wait impatiently*) wie auf Kohlen sitzen; **the ~'s got sb's tongue** jdm hat es die Sprache verschlagen *iron;* **to see which way the ~ jumps** (*fam*) sehen, wie der Hase läuft; **to bell the ~** der Katze die Schelle umhängen; **to look like something the ~ brought** [*or* **dragged**] **in** wie gerädert aussehen; **to rain ~s and dogs** wie aus Eimern schütten; **there's no room to swing a ~** BRIT man kann sich vor lauter Enge kaum um die eigene Achse drehen

cat² [kæt] *n* (*fam*) ❶ AUTO *short for* **catalytic converter** Kat *m fam* ❷ *short for* **cat o' nine tails** neunschwänzige Katze ❸ *short for* **caterpillar tractor** Raupe *f*, Raupenfahrzeug *nt*

CAT [kæt] *n no pl* MED *see* **computerized axial tomography** Computertomographie *f*

cata·clysm ['kætəklɪzᵊm, AM -t̬-] *n* Unglück *nt*, Katastrophe *f*; (*in a person's life*) Schicksalsschlag *m*

cata·clys·mic [,kætə'klɪzmɪk, AM -t̬-] *adj* (*liter*) verheerend, katastrophal

cata·comb ['kætəku:m, -kəʊm, AM -t̬əkoʊm] *n usu pl* ❶ (*burial chamber*) Katakombe[n] *f*[*pl*] ❷ (*fig: rarely frequented place*) Katakombe[n] *f*[*pl*]

cata·lep·sy ['kætəlepsi, AM -t̬-] *n no pl* MED Katalepsie *f*; (*stupor*) Starrkrampf *m;* (*disease*) Starrsucht *f*

cata·lep·tic [,kætə'leptɪk, AM -t̬-] *adj inv* kataleptisch

cata·log ['kæt̬əlɑ:g] AM, **cata·logue** [-tᵊlɒg] **I.** *n* Katalog *m;* **mail order ~** Versandhauskatalog *m;* (*repeated events*) Reihe *f*; **a ~ of mistakes** eine [ganze] Reihe von Fehlern **II.** *vt* ■**to ~ sth** etw katalogisieren

ca·taly·sis [kə'tæləsɪs] *n no pl* CHEM Katalyse *f*

cata·lyst ['kætᵊlɪst, AM -t̬-] *n* ❶ CHEM Katalysator *m* ❷ (*fig: cause of change*) Auslöser *m;* ■**to be the ~ for sth** zu etw *dat* den Anstoß geben

cata·lyt·ic [,kætə'lɪtɪk, AM -t̬ə'lɪt̬-] *adj* CHEM katalytisch

cata·lyt·ic con·'vert·er *n* AUTO Katalysator *m*

cata·ma·ran [,kætəmə'ræn, AM -t̬-] *n* Katamaran *m*

cata·pult ['kætəpʌlt, AM -t̬-] **I.** *n* Katapult *nt;* (*on aircraft carrier*) Katapult *nt*, Startschleuder *f* **II.** *vt* ■**to ~ sb/sth**[**somewhere**] jdn/etw [irgendwohin] katapultieren; **to ~ sb into action** jdn zum Handeln zwingen

cata·ract¹ ['kætᵊrækt, AM -t̬ər-] *n* MED grauer Star, Katarakt *m fachspr;* (*diseased part of eye*) getrübte Linse

cata·ract² ['kætᵊrækt, AM -t̬ər-] *n* GEOG Stromschnelle *f*, Katarakt *m fachspr;* (*waterfall*) Wasserfall *m*

ca·tarrh [kə'tɑ:ʳ, AM -'tɑ:r] *n no pl* Schleimhautentzündung *f*, Katarrh *m fachspr; nose* Schnupfen *m*

ca·tas·tro·phe [kə'tæstrəfi] *n* (*a. fig*) Katastrophe *f*, Desaster *nt;* **to end in ~** ein schlimmes Ende nehmen; **to be heading for ~** Kopf und Kragen riskieren

cata·stroph·ic [,kætə'strɒfɪk, AM -t̬ə'strɑ:f-] *adj* katastrophal

cata·ton·ic [,kætə'tɒnɪk, AM -t̬ə'tɑ:n-] *adj* MED katatonisch

'cat bur·glar *n* Fassadenkletterer, -kletterin *m, f* **'cat·call I.** *n* (*whistle*) Hinterherpfeifen *nt*, [schriller] Pfiff; (*boo*) Buhruf *m;* **to make a ~ at sb** (*disapproval*) jdn auspfeifen/ausbuhen; (*flirt*) hinter jdm herpfeifen **II.** *vi* (*whistle*) pfeifen; (*hiss*) zischen; (*hoot*) johlen

catch [kætʃ] **I.** *n* <*pl* -es> ❶ (*fish caught*) Fang *m;* (*cricket*) Fang *m* ❷ (*fastening device*) Verschluss *m;* **window ~** Fensterverriegelung *f*; **all the window ~es were tightly closed** alle Fenster waren fest verschlossen ❸ (*fam: suitable partner*) [guter] Fang; **she made quite a ~** sie hat einen guten Fang gemacht ❹ (*trick*) Haken *m fam;* **what's the ~?** wo ist der Haken [an der Sache]? **II.** *vt* <caught, caught> ❶ (*hold moving object*) ■**to ~ sth** etw fangen; (*take hold*) etw ergreifen; (*with difficulty*) etw zu fassen bekommen; **to ~ hold of sth** etw zu fassen bekommen ❷ (*capture*) ■**to ~ sth** etw fangen; *escaped animal* etw einfangen; *fish, mice* etw fangen; **the virus was caught in time** der Virus wurde rechtzeitig erkannt; ■**to ~ sb** jdn ergreifen; (*arrest*) jdn festnehmen; SPORTS (*in baseball, cricket*) *jdn durch Abfangen des Balls ausscheiden lassen* ❸ (*become entangled*) ■**to ~ sth** an etw *akk* stoßen; **to be caught between two things** zwischen zwei Dingen hin- und hergerissen sein; **to get caught up** sich *akk* verfangen; **to get caught** [**up**] **in sth** sich *akk* in etw *dat* verfangen; (*become involved*) in etw *akk* verwickelt werden; **to be caught in the crossfire** ins Kreuzfeuer geraten; (*fig*) zwischen zwei Lager geraten; **to get caught on sth** an etw *dat* hängen bleiben ❹ (*collect*) ■**to ~ sth** etw sammeln; (*liquid*) etw auffangen ❺ (*capture expression, atmosphere*) ■**to ~ sth** *mood, atmosphere* etw festhalten [*o* einfangen] ❻ (*attract*) **to ~ sb's attention** [*or* **eye**] jds Aufmerksamkeit *f* erregen; **to ~ sb's fancy** jdm gefallen ❼ (*get*) ■**to ~ sth** etw bekommen; **the necklace caught the light** die Kette reflektierte das Licht; **to ~ the bus/the train** (*be on time*) den Bus/Zug kriegen *fam;* (*travel on*) den Bus/Zug nehmen; **to ~ the post** [*or* AM **mail**] eine Postsendung rechtzeitig einwerfen; **to ~ a few** [*or* **some**] **rays** sich *akk* ein bisschen die Sonne auf den Bauch scheinen lassen *fam;* **to ~ the sun** einen [leichten] Sonnenbrand bekommen ❽ (*notice*) ■**to ~ sth** etw [kurz] sehen; (*by chance*) etw [zufällig] sehen; **to ~ sight** [*or* **a glimpse**] **of sb/sth** etw kurz sehen ❾ (*take by surprise*) ■**to ~ sb doing sth** jdn bei etw *dat* überraschen; *sth forbidden* jdn bei etw *dat* ertappen [*o fam* erwischen]; **my son was caught in a thunderstorm** mein Sohn wurde von einem Gewitter überrascht; **you won't ~ her at work after four o'clock** nach vier wirst du sie kaum noch bei der Arbeit antreffen; **you caught me at a bad time** Sie haben einen schlechten Zeitpunkt erwischt; **have I caught you at a bad time?** komme ich ungelegen?; **you won't ~ me in that shop** in dem Laden wirst du mich niemals finden; **you won't ~ me falling for that trick** auf den Trick falle ich im Leben nicht herein; **I even caught myself feeling sorry for the thief** zuletzt tat mir der Dieb auch noch leid; **caught in the act!** auf frischer Tat ertappt!; **ah, caught you!** ah, hab ich dich erwischt!; **to ~ sb with their trousers** [*or* AM **pants**] **down** jdn in flagranti ertappen; **to ~ sb red-handed** jdn auf frischer Tat ertappen; **to ~ sb napping** (*fam*) jdn auf dem falschen Fuß erwischen *fam* ❿ (*hear, see*) ■**to ~ sth** etw mitbekommen [*o fam* mitkriegen]; ■**to ~ sb** jdn treffen; **I'll ~ you later** ich seh dich später

⓫ MED ■to ~ sth sich *dat* etw einfangen; (*fig: influenced by*) sich *akk* von etw *dat* anstecken lassen; **to ~ a cold** sich *akk* erkälten; **to ~ one's death** [**of cold**] sich *dat* den Tod holen ⓬ (*hit*) ■**to ~ sth** auf etw *dat* aufschlagen; **his head caught the edge of the table as he fell** beim Fallen schlug er mit dem Kopf auf die Tischkante auf; **to ~ sb a blow** (*dated*) jdm eine verpassen *fam* ⓭ (*start burning*) **to ~ fire** Feuer fangen ▶PHRASES: **to ~ one's breath** nach Luft schnappen; (*stop breathing*) die Luft anhalten; (*return to normal breathing*) verschnaufen; **to ~ a crab** einen Krebs fangen (*mit dem Ruder im Wasser stecken bleiben*); **to ~ it** (*fam*) Ärger kriegen *fam*; **Joe really caught it from Sam** Sam hat's Joe mal so richtig gegeben; **to ~ hell** [*or* **the devil**] in Teufels Küche kommen *fam*; **to be** [*or* **get**] **caught short** BRIT (*euph: need a toilet*) mal müssen *euph fam* **III.** *vi* ■**to ~ at sth** BRIT, AUS nach etw *dat* greifen

◆**catch on** *vi* ❶ (*become popular*) sich *akk* durchsetzen ❷ (*fam: understand*) es schnallen *sl*

◆**catch out** *vt* BRIT ❶ (*discover wrongdoing*) ■**to ~ sb out** jdn ertappen [*o fam* erwischen] ❷ (*trick into a mistake*) ■**to ~ sb ↔ out** jdn aufs Glatteis führen; (*ask trick questions*) jdm Fangfragen stellen ❸ (*cause difficulty*) ■**to ~ sb ↔ out** jdn [unangenehm] überraschen ❹ SPORTS ■**to be caught out** ausgeschieden sein

◆**catch up I.** *vi* ❶ (*reach person ahead*) ■**to ~ up with sb** jdn einholen; (*discover after search*) jdn ausfindig machen; **she's ~ing up!** sie holt auf! ❷ (*complete*) ■**to ~ up with** [*or* **on**] **sth** (*fig*) etw fertig machen; (*make up lost time*) etw aufarbeiten; **to ~ up on one's sleep** versäumten Schlaf nachholen ❸ (*equal the standard*) ■**to ~ up with sth** etw einholen **II.** *vt* BRIT, AUS ■**to ~ sb up** jdn später treffen; **I'll ~ you up later** ich komme später nach

catch-22 *n* (*fam*) Zwickmühle *f*; **it's ~** es ist eine absurde Situation **'catch-all** *adj attr, inv* umfassend, allgemein **'catch crop** *n* BRIT AGR Zwischenfrucht *f*

catch·er ['kætʃəʳ, AM -ɚ] *n* (*baseball player*) Fänger(in) *m(f)*, Catcher(in) *m(f)*

catch·er's 'mitt *n* Baseballhandschuh *m*

catch·ing ['kætʃɪŋ, AM 'keetʃ-] *adj pred* (*a. fig fam*) ansteckend

catch·ment ['kætʃmənt] *n* [gesammelte] Wassermenge, Reservoir *nt*

'catch·ment area *n* BRIT Einzugsgebiet *nt*, Einzugsbereich *m*; (*river area*) [Wasser]einzugsgebiet *nt*

'catch·phrase *n* stehende Redensart, Slogan *m* **'catch question** *n* Fangfrage *f* **catch·up** ['kætʃʌp, 'ketʃ-] *n* FOOD *see* **ketchup** **'catch·word** *n* Schlagwort *nt*; (*keyword*) Stichwort *nt*, Losung *f*

catchy ['kætʃi] *adj* eingängig; **a ~ slogan** ein zündender Werbespruch; **a ~ tune** ein Ohrwurm *m*

'cat door *n* Katzentür *f* (*klappenartiger enger Durchlass in beiden Richtungen*)

cat·echism ['kætəkɪzəm, AM -ţ-] *n* Katechismus *m*; (*fig*) Fragenkatalog *m*

cat·echist ['kætəkɪst, AM -ţ-] *n* Katechist(in) *m(f)*

cat·egori·cal [ˌkætə'gɒrɪkəl, AM -ţə'gɔːr-] *adj* eindeutig, klar; (*final*) endgültig, definitiv

cat·egori·cal·ly [ˌkætə'gɒrɪkəli, AM -ţə'gɔːr-] *adv* definitiv; (*final*) endgültig, kategorisch; **to ~ affirm sth** etw endgültig [*o* definitiv] bestätigen; **to ~ deny sth** etw kategorisch bestreiten; **to ~ refuse sth** etw unmissverständlich ablehnen

cat·ego·ri·za·tion [ˌkætəgəraɪ'zeɪʃən, AM -ţəgɚɪ'-] *n no pl* Kategorisierung *f*

cat·ego·rize ['kætəgəraɪz, AM -ţəgə-] *vt* ■**to ~ sth** etw kategorisieren [*o* [in Gruppen] unterteilen]

cat·ego·ry ['kætəgəri, AM -ţəgɔːri] *n* Kategorie *f*

ca·ter ['keɪtəʳ, AM -ţɚ] *vi* ❶ (*serve food, drink*) für Speise und Getränke sorgen; *firm* Speisen und Getränke liefern; **I'm ~ing for all the family on Sunday** am Sonntag verköstige ich die ganze Familie ❷ (*provide for*) ■**to ~ for sb/sth** sich *akk* um jdn/etw kümmern; **to ~ for sb's needs** sich *akk* um jds Bedürfnisse *pl* kümmern ❸ (*take into account*) ■**to ~ to sb** *target group, clientele* auf jdn abzielen; **my mother ~s to my brother's every whim** meine Mutter richtet sich nach allen Launen meines Bruders

ca·ter·er ['keɪtərəʳ, AM -ţɚɚ] *n* ❶ (*deliverer*) Lebensmittellieferant(in) *m(f)*, Speiselieferant(in) *m(f)* ❷ (*host*) Gastronom(in) *m(f)* ❸ (*company*) Cateringservice *m*; (*for parties*) Partyservice *m*

ca·ter·ing ['keɪtərɪŋ, AM -ţɚ-] **I.** *n no pl* ❶ (*trade*) Gastronomie *f*, Catering *nt*; **~ trade** Lebensmittelhandel *m*, Lebensmittelgewerbe *m* ❷ (*service*) Cateringservice *m*; (*for parties*) Partyservice *m*; **who's doing the ~ this evening?** wer macht heute Abend das Catering? **II.** *adj attr, inv* Catering-

cat·er·pil·lar ['kætəpɪləʳ, AM -ţɚpɪlɚ] *n* ❶ ZOOL Raupe *f* ❷ (*track*) Raupenkette *f* ❸ (*vehicle*) Raupenfahrzeug *nt*

cat·er·pil·lar 'trac·tor *n* Raupenfahrzeug *nt*, Gleiskettenfahrzeug *nt*

cat·er·waul ['kætəwɔːl, AM -ţɚ-] **I.** *n* Heulen *nt kein pl*, Gejaule *nt kein pl* **II.** *vi* heulen, jaulen

'cat·fish <*pl* -> *n* Wels *m*, Seewolf *m*, Katfisch *m* **'cat flap** *n* Katzentür *f* (*klappenartiger enger Durchlass in beiden Richtungen*) **'cat·gut** *n no pl Faden aus tierischem Darm;* MUS [Darm]saite *f*; MED Katgut *nt*

ca·thar·ses [kə'θɑːsiːz, AM -'θɑːr-] *n pl of* **catharsis**

ca·thar·sis <*pl* -ses> [kə'θɑːsɪs, AM -'θɑːr-, *pl* -siːz] *n* Katharsis *f*

ca·thar·tic [kə'θɑːtɪk, AM -'θɑːrţ-] *adj* befreiend, kathartisch *geh*; **~ effect** [positiver] Schockeffekt

ca·thedral [kə'θiːdrəl] *n* Kathedrale *f*, Dom *m*, Münster *nt*; **Cologne ~** der Kölner Dom; **Freiburg ~** das Freiburger Münster

ca·thedral 'city *n* Domstadt *f*

cath·erine wheel ['kæθərɪn,(h)wiːl] *n* Feuerrad *nt*

cath·eter ['kæθɪtəʳ, AM -əţɚ] *n* Katheter *m*

cath·eter·ize ['kæθɪtəraɪz, AM -əţɚ-] *vt* ■**to ~ sb** jdm einen Katheter legen

cath·ode ['kæθəʊd, AM -oʊd] *n* ELEC Kat[h]ode *f*

cath·ode 'ray *n* Kat[h]odenstrahl *m* **cath·ode 'ray tube** *n* Kat[h]odenstrahlröhre *f*, Braunsche Röhre *f*

catho·lic ['kæθəlɪk] **I.** *n* ■**C~** Katholik(in) *m(f)* **II.** *adj inv* ❶ (*Roman Catholic*) ■**C~** katholisch ❷ (*form: varied*) [all]umfassend, breit gefächert

Ca·tholi·cism [kə'θɒlɪsɪzəm, AM -'θɑːlə-] *n no pl* Katholizismus *m*

'cat·kin *n* BOT Kätzchen *nt*; **willow ~** Weidenkätzchen *nt* **'cat lit·ter** *n no pl* Katzenstreu *f* **'cat·mint** *n* BRIT BOT Katzenminze *f* **'cat·nap** (*fam*) **I.** *n* Nickerchen *nt fam*; **to have a ~** ein Nickerchen machen *fam* **II.** *vi* <-pp-> [kurz] schlafen, ein Nickerchen machen *fam* **'cat·nip** *n* AM BOT (*catmint*) Katzenminze *f* **cat-o'-'nine-tails** <*pl* -> *n* neunschwänzige Katze

'cat's cradle *n* Fadenspiel *nt*; (*fig*) Gewirr *nt*; **a ~ of legislation** ein unübersehbarer Gesetzesdschungel **'cat's eye** *n* ❶ (*stone*) Katzenauge *nt*, Chalzedon *m fachspr* ❷ BRIT, AUS Reflektor *m*, Rückstrahler *m*, Katzenauge *nt* **cat's py·'ja·mas** *n usu* AM ■**to be the ~** (*sl*) der Hit sein *fam*, geil sein *sl*; *person* der/die Obercoolste sein *sl*

'cat·suit *n esp* BRIT FASHION hautenger Einteiler **cat·sup** ['kætsəp, 'ketʃəp] *n* AM (*ketchup*) Ketchup *m o nt*

cat's 'whisk·er *n* BRIT ❶ (*fam*) ■**to be the ~s** der Hit sein *fam*, geil sein *sl*; *person* der/die Obercoolste sein *sl* ❷ ELEC Detektornadel *f*

cat·tery ['kætəri, AM -ţeri] *n* ZOOL ❶ (*for boarding*) Katzenheim *nt*, Katzenpension *f* ❷ (*for breeding*) Katzenzucht *f*

cat·ti·ly ['kætɪli, AM -ţ-] *adv* spitz, gehässig

cat·ti·ness ['kætɪnəs, AM -ţ-] *n no pl* Gehässigkeit *f*

cat·tle ['kætl̩, AM -ţl̩] *npl* ❶ (*cows*) Rinder *ntpl*; **200 heads of ~** 200 Stück Vieh; **~ crossing** Vorsicht Viehbetrieb; **beef ~** Schlachtrinder *ntpl*; **dairy ~** Milchkühe *fpl*, Milchvieh *nt*; **to**

breed/round up ~ Rinder züchten/zusammentreiben; **to herd ~** (*tend*) Rinder hüten; (*drive*) Rinder treiben; **to raise ~** Rinderzucht betreiben ❷ (*old: livestock*) Vieh *nt*

'cat·tle bar·on *n* AM Rinderbaron *m* **'cat·tle breed·er** *n* Rinderzüchter(in) *m(f)* **'cat·tle breed·ing** *n no pl* Rinderzucht *f* **'cat·tle cake** *n no pl getrocknetes und gepresstes Rinderfutter* **'cat·tle call** *n* AM (*pej fam*) MUS Vorsingen *nt;* THEAT Vorspielen *nt* **'cat·tle car** *n* AM (*cattle truck*) Viehtransporter *m* **'cat·tle dog** *n* AUS, NZ *Hund, der zum Rindertreiben abgerichtet ist* **'cat·tle grid** *n* BRIT, AM **'cat·tle guard** *n* Weidenrost *m,* Gatter *nt* **'cat·tle·man** *n* AM (*rearing cattle*) Rinderzüchter *m;* (*tending cattle*) Viehhüter *m* **'cat·tle ranch** *n* AM, AUS Rinderfarm *f* **'cat·tle ranch·er** *n* AM, AUS Rinderzüchter(in) *m(f)* **'cat·tle range** *n* AM Rinderweide *f* **'cat·tle rus·tler** *n* AM (*fam: cattle thief*) Viehdieb(in) *m(f)* **'cat·tle stop** *n* NZ Weidenrost *m* **'cat·tle thief** *n* Viehdieb(in) *m(f)* **'cat·tle truck** *n* BRIT (*railway*) Viehwaggon *m,* Viehwagen *m;* (*road*) Viehanhänger *m*

cat·ty ['kæti, AM 'kæţi] *adj* ❶ (*spiteful*) boshaft, gehässig; **~ remark** bissige Bemerkung ❷ (*catlike*) katzenartig; **~ odour** [*or* **smell**] Katzengeruch *m*

'cat·ty-cor·ner(ed) AM (*fam*) **I.** *adj* diagonal; ■**to be ~ across from** [*or* **to**] **sb/sth** diagonal zu jdm/etw sein/stehen/liegen; **her house is ~ across from the post office** ihr Haus liegt schräg gegenüber von der Post **II.** *adv* diagonal; **she walked ~ across the corner house's lawn** sie spazierte quer über den Rasen des Eckhauses

'cat·walk *n* Brücke *f,* Steg *m;* THEAT Galerie *f;* FASHION Laufsteg *m*

Cau·ca·sian [kɔː'keɪʒən, AM *esp* kɑː'-] **I.** *n* ❶ (*white person*) Weiße(r) *f(m)* ❷ (*sb from the Caucasus*) Kaukasier(in) *m(f)* ❸ (*language*) Kaukasisch *nt* **II.** *adj inv* ❶ (*white-skinned*) weiß ❷ (*of Caucasus*) kaukasisch

Cau·ca·sus ['kɔːkəsəs, AM *esp* 'kɑː-] *n* ■**the ~** der Kaukasus

cau·cus ['kɔːkəs, AM *esp* 'kɑː-] **I.** *n* <*pl* -es> ❶ *esp* AM, NZ POL (*group within party*) [Partei]ausschuss *m* für Wahlangelegenheiten; (*members of group*) [Partei]ausschussmitglieder *ntpl* für Wahlangelegenheiten; (*meeting*) Sitzung *f* ❷ BRIT (*group*) [Partei]clique *f;* (*meeting*) Versammlung *f* eines internen Parteiausschusses **II.** *vi esp* AM eine Sitzung abhalten

caught [kɔːt, AM *esp* kɑːt] *pt, pp of* **catch**

caul [kɔːl, AM *also* kɑːl] *n* Glückshaube *f*

caul·dron ['kɔːldrən, AM *esp* 'kɑːl-] *n* ❶ (*pot*) großer Kessel; **bubbling ~** brodelnder Kessel; **witch's ~** Hexenkessel *m* ❷ (*fig*) brodelnder Hexenkessel; **her heart was a seething ~ of conflicting emotions** sie war zwischen widerstreitenden Gefühlen hin- und hergerissen; **~ of unrest** Unruheherd *m*

cauli ['kɒli] *n* BRIT (*fam*) *short for* **cauliflower** Blumenkohl *m,* Karfiol *m* SÜDD, ÖSTERR

cau·li·flow·er ['kɒliflaʊəʳ, AM 'kɑːliflaʊə˞] *n* Blumenkohl *m,* Karfiol *m* SÜDD, ÖSTERR; **~ florets** Blumenkohlröschen *ntpl*

cau·li·flow·er 'cheese *n no pl* BRIT Blumenkohl *m* mit Käsesoße **cau·li·flow·er 'ear** *n* SPORTS Boxerohr *nt,* Blumenkohlohr *nt sl*

caulk [kɔːk, AM *esp* kɑːk] **I.** *n no pl see* **caulking II.** *vt* ■**to ~ sth** [**up**] etw abdichten; NAUT etw kalfatern *fachspr*

caulk·ing ['kɔːkɪŋ, AM *esp* 'kɑːk-] *n no pl* Dichtungsmaterial *nt,* Material *nt* zum Abdichten

caus·al ['kɔːzᵊl, AM *esp* 'kɑː-] *adj* (*form*) ❶ (*functioning as cause*) ursächlich; (*having cause*) kausal *geh;* **~ phenomenon** Folgeerscheinung *f;* **~ relationship** Kausalzusammenhang *m* ❷ LING kausal; **~ sentence** Kausalsatz *m*

cau·sal·ity [kɔː'zæləti, AM kɑː'zæləţi] *n* (*form*) ❶ (*correlation*) Kausalzusammenhang *m* ❷ (*principle*) Kausalität *f*

caus·al·ly ['kɔːzᵊli, AM *esp* 'kɑː-] *adv* (*form*) ursächlich, kausal *geh;* **the two events are connected ~** zwischen den beiden Vorfällen besteht ein kausaler Zusammenhang

cau·sa·tion [kɔː'zeɪʃᵊn, AM *esp* kɑː-] *n no pl* (*form*) Kausalität *f;* (*of particular event*) Grund *m,* Ursache *f*

cau·sa·tive ['kɔːzətɪv, AM 'kɑːzəţɪv] *adj* (*form*) ❶ (*showing cause*) ursächlich, kausal *geh* ❷ LING kausativ

cause [kɔːz, AM *esp* kɑːz] **I.** *n* ❶ (*reason*) Grund *m,* Ursache *f;* **~ of death** Todesursache *f;* **~ and effect** Ursache und Wirkung ❷ *no pl* (*understandable grounds*) Anlass *m;* **you've got good ~ for complaint/concern** Sie haben allen Grund, sich zu beschweren/besorgt zu sein; **to give ~ for concern** Anlass zur Sorge geben; **don't worry, there's no ~ for concern** keine Sorge, es besteht kein Grund zur Beunruhigung; **a just ~** ein triftiger Grund; **to be ~ to celebrate** Grund zum Feiern sein; **with/without** [**good**] **~** aus triftigem/ohne [triftigen] Grund; ■**to be the ~ of sth** der Grund für etw *akk* sein ❸ (*purpose*) Sache *f;* **in the ~ of freedom** im Namen der Freiheit; **a rebel without a ~** *jd, der sich gegen jegliche Autorität widersetzt;* **to make common ~ with sb** mit jdm gemeinsame Sache machen; **a good** [*or* **worthy**] **~** eine gute Sache, ein guter Zweck; **to be for a good ~** für einen guten Zweck sein; **a lost ~** eine verlorene Sache; **to defend** [*or* **further**] **a ~** für eine Sache eintreten; **to do sth in the ~ of sth** etw im Namen einer S. *gen* tun ❹ (*court case*) Fall *m;* **to plead a ~** einen Fall vertreten **II.** *vt* ■**to ~ sth** etw verursachen [*o* hervorrufen]; **this medicine may ~ dizziness and nausea** die Einnahme dieses Medikaments kann zu Schwindelgefühl und Übelkeit führen; **to ~ a disturbance** die öffentliche [Sicherheit und] Ordnung stören; **to ~ sb harm** jdm schaden [*o* Schaden zufügen]; **to ~ mischief** [*or* **trouble**] Unruhe stiften; ■**to ~ sb to do sth** jdn veranlassen, etw zu tun; **the strict teacher ~d the boy to burst into tears** der strenge Lehrer brachte den Jungen zum Weinen; **the bright light ~d her to blink** das helle Licht ließ sie blinzeln

'cause [kəz] *conj* (*sl*) *short for* **because**

cause cé·lè·bre <*pl* causes célèbres> [ˌkɔːzsə'lebrə, AM *esp* ˌkɑːz-] *n* ❶ (*trial*) [Aufsehen erregender] Fall, Cause célèbre *f geh* ❷ (*event*) Aufsehen erregender Vorfall

cause·way ['kɔːzweɪ, AM *esp* kɑːz-] **I.** *n* (*road*) Damm *m;* (*path*) Knüppeldamm *m* **II.** *vt* ■**to ~ sth** etw mit einem Damm versehen

caus·tic ['kɔːstɪk, AM *esp* 'kɑː-] **I.** *adj* ❶ (*corrosive*) ätzend, kaustisch *fachspr;* **~ soda** Ätznatron *nt* ❷ (*fig: biting*) ätzend; (*sarcastic*) bissig; **~ humour** beißender Witz; **~ tongue** scharfe Zunge **II.** *n no art* Ätzmittel *nt;* MED Kaustikum *nt fachspr*

caus·ti·cal·ly ['kɔːstɪkᵊli, AM *esp* 'kɑː-] *adv* bissig

cau·ter·ize ['kɔːtᵊraɪz, AM 'kɑːţə-] *vt* ■**to ~ sth** MED etw kauterisieren *fachspr;* (*fig: desensitize*) etw abstumpfen

cau·tion ['kɔːʃᵊn, AM 'kɑː-] **I.** *n* ❶ *no pl* (*carefulness*) Vorsicht *f,* Umsicht *f;* **~ is advised** Vorsicht ist geboten; **to act** [*or* **proceed**] **with** [**great**] **~** [sehr] umsichtig vorgehen; **to exercise** [**great**] **~** [große] Vorsicht walten lassen *geh* ❷ *no pl* (*warning*) Warnung *f;* **~!** Vorsicht!; **to sound a note of ~** eine Warnung aussprechen; **to treat sth with ~** (*reserved*) etw mit Vorbehalt aufnehmen; (*sceptical*) etw *dat* skeptisch gegenüberstehen ❸ BRIT (*legal warning*) Verwarnung *f;* **to let sb off with a ~** (*fam*) jdn mit einer Verwarnung davonkommen lassen ❹ (*dated fam: amusing person*) Kasper *m* ▶ PHRASES: **to err on the <u>side</u> of ~** übervorsichtig sein; **to throw ~ to the <u>winds</u>** Bedenken *ntpl* in den Wind schlagen *fam* **II.** *vt* (*form*) ❶ (*warn*) ■**to ~ sb** [**against sth**] jdn [vor etw *dat*] warnen; ■**to ~ sb not to do sth** jdm dringend raten, etw nicht zu tun, jdm von etw *dat* dringend abraten; (*more serious*) jdn davor warnen, etw zu tun ❷ *esp* BRIT, AUS (*warn officially*) ■**to ~ sb** jdn verwarnen

cau·tion·ary ['kɔːʃᵊnᵊri, AM 'kɑːʃəneri] *adj* (*form: giving warning*) warnend *attr;* (*giving advice*) belehrend; **to sound a ~ note** vor etw *dat* warnen; **~ tale** Geschichte *f* mit einer Moral

'cau·tion mon·ey *n* Kaution *f*

cau·tious ['kɔːʃəs, AM *esp* 'kɑː-] *adj* ❶ (*careful*) vorsichtig, achtsam; (*prudent*) umsichtig; **to play a ~ game** auf Sicherheit spielen; ■**to be ~ about doing sth** (*thoughtful*) etw bedächtig tun; (*hesitating*) etw zögernd tun; ■ **to be ~ in sth** bei etw *dat* mit Bedacht vorgehen ❷ (*wary*) vorsichtig; (*anxious*) ängstlich; ~ **optimism** verhaltener Optimismus

cau·tious·ly [ˈkɔːʃəsli, AM *esp* ˈkɑː-] *adv* vorsichtig; (*circumspectly*) umsichtig

cau·tious·ness [ˈkɔːʃəsnəs, AM *esp* ˈkɑː-] *n no pl* ❶ (*prudence*) Vorsicht *f*; ~ **of speech** vorsichtige Ausdrucksweise ❷ (*carefulness*) Sorgfalt *f*, Sorgsamkeit *f*; (*attentiveness*) Achtsamkeit *f*; (*thoughtfulness*) Bedächtigkeit *f* ❸ (*hesitation*) Zögern *f*; (*reserve*) Zurückhaltung *f*

cav·al·cade [ˌkævᵊlˈkeɪd] *n* Kavalkade *f*; *see also* **motorcade**

cava·lier [ˌkævᵊlˈɪəʳ, AM -əˈlɪr] **I.** *n* ❶ (*poet: gentleman*) Kavalier *m* ❷ (*hist: knight*) Ritter *m* **II.** *adj* (*thoughtless*) unbekümmert; (*scornful*) arrogant, anmaßend; ~ **attitude** Unbekümmertheit *f*, Sorglosigkeit *f*; ~ **treatment** leichtfertiger [*o* gedankenloser] Umgang

Cava·lier [ˌkævᵊlˈɪəʳ, AM -əˈlɪr] HIST **I.** *n* Kavalier *m* (*Anhänger Karls I. von England*) **II.** *adj* Kavalier- (*Karl I. unterstützend*)

cav·al·ry [ˈkævᵊlri] *n no pl, usu + pl vb* ❶ (*hist*) ■ **the ~** die Kavallerie [*o* Reiterei]; ~ **charge** Reiterattacke *f* ❷ (*in armoured vehicles*) motorisierte Streitkräfte; (*tank division*) Panzertruppen *fpl*

cav·al·ry·man *n* ❶ (*hist*) Kavallerist *m* ❷ (*in armoured vehicle*) Angehöriger *m* der motorisierten Streitkräfte; (*in tank division*) Angehöriger *m* der Panzertruppen

cave¹ [keɪv] **I.** *n* Höhle *f*; **mouth of a ~** Höhleneingang *m*; MIN Eingang *m* eines Bergwerksschachtes **II.** *vi* ❶ BRIT, AUS (*explore caves*) Höhlen erforschen ❷ AM (*fig: give in*) klein beigeben; (*capitulate*) kapitulieren

◆ **cave in I.** *vi* ❶ (*collapse inward*) einstürzen, zusammenbrechen; **the loose earth wall ~d in on the group** der lockere Erdwall stürzte über der Gruppe zusammen ❷ (*give in*) kapitulieren, nachgeben; ■ **to ~ in to sth** sich *akk* etw *dat* beugen **II.** *vt* ■ **to ~ sth** ↔ **in** etw eindrücken

cave² [ˈkeɪvi] BRIT **I.** *interj* **~!** Achtung [*o* Vorsicht]! **II.** *n* (*dated sl*) **to keep ~** Ausschau halten; (*at sth forbidden*) Schmiere stehen *fam*

ca·veat [ˈkæviæt] *n* (*form*) ❶ (*proviso*) Vorbehalt *m* ❷ LAW (*opposition*) Einspruch *m*; (*warning*) Warnung *f*; ~ **emptor** Ausschluss *m* der Gewährleistung; **to enter a ~** Einspruch erheben [*o* einlegen]; (*warn*) warnen

ˈcave dwell·er *n* Höhlenmensch *m*, Höhlenbewohner(in) *m(f)* **ˈcave-in** *n* Einsturz *m* **ˈcave·man** *n* ❶ (*prehistoric man*) Höhlenmensch *m*, Höhlenbewohner *m* ❷ (*pej*) Macho *m fam*, Chauvi *m fam* **ˈcave paint·ing** *n* Höhlenmalerei *f*

ˈcav·er [ˈkeɪvəʳ] *n* BRIT, AUS Höhlensportler(in) *m(f)*

cav·ern [ˈkævᵊn, AM -ɚn] *n* Höhle *f*

cav·ern·ous [ˈkævᵊnəs, AM -ɚn-] *adj* ❶ (*cave-like*) höhlenartig; ~ **hole** gähnendes Loch; ~ **pit** tiefe Grube; ~ **room** riesiger [kahler] Raum ❷ (*fig: appearing deep*) ~ **cheeks** hohle [*o* eingefallene] Wangen *fpl*; ~ **eyes** tiefliegende Augen *ntpl*; ~ **mouth** riesiger Mund; *of animal* riesiges Maul

ˈcave·wom·an *n* Höhlenbewohnerin *f*

cavi·ar(e) [ˈkæviɑːʳ, AM -iɑːr] *n no pl* (*of sturgeon*) Kaviar *m*; (*of other fish*) [Fisch]rogen *m* ▸ PHRASES: **to be ~ to the general** vor die Säue geworfene Perlen sein *fam*

cav·il [ˈkævᵊl] (*form*) **I.** *n* Mäkelei *f kein pl pej*, Krittelei *f pej*; **the one ~ I have about the book is ...** das Einzige, was ich an dem Buch zu kritisieren habe, ist ... **II.** *vi* <BRIT -ll- *or* AM *usu* -l-> kritteln *fam*; ■ **to ~ at sth** an etw *dat* herumkritteln *pej fam*

cav·ing [ˈkeɪvɪŋ] *n no pl* BRIT, AUS Höhlenexpedition *f*

cav·ity [ˈkævəti, AM -ət̬i] *n* ❶ (*hole*) Loch *nt*, [Aus]höhlung *f*; (*hollow space*) Hohlraum *m* ❷ ANAT Höhle *f*, [hohler] Raum; **abdominal/thoracic ~** Bauch-/Brusthöhle *f* ❸ MED (*in tooth*) Loch *nt*

ˈcav·ity wall *n* ARCHIT Hohlwand *f*

ca·vort [kəˈvɔːt, AM -ˈvɔːrt] *vi* ❶ (*poet or hum: move*) [herum]toben *fam*, [herum]tollen *fam* ❷ (*hum, euph fam: have sex*) herumspielen *euph*

caw [kɔː, AM *esp* kɑː] **I.** *n* Krächzen *nt* **II.** *vi* krächzen

caw·ing [ˈkɔːɪŋ, AM *esp* ˈkɑː-] *n* Krächzen *nt*

cay·enne [keɪˈen, AM *also* kaɪ-] *n no pl*, **cay·enne ˈpep·per** *n no pl* Cayennepfeffer *m*

CB [ˌsiːˈbiː] *n no pl abbrev of* **Citizen's Band** CB-Funk *m*

CBE [ˌsiːbiːˈiː] *n* BRIT *abbrev of* **Commander of the Order of the British Empire** Träger des Ordens des British Empire 3. Klasse

CBI [ˌsiːbiːˈaɪ] *n* BRIT *abbrev of* **Confederation of British Industry** *britischer Unternehmerverband*

CBS [ˌsiːbiːˈes] *n abbrev of* **Columbia Broadcasting System** CBS

cc <*pl* - *or* -s> [ˌsiːˈsiː] *n* ❶ (*measure*) *abbrev of* **cubic centimetre** cm^3 ❷ *abbrev of* **carbon copy**: **cc Mr Miller** in Kopie an Mr Miller

CD [ˌsiːˈdiː] *n* ❶ *abbrev of* **compact disc** CD *f*; **on ~** auf CD ❷ *abbrev of* **civil defence** ❸ *abbrev of* **Corps Diplomatique** Corps diplomatique *nt* ❹ AM *abbrev of* **Congressional District** Kongresswahlbezirk *m*

CˈD play·er *n* CD-Spieler *m*; **portable ~** tragbarer CD-Spieler **CD re·ˈcord·er** *n* CD-Brenner *m* **CD-ROM** [ˌsiːdiːˈrɒm, AM -ˈrɑːm] *n abbrev of* **compact disc read-only memory** CD-ROM *f* **CD-ˈROM drive** *n* CD-ROM-Laufwerk *nt* **CD-RW** [ˌsiːdiːɑːˈdʌbljuː, AM -ɑːr-] *n abbrev of* **Compact Disc-Rewritable** CD-RW *f fachspr*

cease [siːs] (*form*) **I.** *vi* aufhören, enden **II.** *vt* ■ **to ~ sth** etw beenden; **to ~ all aid/fire/one's payments** jegliche Hilfeleistungen/das Feuer/seine Zahlungen einstellen; ■ **to ~ doing** [*or* **to do**] **sth** aufhören, etw zu tun; **it never ~s to amaze one what ...** es überrascht [einen] doch immer wieder, was ... **III.** *n no pl* **without ~** unaufhörlich, endlos; (*without break*) ohne Pause

ˈcease-fire *n* Feuerpause *f*; (*for longer period*) Waffenruhe *f*

cease·less [ˈsiːsləs] *adj inv* endlos; ~ **bickering** dauerndes Gezanke; ~ **effort** unablässige Bemühung; ~ **noise** ständiger Lärm

cease·less·ly [ˈsiːsləsli] *adv inv* unablässig, unaufhörlich

ce·dar [ˈsiːdəʳ, AM -ɚ] **I.** *n* ❶ (*tree*) Zeder *f* ❷ *no pl* (*wood*) Zedernholz *nt* **II.** *n modifier* Zedernholz-, aus Zedernholz *nach n*

ˈce·dar·wood I. *n no pl* Zedernholz *nt* **II.** *n modifier* Zedernholz-, aus Zedernholz *nach n*

cede [siːd] *vt* (*form*) ■ **to ~ sth** [**to sb**] etw [an jdn] abtreten; **to ~ ground** (*fig*) an Boden verlieren; **to ~ privileges to sb** jdm Privilegien einräumen

ce·dil·la [səˈdɪlə] *n* LING Cedille *f*

Cee·fax® [ˈsiːfæks] *n no pl* BRIT *Videotext der BBC*

ce·gep [ˈseɪʒep, ˈsiː-] *n* CAN UNIV (*in Québec*) *acr for* **Collège d'enseignement géneral et professionnel** *Gemeinde-College zur Vorbereitung auf die Universität*

cei·lidh [ˈkeɪli] *n esp* SCOT, IRISH

i Kultur

Ein **ceilidh** (keltisch für „besuchen") war früher ein Nachbarschaftstreffen in den *Scottish Highlands – schottisches Hochland* oder in Irland, bei dem musiziert und gesungen sowie Geschichten erzählt wurden. In den letzten Jahren bezeichnet man mit **ceilidh** eine große Party, bei der es vor allem schottisches *country dancing – eine Art Volkstanz* mit Livemusik gibt.

ceil·ing [ˈsiːlɪŋ] *n* ❶ (*of room*) [Zimmer]decke *f*; (*fig*) Obergrenze *f*, oberste Grenze; **to impose** [*or* **set**] **a ~ on sth** eine Obergrenze für etw *akk* festsetzen [*o* festlegen]; **to impose a ~**

on prices ein Preislimit festlegen ❷ METEO [**low**] **cloud** ~ [niedrige] Wolkendecke ❸ AVIAT [Dienst]gipfelhöhe *f* ► PHRASES: **to hit the** ~ (*fam*) an die Decke gehen *fam*

'ceil·ing fan *n* [Decken]ventilator *m* **'ceil·ing rose** *n* Deckenrosette *f*

ce·leb [sə'leb] *n short for* **celebrity** Berühmtheit *f*

cel·ebrant ['seləbrᵊnt] *n* REL Zelebrant *m*

cel·ebrate ['seləbreɪt] **I.** *vi* feiern; **to** ~ **in style** im großen Stil[e] feiern **II.** *vt* ❶ (*mark occasion*) ■**to** ~ **sth** *Christmas* etw feiern; *anniversary, event also* etw begehen; **they** ~**d closing the deal with a glass of champagne** zur Feier des Vertragsabschlusses stießen sie mit einem Glas Sekt an ❷ REL (*hold ceremony*) ■**to** ~ **sth** etw zelebrieren *geh;* **to** ~ **the Eucharist** das Abendmahl feiern ❸ (*praise*) ■**to** ~ **sb/sth** jdn/etw feiern; **to** ~ **sb as a hero** jdn als Helden feiern

cel·ebrat·ed ['seləbreɪtɪd, AM -ţ-] *adj* berühmt, gefeiert; ■**to be** ~ **for sth** für etw *akk* berühmt sein

cel·ebra·tion [ˌselə'breɪʃᵊn] *n* ❶ (*party*) Feier *f;* **this calls for a** ~**!** das muss gefeiert werden! ❷ *no pl* (*marking of occasion*) Feiern *nt; of anniversary* Begehen *nt;* **to be cause for** ~ Grund [*o* Anlass] zum Feiern sein *m;* ■**in** ~ **of sth** zur Feier einer S. *gen* ❸ REL (*ceremony*) Zelebration *f;* (*of Eucharist*) Feier *f*

cel·ebra·tory [ˌselə'breɪtᵊri, AM 'seləbrəˌtɔːri] *adj inv* Fest-; **when we heard the good news, we went for a** ~ **drink** als wir die gute Nachrichten erfuhren, gingen wir zur Feier des Tages einen trinken

ce·leb·rity [sə'lebrəti, AM -ţi] *n* ❶ (*famous person*) Berühmtheit *f,* berühmte Persönlichkeit; (*star*) Star *m* ❷ *no pl* (*fame*) Ruhm *m,* Berühmtheit *f*

ce·leri·ac [sə'leriæk] *n no pl* [Knollen]sellerie *m o f*

ce·ler·ity [sə'lerəti, AM -ţi] *n no pl* (*form: fleetness*) Schnelligkeit *f;* (*speed*) Geschwindigkeit *f*

cel·ery ['selᵊri] *n no pl* [Stangen]sellerie *m o f;* **head of** ~ Selleriestaude *f*

'cel·ery salt *n* Selleriesalz *nt* **'cel·ery seeds** *npl* Selleriesamen *mpl* **'cel·ery stalk** *n* Selleriestange *f*

ce·les·tial [sə'lestiəl, AM -tʃᵊl] *adj* (*poet*) ❶ ASTRON Himmels- ❷ REL himmlisch

ce·les·tial 'body *n* Himmelskörper *m* **ce·les·tial 'mu·sic** *n* (*poet*) Sphärenklänge *pl*

celi·ba·cy ['seləbəsi] *n no pl* ❶ REL Zölibat *m o nt* ❷ (*sexual abstinence*) Enthaltsamkeit *f* ❸ (*chastity*) Keuschheit *f*

celi·bate ['seləbət] **I.** *n esp* REL Zölibatär *m;* ■**to be a** ~ im Zölibat leben **II.** *adj* ❶ REL zölibatär ❷ (*refraining from sex*) keusch, enthaltsam

cell [sel] *n* ❶ (*room*) Zelle *f* ❷ (*space*) Feld *nt* ❸ BIOL, ELEC, POL Zelle *f;* **battery** ~ Batteriezelle *f;* **fuel** ~ Brennstoffzelle *f;* **to use one's grey** ~**s** seine kleinen grauen Zellen anstrengen *hum fam* ❹ TELEC (*local area*) Ortsbereich *m*

cel·lar ['seləʳ, AM -ɚ] *n* Keller *m;* (*wine cellar*) Weinkeller *m;* **to keep a** ~ einen Weinkeller haben

cel·list ['tʃelɪst] *n* Cellist(in) *m(f);* **principal** ~ erster Cellist/erste Cellistin

'cell·mate *n* Zellengenosse, -in *m, f* **'cell nu·cleus** *n* Zellkern *m*

cel·lo <*pl* -s> ['tʃeləʊ, AM -oʊ] *n* Cello *nt*

cel·lo·phane® ['seləfeɪn] **I.** *n no pl* Cellophan® *nt* **II.** *adj inv* ~ **wrapper** [Klarsicht]folie *f*

'cell phone *n* Mobiltelefon *nt,* Handy *nt,* Natel *nt* SCHWEIZ; (*on ship*) Funktelefon *nt*

cel·lu·lar ['seljələʳ, AM -ɚ] *adj inv* ❶ BIOL Zell-, zellular, zellenförmig; ~ **plant** Lagerpflanze *f* ❷ (*porous*) porös ❸ TELEC Mobil-, Funk-

cel·lu·lar 'phone *n* Mobiltelefon *nt,* Handy *nt*

cel·lu·lite ['seljəlaɪt] *n no pl* MED Cellulitis *f,* Zellulitis *f*

'cel·lu·lite cream *n* Cellulitiscreme *f,* Zellulitiscreme *f*

cel·lu·loid ['seljəlɔɪd] **I.** *n no pl* ❶ (*plastic*) Zelluloid *nt* ❷ (*liter: film, cinema*) Zelluloid *nt,* Film *m;* **on** ~ auf Zelluloid **II.** *adj* ❶ (*made of celluloid*) Zelluloid- ❷ (*liter: cinematic*) kinematographisch *geh*

cel·lu·lose ['seljələʊs, AM -loʊs] *n no pl* Zellulose *f,* Zellstoff *m*

Celsius ['selsiəs] **I.** *n* Celsius **II.** *adj inv* Celsius-; **20 degrees** ~ 20 Grad Celsius

Celt [kelt, selt] *n* Kelte, -in *m, f*

Celt·ic ['keltɪk, 'sel-] **I.** *adj inv* keltisch; ~ **Sea** *südlicher Teil der Irischen See* **II.** *n no pl* Keltisch *nt*

i Kultur

Bei den **Celtic languages** – *den keltischen Sprachen* der *British Isles* – *britische Inseln,* unterscheidet man zwei Arten: *P-Celtic* und *Q-Celtic.* Die P-Celtic-Gruppe mit *Welsh* – *Walisisch* und *Cornish* – *Cornisch* hat ein *p,* wo die Q-Celtic-Gruppe, die *Irish* – *Irisch, Scottish Gaelic* – *schottisches Gälisch* und *Manx* – *Keltisch der Insel Man* umfasst, einen *k*-Laut hat. So entspricht z.B. das P-Celtic *pen* für „Kopf" dem Q-Celtic *ceann* (anglisiert zu *kin*).

Die Sprachen Irisch, Gälisch und Walisisch haben überlebt und werden auch an den Schulen unterrichtet; Manx wurde wieder belebt, und Cornisch, das eigentlich seit 1800 ausgestorben ist, wurde im 20. Jh. künstlich wieder eingeführt.

ce·ment [sɪ'ment] **I.** *n no pl* ❶ (*powder*) Zement *m;* **quick-setting** ~ schnellbindender Zement ❷ (*binding material*) Klebstoff *m,* Leim *m;* (*of tooth*) [Zahn]zement *m* ❸ (*fig: uniting force*) Band *nt geh;* **the** ~ **for their future relations** die Grundlage [*o* Basis] ihrer künftigen Beziehungen **II.** *vt* ■**to** ~ **sth** ❶ (*with concrete*) etw betonieren; (*with cement*) etw zementieren; ■**to** ~ **over** ↻ **sth** etw zubetonieren; ■**to** ~ **up** ↻ **sth** etw zumauern ❷ (*a. fig: bind*) etw festigen [*o geh* zementieren]; **to** ~ **an agreement** eine Vereinbarung schließen [*o* treffen]; **to** ~ **a friendship/relationship** eine Freundschaft/Beziehung festigen

ce·'ment mix·er *n* Betonmischmaschine *f*

cem·etery ['semətᵊri, AM -teri] *n* Friedhof *m*

ceno·taph ['senə(ʊ)tæf, AM -ətæf] *n* (*in honour of sb*) Ehrenmal *nt;* (*marking negative event*) Mahnmal *nt;* (*remembering dead person*) Kenotaph *nt,* Zenotaph *nt*

cen·ser ['sen(t)səʳ, AM -ɚ] *n* Räuchergefäß *nt,* Räucherschale *f;* REL [Weih]rauchgefäß *nt*

cen·sor ['sen(t)səʳ, AM -ɚ] **I.** *n* Zensor(in) *m(f);* **to get past the** ~ durch die Zensur kommen **II.** *vt* ■**to** ~ **sth** etw zensieren; ■**to** ~ **sth from sth** etw aus etw *dat* streichen

cen·sored ['sen(t)səd, AM -ɚd] *adj inv* zensiert; ~ **version** gekürzte Fassung

cen·so·ri·ous [sen(t)'sɔːriəs] *adj* [übertrieben] kritisch; ~ **comments** scharfe Bemerkungen *fpl*

cen·sor·ship ['sen(t)səʃɪp, AM -sɚ-] *n no pl* Zensur *f;* ~ **of the press** Pressezensur *f*

cen·sure ['sen(t)sjəʳ, AM -sen(t)ʃɚ] **I.** *n no pl* ❶ (*criticism*) Tadel *m;* **to earn oneself** [**the**] ~ [**of sb**] [von jdm] scharf kritisiert werden ❷ POL (*formal reprimand*) **vote of** ~, ~ **motion** Tadelsantrag *m,* Tadelsvotum *nt* **II.** *vt* ■**to** ~ **sb for sth** jdn wegen einer S. *gen* tadeln

cen·sus ['sen(t)səs] *n* (*official counting*) Zählung *f;* (*in biblical usage*) Schätzung *f;* (*of population*) Volkszählung *f,* Zensus *m fachspr;* **traffic** ~ Verkehrszählung *f*

'cen·sus tak·er *n* Volkszähler(in) *m(f)*

cent [sent] *n* Cent *m;* (*coin also*) Centmünze *f;* **to not be worth a** ~ keinen Pfifferling wert sein; **sb does not care a** ~ **about sth** etw ist jdm völlig gleich

cen·taur ['sentɔːʳ, AM -tɔːr] *n* Zentaur *m,* Kentaur *m*

cen·te·nar·ian [ˌsentɪ'neəriən, AM -tᵊn'eriən] *n* Hundertjährige(r) *f(m),* Zentenar *m selten geh*

cen·te·nary [sen'ti:nəri, AM 'sentəneri] **I.** *n esp* BRIT (*anniversary*) hundertster Jahrestag; (*birthday*) hundertster Geburtstag; (*celebration*) Hundertjahrfeier *f;* **to celebrate a ~** den hundertsten Jahrestag feiern [*o geh* begehen]; **the symphony orchestra celebrated its ~** das Sinfonieorchester feierte sein hundertjähriges Bestehen **II.** *n modifier* Hundertjahr-; **~ celebrations** Feierlichkeiten *fpl* zum hundertsten Jahrestag

'cen·ter *n, vt* AM *see* **centre**

'cen·tered *adj* AM *see* **centre II. 3**

cen·ti·grade ['sentɪgreɪd, AM 'sent̬ə-] **I.** *n no pl* Celsius **II.** *adj inv* Celsius-; **two degrees ~** zwei Grad Celsius

cen·ti·gram ['sentɪgræm, AM 'sent̬ə-], *esp* BRIT **cen·ti·gramme** *n* Zentigramm *nt*

cen·ti·li·ter ['sent̬əli:t̬ɚ] AM, **cen·ti·li·tre** ['sentɪli:tər] *n* Zentiliter *m*

cen·ti·me·ter ['sent̬əmi:t̬ɚ] AM, **cen·ti·me·tre** ['sentɪmi:tər] *n* Zentimeter *m*

cen·ti·pede ['sentɪpi:d, AM -t̬ə-] *n* Tausendfüßler *m*

cen·tral ['sentrəl] *adj* ❶ (*in the middle*) zentral; **he drilled a ~ hole in the disc** er bohrte ein Loch in die Mitte der Scheibe; **~ location** zentrale Lage; **~ part** Kernstück *nt,* Herzstück *nt* ❷ (*paramount*) Haupt-, wesentlich; **to be of ~ importance [to sb]** [für jdn] an [aller]erster Stelle stehen [*o* sehr wichtig sein]; **~ issue** Kernfrage *f;* **to play a ~ role in sth** bei etw *dat* eine zentrale Rolle spielen; ■**to be ~ to sth** wesentlich [*o geh* essenziell] für etw *akk* sein ❸ (*national*) Zentral-; **~ bank** Zentralbank *f*

Cen·tral Af·ri·can Re·'pub·lic *n* ■**the ~** die Zentralafrikanische Republik **cen·tral 'air con·di·tion·ing** *n no pl* zentrale Klimaanlage **Cen·tral A'meri·ca** *n* Mittelamerika *nt* **Cen·tral A'meri·can I.** *adj* mittelamerikanisch **II.** *n* Mittelamerikaner(in) *m(f)* **Cen·tral 'Asian** *adj* zentralasiatisch **cen·tral 'cast·ing** *n* ■**to be from ~** perfekt geplant sein; ■**to be out of ~** wie aus dem Bilderbuch sein **Cen·tral Com·'mit·tee** *n* POL Zentralkomitee *nt* **Cen·tral 'Europe** *n* Mitteleuropa *nt* **cen·tral 'gov·ern·ment** *n* Zentralregierung *f* **cen·tral 'heat·ing** *n no pl* Zentralheizung *f*

cen·tral·ism ['sentrəlɪzəm] *n no pl* POL Zentralismus *m*

cen·tral·ity [sen'træləti, AM -ət̬i] *n no pl* (*location*) zentrale Lage; (*major importance*) Schlüsselrolle *f*

cen·trali·za·tion [ˌsentrəlaɪ'zeɪʃən, AM -lɪ'-] *n no pl* Zentralisierung *f;* COMPUT *a.* Einrichtung *f* einer Zentralstelle

cen·tral·ize ['sentrəlaɪz] *vt* POL, COMPUT ■**to ~ sth** etw zentralisieren

cen·tral 'lock·ing *n no pl* Zentralverriegelung *f*

cen·tral·ly ['sentrəli] *adv* zentral; **to be ~ heated** Zentralheizung haben; **to be ~ located** zentral liegen [*o* gelegen sein]

cen·tral 'nerv·ous sys·tem *n* Zentralnervensystem *nt* **cen·tral 'pro·cess·ing unit** *n,* **cen·tral 'pro·ces·sor** *n* COMPUT Zentraleinheit *f* **cen·tral res·er·'va·tion** *n* BRIT Grünstreifen *m,* Mittelstreifen *m* **Cen·tral 'Stand·ard Time** *n,* **'Cen·tral Time** *n Zeitzone der Vereinigten Staaten, entspricht der sechsten Zeitzone westlich von Greenwich*

cen·tre ['sentər], AM **cen·ter** [-t̬ɚ] **I.** *n* ❶ (*middle*) Zentrum *nt,* Mitte *f;* **I love chocolates with soft ~s** ich liebe Pralinen mit weicher Füllung; **she felt she was bombarded with criticism, left, right and ~** sie fühlte sich von allen Seiten mit Kritik bombadiert; **they made a complete mess of that work, left, right and ~** sie haben diese Arbeit total verhunzt *fam;* ■**to be the ~ of sth** der Mittelpunkt einer S. *gen* sein; **to be the ~ of attention** im Mittelpunkt der Aufmerksamkeit stehen ❷ POL Mitte *f;* **to be left/right of ~** Mitte links/rechts sein ❸ (*place or building*) Zentrum *nt,* Center *nt;* **fitness ~** Fitnessstudio *nt;* **test ~** Versuchszentrum *nt* ❹ (*area of concentration*) Zentrum *nt;* **~ of population** Ballungsraum *m,* Ballungsgebiet *nt* ❺ SPORTS (*middle player*) Mittelfeldspieler(in) *m(f);* (*basketball*) Center *m,* mittlerer Angriffspieler; (*ice hockey*) Sturmspitze *f* **II.** *vt* ❶ (*put in middle*) ■**to ~ sth** etw zentrieren; TYPO *a.* etw mittig setzen *fachspr* ❷ (*focus*) **to ~ one's attention on sth** seine Aufmerksamkeit auf etw *akk* richten; **to ~ one's efforts on sth** seine Anstrengungen auf etw *akk* konzentrieren ❸ (*spiritually, emotionally*) ■**to be ~d** ausgeglichen sein **III.** *vi* ■**to ~ upon sth** *talk, problem* sich *akk* um etw *akk* drehen

'cen·tre back *n* (*in football*) Vorstopper(in) *m(f);* (*in volleyball*) mittlerer Abwehrspieler/mittlere Abwehrspielerin **'cen·tre cir·cle** *n* (*in football, basketball*) Mittelkreis *m* **'cen·tre·fold** *n Mittelseiten einer Zeitschrift;* (*model*) [*Akt*]*modell, das auf der Mittelseite einer Zeitschrift abgebildet ist* **cen·tre 'for·ward** *n* (*in soccer, hockey*) Mittelstürmer(in) *m(f);* (*in volleyball*) mittlerer Netzspieler/mittlere Netzspielerin **cen·tre 'half** *n* (*in field hockey*) Mittelfeldspieler(in) *m(f)* **'cen·tre line** *n* (*in hockey, basketball*) Mittellinie *f* **'cen·tre mark** *n* (*in tennis*) Mittelzeichen *nt* **cen·tre 'mid·field** *n* (*in soccer*) defensiver Mittelfeldspieler/defensive Mittelfeldspielerin **cen·tre of 'grav·ity** *n* PHYS Schwerpunkt *m* **'cen·trepiece** *n* ❶ (*on table*) Tafelaufsatz *m* ❷ (*best feature*) Prunkstück *nt;* (*central feature*) *of policy, plan* Kernstück *nt;* **the ~ of a meal** die Krönung eines Mahl[e]s *geh* **cen·tre 'ser·vice line** *n* (*in tennis*) mittlere Aufschlaglinie *f* **'cen·tre-spread** *n* [doppelseitige] Themenseite (*in der Mitte einer Zeitschrift/Zeitung*) **cen·tre 'stage I.** *n no pl* Bühnenmitte *f* **II.** *adv* ❶ THEAT in der Bühnenmitte; **the actress threw herself to the ground ~ in despair** die Schauspielerin warf sich verzweifelt in der Mitte der Bühne auf den Boden ❷ (*fig: conspicuous*) **to be always ~** stets im Mittelpunkt [der Aufmerksamkeit] stehen; **to take ~** eine Schlüsselposition einnehmen **'cen·tre strap** *n* (*on tennis net*) Gurtband *m*

cen·trifu·gal [ˌsentrɪ'fju:gəl, AM sen'trɪfjəgəl] *adj inv* zentrifugal; **~ force** Zentrifugalkraft *f fachspr,* Fliehkraft *f*

cen·tri·fuge ['sentrɪfju:dʒ, AM -trə-] *n* MED, TECH Zentrifuge *f fachspr,* Schleuder *f*

cen·trip·etal [sen'trɪpɪtəl, AM -ət̬əl] *adj inv* zentripetal; **~ force** Zentripetalkraft *f*

cen·trist ['sentrɪst] **I.** *n* Anhänger(in) *m(f)* der politischen Mitte; (*politician*) Politiker(in) *m(f)* der Mitte **II.** *adj* [politisch] gemäßigt

cen·tu·ri·on [sen'tjʊəriən, AM -'tʊri-] *n* (*hist*) Zenturio *m*

cen·tu·ry ['sen(t)ʃəri] *n* ❶ (*period*) Jahrhundert *nt;* **the event of the ~** das Jahrhundertereignis; **turn of the ~** Jahrhundertwende *f;* **to be centuries old** jahrhundertealt sein; **the twentieth ~** das zwanzigste Jahrhundert ❷ (*in cricket*) 100 Läufe *pl*

CEO [ˌsi:i:'əʊ, AM -'oʊ] *n abbrev of* **chief executive officer** Generaldirektor(in) *m(f),* Geschäftsführer(in) *m(f)*

ce·ram·ic [sə'ræmɪk] *adj inv* Keramik-, keramisch

ce·ram·ic 'hob *n* BRIT Glaskeramikkochfläche *f*

ce·ram·ics [sə'ræmɪks] *n* ❶ + *sing vb* (*art*) Keramik *f* ❷ *pl* (*ceramic objects*) Keramiken *fpl,* Töpferwaren *fpl,* Tonwaren *fpl* ❸ + *sing vb* (*process*) Töpfern *nt;* **to take a course in ~** einen Töpferkurs machen

ce·real ['sɪəriəl, AM 'sɪr-] **I.** *n* ❶ *no pl* (*cultivated grass*) Getreide *nt* ❷ (*grain*) Getreidesorte *f* ❸ *no pl* (*for breakfast*) Frühstückszerealien *fpl* (*Cornflakes, Müsli ...*) **II.** *adj inv* Getreide-

cer·ebel·lum <*pl* -s *or* -la> [ˌserɪ'beləm, AM -rə'-, *pl* -lə] *n* ANAT Kleinhirn *nt,* Zerebellum *nt fachspr*

cer·ebra [sə'ri:brə, AM 'serə-] *n pl of* **cerebrum**

cer·ebral ['serəbrəl, sə'ri:-] *adj* ❶ ANAT Gehirn-, zerebral *fachspr* ❷ (*a. pej: intellectual*) hochgeistig; **it was all too ~ for me** es war mir alles zu hoch *fam;* **~ discussion** intellektuelle Diskussion

cer·ebral 'pal·sy *n no pl* MED zerebrale Lähmung

cer·ebra·tion [ˌserɪ'breɪʃən, AM -rə'-] *n no pl* ❶ MED Gehirnfunktion *f* ❷ (*form or hum: thought process*) Reflexion *f geh,* [Nach]denken *nt*

cer·ebrum <*pl* -s *or* -bra> [sə'ri:brəm, AM 'serə-, *pl* -brə] *n* ANAT

C

Großhirn *nt,* Zerebrum *nt fachspr*

cer·emo·nial [ˌserɪˈməʊniəl, AM -əˈmoʊ-] **I.** *adj* zeremoniell *geh* **II.** *n* (*form, liter*) Zeremoniell *nt geh; see also* **ceremony**

cer·emo·nial·ly [ˌserɪˈməʊniəli, AM -əˈmoʊ-] *adv* feierlich

cer·emo·ni·ous [ˌserɪˈməʊniəs, AM -əˈmoʊ-] *adj* förmlich, zeremoniös *geh*

cer·emo·ni·ous·ly [ˌserɪˈməʊniəsli, AM -əˈmoʊ-] *adv* sehr förmlich, mit großem Zeremoniell *geh*

cer·emo·ny [ˈserɪməni, AM -əmoʊni] *n* ❶ (*ritual*) Zeremonie *f,* Feier *f;* (*celebration also*) Feierlichkeiten *fpl;* **opening** ~ Eröffnungsfeier *f;* **to perform a** ~ eine Zeremonie vollziehen *geh* ❷ *no pl* (*formality*) Förmlichkeit *f;* **pomp and** ~ Pomp und Zeremoniell; **to do sth without** ~ etw ohne viel Aufhebens tun; **to receive sb with great** ~ jdn mit großem Pomp begrüßen; **to stand on** ~ förmlich sein

ce·rise [səˈriːz] (*form*) **I.** *n no pl* Kirschrot *nt* **II.** *adj* kirschrot, cerise

cert[1] [sɜːt] *n usu sing* BRIT (*fam*) *short for* **certainty:** ■**to be a dead** ~ eine todsichere Sache sein *fam;* **it's a dead** ~ **that they'll lose** sie werden todsicher verlieren; **to be a dead** ~ **to win the medal** Medaillenfavorit *m*/Medaillenfavoritin *f* sein

cert[2] **I.** *n abbrev of* **certificate II.** *adj abbrev of* **certified**

cer·tain [ˈsɜːtᵊn, AM ˈsɜːrt-] **I.** *adj* ❶ (*sure*) sicher; (*unavoidable*) gewiss, bestimmt; **please be** ~ **to turn out the lights before you leave** bitte vergewissern Sie sich, dass das Licht ausgeschaltet ist, wenn Sie gehen; **there is no** ~ **cure for this disease** gegen diese Krankheit gibt es kein sicheres Mittel; **that was** ~ **to happen** das musste ja so kommen; **that vase is** ~ **to be knocked over if you leave it there** wenn du die Vase dort stehen lässt, wird sie bestimmt irgendjemand umschmeißen; (*fam*) **are you** ~ **about that?** sind Sie sich dessen wirklich sicher?; **it is not yet** ~ **...** es ist noch nicht ganz klar ...; **I wouldn't be too** ~ **that ...** ich wäre mir [ja] nicht so sicher, dass ...; **to face** ~ **death** dem [sicheren] Tod ins Auge blicken; **to mean** ~ **death** den sicheren Tod bedeuten; **to feel** ~ [**that ...**] sicher [*o* [fest] [davon] überzeugt] sein[, dass ...]; **to make** ~ [**that ...**] darauf achten[, dass ...]; **please make** ~ **that you turn off the oven** schalte bitte unbedingt den Herd aus; **to make** ~ **of sth** sich *akk* einer S. *gen* vergewissern; **to seem** ~ [**that ...**] davon ausgehen[, dass ...], zuversichtlich sein[, dass ...]; ■**to be** ~ **about** [*or* **of**] **sth** sich *dat* einer S. *gen* sicher sein; **no one is quite** ~ **about him yet** bis jetzt kennt ihn noch keiner so recht; **are you** ~ **about driving home alone?** willst du wirklich allein nach Hause fahren?; ■**to be** ~ [**that**] **sb does sth** sicher sein, dass jd etw tut; **to be** ~ [**that**] **sth will happen** [sich *dat*] sicher sein, dass etw geschehen wird; ■**for** ~ ganz sicher; **I don't know yet for** ~ ich weiß noch nicht genau; **one thing is** [**for**] ~ eines ist sicher; **I can't say for** ~ ich bin mir nicht ganz sicher ❷ *attr, inv* (*limited*) gewiss; **he's very reliable – up to a** ~ **point** er ist sehr zuverlässig – bis zu einem gewissen Grad; **to a** ~ **extent** in gewissem Maße ❸ *attr, inv* (*specific and specified*) gewisse(r, s) *attr;* (*specific but unspecified*) bestimmte(r, s) *attr,* gewisse(r, s) *attr;* **at a** ~ **age** in einem bestimmten Alter; **a** ~ **Steve Rukus** ein gewisser Steve Rukus ❹ (*particular*) bestimmt, gewiss; **in** ~ **circumstances** unter gewissen Umständen **II.** *pron pl* (*form*) ~ **of his works have been published** einige seiner Arbeiten wurden veröffentlicht; ~ **of the candidates were well below the usual standard, but others were very good indeed** einige Kandidaten lagen deutlich unter dem normalen Niveau, andere waren aber wirklich sehr gut

cer·tain·ly [ˈsɜːtᵊnli, AM ˈsɜːrt-] *adv* ❶ (*surely*) sicher[lich]; (*without a doubt*) bestimmt, gewiss; **she** ~ **is a looker, isn't she?** sie sieht aber echt toll aus! ❷ (*gladly*) gern[e]; (*of course*) [aber] selbstverständlich, klar *fam;* ~ **not** auf [gar] keinen Fall, [ganz] bestimmt nicht; **I** ~ **will not!** ich denke gar nicht dran!; **had you forgotten our anniversary? –** ~ **not!** hast du unseren Hochzeitstag vergessen? – aber [nein], wo denkst du hin?

cer·tain·ty [ˈsɜːtᵊnti, AM ˈsɜːrt-] *n* ❶ (*surety*) Gewissheit *f;* **with** ~ mit Sicherheit; ■**to be a** ~ gewiss sein; **he'll arrive late, that's a** [**virtual**] ~ er wird zu spät kommen, darauf kannst du wetten!; **death is a** ~ um den Tod kommt keiner herum ❷ *no pl* (*state of certainty*) Sicherheit *f*

cer·ti·fi·able [ˌsɜːtɪˈfaɪəbl̩, AM ˌsɜːrt̬ə-] *adj inv* ❶ (*officially admissible*) nachweisbar ❷ (*psychologically ill*) unzurechnungsfähig, nicht zurechnungsfähig ❸ (*fig fam: stupid*) verrückt *fam;* **he's a** ~ **nut!** er ist doch wirklich ein Spinner! *fam;* ■**to be** ~ eine Meise haben *fam*

cer·tifi·cate [səˈtɪfɪkət, AM sɚˈ-] *n* ❶ (*official document*) Urkunde *f;* (*attestation*) Bescheinigung *f;* ~ **of achievement** Leistungsnachweis *m;* ~ **of baptism** Taufschein *m;* **birth** ~ Geburtsurkunde *f;* **death** ~ Sterbeurkunde *f;* **doctor's** [*or* **medical**] ~ ärztliches Attest; **examination** ~ Prüfungszeugnis *nt;* **marriage** ~ Trauschein *m;* ~ **of ownership** Besitzurkunde *f* ❷ FILM Altersfreigabe *f;* **an 18** ~ [Film]freigabe *f* ab 18 Jahre

cer·ti·fi·ca·tion [ˌsɜːtɪfɪˈkeɪʃᵊn, AM ˌsɜːrt̬ə-] *n no pl* ❶ (*state*) Qualifikation *f;* (*process*) Qualifizierung *f* ❷ (*document*) Zertifikat *nt;* (*attestation*) Beglaubigung *f*

cer·ti·fied [ˈsɜːtɪfaɪd, AM ˈsɜːrt̬ə-] *adj attr, inv* ❶ (*documented*) [staatlich] geprüft; ■**to be** ~ **to do sth** berechtigt sein, etw zu tun ❷ (*guaranteed*) garantiert; **this manuscript is** ~ **as genuine** die Echtheit dieses Manuskripts wurde bestätigt; ~ **cheque** gedeckter Scheck; **a** ~ **copy** eine beglaubigte Abschrift

cer·ti·fied 'mail *n no pl* AM (*registered post*) Einschreiben *nt;* **a piece of** ~ ein Einschreiben *nt,* eine Einschreibesendung; **to send sth** ~ etw per [*o* als] Einschreiben schicken **cer·ti·fied pub·lic ac·'count·ant** *n* AM (*chartered accountant*) staatlich anerkannter Buchhalter/staatlich anerkannte Buchhalterin

cer·ti·fy <-ie-> [ˈsɜːtɪfaɪ, AM ˈsɜːrt̬ə-] *vt* ❶ (*declare as true*) ■**to** ~ **sth** etw bescheinigen [*o* bestätigen]; LAW etw beglaubigen; **I hereby** ~ **that ...** (*form*) hiermit bestätige ich, dass ... *geh;* **the meat has been certified** [**as**] **fit for human consumption** das Fleisch wurde für den menschlichen Verzehr als geeignet erklärt; **to** ~ **sb** [**as**] **dead** jdn für tot erklären ❷ (*declare mentally ill*) ■**to** ~ **sb** jdn für unzurechnungsfähig erklären; **to** ~ **sb insane** jdn für geisteskrank erklären

cer·ti·tude [ˈsɜːtɪtjuːd, AM ˈsɜːrt̬ətuːd] *n no pl* Sicherheit *f,* Gewissheit *f*

ce·ru·lean [səˈruːliən] *adj* (*liter*) ~ **blue** himmelblau

cer·vi·cal [ˈsɜːvɪkᵊl, AM ˈsɜːr-] *adj inv* ANAT ❶ (*of neck*) zervikal *fachspr;* ~ **vertebra** Halswirbel *m* ❷ (*of cervix*) Gebärmutterhals-

cer·vi·cal 'can·cer *n* MED Gebärmutterhalskrebs *m* **cer·vi·cal 'screen·ing** *n no pl* BRIT MED Untersuchung *f* des Gebärmutterhalses **cer·vi·cal 'smear** *n* MED Abstrich *m*

cer·vi·ces [ˈsɜːvɪsiːz, AM ˈsɜːr-] *n pl of* **cervix**

cer·vix <*pl* -es *or* -vices> [ˈsɜːvɪks, AM ˈsɜːr-, *pl* -vɪsiːz] *n* ANAT Gebärmutterhals *m,* Muttermund *m*

Ce·sar·ean *n, adj* AM *see* **Caesarean**

ce·sium *n* AM *see* **caesium**

ces·sa·tion [seˈseɪʃᵊn] *n no pl* (*form: end*) Ende *nt;* (*process*) Beendigung *f;* ~ **of hostilities** Einstellung *f* der Kampfhandlungen

cess·pit [ˈsespɪt] *n,* **cess·pool** [ˈsespuːl] *n* Jauchegrube *f,* Senkgrube *f,* Latrine *f;* (*fig pej*) Sumpf *m*

c'est la vie [ˌseɪlɑːˈviː] *interj* so ist das Leben [nun einmal]

ce·ta·cean [sɪˈteɪʃᵊn] ZOOL **I.** *n* Zetazee *f fachspr,* Wal *m* **II.** *adj inv* Zetazeen- *fachspr,* Wal[fisch]-

Cey·lon [sɪˈlɒn, AM -ˈlɑːn, -seɪ] **I.** *n no pl* ❶ (*hist: country*) Ceylon *nt hist* ❷ (*tea*) Ceylontee *m* **II.** *adj inv* (*hist*) ceylonesisch *hist; see also* **Sri Lanka**

Cey·lo·nese [ˌseləˈniːz, AM ˌsiːləˈniːz, seɪ] (*hist*) **I.** *n* <*pl* -> Ceylonese, -in *m, f hist* **II.** *adj* ceylonesisch, aus Ceylon *hist; see also* **Sri Lankan**

cf [ˈsiːef] *vt* (*form*) *abbrev of* **compare** vgl.

CFC [ˌsi:efˈsi:] *n abbrev of* **chlorofluorocarbon** FCKW *nt*

cha·cha [ˈtʃɑ:tʃɑ:], **cha·cha-'cha** I. *n* Cha-Cha-Cha *m* II. *vi* Cha-Cha-Cha tanzen

Chad [tʃæd] *n no pl* Tschad *m*

chafe [tʃeɪf] I. *vi* ① (*make sore*) sich *akk* [wund]scheuern [*o* [auf]scheuern]; *hands* wund werden ② (*fig: become irritated*) sich *akk* ärgern [*o* aufregen]; ■ **to ~ at** [*or* **against**] **sth** sich *akk* über etw *akk* aufregen; ■ **to ~ under sth** unter etw *dat* leiden ③ (*fig: be impatient*) ■ **to ~ to do sth** erpicht darauf sein, etw zu tun *fam* II. *vt* ① (*rub sore*) ■ **to ~ sth** etw [wund]scheuern [*o* [auf]scheuern]; **the icy wind ~d her cheeks** der eisige Wind ließ ihre Wangen rau werden ② (*rub warm*) **to ~ one's hands** seine Hände *fpl* warm reiben III. *n* durchgescheuerte Stelle

chaf·er [ˈtʃeɪfəʳ, AM -ɚ] *n* Käfer *m;* **cock~** Maikäfer *m;* **rose ~** Rosenkäfer *m*

chaff¹ [tʃæ:f, *Brit also* tʃɑ:f] *n no pl* ① (*of grain*) Spreu *f* ② (*cattle fodder*) Häcksel *m o nt* ③ (*leftover material*) wertlose Reste *mpl* ▶ PHRASES: **to separate the wheat from the ~** die Spreu vom Weizen trennen

chaff² [tʃæ:f, *Brit also* tʃɑ:f] I. *n no pl* Scherze *mpl,* Neckerei *f,* Flachserei *f fam* II. *vt* ■ **to ~ sb** [**about doing sth**] jdn [wegen einer S. *gen* [*o* mit etw *dat*]] aufziehen

chaf·finch <*pl* -es> [ˈtʃæ:fɪn(t)ʃ] *n* Buchfink *m*

cha·grin [ˈʃægrɪn, AM ʃəˈgrɪn] *n no pl* (*form*) ① (*sorrow*) Kummer *m;* (*disappointment*) Enttäuschung *f* ② (*embarrassment*) [große] Verlegenheit; [**much**] **to sb's ~** [sehr] zu jds [*o* zu jds [großer]] Verlegenheit ③ (*annoyance*) Verdruss *m,* Ärger *m;* [**much**] **to sb's ~** [sehr] zu jds Verdruss *m*

cha·grined [ˈʃægrɪnd, AM ʃəˈgrɪnd] *adj* (*form: disappointed*) verdrossen; (*mortified*) gekränkt; (*sorrowful*) bekümmert; ■ **to be ~ at** [*or* **by**] **sth** über etw *akk* [*o* wegen einer S. *gen*] bekümmert sein

chain [tʃeɪn] I. *n* ① Kette *f;* **to keep a dog on a ~** einen Hund an der Kette halten; **to put the ~ on the door** die Kette vorlegen; **to pull the ~** (*dated*) spülen (*auf der Toilette*) ② (*fetter, manacle*) Fessel *f,* Kette *f;* **to be in ~s** in Ketten liegen; **to keep sb in ~s** jdn in Fesseln halten; **to rattle one's ~s** mit den Ketten rasseln ③ (*fig: oppression*) ■ **~s** *pl* Fesseln *fpl,* Joch *nt geh;* **to free oneself from the ~s of dictatorship** die Fesseln der Diktatur sprengen; **to free oneself from the ~s of tyranny** sich *akk* vom Joch der Tyrannei befreien *geh* ④ (*jewellery*) [Hals]kette *f;* **gold/silver ~** Gold-/Silberkette *f* ⑤ (*fig: series*) Reihe *f;* (*interconnection*) Verkettung *f;* **~ of command** Hierarchie *f;* MIL Befehlskette *f;* **fast food ~** [Schnell]imbisskette *f;* **~ of mishaps** Verkettung *f* unglücklicher Umstände; **mountain ~** [Berg]kette *f,* [Gebirgs]kette *f;* **~ of shops** Ladenkette *f* ▶ PHRASES: **to pull** [*or* **yank**] **sb's ~** jdn triezen *fam* II. *vt* ■ **to ~ sb/an animal** [**up**] **to sth** jdn/ein Tier an etw *akk* [an]ketten; **to be ~ed to a desk** (*fig*) an den Schreibtisch gefesselt sein

◆**chain up** *vt* ■ **to ~ sb/an animal** ○ **up** jdn/ein Tier anketten [*o* an die Kette legen]

'chain gang *n* Sträflingskolonne *f;* **to work on the ~** in einer Sträflingskolonne arbeiten **'chain let·ter** *n* Kettenbrief *m* **chain-link 'fence** *n* Maschendrahtzaun *m* **'chain mail** *n no pl* Kettenhemd *nt,* Kettenpanzer *m* **chain re·'ac·tion** *n* Kettenreaktion *f;* **to set off a ~** eine Kettenreaktion auslösen *a. fig* **'chain saw** *n* Kettensäge *f* **'chain-smoke** *vi* kettenrauchen **'chain-smok·er** *n* Kettenraucher(in) *m(f)* **'chain stitch** *n* Kettenstich *m* **'chain store** *n* Kettenladen *m*

chair [tʃeəʳ, AM tʃer] I. *n* ① (*seat*) Stuhl *m;* **please take a ~** setzen Sie sich doch; **easy ~** Sessel *m;* **to pull up a ~** [sich *dat*] einen Stuhl heranziehen ② UNIV (*professorship*) Lehrstuhl *m;* (*person*) Lehrstuhlinhaber(in) *m(f);* **to be ~ of a department** den Lehrstuhl eines Fachbereichs innehaben; **interim ~** Lehrstuhlvertretung *f;* **to hold a ~ in sth** einen Lehrstuhl für etw *akk* [inne]haben ③ (*head*) Vorsitzende(r) *f(m);* (*of a company*) Vorstand *m;* **to be the ~ of a board** der/die Vorsitzende eines Ausschusses sein ④ (*presiding place*) ■ **the ~** der Vorsitz; **to address the ~** sich *akk* an den Vorsitz wenden; **to take the ~** den Vorsitz übernehmen ⑤ AM (*electric chair*) ■ **the ~** der elektrische Stuhl; **to get the ~** auf den elektrischen Stuhl kommen ⑥ AM MUS Sitz *m* in einem Orchester; **he plays fourth ~ firsts** er spielt auf dem vierten Platz die erste Geige II. *vt* ① (*be leader*) ■ **to ~ sth** bei etw *dat* den Vorsitz führen ② (*carry*) ■ **to ~ sb** jdn tragen; (*in victory*) jdn im Triumph tragen

'chair lift *n* Sessellift *m* **'chair·man** *n* Vorsitzende(r) *m;* (*of a company*) Vorstand *m* **'chair·man·ship** *n* Vorsitz *m;* **his ~ of the commission lasted for two years** er leitete die Kommission zwei Jahre lang; **to meet under the ~ of sb** unter jds Vorsitz [*o* dem Vorsitz von jdm] tagen **'chair·per·son** *n* Vorsitzende(r) *f(m)* **'chair·wom·an** *n* Vorsitzende *f*

chaise longue <*pl* chaises longues> [ˌʃeɪzˈlɒŋ, AM -ˈlɔ:ŋ], AM, AUS *usu* **chaise lounge** [ˌʃeɪzˈlaʊndʒ] *n* Chaiselongue *f or a. fam nt*

chak·ra [ˈtʃækrə] I. *n* Chakra *nt* II. *n modifier* (*symbol*) Chakren-

cha·let [ˈʃæleɪ, AM ʃæˈleɪ] *n* Chalet *nt;* (*similar building*) [chaletähnliches] Landhaus

chal·ice [ˈtʃælɪs] *n* (*poet o liter*) Kelch *m;* REL Abendmahlskelch *m*

chalk [tʃɔ:k, AM *also* tʃɑ:k] I. *n no pl* ① (*type of stone*) Kalkstein *m* ② (*for writing*) Kreide *f;* **a piece** [*or* **stick**] **of ~** ein Stück[chen] *nt* Kreide; **~ and talk** BRIT SCH *Unterrichtsgestaltung durch Tafelanschreiben und Vorträge* ▶ PHRASES: [**as different as**] **~ and** [*or* **from**] **cheese** (*hum*) [so verschieden wie] Tag und Nacht; **to be as alike as ~ and cheese** grundverschieden sein; **to not know** [*or* **not be able to tell**] **~ from cheese** nicht fähig sein, die wesentlichen Unterschiede zu erkennen; [**not**] **by a long ~** BRIT bei weitem [nicht]; **as white as ~** kreidebleich II. *vt* ■ **to ~ sth** (*write*) etw mit Kreide schreiben; (*draw*) etw mit Kreide zeichnen; (*in billiards*) etw mit Kreide einreiben

◆**chalk up** *vt* ① (*write*) ■ **to ~ up** ○ **sth** etw [mit Kreide] aufschreiben; (*note down*) etw notieren; (*cover with drawings*) etw [mit Kreide] bemalen; **to ~ up the board** die Tafel beschreiben; (*completely*) die Tafel voll schreiben ② (*fig: achieve*) **to ~ up a success** einen Erfolg verzeichnen können; **to ~ up a victory** [*or* **win**] einen Sieg verbuchen können ③ (*ascribe*) ■ **to ~ sth up to sth** etw etw *dat* zuschreiben; **I ~ed up my stomach problems to the last night's meal** ich ging davon aus, dass meine Magenprobleme mit dem gestrigen Abendessen zusammenhingen ④ (*write off*) **to ~ sth up to experience** etw als Erfahrung sehen ⑤ (*add to a mental list*) ■ **to ~ up** ○ **sth** etw verinnerlichen ⑥ (*put on bill*) ■ **to ~ up sth to sb** etw auf jds Rechnung *f* setzen; (*mark as credit*) etw anschreiben

'chalk·board *n* AM, AUS (*blackboard*) Tafel *f;* **to wipe off the ~** die Tafel wischen; *see also* **blackboard** **'chalk·face** *n* BRIT **at the ~** im Unterrichtsalltag

chalkie [ˈtʃɔ:ki] *n* AUS, NZ (*fam*) Lehrer(in) *m(f),* Pauker *m sl*

chalki·ness [ˈtʃɔ:kinəs, AM *also* ˈtʃɑ:-] *n no pl* Kalkhaltigkeit *f*

'chalk pit *n* Kalk[stein]bruch *m*

chalky [ˈtʃɔ:ki, AM *also* ˈtʃɑ:-] *adj* ① (*of chalk*) kalk[halt]ig ② (*dusty*) **to be all ~** voll[er] Kreide sein ③ (*chalk-like*) kreideartig, kreideähnlich ④ (*pale*) kreidebleich

chal·lenge [ˈtʃælɪndʒ] I. *n* ① (*hard task*) Herausforderung *f,* schwierige Aufgabe; **to accept a ~** sich *akk* einer Herausforderung stellen; **to be faced with a ~** mit einer schwierigen Aufgabe konfrontiert sein; **to find sth a ~** etw schwierig finden; **to meet the ~** [**of doing sth**] sich *akk* der Herausforderung stellen[, etw zu tun]; **to present sb** [**with**] **a ~** eine Herausforderung für jdn darstellen; **to rise to a ~** sich *akk* einer Herausforderung gewachsen zeigen ② (*call to competition*) Herausforderung *f;* **to accept the ~ to do sth** die Herausforderung annehmen, etw zu tun; **to issue a ~ to sb to do sth** jdn herausfordern, etw zu tun ❸ (*doubting*) Infragestellung *f;* **to be a direct ~ to sth** etw offen in Frage stellen; **to be open to ~** anfechtbar sein; **to pose a ~ to sth** etw in Frage stellen ❹ MIL (*ask name*) Werdaruf *m* (*militärischer Befehl, sich auszuweisen*) ❺ LAW (*refusal*) Ablehnung *f;* **to make a ~ to a member of the jury** ein Mitglied der Geschworenen ablehnen **II.** *vt* ❶ (*ask to compete*) ■**to ~ sb [to sth]** jdn [zu etw *dat*] herausfordern; ■**to ~ sb to do sth** jdn herausfordern, etw zu tun; **to ~ a record** versuchen einen Rekord einzustellen ❷ (*call into question*) ■**to ~ sb/sth** jdn/etw in Frage stellen ❸ (*present with hard task*) ■**to ~ sb** an jdn [hohe] Anforderungen stellen, jdm viel abverlangen ❹ MIL (*demand name*) ■**to ~ sb** jdn anrufen ❺ LAW (*refuse*) ■**to ~ sb** jdn [als Geschworenen] ablehnen

chal·leng·er ['tʃælɪndʒəʳ, AM -ɚ] *n* Herausforderer, Herausforderin *m, f;* **~ for a title** Titelanwärter(in) *m(f)*

chal·leng·ing ['tʃælɪndʒɪŋ] *adj* [heraus]fordernd; **sb finds sth ~** jd empfindet etw als Herausforderung; **sb finds sth not ~** etw ist für jdn keine Herausforderung

cha·lu·pa [ʃə'lu:pə] *n* AM (*fried tortilla*) Chalupa *f* (*mit Fleisch gefüllter und ausgebackener mexikanischer Maismehlfladen*)

cham·ber ['tʃeɪmbəʳ, AM -ɚ] **I.** *n* ❶ (*old: room*) [Schlaf]gemach *nt geh* ❷ (*meeting hall*) Sitzungssaal *m;* (*of lawyer*) Kanzlei *f;* (*of judge*) Amtszimmer *nt;* **Lower/Upper ~** Zweite/Erste Kammer (*des britischen Abgeordnetenhauses*) ❸ (*lawyer's offices*) ■**~s** *pl* Anwaltsbüro *nt,* Kanzlei *f;* (*private room of a judge*) Richterzimmer *nt;* **a trial in ~s** eine Verhandlung unter Ausschluss der Öffentlichkeit ❹ (*cavity*) Kammer *f;* **combustion ~** Brennkammer *f;* **~ of the heart** Herzkammer *f* **II.** *n modifier* (*music, orchestra*) Kammer-

cham·ber·lain ['tʃeɪmbəlɪn, AM -bɚ-] *n* ❶ HIST Kammerherr *m* ❷ BRIT (*treasurer*) Leiter(in) *m(f)* der Finanzabteilung; (*of municipal corporation*) Kämmerer *m,* Kämmerin *f*

'cham·ber·maid *n* Zimmermädchen *nt* **'cham·ber mu·sic** *n no pl* Kammermusik *f* **Cham·ber of 'Com·merce** *n* ECON Industrie- und Handelskammer *f* **cham·ber of 'hor·rors** *n* Horrorkabinett *nt* **'cham·ber or·ches·tra** *n* Kammerorchester *nt* **'cham·ber pot** *n* Nachttopf *m*

cha·me·le·on [kə'mi:liən] *n* ❶ (*lizard*) Chamäleon *nt* ❷ (*fig pej: person*) Chamäleon *nt pej;* (*esp in political context*) Wendehals *m pej fam;* **don't be such a ~!** sei nicht immer so ein Mitläufer!

cha·me·leon·ic [kə,mi:li'ɒnɪk, AM -'ɑ:nɪk] *adj inv* sehr wechselhaft, wie ein Chamäleon *nach n*

cham·ois[1] <*pl* -> ['ʃæmwɑ:, AM 'ʃæmi:] *n* Gämse *f*

cham·ois[2] ['ʃæmi:] *n,* **cham·ois 'leath·er** *n usu no pl* Fensterleder *nt;* **~ cloth** Ledertuch *nt*

champ[1] [tʃæmp] *n* (*approv fam*) *short for* **champion** Champion *m;* **to be a real ~** ein echter Kumpel sein *sl*

champ[2] [tʃæmp] **I.** *vi* (*bite hard*) ■**to ~ [down] on sth,** ■**to ~ into sth** in etw *akk* beißen; (*chew loudly*) etw [geräuschvoll] kauen ▶PHRASES: **to ~ at the bit** vor Ungeduld fiebern **II.** *vt* ■**to ~ sth** etw mampfen *fam*

cham·pagne [ʃæm'peɪn] **I.** *n no pl* (*French champagne*) Champagner *m;* (*sparkling wine*) Sekt *m,* Schaumwein *m* **II.** *adj inv* champagnerfarben **III.** *n modifier* (*of French champagne*) Champagner-; (*of sparkling wine*) Sekt-; **~ brunch** Sektfrühstück *nt;* **~ gala** Sektempfang *m*

cham·'pagne flute *n* Sektflöte *f* **cham·pagne 'so·cial·ist** *n* (*pej*) Champagnersozi(in) *m(f) pej fam*

cham·pers ['ʃæmpəz] *n + sing vb* BRIT, AUS (*dated fam*) Schampus *m fam*

cham·pi·on ['tʃæmpi:ən] **I.** *n* ❶ SPORTS Champion *m;* **world ~** Weltmeister(in) *m(f);* **defending ~** Titelverteidiger(in) *m(f);* **Olympic ~** Olympiasieger(in) *m(f);* **reigning ~** amtierender Meister/amtierende Meisterin ❷ (*supporter*) Verfechter(in) *m(f)* (**of** *+gen*) **II.** *vt* ■**to ~ sth** etw verfechten; **to ~ a cause** für eine Sache eintreten **III.** *adj* BRIT (*fam*) klasse *fam,* prima *fam;* **~ boxer** Boxchampion *m;* **~ dog** preisgekrönter Hund; **~ racehorse** Turfsieger(in) *m(f) sl* **IV.** *adv* BRIT (*fam*) super *fam,* fantastisch *fam*

cham·pi·on·ship ['tʃæmpi:ənʃɪp] *n* ❶ SPORTS Meisterschaft *f;* **to hold a ~** amtierender Meister/amtierende Meisterin sein ❷ *no pl* (*of a cause*) Einsatz *m,* Engagement *nt*

chance [tʃɑ:n(t)s, AM tʃæ:n(t)s] **I.** *n* ❶ *no pl* (*luck*) Glück; (*coincidence*) Zufall *m;* **~ encounter** zufällige Begegnung; **to be pure [*or* sheer] ~ [that ...]** reiner Zufall sein[, dass ...]; **to leave nothing to ~** nichts dem Zufall überlassen; **as ~ would have it** wie es der Zufall wollte; **by ~** zufällig; **by any ~** vielleicht; **do you have a light by any ~?** hätten Sie vielleicht zufällig Feuer? ❷ (*likelihood*) ■**~s** *pl* Möglichkeit *f;* (*prospect*) Aussicht *f,* Chance *f;* **there's not much of a ~ of my coming to the party** ich werde wohl nicht zur Party kommen; **there's not a ~ in hell of my ever going out with him again** mit dem werde ich nie im Leben nochmal weggehen; **the ~ was one in a million** die Chancen standen eins zu einer Million; **~s are [that] ...** aller Wahrscheinlichkeit nach ...; **~s of promotion** Aufstiegschancen *fpl;* **~s of survival** Überlebenschancen *fpl;* **to do sth on the off ~** etw nur auf gut Glück tun; **there's an outside ~ that ...** es besteht eine geringe Chance, dass ...; **to be in with a ~** eine Chance haben; **to [not] have [*or* stand] a ~ with sb/sth** bei jdm/etw [keine] Chancen haben; **I don't think I stand a ~ of winning** ich halte es nicht für sehr wahrscheinlich, dass ich gewinnen werde ❸ (*opportunity*) Möglichkeit *f,* Gelegenheit *f;* **given half a ~, he'd give up working tomorrow** hätte er auch nur die geringste Chance, würde er morgen aufhören zu arbeiten; BRIT **~ would be a fine thing** schön wär's *fam;* BRIT (*fam*) **no ~!** niemals!; **the ~ of a lifetime** die Chance meines/deines/Ihres etc. Lebens *fam;* **to give sb a [second] ~ [to do sth]** jdm eine [zweite] Chance geben[, etw zu tun]; **to have a/the ~ [to do sth [*or* of doing sth]]** eine/die Möglichkeit [*o* Chance] haben[, etw zu tun]; **to miss the/one's ~ [to do sth]** die/seine Chance verpassen[, etw zu tun]; **you missed the perfect ~** du hast die Chance deines Lebens verpasst *fam* ❹ (*risk*) Risiko *nt;* **the ~ of failure with this project is high** die Wahrscheinlichkeit, bei diesem Projekt zu scheitern, ist hoch; **to take a ~ [*or* ~s]** es darauf ankommen lassen; **taking ~s with your health is a bad idea** seine Gesundheit aufs Spiel zu setzen, ist dumm **II.** *vi* unerwartet geschehen; **they ~d to be in the restaurant just when I arrived** als ich ankam, waren sie zufälligerweise auch gerade in dem Restaurant **III.** *vt* (*fam*) ■**to ~ sth** (*hazard*) etw riskieren; (*try*) etw versuchen; **don't ~ your life's savings on a single investment** steck doch nicht deine ganzen Ersparnisse in ein einziges Investitionsprojekt!; **to ~ one's arm** [*or* BRIT *a.* **to ~ it**] es riskieren [*o* darauf ankommen lassen]

◆**chance along** *vi* zufällig auftauchen

◆**chance on** *vi,* **chance upon** *vi* ❶ (*meet unexpectedly*) ■**to ~ on sb** jdn zufällig treffen, jdm zufällig begegnen ❷ (*find unexpectedly*) ■**to ~ on [*or* upon] [*or* across] sth** zufällig auf etw *akk* stoßen

chance ac·'quaint·ance *n* Zufallsbekanntschaft *f* **chance 'hit** *n* SPORTS *Treffer eines Baseballspielers, der einen Spieler der Gegenmannschaft ausscheiden lässt*

chan·cel ['tʃɑ:n(t)səl, AM 'tʃæn-] *n* REL Chor *m,* Altarraum *m*

chan·cel·lery ['tʃɑ:n(t)sələri, AM 'tʃæn-] *n* ❶ (*place*) Kanzleramt *nt* ❷ (*position*) Amt *nt* des Kanzlers, Kanzlerschaft *f* ❸ AM (*office*) Amtszimmer *nt* [einer Botschaft/eines Konsulats]

chan·cel·lor ['tʃɑ:n(t)sələʳ, AM 'tʃæn(t)sələ-] *n* POL, UNIV Kanzler(in) *m(f);* (*of federal state*) [Bundes]kanzler(in) *m(f)*

Chan·cel·lor of the Ex·'cheq·uer *n* BRIT Finanzminister(in) *m(f),* Schatzkanzler(in) *m(f)*

i Kultur

Chancellor of the Exchequer heißt der Finanzminister der britischen Regierung. Er ist für die Vorbereitung des jährlichen Budgets verantwortlich. Der *Lord Chancellor – ein Regierungsminister* ist der *Speaker of the House of Lords* und der oberste Richter im englischen Rechtssystem. Er berät den Monarchen bei der Ernennung hoher Richter.

chanc·er ['tʃɑːn(t)səʳ, AM 'tʃæn(t)sɚ] *n* Windhund *m fam*
chancy ['tʃɑːn(t)si, AM 'tʃæn(t)si] *adj* riskant
chan·de·lier [ˌʃændə'lɪəʳ, AM -lɪr] *n* Kronleuchter *m*
chan·dler ['tʃɑːndləʳ, AM 'tʃændlɚ] *n* ❶ (*of candles*) Kerzenmacher(in) *m(f)* ❷ NAUT Schiffsausrüster *m*
change [tʃeɪndʒ] **I.** *n* ❶ (*alteration*) [Ver]änderung *f;* **that makes a nice ~** das ist mal eine angenehme Abwechslung; **to be a ~ for the better/worse** eine Verbesserung [*o* einen Fortschritt]/eine Verschlechterung [*o* einen Rückschritt] darstellen; **~ of direction** Richtungsänderung *f,* Richtungswechsel *m;* **~ of heart** Sinnesänderung *f;* **a ~ of pace** ein Tempowechsel *m;* **~ of scene** Tapetenwechsel *m fam;* **~ of surroundings** Ortswechsel *m;* **~ in the weather** Wetterumschwung *m;* **to make a few ~s** einige Änderungen vornehmen; **to ring the ~s** für Abwechslung sorgen ❷ *no pl* (*fluctuation*) Veränderung *f;* **let me know if there's any ~ in his condition** lassen Sie es mich wissen, wenn sein Zustand sich verändert; **it was a period of great social ~ in the country** es war eine Zeit großer sozialer Umwälzungen im Land ❸ (*new clothes*) **a ~ of clothes** Kleidung *f* zum Wechseln ❹ *no pl* (*coins*) Münzgeld *nt;* (*money returned*) Wechselgeld *nt,* Retourgeld *nt* SCHWEIZ; **keep the ~** der Rest ist für Sie; **how much do you have in ~?** wie viel Kleingeld hast du?; **I gave him a 50 and got back 44 dollars in ~** ich gab ihm einen 50er und bekam 44 Dollars zurück; **to have the correct ~** es passend haben; **loose** [*or* **small**] **~** Kleingeld *nt;* **to give the wrong ~** falsch herausgeben ❺ (*travel connection*) **to have to make several ~s** mehrmals umsteigen müssen ❻ (*fam: menopause*) ■**the ~** [*or* **the ~ of life**] die Wechseljahre *pl* ▶ PHRASES: **a ~ is as good as a rest** (*prov*) Abwechslung wirkt Wunder; **the wind** [*or* **winds**] **of ~** ein frischer Wind; **to get no ~ out of sb** BRIT (*fam*) aus jdm nichts rauskriegen *fam;* **for a ~** zur Abwechslung; **why don't you answer the door for a ~?** warum machst du nicht mal auf? *fam* **II.** *vi* ❶ (*alter*) sich *akk* [ver]ändern; METEO umschlagen; **nothing** [**ever**] **~s** alles bleibt immer beim Alten; **the traffic light ~d back to red** die Ampel wurde wieder rot; **the wind ~d from south to west** der Wind drehte von Süd nach West; **we just ~d from gas central heating to electric** wir haben gerade von Gas auf Strom umgestellt; **to ~ for the better/worse** sich *akk* verbessern/verschlechtern; ■**to ~** [**over**] umstellen [auf] ❷ (*of journey*) umsteigen ❸ (*of clothes*) sich *akk* umziehen; (*replace nappy*) die Windeln wechseln; **have I got time to shower and ~?** kann ich mich noch schnell duschen und umziehen?; **the baby needs changing** das Baby braucht eine frische Windel; ■**to ~ into sth** etw anziehen **III.** *vt* ❶ (*make different*) ■**to ~ sth** etw [ver]ändern; **she's just ~d jobs** sie hat gerade ihre Stelle gewechselt; **to ~ the subject** das Thema wechseln ❷ TECH (*replace*) ■**to ~ sth** etw auswechseln; **to ~ a plug** einen Stecker auswechseln ❸ **to ~ the baby** die Windel wechseln, das Baby frisch wickeln; **to ~ the bed** [*or* **sheets**] das Bett neu [*o* frisch] beziehen; **to ~ one's clothes** sich *akk* umziehen, [sich *dat*] etw anderes anziehen; **to ~ one's shirt** ein anderes Hemd anziehen ❹ (*money*) ■**to ~ sth** etw wechseln; **to ~ a dollar/pound** einen Dollar/ein Pfund wechseln; **to ~ money** Geld umtauschen ❺ (*of journey*) **to ~ planes** das Flugzeug wechseln; **to ~ trains** umsteigen ❻ (*of car*) **to ~ gear[s]** einen anderen Gang einlegen, schalten

◆**change down** *vi* AUTO [he]runterschalten
◆**change into** *vi* ❶ (*metamorphose*) sich *akk* verwandeln ❷ AUTO **to ~ into second/third gear** in den zweiten/dritten Gang schalten
◆**change up** *vi* BRIT, AUS AUTO hochschalten
change·abil·ity [ˌtʃeɪndʒə'bɪləti, AM -əṭi] *n* Unbeständigkeit *f*
change·able ['tʃeɪndʒəbl̩] *adj* unbeständig; *person* wankelmütig; *weather* wechselhaft; **~ moods** wechselnde Stimmungen
changed [tʃeɪndʒd] *adj inv* verändert; **he's a ~ man** er ist ein völlig neuer Mensch geworden
change·less ['tʃeɪndʒləs] *adj* (*liter*) ❶ (*unaltered*) unveränderlich, beständig ❷ (*uniform*) gleichförmig
change·ling ['tʃeɪndʒlɪŋ] *n* Wechselbalg *m*
'change ma·chine *n* [Geld]wechselautomat *m* **'change·over** *n usu sing* Umstellung *f* (**to** auf +*akk*)
chang·ing ['tʃeɪndʒɪŋ] *adj attr* wechselnd, sich *akk* verändernd
'chang·ing room *n* ❶ (*in shop*) [Umkleide]kabine *f* ❷ SPORTS Umkleideraum *m,* Umkleidekabine *f*
chan·nel ['tʃænᵊl] **I.** *n* ❶ RADIO, TV Kanal *m,* Programm *nt;* **on ~ five/three** im fünften/dritten Programm; **cable ~** Kabelkanal *m;* **commercial ~** kommerzieller Sender; **pay ~** Pay-TV *nt;* **to change** [*or* **switch**] **~s** umschalten; **to turn to another ~** [auf ein anderes Programm] umschalten; **to turn to ~ two** ins zweite Programm umschalten ❷ (*waterway*) [Fluss]bett *nt;* (*artificial waterway*) Kanal *m;* **drainage ~** Entwässerungsgraben *m,* Abzugsgraben *m;* **irrigation ~** Bewässerungskanal *m;* **deepwater/navigable ~** schiffbare Fahrrinne; **the** [**English**] **C~** der Ärmelkanal ❸ (*in airport or port*) [Zoll]ausgang *m;* **the red/green ~** der rot/grün gekennzeichnete Ausgang ❹ (*means*) Weg *m;* **she found a ~ for her energy in acting** über das Tanzen hat sie ein Ventil für ihre Energie gefunden; **~ of communication** Kommunikationsweg *m;* **~ of distribution** Vertriebsweg *m;* **to go through the official ~s** den Dienstweg gehen; **through the usual ~s** auf dem üblichen Weg **II.** *vt* <BRIT -ll- *or* AM *usu* -l-> ❶ (*direct*) **to ~ a river through sth** einen Fluss durch etw *akk* [hindurch]leiten; ■**to ~ sth into sth** *one's energies, money* etw in etw *akk* stecken; *interests* etw auf etw *akk* richten; **to ~ water into sth** Wasser in etw *akk* leiten ❷ (*imitate*) ■**to ~ sb** jdn nachmachen
'chan·nel-hop·ping *n,* AM *a.* **'chan·nel-surf·ing** *n no pl* TV (*fam*) Zappen *nt fam,* ständiges Umschalten

i Kultur

The Channel Islands – *die Kanalinseln* liegen vor der französischen Küste, westlich der Halbinsel Cotentin, und gehörten 1066, zur Zeit der normannischen Invasion Englands, den Dukes of Normandy. Seither sind sie ein Schutzgebiet der britischen Krone, gehören jedoch, wie auch die *Isle of Man,* nicht zum *United Kingdom – Vereinigten Königreich.* Sie sind in die zwei *bailiwicks – Verwaltungseinheiten Guernsey* (von wo aus die Inseln *Alderney* und *Sark* verwaltet werden) und *Jersey* unterteilt. Sie haben ihre eigene Rechtsprechung, erheben ihre eigenen Steuern und gelten als *tax haven – Steuerparadies.* Man spricht dort Englisch und Französisch und vereinzelt auch einen normannisch-französischen Dialekt.

'chan·nel-surf I. *vi* herumzappen **II.** *vt* ■**to ~ sth** etw durchzappen **Chan·nel 'Tun·nel** *n no pl* ■**the ~** der [Ärmel]kanaltunnel
chant [tʃɑːnt, AM tʃænt] **I.** *n* ❶ REL [Sprech]gesang *m;* **Gregorian** [*or* **plain**] **~** Gregorianischer Gesang ❷ SPORTS (*of fans*) Sprechchor *m* **II.** *vi* ❶ REL singen; (*intone*) einen Sprechgesang anstimmen ❷ (*repeat*) *crowd* im Sprechchor rufen **III.** *vt* ■**to ~ sth** ❶ REL etw skandieren *geh;* (*sing*) etw singen ❷ (*say or shout*) **to ~ sb's name/slogans** jds Namen *m*/Slogans im Sprechchor rufen

chan·te·relle [ʃɑ̃:(n)tə'rel, AM ʃænt̬ə-] *n* Pfifferling *m*
chan·teuse [ʃɑ̃:(n)'tɜ:z, AM ʃɑ̃:n'tu:z] *n* [Bar]sängerin *f*
chan·tey, *esp* AM **chan·ty** *n see* **shanty**
Cha·nu·kah ['hɑ:nu:kɑ:, AM -nəkə] *n no pl* REL (*Hanukkah*) Chanukka *f*
cha·os ['keɪɒs, AM -ɑ:s] *n no pl* Chaos *nt,* Durcheinander *nt;* (*mess also*) Unordnung *f;* **a total** [*or* **utter**] ~ ein einziges Chaos [*o* Durcheinander]; **we muddled up the name labels and total ~ ensued** wir hatten die Namensschilder durcheinandergebracht und schon war das Chaos perfekt
'cha·os theo·ry *n no pl* MATH, PHYS Chaostheorie *f*
cha·ot·ic [keɪ'ɒtɪk, AM -'ɑ:t̬-] *adj* chaotisch
cha·oti·cal·ly [keɪ'ɒtɪkəli, AM -'ɑ:t̬-] *adv* chaotisch
chap¹ [tʃæp] *n* BRIT (*fam*) Typ *m fam,* Kerl *m fam;* **well, ~s, anyone for a pint?** na Jungs, hat jemand Lust auf ein Bier?
chap² <-pp-> [tʃæp] **I.** *vi skin* aufspringen, rau [*o* spröde] werden **II.** *vt* **to ~ sb's hands** jds Hände *fpl* rau machen; **to ~ sb's lips** jds Lippen *fpl* aufspringen lassen; **to ~ sb's skin** jds Haut *f* spröde machen
chap³ *n abbrev of* **chapter** Kap.
cha·pa·ti <*pl* -s *or* -es> [tʃə'pɑ:ti, AM -t̬i], **cha·pat·ti** <*pl* -s *or* -es> *n* Chapatti *nt*
chap·el ['tʃæpəl] *n* ❶ (*for worship*) Kapelle *f* ❷ *esp* BRIT (*unorthodox church*) Sektenkirche *f* ❸ SCH, UNIV (*service*) Andacht *f*
chap·er·on(e) ['ʃæpərəʊn, AM -roʊn] **I.** *n* ❶ (*esp for young women*) Anstandsdame *f;* (*hum*) Anstandswauwau *m hum fam* ❷ AM (*adult supervisor*) Aufsichtsperson *f,* Anstandswauwau *m hum fam;* **to act as ~** den Anstandswauwau spielen *hum fam* ❸ (*female companion*) Begleiterin *f* **II.** *vt* ■**to ~ sb** ❶ (*dated: accompany*) jdn begleiten; (*hum*) bei jdm den Anstandswauwau spielen *hum fam* ❷ AM (*supervise youth*) jdn beaufsichtigen ❸ (*escort*) jdn begleiten
chap·lain ['tʃæplɪn] *n* Kaplan *m*
chap·lain·cy ['tʃæplɪn(t)si:] *n* ❶ (*position*) Amt *nt* [*o* Stelle *f*] eines Kaplans ❷ (*office*) Dienstraum *m* [*o* Amtszimmer *nt*] eines Kaplans
chapped [tʃæpt] *adj* (*cracked*) aufgesprungen; (*rough*) spröde
chap·pie ['tʃæpi], **chap·py** *n* BRIT (*dated fam*) Kerlchen *m fam*
chaps [tʃæps] *npl* Cowboyhosen *fpl,* lederne Reithosen *fpl*
chap·stick® *n* ≈ Labello® *m*
chap·ter ['tʃæptəʳ, AM -ɚ] *n* ❶ (*of book*) Kapitel *nt;* **to cite** [*or* **quote**] **~ and verse** den genauen Wortlaut [einer S. *gen*] wiedergeben ❷ (*of time*) Abschnitt *m,* Kapitel *nt;* **a tragic ~ in the country's history** ein tragisches Kapitel in der Geschichte des Landes; **to open a new ~** ein neues Kapitel beginnen ❸ *esp* AM (*of organization*) Zweig *m;* (*on local level*) Ortsgruppe *f;* AM *Zweig einer religiösen Bruderschaft oder Gemeinschaft* ❹ REL (*of cathedral*) Kapitel *nt* ❺ BRIT, AUS (*form: series*) Serie *f;* **their trip was a ~ of accidents** bei ihrer Reise passierte ein Unglück nach dem anderen
'chap·ter house *n* ❶ (*in cathedral*) Kapitel *nt,* Kapitelsaal *m* ❷ AM (*of fraternity, sorority*) Kapitelsaal *m* ❸ *esp* AM (*of branch*) Klubhaus *nt,* Vereinshaus *nt*
char¹ [tʃɑ:ʳ] **I.** *n* BRIT (*dated fam*) ~ [**woman**] Putzfrau *f* **II.** *vi* BRIT (*dated*) putzen
char² <-rr-> [tʃɑ:ʳ, AM tʃɑ:r] **I.** *vi* verkohlen **II.** *vt* ■**to ~ sth** etw anbrennen [lassen]
char³ [tʃɑ:ʳ] *n* BRIT (*dated fam*) Tee *m*
char⁴ [tʃɑ:ʳ, AM tʃɑ:r] *n* (*fish*) Saibling *m*
chara ['ʃærə] *n* BRIT (*fam*), **chara·banc** ['ʃærəbæŋ] *n* BRIT (*dated*) [*offener*] *Omnibus für Ausflugsfahrten*
char·ac·ter ['kærəktəʳ, AM 'kerəktɚ] *n* ❶ *no pl* (*personality*) Charakter *m,* Wesen *nt,* Wesensart *f;* **to be similar in ~** sich *dat* im Wesen ähnlich sein; ■**to not be in ~** untypisch sein; ■**out of ~** ungewöhnlich ❷ (*moral integrity*) Charakter *m;* **strength of ~** Charakterstärke *f;* **weakness of ~** Charakterschwäche *f;* **to be of bad/good ~** ein schlechter/guter Mensch sein; **of dubious/irreproachable/questionable ~** von zweifelhaftem/untadeligem/fragwürdigem Charakter ❸ (*unique person*) Original *nt,* Type *f fam;* **he's quite a ~** der ist vielleicht 'ne Type *fam;* **lack of ~** fehlende Originalität ❹ LIT, ART (*representation*) [Roman]figur *f,* [Roman]gestalt *f;* **main ~** Hauptfigur *f,* Protagonist(in) *m(f) geh* ❺ TYPO (*mark, space*) Zeichen *nt;* (*symbol*) Schriftzeichen *nt*
'char·ac·ter ac·tor *n* Charakterdarsteller *m* **'char·ac·ter as·sas·si·na·tion** *n* Rufmord *m*
char·ac·ter·is·tic [ˌkærəktə'rɪstɪk, AM ˌkerəktə'-] **I.** *n* charakteristisches Merkmal, Charakteristikum *nt geh;* **a ~ of the times** ein Zeichen *nt* der Zeit; **to display a ~** ein Merkmal zeigen; ■**to be a ~ of sth** ein typisches Merkmal einer S. *gen* sein; **to be a ~ of bad taste** von schlechtem Geschmack zeugen **II.** *adj* typisch, charakteristisch; **she received the bad news with ~ dignity** sie nahm die schlechte Nachricht wie immer mit Würde auf; ■**to be ~ of sth** typisch für etw *akk* sein
char·ac·ter·is·ti·cal·ly [ˌkærəktə'rɪstɪkəli, AM ˌkerəktə'-] *adv* typisch
char·ac·teri·za·tion [ˌkærəktəraɪ'zeɪʃən, AM ˌkerəktɚɪ'-] *n no pl* ❶ LIT [Personen]beschreibung *f;* FILM Darstellung *f* ❷ (*description*) Beschreibung *f,* Charakterisierung *f*
char·ac·ter·ize ['kærəktəraɪz, AM 'kerəktə-] *vt* ❶ (*mark as typical*) ■**to ~ sth** etw kennzeichnen [*o* charakterisieren] ❷ (*outline*) ■**to ~ sth as sth** etw als etw *akk* beschreiben
char·ac·ter·less ['kærəktələs, AM 'kerəktɚ-] *adj* ❶ (*lacking originality*) *person* nichts sagend, farblos; *wine* fade ❷ (*lacking integrity*) charakterlos
'char·ac·ter ref·er·ence *n* Referenz *f;* **to give sb a ~** jdm ein Empfehlungsschreiben ausstellen **'char·ac·ter set** *n* COMPUT Zeichensatz *m,* Font *m* **'char·ac·ter trait** *n* Charakterzug *m* **'char·ac·ter wit·ness** *n* LAW Leumundszeuge, -in *m, f*
cha·rade [ʃə'rɑ:d, AM -'reɪd] *n* ❶ *usu pl* (*game*) Scharade *f* ❷ (*lie*) Farce *f;* (*fuss*) Affentheater *m pej fam*
char·coal ['tʃɑ:kəʊl, AM 'tʃɑ:rkoʊl] **I.** *n no pl* ❶ (*fuel*) Holzkohle *f* ❷ (*for drawing*) Kohle *f;* **to draw/sketch in ~** eine Kohlezeichnung/eine Skizze in Kohle anfertigen **II.** *n modifier* (*pencil*) Kohle-
'char·coal burn·er *n* [Holz]kohle[n]ofen *m* **'char·coal draw·ing** *n* Kohlezeichnung *f* **'char·coal fil·ter** *n* Kohlenfilter *m* **char·coal 'gray** AM, **char·coal 'grey** *adj* schwarzgrau
charge [tʃɑ:dʒ, AM tʃɑ:rdʒ] **I.** *n* ❶ (*for goods, services*) Gebühr *f;* **is there a ~ for kids?** kosten Kinder [auch] etwas?; **free of ~** kostenlos, gebührenfrei; **for a small ~** gegen eine geringe Gebühr ❷ LAW Anklage *f;* (*fig*) Vorwurf *m,* Beschuldigung *f;* **she was put on a ~ of shoplifting** sie wurde wegen Ladendiebstahls angeklagt; **there were ~s from within the party that ...** in der Partei wurden Vorwürfe laut, dass ...; **this left her open to the ~ of positive support for the criminals** dadurch kam der Verdacht auf, dass sie die Gewalttäter unterstütze; **to be arrested on a ~ of sth** wegen Verdachts auf etw *akk* festgenommen werden; **to be arrested on a ~ of murder** wegen Mordverdachts festgenommen werden; **to bring ~s against sb** gegen jdn Anklage erheben; **to drop ~s against sb** die Anklage gegen jdn fallen lassen; **to face ~s** [**of sth**] [wegen einer S. *gen*] unter Anklage stehen, sich *akk* [wegen einer S. *gen*] vor Gericht verantworten müssen *geh;* **to press ~s against sb** gegen jdn Anzeige erstatten ❸ MIL Angriff *m,* Attacke *f* ❹ *no pl* (*responsibility*) Verantwortung *f;* **the child under** [*or* **in**] **her ~** die Kinder, die sie betreut; **to be in ~** die Verantwortung tragen [*o* haben]; **who's in ~ here?** wer ist hier zuständig?; **she's in ~ of the department** sie leitet die Abteilung; **she's in ~ here** hier hat sie das Sagen; **you're in ~ until I get back** Sie haben bis zu meiner Rückkehr die Verantwortung; **in ~ of a motor vehicle** (*form*) am Steuer eines Kraftfahrzeuges; **to have** [**sole**] **~ of sb/sth** für jdn/etw die [alleinige] Verantwortung tragen; **to take** [**sole**] **~ of sb/sth** für jdn/etw die [alleinige] Verantwortung übernehmen; **to leave sb in ~ of sth** jdm für etw *akk* die Verantwortung über-

tragen ❺ (*dated: person*) Schützling *m;* (*ward*) Mündel *nt* ❻ (*dated form: command*) Auftrag *m* ❼ *no pl* ELEC Ladung *f;* **the battery has a full ~** die Batterie ist voll aufgeladen; **to put sth on ~** BRIT etw aufladen ❽ (*explosive*) [Spreng]ladung *f* **II.** *vi* ❶ (*for goods, services*) eine Gebühr verlangen; **to ~ for admission** Eintritt verlangen; **to ~ like a wounded bull** AUS für etw *akk* maßlos viel Geld verlangen; ■**to ~ up** ↻ **sth** etw in Rechnung stellen ❷ MIL [vorwärts] stürmen, angreifen; ■**to ~ at sb** auf jdn losgehen *fam;* **~!** (*battle cry*) vorwärts! ❸ ELEC [auf]laden **III.** *vt* ❶ (*for goods, services*) ■**to ~ [sb] sth** [jdm] etw berechnen; **how much do they ~ for a wash and cut?** was kostet bei ihnen Waschen und Schneiden?; **to ~ sth to sb's account** etw auf jds Rechnung *f* setzen; **to ~ commission** Provision verlangen ❷ LAW ■**to ~ sb** jdn beschuldigen [*o geh* anklagen]; ■**to be ~d with sth** wegen einer S. *gen* angeklagt sein; **she's been ~d with murder** sie wurde des Mordes angeklagt ❸ (*attack*) MIL ■**to ~ sb** jdn angreifen; (*animal*) auf jdn losgehen *fam* ❹ (*dated form: command*) ■**to ~ sb to do sth** [*or* **with doing sth**] jdn beauftragen, etw zu tun; ■**to ~ sb with sth** jdn mit etw *dat* beauftragen ❺ ELEC ■**to ~ sth [up]** etw aufladen ❻ MIL (*load*) **to ~ a gun** ein Gewehr laden

charge·able ['tʃɑːdʒəbl̩, AM 'tʃɑːrdʒ-] *adj inv* ❶ LAW strafbar; ■**to be ~ with sth** wegen einer S. *gen* belangt werden können ❷ *esp* BRIT (*taxable*) **~ income** zu versteuernde Einkünfte; ■**to be ~ to sb** auf jds Kosten *pl* gehen; **sth is ~ to tax** etw muss versteuert werden

'charge ac·count *n* Kreditkonto *nt* **'charge card** *n* [Kunden]kreditkarte *f*

chargé d'af·faires <*pl* chargés d'affaires> [ˌʃɑːʒeɪdæf'eəʳ, AM ʃɑːrʒeɪdə'fer] *n* Chargé d'affaires *m*

'charge nurse *n* BRIT, AUS Stationsleiter(in) *m(f)*

charg·er ['tʃɑːdʒəʳ, AM -ɚ] *n* ❶ ELEC Ladegerät *nt* ❷ (*liter: horse*) Ross *nt geh;* (*of a cavalryman*) Kavalleriepferd *nt*

'charge sheet *n* BRIT Polizeiregister *nt*

chari·ot ['tʃæriət, AM 'tʃer-] *n* Streitwagen *m liter,* Wagen *m*

chari·ot·eer [ˌtʃæriə'tɪəʳ, AM 'tʃeriətɪr] *n* Wagenlenker(in) *m(f)*

cha·ris·ma [kə'rɪzmə] *n no pl* Charisma *nt*

cha·ris·mat·ic [ˌkærɪz'mætɪk, AM ˌkerɪz'mæṱɪk] *adj* charismatisch

chari·table ['tʃærɪtəbl̩, AM 'tʃer-] *adj* ❶ (*generous with money*) großzügig; (*uncritical*) gütig, freundlich ❷ (*of charity*) wohltätig, karitativ; **~ donations** [*or* **gifts**] Spenden *fpl* für einen wohltätigen Zweck; **a ~ foundation** [*or* **trust**] eine wohltätige Stiftung; **a ~ organization** eine Wohltätigkeitsorganisation

chari·tably ['tʃærɪtəbli, AM 'tʃer-] *adv* (*generously*) großzügig; (*kindly*) freundlich

char·ity ['tʃærɪti, AM 'tʃerəṱi] *n* ❶ *no pl* (*generosity*) Barmherzigkeit *f;* **Christian ~** christliche Nächstenliebe; **human ~** Nächstenliebe *f;* **to show ~** Barmherzigkeit zeigen, barmherzig sein ❷ *no pl* (*help*) Mildtätigkeit *f;* (*welfare*) Wohlfahrt *f;* (*donation*) Almosen *nt meist pl;* **the proceeds go to ~** die Erträge sind für wohltätige Zwecke bestimmt; **~ concert/programme** Benefizkonzert *nt*/Benefizveranstaltung *f;* **~ work** ehrenamtliche Arbeit [für einen wohltätigen Zweck]; **to accept ~** Almosen annehmen; **to depend on ~** auf Sozialhilfe angewiesen sein, von Sozialhilfe leben; **to donate** [*or* **give**] **sth to ~** etw für wohltätige Zwecke spenden ❸ (*organization*) Wohltätigkeitsorganisation *f;* **he started a ~ for the blind** er gründete einen Blindenverein; **international/local ~** internationale/örtliche Wohltätigkeitsorganisation ▶ PHRASES: **~ begins at home** (*prov*) Nächstenliebe beginnt zu Hause; **as cold as ~** (*of low temperature*) eiskalt; (*of person*) hart wie Stein

char·ity 'ball *n* Wohltätigkeitsball *m* **'char·ity drive** *n* Wohltätigkeitsveranstaltung *f* **'char·ity shop** *n* BRIT *Laden, in dem gespendete, meist gebrauchte Waren verkauft werden, um Geld für wohltätige Zwecke zu sammeln* **char·ity 'walk** *n* Marsch *m* (*für wohltätige Zwecke*)

char·lady ['tʃɑːˌleɪdi] *n* BRIT Putzfrau *f,* Reinemachefrau *f*

char·la·tan ['ʃɑːlətᵊn, AM 'ʃɑːr-] *n* (*pej: fraud*) Scharlatan *m pej;* (*claiming healing skills*) Quacksalber *m pej*

Charles·ton ['tʃɑːlstən, AM 'tʃɑːrl-] ■**the ~** der Charleston

char·ley horse ['tʃɑːrli,-] *n* AM (*fam: muscle cramp*) [Muskel]krampf *m;* (*muscle stiffness*) Muskelkater *m*

char·lie ['tʃɑːli] *n* BRIT (*fam*) ❶ (*dated: idiot*) Dummkopf *m pej,* Blödmann *m fam;* **he looks a proper ~ in that hat** er sieht mit diesem Hut wie ein echter Idiot aus *pej fam* ❷ (*dated: breasts*) ■**~s** *pl* Brüste *mpl* ❸ *no pl* (*cocaine*) Koks *m sl;* (*marijuana*) Pot *nt sl*

charm [tʃɑːm, AM tʃɑːrm] **I.** *n* ❶ *no pl* (*attractive quality*) Charme *m;* **to be of [great] ~** [sehr viel] Charme besitzen [*o* haben]; **old-world ~** Charme *m* der Alten Welt; **to turn on the ~** seinen [ganzen] Charme spielen lassen ❷ (*attractive characteristic*) Reiz *m;* **she used all her ~s** sie ließ ihren ganzen Charme spielen ❸ (*jewellery*) Anhänger *m* ❹ (*talisman*) Talisman *m;* **lucky** [*or* **good luck**] **~** Glücksbringer *m* ❺ (*spell*) Zauber *m;* **to work like a ~** hervorragend klappen **II.** *vt* ❶ (*delight*) ■**to ~ sb** jdn bezaubern ❷ (*persuade*) ■**to ~ sb into doing sth** jdn dazu bringen, etw zu tun ▶ PHRASES: **to be able to ~ the birds out of the trees** mit seinem Charme alles erreichen können; **to ~ the pants off [of] sb** jdn [völlig] umgarnen

'charm brace·let *n* Armband *nt* mit Anhängern

charmed [tʃɑːmd, AM tʃɑːrmd] *adj* ❶ (*delighted*) bezaubert; (*pej, iron*) entzückend *iron;* **~, I'm sure!** na, [das ist ja wirklich] entzückend! *iron* ❷ (*fortunate*) vom Glück gesegnet *geh;* **to lead** [*or* **live**] **a ~ life** ein [richtiges] Glückskind sein

charm·er ['tʃɑːməʳ, AM 'tʃɑːrmɚ] *n* ❶ (*likeable person*) Liebling *m* aller, Sonnenschein *m* ❷ (*pej: smooth talker*) Schmeichler(in) *m(f);* (*man*) Charmeur *m;* **he's a real ~!** (*pej, iron*) welch ein Flegel! *m pej*

char·meuse [ʃɑː'mɜːz] *n no pl* (*soft silk fabric*) Charmeuse *m*

charm·ing ['tʃɑːmɪŋ, AM 'tʃɑːr-] **I.** *adj* (*approv: delightful*) bezaubernd, reizend, charmant; (*pej: seductive*) charmant, reizend; (*inconsiderate*) reizend *pej, iron;* **oh, that's just ~!** na, das ist ja reizend! *iron,* wie reizend! *iron;* **~ ways** charmantes Getue **II.** *interj* (*pej, iron*) **~!** reizend! *iron,* wie reizend! *iron*

charm·ing·ly ['tʃɑːmɪŋli, AM 'tʃɑːr-] *adv* reizend, charmant

charm·less ['tʃɑːmləs, AM 'tʃɑːr-] *adj* (*pej*) fad[e] *fam,* langweilig, reizlos

'charm of·fen·sive *n* **to start a ~** seinen ganzen Charme spielen lassen **'charm school** *n* ≈ Höhere Töchterschule

char·nel house *n* (*old*) Beinhaus *nt*

charred [tʃɑːd, AM tʃɑːrd] *adj* verkohlt; **~ ruins** kohlschwarze Ruinen

chart [tʃɑːt, AM tʃɑːrt] **I.** *n* ❶ (*visual*) Diagramm *nt,* Schaubild *nt;* (*table*) Tabelle *f;* **birth ~** *Diagramm der Planetenkonstellation bei der Geburt;* **medical ~** Krankenblatt *nt;* **weather ~** Wetterkarte *f* ❷ (*for records, CDs*) ■**the ~s** *pl* die Charts *pl;* **to be in** [*or* **on**] **the ~s** in den Charts sein; **to move up to number one in the ~s** auf Platz eins der Charts kommen; **to drop off the ~s** nicht mehr in den Charts sein; **to hit the ~s** ein Hit werden; **to top the ~s** ein Nummer eins Hit sein **II.** *vt* ■**to ~ sth** ❶ (*make map*) etw kartographieren ❷ (*plot*) etw aufzeichnen; (*register*) etw erfassen ❸ (*fig: observe minutely*) etw genau [*o* in allen Einzelheiten] erfassen; **to ~ sb's progress** jds Fortschritte *mpl* aufzeichnen [*o* festhalten] ❹ *esp* AM (*plan*) etw festlegen; **to ~ a strategy for sth** eine Strategie für etw *akk* festlegen **III.** *vi* in die Charts kommen

char·ter ['tʃɑːtəʳ, AM 'tʃɑːrṱɚ] **I.** *n* ❶ (*statement of rights*) Charta *f* ❷ (*constitution*) Charta *f;* (*of society*) Satzung *f* ❸ (*exclusive right*) Freibrief *m* ❹ (*founding document*) Gründungsurkunde *f* ❺ *no pl* (*renting*) **they went to a place that had boats for ~** sie gingen zu einem Bootsverleih ❻ TRANSP Charter *m;* **~ airline** Charterfluggesellschaft *f* **II.** *vt* ❶ *usu passive* (*sign founding papers*) ■**to be ~ed: the club was ~ed ten years ago** der Klub wurde vor zehn Jahren gegründet ❷ (*rent*) ■**to ~ sth** etw chartern [*o* mieten]

'char·ter com·pa·ny *n* Chartergesellschaft *f*

char·tered ['tʃɑːtəd, AM 'tʃɑːrt̬əd] *adj inv* ❶ *(rented out)* gechartert, gemietet; **a ~ plane** eine Chartermaschine ❷ BRIT, AUS *(officially qualified)* staatlich geprüft

char·tered ac·'count·ant *n* BRIT, AUS staatlich geprüfter Bilanzbuchhalter/staatlich geprüfte Bilanzbuchhalterin

char·ter·er ['tʃɑːtərə^r, AM 'tʃɑːrt̬ərə] *n* *(company)* Verleih *m;* *(person)* Verleiher(in) *m(f);* **~ of boats** *(company)* Bootsverleih *m;* *(person)* Bootsverleiher(in) *m(f)*

'char·ter flight *n* Charterflug *m* **'char·ter mem·ber** *n* AM Gründungsmitglied *nt* **'char·ter op·era·tor** *n* Anbieter *m* von Charterreisen **'char·ter par·ty** *n* ❶ *(person, people)* Chartergesellschaft *f* ❷ *(contract)* Chartervertrag *m,* Charte[r]partie *f*

Char·treuse® [ʃɑː'trɜːz, AM ʃɑːr'truːz] **I.** *n no pl* Chartreuse® *m,* Kartäuserlikör *m* **II.** *adj* chartreusegrün

'char·wom·an *n* BRIT *(dated)* Putzfrau *f,* Reinemachefrau *f*

chary ['tʃeəri, AM 'tʃeri] *adj* *(sparing)* zurückhaltend; *(wary)* vorsichtig; **to be ~ about** [*or* **of**] **strangers** Fremden gegenüber sehr vorsichtig sein

Cha·ryb·dis [kə'rɪbdɪs] *n* ▶ PHRASES: **to be between ~ and Scylla** zwischen Szylla und Charybdis stehen [*o* sein] *geh*

chase [tʃeɪs] **I.** *n* ❶ *(pursuit)* Verfolgungsjagd *f;* **car ~** Autoverfolgungsjagd *f;* **to give ~ to sb** jdn verfolgen, jdm hinterherrennen ❷ HUNT ■**the ~** die Jagd; **the thrill of the ~** das Jagdfieber, die Lust am Jagen; *(fig)* die Lust an der Verführung **II.** *vi* ■**to ~ after sb/sth** hinter jdm/etw herlaufen; ■**to ~ around** [*or* **about**] herumhetzen *fam;* *(rollick about)* herumtoben *fam,* herumjagen **III.** *vt* ❶ *(pursue)* ■**to ~ sb/sth** jdn/etw verfolgen; **to ~ one's dreams** seinen Träumen nachjagen; **to ~ after women** *(fig)* hinter den Frauen her sein ❷ *(scare away)* **go ~ yourself!** *(fam)* scher dich zum Teufel! *fam;* ■**to ~ away** ⊂ **sb/sth** *(a. fig)* jdn/etw vertreiben; ■**to ~ sb away from sth** jdn von etw *dat* vertreiben; ■**to ~ sb/sth** ⊂ **off** jdn/etw verscheuchen; ■**to ~ sb/sth out of sth** jdn/etw aus etw *dat* verscheuchen ❸ BRIT *(fam: put under pressure)* ■**to ~ sb** [**up**] **to do sth** jdm Dampf machen, damit er/sie etw tut *fam* ▶ PHRASES: **to ~ the dragon** *(sl)* Heroin nehmen; **to ~ the game** das Spiel antreiben [*o* vorwärtstreiben]; **to ~ one's tail** herumwuseln DIAL; **to ~ one's tail trying to get sth** hinter etw *dat* her sein

chased [tʃeɪst] *adj* ziseliert

chas·er ['tʃeɪsə^r, AM -ə] *n* *(fam)* ❶ BRIT, AUS *(stronger drink)* Schluck *m* zum Nachspülen; **I'll have a beer with a whisky ~** ein Bier bitte und danach einen Whisky zum Nachspülen ❷ AM *(weaker drink)* *nur leicht alkoholisches oder alkoholfreies Getränk, z.B. Bier oder Wasser, das nach einem harten alkoholischen Getränk getrunken wird* ❸ *(pursuer)* Verfolger *m*

chasm ['kæzəm] *n* ❶ GEOL Spalte *f,* Kluft *f;* **yawning ~** gähnender Abgrund ❷ *(fig: omission)* Lücke *f;* **a gaping ~** eine klaffende Lücke ❸ *(fig: great discrepancy)* Kluft *f;* **ideological ~** [unüberbrückbare] Meinungsverschiedenheit; **to bridge a ~** eine Kluft überbrücken

chas·sis <*pl* -> ['ʃæsi, AM *also* 'tʃæsi, *pl* -sɪz] *n* ❶ *(of car)* Chassis *nt,* Fahrgestell *nt* ❷ ELEC Chassis *nt,* Montagerahmen *m* *(von elektronischen Geräten)*

chaste [tʃeɪst] *adj* *(form)* ❶ *(virginal)* keusch, unberührt; **a ~ maiden** *(liter o poet)* eine keusche Jungfrau ❷ *(faithful)* treu ❸ *(innocent)* unschuldig, rein ❹ *(simple)* schlicht

chas·ten [tʃeɪsən] *vt usu passive* ■**to ~ sb** jdn zur Einsicht bringen; ■**to be ~ed by sth** durch etw *akk* zur Einsicht gelangen

chas·tise [tʃæs'taɪz, AM *also* 'tʃæstaɪz] *vt* *(form)* ■**to ~ sb for sth/for having done sth** jdn wegen einer S. *gen* züchtigen *geh* [*o* schelten]

chas·tise·ment [tʃæs'taɪzmənt] *n no pl* *(form)* Schelte *f bes* NORDD, Zurechtweisung *f;* *(by hitting)* Züchtigung *f geh*

chas·tity ['tʃæstəti, AM -ət̬i] *n no pl* ❶ *(virginity)* Unberührtheit *f,* Reinheit *f* ❷ *(abstinence)* sexuelle Enthaltsamkeit, Keuschheit *f;* **vow of ~** Keuschheitsgelübde *nt*

'chas·tity belt *n* *(hist)* Keuschheitsgürtel *m hist*

chat [tʃæt] **I.** *n* ❶ *(informal conversation)* Unterhaltung *f,* Plauderei *f,* Schwatz *m fam;* **to have a ~ with sb about sth** mit jdm ein Schwätzchen über etw *akk* halten *fam,* mit jdm über etw *akk* plaudern ❷ *(euph: admonition)* Unterredung *f;* **to have a little ~ with sb** [**about sth**] mit jdm ein Wörtchen [über etw *akk*] reden ❸ *no pl* *(gossip)* Gerede *nt,* Geschwätz *nt;* **idle ~** dummes Gerede ❹ INET Chat *m* **II.** *vi* <-tt-> ❶ *(talk informally)* plaudern; ■**to ~ with** [*or* **to**] **sb** [**about sth/sb**] mit jdm [über etw/jdn] plaudern ❷ *(talk animatedly)* ■**to ~ away** sich *akk* angeregt unterhalten ❸ *(gossip)* schwätzen *bes* SÜDD *pej fam* ❹ COMPUT chatten *sl*

◆**chat up** *vt* BRIT, AUS *(fam)* ■**to ~ up** ⊂ **sb** ❶ *(flirt)* jdn anbaggern *sl;* *(speak to)* jdn anquatschen *fam* ❷ *(persuade)* jdn bequatschen *fam*

'chat·line *n* BRIT *Telefonnummer, bei der man anrufen und sich mit anderen (Fremden) unterhalten kann* **'chat part·ner** *n* Chat-Partner(in) *m(f)* **'chat room I.** *n* INET Chatroom *m* **II.** *n modifier* INET Chatroom- **'chat show** *n* Talkshow *f*

chat·tel ['tʃætəl, AM 'tʃæt̬-] *n* *(old)* [bewegliches] Eigentum, [bewegliche] Habe *geh;* ■**~s** *pl* Hab und Gut *nt geh*

chat·ter ['tʃætə^r, AM -t̬ə] **I.** *n* Geschwätz *nt;* **~ of birds** [Vogel]gezwitscher *nt;* **idle ~** Geplapper *nt oft pej fam,* Geschnatter *nt pej fam* **II.** *vi* ❶ *(converse)* ■**to ~** [**about sth**] [über etw *akk*] plaudern [*o bes* SÜDD schwätzen]; ■**to ~ away** endlos schwätzen *bes* SÜDD, drauflos quasseln *oft pej fam;* ■**to ~ on about sth** unentwegt über etw *akk* reden ❷ *(make clacking noises)* *teeth* klappern; *machines* knattern; *birds* zwitschern ▶ PHRASES: **the ~ing classes** BRIT *(pej fam)* das Bildungsbürgertum

'chat·ter·box *n* *(pej fam)* Quasselstrippe *f pej sl*

chat·ti·ness ['tʃætɪnəs] *n no pl* Wortgewandtheit *f,* Eloquenz *f geh*

chat·ty ['tʃæti, AM -t̬i] *adj* *(fam)* ❶ *(person)* gesprächig; *(too much)* geschwätzig *pej;* **to be a ~ kind of person** sehr gesprächig [*o pej* geschwätzig] sein ❷ *(informal)* Plauder-; **a ~ letter** ein äußerst unterhaltsamer Brief; **in a ~ style** im Plauderton

'chat-up line *n* BRIT, AUS Anmache *f fam*

chauf·feur ['ʃəʊfə^r, AM 'ʃoʊfɜːr] **I.** *n* Chauffeur(in) *m(f),* Fahrer(in) *m(f)* **II.** *vt* ■**to ~ sb around** [*or* **about**] jdn herumfahren [*o fam* herumchauffieren]; **to ~ sb everywhere** jdn in der Weltgeschichte herumkutschieren *fam*

chau·vin·ism ['ʃəʊvɪnɪzəm, AM 'ʃoʊ-] *n no pl* *(pej)* Chauvinismus *m pej;* **male ~** männlicher Chauvinismus

chau·vin·ist ['ʃəʊvɪnɪst, AM 'ʃoʊ-] *(pej)* **I.** *n* Chauvinist(in) *m(f) pej;* **male ~** [männlicher] Chauvinist *pej;* **male ~ pig** Chauvinistenschwein *nt pej sl* **II.** *adj see* **chauvinistic**

chau·vin·is·tic [ʃəʊvɪ'nɪstɪk, AM ʃoʊ-] *adj* *(pej)* chauvinistisch *pej*

chau·vin·is·ti·cal·ly [ʃəʊvɪ'nɪstɪkəli, AM ʃoʊ-] *adv* *(pej)* chauvinistisch *pej*

cheap [tʃiːp] *adj* ❶ *(inexpensive)* billig, preiswert; **a ~ ticket** eine ermäßigte Eintritts-/Fahrkarte; **dirt ~** spottbillig *fam* ❷ *(pej: exploited)* billig; **~ labour** billige Arbeitskräfte ❸ *(worthless)* wertlos ❹ *(pej: of bad quality)* minderwertig, billig ❺ *(pej: miserly)* geizig, knauserig *fam,* knick[e]rig *fam* ❻ *(pej: sexually easy)* leicht zu haben, billig *pej;* **to feel ~** sich *dat* schäbig vorkommen; **to look ~** ordinär aussehen ❼ *(pej: cruel)* gemein; **~ joke about sth** billiger Witz über etw *akk* ▶ PHRASES: **~ at half the price** BRIT, AUS *(fam)* äußerst günstig; **a ~ shot** ein Schuss *m* unter die Gürtellinie; **~ and cheerful** BRIT, AUS *(fam)* gut und preiswert; **~ and nasty** BRIT, AUS *(fam)* billig und schäbig; **to be ~ and nasty** [billiger] Ramsch sein *pej fam;* **to buy sth on the ~** etw für 'nen Appel und 'n Ei bekommen DIAL *fam,* etw für ein Butterbrot bekommen; **to get sth on**

the ~ (*fam*) etw billiger bekommen

cheap·en ['tʃi:pᵊn] *vt* ❶ (*reduce price*) ■**to ~ sth** etw verbilligen [*o* billiger machen] ❷ (*degrade*) ■**to ~ sb** jdn schlechtmachen

cheapie ['tʃi:pi] (*sl*) **I.** *n* Billigartikel *m* **II.** *adj attr* Billig-, Ramsch- *pej fam*

cheap-jack ['tʃi:pdʒæk] (*dated*) **I.** *n* Ramschhändler(in) *m(f) pej fam* **II.** *adj* Ramsch-

cheap·ly ['tʃi:pli] *adv* billig, preisgünstig

cheap·ness ['tʃi:pnəs] *n no pl* ❶ (*low price*) Billigkeit *f*, niedriger Preis ❷ (*fam: miserliness*) Geiz *m*

cheapo ['tʃi:pəʊ, AM -poʊ] **I.** *n see* **cheapie II.** *adj see* **cheapie**

'cheap rate *n* Billigtarif *m*, verbilligter Tarif **'cheap·skate** (*fam*) **I.** *n* Geizkragen *m pej fam* **II.** *adj attr* knick[e]rig *fam*, knauserig *fam* **'cheap time** *n* AM (*fam*) Billigtarifzeit *f*

cheapy ['tʃi:pi] **I.** *n see* **cheapie II.** *adj attr* (*fam*) *see* **cheapie**

cheat [tʃi:t] **I.** *n* ❶ (*dishonest person*) Betrüger(in) *m(f)*; (*in game*) Mogler(in) *m(f) fam*; (*in card game*) Falschspieler(in) *m(f)*; (*in school*) Schummler(in) *m(f) fam* ❷ (*fraud*) Täuschung *f* **II.** *vi* betrügen; (*esp in game*) mogeln *fam*; **to ~ in an exam** [*or* **a test**] bei einer Prüfung mogeln; **to be caught ~ing** beim Mogeln [*o* Schummeln] ertappt werden *fam*; ■**to ~ at sth** bei etw *dat* mogeln *fam*; ■**to ~ on sb** [**with sb**] jdn [mit jdm] betrügen **III.** *vt* ❶ (*treat dishonestly*) ■**to ~ sb** jdn täuschen; (*financially*) jdn betrügen [*o fam* übers Ohr hauen]; **to ~ the taxman** Steuern hinterziehen; ■**to ~ sb out of sth** jdn um etw *akk* betrügen ❷ (*liter*) **to ~ death** dem Tod entkommen

'cheat sheet *n* AM (*sl*) Spicker *m* DIAL *sl*, Spickzettel *m* DIAL *sl*

check [tʃek] **I.** *n* ❶ (*inspection*) Überprüfung *f*, Kontrolle *f*; **security ~** Sicherheitskontrolle *f*; **spot ~s** Stichproben *fpl* ❷ (*look*) **to take a quick ~** schnell nachsehen [*o bes* SÜDD, ÖSTERR, SCHWEIZ nachschauen] ❸ (*search for information*) Suchlauf *m*; **background ~** Nachforschungen *fpl*; **to run a ~ on sb** Nachforschungen über jdn anstellen ❹ *no pl* (*restraint*) Kontrolle *f*; **the ~s and balances** POL, LAW das Sicherheitssystem; **to hold** [*or* **keep**] **sth in ~** etw unter Kontrolle halten ❺ AM (*ticket*) Garderobenmarke *f* ❻ (*pattern*) Karo[muster] *nt* ❼ CHESS Schach *nt*; **to give ~** [jdm] Schach bieten; **to be in ~** im Schach stehen ❽ AM (*tick*) Haken *m* ❾ AM (*cheque*) Scheck *m*; *see also* **cheque** ❿ AM, SCOT (*bill*) Rechnung *f* **II.** *adj* Karo- **III.** *vt* ❶ (*inspect*) ■**to ~ sth** etw überprüfen [*o* kontrollieren]; **to double-~ sth** etw doppelt [*o* noch einmal] überprüfen ❷ (*prevent*) ■**to ~ sth** *attack* etw aufhalten ❸ *esp* AM (*temporarily deposit*) ■**to ~ sth** etw zur Aufbewahrung geben; **to ~ one's bags/suitcase** AVIAT sein Gepäck/seinen Koffer aufgeben [*o* einchecken] ❹ CHESS **to ~ sb's king** jdm Schach bieten ❺ AM (*make a mark*) ■**to ~ sth** etw abhaken **IV.** *vi* ❶ (*examine*) nachsehen, nachschauen *bes* SÜDD, ÖSTERR, SCHWEIZ; ■**to ~ on sth** nach etw *dat* sehen ❷ (*consult, ask*) ■**to ~ with sb** bei jdm nachfragen; **to ~ with a doctor/lawyer** einen Arzt/Anwalt konsultieren *geh* ❸ *esp* AM (*be in accordance*) ■**to ~** [**with sth**] [mit etw *dat*] übereinstimmen

◆**check in I.** *vi* (*at airport*) einchecken; (*at hotel*) sich *akk* [an der Rezeption] anmelden; **to ~ in at a hotel** in einem Hotel absteigen **II.** *vt* ■**to ~ sb in** (*at airport*) jdn abfertigen [*o* einchecken]; (*at hotel*) jdn anmelden; **to ~ one's luggage in** sein Gepäck einchecken lassen

◆**check off** *vt* ■**to ~ off** ↔ **sth** etw abhaken; ■**to ~ off** ↔ **sb** jdn als anwesend führen

◆**check out I.** *vi* sich *akk* abmelden; **to ~ out of** [*or* **from**] **a room** ein [Hotel]zimmer räumen **II.** *vt esp* AM ❶ (*investigate*) ■**to ~ out** ↔ **sth** etw untersuchen [*o* überprüfen] ❷ (*sl: observe*) ■**to ~ out** ↔ **sth** sich *dat* etw *akk* ansehen, etw auschecken *sl* ▸ PHRASES: **~ it out!** schau dir bloß mal das an!

◆**check over** *vt* ■**to ~ over** ↔ **sth** etw überprüfen

◆**check through** *vt* ■**to ~ through** ↔ **sth** etw durchgehen [*o* durchsehen]

◆**check up** *vt* ■**to ~ up on sb/sth** ❶ (*monitor*) jdn/etw überprüfen [*o* kontrollieren] ❷ (*research*) über jdn/etw Nachforschungen anstellen

checked [tʃekt] *adj inv* kariert, Karomuster *nt*

check·er ['tʃekəʳ, AM -ɚ] *n* ❶ (*person who checks*) Prüfer(in) *m(f)* ❷ AM (*game piece*) Spielstein *m*, [*im Damespiel*] ❸ (*draughts*) ■**~s** + *sing vb* Damespiel *nt* ❹ AM (*cashier*) Kassierer(in) *m(f)*

'check·er·board *n* AM Damebrett *nt*

check·ered *adj* AM *see* **chequered**

'check-in ['tʃekɪn] *n* ❶ (*registration for flight*) Einchecken *nt*, Abfertigung *f* ❷ (*place in airport*) Abfertigungsschalter *m*, Abflugschalter *m*; (*in hotel*) Rezeption *f* **'check-in count·er** *n*, **'check-in desk** *n* Abfertigungsschalter *m*, Abflugschalter *m*

check·ing ['tʃekɪŋ] *n no pl* AM gebührenfreie [Scheck]abbuchung

'check·ing ac·count *n* AM (*current account*) Girokonto *nt*; **to have a ~ at a bank** ein Girokonto bei einer Bank haben; **to open a ~** ein Girokonto eröffnen

'check-in hall *n* BRIT Abfertigungshalle *f* **'check·list** *n* Checkliste *f*, Kontrollliste *f* **'check·mate I.** *n no pl* ❶ CHESS Schachmatt *nt*; **to be ~** schachmatt sein ❷ (*fig: defeat*) das Aus **II.** *vt* ■**to ~ sb** ❶ CHESS (*trap king*) jdn schachmatt setzen ❷ (*fig: be victorious*) jdn matt setzen *fig*; ■**to ~ sth** etw zunichte machen **'check·out** *n* Kasse *f*; **to work at** [*or* **on**] **the ~** an der Kasse sitzen **'check·out time** *n* Zeitpunkt *m* des Auscheckens **'check·point** *n* Kontrollpunkt *m*; **C~ Charlie** (*hist*) Checkpoint Charlie *m* **'check room** *n* AM ❶ (*for coats*) Garderobe *f* ❷ (*for luggage*) Gepäckaufbewahrung *f* **'check-up** *n* [allgemeine] [Kontroll]untersuchung; (*dental visit*) zahnärztliche [Kontroll]untersuchung; **to go for a ~** zu einer [Kontroll]untersuchung gehen, einen Check-up machen lassen *fam*

ched·dar ['tʃedəʳ, AM -ɚ] *n no pl* Cheddar[käse] *m*

cheek [tʃi:k] *n* ❶ (*of face*) Wange *f geh*, Backe *f*; **to dance ~ to ~** Wange an Wange tanzen *geh* ❷ (*sl: of buttocks*) [Arsch]backe *f derb* ❸ *no pl* (*impertinence*) Frechheit *f*, Unverschämtheit *f*, Dreistigkeit *f*; **to be a ~** eine Unverschämtheit sein; **to give sb ~** frech zu jdm sein; **to have the ~ to do sth** die Stirn haben [*o* die Dreistigkeit besitzen], etw zu tun ▸ PHRASES: **to be ~ by jowl with sth** mit etw *dat* auf engstem Raum beieinanderstehen; **to turn the other ~** die andere Wange [auch] hinhalten *geh*

'cheek·bone *n usu pl* Wangenbein *nt*, Jochbein *nt*; **high ~s** hohe Wangenknochen *mpl*

cheeki·ly ['tʃi:kɪli] *adv* frech, dreist, vorlaut

cheeki·ness ['tʃi:kɪnəs] *n no pl* Frechheit *f*, Dreistigkeit *f*

cheeky ['tʃi:ki] *adj* (*impertinent*) frech, dreist; (*lacking respect*) schnippisch, vorlaut; ■**to be ~ to sb** zu jdm frech [*o* unverschämt] sein

cheep [tʃi:p] **I.** *n* ❶ (*of bird*) Piepser *m fam*; (*act*) Piepen *nt* ❷ (*any small noise*) Pieps *m fam*; **to not get a ~ out of sb** aus jdm nichts [*o fam* keinen Pieps] herausbekommen; **to not hear a ~ out of sb** keinen Mucker von jdm hören *fam* **II.** *vi* piep[s]en

cheer [tʃɪəʳ, AM tʃɪr] **I.** *n* ❶ (*shout*) Hurraruf *m*, Beifallsruf *m*; (*cheering*) Jubel *m*; **three ~s for the champion!** ein dreifaches Hoch auf den Sieger!; **two ~s** super! *iron*, toll! *iron*; **to give a ~** Hurra rufen, in Beifallsrufe ausbrechen ❷ *no pl* (*joy*) Jubel *m*, Freude *f*; [**to spread**] **Christmas ~** (*old*) Weihnachtsfreude *f* [verbreiten]; **to be of good ~** (*liter*) guten Mutes [*o geh* wohlgemut] sein; **what ~?** (*liter or old*) wie geht es [dir/Ihnen]? **II.** *vi* ❶ (*shout*) **to ~ for joy** vor Freude jubeln; ■**to ~ for sb** jdn anfeuern ❷ (*liter: make happy*) ■**to ~ sb** jdn aufmuntern ▸ PHRASES: **the cup that ~s** [**but not inebriates**] eine aufmunternde Tasse Tee

◆**cheer on** *vt* ■**to ~ sb on** jdn anfeuern

◆**cheer up I.** *vi* vergnügt[er] [*o* heiter[er]] werden; **~ up!** lass [doch] den Kopf nicht hängen!, Kopf hoch!; **he ~ed up at the**

thought that it was nearly the holidays bei dem Gedanken an die nahenden Ferien, ging es ihm schon besser **II.** *vt* ■**to ~ sb** ↻ **up** jdn aufmuntern [*o* aufheitern]

cheer·ful ['tʃɪəfᵊl, AM 'tʃɪr-] *adj* ❶ (*happy*) fröhlich, vergnügt; (*of positive attitude*) heiter; (*optimistic*) optimistisch; **in a ~ mood** gut gelaunt, gut aufgelegt; ■**to be ~ about sth** froh über etw *akk* sein ❷ (*bright*) heiter; *colour* leuchtend, fröhlich; *tune* fröhlich ❸ (*willing*) [bereit]willig

cheer·ful·ly ['tʃɪəfᵊli, AM 'tʃɪr-] *adv* (*happily*) fröhlich, vergnügt; (*in carefree manner*) heiter, sorglos

cheer·ful·ness ['tʃɪəfᵊlnəs, AM 'tʃɪr-] *n no pl* (*happiness*) Heiterkeit *f*, Fröhlichkeit *f*, Frohsinn *m*; (*good mood*) gute Laune

cheeri·ly ['tʃɪərɪli, AM 'tʃɪr-] *adv* fröhlich, vergnügt

cheeri·ness ['tʃɪərɪnəs, AM 'tʃɪr-] *n no pl* ❶ (*happiness*) Fröhlichkeit *f*, Munterkeit *f* ❷ (*brightness*) Leuchten *nt*; (*clearness*) Heiterkeit *f*

cheerio ['tʃɪəriəʊ] *interj* BRIT (*fam*) ❶ (*goodbye*) tschüs[s] *fam* ❷ (*good health*) prost *fam*, zum Wohl

'cheer·lead·er *n* Cheerleader *m*

cheer·less ['tʃɪələs, AM 'tʃɪr-] *adj* (*gloomy*) düster, trüb; (*joyless*) freudlos

cheer·less·ness ['tʃɪələsnəs, AM 'tʃɪr-] *n no pl* Düsterkeit *f*, Trübsinn *m*

cheers [tʃɪəz, AM tʃɪrz] *interj* (*fam*) ❶ (*good health*) prost *fam*, zum Wohl ❷ BRIT (*thanks*) danke [schön] ❸ BRIT (*goodbye*) tschüs[s] *fam*

cheery ['tʃɪəri, AM 'tʃɪri] *adj* fröhlich, lustig

cheery-'bye *interj* BRIT (*dated fam*) tschüs[s] *fam*, ciao *sl*

cheese [tʃi:z] **I.** *n no pl* Käse *m*; **goat's ~** Ziegenkäse *m*; **a grilled ~ sandwich** ein getoastetes Käsesandwich; **hard ~** Hartkäse *m*; **melted ~** Schmelzkäse *m* ►PHRASES: **as different as chalk and ~** so verschieden wie Tag und Nacht; **the big ~** *esp* AM (*fam*) der Boss *fam*; **hard** [*or* BRIT **stiff**] [*or* AUS **tough**] ~ (*fam*) Künstlerpech! *hum fam*; **to cut the ~** AM (*sl*) furzen *derb*, einen ziehen [*o* streichen] lassen *fam*; **say ~** sag[t] 'Cheese'!, bitte [schön] lächeln! **II.** *n modifier* (*dish, filling, sauce*) Käse-; **~ sandwich** Käsebrot *nt*; **grilled ~ sandwich** getoastetes Käsesandwich **III.** *vt* AM (*dated sl*) **~ it!** hau ab! *fam*, mach die Fliege! *fam*

◆**cheese off** *vt* BRIT, AUS (*fam*) ■**to ~ sb off** jdm stinken *fam*

'cheese·burg·er *n* Cheeseburger *m* **'cheese·cake** *n* ❶ (*cake*) Käsekuchen *m*; **blueberry/cherry/strawberry ~** Käsekuchen *m* mit Heidelbeeren/Kirschen/Erdbeeren ❷ *no pl esp* AM (*dated sl: picture*) Pin-up-Girl *nt* **'cheese·cloth** *n no pl* Leinen *nt*, indische Baumwolle **'cheese cut·ter** *n Draht zum Schneiden von Käse*

cheesed off [ˌtʃi:zd'ɒf] *adj* BRIT, AUS (*fam*) angeödet *fam*; ■**to be ~ with sb** auf jdn sauer sein *fam*

cheese 'fries *npl* mit Käse überbackene Pommes frites

'cheese knife *n* Käsemesser *nt* **'cheese·par·ing** *n no pl* (*pej*) Knauserei *f pej fam*, Pfennigfuchserei *f fam* **cheese 'straw** *n* Käsestange *f* **cheese 'whiz®** *n no pl* AM *eine Art Schmelzkäse*

cheesy ['tʃi:zi] *adj* ❶ (*with cheese flavour*) käsig ❷ (*fam: smelly*) übel riechend *attr*; **~ feet** Käsefüße *mpl pej sl*, Schweißfüße *mpl* ❸ (*fam: not genuine*) **a ~ grin** [*or* **smile**] ein Zahnpastalächeln *nt* ❹ AM (*fam: not funny*) plump, billig ❺ AM (*fam: corny, clichéd*) abgedroschen *fam*, geschmacklos; (*shoddy*) schäbig, abgerissen

chee·tah ['tʃi:tə, AM -t̬ə] *n* Gepard *m*

chef [ʃef] *n* Koch, Köchin *m, f*; **head-~** Chefkoch, -köchin *m, f*; **pastry ~** Chefkonditor(in) *m(f)*

chef d'oeuvre <*pl* chefs d'oeuvre> [ˌʃeɪ'dɜ:vrə, *pl* ʃeɪ'dɜ:vrə] *n* (*form*) Meisterstück *nt*; ART Meisterwerk *nt*

Chel·sea bun [ˌtʃelsi:'-] *n* Rosinenschnecke *f*

chemi·cal ['kemɪkᵊl] **I.** *n* (*substance*) Chemikalie *f*; (*additive*) chemischer Zusatz; **toxic ~** giftige chemische Substanz **II.** *adj* chemisch, Chemie-; **~ attack** Angriff *m* mit chemischen Waffen; **~ industry** Chemieindustrie *f*; **~ dependency** Abhängigkeit *f*, Sucht *f*

chemi·cal en·gi·'neer·ing *n no pl* Chemotechnik *f* **chemi·cal e'qua·tion** *n* chemische Gleichung **chemi·cal for·mu·la** *n* chemische Formel

chemi·cal·ly ['kemɪkᵊli] *adv* chemisch

chemi·cal re·'ac·tion *n* chemische Reaktion; **to set off a ~** eine chemische Reaktion in Gang setzen **chemi·cal 'war·fare** *n no pl* chemische Krieg[s]führung **chemi·cal 'weap·on** *n* chemische Waffe

che·mise [ʃə'mi:z] *n* ❶ (*underwear*) Unterhemd *nt* ❷ (*dress*) Hänger *m*, Hängekleid *nt*

chem·ist ['kemɪst] *n* ❶ (*student of chemistry*) Chemiker(in) *m(f)* ❷ BRIT, AUS (*store, shop*) *Drogerie, in der man auch Medikamente erhält*

chem·is·try ['kemɪstri] *n no pl* ❶ (*study*) Chemie *f*; **~ lab[oratory]** chemisches Labor, Chemielabor *nt*; SCH Chemiesaal *m* ❷ CHEM (*make-up*) chemische Zusammensetzung ❸ (*fam: attraction*) [geistige und körperliche] Anziehungskraft; **the ~ is right between them** die Chemie stimmt zwischen den beiden

'chem·ist's *n see* **chemist**

chemo·thera·py [ˌki:mə(ʊ)'θerəpi, AM ˌki:moʊ-] *n no pl* Chemotherapie *f*; **to undergo ~** sich *akk* einer Chemotherapie unterziehen, eine Chemotherapie machen

che·nille [ʃə'ni:l] *n no pl* (*cord, thread*) Chenille *f*; (*cloth*) *Stoff mit Chenille*; **~ jumper** Chenillepullover *m*

cheque [tʃek], AM **check** *n* Scheck *m*; ■**a ~ for …** ein Scheck über …; **to give sb a blank ~** (*a. fig*) jdm einen Blankoscheck geben *a. fig*; **to make ~s payable to sb** auf jdn Schecks ausstellen; **to make a ~ out to sb** jdm einen Scheck ausstellen; **to pay by** [*or* **with a**] **~** mit [einem] Scheck bezahlen; **to write sb a ~** jdm einen Scheck [aus]schreiben [*o* ausstellen]

'cheque ac·count *esp* AUS, AM **'check ac·count** *n* Girokonto *nt* **'cheque·book** *n* Scheckheft *nt*, Scheckbuch *nt* **cheque·book 'jour·nal·ism** *n* Scheckbuchjournalismus *m sl* **'cheque card** *n* Scheckkarte *f*

cheq·uered ['tʃekəd], AM **check·ered** [-ɚd] *adj* ❶ (*patterned*) kariert; (*spotted*) gescheckt ❷ (*inconsistent*) *history, past* bewegt; (*varied*) bunt; **to have a ~ career** eine bewegte Laufbahn haben *euph*

cheq·uered 'flag *n* ❶ (*flag*) schwarzweiß karierte Flagge; **to take the ~** das Rennen gewinnen ❷ (*end of race*) Ende *nt* des Rennens

cher·ish ['tʃerɪʃ] *vt* ■**to ~ sb/sth** jdn/etw [wert]schätzen; **to ~ a hope/hopes** eine Hoffnung/Hoffnungen *fpl* hegen *geh*; **to ~ memories of sb/sth** an jdn/etw gute Erinnerungen hegen *geh*

cher·ished ['tʃerɪʃt] *adj attr* [hoch] geschätzt, in Ehren gehalten

che·root [ʃə'ru:t] *n* Stumpen *m*

cher·ry ['tʃeri] **I.** *n* ❶ (*fruit*) Kirsche *f*; **morello** [*or* **sour**] **~** Schattenmorelle *f*, Sauerkirsche *f*; **wild ~** Vogelkirsche *f* ❷ (*tree*) Kirschbaum *m* ❸ (*sl: hymen*) Jungfernhäutchen *nt*; (*virginity*) Jungfräulichkeit *f*; **to lose one's ~** (*fam*) seine Unschuld verlieren; **to pop sb's ~** (*fam*) jdn entjungfern ►PHRASES: **to have a bite of the ~** eine Chance haben; **life is just a bowl of cherries** (*prov*) das Leben ist einfach wunderbar; **sth isn't a bowl of cherries** etw ist kein Spaziergang *fam*; **the ~ on the cake** (*fig*) das Tüpfelchen auf dem i **II.** *n modifier* ❶ (*fruit*) (*ice cream, jam, orchard, tart, tree*) Kirsch-; (*tree*) (*wood*) Kirschbaum- ❷ (*flavoured*) (*bubblegum, cola*) Kirsch-, mit Kirschgeschmack ❸ (*red*) kirschrot

'cher·ry blos·som *n* Kirschblüte *f* **cher·ry 'bran·dy** *n no pl* Kirschlikör *m* **'cher·ry-pick** *vt* ■**to ~ sth** [sich *dat*] etw herauspicken **'cher·ry-pick·er** *n* Bockkran *m* **cher·ry-'red** *adj inv* kirschrot **'cher·ry stone** *n* Kirschkern *m* **cher·ry to·'ma·to** *n* Cocktailtomate *f*

cher·ub <*pl* -s *or* -im> ['tʃerəb, *pl* -bɪm] *n* ❶ REL (*angel*) Che-

rub *m;* ART Putte *f,* Putto *m* ❷ <*pl* -s> (*approv fam: child*) Engelchen *nt*
che·ru·bic [tʃe'ru:bɪk] *adj* engelhaft, engel[s]gleich *geh*
cheru·bim ['tʃerəbɪm] *n pl of* **cherub**
'cher·ub-like *adj* engel[s]gleich *geh,* cherubinisch
cher·vil ['tʃɜ:vɪl, AM 'tʃɜ:r-] *n no pl* Kerbel *m*
Chesh·ire cat ['tʃeʃəʳ,-, AM -ɚ,-] *n* ▶ PHRASES: **to grin like a ~** über das ganze Gesicht grinsen
chess [tʃes] *n no pl* Schach[spiel] *nt*
'chess·board *n* Schachbrett *nt* **'chess·man** *n,* **'chess·piece** *n* Schachfigur *f* **'chess set** *n* Schachspiel *nt*
chest [tʃest] *n* ❶ (*torso*) Brust *f,* Brustkorb *m;* **to fold one's arms across one's ~** die Arme vor der Brust verschränken; **~ pains** Schmerzen *mpl* in der Brust; **hairy ~** haarige [Männer]brust ❷ (*woman's breast*) Brust *f,* Busen *m* ❸ (*trunk*) Truhe *f;* (*box*) Kiste *f;* **medicine ~** Arzneimittelschränkchen *nt,* Hausapotheke *f* ❹ (*treasury*) Schatzkästchen *nt* ▶ PHRASES: **to keep** [*or* **play**] **one's cards close to one's ~** sich *dat* nicht in die Karten sehen lassen; **to get sth off one's ~** sich *dat* etw von der Seele reden, etw loswerden *fam*
'chest cold *n* Bronchialerkältung *f,* Bronchitis *f*
ches·ter·field ['tʃestəfi:ld, AM -tɚ-] *n* ❶ (*sofa*) Chesterfieldsofa *nt* ❷ (*coat*) Chesterfield *m*
chest 'freez·er *n* Gefriertruhe *f*
'chest·nut I. *n* ❶ (*nut*) Kastanie *f;* **horse ~** Rosskastanie *f;* **hot ~** heiße [Ess]kastanie [*o* Marone]; **sweet ~** Edelkastanie *f* ❷ **old ~** (*fam: joke*) olle Kamelle *f fam,* Witz *m* mit Bart *fam* ❸ (*horse*) Fuchs *m* ▶ PHRASES: **to pull sb's ~s out of the fire** für jdn die Kastanien aus dem Feuer holen *fam* **II.** *n modifier* (*cream, mousse, puree, stuffing, wood*) Kastanien- **III.** *adj* kastanienfarben; **~ hair** kastanienbraunes Haar
chest of 'drawers *n* Kommode *f*
chesty ['tʃesti] *adj* ❶ (*having a cold*) erkältet, grippig *fam;* **~ cough** tief sitzender Husten; **to get ~** *esp* BRIT Husten bekommen ❷ (*fam: with large breasts*) vollbusig
chev·ron ['ʃevrᵊn] *n* ❶ MIL (*stripe*) Winkel *m* ❷ BRIT (*road sign*) Kurvenschild *nt*
chew [tʃu:] **I.** *n* ❶ (*bite*) Bissen *m;* **to have a ~ on sth** auf etw *dat* herumkauen *fam* ❷ (*candy*) Kaubonbon *m o nt* **II.** *vt* ■**to ~ sth** etw kauen; (*bite on*) auf etw *dat* herumkauen *fam;* **to ~ one's fingernails/lips** an den Nägeln kauen/auf den Lippen herumbeißen *fam* ▶ PHRASES: **to ~ the fat with sb** (*fam*) mit jdm über Gott und die Welt reden [*o* ein Schwätzchen halten] *fam* **III.** *vi* kauen ▶ PHRASES: **to bite off more than one can ~** sich *akk* zu viel zumuten
◆**chew on** *vi* ■**to ~ on sth** ❶ (*gnaw*) auf etw *dat* herumkauen ❷ (*fam: consider at length*) sich *dat* etw [gründlich] durch den Kopf gehen lassen
◆**chew out** *vt* ■**to ~ sb out** *esp* AM (*fam*) jdn zusammenstauchen *fam,* jdm gehörig den Kopf waschen *fam*
◆**chew over** *vi* ■**to ~ over** ⊂ **sth** sich *dat* etw gründlich überlegen [*o* durch den Kopf gehen lassen]
◆**chew up** *vt* ■**to ~ up** ⊂ **sth** ❶ (*masticate*) etw zerkauen; (*finish*) *animal* etw auffressen ❷ (*destroy*) etw zerstören
'chew·ing gum *n no pl* ❶ (*sweet*) Kaugummi *m o nt;* **a piece** [*or* **stick**] **of ~** [ein Stück *nt*] Kaugummi ❷ (*fig: mindless occupation*) hirnlose Tätigkeit *fam*
chewy ['tʃu:i] *adj meat* zäh; *toffee* weich; *biscuits* klebrig
chia·ro·scu·ro [ki,ɑ:rə'skʊərəʊ, AM -'skjʊroʊ] *n no pl* Helldunkel *nt,* Chiaroscuro *nt fachspr*
chic [ʃi:k] **I.** *n* Chic *m,* Schick *m* **II.** *adj* chic, schick, elegant
Chi·ca·na [tʃɪ'kɑ:nɑ] *n* AM (*a. pej fam*) Chicana *f*
chi·cane [ʃɪ'keɪn] *n* AUTO, SPORTS Schikane *f*
chi·can·ery [ʃɪ'keɪnᵊri] *n no pl* (*pej*) Machenschaften *fpl;* (*political*) Winkelzug *m meist pl*
Chi·ca·no [tʃɪ'kɑ:noʊ] *n* AM (*a. pej fam*) Chicano *m*
chi·chi <-er, -est> ['ʃi:ʃi:] **I.** *adj* ❶ (*pej: of style*) übertrieben schick, aufgesetzt; (*overly ornate*) überspannt ❷ (*in fashion*) Schickeria- **II.** *n* ❶ (*style*) [prätentiöses] Gehabe, Chichi *nt geh* ❷ AM (*sl: woman's breast*) Brust *m*
chick [tʃɪk] *n* ❶ (*baby chicken*) Küken *nt;* (*young bird*) [Vogel]junges *nt* ❷ (*sl: young female*) Kleine *f fam;* (*pej*) junges Ding *fam,* Mieze *f sl,* Hase *m fam,* Puppe *f fam*
chicka·bid·dy ['tʃɪkəbɪdi] *n* (*fam*) Schätzelchen *nt fam,* Mäuschen *nt fam*
chick·en ['tʃɪkɪn] **I.** *n* ❶ (*farm bird*) Huhn *nt;* **a headless ~** (*fig*) ein kopfloses [*o* aufgescheuchtes] Huhn *fam* ❷ *no pl* (*meat*) Hähnchen *nt,* Hühnchen *nt;* **fried/roasted ~** Brathähnchen *nt;* **grilled ~** Grillhähnchen *nt* ❸ (*pej sl: person lacking courage*) Angsthase *m fam,* Feigling *m;* **to play ~** eine Mutprobe machen [*o* ablegen] ▶ PHRASES: **it's a ~ and egg situation** hier stellt sich die Frage, was zuerst da war: die Henne oder das Ei?, das ist eine [echte] Zwickmühle; **to be no spring ~** nicht mehr der/die Jüngste sein *fam;* **don't count your ~s before they're hatched** (*prov*) man soll den Tag nicht vor dem Abend loben *prov* **II.** *adj* (*pej sl*) feige, ängstlich; **to be too ~ to do sth** zu feige sein, [um] etw zu tun
◆**chicken out** *vi* (*pej sl*) kneifen *fam,* es mit der Angst kriegen *fam;* ■**to ~ out of sth** [*or* **doing sth**] vor etw *dat* kneifen *fam;* ■**to ~ out on sb/sth** sich *akk* von jdm/etw abseilen *fig fam*
chick·en 'broth *n no pl* Hühnerbrühe *f* **'chick·en coop** *n* kleiner Hühnerstall **'chick·en farm** *n* Hühnerfarm *f* **'chick·en·feed** *n no pl* ❶ (*fodder*) Hühnerfutter *nt* ❷ (*of money*) nur ein paar Groschen *fam,* Peanuts *pl iron sl;* **he gets paid ~ for the work he does** er bekommt für seine Arbeit nur einen Hungerlohn *pej* **chick·en-'heart·ed** *adj,* **'chick·en-liv·ered** *adj* ängstlich, feige **'chick·en·pox** *n* Windpocken *pl;* **~ scars** Pockennarben *fpl* **'chick·en run** *n* Hühnerhof *m,* [Hühner]auslauf *m* **'chick·en·shit** (*pej! sl*) **I.** *n* ❶ (*coward*) Angsthase *m fam,* Feigling *m,* Schisser *m pej sl* ❷ (*worthless person*) kleiner Wicht *pej* **II.** *adj* ❶ (*cowardly*) ängstlich, feige ❷ (*worthless*) mick[e]rig *pej fam,* lausig *pej* **'chick·en wire** *n* Hühnerdraht *m,* Maschendraht *m* **'chick·en yard** *n* AM Hühnerhof *m*
chick·pea ['tʃɪkpi:] *n* Kichererbse *f*
chico·ry ['tʃɪkᵊri] *n no pl* ❶ (*vegetable*) Chicorée *m o f* ❷ (*drink*) Zichorie *f*
chide [tʃaɪd] *vt* (*form*) ■**to ~ sb** [**for sth**] jdn [wegen einer S. *gen*] tadeln [*o geh* schelten]
chief [tʃi:f] **I.** *n* ❶ (*head of organization*) Leiter(in) *m(f),* Chef(in) *m(f)* ❷ (*leader of people*) Führer(in) *m(f);* (*head of clan*) Oberhaupt *nt;* (*head of tribe*) Häuptling *m* ❸ BRIT (*hum fam: form of address*) Meister *m hum* ▶ PHRASES: **too many ~s and not enough Indians** (*prov*) zu viele Chefs und keine Arbeiter, alle schauen zu und keiner arbeitet **II.** *adj attr, inv* ❶ (*main*) Haupt-, bedeutendste(r, s) *attr;* **the ~ reason for sth** der Hauptgrund für etw *akk* ❷ (*head*) Chef-, erste(r) *attr;* **~ administrator** Verwaltungschef(in) *m(f);* **to be ~ cook and bottle-washer** (*a. iron fam*) Küchendienst machen; **~ minister** Ministerpräsident(in) *m(f)*
chief 'clerk *n* Bürochef(in) *m(f);* (*in accounts*) erster Buchhalter/erste Buchhalterin **chief 'con·sta·ble** *n* BRIT Polizeipräsident(in) *m(f);* (*of smaller area*) Polizeichef(in) *m(f)* **chief 'edi·tor** *n* Chefredakteur(in) *m(f)* **chief ex·'ecu·tive** *n* ❶ AM (*head of state*) Präsident(in) *m(f)* ❷ (*head of organization*) **~** [**officer**] Generaldirektor(in) *m(f)* **chief 'jus·tice** *n* Oberrichter(in) *m(f)*
chief·ly ['tʃi:fli] *adv* hauptsächlich, vor allem, in erster Linie
chief of 'staff *n* Stabschef(in) *m(f)*
chief·tain ['tʃi:ftᵊn] *n* (*head of a tribe*) Häuptling *m;* (*of a clan*) Oberhaupt *nt*
chif·fon ['ʃɪfɒn, AM ʃɪ'fɑ:n] **I.** *n no pl* Chiffon *m* **II.** *n modifier* ❶ (*of material*) Chiffon- ❷ AM FOOD **chocolate/coffee/lemon ~ pie** Schokoladen-/Kaffee-/Zitronensahne[torte] *f*
chi·gnon ['ʃi:njɒn, AM -jɑ:n] *n* [Haar]knoten *m,* Chignon *m*
Chi·hua·hua [tʃɪ'wɑ:wə] *n* Chihuahua *m*

chil·blain ['tʃɪlbleɪn] *n* Frostbeule *f*

child <*pl* -dren> [tʃaɪld, *pl* tʃɪldrən] **I.** *n* ❶ (*young human*) Kind *nt;* **illegitimate** ~ uneheliches Kind; **unborn** ~ ungeborenes Kind, Fötus *m;* **young** ~ Kleinkind *nt;* **from a** ~ von Kindesbeinen an; **one's/sb's inner** ~ das Kind in mir/jdm; PSYCH **the inner** ~ das innere Kind ❷ (*offspring*) Kind *nt,* Nachkomme *m;* (*male*) Sohn *m;* (*female*) Tochter *f;* **you are your father's/mother's** ~ du bist [genau] wie dein Vater/deine Mutter; **an only** ~ ein Einzelkind *nt* ❸ (*pej: immature person*) Kind *nt,* unreife [*o* unerfahrene] Person ❹ (*product*) **she's a real** ~ **of the sixties** sie ist ein typisches Kind der Sechzigerjahre ▶ PHRASES: **the sins of the fathers** [**are visited upon the** ~**ren**] (*saying*) die Sünden der Väter [suchen die Kinder heim]; **every man, woman and** ~ alle ohne Ausnahme; **spare the rod and spoil the** ~ (*saying*) ein Schlag zur rechten Zeit hat noch niemandem geschadet; ~**ren should be seen and not heard** (*prov*) Kinder sollte man sehen, aber nicht hören, Kinder sollten sich benehmen; **to be** [**great**] **with** ~ (*old*) [hoch]schwanger sein, [kurz] vor der Niederkunft stehen *veraltend geh* **II.** *n modifier* ~ **prostitution** Kinderprostitution *f*

'child abuse *n no pl* Kindesmisshandlung *f;* (*sexually*) Kindesmissbrauch *m* **child al·'low·ance** *n* BRIT (*fam*) *see* **child benefit** **'child·bear·ing** **I.** *n no pl* [Kinder]gebären *nt* **II.** *adj* gebärfähig; **of** ~ **age** im gebärfähigen Alter **child 'ben·efit** *n* BRIT Kindergeld *nt* **'child·birth** *n no pl* Geburt *f* **'child·care** *n no pl* Kinderpflege *f;* (*social services department*) Kinderfürsorge *f;* (*for older children*) Jugendfürsorge *f* **'child·care cen·tre,** AM **'child·care cen·ter** *n* Kindertagesstätte *f,* Kinderhort *m* **child·care fa·'cil·ity** *n Möglichkeit der Kinderbetreuung*

child·hood ['tʃaɪldhʊd] **I.** *n no pl* Kindheit *f;* **second** ~ zweite Kindheit **II.** *n modifier* (*ambitions, dreams*) Kindheits-; ~ **friend** Freund(in) *m(f)* aus Kindheitstagen

child·ish ['tʃaɪldɪʃ] *adj* (*pej*) kindisch, infantil *pej*

child·ish·ly ['tʃaɪldɪʃli] *adv* (*pej*) kindisch, infantil *pej*

child·ish·ness ['tʃaɪldɪʃnəs] *n no pl* kindisches Benehmen [*o* Betragen], infantiles Verhalten *pej*

child·less ['tʃaɪldləs] *adj inv* kinderlos

child·less·ness ['tʃaɪldləsnəs] *n no pl* Kinderlosigkeit *f*

'child·like *adj* kindlich; **to have a** ~ **nature/quality** ein kindliches Wesen/Gemüt haben **'child·mind·er** *n* Tagesmutter *f;* **a registered** ~ eine zugelassene Tagesmutter **'child·mind·ing** *n no pl* Kinderbetreuung *f;* (*supervising*) Beaufsichtigung *f* von Kindern **'child mo·lest·er** *n* Kinderschänder *m* **'child·proof** *adj* kindersicher **'child-rear·ing** *n no pl* (*pej dated*) Kinderaufzucht *f veraltet,* Kindererziehung *f*

chil·dren ['tʃɪldrən] *n pl of* **child**

'chil·dren's home *n* Kinderheim *nt;* (*for orphans*) Waisenhaus *nt* **chil·dren's-'rights** *n modifier* ~ **movement** Bewegung *f* zur Wahrung der Rechte der Kinder

'child-re·sist·ant *adj* (*form*) kindersicher **'child's play** *n* **to be** ~ ein Kinderspiel sein **child sup·'port** **I.** *n* Unterhalt *m* **II.** *n modifier* Alimente-; ~ **order** Unterhaltszahlung *f,* Alimentezahlung *f*

chili <*pl* -es> ['tʃɪli] *n esp* AM *see* **chilli**

chill [tʃɪl] **I.** *n* ❶ *no pl* (*coldness*) Kühle *f;* (*feeling of coldness*) Kältegefühl *nt;* **to send a** ~ **down sb's spine** (*fig*) jdm einen Schauer über den Rücken jagen; **to take the** ~ **off** [**of**] **sth** etw erwärmen; (*slightly*) etw anwärmen; (*heat up*) etw aufheizen ❷ (*cold*) Erkältung *f;* **to catch a** ~ sich *akk* erkälten [*o bes* ÖSTERR verkühlen] **II.** *adj* (*liter: cold*) kalt; (*frightening*) erschreckend; *see also* **chilly** ▶ PHRASES: **to take a** ~ **pill** AM (*sl*) sich *akk* abregen *fam* **III.** *vi* ❶ abkühlen ❷ *esp* AM (*fam: relax*) relaxen *fam,* chillen *sl; see also* **chill out** ❸ (*stay*) bleiben *hum fam* **IV.** *vt* ❶ FOOD ■**to** ~ **sth** etw [ab]kühlen [lassen] ❷ (*fig: make afraid*) **to** ~ **sb to the bone** jdn bis ins Mark erschüttern; **to** ~ **sb's marrow** jdm einen [eiskalten] Schauer über den Rücken jagen

◆**chill out** *vi esp* AM (*sl*) ❶ (*relax*) sich *akk* entspannen; (*slow down*) langsam machen, einen Gang runterschalten *fam* ❷ (*calm down*) **man, you really need to** ~ [**out**]! Mensch, jetzt reg dich doch mal ab! *fam*

chilled [tʃɪld] *adj* ❶ (*cold*) kühl; (*colder*) kalt; ~ **white wine** gekühlter Weißwein ❷ *pred* (*frightened*) entsetzt

'chill fac·tor *n* Kältefaktor *m*

chil·li <*pl* -es> ['tʃɪli] *n* Chili *m;* (*pod*) Peperoni *f*

chil·li con car·ne [ˌtʃɪlikɒn'kɑːni, AM -kɑːn'kɑːrni] *n no pl* Chili con Carne *nt*

chil·li·ness ['tʃɪlinəs] *n no pl* Kühle *f,* Frische *f;* (*fig*) Kühle *f,* Frostigkeit *f*

chill·ing ['tʃɪlɪŋ] *adj* ❶ (*making cold*) eisig, frostig; **a** ~ **wind** ein eisiger [*o* schneidender] Wind ❷ (*causing fear*) abschreckend; **a** ~ **reminder** ein abschreckendes Beispiel; **a** ~ **scream** ein durchdringender Schrei ❸ (*damaging*) ernüchternd; **a** ~ **effect** eine ernüchternde Wirkung

chill·ing·ly ['tʃɪlɪŋli] *adv* frostig, eisig; **his words made it** ~ **clear that ...** seine Worte machten [es] glasklar, dass ...

'chil·li pow·der *n* Chilipulver *nt,* gemahlener Chili

chil·lum ['tʃɪləm] *n* ❶ (*hookah*) Wasserpfeife *f* ❷ (*fam: cannabis pipe*) Cannabispfeife *f*

chil·ly ['tʃɪli] *adj* ❶ (*cold*) kühl, frisch; **it's a bit** ~ **out today** draußen ist es ziemlich frisch heute; **to feel** ~ frösteln ❷ (*fig: unfriendly*) *relationship* frostig, kühl; **to get a** ~ **reception** kühl empfangen werden

chime [tʃaɪm] **I.** *n* (*bell tones*) Geläute *nt;* (*single one*) Glockenschlag *m;* (*of doorbell*) Läuten *nt kein pl;* **wind** ~**s** *pl* Windspiel *nt;* **a set of** ~**s** ein Glockenspiel *nt* **II.** *vi* klingen; *church bells* läuten **III.** *vt* ■**to** ~ **sth: the clock** ~**d eleven o'clock** die Uhr schlug elf

◆**chime in** *vi* sich *akk* einschalten [*o* einbringen]; MUS einstimmen

◆**chime with** *vi* ■**to** ~ [**in**] **with sb/sth** mit jdm/etw im Einklang sein [*o* konform gehen]

chi·mera [kaɪ'mɪərə, AM -'mɪrə] *n* (*form, liter*) Chimäre *f,* Schimäre *f geh*

chi·meri·cal [kaɪ'merɪkəl] *adj* (*form, liter*) chimärisch, schimärisch *geh*

chi·mi·chan·ga [ˌtʃɪmi'tʃæŋgə] *n* AM *mit Fleisch, Käse oder Gemüse gefüllter und ausgebackener mexikanischer Weizenmehlfladen*

chim·ney ['tʃɪmni] *n* ❶ Schornstein *m;* (*of factory*) Schlot *m;* (*of stove*) Rauchfang *m,* Rauchabzug *m;* **to smoke like a** ~ (*fig*) wie ein Schlot rauchen ❷ (*passage in rock*) Kamin *m* ❸ (*of lamp*) [Lampen]zylinder *m*

'chim·ney breast *n* Kaminvorsprung *m* **'chim·ney cor·ner** *n* (*dated*) Sitzecke *f* am Kamin, Kaminecke *f* **'chim·ney piece** *n* (*dated*) Kaminsims *m o nt* **'chim·ney·pot** *n* Schornsteinaufsatz *m* **'chim·ney·stack** *n* BRIT Schornstein *m;* (*of factory*) Schlot *m* **'chim·ney·sweep** *n,* **'chim·ney·sweep·er** *n* Schornsteinfeger(in) *m(f),* Kaminkehrer(in) *m(f)* DIAL

chimp [tʃɪmp] *n short for* **chimpanzee**

chim·pan·zee [ˌtʃɪmpən'ziː, AM tʃɪm'pænziː] *n* Schimpanse *m*

chin [tʃɪn] *n* Kinn *nt;* **to rest one's** ~ **in one's hands** sein Kinn auf seine Hände aufstützen, das Kinn aufstützen; **double** ~ Doppelkinn *nt* ▶ PHRASES: **to keep one's** ~ **up** sich *akk* nicht unterkriegen lassen, den Mut nicht verlieren; **keep your** ~ **up!** halt die Ohren steif!, Kopf hoch!; **to take it on the** ~ etw mit [großer] Fassung [er]tragen

chi·na ['tʃaɪnə] *n no pl* ❶ (*porcelain*) Porzellan *nt;* ~ **doll** Porzellanpuppe *f* ❷ (*tableware*) Geschirr *nt;* (*set*) Service *nt;* **the best/good** ~ das beste/gute Geschirr; **everyday** ~ Alltagsgeschirr *nt* ▶ PHRASES: **to be like a bull in a** ~ **shop** sich *akk* wie ein Elefant im Porzellanladen benehmen *fam*

Chi·na ['tʃaɪnə] *n no pl* ❶ GEOG China *nt* ❷ BRIT (*rhyming sl: mate*) Freund *m* ▶ PHRASES: **not for all the tea in** ~ nicht um alles Gold der Welt *fam*

'Chi·na syn·drome *n no pl* Chinasyndrom *nt* **'Chi·na·town** *n*

Chinesenviertel *nt*

chin·chil·la [tʃɪnˈtʃɪlə] **I.** *n* Chinchilla *f* **II.** *n modifier* Chinchilla-

Chi·nese <*pl* -> [tʃaɪˈniːz] **I.** *n* ① (*person*) Chinese, -in *m, f;* ■**the** ~ *pl* die Chinesen ② *no pl* (*language*) Chinesisch *nt* ③ *no pl* (*food*) chinesisches Essen **II.** *adj* chinesisch

Chi·nese ˈcab·bage *n* Chinakohl *m* **Chi·nese ˈcheck·ers** AM, **Chi·nese ˈcheq·uers** *n no pl* Halma *nt* **Chi·nese ˈgoose·berry** *n* Kiwi *f* **Chi·nese ˈlan·tern** *n* Lampion *m,* Papierlaterne *f* **Chi·nese ˈmush·room** *n* Mu-Err-Pilz *m* **Chi·nese ˈpuz·zle** *n* Geduldspiel *nt* (*zum Zusammensetzen*); (*fig*) komplizierte [*o fam* verzwickte] Angelegenheit **Chi·nese ˈres·tau·rant** *n* Chinarestaurant *nt* **Chi·nese ˈres·tau·rant syn·drome** *n no pl starkes Unwohlsein, das durch übermäßigen Genuss von mit Glutamat gewürztem chinesischem Essen hervorgerufen wird* **Chi·nese ˈwhis·pers** *n + sing vb* Stille Post

chink [tʃɪŋk] **I.** *n* ① (*opening*) Spalt *m,* Spalte *f,* Ritze *f;* (*tear*) Riss *m;* **a** ~ **in sb's armour** (*fig*) jds Schwachstelle *f* [*o* schwacher Punkt] ② (*noise*) Klirren *nt;* (*of coins, keys*) Klimpern *nt fam* **II.** *vi* klirren; (*with coins, keys*) klimpern *fam*

Chink [tʃɪŋk] *n* (*pej!*) Schlitzauge *nt pej*

Chinky [ˈtʃɪŋki] *n* BRIT ① (*pej!: person*) Schlitzauge *nt pej* ② (*sl: restaurant*) chinesisches Restaurant, Chinarestaurant *nt,* Chinese *m fam*

chin·less [ˈtʃɪnləs] *adj esp* BRIT ① (*with small chin*) mit fliehendem Kinn; ■**to be** ~ ein fliehendes Kinn haben ② (*of weak character*) willensschwach; **a** ~ **wonder** (*fam*) ein reicher Schnösel *pej fam*

ˈchin mu·sic *n no pl* AM (*fam*) Geschwätz *nt*

chi·nos [ˈtʃiːnəʊz, AM -noʊz] *npl* **a pair of** ~ *Hose aus speziell gewebtem Baumwollstoff*

ˈchin rest *n* Kinnstütze *f* **ˈchin·strap** *n* Kinnriemen *m*

chintz [tʃɪnts] *n no pl* Chintz *m*

chintzy [ˈtʃɪntsi] *adj* ① (*of fabric*) Chintz- ② AM (*pej fam: of shoddy quality*) schäbig; (*cheap*) billig ③ AM (*pej fam: miserly*) knauserig *fam,* knick[e]rig *fam*

chin-up [ˈtʃɪnʌp] *n esp* AM Klimmzug *m*

ˈchin·wag [ˈtʃɪnwæg] *n* (*dated fam*) Schwatz *m fam;* **to have a good** ~ **with sb** mit jdm ein nettes Schwätzchen halten *fam*

chip [tʃɪp] **I.** *n* ① (*broken-off piece*) Splitter *m;* (*of wood*) Span *m* ② (*crack*) ausgeschlagene Ecke; (*on blade*) Scharte *f;* **this cup has got a** ~ **in it** diese Tasse ist angeschlagen ③ BRIT (*fried potato*) ■~**s** *pl* Pommes frites *pl;* **beans/egg/sausage and** ~**s** Bohnen *fpl*/Ei *nt*/Würstchen *nt* und Pommes *fam;* **fish and** ~**s** Fisch und Chips ④ AM (*crisps*) ■~**s** *pl* Chips *pl* ⑤ COMPUT Chip *m* ⑥ (*for gambling*) Spielmarke *f,* Chip *m;* **bargaining** ~ (*fig*) Einsatz *m* ▸ PHRASES: **to be a** ~ **off the old block** (*fam*) ganz der Vater/die Mutter sein; **to have a** ~ **on one's shoulder** (*fam*) einen Komplex haben [und daher sehr empfindlich sein]; **when the** ~**s are down** (*fam*) wenn es drauf ankommt *fam;* **to have had one's** ~**s** BRIT (*fam*) ausgedient haben **II.** *vt* <-pp-> ① (*damage*) ■**to** ~ **sth** etw wegschlagen [*o* abschlagen]; (*knock out*) etw ausschlagen; (*break off*) etw abbrechen ② SPORTS **to** ~ **the ball** den Ball chippen ③ (*cut*) ■**to** ~ **sth** *food* etw schnitzeln; *hard substance* etw bearbeiten **III.** *vi* <-pp-> [leicht] abbrechen

◆**chip away** *vi* ■**to** ~ **away at sth** an etw *dat* nagen

◆**chip in** (*fam*) **I.** *vi* ① (*pay*) beisteuern; **he also** ~**ped in with £20** er hat sich auch mit 20 Pfund beteiligt, er hat auch 20 Pfund beigesteuert ② (*help*) mithelfen; **if you'll all** ~ **in ...** wenn ihr alle mit anpackt ... ③ BRIT (*interrupt*) dazwischenreden **II.** *vt* ■**to** ~ **in** ↻ **sth** ① (*contribute money*) *money* etw beisteuern ② BRIT (*comment*) etw einwerfen

ˈchip·bas·ket *n* BRIT Frittiersieb *nt* **ˈchip·board** *n no pl* Sperrholzplatte *f,* Spanplatte *f* **ˈchip·mak·er** *n* ELEC Chiphersteller *m*

chip·munk [ˈtʃɪpmʌŋk] *n* Backenhörnchen *nt*

ˈchip pan *n* BRIT Fritteuse *f*

chipped [tʃɪpt] *adj* abgeschlagen; (*of blade*) schartig; ~ **plate** angeschlagener Teller; ~ **tooth** abgebrochener Zahn

chip·per [ˈtʃɪpəʳ, AM -ɚ] *adj* (*fam*) aufgekratzt *fam,* munter

chip·ping [ˈtʃɪpɪŋ] *n usu pl* BRIT Schotter *m*

chip(p)o·la·ta [ˌtʃɪpəˈlɑːtə] *n* BRIT Cocktailwürstchen *nt*

chip·py [ˈtʃɪpi] *n* ① BRIT (*fam: food outlet*) Frittenbude *f fam,* Pommesbude *f fam* ② AM (*pej! sl: female whore*) [billiges] Flittchen *pej fam* ③ BRIT (*fam: carpenter*) Schreiner(in) *m(f)*

ˈchip shop *n* BRIT Frittenbude *f fam* **ˈchip wag·on** *n* CAN *meist ausgedienter Bus, der als Snackbar mit Pommes frites und Hot Dogs dient*

chi·ropo·dist [kɪˈrɒpədɪst, ʃɪ-, AM -ˈrɑːpə-] *n* Fußpfleger(in) *m(f)*

chi·ropo·dy [kɪˈrɒpədi, ʃɪ-, AM -ˈrɑːpə-] *n no pl* Fußpflege *f*

chi·ro·prac·tic [ˈkaɪ(ə)rə(ʊ)præktɪk, AM ˈkaɪroʊ-] *n no pl* Chiropraktik *f*

chi·ro·prac·tor [ˈkaɪ(ə)rə(ʊ)ˌpræktəʳ, AM ˈkaɪroʊˌpræktɚ] *n* Chiropraktiker(in) *m(f)*

chirp [tʃɜːp, AM tʃɜːrp] **I.** *vt* ■**to** ~ **sth** (*say*) etw zwitschern **II.** *vi* ① *bird* zwitschern; (*in cricket*) zirpen ② SA (*complain*) sich *akk* beschweren **III.** *n* Zwitschern *nt*

chirpi·ly [ˈtʃɜːpɪli, AM ˈtʃɜːrp-] *adv* munter, fröhlich, quietschvergnügt *fam*

chirpi·ness [ˈtʃɜːpɪnəs, AM ˈtʃɜːrp-] *n no pl* Aufgekratztheit *f,* Munterkeit *f,* Fröhlichkeit *f*

chirpy [ˈtʃɜːpi, AM ˈtʃɜːrpi] *adj* aufgekratzt *fam,* quietschfidel *fam,* quietschvergnügt *fam*

chir·rup [ˈtʃɪrəp] **I.** *n* Zwitschern *nt;* (*of sparrow*) Tschilpen *nt* **II.** *vi* <-pp-> zwitschern **III.** *vt* <-pp-> ■**to** ~ **sth** etw zwitschern

chis·el [ˈtʃɪzᵊl] **I.** *n* Meißel *m;* (*for wood*) Beitel *m;* **hammer and** ~ Hammer und Meißel **II.** *vt* <BRIT -ll- *or* AM *usu* -l-> ① (*cut*) ■**to** ~ **sth** [**out of sth**] etw [aus etw *dat* heraus]meißeln ② (*pej fam: get by trickery*) ■**to** ~ **sth out of sb** etw von jdm ergaunern *fam;* ■**to** ~ **sb** jdn reinlegen *fam*

chis·eled *adj* AM *see* **chiselled**

chi·sel·er *n* AM *see* **chiseller**

chi·selled [ˈtʃɪzᵊld], AM *usu* **chi·seled** *adj* scharf geschnitten

chi·sel·ler [ˈtʃɪzᵊləʳ], AM *usu* **chi·sel·er** [-ɚ] *n* (*pej fam*) Mogler(in) *m(f),* Gauner(in) *m(f),* Schwindler(in) *m(f)*

chit [tʃɪt] *n* ① BRIT (*official paper*) Bescheinigung *f,* Nachweis *m;* (*from doctor*) Krankmeldung *f;* (*note of debt owed*) Schuldschein *m;* (*by shop*) Gutschein *m* ② (*pej dated: girl*) junges Ding *fam*

chit-chat [ˈtʃɪttʃæt] (*fam*) **I.** *n no pl* Geplauder *nt,* Plauderei *f;* **idle** ~ leeres Gerede **II.** *vi* plaudern; ■**to** ~ **about sth** über etw *akk* plaudern

chit·lins [ˈtʃɪtlɪnz] *npl,* **chit·ter·lings** [ˈtʃɪtᵊlɪŋz, AM ˈtʃɪt̬ɚ-] *npl* Gekröse *nt,* Innereien *pl* (*vom Schwein*)

chiv·al·rous [ˈʃɪvᵊlrəs] *adj* ritterlich, galant

chiv·al·rous·ly [ˈʃɪvᵊlrəsli] *adv* ritterlich, galant

chiv·al·ry [ˈʃɪvᵊlri] *n no pl* ① (*behaviour*) Ritterlichkeit *f,* galantes Benehmen ② HIST Ritter *mpl,* Ritterschaft *f* ③ (*knights' code*) Rittertum *nt* ▸ PHRASES: **the age of** ~ **is** [**not yet**] **dead** (*saying*) die Zeit der Kavaliere ist [noch lange nicht] vorbei, es gibt auch noch richtige Kavaliere

chive [tʃaɪv] **I.** *n* ■~**s** *pl* Schnittlauch *m kein pl* **II.** *n modifier* (*cheese, dressing, sauce*) Schnittlauch-

chiv·(v)y [ˈtʃɪvi] *vt* (*fam*) ■**to** ~ **sb along** [*or* **up**] jdn antreiben; ■**to** ~ **sb into doing sth** (*give incentive*) jdn anstacheln, etw zu tun; (*urge*) jdn drängen, etw zu tun

chlo·ride [ˈklɔːraɪd] *n no pl* Chlorid *nt*

chlo·rin·ate [ˈklɔːrɪneɪt] *vt* ■**to** ~ **sth** etw chloren

chlo·rin·at·ed [ˈklɔːrɪneɪtɪd, AM -t̬-] *adj* gechlort; **a** ~ [**swimming**] **pool** ein Schwimmbad *nt* mit Chlorwasser

chlo·rine [ˈklɔːriːn] *n no pl* Chlor *nt*

chloro·fluoro·car·bon [ˌklɔːrə(ʊ)flʊərə(ʊ)ˈkɑːbᵊn, AM ˌklɔːroʊflʊroʊˈkɑːrbᵊn] *n* Fluorchlorkohlenwasserstoff *m*

chlo·ro·form [ˈklɔːrəfɔːm, AM -fɔːrm] **I.** *n no pl* Chloroform *nt*

C

II. *vt* ■**to ~ sb** jdn chloroformieren *veraltend*
chlo·ro·phyll ['klɔːrəfɪl] *n no pl* Chlorophyll *nt*
chlo·rous ['klɔːrəs] *adj* chlorhaltig; (*similar to chlorine*) chlorartig; ~ **acid** Chlorsäure *f*
choca·hol·ic *n see* **chocoholic**
choc-ice ['tʃɒkaɪs] *n* BRIT *Eis[riegel] mit Schokoladenüberzug*
chock [tʃɒk, AM tʃɑːk] *n* Bremsklotz *m,* Bremskeil *m*
chock-a-block [ˌtʃɒkə'blɒk, AM ˌtʃɑːkə'blɑːk] *adj pred* (*fam*) voll gestopft; ■**to be ~ with sth** mit etw *dat* voll gestopft sein
chock·er ['tʃɒkəʳ] *adj pred* (*fam*) ❶ BRIT (*tired*) geschafft *fam,* erledigt *fam* ❷ BRIT (*fed-up*) ■**to be ~ with sth** etw leid sein, von etw *dat* die Nase voll haben *fam* ❸ *esp* AUS, NZ (*full*) proppenvoll *fam*
chock-'full *adj pred* (*fam*) ❶ (*full*) proppenvoll *fam,* zum Bersten voll *geh;* ~ **of people** voller Menschen ❷ (*fig: crammed*) ■**to be ~ of sth** reich an etw *dat* sein; ~ **of calories/vitamins** kalorien-/vitaminreich
choco·hol·ic [ˌtʃɒkə'hɒlɪk, AM ˌtʃɑːkə'hɑːlɪk] *n* (*hum fam*) Schokosüchtige(r) *f(m) hum*
choco·late ['tʃɒkᵊlət, AM 'tʃɑːklət] **I.** *n* ❶ *no pl* (*substance*) Schokolade *f;* **a bar of ~** eine Tafel Schokolade; ~ **mousse** Mousse *f* au chocolat; **baking ~** Blockschokolade *f;* **dark ~** [*or* BRIT *a.* **bitter**] [*or* AM *a.* **bittersweet**] Zartbitterschokolade *f;* **semi-sweet ~** Halbbitterschokolade *f;* **hot ~** [heißer] Kakao, [heiße] Schokolade ❷ (*sweet*) Praline *f;* **a box of ~s** eine Schachtel Pralinen **II.** *n modifier* (*bar, biscuit, cake, ice cream, sauce*) Schokoladen-
'choco·late box **I.** *n* Pralinenschachtel *f* **II.** *adj usu attr* (*romantic*) schnuckelig *fam,* niedlich; (*overly romantic*) kitschig; (*cute*) nett, niedlich; (*uninteresting*) verträumt, verschlafen
choice [tʃɔɪs] **I.** *n* ❶ *no pl* (*selection*) Wahl *f;* **it's your choice!** du hast die Wahl!; **freedom of ~** Entscheidungsfreiheit *f;* **an informed ~** eine fundierte Entscheidung; **to do sth by** [*or* **from**] [*or* **out of**] ~ etw freiwillig tun; **sb has no ~** [**but to do sth**] jd hat keine andere Wahl [*o* jdm bleibt nichts anderes übrig][, als etw zu tun]; **to make a ~** eine Wahl treffen ❷ *no pl* (*variety*) Auswahl *f;* **a wide ~ of sth** eine reiche Auswahl an etw *dat* ❸ (*person, thing*) Wahl *f;* ■**to be sb's ~ as sth** jds Kandidat/Kandidatin für etw *akk* sein; **to be the best/worst ~ for sth** die beste/schlechteste Wahl für etw *akk* sein ▸ PHRASES: **you pays your money and you takes your ~** (*saying fam*) die Wahl liegt ganz bei dir/Ihnen; **to be spoilt for ~** die Qual der Wahl haben **II.** *adj* ❶ (*top quality*) erstklassig; **the ~st cut of roast** das feinste [*o* beste] Stück Braten ❷ (*iron: abusive*) ~ **language** deftige Sprache; ~ **words** beißende Kommentare
choir [kwaɪəʳ, AM kwaɪɚ] *n* ❶ (*singers*) Chor *m;* (*instruments*) Gruppe *f,* Ensemble *nt;* **church ~** Kirchenchor *m;* ~ **member** Chormitglied *nt;* **school ~** Schulchor *m;* **to sing in a ~** in einem Chor singen ❷ (*of cathedral*) Chor[raum] *m*
'choir·boy *n* Chorknabe *m,* Sängerknabe *m;* **The Vienna C~s** Die Wiener Sängerknaben *mpl* **'choir·mas·ter** *n* Chorleiter(in) *m(f)* **'choir prac·tice** *n* Chorprobe *f* **'choir stalls** *npl* Chorgestühl *nt*
choke [tʃəʊk, AM tʃoʊk] **I.** *n* ❶ *no pl* AUTO Choke *m;* **to put the ~ in/out** den Choke hineindrücken/ziehen ❷ (*outburst*) **a ~ of laughter** Gelächter *nt* **II.** *vt* ❶ (*strangle*) ■**to ~ sb** jdn erwürgen [*o* erdrosseln]; (*suffocate*) jdn ersticken; ■**to ~ sth** *plant* etw ersticken ❷ *usu passive* (*fam: overwhelm emotionally*) ■**to ~ sb** jdn überwältigen; ■**to be ~d by sth** von etw *dat* überwältigt sein ❸ (*blocked*) ■**to be ~d** verstopft sein **III.** *vi* ❶ (*have problems breathing*) keine Luft bekommen; **to ~ to death** ersticken; ■**to ~ on sth** sich *akk* an etw *dat* verschlucken ❷ AM SPORTS (*sl*) versagen
◆**choke back** *vt* ■**to ~ back ◯ sth** *anger, feelings* etw unterdrücken; **to ~ back tears** Tränen zurückhalten [*o* unterdrücken]
◆**choke off** *vt* ■**to ~ off ◯ sth** (*prevent*) etw verhindern; (*reduce*) etw drosseln
◆**choke up** *vt* ■**to ~ sb up** (*fam*) jdn überwältigen [*o* zu Tränen rühren]
'choke chain *n* Würgehalsband *nt* (*für Hunde*) **'choke cher·ry** *n* AM virginische Traubenkirsche
choked [tʃəʊkt, AM tʃoʊkt] *adj* ❶ (*halting*) erstickt; **with a ~ voice** mit erstickter Stimme; ■**to be ~ with sth** (*fig*) von etw *dat* überwältigt [*o* übermannt] sein ❷ (*blocked*) verstopft; **the streets were ~ with traffic** die Straßen waren verstopft; ~ **with leaves** mit Blättern verstopft; ~ **with vegetation** von Pflanzen überwuchert ❸ BRIT (*fig fam: upset*) [völlig] fertig *fam;* **to be** [**all**] ~ **up** vor Rührung kein Wort herausbringen *fam*
'choke·hold *n* (*grip*) Würgegriff *m;* (*dated: device*) Halsfessel *f;* (*fig*) eiserner Griff
chok·er ['tʃəʊkəʳ, AM 'tʃoʊkɚ] *n* ❶ (*necklace*) eng anliegende Halskette, enger Halsreif; (*ribbon*) Halsband *nt* ❷ AM (*fam: person*) Schwächling *m,* Versager *m*
chokey ['tʃəʊki] *n no pl* BRIT (*fam*) Knast *m fam,* Loch *nt fam;* **five years' ~** fünf Jahre Knast *fam*
chol·era ['kɒlᵊrə, AM 'kɑːlɚə] *n no pl* Cholera *f*
chol·er·ic ['kɒlᵊrɪk, AM 'kɑːlɚ-] *adj* cholerisch, aufbrausend
cho·les·ter·ol [kə'lestᵊrɒl, AM -tərɑːl] *n no pl* Cholesterin *nt;* **bad/good ~** zu hoher/niedriger Cholesterinwert, erhöhter/geringer Cholesterinwert; **high-~ foods** sehr cholesterinhaltige Nahrungsmittel *ntpl,* Nahrungsmittel *ntpl* mit hohem Cholesteringehalt; ~ **level** Cholesterinspiegel *m*
cho·line ['kəʊliːn, AM 'koʊ-] *n no pl* Cholin *nt*
chomp [tʃɒmp, AM tʃɑːmp] **I.** *vi* (*bite*) ■**to ~ into sth** herzhaft in etw *akk* [hinein]beißen; ■**to ~** [**away**] **on sth** etw mampfen *sl* **II.** *vt* ■**to ~ sth** etw mampfen *sl*
choo-choo ['tʃuːtʃuː] *n* (*childspeak*) tsch[u]-tsch[u], puff-puff *Kindersprache*
choose <chose, chosen> [tʃuːz] **I.** *vt* ■**to ~ sth** etw auswählen; **the magazine chose him as 'Man of the Year'** die Zeitschrift wählte [*o* kürte] ihn zum ‚Mann des Jahres'; **they chose her to lead the project** sie haben sie zur Projektleiterin gewählt **II.** *vi* (*select*) wählen; (*decide*) sich *akk* entscheiden; **you can ~ from these prizes** Sie können sich etwas unter diesen Preisen aussuchen; **to ~ to do sth** es vorziehen etw zu tun; **you chose to ignore my advice** du wolltest ja nicht auf mich hören!; **to do as one ~s** das tun, wonach einem zumute ist ▸ PHRASES: **there is little** [*or* **nothing**] [*or* **not much**] **to ~ between sth and sth** etw und etw unterscheiden sich kaum; **you cannot ~ but do sth** (*form*) man hat keine andere Wahl, als etw zu tun
choos(e)y ['tʃuːzi] *adj* (*fam*) ■**to be ~** [**about sth**] [bei etw *dat*] wählerisch sein
chop [tʃɒp, AM tʃɑːp] **I.** *vt* <-pp-> ❶ (*cut*) ■**to ~ sth ◯** [**up**] etw klein schneiden; **to have one's hair ~ped short** (*fam*) sich *dat* die Haare kurz schneiden lassen; **to ~ wood** Holz hacken ❷ (*reduce*) ■**to ~ sth** etw kürzen ❸ (*hit*) **to ~ a ball** einen Ball schneiden ❹ (*sl: lay off*) ■**to ~ sb** jdn feuern *fam* **II.** *vi* <-pp-> hacken ▸ PHRASES: **to ~ logic** disputieren; **to ~ and change** BRIT, AUS (*of opinion*) ständig die [*o* seine] Meinung ändern *fam,* wankelmütig sein; (*of action*) häufig wechseln **III.** *n* ❶ (*esp pork, lamb*) Kotelett *nt* ❷ (*hit*) Schlag *m;* **karate ~** Karateschlag *m* ❸ *no pl* (*of water*) Wellengang *m* ❹ AM (*animal feed*) zerkleinertes Getreidefutter ❺ *esp* BRIT, AUS (*fam: not wanted*) **to be for the ~** auf der Abschussliste stehen *fam;* **to be facing the ~** vor dem Aus [*o* Ende] stehen; **to get** [*or* **be given**] **the ~** gefeuert werden *fam,* auf die Straße gesetzt werden *fam,* rausgeworfen [*o fam* rausgeschmissen] werden *fam*
◆**chop down** *vt* **to ~ down a tree** [*or* **to ~ a tree down**] einen Baum fällen
◆**chop off** *vt* ■**to ~ sth ◯ off** etw abhacken

chop-chop [ˌtʃɒp'tʃɒp, AM ˌtʃɑːp'tʃɑːp] *interj* (*fam*) hopphopp *fam*
'chop·house *n* billige Gaststätte
chop·per ['tʃɒpəʳ, AM 'tʃɑːpɚ] *n* ❶ (*sl: helicopter*) Hubschrauber *m* ❷ BRIT (*tool for butcher*) Hackbeil *nt;* (*for woodcutting*) Hackmesser *nt* ❸ (*sl: motorcycle*) Chopper *m* ❹ BRIT (*vulg, sl: penis*) Schwanz *m vulg* ❺ (*sl: set of teeth*) ■ **~s** *pl* Zähne *mpl,* Gebiss *nt;* (*false teeth*) [künstliches] Gebiss
chop·ping ['tʃɒpɪŋ, AM 'tʃɑːpɪŋ] *n no pl* (*wood cutting*) Holzhacken *nt;* (*cutting of food*) Kleinhacken *nt*
'chop·ping block *n* Hackklotz *m* **'chop·ping board** *n* Hackbrett *nt* **'chop·ping knife** *n* Wiegemesser *nt*
chop·py ['tʃɒpi, AM 'tʃɑːpi] *adj* NAUT bewegt, kabbelig *fachspr*
chops [tʃɒps, AM tʃɑːps] *npl* ❶ (*fam: area around mouth*) Mundwinkel *mpl; of a dog, lion* Lefzen *fpl;* **to lick one's ~** *person* sich *dat* die Lippen lecken; *animal* sich *dat* das Maul lecken; **to smack one's ~** AM (*sl*) [mit den Lippen] schmatzen ❷ MUS **to have great ~** eine große Lippenfertigkeit besitzen
'chop·stick *n usu pl* [Ess]stäbchen *nt* **chop suey** [ˌtʃɒp'suːi, AM ˌtʃɑːp'-] *n* Chopsuey *nt*
cho·ral ['kɔːrəl] *adj* Chor-; **~ society** Gesangverein *m*
cho·rale [kɒ'rɑːl, AM kə'ræl] *n* Choral *m*
'cho·ral schol·ar *n* Gesangsstipendiat(in) *m(f)*
chord [kɔːd, AM kɔːrd] *n* MUS Akkord *m* ▶ PHRASES: **to strike** [*or* **touch**] **a ~ with sb** jdn berühren *fig;* **to strike** [*or* **touch**] **the right cord** den richtigen Ton treffen
chore [tʃɔːʳ, AM tʃɔːr] *n* ❶ (*routine task*) Routinearbeit *f;* **household ~s** Hausarbeit *f;* **to do the ~s** die Hausarbeit erledigen ❷ (*tedious task*) langweilige Aufgabe; (*unpleasant task*) lästige Aufgabe
cho·reo·graph ['kɒriəgrɑːf, AM 'kɔːriəgræf] *vt* **to ~ a ballet** ein Ballett choreografieren
cho·reog·ra·pher [ˌkɒri'ɒgrəfəʳ, AM ˌkɔːri'ɑːgrəfɚ] *n* Choreograf(in) *m(f)*
cho·reog·ra·phy [ˌkɒri'ɒgrəfi, AM ˌkɔːri'ɑːgrə-] *n no pl* Choreografie *f*
chor·is·ter ['kɒrɪstəʳ, AM 'kɔːrɪstɚ] *n* Chormitglied *nt;* (*in cathedral choir*) Kirchenchorsänger(in) *m(f);* (*boy*) Chorknabe *m*
chor·tle [tʃɔːtl̩, AM tʃɔːrt̬l̩] **I.** *vi* gluckern, glucksen; **what are you ~ing about?** was gibt es da zu kichern? **II.** *n* Gluckser *m;* **he gave a ~ of pure delight** er gluckste vor Freude
cho·rus ['kɔːrəs] **I.** *n* <*pl* -es> ❶ (*refrain*) Refrain *m;* **they burst into a ~ of Happy Birthday** sie stimmten ein Happy Birthday an; **to join in the ~** in den Refrain einstimmen; **the dawn ~** das Morgenkonzert der Vögel ❷ + *sing/pl vb* (*group of singers*) Chor *m* ❸ + *sing/pl vb* (*supporting singers*) Chor *m;* (*dancers*) Ballett *nt,* Tanzgruppe *f;* THEAT Chor *m* ❹ *usu sing* (*by many speakers*) Chor *m;* **a ~ of disapproval** allgemeine Ablehnung **II.** *vi* im Chor sprechen
'cho·rus boy *n* ❶ (*in church choir*) Chorknabe *m* ❷ (*supporting dancer*) Tänzer *m* in einer Gruppe, Revuetänzer *m;* (*supporting singer*) Chorsänger *m* **'cho·rus girl** *n* Revuetänzerin *f,* Revuegirl *nt;* (*supporting girl singer*) Chorsängerin *f* **'cho·rus line** *n* Revue *f;* (*supporting singers*) Chor *m;* (*supporting dancers*) Ballett *nt,* Tanzgruppe *f*
chose [tʃəʊz, AM -oʊz] *pt of* **choose**
cho·sen [tʃəʊzən, AM -oʊz-] **I.** *pp of* **choose II.** *adj* (*selected*) [aus]gewählt, ausgesucht; **the ~ people** REL das auserwählte Volk ▶ PHRASES: **many are called but few are ~** (*prov*) viele sind berufen, aber nur wenige [sind] auserwählt *prov*
choux pas·try [ʃuː'peɪstri] *n no pl* Brandteig *m*
chow [tʃaʊ] *n* ❶ AM (*sl: food*) Futter *nt;* **the ~ line** (*fam*) die Schlange bei der Essensausgabe ❷ (*dog*) Chow-Chow *m*
'chow chow *n* Chow-Chow *m*
chow·der ['tʃaʊdɚ] *n no pl* AM *sämige Suppe mit Fisch, Muscheln etc.;* **clam ~** *sämige Suppe mit Venusmuscheln*
chrism ['krɪzəm] *n* Chrisma *nt*
Christ [kraɪst] **I.** *n* Christus *m* **II.** *interj* (*sl*) Herrgott *fam;* **for ~'s sake** um Himmels willen *fam;* **~ almighty** Herrgott noch mal *fam*
chris·ten [krɪsən] *vt* ❶ (*give name to*) ■ **to ~ sb** jdn taufen; (*give nickname to*) jdm einen Spitznamen geben; ■ **to be ~ed after sb** nach jdm benannt sein; **to ~ a ship** ein Schiff taufen ❷ (*use for first time*) ■ **to ~ sth** *new clothes, shoes* etw einweihen *hum fam*
Chris·ten·dom ['krɪsəndəm] *n no pl* (*hist*) Christenheit *f,* Christen *mpl;* **all ~** die gesamte christliche Welt
chris·ten·ing ['krɪsənɪŋ] *n,* **'chris·ten·ing cer·emo·ny** *n* Taufe *f*
Chris·tian ['krɪstʃən] **I.** *n* Christ(in) *m(f);* (*good or kind person*) guter Mensch; **to become a ~** Christ/Christin werden **II.** *adj* christlich *a. fig;* (*decent*) anständig
Chris·tian 'bur·ial *n* christliches Begräbnis **Chris·tian 'era** *n* christliche Zeitrechnung
Chris·ti·an·ity [ˌkrɪsti'ænɪti, AM -tʃi'ænət̬i] *n no pl* Christentum *nt;* (*Christian quality*) Christlichkeit *f*
Chris·tian·ize ['krɪstʃənaɪz] *vt* ■ **to ~ sb** jdn zum Christentum bekehren; **to ~ an area** ein Gebiet christianisieren
'Chris·tian name *n esp* BRIT Vorname *m,* Rufname *m* **Chris·tian 'Sci·ence** *n* Christliche Wissenschaft, Christian Science *f*
Christ·mas <*pl* -es *or* -ses> ['krɪs(t)məs, AM 'krɪsməs] *n* Weihnachten *nt;* **Happy** [*or* **Merry**] **~!** Frohe [*o* Fröhliche] Weihnachten!; **at ~** [an] Weihnachten; **the Twelve Days of ~** die Zwölf Nächte

i Kultur

In Großbritannien werden ab Anfang Dezember *Christmas cards – Weihnachtskarten* verschickt. Dieser Brauch wurde Mitte des 19. Jhs. eingeführt. Am **Christmas Eve** – *Heiligabend,* der in Großbritannien und Irland ein normaler Werktag ist, hängen Kinder vor dem Schlafengehen *Christmas stockings – strumpfförmige Tüten* oder auch Kopfkissenbezüge auf, damit diese in der Nacht mit Geschenken gefüllt werden. Am **Christmas Day**, dem 25. Dezember, gibt es bei den meisten Familien einen mit Brät gefüllten Truthahn, mit Röstkartoffeln und Preiselbeersoße. Anschließend gibt es den *Christmas pudding* oder *plum pudding*, einen im Wasserbad gegarten Kuchen mit Korinthen, Rosinen und Sultaninen. *Christmas crackers*, eine weitere britische Erfindung Mitte des 19. Jhs., sind verzierte Papprollen mit einem kleinen Geschenk in der Mitte, einem witzigen Spruch und einer Papierkrone. Sie werden meist während des Mittagessens von jeweils zwei Personen auseinandergerissen.

Christ·mas 'bo·nus *n* Weihnachtsgeld *nt kein pl,* Weihnachtsgratifikation *f geh* **'Christ·mas box** *n* BRIT *kleines Geschenk/Trinkgeld zu Weihnachten für Postboten, Müllmänner etc.* **'Christ·mas cake** *n* BRIT, AUS *gehaltvoller Kuchen mit Trockenfrüchten und Zuckerguss* **'Christ·mas card** *n* Weihnachtskarte *f* **'Christ·mas carol** *n* Weihnachtslied *nt* **Christ·mas 'crack·er** *n* BRIT Knallbonbon *nt;* **to pull a ~** ein Knallbonbon aufziehen **Christ·mas 'Day** *n* erster Weihnachtsfeiertag **Christ·mas deco·'ra·tions** *npl* Weihnachtsdekoration *f,* Weihnachtsschmuck *m kein pl* **Christ·mas 'Eve** *n* Heiligabend *m;* **on ~** Heiligabend **Christ·mas 'par·ty** *n* Weihnachtsfeier *f* **'Christ·mas present** *n* Weihnachtsgeschenk *nt* **Christ·mas 'pud·ding** *n* BRIT Plumpudding *m* **Christ·mas 'shop·ping** *n no pl* Weihnachtseinkauf *m meist pl;* **to do one's ~** seine Weihnachtseinkäufe erledigen **Christ·mas 'stock·ing** *n am Kamin aufgehängter Strumpf, in den der Weihnachtsmann Heiligabend die Geschenke für die Kinder stopfen soll*
Christ·massy ['krɪs(t)məsi, AM 'krɪsməsi] *adj* weihnachtlich

'Christ·mas-time *n* Weihnachtszeit *f* **'Christ·mas tree** *n* Weihnachtsbaum *m,* Christbaum *m* DIAL **Christ·mas 'wreath** *n* Weihnachtskranz *m*

chro·mat·ic [krəʊ'mætɪk, AM -'mæţ-] *adj* MUS, PHYS chromatisch; ~ **chart** Farbentabelle *f*

chro·mat·ic 'scale *n* MUS chromatische Tonleiter

chrome [krəʊm, AM -oʊ-], **chro·mium** ['krəʊmiəm, AM -oʊ-] **I.** *n no pl* Chrom *nt* **II.** *n modifier* (*fender, fixtures*) Chrom-; ~ **bumper** verchromte Stoßstange; ~ **dye** Chrombeize *f;* ~ **steel** Chromnickelstahl *m;* ~**-plated** verchromt **III.** *adj inv* ~ **yellow** chromgelb

chro·mo·some ['krəʊməsəʊm, AM 'kroʊməsoʊm] *n* Chromosom *nt;* **X-**~ X-Chromosom *nt;* **Y-**~ Y-Chromosom *nt*

'chro·mo·some de·fect *adj* Chromosomenschaden *m,* Chromosomendefekt *m*

chron·ic ['krɒnɪk, AM 'krɑː-] **I.** *adj* ❶ (*permanent*) *alcoholic, bronchitis, condition* chronisch; ~ **liar** notorischer Lügner/ notorische Lügnerin ❷ BRIT, AUS (*fam: extremely bad*) furchtbar *fam,* wahnsinnig *fam* **II.** *n* AM (*sl*) starkes Marihuana

chroni·cal·ly ['krɒnɪkəli, AM 'krɑː-] *adv* ❶ (*long-term*) chronisch; **to be** ~ **ill** chronisch krank sein ❷ BRIT, AUS (*fam: very badly*) furchtbar, entsetzlich *fam*

chron·ic fa·'tigue syn·drome *n no pl* chronisches Müdigkeitssyndrom

chroni·cle ['krɒnɪkl, AM 'krɑː-] **I.** *vt* ■**to** ~ **sth** etw aufzeichnen **II.** *n* ❶ (*recording of events*) Chronik *f;* **the Anglo-Saxon** ~ die Angelsächsische Chronik ❷ (*fam: account of events*) Bericht *m;* (*title of newspaper*) ■**C**~ Anzeiger *m*

chroni·cler ['krɒnɪkləʳ, AM 'krɑːnɪklɚ] *n* Chronist(in) *m(f)*

Chroni·cles ['krɒnɪklz, AM 'krɑː-] *npl* REL Chronika *fpl* (*zwei Bücher des Alten Testaments*)

chrono·graph ['krɒnəgrɑːf, AM 'krɑːnəgræf] *n* Zeitmesser *m,* Chronograph *m fachspr*

chrono·logi·cal [ˌkrɒnə'lɒdʒɪkəl, AM ˌkrɑːnə'lɑː-] *adj* chronologisch; **in** ~ **order** [*or* **sequence**] in chronologischer Reihenfolge

chrono·logi·cal·ly [ˌkrɒnə'lɒdʒɪkəli, AM ˌkrɑːnə'lɑː-] *adv* chronologisch; **to be listed** ~ in chronologischer Reihenfolge aufgelistet sein

chro·nol·ogy [krɒn'ɒlədʒi, AM krən'ɑː-] *n no pl* zeitliche Abfolge, Chronologie *f geh;* (*summary*) chronologischer Bericht

chro·nom·eter [krɒn'ɒmɪtəʳ, AM krə'nɑːməţɚ] *n* Zeitmesser *m,* Chronometer *nt fachspr*

chrono·psy·chol·ogy [ˌkrəʊnə(ʊ)saɪ'kɒlədʒi, AM ˌkroʊnoʊsaɪ'kɑː-] *n no pl* Chronopsychologie *f fachspr* (*untersucht den natürlichen Körperrhythmus*)

chrono·thera·peut·ics [ˌkrəʊnə(ʊ)θerə'pjuːtɪks, AM ˌkroʊnoʊθerə'pjuːţɪks] *n + sing vb* MED Chronotherapie *f fachspr* (*nutzt die Erkenntnisse über den natürlichen Körperrhythmus bei der Behandlung von Krankheiten*)

chrono·thera·py [ˌkrəʊnə(ʊ)'θerəpi, AM ˌkroʊnoʊ'-] *n no pl* MED Chronotherapie *f fachspr* (*nutzt die Erkenntnisse über den natürlichen Körperrhythmus bei der Behandlung von Krankheiten*)

chrysa·lis <*pl* -es> ['krɪsəlɪs] *n* BIOL (*pupa*) Puppe *f;* (*casing*) Kokon *m*

chry·san·themum [krɪ'sæn(t)θəməm] *n* Chrysantheme *f*

chub·bi·ness ['tʃʌbinəs] *n no pl* Rundlichkeit *f,* Pummeligkeit *f;* (*with chubby cheeks*) Pausbäckigkeit *f*

chub·by ['tʃʌbi] *adj* dicklich, pummelig; ~ **child** Pummelchen *nt fam;* ~ **face** pausbäckiges Gesicht; ~ **fingers** Wurstfinger *mpl*

chuck [tʃʌk] **I.** *n* ❶ (*playful touch*) Stups *m fam;* **to give sb a** ~ **under the chin** jdm einen Stups unters Kinn geben *fam* ❷ NBRIT (*fam: term of endearment*) Schnuckelchen *nt fam,* Schnucki *nt fam* ❸ (*holding device*) Spannfutter *nt* ❹ (*beef cut*) Schulterstück *nt* vom Rind **II.** *vt* ❶ (*fam: throw*) ■**to** ~ **sth** etw schmeißen *fam* ❷ (*fam: end a relationship*) ■**to** ~ **sb** mit jdm Schluss machen *fam* ❸ (*touch playfully*) ■**to** ~ **sb** jdn stupsen *fam;* **to** ~ **sb under the chin** jdm einen Stups unters Kinn geben ❹ (*fam: give up*) ■**to** ~ **sth** *job* etw [hin]schmeißen *fam*

◆**chuck away** *vt* (*fam*) ■**to** ~ **sth** ↔ **away** etw wegschmeißen *fam*

◆**chuck in** *vt* (*fam*) ■**to** ~ **sth** ↔ **in** etw hinschmeißen *fam* ▸ PHRASES: **to** ~ **in the towel** das Handtuch schmeißen *fig fam*

◆**chuck out** *vt* (*fam*) ❶ (*throw away*) ■**to** ~ **sth** ↔ **out** etw wegschmeißen *fam* ❷ (*force sb to leave*) ■**to** ~ **sb** ↔ **out** jdn an die [frische] Luft setzen *fam*

◆**chuck up I.** *vt* BRIT (*fam*) ■**to** ~ **sth** ↔ **up** etw hinschmeißen *fam* **II.** *vi* (*fam*) brechen, kotzen *derb*

chuck·er-'out <*pl* chuckers-out> *n* BRIT (*fam*) Rausschmeißer *m fam*

chuckie ['tʃʌki] *n* NBRIT Schnuckelchen *nt fam,* Schnucki *nt fam*

chuck·le ['tʃʌkl] **I.** *n* Gekicher *nt kein pl;* **to give a** ~ kichern **II.** *vi* in sich *akk* hineinlachen

'chuck steak *n* Schulterstück *nt* vom Rind

chud·dies ['tʃʌdiz] *npl* (*fam*) Slip *m,* Unterhose *f*

chuff [tʃʌf] *vi steam engine* puffen *fam; engine* tuckern

chuffed [tʃʌft] *adj* BRIT, AUS (*fam*) froh; ■**to be** ~ **about sth** sich *akk* über etw *akk* freuen; **to be dead** ~ sich *akk* wie ein Schneekönig/eine Schneekönigin freuen *fam;* **to be less than** ~ **with sth** mit etw *dat* mehr als unzufrieden sein

chug [tʃʌg] **I.** *vi* <-gg-> tuckern **II.** *n* Tuckern *nt*

◆**chug along** *vi* (*fam*) sich *akk* dahinschleppen

chum [tʃʌm] **I.** *n* (*fam*) Kamerad(in) *m(f) veraltend;* (*more intimate*) Busenfreund(in) *m(f) meist iron* **II.** *vi* <-mm-> (*esp dated fam*) ■**to** ~ **up with sb** sich *akk* mit jdm anfreunden

chum·my ['tʃʌmi] *adj* ❶ (*fam: friendly*) freundlich; ■**to be** ~ **with sb** mit jdm gut befreundet sein; **to get** ~ **with sb** sich *akk* mit jdm anfreunden ❷ (*pej fam: too friendly*) plumpvertraulich; **don't get** ~ **with me!** tu jetzt bloß nicht so freundlich!

chump [tʃʌmp] *n* (*fam*) Trottel *m fam* ▸ PHRASES: **to be off one's** ~ seinen Verstand verloren haben *fam;* **to go off one's** ~ BRIT (*dated fam*) den Verstand verlieren *fam*

'chump change *n* AM (*fam: very little money*) Taschengeld *nt fig fam* **'chump chop** *n* BRIT, AUS Kotelett *nt*

chun·der ['tʃʌndəʳ] *esp* AUS **I.** *vi* (*fam*) kotzen *derb* **II.** *n no pl* (*fam*) Kotze *f derb*

chunk [tʃʌŋk] *n* ❶ (*thick lump or piece*) Brocken *m;* ~ **of bread/cheese** [großes] Stück Brot/Käse; ~**s of meat** Fleischbrocken *mpl;* **pineapple** ~**s** Ananasstücke *ntpl;* ~**s of stone** Felsbrocken *mpl* ❷ (*fig fam: large part of sth*) großer Batzen *fam*

chunky ['tʃʌŋki] *adj woollen garment* grob; *jewellery* klobig; *person* stämmig, untersetzt; ~ **marmalade** *Orangenmarmelade mit Fruchtstücken*

Chun·nel ['tʃʌnəl] *n* (*fam*) ■**the** ~ der Kanaltunnel

chun·ter ['tʃʌntəʳ] *vi* BRIT (*fam*) brummeln *fam*

chu·patti *n see* **chapati**

church [tʃɜːtʃ, AM tʃɜːrtʃ] **I.** *n* <*pl* -es> ❶ (*building*) Kirche *f,* Gotteshaus *nt;* **to go to** [*or* **attend**] ~ in die [*o* zur] Kirche gehen ❷ (*body of worshippers*) Kirche[ngemeinde] *f* ❸ *no pl* (*organization*) ■**the C**~ die Kirche; **the Anglican/Catholic C**~ die Anglikanische/Katholische Kirche; **the Free C**~ die Freikirche; **to enter** [*or* **go into**] **the** ~ Geistlicher werden ❹ *no pl* (*service*) Gottesdienst *m* **II.** *n modifier* ❶ (*of church organization*) kirchlich, Kirch[en]-; ~ **elder** Kirchenälteste(r) *f(m);* ~ **fête** *esp* BRIT Kirchenbasar *m;* ~ **function** Kirchenveranstaltung *f;* ~ **wedding** kirchliche Trauung ❷ (*of a church building*) (*bells, steps, walls*) Kirchen-; ~ **pew** Kirchenbank *f;* ~ **porch** Kirchenportal *nt;* ~ **steeple** (*tower*) Kirchturm *m;* (*spire on top of tower*) Kirchturmspitze *f* ▸ PHRASES: **as poor as a** ~ **mouse** arm wie eine Kirchenmaus *fam*

'church·goer *n* Kirchgänger(in) *m(f)* **'church·go·ing** *n no pl* Kirchenbesuch *m* **church 'hall** *n esp* BRIT Gemeindesaal *m* **'church·man** *n* (*clergyman*) Geistlicher *m,* Priester *m;* (*church member*) [männliches] Mitglied einer Kirche **Church of 'Eng·land** *n* BRIT Kirche *f* von England **'church ser·vice** *n* Gottesdienst *m* **church·'ward·en** *n* ❶ BRIT (*in Anglican Church*) Gemeindevorsteher(in) *m(f);* AM (*church administrator*) Vermögensverwalter(in) *m(f)* einer Kirche ❷ BRIT (*clay tobacco pipe*) Tabak[s]pfeife *f* (*aus Ton*) **'church·wom·an** *n* (*ordained official*) Geistliche *f,* Priesterin *f;* (*female member of a church*) [weibliches] Mitglied einer Kirche

churchy ['tʃɜːtʃi, AM 'tʃɜːr-] *adj* (*fam or pej*) *person* kirchenfromm *pej,* päpstlicher als der Papst *pej; atmosphere* wie in einer Kirche

'church·yard *n* Friedhof *m,* Kirchhof *m veraltend*

churl [tʃɜːl, AM tʃɜːrl] *n* Flegel *m pej,* Rüpel *m pej*

churl·ish ['tʃɜːlɪʃ, AM 'tʃɜːr-] *adj* ungehobelt, grob; (*no manners*) unhöflich

churl·ish·ly ['tʃɜːlɪʃli, AM 'tʃɜːr-] *adv* ungehobelt, grob

churl·ish·ness ['tʃɜːlɪʃnəs, AM 'tʃɜːr-] *n no pl* Ungehobeltheit *f,* ungehobeltes Benehmen, Grobheit *f*

churn [tʃɜːn, AM tʃɜːrn] **I.** *n* Butterfass *nt;* **milk** ~ Milchkanne *f* **II.** *vt* ■**to** ~ **sth** *earth, ground, sea* etw aufwühlen; **to** ~ **the milk** die Milch quirlen **III.** *vi* (*fig*) sich *akk* heftig drehen; **my stomach was** ~**ing** mir drehte sich der Magen um

◆**churn about** *vi* sich *akk* herumwälzen

◆**churn out** *vt* (*fam*) ■**to** ~ **sth** ○ **out** *mass-product* etw auswerfen [*o pej* in Massenproduktion herstellen]

◆**churn up** *vt* ■**to** ~ **sth** ○ **up** *earth, ground* etw aufwühlen; **to** ~ **up emotions** Emotionen schüren

chute[1] [ʃuːt] *n short for* **parachute** Fallschirm *m*

chute[2] [ʃuːt] *n* Rutsche *f,* Rutschbahn *f;* **emergency** ~ AVIAT Notrutsche *f;* **laundry** ~ Wäscheschacht *m;* **rubbish** [*or* AM **garbage**] ~ Müllschlucker *m*

chut·ney ['tʃʌtni] *n* Chutney *nt*

chutz·pah ['hʊtspɑː] *n no pl* (*approv*) Chuzpe *f pej fam;* (*pej*) Dreistigkeit *f*

CIA [ˌsiːaɪ'eɪ] *n* AM *abbrev of* **Central Intelligence Agency** CIA *m o f*

ciao [tʃaʊ] *interj* (*hello*) hallo; (*goodbye*) ciao *sl,* tschau *sl,* tschüs *fam*

ci·ca·da [sɪ'kɑːdə, AM -'keɪ-] *n* Zikade *f*

CID [ˌsiːaɪ'diː] *n* BRIT *abbrev of* **Criminal Investigation Department** Oberste Kriminalpolizeibehörde, ≈ Kripo *f*

ci·der ['saɪdəʳ, AM -ɚ] **I.** *n no pl* BRIT (*alcoholic drink*) Cidre *m,* Apfelwein *m;* AM (*unfermented juice*) Apfelmost *m;* **dry** ~ [herber] Most; **sweet** ~ Süßmost *m* **II.** *n modifier* (*press, punch, season, vinegar*) Apfel-; ~ **apples** Pressäpfel *mpl*

cig [sɪg] *n* (*fam*) *abbrev of* **cigarette** Kippe *f sl*

ci·gar [sɪ'gɑːʳ, AM -'gɑːr] *n* Zigarre *f*

ci·'gar·box *n* Zigarrenkiste *f* **ci·'gar·case** *n* Zigarrenetui *nt* **ci·'gar·cut·ter** *n* Zigarrenabschneider *m*

ciga·rette [ˌsɪgᵊr'et, AM -gə'ret] *n* Zigarette *f;* **a packet of** ~**s** eine Packung Zigaretten; **to drag** [*or* **draw**] **on a** ~ an einer Zigarette ziehen; **to light a** ~ [sich *dat*] eine Zigarette anzünden [*o* anstecken]

ciga·'rette butt *n* Zigarettenstummel *m,* Zigarettenkippe *f* **ciga·'rette case** *n* Zigarettenetui *nt* **ciga·'rette end** *n* BRIT Zigarettenstummel *m,* Zigarettenkippe *f* **ciga·'rette hold·er** *n* Zigarettenspitze *f* **ciga·'rette light·er** *n* Feuerzeug *nt* **ciga·'rette ma·chine** *n* Zigarettenautomat *m* **ciga·'rette pa·per** *n* Zigarettenpapier *nt* **ciga·'rette smoke** *n no pl* Zigarettenrauch *m,* Zigarettenqualm *m* **ciga·'rette smok·er** *n* Zigarettenraucher(in) *m(f)*

ciga·ril·lo [ˌsɪgə'rɪləʊ, AM -oʊ] *n* Zigarillo *m o nt a. f, fam*

ci'gar-shaped *adj* zigarrenförmig

cig·gy ['sɪgi] *n* (*fam*) *abbrev of* **cigarette** Kippe *f sl*

cill *n see* **sill**

C-in-C [ˌsiːɪn'siː] *n abbrev of* **Commander-in-Chief** Oberbefehlshaber(in) *m(f)*

cinch <*pl* -es> [sɪntʃ] *n usu sing* ■**a** ~ (*easy task*) ein Kinderspiel *nt fam;* (*a certainty*) eine todsichere Sache *fam*

cin·der ['sɪndəʳ, AM -ɚ] *n* Zinder *m meist pl;* ■~**s** *pl* Asche *f kein pl;* **burnt to a** ~ verkohlt

'cin·der block *n* AM Schlackenstein *m*

Cinderella [ˌsɪndᵊr'elə] *n* Aschenputtel *nt,* Aschenbrödel *nt;* (*underrated person or thing*) Stiefkind *nt fig*

'cin·der track *n* Aschenbahn *f*

cine ['sɪni] *adj attr* Film-, Kino-

cin·east(e) *n* ❶ (*film enthusiast*) Kinoliebhaber(in) *m(f)* ❷ (*film-maker*) Cineast(in) *m(f)*

'cine-cam·era *n* Filmkamera *f* **'cine-film** *n* Schmalfilm *m*

cin·ema ['sɪnəmə] *n* Kino *nt;* (*film world also*) Film *m;* ~ **ticket** Kinokarte *f;* ~ **seat** Kinoplatz *m;* **to go to the** ~ ins Kino gehen

'cin·ema·goer *n* Kinogänger(in) *m(f)* **'cin·ema-going I.** *n no pl* Kinobesuch *m meist pl* **II.** *adj* Kino-; **the** ~ **public** das Kinopublikum **'Cin·ema·Scope®** *n* Cinemascope® *nt*

cin·emat·ic [ˌsɪnɪ'mætɪk, AM -ə'mæṭɪk] *adj* Film-, filmisch

cin·ema·tog·ra·pher [ˌsɪnɪmə'tɒgrəfəʳ, AM -əmə'tɑːgrəfɚ] *n* Kameramann, -frau *m, f*

cin·ema·tog·ra·phy [ˌsɪnɪmə'tɒgrəfi, AM -əmə'ṭɑː-] *n* Kinematographie *f*

'cine-pro·jec·tor *n* Filmprojektor *m*

cin·na·mon ['sɪnəmən] **I.** *n no pl* Zimt *m;* (*bark*) Zimtrinde *f* **II.** *n modifier* (*biscuit, stick, tree*) Zimt- **III.** *adj* zimtfarben

ci·pher ['saɪfəʳ, AM -ɚ] *n* ❶ (*secret code*) [Geheim]code *m;* (*in writing*) Geheimschrift *f;* (*sign*) Chiffre *f;* **in** ~ chiffriert ❷ (*unimportant person*) Null *f fam;* (*unimportant thing*) Nichts *nt;* (*person used as a pawn*) Marionette *f* ❸ AM (*zero*) Null *f*

'ci·pher code *n no pl* (*secret code system*) Geheimcode *m;* (*in writing*) Geheimschrift *f*

cir·ca ['sɜːkə, AM 'sɜːr-] *prep* (*form*) circa, zirka

cir·ca·dian [sɜː'keɪdiən, AM sɚ'-] *adj* zirkadian, im 24-Stunden-Rhythmus

cir·cle ['sɜːkḷ, AM 'sɜːr-] **I.** *n* ❶ (*round shape*) Kreis *m;* **to have** ~**s under one's eyes** Ringe unter den Augen haben; **to go round in** ~**s** [*or* **in a** ~] sich *akk* im Kreis drehen *a. fig;* (*fig*) **to run round in** ~**s** am Rotieren sein ❷ (*group of people*) Kreis *m,* Runde *f;* **the family** ~ der Familienkreis; ~ **of friends** Freundeskreis *m;* **an intellectual/political** ~ ein intellektueller/politischer Zirkel *geh;* **to move in different** ~**s** sich *akk* in unterschiedlichen Kreisen bewegen; **to move in exalted** ~**s** in gehobenen Kreisen verkehren; **to move in the right** ~**s** in den richtigen Kreisen verkehren ❸ *no pl* (*in theatre*) Rang *m* ▶ PHRASES: **to come full** ~ zum Ausgangspunkt zurückkehren; **now we've come full** ~ jetzt ist wieder alles beim Alten; **to square the** ~ etw Unmögliches versuchen; **a vicious** ~ ein Teufelskreis *m* **II.** *vt* ❶ (*draw a circle*) ■**to** ~ **sth** um etw *akk* einen Kringel machen, etw umkringeln ❷ (*walk around*) ■**to** ~ **sth/sb** etw/jdn umkreisen **III.** *vi* kreisen

cir·cuit ['sɜːkɪt, AM 'sɜːr-] *n* ❶ (*closed system*) Kreis[lauf] *m;* ELEC Schaltsystem *nt* ❷ SPORTS Rennstrecke *f;* **to do a** ~ eine Runde drehen ❸ (*circular route*) Rundgang *m* (**of** um/durch +*akk*) ❹ (*sequence of events*) Runde *f;* **lecture** ~ Vortragsreihe *f;* **tennis** ~ Tennis(turnier)runde *f* ❺ LAW Gerichtsbezirk *m* (*in dem, oft an verschiedenen Orten, regelmäßig Gerichtstage abgehalten werden*); **to be on** ~ *im Gerichtsbezirk auf Rundreise sein;* ~ **court** Bezirksgericht *nt*

'cir·cuit board *n* Schaltbrett *nt* **'cir·cuit break·er** *n* Schutzschalter *m,* Stromkreisunterbrecher *m* **'cir·cuit dia·gram** *n* Schaltplan *m* **'cir·cuit judge** *n Richter/Richterin, der/die in regelmäßig wechselndem Turnus an verschiedenen Bezirksgerichten den Vorsitz führt*

cir·cui·tous [sə'kjuːɪtəs, AM sɚ'kjuːəṭəs] *adj explanation, means* umständlich; ~ **route** Umweg *m*

cir·cui·tous·ly [sə'kjuːɪtəsli, AM sɚ'kjuːəṭ-] *adv* umständlich

C

cir·cuit·ry ['sɜːkɪtri, AM 'sɜːr-] *n no pl* ELEC Schaltkreise *mpl,* Schaltsystem *nt*
'cir·cuit train·ing *n* Circuittraining *nt,* Zirkeltraining *nt;* **to do ~** Zirkeltraining machen
cir·cu·lar ['sɜːkjələʳ, AM 'sɜːrkjələ˞] **I.** *adj* [kreis]rund; **~ bath** runde Badewanne **II.** *n* Rundschreiben *nt,* Rundbrief *m;* (*advertisement*) Wurfsendung *f*
cir·cu·lar 'ar·gu·ment *n* Zirkelschluss *m geh* **cir·cu·lar 'file** *n* (*hum*) ■**the ~** die Rundablage *hum*
cir·cu·lar·ity [ˌsɜːkjə'lærəti, AM ˌsɜːrkjəlerət̬i] *n no pl* Zirkelschluss *m geh,* Teufelskreis *m*
cir·cu·lar·ize ['sɜːkjələraɪz, AM 'sɜːrkjələ-] *vt* ADMIN ■**to ~ sth** *letter, information* etw in Umlauf bringen
cir·cu·lar 'let·ter *n* Rundschreiben *nt,* Rundbrief *m* **cir·cu·lar 'saw** *n* Kreissäge *f* **cir·cu·lar 'tour** *n,* **cir·cu·lar 'trip** *n* Rundreise *f,* Rundfahrt *f*
cir·cu·late ['sɜːkjəleɪt, AM 'sɜːrkjə-] **I.** *vt* ■**to ~ sth** *news* etw in Umlauf bringen; *card, petition* etw herumgehen [*o* zirkulieren] lassen **II.** *vi* zirkulieren; *rumours* kursieren, sich *akk* verbreiten; **~ among your guests!** mach mal eine Runde!; **to ~ quickly** *rumours, bad news* sich schnell herumsprechen
cir·cu·lat·ing 'li·brary *n* (*dated*) Leihbibliothek *f* **cir·cu·lat·ing 'me·dium** *n* Zahlungsmittel *nt*
cir·cu·la·tion [ˌsɜːkjə'leɪʃᵊn, AM ˌsɜːr-] *n no pl* ❶ MED [Blut]kreislauf *m,* [Blut]zirkulation *f,* Durchblutung *f;* **people with poor ~** Menschen *mpl* mit Durchblutungsstörungen ❷ (*copies sold*) Auflage *f* ❸ (*use*) *of money* Umlauf *m;* **to be taken out of ~** aus dem Verkehr gezogen werden ❹ (*fig fam: seen in public*) **to be out of ~** aus dem Verkehr gezogen sein; **to be back in ~** wieder mitmischen *fam*
cir·cu·la·'tion list *n* Verteilerliste *f* (*für Rundschreiben*)
cir·cu·la·tory [ˌsɜːkjə'leɪtᵊri, AM 'sɜːrkjələtɔːri] *adj attr, inv* Kreislauf-; **the ~ system** der [Blut]kreislauf
cir·cum··cise ['sɜːkəmsaɪz, AM 'sɜːr-] *vt* ■**to ~ sb** jdn beschneiden
cir·cum··ci·sion [ˌsɜːkəm'sɪʒᵊn, AM ˌsɜːr-] *n* Beschneidung *f*
cir·cum·fer·ence [sə'kʌm(p)fᵊrᵊn(t)s, AM sə˞'-] *n* ❶ (*boundary line*) Kreislinie *f;* (*distance around*) Umfang *m;* **a circle 30 centimetres in ~** ein Kreis mit 30 Zentimetern Umfang ❷ (*outside edge*) Peripherie *f*
cir·cum·lo·cu·tion [ˌsɜːkəmlə'kjuːʃᵊn, AM ˌsɜːr-] *n* (*form*) ❶ (*roundabout expression*) Umschreibung *f;* (*roundabout way of speaking*) Weitschweifigkeit *f* ❷ *no pl* (*being indirect*) Drumherumreden *nt fam*
cir·cum·locu·tory [ˌsɜːkəmlə'kjuːtᵊri, AM ˌsɜːrkəm'lɑːkjuːtɔːri] *adj* (*form*) weitschweifig
cir·cum·navi·gate [ˌsɜːkəm'nævɪgeɪt, AM ˌsɜːr-] *vt* ■**to ~ sth** ❶ NAUT (*sail around*) etw umfahren; (*by sailing boat*) etw umsegeln; **to ~ a cape** ein Kap umschiffen ❷ (*fig: avoid*) etw umgehen *fig*
cir·cum·navi·ga·tion [ˌsɜːkəmnævɪ'geɪʃᵊn, AM ˌsɜːr-] *n* NAUT Umschiffung *f;* (*by sailing boat*) Umseg[e]lung *f*
cir·cum·scribe ['sɜːkəmskraɪb, AM 'sɜːr-] *vt* ■**to ~ sth** etw eingrenzen; **to ~ sb's room for manoeuvre** jds Handlungsfreiheit einschränken; **to ~ a triangle** (*in geometry*) ein Dreieck umschreiben *fachspr*
cir·cum·scribed ['sɜːkəmskraɪbd, AM 'sɜːr-] *adj* begrenzt, eingeschränkt
cir·cum·scrip·tion [ˌsɜːkəm'skrɪpʃᵊn, AM ˌsɜːr-] *n no pl* GEOM, MATH Umschreibung *f fachspr*
cir·cum·spect ['sɜːkəmspekt, AM 'sɜːr-] *adj* umsichtig, vorsichtig; ■**to be ~ about sth** etw vorsichtig beurteilen
cir·cum·spec·tion [ˌsɜːkəm'spekʃᵊn, AM ˌsɜːr-] *n no pl* Umsicht *f*
cir·cum·spect·ly ['sɜːkəmspektli, AM 'sɜːr-] *adv* umsichtig, vorsichtig
cir·cum·stance ['sɜːkəmstæn(t)s, AM 'sɜːr-] *n* ❶ (*situation*) Umstand *m,* Lage *f;* **poor economic ~s** schlechte Wirtschaftslage ❷ (*conditions*) Umstände *mpl,* Verhältnisse *ntpl;* **by force of ~** durch die Umstände bedingt; **to be a victim of ~[s]** ein Opfer der Verhältnisse sein; **regardless of ~** ohne Rücksicht auf die Umstände; **to live in reduced ~s** in beschränkten Verhältnissen leben; **to not do sth in** [*or* **under**] **any ~s** etw unter keinen Umständen tun; **in** [*or* **under**] **no ~s** auf keinen Fall, unter keinen Umständen; **in** [*or* **under**] **the ~s** unter diesen Umständen ❸ (*importance*) **nothing of ~** nichts von Bedeutung
cir·cum·stan·tial [ˌsɜːkəm'stæn(t)ʃᵊl, AM ˌsɜːr-] *adj* ausführlich, detailliert
cir·cum·stan·tial 'evi·dence *n esp* LAW Indizienbeweis *m*
cir·cum·vent [ˌsɜːkəm'vent, AM ˌsɜːr-] *vt* ■**to ~ sth** *law, regulation, rule* etw umgehen
cir·cum·ven·tion [ˌsɜːkəm'ven(t)ʃᵊn, AM ˌsɜːr-] *n no pl of a law, regulation, rule* Umgehung *f*
cir·cus ['sɜːkəs, AM 'sɜːr-] **I.** *n* ❶ (*show*) Zirkus *m;* **to join a/the ~** zu einem/dem Zirkus gehen, sich *akk* einem/dem Zirkus anschließen; **a one-man ~** ein Einmannzirkus *m;* **travelling ~** Wanderzirkus *m* ❷ (*pej: group of people*) Truppe *f;* **the media ~** der Medienzirkus ❸ *no pl* (*noisy scene*) Zirkus *m pej fam* ❹ BRIT (*area with roads*) [runder] Platz; **Oxford/Piccadilly C~** Oxford/Piccadilly Circus *m* ▶ PHRASES: **bread and ~es** BRIT Brot und Spiele **II.** *n modifier* (*animal, trick, stunt, show, tent, performance*) Zirkus-; **~ act** Zirkusnummer *f;* **~ ring** Manege *f*
cir·rho·sis [sɪ'rəʊsɪs, AM sə'roʊ-] *n* Zirrhose *f;* **~ of the liver** Leberzirrhose *f*
cir·rus <*pl* -ri> ['sɪrəs, *pl* -ri] *n* METEO Zirrus *m fachspr,* Zirruswolke *f,* Federwolke *f*
cis·sy *n* (*fam*) *see* **sissy**
Cis·ter·cian [sɪ'stɜːʃᵊn, AM -'stɜːr-] **I.** *adj inv* Zisterzienser-; **~ Order** Zisterzienserorden *m* **II.** *n* Zisterzienser(in) *m(f)*
cis·tern ['sɪstən, AM -ə˞n] *n* Zisterne *f;* (*of toilet*) Spülkasten *m,* Wasserkasten *m;* (*in roof*) Wasserspeicher *m*
cita·del ['sɪtədᵊl, AM -t̬-] *n* ❶ (*fortress*) Zitadelle *f* ❷ (*fig: exclusive organization*) Hochburg *f*
ci·ta·tion [saɪ'teɪʃᵊn] *n* ❶ (*written quotation*) Zitat *nt* ❷ AM (*commendation for bravery*) lobende Erwähnung
cite [saɪt] *vt* ❶ (*mention*) ■**to ~ sth** etw anführen; **to ~ sth as evidence** etw als Beweis anführen; **to ~ an example/a reason** ein Beispiel/einen Grund anführen ❷ (*quote*) ■**to ~ sth/sb** etw/jdn zitieren ❸ *usu passive* AM (*officially commend*) ■**to be ~d for sth** für etw *akk* lobend erwähnt werden
citi·zen ['sɪtɪzᵊn, AM -t̬-] *n* ❶ (*national*) [Staats]bürger(in) *m(f);* **British ~** britischer Staatsbürger/britische Staatsbürgerin; **a law-abiding ~** ein gesetzestreuer Bürger/eine gesetzestreue Bürgerin; **to become a ~ of a country** eingebürgert werden ❷ (*resident of town*) Bürger(in) *m(f);* **a second-class ~** ein Bürger/eine Bürgerin zweiter Klasse
citi·zen·ry ['sɪtɪzᵊnri, AM -t̬-] *n + sing/pl vb* (*form*) Bürgerschaft *f*
Citi·zens Ad·'vice Bu·reau *n* BRIT Bürgerberatungsstelle *f* **citi·zen's ar·'rest** *n* Festnahme *f* durch eine Zivilperson **Citi·zens' Band 'ra·dio** *n* CB-Funk *m*
citi·zen·ship ['sɪtɪzᵊnʃɪp, AM -t̬-] *n no pl* ❶ (*national status*) Staatsbürgerschaft *f;* **to apply for ~ of a country** die Staatsbürgerschaft eines Landes beantragen; **joint ~** doppelte Staatsbürgerschaft ❷ (*neighbourly behaviour*) **good ~** gute Nachbarschaft
cit·ric ['sɪtrɪk] *adj* Zitrus-
cit·ric 'acid *n* Zitronensäure *f*
cit·rine [sɪ'triːn] *n* (*topaz quartz*) Zitrin *m*
cit·rus ['sɪtrəs] **I.** *n* <*pl* - *or* -es> Zitrusgewächs *nt* **II.** *n modifier* Zitrus-; **~ grower** Zitrusfruchtpflanzer(in) *m(f);* **~ orchard** Zitrusfruchtplantage *f*
'cit·rus fruit *n* Zitrusfrucht *f*
city ['sɪti, AM -t̬-] **I.** *n* ❶ (*large town*) [Groß]stadt *f;* **capital ~** Hauptstadt *f;* **to have the freedom of the ~** die Ehrenbürger-

rechte der Stadt haben ❷ (*residents*) Stadtbewohner(innen) *mpl(fpl)*; (*as whole*) Stadt *f* ❸ ■**the** ~ Aus (*city centre*) die Innenstadt (*einer Hauptstadt*) **II.** *n modifier* [Groß]stadt-, städtisch; ~ **block** Wohnblock *m* im Stadtgebiet; ~ **building** Großstadtgebäude *nt*; ~ **life** [Groß]stadtleben *nt*; ~ **mayor** Oberbürgermeister(in) *m(f)*; ~ **police** Stadtpolizei *f*; ~ **rubbish** [*or* Am **trash**] **collector** städtische Müllabfuhr; ~ **sites** Stadtsehenswürdigkeiten *fpl*; ~ **street** Straße *f* im Stadtbereich

> **i Kultur**
>
> Viele amerikanische **cities** – *Großstädte* haben Spitznamen. *New York* heißt *Gotham* oder *The Big Apple*. In Anspielung auf Letzteres nennen manche *Los Angeles The Big Orange*, andere bevorzugen den Namen *The City of the Angels*. *Chicago* ist *The Windy City* und *New Orleans* heißt *The Big Easy*. *The City of Brotherly Love* bezieht sich auf *Philadelphia*. *Denver* wird wegen seiner Höhenlage *The Mile-High City* genannt und *Detroit* wird als Sitz der Autoindustrie als *Motor City* bezeichnet.

City ['sɪti] *n no pl* Brit ■**the** ~ *das Londoner Banken- und Börsenviertel*

city 'cen·tre Brit, Aus **I.** *n* Innenstadt *f*, Stadtzentrum *nt* **II.** *n modifier* Innenstadt-; ~ **attractions** Sehenswürdigkeiten *fpl* der Innenstadt; ~ **crime** Kriminalität *f* im Innenstadtbereich; ~ **problems** Probleme *ntpl* im Stadtzentrum; ~ **school** zentral gelegene Schule **city 'coun·cil** *n* Stadtrat *m* **city 'coun·cil·lor** *n* Stadtrat, -rätin *m, f* **'city desk** *n* ■**the** ~ Brit Redaktion *f* für Wirtschaftsnachrichten; Am Redaktion *f* für Lokalnachrichten **city 'fath·er** *n* (*dated*) Stadtverordnete(r) *f(m)*; ■**the** ~**s** *pl* die Stadtväter *pl* **city 'hall** *n esp* Am Rathaus *nt*; ■**C**~ Stadtverwaltung *f* **city in·for·'ma·tion cen·tre** *n* Brit städtisches Auskunftsbüro [*o* Verkehrsbüro] **city 'plan·ner** *n* Stadtplaner(in) *m(f)* **city 'slick·er** *n* (*pej fam*) Großstädter(in) *m(f)*, Großstadtsnob *m pej* **city-'state** *n* (*hist*) Stadtstaat *m* **'city·wide** *adj attr, inv esp* Am stadtweit, die ganze Stadt umfassend

civ·et ['sɪvɪt] *n* ❶ (*animal*) Zibetkatze *f* ❷ *no pl* (*substance*) Zibet *m*

civ·ic ['sɪvɪk] *adj attr, inv* städtisch, Stadt-; (*of citizenship*) bürgerlich, Bürger-; ~ **authorities** Stadtverwaltung *f*; ~ **centre** Brit Verwaltungszentrum *nt*; ~ **functions** städtische Aufgaben; ~ **pride** *Stolz eines Bürgers auf seine Stadt*

Civ·ic 'Holi·day *n* Can *der erste Montag im August*

civ·ics ['sɪvɪks] *n + sing vb* Gemeinschaftskunde *f*

civies ['sɪviz] *npl* Am *see* **civvies**

civ·il ['sɪvᵊl] *adj* ❶ *attr, inv* (*non-military*) zivil, Zivil-; (*of ordinary citizens*) bürgerlich, Bürger-; ~ **government** Zivilverwaltung *f* ❷ (*courteous*) höflich, zuvorkommend; **to not have a** ~ **word to say for sb** für jdn nicht ein freundliches Wort übrig haben; **to keep a** ~ **tongue in one's head** seine Zunge im Zaum halten ❸ *attr, inv* (*private rights*) Zivil-, zivilrechtlich; ~ **case** Zivilprozess *m*

civ·il 'ac·tion *n* Zivilprozess *m*; **to bring a** ~ **against sb** gegen jdn einen Zivilprozess anstrengen **civ·il 'ac·tiv·ist** *n* Bürgerrechtler(in) *m(f)* **civ·il 'court** *n* Zivilgericht *nt* **civ·il de·'fence** *n no pl* Zivilschutz *m* **civ·il dis·o'bedi·ence** *n no pl* ziviler Ungehorsam **civ·il en·gi·'neer** *n* Bauingenieur(in) *m(f)* **civ·il en·gi·'neer·ing** *n* Hoch- und Tiefbau *m*

ci·vil·ian [sɪ'vɪliən, Am -jən] **I.** *n* Zivilist(in) *m(f)* **II.** *adj attr, inv* Zivil-; **to wear** ~ **clothes** Zivil[kleidung] tragen; **in** ~ **life** im Zivilleben, als Zivilist; ~ **population** Zivilbevölkerung *f*

ci·vil·ity [sɪ'vɪləti, Am -t̬iz] *n* ❶ *no pl* (*politeness*) Höflichkeit *f* ❷ (*remarks*) ■~**s** *pl* Höflichkeiten *fpl*, Höflichkeitsfloskeln *fpl*

civi·li·za·tion [ˌsɪvᵊlaɪ'zeɪʃᵊn, Am -ᵊlɪ'-] *n* ❶ (*stage of society and culture*) Zivilisation[sstufe] *f*, Kultur[stufe] *f* ❷ *no pl* (*human society and culture*) zivilisierte Welt ❸ *no pl* (*esp hum: comfortable living conditions*) Zivilisation *f*; **miles from** ~ (*hum*) meilenweit von der Zivilisation entfernt *fig* ❹ *no pl* (*process of civilization*) Zivilisierung *f*

civi·lize ['sɪvᵊlaɪz, Am -əl-] *vt* ■**to** ~ **sb** jdn zivilisieren; *individual* jdm Manieren beibringen

civi·lized ['sɪvᵊlaɪzd, Am -əl-] *adj* ❶ (*advanced in social customs*) zivilisiert; ~ **nation** Kulturnation *f* ❷ (*polite, reasonable*) höflich; **a** ~ **person** ein wohlerzogener Mensch ❸ (*showing good taste*) kultiviert

civ·il 'law *n* Zivilrecht *nt*, bürgerliches Recht **civ·il 'lib·er·ties** *npl* [bürgerliche] Freiheitsrechte *ntpl* **'civ·il list** *n* Brit Zivilliste *f*

civ·il·ly ['sɪvᵊli] *adv* höflich, zuvorkommend

civ·il 'mar·riage *n* Zivilehe *f*; (*ceremony*) Ziviltrauung *f* **civ·il popu'la·tion** *n* Zivilbevölkerung *f* **civ·il 'rights** *npl* Bürgerrechte *ntpl* **civ·il 'rights move·ment** *n* Bürgerrechtsbewegung *f* **civ·il 'serv·ant** *n* [Staats]beamte(r) *m*, [Staats]beamte [*o* -in] *f*

civ·il 'ser·vice *n* öffentlicher Dienst, Staatsdienst *m*

> **i Kultur**
>
> Der **Civil Service** in Großbritannien ist Teil der Zentralverwaltung des Landes; zu ihm gehören der diplomatische Dienst, das *Inland Revenue* – *Finanzamt*, das Gesundheits- und Sozialamt und auch staatliche Bildungseinrichtungen. Die *civil servants* – *Staatsbeamte* sind fest angestellt und sind von einem Regierungswechsel nicht betroffen.

civ·il 'un·ion *n* gleichgeschlechtliche Ehe **civ·il 'war** *n* Bürgerkrieg *m*

civ·vies ['sɪviz] *npl esp* Brit (*dated fam*) Zivil *nt kein pl*, Zivilklamotten *fpl fam*; **in** ~ in Zivil

'Civ·vy Street *n* Brit (*dated fam*) Zivilleben *nt*

cl *abbrev of* **centilitre** cl

clack [klæk] **I.** *vi* klappern **II.** *n* Klappern *nt*, Geklapper *nt pej fam*

clad [klæd] *adj inv* gekleidet; (*covered*) bedeckt; **to be** ~ **in blue** [ganz] in Blau gekleidet sein; **an ivy-**~ **wall** eine efeubewachsene Mauer

clad·ding ['klædɪŋ] *n no pl* Verkleidung *f*

clag [klæg] *n* Aus Leim *m*, Klebstoff *m*

claim [kleɪm] **I.** *n* ❶ (*assertion*) Behauptung *f*; **a** ~ **to fame** ein Anspruch *m* auf Ruhm; **to make** ~**s to be sth** behaupten, etw zu sein; **to make wild** ~**s about sth** über etw *akk* wilde Behauptungen aufstellen; **to substantiate a** ~ eine Behauptung untermauern; **to support a** ~ (*in argument*) eine Behauptung stützen; (*in legal affairs*) einen Anspruch begründen ❷ (*demand for money*) Forderung *f*; **to make a** ~ **on one's insurance** bei der Versicherung einen Schadensanspruch geltend machen; **to pay a** ~ einen Schaden bezahlen; **to put in a** ~ [**for sth**] [für etw *akk*] Schadenersatz beantragen; **to submit a** ~ **for sth** für etw *akk* eine Auslagenerstattung einreichen ❸ (*right to sth*) Anspruch *m*, Anrecht *nt* (**to** auf +*akk*); **to have a/no** ~ **to sth** auf etw *akk* Anspruch/keinen Anspruch haben; **to have no** ~**s on sb** jdm gegenüber keine Ansprüche haben; **to lay** ~ **to sth** auf etw *akk* Anspruch erheben **II.** *vt* ❶ (*assert*) ■**to** ~ [**that**] ... behaupten, dass ...; **to** ~ **responsibility** die Verantwortung übernehmen; **both contestants** ~**ed victory after the race** nach dem Rennen erhoben beide Wettbewerbsteilnehmer Anspruch auf den ersten Platz; **to** ~ **a number of members** eine Anzahl von Mitgliedern aufweisen ❷ (*declare ownership*) ■**to** ~ **sth** auf etw *akk* Anspruch erheben; **to** ~ **the reward for sth** Anspruch auf die Belohnung für etw *akk* erheben; **to** ~ **ownership of sth** Besitzanspruch auf etw *akk* erheben; **to** ~ **diplomatic immu-**

C

nity sich *akk* auf diplomatische Immunität berufen; **to ~ a title** Anspruch auf einen Titel erheben; **to ~ the throne** den Thron beanspruchen ③ (*take up, require*) **to ~ a lot of time** viel Zeit in Anspruch nehmen ④ (*demand in writing*) ■**to ~ sth** etw beantragen; **to ~ one's money back** BRIT sein Geld zurückverlangen; **to ~ a refund** eine Rückerstattung fordern; **to ~ damages** Schadenersatz fordern ⑤ (*cause death*) **to ~ thousands of lives** Tausende von Leben fordern ▶ PHRASES: **to ~ the moral high ground** die Moral für sich *akk* beanspruchen **III.** *vi* seine Ansprüche geltend machen; ■**to ~ for sth** etw fordern; **to ~ for compensation/damages** Schadenersatz fordern; **to ~ on the insurance** Schadensersatz bei der Versicherung beantragen

◆**claim back** *vt* ■**to ~ sth** ○ **back** etw zurückfordern

claim·ant [kleɪmənt] *n* Anspruchsteller(in) *m(f)*; (*for benefits*) Antragsteller(in) *m(f)*; LAW Kläger(in) *m(f)*; **~ to a throne** Thronanwärter(in) *m(f)*; **~ to a title** Titelanwärter(in) *m(f)*

'claim form *n* Antragsformular *nt*; **to complete** [*or* **fill in**] **a ~** ein Antragsformular ausfüllen

clair·voy·ance [ˌkleəˈvɔɪən(t)s, AM ˌkler-] *n no pl* Hellsehen *nt*

clair·voy·ant [ˌkleəˈvɔɪənt, AM ˌkler-] **I.** *n* Hellseher(in) *m(f)* **II.** *adj powers* hellseherisch; ■**to be ~** hellsehen können

clam [klæm] **I.** *n* FOOD Venusmuschel *f*; **to shut up like a ~** (*fig*) auf einmal ganz schweigsam werden **II.** *vi* <-mm-> ■**to ~ up** keinen Piep[s] mehr sagen *fam*

clam·bake [ˈklæmbeɪk] *n* AM Muschelessen *nt* am Strand

clam·ber [ˈklæmbəʳ, AM -ɚ] **I.** *vi* klettern, kraxeln *bes* SÜDD, ÖSTERR *fam*; **to ~ up the rocks** auf die Felsen klettern, die Felsen hochkraxeln *bes* SÜDD, ÖSTERR *fam* **II.** *n usu sing* Kletterei *f*, Kraxelei *f bes* SÜDD, ÖSTERR *fam*

clam 'chow·der *n* [sämige] Muschelsuppe

clam·mi·ness [ˈklæmɪnəs] *n no pl* Klammheit *f*, Feuchtigkeit *f*

clam·my [ˈklæmi] *adj hands, skin, weather* feuchtkalt

cla·mor *n, vi* AM *see* **clamour**

clam·or·ous [ˈklæmᵊrəs] *adj* ① (*vociferous*) *complaints, demands* lautstark ② (*loud, noisy*) lärmend; ■**to be ~** sehr laut sein

cla·mour [ˈklæməʳ], AM **cla·mor** [-ɚ] **I.** *vi* (*demand loudly*) schreien *fig*; (*protest loudly*) protestieren; ■**to ~ for sth** nach etw *dat* schreien [*o* lauthals verlangen]; ■**to ~ against sth** [lauthals] gegen etw *akk* protestieren; **to ~ for attention** lautstark um Aufmerksamkeit kämpfen **II.** *n* ① (*popular outcry*) Aufschrei *m*; (*vociferous complaint*) [heftiges] Klagen; (*demand*) lautstarke Forderung; **there has been a ~ from all sides about ...** von allen Seiten beschwert man sich lauthals über ... ② (*loud noise*) Lärm *m*

clamp [klæmp] **I.** *n* Klammer *f*; (*screwable*) Klemme *f* **II.** *vt* ① (*fasten together*) ■**to ~ sth to sth** [*or* **sth together**] etw zusammenklammern ② (*hold tightly in place*) ■**to ~ sth** etw fest halten; **he ~ed his hand over her mouth** er hielt ihr mit der Hand den Mund zu ③ (*fig: impose forcefully*) **to ~ economic sanctions on a country** einem Land wirtschaftliche Sanktionen auferlegen ④ *esp* BRIT (*immobilize a vehicle*) **to ~ a car** eine Wegfahrsperre an einem Auto anbringen

◆**clamp down** *vi* ■**to ~ down on sth** gegen etw *akk* scharf vorgehen

'clamp·down *n* scharfes Vorgehen (**on** gegen +*akk*); **to have a ~ on sth** gegen etw *akk* scharf vorgehen

clan [klæn] *n* + *sing/pl vb esp* SCOT Clan *m*, Sippe *f*; (*hum fam: one's family*) Sippschaft *f hum*; **a gathering of the ~s** ein Sippentag *m*, ein Clantreffen *nt*; (*fam: meeting of relatives*) ein Familientreffen *nt*

clan·des·tine [klænˈdestɪn] *adj affair, meeting* heimlich; *operation, plan* geheim, Geheim-

clan·des·tine·ly [klænˈdestɪnli] *adv* heimlich

clang [klæŋ] **I.** *vi* scheppern; *bell* [laut] läuten **II.** *vt* ① (*close loudly*) **to ~ the door shut** die Tür zuschlagen [*o fam* zuknallen] ② (*cause to make harsh noise*) ■**to ~ sth** mit etw *dat* klappern; *bell* etw läuten **III.** *n usu sing* Scheppern *nt*, Klappern *nt*; *bell* [lautes] Läuten

clang·er [ˈklæŋəʳ] *n* BRIT (*fam*) Fauxpas *m*; **to drop a ~** ins Fettnäpfchen treten *fam*

clang·or [ˈklæŋgɚ] AM, **clang·our** [-əʳ] *n no pl* schriller Klang; *of tin cans* Scheppern *nt*

clank [klæŋk] **I.** *vi* klirren; *chain* rasseln; **to ~ shut** *door* scheppernd zufallen **II.** *vt* ■**to ~ sth** mit etw *dat* klirren **III.** *n usu sing* Klirren *nt*, Geklirr *nt*; **the ~ of a chain** das Gerassel einer Kette

clan·nish [ˈklænɪʃ] *adj* (*pej*) klüngelhaft *pej*, cliquenhaft *pej*; **they're quite ~** die sind eine eingeschworene Clique

clan·nish·ly [ˈklænɪʃli] *adv* (*pej*) klüngelhaft *pej*, cliquenhaft *pej*

clan·nish·ness [ˈklænɪʃnəs] *n no pl* (*pej*) Cliquenhaftigkeit *f pej*; (*in a village, family*) fester Zusammenhalt (*zur Abgrenzung*); (*against minorities*) Zusammenschluss *m* gegen Minderheiten

clans·man *n* SCOT Clanmitglied *nt*, Clanangehöriger *m* **clans·wom·an** *n* SCOT Clanmitglied *nt*, Clanangehörige *f*

clap [klæp] **I.** *n* ① (*act*) Klatschen *nt*; **to give sb a ~** [*or* **a ~ to** [*or* **for**] **sb**] jdm applaudieren; **let's give a big ~ to our winning contestant!** einen donnernden Applaus für unsere siegreiche Kandidatin! ② (*noise*) Krachen *nt*; **a ~ of thunder** ein Donner[schlag] *m* **II.** *vt* <-pp-> ① (*slap palms together*) **to ~ one's hands** [**together**] in die Hände klatschen ② (*applaud*) ■**to ~ sb** jdm Beifall klatschen ③ (*place quickly*) ■**to ~ sth over sth**: **she ~ped her hand over her mouth** sie hielt sich schnell den Mund zu; **to ~ sb on the back** jdm auf die Schulter klopfen; **to ~ sb in chains** jdn in Ketten legen; **to ~ handcuffs on sb** jdm Handschellen anlegen; **to ~ on one's hat** sich *dat* seinen Hut aufstülpen; **to ~ the lid on the jar/tin** den Deckel auf das Glas/die Dose klatschen; **to ~ sb in** [*or* **into**] **prison** [*or* **jail**] jdn ins Gefängnis stecken ▶ PHRASES: **to ~ eyes on sb/sth** jdn/etw [erstmals] zu sehen bekommen [*o fam* kriegen] **III.** *vi* <-pp-> ① (*slap palms together*) klatschen; **to ~ along** mitklatschen ② (*applaud*) applaudieren, Beifall klatschen

◆**clap on** *vt* ① (*impose*) ■**to ~ sth** ○ **on** *tariffs* etw auferlegen ② NAUT **to ~ on sail** Beisegel setzen

◆**clap out** *vt* ■**to ~ sth** ○ **out** *tune, rhythm, beat* etw mitklatschen

clap·board [ˈklæpbɔːrd] *n* AM ① *no pl* (*weatherboards*) Schindel *f* ② FILM Klappe *f*

clap·om·eter [klæpˈɒmɪtəʳ, AM -ˈɑːmət̬ɚ] *n* Beifallmessgerät *nt*; **~ ratings** Beliebtheitsgrad *m*

clapped-out [ˈklæptaʊt] *adj* BRIT, AUS (*fam*) *person* fertig, geschafft; *car* klapprig

clap·per [ˈklæpəʳ, AM -ɚ] *n* Klöppel *m* ▶ PHRASES: **like the ~** BRIT (*fam*) mit einem Affenzahn *fam*; **to work like the ~** wie besessen arbeiten

'clap·per·board *n* FILM Klappe *f*

clap·trap [ˈklæptræp] *n no pl* (*pej fam*) Unsinn *m*, Geschwätz *nt pej*; **a load of ~** jede Menge Unsinn

clar·et [ˈklærət, AM ˈkle-] *n* ① (*wine*) roter Bordeaux; (*red wine*) Rotwein *m* ② (*colour*) Weinrot *nt*

clari·fi·ca·tion [ˌklærɪfɪˈkeɪʃᵊn, AM *esp* ˌkler-] *n* Klarstellung *f*, [Ab]klärung *f*

clari·fied 'but·ter *adj inv* **~ butter** (*liquid*) geklärte Butter; (*solid*) Butterschmalz *nt*

clari·fy <-ie-> [ˈklærɪfaɪ, AM *esp* ˈkler-] *vt* ① (*make clear*) ■**to ~ sth** etw klarstellen [*o* näher erläutern]; **to ~ sb's mind** jdn überzeugen ② FOOD **to ~ butter** Butter klären

clari·net [ˌklærɪˈnet, AM *also* ˌkler-] *n* Klarinette *f*; **to play the ~** Klarinette spielen

clari·net(t)·ist [ˌklærɪˈnetɪst, AM ˌklerənet̬-] *n* Klarinettist(in) *m(f)*

'clari·on call [ˈklæriənˌkɔːl] *n* (*form, liter*) Aufruf *m*, Ruf *m* (**for** nach +*dat*)

clar·ity [ˈklærəti, AM ˈklerət̬i] *n no pl* Klarheit *f*; *of a photo*

Schärfe *f;* ~ **of thought** gedankliche Klarheit

clash [klæʃ] **I.** *vi* ❶ *(come into conflict)* zusammenstoßen, aneinandergeraten ❷ *(compete against)* aufeinandertreffen ❸ *(contradict)* kollidieren *geh;* ■**to ~ with sth** mit etw *dat* im Widerspruch stehen ❹ *(be discordant)* nicht harmonieren; *colours* sich beißen, ÖSTERR *a.* sich schlagen ❺ *esp* BRIT, AUS *(coincide inconveniently)* zusammenfallen, kollidieren *geh;* **to ~ with another event** mit einem anderen Ereignis kollidieren ❻ *(make harsh noise)* klirren, scheppern *fam* **II.** *vt* MUS **to ~ cymbals [together]** Becken gegeneinanderschlagen **III.** *n* <*pl* -es> ❶ *(hostile encounter)* Zusammenstoß *m,* Kollision *f geh;* *(strong disagreement)* Auseinandersetzung *f* ❷ *(contest)* Aufeinandertreffen *nt* ❸ *(conflict)* Konflikt *m;* **a ~ of loyalties** ein Loyalitätskonflikt *m* ❹ *(incompatibility)* Unvereinbarkeit *f* ❺ *esp* BRIT, AUS *(inconvenient simultaneous occurrence)* unglückliches Zusammentreffen ❻ *(loud harsh noise)* Geklirr *nt*

clasp [klɑːsp, AM klæsp] **I.** *n* ❶ *(firm grip)* Griff *m;* **to hold sth in a ~** etw umklammern ❷ *(fastening device)* Verschluss *m* **II.** *vt* ■**to ~ sb/sth** jdn/etw umklammern; **to ~ sb/sth in one's arms** jdn/etw [fest] in die Arme schließen; **to ~ one's hands** die Hände ringen

'clasp knife *n* Klappmesser *nt,* Taschenmesser *nt*

class [klɑːs, AM klæs] **I.** *n* <*pl* -es> ❶ *(group of learners)* [Schul]klasse *f* ❷ + *sing/pl vb (all people in this group)* Klasse *f* ❸ *(lesson)* Unterricht *m,* [Unterrichts]stunde *f;* **evening ~** [*or* **~es**] Abendkurs *m;* **to attend** [*or* **go to**] **~** [*or* **~es**] am Unterricht teilnehmen; **to take** [*or* **teach**] **a ~** unterrichten; UNIV eine Vorlesung halten; **to talk in ~** während des Unterrichts reden ❹ SPORTS Kurs[us] *m;* **to go to an aerobics ~** einen Aerobic-Kurs machen ❺ AM *(graduates of a year)* Jahrgang *m;* **the ~ of 1975/1980** der Jahrgang 1975/1980 ❻ *(economic and social division)* Klasse *f,* Schicht *f;* **the middle/upper ~** die Mittel-/Oberschicht, die mittlere/obere Gesellschaftsschicht; **the working ~** die Arbeiterklasse ❼ *no pl (membership of social strata)* Klassenzugehörigkeit *f* ❽ *(grade, category)* Klasse *f,* Kategorie *f;* BRIT **shall I post the letter first or second ~?** soll ich den Brief als Erste- oder Zweite-Klasse-Sendung aufgeben?; **to travel first ~** erster Klasse fahren ❾ *(quality (of produce))* Qualität *f;* ■**C~ A/I** A/I Sorte *f* ❿ BRIT, AUS *(type of degree)* Prädikat *nt;* **a first ~ honours degree** ein Prädikatsexamen *nt;* **a second ~ honours degree** ein Examen mit dem Prädikat ‚Gut' ⓫ *no pl (stylish)* **to have ~** Klasse haben *fam* ⓬ *(classification for species)* Klasse *f* ▶ PHRASES: **to be in a ~ of one's own** [*or* **by oneself**] eine Klasse für sich *akk* sein; **to be out of sb's ~** jdm haushoch überlegen sein *fig* **II.** *adj inv* ❶ *(of economic and social division)* Klassen- ❷ *(excellent, very good)* erstklassig, klasse *fam;* **world-~** Weltklasse- **III.** *vt* ■**to ~ sb as sth** jdn als etw *akk* einordnen; **when I travel by bus I'm still ~ed as a child** wenn ich mit dem Bus fahre, gelte ich noch als Kind; **I would ~ her among the top ten novelists** ich würde sie zu den zehn besten Schriftstellern zählen

class 'act *n* AM jd/etw mit Klasse **class 'con·flict** *n* Klassenkampf *m* **class-'con·scious** *adj* klassenbewusst **class dis'tinc·tions** *npl* Klassenunterschiede *mpl* **'class exams** *npl* Klassenarbeiten *fpl*

clas·sic ['klæsɪk] **I.** *adj* ❶ *(traditional) literature* klassisch; *garment also* zeitlos; **a ~ goal** ein klassisches Tor ❷ *(typical)* klassisch, typisch; **a ~ case** [*or* **example**] **of sth** ein klassischer Fall [*o* klassisches Beispiel] einer S. *gen* ❸ *(pej fam: stupid)* **that's just ~, isn't it!** das ist doch mal wieder typisch! *fam* **II.** *n* Klassiker *m;* *(garment)* klassisch-zeitloses Kleidungsstück, Klassiker *m;* **a modern ~** ein moderner Klassiker

clas·si·cal ['klæsɪkəl] *adj* ❶ *(simple and stylish)* klassisch, zeitlos ❷ *inv (of ancient culture) architecture* klassizistisch; *ballet, literature, theatre* klassisch; **in ~ Rome** im alten Rom, im Rom der Antike ❸ *inv (observing traditional standards)* klassisch, traditionell; **the ~ economics of Adam Smith** die Klassische Schule von Adam Smith

clas·si·cal·ly ['klæsɪkəli] *adv* klassisch, zeitlos; *(typically also)* typisch; *(conventionally also)* traditionell

clas·si·cal 'mu·sic *n* klassische Musik, Klassik *f* **clas·si·cal 'pe·ri·od** *n* MUS, LIT Klassik *f*

clas·sic 'car *n* Oldtimer *m*

Clas·si·cism ['klæsɪsɪzəm] *n no pl* Klassik *f;* ARCHIT Klassizismus *m*

clas·si·cist ['klæsɪsɪst] *n* ❶ *(follower of Classicism)* Klassizist(in) *m(f)* ❷ *(ancient Greek or Roman expert)* Altphilologe, -philologin *m, f*

clas·sics ['klæsɪks] *n* + *sing vb* Klassische Philologie, Altphilologie *f;* **to be a ~ scholar** Altphilologe/Altphilologin sein

clas·si·fi·able ['klæsɪfaɪəbl̩, AM -sə-] *adj* klassifizierbar, einzuordnen *präd*

clas·si·fi·ca·tion [ˌklæsɪfɪ'keɪʃən, AM ˌklæsə-] *n* ❶ *no pl (organizing into groups)* Klassifizierung *f,* Klassifikation *f,* Einteilung *f* ❷ *(category)* Rubrik *f*

clas·si·fied ['klæsɪfaɪd] *adj inv* geheim, Geheim-; ■**to be ~** unter Verschluss stehen

clas·si·fied 'ad *n* Kleinanzeige *f*

clas·si·fy <-ie-> ['klæsɪfaɪ] *vt* ■**to ~ sth** etw klassifizieren [*o* nach Gruppen unterteilen]

class·less *adj* klassenlos; **~ society** klassenlose Gesellschaft

'class·mate *n* Klassenkamerad(in) *m(f),* Mitschüler(in) *m(f)* **class 'presi·dent** *n* AM Klassensprecher(in) *m(f)* **class re·'un·ion** *n* Klassentreffen *nt* **'class·room** *n* Klassenzimmer *nt;* **in the ~** *(room)* im Klassenzimmer; *(teaching)* im Unterricht **'class struc·ture** *n* Klassenstruktur *f* **'class strug·gle** *n,* **class 'war** *n* Klassenkampf *m*

classy ['klɑːsi, AM 'klæsi] *adj* erstklassig; **she's a really ~ lady** die Frau hat Klasse; **~ restaurant** Nobelrestaurant *nt*

clat·ter ['klætəʳ, AM -t̬ɚ] **I.** *vt* ■**to ~ sth** *dishes* mit etw *dat* klappern **II.** *vi* ❶ *(rattle)* klappern ❷ *(walk noisily)* trampeln, poltern; *hooves* trappeln **III.** *n no pl* Klappern *nt,* Geklapper *nt;* *hooves* Getrappel *nt; of metal things* Scheppern *nt*

clause [klɔːz, AM klɑːz] *n* ❶ *(part of sentence)* Satzglied *nt,* Satzteil *m;* **main** [*or* **independent**]**/subordinate** [*or* **dependent**] **~** Haupt-/Nebensatz *m,* übergeordneter/abhängiger Satz ❷ *(in a contract)* Klausel *f,* Bestimmung *f;* *(in law)* Abschnitt *m,* Absatz *m,* Paragraph *m;* **to amend a ~ in a contract** eine Klausel in einem Vertrag abändern

claus·tro·pho·bia [ˌklɔːstrə'fəʊbiə, AM ˌklɑːstrə'foʊ-] *n no pl* Klaustrophobie *f geh,* Platzangst *f fam;* **to get ~** Platzangst bekommen *fam;* **to suffer from ~** an Klaustrophobie leiden

claus·tro·pho·bic [ˌklɔːstrə'fəʊbɪk, AM ˌklɑːstrə'foʊ-] **I.** *adj person* klaustrophobisch *geh; place* beengend; **my room's a bit ~** in meinem Zimmer kriegt man fast Platzangst *fam* **II.** *n jd, der unter Klaustrophobie leidet*

clavi·chord ['klævɪkɔːd, AM -kɔːrd] *n* Klavichord *nt*

clavi·cle ['klævɪkl] *n* ANAT *(spec)* Clavicula *f fachspr,* Schlüsselbein *nt*

claw [klɔː, AM *also* klɑː] **I.** *n* Kralle *f; of birds of prey, big cats* Klaue[n] *f[pl];* *(of sea creatures)* Schere[n] *f[pl];* **to sharpen one's ~s** die Krallen schärfen ▶ PHRASES: **to get one's ~s into sb** jdn in die Klauen bekommen *fig* **II.** *vt* ❶ *(scratch)* ■**to ~ sb** jdn kratzen; ■**to ~ sth** etw zerkratzen ❷ *(make way by using hands)* **to ~ one's way through sth** sich *dat* seinen Weg durch etw *akk* graben; *(fig: fight to achieve)* sich *akk* durch etw *akk* durchboxen **III.** *vi* ■**to ~ at sth** ❶ *(take hold of)* sich *akk* an etw *akk* krallen; **to ~ at thin air** ins Leere greifen ❷ *(injure with claws)* die Krallen in etw *akk* schlagen

◆**claw back** *vt esp* BRIT ■**to ~ sth** ↺ **back** *(via taxes)* etw zurückholen

'claw ham·mer *n* Splitthammer *m*

clay [kleɪ] **I.** *n no pl* ❶ *(earth)* Lehm *m;* *(for pottery)* Ton *m;* **modelling ~** Modelliermasse *f* ❷ *(fig liter o poet: substance* *of human body*) Erde *f,* Staub *m;* **mortal** ~ Staub und Asche ❸ TENNIS, SPORTS Sand *m;* **to play on a ~ court** auf einem Sandplatz spielen *fachspr* ▸ PHRASES: **to have feet of** ~ tönerne Füße haben **II.** *n modifier* ❶ (*of heavy earth*) Lehm-; ~ **brick** Backstein *m;* ~ **pitcher** Tonkrug *m;* ~ **pottery** Steingut *nt;* ~ **vase** Tonvase *f* ❷ TENNIS, SPORTS Sand-; ~ **court** Sandplatz *m,* Rotgrantplatz *m fachspr*

clay·ey ['kleɪi] *adj* lehmig; ■**to be** ~ lehmhaltig sein; ~ **earth** Lehmboden *m*

clay 'pig·eon *n* Tontaube *f* **clay 'pig·eon shoot** *n* [Veranstaltung *f* im] Tontaubenschießen *nt* **clay 'pig·eon shoot·ing** *n* Tontaubenschießen *nt* **'clay shoot** *n* [Veranstaltung *f* im] Tontaubenschießen *nt*

clean [kliːn] **I.** *adj* ❶ (*not dirty*) sauber; ~ **air/hands** saubere Luft/Hände; ~ **sheet** frisches Laken; ~ **shirt** sauberes Hemd; **spotlessly** [*or* **scrupulously**] ~ peinlichst sauber; [**as**] ~ **as a whistle** [*or* BRIT **as a new pin**] blitzblank *fam* ❷ (*free from bacteria*) sauber, rein; ~ **air** saubere Luft; ~ **water** sauberes Wasser ❸ *attr* (*blank*) *sheet of paper* leer ❹ (*fair*) *methods, fight* sauber, fair ❺ (*sl: free from crime, offence*) sauber *sl;* **to keep one's hands** ~ sich *dat* die Hände nicht schmutzig machen; **to have** ~ **hands** [*or* **a** ~ **slate**] eine weiße Weste haben *fam;* ~ **driving licence** Führerschein *m* ohne Strafpunkte; **to have a** ~ **record** nicht vorbestraft sein ❻ (*fam: no drugs*) ■**to be** ~ clean sein; *alcoholic* trocken sein ❼ (*morally acceptable*) sauber, anständig; **it's all good,** ~ **fun** das ist alles völlig harmlos!; ~ **joke** anständiger Witz; ~ **living** makellose Lebensweise ❽ (*smooth*) ~ **design** klares Design; ~ **lines** klare Linien ❾ (*straight*) sauber; ~ **break** MED glatter Bruch; ~ **hit** SPORTS sauberer Treffer ❿ (*complete, entire*) gründlich; **to make a** ~ **break from sth** unter etw *dat* einen Schlussstrich ziehen; **to make a** ~ **job of sth** saubere Arbeit leisten; **to make a** ~ **start** noch einmal [ganz] von vorne anfangen; **to make a** ~ **sweep of sth** etw total verändern; (*win everything*) bei etw *dat* [alles] abräumen *fam* ⓫ (*toilet-trained*) ■**to be** ~ nicht mehr in die Windeln machen; *animal* stubenrein sein ⓬ MED **to give sb a** ~ **bill of health** jdn für gesund erklären; **to give sth a** ~ **bill of health** (*fig*) etw für gesundheitlich unbedenklich erklären ⓭ REL rein ⓮ *wood* astrein ▸ PHRASES: **to make a** ~ **breast of sth** etw gestehen, sich *dat* etw von der Seele reden; **to show a** ~ **pair of heels** (*fam*) Fersengeld geben *hum fam;* **to keep one's nose** ~ sauber bleiben *hum fam;* **to wipe the slate** ~ reinen Tisch machen *fam;* **to come** ~ reinen Tisch machen **II.** *adv* ❶ *inv* (*completely*) total, völlig; **I** ~ **forgot your birthday** ich habe deinen Geburtstag total vergessen; **I** ~ **forgot that ...** ich habe schlichtweg vergessen, dass ...; **he's been doing this for years and getting** ~ **away with it** er macht das seit Jahren und kommt glatt damit durch! *fam;* **Sue got** ~ **away** Sue ist spurlos verschwunden; **the cat got** ~ **away** die Katze ist uns/ihnen/etc. glatt entwischt; ~ **bowled** BRIT SPORTS sauber geschlagen ❷ (*not dirty*) sauber ▸ PHRASES: **a new broom sweeps** ~ neue Besen kehren gut *prov* **III.** *vt* ❶ (*remove dirt*) ■**to** ~ **sth** etw sauber machen; *furniture* etw reinigen; (*dry-*~) etw reinigen; **to** ~ **the car** das Auto waschen; **to** ~ **a carpet** einen Teppich reinigen; **to** ~ **one's face/hands** sich *dat* das Gesicht/die Hände waschen; **to** ~ **the floor** den Boden wischen; **to** ~ **house** AM die Hausarbeit machen; **to** ~ **the house** putzen; **to** ~ **one's nails** sich *dat* die Nägel sauber machen; **to** ~ **one's shoes/the windows** seine Schuhe/Fenster putzen; **to** ~ **one's teeth** sich *dat* die Zähne putzen; **to** ~ **a wound** eine Wunde reinigen; ■**to** ~ **sth from** [*or* **off**] **sth,** ■**to** ~ **off sth from sth** etw von etw *dat* abwischen ❷ FOOD **to** ~ **a chicken/fish** ein Huhn/einen Fisch ausnehmen; **to** ~ **vegetables** Gemüse putzen ❸ (*eat all*) **to** ~ **one's plate** seinen Teller leer essen ▸ PHRASES: **to** ~ **sb's clock** AM (*sl*) jdn verdreschen *fam* **IV.** *vi pans, pots* sich reinigen lassen; **to** ~ **easily** sich leicht einigen lassen **V.** *n* **to give sth a** [**good**] ~ etw [gründlich] sauber machen; *shoes, window, teeth, room* etw [gründlich] putzen; *hands, face* etw [gründlich] waschen; *furniture, carpet* etw [gründlich] reinigen; **to give the floor a good** ~ den Boden gründlich wischen

◆**clean down** *vt esp* BRIT ■**to** ~ **sth** ⊂ **down** etw waschen; *walls* etw abwaschen; **to** ~ **down the windows** Fenster putzen

◆**clean out** *vt* ❶ (*clean thoroughly*) ■**to** ~ **sth** ⊂ **out** etw [gründlich] sauber machen; (*with water*) etw ausspülen; (*empty and* ~) *cupboard, drawer* etw [ausräumen und] auswaschen; (*throw away things*) etw entrümpeln; **to** ~ **out a room** ein Zimmer aufräumen und sauber machen; **to** ~ **out the stables** die Ställe ausmisten; **to** ~ **out sb's stomach** jdm den Magen auspumpen ❷ (*fam: take all resources*) ■**to** ~ **sb** ⊂ **out** jdn [wie eine Weihnachtsgans] ausnehmen *sl;* **to** ~ **out the bank** (*in games*) die Bank sprengen; **to** ~ **sb out of drink** jdm alles wegtrinken *fam;* **to** ~ **sb out of food** jdm die letzten Haare vom Kopf fressen *sl;* **to be completely** ~**ed out** völlig blank sein *sl;* **we're** ~**ed out of beer** wir haben kein Bier mehr

◆**clean up I.** *vt* ❶ (*make clean*) ■**to** ~ **up** ⊂ **sth** etw sauber machen; *building* etw reinigen; **to** ~ **up the kitchen/a room** die Küche/ein Zimmer aufräumen; **to** ~ **up the mess** aufräumen; ■**to** ~ **oneself up** sich *akk* sauber machen; (*wash*) sich *akk* waschen; (*freshen oneself*) sich *akk* frisch machen ❷ (*eradicate sex, crime*) ■**to** ~ **up** ⊂ **sth** mit etw *dat* aufräumen; **we need to** ~ **up television** das Fernsehen muss wieder sauber werden!; **to** ~ **up the city** die Stadt säubern ❸ (*fam: make gain, profit*) ■**to** ~ **up** ⊂ **sth** etw absahnen *sl;* **to** ~ **up a fortune** ein Vermögen machen *fam* ▸ PHRASES: **to** ~ **up one's act** sich *akk* bessern **II.** *vi* ❶ (*make clean*) aufräumen; (*freshen oneself*) sich *akk* frisch machen; ■**to** ~ **up after sb** jdm hinterherräumen ❷ *esp* AM (*sl: make profit*) absahnen *sl*

'clean-cut *adj* ❶ (*sharply outlined*) klar umrissen; (*straight and even*) regelmäßig; ~ **features** regelmäßige Gesichtszüge ❷ (*approv*) *person* anständig

clean·er ['kliːnəʳ, AM -ɚ] *n* ❶ (*person*) Raumpfleger(in) *m(f) euph;* (*in offices*) Reinigungskraft *f;* (*woman*) Putzfrau *f,* Reinemachefrau *f* ❷ *no pl* (*substance*) Reiniger *m,* Reinigungsmittel *nt*

clean·er's ['kliːnəz, AM -ɚz] *n + sing vb,* **clean·ers** *npl* Reinigung *f;* **at the** ~ in der Reinigung ▸ PHRASES: **to have been taken to the** ~ (*cheated*) reingelegt worden sein *fam;* (*badly beaten*) fertiggemacht worden sein *fam*

clean·ing ['kliːnɪŋ] **I.** *n no pl* Reinigung *f;* **to do the** ~ sauber machen **II.** *adj attr, inv* Reinigungs-

'clean·ing lady *n,* **'clean·ing wom·an** *n* Putzfrau *f,* Reinemachefrau *f,* Raumpflegerin *f euph*

'clean-limbed *adj* (*approv*) wohlproportioniert

clean·li·ness ['klenlɪnəs] *n no pl* Sauberkeit *f,* Reinlichkeit *f* ▸ PHRASES: ~ **is next to godliness** (*saying dated*) Reinlichkeit kommt gleich nach Gottseligkeit *veraltend*

clean·ly ['kliːnli] *adv* sauber; (*without edges also*) glatt; (*equally*) gleichmäßig; **the clavicle broke** ~ es war ein glatter Schlüsselbeinbruch

clean-nee·dle ['kliːn,niːdl] *n modifier* ~ **distribution** Verteilung *f* sauberer Spritzbestecke; ~ **program** Programm *nt* zur Verteilung sauberer Spritzbestecke

clean·ness ['kliːnnəs] *n no pl* Sauberkeit *f*

cleanse [klenz] *vt* ❶ (*remove dirt*) ■**to** ~ **sth** etw reinigen; **to** ~ **a wound** eine Wunde säubern ❷ (*make morally pure*) **to be** ~**d of one's sins** von seinen Sünden rein gewaschen werden; **to** ~ **one's thoughts** seine Gedanken reinigen ❸ (*remove disreputable elements*) ■**to** ~ **sth** etw säubern

cleans·er ['klenzəʳ, AM -ɚ] *n* ❶ (*dirt remover*) Reiniger *m,* Reinigungsmittel *nt* ❷ *no pl* (*for use on body*) Reinigungscreme *f*

clean-'shav·en *adj inv* glatt rasiert

cleans·ing ['klenzɪŋ] *adj usu attr* Reinigungs-; ~ **effect** reinigende Wirkung

'cleans·ing cream *n* Reinigungscreme *f* **'cleans·ing de·part·ment** *n* BRIT Stadtreinigung *f* **'cleans·ing lo·tion** *n* Reinigungslotion *f* **'cleans·ing tis·sue** *n* Kosmetiktuch *nt*

'clean-up *n* ❶ (*thorough cleaning*) gründliche Reinigung; **sth needs a good ~** etw muss gründlich sauber gemacht werden ❷ (*removal of illegal activities*) Säuberungsaktion *f;* **this town could really use a good ~** in dieser Stadt müsste einmal gründlich aufgeräumt werden ❸ *no pl esp* AM (*large profit*) Profit *m* **'clean-up cam·paign** *n* Aufräumaktion *f;* (*fig*) moralische Säuberungsaktion

clear [klɪəʳ, AM klɪr] **I.** *adj* ❶ (*understandable*) *definition, description, message* klar; *explanation, description also* verständlich; (*definite*) *impression, similarity* eindeutig; (*distinct*) *statement, stage* klar, deutlich; *signs* deutlich; **he wasn't very ~** er hat sich nicht sonderlich klar ausgedrückt; **~ instructions** klare Anweisungen; **to have ~ memories of sth** (*fig*) sich *akk* deutlich an etw *akk* erinnern können; **a ~ picture** ein scharfes Bild; **to have a ~ perception of sth** klare Vorstellungen von etw *dat* haben; **to have a ~ understanding of sth** ein klares Verständnis einer Sache haben; **to make oneself ~** sich *akk* deutlich [*o* klar] ausdrücken; **as ~ as a bell** glockenhell, glockenrein; **[as] ~ as day** eindeutig, unmissverständlich ❷ (*obvious*) klar, sicher; **is that ~?** ist das klar?; **it's ~ [to me] that ...** es ist [mir] klar, dass ...; **they have made it ~ that ...** sie haben es unmissverständlich klargemacht, dass...; **Richard isn't at all ~ about what ...** Richard ist sich nicht im Mindesten darüber im Klaren, was ...; **it's not ~ whether ...** es ist nicht klar, ob ...; **he's a ~ favourite** er ist ein klarer Favorit; **he's got a ~ lead** er führt eindeutig; **a ~ case of ...** ein klarer Fall von ...; **a ~ majority** eine klare Mehrheit; ■**to be ~ that ...** sich *dat* sicher sein, dass ...; ■**to be ~ about sth** sich *dat* über etw *akk* im Klaren sein; **to get ~ about sth** sich *dat* über etw *akk* klar werden; **to make one's position ~** seine Haltung deutlich machen; **to make oneself ~ [to sb]** sich *akk* [jdm] verständlich machen; **to make sth ~ [to sb]** etw [jdm gegenüber] klar zum Ausdruck bringen; **do I make myself ~?** habe ich mich klar ausgedrückt?; **as ~ as day** sonnenklar ❸ *usu attr* (*unconfused*) klar; **to keep a ~ head** einen klaren Kopf bewahren; **a ~ thinker** jd, der klar denken kann ❹ (*free*) ■**to be ~ of sth: she's ~ of all suspicion** sie ist frei von jeglichem Verdacht; (*guilt-free*) **to have a ~ conscience** ein reines Gewissen haben ❺ (*unobstructed*) *passage, path* frei; *throat* unbelegt; (*complete*) ganz, voll; (*fig*) **could you see your way ~ to lending me some money?** könntest du mir eventuell etwas Geld leihen?; **a ~ view** ein freier Blick, eine ungehinderte Aussicht ❻ (*transparent*) *glass* durchsichtig; *water, soup* klar; **as ~ as crystal** kristallklar; **that's as ~ as mud** da blickt man gar nicht durch ❼ (*pure*) **~ complexion/skin** reiner Teint/reine Haut; **a ~ sound** ein klarer Ton ❽ (*bright, shining*) *of colours, eyes* leuchtend ❾ (*of weather, atmosphere*) *sky, day, night, air* klar; **~ weather** heiteres Wetter ❿ *inv* (*net*) rein, netto; **a ~ profit** ein Reingewinn *m* ⓫ *inv* (*not touching*) **~ jump** fehlerfreier Sprung ⓬ *inv* (*away from*) **the gate must be ~ of the ground** das Tor darf den Boden nicht berühren; **... one wheel ~ of the ground** ... ein Rad ragte in die Luft; **wait till we're ~ of the main road ...** warte, bis wir die Hauptstraße verlassen haben; **to keep [*or* stay] [*or* steer] ~ of sb/sth** sich *akk* von jdm/etw fernhalten ▸ PHRASES: **the coast is ~** die Luft ist rein *fam;* **out of a ~ sky** aus heiterem Himmel; **all ~** die Luft ist rein **II.** *n* ■**to be in the ~** außer Verdacht sein **III.** *adv inv* ❶ (*away from*) **he jumped two centimetres ~ of the bar** er sprang mit einem Abstand von zwei Zentimetern über die Leiste; **please move ~ of the edge of the platform** bitte von der Bahnsteigkante zurücktreten; **make sure you park ~ of the kerb** pass auf, dass du nicht zu nah am Randstein parkst; **stand ~ of the doors** (*in underground*) bitte zurücktreten; (*at train station*) Türen schließen selbsttätig; **to steer ~ of sth** NAUT um etw herumsteuern; **to steer ~ of sb** jdn meiden; **to steer ~ of a place** um etw einen großen Bogen machen; **to stand ~ [of sth]** (*by moving to the side*) zur Seite gehen; (*by moving back*) zurückbleiben; (*remain in a distance*) von etw *dat* entfernt bleiben; **to be thrown ~ of sth** aus etw *dat* herausgeschleudert werden; **to get ~ of sth** etw hinter sich *dat* lassen; **to be ~ of sth** etw hinter sich *dat* gelassen haben ❷ (*distinctly*) **to see ~** klar sehen; **loud and ~** klar und deutlich ❸ (*entirely*) **they got ~ away** sie haben sich aus dem Staub gemacht **IV.** *vt* ❶ (*remove doubts*) ■**to ~ sth** etw klären ❷ (*remove confusion*) **to ~ one's head** einen klaren Kopf bekommen ❸ (*remove obstruction*) ■**to ~ sth** etw beseitigen; *land, snow* etw räumen; **to ~ the road** die Straße frei machen [*o* räumen]; ■**to ~ sth from [*or* off] sth** etw von etw *dat* wegräumen; **to ~ one's throat** sich *akk* räuspern; **to ~ the way for sb to do sth** es jdm ermöglichen, etw zu tun ❹ (*remove blemish*) ■**to ~ sth** etw reinigen; **to ~ the air** (*remove dirt*) die Luft reinigen; (*remove bad feeling*) die Atmosphäre reinigen ❺ (*empty*) ■**to ~ sth** (*of things*) etw ausräumen; **they ~ed the building in 3 minutes** sie räumten das Gebäude in 3 Minuten; **to ~ the table** den Tisch abräumen ❻ (*acquit*) **to ~ sb of a crime** jdn eines Verbrechens freisprechen; **to ~ sb's name** jds Namen reinwaschen ❼ (*complete work*) ■**to ~ sth** etw erledigen ❽ FIN **Bill ~s $200 a week** Bill macht 200 Dollar die Woche *fam;* **to ~ a cheque** einen Scheck freigeben, bestätigen, dass ein Scheck gedeckt ist; **to ~ one's debts** seine Schulden begleichen; **to ~ a certain sum** eine bestimmte Summe freigeben *geh* ❾ (*jump without touching*) ■**to ~ sth** über etw *akk* springen ❿ (*approve*) **you'll have to ~ that with the boss** das müssen Sie mit dem Chef klären ⓫ (*give official permission*) ■**to ~ sth** etw genehmigen; **to ~ a plane for take-off** ein Flugzeug zum Start freigeben; ■**to ~ sth with sb** etw mit jdm abklären; ■**to ~ sb to do sth** jdm genehmigen, etw zu tun; **to ~ customs** Zollformalitäten erledigen ⓬ (*in football*) **to ~ the ball** klären; **to ~ the ball with one's head** mit einem Kopfball klären ▸ PHRASES: **to ~ the decks** (*fam*) klar Schiff machen *fam* **V.** *vi* ❶ (*delete*) löschen ❷ (*become transparent*) sich *akk* klären ❸ (*become free of blemish*) sich *akk* reinigen ❹ (*weather*) sich *akk* [auf]klären; **it's ~ing up** es klart auf, es wird klar; *fog, smoke* sich *akk* auflösen; (*go, disappear*) ■**to ~ [away]** verschwinden ❺ FIN einen Scheck freigeben

◆**clear away** **I.** *vt* ■**to ~ sth** ↔ **away** etw wegräumen **II.** *vi* (*of table*) abräumen

◆**clear off** **I.** *vi* (*fam*) verschwinden *fam,* abhauen *fam,* sich *akk* verziehen *fam;* **"~ off!"** „verschwinde!", „verdufte!" **II.** *vt* ■**to ~ sb off sth** jdn von etw *dat* vertreiben

◆**clear out** **I.** *vt* ■**to ~ out** ↔ **sth** *a cupboard, a drawer* etw ausräumen; (*throw away*) etw wegwerfen; **to ~ out the attic** den Dachboden entrümpeln **II.** *vi* verschwinden *fam,* abhauen *fam;* ■**to ~ out of somewhere** [von] irgendwo ausziehen; **they've got to ~ out of their home by the end of the month** sie müssen bis Ende des Monats ihr Haus räumen

◆**clear up** **I.** *vt* ❶ (*explain*) ■**to ~ sth** ↔ **up** *a matter, a point* etw klären; *a mystery* etw aufklären; **to ~ up a few loose ends** einige offene Punkte [ab]klären ❷ (*clean*) ■**to ~ sth** ↔ **up** etw aufräumen; **I've got to ~ things up** ich muss mal aufräumen **II.** *vi* ❶ (*tidy*) aufräumen; ■**to ~ up after sb** hinter jdm herräumen, jdm hinterherräumen ❷ (*become cured*) verschwinden; *cold also* sich *akk* legen; *problems* sich in Luft auflösen *fam* ❸ (*stop raining*) aufhören zu regnen; (*brighten up*) sich *akk* aufklären, sich *akk* aufhellen

clear·ance ['klɪərᵊn(t)s, AM 'klɪr-] *n no pl* ❶ (*act of clearing*) Beseitigung *f,* Entfernung *f;* **a slum ~ programme** BRIT ein Slumsanierungsprogramm *nt* ❷ (*space*) Spielraum *m,* Zwischenraum *m; of a door* lichte Höhe ❸ FIN, ECON *of a debt* Tilgung *f;* **~ of a cheque** [*or* AM **check**] Verrechnung *f* eines Schecks ❹ (*official permission*) Genehmigung *f;* AVIAT (*for take-off*) Starterlaubnis *f;* (*for landing*) Landeerlaubnis *f;* **secu-**

C

rity ~ Unbedenklichkeitsbescheinigung *f*

'clear·ance sale *n* Räumungsverkauf *m*

'clear-cut I. *adj* ❶ (*sharply outlined*) scharf geschnitten; ~ **features** markante Züge ❷ (*definite*) *opinion* klar, bestimmt; **a ~ case** ein eindeutiger Fall; **a ~ dividing line** eine scharfe Trennlinie **II.** *vt* ■**to ~ sth** *woodlands* etw abholzen **'clear-fell** *vt* ■**to ~ sth** *woodlands* etw abholzen **clear 'glass I.** *n no pl* klares Glas; (*for window*) [einfaches] Fensterglas **II.** *n modifier* (*of drinking glasses*) neutral **clear-'head·ed** *adj* klar denkend *attr;* ■**to be ~** einen klaren Kopf haben

clear·ing ['klɪərɪŋ, AM 'klɪr-] *n* Lichtung *f*

'clear·ing bank *n* BRIT ECON Clearingbank *f fachspr* **'clear·ing house** *n* ❶ BRIT ECON (*organization for clearing cheques*) Clearingzentrale *f fachspr* ❷ (*central agency*) Zentrale *f;* (*for university applications*) zentrale Zulassungsstelle **clear·ing 'up I.** *n* (*of dirty dishes*) Abräumen *nt;* (*tidying*) Aufräumen *nt;* **to do the ~** den Abwasch erledigen **II.** *adj* Aufräumungs-; **~ operations** Aufräumungsarbeiten *fpl*

clear·ly ['klɪəli, AM 'klɪr-] *adv* ❶ (*distinctly*) klar, deutlich; **loudly and ~** laut und deutlich; **to think ~** klar denken, einen klaren Gedanken fassen ❷ (*obviously*) offensichtlich; (*unambiguously*) eindeutig; (*undoubtedly*) zweifellos; **~, you should tell her the truth** natürlich solltest du ihr die Wahrheit sagen

clear·ness ['klɪənəs, AM 'klɪr-] *n no pl* Klarheit *f;* (*unambiguousness*) Eindeutigkeit *f; of a glance, look* Intensität *f,* Schärfe *f*

'clear-out *n no pl esp* BRIT Entrümpelung *f;* **to give sth a good ~** etw gründlich entrümpeln **clear-'sight·ed** *adj* scharfsichtig, hellsichtig *geh;* ■**to be ~ about sth** etw scharf im Auge behalten **'clear·way** *n* BRIT Schnellstraße *f,* Straße *f* mit Halteverbot

cleat [kli:t] *n* ❶ (*for strengthening woodwork*) Leiste *f* ❷ (*for securing ropes*) *boats* Klampe *f; climbing* Haken *m* ❸ AM (*on boots*) Stollen *m*

cleat·ed 'shoes *npl* Schuhe *mpl* mit Stollen

cleats [kli:ts] *npl* AM Sportschuhe *mpl* mit Stollen

cleav·age ['kli:vɪdʒ] *n* ❶ *no pl* (*of woman*) Dekolletee *nt* ❷ (*form: split*) Kluft *f;* (*fig*) Spaltung *f,* Kluft *f*

cleave[1] <-d *or* cleft *or* AM clove, -d *or* cleft *or* AM clove> [kli:v] **I.** *vi* (*dated liter*) sich *akk* spalten **II.** *vt* ■**to ~ sth** etw spalten

cleave[2] <-d, -d> [kli:v] *vi* (*form, liter: stick to*) ■**to ~ to sth** an etw *dat* haften; (*continue to believe in*) an etw *dat* festhalten

cleav·er ['kli:vəʳ, AM -ɚ] *n* ❶ (*butcher's knife*) Hackbeil *nt* ❷ (*oar for rowing*) beilförmiges Ruder

clef [klef] *n* [Noten]schlüssel *m*

cleft [kleft] **I.** *adj usu attr, inv* gespalten; **~ lip** gespaltene Lippe; **~ palate** Gaumenspalte *f,* Wolfsrachen *m* ▸PHRASES: **to be caught in a ~ stick** in der Klemme sitzen *fam* **II.** *n* Spalt *m,* Spalte *f*

clema·tis <*pl* -> ['klemətɪs, AM -t̬əs] *n* BOT Klematis *f,* Waldrebe *f*

clem·en·cy ['klemən(t)si] *n no pl* Milde *f;* **appeal for ~** Gnadengesuch *nt*

clem·ent ['klemənt] *adj* (*mild*) *climate, punishment also* gnädig; ■**to be ~ towards sb** jdm gegenüber Gnade walten lassen

clem·en·tine ['kleməntiːn, AM *esp* -taɪn] *n* Klementine *f*

clench [klen(t)ʃ] *vt* ■**to ~ sth** etw [fest] umklammern; (*grasp*) etw [fest] packen; **to ~ one's fist** die Faust ballen; **to ~ one's teeth** die Zähne fest zusammenbeißen; **to ~ sth between** [*or* **in**] **one's teeth** etw zwischen die Zähne klemmen

clenched [klen(t)ʃt] *adj* zusammengepresst; **~ fists** geballte Fäuste; **to speak through ~ teeth** mit zusammengebissenen Zähnen sprechen

cler·gy ['klɜ:dʒi, AM 'klɜ:r-] *n + pl vb* ■**the ~** die Geistlichkeit, die Geistlichen *pl;* **to join the ~** Geistliche(r) werden

'cler·gy·man *n* Geistliche(r) *m* **'cler·gy·wom·an** *n* Geistliche *f*

cler·ic ['klerɪk] *n* Geistliche(r) *f(m),* Kleriker(in) *m(f)*

cleri·cal ['klerɪkəl] *adj inv* ❶ *attr* (*of the clergy*) geistlich ❷ (*of offices, of clerks*) Büro-; **~ error** Versehen *nt;* **~ job** [*or* **work**] Büroarbeit *f*

cleri·cal 'col·lar *n* Priesterkragen *m* **'cleri·cal staff** *n + sing/pl vb* Büropersonal *nt* **'cleri·cal work** *n no pl* Büroarbeit *f*

clerk [klɑ:k, AM klɜ:rk] **I.** *n* Büroangestellte(r) *f(m);* AM (*hotel receptionist*) Empfangschef *m*/Empfangsdame *f;* **junior office ~** Bürogehilfe, -in *m, f;* **sales ~** AM Verkäufer(in) *m(f)* **II.** *vi* AM **to ~ in an office** in einem Büro beschäftigt sein

clev·er ['klevəʳ, AM -ɚ] *adj* ❶ (*intelligent*) klug, gescheit, schlau *fam;* **to be ~ at a subject** in einem Fach sehr gut sein; **~ boy/girl** kluger Junge/kluges Mädchen ❷ (*skilful*) geschickt; (*showing intelligence*) clever; ■**to be ~ at sth** geschickt in etw *dat* sein; **he's very ~ at getting his own way** er hat es raus, seinen Willen durchzusetzen; **to be ~ with one's hands** geschickte Hände haben; **a ~ trick** ein raffinierter Trick ❸ (*pej: quick-witted but insincere*) clever, gerissen *pej;* **too ~ by half** (*pej*) neunmalklug *pej*

'clev·er-clev·er *adj* BRIT (*pej*) oberschlau *iron fam,* superschlau *iron fam* **'clev·er clogs** <*pl* -> *n* BRIT (*pej*), **'clev·er dick** *n* BRIT (*pej*) Klugscheißer *m pej sl,* Superschlaue(r) *f(m) iron*

clev·er·ly ['klevəli, AM -ɚli] *adv* klug; (*skilfully*) geschickt; **to handle a situation ~** eine Situation sehr geschickt meistern

clev·er·ness ['klevənəs, AM -ɚ-] *n no pl* ❶ (*quick-wittedness*) Schlauheit *f,* Klugheit *f,* Cleverness *f; of a machine* Intelligenz *f* ❷ (*skill*) Geschick *nt,* Geschicklichkeit *f*

cliché ['kli:ʃeɪ, AM kli:'ʃeɪ] *n* Klischee *nt;* (*hackneyed phrase*) [abgedroschene] Phrase *pej,* Gemeinplatz *m pej*

cli·chéd ['kli:ʃeɪd, AM kli:'ʃeɪd] *adj,* **'cliché-rid·den** *adj* klischeehaft, voller Klischees

click [klɪk] **I.** *n* ❶ (*short, sharp sound*) Klicken *nt; of door* Zuschnappen *nt; of fingers* Knipsen *nt,* Schnipsen *nt; of heels* Zusammenklappen *nt; of lock* Einschnappen *nt; of tongue* Schnalzen *nt* ❷ CAN (*sl*) Kilometer *m* ❸ LING Schnalzlaut *m* ❹ COMPUT Klick *m* **II.** *vi* ❶ (*short, sharp sound*) klicken; *door* zuschnappen; *lock* einschnappen ❷ (*fam: become friendly*) ■**to ~ [with sb]** sich *akk* [mit jdm] auf Anhieb verstehen; (*become popular*) [bei jdm] [gut] ankommen *fam;* **Liz and I really ~ed with each other the first time we met** zwischen Liz und mir hat es gleich gefunkt ❸ (*fam: become understandable*) [plötzlich] klar werden; **so it's finally ~ed that ...** hast du jetzt endlich kapiert, dass ... *fam* ❹ COMPUT klicken; ■**to ~ on sth** etw anklicken **III.** *vt* ❶ (*make sound*) **to ~ one's fingers** [mit den Fingern] schnippen; **to ~ one's heels** die Hacken zusammenklappen; **to ~ off the light** das Licht ausknipsen; **to ~ one's tongue** mit der Zunge schnalzen ❷ COMPUT ■**to ~ sth** etw anklicken

◆**click around** *vi* COMPUT [mit der Maus] herumklicken; **to ~ around websites** INET [herum]surfen

'click lan·guage *n* Schnalzlautsprache *f* (*Sprache, die auf Verschlusslauten basiert*)

cli·ent ['klaɪənt] *n* Kunde, -in *m, f; of psychotherapist, lawyer* Klient(in) *m(f); of barrister also* Mandant(in) *m(f);* COMPUT Klient *nt*

cli·en·tele [ˌkli:ɑ̃(n)'tel, AM ˌklaɪən'-] *n + sing/pl vb* Klientel *f,* Kundschaft *f*

cli·ent 'state *n* abhängiger Staat

cliff [klɪf] *n* Klippe *f,* Kliff *nt*

'cliff·hang·er *n* Thriller *m* **'cliff·top** *n* Felsspitze *f,* Klippenrand *m*

cli·mac·ter·ic [klaɪ'mæktərɪk, AM -tɚ-] *n* (*form*) Wechseljahre *pl,* Klimakterium *nt fachspr*

cli·mac·tic [klaɪ'mæktɪk] *adj usu attr* sich *akk* steigernd; **the ~ point** der Höhepunkt

cli·mate ['klaɪmət] *n* Klima *nt a. fig;* **change of ~** Klimawechsel *m;* **the ~ of the Mediterranean** das Mittelmeerklima; **the ~ of opinion** die Stimmungslage, die allgemeine Meinung; **the economic ~** das wirtschaftliche Klima; **an extreme ~** ein extremes Klima; **to move to a warmer ~** in wärmere Gegenden ziehen

cli·mat·ic [klaɪ'mætɪk, AM -t̬ɪk] *adj inv* klimatisch, Klima-; ■**to be** ~ klimatisch bedingt sein; ~ **changes** Klimaveränderungen *fpl*

cli·ma·tolo·gist [ˌklaɪmə'tɒlədʒɪst, AM -'tɑːlə-] *n* Klimaforscher(in) *m(f)*, Klimatologe, -in *m, f fachspr*

cli·ma·tol·ogy [ˌklaɪmə'tɒlədʒi, AM -'tɑːlə-] *n no pl* Klimakunde *f*, Klimatologie *f fachspr*

cli·max ['klaɪmæks] **I.** *n* Höhepunkt *m;* (*sexual also*) Orgasmus *m;* **to experience** [*or* **reach**] ~ einen Orgasmus haben **II.** *vi* ❶ (*reach a high point*) einen Höhepunkt erreichen; ■**to** ~ **in sth** in etw *dat* gipfeln ❷ (*achieve orgasm*) einen Orgasmus haben

climb [klaɪm] **I.** *n* ❶ (*ascent*) Aufstieg *m;* (*climbing*) Klettertour *f;* ■~ **up/down the mountain** Aufstieg *m*/Abstieg *m;* ~ **to power** (*fig*) Aufstieg *m* zur Macht ❷ AVIAT Steigflug *m;* **rate of** ~ Steiggeschwindigkeit *f* ❸ (*increase*) Anstieg *m* (**in** +*gen*) **II.** *vt* ❶ (*ascend, go up*) ■**to** ~ [**up**] ↻ **sth** auf etw *akk* [hinauf]steigen; **to** ~ [**up**] **a hill** auf einen Hügel [hinauf]steigen; **to** ~ [**up**] **a ladder** eine Leiter hinaufklettern; **to** ~ [**up**] **the stairs** die Treppe hochgehen; **to** ~ [**up**] **a tree** auf einen Baum [hoch]klettern ❷ (*get to the top*) **to** ~ **a hill** einen Hügel ersteigen; **to** ~ **a steep path** einen steilen Pfad erklimmen ▶ PHRASES: **to** ~ **the walls** die Wände hochgehen *fig fam* **III.** *vi* ❶ (*ascend*) [auf]steigen *a. fig;* **to** ~ **to a height of ...** AVIAT auf eine Höhe von ... steigen; ■**to** ~ **up** *road, path* sich *akk* hochschlängeln; *plant* hochklettern ❷ (*increase rapidly*) [an]steigen; *costs, prices also* klettern *fig* ❸ (*get into*) ■**to** ~ **into sth** *a car, sleeping bag* in etw *akk* hineinklettern; **he** ~**ed into his suit** er stieg in seinen Anzug ❹ (*get out*) ■**to** ~ **out of sth** aus etw *dat* herausklettern ▶ PHRASES: **to** ~ **on the bandwagon** (*fam*) auf den fahrenden Zug aufspringen; **the higher you** ~ **the harder you fall** wer hoch steigt, fällt tief *prov*

◆**climb down** *vi* ❶ (*descend*) heruntersteigen; *road* hinunterführen; **to** ~ **down from the summit** vom Gipfel absteigen; **to** ~ **down a tree** von einem Baum herunterklettern ❷ BRIT, AUS (*back down*) von seinem hohen Ross steigen *fam;* (*give in*) klein beigeben

'climb-down *n* BRIT [Ein]geständnis *nt*

climb·er ['klaɪməʳ, AM -ɚ] *n* ❶ (*mountaineer*) Bergsteiger(in) *m(f); of rock faces* Kletterer, Kletterin *m, f* ❷ (*climbing plant*) Kletterpflanze *f* ❸ (*fig fam: striver for higher status*) Aufsteiger(in) *m(f) fam;* **a social** ~ ein sozialer Aufsteiger/eine soziale Aufsteigerin *fam* ❹ AM (*climbing frame*) Klettergerüst *nt*

climb·ing ['klaɪmɪŋ] **I.** *n no pl* (*ascending mountains*) Bergsteigen *nt;* (*ascending rock faces*) Klettern *nt;* **to go** ~ bergsteigen gehen **II.** *adj attr, inv* ❶ (*of climbing plants*) Kletter- ❷ (*for going up mountains*) Kletter-, Bergsteiger-; ~ **boots** Kletterschuhe *mpl*, Bergschuhe *mpl*

'climb·ing frame *n* BRIT Klettergerüst *nt* **'climb·ing irons** *npl* Steigeisen *ntpl*

climes [klaɪmz] *npl* (*liter or hum: climate*) Klima *nt*, Witterung *f;* **sunnier** ~ sonnigere Gefilde *hum*

clinch [klɪn(t)ʃ] **I.** *n* <*pl* -es> ❶ (*embrace*) Umschlingung *f;* **to be locked in a** [**tight**] ~ sich *akk* [fest] umschlingen ❷ (*in boxing*) Clinch *m*, Umklammerung *f;* **to get into a** ~ sich *akk* umklammern; **to get out of a** ~ sich *akk* aus einer Umklammerung lösen **II.** *vt* ■**to** ~ **sth** ❶ (*settle decisively*) etw entscheiden; **that** ~**ed it for her** damit war die Sache für sie klar; **to** ~ **a deal** einen Handel perfekt machen [*o* besiegeln] ❷ TECH **to** ~ **a nail** einen Nagel krumm schlagen **III.** *vi* (*in boxing*) clinchen

clinch·er [klɪn(t)ʃəʳ, AM -ɚ] *n* (*fam*) entscheidender Faktor; **that was the real** ~ das gab den Ausschlag

cling <clung, clung> [klɪŋ] *vi* ❶ (*hold tightly*) klammern; ~ **on or you might fall over** halt dich fest, damit du nicht hinfällst; ■**to** ~ **together** sich *akk* aneinanderklammern; (*in love*) einander umschlingen; ■**to** ~ **to sth** sich *akk* an etw *akk* klammern *a. fig;* (*fig*) **the road** ~**s to the coastline** die Straße schmiegt sich eng an die Küste; **to** ~ **to the belief/hope that ...** sich *akk* an den Glauben/die Hoffnung klammern, dass... ❷ (*stick*) kleben; (*fig*) *smell* hängen bleiben; *child, lover* klammern

'cling·film *n no pl* BRIT Frischhaltefolie *f*

cling·ing ['klɪŋɪŋ] *adj* ❶ (*close-fitting*) eng anliegend *attr;* **a** [**very**] ~ **dress** ein hautenges Kleid ❷ (*emotionally*) klammernd *attr;* **a very** ~ **child** ein sehr anhängliches Kind

clingy ['klɪŋi] *adj* klammernd *attr*

clin·ic ['klɪnɪk] *n* Klinik *f;* **prenatal** [*or* BRIT **antenatal**] ~ geburtsvorbereitende Klinik; **ear, nose and throat** ~ Hals-Nasen-Ohrenklinik *f;* **to hold a** ~ BRIT *doctor* Sprechstunde haben; *MP* Sprechstunde abhalten

clini·cal ['klɪnɪkᵊl] *adj inv* ❶ *attr* klinisch; **Department of C~ Medicine** Abteilung *f* für Klinische Medizin; ~ **test** klinische Untersuchung; ~ **training** klinische Ausbildung; ~ **trials** *pl* klinische Erprobung ❷ (*hospital-like*) *rooms, clothes* steril, kalt ❸ (*emotionless*) *attitude, person* distanziert, nüchtern

clini·cal de·'pres·sion *n* klinische Depression

clini·cal·ly ['klɪnɪkᵊli] *adv inv* ❶ (*medically*) klinisch; ~ **dead** klinisch tot; ~ **proven** klinisch getestet ❷ (*in emotionless fashion*) distanziert, nüchtern

clini·cal psy·'chol·ogy *n no pl* klinische Psychologie **clini·cal ther·'mom·eter** *n* Fieberthermometer *nt*

cli·ni·cian [klɪ'nɪʃᵊn] *n* Kliniker(in) *m(f)*

clink¹ [klɪŋk] **I.** *vt* ■**to** ~ **sth** mit etw *dat* klirren; *esp metal* mit etw *dat* klimpern; **to** ~ **glasses** die Gläser klingen lassen **II.** *vi* klirren; *esp metal* klimpern **III.** *n no pl* Klirren *nt; coins* Klimpern *nt*

clink² [klɪŋk] *n* (*fam*) Knast *m fam*, Kittchen *nt fam;* **in** [**the**] ~ im Knast [*o* Kittchen] *fam*

clink·er ['klɪŋkəʳ, AM -ɚ] *n no pl* Schlacke *f;* ~ **brick** Klinkerstein *m*

clink·ing ['klɪŋkɪŋ] *n no pl* Geklirr *nt;* ~ **of chains** Kettenrasseln *nt*

clip¹ [klɪp] **I.** *n* ❶ (*fastener*) Klipp *m;* (*for wires*) Klemme *f;* **bicycle** ~ [Fahrrad]klammer *f;* **hair** ~ [Haar]spange *f;* **paper** ~ Büroklammer *f* ❷ (*for cartridges*) Ladestreifen *m* ❸ (*jewellery*) Klipp *m*, Klips *m* **II.** *vt* <-pp-> ■**to** ~ **sth together** *papers, documents* etw zusammenklammern [*o* zusammenheften]

clip² [klɪp] **I.** *n* ❶ (*trim*) Schneiden *nt; of a dog* Trimmen *nt; of a sheep* Scheren *nt;* **to give a hedge a** ~ eine Hecke schneiden ❷ FILM, TV (*extract*) Ausschnitt *m*, Clip *m* ❸ (*sharp blow*) Hieb *m geh*, Schlag *m;* **to get a** ~ **round the ear** eins hinter die Ohren bekommen *fam* ❹ *no pl* (*fam: fast speed*) Tempo *nt;* **at a fast** ~ mit einem Affenzahn *fam* **II.** *vt* <-pp-> ❶ (*trim*) **to** ~ **a dog** einen Hund trimmen; **to** ~ **a hedge** eine Hecke stutzen; **to** ~ **one's nails** sich *dat* die Nägel schneiden; **to** ~ **sheep** Schafe scheren ❷ BRIT (*make a hole*) **to** ~ **a ticket** ein Ticket entwerten ❸ (*fig: reduce*) ■**to** ~ **sth** etw verkürzen; *record* etw unterbieten ❹ (*omit syllables*) **to** ~ **one's words** abgehackt sprechen, Silben verschlucken ❺ (*attach*) ■**to** ~ **sth to sth** etw an etw *akk* anheften ❻ (*touch*) ■**to** ~ **sth** etw streifen; **to** ~ **sb's ear** jdm eins hinter die Ohren geben; **to** ~ **the edge of the kerb** die Bordsteinkante streifen ▶ PHRASES: **to** ~ **sb's wings** (*fig*) jdm die Flügel stutzen

◆**clip on** *vt* ■**to** ~ **sth** ↻ **on** etw mit einem Klipp befestigen

◆**clip out** *vt* ■**to** ~ **sth** ↻ **out** etw ausschneiden

'clip·board *n* Klemmbrett *nt*, Manuskripthalter *m* **clip-clop** **I.** *n* Klippklapp *nt*, Klappern *nt; of hooves* Getrappel *nt* **II.** *vi* <-pp-> klappern **clip 'ear·ring** *n* Ohrklipp *m*, Ohrklips *m* **'clip joint** *n* (*fam*) Nepplokal *nt pej fam* **'clip-on** **I.** *adj* ansteckbar; ~ **earring** Ohrklipp *m*, Ohrklips *m;* ~ **sunglasses** Sonnenschutzgläser *ntpl* zum Aufstecken **II.** *n* Klips *m;* (*bow-tie*) Selbstbinder *m veraltend;* (*sunglasses*) Sonnenschutzgläser *ntpl* zum Aufstecken **clip-on 'ear·ring** *n* Ohrklips *m*, Ohrklipp *m*

clipped [klɪpt] *adj* ❶ (*trimmed*) gestutzt ❷ (*cut short*) *way of speaking* abgehackt; *style* knapp

clip·per ['klɪpəʳ, AM -ɚ] *n* ❶ NAUT (*hist*) Klipper *m* (*schnelles Segelschiff*) ❷ AVIAT Clipper *m*

clip·pers ['klɪpəz, AM -ɚz] *npl* Schere *f*

clip·ping ['klɪpɪŋ] *n* **grass ~s** das gemähte Gras; **nail ~s** abgeschnittene Nägel; **newspaper ~** Zeitungsausschnitt *m,* Clipping *nt fachspr*

clique [kli:k, AM *also* klɪk] *n + sing/pl vb* (*pej*) Clique *f,* Klüngel *m pej*

cli·quish ['kli:kɪʃ, AM *also* klɪk-] *adj* (*pej*), **cli·quy** ['kli:ki, AM *also* klɪki] *adj* (*pej*) cliquenhaft, klüngelhaft *pej*

clito·ral ['klɪtᵊrᵊl, AM -t̬ɚ-] *adj inv* klitoral

clito·ri·dec·to·my <*pl* -mies> [ˌklɪtᵊrɪ'dektəmi] *n* Klitorisentfernung *f,* Klitoridektomie *f fachspr*

clito·ris ['klɪtᵊrɪs, AM -t̬əəs] *n* Klitoris *f,* Kitzler *m*

cloak [kləʊk, AM kloʊk] **I.** *n* ❶ (*garment*) Umhang *m* ❷ (*fig: cover for secret*) Deckmantel *m;* **under the ~ of darkness** im Schutz der Dunkelheit **II.** *vt* ■**to ~ sth** etw verhüllen; **to be ~ed in mist** in Nebel gehüllt sein; **to be ~ed in secrecy** geheim gehalten werden

cloak-and-'dag·ger *adj* ❶ (*of melodramatic adventure*) Mantel-und-Degen-; ■**to be ~** abenteuerlich sein ❷ (*secret*) *meeting* geheim; *intrigue* undurchsichtig; **~ operation** Nacht-und-Nebel-Aktion *f* **'cloak·room** *n* ❶ (*room for leaving coats*) Garderobe *f* ❷ BRIT (*euph: toilet in public building*) Toilette *f;* **the gents/ladies ~** die Herren-/Damentoilette

clob·ber ['klɒbəʳ, AM 'klɑ:bɚ] **I.** *vt* ❶ (*fam: strike repeatedly*) ■**to ~ sb [with sth]** jdn [mit etw *dat*] verprügeln; **to ~ sb one** (*fam*) jdm eine scheuern [*o* kleben] *fam* ❷ (*fig fam: punish*) ■**to ~ sb** jdn bestrafen ❸ (*fam: harm*) ■**to ~ sb** jdm schaden; **sb gets ~ed with the costs of sth** die Kosten einer S. *gen* schröpfen jdn ❹ (*fam: defeat heavily*) ■**to ~ sb** jdn vernichtend schlagen **II.** *n no pl* BRIT, AUS (*fam*) Zeug *nt oft pej fam,* Kram *m fam*

cloche [klɒʃ, AM kloʊʃ] *n* ❶ (*for plants*) Glasschutz *m;* (*of plastic*) Abdeckfolie *f* ❷ (*bell-shaped hat*) Glockenhut *m*

clock [klɒk, AM klɑ:k] **I.** *n* ❶ (*for time measuring*) Uhr *f;* **alarm ~** Wecker *m;* **the ~ chimes** [*or* **strikes**] **...** die Uhr schlägt ...; **the ~ says ...** die Uhr zeigt ... [an]; **to put** [*or* **turn**] **the ~ back** die Uhr zurückstellen; **to put** [*or* **turn**] **the ~ forward** [*or* BRIT **on**] die Uhr vorstellen; **to put** [*or* **turn**] **the ~s back** (*fig*) die Zeit zurückdrehen; **the court's decision will put the ~s back fifty years** dieses Gerichtsurteil wirft die Rechtsprechung um fünfzig Jahre zurück; **to have** [*or* **keep**] **one's eye on the ~, to watch the ~** ständig auf die Uhr gucken; **to run against the ~** auf Zeit laufen; **to set a ~** eine Uhr stellen; **to work against the ~** gegen die Zeit arbeiten; **to work according to** [*or* **by**] **the ~** die Arbeitszeit genau einhalten; **round** [*or* **around**] **the ~** rund um die Uhr *fam* ❷ (*speedometer, mileometer*) Tachometer *m o nt,* Tacho *m o nt fam* **II.** *vt* ❶ (*measure speed*) ■**to ~ sb at sth: he was ~ed at 10 seconds for the 100 metres** er lief die 100 Meter in 10 Sekunden; ■**to ~ sb doing sth: the police ~ed him doing 80 mph** die Polizei blitzte ihn mit 128 km/h ❷ (*run or travel at speed of*) ■**to ~ sth: this car can ~ 240 kmh** dieses Auto hat bis zu 240 Sachen drauf *fam;* **he ~ed 10 seconds in the 100 metres** er lief die 100 Meter in 10 Sekunden ❸ (*fam: hit, strike*) ■**to ~ sb [one]** jdm eine kleben [*o* schmieren] *fam*

◆**clock in** *vi* ❶ (*record arrival time*) stechen *fam,* den Arbeitsbeginn registrieren ❷ (*fig fam: arrive*) ankommen, eintreffen; (*without hurry*) eintrudeln *fam*

◆**clock out** *vi* ❶ (*record departure time*) stechen *fam,* das Arbeitsende registrieren ❷ (*fig fam: leave work*) Feierabend machen

◆**clock up** *vt* ■**to ~ up** ⊂ **sth** ❶ (*travel a specific distance*) etw fahren + *sein* ❷ *esp* BRIT (*attain*) *victory, medal* etw für sich *akk* verbuchen können

'clock·face *n* Zifferblatt *nt*

clock·ing-in time ['klɒkɪŋɪn,-, AM 'klɑ:k-] *n* Stechzeit *f* (*spätester Zeitpunkt, an dem man sich am Arbeitsplatz registriert haben muss*)

clock 'ra·dio *n* Radiowecker *m* **'clock tim·er** *n* Zeitschaltuhr *f* **'clock tow·er** *n* Uhrenturm *m* **'clock-watch·er** *n* (*pej*) *jd, der ständig auf die Uhr sieht* **'clock-watch·ing** *n no pl* (*pej*) dauerndes Auf-die-Uhr-Sehen

clock·wise ['klɒkwaɪz, AM 'klɑ:k-] **I.** *adj usu attr, inv* im Uhrzeigersinn; **to turn sth in a ~ direction** etw im Uhrzeigersinn drehen **II.** *adv* im Uhrzeigersinn; **to move/turn ~** sich *akk* im Uhrzeigersinn bewegen/drehen

'clock·work I. *n no pl* Uhrwerk *nt;* **everything is going like ~** alles läuft wie am Schnürchen *fam;* **~ toy** Spielzeug *nt* zum Aufziehen; **regular as ~** pünktlich wie ein Uhrwerk; **my daughter always calls me on Friday evenings, regular as ~** meine Tochter ruft mich immer freitagabends an, ich kann fast die Uhr danach stellen **II.** *adj* präzise, exakt; **with ~ precision** mit der Präzision eines Uhrwerks

clod [klɒd, AM klɑ:d] *n* ❶ (*of earth, clay*) Klumpen *m* ❷ (*dated: stupid person*) Trottel *m pej fam*

'clod·hop·per *n* ❶ (*fam: large heavy shoe*) Quadratlatschen *pl hum fam* ❷ (*fam: clumsy or awkward person*) Tollpatsch *m fam,* Trampel *m o nt meist pej fam* **'clod·hop·ping** *adj* ❶ (*fam: heavy*) *shoes* klobig ❷ (*fam: boorish*) plump; (*awkward*) ungeschickt; (*clumsy*) schwerfällig

clog [klɒg, AM klɑ:g] **I.** *n* Holzschuh *m;* (*modern kind*) Clog[s] *m[pl]* ▸PHRASES: **to pop one's ~** BRIT (*sl*) den Löffel abgeben *fam,* abkratzen *derb* **II.** *vi* <-gg-> ■**to ~ [up]** *pipe* verstopfen **III.** *vt* <-gg-> ■**to ~ sth** ⊂ **up** etw verstopfen; **to ~ [up] the drains** den Abfluss verstopfen

'clog-dance *n* Holzschuhtanz *m*

clogged [klɒgd, AM klɑ:gd] *adj drain* verstopft

clois·ter ['klɔɪstəʳ, AM -ɚ] *n usu pl* Kreuzgang *m*

clois·tered ['klɔɪstəd, AM -ɚd] *adj* ❶ (*of a cloister*) **a ~ court** ein [Kloster]hof *m* mit einem Kreuzgang ❷ (*secluded*) weltabgeschieden; (*sheltered*) [klösterlich] behütet; **to lead a ~ life** in einer Welt für sich *akk* leben

clone [kləʊn, AM kloʊn] **I.** *n* ❶ (*produced asexually*) Klon *m* ❷ (*pej: imitation*) Kopie *f oft pej* ❸ TECH Nachbau *m* **II.** *vt* ■**to ~ sth/sb** jdn/etw klonen

clon·ing ['kləʊnɪŋ, AM 'kloʊn-] *n no pl* Klonen *nt;* **reproductive ~** Klonen *nt* von Menschen; **therapeutic ~** therapeutisches Klonen

close¹ [kləʊs, AM kloʊs] **I.** *adj usu pred* ❶ (*short distance*) nah[e]; **let's go to the ~st pub** lasst uns in die nächste Kneipe gehen!; ■**to be ~ to sth** in der Nähe einer S. *gen* liegen; **our guest-house was ~ to the sea** unsere Pension war nicht weit vom Meer entfernt; **~ combat** Nahkampf *m;* **~ to the ground** dicht über dem Boden; **in ~ proximity** in unmittelbarer Nähe; **at ~ quarters** aus der Nähe [betrachtet]; **at ~ range** aus kurzer Entfernung; **~ together** nahe [*o* dicht] beieinander ❷ (*near*) **to be ~ to exhaustion** total erschöpft sein; **to be ~ to perfection** so gut wie perfekt sein; **to be ~ to tears** den Tränen nahe sein ❸ (*near in time*) nahe [bevorstehend]; **it's ~ to X-Mas** Weihnachten steht vor der Tür; **war is ~** ein Krieg steht unmittelbar bevor; **~ together** nahe [*o* dicht] beieinander ❹ (*intimate*) ■**to be ~ to sb** jdm nahestehen; **my brother and I have always been very ~** mein Bruder und ich standen uns schon immer sehr nahe; **... because of their ~ links with terrorist groups ...** wegen ihrer engen Verbindung zu Terrorgruppen; **~ bond** enges Band; **~ co-operation** enge Zusammenarbeit; **just ~ family** nur die nächsten Verwandten; **~ friend** enger Freund/enge Freundin; **~ friendship** enge Freundschaft; **~ links** eine enge Verbindung; **~ relatives** nahe Verwandte ❺ (*little space between*) eng; **~ handwriting** enge Schrift; **ten pages of ~ print** zehn eng bedruckte Seiten; **~ ranks** geschlossene Reihen; **~ weave**

dichtes Gewebe ❻ (*fig: dense*) ~ **argument** stichhaltiges Argument; ~ **reasoning** geschlossene Argumentation ❼ (*almost equal*) knapp; **the race is going to be a ~ contest** das wird ein Kopf-an-Kopf-Rennen!; **the election was too ~ a call** der Ausgang der Wahl war völlig offen; ~ **race** Kopf-an-Kopf-Rennen *nt* ❽ (*similar*) **to be ~st equivalent to sth** etw *dat* am nächsten kommen; ~ **resemblance** große Ähnlichkeit; **to bear a ~ resemblance to sb/sth** jdm/etw sehr ähnlich sehen/sein ❾ (*exact*) genau; **to pay ~ attention to sb** jdm gut zuhören; **to pay ~ attention to sth** genau auf etw *akk* achten; **to keep a ~ eye on sth** etw gut im Auge behalten ❿ (*secret*) verschwiegen; **she's very ~ about her relationship** was ihre Beziehung angeht, ist sie sehr verschwiegen; ~ **secret** großes Geheimnis ⓫ (*airless, stifling*) schwül; (*in room*) stickig ⓬ (*mean*) knauserig *pej* ⓭ (*almost*) ~ **to** [*or* **on**] **...** nahezu ..., fast ...; ~ **to midnight** kurz vor Mitternacht ⓮ LING ~ **vowel** geschlossener Vokal ▶ PHRASES: **to be ~ to the bone** der Wahrheit ziemlich nahe kommen; **that was a ~ call!** das war knapp!; **to hold** [*or* **keep**] **one's cards ~ to one's chest** sich *dat* nicht in die Karten sehen lassen; **that was too ~ for comfort!** das ging gerade nochmal gut!; (*distance*) **she lives too ~ for comfort** sie wohnt näher als ihr lieb ist; **that was a ~ shave!** das war knapp! *fam;* **to have had a ~ shave** gerade noch davongekommen sein **II.** *adv* (*near in location*) nahe; (*near in time*) nahe [bevorstehend]; **please come ~r** kommen Sie doch näher!; **the election is getting ~** die Wahlen stehen unmittelbar vor der Tür; **she came ~ to getting that job** fast hätte sie die Stelle bekommen; **to come ~ to blows** beinahe handgreiflich werden; **to be ~ at hand** *person* in Reichweite sein; *event* unmittelbar bevorstehen; **to come ~ to tears** den Tränen nahekommen; **to come ~ to the truth** der Wahrheit nahekommen; **to get ~ to sb/sth** jdm/etw nahekommen; **to hold sb ~** jdn fest an sich drücken; **on looking ~r** bei genauerem Hinsehen; ■ **~ by** in der Nähe; **the little child stood ~ by his mother** das kleine Kind stand dicht bei seiner Mutter; ■ **from ~ up** aus der Nähe; ■ **~ together** dicht beieinander; **please stand ~ together** können Sie vielleicht noch ein bisschen aufrücken?; **these appointments are too ~ together** diese Termine liegen einfach zu dicht aufeinander ▶ PHRASES: **to sail ~ to the wind** sich *akk* hart an der Grenze des Erlaubten bewegen **III.** *vi* ■ **to ~ on sb/an animal** sich *akk* jdm/einem Tier bedrohlich nähern **IV.** *n* BRIT Hof *m;* (*in street names*) *Straßenname für Sackgassen;* (*around cathedral*) Domhof *m;* SCOT *schmaler, meist offener Durchgang oder Hof*

close² [kləʊz, AM kloʊz] **I.** *vt* ❶ (*shut*) ■ **to ~ sth** etw schließen; **to ~ a book** ein Buch zumachen; **to ~ a company/factory/shop** einen Betrieb/eine Fabrik/einen Laden schließen; **to ~ the curtains** die Vorhänge zuziehen; **to ~ the door/one's mouth/the window** die Tür/seinen Mund/das Fenster zumachen; **to ~ one's ears** (*fig*) sich *akk* taub stellen; **to ~ one's eyes** seine Augen zumachen [*o* schließen]; **to ~ one's eyes to sth** (*fig*) die Augen vor etw *dat* verschließen; **to ~ a plant/railway line** ein Werk/eine Bahnstrecke stilllegen; **to ~ ranks** die Reihen schließen; **the party has ~d ranks on the issue** die Partei nimmt dem Thema gegenüber eine geschlossene Stellung ein; **to ~ a road** eine Straße sperren ❷ (*bring to an end*) **the matter is ~d** der Fall ist abgeschlossen; **the performance was ~d with 'Auld Lang Syne'** die Aufführung endete mit dem Lied ‚Auld Lang Syne'; **to ~ a bank account** ein Konto auflösen; **to ~ a case** LAW einen Fall abschließen; **case ~d** *a.* LAW der Fall ist abgeschlossen; **to ~ a deal** einen Handel [ab]schließen; **to ~ a discussion** eine Diskussion beenden; **let's ~ this discussion with a brief summary** lassen Sie mich diese Diskussion mit einer kurzen Zusammenfassung abschließen; **to ~ a meeting** ein Besprechung beenden ❸ (*make smaller*) ■ **to ~ sth** etw schließen; **to ~ the gap between x and y** die Kluft zwischen x und y überwinden ❹ ELEC **to ~ a circuit** einen Stromkreis schließen ❺ COMPUT **to ~ a file** eine Datei zumachen [*o* schließen] ▶ PHRASES: **to ~ the stable door after the horse has bolted** den Brunnen erst zudecken, wenn das Kind hineingefallen ist *prov* **II.** *vi* ❶ (*shut*) *wound* sich schließen; *door, window, lid* zugehen; *shop, bank* schließen; **her eyes ~d in tiredness** vor Müdigkeit fielen ihr die Augen zu; **this box doesn't ~ properly** diese Kiste geht nicht richtig zu ❷ (*shut down*) schließen; *shop* zumachen; *factory also* stilllegen ❸ (*end*) zu Ende gehen; *meeting* schließen; *play* abgesetzt werden; STOCKEX **the pound ~d at $1.62** das Pfund schloss mit 1,62 Dollar ❹ (*approach*) sich *akk* nähern; **the tanks ~d to within 50 metres of the frontline** die Panzer kamen bis auf 50 Meter an die Front heran **III.** *n* ❶ *no pl* (*end*) Ende *nt,* Schluss *m;* **to bring** [*or* **draw**] **sth to a ~** etw beenden; **to come to a ~** zu Ende gehen, enden; **to draw to a ~** sich dem Ende zuneigen; **at the ~ of business** bei Geschäftsschluss; **at the ~ of trading, by the ~** STOCKEX bei Börsenschluss ❷ (*cricket*) ■ **the ~** *Ende des Spieltages beim Kricket* ❸ MUS Kadenz *f*

C

◆**close down I.** *vi shop, business* schließen, zumachen; *factory* stillgelegt werden, den Betrieb einstellen; BRIT TV, RADIO Sendeschluss haben **II.** *vt* ■ **to ~ down** ↔ **sth** etw schließen; **to ~ down a factory** eine Fabrik stilllegen; **to ~ down a shop** einen Laden zumachen

◆**close in** *vi* ❶ (*come near*) aufrücken, immer näher kommen; ■ **to ~ in on sb/sth** sich *akk* jdm/etw immer mehr nähern; (*surround*) jdn/etw umzingeln; **to ~ in for the kill** zum Todesstoß ansetzen; (*fig*) zum entscheidenden Schlag ausholen *fig* ❷ (*start*) *darkness* hereinbrechen; (*end*) *days* kürzer werden ❸ METEO **the weather has ~d in** es hat zugezogen

◆**close off** *vt usu passive* ■ **to ~ off** ↔ **sth** etw absperren [*o* abriegeln]; ■ **to be ~d off** abgesperrt sein; *road* gesperrt sein; **to ~ off a road** eine Straße sperren; **to ~ off a room** ein Zimmer verriegeln

◆**close out** *vt* ❶ (*prevent from entering*) ■ **to ~ out** ↔ **sth** *sound, light* etw aussperren; **she closed out the light** sie verdunkelte das Zimmer ❷ AM (*bring to an end*) ■ **to ~ out** ↔ **sth** *conversation* etw beenden ❸ AM (*get rid*) ■ **to ~ out** ↔ **sth** etw abstoßen

◆**close up I.** *vi* ❶ (*shut*) *flower, oyster, wound* sich schließen ❷ MIL *troops* aufrücken ❸ (*get nearer*) *people* zusammenrücken, aufschließen ❹ (*become blank*) *face* sich versteinern ❺ (*lock up*) abschließen **II.** *vt* ■ **to ~ up** ↔ **sth** ❶ (*shut securely*) etw abschließen ❷ (*shut completely*) *firm, shop* etw schließen

◆**close with** *vi* ■ **to ~ with sb** *boxer* mit jdm ringen; **the man ~d with him in hand-to-hand fighting** der Mann fing ein Handgemenge mit ihm an

close-'by I. *adj pred* in der Nähe **II.** *adv* in der Nähe **'close-cropped** *adj* kurz geschnitten; ~ **hair** Stoppelfrisur *f,* Meckischnitt *m fam*

closed [kləʊzd, AM kloʊzd] *adj* geschlossen, zu *fam;* **a ~ book** (*fig*) ein Buch *nt* mit sieben Siegeln *fig;* **behind ~ doors** (*fig*) hinter verschlossenen Türen *fig*

closed cir·cuit 'tele·vi·sion *n* interne Fernsehanlage; (*for surveillance*) Fernsehüberwachungsanlage *f*

'close-down *n* [Geschäfts]schließung *f; of a factory* Stilllegung *f;* TV, RADIO Sendeschluss *m*

'closed sea·son *n* Schonzeit *f* **closed 'shop** *n* Closed Shop *m,* Unternehmen *nt* mit Gewerkschaftszwang

close-'fit·ting *adj* eng anliegend [*o* sitzend]; ■ **to be ~** eng anliegen **'close-grained** *adj* feinkörnig; ~ **wood** [*or* **timber**] fein gemasertes Holz **'close-knit** *adj* eng verbunden; **they're such a ~ village** in der Gemeinde kennt jeder jeden

close·ly ['kləʊsli, AM 'kloʊ-] *adv* ❶ (*intimately*) eng; **to be ~ linked** eng miteinander verbunden sein ❷ (*carefully*) **a ~ guarded secret** ein sorgfältig gehütetes Geheimnis

close·ness [ˈkləʊsnəs, AM ˈkloʊ-] *n* ❶ *no pl* (*nearness*) Nähe *f* ❷ *no pl* (*intimacy*) Vertrautheit *f,* Intimität *f* ❸ BRIT (*airlessness*) Schwüle *f;* (*stuffiness*) Stickigkeit *f;* *of the weather* Schwülheit *f*

ˈclose-out AM **I.** *n* Räumungsverkauf *m,* Ausverkauf *m* **II.** *adj attr, inv* Räumungs-; ~ **sale** Räumungsverkauf *m* [wegen Geschäftsaufgabe] **ˈclose sea·son** *n* AM HUNT Schonzeit *f;* BRIT SPORTS Saisonpause *f* **close-ˈset** *adj* dicht beieinanderliegend; ~ **eyes** eng zusammenstehende Augen

clos·et [ˈklɒzɪt, AM ˈklɑː-] **I.** *n esp* AM (*cupboard*) [Wand]schrank *m;* (*for storage*) Abstellraum *m;* (*for food*) Vorratsraum *m;* **a ~ alcoholic** ein heimlicher Trinker/eine heimliche Trinkerin ▶ PHRASES: **to come out of the ~** seine Homosexualität bekennen, sich *akk* outen **II.** *adj attr* heimlich **III.** *vt* ❶ (*stay shut away*) **to ~ oneself in one's room** sich *akk* in seinem Zimmer einschließen; **to ~ oneself in one's study** sich *akk* im Arbeitszimmer vergraben ❷ *usu passive* ■**to be ~ed with sb** mit jdm hinter verschlossenen Türen tagen

ˈclose-up *n* Nahaufnahme *f*

clos·ing [ˈkləʊzɪŋ, AM ˈkloʊ-] **I.** *adj usu attr, inv* End-, Schluss-; **the ~ phase of a project** die Endphase eines Projekts; ~ **remarks** abschließende Worte; ~ **speech** Schlussrede *f* **II.** *n* ❶ (*bringing to an end*) Beenden *nt kein pl,* Schließen *nt kein pl;* (*action of closing*) Schließung *f* ❷ (*end of business hours*) Geschäftsschluss *m,* Ladenschluss *m;* **Sunday ~** BRIT Geschlossenbleiben *nt* der Geschäfte an Sonntagen; **early ~** früher Geschäfts-/Ladenschluss

ˈclos·ing date *n* Schlusstermin *m;* (*for competition*) Einsendeschluss *m;* (*for work due*) Abgabetermin *m* (**for** für +*akk*) **clos·ing ˈdown** *n* Schließung *f* **clos·ing-ˈdown sale** *n* Räumungsverkauf *m,* Ausverkauf *m* **ˈclos·ing price** *n* Schlussnotierung *f* **ˈclos·ing time** *n* (*for shop*) Ladenschluss *m;* (*for staff*) Feierabend *m;* (*of pub*) Sperrstunde *f,* Polizeistunde *f*

clo·sure [ˈkləʊʒəʳ, AM ˈkloʊʒɚ] **I.** *n* ❶ (*of shop, institution*) Schließung *f;* *of street* Sperrung *f;* **the ~ of a pit** die Stilllegung einer Grube ❷ **to have ~** (*end*) etw verarbeiten; **do we have ~ about this affair?** ist diese Sache endlich gegessen?; ~ **motion** POL Antrag *m* auf Schluss der Debatte **II.** *vt* POL **to ~ the debate** die Debatte schließen

clot [klɒt, AM klɑːt] **I.** *n* ❶ (*semi-solid lump*) Klumpen *m;* [**blood**] ~ [Blut]gerinnsel *nt* ❷ BRIT (*dated or hum fam: stupid person*) Dummkopf *m pej,* Trottel *m pej* **II.** *vi* <-tt-> *blood, liquid* gerinnen, koagulieren *fachspr;* **an anti-[blood] ~ting agent** ein Blutverdünnungsmittel *nt*

cloth [klɒθ, AM klɑːθ] **I.** *n* ❶ *no pl* (*woven material*) Tuch *nt,* Stoff *m* ❷ (*for cleaning*) Wischtuch *nt,* Lappen *m;* **dish~** Spültuch *nt,* Spüllappen *m* ❸ (*clergy*) Geistlichkeit *f;* **a man of the ~** ein Geistlicher *m* ▶ PHRASES: **to cut one's coat according to one's ~** (*prov*) sich *akk* nach der Decke strecken **II.** *n modifier* (*tablecloth, bag, jacket*) Stoff-; ~ **jacket** Textiljacke *f*

cloth ˈcap I. *n* BRIT [wollene] Schirmmütze **II.** *adj* BRIT Arbeiter-; ■**to be ~** proletenhaft sein *pej;* **the ~ mentality** die [typische] Arbeitermentalität

clothe [kləʊð, AM kloʊð] *vt* ❶ (*dress*) ■**to ~ sb** jdn anziehen [*o* [be]kleiden]; (*fit with clothes*) jdn einkleiden; **fully/partially ~d** vollständig/teilweise bekleidet; **~d all in white** ganz in Weiß [gekleidet] ❷ (*fig: fit with*) ■**to ~ sth** etw bedecken [*o geh* bekleiden]

ˈcloth-ears *n* BRIT (*dated or pej fam*) Doofmann *m pej fam*

clothes [kləʊ(ð)z, AM kloʊ(ð)z] *npl* Kleider *ntpl;* (*collectively*) Kleidung *f kein pl;* **designer ~** Modellkleider *ntpl;* **to put one's ~ on** sich *akk* anziehen; **to take one's ~ off** sich *akk* ausziehen

ˈclothes bas·ket *n* Wäschekorb *m* **ˈclothes brush** *n* Kleiderbürste *f* **ˈclothes-hang·er** *n* Kleiderbügel *m* **ˈclothes horse** *n* ❶ (*for drying clothing*) Wäscheständer *m* ❷ (*pej fam: slavish fashion fan*) Modefreak *m* **ˈclothes line** *n* Wäscheleine *f* **ˈclothes-moth** *n* [Kleider]motte *f* **ˈclothes peg** *n* BRIT, **ˈclothes pin** *n* AM Wäscheklammer *f* **ˈclothes rack** *n* Kleiderständer *m* **ˈclothes shop** *n* Kleidergeschäft *nt*

cloth·ing [ˈkləʊðɪŋ, AM ˈkloʊ-] *n no pl* Kleidung *f;* **an article** [*or* **item**] **of ~** ein Kleidungsstück *nt;* **food and ~** Essen und Kleidung ▶ PHRASES: **a wolf in sheep's ~** ein Wolf *m* im Schafspelz

ˈcloth·ing in·dus·try *n* Bekleidungsindustrie *f*

clot·ted cream [ˌklɒtɪdˈ-] *n* BRIT *dicker Rahm, der von langsam erhitzter Milch abgeschöpft wird*

cloud [klaʊd] **I.** *n* ❶ (*in sky*) Wolke *f;* **cirrus ~** Federwolke *f,* Zirruswolke *f;* **cumulus ~** Kumuluswolke *f;* **rain ~** Regenwolke *f;* **stratus ~** Schichtwolke *f,* Stratuswolke *f* ❷ (*mass*) **~ of dust/smoke/tear gas** Staub-/Rauch-/Tränengaswolke *f;* *of insects* Schwarm *m;* (*fig*) **the ~ of suspicion hanging over his head** der auf ihm lastende Verdacht ▶ PHRASES: **to have one's head in the ~s** mit seinen Gedanken ganz woanders sein; **a ~ on the horizon** ein Wölkchen am Horizont; **the only ~ on the horizon is my in-laws coming to stay in December** nur der Besuch meiner Schwiegereltern im Dezember liegt mir auf der Seele; **every ~ has a silver lining** (*prov*) jedes Unglück hat auch sein Gutes; **to be on ~ nine** (*dated*) im siebten Himmel schweben; **to be under a ~** keinen guten Ruf haben **II.** *vt* ❶ (*fig: obscure*) ■**to ~ sth** etw vernebeln; **to ~ an issue** eine Angelegenheit verschleiern; **to ~ sb's memory** jds Erinnerungsvermögen trüben ❷ (*fig: make sad*) **to ~ sb's spirit** jdn betrüben **III.** *vi face* sich verdüstern

◆**cloud over** *vi* ❶ (*become cloudy*) **the sky has ~ed over** der Himmel ist bewölkt [*o* bedeckt]; **it always ~s over like this in the afternoon** es zieht sich am Nachmittag immer so zu *fam* ❷ (*become gloomy*) sich *akk* verdüstern; *face* sich *akk* verfinstern ❸ (*become misty*) *eyes* sich *akk* mit Tränen füllen, feucht werden

ˈcloud bank *n* Wolkenbank *f,* Wolkenwand *f* **ˈcloud·burst** *n* Wolkenbruch *m* **ˈcloud-capped** *adj* wolkenverhangen; **~ hills/mountains** wolkenverhangene Hügel/Berge **ˈcloud cham·ber** *n* NUCL Nebelkammer *f* **ˈcloud cov·er** *n* Wolkendecke *f* **cloud ˈcuckoo land** *n* (*pej*) Wolkenkuckucksheim *nt;* **to live in ~** auf dem Mond leben

cloud·ed [ˈklaʊdɪd] *adj* ❶ (*cloudy*) bewölkt, bedeckt ❷ (*not transparent*) *liquid* trüb ❸ (*confused*) *mind* vernebelt, getrübt

cloud·less [ˈklaʊdləs] *adj* wolkenlos, klar

cloudy [ˈklaʊdi] *adj* ❶ (*overcast*) bewölkt, bedeckt ❷ (*not transparent*) *liquid* trüb

clout [klaʊt] **I.** *n* ❶ (*fam: hit*) Schlag *m;* **to get a ~ round the ears** eins hinter die Ohren kriegen *fam;* **to give sb a ~** jdm eine runterhauen *fam;* **to give sth a ~** auf etw *akk* schlagen; **give Thomas a good ~ on the head if he keeps pestering you like that** gib Thomas einmal richtig eins auf den Deckel, wenn er dich dauernd so ärgert *fam* ❷ *no pl* (*power*) Schlagkraft *f;* **political ~** politische Macht; **to have ~** Einfluss haben; **she's got quite a bit of ~ around here** sie hat hier eine Menge Einfluss **II.** *vt* (*fam*) ■**to ~ sb** jdm eine schmieren *fam;* **I'll ~ you round the head if you say that again!** du kriegst gleich eins auf den Deckel, wenn du das nochmal sagst! *fam;* ■**to ~ sth** auf etw *akk* schlagen

clove[1] [kləʊv, AM kloʊv] *n* **~ of garlic** Knoblauchzehe *f*

clove[2] [kləʊv, AM kloʊv] *n* Gewürznelke *f;* **ground ~s** gemahlene Nelken

clove[3] [kləʊv, AM kloʊv] *pt of* **cleave**

clo·ven [ˈkləʊvᵊn, AM ˈkloʊ-] *pp of* **cleave**

clo·ven ˈhoof *n of devil* Pferdefuß *m* **clo·ven-ˈhooved** *adj inv* paarhufig **clo·ven-hooved ˈani·mal** *n* Paarhufer *m*

clo·ver [ˈkləʊvəʳ, AM ˈkloʊvɚ] *n no pl* Klee *m;* **four-leaf ~** vierblättriges Kleeblatt ▶ PHRASES: **to be in ~** wie Gott in Frankreich leben

ˈclo·ver·leaf *n* BOT, TRANSP Kleeblatt *nt*

clown [klaʊn] **I.** *n* ❶ (*entertainer*) Clown *m* ❷ (*funny person*) Kasper *m hum fam,* Witzbold *m hum fam;* (*ignorant person*) Trottel *m pej,* Dummkopf *m pej* **II.** *vi* ■**to ~ around** [*or*

about] herumalbern, herumblödeln *fam*

clown·ish ['klaʊnɪʃ] *adj* clownhaft, albern; ~ **behaviour** Clownerie *f,* Albernheit *f*

cloy·ing ['klɔɪɪŋ] *adj* (*liter*) ❶ (*pej: too sweet*) übermäßig süß; ~ **pastry** extrem süßes Teilchen; ~ **perfume** widerwärtig süßliches Parfüm ❷ (*pej: insincerely sweet*) süßlich; **her** ~ **manner** ihr süßliches Gehabe ❸ (*pej: emotionally excessive*) übersteigert, exzessiv; ~ **sentimentality** übertriebene Sentimentalität

cloy·ing·ly ['klɔɪɪŋli] *adv* (*pej*) übermäßig; ~ **sweet** furchtbar süß

club [klʌb] **I.** *n* ❶ (*group*) Klub *m,* Verein *m;* **golf/squash/tennis** ~ Golf-/Squash-/Tennisklub *m;* **member of the** ~ Klubmitglied *nt;* **to join a** ~ einem Verein beitreten; **join the** ~! (*fam*) du [also] auch!; **welcome to the** ~! willkommen im Klub!, gratuliere! ❷ SPORTS (*team*) [Sport]verein *m,* Club *m;* **volleyball** ~ Volleyballverein *m* ❸ SPORTS (*bat*) Schläger *m;* **golf** ~ Golfschläger *m* ❹ (*weapon*) Knüppel *m,* Keule *f;* **wooden** ~ Holzkeule *f* ❺ CARDS Kreuz *nt,* Eichel *f;* **queen of** ~**s** Kreuzdame *f* ❻ (*disco*) Diskothek *f,* Klub *m* ▶ PHRASES: **to be in the** ~ BRIT (*dated sl*) in anderen Umständen sein **II.** *vt* <-bb-> ■**to** ~ **sb/sth** auf jdn/etw einknüppeln; **to** ~ **sb/an animal to death** jdn/ein Tier erschlagen [*o* totschlagen]; **to** ~ **sb to the ground** jdn niederknüppeln

◆**club together** *vi persons* sich *akk* zusammentun; (*put money together*) zusammenlegen

club·bing ['klʌbɪŋ] *n no pl* **to go** ~ in die Disko gehen, clubben gehen *sl*

'club car *n* AM Zugrestaurant *nt* **club 'foot** *n* MED Klumpfuß *m* **'club·house** *n* Klubhaus *nt,* Vereinshaus *nt* **'club·land** ['klʌblænd] *n no pl* BRIT (*sl*) *britische Klubszene* **club 'member** *n* Klubmitglied *nt,* Vereinsmitglied *nt* **club 'sand·wich** *n* Klubsandwich *nt,* Doppeldecker *m fam* **club 'soda** *n* AM Sodawasser *nt*

cluck [klʌk] **I.** *vi* gackern; (*fig*) glucken, bemuttern **II.** *vt* **to** ~ **disapproval** seinen Unwillen äußern

clue [klu:] **I.** *n* ❶ (*evidence*) Hinweis *m,* Anhaltspunkt *m;* (*hint*) Tipp *m;* (*in criminal investigation*) Spur *f;* **to give sb a** ~ jdm einen Tipp geben; **to not leave a** ~ keine Spuren hinterlassen; **to search** [*or* **look**] **for** ~**s** nach Hinweisen suchen ❷ (*fig: secret*) Schlüssel *m* (**to** zu +*dat*); **the** ~ **to longevity** das Geheimnis des Altwerdens ❸ (*idea*) Ahnung *f;* **to have a** ~ [**about sth**] eine Ahnung [von etw *dat*] haben; **I haven't a** ~! [ich hab'] keine Ahnung! **II.** *vt* AM ■**to** ~ **sb in** [**on sth**] jdn [über etw *akk*] informieren

◆**clue up** *vt* AUS ■**to** ~ **sb up** [**on sth**] jdn [über etw *akk*] informieren

clued up ['klu:dʌp] *adj* BRIT, AUS ■**to be** ~ **up on** [*or* **about**] **sth** über etw *akk* im Bilde sein *fam*

clue·less ['klu:ləs] *adj* (*fam*) ahnungslos; ■**to be** ~ **about sth** von etw *dat* keine Ahnung haben

clump [klʌmp] **I.** *n* ❶ (*group*) Gruppe *f;* ~ **of bushes** Gebüsch *nt;* ~ **of trees** Baumgruppe *f;* **to grow in** ~**s** in Gruppen wachsen ❷ (*lump*) Klumpen *m;* ~ **of mud/soil** Dreck-/Erdklumpen *m* ❸ *no pl* (*heavy sound*) Sta[m]pfen *nt,* Trampeln *nt* **II.** *vt* ❶ (*group*) ■**to** ~ **sb together**: **she tends to** ~ **people together in groups** sie neigt dazu, die Menschen in Gruppen einzuteilen ❷ BRIT (*fam: clout*) ■**to** ~ **sb** jdm eine schmieren *fam* ❸ AM **to** ~ **the garbage** den Müll auf einen Haufen werfen **III.** *vi* ❶ (*group*) ■**to** ~ **together** sich *akk* zusammenballen; **the crowd** ~**ed together** die Gruppe drängte sich zusammen ❷ (*walk noisily*) ■**to** ~ **around** herumtrampeln; (*lifting feet high*) herumstapfen

clum·si·ness ['klʌmzɪnəs] *n* Ungeschicktheit *f,* Schwerfälligkeit *f;* ~ **is his middle name** er ist die Ungeschicktheit in Person

clum·sy ['klʌmzi] *adj* ❶ (*bungling*) ungeschickt, unbeholfen; ~ **attempt** plumper Versuch; ~ **idiot** Tolpatsch *m hum fam* ❷ (*ungainly*) **to look** ~ plump [*o* klobig] wirken ❸ (*unwieldy*) unförmig, klobig; ~ **to use** unhandlich ❹ LIT schwerfällig, unbeholfen; ~ **verse** plumper Vers

clung [klʌŋ] *pp, pt of* **cling**

clunk [klʌŋk] *n* dumpfes Geräusch; **to shut with a** ~ zuschnappen; **to make a** ~ klacken

clunky *adj attr* (*fig: ungraceful*) plump, hölzern *fig*

clus·ter ['klʌstəʳ, AM -ɚ] **I.** *n* Bündel *nt; of people* Traube *f; of gems* Büschel *nt; of eggs* Gelege *nt; of islands* Gruppe *f; of mushrooms* Büschel *nt; of consonants, vowels* Cluster *m;* ~ **of bees** Bienenschwarm *m;* ~ **of people** Menschentraube *f;* ~ **of stars** Sternhaufen *m* **II.** *vi* ■**to** ~ **around sth** sich *akk* um etw *akk* scharen; ■**to** ~ **together** sich *akk* aneinanderkauern

'clus·ter bomb *n* Splitterbombe *f,* Streubombe *f* **'clus·ter fuck** *n* (*vulg*) furchtbares Durcheinander

clutch [klʌtʃ] **I.** *vi* ■**to** ~ **at** [*or* **onto**] **sth** sich *akk* an etw *akk* klammern **II.** *vt* ■**to** ~ **sth/sb** etw/jdn umklammern; **to** ~ **sb's hand** jds Hand umklammern **III.** *n* ❶ *usu sing* AUTO (*transmission device*) Kupplung *f;* **to let the** ~ **out** auskuppeln; **to push the** ~ **in** einkuppeln ❷ (*set*) ~ **of eggs** Gelege *nt;* (*fig: group*) Schar *f;* ~ **of students** eine Schar Studenten ❸ (*control*) **to fall into the** ~**es of sb/sth** jdm/etw in die Hände fallen [*o fam* ins Netz gehen]; **to get out of sb's** ~**s** sich *akk* aus jds Klauen befreien *fig fam*

'clutch bag *n* Unterarmtasche *f* **'clutch hit·ter** *n* AM SPORTS *sehr zuverlässiger Schläger im Baseball*

clut·ter ['klʌtəʳ, AM -t̬ɚ] **I.** *n no pl* ❶ (*mess*) Durcheinander *nt,* Unordnung *f;* **he always leaves his office in a** ~ er hinterlässt in seinem Büro immer ein Schlachtfeld *hum* ❷ (*unorganized stuff*) Kram *m* **II.** *vt* ■**to** ~ **sth** etw durcheinanderbringen; **don't** ~ **up your mind with useless details!** belaste dich nicht mit sinnlosen Einzelheiten!

clut·tered ['klʌtəd, AM -t̬ɚd] *adj* durcheinander, wirr; ~ **desk** vollgepackter Schreibtisch; (*fig*) **my mind is quite** ~ **at the moment** ich habe im Moment den Kopf voller Gedanken; **their house is** ~ **with kid's toys** ihr Haus ist mit Kinderspielzeug übersät

cm <*pl* -> *n abbrev of* **centimetre** cm

c'mon [kə'mɒn, AM -'mɑ:n] (*fam*) *see* **come on**

CND [ˌsi:en'di:] *n, adj abbrev of* **Campaign for Nuclear Disarmament** *Kampagne für atomare Abrüstung*

CO [ˌsi:'əʊ, AM -'oʊ] *n* MIL *abbrev of* **Commanding Officer** Befehlshaber(in) *m(f)*

Co¹ *n* [kəʊ, AM koʊ] *no pl abbrev of* **company**: **Miller and** ~ Miller & Co

Co² *n* GEOG *abbrev of* **county**

c/o ['keəʳɒv, AM 'kerɑ:v] *abbrev of* **care of** c/o, bei

coach [kəʊtʃ, AM koʊtʃ] **I.** *n* ❶ BRIT (*private bus*) [Omni]bus *m,* Reisebus *m;* **by** ~ mit dem Bus ❷ (*horse-drawn carriage*) Kutsche *f,* Karosse *f* ❸ (*railway carriage*) [Eisenbahn]wagen *m,* Waggon *m* ❹ (*teacher*) Nachhilfelehrer(in) *m(f),* Privatlehrer(in) *m(f);* **geography** ~ Erdkundelehrer(in) *m(f);* SPORTS Trainer(in) *m(f);* (*about life*) persönlicher Betreuer/persönliche Betreuerin, Coach *m fachspr* **II.** *vt* ❶ SPORTS ■**to** ~ **sb** jdn trainieren; **he** ~**es boxing** er gibt Boxunterricht ❷ (*help to learn*) ■**to** ~ **sb** jdm Nachhilfe geben; **to** ~ **sb for an exam** jdn auf ein Examen vorbereiten **III.** *vi* trainieren

'coach·build·er *n* BRIT AUTO Karosseriebauer(in) *m(f)*

coach·ing ['kəʊtʃɪŋ, AM 'koʊtʃ-] *n no pl* ❶ SPORTS Training *nt* ❷ (*teaching*) Nachhilfe *f,* [Privat]unterricht *m;* **extra** ~ Nachhilfeunterricht *m;* (*about life*) Coaching *nt fachspr*

'coach·ing staff *n* SPORTS Trainingspersonal *nt* **'coach·man** *n* Kutscher *m*

'coach sec·tion *n no pl* AM AVIAT (*economy class seating area*) Touristenklasse *f* **'coach sta·tion** *n* BRIT Busbahnhof *m* **'coach·work** *n no pl* BRIT AUTO Karosserie *f*

co·agu·late [kəʊ'ægjəleɪt, AM koʊ'-] **I.** *vi blood* gerinnen; *sauce* eindicken; *albumin* hart werden **II.** *vt* **to** ~ **blood** Blut gerinnen lassen

co·agu·la·tion [kəʊ,ægjə'leɪʃən, AM koʊ,-] *n no pl of blood* Gerinnung *f; of albumin* Hartwerden *nt,* Festwerden *nt; of sauce* Eindicken *nt*

coal [kəʊl, AM koʊl] *n* Kohle *f;* (*piece of coal also*) Stück *nt* Kohle; **to mine ~** Kohle abbauen ▸ PHRASES: **to carry** [*or* **take**] **~s to Newcastle** Eulen nach Athen tragen *prov;* **to drag** [*or* **haul**] **sb over the ~s** jdm die Leviten lesen

'coal bed *n* Kohlenflöz *nt* **'coal-black** *adj* kohlrabenschwarz **'coal box** *n* Kohlenkasten *m* **'coal bun·ker** *n* Kohlenbunker *m*

coa·lesce [kəʊə'les, AM koʊ-] *vi* (*form*) sich *akk* verbinden, eine Verbindung eingehen; (*fig*) sich vereinigen, zusammengehen

coa·les·cence [kəʊə'lesən(t)s, AM koʊ-] *n no pl* (*form*) Vereinigung *f,* Verbindung *f*

'coal face *n* ❶ (*mine*) Streb *m* ❷ BRIT, AUS (*fig*) **at the ~** vor Ort **'coal field** *n* Kohle[n]revier *nt* **'coal-fired** *adj* kohlebeheizt; **~ central-heating** Kohle[n]heizung *f*

coa·li·tion [,kəʊə'lɪʃən, AM ,koʊ-] *n* POL Koalition *f;* **government by ~** Koalitionsregierung *f;* **government ~** Regierungskoalition *f;* **to form a ~** eine Koalition bilden

'coal mine *n* Kohlenbergwerk *nt,* Kohlengrube *f* **'coal min·er** *n* Bergmann *m,* Grubenarbeiter *m,* Kumpel *m fam* **'coal min·ing** *n* Kohle[n]bergbau *m* **'coal scut·tle** *n* Kohleneimer *m,* Kohlenkasten *m* **'coal tar** *n* [Stein]kohlenteer *m*

coarse [kɔːs, AM kɔːrs] *adj* ❶ (*rough*) grob; **~ features** grobe [*o* derbe] Gesichtszüge; **~ sand** grober [*o* grobkörniger] Sand; **~ skin** raue Haut ❷ (*vulgar*) vulgär, derb; **~ invective** wüste Beschimpfung; **~ joke** unanständiger Witz

coarse·ly ['kɔːsli, AM 'kɔːrs-] *adv* vulgär, primitiv; **to behave ~** sich *akk* ungehobelt benehmen

coars·en ['kɔːsən, AM 'kɔːrs-] **I.** *vt* ■**to ~ sth** etw rau machen **II.** *vi voice* rau werden

coarse·ness ['kɔːsnəs, AM 'kɔːrs-] *n no pl* ❶ (*roughness*) *of cloth* Grobheit *f,* Rauheit *f* ❷ (*rudeness*) Grobheit *f,* Derbheit *f*

coast [kəʊst, AM koʊst] **I.** *n* Küste *f;* **three miles off the ~** drei Meilen vor der Küste; **on the east/west ~** an der Ost-/Westküste; **~ to ~** von Küste zu Küste ▸ PHRASES: **the ~ is clear** die Luft ist rein *fig* **II.** *vi* dahinrollen; *bicycle* im Freilauf fahren; *automobile* im Leerlauf fahren; *ship* die Küste entlangfahren; (*fig*) ohne Anstrengung vorankommen; **to ~ down the hill** den Berg hinunterrollen; **to be ~ing along** mühelos [*o* spielend] vorankommen

coast·al ['kəʊstəl, AM 'koʊ-] *adj inv* Küsten-; **~ resort** Küstenbadeort *m;* **~ strip** Küstenstreifen *m;* **~ town** Küstenstadt *f*

coast·er ['kəʊstəʳ, AM 'koʊstɚ] *n* ❶ (*boat*) Küstenmotorschiff *nt* ❷ (*table mat*) Untersetzer *m;* **cork ~** Korkuntersetzer *m* ❸ AM TRANSP Fußstütze *f;* **~ brake** Rücktrittbremse *f*

'coast·guard *n* ❶ (*person*) Küstenwache *f;* **to work as a ~** bei der Küstenwache arbeiten ❷ (*organization*) ■**the ~** die Küstenwacht [*o* Küstenwache] **'coast·line** *n no pl* Küste[nlinie] *f* **coast-to-'coast** *adj* landesweit; **~ flight** ein Flug *m* von Küste zu Küste

coat [kəʊt, AM koʊt] **I.** *n* ❶ (*outer garment*) Mantel *m;* **leather ~** Ledermantel *m;* **to do one's ~ up** sich *dat* seinen Mantel überziehen; **to get** [*or* **put**] **one's ~ on** sich *dat* seinen Mantel anziehen; **to turn one's ~** (*fig*) sein Mäntelchen nach dem Wind hängen ❷ (*animal's fur*) Fell *nt,* Pelz *m; of birds* Gefieder *nt* ❸ (*layer*) Schicht *f;* **~ of chocolate** Schokoladenüberzug *m;* **~ of dust/varnish** Staub-/Lackschicht *f;* **~ of paint** Farbanstrich *m;* **the first ~** der erste Anstrich; **to give sth a ~** etw *dat* einen Anstrich geben **II.** *vt* ■**to ~ sth** [**with sth**] etw [mit etw *dat*] überziehen; **to ~ sth with breadcrumbs** etw panieren; **to ~ sth with chocolate** etw mit einer Schokoladenglasur überziehen; **to ~ sth with paint** etw [an]streichen

coat·ed ['kəʊtɪd, AM 'koʊt̬-] *adj* überzogen; *tongue* belegt; *textiles* imprägniert; *glass* getönt; *wire* isoliert; **your trousers are ~ in mud!** deine Hose starrt vor Dreck!; **her face was ~ in make-up** sie hatte sich das Gesicht zugekleistert

-coat·ed ['kəʊtɪd, AM 'koʊt̬-] *in compounds* ❶ (*having such a coat*) **rough~** rau; **smooth~** zarthäutig ❷ (*covered with*) **plastic~** kunststoffbeschichtet; **plastic~ wire** isolierter Draht; **sugar~** mit Zuckerguss; **sugar~ almonds** gebrannte Mandeln

'coat hang·er *n* Kleiderbügel *m* **'coat hook** *n* Kleiderhaken *m*

coa·ti [kəʊ'ɑːti, AM koʊ'ɑːt̬i] *n* Nasenbär *m*

coat·ing ['kəʊtɪŋ, AM 'koʊt̬-] *n* Schicht *f,* Überzug *m; of paint* Anstrich *m; see also* **coat I. 3**

coat of 'arms *n* Wappen *nt;* **family ~** Familienwappen *nt* **'coat peg** *n* BRIT Kleiderhaken *m* **'coat-tails** *npl* Frackschöße *pl,* Rockschöße *pl veraltend* ▸ PHRASES: **to ride** [*or* **hang**] **on sb's ~** auf der Erfolgswelle eines anderen mitschwimmen

co-author [kəʊ'ɔːθəʳ, AM koʊ'ɑːθɚ] **I.** *n* Koautor(in) *m(f),* Mitautor(in) *m(f)* **II.** *vt* ■**to ~ sth** etw gemeinsam verfassen

coax [kəʊks, AM koʊks] *vt* ■**to ~ sb to do** [*or* **into doing**] **sth** jdn dazu bringen [*o* überreden], etw zu tun; **to ~ a smile out of sb** jdm ein Lächeln entlocken; **to ~ £10 out of sb** jdm 10 Pfund abschwatzen *fam*

coax·ing ['kəʊksɪŋ, AM 'koʊks-] **I.** *n no pl* Zuspruch *m;* **with a little ~ the engine started** mit ein wenig Fingerspitzengefühl kam der Motor in Gang **II.** *adj* schmeichelnd, schmeichlerisch

coax·ing·ly ['kəʊksɪŋli, AM 'koʊks-] *adv* schmeichelnd

cob [kɒb, AM kɑːb] *n* [Mais]kolben *m;* **corn on the ~** Maiskolben *m*

co·balt ['kəʊbɔːlt, AM 'koʊ-] *n no pl* Kobalt *nt*

co·balt 'blue *n* Kobaltblau *nt*

cob·ber ['kɒbəʳ] *n* AUS (*dated fam*) Kumpel *m fam;* **how is it, ~?** wie geht's, altes Haus?

cob·ble¹ ['kɒbl̩, AM 'kɑːbl̩] **I.** *n* Kopfstein *m,* Pflasterstein *m* **II.** *vt* **to ~ a road** [*or* **street**] eine Straße [mit Kopfstein] pflastern

cob·ble² ['kɒbl̩, AM 'kɑːbl̩] *vt* (*dated*) **to ~ shoes** Schuhe flicken

◆**cobble together** *vt* ■**to ~ together** ⊂ **sth** etw zusammenschustern *fam;* **to ~ together an essay** einen Aufsatz zusammenschreiben; **to ~ a meal together** eine Mahlzeit zusammenrühren

cob·bled ['kɒbl̩d, AM 'kɑːbl̩d] *adj* **~ streets** Straßen *fpl* mit Kopfsteinpflaster

cob·bler ['kɒbləʳ, AM 'kɑːblɚ] *n* [Flick]schuster *m*

'cob·ble·stone *n* Kopfstein *m,* Pflasterstein *m*

'cob·nut *n* Haselnuss *f*

cobol, COBOL ['kəʊbɒl, AM 'koʊbɔːl] *n no pl* COMPUT COBOL *nt;* **to programme in ~** in COBOL programmieren

co·bra ['kəʊbrə, AM 'koʊ-] *n* Kobra *f*

cob·web ['kɒbweb, AM 'kɑːb-] *n* (*web*) Spinnennetz *nt;* (*single thread*) Spinn[en]webe *f*

coca ['kəʊkə, AM 'koʊ-] *n* Kokabaum *m*

Coca-'Cola® *n* Coca-Cola® *f o nt*

co·caine [kə(ʊ)'keɪn, AM koʊ'-] *n no pl* Kokain *nt;* **to be addicted to ~** kokainsüchtig sein

coc·cy·ges ['kɒksaɪdʒiːz, AM 'kɑːk-] *n pl of* **coccyx**

coc·cyx <*pl* -es *or* -yges> ['kɒksɪks, AM 'kɑːk-, *pl* -saɪdʒiːz] *n* Steißbein *nt*

cochi·neal [,kɒtʃɪ'niːl, AM 'kɑːtʃəniːl] *n no pl* Koschenille *f*

coch·lea <*pl* -e *or* -s> ['kɒkliə, AM 'kɑːk-, *pl* -liiː] *n* ANAT Schnecke *f*

coch·leae ['kɒkliiː, AM 'kɑːk-] *n pl of* **cochlea**

co·citi·zen [kəʊ'sɪtɪzən, AM koʊ'sɪt̬-] *n* verantwortungsbewusster Mitbürger, verantwortungsbewusste Mitbürgerin *m, f*

cock [kɒk, AM kɑːk] **I.** *n* ❶ (*male chicken*) Hahn *m* ❷ (*vulg: penis*) Schwanz *m vulg* ❸ *no pl* BRIT (*vulg: nonsense*) Scheiß *m vulg* ❹ BRIT (*dated fam: form of address*) Kumpel *m fam* **II.** *n modifier* ORN männlich; **~ pheasant/sparrow** Fasanen-/Sperlingmännchen *nt* **III.** *vt* ❶ (*turn*) **to ~ one's ear** seine Ohren spitzen; **to ~ one's hat** seinen Hut schief aufsetzen; **to ~ one's head** den Kopf auf die Seite legen ❷ (*ready gun*) **to ~ a gun** den Hahn spannen ❸ (*express disrespect*) **to ~ a snook at sth** über etw *akk* lästern

◆**cock up** *vt* BRIT (*sl*) ■**to ~ up** ⊂ **sth** etw versauen *sl*

cock·ade [kɒˈkeɪd, AM kɑːˈ-] *n* Kokarde *f*

cock-a-doodle-doo [ˌkɒkəduːdlˈduː, AM ˌkɑːk-] **I.** *n* Kikeriki *nt;* **to go ~** (*childspeak*) kikeriki machen *Kindersprache* **II.** *vi* (*childspeak*) kikeriki machen *Kindersprache* **cock-a-'hoop** *adj inv* BRIT (*dated fam*) ■**to be ~** ganz aus dem Häuschen sein *fam* **cock-a-leekie** [ˌkɒkəˈliːki, AM ˌkɑːk-] *n* Hühnersuppe *f* mit Lauch

cock-and-bull 'sto·ry *n* Lügenmärchen *nt,* Lügengeschichte *f;* **to come up with a ~** ein Lügenmärchen auftischen; **to give sb a ~** jdm eine Lügengeschichte erzählen

cocka·too <*pl* -s *or* -> [ˌkɒkəˈtuː, AM ˈkɑːkətuː] *n* Kakadu *m;* **Australian ~** australischer Kakadu

cock·chafer [ˈkɒkˌtʃeɪfər, AM ˈkɑːkˌtʃeɪfɚ] *n* Maikäfer *m* **'cock·crow** *n* Hahnenschrei *m;* **to rise at ~** beim ersten Hahnenschrei aufstehen

cocked [kɒkt, AM kɑːkt] *adj* aufwärtsgerichtet; *hat* aufgestülpt; **~ hat** Dreispitz *m*

cock·er [ˈkɒkəʳ, AM ˈkɑːkɚ] *n,* **cock·er 'span·iel** *n* Cockerspaniel *m*

cock·er·el [ˈkɒkᵊrᵊl, AM ˈkɑːkɚᵊl] *n* junger Hahn; (*fig*) junger Mann

cock·eyed [ˈkɒkaɪd, AM ˈkɑːk-] *adj* ❶ (*fam: not straight*) schief, krumm ❷ (*ridiculous*) *idea, plan* lächerlich, verrückt ❸ *esp* AM (*dated fam: drunk*) betrunken, blau *fam*

'cock fight *n* Hahnenkampf *m*

cocki·ness [ˈkɒkinəs, AM ˈkɑːk-] *n* Großspurigkeit *f*

cock·le [ˈkɒkḷ, AM ˈkɑːkḷ] *n* Herzmuschel *f*

Cock·ney [ˈkɒkni, AM ˈkɑːk-] **I.** *n* ❶ (*person*) Cockney *m* ❷ (*dialect*) Cockney *nt* (*im Osten Londons gesprochener Dialekt*) **II.** *adj inv* **~ accent** Cockneyakzent *m*

i Kultur

Als **Cockney** wurde ursprünglich ein verweichlichter Städter bezeichnet. Im 17. Jh. wurde jeder, der innerhalb der historischen Grenzen der City of London geboren wurde, so genannt. Der **Cockney**-Dialekt wird jetzt hauptsächlich mit dem Londoner **East End** in Verbindung gebracht. Er zeichnet sich besonders durch den *rhyming slang* aus, in dem ein Wort durch ein Reimpaar ersetzt wird; so sagt man z.B. *apples and pears* statt *stairs.*

Cock·ney 'rhym·ing slang *n Art des Sprechens in Reimen im Cockneydialekt*

cock-of-the-'walk *n* (*dated or pej*) Gockel *m hum, pej fam,* eingebildeter Fatzke *pej sl;* **to be the ~** die Szene beherrschen

cock·pit [ˈkɒkpɪt, AM ˈkɑːk-] *n* ❶ (*pilot's area*) Cockpit *nt,* Pilotenkanzel *f;* **a four-person ~** ein 4-Mann-Cockpit *nt* ❷ *usu sing* (*area of fighting*) Kampfplatz *m;* **~ of Europe** Kriegsschauplatz *m* Europa

cock·roach [ˈkɒkrəʊtʃ, AM ˈkɑːkroʊtʃ] *n* Küchenschabe *f,* Kakerlak *m,* Kakerlake *f fam;* **~-infested** mit Kakerlaken verseucht

cocks·comb [ˈkɒkskəʊm, AM ˈkɑːkskoʊm] *n* ORN, ZOOL Hahnenkamm *m*

cock·sure [ˈkɒkʃʊəʳ, AM ˈkɑːkʃʊr] *adj* (*convinced*) todsicher, fest überzeugt; (*pej fam: self-confident*) arrogant, anmaßend; **to be ~ of oneself** sich *dat* seiner Sache völlig sicher sein

cock·tail [ˈkɒkteɪl, AM ˈkɑːk-] *n* ❶ (*drink*) Cocktail *m* ❷ (*mixture*) Gemisch *nt,* Mischung *f;* **~ of drink and drugs** Alkohol- und Drogencocktail *m;* **~ of gases** Gasgemisch *nt* ❸ (*dish*) Cocktail *m;* **fruit ~** Obstsalat *m;* (*canned food*) Früchtecocktail *m;* **seafood/shrimp ~** Meeresfrüchte-/Krabbencocktail *m* **'cock·tail cabi·net** *n* Hausbar *f* **'cock·tail dress** *n* Cocktailkleid *nt* **'cock·tail lounge** *n* Cocktailbar *f* **'cock·tail stick** *n* Spießchen *nt,* Partystick *m*

'cock-teas·er *n* (*vulg, sl*) Demivierge *f veraltend*

cock-up [ˈkɒkʌp, AM ˈkɑːk-] *n* (*sl*) Mist *m fam,* Schlamassel *m fam;* **to make a ~ with** [*or* **of**] **sth** bei etw *dat* Scheiße bauen *sl;* **what a ~!** so ein Mist! *fam*

cocky [ˈkɒki, AM ˈkɑːki] *adj* (*fam*) großspurig, aufgeblasen *pej fam*

co·coa [ˈkəʊkəʊ, AM ˈkoʊkoʊ] *n no pl* ❶ (*chocolate powder*) Kakao *m,* Kakaopulver *nt* ❷ (*hot drink*) Kakao *m;* **a mug of ~** ein Becher *m* Kakao

co·coa 'but·ter *n* Kakaobutter *f*

coco·nut [ˈkəʊkənʌt, AM ˈkoʊ-] *n* Kokosnuss *f;* **a slice of ~** ein Stück *nt* Kokosnuss, eine Kokosnussspalte *bes* ÖSTERR; **grated ~** Kokosraspel *fpl,* Kokosette *nt* ÖSTERR

coco·nut 'but·ter *n* Kokosfett *nt,* Kokosbutter *f* **coco·nut 'mat·ting** *n* Kokosmatte *f,* Kokosläufer *m* **coco·nut 'milk** *n* Kokosmilch *f* **coco·nut 'oil** *n* Kokosöl *nt* **coco·nut 'palm** *n* Kokospalme *f* **'coco·nut shy** *n* BRIT Wurfbude *f;* **to play a ~** eine Runde Dosen werfen

co·coon [kəˈkuːn] **I.** *n* Kokon *m* **II.** *vt* ■**to ~ sb against** [*or* **from**] **sth** jdn von etw *dat* abschirmen [*o* fernhalten]

co·coon·ing *n no pl* Cocooning *nt* (*Zurückziehen in die eigenen vier Wände*)

cod <*pl* - *or* -s> [kɒd, AM kɑːd] *n* Kabeljau *m; in Baltic* Dorsch *m*

COD [ˌsiːəʊˈdiː, AM -oʊˈ-] *n no pl* ❶ *abbrev of* **cash on delivery** ❷ AM *abbrev of* **collection on delivery** p. Nachn.

coda [ˈkəʊdə, AM ˈkoʊ-] *n* MUS Koda *f*

cod·dle [ˈkɒdḷ, AM ˈkɑːdḷ] *vt* ❶ (*cook gently*) ■**to ~ sth** etw langsam köcheln lassen; **to ~ eggs** Eier pochieren ❷ (*treat tenderly*) ■**to ~ sb** jdn verhätscheln

code [kəʊd, AM koʊd] **I.** *n* ❶ (*ciphered language*) Kode *m,* Code *m,* Chiffre *f;* **to break** [*or* **crack**] **a ~** einen Kode entschlüsseln; **to decipher a ~** einen Kode entziffern; **to write sth in ~** etw verschlüsseln [*o* kodieren] ❷ LAW (*collection of laws*) Gesetzbuch *nt;* (*set of rules*) Kodex *m;* **~ of honour** Ehrenkodex *m* **II.** *vt* **to ~ a message** eine Nachricht chiffrieren [*o* verschlüsseln] [*o* kodieren]

co·deine [ˈkəʊdiːn, AM ˈkoʊ-] *n* ❶ *no pl* (*pain-relieving drug*) Kodein *nt* ❷ (*tablet*) Schmerztablette *f*

'code name *n* Deckname *m* **'code-named** *adj* **the mission is ~ 'Ice-breaker'** der Einsatz trägt den Decknamen ‚Eisbrecher' **'code num·ber** *n* Kodenummer *f,* Geheimnummer *f;* ADMIN Kennziffer *f;* FIN Bankleitzahl *f* **code of 'con·duct** *n* Verhaltenskodex *m;* ADMIN Verwaltungsvorschrift[en] *f*[*pl*] **code of 'prac·tice** *n* Verhaltensregeln *fpl;* **to abide by the ~** sich *akk* an die Richtlinien halten

cod·er [ˈkəʊdəʳ, AM ˈkoʊdɚ] *n* (*computer programmer*) Programmierer(in) *m(f)*

co-de·ter·mi·na·tion [ˌkəʊdɪtɜːmɪˈneɪʃᵊn, AM ˌkoʊdɪtɜːr-] *n* Mitbestimmung *f*

'code word *n* Kodewort *nt;* COMPUT Kennwort *nt,* Passwort *nt*

co·dex <*pl* -dices> [ˈkəʊdeks, *pl* -dɪsiːz, AM ˈkoʊ-, *pl* -dəsiːz] *n* Kodex *m*

codg·er [ˈkɒdʒəʳ, AM ˈkɑːdʒɚ] *n* (*hum, pej fam*) alter Knacker *hum o pej fam*

co·di·ces [ˈkəʊdɪsiːz, AM ˈkoʊdəsiːz] *n pl of* **codex**

co·di·cil [ˈkəʊdɪsɪl, AM ˈkɑːdəsᵊl] *n* Testamentsnachtrag *m,* Kodizill *nt fachspr;* **to add a ~ to a will** ein Kodizill zu einem Testament hinzufügen

codi·fy [ˈkəʊdɪfaɪ, AM ˈkɑː-] *vt* ■**to ~ sth** LAW etw kodifizieren; **to ~ grammar** LING Grammatikregeln festlegen

cod·ling[1] [ˈkɒdlɪŋ, AM ˈkɑːd-] *n* BRIT Kochapfel *m*

cod·ling[2] [ˈkɒdlɪŋ, AM ˈkɑːd-] *n* junger Kabeljau; (*in Baltic*) junger Dorsch

'cod·ling moth *n* Apfelwickler *m*

cod liv·er 'oil *n* Lebertran *m*

cod·piece [ˈkɒdpiːs, AM ˈkɑːd-] *n* Hosenbeutel *m hist*

cods·wal·lop [ˈkɒdzˌwɒləp] *n no pl* BRIT, AUS (*fam*) Quatsch *m fam,* Stuss *m fam;* **a load of ~** eine Menge Blödsinn; **what a load of ~!** was für ein Schwachsinn! *fam*

C

co-ed [ˌkəʊˈed, AM ˌkoʊ-] SCH, UNIV **I.** *adj inv* (*fam*) koedukativ, gemischt; ~ **school** gemischte Schule; **to go** ~ gemischten Unterricht einführen **II.** *n* (*dated fam: at school/college*) Schülerin *f;* (*at university*) Studentin *f*

co-edu·ca·tion [ˌkəʊedʒuːˈkeɪʃᵊn, AM ˌkoʊ-] *n no pl* Koedukation *f*

co-edu·ca·tion·al [ˌkəʊedʒuːˈkeɪʃᵊnᵊl, AM ˌkoʊ-] *adj inv* koedukativ, gemischt; ~ **institution/school** gemischte Einrichtung/Schule

co·ef·fi·cient [ˌkəʊɪˈfɪʃᵊnt, AM ˌkoʊ-] *n* MATH, PHYS Koeffizient *m,* Faktor *m*

co·equal [ˌkəʊˈiːkwᵊl, AM ˌkoʊ-] **I.** *n* (*form*) Gleichrangige(r) *f(m),* Ebenbürtige(r) *f(m)* **II.** *adj inv* (*form*) gleichrangig, ebenbürtig

co·erce [kəʊˈɜːs, AM koʊˈɜːrs] *vt* (*form*) ■**to** ~ **sb into doing sth** jdn dazu zwingen, etw zu tun; **to** ~ **sb into sth** jdn zu etw *dat* zwingen

co·er·cion [kəʊˈɜːʃᵊn, AM koʊˈɜːrʒᵊn] *n no pl* (*form*) Zwang *m;* LAW Nötigung *f;* **to do sth under** ~ unter Zwang handeln

co·er·cive [kəʊˈɜːsɪv, AM koʊˈɜːr-] *adj* zwingend *attr,* Zwangs-; ~ **measures** Zwangsmaßnahmen *fpl;* ~ **power** Zwangsgewalt *f*

co·eval [kəʊˈiːvᵊl, AM koʊ-] (*form, liter*) **I.** *n* Zeitgenosse, -in *m, f;* POL, UNIV Mitstreiter(in) *m(f)* **II.** *adj inv* zeitgenössisch; **to be** ~ (*having same date*) aus der gleichen Zeit stammen; (*having same origin*) zeitlich parallel entstanden sein

co·ex·ist [ˌkəʊɪgˈzɪst, AM ˌkoʊ-] *vi* koexistieren *geh,* nebeneinander bestehen [*o* existieren]

co·ex·ist·ence [ˌkəʊɪgˈzɪstᵊn(t)s, AM ˌkoʊ-] *n no pl* Koexistenz *f geh;* **peaceful** ~ friedliches Miteinander

co·ex·ist·ent [ˌkəʊɪgˈzɪstᵊnt, AM ˌkoʊ-] *adj* koexistent *geh,* nebeneinander bestehend

C of E [ˈsiːəviː] *n abbrev of* **Church of England**

cof·fee [ˈkɒfiː, AM ˈkɑː-] *n* ❶ (*hot drink*) Kaffee *m;* **a cup of** ~ eine Tasse Kaffee; **a black** ~ ein schwarzer Kaffee, eine Tasse schwarzer Kaffee; **do you take your** ~ **white?** trinken Sie Ihren Kaffee mit Milch?; **can I get you a** ~**?** soll ich dir einen Kaffee holen?; **fresh** ~ (*roasted*) frisch gerösteter Kaffee; (*made*) frisch gebrühter Kaffee; **instant** ~ Instantkaffee *m* ❷ (*colour*) Kaffeebraun *nt* ▶ PHRASES: **to** [**wake up and**] **smell the** ~ (*fam: come to one's senses*) zu sich *dat* kommen *fig*

'cof·fee bar *n* Café *nt* **'cof·fee bean** *n* Kaffeebohne *f;* **to grind** ~**s** Kaffeebohnen mahlen **'cof·fee break** *n* Kaffeepause *f;* **to have a** ~ eine Kaffeepause machen **'cof·fee cake** *n* ❶ BRIT, AUS (*cake*) Mokkakuchen *m* ❷ AM, AUS (*sweet bread*) Stuten *m* **'cof·fee-col·ored** AM, **'cof·fee-col·oured** *adj* kaffeebraun, kaffeefarben **'cof·fee cup** *n* Kaffeetasse *f* **'cof·fee-grind·er** *n* Kaffeemühle *f* **'cof·fee grounds** *npl* Kaffeesatz *m kein pl* **'cof·fee house** *n* Café *nt,* Kaffeehaus *nt* **'cof·fee klatch** *n* AM Kaffeeklatsch *m* **'cof·fee ma·chine** *n* Kaffeemaschine *f,* Kaffeeautomat *m* **'cof·fee mill** *n* Kaffeemühle *f* **'cof·fee morn·ing** *n* BRIT Morgenkaffee *m* (*Wohltätigkeitsveranstaltung*) **'cof·fee pot** *n* Kaffeekanne *f* **'cof·fee shop** *n* (*for drinking*) Café *nt;* (*for selling*) Kaffeegeschäft *nt* **'cof·fee ta·ble** *n* Couchtisch *m,* Beistelltisch *m* **'cof·fee-ta·ble book** *n* Bildband *m,* Hochglanzband *m*

cof·fer [ˈkɒfəʳ, AM ˈkɑːfɚ] *n* ❶ (*box*) Truhe *f,* Kiste *f;* (*for money*) Schatulle *f,* Kassette *f* ❷ (*money reserves*) ■**the** ~**s** *pl* die Rücklagen *pl; of the state* Staatssäckel *nt fam*

cof·fer·dam [ˈkɒfədæm, AM ˈkɑːfɚ-] *n* Caisson *m*

cof·fin [ˈkɒfɪn, AM ˈkɑː-] *n* Sarg *m;* BRIT, AUS TECH Transportbehälter *m*

cog [kɒg, AM kɑːg] *n* ❶ (*part of wheel*) Zahn *m* ❷ (*wheel*) Zahnrad *nt* ❸ (*fig, pej: minor, yet necessary part*) **to be just a** ~ **in a** [*or* **the**] **machine** nur ein Rädchen im Getriebe sein *fig*

co·gency [ˈkəʊdʒᵊn(t)si, AM ˈkoʊ-] *n no pl* (*form*) *of an argument, reasoning* Stichhaltigkeit *f; of a document, description* Überzeugungskraft *f; of writing style* Stringenz *f geh*

co·gen·era·tion [ˌkəʊdʒenəˈreɪʃᵊn, AM ˌkoʊ-] *adj attr, inv* Kombinations-; ~ **plant** Kombinationskraftwerk *nt*

co·gent [ˈkəʊdʒᵊnt, AM ˈkoʊ-] *adj* (*form*) stichhaltig, überzeugend; ~ **argument** stichhaltiges [*o* triftiges] Argument; ~ **evidence** hieb- und stichfester Beweis; ~ **reason** Logik *f;* ~ **reasoning** logisches [*o* folgerichtiges] Denken; ~ **speech** gut durchdachte Rede

co·gent·ly [ˈkəʊdʒᵊntli, AM ˈkoʊ-] *adv* (*form*) stichhaltig, überzeugend; **to argue** ~ **for sth** schlüssig für etw *akk* argumentieren

cogi·tate [ˈkɒdʒɪteɪt, AM ˈkɑːdʒə-] *vi* (*form or hum*) ■**to** ~ **about** [*or* **on**] [*or* **upon**] **sth** über etw *akk* nachdenken

cogi·ta·tion [ˌkɒdʒɪˈteɪʃᵊn, AM ˌkɑːdʒə-] *n* (*hum a. form*) Nachdenken *nt,* Nachsinnen *nt geh*

cog·nac [ˈkɒnjæk, AM ˈkoʊnjæk] *n* Cognac *m*

cog·nate [ˈkɒgneɪt, AM ˈkɑːg-] LING **I.** *adj* [ur]verwandt (**with** mit +*dat*); ~ **languages** [*or* **words**] urverwandte Sprachen [*o* Wörter] **II.** *n* verwandtes Wort; **false** ~ Faux ami *m,* falscher Freund

cog·ni·tion [kɒgˈnɪʃᵊn, AM kɑːgˈ-] *n* (*form*) ❶ (*thought*) Erkennen *nt* ❷ *no pl* (*mental processes*) Erkenntnis *f* ❸ (*realization*) Wahrnehmung *f*

cog·ni·tive [ˈkɒgnətɪv, AM ˈkɑːgnət̬ɪv] *adj attr* (*form*) kognitiv *geh*

cog·ni·tive psy·'chol·ogy *n* kognitive Psychologie **cog·nitive 'thera·py** *n* Kognitionstherapie *f*

cog·ni·zance [ˈkɒgnɪzᵊn(t)s, AM ˈkɑːgnə-] *n no pl* (*form*) LAW ❶ (*awareness*) Kenntnis[nahme] *f;* **to take** ~ **of sth** etw zur Kenntnis nehmen, von etw *dat* Kenntnis nehmen ❷ (*jurisdiction*) Zuständigkeit *f,* Befugnis *f;* **to take** ~ **of sth** für etw *akk* zuständig sein

cog·ni·zant [ˈkɒgnɪzᵊnt, AM ˈkɑːgnə-] *adj* (*form*) ❶ (*aware*) in Kenntnis, unterrichtet; **to be** ~ **of the facts** die Fakten kennen ❷ (*having jurisdiction*) zuständig

cog·no·men [kɒgˈnəʊmen, AM kɑːgˈnoʊ-] *n* ❶ (*nickname*) Spitzname *m,* Beiname *m* ❷ (*ancient Roman's family name*) Familienname *m,* Zuname *m*

co·gno·scen·ti [ˌkɒnjə(ʊ)ˈʃenti, AM ˌkɑːgˈnəˈʃenti] *npl* (*form, liter*) Kenner(innen) *mpl(fpl)*

cog·wheel [ˈkɒgwiːl, AM ˈkɑːg-] *n* Zahnrad *nt*

co·hab·it [kəʊˈhæbɪt, AM koʊ-] *vi* (*form*) ■**to** ~ [**with sb**] [mit jdm] zusammenleben; LAW [mit jdm] in eheähnlicher Gemeinschaft leben

co·hab·it·ant [kəʊˈhæbɪtᵊnt, AM koʊˈhæbɪt̬ᵊnt] *n* (*form*) Lebensgefährte(in) *m(f)*

co·habi·ta·tion [kəʊˌhæbɪˈteɪʃᵊn, AM koʊˌ-] *n no pl* Zusammenleben *nt;* LAW eheähnliche Gemeinschaft

co·hab·itee [kəʊhæbɪˈtiː, AM koʊ-] *n* (*form*) Lebensgefährte(in) *m(f)*

co·here [kə(ʊ)ˈhɪəʳ, AM koʊˈhɪr] *vi* (*form*) *ideas* zusammenhängen; *system, work* in sich *dat* geschlossen sein

co·her·ence [kə(ʊ)ˈhɪərᵊn(t)s, AM koʊˈhɪr-] *n no pl of ideas* Zusammenhang *m* (**between** zwischen +*dat*); *of system, work* Geschlossenheit *f*

co·her·ent [kə(ʊ)ˈhɪərᵊnt, AM koʊˈhɪr-] *adj ideas* zusammenhängend; *system, work* in sich *dat* geschlossen; *idea, words* verständlich; ~ **argument** schlüssiges Argument; ~ **speech/story** zusammenhängende Rede/Geschichte

co·her·ent·ly [kə(ʊ)ˈhɪərᵊntli, AM koʊˈhɪr-] *adv ideas* zusammenhängend; *system, work* in sich *dat* geschlossen; **to speak** ~ verständlich sprechen

co·he·sion [kə(ʊ)ˈhiːʒᵊn, AM koʊˈ-] *n no pl* Zusammenhalt *m,* Zusammenhang *m,* Kohäsion *f geh;* **lack of** ~ mangelnder Zusammenhalt

co·he·sive [kə(ʊ)ˈhiːsɪv, AM koʊˈ-] *adj* geschlossen, zusammenhängend; ~ **forces** vereinte Kräfte; ~ **group** geschlossene Gruppe

co·he·sive·ness [kə(ʊ)ˈhiːsɪvnəs, AM koʊˈ-] *n no pl* (*in physics*) Kohäsionskraft *f,* Bindekraft *f;* (*in group*) Zusammenhalt *m,* Zusammenhang *m,* Geschlossenheit *f*

co·hort ['kə(ʊ)hɔːt, AM 'koʊhɔːrt] *n* ❶ (*subgroup*) [Personen]gruppe *f;* **age** ~ Altersgruppe *f;* **among the younger** ~ unter den Jüngeren ❷ *esp* AM (*pej: crony*) ■ ~**s** *pl* Konsorten *pl pej fam*

coiffed [kɔɪft, AM kwɑːft] *adj* (*esp hum*) frisiert; **to have one's hair** ~ sich *dat* das Haar frisieren lassen; **to look** ~ frisch frisiert aussehen

coif·feur [kwɒ'fɜːʳ, AM kwɑːfɜːr] *n* Friseur *m,* Coiffeur *m geh*

coif·fure [kwɒ'fjʊəʳ, AM kwɑːfjʊr] *n* (*form*) Frisur *f,* Haartracht *f;* **a 1950s** ~ eine Frisur aus den 50er Jahren

coil [kɔɪl] **I.** *n* ❶ (*wound spiral*) Rolle *f;* ELEC Spule *f;* ~ **of rope** Rolle *f* Seil; ~ **of smoke** (*fig*) Rauchsäule *f* ❷ (*fam: contraceptive*) Spirale *f* ❸ (*lock of hair*) Locke *f* **II.** *vi* ■ **to** ~ **around sth** sich *akk* um etw *akk* winden **III.** *vt* ■ **to** ~ **sth** etw aufwickeln [*o* aufrollen]; **she** ~**ed her hair into a neat bun** sie drehte ihr Haar zu einem hübschen Knoten; ■ **to** ~ **oneself around sth** sich *akk* um etw *akk* winden

coiled [kɔɪld] *adj* gewunden; ~ **spring** Sprungfeder *f,* Spiralfeder *f*

coin [kɔɪn] **I.** *n* Münze *f,* Geldstück *nt;* **denomination of** ~ Münzeinheit *f;* **gold** ~ Goldmünze *f;* **to exchange** ~**s for notes** Münzen in Geldscheine umtauschen; **ten pounds in 20p** ~**s** zehn Pfund in 20-Pence-Stücken; **counterfeit** ~**s** Falschgeld *nt;* **to mint** ~**s** Münzen prägen; **to take** [*or* **accept**] ~**s** Münzen annehmen **II.** *vt* **to** ~ **a motto** ein Motto prägen ▶ PHRASES: **to** ~ **it** [**in**] BRIT, **to** ~ **money** AM (*fam*) Geld scheffeln *fam;* **to** ~ **a phrase ...** ich will mal so sagen ...; **I was, to** ~ **a phrase, gobsmacked** ich war ganz einfach platt *fam*

i Kultur

Die **coins** – *Münzen* der USA haben spezielle Namen. Ein *dollar* besteht aus 100 *cents.* Eine Ein-Cent-Münze wird *penny* und eine Fünf-Cent-Münze *nickel* genannt. Eine Zehn-Cent-Münze wird als *dime* bezeichnet und eine 25-Cent-Münze als *quarter– Vierteldollar.* Außerdem gibt es noch *half dollars* und *dollar coins.*

coin·age ['kɔɪnɪdʒ] *n* ❶ *no pl* (*set of coins*) Münzen *fpl,* Hartgeld *nt;* (*act*) Prägung *f,* Prägen *nt;* **bronze/silver** ~ Bronze-/Silbermünzen *fpl* ❷ (*invented word*) Neuschöpfung *f,* Prägung *f*

coin-box 'tele·phone *n* Münzfernsprecher *m*

co·in·cide [ˌkəʊɪn'saɪd, AM ˌkoʊ-] *vi* ■ **to** ~ [**with sth**] *subjects, ideas* [mit etw *dat*] übereinstimmen; *events* [mit etw *dat*] zusammenfallen; **our views** ~ **on a range of subjects** wir sind in vielen Dingen einer Meinung

co·in·ci·dence [kəʊ'ɪn(t)sɪdᵊn(t)s, AM koʊ-] *n* ❶ (*instance*) Zufall *m;* (*chance*) Glück *nt,* Fügung *f geh;* **what a** ~**!** was für ein Zufall!; **by** ~ durch Zufall; **pure** ~ reiner Zufall ❷ (*agreement*) Übereinstimmung *f; of events* Zusammenfallen *nt*

co·in·ci·dent [kəʊ'ɪn(t)sɪdᵊnt, AM koʊ-] *adj* ❶ (*occupying same time*) zusammentreffend; ~ **events** gleichzeitig geschehende Ereignisse; (*occupying same space*) zusammenfallend ❷ (*in harmony with*) übereinstimmend; ■ **to be** ~ **with sth** mit etw *dat* übereinstimmen

co·in·ci·dent·al [kəʊˌɪn(t)sɪ'dᵊntᵊl, AM koʊˌɪn(t)sɪ'dᵊn t̬ᵊl] *adj* zufällig; **it was purely** ~ **that ...** es war purer Zufall, dass ...; **what a** ~ **meeting** was für ein Zufall, dass wir uns getroffen haben

co·in·ci·dent·al·ly [kəʊˌɪn(t)sɪ'dᵊntᵊli, AM koʊˌɪn(t)sɪ'dᵊnt̬ᵊli] *adv* zufällig[erweise]

coi·tal ['kəʊɪtᵊl, AM 'koʊə-] *adj inv* Koitus-, Beischlaf-; ~ **position** [Sex]stellung *f*

coi·tus ['kəʊɪtəs, AM 'koʊət̬əs] *n no pl* (*form*) Geschlechtsverkehr *m;* MED Koitus *m;* LAW Beischlaf *m*

coi·tus inter·rup·tus [ˌkəʊɪtəsɪntə'rʌptəs, AM ˌkoʊət̬əsɪnt̬ə'-] *n* Koitus interruptus *m*

co·jo·nes [kə'hoʊneɪz] *npl* **to have** ~ *esp* AM (*fam*) Mumm [*o* Courage] haben

coke [kəʊk, AM koʊk] *n no pl* ❶ (*fuel*) Koks *m* ❷ (*sl*) Kokain *nt,* Koks *m sl; see also* **cocaine**

Coke® [kəʊk, AM koʊk] *n short for* **Coca Cola** Coke *f fam*

col *n abbrev of* **column** Sp.

Col *n abbrev of* **colonel**

cola ['kəʊlə, AM 'koʊ-] *n* Cola *nt o f fam;* **types of** ~ Colasorten *fpl;* ■ ~**s** *pl* Colagetränke *ntpl,* Colalimonaden *fpl*

col·an·der ['kʌləndəʳ, 'kɒ-, AM -ɚ, 'kɑː-] *n* Sieb *nt,* Seiher *m*

cold [kəʊld, AM koʊld] **I.** *adj* ❶ (*not warm*) kalt; **a nice** ~ **beer** ein schönes, kühles Bier; ~ **food** kalte Gerichte; **as** ~ **as ice** eiskalt; **bitterly** ~ bitterkalt; **to be** [*or* **feel**] ~ frieren; **I'm** ~ mir ist kalt; **to get** ~ zu frieren beginnen; **to go** ~ kalt werden ❷ (*fig: not friendly*) kalt, kühl; **his** ~ **blue eyes** seine kühlen blauen Augen ▶ PHRASES: **to have/get** ~ **feet** kalte Füße bekommen *fig fam;* **to pour** [*or* **throw**] ~ **water on sth** etw *dat* einen Dämpfer versetzen *fam* **II.** *n* ❶ (*low temperature*) Kälte *f;* **to be blue with** ~ vor Kälte ganz blau sein; **to shiver with** ~ vor Kälte zittern ❷ MED (*illness*) Erkältung *f;* (*runny nose*) Schnupfen *m;* **to get a stinking** [*or* **streaming**] ~ BRIT, AUS (*fam*) eine saumäßige Erkältung bekommen *fam;* **to catch** [*or* **get**] **a** ~ sich *akk* erkälten; **to have a** ~ erkältet sein ▶ PHRASES: **to leave sb/sth out in the** ~ jdn/etw im Regen stehen lassen *fam*

'cold bag *n* BRIT Kühltasche *f* **cold-blood·ed** *adj* ❶ (*ectothermic*) kaltblütig; ~ **animal** Kaltblüter *m* ❷ (*extremely evil*) kaltblütig, unbarmherzig **'cold call** *n* Anmache *f fam;* ECON unangemeldeter Vertreterbesuch **cold 'com·fort** *n* schwacher Trost **'cold cream** *n* Cold Cream *f* (*halbfette Feuchtigkeitscreme*) **'cold cuts** *npl* Aufschnitt *m kein pl* **'cold-eyed** *adj* **she gave him a** ~ **stare** sie blickte ihn kalt an **cold 'fish** *n* (*pej: insensitive person*) Eisblock *m fig;* (*sullen, morose*) Brummbär *m fam,* Griesgram *m pej* **'cold frame** *n* Frühbeet *nt* **'cold front** *n* Kaltfront *f* **cold-'heart·ed** *adj* kaltherzig, hartherzig

cold·ish ['kəʊldɪʃ, AM 'koʊld-] *adj* kühl

cold·ly ['kəʊldli, AM 'koʊld-] *adv* kalt, kühl; **to say sth** ~ etw abweisend sagen

cold·ness ['kəʊldnəs, AM 'koʊld-] *n no pl* Kälte *f,* Kühle *f;* ~ **of manner** Reserviertheit *f,* Distanziertheit *f*

cold 'show·er *n* (*hum*) **to take a** ~ eine kalte Dusche nehmen; (*fig*) sich *akk* [wieder] abregen [*o* beruhigen] **'cold snap** *n* kurze Kälteperiode, Kälteeinbruch *m* **'cold sore** *n* MED Herpes *m,* Bläschenausschlag *m;* ■ ~**s** *pl* Herpesbläschen *ntpl* **cold 'start** *n* AUTO, COMPUT Kaltstart *m* **cold 'stor·age** *n* Kühllagerung *f;* **to put sth in** ~ etw kühl lagern; (*fig*) etw auf Eis legen *fig* **'cold store** *n* Kühlhalle *f,* Kühlhaus *nt* **cold 'sweat** *n* kalter Schweiß; **to put sb in a** ~ jdn in Angst und Schrecken versetzen **cold 'truth** *n* nackte Wahrheit **cold 'tur·key** *n* (*sl*) sofortiger Totalentzug, kalter Entzug *fam;* **to go through** ~ [*or* AM **to quit** ~] eine radikale Entziehungskur machen **'cold war** *n* POL kalter Krieg **'cold wave** *n* ❶ METEO (*cold snap*) Kältewelle *f* ❷ (*dated: permanent wave*) Kaltwelle *f veraltet;* **to get a** ~ sich *dat* eine Kaltwelle machen lassen

cole·slaw ['kəʊlslɔː, AM 'koʊlslɑː] *n no pl* Krautsalat *m,* Kohlsalat *m*

col·ic ['kɒlɪk, AM 'kɑː-] *n no pl* Kolik *f*

col·icky ['kɒlɪki, AM 'kɑː-] *adj* kolikartig; ■ **to be** ~ an Koliken leiden; ~ **baby** *Baby, das an Koliken leidet*

co·li·tis [kɒ'laɪtəs, AM koʊː'laɪt̬əs] *n no pl* Dickdarmentzündung *f,* Kolitis *f fachspr;* **ulcerative** ~ geschwürige Dickdarmentzündung

col·labo·rate [kə'læbᵊreɪt] *vi* ❶ (*work together*) ■ **to** ~ [**with sb**] [mit jdm] zusammenarbeiten; ■ **to** ~ **on sth** zusammen [*o* gemeinsam] an etw *dat* arbeiten ❷ (*pej: aid enemy*) ■ **to** ~ **with sb** mit jdm kollaborieren

col·labo·ra·tion [kəˌlæbəˈreɪʃən] *n* ❶ (*working with sb*) Zusammenarbeit *f;* **to do sth in ~ with sb** etw in Zusammenarbeit mit jdm tun ❷ *no pl* (*aiding enemy*) Kollaboration *f*
col·labo·ra·tion·ist [kəˌlæbəˈreɪʃənɪst] *n* (*pej*) Kollaborateur(in) *m(f)*
col·labo·ra·tive [kəˈlæbərətɪv, AM -əət̬ɪv] *adj* zusammenarbeitend; ~ **effort** gemeinsame Anstrengung
col·labo·ra·tor [kəˈlæbəreɪtəʳ, AM -t̬ɚ] *n* ❶ (*colleague*) Mitarbeiter(in) *m(f);* **female** ~ Mitarbeiterin *f* ❷ (*pej: traitor*) Kollaborateur(in) *m(f);* **Nazi** ~ Nazispitzel *m*
col·lage [ˈkɒlɑːʒ, AM kəˈlɑːʒ] *n* ❶ (*arrangement of objects*) Collage *f;* ~ **of photos/postcards** Foto-/Postkartencollage *f* ❷ (*art style*) Collage[ntechnik] *f*
col·la·gen [ˈkɒlədʒən, AM ˈkɑː-] *n no pl* Kollagen *nt*
col·lagen ˈim·plant *n* ❶ (*cosmetic operation*) Kollagenimplantation *f* ❷ (*inserted material*) Kollagenimplantat *nt* **col·lagen in·ˈjec·tion** *n* Kollageninjektion *f*
col·lapse [kəˈlæps] **I.** *vi* ❶ (*fall down*) *things, buildings* zusammenbrechen, einstürzen; *people* zusammenbrechen, kollabieren *geh;* **to ~ with laughter** [**at a joke**] (*fig*) sich *akk* [über einen Witz] kaputtlachen *fam* ❷ (*fail*) zusammenbrechen; *enterprise* zugrunde gehen; *government* stürzen, zu Fall kommen; *hopes* sich *akk* zerschlagen; *plans, talks* scheitern; *prices* einbrechen; *property market* zusammenbrechen; *society* zerfallen; **his whole world had ~d** für ihn war eine Welt zusammengebrochen **II.** *n* ❶ (*act of falling down*) Einsturz *m;* ~ **of a bridge/building** Einsturz *m* einer Brücke/eines Gebäudes ❷ (*failure*) Zusammenbruch *m;* **to be on the brink** [*or* **verge**] **of** ~ kurz vor dem Aus stehen; ~ **of a business** Zusammenbruch *m* eines Unternehmens; ~ **of confidence** Verlust *m* der Glaubwürdigkeit; ~ **of one's marriage** Scheitern *nt* einer Ehe; ~ **of prices** Preissturz *m;* MED Kollaps *m;* **to suffer a mental/nervous** ~ einen Nervenzusammenbruch erleiden
col·lapsed [kəˈlæpst] *adj* MED zusammengebrochen, kollabiert *geh*
col·laps·ible [kəˈlæpsɪbl̩] *adj* zusammenklappbar, zusammenlegbar; ~ **chair** Klappstuhl *m*
col·lar [ˈkɒləʳ, AM ˈkɑːlɚ] **I.** *n* ❶ (*piece around neck*) Kragen *m;* **fur** ~ Pelzkragen *m;* **wide** ~ halsferner Kragen ❷ (*restraining band*) Halsband *nt;* **cat's/dog's** ~ Katzen-/Hundehalsband *nt;* BRIT (*leash*) Hundeleine *f;* **to put one's dog on a** ~ seinen Hund an die Leine nehmen ❸ (*necklace*) Halsband *nt,* Kollier *nt;* **diamond** ~ Diamantkollier *nt* ❹ ZOOL (*fur area around neck*) Mähne *f* **II.** *vt* (*fam*) ■**to ~ sb** jdn schnappen *fam;* (*fig*) jdn in ein Gespräch verwickeln
ˈcol·lar bone *n* Schlüsselbein *nt;* **to break** [*or* **fracture**] **one's** ~ sich *dat* das Schlüsselbein brechen
col·late [kəˈleɪt] **I.** *vt* ■**to ~ sth** ❶ (*analyse*) etw vergleichen ❷ (*arrange in order*) etw zusammenstellen **II.** *vi photocopier* ordnen, sortieren
col·lat·er·al [kəˈlætərəl, AM kəˈlæt̬-] **I.** *n* FIN [zusätzliche] Sicherheit, Nebensicherheit *f;* **to use** [*or* **put up**] [*or* **offer**] **sth as** [**a**] ~ etw als Sicherheit anbieten **II.** *adj* ❶ (*parallel*) gleichzeitig, parallel; ~ **agreement** beidseitiges Abkommen ❷ (*form: descended in different line*) seitlich, kollateral *fachspr;* ~ **relatives** Verwandte *pl* einer Seitenlinie ❸ (*subordinate*) nebensächlich; FIN zusätzlich; ~ **insurance** Zusatzversicherung *f*
col·lat·er·al ˈdam·age *n* Nebenschaden *m,* Kollateralschaden *m* **col·lat·er·al ˈloan** *n* FIN Lombardkredit *m,* Lombarddarlehen *nt*
col·lat·er·al·ly [kəˈlætərəli, AM kəˈlæt̬-] *adv* kollateral *fachspr;* ~ **related** in einer Seitenlinie verwandt
col·la·tion [kəˈleɪʃən] *n* ❶ (*comparing*) Vergleich *m,* Kollationieren *nt;* (*arranging*) Ordnen *nt,* Sortieren *nt* ❷ (*dated form: light meal*) Imbiss *m,* Kollation *f veraltet*
col·league [ˈkɒliːg, AM ˈkɑː-] *n* [Arbeits]kollege, -in *m, f,* Mitarbeiter(in) *m(f)*
col·lect¹ [ˈkɒˈlekt, AM ˈkɑːlekt] *n* REL Kirchengebet *nt*
col·lect² [kəˈlekt] **I.** *adj* AM TELEC (*paid for by receiving party*) ~ **call** R-Gespräch *nt* **II.** *adv* AM *inv* (*on cost of receiving party*) **to call** ~ ein R-Gespräch führen **III.** *vi* ❶ (*gather*) sich *akk* versammeln; (*accumulate*) sich *akk* ansammeln ❷ (*gather money*) sammeln; **we're ~ing for the homeless** wir sammeln für Obdachlose **IV.** *vt* ❶ (*gather*) ■**to ~ sth** etw einsammeln; **to ~ coins/stamps** Münzen/Briefmarken sammeln; **to ~ dust** den Staub anziehen; (*no use*) [nur] ein Staubfänger sein; **to ~ money** Geld sammeln ❷ (*pick up*) ■**to ~ sb/sth** jdn/etw abholen; **I'll ~ you from the station** ich hole dich vom Bahnhof ab ❸ (*form: regain control*) ■**to ~ oneself** sich *akk* sammeln; **to ~ one's thoughts** [*or* **wits**] seine Gedanken ordnen, sich *akk* sammeln
◆**collect up** *vt* **to ~ up one's belongings** sein Hab und Gut zusammenpacken; **to ~ up empty bottles** leere Flaschen aufsammeln; **to ~ up tickets** Fahrscheine einsammeln
col·lect·able [kəˈlektəbl̩] **I.** *adj* sammelbar **II.** *n* Sammlerstück *nt,* Sammelobjekt *nt*
col·ˈlect call *n* AM R-Gespräch *nt;* **to accept a** ~ ein R-Gespräch annehmen; **to make a** ~ ein R-Gespräch anmelden
col·lect·ed [kəˈlektɪd] *adj* beherrscht, gelassen, ruhig
col·lect·ible *adj, n see* **collectable**
col·lec·tion [kəˈlekʃən] *n* ❶ (*money gathered*) Sammlung *f;* (*in church*) Kollekte *f;* **to have** [*or* **hold**] **a ~ for charity** für einen wohltätigen Zweck sammeln ❷ (*objects collected*) Sammlung *f;* ~ **of art/coins/stamps** Kunst-/Münz-/Briefmarkensammlung *f;* (*crowd of people*) Ansammlung *f;* (*fig: large number*) Auswahl *f,* Sortiment *nt;* **a ~ of toothbrushes** eine Auswahl an Zahnbürsten ❸ (*range of clothes*) Kollektion *f;* **spring/winter** ~ Frühjahrs-/Winterkollektion *f* ❹ (*act of getting*) *of mail* Abholung *f;* **the photos are ready for** ~ die Fotos liegen zur Abholung bereit; **rubbish** ~ Müllabfuhr *f;* BRIT (*from letter-box*) [Briefkasten]leerung *f*
col·lec·tive [kəˈlektɪv] **I.** *adj* gemeinsam, kollektiv; ~ **action** Gemeinschaftsaktion *f;* ~ **decision** gemeinsame Entscheidung; ~ **interests** Gesamtinteressen *ntpl;* ~ **leadership** kollektive Führung; ~ **opinion** Mehrheitsmeinung *f* **II.** *n* Gemeinschaft *f,* Gruppe *f;* POL Kollektiv *nt;* ECON Genossenschaftsbetrieb *m,* Produktionsgenossenschaft *f;* LING Sammelbegriff *m,* Kollektivum *nt fachspr*
col·lec·tive ˈbar·gain·ing *n* Tarifverhandlungen *fpl;* **to engage in** ~ in Tarifverhandlungen einsteigen **col·lec·tive ˈfarm** *n* landwirtschaftliche Produktionsgenossenschaft **col·lec·tive ˈnoun** *n* LING Sammelbegriff *m,* Kollektivum *nt fachspr*
col·lec·tiv·ism [kəˈlektɪvɪzəm, AM -tə-] *n no pl* Kollektivismus *m*
col·lec·tor [kəˈlektəʳ, AM -ɚ] *n* ❶ (*of objects*) Sammler(in) *m(f);* **stamp** ~ Briefmarkensammler(in) *m(f)* ❷ (*of payments*) Gebühreneintreiber(in) *m(f); of cash* Kassierer(in) *m(f);* **tax** ~ Steuereintreiber(in) *m(f)* ❸ ELEC Stromabnehmer *m*
col·ˈlec·tor's item *n,* **col·ˈlec·tor's piece** *n* Liebhaberstück *nt,* Sammlerstück *nt*
col·leen [ˈkɒliːn, kɒˈliːn] *n* IRISH [junges] Mädchen; **good day to you,** ~ guten Tag, mein Mädchen
col·lege [ˈkɒlɪdʒ, AM ˈkɑː-] *n* ❶ (*school*) Gymnasium *nt;* (*privately funded*) Kolleg *nt;* **art** ~ Kunstakademie *f;* **to drop out of** ~ vom Kolleg [*o* Gymnasium] abgehen; BRIT, AUS (*children's private school*) Privatschule *f;* **Cheltenham Ladies' C~** *private Mädchenschule in Cheltenham;* (*boarding school*) Internatsschule *f* ❷ (*university*) Universität *f,* Hochschule *f;* (*privately funded*) Akademie *f,* College *nt;* **to go to** ~ auf die Universität gehen, studieren ❸ BRIT (*division of university*) College *nt;* **to go to** [*or* **be at**] **a** ~ die Universität besuchen, studieren; (*members of college*) College *nt* ❹ AM (*university faculty*) Fakultät *f,* Fachbereich *m;* **I attended the C~ of Arts and Sciences** ich habe an der kunst- und naturwissenschaftlichen Fakultät studiert; (*college building*) Universitätsgebäude *nt,* Hochschulgebäude *nt* ❺ *esp* BRIT (*collegiate group*) Kollegium *nt,* Kammer *f;* ~ **of Medicine** Ärztekollegium *nt;* ~ **of**

Physicians Ärztekammer *f,* Ärztebund *m*

i Kultur

College bezeichnet die Zeit an der Universität bis zum Abschluss des *bachelor's degree,* normalerweise drei Jahre. Universitäten, an denen die Studenten nur *bachelor's degrees* erwerben können und gewisse Berufsschulen werden oft **colleges** genannt. *Universities – Universitäten* dagegen bieten auch *higher degrees – höhere Abschlüsse* an, wie *master's degrees* und *doctorates.* An *junior colleges* kann man die ersten zwei Collegejahre absolvieren oder einen technischen Beruf erlernen.

col·lege 'gradu·ate *n* AM Hochschulabsolvent(in) *m(f)*

col·legi·ate [kə'li:dʒiət, AM -dʒɪt] *adj* College-, Hochschul-; **~ theatre** Theatergruppe *f* der Universität; **~ sports** Hochschulsport *m;* **Cambridge is a ~ university** die Universität von Cambridge ist in mehrere Colleges untergliedert

col·lide [kə'laɪd] *vi* ■**to ~ [with sb/sth]** mit jdm/etw zusammenstoßen; ■**to ~ into sb** auf jdn auffahren; **the bike ~d into a tree** das Fahrrad fuhr gegen einen Baum

col·lie ['kɒli, AM 'kɑ:-] *n* Collie *m*

col·li·er ['kɒliəʳ, AM 'kɑ:ljɚ] *n* *(form)* ❶ MIN Bergmann *m fam,* Kohlenarbeiter *m* ❷ *(ship)* Schleppkahn *m,* Kohlenschiff *nt*

col·liery ['kɒljəri, AM 'kɑ:ljɚi] *n* Bergwerk *nt,* Grube *f,* Zeche *f*

col·li·sion [kə'lɪʒᵊn] *n* Zusammenstoß *m,* Zusammenprall *m,* Kollision *f geh;* **head-on ~** Frontalzusammenstoß *m;* **~ of interests** *(fig)* Interessenskonflikt *m;* **~ of opinions** Meinungsverschiedenheit *f;* **a ~ between two vehicles** ein Zusammenstoß *m* von zwei Fahrzeugen; **to be in ~** kollidieren, zusammenstoßen; **to come into ~ with sth** mit etw *dat* zusammenstoßen; *ships* in eine Kollision mit etw *dat* geraten

col·'li·sion course *n* Kollisionskurs *m;* **to be on a ~** *(fig)* auf Konfrontationskurs sein

col·lo·cate ['kɒləkeɪt, AM 'kɑ:l-] **I.** *vi* LING ■**to ~ [with sth]** [mit etw *dat*] kollokieren *fachspr* **II.** *n* Kollokator *m fachspr*

col·lo·ca·tion [ˌkɒlə'keɪʃᵊn, AM ˌkɑ:l-] *n* LING Kollokation *f fachspr*

col·lo·quial [kə'ləʊkwiəl, AM -'loʊ-] *adj* umgangssprachlich; **~ expression/writing** umgangssprachlicher Ausdruck/Schreibstil; **~ language** Umgangssprache *f;* **~ way of saying sth** umgangssprachliche Ausdrucksweise

col·lo·qui·al·ism [kə'ləʊkwiəlɪzᵊm, AM -'loʊ-] *n* umgangssprachlicher Ausdruck, Kolloquialismus *m fachspr*

col·lo·quial·ly [kə'ləʊkwiəli, AM -'loʊ-] *adv* umgangssprachlich

col·lo·quy ['kɒləkwi, AM 'kɑ:-] *n* *(dated a. form)* Konversation *f,* Unterredung *f geh*

col·lude [kə'lu:d] *vi* ■**to ~ with sb** mit jdm unter einer Decke stecken

col·lu·sion [kə'lu:ʒᵊn] *n no pl* geheime Absprache; **to act in ~ with sb** mit jdm gemeinsame Sache machen

col·lu·sive [kə'lu:sɪv] *adj* heimlich verabredet, abgekartet *fam;* **~ behaviour** vorher verabredetes Verhalten

col·ly·wob·bles ['kɒliwɒblz, AM 'kɑ:liwɑ:-] *npl* *(hum fam)* **to have the ~** Muffensausen haben *hum sl;* **driving with you gives me the ~** wenn ich mit dir fahre, bekomme ich ein flaues Gefühl in der Magengegend

co·logne [kə'ləʊn, AM -'loʊn] *n no pl* *(aftershave)* Rasierwasser *nt;* *(perfume)* Parfum *nt,* Eau de Cologne *nt*

co·lon ['kəʊlɒn, AM 'koʊlən] *n* ❶ ANAT *(intestine part)* Dickdarm *m* ❷ LING *(punctuation mark)* Doppelpunkt *m*

'co·lon can·cer *n* MED Darmkrebs *m;* **risk of ~** Darmkrebsrisiko *nt*

colo·nel ['kɜ:nᵊl, AM 'kɜr-] *n* MIL Oberst *m;* ■**C~** Herr Oberst

Colo·nel 'Blimp [ˌkɜ:nᵊl'blɪmp] *n esp* BRIT *(dated or pej)* *Personifizierung des wertkonservativen Engländers*

co·lo·nial [kə'ləʊniəl, AM -'loʊ-] **I.** *adj* ❶ kolonial, Kolonial-; **~ power** Kolonialmacht *f;* **~ rule** Kolonialherrschaft *f* ❷ *esp* AM HIST *(of colonial times)* **C~ architecture** Kolonialstil *m,* im Stil der Kolonialzeit; **C~ furniture** Möbel *ntpl* aus der Kolonialzeit **II.** *n* ❶ *(inhabitant of colony)* Kolonist(in) *m(f)* ❷ *(esp pej: former inhabitant)* ehemaliger Kolonialbesitzer/ehemalige Kolonialbesitzerin

co·lo·ni·al·ism [kə'ləʊniəlɪzᵊm, AM -'loʊ-] *n no pl* Kolonialismus *m*

co·lo·ni·al·ist [kə'ləʊniəlɪst, AM -'loʊ-] **I.** *n* Kolonialist(in) *m(f)* **II.** *adj* kolonialistisch; **~ ideology** Kolonialismus *m;* **~ powers** kolonialistische Kräfte

co·lo·nial men·'tal·ity *n* kolonialistische Gesinnung

co·lon·ic ir·ri·'ga·tion [kəˌlɒnɪkɪrɪ'geɪʃᵊn, AM -ˌlɑ:-] *n no pl* Kolon-Hydrotherapie *f*

colo·nist ['kɒlənɪst, AM 'kɑ:-] *n* Kolonist(in) *m(f),* Siedler(in) *m(f)*

colo·ni·za·tion [ˌkɒlənaɪ'zeɪʃᵊn, AM ˌkɑ:lənɪ-] *n no pl esp* AM Kolonisation *f,* Kolonisierung *f*

colo·nize ['kɒlənaɪz, AM 'kɑ:-] *vt* **to ~ a country** ein Land kolonisieren

colo·niz·er ['kɒlənaɪzəʳ, AM 'kɑ:lənaɪzɚ] *n* Kolonisator *m;* *(with emphasis on power)* Kolonialherr *m*

col·on·nade [ˌkɒlə'neɪd, AM ˌkɑ:-] *n* ARCHIT Säulengang *m,* Kolonnade *f geh*

co·lon·os·co·py <*pl* -pies> [ˌkɒlən'ɒskəpi, AM ˌkoʊlən'ɑ:s-] *n* Darmspiegelung *f*

colo·ny ['kɒləni, AM 'kɑ:-] *n* ❶ *(territory)* Kolonie *f,* Kolonialgebiet *nt* ❷ *(group of colonists)* Siedlung *f;* **the British ~ in Spain** die britische Kolonie in Spanien ❸ *(group with shared interest)* Kolonie *f,* Klub *m;* **nudist ~** FKK-Kolonie *f* ❹ ZOOL *(group living together)* Kolonie *f;* **~ of ants/termites** Ameisen-/Termitenstaat *m;* **~ of bacteria** Bakterienkultur *f;* **~ of bees** Bienenvolk *nt*

col·or *n, adj, vi, vt* AM *see* **colour**

Colo·ra·do bee·tle [ˌkɒlərɑ:dəʊ'-, AM ˌkɑ:lərædoʊ-] *n,* **Colo·ra·do 'po·ta·to bee·tle** *n* Kartoffelkäfer *m*

col·ora·tion [ˌkʌlə'reɪʃᵊn] *n no pl* *(presence of colour)* Färbung *f;* *(colour pattern)* Farbgebung *f;* **camouflaged ~** Tarnfarbe *f*

'col·or com·men·tary *n* *modifier* lebendig

co·los·sal [kə'lɒsᵊl, AM -lɑ:-] *adj* *(big)* ungeheuer, riesig; **~ statue** gewaltige Statue; *(outrageous)* riesig, kolossal *fam;* **~ amount [of money]** gigantische Summe, Unsumme *f;* **~ cheek** unglaubliche Frechheit [*o* Dreistigkeit]; **~ task** Mammutaufgabe *f*

co·los·si [kə'lɒsaɪ, AM -lɑ:-] *n pl of* **colossus**

co·los·sus <*pl* -es *or* colossi> [kə'lɒsəs, AM -lɑ:-, *pl* -aɪ] *n* ❶ *(large statue)* Koloss *m;* **marble ~** Marmorkoloss *m;* **C~ of Rhodes** der Koloss von Rhodos ❷ *(large building)* Koloss *m,* Gebäudekomplex *m;* **the Bundesbank ~** das gigantische Bundesbankgebäude ❸ *(influential person)* Gigant(in) *m(f);* **~ of the literary world** Literaturpapst, -päpstin *m, f*

col·our ['kʌləʳ], AM **color** [-ɚ] **I.** *n* ❶ *(red, blue etc)* Farbe *f;* **what ~ is her hair?** was hat sie für eine Haarfarbe?; **~ photos** Farbfotos *ntpl;* **favourite ~** Lieblingsfarbe *f;* **rich jewel ~s** satte, leuchtende Farben; **primary ~** Grundfarbe *f,* Primärfarbe *f fachspr;* **to be ablaze with** [*or* **be a riot of**] **~** in allen Farben erstrahlen; **to add [a splash of] ~ to the garden** dem Garten ein wenig Farbe verleihen; **to come** [*or* **be available**] **in a ~** in einer Farbe erhältlich sein; **to give** [*or* **lend**] **sth ~** [*or* **to give** [*or* **lend**] **~ to sth**] etw *dat* [mehr] Farbe verleihen; *food* etw *dat* Würze verleihen ❷ *(vigour)* Farbe *f;* **to add some** [*or* **a little**] **~ to sth** etw ein wenig auflockern [*o* lebendig machen]; **to give** [*or* **lend**] **~ to a story** eine Geschichte glaubwürdig erscheinen lassen ❸ *(dye)* Färbemittel *nt,* Farbstoff *m* ❹ *(ruddiness of complexion)* Gesichtsfarbe *f;* **she hasn't much ~** sie sieht so blass aus; **to have ~ in one's cheeks** gerötete Wangen haben; **to have a high** [*or* AM **a lot of**] **~** *(look healthy)* eine gesunde Gesichtsfarbe haben; *(look* *feverish*) [ganz] rot im Gesicht sein ❺ (*skin colour*) Hautfarbe *f* ❻ SCH, UNIV ■ ~s *pl* Sportabzeichen *nt;* **to be awarded one's ~s for a sport, to gain** [*or* **get**] **one's ~s for a sport** sein Sportabzeichen bekommen ❼ (*flag*) ■ ~s *pl* Fahne *f,* Flagge *f;* **regimental ~s** Regimentsfahne *f;* **to display one's ~s** Farbe bekennen; **to salute the ~s** die Fahne grüßen ▸ PHRASES: **to see sb in their true ~s** jdn näher kennen lernen; **to show one's true ~s** sein wahres Gesicht zeigen; **to pass with flying ~s** glänzend abschneiden **II.** *vt* ■ **to ~ sth** ❶ (*change colour of*) etw färben; **to ~ one's hair** sich *dat* die Haare färben; **to ~ a room blue** ein Zimmer blau streichen ❷ (*distort*) etw beeinflussen; (*misrepresent*) etw beschönigen; **to ~ an attitude/a judgment** eine Haltung/ein Urteil beeinträchtigen; **~ed report** gefärbter Bericht **III.** *vi face* rot werden, erröten *geh; leaves* sich *akk* verfärben; **to ~ with embarrassment** vor Verlegenheit rot werden

◆ **colour in** *vt* ■ **to ~ in** ⊂ **sth** etw ausmalen

◆ **colour up** *vi* rot werden, erröten *geh*

'col·our bar *n* Rassenschranke *f* **'col·our blind** *adj* farbenblind; **to be ~ to a colour** eine Farbe nicht richtig wahrnehmen können **'col·our blind·ness** *n no pl* Farbenblindheit *f* **'col·our-cod·ed** *adj inv* **the books are all ~** alle Bücher sind mit einer Farbkennzeichnung versehen

col·our con·'sult·ant *n* Farbberater(in) *m(f)*

col·oured ['kʌləd], AM **col·ored** [-ɚd] *adj* ❶ (*having colour*) farbig, bunt; **~ drawing** Farbzeichnung *f;* **~ ink** farbige Tinte; **~ pencil** [*or* **crayon**] Buntstift *m,* Farbstift *m* ❷ (*often pej: dark-skinned*) farbig ❸ SA (*of mixed race*) gemischtrassig; **~ population** Mischlinge *pl*

Col·oured ['kʌləd], AM **Col·ored** [-ɚd] *n* ❶ (*dated: person of dark-skinned race*) Farbige(r) *f(m)* ❷ SA (*person of mixed race*) Mulatte, -in *m, f,* Mischling *m*

-col·oured ['kʌləd], AM **-col·ored** [-ɚd] *in compounds* **amber-~** bernsteinfarben; **chocolate-~** schokoladenbraun; **flesh-~** fleischfarben; **gold-~** goldfarben; **peach-~** pfirsichfarbig; **brightly-~** leuchtend bunt; **multi-~** bunt, mehrfarbig

'col·our-fast *adj* farbecht **'col·our fil·ter** *n* PHOT Farbfilter *m o nt*

col·our·ful ['kʌləfᵊl], AM **col·or·ful** [-lɚ-] *adj* ❶ (*full of colour*) *paintings* farbenfroh, farbenprächtig, farbenfreudig; *clothing* bunt, farbig ❷ (*vivid*) lebendig, lebhaft; **~ description** anschauliche Schilderung; **~ pageant** abwechslungsreiches Historienspiel ❸ (*interesting*) [bunt] schillernd; **to have a ~ past** eine bewegte Vergangenheit haben; **~ part of town** belebter Stadtteil; **~ personality** schillernde Persönlichkeit ❹ (*euph: vulgar*) **~ language** schlüpfrige Sprache

col·our·ful·ly ['kʌləfᵊli], AM **col·orful·ly** [-lɚ-] *adv* ❶ (*with colours*) farbenfroh, bunt, farbig; **to be dressed ~** bunte Kleider tragen ❷ (*vividly*) lebendig, lebhaft; (*interestingly*) auffallend, schillernd; **to describe sth ~** etw anschaulich schildern

'col·our guard *n* MIL Fahnenwache *f,* Fahnenabordnung *f*

col·our·ing ['kʌlərɪŋ], AM **col·oring** *n no pl* ❶ (*complexion*) Gesichtsfarbe *f,* Teint *m* ❷ (*colour-changing chemical*) Farbstoff *m;* **artificial ~s** künstliche Färbemittel

'col·our·ing book *n* Malbuch *nt*

col·our·ist ['kʌlərɪst], **col·or·ist** *n* AM (*hairdresser*) Color-Stylist(in) *m(f)*

col·our·less ['kʌləls], AM **col·or·less** [-lɚ-] *adj* ❶ (*having no colour*) farblos; (*pale*) blass ❷ (*bland*) farblos, grau, langweilig; **a grey, ~ city** eine graue, triste Stadt; **~ style of writing** nüchterner Schreibstil

col·our pho·'tog·ra·phy *n no pl* Farbfotografie *f* **col·our 'print·ing** *n* Farbdruck *m* **col·our·safe** ['kʌləseɪf] *adj detergent, bleach* mit Farbschutz *nach n;* **~ detergents** Colorwaschmittel *nt* **'col·our scheme** *n* Farbzusammenstellung *f,* Farbgebung *f* **'col·our slide** *n* Farbdia *nt* **col·our 'sup·ple·ment** *n esp* BRIT Farbbeilage *f* **col·our 'tele·vi·sion** *n* ❶ *no pl* (*broadcasting*) Farbfernsehen *nt* ❷ (*set*) Farbfernseher *m,* Farbfernsehgerät *nt* **'col·our·way** *n* BRIT Farbkombination *f*

colt [kəʊlt, AM koʊlt] *n* [Hengst]fohlen *nt;* (*fig*) Grünschnabel *m*

Colt® [kəʊlt, AM koʊlt] *n* Colt *m*

colt·ish ['kəʊltɪʃ, AM 'koʊltɪʃ] *adj* ausgelassen, übermütig; **young and ~** jung und ungestüm

'colts·foot *n* Huflattich *m*

col·um·bine ['kɒləmbaɪn, AM 'kɑ:-] *n* Akelei *f*

i Kultur

Columbus Day ist der Jahrestag der Entdeckung der Neuen Welt durch den genuesischen Seefahrer Christoph Kolumbus am 12. Oktober 1492. In den USA wird seit 1971 der **Columbus Day** immer am zweiten Montag im Oktober gefeiert. Die Hauptfeierlichkeiten finden in New York statt, wo jedes Jahr ein großer Festumzug veranstaltet wird.

col·umn ['kɒləm, AM 'kɑ:-] *n* ❶ (*pillar*) Säule *f,* Pfeiler *m;* **Nelson's C~** *Denkmal am Trafalgar Square in London;* **stone ~** Steinsäule *f* ❷ (*narrow vertical shape*) Röhre *f;* **~ of smoke** Rauchsäule *f;* **spinal ~** ANAT Wirbelsäule *f,* Rückgrat *nt* ❸ MIL, NAUT (*formation*) Kolonne *f;* **to march in ~s of four** in Viererreihen marschieren ❹ TYPO Kolumne *f,* Textspalte *f* ❺ (*article*) Kolumne *f,* Spalte *f;* **fashion/gossip ~** Mode-/Klatschspalte *f;* **political ~** politischer Kommentar ❻ (*vertical row*) Kolonne *f,* Reihe *f;* **~ of figures** Zahlenreihe *f,* Zahlenkolonne *f*

col·umn·ist ['kɒləmnɪst, AM 'kɑ:-] *n* Kolumnist(in) *m(f)*

coma ['kəʊmə, AM 'koʊ-] *n* MED Koma *nt;* **to be in a ~** im Koma liegen; **to go** [*or* **fall**] **into a ~** ins Koma fallen; **to wake up out of one's ~** aus dem Koma erwachen

co·ma·tose ['kəʊmətəʊs, AM 'koʊmətoʊs] *adj* ❶ (*in a coma*) bewusstlos, komatös *fachspr* ❷ (*fam: coma-like*) apathisch; **~ state** Apathie *f*

comb [kəʊm, AM koʊm] **I.** *n* ❶ (*for hair*) Kamm *m;* (*hair-arranging device*) Kämmchen *nt* ❷ ZOOL Kamm *m* **II.** *vt* ❶ (*tidy with a comb*) ■ **to ~ sth** etw kämmen; **to ~ one's hair** sich *dat* [die Haare] kämmen; ■ **to ~ sth out** etw auskämmen ❷ (*search thoroughly*) ■ **to ~ sth** etw durchkämmen [*o* durchforsten]; **to ~ an apartment for clues** eine Wohnung nach Hinweisen durchsuchen; **to ~ a book** ein Buch sichten

com·bat I. *n* ['kɒmbæt, AM 'kɑ:m-] *no pl* ❶ (*wartime fighting*) Kampf *m;* **hand-to-hand ~** Nahkampf *m;* **in ~** im Kampf; **to die in ~** fallen ❷ (*battle*) Schlacht *f,* Gefecht *nt;* **the ~ between good and evil** der Kampf zwischen gut und böse **II.** *vt* <-tt- *or* -t-> ['kɒmbæt, AM kəm'bæt] ■ **to ~ sth** *crime, disease* etw bekämpfen; **to ~ a desire** [*or* **an urge**] gegen ein Verlangen ankämpfen

'com·bat air·craft *n* Kampfflugzeug *nt*

com·bat·ant ['kɒmbətᵊnt, AM kəm'bætᵊnt, 'kɑ:m-] *n* Kämpfer(in) *m(f),* Kombattant(in) *m(f) geh;* (*member of armed forces*) Angehörige(r) *f(m)* der Streitkräfte; (*fighting in war*) Frontkämpfer(in) *m(f),* Kriegsteilnehmer(in) *m(f)*

'com·bat boots *npl* Springerstiefel *mpl* **'com·bat fa·tigue** *n no pl* (*loss of motivation*) Kriegsmüdigkeit *f;* (*mental disorder*) Kriegstrauma *nt,* Kriegsneurose *f;* **to suffer from ~** unter einem Kriegstrauma leiden

com·bat·ive ['kɒmbətɪv, AM kəm'bæṱɪv, 'kɑ:m-] *adj* (*competitive*) angriffslustig, streitlustig, aggressiv; (*pugnacious*) kampfbereit; **~ mood** [*or* **spirit**] Angriffslust *f,* Streitlust *f,* Aggressivität *f;* **~ spirit** (*fig*) Kampfgeist *m*

'com·bat jack·et *n* Bomberjacke *f*

com·bats *npl short for* **combat trousers** Armeehose *f* **'com·bat zone** *n* Kampfgebiet *nt,* Kampfzone *f*

comb·er ['kəʊməʳ, AM 'koʊmɚ] *n* Brecher *m,* Sturzwelle *f*

com·bi·na·tion [ˌkɒmbɪ'neɪʃᵊn, AM ˌkɑ:mbə'-] *n* ❶ (*mixture of things*) Kombination *f; of events* Verkettung *f;* **green is a ~ of blue and yellow** grün ist eine Mischung aus blau und gelb;

~ **of circumstances** Verkettung *f* von Umständen; ~ **of colours** Farbkombination *f,* Farbzusammenstellung *f;* ~ **of flavours** Geschmackskombination *f;* **the right ~ of intelligence and charm** die ideale Kombination aus Herz und Verstand; ~ **of letters** Buchstabenreihe *f* ② (*sequence of numbers*) [Zahlen]kombination *f* ③ (*togetherness*) **in ~** zusammen, gemeinsam

com·bi·'na·tion lock *n* Zahlenschloss *nt,* Kombinationsschloss *nt*

com·bine [kəm'baɪn] **I.** *vt* ■ **to ~ sth [with [***or* **and] sth]** etw [mit etw *dat*] verbinden [*o* kombinieren]; ~ **all the ingredients in a large pot ...** geben Sie alle Zutaten in einen großen Topf ...; **to ~ business with pleasure** das Angenehme mit dem Nützlichen verbinden; **to ~ family life with a career** Familie und Karriere unter einen Hut bringen *fam;* **to ~ forces against sb/sth** alle Kräfte gegen jdn/etw sammeln [*o* vereinigen] **II.** *vi* ① (*mix together*) sich *akk* verbinden; **oil and water don't ~** Wasser und Öl lassen sich nicht vermischen ② (*add up*) zusammenwirken; **everything ~d to give me the illusion that she loved me** alles sprach einfach dafür, dass sie mich liebte ③ (*work together*) ■ **to ~ against sb** sich *akk* gegen jdn verbünden

com·bined [kəm'baɪnd] *adj* vereint, gemeinsam; ~ **efforts** vereinte Anstrengungen; **a ~ total of $2268** eine Gesamtsumme von $2268

com·bine 'har·ves·ter *n* Mähdrescher *m*

com·bin·ing form *n* LING Wortbildungselement *nt,* Affix *nt fachspr*

com·bo ['kɒmbəʊ, AM 'kɑ:moʊ] *n + sing/pl vb* (*fam*) Combo *f;* **jazz ~** Jazzcombo *f,* kleine Jazzband

com·bus·tible [kəm'bʌstəbl] *adj* (*form*) ① (*highly flammable*) brennbar, entflammbar; **highly ~ material** leicht entzündliches Material ② (*excitable*) reizbar, erregbar

com·bus·tion [kəm'bʌstʃən] *n no pl* ① (*burning*) Verbrennung *f;* ~ **of fuel** Treibstoffverbrennung *f* ② CHEM (*rapid oxidation*) Oxidation *f*

com·'bus·tion cham·ber *n* CHEM *of jet engine* Brennkammer *f; of internal-combustion engine* Verbrennungsraum *m*

come [kʌm] **I.** *vi* <came, come> ① (*move towards*) kommen; ~ **here a moment** kommst du mal einen Moment [her]?; **careful, a car's coming!** Achtung, da kommt ein Auto!; **my sister came rushing out of the train** meine Schwester stürmte aus dem Zug; **coming!** ich komme!; **have you ~ straight from the airport?** kommen Sie direkt vom Flughafen?; **did you ~ here by car?** sind Sie mit dem Auto gekommen?; **she's ~ 500 km to be here with us tonight** sie ist 500 km gereist, um heute Abend bei uns zu sein; ~ **to sunny Bridlington for your holidays!** machen Sie Urlaub im sonnigen Bridlington!; **to ~ into a room/building** in ein Zimmer/Gebäude kommen; ■ **to ~ towards sb** auf jdn zugehen ② (*arrive*) ankommen; **has she ~ yet?** ist sie schon da?; **Christmas is coming** bald ist Weihnachten; **morning has not yet ~** es ist noch nicht Morgen; **Christmas only ~s once a year** Weihnachten ist nur einmal im Jahr; **how often does the post ~?** wie oft kommt die Post?; ~ **Monday morning you'll regret ...** Montagmorgen wirst du es bereuen, dass ...; ~ **March, I will have been married for two years** im März bin ich zwei Jahre verheiratet; **I think the time has ~ to ...** ich denke, es ist an der Zeit, ...; **how's your headache? – it ~s and goes** was machen deine Kopfschmerzen? – mal besser, mal schlechter; **in days to ~** in Zukunft; **to ~ to sb's rescue** jdm zu Hilfe kommen; **to ~ as a surprise** überraschend kommen; **the year to ~** das kommende [*o* nächste] Jahr; **in years to ~** in der Zukunft ③ (*go for a purpose*) ■ **to ~ and do sth** [vorbei]kommen, um etw zu tun; ~ **and visit us sometime** komm doch mal vorbei; **I'll ~ and pick you up in the car** ich hole dich dann mit dem Auto ab; **dad, ~ and see what I've done** Papa, schau [mal], was ich gemacht habe; **I've ~ to read the gas meter** ich soll den Gaszähler ablesen; ■ **to ~ for sb/sth** jdn/etw abholen; **your father will ~ for you at 4 o'clock** dein Vater kommt dich um 16 Uhr abholen; **the police have ~ for you** die Polizei will Sie sprechen ④ (*accompany someone*) mitkommen; **are you coming or staying?** kommst du oder bleibst du noch?; **would you like to ~ for a walk?** kommst du mit spazieren?; **are you coming to the cinema tonight?** kommst du heute Abend mit ins Kino?; **do you want to ~ to the pub with us?** kommst du mit einen trinken? ⑤ (*originate from*) herrühren, stammen; **where is that awful smell coming from?** wo kommt dieser schreckliche Gestank her?; **his voice came from the bathroom** seine Stimme drang aus dem Badezimmer; **he ~s of a farming family** er stammt aus einer Familie mit langer Tradition in der Landwirtschaft; **does that quote ~ from Shakespeare?** stammt das Zitat von Shakespeare?; **to ~ from Italy/a wealthy family** aus Italien/einer wohlhabenden Familie stammen ⑥ (*in sequence*) **Z ~s after Y** Z kommt nach Y; **Monday ~s before Tuesday** Montag kommt vor Dienstag; **the article ~s before the noun** der Artikel steht vor dem Substantiv ⑦ (*in competition*) **he ~s first in the list of the world's richest men** er führt die Liste der reichsten Männer an; **Paul came far behind** Paul kam nur unter „ferner liefen"; **to ~ first/second** BRIT, AUS Erste(r)/Zweite(r) werden; **to ~ from behind** aufholen ⑧ (*have priority*) **to ~ before sth** wichtiger als etw sein; **to ~ first** [bei jdm] an erster Stelle stehen ⑨ (*happen*) geschehen; **how exactly did you ~ to be naked in the first place?** wie genau kam es dazu, dass Sie nackt waren?; ~ **to think of it ...** wenn ich es mir recht überlege, ...; ~ **what may** komme, was wolle; **how did the window ~ to be open?** wieso war das Fenster offen?; **you could see it coming** das war ja zu erwarten; **how ~?** wieso?; **how ~ you missed the train?** wie kommt's, dass du den Zug verpasst hast? ⑩ (*be, become*) **to ~ under bombardment/pressure/suspicion** unter Beschuss/Druck/Verdacht geraten; **to ~ under criticism** in die Kritik geraten; **to ~ into fashion** in Mode kommen; **to ~ into money/property/a title** zu Geld/Besitz/einem Titel kommen; **to ~ into office** sein Amt antreten; **to ~ into power** an die Macht kommen; **to ~ loose** sich [ab]lösen; **to ~ open** sich *akk* öffnen; *door* aufgehen; **how did that phrase ~ to mean that?** wie kam dieser Ausdruck zu dieser Bedeutung?; **I've ~ to like him more and more** ich finde ihn immer netter; **I've finally ~ to agree with you** du hast mich überzeugt; **your shoelaces have ~ undone** deine Schnürsenkel sind aufgegangen; **all my dreams came true** all meine Träume haben sich erfüllt; **everything will ~ right in the end** am Ende wird alles gut werden; **nothing came of it** daraus ist nichts geworden; **his hair ~s [down] to his shoulders** seine Haare reichen ihm bis auf die Schultern ⑪ (*be available*) erhältlich sein; (*exist*) vorkommen, existieren; **the vase ~s in a red box** die Vase wird in einem roten Karton geliefert; **how would you like your coffee? – as it ~s, please** wie trinken Sie Ihren Kaffee? – schwarz, bitte; **sth ~s in different sizes/colours** etw ist in unterschiedlichen Größen/Farben erhältlich, etw gibt es in unterschiedlichen Größen/Farben; **to ~ cheap[er]** billig[er] sein *fam* ⑫ (*progress*) weiterkommen; **we've ~ a long way** wir haben viel erreicht ⑬ (*sl: have orgasm*) kommen *sl* ▶ PHRASES: ~ **again?** [wie] bitte?; **to ~ clean about sth** etw beichten; **to be as stupid as they ~** dumm wie Stroh sein; **to ~ unstuck** BRIT, AUS *plan* schiefgehen; *speaker* stecken bleiben; *person* baden gehen *fam; project* in die Binsen gehen *fam;* ~, ~! ach, ich bitte dich! *fam;* **he/she had it coming [to himself/herself]** (*fam*) das hat er/sie sich selbst zu verdanken!; **I don't know whether I'm coming or going** ich weiß nicht, wo mir der Kopf steht *fam;* **don't ~ it [with me]!** sei nicht so frech [zu mir]!; **... and ~ to that ...** ... und da wir gerade davon sprechen, ... *fam* **II.** *vt* (*esp pej: behave like*) **to ~ the heavy father [with sb]** [bei

C

jdm] den strengen Vater herauskehren; **to ~ the poor little innocent [with sb]** [bei jdm] die Unschuldige/den Unschuldigen spielen; **don't ~ that game with me!** komm mir jetzt bloß nicht so! *fam* **III.** *n no pl* (*vulg: semen*) Soße *f vulg*

◆**come about** *vi* ❶ (*happen*) passieren; **how did the problem ~ about in the first place?** wie kam es überhaupt zu diesem Problem?; **it came about that he died the day after winning a million** er starb nur einen Tag nach seinem Millionengewinn ❷ NAUT beidrehen

◆**come across** *vi* ❶ (*be evident*) *feelings* zum Ausdruck kommen, rüberkommen *fam* ❷ (*create an impression*) wirken; **she ~s across really well on television** sie macht sich im Fernsehen wirklich gut; **how did her explanation ~ across?** wie ist ihre Erklärung angekommen? ❸ (*hand over*) ■**to ~ across with sth** etw rausrücken *fam; information* mit etw *dat* rausrücken ❹ (*per chance*) ■**to ~ across sb** jdm [zufällig] begegnen, jdm über den Weg laufen; ■**to ~ across sth** [zufällig] auf etw *akk* stoßen; **have you ever ~ across anything like this before?** ist dir so etwas schon einmal begegnet?

◆**come along** *vi* ❶ (*hurry*) **~ along!** jetzt komm [endlich]! ❷ (*go too*) mitgehen, mitkommen; **I'm going to the Picasso exhibition – why don't you ~ along** ich gehe zu der Picassoausstellung – komm' doch mit; **I'll ~ along later** ich komme später nach ❸ (*arrive*) ankommen; *job, opportunity* sich bieten ❹ (*progress*) Fortschritte machen; *person* sich *akk* gut machen; **how is the project coming along?** wie geht's mit dem Projekt voran?; **how's the chicken coming along?** ist das Hühnchen bald fertig?

◆**come apart** *vi* auseinanderfallen, kaputtgehen *fam*

◆**come around** *vi see* **come round**

◆**come at** *vi* ❶ (*attack*) ■**to ~ at sb** auf jdn losgehen; **the ball came right at me** der Ball kam genau auf mich zu ❷ (*discover*) ■**to ~ at sth** etw herausfinden ❸ (*tackle*) **to ~ at a problem** ein Problem angehen

◆**come away** *vi* ❶ (*dated: leave*) weggehen; **I had to ~ away from the party early** ich musste die Party früh verlassen ❷ (*become detached*) sich lösen ❸ (*be left*) **to ~ away with the feeling that ...** mit dem Gefühl gehen, dass ...

◆**come back** *vi* ❶ (*return*) zurückkommen; **~ back and visit us, won't you?** kommen Sie doch mal wieder bei uns vorbei!; **the rain is coming back again** es regnet schon wieder; **and now to ~ back to your question . . .** um auf Ihre Frage zurückzukommen ...; **to ~ back to a question/topic** auf eine Frage/ein Thema zurückkommen; **to ~ back from war** aus dem Krieg zurückkehren; ■**to ~ back to sb** zu jdm zurückkehren ❷ (*be remembered*) *name* wieder einfallen; *memories* wieder zurückkommen ❸ (*return to fashion*) wieder in Mode kommen; *artist* ein Come-back haben; **flared trousers have ~ back** Schlaghosen sind wieder in ❹ *esp* AM (*reply*) ■**to ~ back at sb with sth** jdm etw entgegnen; **to ~ back at sb with a vengeance** es jdm [so richtig] heimzahlen ❺ SPORTS (*catch up*) aufholen

◆**come between** *vi* **to ~ between two people** zwischen zwei Leute treten; **nothing ~s between Jim and his exercise** nichts kann Jim von seinem Training abhalten; **his work always seems to ~ between him and his family** seine Arbeit scheint immer zwischen ihm und seiner Familie zu stehen; **don't let one little quarrel ~ between you!** lasst euch nicht durch einen kleinen Streit auseinanderbringen!

◆**come by** *vi* ❶ (*visit*) vorbeischauen, vorbeikommen; **to ~ by for a coffee** auf einen Kaffee vorbeikommen; **to ~ by the house** *esp* AM vorbeikommen, vorbeischauen ❷ (*meet*) ■**to ~ by sb** jdm über den Weg laufen; ■**to ~ by sth** [zufällig] auf etw *akk* stoßen; *see also* **come across** ❸ (*obtain*) ■**to ~ by sth** etw kriegen *fam;* **how did you ~ by that black eye?** wie bist du denn zu dem blauen Auge gekommen?; **to ~ by an idea** auf eine Idee kommen

◆**come down** *vi* ❶ (*move down*) [herunter]fallen; *snow, rain* fallen; *trousers* rutschen; *plane* [not]landen; (*crash*) abstürzen; **after several encores, the curtain finally came down for the last time** nach mehreren Zugaben fiel schließlich der letzte Vorhang ❷ (*collapse*) einstürzen; **the building will have to ~ down** das Gebäude muss abgerissen werden ❸ (*move downstairs*) [die Treppe] herunterkommen [*o* heruntergehen] ❹ (*visit south*) runterkommen *fam* ❺ (*become less*) *prices, cost, inflation* sinken; *prices, cost also* fallen; **to ~ down a few pounds** ein paar Pfund nachlassen ❻ (*lose rank*) sinken, absteigen; **he's ~ down** er ist ganz schön tief gesunken ❼ (*handed down*) *tradition* überliefert werden ❽ (*fam: stop feeling* [*positive*] *effect*) ■**to ~ down from sth** *drugs* von etw *dat* [wieder] runterkommen *fam* ❾ (*depend on*) ■**to ~ down to sth** auf etw *akk* ankommen ❿ (*amount to*) ■**to ~ down to sth** auf etw *akk* hinauslaufen; **it all ~s down to money in the end** letzten Endes ist doch alles eine Geldfrage ⓫ (*reach decision*) **to ~ down on the side of sb/sth** sich *akk* für jdn/etw entscheiden ⓬ BRIT UNIV (*leave*) [von der Universität] abgehen, die Universität abschließen [*o* verlassen] ⓭ (*be taken ill*) ■**to ~ down with sth** sich *dat* etw eingefangen haben ⓮ (*rebuke*) ■**to ~ down on sb [for doing sth]** jdn [wegen einer S. *gen*] rankriegen *fam;* **to ~ down on sb like a ton of bricks** (*fam*) mit jdm Schlitten fahren *fam* ⓯ (*be removed*) **those pictures will have to ~ down** diese Bilder müssen runter *fam*

◆**come forth** *vi* (*with information*) sich *akk* melden

◆**come forward** *vi* ❶ (*volunteer*) sich *akk* [bei der Polizei] melden; **all those willing to volunteer please ~ forward** alle Freiwilligen bitte melden; ■**to ~ forward to do sth** sich *akk* [dazu] bereit erklären, etw zu tun ❷ (*suggest*) **to ~ forward with a suggestion** [*or* **proposal**] einen Vorschlag machen

◆**come in** *vi* ❶ (*enter*) hereinkommen; (*into room, apartment*) eintreten; **do ~ in** komm doch rein; **~ in!** herein! ❷ (*arrive*) ankommen, eintreffen; *ship* einlaufen; *train* einfahren; *plane* landen; *fruit, vegetables* geerntet werden; *supplies* eintreffen; *tide, sea* kommen, hereinbrechen; *money* reinkommen *fam; news, information, results, call* hereinkommen; **reports are just coming in of a major oil spillage** soeben erreichen uns Berichte von einer großen Ölpest; **to get more money coming in** mehr Geld reinbekommen *fam;* **to have £20,000 coming in every year** 20.000 Pfund im Jahr verdienen *fam* ❸ (*become fashionable*) im Kommen sein, in Mode kommen ❹ + *adj* (*be*) **to ~ in handy** gelegen kommen; **to ~ in useful** sich *akk* als nützlich erweisen ❺ (*play a part*) **where do I ~ in?** welche Rolle spiele ich dabei?; **and that's where you ~ in** und hier kommst du dann ins Spiel; **and here's where experience ~s in** und hier ist es dann wichtig, dass man eine gewisse Erfahrung hat ❻ (*begin to participate*) sich *akk* einschalten; ■**to ~ in on sth** sich *akk* an etw *dat* beteiligen ❼ (*be positioned*) **to ~ in first/second** Erste(r)/Zweite(r) werden ❽ POL ans Ruder kommen *fam* ❾ (*radio communication*) **~ in, bravo four** Bravo Four, bitte melden! ❿ (*be subjected to*) ■**to ~ in for sth** etw erregen; **to ~ in for criticism** (*suffer from criticism*) Kritik einstecken müssen; (*cause criticism*) Kritik hervorrufen

◆**come into** *vi* ❶ (*inherit*) **to ~ into money** Geld erben ❷ (*be involved*) **love doesn't ~ into it – I'm marrying for money** Liebe spielt dabei keine Rolle – ich heirate des Geldes wegen; **where do I ~ into it?** was habe ich damit zu tun?

◆**come near to** *vi* ■**to ~ near to doing sth** drauf und dran sein, etw zu tun

◆**come off** *vi* ❶ (*fam: succeed*) Erfolg haben, gelingen, klappen *fam; attempts* glücken; **his jokes didn't ~ off** seine Witze gingen in die Hose *fam* ❷ (*take place*) stattfinden; **their marriage didn't ~ off** aus ihrer Hochzeit wurde nichts ❸ (*end up*) abschneiden; **to always ~ off worse** immer den Kürzeren ziehen; **to ~ off with a few scratches** mit ein paar Kratzern davonkommen ❹ (*become detached*) *handle, knob* abgehen; **does the hood ~ off?** lässt sich ist die Kapuze abnehmen?; **my lipstick came off on his collar** mein Lippenstift färbte auf seinen Kragen ab ❺ (*removable*) *stain* rausgehen ❻ (*fall [from horse]*) [he]runterfallen ❼ (*stop being performed*) *play, film, show* abgesetzt werden ❽ Am (*complete*) **the company was coming off one of its best years ever** die Firma hatte einen ihrer besten Jahresabschlüsse gemacht ❾ (*fam: have orgasm*) kommen *fam* ❿ (*fall*) **to ~ off a horse** vom Pferd fallen ⓫ (*get over*) **to ~ off an injury** sich *akk* von einer Verletzung erholen ⓬ *esp* Brit (*stop taking*) ■**to ~ off sth** mit etw *dat* aufhören; **to ~ off the alcohol** mit dem Trinken aufhören ▶ Phrases: **~ off it!** (*fam*) jetzt mach aber mal halblang! *fam*

◆**come on** *vi* ❶ **~ on!** (*hurry*) komm jetzt!, mach schon! *fam;* (*expression of encouragement*) komm schon! ❷ (*expression of annoyance*) **~ on!** jetzt hör aber auf! ❸ (*improve*) vorankommen, Fortschritte machen; **how's your English coming on?** wie geht's mit deinem Englisch voran?; **how's your broken leg? – oh, it's coming on** was macht dein gebrochenes Bein? – ah, schon wieder besser ❹ *esp* Am (*fam: express sexual interest*) ■**to ~ on to sb** jdn anbaggern *fam;* **to ~ on strong** ganz schön rangehen *fam* ❺ (*appear*) *actor, performer* auftreten ❻ (*begin*) *film, programme* anfangen, beginnen; (*start to work*) *heating, lights* angehen; *night, darkness* hereinbrechen; **what time does the news ~ on?** wann kommen die Nachrichten?; **the rain came on** es begann zu regnen; **I've a cold coming on** ich kriege eine Erkältung; **to have a headache/bad temper coming on** Kopfschmerzen/schlechte Laune kriegen *fam* ❼ Law *case* verhandelt werden ❽ (*see accidentally*) ■**to ~ on sth** [zufällig] auf etw *akk* stoßen ❾ (*age*) **he's coming on fifty** er wird fünfzig ❿ (*begin discussing*) **to ~ on to a subject** [*or* **topic**] ein Thema anschneiden ⓫ *see* **come upon**

◆**come out** *vi* ❶ (*go outside*) herauskommen; (*go out socially*) ausgehen; **can Zoe ~ out to play?** kommt Zoe raus zum Spielen?; **the police watched him ~ out of the house** die Polizei beobachtete ihn, wie er das Haus verließ; **to ~ out of prison** aus dem Gefängnis kommen ❷ (*be released*) *book, magazine* herauskommen; (*onto the market*) auf den Markt kommen; *results* bekannt gegeben werden; *film* anlaufen ❸ (*become known*) *news* bekannt werden, herauskommen ❹ (*end up*) herauskommen *fam;* **my cooking always ~s out a mess** was ich auch koche, es schmeckt immer schrecklich; **these figures have ~ out wrong** diese Zahlen haben sich als falsch herausgestellt; **your painting has ~ out really well** Ihr Gemälde ist wirklich gut geworden; **she came out of the divorce settlement a rich woman** sie ging aus der Scheidung als reiche Frau hervor ❺ Phot [gut] herauskommen; **damn, the photo hasn't ~ out** Mist, das Foto ist nichts geworden! *fam* ❻ (*express opinion*) **to ~ out in favour of/against sth** sich *akk* für/gegen etw *akk* aussprechen ❼ (*tell*) ■**to ~ out with sth** *truth, facts* mit etw *dat* herausrücken *fam;* **to ~ out with good ideas** gute Ideen vorbringen; **to ~ out with a remark** eine Bemerkung loslassen *fam* ❽ (*result*) **a lot of good films came out of that period** aus dieser Zeit stammen viele gute Filme; **a lot of inventions came out of his tireless research** sein unermüdliches Forschen führte zu vielen Erfindungen ❾ (*appear*) *sun, buds, flowers* herauskommen, rauskommen *fam; stars* zu sehen sein ❿ (*in contest*) **to ~ out top** [*or* **best**]/**the winner** Beste(r)/Sieger(in) werden ⓫ Brit (*strike*) **to ~ [on strike]** in Streik treten ⓬ (*reveal homosexuality*) sich *akk* outen *sl;* ■**to ~ out to sb** sich *akk* jdm gegenüber outen; ■**to ~ out about sth** *alcoholism, mental illness, AIDS, homosexuality* etw bekannt geben ⓭ (*remove itself*) *tooth* herausfallen; **can you get this cork to ~ out of the bottle?** bekommst du den Korken aus der Flasche heraus? ⓮ (*fade*) *stain, mark, colour* herausgehen *fam* ⓯ (*break out*) ausbrechen; **to ~ out in a rash/spots** einen Ausschlag/Pickel bekommen ⓰ (*resolve*) *riddle* sich lösen lassen; Math *problems* aufgehen ⓱ Brit (*dated: make debut*) debütieren ⓲ (*seem*) **I didn't mean to be rude – it just came out that way** ich wollte nicht unhöflich sein – es klang nur so ▶ Phrases: **it will all ~ out in the wash** (*prov: be revealed*) am Ende wird alles rauskommen; (*be all right*) am Ende wird schon alles gut gehen

◆**come over** *vi* ❶ (*to a place*) [her]überkommen; (*to sb's home*) vorbeischauen *fam;* **~ on over and have a drink with us** komm doch rüber und trink was mit uns; **her son is coming over from America this summer** ihr Sohn kommt diesen Sommer aus Amerika herüber; **we'll ~ over at six** wir kommen um sechs ❷ + *adj* Brit, Aus (*feel*) **to ~ over dizzy/peculiar** sich *akk* [plötzlich ganz] benommen/komisch fühlen; ■**sth ~s over sb** etw überkommt jdn; **I don't know what came over me** ich weiß wirklich nicht, was in mich gefahren ist ❸ (*change point of view*) **to ~ over to sb's side** auf jds Seite *f* überwechseln; **to ~ over to sb's point of view** sich *akk* jds Standpunkt *m* anschließen ❹ (*create impression*) wirken; **to ~ over as arrogant/as a bit of a bore** arrogant/langweilig wirken; **to ~ over as a genius** ein Genie zu sein scheinen ❺ (*be evident*) [*negative*] *feelings* durchscheinen

◆**come round** *vi esp* Brit, Aus ❶ (*visit sb's home*) vorbeikommen, vorbeischauen ❷ (*regain consciousness*) [wieder] zu sich *dat* kommen; **to ~ round from [the] anaesthetic** aus der Narkose erwachen ❸ (*change one's mind*) seine Meinung ändern, es sich *dat* anders überlegen; **to ~ round to sb's point of view/way of thinking** sich *akk* jds Standpunkt *m*/Auffassung *f* anschließen ❹ (*recur, arrive*) *a holiday, party, month* kommen; *memo, letter* hereinkommen; **our party is coming round soon** bald ist ja unsere Party!; **by the time January ~s round, I expect to be engaged** ich denke, im Januar werde ich bereits verlobt sein; **Christmas only ~s round once a year** Weihnachten ist nur einmal im Jahr; **I hope to be teaching by the time the spring semester ~s round** ich hoffe, dass ich unterrichten werde, wenn das Sommersemester beginnt ❺ (*calm down*) wieder vernünftig werden, sich *akk* wieder beruhigen

◆**come through** *vi* ❶ (*survive*) durchkommen; (*fig*) **do you think we'll ~ through all right?** denkst du, dass wir das unbeschadet überstehen werden?; ■**to ~ through sth** etw überleben ❷ Brit, Aus (*arrive*) *results, visa* eintreffen, ankommen; *call* eingehen; **my visa/divorce still hasn't ~ through** mein Visum/meine Scheidung ist noch nicht durch *fam* ❸ (*show*) *one's nervousness, excitement, charm* durchkommen; **you mustn't let your nervousness ~ through in public** du darfst der Öffentlichkeit nicht zeigen, dass du nervös bist

◆**come to** *vi* ❶ (*regain consciousness*) [wieder] zu sich *dat* kommen ❷ Naut beidrehen ❸ (*amount to*) ■**to ~ to sth** sich *akk* auf etw *akk* belaufen; **that ~s to £25** das macht 25 Pfund; **how much does the total ~ to?** wie viel macht das insgesamt? ❹ (*reach*) ■**to ~ to sth: we came to a nice castle** wir kamen an ein schönes Schloss; **what are things coming to** [*or* **is the world coming to**]? wo soll das alles nur hinführen?; **this has ~ to be common nowadays** heutzutage ist das nichts Besonderes mehr; **what if you lose your job? – well, if it ~s to that, ...** was, wenn du deine Arbeit verlierst? – wenn es dazu kommt, ...; **it has ~ to my attention that ...** mir ist aufgefallen, dass ...; **a lot of new ideas came to me this morning** heute Morgen sind mir viele neue Ideen gekommen; **writing ~s naturally to me** Schreiben fiel mir noch nie schwer; **what's his name again? – ah, it'll ~ to me later** wie heißt er noch mal? – na ja, es wird mir schon noch einfallen; **he won't ~ to any harm so long as ...** ihm wird nichts passieren, solange ...; **he will never ~ to much** er wird es nie zu viel bringen; **it ~s to the same thing** das läuft auf dasselbe raus; **to ~ to the conclusion ...** zu dem Schluss kommen, dass ...; **to have ~ to a decision** eine Entscheidung getroffen haben; **to ~ to an end** zu Ende gehen; **to ~ to the point** zum Punkt [*o* zur Sache] kommen; **to ~ to rest** zum Stehen kommen; **to ~ to nothing** zu nichts führen ❺ (*concern*) ■**to ~ to sth: when it ~s to travelling ...** wenn's ums Reisen geht, ...; **when it ~s to modern jazz, very few people know more than Phil Schaap** in Sachen moderner Jazz kennt sich kaum einer besser aus als Phil Schaap

◆**come together** *vi people* zusammenkommen; *events* zusammenfallen

◆**come under** *vi* ❶ (*be listed under*) ■**to ~ under sth** unter etw *dat* stehen; **soups ~ under 'starters'** Suppen sind als Vorspeisen aufgeführt; **what exactly ~s under 'printed matter'?** was fällt eigentlich alles unter den Begriff ‚Gedrucktes'? ❷ (*subject to*) **to ~ under fire/sb's influence** unter Beschuss/jds Einfluss *m* geraten; **to have ~ under new management** *shop* unter neuer Leitung stehen ❸ (*be responsibility of*) **sth ~s under the department of ...** für etw *akk* ist die Abteilung für ... zuständig; **complaints don't ~ under our department** für Beschwerden ist unsere Abteilung nicht zuständig

◆**come up** *vi* ❶ (*to higher place*) hochkommen; *sun, moon* aufgehen; **do you ~ up to Edinburgh often?** kommen Sie oft nach Edinburgh? ❷ (*study*) **my sister came up to Cambridge last year** meine Schwester studiert seit letztem Jahr in Cambridge ❸ (*be mentioned*) aufkommen; *topic* angeschnitten werden; *name* erwähnt werden ❹ LAW *case* verhandelt werden; *accused* vor Gericht kommen ❺ (*happen*) passieren; **please let me know if something ~s up** gib mir bitte Bescheid, wenn irgendwas passiert ❻ (*present itself*) **to ~ up for sale** zum Verkauf stehen ❼ (*vacant*) *job* frei werden ❽ (*on television*) **coming up next on BBC 2 ...** und auf BBC 2 sehen Sie als Nächstes ... ❾ (*of plants*) herauskommen ❿ (*after polishing*) *colour* herauskommen ▶PHRASES: **to have ~ up in the world** vornehm geworden sein; (*achieved sth*) es zu was gebracht haben

◆**come up against** *vi* ■**to ~ up against sth** *problems* auf etw *akk* stoßen; ■**to ~ up against sb** (*in sports*) auf jdn treffen; (*sb opposing your ideas*) an jdn geraten

◆**come up to** *vi* ❶ (*reach*) ■**to ~ up to sth** bis zu etw *dat* reichen; **he doesn't even ~ [up] to my chest!** er geht mir nicht einmal bis zur Brust! ❷ (*meet*) ■**to ~ up to sb's standards** jds Anforderungen *pl* genügen; **to ~ up to sb's expectations** jds Erwartungen *pl* entsprechen ❸ (*approach*) ■**to ~ up to sb** auf jdn zukommen; **my dad is coming up to retirement** mein Vater steuert auf die Rente zu; **it's coming up to five o'clock** es geht auf fünf Uhr zu

◆**come up with** *vi* ❶ (*think of*) ■**to ~ up with sth** auf etw *akk* kommen; **to ~ up with an answer/an idea** eine Antwort/eine Idee haben; **to ~ up with information** Informationen liefern; **to ~ up with a solution** eine Lösung finden; **to ~ up with a suggestion** einen Vorschlag vorbringen; **I'll let you know if I ~ up with something** ich gebe dir Bescheid, wenn mir was einfällt ❷ (*provide*) ■**to ~ up with sth** *money* etw beschaffen ❸ (*get abreast*) ■**to ~ up with sb** jdn einholen

◆**come upon** *vi* ❶ (*by chance*) ■**to ~ upon sth** [zufällig] auf etw *akk* stoßen; ■**to ~ upon sb** [zufällig] jdm begegnen ❷ (*attack*) ■**to ~ upon sb** jdn überfallen; *disaster* über jdn hereinbrechen

come·back ['kʌmbæk] *n* ❶ (*return*) Come-back *nt;* **to make** [*or* **stage**] **a ~** ein Come-back starten; *clothes* wieder in Mode kommen; **to have made a ~** *clothes* wieder [voll] in sein *sl* ❷ (*retort*) Reaktion *f;* **she insulted me so badly that I had no ~ of any kind** sie hat mich derart beleidigt, dass ich gar nichts erwidern konnte

co·median [kə'mi:diən] *n* ❶ (*actor*) Komödienschauspieler(in) *m(f),* Komödiant(in) *m(f);* (*person telling jokes*) Komiker(in) *m(f);* **stand-up ~** Entertainer(in) *m(f)* ❷ (*funny person*) Clown *m hum,* Witzbold *m hum,* Spaßvogel *m hum;* **class ~** Klassenclown *m pej,* Klassenkasper *m pej*

co·medic [kə'mi:dɪk] *adj* humoristisch

co·medi·enne [kə,mi:di'en] *n* ❶ (*actress*) Komödienschauspielerin *f,* Komödiendarstellerin *f,* Komödiantin *f;* (*female comedian*) Komikerin *f* ❷ (*funny female*) Clown *m hum,* Spaßvogel *m hum;* **class ~** Klassenclown *m,* Klassenkasper *m*

come·down ['kʌmdaʊn] *n no pl* (*fam*) ❶ (*anticlimax*) Enttäuschung *f* ❷ (*decline in status*) Abstieg *m,* Niedergang *m*

com·edy ['kɒmədi, AM 'kɑ:-] *n* ❶ THEAT, LIT (*amusing work*) Komödie *f,* Lustspiel *nt* ❷ (*funny situation*) Theater *nt,* Komödie *f*

com·edy of 'man·ners <*pl* comedies of manners> *n* Comedy of Manners *f,* Sittenstück *nt* (*Komödientyp in der englischen Restaurationszeit des 17. Jh.*)

come·li·ness ['kʌmlɪnəs] *n no pl* Attraktivität *f,* Ansehnlichkeit *f;* **~ of a woman** Reize *mpl* einer Frau

come·ly ['kʌmli] *adj* (*dated*) *woman* attraktiv, ansehnlich

come-on ['kʌmɒn, AM -ɑ:n] *n esp* AM (*fam*) ❶ (*expression of sexual interest*) Anmache *f fam;* **to give sb the** [*or* **a**] **~** jdn anmachen [*o* anbaggern] *sl* ❷ (*enticement*) Verlockung *f,* Anreiz *m,* Köder *m*

com·er ['kʌməʳ, AM -ɚ] *n* junges Talent

co·mes·tibles [kə'mestɪbl̩z] *npl* (*form or hum*) Nahrungsmittel *pl,* Lebensmittel *pl;* **wholesale ~** Massennahrungsmittel *pl*

com·et ['kɒmɪt, AM 'kɑ:] *n* Komet *m;* **~ Hale Bopp** der Komet Hale Bopp

come-up·pance [kʌm'ʌpən(t)s] *n no pl* (*hum fam*) **to get one's ~** die Quittung kriegen, sein Fett abkriegen *sl*

com·fort ['kʌm(p)fət, AM -fɚt] **I.** *n* ❶ *no pl* (*comfortable feeling*) Komfort *m,* Behaglichkeit *f,* Bequemlichkeit *f;* **the deadline is getting too close for ~** der Termin rückt bedrohlich näher; **to live in ~** komfortabel leben ❷ *no pl* (*consolation*) Trost *m;* **cold ~** ein schwacher Trost; **to be a** [*or* **some**] **~** [**to sb**] ein Trost *m* [für jdn] sein; **to find ~ in sth** in etw *dat* Trost finden; **to give sb no ~ that ...** für jdn kein Trost sein, dass ...; **to take ~ from the fact that ...** sich *akk* damit trösten, dass ... ❸ (*pleasurable things in life*) ■**~s** *pl* Komfort *m kein pl,* Annehmlichkeiten *fpl;* **creature ~s** leibliches Wohl **II.** *vt* ■**to ~ sb** jdn trösten

com·fort·able ['kʌm(p)ftəbl̩, AM -fɚt̬əbl̩] *adj* ❶ (*offering comfort*) *atmosphere* behaglich; *clothes, furniture, position* bequem; *house, hotel, room* komfortabel; *income, pension* ausreichend; *temperature* angenehm ❷ (*at ease*) **to be** [*or* **feel**] **~** sich *akk* wohl fühlen; **are you ~?** sitzt du bequem?; **to feel ~ with sth** mit etw zufrieden sein; **to make oneself ~** es sich *dat* bequem machen; **make yourself ~** mach es dir bequem ❸ MED (*not in dangerous condition*) wohlauf *geh;* **the patient is ~** der Patient hat keine Beschwerden ❹ (*financially stable*) bequem, sorgenfrei; **to live a ~ life** in gesicherten Verhältnissen leben; **to make a ~ living** ein komfortables Einkommen haben ❺ SPORTS (*substantial*) beachtlich, deutlich; **to have a ~ lead** deutlich in Führung liegen

com·fort·ably ['kʌm(p)ftəbli, AM -fɚt̬əbli] *adv* ❶ (*in a comfortable manner*) bequem; **can you see ~ with those glasses on?** sehen Sie gut mit dieser Brille?; **to sleep ~** gut schlafen ❷ (*easily*) leicht; **we should be able to drive there ~ in an hour** in einer Stunde dürften wir problemlos dort sein ❸ (*in financially stable manner*) **they are ~ off** es geht ihnen [finanziell] gut; **to live ~** sorgenfrei leben ❹ (*substantially*) deutlich; **to lead ~** deutlich führen [*o* in Führung liegen]

com·fort·er ['kʌm(p)fətəʳ, AM -fɚt̬ɚ] *n* ❶ AM (*duvet*) Oberbett *nt,* Deckbett *nt* ❷ (*person*) Tröster(in) *m(f)* ❸ *esp* BRIT (*baby's dummy*) Schnuller *m*

'com·fort food *n* (*sweets*) Süßigkeiten *fpl;* (*cakes etc*) Süßspeisen *fpl;* (*crisps etc*) Knabberkram *m fam*

com·fort·ing ['kʌm(p)fətɪŋ, AM -fɚt̬ɪŋ] *adj thought* beruhigend, tröstlich; *word* tröstend *attr*, ermutigend; *warmth* wohlig

com·fort·ing·ly ['kʌm(p)fətɪŋli, AM -fɚt̬ɪŋli] *adv* ~ **warm** wohltuend warm; **to smile ~ at sb** jdn wohlwollend anlächeln; **to wink ~ at sb** jdm aufmunternd zuzwinkern

com·fort·less ['kʌm(p)fətləs, AM -fɚt-] *adj* (*form*) *furniture, clothes* unbequem; *hotel* ohne Komfort; *person, room* ungemütlich; *prospect* düster, trostlos, unerfreulich; *thought* unangenehm

'com·fort sta·tion *n* AM öffentliche Toilette **'com·fort stop** *n* AUS Rast *f*; **to take a ~** Rast machen

com·fy ['kʌm(p)fi] *adj* (*fam*) *furniture, clothes* bequem; *hotel, room* gemütlich

com·ic ['kɒmɪk, AM 'kɑː-] **I.** *n* ❶ (*cartoon magazine*) Comicheft *nt*; ■**~s** *pl* Comics *mpl* ❷ (*funny person*) Clown *m hum*, Witzbold *m hum* ❸ (*comedian*) Komiker(in) *m(f)* **II.** *adj* komisch, lustig; ~ **play** Komödie *f*

comi·cal ['kɒmɪkᵊl, AM 'kɑː-] *adj* komisch, lustig; **do I look ~ in this hat?** sehe ich mit diesem Hut komisch aus?

comi·cal·ly ['kɒmɪkᵊli, AM 'kɑː-] *adv* komisch, lustig; **to act** [*or* **behave**] ~ herumalbern *fam*

'com·ic book *n* AM Comicbuch *nt* **com·ic 'op·era** *n* MUS komische Oper **'com·ic strip** *n* Comic *m* (*in einer Zeitung*)

com·ing ['kʌmɪŋ] **I.** *adj attr, inv* (*next*) kommend; (*approaching*) herannahend; **I'll be back this ~ Friday** nächsten Freitag bin ich zurück; ~ **difficulties** bevorstehende Schwierigkeiten; **the ~ elections** die anstehenden Wahlen; **the ~ generation** die kommende Generation; ~ **storm** nahender Sturm; **the ~ year** das kommende [*o* nächste] Jahr **II.** *n* ❶ *no pl* (*arrival*) Ankunft *f*; **the ~ of the Messiah** REL das Nahen des Messias ❷ (*approaching*) **~s and goings** ein Kommen und Gehen *nt*

com·ing 'out <*pl* comings out> *n* Outing *nt*, Coming-out *nt* **com·ing-'out** [kʌmɪŋ'aʊt] *n modifier* Outing-, Coming-out-

com·ity of 'na·tions [ˌkɒmɪti-, AM 'kɑːmət̬i-] *n no pl* LAW, POL Einvernehmen *nt* der Nationen

com·ma [ˌkɒmə, AM 'kɑːmə] *n* Komma *nt*; ~ **rule** Kommaregel *f*; **to put a ~** ein Komma setzen

'com·ma ba·cil·lus <*pl* -li> *n* BIOL, MED Kommabazillus *m*

com·mand [kə'mɑːnd, AM -'mænd] **I.** *vt* ❶ (*order*) ■**to ~ sb** jdm einen Befehl geben [*o geh* erteilen]; ■**to ~ sb to do sth** jdm befehlen, etw zu tun ❷ MIL (*be in charge*) ■**to ~ sth** den Oberbefehl über etw *akk* haben; **to ~ a company** eine Einheit leiten; **to ~ a ship** ein Schiff befehligen ❸ (*be able to ask*) **to ~ the prices** die Preise diktieren ❹ (*have at disposal*) ■**to ~ sth** über etw *akk* verfügen ❺ (*form: inspire*) ■**to ~ sth** etw gebieten *geh*; **she ~s my utmost admiration** sie hat meine volle Bewunderung; **to ~ sb's sympathy** jds Mitleid erwecken; **to ~ sb's respect** jdm Respekt einflößen ❻ (*form: give*) **to ~ a view** einen Ausblick bieten [*o geh* gewähren] **II.** *vi* Befehle erteilen [*o* geben] **III.** *n* ❶ (*order*) Befehl *m*; **to give a ~** einen Befehl erteilen [*o* geben]; **to obey a ~** einen Befehl ausführen; **at my ~** auf meinen Befehl ❷ *no pl* (*authority*) Kommando *nt*; **to take ~ of a force** das Kommando über eine Truppe übernehmen; **to have ~ over** [*or* **be in ~ of**] **a regiment/fleet** ein Regiment/eine Flotte befehligen; ■**to be at sb's ~** (*hum*) jdm zur Verfügung stehen; **under sb's ~** unter jds Kommando *nt* ❸ *no pl* (*control*) Kontrolle *f*; ■**to be in ~** [**of oneself**] sich *akk* unter Kontrolle haben; ■**to be in ~ of sth** etw unter Kontrolle [*o fam* im Griff] haben; **to have sth at one's ~** über etw *akk* verfügen ❹ + *sing/pl vb* MIL (*military district*) ■**C~** Befehlsbereich *m*; (*troops*) Kommando *nt* ❺ COMPUT (*instruction*) Befehl *m*; **invalid ~** ungültiger Befehl; **to type a ~** einen Befehl eingeben ❻ *no pl* (*knowledge*) Beherrschung *f*; **to have a ~ of a language** eine Sprache beherrschen

com·man·dant ['kɒməndænt, AM 'kɑː-] *n* MIL Kommandant(in) *m(f)*; **C~-in-Chief** Oberbefehlshaber(in) *m(f)*; ~ **of the Marine Corps** Marinekommandant(in) *m(f)*

com·man·deer [ˌkɒmən'dɪəʳ, AM ˌkɑːmən'dɪr] *vt* ■**to ~ sth** etw beschlagnahmen

com·mand·er [kə'mɑːndəʳ, AM -'mændɚ] *n* ❶ MIL (*officer in charge*) Kommandant(in) *m(f)*, Befehlshaber(in) *m(f)* ❷ BRIT MIL, NAUT (*naval officer*) Fregattenkapitän(in) *m(f)*

com·mand·er-in-'chief *n* MIL Oberbefehlshaber(in) *m(f)*; ~ **of the Army** Oberbefehlshaber(in) *m(f)* der Truppen

com·mand·ing [kə'mɑːndɪŋ, AM -'mænd-] *adj inv* ❶ (*authoritative*) gebieterisch, Befehls-; ~ **manner** gebieterische Art *pej*; ~ **tone** Befehlston *m pej* ❷ (*dominant*) *position* beherrschend; *person* befehlend, gebietend ❸ (*considerable*) beachtlich, deutlich

com·mand·ing 'of·fic·er *n* MIL befehlshabender Offizier/befehlshabende Offizierin, Offizier(in) *m(f)* vom Dienst

com·mand·ment [kə'mɑːn(d)mənt, AM -'mæn(d)-] *n* ❶ REL (*divine rule*) ■**C~** Gebot *nt*; **the Ten C~s** die Zehn Gebote ❷ (*liter: order*) Gebot *nt*, Weisung *f*; **to obey a ~** ein Gebot befolgen

com·'mand mod·ule *n* AVIAT Kommandokapsel *f*

com·man·do <*pl* -s *or* -es> [kə'mɑːndəʊ, AM -'mændoʊ] *n* MIL ❶ + *sing/pl vb* (*group of soldiers*) Kommando *nt*, Kommandotrupp *m*; **to join a ~** einem Kommando beitreten ❷ (*member of commando*) Angehörige(r) *f(m)* eines Kommandotrupps

com·mand per·'form·ance *n* FILM, THEAT [königliche] Galavorstellung *f* (*auf besonderen Wunsch hin*) **com·'mand post** *n* MIL Kommandoposten *m*, Befehlsstand *m*

comme il faut [ˌkɒmiːl'fəʊ, AM 'kʌmiːl'foʊ] *adj inv, pred* (*hum form*) ■**to not be ~** sich nicht gehören

com·memo·rate [kə'meməreɪt] *vt* ■**to ~ sb/sth** einer Person/einer S. *gen* gedenken

com·memo·ra·tion [kəˌmemə'reɪʃᵊn] *n no pl* Gedenken *nt*; **in ~ of sb** zum Gedenken an jdn; **in ~ of sth** zur Erinnerung an etw *akk*

com·memo·ra·tive [kə'memᵊrətɪv, AM -ət̬ɪv] *adj* Gedenk-, Gedächtnis-; ~ **issue of a stamp** Gedächtnisausgabe *f* einer Briefmarke; ~ **plaque** Gedenktafel *f*; ~ **service** Gedenkgottesdienst *m*; ~ **statue** Gedenkstatue *f*

com·memo·ra·tive 'stamp *n* Gedenkmarke *f*

com·mence [kə'men(t)s] *vi* (*form*) beginnen, anfangen

com·mence·ment [kə'men(t)smənt] *n* (*form*) ❶ (*beginning*) Beginn *m*, Anfang *m*; ~ **of a flight** Abflug *m*, Start *m*; ~ **of a journey** Reiseantritt *m*, Reisebeginn *m* ❷ AM SCH, UNIV (*graduation ceremony*) Abschlussfeier *f*, Entlassungsfeier *f*

com·mend [kə'mend] *vt* ❶ (*praise*) ■**to ~ sb/sth** [**on** [*or* **for**] **sth**] jdn/etw [für etw *akk* [*o* wegen einer S. *gen*]] loben ❷ (*recommend*) ■**to ~ sth** [**to sb**] [jdm] etw empfehlen; **the hotel has little to ~ it** das Hotel ist nicht sehr empfehlenswert; **'highly ~ed'** ‚sehr empfehlenswert'

com·mend·able [kə'mendəbl] *adj* lobenswert, löblich

com·mend·ably [kə'mendəbli] *adv* vorbildlich, lobenswert; **to behave ~** sich *akk* vorbildlich verhalten

com·men·da·tion [ˌkɒmen'deɪʃᵊn, AM ˌkɑːmən'-] *n* ❶ *no pl* (*praise*) Lob *nt*; (*official*) Belobigung *f*; **to receive ~ for sth** eine Belobigung für etw *akk* erhalten ❷ (*honour*) Auszeichnung *f*, Ehrung *f*; **to receive a ~ for sth** eine Auszeichnung für etw *akk* erhalten, für etw *akk* ausgezeichnet werden

com·menda·tory [kə'mendətᵊri, AM -tɔːri] *adj remark* lobend *attr*, anerkennend *attr*; ~ **gesture** Geste *f* der Anerkennung

com·men·su·rable [kə'men(t)ʃᵊrəbl̩, AM -sɚəbl] *adj* MATH vergleichbar, kommensurabel *geh*

com·men·su·rate [kə'men(t)ʃᵊrət, AM -sɚət] *adj* (*form*) ■**to be ~ with sth** etw *dat* angemessen sein, etw *dat* entsprechen

com·ment ['kɒment, AM 'kɑː-] **I.** *n* Kommentar *m*, Bemerkung *f* (**about/on** über +*akk*); **no ~** kein Kommentar; **to make a ~** eine Stellungnahme abgeben; **to refrain from ~** sich *akk* eines Kommentars enthalten **II.** *vi* sich *akk* äußern, einen Kommentar abgeben; ■**to ~ on sth** etw kommentieren, sich *akk* zu etw *dat* äußern; **to refuse** [*or* **decline**] **to ~ on sth** sich *akk* zu etw *dat* nicht äußern wollen, zu etw *dat* keine Stellung nehmen; ■**to ~ that ...** bemerken [*o* anmerken], dass ...

com·men·tary ['kɒmentᵊri, AM 'kɑ:mənteri] *n* Kommentar *m* (**on** über +*akk*); **he always gives a running ~ on what's happening** er muss dauernd zu allem seinen Senf dazugeben *fam;* **political/literary ~** politischer/literarischer Kommentar; **to provide ~** Bericht erstatten

'com·men·tary box *n* TV, RADIO Kommentatorenkabine *f*

com·men·tate ['kɒmənteɪt, AM 'kɑ:-] *vi* TV, RADIO ■**to ~ on sth** etw kommentieren; **she ~s on the tennis each year at Wimbledon** sie berichtet jedes Jahr vom Tennis aus Wimbledon

com·men·ta·tor ['kɒmənteɪtəʳ, AM 'kɑ:mənteɪtɚ] *n* TV, RADIO Kommentator(in) *m(f),* Reporter(in) *m(f);* **radio ~** Radiokommentator(in) *m(f),* Radioreporter(in) *m(f)*

com·merce ['kɒmɜ:s, AM 'kɑ:mɜ:rs] *n* Handel *m;* **the world of ~ [and industry]** die Geschäftswelt

com·mer·cial [kə'mɜ:ʃᵊl, AM -'mɜ:r-] **I.** *adj* ① (*relating to commerce*) kaufmännisch, Handels-; **the ~ future of the company ...** die geschäftliche Zukunft des Unternehmens ...; **~ empire** Handelsimperium *nt;* **~ organization** Handelsorganisation *f;* **~ success** kommerzieller Erfolg; **~ venture** Handelsunternehmen *nt* ② (*pej: profit-orientated*) *production, movie, record* kommerziell, profitorientiert ③ RADIO, TV (*paid for by advertisements*) Privat-; **~ radio** (*advertisements*) Werbefunk *m;* (*financed by adverts only*) kommerzieller Rundfunk; **~ television** (*advertisements*) Werbefernsehen *nt;* (*financed by adverts only*) kommerzielles Fernsehen, Privatfernsehen *nt* ④ (*available to general public*) **~ product** Massenprodukt *nt* **II.** *n* Werbespot *m;* (*TV or radio advertisement*) Fernseh-/Radiowerbung *f*

com·mer·cial 'break *n* RADIO, TV Werbepause *f*

com·mer·cial·ism [kə'mɜ:ʃᵊlɪzᵊm, AM -'mɜ:r-] *n no pl* Kommerzialisierung *f;* (*in connection with art, literature*) Kommerz *m*

com·mer·ciali·za·tion [kə,mɜ:ʃᵊlaɪ'zeɪʃᵊn, AM -,mɜ:rʃə-] *n no pl* Kommerzialisierung *f,* Vermarktung *f;* **~ of football** die Kommerzialisierung des Fußballs

com·mer·cial·ize [kə'mɜ:ʃᵊlaɪz, AM -'mɜ:rʃə-] *vt esp* AM ■**to ~ sth** etw kommerzialisieren [*o* vermarkten]

com·mer·cial·ly [kə'mɜ:ʃᵊli, AM -'mɜ:r-] *adv* ① (*on the market*) kommerziell, geschäftlich; **to succeed ~** auf dem Markt bestehen können; **to fail ~** sich *akk* auf dem Markt nicht halten können ② (*for public consumption*) auf dem Markt; **~ available** im Handel erhältlich

com·mercial 've·hi·cle *n* Nutzfahrzeug *nt,* gewerbliches Fahrzeug

com·mie ['kɒmi, AM 'kɑ:mi] (*pej dated sl*) **I.** *n* Rote(r) *m(f) sl* (*Bezeichnung für einen Kommunisten*) **II.** *adj inv* rot *sl*

com·mis·er·ate [kə'mɪzᵊreɪt] *vi* ■**to ~ with sb** mit jdm mitfühlen

com·mis·era·tion [kə,mɪzᵊ'reɪʃᵊn] *n* ① *no pl* (*sympathy*) Mitgefühl *nt,* Anteilnahme *f;* **she gave me a look of ~** sie blickte mich mitfühlend an ② (*expression of sympathy*) ■**~s** *pl* Beileid *nt kein pl;* **I offered her my ~s** ich sprach ihr mein Beileid aus; **~s on losing the match!** tut mir leid, dass Sie das Spiel verloren haben!

com·mis·sar [,kɒmi'sɑ:ʳ, AM ,kɑ:mə'sɑ:r] *n* POL Kommissar(in) *m(f)*

com·mis·sari·at [,kɒmi'seəriət, AM ,kɑ:mə'ser-] *n* + *sing/pl vb* MIL Intendantur *f*

com·mis·sary ['kɒmisᵊri, AM 'kɑ:məseri] *n* MIL ① (*person*) Intendant(in) *m(f)* ② AM (*shop*) *spezieller Laden für Soldaten*

com·mis·sion [kə'mɪʃᵊn] **I.** *vt* ① (*order*) ■**to ~ sth** etw in Auftrag geben; ■**to ~ sb [to do sth]** jdn beauftragen[, etw zu tun] ② *usu passive* MIL ■**to be ~ed as sth** zu etw *dat* ernannt werden **II.** *n* ① (*order*) Auftrag *m;* **to take/carry out a ~** einen Auftrag annehmen/ausführen ② (*system of payment*) Provision *f;* **to get [a] ~ on sth** für etw *akk* Provision bekommen [*o* erhalten]; **to take a ~** Provision verlangen ③ + *sing/pl vb* (*investigative body*) Kommission *f,* Ausschuss *m;* **fact-finding ~** Untersuchungskommission *f,* Untersuchungsausschuss *m;* **special ~** Sonderkommission *f;* **to set up [*or* establish] [*or* appoint] a ~** eine Kommission einsetzen [*o* bilden] ④ (*appointment*) Ernennung *f;* MIL Offizierspatent *nt;* **to get a [*or* one's] ~** zum Offizier ernannt werden; **to resign one's ~** aus dem Offiziersdienst ausscheiden ⑤ *no pl* LAW (*form: perpetration*) Verübung *f;* **the ~ of a crime/murder** das Begehen eines Verbrechens/Mordes ⑥ *no pl* NAUT, AVIAT **in/out of ~** *car, lift, machine* in/außer Betrieb; *battleship* in/außer Dienst; (*fig*) außer Gefecht *hum;* **to have been put out of ~** aus dem Verkehr gezogen worden sein

com·mis·sion·aire [kə,mɪʃᵊn'eəʳ] *n esp* BRIT Portier(in) *m(f)*

com·mis·sioned 'of·fic·er *n* Offizier(in) *m(f)*

com·mis·sion·er [kə'mɪʃᵊnəʳ, AM -ɚ] *n* ① (*appointed person*) Beauftragte(r) *f(m),* Bevollmächtigte(r) *f(m)* ② (*member of commission*) Kommissionsmitglied *nt,* Ausschussmitglied *nt* ③ (*person in charge*) Verantwortliche(r) *f(m);* **~ in charge of the London police force** Polizeipräsident(in) *m(f)* von London; **the ~ of Major League Baseball** der/die Vorsitzende des Major League Baseball

com·mit <-tt-> [kə'mɪt] **I.** *vt* ① (*carry out*) ■**to ~ sth** etw begehen; **the newspaper is being sued for allegedly ~ting libel** die Zeitung wird wegen angeblicher Verleumdung verklagt; **to ~ a crime/sin** ein Verbrechen/eine Sünde begehen; **to ~ an offence** eine strafbare Handlung begehen; **to ~ suicide** Selbstmord begehen ② (*bind*) **to ~ money to a project** Geld für ein Projekt bereitstellen; **to ~ soldiers to the defence of a region** Soldaten zur Verteidigung eines Gebietes entsenden; ■**to ~ oneself to sth** sich *akk* etw *dat* voll und ganz widmen; **to ~ oneself to a relationship** sich *akk* auf eine Beziehung einlassen; ■**to ~ oneself to doing sth** sich *akk* verpflichten, etw zu tun ③ (*institutionalize*) ■**to ~ sb** jdn einweisen; **to ~ sb to prison** jdn ins Gefängnis einweisen; **he's been ~ted to prison for fraud** er ist wegen Betrugs inhaftiert worden; **to ~ sb to a hospital** jdn in ein Krankenhaus einweisen [lassen] ④ (*entrust*) **to ~ sth to memory** sich *dat* etw einprägen; **to ~ sth to paper** etw zu Papier bringen **II.** *vi* (*bind oneself*) ■**to ~ to sth** sich *akk* auf etw *akk* festlegen; **to ~ to a course of action** einen einmal eingeschlagenen Weg weiterverfolgen; **to ~ oneself on an issue** sich *akk* in einer Frage festlegen

com·mit·ment [kə'mɪtmənt] *n* ① *no pl* (*dedication*) Engagement *nt;* **I'm afraid of ~** ich habe Bindungsängste; **~ to nuclear disarmament** Engagement *nt* für atomare Abrüstung ② (*obligation*) Verpflichtung *f* (**to** gegenüber +*dat*); **I had other ~s** ich hatte anderweitige Verpflichtungen; **to make a ~ to do sth** versprechen etw zu tun; **with absolutely no ~ to buy!** es besteht keinerlei Kaufzwang!; **to have family ~s** familiäre Verpflichtungen haben ③ (*sending to hospital*) Einweisung *f,* Unterbringung *f;* (*sending to prison*) Einlieferung *f,* Überstellung *f geh*

com·mit·tal [kə'mɪtᵊl, AM -t̬ᵊl] *n no pl* ① (*committing a crime*) Begehen *nt,* Verüben *nt* ② (*sending to hospital*) Einweisung *f,* Unterbringung *f;* (*sending to prison*) Einlieferung *f,* Überstellung *f geh*

com·mit·ted [kə'mɪtɪd, AM -'mɪt̬ɪd] *adj* ① (*obliged*) verpflichtet, gebunden; ■**to be ~ to sth** auf etw *akk* festgelegt sein; ■**to be ~ to do/doing sth** verpflichtet sein, etw zu tun ② (*dedicated*) engagiert; **~ Christian** überzeugter Christ/überzeugte Christin; ■**to be ~ to sth** sich *akk* für etw *akk* engagieren; **she doesn't seem very ~ to the idea** sie scheint von der Sache nicht besonders überzeugt zu sein; ■**to be ~ to doing sth** sich *dat* zur Aufgabe machen, etw zu tun

com·mit·tee [kə'mɪti, AM -'mɪt̬i] *n* + *sing/pl vb* Ausschuss *m,* Komitee *nt;* **~ meeting** Ausschusssitzung *f;* **~ member** Ausschussmitglied *nt;* **to be [*or* sit] on a ~** in einem Ausschuss [*o*

Komitee] sein [*o* sitzen], einem Ausschuss [*o* Komitee] angehören; **to form** [*or* **set up**] **a ~** einen Ausschuss [*o* ein Komitee] bilden

com·'mit·tee·man *n* AM Regionalpolitiker *m* **com·'mit·tee·wom·an** *n* AM Regionalpolitikerin *f*

com·mode [kə'məʊd, AM -'moʊd] *n* ❶ (*chair with toilet*) Leibstuhl *m,* Toilettenstuhl *m* ❷ (*chest of drawers*) [dekorative] Kommode

com·modi·fi·ca·tion [kəˌmɒdɪfɪ'keɪʃᵊn, AM -ˌmɑː-] *n* Kommodifikation *f*

com·modi·fy [kə'mɒdɪfaɪ, AM -'mɑː-] *vt* ■**to ~ sb** jdn kommodifizieren

com·mo·di·ous [kə'məʊdiəs, AM -'moʊ-] *adj* (*form*) geräumig; **a ~ chair** ein bequemer Sessel

com·mod·ities mar·ket [kə'mɒdətizˌmɑːkɪt, AM -'mɑːdət̬izˌmɑːr-] *n* (*products*) Warenmarkt *m;* (*raw materials*) Rohstoffmarkt *m*

com·mod·ity [kə'mɒdəti, AM -'mɑːdət̬i] **I.** *n* ❶ (*product*) Ware *f;* (*raw material*) Rohstoff *m* ❷ (*beneficial quality*) [unerlässliche] Eigenschaft **II.** *n modifier* (*products*) Waren-; (*raw materials*) Rohstoff-

com·'mod·ity deal·er *n* Warenhändler(in) *m(f)* **com·'mod·ity ex·change** *n* (*products*) Warenbörse *f;* (*raw materials*) Rohstoffbörse *f* **com·'mod·ity fu·tures** *npl* Warentermingeschäft *nt* **com·'mod·ity mar·ket** *n* (*products*) Warenmarkt *m;* (*raw materials*) Rohstoffmarkt *m*

com·mo·dore ['kɒmədɔːʳ, AM 'kɑːmədɔːr] *n* ❶ (*in navy*) Kommodore *m* ❷ (*of yacht club*) Präsident(in) *m(f)* eines Jachtklubs

com·mon ['kɒmən, AM 'kɑː-] **I.** *adj* <-er, -est *or* more ~, most ~> ❶ (*often encountered*) üblich, gewöhnlich; **a ~ name** ein gängiger [*o* weit verbreiteter] Name; **a ~ saying** ein verbreiteter Spruch ❷ (*normal*) normal; **it is ~ practice ...** es ist allgemein üblich ...; **~ courtesy/decency** ein Gebot *nt* der Höflichkeit/des Anstands; **it's ~ courtesy ...** es gehört sich einfach ...; **~ salt** Kochsalz *nt* ❸ (*widespread*) weit verbreitet; **it is ~ knowledge that ...** es ist allgemein bekannt, dass ...; **a ~ ailment** ein weit verbreitetes Übel; **a ~ disease** eine weit verbreitete Krankheit ❹ *inv* (*shared*) gemeinsam; **~ area** allgemeiner Bereich; **by ~ assent/consent** mit allgemeiner Zustimmung/Einwilligung; **~ bathroom** Gemeinschaftsbad *nt;* **to make ~ cause with sb** mit jdm gemeinsame Sache machen; **for the ~ good** für das Gemeinwohl; **to be on ~ ground with sb** jds Ansichten teilen; **~ interests** gemeinsame Interessen; **~ property** (*held jointly*) Gemeinschaftseigentum *nt;* (*known by most people*) Allgemeingut *nt;* **in ~** gemeinsam; **to have sth in ~** [**with sb**] etw [mit jdm] gemein haben; **we've got a lot of interests in ~** wir haben viele gemeinsame Interessen ❺ ZOOL, BOT *sparrow, primrose* gemein ❻ <-er, -est> (*pej: vulgar*) vulgär; **a ~ slut** eine ordinäre Schlampe *pej fam* ❼ (*ordinary*) einfach; **a ~ criminal** ein gewöhnlicher Verbrecher/eine gewöhnliche Verbrecherin *pej;* **a ~ thief** ein gemeiner Dieb/eine gemeine Diebin ❽ (*low-ranking*) einfach, gemein *veraltend;* **a ~ labourer** ein einfacher Arbeiter/eine einfache Arbeiterin; **the ~ man** der Normalbürger [*o* Durchschnittsbürger]; **~ people** einfache Leute; **a ~ soldier** ein einfacher Soldat **II.** *n* Gemeindeland *nt;* (*park*) öffentliche Grünfläche, Anger *m* DIAL; (*fields and woods*) Allmende *f*

com·mon 'car·ri·er *n* ❶ TRANSP (*carrying goods*) Spedition *f,* Transportunternehmen *nt;* (*carrying passengers*) öffentliches Verkehrsunternehmen ❷ AM TELEC Telefongesellschaft *f* **com·mon 'cold** *n no pl* ■**the ~** die [einfache] Erkältung, der Schnupfen *fam* **com·mon de·'nomi·na·tor** *n* ❶ MATH Hauptnenner *m,* gemeinsamer Nenner; **lowest ~** kleinster gemeinsamer Nenner ❷ (*shared feature*) gemeinsamer Nenner *fig,* Gemeinsamkeit *f* **com·mon di·'vi·sor** *n* gemeinsamer Teiler [*o* Divisor]

com·mon·er ['kɒmənəʳ, AM 'kɑːmənɚ] *n* Bürgerliche(r) *f(m),* Nichtadelige(r) *f(m)*

Com·mon 'Era *n* christliche Zeitrechnung **com·mon 'fac·tor** *n* gemeinsamer Teiler [*o* Divisor] **com·mon 'land** *n* Gemeindeland *nt;* AM (*park*) öffentliche Grünfläche, Anger *m* DIAL; (*field*) Allmende *f* **com·mon 'law** *n no pl* [ungeschriebenes englisches] Gewohnheitsrecht **'com·mon-law** *adj inv* LAW **~ marriage** eheähnliche Gemeinschaft, Konsensehe *f;* **~ husband/wife** Lebensgefährte *m*/Lebensgefährtin *f*

com·mon·ly ['kɒmənli, AM 'kɑː-] *adv* ❶ (*often*) häufig; (*usually*) gemeinhin; **a ~ held belief** eine weit verbreitete Annahme; **~ known as ...** oft auch ... genannt ❷ (*pej: vulgarly*) gewöhnlich, vulgär *geh*

Com·mon 'Mar·ket *n* (*hist*) ■**the ~** der Gemeinsame Markt *fam; see also* **European Community, European Union**

com·mon 'noun *n* Gattungsbegriff *m,* Appellativum *nt fachspr* **com·mon-or-'gar·den** *adj attr* BRIT (*fam*) stinknormal *sl,* Allerwelts- *fam;* **a ~ animal/plant** ein gemeines Tier/eine gemeine Pflanze; **a ~ topic** ein Wald- und Wiesenthema *nt fam,* ein Allerweltsthema *nt fam* **'com·mon·place I.** *adj* ❶ (*normal*) alltäglich, normal; ■**to be ~** gang und gäbe sein ❷ (*pej: trite*) banal *pej,* platt *pej* **II.** *n* Gemeinplatz *m pej,* Banalität *f pej,* Platitude *f geh* **'com·mon room** *n* BRIT SCH, UNIV Gemeinschaftsraum *m,* Aufenthaltsraum *m;* **junior/senior ~** Gemeinschaftsraum *m* für Studierende/Lehrkräfte

com·mons ['kɑːmənz] *npl* AM (*common room*) ■**the ~** der Aufenthaltsraum [*o* Gemeinschaftsraum]

Com·mons ['kɒmənz, AM 'kɑː-] *n + sing/pl vb* POL ■**the ~** das Unterhaus; *see also* **House of Commons**

com·mon 'sense I. *n no pl* gesunder Menschenverstand **II.** *n modifier* (*attitude, solution*) vernünftig; **a ~ approach** ein praktischer Ansatz

com·mon·sensi·cal [ˌkɒmən'sen(t)sɪkᵊl, AM ˌkɑː-] *adj* vernünftig

com·mon 'stocks *npl* AM STOCKEX Stammaktien *fpl* **com·mon 'time** *n no pl* MUS Viervierteltakt *m* **com·mon 'touch** *n no pl* **to have the ~** (*person*) nicht abgehoben sein *fig*

com·mon·wealth *n* ❶ POL Staat *m,* Republik *f* ❷ (*form: group*) Interessengemeinschaft *f*

Com·mon·wealth I. *n* ❶ (*international organisation*) ■**the ~** das [*o* ÖSTERR, SÜDD der] Commonwealth; *see also* **Commonwealth of Nations** ❷ (*hist: under Cromwell*) ■**the ~** *die englische Republik unter Cromwell* **II.** *n modifier* Commonwealth-; **the C~ Games** die Commonwealth-Spiele *pl*

Com·mon·wealth of 'Na·tions *n* ■**the ~** das [*o* ÖSTERR, SÜDD der] Commonwealth

i Kultur

Das **Commonwealth of Nations** (früher *British Commonwealth*) ist eine freiwillige Organisation unabhängiger Staaten, die nach und nach aus dem alten *British Empire* hervorgegangen ist. 1931 wurde es offiziell mit dem *Statute of Westminster* gegründet. Zu diesem Zeitpunkt waren Kanada, Australien, Südafrika und Neuseeland bereits selbstverwaltet und bildeten zusammen mit dem Vereinigten Königreich die ersten Mitglieder. Die meisten der anderen früher von Großbritannien regierten Länder haben sich mit ihrer Unabhängigkeit entschieden, dem Commonwealth beizutreten. Heutzutage verbindet die Organisation in erster Linie die kulturelle und wirtschaftliche Zusammenarbeit. Die Staatsoberhäupter der Commonwealth-Länder treffen sich zweimal im Jahr.

com·mo·tion [kə'məʊʃᵊn, AM -'moʊ-] *n usu no pl* ❶ (*fuss*) Theater *nt* (**over** um +*akk*); **what's all this ~** was soll der ganze Wirbel ❷ (*noisy confusion*) Spektakel *m;* **to cause a ~** Chaos verursachen

com·mu·nal ['kɒmjʊnəl, kə'mjuː-, AM kə'mjuː-, 'kɑːmjə-] *adj* ① (*shared*) gemeinsam; ~ **bathroom/kitchen** Gemeinschaftsbad *nt*/-küche *f;* ~ **facilities** Gemeinschaftseinrichtungen *fpl;* ~ **ownership** Gemein[schafts]eigentum *nt;* ~ **property** Allgemeinbesitz *m* ② (*of racial communities*) Rassen-; ~ **riots have once again broken out between the two ethnic groups** zwischen den beiden ethnischen Gruppen kam es erneut zu Ausschreitungen; ~ **violence** Gewalt *f* zwischen ethnischen Gruppen ③ (*of religious communities*) Gemeinde-; ~ **prayer** Gemeinschaftsgebet *nt* ④ (*of a commune*) Kommunen-; ~ **living** Leben *nt* in einer Kommune

com·mu·nal·ly ['kɒmjʊnəli, kə'mjuː-, AM kə'mjuː-, 'kɑːmjə-] *adv* gemeinschaftlich, gemeinsam

com·mune¹ ['kɒmjuːn, AM 'kɑː-] *n + sing/pl vb* ① (*group*) Kommune *f;* **she joined a women's** ~ sie ist einer Frauenkommune beigetreten ② ADMIN, POL Gemeinde *f,* Kommune *f geh*

com·mune² [kə'mjuːn] *vi* (*liter*) ■ **to** ~ **with sb** Zwiesprache mit jdm halten *geh;* **to** ~ **with God** Zwiesprache mit Gott halten *geh;* **to** ~ **with nature** im Dialog mit der Natur stehen

com·mu·ni·cable [kə'mjuːnɪkəbl̩] *adj emotion, thoughts, information* vermittelbar; ~ **disease** (*contagious*) übertragbare Krankheit

com·mu·ni·cate [kə'mjuːnɪkeɪt] **I.** *vt* ① (*pass on*) ■ **to** ~ **sth** [**to sb**] [jdm] etw mitteilen; *information, ideas, knowledge, thoughts* [jdm] etw vermitteln; **to** ~ **information** Informationen übermitteln; **to** ~ **knowledge** Wissen vermitteln; **to** ~ **sth by** [*or* **through**] [*or* **in**] **writing** etw schriftlich mitteilen ② MED **to** ~ **a disease to sb** eine Krankheit auf jdn übertragen **II.** *vi* ① (*give information*) kommunizieren, sich *akk* verständigen; **to** ~ **with one's hands** sich *akk* mit den Händen verständigen ② (*be in touch*) ■ **to** ~ **with sb** mit jdm in Verbindung stehen; (*socially*) sich *akk* verstehen; ■ **to** ~ **with each other** miteinander sprechen [*o* kommunizieren]; **to** ~ **by phone/radio** telefonisch/über Funk kommunizieren ③ (*form: connect*) ■ **to** ~ **with sth** mit etw *dat* verbunden sein ④ REL die Kommunion empfangen

com·mu·ni·ca·tion [kə,mjuːnɪ'keɪʃən] *n no pl* ① (*being in touch*) Kommunikation *f,* Verständigung *f;* **there's very little** ~ **between them** die beiden haben sich sehr wenig zu sagen; **breakdown in** ~ Zusammenbruch *m* der Kommunikation; ~ **gap** Informationslücke *f;* **means of** ~ Kommunikationsmittel *nt* ② (*passing on*) *of ideas, knowledge, thoughts* Vermittlung *f; of information* Übermittlung *f; of emotions* Ausdruck *m* ③ (*form: thing communicated*) Mitteilung *f,* Benachrichtigung *f* ④ MED *of a disease* Übertragung *f* (**to** auf +*akk*) ⑤ (*connection*) Verbindung *f* (**between** zwischen +*dat*)

com·mu·ni·'ca·tion cord *n* BRIT RAIL Notbremse *f*

com·mu·ni·ca·tions [kə,mjuːnɪ'keɪʃənz] **I.** *npl* ① RADIO, TELEC Fernmeldewesen *nt kein pl,* Telekommunikation *f kein pl* ② TRANSP Verkehrsnetz *nt,* Verkehrswege *mpl;* **rail and road** ~ Schienen- und Straßennetz *nt* ③ *+ sing vb* UNIV Kommunikationswissenschaften *fpl* **II.** *n modifier* Kommunikations-; ~ **channel** Kommunikationswege *mpl;* ~ **network** Kommunikationsnetz *nt,* Nachrichtennetz *nt;* ~ **system** Kommunikationssystem *nt,* Nachrichtensystem *nt;* ~ **zone** Fernmeldebereich *m*

com·mu·ni·'ca·tion sci·ence *n* Kommunikationswissenschaft *f* **com·mu·ni·'ca·tions sat·el·lite** *n* Nachrichtensatellit *m* **com·mu·ni·'ca·tion stud·ies** *npl* Kommunikationswissenschaften *fpl*

com·mu·ni·ca·tive *adj* [kə'mjuːnɪkətɪv, AM *esp* -nəkeɪt̬ɪv] ① (*of person*) mitteilsam, gesprächig; ~ **ability** Kommunikationsfähigkeit *f;* ~ **skills** kommunikatives Talent ② (*in language teaching*) **the** ~ **approach** der kommunikative Ansatz

com·mu·ni·ca·tor [kə'mjuːnɪkeɪtəʳ, AM -t̬ɚ] *n* kommunikativer Mensch

com·mun·ion [kə'mjuːniən, AM -njən] *n no pl* (*liter*) ① (*union*) ■ ~ **with sb/sth** [tiefe] Verbundenheit mit jdm/etw; **spiritual** ~ eine spirituelle Verbindung; **in** ~ **with God/nature** in Zwiesprache mit Gott/der Natur ② (*religious community*) Gemeinde *f,* Glaubensgemeinschaft *f;* **the Anglican** ~ die anglikanische Kirche

Com·mun·ion [kə'mjuːniən, AM -njən] *n* REL Kommunion *f;* **to take one's First** ~ Erstkommunion feiern; **to give sb Holy** ~ jdm die heilige Kommunion spenden; **to go to** ~ zur Kommunion gehen

com·mun·ion of 'saints *n* Gemeinschaft *f* der Heiligen

com·mu·ni·qué [kə'mjuːnikeɪ, AM kə,mjuːni'keɪ] *n* Kommuniqué *nt;* **to issue a** ~ ein Kommuniqué herausgeben

com·mun·ism ['kɒmjənɪzəm, AM 'kɑː-] *n no pl* Kommunismus *m;* ■ **under** ~ unter dem Kommunismus

com·mun·ist ['kɒmjənɪst, AM 'kɑː-] **I.** *n* Kommunist(in) *m(f)* **II.** *adj* kommunistisch; ~ **government** kommunistische Regierung; **C~ Manifesto** Kommunistisches Manifest; **C~ Party** Kommunistische Partei

com·mu·nity [kə'mjuːnəti, AM -nət̬i] **I.** *n* ① ADMIN Gemeinde *f;* **the local** ~ die hiesige Gemeinde ② (*group*) **the business** ~ die Geschäftswelt, die Geschäftsleute *pl;* **the international** ~ die Völkergemeinschaft; **the Jewish** ~ die jüdische Gemeinde; **the scientific** ~ die Wissenschaftler *pl* ③ *no pl* (*togetherness*) Gemeinschaft *f;* **a sense of** ~ ein Gemeinschaftsgefühl *nt* ④ *no pl* (*public*) ■ **the** ~ die Allgemeinheit, die Öffentlichkeit; **to serve the** ~ der Allgemeinheit dienen ⑤ ECOL (*of plants*) Flora *f;* (*of animals*) Fauna *f;* **Kenya's wildlife** ~ die Tierwelt Kenias **II.** *n modifier* Gemeinde-; ~ **hospital** Kommunalkrankenhaus *nt;* ~ **organization** Kommunalverband *m*

Com·mu·nity [kə'mjuːnəti, AM -nət̬i] *n* ■ **the** [**European**] ~ die [europäische] Gemeinschaft; *see also* **European Community**

com·'mu·nity cen·ter AM, **com·'mu·nity cen·tre** *n* Gemeindezentrum *nt* **com·'mu·nity charge** *n* BRIT (*hist*) *Kopfsteuer zur Finanzierung der Stadt- und Gemeindeverwaltungen* **com·'mu·nity chest** *n* AM Wohltätigkeitsfond *m* [aus privaten Zuwendungen], Sammlung *f* für wohltätige Zwecke **com·mu·nity 'col·lege** *n* AM *teilsubventioniertes zweijähriges College;* BRIT ≈ Volkshochschule *f* **com·mu·nity 'ser·vice** *n no pl* gemeinnützige Arbeit; **to perform** ~ gemeinnützige Arbeit verrichten **com·mu·nity 'sing·ing** *n no pl* gemeinsames Singen **com·mu·nity 'spir·it** *n no pl* Gemeinschaftsgeist *m* **com·'mu·nity work·er** *n* Sozialarbeiter(in) *m(f)*

com·mut·able [kə'mjuːtəbl̩, AM -t̬ə-] *adj* ① *distance* durch Pendeln zurücklegbar; **the journey is too long to be** ~ man fährt zu lange, als dass man pendeln könnte ② LAW umwandelbar, abänderbar; **a** ~ **punishment** [*or* **sentence**] eine umwandelbare Strafe, ein abänderbares Strafmaß

com·mu·ta·tion [,kɒmjuː'teɪʃən, AM ,kɑːmjə-] *n* ① LAW Strafumwandlung *f,* Strafmilderung *f* ② FIN Abfindung *f;* ~ **payment** Abfindungszahlung *f*

com·mu·'ta·tion tick·et *n* AM RAIL Zeitkarte *f*

com·mu·ta·tor ['kɒmjuːteɪtəʳ, AM ,kɑːmjəteɪt̬ɚ] *n* ELEC Kommutator *m fachspr,* Stromwender *m fachspr*

com·mute [kə'mjuːt] **I.** *n* (*fam*) Pendelstrecke *f;* **it's an hour's** ~ **to work** ich fahre eine Stunde zur Arbeit **II.** *vi* pendeln; **to** ~ **from Brighton to London** [*or* **between Brighton and London**] zwischen Brighton und London pendeln; **to** ~ **by train** mit dem Zug pendeln **III.** *vt* (*form*) ① FIN (*exchange*) ■ **to** ~ **sth** etw umwandeln ② LAW (*reduce*) **to** ~ **a punishment/sentence** ein Strafmaß herabsetzen

com·mut·er [kə'mjuːtəʳ, AM -t̬ɚ] **I.** *n* Pendler(in) *m(f)* **II.** *n modifier* Pendel-; ~ **traffic** Pendelverkehr *m*

com·'mut·er belt *n* städtischer Einzugsbereich **com·'mut·er train** *n* Pendlerzug *m*

comp [kɒmp, AM kɑːmp] *vt* ■ **to** ~ **sth** etw verschenken; ■ **to** ~ **sb in sth** jdn in etw *akk* hineinschleusen

com·pact¹ **I.** *adj* [kəm'pækt] ① (*dense*) kompakt; *body also* gedrungen; *sand, snow, soil* fest; **of** ~ **build** von gedrungener Statur; **a** ~ **cluster of houses** eine eng verbaute Häusergruppe; ~ **style** knapper Stil ❷ (*small*) kompakt; ~ **camera** Kompaktkamera *f;* **a ~ office** ein kleines Büro **II.** *vt* [kəmˈpækt] (*form*) ■**to ~ sth** (*by a person*) *sand, soil, snow* etw festtreten; (*by a vehicle*) etw festfahren **III.** *n* [ˈkɒmpækt, AM ˈkɑː-] ❶ (*cosmetics*) Puderdose *f* ❷ AM, AUS AUTO Kompaktwagen *m*

com·pact² [ˈkɒmpækt, AM ˈkɑː-] *n* (*form*) ❶ (*contract*) Vertrag *m,* Pakt *m* ❷ (*formal agreement*) Übereinkunft *f,* Vereinbarung *f;* **to make a ~** eine Übereinkunft schließen

com·pact 'disc, AM *a.* **com·pact 'disk** *n* Compactdisc *f*

com·pact·ly [kəmˈpæktli] *adv* kompakt; **a ~ written text** ein knapp geschriebener Text; ~ **built** kompakt gebaut

com·pact·ness [kəmˈpæktnəs] *n no pl* Kompaktheit *f; of style* Knappheit *f*

com·pact·or [kəmˈpæktɚ] *n* AM ❶ (*in construction*) Straßenwalze *f* ❷ (*for waste*) Verdichtungsgerät *nt*

com·pan·ion [kəmˈpænjən] **I.** *n* ❶ (*person accompanying sb*) Begleiter(in) *m(f);* (*associate*) Gefährte, -in *m, f,* Kamerad(in) *m(f) veraltend;* (*euph: sexual partner*) Liebhaber(in) *m(f);* (*fig*) **hunger was his constant ~** er wurde ständig von Hunger geplagt; **close ~** enger Freund/enge Freundin; **constant ~** ständiger Begleiter/ständige Begleiterin; **drinking ~** Saufkumpan *m fam;* **travelling ~** Reisebegleiter(in) *m(f)* ❷ (*dated: for single woman*) Gesellschafterin *f* ❸ (*dated: matching item*) Gegenstück *nt,* Pendant *nt geh* ❹ (*reference book*) Ratgeber *m,* Führer *m* **II.** *n modifier* ~ **volume** Begleitband *m*

com·pan·ion·able [kəmˈpænjənəbl̩] *adj* angenehm; **a ~ person** ein umgänglicher Mensch; **a ~ silence** eine wohltuende Stille

com·pan·ion-in-'arms *n* MIL Waffengefährte *m geh* **com·'pan·ion plant·ing** *n* Partnerpflanzung *f* **com·'pan·ion set** *n* Kamingeschirr *nt*

com·pan·ion·ship [kəmˈpænjənʃɪp] *n no pl* (*company*) Gesellschaft *f;* (*friendship*) Kameradschaft *f*

com·'pan·ion·way *n* NAUT Niedergang *m*

com·pa·ny [ˈkʌmpəni] **I.** *n* ❶ COMM Firma *f,* Unternehmen *nt;* **Adams and C~** Adams & Co.; **car ~** Autofirma *f;* **shipping ~** Reederei *f* ❷ *no pl* (*companionship*) Gesellschaft *f;* **she bought two dogs for ~** sie kaufte sich zwei Hunde, um Gesellschaft zu haben; **dull/poor ~** langweilige/wenig unterhaltsame Gesellschaft; **good/interesting ~** angenehme/interessante Gesellschaft; **present ~ excepted** die Anwesenden ausgenommen; **to be in ~** in Gesellschaft sein; **to be in good ~** sich *akk* in guter Gesellschaft befinden; **to enjoy one's own ~** (*iron*) gern allein [*o* für sich *akk*] sein; **to keep sb ~** jdm Gesellschaft leisten; **to keep ~** [**with sb**] mit jdm Umgang haben [*o* verkehren]; **he's been keeping bad ~** er befindet sich in schlechter Gesellschaft; **in the ~ of: I travelled in the ~ of two friends** ich reiste in Gesellschaft von zwei Freunden ❸ *no pl* (*visitors*) Besuch *m kein pl,* Gäste *mpl;* **to expect/have ~** Gäste erwarten/haben ❹ THEAT Schauspieltruppe *f,* Ensemble *nt* ❺ MIL Kompanie *f* ❻ BRIT, CAN [**Girl**] **Guide ~** Pfadfinderinnentruppe *f* **II.** *n modifier* (*director, earnings*) Firmen-; ~ **headquarters** Firmensitz *m;* ~ **policy** Firmenpolitik *f;* ~ **profits** Gesellschaftsgewinne *mpl*

com·pa·ny 'car *n* Firmenwagen *m* **com·pa·ny 'hous·ing** *n no pl* Firmenwohnungen *fpl* **'com·pa·ny man** *n* (*usu pej*) firmenhöriger Mitarbeiter; ■**to be a ~** der Firma hörig sein, mit der Firma verheiratet sein **com·pa·ny 'town** *n Stadt mit einem einzelnen Unternehmen als Hauptarbeitgeber*

com·pa·rable [ˈkɒmpərəbl̩, AM ˈkɑː-] *adj* vergleichbar (**to/with** mit +*dat*)

com·para·tive [kəmˈpærətɪv, AM -ˈperət̬ɪv] **I.** *n* Komparativ *m* **II.** *adj* ❶ *inv* LING ~ **form** Komparativ *m,* erste Steigerungsform ❷ (*involving comparison*) vergleichend *attr;* **there's a ~ rise this year in the number of babies born** dieses Jahr wurden im Vergleich mehr Babys geboren; ~ **linguistics** vergleichende Sprachwissenschaft; ~ **literature** vergleichende Literaturwissenschaft, Komparatistik *f fachspr;* ~ **research** vergleichende Forschung; **a ~ study** eine vergleichende Studie ❸ (*relative*) relativ

com·para·tive·ly [kəmˈpærətɪvli, AM -ˈperət̬ɪv-] *adv* ❶ (*relatively*) verhältnismäßig, relativ; ~ **speaking, this computer is easy to use** dieser Computer ist vergleichsweise einfach zu bedienen ❷ (*by comparison*) im Vergleich; **to analyse/judge sth ~** etw durch einen Vergleich analysieren/bewerten

com·pare [kəmˈpeəʳ, AM -ˈper] **I.** *vt* ❶ (*look for differences*) ■**to ~ sth/sb** etw/jdn vergleichen (**with** mit +*dat*); **~d with** [*or* **to**] verglichen mit *dat;* **to ~ prices** Preise vergleichen ❷ (*liken*) ■**to ~ sb/sth** [**with sb/sth**] jdn/etw [mit jdm/etw] vergleichen; **instant coffee can't be ~d with freshly ground coffee** zwischen Instantkaffee und frisch gemahlenem Kaffee liegt ein himmelweiter Unterschied ❸ LING *adjective, adverb* steigern ▶ PHRASES: **to ~ notes on sth** Meinungen über etw *akk* austauschen **II.** *vi* vergleichbar sein; **last year's weather just doesn't ~** das Wetter im letzten Jahr war einfach unvergleichlich; **to ~ favourably** vergleichsweise gut abschneiden; **the hotel ~d favourably with the one we stayed in last year** das Hotel war dieses Jahr um einiges besser als das, in dem wir letztes Jahr wohnten **III.** *n no pl* (*liter*) **beyond ~** unvergleichlich

com·pari·son [kəmˈpærɪsən, AM -ˈper-] *n* ❶ (*contrast*) Vergleich *m;* **by ~ with** verglichen mit *dat;* **to bear** [*or* **stand**] **~ with sb/sth** einem Vergleich mit jdm/etw gewachsen sein [*o* standhalten]; **to draw** [*or* **make**] **a ~** einen Vergleich anstellen ❷ (*similarity*) Vergleich *m;* **there's no ~** das ist gar kein Vergleich!

com·part·ment [kəmˈpɑːtmənt, AM -ˈpɑːrt-] *n* ❶ RAIL [Zug]abteil *nt,* Coupé *nt* ÖSTERR; **first class ~** Erste[r]-Klasse-Abteil *nt* ❷ (*section*) Fach *nt;* **freezer ~** Gefrierfach *nt,* Tiefkühlfach *nt;* **inner/sleeping ~** (*in a tent*) Innenraum *m*/Schlafbereich *m*

com·part·men·tal·ize [ˌkɒmpɑːtˈmentəlaɪz, AM kəmpɑːrtˈment̬ə-] *vt* ■**to ~ sth** etw aufgliedern; **to ~ one's life** (*fig*) die unterschiedlichen Bereiche seines Lebens getrennt halten

com·pass <*pl* -es> [ˈkʌmpəs] *n* ❶ (*for showing direction*) Kompass *m;* **they took a ~ reading** sie lasen den Kompass ab; ~ **needle** Kompassnadel *f* ❷ (*for drawing circles*) Zirkel *m* ❸ *no pl* (*form, liter: range*) Umfang *m,* Rahmen *m;* MUS Tonumfang *m* (**of** +*gen*); **to be beyond the ~ of sb's brain/powers** jds [geistigen] Horizont/Kräfte übersteigen

com·passes [ˈkʌmpəsɪz] *npl* [**a pair of**] ~ Zirkel *m*

com·pas·sion [kəmˈpæʃən] *n no pl* Mitgefühl *nt,* Mitleid *nt;* **to feel** [*or* **have**] **~ for** [*or* **towards**] **sb** Mitleid mit jdm haben; **to show ~ for** [*or* **towards**] **sb** Mitgefühl für jdn zeigen; **with ~** voller Mitgefühl

com·pas·sion·ate [kəmˈpæʃənət] *adj* mitfühlend, voller Mitgefühl

com·pas·sion·ate 'leave *n no pl* Sonderurlaub *m* aus familiären Gründen; **to grant ~** Sonderurlaub bewilligen

com·pas·sion·ate·ly [kəmˈpæʃənətli] *adv* voller Mitgefühl

com·'pas·sion fa·tigue *n no pl* Nachlassen *nt* der [öffentlichen] Hilfsbereitschaft

com·pass 'rose *n* Windrose *f*

com·pat·ibil·ity [kəmˌpætəˈbɪləti, AM -ˌpæt̬əˈbɪlət̬i] *n no pl* Vereinbarkeit *f;* COMPUT, MED Kompatibilität *f fachspr;* **many marriages break down because of a lack of ~ between the two partners** viele Ehen zerbrechen, weil die Partner nicht zueinander passen

com·pat·ible [kəmˈpætɪbl̩, AM -ˈpæt̬-] *adj* ❶ (*of people or animals*) ■**to be ~** zusammenpassen; **cats are not ~ with birds** Katzen vertragen sich nicht mit Vögeln ❷ (*of colours*) ■**to be ~** zusammenpassen; **the curtains aren't ~ with the carpet** die Vorhänge beißen sich mit dem Teppich *fam* ❸ MED (*of blood groups*) kompatibel ❹ COMPUT kompatibel ❺ (*consistent*) vereinbar (**with** mit +*dat*)

com·pat·ibly [kəmˈpætɪbli, AM -ˈpæt̬-] *adv* aufeinander abgestimmt

com·pat·ri·ot [kəmˈpætriət, AM -ˈpeɪ-] *n* (*form*) Landsmann, -männin *m, f*

com·pel <-ll-> [kəmˈpel] *vt* ❶ (*force*) ■**to ~ sb to do sth** jdn [dazu] zwingen, etw zu tun; **to feel ~led [to do sth]** sich *akk* gezwungen [*o* genötigt] sehen[, etw zu tun] ❷ (*form: cause to happen*) ■**to ~ sth** *person* etw erzwingen; *circumstances* etw erforderlich machen; **to ~ attention** Aufmerksamkeit erregen

com·pel·ling [kəmˈpelɪŋ] *adj circumstances, evidence, reason* zwingend; *film, painting, performance* fesselnd; **~ desire** unwiderstehliches Verlangen

com·pen·dia [kəmˈpendiə] *n pl of* **compendium**

com·pen·dium <*pl* -s *or* -dia> [kəmˈpendiəm, *pl* -diə] *n* Handbuch *nt,* Kompendium *nt geh*

com·pen·sate [ˈkɒmpənseɪt, AM ˈkɑːm-] **I.** *vt* ■**to ~ sb for sth** jdn für etw *akk* [finanziell] entschädigen **II.** *vi* kompensieren *geh;* ■**to ~ for sth** etw ausgleichen [*o fam* wettmachen] [*o fachspr* kompensieren]

com·pen·sat·ing [ˈkɒmpənseɪtɪŋ, AM ˈkɑːm-] *adj* ausgleichend *attr;* **it was a difficult job, but there were ~ rewards** es war zwar ein schwieriger Job, doch entschädigte der Lohn für den Aufwand

com·pen·sa·tion [ˌkɒmpənˈseɪʃən, AM ˌkɑːm-] **I.** *n no pl* ❶ (*monetary amends*) Entschädigung[sleistung] *f,* Schadenersatz *m;* **to claim** [*or* **seek**] **~** Schadenersatzansprüche geltend machen, [finanzielle] Entschädigung fordern ❷ (*recompense*) Entschädigung *f;* **in ~** als Ersatz, zum Ausgleich **II.** *n modifier* **~ claim** Schadenersatzanspruch *m*

com·père [ˈkɒmpeəʳ] BRIT **I.** *n* (*fam*) Conférencier *m* **II.** *vt* (*fam*) **to ~ a show** eine Show moderieren

com·pete [kəmˈpiːt] *vi* ❶ (*measure oneself with*) ■**to ~ for sth [with sb]** [gegen jdn] um etw *akk* wetteifern [*o* kämpfen]; **you just can't ~ with him** man kann sich mit ihm einfach nicht messen; (*fig*) **turn the music down – I'm not competing with that noise** dreh die Musik leiser – ich schreie nicht gegen diesen Lärm an ❷ SPORTS antreten; **are you competing in the 100 metres?** nimmst du an dem 100-Meter-Rennen teil?; **to ~ for a medal/money/a prize** um eine Medaille/Geld/einen Preis kämpfen ❸ COMM **to ~ for customers** um Kunden kämpfen

com·pe·tence [ˈkɒmpɪtən(t)s, AM ˈkɑːm-] *n,* **com·pe·ten·cy** [ˈkɒmpɪtən(t)si, AM ˈkɑːm-] *n no pl* ❶ (*ability*) Fähigkeit *f,* Kompetenz *f;* **I don't doubt his ~ as a nuclear physicist** ich zweifle seine Fähigkeiten als Atomphysiker nicht an; **he reached a reasonable level of ~ in his English** sein Englisch erreichte ein recht gutes Niveau; **~ test** Befähigungsprüfung *f;* **to have the ~ to do sth** kompetent genug sein, um etw zu tun ❷ LAW (*of a court*) Zuständigkeit *f;* **to be within the ~ of the court** in den Zuständigkeitsbereich des Gerichts fallen

com·pe·tent [ˈkɒmpɪtənt, AM ˈkɑːm-] *adj* ❶ (*capable*) *teacher, writer* fähig; (*qualified*) kompetent; **I'm not ~ to make that decision** ich bin nicht befähigt, diese Entscheidung zu treffen ❷ (*adequate*) ausreichend; **he speaks quite ~ German** er spricht recht gutes Deutsch ❸ LAW zuständig; **~ authority** zuständige Behörde; **~ witness** zulässiger Zeuge/zulässige Zeugin

com·pe·tent·ly [ˈkɒmpɪtəntli, AM ˈkɑːm-] *adv* gekonnt

com·pe·ti·tion [ˌkɒmpəˈtɪʃən, AM ˌkɑːm-] *n* ❶ *no pl* (*state of competing*) Konkurrenz *f,* Wettbewerb *m;* **fierce ~** ein harter Kampf; ■**to be in ~ with sb** mit jdm konkurrieren, in Konkurrenz [*o* im Wettbewerb] zu jdm stehen; **she's no ~** sie ist keine Konkurrenz ❷ COMM Konkurrenz *f* ❸ (*contest*) Wettbewerb *m;* **beauty ~** Schönheitswettbewerb *m;* **diving/swimming ~** Tauch-/Schwimmwettbewerb *m;* **to enter a ~** an einem Wettbewerb teilnehmen, bei einem Wettbewerb mitmachen

com·peti·tive [kəmˈpetɪtɪv, AM -ˈpet̬ət̬ɪv] *adj* ❶ (*characterized by competition*) konkurrierend *attr;* (*eager to compete*) kampfbereit; **acting is very ~** in der Schauspielerei herrscht harte Konkurrenz; **you're very ~! it's meant to be a friendly match** du bist sehr aggressiv! das soll ein Freundschaftsspiel sein; **~ spirit** Wettkampfgeist *m;* **~ sports** Leistungssport *m* ❷ (*able to compete*) konkurrenzfähig, wettbewerbsfähig; **~ bidding** Ausschreibungswettbewerb *m;* **~ edge** Wettbewerbsvorteil *m,* Wettbewerbsvorsprung *m*

com·peti·tive·ly [kəmˈpetɪtɪvli, AM -ˈpet̬ət̬ɪv-] *adv* ❶ (*ambitiously*) wettbewerbsorientiert; **he approaches his job very ~** er ist in seinem Job sehr ehrgeizig ❷ (*ably*) wettbewerbsfähig; **our products are ~ priced** die Preise unserer Produkte sind konkurrenzfähig ❸ (*in competition*) in Wettkämpfen; **she plays bridge ~** sie spielt Bridge auf Wettkampfbasis

com·peti·tive·ness [kəmˈpetɪtɪvnəs, AM -ˈpet̬ət̬ɪv-] *n no pl* ❶ (*ambition*) Konkurrenzdenken *nt* ❷ (*ability to compete*) *of companies, prices* Wettbewerbsfähigkeit *f*

com·peti·tor [kəmˈpetɪtəʳ, AM -ˈpet̬ət̬ɚ] *n* ❶ COMM Konkurrent(in) *m(f),* Mitbewerber(in) *m(f)* ❷ (*one who competes*) [Wettkampf]gegner(in) *m(f);* (*participant*) [Wettbewerbs]teilnehmer(in) *m(f)*

com·pi·la·tion [ˌkɒmpɪˈleɪʃən, AM ˌkɑːmpə-] *n* ❶ *no pl* (*act of compiling*) Zusammenstellung *f* ❷ (*collection*) Sammlung *f*

com·pile [kəmˈpaɪl] *vt* ■**to ~ sth** ❶ (*put together*) *list, table, dictionary* etw erstellen ❷ (*gather*) *facts, information* etw zusammentragen [*o* sammeln] ❸ COMPUT etw kompilieren *fachspr*

com·pil·er [kəmˈpaɪləʳ, AM -ɚ] *n* ❶ (*one who compiles*) Sammler(in) *m(f)* ❷ COMPUT Compiler *m fachspr*

com·pla·cence [kəmˈpleɪsən(t)s] *n,* **com·pla·cen·cy** [kəmˈpleɪsən(t)si] *n no pl* (*pej*) Selbstzufriedenheit *f meist pej,* Selbstgefälligkeit *f pej*

com·pla·cent [kəmˈpleɪsənt] *adj* (*pej*) selbstzufrieden *meist pej,* selbstgefällig *pej*

com·pla·cent·ly [kəmˈpleɪsəntli] *adv* selbstzufrieden *meist pej,* selbstgefällig *pej*

com·plain [kəmˈpleɪn] *vi* klagen, sich *akk* beklagen; ■**to ~ about sth** sich *akk* über etw *akk* beklagen; ■**to ~ that ...** sich *akk* darüber beklagen, dass ...; ■**to ~ to sb** sich *akk* bei jdm beklagen; **stop ~ing!** hör auf zu jammern! *fam;* **how are things? – oh, can't ~** wie geht's? – oh, ich kann mich nicht beklagen; **she's been ~ing of a bad back** sie klagt über Rückenschmerzen

com·plain·ant [kəmˈpleɪnənt] *n* LAW ❶ (*complainer*) Beschwerdeführer(in) *m(f)* ❷ (*plaintiff*) Kläger(in) *m(f)*

com·plain·ing·ly [kəmˈpleɪnɪŋli] *adv* klagend

com·plaint [kəmˈpleɪnt] *n* ❶ (*expression of displeasure*) Beschwerde *f,* Klage *f;* **to have cause** [*or* **grounds**] **for ~** Grund zur Klage haben; **to lodge** [*or* **make**] **a ~** Beschwerde einlegen ❷ LAW (*claim*) Klageschrift *f;* **to lodge** [*or* **make**] **a ~ against sb** jdn verklagen; AM gegen jdn Anzeige erstatten ❸ COMM, LAW Mängelrüge *f,* Reklamation *f;* **to lodge** [*or* **make**] **a ~** eine Mängelrüge erheben ❹ (*illness*) Leiden *nt,* Beschwerden *fpl;* **heart ~** Herzleiden *nt*

com·plai·sance [kəmˈpleɪzən(t)s, AM -sən(t)s] *n no pl* (*form, liter*) Entgegenkommen *nt,* Zuvorkommenheit *f*

com·plai·sant [kəmˈpleɪzənt, AM -sənt] *adj* (*form, liter*) gefällig, entgegenkommend

com·pleat [kəmˈpliːt] *adj* (*old*) *see* **complete**

com·ple·ment [ˈkɒmplɪmənt, AM ˈkɑːm-] **I.** *vt* ■**to ~ sth** etw ergänzen [*o* abrunden]; **to ~ each other** sich *akk* [gegenseitig] ergänzen; **strawberries and cream ~ each other perfectly** Erdbeeren und Sahne passen wunderbar zusammen **II.** *n* ❶ (*accompaniment*) Ergänzung *f* ❷ LING Ergänzung *f* ❸ *no pl* **a full ~ of staff** eine komplette Ersatzmannschaft

com·ple·men·tary [ˌkɒmplɪˈmentəri, AM ˌkɑːmpləˈment̬ɚi] *adj* ❶ (*complementing each other*) einander ergänzend *attr;* **~ needs** sich *akk* ergänzende Bedürfnisse; **~ products** ergänzende Produkte, Kuppelprodukte *ntpl fachspr;* **~ services** Zusatzleistungen *fpl* ❷ (*making complete*) ergänzend

com·ple·men·tary 'an·gle *n* MATH Komplementwinkel *m fachspr* **com·ple·men·tary 'col·our** *n* Komplementärfarbe *f* **com·ple·men·tary 'medi·cine** *n no pl* BRIT alternative Heilkunde [*o* Medizin]

com·plete [kəm'pliːt] **I.** *vt* ■**to ~ sth** ❶ (*add what is missing*) *collection, set* etw vervollständigen; *form, questionnaire* etw [vollständig] ausfüllen; **all she needed to ~ her happiness was a baby** alles, was ihr zu ihrem Glück noch fehlte, war ein Baby ❷ (*finish*) etw fertig stellen [*o* zu Ende bringen]; **to ~ a course** einen Kurs absolvieren; **to ~ one's studies** sein Studium zu Ende bringen **II.** *adj* ❶ (*with nothing missing*) vollständig, komplett; **a ~ set** ein vollständiges Set; **the ~ works of Shakespeare** Shakespeares gesammelte Werke; **sun, sand and romance – their holiday was ~** Sonne, Sand, Romantik – ihr Urlaub war vollkommen ❷ *pred* (*finished*) *book* fertig ❸ (*including*) **~ with** inklusive; **~ with batteries** inklusive Batterien ❹ *attr* (*total*) absolut, komplett; **the man's a ~ fool!** der Mann ist ein Vollidiot! *fam;* **it was a ~ surprise** es war eine völlige Überraschung; **~ blank** völlige Leere; **~ breakdown** totaler Zusammenbruch; **~ coverage** (*in insurance*) volle Deckung [*o* Risikoübernahme]; **in ~ darkness** in völliger Dunkelheit; **the ~ gentleman** der perfekte Gentleman; **~ mastery** vollkommene Beherrschung; **~ paralysis** vollständige Lähmung; **~ protein** vollwertiges Eiweiß; **~ silence** absolute Stille; **a ~ stranger** ein völlig Fremder/eine völlig Fremde; **~ and utter** total *fam*

com·plet·ed [kəm'pliːtɪd, AM -t̬ɪd] *adj* vollendet; **a recently ~ shopping centre** ein kürzlich fertig gestelltes Einkaufszentrum

com·plete·ly [kəm'pliːtli] *adv* völlig; **~ certain** absolut sicher; **to be ~ convinced** der vollen Überzeugung sein; **to devote oneself ~ to sth** sich *akk* etw *dat* ganz [und gar] widmen; **to disappear ~** spurlos verschwinden

com·plete·ness [kəm'pliːtnəs] *n no pl* Vollständigkeit *f*

com·ple·tion [kəm'pliːʃən] *n no pl* Fertigstellung *f;* **you'll be paid on ~ of the project** die Bezahlung erfolgt nach Abschluss des Projekts; **to near ~** kurz vor dem Abschluss [*o* vor der Fertigstellung] stehen

com·'ple·tion date *n* Fertigstellungstermin *m*

com·plex I. *adj* ['kɒmpleks, AM kɑːm'pleks] komplex; (*complicated*) kompliziert; *issue, matter, personality, problem* vielschichtig; *plot, theory* verwickelt, verstrickt; **~ carbohydrate/molecule** komplexes Kohlenhydrat/Molekül; **~ network of roads** verästeltes Straßennetz **II.** *n* <*pl* -es> ['kɒmpleks, AM 'kɑːm-] ❶ ARCHIT Komplex *m;* **apartment ~** AM Wohnkomplex *m;* **housing ~** Wohnhausanlage *f;* **sports and leisure ~** Sport- und Freizeitzentrum *nt;* **shopping ~** Einkaufszentrum *nt* ❷ PSYCH Komplex *m;* **he's got a ~ about being bald** er hat einen Komplex wegen seiner Kahlköpfigkeit; **I've got a real ~ about spiders** ich kann Spinnen partout nicht ausstehen; **guilt/inferiority ~** Schuld-/Minderwertigkeitskomplex *m;* **persecution ~** Verfolgungswahn *m;* **weight ~** Komplex *m* aufgrund von Gewichtsproblemen; **to give sb a ~** (*fam*) bei jdm Komplexe verursachen

com·plex·ion [kəm'plekʃən] *n* ❶ (*skin colour*) Teint *m;* **clear/spotty ~** reine/unreine Haut; **dark/fair/pale ~** dunkler/heller/blasser Teint; **healthy ~** gesunde Gesichtsfarbe ❷ (*character*) Schattierung *f,* Couleur *f geh; of people* Gesinnung *f* ▶ PHRASES: **to put a different/new ~ on sth** etw in einem anderen/neuen Licht erscheinen lassen

com·plex·ity [kəm'pleksəti, AM -ət̬i] *n* ❶ *no pl* (*intricacy*) Komplexität *f,* Vielschichtigkeit *f* ❷ (*complication*) Kompliziertheit *f*

com·plex 'sen·tence *n* LING Satzgefüge *nt* **com·plex 'word** *n* LING Kompositum *nt*

com·pli·ance [kəm'plaɪən(t)s] *n no pl* (*form*) ❶ (*conformity*) Übereinstimmung *f;* **in ~ with sb's desire** wunschgemäß; **in ~ with the law** gesetzeskonform; **in ~ with sb's order/request/wishes** gemäß jds Befehl/Anfrage/Wünschen; **in ~ with the regulations** unter Einhaltung der Bestimmungen ❷ (*pej: obeyance*) Willfährigkeit *f pej geh,* Gefügigkeit *f*

com·pli·ant [kəm'plaɪənt] *adj* (*form*) gefügig; **~ with safety regulations** den Sicherheitsbestimmungen entsprechend

com·pli·cate ['kɒmplɪkeɪt, AM 'kɑːmplə-] *vt* ■**to ~ sth** (*make more difficult*) etw [ver]komplizieren [*o* [noch] komplizierter machen]; (*make worse*) etw verschlimmern; **to ~ matters ...** um die Dinge noch komplizierter zu machen ...

com·pli·cat·ed ['kɒmplɪkeɪtɪd, AM 'kɑːmpləkeɪt̬ɪd] *adj plan, story* kompliziert; *situation, person* schwierig

com·pli·ca·tion [ˌkɒmplɪ'keɪʃən, AM ˌkɑːmplə'-] *n* Komplikation *f;* **~s arose** Komplikationen sind aufgetreten

com·plic·ity [kəm'plɪsəti, AM -ət̬i] *n* LAW *no pl* (*form*) Mittäterschaft *f,* Komplizenschaft *f* (**in** bei +*dat*); **~ in a crime** Beteiligung *f* an einem Verbrechen

com·pli·ment ['kɒmplɪmənt, AM 'kɑːmplə-] **I.** *n* ❶ (*expression of approval*) Kompliment *nt;* **my ~s to the chef!** mein Kompliment an die Köchin!; **that he survived the accident is a ~ to the skill of the medical team** dass er den Unfall überlebt hat, macht dem Ärzteteam alle Ehre; **to pay sb a ~** jdm ein Kompliment machen; **he paid me the ~ of trusting me with his secret** er erwies mir die Ehre, mich in sein Geheimnis einzuweihen; **to repay** [*or* **return**] **a ~** ein Kompliment erwidern; **to take sth as a ~** etw als Kompliment auffassen ❷ (*form*) **with ~s** mit den besten Empfehlungen *geh,* zur gefälligen Kenntnisnahme *geh;* **to supply drinks with one's ~s** eine Runde ausgeben ▶ PHRASES: **~s of the season** frohes Fest; **to be fishing for ~s** auf Komplimente aus sein **II.** *vt* ■**to ~ sb** jdm ein Kompliment machen; **I must ~ you on your handling of a very difficult situation** ich muss Ihnen dazu gratulieren, wie Sie die schwierige Situation gemeistert haben

com·pli·men·tary [ˌkɒmplɪ'mentəri, AM 'kɑːmpləmen t̬ɚi] *adj* ❶ (*expressing a compliment*) schmeichelhaft; **to be ~ about sb/sth** sich über jdn/etw schmeichelhaft äußern, von jdm/etw begeistert sein ❷ (*free, without charge*) Frei-, Gratis-; **~ ticket** Freikarte *f*

com·'pli·ment slip *n* COMM Kurzantwortkarte *f*

com·ply [kəm'plaɪ] *vi* sich *akk* fügen; ■**to ~ with sth** etw befolgen; **there are serious penalties for failure to ~ with the regulations** bei Regelverstößen drohen strenge Strafen; **to ~ with the law/the rules** das Gesetz/die Regeln einhalten; **to refuse to ~ with an order** sich *akk* weigern, einem Befehl Folge zu leisten; **to ~ with the regulations** die Bestimmungen erfüllen

com·po·nent [kəm'pəʊnənt, AM -'poʊ-] *n* Teil *m;* TECH [Bau]element *nt,* Komponente *f; of a diet* Bestandteil *m;* **key ~** zentraler Bestandteil, Schlüsselkomponente *f*

com·po·nent 'parts *npl* Einzelteile *ntpl,* Komponenten *fpl*

com·port [kəm'pɔːt, AM -'pɔːrt] *vr* (*form*) ■**to ~ oneself** sich *akk* verhalten; **he ~ed himself well in the interview** er hat sich bei dem Interview gut gehalten

com·port·ment [kəm'pɔːtmənt, AM -'pɔːrt-] *n no pl* (*dated*) Verhalten *nt*

com·pose [kəm'pəʊz, AM -'poʊz] **I.** *vi* komponieren **II.** *vt* ❶ MUS, LIT (*produce*) ■**to ~ sth** etw komponieren; **to ~ a play/poem** ein Theaterstück/Gedicht verfassen ❷ (*write*) ■**to ~ sth** etw abfassen; **to ~ a letter** einen Brief aufsetzen ❸ *usu passive* (*comprise*) ■**to be ~d of sth** aus etw *dat* bestehen, sich *akk* aus etw *akk* zusammensetzen ❹ (*calm, collect*) ■**to ~ sth** etw ordnen; ■**to ~ oneself** sich *akk* beruhigen; **she tried hard to ~ her features into a smile** sie versuchte angestrengt, sich zu einem Lächeln zu zwingen; **to ~ differences** (*form*) Differenzen beilegen; **to ~ one's thoughts** seine Gedanken ordnen [*o* sammeln] ❺ TYPO ■**to ~ sth** etw setzen

com·posed [kəm'pəʊzd, AM -'poʊzd] *adj* (*collected*) gefasst, beherrscht; (*calm*) ruhig

com·posed·ly [kəm'pəʊzɪdli, AM -'poʊz-] *adv* (*collectedly*) gefasst, beherrscht; (*calmly*) ruhig

com·pos·er [kəmˈpəʊzəʳ, AM -ˈpoʊzɚ] *n* Komponist(in) *m(f)*

com·po·site [ˈkɒmpəzɪt, AM kəmˈpɑːzɪt] **I.** *n* ❶ (*mixture*) Gemisch *nt;* **the photography was a ~** das Foto war eine Montage ❷ (*building material*) Verbundmaterial *nt,* Verbundwerkstoff *m* **II.** *adj* zusammengesetzt; **~ photograph/picture** Foto-/Bildmontage *f*

com·po·si·tion [ˌkɒmpəˈzɪʃᵊn, AM ˌkɑːm-] *n* ❶ *no pl* (*in music*) Komponieren *nt;* (*in literature*) Verfassen *nt;* (*subject of study*) Kompositionslehre *f;* **is this poem of your own ~?** hast du dieses Gedicht selbst verfasst? ❷ (*piece of music*) Komposition *f* ❸ (*arrangement*) Gestaltung *f;* (*of painting, picture*) Komposition *f geh* ❹ (*short essay*) Aufsatz *m* (**on** über +*akk*) ❺ *no pl* (*make-up*) *of a group* Zusammenstellung *f;* CHEM Zusammensetzung *f* ❻ *no pl* TYPO Satz *m*

com·posi·tor [kəmˈpɒzɪtəʳ, AM -ˈpɑːzɪt̬ɚ] *n* [Schrift]setzer(in) *m(f)*

com·pos men·tis [ˌkɒmpəsˈmentɪs, AM ˌkɑːmpəsˈmen̬təs] *adj pred* LAW (*sane*) zurechnungsfähig, geistig gesund; (*hum*) **he's rarely ~ before ten o'clock in the morning** vor 10 Uhr morgens ist er in der Regel noch nicht ansprechbar

com·post [ˈkɒmpɒst, AM ˈkɑːmpoʊst] **I.** *n no pl* Kompost *m* **II.** *n modifier* **~ heap/pile** Komposthaufen *m* **III.** *vt* ■**to ~ sth** etw kompostieren

com·po·sure [kəmˈpəʊʒəʳ, AM -ˈpoʊʒɚ] *n no pl* Fassung *f,* Beherrschung *f;* **to lose one's ~** die Fassung verlieren; **to regain one's ~** seine Fassung wiedergewinnen

com·pôte [ˈkɒmpəʊt, AM ˈkɑːmpoʊt] *n* Kompott *nt;* **fruit ~** Fruchtkompott *nt*

com·pound¹ **I.** *vt* [kəmˈpaʊnd, AM *esp* kɑːmˈ-] ■**to ~ sth** ❶ (*make worse*) etw verschlimmern; **to ~ a problem** ein Problem verstärken [*o* vergrößern] ❷ (*mix*) *materials, substances* etw mischen ❸ *usu passive* (*constitute*) sich *akk* aus etw *dat* zusammensetzen, aus etw *dat* bestehen **II.** *vi* [kəmˈpaʊnd, AM kɑːmˈ-] LAW sich *akk* vergleichen; **to ~ with one's creditors** mit seinen Gläubigern einen Vergleich schließen **III.** *n* [ˈkɒmpaʊnd, AM ˈkɑːm-] ❶ (*combination*) Mischung *f,* Kombination *f* ❷ CHEM Verbindung *f;* **nitrogen ~** Stickstoffverbindung *f*

com·pound² [ˈkɒmpaʊnd, AM ˈkɑːm-] *n* MIL Truppenlager *nt;* **embassy ~** Botschaftsgelände *nt;* **family ~** Familiensitz *m;* **prison ~** Gefängnishof *m*

com·pound 'eye *n* ZOOL Facettenauge *nt* **com·pound 'frac·ture** *n* MED offener Bruch, komplizierte Fraktur *fachspr* **com·pound 'in·ter·est** *n* FIN Zinseszins *m meist pl* **com·pound 'leaf** *n* BOT aus Teilblättern zusammengesetztes Blatt **com·pound 'noun** *n* LING Kompositum *nt* **com·pound 'verb** *n* LING zusammengesetztes Verb

com·pre·hend [ˌkɒmprɪˈhend, AM ˌkɑːm-] **I.** *vi* (*a. form*) begreifen, verstehen **II.** *vt* ■**to ~ sth** ❶ (*understand completely*) etw begreifen [*o* verstehen] ❷ (*comprise*) etw umfassen

com·pre·hen·sibil·ity [ˌkɒmprɪhen(t)səˈbɪləti, AM ˌkɑːmprəhen(t)səˈbɪlət̬i] *n no pl* Verständlichkeit *f*

com·pre·hen·sible [ˌkɒmprɪˈhen(t)səbl̩, AM ˌkɑːm-] *adj* verständlich (**to** für +*akk*)

com·pre·hen·sibly [ˌkɒmprɪˈhen(t)səbli, AM ˌkɑːm-] *adv* verständlich

com·pre·hen·sion [ˌkɒmprɪˈhen(t)ʃᵊn, AM ˌkɑːm-] **I.** *n no pl* Verständnis *nt;* **to be beyond sb's ~** jdm unbegreiflich [*o* unverständlich] sein **II.** *n modifier* **listening/reading ~ test** Hör-/Leseverständnistest *m*

com·pre·hen·sive [ˌkɒmprɪˈhen(t)sɪv, AM ˌkɑːmprə-] **I.** *adj* umfassend, global; **~ answer** ausführliche Antwort; **~ coverage** volle Deckung; **~ list** vollständige Liste; **fully ~** allumfassend **II.** *n* BRIT Gesamtschule *f; see also* **comprehensive school**

com·pre·hen·sive in·'sur·ance *n no pl* AUTO Vollkaskoversicherung *f*

com·pre·hen·sive·ly [ˌkɒmprɪˈhen(t)sɪvli, AM ˌkɑːmprə-] *adv* umfassend; **the plan has been ~ rejected** der Plan wurde in allen Punkten abgelehnt; **a ~ illustrated book** ein reich bebildertes Buch

com·pre·hen·sive 'school **I.** *n* BRIT Gesamtschule *f;* **to attend** [*or* **go to**] **~** eine Gesamtschule besuchen, auf eine Gesamtschule gehen **II.** *n modifier* Gesamtschul-; **I had a ~ education** ich habe eine Gesamtschule besucht; **~ pupil** Schüler(in) *m(f)* an einer Gesamtschule

com·press¹ [kəmˈpres] *vt* ■**to ~ sth** ❶ (*squeeze together*) etw zusammendrücken [*o* zusammenpressen]; **to ~ air/a gas** Luft/ein Gas komprimieren; ■**to ~ clothes into a bag** Kleidung in eine Tasche stopfen *fam* ❷ (*condense*) etw zusammenfassen (**into** in +*dat*)

com·press² <*pl* -es> [ˈkɒmpres, AM ˈkɑːm-] *n* Kompresse *f,* Wickel *m;* **cold/hot ~** kalter/heißer Wickel

com·pressed [kəmˈprest] *adj* komprimiert

com·pressed 'air *n no pl* Druckluft *f,* Pressluft *f*

com·pres·sion [kəmˈpreʃᵊn] **I.** *n no pl* (*process of compressing*) Kompression *f,* Verdichtung *f,* Komprimierung *f;* (*in writing*) knapper Stil **II.** *n modifier* **high/low ~ engine** hoch-/niedrigverdichteter Motor

com·pres·sor [kəmˈpresəʳ, AM -ɚ] *n* Kompressor *m,* Verdichter *m*

com·prise [kəmˈpraɪz] *vt* (*form*) ■**to ~ sth** aus etw *dat* bestehen

com·pro·mise [ˈkɒmprəmaɪz, AM ˈkɑːm-] **I.** *n* Kompromiss *m;* **to agree to a ~** einem Kompromiss zustimmen, sich *akk* auf einen Kompromiss einigen; **to make a ~** einen Kompromiss schließen [*o* eingehen]; **to reach** [*or* **arrive at**] **a ~** zu einem Kompromiss gelangen; **to work out a ~** einen Kompromiss ausarbeiten **II.** *vi* Kompromisse [*o* einen Kompromiss] eingehen; **after long negotiations they ~d at $3500** nach langen Verhandlungen einigten sie sich auf $3500 **III.** *vt* (*pej*) ■**to ~ sth** etw *dat* schaden; ■**to ~ oneself** sich *akk* kompromittieren, seinem [eigenen] Ansehen schaden; **to ~ one's beliefs/principles** seiner Überzeugung/seinen Prinzipien untreu werden; **to ~ one's reputation** seinem Ruf schaden

com·pro·mis·ing [ˈkɒmprəmaɪzɪŋ, AM ˈkɑːm-] *adj* kompromittierend

comp·trol·ler [kənˈtrəʊləʳ, AM -ˈtroʊlɚ] *n* Rechnungsprüfer(in) *m(f),* Controller(in) *m(f)*

com·pul·sion [kəmˈpʌlʃᵊn] *n no pl* ❶ (*irresistible urge*) Zwang *m;* ■**to have a ~** [**to do sth**] den Drang haben[, etw zu tun]; **driven by some kind of inner ~** von einem inneren Zwang getrieben ❷ *no pl* (*force*) Druck *m;* **under ~** unter Druck [*o* Zwang]; **don't feel under any ~ to take me with you** Sie brauchen sich nicht verpflichtet zu fühlen, mich mitzunehmen

com·pul·sive [kəmˈpʌlsɪv] *adj* ❶ (*obsessive*) zwanghaft; **he is a ~ smoker** er ist nikotinsüchtig; **~ gambling** krankhafter Spieltrieb; **~ eating disorder** krankhafte Essstörung; **~ liar** notorischer Lügner/notorische Lügnerin ❷ (*captivating*) fesselnd; **her latest book is a ~ read** ihr letztes Buch muss man einfach gelesen haben; **~ reading** Pflichtlektüre *f;* **~ viewing** TV Pflichttermin *m* (*TV*)**;** **utterly ~** überaus faszinierend

com·pul·sive·ly [kəmˈpʌlsɪvli] *adv* ❶ (*obsessively*) zwanghaft; **she smokes ~** sie ist süchtig nach Zigaretten; **to clean ~** einen Putzfimmel haben *pej;* **to eat ~** zwanghaft essen; **to exercise** [*or* **work**] **~** wie besessen trainieren/arbeiten *fam;* **to lie ~** notorisch lügen; **to talk ~** ständig reden müssen ❷ (*captivatingly*) fesselnd, faszinierend; **~ readable/viewable** unbedingt lesenswert/sehenswert

com·pul·sive·ness [kəmˈpʌlsɪvnəs] *n no pl* Zwanghaftigkeit *f*

com·pul·so·ry [kəmˈpʌlsᵊri] *adj* verpflichtend, obligatorisch *geh,* Pflicht-; **~ attendance** Anwesenheitspflicht *f;* **~ education** [*or* **schooling**] [allgemeine] Schulpflicht; **~ by law** gesetzlich vorgeschrieben; **~ retirement** Zwangspensionierung *f;* **~ military service** [allgemeine] Wehrpflicht; **~ subject** Pflichtfach *nt;* **~ vaccination** Pflichtimpfung *f*

com·pul·so·ry 'pur·chase or·der *n* LAW Enteignungsbeschluss *m*

com·punc·tion [kəm'pʌŋ(k)ʃᵊn] *n no pl* Schuldgefühle *ntpl,* Gewissensbisse *mpl;* ■**to have no ~ about sth** keine Skrupel wegen einer S. *gen* haben

com·pu·ta·tion [ˌkɒmpjə'teɪʃᵊn, AM ˌkɑːm-] *n* Berechnung *f,* Kalkulation *f*

com·pu·ta·tion·al [ˌkɒmpjə'teɪʃᵊnᵊl, AM ˌkɑːm-] *adj* Computer-

com·pute [kəm'pjuːt] *vt* ■**to ~ sth** etw berechnen [*o* errechnen] ❷ AM **that doesn't ~** das ergibt keinen Sinn, das ist unlogisch

com·put·er [kəm'pjuːtəʳ, AM -t̬ɚ] *n* Computer *m,* Rechner *m;* **to do sth by** [*or* **on**] **~** etw mit dem Computer bearbeiten; **to record sth on ~** etw mit dem Computer erfassen

com·put·er·ate [kəmˌpjuːtᵊrət, AM -t̬ɚ-] *adj* **to be ~** sich *akk* mit Computern auskennen

com·'put·er cen·ter AM, **com·put'·er cen·tre** *n* Rechenzentrum *nt* **com·'put·er crime** *n* ❶ *no pl* (*phenomenon*) Computerkriminalität *f* ❷ (*act*) Straftat *f* mit dem Computer, Computerverbrechen *nt* **com·put·er 'dat·ing** *n no pl* Partnertreff *m* via Computer **com·'put·er freak** *n* Computerfreak *m* **com·'put·er game** *n* Computerspiel *nt* **com·put·er·gen·er·at·ed** [ˌkɒmpjuːtə'dʒenəreɪtɪd, AM ˌkɑːmpjuːt̬ɚ'-] *adj inv* computeranimiert, computergeneriert **com·put·er 'graph·ics** *n + sing/pl vb* Computergrafik *f* **com·put·er 'hard·ware** *n no pl* [Computer]hardware *f*

com·put·eri·za·tion [kəmˌpjuːtᵊraɪ'zeɪʃᵊn, AM -t̬ɚɪ'-] *n no pl* ❶ (*computer storage*) Computerisierung *f;* **~ of data** elektronische Datenspeicherung ❷ (*equipping with computers*) Ausrüstung *f* mit Computern, Umstellung *f* auf EDV

com·put·er·ize [kəm'pjuːtᵊraɪz, AM -t̬əraɪz] **I.** *vt* ■**to ~ sth** ❶ (*store on computer*) etw [im Computer] speichern ❷ (*equip with computers*) etw computerisieren [*o* auf EDV umstellen] **II.** *vi* auf EDV umstellen

com·put·er-'lit·er·ate *adj* mit EDV-Kenntnissen; **to be ~** sich *akk* mit Computern auskennen **com·put·er 'net·work** *n* Rechnernetz *nt,* Netzwerk *nt* **com·put·er 'pro·gram** *n* Computerprogramm *nt* **com·put·er 'pro·gram·mer** *n* Programmierer(in) *m(f)* **com·put·er 'sci·ence** *n no pl* Informatik *f;* **~ course** Informatikkurs *m* **com·put·er 'sci·en·tist** *n* Informatiker(in) *m(f)* **com·'put·er search** *n* Recherche *f* am Computer; **to conduct a ~** per Computer recherchieren **com·put·er simu·'la·tion** *n* Computersimulation *f* **com·put·er 'soft·ware** *n no pl* [Computer]software *f* **com·'put·er sys·tem** *n* Computersystem *nt* **com·put·er to·'mog·ra·phy** *n* MED Computertomographie *f* **com·put·er 'vi·rus** *n* Virus *m* **com·put·er 'work·sta·tion** *n* Computerarbeitsplatz *m*

com·put·ing [kəm'pjuːtɪŋ, AM -t̬ɪŋ] *n no pl* ❶ (*calculating*) Berechnen *nt,* Kalkulieren *nt* ❷ COMPUT EDV *f;* **distributed** [*or* **community**] **~** Rechnen *nt* in einem Netzwerk; **distributed-~ network** Netzwerk *nt*

com·rade ['kɒmreɪd, AM 'kɑːmræd] *n* ❶ (*dated: friend*) Kamerad(in) *m(f)* ❷ POL [Partei]genosse, -in *m, f;* **dear ~s ...** liebe Genossinnen, liebe Genossen ... ❸ (*fellow trade-unionist*) [Gewerkschafts]genosse, -in *m, f*

com·rade-in-'arms <*pl* comrades-> *n* Kriegskamerad *m,* Waffenbruder *m geh*

com·rade·ly ['kɒmreɪdli, AM 'kɑːmræd-] *adj* kameradschaftlich

com·rade·ship ['kɒmreɪdʃɪp, AM 'kɑːmræd-] *n no pl* Kameradschaft *f;* **spirit of ~** Kameradschaftsgeist *m*

con¹ [kɒn, AM kɑːn] **I.** *vt* <-nn-> (*fam*) **to ~ one's way into a building** sich *akk* in ein Gebäude einschleichen; ■**to ~ sb** jdn reinlegen *fam;* ■**to ~ sb into doing sth** jdn [mit Tricks] dazu bringen, etw zu tun; **to ~ sb into believing** [*or* **thinking**] **that ...** jdm weismachen wollen [*o* vorschwindeln], dass ...; ■**to ~ sb out of sth** [*or* **sth out of sb**] *money, savings* jdm etw abluchsen *fam,* jdn um etw *akk* bringen *fam* **II.** *n* ❶ (*trick*) Schwindel *m kein pl,* Bauernfängerei *f kein pl;* **it's just a ~!** das ist alles ein ausgemachter Schwindel! ❷ (*sl: convict*) Knacki *m sl,* Knastbruder *m fam*

con² [kɒn, AM kɑːn] *n usu pl* (*fam: disadvantage*) **the pros and ~s** das Für und Wider, das Pro und Kontra

Con *adj abbrev of* **conservative I. 3**

'con art·ist *n* Schwindler(in) *m(f);* (*high-class pretender*) Hochstapler(in) *m(f)*

con·cat·ena·tion [kənˌkætə'neɪʃᵊn, AM -ˌkæt̬ə-] *n* Verkettung *f*

con·cave ['kɒnkeɪv, AM kɑːn'keɪv] *adj* nach innen gewölbt, konkav *geh;* **~ lens** Konkavlinse *f*

con·cav·ity [kɒn'kævəti, AM kɑːn'kævət̬i] *n no pl* SCI Konkavität *f fachspr*

con·ceal [kən'siːl] *vt* ■**to ~ sth** [**from sb**] etw [vor jdm] verbergen [*o* verheimlichen]; **to ~ evidence** Beweismaterial zurückhalten [*o* unterschlagen]; **to ~ information from sb** jdm Informationen vorenthalten; **to ~ one's surprise** seine Überraschung verbergen; **to ~ the truth** die Wahrheit verschweigen

con·cealed [kən'siːld] *adj* verborgen, versteckt; **~ entrance** verborgener Eingang; **~ lighting** indirekte Beleuchtung; **~** [**security**] **camera** versteckte [Überwachungs]kamera

con·ceal·er [kən'siːləʳ, AM -ɚ] *n* (*stick*) Abdeckstift *m;* (*cream*) Abdeckcreme *f*

con·ceal·ment [kən'siːlmənt] *n no pl* Verheimlichung *f; of evidence, information* Verschweigen *nt,* Zurückhalten *nt; of feelings* Verbergen *nt;* **to watch sth from a place of ~** etw von einem Versteck aus beobachten

con·cede [kən'siːd] **I.** *vt* ❶ (*acknowledge*) ■**to ~ sth** etw zugeben [*o* einräumen]; **to ~ defeat** eine Niederlage eingestehen, sich *akk* geschlagen geben ❷ (*surrender*) ■**to ~ sth** *authority, power* etw aufgeben; **to ~ independence to a country** einem Land die Unabhängigkeit zugestehen; **to ~ a territory** ein Gebiet abtreten ❸ (*grant*) ■**to ~ sth** *privilege, right* etw einräumen ❹ SPORTS **to ~ a goal** ein Tor kassieren *fam;* **to ~ a match/point** ein Spiel/einen Punkt abgeben **II.** *vi* sich *akk* geschlagen geben, kapitulieren

con·ceit [kən'siːt] *n* ❶ *no pl* (*vanity*) Einbildung *f;* **to be full of ~** schrecklich eingebildet sein *fam* ❷ (*liter: elaborate metaphor*) Konzetto *nt meist pl fachspr*

con·ceit·ed [kən'siːtɪd, AM -t̬-] *adj* (*pej*) eingebildet; **without wishing to sound ~ ...** ohne eingebildet klingen zu wollen, ...

con·ceiv·able [kən'siːvəbl̩] *adj* vorstellbar, denkbar; **it's hardly ~ that ...** es ist kaum vorstellbar, dass ...; **by every ~ means** mit allen [nur] erdenklichen Mitteln; **in every ~ place** an jedem erdenklichen Ort; **the best plan ~** der denkbar beste Plan

con·ceiv·ably [kən'siːvəbli] *adv inv* möglicherweise; **~ the best/worst** der/die/das denkbar Beste/Schlechteste

con·ceive [kən'siːv] **I.** *vt* ❶ (*conceptualize*) ■**to ~ sth** auf etw *akk* kommen, sich *dat* etw einfallen lassen; **to ~ an idea/a plan** eine Idee/einen Plan haben ❷ (*create*) ■**to ~ sth** etw entwerfen [*o* konzipieren] ❸ (*imagine*) ■**to ~ sth** sich *dat* etw vorstellen ❹ (*become pregnant with*) **to ~ a baby/child** ein Baby/Kind empfangen **II.** *vi* ❶ (*imagine*) ■**to ~ of sth** sich *dat* etw vorstellen; ■**to ~ of sb/sth as sth** jdn/etw für etw *akk* halten ❷ (*devise*) ■**to ~ of sth** auf etw *akk* kommen; **to ~ of an idea for sth** eine Idee für etw *akk* haben ❸ (*become pregnant*) empfangen

con·ceived [kən'siːvd] *adj* **ill-/well-~** schlecht/gut durchdacht

con·cen·trate ['kɒn(t)sᵊntreɪt, AM 'kɑːn(t)-] **I.** *vi* ❶ (*focus one's thoughts*) ■**to ~** [**on sth**] sich *akk* [auf etw *akk*] konzentrieren ❷ (*come together*) sich *akk* sammeln **II.** *vt* ❶ (*focus*) **the police are concentrating their search in the area around the school** die Polizei konzentriert ihre Suche auf das Gebiet um die Schule herum; **to ~ one's mind on sth** sich *akk* auf etw *akk* konzentrieren; **to ~ one's thoughts on sth** seine Gedanken auf etw *akk* konzentrieren ❷ (*accumulate*) ■**to ~ sth** etw konzentrieren [*o* ansammeln]; **most of the country's population is ~d in the north** der Großteil der Bevölkerung ballt sich im Norden; **to ~ forces/troops** Streitkräfte/Truppen zusammenziehen [*o* konzentrieren] ❸ CHEM ■**to ~ sth** etw konzentrieren **III.** *n* ❶ CHEM, FOOD Konzentrat *nt;* **fruit juice/tomato ~** Fruchtsaft-/Tomatenkonzentrat *nt* ❷ GEOL angereichertes Erz

con·cen·trat·ed ['kɒn(t)sᵊntreɪtɪd, AM 'kɑːn(t)sᵊntreɪṭ-] *adj* ❶ (*focused*) konzentriert; **a ~ attack** ein geballter Angriff; **to make a ~ effort** eine gezielte Anstrengung unternehmen ❷ (*not diluted*) konzentriert; **~ juice** Saftkonzentrat *nt;* **~ solution** CHEM konzentrierte Lösung

con·cen·tra·tion [ˌkɒn(t)sᵊn'treɪʃᵊn, AM ˌkɑːn(t)-] *n* ❶ *no pl* (*mental focus*) Konzentration *f* (**on** auf +*akk*); **powers of ~** Konzentrationsfähigkeit *f;* **intense ~** äußerste Konzentration; **to lose [one's] ~** sich *akk* nicht mehr konzentrieren können ❷ (*accumulation*) Konzentrierung *f,* Zusammenballung *f; of cases* Häufung *f; of troops* Zusammenziehung *f;* **~s of police** verstärktes Polizeiaufgebot; **~ of power** Machtkonzentration *f* ❸ CHEM Konzentration *f;* **~ of lead** Bleigehalt *m*

con·cen·'tra·tion camp *n* Konzentrationslager *nt* **con·cen·'tra·tion span** *n* Konzentrationsspanne *f*

con·cen·tric [kən'sentrɪk] *adj* konzentrisch

con·cept ['kɒnsept, AM 'kɑːn-] *n* ❶ (*abstract idea*) Vorstellung *f,* Idee *f* (**of** von +*dat*); **I don't think you have any ~ of what this means** ich glaube, du verstehst überhaupt nicht, was das bedeutet; **~ of beauty** Schönheitsbegriff *m,* Schönheitsideal *nt* ❷ (*plan*) Entwurf *m,* Konzept *nt,* Plan *m* (**of** für +*akk*); **to grasp a ~** ein Konzept [*o* eine Idee] begreifen

'con·cept car *n* Konzeptauto *nt fachspr* (*futuristisches Automodell*)

con·cep·tion [kən'sepʃᵊn] *n* ❶ (*basic understanding*) Vorstellung *f;* **she has a ~ of people as being basically good** sie hält die Menschen für grundsätzlich gut ❷ (*idea*) Idee *f,* Konzept *nt;* (*creation*) Konzeption *f,* Entwurf *m;* **~ of the world** Weltbild *nt* ❸ *no pl* BIOL Empfängnis *f,* Konzeption *f fachspr*

con·cep·tual [kən'septʃuəl] *adj* konzeptuell *geh;* (*reflecting concepts also*) begrifflich

con·cep·tu·al·ize [kən'septʃuəlaɪz] **I.** *vi* [begrifflich] denken **II.** *vt* ■**to ~ sth** etw begrifflich erfassen

con·cern [kən'sɜːn, AM -'sɜːrn] **I.** *vt* ❶ (*apply to*) ■**to ~ sb** jdn angehen [*o* betreffen]; (*affect*) jdn betreffen; ■**to ~ oneself with sth** (*take an interest in*) sich *akk* mit etw *dat* befassen; **you don't need to ~ yourself with this matter** Sie brauchen sich um diese Angelegenheit nicht zu kümmern ❷ (*be about*) ■**to ~ sb/sth** von jdm/etw handeln; ■**to be ~ed with sth** von etw *dat* handeln, etw [thematisch] behandeln ❸ (*worry*) ■**to ~ sb** jdn beunruhigen; ■**to ~ oneself** sich *dat* Sorgen machen; ■**to be ~ about sth** sich *dat* um etw *akk* Sorgen machen ▸ PHRASES: **as <u>far</u> as I'm ~ed** was mich anbelangt [*o* betrifft]; **to whom it <u>may</u> ~** *formelhafte Anrede bei amtlichen Verlautbarungen, die keinen konkreten Adressaten haben* **II.** *n* ❶ (*matter of interest*) Anliegen *nt,* Interesse *nt;* **it's no ~ of mine!** das geht mich [doch] nichts an!; **that's none of your ~** das geht dich nichts an; **the company's sole ~ is to ...** die alleinige Sorge des Unternehmens liegt darin, ...; **major ~** Hauptanliegen *nt,* Hauptinteresse *nt;* ■**to be of ~ to sb** für jdn von Interesse [*o* Bedeutung] sein ❷ (*worry*) Sorge *f,* Besorgnis *f* (**about** um +*akk*); **his ~ to appear ...** sein [eifriges] Bemühen, ... zu wirken; **~ for the safety of the two missing teenagers is growing** die Sorge um die beiden vermissten Teenager wächst beständig; **my ~ is that you're not getting your work done** ich mache mir Sorgen, dass du deine Arbeit nicht erledigt bekommst; **I have a matter of some ~ that I would like to talk to you about** es gibt da ein Problem, über das ich gern mit Ihnen sprechen würde ❸ COMM Konzern *m,* Unternehmen *nt;* **family ~** Familienunternehmen *nt;* **a going ~** ein florierendes Unternehmen; **industrial ~** Industriekonzern *m*

con·cerned [kən'sɜːnd, AM -'sɜːrnd] *adj* ❶ *inv, pred* (*involved*) betroffen; **I'd like to thank everyone ~** ich möchte allen Beteiligten danken; **it was quite a shock for all ~** es war für alle Betroffenen ein ziemlicher Schock; **I'm not very good where money is ~** in Geldangelegenheiten bin ich nicht sonderlich gut; **her job is something ~ with computers** ihre Arbeit hat irgendwie mit Computern zu tun; **the parties ~ed** die Beteiligten ❷ (*worried*) ■**to be ~ [about** [*or* **for**] **sb]** [um jdn] besorgt sein; ■**to be ~ [about** [*or* **for**] **sth]** [wegen einer S. *gen*] beunruhigt sein; **I'm a bit ~ about your health** ich mache mir Gedanken um deine Gesundheit; **aren't you ~ that she might tell somebody?** haben Sie keine Angst, dass sie es jemandem erzählen könnte?; **he was ~ to hear that ...** er vernahm mit Sorge, dass ...; **~ parents** besorgte Eltern

con·cern·ed·ly [kən'sɜːnɪdli, AM -'sɜːrn-] *adv* besorgt, beunruhigt

con·cerning [kən'sɜːnɪŋ, AM -'sɜːrn-] *prep* (*form*) bezüglich +*gen*

con·cert ['kɒnsət, AM 'kɑːnsɚt] **I.** *n* ❶ MUS Konzert *nt;* **to give a ~** ein Konzert geben; **in ~** live ❷ (*form*) **in ~** gemeinsam; *voices* im Chor; **in ~ with sb** in Übereinstimmung [*o* Abstimmung] mit jdm; **to act in ~** zusammenarbeiten **II.** *n modifier* (*hall, pianist*) Konzert-; **~ band** [konzertierende] Musikkapelle; **~ performance** Konzert *nt;* **~ tour** [Konzert]tournee *f;* **~ version** Konzertstück *nt*

con·cert·ed [kən'sɜːtɪd, AM -'sɜːrṭɪd] *adj usu attr* ❶ (*joint*) gemeinsam, gemeinschaftlich; POL konzertiert *geh;* **~ attack** vereinter Angriff; **~ exercise** gemeinsame Übung ❷ (*resolute*) *attempt, effort* entschlossen

'con·cert-goer *n* Konzertgänger(in) *m(f),* Konzertbesucher(in) *m(f)* **con·cert 'grand** *n* Konzertflügel *m*

con·cer·ti [kən'tʃeəti, AM -'tʃerṭi] *n* MUS *pl of* **concerto**

con·cer·ti·na [ˌkɒn(t)sə'tiːnə, AM 'kɑːn(t)sɚ-] **I.** *n* Konzertina *f fachspr,* Ziehharmonika *f* **II.** *vi* BRIT, AUS sich *akk* [ziehharmonikaförmig] zusammenschieben **III.** *vt* BRIT, AUS ■**to ~ sth** etw zusammendrücken [*o* zusammenschieben]

con·cer·'ti·na file *n* BRIT Schriftenordner *m* (*mit halbkreisförmig angeordneten Fächern zum Auffächern*) **con·cer·'ti·na wire** *n* MIL Stacheldrahtrolle *f* (*zum verhaumäßigen Auseinanderziehen*)

'con·cert·mas·ter *n esp* AM Konzertmeister(in) *m(f)*

con·cer·to <*pl* -s *or* -ti> [kən'tʃeətəʊ, *pl* -ti, AM -'tʃerṭoʊ, *pl* -ṭi] *n* Konzert *nt,* Concerto *nt fachspr;* **Mozart's ~ for flute** Mozart-Konzert *nt* für Querflöte

'con·cert pitch *n* MUS Kammerton *m* ▸ PHRASES: **to <u>be</u> at ~** in Höchstform sein

con·ces·sion [kən'seʃᵊn] *n* ❶ (*compensation*) Zugeständnis *nt;* **as a ~** als Ausgleich ❷ (*compromise*) Zugeständnis *nt;* **to make a ~ [to sb]** ein Zugeständnis [an jdn] machen ❸ (*consideration*) Berücksichtigung *f kein pl;* **to make no ~ to sth** auf etw *akk* keine Rücksicht nehmen ❹ (*admission of defeat*) Eingeständnis *nt* [einer Niederlage] ❺ ECON Konzession *f,* Lizenz *f;* **to have a ~ to sell goods** eine Verkaufskonzession haben ❻ LAW **~ of land** Landverleihung *f*

con·ces·sion·aire [kənˌseʃᵊn'eəʳ, AM -'er] *n* ECON, LAW Konzessionär(in) *m(f),* Konzessionsinhaber(in) *m(f)*

con·ces·sion·ary [kən'seʃᵊnᵊri, AM -ʃəneri] *adj* ❶ ECON Konzessions-, lizenziert ❷ (*reduced*) **~ price** [*or* **rate**]/**ticket** verbilligter Preis/verbilligtes Ticket

con·ces·sive 'clause [kənˌsesɪv'klɔːz, AM -klɑːz] *n* LING Konzessivsatz *m fachspr*

conch <*pl* -es> [kɒn(t)ʃ, AM kɑːŋk, kɑːntʃ] *n* Trompetenschnecke *f;* (*mythology*) Tritonshorn *nt*

con·chie ['kɒnʃi] **I.** *n* ❶ AUS (*fam: overly conscientious person*) Streberling *m pej fam* ❷ BRIT (*pej fam: conscientious objector*) Kriegsdienstverweigerer *m* **II.** *adj* AUS (*fam*) übereifrig, streberhaft *pej*

con·ci·erge [ˌkɒnsi'eəʒ, AM kɑːn'sjerʒ] *n* Portier *m,* Empfangschef(in) *m(f)*

con·cili·ate [kən'sɪlieɪt] **I.** *vi* schlichten; **to ~ between two sides involved** zwischen zwei Konfliktparteien vermitteln

II. *vt* ❶ (*placate*) ■**to ~ sb** jdn besänftigen [*o* beschwichtigen] ❷ (*dated: reconcile*) **to ~ views/theories** Ansichten/Theorien miteinander in Einklang bringen

con·cili·ation [kən,sɪli'eɪʃən] *n no pl* (*form*) ❶ (*reconciliation*) Besänftigung *f,* Beschwichtigung *f* ❷ (*mediation*) Schlichtung *f*

con·cili·'ation board *n* Schlichtungskommission *f,* Schlichtungsstelle *f*

con·cilia·tory [kən'sɪliətəri, AM -tɔ:ri] *adj* versöhnlich; (*mediating*) beschwichtigend

con·cise [kən'saɪs] *adj* präzise, exakt; *answer, writing also* kurz und bündig; *style also* knapp

con·cise·ly [kən'saɪsli] *adv* prägnant, kurz und bündig, präzise

con·cise·ness [kən'saɪsnəs] *n,* **con·ci·sion** [kən'sɪʒən] *n no pl* Prägnanz *f,* Knappheit *f*

con·clave ['kɒŋkleɪv, AM 'kɑ:n-] *n* (*form*) ❶ COMM, POL Klausur[tagung] *f* ❷ REL Konklave *nt*

con·clude [kən'klu:d] **I.** *vi* enden, schließen; **"well, that's all I have to say," he ~d** „so, mehr habe ich nicht zu sagen", meinte er abschließend **II.** *vt* ❶ (*finish*) ■**to ~ sth [with sth]** *speech* etw [mit etw *dat*] [ab]schließen [*o* beenden] ❷ (*determine*) ■**to ~ sth** etw beschließen; **we talked all night, but nothing was ~d** wir redeten die ganze Nacht, kamen aber zu keinem Ergebnis ❸ (*infer*) ■**to ~ [from sth] that ...** [aus etw *dat*] schließen [*o* schlussfolgern], dass ... ❹ LAW **to ~ an agreement/a peace treaty** ein Abkommen/einen Friedensvertrag schließen; **to ~ a contract** einen Vertrag abschließen

con·clud·ing [kən'klu:dɪŋ] *adj* abschließend; **~ chapter/remark** Schlusskapitel *nt*/-bemerkung *f;* **~ episode** letzte Episode

con·clu·sion [kən'klu:ʒən] *n* ❶ (*end*) Abschluss *m; of a story* Schluss *m;* **in ~** zum Abschluss, abschließend ❷ (*decision*) Entschluss *m;* **to come to a ~** einen Beschluss fassen; **to reach a ~** zu einem Entschluss gelangen ❸ (*inference*) Schluss *m,* Schlussfolgerung *f;* **to come to/draw** [*or* **reach**] **the ~ that ...** zu dem Schluss kommen/gelangen, dass ... ❹ LAW Abschluss *m;* **~ of a contract/deal** Vertrags-/Geschäftsabschluss *m*

con·clu·sive [kən'klu:sɪv] *adj* ❶ (*convincing*) *arguments, facts* schlüssig, überzeugend ❷ (*decisive*) eindeutig; **~ evidence** stichhaltiges Beweismaterial; **~ proof** eindeutiger Beweis; **~ test** beweiskräftiger Test

con·clu·sive·ly [kən'klu:sɪvli] *adv* ❶ (*convincingly*) *argue* schlüssig; *demonstrate* überzeugend ❷ (*decisively*) *show* eindeutig; *prove* stichhaltig

con·coct [kən'kɒkt, AM -'kɑ:kt] *vt* ❶ (*mix*) **to ~ a dish** ein Gericht zusammenstellen; **to ~ a drink** ein Getränk mixen ❷ (*devise*) ■**to ~ sth** (*in a story, tale*) sich *dat* etw ausdenken; (*as excuse, explanation, lie*) sich *dat* etw zurechtbasteln *fam;* **to ~ a plan** einen Plan aushecken

con·coc·tion [kən'kɒkʃən, AM -'kɑ:k-] *n* ❶ (*dish*) Kreation *f;* (*drink also*) Gebräu *nt hum o pej* ❷ (*fabrication*) **a ~ of lies** ein Lügengewebe *nt*

con·comi·tant [kən'kɒmɪtənt, AM -'kɑ:mət̬ənt] **I.** *adj* einhergehend; ■**to be ~ with sth** von etw *dat* begleitet werden, mit etw *dat* einhergehen; **~ circumstances** Begleitumstände *mpl* **II.** *n* (*form*) Begleiterscheinung *f*

con·comi·tant·ly [kən'kɒmɪtəntli, AM -'kɑ:mət̬ənt-] *adv* begleitend

con·cord ['kɒŋkɔ:d, AM 'kɑ:nkɔ:rd] *n no pl* (*form*) ❶ (*harmony*) Eintracht *f;* **to live in ~ [with sb]** [mit jdm] in Eintracht leben ❷ LING Kongruenz *f fachspr*

con·cord·ance [kən'kɔ:dən(t)s, AM -'kɔ:r-] LIT **I.** *n* Konkordanz *f fachspr;* **a Bible/Shakespeare ~** eine Bibel-/Shakespearekonkordanz; **a ~ to Keats** eine Konkordanz zu den Werken von Keats **II.** *vt* ■**to ~ sth** etw in einer Konkordanz erfassen

con·cor·dat [kɒn'kɔ:dæt, AM kə:n'kɔ:r-] *n* REL Konkordat *nt*

con·course ['kɒnkɔ:s, AM 'kɑ:nkɔ:rs] *n* ❶ (*place*) Halle *f;* **station ~** Bahnhofshalle *f* ❷ (*crowd*) Menschenmenge *f*

con·crete ['kɒŋkri:t, AM 'kɑ:n-] **I.** *n no pl* Beton *m;* **reinforced ~** Stahlbeton *m,* Eisenbeton *m* ▸ PHRASES: **to be cast** [*or* **set**] **in ~** fest ausgemacht sein; **these regulations are set in ~** an diesen Bestimmungen gibt es nichts zu rütteln **II.** *n modifier* (*block, bridge, slab*) Beton-; **~ path** betonierter Weg **III.** *adj idea, suggestion, term* konkret; *evidence, proof* eindeutig **IV.** *vt* ■**to ~ sth** etw betonieren; ■**to ~ sth** ⟲ **over** etw zubetonieren

con·crete 'jun·gle *n* Betonwüste *f* **'con·crete mix·er** *n* Betonmischmaschine *f* **con·crete 'noun** *n* LING Konkretum *nt fachspr* **con·crete 'po·et·ry** *n no pl* LIT konkrete Poesie *fachspr*

con·cu·bine ['kɒŋkju:baɪn, AM 'kɑ:ŋ-] *n* (*hist*) Konkubine *f veraltet*

con·cu·pi·scence [kən'kju:pɪsən(t)s, AM *esp* kɑ:n-] *n no pl* (*liter or dated*) [sinnliche] Begierde, Lüsternheit *f,* Konkupiszenz *f fachspr*

con·cur <-rr-> [kən'kɜ:ʳ, AM -'kɜ:r] *vi* ❶ (*agree*) übereinstimmen; **to ~ with sb's opinion** jds Meinung *f* zustimmen; ■**to ~ with sb [in** [*or* **on**] **sth]** jdm [in etw *dat*] beipflichten; ■**to ~ with one another** sich *dat* einig sein; ■**to ~ that ...** sich *dat* einig sein, dass ... ❷ (*form: happen simultaneously*) zusammentreffen, sich gleichzeitig ereignen

con·cur·rence [kən'kʌrən(t)s] *n no pl* (*form*) ❶ (*agreement*) Übereinstimmung *f,* [wechselseitiges] Einverständnis ❷ (*simultaneous occurrence*) Zusammentreffen *nt*

con·cur·rent [kən'kʌrənt] *adj* ❶ (*simultaneous*) gleichzeitig; ■**to be ~ with sth** gleichzeitig mit etw *dat* stattfinden ❷ (*together*) gemeinsam ❸ (*in agreement*) übereinstimmend *attr*

con·cur·rent·ly [kən'kʌrəntli] *adv* ❶ (*simultaneously*) gleichzeitig ❷ (*together*) gemeinsam ❸ (*in agreement*) übereinstimmend *attr*

con·cuss [kən'kʌs] *vt usu passive* ■**to be ~ed** eine Gehirnerschütterung erleiden; (*have concussion*) eine Gehirnerschütterung haben

con·cus·sion [kən'kʌʃən] *n no pl* Gehirnerschütterung *f;* **mild ~** leichte Gehirnerschütterung; **to receive a ~** eine Gehirnerschütterung erleiden; **to suffer [from] a ~** eine Gehirnerschütterung haben

con·demn [kən'dem] *vt* ❶ (*censure*) ■**to ~ sb/sth** jdn/etw verurteilen; ■**to ~ sb for sth** jdn wegen einer S. *gen* verurteilen ❷ LAW ■**to ~ sb [to sth]** jdn [zu etw *dat*] verurteilen; **poverty had ~ed him from birth to a life of crime** (*fig*) die Armut hatte ihn von Geburt an zu einem Leben voller Verbrechen verdammt; **to be ~ed to death** zum Tode verurteilt werden; ■**to ~ sb to do sth** jdn dazu verurteilen, etw zu tun ❸ (*declare unsafe*) ■**to ~ sth** etw für unbrauchbar erklären; *food* etw für den Verzehr als ungeeignet erklären; **to ~ a build ng** ein Gebäude für unbewohnbar erklären

con·dem·na·tion [,kɒndem'neɪʃən, AM ,kɑ:n-] *n* ❶ (*reproof*) Verurteilung *f,* Verdammung *f* ❷ (*legal act*) Verurteilung *f* ❸ (*declaration as unsafe*) Untauglichkeitserklärung *f*

con·dem·na·tory [kən'demnətəri, AM -tɔ:ri] *adj* verurteilend, aburteilend; **~ glance** [*or* **look**] [äußerst] missbilligender Blick; **~ speech** vernichtende Rede; **~ tone** abfälliger Ton

con·demned [kən'demd] *adj* ❶ (*sentenced to death*) [zum Tode] verurteilt ❷ (*declared unsafe*) *food* nicht für den Verzehr geeignet; **~ building** unbewohnbares [*o* abbruchreifes] Gebäude

con·'demned cell *n* Todeszelle *f*

con·den·sa·tion [,kɒnden'seɪʃən, AM 'kɑ:n-] *n* ❶ *no pl* (*process*) *of a liquid* Kondensation *f; of a gas* Verdichtung *f* ❷ *no pl* (*droplets*) Kondenswasser *nt,* Kondensat *nt* ❸ *of a text* Verkürzung *f,* Zusammenfassung *f*

con·dense [kən'den(t)s] **I.** *vt* ❶ (*concentrate*) **to ~ a gas** ein

C

Gas komprimieren; **to ~ a liquid** eine Flüssigkeit eindicken ❷ *(form droplets from)* ■**to ~ sth** etw kondensieren ❸ *(shorten)* **to ~ a text** einen Text zusammenfassen **II.** *vi* kondensieren

con·densed [kənˈden(t)st] *adj* ❶ *(concentrated)* konzentriert ❷ *(expressed briefly)* verkürzt, komprimiert

con·densed ˈmilk *n no pl* Kondensmilch *f,* Dosenmilch *f*

con·dens·er [kənˈden(t)səʳ, AM -ɚ] *n* CHEM Kondensator *m fachspr*

con·de·scend [ˌkɒndɪˈsend, AM ˌkɑːn-] *vi* ❶ *(liter: patronize)* ■**to ~ to sb** jdn herablassend behandeln ❷ *(usu hum: lower oneself)* ■**to ~ to do sth** sich *akk* herablassen, etw zu tun *bes hum, iron*

con·de·scend·ing [ˌkɒndɪˈsendɪŋ, AM ˌkɑːn-] *adj* herablassend; **he's ~ to his staff** er behandelt seine Angestellten von oben herab

con·de·scend·ing·ly [ˌkɒndɪˈsendɪŋli, AM ˌkɑːn-] *adv* gönnerhaft

con·de·scen·sion [ˌkɒndɪˈsenʃᵊn, AM ˌkɑːn-] *n no pl* herablassende Haltung

con·di·ment [ˈkɒndɪmənt, AM ˈkɑːndə-] *n* *(spice)* Gewürz *nt;* *(sauce)* Soße *f*

con·di·tion [kənˈdɪʃᵊn] **I.** *n* ❶ *(state)* Zustand *m;* **he is in bad/good ~** er ist in schlechter/guter Verfassung [*o* schlecht/gut in Form]; **in mint** [*or* **perfect**] **~** in tadellosem Zustand; **in peak ~** in Höchstform [*o* Topform]; **in a terrible ~** in einem furchtbaren Zustand; ■**to be out of ~** nicht in Form sein; ■**to be in no ~ to do sth** nicht in der Verfassung sein, etw zu tun ❷ MED Leiden *nt;* **he's got a heart ~** er ist herzkrank ❸ *(circumstances)* ■**~s** *pl* Bedingungen *fpl,* Verhältnisse *ntpl;* **weather ~s** Wetterbedingungen *fpl;* **in** [*or* **under**] **good/bad ~s** unter guten/schlechten Bedingungen; **working ~s** Arbeitsbedingungen *fpl* ❹ *(stipulation)* Bedingung *f,* Kondition *f;* **to make** [*or* **set**] **a ~** eine Bedingung stellen; ■**on the ~ that ...** unter der Bedingung, dass ... **II.** *vt* ❶ *usu passive* PSYCH, SOZIOL ■**to ~ sb/an animal** [**to do sth**] jdn/ein Tier konditionieren[, etw zu tun] *fachspr;* ■**to be ~ed** konditioniert sein; **~ed reflex** [*or* **response**] konditionierter Reflex ❷ *(accustom)* ■**to ~ sb to sth** jdn an etw *akk* gewöhnen ❸ *(use conditioner)* **to ~ one's hair** eine Pflegespülung machen

con·di·tion·al [kənˈdɪʃᵊnᵊl] **I.** *adj* ❶ *(subject to a stipulation)* bedingt, vorbehaltlich; *(dependent)* abhängig; ■**to be ~ [up]on sth** von etw *dat* abhängen; **~ acceptance/offer** Annahme *f*/Angebot *nt* unter Vorbehalt, bedingte Annahme/bedingtes Angebot; **~ promise** vorbehaltliches Versprechen ❷ LING abhängig, bedingt **II.** *n* LING ■**the ~** der Konditional *fachspr*

con·di·tion·al·ly [kənˈdɪʃᵊnᵊli] *adv* unter [*o* mit] Vorbehalt

con·di·tion·al ˈsen·tence *n* LING Bedingungssatz *m,* Konditionalsatz *m fachspr*

con·di·tioned [kənˈdɪʃᵊnd] *adj* *(trained)* konditioniert; *(accustomed)* anerzogen; **~ reflex** konditionierter [*o* bedingter] Reflex

con·di·tion·er [kənˈdɪʃᵊnəʳ, AM -ɚ] *n no pl* ❶ *(for hair)* Pflegespülung *f* ❷ *(for clothes)* Weichspüler *m*

con·di·tion·ing [kənˈdɪʃᵊnɪŋ] *n* PSYCH *no pl* Konditionierung *f fachspr*

con·do [ˈkɑːndoʊ] *n* AM *(fam) abbrev of* **condominium** ❶ *(owned apartment)* Eigentumswohnung *f* ❷ *(apartment building)* Wohnblock *m* [mit Eigentumswohnungen]

con·dole [kənˈdəʊl, AM -ˈdoʊl] *vi* ■**to ~ with sb** jdm sein Beileid aussprechen, jdm kondolieren *geh*

con·do·lence [kənˈdəʊlən(t)s, AM -ˈdoʊ-] *n* ■**~s** *pl* Beileid *nt kein pl,* Kondolenz *f geh;* **letter of ~** Beileidsschreiben *nt,* Kondolenzbrief *m geh;* **to offer one's ~s** [**to sb**] *(form)* [jdm] sein Beileid [*o* Mitgefühl] aussprechen

con·dom [ˈkɒndɒm, AM ˈkɑːndəm] *n* Kondom *nt*

con·do·min·ium [ˌkɒndəˈmɪniəm, AM ˌkɑːn-] *n* ❶ AM *(owned apartment)* Eigentumswohnung *f;* *(apartment building)* Wohnblock *m* [mit Eigentumswohnungen] ❷ POL Kondominium *nt fachspr*

con·done [kənˈdəʊn, AM -ˈdoʊn] *vt* ■**to ~ sth** etw [stillschweigend] dulden [*o* hinnehmen]

con·dor [ˈkɒndɔːʳ, AM ˈkɑːndɑːr, -ɚ] *n* Kondor *m*

con·duce [kənˈdjuːs, AM *esp* -ˈduːs] *vi* *(form)* ■**to ~ to sth** etw *dat* dienlich [*o* förderlich] sein *geh*

con·du·cive [kənˈdjuːsɪv, AM *esp* -ˈduː-] *adj* dienlich, förderlich; ■**to be ~ to sth** etw begünstigen; ■**to not be ~ to sth** nicht förderlich für etw *akk* sein, etw *dat* nicht dienen

con·duct **I.** *vt* [kənˈdʌkt] ❶ *(carry out)* **to ~ an experiment/an inquiry/a study** ein Experiment/eine Ermittlung/eine Studie durchführen; **to ~ one's private life** sein Privatleben gestalten; **to ~ negotiations** Verhandlungen führen; **to ~ a religious service** einen Gottesdienst abhalten ❷ *(direct)* **to ~ a business/meeting** einen Betrieb/eine Besprechung leiten; **to ~ an orchestra** ein Orchester dirigieren; **to ~ traffic** [*or* BRIT **the traffic**] den Verkehr [um]leiten ❸ *(guide)* ■**to ~ sb** jdn führen; **~ed tour** Führung *f* ❹ ELEC **to ~ electricity/heat** Strom/Wärme leiten ❺ *(form: behave)* ■**to ~ oneself** sich *akk* benehmen **II.** *vi* [kənˈdʌkt] MUS dirigieren **III.** *n* [ˈkɒndʌkt, AM ˈkɑːn-] *no pl* ❶ *(behaviour)* Benehmen *nt,* Verhalten *nt; of pupils* Betragen *nt* ❷ *(form: management)* Führung *f,* Leitung *f*

con·duct·ible [kənˈdʌktəbl] *adj* ELEC leitbar

con·duc·tion [kənˈdʌkʃᵊn] *n no pl* ELEC Leitung *f*

con·duc·tive [kənˈdʌktɪv] *adj* ELEC leitend *attr;* leitfähig

con·duc·tiv·ity [ˌkɒndʌkˈtɪvəti, AM ˈkɑːndʌkˈtɪvət̬i] *n no pl* ELEC Leitfähigkeit *f*

con·duc·tor [kənˈdʌktəʳ, AM -ɚ] *n* ❶ MUS Dirigent(in) *m(f); of choir also* [musikalischer] Leiter/[musikalische] Leiterin ❷ PHYS, ELEC Leiter *m,* Konduktor *m fachspr* ❸ BRIT *(on bus)* Schaffner(in) *m(f);* AM *(on train)* Zugführer(in) *m(f)*

con·duc·tress [kənˈdʌktrəs] *n* BRIT Schaffnerin *f*

con·duit [ˈkɒndjuɪt, AM ˈkɑːnduɪt] *n* ❶ *(pipe)* [Rohr]leitung *f;* *(channel)* Kanal *m* ❷ ELEC Kabelkanal *m*

cone [kəʊn, AM koʊn] *n* ❶ MATH Kegel *m;* **~ of light** Lichtkegel *m;* **traffic ~** Leitkegel *m,* Pylon *m fachspr* ❷ FOOD Hörnchen *nt;* **ice cream ~** Eistüte *f* ❸ BOT Zapfen *m;* **fir ~** Tannenzapfen *m*

◆**cone off** *vt* ■**to ~ sth** ↻ **off** etw [mit Pylonen] absperren

co·ney [ˈkəʊni, AM ˈkoʊ-] *n* *(dated: cony)* Kaninchen *nt*

con·fab [ˈkɒnfæb, AM ˈkɑːn-] *(dated)* **I.** *n* *(fam)* [ungezwungene] Unterhaltung; **to have a ~** [**about sth**] etw [kurz] bekakeln *fam,* einen kurzen Plausch [über etw *akk*] halten SÜDD, ÖSTERR **II.** *vi* <-bb-> *(fam)* plaudern, klönen NORDD *fam,* plauschen SÜDD, ÖSTERR

con·fec·tion [kənˈfekʃᵊn] *n* *(form)* ❶ *(sweet)* Naschwerk *nt,* Zuckerwerk *nt veraltet* ❷ *(article)* modischer Artikel

con·fec·tion·er [kənˈfekʃᵊnəʳ, AM -ɚ] *n* *(baker)* Konditor(in) *m(f);* *(retailer)* Süßwarenhändler(in) *m(f)*

con·fec·tion·er's ˈsug·ar *n* AM *(icing sugar)* Puderzucker *m*

con·fec·tion·ery [kənˈfekʃᵊnᵊri, AM -ʃᵊneri] *n no pl* *(sweets)* Süßwaren *pl;* *(cakes and pastries)* Konditoreiwaren *pl;* *(chocolate)* Konfekt *nt*

con·fed·era·cy [kənˈfedᵊrəsi] *n + sing/pl vb* Konföderation *f,* Staatenbund *m;* ■**the C~** AM HIST die Konföderierten Staaten *pl* von Amerika

con·fed·er·ate [kənˈfedᵊrət] **I.** *n* ❶ *(ally)* Verbündete(r) *f(m),* Bundesgenosse, -in *m, f* ❷ *(accomplice)* Komplize, -in *m, f* ❸ AM HIST Konföderierte(r) *f(m),* Südstaatler(in) *m(f)* **II.** *n modifier* *(goals, groups, policy)* Bündnis-; AM HIST ■**C~** *(army, course, soldiers, states)* Südstaaten-

con·fed·era·tion [kənˌfedəˈreɪʃᵊn] *n + sing/pl vb* ❶ POL Bündnis *nt; of nations* Bund *m;* **~ of states** Staatenbund *m* ❷ ECON Verband *m;* **C~ of British Industry** Britischer Industrieverband [*o* Unternehmerverband]

i Kultur

Der **Confederation Day** oder *Canada Day* ist der Nationalfeiertag Kanadas und wird am 1. Juli gefeiert.

con·fer <-rr-> [kən'fɜːʳ, AM -'fɜːr] **I.** *vt* ■**to ~ sth [up]on sb** *honours, titles* jdm etw verleihen; **to ~ power/rights on sb** jdm Macht/Rechte übertragen **II.** *vi* ■**to ~ with sb** sich *akk* mit jdm beraten

con·fer·ence ['kɒnfᵊrᵊn(t)s, AM 'kɑːnfɚ-] *n* Konferenz *f*, Tagung *f* (**on** über +*akk*); **to be in ~ [with sb]** [mit jdm] in einer Besprechung sein; **to attend a ~** auf einer Konferenz sein; (*in future*) auf eine Konferenz gehen; **to convene a ~** eine Konferenz einberufen; **to hold a ~** eine Konferenz abhalten

'con·fer·ence call *n* Konferenzschaltung *f* **'con·fer·ence room** *n* Konferenzraum *m* **'con·fer·ence ta·ble** *n* Konferenztisch *m*

con·fess [kən'fes] **I.** *vi* ❶ (*admit*) zugeben, gestehen; ■**to ~ to sth** etw gestehen; ■**to ~ having done sth** gestehen, etw getan zu haben; **to ~ to a crime** ein Verbrechen gestehen; ■**to ~ to sb that ...** jdm gestehen, dass ... ❷ REL beichten **II.** *vt* ❶ (*admit*) ■**to ~ sth** etw zugeben [*o* gestehen]; **the director has ~ed himself puzzled by the company's losses** der Direktor räumte ein, angesichts der Firmenverluste vor einem Rätsel zu stehen ❷ REL ■**to ~ sth [to sb]** [jdm] etw beichten; **to ~ one's sins** seine Sünden *fpl* bekennen; **to ~ one's sins to a priest** einem Priester seine Sünden *fpl* beichten

con·fessed [kən'fest] *adj attr, inv* erklärte(r, s); **a ~ addict** *jd, der seine Sucht eingestanden hat;* **~ alcoholic/homosexual** bekennender Alkoholiker/Homosexueller/bekennende Alkoholikerin/Homosexuelle; **~ man-hater** erklärter Männerfeind/erklärte Männerfeindin

con·fess·ed·ly [kən'fesɪdli] *adv* zugegebenermaßen

con·fes·sion [kən'feʃᵊn] *n* ❶ (*admission*) Geständnis *nt; of a failure* Eingeständnis *nt;* **to have a ~ to make** etw gestehen [*o fam* beichten] müssen ❷ (*admission of a crime*) Geständnis *nt;* **to give** [*or* **make**] **a ~** ein Geständnis ablegen ❸ REL Beichte *f;* **to go to ~** zur Beichte gehen

con·fes·sion·al [kən'feʃᵊnᵊl] *n* Beichtstuhl *m*

con·fes·sor [kən'fesəʳ, AM -ɚ] *n* Beichtvater *m*

con·fet·ti [kən'feti, AM -t̬i] *n no pl* Konfetti *nt;* **to shower sb with** [*or* **in**] **~** Konfetti auf jdn niederregnen lassen; **to be showered with ~** mit Konfetti überschüttet werden

con·fi·dant ['kɒnfɪdænt, AM 'kɑːnfə-] *n* Vertraute(r) *f(m);* **a close** [*or* **intimate**] **~** ein enger Vertrauter/eine enge Vertraute

con·fi·dante ['kɒnfɪdænt, AM 'kɑːnfə-] *n* Vertraute *f*

con·fide [kən'faɪd] *vt* ❶ (*tell secrets*) ■**to ~ sth** etw gestehen; ■**to ~ [to sb] that ...** jdm anvertrauen, dass ...; (*confess*) [jdm] gestehen, dass ... ❷ (*form: entrust*) **to ~ sth to sb's care** jdm etw in gutem Glauben anvertrauen; **to ~ sb to sb's care** jdn in jds Obhut *f* geben

◆**confide in** *vi* ■**to ~ in sb** sich *akk* jdm anvertrauen

con·fi·dence ['kɒnfɪdᵊn(t)s, AM 'kɑːnfə-] *n* ❶ *no pl* (*trust*) Vertrauen *nt;* **to take sb into one's ~** jdn ins Vertrauen ziehen; **to win sb's ~** jds Vertrauen *nt* gewinnen; **in ~** im Vertrauen ❷ (*secrets*) ■**~s** *pl* Vertraulichkeiten *fpl;* **to exchange ~s** Vertraulichkeiten austauschen ❸ *no pl* (*faith*) Vertrauen *nt*, Zuversicht *f;* **to have every/much/no ~ in sb** volles [*o* vollstes]/großes/kein Vertrauen zu jdm haben; **to place** [*or* **put**] **one's ~ in sb/sth** sein Vertrauen in jdn/etw setzen, auf jdn/etw bauen ❹ *kein pl* (*self-assurance*) Selbstvertrauen *nt*, Selbstbewusstsein *nt;* **to have the ~ to do sth** das Selbstbewusstsein besitzen, etw zu tun; **to lack ~** kein Selbstvertrauen haben

'con·fi·dence man *n* Trickbetrüger *m*, Schwindler *m*, Bauernfänger *m fam;* (*concerning social status*) Hochstapler *m* **'con·fi·dence trick** *n* Trickbetrug *m kein pl*, Schwindel *m kein pl*, Bauernfängerei *f kein pl fam;* (*concerning social status*) Hochstapelei *f* **'con·fi·dence trick·ster** *n* Trickbetrüger(in) *m(f)*, Schwindler(in) *m(f)*, Bauernfänger(in) *m(f) fam;* (*concerning social status*) Hochstapler(in) *m(f)*

con·fi·dent ['kɒnfɪdᵊnt, AM 'kɑːnfə-] *adj* ❶ (*certain*) zuversichtlich; **to be confident about sth** in Bezug auf etw *akk* zuversichtlich sein; ■**to be ~ of sth** von etw *dat* überzeugt sein; ■**to be ~ that ...** zuversichtlich [*o* überzeugt] sein, dass ... ❷ (*self-assured*) selbstsicher, selbstbewusst; ■**to be ~ in oneself** selbstbewusst sein

con·fiden·tial [ˌkɒnfɪ'den(t)ʃᵊl, AM ˌkɑːnfə'-] *adj* vertraulich; **he's got a very ~ manner** er geht mit allem sehr vertraulich um; **strictly ~** streng vertraulich; **to keep sth ~** etw für sich *akk* behalten; **to treat sth as ~** etw vertraulich behandeln

con·fi·den·tial com·mu·ni·'ca·tion *n* LAW vertrauliche Mitteilung

con·fi·den·ti·al·ity [ˌkɒnfɪdən(t)ʃi'æləti, AM ˌkɑːnfədən(t)ʃi'ælət̬i] *n no pl* Vertraulichkeit *f*, Diskretion *f*

con·fi·den·tial·ly [ˌkɒnfɪ'dən(t)ʃᵊli, AM ˌkɑːnfə'-] *adv* vertraulich; **to tell sb sth ~** jdm etw im Vertrauen sagen

con·fi·dent·ly ['kɒnfɪdᵊntli, AM 'kɑːnfə-] *adv* ❶ (*self-assuredly*) selbstbewusst, selbstsicher ❷ (*with trust*) vertrauensvoll, zuversichtlich

con·fid·ing [kən'faɪdɪŋ] *adj* vertrauensvoll

con·fid·ing·ly [kən'faɪdɪŋli] *adv* vertrauensvoll

con·figu·ra·tion [kənˌfɪgə'reɪʃᵊn, AM *and Brit also* -ˌfigjə-] **I.** *n* ❶ (*ordered arrangement*) Anordnung *f*, Gruppierung *f;* **the ~ of the stars** die Stellung der Sterne ❷ COMPUT Konfiguration *f* ❸ CHEM Struktur *f*, Gestalt *f* **II.** *n modifier* COMPUT (*button, file, mode*) Konfigurations-

con·fig·ure [kən'fɪgəʳ, AM -'figjɚ] *vt* ❶ COMPUT ■**to ~ sth** etw konfigurieren ❷ (*put together*) ■**to ~ sth** etw konfigurieren; **the navy is configuring old merchant ships as troop transports** die Navy funktioniert alte Handelsfrachter in Truppentransporter um

con·fine I. *vt* [kən'faɪn] ❶ (*restrict*) ■**to ~ sth to sth** *discussion, use* etw auf etw *akk* beschränken; **you are asked to ~ your use of the telephone to business calls alone** bitte nutzen Sie Ihr Telefon nur für geschäftliche Telefonate; ■**to be ~d to sth** auf etw *akk* beschränkt sein; **it's an attitude which seems to be ~d to the upper classes** eine solche Haltung wird anscheinend nur von den oberen Schichten vertreten ❷ (*shut in*) ■**to ~ sb** jdn einsperren; (*imprison also*) jdn inhaftieren; **he was ~d to the house all day** er war den ganzen Tag ans Haus gefesselt; **to be ~d to quarters** MIL Ausgangssperre haben **II.** *n* ['kɒnfaɪn, AM 'kɑːn-] ■**the ~s** *pl* die Grenzen *fpl;* **to be beyond the ~s of sb's understanding** jds Horizont *m* überschreiten

con·fine·ment [kən'faɪnmənt] *n* ❶ *no pl* (*act of confining*) Einsperren *nt;* (*state of being confined*) Eingesperrtsein *nt;* (*restriction*) Gebundenheit *f;* (*imprisoning*) Inhaftierung *f;* (*imprisonment*) Haft *f;* **~ to quarters** MIL Ausgangssperre *f* ❷ MED (*dated*) Niederkunft *f veraltet geh*

con·fin·ing [kən'faɪnɪŋ] *adj* einengend *attr*, einschränkend *attr*

con·firm [kən'fɜːm, AM -'fɜrm] **I.** *vt* ❶ (*verify*) ■**to ~ sth** etw bestätigen; ■**to ~ that ...** bestätigen, dass ... ❷ (*strengthen*) **to ~ sb's faith** jdn in seinem Glauben bestärken; **to ~ sb's feelings/suspicion** jds Gefühle *ntpl*/Verdacht *m* erhärten; **to ~ sb's opinion** jds Meinung *f* bekräftigen ❸ *usu passive* REL ■**to be ~ed** (*into Roman Catholic Church*) gefirmt werden; (*into Protestant Church*) konfirmiert werden **II.** *vi* bestätigen; **to ~ by telephone/in writing** telefonisch/schriftlich bestätigen

con·fir·ma·tion [ˌkɒnfə'meɪʃᵊn, AM ˌkɑːnfɚ-] *n* ❶ (*verification*) Bestätigung *f;* **letter of ~** schriftliche Bestätigung ❷ *no pl* (*corroboration*) *of news, a rumour* Bestätigung *f; of a suspicion* Erhärtung *f* ❸ REL (*into Roman Catholic Church*) Firmung *f;* (*into Protestant Church*) Konfirmation *f*

con·fir·'ma·tion class *n* (*in Roman Catholic Church*) Firmun-

C

terricht *m;* (*in Protestant Church*) Konfirmandenstunde *f*

con·firmed [kənˈfɜːmd, AM -ˈfɜrmd] *adj attr* ❶ (*firmly established*) erklärt, ausgesprochen; ~ **alcoholic** chronischer Alkoholiker/chronische Alkoholikerin; ~ **atheist/non-smoker** überzeugter Atheist/Nichtraucher/überzeugte Atheistin/Nichtraucherin; ~ **bachelor** eingefleischter Junggeselle; ~ **invalid** Schwerbeschädigte(r) *f(m)* ❷ (*proved*) bestätigt

con·fis·cate [ˈkɒnfɪskeɪt, AM ˈkɑːnfə-] *vt* ■**to** ~ **sth** [**from sb**] etw [von jdm] beschlagnahmen [*o geh* konfiszieren]

con·fis·ca·tion [ˌkɒnfɪˈskeɪʃᵊn, AM ˌkɑːnfəˈ-] *n* Beschlagnahme *f,* Konfiszierung *f geh*

con·fla·grant [kənˈfleɪgrᵊnt] *adj* brennend *attr,* feurig *a. fig*

con·fla·gra·tion [ˌkɒnfləˈgreɪʃᵊn, AM ˌkɑːn-] *n* (*form*) Feuersbrunst *f geh,* Großbrand *m;* (*fig*) Katastrophe *f*

con·flate [kənˈfleɪt] *vt* ■**to** ~ **sth** *texts, stories* etw zusammenfassen

con·fla·tion [kənˈfleɪʃᵊn] *n* Verschmelzung *f; of texts* Zusammenfassung *f*

con·flict **I.** *n* [ˈkɒnflɪkt, AM ˈkɑːn-] ❶ (*clash*) Konflikt *m;* ~ **of interests** Interessenskonflikt *m;* **to be in** ~ **with sb** mit jdm im Streit liegen; **to come** [*or* **enter**] **into** ~ **with sb** mit jdm in Konflikt geraten ❷ (*battle*) Kampf *m,* Zusammenstoß *m;* **there have been several** ~**s between the two countries** zwischen den beiden Ländern gab es mehrere kämpferische Auseinandersetzungen **II.** *vi* [kənˈflɪkt] ■**to** ~ **with sb** mit jdm im Konflikt liegen; **to** ~ **with each other** sich gegenseitig widersprechen; ■**to** ~ **with sth** im Widerspruch zu etw *dat* stehen

con·flict·ing [kənˈflɪktɪŋ] *adj* widersprüchlich; ~ **claims** entgegengesetzte [*o* kollidierende] Ansprüche *mpl;* ~ **evidence** widersprüchliche Zeugenaussagen *fpl;* ~ **interests** gegensätzliche Interessen *ntpl*

con·flu·ence [ˈkɒnfluən(t)s, AM ˈkɑːn-] *n of rivers* Zusammenfluss *m*

con·flu·ent [ˈkɒnfluənt, AM ˈkɑːn-] *adj* zusammenfließend

con·flux [ˈkɒnflʌks, AM ˈkɑːn-] *n of rivers* Zusammenfluss *m*

con·form [kənˈfɔːm, AM -ˈfɔːrm] *vi* sich *akk* einfügen [*o* anpassen]; (*agree*) übereinstimmen, konform gehen *geh;* ■**to** ~ **to** [*or* **with**] **sth** etw *dat* entsprechen; (*agree*) mit etw *dat* übereinstimmen [*o geh* konform gehen]

con·form·ism [kənˈfɔːmɪzᵊm, AM -ˈfɔːrm-] *n no pl* Konformismus *m*

con·form·ist [kənˈfɔːmɪst, AM -ˈfɔːr-] **I.** *n* Konformist(in) *m(f)* **II.** *adj* konformistisch

con·form·ity [kənˈfɔːməti, AM -ˈfɔːrməţi] *n no pl* ❶ (*uniformity*) Konformismus *m* ❷ (*form: compliance*) ■**in** ~ **with sth** in Übereinstimmung mit etw *dat;* **in** ~ **with your request ...** gemäß Ihrer Bitte ...; **in** ~ **with the law** in Einklang mit dem Gesetz

con·found [kənˈfaʊnd] **I.** *vt* ❶ (*astonish*) ■**to** ~ **sb** jdn verblüffen [*o* in Erstaunen versetzen] ❷ (*confuse*) ■**to** ~ **sb** jdn verwirren ❸ (*dated: overthrow*) ■**to** ~ **sth** *prediction, theory* etw über den Haufen werfen **II.** *interj* ~ **it!** verdammt [*o* verflixt] nochmal! *fam*

con·found·ed [kənˈfaʊndɪd] *adj attr* (*dated fam*) verflixt *fam,* verflucht *fam;* ~ **man!** verflixter Kerl! *fam;* ~ **idiot** verdammter Idiot *pej fam*

con·found·ing [kənˈfaʊndɪŋ] *adj* (*form*) verwirrend

con·fra·ter·nity [ˌkɒnfrəˈtɜːnəti, AM ˌkɑːnfrəˈtɜrnəţi] *n* Bruderschaft *f*

con·frere [ˈkɒnfreəʳ, AM kɑːnˈfrer] *n* Kollege, -in *m, f*

con·front [kənˈfrʌnt] *vt* ❶ (*face*) ■**to** ~ **sth** etw *dat* begegnen; **to** ~ **a danger** einer Gefahr ins Auge sehen; **to** ~ **a difficulty/issue/problem** sich *akk* einer Schwierigkeit/einem Problem stellen; **to** ~ **an enemy** einem Feind entgegentreten ❷ *usu passive* (*compel to deal with*) jdn mit jdm/etw konfrontieren; ■**to be** ~**ed with** [*or* **by**] **sth** mit etw *dat* konfrontiert werden; **when I was** ~**ed by the TV camera, ...** als ich der Fernsehkamera gegenüberstand, ...; **as she left the court, she was** ~**ed by an angry crowd** als sie das Gericht verließ, traf sie auf eine wütende Menschenmenge; **to be** ~**ed with an accusation** sich *akk* einer Anschuldigung stellen müssen; **to be** ~**ed with a problem** vor ein Problem gestellt werden

con·fron·ta·tion [ˌkɒnfrʌnˈteɪʃᵊn, AM ˌkɑːnfrənˈ-] *n* (*hostility*) Auseinandersetzung *f,* Konfrontation *f;* (*clash*) Zusammenstoß *m;* (*during inquiry*) Gegenüberstellung *f;* **she actually enjoys** ~ sie geht gerne auf Konfrontationskurs

con·fron·ta·tion·al [ˌkɒnfrʌnˈteɪʃᵊnᵊl, AM ˌkɑːnfrənˈ-] *adj* provokativ, herausfordernd

Con·fu·cian [kənˈfjuːʃᵊn] *adj* REL konfuzianisch

Con·fu·cian·ism [kənˈfjuːʃᵊnɪzᵊm] *n* REL Konfuzianismus *m*

con·fuse [kənˈfjuːz] *vt* ❶ (*perplex*) ■**to** ~ **sb** jdn verwirren [*o* durcheinanderbringen] ❷ (*complicate, muddle*) ■**to** ~ **sth** etw [noch] verworrener machen ❸ (*misidentify*) ■**to** ~ **sb/sth with** [*or* **and**] **sb/sth** jdn/etw mit jdm/etw verwechseln; **to** ~ **dates/names** Termine/Namen durcheinanderbringen

con·fused [kənˈfjuːzd] *adj* ❶ *people* verwirrt, durcheinander ❷ *situation* verworren, konfus

con·fus·ing [kənˈfjuːzɪŋ] *adj* verwirrend

con·fu·sion [kənˈfjuːʒᵊn] *n no pl* ❶ (*perplexity*) Verwirrung *f* ❷ (*mix-up*) Verwechslung *f* ❸ (*disorder*) Durcheinander *nt,* Wirrwarr *nt;* **he threw everything into** ~ er brachte alles durcheinander; ■**to be in** ~ durcheinander sein

con·ˈfu·sion mar·ket·ing *n no pl Vertrieb von Waren oder Dienstleistungen, bei dem sich Unternehmen den Markt teilen und sich der direkte Vergleich zwischen den Anbietern erschwert*

con·fute [kənˈfjuːt] *vt* (*form*) ■**to** ~ **sb/sth** jdn/etw widerlegen

con·ga [ˈkɒŋə, AM ˈkɑːn-] *n* Conga *f*

con·geal [kənˈdʒiːl] *vi* erstarren; *glue* fest [*o* hart] werden; *blood* gerinnen

con·gealed [kənˈdʒiːld] *adj* erstarrt; *glue* fest [*o* hart] [geworden]; *blood* geronnen

con·gen·ial [kənˈdʒiːniəl, AM ˈ-njəl] *adj* ❶ (*similar*) geistesverwandt, kongenial *geh* ❷ (*attractive*) angenehm; ~ **character** ansprechendes Wesen; ~ **people** sympathische Leute

con·geni·tal [kənˈdʒenɪtᵊl, AM -əţᵊl] *adj inv* angeboren, kongenital *fachspr;* (*fig*) permanent; ~ **abnormality/heart defect** angeborene Abnormität/angeborener Herzfehler; ~ **defect** Geburtsfehler *m;* ~ **liar** Gewohnheitslügner(in) *m(f)*

con·ger eel [ˌkɒŋəʳ-, AM ˈkɑːŋɚ-] *n* Meeraal *m,* Seeaal *m*

con·gest·ed [kənˈdʒestɪd] *adj* ❶ (*overcrowded*) überfüllt; ~ **road** [*or* **street**] verstopfte Straße; ~ **town** über[be]völkerte Stadt ❷ MED verstopft; ~ **arteries** verstopfte Arterien *fpl;* ~ **lungs** Lungenstauung *f;* **to have a** ~ **nose** eine verstopfte Nase haben

con·ges·tion [kənˈdʒestʃᵊn] *n no pl* (*overcrowding*) Überfüllung *f;* (*on roads, freeways*) Stau *m;* (*blockage*) Verstopfung *f,* Stauung *f;* **nasal** ~ verstopfte Nase

con·ˈges·tion charge *n* City-Maut *f*

con·glom·er·ate [kənˈglɒmᵊreɪt, AM -ˈglɑːməreɪt] *n* ECON, GEOL Konglomerat *nt;* **industrial** ~ Industriekonglomerat *nt*

con·glom·era·tion [kənˌglɒmᵊˈreɪʃᵊn, AM -ˌglɑːməˈ-] *n* Ansammlung *f*

Con·go [ˈkɒŋgəʊ, AM ˈkɑːŋgoʊ] *n* ■**the C**~ der Kongo

Con·go·lese [ˌkɒŋgə(ʊ)ˈliːz, AM ˌkɑːŋgə-] **I.** *adj* kongolesisch **II.** *n* <*pl* -> ❶ (*person*) Kongolese, -in *m, f* ❷ *no pl* (*language*) Kongolesisch *nt*

con·gratu·late [kənˈgrætʃʊleɪt, AM -ˈgrætʃə-] *vt* ■**to** ~ **sb** [**on sth**] (*wish well*) jdm [zu etw *dat*] gratulieren; (*praise, applaud*) jdm [zu etw *dat*] gratulieren, jdn [zu etw *dat*] beglückwünschen; (*be proud*) ■**to** ~ **oneself for** [*or* **on**] **sth** sich *akk* zu etw *dat* beglückwünschen; **I** ~ **myself for giving up smoking** ich bin stolz darauf, das Rauchen aufgegeben zu haben; ■**to be** ~**d for sth** für etw *akk* gelobt werden

con·gratu·la·tion [kənˌgrætʃʊˈleɪʃᵊn, AM -əˈ-] *n no pl* Gratulation *f,* Glückwunsch *m;* **note of** ~ Glückwunschschreiben *nt;* **he**

sent her a note of ~ on her election victory er gratulierte ihr schriftlich zu ihrem Wahlsieg

con·gratu·la·tions [kənˌgrætʃʊˈleɪʃənz, AM -əˈ-] *npl* Glückwunsch *m*, Glückwünsche *mpl;* **~!** gratuliere!, Glückwunsch!; **~ on your graduation/promotion!** herzlichen Glückwunsch zur bestandenen Prüfung/zur Beförderung!; **[our] ~ to sb** [unsere] Glückwünsche an jdn; **to extend** [*or* **offer**] **one's ~ to sb** jdm gratulieren, jdn beglückwünschen

con·gratu·la·tory [kənˌgrætʃʊˈleɪtəri, AM -ˈgrætʃələtɔːri] *adj* Glückwunsch-; **~ card** Glückwunschkarte *f* (**for/on** zu +*dat*); **~ remark** anerkennende Bemerkung; **~ speech** Festrede *f*

con·gre·gate [ˈkɒŋgrɪgeɪt, AM ˈkɑːŋ-] *vi* sich *akk* sammeln; (*for event*) sich *akk* versammeln

con·gre·ga·tion [ˌkɒŋgrɪˈgeɪʃən, AM ˌkɑːŋ-] *n + sing/pl vb* ❶ (*attending church*) [Kirchen]gemeinde *f* ❷ (*of cardinals*) Kongregation *f* ❸ (*conference*) Versammlung *f* ❹ *no pl* (*gathering*) Ansammlung *f*, Auflauf *m* ❺ *no pl* (*of people in cities*) Zusammenballung *f*

con·gre·ga·tion·al [ˌkɒŋgrɪˈgeɪʃənəl, AM ˌkɑːŋ-] *adj* Gemeinde-; **~ hymnal** Gemeindegesangbuch *nt*

con·gress [ˈkɒŋgres, AM ˈkɑːŋ-] *n* Kongress *m;* (*conference*) Tagung *f;* **party ~** Parteikongress *m*, Parteitag *m;* **an annual/a biennial ~** eine jährliche/zweijährliche Tagung; **medical ~** Ärztekongress *m;* **musical ~** Musikertagung *f;* **to convene** [*or* **hold**] **a ~** einen Kongress veranstalten; (*a conference*) eine Tagung abhalten

Con·gress [ˈkɒŋgres, AM ˈkɑːŋ-] *n* [**the US**] **C~** der [amerikanische] Kongress

con·gres·sion·al [kənˈgreʃənəl, AM kəŋˈ-] *adj inv* Kongress-; **~ actions/committee** Maßnahmen *fpl*/Ausschuss *m* des US-Kongresses; **~ district** Wahlbezirk *m* (*von Abgeordneten des US-Kongresses*); **~ elections** Abgeordnetenwahlen *fpl* (*für den US-Kongress*), Wahlen *fpl* zum US-Kongress; **~ hearings** Anhörungen *fpl* (*von Kongressmitgliedern*)

ˈcon·gress·man *n* [Kongress]abgeordneter *m* **ˈcon·gress·wom·an** *n* [Kongress]abgeordnete *f*

con·gru·ence [ˈkɒŋgruːən(t)s, AM ˈkɑːŋ-] *n no pl* ❶ MATH Kongruenz *f fachspr* ❷ (*correspondence*) Übereinstimmung *f* (**with** mit +*dat*)

con·gru·ent [ˈkɒŋgruːənt, AM ˈkɑːŋ-] *adj* ❶ MATH kongruent *fachspr;* **~ triangles** kongruente Dreiecke *fachspr* ❷ (*agreeing*) übereinstimmend; ■**to be ~ with sth** mit etw *dat* übereinstimmen

con·gru·ity [kɒŋˈgruːəti, AM kɑːŋˈgruːət̬i] *n no pl* ❶ MATH Kongruenz *f fachspr*, Deckungsgleichheit *f fachspr* ❷ (*agreement*) Übereinstimmung *f* (**with** mit +*dat*)

con·gru·ous [ˈkɒŋgruːəs, AM ˈkɑːŋ-] *adj* ❶ (*math*) kongruent *fachspr*, deckungsgleich *fachspr* ❷ (*agreeing*) übereinstimmend; ■**to be ~ with sth** mit etw *dat* übereinstimmen

coni·cal [ˈkɒnɪkəl, AM ˈkɑː-] *adj* ❶ (*cone-shaped*) konisch, kegelförmig ❷ GEOG **~ projection** Kegelprojektion *f fachspr* ❸ MATH **~ section** Kegelschnitt *m fachspr*

co·ni·fer [ˈkɒnɪfəʳ, AM ˈkɑːnəfɚ] *n* Nadelbaum *m*, Konifere *f fachspr*

co·nif·er·ous [kə(ʊ)ˈnɪfərəs, AM koʊˈ-, kəˈ-] *adj* Nadel-; **~ forest** Nadelwald *m;* **most of Canada's forests are ~** in Kanada gibt es überwiegend Nadelwälder; **~ tree** Nadelbaum *m*

conj *n abbrev of* **conjunction** Konj.

con·jec·tur·al [kənˈdʒektʃərəl] *adj* mutmaßlich; **~ proof** Indizien; **sth is entirely ~** etw ist reine Vermutung

con·jec·ture [kənˈdʒektʃəʳ, AM -ɚ] **I.** *n* Mutmaßung *f*, Vermutung *f* (**about** über +*akk*); **there's been a lot of ~ recently about the royal marriage** in letzter Zeit wurde viel über die Hochzeit im Königshaus spekuliert **II.** *vt* ■**to ~ sth** etw vermuten; ■**to ~ that ...** vermuten [*o* mutmaßen], dass ... **III.** *vi* mutmaßen, Vermutungen anstellen

con·joined [kənˈdʒɔɪnd] *adj inv* (*form*) verbunden; **the past and the present are ~ in this author's imagination** Vergangenheit und Gegenwart bilden in der Vorstellungswelt dieses Autors eine Einheit

con·ju·gal [ˈkɒndʒʊgəl, AM ˈkɑːndʒə-] *adj attr, inv* (*form*) ehelich, Ehe-; **~ bed** Ehebett *nt;* **~ happiness** Eheglück *nt;* **~ loyalty/visits/rights** eheliche Treue/Besuche/Rechte [und Pflichten]

con·ju·gate [ˈkɒndʒʊgeɪt, AM ˈkɑːndʒə-] LING **I.** *vi* konjugiert werden *fachspr* **II.** *vt* **to ~ a verb** ein Verb konjugieren *fachspr*

con·ju·ga·tion [ˌkɒndʒʊˈgeɪʃən, AM ˌkɑːndʒəˈ-] *n* LING ❶ *no pl* (*variation*) Konjugation *f fachspr*, Beugung *f fachspr* ❷ (*class*) Konjugation[sklasse] *f fachspr;* **irregular/regular ~** unregelmäßige/regelmäßige Konjugation[sklasse] *fachspr*

con·junc·tion [kənˈdʒʌŋkʃən] *n* ❶ LING Konjunktion *f fachspr*, Bindewort *nt;* **coordinating/subordinating ~** beiordnende/unterordnende Konjunktion *fachspr* ❷ (*combination*) *of events, features* Zusammentreffen *nt;* **an unfortunate ~ of circumstances** eine unglückliche Verkettung von Umständen; ■**in ~ with sth** in Verbindung mit etw *dat;* ■**in ~ with sb** zusammen [*o* gemeinsam] mit jdm; (*cooperation*) in Zusammenarbeit mit jdm

con·junc·ti·vi·tis [kənˌdʒʌŋ(k)tɪˈvaɪtɪs, AM -təˈvaɪt̬ɪs] *n no pl* Bindehautentzündung *f*, Konjunktivitis *f fachspr*

con·jure [ˈkʌndʒəʳ, AM ˈkɒndʒɚ] **I.** *vi* zaubern ▸PHRASES: **a name to ~ with** ein Name *m*, der Wunder wirkt **II.** *vt* **to ~ sth from nothing/nowhere** etw aus dem Nichts hervorzaubern; **to ~ a rabbit from** [*or* **out of**] **a hat** einen Hasen aus dem Hut [hervor]zaubern; **to ~ spirits** Geister beschwören

◆**conjure up** *vt* ■**to ~ up** ⊂ **sth** ❶ (*call upon*) etw beschwören; **to ~ up the spirits of the dead** die Geister der Toten [herbei]rufen ❷ (*recall, suggest*) etw heraufbeschwören ❸ (*fig: produce*) etw hervorzaubern; *a meal* etw zaubern

con·jur·er [ˈkʌndʒərəʳ, AM ˈkɒndʒɚɚ] *n* Zauberer, Zauberin *m, f*, Zauberkünstler(in) *m(f)*

con·jur·ing [ˈkʌndʒərɪŋ, AM ˈkɒn-] *n no pl* Zaubern *nt*, Zauberei *f*

ˈcon·jur·ing trick *n* Zaubertrick *m*

con·juror *n see* **conjurer**

conk [kɒŋk, AM kɑːŋk] **I.** *n* ❶ BRIT, AUS (*hum sl: nose*) Zinken *m hum sl*, Riecher *m sl* ❷ (*dated fam: head*) Birne *f sl* **II.** *vt* (*hum fam*) ■**to ~ sb** jdn schlagen [*o fam* hauen]; **to ~ one's head on sth** sich *dat* den Kopf an etw *dat* anschlagen

◆**conk out** *vi* (*fam*) ❶ (*fail, stop working*) den Geist aufgeben *fam*, streiken *fam* ❷ (*tire out*) *person* umkippen *fam;* (*faint*) ohnmächtig werden ❸ (*die*) ins Gras beißen *sl*

conk·er [ˈkɒŋkəʳ] *n* BRIT Rosskastanie *f;* ■**~s** + *sing vb* (*game*) *Spiel, bei dem zwei Spieler mit an Fäden befestigten Kastanien wechselseitig versuchen, die Kastanie des Gegenspielers zu treffen und zu zerstören*

ˈcon man *n* Schwindler *m pej;* (*promising marriage*) Heiratsschwindler *m*

con·man·ship [ˈkɒnmənʃɪp, AM ˈkɑːn-] *n no pl* Betrug *f*, Schwindel *f pej fam;* (*promised marriage*) Heiratsschwindel *m*

con·nect [kəˈnekt] **I.** *vi* ❶ (*plug in*) ■**to ~ [up] to sth** an etw *akk* angeschlossen werden; **where does the cooker ~ to the electricity?** wo ist der Anschluss für den Herd?; (*have contact*) *wires etc* Kontakt haben ❷ (*form network*) ■**to ~ with sth** Anschluss an etw *akk* haben ❸ AVIAT, RAIL ■**to ~ with sth** Anschluss an etw *akk* haben ❹ (*feel affinity*) ■**to ~ with sb** sich auf Anhieb gut mit jdm verstehen *fam* ❺ (*fam: hit*) treffen ❻ (*join*) miteinander verbunden sein; ■**to ~ with sth** mit etw *dat* verbunden sein **II.** *vt* ❶ ELEC, COMPUT ■**to ~ sth** (*join*) etw verbinden (**to/with** mit +*dat*); (*plug in*) etw anschließen (**to/with** an +*akk*); ■**to ~ sth together** etw miteinander verbinden ❷ *utility company* ■**to ~ sth/sb** etw/jdn anschließen (**to/with** an +*akk*); **to be ~ed to the mains** ELEC ans Stromnetz angeschlossen sein ❸ (*make accessible*) ■**to ~ sth** eine Verbindung zu etw *dat* herstellen ❹ (*associate, relate*) ■**to ~ sb/sth** jdn/etw miteinander in Zusammenhang [*o* Verbindung] bringen; ■**to ~ sb/sth with sth** jdn/etw mit etw *dat* in Verbindung [*o* Zusammenhang] bringen ❺ TELEC (*put through*)

■ **to ~ sb** jdn verbinden; **could you ~ me with Paris please?** könnten Sie mich bitte mit Paris verbinden?; **I'll ~ you** ich verbinde [Sie]

con·nect·ed [kəˈnektɪd] *adj pred, inv* ❶ (*joined together*) ■ **to be ~** verbunden sein (**to/with** mit +*dat*); (*plugged in*) angeschlossen sein (**to/with** an +*akk*) ❷ (*related, being family*) ■ **to be ~ to sb** mit jdm verwandt sein; **I don't think he's ~ to that family** ich glaube nicht, dass er mit dieser Familie verwandt ist; **to be ~ [to sb] by marriage** [mit jdm] verschwägert sein ❸ (*having to do with*) ■ **to be ~** miteinander in Zusammenhang stehen, zusammenhängen; **the two murders seem to be ~ in some way** zwischen den beiden Morden scheint es irgendeinen Zusammenhang zu geben; ■ **to be ~ with sth** mit etw *dat* in Verbindung [*o* Zusammenhang] stehen, mit etw *dat* zusammenhängen ❹ (*based*) ■ **to be ~ to sth** auf etw *akk* bezogen sein

con·nect·ing [kəˈnektɪŋ] *adj attr, inv* **~ door** Verbindungstür *f;* **~ flight** Anschlussflug *m;* **~ link** Bindeglied *nt*

con·ˈnect·ing rod *n* AUTO Kurbelstange *f fachspr,* Pleuelstange *f fachspr*

con·nec·tion [kəˈnekʃᵊn] *n* ❶ *no pl* (*joining, link*) Verbindung *f* (**to/with** mit +*dat*); *to the mains, a telephone, a computer network* Anschluss *m* (**to** an +*akk*); **~ to the Internet** Internetanschluss *m;* **to get a ~** (*on phone*) [zu jdm] durchkommen; **I'm always trying to ring you but I can never get a ~** ich versuche nun schon länger, dich telefonisch zu erreichen, aber nie komme ich durch ❷ TRANSP (*link*) Verbindung *f* (**between** zwischen +*dat*); (*connecting train, flight*) Anschluss *m;* **there are good ~s from Manchester to Birmingham** es gibt gute [Verkehrs]verbindungen von Manchester nach Birmingham; **railway ~** Eisenbahnverbindung; **poor ~s** schlechte Verbindungen; **to miss one's ~** seinen Anschluss verpassen ❸ (*people, contacts*) ■ **~s** *pl* Beziehungen *fpl* (**with** zu +*dat*); **to have ~s** Beziehungen haben ❹ (*association*) ■ **sb's ~ with sb** jds Beziehung *f* zu jdm; **what's his ~ with the girl?** in welcher Beziehung steht er zu dem Mädchen? ❺ (*reference*) **in that/this ~** in diesem Zusammenhang; **in ~ with sth** im Zusammenhang mit etw *dat* ❻ (*causality*) ■ **~ between sth** Zusammenhang *m* zwischen etw *dat;* **there was no ~ between the two phenomena** die beiden Phänomene hingen nicht zusammen ❼ (*conclusion*) **... but I never made the ~ that they were sisters** ...aber ich habe nie daraus geschlossen, dass sie Schwestern sein könnten

con·nec·tive ˈtis·sue [kəˌnektɪvˈ-] *n no pl* MED Bindegewebe *nt*

con·nect·or [kəˈnektəʳ, AM -ɚ] *n* ELEC Verbindungselement *nt*

con·nex·ion *n esp* BRIT (*dated*) *see* **connection**

con·niv·ance [kəˈnaɪvᵊn(t)s] *n no pl* stillschweigende Billigung, stillschweigendes Einverständnis; **~ at** [*or* **in**] **a crime** Mitwisserschaft *f* bei einem Verbrechen; **to be in ~ with sb** mit jdm gemeinsame Sache machen; ■ **to do sth with the ~ of sb** etw mit jds Wissen *nt* tun

con·nive [kəˈnaɪv] *vi* ❶ (*conspire*) ■ **to ~ with sb** sich *akk* mit jdm verschwören, mit jdm gemeinsame Sache machen ❷ (*condone*) ■ **to ~ at sth** etw [stillschweigend] dulden, vor etw *dat* die Augen verschließen; **to ~ at a crime** einem Verbrechen Vorschub leisten; ■ **to ~ in doing sth** sich *akk* verschwören, etw zu tun

con·niv·ing [kəˈnaɪvɪŋ] *adj* (*malicious*) boshaft; (*underhanded*) hinterhältig, tückisch; **~ bastard** (*pej*) hinterhältiger Schuft *pej*

con·nois·seur [ˌkɒnəˈsɜːʳ, AM ˌkɑːnəˈsɜːr] *n* Kenner(in) *m(f),* Connaisseur *m veraltend;* **art/wine ~** Kunst-/Weinkenner(in) *m(f);* **ballet ~** Ballettexperte, -in *m, f;* **food ~** Gourmet *m*

con·no·ta·tion [ˌkɒnə(ʊ)ˈteɪʃᵊn, AM ˌkɑːnəˈ-] *n* Konnotation *f fachspr;* **to have ~s of sth** *of a word* mit etw *dat* assoziiert werden

con·note [kəˈnəʊt, AM -ˈnoʊt] *vt* ■ **to ~ sth** mit etw *dat* gleichbedeutend sein; **to me chocolate ~s pleasure and indulgence** Schokolade assoziiere ich mit Freude und Genuss

con·nu·bial [kəˈnjuːbiəl, AM -ˈnuː-] *adj inv* (*form*) ehelich, Ehe-; **~ bed** Ehebett *nt;* **~ bliss** Eheglück *nt;* **~ relations** Beziehung *f* zwischen den Ehepartnern

con·quer [ˈkɒŋkəʳ, AM ˈkɑːŋkɚ] **I.** *vt* ■ **to ~ sth** ❶ MIL etw erobern; ■ **to ~ sb** jdn besiegen ❷ (*win over*) etw erobern; **to ~ sb's heart** jds Herz *nt* erobern ❸ (*climb*) etw bezwingen ❹ (*overcome*) etw überwinden; **to ~ a disease** eine Krankheit besiegen; **to ~ a problem** ein Problem in den Griff bekommen **II.** *vi* ► PHRASES: **I came, I saw, I ~ed** (*saying*) ich kam, sah und siegte

con·quer·or [ˈkɒŋkᵊrəʳ, AM ˈkɑːŋkɚɚ] *n* ❶ MIL (*of sth*) Eroberer, Eroberin *m, f;* (*of sb*) Sieger(in) *m(f)* (**of** über +*akk*); **William the C~** William der Eroberer ❷ (*climber*) Bezwinger(in) *m(f)*

con·quest [ˈkɒŋkwest, AM ˈkɑːn-] *n* ❶ *no pl* MIL *of a thing* Eroberung *f; of a person* Sieg *m* (**of** über +*akk*) ❷ (*hum: sexual*) Eroberung *f fam;* **to make a ~ of sb** jdn erobern ❸ *no pl* (*climbing*) Bezwingung *f* ❹ *no pl* (*overcoming*) Überwindung *f*

con·quis·ta·dor <*pl* -s *or* -es> [kɒnˈkɪstədɔːʳ, AM kɑːŋˈkɪstədɔːr] *n* [spanischer] Eroberer, Konquistador *m*

ˈcon rod *n* AUTO (*fam*) *short for* **connecting rod** Kurbelstange *f fachspr,* Pleuelstange *f fachspr*

con·science [ˈkɒn(t)ʃᵊn(t)s, AM ˈkɑːn-] *n* Gewissen *nt;* **my ~ wouldn't let me do that** das könnte ich mit meinem Gewissen nicht vereinbaren; **a matter** [*or* **question**] **of ~** eine Gewissensfrage; **to feel pangs** [*or* **a pang of**] **of ~** Gewissensbisse haben; **in all** [*or* **good**] **~** guten Gewissens; **a bad** [*or* **guilty**] **~** ein schlechtes Gewissen; **to have a guilty ~ about sth** wegen einer S. *gen* ein schlechtes Gewissen haben; **a clear/an easy ~** ein reines/ruhiges Gewissen; **to do sth with a clear ~** ruhigen Gewissens etw tun; **to appeal to/arouse sb's ~** jdm ins Gewissen reden; **sth is on one's ~** jd hat wegen einer S. *gen* ein schlechtes Gewissen; **to ease** [*or* **salve**] **one's ~** sein Gewissen beruhigen; **to have no ~ about doing sth** sich *dat* kein Gewissen daraus machen, etw zu tun; **to have sth on one's ~** etw auf dem Gewissen haben; **to have sb's death on one's ~** jdn auf dem Gewissen haben; **sth preys** [*or* **weighs**] **on sb's ~** jd hat wegen einer S. *gen* Gewissensbisse; **to prick** [*or* **stir**] **sb's conscience** an jds Gewissen *nt* appellieren

ˈcon·science clause *n* LAW Gewissensklausel *f fachspr* **ˈcon·science mon·ey** *n no pl Geld, mit dem man sich ein ruhiges Gewissen erkaufen will;* **he paid his illegitimate children ~** er zahlte seinen unehelichen Kinder Geld, um sein Gewissen zu beruhigen **ˈcon·science-strick·en** *adj* schuldbewusst; ■ **to be ~** [**over sth**] sich *akk* [wegen einer S. *gen*] schuldig fühlen

con·sci·en·tious [ˌkɒn(t)ʃiˈen(t)ʃəs, AM ˌkɑːn-] *adj* ❶ (*thorough*) *person* gewissenhaft; (*with sense of duty*) pflichtbewusst; *work* gründlich, sorgfältig; **Mary was ~ about her work** Mary erledigte ihre Arbeit gründlich ❷ (*moral*) **on ~ grounds** aus Gewissensgründen; **~ objector** Kriegsdienstverweigerer, -verweigerin *m, f*

con·sci·en·tious·ly [ˌkɒn(t)ʃiˈen(t)ʃəsli, AM ˌkɑːn-] *adv* (*thoroughly*) gewissenhaft, sorgfältig; (*with sense of duty*) pflichtbewusst

con·sci·en·tious·ness [ˌkɒn(t)ʃiˈen(t)ʃəsnəs, AM ˌkɑːn-] *n no pl* (*thoroughness*) Gewissenhaftigkeit *f;* (*sense of duty*) Pflichtbewusstsein *nt*

con·scious [ˈkɒn(t)ʃəs, AM ˈkɑːn-] *adj* ❶ MED (*sentient*) ■ **to be** [**fully**] **~** bei [vollem] Bewusstsein sein ❷ (*hum: awake*) wach ❸ (*deliberate*) bewusst; **a ~ decision** eine bewusste Entscheidung ❹ *after n* (*aware*) bewusst; **fashion/security ~** mode-/sicherheitsbewusst; **figure/health/weight ~** figur-/gesundheits-/gewichtsbewusst; **to be money ~** sparsam sein, sparsam mit dem Geld umgehen ❺ *pred* (*knowing, feeling*) ■ **to be ~ of sth** sich *dat* einer S. *gen* bewusst sein; **the tooth**

consenting

consenting	einwilligen
Agreed!/Okay!	Einverstanden!/Okay!
It's a deal!	Abgemacht!
No problem!	Kein Problem!
That's all right/fine!	Geht in Ordnung!
I'll do that!	Mach ich!
Will do! (*fam*)	Wird gemacht! (*fam*)

doesn't exactly hurt but I'm ~ of it all the time der Zahn schmerzt nicht richtig, aber ich spüre ihn die ganze Zeit; **sb is/becomes ~ [of the fact] that ...** jdm ist/wird bewusst, dass ..., jd ist/wird sich *dat* der Tatsache bewusst, dass ... ❻ *pred* (*sensitive*) ■**to be ~ of sth** für etw *akk* empfänglich sein

con·scious·ly ['kɒn(t)ʃəsli, AM 'kɑːn-] *adv* bewusst, absichtlich

con·scious·ness ['kɒn(t)ʃəsnəs, AM 'kɑːn-] *n no pl* ❶ MED (*sentience*) Bewusstsein *nt;* **to lose ~** das Bewusstsein verlieren, bewusstlos werden; **to recover** [*or* **regain**] **~** das Bewusstsein wiedererlangen, wieder zu Bewusstsein kommen ❷ (*perception*) ■**sb's ~ of sth** jds Wissen *nt* um etw *akk;* **to enter into** [*or* **impinge on**] **sb's ~** in jds Bewusstsein *nt* eindringen, jds Bewusstsein *nt* erreichen; ■**sb's ~ that ...** das Bewusstsein, dass ... ❸ (*awareness*) *political, social* Bewusstsein *nt;* **health ~** Bewusstsein *nt* für die eigene Gesundheit; **to raise sb's political ~** jds politisches Bewusstsein erweitern

'con·scious·ness rais·ing *n no pl* Bewusstwerdung *f,* Bewusstseinsbildung *f;* **after all of the ~ the party did ...** nach allem, was die Partei unternommen hatte, um mehr politisches Bewusstsein zu wecken ... **'con·scious·ness-rais·ing** *adj attr, inv* bewusstseinsbildend

con·script **I.** *n* ['kɒnskrɪpt, AM 'kɑːn-] Wehrpflichtige(r) *m* **II.** *adj* ['kɒnskrɪpt, AM 'kɑːn-] *attr, inv* eingezogen, einberufen; **~ army** Armee *f* von Wehrpflichtigen; **~ soldiers** Wehrpflichtige *pl* **III.** *vt* [kən'skrɪpt] ■**to ~ sb** jdn einziehen [*o* einberufen]; **to be ~ed into the army** [zum Wehrdienst] einberufen werden; **to be ~ed into the navy** zur Marine eingezogen werden

con·scrip·tion [kən'skrɪpʃən] *n no pl* MIL Wehrpflicht *f;* (*act of conscripting*) Einberufung *f;* **universal ~** allgemeine Wehrpflicht; **to introduce ~** die Wehrpflicht einführen

con·se·crate ['kɒn(t)sɪkreɪt, AM 'kɑːn-] *vt* ❶ (*sanctify*) ■**to ~ sth** etw weihen ❷ (*ordain*) ■**to ~ sb** jdn weihen [*o fachspr* ordinieren]; **to be ~d priest** zum Priester geweiht werden ❸ (*form: dedicate*) **to ~ one's life to sth** sein Leben etw *dat* widmen [*o geh* weihen] ❹ (*fam: devote*) ■**to ~ sth to sth** etw für etw *akk* bestimmen

con·se·crat·ed ['kɒn(t)sɪkreɪtɪd, AM 'kɑːn-] *adj inv* geweiht; **~ bread** Laib *m* Christi; **to pass around the ~ bread** die Kommunion austeilen; **~ ground** heiliger Boden; **~ wine** Eucharistiewein *m*

con·se·cra·tion [ˌkɒn(t)sɪ'kreɪʃən, AM ˌkɑːn-] *n no pl* ❶ (*sanctification*) *of host* Weihe *f* ❷ (*ordination*) Ordination *f fachspr*

con·secu·tive [kən'sekjʊtɪv, AM -jət̬ɪv] *adj inv* ❶ (*following*) *days, months* aufeinanderfolgend, hintereinander; *numbers* fortlaufend; **the third ~ weekend that I've spent working** schon das dritte Wochenende, an dem ich arbeite; **this is the fifth ~ night that I haven't slept** ich habe jetzt schon fünf Nächte hintereinander nicht geschlafen ❷ LING **~ clause** Konsekutivsatz *m fachspr* ❸ (*not simultaneous*) **~ interpreting** Konsekutivdolmetschen *nt*

con·secu·tive·ly [kən'sekjʊtɪvli, AM -jət̬ɪv-] *adv* hintereinander; **~ numbered** fortlaufend nummeriert

con·sen·sual [kən'sen(t)sjuəl, AM -'sen(t)ʃu-] *adj* (*form*) übereinstimmend; **~ contract** Vertrag *m* im gegenseitigen Einvernehmen; ■**to be ~** in gegenseitigem Einvernehmen geschehen *geh*

con·sen·sus [kən'sen(t)səs] *n no pl* Übereinstimmung *f,* Konsens *m geh* (**among** unter +*dat*); **to be the general ~** die allgemeine Meinung sein; **there is a ~ that ...** es besteht Einigkeit darüber, dass ...; **to reach a ~ on sth** sich *akk* in etw *dat* einigen

con·sent [kən'sent] (*form*) **I.** *n no pl* Zustimmung *f,* Einwilligung *f;* **age of ~** ≈ Ehemündigkeitsalter *nt fachspr;* **by common ~** nach allgemeiner Auffassung; **informed ~** erklärtes Einverständnis; **by mutual ~** im gegenseitigen Einverständnis; **to give one's ~** seine Zustimmung erteilen [*o* geben], seine Einwilligung geben; **to refuse** [*or* **withhold**] **one's ~** seine Zustimmung verweigern ▸ PHRASES: **silence means ~** (*prov*) Schweigen bedeutet Zustimmung **II.** *vi* ■**to ~ to sth** etw *dat* zustimmen, in etw *dat* einwilligen; **to ~ to a marriage** sein Einverständnis zu einer Heirat geben; ■**to ~ to do sth** einwilligen [*o* sich bereit erklären], etw zu tun; ■**to ~ to sb doing sth** seine Einwilligung dazu geben [*o* darin einwilligen], dass jd etw tut

con·sent·ing 'adult *n* mündiger Bürger, mündige Bürgerin *m, f*

con·se·quence ['kɒn(t)sɪkwən(t)s, AM 'kɑːn(t)-] *n* ❶ (*result*) Folge *f,* Konsequenz *f;* **look at the ~s!** schau dir das Resultat an!; **disastrous ~s** katastrophale [*o* verheerende] Folgen; **to accept** [*or* **face**] **the ~s** die Konsequenzen tragen müssen [*o* auf sich *akk* nehmen]; **to bear** [*or* **suffer**] [*or* **take**] **the ~s** die Konsequenzen tragen; **to have ~s for sb/sth** Konsequenzen für jdn/etw haben; **as a ~** folglich, daher; **as a ~ of sth** als Folge einer S. *gen;* **in ~** folglich; **in ~ of sth** infolge einer S. *gen;* **in ~ of which** infolgedessen ❷ *no pl* (*significance*) Bedeutung *f;* (*importance*) Wichtigkeit *f;* **of no/some ~** ([*un*]*important*) unwichtig/wichtig; ([*in*]*significant*) unbedeutend/bedeutend; **she is a woman of no ~** sie hat nichts zu sagen; **nothing of** [**any**] **~** nichts Besonderes [*o* von Bedeutung]

con·se·quent ['kɒn(t)sɪkwənt, AM 'kɑːn(t)-] *adj attr* daraus folgend [*o* resultierend]; **our use of harmful chemicals and the ~ damage to the environment is ...** dass wir schädliche Chemikalien benutzen und damit unsere Umwelt zerstören, ist ...

con·se·quen·tial [ˌkɒn(t)sɪ'kwentʃəl, AM ˌkɑːn(t)-] *adj* ❶ *see* **consequent** ❷ LAW folgerichtig ❸ (*important*) wichtig

con·se·quent·ly ['kɒn(t)sɪkwəntli, AM 'kɑːn(t)-] *adv* folglich, infolgedessen

con·ser·va·tion [ˌkɒn(t)sə'veɪʃən, AM ˌkɑːn(t)sɚ-] **I.** *n no pl* (*protection*) Schutz *m;* (*preservation*) Erhaltung *f;* **~ of energy/reserves/resources** Erhaltung *f* von Energie/Reserven/Ressourcen; **wildlife ~** Schutz *m* frei lebender Tiere **II.** *n modifier* **~ area** Naturschutzgebiet *nt;* **~ technology** Umweltschutztechnik *f*

con·ser·va·tion·ist [ˌkɒn(t)sə'veɪʃənɪst, AM ˌkɑːn(t)sɚ-] **I.** *n* Umweltschützer(in) *m(f),* Naturschützer(in) *m(f)* **II.** *adj attr,* *inv* Umweltschutz-; ~ **groups** Umweltschutzgruppen *fpl*

con·serva·tism [kən'sɜːvətɪzᵊm, AM -'sɜːr-] *n no pl* ① konservative Einstellung ② POL ■**C**~ Konservatismus *m*

con·serva·tive [kən'sɜːvətɪv, AM -'sɜːrvət̬ɪv] **I.** *adj* ① *(in dress, opinion)* konservativ; **to be ~ in one's views** in seinen Ansichten konservativ sein; **to be a ~ dresser** konservativ gekleidet sein ② *(low)* zurückhaltend, vorsichtig; ~ **estimate** vorsichtige Schätzung ③ POL ■**C**~ konservativ; **did you vote C~?** haben Sie die Konservativen gewählt?; **the C~ Party** die Konservative Partei; REL **C~ Judaism** der konservative Judaismus **II.** *n* POL ■**C**~ Konservative(r) *f(m)*; **a staunch C~** ein überzeugter [*o* loyaler] Konservativer

con·serva·tive·ly [kən'sɜːvətɪvli, AM -'sɜːrvət̬ɪv-] *adv* konservativ; *estimate* vorsichtig

con·serva·toire [kən'sɜːvətwɑːʳ] *n* BRIT Konservatorium *nt*

con·serva·tory [kən'sɜːvətri, AM -'sɜːrvətɔːri] *n* ① *(for plants)* Wintergarten *m* ② MUS Konservatorium *nt*

con·serve I. *vt* [kən'sɜːv, AM -'sɜːrv] ■**to ~ sth** ① *(save)* etw sparen; **to ~ energy** Energie sparen; **to ~ one's strength** seine Kräfte *fpl* schonen ② *(maintain)* etw erhalten [*o* bewahren]; *(protect)* etw schützen **II.** *n* [kən'sɜːv, AM 'kɑːnsɜːrv] Eingemachtes *nt kein pl*; **apricot/strawberry ~** eingemachte Aprikosen/Erdbeeren

con·sid·er [kən'sɪdəʳ, AM -ɚ] *vt* ① *(contemplate)* ■**to ~ sth** über etw *akk* nachdenken, sich *dat* etw *akk* überlegen; **well, I'll consider it** ich lasse es mir durch den Kopf gehen; ■**to ~ sb/sth for sth** jdn/etw für etw *akk* in Erwägung ziehen; **to be ~ed for a job** für einen Job in Erwägung gezogen werden; ■**to ~ doing sth** daran denken [*o* sich *akk* mit dem Gedanken tragen], etw zu tun; ■**to ~ how/what/where/why ...** darüber nachdenken [*o* sich *dat* überlegen], wie/was/wo/warum ... ② *(look at)* ■**to ~ sb/sth** jdn/etw betrachten; *(think of)* ■**to ~ sth/sb** an etw/jdn denken; *(take into account)* ■**to ~ sth** etw bedenken [*o* berücksichtigen]; **you've got to ~ the time factor** Sie dürfen den Zeitfaktor nicht aus dem Auge verlieren; **all things ~ed** alles in allem ③ *(regard as)* ■**to ~ sb/sth [as [*or* to be]] sth** jdn/etw für etw *akk* halten, jdn/etw als etw *akk* betrachten; **I ~ it a compliment/an honour/an insult ...** ich betrachte es als Kompliment/Ehre/Beleidigung...; ~ **yourself at home** fühlen Sie sich wie zu Hause; ~ **yourself sacked!** betrachten Sie sich als entlassen!; **do you ~ her trustworthy?** denkst du, man kann ihr vertrauen?; **to ~ sb a genius** jdn für ein Genie halten; ~ **it done** schon erledigt! *fam*; **to ~ oneself lucky that ...** sich *akk* glücklich schätzen können, dass ...; ■**to be ~ed [to be] sth** als etw gelten; ■**to ~ that ...** denken [*o* der Meinung sein], dass ...

con·sid·er·able [kən'sɪdᵊrəbl] *adj* erheblich, beträchtlich

con·sid·er·ably [kən'sɪdᵊrəbli] *adv* erheblich, beträchtlich; *(rather)* ziemlich

con·sid·er·ate [kən'sɪdᵊrət] *adj* rücksichtsvoll; *(attentive)* aufmerksam; ■**to be ~ towards sb** gegenüber jdm rücksichtsvoll sein

con·sid·era·tion [kən,sɪdᵊr'eɪʃᵊn] *n* ① *no pl (thought)* Überlegung *f*; **after careful ~** nach reiflicher Überlegung; **on careful ~ of sth** nach sorgfältiger Prüfung einer S. *gen*; **to deserve** [*or* **need**] [*or* **require**] ~ der Überlegung bedürfen *geh*; **to give sth one's ~** [*or* ~ **to sth**] etw in Erwägung [*o* Betracht] ziehen; ■**to be under ~** geprüft werden ② *no pl (account)* **to take sth into ~** etw berücksichtigen [*o* bedenken], etw in Betracht ziehen ③ *(factor)* Gesichtspunkt *m*, Faktor *m*; **to be motivated by political ~s** von politischen Überlegungen motiviert sein ④ *no pl (regard)* Rücksicht *f*; **you've got no ~ for others!** du denkst immer nur an dich!; **out of/without ~ for sb/sth** aus/ohne Rücksicht auf jdn/etw ⑤ *(dated or hum: payment)* **for a modest** [*or* **small**] ~ gegen ein kleines Entgelt
▶ PHRASES: **in ~ of sth** als Dank für etw *akk*

con·sid·ered [kən'sɪdəd, AM -'ɚd] *adj* ① *opinion* wohl überlegt; **it's my ~ opinion that ...** wenn ich es mir recht überlege, finde ich, dass ... ② *(respected)* **well/highly ~** [hoch] geachtet

con·sid·er·ing [kən'sɪdᵊrɪŋ] **I.** *prep* ■~ **sth ...** wenn man etw bedenkt ...; ~ **her fear of heights ...** wenn man bedenkt, unter welcher Höhenangst sie leidet, ...; ■~ **how/what ...** wenn man bedenkt, wie/was ... **II.** *conj* ■~ **that ...** wenn man bedenkt, dass ..., dafür, dass ...; **her figure is wonderful ~ [that] she eats so much chocolate** dafür, dass sie so viel Schokolade isst, hat sie eine wundervolle Figur **III.** *adv* ① *(all in all)* alles in allem; *(really)* eigentlich; **he did very well in the course,** ~ alles in allem hat er den Kurs gut abgeschlossen; **Harry wasn't feeling too bad,** ~ eigentlich fühlte sich Harry gar nicht so schlecht ② *(esp hum fam: surprisingly)* in Anbetracht der Umstände

con·sign [kən'saɪn] *vt (form)* ① *(send)* ■**to ~ sth to sb** etw an jdn senden; **to ~ goods/articles to sb** Waren/Artikel an jdn verschicken [*o* versenden] ② *(place)* **to ~ sb to sb's care** jdn in jds Obhut *f* geben; **to be ~ed to the care of sb** unter jds Obhut *f* stehen; **to be ~ed to poverty/oblivion** in Armut/Vergessenheit geraten; **to be ~ed to prison** ins Gefängnis kommen

con·signee [,kɒnsaɪ'niː, AM ,kɑːn-] *n (form)* Empfänger(in) *m(f)*, Konsignatar *m* [*o* Konsignatär] *m fachspr*

con·sign·er [kən'saɪnəʳ, AM -ɚ] *n (form)* Absender(in) *m(f)*, Konsignant *m fachspr*

con·sign·ment [kən'saɪnmənt] *n* ① *(goods being delivered)* Warensendung *f* ② *no pl* ECON **on ~** in Kommission; **goods on ~, ~ goods** Kommissionswaren *fpl*; **to ship sth on ~** in Konsignation liefern *fachspr* ③ *no pl (placing)* **her ~ to prison was reported in detail by the press** die Presse hat ausführlich darüber berichtet, wie sie ins Gefängnis kam

con·'sign·ment note *n* Frachtbrief *m*

con·sign·or [kən'saɪnəʳ, AM -ɚ] *n* COMM Absender(in) *m(f)*, Konsignant *m fachspr*

con·sist [kən'sɪst] *vi* ① *(comprise)* ■**to ~ of sth** aus etw *dat* bestehen ② *(form: derive from)* ■**to ~ in sth** in etw *dat* bestehen; **the beauty of air travel ~s in its speed and ease** das Schöne am Fliegen ist die Schnelligkeit und Bequemlichkeit; **for her, happiness ~s in ...** für sie besteht Glück darin, ...

con·sist·en·cy [kən'sɪstᵊn(t)si] *n no pl* ① *(firmness)* Konsistenz *f*; **melt the chocolate to a pouring ~** die Schokolade zum Schmelzen bringen, bis sie flüssig wird ② *no pl (constancy)* Beständigkeit *f*, Konsistenz *f geh*; **sth lacks ~** etw *dat* mangelt es an Konsistenz *geh* ③ *(logic)* Folgerichtigkeit *f* ④ *no pl (in principles, aims)* Konsequenz *f*

con·sist·ent [kən'sɪstᵊnt] *adj* ① *(compatible)* ■**to be ~ with sth** mit etw *dat* vereinbar sein; *(in correspondence)* mit etw *dat* übereinstimmen, etw *dat* entsprechen ② *(steady)* beständig; *way of doing sth* gleich bleibend; *improvement* stetig, ständig; *(in uniform manner)* einheitlich ③ *(logical)* folgerichtig; **a ~ explanation** eine logische Erklärung ④ *(in agreement with principles, aims)* konsequent

con·sist·ent·ly [kən'sɪstᵊntli] *adv* ständig

con·so·la·tion [,kɒnsə'leɪʃᵊn, AM ,kɑːn-] *n* ① *no pl (comfort)* Trost *m*; **that's little** [*or* **not much**] **~!** *(iron)* das ist ein schwacher Trost! *iron*; **my ~ is that ...** was mich tröstet ist, dass ...; **if it's [of] any ~, ...** wenn es ein Trost für dich ist, ...; **it was some ~ to him to know that ...** es war tröstlich für ihn zu wissen, dass ...; **there is [some]/no ~ in doing sth** es ist ein Trost [*o* tröstlich]/kein Trost, etw zu tun; **there is ~ in knowing that ...** es ist tröstlich [*o* ein Trost] zu wissen, dass ...; **for ~** zum Trost ② *no pl (act of consoling)* Trösten *nt*; **to offer words of ~** Worte des Trostes [*o* tröstende Worte] spenden ③ *(comforter)* **as a ~ for sth** als Trost [*o hum* Trostpflaster] für etw *akk* ④ *(support)* Trost *m*, Stütze *f*; **to be a ~ to sb** ein Trost *m* für jdn sein

con·so·'la·tion prize *n* Trostpreis *m*

con·sola·tory [kən'sɒlətᵊri, AM -'sɑːlətɔːri] *adj* tröstend; ~ **letter**

Trostbrief *m*

con·sole¹ [kən'səʊl, AM -'soʊl] *vt* ■**to ~ sb/oneself [with sth]** jdn/sich [mit etw *dat*] trösten; ■**to ~ sb for/on sth** jdn über etw *akk* hinwegtrösten; **to ~ oneself with the thought that ...** sich *akk* mit dem Gedanken trösten, dass ...

con·sole² ['kɒnsəʊl, AM 'kɑ:nsoʊl] *n* ① (*control desk*) Schaltpult *nt;* (*control panel*) Kontrollpult *nt* ② COMPUT Konsole *f*

con·soli·date [kən'sɒlɪdeɪt, AM -'sɑ:lə-] **I.** *vi* ① (*improve*) sich *akk* festigen [*o geh* konsolidieren] ② (*unite*) sich *akk* zusammenschließen [*o* vereinigen] **II.** *vt* ■**to ~ sth** ① (*improve*) etw festigen [*o geh* konsolidieren]; **to ~ a firm's position in the market** die Marktposition einer Firma konsolidieren *geh;* **to ~ one's hold on sth** seinen Einfluss auf etw *akk* festigen; **to ~ sb's relationship** jds Beziehung *f* festigen ② (*unite*) etw vereinigen

con·soli·dat·ed [kən'sɒlɪdeɪtɪd, AM -'sɑ:lədeɪṱ-] *adj* vereint, konsolidiert *fachspr;* **the ~ power of a company** die geballte Macht eines Unternehmens

con·soli·dat·ed 'fund *n* BRIT FIN konsolidierter Staatsfonds *fachspr*

con·soli·da·tion [kən,sɒlɪ'deɪʃᵊn, AM -'sɑ:lə-] *n no pl* ① (*improvement*) Festigung *f,* Konsolidierung *f* ② (*merging*) *companies* Fusion *f,* Zusammenschluss *m*

con·som·mé [kən'sɒmeɪ, AM ,kɑ:n(t)sə'meɪ] *n no pl* Kraftbrühe *f,* Consommé *f o nt*

con·so·nance ['kɒn(t)sᵊnən(t)s, AM 'kɑ:n(t)-] *n no pl* ① MUS Konsonanz *f fachspr* ② (*fig form: harmony*) ■**~ between sth** Einklang *m* [*o* Harmonie *f*] zwischen etw *dat;* (*correspondence*) **in ~ with sth** in Einklang *geh* [*o* Übereinstimmung] mit etw *dat*

con·so·nant ['kɒn(t)sᵊnənt, AM 'kɑ:n(t)-] **I.** *n* Konsonant *m* **II.** *adj* ■**to be ~ with sth** in Einklang mit etw *dat* sein *geh,* mit etw *dat* übereinstimmen

con·sort **I.** *vi* [kən'sɔ:t, AM -'sɔ:rt] ■**to ~ together** miteinander verkehren; ■**to ~ with sb** mit jdm verkehren **II.** *n* ['kɒnsɔ:t, AM 'kɑ:nsɔ:rt] Gemahl(in) *m(f) geh,* Gatte, -in *m, f geh;* **prince ~** Prinzgemahl *m geh*

con·sor·tia [kən,sɔ:tiə, AM -'sɔ:rṱiə] *n pl of see* **consortium**

con·sor·tium <*pl* -s *or* -tia> [kən,sɔ:tiəm, AM -'sɔ:rṱiəm, *pl* -tiə, *Am* -ṱiə] *n* Konsortium *nt fachspr;* **~ of companies** Firmenkonsortium *nt fachspr,* Firmengruppe *f;* **to form a ~** ein Konsortium bilden

con·spicu·ous [kən'spɪkju:əs] *adj* (*noticeable*) auffallend; (*clearly visible*) unübersehbar; *person, behaviour, colour, clothes* auffällig; **to be ~ by one's absence** (*esp hum*) durch Abwesenheit glänzen *bes hum;* **~ beauty** außergewöhnliche Schönheit; **~ figure** exzellente Figur; **to look ~** auffallen

con·spicu·ous con·'sump·tion *n* Prestigekauf *m*

con·spicu·ous·ly [kən'spɪkju:əsli] *adv* (*noticeably*) auffallend; (*clearly visible*) deutlich sichtbar

con·spicu·ous·ness [kən'spɪkju:əsnəs] *n no pl* Auffälligkeit *f;* **the ~ of her white hat was really embarrassing** es war schon direkt peinlich, wie ihr weißer Hut einem ins Auge stach

con·spira·cy [kən'spɪrəsi] *n* ① *no pl* (*secret planning*) Konspiration *f geh,* Verschwörung *f;* **~ to defraud** LAW Verabredung *f* zum Betrug *fachspr;* **~ to murder** Mordkomplott *nt* ② (*plot*) Komplott *nt,* Verschwörung *f* (**against** gegen +*akk*); **there was a ~ to keep me out of the group** es gab eine Verschwörung, mich aus der Gruppe rauszuhalten; **there is a ~ of silence about sth** [über etw *akk*] herrscht verabredetes Stillschweigen

con·'spira·cy theo·ry *n* Verschwörungstheorie *f*

con·spira·tor [kən'spɪrətəʳ, AM -əṱɚ] *n* Verschwörer(in) *m(f)*

con·spira·to·rial [kən,spɪrə'tɔ:riəl] *adj* verschwörerisch; **to exchange ~ glances** verschwörerische Blicke austauschen

con·spira·to·rial·ly [kən,spɪrə'tɔ:riəli] *adv* verschwörerisch; **to whisper ~** verschwörerisch tuscheln

con·spire [kən'spaɪəʳ, AM -'spaɪɚ] *vi* (*a. fig*) sich *akk* verschwören; ■**to ~ [together] to do sth** heimlich planen, etw zu tun; ■**to ~ against/with sb** sich *akk* gegen jdn/mit jdm verschwören; (*fig*) **the weather had ~d to ruin their day** das Wetter hatte sich gegen sie verschworen

con·sta·ble ['kʌn(t)stəbḷ] *n* BRIT Polizist(in) *m(f),* [Polizei]wachtmeister(in) *m(f)*

con·stabu·lary [kən'stæbjʊlᵊri] *n* + *sing/pl vb* BRIT Polizei *f kein pl*

con·stan·cy ['kɒn(t)stən(t)si, AM 'kɑ:n(t)-] *n no pl* (*form: being unchanging*) Beständigkeit *f; of feelings* Unveränderlichkeit *f;* (*loyalty, faithfulness*) Treue *f;* (*perseverance*) ~ [**of purpose**] Ausdauer *f*

con·stant ['kɒn(t)stənt, AM 'kɑ:n(t)-] **I.** *n* MATH, PHYS Konstante *f fachspr,* konstante Größe *fachspr;* **the fundamental ~s in life are birth and death** Geburt und Tod sind die Grundkonstanten des Lebens **II.** *adj attr* ① (*continuous*) dauernd, ständig, permanent; **we had ~ rain** es hat ununterbrochen geregnet; **~ bickering** unaufhörliches Gezänk; **~ chatter** permanentes Schwatzen; **~ noise** ständiger Lärm; **to have ~ pain** ständigen Schmerzen ausgesetzt sein; **~ scrutiny** Routineüberprüfungen *fpl;* **~ shelling** ununterbrochene Bombardierung; **~ surveillance** regelmäßige Überwachung ② (*unchanging*) beständig, gleich bleibend; *feelings* immer während; **~ amount/level** konstante Menge/konstantes Niveau; **~ support** unablässige Unterstützung; **~ temperature** gleich bleibende [*o* konstante] Temperatur ③ (*loyal*) treu ④ (*frequent*) fortwährend, unaufhörlich; **to be in ~ trouble with sb** ständig Probleme mit jdm haben; **~ use** ständiger Gebrauch

con·stant·ly ['kɒn(t)stəntli, AM 'kɑ:n(t)-] *adv inv* ständig, dauernd, permanent; **to bicker ~** sich *akk* ununterbrochen zanken; **to complain ~** sich *akk* ständig beklagen

con·stel·la·tion [,kɒn(t)stə'leɪʃᵊn, AM 'kɑ:n(t)-] *n* ASTROL, ASTRON Sternbild *nt,* Konstellation *f fachspr*

con·ster·na·tion [,kɒn(t)stə'neɪʃᵊn, AM ,kɑ:n(t)stɚ'-] *n no pl* Bestürzung *f;* **a look of ~** eine bestürzte Miene; **a look of ~ crossed his face** er machte ein bestürztes Gesicht; **to cause ~** Bestürzung hervorrufen; **to fill sb with ~** jdn bestürzen; **in ~** bestürzt; ■**to sb's ~** zu jds Bestürzung *f,* mit Bestürzung

con·sti·pate ['kɒn(t)stɪpeɪt, AM 'kɑ:n(t)stə-] *vt* MED ■**to ~ sb** bei jdm zu Verstopfung führen; **that will ~ me** davon bekomme ich Verstopfung

con·sti·pat·ed ['kɒn(t)stɪpeɪtɪd, AM 'kɑ:n(t)stəpeɪṱɪd] *adj* verstopft; **to be/become** [*or* **get**] **~** [eine] Verstopfung haben/bekommen; **mentally ~** (*fig*) gehemmt

con·sti·pa·tion [,kɒn(t)stɪ'peɪʃᵊn, AM ,kɑ:n(t)stə-] *n no pl* Verstopfung *f,* Obstipation *f fachspr*

con·stitu·en·cy [kən'stɪtjuən(t)si, AM -'stɪtʃu-] *n* ① POL (*area*) Wahlkreis *m;* (*voters also*) Wählerschaft *f* eines Wahlkreises ② + *sing/pl vb* (*supporters*) Anhängerschaft *f*

con·stitu·ent [kən'stɪtjuənt, AM -'stɪtʃu-] **I.** *n* ① (*voter*) Wähler(in) *m(f)* ② (*part*) Bestandteil *m;* **basic** [*or* **essential**] **~s** Grundbestandteile *mpl;* **main ~s** Hauptbestandteile *mpl* **II.** *adj attr, inv* ① (*component*) einzeln, bildend, konstituierend *geh;* **the council's ~ members** die einzelnen Ratsmitglieder; **~ part** Bestandteil *m;* **the ~ parts of a sentence** die einzelnen Satzteile ② (*voting*) wählend ③ POL *assembly, meeting* konstituierend *fachspr*

con·sti·tute ['kɒn(t)stɪtju:t, AM 'kɑ:n(t)stətu:t] *vt* ■**to ~ sth** ① (*make up*) etw ausmachen; **women ~ about ten percent of Parliament** etwa zehn Prozent der Parlamentsmitglieder sind Frauen ② (*form: be*) etw sein; **to ~ a threat to sth** eine Bedrohung für etw *akk* darstellen [*o* sein] ③ (*establish*) etw einrichten

con·sti·tu·tion [,kɒn(t)stɪ'tju:ʃᵊn, AM ,kɑ:n(t)stə'tu:-] *n* ① (*structure*) Zusammensetzung *f;* **genetic ~** genetische Struktur ② POL Verfassung *f;* **written/unwritten ~** geschriebene/ungeschriebene Verfassung; **under the ~** nach der Verfassung ③ (*health*) Konstitution *f,* Verfassung *f;* **to have a**

C

strong/weak ~ eine gute/schwache Konstitution haben ❹ *no pl* (*establishment*) Einrichtung *f*

con·sti·tu·tion·al [ˌkɒn(t)stɪˈtjuːʃᵊnᵊl, AM ˌkɑːn(t)stəˈtuː-] **I.** *adj* ❶ POL konstitutionell *fachspr,* verfassungsmäßig; ~ **amendment** Verfassungsänderung *f;* ~ **democracy/monarchy** konstitutionelle Demokratie/Monarchie *fachspr;* ~ **law** Verfassungsrecht *nt;* ~ **monarch** konstitutioneller Monarch *fachspr;* ~ **right** Grundrecht *nt;* **to be not** ~ verfassungswidrig sein; ▪**it is not** ~ **to do sth** es ist verfassungswidrig, etw zu tun ❷ (*physical*) konstitutionell *fachspr,* körperlich bedingt; ~ **weakness** körperlich bedingte Schwäche **II.** *n* (*hum dated*) Spaziergang *m;* **to go on one's** ~ seinen Spaziergang machen

con·sti·tu·tion·al·ity [ˌkɑːn(t)stətuːʃᵊnˈælət̬i] *n no pl* AM Verfassungsmäßigkeit *f;* **to challenge** [*or* **question**] **the** ~ **of a law** die Verfassungsmäßigkeit eines Gesetzes in Frage stellen

con·sti·tu·tion·al·ize [ˌkɒn(t)stɪˈtjuːʃᵊnᵊlaɪz, AM ˌkɑːn(t)stəˈtuːʃᵊnəl-] *vt* ▪**to** ~ **sth** etw in der Verfassung verankern

con·sti·tu·tion·al·ly [ˌkɒn(t)stɪˈtjuːʃᵊnᵊli, AM ˌkɑːn(t)stəˈtuː-] *adv* ❶ POL verfassungsgemäß ❷ (*physically*) konstitutionell *fachspr,* körperlich; **he's just** ~ **weak** er hat einfach eine schwache Konstitution; (*fig hum: by nature*) von Natur aus

con·strain [kənˈstreɪn] *vt* ❶ (*restrict*) ▪**to** ~ **sth** etw einschränken; **to** ~ **the development/progress of sth** die Entwicklung/den Fortschritt einer S. *gen* bremsen ❷ (*compel*) ▪**to** ~ **sb** jdn zwingen ❸ (*liter: imprison*) ▪**to** ~ **sb** jdn inhaftieren

con·strained [kənˈstreɪnd] *adj* ❶ (*compelled*) **to feel** ~ **to do sth** sich *akk* gezwungen [*o* genötigt] fühlen, etw zu tun; **don't feel** ~ **to do what he says** lass dich von ihm nicht unter Druck setzen ❷ (*stiff*) gezwungen, steif; *laugh* unnatürlich

con·straint [kənˈstreɪnt] *n* ❶ (*compulsion*) Zwang *m;* **the** ~ **of politeness** das Gebot der Höflichkeit; **under** ~ unter Zwang ❷ (*restriction*) Beschränkung *f,* Einschränkung *f;* (*hindrance*) Behinderung *f;* **to impose** ~**s on sb/sth** jdm/etw Beschränkungen auferlegen *geh,* jdn/etw einschränken; **to place** ~**s on sth** etw *dat* Zwänge auferlegen ❸ *no pl* (*form: stiffness*) Gezwungenheit *f;* (*awkwardness*) Befangenheit *f;* **without** ~ ungezwungen

con·strict [kənˈstrɪkt] **I.** *vt* ❶ (*narrow*) ▪**to** ~ **sth** *muscle* etw verengen; (*squeeze*) ▪**to** ~ **sth** etw einschnüren ❷ (*hinder*) ▪**to** ~ **sth** etw behindern; **to** ~ **sb's movements** jds Bewegungsfreiheit *f* einschränken ❸ (*restrict*) **to** ~ **sb** [*or* **sb's lifestyle**] jdn beengen [*o* einengen] [*o* einschränken] **II.** *vi* sich *akk* zusammenziehen; **he felt his throat** ~ er fühlte, wie es ihm die Kehle zu[sammen]schnürte

con·stric·tion [kənˈstrɪkʃᵊn] *n* ❶ *no pl* (*narrowing*) Verengung *f;* (*squeezing*) Einschnüren *nt;* (*tightness*) Enge *f;* **he felt a** ~ **in his chest** er hatte das Gefühl, dass ihm etwas die Brust einschnürte ❷ (*hindrance*) Behinderung *f* ❸ *usu pl* (*restriction*) Beschränkung *f,* Einschränkung *f* ❹ *no pl* (*being restricted*) Beengtheit *f,* Enge *f*

con·stric·tive [kənˈstrɪktɪv] *adj* eng

con·stric·tor [kənˈstrɪktəʳ, AM -ɚ] *n* ❶ (*boa*) Boa [constrictor] *f* ❷ ANAT ~ [**muscle**] Schließmuskel *m*

con·struct I. *n* [ˈkɒnstrʌkt, AM ˈkɑːn-] Gedankengebäude *nt,* [gedankliches] Konstrukt *fachspr;* **his reputation is largely a media** ~ sein Ruf ist weitgehend ein Ergebnis der Berichterstattung durch die Medien **II.** *vt* [kənˈstrʌkt] ❶ (*build*) ▪**to** ~ **sth** etw bauen; **to** ~ **a dam** einen Damm errichten; ▪**to** ~ **sth of/out of sth** etw aus etw *dat* bauen; **the wall is** ~**ed of concrete** die Wand ist aus Beton ❷ (*develop*) ▪**to** ~ **sth** etw entwickeln; **to** ~ **an argument/a story** ein Argument/eine Geschichte aufbauen; **to** ~ **a theory** eine Theorie entwickeln [*o geh* konstruieren] ❸ LING **to** ~ **a sentence** einen Satz konstruieren *fachspr*

con·struc·tion [kənˈstrʌkʃᵊn] *n* ❶ *no pl* (*act of building*) Bau *m;* **a marvellous work of engineering and** ~ ein Meisterwerk der Ingenieur- und Baukunst; **the** ~ **industry** die Bauindustrie; ~ **site** Baustelle *f;* ~ **worker** Bauarbeiter(in) *m(f);* **to be under** ~ im [*o* in] Bau sein; **how long has the hotel been under** ~**?** wie lange hat man an dem Hotel gebaut? ❷ (*how sth is built*) Bauweise *f* ❸ *object, machine* Konstruktion *f;* (*architectural feature*) Bau *m,* Bauwerk *nt;* (*building*) Gebäude *nt* ❹ (*development*) Entwicklung *f* ❺ LING Konstruktion *f fachspr;* **absolute/idiomatic** ~ absolute/idiomatische Konstruktion *fachspr* ❻ (*interpretation*) Interpretation *f,* Deutung *f;* **to put the wrong** ~ **on sb's actions** jds Vorgehen *nt* falsch verstehen [*o* deuten]

con·struc·tion·al [kənˈstrʌkʃᵊnəl] *adj* baulich; ~ **plan** Bauplan *m;* ~ **technique** Bauweise *f*

con·struc·tive [kənˈstrʌktɪv] *adj* ❶ (*helpful*) konstruktiv *geh* ❷ ARCHIT, TECH Bau-; ~ **plans** Baupläne *mpl*

con·struc·tive·ly [kənˈstrʌktɪvli] *adv* konstruktiv *geh,* auf konstruktive Weise; **use your energy a bit more** ~ setz mal deine Energie etwas sinnvoller ein

con·struc·tor [kənˈstrʌktəʳ, AM -ɚ] *n* (*tech*) Konstrukteur(in) *m(f);* ARCHIT Erbauer(in) *m(f)*

con·strue [kənˈstruː] *vt* ❶ (*form: interpret*) ▪**to** ~ **sth as sth** etw als etw *akk* deuten; **to** ~ **sth as an apology** etw als eine Entschuldigung verstehen; **to** ~ **sth as indecision** etw als Unentschlossenheit auslegen; ▪**to** ~ **sth to be sth** etw als etw *akk* auffassen ❷ LING (*dated: analyse*) etw analysieren; **to** ~ **a sentence** einen Satz analysieren [*o* zerlegen]

con·sul [ˈkɒn(t)sᵊl, AM ˈkɑːn(t)-] *n* Konsul(in) *m(f)*

con·su·lar [ˈkɒn(t)sjʊləʳ, AM ˈkɑːn(t)sjʊlɚ] *adj inv* konsularisch, Konsulats-; **in a** ~ **capacity** in der Eigenschaft als Konsul; ~ **office** Konsulatsbüro *nt,* Amtszimmer *nt* des Konsuls

con·sulate [ˈkɒn(t)sjʊlət, AM ˈkɑːn(t)-] *n* ❶ (*building*) Konsulat *nt* ❷ + *sing/pl vb* (*staff*) Konsulatsbelegschaft *f*

'con·su·late gen·er·al <*pl* consulates-> *n* Generalkonsulat *nt*

'con·sul gen·er·al <*pl* consuls-> *n* Generalkonsul(in) *m(f)*

con·sult [kənˈsʌlt] **I.** *vi* sich *akk* beraten; ▪**to** ~ **with sb** sich *akk* mit jdm beraten; ▪**to** ~ **with sb about sth** etw mit jdm besprechen, sich *akk* mit jdm über etw *akk* beraten **II.** *vt* ❶ (*ask*) ▪**to** ~ **sb** [**about** [*or* **on**] **sth**] jdn [bezüglich einer S. *gen*] um Rat fragen; **to** ~ **a doctor/lawyer/specialist** einen Arzt/Anwalt/Spezialisten konsultieren *geh* [*o* zu Rate ziehen] ❷ (*look at*) ▪**to** ~ **sth** etw heranziehen [*o* zu Rate ziehen]; **I'll** ~ **my diary** ich sehe mal in meinem Kalender nach; **to** ~ **a dictionary** in einem Wörterbuch nachschlagen; **to** ~ **a list/map** in einer Liste/auf einer Karte nachsehen; **to** ~ **the oracle** das Orakel befragen; **to** ~ **one's watch** auf die Uhr sehen ❸ (*consider*) ▪**to** ~ **sth** etw prüfen; **to** ~ **one's feelings/intuitions** auf sein Gefühl/seine Intuition hören; **I have to** ~ **my feelings before ...** ich muss erst mit mir zu Rate gehen, bevor ...

con·sul·tan·cy [kənˈsʌltᵊn(t)si] *n* ❶ *no pl* (*advice*) Beratung *f* ❷ (*firm*) Beratungsdienst *m;* **engineering** ~ Ingenieurbüro *nt;* **financial** ~ Finanzberater *m*

con·sult·ant [kənˈsʌltᵊnt] *n* ❶ (*adviser*) Berater(in) *m(f);* **computer** ~ Computerexperte, -in *m, f,* Computerfachmann, -fachfrau *m, f;* **management** ~ Unternehmensberater(in) *m(f);* **public relations** ~ PR-Berater(in) *m(f);* **tax** ~ Steuerberater(in) *m(f);* ▪~ [**to sb**] **for** [*or* **on**] **sth** [jds] Berater(in) *m(f)* für etw *akk;* ~ **for foreign investments** Investitionsberater(in) *m(f)* ❷ BRIT MED Facharzt, -ärztin *m, f;* **cancer** ~ Krebsspezialist(in) *m(f);* ▪~ **in sth** Spezialist(in) *m(f)* in etw *dat*

con·sul·ta·tion [ˌkɒnsᵊlˈteɪʃᵊn, AM ˈkɑːn-] *n* ❶ *no pl* (*advice*) Beratung *f* (**with** mit +*dat,* **on** über +*akk*); **to be in** ~ [**with sb**] sich *akk* [mit jdm] beraten; **to decide on sth in** ~ **with sb** etw in Absprache mit jdm entscheiden ❷ (*meeting*) Beratung *f,* Besprechung *f; with one's lawyer, accountant* Rücksprache *f* (**with** mit +*dat,* **about/on** über +*akk*) ❸ MED Konsultation *f;* **to have a** ~ **with sb** jdn konsultieren

con·sul·ta·tive [kənˈsʌltətɪv, AM -t̬ət̬ɪv] *adj attr, inv* beratend, Beratungs-; **she works for the firm in a** ~ **capacity** sie arbei-

tet als Beraterin für die Firma; ~ **committee** Beratungsgremium *nt*
con·sult·ing [kən'sʌltɪŋ] *adj attr, inv* beratend
con·'sult·ing hours *npl* Sprechstunde *f* **con·'sult·ing room** *n* Sprechzimmer *nt*
con·sum·ables [kən'sju:məb|z, AM -'su:-] *npl* Verbrauchsgüter *ntpl,* Konsumgüter *ntpl*
con·sume [kən'sju:m, AM -'su:m] *vt* ❶ (*eat, drink*) ■**to ~ sth** etw konsumieren [*o* zu sich *dat* nehmen]; *food also* etw verzehren; (*hum*) etw vertilgen *hum fam* ❷ *fire* ■**to ~ sth** etw zerstören [*o* vernichten] ❸ (*obsess*) **to be ~d by anger** von unbändigem Zorn erfüllt sein; **to be ~d by envy/jealousy** vor Neid/Eifersucht [fast] vergehen; **to be ~d by greed/hatred/guilt** von Gier/Hass/Schuld erfüllt sein; **to be ~d by passion for sb** sich *akk* vor Leidenschaft nach jdm verzehren ❹ (*use up*) ■**to ~ sth** etw verbrauchen; **to ~ energy/fuel** Energie/Benzin verbrauchen; **to ~ all one's money** sein ganzes Geld aufbrauchen ❺ (*buy*) ■**to ~ sth** etw kaufen
con·sum·er [kən'sju:məʳ, AM -'su:mɚ] **I.** *n* Verbraucher(in) *m(f),* Konsument(in) *m(f) fachspr* **II.** *n modifier* (*advice, credit*) Verbraucher-; ~ **demand** Nachfrage *f;* ~ **revolution** Veränderung *f* des Konsumverhaltens; ~ **rights** Rechte *ntpl* des Verbrauchers
con·sum·er 'du·rables *npl* Gebrauchsgüter *ntpl*
con·sum·er·ism [kən'sju:mərɪzᵊm, AM -'su:mɚɪ-] *n no pl* ❶ (*protection*) Verbraucherschutz *m* ❷ (*pej: attitude*) Konsumdenken *nt;* **rampant ~** ausufernder Konsum
con·sum·er·ist [kən'sju:merɪst, AM -'su:mɚ-] *adj* (*pej*) Konsum-
con·sum·er 'price in·dex *n* AM, AUS Verbraucherpreisindex *m* **con·sum·er pro·'tec·tion** *n no pl* Verbraucherschutz *m* **con·sum·er so·'ci·ety** *n* Konsumgesellschaft *f*
con·sum·ing [kən'sju:mɪŋ, AM -'su:m-] *adj attr, inv desire, passion* glühend, verzehrend *geh; ambition, interest* brennend
con·sum·mate I. *adj* ['kɒn(t)semət, kən'sʌmət, AM 'kɑ:n(t)səmɪt] *attr* (*form*) vollendet, vollkommen; ~ **athlete** Spitzensportler(in) *m(f);* **a ~ liar** ein ausgebuffter Lügner/eine ausgebuffte Lügnerin; ~ **skill** unübertroffene Geschicklichkeit; **a ~ thief** ein Meisterdieb/eine Meisterdiebin **II.** *vt* ['kɒn(t)səmeɪt, AM 'kɑ:n(t)sə-] (*form*) ■**to ~ sth** etw vollenden; **to ~ a marriage** LAW eine Ehe vollziehen
con·sum·ma·tion [ˌkɒn(t)sə'meɪʃᵊn, AM ˌkɑ:n(t)sə'-] *n no pl* (*form*) ❶ (*completion*) Erfüllung *f; of a career* Höhepunkt *m* ❷ *of a marriage* Vollzug *m;* **non-~ of the marriage** Nichtvollzug *m* der Ehe
con·sump·tion [kən'sʌm(p)ʃᵊn] *n no pl* ❶ (*using up*) Verbrauch *m;* (*using*) Konsum *m;* **energy/fuel ~** Energie-/Benzinverbrauch *m* ❷ (*eating, drinking*) Konsum *m; of food also* Verzehr *m;* **fat ~** Verzehr *m* von Fettmachern; **to be unfit for human ~** nicht zum menschlichen Verzehr geeignet sein ❸ (*purchase*) Verkauf *m* ❹ (*use*) **for internal ~** zur internen Nutzung ❺ *no pl* MED (*dated*) Schwindsucht *f veraltet*
con·sump·tive [kən'sʌm(p)tɪv] (*dated*) **I.** *n* MED Schwindsüchtige(r) *f(m) veraltet* **II.** *adj inv* MED schwindsüchtig *veraltet*
cont *adj abbrev of* **continued** Forts.
con·tact ['kɒntækt, AM 'kɑ:n-] **I.** *n* ❶ *no pl* (*communication*) Kontakt *m,* Verbindung *f;* **there isn't enough ~ between teachers and parents** die Lehrer und Eltern tauschen sich nicht genügend aus; **I'll get into ~ with him** ich melde mich bei ihm; **I couldn't get into ~ with him** ich habe ihn nicht erreicht; **to have ~ with the [outside] world** Kontakt zur Außenwelt haben; **to be in ~ [with sb]** [mit jdm] in Verbindung stehen; **to establish** [*or* **make**]/**maintain** [*or* **stay in**] **~ with sb** mit jdm in Kontakt kommen/bleiben; **to keep in ~ with sb** den Kontakt zu jdm aufrechterhalten; **to lose ~ with sb** den Kontakt zu jdm verlieren; **to make ~ with sb** sich *akk* mit jdm in Verbindung setzen, Kontakt zu jdm aufnehmen; *on the phone* jdn [telefonisch] erreichen ❷ (*person*) **I've got a ~ in a printing firm** ich habe Verbindungen zu [*o* ich kenne da jemanden in] einer Druckerei; **business ~s** Geschäftskontakte *mpl;* **international/professional/social ~s** internationale/berufliche/soziale Kontakte; ■**~s** *pl* (*connections*) Beziehungen *fpl;* **you need ~s** ohne Beziehungen geht nichts; **to build up ~s** Kontakte aufbauen; **to have ~s** Beziehungen [*o* Verbindungen] haben ❸ (*relationship*) Beziehung *f;* **to forge ~s with sb** mit jdm Kontakte eingehen ❹ *no pl* (*touch*) Kontakt *m;* **[physical] ~** Berührung *f;* **have you come into ~ with anyone with chickenpox?** hatten Sie Kontakt mit jemandem, der Windpocken hat?; **to be in/make ~ with sth** etw berühren; **to come into ~ with sth** (*a. fig*) mit etw *dat* in Berührung kommen *a. fig;* **don't let that glue come into ~ with your skin** lassen Sie diesen Klebstoff nicht an Ihre Haut kommen; **on ~** bei Berührung ❺ ELEC Kontakt *m* **II.** *vt* ■**to ~ sb** sich *akk* mit jdm in Verbindung setzen; (*get to by phone*) jdn [telefonisch] erreichen; **can I ~ you by phone?** sind Sie telefonisch zu erreichen?; **if there is any way we can be of assistance please do not hesitate to ~ us** falls Sie Hilfe brauchen, setzen Sie sich einfach mit uns in Verbindung; **you can ~ me on** [*or* AM **at**] **123 456** sie erreichen mich unter der Nummer 123 456
con·tact·able [kən'tæktəb|] *adj* erreichbar; *on the phone* telefonisch erreichbar
'con·tact-break·er *n* ELEC Unterbrecher *m fachspr* **con·tact 'lens** *n* Kontaktlinse *f* **'con·tact man** *n* Kontaktperson *f,* V-Mann *m,* Verbindungsmann *m* **'con·tact num·ber** *n* Rufnummer *f* **'con·tact print** *n* Kontaktabzug *m* **'con·tact sport** *n Sportarten mit Körperkontakt wie z.B. American Football oder Rugby* **'con·tact vis·it** *n Besuch im Gefängnis, bei dem Körperkontakt erlaubt ist*
con·ta·gion [kən'teɪdʒᵊn] *n* ❶ *no pl* Ansteckung *f;* (*potential*) Ansteckungsgefahr *f;* **risk of ~** Ansteckungsgefahr *f* ❷ (*dated: disease*) ansteckende Krankheit ❸ (*bad influence*) schädlicher Einfluss
con·ta·gious [kən'teɪdʒəs] *adj* ❶ *disease* ansteckend, direkt übertragbar; *person* ansteckend; **a highly ~ infection** eine äußerst ansteckende Infektionskrankheit ❷ *emotion* ansteckend; **her laughter is very ~** ihr Lachen steckt alle an; **~ enthusiasm** ansteckende Begeisterung
con·tain [kən'teɪn] *vt* ■**to ~ sth** ❶ (*hold, have, include*) etw enthalten; **a file ~ing a lot of important documents** ein Aktenordner mit zahlreichen wichtigen Informationen; **try to avoid foods which ~ a lot of fat** versuchen Sie allzu fette Nahrungsmittel zu vermeiden; ■**to be ~ed in sth** in etw *dat* enthalten sein; **the documents ~ed in the old box ...** die Dokumente, die sich in der alten Schachtel befanden, ... ❷ (*limit*) etw in Grenzen halten; (*hold back*) etw aufhalten ❸ (*suppress*) etw zurückhalten; ■**to ~ oneself** sich *akk* zurückhalten; **she could barely ~ herself** sie konnte kaum an sich halten
con·tain·er [kən'teɪnəʳ, AM -ɚ] *n* ❶ (*small*) Behälter *m,* Gefäß *nt;* **plastic ~** Plastikbehälter *m;* **unbreakable ~** unzerbrechliches Gefäß ❷ TRANSP (*large*) Container *m*
con·tain·er·ize [kən'teɪnᵊraɪz, AM -nəraɪz] *vt* ■**to ~ sth** etw in Container verpacken
con·'tain·er ship *n* Containerschiff *nt*
con·tain·ment [kən'teɪnmənt] *n no pl* ❶ (*limit*) Eindämmung *f;* **~ of crowd violence was the police's main concern** das Hauptanliegen der Polizei war es, gewalttätige Ausschreitungen der Menge zu verhindern ❷ POL, MIL In-Schach-Halten *nt*
con·tami·nant [kən'tæmɪnənt] *n* Verunreinigung *f;* **to be free of ~s** keine Verunreinigungen enthalten
con·tami·nate [kən'tæmɪneɪt] *vt* ■**to ~ sth** etw verschmutzen [*o* verunreinigen]; *food* etw verseuchen; (*with radioactivity, disease-causing agents*) etw verseuchen; (*poison*) etw vergiften
con·tami·nat·ed [kən'tæmɪneɪtɪd, AM -t̬ɪd] *adj* verschmutzt, verunreinigt; *food* verseucht; (*by radioactivity, by disease-*

causing agents) verseucht; (*poisoned*) vergiftet; **the spinach is ~ [by toxic chemicals]** der Spinat weist chemische Rückstände auf

con·tami·na·tion [kənˌtæmɪ'neɪʃᵊn] *n no pl* Verunreinigung *f*, Verschmutzung *f*; *of food* Verseuchung *f*; (*by radioactivity, disease-causing agents*) Verseuchung *f*; (*by poison*) Vergiftung *f*

contd *adj abbrev of* **continued** Forts.

con·tem·plate ['kɒntəmpleɪt, AM 'kɑːn-] **I.** *vi* nachdenken **II.** *vt* ■**to ~ sth** ❶ (*gaze at*) etw betrachten ❷ (*consider*) etw erwägen [*o* in Erwägung ziehen]; (*reflect upon*) über etw *akk* nachdenken; **to ~ suicide** an Selbstmord denken; **he would never ~ suicide** Selbstmord käme für ihn niemals in Frage; ■**to ~ doing sth** erwägen [*o* mit dem Gedanken spielen], etw zu tun ❸ (*intend, have in mind*) an etw *akk* denken; **it's too awful to ~** schon der bloße Gedanke daran ist einfach schrecklich; ■**to ~ doing sth** daran denken, etw zu tun

con·tem·pla·tion [ˌkɒntəm'pleɪʃᵊn, AM 'kɑːn-] *n no pl* ❶ (*gazing*) Betrachtung *f* ❷ (*thought*) Nachdenken *nt* (**of** über +*akk*); **to be lost in ~** in Gedanken versunken sein ❸ REL Besinnung *f*, Kontemplation *f geh*; **the nuns have an hour set aside for silent ~ every morning** die Nonnen haben jeden Morgen eine Stunde Zeit zur inneren Einkehr

con·tem·pla·tive [kən'templətɪv, AM -ṭ-] *adj* ❶ (*reflective*) *mood* nachdenklich ❷ REL besinnlich; *life* beschaulich, kontemplativ *geh*

con·tem·pla·tive·ly [kən'templətɪvli, AM -ṭ-] *adv* ❶ (*reflectively*) nachdenklich; **he gazed out of the window ~** er sah ganz in Gedanken versunken aus dem Fenster ❷ REL kontemplativ *geh*, besinnlich

con·tem·po·ra·neous [kənˌtempᵊr'eɪniəs] *adj* (*form*) aus derselben Zeit; (*occurring at the same time*) gleichzeitig stattfindend; ■**to be ~** aus derselben Zeit stammen; (*occurring at the same time*) gleichzeitig stattfinden

con·tem·po·ra·neous·ly [kənˌtempᵊr'eɪniəsli] *adv* (*form*) zur gleichen Zeit; **the two authors lived ~** die beiden Autoren waren Zeitgenossen

con·tem·po·rary [kən'tempᵊrᵊri, AM -pᵊreri] **I.** *n* ❶ (*from same period*) Zeitgenosse, -in *m, f*; **to be a ~ of sb** ein Zeitgenosse *m*/eine Zeitgenossin von jdm sein ❷ (*of same age*) Altersgenosse, -in *m, f* **II.** *adj attr* ❶ (*from same period*) zeitgenössisch; **~ accounts** zeitgenössische Berichte ❷ (*modern*) modern, zeitgenössisch; **it still has a ~ feel to it** es könnte ebenso gut aus der heutigen Zeit stammen

con·tempt [kən'tem(p)t] *n no pl* ❶ (*scorn*) Verachtung *f* (**for** für +*akk*); (*disregard*) Geringschätzung *f* (**for** +*gen*); **to be beneath ~** unter aller Kritik sein; **to conceal/show one's ~** seine Geringschätzung verbergen/zeigen; **to have ~ for sb/sth** Verachtung für jdn/etw empfinden; **to hold sb/sth in ~** jdn/etw verachten; **to treat sb/sth with ~** jdn/etw mit Verachtung strafen; **you should treat those remarks with ~** diesen Bemerkungen sollten Sie überhaupt keine Beachtung schenken ❷ LAW **~ [of court]** Missachtung *f* [des Gerichts]

con·tempt·ible [kən'tem(p)təbl̩] *adj* verachtenswert

con·tempt·ibly [kən'tem(p)təbli] *adv* verachtenswert

con·tempt of 'court *n no pl see* **contempt 2**

con·temp·tu·ous [kən'tem(p)tʃuəs] *adj* verächtlich; *look, remark also* geringschätzig; **to give sb a ~ look** jdn verächtlich anschauen; **to be very ~ of sb/sth** voller Verachtung [*o* Geringschätzung] auf jdn [herab]blicken

con·temp·tu·ous·ly [kən'tem(p)tʃuəsli] *adv* verächtlich, geringschätzig

con·tend [kən'tend] **I.** *vi* ❶ (*compete*) ■**to ~ against sb/sth** gegen jdn/etw kämpfen; ■**to ~ [with sb] for sth** [mit jdm] um etw *akk* wetteifern; **to ~ for a title** um einen Titel kämpfen ❷ (*cope*) ■**to ~ with sth** mit etw *dat* fertigwerden müssen; **to have sb/sth to ~ with** sich *akk* gegen jdn/etw behaupten müssen, es mit jdm/etw zu tun haben **II.** *vt* ■**to ~ that ...** behaupten, dass ...; *lawyer* geltend machen, dass ...

con·tend·er [kən'tendəʳ, AM -ɚ] *n* Kandidat(in) *m(f)*, Bewerber(in) *m(f)* (**for** für +*akk*); **to be a ~ for the championship title** ein Anwärter/eine Anwärterin auf den Meistertitel sein

con·tend·ing [kən'tendɪŋ] *adj attr, inv* **~ emotions** widerstreitende Gefühle; **the ~ parties** SPORTS die Wettkampfteilnehmer *pl*; LAW die streitenden Parteien

con·tent¹ ['kɒntent, AM 'kɑːn-] *n* ❶ (*what is inside*) *of a container, text, film* Inhalt *m*; **table of ~s** Inhaltsverzeichnis *nt* ❷ (*amount contained*) *of a substance, an ingredient* Gehalt (**of** an +*dat*); **to have a high/low fat ~** einen hohen/niedrigen Fettgehalt [*o* Fettanteil] aufweisen ❸ *no pl* (*substance, meaning*) Gehalt *m*; **it's a beautiful film, but it lacks ~** es ist ein wunderschöner Film, aber sehr gehaltvoll ist er nicht

con·tent² [kən'tent] **I.** *adj pred* zufrieden (**with** mit +*dat*); ■**to be [not] ~ to do sth** etw [nicht] gerne tun **II.** *vt* ■**to ~ sb** jdn zufrieden stellen; **to be easily ~ed** leicht zufrieden zu stellen sein; ■**to ~ oneself with sth** sich *akk* mit etw *dat* zufriedengeben [*o* begnügen]; **to ~ oneself with a simple life** mit einem einfachen Leben zufrieden sein **III.** *n no pl* Zufriedenheit *f*; **to one's heart's ~** nach Herzenslust; **time of ~** sorgenfreie Zeit

con·tent·ed [kən'tentɪd, AM -ṭ-] *adj* zufrieden (**with** mit +*dat*); **to not be ~ until ...** keine Ruhe geben, bis ...

con·tent·ed·ly [kən'tentɪdli, AM -ṭ-] *adv* zufrieden

con·tent·ed·ness [kən'tentɪdnəs, AM -ṭ-] *n no pl* Zufriedenheit *f*

con·ten·tion [kən'ten(t)ʃᵊn] *n* ❶ *no pl* (*dispute*) Streit *m* (**about** um +*akk*, **between** zwischen +*dat*); **to be in ~** strittig [*o* umstritten] sein; (*up for discussion*) zur Debatte stehen ❷ (*quarrel*) Streit *m*, Auseinandersetzung *f* (**among** unter +*dat*) ❸ (*opinion*) Behauptung *f*; **it is sb's ~ that ...** jd behauptet, dass ... ❹ *no pl* SPORTS **to be in/out of ~ for sth** [noch] im/aus dem Rennen um etw *akk* sein; **to put sb out of ~ for the championship/promotion/the title** jdn aus dem Rennen um die Meisterschaft/den Aufstieg/den Titel werfen ▶ PHRASES: **bone of ~** Zankapfel *m*

con·ten·tious [kən'ten(t)ʃəs] *adj* ❶ (*controversial*) kontrovers *geh*; *issue* umstritten; *decision, matter, question also* strittig ❷ (*provocative*) provokatorisch ❸ (*heated*) hitzig; **~ debates** hitzige Debatten

con·ten·tious·ness [kən'ten(t)ʃəsnəs] *n no pl* ❶ (*controversy*) Kontroverse *f* ❷ (*argumentativeness*) Streitsucht *f*, Streitlust *f* ❸ (*heatedness*) Hitzigkeit *f*

con·tent·ment [kən'tentmənt] *n no pl* Zufriedenheit *f*; **pure ~** volle Zufriedenheit; **with ~** zufrieden

con·tents ['kɒntents, AM 'kɑːn-] **I.** *npl* ❶ (*inside*) Inhalt *m*; **he poured the ~ of the bottle down the drain** er goss die Flasche in den Abfluss; **complete with ~** mitsamt dem Inhalt; **to empty sth of its ~** etw ausleeren; **to empty a cupboard/a room of its ~** einen Schrank/ein Zimmer ausräumen ❷ (*text*) Inhalt *m*; **[table of] ~** Inhaltsverzeichnis *nt* **II.** *n modifier* **~ page** Inhaltsverzeichnis *nt*

con·test I. *n* ['kɒntest, AM 'kɑːn-] ❶ (*event, competition*) Wettbewerb *m*; SPORTS Wettkampf *m*; **beauty ~** Schönheitswettbewerb *m*; **dance ~** Tanzturnier *nt*; **singing ~** Gesangswettbewerb *m*; **sports ~** Sportwettkampf *m*; **tennis ~** Tennisturnier *nt*; **to enter a ~** an einem Wettbewerb teilnehmen; SPORTS an einem Wettkampf teilnehmen; **to hold** [*or* **stage**] **a ~** einen Wettbewerb veranstalten; SPORTS einen Wettkampf veranstalten ❷ *a.* POL (*competing*) Wettstreit *m* (**for** um +*akk*); **a leadership ~** ein Wettstreit *m* um die Führungsposition; **media ~** Wettstreit *m* der Medien ❸ (*dispute*) Streit *m*; (*fight*) Kampf *m* (**for** um +*akk*) ▶ PHRASES: **no ~** ungleicher Kampf **II.** *vt* [kən'test] ■**to ~ sth** ❶ (*compete for*) um etw *akk* kämpfen [*o* konkurrieren] ❷ POL (*compete in*) an etw *dat* teilnehmen; (*compete for*) für etw *akk* kandidieren; **to ~ the presidency** für das Amt des Präsidenten/der Präsidentin [*o* die Präsidentschaft] kandidieren; **to ~ a seat** um einen Wahlkreis kämpfen ❸ (*dispute*) etw bestreiten; *decision, idea* etw in Frage stellen; (*challenge legality of*) etw anfechten; **to ~ claims/a will** Ansprüche/ein Testament anfechten; **to ~ a suit** einen Prozess [*o* ein Verfahren] anfechten

con·test·ant [kən'testᵊnt] *n* ❶ (*of a competition*) Wettbewerbsteilnehmer(in) *m(f)*; SPORTS Wettkampfteilnehmer(in) *m(f)*; *in a quiz* Kandidat(in) *m(f)* ❷ POL Kandidat(in) *m(f)* (**for** für +*akk*); **~ for the presidency** Präsidentschaftskandidat(in) *m(f)*

con·text ['kɒntekst, AM 'kɑːn-] *n* ❶ (*text*) Kontext *m*; (*circumstances*) *of a statement* Kontext *m*, Zusammenhang *m*; **to use** [*or* **quote**] [*or* **take**] **sth out of ~** etw aus dem Zusammenhang reißen ❷ (*situation, background*) Kontext *m geh*, Zusammenhang *m*; **historical ~** historischer Kontext *geh*; **to see sth in ~** etw im Kontext sehen *geh*; **in the ~ of sth** in Zusammenhang mit etw *dat*; **viewed in the ~ of the current political situation, ...** vor dem Hintergrund der derzeitigen politischen Landschaft betrachtet ...

con·tex·tual [kən'tekstjuəl, AM kən'tekstʃuəl] *adj attr* ❶ LING kontextuell *fachspr* ❷ (*form: in light of situation*) dem Zusammenhang entsprechend [*o* gemäß], kontextuell *geh*; **the ~ view of this situation makes a revolution look likely** wenn man diese Situation im Gesamtzusammenhang betrachtet, so scheint eine Revolution wahrscheinlich

con·tex·tual·ize [kən'tekstjuəlaɪz, AM kən'tekstʃu-] *vt* ■**to ~ sth** ❶ LING etw kontextualisieren *fachspr* ❷ (*form*) etw im Gesamtzusammenhang [*o geh* im [Gesamt]kontext] sehen; **to ~ a problem** ein Problem in seinen Zusammenhängen erfassen

con·tex·tual·ly [kən'tekstjuəli, AM kən'tekstʃu-] *adv* ❶ LING kontextuell *fachspr* ❷ (*form: in the situation*) im Zusammenhang; **seen ~, ...** als Ganzes und im Zusammenhang betrachtet ...

con·ti·gu·ity [ˌkɒntɪ'gjuːəti, AM ˌkɑːnṭə'gjuəṭi] *n no pl* (*form*) ❶ (*vicinity*) Kontiguität *f veraltet geh*; *geographical* [unmittelbare] Nähe [*o* Nachbarschaft] ❷ (*succession*) [unmittelbare] Aufeinanderfolge

con·tigu·ous [kən'tɪgjuəs] *adj inv* (*form*) ❶ ■**to be ~** (*next to*) in unmittelbarer Nachbarschaft liegen; (*adjoining*) aneinandergrenzen; (*touching*) sich *akk* berühren; ■**to be ~ to** [*or* **with**] **sth** (*next to*) in unmittelbarer Nachbarschaft zu etw *dat* liegen; (*adjoining*) an etw *akk* [an]grenzen; (*touching*) etw berühren; **the two states are ~ with each other** die beiden Staaten grenzen aneinander ❷ (*in time*) ■**to be ~** [unmittelbar] aufeinanderfolgen; ■**to be ~ to** [*or* **with**] **sth** unmittelbar auf etw *akk* folgen

con·ti·nence ['kɒntɪnen(t)s, AM 'kɑːntᵊnən(t)s] *n no pl* ❶ MED Kontinenz *f fachspr* ❷ (*old: self-control*) Selbstbeherrschung *f*; (*chastity*) Enthaltsamkeit *f*

con·ti·nent¹ ['kɒntɪnent, AM 'kɑːntᵊnənt] *n* ❶ (*land*) Kontinent *m*, Erdteil *m* ❷ *no pl* ■**the C~** Kontinentaleuropa *nt*; **on the C~** in Europa, auf dem Kontinent

con·ti·nent² ['kɒntɪnent, AM 'kɑːntᵊnənt] *adj* ❶ MED ■**to be ~** seine Blase und Darmtätigkeit kontrollieren können ❷ (*old: chaste*) enthaltsam, keusch *veraltend*

con·ti·nent·al [ˌkɒntɪ'nentᵊl, AM ˌkɑːntᵊ'nəntᵊl] **I.** *adj* ❶ *inv* kontinental, Kontinental-; **~ land** Festland *nt*; **~ waters** kontinentale Gewässer, Küstengewässer *nt* eines Kontinents ❷ (*European*) europäisch; **the ~ way of life** der europäische Lebensstil **II.** *n* Europäer(in) *m(f)*

con·ti·nent·al 'break·fast *n* kontinentales [*o* kleines] Frühstück **con·ti·nent·al 'cli·mate** *n no pl* Kontinentalklima *nt* **con·ti·nent·al 'drift** *n* GEOL *no pl* Kontinentaldrift *f fachspr* **con·ti·nent·al 'quilt** *n* BRIT Steppdecke *f*; (*with down*) Daunendecke *f* **con·ti·nent·al 'shelf** *n* GEOL Kontinentalsockel *m fachspr*, Festland[s]sockel *m*

con·tin·gen·cy [kən'tɪndʒᵊn(t)si] *n* (*form*) ❶ (*event*) Eventualität *f*, Möglichkeit *f*; **to provide for every ~** [*or* **all possible contingencies**] alle Möglichkeiten einplanen; **possible ~** möglicher Fall; **unforeseen ~** unvorhersehbare Eventualitäten ❷ (*provision*) Vorkehrung *f* (**against** gegen +*akk*) ❸ (*expense*) Ausgabe *f*

con·'tin·gen·cy fund *n* FIN Eventualfonds *m fachspr* **con·'tin·gen·cy plan** *n* Alternativplan *m*; **have you made any ~s?** hast du dir irgendetwas anderes überlegt?

con·tin·gent [kən'tɪndʒᵊnt] **I.** *n* ❶ (*group*) Gruppe *f*; **feminist ~** feministische Gruppierung ❷ MIL [Truppen]kontingent *nt*, Trupp *m* **II.** *adj* ■**to be ~** [**up**]**on sth** von etw *dat* abhängig sein

con·tinua [kən'tɪnjuə] *n pl of* **continuum**

con·tin·ual [kən'tɪnjuəl] *adj* ständig, andauernd; (*without stopping*) ununterbrochen, pausenlos; **I've had ~ problems with this car** mit diesem Wagen habe ich nichts als Probleme gehabt; **~ attacks** pausenlose Angriffe; **~ interruptions** ständige [*o* permanente] [*o* andauernde] Unterbrechungen; **to have ~ pain** permanent Schmerzen haben

con·tin·ual·ly [kən'tɪnjuəli] *adv* ständig, [an]dauernd; **they're ~ arguing** sie streiten die ganze Zeit

con·tinu·ance [kən'tɪnjuən(t)s] *n no pl* (*form*) ❶ (*continuation*) Fortsetzung *f*, Fortführung *f* ❷ (*duration*) Dauer *f*

con·tinu·ation [kənˌtɪnju'eɪʃᵊn] *n* ❶ *no pl* (*keeping up*) Fortsetzung *f*, Fortführung *f* ❷ *no pl* (*resuming*) Fortsetzung *f* ❸ *no pl* (*going on*) Fortdauer *f* ❹ (*sth continued*) Fortsetzung *f*; *of a river* Fortführung *f*

con·tinue [kən'tɪnju] **I.** *vi* ❶ (*persist*) andauern; (*go on*) weitergehen; *rain, storm* anhalten, nicht nachlassen; (*in an activity*) weitermachen; **despite our arguments he ~s to leave his dirty clothes on the floor** trotz unserer Streitigkeiten lässt er die schmutzige Wäsche nach wie vor auf dem Boden liegen; ■**to ~ doing/to do sth** weiter[hin] etw tun; **to ~ fighting/playing/talking** [*or* **to fight/play/talk**] weiterkämpfen/-spielen/-reden; ■**to ~ with sth** mit etw *dat* fortfahren [*o* weitermachen]; **~ with the medicine until the symptoms disappear** nehmen Sie das Medikament weiter, bis die Symptome verschwinden ❷ (*remain*) bleiben; **to ~ in office/power** weiter[hin] im Amt/an der Macht bleiben; ■**to ~ to be sth** [weiterhin] etw bleiben; **he ~s to be an important member of the team** er ist [*o* bleibt] nach wie vor ein wichtiges Mitglied der Mannschaft; ■**to ~ as sth** weiter als etw tätig sein ❸ (*resume*) weitergehen; *an activity* weitermachen, fortfahren; *speaking, reading* fortfahren; **may I ~?** darf ich fortfahren?; **he ~d by describing/explaining how ...** er fuhr fort, indem er beschrieb/erklärte, wie ...; **~ overleaf** Fortsetzung *f* umseitig; **to ~ on the next page** auf der nächsten Seite weitergehen; **to ~ on one's way** seinen Weg fortsetzen; ■**to ~ doing sth** weiter etw tun; **to ~ eating/reading** weiteressen/weiterlesen; ■**to ~ with sth** mit etw *dat* fortfahren [*o* weitermachen] ❹ (*not end*) *path, road* weitergehen; (*travel*) *person;* **to ~ northwards** in Richtung Norden weiterreisen ❺ (*with direct speech*) fortfahren **II.** *vt* ■**to ~ sth** ❶ (*keep up, carry on*) etw fortführen [*o* fortsetzen]; *an action* mit etw *dat* weitermachen [*o* fortfahren]; **to ~ one's career** seine Karriere weiterverfolgen; **to ~ one's education/studies** seine Ausbildung/Studien fortsetzen; **to ~ work** weiterarbeiten ❷ (*resume*) etw fortsetzen; **to be ~d on the next page** auf der nächsten Seite weitergehen

con·tinued [kən'tɪnjuːd] *adj attr, inv* fortwährend; **the ~ fighting in the city ...** die ununterbrochenen Kampfhandlungen in der Stadt...; **the ~ existence of sth** das Weiterbestehen einer S. *gen*

con·tinu·ing [kən'tɪnjuːɪŋ] *adj attr, inv* ❶ (*continual*) ständig; **~ stalemate** fortgesetzte Pattsituation ❷ SCH **~ education** weiterführende Schulen

con·ti·nu·ity [ˌkɒntɪn'juːəti, AM ˌkɑːntᵊn'uːəṭi] **I.** *n no pl* ❶ (*consistency*) Kontinuität *f geh* ❷ (*transition*) ■**~ between/with sth** Verbindung *f* zwischen/mit etw *dat* ❸ (*stability*) Stabilität *f* ❹ (*logic*) roter Faden; **there is no ~ in your argument** Ihre

Argumentation ist nicht schlüssig ❺ FILM, TV Drehbuch *nt,* Manuskript *nt* **II.** *n modifier* ~ **boy/girl** Scriptboy *m/*-girl *nt;* ~ **error** Folgefehler *m*

con·tinu·ous [kən'tɪnjuəs] *adj attr, inv* ❶ (*permanent*) dauernd, ständig, ununterbrochen; (*steady*) kontinuierlich *geh,* stetig; (*unbroken*) durchgehend; *line also* durchgezogen; **a ~ low buzzing noise** ein ununterbrochener leiser Summton; ~ **pain** anhaltende Schmerzen; ~ **rain/sunshine** anhaltender Regen/Sonnenschein; **we had ~ rain for the whole weekend** es hat das ganze Wochenende ununterbrochen geregnet ❷ LING ~ **form** Verlaufsform *f fachspr*

con·tinu·ous as·'sess·ment *n* Probezeit *f*

con·tinu·ous·ly [kən'tɪnjuəsli] *adv inv* (*permanently*) dauernd, ständig, ununterbrochen; (*steadily*) kontinuierlich *geh,* stetig; **it's been raining ~ for two days** es regnet schon seit zwei Tagen ununterbrochen; **to work ~** pausenlos arbeiten

con·tin·uum <*pl* -nua *or* -s> [kən'tɪnjuəm, *pl* -njuə] *n* (*form*) SCI Kontinuum *nt fachspr*

con·tort [kən'tɔːt, AM -'tɔːrt] **I.** *vi* (*in pain*) sich *akk* verzerren; (*in displeasure*) sich *akk* verziehen; **his face had ~ed with bitterness and rage** seine Miene hatte sich vor Bitterkeit und Wut verzogen **II.** *vt* ■**to ~ sth** ❶ (*deform*) etw verdrehen [*o* verrenken]; **to ~ one's body** sich *akk* verrenken; **a face ~ed by pain** ein schmerzverzerrtes Gesicht ❷ (*abuse*) etw verdrehen *pej fam;* **to ~ the truth/sb's words** die Wahrheit/jds Worte verdrehen *pej fam*

con·tort·ed [kən'tɔːtɪd, AM -'tɔːrt̬ɪd] *adj* ❶ (*awry*) verdreht; ~ **hands** verdrehte Hände; ~ **limbs** verrenkte [*o* verdrehte] Gliedmaßen ❷ (*false*) verdreht *pej fam*

con·tor·tion [kən'tɔːʃᵊn, AM -'tɔːr-] *n* ❶ *of an acrobat* Verrenkung *f,* Verdrehung *f;* **bodily ~s** Verrenkungen *fpl;* **facial ~s** Grimassen *fpl* ❷ *no pl* (*deforming*) *of a structure* Verdrehung *f*

con·tor·tion·ist [kən'tɔːʃᵊnɪst, AM -'tɔːr-] *n* ❶ (*acrobat*) Schlangenmensch *m* ❷ (*smooth talker*) Wortverdreher(in) *m(f) pej*

con·tour ['kɒntʊəʳ, AM 'kɑːntʊr] **I.** *n* ❶ (*outline*) Kontur *f meist pl,* Umriss *m meist pl;* **the ~s of the [human] body** die [Körper]konturen *pl;* **the ~ of sb's face** jds Profil *nt* ❷ GEOG Höhenlinie *f fachspr* **II.** *vt* ■**to ~ sth** ❶ (*shape*) etw formen ❷ (*draw*) etw umreißen; **he ~ed the face with light pencil lines** er zeichnete den Umriss des Gesichts mit feinen Bleistiftstrichen

'con·tour line *n* GEOG Höhenlinie *f fachspr* **'con·tour map** *n* GEOG Höhenlinienkarte *f fachspr*

contra·band ['kɒntrəbænd, AM 'kɑːn-] **I.** *n no pl* Schmuggelware *f;* ~ **of war** Kriegskonterbande *f* **II.** *adj attr, inv alcohol, cargo, cigarettes* geschmuggelt; ~ **goods** Schmuggelware *f*

contra·cep·tion [ˌkɒntrə'sepʃᵊn, AM ˌkɑːn-] *n no pl* [Empfängnis]verhütung *f,* Kontrazeption *f fachspr;* **form** [*or* **method**] **of ~** Verhütungsmethode *f*

contra·cep·tive [ˌkɒntrə'septɪv, AM ˌkɑːn-] **I.** *n* Verhütungsmittel *nt,* Kontrazeptiv[um] *nt fachspr* **II.** *adj inv* empfängnisverhütend *attr,* kontrazeptiv *fachspr;* ~ **device** empfängnisverhütendes Mittel; ~ **method** Verhütungsmethode *f;* ~ **pill** Antibabypille *f,* Pille *f fam*

con·tract[1] ['kɒntrækt, AM 'kɑːn-] **I.** *n* Vertrag *m,* Kontrakt *m fachspr;* **a five-year ~** ein Vertrag *m* auf fünf Jahre; **temporary ~** Zeitvertrag *m;* **to abrogate a ~** einen Vertrag außer Kraft setzen; **to award a ~ to sb** jdm einen Vertrag zuerkennen; **to be bound by ~ [to do sth]** vertraglich verpflichtet sein[, etw zu tun]; **to be under ~ [to** [*or* **with**] **sb]** [bei jdm] unter Vertrag stehen; **to be under ~ to do sth** vertraglich verpflichtet sein, etw zu tun; **to break [the terms of] a ~** gegen die vertraglichen Bestimmungen verstoßen, einen Vertrag brechen; **to cancel/conclude/draw up a ~** einen Vertrag kündigen/abschließen/aufsetzen; **to enter into a ~** einen Vertrag [ab]schließen [*o* eingehen]; **to make a ~ with sb** einen Vertrag mit jdm [ab]schließen [*o* machen]; **to negotiate a ~** einen Vertrag verhandeln; **to repudiate a ~** einen Vertrag nicht anerkennen; **to sign a ~** einen Vertrag unterschreiben [*o geh* unterzeichnen]; **to sign a ~ to do sth** sich *akk* vertraglich verpflichten, etw zu tun; **to win the ~ [to do sth]** die Ausschreibung [für etw *akk*] gewinnen, den Vertrag [für etw *akk*] bekommen **II.** *vi* ■**to ~ to do sth** vertraglich festlegen [*o* sich *akk* vertraglich verpflichten], etw zu tun; ■**to ~ into sth** BRIT sich *akk* vertraglich zu etw *dat* verpflichten; ■**to ~ with sb [for sth]** mit jdm [für etw *akk*] einen Vertrag abschließen; ■**to ~ with sb to do sth** mit jdm vertraglich vereinbaren, etw zu tun **III.** *vt* ■**to ~ sth** etw vertraglich vereinbaren; ■**to ~ sb to do sth** jdn vertraglich dazu verpflichten, etw zu tun

◆**contract out** *vt* ■**to ~ out** ↻ **sth [to sb]** etw [an jdn] vergeben, etw [von jdm] außer Haus machen lassen

con·tract[2] [kən'trækt] **I.** *vi* ❶ (*shrink*) sich zusammenziehen; *pupils* sich verengen ❷ (*tense*) *muscle* sich *akk* zusammenziehen, kontrahieren *fachspr* ❸ LING ■**to ~ to sth** zu etw *dat* verkürzt [*o* zusammengezogen] werden **II.** *vt* ■**to ~ sth** ❶ (*tense*) *muscles, metal* etw zusammenziehen [*o fachspr* kontrahieren]; **to ~ one's muscles** die Muskeln anspannen ❷ (*ling*) etw verkürzen [*o* zusammenziehen] ❸ (*catch*) **to ~ AIDS/a cold/smallpox** AIDS/eine Erkältung/die Pocken bekommen; **to ~ pneumonia/a virus** sich *dat* eine Lungenentzündung/einen Virus zuziehen

con·trac·tile [kən'træktaɪl, AM -tᵊl] *adj* MED kontraktil *fachspr*

con·trac·tile 'tis·sue *n* MED kontraktiles Gewebe *fachspr*

con·trac·tion [kən'trækʃᵊn] *n* ❶ *no pl* (*shrinkage*) Zusammenziehen *nt; of pupils* Verengung *f;* **cold causes the ~ of the metal** die Kälte führt dazu, dass das Metall sich zusammenzieht ❷ *no pl* (*tension*) *of a muscle* Kontraktion *f fachspr* ❸ *usu pl of the uterus* Wehe *f meist pl;* **she began having ~s** bei ihr setzten die Wehen ein ❹ LING Kontraktion *f fachspr*

'con·tract kill·er *n* Auftragskiller(in) *m(f)* **con·tract of em·'ploy·ment** *n* Arbeitsvertrag *m*

con·trac·tor [kən'træktəʳ, AM 'kɑːntræktɚ] *n* (*person*) Auftragnehmer(in) *m(f);* (*firm*) beauftragte Firma; **building ~** Bauunternehmer *m*

con·trac·tual [kən'træktʃuᵊl] *adj attr, inv* vertraglich; ~ **conditions** Vertragsbedingungen *fpl;* **to be under a ~ obligation to sb** bei jdm unter Vertrag stehen, vertraglich an jdn gebunden sein; ~ **terms** Vertragsbestimmungen *fpl*

con·trac·tual·ly [kən'træktʃuᵊli] *adv inv* vertraglich; **to be ~ bound/obliged [to do sth]** vertraglich gebunden/verpflichtet sein [etw zu tun]

contra·dict [ˌkɒntrə'dɪkt, AM ˌkɑːn-] **I.** *vi* widersprechen **II.** *vt* ❶ (*state the opposite*) ■**to ~ sb/sth** jdm/etw widersprechen; ■**to ~ oneself** sich *dat* [selbst] widersprechen ❷ (*be contrary*) ■**to ~ sth** im [*o* in] Widerspruch mit [*o* zu] etw *dat* stehen, etw *dat* widersprechen

contra·dic·tion [ˌkɒntrə'dɪkʃᵊn, AM ˌkɑːn-] *n* ❶ *no pl* (*statement of opposite*) Widerspruch *m* (**of** gegen +*akk*) ❷ (*being contrary*) Widerspruch *m;* **isn't that a bit of a ~?** widerspricht sich das nicht irgendwie? ❸ (*action, statement*) Widersprüchlichkeit *f;* **a ~ in terms** ein Widerspruch in sich

contra·dic·to·ri·ly [ˌkɒntrə'dɪktᵊrᵊli, AM ˌkɑːn-] *adv* im Widerspruch dazu

contra·dic·tory [ˌkɒntrə'dɪktᵊri, AM ˌkɑːn-] *adj* widersprüchlich, sich widersprechend *attr;* **to be given ~ advice** widersprüchliche [*o* gegensätzliche] Ratschläge bekommen; **to give sb ~ signs** widersprüchliche Signale an jdn aussenden; ■**to be ~ to sth** etw *dat* widersprechen, im [*o* in] Widerspruch mit [*o* zu] etw *dat* stehen

contra·dis·tinc·tion [ˌkɒntrədɪ'stɪŋ(k)ʃᵊn, AM ˌkɑːn-] *n no pl* (*form*) ■**in ~ to sth** im Gegensatz [*o* Unterschied] zu etw *dat*

contra·flow ['kɒntrəfləʊ, AM 'kɑːntrəfloʊ] *n no pl esp* BRIT Gegenverkehr *m;* ~ **in force** [*or* **operation**] geltender Gegenverkehr

contra·in·di·ca·tion [ˌkɒntrəɪndɪ'keɪʃᵊn, AM ˌkɑːntrə-] *n* MED Gegenanzeige *f,* Kontraindikation *f fachspr*

contradicting

contradicting	widersprechen
That's not right!/true at all!	Das stimmt doch gar nicht!
Stuff and nonsense! (*fam*)	Ach was!/Unsinn!/Blödsinn! (*fam*)
(What a load of) rubbish! (*fam*)	(So ein) Quatsch! (*fam*)
I see things differently.	Das sehe ich anders.
No, I don't think so.	Nein, das finde ich nicht.
I have to contradict you there.	Da muss ich Ihnen aber widersprechen.
That doesn't fit the facts.	Das entspricht nicht den Tatsachen.
You can't look at it like that.	So kann man das nicht sehen.
There can be no question of that.	Davon kann gar nicht die Rede sein.
objecting	**einwenden**
Yes, but ...	Ja, aber ...
You have forgotten that ...	Du hast vergessen, dass ...
You're completely wrong about that.	Das siehst du aber völlig falsch.
You may well be right, but don't forget ...	Sie haben schon Recht, aber vergessen Sie nicht, dass ...
That's all well and good but ...	Das ist ja alles schön und gut, aber ...
I've got several objections to that.	Ich habe dagegen einiges einzuwenden.
That's rather far-fetched.	Das ist aber weit hergeholt.

con·tral·ti [kənˈtrælti] *n pl of see* **contralto**

con·tral·to <*pl* -s *or* -ti> [kənˈtræltəʊ, AM -toʊ, *pl* -ti] *n* ❶ (*singer*) Altist(in) *m(f)* ❷ (*voice*) Alt *m,* Altstimme *f*

con·trap·tion [kənˈtræpʃᵊn] *n* Apparat *m;* (*vehicle*) Kiste *f sl,* Vehikel *nt oft pej;* **don't ask me how to use this ~** frag mich bloß nicht, wie man dieses Ding benutzt *fam*

contra·pun·tal [ˌkɒntrəˈpʌntᵊl, AM ˌkɑːn-] *adj* MUS kontrapunktisch *fachspr*

con·tra·ri·ly [kənˈtreərɪli, AM -ˈtrer-] *adv* aus purem Widerspruchsgeist; *horse* widerspenstig

con·tra·ri·ness [kənˈtreərɪnəs, AM -ˈtrer-] *n no pl* (*argumentativeness*) Widerspruchsgeist *m;* (*perversity*) Widerspenstigkeit *f,* Widerborstigkeit *f;* (*obstinacy*) Eigensinn *m*

con·tra·ry¹ [ˈkɒntrᵊri, AM ˈkɑːntrəˑi] **I.** *n no pl* ■**the ~** das Gegenteil; **proof to the ~** Gegenbeweis *m;* **to think the ~** das [genaue] Gegenteil denken; **on** [*or* **quite**] **the ~** ganz im Gegenteil; **to the ~** gegenteilig; **if I don't hear something to the ~ ...** wenn ich nichts anderes [*o* Gegenteiliges] höre ... **II.** *adj* ❶ (*opposite*) entgegengesetzt, gegenteilig; **~ to my advice/expectations** entgegen meinem Rat/meinen Erwartungen; **~ to** [**all**] **expectations** entgegen allen Erwartungen, wider Erwarten; **~ to common** [*or* **popular**] **opinion** im Gegensatz zur allgemeinen Meinung; ■**to be ~ to sth** im Gegensatz zu etw *dat* stehen; **to accept opinions ~ to one's own** gegenteilige Ansichten akzeptieren; **to put forward the ~ point of view** die gegenteilige Ansicht vertreten ❷ (*contradictory*) widersprüchlich

con·tra·ry² [kənˈtreəri, AM -ˈtreri] *adj* (*argumentative*) widerspenstig, widerborstig; (*obstinate*) eigensinnig; **he's just being ~** er versucht einfach nur seinen Dickkopf durchzusetzen *fam*

con·trast I. *n* [ˈkɒntrɑːst, AM ˈkɑːntræst] ❶ (*difference*) Gegensatz *m,* Kontrast *m* (**between** zwischen +*dat,* **to/with** zu +*dat*); **a marked ~ between sth** ein spürbarer Gegensatz zwischen etw *dat;* **to make quite a ~** einen großen Gegensatz [*o* starken Kontrast] darstellen; **to be in stark ~ to sth** in krassem Gegensatz zu etw *dat* stehen; **to provide a ~ to sth** einen Kontrast zu etw *dat* liefern; **by** [*or* **in**] **~** im Gegensatz, dagegen; **in ~ to sth** im Gegensatz zu etw *dat;* ■**the ~ of sth with sth** der Kontrast [*o* Gegensatz] zwischen etw *dat* und etw *dat* ❷ TV [Bild]kontrast *m;* (*tone*) [Farb]kontrast *m* **II.** *vt* [kənˈtrɑːst, AM -ˈtræst] ■**to ~ sth** etw [einander] gegenüberstellen, etw [miteinander] vergleichen; ■**to ~ sth with sth** etw etw *dat* gegenüberstellen, etw mit etw *dat* vergleichen **III.** *vi* [kənˈtrɑːst, AM -ˈtræst] kontrastieren (**with** mit +*dat*); **to ~ sharply** scharf kontrastieren

'con·trast con·trol *n* TV Kontrastregler *m*

con·trast·ing [kənˈtrɑːstɪŋ, AM -ˈtræst-] *adj attr* gegensätzlich; **the survey shows the ~ attitudes between different age groups** die Umfrage zeigt, wie unterschiedlich die Einstellungen verschiedener Altersgruppen sind; **~ colours/flavours** konträre Farben/Geschmacksrichtungen; **~ techniques** unterschiedliche Techniken

con·tras·tive [kənˈtrɑːstɪv, AM -ˈtræst-] *adj* LING kontrastiv *fachspr*

'con·trast me·dium *n* MED Kontrastmittel *nt fachspr*

contra·vene [ˌkɒntrəˈviːn, AM ˌkɑːn-] *vt* (*form*) ■**to ~ sth** gegen etw *akk* verstoßen, etw verletzen; **to ~ a law** gegen ein Gesetz verstoßen, ein Gesetz übertreten [*o* verletzen]

contra·ven·tion [ˌkɒntrəˈvenʃᵊn, AM ˌkɑːn-] *n* (*form*) Verstoß *m* (**of** gegen +*akk*); **to act in ~ of the regulations** gegen die Bestimmungen verstoßen

con·tre·temps <*pl* -> [ˈkɒntrətɑ̃ː(ŋ), AM ˈkɑːntrətɑ̃ː] *n* Zwischenfall *m;* **we had a slight ~ at the bar** es kam zu einem kleinen Zwischenfall an der Bar; ■**~ with sb** kleine Meinungsverschiedenheit [*o* Auseinandersetzung] mit jdm

con·trib·ute [kənˈtrɪbjuːt, *Brit also* ˈkɒntrɪbjuːt] **I.** *vi* ❶ ■**to ~ to** [*or* **towards**] **sth** (*give money, food, equipment*) etwas zu etw *dat* beisteuern; (*donate*) für etw *akk* spenden; **to ~ towards sb's leaving present** etwas zu jds Abschiedsgeschenk beisteuern, sich *akk* an jds Abschiedsgeschenk beteiligen; (*pay in*) *to pension etc* einen Beitrag leisten ❷ (*give help, support, ideas*) ■**to ~ to** [*or* **towards**] **sth** zu etw *dat* beitragen; **if you're not contributing to the solution, you're contributing to the**

problem wer das Problem nicht angeht, macht es noch größer; **he didn't ~ much to the meeting** er hat nicht viel zur Besprechung beigetragen; **to ~ to community/society** einen gesellschaftlichen Beitrag leisten; **to ~ to the success of sth** zum Erfolg einer S. *gen* beitragen ③ PUBL ■**to ~ to sth** einen Beitrag für etw *akk* schreiben; (*regularly*) für etw *akk* schreiben **II.** *vt* ① *money, food, equipment* ■**to ~ sth [to** [*or* **towards**] **sth]** etw [zu etw *dat*] beisteuern; (*donate*) etw [für etw *akk*] spenden ② *ideas, suggestions* ■**to ~ sth [to sth]** etw [zu etw *dat*] beitragen ③ (*submit*) ■**to ~ sth [to sth]** etw [zu etw *dat*] beisteuern, etw [für etw *akk*] liefern; **to ~ an article to a newspaper** einen Artikel für eine Zeitung schreiben

con·tri·bu·tion [ˌkɒntrɪˈbjuːʃᵊn, AM ˌkɑːn-] *n* ① (*money, food, equipment*) Beitrag *m* (**to/towards** zu +*dat*); (*donation*) Spende *f* (**to/towards** für +*akk*); **to make a ~ of £100,000 to sth** 100.000 Pfund zu etw *dat* beisteuern; (*donate*) 100.000 Pfund für etw *akk* spenden ② (*regular payment*) Beitrag *m;* **trade union ~** Gewerkschaftsbeitrag *m;* **voluntary ~s** freiwillige Beiträge ③ (*advance, support, addition*) Beitrag *m* (**to** zu +*dat*); **she didn't make much of a ~ at the meeting this morning** sie hat nicht besonders viel zur Besprechung heute Morgen beigetragen; **to make a major** [*or* **an outstanding**] **~** einen bedeutenden [*o* erheblichen] Beitrag leisten, [erheblich] beitragen ④ (*article, story*) **~ for** [*or* **to**] **a magazine/newspaper** Beitrag *m* für eine Zeitschrift/Zeitung

con·tribu·tor [kənˈtrɪbjuːtəʳ, AM -jət̬ɚ] *n* ① (*helper*) Mitwirkende(r) *f(m);* (*donor*) Spender(in) *m(f)* ② (*writer*) Mitarbeiter(in) *m(f)* (**to** bei +*dat*); **to be a regular ~ to a magazine** regelmäßig für eine Zeitschrift schreiben

con·tribu·tory [kənˈtrɪbjuːtᵊri, AM -jətɔːri] *adj* ① (*joint*) **~ pension scheme** [*or* AM **plan**] beitragspflichtige Rentenversorgung; **the company offers a ~ pension scheme** die Firma bietet eine anteilige Zahlung der Rentenbeiträge ② (*causing*) **to be a ~ cause of sth** eine der Ursachen für etw *akk* sein; **to be a ~ factor** ein Faktor unter vielen sein; **to be a ~ factor to sth** ein Faktor sein, der bei etw *dat* eine Rolle spielt [*o* der zu etw *dat* beiträgt]

con·tribu·tory ˈneg·li·gence *n no pl* BRIT, AUS LAW Mitverschulden *nt;* **partial ~** Teilschuld *f*

ˈcon trick *n* (*sl*) *short for* **confidence trick** Betrug *m kein pl,* Schwindel *m kein pl*

con·trite [kənˈtraɪt] *adj* (*form, liter*) zerknirscht; **~ apology** reuevolle [*o* zerknirschte] Entschuldigung; **~ expression** zerknirschter [*o* reuiger] Gesichtsausdruck

con·trite·ly [kənˈtraɪtli] *adv* (*form, liter*) zerknirscht, reuig *geh*

con·tri·tion [kənˈtrɪʃᵊn] *n no pl* (*form, liter*) Reue *f;* **act of ~** Buße *f*

con·tri·vance [kənˈtraɪvᵊn(t)s] *n* ① (*device*) Vorrichtung *f;* (*machine, gadget*) Apparat *m,* Gerät *nt;* (*makeshift*) Notbehelf *m* ② *no pl* (*devising*) Planung *f;* (*invention*) Erfindung *f;* (*imagination*) Erfindungsgabe *f,* Findigkeit *f* ③ (*pej: plot*) [schlauer [*o* cleverer]] Plan; **I'm sure it was a ~** ich bin sicher, dass es ein abgekartetes Spiel war *fam* ④ *no pl* (*pej: plotting*) Planung *f*

con·trive [kənˈtraɪv] **I.** *vt* ■**to ~ sth** ① (*devise*) etw ersinnen *geh,* sich *dat* etw ausdenken; **to ~ a plan** einen Plan aushecken *fam* [*o geh* ersinnen]; **to ~ plans** Pläne schmieden ② (*arrange*) etw arrangieren; **to ~ a meeting** ein Treffen arrangieren ③ (*make*) etw fabrizieren **II.** *vi* ■**to ~ to do sth** es schaffen, etw zu tun

con·trived [kənˈtraɪvd] *adj* (*pej: artificial*) *plot, story* gestellt, gekünstelt *pej;* **his excuse sounded a bit ~** seine Entschuldigung klang ein bisschen zu konstruiert; **~ smile** gezwungenes Lächeln

con·trol [kənˈtrəʊl, AM -ˈtroʊl] **I.** *n* ① *no pl* (*command*) Kontrolle *f;* **to be in ~ [of sth]** etw leiten [*o* unter Kontrolle haben]; **to be in full ~ of sth** völlig die Kontrolle über etw *akk* haben; **to be in full ~ of the situation** Herr der Lage sein; **to be under ~** unter Kontrolle sein; **to be under the ~ of sb** unter jds Kommando [*o* Kontrolle] stehen; **to bring** [*or* **get**] **sth under ~** *fire* etw unter Kontrolle bringen; **to exert** [*or form* **exercise**] **~ over sb/sth** jdn/etw beherrschen; **to gain/take ~ of sth** die Herrschaft über etw *akk* gewinnen/übernehmen; **to get/go out of ~** außer Kontrolle geraten; **the car/fire went out of ~** das Auto/Feuer geriet außer Kontrolle; **to have ~ over sb** Kontrolle *f* über jdn haben; **to lose ~ over sth** die Kontrolle über etw *akk* verlieren; **to slip out of sb's ~** nicht mehr in jds Macht [*o* Händen] liegen; **to wrest ~ from sb** jdm die Kontrolle nehmen; **out of** [*or* **beyond**] **~** außer Kontrolle; **the situation is out of ~** die Situation ist außer Kontrolle; **to slip out of sb's ~** nicht mehr in jds Macht [*o* Händen] liegen ② *no pl* (*restriction*) **birth ~** Geburtenkontrolle *f* ③ *usu pl* (*rules*) ■**~s on sth** Kontrolle *f* einer S. *gen;* **to impose ~s on sth** Kontrollen einführen [*o* verordnen] ④ *no pl* (*self-restraint*) Selbstbeherrschung *f;* **to be in ~ of one's emotions** Herr seiner Gefühle sein; **sb's ~ over her/his emotions** jds Kontrolle über seine/ihre Gefühle ⑤ *usu pl* ECON Kontrolle *f;* **price ~s** Preiskontrollen *fpl;* **wage ~s** Gehaltskontrollen *fpl;* **to impose** [*or* **introduce**]**/tighten ~s on sth** Kontrollen einführen/konsolidieren ⑥ (*checkpoint*) Kontrolle *f;* **customs/passport ~** Zoll-/Passkontrolle *f;* **to go through customs ~** die Zollkontrolle passieren *geh,* durch den Zoll gehen *fam* ⑦ MED, SCI (*comparison*) Kontroll-; (*person*) Kontrollperson *f* ⑧ TECH Schalter *m,* Regler *m;* **volume ~** Lautstärkeregler *m;* **to take over the ~s** die Kontrolle übernehmen ⑨ (*base*) Basis *f;* **tower ~** Sicherheitskontrolle *f* am Flughafen **II.** *vt* <-ll-> ① (*direct*) ■**to ~ sth** etw kontrollieren ② (*command*) ■**to ~ sb/sth** jdn/etw beherrschen; **to ~ one's dog/oneself** seinen Hund/sich *akk* unter Kontrolle haben ③ TECH ■**to ~ sth** *temperature* etw regulieren ④ (*curb*) ■**to ~ sth** etw zurückhalten; **to ~ one's anger** seinen Zorn mäßigen; **to ~ one's temper/urge** sein Temperament/Verlangen zügeln ⑤ (*contain*) ■**to ~ sth** etw zurückhalten [*o* unter Kontrolle bringen]; **to ~ a disease** eine Krankheit eindämmen; **to ~ an epidemic** eine Epidemie stoppen ⑥ ECON, LAW (*regulate*) ■**to ~ sth** etw regulieren [*o* kontrollieren] [*o* unter Kontrolle bringen]; **to ~ inflation** die Inflation eindämmen; **to ~ prices/spending** Preise/Ausgaben regulieren ▸ PHRASES: **to ~ the purse strings** das Geld zusammenhalten, den Daumen draufhalten *sl*

◆**control for** *vi* ■**to ~ for sth** *external factor* etw in Betracht ziehen

con·ˈtrol board *n* Schalttafel *f* **con·ˈtrol cen·ter** AM, **con·ˈtrol cen·tre** *n* Kontrollzentrum *nt* **con·ˈtrol char·ac·ter** *n* COMPUT Steuerzeichen *nt fachspr* **con·ˈtrol col·umn** *n* Steuerknüppel *m* **con·ˈtrol desk** *n* Schaltpult *nt,* Steuerpult *nt* **con·ˈtrol freak** *n* (*sl*) Kontrollfreak *m sl* **con·ˈtrol group** *n* MED Kontrollgruppe *f fachspr* **con·ˈtrol key** *n* COMPUT Control-Taste *f,* Steuerungstaste *f*

con·trol·lable [kənˈtrəʊləbl̩, AM -ˈtroʊl-] *adj* kontrollierbar, steuerbar; **a ~ disease** eine Krankheit, die man in den Griff bekommen kann

con·trolled [kənˈtrəʊld, AM -ˈtroʊld] *adj* ① (*mastered*) kontrolliert, unter Kontrolle; *voice* beherrscht ② MED **~ drug** verschreibungspflichtiges Medikament ③ SCI **~ experiment/trial** kontrolliertes Experiment/kontrollierter Versuch

con·trol·ler [kənˈtrəʊləʳ, AM -ˈtroʊlɚ] *n* ① (*director*) Leiter(in) *m(f);* (*of a radio station*) Intendant(in) *m(f);* (*supervisor*) Aufseher(in) *m(f)* ② TECH **temperature ~** Thermometer *nt* ③ AVIAT **air-traffic** [*or* **flight**] **~** Fluglotse, -in *m, f* ④ FIN Controller(in) *m(f)* ⑤ (*pej: power-wielder*) **to be a real ~** immer alles unter Kontrolle haben müssen

con·ˈtrol lev·er *n* Schalthebel *m,* Steuerhebel *m;* AVIAT Steuerknüppel *m* **con·ˈtrol light** *n* Kontrollleuchte *f,* Kontrolllampe *f*

con·trol·ling in·ter·est *n* ECON Mehrheitsbeteiligung *f fachspr* (**in** an +*dat*) **con·ˈtrol pan·el** *n* Schalttafel *f;* (*desk*) Schaltpult *nt,* Steuerpult *nt;* COMPUT Bedienungspult *nt,* Betriebspult *nt*

con·'trol room *n* Kontrollraum *m;* NAUT Kommandoraum *m;* MIL Operationszentrale *f* **con·'trol switch** *n* Steuerungsschalter *m,* Hilfsschalter *m* **con·'trol tow·er** *n* Tower *m,* Kontrollturm *m* **con·'trol unit** *n* COMPUT Steuereinheit *f,* Steuerwerk *nt fachspr*

con·tro·ver·sial [ˌkɒntrəˈvɜːʃəl, AM ˌkɑːntrəˈvɜːr-] *adj* umstritten, kontrovers *geh; decision, matter, question also* strittig

con·tro·ver·sy [kənˈtrɒvəsi, ˈkɒntrəvɜːsi, AM ˈkɑːntrəvɜːrsi] *n* Kontroverse *f geh,* Auseinandersetzungen *fpl* (**over/surrounding** über/um *+akk*); **a ~ surrounding the use of drugs in athletics** eine Kontroverse zum Thema Drogen im Sport; **to cause bitter ~** zu erbitterten Auseinandersetzungen führen; **to stir up a fierce/heated ~** zu heftigen Kontroversen Anlass geben; **to arouse** [*or* **cause**]/**fuel ~** eine Auseinandersetzung entfachen; **to be beyond ~** unumstritten sein; **to be surrounded with ~** umstritten sein

con·tro·vert [ˌkɒntrəˈvɜːt, AM ˈkɑːntrəvɜːrt] *vt* ■**to ~ sth** ❶ (*dispute*) etw anfechten [*o* bestreiten] ❷ (*refute*) etw widerlegen, etw *dat* widersprechen

con·tuse [kənˈtjuːz, AM *esp* -ˈtuːz] MED **I.** *vi* sich *dat* eine Quetschung [*o* Prellung] zuziehen **II.** *vt* ■**to ~ one's sth** sich *dat* etw quetschen [*o* prellen], sich *dat* eine Prellung an etw *dat* zuziehen

con·tu·sion [kənˈtjuːʒən, AM *esp* -ˈtuː-] *n* MED Quetschung *f,* Prellung *f,* Kontusion *f fachspr* (**to** an *+dat*); **there was a large ~ to the right shoulder** die rechte Schulter war geprellt

co·nun·drum [kəˈnʌndrʌm] *n* ❶ (*puzzle*) Rätsel *nt;* (*problem*) Problem *nt;* **to pose a ~** ein Rätsel aufgeben ❷ (*pun*) Wortspiel *nt;* (*riddle*) Scherzfrage *f*

con·ur·ban [kɒnˈɜːbən, AM kɑːnˈɜːr-] *adj attr* in einem Ballungsgebiet, eines Ballungsgebiets

con·ur·ba·tion [ˌkɒnɜːˈbeɪʃən, AM ˌkɑːnɜːrˈ-] *n* (*form*) Ballungsraum *m,* Ballungsgebiet *nt*

con·va·lesce [ˌkɒnvəˈles, AM ˌkɑːn-] *vi* genesen, sich *akk* erholen; ■**to ~ from sth** von etw *dat* genesen

con·va·les·cence [ˌkɒnvəˈlesən(t)s, AM ˌkɑːn-] *n* ❶ (*recovery*) Genesung *f* (**from** von *+dat*), Rekonvaleszenz *f fachspr* ❷ (*time*) Genesungszeit *f,* Rekonvaleszenz *f fachspr;* **to require** [**a**] **long** [**period of**] **~** eine lange Genesungszeit brauchen

con·va·les·cent [ˌkɒnvəˈlesənt, AM ˌkɑːn-] **I.** *n* Genesende(r) *f(m),* Rekonvaleszent(in) *m(f) fachspr* **II.** *adj inv* ❶ *person* genesend; **to be ~** auf dem Besserungswege sein ❷ *attr for convalescents* Genesungs-, Rekonvaleszenz- *fachspr;* **to have a long ~ period** eine lange Genesungszeit brauchen

con·va·'les·cent home *n,* **con·va·les·cent 'hos·pi·tal** *n* Genesungsheim *nt*

con·vec·tion [kənˈvekʃən] *n no pl* SCI Konvektion *f fachspr*

con·'vec·tion cur·rent *n* SCI Konvektionsströmung *f fachspr*

con·'vec·tion oven *n* Heißluftherd *m*

con·vec·tor [kənˈvektəʳ, AM -ɚ] *n,* **con·'vec·tor heat·er** *n* Heizlüfter *m*

con·vene [kənˈviːn] (*form*) **I.** *vi* sich *akk* versammeln, zusammenkommen; *Congress, committee, cabinet* zusammentreten **II.** *vt* ■**to ~ sb** *a group of people* jdn zusammenrufen [*o* versammeln]; ■**to ~ sth** etw einberufen; **to ~ a meeting of ministers** ein Ministertreffen einberufen

con·ven·er *n see* **convenor**

con·veni·ence [kənˈviːniən(t)s, AM -ˈviːnjən(t)s] *n* ❶ *no pl* (*usefulness*) Zweckmäßigkeit *f;* (*comfort*) Annehmlichkeit *f;* **for ~'s sake** aus praktischen Gründen; **at your earliest ~** möglichst bald, baldmöglichst; ■**the ~ of doing sth** die Annehmlichkeit, etw zu tun; **the ~ of having sth very close** die Annehmlichkeit, etw ganz in der Nähe zu haben; **at your ~** wenn [*o* wann immer] es Ihnen passt; [**just**] **for ~** [nur] aus Bequemlichkeit ❷ (*device*) Annehmlichkeit *f,* Komfort *m kein pl;* **modern ~s** moderner Komfort; **with all modern ~s** mit allem [*o* modernstem] Komfort

con·'veni·ence food *n* Fertiggerichte *ntpl* **con·'veni·ence store** *n* AM Laden *m* an der Ecke

con·veni·ent [kənˈviːniənt, AM -ˈviːnjənt] *adj* ❶ (*useful*) zweckmäßig, praktisch; (*suitable*) günstig; (*comfortable*) bequem; **~ excuse** passende Entschuldigung; ■**it is** [**very**] **~ that ...** es ist [sehr] praktisch, dass ...; **to find it ~ to do sth** es praktisch finden, etw zu tun ❷ *date, time* passend, günstig; **if it's ~ for you** wenn es Ihnen passt; **is Saturday ~ for you** passt es Ihnen am Samstag?; **a ~ moment** [*or* **time**] ein günstiger [*o* passender] Zeitpunkt; **very ~ opening hours** sehr günstige Öffnungszeiten; ■**it is ~ for sb to do sth** es macht jdm keine Umstände, etw zu tun ❸ (*accessible*) günstig gelegen; **the new flat is very ~ for the kids' school** die neue Wohnung liegt sehr günstig, ganz in der Nähe der Schule der Kinder ❹ (*beneficial*) **to be ~ for sb** jdm gelegen kommen; **his competitors injury was most ~ for him** die Verletzung seines Konkurrenten kam ihm sehr gelegen

con·veni·ent·ly [kənˈviːniəntli, AM -ˈviːnjənt-] *adv* ❶ (*usefully*) praktisch; (*suitably*) günstig; **~ situated** [*or* **located**] günstig gelegen ❷ (*hum: deliberately*) günstigerweise

con·ven·or [kənˈviːnəʳ] *n hochrangiger Gewerkschaftsfunktionär, der Gewerkschaftsversammlungen einberuft*

con·vent [ˈkɒnvənt, AM ˈkɑːn-] *n* [Nonnen]kloster *nt,* [Frauen]kloster *nt;* **to enter a ~** ins Kloster gehen

con·ven·tion [kənˈven(t)ʃən] **I.** *n* ❶ (*custom*) Brauch *m,* Sitte *f;* (*social code*) Konvention *f;* **social ~s** gesellschaftliche Konventionen; **to break with the ~s** mit den Konventionen brechen; **to defy** [*or* **flout**] **~** sich *akk* nicht an die gesellschaftlichen Konventionen [*o geh* Gepflogenheiten] halten; **it's a ~ that ...** es ist üblich, dass ...; **~ dictates that ...** es ist Brauch [*o* Sitte], dass ...; **to be founded upon ~s** auf Konventionen gegründet sein ❷ (*agreement*) Abkommen *nt; of human rights* Konvention *f;* **the ~ of the assembly was that ...** die Versammlung gelangte zu der Übereinkunft, dass ... ❸ (*assembly*) [Mitglieder]versammlung *f;* **party ~** Parteiversammlung *f;* **annual ~** Jahrestreffen *nt;* **to hold a ~** eine Versammlung abhalten ❹ (*conference*) Tagung *f,* Konferenz *f;* (*meeting*) Versammlung *f;* **he attended a ~ on human rights** er besuchte eine Konferenz zum Thema Menschenrechte **II.** *n modifier* **~ centre** Tagungszentrum *nt*

con·ven·tion·al [kənˈven(t)ʃənəl] *adj* ❶ (*traditional*) konventionell *geh;* (*unoriginal also*) traditionsgebunden; **~ attitudes** [*or* **opinions**] herkömmliche [*o* konventionelle] Ansichten, konventionelles Denken; **~ medicine** Schulmedizin *f* ❷ MIL konventionell *fachspr;* **~ war** konventionell geführter Krieg; **~ warfare/weapons** konventionelle Kriegsführung/Waffen

con·ven·tion·al·ity [kənˌven(t)ʃəˈnæləti, AM -əṭi] *n no pl* Konventionalität *f; of theory, technique* Herkömmlichkeit *f;* **the ~ of this music** die herkömmliche Art dieser Musik

con·ven·tion·al 'memo·ry *n no pl* COMPUT konventioneller Speicher *fachspr* **con·ven·tion·al 'wis·dom** *n no pl* weit verbreitete Weisheit; **the ~ about him is that he's a swindler** er gilt allgemein als Schwindler

'con·vent school *n* Klosterschule *f*

con·verge [kənˈvɜːdʒ, AM -ˈvɜːrdʒ] *vi* ❶ *lines, roads* zusammenlaufen; (*meet*) zusammentreffen ❷ (*congregate*) *tourists, fans* **to ~ on a city** scharenweise in eine Stadt kommen [*o pej* einfallen] ❸ (*resemble*) sich *akk* einander annähern, konvergieren *geh* ❹ MATH *series* konvergieren *fachspr*

con·ver·gence [kənˈvɜːdʒən(t)s, AM -ˈvɜːrdʒ-] *n no pl* ❶ (*resemblance*) Annäherung *f,* Konvergenz *f geh* ❷ *of lines, roads* Zusammenlaufen *nt;* (*meeting*) Zusammentreffen *nt;* **point of ~** Schnittpunkt *m* ❸ MATH *of a series* Konvergenz *f fachspr*

con·ver·gent [kənˈvɜːdʒənt, AM -ˈvɜːrdʒ-] *adj attr* ❶ *lines* konvergent *geh* ❷ (*similar*) ähnlich, konvergierend *geh;* **~ opinions** konvergierende Meinungen ❸ MATH **~ series** konvergierende Reihe

con·ver·sant [kənˈvɜːsənt, AM -ˈvɜːr-] *adj* ■**to be ~ with sth** mit

C

etw *dat* vertraut sein

con·ver·sa·tion [ˌkɒnvəˈseɪʃən, AM ˌkɑːnvɚˈ-] *n* Gespräch *nt,* Unterhaltung *f,* Konversation *f geh* (**about** über +*akk*); **the art of ~** die Kunst der gepflegten Konversation [*o* Unterhaltung]; **fragments** [*or* **scraps**] **of a ~** Fetzen *mpl* einer Unterhaltung [*o* eines Gesprächs]; **telephone ~** Telefongespräch *nt;* **to be in ~** [**with sb**] sich *akk* [mit jdm] unterhalten; **to be deep in ~** [**with sb**] [mit jdm] ins Gespräch vertieft sein; **to carry on** [*or* **hold**] **a ~** sich *akk* unterhalten, eine Unterhaltung [*o* ein Gespräch] führen; **to get caught up in a ~** in ein Gespräch verwickelt werden; **to get into ~ with sb** mit jdm ins Gespräch kommen; **to have a ~ with sb** sich *akk* mit jdm unterhalten, ein Gespräch [*o* eine Unterhaltung] mit jdm haben; **to have an interesting ~** [**with sb**] ein interessantes Gespräch [mit jdm] haben; **to make ~** sich *akk* unterhalten; (*small talk*) Konversation machen; **to run out of ~** sich *dat* nichts mehr zu sagen haben; **we seem to have run out of ~ after two minutes** offensichtlich ist uns schon nach zwei Minuten der Gesprächsstoff ausgegangen; **to strike up a ~** [**with sb**] [mit jdm] ins Gespräch kommen

con·ver·sa·tion·al [ˌkɒnvəˈseɪʃənəl, AM ˌkɑːnvɚˈ-] *adj* Gesprächs-, Unterhaltungs-; **he had a relaxed and ~ style of writing** er schrieb in einem lockeren und legeren Stil; **to have ~ skills** ein anregender Gesprächspartner/eine anregende Gesprächspartnerin sein; **~ tone** Plauderton *m*

con·ver·sa·tion·al·ist [ˌkɒnvəˈseɪʃənəlɪst, AM ˌkɑːnvɚˈ-] *n* ❶ (*entertainer*) guter Unterhalter/gute Unterhalterin ❷ (*talker*) guter Gesprächspartner/gute Gesprächspartnerin

con·ver·sa·tion·al·ly [ˌkɒnvəˈseɪʃənəli, AM ˌkɑːnvɚˈ-] *adv* im Plauderton

con·ver·ˈsa·tion piece *n* Gesprächsgegenstand *m* **con·ver·ˈsa·tion stop·per** *n* (*fam*) **that was a real ~** da verstummten plötzlich alle

con·verse¹ [kənˈvɜːs, AM -ˈvɜːr-] *vi* (*form*) sich *akk* unterhalten; ■**to ~ with sb** sich *akk* mit jdm unterhalten, ein Gespräch mit jdm führen

con·verse² [ˈkɒnvɜːs, AM ˈkɑːnvɜːrs] (*form*) **I.** *n* ■**the ~** das Gegenteil; **the ~ applies here** hier ist es umgekehrt **II.** *adj* gegenteilig

con·verse·ly [kənˈvɜːsli, AM -ˈvɜːr-] *adv* umgekehrt

con·ver·sion [kənˈvɜːʃən, AM -ˈvɜːrʒən] *n* ❶ *no pl* (*change of form or function*) ■**the ~ of sth into sth** die Umwandlung einer S. *gen* in etw *akk;* ARCHIT der Umbau einer S. *gen* zu etw *dat;* TECH die Umrüstung einer S. *gen* zu etw *dat* ❷ (*rooms, building*) Umbau *m* ❸ REL Konversion *f geh;* ■**~ to sth** Übertritt *m* [*o* Bekehrung *f*] zu etw *dat;* **sb's ~ to Buddhism/Islam** jds Übertritt zum Buddhismus/Islam ❹ (*changing beliefs or opinions*) Wandel *m;* **to undergo a ~** einen [inneren] Wandel durchmachen; POL einen Richtungswechsel vollziehen; ■**sb's ~ to sth** jds Bekehrung *f* zu etw *dat* ❺ *no pl* (*calculation*) ■**the ~ of sth into sth** die Umrechnung einer S. *gen* in etw *akk;* **to work out the ~ of sth into sth** etw in etw *dat* umrechnen ❻ SPORTS Verwandlung *f*

con·vert I. *n* [ˈkɒnvɜːt, AM ˈkɑːnvɜːrt] ❶ REL Bekehrte(r) *f(m),* Konvertit(in) *m(f) geh;* **to be a ~ to Buddhism** [*or* **a Buddhist ~**] zum Buddhismus übergetreten sein; **a ~ to Catholicism** ein/eine zum Katholizismus Übergetretener/Übergetretene; **to become a ~ to Islam** zum Islam übertreten ❷ POL ■**a ~ to sth** ein/eine zu etw *dat* Bekehrter/Bekehrte; **to become a ~ to socialism** ein überzeugter Sozialist/eine überzeugte Sozialistin werden ❸ (*to a way of living*) ■**a ~ to sth** ein Anhänger/eine Anhängerin einer S. *gen;* **to be a ~ to healthy living** zu einem gesunden Lebensstil stehen; **to be a ~ to vegetarianism** Vegetarier(in) *m(f)* sein **II.** *vi* [kənˈvɜːt, AM -ˈvɜːrt] ❶ REL übertreten; **he ~ed to his wife's religion** er nahm die Religion seiner Frau an ❷ (*change in function*) ■**to ~** [**in**]**to sth** sich *akk* in etw *akk* [*o* zu etw *dat*] verwandeln lassen **III.** *vt* [kənˈvɜːt, AM -ˈvɜːrt] ❶ REL ■**to ~ sb** [**to sth**] jdn [zu etw *dat*] bekehren; **to ~ sb to Christianity** jdn zum Christentum bekehren ❷ (*change beliefs*) ■**to ~ sb** [**to sth**] jdn [zu etw *dat*] bekehren; (*persuade*) jdn [zu etw *dat*] überreden ❸ (*change in form or function*) ■**to ~ sth** [**to sth**] etw [in etw [*o* verwandeln]] umwandeln *akk;* ARCHIT etw [zu etw *dat*] umbauen; TECH etw [zu etw *dat*] umrüsten; **couldn't we ~ the small bedroom into a second bathroom?** könnten wir aus dem kleinen Schlafzimmer nicht ein zweites Badezimmer machen?; **to ~ the attic into an office** das Dachgeschoss zu einem Büro ausbauen; **to ~ energy into electricity** Energie in Elektrizität umwandeln ❹ (*calculate*) ■**to ~ sth into sth** etw in etw *akk* umrechnen; (*exchange*) *money* etw in etw *akk* umtauschen ❺ SPORTS ■**to ~ sth** etw verwandeln ❻ (*to a different fuel*) ■**to ~ sth** [**from sth**] **to sth** etw [von etw *dat*] auf etw *akk* umstellen; **to ~ a machine/street to natural gas** eine Maschine/Straße auf Erdgas umstellen

con·vert·er [kənˈvɜːtəʳ, AM -ˈvɜːrt̬ɚ] *n* ❶ ELEC Umwandler *m;* **AC/DC ~** Stromgleichrichter *m;* **A/D ~** A/D-Umwandler *m;* **current ~** Stromwandler *m* ❷ AUTO Katalysator *m,* Kat *m fam*

con·vert·ible [kənˈvɜːtɪbl̩, AM -ˈvɜːrt̬əbl̩] **I.** *n* Kabrio[lett] *nt,* Kabriole *nt* ÖSTERR **II.** *adj* ❶ (*changeable*) verwandelbar; **~ sofa** Bettsofa *nt;* **is this sofa ~?** lässt sich dieses Sofa in ein Bett verwandeln? ❷ FIN (*exchangeable*) konvertibel *fachspr,* konvertierbar *fachspr;* **a ~ currency** eine [frei] konvertierbare Währung *fachspr;* ■**to be ~ into sth** in etw *akk* konvertierbar sein *fachspr*

con·vert·or *n see* **converter**

con·vex [ˈkɒnveks, AM ˈkɑːn-] *adj* konvex *fachspr;* **~ lens** Konvexlinse *f fachspr;* **~ mirror** Konvexspiegel *m*

con·vey [kənˈveɪ] *vt* ❶ (*transport*) ■**to ~ sth** [**somewhere**] etw [irgendwohin] befördern; **to ~ sth by sea** etw auf dem Seeweg befördern ❷ (*transmit*) ■**to ~ sth** [**to sb**] [jdm] etw überbringen; (*impart*) [jdm] etw vermitteln; (*make clear*) [jdm] etw deutlich machen; **words cannot ~ how much I love him** meine Liebe für ihn lässt sich nicht mit Worten ausdrücken; **do ~ my apologies to him** sag ihm bitte, wie leid es mir tut; **please ~ my compliments** [*or* **regards**] **to your father** (*form*) grüßen Sie bitte Ihren Vater von mir; **to ~ one's condolences** [**to sb**] [jdm] sein Beileid aussprechen ❸ (*indicate*) ■**to ~ to sb that ...** jdm zu verstehen geben, dass ..., jdm zeigen, dass ...; **to ~ the right/wrong impression** einen richtigen/falschen Eindruck vermitteln

con·vey·ance [kənˈveɪən(t)s] *n* ❶ *no pl* (*form: transport*) Beförderung *f;* **form** [*or* **mode**] **of ~** Transportmittel *nt* ❷ (*form: vehicle*) Verkehrsmittel *nt;* **public ~** öffentliches Verkehrsmittel ❸ *no pl* (*form: communication*) Übermittlung *f* ❹ *no pl* LAW (*transfer*) Eigentumsübertragung *f,* Überschreibung *f;* ■**the ~ of sth to sb** die Überschreibung einer S. *gen* auf jdn ❺ LAW (*document*) Übertragungsurkunde *f*

con·vey·anc·er [kənˈveɪən(t)səʳ, AM -sɚ] *n* LAW Notar(in) *m(f)* für Eigentumsübertragungen

con·vey·anc·ing [kənˈveɪən(t)sɪŋ] *n no pl* LAW Überschreibung *f,* Eigentumsübertragung *f*

con·vey·or, con·vey·er [kənˈveɪəʳ, AM -ɚ] *n* ❶ (*bearer*) Überbringer(in) *m(f);* **to be the ~ of bad tidings** schlechte Nachrichten überbringen ❷ *see* **conveyor belt**

con·ˈvey·or belt *n* Förderband *nt;* (*in assembly*) Fließband *nt;* (*at airport, for luggage*) Förderband *nt*

con·vict I. *n* [ˈkɒnvɪkt, AM ˈkɑːn-] Strafgefangene(r) *f(m),* Sträfling *m* **II.** *vi* [kənˈvɪkt] auf schuldig erkennen *fachspr,* einen Schuldspruch fällen, verurteilen **III.** *vt* [kənˈvɪkt] ■**to ~ sb** jdn verurteilen; **he has twice been ~ed of robbery** er ist zweimal wegen Raubes verurteilt worden; **to ~ sb for the murder of sb** jdn für den Mord an jdm verurteilen

con·vict·ed [kənˈvɪktɪd] *adj attr, inv* verurteilt

con·vic·tion [kənˈvɪkʃən] *n* ❶ (*judgement*) Verurteilung *f* (**for** wegen +*gen*); **it was her first ~ for stealing** sie wurde zum ersten Mal wegen Diebstahls verurteilt; **previous ~s** Vorstrafen *fpl;* **to have no/two previous ~s** nicht/zweifach vorbestraft sein; **to overturn a ~** eine Verurteilung aufheben ❷ *(belief)* Überzeugung *f;* **deep** [*or* **firm**]/**lifelong ~** tiefe [*o* feste]/ unerschütterliche Überzeugung; **to have a deep ~ that ...** der festen Überzeugung sein, dass ...; **it is sb's** [**personal**] **~ that ...** jd ist der [persönlichen] Überzeugung [*o* Meinung], dass ...; **political/religious ~s** politische/religiöse Anschauungen; **to be of strong ~s** feste Grundsätze haben; **sb/sth carries ~** jd/etw ist [*o* klingt] überzeugend; **sb/sth doesn't carry** [*or* **lacks**] **~** jdm/etw mangelt es an Überzeugung; **to have ~ about sth** von etw *dat* überzeugt sein; **by ~** überzeugt; **a socialist by ~** ein überzeugter Sozialist/eine überzeugte Sozialistin

con·vince [kən'vɪn(t)s] *vt* ■**to ~ sb** [**of sth**] jdn [von etw *dat*] überzeugen; ■**to ~ sb to do sth** jdn dazu bringen, etw zu tun; ■**to ~ sb that ...** jdn [davon] überzeugen, dass ...

con·vinced [kən'vɪn(t)st] *adj* ❶ *(persuaded)* überzeugt; ■**to be ~ of sth** von etw *dat* überzeugt sein; ■**to be ~ that ...** überzeugt sein, dass ... ❷ *attr (of ones beliefs)* überzeugt; **a ~ Christian** ein überzeugter Christ/eine überzeugte Christin; **a ~ Socialist** ein überzeugter Sozialist/eine überzeugte Sozialistin

con·vinc·ing [kən'vɪn(t)sɪŋ] *adj* überzeugend; **~ argument** stichhaltiges [*o* überzeugendes] Argument; **~ evidence/proof** schlagender [*o* stichhaltiger] [*o* überzeugender] Beweis; **~ victory** [*or* **win**] überzeugender Sieg; **totally** [*or* **utterly**] **~** äußerst überzeugend; **to make sth ~** etw überzeugend darstellen

con·vinc·ing·ly [kən'vɪn(t)sɪŋli] *adv* überzeugend; **to argue very ~ in favour of sth** mit großer Überzeugung für etw *akk* sprechen

con·viv·ial [kən'vɪviəl] *adj* ❶ *(sociable)* gesellig; *(hospitable)* gastlich ❷ *(lively, jovial)* heiter, fröhlich

con·vivi·al·ity [kən,vɪvi'æləti, AM -ət̬i] *n no pl* ❶ *(sociability)* Geselligkeit *f* ❷ *(liveliness, joviality)* unbeschwerte Heiterkeit, Fröhlichkeit *f*

con·vivi·al·ly [kən'vɪviəli] *adv* ❶ *(sociably)* gesellig ❷ *(jovially)* fröhlich ❸ *(enjoyably)* heiter

con·vo·ca·tion [,kɒnvə(ʊ)'keɪʃən, AM ,kɑːnvə'-] *n (form)* ❶ *no pl (arranging)* Einberufung *f* ❷ *(meeting)* Versammlung *f;* **to hold a ~** eine Versammlung abhalten

con·vo·lut·ed [,kɒnvə'luːtɪd, AM ,kɑːnvə'luːt̬-] *adj (form)* ❶ *(twisted)* verwickelt, verschlungen; **~ route** verzwickte Route ❷ *(difficult) sentences* verschachtelt; *plot* verschlungen ❸ *(coiled)* gewunden; *(spiral)* spiralig

con·vo·lu·tion [,kɒnvə'luːʃən, AM ,kɑːn-] *n (form)* ❶ *usu pl (coil)* Windung *f* ❷ *usu pl (complexity)* Verschlungenheit *f kein pl;* **to have many ~s** *film, story* verworren sein ❸ MED **~ of the brain** Krümmung *f* des Gehirns

con·voy ['kɒnvɔɪ, AM 'kɑːn-] **I.** *n* ❶ *(by sea)* Konvoi *m,* Geleit *nt* ❷ *(by road)* Konvoi *m;* **~ of cars** Fahrzeugkonvoi *m;* **~ of trucks** Lkw-Konvoi *m;* **to form a ~** einen Konvoi bilden; **in ~** im Konvoi; **shall we drive to the party in ~?** sollen wir gemeinsam zur Party fahren?; **under ~** unter Geleitschutz **II.** *vt* ■**to ~ sb** jdn eskortieren [*o* begleiten]; **a couple of tanks ~ed the trucks across the border** eine Gruppe von Panzern brachte die Lkws im Konvoi über die Grenze

con·vulse [kən'vʌls] **I.** *vi* sich *akk* krümmen [*o* winden]; **to ~ in** [*or* **with**] **laughter** sich *akk* vor Lachen biegen [*o* ausschütten] *fam;* **to ~ in** [*or* **with**] **pain** sich *akk* vor Schmerzen winden [*o* krümmen] **II.** *vt* ■**to ~ sth** etw erschüttern; **a racking cough ~d her whole body** sie wurde von einem fürchterlichen Husten geschüttelt; **to be ~d with laughter** sich *akk* vor Lachen biegen *fam*

con·vul·sion [kən'vʌlʃən] *n usu pl* ❶ *(spasm)* Krampf *m;* **to go into ~s** Krämpfe bekommen ❷ *(quake)* Erschütterung *f;* **the ~ of the earth shook the village** das Dorf wurde von Erdbebenstößen erschüttert ❸ *(unrest)* Aufruhr *m kein pl,* Unruhen *fpl* ❹ **~s** *pl (laughter)* Lachkrämpfe *mpl;* **to collapse in** [*or* **go into**]/**to be in ~s** sich *akk* vor Lachen biegen *fam* [*o* schütteln]

con·vul·sive [kən'vʌlsɪv] *adj* Krampf-, krampfartig; *movement* krampfhaft; **~ illness** *eine Krankheit, zu deren Symptomen Muskelkrämpfe gehören;* **~ spasms** Muskelkrämpfe *mpl,* konvulsivische Zuckungen *fachspr*

cony ['kəʊni, AM 'koʊ-] *n (old)* ❶ *(rabbit)* Kaninchen *nt* ❷ *(fur)* Kaninchenfell *nt*

coo [kuː] **I.** *vi* ❶ *dove, baby* gurren ❷ *(talk softly)* ■**to ~ over sb/sth** liebevoll über jdn/etw sprechen **II.** *vt* ■**to ~ sth** etw flüstern; **to ~ sweet nothings in sb's ear** jdm süße Worte ins Ohr flüstern **III.** *n no pl* Gurren *nt,* Girren *nt*

cook [kʊk] **I.** *n* Koch, Köchin *m, f* ▸ PHRASES: **too many ~s spoil the broth** [*or* **soup**] *(prov)* viele Köche verderben den Brei *prov* **II.** *vi* ❶ *(make meals)* kochen; ■**to ~ for sb** für jdn kochen ❷ *(in water)* kochen; *fish, meat* garen; *(fry, roast)* braten; *cake, pie* backen ❸ AM *(fam: do well)* so richtig gut einschlagen *fam,* in Höchstform sein; *(be ready to go)* loslegen können *fam;* **now we're ~in'!** jetzt kann es losgehen! *fam* ▸ PHRASES: **what's ~ing?** *(sl)* was ist los? *fam* **III.** *vt* ■**to ~ sth** ❶ *(make)* etw kochen [*o* machen]; *(prepare)* etw zubereiten [*o* kochen]; **how do you ~ this fish/meat?** wie wird dieser Fisch/dieses Fleisch zubereitet?; **I don't ~ meat very often** ich mache [*o* koche] nicht so oft Fleischgerichte; **to ~ lunch** das Mittagessen kochen [*o* machen]; ■**to ~ sb sth** [*or* **sth for sb**] jdm etw kochen, etw für jdn kochen; **to ~ a meal** [**for sb**] [für jdn] kochen ❷ *(heat)* etw kochen; *fish, meat* etw garen; *(fry, roast)* etw braten ❸ *(fam: falsify)* etw frisieren *fam;* **to ~ the books** die Bücher fälschen [*o fam* frisieren] ▸ PHRASES: **to ~ sb's goose** *(fam)* jdn fertigmachen *fam;* **that's ~ed his goose, hasn't it** damit ist er wirklich erledigt *fam*

◆**cook down** *vt* AM FOOD ■**to ~ down** ⊂ **sth** etw reduzieren

◆**cook up** *vt* ■**to ~ up** ⊂ **sth** ❶ *(prepare quickly)* etw auf die Schnelle zubereiten; **he ~ed up a delicious omelette in no more than 10 minutes** in nur zehn Minuten zauberte er ein köstliches Omelette auf den Tisch ❷ *(improvise)* **to ~ up a meal** eine Mahlzeit improvisieren ❸ *(concoct)* sich *dat* etw ausdenken; **to ~ up an excuse/a story** eine Entschuldigung/ Geschichte erfinden; **to ~ up a plan** einen Plan aushecken *fam*

'cook·book *n* Kochbuch *nt*

cooked [kʊkt] *adj* ❶ *(not raw or cold)* gekocht; **~ food** gekochte Speisen; **a ~ meal/supper** eine warme Mahlzeit/ ein warmes Abendessen; **~ vegetables** gekochtes Gemüse; ■**to be ~** *(cake, meat)* durch sein ❷ *pred (fam: in trouble)* ■**to be ~** in einer ausweglosen Situation sein

cooked 'break·fast *n* BRIT englisches Frühstück *(mit Speck, Eiern und Würstchen)*

cook·er ['kʊkəʳ] *n* ❶ *esp* BRIT *(stove)* Herd *m* ❷ BRIT *(fam: apple)* Kochapfel *m*

cook·ery ['kʊkəri, AM -ɚi] **I.** *n no pl* ❶ *(cooking)* Kochen *nt;* **to be very skilled in ~** ganz ausgezeichnet kochen ❷ AM *(cafe)* Gasthof *m* **II.** *n modifier* Koch-; **to take a ~ course** einen Kochkurs machen

'cook·ery book *n* BRIT, AUS Kochbuch *nt*

cookie ['kʊki] *n esp* AM ❶ *(biscuit)* Keks *m,* Plätzchen *nt;* **chocolate-chip ~** Schokokeks *m;* **coconut ~** Kokosnussplätzchen *nt;* **peanut butter ~** Erdnusskeks *m* ❷ AM *(fam: person)* Typ *m fam;* **a smart ~** ein cleverer Bursche, ein schlaues Bürschchen; **a tough ~** ein zäher Typ *fam;* **Carrie's quite the tough ~** Carrie ist eine von der ganz zähen Sorte *fam* ❸ COMPUT Cookie *nt fachspr* ▸ PHRASES: **tough ~s!** AM Pech gehabt!; **that's the way the ~ crumbles** *(saying)* so ist das nun mal im Leben, tja, so kann's gehen *fam*

'cookie-cut·ter ['kʊkikʌtɚ] *adj attr, inv* AM identisch, Serien-

cook·ing ['kʊkɪŋ] **I.** *n no pl* Kochen *nt;* **to do the ~** kochen; **to hate ~** nicht gerne kochen **II.** *n modifier* Koch-; **~ chocolate**

Blockschokolade *f;* ~ **foil** BRIT Alufolie *f;* ~ **oil** Speiseöl *nt*

'cook·ing apple *n* Kochapfel *m*

'cook·out *n esp* AM (*fam*) Grillparty *f;* **to have a** ~ eine Grillparty veranstalten

cooky *n esp* AM *see* **cookie**

cool [ku:l] **I.** *adj* ❶ (*pleasantly cold*) kühl; (*unpleasantly cold*) kalt; **store in a** ~ **and dry place** kühl und trocken lagern ❷ (*clothing, material*) leicht, luftig ❸ *colour* kühl ❹ (*calm*) ruhig, gelassen, cool *sl;* (*level-headed*) besonnen; **to keep** [*or* **stay**] ~ ruhig [*o sl* cool] bleiben; **to keep a** ~ **head** (*sl*) einen kühlen Kopf bewahren; ~, **calm and collected** kühl, ruhig und besonnen; ■**to be** ~ **with sb/sth** (*to approve of*) kein Problem mit jdm/etw haben ❺ (*unfriendly*) kühl, unterkühlt; **a** ~ **reception/welcome** ein kühler Empfang; **to give sb a** ~ **reception** jdn kühl empfangen; ■**to be** ~ **towards sb** sich *akk* jdm gegenüber kühl [*o* abweisend] verhalten ❻ (*unfeeling*) kühl; (*not showing interest*) abweisend; ■**to be** ~ **about sth** etw *dat* abweisend gegenüberstehen ❼ (*fam: trendy, great*) cool *sl,* geil *sl;* **to look** ~ cool aussehen *sl* ❽ (*fam: considerable*) **a** ~ **amount** eine ganz schöne Summe; **a** ~ **£100,000** (*at least*) mindestens 100.000 Pfund ▶ PHRASES: ~ **as a <u>cucumber</u>** völlig gelassen [*o sl* cool] **II.** *interj* (*fam*) super *fam,* cool *sl,* geil *sl* **III.** *n no pl* ❶ (*cold*) **to sit/stay in the** ~ im Kühlen sitzen/bleiben; ■**the** ~ **of sth** die Kühle einer S. *gen;* **in the** ~ **of the evening/night** in der Abendkühle/Kühle der Nacht ❷ (*calm*) Ruhe *f,* Gelassenheit *f;* **to keep one's** ~ die Ruhe bewahren, sich *akk* nicht aufregen, cool bleiben *sl;* **to lose one's** ~ die [*o* seine] Ruhe verlieren, sich *akk* aufregen **IV.** *vi* ❶ (*lose heat*) abkühlen (**to** auf +*akk*); **to let sth** ~ **to room temperature** etw auf Zimmertemperatur abkühlen lassen ❷ (*die down*) nachlassen **V.** *vt* ❶ (*make cold*) ■**to** ~ **sth** etw kühlen; (*cool down*) etw abkühlen ❷ (*sl: calm down*) [**just**] ~ **it!** reg dich ab! *fam;* **just** ~ **it everyone, fighting won't solve anything** ganz ruhig bleiben! ein Streit bringt überhaupt nichts

◆**cool down I.** *vi* ❶ (*lose heat*) abkühlen ❷ (*calm down*) sich *akk* beruhigen [*o fam* abregen] **II.** *vt* ❶ (*calm*) ■**to** ~ **down** ○ **sb** jdn beruhigen ❷ (*reduce temperature*) ■**to** ~ **down** ○ **sth** etw abkühlen

◆**cool off** *vi* ❶ (*lose heat*) sich *akk* abkühlen ❷ (*calm down*) *person* sich *akk* beruhigen ❸ (*die down*) nachlassen, abkühlen *fig*

cool·ant ['ku:lənt] *n* MECH Kühlflüssigkeit *f,* Kühlmittel *nt*

'cool bag *n* BRIT Kühltasche *f*

cool·er ['ku:ləʳ, AM -ɚ] *n* ❶ (*box*) Kühlbox *f; for champagne* [Sekt]kühler *m* ❷ (*drink*) *mit Wein und Saft gemischtes Erfrischungsgetränk* ❸ (*sl: prison*) **the** ~ der Bau *fam*

'cool·er bag *n* AM Kühltasche *f*

cool·'head·ed *adj* besonnen; **to remain** ~ einen kühlen Kopf behalten [*o* bewahren]

coolie ['ku:li] *n* (*pej! dated*) Kuli *m pej;* **to hire** ~**s** ungelernte [*o* billige] Arbeitskräfte einstellen

cool·ing ['ku:lɪŋ] *adj attr* ❶ (*making cool*) [ab]kühlend; **a** ~ **breeze** eine kühle Brise; **a** ~ **drink** ein erfrischendes [*o* kühlendes] Getränk; **to have a** ~ **effect** eine kühlende Wirkung haben; **to take a** ~ **swim in the river** ein kühles Bad im Fluss nehmen ❷ (*dying down*) nachlassend

cool·ing-'off pe·ri·od *n Zeitraum für Schlichtungsvereinbarungen bei Streiks* **'cool·ing tow·er** *n* Kühlturm *m*

cool·ly ['ku:lli] *adv* (*coldly*) kühl, distanziert; (*in a relaxed manner*) cool *sl,* gelassen; **to receive sth rather** ~ (*indifferently*) etw ziemlich gleichgültig aufnehmen; (*in a relaxed manner*) etw ziemlich cool aufnehmen *sl*

cool·ness ['ku:lnəs] *n no pl* ❶ (*low temperature*) Kühle *f* ❷ (*unfriendliness*) Kühle *f,* Distanziertheit *f* ❸ (*relaxed manner*) coole Art *sl*

coon [ku:n] *n* ❶ (*racoon*) Waschbär(in) *m(f)* ❷ (*pej! sl: black*) Neger(in) *m(f) pej,* Nigger(in) *m(f) pej*

coop [ku:p] **I.** *n* Hühnerstall *m* ▶ PHRASES: **to <u>fly</u> the** ~ sich *akk* aus dem Staub machen *fam* **II.** *vt* ■**to** ~ **up** ○ **sb** jdn einsperren [*o* einschließen]; ■**to** ~ **up** ○ **an animal** ein Tier einsperren

co-op ['kəʊɒp, AM 'koʊɑ:p] *n abbrev of* **cooperative I.**

cooped up *adj person* eingesperrt; *animals* zusammengepfercht

coop·er ['ku:pəʳ, AM -ɚ] **I.** *n* Böttcher *m,* Küfer *m* **II.** *vi* (*make barrels*) Fässer herstellen; (*repair barrels*) Fässer ausbessern

co·oper·ate [kəʊ'ɒpəʳreɪt, AM koʊ'ɑ:pəreɪt] *vi* ❶ (*help*) kooperieren; (*comply also*) mitmachen ❷ (*act jointly*) kooperieren, zusammenarbeiten; ■**to** ~ **in sth** bei etw *dat* zusammenarbeiten; ■**to** ~ **with sb** mit jdm zusammenarbeiten [*o* kooperieren]; **to** ~ **fully** [*or* **closely**] **with sb** [**in sth**] [bei etw *dat*] eng mit jdm zusammenarbeiten; **he** ~**d fully with the government in its investigation** er hat die Regierung bei ihren Untersuchungen in jeder Hinsicht unterstützt; ■**to** ~ [**with sb**] **in doing sth** etw [mit jdm] zusammen tun ❸ (*hum: be suitable*) **if the weather** ~**s ...** wenn das Wetter mitmacht,...

co·opera·tion [ˌkəʊɒpə'reɪʃəndn, AM ˌkoʊˌɑ:pə'-] *n no pl* ❶ (*assistance*) Kooperation *f,* Mitarbeit *f* (**in** bei +*dat*); **with sb's** ~ mit jds Hilfe ❷ (*joint work*) Zusammenarbeit *f,* Kooperation *f* (**in/between** bei/zwischen +*dat*); **to produce sth in** ~ **with sb** etw in Zusammenarbeit mit jdm herstellen

co·opera·tive [kəʊ'ɒpəʳrətɪv, AM koʊ'ɑ:pəət̬ɪv] **I.** *n* Genossenschaft *f,* Kooperative *f;* **farming** ~ landwirtschaftliche Genossenschaft **II.** *adj* ❶ *attr, inv* ECON genossenschaftlich, kooperativ; ~ **business** Unternehmen *nt* auf genossenschaftlicher Basis; ~ **farm** landwirtschaftliche Genossenschaft; ~ **society** Konsumgenossenschaft *f;* ~ **store** Konsum[laden] *m* ❷ (*willing*) kooperativ; **to be very** ~ sehr kooperativ [*o* entgegenkommend] sein

co-opt [kəʊ'ɒpt, AM koʊ'ɑ:pt] *vt* ❶ (*vote in*) ■**to** ~ **sb** jdn kooptieren *geh;* ■**to** ~ **sb on to sth** jdn durch Kooptation in etw *akk* wählen *geh* ❷ (*integrate*) ■**to be** ~**ed into sth** in etw *akk* aufgenommen werden; **the small bookstore in our area was** ~**ed into a large chain** der kleine Buchladen in unserem Stadtviertel wurde von der großen Ladenkette geschluckt *pej fam*

co·or·di·nate I. *n* [kəʊ'ɔ:dɪnət, AM koʊ'ɔ:rdəʳn-] ❶ *usu pl* MATH Koordinate *f fachspr* ❷ (*equal*) Gleichgestellte(r) *f(m),* Gleichrangige(r) *f(m);* **since he was my** ~**, ...** da er mir gleichgestellt war, ... ❸ ■~**s** *pl* FASHION Kombination *f* **II.** *vi* [kəʊ'ɔ:dɪneɪt, AM koʊ'ɔ:rdəʳn-] ❶ (*act jointly*) gut zusammenarbeiten [*o* kooperieren]; **to** ~ **closely** eng zusammenarbeiten; ■**to** ~ **with sb** mit jdm zusammenarbeiten ❷ (*match*) zusammenpassen; ■**sth** ~**s with sth** etw passt zu etw *dat,* etw und etw passen zusammen **III.** *vt* [kəʊ'ɔ:dɪneɪt, AM koʊ'ɔ:rdəʳn-] ■**to** ~ **sth** etw koordinieren *geh; operations, schedules* etw aufeinander abstimmen **IV.** *adj* [kəʊ'ɔ:dɪnət, AM koʊ'ɔ:rdəʳn-] ❶ (*equal*) gleichwertig, gleichrangig; ~ **pay for men and women** gleicher Lohn für Männer und Frauen ❷ (*acting jointly*) aufeinander abgestimmt ❸ CHEM koordiniert *fachspr,* koordinativ *fachspr;* ~ **bond** koordinative Bindung *fachspr*

co·or·di·nate 'clause *n* nebengeordneter Satz; (*main clause also*) nebengeordneter Hauptsatz; (*subordinate clause also*) nebengeordneter Nebensatz

co·or·di·nat·ed [kəʊ'ɔ:dɪneɪtɪd, AM koʊ'ɔ:rdəʳneɪt̬ɪd] *adj* ❶ *attack* koordiniert, geordnet ❷ (*matching*) aufeinander abgestimmt

co·or·di·na·tion [kəʊˌɔ:dɪn'eɪʃəʳn, AM koʊˌɔ:rdəʳn'-] *n no pl* ❶ (*coordinating*) Koordination *f geh; of operations, schedules also* Abstimmung *f;* **the** ~ **of efforts** die gemeinsamen Anstrengungen ❷ (*cooperation*) Zusammenarbeit *f,* Zusammenwirken *nt geh* (**between** zwischen +*dat*) ❸ (*dexterity*) Sinn *m* für Koordination; **to not have much** ~ kein gutes Koordinationsgefühl besitzen; **to lack** ~ Koordinationsschwierigkeiten haben

co·or·di·na·tor [kəʊˈɔːdɪneɪtəʳ, AM koʊˈɔːrdənertɚ] *n* Koordinator(in) *m(f)*

coot [kuːt] *n* ❶ (*bird*) Blässhuhn *nt*, Wasserhuhn *nt* ❷ AM (*fam: stupid person*) **old ~** alter Esel *fam* ▶ PHRASES: **as bald as a ~** völlig kahl

cootie [ˈkuːṭi] *n usu pl* AM (*fam*) Laus *f*

co-own [ˌkəʊˈəʊn, AM ˌkoʊˈoʊn] *vt* ■**to ~ sth** etw mitbesitzen

co-own·er [ˌkəʊˈəʊnəʳ, AM ˌkoʊˈoʊnɚ] *n* Mitbesitzer(in) *m(f)*, Miteigentümer(in) *m(f)*

co-own·er·ship [ˌkəʊˈəʊnəʃɪp, AM ˌkoʊˈoʊnɚ-] *n* Mitbesitz *m*, Miteigentum *m*

cop [kɒp, AM kɑːp] **I.** *n* ❶ (*fam: police officer*) Bulle *m sl;* **to play ~s and robbers** Räuber und Gendarm spielen ❷ *no pl* BRIT (*sl*) **to not be much ~** nicht besonders gut sein; **was that film you went to see any ~?** taugte der Film was, den ihr gesehen habt? ▶ PHRASES: **it's a fair ~** BRIT (*dated fam*) jetzt hat's mich [halt] erwischt *fam* **II.** *n modifier* (*car, siren, uniform*) Bullen- **III.** *vt* <-pp-> ❶ BRIT, AUS (*sl*) **to ~ it** (*be in trouble*) dran sein *fam;* (*get killed*) gekillt werden *fam;* **you'll really ~ it if your parents find out** du wirst wirklich Ärger kriegen, wenn's deine Eltern erfahren ❷ (*dated sl: receive*) ■**to ~ sth** etw bekommen; **to ~ the blame for sth** die Schuld für etw bekommen; **to ~ hold of sth** etw mit anpacken *fam;* **to ~ a [quick] look at sth** einen [kurzen] Blick auf etw *akk* werfen ❸ (*sl: arrest*) ■**to ~ sb** jdn schnappen ❹ **to ~ a plea** AM LAW (*plead guilty*) *sich schuldig bekennen und dafür eine mildere Strafe aushandeln* ▶ PHRASES: **to ~ a feel** (*fam!*) angrapschen; **~ a load of that!** kuck dir das mal an! *fam;* **to ~ a few Zs** AM (*sl*) sich *akk* aufs Ohr hauen *fam*

◆**cop out** *vi* (*sl*) ❶ (*change one's mind*) aussteigen *fam;* ■**to ~ out of sth** aus etw *dat* aussteigen ❷ (*let sb down*) ■**to ~ out on sb** jdn hängen lassen *fam*

co-part·ner [ˌkəʊˈpɑːtnəʳ, AM ˌkoʊˈpɑːrtnɚ] *n* Geschäftspartner(in) *m(f)*, Teilhaber(in) *m(f)*

co-part·ner·ship [ˌkəʊˈpɑːtnəʃɪp, AM ˌkoʊˈpɑːrtnɚ-] *n* Teilhaberschaft *f*

cope [kəʊp, AM koʊp] *vi* ❶ (*mentally*) zurechtkommen; **he just couldn't ~ any longer** er konnte einfach nicht mehr; **to ~ with children/difficult people** mit Kindern/schwierigen Personen fertigwerden [*o* zurechtkommen]; **to ~ with a problem/job/situation** ein Problem/einen Job/eine Situation bewältigen; **to ~ with a difficult task** eine schwierige Aufgabe meistern ❷ (*physically*) gewachsen sein; ■**to ~ with sth** etw schaffen

Co·pen·ha·gen [ˌkəʊpənˈheɪgən, -ˈhɑː-, AM ˈkoʊpənˌheɪ-, -ˈhɑː-] *n* Kopenhagen *nt*

copi·er [ˈkɒpiəʳ, AM ˈkɑːpiɚ] *n* ❶ (*for documents*) Kopiergerät *nt*, Kopierer *m fam;* (*for tapes*) Überspielgerät *nt* ❷ (*person*) Kopist(in) *m(f)* ❸ (*usu childspeak fam: imitator*) Nachmacher(in) *m(f);* (*cheater*) Abgucker(in) *m(f) fam*

co·pi·lot [ˌkəʊˈpaɪlət, AM ˌkoʊˈ-] *n* Kopilot(in) *m(f)*

cop·ing saw [ˈkəʊpɪŋ-, AM ˈkoʊpɪŋ-] *n* Laubsäge *f*

co·pi·ous [ˈkəʊpiəs, AM ˈkoʊ-] *adj* ❶ (*many, much*) zahlreich, viel; **the region has had ~ snow** die Region hat reichlich Schnee gehabt; **~ amounts of beer/food/money** Unmengen von Bier/Essen/Geld; **~ notes** zahlreiche Notizen ❷ *pred* (*in thoughts or words*) überschwänglich, weitschweifig

co·pi·ous·ly [ˈkəʊpiəsli, AM ˈkoʊ-] *adv* ausgiebig, reichlich; **he was sweating ~** er schwitzte sehr stark

cop-out [ˈkɒpaʊt, AM ˈkɑːp-] *n* (*sl*) ❶ (*evasive action*) Ausweichmanöver *m;* (*excuse*) Rückzieher *m* ❷ (*disappointment*) Enttäuschung *f*, schwache Vorstellung

cop·per [ˈkɒpəʳ, AM ˈkɑːpɚ] **I.** *n* ❶ *no pl* (*metal*) Kupfer *nt;* **made of ~** aus Kupfer ❷ (*sl: police officer*) Bulle *m sl* ❸ *esp* BRIT (*sl: coins*) ■**~s** *pl* Kleingeld *nt kein pl* ❹ (*colour*) Kupferrot *nt* **II.** *n modifier* (*made of copper*) (*bracelet, kettle, pan, statue, wire*) Kupfer-; (*relating to copper*) (*deposit, mine, ore*) Kupfer- **III.** *adj* kupferfarben, kupferrot **IV.** *vt* ■**to ~ sth** etw kupfern

'Cop·per Age *n* HIST ■**the ~** die Kupferzeit **cop·per 'beech** *n* Blutbuche *f* **'cop·per-bot·tomed** *adj* BRIT (*fig*) *guarantee, investment* todsicher *fam* **'cop·per-col·ored** AM, **'cop·per-col·oured** *adj* kupferfarben, kupferrot **'cop·per·nob** *n* BRIT (*fam*) Rotkopf *m fam* **cop·per 'ore** *n no pl* Kupfererz *nt* **'cop·per·plate I.** *n* ❶ ART (*engraving*) Kupferstichplatte *f;* (*print*) Kupferstechen *nt* ❷ *no pl* (*handwriting*) ≈ gestochene Handschrift **II.** *n modifier* **~ writing** ≈ gestochene Handschrift **cop·per-'plat·ing** *n no pl* Verkupferung *f* **'cop·per·smith** *n* Kupferschmied(in) *m(f)*

cop·pery [ˈkɒpəri, AM ˈkɑːpɚi] *adj* kupfern, kupferrot

cop·pice [ˈkɒpɪs, AM ˈkɑːp-] **I.** *n* zurückgeschnittenes Waldstück **II.** *vt* HORT **to ~ trees/bushes** Bäume/Büsche stutzen [*o* zurückschneiden]

co·pro·ces·sor [ˌkəʊˈprəʊsesəʳ, AM ˌkoʊˈprɑːsesɚ] *n* COMPUT Koprozessor *m*

co-pro·duc·tion [ˌkəʊprəˈdʌkʃən, AM ˌkoʊ-] *n* Koproduktion *f*

cop·ro·la·lia [ˌkɒprə(ʊ)ˈleɪliə, AM ˌkɑːprəˈleɪːliə] *n no pl* PSYCH Koprolalie *f*

cop·ro·phi·lia [ˌkɒprə(ʊ)ˈfɪliə, AM ˌkɑːprəˈ-] *n no pl* Koprophilie *f*

copse [kɒps, AM kɑːps] *n* kleines Wäldchen

'cop shop *n* (*dated sl*) [Polizei]revier *nt*

cop·ter [ˈkɒptəʳ, AM ˈkɑːpṭɚ] *n* (*sl*) Hubschrauber *m*

Cop·tic [ˈkɒptɪk, AM ˈkɑːp-] *adj inv* koptisch; **the C~ Church** die koptische Kirche

copu·la [ˈkɒpjələ, AM ˈkɑːp-] *n* LING Kopula *f*, Satzband *nt*

copu·late [ˈkɒpjəleɪt, AM ˈkɑːp-] *vi* kopulieren *geh*, sich *akk* paaren

copu·la·tion [ˌkɒpjəˈleɪʃən, AM ˌkɑːp-] *n no pl* Kopulation *f geh*, Paarung *f*

copy [ˈkɒpi, AM ˈkɑːpi] **I.** *n* ❶ (*duplicate*) Kopie *f;* (*of a document*) Abschrift *f;* (*of a photo*) Abzug *m;* (*of a painting*) Kopie *f*, Reproduktion *f;* **carbon ~** Durchschlag *m;* **to be a carbon ~ of sb** (*fig*) jdm wie aus dem Gesicht geschnitten sein; **a true ~** eine originalgetreue Kopie ❷ (*photocopy*) Kopie *f;* **to have [*or* get] a ~ done** eine Kopie machen lassen; **to make a ~** eine Kopie machen; **to make a ~ of sth** etw kopieren ❸ (*issue*) *of book, magazine, newspaper* Exemplar *nt;* **have you got a ~ of the latest Vogue magazine?** hast du die neueste Vogue?; **hard ~** COMPUT (*printout*) [Computer]ausdruck *m* ❹ *no pl* PUBL Manuskript *nt;* (*in advertising*) Werbetext *m;* **disasters make good ~ for newspapers** Katastrophen sind guter Stoff für Zeitungen; **clean ~** Reinschrift *f;* **to check/write ~** ein Manuskript gegenlesen/schreiben **II.** *vt* <-ie-> ❶ (*duplicate*) ■**to ~ sth** etw kopieren; **to ~ a CD/record onto a cassette** eine CD/Platte auf [eine] Kassette überspielen; **to ~ a file onto a disk** eine Datei auf eine Diskette kopieren; ■**to ~ sth to sb** jdm etw kopieren; (*write down*) ■**to ~ sth** *from text* etw abschreiben; *from words* etw niederschreiben ❷ (*imitate*) ■**to ~ sb** jdn nachmachen; **to ~ a look/style** ein Aussehen/einen Stil nachahmen; **to ~ a picture** ein Bild abmalen; **to ~ an article/essay/sb's work** (*plagiarize*) einen Artikel/Aufsatz/jds Arbeit *f* abschreiben **III.** *vi* <-ie-> ❶ (*imitate*) nachahmen ❷ (*in school*) abschreiben

◆**copy down** *vt* ■**to ~ down** ⇄ **sth** (*from a text*) etw abschreiben; (*from sb's words*) etw niederschreiben

◆**copy in** *vt* ■**to ~ sb** ⇄ **in** jdm etw zur Kenntnis schicken

◆**copy out** *vt* ■**to ~ sth** ⇄ **out** (*from a text*) etw abschreiben; (*from sb's words*) etw niederschreiben

'copy·book I. *adj attr, inv* ❶ (*exemplary*) beispielhaft, ideal; **~ manoeuvre** [*or* AM **maneuver**] Bilderbuchmanöver *nt* ❷ (*conventional*) abgedroschen; **~ sentiments** unechte Gefühle **II.** *n* (*dated*) Schönschreibheft *nt* ▶ PHRASES: **to blot one's ~** BRIT seinen Ruf ruinieren **'copy·cat I.** *n* (*usu childspeak pej fam*) Nachmacher(in) *m(f) pej;* (*of written work*) Abschreiber(in) *m(f)*, Trittbrettfahrer(in) *m(f) fig, pej;* **you're just a ~** du machst mir immer alles nach **II.** *adj attr, inv* imi-

C

tiert, nachgemacht **'copy date** *n* JOURN, PUBL Redaktionsschluss *m* **'copy·desk** *n* AM JOURN, PUBL Redaktionstisch *m* **'copy-edit** *vt* JOURN, PUBL **to ~ an article/editorial** einen Artikel/Leitartikel redigieren; **to ~ a novel/story** einen Roman/eine Geschichte lektorieren; **to ~ a manuscript** ein Manuskript Korrektur lesen **'copy edit·ing** *n no pl* ❶ (*activity*) Manuskriptbearbeitung *f* ❷ (*department*) MEDIA Redaktion *f;* PUBL Lektorat *nt* **'copy edi·tor** *n* Manuskriptbearbeiter(in) *m(f);* (*press*) Redakteur(in) *m(f);* (*publishing house*) Lektor(in) *m(f)* **'copy·ing ma·chine** *n* (*dated: Xerox machine*) Kopiermaschine *f,* Kopiergerät *nt*

copy·ist ['kɒpiɪst, AM 'kɑ:pi-] *n* Kopist(in) *m(f)*

copy pro·'tect·ed *adj pred, inv,* **copy-pro·'tect·ed** *adj attr, inv* COMPUT kopiergeschützt **copy pro·'tec·tion** *n no pl* COMPUT Kopierschutz *m* **'copy read·er** *n* Manuskriptbearbeiter(in) *m(f);* (*press*) Redakteur(in) *m(f);* (*publishing house*) Lektor(in) *m(f)*

copy·right ['kɒpiraɪt, AM 'kɑ:pi-] **I.** *n* Copyright *nt,* Urheberrecht *nt;* **the publishers own the ~ on** [*or* **for**] **the play** der Verlag hat das Copyright an dem Stück; **this work is out of ~** dieses Werk ist nicht [mehr] urheberrechtlich geschützt; **breach** [*or* **infringement**] **of ~** Verletzung *f* des Urheberrechts, Verstoß *m* gegen das Urheberrecht; **to be subject to ~** urheberrechtlich geschützt sein; **protected under** [*or* **by**] **~** urheberrechtlich geschützt **II.** *vt* ■**to ~ sth** etw urheberrechtlich schützen **III.** *adj* urheberrechtlich geschützt

'copy·writ·er *n* [Werbe]texter(in) *m(f)*

co·quet·ry ['kɒkɪtri, AM 'koʊkə-] *n no pl* Koketterie *f*

co·quette [kɒk'et, AM koʊ'ket] *n* kokette Frau

co·quet·tish [kɒk'etɪʃ, AM koʊ'ket̬-] *adj* kokett

co·quet·tish·ly [kɒk'etɪʃli, AM koʊ'ket̬-] *adv* kokett

cor [kɔ:ʳ] *interj* BRIT (*hum sl*) **~!** Mensch! *fam,* Mann! *fam;* **~ blimey!** (*dated*) ich werd verrückt! *fam*

cora·cle ['kɒrəkḷ, AM 'kɔ:r-] *n ovales, aus einem mit Leder bespannten Holzgerippe bestehendes Boot*

cor·al ['kɒrəl, AM 'kɔ:r-] **I.** *n no pl* Koralle *f;* **made of ~** Korallen- **II.** *n modifier* (*bracelet, necklace, earring*) Korallen- **III.** *adj* korallenrot

'cor·al·col·ored AM, **'cor·al·col·oured** *adj* korallenrot **cor·al 'is·land** *n* Koralleninsel *f* **cor·al 'reef** *n* Korallenriff *nt* **Cor·al 'Sea** *n* ■**the ~** das Korallenmeer **cor·al 'snake** *n* Korallennatter *f*

cor an·glais <*pl* **cors-**> [ˌkɔ:'rɒŋgleɪ, AM ˌkɔ:rɑ:ŋ'-] *n* Englischhorn *nt*

cor·bel ['kɔ:bᵊl, AM 'kɔ:r-] *n* ARCHIT Kragstein *m*

cord [kɔ:d, AM kɔ:rd] **I.** *n* ❶ (*for parcel*) Schnur *f;* (*for curtain, trousers*) Kordel *f;* AM, AUS (*electrical cord*) Kabel *nt* ❷ ANAT (*umbilical cord*) Nabelschnur *f;* (*spinal cord*) Rückenmark *nt* ❸ *no pl* (*corduroy*) Cordsamt *m* ❹ (*trousers*) ■**~s** *pl* Cordhose *f* ❺ (*of wood*) Klafter *m;* **a ~ of wood** ein Klafter *m* Holz ▶ PHRASES: **to cut the ~** (*fam*) sich *akk* abnabeln *fam* **II.** *n modifier* (*jacket, jeans, shirt*) Cord- **III.** *vt* ■**to ~ sth off** [*or* **to ~ off sth**] etw absperren [*o* abriegeln]

cord·age ['kɔ:dɪdʒ, AM 'kɔ:rd-] *n no pl* NAUT Tauwerk *nt*

cord·ed ['kɔ:dɪd, AM 'kɔ:rd-] *adj inv* ❶ *clothing* gerippt ❷ *muscles* angespannt ❸ **a ~ phone** ein Telefon *nt* mit Schnur

cor·dial ['kɔ:diəl, AM 'kɔ:rdʒəl] **I.** *adj* ❶ (*friendly*) freundlich, herzlich; **~ relations** freundschaftliche Beziehungen ❷ (*form: strong*) heftig; **~ dislike** tiefe Abneigung **II.** *n* BRIT, AUS **lime/raspberry ~** Limetten-/Himbeersirup *m;* AM Likör *m*

cor·di·al·ity [ˌkɔ:di'æləti, AM ˌkɔ:rdʒi'ælət̬i] *n* ❶ *no pl* (*friendliness*) Herzlichkeit *f* ❷ (*pleasant remarks*) ■**cordialities** *pl* Freundlichkeiten *fpl;* **to exchange cordialities** Freundlichkeiten austauschen

cor·dial·ly ['kɔ:diəli, AM 'kɔ:rdʒ-, -dʒəl-] *adv* ❶ (*in friendly way*) herzlich; (*in letter*) **~ yours, Dianne** herzlichst, Dianne; **to speak ~ to sb** aufrichtig mit jdm sprechen ❷ (*strongly*) aus tiefstem Herzen; **to ~ dislike sb** jdn zutiefst verabscheuen

cord·ite ['kɔ:daɪt, AM 'kɔ:r-] *n no pl* Kordit *m*

cord·less ['kɔ:dləs, AM 'kɔ:r-] *adj inv* schnurlos; **~ telephone** schnurloses Telefon

cor·don ['kɔ:dᵊn, AM 'kɔ:r-] **I.** *n* ❶ *of vehicles* Absperrung *f,* Sperrgürtel *m; of police, guards, soldiers* Kordon *m;* **police ~** Polizeikordon *m* ❷ (*on uniform*) Kordon *m,* Ordensband *nt* ❸ HORT Spalierobstbaum *m* **II.** *vt* ■**to ~ off sth** [*or* **to ~ sth off**] etw absperren; **to ~ off onlookers/a crowd** Schaulustige/eine Menge abriegeln

cor·don bleu [ˌkɔ:dɔ̃:(m)'blɜ:, AM ˌkɔ:rdɔ̃:'blu:] **I.** *adj inv* FOOD ❶ (*of highest class*) *cuisine, food, cook* erstklassig, exzellent ❷ *after n* (*method of preparation*) **chicken/veal ~** Hühner-/Kalbs-Cordon bleu *nt* **II.** *n* Meisterkoch, -köchin *m, f*

cor·doned 'off *adj pred, inv,* **cor·doned-'off** *adj attr, inv* abgesperrt, abgeriegelt

cor·don sa·ni·taire <*pl* **cordons sanitaires**> [ˌkɔ:dɔ̃:(n)sænɪ'teəʳ, AM kɔ:rˌdɔ̃:sɑ:ni'ter] *n* Quarantänesperre *f*

cor·du·roy ['kɔ:djərɔɪ, AM 'kɔ:rdə-] **I.** *n* ❶ *no pl* (*material*) Cordsamt *m* ❷ (*trousers*) ■**~s** *pl* Cordhose *f* **II.** *n modifier* (*jacket, jeans, shirt*) Cord-

'cord·wood *n no pl* Klafterholz *nt*

core [kɔ:ʳ, AM kɔ:r] **I.** *n* ❶ (*centre*) *of apple, pear* Kernhaus *nt,* Kerngehäuse *nt;* GEOL *of rock* Innere[s] *nt; of planet* Mittelpunkt *m;* NUCL (*of reactor*) [Reaktor]kern *m;* **to be rotten to the ~** völlig verfault sein ❷ (*central group*) *people* Kern *m;* **the hard ~** der harte Kern *fam* ❸ (*fig: central part*) Kern *m;* **to get to the ~ of a matter/issue** zum Kern einer Angelegenheit/eines Problems vordringen; (*completely*) **to be conservative/arrogant/a patriot to the ~** durch und durch konservativ/arrogant/Patriot sein; **to be rotten to the ~** bis ins Mark verdorben sein, durch und durch schlecht sein; **to be shocked to the ~** bis ins Mark erschüttert sein ❹ (*bore sample*) Bohrprobe *f* ❺ ELEC (*of cable*) Leiter *m* ❻ COMPUT (*for storing bits*) Kern *m* **II.** *adj attr, inv* (*activity, message*) Haupt-; **the ~ issue** die zentrale Frage, der zentrale Punkt **III.** *vt* **to ~ fruit** Früchte entkernen; (*in recipes*) **peel and ~ the apples** die Äpfel schälen und das Kerngehäuse entfernen [*o* ausschneiden]

core 'audi·ence *n* Stammpublikum *nt* **core 'busi·ness** *n* Hauptgeschäftstätigkeit *f* **core cur·'ricu·lum** *n* SCH, UNIV Pflichtfach *nt* **core 'hours** *npl* Kernzeit *f* **core 'memo·ry** *n,* **core 'store** *n* COMPUT Hauptspeicher *m*

'core sam·ple *n* GEOL Kernprobe *f*

co-re·spond·ent [ˌkəʊrɪ'spɒndənt, AM ˌkoʊrɪ'spɑ:n-] *n* LAW Mitbeklagte(r) *f(m)* (*in einem Scheidungsprozess*) **'core time** *n* Kernzeit *f* **core vo·'cabu·lary** *n no pl* Grundwortschatz *m*

Cor·fu [kɔ:'fu:, AM 'kɔ:rfu:] *n* Korfu *nt*

cor·gi ['kɔ:gi, AM 'kɔ:r-] *n* Corgi *m*

co·ri·an·der [ˌkɒri'ændəʳ, AM 'kɔ:riændɚ] *n no pl* Koriander *m*

Co·rin·thian [kə'rɪn(t)θiən] **I.** *adj inv* ARCHIT korinthisch **II.** *n* REL ■**~s** + *sing vb* Korinther *pl*

cork [kɔ:k, AM kɔ:rk] **I.** *n* ❶ *no pl* (*material*) Kork *m* ❷ (*stopper*) Korken *m;* AM (*fig fam*) **hey, put a ~ on it!** he, halt die Klappe! ❸ (*in fishing*) Schwimmer *m* **II.** *n modifier* (*flooring, tile, board, tree*) Kork- **III.** *vt* ❶ **to ~ a bottle** eine Flasche zukorken ❷ AM (*fig fam*) **~ it!** halt die Klappe! *fam*

◆**cork up** *vt* **to ~ up a bottle** eine Flasche zukorken; **to ~ up one's feelings** (*fig*) seine Gefühle unterdrücken

cork·age ['kɔ:kɪdʒ, AM 'kɔ:r-] *n no pl,* **'cork charge** *n* AM Korkengeld *nt*

corked [kɔ:kt, AM kɔ:r-] *adj* korkig; ■**to be ~** nach Kork schmecken, Kork haben

cork·er ['kɔ:kəʳ, AM 'kɔ:rkɚ] *n* (*hum dated fam: person*) toller Kerl; (*thing*) tolle Sache; **a ~ of a goal/party** ein Spitzentor *nt*/eine Spitzenparty *fam;* **a ~ of a story** eine Bombenstory

cork·ing ['kɔ:kɪŋ] *adj attr, inv* BRIT (*dated fam*) Klasse-

'cork oak *n* Korkeiche *f* **'cork·screw** *n* Korkenzieher *m* **cork·screw 'curls** *npl* Korkenzieherlocken *fpl*

C

corm [kɔːm, AM kɔːrm] *n* BOT Knolle *f*
cor·mo·rant ['kɔːmᵊrənt, AM 'kɔːr-] *n* ORN Kormoran *m*
corn¹ [kɔːn, AM kɔːrn] *n* ❶ *no pl* BRIT (*cereal in general*) Getreide *nt*, Korn *nt*; **field of ~** Kornfeld *nt*, Getreidefeld *nt*; **sheaf of ~** Getreidegarbe *f*, Getreidebündel *nt* ❷ *no pl* BRIT (*particular cereal*) Weizen *m*; SCOT Hafer *m*; AM, AUS (*maize*) Mais *m*; **~ on the cob** Maiskolben *m* ❸ BRIT (*single grain*) [Getreide]korn *nt* ❹ *esp* AM (*sl: sth trite*) Banalität *f*, Kitsch *m*
corn² [kɔːn, AM kɔːrn] *n* MED (*on feet*) Hühnerauge *nt* ▶ PHRASES: **to tread on sb's ~s** BRIT jdm auf die Hühneraugen treten
'corn·ball AM **I.** *n* (*fam: sentimental person*) **he's such a ~** er ist so sentimental; (*in funny way*) er ist so ein Scherzkeks **II.** *adj attr* (*fam: trite, sentimental*) sentimental; (*unoriginal, outdated*) *joke* abgedroschen **'corn belt** *n* AM GEOG ■**the ~** der Maisgürtel **'corn bread** *n no pl* AM Maisbrot *nt* **'corn chip** *n usu pl* Maischip *m* **'corn·cob** *n* Maiskolben *m* **corn·cob 'pipe** *n* AM Maiskolbenpfeife *f*
'corn-col·ored AM, **'corn-col·oured** *adj inv* maisfarben, maisgelb
corn·crake ['kɔːnkreɪk, AM 'kɔːrn-] *n* Wachtelkönig *m* **'corn crib** *n* AM AGR Maisspeicher *m* **'corn dodg·er** *n* AM Maisfladen *m* **'corn-dog** *n modifier aufgespießter, frittierter Hotdog umhüllt mit Maisteig* **'corn dol·ly** *n* BRIT Strohpuppe *f*
cor·nea ['kɔːniə, AM 'kɔːr-] *n* ANAT Hornhaut *f*, Kornea *f fachspr*
cor·neal [kɔː'niᵊl, AM kɔːr'-] *n* Hornhaut-
corned beef [ˌkɔːnd'-, AM ˌkɔːr-] *n no pl* Cornedbeef *nt*, gepökeltes Rindfleisch **corned beef 'hash** *n no pl* AM, AUS *Eintopfgericht aus Cornedbeef und Kartoffeln*
cor·ner ['kɔːnəʳ, AM 'kɔːrnɚ] **I.** *n* ❶ (*of road*) Ecke *f*; **on the ~ of a street** an einer Straßenecke; **just around the ~** gleich um die Ecke; **the summer holidays are just around the ~** (*fig*) die Sommerferien stehen vor der Tür; **to drive around the ~** um eine Ecke biegen; **to take a ~** eine Kurve nehmen; **to cut a ~** eine Kurve schneiden ❷ (*corner part*) *of table* Kante *f*; *of page, picture* Rand *m*; *of a sheet, room* Ecke *f*; **I searched every ~ of the desk** ich haben den ganzen Schreibtisch abgesucht; **we searched every ~ of the house** wir suchten in allen [Ecken und] Winkeln des Hauses; **do you have a spare ~ where I can put my things?** hast du ein freies Eckchen, wo ich meine Sachen abstellen kann?; **to put a child in the ~** ein Kind in die Ecke stellen; **to turn down** [*or* **fold**] **the ~ of a page** ein Eselsohr machen ❸ (*area*) Gegend *f*, Ecke *f fam*; **a quaint ~ of Germany** eine malerische Gegend Deutschlands; **a distant** [*or* **remote**] [*or* **far**] **~ of the earth** ein entlegener Winkel der Erde; **the four ~s of the world** [*or* **earth**] alle vier Himmelsrichtungen; **at every ~** (*fig*) überall ❹ (*periphery*) **out of the ~ of one's eye** aus dem Augenwinkel; **~ of sb's mouth** jds Mundwinkel *m hum* ❺ (*fig: aspect*) Seite *f* ❻ ECON **to have a ~ of the market** den Markt beherrschen ❼ SPORTS (*in hockey, football*) Ecke *f*, Eckball *m*; BOXING (*area*) Ecke *f* ❽ (*supporters*) **the boxer was encouraged by his ~** der Boxer wurde von seiner Ecke unterstützt; **to be in sb's ~** auf jds Seite *f* stehen ▶ PHRASES: **to be in a tight ~** in der Klemme stecken; **to cut ~s** (*financially*) Kosten sparen; (*in procedure*) das Verfahren abkürzen; **to drive** [*or* **box**] [*or* **force**] **sb into a** [**tight**] **~** jdn in die Enge treiben; **to get oneself into a** [**tight**] **~** sich *akk* [selbst] in Schwierigkeiten bringen; **to have turned the ~** über den Berg sein **II.** *adj attr, inv* Eck-; **~ sofa/table** Ecksofa *nt*/Ecktisch *m*; **a ~ piece** ein Randstück *nt* **III.** *vt* ❶ (*trap*) ■**to ~ sb** jdn in die Enge treiben; (*pursue*) jdn stellen ❷ COMM ■**to ~ sth** etw monopolisieren; **to ~ the market** den Markt beherrschen **IV.** *vi vehicle* eine Kurve/Kurven nehmen; **to ~ well** gut in der Kurve liegen
-cor·nered ['kɔːnəd, AM 'kɔːrnɚd] *in compounds* -eckig; **three~** dreieckig
'cor·ner kick *n* SPORTS Eckball *m* **'cor·ner shop** *n* BRIT Tante-Emma-Laden *m fam* **'cor·ner·stone** *n* ARCHIT (*a. fig*) Eckstein *m* **'cor·ner store** *n esp* CAN Tante-Emma-Laden *m*, Laden *m* an der Ecke **'cor·ner·wise** *adv inv* quer, diagonal
cor·net ['kɔːnɪt, AM kɔːr'net] *n* ❶ MUS Kornett *nt* ❷ BRIT FOOD Waffeltüte *f*; **~ of ice cream** Eistüte *f*
'corn ex·change *n* BRIT HIST Getreidebörse *f* **corn-fed** *adj inv* mit Getreide gefüttert; **~ chicken** Maishuhn *nt* **'corn·field** *n* BRIT Getreidefeld *nt*; AM Maisfeld *nt* **'corn·flakes** *npl* Cornflakes *pl* **'corn·flour** *n no pl* BRIT, AUS Speisestärke *f*, Maisstärke *f*, Stärkemehl *nt* **'corn·flow·er** *n* Kornblume *f* **corn·flow·er 'blue** *adj* kornblumenblau
cor·nice ['kɔːnɪs, AM 'kɔːr-] *n* ARCHIT [Kranz]gesims *nt*, Kranzleiste *f*
Cor·nish ['kɔːnɪʃ, AM 'kɔːr-] **I.** *adj inv* aus Cornwall, kornisch **II.** *n* ❶ *no pl* (*language*) Kornisch *nt* ❷ (*people*) ■**the ~** *pl* die Bewohner von Cornwall
Cor·nish 'cream *n no pl* BRIT *dicker Rahm von erhitzter Milch* **Cor·nish 'hen** *n kleines Brathuhn* **Cor·nish 'pas·ty** *n* BRIT *Gebäck aus Blätterteig mit Fleischfüllung*
'corn·meal *n no pl esp* AM (*fine*) Maismehl *nt*; (*coarse*) grobes Maismehl, Polenta *f* **corn·meal 'mush** *n no pl* AM Maisbrei *m*
'corn oil *n no pl* Maiskeimöl *nt* **'corn pone** *n* AM ausgebackenes Maisbrot **'corn-pop·py** *n* Klatschmohn *m* **'corn roast** *n* CAN, AM *Picknick im Herbst, bei dem am offenen Feuer geröstete oder gekochte Maiskolben gegessen werden* **'corn·row** *n esp* AM ■**~s** *pl Reihen von eng an der Kopfhaut geflochtenen Zöpfen* **'corn·starch** *n no pl* AM (*cornflour*) Speisestärke *f*, Stärkemehl *nt* **corn 'syr·up** *n no pl* AM Maisstärkesirup *m*, Glucosesirup *m*
cor·nu·co·pia [ˌkɔːnjʊ'kəʊpiə, AM ˌkɔːrnə'koʊ-] *n* ❶ (*symbol of plenty*) Füllhorn *nt* ❷ (*fig: abundance*) Fülle *f* (**of** von +*dat*); **to be a ~ of information** eine sehr gute Informationsquelle sein
corn 'whis·key *n* AM Maiswhiskey *m*
corny ['kɔːni, AM 'kɔːrni] *adj* (*fam: sentimental*) kitschig; (*dopey*) blöd
cor·ol·lary [kə'rɒlᵊri, AM 'kɔːrəleri] *n* (*form*) logische Konsequenz
co·ro·na <*pl* -nae *or* -s> [kə'rəʊnə, AM -'roʊ-, *pl* -niː] *n* ❶ ASTRON Korona *f* ❷ BOT Krone *f* ❸ (*cigar*) Corona *f*
co·ro·nae [kə'rəʊniː, AM -'roʊ-] *n pl of* **corona**
coro·nary ['kɒrənᵊri, AM 'kɔːrəneri] **I.** *n* Herzinfarkt *m*; **when he got the bill he nearly had a ~** (*hum fam*) als er die Rechnung bekam, hätte er fast einen Herzinfarkt bekommen **II.** *adj inv* koronar, Herzkranz-; **~ arteries** Herzkranzarterien *fpl*, Herzkranzgefäße *ntpl*; **~ failure** Herzversagen *nt* **coro·nary 'heart dis·ease** *n no pl* koronare Herzkrankheit **coro·nary throm·'bo·sis** *n* Koronarthrombose *f*
coro·na·tion [ˌkɒrə'neɪʃᵊn, AM ˌkɔːr-] **I.** *n* Krönung[szeremonie] *f* **II.** *n modifier* (*ceremony, day, mug, robes*) Krönungs-
coro·ner ['kɒrənəʳ, AM 'kɔːrᵊnɚ] *n* Coroner *m* (*Beamter, der unter verdächtigen Umständen eingetretene Todesfälle untersucht*); **~'s inquest** *Gerichtsverhandlung zur Feststellung der Todesursache aufgrund der Ermittlungsergebnisse des Coroners*; **~'s jury** *Untersuchungskommission bei nicht eindeutig natürlichen Todesfällen*
coro·net ['kɒrənɪt, AM ˌkɔːrə'net] *n* kleine Krone, Diadem *nt*
Corp¹ [kɔːp, AM kɔːrp] *n short for* **corporation**
Corp² *n abbrev of* **corporal**
cor·po·ra ['kɔːpᵊrə, AM 'kɔːrpɚə] *n pl of* **corpus**
cor·po·ral ['kɔːpᵊrᵊl, AM 'kɔːr-] *n* Unteroffizier *m*
cor·po·ral 'pun·ish·ment *n* körperliche Züchtigung, Prügelstrafe *f*
cor·po·rate ['kɔːpᵊrət, AM 'kɔːr-] *adj attr, inv* ❶ (*shared by group*) Gemeinschafts-; **we are taking action for the ~ good** wir handeln für das Gemeinwohl; **a ~ decision** eine gemeinsame Entscheidung; **~ identity** Corporate Identity *f*; **to take ~ responsibility** gemeinsam Verantwortung übernehmen ❷ (*of corporation*) körperschaftlich, korporativ *geh*; **~ financing** Unternehmensfinanzierung *f*; **~ lending** Darlehen *ntpl* an Firmen; **~ policy** Firmenpolitik *f*

cor·po·rate 'cul·ture *n* Unternehmenskultur *f* **cor·po·rate 'giant** *n* Riesenkonzern *m* **cor·po·rate 'im·age** *n* Unternehmensidentität *f* **cor·po·rate 'law** *n* Unternehmensrecht *nt;* AM Aktienrecht *nt* **cor·po·rate 'net·work** *n* Firmennetzwerk *nt*

cor·po·ra·tion [ˌkɔːpᵊrˈeɪʃᵊn, AM ˌkɔːrpəˈreɪ-] *n* ❶ (*business*) Unternehmen *nt,* Körperschaft *f;* **multinational ~** multinationale Gesellschaft; **a public ~** BRIT wirtschaftliche Unternehmung der öffentlichen Hand ❷ BRIT (*incorporated company*) öffentlich-rechtliche Körperschaft; AM (*company with limited liability*) [Kapital]gesellschaft *f* (*etwa entsprechend einer Gesellschaft mit beschränkter Haftung*) ❸ BRIT (*local council*) Stadtverwaltung *f;* **municipal ~** kommunale Körperschaft ❹ BRIT (*hum fam: big belly*) Schmerbauch *m*

cor·po·'ra·tion tax *n* Körperschaftssteuer *f*

cor·po·real [kɔːˈpɔːriəl, AM kɔːrˈ-] *adj* (*form, liter*) körperlich, physisch; **~ needs** materielle Bedürfnisse

cor·po·real·ly [kɔːˈpɔːriəli, AM kɔːrˈ-] *adv* (*form, liter*) körperlich

corps <*pl* -> [kɔːʳ, AM kɔːr] *n + sing/pl vb* ❶ MIL (*unit*) Korps *nt;* **medical ~** Sanitätstruppe *f;* **military ~** Armeekorps *nt;* **officer ~** Offizierskorps *nt* ❷ (*group*) Korps *nt;* **the diplomatic ~** das Diplomatische Korps

corps de bal·let <*pl* -> [ˌkɔːdəˈbæleɪ, AM ˌkɔːrdəbælˈeɪ] *n + sing/pl vb* Ballettkorps *nt,* Balletttruppe *f*

corpse [kɔːps, AM kɔːrps] **I.** *n* Leiche *f,* Leichnam *m geh* **II.** *vi* THEAT (*sl*) es vermasseln *fam* (*als Schauspieler eine Aufführung vermasseln, indem man den Text vergisst oder plötzlich lachen muss*)

cor·pu·lence [ˈkɔːpjʊlən(t)s, AM ˈkɔːrpjə-] *n no pl* Korpulenz *f*

cor·pu·lent [ˈkɔːpjʊlənt, AM ˈkɔːrpjə-] *adj* (*euph*) korpulent

cor·pus <*pl* -pora *or* -es> [ˈkɔːpəs, *pl* -pᵊrə, AM ˈkɔːr-, *pl* -pɚə] *n* ❶ LIT (*collection*) Korpus *nt,* Sammlung *f;* (*complete works*) Gesamtwerk *nt* ❷ (*in linguistics*) Korpus *nt* ❸ (*main body*) Großteil *m*

Cor·pus Chris·ti [-ˈkrɪsti] *n* Fronleichnam *m*

cor·pus·cle [ˈkɔːpʌsl̩, AM ˈkɔːr-] *n* MED Blutkörperchen *nt;* **red/white ~s** rote/weiße Blutkörperchen

cor·pus de·lic·ti [-dɪˈlɪktaɪ] *n* Corpus Delicti *nt,* Beweisstück *nt*

cor·ral [kəˈræl] AM **I.** *n* [Fang]gehege *nt,* Korral *m fachspr* **II.** *vt* <-ll-> **to ~ animals** Tiere in den Korral treiben; ■**to ~ sth off** etw absperren

cor·rect [kəˈrekt] **I.** *vt* ❶ (*put right*) ■**to ~ sb/sth** jdn/etw korrigieren; **I stand ~ed** (*hum*) ich nehme alles zurück; **to ~ a bad habit** sich *dat* eine schlechte Gewohnheit abgewöhnen; **to ~ a watch** eine Uhr richtig stellen ❷ (*adjust*) ■**to ~ sth** *figures, data* etw berichtigen; *an instrument* etw korrigieren **II.** *adj* ❶ (*accurate, true*) richtig, korrekt; **you were ~ in advising us to sell the stocks** du hattest Recht, uns den Verkauf der Aktien anzuraten; **that is ~** das stimmt ❷ (*proper*) korrekt, angemessen; **he's a very ~ gentleman** er weiß, was sich gehört; **to be ~ in one's dress** korrekt gekleidet sein

cor·rec·tion [kəˈrekʃᵊn] *n* ❶ (*change*) Korrektur *f;* **~s in red ink** Korrekturen mit roter Tinte ❷ *no pl* (*improvement*) Verbesserung *f,* Berichtigung *f;* **subject to ~** ohne Gewähr, Änderungen vorbehalten ❸ *no pl* (*punishment*) Maßregelung *f,* Züchtigung *f*

cor·rec·tion·al [kəˈrekʃᵊnᵊl] *adj inv* AM, AUS LAW Besserungs-; **a ~ program** *ein Programm zur Erziehung bzw. Besserung junger Straftäter*

'cor·rec·tion·al cen·ter *n* AM, AUS, **cor·rec·tion·al fa·'cil·ity** *n* AM, AUS, **cor·rec·tion·al in·sti·'tu·tion** *n* AM, AUS Besserungsanstalt *f,* Strafanstalt *f*

cor·'rec·tion flu·id *n no pl* Korrekturflüssigkeit *f*

cor·rec·tions [kəˈrekʃᵊnz] *npl* AM LAW (*form*) erzieherische Strafmaßnahmen

cor·'rec·tion tape *n no pl* Korrekturband *nt*

cor·rec·tive [kəˈrektɪv] **I.** *adj* ❶ (*counteractive*) korrigierend; **~ surgery** Korrekturoperation *f* ❷ LAW (*improving behaviour*) Besserungs-, erzieherisch **II.** *n* Abhilfe *f,* Korrektiv *nt geh*

cor·rect·ly [kəˈrektli] *adv* korrekt, richtig; **he has ~ asked if ...** er hat richtigerweise gefragt, ob ...

cor·rect·ness [kəˈrektnəs] *n no pl* Korrektheit *f,* Richtigkeit *f*

cor·re·late [ˈkɒrəleɪt, AM ˈkɔːr-] **I.** *vt* ■**to ~ sth with sth** etw mit [*o* zu] etw *dat* in Beziehung setzen **II.** *vi* sich *dat* entsprechen; ■**to ~ with sth** mit etw *dat* in Beziehung stehen

cor·re·la·tion [ˌkɒrəˈleɪʃᵊn, AM ˌkɔːr-] *n* ❶ (*cause, result*) Wechselbeziehung *f,* Zusammenhang *m;* (*relationship*) Beziehung *f,* Zusammenhang *m;* **there's a strong ~ between ...** es besteht ein enger Zusammenhang zwischen ...; **there's little ~ between wealth and happiness** Reichtum und Glück haben wenig miteinander zu tun ❷ (*in statistics*) Korrelation *f*

cor·re·spond [ˌkɒrɪˈspɒnd, AM ˌkɔːrəˈspɑːnd] *vi* ❶ (*be equivalent of*) entsprechen; (*be same as*) übereinstimmen; **to ~ closely/roughly to sth** etw *dat* genau/ungefähr entsprechen; ■**to ~ with sth** mit etw *dat* übereinstimmen; **his story didn't ~ with the witness' version** seine Geschichte deckte sich nicht mit der Version des Zeugen ❷ (*write*) ■**to ~ [with sb]** [mit jdm] korrespondieren

cor·re·spond·ence [ˌkɒrɪˈspɒndən(t)s, AM ˌkɔːrəˈspɑːn-] *n* ❶ (*relationship*) Beziehung *f* ❷ *no pl* (*letter-writing*) Korrespondenz *f,* Schriftverkehr *m;* **business ~** Geschäftskorrespondenz *f;* **to be in ~ with sb** mit jdm in Korrespondenz [*o* Briefwechsel] stehen; **to enter into ~ with sb** (*form*) einen Briefwechsel mit jdm führen *geh*

cor·re·'spond·ence col·umn *n* BRIT Leserbriefspalte *f* **cor·re·'spond·ence course** *n* Fernkurs *m* **cor·re·'spond·ence school** *n* Fernlehrinstitut *nt* **cor·re·'spond·ence tray** *n* BRIT Fach *nt* für eingehende Post

cor·re·spond·ent [ˌkɒrɪˈspɒndənt, AM ˌkɔːrəˈspɑːn-] *n* ❶ (*of letters*) Briefeschreiber(in) *m(f)* ❷ (*journalist*) Berichterstatter(in) *m(f),* Korrespondent(in) *m(f);* **foreign ~** Auslandskorrespondent(in) *m(f);* **special/war ~** Sonder-/Kriegsberichterstatter(in) *m(f)* ❸ (*equivalent*) Entsprechung *f*

cor·re·spond·ing [ˌkɒrɪˈspɒndɪŋ, AM ˌkɔːrəˈspɑːn-] *adj* ❶ (*same*) entsprechend; **in the ~ period last year** im gleichen Zeitraum des letzten Jahres ❷ (*accompanying*) dazugehörig

cor·re·spond·ing·ly [ˌkɒrɪˈspɒndɪŋli, AM ˌkɔːrəˈspɑːn-] *adv* entsprechend

cor·ri·dor [ˈkɒrɪdɔːʳ, AM ˈkɔːrɪdɚ, -dɔːr] *n* ❶ (*in building*) Flur *m,* Gang *m,* Korridor *m;* (*on train*) Korridor *m,* [Durch]gang *m;* (*fig*) **the ~s of power** die Schalthebel der Macht ❷ (*strip of land*) Korridor *m;* **the Polish ~** der polnische Korridor; AVIAT (*strip of air space*) Korridor *m;* **air ~** Luftkorridor *m*

'cor·ri·dor train *n* D-Zug *m*

cor·rie [ˈkɒri] *n* BRIT, ESP SCOT Gletschertopf *m*

cor·robo·rate [kəˈrɒbᵊreɪt, AM -ˈrɑːbər-] *vt* **to ~ a story/theory** eine Geschichte/Theorie bekräftigen [*o* bestätigen]

cor·robo·rat·ing [kəˈrɒbᵊreɪtɪŋ, AM -ˈrɑːbər-] *adj attr* bestätigend, erhärtend; **~ evidence/reports** erhärtende Beweise *mpl*/Berichte

cor·robo·ra·tion [kəˌrɒbəˈreɪʃᵊn, AM -ˌrɑːbəˈ-] *n* Bestätigung *f,* Beweis *m;* **in ~ of** zur Bestätigung [*o* Untermauerung] einer S. *gen*

cor·robo·ra·tive [kəˈrɒbᵊrətɪv, AM -ˈrɑːbɚət̬ɪv] *adj* bestätigend, erhärtend; **to be ~ of sth** etw *akk* untermauern

cor·rode [kəˈrəʊd, AM -ˈroʊd] **I.** *vi metal* korrodieren, zerfressen werden **II.** *vt* ■**to ~ sth** etw korrodieren [*o* zerfressen]; (*fig*) etw zerstören

cor·rod·ed [kəˈrəʊdɪd, AM -ˈroʊd-] *adj* korrodiert, zerfressen; *metal* verrostet

cor·ro·sion [kəˈrəʊʒᵊn, AM -ˈroʊ-] *n no pl* ❶ *of metal, stone* Korrosion *f* ❷ (*fig: deterioration*) Verfall *m*

cor·ro·sive [kəˈrəʊsɪv, AM -ˈroʊ-] **I.** *adj* ❶ (*destructive*) korrosiv; **~ acid** ätzende Säure ❷ (*fig: destructive*) *jealousy* zerstörerisch **II.** *n* korrodierender Stoff

cor·ro·sive·ly [kəˈrəʊsɪvli, AM -ˈroʊ-] *adv* korrodierend; **to act ~**

on sth eine zersetzende Wirkung auf etw *akk* haben
cor·ru·gat·ed ['kɒrəgeɪtɪd, AM 'kɔːrəgeɪt̬-] *adj inv* ❶ (*furrowed*) *iron, cardboard* gewellt ❷ BRIT (*rutted*) *road* zerfurcht, ausgefahren
cor·ru·gat·ed 'card·board *n no pl* Wellpappe *f* **cor·ru·gat·ed 'iron** *n no pl* Wellblech *nt*
cor·rupt [kə'rʌpt] **I.** *adj* ❶ (*dishonest*) korrupt; (*bribable*) bestechlich; ~ **morals** verdorbener Charakter; ~ **practices** unehrenhafte Praktiken ❷ (*ruined*) *text, manuscript* entstellt; *file* unlesbar; *disk* kaputt **II.** *vt* ❶ (*debase ethically*) ■**to** ~ **sb** jdn korrumpieren; (*morally*) jdn [moralisch] verderben; **to** ~ **sb's morals** jds Charakter *m* verderben ❷ (*change*) **to** ~ **English/French** Englisch/Französisch entstellen; **to** ~ **a text/ sb's work** einen Text/jds Arbeit *f* verfälschen ❸ (*influence by bribes*) ■**to** ~ **sb** jdn bestechen ❹ COMPUT (*spoil*) **to** ~ **a file** eine Datei ruinieren; ~**ed file** fehlerhafte Datei
cor·rup·tible [kə'rʌptəbl] *adj* ❶ (*dishonest*) korrumpierbar; (*bribable*) bestechlich ❷ (*easily influenced*) *young people* charakterlich [noch] nicht gefestigt, labil
cor·rup·tion [kə'rʌpʃən] *n* ❶ *no pl* (*action*) *of moral standards* Korruption *f; of a text* Entstellung *f; of computer file* Zerstörung *f* ❷ *no pl* (*dishonesty*) Unehrenhaftigkeit *f;* (*bribery*) Korruption *f,* Bestechung *f* ❸ LING (*changed form*) korrumpierte Form ❹ (*decay*) Zersetzung *f,* Fäulnis *f*
cor·sage [kɔː'sɑːʒ, AM kɔːr'-] *n* ❶ (*flower pin*) Ansteckbukett *nt* ❷ (*bodice*) Mieder *nt,* Korsage *f*
cors an·glais [ˌkɔː'rɒŋgleɪ, AM ˌkɔːrɑːŋ'-] *n pl of* **cor anglais**
cor·set ['kɔːsət, AM 'kɔːr-] *n* ❶ (*undergarment*) Korsett *nt;* MED (*for bad back*) Stützkorsett *nt* ❷ (*fig: restriction*) Restriktion *f*
Cor·si·ca ['kɔːsɪkə, AM 'kɔːr-] *n* Korsika *nt*
Cor·si·can ['kɔːsɪkən, AM 'kɔːr-] **I.** *adj inv* korsisch; ~ **holiday** Urlaub *m* auf Korsika **II.** *n* ❶ (*person*) Korse, -in *m, f* ❷ *no pl* (*language*) Korsisch *nt*
cor·tege [kɔː'teɪʒ, AM kɔːr'teʒ] *n* Leichenzug *m*
cor·tex <*pl* -tices> ['kɔːteks, *pl* -tɪsiːz, AM 'kɔːr-, *pl* -t̬ɪsiːz] *n* Kortex *m fachspr,* Rinde *f;* **the cerebral/renal** ~ die Hirn-/Nierenrinde
cor·ti·ces ['kɔːtɪsiːz, AM 'kɔːr-] *n pl of* **cortex**
cor·ti·sol ['kɔːtɪsɒl, AM 'kɔːrt̬əsɑːl] *n no pl* Cortisol *nt,* Hydrocortison *nt*
cor·ti·sone ['kɔːtɪzəʊn, AM 'kɔːrt̬əzoʊn] *n no pl* Kortison *nt*
cor·us·cant [kɒ'rʌskənt, AM kə'-] *adj* (*liter*) funkelnd *attr*
cor·us·cate ['kɒrəskeɪt, AM 'kɔːr-] *vi* (*liter*) *light* funkeln, glitzern; **his speech** ~**d with wit** (*fig*) seine Rede sprühte vor Witz
cor·us·cat·ing ['kɒrəskeɪtɪŋ, AM 'kɔːrəskeɪt̬-] *adj* (*liter*) glitzernd; ~ **wit** (*fig*) sprühender Geist
cos[1] *n* MATH *abbrev of* **cosine** cos.
cos[2] [kəz, kɒz] *conj* BRIT *short for* **because**
cos[3] [kɒs, kɒz] *n* BRIT, AUS Romagnasalat *m,* römischer Salat
cosh [kɒʃ, AM kɑːʃ] *esp* BRIT **I.** *n* (*fam*) Totschläger *m* **II.** *vt* (*fam*) **to** ~ **sb** [**on** [*or* **over**] **the head**] jdm eins überziehen *fam*
co·sig·na·tory [ˌkəʊ'sɪgnətəri, AM ˌkoʊ'sɪgnətɔːri] *n* Mitunterzeichner(in) *m(f)*
co·si·ly ['kəʊzɪli, AM 'koʊ-] *adv* gemütlich
co·sine ['kəʊsaɪn, AM 'koʊ-] *n* MATH Kosinus *m*
co·si·ness ['kəʊzɪnəs, AM 'koʊ-] *n no pl* Gemütlichkeit *f,* Behaglichkeit *f; of relationship* Vertrautheit *f*
cos 'let·tuce *n no pl esp* BRIT, AUS Romagnasalat *m,* römischer Salat
cos·met·ic [kɒz'metɪk, AM kɑːz'met̬-] **I.** *n* ❶ (*lipstick, rouge*) Kosmetik *f* ❷ ~**s** *pl* Kosmetika *ntpl,* Kosmetikartikel *mpl* **II.** *adj* ❶ (*of beauty*) Kosmetik-; ~ **cream** kosmetische Creme, Kosmetikcreme *f* ❷ (*fig: superficial*) kosmetisch; ~ **changes/ improvements** kosmetische Veränderungen/Verbesserungen
cos·meti·cal·ly [kɒz'metɪkli, AM kɑːz'met̬-] *adv* kosmetisch; ~ **perfect** äußerlich perfekt
cos·me·ti·cian [ˌkɒzmə'tɪʃən, AM ˌkɑːz-] *n* Kosmetiker(in) *m(f)*
cos·met·ic 'sur·gery *n no pl* kosmetische [*o* plastische] Chirurgie; **to have** ~ sich *akk* einer Schönheitsoperation unterziehen
cos·mic ['kɒzmɪk, AM 'kɑːz-] *adj attr* (*of universe*) kosmisch; ~ **dust** kosmischer Staub; (*large*) **of** ~ **proportions** [*or* **dimensions**] [*or* **scale**] von kosmischen Ausmaßen
cos·mi·cal·ly ['kɒzmɪkli, AM 'kɑːz-] *adv* kosmisch; ~ **seen/ speaking** kosmisch betrachtet/gesehen
cos·mog·ra·phy [ˌkɒz'mɒgrəfi, AM ˌkɑːz'mɑːg-] *n no pl* Kosmographie *f*
cos·mo·log·ic(al) [ˌkɒzmə'lɒdʒɪkəl, AM ˌkɑːzmə'lɑː-] *adj inv* kosmologisch
cos·molo·gist [ˌkɒz'mɒlədʒɪst, AM ˌkɑːz'mɑːl-] *n* Kosmologe, -in *m, f*
cos·mol·ogy [ˌkɒz'mɒlədʒi, AM ˌkɑːz'mɑːl-] *n no pl* Kosmologie *f*
cos·mo·naut ['kɒzmənɔːt, AM 'kɑːzmənɑːt] *n* Kosmonaut(in) *m(f)*
cos·mo·poli·tan [ˌkɒzmə'pɒlɪtən, AM ˌkɑːzmə'pɑːlɪt̬ən] **I.** *adj* kosmopolitisch **II.** *n* Kosmopolit(in) *m(f)*
cos·mos ['kɒzmɒs, AM 'kɑːzmoʊs] *n no pl* Kosmos *m,* Weltall *nt*
Cos·sack ['kɒsæk, AM 'kɑː-] **I.** *n* Kosak(in) *m(f)* **II.** *adj inv* Kosaken-
cos·set <-tt-> ['kɒsɪt, AM 'kɑː-] *vt* ■**to** ~ **sb** jdn umsorgen [*o* verwöhnen]; ■**to be** ~**ted** verwöhnt werden; (*pej*) verhätschelt werden
cos·sie ['kɒzi] *n* BRIT, AUS (*fam*) Badeanzug *m*
cost [kɒst, AM kɑːst] **I.** *vt* ❶ <cost, cost> (*amount to*) **to** ~ **£40/lots of money/nothing** 40 Pfund/viel Geld/nichts kosten; **how much does it** ~**?** wie viel kostet es?; **it'll** ~ **you to have your roof mended** das Ausbessern deines Daches wird dich ganz schön was kosten; **it** ~ **him dear to apologize** es fiel ihm schwer, sich zu entschuldigen; **it doesn't** ~ **anything to ask** fragen kostet nichts; **to** ~ **a bundle** viel kosten; **to** ~ **a small fortune** [*or* **an arm and a leg**] [*or* BRIT *a.* **a packet**] ein kleines Vermögen [*o fam* eine Stange Geld] kosten ❷ <cost, cost> (*cause loss of*) **drinking and driving** ~**s lives** Trunkenheit am Steuer fordert Menschenleben; **to** ~ **sb his/her patience** jds Geduld *f* kosten; **to** ~ [**sb**] **time/energy** [jdn] viel Zeit/Energie kosten ❸ <-ed, -ed> (*calculate price*) ■**to** ~ **sth** [**out**] etw [durch]kalkulieren **II.** *n* ❶ (*price*) Preis *m,* Kosten *pl* (**of** für +*akk*); **this policy means that the** ~ **of goods will rise/fall again** diese Politik bedeutet, dass die Kosten für Konsumgüter wieder steigen/fallen werden; **at no** ~ **to the state/consumers** ohne Kosten für den Staat/Verbraucher; **at no extra** ~ ohne Aufpreis; **at huge** ~ für Unsummen; **to cover** [*or form* **defray**] **the** ~ **of sth** die Kosten von etw *dat* decken; **to cut the** ~ **of sth** den Preis von etw *dat* heruntersetzen; **to sell sth at** ~ etw zum Selbstkostenpreis verkaufen ❷ (*fig: sacrifice*) Aufwand *m kein pl;* **it may be less expensive but consider the** ~ **in time and effort** es ist vielleicht günstiger, aber bedenke den Aufwand an Zeit und Bemühungen; **at the** ~ **of one's health** auf Kosten der Gesundheit; **at no** ~ **to the environment/quality** ohne Beeinträchtigung für die Umwelt/Qualität; **at all** ~[**s**] [*or* **at any** ~] [*or* **whatever the** ~] um jeden Preis, koste es, was es wolle; **at great personal** ~ unter großen persönlichen Opfern; **to learn sth to one's** ~ etw am eigenen Leib erfahren; **to know sth at one's** ~ etw *akk* zu jds Leidwesen erfahren haben ❸ ■~**s** *pl* Kosten *pl* (**of** für +*akk*); LAW Prozesskosten *pl;* **to cut** ~**s** die Kosten senken; **the** ~**s incurred** die entstandenen [*o* angefallenen] Kosten
co-star [ˌkəʊ'stɑːʳ, AM ˌkoʊ'stɑːr] **I.** *n* einer der Hauptdarsteller; **to be sb's** ~ neben jdm die Hauptrolle spielen **II.** *vt* <-rr-> ■**to** ~ **sb** neben jdm die Hauptrolle spielen; **the film** ~**s Paul Newman and Robert Redford** der Film zeigt Paul Newman und Robert Redford in den Hauptrollen **III.** *vi* <-rr-> ■**to** ~ **with sb** an der Seite von jdm die Hauptrolle spielen
cost-'ben·efit analy·sis <*pl* -ses> *n* ECON Kosten-Nutzen-Analyse *f* [*o* Kosten-Nutzen-Rechnung] *f* **'cost-con·scious**

C

adj kostenbewusst **'cost-cut·ting** *adj attr* Kosten senkend, Kosten dämpfend; **a ~ exercise** ein Versuch *m*, Kosten zu senken; **~ programme** [*or* AM **program**] Sparprogramm *nt* **cost-ef·'fec·tive** *adj* kostengünstig **cost-ef·'fec·tive·ness** *n no pl* Rentabilität *f*, Kosteneffizienz *f*

cost·ing ['kɒstɪŋ, AM 'kɑːst-] *n* ECON Kalkulation *f*, Kostenberechnung *f*

'cost·ing de·part·ment *n* ECON Kostenbuchhaltung *f*, betriebliches Rechnungswesen

cos·tive ['kɒstɪv, AM 'kɑːst-] *adj* (*form*) verstopft

cost·li·ness ['kɒstlɪnəs, AM 'kɑːst-] *n no pl of mistake* Kostspieligkeit *f*; *of machinery* hoher Kostenaufwand

cost·ly ['kɒstli, AM 'kɑːst-] *adj* kostspielig, teuer; **a ~ mistake** (*fig*) ein kostspieliger [*o* folgenschwerer] Fehler; **~ delays/setbacks** kostspielige Verzögerungen/Rückschläge; **to prove ~** sich *akk* als kostspielig herausstellen

cost of 'liv·ing *n no pl* Lebenshaltungskosten *pl* **cost-of-'liv·ing** *adj attr, inv* **~ increase** Teuerungszulage *f* **cost-of-'liv·ing in·dex** *n* AM, AUS (*retail price index*) Lebenshaltungsindex *m* **cost-'plus** *adj* **to calculate on a ~ basis** unter Einbeziehung einer Gewinnspanne kalkulieren **'cost price** *n* Selbstkostenpreis *m*; **at ~** zum Selbstkostenpreis **cost-'push** *adj* Kosten steigernd

cos·tume ['kɒstjuːm, AM 'kɑːstuːm, -stjuːm] *n* ❶ (*national dress*) Tracht *f*; **historical ~** historisches Kostüm; **national ~** Landestracht *f*; **to dress in** [*or* **wear**] **~** Tracht tragen; **dressed in ~** in Tracht ❷ (*decorative dress*) Kostüm *nt*; **Halloween ~** Halloweenkostüm *nt*; **to wear a** [**clown/cowboy/witch**] **~** [als Clown/Cowboy/Hexe] verkleidet sein

cos·tume 'ball *n* Kostümball *m* **'cos·tume dra·ma** *n* Kostümfilm *m* **cos·tume 'jew·el·lery**, AM **cos·tume 'jew·el·ry** *n no pl* Modeschmuck *m* **'cos·tume par·ty** *n* AM Kostümfest *nt*

cos·tumi·er [kɒs'tjuːmiəʳ, -ei, AM kɑː'stuːmieɪ, -stjuː-] *n* ❶ (*costume hirer*) Kostümverleiher(in) *m(f)* ❷ (*for theatre*) Kostümier *m*

cosy ['kəʊzi, AM 'koʊ-] **I.** *adj* ❶ (*pleasant and comfortable*) gemütlich, behaglich, heimelig; (*nice and warm*) mollig warm; **~ atmosphere** heimelige Atmosphäre; **~ chat** gemütliche Plauderei; **a ~ relationship** eine traute Beziehung ❷ (*pej: convenient*) bequem *fig*; **to make a ~ arrangement** etw unter der Hand vereinbaren, mauscheln *fam*; **a ~ deal** ein Kuhhandel *m fam* **II.** *n* **tea/egg ~** Tee-/Eierwärmer *m* **III.** *vi* <-ie-> ■**to ~ up to sb/sth** ❶ (*snuggle up to*) sich *akk* an jdn/etw anschmiegen ❷ (*make deal with*) mit jdm/etw einen Kuhhandel machen *fam*

cot[1] *n* MATH *abbrev of* **cotangent** Kotangens *m*

cot[2] [kɒt, AM kɑːt] *n* ❶ BRIT (*baby's bed*) Kinderbett *nt* ❷ AM (*camp bed*) Feldbett *nt*; (*fold-out bed*) Klappbett *nt*

co·tan·gent [ˌkəʊ'tændʒənt, AM ˌkoʊ'-] *n* MATH Kotangens *m*

'cot bump·er *n* BRIT Polster *nt* (*für ein Kinderbett*) **'cot death** *n* BRIT plötzlicher Kindstod

co·terie ['kəʊtəri, AM 'koʊt̬ɚi] *n* Clique *f*; **a ~ of writers/intellectuals** ein Zirkel *m* von Schriftstellern/Intellektuellen

co·ter·mi·nous [ˌkəʊ'tɜːmɪnəs, AM ˌkoʊ'tɜːr-] *adj inv* ❶ (*sharing same border*) angrenzend; **to be ~ with a country** mit einem Land eine gemeinsame Grenze haben ❷ (*sharing time frame*) von gleicher Dauer

co·ter·mi·nous·ly [ˌkəʊ'tɜːmɪnəsli, AM ˌkoʊ'tɜːr-] *adv inv* zeitgleich; **to run ~** gleichzeitig stattfinden

cot·tage ['kɒtɪdʒ, AM 'kɑːt̬-] *n* ❶ (*small house*) Cottage *nt*, Hütte *f*; **country ~** Landhaus *nt*; **thatched ~** Landhaus mit Stroh-/Reetdach; (*additional house on property*) Gästehaus *nt* ❷ (*sl: for homosexuals*) Schwulentreff *m fam*

cot·tage 'cheese *n no pl* Hüttenkäse *m* **cot·tage 'in·dus·try** *n* BRIT Heimindustrie *f* **cot·tage 'loaf** *n esp* BRIT *runder Laib Brot* **cot·tage 'pie** *n* BRIT Fleisch-Kartoffel-Auflauf *m*

cot·tag·er ['kɒtɪdʒəʳ, AM 'kɑːt̬ɪdʒɚ] *n* Cottagebewohner(in) *m(f)*, Bewohner(in) *m(f)* eines kleinen Ferienhauses

cot·tag·ing ['kɒtɪdʒɪŋ, AM 'kɑːt̬-] *n no pl* (*sl*) *sexuelle Handlungen zwischen Männern in öffentlichen Toiletten*

cot·ter pin ['kɒtə-, AM 'kɑːt̬ɚ-] *n* Splint *m*

cot·ton ['kɒtᵊn, AM 'kɑː-] **I.** *n* ❶ (*plant*) Baumwolle *f* ❷ (*material*) Baumwolle *f*; **made of pure ~** aus reiner Baumwolle ❸ (*thread*) Garn *nt*; **reel** [*or* AM **spool**] **of ~** Garnrolle *f* **II.** *n modifier* (*blouse, material, socks, sheets, trousers*) Baumwoll- **III.** *vi* ❶ (*fam: understand*) ■**to ~ on** kapieren *fam*; ■**to ~ on to sth** etw kapieren ❷ AM (*like*) ■**to ~ to sth/sb** mit etw/jdm sympathisieren

'cot·ton ball *n* AM Wattebällchen *nt* **cot·ton 'bat·ting** *n no pl* AM (*cotton wool*) Watte *f* **'cot·ton bud** *n* BRIT Wattestäbchen *nt* **cot·ton 'can·dy** *n no pl* AM (*candy floss*) Zuckerwatte *f* **'cot·ton gin** *n* AGR Entkörnungsmaschine *f* **'cot·ton-grow·er** *n* Baumwollpflanzer(in) *m(f)* **'cot·ton mill** *n* Baumwollspinnerei *f* **'cot·ton mouth** *n* AM (*fam*) ausgetrockneter Mund; **to have ~** einen ausgetrockneten Mund haben **'cot·ton pads** *npl* AM (*cotton wool pads*) Wattebäusche *mpl* **'cot·ton-pick·ing** **I.** *n no pl* Baumwollpflücken *nt* **II.** *adj attr, inv* AM verflucht *sl* **cot·ton 'print** *n* bedruckter Baumwollstoff **'cot·ton seed** *n* Baumwollsamen *m* **cot·ton seed 'oil** *n no pl* Baumwollsamenöl *nt* **'cot·ton states** *npl* AM GEOG ■**the ~** die Baumwollstaaten **cot·ton 'swab** *n* AM (*cotton bud*) Wattestäbchen *nt* **'cot·ton tail** *n* AM (*fam*) Kaninchen *nt*, Karnickel *nt fam* **cot·ton 'wool** *n no pl* ❶ BRIT Watte *f* ❷ AM (*from raw cotton*) [Roh]baumwolle *f* ▶ PHRASES: **to wrap sb in ~** BRIT jdn in Watte packen **cot·ton wool 'pads** *npl* BRIT, AUS Wattebäusche *mpl*

cot·tony ['kɒtᵊni, AM 'kɑː-] *adj* baumwollartig

couch[1] [kaʊtʃ] **I.** *n* <*pl* -es> Couch *f*, Sofa *nt*; **psychiatrist's ~** Psychologencouch *f*; **to be on the ~** (*fig*) in Therapie sein **II.** *vt* ■**to ~ sth** etw formulieren; **this form is all ~ed in legal terminology** dieses Formular besteht nur aus juristischen Formulierungen; **he ~ed his criticism in tactful phrases** er fasste seine Kritik in taktvolle Sätze

couch[2] [kuːtʃ, kaʊtʃ] *n no pl* (*grass*) Schnürgras *nt*

cou·chette [kuː'ʃet] *n* BRIT RAIL Liege *f* (*in einem Schlafwagen*)

'couch grass *n no pl* Schnürgras *nt* **couch po·'ta·to** *n* (*fam*) Couchpotato *f*, Fernsehglotzer(in) *m(f)*

cou·gar ['kuːgəʳ, AM -ɚ] *n esp* AM Puma *m*

cough [kɒf, AM kɑːf] **I.** *n* Husten *m*; **a bad** [*or* **nasty**] **~** ein schlimmer Husten; **chesty** [*or* **hacking**] **~** tief sitzender Husten; **to give a ~** (*as warning*) hüsteln; **to have a ~** einen Husten haben; **to have smoker's ~** Raucherhusten haben **II.** *vi* ❶ *person* husten, sich *akk* räuspern ❷ *motor* stottern ❸ *esp* BRIT (*fam: reveal information*) singen *fam* **III.** *vt* **to ~ blood** Blut husten

◆**cough up** **I.** *vt* ❶ (*bring up*) **to ~ up** ◌ **blood/phlegm** Blut/Schleim husten ❷ (*fam: pay reluctantly*) **to ~ up money** Geld herausrücken *fam*; **you owe me money so come on, ~ it up!** du schuldest mir Geld, also komm rüber damit! **II.** *vi* (*fam: pay*) Geld herausrücken *fam*; (*give back*) [wieder] herausrücken, zurückgeben; BRIT (*admit*) [mit der Wahrheit] herausrücken

'cough drop *n* Hustenpastille *f*, Hustenbonbon *nt* **'cough·ing fit** *n* Hustenanfall *m* **'cough medi·cine** *n no pl*, **'cough mix·ture** *n* BRIT Hustensaft *m* **'cough sweet** *n* BRIT Hustenbonbon *nt* **'cough syr·up** *n no pl* Hustensaft *m*

could [kʊd, kəd] *pt, subj of* **can**

couldn't ['kʊdᵊnt] = **could not** *see* **can**

cou·lis <*pl* -> ['kuːli] *n* Fruchtsoße *f*; **with/on raspberry ~** mit/auf Himbeersoße

cou·lisse [kuː'liːs] *n* THEAT Kulisse *f*

coun·cil ['kaʊn(t)sᵊl] *n* ❶ + *sing/pl vb* ADMIN Rat *m*; **local/town/city ~** Gemeinde-/Stadtrat *m*; **the United Nations Security C~** der Sicherheitsrat der Vereinten Nationen; **to be on the local ~** im Gemeinderat sitzen, Gemeinderatsmitglied sein ❷ (*meeting*) Rat *m*; **to hold ~** sich *akk* beraten, Rat halten

coun·cil es·'tate *n* BRIT Siedlung *f* mit Sozialwohnungen **coun·cil 'flat** *n* BRIT, **'coun·cil house** *n* BRIT Sozialwohnung *f* **coun·cil 'hous·ing** *n no pl* BRIT sozialer Wohnungsbau

coun·cil·lor ['kaʊn(t)sᵊləʳ], AM **coun·ci·lor** [-ɚ] *n* Ratsmitglied *nt;* **town ~** Stadtrat, -rätin *m, f*

'coun·cil·man *n* AM Ratsmitglied *nt;* **town ~** Stadtrat *m* **'coun·cil meet·ing** *n* Ratsversammlung *f* **Coun·cil of 'Europe** *n* Europarat *m* **Coun·cil of 'Min·is·ters** *n* Ministerrat *m* **coun·cil of 'war** *n* Kriegsrat *m;* (*fig*) **to hold a ~** Kriegsrat halten

coun·ci·lor *n* AM *see* **councillor**

'coun·cil tax *n no pl* BRIT Gemeindesteuer *f*

i Kultur

Die **council tax** – *Gemeindesteuer* in Großbritannien ist eine Steuer, die von den Gemeinden erhoben und für die Finanzierung der öffentlichen Dienstleistungen verwendet wird. Die Bemessungsgrundlage ist der Wert des Grundbesitzes. Diese Steuer ersetzte die *community charge*, auch *poll tax – Kopfsteuer* genannt. Das Prinzip einer *poll tax* ist die gleichmäßige Besteuerung aller Bürger. Die konservative Regierung, die diese Steuer 1989 zuerst in Schottland und 1990 in England und Wales einführte, wurde jedoch durch den öffentlichen Widerstand gezwungen den Ärmsten Steuernachlässe zu gewähren. Die *poll tax* wurde dann 1990 durch die **council tax** ersetzt, nachdem es eine Zahlungsverweigerungskampagne und einen Aufstand auf dem Trafalgar Square in London gab.

'coun·cil·wom·an *n* AM Ratsmitglied *nt;* **town ~** Stadträtin *f*

coun·sel ['kaʊn(t)sᵊl] **I.** *vt* <BRIT -ll- *or* AM *usu* -l-> ❶ (*advise*) **to ~ caution/promptness** Vorsicht/Promptheit empfehlen; ■**to ~ sb about** [*or* **on**] **sth** jdn bei etw *dat* beraten; ■**to ~ sb against sth** jdm von etw *dat* abraten; (*be in therapy*) **to be ~ed for depression/drug addiction** wegen Depression/Drogenabhängigkeit in Behandlung sein ❷ (*form: promote*) ■**to ~ sth** zu etw *dat* raten **II.** *n* ❶ *no pl* (*form: advice*) Rat[schlag] *m;* **to take ~ from sb** von jdm einen Rat annehmen ❷ (*lawyer*) Anwalt, Anwältin *m, f;* **~ for the defence** Verteidiger(in) *m(f)* ▸ PHRASES: **to keep one's own ~** seine Meinung für sich *akk* behalten

coun·sel·ing AM, **coun·sel·ling** ['kaʊn(t)sᵊlɪŋ] **I.** *n no pl* psychologische Betreuung; **to be in ~** in Therapie sein **II.** *adj attr, inv* Beratungs-; **~ service** Beratungsdienst *m;* **to offer a ~ service to sb** jdn psychologisch betreuen

coun·sel·lor ['kaʊn(t)sᵊləʳ], AM **coun·se·lor** [-ɚ] *n* ❶ (*advisor*) Berater(in) *m(f);* **debt/financial ~** Schulden-/Finanzberater(in) *m(f);* **marriage** [**guidance**] **~** Eheberater(in) *m(f);* **guidance ~** AM (*for career*) Berufsberater(in) *m(f)* (*in der Schule*); (*for problems*) psychologischer Betreuer/psychologische Betreuerin ❷ AM (*lawyer*) Anwalt, Anwältin *m, f*

count¹ [kaʊnt] *n* Graf *m*

count² [kaʊnt] **I.** *n* ❶ (*totalling up*) Zählung *f;* POL Auszählung *f;* **to keep ~ of sth** etw genau zählen; **to lose ~** beim Zählen durcheinanderkommen; (*fig*) den Überblick verlieren; **on the ~ of three/four/ten** bei drei/vier/zehn ❷ (*measured amount*) [An]zahl *f,* Ergebnis *nt;* SPORTS Punktestand *m;* **final ~** Endstand *m* ❸ (*consideration*) Berücksichtigung *f;* **to take** [**no**] **~ of sth** etw [nicht] berücksichtigen ❹ LAW Anklagepunkt *m;* **to be found guilty on two ~s of murder** des zweifachen Mordes für schuldig befunden werden; **to be found guilty on the first ~** [*or* **all ~s**] im ersten Anklagepunkt [*o* in allen [Anklage]punkten] für schuldig befunden werden ❺ (*point*) Punkt *m;* (*reason*) Grund *m;* **to agree with sb on all ~s** mit jdm in allen Punkten übereinstimmen; **to be angry with sb on several ~s** auf jdn aus mehreren Gründen zornig sein; **to fail on a number of ~s** in einer Reihe von Punkten versagen ▸ PHRASES: **to be out for the ~** BOXING ausgezählt werden; (*fig*) k.o. sein *fam* **II.** *vt* ❶ (*number*) ■**to ~ sth** etw zählen; **there'll be eight for dinner ~ing ourselves** uns mitgerechnet sind wir acht zum Abendessen; **I could ~ the number of times he's been on time on the fingers of one hand** ich könnte die paar Mal, die er pünktlich war, an den Fingern einer Hand abzählen; **to ~ one's change** sein Wechselgeld nachzählen; **to ~ heads** [*or* AM *a.* **noses**] abzählen; ■**to ~ sb/sth among sth** jdn/etw zu etw *dat* zählen ❷ (*consider*) **to ~ sb as a friend** jdn als Freund betrachten [*o* zu seinen Freunden zählen]; **to ~ sth a success/failure** etw als Erfolg/Misserfolg verbuchen; **to ~ oneself lucky** [*or* **fortunate**] sich *akk* glücklich schätzen; **to ~ oneself unhappy** [*or* **unfortunate**] sich *akk* für unglücklich halten; ■**to ~ sth against sb** jdm etw verübeln ▸ PHRASES: **to ~ one's blessings** dankbar sein; **don't ~ your chickens before they're hatched** (*prov*) man soll den Tag nicht vor dem Abend loben *prov;* **to ~ the cost**[**s**] [**of sth**] (*consider effects*) die Folgen [einer S. *gen*] bedenken; (*suffer*) [etw] bereuen **III.** *vi* ❶ (*number*) zählen ❷ (*be considered*) **that has always ~ed among my favourite operas** das hat schon immer zu meinen Lieblingsopern gezählt; ■**to ~ against sb** gegen jdn sprechen; ■**to be ~ed as sth** als etw gelten ❸ (*be of value*) zählen, wichtig sein; **that's what ~s** darauf kommt es an; **this essay will count towards your final degree** dieser Aufsatz geht in die Berechnung Ihrer Endnote ein; ■**to not ~** nicht zählen; **his opinion doesn't ~ for anything here** seine Meinung zählt hier nicht

◆**count down** *vi* rückwärts bis null zählen; AEROSP den Countdown durchführen

◆**count in** *vt* ■**to ~ sb in** jdn mitrechnen; **~ me in** ich bin dabei

◆**count off** *vi* AM abzählen

◆**count on** *vi* ❶ (*depend on*) ■**to ~ on sb/sth** auf jdn/etw zählen; ■**to ~ on sb doing sth** [*or* **on sb to do sth**] sich *akk* darauf verlassen, dass jd etw tut ❷ (*reckon with*) **I'm ~ing on getting away for a few days next week** ich hoffe schwer, dass ich mir nächste Woche ein paar Tage freinehmen kann *fam;* ■**to ~ on sb doing sth** davon ausgehen, dass jd etw tut; ■**sb did not ~ on ...** jd hat nicht damit gerechnet, dass ...; **I didn't ~ on it raining** ich hätte nicht gedacht, dass es regnen würde

◆**count out I.** *vi* ❶ BRIT (*number off aloud*) abzählen ❷ (*in games*) auszählen **II.** *vt* (*fam*) ■**to ~ sb out** jdn nicht einplanen; **~ me out!** ohne mich!; **who wants to come swimming tomorrow? – ~ me out** wer hat Lust, morgen mit schwimmen zu gehen? – ich nicht

◆**count up I.** *vt* ■**to ~ sth ↔ up** etw zusammenzählen **II.** *vi* **to ~ up to three/ten** bis drei/zehn zählen

◆**count upon** *vt* (*usu form*) *see* **count on**

count·able ['kaʊntəbl̩, AM -t̬ə-] *adj* LING zählbar

count·able 'noun *n* LING zählbares Substantiv

count·down ['kaʊntdaʊn] *n* Countdown *m* (**to** +*gen*)

coun·te·nance ['kaʊntᵊnən(t)s] **I.** *n* ❶ (*form, liter: face*) Angesicht *nt,* Antlitz *nt;* (*form: facial expression*) Gesichtsausdruck *m,* Gesichtszüge *mpl;* **to be of noble ~** edle Gesichtszüge haben ❷ (*approval*) Unterstützung *f;* **to give** [*or* **lend**] **~ to sth** (*form*) etw unterstützen ❸ *no pl* (*composure*) Haltung *f;* **to keep one's ~** (*form*) die Haltung bewahren; **to keep sb in ~** jdn beruhigen; **to be out of ~** fassungslos sein; **to put sb out of ~** jdn aus der Fassung bringen **II.** *vt* (*form*) ■**to ~ sth** etw gutheißen; ■**to not ~ sth** etw nicht dulden [*o geh* billigen]

count·er ['kaʊntəʳ, AM -t̬ɚ] **I.** *n* ❶ (*service point*) Theke *f;* (*in shop*) [Laden]theke *f,* Ladentisch *m;* (*in bar, restaurant*) Theke *f;* (*in bank, post office*) Schalter *m;* [**kitchen**] **~** AM (*worktop*) [Küchen]arbeitsplatte *f;* **bargaining ~** Verhandlungsbasis *f;* **over the ~** rezeptfrei; **under the ~** (*fig*) unterm Ladentisch ❷ (*person who counts*) Zähler(in) *m(f);* (*machine that* *counts*) Zählwerk *nt* ❸ (*disc*) Spielmarke *f* ❹ (*factor*) Zähler *m* **II.** *vt* **to ~ sb's arguments** jds Argumenten *ntpl* widersprechen; **to ~ sb's instructions/orders** jds Instruktionen *fpl*/Befehle *mpl* aufheben; **to ~ a loss/death/divorce** einen Verlust/Tod/eine Scheidung wettmachen [*o* ausgleichen] **III.** *vi* (*oppose*) **to ~ with sth** mit etw *dat* kontern; SPORTS (*react by scoring*) kontern **IV.** *adv inv* entgegen; **to act ~ to sth** etw *dat* zuwiderhandeln; **to run ~ to sth** etw *dat* zuwiderlaufen

coun·ter·'act *vt* ■**to ~ sth** etw *dat* entgegenwirken; **to ~ a disease** eine Krankheit bekämpfen; **to ~ poison/a drug** Gift/eine Droge neutralisieren **coun·ter·'ac·tive** *adj* ❶ (*working against*) kontraproduktiv, entgegenwirkend *attr* ❷ (*neutralizing*) *to a drug, poison* neutralisierend *attr* **'coun·ter·ar·gu·ment** *n* Gegenargument *nt* **'coun·ter·at·tack I.** *n* Gegenangriff *m* **II.** *vt* ■**to ~ sb** jdn im Gegenzug angreifen **III.** *vi* zurückschlagen; SPORTS kontern **coun·ter·at·'trac·tion** *n* konkurrierendes Freizeitangebot; **video rental is now a major ~ to cinema-going** Videoverleih ist heutzutage eine Hauptkonkurrenz zum Kino

coun·ter·bal·ance I. *n* ['kaʊntəˌbælən(t)s, AM -t̬ɚ,-] Gegengewicht *nt;* (*fig*) **to be a ~** ausgleichend wirken **II.** *vt* [ˌkaʊntə'bælən(t)s, AM -t̬ɚ'-] ■**to ~ sth** etw ausgleichen; (*fig*) ein Gegengewicht zu etw *dat* darstellen **'coun·ter·blast** *n* (*liter*) Gegenschlag *m* (**to** gegen +*akk*) **'coun·ter·charge I.** *n* LAW Gegenklage *f* **II.** *vt* LAW ■**to ~ sth** gegen etw *akk* Gegenklage erheben **'coun·ter·check I.** *n* ❶ (*restraint*) Hemmnis *nt,* Sperre *f;* **to put a ~ on sth** (*fig*) etw begrenzen ❷ (*second check*) Gegenprüfung *f* **II.** *vt* ■**to ~ sth** etw gegenprüfen **coun·ter·'clock·wise** *adj inv* AM (*anticlockwise*) linksläufig, gegen den Uhrzeigersinn **'coun·ter·cul·ture** *n* Gegenkultur *f* **coun·ter·'es·pio·nage** *n no pl* Spionageabwehr *f,* Gegenspionage *f* **coun·ter·'es·pio·nage ser·vice** *n* Spionageabwehrdienst *m*

coun·ter·feit ['kaʊntəfɪt, AM -t̬ɚ-] **I.** *adj inv* gefälscht, nachgemacht; **~ money** Falschgeld *nt* **II.** *vt* **to ~ money/a signature/a passport** Geld/eine Unterschrift/einen Pass fälschen [*o* nachmachen]; (*fig*) **to ~ pleasure/satisfaction/surprise/terror** Freude/Zufriedenheit/Überraschung/Angst vortäuschen **III.** *n* Fälschung *f*

coun·ter·feit·er ['kaʊntəfɪtəʳ, AM -t̬ɚfɪt̬ɚ] *n* Fälscher(in) *m(f);* **~ of money** Falschmünzer(in) *m(f)*

'coun·ter·foil *n* BRIT FIN [Kontroll]abschnitt *m,* Coupon *m* **coun·ter·in·'sur·gency** *n Maßnahmen zur Bekämpfung aufständischer Gruppen* **coun·ter·in·'tel·li·gence** *n* Spionageabwehr *f* **coun·ter·in·'tui·tive** *adj* gegen die [eigene] Intuition **count·er lunch** *n* AM Imbiss *m*

coun·ter·mand [ˌkaʊntə'mɑːnd, AM -t̬ɚ'mænd] *vt* ■**to ~ sth** etw rückgängig machen; ■**to ~ sb** jdm widersprechen; MIL **to ~ an order** einen Befehl widerrufen [*o* aufheben] **'coun·ter·meas·ure** *n* Gegenmaßnahme *f* **coun·ter·of·'fen·sive** *n* Gegenoffensive *f,* Gegenangriff *m a. fig* **'coun·ter·of·fer** *n* Gegenangebot *nt* **'coun·ter·pane** *n* Tagesdecke *f* **'coun·ter·part** *n* (*equivalent*) Gegenüber *nt;* (*complement*) Gegenstück *nt,* Pendant *nt;* POL Amtskollege, -in *m, f;* (*in management*) Gegenspieler(in) *m(f)* **'coun·ter·point** *n* MUS Kontrapunkt *m* **'coun·ter·poise** (*form*) **I.** *n* Gegengewicht *nt;* (*fig*) **to be a ~** ausgleichend wirken **II.** *vt* ■**to ~ sth** etw ausgleichen; (*fig*) ein Gegengewicht zu etw *dat* darstellen **coun·ter·pro·'duc·tive** *adj* kontraproduktiv; **to prove ~** sich *akk* als kontraproduktiv erweisen **coun·ter·ref·or·'ma·tion, Coun·ter-Ref·or·'ma·tion** *n* REL ■**the ~** die Gegenreformation **coun·ter·revo·'lu·tion** *n* Gegenrevolution *f;* **to stage a ~** eine Gegenrevolution inszenieren **'coun·ter·sign** *vt* **to ~ a will/cheque** [*or* AM **check**]**/document** ein Testament/einen Scheck/ein Dokument gegenzeichnen **'coun·ter·sig·na·ture** *n* Gegenunterschrift *f* **'coun·ter·sink** <-sank, -sunk> *vt usu passive* ■**to ~ sth** [**in sth**] *screw* etw [in etw *akk*] versenken **'coun·ter·sunk** *pp of* **countersink** **'coun·ter·ten·or** *n* hoher Tenor **coun·ter·'ter·ror·ism** *n no pl* Terrorismusbekämpfung *f*

coun·ter·vail·ing [ˌkaʊntə'veɪlɪŋ, AM -t̬ɚ'-] *adj attr, inv* ausgleichend

'coun·ter·weight *n* Gegengewicht *nt*

coun·tess <*pl* -es> ['kaʊntɪs, AM -t̬ɪs] *n* Gräfin *f*

count·less ['kaʊntləs] *adj inv* zahllos, unzählig

coun·tri·fied ['kʌntrɪfaɪd] *adj* ❶ (*rural*) ländlich; (*rural-looking*) rustikal; **~ area** ländliche Gegend ❷ (*pej: artificially rural*) auf rustikal gemacht ❸ (*pej: unsophisticated*) bäurisch; **he is rather ~ in his ways** er ist ein ziemlicher Bauer

coun·try ['kʌntri] **I.** *n* ❶ (*nation*) Land *nt;* **~ of destination** Bestimmungsland *nt;* **the east/west of the ~** der Osten/Westen des Landes; **~ of origin** Herkunftsland *nt;* **native ~** Heimat *f,* Heimatland *nt;* **to die for one's ~** fürs Vaterland sterben ❷ *no pl* (*population*) ■**the ~** das Volk; **the whole ~** das ganze Land; **to go to the ~** BRIT POL Neuwahlen ausschreiben ❸ *no pl* (*rural areas*) ■**the ~** das Land; **town and ~** Stadt und Land; ■**in the ~** auf dem Land; **a weekend in the ~** ein Wochenende *nt* auf dem Land ❹ *no pl* (*land*) Land *nt,* Gebiet *nt;* **marshy ~** Sumpfgebiet *nt;* **open ~** freies Land; **rough ~** urwüchsige Landschaft; **the undiscovered ~** LIT das Reich des Todes *geh;* **across ~** (*not on roads*) querfeldein; (*avoiding towns*) über Land ❺ *no pl* (*music*) Countrymusik *f* **II.** *n modifier* ❶ (*rural*) (*cottage, lane*) Land-; (*customs, ways*) ländlich; **~ life** Landleben *nt;* **~ village** bäuerliches Dorf ❷ MUS (*record, singer*) volkstümlich; **~ music** Countrymusik *f*

coun·try and 'west·ern *n no pl* Country- und Westernmusik *f* **coun·try 'bump·kin** *n* Bauerntölpel *m pej;* (*woman*) Bauerntrampel *m pej fam* **'coun·try club** *n* Country Club *m* (*nobler Club*) **coun·try 'code** *n* BRIT ■**the ~** Verhaltensregeln *fpl* zum Schutz der Natur **coun·try 'dance** *n* BRIT [englischer] Volkstanz **'coun·try folk** *npl* Landbevölkerung *f* **coun·try 'house** *n* Landhaus *nt* **'coun·try·man** *n* ❶ (*of same nationality*) **fellow ~** Landsmann *m;* **countrymen and women** Landsleute *pl* ❷ (*from rural area*) Landbewohner *m* **coun·try re·'treat** *n* Ferienhaus *nt* auf dem Land **coun·try 'road** *n* Landstraße *f* **coun·try 'seat** *n* Landsitz *m* **'coun·try·side** *n no pl* Land *nt;* (*scenery*) Landschaft *f;* **to live in the ~** auf dem Land leben **'coun·try·wide** *inv* **I.** *adj* landesweit **II.** *adv* im ganzen Land, über das ganze Land verteilt **'coun·try·wom·an** *n* ❶ (*of same nationality*) **fellow ~** Landsmännin *f* ❷ (*from rural area*) Landbewohnerin *f*

coun·ty ['kaʊnti, AM -t̬-] **I.** *n* ❶ BRIT Grafschaft *f;* **C~ Antrim** die Grafschaft Antrim ❷ AM [Verwaltungs]bezirk *m* **II.** *adj inv* BRIT (*pej*) der Landschickeria zugehörig *pej; accent, behaviour* vornehm

coun·ty 'bor·ough *n* BRIT (*hist*) *Stadtbezirk mit grafschaftlichen Rechten* **coun·ty com·'mis·sion·er** *n* Gemeindeaufsichtsbeamte(r) *f(m)*/Gemeindeaufsichtsbeamtin *f* **coun·ty 'coun·cil** *n + sing/pl vb* BRIT Grafschaftsrat *m,* Bezirksverwaltung *f* **coun·ty 'coun·cil·lor** *n* BRIT Mitglied *nt* des Grafschaftsrats **coun·ty 'court** *n + sing/pl vb* ≈ Amtsgericht *nt;* BRIT Grafschaftsgericht *nt* **coun·ty 'li·brary** *n* Bezirksbibliothek *f;* BRIT Grafschaftsbibliothek *f* **coun·ty 'seat** *n* AM Bezirkshauptstadt *f* **coun·ty 'town** *n* BRIT Hauptstadt *f* einer Grafschaft

coup [kuː] *n* ❶ (*unexpected achievement*) Coup *m,* Schlag *m;* **to bring** [*or* **pull**] **off a ~** einen Coup landen ❷ POL Staatsstreich *m*

coup de fou·dre <*pl* coups de foudre> [ˌkuːdə'fuːdr(ə)] *n* ❶ (*unforeseen event*) überraschendes Ereignis ❷ (*love at first sight*) Liebe *f* auf den ersten Blick **coup de grâce** <*pl* coups de grâce> [ˌkuːdə'grɑːs] *n* Gnadenstoß *m;* **to give sb/sth/an animal the ~** jdm/etw/einem Tier den Gnadenstoß versetzen; ■**to be the ~ for sb/sth** (*fig*) jdm/etw den Rest geben *fam* **coup d'état** <*pl* coups d'état> [ˌkuːdeɪ'tɑː] *n* Staatsstreich *m;* **to launch a ~** einen Staatsstreich durchführen

coupé ['kuːpeɪ, AM kuː'peɪ] *n* Coupé *nt*

cou·ple ['kʌpl] **I.** *n* ❶ *no pl* (*a few*) ■**a ~ of ...** einige ..., ein paar ...; **I've only had a ~ of drinks** ich habe nur wenig getrunken; **every ~ of days** alle paar Tage; **for the last ~ of days** in den letzten Tagen; **in a ~ more minutes** in wenigen Minuten; **the next ~ of minutes** die nächsten Minuten; [**over**] **the past ~ of months** in den letzten Monaten, während der letzten Monate; **the first ~ of weeks** die ersten Wochen; **another ~ of ...** noch ein paar ... ② + *sing/pl vb* (*two people*) Paar *nt;* **childless ~** kinderloses Paar; **courting** [*or* AM **dating**] ~ Liebespaar *nt;* **an elderly/a young ~** ein älteres/junges Paar; **to make a lovely ~** ein hübsches Paar abgeben; **a** [**newly**] **married ~** ein [frisch vermähltes] Paar; **same-sex ~** homosexuelles Paar **II.** *vt* ① RAIL (*join*) **to ~ a car** [**to sth**] einen Waggon [an etw *akk*] kuppeln ② *usu passive* (*put together*) ■**to be ~d with sth** mit etw *dat* verbunden sein **III.** *vi* (*old*) Geschlechtsverkehr haben

cou·plet ['kʌplət] *n* Verspaar *nt;* **rhyming ~** Reimpaar *nt*

cou·pling ['kʌplɪŋ] *n* ① RAIL (*linking device*) Kupplung *f* ② (*linking*) Verknüpfung *f,* Verbindung *f* ③ *no pl* (*old: sexual intercourse*) Geschlechtsverkehr *m*

cou·pon ['ku:pɒn, AM -pɑ:n] *n* ① (*voucher*) Bon *m,* Coupon *m,* Gutschein *m* ② BRIT (*for basic items*) Bezugsschein *m,* Wertmarke *f* ③ (*return slip*) Rücksendeabschnitt *m* ④ BRIT SPORTS (*entry form*) Wettschein *m;* FBALL Tippschein *m;* **football/pools ~** Totoschein *m*

cour·age ['kʌrɪdʒ, AM *also* 'kɜ:r-] *n no pl* Mut *m,* Tapferkeit *f,* Courage *f;* **to have the ~ of one's convictions** für seine Überzeugungen eintreten, Zivilcourage haben; **to lack the ~ of one's convictions** keine Zivilcourage haben; **to show great ~** großen Mut beweisen; ■**to have the ~ to do sth** den Mut haben, etw zu tun; **to take** [*or* **summon up**] [*or* BRIT *a.* **pluck up**] [**the**] **~ to do sth** seinen Mut zusammennehmen, um etw zu tun ▸ PHRASES: **to take one's ~ in both hands** seinen ganzen Mut zusammennehmen; **to get some Dutch ~** sich *dat* Mut antrinken

cou·ra·geous [kə'reɪdʒəs] *adj* mutig, tapfer

cou·ra·geous·ly [kə'reɪdʒəsli] *adv* mutig, tapfer

cour·gette [kɔ:'ʒet, AM kʊr'-] *n esp* BRIT (*small marrow*) Zucchino *m*

cou·ri·er ['kʊriəʳ, AM -ɚ] *n* ① (*delivery person*) Kurier(in) *m(f),* Bote, -in *m, f,* Zusteller(in) *m(f);* **bike/motorcycle ~** Fahrrad-/Motorradbote, -in *m, f* ② (*tour guide*) Reiseführer(in) *m(f)*

'cou·ri·er ser·vice *n* Botendienst *m,* Kurierdienst *m*

course [kɔ:s, AM kɔ:rs] **I.** *n* ① (*of aircraft, ship*) Kurs *m;* **to change ~** den Kurs ändern; **to keep** [*or* **maintain**] **one's ~** seinen Kurs beibehalten; (*fig*) seiner Richtung treu bleiben; **to set** [**a**] **~ for Singapore** auf Singapur zusteuern; **to steer a ~** (*a. fig*) einen Kurs steuern *a. fig;* **to steer a ~ between the islands** zwischen den Inseln durchsteuern; **they are steering a middle ~ between communism and capitalism** sie verfolgen einen gemäßigten Kurs zwischen Kommunismus und Kapitalismus; **to be off ~** nicht auf Kurs sein; (*fig*) aus der Bahn geraten sein; **to be driven off ~** [vom Kurs] abgetrieben werden; (*fig*) von seinen Plänen abgebracht werden; **to be on ~** auf Kurs sein; (*fig*) auf dem richtigen Weg sein; **we're on ~ to finish the job by the end of the week** wenn alles so weiterläuft, sind wir bis Ende der Woche mit der Arbeit fertig; **they are on ~ for a resounding victory** sie sind auf dem Weg zu einem haushohen Sieg ② (*of road*) Verlauf *m;* (*of river*) Lauf *m;* **to follow a straight/winding ~** gerade/kurvig verlaufen; **to change ~** einen anderen Verlauf nehmen ③ (*way of acting*) ~ [**of action**] Vorgehen *nt;* **of the three ~s open to us this seems most likely to lead to success** von den drei Wegen, die uns offen stehen, scheint dieser am ehesten zum Erfolg zu führen; **if they raise their prices we shall have to follow the same ~** wenn sie ihre Preise erhöhen, werden wir das Gleiche tun müssen; **the best/wisest ~** das Beste/Vernünftigste; **your best ~ would be to wait a week and then phone her again** das Beste wäre, du würdest eine Woche warten und sie dann wieder anrufen ④ (*development*) Verlauf *m;* **to change the ~ of history** den Lauf der Geschichte ändern; **to pervert the ~ of justice** den Lauf der Gerechtigkeit beeinflussen ⑤ **in the ~ of sth** (*during*) im Verlauf [*o* während] einer S. *gen;* **in the course of his speech** in seiner Rede; **in the ~ of the next three or four weeks** in den nächsten drei bis vier Wochen; **in the normal** [*or* **ordinary**] **~ of events** normalerweise; **in the ~ of time** im Lauf[e] der Zeit ⑥ **of ~** (*certainly*) natürlich; **of ~ not** natürlich nicht ⑦ (*series of classes*) Kurs *m;* **cookery** [*or* **cooking**] **~** Kochkurs *m;* **retraining ~** Umschulungskurs *m;* **to do** [*or* **take**] **a ~** [**in sth**] einen Kurs [für etw *akk*] besuchen; **to go on a ~** BRIT einen Kurs besuchen; **to go away on a training ~** einen Lehrgang machen ⑧ MED ~ [**of treatment**] Behandlung *f;* **~ of iron tablets** Eisenkur *f;* **a ~ of physiotherapy** [*or* AM *usu* **physical therapy**] eine physiotherapeutische Behandlung; **to put sb on a ~ of sth** jdn mit etw *dat* behandeln ⑨ SPORTS Bahn *f,* Strecke *f;* **golf ~** Golfplatz *m;* **obstacle ~** Hindernisparcour *m* ⑩ (*part of meal*) Gang *m;* **the fish/meat ~** der Fisch-/Fleischgang ⑪ (*layer*) Schicht *f,* Lage *f;* **damp-proof ~** Feuchtigkeitsdämmschicht *f* ▸ PHRASES: **to be par for the ~** normal sein; **in due ~** zu gegebener Zeit; **to stay the ~** [bis zum Ende] durchhalten; **to take** [*or* **run**] **its ~** seinen Weg gehen; **to let nature take its ~** nicht in die Natur eingreifen **II.** *vt* HUNT **to ~ game** Wild hetzen **III.** *vi* ① (*flow*) strömen, fließen; **tears were coursing down his cheeks** Tränen liefen ihm über die Wangen ② HUNT an einer Hetzjagd teilnehmen

'course book *n esp* BRIT SCH Lehrbuch *nt* **'course·work** *n no pl* SCH schriftliche Arbeit (*die bei der Prüfung in die Wertung eingeht*)

court [kɔ:t, AM kɔ:rt] **I.** *n* ① (*judicial body*) Gericht *nt;* **~ adjourned!** die Verhandlung wird vertagt!; **civil ~** Zivilgericht *nt;* **criminal ~** Strafgericht *nt;* **county ~** ≈ Amtsgericht *nt;* BRIT Grafschaftsgericht *nt;* **crown ~** BRIT Gericht *nt* für Strafsachen höherer Ordnung (*in England und Wales*); **law ~** [*or* **~ of law**] Gericht *nt,* Gerichtshof *m;* **in a ~ of law** vor Gericht; **magistrates' ~** *erstinstanzliches Gericht für Strafsachen niederer Ordnung;* **by order of the ~** durch Gerichtsbeschluss; **to go to ~** vor Gericht gehen; **to settle** [**a case**] **out of ~** eine Sache außergerichtlich beilegen; **to take sb to ~** jdn vor Gericht bringen, gegen jdn gerichtlich vorgehen ② (*room*) Gerichtssaal *m;* **silence in ~!** Ruhe im Gerichtssaal!; **to appear in ~** vor Gericht erscheinen ③ (*playing area*) [Spiel]platz *m;* **badminton/squash ~** Badminton-/Squashcourt *m;* **grass/hard ~** Rasen-/Hartplatz *m;* **tennis ~** Tenniscourt *m,* Tennisplatz *m* ④ (*of king, queen*) Hof *m;* ■**at ~** bei Hof; **to be presented at ~** bei Hofe vorgestellt werden ⑤ (*yard*) Hof *m;* ■**in the ~** auf dem Hof ⑥ (*as street, building name*) **Meadow C~** Meadow Court ▸ PHRASES: **to put the ball in sb's ~** jdm den Ball zuwerfen **II.** *vt* ① (*dated: woo*) ■**to ~ sb** jdn umwerben, jdm den Hof machen *veraltend* ② (*ingratiate oneself*) ■**to ~ sb** jdn hofieren, sich *akk* bei jdm einzuschmeicheln versuchen ③ (*fig: try to gain*) ■**to ~ sth** sich *akk* um etw *akk* bemühen; **he tried to ~ her approval for his plans** er versuchte, sie für seine Pläne zu gewinnen; **to ~ popularity/sb's favour** Ruhm/jds Gunst suchen ④ (*fig: risk*) ■**to ~ sth** etw herausfordern; **to ~ danger** mit der Gefahr spielen; **to ~ controversy/disaster** Streit/eine Gefahr heraufbeschwören **III.** *vi* (*dated*) ein Liebespaar sein

'court card *n* BRIT Bildkarte *f* (*beim Kartenspiel*) **'court case** *n* Gerichtsverfahren *nt* **court cor·re·'spond·ent** *n* Hofberichterstatter(in) *m(f)*

cour·teous ['kɜ:tiəs, AM 'kɜ:rt̬-] *adj* höflich

cour·teous·ly ['kɜ:tiəsli, AM 'kɜ:rt̬-] *adv* höflich

cour·tesan [ˌkɔ:tɪ'zæn, AM 'kɔ:rt̬əzᵊn] *n* (*liter*) Kurtisane *f liter*

cour·tesy ['kɜ:təsi, AM 'kɜ:rt̬-] *n* ① *no pl* (*politeness*) Höflichkeit *f;* **to have the** [**common**] **~ to do sth** so höflich sein, etw zu

C

tun; **to show [sb] [some] ~** [jdm gegenüber] höflich [*o* entgegenkommend] sein ❷ (*courteous gesture*) Höflichkeit *f;* **an exchange of courtesies** ein Austausch *m* von Höflichkeiten ▶PHRASES: **[by] ~ of sb/sth** (*with the permission of*) mit freundlicher Genehmigung von jdm/etw; (*thanks to*) dank jdm/etw

'cour·tesy bus *n* BRIT kostenfreier Bus *m* **'cour·tesy call** *n* ❶ (*visit*) Anstandsbesuch *m;* **to pay a ~ on sb** jdm einen Anstandsbesuch abstatten ❷ (*euph*) *Anruf von einem Telefonverkäufer/einer Telefonverkäuferin um neue Kunden zu werben* **'cour·tesy light** *n* AUTO Innenleuchte *f* **'cour·tesy mir·ror** *n* AUTO Schminkspiegel *m* **'cour·tesy ti·tle** *n* Ehrentitel *m*

'court hear·ing *n* [Gerichts]verhandlung *f* **'court·house** *n* AM Gerichtsgebäude *nt;* **county/federal ~** Bezirks-/Bundesgericht *nt*

cour·ti·er ['kɔːtiəʳ, AM 'kɔːrt̬iɚ] *n* Höfling *m;* (*fig*) Schmeichler *m pej,* Schleimer *m pej*

'court·ing cou·ple *n* + *sing/pl vb* (*dated*) Liebespaar *nt;* BRIT (*euph*) Pärchen *nt* beim Liebesspiel **court 'jest·er** *n* (*hist*) Hofnarr *m*

court·li·ness ['kɔːtlɪnəs, AM 'kɔːr-] *n no pl* Galanterie *f geh*

court·ly ['kɔːtli, AM 'kɔːr-] *adj* galant *geh;* **~ love** LIT höfische Liebe

court 'mar·tial I. *n* <*pl* -s *or form* courts martial> Kriegsgericht *nt* **II.** *vt* <BRIT -ll- *or* AM *usu* -l-> ■**to ~ sb** jdn vor ein Kriegsgericht stellen **court of in·'quiry** *n* MIL Untersuchungsausschuss *m* **'court or·der** *n* Gerichtsbeschluss *m,* gerichtliche Verfügung **'court·room** *n* Gerichtssaal *m* **cour·troom 'dra·ma** *n* Gerichtsstück *nt* **court 'rul·ing** *n* gerichtliche Entscheidung, Gerichtsentscheid *m*

court·ship ['kɔːtʃɪp, AM 'kɔːr-] **I.** *n* ❶ (*period of wooing*) Zeit *f* der jungen Liebe ❷ *no pl* (*wooing*) Werben *nt* (**of** um +*akk*), Freien *nt veraltend* (**of** um +*akk*) ❸ *no pl* (*to win support*) Werben *nt* (**of** um +*akk*) ❹ *no pl* (*of controversy*) Heraufbeschwören *nt* ❺ *no pl* ZOOL Werben *nt* **II.** *n modifier* ZOOL (*behaviour, dance, ritual*) Paarungs-

'court shoe *n* BRIT Pumps *m*

courts 'mar·tial *n pl of* **court martial**

'court·yard *n* Hof *m;* (*walled-in*) Innenhof *m;* ■**in the ~** auf dem Hof

cous·cous ['kuːskuːs] *n* Couscous *m o nt*

cous·in ['kʌzᵊn] *n* Vetter *m,* Cousin, Cousine *m, f;* **our American/European ~s** unsere amerikanischen/europäischen Cousins und Cousinen; **distant ~** entfernter Cousin/entfernte Cousine; **second ~** Cousin *m*/Cousine *f* zweiten Grades, Großcousin, -cousine *m, f;* **a ~ once removed** Neffe, Nichte *m, f* zweiten Grades

couth [kuːθ] *adj* (*hum*) kultiviert

cou·ture [kuː'tjʊəʳ, AM -'tʊr] *n* Couture *f*

cou·tu·rier [kuː'tjʊəriеɪ, AM -'tʊr-] *n* Couturier *m geh,* Modeschöpfer *m*

cou·tu·ri·ère [kuː'tjʊərieːʳ, AM -'tʊriər, -ˌtʊri'er] *n* Modeschöpferin *f*

cove[1] [kəʊv, AM koʊv] *n* GEOG kleine Bucht

cove[2] [kəʊv] *n* BRIT (*dated fam: man*) Bursche *m veraltend*

cov·en ['kʌvᵊn] *n* + *sing/pl vb* **[witches']** ~ Hexenzirkel *m;* (*meeting also*) Hexensabbat *m*

cov·enant ['kʌvᵊnənt] **I.** *n* ❶ (*legal agreement*) vertragliches Abkommen ❷ REL Bündnis *nt;* **God's ~ with Abraham** Gottes Bündnis mit Abraham ❸ (*clause*) Vertragsabrede *f;* **restrictive ~** restriktive Vertragsklausel ❹ BRIT (*charity donation*) [vertragliche] Zusicherung einer regelmäßigen Spende **II.** *vt* BRIT ■**to ~ sth** etw vertraglich vereinen **III.** *vi* sich *akk* vertraglich verpflichten; ■**to ~ to do sth** vertraglich vereinbaren, etw zu tun

Cov·en·try ['kɒvᵊntri, AM 'kʌv-] *n no pl* Coventry (*Stadt in England*) ▶PHRASES: **to send sb to ~** BRIT jdn schneiden *fig*

cov·er ['kʌvəʳ, AM -ɚ] **I.** *n* ❶ (*spread*) Abdeckung *f;* (*flexible plastic case*) Plane *f;* (*for smaller objects*) Hülle *f;* (*cloth case*) Kleiderhülle *f;* (*protective top*) Deckel *m;* (*for bed*) [Bett]decke *f;* (*for armchair, sofa*) [Schon]bezug *m;* **cushion ~** Kissenbezug *m;* **manhole ~** Schachtdeckel *m;* **quilt [*or* duvet] ~** Bettdeckenbezug *m* ❷ (*sheets*) ■**the ~s** *pl* das Bettzeug; **Ann burrowed down beneath the ~s** Ann zog sich die Decke über den Kopf; **he threw back the ~s** er warf die Bettdecke zurück ❸ (*of a book*) Einband *m; of a magazine* Titelseite *f,* Cover *nt;* **hard ~** gebundenes Buch, Hardcover *nt;* **soft ~** Taschenbuch *nt;* **to read a book from ~ to ~** ein Buch vom Anfang bis zum Ende lesen [*o* in einem durchlesen] ❹ (*envelope*) Briefumschlag *m;* **under plain ~** in neutralem Umschlag; **under separate ~** mit getrennter Post ❺ *no pl* (*shelter*) Schutz *m;* **not many of the seats are under ~** nicht viele Sitze sind überdacht; (*concealed*) **he ordered his men to stay under ~** er befahl seinen Männern, in ihren Verstecken zu bleiben; **under ~ of darkness** im Schutz der Dunkelheit; **to take ~ somewhere** sich *akk* irgendwo unterstellen; **I took ~ behind a wall/in a ditch/under the table** ich versteckte mich hinter einer Wand/in einem Graben/unter dem Tisch ❻ *no pl* (*for animals to hide*) Dickicht *nt,* Unterholz *nt;* **to break ~** aus dem [schützenden] Unterholz hervorbrechen ❼ (*concealing true identity*) Tarnung *f;* **under ~ as** getarnt als; **to blow sb's ~** jdn enttarnen [*o* auffliegen lassen] ❽ *no pl* MIL Deckung *f;* (*from bombs, gun attacks*) Feuerschutz *m* ❾ *no pl esp* BRIT (*insurance*) Versicherungsschutz *m,* Deckung *f;* **third-party ~** Haftpflichtversicherung *f;* **comprehensive ~** Vollkaskoversicherung *f;* **to have ~** versichert sein, Versicherungsschutz haben ❿ *no pl* (*substitute*) Vertretung *f;* **to provide ~ for sb** jdn vertreten; **to provide emergency ~** einen Notdienst aufrechterhalten, eine Notfallversorgung gewährleisten ⓫ MUS (*recording*) Coverversion *f* ▶PHRASES: **never judge a book by its ~** man sollte niemals nur nach dem Äußeren urteilen **II.** *vt* ❶ (*put over*) ■**to ~ sth/sb** etw/jdn bedecken; (*against dust also*) etw überziehen; **snow ~ed the hills** Schnee bedeckte die Hügel; ■**to be ~ed [in [*or* with]] sth** [mit etw *dat*] bedeckt sein; **my hands are ~ed in ink/mud/paint** meine Hände sind voller Tinte/Schlamm/Farbe; **how much of the Earth's surface is ~ed by water?** wie viel Prozent der Erdoberfläche liegt unter Wasser?; **~ed with blood** voll Blut, blutig ❷ (*to protect*) ■**to ~ sth/sb [with sth]** etw/jdn [mit etw *dat*] abdecken; **they ~ed him with a blanket** sie deckten ihn mit einer Decke zu; **to ~ one's eyes/face with one's hands** die Augen/das Gesicht mit den Händen bedecken ❸ (*in order to hide*) ■**to ~ sth** etw verdecken; (*fig*) *one's confusion* etw überspielen ❹ (*extend over*) ■**to ~ sth** sich *akk* über etw *akk* erstrecken; **London ~s 1579 square kilometres [of land]** London erstreckt sich über 1579 Quadratkilometer; (*fig*) **the new office will ~ the whole of Scotland** das neue Büro ist für ganz Schottland zuständig ❺ (*travel*) **to ~ a lot of ground** eine große Strecke zurücklegen; (*make progress*) gut vorankommen; (*be wide-ranging*) sehr umfassend sein; **during the meeting we ~ed a lot of ground** wir sind bei der Sitzung gut vorangekommen; **to ~ 20 kilometres in two hours** 20 km in zwei Stunden fahren ❻ (*deal with*) ■**to ~ sth** sich *akk* mit etw *dat* befassen, etw behandeln; **this leaflet ~s what we've just discussed in more detail** in der Broschüre finden Sie Informationen zu dem, was wir gerade ausführlich besprochen haben; **do these parking restrictions ~ residents as well as visitors?** gelten die Parkbeschränkungen sowohl für Anlieger als auch für Besucher?; **the new regulations ~ precisely where and when protest marches can take place** in den neuen Regelungen ist genau festgehalten, wo und wann Protestmärsche stattfinden dürfen ❼ (*be enough for*) ■**to ~ sth** etw [ab]decken; **to ~ the costs** die Kosten decken; **here's £20, will that ~ it?** hier sind 20 Pfund, wird das reichen? ❽ (*report on*) ■**to ~ sth** über etw *akk* berichten; **the journalist was in Vietnam, ~ing the war** er war Kriegsberichterstatter in Vietnam ❾ (*in-

sure) ■**to ~ sb/sth [against** [*or* **for**] **sth]** jdn/etw [gegen etw *akk*] versichern; **are we ~ed for accidental damage?** sind wir gegen Unfallschäden versichert? ⑩ (*protect*) ■**to ~ oneself [against sth]** sich *akk* [gegen etw *akk*] absichern; **she tried to ~ herself by saying that ...** sie versuchte sich damit herauszureden, dass ... ⑪ MIL ■**to ~ sb/sth** jdn/etw decken; (*give covering fire*) jdm/etw Feuerschutz geben; **~ me!** gib mir Deckung!; **to ~ sb's retreat** jds Rückzug *m* decken ⑫ (*aim weapon at*) ■**to ~ sb** seine Waffe auf jdn/etw richten; **hands up! I've got you ~ed!** Hände hoch! meine Waffe ist auf Sie gerichtet! ⑬ (*watch*) ■**to ~ sth** etw bewachen ⑭ (*do sb's job*) ■**to ~ sth [for sb]** etw [für jdn] übernehmen; **could you ~ my shift for me tomorrow?** könnten Sie morgen meine Schicht übernehmen? ⑮ (*adopt song*) **to ~ a song** einen Song covern *fachspr,* von einem Lied eine Coverversion aufnehmen ⑯ ZOOL **to ~ an animal** ein Tier decken ▸ PHRASES: **to ~ one's back** sich absichern *fig;* **to ~ oneself with glory** sich *akk* mit Ruhm bedecken; **to ~ a multitude of sins** viel Unschönes verbergen; **to ~ one's tracks** seine Spuren verwischen **III.** *vi* **to ~ well/badly** *paint* gut/schlecht decken

◆**cover for** *vi* ■**to ~ for sb** ① (*do sb's job*) jds Arbeit *f* übernehmen ② (*make excuses*) jdn decken

◆**cover over** *vt* **the sky was ~ed over with clouds** der Himmel war mit Wolken bedeckt

◆**cover up I.** *vt* ① (*protect*) ■**to ~ up** ⊂ **sb/sth** jdn/etw bedecken; ■**to ~ oneself up** (*when naked*) sich *akk* bedecken; (*dress warmly*) sich *akk* einmummeln; **to ~ oneself up warm** sich *akk* warm anziehen ② (*hide*) ■**to ~ up** ⊂ **sth** etw verdecken; **to ~ up a spot** (*on face*) einen Pickel abdecken ③ (*keep secret*) ■**to ~ up** ⊂ **sth** etw geheim halten [*o* vertuschen] **II.** *vi* alles vertuschen; ■**to ~ up for sb** jdn decken

cov·er·age ['kʌvᵊrɪdʒ] *n no pl* ① (*reporting*) Berichterstattung *f;* **election/sports ~** Wahl-/Sportberichterstattung *f;* **to receive a lot of media ~** ein großes Medienecho erhalten; **television ~ of an event** TV-Berichterstattung *f* über ein Ereignis ② (*dealing with*) Behandlung *f;* **to give comprehensive ~ of sth** etw ausführlich behandeln ③ AM (*insurance*) Versicherungsschutz *m,* Deckung *f*

'cov·er·alls *npl* AM Overall *m* **'cov·er boy** *n* Coverboy *m,* Mann *m* auf dem Titelblatt **'cov·er charge** *n* (*in a restaurant*) Kosten *pl* für das Gedeck; (*in a nightclub*) Eintritt *m*

cov·ered ['kʌvəd, AM -ɚd] *adj inv* ① (*roofed over*) überdacht; **~ waggon** Planwagen *m* ② (*insured*) versichert

'cov·er girl *n* Covergirl *nt,* Titelblattmädchen *nt*

cov·er·ing ['kʌvᵊrɪŋ, AM -ɚ-] **I.** *n* Bedeckung *f;* **floor ~** Bodenbelag *m;* **a light ~ of snow** eine dünne Schneeschicht; **to put a fresh ~ on a wound** eine Wunde frisch verbinden **II.** *adj attr* MIL Deckungs-, Schutz-; **~ fire** Feuerschutz *m*

cov·er·ing 'let·ter *n* BRIT Begleitbrief *m* **'cov·er·ing note** *n* BRIT Begleitschreiben *nt*

cov·er·let ['kʌvələt, AM -ɚ-] *n* Tagesdecke *f*

'cov·er let·ter *n* AM, AUS (*covering letter*) Begleitbrief *m* **'cov·er mod·el** *n* Covermodel *nt* (*auf dem Titelblatt einer Zeitschrift abgebildetes Model*) **'cov·er note** *n* AM, AUS (*covering note*) Begleitschreiben *nt* **'cov·er sto·ry** *n* Coverstory *f,* Titelgeschichte *f*

cov·ert I. *adj* ['kʌvət, AM 'koʊvɜːrt] verdeckt, geheim; **~ glance** verstohlener Blick **II.** *n* ['kʌvət, AM -vɚt] Dickicht *nt kein pl,* Unterholz *nt kein pl*

cov·ert·ly ['kʌvətli, AM 'koʊvɜːrt-] *adv* verdeckt, geheim; **to operate ~** im Geheimen operieren

'cov·er-up ['kʌvərʌp, AM -vɚ-] *n* Vertuschung *f;* **there was a ~** die Sache wurde vertuscht

'cov·er ver·sion *n* Coverversion *f*

cov·et ['kʌvɪt] *vt* ■**to ~ sth/sb** etw/jdn begehren

cov·et·able ['kʌvɪtəbl̩, AM -t̬-] *adj* begehrenswert

cov·et·ed ['kʌvɪtɪd, AM -t̬-] *adj* begehrt; **highly ~** äußerst begehrt

cov·et·ous ['kʌvɪtəs, AM -t̬-] *adj* begehrlich; **to cast ~ eyes on sth** begehrliche Blicke auf etw *akk* werfen; ■**to be ~ of sth** etw begehren; (*envious*) auf etw *akk* neidisch sein

cov·et·ous·ly ['kʌvɪtəsli, AM -t̬-] *adv* begehrlich; **to look/glance ~** begehrlich blicken

cov·et·ous·ness ['kʌvɪtəsnəs, AM -t̬-] *n no pl* Begierde *f* (**of** nach +*dat*); (*envy*) Neid *m* (**of** auf +*dat*); (*greed*) Habgier *f* (**of** nach +*dat*); REL **~ is one on the seven deadly sins** Geiz ist eine der sieben Todsünden

C

cow¹ [kaʊ] *n* ① (*female ox*) Kuh *f;* **a herd of ~s** eine Kuhherde ② (*female mammal*) Weibchen *nt;* **elephant ~** Elefantenkuh *f* ③ BRIT (*pej sl: stupid woman*) Kuh *f pej;* **stupid ~** dumme Kuh *pej;* AM (*pej fam: fat woman*) Fettsack *m* ④ AUS (*fam: unpleasant thing*) **it's been a ~ of a day** das war ein blöder Tag; **a ~ of a job** ein Mistjob *m pej fam;* **a ~ of a trip** eine furchtbare Reise; **a fair ~** eine echte Dreckarbeit *fam* ▸ PHRASES: **until/till the ~s come home** bis in alle Ewigkeit; **to have a ~** AM (*fam*) ausrasten *fam*

cow² [kaʊ] *vt* ■**to ~ sb** jdn einschüchtern; ■**to be ~ed by sb/sth** durch jdn/etw eingeschüchtert werden; **they refused to be ~ed into submission by the army** sie ließen sich von den Militärkräften nicht in die Knie zwingen

cow·ard ['kaʊəd, AM -ɚd] *n* Feigling *m;* **to be a miserable/terrible ~** ein elender/schrecklicher Feigling sein; **to be a moral ~** ein Duckmäuser sein *pej,* keine Zivilcourage haben; **to brand sb [as] a ~** jdn als Feigling hinstellen

cow·ard·ice ['kaʊədɪs, AM -ɚd-] *n no pl,* **cow·ard·li·ness** ['kaʊədlɪnəs, AM -ɚd-] *n no pl* Feigheit *f;* **an act of [pure] ~** eine feige Tat; **moral ~** Duckmäuserei *f pej*

cow·ard·ly ['kaʊədli, AM -ɚd-] *adj* ① (*fearful*) feige; ■**to be ~** feige sein, sich *akk* feige verhalten ② (*mean*) feige; **a ~ attack** ein gemeiner [*o* hinterhältiger] Überfall

'cow·bell *n* Kuhglocke *f* **'cow·boy I.** *n* ① (*cattle hand*) Cowboy *m;* **to play ~s and Indians** ≈ Räuber und Gendarm spielen ② (*fam: dishonest tradesperson*) Pfuscher(in) *m(f) pej* **II.** *n modifier* (*boots, clothes, hat, music*) Cowboy-; **~ film** [*or* **movie**] Cowboyfilm *m,* Western *m* **'cow·cake** *n* AM Kuhfladen *m* **'cow·catch·er** *n* AM RAIL Schienenräumer *m* **'cow chip** *n* AM getrockneter Kuhfladen **'cow·dung** *n no pl* Kuhdung *m*

cow·er ['kaʊəʳ, AM -ɚ] *vi* kauern; **to ~ behind sb/sth** sich *akk* hinter jdn/etw ducken

'cow·girl *n* Cowgirl *nt* **'cow·hand** *n,* **'cow·herd** *n* Kuhhirt(in) *m(f),* Rinderhirt(in) *m(f)* **'cow·hide I.** *n no pl* Rindsleder *nt* **II.** *n modifier* (*boots, jacket, saddle*) Rindsleder-, rindsledern; **~ waistcoat** Rindslederweste *f*

cowl [kaʊl] *n* ① (*hood*) Kapuze *f* ② (*on chimney*) Schornsteinkappe *f* ③ (*engine hood*) Motorhaube *f*

cow·lick ['kaʊlɪk] *n* (*fam*) [Haar]tolle *f*

cowl·ing ['kaʊlɪŋ] *n* AVIAT Motorhaube *f*

'cow·man *n* ① (*cowherd*) Rinderhirt *m,* Kuhhirt *m* ② AUS (*farm manager*) Rinderfarmer *m*

co-work·er [ˌkəʊ'wɜːkəʳ, AM ˌkoʊ'wɜːrkɚ] *n* Mitarbeiter(in) *m(f);* (*colleague*) Kollege, -in *m, f*

'cow pars·ley *n no pl* BOT Bärenklau *m* **'cow·pat** *n* BRIT Kuhfladen *m* **'cow·pox** *n no pl* Kuhpocken *pl*

cow·rie, cow·ry ['kaʊri] *n* Kauri *m o f;* **~ shell** Kaurimuschel *f*

co-write <-wrote, -written> ['kəʊˌraɪt, AM 'koʊˌ-] *vt* ■**to ~ sth [with sb]** etw [mit jdm] gemeinsam schreiben

co-writ·er ['kəʊˌraɪtəʳ, AM 'koʊˌraɪt̬ɚ] *n* Co-Autor(in) *m(f),* Mitautor(in) *m(f)*

'cow·shed *n* Kuhstall *m* **'cow·slip** *n* ① BRIT (*primrose*) Schlüsselblume *f* ② AM (*marsh marigold*) Sumpfdotterblume *f*

cox [kɒks, AM kɑːks] **I.** *n* Steuermann *m* (*beim Rudern*) **II.** *vi* [ein Ruderboot] steuern **III.** *vt* **to ~ a rowing boat** ein Ruderboot steuern

cox·comb ['kɒkskəʊm, AM 'kɑːkskoʊm] *n* (*dated*) Geck *m veraltet*

cox·swain ['kɒksᵊn, AM 'kɑːk-] *n* (*form*) Steuermann *m* (*beim Rudern*)
coy [kɔɪ] *adj* ❶ (*secretive*) geheimnistuerisch, verhalten; ■**to be ~ about sth** aus etw *dat* ein Geheimnis machen ❷ (*pretending to be shy*) geziert; **come on, don't be so ~** komm, zier dich nicht so; **a ~ glance** ein [gespielt] unschuldiger Blick
coy·ly ['kɔɪli] *adv* ❶ (*secretively*) geheimnistuerisch, verhalten ❷ (*flirtatiously*) mit gespielter Unschuld; **she smiled ~** sie lächelte kokett
coy·ness ['kɔɪnəs] *n no pl* ❶ (*secretiveness*) Zurückhaltung *f*; **without a hint of ~** ganz ohne Vorbehalt, völlig offen ❷ (*flirtatiousness*) Koketterie *f*
coy·ote [kɔɪ'əʊti, AM kaɪ'oʊṭi] *n* ❶ (*animal*) Koyote *m* ❷ AM (*fam: in illegal immigration*) Schlepper *m*
coy·pu <*pl* -s *or* -> ['kɔɪpuː] *n* Fischotter *m*, Nutria *f fachspr*
cozi·ly *adv* AM *see* **cosily**
cozy *adj* AM *see* **cosy**
◆**cozy up** *vi* AM (*fam*) ■**to ~ up to sb** sich *akk* bei jdm einschmeicheln *pej*
coz·zie ['kɒzi] *n* BRIT, AUS (*fam*) *short for* **swimming costume** Badeanzug *m*
CPU [ˌsiːpiː'juː] *n* COMPUT *abbrev of* **central processing unit** CPU *f*
crab¹ [kræb] **I.** *n* ❶ (*sea animal*) Krebs *m* ❷ *no pl* (*meat*) Krebsfleisch *nt*; **dressed ~** in der Schale angerichtetes Krebsfleisch ❸ ASTROL ■**the C~** (*Cancer*) Krebs *m*; **to be born under the C~** im Sternzeichen Krebs geboren sein ❹ (*tree*) Holzapfelbaum *m* ❺ (*sour apple*) Holzapfel *m* ❻ AM (*fam: person*) Nörgler(in) *m(f)*, Griesgram *m pej* ▶PHRASES: **to <u>catch</u> a ~** SPORTS einen Krebs fangen **II.** *n modifier* Krebs-; **~ meat** Krebsfleisch *nt*; **~ salad** Krebscocktail *m*
crab² <-bb-> [kræb] *vi* (*fam*) nörgeln; ■**to ~ about sth** über etw *akk* nörgeln; **he can always find something to ~ about** er hat immer etwas auszusetzen
'crab ap·ple *n* ❶ (*tree*) Holzapfelbaum *m* ❷ (*fruit*) Holzapfel *m* **'crab-ap·ple tree** *n* Holzapfelbaum *m*
crab·bed [kræbd] *adj* ❶ (*too close together*) **~ writing** enge Schrift ❷ (*bad-tempered*) mürrisch, griesgrämig
crab·bi·ly ['kræbɪli] *adv* (*fam*) nörglerisch
crab·bi·ness ['kræbɪnəs] *n no pl* (*fam*) Nörgelei *f*
crab·by ['kræbi] *adj* (*fam*) nörglerisch
'crab·grass *n no pl* AM Fingerhirse *f* **'crab louse** *n* Filzlaus *f*
crabs [kræbz] *npl* Filzläuse *fpl*
'crab·wise *adv* seitwärts
crack [kræk] **I.** *n* ❶ (*fissure*) Riss *m*; **there was a ~ in the teacup** die Teetasse hatte einen Sprung; (*fig*) **~s began to show in his facade of self-confidence** in seinem aufgesetzten Selbstbewusstsein wurden Sprünge sichtbar; **hairline ~** Haarriss *m* ❷ (*narrow space*) Ritze *f*, Spalt *m*; **to open a door/window [just] a ~** eine Tür/ein Fenster [nur] einen Spalt öffnen ❸ (*sharp noise*) *of a breaking branch* Knacken *nt kein pl*; *of breaking ice* Krachen *nt kein pl*; *of a rifle* Knall *m*; **a loud ~ of thunder** ein lautes Donnerkrachen ❹ (*sharp blow*) Schlag *m*; **to give sb a ~ over the head** jdm eins überziehen [*o* über den Schädel geben] ❺ *no pl* (*illegal drug*) Crack *nt o m*; **~ house** (*fam*) Drogentreffpunkt *m* ❻ (*joke*) Witz *m*; **a cheap ~** ein schlechter Witz; **to make a ~ about sth** einen Witz über etw *akk* reißen ❼ (*fam: attempt*) Versuch *m*; **it was her first ~ at [beating] the world record** es war ihr erster Versuch, den Weltrekord einzustellen; **to have a ~ at sth** [*or* **to give sth a ~**] etw [aus]probieren ▶PHRASES: **at the ~ of <u>dawn</u>** im Morgengrauen; **the ~ of <u>doom</u>** der Jüngste Tag; **to get/have a fair ~ of the <u>whip</u>** BRIT eine [echte] Chance bekommen/haben **II.** *adj attr, inv* erstklassig, Super- *fam*; **~ marksman** Meisterschütze *m*; **~ shot** Meisterschütze, -in *m, f*; **~ regiment** Eliteregiment *nt* **III.** *vt* ❶ (*break*) **to ~ a cup/glass/window** einen Sprung in eine Tasse/ein Glas/eine Fensterscheibe machen ❷ (*open*) ■**to ~ sth [open]** [*or* **to ~ [open] sth**] etw aufbrechen; **come round and we'll ~ [open] a bottle together** komm doch vorbei, dann machen wir eine Flasche auf; **to ~ an egg** ein Ei aufschlagen; **to ~ nuts** Nüsse knacken; **to ~ [open] a safe** (*fam*) einen Safe knacken *fam* ❸ (*solve*) **I've ~ed it!** ich hab's!; **to ~ a code/problem** einen Code/ein Problem knacken *fam* ❹ (*hit*) **to ~ sb on** [*or* **over**] **the head** jdm eins auf/über den Schädel geben; **to ~ one's head/elbow on sth** sich *dat* den Kopf/Ellbogen an etw *dat* anschlagen ❺ (*make noise*) **to ~ one's knuckles** mit den Fingern knacken; **to ~ a whip** mit einer Peitsche knallen ▶PHRASES: **to ~ a <u>joke</u>** einen Witz reißen *fam*; **to ~ the <u>whip</u>** ein strengeres Regiment aufziehen **IV.** *vi* ❶ (*break*) [zer]brechen, zerspringen; *lips, paintwork* aufspringen, rissig werden ❷ (*fam: break down*) zusammenbrechen; *relationship* zerbrechen; *facade* abbröckeln ❸ (*break down*) zusammenbrechen; **his voice ~d with emotion** seine Stimme versagte vor Rührung; **to ~ during interrogation** beim Verhör zusammenbrechen; **to ~ under pressure of work** unter der Arbeitslast zusammenbrechen ❹ (*make noise*) *breaking ice, thunder* krachen; *breaking branch* knacken; *shot, whip* knallen ▶PHRASES: **to <u>get</u> ~ing** (*fam*) loslegen *fam*; **I'd better get ~ing on writing these letters** ich sollte mich endlich mal dranmachen, diese Briefe zu schreiben; **get ~ing or we'll miss the train** jetzt aber los, sonst verpassen wir den Zug
◆**crack down** *vi* ■**to ~ down [on sb/sth]** [gegen jdn/etw] hart vorgehen [*o* energisch durchgreifen]
crack into *vi* (*fam*) **to ~ into a market** in einen Markt vordringen
◆**crack on** *vi* BRIT (*fam*) ■**to ~ on with sth** mit etw *dat* weitermachen
◆**crack up I.** *vi* (*fam*) ❶ (*find sth hilarious*) lachen müssen ❷ (*have nervous breakdown*) zusammenbrechen; (*go crazy*) durchdrehen *fam*, überschnappen *fam* **II.** *vt* ❶ (*assert*) ■**to ~ sth up to be sth** etw als etw *akk* herausstellen; **they're always ~ing it up to be the best but I'm not so sure** es wird immer in den Himmel gelobt, aber ich habe so meine Bedenken; **this new washing powder is not all it's ~ed up to be** das neue Waschpulver hält nicht alles, was es verspricht ❷ (*amuse*) ■**sth ~s sb up** etw bringt jdn zum Lachen; **every time I see her wearing that hat it ~s me up** jedes Mal wenn ich sie mit diesem Hut sehe, könnte ich mich kaputtlachen
crack·brained *adj* (*fam*) bescheuert *fam*, bekloppt *fam* **'crack·down** *n* scharfes Vorgehen (**on** gegen +*akk*)
cracked [krækt] *adj* ❶ (*having cracks*) rissig; **a ~ cup/glass** eine gesprungene Tasse/ein gesprungenes Glas; **~ lips** aufgesprungene Lippen ❷ *pred* (*fam: crazy*) verrückt, bescheuert *fam*
cracked 'wheat *n no pl* Weizengrütze *f*, Bulgur *m*
crack·er ['krækəʳ, AM -ɚ] *n* ❶ (*dry biscuit*) Kräcker *m* ❷ (*firework*) Kracher *m*; (*paper tube*) Knallbonbon *nt*; **to pull a ~** ein Knallbonbon aufziehen ❸ BRIT (*fam: excellent thing*) Knüller *m*; **the horse ran a ~ of a race** das Pferd lief ein Superrennen *fam* ❹ BRIT (*fam: attractive woman*) tolle Frau *fam*; **she's a real ~** sie ist einfach umwerfend ❺ AM (*pej!: Black English: white person*) Weiße(r) *f(m)*
crack·er·jack ['krækədʒæk, AM 'krækɚ-] *adj* (*dated*) ausgezeichnet, fantastisch
crack·ers ['krækəz, AM -ɚz] *adj pred* (*fam*) verrückt, bescheuert *fam*
'crack head *n* (*sl: cocaine addict*) Kokser(in) *m(f) fam*, Giftler *m sl*
crack·ing ['krækɪŋ] *adj* BRIT (*fam*) ❶ (*excellent*) toll *fam*, super *sl*; **to be in ~ form** in Topform sein ❷ (*very fast*) **at a ~ pace** in einem atemberaubenden Tempo, mit einem Affenzahn *fam*
crack·le ['krækl̩] **I.** *vi paper* knistern; *telephone line* knacken; **the logs ~d in the fireplace** das Kaminfeuer prasselte vor sich hin; (*fig*) **the atmosphere ~d with tension** die Atmo-

sphäre knisterte vor Spannung **II.** *vt* ■**to ~ sth** mit etw *dat* knistern **III.** *n* (*on a telephone line, radio*) Knacken *nt kein pl; of paper* Knistern *nt kein pl; of fire also* Prasseln *nt kein pl*

crack·ling ['krækḷɪŋ] *n* ❶ *no pl of paper* Knistern *nt;* (*of fire also*) Prasseln *nt;* (*on the radio*) Knacken *nt* ❷ (*pork skin*) [Braten]kruste *f*

crack·ly ['krækḷi] *adj voice* brüchig; *telephone line* gestört; **the phone line was very ~** in der Telefonleitung knackte es häufig

'crack·pot **I.** *n* (*fam*) Spinner(in) *m(f) fam* **II.** *adj* (*fam*) bescheuert *fam,* bekloppt *fam* **'crack-up** *n* (*fam*) Zusammenbruch *m*

cra·dle ['kreɪdḷ] **I.** *n* ❶ (*baby's bed*) Wiege *f;* **the ~ of human evolution** (*fig*) die Wiege der Menschheit; **from the ~ to the grave** von der Wiege bis zur Bahre; **to rock a ~** eine Wiege schaukeln ❷ (*framework*) Gerüst *nt* (*für Reparaturarbeiten*) ❸ BRIT (*hanging scaffold*) Hängebühne *f* ❹ (*part of telephone*) Gabel *f* ▶ PHRASES: **the hand that rocks the ~ rules the world** (*saying*) die Hand an der Wiege regiert die Welt **II.** *vt* ■**to ~ sb/sth** jdn/etw [sanft] halten; **to ~ sb's head on one's lap** jds Kopf *m* in seinen Schoß betten; **to ~ sb in luxury** (*fig*) jdn in Luxus betten

cra·dle-snatch·er *n* (*pej fam*) *Mann oder Frau mit wesentlich jüngerem Sexualpartner*

craft[1] <*pl* -> [krɑːft, AM kræft] *n* TRANSP (*ship*) Schiff *nt;* (*boat*) Boot *nt;* (*plane*) Flugzeug *nt;* (*spaceship*) Raumschiff *nt*

craft[2] [krɑːft, AM kræft] **I.** *n* ❶ (*trade*) Gewerbe *nt,* Zunft *f,* Handwerk *nt kein pl* ❷ *no pl* (*handicraft*) Handwerk *nt;* (*special skill*) Kunst *f;* **as a poet her literary ~ is unquestioned** als Dichterin steht ihr literarisches Können außer Frage; **the actor's ~** die Schauspielkunst; **the ~ of glass-blowing** die [Kunst der] Glasbläserei; **to know** [*or* **be master of**] **one's ~** sein Handwerk verstehen ❸ (*handmade objects*) ■**~s** *pl* Kunsthandwerk *nt kein pl* ❹ *no pl* (*guile*) Heimtücke *f,* Hinterlist *f* **II.** *vt usu passive* ■**to ~ sth** etw kunstvoll fertigen; **a beautifully ~ed silver brooch** eine kunstvoll gefertigte Silberbrosche; **a cleverly ~ed poem** ein geschickt verfasstes Gedicht

craft and de·'sign *n* SCH *no pl* Werken *nt,* Kunsterziehung *f* **'craft fair** *n* Kunsthandwerksmarkt *m* **'craft guild** *n* Handwerkszunft *f*

crafti·ly ['krɑːftɪli, AM 'kræft-] *adv* schlau; (*with guile*) arglistig, hinterhältig

crafti·ness ['krɑːftɪnəs, AM 'kræft-] *n no pl* Gerissenheit *f;* (*guile*) Arglist *f*

'craft shop *n* Kunstgewerbeladen *m* **'crafts·man** *n* gelernter Handwerker; **master ~** Handwerksmeister *m*

crafts·man·ship ['krɑːftsmənʃɪp, AM 'kræfts-] *n no pl* Kunstfertigkeit *f,* handwerkliches Können

'crafts·wom·an *n* gelernte Handwerkerin; **master ~** Handwerksmeisterin *f*

'craft un·ion *n* Handwerkergewerkschaft *f* **'craft·work** *n no pl* Kunsthandwerk *nt* **'craft·work·er** *n* Kunsthandwerker(in) *m(f)*

crafty ['krɑːfti, AM 'kræfti] *adj* schlau, gerissen; (*with guile*) arglistig, hinterhältig; **a ~ idea** eine pfiffige Idee

crag [kræg] *n* Felsmassiv *nt;* (*cliff*) Klippe *f*

crag·gy ['krægi] *adj* felsig; (*rough and uneven*) zerklüftet; **~ features** markante Gesichtszüge

cram <-mm-> [kræm] **I.** *vt* ■**to ~ sth in[to] sth** etw in etw *akk* stopfen; **six children were ~med into the back of the car** sechs Kinder saßen gedrängt auf dem Rücksitz des Autos; **we've got an awful lot to ~ into the next half hour** wir müssen in die nächste halbe Stunde einiges hineinpacken; **to ~ sb's head with facts** (*pej*) jdn mit Fakten überhäufen; **to ~ sth into one's mouth** sich *dat* etw in den Mund stopfen; **to ~ a sandwich down** sich *dat* ein Sandwich reinstopfen *fam* **II.** *vi* lernen, büffeln *fam,* pauken *fam;* ■**to ~ for sth** für etw *akk* lernen [*o fam* büffeln] [*o fam* pauken]

◆**cram in** *vi,* **cram into** *vi* ■**to ~ in[to] sth** sich *akk* in etw *akk* hineinzwängen [*o* hineinquetschen]

'cram-full *adj pred* voll gestopft, gerammelt [*o* bis zum Bersten] voll

crammed [kræmd] *adj* vollgestopft, gerammelt [*o* bis zum Bersten] voll *präd;* ■**to be ~ with** [*or* **full of**] **sth** bis zum Bersten [*o* gerammelt] voll mit etw *dat* sein

cram·mer ['kræməʳ, AM -ɚ] *n* ❶ (*person*) [Ein]pauker *m fam* ❷ BRIT (*dated fam: book*) Paukbuch *nt fam;* (*school*) Paukschule *f fam*

cramp [kræmp] **I.** *n* [Muskel]krampf *m;* **I have ~** [*or* AM **a ~**] **in my foot** ich habe einen Krampf im Fuß; **stomach ~s** Magenkrämpfe *mpl;* **to get ~** [*or* AM **~s**] einen Krampf bekommen **II.** *vt* ■**to ~ sb** jdn einengen [*o* beschränken] ▶ PHRASES: **to ~ sb's style** (*fam*) jdn nicht zum Zug kommen lassen

cramped [kræmpt] *adj room, house* beengt; **~ accommodation** [*or* **surroundings**] beengte Wohnverhältnisse; **a ~ schedule** [*or* **timetable**] ein voller Zeitplan; **to be [rather] ~ for space** [ziemlich] wenig Platz haben

cram·pon ['kræmpɒn, AM -pɑːn] *n* Steigeisen *nt*

cran·ber·ry ['krænbəri, AM -ˌberi] *n* Kranichbeere *f,* Cranberry *f* **cran·ber·ry 'sauce** *n* Preiselbeergelee *nt;* **baked Camembert with ~** gebackener Camembert mit Preiselbeeren

crane [kreɪn] **I.** *n* ❶ (*for lifting*) Kran *m* ❷ (*bird*) Kranich *m* **II.** *vt* **to ~ one's neck** den Hals recken **III.** *vi* ■**to ~ forward** sich *akk* vorbeugen; **she ~d over the heads of the crowd** sie streckte ihren Kopf über die Menge

'crane driv·er *n* Kranführer(in) *m(f)* **'crane fly** *n* [Erd]schnake *f*

cra·nia ['kreɪniə] *n pl of* **cranium**

cra·nial ['kreɪniəl] *adj inv* Schädel-, kranial *fachspr;* **~ fracture** Schädelfraktur *f;* **~ index** Kranialindex *m fachspr;* **~ nerves** Gehirnnerven *mpl*

cra·nio·sac·ral thera·py [ˌkreɪniə(ʊ)ˌseɪkrəl'-, AM -nioʊˌ-] *n* Kraniosakraltherapie *f*

cra·nium <*pl* -s *or* -nia> ['kreɪniəm, *pl* -niə] *n* Schädel *m*

crank[1] [kræŋk] *n* (*sl: methamphetamine*) Crank *nt*

crank[2] [kræŋk] **I.** *n* (*fam*) ❶ (*eccentric*) Spinner(in) *m(f) pej fam;* **health-food ~** Gesundheitsapostel *m pej;* **religious ~** religiöser Spinner/religiöse Spinnerin *pej* ❷ AM (*bad-tempered person*) Griesgram *m pej* **II.** *n modifier* **~ call** Juxanruf *m;* **~ caller** Juxanrufer(in) *m(f)*

crank[3] [kræŋk] **I.** *n* Kurbel *f* **II.** *vt* ■**to ~ sth** *engine, gramophone, telephone* etw ankurbeln; **to ~ a handle** eine Kurbel drehen

◆**crank out** *vt* (*fam*) ■**to ~ out** ◯ **sth** etw produzieren

◆**crank up** *vt* ❶ (*turn with crank*) ■**to ~ up** ◯ **sth** *engine, gramophone, telephone* etw ankurbeln ❷ (*fam: increase*) **to ~ up the speed/pressure** die Geschwindigkeit/den Druck erhöhen; **to ~ the volume up on the radio** das Radio lauter stellen

'crank·case *n* Kurbelgehäuse *nt* **'crank·shaft** *n* Kurbelwelle *f*

cranky ['kræŋki] *adj* (*fam*) ❶ (*eccentric*) verschroben *pej* ❷ AM, AUS (*bad-tempered*) mürrisch, übellaunig

cran·ny ['kræni] *n* Ritze *f,* Spalte *f;* **in every nook and ~, in all nooks and crannies** in allen Ecken und Winkeln, überall

crap [kræp] **I.** *vi* <-pp-> (*fam!*) kacken *derb,* scheißen *derb* **II.** *n usu sing* (*vulg*) Scheiße *f a. fig derb;* **a load of ~** ein Haufen *m* Scheiße *derb;* **to have** [*or* AM **take**] **a ~** kacken *derb,* scheißen *derb; see also* **shit III.** *adj inv* (*fam!*) mies *pej fam;* **he does ~ work** seine Arbeit ist Scheiße *pej derb*

crape *n see* **crepe**

crap·per ['kræpəʳ, AM -ɚ] *n* (*vulg*) Scheißhaus *nt derb*

crap·py ['kræpi] *adj* (*fam!*) Scheiß- *derb;* ■**to be [so] ~** [so eine] Scheiße sein *pej derb*

craps [kræps] *npl + sing vb* AM Craps *nt* (*Würfelspiel*); **to shoot ~** Craps spielen

crash [kræʃ] **I.** *n* <*pl* -es> ① (*accident*) Unfall *m;* **car** ~ Autounfall *m;* **plane** ~ Flugzeugabsturz *m* ② (*noise*) Krach *m kein pl;* ■**with a** ~ mit Getöse ③ COMM (*collapse*) Zusammenbruch *m;* **stock market** ~ Börsenkrach *m* ④ COMPUT (*failure*) Absturz *m;* **computer** ~ Computerabsturz *m* **II.** *vi* ① (*have an accident*) *driver, car* verunglücken; *plane* abstürzen; **to ~ on landing/take-off** beim Landen/Starten abstürzen ② (*hit*) ■**to ~ into sth** auf etw *akk* aufprallen ③ (*collide with*) ■**to ~ into sb/sth** mit etw/jdm zusammenstoßen; **to ~ head-on** frontal zusammenstoßen ④ (*make loud noise*) *cymbals, thunder* donnern; *door* knallen; (*move noisily*) poltern; **the dog ~ed** [*or* **came ~ing**] **through the bushes** der Hund preschte durch die Büsche; **the car ~ed through the roadblock** das Auto krachte durch die Straßensperre; **to ~** [*or* **come ~ing**] **to the ground** auf den Boden knallen; **the vase ~ed to the ground** die Vase zerschellte am Boden; ■**to ~ against sth** gegen etw *akk* knallen *fam; waves* schlagen, klatschen ⑤ COMM, STOCKEX (*collapse*) *stock market* zusammenbrechen; *company* Pleite machen *fam,* in Konkurs gehen ⑥ COMPUT (*fail*) abstürzen ⑦ (*sl: sleep*) ■**to ~** [**out**] wegtreten *fam* **III.** *vt* ① (*damage in accident*) ■**to ~ sth** etw zu Bruch fahren; **to ~ a plane** eine Bruchlandung machen ② (*make noise*) ■**to ~ sth** etw schmettern [*o* knallen]; **she ~ed the vase against the wall** sie knallte die Vase gegen die Wand ③ (*fam: gatecrash*) **to ~ a party** uneingeladen zu einer Party kommen

'crash bar·ri·er *n* BRIT, AUS Leitplanke *f* **'crash course** *n* Intensivkurs *m,* Crashkurs *m* (**in** in +*dat*) **'crash diet** *n* radikale Abmagerungskur, Crashdiät *f;* **to go on a ~** eine radikale Abmagerungskur machen **'crash hel·met** *n* Sturzhelm *m*

crash·ing ['kræʃɪŋ] *adj attr, inv* (*fam*) völlig, total; **he's a ~ bore** er ist ein totaler Langweiler

crash-'land *vi* bruchlanden, eine Bruchlandung machen

crash-'land·ing *n* Bruchlandung *f* **'crash pro·gram** AM, **'crash pro·gramme** *n* Intensivkurs *m* **crash-test dum·my** ['kræʃtest,dʌmi] *n* Dummy *m,* Autocrashpuppe *f*

crass [kræs] *adj* krass, grob; *behaviour* derb; **a ~ error of judgement** ein krasses Fehlurteil; **~ ignorance** haarsträubende Dummheit; **a ~ remark** eine grobe Bemerkung

crass·ly ['kræsli] *adv* krass, grob; **to behave ~** sich *akk* sehr rüde benehmen

crass·ness ['kræsnəs] *n no pl* Grobheit *f;* (*tactlessness*) Taktlosigkeit *f,* Mangel *m* an Feingefühl

crate [kreɪt] **I.** *n* ① (*open box*) Kiste *f;* (*for bottles*) [Getränke]kasten *m;* **a ~ of beer** ein Kasten *m* Bier; **packing ~** Versandkiste *f* ② (*hum fam: old car, plane*) Kiste *f hum fam* **II.** *vt* ■**to ~ sth** [**up**] etw in eine Kiste einpacken

cra·ter ['kreɪtəʳ, AM -t̬ɚ] **I.** *n* Krater *m;* **bomb ~** Bombentrichter *m* **II.** *vi* (*sl*) stürzen; *prices* fallen

cra·tered ['kreɪtəd, AM -t̬ɚd] *adj* mit [vielen] Kratern versehen; **the ~ surface of the moon** die Oberfläche des Mondes, die von Kratern durchsetzt ist; **the road is badly ~** die Straße hat viele Schlaglöcher

cra·vat [krə'væt] *n* Halstuch *nt* (*für Männer*)

crave [kreɪv] **I.** *vt* ■**to ~ sth** etw begehren; **to ~ attention** sich *akk* nach Aufmerksamkeit sehnen **II.** *vi* ■**to ~ for sth** sich *akk* nach etw *dat* sehnen

cra·ven ['kreɪvᵊn] *adj* feige; **a ~ coward** ein unglaublicher Feigling

crav·ing ['kreɪvɪŋ] *n* heftiges Verlangen (**for** nach +*dat*)

craw [krɔː, AM *also* krɑː] *n* BRIT (*fam*) ▸ PHRASES: **to stick in one's ~** jdm im Magen liegen *fam*

craw·fish ['krɔːfɪʃ, AM *esp* 'krɑː-] *n* ① (*freshwater crayfish*) Flusskrebs *m* ② (*spiny lobster*) Languste *f*

crawl [krɔːl, AM *esp* krɑːl] **I.** *vi* ① (*go on all fours*) krabbeln; ■**to ~ somewhere** irgendwo[hin] krabbeln ② (*move slowly*) kriechen; **to ~ down/up sth** etw hinunter-/hinaufkriechen ③ (*fam: be obsequious*) kriechen *pej;* ■**to ~** [**up**] **to sb** vor jdm kriechen *pej* ④ (*fam: be overrun*) ■**to ~** [*or* **be ~ing**] **with sth** von etw *dat* wimmeln ▸ PHRASES: **to make sb's flesh ~** jdm Übelkeit verursachen **II.** *n no pl* ① (*slow pace*) **to move at a ~** kriechen, im Schneckentempo fahren ② (*style of swimming*) Kraulen *nt kein pl;* **to do the ~** kraulen

crawl·er ['krɔːləʳ, AM 'krɑːlɚ] *n* ① (*very young child*) Krabbelkind *nt;* **to be a ~** im Krabbelalter sein ② (*pej fam: obsequious person*) Kriecher(in) *m(f) pej,* Schleimer(in) *m(f) pej fam*

'crawl·er lane *n* (*fam*) Kriechspur *f*

'crawl space *n* AM TECH Kriechboden *m;* (*for storage*) Zwischendecke *f*

cray·fish *n* ① (*in freshwater*) Flusskrebs *m* ② (*spiny lobster*) Languste *f*

cray·on ['kreɪɒn, AM -ɑːn] **I.** *n* Buntstift *m;* **wax ~s** Malkreiden *fpl* **II.** *vt* ■**to ~** [**in**] **sth** [*or* **to ~ sth** [**in**]] etw [mit Buntstift] ausmalen **III.** *vi* [mit Buntstift] malen

craze [kreɪz] *n* Mode[erscheinung] *f,* Fimmel *m pej fam;* ■**~ for sth** Begeisterung *f* für etw *akk;* **that's the latest ~** das ist der letzte Schrei

crazed [kreɪzd] *adj* wahnsinnig, verrückt; **he became ~ with jealousy** er wurde rasend vor Eifersucht

crazi·ly ['kreɪzɪli] *adv* ① (*madly*) wie verrückt ② (*at crazy angle*) schief

crazi·ness ['kreɪzɪnəs] *n no pl* Verrücktheit *f*

crazy ['kreɪzi] **I.** *adj* ① (*mad*) verrückt, wahnsinnig; **to** [**nearly**] **drive sb ~** jdn [fast] zum Wahnsinn treiben; **to go ~** verrückt werden ② (*very interested*) ■**to be ~ about sb/sth** nach jdm/etw verrückt sein; **car/football-~** verrückt nach Autos/Fußball *präd* ▸ PHRASES: **like ~** (*fam*) wie verrückt [*o* wild] *fam* **II.** *n* AM (*sl*) Irre(r) *f(m),* Verrückte(r) *f(m);* **street ~** Verrückte(r) *f(m)* auf der Straße

crazy 'pav·ing *n no pl* BRIT, AUS Mosaikpflaster *nt*

CRC [,siːɑː'siː, AM -ɑːr'-] *n abbrev of* **camera-ready copy** CRC *f*

creak [kriːk] **I.** *vi furniture* knarren; *door* quietschen; *bones* knirschen; **to ~ into action** *esp* BRIT (*fig*) langsam in Bewegung kommen, sich *akk* mühsam in Bewegung setzen **II.** *n of furniture* Knarren *nt kein pl; of bones* Knirschen *nt kein pl; of a door* Quietschen *nt kein pl*

creaki·ly ['kriːkɪli] *adv furniture* knarrend; *door* quietschend

creaki·ness ['kriːkɪnəs] *n no pl of furniture* Geknarre *nt; of a door* Gequietsche *nt; of bones* Geknirsche *nt*

creaky ['kriːki] *adj* ① (*squeaky*) *door* quietschend; *furniture* knarrend; ■**to be ~** *door* quietschen; *furniture* knarren ② (*fig: badly made*) schlecht gemacht; *plot, legal system* schwach

cream [kriːm] **I.** *n* ① *no pl* FOOD (*from milk*) Sahne *f,* Obers *nt* ÖSTERR; **strawberries/peaches and ~** Erdbeeren/Pfirsiche mit Sahne [*o* ÖSTERR Obers]; **clotted ~** BRIT *dicker Rahm von erhitzter Milch;* **double** [*or* **heavy**] **~** AM Crème double *f;* **single** [*or* **light**] **~** AM Kaffeesahne *f,* Kaffeeobers *nt* ÖSTERR ② FOOD (*soup, dessert*) Creme *f;* **~ of asparagus/mushroom soup** Spargel-/Pilzcremesuppe *f;* **salad ~** Salatcreme *f* ③ FOOD (*sweet*) **chocolate ~** Praline *f* mit Cremefüllung, Cremehütchen *nt;* **orange/peppermint ~** Praline *f* mit Orangen-/Pfefferminzfüllung ④ (*for body*) Creme *f;* **antiseptic ~** antiseptische Creme; **face/hand ~** Gesichts-/Handcreme *f* ⑤ *no pl* (*colour*) Creme *nt* ▸ PHRASES: **the ~** [AM *a.* **of the crop**] die Crème de la Crème; **the ~ of this year's graduates/American society** die Elite der diesjährigen Absolventen/der amerikanischen Gesellschaft **II.** *n modifier* (*sauce, soup*) Creme-; **~ biscuits** cremegefüllte Kekse; **~ cake** Sahnetorte *f;* **to have a peaches-and-~ complexion** eine Pfirsichhaut haben **III.** *adj inv* cremefarben **IV.** *vt* ① (*beat*) ■**to ~ sth** etw cremig rühren; **~ the butter and sugar together** die Butter mit dem Zucker schaumig rühren; **~ed potatoes** Kartoffelpüree *nt* ② (*remove cream*) **to ~ milk** Milch entrahmen ③ (*add cream*) **do you ~ your coffee?** möchten Sie Sahne in den Kaffee? ④ (*apply lotion*) ■**to ~ sth** etw eincremen ⑤ AM (*sl: beat up*) ■**to ~ sb** jdn zusammenschlagen *fam* ⑥ AM (*fam: defeat*) ■**to ~ sb** jdn schlagen [*o* besiegen]

◆**cream off** *vt* ❶ (*take the best*) ■**to ~ off** ⊂ **sth/sb** etw/jdn herauspicken ❷ (*make a profit*) ■**to ~ off** ⊂ **sth** etw absahnen *fam*

'cream cake *n* Sahnetorte *f* **cream 'cheese** *n* [Doppelrahm]frischkäse *m* **'cream-col·ored** AM, **'cream-col·oured** *adj* cremefarben **cream 'crack·er** *n* BRIT Kräcker *m* **cream de·'odor·ant** *n* Deocrem *f*

cream·er ['kri:mə^r, AM -ɚ] *n* ❶ *no pl* (*dried milk substitute*) Kaffeeweißer *m* ❷ AM, AUS (*cream jug*) Sahnekännchen *nt* ❸ (*dairy machine*) Milchschleuder *f*, Entrahmungszentrifuge *f*

cream·ery ['kri:mᵊri, AM -ɚi] *n* Molkerei *f*

creami·ness ['kri:mɪnəs] *n no pl* ❶ FOOD Cremigkeit *f*, cremige Konsistenz ❷ (*of skin*) Samtigkeit *f*

cream of 'tar·tar *n no pl* Weinstein *m* **cream 'puff** *n* AM ❶ (*pastry*) Windbeutel *m* ❷ (*fig: wimpy man*) Weichei *nt* **cream 'sher·ry** *n no pl* süßer Sherry **cream 'soda** *n* AM *Softdrink mit Vanillegeschmack* **cream 'tea** *n* BRIT *Tee mit Scones, Marmelade und Sahne*

creamy ['kri:mi] *adj* ❶ (*smooth and rich*) cremig, sahnig ❷ (*smooth*) ~ **skin** samtweiche [*o* samtige] Haut ❸ (*off-white*) cremefarben

crease [kri:s] **I.** *n* ❶ (*fold*) [Bügel]falte *f*; *of a book* Eselsohr *nt*; *of a hat* Kniff *m* ❷ (*in cricket*) Spielfeldlinie *f* **II.** *vt* (*wrinkle*) ■**to ~ sth** [**up**] etw zerknittern **III.** *vi* knittern

◆**crease up** BRIT **I.** *vi* (*fam*) sich *akk* vor Lachen kugeln **II.** *vt* (*fam*) ■**to ~ sb up** jdn zum Lachen bringen

'crease-re·sist·ant *adj* bügelfrei, knitterfrei

cre·ate [kri'eɪt] **I.** *vt* ❶ (*make*) ■**to ~ sth** etw erschaffen [*o geh* kreieren]; **who ~d the world?** wer hat die Welt erschaffen? ❷ (*cause*) ■**to ~ sth** etw erzeugen [*o* produzieren]; **unemployment ~s many social problems** durch die Arbeitslosigkeit entstehen viele soziale Probleme; **to ~ confusion** Unruhe stiften; **to ~ an impression** einen Eindruck erwecken; **to ~ a precedent** einen Präzedenzfall schaffen; **to ~ a sensation** Aufsehen erregen ❸ (*form: give title*) **he was ~ed first Earl of Cheshunt** er wurde zum ersten Earl von Cheshunt ernannt **II.** *vi* BRIT, AUS (*fam*) eine Szene machen *fam*

crea·tion [kri'eɪʃᵊn] *n* ❶ *no pl* (*making*) [Er]schaffung *f*; (*founding*) Gründung *f*; **job/wealth ~** Schaffung *f* neuer Jobs/von Wohlstand ❷ (*product*) Produkt *nt*, Erzeugnis *nt*; FASHION Kreation *f*; (*of arts also*) Werk *nt*; **the ~ of a diseased mind** das Produkt eines kranken Gehirns; **the latest ~s from Paris** die neuesten Kreationen aus Paris ❸ *no pl* REL ■**the C~** die Schöpfung ❹ *no pl* (*the world*) die Welt [*o* Schöpfung]; **the wonders of ~** die Wunder der Schöpfung [*o* des Lebens]

crea·tion·ism [kri'eɪʃᵊnɪzᵊm] *n no pl Lehre von der Weltschöpfung durch einen allmächtigen Schöpfer*

crea·tion·ist [kri'eɪʃᵊnɪst] *n jd, der den biblischen Bericht von der Erschaffung der Welt wörtlich nimmt*

crea·tive [kri'eɪtɪv, AM -t̬-] *adj* kreativ, schöpferisch; ~ **ability** [*or* **talent**] Kreativität *f*; ~ **imagination** lebhafte Fantasie; ~ **powers** kreative Kräfte

crea·tive ac·'count·ing *n no pl* (*fam*) kreative Buchführung

crea·tive di·'rect·or *n* Kreativdirektor(in) *m(f)*

crea·tive·ly [kri'eɪtɪvli, AM -t̬-] *adv* kreativ, schöpferisch, einfallsreich

crea·tive·ness [kri'eɪtɪvnəs, AM -t̬-] *n no pl*, **crea·tiv·ity** [ˌkri:eɪ'tɪvəti, AM -əti] *n no pl* Kreativität *f*

crea·tive 'writ·ing *n no pl* kreatives Schreiben

crea·tor [kri'eɪtə^r, AM -t̬ɚ] *n* Schöpfer(in) *m(f)*; ■**the C~** der Schöpfer, Gott *m*

crea·ture ['kri:tʃə^r, AM -ɚ] *n* ❶ (*being*) Kreatur *f*, Lebewesen *nt*; ~ **from outer space** außerirdisches Wesen; **living ~s** Lebewesen *ntpl*; **mythical ~** mythologisches Wesen ❷ (*person*) Kreatur *f*, Geschöpf *nt*; **John is a weak ~** John ist ein Schwächling; **you heartless ~!** du herzlose Kreatur!; **a lovely ~** ein wunderbares Geschöpf ❸ (*pawn*) Werkzeug *nt*; **to be a ~ of habit** ein Gewohnheitstier sein

crea·ture 'com·forts *npl* (*fam*) leibliche Genüsse, leibliches Wohl

crèche [kreʃ] *n* ❶ BRIT, AUS (*nursery*) Kinderkrippe *f* ❷ AM (*for foundlings*) Waisenhaus *nt*

cred [kred] *n no pl* BRIT (*fam*) *short for* **credibility** Glaubwürdigkeit *f*; [**street**] ~ Anerkennung *f* bei Altersgenossen

cre·dence ['kri:dᵊn(t)s] *n no pl* (*form*) Glaube *m*; **to add** [*or* **lend**] ~ **to sth** etw glaubwürdig machen; **to give** [*or* **attach**] ~ **to sth** etw *dat* Glauben schenken

cre·den·tial [krɪ'den(t)ʃᵊl] *vt* AM ■**to ~ sb** jdn zulassen

cre·den·tials [krɪ'den(t)ʃᵊlz] *npl* ❶ (*letter of introduction*) Empfehlungsschreiben *nt*, Referenzen *fpl*; (*for ambassador*) Beglaubigungsschreiben *nt*; **to present one's ~** sein Empfehlungsschreiben vorlegen ❷ (*qualifications*) Qualifikation *f*; **to establish one's ~** sich einen Ruf machen ❸ (*documents*) Zeugnisse *ntpl*

cred·ibil·ity [ˌkredə'bɪləti, AM -əti] *n no pl* Glaubwürdigkeit *f*; **to lose ~** die Glaubwürdigkeit verlieren

cred·i'bil·ity gap *n* Unterschied *m* (*zwischen Versprechen und Handlungen*)

cred·ible ['kredəbl̩] *adj* glaubwürdig; **it's barely ~ that ...** es ist kaum zu glauben, dass ...

cred·ibly ['kredəbli] *adv* glaubwürdig

cred·it ['kredɪt] **I.** *n* ❶ *no pl* (*praise*) Ehre *f*; (*recognition*) Anerkennung *f*; (*standing*) Ansehen *nt*; **all ~ to her for not telling on us** alle Achtung, dass sie uns nicht verraten hat!; **to her** [**great**] **~, she admitted she was wrong** man muss es ihr hoch anrechnen, dass sie ihren Fehler zugegeben hat; **she has a family, three books and a professorship to her ~** sie hat eine Familie, drei Bücher und eine Professur auf ihrer Habenseite zu verbuchen; **to be a ~ to sb/sth** [*or* **to do sb/sth ~**] jdm/etw Ehre machen; **to claim ~** [**for sth**] [für etw *akk*] Anerkennung beanspruchen; **to gain ~** an Ansehen gewinnen; **to get ~ for sth** für etw *akk* Anerkennung bekommen; **to give sb ~ for sth** jdm für etw *akk* Anerkennung zollen *geh*; **I gave him ~ for better judgement than he showed** ich hätte ihm ein besseres Urteilsvermögen zugetraut; **to give ~ to sth** einer S. *dat* Glauben schenken; **to take** [**the**] **~** [**for sth**] die [ganzen] Lorbeeren [für etw *akk*] einheimsen *fam*, es sich *dat* als Verdienst anrechnen, etw getan zu haben ❷ *no pl* COMM Kredit *m*; **to buy/sell sth on ~** etw auf Kredit [*o fam* Pump] kaufen/gegen Kredit verkaufen; **to give** [**sb**] **~** [jdm] Kredit geben; **to live on ~** auf Pump leben *fam*; **to offer ~ on sth** auf etw *akk* Kredit bieten ❸ FIN Haben *nt*; **account in ~** positives Konto; **~ column** Guthabenspalte *f*; **debit**[**s**] **and ~**[**s**] Soll *nt* und Haben *nt*; **~ entry** Gutschrift *f*; **letter of ~** Akkreditiv *nt*, Kreditbrief *m*; **tax ~** Steuergutschrift *f*; **to be in ~** *esp* BRIT im Haben [*o* Plus] sein ❹ SCH Schein *m* ❺ ■**~s** *pl* FILM, TV Abspann *m*; **to roll the ~s** den Abspann loslassen ►PHRASES: [**to give**] **~ where ~'s due** (*saying*) Ehre, wem Ehre gebührt *prov* **II.** *vt* ❶ (*give money to*) **to ~ sb/an account with a sum** [*or* **to ~ a sum to sb/an account**] jdm/einem Konto einen Betrag gutschreiben ❷ (*believe*) ■**to ~ sth** etw glauben; **would you ~ it?!** ist das zu glauben?!; **her excuse took some ~ing** ihre Entschuldigung war ziemlich unglaubwürdig; ■**to ~ sb with sth** jdm etw zutrauen; ■**to ~ sth with sth** etw *dat* etw zuschreiben

cred·it·able ['kredɪtəbl̩, AM -t̬ə-] *adj action, effort* ehrenwert, rühmlich; *victory, defeat* verdient; **our team came in a ~ third** unsere Mannschaft kam auf einen verdienten dritten Platz

'cred·it ac·count *n* BRIT Kundenkreditkonto *nt*; **to open a ~** ein Kundenkreditkonto eröffnen **'cred·it agency** *n* Kreditauskunftei *f*, ≈ Schufa *f* (*in Deutschland: Schutzgemeinschaft für allgemeine Kreditsicherung*) **'cred·it bal·ance** *n usu sing* Guthaben *nt* **'cred·it card** *n* Kreditkarte *f* **'cred·it crunch** *n* AM (*credit squeeze*) Kreditrestriktion *f fachspr*, Kreditdrosselung *f fachspr* **'cred·it lim·it** *n* Kredit[höchst]grenze *f* **'cred·it**

line *n* ❶ (*acknowledgement of origin*) Quellenangabe *f* ❷ FIN Kreditrahmen *m;* **to establish** [*or* **open up**] **a ~ with a bank** einen Kreditrahmen mit einer Bank vereinbaren **'cred·it note** *n* BRIT, AUS Gutschrift *f*

credi·tor ['kredɪtəʳ, AM -t̬ɚ] *n* Gläubiger(in) *m(f)*, Kreditor(in) *m(f) fachspr*

'cred·it rat·ing *n* Kreditwürdigkeit *f kein pl* **'cred·it side** *n* Habenseite *f* **'cred·it squeeze** *n* BRIT, AUS Kreditrestriktion *f fachspr,* Kreditdrosselung *f fachspr* **'cred·it terms** *npl* Kreditbedingungen *fpl* **'cred·it un·ion** *n* Kreditgenossenschaft *f* **'cred·itwor·thy** *adj* kreditwürdig

cre·do ['kreɪdəʊ, AM 'kri:doʊ] *n* Überzeugung *f,* Kredo *nt geh;* ■**the C~** REL das Glaubensbekenntnis [*o* Kredo]

cre·du·lity [krə'dju:ləti, AM -'du:lət̬i, -'dju:-] *n no pl* (*form*) Leichtgläubigkeit *f;* (*trustingness*) Gutgläubigkeit *f;* **to stretch** [*or* **strain**] **sb's ~** jds Vertrauen auf die Probe stellen

credu·lous ['kredjʊləs, AM 'kredʒə] *adj* (*form*) leichtgläubig; (*trusting*) gutgläubig

credu·lous·ness ['kredjʊləsnəs, AM 'kredʒə-] *n no pl* (*form*) Leichtgläubigkeit *f;* (*trustingness*) Gutgläubigkeit *f; see* **credulity**

creed [kri:d] *n* Überzeugung *f,* Kredo *nt geh;* ■**the C~** REL das Glaubensbekenntnis [*o* Kredo]

creek [kri:k] *n* ❶ BRIT (*coastal inlet*) kleine Bucht; (*narrow waterway*) Wasserlauf *m* ❷ AM, AUS (*stream*) Bach *m;* (*tributary*) Nebenfluss *m* ►PHRASES: **to be up the ~** [**without a paddle**] (*fam*) in der Patsche sitzen *fam*

creel [kri:l] *n* Fischkorb *m*

creep [kri:p] **I.** *n* (*fam*) ❶ (*unpleasant person*) Mistkerl *m fam* ❷ (*unpleasant feeling*) ■**the ~s** *pl* das Gruseln *kein pl;* **I get the ~s when ...** es gruselt mich immer, wenn ...; **that gives me the ~s** das ist mir nicht ganz geheuer **II.** *vi* <crept, crept> ❶ (*move*) kriechen; *water level* steigen; ■**to ~ along** [dahin]kriechen; **the traffic was ~ing along at a snail's pace** der Verkehr bewegte sich im Schneckentempo voran; ■**to ~ into sth** in etw *akk* kriechen; (*fig*) **doubts began to ~ into people's minds** den Menschen kamen langsam Zweifel; ■**to ~ through sth** durch etw *akk* kriechen ❷ (*fig liter*) **tiredness crept over her** die Müdigkeit überkam sie

◆**creep in** *vi* sich *akk* hineinschleichen [*o* hereinschleichen]; (*fig*) *doubts, mistakes* einschleichen

◆**creep out** *vi* sich *akk* hinausschleichen

◆**creep up** *vi* ❶ (*increase steadily*) [an]steigen; *prices also* in die Höhe klettern ❷ (*sneak up on*) ■**to ~ up behind** [*or* **on**] **sb** sich *akk* an jdn anschleichen; (*fig*) **a feeling of drowsiness slowly crept up on her** ein Gefühl der Benommenheit überkam sie langsam; **old age is ~ing up on me** ich merke, dass ich langsam älter werde

creep·er ['kri:pəʳ, AM -ɚ] *n* BOT (*along ground*) Kriechgewächs *nt;* (*up a wall*) Kletterpflanze *f*

creep·ing ['kri:pɪŋ] *adj attr, inv* (*a. fig*) schleichend; **~ inflation/paralysis** schleichende Inflation/Lähmung

'creep·ing plant *n* (*along ground*) Kriechgewächs *nt;* (*up a wall*) Kletterpflanze *f*

creepy ['kri:pi] *adj* (*fam*) grus[e]lig, schaurig

creepy 'crawlie [-'krɔ:li, AM -'kra:-] *n* AUS Bodenabsauggerät *nt* (*für den Swimmingpool*) **creepy-'crawly** *n* (*fam or esp childspeak*) Krabbeltier *nt fam*

cre·mate [krɪ'meɪt, AM 'kri:meɪt] *vt* ■**to ~ sb** jdn verbrennen [*o* einäschern]

cre·ma·tion [krɪ'meɪʃᵊn] *n* Einäscherung *f,* [Leichen]verbrennung *f*

crema·to·rium <*pl* -s *or* -ria> [ˌkremə'tɔ:riəm, AM ˌkri:mə'tɔ:r-, *pl* -riə] *n* Krematorium *nt*

crema·tory ['kremətᵊri, AM 'kri:mətɔ:ri] **I.** *n* AM (*crematorium*) Krematorium *nt* **II.** *adj* Verbrennungs-; **~ tradition** Brauch *m* der Einäscherung

crème de menthe [ˌkremdə'mɑ̃(n)θ, AM -'mɑ:nt] *n* Crème de menthe *f* **crème fraîche** [ˌkrem'freɪʃ] *n* Crème fraîche *f*

Cre·ole ['kri:əʊl, AM -oʊl] **I.** *n* ❶ (*person*) Kreole, -in *m, f* ❷ (*language*) Kreolisch *nt kein pl* **II.** *adj* kreolisch

creo·sote ['kriəsəʊt, AM -sɔʊt] *n no pl* ❶ (*wood preservative*) Teeröl *nt* ❷ (*antiseptic*) Kreosot *nt*

crêpe [kreɪp] *n* ❶ (*fabric*) Krepp *m* ❷ FOOD Crêpe *f* ❸ (*rubber*) Kreppgummi *m;* **~-soled shoes** Schuhe *mpl* mit Kreppsohle

crêpe 'pa·per *n* Krepppapier *nt*

crêpe·rie ['kreɪpəri, krep-] *n* FOOD Crêperie *f*

crept [krept] *pp, pt of* **creep**

cre·scen·do [krɪ'ʃendəʊ, AM -doʊ] **I.** *n* ❶ MUS Crescendo *nt* ❷ (*fig*) Anstieg *m;* **a rising ~ of criticism/violence** ein steter Anstieg der Kritik/Gewalt; **to reach a ~** einen Höhepunkt erreichen **II.** *vi* (*reach a peak*) den Höhepunkt erreichen

cres·cent ['kresᵊnt] **I.** *n* ❶ (*moon*) Mondsichel *f* ❷ (*street*) *mondsichelförmig angelegte Straße;* **they live at number 15, Park C~** sie wohnen in der Park Crescent [Nr.] 15 ❸ (*row of houses*) *mondsichelförmig gebaute Häuserreihe* **II.** *adj* sichelförmig; **the ~ moon** der zunehmende Mond

cress [kres] *n no pl* Kresse *f*

crest [krest] **I.** *n* ❶ (*peak*) Kamm *m;* **~ of a hill** Hügelkuppe *f;* **~ of a mountain** Bergrücken *m;* **~ of a roof** Dachfirst *m;* **~ of a wave** Wellenkamm *m* ❷ ZOOL *of a cock* Kamm *m; of a bird* Schopf *m* ❸ (*helmet plume*) Federbusch *m* (*als Helmschmuck*) ❹ (*insignia*) Emblem *nt;* **family ~** Familienwappen *nt* ►PHRASES: **to be** [*or* **ride**] **on the ~ of a wave** [ganz] oben schwimmen *fig* **II.** *vi* [hoch] aufwogen

crest·ed ['krestɪd] *adj attr, inv* ❶ ORN Hauben- ❷ *writing paper* mit Emblem

'crest·fall·en *adj* niedergeschlagen

Cre·ta·ceous [krɪ'teɪʃəs] *adj* GEOL kreidehaltig; **the ~ period** die Kreidezeit

Crete [kri:t] *n* Kreta *nt*

cret·in ['kretɪn, AM 'kri:-] *n* (*pej fam*) Schwachkopf *m pej fam*

Creutzfeldt-Jakob dis·ease [ˌkrɔɪtsfelt'jækɒb-, AM -kəb-] *n* Creutzfeldt-Jakob-Syndrom *nt*

cre·vasse [krə'væs] *n* Gletscherspalte *f*

crev·ice ['krevɪs] *n* Spalte *f,* Spalt *m;* (*in face*) Furche *f*

crew[1] [kru:] **I.** *n + pl/sing vb* ❶ (*working team*) *of aircraft, ship* Crew *f,* Besatzung *f;* **ambulance/lifeboat ~** Rettungsmannschaft *f;* **camera/film ~** Kamera-/Filmteam *nt;* **ground ~** Bodenpersonal *nt;* **the ~ of a train** das Zugpersonal ❷ (*fam or esp pej: gang*) Bande *f fam;* **a motley ~** ein bunt zusammengewürfelter Haufen *fam* ❸ (*rowing*) Rudern *nt kein pl* **II.** *vt* **to ~ a boat/plane** zur Mannschaft eines Boot[e]s/Flugzeugs gehören **III.** *vi* (*act as crewmember*) Mannschaftsmitglied sein; ■**to ~ for sb** zu jds Mannschaft gehören

crew[2] [kru:] *vi esp* BRIT *pp, pt of* **crow**

'crew coach *n* AM Trainer(in) *m(f)* der Rudermannschaft **'crew cut** *n* Bürstenschnitt *m* **'crew·man** *n,* **'crew·mem·ber** *n* Besatzungsmitglied *nt* **'crew neck** *n* ❶ (*round neckline*) runder Ausschnitt ❷ (*sweater*) Pullover *m* mit rundem Ausschnitt; (*T-shirt*) T-Shirt *nt* mit rundem Ausschnitt **'crew team** *n* AM Rudermannschaft *f*

crib [krɪb] **I.** *n* ❶ *esp* AM (*cot*) Gitterbett *nt;* REL Krippe *f* ❷ (*fam: plagiarized work*) Plagiat *nt geh* ❸ (*fam: crib sheet*) Spickzettel *m sl,* Schummler *m* ÖSTERR *sl* **II.** *vt* <-bb-> (*pej fam*) ■**to ~ sth** etw abschreiben **III.** *vi* <-bb-> (*pej fam*) abschreiben, spicken DIAL *sl,* schummeln ÖSTERR *fam;* ■**to ~ from sb** von jdm abschreiben

crib·bage ['krɪbɪdʒ] *n no pl* Cribbage *nt* (*Kartenspiel*)

'crib death *n* AM plötzlicher Kindstod

'crib notes *n pl esp* AM, **'crib sheet** *n* Spickzettel *m sl,* Schummelzettel *m* ÖSTERR *fam*

crick [krɪk] **I.** *n* Stich *m;* **to get a ~ in one's back/neck** einen steifen Rücken/Hals bekommen **II.** *vt* ■**to ~ sth** sich *dat* etw verrenken; **I ~ed my neck** ich bekam einen steifen Hals

crick·et[1] ['krɪkɪt] *n* ZOOL Grille *f*

crick·et² ['krɪkɪt] *n no pl* SPORTS Kricket *nt* ▸ PHRASES: **that's simply not** ~ BRIT (*dated or hum fam*) das ist einfach nicht die feine englische Art

i Kultur

Cricket entstand sehr wahrscheinlich im 16. Jh. als eine Sportart der Schäfer und wurde während des 17. Jhs. bei den Aristokraten beliebt. Die ersten *Test Matches* zwischen England und Australien wurden bereits 1877 ausgetragen. Beim **Cricket** gibt es zwei Teams mit je elf Spielern, die abwechselnd als *batsmen – Schlagmänner* und *fielders – Fänger* spielen, mit zwei *bowlers – Werfer* - einen an jedem Ende des Cricketfeldes. *Batsmen* machen Punkte, indem sie nach dem Schlagen *runs – Punkte* zwischen den beiden *wickets – Pfostentore* erzielen. Aus dem Spiel (*out*) sind sie aber, wenn sie entweder gefangen werden (*caught*), wenn ein *fielder* den Ball fängt, oder wenn sie ausgeschlagen werden (*bowled*): der *bowler* schlägt dann das *wicket*, oder aber wenn sie *lbw* sind, d.h. der *bowler* trifft das Bein des *batsman* (*leg before the wicket*).

'crick·et ball *n* Kricketball *m* **'crick·et bat** *n* Kricketschläger *m*
crick·et·er ['krɪkɪtəʳ, AM -ɚ] *n* Kricketspieler(in) *m(f)*
'crick·et field *n*, **'crick·et ground** *n* Kricketplatz *m* **'crick·et match** *n* Kricketspiel *nt* **'crick·et net** *n Bereich zum Üben des Kricketschlags* **'crick·et pitch** *n* Kricket[spiel]feld *nt* **'crick·et team** *n* Kricketmannschaft *f*
cried [kraɪd] *pp, pt of* **cry**
cri·er ['kraɪəʳ, AM -ɚ] *n* Ausrufer(in) *m(f)*
cri·key ['kraɪki:] *interj* BRIT (*dated fam*) da schau her! *fam*
crim [krɪm] *n short for* **criminal** (*sl*) Gauner(in) *m(f) pej*
crime [kraɪm] *n* ❶ (*illegal act*) Verbrechen *nt;* **a** ~ **against humanity** ein Verbrechen *nt* gegen die Menschlichkeit; **the scene of the** ~ der Tatort; **heinous/petty** ~ abscheuliches/geringfügiges Verbrechen; **to be accused of/charged with a** ~ eines Verbrechens angeklagt/beschuldigt werden; **to commit a** ~ ein Verbrechen *nt* begehen ❷ *no art, no pl* (*criminal acts collectively*) Kriminalität *f;* **to lead a life of** ~ das Leben eines/einer Kriminellen führen; **petty** ~ Kleinkriminalität *f* ❸ (*shameful act*) Schande *f,* Sünde *f fig;* **it would be a** ~ es wäre eine Schande ▸ PHRASES: ~ **doesn't pay** Verbrechen zahlen sich nicht aus
Cri·mea [kraɪ'mi:ə] *n* GEOG ■**the** ~ die Krim; **the** ~**n War** der Krimkrieg
crime-bust·ing ['kraɪmbʌstɪŋ] *n* (*form*) Verbrechensbekämpfung *f* **'crime la·bora·tory** *n* gerichtsmedizinisches Labor **crime of 'pas·sion** *n* Verbrechen *nt* aus Leidenschaft **crime pre·'ven·tion** *n no pl* präventive Verbrechensbekämpfung *geh,* Verbrechensverhütung *f* **'crime rate** *n* Kriminalitätsrate *f,* Verbrechenszahlen *fpl* **'crime-rid·den** *adj* **this area is particularly** ~**-ridden** dieses Gebiet hat eine besonders hohe Kriminalitätsrate **'crime watch** *n* AM Bürgerwehr *f* (*zur Verbrechensbekämpfung*) **'crime wave** *n* Welle *f* der Kriminalität, Verbrechenswelle *f* **'crime writ·er** *n* Krimiautor(in) *m(f)*
crimi·nal ['krɪmɪnəl] **I.** *n* Verbrecher(in) *m(f)* **II.** *adj* ❶ (*illegal*) verbrecherisch, kriminell; (*punishable*) strafbar; ~ **act** Straftat *f;* ~ **behaviour** kriminelles Verhalten; ~ **code** Strafgesetzbuch *nt;* ~ **conspiracy** illegale Verschwörung; ~ **court** Strafgericht *nt;* **with** ~ **intent** in verbrecherischer Absicht; **a** ~ **offence** ein strafbares Vergehen ❷ (*shameful*) schändlich; **it's** ~ **to charge so much** es ist ein Verbrechen, so viel Geld zu verlangen *fig fam;* **the way we waste natural resources is** ~ es ist unverantwortlich, wie verschwenderisch wir mit den Naturschätzen umgehen; **a** ~ **waste of money** eine ungeheure Geldverschwendung
crimi·nal con·ver·'sa·tion *n* (*dated, hist*) Ehebruch *m;* **to be involved in** [*or* **commit**] ~ Ehebruch begehen **crimi·nal 'dam·age** *n* [Sach]schaden *m* (*durch Gewalteinwirkung*) **crimi·nal in·ves·ti·'ga·tion** *n* polizeiliche Ermittlung **Crimi·nal In·ves·ti·'ga·tion De·part·ment** *n* BRIT Kriminalpolizei *f kein pl*
crimi·nal·ity [ˌkrɪmɪ'næləti, AM -ə'næləṭi] *n no pl* Kriminalität *f*
crimi·nal·ize ['krɪmɪnəlaɪz, AM -nəlaɪz] *vt* ■**to** ~ **sb/sth** jdn/etw kriminalisieren
crimi·nal 'jus·tice sys·tem *n* Strafrechtssystem *nt* **crimi·nal 'law** *n no pl* Strafrecht *nt* **crimi·nal 'law·yer** *n* Anwalt, Anwältin *m, f* für Strafsachen; (*specialized in defence*) Strafverteidiger(in) *m(f)* **crimi·nal 'neg·li·gence** *n no art, no pl* [strafbare] Fahrlässigkeit **crimi·nal 'rec·ord** *n* Vorstrafenregister *nt;* ■**to have a** ~ vorbestraft sein
crimi·nolo·gist [ˌkrɪmɪ'nɒlədʒɪst, AM -'nɑ:lə-] *n* Kriminologe, -in *m, f*
crimi·nol·ogy [ˌkrɪmɪ'nɒlədʒi, AM -'nɑ:lə-] *n no pl* Kriminologie *f*
crimp [krɪmp] *vt* ■**to** ~ **sth** ❶ etw kräuseln [*o* in Fältchen legen]; **to** ~ **pastry** den Teigrand andrücken ❷ **to** ~ **one's hair** (*make wavy*) sich *dat* das Haar wellen; (*make curly*) sich *dat* Locken ins Haar machen
crim·son ['krɪmzən] **I.** *n no pl* Purpur[rot] *nt,* Karmesin[rot] *nt* **II.** *adj* purpurn, purpurrot; **to blush** ~ knallrot werden *fam;* **to go** [*or* **turn**] ~ **with rage** vor Wut puterrot anlaufen
cringe [krɪndʒ] *vi* ❶ (*cower*) sich *akk* ducken; **she** ~**d away from the blow** sie duckte sich, um dem Schlag auszuweichen; **to** ~ **back in terror** ängstlich zusammenzucken ❷ (*shiver*) schaudern; (*feel uncomfortable*) **we all** ~**d with embarrassment** das war uns allen furchtbar peinlich
'cringe-mak·ing *adj* BRIT (*fam*) *dialogue* peinlich; (*ugly*) schauderhaft
cring·ing ['krɪndʒɪŋ] *adj* kriecherisch *pej*
crin·kle ['krɪŋkl̩] **I.** *vt* ■**to** ~ **sth** etw [zer]knittern; **be sure not to** ~ **the document** achte darauf, das Dokument nicht zu knicken; **to** ~ **one's nose** die Nase rümpfen **II.** *vi dress, paper* knittern; *face, skin* [Lach]fältchen bekommen **III.** *n* [Knitter]falte *f;* (*in hair*) Krause *f;* **there was a** ~ **of suspicion on Ann's forehead** misstrauisch runzelte Ann die Stirn
crin·kle-cut 'chips *npl* BRIT, AM **crin·kle-cut French 'fries** *npl* Pommes frites *pl* mit Wellenschnitt
crin·kly ['krɪŋkli] *adj* ❶ (*full of wrinkles*) *paper* zerknittert; *skin* knittrig ❷ (*wavy and curly*) gekräuselt; ~ **hair** Kraushaar *nt*
crino·line ['krɪnəlɪn] *n* (*hist*) Krinoline *f hist*
cripes [kraɪps] *interj* BRIT (*dated fam*) da schau her! *fam*
crip·ple ['krɪpl̩] **I.** *n* (*dated or pej*) Krüppel *m;* (*fig, pej*) Lahmarsch *m derb* **II.** *vt* ❶ (*disable*) ■**to** ~ **sb** jdn zum Krüppel machen ❷ (*damage severely*) ■**to** ~ **sth** *armoured vehicle* gefechtsunfähig machen; **to** ~ **an attempt** einen Versuch zum Scheitern bringen; **to** ~ **a machine** eine Maschine kaputtmachen *fam* ❸ (*paralyze*) ■**to** ~ **sth** etw lahmlegen
crip·pled ['krɪpl̩d] *adj* verkrüppelt; **a** ~ **aeroplane** ein schrottreifes Flugzeug; **to be** ~ **with debt** von Schulden erdrückt werden *fig;* **to be** ~ **with rheumatism** von Rheuma geplagt sein
crip·pling ['krɪpl̩ɪŋ] *adj debts* erdrückend; *pain* lähmend; **a** ~ **attack of malaria** ein schwerer Malariaanfall
cri·sis <*pl* -ses> ['kraɪsɪs, *pl* -si:z] *n* Krise *f;* **education is in** ~ das Bildungswesen steckt in einer Krise; **a** ~ **in** [*or* **of**] **confidence** eine Vertrauenskrise; **energy** ~ Energiekrise *f;* **a** ~ **situation** eine Krisensituation; **to come to a** ~ auf eine Krise zusteuern; **to go through a** ~ eine Krise durchmachen; **to resolve** [*or* **solve**] **a** ~ eine Krise überwinden
'cri·sis cen·ter AM, **'cri·sis cen·tre** *n* Krisenzentrum *nt* **cri·sis 'man·age·ment** *n no pl* Krisenmanagement *nt*
crisp [krɪsp] **I.** *adj* ❶ (*hard and brittle*) knusprig; ~ **bacon** knusprig gebratener Schinkenspeck; ~ **biscuits** knusprige Kekse *mpl* ÖSTERR *a. ntpl;* ~ **snow** knirschender Schnee

C

criticizing

criticizing, evaluating negatively	kritisieren, negativ bewerten
I don't like this at all.	Das gefällt mir gar nicht.
It doesn't look good.	Das sieht aber nicht gut aus.
That could have been done better.	Das hätte man aber besser machen können.
Several things can be said about that.	Dagegen lässt sich einiges sagen.
I have my doubts about that.	Da habe ich so meine Bedenken.
disapproving	**missbilligen**
I don't approve of that.	Das kann ich nicht gutheißen.
That wasn't very nice of you (at all).	Das war aber (gar) nicht nett von dir.
I'm completely opposed to it.	Da bin ich absolut dagegen.

❷ (*firm and fresh*) frisch und knackig; ~ **apple/lettuce** knackiger Apfel/Salat ❸ (*stiff and smooth*) [*tablecloth*] *paper* steif; ~ **banknote** druckfrische Banknote ❹ (*bracing*) *air, morning* frisch; ~ **mountain air** frische, kühle Bergluft ❺ (*sharply defined*) *image* gestochen scharf ❻ FASHION *appearance* makellos ❼ (*quick and precise*) *manner, style* präzise; *answer, reply* knapp; **short and** ~ kurz und knapp **II.** *n* ❶ *usu pl* BRIT (*potato* ~) Chip *m;* **burnt to a** ~ verkohlt ❷ AM (*crumble*) Obstdessert *nt* (*mit Streuseln überbacken*); **cherry** ~**s** ≈ Kirschtörtchen *ntpl*

'crisp·bread *n* Knäckebrot *nt*

crisp·er ['krɪspəʳ, AM -ɚ] *n* Gemüsefach *nt* (*im Kühlschrank*)

crispy ['krɪspi] *adj* (*approv*) knusprig; ~ **bacon** knusprig gebratener Schinkenspeck

'criss-cross I. *vt* ■**to** ~ **sth** *bus, train* etw durchqueren; ■**to be** ~**ed by sth: this area of the city is** ~**ed by railway lines** dieses Stadtviertel ist von Schienen durchzogen **II.** *vi roads, railway tracks* sich *akk* kreuzen **III.** *adj inv* überkreuz, Kreuz-; ~ **grille** Kreuzgitter *nt*

cri·teri·on <*pl* -ria> [kraɪ'tɪəriən, AM -'tɪriən, *pl* -riə] *n* Kriterium *nt*

crit·ic ['krɪtɪk, AM -ţ-] *n* Kritiker(in) *m(f);* (*for books*) Rezensent(in) *m(f);* **a harsh** ~ ein scharfer Kritiker/eine scharfe Kritikerin

criti·cal ['krɪtɪkᵊl, AM -ţ-] *adj* ❶ (*involving judgements*) kritisch; **to receive** [*or* **win**] ~ **acclaim** von den Kritikern gelobt [*o* positiv aufgenommen] werden; ~ **edition/evaluation** kritische Ausgabe/Bewertung; ~ **success** Erfolg *m* bei der Kritik ❷ (*fault-finding*) kritisch, missbilligend; ■**to be** ~ **of sb** an jdm etwas auszusetzen haben; **to look at** [*or* **judge**] **sth with a** ~ **eye** etw kritisch betrachten; **to be highly** [*or* **sharply**] ~ **of sth/sb** etw/jdm [äußerst] kritisch gegenüberstehen ❸ (*crucial*) entscheidend; ~ **factor/moment** entscheidender Faktor/Augenblick ❹ (*dangerous*) *condition, situation* kritisch; MED *a.* lebensbedrohlich; **to be on the** ~ **list** ein Todeskandidat/eine Todeskandidatin sein ►PHRASES: **to go** ~ den Höhepunkt erreichen; PHYS *nuclear reactor* kritisch werden *fachspr*

criti·cal 'an·gle *n* PHYS kritischer Winkel

criti·cal·ly ['krɪtɪkᵊli, AM -ţ-] *adv* ❶ (*in an evaluating way*) kritisch; (*by the critics*) von Kritikerseite; **the** ~ **acclaimed film ...** der Film, der von den Kritikern hochgelobt wurde, ... ❷ (*negatively*) kritisch, missbilligend ❸ (*gravely*) bedenklich; **to be in a** ~ **bad condition** in einem bedenklich schlechten Zustand sein; **to be** ~ **ill** schwer [*o* ernsthaft] krank sein

criti·cal 'mass *n* ❶ COMM (*as minimum*) *minimale Betriebsgröße, mit der das Überleben gesichert werden kann;* (*as maximum*) *maximale Betriebsgröße, die das Überleben gerade noch erlaubt* ❷ PHYS kritische Masse

criti·cism ['krɪtɪsɪzᵊm, AM -ţ-] *n* ❶ *no pl* (*fault-finding*) Kritik *f;* **to attract** ~ Kritik erregen; **to lay oneself open** [*or* **expose oneself**] **to** ~ sich *akk* der Kritik aussetzen; **to take** [*or* **accept**] ~ Kritik annehmen ❷ (*negative judgement*) Kritik *f;* **to have a few** ~**s of** [*or* **about**] **sth** zu etw *dat* einige kritische Anmerkungen haben ❸ *no pl* (*analytical evaluation*) Kritik *f;* **literary** ~ Literaturkritik *f*

criti·cize ['krɪtɪsaɪz, AM -ţ-] **I.** *vt* ■**to** ~ **sb/sth** jdn/etw kritisch beurteilen; ■**to** ~ **sb/sth for sth** jdn/etw wegen einer S. *gen* kritisieren **II.** *vi* kritisieren

cri·tique [krɪ'tiːk] *n* Kritik *f*

croak [krəʊk, AM kroʊk] **I.** *vi* ❶ *crow, person* krächzen; *frog* quaken ❷ BRIT (*sl: inform on others*) singen *fam* ❸ (*sl: die*) abkratzen *derb,* den Löffel abgeben *fam* **II.** *vt* ❶ (*speak with rough voice*) ■**to** ~ **sth** etw krächzen ❷ (*dated sl: kill*) ■**to** ~ **sb** jdn abmurksen [*o sl* kaltmachen] *sl* **III.** *n of a crow, person* Krächzen *nt kein pl; of a frog* Quaken *nt kein pl*

croaky ['krəʊki, AM 'kroʊki] *adj voice* heiser

Cro·at ['krəʊæt, AM 'kroʊ-] *n* ❶ (*person*) Kroate, -in *m, f* ❷ (*language*) Kroatisch *nt kein pl*

Croa·tia [krəʊ'eɪʃə, AM 'kroʊ-] *n* Kroatien *nt*

Croa·tian [krəʊ'eɪʃᵊn, AM 'kroʊ-] **I.** *adj* kroatisch **II.** *n* ❶ (*person*) Kroate, -in *m, f* ❷ (*language*) Kroatisch *nt kein pl*

croc [krɒk, AM krɑːk] *n* (*fam*) *short for* **crocodile** Krokodil *nt*

cro·chet ['krəʊʃeɪ, AM kroʊ'ʃeɪ] **I.** *n no pl* Häkeln *nt;* (*work*) Häkelarbeit *f* **II.** *vi* häkeln **III.** *vt* ■**to** ~ **sth** etw häkeln

cro·cheted ['krəʊʃeɪd, AM kroʊ'ʃeɪd] *adj inv* gehäkelt

'cro·chet hook *n,* **'cro·chet nee·dle** *n* Häkelnadel *f*

crock [krɒk, AM krɑːk] *n* ❶ (*clay container*) [Ton]topf *m* ❷ (*dated or hum: worthless old person*) kauziger Alter/kauzige Alte *pej;* (*worthless old car*) Schrottkiste *f pej fam* ❸ *no pl* AM (*fam: nonsense*) ■**a** ~ ein absoluter Schwachsinn *pej fam* ►PHRASES: **a** ~ **of shit** AM (*vulg*) ein Haufen *m* Scheiße *pej derb*

crock·ery ['krɒkəri, AM 'krɑːkɚi] *n no pl* Geschirr *nt*

croco·dile <*pl* - *or* -s> ['krɒkədaɪl, AM 'krɑːk-] *n* ❶ ZOOL Krokodil *nt;* ~ **skin** Krokodilleder *nt* ❷ BRIT (*fam: line of pupils*) Zweierreihe *f* (*von Schulkindern*)

croco·dile 'clip *n* ELEC Krokodilklemme *f* **croco·dile 'tears** *n pl* Krokodilstränen *fpl fam;* **to shed** ~ Krokodilstränen vergießen *fam*

cro·cus ['krəʊkəs, AM 'kroʊ-] *n* Krokus *m*

croft [krɒft, AM krɑːft] *n esp* SCOT (*small farm*) kleiner [gepachteter] Bauernhof; (*farmhouse*) kleines Bauernhaus

croft·er ['krɒftəʳ, AM 'krɑːftɚ] *n esp* SCOT Kleinpächter(in) *m(f)*

crois·sant ['krwæsɑ̃(ŋ), AM krwɑː'sɑ̃] *n* Croissant *nt*

crone [krəʊn, AM kroʊn] *n* (*liter or pej*) alte Hexe *pej*

cro·ny ['krəʊni, AM 'kroʊni] *adj* (*esp pej fam*) Spießgeselle *m pej o hum fam,* Kumpan *m a. pej fam,* Haberer *m* ÖSTERR *fam*

cro·ny·ism ['krəʊniɪzᵊm, AM 'kroʊ-] *n no pl* (*esp pej*) Kumpanei *f oft pej fam,* Vetternwirtschaft *f pej,* Freunderlwirtschaft *f* ÖSTERR *pej fam*

crook [krʊk] **I.** *n* ① (*fam: rogue*) Gauner *m fam* ② *usu sing* (*curve*) Beuge *f; of arm* Armbeuge ③ (*of a shepherd*) Hirtenstab *m;* (*of a bishop*) Bischofsstab *m,* Krummstab *m* **II.** *adj* AUS (*fam*) ① (*ill*) krank; **to be ~ with a cold** erkältet sein; **to feel ~** sich *akk* mies fühlen *fam;* **to go ~** krank werden ② (*annoyed*) ■**to be ~ on sb** auf jdn wütend sein; **to go ~** ausrasten *fam;* **to go ~ at sb** auf jdn wütend werden ③ (*unsatisfactory*) *place, situation* schlecht, mies *fam;* (*out of order*) *car* kaputt *fam* ④ (*illegal*) **a ~ thing** eine krumme Sache *fam* **III.** *vt* (*dated*) ■**to ~ sth** etw krümmen [*o* biegen]; **to ~ one's arm** den Arm beugen; **to ~ one's finger** den Finger krümmen

crook·ed ['krʊkɪd] *adj* ① (*fig fam: dishonest*) unehrlich; *police officer, politician* korrupt *pej; salesman* betrügerisch ② (*not straight*) *teeth, grin* schief; *nose, lines, legs* krumm

croon [kru:n] **I.** *vt* ■**to ~ sth** mit schmachtender Stimme singen, schnulzen *pej fam;* ■**to ~ sth to oneself** etw vor sich *akk* hin summen **II.** *vi* leise reden, in sanftem Flüsterton reden **III.** *n* ① (*song*) sentimentaler Song, Schnulze *f pej fam* ② (*voice*) schmachtender Tonfall

croon·er ['kru:nəʳ, AM -ɚ] *n* (*dated*) Schnulzensänger(in) *m(f) pej fam*

crop [krɒp, AM krɑ:p] **I.** *n* ① (*plant*) Feldfrucht *f;* (*harvest*) Ernte *f;* **to harvest the ~s** die Ernte einbringen ② (*group*) Gruppe *f;* **this year's ~ of films** die diesjährige Filmproduktion ③ (*short hair cut*) Kurzhaarschnitt *m;* **a very short ~** ein Bürsten[haar]schnitt *m;* **to give sb a close ~** jdm einen Igelschnitt [*o veraltend fam* eine Meckifrisur] verpassen ④ ORN Kropf *m* ⑤ (*whip*) Reitgerte *f,* Reitpeitsche *f* **II.** *vt* <-pp-> ■**to ~ sth** ① (*plant with crops*) etw bestellen [*o* bebauen]; **the land here has been over-~ped** auf diesen Feldern wurde Raubbau getrieben ② (*cut short*) *sheep, horses* etw abgrasen [*o* abweiden] [*o* abfressen]; **to ~ a photo** ein Foto zurechtschneiden; **to have one's hair ~ped** sich *dat* das Haar kurz schneiden lassen **III.** *vi* wachsen, gedeihen; **to ~ well** gut gedeihen [*o* wachsen]

◆**crop up** *vi* (*fam*) auftauchen *fig;* **her name keeps ~ping up in conversation** ihr Name taucht in den Gesprächen immer wieder auf; **something's ~ped up** es ist etwas dazwischengekommen

'crop cir·cle *n* Korn[feld]kreis *m* **'crop dust·ing** *n* Schädlingsbekämpfung *f* (*durch Besprühen des Getreides*) **crop-eradi·'ca·tion** [ˌkrɒpɪrædɪ'keɪʃᵊn, AM ˌkrɑ:p-] *n no pl* (*marijuana destruction*) Drogenvernichtung *f*

cropped [krɒpt, AM krɑ:pt] *adj* FASHION kurz

crop·per ['krɒpəʳ, AM 'krɑ:pɚ] *n* AGR Nutzpflanze *f;* **a heavy ~** eine gut tragende Pflanze ② *no pl* (*sl*) **to <u>come</u> a ~** (*fail miserably*) auf die Nase fallen *fig;* (*fall from horse*) [vom Pferd] stürzen; (*have an accident*) einen [schweren] Autounfall haben

'crop ro·'ta·tion *n* Fruchtfolge *f,* Fruchtwechsel *m* **'crop spray·ing** *n* Schädlingsbekämpfung *f* (*durch Besprühen des Getreides*) **'crop top** *n* FASHION bauchfreies Top

cro·quet ['krəʊkeɪ, AM 'kroʊ-] *n no pl* Krocket[spiel] *nt*

'cro·quet lawn *n* Krocketrasen *m*

cro·quette [krɒ'ket, AM kroʊ'ket] *n* FOOD Krokette[n] *f[pl]*

cross [krɒs, AM krɑ:s] **I.** *n* ① (*shape*) Kreuz *nt;* **to mark sth with a ~** etw ankreuzen; **to put** [*or* **place**] **a ~ on/next to sth** bei/neben etw *dat* ein Kreuz machen ② (*sign of Christianity*) Kreuz[zeichen] *nt;* **to make the sign of the ~** das Kreuzzeichen machen ③ (*burden*) Kreuz *nt kein pl,* Leiden *nt;* **to bear a ~** ein Kreuz tragen ④ (*medal*) Kreuz[abzeichen] *nt* ⑤ SCI (*mixture*) Kreuzung *f;* (*fig*) Mischung *f* ⑥ SPORTS Querschuss *m* **II.** *adj* verärgert; ■**to be ~ about sth** über etw *akk* verärgert sein; **she is ~ at being given all the boring jobs** sie ist verärgert, weil sie immer die langweiligen Arbeiten bekommt; ■**to be ~ that ...** verärgert sein, dass ...; **to get ~ [with sb]** [mit jdm] böse werden **III.** *vt* ① (*go across*) *country, desert, valley* durchqueren; *equator, lake, mountains, river* überqueren; **to ~ the border** die Grenze passieren; **to ~ a road** über eine Straße gehen/fahren; **to ~ the threshold** die Schwelle überschreiten ② SPORTS (*pass across*) **to ~ the ball** den Ball cross spielen ③ (*lie across each other*) **to ~ one's arms** die Arme verschränken; **to ~ one's legs** die Beine übereinanderschlagen ④ (*make sign of cross*) ■**to ~ oneself** sich *akk* bekreuz[ig]en ⑤ (*oppose*) ■**to ~ sb** sich *akk* jdm widersetzen ⑥ (*crossbreed*) ■**to ~ an animal with another animal** ein Tier mit einem anderen Tier kreuzen ▶ PHRASES: **let's ~ that <u>bridge</u> when we come** [*or* **get**] **to it** wir werden uns mit diesem Problem beschäftigen, wenn es so weit ist *fam;* **to ~ a <u>cheque</u>** BRIT, AUS einen Scheck zur Verrechnung ausstellen; **to ~ one's <u>fingers</u>, to keep** [*or* **have**] **one's <u>fingers</u> ~ed** die Daumen drücken [*o fam* halten]; **to ~ sb's <u>hand</u>** [*or* **palm**] **with silver** jdm Geld in die Hand drücken *fam;* **~ my <u>heart</u> and hope to die** (*prov*) großes Ehrenwort *fam,* ich schwör's *fam;* **to ~ the <u>line</u>** (*go out of play*) ins Aus gehen; (*go into goal*) ins Tor gehen; (*cross the equator*) den Äquator passieren; **to ~ one's <u>mind</u>** jdm einfallen; **it never actually ~ed my mind** das ist mir gar nie in den Sinn gekommen; **to ~ sb's <u>path</u>** jdm über den Weg laufen; **to ~ <u>paths</u> with sb** jdn treffen; **when did you last ~ paths with each other?** wann seid ihr euch zuletzt über den Weg gelaufen?; **to ~ <u>swords</u> with sb** mit jdm die Klinge kreuzen *geh;* **to ~ <u>wires</u>** *usu passive* etwas falsch verstehen **IV.** *vi* ① (*intersect*) sich *akk* kreuzen ② (*go across*) überqueren; (*by ferry*) übersetzen; **look both ways before you ~** schau' nach beiden Seiten bevor du rübergehst ③ (*coincidentally cross paths*) sich *akk* treffen; **our letters must have ~ed in the post** unsere Briefe müssen sich auf dem Postweg gekreuzt haben; TELEC **the lines are ~ed** [*or* **we've got a ~ed line**] da ist jemand in unserer Leitung

◆**cross off** *vt* ■**to ~ off** ○ **sb/sth** jdn/etw streichen; **to ~ sb's name off a list** jds Namen von einer Liste streichen

◆**cross out** *vt* ■**to ~ out** ○ **sth** etw ausstreichen [*o* durchstreichen]; **to ~ out one's name** seinen Namen durchstreichen

◆**cross over I.** *vi* hinübergehen; (*on a boat, ferry*) übersetzen; **don't you dare ~ over on a red light!** geh ja nicht bei Rot über die Straße!; ■**to ~ over to sth** zu etw *dat* hinübergehen; (*fig*) zu etw *dat* überwechseln **II.** *vt* **to ~ over a border/river/road** eine Grenze/einen Fluss/eine Straße überqueren

'cross·bar *n* Querlatte *f; of goal* Torlatte *f; of bicycle* [Quer]stange *f* **'cross·beam** *n* Querbalken *m* **'cross-bench** *n* BRIT POL *Bank der Abgeordneten, die weder der Regierungs- noch der Oppositionspartei angehören* **cross-'bench·er** *n* BRIT POL *Abgeordneter/Abgeordnete, der/die weder der Regierungs- noch der Oppositionspartei angehört* **'cross·bow** *n* Armbrust *f* **'cross·bred** *adj inv* ZOOL, BOT gekreuzt; **~ dog** Mischlingshund *m* **'cross·breed I.** *n* ZOOL, BOT Kreuzung *f;* (*half-breed*) Mischling *m* **II.** *vt* ■**to ~ sth** etw kreuzen (**with** mit +*dat*) **'cross·check I.** *vt* ■**to ~ sth** etw nachprüfen (**with** mit +*dat*); **why don't you ~ your list against mine** warum gleichst du deine Liste nicht mit meiner ab **II.** *vi* abklären; **to ~ with the authorities** bei den Behörden nachfragen

cross-'coun·try I. *adj* Querfeldein-, Gelände-; **~ race** Geländerennen *nt;* **~ racer** Geländeläufer(in) *m(f);* **~ run** Geländelauf *m* **II.** *adv* ① (*across a country*) **to travel ~** quer durchs Land reisen ② (*across countryside*) querfeldein; **to hike/walk ~** querfeldein wandern/laufen **III.** *n* Geländelauf *m;* (*with bicycle*) Geländerennen *nt* **cross-coun·try 'run·ning** *n* Geländelauf *m* **cross-coun·try 'ski·ing** *n no pl* Langlauf *m* **'cross-court** *inv* **I.** *adj* TENNIS cross *fachspr;* **to hit a ~ forehand** eine Vorhand cross schlagen *fachspr* **II.** *adv* TENNIS cross *fachspr* **cross-'cul·tur·al** *adj* interkulturell **'cross-cur·rent** *n* (*of air*) Seitenwind *m;* (*of water*) Gegenströmung *f* **cross-dis·ci·'plin·ary** [ˌkrɒsdɪsə'plɪnᵊri, AM ˌkrɑ:sdɪsə'plɪneri] *adj* interdisziplinär **cross-'dress·ing** *n no pl* Transvestismus *m* **cross-ex·ami·'na·tion** *n* Kreuzverhör *nt;* **under ~** im Kreuzverhör **cross-ex·'am·ine** *vt* ■**to ~ sb** jdn ins Kreuzverhör nehmen *a. fig;* (*be overly curious*) jdn ausfragen (**about** über +*akk*) **'cross-eyed** *adj* schielend *attr;* ■**to be ~** schielen **cross-fer·ti·li·'za·tion** *n no pl* ① BOT Kreuzbefruchtung *f* ② (*exchange*) *of ideas, customs* Austausch *m;* **cultural ~** Kulturaustausch *m* **'cross·fire** *n no pl* Kreuzfeuer *nt;* **to be caught in the ~** ins Kreuzfeuer geraten *a. fig* **'cross-grained** *adj person* querköpfig *fam; timber* quergefasert; **to become ~** widerspenstig werden **'cross hairs** *npl* Fadenkreuz *nt* **cross-'hatch·ing** *n* Kreuzschraffierung *f* **cross-head 'screw** *n* Kreuz[schlitz]schraube *f* **cross 'hold·ing** *n* COMM gegenseitige Beteiligung **cross in·'fec·tion** *n* Kreuzinfektion *f*

cross·ing ['krɒsɪŋ, AM 'krɑ:s-] *n* ① (*place to cross*) Übergang *m;* RAIL Bahnübergang *m;* (*crossroads*) [Straßen]kreuzung *f;* **border ~** Grenzübergang *m;* **pedestrian ~** Zebrastreifen *m* ② (*journey*) Überfahrt *f;* **the ~ of the Alps** die Überquerung der Alpen

'cross·ing guard *n* AM Schülerlotse, -in *m, f*

cross-'legged [ˌkrɒs'legd, -'legɪd, AM ˌkrɑ:s'legəd, -'legd] I. *adj* **in a ~ position** mit gekreuzten Beinen II. *adv* **to sit ~** im Schneidersitz [da]sitzen

cross·ly ['krɒsli, AM 'krɑ:s-] *adv* verärgert

cross 'match·ing *n no pl* MED Kreuzprobe *f* **'cross·over** I. *n modifier* (*album, music*) gemischt; **~ study** MED Kreuzstudie *f* II. *n* ① (*place*) Übergang *m,* Straßenüberführung *f;* RAIL Gleisverbindung *f* ② (*mixed styles*) [Stil]mix *m* **'cross·patch** *n* (*hum dated fam*) Brummbär *m fam* **'cross·piece** *n* (*beam*) Querbalken *m;* (*bar*) Querstück *nt* **cross·ply** ['krɒsplaɪ, AM 'krɑ:s-] *n,* **cross·ply 'tyre** *n* Diagonalreifen *m* **cross pol·li·'na·tion** *n* Fremdbestäubung *f* **cross-pro·'mo·tion** *n* Cross-Promotion *f,* produktübergreifende Werbekampagne **cross-'pur·poses** *npl* ▶ PHRASES: **to be talking at ~** aneinander vorbeireden **cross-'ques·tion** *vt* ■**to ~ sb** jdn ins Kreuzverhör nehmen *a. fig; see also* **cross-examine** **cross-re·'fer** *vt* ■**to ~ sb** jdn verweisen (**to** auf +*akk*) **cross-'ref·er·ence** *n* Querverweis *m* (**to** auf +*akk*) **'cross·roads** <*pl* -> *n* Kreuzung *f;* (*fig*) Wendepunkt *m;* ■**at a** [*or* **the**] **~** am Scheideweg **cross-'sec·tion** *n* ① (*cut*) Querschnitt *m;* **~ of a human heart** Querschnitt *m* durch ein menschliches Herz ② (*sample*) repräsentative Auswahl **'cross stitch** *n* Kreuzstich *m* **'cross street** *n esp* AM Querstraße *f* **'cross·talk** *n* ① TELEC (*interference*) Nebengespräch *nt* ② BRIT (*repartee*) Wortgefecht *nt* **'cross-town** I. *adj* **the ~ bus service** der Busservice durch die Stadt II. *adv* **he drove us ~** er fuhr uns durch die Stadt **'cross·walk** *n* AM (*pedestrian crossing*) Zebrastreifen *m,* Fußgängerübergang *m* **'cross·ways** *adv* quer **'cross·wind** *n* Seitenwind *m* **'cross·wise** I. *adj* Quer- II. *adv* quer **'cross·word** *n,* **'cross·word puz·zle** *n* Kreuzworträtsel *nt*

cro·sti·ni [krɒ'sti:ni:, AM krɑ:'-] *npl* Crostini *mpl*

crotch [krɒtʃ, AM krɑ:tʃ] *n* Unterleib *m; of trousers* Schritt *m;* (*in a tree, road, river*) Gabelung *f*

crotch·et ['krɒtʃɪt, AM 'krɑ:tʃət] *n esp* BRIT MUS Viertelnote *f*

crotch·ety ['krɒtʃɪti, AM 'krɑ:tʃət̬i] *adj* (*fam*) *child* quengelig *fam*

crotch·less ['krɒtʃləs, AM 'krɑ:tʃ-] *adj* FASHION *panties* genitalienfrei

crouch [kraʊtʃ] I. *n usu sing* Hocke *f* II. *vi* sich *akk* kauern

◆**crouch down** *vi* sich *akk* niederkauern

croup [kru:p] *n no pl* Krupp *m fachspr,* Kehlkopfdiphtherie *f fachspr;* **to suffer from ~** an Krupp leiden

crou·pi·er ['kru:piəʳ, AM -ieɪ] *n* Croupier *m*

crou·ton ['kru:tɒn, AM -tɑ:n] *n* FOOD Croûton *m*

crow¹ [krəʊ, AM kroʊ] *n* Krähe *f* ▶ PHRASES: **as the ~ flies** [in der] Luftlinie

crow² <crowed *or esp* BRIT crew, crowed *or esp* BRIT crew> [krəʊ, AM kroʊ] *vi* ① (*cry*) *baby, cock* krähen ② (*express happiness*) jauchzen, juchzen *fam;* (*gloatingly*) triumphieren; **to ~ with delight** vor Freude jubeln

◆**crow about** *vi,* **crow over** *vi* ■**to ~ about** [*or* **over**] **sth** mit etw *dat* prahlen [*o fam* angeben] [*o fam* protzen]

'crow·bar *n* Brecheisen *nt,* Brechstange *f*

crowd [kraʊd] I. *n + pl, sing vb* ① (*throng*) [Menschen]menge *f;* SPORTS, MUS Zuschauermenge *f;* **to draw a large ~** eine große Menschenmenge anlocken [*o* anziehen] ② (*fam: clique*) Clique *f;* **a bad ~** ein übler Haufen *fam* ③ *no pl* (*multitude of people*) ■**the ~** die [breite] Masse; **to follow** [*or* **go with**] [*or* **move with**] **the ~** mit der Masse gehen; **to stand out from the ~** aus der Masse herausragen II. *vt* ① (*fill*) **to ~ a stadium** ein Stadion füllen; **to ~ the streets** die Straßen bevölkern ② (*fam: pressure*) ■**to ~ sb** jdn [be]drängen ③ (*force*) ■**to ~ sb into sth** jdn in etw *akk* hineinzwängen; **they ~ed as many spectators as they could into the hall** sie pferchten so viele Zuschauer wie eben möglich in die Halle III. *vi* ■**to ~ into sth** sich *akk* in etw *akk* hineindrängen [*o* hineinquetschen]; **hordes of commuters ~ed into the train** Massen von Pendlern drängten sich in den Zug [hinein]

◆**crowd about** *vi,* **crowd around** *vi* sich *akk* versammeln; ■**to ~ around sb/sth** sich *akk* um jdn/etw scharen; **the autograph seekers ~ed about the entrance to the movie studio** die Autogrammjäger belagerten den Eingang des Filmstudios

◆**crowd in** *vi* [sich *akk*] hineindrängen; (*stream in*) hineinströmen; ■**to ~ in on sb** (*fig*) *worries, problems* auf jdn einstürmen

◆**crowd out** *vt* ■**to ~ out** ⟲ **sb/sth** jdn/etw herausdrängen [*o* verdrängen]

◆**crowd round** *vi* BRIT sich *akk* versammeln

crowd·ed ['kraʊdɪd] *adj* überfüllt; *schedule, timetable* übervoll; ■**~ out** (*fam*) gerammelt voll *fam;* **to feel ~** (*fam*) sich *akk* bedrängt fühlen

'crowd-pull·er *n* Massenattraktion *f,* Kassenfüller *m*

crown [kraʊn] I. *n* ① (*of a monarch*) Krone *f;* **~ of thorns** Dornenkrone *f;* **to wear the** [*or* **one's**] **~** die Krone tragen ② ■**the C~** (*monarchy*) die Krone; (*monarch*) der König/die Königin ③ (*sporting title*) Meisterschaftstitel *m* ④ (*top of head*) Scheitel *m;* (*of hill*) Kuppe *f;* (*of mountain*) Gipfel *m;* (*of a roof*) [Dach]first *m;* (*of a tooth, tree, hat*) Krone *f* ⑤ BRIT (*hist: coin*) Krone *f,* Fünfschillingstück *nt* II. *vt* ① (*as monarch*) ■**to ~ sb** jdn krönen ② SPORTS **to ~ sb world champion** jdn zum Weltmeister krönen; **she's the newly ~ed world champion** sie ist die frischgebackene Weltmeisterin ③ (*make perfect*) ■**to ~ sth** etw krönen [*o* glanzvoll abrunden] ④ (*liter: top*) ■**to ~ sth** etw krönen ⑤ (*fam: hit on head*) ■**to ~ sb** jdm eins überziehen [*o* aufs Dach geben] *fam* ⑥ MED **to ~ teeth** Zähne überkronen ▶ PHRASES: **to ~ it all** BRIT, AUS (*iron*) als [*o* zur] Krönung des Ganzen *iron*

crown 'cap *n* Kronenverschluss *m* **crown 'colo·ny** *n* Kronkolonie *f* **crown 'cork** *n* Kron[en]korken *m* **crown 'court** *n* BRIT höheres Gericht für Strafsachen

crowned crane *n* ORN Kronenkranich *m* **crowned 'head** *n* gekröntes Haupt; **Europe's ~s** Europas gekrönte Häupter

crown·ing ['kraʊnɪŋ] *adj inv* krönend; **the ~ achievement** die Krönung (**of** +*gen*)

crown 'jew·els *npl* Kronjuwelen *ntpl o mpl* **crown 'land** *n* Kronkolonie *f* **crown 'prince** *n* Kronprinz *m* **crown 'prin·cess** *n* Kronprinzessin *f* **Crown Pros·e'cu·tion Ser·vice** *n* BRIT Staatsanwaltschaft *f* **crown 'pros·ecu·tor** *n* BRIT Staatsanwalt, -anwältin *m, f* **crown 'wit·ness** *n* Kronzeuge, -in *m, f*

'crow's feet *npl* (*wrinkles*) Krähenfüße *mpl fam* **'crow's nest** *n* NAUT Krähennest *nt fachspr,* Ausguck *m*

cru·cial ['kru:ʃᵊl] *adj* ① (*decisive*) entscheidend; (*critical*) kritisch; (*very important*) äußerst wichtig; **a ~ decision** eine richtungsweisende Entscheidung; ■**to be ~ to sth** für etw *akk* entscheidend sein; **a ~ moment** ein entscheidender Augenblick; **to prove ~ to sth** sich *akk* für etw *akk* als entscheidend erweisen ❷ BRIT (*sl: excellent*) super *sl*

cru·cial·ly ['kru:ʃᵊli] *adv* entscheidend; ~ **important** von entscheidender Bedeutung

cru·ci·ate liga·ment [ˌkru:si:ət'-] *n* ANAT Kreuzband *nt*

cru·ci·ble ['kru:sɪbl̩] *n* ❶ TECH (*melting pot*) Schmelztiegel *m* ❷ (*fig: severe test*) Feuerprobe *f*

cru·ci·fix ['kru:sɪfɪks] *n* Kruzifix *nt*

cru·ci·fix·ion [ˌkru:sə'fɪkʃᵊn] *n* HIST, REL Kreuzigung *f;* ■**the C~** die Kreuzigung Christi; **to execute sb by ~** jdn kreuzigen

cru·ci·form ['kru:sɪfɔ:m, AM -fɔ:rm] *adj* (*form*) kreuzförmig, Kreuz-

cru·ci·fy ['kru:sɪfaɪ] *vt* ■**to ~ sb** jdn kreuzigen; (*fig fam*) jdn lynchen *fig, hum; author, play* verreißen *fig fam*

crud [krʌd] *n no pl* (*fam*) Dreck *m a. fig, pej fam*

crud·dy ['krʌdi] *adj* (*fam*) mies *fam*

crude [kru:d] **I.** *adj* ❶ (*rudimentary*) primitiv ❷ (*unsophisticated*) *attempt, forgery* plump; *idea* naiv; *letter* unbeholfen; *style* unkonventionell ❸ (*vulgar*) derb; *manners* rau, krud[e] *geh* ❹ (*unprocessed*) roh, Roh-; ~ **oil** Rohöl *nt* **II.** *n* Rohöl *nt*

crude·ly ['kru:dli] *adv* ❶ (*in a rudimentary way*) primitiv; ~ **drawn** grob umrissen ❷ (*rudely*) rüde; **to behave ~** sich *akk* ungehobelt benehmen

crude·ness ['kru:dnəs] *n,* **crud·ity** ['kru:dəti, AM -əṱi] *n no pl* ❶ (*lack of sophistication*) Rohheit *f,* Primitivität *f* ❷ (*vulgarity*) Derbheit *f;* **we were shocked by the ~ of his behaviour** wir waren schockiert über sein rüdes Benehmen

cru·di·tés ['kru:dɪtəɪ, AM ˌkru:dɪ'teɪ] *npl* FOOD Rohkost *f kein pl*

cru·el <BRIT -ll- *or* AM *usu* -l-> ['kru:əl] *adj* ❶ (*deliberately mean*) grausam; *remark* gemein; ■**to be ~ to sb** zu jdm grausam sein; **a ~ streak** eine üble Phase; ~ **tyranny** blutige Tyrannei ❷ (*harsh*) hart; *disappointment* schrecklich; **a ~ wind** ein beißender Wind ▸ PHRASES: **to be ~ to be kind** (*saying*) jdm beinhart die Wahrheit sagen

cru·el·ly ['kru:əlli] *adv* grausam

cru·el·ty ['kru:əlti, AM -ṱ-] *n* Grausamkeit *f* (**to** gegen +*akk*); **an act of ~** eine grausame Tat; ~ **to animals** Tierquälerei *f;* ~ **to children** Kindesmisshandlung *f;* **to accuse sb of ~** jdn der Grausamkeit bezichtigen [*o* beschuldigen]

cru·el·ty-'free *adj esp* BRIT nicht an Tieren getestet

cru·et ['kru:ɪt] *n* FOOD Gewürzständer *m*

cruise [kru:z] **I.** *n* Kreuzfahrt *f;* **to go on a ~** eine Kreuzfahrt machen **II.** *vi* ❶ (*take a cruise*) eine Kreuzfahrt machen; (*ship*) kreuzen; **to ~ along the Seine** die Seine entlangschippern *fam* ❷ (*travel at constant speed*) *aeroplane* [mit Reisegeschwindigkeit] fliegen; *car* [konstante Geschwindigkeit] fahren ❸ (*sl: drive around aimlessly*) herumfahren *fam;* (*look for casual sex*) jdn aufreißen [gehen] *fam;* **he's just cruising** er ist ein Aufreißer *fam* **III.** *vt* (*sl*) ■**to ~ sb** jdn aufreißen *fam;* **to ~ the bars/clubs/streets** in einer Bar/einem Klub/auf der Straße aufreißen gehen *fam*

'cruise con·trol *n* Temporegler *m,* Geschwindigkeitsregler *m;* **to come** [*or* **be equipped**] **with ~** mit einem Temporegler ausgestattet sein **'cruise lin·er** *n* Kreuzfahrtschiff *nt* **cruise 'mis·sile** *n* Marschflugkörper *m*

cruis·er ['kru:zəʳ, AM -ɚ] *n* ❶ (*warship*) Kreuzer *m* ❷ (*pleasure boat*) Motoryacht *f*

'cruise ship *n* Kreuzfahrtschiff *nt*

cruis·ing ['kru:zɪŋ] *n* AM Herumfahren *nt kein pl fam*

'cruis·ing al·ti·tude *n* Reiseflughöhe *f* **'cruis·ing speed** *n* Reisegeschwindigkeit *f*

crul·ler ['krʌlɚ] *n* AM (*ring-shaped doughnut*) Spritzkuchen *m;* (*twisted doughnut*) *länglicher Berliner mit Zuckerglasur*

crumb [krʌm] **I.** *n* ❶ FOOD *of biscuit, cake* Krümel *m,* Brösel *m* ÖSTERR *a. nt; of bread also* Krume *f* ❷ (*fig*) **~s of news** bruchstückhafte Nachrichten; **a small ~ of comfort** ein kleiner Trost, ein kleines Trostpflaster *hum;* **a ~ of hope** ein Funke[n] *m* Hoffnung; **any ~ of hope** jedes Fünkchen Hoffnung; **a few ~s of wisdom** ein Fünkchen *nt* Weisheit ❸ *no pl* (*inside of bread*) Krume *f* **II.** *interj* BRIT, AUS (*dated*) ■**~s!** ach du meine Güte! *fam* **III.** *vt* FOOD ■**to ~ sth** etw panieren; **crispy ~ed** knusprig paniert

crum·ble ['krʌmbl̩] **I.** *vt* ■**to ~ sth** etw zerkrümeln [*o* zerbröseln]; (*break into bits*) etw zerbröckeln **II.** *vi* ❶ (*disintegrate*) zerbröckeln, zerbröseln; **crumbling plaster** brüchiger Gips ❷ (*fig*) *empire* zerfallen; *opposition* [allmählich] zerbrechen; *resistance* schwinden; *support* abbröckeln, allmählich abnehmen **III.** *n* BRIT *mit Streuseln überbackenes Kompott;* **apple/peach ~** Apfel-/Pfirsichauflauf *m*

crum·bly ['krʌmbli] **I.** *adj bread, cake* krümelig, bröselig; *brick, stone* bröckelig; ~ **cheese** bröckeliger [*o* krümeliger] Käse **II.** *n* BRIT (*fam: old person*) Grufti *m*

crum·my ['krʌmi] *adj* (*fam*) mies *fam; carpet, house* schäbig; *idea* blöd *fam;* **they live in a ~ house** sie wohnen in einer richtigen Bruchbude *pej fam;* **a ~ job** eine miese Arbeit *fam;* **a ~ joint** ein heruntergekommener Laden *fam;* **to feel ~** sich *akk* mies fühlen *fam*

crum·pet ['krʌmpɪt] *n* ❶ *esp* BRIT *flaches rundes Brötchen zum Auftoasten* ❷ *no pl* BRIT (*pej sl*) Mieze *f sl;* **to be a nice bit of ~** sehr sexy sein

crum·ple ['krʌmpl̩] **I.** *vt* ■**to ~ sth** etw zerknittern; **to ~ a dress/suit** [sich *dat*] ein Kleid/einen Anzug zerknittern [*o fam* zerknautschen]; **to ~ paper** Papier zerknüllen [*o* zusammenknüllen] **II.** *vi* ❶ (*become dented*) [*part of*] *car, bike* eingedrückt werden ❷ (*become wrinkled*) *face* sich *akk* verziehen; **her face ~d with laughter** ihr Gesicht verzog sich zu einem Lachen ❸ (*collapse*) zusammenbrechen; **to ~ into a heap** völlig zusammenbrechen

◆**crumple up** *vt* ■**to ~ up** ⇔ **sth** etw zusammenknüllen

'crum·ple zone *n* BRIT, AUS AUTO Knautschzone *f*

crunch [krʌntʃ] **I.** *n* ❶ *usu sing* (*noise*) Knirschen *nt kein pl* ❷ *no pl* (*fam: difficult situation*) Krise *f;* **to find oneself in a ~** in einer Krise stecken ❸ (*abdominal exercise*) Crunch *m* ▸ PHRASES: **if it comes to the ~** (*fam*) wenn es hart auf hart kommt; **when it comes to the ~** (*fam*) wenn es darauf ankommt **II.** *n modifier* (*time, period, situation*) stressig *fam* **III.** *vt* FOOD ■**to ~ sth** etw geräuschvoll verzehren [*o fam* mampfen] **IV.** *vi* ❶ *gravel, snow* knirschen ❷ FOOD ■**to ~ on sth** geräuschvoll in etw *akk* beißen

◆**crunch up** *vt* ■**to ~ up** ⇔ **sth** etw zermalmen; **the car was ~ed up into a small cube** das Auto wurde zu einem kleinen Quader zusammengepresst

crunchy ['krʌntʃi] *adj cereal, toast* knusprig; *snow* verharscht; ~ **peanut butter** Erdnussbutter *f* mit Erdnussstückchen

cru·sade [kru:'seɪd] **I.** *n* ❶ (*campaign*) Kreuzzug *m,* Kampagne *f* (**for** für +*akk,* **against** gegen +*akk*); **a moral ~ for racial equality** ein moralischer Kampf für Rassengleichheit; **a ~ against illiteracy/drug dealing** ein Kampf *m* gegen den Analphabetismus/Drogenhandel; **to start a ~** [**against sth**] eine Kampagne [*o* einen Kreuzzug] [gegen etw *akk*] starten ❷ HIST ■**the C~s** *pl* die Kreuzzüge *mpl* **II.** *vi* ■**to ~ for/against sth** einen Kreuzzug für/gegen etw *akk* führen

cru·sad·er [kru:'seɪdəʳ, AM -ɚ] *n* ❶ (*campaigner*) ■**a ~ against sth** jd, der gegen etw *akk* zu Felde zieht ❷ HIST Kreuzritter *m*

crush [krʌʃ] **I.** *vt* ❶ (*compress*) ■**to ~ sth** etw zusammendrücken; (*causing serious damage*) etw zerquetschen; MED [sich *akk*] etw quetschen; **to ~ sb to death** jdn zerquetschen ❷ (*mash*) ■**to ~ sth** etw zerdrücken; ~ **the almonds into a fine powder** die Mandeln fein mahlen; **to ~ an apple** einen Apfel fein zerkleinern; **to ~ a clove of garlic** eine Knoblauchzehe zerdrücken; **to ~ grapes** Trauben zerstampfen ❸ (*break into pieces*) **to ~ ice** Eis zerstoßen ❹ (*shock*) ■**to ~ sb** jdn [stark] erschüttern; **he was completely ~ed by the news** die Nachricht hat ihn furchtbar getroffen ❺ (*defeat*) ■**to ~ sb/sth** jdn/etw vernichten [*o* unschädlich machen]; **the army was determined to ~ all resistance** die Armee war entschlossen, jeglichen Widerstand zu zerschlagen; **to ~ hopes** Hoffnungen

C

zunichte machen; **to ~ an opponent** einen Gegner [vernichtend] schlagen; **to ~ a rebellion/riot** eine Rebellion/einen Aufstand niederschlagen **II.** *n* ❶ *no pl* (*crowd*) Gewühl *nt*, Gedränge *nt* ❷ (*fam: temporary infatuation*) **to get a ~ on sb** sich *akk* in jdn verknallen *fam;* **to have a ~ on sb** in jdn verknallt [*o* verschossen] sein *fam* ❸ *no pl* (*drink*) Fruchtsaft *m* mit zerstoßenem Eis; **orange ~** Orangensaft *m* mit zerstoßenem Eis

'crush bar·ri·er *n* BRIT Absperrung *f*

crushed [krʌʃt] *adj* ❶ (*compressed*) zerdrückt; (*mashed*) zerquetscht, zermalmt ❷ (*broken into pieces*) **~ ice** zerstoßenes Eis ❸ (*badly creased*) *clothes* zerknittert ❹ (*emotionally hurt*) verletzt; **to feel ~** sich *akk* getroffen fühlen

crush·ing ['krʌʃɪŋ] *adj* schrecklich; **a ~ blow** ein harter [*o* furchtbarer] Schlag; **a ~ defeat** eine vernichtende Niederlage

crust [krʌst] *n* ❶ FOOD (*outer layer*) *of pastry* Kruste; *of bread also* Rinde *f;* **a ~ of dirt** ein Schmutzrand *m;* **a dry ~** ein Stück *nt* hartes Brot ❷ GEOL [Erd]kruste *f*

crus·ta·cean [krʌs'teɪʃən] *n* Krustentier *nt*, Krebstier *nt*, Krustazee *f fachspr*

crust·ed ['krʌstɪd] *adj* **to be ~ with sth** von etw *dat* verkrustet sein

crusty ['krʌsti] **I.** *adj* ❶ *bread* knusprig ❷ (*grumpy*) mürrisch, grantig; **he's a ~ old bachelor** er ist ein brummiger alter Junggeselle **II.** *n* BRIT (*fam*) *junger Obdachloser, der die Tiere und die Natur liebt* **III.** *n modifier* BRIT (*fam: close to nature, often without a home*) (*lifestyle*) naturnah

crutch [krʌtʃ] *n* ❶ MED Krücke *f;* **to be** [*or* **go about**] [*or* **walk**] **on ~es** auf Krücken gehen ❷ *no pl* (*source of support*) Stütze *f*, Halt *m;* **after my husband died, my brother became an emotional ~ for me** nach dem Tod meines Mannes gab mir mein Bruder seelischen Halt ❸ ANAT, FASHION Unterleib *m; of trousers* Schritt *m*

crux [krʌks] *n no pl* Kernfrage *f;* **the ~ of the matter** der springende Punkt

cry <-ie-> [kraɪ] **I.** *n* ❶ *no pl* (*act of shedding tears*) Weinen *nt;* **to have a ~** sich *akk* ausweinen; **have a good ~** wein dich ruhig aus ❷ (*loud emotional utterance*) Schrei *m;* (*shout also*) Ruf *m;* **they were wakened by cries of 'fire!'** sie wachten auf, weil jemand [mehrmals] laut ‚Feuer!' schrie; **a ~ of pain/pleasure** ein Schmerzens-/Freudenschrei *m;* **to give** [*or* **utter**] **a ~** einen Schrei ausstoßen ❸ (*appeal*) Ruf *m* (**for** nach +*dat*); **~ for help** Hilferuf *m*, Hilfeschrei *m* ❹ (*slogan*) Parole *f* ❺ ZOOL, ORN Schreien *nt kein pl*, Geschrei *nt kein pl* ▸ PHRASES: **to be a far ~ from sth** wenig mit etw *dat* zu tun haben, weit von etw *dat* entfernt sein; **that's a far ~ from the truth** das hat mit der Wahrheit ziemlich wenig zu tun; **it's still a far ~ from what I expected of you** das hätte ich nie von Ihnen erwartet; **to be in full ~** in ein eifriges Gespräch vertieft sein; HUNT *hounds* in voller Jagd sein; **to be in full ~ over sth** gegen etw *akk* Sturm laufen **II.** *vi* weinen; *baby* schreien; ■**to ~ for sth** nach etw *dat* weinen; **we all laughed until we cried** wir alle lachten Tränen; **to ~ for joy** vor Freude weinen ▸ PHRASES: **it is no good ~ing over spilt** [*or* AM **spilled**] **milk** was passiert ist, ist passiert **III.** *vt* ■**to ~ sth** ❶ (*shed tears*) etw weinen; **she cried bitter tears** sie vergoss bittere Tränen; **to ~ oneself to sleep** sich *akk* in den Schlaf weinen ❷ (*exclaim*) etw rufen [*o* schreien]; **"help me!" he cried** „Hilfe!" schrie er ▸ PHRASES: **to ~ one's eyes** [*or* **heart**] **out** sich *dat* die Augen ausweinen; **to ~ wolf** falschen Alarm geben; **to ~ foul** einen Regelverstoß [öffentlich] kritisieren; **to ~ foul at sth** etw [öffentlich] als Fehlverhalten kritisieren

◆**cry down** *vt* ❶ (*decry*) ■**to ~ down ○ sth** etw anprangern ❷ (*denigrate*) ■**to ~ down ○ sb/sth** jdn/etw schlechtmachen [*o fam* heruntermachen]; **to ~ down objections** Einwände abtun

◆**cry off** *vi* (*fam*) einen Rückzieher machen, aussteigen *fam;* **she usually says she'll be there and then cries off at the last minute** sie sagt immer, sie würde kommen, und sagt dann in der letzten Minute doch ab

◆**cry out I.** *vi* ❶ (*shout*) aufschreien; **she cried out in pain** sie schrie vor Schmerz auf ❷ (*protest*) ■**to ~ out against sth** [lautstark] gegen etw *akk* protestieren, sich *akk* [lauthals] über etw *akk* beschweren ❸ (*need*) ■**to ~ out for sth** nach etw *dat* schreien; **I've never seen a car ~ out so badly for a wash** ich habe noch nie ein Auto gesehen, das so dringend gewaschen werden müsste ▸ PHRASES: **for ~ing out loud** (*fam*) verdammt nochmal! *fam* **II.** *vt* ■**to ~ out ○ sth** etw rufen; (*scream*) etw schreien

'cry·baby *n* (*pej fam*) Heulsuse *f pej fam*

cry·ing ['kraɪɪŋ] **I.** *n no pl* Weinen *nt;* (*screaming*) Schreien *nt* **II.** *adj attr, inv* dringend; **there's a ~ need for a better education system** eine Verbesserung des Bildungssystems ist dringend erforderlich ▸ PHRASES: **it's a ~ shame that ...** es ist jammerschade, dass ... *fam*

cryo·gen·ic [ˌkraɪə(ʊ)'dʒenɪk, AM -ə'-] *adj attr, inv* Kälte erzeugend

cryo·gen·ics [ˌkraɪə(ʊ)'dʒenɪks, AM -ə'-] *n + sing vb* PHYS Kryogenik *f kein pl fachspr,* Tieftemperaturphysik *f kein pl*

cryo·sur·gery [ˌkraɪə(ʊ)'sɜːdʒəri, AM -ə'sɜːr-] *n no pl* MED Kryochirurgie *f fachspr,* Kältechirurgie *f*

cryo·thera·py [ˌkraɪə(ʊ)'θerəpi, AM -ə'-] *n* MED Kryotherapie *f fachspr,* Kältetherapie *f*

crypt [krɪpt] *n* Krypta *f*

cryp·tic ['krɪptɪk] *adj comment, remark* rätselhaft, kryptisch *geh; message also* geheimnisvoll, verschlüsselt; **~ crossword** *Kreuzworträtsel, bei dem man um die Ecke denken muss;* **~ look** unergründlicher Blick; **~ smile** Mona-Lisa-Lächeln *nt;* ■**to be ~ about sth** sich *akk* nur sehr vage zu etw *dat* äußern; **the police were being very ~ about the condition of the hostages** die Polizei äußerte sich nur sehr vorsichtig über den Zustand der Geiseln

cryp·ti·cal·ly ['krɪptɪkəli] *adv* kryptisch *geh,* rätselhaft; **they spoke ~** sie sprachen in Rätseln; **I like movies which end ~** ich mag Filme, die ungewiss ausgehen; **to hint ~ at sth** einen versteckten Hinweis auf etw *akk* geben

cryp·to·gram ['krɪptə(ʊ)græm, AM -təgræm] *n* Geheimtext *m*, Kryptogramm *nt veraltet*

cryp·tog·ra·phy [krɪp'tɒgrəfi, AM -'tɑː-] *n no pl* Ver- und Entschlüsselungstechnik *f*

crys·tal ['krɪstəl] **I.** *n* ❶ CHEM, GEOL Kristall *m;* **ice ~** Eiskristall *m;* **quartz ~** Quartzkristall *m;* **salt ~** Salzkristall *m;* **snow ~** Schneekristall *m* ❷ *no pl* (*glass*) Kristallglas *nt;* **lead ~** Bleikristall *nt* ❸ (*on a watch, clock*) [Uhr]glas *nt* **II.** *adj inv* ❶ CHEM kristallin ❷ (*made of crystal*) Kristall-; **a ~ chandelier** ein Kristallleuchter *m*

crys·tal 'ball *n* Kristallkugel *f;* **I haven't got a ~** ich bin (doch) kein Hellseher **crys·tal 'clear** *adj* ❶ (*transparent*) *water* kristallklar ❷ (*obvious*) glasklar, völlig [*o* vollkommen] klar; **it's all ~ to me now** jetzt ist mir alles sonnenklar; **the evidence is now ~** der Beweis liegt nun ganz klar auf der Hand; **she made it ~ that ...** sie stellte unmissverständlich klar, dass ... **'crys·tal-gaze** *vi* hellsehen

crys·tal·line ['krɪstəlaɪn] *adj inv* ❶ CHEM kristallin ❷ (*liter: crystal clear*) kristallklar, klar wie ein Kristall

crys·tal·li·za·tion [ˌkrɪstəlaɪ'zeɪʃən, AM -lɪ'-] *n no pl* CHEM Kristallisierung *f*, Kristallisation *f*

crys·tal·lize ['krɪstəlaɪz] **I.** *vi* CHEM kristallisieren; *feelings* fassbar [*o* greifbar] werden **II.** *vt* ■**to ~ sth** etw herausbilden [*o* herauskristallisieren]; **the event helped to ~ my thoughts** das Ereignis half mir, meine Gedanken zu ordnen

crys·tal·lized 'fruit *n* kandierte Frucht

c-sec·tion ['siːˌsekʃən] *n* MED Kaiserschnitt *m*

CSIS [ˌsiːesaɪ'es] *n abbrev of* **Canadian Security Intelligence Service** ≈ BND *m*, *Geheimdienst Kanadas*

cub [kʌb] *n* ❶ ZOOL Junge[s] *nt;* **a bear/wolf ~** ein Bären-/

Wolfsjunge[s] *nt;* **a lion/tiger** ~ ein Löwen-/Tigerbaby *nt* ❷ (*cub scout*) Wölfling *m*

Cuba ['kju:bə] *n* Kuba *nt*

Cu·ban ['kju:bən] **I.** *adj* kubanisch **II.** *n* Kubaner(in) *m(f)*

cubby·hole ['kʌbihəʊl, AM -hoʊl] **I.** *n* Kämmerchen *nt,* Kabäuschen *nt* DIAL, [winziges] Kabuff DIAL *oft pej* **II.** *n modifier* winzig

cube [kju:b] **I.** *n* ❶ (*shape*) Würfel *m,* Kubus *m fachspr;* **ice** ~ Eiswürfel *m* ❷ MATH Kubikzahl *f,* dritte Potenz **II.** *vt* ■**to** ~ **sth** ❶ FOOD etw in Würfel schneiden; **to** ~ **the meat/potatoes** das Fleisch/die Kartoffeln in Würfel schneiden [*o* würfeln] ❷ MATH etw hoch drei nehmen; **2** ~**d equals 8** 2 hoch 3 ist 8

'cube farm *n* (*sl*) Großraumbüro *nt* mit Trennwänden **cube 'root** *n* MATH Kubikwurzel *f;* **the** ~ **of 125 is 5** die Kubikwurzel von 125 ist 5

cub·ic ['kju:bɪk] *adj* ❶ *attr, inv* MATH Kubik-; ~ **centimetre/foot/metre** Kubikzentimeter/-fuß/-meter *m* ❷ (*cube-shaped*) kubisch *fachspr,* würfelförmig

cub·ic ca·'pac·ity *n* MATH Kubikinhalt *m*

cu·bi·cle ['kju:bɪkl̩] *n* ❶ (*changing room*) [Umkleide]kabine *f* ❷ (*sleeping compartment*) winziges Schlafzimmer, Schlafzelle *f;* (*tiny room*) Zelle *f*

cub·ism ['kju:bɪzᵊm] *n no pl* ART Kubismus *m*

cub·ist ['kju:bɪst] ART **I.** *n* Kubist(in) *m(f)* **II.** *adj* kubistisch

cu·bit ['kju:bɪt] *n* HIST Elle *f hist*

cu·boid ['kju:bɔɪd] *adj* quaderförmig

cub re·'port·er *n* Nachwuchsreporter(in) *m(f);* (*trainee*) Volontär(in) *m(f)* bei einer Zeitung **cub 'scout** *n* Wölfling *m*

cuck·old ['kʊkəʊld, AM -oʊld] (*pej dated*) **I.** *n* gehörnter Ehemann, Hahnrei *m veraltend* **II.** *vt* ■**to** ~ **sb** jdn betrügen [*o veraltend* zum Hahnrei machen], jdm Hörner aufsetzen

cuckoo ['kʊku:, AM *also* 'ku:ku:] **I.** *n* ORN Kuckuck *m* **II.** *adj* (*fam*) übergeschnappt *fam;* **you must be** ~ du musst doch völlig bekloppt sein *fam;* **to go** ~ überschnappen *fam*

'cuckoo clock *n* Kuckucksuhr *f* **'cuckoo spit** *n no pl* ZOOL Kuckucksspeichel *m*

cu·cum·ber ['kju:kʌmbəʳ, AM -ɚ] *n* [Salat]gurke *f* ▶ PHRASES: **to be** [**as**] **cool as a** ~ (*fam*) immer einen kühlen Kopf behalten, die Ruhe weg haben *fam*

cud [kʌd] *n no pl* wiedergekäutes Futter; **to chew the** ~ wiederkäuen ▶ PHRASES: **to chew the** ~ (*fam*) sinnieren

cud·dle ['kʌdl̩] **I.** *n* [liebevolle] Umarmung, Liebkosung *f;* **to need plenty of** ~**s** sehr viel Zärtlichkeit brauchen; **to give sb a** ~ jdn umarmen; **come here and give me a** ~ komm her und drück mich ganz fest **II.** *vt* ■**to** ~ **sb/sth** jdn/etw liebkosen [*o fam* knuddeln] **III.** *vi* kuscheln

◆**cuddle up** *vi* (*fam*) sich *akk* aneinanderkuscheln; ■**to** ~ **up to sb** sich *akk* an jdn kuscheln [*o* schmiegen]

cud·dly ['kʌdli] *adj* (*approv*) knuddelig *fam*

cud·dly 'toy *n* BRIT, AUS Schmusetier *nt*

cud·gel ['kʌdʒᵊl] **I.** *n* Knüppel *m;* **guards armed with** ~**s** mit Polizeiknüppeln bewaffnete Wachposten ▶ PHRASES: **to take up** [**the**] ~**s for/against sb/sth** BRIT, AUS für/gegen jdn/etw eine Lanze brechen **II.** *vt* <BRIT -ll- *or* AM *usu* -l-> ■**to** ~ **sb** jdn niederknüppeln; ■**to** ~ **sb into doing sth** (*fig*) jdn zu etw *dat* zwingen ▶ PHRASES: **to** ~ **one's brains** sich *dat* das Hirn zermartern

cue [kju:] **I.** *n* ❶ THEAT Stichwort *nt;* (*fig a.*) Signal *nt,* Zeichen *nt;* **to miss one's** ~ sein Stichwort verpassen; **to take one's** ~ **from sb** (*follow sb's example*) jds Beispiel *nt* folgen; (*follow sb's advice*) jds Zeichen *nt* Folge leisten; **to take one's** ~ **from sth** sich *akk* von etw *dat* inspirieren lassen ❷ (*in billiards, snooker*) Queue *nt* ÖSTERR *a. m fachspr,* Billardstock *m* ▶ PHRASES: [**right**] **on** ~ wie gerufen **II.** *vt* ■**to** ~ **in sb** [*or* **to** ~ **sb in**] jdm das Stichwort geben

'cue ball *n* (*in billiards, snooker*) Billardkugel *f* **'cue card** *n* TV Neger *m fachspr*

cuff [kʌf] **I.** *n* ❶ FASHION (*of sleeve*) Manschette *f;* **I rolled back my** ~**s** ich krempelte die Ärmel hoch ❷ AM, AUS FASHION (*of trouser leg*) [Hosen]aufschlag *m* ❸ (*blow*) Klaps *m fam* ❹ (*fam*) LAW ■~**s** *pl* Handschellen *fpl;* **get the** ~**s on him!** legen Sie ihm [die] Handschellen an! ▶ PHRASES: **off the** ~ aus dem Stegreif **II.** *vt* ■**to** ~ **sb** ❶ (*strike*) jdm einen Klaps geben *fam* ❷ (*fam: handcuff*) jdm Handschellen anlegen; **with his hands** ~**ed behind his back** mit auf dem Rücken gefesselten Händen

cuffed [kʌft] *adj inv* AM FASHION Stulpen-; ~ **trousers** Hose *f* mit Aufschlag

'cuff link *n* Manschettenknopf *m*

cui·rass [kwɪ'ræs] *n* HIST Kürass *m,* Brustharnisch *m*

cui·sine [kwɪ'zi:n] *n no pl* Küche *f*

cul-de-sac <*pl* -s *or* culs-de-sac> ['kʌldəsæk] *n* (*a. fig*) Sackgasse *f a. fig;* **to come to a** ~ [**with sth**] [bei etw *dat*] in eine Sackgasse geraten

culi·nari·ly [ˌkʌlɪ'neərᵊli, AM -'ner-] *adv* kulinarisch

culi·nary ['kʌlɪnᵊri, AM -leneri] *adj inv* kulinarisch; ~ **delights** kulinarische Köstlichkeiten; ~ **equipment** Küchengeräte *ntpl;* ~ **implements** Kochutensilien *ntpl*

cull [kʌl] **I.** *vt* ❶ (*kill*) ■**to** ~ **an animal** ein Tier erlegen (*um den Bestand zu reduzieren*) ❷ (*select*) ■**to** ~ **sth** etw herausfiltern [*o* auswählen] **II.** *n* Abschlachten *nt kein pl;* (*fig*) Abschuss *m kein pl*

cul·let ['kʌlɪt] *n no pl* Glasbruch *m*

culm [kʌlm] *n* BOT Halm *m*

cul·mi·nate ['kʌlmɪneɪt] *vi* ■**to** ~ **in sth** in etw *dat* gipfeln; **their many years of research have finally** ~**d in a cure for the disease** ihre jahrelangen Forschungen haben mit der Entdeckung eines Heilmittels für die Krankheit ihren Höhepunkt erreicht

cul·mi·na·tion [ˌkʌlmɪ'neɪʃᵊn] *n no pl* Höhepunkt *m*

cu·lottes [kju:'lɒts, AM ku:'lɑ:ts] *npl* Hosenrock *m;* ■**a pair of** ~ ein Hosenrock *m*

cul·pa·bil·ity [ˌkʌlpə'bɪləti, AM -əṭi] *n no pl* (*form*) Schuld *f;* **to accept** ~ die Schuld auf sich *akk* nehmen

cul·pable ['kʌlpəbl̩] *adj* (*form*) schuldig; **to hold sb** ~ **for sth** jdm die Schuld an etw *dat* geben

cul·pable 'homi·cide *n no pl* LAW Totschlag *m;* **to charge sb with** ~ jdn wegen Totschlags anklagen; **to convict sb of** ~ jdn wegen Totschlags verurteilen **cul·pable 'neg·li·gence** *n no pl* LAW grobe Fahrlässigkeit

cul·prit ['kʌlprɪt] *n* Schuldige(r) *f(m),* Täter(in) *m(f);* (*hum*) Missetäter(in) *m(f)*

cult [kʌlt] *n* ❶ (*sect*) Kult *m,* Sekte *f;* **religious** ~ religiöse Sekte ❷ (*fig: fad*) Kult *m;* **fitness** ~ Fitnesskult *m;* **personality** ~ Personenkult *m*

'cult fig·ure *n* Kultfigur *f* **cult 'fol·low·ing** *n* Fangemeinde *f,* Anhängerschaft *f*

cul·ti·vate ['kʌltɪveɪt, AM -tə-] *vt* ❶ AGR (*grow*) ■**to** ~ **sth** etw anbauen; **to** ~ **crops** Getreide anbauen; **to** ~ **vegetables** Gemüse anbauen [*o* ziehen] ❷ AGR (*till*) **to** ~ **the land** das Land bestellen ❸ (*fig form*) ■**to** ~ **sth** etw entwickeln; **to** ~ **an accent** einen Akzent pflegen; **to** ~ **a career** eine Karriere fördern; **to** ~ **contacts/relationships** Kontakte/Beziehungen pflegen; **to** ~ **one's mind** seine geistigen Fähigkeiten steigern; **to** ~ **sb's mind** jdn geistig fördern; **to** ~ **one's reputation** etwas für seinen guten Ruf tun; **to** ~ **sb's talent** jds Talent *nt* fördern

cul·ti·vat·ed ['kʌltɪveɪtɪd, AM -təveɪṭɪd] *adj* ❶ AGR *field* bestellt; *land, soil also* kultiviert, bebaut ❷ (*fig*) kultiviert, gebildet

cul·ti·va·tion [ˌkʌltɪ'veɪʃᵊn, AM -tə'-] *n no pl* AGR *of crops, vegetables* Anbau *m; of land* Bebauung *m,* Bestellung *m;* **to bring land under** ~ Land bebauen [*o* kultivieren]

cul·ti·va·tor ['kʌltɪveɪtəʳ, AM -təveɪṭɚ] *n* AGR ❶ (*machine*) Kultivator *m fachspr,* Grubber *m fachspr* ❷ (*person*) Landwirt(in) *m(f)*

cul·tur·al ['kʌltʃᵊrᵊl] *adj* kulturell; ~ **stereotype** Klischee *nt;*

~ **anthropology** Kulturanthropologie *f;* ~ **attaché** Kulturattaché *m;* ~ **backwater** [*or* **desert**] Kulturwüste *f;* **this town's a bit of a ~ desert!** in dieser Stadt ist kulturell überhaupt nichts los!; ~ **cringe** BRIT, AUS *Minderwertigkeitskomplex aufgrund kultureller Unterlegenheitsgefühle;* ~ **exchange** Kulturaustausch *m;* ~ **interest** Interesse *nt* für Kunst und Kultur; ~ **revolution** Kulturrevolution *f*

cul·tur·al·ly [ˈkʌltʃᵊrᵊli] *adv* kulturell, in kultureller Hinsicht; ~ **diverse** multikulturell

cul·ture [ˈkʌltʃəʳ, AM -tʃɚ] **I.** *n* ❶ SOCIOL Kultur *f* ❷ *no pl* ART, LIT, MUS Kultur *f,* Bildung *f;* **person of ~** kultivierter Mann/kultivierte Frau ❸ BIOL Zucht *f,* Züchtung *f;* (*of micro-organisms*) Kultur *f;* **silkworm ~** Seidenraupenzucht *f;* **to grow a ~** eine [Bakterien]kultur anlegen **II.** *vt* BIOL **to ~ cells/micro-organisms** Zellen/Mikroorganismen züchten

cul·tured [ˈkʌltʃəd, AM -tʃɚd] *adj* kultiviert

cul·tured ˈpearl *n* Zuchtperle *f*

ˈcul·ture gap *n große Kluft zwischen verschiedenen Bevölkerungsgruppierungen bedingt durch einen unterschiedlichen Lebensstil;* **there's a ~ between many teenagers and their parents** viele Teenager haben völlig andere Vorstellungen als ihre Eltern **ˈcul·ture shock** *n* Kulturschock *m;* **to go through ~** einen Kulturschock erleben; **to suffer from ~** einen Kulturschock haben **ˈcul·ture vul·ture** *n* BRIT (*pej fam*) [Kunst- und] Kulturfreak *m fam*

cul·vert [ˈkʌlvət, AM -vɚt] *n* (*for cable*) unterirdische Leitung; (*for stream, drain*) Durchlass *m*

cum [kʌm, kʊm] *prep* ❶ FIN ~ **dividend** mit Dividende ❷ (*combined with*) **a playroom-~-study** ein Spiel- und Lernzimmer *nt*

cum·ber·some [ˈkʌmbəsəm, AM -bɚ-] *adj,* **cum·brous** [ˈkʌmbrəs] *adj luggage* unhandlich, sperrig; *clothing* unbequem; *style of writing* schwerfällig, umständlich; **it's rather ~ having to carry all these cases around** es ist wirklich beschwerlich, all diese Kisten herumschleppen zu müssen; **a ~ old computer** ein langsamer alter Computer

cum·in [ˈkʌmɪn, ˈkjuː-] *n no pl* Kreuzkümmel *m*

ˈcum·in seed *n* Kreuzkümmelsamen *m*

cum·mer·bund [ˈkʌməbʌnd] *n* FASHION Kummerbund *m*

cu·mu·la·tive [ˈkjuːmjələtɪv, AM -t̬-] *adj* gesamt, kumulativ *geh;* ~ **evidence** LAW Häufung *f* von Beweismitteln; **the ~ evidence was overwhelming** die Fülle an Beweismaterial war überwältigend; ~ **total** Gesamtbetrag *m*

cu·mu·lo·nim·bus <*pl* -bi> [ˌkjuːmjələʊˈnɪmbəs, AM -loʊˈ] *n* METEO Kumulonimbus *m fachspr*

cu·mu·lus <*pl* -li> [ˈkjuːmjələs, *pl* liː] *n* METEO Kumulus *m fachspr,* Haufenwolke *f*

cu·nei·form [ˈkjuːnɪfɔːm, AM -nəfɔːrm] *adj inv* keilförmig; LING Keil-; ~ **characters** Keilschriftzeichen *ntpl;* ~ **writing** Keilschrift *f*

cun·ni·lin·gus [ˌkʌnɪˈlɪŋgəs] *n no pl* Cunnilingus *m*

cun·ning [ˈkʌnɪŋ] **I.** *adj* ❶ (*ingenious*) *idea* clever, raffiniert; *person also* schlau, gerissen; *device* ausgeklügelt; **it was ~ of the managing director to ...** es war ziemlich clever von dem Geschäftsführer, ...; **to develop ~ defences** raffinierte Schutzmechanismen entwickeln; **a ~ look** ein listiger Blick; **a ~ plan** ein gerissener Plan ❷ AM (*cute*) süß, niedlich ▶ PHRASES: **to be as ~ as a <u>fox</u>** ein schlauer Fuchs sein **II.** *n no pl* (*ingenuity*) Cleverness *f,* Gerissenheit *f fam;* **to show a bit of ~** sich *akk* klug anstellen

cun·ning·ly [ˈkʌnɪŋli] *adv* (*slyly*) schlau; (*ingeniously*) geschickt, clever, raffiniert

cunt [kʌnt] *n* (*vulg*) ❶ (*pej!: person*) Arsch *m vulg;* **you [stupid] ~!** du blöde Sau! *derb* ❷ (*vagina*) Möse *f sl,* Fotze *f vulg*

cup [kʌp] **I.** *n* ❶ (*container*) Tasse *f;* **coffee/tea ~** Kaffee-/Teetasse *f;* **a cup of chocolate/coffee/tea** eine Tasse Schokolade/Kaffee/Tee; **egg ~** Eierbecher *m;* **paper/plastic ~** Papp-/Plastikbecher *m* ❷ *esp* AM (*measure*) *0,237 l;* **a ~ of flour/water** eine Tasse [voll] Mehl/Wasser ❸ SPORTS (*trophy*) Pokal *m;* (*championship*) Cup *m;* **the Davis C~** der Daviscup; **to play in the C~** an einem Pokalwettbewerb teilnehmen; **to win a ~** einen Pokal gewinnen, Pokalsieger werden; **to win the World C~** den Weltcup gewinnen, Weltmeister werden ❹ REL (*chalice*) Kelch *m* ❺ BOT Kelch *m; of an acorn* Fruchtbecher *m* ❻ FASHION (*part of bra*) Körbchen *nt;* (*size*) Körbchengröße *f;* **A/B/C ~** Körbchengröße [*o* Cup] A/B/C ❼ AM SPORTS Unterleibsschutz *m,* Schutz *m* für die Genitalien ❽ *no pl* (*drink*) Punsch *m* ▶ PHRASES: **that's [just]/not my ~ of <u>tea</u>** (*fam*) das ist genau/nicht gerade mein Fall **II.** *vt* <-pp-> **to ~ one's hands** mit den Händen eine Schale bilden; **she ~ped her hands around her mug** sie legte die Hände um den Becher; **"Hallo!" he shouted, with his hands ~ped around his mouth** „hallo!" rief er und legte dabei die Hände trichterförmig um den Mund; **to ~ sth in one's hands** etw in der hohlen Hand halten; **she ~ped her chin in her hands** sie stützte das Kinn in die Hand

cup·board [ˈkʌbəd, AM -ɚd] *n* (*for clothing*) Schrank *m,* Kasten *m* ÖSTERR; **I'm afraid the ~ is bare** (*for food*) ich fürchte, der [Vorrats]schrank ist leer; **kitchen ~** Küchenschrank *m;* **built-in ~** Einbauschrank *m*

ˈcup·board love *n no pl* BRIT Geschmeichel *nt meist pej* **ˈcup·board space** *n no pl* Stauraum *m*

ˈcup·cake *n* rundes Küchlein (*Muffin aus Rührteig*) **cup ˈfi·nal** *n* Pokalendspiel *nt,* Cupfinale *nt*

cup·ful <*pl* -s *or esp* AM cupsful> [ˈkʌpfʊl] *n* Tasse *f* (*0,237 l*)

ˈcup hold·ers *npl* Titelverteidiger *m*

cu·pid [ˈkjuːpɪd] *n* Putte *f;* (*winged*) Amorette *f;* **C~** Amor *m*

cu·pid·ity [kjuːˈpɪdəti, AM -ət̬i] *n no pl* Habgier *f*

cu·po·la [ˈkjuːpᵊlə] *n* ARCHIT Kuppel *f*

cup·pa [ˈkʌpə] *n esp* BRIT (*fam*) Tasse *f* Tee

ˈcup tie *n* Pokalspiel *nt* **ˈcup-tied** *adj inv* BRIT FBALL gesperrt

cur [kɜːʳ, AM kɜr] *n* (*liter or pej*) ❶ (*dog*) [gefährlicher] Köter *pej* ❷ (*person*) Kanaille *f pej,* fieser Hund *pej fam*

cur·abil·ity [ˌkjʊərəˈbɪləti, AM ˌkjʊrəˈbɪlət̬i] *n no pl* Heilbarkeit *f*

cur·able [ˈkjʊərəbl̩, AM ˈkjʊr-] *adj* heilbar

cu·ra·çao [ˈkjʊərəsaʊ, AM ˈkjʊrəsoʊ] *n no pl* Curaçao *m*

cu·ra·re [kjʊ(ə)ˈrɑːri, AM kjʊˈrɑːri] *n no pl* Kurare *nt*

cu·rate [ˈkjʊərət, AM ˈkjʊr-] *n* REL Kurat *m,* Hilfsgeistlicher *m* ▶ PHRASES: **that film was a bit of a ~'s <u>egg</u>** streckenweise war der Film gar nicht so schlecht

cu·ra·tive [ˈkjʊərətɪv, AM ˈkjʊrət̬ɪv] *adj* heilend, kurativ *fachspr;* ~ **medicine** Heilmittel *nt*

cu·ra·tor [kjʊəˈreɪtəʳ, AM kjʊˈreɪt̬ɚ] *n* Konservator(in) *m(f) geh*

curb [kɜːb, AM kɜːrb] **I.** *vt* ❶ (*restrain an animal*) **to ~ one's dog** AM seinen Hund an der Leine führen; **to ~ a horse** ein Pferd zügeln ❷ (*control*) ■**to ~ sth** etw zügeln; **I'm having a tough time ~ing my appetite for sweets** es fällt mir schwer, meinen Appetit auf Süßigkeiten zu bremsen; **she couldn't ~ her passion** sie konnte ihre Leidenschaft nicht im Zaum halten; **to ~ one's anger/impatience/temper** seinen Zorn/seine Ungeduld/sein Temperament zügeln; **to ~ the arms race** das Wettrüsten begrenzen; **to ~ expenditure** [*or* **expenses**] die Ausgaben senken [*o* reduzieren]; **to ~ inflation** die Inflation bremsen; **to ~ tax evasion** die Steuerhinterziehung eindämmen ❸ (*hinder*) ■**to ~ sth** etw aufhalten **II.** *n* ❶ (*control*) Beschränkung *f,* Einschränkung *f;* **to keep a ~ on sth** etw im Zaum [*o* in Schranken] halten; **to put a ~ on sth** etw zügeln; **to put a ~ on one's enthusiasm** seine Begeisterung zügeln ❷ (*of harness*) Kandare *f* ❸ AM (*kerb*) Randstein *m*

ˈcurb cut *n* AM (*dropped kerb*) abgeschrägter Randstein **ˈcurb·side** AM **I.** *n no pl* (*kerbside*) Bordsteinkante *f* **II.** *adj attr, inv* (*kerbside*) Bordstein- **ˈcurb·stone** *n* AM (*kerbstone*) Randstein *m,* Bordstein *m* **curd cheese** *n no pl esp* BRIT Quark *m,* Topfen *m* ÖSTERR

cur·dle [kɜːdl̩, AM kɜːrdl] **I.** *vi milk* gerinnen; *flour* klumpen; *liquid* stocken ▶ PHRASES: **to make sb's <u>blood</u> ~** jdm das Blut in den Adern gerinnen [*o* stocken] lassen **II.** *vt* ■**to ~ sth** etw gerinnen lassen ▶PHRASES: **to ~ sb's blood** jdn zu Tode erschrecken; **the strange sound ~d his blood** der seltsame Laut ließ ihm das Blut in den Adern gefrieren

curds [kɜːdz, AM kɜːrdz] *npl* geronnene [*o* dicke] Milch

cure [kjʊəʳ, AM kjʊr] **I.** *vt* ❶ (*heal*) ■**to ~ sb [of sth]** jdn [von etw *dat*] heilen [*o* kurieren] *a. fig;* **she's had great success curing her patients** sie hat große Heilungserfolge bei ihren Patienten erzielt; *cancer* besiegen; **to ~ sb of a disease/an illness** jdn von einer Krankheit heilen ❷ (*preserve food*) ■**to ~ sth** etw haltbar machen; (*by smoking*) etw räuchern; (*by salting*) etw pökeln; (*by drying*) etw trocknen; (*using vinegar*) etw in Essig einlegen ▶PHRASES: **what can't be ~d must be endured** (*saying*) was hilft's, wir können [ja doch] nichts dran ändern **II.** *n* ❶ (*remedy*) [Heil]mittel *nt;* **there is no known ~ for this disease** gegen diese Krankheit gibt es kein Mittel; **the best ~ for boredom is hard work!** das beste Mittel gegen Langeweile ist harte Arbeit!; **to search** [*or* **look**] **for a ~ [for a disease]** nach einem Mittel [gegen eine Krankheit] suchen ❷ *no pl* (*recovery*) Heilung *f;* (*fig: solution*) Lösung *f;* **she was beyond ~** ihr war nicht mehr zu helfen

'cure-all I. *n* Allheilmittel *nt* (**for** gegen +*akk*) **II.** *adj* Allheil-; **a ~ wonder drug** ein Wundermittel *nt* gegen alles

cured ham *n* gepökelter Schinken

cur·few ['kɜːfjuː, AM 'kɜːr-] *n* Ausgangssperre *f;* **what time is the ~?** wann ist Sperrstunde?; **to break the ~** sich *akk* nicht an die Ausgangssperre halten; **to impose** [*or* **enforce**]/**lift** [*or* **end**] **a ~** eine Ausgangssperre verhängen/aufheben

Cu·ria ['kjʊəriə, AM 'kjʊri-] *n* REL Kurie *f*

cu·rie ['kjʊəri, AM 'kjʊri] *n* PHYS Curie *nt*

cu·rio ['kjʊəriəʊ, AM 'kjʊrioʊ] *n* Kuriosität *f*

cu·ri·os·ity [ˌkjʊəri'ɒsəti, AM ˌkjʊri'ɑːsəţi] *n* ❶ *no pl* (*desire to know*) Wissbegier[de] *f,* Neugier[de] *f;* **to arouse** [*or* **develop**] [*or* **excite**] **sb's ~** jds Neugier[de] *f* wecken; **to burn with/die of** [*or* **with**] **~** vor Neugier brennen/fast umkommen *fam;* **to satisfy sb's ~** jds Neugier[de] *f* befriedigen; **out of** [*or* **from**] **~** aus Neugier ❷ (*object*) Kuriosität *f;* **cars like mine are curiosities nowadays** solche Wagen wie meiner sind heutzutage eine Rarität ▶PHRASES: **~ killed the cat** (*prov*) wer wird denn so neugierig sein?

cu·ri·'os·ity value *n no pl* Seltenheitswert *m*

cu·ri·ous ['kjʊəriəs, AM 'kjʊri-] *adj* ❶ (*inquisitive*) neugierig, wissbegierig; **to be ~ to see sb/sth** neugierig [*o* gespannt] darauf sein, jdn/etw zu sehen; ■**to be ~ as to** [*or* **about**] **sth** neugierig auf etw *akk* sein; **I was extremely ~ as to how they met** ich wollte zu gerne wissen, wie sie sich kennen gelernt haben ❷ (*peculiar*) seltsam, merkwürdig, eigenartig; **a ~ thing happened to me yesterday** gestern ist mir etwas ganz Komisches passiert; **how ~!** wie seltsam!; **what a ~ sight!** welch ein seltsamer Anblick; **he's a ~ sort** er ist schon ein komischer Kauz

cu·ri·ous·ly ['kjʊəriəsli, AM 'kjʊri-] *adv* ❶ (*with curiosity*) neugierig, wissbegierig ❷ (*strangely*) seltsamerweise, merkwürdigerweise

curl [kɜːl, AM kɜːrl] **I.** *n* ❶ (*loop of hair*) Locke *f;* **to fall in ~s** in Locken herabfallen ❷ *no pl* (*curliness*) Welligkeit *f,* Wellung *f;* **to have a natural ~** Naturlocken haben ❸ (*spiral*) Kringel *m;* **~s of smoke** Rauchkringel *mpl* ❹ SPORTS Hantelübung *f* **II.** *vi* ❶ (*of hair*) sich *akk* locken [*o* kräuseln]; **does your hair ~ naturally?** hast du Naturlocken? ❷ (*of a leaf*) sich *akk* einrollen ❸ (*of a plant*) sich *akk* winden [*o* schlingen]; **some plants ~ round tree trunks** einige Pflanzen ranken sich um Baumstämme ❹ (*of a river*) ■**to ~ [through sth]** sich *akk* [durch etw *akk*] schlängeln ❺ (*of lips*) sich *akk* [spöttisch] kräuseln; **her lip ~ed at what he said** bei seinen Worten schürzte sie verächtlich die Lippen **III.** *vt* ❶ **to ~ one's hair** sich *dat* Locken drehen ❷ **to ~ one's lip** [verächtlich] die Lippen schürzen [*o* kräuseln] ❸ **to ~ one's toes** die Zehen einziehen ❹ **to ~ oneself into a ball** sich *akk* zusammenrollen ❺ (*wrap*) ■**to ~ sth [round sth]** etw [um etw *akk*] herumwickeln; **a new baby will automatically ~ its fingers round any object it touches** ein Neugeborenes umklammert automatisch alle Objekte, die es berührt

◆**curl up** *vi* ❶ *leaf* sich *akk* einrollen; *animal, person also* sich *akk* zusammenrollen; *paper* sich *akk* wellen; **to ~ up in an armchair/in bed** sich in einen Sessel/ins Bett kuscheln ❷ BRIT (*with laughter*) sich *akk* vor Lachen biegen [*o* krümmen] ▶PHRASES: **to ~ up and die** am liebsten im Erdboden versinken wollen

curl·er ['kɜːləʳ, AM 'kɜːrlɚ] *n* Lockenwickler *m*

cur·lew ['kɜːljuː, AM 'kɜːrluː] *n* ORN Brachvogel *m*

cur·li·cue ['kɜːlɪkjuː, AM 'kɜːr-] *n* Schnörkel *m*

cur·li·ness ['kɜːlɪnəs, AM 'kɜːr-] *n no pl* Welligkeit *f*

curl·ing ['kɜːlɪŋ, AM 'kɜːr-] *n no pl* SPORTS Curling *nt fachspr,* Eisstockschießen *nt;* **~ stone** Puck *m*

'curl·ing iron *n,* **'curl·ing tongs** *npl* Lockenstab *m,* Brennschere *f veraltend*

curly ['kɜːli, AM 'kɜːr-] *adj leaves* gewellt, gekräuselt; *hair also* lockig

'curly kale *n no pl* Grünkohl *m*

cur·rant ['kʌrᵊnt, AM 'kɜːr-] *n* ❶ (*dried grape*) Korinthe *f;* **~ bun** Korinthenbrötchen *nt* ❷ (*berry*) Johannisbeere *f,* Ribisel *f* ÖSTERR; **~ bush** Johannisbeerstrauch *m,* Ribiselstrauch *m* ÖSTERR

cur·ren·cy ['kʌrᵊn(t)si, AM 'kɜːr-] *n* ❶ (*money*) Währung *f;* **the world's major currencies** die wichtigsten Währungen der Welt; **~ declaration** Deklaration *f* des mitgeführten Bargelds; **to buy/sell a ~** Geld [einer anderen Währung] kaufen/verkaufen; **to exchange ~** Geld [um]tauschen; **[foreign] ~** Devisen *pl,* Valuta *pl* ❷ *no pl* (*acceptance*) [weite] Verbreitung *f,* Geläufigkeit *f;* **to enjoy wide ~** weit verbreitet sein; **to gain ~** sich *akk* verbreiten, um sich *akk* greifen; **to have ~** verbreitet [*o* geläufig] sein

cur·rent ['kʌrᵊnt, AM 'kɜːr-] **I.** *adj* jetzig, gegenwärtig; *periodical* aktuell; **~ assets** ECON Umlaufvermögen *nt;* **to dress according to the ~ fashion** sich *akk* modisch kleiden; **the ~ issue** die letzte [*o* aktuelle] Ausgabe; **~ liabilities** ECON laufende Verbindlichkeiten; **in ~ use** gebräuchlich; **the ~ vogue** die aktuelle [*o* herrschende] Mode; **the ~ year** dieses Jahr; **the ~ yield** der derzeitige Ertrag **II.** *n* ❶ (*of air, water*) Strömung *f;* **~ of air** Luftströmung *f;* **ocean ~s** Meeresströmungen *fpl;* **to swim against/with the ~** gegen/mit dem Strom schwimmen *a. fig* ❷ ELEC Strom *m* ❸ (*fig: tendency*) Tendenz *f,* Trend *m;* **the ~ of events** der Strom der Ereignisse; **~ of fashion** Modetrend *m;* **the ~ of opinion** der Meinungstrend; **to drift** [*or* **go**] [*or* **swim**] **with the ~** mit dem Strom schwimmen

cur·rent ac·'count *n* BRIT Girokonto *nt* **cur·rent af·'fairs** *n,* **cur·rent e'vents** *npl* POL Zeitgeschehen *nt kein pl*

cur·rent·ly ['kʌrᵊntli, AM 'kɜːr-] *adv inv* zurzeit, gegenwärtig, momentan

cur·ricu·lum <*pl* -la> [kə'rɪkjələm, *pl* -lə] *n* Lehrplan *m;* **to be on the ~** auf dem Lehrplan stehen

cur·ricu·lum vi·tae <*pl* -s *or* curricula vitae> [-'viːtaɪ] *n* Lebenslauf *m*

cur·ried ['kʌrid, AM 'kɜːrid] *adj inv* Curry-; **~ fish** Fisch *m* mit Curry[soße]

cur·ry¹ ['kʌri, AM 'kɜːri] **I.** *n* Curry *nt o m,* Currygericht *nt;* **beef/lamb/vegetable ~** Rindfleisch-/Lamm-/Gemüsecurry *nt o m;* **chicken ~** Curryhuhn *nt;* **~ paste** Currypaste *f;* **~ powder** Currypulver *nt;* **hot/medium/mild ~** scharfes/mittelscharfes/mildes Curry **II.** *vt* <-ie-> ■**to ~ sth** etw als Curry zubereiten

cur·ry² <-ie-> ['kʌri, AM 'kɜːri] *vt* **to ~ a horse** ein Pferd striegeln ▶PHRASES: **to ~ favour [with sb]** sich *akk* [bei jdm] einschmeicheln [*o* lieb Kind machen] [wollen]

'cur·ry-comb *n* Striegel *m*

curse [kɜːs, AM kɜːrs] **I.** *vi* fluchen; **cursing and swearing** schimpfend und fluchend **II.** *vt* ■**to ~ sb/sth** ❶ (*swear at*) jdn/etw verfluchen; (*fig*) **I could ~ her for losing my key!** ich könnte sie auf den Mond schießen, weil sie meinen Schlüssel verloren hat! *fam* ❷ (*put a magic spell on*) jdn/etw verwünschen, einen Fluch über jdn/etw aussprechen; **it seemed as if his family had been ~d** es war, als ob ein Fluch auf seiner Familie lastete; (*dated fam*) **~ this dreadful traffic!** dieser vermaledeite Verkehr aber auch! *veraltend fam* **III.** *n* ❶ (*swear word*) Fluch *m;* **he let out a blaring ~** er fluchte ganz fürchterlich; **with a ~** fluchend ❷ (*magic spell*) Fluch *m;* **to put a ~ on sb** [*or* **to put sb under a ~**] jdn verwünschen, einen Fluch über jdn aussprechen ❸ (*cause of misery*) Fluch *m,* Plage *f* ❹ (*hum fam: menstruation*) **to have the ~** seine Tage haben *fam*

curs·ed[1] [ˈkɜːsɪd, AM ˈkɜːr-] *adj attr* (*annoying*) verflucht *pej fam,* verdammt *pej fam*

curs·ed[2] [kɜːst, AM kɜːrst] *adj* ❶ (*hum: under a curse*) verhext, verflucht *pej fam* ❷ (*fig: afflicted*) ■**to be ~ with sth** mit etw *dat* geschlagen sein; **I get the feeling I'm ~ with bad luck** so langsam habe ich das Gefühl, ich werde vom Pech verfolgt

cur·sive [ˈkɜːsɪv, AM ˈkɜːr-] *adj inv* LIT kursiv; **~ writing** Kursivschrift *f*

cur·sor [ˈkɜːsəʳ, AM ˈkɜːrsɚ] *n* COMPUT Cursor *m*

cur·so·ri·ly [ˈkɜːsᵊrᵊli, AM ˈkɜːr-] *adv glance* flüchtig; **perhaps you could at least examine it ~?** vielleicht könnten Sie zumindest einmal einen kurzen Blick darauf werfen?

cur·sory [ˈkɜːsᵊri, AM ˈkɜːr-] *adj glance, look* flüchtig; *examination, inspection, remark* oberflächlich

curt [kɜːt, AM kɜːrt] *adj* (*pej*) schroff, barsch; **to give sb a ~ refusal** jdm etw kurzerhand abschlagen; ■**to be ~ with sb** zu jdm kurz angebunden sein

cur·tail [kɜːˈteɪl, AM kɚˈ-] *vt* ■**to ~ sth** ❶ (*reduce*) etw kürzen; **to ~ expenditure** die Ausgaben kürzen; **to ~ output** die Produktion drosseln; **to ~ public spending** die öffentlichen Ausgaben kürzen; **to ~ sb's rights** jds Rechte *pl* beschneiden ❷ (*shorten*) etw verkürzen; **to ~ a holiday** einen Urlaub frühzeitig abbrechen; **to ~ a speech/visit** eine Rede/einen Besuch abbrechen

cur·tain [ˈkɜːtᵊn, AM ˈkɜːr-] **I.** *n* ❶ (*across a window*) Vorhang *m,* Gardine *f;* **floor-length ~s** bodenlange Gardinen; **lace ~s** Tüllgardinen *fpl;* **to draw/open the ~s** die Vorhänge zuziehen/aufziehen ❷ (*fig: screen*) Schleier *m,* Vorhang *m;* **a ~ of rain** eine Regenwand; **a thick ~ of smoke** eine dicke Rauchwand ❸ THEAT (*stage screen*) Vorhang *m;* **the ~ rises** [*or* **goes up**] der Vorhang hebt sich [*o* geht auf]; **the ~ falls** der Vorhang senkt sich [*o* fällt]; **most New York theatres have a 7.30 ~** in den meisten New Yorker Theatern beginnt die Vorstellung um 19.30 Uhr; **the final ~** die letzte Vorstellung ▶ PHRASES: **it'll be ~s for him if he doesn't do what I tell him!** (*fam*) wenn er nicht tut, was ich ihm sage, dann kriegt er aber Probleme! *fam* **II.** *vt* **to ~ a house** ein Haus mit Vorhängen ausstatten; **a ~ed window** ein Fenster *nt* mit Vorhängen

◆**curtain off** *vt* ■**to ~ off** ◌ **sth** etw [durch einen Vorhang] abteilen; **the nurse ~ed off the bed** die Krankenschwester zog einen Vorhang vor das Bett

ˈcur·tain call *n* THEAT Vorhang *m;* **to take a ~** vor den Vorhang treten[, um den Applaus entgegenzunehmen], einen Vorhang bekommen **ˈcur·tain rail** *n* Vorhangschiene *f* **ˈcur·tain rais·er** *n* THEAT [kurzes] Vorspiel **ˈcur·tain rod** *n* Vorhangstange *f* **ˈcur·tain time** *n no pl* THEAT Vorstellungsbeginn *m*

curt·ly [ˈkɜːtli, AM ˈkɜːrt-] *adv* brüsk, barsch, schroff; **to dismiss sb ~** jdn kurzerhand entlassen

curt·ness [ˈkɜːtnəs, AM ˈkɜːrt-] *n no pl* Schroffheit *f,* Barschheit *f*

curt·sey, curt·sy [ˈkɜːtsi, AM ˈkɜːrt-] **I.** *vi* knicksen, einen Knicks machen; ■**to ~ to sb** einen Knicks vor jdm machen, vor jdm knicksen **II.** *n* [Hof]knicks *m;* **to make** [*or* **drop**] [*or* **bob**] **a ~ to sb** einen [Hof]knicks vor jdm machen

cur·va·ceous [kɜːˈveɪʃəs, AM kɜːrˈ-] *adj woman* kurvenreich *hum fam,* üppig *fam*

cur·va·ture [ˈkɜːvətʃəʳ, AM ˈkɜːrvətʃɚ] *n no pl* Krümmung *f;* **the ~ of the earth's surface** die Krümmung der Erdoberfläche; **~ of the spine** Rückgratverkrümmung *f*

curve [kɜːv, AM kɜːrv] **I.** *n* ❶ (*bending line*) *of a figure, vase* Rundung *f,* Wölbung *f; of a road* Kurve *f;* **to make a ~** *road* eine Kurve machen; *river* einen Bogen [*o* eine Biegung] machen; **her ~s** ihre Kurven *hum fam* ❷ MATH Kurve *f* ❸ (*curve ball in baseball*) Effetball *m fachspr* **II.** *vi river, road* eine Kurve machen; *line* eine Kurve beschreiben; **the path ~d upwards and downwards** der Weg schlängelte sich hügelauf und hügelab; **his mouth ~d into a smile** sein Mund verzog sich zu einem Lächeln; **to ~ through the air** in einem hohen Bogen durch die Luft fliegen **III.** *vt* ■**to ~ sth** etw biegen

ˈcurve ball *n* AM (*in baseball*) Effetball *m fachspr;* **to throw sb a ~** (*fig*) jdn überraschen

curved [kɜːvd, AM kɜːrvd] *adj* gebogen, geschwungen; **the ~ line represents the temperature fluctuation** die Kurve zeigt die Temperaturschwankungen; **a ~ surface** eine gewölbte Oberfläche

cur·vi·lin·ear [ˌkɜːvɪˈlɪniəʳ, AM ˌkɜːrvəˈlɪniɚ] *adj* krummlinig; **a flowing ~ design** ein Muster *nt* mit fließenden, unregelmäßigen Formen

curvy [ˈkɜːvi, AM ˈkɜːrvi] *adj* kurvenreich; *line* krumm

cush·ion [ˈkʊʃᵊn] **I.** *n* ❶ (*pillow*) Kissen *nt,* Polster *m* ÖSTERR; **she sank back against** [*or* **into**] **the ~s** sie sank in die Kissen zurück ❷ (*fig: buffer*) Puffer *m,* Polster *nt o* ÖSTERR *a. m;* **a ~ of air** ein Luftkissen *nt,* ein Luftpolster *m* ÖSTERR **II.** *vt* ■**to ~ sth** etw dämpfen; (*fig*) *fall, blow* auffangen, dämpfen

cush·ioned [ˈkʊʃᵊnd] *adj* gepolstert, Polster-; **~ seat** Polsterstuhl *m,* Polstersessel *m*

cushy [ˈkʊʃi] *adj* (*pej fam*) bequem; **a ~ class** eine lockere Stunde *fam;* **a ~ job** ein ruhiger [*o* gemütlicher] Job; **to have a ~ time** sich *dat* kein Bein ausreißen *fam* ▶ PHRASES: **to be on to a ~ number** BRIT eine ruhige Kugel schieben *fam*

cusp [kʌsp] *n* ■**on the ~** an der Schwelle

cus·pi·dor [ˈkʌspədɔːr] *n esp* AM (*spittoon*) Spucknapf *m*

cuss [kʌs] (*fam*) **I.** *vi* fluchen **II.** *n* ❶ (*person*) Kauz *m;* **you're a stupid, stubborn ~!** du bist ein sturer [alter] Esel! *pej fam* ❷ (*curse*) Fluch *m* ▶ PHRASES: **to not give a** [**tinker's**] **~** BRIT keinen Pfifferling drauf geben *fam;* **I don't give a tinker's ~ what she thinks** es ist mir völlig schnuppe, was sie denkt *fam*

cussed [kʌst] *adj* (*pej fam*) ❶ (*stubborn*) stur ❷ (*annoying*) verflucht *pej fam,* verdammt *pej fam*

cuss·ed·ly [ˈkʌsɪdli] *adv* (*pej fam*) ❶ (*stubbornly*) stur ❷ (*annoyingly*) verflucht *pej fam,* verdammt *pej fam*

cuss·ed·ness [ˈkʌsɪdnəs] *n no pl* (*pej fam*) Sturheit *f;* **out of sheer** [*or* **pure**] **~** aus reiner Sturheit

ˈcuss·word *n* (*sl*) Schimpfwort *nt*

cus·tard [ˈkʌstəd, AM -tɚd] *n no pl* FOOD (*sauce*) ≈ Vanillesoße *f;* (*set*) ≈ Vanillepudding *m*

cus·tard ˈpie *n* ❶ FOOD ≈ Vanillecremetorte *f* ❷ FILM, TV *künstliche Sahnetorte, die jdm ins Gesicht geworfen wird* **ˈcus·tard pow·der** *n* BRIT, AUS Puddingpulver *nt* (*mit Vanillegeschmack*) **cus·tard ˈtart** *n* Puddingtörtchen *nt*

cus·to·dial [kʌsˈtəʊdiəl, AM -ˈtoʊ-] *adj inv* Wach-, Bewachungs-; **~ duties** Dienst *m* als Aufseher; **~ care** Obhut *f geh*

cus·to·dial ˈsen·tence *n* Gefängnisstrafe *f;* **to give sb a ~** jdn zu einer Gefängnisstrafe verurteilen

cus·to·dian [kʌsˈtəʊdiən, AM -ˈtoʊ-] *n* ❶ (*keeper*) Aufseher(in) *m(f);* (*fig*) Hüter(in) *m(f);* **the ~ of the castle** der Aufseher/die Aufseherin des Schlosses; **the ~ of law and order** der Hüter/die Hüterin von Gesetz und Ordnung; **the ~ of public morals** der Wächter/die Wächterin über die öffentliche Moral; **the ~ of the museum** der Museumswärter/die Museumswärterin; **the ~ of the Queen's jewels** der Hüter/die Hüterin der königlichen Juwelen ❷ AM (*caretaker*) Hausmeister(in) *m(f)*

cus·to·dy ['kʌstədi] *n no pl* ❶ (*guardianship*) Obhut *f geh;* LAW Sorgerecht *nt* (**of** für +*akk*); **to award** [*or* **give**] [*or* **grant**] ~ **of a child to sb** jdm das Sorgerecht für ein Kind übertragen [*o* erteilen]; **to get** [*or* **receive**] ~ [**of sb/sth**] das Sorgerecht [für jdn/etw] bekommen [*o* erhalten]; **the mother got** ~ [**of the child**] das Kind wurde der Mutter zugesprochen ❷ (*detention*) Haft *f;* **to hold sb in** ~ jdn in Gewahrsam halten; **to remand sb in** ~ jdn in die Untersuchungshaft zurücksenden; **to take sb into** ~ jdn verhaften; **to take sb into protective** ~ jdn in Schutzhaft nehmen

cus·tom ['kʌstəm] *n* ❶ (*tradition*) Brauch *m,* Sitte *f;* **around here it's a local** ~ **to ...** hier [bei uns] ist es Brauch, ...; **an ancient** ~ ein alter Brauch; **in my country, it's the** ~ **to ...** in meinem Land ist es üblich, dass ...; **a national/strange** ~ ein landesüblicher/seltsamer Brauch ❷ *no pl* (*usual behaviour*) Gewohnheit *f;* **it is her** ~ **to ...** es ist ihre Gewohnheit, ...; ■ **as is sb's** ~ wie es jds Gewohnheit *f* ist ❸ *no pl* (*clientele*) Kundschaft *f;* (*patronage*) **to withdraw one's** ~ [*or* **take one's** ~ **elsewhere**] anderswohin gehen; **if we don't give good service, people will withdraw their** ~ wenn wir keinen guten Service bieten, gehen die Kunden eben anderswohin

cus·tom·ari·ly [ˌkʌstə'merɪlɪ] *adv inv* normalerweise, üblicherweise

cus·tom·ary ['kʌstəmᵊri, AM -meri] *adj* ❶ (*traditional*) ■ **to be** ~ **for sb to do sth** für jdn üblich sein, etw zu tun; ■ **as is** ~ wie es Brauch [*o* üblich] ist ❷ (*usual*) üblich; **that's just his** ~ **politeness** das ist [doch] nur seine übliche höfliche Art; [**at**] **the** ~ **hour** [um] die übliche Zeit

'cus·tom-built *adj inv* entsprechend den Kundenwünschen gefertigt; **his car is** ~ sein Auto ist eine Spezialanfertigung [*o* Sonderanfertigung] **cus·tom 'clothes** *npl esp* AM maßgeschneiderte Kleidung

cus·tom·er ['kʌstəməʳ, AM -ɚ] *n* ❶ (*buyer, patron*) Kunde, -in *m, f,* Käufer(in) *m(f);* **regular** ~ Stammkunde, -in *m, f;* **to serve a** ~ einen Kunden bedienen ❷ (*esp pej fam: person*) Typ *m fam;* **she really is an odd** ~ sie ist schon wirklich eine seltsame Person; **an awkward** ~ ein seltsamer Typ ▶ PHRASES: **the** ~ **is king** (*prov*) der Kunde ist König *prov;* **the** ~ **is always right** der Kunde hat immer Recht

'cus·tom·er num·ber *n* Kundennummer *f* **cus·tom·er 'ser·vice** *n usu pl* Kundendienst *m kein pl* **cus·tom·er 'ser·vice count·er** *n* Kundendienstschalter *m* **cus·tom·er 'ser·vice de·part·ment** *n* Kundendienst *m*

cus·tom·ize ['kʌstəmaɪz] *vt* ■ **to** ~ **sth** etw nach Kundenwünschen anfertigen; **he** ~**d his car** er ließ seinen Wagen nach seinen Wünschen ausstatten

cus·tom·ized ['kʌstəmaɪzd] *adj* kundengerecht angefertigt

cus·tom-'made *adj inv* auf den Kunden zugeschnitten; **a** ~ **car** ein speziell angefertigter Wagen; **a** ~ **shirt** ein maßgeschneidertes Hemd; ~ **shoes** Schuhe *mpl* nach Maß, maßgefertigte Schuhe; **a** ~ **slipcover** ein Schonbezug *m* in Sonderanfertigung; ~ **suit** Maßanzug *m*

cus·toms ['kʌstəmz] *npl* Zoll *m;* **to get** [*or* **go**] [*or* **pass**] **through** ~ durch den Zoll gehen; **to pay** ~ [**on sth**] Zoll [für etw *akk*] [be]zahlen

Cus·toms and 'Ex·cise De·part·ment *n + sing/pl vb* [britische] Behörde für Zölle und Verbrauchssteuern **'cus·toms clear·ance** *n* Zollabfertigung *f kein pl;* **to get** ~ **for sth** etw verzollt bekommen **'cus·toms dec·la·ra·tion** *n* Zollerklärung *f* **'cus·toms do·cu·ments** *npl* Zollpapiere *ntpl* **'cus·toms dues** *npl,* **'cus·toms duties** *npl* Zollabgaben *fpl* **'cus·toms ex·ami·na·tion** *n* Zollkontrolle *f;* **to be subjected to a** ~ sich *akk* einer Zollkontrolle unterziehen müssen, gefilzt werden *fam* **'cus·tom(s) house** *n* Zollamt *nt* **'cus·toms of·fic·er** *n,* **'cus·toms of·fi·cial** *n* Zollbeamte(r), -in *m, f* **'cus·toms un·ion** *n* Zollunion *f*

cut [kʌt] **I.** *n* ❶ (*act*) Schnitt *m;* **to make a** ~ [**in sth**] [in etw *akk*] einen Einschnitt machen ❷ (*slice*) *of meat* Stück *nt; of bread* Scheibe *f,* Schnitte *f;* **sirloin is the most expensive** ~ **of beef** die Lende ist das teuerste Stück vom Rind; **cold** ~**s** Aufschnitt *m* ❸ (*trim*) Schnitt *m;* **her hair was in need of a** ~ ihre Haare mussten geschnitten werden ❹ (*fit*) [Zu]schnitt *m; of shirt, trousers* Schnitt *m* ❺ (*wound*) Schnittwunde *f,* Schnitt *m;* **deep** ~ tiefe Schnittwunde; **to get a** ~ sich *akk* schneiden; **where'd you get that** ~**?** wo hast du dich denn da geschnitten? *fam* ❻ (*insult*) Beleidigung *f* (**at** für +*akk*) ❼ (*fam: due*) [An]teil *m;* **when am I going to get my** ~**?** wann bekomme ich meinen Anteil? ❽ (*decrease*) Senkung *f,* Herabsetzung *f;* ~ **in emissions** Abgasreduzierung *f;* ~ **in interest rates** Zinssenkung *f;* ~ **in prices** Preissenkung *f,* Ermäßigung *f;* ~ **in production** Produktionseinschränkung *f;* ~ **in staff** Personalabbau *m;* **to take a** ~ eine Kürzung hinnehmen; **many people have had to take a** ~ **in their living standards** viele Menschen mussten sich mit einer Einschränkung ihres Lebensstandards abfinden ❾ (*less spending*) ■ ~**s** *pl* Kürzungen *fpl,* Streichungen *fpl;* **budget** ~**s** Haushaltskürzungen *fpl;* **to make** ~**s in the budget** Abstriche am Etat machen ❿ (*abridgement*) Schnitt *m,* Streichung *f;* **to make a** ~ **in a film** eine Szene aus einem Film herausschneiden; **to make** ~**s** Streichungen vornehmen ⓫ AM (*truancy*) Schwänzen *nt kein pl fam;* **to have a** ~ schwänzen *fam* ⓬ SPORTS **to give the ball a** ~ den Ball anschneiden ▶ PHRASES: **the** ~ **and thrust of sth** das Spannungsfeld einer S. *gen;* **to be a** ~ **above sb/sth** jdm/etw um einiges überlegen sein **II.** *adj inv* ❶ (*removed*) abgeschnitten; (*sliced*) *bread* [auf]geschnitten; ~ **flowers** Schnittblumen *fpl* ❷ (*fitted*) *glass, jewel* geschliffen **III.** *interj* FILM ~! Schnitt! **IV.** *vt* <-tt-, cut, cut> ❶ (*slice*) ■ **to** ~ **sth** etw schneiden; **did you already** ~ **some bread?** hast du schon etwas Brot aufgeschnitten?; **to** ~ **a hole in sth** ein Loch in etw *akk* schneiden; **to** ~ **sth to pieces** [*or* **shreds**] etw zerstückeln; **to** ~ **sth in[to] several pieces** etw in mehrere Teile zerschneiden; **how can I** ~ **this cake in two pieces?** wie kann ich diesen Kuchen halbieren?; **to** ~ **sb/sth free** jdn/etw losschneiden; (*from wreck*) jdn/etw herausschneiden; **to** ~ **sth loose** etw losschneiden; **to** ~ **sth open** etw aufschneiden; ■ **to** ~ **sb sth** [*or* **sth for sb**] jdm [*o* für jdn] etw schneiden; **could you** ~ **me a slice of bread?** könntest du mir eine Scheibe Brot abschneiden?; ■ **to** ~ **sth with sth** etw mit etw *dat* schneiden ❷ (*sever*) ■ **to** ~ **sth** etw durchschneiden; **she nearly** ~ **an artery with the new hedge-trimmer** sie durchtrennte fast eine Arterie mit der neuen elektrischen Heckenschere ❸ (*trim*) ■ **to** ~ **sth** etw [ab]schneiden; **to** ~ **one's fingernails** sich *dat* die Fingernägel schneiden; **to** ~ **flowers** Blumen abschneiden; **to** ~ **the grass** den Rasen mähen; **to** ~ **sb's hair** jdm die Haare schneiden; **to have** [*or* **get**] **one's hair** ~ sich *dat* die Haare schneiden lassen ❹ (*injure*) ■ **to** ~ **oneself/sb** [**with sth**] sich/jdn [mit etw *dat*] schneiden; **I've** ~ **my hand on that glass** ich habe mir die Hand an diesem Glas geschnitten; **he** ~ **his head open** er hat sich den Kopf aufgeschlagen ❺ (*clear*) ■ **to** ~ **sth** *road, tunnel* etw bauen; *ditch, trench* etw graben; **they're planning to** ~ **a road right through the forest** sie planen, eine Straße mitten durch den Wald zu schlagen; **to** ~ **a swath through sth** eine Bahn durch etw *akk* schneiden ❻ (*decrease*) ■ **to** ~ **sth** etw senken [*o* herabsetzen] [*o* reduzieren]; **they should** ~ **class sizes to 30** die Klassengröße sollte auf 30 Schüler verringert werden; **to** ~ **costs** die Kosten senken; **to** ~ **one's losses** weitere Verluste vermeiden; **to** ~ **overtime** die Überstunden reduzieren; **to** ~ **prices** die Preise herabsetzen [*o* senken]; **to** ~ **wages** die Löhne kürzen; ■ **to** ~ **sth by sth** etw um etw *akk* kürzen [*o* reduzieren]; **our company is** ~**ting its workforce by 20 per cent** unsere Firma baut 20% ihres Personals ab ❼ (*break*) ■ **to** ~ **sth** etw unterbrechen; **they** ~ **our supply lines** sie schnitten uns unsere Versorgungslinien ab ❽ (*abridge*) **to** ~ **a film** einen Film kürzen; **to** ~ **short** ⊂ **sth** etw abbrechen; (*inter-*

C

rupt) **to ~ sb short** jdn unterbrechen, jdm ins Wort fallen ⑨ (*remove*) **to be ~ from the team** aus dem Team entfernt werden; **to ~ a scene in a film** eine Szene aus einem Film herausschneiden ⑩ (*miss*) ■**to ~ sth** etw auslassen; **she decided to ~ some of her meetings** sie entschied sich, einige ihrer Treffen nicht wahrzunehmen; **to ~ a class** [*or* **lesson**]/**school** eine [Unterrichts]stunde/die Schule schwänzen *fam* ⑪ (*turn off*) **to ~ the motor** [*or* **engine**] den Motor abstellen ⑫ (*fam: desist from*) ■**to ~ sth** *behaviour* etw [unter]lassen; **to ~ the cackle** BRIT, AUS (*hum*) auf den Punkt kommen; **to ~ the crap** (*sl*) mit der Scheiße aufhören *derb* ⑬ (*shape*) **to ~ a diamond** einen Diamanten schleifen ⑭ AUTO **to ~ a corner** [**too sharply**] eine Kurve [zu scharf] schneiden ⑮ **to ~ a tooth** einen Zahn bekommen, zahnen ⑯ CARDS **to ~ the cards** die Karten abheben ⑰ MUS **to ~ a record/CD** eine Platte/CD aufnehmen ⑱ COMPUT **to ~ and paste sth** etw ausschneiden und einfügen ⑲ MATH ■**to ~ sth** etw schneiden ⑳ SPORTS **to ~ the ball** den Ball [an]schneiden ▶ PHRASES: **to ~ capers** (*dated*) Luftsprünge machen; **to ~ the cheese** AM (*fam*) einen fahren lassen *derb;* **you should ~ your coat according to your cloth** BRIT (*prov*) man muss sich *akk* nach der Decke strecken *prov;* **to be ~ from the same cloth** aus dem gleichen Holz geschnitzt sein; **to ~ corners** schnell und kostengünstig arbeiten; **to ~ a fine** [*or* **quite a**] **figure** [*or* BRIT **dash**] (*dated*) eine gute Figur machen; **to ~ the ground from under sb's feet** jdm den Boden unter den Füßen wegziehen; **to ~ no** [*or* **very little**] **ice with sb** keinen Eindruck auf jdn machen; **to be so thick that you can ~ it with a knife** zum Zerreißen gespannt sein; **the tension was so thick in the air that you could ~ it with a knife** die Atmosphäre war zum Zerreißen gespannt; **to ~ off one's nose to spite one's face** sich *akk* ins eigene Fleisch schneiden; **to ~ sb to the quick** [*or* **heart**] jdn ins Mark treffen; **to ~ sb some slack** AM mit jdm nachsichtig sein; **to ~ a long story short** der langen Rede kurzer Sinn, um es kurz zu machen; **to ~ one's teeth** [*or* **eye-teeth**] [**on sth**] sich *dat* die ersten Sporen [mit etw *dat*] verdienen; **to ~ sb dead** jdn schneiden; **today in the store Martha ~ me dead** heute im Supermarkt hat Martha mich keines Blickes gewürdigt; **to ~ it** [*or* **things**] [**a bit**] **fine** [*or* **close**] [ein bisschen] knapp kalkulieren; **to** [**not**] **~ it** [*or* AM *a.* **the mustard**] [k]ein hohes Niveau erreichen **V.** *vi* <-tt-, cut, cut> ① (*slice*) *knife* schneiden ② (*slice easily*) *material* sich *akk* schneiden lassen ③ (*take short cut*) **to ~ over a field** eine Abkürzung über ein Feld nehmen; *see also* **cut across 2, cut over, cut through 3** ④ CARDS abheben; **to ~ for dealer** den Geber auslosen ⑤ AM (*fam: push in*) **to ~** [**in line**] sich *akk* vordrängeln; **to ~ in front of sb** sich *akk* vor jdn drängeln; **no ~ting!** nicht drängeln! ⑥ COMPUT **to ~ and paste** ausschneiden und einfügen ⑦ (*withdraw*) ■**to ~ loose from sth** sich *akk* von etw *dat* trennen ▶ PHRASES: **to ~ to the chase** AM (*fam*) auf den Punkt kommen; **to ~ both** [*or* **two**] **ways** eine zweischneidige Sache sein; **to ~ loose** AM, AUS alle Hemmungen verlieren; **she really ~s loose when she dances** sie tobt sich beim Tanzen richtig aus; **to ~ and run** Reißaus nehmen, sich *akk* aus dem Staub machen

◆**cut across** *vi* ① (*to other side*) hinüberfahren ② (*take short cut*) ■**to ~ across sth** etw durchqueren; **to ~ across country** querfeldein fahren; **to ~ across a field** quer über ein Feld gehen ③ (*fig: affect*) **to ~ across different groups** quer durch verschiedene Gruppen gehen; **to ~ across party lines** parteiübergreifend sein; **support ~s across party lines** die Unterstützung geht quer durch alle Parteien

◆**cut ahead** *vi* AM ■**to ~ ahead** [**of sb**] [jdn] überholen

◆**cut along** *vi* (*dated*) sich *akk* auf die Socken machen *fam*

◆**cut away** *vt* ■**to ~ away** ○ **sth** etw wegschneiden

◆**cut back I.** *vt* ■**to ~ back** ○ **sth** ① HORT etw zurückschneiden [*o* stutzen] ② FIN, ECON etw kürzen [*o* verringern]; **the President wants to ~ back defence spending by 10%** der Präsident will die Verteidigungsausgaben um 10% reduzieren; **to ~ back benefits** die Leistungen beschneiden [*o* kürzen]; **to ~ back costs** die Kosten senken [*o* reduzieren]; **to ~ back production** die Produktion zurückschrauben **II.** *vi* ① (*return*) zurückgehen, kehrtmachen ② (*reduce*) ■**to ~ back on sth** etw kürzen; **to ~ back on orders** weniger Aufträge erteilen; **to ~ back on spending** die Ausgaben reduzieren [*o* senken]; **to ~ back on wastage** weniger Abfall produzieren

◆**cut down I.** *vt* ① (*fell*) **to ~ down** ○ **a tree** einen Baum umhauen [*o* fällen] ② (*reduce*) ■**to ~ down** ○ **sth** etw einschränken; **to ~ down the labour force** die Belegschaft [*o* das Personal] abbauen; **to ~ down production** die Produktion zurückfahren; **to ~ down wastage** weniger Abfall produzieren ③ (*abridge*) ■**to ~ down** ○ **sth** etw kürzen; **to ~ a text down** einen Text zusammenstreichen ④ FASHION ■**to ~ down** ○ **sth** etw kürzen ▶ PHRASES: **to ~ sb down to size** (*fam*) jdn in seine Schranken verweisen **II.** *vi* ■**to ~ down on sth** etw einschränken; **to ~ down on drinking/smoking** das Trinken/Rauchen einschränken; **you should ~ down on fatty foods** Sie sollten fettärmer essen

◆**cut in I.** *vi* ① (*interrupt*) unterbrechen, sich *akk* einmischen ② (*activate*) sich *akk* einschalten ③ AUTO einscheren; **did you see that white car ~ in?** hast du gesehen, wie das weiße Auto rübergezogen ist? *fam;* ■**to ~ in in front of sb** jdn schneiden; ■**to ~ in on sb/sth** sich *akk* vor jdn/etw setzen; **that white car ~ in on us!** das weiße Auto hat sich vor uns gedrängt! ④ (*take over*) ■**to ~ in on sb** jdn ablösen; **she was dancing with Jack, when Tom suddenly ~ in** sie tanzte gerade mit Jack, als Tom ihn plötzlich ablöste ⑤ (*jump queue*) sich *akk* vordrängeln; ■**to ~ in on** [*or* **in front of**] **sb** sich *akk* vor jdn drängeln **II.** *vt* ■**to ~ sb in** ① (*share with*) jdn [am Gewinn] beteiligen ② (*include*) jdn teilnehmen lassen; (*in a game*) jdn mitspielen lassen; **shall we ~ you in?** willst du mitmachen?

◆**cut into** *vi* ■**to ~ into sth** ① (*slice*) etw anschneiden ② (*decrease*) etw verkürzen; **the shopping ~s into her weekend** das Einkaufen nimmt Zeit von ihrem Wochenende ③ (*interrupt*) etw unterbrechen; **his words ~ into her thoughts** seine Worte unterbrachen ihre Gedanken

◆**cut off** *vt* ① (*remove*) ■**to ~ off** ○ **sth** etw abschneiden; ■**to ~ sth off sth** etw von etw *dat* abschneiden; **to ~ the fat off a steak** das Fett von einem Steak wegschneiden ② (*sever*) ■**to ~ off** ○ **sth** etw abschneiden; **his leg was ~ off by a machine** sein Bein wurde von einer Maschine abgetrennt ③ (*silence*) ■**to ~ off** ○ **sb** jdn unterbrechen; **to ~ sb off in mid-sentence** [*or* **mid-flow**] jdm den Satz abschneiden ④ (*disconnect*) ■**to ~ off** ○ **sth** etw unterbinden; **to ~ off electricity** den Strom abstellen [*o* sperren]; **to ~ off the enemy's escape route** dem Feind den Fluchtweg abschneiden; **to ~ off sb's gas supply** jdm das Gas abdrehen; **to ~ off a phone conversation** ein Telefongespräch unterbrechen ⑤ (*isolate*) ■**to ~ off** ○ **sb/sth** jdn/etw abschneiden; **to be/get ~ off by sth** durch etw *akk* abgeschnitten sein/werden; **they were ~ off by the snow** sie waren durch den Schnee von der Außenwelt abgeschnitten; ■**to ~ oneself off** [**from sb**] sich *akk* [von jdm] zurückziehen [*o* fernhalten]; **when his wife died, he ~ himself off from other people** nach dem Tod seiner Frau lebte er ganz zurückgezogen ⑥ AM (*refuse drink*) ■**to ~ off** ○ **sb** jdm nichts mehr zu trinken geben ⑦ AM AUTO (*pull in front of*) ■**to ~ off** ○ **sb/sth** jdn/etw schneiden; **to get ~ off** geschnitten werden ▶ PHRASES: **to be ~ off in one's prime** in der Blüte seiner Jahre dahingerafft werden *geh;* **to ~ sb off with a shilling** [*or* **without a penny**] jdn enterben

◆**cut out I.** *vt* ① (*excise*) ■**to ~ out sth** [**from sth**] [*or* **sth out** [**of sth**]] etw [aus etw *dat*] herausschneiden; **please ~ the soft spots out of the vegetables before you cook them** schneide bitte die weichen Stellen aus dem Gemüse, bevor du es kochst ② *(from paper)* ■ **to ~ out sth [from sth]** [*or* **sth out [of sth]**] etw [aus etw *dat*] ausschneiden ③ *(abridge)* ■ **to ~ out ↔ sth** etw streichen; **to ~ a scene out of a film** eine Szene aus einem Film streichen ④ *(eschew)* ■ **to ~ out ↔ sth** etw weglassen; **since my heart attack, I've ~ fatty foods out altogether** seit meinem Herzanfall verzichte ich ganz auf fettes Essen; **if you ~ sugar out of your diet, you should lose weight** wenn du Zucker von deinem Speiseplan streichst, müsstest du eigentlich abnehmen; **to ~ out all mention** [*or* **reference**] **of sth** etw überhaupt nicht erwähnen ⑤ *(fam: desist)* ■ **to ~ out ↔ sth** mit etw *dat* aufhören, etw beenden; **~ it** [*or* **that**] **out!** hör auf damit!, lass den Quatsch! *fam* ⑥ *(block)* **to ~ out the light** das Licht abschirmen; **it's a beautiful tree, but it ~s out most of the light** es ist ein schöner Baum, aber er nimmt uns das meiste Licht ⑦ *(exclude)* ■ **to ~ out sb [from sth]** [*or* **sb out [of sth]**] jdn [von etw *dat*] ausschließen; **you can ~ me out!** ohne mich! ⑧ *(disinherit)* **to ~ sb out of one's will** jdn aus seinem Testament streichen ▶ PHRASES: **to have one's work ~ out** alle Hände voll zu tun haben; **to be ~ out for sth** für etw *akk* geeignet sein; **I'm not ~ out to be a politician** ich bin nicht zum Politiker geschaffen **II.** *vi* ① *(stop operating)* sich *akk* ausschalten [*o* abschalten]; *plane's engine* aussetzen ② AM AUTO ausscheren; **to ~ out of traffic** plötzlich die Spur wechseln ③ AM *(depart)* sich *akk* davonmachen *fam;* **he ~ out after dinner** nach dem Essen schwirrte er ab *fam*

◆**cut over** *vi* **to ~ over a field/yard** die Abkürzung über ein Feld/einen Hof nehmen

◆**cut through** *vi* ■ **to ~ through sth** ① *(slice)* etw durchschneiden ② *(cross)* etw durchschneiden [*o* durchqueren]; **the path ~s through our orchard** der Weg verläuft quer durch unseren Obstgarten ③ *(take short cut)* die Abkürzung über etw *akk* nehmen; **we can ~ through my back yard** wir können über meinen Hinterhof abkürzen ④ *(glide)* **to ~ through the water** das Wasser durchschneiden

◆**cut up I.** *vt* ① *(slice)* ■ **to ~ up ↔ sth** etw zerschneiden; **could you ~ my meat up for me please, Daddy?** kannst du mir das Fleisch klein schneiden, Papi?; **to ~ up a roast** einen Braten aufschneiden [*o* zerlegen]; **to ~ sth up into pieces** etw in Stücke zerschneiden ② *(injure)* ■ **to ~ up ↔ sb** jdm Schnittwunden zufügen ③ *(fig: sadden)* ■ **to ~ sb up** jdn schwer treffen [*o* arg mitnehmen]; **the divorce really ~ him up** die Scheidung war ein schwerer Schlag für ihn; ■ **to be ~ up [about sth]** [über etw *akk*] zutiefst betroffen sein ④ BRIT AUTO *(pull in front of)* ■ **to ~ up ↔ sb/sth** jdn/etw schneiden; **to get ~ up** geschnitten werden **II.** *vi* AM sich *akk* danebenbenehmen, den Clown spielen *pej* ▶ PHRASES: **to ~ up rough** BRIT grob werden

cut-and-'dried *adj inv* ① *(fixed)* abgemacht, festgelegt; **a ~ decision** eine klare Entscheidung ② *(simple)* eindeutig, klar; **there is no ~ answer to this problem** für dieses Problem gibt es kein Patentrezept

cut·away ['kʌtəweɪ, AM 'kʌt̬-] *adj inv* ① *(showing inside) diagram, drawing, model* Schnitt- ② FASHION **~ neckline** tiefer Ausschnitt **cut·back** ['kʌtbæk] *n* ECON Kürzung *f,* Abbau *m,* Einschränkung *f;* **~ in capacity** Kapazitätsabbau *m;* **~ in expenditure** Ausgabenkürzung *f;* **~ in production** Produktionsdrosselung *f*

cute <-r, -st> [kju:t] *adj* ① *(sweet) baby, puppy* süß, niedlich ② AM *(clever)* schlau, gerissen *pej*

cute·ly ['kju:tli] *adv* süß

cute·ness ['kju:tnəs] *n no pl* ① *(sweetness)* Niedlichkeit *f* ② *(cleverness)* Schlauheit *f,* Cleverness *f*

cute·sy ['kju:tsi] *adj* AM *(pej fam)* kitschig *pej*

cutey *n esp* AM *(fam) see* **cutie**

cut 'flow·ers *npl* Schnittblumen *fpl* **cut 'glass I.** *n no pl* Kristallglas *nt,* geschliffenes Glas **II.** *n modifier (vase)* Kristall-

cu·ti·cle ['kju:tɪkl̩, AM -t̬ə-] *n* Oberhaut *f,* Epidermis *f fachspr;* *(of nail)* Nagelhaut *f*

cutie ['kju:t̬i] *n* AM *(fam),* **cutie·pie** ['kju:t̬ipaɪ] *n* AM *(fam: woman)* dufte Biene *fam,* flotter Käfer *fam;* *(man)* irrer Typ *fam;* **hi there, ~!** hallo, Süße!; **to be a real** [*or* **such a**] **~** *child* ein süßer Fratz sein; *animal* ein lieber [*o* süßer] Kerl sein

cut·lass <*pl* -es> ['kʌtləs] *n* Entermesser *nt*

cut·lery ['kʌtlᵊri] *n no pl* Besteck *nt*

cut·let ['kʌtlət] *n* ① *(meat)* Kotelett *nt;* *(boneless chop)* Schnitzel *nt;* **veal ~** Kalbskotelett *nt* ② *(patty)* Frikadelle *f,* Hacksteak *nt;* **vegetable ~** Gemüsebratling *m,* Gemüsefrikadelle *f*

cut 'lunch *n* AUS vorbereitetes Mittagessen

cut·off ['kʌtɒf, AM 'kʌt̬ɑ:f] **I.** *n* ① *(limit)* Obergrenze *f,* Höchstgrenze *f* ② *(stop)* Beendigung *f;* **~ of medical supplies** Einstellung *f* der medizinischen Hilfslieferungen **II.** *n modifier* **~ date** Endtermin *m*

cut·off 'jeans *n,* **'cut·offs** *npl* abgeschnittene Jeans

cut·out ['kʌtaʊt, AM 'kʌt̬-] **I.** *n* ① *(shape)* Ausschneidefigur *f,* Ausschneidemodell *nt* ② *(stereotype)* **cardboard ~** [Reklame]puppe *f,* Pappfigur *f* ③ *(switch)* Unterbrecher *m,* Sicherung *f,* Ausschalter *m* **II.** *adj inv* ausgeschnitten **'cut·out fuse** *n* Sicherungsautomat *m* **'cut·out switch** *n* Sicherungsschalter *m*

'cut-price I. *adj attr, inv* ① *(product)* Billig-; *clothes* herabgesetzt; *ticket* ermäßigt; **~ computer** verbilligter Computer ② *(store)* **~ shop/supermarket** Billigladen/-supermarkt *m* **II.** *adv inv* zu Schleuderpreisen, ermäßigt; **I bought my sofa ~** ich habe mein Sofa zu einem verbilligten Preis gekauft **'cut-rate** *adj attr, inv* zu verbilligtem Tarif, herabgesetzt, verbilligt; **~ offer** Billigangebot *nt,* Sonderangebot *nt*

cut·sie *adj* AM *(pej fam) see* **cutesy**

cut·sie-pie ['kju:tsipaɪ] *n* AM *(pej fam)* Tussi *f pej fam*

cut·ter ['kʌtəʳ, AM 'kʌt̬ɚ] *n* ① *(tool)* Schneidwerkzeug *nt,* Schneider *m,* Schneidemaschine *f;* **pizza ~** Pizzaschneider *m* ② *(person)* [Zu]schneider(in) *m(f);* FILM Cutter(in) *m(f)* ③ NAUT Kutter *m* ④ *(in cricket)* Cutter *m*

'cut·throat *adj* mörderisch, gnadenlos, unbarmherzig; **the advertising world is a very ~ business** in der Werbebranche wird mit harten Bandagen gekämpft; **~ competition** gnadenloser Konkurrenzkampf **cut·throat 'ra·zor** *n* BRIT, AUS [offenes] Rasiermesser *nt*

cut·ting ['kʌtɪŋ, AM -t̬-] **I.** *n* ① JOURN Ausschnitt *m;* **press ~** Zeitungsausschnitt *m* ② HORT Ableger *m* **II.** *adj comment* scharf; *remark* beißend, spitz

cut·ting 'edge *n* ① *(blade)* Schneide *f* ② *no pl (latest stage)* vorderste Front; ■ **to be at the ~** an führender Stelle [*o* vorderster Front] stehen ③ *no pl (person)* Wegbereiter(in) *m(f)* ④ *no pl (force)* Zugkraft *f* ⑤ *no pl (eloquence)* Ausdruckskraft *f,* Eloquenz *f geh*

cut·tle·bone ['kʌtl̩-, AM 'kʌt̬l̩] *n no pl* Sepiaschale *f,* Schulp *m*

cut·tle·fish <*pl* - *or* -es> *n* Tintenfisch *m,* Kuttelfisch *m*

cut·up ['kʌt̬ʌp] *n* AM Kasper *m fam,* Witzbold *m fam,* Clown *m oft pej;* **class ~** Klassenkasper *m,* Klassenclown *m*

CV [ˌsi:'vi:] *n abbrev of* **curriculum vitae**

cwt <*pl* - *or* -s> *abbrev of* **hundredweight**

cyan ['saɪæn] **I.** *n no pl* Zyanblau *nt* **II.** *adj* blaugrün, zyanblau

cya·nide ['saɪənaɪd] *n no pl* Zyanid *nt fachspr,* Blausäuresalz *nt*

cy·ber- ['saɪbə, AM -ɚ] *in compounds* Cyber-, Internet- **cy·ber·cafe** ['saɪbəkæfeɪ, AM -bɚ-] *n* Cybercafe *nt* **cy·ber·crook** ['saɪbəkrʊk, AM -ɚ-] *n* Internetbetrüger(in) *m(f)* **cy·ber·mer·chant** ['saɪbəmɜ:tʃᵊnt, AM -ɚmɜ:r-] *n* Internethändler(in) *m(f)* **cy·ber·naut** ['saɪbənɔ:t, AM -ɚ-] *n* Cybernaut *m* **cy·ber·net·ics** [ˌsaɪbə'netɪks, AM -bɚ'net̬-] *n + sing vb* Kybernetik *f kein pl* **cy·ber·sex** ['saɪbəseks, AM -ɚ-] *n modifier* Cybersex *m* **cy·ber·shop** ['saɪbəʃɒp, AM -ɚʃɑ:p] *vi* Internetgeschäft *nt* **cy·ber·shop·per** ['saɪbəʃɒpəʳ, AM -ɚʃɑ:pɚ] *n* Cybershopper(in) *m(f)* *(jd, der über das Internet einkauft)* **cy·ber·space** ['saɪbəspeɪs, AM -bɚ-] *n* Cyberspace *m* **cy·ber·speed** ['saɪbəspi:d, AM -bɚ-] **I.** *n* ■ **at ~** mit rasendem Tempo **II.** *n*

C

modifier blitzschnell *fam* **cy·ber·squat·ting** ['saɪbəskwɒtɪŋ, AM -bəʳskwɑːt̬-] *n no pl* INET Cybersquatting *nt fachspr* (*Registrierung von Markennamen als Webadressen, um sie weiterzuverkaufen*) **cy·ber-time** ['saɪbətaɪm, AM -əʳ-] *n no pl* Zeit *f* online **cy·ber·vent·ing** ['saɪbəventɪŋ, AM -bəʳ-] *n no pl sich in dafür eingerichteten Chatforen seinem Ärger über seinen Chef Luft machen*

cyc·la·men ['sɪkləmən, AM 'saɪklə-] *n* Alpenveilchen *nt,* Zyklame *f* ÖSTERR, SCHWEIZ

cy·cle¹ ['saɪkl̩] *short for* **bicycle I.** *n* [Fahr]rad *nt;* **racing ~** Rennrad *nt* **II.** *vi* Rad fahren, radeln *fam,* mit dem [Fahr]rad fahren

cy·cle² ['saɪkl̩] *n* ❶ (*sequence*) Zyklus *m,* Kreislauf *m;* **the council holds its elections on a four-year ~** der Rat hält seine Wahlen in einem Turnus von vier Jahren ab; **~ of life** Lebenskreislauf *m;* **~ of materials** Materialkreislauf *m;* **~ of the seasons** Zyklus *m* der Jahreszeiten; **sth occurs in ~s** etw vollzieht sich *akk* in Zyklen ❷ (*operation*) Arbeitsgang *m* ❸ (*collection*) Zyklus *m;* **~ of poems/songs** Gedichte-/Liederzyklus *m*

'cy·cle clip *n* Fahrradclip *m* **'cy·cle hel·met** *n* Fahrradhelm *m* **'cy·cle lane** *n,* **'cy·cle path** *n* [Fahr]radweg *m* **'cy·cle rack** *n* Fahrradständer *m;* (*on car*) Fahrradträger *m,* Fahrradhalterung *f* **'cy·cle shed** *n* BRIT Fahrradschuppen *m,* Fahrradunterstand *m* **'cy·cle shop** *n* Fahrradladen *m,* Fahrradgeschäft *nt* **'cy·cle shorts** *npl* Radlerhose *f* **'cy·cle way** *n* [Fahr]radweg *m*

cy·clic ['saɪklɪk, 'sɪk-] *adj,* **cyc·li·cal** ['saɪklɪkəl, 'sɪk-] *adj* zyklisch, periodisch; **to follow a ~ pattern** zyklisch verlaufen

cyc·lic re·'dun·dan·cy check *n* COMPUT zyklische Blockprüfung, CRC-Prüfung *f*

cy·cling ['saɪklɪŋ] *n no pl* Radfahren *nt,* Radeln *nt fam;* SPORTS Radrennsport *m,* Rennradfahren *nt*

'cy·cling hel·met *n* Fahrradhelm *m;* **to wear a ~** einen Fahrradhelm tragen [*o fam* aufhaben] **'cy·cling shorts** *npl* Radlerhose *f* **'cy·cling tour** *n* [Fahr]radtour *f*

cy·clist ['saɪklɪst] *n* Radfahrer(in) *m(f),* Radler(in) *m(f) fam*

cy·clone ['saɪkləʊn, AM -kloʊn] *n* ❶ METEO [tropischer] Wirbelsturm, Zyklon *m* ❷ AM, AUS (*fence*) **C~® fence** Maschendrahtzaun *m*

Cy·clops <*pl* -ses *or* -es> ['saɪklɒps, AM -klɑːps, *pl* saɪ'kləʊpiːz, *Am* -'kloʊpiːz] *n* Zyklop *m*

cyg·net ['sɪgnət] *n* junger Schwan, Schwanenjunge(s) *nt*

cyl·in·der ['sɪlɪndəʳ, AM -əʳ] *n* ❶ MATH Zylinder *m* ❷ TECH (*roller*) Walze *f* ❸ (*vessel*) Flasche *f;* **~ of gas** Gasflasche *f;* **~ of oxygen** Sauerstoffflasche *f* ❹ AUTO Zylinder *m;* **six-~ engine** Motor *m* mit sechs Zylindern, Sechszylindermotor *m;* **to be firing on all four ~s** auf allen vier Zylindern laufen

'cyl·in·der ca·pac·ity *n no pl* AUTO Hubraum *m* **'cyl·in·der head** *n* AUTO Zylinderkopf *m*

cy·lin·dri·cal [sə'lɪndrɪkəl] *adj* zylindrisch, walzenförmig

cym·bal ['sɪmbəl] *n usu pl* Beckenteller *m;* ■ **~s** Becken *nt,* Zimbel *f;* **clash** [*or* **crash**] **of ~s** Beckenschlag *m*

cym·bal·ist ['sɪmbəlɪst] *n* Beckenschläger(in) *m(f)*

cyn·ic ['sɪnɪk] *n* (*pej*) Zyniker(in) *m(f) pej*

cyni·cal ['sɪnɪkəl] *adj* (*pej*) ❶ (*bitter*) zynisch *pej;* **to take a ~ view of sb/sth** jdm/etw gegenüber eine zynische Einstellung haben; **to be** [**deeply**] **~ about sb/sth** sich *akk* [sehr] zynisch über jdn/etw äußern ❷ (*doubtful*) ■ **to be ~ about sb/sth** jdm/etw gegenüber misstrauisch [*o* skeptisch] sein ❸ (*exploitive*) skrupellos *pej*

cyni·cal·ly ['sɪnɪkəli] *adv* (*pej*) zynisch *pej*

cyni·cism ['sɪnɪsɪzəm] *n no pl* (*pej*) Zynismus *m pej*

cy·no·sure ['saɪnəsjʊəʳ, AM -ʃʊr] *n* (*liter*) Anziehungspunkt *m,* Gegenstand *m* der Bewunderung; **to be the ~ of all eyes** alle Blicke auf sich *akk* ziehen

cy·pher *n see* **cipher**

cy·press ['saɪprəs] *n* Zypresse *f*

Cyp·ri·ot ['sɪpriət] **I.** *n* Zypriote, -in *m, f* **II.** *adj inv* zypr[iot]isch

Cy·prus ['saɪprəs] *n no pl* Zypern *nt*

Cy·ril·lic [sə'rɪlɪk] **I.** *n no pl* Kyrillisch *nt* **II.** *adj inv alphabet* kyrillisch

cyst [sɪst] *n* MED Zyste *f*

cyst·ic fi·bro·sis [ˌsɪstɪkfaɪ'brəʊsɪs, AM -'broʊ-] *n no pl* Mukoviszidose *f,* zystische Fibrose

cys·ti·tis [sɪ'staɪtɪs, AM -t̬-] *n no pl* Blasenentzündung *f,* Zystitis *f fachspr*

cy·to·logi·cal [ˌsaɪtəʊ'lɒdʒɪkəl, AM -t̬ə'lɑː-] *adj inv* BIOL zytologisch; **~ research** Zellforschung *f*

cy·to·logi·cal·ly [ˌsaɪtə(ʊ)'lɒdʒɪkəli, AM -t̬ə'lɑː-] *adv inv* BIOL zytologisch

cy·tolo·gist [saɪ'tɒlədʒɪst, AM -'tɑː-] *n* BIOL Zellforscher(in) *m(f),* Zytologe, -in *m, f*

cy·tolo·gy [saɪ'tɒlədʒi, AM -'tɑː-] *n no pl* BIOL Zytologie *f,* Zellenlehre *f*

cy·to·plasm ['saɪtə(ʊ)plæzəm, AM -t̬ə-] *n no pl* BIOL Zytoplasma *nt,* Zellplasma *nt*

czar *n esp* AM *see* **tsar**

cza·ri·na *n esp* AM *see* **tsarina**

Czech [tʃek] **I.** *n* ❶ (*person*) Tscheche, -in *m, f* ❷ *no pl* (*language*) Tschechisch *nt* **II.** *adj inv* tschechisch

Czecho·slo·va·kia [ˌtʃekə(ʊ)slə(ʊ)'vækiə, AM -oʊsloʊ'vɑː-] *n no pl* (*hist*) die Tschechoslowakei

Czecho·slo·va·kian [ˌtʃekə(ʊ)slə(ʊ)'vækiən, AM -oʊsloʊ'vɑː-] (*hist*) **I.** *n* Tschechoslowake, -in *m, f* **II.** *adj inv* tschechoslowakisch

Czech Re·'pub·lic *n no pl* ■ **the ~** die Tschechische Republik, Tschechien *nt*

Dd

D <*pl* -'s>, **d** <*pl* 's *or* -s> [diː] *n* ❶ (*letter*) D *nt,* d *nt;* **~ for David** [*or* AM **as in Dog**] D für Dora; *see also* **A 1** ❷ MUS D *nt,* d *nt;* **~ flat** Des *nt,* des *nt;* **~ sharp** Dis *nt,* dis *nt; see also* **A 2** ❸ (*school mark*) ≈ Vier *f,* ≈ ausreichend; *see also* **A 3** ❹ (*Roman numeral*) D *nt,* d *nt*

d *abbrev of* **died** gest.

'd [d] ❶ = **had** *see* **have** ❷ = **would** *see* **would**

DA [ˌdiː'eɪ] *n* AM LAW *abbrev of* **district attorney**

dab [dæb] **I.** *vt* <-bb-> ■ **to ~ sth** [**with sth**] etw [mit etw *dat*] betupfen; **to ~ a bit of powder on sth** etwas Puder auf etw *akk* auftragen; **to ~ one's eyes** sich *dat* die Augen [trocken] tupfen; ■ **to ~ sth from sth** etw von etw *dat* abtupfen **II.** *vi* <-bb-> ■ **to ~ at sth** etw betupfen; **he was ~bing at his eyes with a handkerchief** er trocknete sich die Augen mit einem Taschentuch **III.** *n* ❶ (*spot*) Klecks *m,* Spritzer *m,* Tropfen *m;* **just a ~ will do it** ein bisschen reicht; **a ~ of butter** etwas Butter; **a ~ of ointment** ein Tupfer *m* Salbe; **a ~ of paint** ein Klecks *m* Farbe ❷ BRIT (*dated fam: fingerprints*) ■ **~s** *pl* Fingerabdrücke *mpl*

dab·ble ['dæbl̩] **I.** *vi* dilettieren; ■ **to ~ in** [*or* **with**] **sth** sich *akk* nebenbei mit etw *dat* beschäftigen; **she ~d with several careers** sie versuchte sich in mehreren Berufen **II.** *vt* **to ~ one's feet/hands in water** mit den Füßen/Händen im Wasser planschen **III.** *n no pl* Zwischenspiel *nt;* **after a brief ~ in politics, he returned to the world of business** nach einem kurzen Abstecher in die Politik kehrte er in die Wirtschaft zurück

dab·bler ['dæbləʳ, AM -əʳ] *n* Amateur(in) *m(f),* Dilettant(in) *m(f);* ■ **to be a ~ in sth** etw dilettantisch tun; **to be a ~ in writing** ein Amateurschriftsteller *m*/eine Amateurschriftstellerin sein

dab 'hand *n* Brit (*fam*) Könner(in) *m(f)*, Profi *m fam*, Ass *nt fam*; **you're a bit of a ~ in the kitchen** du bist ja ein richtiger Kochkünstler; ■**to be a ~ at sth** ein [wahrer] Meister in etw *dat* sein; **to be a ~ at cricket** ein Kricketass sein *fam*

da·cha ['dætʃə, AM 'dɑː-] *n* Datscha *f*, Datsche *f*

dachs·hund ['dæksᵊnd, AM 'dɑːkshʊnd] *n* Dackel *m*, Dachshund *m*

Da·cron® ['dækrɒn, AM 'deɪkrɑːn] *n no pl* AM (*artificial textile fibre*) Dacron® *nt*, Terylene® *nt*

dad [dæd] *n* (*fam*) Papa *m fam*, Vati *m fam*; **mum** [*or* AM **mom**] **and ~** Mama und Papa, Vati und Mutti; ■**D~** Papa, Vati

dad·dy ['dædi] *n* (*fam*) ❶ (*childspeak: dad*) Vati *m fam*, Papi *m fam*, Papa *m fam*; **mummy** [*or* AM **mommy**] **and ~** Mami und Papi, Mama und Papa, Vati und Mutti; ■**D~** Vati, Papi, Papa ❷ (*fig*) ■**the ~ of sth** der Erfinder [*o* Vater] einer S. *gen*

dad·dy-'long-legs <*pl* -> *n* (*fam*) ❶ (*crane fly*) Schnake *f* ❷ AM (*harvestman*) Weberknecht *m*

dae·mon *n* (*old*) *see* **demon**

daf·fo·dil ['dæfədɪl] *n* Osterglocke *f*, Osterblume *f*, gelbe Narzisse

daffy ['dæfi] *adj*, **daft** [dɑːft, AM dæft] *adj* (*fam*) doof *pej sl*, blöd *fam*, bekloppt *sl*; **this was a pretty ~ thing to do** das war ziemlich bescheuert *sl*; **don't be ~!** mach keinen Quatsch! *fam*; **you ~ idiot!** du Vollidiot! *sl*; **some of the suggested solutions were just plain ~** einige der Lösungsvorschläge waren einfach schwachsinnig; ■**to be ~ about sb/sth** nach jdm/etw verrückt sein ▸ PHRASES: **to be as ~ as a brush** dumm wie Bohnenstroh sein

daft·ness ['dɑːftnəs, AM 'dæft-] *n no pl* Blödheit *f fam*

dag [dæg] *n* AUS (*fam*) ❶ (*ugly*) Zottel *m fam*, Zausel *m* DIAL *fam* ❷ (*dated: funny*) Scherzbold *m*, Witzbold *m*

dag·ger ['dægəʳ, AM -ɚ] *n* ❶ (*knife*) Dolch *m* ❷ TYPO Kreuz *nt* ▸ PHRASES: **to be at ~s drawn with sb** mit jdm auf [dem] Kriegsfuß stehen; **to look ~s at sb** jdn mit Blicken durchbohren

dago <*pl* -es *or* -s> ['deɪgəʊ, AM -goʊ] *n* (*pej!*) Kanake *m pej sl*

da·guerr(e)o·type [də'gerə(ʊ)taɪp, AM -ətaɪp] *n* PHOT (*hist*) Daguerreotypie *f*

dahl·ia ['deɪliə, AM 'dæljə] *n* Dahlie *f*

Dáil [dɔɪl] *n no pl*, + *sing/pl vb* ■**the ~** das Unterhaus der Republik Irland

i Kultur

Das **Dáil** ist das Unterhaus des *Oireachtas*, des Parlaments der *Irish Republic – Republik Irland*. Es hat 166 Abgeordnete, die für fünf Jahre gewählt werden. Das Oberhaus, der *Seanad – Senat* hat 60 Abgeordnete, von denen elf vom *taoiseach – Premierminister* ernannt werden, sechs werden von den irischen Universitäten gewählt, und 43 werden gewählt, um eine Reihe von wirtschaftlichen, kulturellen und berufsbezogenen Interessen zu vertreten.

dai·ly ['deɪli] **I.** *adj attr, inv* täglich; **on a ~ basis** tageweise; **one's ~ bread** (*fam*) sein tägliches Brot; **~ grind** Alltagstrott *m*; **~ life/routine** Alltagsleben *nt*/-routine *f* **II.** *adv inv* jeden Tag, täglich; **twice ~** jeden Tag zweimal, zweimal täglich **III.** *n* ❶ (*newspaper*) Tageszeitung *f*; **national ~** BRIT landesweite Tageszeitung ❷ BRIT (*dated fam: cleaner*) Reinemachefrau *f*, Putzfrau *f*, Reinigungskraft *f*

dai·ly 'help <*pl* -> *n* BRIT (*dated*) *see* **daily III. 2** **dai·ly 'news·pa·per** *n* Tageszeitung *f*

dain·ti·ly ['deɪntɪli, AM -t̬-] *adv* zierlich, anmutig, reizend, nett

dain·ti·ness ['deɪntɪnəs, AM -t̬ɪ-] *n no pl* Zierlichkeit *f*, Anmut *f*

dain·ty ['deɪnti, AM -t̬-] **I.** *adj* ❶ (*delicate*) *child* fein, zart ❷ (*tasty*) *cake* appetitlich, lecker *fam* **II.** *n usu pl* Leckerbissen *m*

dai·qui·ri ['daɪkɪri, AM 'dækɚi] *n Cocktail aus Rum, Zitronensaft und Zucker*

dairy ['deəri, AM 'deri] **I.** *n* ❶ (*vendor*) Molkerei *f*, Molkereibetrieb *m* ❷ *esp* AM (*farm*) Milchbetrieb *m*, auf Milchwirtschaft spezialisierter Bauernhof **II.** *n modifier* ❶ (*of milk*) Molkerei-; **~ produce** Molkereiprodukte *ntpl*; **~ products** Molkereierzeugnisse *ntpl* ❷ (*producing milk*) Milch-; **~ farmer** Milchbauer, -bäuerin *m, f*; **~ herd** Herde *f* Milchkühe; **~ industry** Milchindustrie *f*; **~ man** Milchmann *m*

'dairy·maid *n* (*old*) Molkereiangestellte *f* **'dairy·man** *n* Molkereiangestellter *m*

dais ['deɪɪs] *n* Podium *nt*

dai·sy ['deɪziː] *n* Gänseblümchen *nt*; *see also* **fresh 9, push up I. 3**

'dai·sy chain *n* Kette *f* aus Gänseblümchen

'dai·sy·wheel *n* Typenrad *nt*, Typenscheibe *f*

Dalai Lama [ˌdælaɪ'lɑːme, AM ˌdɑːlaɪ'-] *n* Dalai-Lama *m*

dale [deɪl] *n* ❶ DIAL (*poet: valley*) Tal *nt*; **over hill and ~** über Berg und Tal ❷ GEOG ■**the D~s** *pl bergige Gegend in Nordengland*

dal·li·ance ['dæliən(t)s] *n* ❶ (*esp hum: affair*) Liebelei *f*, Liebschaft *f*, Affäre *f*, Verhältnis *nt*; ■**to have a ~ with sb** mit jdm ein Verhältnis [*o* eine Affäre] haben ❷ *no pl* (*esp hum: flirting*) Geschäker *nt hum fam*, Flirt *m* ❸ (*fig: interest*) [kurze] Affäre *f* ❹ *no pl* (*wasting time*) Zeitverschwendung *f*

dal·ly <-ie-> ['dæli] *vi* ❶ (*dated: dawdle*) [herum]trödeln *fam*; ■**to ~ over sth** *over tasks* mit etw *dat* trödeln *fam* ❷ (*consider*) **to ~ with the idea** mit der Idee spielen [*o* dem Gedanken liebäugeln]; **to ~ with the idea of doing sth** mit dem Gedanken spielen, etw zu tun ❸ (*old: flirt*) ■**to ~ with sb** mit jdm schäkern [*o* flirten]; **to ~ with sb's affections** mit jds Gefühlen *ntpl* spielen

Dal·ma·tian [dæl'meɪʃᵊn] *n* Dalmatiner *m*

dam [dæm] **I.** *n* [Stau]damm *m*, Deich *m* **II.** *vt* <-mm-> **to ~ the river** den Fluss absperren [*o* dämmen]

◆**dam up** *vt* ❶ (*obstruct*) **to ~ up** ↻ **the river** den Fluss [auf]stauen ❷ (*suppress*) **to ~ up one's emotions** [*or* **feelings**] seine Gefühle unterdrücken

dam·age ['dæmɪdʒ] **I.** *vt* ■**to ~ sth** ❶ (*wreck*) etw *dat* schaden [*o* Schaden zufügen], etw [be]schädigen; **to be badly ~d** *building* schwer beschädigt sein ❷ (*blemish*) etw *dat* schaden; **the scandal is damaging his good reputation** der Skandal schadet seinem [guten] Ruf **II.** *n no pl* ❶ (*destruction*) Schaden *m* (**to** an +*dat*), [Be]schädigung *f*; **to cause ~ to sth** etw *dat* Schaden zufügen ❷ (*injury*) Schaden *m* (**to** an +*dat*); **to suffer brain ~** einen Gehirnschaden erleiden; **to do ~ to sb/sth** jdm/etw schaden [*o* Schaden zufügen]; **to do ~ to sb's pride** jds Stolz *m* verletzen ▸ PHRASES: **the ~ is done** es ist nun einmal passiert; **what's the ~?** (*hum fam*) was kostet der Spaß?

dam·aged ['dæmɪdʒd] *adj* ❶ (*destroyed*) beschädigt; **badly ~** stark [*o* schwer] beschädigt ❷ (*injured*) verletzt ❸ (*blemished*) *reputation* befleckt ▸ PHRASES: **to be ~ goods** (*pej sl*) keine Jungfrau mehr sein

'dam·age limi·ta·tion *n no pl* ❶ POL Schadensbegrenzung *f* ❷ MIL Vermeidung *f* von Verlusten

dam·ages ['dæmɪdʒɪz] *npl* LAW Schaden[s]ersatz *m kein pl*; **to be awarded ~ [over sth]** Schadensersatz [für etw *akk*] zugesprochen bekommen; **to claim ~** Anspruch auf Schadensersatz erheben

dam·ag·ing ['dæmɪdʒɪŋ] *adj* ❶ (*destroying*) schädlich; **to have a ~ effect [on sth]** sich *akk* auf etw *akk* negativ auswirken; ■**to be ~ to sth** für etw *akk* schädlich sein ❷ (*disadvantageous*) *evidence, remark* nachteilig

dam·ask ['dæməsk] **I.** *n no pl* Damast *m* **II.** *n modifier tablecloth* damasten, Damast-, aus Damast

dame [deɪm] *n* ❶ AM (*dated sl: woman*) Dame *f* ❷ BRIT (*title*)

Freifrau *f*, Dame *f*; **D~ Fortune** Frau Fortuna *f*; **to make sb a D~** jdn zur Freifrau erheben ❸ BRIT (*pantomime*) komische Alte

dammit ['dæmɪt] *interj* (*sl*) verdammt!, verflucht!

damn [dæm] **I.** *interj* (*sl*) ■ **~ [it]!** verdammt!, verflucht! **II.** *adj attr, inv* (*sl*) ❶ (*cursed*) Scheiß- *derb*; **I can't get the ~ thing to work!** ich bring dieses Scheißding nicht zum Laufen! *derb*; **~ fool** [*or* **idiot**] Vollidiot *m sl* ❷ (*emph*) verdammt *sl*; **to be a ~ sight better** entschieden besser sein ▸ PHRASES: **~ all** BRIT nicht die Bohne; **to know ~ all about sth** von etw *dat* überhaupt keine Ahnung haben **III.** *vt* ❶ (*sl: curse*) ■ **to ~ sb/sth** jdn/etw verfluchen; **~ you!** hol dich der Teufel! *sl*, du kannst mich mal! *fam* ❷ *usu passive* (*condemn*) ■ **to ~ sb/sth** jdn/etw verurteilen; **to ~ a novel** einen Roman verreißen; ■ **to ~ sb for sth** jdn wegen einer S. *gen* verurteilen ❸ (*punish*) ■ **to ~ sb** jdn verdammen ▸ PHRASES: **to ~ sb with faint praise** jdn auf die sanfte Art zerreißen; **as near as ~ it** (*fam*) so gut wie; **it's not quite ten feet, but it's as near as ~ it** es sind so gut wie zehn Fuß; **sb/sth be ~ed!** (*fam!*) der Teufel hol jdn/etw *sl*; **I'll be ~ed!** (*fam!*) nicht zu glauben!, das ist die Höhe!; **I'll be ~ed if I do that** das werde ich auf gar keinen Fall tun; **I'm ~ed if I'm going to invite her** es fällt mir nicht im Traum ein, sie einzuladen; **to be ~ed if one does and ~ed if one doesn't** die Wahl zwischen Pest und Cholera haben; **well I'm** [*or* **I'll be**] **~ed!** (*fam!*) mich tritt ein Pferd! *fam* **IV.** *adv inv* (*fam!*) verdammt *sl*; **I should know ~ well** das will ich aber auch stark hoffen *fam* **V.** *n no pl* (*fam!*) **sb does not give** [*or* **care**] **a ~ about sb/sth** jdm ist jd/etw scheißegal *sl*

dam·nable ['dæmnəbl̩] *adj* (*dated*) grässlich

dam·nably ['dæmnəbli] *adv* (*dated*) grässlich

dam·na·tion [dæm'neɪʃən] *n no pl* Verdammung *f*, Verdammnis *f geh*; **eternal ~** ewige Verdammnis

damned [dæmd] **I.** *adj attr, inv* (*fam!*) ❶ (*cursed*) Scheiß- *derb*; *see also* **damn II. 1** ❷ (*emph: extreme*) verdammt *fam*; *see also* **damn II. 2 II.** *adv inv* (*fam!*) verdammt; **to be ~ arrogant** verdammt arrogant sein; *see also* **damn IV. III.** *n* ■ **the ~** *pl* die Verdammten *pl*

damned·est ['dæmdɪst] **I.** *adj attr, inv esp* AM verrückteste(r, s), bizarrste(r, s); **that's the ~ excuse I ever heard!** das ist die abgefahrenste Ausrede, die ich je gehört habe! *sl* **II.** *n no pl* (*fam*) **to do** [*or* **try**] **one's ~** [**to do sth**] sich *dat* alle Mühe geben[, etw zu tun]

damn·ing ['dæmɪŋ] *adj remark* vernichtend, belastend, erdrückend; **~ comment** vernichtender Kommentar; **~ evidence** erdrückende Beweise; **~ report** belastender Bericht

Damocles ['dæməkli:z] *n no pl* Damokles *m*; *see also* **sword**

damp [dæmp] **I.** *adj table, cloth* feucht, klamm **II.** *n no pl* BRIT, AUS Feuchtigkeit *f*; **patch of ~** feuchter Fleck **III.** *vt* ■ **to ~ sth** etw befeuchten; **to ~ a cloth** ein Tuch anfeuchten; **to ~ shirts for ironing** Hemden zum Bügeln einsprengen [*o* einspritzen]

◆**damp down** *vt* **to ~ down** ↻ **a fire/flames** ein Feuer/Flammen ersticken; (*fig*) **to ~ down** ↻ **one's feelings** seine Gefühle unterdrücken; **to ~ down speculation** Spekulationen dämpfen; **to ~ down sb's spirits** jdm den Mut nehmen, jdn entmutigen

'damp course *n* [Feuchtigkeits]dämmschicht *f*, Feuchtigkeitsisolierschicht *f*, Sperrschicht *f*

damp·en ['dæmpən] *vt* ■ **to ~ sth** ❶ (*wet*) etw befeuchten [*o* anfeuchten]; **the rain had ~ed the tent** das Zelt war vom Regen feucht geworden ❷ (*suppress*) etw dämpfen; **to ~ sb's enthusiasm** jdn entmutigen, jds Begeisterung *f* einen Dämpfer aufsetzen; **to ~ one's expectations** seine Erwartungen zurückschrauben ❸ (*mute*) *sound* etw dämpfen

damp·er[1] ['dæmpəʳ, AM -pɚ] *n* (*fam*) Dämpfer *m*; **to put a ~ on sth** etw *dat* einen Dämpfer aufsetzen

damp·er[2] ['dæmpəʳ, AM -pɚ] *adj comp of* **damp I.**

damp·ish ['dæmpɪʃ] *adj* [etwas] feucht

damp·ness ['dæmpnəs] *n no pl* Feuchtigkeit *f*; **~ in the air** Luftfeuchtigkeit *f*

'damp-proof *vt* ■ **to ~ sth** etw gegen Feuchtigkeit schützen

'damp-proof course *n see* **damp course** **damp 'squib** *n* BRIT, AUS (*fam*) Reinfall *m fam*, Pleite *f fam*

dam·sel ['dæmzəl] *n* (*dated liter*) Maid *f veraltet o hum*; **~ in distress** (*hum*) hilflose junge Dame

dam·sel·fly *n* Seejungfer *f*

dam·son ['dæmzən] *n* Haferpflaume *f*, Damaszenerpflaume *f*

dance [dɑ:n(t)s, AM dæn(t)s] **I.** *vi* ❶ (*to music*) tanzen; **to ~ all night** die ganze Nacht tanzen, die Nacht durchtanzen; **to go dancing** tanzen gehen; ■ **to ~ to sth/with sb** zu etw *dat*/mit jdm tanzen ❷ (*skip*) herumtanzen, herumspringen, herumhüpfen; **the flowers are dancing in the breeze** die Blumen wiegen sich im Wind; **the sunlight was dancing on the surface of the water** das Sonnenlicht tänzelte auf der Wasseroberfläche ▸ PHRASES: **to ~ to sb's tune** nach jds Pfeife *f* tanzen **II.** *vt* ❶ (*partner*) ■ **to ~ sb somewhere** mit jdm irgendwohin tanzen; **he ~d her around the room** er tanzte mit ihr durch den Raum ❷ (*perform*) **to ~ calypso/tango** Calypso/Tango tanzen; **to ~ a waltz** einen Walzer tanzen ▸ PHRASES: **to ~ attendance on sb** um jdn herumscharwenzeln **III.** *n* ❶ (*to music*) Tanz *m*; **to have a ~ with sb** mit jdm tanzen ❷ (*steps*) Tanz *m*; **the next ~** der nächste Tanz; **slow ~** Schieber *m*, langsamer Tanz; *see also* **lead** ❸ (*ball*) Tanzparty *f*, Tanzabend *m*, Tanzveranstaltung *f*, Ball *m*; **will you come to the ~ with me?** gehst du mit mir auf den Ball?; **end-of-term dinner ~** Semesterabschlussball *m* ❹ *no pl* (*art*) Tanz *m*; **classical/modern ~** klassischer/moderner Tanz

dance·able ['dɑ:n(t)səbl̩, AM 'dæn-] *adj* **sth is ~** *song* man kann zu etw *dat* tanzen

'dance band *n* Tanzkapelle *f* **'dance class** *n* Tanzunterricht *m*, Tanzstunde *f* **'dance floor** *n* Tanzfläche *f*, Tanzparkett *nt*, Tanzboden *m* **'dance hall** *n* Tanzsaal *m* **'dance mu·sic** *n no pl* Tanzmusik *f*

danc·er ['dɑ:n(t)səʳ, AM 'dæn(t)sɚ] *n* Tänzer(in) *m(f)*

'dance stu·dio *n* Tanzschule *f*, Tanzstudio *nt*

danc·ing ['dɑ:n(t)sɪŋ, AM 'dæn(t)s-] *n no pl* Tanzen *nt*

'danc·ing mas·ter *n* Tanzlehrer(in) *m(f)* **'danc·ing part·ner** *n* Tanzpartner(in) *m(f)* **'danc·ing shoes** *npl* Tanzschuhe *mpl*

D and C [ˌdi:ənd'si:] *n* MED *abbrev of* **dilation and curettage** Dilation und Kürettage *f fachspr*, Ausschabung *f*

dan·de·lion ['dændɪlaɪən, AM -də-] *n* Löwenzahn *m*, Pusteblume *f*

dan·der ['dændəʳ, AM -dɚ] *n no pl* ▸ PHRASES: **to get** [*or* **have**] **sb's ~ up** (*fam*) jdn auf die Palme bringen

dan·di·fied ['dændɪfaɪd, AM -də-] *adj* (*pej, hum*) herausgeputzt, geschniegelt *hum*, aufgedonnert *pej*; **~ appearance** sehr gepflegte Erscheinung

dan·dle ['dændl̩] *vt* (*dated*) ■ **to ~ sb** jdn schaukeln; **to ~ a baby** [**on one's knee**] ein Baby [auf dem Knie] wiegen

dan·druff ['dændrʌf, AM -drəf] *n no pl* [Kopf]schuppen *pl*

dan·dy ['dændi] **I.** *n* (*pej*) Dandy *m pej*, Geck *m pej* **II.** *adj esp* AM (*dated*) ❶ (*overly stylish*) geckenhaft *pej*, geschniegelt *hum* ❷ (*very good*) prima *fam*; **that's just ~!** das ist großartig!; **we had a ~ time** wir hatten eine wunderschöne Zeit

Dane [deɪn] *n* Däne, -in *m, f*

dan·ger ['deɪndʒəʳ, AM -dʒɚ] *n* ❶ *no pl* (*jeopardy*) [Lebens]gefahr *f*; **~! keep out!** Zutritt verboten! Lebensgefahr!; **a ~ to life and limb** eine Gefahr für Leib und Leben; ■ **to be in ~** in Gefahr sein; **I felt my life was in ~** ich hatte Angst um mein Leben; **to be in ~ of extinction** vom Aussterben bedroht sein; ■ **to be in ~ of doing sth** Gefahr laufen, etw zu tun ❷ (*risk*) Gefahr *f*, Bedrohung *f*; ■ **to be a ~ to sb/sth** eine Gefahr für jdn/etw sein; ■ **there is a ~ that ...** es besteht die Gefahr, dass ... ❸ *no pl* (*chance*) Gefahr *f*, Risiko *nt*; **there is no ~ of that!** (*hum*) diese Gefahr besteht nicht; **there's no ~ of me going out with him!** (*hum*) ich werde bestimmt nicht mit ihm ausgehen! ❹ *no pl* MED ■ **to be out of ~** außer Gefahr [*o fam* über den Berg] sein

'dan·ger area *n* Gefahrenbereich *m,* Gefahrenzone *f;* **stay out – this is a ~!** Betreten verboten! Gefahrenzone! **'dan·ger list** *n* **to be on the ~** in Lebensgefahr schweben; **to be off the ~** über den Berg sein *fam* **'dan·ger mon·ey** *n no pl* BRIT, AUS Gefahrenzulage *f*

dan·ger·ous ['deɪndʒᵊrəs] *adj* gefährlich, gefahrvoll; **~ to health** gesundheitsgefährdend; ■**it is ~ to do sth** es ist gefährlich, etw zu tun

dan·ger·ous·ly ['deɪndʒᵊrəsli] *adv* gefährlich; **to live ~** gefährlich leben

dan·gle ['dæŋgl̩] **I.** *vi* ■**to ~ from** [*or* **off**] **sth** von etw *dat* herabhängen; **she had big earrings dangling from her ears** an ihren Ohren baumelten große Ohrringe ►PHRASES: **to keep sb dangling** jdn zappeln lassen **II.** *vt* ① (*swing*) **to ~ one's feet** mit den Füßen baumeln; **he ~d his feet in the warm water** er ließ seine Füße im warmen Wasser baumeln ② (*tempt with*) ■**to ~ sth before** [*or* **in front of**] **sb** jdm etw [verlockend] in Aussicht stellen

dan·gling par·'ti·ci·ple *n* LING *Partizip, das ein selbst nicht vorkommendes Nomen näher bestimmt*

dan·gly ['dæŋgl̩i] *adj* herabhängend, baumelnd

Dan·ish ['deɪnɪʃ] **I.** *n* <*pl* -es> ① *no pl* (*language*) Dänisch *nt,* das Dänische ② (*people*) ■**the ~** *pl* die Dänen ③ AM (*cake*) *see* **Danish pastry II.** *adj inv* dänisch

Dan·ish 'pas·try *n* Blätterteiggebäck *nt,* Plunder *nt*

dank [dæŋk] *adj* [unangenehm] feucht, nass[kalt]

dank·ness ['dæŋknəs] *n no pl* Feuchte *f,* Feuchtigkeit *f*

Dan·ube ['dænju:b] *n no pl* ■**the ~** die Donau

dap·per <-er, -est> ['dæpəʳ, AM -ɚ] *adj person* adrett, elegant, gepflegt

dap·pled ['dæpl̩d] *adj horse, pony* scheckig, gefleckt, gescheckt; *light* gesprenkelt; **~ shade** Halbschatten *m*

dare [deəʳ, AM der] **I.** *vt* ■**to ~ sb** [**to do sth**] jdn herausfordern[, etw zu tun]; **I ~ you!** trau dich!; **I ~ you to ask him to dance** ich wette, dass du dich nicht traust, ihn zum Tanzen aufzufordern; **she was daring him to come any closer** sie warnte ihn [davor], näher zu kommen **II.** *vi* sich *akk* trauen; ■**to ~** [**to**] **do sth** riskieren [*o* wagen] [*o* sich *akk* trauen] etw zu tun; **who ~s to do that?** wer traut sich das?; **do you ~ to tell him this?** traust du dich, ihm das zu sagen?; **~ he tell her this?** traut er sich, ihr das zu sagen?; **he ~[s] not ask her name** er traut sich nicht, sie nach ihrem Namen zu fragen; **he was under attack for daring to criticize the Prime Minister** er wurde angegriffen, weil er es gewagt hatte, den Premierminister zu kritisieren; ■**to not ~** [**to**] **do sth** [*or form* **to ~ not do sth**] nicht wagen [*o* sich *akk* nicht trauen] etw zu tun; **I don't ~ to think** [*or* **dare not think**] **how much it's going to cost** ich wage nicht daran zu denken, wie viel es kosten wird ►PHRASES: **~ I say** [**it**] ... (*dated or hum*) ich wage zu behaupten, ...; **who ~s wins** (*prov*) wer wagt, gewinnt *prov;* [**just** [*or* **don't**]] **you ~!** (*esp hum*) untersteh dich!; **how ~ you!** was fällt Ihnen ein!; **how ~ sb do sth** wie kann es jd wagen, etw zu tun; **how ~ you use my car!** was fällt dir ein, mein Auto zu benutzen!; *see also* **daresay III.** *n* Mutprobe *f,* Wagnis *nt;* **it's a ~!** sei kein Frosch!; **to do sth** BRIT **as** [*or* BRIT, AUS **for**] [*or* AM **on**] **a ~** etw als Mutprobe tun

'dare·dev·il (*fam*) **I.** *n* Draufgänger(in) *m(f),* Teufelskerl *m* **II.** *n modifier* tollkühn, waghalsig, verwegen; **~ stunt** halsbrecherischer Stunt; **to pull a ~ stunt** etwas total Wahnsinniges tun *fam*

daren't [deənt, AM dernt] = **dare not, dares not** *see* **dare I., II.**

'dare·say *vi* ■**I ~** [*or* **dare say**] ich meine [*o* möchte sagen]; **he gets paid a lot of money, but I ~** [**that**] **he earns it** er bekommt viel Geld, aber meiner Meinung nach verdient er es auch

dar·ing ['deərɪŋ, AM 'der-] **I.** *adj* ① (*brave*) *person* kühn, wagemutig; *crime* dreist; **~ rescue operation** riskante [*o* waghalsige] Rettungsaktion; ■**it is ~ to do sth** es ist kühn, etw zu tun ② (*provocative*) verwegen; *film* gewagt ③ (*revealing*) *dress, skirt* gewagt **II.** *n no pl* Kühnheit *f,* Wagemut *m;* **to show ~** Mut beweisen [*o* zeigen]

dar·ing·ly ['deərɪŋli, AM 'der-] *adv* ① (*bravely*) wagemutig, kühn ② (*provocatively*) herausfordernd, provozierend

dark [dɑ:k, AM dɑ:rk] **I.** *adj* ① (*unlit*) dunkel, finster, düster; **it was too ~ to see properly** es war schon so düster, dass man nichts mehr richtig erkennen konnte; **what time does it get ~ in the summer?** wann wird es im Sommer dunkel?; **our bedroom was very ~** in unserem Schlafzimmer war es sehr düster ② (*in colour*) *hair, skin, eyes* dunkel; **~ blue** dunkelblau; **tall, ~ and handsome** groß, dunkel und gut aussehend ③ *attr* (*sad*) dunkel; *days* finster; *vision* düster; **~ chapter** dunkles Kapitel; **~ predictions** düstere Vorhersagen; **to have a ~ side** Nachteile haben; **to look on the ~ side of things** schwarzsehen, pessimistisch sein ④ (*evil*) finster, düster; **~ look** finsterer Blick; **to have a ~ side** eine finstere [*o* dunkle] Seite haben ⑤ (*secret*) dunkel, verborgen, geheim[nisvoll]; **to keep sth ~** [**from sb**] etw [vor jdm] geheim halten ⑥ (*hum: remote*) tief; **he lived somewhere in ~est Peru** er lebte irgendwo im tiefsten Peru ⑦ LING dunkel; **a ~ 'l'** ein dunkles ‚l' ►PHRASES: **the ~est hour is just before the dawn** (*prov*) schlimmer kann es jetzt nicht mehr werden **II.** *n no pl* ■**the ~** die Dunkelheit, das Dunkel; **to be afraid of the ~** Angst vor der Dunkelheit haben; **to see/sit in the ~** im Dunkeln sehen/sitzen; **to do sth before/after ~** etw vor/nach Einbruch der Dunkelheit tun ►PHRASES: **a leap in the ~** ein Sprung *m* ins Ungewisse; **a shot** [*or* **stab**] **in the ~** ein Treffer *m* ins Schwarze; **to keep sb in the ~** [**about** [*or* **as to**] **sth**] jdn [über etw *akk*] im Dunkeln lassen; **to be** [**completely**] **in the ~** keine Ahnung haben

'Dark Ages *npl* ① HIST ■**the ~** das frühe Mittelalter ② (*ignorance*) ■**the d~ a~** die schlimmen Zeiten; **this takes us back to the ~** das ist ein Rückschritt in finstere Zeiten **dark 'choco·late** *n no pl* AM, AUS (*plain chocolate*) Bitterschokolade *f,* bittere Schokolade **'dark-col·oured** <darker-, darkest-> *adj* dunkelfarben; **~ outfit** Kleidung *f* in dezenten [*o* gedeckten] Farben **Dark 'Con·ti·nent** *n no pl* ■**the ~** Afrika *nt,* der schwarze Kontinent

dark·en ['dɑ:kᵊn, AM 'dɑ:r-] **I.** *vi* ① (*lose light*) *sky* dunkel werden, sich verdunkeln [*o* verfinstern] ② (*look angry*) *mood* sich verdüstern [*o* verfinstern]; **his face ~ed in anger** sein Gesicht verfinsterte sich vor Wut **II.** *vt* ① (*shade*) ■**to ~ sth** etw verdunkeln; **to ~ a room** einen Raum abdunkeln ② (*spoil*) **nuclear weapons ~ our planet** Atomwaffen bedrohen das Leben auf der Erde ►PHRASES: **never to ~ these/sb's doors again!** (*liter*) sich *akk* nie wieder blicken lassen *fam;* **never ~ these doors again!** lass dich hier bloß nicht wieder blicken! *fam*

dark·ened ['dɑ:kᵊnd, AM 'dɑ:r-] *adj attr, inv* verdunkelt; *room* abgedunkelt

dark 'glasses *npl* Sonnenbrille *f* **dark 'horse** *n* ① BRIT, AUS (*talent*) unbekannte Größe, unbeschriebenes Blatt; **Anna's such a ~** Anna hat viele versteckte Talente ② AM (*victor*) erfolgreicher Außenseiter

darkie, AM *usu* **darky** ['dɑ:ki, AM 'dɑ:r-] *n* (*pej! dated sl*) Schwarze(r) *f(m) pej fam*

dark·ly ['dɑ:kli, AM 'dɑ:rk-] *adv* ① (*dimly*) dunkel, finster; **he could be seen ~ on the foggy moor** er war in dem nebligen Moor nur schwer zu erkennen ② (*sadly*) traurig ③ (*ominously*) böse; **to look at sb ~** jdn böse ansehen

'dark mat·ter *n no pl* ASTRON dunkle Materie *fachspr*

dark·ness ['dɑ:knəs, AM 'dɑ:rk-] *n no pl* ① (*no light*) Dunkelheit *f,* Finsternis *f;* **the room was in complete ~** der Raum war völlig dunkel; **to be plunged into ~** in Dunkelheit getaucht sein ② (*night*) Finsternis *f* ③ *of colour* Dunkelheit *f* ④ (*fig:*

D

sadness) Düsterkeit *f;* **moments of ~** düstere Momente ❺ (*fig: evil*) *of one's soul* Finsterkeit *f* ❻ (*fig: secrecy*) Dunkelheit *f;* **to draw a veil of ~ across sth** den Schleier des Geheimnisses über etw *akk* breiten

'dark·room *n* Dunkelkammer *f* **'dark-skinned** <darker-, darkest-> *adj* dunkelhäutig

darky *n* (*pej! dated sl*) *see* **darkie**

dar·ling ['dɑːlɪŋ, AM 'dɑːr-] **I.** *n* ❶ (*beloved*) Liebling *m,* Schatz *m,* Schätzchen *nt;* **oh, ~, I do love you** Liebling, ich liebe dich ❷ (*lovable person*) Engel *m,* Schatz *m;* **what a ~ you are to bring me some tea!** das ist wirklich nett von dir, dass du mir Tee bringst!; ■**to be sb's ~** jds Liebling *nt* sein; ■**be a ~ and ...** sei so lieb [*o* nett] und ..., sei ein Schatz und ... ❸ (*fam: friendly term*) Schatz *m,* Schätzchen *nt;* **here's your change, ~** hier ist Ihr Wechselgeld, Schätzchen *fam* **II.** *n modifier* ❶ (*beloved*) hübsch, reizend, entzückend; (*in a letter*) **D~ Martha, ...** Liebe Martha, ... ❷ (*pretty*) *cat* süß, goldig, lieb; **a ~ little cottage** ein reizendes kleines Landhaus

darn[1] [dɑːn, AM dɑːrn] **I.** *vt* **to ~ a hole** ein Loch stopfen **II.** *n* gestopfte Stelle; **the cardigan is full of ~s** die Strickweste ist überall gestopft

darn[2] [dɑːn, AM dɑːrn] (*fam*) **I.** *interj* Mist! *fam,* verflixt! *fam,* zum Kuckuck! *fam;* **~ it!** verflixt noch mal! *fam,* verflixt und zugenäht! *fam,* so ein Mist! *fam* **II.** *adj attr, inv* **he was a ~ sight younger than Elizabeth** er war ein ganzes Stück jünger als Elizabeth **III.** *adv inv* verdammt *fam;* **that's a ~ fine horse** das ist ein verdammt schönes Pferd **IV.** *n no pl* **I don't give a ~!** das ist mir völlig schnurz *fam*

darned [dɑːnd, AM dɑːrnd] *adj, adv inv see* **darn**[2] **II., III.**

darn·ing ['dɑːnɪŋ, AM 'dɑːrn-] *n no pl* ❶ (*needlework*) Stopfen *nt;* **his job of ~ is excellent** er hat das Loch hervorragend gestopft ❷ *no pl* (*clothes*) ■**the ~** die Stopfsachen *fpl*

'darn·ing nee·dle *n* Stopfnadel *f*

dart [dɑːt, AM dɑːrt] **I.** *n* ❶ (*weapon*) Pfeil *m;* **to fire a ~ at sb/sth** einen Pfeil auf jdn/etw abschießen; *see also* **darts** ❷ *usu sing* (*dash*) Satz *m,* Sprung *m;* **to make a ~ for sb/sth** auf jdn/etw losstürzen ❸ (*pleat*) Abnäher *m;* **to make a ~** einen Abnäher machen ▶ PHRASES: **to make a ~ at sth** sich *dat* einen Reim auf etw *akk* machen **II.** *vi* ■**to ~ somewhere** irgendwohin flitzen [*o* sausen] *fam;* **the fish ~ed through the water** der Fisch schnellte durch das Wasser; ■**to ~ away** davonflitzen *fam;* ■**to ~ at sb** auf jdn losstürzen **III.** *vt* **to ~ a glance** [*or* **look**] **somewhere** einen Blick irgendwohin werfen; **to ~ a look at sb** jdm einen Blick zuwerfen

◆**dart out** *vt no passive* **the lizard ~ed out its tongue** die Eidechse ließ ihre Zunge herausschnellen

'dart·board *n* Dartscheibe *f*

darts [dɑːtz, AM dɑːrtz] *n + sing vb* Darts *nt kein pl;* **do you feel like a game of ~?** hast du Lust, Darts zu spielen?; **to play ~** Darts spielen; *see also* **dart**

dash [dæʃ] **I.** *n* <*pl* -es> ❶ (*rush*) Hetze *f,* Hast *nt;* **it was a mad ~** wir mussten uns total abhetzen *fam;* **to make a ~ for the door/exit** zur Tür/zum Ausgang stürzen; **she made a ~ for it** sie rannte, so schnell sie konnte ❷ *esp* AM SPORTS Kurzstreckenlauf *m* ❸ (*little bit*) kleiner Zusatz, kleine Beimengung; **a ~ of cinnamon/nutmeg/pepper** eine Messerspitze Zimt/Muskat/Pfeffer; **to add a ~ of colour to a dish** einem Gericht einen Farbtupfer hinzufügen; **a ~ of salt** eine Prise Salz; **a ~ of originality** ein Hauch *m* von Originalität, eine gewisse Originalität; **a ~ of rum** ein Schuss *m* Rum; **a ~ of yellow** ein Stich *m* ins Gelbe ❹ (*punctuation*) Gedankenstrich *m* ❺ (*flair*) Schwung *m,* Elan *m;* (*pluck*) Schneid *m* ❻ (*Morse signal*) [Morse]strich *m;* **dots and ~es** Morsezeichen *ntpl* ❼ AUTO (*fam: dashboard*) Armaturenbrett *nt* **II.** *interj* BRIT (*dated*) **~ it!** (*bother!*) verflixt!, Mist!; **~ it [all]!** (*expressing righteous indignation*) ich muss doch sehr bitten! **III.** *vi* ❶ (*hurry*) stürmen, rasen *fam;* **I've got to ~** ich muss mich sputen *fam;* **we ~ed along the platform and just managed to catch the train** wir hasteten die Plattform entlang und haben den Zug noch so gerade gekriegt; **to ~ across the street/into the house** über die Straße/ins Haus flitzen *fam;* **to ~ out of the room** aus dem Zimmer stürmen; ■**to ~ about** [*or* **around**] herumrennen *fam;* ■**to ~ at sth** sich *akk* auf etw *akk* stürzen; ■**to ~ off** davonjagen, die Fliege machen *fam* ❷ (*strike forcefully*) schmettern; *waves also* peitschen **IV.** *vt* ❶ (*strike forcefully*) ■**to ~ sth [against sth]** etw [gegen etw *akk*] schleudern [*o* schmettern]; **he ~ed his hand against a rock** er schlug sich die Hand an einem Felsen auf; **to ~ sth to pieces** etw zerschmettern [*o* in tausend Stücke schlagen] ❷ (*destroy*) ■**to be ~ed** zerstört [*o* vernichtet] werden; **his spirits were ~ed by the ridicule of his classmates** der Spott seiner Klassenkameraden hat ihn völlig geknickt; **to ~ sb's hopes** jds Hoffnungen *fpl* zunichte machen

◆**dash off** *vt* ■**to ~ off** ◯ **sth** etw schnell erledigen; **to ~ off a report** einen Bericht runterreißen *fam;* **to ~ off a meal** ein Essen hinzaubern *fam*

'dash·board *n* Armaturenbrett *nt,* Instrumentenbrett *nt*

dashed [dæʃt] **I.** *adv inv esp* BRIT (*dated fam*) verflixt *fam* **II.** *adj attr* gestrichelt; **~ line** gestrichelte Linie

dash·ing ['dæʃɪŋ] *adj* (*dated*) schneidig, forsch, flott, fesch; **~ young man** flotter junger Mann

dash·ing·ly ['dæʃɪŋli] *adv* (*dated*) charmant, flott

das·tard·ly ['dæstədli, AM -tɚd-] *adj* (*liter*) *attack, plot, revenge* hinterhältig, heimtückisch; **~ deeds** Gemeinheiten *fpl*

DAT [ˌdiːer'tiː] *n abbrev of* **digital audio tape**

data ['deɪtə, AM -t̬ə] *npl + sing/pl vb* Daten *pl;* **computer ~** Computerdaten *pl;* **to collect ~** Fakten sammeln; **to retrieve ~** Daten abrufen [*o* aufrufen]; **to transfer ~** Daten übertragen [*o* transferieren]

data ar·chae·'olo·gist *n no pl* Datenarchivar(in) *m(f)* **data ar·chae·'ol·ogy** *n no pl* COMPUT Datenarchivierung *f* **'data·bank** *n* Datenbank *f* **'data·base** *n* Datenbestand *m,* Datenbank *f* **data 'cap·ture** *n no pl* Datenerfassung *f* **data 'car·ri·er** *n* Datenträger *m* **'data glove** *n* Datenhandschuh *m* (*Handschuh, der mit einer virtuellen Hand im Computer verbunden ist*) **data 'ha·ven** *n* Datenoase *f* (*um unter Umgehung der Rechtsvorschriften Daten zu speichern*) **'data net·work** *n* Datennetzwerk *nt* **data 'pro·cess·ing I.** *n no pl* Datenverarbeitung *f* **II.** *n modifier* Datenverarbeitungs-

data pro·'tec·tion *n no pl* BRIT Datenschutz *m* **Data Pro·'tec·tion Act** *n* Datenschutzgesetz *nt* **Data Pro·'tec·tion Reg·is·try** *n,* **Data Pro·tec·tion Reg·is·trar's of·fice** *n* BRIT Datenschutzbehörde *f*

data re·'triev·al *n no pl* Datenaufruf *m,* Datenabruf *m* **data se·'cu·rity** *n no pl* Datensicherheit *f,* Datenschutz *m* **data 'trans·fer** *n no pl* Datenübertragung *f,* Datentransfer *m*

date[1] [deɪt] **I.** *n* ❶ (*calendar day*) Datum *nt;* **do you know what today's ~ is?** weißt du, welches Datum wir heute haben?; **closing ~** letzter Termin; **expiry** [*or* AM **expiration**] **~** Verfallsdatum *nt;* **to be in ~** *food* das Verfallsdatum noch nicht haben [*o* noch haltbar sein]; **out of ~** überholt, nicht mehr aktuell; **to be out of ~** *food* das Verfallsdatum haben; **to ~** bis heute; **up to ~** *technology* auf dem neuesten Stand; *fashion, style, slang* zeitgemäß ❷ (*on coins*) Jahreszahl *f* ❸ (*business appointment*) Termin *m,* Verabredung *f;* **it's a ~!** abgemacht!; **to make a ~** sich *akk* verabreden; **shall we make it a ~?** sollen wir es festhalten? ❹ (*booked performance*) Aufführungstermin *m* ❺ (*social appointment*) Verabredung *f;* (*romantic appointment*) Rendezvous *nt;* **a hot ~** (*fam*) ein heißes Date *sl;* **to go out on a ~** ausgehen; **to have a ~ with sb** mit jdm verabredet sein ❻ (*person*) Begleitung *f;* **a hot ~** (*fam*) ein heißer Typ/eine heiße Frau *fam;* **to find** [*or* **get**] **a ~** einen Partner [*o* Begleiter]/eine Partnerin [*o* Begleiterin] finden **II.** *vt* ❶ (*have relationship*) ■**to ~ sb** mit jdm gehen *fam* ❷ (*establish the age of*) ■**to ~ sth** etw datieren; **the expert ~d the pipe at 1862** der Experte datierte die Pfeife auf das Jahr 1862 ❸ (*reveal the age of*) ■**to ~ sb** jdn altersmäßig verraten; **you went to Beach Boys concerts? that sure ~s you!** du warst auf den Konzerten der Beach Boys? daran merkt man, wie alt du bist! ❹ (*put date on*) ■**to ~ sth** etw datieren; **in reply to your letter ~d November 2nd, ...** unter Bezugnahme auf Ihren Brief vom 2. November ... *form* **III.** *vi* ❶ (*have a relationship*) miteinander gehen *fam;* **we think our daughter is still too young to ~** AM wir denken, unsere Tochter ist noch zu jung, um einen Freund zu haben ❷ (*go back to*) ■**to ~ from** [*or* **back to**] **sth** *style* auf etw *akk* zurückgehen; *tradition* von etw *dat* herrühren, aus etw *dat* stammen ❸ (*show its age*) veraltet wirken; (*go out of fashion*) aus der Mode kommen

date[2] [deɪt] *n* Dattel *f*

dat·ed ['deɪtɪd, AM -t̬ɪd] *adj* veraltet, überholt; **~ ideas** rückständige Ideen

'date·line *n* JOURN Datumszeile *f,* Kopfzeile *f*

'date rape *n* Vergewaltigung *f* durch eine dem Opfer bekannte Person

'date-stamp *n* Datumsstempel *m*

dat·ing agency *n* BRIT, **'dat·ing ser·vice** *n* AM, AUS Partnervermittlungsagentur *f*

da·tive ['deɪtɪv, AM -t̬ɪv] **I.** *n no pl* LING ■**the ~** der Dativ; **to be in the ~** im Dativ stehen; **to take the ~** den Dativ nach sich ziehen **II.** *adj inv* **the ~ case** der Dativ

daub [dɔːb, AM *esp* dɑːb] **I.** *vt* ■**to ~ sth** etw beschmieren; **to ~ gel into one's hair** sich *akk* Gel in die Haare schmieren **II.** *n* ❶ (*patch of liquid*) Spritzer *m;* **to avenge himself, he painted his sister's dollhouse with ~s of glue** um sich zu rächen, schmierte er das Puppenhaus seiner Schwester mit Klebstoff voll; **~ of paint** Farbklecks *m* ❷ (*pej: bad painting*) Schmiererei *f pej fam,* Kleckserei *f pej fam* ❸ ARCHIT **wattle and ~** mit Lehm beworfenes Flechtwerk

daugh·ter ['dɔːtəʳ, AM 'dɑːt̬ɚ] *n* Tochter *f a. fig*

'daugh·ter-in-law <*pl* daughters-> *n* Schwiegertochter *f* **'daugh·ter lan·guage** *n* LING Tochtersprache *f* **Daugh·ters of the Ameri·can Revo·'lu·tion** *n* Töchter *fpl* der Amerikanischen Revolution (*patriotische Frauenvereinigung in den USA*)

daunt [dɔːnt, AM *esp* dɑːnt] *vt usu passive* ■**to ~ sb** (*intimidate*) jdn einschüchtern; (*discourage*) jdn entmutigen; **nothing ~ed** *esp* BRIT unerschrocken, unverzagt

daunt·ing ['dɔːntɪŋ, AM *esp* 'dɑːnt-] *adj* (*intimidating*) erschreckend; (*discouraging*) entmutigend; **a ~ prospect** eine entmutigende Aussicht; **a ~ task** eine beängstigende Aufgabe

daunt·less ['dɔːntləs, AM *esp* 'dɑːnt-] *adj* (*liter*) furchtlos, unerschrocken, kühn

Davy Jones's lock·er [ˌdeɪviˌdʒəʊnzɪz'-, AM -ˌdʒoʊnzɪz'-] *n no pl* alles verschlingendes Meer *liter,* nasses Grab *veraltet liter*

'Davy lamp *n* [Gruben]sicherheitslampe *f,* davische Lampe

daw·dle ['dɔːdḷ, AM *esp* 'dɑː-] *vi* trödeln, bummeln *fam;* **to ~ around the stores** einen Bummel durch die Geschäfte machen; **to ~ over one's breakfast/work** beim Frühstück/bei der Arbeit herumtrödeln *fam*

daw·dler ['dɔːdləʳ, AM 'dɑːdlɚ] *n* Trödler(in) *m(f) pej fam,* Bummler(in) *m(f) pej fam,* Bummelant(in) *m(f) pej fam*

dawn [dɔːn, AM *esp* dɑːn] **I.** *n* ❶ *no pl* (*daybreak*) [Morgen]dämmerung *f,* Morgenröte *f liter;* **at [the break of] ~** bei Tagesanbruch, im Morgengrauen; **[from] ~ to dusk** von morgens bis abends; **~ breaks** der Tag bricht an ❷ (*fig: beginning*) *of an era, a period* Anfang *m,* Beginn *m* **II.** *vi* ❶ (*start*) *day* anbrechen; (*fig*) *age, era, year* anbrechen, [herauf]dämmern *geh;* **the day was just ~ing as the ship landed** es dämmerte gerade, als das Schiff einlief; **a new age ~ed with the invention of the steam engine** mit der Erfindung der Dampfmaschine nahm ein neues Zeitalter seinen Anfang ❷ (*become apparent*) bewusst werden, dämmern *fam;* **it suddenly ~ed on me that ...** auf einmal fiel mir siedend heiß ein, dass ...

dawn 'cho·rus *n esp* BRIT, AUS Morgenkonzert *nt* der Vögel

'dawn raid *n* ❶ *esp* BRIT, AUS (*surprise morning attack*) Razzia *f* im Morgengrauen ❷ BRIT STOCKEX plötzlicher Aufkauf von Aktien; **to make a ~ on sth** einen Angriff auf etw *akk* starten

day [deɪ] *n* ❶ (*24 hours*) Tag *m;* **my birthday is ten ~s from now** heute in zehn Tagen habe ich Geburtstag; **what a ~!** was für ein Tag!; **you're forty if you're a ~** du bist mindestens vierzig [Jahre alt]; **you don't look a ~ over forty** Sie sehen kein bisschen älter als vierzig aus; **we're expecting the response any ~ now** die Antwort kann jetzt jeden Tag kommen; **in a few ~s [time]** in einigen [*o* in ein paar] Tagen; **the ~ after tomorrow/before yesterday** übermorgen/vorgestern; **for a few ~s** auf ein paar Tage, für einige Tage; **from this ~ forth** von heute an; **~ in ~ out** (*iron*) tagaus, tagein; **from one ~ to the next** von heute auf morgen; **one ~** eines Tages; **from that ~ on[wards]** von dem Tag an; **the other ~** neulich, vor einigen Tagen; **two ~s ago** vor zwei Tagen; **~ after ~** Tag für Tag, tagaus, tagein; **~ by ~** Tag für Tag; **from ~ to ~** von einem Tag auf den nächsten, von Tag zu Tag; **to the ~** auf den Tag genau; **to this ~** bis heute; **some ~** [irgendwann] einmal; **these ~s** in letzter Zeit; **one of these ~s** eines Tages; (*soon*) demnächst ❷ (*not night*) Tag *m;* **all ~ [long]** den ganzen Tag [über [*o* lang]]; **a sunny/wet ~** ein sonniger/regnerischer Tag; **by ~** tagsüber, während des Tages ❸ (*work period*) [Arbeits]tag *m;* **all ~** den ganzen Tag; **a full ~** ein anstrengender Tag, ein Tag *m* randvoll mit Terminen; **to take a ~ off** einen Tag freinehmen ❹ (*former time*) **in those ~s** damals; **in/since sb's ~** zu/seit jds Zeit *f;* ■**in the ~s before/of/when ...** zur Zeit vor/des/, als ... ▶ PHRASES: **in this ~ and age** heutzutage; **D~ of Atonement** [jüdisches] Versöhnungsfest; **at the end of the ~** (*in the final analysis*) letzten Endes; (*in conclusion*) folglich; **the D~ of Judgment** der Jüngste Tag; **sth is like night and ~** etw ist wie Tag und Nacht; **to end one's ~s in poverty** in Armut enden, seine Tage in Armut beschließen; **to pass the time of ~** plaudern, plauschen SÜDD, ÖSTERR; **to be all in a ~'s work** zum Alltag gehören; **to have seen better ~s** schon bessere Tage gesehen haben; **the big ~** der große Tag; **in all my born ~s** in meinem ganzen Leben; **until sb's dying ~** bis an jds *akk* Lebensende *nt;* **sb's ~s [as sth] are numbered** jds Tage *mpl* [als etw] sind gezählt; **from ~ one** von Anfang an, vom ersten Tag an; **to be one of those ~s** ein Unglückstag sein; **to call it a ~** Schluss machen [für heute]; **to carry [*or* win] the ~** den Sieg davontragen *geh;* **to have had one's ~** seine [beste] Zeit gehabt haben; **to make sb's ~** jds Tag *m* retten; **to name the ~** den Hochzeitstermin festsetzen, den Tag der Hochzeit festlegen; **those were the ~s** das waren noch Zeiten; **that will be the ~!** das möchte ich zu gern[e] einmal erleben! *fam*

'day bed *n* Liegesofa *nt* **'day boy** *n* BRIT SCH Externer *m* **'day·break** *n no pl* Tagesanbruch *m;* **at ~** bei Tagesanbruch, im Morgengrauen **'day·care** *n no pl of pre-schoolers* Vorschulkinderbetreuung *f; of the elderly* Altenbetreuung *f;* (*centre for pre-schoolers*) Kindertagesstätte *f;* (*for the elderly*) Altentagesstätte *f* **'day·care cen·ter** AM, **'day·care cen·tre** *n* (*for children*) Kindertagesstätte *f;* (*for the elderly*) Altentagesstätte *f* **'day·dream I.** *vi* [mit offenen Augen] träumen, vor sich *akk* hinträumen **II.** *n* Tagtraum *m,* Wachtraum *m* **'day·dream·er** *n* Tagträumer(in) *m(f),* verträumte Person **'day girl** *n* BRIT SCH Externe *f* **Day-Glo®** ['deɪgləʊ, AM -gloʊ] *adj attr, inv* neonfarben, Neon-; **~ yellow** Neongelb *nt* **'day job** *n* (*hum fam*) Hauptberuf *m,* Brotberuf *m* ▶ PHRASES: **don't give up your [*or* the] ~!** (*as put-down*) Schuster, bleib bei deinen Leisten; (*as warning*) häng deinen Beruf nicht gleich an den Nagel *fam* **day 'la·bor·er** AM, **day 'la·bour·er** *n* Tagelöhner(in) *m(f)*

'day·light *n no pl* Tageslicht *nt;* **in broad ~** am helllichten Tag[e] ▶ PHRASES: **to knock [*or* beat] the living ~s out of sb** (*fam*) jdn windelweich schlagen *fam;* **to scare [*or* frighten] the living ~s out of sb** (*fam*) jdn zu Tode erschrecken; **to let**

D

~ **into sth** etw ans Licht [der Öffentlichkeit] bringen; **to see** ~ [allmählich] klarsehen; **he saw** ~ ihm ging ein Licht auf **day·light 'rob·bery** *n no pl* BRIT, AUS Nepp *m pej fam,* Wucher *m pej* **day·light 'sav·ing time** *n* Sommerzeit *f* **'day lily** *n* Taglilie *f* **'day nurse·ry** *n* Kindertagesstätte *f* **'day pa·tient** *n* MED Tagespatient(in) *m(f)* **'day pu·pil** *n* BRIT SCH Externe(r) *f(m)* **'day re·lease I.** *n* BRIT [tageweise] Freistellung zur Weiterbildung (*berufliche Fortbildung im Rahmen eines bestehenden Arbeitsverhältnisses*) **II.** *n modifier* Fortbildungs-; ~ **course** bezahlter Fortbildungskurs **'day re·turn** *n* BRIT Tagesrückfahrkarte *f* **'day school** *n* Tagesschule *f* [ohne Internat] **'day shift** *n* Tagschicht *f* **'day stu·dent** *n esp* AM, AUS Externe(r) *f(m);* UNIV Student/Studentin, der/die zu Hause wohnt **'day·time I.** *n no pl* Tag *m,* Tageszeit *f;* **in** [*or* **during**] **the** ~ tagsüber, bei Tag **II.** *n modifier* (*light, temperatures*) Tages- **day-to-'day** *adj* ❶ (*daily*) [tag]täglich; (*normal*) alltäglich; **on a** ~ **basis** tageweise ❷ (*short-term*) **on a** ~ **basis** von einem Tag auf den nächsten; ~ **survival** der tägliche Kampf ums Überleben **'day trip** *n* Tagesausflug *m* **'day trip·per** *n* Tagesausflügler(in) *m(f)*

daze [deɪz] **I.** *n no pl* Betäubung *f;* **to be in a** ~ ganz betäubt [*o* benommen] sein; **to be walking around in a** ~ wie im Taumel umhergehen **II.** *vt usu passive* ■ **to be** ~**d** wie betäubt [*o* ganz benommen] sein

daz·ed·ly ['deɪzədli] *adv* betäubt, benommen

daz·zle ['dæzl̩] **I.** *vt* ■ **to** ~ **sb/an animal** [**with sth**] jdn/ein Tier [mit etw *dat*] blenden **II.** *n no pl* ❶ (*brilliance*) Glanz *m* ❷ (*sudden brightness*) blendendes Licht

daz·zling ['dæzlɪŋ] *adj* ❶ (*visually brilliant*) blendend *attr; diamond* funkelnd *attr* ❷ (*impressive*) blendend *attr,* überwältigend *attr,* umwerfend *attr; smile* strahlend *attr; success* glänzend *attr*

daz·zling·ly ['dæzlɪŋli] *adv* funkelnd; (*fig*) **to smile** ~ **at sb** jdn strahlend anlächeln

DC [ˌdiːˈsiː] *n no pl* ❶ ELEC *abbrev of* **direct current** Gleichstrom *m* ❷ *abbrev of* **District of Columbia** D.C.

'D-Day *n no pl, no art* ❶ (*hist*) Invasionstag *m;* **the** ~ **landings began on June 6, 1944, when Allied forces invaded Normandy** die Invasion begann am 6. Juni 1944, als die alliierten Streitkräfte in die Normandie einfielen ❷ (*fig: important target date*) der Tag X

DDT [ˌdiːdiːˈtiː] *n* CHEM *no pl abbrev of* **dichloro-diphenyl-trichloroethane** DDT *nt*

de·ac·ces·sion [ˌdiːækˈseʃᵊn] *vt* ■ **to** ~ **sth** etw entlehnen

deacon ['diːkən] *n* Diakon(in) *m(f)*

dea·con·ess [ˌdiːkəˈnes] *n* Diakonisse *f,* Diakonissin *f*

de·ac·ti·vate [ˌdiːˈæktɪveɪt] *vt* ■ **to** ~ **sth** *alarm, motor* etw abschalten; CHEM etw deaktivieren *fachspr;* **to** ~ **a bomb** eine Bombe entschärfen

de·ac·ti·va·tion [diːˌæktɪˈveɪʃᵊn] *n* ❶ (*action*) Inaktivierung *f fachspr; of alarm* Ausschalten *nt; of a bomb* Entschärfung *f* ❷ (*function*) Abschaltvorrichtung *f*

dead [ded] **I.** *adj* ❶ *inv* (*not alive*) tot; *plant* abgestorben, tot; **she's been** ~ **for three years** sie ist [schon] drei Jahre tot; **to be** ~ **on arrival** beim Eintreffen ins Krankenhaus bereits tot sein; ~ **body** Leiche *f;* **to drop** ~ tot umfallen; **to shoot sb** ~ jdn erschießen; **to be shot** ~ erschossen werden ❷ *inv* (*obsolete, not active*) *custom* ausgestorben; *feelings* erloschen; (*gone out*) *fire* erloschen, aus *fam; railway line* stillgelegt; **acid rain has become a** ~ **issue** über sauren Regen spricht heute keiner mehr; **my cigarette is** ~ meine Zigarette ist ausgegangen; (*no longer in use*) **are these tins** ~**?** brauchst du diese Dosen noch?; ~ **language** tote Sprache; ~ **volcano** erloschener Vulkan ❸ *inv* (*numb*) *limbs* taub; **my legs have gone** ~ meine Beine sind eingeschlafen ❹ *inv* (*with no emotion*) *voice* kalt; (*flat*) *sound* dumpf ❺ *inv* (*not bright*) *colour* matt, stumpf ❻ (*boring, deserted*) *city* tot, [wie] ausgestorben *präd; party* öde; *season* tot; ~ **performance** glanzlose Vorführung ❼ *inv* FIN ~ **capital** totes Kapital ❽ (*fig fam: exhausted*) tot *fam,* kaputt *fam,* erledigt *fam;* **to be** ~ **on one's feet** zum Umfallen müde sein ❾ *inv* (*not functioning*) *phone, radio, TV* tot; **and then the phone went** ~ und dann war die Leitung tot; **the phone has gone** ~ die Leitung ist tot; **the line went** ~ die Leitung brach zusammen ❿ *inv* (*fig: used up*) verbraucht; *battery* leer; *match* erloschen ⓫ *attr, inv* (*totally*) völlig, total, absolut; **that remark was a** ~ **giveaway** diese Bemerkung sagte alles; **wow,** ~ **centre!** hui, genau in die Mitte!; ~ **calm** METEO Windstille *f;* **to be in a** ~ **faint** in eine tiefe Ohnmacht gefallen sein; ~ **silence** Totenstille *f;* **we sat in** ~ **silence** keiner von uns sagte auch nur ein Wort; **to come to a** ~ **stop** zum völligen Stillstand kommen ⓬ *inv* (*fast asleep*) ■ **to be** ~ tief und fest schlafen; **to be** ~ **to the world** fest eingeschlafen [*o fam* total weg] sein ⓭ *inv* SPORTS ~ **ball** toter Ball (*Ball, der ohne Bewertung ins Aus geht*) ▸ PHRASES: **over my** ~ **body** nur über meine Leiche *fam;* **to be** [**as**] ~ **as a doornail** [*or dated* **dodo**] mausetot sein *fam;* **to be a** ~ **duck** *thing* eine Schnapsidee sein; *person* eine Null sein *fam;* **you'll be** ~ **meat if you ever do that again** ich kill dich, wenn du das noch einmal machst! *sl;* ~ **men tell no tales** (*prov*) Tote reden nicht; **to be** ~ **from the neck** strohdoof sein *fam;* **to catch** [*or* **get**] [*or* **have**] **sb** ~ **to rights** jdn auf frischer Tat ertappen; **to be a** ~ **ringer for sb** ein Doppelgänger von jdm sein, für jdn durchgehen können; **to be** ~ **and buried** tot und begraben sein; **I wouldn't be seen** ~ **in that dress** so ein Kleid würde ich nie im Leben anziehen; **I wouldn't be seen** ~ **in that pub** in diese Kneipe würden mich keine zehn Pferde bringen **II.** *adv* ❶ *inv* (*fam: totally*) absolut, total, völlig; **I'm** ~ **beat** ich bin todmüde; **your analysis is** ~ **on target** deine Analyse trifft genau ins Schwarze; **you're** ~ **right** du hast vollkommen [*o* absolut] Recht!; **"**~ **slow"** „Schritt fahren"; ~ **certain** todsicher *fam;* ~ **drunk** stockbetrunken; ~ **easy** *esp* BRIT kinderleicht; ~ **good** BRIT (*fam*) super *fam;* **to have been** ~ **lucky** Schwein gehabt haben *sl;* **to be** ~ **set against sth** absolut gegen etw *akk* sein; **to be** ~ **set on sth** etw felsenfest vorhaben; ~ **silent** totenstill; ~ **still** regungslos; ~ **tired** todmüde ❷ *inv* (*exactly*) genau; **the town hall is** ~ **ahead** die Stadthalle liegt direkt da vorne; **to be** ~ **in the centre** genau in der Mitte sein; ~ **on five o'clock** Punkt fünf; ~ **on target** genau im Ziel; ~ **on time** auf die Minute genau; **to be** ~ **on time** pünktlich wie die Maurer sein *fam* ▸ PHRASES: **to stop** ~ **in one's tracks** auf der Stelle stehen bleiben; **to stop sth** ~ **in its tracks** etw völlig zum Stillstand bringen; **his political career was stopped** ~ **in its tracks** seine politische Karriere fand ein jähes Ende; **to tell sb sth** ~ **straight** jdm unverblümt die Wahrheit sagen; **are you coming to the party? –** ~ **straight I am** gehst du auf die Party? – darauf kannst du wetten! *fam* **III.** *n* ❶ (*people*) ■ **the** ~ *pl* die Toten *pl;* (*fig*) **you're making enough noise to wake the** ~**!** bei dem Lärm kann man ja Tote aufwecken!; **let the** ~ **bury the** ~ lasst die Toten die Toten begraben; **to come back from the** ~ (*come back to life*) aus dem Jenseits zurückkommen, von den Toten zurückkehren; **to show** [**some**] **respect for the** ~ den Toten Respekt zollen [*o* erweisen] ❷ **to rise from the** ~ (*recover from an illness*) [von den Toten] auferstehen, wiederauferstehen *iron;* SPORTS sich *akk* fangen ❸ (*right in the middle*) **in the** ~ **of night** mitten in der Nacht; **in the** ~ **of winter** im tiefsten Winter

'dead·beat (*fam*) **I.** *n esp* AM, AUS (*lazy person*) Faulpelz *m pej fam;* (*chronic debtor*) Schnorrer(in) *m(f) pej fam;* (*feckless person*) Gammler(in) *m(f) pej fam,* Versager(in) *m(f) pej* **II.** *n modifier* AM **a** ~ **dad** *geschiedener Vater, der sich seiner Unterhaltspflicht entziehen will;* **a** ~ **debtor** ein säumiger [*o* zahlungsunwilliger] Schuldner/eine säumige [*o* zahlungsunwillige] Schuldnerin; **a** ~ **renter** ein säumiger Mieter/eine säumige Mieterin **dead·beat 'dad** *n* zahlungssäumiger Vater

'dead bolt *n* TECH Schließriegel *m* **dead cat 'bounce** *n* STOCKEX letztes Aufbäumen *fig* **dead 'cen·ter** AM, **dead 'cen·tre** *n* genaue Mitte

dead·en ['dedᵊn] *vt* ■**to ~ sth** ❶ *(numb) pain* etw abtöten [*o* betäuben] *a. fig* ❷ *(diminish)* etw dämpfen; **rubber insulation is used to ~ the effect of the vibrations** man verwendet Gummiisolierungen, um die Vibrationswirkung abzuschwächen; **to ~ the noise** den Lärm dämpfen

dead-'end I. *n* Sackgasse *f a. fig;* **to reach a ~** in eine Sackgasse geraten *a. fig* **II.** *n modifier (not leading anywhere)* ohne Ausgang *nach n; (fig)* aussichtslos; **~ job** Job *m* ohne Aufstiegschancen; **a ~ situation** eine ausweglose [*o* aussichtslose] Lage; **~ street** Sackgasse *f* **III.** *vi* enden

dead·en·ing ['dedᵊnɪŋ] *adj* betäubend *attr,* abstumpfend *attr*

'dead·head I. *n* ❶ *(dull person)* Hohlkopf *m pej,* Langweiler(in) *m(f) pej* ❷ AM *(person with free ticket)* Freikarteninhaber(in) *m(f)* ❸ *esp* BRIT BOT welke Blüte[n] *f[pl]* ❹ *(sl: fan of the Grateful Dead)* Deadhead *m sl* **II.** *vt esp* BRIT BOT welke Blüten auspflücken/abschneiden *(als gärtnerische Maßnahme)*

dead 'heat *n* totes Rennen; **the race ended in a ~** das Rennen ging unentschieden aus **dead 'let·ter** *n* ❶ *(undeliverable letter)* unzustellbarer Brief ❷ LAW toter Buchstabe *(noch bestehendes, aber nicht mehr angewandtes Gesetz)* **'dead·line** *n* letzter Termin (**for** für +*akk*), Deadline *f* (**for** für +*akk*); **to meet a ~** einen Termin [*o* Stichtag] einhalten; **to miss a ~** eine Frist versäumen [*o* verstreichen lassen]

deadli·ness ['dedlinəs] *n no pl* Tödlichkeit *f; of a substance* tödliche Wirkung

dead·lock ['dedlɒk, AM -lɑ:k] *n no pl* toter Punkt; **the negotiations have come to a ~** die Verhandlungen haben sich festgefahren; **to break** [*or* **resolve**] **a ~** einen toten Punkt überwinden; **to end in ~** an einem toten Punkt enden

'dead·locked *adj* festgefahren

dead·ly ['dedli] **I.** *adj* ❶ *(capable of killing)* tödlich; **a ~ look** ein tödlicher [*o* mörderischer] Blick ❷ *(total)* Tod-; **~ enemies** Todfeinde *mpl;* **in ~ earnest** todernst ❸ *(pej fam: very boring)* todlangweilig ▶ PHRASES: **the seven ~ sins** die sieben Todsünden *fpl* **II.** *adv* ❶ *(deathly)* **~ pale** leichenblass ❷ *(absolutely)* sehr, schrecklich *fam,* tod-; **~ dull/serious** todlangweilig/-ernst

dead·ly 'night·shade *n* BOT Tollkirsche *f*

dead·ness ['dednəs] *n no pl* ❶ *(numbness)* Taubheit *f; (fig)* Leere *f,* Öde *f* ❷ *(death)* Tod *m*

dead-on [ˌded'ɒn, AM -'ɑ:n] *adj (fam)* absolut richtig **'dead·pan I.** *adj of expression, face* ausdruckslos; **he says the funniest things in the most ~ tone** er erzählt die witzigsten Sachen in todernstem Ton; **~ humour** trockener Humor **II.** *vt (to joke without laughing)* ■**to ~ sth** etw trocken sagen **dead 'reck·on·ing** *n no pl* NAUT gegisstes Besteck *fachspr* **Dead 'Sea** *n* ■**the ~** das Tote Meer **Dead Sea 'scrolls** *npl* REL Schriftrollen *fpl* von Qumran **dead-'weight** *n no pl* Eigengewicht *nt,* Totgewicht *nt fachspr;* **the unconscious girl was a ~ to the fireman** das bewusstlose Mädchen war furchtbar schwer für den Feuerwehrmann **dead 'wood** *n no pl* ❶ BOT totes Holz ❷ *(fam: useless person, thing)* Ballast *m*

deaf [def] **I.** *adj (unable to hear)* taub; *(hard of hearing)* schwerhörig; **to be ~ in one ear** auf einem Ohr taub sein; **to go ~** taub werden; ■**to be ~ to sth** *(fig)* taube Ohren für etw *akk* haben ▶ PHRASES: **to turn a ~ ear** sich *akk* taub stellen; **to fall on ~ ears** auf taube Ohren stoßen, kein Gehör finden; **to be [as] ~ as a post** stocktaub sein **II.** *n* ■**the ~** *pl* die Tauben *fpl* **'deaf aid** *n* BRIT Hörgerät *nt*

deaf·en ['defᵊn] *vt* ■**to ~ sb** jdn taub machen; *(fig)* jdn betäuben

deaf·en·ing ['defᵊnɪŋ] *adj* ohrenbetäubend

deaf-'mute *n* Taubstumme(r) *f(m)*

deaf·ness ['defnəs] *n no pl (complete)* Taubheit *f; (partial)* Schwerhörigkeit *f*

deal¹ [di:l] *n no pl* Menge *f;* **a great** [*or* **good**] **~** eine Menge, ziemlich viel; **a great ~ of fun/work** eine Menge Spaß/Arbeit; **a good ~ of money/stress/time** ziemlich viel Geld/Stress/Zeit; **to be under a great ~ of pressure** unter sehr großem Druck stehen; **to feel** [*or* **be**] **a ~ better** *(dated)* sich *akk* schon wieder um vieles besser fühlen

deal² <-t, -t> [di:l] **I.** *n* ❶ *(in business)* Geschäft *nt,* Handel *m,* Deal *m sl;* **we got a good ~ on that computer** mit dem Rechner haben wir ein gutes Geschäft gemacht; **I never make ~s** ich lasse mich nie auf Geschäfte ein; **to do** [*or* **make**] **a ~ with sb** mit jdm ein Geschäft abschließen, mit jdm einen Deal machen *sl;* **to make sb a ~** [*or* AM **to make a ~ for sb**] jdm ein Angebot machen ❷ *(general agreement)* Abkommen *nt,* Abmachung *f;* **it's a ~** abgemacht; **to make** [*or* **do**] **a ~ [with sb]** eine Vereinbarung [mit jdm] treffen; **Mum made a ~ with me – if I do my homework, I can stay up to watch the film** Mama schlug mir einen Handel vor – wenn ich meine Hausaufgaben mache, darf ich aufbleiben und den Film sehen ❸ *(treatment)* **a fair/raw** [*or* **rough**] **~** eine faire/ungerechte Behandlung; **she got a raw ~ on her divorce** bei ihrer Scheidung wurde ihr übel mitgespielt ❹ CARDS Geben *nt;* **it's your ~** du gibst ▶ PHRASES: **big ~!, what's the big ~?** *(fam)* was soll's? *fam,* na und? *fam;* **what's the ~ [with sth]?** AM *(fam)* worum geht's eigentlich [bei etw *dat*]? *fam,* was ist los [mit etw *dat*]? *fam;* **what's your ~?** AM *(fam)* was hast du denn? *fam,* was ist mit dir los? *fam* **II.** *vi* ❶ CARDS geben; **whose turn is it to ~?** wer gibt? ❷ *(sl: sell drugs)* Drogen verkaufen, dealen **III.** *vt* ❶ *(give)* ■**to ~ sth [out]** etw verteilen; **to ~ sb a blow** jdm einen Schlag versetzen *a. fig;* **to ~ out blows** Hiebe austeilen; CARDS **to ~ [out] cards** [*or* **to ~ cards out**] geben ❷ *esp* AM *(sell)* ■**to ~ sth** mit etw *dat* dealen

◆**deal in I.** *vi* ■**to ~ in sth** mit etw *dat* handeln **II.** *vt (fam)* ■**to ~ sb in** jdn aufnehmen; CARDS jdm Karten geben; **do you want to play on the company football team? – sure, ~ me in** bist du interessiert, im Fußballteam der Firma mitzuspielen? – klar, du kannst auf mich zählen!

◆**deal with** *vi* ■**to ~ with sb/sth** ❶ *(handle)* sich *akk* mit jdm/etw befassen; **I'll ~ with the car insurance** ich kümmere mich um die Autoversicherung ❷ *(discuss, treat)* von jdm/etw handeln ❸ *(do business)* mit jdm/etw Geschäfte machen

deal·er ['di:ləʳ, AM -ɚ] *n* ❶ COMM Händler(in) *m(f);* **antique ~** Antiquitätenhändler(in) *m(f);* **drug ~** [Drogen]dealer(in) *m(f),* Rauschgifthändler(in) *m(f)* ❷ CARDS [Karten]geber(in) *m(f)*

deal·er·ship ['di:ləʃɪp, AM -lɚ-] *n* Verkaufsstelle *f*

deal·ing ['di:lɪŋ] *n* ❶ ■**~s** *pl (transactions)* Geschäfte *ntpl,* [Geschäfts]verkehr *m kein pl,* [Geschäfts]verbindungen *fpl; (contact)* Umgang *m kein pl;* **to be involved in shady ~s** in dunkle Geschäfte verwickelt sein; **to have ~s with sb** Umgang mit jdm haben, mit jdm zu tun haben ❷ *no pl (way of behaving)* Verhalten *nt; (in business)* Geschäftsgebaren *nt* ❸ BRIT STOCKEX Effektenhandel *m* ❹ CARDS Geben *nt*

dealt [delt] *pt, pp of* **deal**

dean [di:n] *n* ❶ UNIV Dekan(in) *m(f)* ❷ REL Dekan *m,* Dekanin *f selten*

'dean's list *n* AM UNIV Bestenliste *f (an US-amerikanischen Universitäten semesterweise erstelltes Verzeichnis mit den Namen der jeweils besten Studenten)*

dear [dɪəʳ, AM dɪr] **I.** *adj* ❶ *(much loved)* lieb, teuer *geh; (lovely) baby, kitten* süß; *thing also* entzückend, reizend; **to do sth for ~ life** etw um des nackten Lebens willen tun; ■**to be ~ to sb** jdm viel bedeuten; **to be very ~ to sb** jdm lieb und teuer sein ❷ *(in letters)* **D~ Mr Jones, ...** Sehr geehrter Herr Jones, ... *form,* Lieber Herr Jones, ... ❸ *(form: costly)* teuer **II.** *adv* sehr; **to cost sb ~** jdn teuer zu stehen kommen **III.** *interj (dated fam)* **~, ~!** ach du liebe Güte! *fam;* **~ me!** du liebe Zeit! *fam;* **oh ~!** du meine Güte! *fam* **IV.** *n* ❶ *(nice person)* Schatz *m,* Engel *m;* **to be [such] a ~** ein [echter] Schatz sein; **be a ~ and go get grandma a blanket** sei so lieb und hole [der] Oma eine Decke; **there's a** ~ sei so lieb; **my** ~ mein Schatz, mein Lieber/meine Liebe ❷ (*term of endearment*) Liebste(r) *f(m)*, Liebling *m*, Schatz *m*; **yes,** ~**est, anything you say** (*iron, hum*) ja, mein Teuerster/meine Teuerste, alles, was du willst *hum*; **my** ~**est** [mein] Liebling *m*

dearie ['dɪəri, AM 'dɪri] (*dated*) **I.** *n* Schätzchen *nt*, Liebling *m*; **she's a** ~ sie ist ein Schatz **II.** *interj* (*fam*) ~ **me** ach du meine Güte! *fam*; **oh** ~ ach je!

Dear 'John let·ter *n* Abschiedsbrief *m*

dear·ly ['dɪəli, AM 'dɪrli] *adv* von ganzem Herzen; ~ **beloved** REL liebe Gemeinde, liebe Brüder und Schwestern im Herrn *fachspr*; **to pay** ~ **for sth** (*fig*) teuer für etw *akk* bezahlen *fig*

dear·ness ['dɪənəs, AM 'dɪr-] *n no pl* ❶ (*preciousness*) Kostbarkeit *f*; (*expensiveness*) hoher Preis ❷ (*sweetness*) Liebenswürdigkeit *f*, Freundlichkeit *f*

dearth [dɜːθ, AM dɜːrθ] *n no pl* (*form*) Mangel *m* (**of** an +*dat*); **the organization suffers from a** ~ **of volunteers** der Organisation mangelt es an Freiwilligen

deary *n see* **dearie**

death [deθ] **I.** *n* Tod *m*; (*end*) Ende *nt*, Tod *m*; **to be bored to** ~ **with sth** sich *akk* mit etw *dat* zu Tode langweilen; **frightened to** ~ zu Tode erschrocken; **to die a natural** ~ eines natürlichen Todes sterben; **to be sick to** ~ **of sth** etw gründlich leid sein; **I'm sick to** ~ **of all your complaints** dein ewiges Klagen hängt mir zum Hals raus *fam*; **to be done** [*or* **discussed**] **to** ~ zu Tode geritten werden; **to drink oneself to** ~ sich *akk* zu Tode saufen *fam*; **to freeze to** ~ erfrieren; **to laugh oneself to** ~ sich *akk* totlachen; **to love sb to** ~ jdn über alles lieben; **to be put to** ~ getötet [*o* umgebracht] werden; **to worry sb** [*or fam* **have sb worried**] **to** ~ jdn zu Tode ängstigen ►PHRASES: **to be at** ~**'s door** an der Schwelle des Todes stehen *geh*; **a duel to the** ~ ein [Zwei]kampf *m* auf Leben und Tod; **to be the** ~ **of sb** jdn das Leben kosten, jdn [noch] ins Grab bringen; **to catch one's** ~ [**of cold**] sich *dat* den Tod holen; **to look like** ~ **warmed up** [*or* AM **over**] wie eine Leiche auf Urlaub aussehen *fam*; **to be in at the** ~ BRIT das Ende miterleben **II.** *n modifier* (*march, rattle*) Todes-; ~ **benefit** Hinterbliebenenrente *f*

'death·bed I. *n* Totenbett *nt*, Sterbebett *nt*; **to be on one's** ~ auf dem Sterbebett liegen **II.** *n modifier* (*promise, scene*) Sterbe-; ~ **confession** letzte Beichte; ~ **statement** letzte Worte *ntpl* **'death blow** *n* tödlicher Schlag, Todesstoß *m*; **to deal sb a** ~ jdm einen Todesstoß versetzen; (*fig: severe shock*) harter Schlag **'death cer·ti·fi·cate** *n* Sterbeurkunde *f*, Totenschein *m* **'death-de·fy·ing** *adj* todesmutig **'death duties** *npl* BRIT (*fam*) Erbschaftssteuern *fpl* **'death knell** *n* ❶ (*fig: end*) Todesstoß *m* (**of/for** für +*akk*); **to sound** [*or* **toll**] **the** ~ **of** [*or* **for**] **sth** die Sterbeglocke für etw *akk* [ein]läuten ❷ (*old: bell*) Sterbeglocke *f*, Totenglocke *f*

death·less ['deθləs] *adj* (*liter*) unsterblich

death·ly ['deθli] **I.** *adv* tödlich, toten-; ~ **pale** totenbleich **II.** *adj* tödlich, toten-; ~ **hush** [*or* **silence**] Totenstille *f*

'death mask *n* Totenmaske *f* **'death pen·al·ty** *n* ■**the** ~ die Todesstrafe; **to abolish** [*or* **do away with**] **the** ~ die Todesstrafe abschaffen; **to receive** [*or* **get**] **the** ~ zum Tode verurteilt werden; **to reintroduce** [*or* **reinstate**] **the** ~ die Todesstrafe wieder einführen **'death rate** *n* Sterblichkeitsziffer *f* **death 'row** *n esp* AM Todestrakt *m*; **to be on** ~ im Todestrakt sitzen **'death sen·tence** *n* ■**the** ~ das Todesurteil; **to receive** [*or* **get**] **the** ~ zum Tode verurteilt werden

'death's head *n* Totenkopf *m*

'death squad *n* (*pej*) Todesschwadron *f*, Todeskommando *nt* **'death tax** *n* AM Erbschaftssteuer *f* **'death threat** *n* Morddrohung *f* **'death throes** *npl* Todeskampf *m kein pl* **'death toll** *n* Zahl *f* der Todesopfer **'death trap** *n* Todesfalle *f*; **be careful – those icy stairs are a** ~**!** gib Acht – die vereiste Treppe ist lebensgefährlich! **'death war·rant** *n* LAW Hinrichtungsbefehl *m*; (*fig*) Todesurteil *nt*; **to sign sb's** ~ jds Todesurteil *nt* unterzeichnen [*o* unterschreiben] *a. fig* **death·watch 'bee·tle** *n* Klopfkäfer *m* **'death wish** *n* (*fam*) Todessehnsucht *f*

deb [deb] *n* (*fam*) *abbrev of* **debutante** Debütantin *f*

de·ba·cle [deɪ'bɑːkl, AM dɪ'-] *n* Debakel *nt geh*, Katastrophe *f*

de·bar <-rr-> [ˌdiː'bɑːʳ, AM -'bɑːr] *vt usu passive* ■**to be** ~**red from sth** von etw *dat* ausgeschlossen werden; **he was** ~**red from practising his trade** ihm wurde seine Geschäftslizenz entzogen

de·base [dɪ'beɪs] *vt* ❶ (*degrade*) ■**to** ~ **sth** etw herabsetzen; (*make trite*) *qualities* etw entwerten ❷ (*lower moral character*) ■**to** ~ **sb** jdn entwürdigen ❸ (*impair quality*) ■**to** ~ **sth** etw mindern [*o* verschlechtern]; **to** ~ **the currency** [*or* **coinage**] den Münzwert schmälern

de·base·ment [dɪ'beɪsmənt] *n no pl* ❶ (*degradation*) Herabsetzung *f* ❷ (*loss of meaning*) Entwertung *f*, Aushöhlung *f geh*; *of morals, attitudes* Verfall *m*, Verderbnis *f* ❸ (*deterioration*) Verschlechterung *f*; ~ **of the currency** [*or* **coinage**] Münzverfälschung *f* (*Verwendung unedlen Materials bei der Herstellung*)

de·bat·able [dɪ'beɪtəbl, AM -t̬-] *adj* strittig, umstritten; ■**it's** ~ **whether ...** es ist fraglich, ob ...

de·bate [dɪ'beɪt] **I.** *n* ❶ *no pl* (*open discussion*) Debatte *f*, Diskussion *f* (**over/about** über +*akk*); **public** ~ öffentliche Debatte; **to be open to** ~ sich *akk* [erst] noch erweisen müssen ❷ (*formal discussion*) Streitgespräch *nt*, Wortgefecht *nt*, Schlagabtausch *m* **II.** *vt* ■**to** ~ **sth** etw diskutieren **III.** *vi* ■**to** ~ **about sth** über etw *akk* diskutieren [*o* debattieren]; ■**to** ~ **whether ...** beraten [*o* überlegen], ob ...

de·bat·er [dɪ'beɪtəʳ, AM -t̬ɚ] *n* Diskussionsredner(in) *m(f)*, Debattierer(in) *m(f)*

de·bauch [dɪ'bɔːtʃ, AM *esp* -'bɑːtʃ] (*liter*) **I.** *vt* ■**to** ~ **sb** jdn [sittlich] verderben [*o geh* korrumpieren] **II.** *n* Orgie *f*, Ausschweifungen *fpl*

de·bauched [dɪ'bɔːtʃt, AM *esp* -'bɑːtʃt] *adj* verkommen; *lifestyle* ausschweifend

debau·chee [ˌdebɔː'tʃiː, AM *esp* -bɑː'-] *n* (*pej*) Wüstling *m pej*, Lüstling *m pej*

de·bauch·ery [dɪ'bɔːtʃəri:, AM *also* -'bɑː-] *n no pl* (*pej*) Ausschweifungen *fpl*

de·ben·ture [dɪ'ben(t)ʃəʳ, AM *esp* -'ben(t)ʃɚ] *n* LAW ❶ BRIT (*document acknowledging a debt*) Schuldverschreibung *f fachspr*, Obligation *f fachspr* ❷ BRIT (*secured fixed-interest bond*) [genehmigte] Inhaberschuldverschreibung *fachspr* ❸ AM (*unsecured corporate bond*) Namensobligation *f* mit Orderklausel *fachspr*

de·'ben·ture bond *n* AM *see* **debenture 3** **de·'ben·ture stock** *n* BRIT Schuldverschreibungen *fpl*, Obligationen *fpl*, Wandelanleihen *fpl*

de·bili·tate [dɪ'bɪlɪteɪt] *vt* ■**to** ~ **sb/sth** jdn/etw schwächen

de·bili·tat·ing [dɪ'bɪlɪteɪtɪŋ, AM t̬ɪŋ] *adj* schwächend; ~ **disease** schwächende Krankheit

de·bil·ity [dɪ'bɪləti, AM -ət̬i] *n no pl* Schwäche *f*

deb·it ['debɪt] **I.** *n* Debet *nt*, Soll *nt*, [Konto]belastung *f*; **to be in** ~ im Minus sein **II.** *vt* ■**to** ~ **sth** etw abbuchen; **to** ~ **an amount against sb**['**s account**] jds Konto *nt* mit einem Betrag belasten

'deb·it card *n* Kundenkarte *f* **'deb·it col·umn** *n*, **'deb·it side** *n* Sollseite *f*, Debetseite *f*

debon·air [ˌdebə'neəʳ, AM -'ner] *adj* (*approv dated form*) flott, lässig-elegant

de·brief [ˌdiː'briːf] *vt* ■**to** ~ **sb** jdn [eingehend] befragen

de·brief·ing [ˌdiː'briːfɪŋ] *n*, **de·brief·ing ses·sion** *n* Einsatzbesprechung *f*

de·bris ['debriː, 'deɪ-, AM də'briː] *n no pl* Trümmer *pl*, Schutt *m*; **flying** ~ umherfliegende [Bruch]teile

debt [det] *n* ❶ (*sth owed*) Schuld *f*; **a** ~ **of gratitude** eine Dankesschuld *geh*; **to pay back** [*or* **off**] ~**s** Schulden abzahlen [*o* begleichen]; **to pay off a** ~ eine Schuld begleichen; **to run up**

a [**huge**] ~ [enorme] Schulden machen ❷ *no pl* (*state of owing*) Schuld *f,* Verpflichtung *f;* **to be out of** ~ schuldenfrei sein; **to be** [**heavily**] **in** ~ **to sb** [*or* **in sb's** ~] [große] Schulden bei jdm haben; (*fig*) [tief] in jds Schuld stehen; **to go** [*or* **run**] [**heavily**] **into** ~ [enorme] Schulden machen, sich *akk* [stark] verschulden

'debt col·lec·tion *n no pl* Schuldeneintreibung *f,* Inkasso[verfahren] *nt fachspr* **'debt-col·lec·tion** *adj attr, inv agent, service* Inkasso-; ~ **agency** Inkassobüro *nt* **'debt col·lec·tor** *n* Schuldeneintreiber(in) *m(f),* Inkassobevollmächtigte(r) *f(m)* **'debt coun·sel·ling** *n no pl* Schuldnerberatung *f* **'debt-coun·sel·ling ser·vice** *n* Schuldnerberatungsdienst *m* **debt of 'hon·our** *n* Ehrenschuld *f;* **to discharge a** ~ eine Ehrenschuld tilgen

debt·or ['detəʳ, AM 'deṯɚ] *n* Schuldner(in) *m(f),* Debitor(in) *m(f) fachspr;* **reliable** ~ vertrauenswürdiger [*o* zuverlässiger] Schuldner/vertrauenswürdige [*o* zuverlässige] Schuldnerin

'debt·or coun·try *n,* **'debt·or na·tion** *n* Schuldnerstaat *m*

'debt re·pay·ment *n* Schuldenrückzahlung *f* **'debt ser·vic·ing** *n no pl* Schuldenrückzahlung *f,* Schuldendienst *m* **debt-strapped** ['detstræpt] *adj* schuldengeplagt

de·bug <-gg-> [ˌdiː'bʌg] *vt* ■**to** ~ **sth** ❶ COMPUT bei etw *dat* die Fehler beseitigen; **to** ~ **a program** ein Programm auf Viren hin absuchen ❷ (*remove hidden microphones*) etw entwanzen ❸ AM (*remove insects*) etw gründlich [von Insekten] säubern; **to** ~ **a dog** einen Hund entlausen

de·bunk [ˌdiː'bʌŋk] *vt* ■**to** ~ **sth** etw entzaubern, etw *dat* den Nimbus nehmen *geh;* **to** ~ **a myth/theory** einen Mythos/eine Theorie stürzen

de·but ['deɪbjuː] **I.** *n of a performer* Debüt *nt; of a debutante* *erste Vorstellung einer jungen Dame bei Hof;* **to make one's** ~ sein Debüt geben, debütieren **II.** *n modifier* Debüt-; ~ **album** Debütalbum *nt* **III.** *vi* debütieren; **she ~ed as a soloist with the New York Philharmonic at the age of 16** mit 16 gab sie ihr Debüt als Solistin bei den New Yorker Philharmonikern

debu·tante ['debjuːtɑ̃ːnt, AM -tɑːnt] *n* Debütantin *f a. fig*

Dec *n abbrev of* **December** Dez.

dec·ade ['dekeɪd, dɪ'keɪd] *n* Jahrzehnt *nt,* Dekade *f*

deca·dence ['dekədᵊn(t)s] *n no pl* Dekadenz *f,* Verfall *m*

deca·dent ['dekədᵊnt] *adj* ❶ (*morally declining*) *society* dekadent; *lifestyle also* maßlos ❷ (*sumptuous*) *richness* verschwenderisch; (*hum*) *dish* maßlos, üppig

de·caf ['diːkæf] (*fam*) **I.** *adj inv abbrev of* **decaffeinated** entkoffeiniert, koffeinfrei **II.** *n abbrev of* **decaffeinated coffee** entkoffeinierter [*o* koffeinfreier] Kaffee

de·caf·fein·at·ed [dɪ'kæfɪneɪtɪd, AM -ṯɪd] **I.** *adj inv* koffeinfrei, entkoffeiniert **II.** *n* (*fam: coffee*) koffeinfreier Kaffee; (*any beverage*) koffeinfreies Getränk

de·cal ['diːkæl] *n esp* AM, AUS Abziehbild *nt*

Deca·logue ['dekəlɒg, AM -lɑːg] *n* (*form*) ■**the** ~ der Dekalog *fachspr,* die Zehn Gebote

de·camp [dɪ'kæmp] *vi* (*fam: leave secretly*) sich *akk* aus dem Staub machen *fam,* abhauen *fam;* (*abscond*) türmen *fam,* durchbrennen *fam*

de·cant [dɪ'kænt] *vt* ■**to** ~ **sth** FOOD etw umfüllen; BRIT (*fig fam*) **visitors have to** ~ **themselves from the buses into small boats for the tour** die Besucher müssen für die Tour von Bussen auf kleine Boote überwechseln

de·cant·er [dɪ'kæntəʳ, AM -ṯɚ] *n* Karaffe *f*

de·capi·tate [dɪ'kæpɪteɪt] *vt* ■**to** ~ **sb** jdn köpfen [*o* enthaupten]; **to** ~ **an animal** einem Tier den Kopf abschlagen

de·capi·ta·tion [dɪˌkæpɪ'teɪʃᵊn] *n no pl* Enthauptung *f*

de·cath·lete [dɪ'kæθliːt] *n* Zehnkämpfer(in) *m(f)*

de·cath·lon [dɪ'kæθlɒn, AM -lɑːn] *n* Zehnkampf *m*

de·cay [dɪ'keɪ] **I.** *n no pl* ❶ (*deterioration*) Niedergang *m,* Verfall *m;* **death and** ~ Tod und Untergang; **to be in a**[**n advanced**] **state of** ~ in einem Zustand des [fortgeschrittenen] Zerfalls sein; **environmental** ~ Verfall *m* der Umwelt; **industrial** ~ Untergang *m* der Industrie; **mental/moral** ~ geistiger/moralischer Verfall; **urban** ~ Verfall *m* der Städte, Niedergang *m* der Stadtkultur; **to fall into** ~ verfallen ❷ BIOL Verwesung *f;* BOT Fäulnis *f;* PHYS *of radioactive substance* Zerfall *m;* **dental** [*or* **tooth**] ~ Zahnfäule *f* **II.** *vi* ❶ (*deteriorate*) verfallen ❷ BIOL verwesen, verfaulen, faulen; BOT verblühen, absterben; PHYS zerfallen **III.** *vt* ■**to** ~ **sth** etw zerstören [*o* ruinieren]; **to** ~ **wood** Holz morsch werden lassen

decd *adj inv abbrev of* **deceased** gest.

de·cease [dɪ'siːs] *n no pl* (*form*) Ableben *nt form;* **upon sb's** ~ bei jds Ableben *nt*

de·ceased [dɪ'siːst] (*form*) **I.** *n* <*pl* -> ■**the** ~ der/die Verstorbene; ■**the** ~ *pl* die Verstorbenen *pl* **II.** *adj inv* verstorben; **recently** ~ kürzlich verstorben

de·ceit [dɪ'siːt] *n* ❶ *no pl* (*misrepresentation*) Täuschung *f;* (*trickery*) Betrug *m;* **to practise** ~ betrügen ❷ (*act of deception*) Täuschungsmanöver *nt*

de·ceit·ful [dɪ'siːtfᵊl] *adj* [be]trügerisch, hinterlistig

de·ceit·ful·ly [dɪ'siːtfᵊli] *adv* hinterlistig, [be]trügerisch; **to obtain sth** ~ etw auf betrügerischem Wege erreichen

de·ceit·ful·ness [dɪ'siːtfᵊlnəs] *n no pl* Hinterlist *f,* Falschheit *f* (**to** gegenüber +*dat*)

de·ceive [dɪ'siːv] *vt* ■**to** ~ **sb** jdn betrügen [*o* täuschen]; **the sound of the door closing ~d me into thinking they had gone out** das Geräusch der zufallenden Tür ließ mich fälschlich annehmen, sie seien ausgegangen; **for a moment she thought her eyes were deceiving her** einen Augenblick lang traute sie ihren [eigenen] Augen nicht; ■**to** ~ **oneself** sich *akk* [selbst] täuschen, sich *dat* etwas vormachen *fam;* ■**to be ~d by sth** von etw *dat* getäuscht werden, sich *akk* von etw *dat* täuschen lassen

de·ceiv·er [dɪ'siːvəʳ, AM -ɚ] *n* (*pej*) Betrüger(in) *m(f)*

de·cel·er·ate [ˌdiː'selᵊreɪt, AM -ləreɪt] **I.** *vi* sich *akk* verlangsamen; *vehicle, driver* langsamer fahren **II.** *vt* ■**to** ~ **sth** etw verlangsamen

De·cem·ber [dɪ'sembəʳ, AM -ɚ] *n* Dezember *m; see also* **February**

de·cen·cy ['diːsᵊn(t)si] *n* ❶ *no pl* (*social respectability*) Anstand *m,* Schicklichkeit *f;* (*goodness*) Anständigkeit *f;* **to show a little** ~ etwas Anstand zeigen; **to have the** ~ **to do sth** die Liebenswürdigkeit haben, etw zu tun ❷ (*approved behaviour*) ■**decencies** *pl* Anstandsformen *fpl;* **I hate funerals, but you must observe the decencies** ich hasse Beerdigungen, aber man muss eben die Form wahren ❸ AM (*basic comforts*) ■**decencies** *pl* Annehmlichkeiten *fpl*

de·cent ['diːsᵊnt] *adj* ❶ (*socially acceptable*) anständig, ordentlich ❷ (*good*) nett, freundlich; **it was really** ~ **of you to help** es war wirklich nett von Ihnen, zu helfen ❸ (*appropriate*) angemessen; **a** ~ **interval** ein angemessener Zeitraum; **to do the** ~ **thing** das [einzig] Richtige tun ❹ (*good-sized*) anständig, ordentlich; **a** ~ **helping** eine ordentliche Portion *fam* ❺ (*acceptable*) annehmbar

de·cen·trali·za·tion [diːˌsentrᵊlaɪ'zeɪʃᵊn, AM -lɪ'-] *n no pl* Dezentralisierung *f*

de·cen·tral·ize [ˌdiː'sentrᵊlaɪz] **I.** *vt* ■**to** ~ **sth** etw dezentralisieren **II.** *vi* dezentralisieren

de·cen·tral·ized [ˌdiː'sentrᵊlaɪzd] *adj* dezentral *geh*

de·cep·tion [dɪ'sepʃᵊn] *n no pl* Täuschung *f,* Betrug *m;* **credit card** ~ BRIT Kreditkartenbetrug *m*

de·cep·tive [dɪ'septɪv] *adj* ❶ (*misleading*) täuschend, irreführend ❷ (*deceitful*) trügerisch ▶ PHRASES: <u>**appearances**</u> **can be** ~ (*prov*) der Schein trügt *prov*

de·cep·tive·ly [dɪ'septɪvli] *adv* ❶ (*misleadingly*) irrig, täuschend ❷ (*deceitfully*) trügerisch

de·cep·tive·ness [dɪ'septɪvnəs] *n no pl* ❶ (*misleadingness*) Täuschung *f* ❷ (*deceitfulness*) Betrügerei *f*

deci·bel ['desɪbel] **I.** *n* Dezibel *nt* **II.** *n modifier* (*measurement,*

deciding

asking about strength of opinion	nach Entschlossenheit fragen
Are you sure that's what you want?	**Sind Sie sicher, dass** Sie das wollen?
Have you considered it carefully?	**Haben Sie sich das gut überlegt?**
Wouldn't you rather have this model?	**Wollen Sie nicht lieber** dieses Modell?
expressing determination	**Entschlossenheit ausdrücken**
I have decided to give the celebration a miss.	**Ich habe mich nun entschieden** und werde an der Feier nicht teilnehmen.
I have made up my mind to tell her everything.	**Ich habe mich dazu durchgerungen,** ihr alles zu sagen.
We are (absolutely) determined to emigrate to Australia.	**Wir haben uns (endgültig) entschlossen,** nach Australien auszuwandern.
Nothing/Nobody is going to stop me doing it.	**Ich lasse mich von nichts/niemandem davon abbringen,** es zu tun.
On no account shall I hand in my notice.	Ich werde **auf keinen Fall** kündigen.
expressing indecision	**Unentschlossenheit ausdrücken**
I don't know what I should do.	**Ich weiß nicht,** was ich tun soll.
I cannot decide whether or not to take the flat.	**Ich bin mir noch unschlüssig, ob** ich die Wohnung nehmen soll oder nicht.
I haven't decided yet.	**Ich habe mich noch nicht entschieden.**
I haven't reached a decision about it yet.	**Ich bin noch zu keinem Entschluss darüber gekommen.**
We are still unsure about what we are going to do.	**Wir sind uns noch nicht im Klaren darüber,** was wir tun werden.

level, range) Dezibel-; **the** ~ **count/scale** die Dezibelzahl/-skala

de·cide [dɪ'saɪd] **I.** *vi* ❶ (*make a choice*) sich *akk* entscheiden; **where are you going on vacation? – we haven't** ~**d yet** wohin fahrt ihr in Urlaub? – wir haben uns noch nicht festgelegt; **we haven't** ~**d on a name for the baby yet** wir haben uns noch nicht entschieden, wie wir das Baby nennen werden; ■**to** ~ **against sth/sb** sich *akk* gegen etw/jdn entscheiden; ■**to** ~ **for** [*or* **in favour of**] [*or* **on**] **sth/sb** sich *akk* für etw/jdn entscheiden; ■**to** ~ **for oneself** für sich *akk* selbst entscheiden ❷ (*resolve*) beschließen; ■**to** ~ **to do sth** sich *akk* entschließen, etw zu tun; **have you** ~**d about going to the beach yet?** weißt du schon, ob du an den Strand gehst? **II.** *vt* ❶ (*make a decision*) ■**to** ~ **sth** etw entscheiden [*o* bestimmen]; **he** ~**d that he liked her** er kam zu der Überzeugung, dass er sie mochte; **to** ~ **sb's destiny** [*or* **fate**] über jds Schicksal *nt* entscheiden; **to** ~ **a game/question** ein Spiel/eine Frage entscheiden ❷ (*bring to a decision*) **this business about the letter** ~**d me** die Sache mit dem Brief gab für mich den Ausschlag

de·cid·ed [dɪ'saɪdɪd] *adj* (*definite*) entschieden, dezidiert *geh;* **he walks with a** ~ **limp** er humpelt auffällig; **a** ~ **advantage/disadvantage** ein klarer [*o* deutlicher] Vorteil/Nachteil; **a** ~ **dislike** eine ausgesprochene Abneigung; **a** ~ **opinion** eine feste Meinung

de·cid·ed·ly [dɪ'saɪdɪdli] *adv* entschieden, deutlich

de·cid·er [dɪ'saɪdəʳ, AM -ɚ] *n* ❶ (*game*) Entscheidungsspiel *nt* ❷ (*point*) Entscheidungspunkt *m;* **Jones scored the** ~ **in the final minute** Jones landete in letzter Minute den entscheidenden Treffer

de·cid·ing [dɪ'saɪdɪŋ] *adj* entscheidend; ~ **factor** entscheidender Faktor; ~ **reason/vote** ausschlaggebender Grund/ausschlaggebende Stimme

de·cidu·ous [dɪ'sɪdjuəs] *adj inv* **oak trees are** ~ Eichenbäume werfen alljährlich ihr Laub ab; ~ **tree** Laubbaum *m*

deci·mal ['desɪməl] *n* Dezimalzahl *f;* **to express** [*or* **write**] **sth as a** ~ etw als Dezimalzahl schreiben

deci·mal 'cur·ren·cy *n* Dezimalwährung *f* **deci·mal 'frac·tion** *n* Dezimalbruch *m*

deci·mali·za·tion [ˌdesɪməlaɪ'zeɪʃən, AM -lɪ'-] *n no pl* Dezimalisierung *f form,* Umstellung *f* auf das Dezimalsystem

deci·mal·ize ['desɪməlaɪz] *vt* ■**to** ~ **sth** *currency, number* etw auf das Dezimalsystem umstellen, etw dezimalisieren *form*

deci·mal 'place *n* Dezimalstelle *f;* **to calculate sth to three** ~**s** etw bis auf drei Dezimalstellen berechnen **deci·mal 'point** *n* Komma *nt* **deci·mal 'sys·tem** *n* Dezimalsystem *nt*

deci·mate ['desɪmeɪt] *vt* ■**to** ~ **sth** etw dezimieren; **to** ~ **the population** die Bevölkerung dezimieren; ■**to** ~ **sb** (*fig*) jdn vernichtend schlagen

de·ci·pher [dɪ'saɪfəʳ, AM -ɚ] *vt* ■**to** ~ **sth** etw entziffern; **to** ~ **a code** einen Code entschlüsseln

de·ci·sion [dɪ'sɪʒən] *n* ❶ (*choice*) Entscheidung *f* (**about/on** über +*akk*), Entschluss *m;* **let me have your** ~ **by next week** geben Sie mir bis nächste Woche Bescheid, wie Sie sich entschieden haben; **to come to** [*or* **reach**] **a** ~ zu einer Entscheidung gelangen; **to make a** ~ eine Entscheidung fällen [*o* treffen]; **to respect sb's** ~ jds Entscheidung *f* respektieren ❷ LAW Entscheidung *f,* Urteil *nt;* **to hand down a** ~ ein Urteil fällen ❸ *no pl* (*resoluteness*) Entschiedenheit *f,* Entschlossenheit *f;* **to act with** ~ entschlossen handeln

de·'ci·sion-mak·er *n* POL, ECON, MIL (*leader*) [aktiver] Entscheidungsträger/[aktive] Entscheidungsträgerin, Macher(in) *m(f) fam* **de·'ci·sion-mak·ing** *n no pl* Entscheidungsfindung *f;* **the** ~ **process** der Prozess der Entscheidungsfindung

de·ci·sive [dɪ'saɪsɪv] *adj* ❶ (*determining*) bestimmend; *battle, defeat, victory, progress* entscheidend; **to play a** ~ **part in sth** eine maßgebliche Rolle bei etw *dat* spielen ❷ (*firm*) *action, measure* entschlossen, resolut; *cut, progress* entschieden;

"no," was his ~ reply „nein", antwortete er mit Bestimmtheit

de·ci·sive·ly [dɪˈsaɪsɪvli] *adv* ❶ (*crucially*) entscheidend, maßgeblich ❷ (*firmly*) **to act/intervene ~** entschlossen handeln/eingreifen; **to reject sth ~** etw entschieden ablehnen

de·ci·sive·ness [dɪˈsaɪsɪvnəs] *n no pl* ❶ (*crucialness*) ausschlaggebende Bedeutung ❷ (*firmness*) Entschlossenheit *f;* **to show ~** Entschlossenheit zeigen

deck [dek] **I.** *n* ❶ (*on a ship*) Deck *nt;* **main ~** Hauptdeck *nt;* **to go below ~s** unter Deck gehen; **to go up on ~** an Deck gehen ❷ (*on a bus*) Deck *nt;* **the upper ~** das Oberdeck ❸ *esp* AM, AUS (*raised porch*) Veranda *f,* [Sonnen]terrasse *f* ❹ *esp* AM CARDS **~ of cards** Spiel *nt* Karten; *see also* **pack** ❺ MUS, ELEC Laufwerk *nt;* **cassette/tape ~** Kassetten-/Tapedeck *nt* ▸ PHRASES: **to have all hands on ~** jede erdenkliche Unterstützung haben; **to clear the ~s** klar Schiff machen *fam;* **to hit the ~** (*get down*) sich *akk* auf den Boden werfen; (*get going*) loslegen *fam* **II.** *vt* ❶ *usu passive* (*adorn*) ■**to ~ sth [out]** etw [aus]schmücken; **the room was ~ed with flowers** das Zimmer war mit Blumen geschmückt; **to be ~ed [out] in one's best** [*or* **finery**] herausgeputzt sein ❷ (*sl: knock down*) ■**to ~ sb** jdm eine verpassen *fam*

'deck·chair *n* Liegestuhl *m;* (*on ship*) Deckchair *m* ▸ PHRASES: **sth is like rearranging** [*or* **moving**] **the ~s on the Titanic** BRIT etw ist völlig umsonst [*o* vergeblich] **'deck·hand** *n* Deckshelfer *m,* Decksmann *m*

de·claim [dɪˈkleɪm] (*form*) **I.** *vt* ■**to ~ sth** etw deklamieren *geh* **II.** *vi* deklamieren *geh*

dec·la·ma·tion [ˌdekləˈmeɪʃᵊn] *n* (*form*) ❶ *no pl* (*rhetorical art*) Deklamatorik *f geh,* Vortragskunst *f* ❷ (*speech*) Deklamation *f geh,* kunstgerechter Vortrag; **~s against the press are common enough** Ausfälle gegen die Presse sind gar nicht so selten

de·clama·tory [dɪˈklæmətᵊri, AM -tɔːri] *adj* (*form*) deklamatorisch; *manner* theatralisch; *colours* schreiend *attr*

de·clar·able [dɪˈkleərəbl̩, AM -ˈklerə-] *adj inv* (*form: taxable*) steuerpflichtig *form;* (*at customs*) zollpflichtig

dec·la·ra·tion [ˌdekləˈreɪʃᵊn] *n* ❶ (*statement*) Erklärung *f,* Deklaration *f form; of a witness* Aussage *f;* **~ of income** Einkommensteuererklärung *f;* **~ of intent/love** Absichts-/Liebeserklärung *f;* **~ of war** Kriegserklärung *f;* **to make a ~** eine Erklärung abgeben ❷ CARDS Ansage *f*

Dec·la·ra·tion of In·de·'pen·dence *n no pl* (*hist*) ■**the ~** die Unabhängigkeitserklärung der USA

de·clara·tive [dɪˈklærətɪv, AM -ˈklerət̬ɪv] *adj* deklarativ; **~ statement** LING Aussagesatz *m*

de·clare [dɪˈkleəʳ, AM -ˈkler] **I.** *vt* ❶ (*make known*) ■**to ~ sth** etw verkünden [*o* bekannt machen] [*o* kundtun]; **to ~ one's intention** seine Absicht kundtun; **to ~ one's love for sb** jdm eine Liebeserklärung machen; **she ~d her love for tiramisu** sie gestand, eine Schwäche für Tiramisu zu haben; **to ~ one's support for sth** seine Unterstützung für etw *akk* zusagen ❷ (*state*) ■**to ~ that ...** erklären, dass ...; **to ~ war on sb** jdm den Krieg erklären; **to ~ oneself [to be] bankrupt** sich *akk* für bankrott erklären; **the country ~d independence in 1952** das Land hat im Jahre 1952 seine Unabhängigkeit erklärt; **I now ~ the Olympic Games open** hiermit erkläre ich die Olympischen Spiele für eröffnet ❸ CARDS ■**to ~ sth** etw ansagen ❹ ECON (*for customs, tax*) ■**to ~ sth** etw deklarieren *form;* **have you anything to ~?** haben Sie etwas zu verzollen?; **to ~ goods** Waren verzollen; **to ~ one's income** sein Einkommen angeben ❺ (*pronounce*) ■**to ~ oneself** sich *akk* erklären, sich *akk* zu erkennen geben; **to ~ oneself in favour of sth** sich *akk* für etw *akk* aussprechen **II.** *vi* ❶ (*make a statement*) ■**to ~ against/for sth** sich *akk* gegen/für etw *akk* aussprechen ❷ (*in cricket*) ein Spiel vorzeitig abbrechen **III.** *interj* (*dated*) **well, I [do] ~!** na so was!

de·clared [dɪˈkleəd, AM -ˈklerd] *adj inv* erklärt

de·clas·si·fi·ca·tion [ˌdiːˌklæsɪfɪˈkeɪʃᵊn] *n no pl of information, documents* Freigabe *f*

de·clas·si·fy <-ie-> [ˌdiːˈklæsɪfaɪ] *vt* ■**to ~ sth** *information, documents* etw freigeben

de·clen·sion [dɪˈklen(t)ʃᵊn] *n* LING ❶ (*grammatical class*) Fall *m,* Kasus *m fachspr* ❷ *no pl* (*grammatical system*) Deklination *f fachspr*

de·cline [dɪˈklaɪn] **I.** *n* ❶ (*decrease*) Rückgang *m,* Abnahme *f;* **a ~ in the number of unemployed** ein Rückgang *m* der Arbeitslosenzahl; **to be on the** [*or* **in**] **~** im Rückgang befindlich sein, zurückgehen ❷ (*deterioration*) Verschlechterung *f;* **a rapid ~ in health** ein schneller gesundheitlicher Verfall; **industrial ~** Niedergang *m* der Industrie **II.** *vi* ❶ (*diminish*) *interest, popularity* sinken, fallen, nachlassen, zurückgehen; *health* sich *akk* verschlechtern; *strength* abnehmen ❷ (*sink in position*) abfallen, sich *akk* neigen ❸ (*refuse*) ablehnen; **to ~ to comment on sth** jeden Kommentar zu etw *dat* ablehnen [*o* verweigern] **III.** *vt* ■**to ~ sth** ❶ (*refuse*) etw ablehnen; **to ~ an invitation/offer** eine Einladung/ein Angebot ablehnen [*o* ausschlagen] ❷ LING *noun, pronoun, adjective* etw deklinieren [*o* beugen]

de·clin·ing years *npl* Lebensabend *m geh;* **in one's ~** im Alter

de·clutch [ˌdiːˈklʌtʃ] *vi* auskuppeln

de·code [dɪˈkəʊd, AM -ˈkoʊd] *vt* ■**to ~ sth** etw entschlüsseln [*o* dekodieren]

de·cod·er [dɪˈkəʊdəʳ, AM -ˈkoʊdɚ] *n* ❶ (*device*) Decoder *m,* Dekodierer *m* ❷ (*person*) Dekodierer(in) *m(f)*

de·coke [dɪˈkəʊk] BRIT **I.** *vt* ■**to ~ sth** etw entrußen **II.** *n* Entrußung *f*

dé·colle·tage [ˌdeɪkɒlˈtɑːʒ, AM -kɑːlə'-] *n,* **dé·colle·té** [ˌdeɪkɒlˈteɪ, AM -kɑːlə'-] *n* [tiefer] Ausschnitt, Dekolletee *nt*

de·colo·niza·tion [ˌdiːˌkɒlənaɪˈzeɪʃᵊn, AM -ˌkɑːlə-] *n no pl* Entkolonialisierung *f*

de·com·mis·sion [ˌdiːkəˈmɪʃᵊn] *vt* ❶ MIL ■**to ~ sb** jdn ausmustern ❷ (*remove from service*) ■**to ~ sth** etw außer Dienst nehmen, etw ausrangieren; (*shut down*) etw stilllegen

de·com·pose [ˌdiːkəmˈpəʊz, AM -ˈpoʊz] **I.** *vi* sich *akk* zersetzen [*o* auflösen]; (*rot*) verwesen **II.** *vt* ■**to ~ sth** ❶ PHYS, CHEM (*separate*) etw zerlegen [*o* [auf]spalten] ❷ (*decay*) etw zersetzen [*o* abbauen]

de·com·po·si·tion [ˌdiːkɒmpəˈzɪʃᵊn, AM -kɑːm-] *n no pl* ❶ (*separation*) Zerlegung *f,* Aufspaltung *f;* CHEM Abbau *m* ❷ (*state of decay*) Zersetzung *f,* Verwesung *f,* Fäulnis *f*

de·com·press [ˌdiːkəmˈpres] **I.** *vt* ■**to ~ sth** (*remove pressure*) den Druck in etw *dat* ablassen; (*lessen pressure*) den Druck in etw *dat* verringern; COMPUT etw dekomprimieren *fachspr;* **deep-sea divers must be ~ed slowly before coming to the surface** Tiefseetaucher müssen beim Auftauchen langsam dekomprimieren **II.** *vi* ❶ (*lose pressure*) dekomprimieren *fachspr* ❷ AM (*fam: recover*) sich *akk* erholen

de·com·pres·sion [ˌdiːkəmˈpreʃᵊn] *n no pl* (*of air pressure*) Druckverminderung *f,* Dekompression *f fachspr;* COMPUT Entpacken *nt fachspr*

de·com·'pres·sion cham·ber *n* Dekompressionskammer *f*

de·com·'pres·sion sick·ness *n,* **de·com·'pres·sion syn·drome** *n no pl* Dekompressionskrankheit *f*

de·con·gest·ant [ˌdiːkənˈdʒestᵊnt] *n* abschwellendes Mittel, Mittel, das die Atemwege frei macht

de·con·struct [ˌdiːkənˈstrʌkt] *vt* ■**to ~ sth** etw dekonstruieren

de·con·struc·tion [ˌdiːkənˈstrʌkʃᵊn] *n no pl* Dekonstruktion *f*

de·con·tami·nate [ˌdiːkənˈtæmɪneɪt] *vt* ECOL, CHEM ■**to ~ sth** etw entseuchen [*o fachspr* dekontaminieren]

de·con·tami·na·tion [ˌdiːkəntæmɪˈneɪʃᵊn] *n no pl* ECOL, CHEM Dekontaminierung *f,* Entseuchung *f*

de·con·tami·'na·tion pro·gramme *n* ECOL, CHEM Dekontaminierungsprogramm *nt,* Entseuchungsprogramm *nt*

de·con·trol <-ll-> [ˌdiːkənˈtrəʊl, AM -troʊl] *vt* ECON ■**to ~ sth** etw freigeben; **to ~ trade** Handelsbeschränkungen aufheben

de·cor [ˈdeɪkɔːʳ, AM ˈdeɪkɔːr] *n no pl* ❶ (*of room, house*) Ausstat-

D

tung *f*, Einrichtung *f*; **interior ~** Inneneinrichtung *f*, Innenausstattung *f* ❷ THEAT Dekor *m o nt*

deco·rate ['dekəreɪt] **I.** *vt* ❶ (*adorn*) ■**to ~ sth** [**with sth**] *room, tree* etw [mit etw *dat*] schmücken; **to ~ a cake/shop window** eine Torte/ein Schaufenster dekorieren ❷ (*paint*) ■**to ~ sth** *room* etw streichen; (*wallpaper*) etw tapezieren; (*paint and wallpaper*) etw renovieren ❸ *usu passive* (*award a medal*) ■**to be ~d** [**for sth**] [für etw *akk*] ausgezeichnet werden **II.** *vi* (*paint*) streichen; (*wallpaper*) tapezieren

deco·ra·tion [ˌdekə'reɪʃən] *n* ❶ (*for party*) Dekoration *f*; (*for Christmas tree*) Schmuck *m kein pl*; **for ~** zur Dekoration ❷ *no pl* (*process of decorating*) Dekorieren *nt*, Schmücken *nt*; (*with paint*) Streichen *nt*; (*with wallpaper*) Tapezieren *nt* ❸ (*medal*) Auszeichnung *f* (**for** für +*akk*)

deco·ra·tive ['dekərətɪv, AM -t̬ɪv] *adj* dekorativ; (*hum*) **just sit there and look ~** (*pej*) sitz einfach da und sieh nett aus *pej*

deco·ra·tive·ly ['dekərətɪvli, AM -t̬ɪv-] *adv* dekorativ

deco·ra·tor ['dekəreɪtəʳ, AM -t̬ɚ] *n* BRIT Maler(in) *m(f)*; **painter and ~** *esp* AM Innenarchitekt(in) *m(f)*

deco·rous ['dekərəs, AM -kɚ-] *adj* (*form*) *behaviour, manners* schicklich; **~ kiss** flüchtiger Kuss; **~ language** korrekte Ausdrucksweise

deco·rous·ly ['dekərəsli, AM -kɚ-] *adv* tadellos, schicklich

de·co·rum [dɪ'kɔːrəm] *n no pl* (*form*) Schicklichkeit *f*; **to act** [*or* **behave**] **with ~** sich *akk* schicklich [*o* tadellos] benehmen

de·coy ['diːkɔɪ] **I.** *n* Lockvogel *m*; **to act as a ~** den Lockvogel spielen; **to use sb as a ~** jdn als Lockvogel benutzen **II.** *vt* [dɪ'kɔɪ] ■**to ~ sb into doing sth** jdn zu etw *dat* verleiten; **the missiles were ~ed into going off course** die Raketen konnten von ihrem Kurs abgelenkt werden

de·coy 'duck *n* HUNT Lockvogel *m*

de·crease I. *vi* [dɪ'kriːs, 'diːkriːs] *crime, unemployment, inflation* abnehmen, zurückgehen **II.** *vt* [dɪ'kriːs, 'diːkriːs] ■**to ~ sth** etw reduzieren; **to ~ costs** Kosten verringern [*o* reduzieren]; **to ~ prices/spending** Ausgaben/Preise senken; **to ~ production** die Produktion drosseln **III.** *n* ['diːkriːs] Abnahme *f*; *numbers* Rückgang *m*; **~ in births** Geburtenrückgang *m*; **~ in price** Preissenkung *f*; ■**to be on the ~** rückläufig sein

de·cree [dɪ'kriː] **I.** *n* (*form*) Dekret *nt form*, Erlass *m*; **to issue a ~** ein Dekret erlassen, einen Erlass herausgeben **II.** *vt* ■**to ~ sth** etw verfügen; **the new drug has been ~d unsafe** das neue Medikament wurde als gesundheitsgefährend eingestuft; ■**to ~ that ...** beschließen, dass ...

de·cree 'ab·so·lute <*pl* decrees-> *n* BRIT LAW endgültiges Scheidungsurteil **de·cree nisi** [-'naɪsaɪ] *n* BRIT LAW vorläufiges Scheidungsurteil

de·crep·it [dɪ'krepɪt] *adj chair, car* klapprig; *old person* klapprig *fam*; **a ~ building** ein heruntergekommenes [*o* verfallenes] Gebäude; **a ~ economy** eine heruntergekommene Wirtschaft

de·crepi·tude· [dɪ'krepɪtjuːd, AM *esp* -tuːd] *n no pl* (*form*) heruntergekommener Zustand; *of a person* Klapprigkeit *f fam*

de·crimi·nali·za·tion [diːˌkrɪmɪnəlaɪ'zeɪʃən, AM -nəlɪ-] *n no pl* Legalisierung *f*

de·crimi·nal·ize [diː'krɪmɪnəlaɪz] *vt* ■**to ~ sth** etw legalisieren

de·cruit *vt* (*euph*) ■**to ~ sb** jdn entlassen

de·cry <-ie-> [dɪ'kraɪ] *vt* (*form*) ■**to ~ sth** [**as sth**] etw [als etw] anprangern

de·di·cate ['dedɪkeɪt] *vt* ❶ (*devote*) ■**to ~ oneself to sth** sich *akk* etw *dat* widmen; **he has ~d his life to scientific research** er hat sein Leben in den Dienst der Forschung gestellt ❷ PUBL ■**to ~ sth to sb** *book* jdm etw *akk* widmen ❸ REL **to ~ a church** [**to sb**] [jdm] eine Kirche weihen

de·di·cat·ed ['dedɪkeɪtɪd, AM -t̬ɪd] *adj* ❶ (*hard-working*) *doctor, environmentalist, teacher* engagiert; ■**to be ~ to sth** etw *dat* verschrieben sein; **she's completely ~ to her work** sie lebt nur für ihre Arbeit ❷ (*devoted*) **~ follower** treuer Anhänger/treue Anhängerin ❸ COMPUT ausschließlich zugeordnet, dediziert

de·di·ca·tion [ˌdedɪ'keɪʃən] *n* ❶ (*hard work*) Engagement *nt* (**to** für +*akk*) ❷ (*in book*) Widmung *f*; **to write a ~** eine Widmung schreiben ❸ REL Einweihung *f*, Weihe *f*

de·duce [dɪ'djuːs, AM *esp* -duːs] *vt* ■**to ~ sth** etw folgern; ■**to ~ that ...** folgern, dass; ■**to ~ whether ...** feststellen, ob ...

de·duc·ible [dɪ'djuːsəbl̩, AM *esp* -duːs-] *adj* (*form*) ableitbar; ■**to be ~ from sth** sich aus etw *dat* ableiten lassen

de·duct [dɪ'dʌkt] *vt* ■**to ~ sth** [**from sth**] *points, expenses, commission* etw [von etw *dat*] abziehen

de·duct·able AUS, **de·duct·ible** [dɪ'dʌktəbl̩] *adj inv* absetzbar, abzugsfähig

de·duc·tion [dɪ'dʌkʃən] *n* ❶ (*inference*) Schlussfolgerung *f*; **to make a ~** eine Schlussfolgerung ziehen ❷ (*subtraction*) Abzug *m*

de·duc·tive [dɪ'dʌktɪv] *adj* deduktiv

deed [diːd] *n* ❶ (*action*) Tat *f*; **to do an evil ~** eine Untat begehen; **to do the dirty ~s for sb** für jdn die Drecksarbeit machen; **in word and ~** mit Wort und Tat; **to do a good ~** eine gute Tat vollbringen ❷ *usu pl* LAW Urkunde *f*, Dokument *nt*

'deed box *n* Dokumentenkassette *f* **'deed poll** *n* LAW *einseitige Rechtserklärung* (*besonders zur Namensänderung*); **to change one's name by ~** seinen Namen durch eine einseitige Rechtserklärung ändern

dee·jay ['diːdʒeɪ] *n* (*fam*) Discjockey *m*, Diskjockey *m*

deem [diːm] *vt usu passive* (*form*) ■**to be ~ed sth** als etw gelten [*o geh* erachtet werden]; **the area has now been ~ed safe** das Gebiet gilt jetzt als sicher; ■**to ~ sb to have done sth** annehmen, dass jd etw getan hat

deep [diːp] **I.** *adj* ❶ (*not shallow*) *cut, hole, wound, lake, water* tief; **the pond is 2 m ~** der Teich ist 2 m tief; **the snow was 1 m ~** der Schnee lag einen Meter hoch ❷ (*full*) **to let out a ~ sigh** tief seufzen; **to take a ~ breath** tief Luft holen ❸ (*engrossed*) **to be ~ in conversation/thought** in ein Gespräch/in Gedanken vertieft sein; **to be in ~ thought** tief in Gedanken versunken sein ❹ (*extending back*) *wardrobe, closet* tief; **they were standing four ~** sie standen zu viert hintereinander ❺ (*located far back*) **~ in the forest/jungle** tief im Wald/Dschungel ❻ (*profound*) *coma, sadness, satisfaction, sleep* tief; **you have my ~est sympathy** herzliches Beileid; **I felt a ~ sense of irritation** ich war sehr verärgert; **~ admiration/interest** große Bewunderung/großes Interesse; **to have a ~ aversion to sth** gegen etw *akk* eine starke Abneigung haben; **to be ~ in debt** hoch verschuldet sein; **to be in ~ despair** total verzweifelt sein; **to be a ~ disappointment to sb** eine schwere Enttäuschung für jdn sein, jdn schwer enttäuschen; **to have ~ feelings for sb** für jdn tiefe Gefühle haben; **a ~ economic recession** ein starker Konjunkturrückgang; **with ~ regret** mit großem Bedauern; **to be in ~ trouble** in großen Schwierigkeiten stecken; **to have gained a ~er understanding of sth** jetzt ein besseres Verständnis einer S. *gen* haben ❼ *book, discussion, meaning* tief; **quantum physics is a bit ~ for me** die Quantenphysik ist für mich schwer verständlich; **that was a really ~ film** der Film hatte wirklich Tiefgang ❽ (*low*) *note, voice* tief ❾ (*of colour*) **a ~ blue sky** ein tiefblauer Himmel; **~ red** dunkelrot ▶ PHRASES: **to be in/get into ~ water** [**over sth**] [wegen einer S. *gen*] bis über beide Ohren in Schwierigkeiten stecken/geraten **II.** *adv* ❶ (*far down*) tief; **the sadness I feel about her death runs ~** ich bin zutiefst über ihren Tod betrübt; **~-down** tief im Innersten; **~-down inside sb** tief in jds Innersten; **to breathe ~** tief atmen ❷ (*far back*) **~ in the** [**distant**] **past** vor sehr langer Zeit ▶ PHRASES: **still waters run ~** (*prov*) stille Wasser sind tief *prov*; **to** [**really**] **dig ~** sich *akk* [schwer] ins Zeug legen; **to go** [*or* **run**] **~** *fear* tief sitzen **III.** *n* (*liter*) ■**the ~** die Tiefe

deep·en ['diːpən] **I.** *vt* ■**to ~ sth** ❶ (*make deeper*) *channel, hole* etw tiefer machen ❷ (*intensify*) *feelings* etw vertiefen; **to ~ one's knowledge** sein Wissen vertiefen **II.** *vi* ❶ *water* tiefer werden ❷ (*intensify*) *feelings, understanding* sich *akk* vertiefen; *budget deficit, economic crisis, recession* sich *akk* verschärfen ❸ *tone, voice* tiefer werden ❹ (*become darker*) *colour* intensiver [*o* dunkler] werden

'deep end *n* Schwimmerbecken *nt* ▶ PHRASES: **to go off the ~ about sth** sich *akk* maßlos über etw *akk* aufregen; **to jump/ be thrown in at the ~** ins kalte Wasser springen/gestoßen werden; **to throw sb in at the ~** jdn ins kalte Wasser werfen **'deep-freeze** *n* Tiefkühlschrank *m;* (*chest*) Tiefkühltruhe *f* **deep-'fried** *adj* frittiert **deep-'froz·en** *adj* tiefgefroren **deep-froz·en 'foods** *n* Tiefkühlkost *f* **deep-'fry** *vt* ■**to ~ sth** etw frittieren **deep 'kiss** *n* Zungenkuss *m* **'deep-laid** *adj* raffiniert

deep·ly ['di:pli] *adv* ❶ (*very*) *disappointed, discouraging, impressed* sehr, äußerst; **I'm ~ grateful to you** ich bin dir äußerst dankbar; **to be ~ appreciative of sth** etw sehr schätzen; **to be ~ insulted** zutiefst getroffen sein; **to be ~ interested in sth** an etw *dat* äußerst interessiert sein; **to ~ regret sth** etw sehr bereuen ❷ (*far down*) *breathe, cut* tief; **to be ~ ingrained in sb** tief in jdm verwurzelt sein; **to inhale ~** tief einatmen

deep·ness ['di:pnəs] *n* Tiefe *f*

deep-'root·ed *adj* ❶ (*established*) *affection, belief* tief; **~ fear/ prejudice** tief sitzende Angst/tief sitzendes Vorurteil; **~ habit** feste Gewohnheit ❷ BOT *tree* tief verwurzelt **deep 'sea** *n* Tiefsee *f* **deep-sea 'div·er** *n* Tiefseetaucher(in) *m(f)* **deep-sea 'div·ing** *n* Tiefseetauchen *nt;* **to go ~** Tiefseetauchen gehen **deep-sea 'fish·ing** *n* Hochseefischen *nt,* Hochseefischerei *f;* **to go ~** Hochseefischen gehen **deep-'seat·ed** *adj* tief sitzend *attr;* **~ hatred** tief sitzender Hass; **~ tumour** tief sitzender Tumor **'deep-set** *adj* **~ eyes** tief liegende Augen **deep-'six** *vt* AM (*fam: cause to disappear*) ■**to ~ sth** etw versenken **Deep 'South** *n* AM ■**the ~** der tiefe Süden **deep 'space** *n* ASTRON äußerer Weltraum *fachspr* (*außerhalb unseres Sonnensystems*); ■**in ~** in den Tiefen des Weltraums **deep 'struc·ture** *n* LING Tiefenstruktur *f*

deer <*pl* -> [dɪəʳ, AM dɪr] *n* Hirsch *m*

'deer·stalk·er *n* Jagdmütze *f* (*Mütze mit Ohrklappen, Sherlock Holmes-Mütze*)

de·es·ca·late [di:'eskəleɪt] **I.** *vt* ■**to ~ sth** etw entschärfen; **to ~ a conflict** einen Konflikt entschärfen **II.** *vi* entschärfen

def *adj* AM (*sl: excellent*) korrekt *fam*

de·face [dɪ'feɪs] *vt* ■**to ~ sth** etw verunstalten; **to ~ a building** ein Gebäude verschandeln

de fac·to [ˌdeɪ'fæktəʊ, AM -toʊ] **I.** *adv* (*form*) de facto *form* **II.** *adj attr* (*form*) de facto *form* **III.** *n* AUS Lebensgefährte, -in *m, f*

def·aecate *vi* BRIT *see* **defecate**

defa·ma·tion [ˌdefə'meɪʃᵊn] *n no pl* (*form*) Diffamierung *f*

de·fama·tory [dɪ'fæmətᵊri, AM -tɔ:ri] *adj* (*form*) diffamierend; **a ~ speech** eine Schmährede

de·fame [dɪ'feɪm] *vt* (*form*) ■**to ~ sb** jdn verleugnen [*o geh* diffamieren]

de·fang [dɪ'fæŋ] *vt* (*fig*) ■**to ~ sth** etw entschärfen [*o* abschwächen]

de·fault [dɪ'fɔ:lt, AM -'fɑ:lt] **I.** *vi* ❶ FIN (*failure to pay*) in Verzug geraten; **to ~ on payments** mit Zahlungen in Verzug geraten ❷ COMPUT ■**to ~ to sth** standardmäßig eingestellt sein **II.** *n* ❶ *of contract* Nichterfüllung *f;* (*failure to pay debt*) Versäumnis *nt,* Nichtzahlung *f;* **in ~ of payment ...** bei Zahlungsverzug ... ❷ *no pl* ■**by ~** automatisch; **the copier always sets itself by ~ to make just one copy** der Kopierer stellt sich automatisch auf eine einzige Kopie ein; **to win by ~** automatisch gewinnen (*ohne, dass man etwas dafür getan hat*) ❸ (*form: absence*) ■**in ~ of sth** in Ermangelung einer S. *gen geh* **III.** *n modifier* voreingestellt, Standard-; **~ mechanism** Standardmechanismus *m;* **~ option** Standardversion *f;* **~ program** Standardprogramm *nt*

de·'fault judg(e)·ment *n* Versäumnisurteil *nt* **de·'fault set·ting** *n* COMPUT Standardeinstellung *f* **de·'fault value** *n* COMPUT Standardwert *m*

de·feat [dɪ'fi:t] **I.** *vt* ❶ (*win over*) ■**to ~ sb/sth** *candidate, enemy, army* jdn/etw besiegen; ■**to ~ sb** (*at cards, chess, football*) jdn schlagen; **this line of reasoning ~s me, I must admit** (*fig*) diesem Argument kann ich leider nicht folgen; **to ~ sb's hopes** jds Hoffnungen zerschlagen; **to ~ a proposal** einen Vorschlag ablehnen ❷ POL (*turn down*) ■**to be ~ed** *bill* abgelehnt werden; **to ~ an amendment** einen Antrag auf Gesetzesänderung ablehnen ❸ (*destroy*) ■**to ~ sth: that ~s the purpose of this meeting** dann verliert dieses Treffen seinen Sinn **II.** *n* Niederlage *f;* **to admit** [*or* **concede**]/**suffer ~** eine Niederlage eingestehen/erleiden

de·feat·ed [dɪfi:tɪd, AM -t̬-] *adj attr candidate, team* unterlegen

de·feat·ism [dɪ'fi:tɪzᵊm, AM -t̬-] *n no pl* (*pej*) Defätismus *m,* Defaitismus *m* SCHWEIZ

de·feat·ist [dɪ'fi:tɪst, AM -t̬ɪst] **I.** *adj* defätistisch, defaitistisch SCHWEIZ; **to have a ~ attitude** ein Schwarzseher/eine Schwarzseherin sein **II.** *n* Defätist(in) *m(f),* Defaitist(in) *m(f)* SCHWEIZ

def·ecate ['defəkeɪt] *vi* (*form*) den Darm entleeren, defäkieren *geh*

def·eca·tion [ˌdefəkeɪʃᵊn] *n no pl* (*form*) Stuhlentleerung *f,* Defäkation *f geh*

de·fect I. *n* ['di:fekt] ❶ (*in product*) Fehler *m;* **character ~** (*fig*) Charakterfehler *m* ❷ TECH Defekt *m* (**in** an +*dat*) ❸ MED **birth/speech ~** Geburts-/Sprachfehler *m* **II.** *vi* [dɪ'fekt] POL ■**to ~** [**to a country**] [in ein Land] überlaufen; **to ~ to the West** in den Westen flüchten

de·fec·tion [dɪ'fekʃᵊn] *n* Flucht *f;* POL Überlaufen *nt,* Wechsel *m*

de·fec·tive [dɪ'fektɪv] **I.** *adj* ❶ *goods* fehlerhaft ❷ TECH *part, plug, wiring* defekt ❸ MED **~ hearing** mangelhaftes Hörvermögen; **to have a ~ heart valve** einen Herzklappenfehler haben ❹ LING **~ verb** defektives Verb **II.** *n* (*pej*) Geistesgestörte(r) *f(m)*

de·fec·tor [dɪ'fektəʳ, AM -ɚ] *n* POL Überläufer(in) *m(f)*

de·fence [dɪ'fen(t)s], AM **de·fense** *n* ❶ (*of person*) Schutz *m* (**against** gegen +*akk*); (*of country*) Verteidigung *f;* **all I can say, in ~ of my actions, is ...** alles, was ich zu meiner Verteidigung vorbringen kann, ist, ...; **he spoke in ~ of civil rights** er verteidigte die Bürgerrechte; **ministry of ~** Verteidigungsministerium *nt;* **to come/rush to sb's ~** jdm zu Hilfe kommen/eilen; **to put up a stubborn ~** sich *akk* zäh verteidigen ❷ LAW Verteidigung *f;* **witness for the ~** Zeuge, -in *m, f* der Verteidigung, Entlastungszeuge, -in *m, f;* **to conduct the ~** die Verteidigung führen ❸ SPORTS Abwehr *f;* **to play in** [*or* AM **on**] **~** Abwehrspieler/Abwehrspielerin sein; CHESS **to use a ~** eine Verteidigungsstellung einnehmen ❹ PSYCH Abwehrmechanismus *m* ❺ (*of body*) ■**~s** *pl* Abwehrkräfte *fpl;* **to build up one's ~s** MED seine Abwehrkräfte stärken

de·'fence law·yer *n* LAW Strafverteidiger(in) *m(f)*

de·fence·less [dɪ'fen(t)sləs] *adj* wehrlos, schutzlos; ■**to be ~ against sth** wehrlos gegenüber etw *dat* sein

de·fence·less·ness [dɪ'fen(t)sləsnəs] *n no pl* Wehrlosigkeit *f*

de·'fence mech·an·ism *n* ANAT, PSYCH Abwehrmechanismus *m* **De·'fence Min·is·ter** *n* Verteidigungsminister(in) *m(f)* **De·'fence Sec·re·tary** *n* Verteidigungssekretär(in) *m(f)*

de·fend [dɪ'fend] **I.** *vt* ❶ (*protect*) ■**to ~ oneself/sth** [**against sb/sth**] sich *akk*/etw [gegen jdn/etw] verteidigen; (*fight off*) ■**to ~ oneself against sth** sich *akk* gegen etw *akk* wehren; **to ~ a currency** eine Währung stützen; **to ~ one's point of view** auf seinem Standpunkt beharren ❷ (*support*) ■**to ~ sb/ sth** jdn/etw unterstützen; **to ~ a policy** eine politische Linie verteidigen ❸ LAW ■**to ~ sb** jdn verteidigen ❹ SPORTS **to ~ one's title** seinen Titel verteidigen **II.** *vi* SPORTS verteidigen

de·fend·able [dɪ'fendəbl̩] *adj esp* AM, AUS *see* **defensible**

de·fend·ant [dɪ'fendənt] *n* LAW Angeklagte(r) *f(m)*

de·fend·er [dɪ'fendəʳ, AM -ɚ] *n* ❶ (*protector*) Beschützer(in) *m(f);* (*supporter*) Verfechter(in) *m(f)* ❷ SPORTS Verteidiger(in)

D

m(f)

de·fend·ing 'cham·pi·on *n* Titelverteidiger(in) *m(f)*

de·fense *n esp* AM *see* **defence**

de·fen·sible [dɪ'fen(t)səbl̩] *adj* ❶ (*capable of being defended*) wehrhaft; **to be easily** ~ leicht zu verteidigen sein ❷ (*supportable*) vertretbar; (*justifiable*) gerechtfertigt; ■**to be** ~ vertretbar sein

de·fen·sive [dɪ'fen(t)sɪv] **I.** *adj* ❶ (*intended for defence*) defensiv ❷ (*quick to challenge criticism*) defensiv **II.** *n* Defensive *f*; **to be on the** ~ in der Defensive sein; **to go on the** ~ in die Defensive gehen

de·fen·sive·ly [dɪ'fen(t)sɪvli] *adv* defensiv

de·fen·sive·ness [dɪ'fen(t)sɪvnəs] *n no pl* defensives Verhalten; ~ **is a sign of insecurity** wenn jemand schnell auf die Barrikaden geht, ist das ein Anzeichen von Unsicherheit

de·fer <-rr-> [dɪ'fɜːʳ, AM -'fɜːr] **I.** *vi* (*form*) ■**to** ~ **to sb/sth** sich *akk* jdm/etw beugen [*o* fügen]; **to** ~ **to sb's judgement** sich *akk* jds Urteil *nt* fügen **II.** *vt* ■**to** ~ **sth** etw verschieben; FIN, LAW etw aufschieben; **to** ~ **a decision** eine Entscheidung vertagen

def·er·ence ['defᵊrᵊn(t)s] *n no pl* (*form*) Respekt *m*; **to do sth in** [*or* **out of**] ~ **to sb/sth** etw aus Respekt vor jdm/etw tun; **to pay** [*or* **show**] ~ **to sb** jdm Respekt entgegenbringen; **to treat sb with** ~ jdn respektvoll [*o* mit Respekt] behandeln

def·er·en·tial [ˌdefᵊ'ren(t)ʃᵊl] *adj* respektvoll; ■**to be** ~ **to** [*or* **towards**] **sb** sich *akk* respektvoll jdm gegenüber benehmen

def·er·en·tial·ly [ˌdefᵊ'ren(t)ʃᵊli] *adj* respektvoll; **to bow** ~ sich *akk* respektvoll verbeugen

de·fer·ment [dɪ'fɜːmənt, AM -'fɜːr-] *n*, **de·fer·ral** [dɪ'fɜːrᵊl, AM -'fɜr-] *n* Aufschub *m*; LAW Vertagung *f*

de·ferred 'pay·ment *n* Ratenzahlung *f*; **to make** ~**s** in Raten bezahlen

de·fi·ance [dɪ'faɪən(t)s] *n no pl* Auflehnung *f*, Aufsässigkeit *f* (**against** gegen +*akk*); ■**in** ~ **of sb/sth** jdm/etw zum Trotz

de·fi·ant [dɪ'faɪənt] *adj* ❶ (*showing disobedience*) aufsässig, aufmüpfig *fam*; **to remain** ~ uneinsichtig [*o* unnachgiebig] bleiben ❷ (*displaying defiance*) herausfordernd; **to be in a** ~ **mood** in Kampfstimmung sein; **to take a** ~ **stand** eine Protesthaltung einnehmen

de·fi·ant·ly [dɪ'faɪəntli] *adv* aufsässig

de·fib·ril·la·tor [diː'fɪbrɪleɪtəʳ, AM -t̬ɚ] *n* MED Defibrillator *m*

de·fi·cien·cy [dɪ'fɪʃᵊn(t)si] *n* ❶ (*shortage, lack*) Mangel *m* (**in** an +*dat*); **vitamin** ~ Vitaminmangel *m*; **to suffer from a** ~ **in** [*or* **of**] **sth** Mangel an etw *dat* leiden ❷ (*weakness, weak point*) Defizit *nt* (**in** in +*dat*)

de·'fi·cien·cy dis·ease *n* MED Mangelkrankheit *f*

de·fi·cient [dɪ'fɪʃᵊnt] *adj* unzureichend, mangelhaft; ■**to be** ~ **in sth** an etw *dat* mangeln; **to be mentally** ~ geistig behindert sein

de·fi·cient·ly [dɪ'fɪʃᵊntli] *adv* unzureichend, mangelhaft

defi·cit ['defɪsɪt] *n* Defizit *nt* (**in** in +*dat*); **to reduce** [*or* **cut**]/**run a** ~ ein Defizit verringern/haben

de·file[1] [dɪ'faɪl] *vt* (*form: spoil, make dirty*) ■**to** ~ **sth** etw beschmutzen [*o* besudeln]; **to** ~ **a tomb/woman** ein Grab/eine Frau schänden

de·file[2] [dɪ'faɪl, 'diː-] **I.** *n* (*esp liter*) Hohlweg *m* **II.** *vi* hintereinander marschieren

de·file·ment [dɪ'faɪlmənt] *n no pl* (*form, liter*) *of tomb* Schändung *f*; *of shrine also* Entweihung *f*

de·fin·able [dɪ'faɪnəbl̩] *adj* definierbar

de·fine [dɪ'faɪn] *vt* ❶ (*give definition*) ■**to** ~ **sth** [**as sth**] etw [als etw *akk*] definieren ❷ (*specify*) ■**to** ~ **sth** etw festlegen; **to** ~ **sb's rights** jds Rechte festlegen ❸ (*characterize*) ■**to be** ~**d by sth** *by one's job* über etw *akk* definiert werden ❹ (*clearly show in outline*) ■**to be** ~**d against sth** sich *akk* [deutlich] gegen etw *akk* abzeichnen

◆**define down** *vt* ■**to** ~ **sth** ⊂ **down** etw verharmlosen

de·fin·ing 'mo·ment [dɪˌfaɪnɪŋ'-] *n* entscheidender Moment

defi·nite ['defɪnət] **I.** *adj evidence, proof* sicher; *place, shape, tendency, time limit* bestimmt; **let's make the 9th** ~ machen wir den 9. fest; **is that** ~**?** ist das sicher?; **there's nothing** ~ **yet** es steht noch nichts fest; **one thing's** ~**, ...** eines ist sicher, ...; ■**to be** ~ **about sth** sich *dat* einer S. *gen* sicher sein; **a** ~ **answer** eine klare [*o* eindeutige] Antwort; **a** ~ **decision** eine definitive Entscheidung; **a** ~ **increase** ein eindeutiger Zuwachs; **to have** ~ **opinions** feste Vorstellungen von etw *dat* haben; **a** ~ **improvement** eine eindeutige Verbesserung **II.** *n* (*fam*) **she's a** ~ **for the Olympic team** sie wird auf jeden Fall in der Olympiamannschaft dabei sein; **are you going to Helen's party? – it's a** ~ kommst du zu Helens Party? – auf jeden Fall!

defi·nite 'ar·ti·cle *n* LING bestimmter Artikel

defi·nite·ly ['defɪnətli] *adv* ❶ (*clearly*) eindeutig, definitiv; **we're** ~ **going by car** wir fahren auf jeden Fall mit dem Auto; **to decide sth** ~ etw endgültig beschließen ❷ (*categorically*) mit Bestimmtheit; **he stated his opinion most** ~ er äußerte ganz klar seine Meinung

defi·ni·tion [ˌdefɪ'nɪʃᵊn] *n* ❶ (*meaning*) Definition *f*, Erklärung *f*; **by** ~ per Definition, per definitionem *geh* ❷ *no pl* (*clearness, distinctness*) Schärfe *f*; **to lack** ~ unscharf sein; (*fig*) unklar sein ❸ (*of duties*) Definierung *f*, Festlegung *f*

de·fini·tive [dɪ'fɪnətɪv, AM -t̬-] *adj* ❶ (*conclusive*) endgültig; ~ **proof** eindeutiger Beweis ❷ (*best, most authoritative*) ultimativ; **this is the** ~ **guide to America** das ist der Amerikaführer

de·flate [dɪ'fleɪt] **I.** *vt* ❶ (*release air*) ■**to** ~ **sth** *balloon, ball* Luft aus etw *dat* ablassen ❷ (*reduce*) ■**to** ~ **sth** etw zunichte machen; **to** ~ **sb's hopes** jds Hoffnungen zunichte machen; **to** ~ **sb's reputation** jds Ruf schaden ❸ (*lose confidence*) ■**to be** ~**d** einen Dämpfer bekommen haben *fam* ❹ ECON, FIN ■**to** ~ **sth** etw deflationieren *fachspr* **II.** *vi* Luft verlieren

de·flat·ed [dɪ'fleɪtɪd, AM -t̬-] *adj* ❶ (*without air*) ~ **tyre** platter Reifen ❷ (*uncertain*) unsicher, zweifelnd; **to feel** ~ sich *akk* unsicher fühlen

de·fla·tion [dɪ'fleɪʃᵊn] *n no pl* ECON, FIN ❶ (*reduction of money in circulation*) Deflation *f* ❷ (*fall*) Rückgang *m*

de·fla·tion·ary [dɪ'fleɪʃᵊnᵊri, AM -eri] *adj* deflationär

de·flect [dɪ'flekt] **I.** *vt* ■**to** ~ **sb from doing sth** jdn davon abbringen, etw zu tun; ■**to** ~ **sth** etw ablenken; **to** ~ **the ball** den Ball abfälschen; **to** ~ **a blow** einen Schlag abwehren; **to** ~ **light** PHYS das Licht beugen; **to** ~ **a shot** einen Schuss abfälschen **II.** *vi* ■**to** ~ **off sth** *ball* von etw *dat* abprallen

de·flec·tion [dɪ'flekʃᵊn] *n* Ablenkung *f*; SPORTS Abpraller *m*; **the ball took a** ~ [**off a defender's leg**] der Ball war [am Bein eines Verteidigers] abgeprallt

de·flow·er [dɪ'flaʊəʳ, AM -'flaʊɚ] *vt* (*liter*) ■**to** ~ **sb** jdn entjungfern [*o geh* deflorieren]

de·fog <-gg-> [dɪ'fɑːg] *vt* AM (*demist*) **to** ~ **the window/the windshield** das Fenster/die Windschutzscheibe freimachen

de·fog·ger [dɪ'fɑːgɚ] *n* AM AUTO (*demister*) Gebläse *nt*

de·fo·li·ant [diː'fəʊliənt, AM -'foʊ-] *n* Entlaubungsmittel *nt*

de·fo·li·ate [diː'fəʊlieɪt, AM -'foʊ-] *vt* ■**to** ~ **sth** *plant, tree* etw entlauben

de·fo·lia·tion [diːˌfəʊli'eɪʃᵊn, AM -ˌfoʊ-] *n no pl* Entlaubung *f*

de·for·est [diː'fɒrɪst, AM -'fɔːr-] *vt* ■**to** ~ **sth** etw abholzen

de·for·esta·tion [diːˌfɒrɪ'steɪʃᵊn, AM -ˌfɔːr-] *n no pl* Abholzung *f*, Entwaldung *f*

de·form [dɪ'fɔːm, AM -'fɔːrm] **I.** *vt* ■**to** ~ **sth** etw deformieren; **to** ~ **sb's spine** jds Rückgrat verformen; ■**to be** ~**ed** *extremities* verkrüppelt sein; *face* entstellt sein **II.** *vi* sich *akk* verformen

de·for·ma·tion [diːˌfɔː'meɪʃᵊn, 'defə-, AM -ˌfɔːrm-] *n no pl* Deformation *f*, Verformung *f*; ~ **of one's bones** Knochenmissbildung *f*

de·formed [dɪ'fɔːmd, AM -'fɔːrmd] *adj* verformt; MED missgebildet; **to be born** ~ missgebildet zur Welt kommen

de·form·ity [dɪ'fɔːməti, AM -'fɔːrmət̬i] *n* ANAT Missbildung *f*; *of moral disposition* Verderbtheit *f*

de·fraud [dɪ'frɔːd, AM -'frɑːd] *vt* ■**to ~ sb [of sth]** jdn [um etw *akk*] betrügen
de·fray [dɪ'freɪ] *vt* (*form*) **to ~ the costs/sb's expenses** die/jds Kosten tragen [*o* übernehmen]
de·fray·al [dɪ'freɪəl] *n*, **de·fray·ment** [dɪ'freɪmənt] *n* Übernahme *f*
de·frock [diː'frɒk, AM -'frɑːk] *vt* **to ~ a priest** einen Priester seines Amtes entheben
de·frost [diː'frɒst, AM -'frɑːst] **I.** *vt* ■**to ~ sth** etw auftauen; **to ~ a fridge** den Kühlschrank abtauen; **to ~ one's windscreen** seine Windschutzscheibe enteisen **II.** *vi* auftauen; *fridge, freezer* abtauen
de·frost·er [diː'frɒstəʳ, AM -'frɑːstɚ] *n esp* AM AUTO Gebläse *nt*
deft [deft] *adj* geschickt, sicher; ■**to be ~ at sth** etw sehr geschickt tun können
deft·ly ['deftli] *adv* geschickt
deft·ness ['deftnəs] *n no pl* Geschicklichkeit *f*
de·funct [dɪ'fʌŋ(k)t] *adj* (*form*) gestorben; (*hum*) hinüber *fam;* **a ~ idea** eine überholte Vorstellung; **a ~ institution** eine ausgediente Institution; **a ~ process** ein überholter Vorgang
de·fuse [diː'fjuːz] *vt* ■**to ~ sth** etw entschärfen *a. fig;* **to ~ criticism** Kritik entkräften
defy <-ie-> [dɪ'faɪ] *vt* ❶ (*disobey*) ■**to ~ sb/sth** sich *akk* jdm/etw widersetzen; (*fig: resist, withstand*) sich *akk* etw *dat* entziehen; **to ~ description** jeder Beschreibung spotten ❷ (*challenge, dare*) ■**to ~ sb: I ~ you to prove your accusations** dann beweisen Sie doch erstmal Ihre Anschuldigungen
deg. *n abbrev of* **degree**
de·gen·er·ate I. *vi* [dɪ'dʒenəreɪt] degenerieren; ■**to ~ into sth** zu etw *dat* entarten, in etw *akk* ausarten; **to ~ into violence** in Gewalt umschlagen **II.** *adj* [dɪ'dʒenᵊrət] degeneriert **III.** *n* [dɪ'dʒenᵊrət] *jd, der keine moralischen Werte mehr hat*
de·gen·era·tion [dɪˌdʒenə'reɪʃᵊn] *n no pl* Degeneration *f*
de·gen·era·tive [dɪ'dʒenᵊrətɪv, AM -nɚət̬ɪv] *adj* MED degenerativ
de·gen·era·tive dis·'ease *n* MED degenerative Krankheit
deg·ra·da·tion [degrə'deɪʃᵊn] *n no pl* ❶ *of person* Erniedrigung *f* ❷ (*deterioration*) *of health, conditions* Verschlechterung *f;* **environmental ~** [zunehmende] Schädigung der Umwelt
de·grade [dɪ'greɪd] **I.** *vt* ❶ (*debase, defile*) ■**to ~ sb/oneself** jdn/sich erniedrigen ❷ (*destroy*) ■**to ~ sth** *environment, area* etw angreifen; **to ~ an area of natural beauty** eine schöne Naturlandschaft verschandeln ❸ GEOL ■**to ~ sth** etw erodieren ❹ ELEC *radio signals* etw beeinträchtigen ❺ CHEM ■**to ~ sth** etw abbauen ❻ MIL (*in rank*) ■**to ~ sb** jdn degradieren **II.** *vi* ❶ ELEC (*in quality*) beeinträchtigt werden ❷ CHEM ■**to ~ into sth** zu etw *dat* abgebaut werden
de·grad·ing [dɪ'greɪdɪŋ] *adj* erniedrigend, entwürdigend
de·gree [dɪ'griː] *n* ❶ (*amount*) Maß *nt;* (*extent*) Grad *m;* **to different ~s** in unterschiedlichem Maße, unterschiedlich stark; **a high ~ of skill** ein hohes Maß an Können; **to the last ~** im höchsten Grad; **by ~s** nach und nach; **to some ~** bis zu einem gewissen Grad ❷ MATH, METEO Grad *m* ❸ UNIV (*rank or title*) Abschluss *m;* **to do a ~ in sth** etw studieren; **to have a ~ in sth** einen Abschluss in etw haben; **to have a master's ~ in sth** *esp* AM, AUS einen Magister[titel] in etw haben
de·hu·man·ize [ˌdiː'hjuːmənaɪz] *vt* ■**to ~ sb** jdn entmenschlichen
de·hu·midi·fi·er [ˌdiːhjuː'mɪdɪfaɪəʳ, AM -əfaɪɚ] *n* Entfeuchter *m*
de·hy·drate [ˌdiːhaɪ'dreɪt] **I.** *vt* ■**to ~ sth** etw *dat* das Wasser entziehen; **to ~ the body** den Körper austrocknen [*o fachspr* dehydrieren]; **to become ~d** austrocknen, dehydrieren *fachspr* **II.** *vi* MED dehydrieren
de·hy·drat·ed [ˌdiːhaɪ'dreɪtɪd, AM -t̬ɪd] *adj food* getrocknet; *skin* ausgetrocknet; **~ food** Trockennahrung *f*
de·hy·dra·tion [ˌdiːhaɪ'dreɪʃᵊn] *n no pl* MED Dehydration *f*
de-ice [ˌdiː'aɪs] *vt* ■**to ~ sth** etw enteisen
de-ic·er [ˌdiː'aɪsəʳ, AM -ɚ] *n no pl* ❶ (*for airplanes*) Enteisungsflüssigkeit *f;* (*for cars*) Defroster *m*, Enteiser *m* ❷ (*machine*) Enteisungsgerät *nt*
deic·tic ['deɪktɪk] *adj* LING deiktisch
dei·fi·ca·tion ['deɪfɪkeɪʃᵊn, AM 'diːə-] *n no pl* Verehrung *f*, Vergötterung *f*
dei·fy ['deɪɪfaɪ, AM 'diː-] *vt* ❶ (*make into a god*) ■**to ~ sb/sth** jdn/etw als Gottheit verehren; **to ~ an emperor** einen Herrscher als Gottheit verehren ❷ (*worship like a god*) ■**to ~ sb** jdn vergöttern
deign [deɪn] (*pej*) **I.** *vi* ■**to ~ to do sth** sich *akk* [dazu] herablassen, etw zu tun **II.** *vt* (*old*) ■**to ~ sth** sich *akk* zu etw *dat* herablassen
de·in·dus·tri·ali·za·tion [ˌdiːɪndʌstriᵊlaɪ'zeɪʃᵊn, AM -lɪ'zeɪ-] *n no pl* Deindustrialisierung *f*
de·ism ['deɪɪzᵊm, AM 'diː-] *n no pl* Deismus *m*
de·ity ['deɪɪti, AM 'diːət̬i] *n* Gottheit *f*
De·ity ['deɪɪti, AM 'diːət̬i] *n no pl* (*form*) ■**the ~** Gott *m*
déjà vu [ˌdeɪʒɑː'vuː] *n no pl* ❶ PSYCH Déjà-vu[-Erlebnis] *nt;* **to have a feeling [*or* sense] of ~** ein Déjà-vu[-Erlebnis] haben, das Gefühl haben, jdn/etw schon einmal gesehen zu haben ❷ (*pej: tediously familiar*) **the movie has a strong sense of ~ about it** bei dem Film hat man das Gefühl, ihn schon zigmal gesehen zu haben
de·ject [dɪ'dʒekt] *vt* ■**to ~ sb** jdn deprimieren
de·ject·ed [dɪ'dʒektɪd] *adj* niedergeschlagen
de·ject·ed·ly [dɪ'dʒektɪdli] *adv* niedergeschlagen
de·jec·tion [dɪ'dʒekʃᵊn] *n no pl* Niedergeschlagenheit *f*
de jure [ˌdeɪ'dʒʊəreɪ, AM diː'dʒʊri] **I.** *adv* LAW rechtmäßig, de jure *fachspr;* **to recognize sth ~** etw rechtmäßig [*o* de jure] anerkennen **II.** *adj inv* LAW rechtmäßig, de jure *fachspr*
deke [diːk] *n* CAN (*in ice hockey*) *Täuschungsmanöver eines Spielers, um an einem anderen Spieler vorbeizukommen*
◆**deke out** *vi* sich *akk* schnell und unauffällig davonstehlen [*o* herausschleichen] [*o fam* davonmachen]
dek·ko ['dekəʊ] *n no pl* BRIT, AUS (*dated sl*) Blick *m;* **to have [*or* take] a ~ at sth** einen Blick auf etw *akk* werfen; **come and have a ~** schau mal
de·lay [dɪ'leɪ] **I.** *vt* ❶ (*postpone*) ■**to ~ sth** etw verschieben ❷ (*hold up*) **to be ~ed [by 10 minutes]** [zehn Minuten] Verspätung haben; **I was ~ed** ich wurde aufgehalten **II.** *vi* verschieben, aufschieben **III.** *n* Verzögerung *f*, Verspätung *f;* **we apologize for the ~** wir bitten um Verständnis für die Verspätung; **I apologize for my ~ in replying** bitte entschuldigen Sie, dass ich Ihnen erst jetzt antworte; ■**without ~** unverzüglich
de·layed [dɪ'leɪd] *adj attr* verspätet, verzögert; **a ~ flight/train** ein verspäteter Flug/Zug; **~ reaction** verzögerte Reaktion; **~ shock** Spätschock *m*
de·layed-'ac·tion *adj* zeitverzögert; **~ fuse** Zeitzünder *m*
de·lay·ing [dɪ'leɪɪŋ] *adj attr* verzögernd; **~ tactics** Verzögerungstaktiken *fpl*
dele ['diːliː] *n* Deleatur *nt*, Deleaturzeichen *nt*
de·lec·table [dɪ'lektəbl̩] *adj food, drink* köstlich; (*esp hum*) *person* bezaubernd, reizend
de·lec·ta·tion [ˌdɪlek'teɪʃᵊn] *n no pl* (*form or hum*) Vergnügen *nt;* **for sb's ~** zu jds Vergnügen
del·egate I. *n* ['delɪgət] Delegierte(r) *f(m);* **to send a ~** einen Delegierten/eine Delegierte entsenden **II.** *vt* ['delɪgeɪt] ❶ (*appoint, send as representative*) ■**to ~ sb** jdn als Vertreter/Vertreterin [aus]wählen; ■**to ~ sb to do sth** jdn dazu bestimmen, etw zu tun; **he was ~d to meet new arrivals** man wählte ihn zur Begrüßung der Neuankömmlinge aus ❷ (*assign task*) ■**to ~ sth to sb** *power, authority, responsibility* etw auf jdn übertragen; ■**to ~ sb to do sth** jdn zu etw *dat* ermächtigen **III.** *vi* ['delɪgeɪt] delegieren
del·ega·tion [ˌdelɪ'geɪʃᵊn] *n* ❶ + *sing/pl vb* (*group of delegates*) Delegation *f* ❷ *no pl of authority* Delegation *f*
de·lete [dɪ'liːt] **I.** *vt* ❶ (*in writing*) ■**to ~ sth [from sth]** etw [aus etw *dat*] streichen ❷ COMPUT ■**to ~ sth** etw löschen **II.** *vi*

löschen; **please ~ as appropriate** Nichtzutreffendes bitte streichen

de·'lete key *n* COMPUT Löschtaste *f*

del·eteri·ous [ˌdelɪ'tɪəriəs, AM ˌdelə'tɪri-] *adj* (*form*) schädlich; **to be ~ to sth** für etw *akk* schädlich sein; **to be ~ to one's health** gesundheitsschädlich sein

del·eteri·ous·ly [ˌdelɪ'tɪəriəsli, AM ˌdelə'tɪri-] *adv* (*form*) schädlich

de·le·tion [dɪ'liːʃᵊn] *n* ❶ (*act, item removed*) Löschung *f; of a file* Löschen *nt* ❷ (*item crossed out*) Streichung *f;* **to make a ~** etw streichen

deli ['deli] *n* (*fam*) *short for* **delicatessen** Feinkostgeschäft *nt*

de·lib·er·ate I. *adj* [dɪ'lɪbᵊrət] ❶ (*intentional*) bewusst, absichtlich; **it wasn't ~** es war keine Absicht; **a ~ decision** eine bewusste Entscheidung ❷ (*careful*) **a ~ movement** eine vorsichtige [*o* bedächtige] Bewegung II. *vi* [dɪ'lɪbəreɪt] (*form*) [gründlich] nachdenken (**on** über +*akk*); **to ~ on a case** über einen Fall beraten III. *vt* [dɪ'lɪbəreɪt] (*form*) ❶ (*discuss*) ■**to ~ sth** *question* etw beraten ❷ (*consider*) ■**to ~ whether ...** überlegen, ob ...

de·lib·er·ate·ly [dɪ'lɪbᵊrətli] *adv* absichtlich; **to do/say sth ~** etw in voller Absicht tun/sagen

de·lib·era·tion [dɪˌlɪbə'reɪʃᵊn] *n* ❶ *no pl* (*slowness, carefulness*) Bedächtigkeit *f;* **to do sth with ~** etw mit Bedacht tun ❷ (*form: consideration*) Überlegung *f;* **after much ~, ...** nach gründlicher Überlegung ...

deli·ca·cy ['delɪkəsi] *n* ❶ FOOD Delikatesse *f* ❷ *no pl* (*discretion*) Takt *m*, Feingefühl *nt;* **that is a matter of some ~** das ist eine ziemlich heikle Angelegenheit; **to behave with ~** Feingefühl an den Tag legen ❸ *no pl* (*fineness*) *of lace, china* Feinheit *f; of features* Zartheit *f; hands also* Zierlichkeit *f* ❹ *no pl of health* Zerbrechlichkeit *f*

deli·cate ['delɪkət] *adj* ❶ (*sensitive*) *fabric, flower, equipment, instruments, plant* empfindlich; *china, vase* zerbrechlich; **~ china** zartes Porzellan ❷ (*tricky*) *problem, situation* heikel ❸ (*fine, deft, subtle*) *work, workmanship* fein; **~ cycle** (*in washing machine*) Feinwaschgang *m;* **to strike a ~ balance** ein Gleichgewicht vorsichtig bewahren ❹ (*prone to illness*) *person* anfällig, empfindlich; *health* zart; **to be in a ~ condition** (*old*) in anderen Umständen sein *veraltend* ❺ *beauty, flavour, hands, lace, pattern, scent, skin* zart; **~ aroma** zartes Aroma; **~ features** feine Gesichtszüge; **~ flavour** feiner Geschmack; **a ~ shade of pink** ein zartes Rosa

deli·cate·ly ['delɪkətli] *adv* ❶ (*carefully*) vorsichtig; **to handle sth ~** etw mit Vorsicht behandeln; **to phrase sth ~** etw vorsichtig formulieren ❷ (*lightly*) mild; **~ flavoured with ...** (*with herbs, spices*) fein gewürzt mit ...; **~ scented flowers** zart duftende Blumen

deli·ca·tes·sen [ˌdelɪkə'tesᵊn] *n* Feinkostgeschäft *nt*

de·li·cious [de'lɪʃəs] *adj* ❶ *food* köstlich, lecker *fam;* **to taste ~** vorzüglich [*o* köstlich] schmecken ❷ (*fig: delightful*) **~ gossip** guter Klatsch

de·li·cious·ly [de'lɪʃəsli] *adv* köstlich, lecker; (*fig*) wunderbar

de·li·cious·ness [de'lɪʃəsnəs] *n no pl* Köstlichkeit *f*

de·light [dɪ'laɪt] I. *n* Freude *f;* **the ~s of being retired** die Annehmlichkeiten des Ruhestandes; **it's a ~ to watch her dance** es ist eine Freude, ihr beim Tanzen zuzusehen; **it's a ~ to the senses** es erfreut die Sinne; **much to my ~, ...** zu meiner großen Freude ...; **Alex takes [great] ~ in teasing his sister** Alex liebt es, seine Schwester zu ärgern; **to do sth with ~** etw mit Freuden tun; **to do sth in ~** etw vor Freude tun II. *vt* ■**to ~ sb** jdn erfreuen III. *vi* ■**to ~ in sth** Vergnügen bei etw *dat* empfinden; ■**to ~ in doing sth** es lieben, etw zu tun

de·light·ed [dɪ'laɪtɪd, AM -t̬-] *adj audience* hocherfreut; *smile* vergnügt; ■**to be ~ at** [*or* **by**] [*or* **with**] **sth** von etw *dat* begeistert sein; ■**to be ~ that ...** begeistert [*o* hocherfreut] sein, dass ...; ■**to be ~ to do sth** etw mit [großem] Vergnügen tun; **I was ~ to meet you** es hat mich sehr gefreut, Sie kennen zu lernen; **the ~ audience** das begeisterte Publikum

de·light·ed·ly [dɪ'laɪtɪdli, AM -t̬-] *adv* mit großer Freude; *applaud* begeistert

de·light·ful [dɪ'laɪtfᵊl] *adj* ❶ *meal, atmosphere, weather, book, concert* wunderbar; *evening, village* reizend ❷ *smile, person* charmant

de·light·ful·ly [dɪ'laɪtfᵊli] *adv sing, play an instrument* wunderbar; *peaceful* angenehm; **a ~ funny story** eine köstliche Geschichte

de·lim·it [dɪ'lɪmɪt] *vt* (*form*) ■**to ~ sth** *power* etw einschränken; **to ~ a boundary** eine Grenze abstecken

de·lin·eate [dɪ'lɪnieɪt] *vt* ❶ (*describe*) ■**to ~ sth** etw beschreiben ❷ (*mark*) **to ~ a boundary** eine Begrenzung aufzeigen

de·lin·ea·tion [dɪˌlɪni'eɪʃᵊn] *n* (*form*) *of problem* Schilderung *f; of character* Beschreibung *f*

de·lin·quen·cy [dɪ'lɪnkwən(t)si] *n no pl* ❶ LAW (*illegal conduct*) Straffälligkeit *f*, Delinquenz *f fachspr;* **juvenile ~** Jugendkriminalität *f* ❷ (*form: neglect of duty*) Versäumnis *nt*

de·lin·quent [dɪ'lɪnkwənt] I. *n* LAW Delinquent(in) *m(f)*, Straffällige(r) *f(m);* **juvenile ~** jugendlicher Täter/jugendliche Täterin II. *adj* ❶ (*unlawful*) delinquent *fachspr*, straffällig; **~ behaviour** kriminelles Verhalten ❷ *esp* AM (*form: late, in arrears*) ■**to be ~ in doing sth** *payments* mit etw *dat* überfällig [*o* im Rückstand] sein

de·liri·ous [dɪ'lɪriəs] *adj* ❶ MED **to be ~** im Delirium sein [*o* liegen] ❷ (*extremely happy*) **~ crowd** taumelnde Menschenmenge; **~ with joy** außer sich *dat* vor Freude

de·liri·ous·ly [dɪ'lɪriəsli] *adv* ❶ (*incoherently*) irre, wirr; **to mutter ~** wirres Zeug reden ❷ (*extremely*) wahnsinnig; **~ happy** wahnsinnig glücklich, überglücklich

de·lir·ium [dɪ'lɪriəm] *n no pl* ❶ MED Delirium *nt* ❷ (*wild excitement*) Raserei *f*, Wahn *m*

de·lir·ium tre·mens [-'tremenz] *n* PSYCH Säuferwahnsinn *m*, Delirium tremens *nt fachspr*

de·liv·er [dɪ'lɪvəʳ, AM -ɚ] I. *vt* ❶ (*bring*) ■**to ~ sth** *goods* etw liefern; (*by post*) etw zustellen; **they ~ free [of charge]** sie liefern frei Haus; **to ~ newspapers** Zeitungen austragen; (*by car*) Zeitungen ausfahren; **to ~ a message to sb** jdm eine Nachricht überbringen; **to ~ a summons** LAW jdn vorladen lassen ❷ (*recite*) **to ~ a lecture/a speech** eine Vorlesung/eine Rede halten; LAW (*pronounce*) **to ~ a verdict** ein Urteil verkünden ❸ (*direct*) **to ~ a blow to sb's head** jdm einen Schlag auf den Kopf geben; **he ~ed a sharp rebuke to his son** er hielt seinem Sohn eine gehörige Standpauke ❹ SPORTS (*throw, propel*) **to ~ a ball** einen Ball werfen; **to ~ a punch** BOXING einen Schlag landen ❺ (*give birth*) **to ~ a baby** ein Kind zur Welt bringen; (*aid in giving birth*) ein Kind entbinden; **to be ~ed of a baby** (*old*) von einem Kind entbunden werden ❻ (*form, liter: save, liberate*) ■**to ~ sb from sth** jdn von etw *dat* erlösen; **~ us from evil** REL bewahre uns vor dem Bösen ❼ (*produce*) **to ~ a promise** ein Versprechen einlösen; **to ~ a vote** *esp* AM POL die gewünschte Anzahl von Stimmen erreichen ❽ (*hand over*) ■**to ~ sb/sth to sb** jdn/etw jdm ausliefern; **to ~ a town to the enemy** eine Stadt dem Feind ausliefern ❾ (*form: confidently express or recite*) ■**to ~ oneself of sth** etw von sich *dat* geben; **to ~ oneself of one's opinion** seine Meinung äußern ▶PHRASES: **to ~ the goods** etw in die Tat umsetzen können; **they couldn't ~ the goods** sie haben mich/uns enttäuscht II. *vi* ❶ (*supply*) liefern ❷ (*fulfil*) ■**to ~ on sth** etw einhalten [*o* erfüllen]

de·liv·er·able [dɪ'lɪvᵊrəbl̩] *adj* haltbar, machbar; *promise* einhaltbar

de·liv·er·ance [dɪ'lɪvᵊrᵊn(t)s] *n no pl* (*form, liter*) Erlösung *f* (**from** von +*dat*)

de·liv·er·er [dɪ'lɪvᵊrəʳ, AM -vɚɚ] *n* (*form, liter*) Erlöser *m*, Befreier *m*

de·liv·ery [dɪ'lɪvᵊri] *n* ❶ (*of goods*) Lieferung *f;* (*of mail*) Zustellung *f;* **~ time** Lieferzeit *f;* **to be for ~** zur Lieferung für jdn bestimmt sein; **to get a ~ of sth** eine Lieferung einer S. *gen* erhalten; **we get two deliveries of mail a day** wir bekommen zweimal am Tag Post; **to take ~ of sth** die Lieferung einer S. *gen* annehmen; **to pay for sth on ~** etw bei Lieferung bezahlen ② (*manner of speaking*) Vortragsweise *f* ③ SPORTS Wurf *m* ④ (*birth*) Entbindung *f*

de·'liv·ery ad·dress *n* Lieferungsanschrift *f* **de·'liv·ery boy** *n* (*of newspapers, brochures*) Austräger *m* **de·'liv·ery charges** *npl* Versandkosten *pl* **de·'liv·ery man** *n* Ausfahrer *m*, Fahrer *m* **de·'liv·ery per·son** *n* Lieferant(in) *m(f)*, Lieferer, -in *m, f* **de·'liv·ery room** *n*, **de·'liv·ery suite** *n*, **de·'liv·ery unit** *n* Kreißsaal *m* **de·'liv·ery van** *n* Lieferwagen *m*

dell [del] *n* bewaldetes Tal

de·louse [di:'laʊs] *vt* ■**to ~ sb/an animal** jdn/ein Tier entlausen

del·phin·ium [del'fɪniəm] *n* BOT Rittersporn *m*

del·ta ['deltə, AM -tə] *n* GEOG Delta *nt*

'del·ta wing *n* AVIAT Deltaflügel *m*

de·lude [dɪ'lu:d] *vt* ■**to ~ sb** jdn täuschen; ■**to ~ sb/oneself** jdm/sich etwas vormachen

del·uge ['delju:dʒ] **I.** *n* ① (*downpour*) Regenguss *m*; (*flood*) Flut *f*; **to get caught in a ~** von einem Regenguss überrascht werden; ■**the D~** REL die Sintflut ② (*great amount*) Flut *f*; **a ~ of complaints** eine Flut von Beschwerden **II.** *vt* ■**to ~ sth** etw überfluten; ■**to be ~d** überflutet werden; ■**to ~ sb with sth** jdn mit etw *dat* überhäufen [*o* überschütten]; ■**to be ~d with sth** mit etw *dat* überschüttet werden

de·lu·sion [dɪ'lu:ʒən] *n* Täuschung *f*; **to suffer from** [*or* **be under**] [*or form* **labour under**] **the ~ that ...** sich *dat* einbilden, dass ...; **to suffer from ~s** PSYCH unter Wahnvorstellungen leiden; **~s of grandeur** Größenwahn *m*

de·lu·sive [dɪ'lu:sɪv] *adj* trügerisch; **to give the ~ impression that ...** den trügerischen Eindruck erwecken, dass ...

de·lu·sive·ly [dɪ'lu:sɪvli] *adv* trügerisch

de·lu·so·ry [dɪ'lu:səri] *adj see* **delusive**

de luxe [dɪ'lʌks] *adj* Luxus-; **~ hotel** Luxushotel *nt*

delve [delv] *vi* ■**to ~** [**for sth**] [nach etw *dat*] suchen; **to ~ in one's pocket** in seiner Tasche kramen; **to ~ into sb's past** in jds Vergangenheit nachforschen; **to ~ into a subject** sich *akk* in ein Thema vertiefen

Dem. I. *n* AM POL *abbrev of* **Democrat** Demokrat(in) *m(f)* **II.** *adj* AM POL *abbrev of* **Democratic** demokratisch

dema·gog *n esp* AM *see* **demagogue**

dema·gog·ic [ˌdemə'gɒgɪk, AM -'gɑ:dʒɪk] *adj* demagogisch

dema·gogi·cal·ly [ˌdemə'gɒgɪkli, AM -'gɑ:dʒɪkli] *adv* demagogisch

dema·gogue ['deməgɒg, AM -gɑ:g], AM *a.* **dema·gog** *n* (*pej*) Demagoge, -in *m, f*

dema·gogu·ery [demə'gɒgəri, AM -'gɑ:gəri] *n no pl*, **dema·gogy** ['deməgɒgi, AM -gɑ:gi] *n no pl* Demagogie *f*

de·mand [dɪ'mɑ:nd, AM -'mænd] **I.** *vt* ① (*insist upon*) ■**to ~ sth** [**from sb**] etw [von jdm] verlangen [*o* fordern]; **I ~ to see the person in charge** ich will mit dem Verantwortlichen/der Verantwortlichen sprechen; ■**to ~ that ...** verlangen, dass ...; **to ~ discipline from sb** Disziplin von jdm fordern; **to ~ an explanation** eine Erklärung verlangen ② (*insist in being told*) ■**to ~ sth** etw unbedingt wissen wollen ③ (*need*) ■**to ~ sth** etw erfordern; **to ~ a lot of concentration** ein hohes Maß an Konzentration erfordern **II.** *n* ① (*insistent request*) Forderung *f* (**for** nach +*dat*); **~ for independence** Forderung nach Unabhängigkeit; **to do sth on ~** etw auf Verlangen tun; **to make a ~ that ...** die Forderung stellen, dass ... ② (*requirement*) Bedarf *m*; COMM (*for a product*) Nachfrage *f*; **supply and ~** Angebot und Nachfrage; **to be in ~** gefragt sein ③ BRIT (*for payment*) Mahnung *f*; **to receive a** [**final**] **~ for sth** eine Mahnung für etw *akk* erhalten ④ (*expectations*) **to make ~s on sb** Anforderungen *fpl* an jdn stellen; **she's got many ~s on her time** sie ist zeitlich sehr beansprucht

de·'mand feed·ing *n* Stillen *nt* nach Bedarf

de·mand·ing [dɪ'mɑ:ndɪŋ, AM -'mænd-] *adj journey, work* anstrengend; *job, person, test, user* anspruchsvoll; **a very ~ child** ein sehr anstrengendes Kind; ■**to be ~ of sth** etw sehr intensiv beanspruchen; **to be ~ of sb's time** viel von jds Zeit beanspruchen

de·'mand note *n* ① ECON Zahlungsaufforderung *f* ② AM (*demand draft*) Wechsel *m*

de·mar·cate ['di:mɑ:keɪt, AM -mɑ:r-] *vt* ■**to ~ sth** etw abgrenzen; **to ~ responsibilities** Verantwortlichkeiten festlegen

de·mar·ca·tion [ˌdi:mɑ:'keɪʃən, AM -mɑ:r-], AM *a.* **de·mar·ka·tion** *n* Grenze *f*, Abgrenzung *f*, Demarkation *f geh*; **line of ~** Grenzlinie *f*; MIL, POL Demarkationslinie *f*

de·mar·'ca·tion dis·pute *n* BRIT, AUS Zuständigkeitsstreitigkeit[en] *f*[*pl*] (zwischen Gewerkschaften) **de·mar·'cation line** *n* Abgrenzung *f*; MIL, POL Demarkationslinie *f*

de·mark [di:'mɑ:rk] *vt esp* AM *see* **demarcate**

de·mar·ka·tion *n esp* AM *see* **demarcation**

de·mean [dɪ'mi:n] *vt* ■**to ~ oneself/sb** sich/jdn erniedrigen

de·mean·ing [dɪ'mi:nɪŋ] *adj* erniedrigend; ■**to be ~ to sb** jdn erniedrigen

de·mean·or [dɪ'mi:nər] AM, **de·mean·our** [-nər] *n no pl* (*form: behaviour*) Verhalten *nt*, Gebaren *nt geh*; (*bearing*) Erscheinungsbild *nt*

de·ment·ed [dɪ'mentɪd, AM -t̬-] *adj* verrückt, wahnsinnig

de·ment·ed·ly [dɪ'mentɪdli, AM -t̬-] *adv* verrückt; **to laugh ~** wie verrückt lachen

de·men·tia [dɪ'men(t)ʃə] *n no pl* MED Demenz *f*

dem·erara [deməˈreərə, AM -rɑ:rə] *n*, **dem·erara 'sug·ar** *n no pl* brauner Zucker, Farinzucker *m*

de·merge [dɪ'mɜ:dʒ, AM -mɜ:rdʒ] *vt* **to ~ a company** eine Firma entfusionieren

de·merg·er [dɪ'mɜ:dʒər, AM -'mɜ:rdʒər] *n* Entfusionierung *f*

de·mer·it [ˌdi:'merɪt, AM dɪ'mer-] *n* ① (*fault*) Schwachpunkt *m*, Schwäche *f*; **to consider the merits and ~s of sth** die Stärken und Schwächen einer S. *gen* in Betracht ziehen ② AM SCH (*black mark*) Minuspunkt *m*

de·mesne [dɪmeɪn, -'mi:n] *n* LAW ① (*estate*) Gut *nt*; **to be held in ~** etw als Gutsbesitz haben ② (*hist: domain, realm*) [Hoheits]gebiet *nt*

demi·god ['demigɒd, AM -gɑ:d] *n* Halbgott *m a. fig*

demi·god·dess ['demigɒdes, AM -gɑ:d-] *n* Halbgöttin *f a. fig*

de·mili·ta·ri·za·tion [di:ˌmɪlɪtəraɪ'zeɪʃən, AM -t̬-] *n* Entmilitarisierung *f*

de·mili·ta·rize [di:'mɪlɪtəraɪz, AM -t̬-] *vt* ■**to ~ sth** etw entmilitarisieren

de·mili·ta·rized zone *n* entmilitarisierte Zone; **to create a ~** eine entmilitarisierte Zone einrichten

demi·monde ['demimɒnd, AM -mɑ:nd] *n no pl* Halbwelt *f*

de·mise [dɪ'maɪz] *n no pl* (*form*) Ableben *nt*; (*fig*) *of a company* Niedergang *m*; **in the event of my ~** im Falle meines Ablebens

de·mist [dɪ'mɪst] *vt* BRIT **to ~ a window** eine Scheibe frei machen

de·mist·er [dɪ'mɪstər] *n* BRIT AUTO Gebläse *nt*

demi·tasse ['demitæs] *n esp* AM (*coffee*) ≈ Espresso *m*; (*coffee cup*) Mokkatasse *f*

demi·volt(e) ['demivɒlt, AM -vɑ:lt] *n* SPORTS halbe Volte; **to perform a ~** eine halbe Volte reiten

demo[1] *n short for* **demographics** Bevölkerungsentwicklung *f*

demo[2] ['deməʊ, AM -oʊ] (*fam*) **I.** *n* Demo *f fam*; **to go on a ~** auf eine [*o* zu einer] Demo gehen **II.** *adj* Demo- **III.** *vt* <-'d, -'d> (*fam: do a demonstration*) ■**to ~ sth** etw demonstrieren

de·mob [di:'mɒb, AM -'mɑ:b] **I.** *vt* MIL (*fam*) *short for* **demobilize** ① (*discharge from service*) ■**to ~ sb** jdn aus dem Kriegsdienst entlassen ② (*disband*) ■**to ~ sth** etw demobilisieren; **to ~ an army** ein Heer auflösen **II.** *n* MIL (*fam*) *short for* **demobilization** ① (*discharging from service*) Demobilisierung *f* *veraltet,* Entlassung *f* ❷ (*disbanding*) Demobilisierung *f; of ships* Ausmusterung *f*

de·mo·bi·li·za·tion [di:ˌməʊbəlaɪˈzeɪʃən, AM -ˌmoʊbəlɪˈ-] *n* ❶ (*discharging from military service*) Demobilisierung *f veraltet,* Entlassung *f* ❷ (*act of disbanding*) Demobilisierung *f; of ships* Ausmusterung *f*

de·mo·bi·lize [di:ˈməʊbəlaɪz, AM -ˈmoʊ-] **I.** *vt* ❶ (*discharge from military service*) jdn aus dem Kriegsdienst entlassen ❷ (*disband*) ■**to ~ sth** etw demobilisieren; **to ~ ships** Schiffe ausmustern **II.** *vi* demobilisieren

de·moc·ra·cy [dɪˈmɒkrəsi, AM -ˈmɑ:-] *n* Demokratie *f*

demo·crat [ˈdeməkræt] *n* Demokrat(in) *m(f)*

Demo·crat [ˈdeməkræt] *n* AM POL Demokrat(in) *m(f)*

demo·crat·ic [ˌdeməˈkrætɪk, AM -t̬-] *adj* demokratisch

demo·crati·cal·ly [ˌdeməˈkrætɪkəli, AM -t̬-] *adv* demokratisch

Demo·ˈcrat·ic Par·ty *n* AM POL Demokratische Partei

de·moc·ra·ti·za·tion [dɪˌmɒkrətaɪˈzeɪʃən, AM -mɑ:krət̬ɪ-] *n no pl* Demokratisierung *f*

de·moc·ra·tize [dɪˈmɒkrətaɪz, AM -mɑ:krə-] *vt* ■**to ~ sth** etw demokratisieren

de·mog·ra·pher [dɪˈmɒgrəfəʳ, AM -mɑ:grəfɚ] *n* Demograph(in) *m(f)*

de·mo·graph·ic [ˌdeməˈgræfɪk] *adj inv* demographisch

de·mo·graphi·cal·ly [ˌdemə(ʊ)ˈgræfɪkəli, AM -məˈ-] *adv* demographisch

de·mo·graph·ics [ˌdeməˈgræfɪks] *npl* Demographie *f*

de·mog·ra·phy [dɪˈmɒgrəfi, AM -mɑ:-] *n no pl* Demographie *f*

de·mol·ish [dɪˈmɒlɪʃ, AM -mɑ:-] *vt* ■**to ~ sth** ❶ (*destroy*) *building* etw abreißen; (*car in accident*) etw demolieren; (*in scrapyard*) etw verschrotten; **to ~ a wall** eine Wand einreißen ❷ (*refute, defeat*) etw zunichte machen; **to ~ an argument** ein Argument widerlegen; ■**to ~ sb** jdn niedermachen *fam* ❸ (*fam: eat up*) etw verdrücken *fam*

demo·li·tion [ˌdeməlɪʃən] *n* Abriss *m;* (*fig*) Widerlegung *f*

demo·li·tion ˈder·by *n* AM *Rennen, bei dem sich die Fahrzeuge gegenseitig rammen* **demo·ˈli·tion work·er** *n* Abbrucharbeiter(in) *m(f)*

de·mon [ˈdi:mən] **I.** *n* (*evil spirit*) Dämon *m;* **to exorcise** [*or* **drive out**] **a ~** einen Dämon austreiben; (*fig: wicked person*) Fiesling *m* ▸ PHRASES: **to work like a ~, to be a ~ for work** [*or* **~ worker**] (*fam*) wie ein Besessener/eine Besessene arbeiten **II.** *n modifier* (*fam: very powerful*) (*backhand*) höllisch *fam;* **a ~ chess player** ein höllisch guter Schachspieler

de·mon ˈal·co·hol *n esp* AM (*hum*), **de·mon ˈdrink** *n esp* BRIT (*hum*) ■**the ~** König *m* Alkohol *hum*

de·mo·ni·ac [dɪˈməʊniæk, AM -moʊ-] *adj,* **de·mo·nia·cal** [di:məˈnaɪəkəl] *adj* (*form*) ❶ (*evil, demonic*) teuflisch ❷ (*frenzied, raging*) besessen

de·mo·nia·cal·ly [di:məˈnaɪəkəli] *adv* (*form*) ❶ (*evilly*) teuflisch ❷ (*frenziedly*) besessen; **to behave ~** sich *akk* wie besessen aufführen

de·mon·ic [dɪˈmɒnɪk, AM -ˈmɑ:-] *adj* ❶ (*devilish*) teuflisch ❷ (*evil*) bösartig ❸ (*frenzied*) dämonisch

de·moni·cal·ly [dɪˈmɒnɪkəli, AM -ˈmɑ:-] *adv* ❶ (*by evil spirits*) **to be ~ possessed** von bösen Geistern/einem bösen Geist besessen sein ❷ (*cruelly*) bestialisch

de·mon·ize [ˈdi:mənaɪz] *vt* ■**to ~ sb** jdn verteufeln

de·mon·ol·ogy [ˌdi:məˈnɒlədʒi, AM ˈnɑ:lə-] *n no pl* Dämonologie *f*

de·mon·strabil·ity [dɪˌmɒn(t)strəˈbɪləti, AM -ˌmɑ:n(t)strəˈbɪlət̬i] *n no pl* Nachweisbarkeit *f*

de·mon·strable [dɪˈmɒn(t)strəbl̩, AM -ˈmɑ:n(t)-] *adj* nachweislich

de·mon·strably [dɪˈmɒn(t)strəbli, AM -ˈmɑ:n(t)-] *adv* nachweislich; **that's ~ untrue!** das lässt sich leicht widerlegen

dem·on·strate [ˈdemənstreɪt] **I.** *vt* ■**to ~ sth** ❶ (*show*) etw zeigen [*o* beweisen]; ■**to ~ that ...** zeigen, dass ...; ■**to ~ sth to sb** *machine, appliance, operation* jdm etw vorführen; (*show*) jdn etw zeigen; **to ~ one's appreciation** seine Anerkennung zeigen; **to ~ authority** Autorität demonstrieren; **to ~ enthusiasm** [**for sth**] Begeisterung [für etw *akk*] zeigen; **to ~ interest** [**in sth**] Interesse [an etw *dat*] zeigen; **to ~ one's knowledge** sein Wissen demonstrieren; **to ~ one's loyalty** seine Loyalität beweisen; **to ~ great skill** großes Können beweisen ❷ (*prove*) etw nachweisen **II.** *vi* ■**to ~** [**for sth**] [für etw *akk*] demonstrieren; ■**to ~ against/in support of sth** gegen/für etw *akk* demonstrieren

dem·on·stra·tion [ˌdemənˈstreɪʃən] *n* ❶ (*act of showing*) Demonstration *f,* Vorführung *f;* **let me give you a ~ of how the camera works** ich zeige dir mal, wie die Kamera funktioniert; **~ of forces** Machtdemonstration *f* ❷ (*open expression*) Ausdruck *m;* **she gave him a hug as a ~ of her affection** sie umarmte ihn als Zeichen ihrer Zuneigung ❸ (*protest march*) Demonstration *f* (**against** gegen +*akk,* **for** für +*akk*); **to hold** [*or* **stage**] **a ~** eine Demonstration abhalten; **to take part in a ~** an einer Demonstration teilnehmen

dem·on·ˈstra·tion mod·el *n* Vorführmodell *nt*

de·mon·stra·tive [dɪˈmɒn(t)strətɪv, AM dɪˈmɑ:n(t)strət̬ɪv] *adj* ❶ (*form: illustrative*) schlüssig; ■**to be ~ of sth** etw veranschaulichen ❷ (*expressing feelings*) offen

de·mon·stra·tive·ly [dɪˈmɒn(t)strətɪvli, AM -ˈmɑ:n(t)strət̬ɪvli] *adv* offen

de·mon·stra·tive·ness [dɪˈmɒn(t)strətɪvnəs, AM -ˈmɑ:n(t)strət̬-] *n no pl* Offenheit *f*

de·mon·stra·tive ˈpro·noun *n* LING Demonstrativpronomen *nt*

dem·on·stra·tor [ˈdemənstreɪtəʳ, AM -t̬ɚ] *n* ❶ (*of a product*) Vorführer(in) *m(f)* ❷ (*in a demonstration*) Demonstrant(in) *m(f)*

de·mor·ali·za·tion [dɪˌmɒrəlaɪˈzeɪʃən, AM -ˌmɔ:rəlɪ-] *n no pl esp* AM Demoralisierung *f*

de·mor·al·ize [dɪˈmɒrəlaɪz, AM -ˈmɔ:r-] *vt esp* AM ■**to ~ sb** jdn demoralisieren

de·mote [dɪˈməʊt, AM -ˈmoʊt] *vt* ■**to ~ sb** [**to sth**] jdn [zu etw *dat*] zurückstufen; MIL jdn [zu etw *dat*] degradieren

de·mot·ic [dɪˈmɒtɪk, AM -ˈmɑ:t̬ɪk] *adj* (*form*) volkstümlich, demotisch *fachspr;* **~ language** Umgangssprache *f*

de·mo·tion [dɪˈməʊʃən, AM -ˈmoʊ-] *n* Degradierung *f;* **to be subjected to a ~** degradiert werden

de·mo·ti·vate [di:ˈməʊtɪveɪt, AM -ˈmoʊ-] *vt* ■**to ~ sb** jdn demotivieren

de·mur [dɪˈmɜ:ʳ, AM -ˈmɜ:r] **I.** *vi* <-rr-> (*form*) ■**to ~ at sth** Einwände gegen etw *akk* erheben; ■**to ~ at doing sth** sich *akk* davor sträuben, etw zu tun **II.** *n no pl* Einwand *m;* **without ~** widerspruchslos

de·mure [dɪˈmjʊəʳ, AM -ˈmjʊr] *adj* ❶ (*shy*) [sehr] schüchtern, zurückhaltend; **she gave him a ~ smile** sie lächelte ihm schüchtern zu ❷ (*composed and reserved*) gesetzt

de·mure·ly [dɪˈmjʊəʳli, AM -ˈmjʊrli] *adv* schüchtern

de·mure·ness [dɪˈmjʊəʳnəs, AM -ˈmjʊrnəs] *n no pl* ❶ (*shyness*) Zurückhaltung *f,* Schüchternheit *f* ❷ (*composed reserve*) Gesetztheit *f*

de·mys·ti·fy [di:ˈmɪstɪfaɪ] *vt* ■**to ~ sth** etw enträtseln [*o* entmystifizieren]

de·my·tholo·gize [ˌdi:mɪˈθɒlədʒaɪz, AM -ˈθɑ:lə-] *vt* ■**to ~ sth** etw entmythologisieren; **to ~ a legend** eine Legende entmythologisieren

den [den] *n* ❶ (*lair*) Bau *m* ❷ (*children's playhouse*) Verschlag *m* ❸ (*study*) Arbeitszimmer *nt;* (*private room*) Bude *f fam,* gemütliches Zimmer; *esp* AM (*for hobbies*) Hobbyraum *m* ❹ (*hum: evil place*) Lasterhöhle *f pej fam;* **~ of thieves** Räuberhöhle *f fam*

de·na·tion·ali·za·tion [di:ˌnæʃənəlaɪˈzeɪʃən] *n* Privatisierung *f*

de·na·tion·al·ize [ˌdi:ˈnæʃənəlaɪz] *vt* ■**to ~ sth** etw privatisieren

de·ni·able [dɪˈnaɪəbl̩] *adj* widerlegbar

de·ni·al [dɪˈnaɪəl] *n* ❶ (*statement*) Dementi *nt;* (*action*) Leugnen *nt kein pl;* ■**to be in ~** [**about sth**] [etw] abstreiten; **~ of**

guilt Unschuldsbekundung *f;* **to issue a ~** ein Dementi herausgeben ❷ *no pl* (*refusal*) Ablehnung *f,* Weigerung *f;* **~ of equal opportunities** Verweigerung *f* von Chancengleichheit ❸ PSYCH **to be in ~** sich *akk* der Realität verschließen

den·ier ['deniəʳ, AM 'denjɚ] *n no pl* Denier *nt*

deni·grate ['denɪgreɪt] *vt* ■**to ~ sb/sth** jdn/etw verunglimpfen *geh*

deni·gra·tion [ˌdenɪ'greɪʃᵊn] *n no pl* Verunglimpfung *f geh*

den·im ['denɪm] **I.** *n* ❶ *no pl* (*material*) Denim® *m,* blauer Jeansstoff ❷ (*fam: clothes*) ■**~s** *pl* Jeans *f*[*pl*] **II.** *n modifier* (*jacket, shirt, skirt*) Jeans-

deni·zen ['denɪzᵊn] *n* (*liter or hum*) Bewohner(in) *m(f)*

Den·mark ['denmɑːk, AM -mɑːrk] *n* Dänemark *nt*

'den moth·er *n* AM Herbergsmutter *f*

de·nomi·na·tion [dɪˌnɒmɪ'neɪʃᵊn, AM -ˌnɑːmə-] *n* ❶ (*religious group*) Konfessionsgemeinschaft *f* ❷ (*unit of value*) Währungseinheit *f;* **coins of all ~s** Münzen in allen Größen [*o* jeglicher Wertbezeichnung]

de·nomi·na·tion·al [dɪˌnɒmɪ'neɪʃᵊnᵊl, AM -ˌnɑːmə-] *adj inv* Konfessions-; **~ group** Konfessionsgruppe *f*

de·nomi·na·tor [dɪ'nɒmɪneɪtəʳ, AM -'nɑːməneɪt̬ɚ] *n* Nenner *m;* **common ~** gemeinsamer Nenner

de·no·ta·tion [dɪnə(ʊ)'teɪʃᵊn, AM -noʊ'-] *n* (*marking*) Kennzeichnung *f;* (*sign*) Zeichen *nt*

de·note [dɪ'nə(ʊ)t, AM -'noʊt] *vt* ■**to ~ sth** etw bedeuten; **to ~ displeasure** Missfallen zum Ausdruck bringen

de·noue·ment [dəɪ'nuːmɑ̃] *n* (*form*) Ende *nt; play, film* Ausgang *m*

de·nounce [dɪ'naʊn(t)s] *vt* ❶ (*criticize*) ■**to ~ sth** etw anprangern ❷ (*accuse*) ■**to ~ sb as sth** jdn als etw *akk* entlarven; ■**to ~ sb to sb** jdn bei jdm denunzieren

dense <-r, -st> [den(t)s] *adj* ❶ (*thick, compact*) dicht; **~ crowd** dichte Zuschauermenge; **~ fog** dichter Nebel; **~ print** enge Schrift ❷ (*complex*) anspruchsvoll, schwierig; **~ book** anspruchsvolles Buch ❸ (*fig fam: stupid*) dumm, dämlich *pej fam*

dense·ly ['den(t)sli] *adv* dicht; **~ populated** dicht bevölkert; **~ wooded** dicht bewaldet

dense·ness ['den(t)snəs] *n no pl* Dichte *f*

den·sity ['den(t)sɪti, AM -sət̬i] *n* ❶ (*compactness*) Dichte *f;* **population ~** Bevölkerungsdichte *f* ❷ PHYS Dichte *f;* **to be high/low in ~, to have a high/low ~** eine hohe/geringe Dichte besitzen

dent [dent] **I.** *n* ❶ (*hollow*) Beule *f,* Delle *f* ❷ (*fig: adverse effect*) Loch *nt;* **that has made a big ~ in our savings** das hat ein großes Loch in unsere Ersparnisse gerissen; **that has really put a ~ in his self-confidence** das hat sein Selbstbewusstsein angeschlagen **II.** *vt* ❶ (*put a dent in*) ■**to ~ sth** etw einbeulen ❷ (*fig: have adverse effect on*) **to ~ sb's confidence** jds Selbstbewusstsein *nt* anknacksen *fam*

den·tal ['dentᵊl, AM -t̬-] *adj inv* Zahn-; **~ decay** Zahnfäule *f,* Karies *f*

'den·tal floss *n no pl* Zahnseide *f;* **to use ~** Zahnseide verwenden **den·tal 'hy·giene** *n no pl* Mundhygiene *f;* **to practise ~** Mundhygiene betreiben **'den·tal nurse** *n* MED Zahnarzthelfer(in) *m(f)* **den·tal prac·'ti·tion·er** *n,* **'den·tal sur·geon** *n* Zahnarzt, -ärztin *m, f*

den·tist ['dentɪst, AM -t̬-] *n* Zahnarzt, -ärztin *m, f*

den·tis·try ['dentɪstri, AM -t̬-] *n no pl* Zahnmedizin *f*

den·ti·tion [den'tɪʃᵊn] *n* ANAT Gebissanordnung *f*

den·tures ['den(t)ʃəz, AM -ʃɚz] *npl* [Zahn]prothese *f;* **to clean ~** die Prothese reinigen; **to wear ~** eine Prothese tragen

de·nu·clear·ize [ˌdiː'njuːkliəraɪz] *vt* ■**to ~ sth** etw atomwaffenfrei machen

de·nude [dɪ'njuːd, AM *esp* -'nuːd] *vt* ■**to ~ sth** *vegetation* etw kahl werden lassen [*o* kahl machen]; **to ~ a country's defences** (*fig*) die Verteidigungsfähigkeit eines Landes beschneiden

de·nun·cia·tion [dɪˌnʌn(t)si'eɪʃᵊn] *n* ❶ (*condemnation*) *of a policy* Anprangerung *f* ❷ (*denouncing*) Denunziation *f*

deny <-ie-> [dɪ'naɪ] *vt* ❶ (*declare untrue*) ■**to ~ sth** etw abstreiten [*o* zurückweisen]; ■**to ~ doing sth** abstreiten, etw getan zu haben; ■**to ~ that …** abstreiten, dass …; **there's no ~ing that …** es lässt sich nicht bestreiten, dass …; **to ~ an accusation** eine Anschuldigung zurückweisen ❷ (*refuse to grant*) ■**to ~ sth to sb** [*or* **sb sth**] jdm etw verweigern [*o* vorenthalten]; **her request for time off work was denied** ihre Bitte um Urlaub wurde abgelehnt; **to ~ sb access to sth** jdm den Zugang zu etw *dat* verweigern [*o geh* verwehren] ❸ (*do without*) ■**to ~ oneself sth** *a pleasure* sich *dat* etw versagen ❹ (*refuse to acknowledge*) ■**to ~ sth** etw bestreiten ❺ (*form: disown*) ■**to ~ sb/sth** jdn/etw verleugnen

de·odor·ant [di'əʊdᵊrᵊnt, AM -'oʊ-] *n* Deo *nt,* Deodorant *nt*

de·odor·ize [di'əʊdᵊraɪz, AM -'oʊdə-] *vt* ■**to ~ sth** etw desodorieren

dep [dep] **I.** *n* ❶ *short for* **departure** *of train, road vehicles* Abf. *f; aircraft* Abfl. *m* ❷ CAN (*fam*) *short for* **dépanneur** **II.** *vi short for* **depart** fährt ab; *ship, boat also* legt ab; *aircraft* startet, fliegt ab

dé·pan·neur [deɪpæ'nœr] *n* CAN Tante-Emma-Laden *m,* Laden *m* an der Ecke

de·part [dɪ'pɑːt, AM -'pɑːrt] **I.** *vi* ❶ (*leave*) fortgehen; *plane* abfliegen, starten; *train* abfahren; *ship* ablegen, abfahren ❷ (*differ*) ■**to ~ from sth** von etw *dat* abweichen **II.** *vt* **to ~ this life** [*or* **earth**] aus diesem Leben scheiden

de·part·ed [dɪ'pɑːtɪd, AM -'pɑːrt̬-] (*form*) **I.** *adj inv* verstorben; **our [dear] ~ friends** unsere lieben Verstorbenen **II.** *n pl* ■**the ~** die Verstorbenen [*o* Toten] *pl;* **to mourn the ~** um die Verstorbenen trauern; **to remember the ~** der Verstorbenen gedenken *geh*

de·part·ment [dɪ'pɑːtmənt, AM -'pɑːrt-] *n* ❶ (*of university*) Institut *nt* ❷ (*of company, organization, shop*) Abteilung *f;* **the furniture ~** die Möbelabteilung ❸ POL (*of government*) Ministerium *nt;* **~ of Health and Social Security** Ministerium *nt* für Gesundheits- und Sozialwesen; **~ of Transport** Verkehrsministerium *nt* ❹ ADMIN Amt *nt* ❺ (*fig fam: field of expertise*) Zuständigkeitsbereich *m;* (*hum: category*) **he's a bit lacking in the brain ~** er ist nicht gerade der Hellste

de·part·men·tal [ˌdɪpɑː'mentᵊl, AM -'pɑːrt-] *adj inv* ❶ UNIV Instituts-; **~ head** Institutsleiter(in) *m(f)* ❷ (*in company or organization*) Abteilungs-; **~ head** Abteilungsleiter(in) *m(f);* **~ meeting** Abteilungsbesprechung *f* ❸ POL Ministerial- ❹ ADMIN Amts-; **~ head** Amtsleiter(in) *m(f)*

de·'part·ment store *n* Kaufhaus *nt* **de·part·ment store 'chain** *n* Kaufhauskette *f*

de·par·ture [dɪ'pɑːtʃəʳ, AM -'pɑːrtʃɚ] *n* ❶ (*on a journey*) Abreise *f; plane* Abflug *m; train, road vehicle* Abfahrt *f; ship* Ablegen *nt,* Abfahrt *f* ❷ (*act of leaving*) Abschied *m;* **~ from politics** Abschied *m* aus der Politik ❸ (*deviation, divergence*) Abweichung *f; from policy, strategy* Abkehr *f;* **there can be no ~ from the rules** es können keine Ausnahmen gemacht werden

de·'par·ture gate *n* Flugsteig *m* **de·'par·ture lounge** *n* Abfahrthalle *f;* AVIAT Abflughalle *f* **de·'par·ture time** *n* Abfahrtzeit *f;* AVIAT Abflugzeit *f*

de·pend [dɪ'pend] *vi* ❶ (*rely on circumstance*) ■**to ~ on sth** von etw *dat* abhängen; **can you lend me some money? – that ~s – how much?** kannst du mir Geld leihen? – kommt darauf an – wie viel?; **the company's success ~s on getting that new account** der Erfolg der Firma hängt davon ab, ob sie diesen neuen Kunden bekommt; **that ~s on the weather** das hängt vom Wetter ab; ■**~ing on …** je nachdem, …; **~ing on the weather** je nachdem, wie das Wetter ist, je nach Wetterlage ❷ (*get help from*) ■**to ~ on sb/sth** von jdm/etw abhängig sein; **to ~ heavily on sb** dringend auf jdn angewiesen sein; **to ~ on sb/sth for one's livelihood** finanziell auf jdn/etw angewiesen sein ❸ (*rely on*) ■**to ~ [up]on sb/sth** sich *akk* auf jdn/etw verlassen; (*hum*) **you can ~ on her to be late** sie kommt immer zu spät!

de·pend·abil·ity [dɪˌpendəˈbɪləti, AM -əṱi] *n no pl* Zuverlässigkeit *f*, Verlässlichkeit *f*

de·pend·able [dɪˈpendəbl̩] *adj* zuverlässig, verlässlich

de·pend·ably [dɪˈpendəbli] *adv* zuverlässig, verlässlich

de·pend·ance *n no pl* AM *see* **dependence**

de·pend·ant [dɪˈpendənt] *n* [finanziell] abhängige(r) Angehörige(r) *f(m)*

de·pend·ence [dɪˈpendən(t)s] *n no pl* Abhängigkeit *f*; **drug ~** Drogenabhängigkeit *f*

de·pend·ency [dɪˈpendən(t)si] *n* ❶ *no pl* Abhängigkeit *f*; *see also* **dependence** ❷ (*dependent state*) Territorium *nt*; **Puerto Rico is a US ~** Puerto Rico gehört zum Territorium der USA

de·pend·ent [dɪˈpendənt] **I.** *adj* ❶ *pred* (*contingent, conditional*) ■**to be ~ [up]on sth** von etw *dat* abhängen ❷ (*relying on*) abhängig; ■**to be ~ on sth** von etw *dat* abhängig sein; *help, goodwill* auf etw *akk* angewiesen sein; **to be ~ on drugs** drogenabhängig sein **II.** *n esp* AM *see* **dependant**

de·pend·ent ˈclause *n* LING Nebensatz *m*

de·per·son·al·ize [diˈpɜːsənəlaɪz, AM -ˈpɜːrs-] *vt usu passive* ■**to be ~d** depersonalisiert sein; **the military has a way of depersonalizing people** das Militär nimmt den Leuten die Persönlichkeit

de·pict [dɪˈpɪkt] *vt* (*form*) ■**to ~ sth [as sth]** etw [als etw *akk*] darstellen [*o* beschreiben]; ■**to ~ sb** jdn zeigen [*o* darstellen]

de·pic·tion [dɪˈpɪkʃən] *n* Darstellung *f*; **the ~ of violence on television** Gewaltdarstellung *f* im Fernsehen

depi·la·tor [ˈdepɪleɪtəʳ, AM -tɚ] *n* Epilierer *m*

de·pila·tory [dɪˈpɪlətəri, AM -tɔːri] **I.** *n* Enthaarungsmittel *nt*; **to use a ~** ein Enthaarungsmittel verwenden **II.** *adj inv* Enthaarungs-; **~ substance** Enthaarungsmittel *nt*

de·ˈpila·tory cream *n* Enthaarungscreme *f*

de·plane [diːˈpleɪn] *vi* AM AVIAT von Bord gehen

de·plete [dɪˈpliːt] *vt* ■**to ~ sth** etw vermindern [*o* verringern]; **these chemicals are thought to ~ the ozone layer** diese Chemikalien stehen im Verdacht, die Ozonschicht abzubauen; **to ~ one's bank account/savings** (*hum*) sein Bankkonto/seine Ersparnisse plündern *hum*

de·plet·ed [dɪˈpliːtɪd, AM -ṱɪd] *adj* verbraucht, erschöpft; *soil* ausgelaugt

de·ple·tion [dɪˈpliːʃən] *n* Abbau *m*; *of resources, capital* Erschöpfung *f*; **the ~ of the ozone layer** der Abbau der Ozonschicht

de·plor·able [dɪˈplɔːrəbl̩] *adj living conditions* erbärmlich; **it seems ~ that ...** es ist ungeheuerlich, dass ...

de·plor·ably [dɪˈplɔːrəbli] *adv* entsetzlich

de·plore [dɪˈplɔːʳ, AM -ˈplɔːr] *vt* ■**to ~ sth** ❶ (*disapprove*) etw verurteilen ❷ (*regret*) etw beklagen

de·ploy [dɪˈplɔɪ] *vt* ■**to ~ sth** etw einsetzen; **to ~ one's skill** seine Fähigkeiten einbringen; **to ~ troops** Truppen einsetzen

de·ploy·ment [dɪˈplɔɪmənt] *n no pl* Einsatz *m*; **~ of troops** Truppeneinsatz *m*

de·po·liti·ci·za·tion [ˌdiːpəˌlɪtɪsaɪˈzeɪʃən, AM -ˌlɪṱɪsɪ-] *n no pl* Entpolitisierung *f*

de·po·liti·cize [ˌdiːpəˈlɪtɪsaɪz, AM -ṱ-] *vt esp* AM ■**to ~ sth** etw entpolitisieren

de·popu·late [ˌdiːˈpɒpjəleɪt, AM -ˈpɑːp-] *vt usu passive* ■**to have been ~d** entvölkert worden sein

de·popu·la·tion [diːˌpɒpjəˈleɪʃən, AM -ˌpɑːp-] *n no pl* Entvölkerung *f*; **~ of an area** Entvölkerung *f* einer Gegend

de·port [dɪˈpɔːt, AM -ˈpɔːrt] *vt* ■**to ~ sb** jdn ausweisen; *prisoner* jdn deportieren; **to ~ sb back to his home country** jdn in sein Heimatland abschieben

de·por·ta·tion [ˌdɪpɔːˈteɪʃən, AM -pɔːrˈ-] *n* Ausweisung *f*, Abschiebung *f*; *of prisoner* Deportation *f*

de·por·ˈta·tion or·der *n* Ausweisungsbeschluss *m*

de·por·tee [ˌdɪpɔːˈtiː, AM -pɔːrˈ-] *n* (*waiting to be deported*) Abzuschiebende(r) *f(m)*; (*already deported*) Abgeschobene(r) *f(m)*

de·port·ment [dɪˈpɔːtmənt, AM -ˈpɔːrt-] *n no pl* (*form*) Benehmen *nt*

de·pose [dɪˈpəʊz, AM -ˈpoʊz] *vt* ■**to ~ sb** jdn absetzen; **to ~ sb from the throne** jdn entthronen

de·pos·it [dɪˈpɒzɪt, AM -ˈpɑː-] **I.** *vt* ❶ (*leave, put down*) ■**to ~ sb** jdn absetzen; ■**to ~ sth** etw ablegen/abstellen; GEOL etw ablagern; **to ~ luggage** Gepäck deponieren ❷ (*pay into account*) ■**to ~ sth** etw einzahlen; (*pay as first instalment*) etw anzahlen; **to ~ money in one's account** Geld auf sein Konto einzahlen ❸ (*leave as security*) ■**to ~ sth** etw als Sicherheit hinterlegen **II.** *n* ❶ (*sediment*) Bodensatz *m*; (*layer*) Ablagerung *f*; (*underground layer*) Vorkommen *nt*; **~ of mud** Schlammschicht *f*; **oil ~s** Ölvorkommen *pl* ❷ (*first instalment*) Anzahlung *f*; (*security*) Kaution *f*; *bottle* Pfand *nt*; **to forfeit [*or* lose] a ~** eine Anzahlung/eine Kaution verlieren; **to make a ~** eine Anzahlung machen; **to leave a ~** eine Anzahlung hinterlegen; **to leave sth as a ~** etw als Anzahlung hinterlegen; **on ~** als Guthaben

de·ˈpos·it ac·count *n* BRIT Sparkonto *nt* **de·ˈpos·it bot·tle** *n* AM Pfandflasche *f*

depo·si·tion [ˌdepəˈzɪʃən] *n* ❶ *no pl* (*form: removal from power*) Absetzung *f*; *dictator* Sturz *m*; **the ~ of a tyrant** der Sturz eines Tyrannen ❷ (*written statement*) Protokoll *nt*; **to file [*or* give] a ~** eine Aussage zu Protokoll geben; **to take a ~** eine Aussage aufnehmen

de·posi·tor [dɪˈpɒzɪtəʳ, AM -ˈpɑːzɪṱɚ] *n* Anleger(in) *m(f)*

de·posi·tory [dɪˈpɒzɪtəri, AM -ˈpɑːzətɔːri] *n* Lagerstätte *f*; **~ for nuclear waste** Atommülllager *nt*

de·ˈpos·it slip *n* Einzahlungsbeleg *m*

de·pot [ˈdepəʊ, AM ˈdiːpoʊ] *n* ❶ (*storage building, storehouse*) Depot *nt* ❷ AM (*bus, train station*) Depot *nt*

de·prave [dɪˈpreɪv] *vt* (*form*) ■**to ~ sb** jdn verderben

de·praved [dɪˈpreɪvd] *adj* verdorben *geh*, verkommen

de·prav·ity [dɪˈprævəti, AM -əṱi] *n no pl* Verdorbenheit *f*, Verderbtheit *f geh*

dep·re·cate [ˈdeprəkeɪt] *vt* (*form*) ❶ (*show disapproval of*) ■**to ~ sth** etw missbilligen ❷ (*disparage*) ■**to ~ sb/sth** jdn/etw schlechtmachen

dep·re·cat·ing [ˈdeprəkeɪtɪŋ, AM -ṱ-] *adj* (*form*) ❶ (*strongly disapproving*) missbilligend; **~ stare** strafender [*o* tadelnder] Blick ❷ (*disparaging*) herablassend; (*apologetic*) entschuldigend *attr*; **~ smile** herablassendes Lächeln

dep·re·cat·ing·ly [ˈdeprəkeɪtɪŋli, AM -ṱ-] *adv* (*form*) ❶ (*disapprovingly*) missbilligend; **to stare ~ at sb** jdn strafend [*o* missbilligend] ansehen ❷ (*in a belittling manner*) herablassend; **to smile ~ at sb** jdn herablassend anlächeln

dep·re·ca·tion [ˌdeprəˈkeɪʃən] *n no pl* ❶ (*form: strong disapproval*) Missbilligung *f* ❷ (*belittling*) Herablassung *f*; **~ of sb's achievements** Herabsetzung *f* jds Errungenschaften *fpl*

dep·re·ca·tory [ˈdeprəkətəri, AM -tɔːri] *adj see* **deprecating**

de·pre·ci·ate [ˈdɪpriːʃieɪt] **I.** *vi* an Wert verlieren **II.** *vt* ■**to ~ sth** etw entwerten, den Wert einer S. *gen* mindern

de·pre·cia·tion [ˌdɪpriːʃiˈeɪʃən] *n no pl* Wertminderung *f*, Wertverlust *m*; **to allow for ~** den Wertverlust [*o* die Wertverminderung] bedenken/einkalkulieren; *of currencies* Entwertung *f*

dep·re·da·tion [ˌdeprəˈdeɪʃən] *n usu pl* Verheerung *f*, Verwüstung *f*

de·press [dɪˈpres] *vt* ❶ (*sadden, deject*) ■**to ~ sb** jdn deprimieren ❷ (*reduce amount or activity*) ■**to ~ sth** etw drücken; **to ~ earnings** Einkünfte schrumpfen lassen; **to ~ the economy** die Wirtschaft belasten; **to ~ the prices** die Preise drücken ❸ (*form: press down*) ■**to ~ sth** etw niederdrücken; **to ~ a button** einen Knopf/eine Taste drücken; **to ~ a pedal** auf ein Pedal treten

de·press·ant [dɪˈpresənt] **I.** *n* Beruhigungsmittel *nt* **II.** *adj* beruhigend; ~ **effect** beruhigende Wirkung

de·pressed [dɪ'prest] *adj* ❶ (*sad, dejected*) deprimiert; **to be clinically** ~ krankhaft depressiv sein; **to feel** ~ sich *akk* niedergeschlagen fühlen; ▪**to be** ~ **about** [*or* **by**] [*or* **over**] [*or* BRIT **at**] **sth** wegen einer S. *gen* deprimiert sein ❷ (*affected by economic depression*) ~ **market** angespannte Marktlage; (*economically deprived*) heruntergekommen *fam* ❸ MED (*pushed in*) ~ **fracture of the skull** Schädelfraktur *f* mit Impression

de·press·ing [dɪ'presɪŋ] *adj* deprimierend; ~ **weather** deprimierendes Wetter

de·press·ing·ly [dɪ'presɪŋli] *adv* deprimierend

de·pres·sion [dɪ'preʃᵊn] *n* ❶ *no pl* (*sadness*) Depression *f;* **clinical** ~ krankhafte Depression; **deep** ~ tiefe Depression; **to have** ~ eine Depression haben; **to suffer from** ~ unter einer Depression/unter Depressionen leiden ❷ (*slump*) Wirtschaftskrise *f* ❸ METEO (*area of low pressure*) Tiefdruckgebiet *nt* ❹ (*hollow*) Mulde *f,* Vertiefung *f*

de·pres·sive [dɪ'presɪv] **I.** *n* Depressive(r) *f(m)* **II.** *adj* depressiv; **to suffer from a** ~ **disorder** an einer depressiven Störung leiden

de·pres·suri·za·tion [dɪˌpreʃᵊraɪ'zeɪʃᵊn, AM -ˌpreʃɚɪ'-] *n no pl esp* AM AVIAT Druckverlust *m;* **the** ~ **of the cabin** der Druckverlust in der Kabine

de·pres·sur·ize [dɪ'preʃᵊraɪz, AM -əraɪz] AVIAT **I.** *vt* ▪**to** ~ **sth** den Druck bei etw *dat* verringern; **the explosion instantly** ~**d the cabin** durch die Explosion ging augenblicklich der Kabinendruck verloren **II.** *vi* Druck verlieren

dep·ri·va·tion [ˌdeprɪ'veɪʃᵊn] *n* Entbehrung *f;* **to suffer** ~**s** Entbehrungen erleiden

de·prive [dɪ'praɪv] *vt* ▪**to** ~ **sb of sth** jdm etw entziehen [*o* vorenthalten]; **to** ~ **sb of his/her dignity** jdn seiner Würde berauben *geh;* **to** ~ **sb of freedom** jdn der Freiheit berauben *geh;* **to** ~ **sb of sleep** jdm den Schlaf entziehen

de·prived [dɪ'praɪvd] *adj* sozial benachteiligt, unterprivilegiert; ~ **child** sozial benachteiligtes Kind

dept *n abbrev of* **department** Abt.

depth [depθ] *n* ❶ (*distance downward*) Tiefe *f;* **what is the** ~ **of this part of the sea?** wie tief ist das Meer hier? ❷ *no pl* (*distance from front to back*) Tiefe *f;* ~ **of the shelf** Regaltiefe *f* ❸ *no pl* (*profundity*) Tiefe *f;* **he spoke with great** ~ **of feeling** er erzählte tief gerührt; (*seriousness, profoundness*) Tiefgründigkeit *f,* Tiefe *f;* ~ **of experience** Erfahrungsreichtum *m* ❹ (*middle part*) ▪~**s** *pl* Tiefe *f;* (*intense period*) Tiefpunkt *m;* **the house is in the** ~**s of the forest** das Haus liegt mitten im Wald; **in the** ~ **of winter** mitten im tiefsten Winter; **to be in the** ~**s of despair** zutiefst verzweifelt sein ❺ (*liter: deepest part*) ▪**the** ~**s** *pl* die Tiefen *pl;* **the** ~**s of the ocean** die Tiefen des Ozeans ❻ (*profundity*) ▪~**s** *pl* Tiefe *f,* Tiefgründigkeit *f kein pl;* (*serious qualities*) Talente *ntpl;* **he has hidden** ~**s** er hat verborgene Talente ❼ *no pl* (*in detail*) **in** ~ gründlich, genau ❽ *no pl* (*lowness of pitch*) Tiefe *f* ❾ *no pl* (*intensity of colour*) Tiefe *f,* Intensität *f* ▸ PHRASES: **to be out of** [*or* **beyond**] **one's** ~ für jdn zu hoch sein *fam;* **to get** [*or* **go**] **out of one's** ~ den Boden unter den Füßen verlieren; **to sink to a** ~ [*or* ~**s**] tief sinken

'depth charge *n* Wasserbombe *f;* **to drop a** ~ eine Wasserbombe werfen

depu·ta·tion [ˌdepjə'teɪʃᵊn] *n + sing/pl vb* Abordnung *f;* **they led a** ~ **to Parliament** sie führten eine Abordnung vor das Parlament; **to receive a** ~ eine Abordnung empfangen; **to send sb as part of a** ~ **to do sth** jdn mit einer Deputation schicken, um etw zu tun

de·pute [dɪpju:t] *vt* (*form*) ❶ (*appoint*) ▪**to** ~ **sb** [**to do sth**] jdn [dazu] abordnen[, um etw zu tun] ❷ (*delegate*) ▪**to** ~ **sth to sb** etw auf jdn übertragen; **to** ~ **the leadership to sb** jdm die Leitung übertragen

depu·tize ['depjətaɪz] *vi* ▪**to** ~ **for sb** für jdn einspringen, jdn vertreten

depu·ty ['depjəti:, AM -t̬-] **I.** *n* Stellvertreter(in) *m(f);* **to act as** ~ [**for sb**] als Stellvertreter/Stellvertreterin [für jdn] fungieren **II.** *adj attr, inv* stellvertretend; ~ **manager** stellvertretender Geschäftsführer/stellvertretende Geschäftsführerin

de·rail [dɪ'reɪl] **I.** *vt* ▪**to be** ~**ed** entgleisen; **to** ~ **a train** einen Zug entgleisen lassen; **to** ~ **negotiations** (*fig*) Verhandlungen zum Scheitern bringen **II.** *vi* entgleisen

de·rail·ment [dɪ'reɪlmənt] *n* Entgleisung *f;* (*fig*) *of negotiation* Scheitern *nt*

de·range [dɪ'reɪndʒ] *vt* ▪**to** ~ **sb** jdn geistig verwirren

de·ranged [dɪ'reɪndʒd] *adj* geistesgestört; ~ **personality** gestörte Persönlichkeit

de·range·ment [dɪ'reɪndʒmənt] *n no pl* [Geistes]gestörtheit *f*

der·by ['dɑ:bi, AM 'dɜ:rbi] *n* ❶ (*match between local teams*) Derby *nt;* **local** ~ Lokalderby *nt; esp* AM (*important contest*) Derby *nt* ❷ AM (*bowler hat*) Melone *f*

Der·by ['dɑ:bi, AM 'dɜ:rbi] *n no pl* Derby *nt*

> **i Kultur**
>
> Das **Derby** oder **Derby Stakes**, das 1780 von dem 12. Earl of Derby in Epsom gegründet wurde, ist eines der klassischen Flachrennen in Großbritannien. Es ist ein Rennen für dreijährige Pferde und findet im Mai oder Anfang Juni auf den *Epsom Downs* statt.

de·regu·late [di:'regju:leɪt] *vt* ▪**to** ~ **sth** etw deregulieren

de·regu·la·tion [di:ˌregju:'leɪʃᵊn] *n no pl* Deregulierung *f*

der·elict ['derəlɪkt] **I.** *adj* verlassen; ~ **building** leer stehendes Gebäude; ~ **car** liegen gebliebenes Auto; ~ **site** brachliegendes Gelände; **to lie** ~ brachliegen; **to stand** ~ leer stehen **II.** *n* (*form*) Obdachlose(r) *f(m)*

der·elic·tion [ˌderə'lɪkʃᵊn] *n* ❶ *no pl* (*dilapidation*) Verwahrlosung *f;* **to be in a state of** ~ völlig verwahrlost sein ❷ (*negligence*) Vernachlässigung *f;* ~ **of duty** [*or* **responsibility**] Pflichtvernachlässigung *f*

de·ride [dɪ'raɪd] *vt* (*form*) ▪**to** ~ **sb** jdn verspotten, sich *akk* über jdn lustig machen

de ri·gueur [dərɪ'gɜ:ʳ, AM -'gɜ:r] *adj pred* (*form*) unabdingbar, unerlässlich; **among kids it's** ~ **to be interested in computers** unter Kindern ist es ein Muss, sich für Computer zu interessieren

de·ri·sion [dɪ'rɪʒᵊn] *n no pl* Hohn *m,* Spott *m;* **to meet** [*or* **treat**] **sth with** ~ etw verhöhnen [*o* verspotten]

de·ri·sive [dɪ'raɪsɪv] *adj* spöttisch, höhnisch; ~ **laughter** hämisches Gelächter

de·ri·sive·ly [dɪ'raɪsɪvli] *adv* spöttisch, höhnisch; **to laugh** ~ hämisch lachen

de·ri·sory [dɪ'raɪsᵊri] *adj* ❶ (*derisive*) spöttisch, höhnisch ❷ (*ridiculous*) lächerlich; ~ **amount** lächerliche Menge

deri·va·tion [ˌderɪ'veɪʃᵊn] *n* ❶ (*origin*) Ursprung *m,* Herkunft *f* ❷ (*process of evolving*) Ableitung *f,* Derivation *f fachspr*

de·riva·tive [dɪ'rɪvətɪv, AM -t̬-] **I.** *adj* (*pej*) nachgemacht, nachgeahmt **II.** *n* Ableitung *f,* Derivat *nt fachspr;* **petrol is a** ~ **of coal** Benzin ist ein Kohlederivat

de·rive [dɪ'raɪv] **I.** *vt* ▪**to** ~ **sth from** [*or* **out of**] **sth** etw aus etw *dat* gewinnen; **sb** ~**s pleasure from doing sth** etw bereitet jdm Vergnügen **II.** *vi* ▪**to** ~ **from sth** sich von etw *dat* ableiten [lassen]

der·ma·ti·tis [ˌdɜ:mə'taɪtɪs, AM ˌdɜ:rmə'taɪt̬əs] *n no pl* Hautreizung *f,* Dermatitis *f fachspr*

der·ma·tolo·gist [ˌdɜ:mə'tɒlədʒɪst, AM ˌdɜ:rmə'tɑ:l-] *n* Dermatologe, -in *m, f fachspr,* Hautarzt, -ärztin *m, f*

der·ma·tol·ogy [ˌdɜ:mə'tɒlədʒi, AM ˌdɜ:rmə'tɑ:l-] *n no pl* Dermatologie *f*

dero·gate ['derə(ʊ)geɪt, AM -rəgeɪt] *vi* (*form*) ▪**to** ~ **from sth**

❶ (*detract from*) etw einschränken; **to ~ from sb's rights** jds Rechte *ntpl* beschneiden ❷ (*deviate from*) von etw *dat* abweichen

dero·ga·tion [ˌderə(ʊ)'geɪʃᵊn, AM -rə'-] *n no pl* ❶ (*lessening*) Einschränkung *f* ❷ (*debasement*) Entwürdigung *f*; **his rude acts were a ~ of his rank of colonel** sein rüdes Verhalten war eine Schande für seinen Rang als Oberst

de·roga·tory [dɪ'rɒgətᵊri, AM -'rɑːgətɔːri] *adj* abfällig; **~ remark** abfällige Bemerkung

der·rick ['derɪk] *n* ❶ (*crane*) Lastkran *m*; **to operate a ~** einen Lastkran bedienen ❷ (*framework over oil well*) Bohrturm *m*

der·ring-do [ˌderɪŋ'duː] *n no pl* (*dated*) Wagemut *m veraltend*

derv [dɜːv] *n no pl* BRIT Diesel *m*

der·vish ['dɜːvɪʃ, AM 'dɜːr-] REL **I.** *n* Derwisch *m* **II.** *adj inv* Derwisch-; **~ sect** Derwischsekte *f*

de·sali·nate [diː'sælɪneɪt] *vt* **to ~ water** Wasser entsalzen

de·sali·na·tion [diːˌsælɪ'neɪʃᵊn] *n no pl* Entsalzung *f*

de·sali·'na·tion plant *n* Entsalzungsanlage *f*

de·scale [diː'skeɪl] *vt* ■**to ~ sth** *kettle, heating system* etw entkalken

des·cant ['deskænt] *n* MUS Diskant *m*; **to sing a ~** einen Diskant singen

des·cant re·'cord·er *n* Sopranflöte *f*; **to play a ~** Sopranflöte spielen

de·scend [dɪ'send] **I.** *vi* ❶ (*go down*) *path* herunterführen; *person* heruntergehen ❷ (*fall*) herabsinken; **darkness ~ed** Dunkelheit senkte sich herab *geh* ❸ (*deteriorate*) ■**to ~ into sth** in etw *akk* umschlagen ❹ (*lower oneself*) **I never thought she would ~ to the level of stealing** ich hätte nie geglaubt, dass sie so tief sinken würde, dass sie stiehlt ❺ (*originate from*) ■**to ~ from sb/sth** von jdm/etw abstammen; *ideas* sich auf etw *akk* stützen **II.** *vt* **to ~ a ladder/the stairs** eine Leiter/die Treppe hinuntersteigen

◆**descend on, descend upon** *vi* ❶ (*to visit unexpectedly*) ■**to ~ [up]on sb/sth** jdn/etw überfallen *a. hum* ❷ (*to make a sudden raid on*) ■**to ~ [up]on sth** etw stürmen ❸ (*fig: come down upon*) ■**to ~ [up]on sb** jdn überkommen; **silence ~ed on the room** Stille senkte sich über den Raum *geh*

de·scend·ant [dɪ'sendənt] *n* Nachkomme *m* (**of** +*gen*)

de·scend·ed [dɪ'sendɪd] *adj pred, inv* ■**to be ~ from sb** von jdm abstammen

de·scent [dɪ'sent] *n* ❶ (*landing approach*) [Lande]anflug *m* ❷ (*way, passage down*) Abstieg *m kein pl* ❸ (*fig: decline*) Abrutsch *m* ❹ *no pl* (*ancestry*) Abstammung *f*; **to claim ~ from sb** behaupten, von jdm abzustammen; **to trace one's ~** seine Abstammung zurückverfolgen

de·scribe [dɪ'skraɪb] *vt* ❶ (*tell in words*) ■**to ~ sb/sth [to sb]** [jdm] jdn/etw beschreiben; **to ~ an attacker** einen Angreifer beschreiben; **to ~ an experience** eine Erfahrung schildern; **to ~ sb as stupid** jdn als dumm bezeichnen ❷ (*dated: draw*) **to ~ a circle** einen Kreis beschreiben; **to ~ a curve** eine Kurve ziehen; **to ~ a line** eine Linie ziehen

de·scrip·tion [dɪ'skrɪpʃᵊn] *n* Beschreibung *f*; **to give an accurate/a detailed ~ of sb/sth** eine genaue/detaillierte Beschreibung von jdm/etw abgeben; **of every ~** jeglicher Art; **to answer [*or* fit] a ~ of sb/sth** auf jds Beschreibung *f*/die Beschreibung einer S. *gen* passen, der Beschreibung einer S./einer Person *gen* entsprechen; **to defy [*or* be beyond] ~** jeglicher Beschreibung spotten; **to write a ~ of sb/sth** jdn/etw schriftlich schildern

de·scrip·tive [dɪ'skrɪptɪv] *adj* beschreibend, veranschaulichend; **this passage is very ~** dieser Abschnitt enthält eine ausführliche Beschreibung; **~ statistics** deskriptive Statistik

des·ecrate ['desɪkreɪt] *vt* ■**to ~ sth** etw schänden [*o* entweihen]

des·ecra·tion ['desɪkreɪʃᵊn] *n no pl* Schändung *f*; **~ of a cemetery** Friedhofsschändung *f*

de·seg·re·gate [diː'segrɪgeɪt] *vt* **to ~ armed forces/schools/universities** die Rassentrennung in der Armee/in der Schule/an der Universität aufheben

de·seg·re·ga·tion [diː'segrɪgeɪʃᵊn] *n no pl* Aufhebung *f* der Rassentrennung; **~ of schools** Aufhebung *f* der Rassentrennung an Schulen

de·se·lect [ˌdiːsə'lekt] *vt* BRIT ■**to ~ sb** jdn abwählen

de·sen·si·ti·za·tion [diːˌsen(t)sɪtaɪ'zeɪʃᵊn, AM -sɪtɪ'-] *n no pl* ❶ (*making less sensitive*) Desensibilisierung *f geh*, Abstumpfung *f* ❷ MED Desensibilisierung *f fachspr*

de·sen·si·tize [diː'sen(t)sɪtaɪz] *vt esp* AM ❶ (*make less sensitive to*) ■**to ~ sb** jdn abstumpfen ❷ MED ■**to ~ sb** jdn desensibilisieren *fachspr*; ■**to ~ sth** etw unempfindlich machen

de·sert¹ [dɪ'zɜːt, AM dɪ'zɜːrt] **I.** *vi* desertieren; **to ~ from the army** von der Armee desertieren; **to ~ to the enemy** zum Feind überlaufen **II.** *vt* ❶ (*run away from duty*) ■**to ~ sth** etw verlassen; **to ~ the army** desertieren ❷ (*abandon*) ■**to ~ sb [for sb]** jdn [wegen einer Person *gen*] verlassen ❸ (*fail*) ■**to ~ sb** jdn im Stich lassen; **my courage ~ed me** mein Mut ließ mich im Stich

de·sert² ['dezət, AM -ət] **I.** *n* ❶ (*sandy expanse*) Wüste *f* ❷ (*fig: uninteresting place*) Wüste *f*; **this town is a cultural/intellectual ~** diese Stadt ist eine kulturelle/intellektuelle Wüste **II.** *n modifier* (*plant, sun, animal*) Wüsten-

'des·ert boots *npl* Halbstiefel *mpl*

de·sert·ed [dɪ'zɜːtɪd, AM -'zɜːrt̬ɪd] *adj* verlassen; *of town* ausgestorben

de·sert·er [dɪ'zɜːtəʳ, AM -'zɜːrt̬ɚ] *n* Deserteur(in) *m(f)*

de·ser·ti·fi·ca·tion [dɪˌzɜːtɪfɪ'keɪʃᵊn, AM -ˌzɜːrt̬ə-] *n no pl* Desertifikation *f fachspr*, Vordringen *nt* der Wüste

de·ser·tion [dɪ'zɜːʃᵊn, AM dɪ'zɜːr-] *n* ❶ (*act of deserting*) Desertion *f*, Desertieren *nt*; (*fig: act of leaving an organization*) Austritt *m* (**from** aus +*dat*) ❷ *no pl* (*act of abandoning*) Verlassen *nt*

des·ert 'is·land *n* einsame Insel

de·serts [dɪ'zɜːtz, AM dɪ'zɜːrtz] *npl* Quittung *f*; **to get one's [just] ~** seine Quittung bekommen; **we all get our just ~ in the end** letztendlich bekommen wir alle unsere Quittung, wie man sich bettet, so liegt man *prov*

de·serve [dɪ'zɜːv, AM dɪ'zɜːrv] *vt* (*merit*) ■**to ~ sth** etw verdienen; (*esp hum*) **what have I done to ~ [all] this?** womit habe ich das verdient?; **to ~ a break/medal** eine Pause/Medaille verdienen; **to ~ mention** erwähnenswert sein ►PHRASES: **one good turn ~s another** (*prov*) eine Hand wäscht die andere *prov*

de·served [dɪ'zɜːvd, AM dɪ'zɜːrvd] *adj* verdient, gerechtfertigt

de·serv·ed·ly [dɪ'zɜːvɪdli, AM dɪ'zɜːr-] *adv* verdientermaßen, gerechtfertigterweise; **~ so** zu Recht; **to be ~ praised** verdientermaßen gelobt werden

de·serv·ing [dɪ'zɜːvɪŋ, AM dɪ'zɜːr-] *adj* ❶ (*meritorious*) verdienstvoll ❷ (*form: worthy*) ■**to be ~ of sth** einer S. *gen* würdig sein; **a ~ cause** eine gute Sache

de·serv·ing 'poor *npl* ■**the ~** die Bedürftigen *pl*

des·ic·cat·ed ['desɪkeɪtɪd, AM -t̬-] *adj inv* (*dried up*) vertrocknet; (*dried*) getrocknet; **~ coconut** geraspelte Kokosnuss; **~ skin** gegerbte Haut

des·ic·ca·tion [ˌdesɪ'keɪʃᵊn] *n no pl* Austrocknung *f*; **to protect sth from ~** etw vor dem Austrocknen schützen

de·sign [dɪ'zaɪn] **I.** *vt* ❶ (*plan*) ■**to ~ sth** etw entwerfen; **to ~ books** Bücher gestalten; **to ~ cars** Autos konstruieren; **to ~ a dress** ein Kleid entwerfen ❷ (*intend*) ■**to be ~ed for sb** für jdn konzipiert sein; **these measures are ~ed to reduce pollution** diese Maßnahmen sollen die Luftverschmutzung verringern **II.** *vi* entwerfen, gestalten **III.** *n* ❶ (*plan or drawing*) Entwurf *m* ❷ *no pl* (*art of creating designs*) Design *nt*; **to study ~** Design studieren ❸ (*arrangement of form, colour*) Design *nt* (**of** +*gen*); *of building* Bauart *f*; *of machine* Konstruktion *f* ❹ *no pl* (*intention*) Vorsatz *m*, Absicht *f*; **to do sth by ~** etw mit Absicht tun ❺ (*pattern*) Muster *nt* ❻ (*fam: dis-

honest intentions) ■ **~s** *pl* Absichten *fpl;* (*hum*) **to have ~s on a championship** es auf einen Titel abgesehen haben **IV.** *adj attr, inv* Konstruktions-; **~ fault** Konstruktionsfehler *m;* **~ feature** Konstruktionsmerkmal *nt*

des·ig·nate [ˈdesɪgneɪt] **I.** *vt* ■ **to ~ sb [[as] sth]** jdn [zu etw *dat*] ernennen; ■ **to ~ sb to do sth** jdn mit etw *dat* beauftragen; ■ **to ~ sth [as sth]** etw [zu etw *dat*] erklären; ■ **to ~ sth for sb** etw für jdn konzipieren; **to ~ one's successor** seinen Nachfolger ernennen **II.** *adj inv, after n* designiert; **the Governor ~** der designierte Gouverneur

des·ig·na·tion [ˌdesɪgˈneɪʃᵊn] *n* ❶ (*title*) Bezeichnung *f* ❷ (*act of designating*) Festlegung *f;* **~ of sth as sth** Auszeichnung einer S. *gen* als etw

de·sign·ed·ly [dɪˈzaɪnɪdli] *adv* vorsätzlich

de·sign·er [dɪˈzaɪnəʳ, AM -nɚ] **I.** *n* Designer(in) *m(f)* **II.** *n modifier* (*dog, children*) Designer-; **~ jeans** Designerjeans *f*

de·ˈsign·er drug *n* Designerdroge *f* **de·sign·er la·bel ˈclothes** *npl* Designerkleidung *f kein pl* **de·sign·er ˈso·cial·ism** *n no pl* (*hum, pej*) *die als bigott angesehene wohltätige Einstellung reicher Leute* **de·sign·er ˈso·cial·ist** *n* (*hum, pej*) *reiche Person, deren wohltätige Einstellung als bigott angesehen wird* **de·sign·er ˈstub·ble** *n no pl* (*hum*) Dreitagebart *m*

de·sign·ing [dɪˈzaɪnɪŋ] **I.** *n* Design *nt* **II.** *adj* (*pej*) berechnend

de·sir·abil·ity [dɪˌzaɪərəˈbɪləti, AM dɪˌzaɪrəˈbɪləṭi] *n no pl* ❶ (*desirable quality*) erstrebenswerte Eigenschaft; **people seem to disagree about the ~ of reform** die Menschen scheinen sich uneins darüber zu sein, ob Reformen erstrebenswert sind ❷ (*sexual attractiveness*) Begehrtheit *f;* **she need have no doubts about her ~** sie braucht keine Zweifel in Bezug auf ihre Attraktivität zu hegen

de·sir·able [dɪˈzaɪərəbl̩, AM dɪˈzaɪrəbl̩] *adj* ❶ (*worth having*) erstrebenswert; (*popular*) begehrt; **the house is in a very ~ area of the city** das Haus befindet sich in einer begehrten Wohngegend; (*beneficial*) **computer literacy is ~ for this job** für diesen Job sind Computerkenntnisse erwünscht; **~ aim** erstrebenswertes Ziel ❷ (*sexually attractive*) begehrenswert

de·sir·ably [dɪˈzaɪərəbli, AM dɪˈzaɪrəbli] *adv* erstrebenswert; **to be ~ situated** gut gelegen sein

de·sire [dɪˈzaɪəʳ, AM dɪˈzaɪɚ] **I.** *vt* ❶ (*want*) ■ **to ~ sth** etw wünschen; **I ~ nothing other than to be left in peace** ich will nichts weiter als in Ruhe gelassen werden; **do you ~ me to leave?** (*form*) möchten Sie, dass ich gehe?; ■ **to ~ that ...** (*form*) wünschen, dass ...; **to achieve the ~d effect** die gewünschte Wirkung erzielen ❷ (*esp liter: be sexually attracted to*) ■ **to ~ sb** jdn begehren **II.** *n* ❶ (*strong wish*) Verlangen *nt;* (*stronger*) Sehnsucht *f;* (*request*) Wunsch *m;* **to express the ~ to do sth/that ...** den Wunsch äußern, etw zu tun/dass ... ❷ (*sexual need*) Begierde *f,* Lust *f;* **to be the object of sb's ~** das Objekt von jds Begierde *f* sein; **to satisfy one's ~** seine Begierde befriedigen

de·sir·ous [dɪˈzaɪərəs, AM dɪˈzaɪrəs] *adj pred* (*form*) ■ **to be ~ of doing sth** den Wunsch haben, etw zu tun

de·sist [dɪzɪst] *vi* (*form*) einhalten *geh;* ■ **to ~ from doing sth** davon absehen, etw zu tun

desk [desk] *n* ❶ (*table for writing*) Schreibtisch *m;* **to arrive on [*or* land on] sb's ~** auf jds Schreibtisch *m* landen; **to sit at one's ~** an seinem Schreibtisch sitzen; **to be stuck behind a ~** (*fam*) am Schreibtisch festsitzen ❷ (*service counter*) Schalter *m;* **to work on the ~** hinterm Schalter arbeiten ❸ (*newspaper section*) Redaktion *f*

ˈdesk-bound *adj* schreibtischgebunden **ˈdesk clerk** *n* AM (*receptionist*) Rezeptionist(in) *m(f)* **ˈdesk job** *n* Schreibtischtätigkeit *f;* **to have a ~** einen Schreibtischjob haben *fam*

ˈdesk·top I. *adj attr, inv* Desktop-; **~ computer** Desktopcomputer *m* **II.** *n* Desktop *m* **desk·top ˈpub·lish·ing** *n no pl* Desktoppublishing *nt;* **to do ~** Desktoppublishing betreiben

deso·late [ˈdesᵊlət] *adj* ❶ (*barren*) trostlos; **~ landscape/prospect** trostlose Landschaft/Aussicht ❷ (*unhappy*) niedergeschlagen; **to feel ~** sich *akk* niedergeschlagen fühlen; **to look ~** niedergeschlagen aussehen

deso·lat·ed [ˈdesᵊleɪtɪd, AM -ṭ-] *adj pred* verzweifelt; **to feel ~** verzweifelt sein

deso·late·ly [ˈdesᵊlətli] *adv* verzweifelt

deso·lat·ing [ˈdesᵊleɪtɪŋ, AM -ṭ-] *adj* trostlos; **~ business** trostlose Angelegenheit

deso·la·tion [ˈdesᵊleɪʃᵊn] *n no pl* ❶ (*barrenness*) Trostlosigkeit *f;* **~ of a landscape** Trostlosigkeit *f* einer Landschaft ❷ (*sadness, sorrow*) Verzweiflung *f*

des·pair [dɪˈspeəʳ, AM -ˈsper] **I.** *n no pl* (*feeling of hopelessness*) Verzweiflung *f;* **a sense of ~ seems to have settled on the team** es scheint sich eine verzweifelte Stimmung in der Mannschaft auszubreiten; **to be in ~ about [*or* over] sth** über etw *akk* [*o* wegen einer S. *gen*] verzweifelt sein; **to do sth out of ~** etw aus Verzweiflung tun; **to drive sb to ~** jdn zur Verzweiflung bringen [*o* treiben]; **to be filled with ~** voller Verzweiflung sein; **to the ~ of sb** zu jds Verzweiflung ▸ PHRASES: **to be the ~ of sb** jds Sorgenkind *nt* sein **II.** *vi* ■ **to ~ [at [*or* over] sth]** [an etw *dat*] verzweifeln; ■ **to ~ of sb/sth** an jdm/etw verzweifeln; **to ~ of doing sth** die Hoffnung aufgeben, etw zu tun

des·pair·ing [dɪˈspeərɪŋ, AM -ˈsperɪŋ] *adj* (*pej*) verzweifelt, hoffnungslos; **~ attitude** hoffnungslose Einstellung; **~ glance** verzweifelter Blick

des·pair·ing·ly [dɪˈspeərɪŋli, AM -ˈsperɪŋli] *adv* verzweifelt, hoffnungslos

des·patch [dɪˈspætʃ] *n, vt see* **dispatch**

des·pe·ra·do <*pl* -s *or* -es> [despəˈrɑːdəʊ, AM -doʊ] *n* Desperado *m,* Galgenvogel *m*

des·per·ate [ˈdespᵊrət] *adj* ❶ (*reckless because of despair*) verzweifelt; **~ attempt** verzweifelter Versuch; **~ solution** drastische Lösung ❷ (*serious*) verzweifelt, extrem; (*great*) dringend; **I'm in a ~ hurry** ich hab's wahnsinnig eilig *fam;* **to be in ~ need of help** dringendst Hilfe brauchen; **~ poverty** äußerste Armut; **~ situation** verzweifelte Lage; **to be in ~ straits** in extremen Schwierigkeiten stecken *fam* ❸ *usu pred* (*having great need or desire*) ■ **to be ~ for sth** etw dringendst brauchen; **I'm ~ for a drink!** ich brauche jetzt schleunigst was zu trinken! *fam*

des·per·ate·ly [ˈdespᵊrətli] *adv* ❶ (*in a desperate manner*) verzweifelt ❷ (*seriously, extremely*) äußerst; (*greatly*) enorm *fam;* **I'm not ~ keen on watching football** ich bin nicht sonderlich scharf auf Fußball *sl;* **they ~ wanted a child** sie wollten unbedingt ein Kind haben; **to be ~ ill** todkrank sein

des·pera·tion [ˌdespᵊˈreɪʃᵊn] *n no pl* ❶ (*hopelessness*) Verzweiflung *f;* **an act of ~** eine Verzweiflungstat; **to drive sb to ~** jdn zur Verzweiflung treiben; **in ~** aus Verzweiflung; **out of ~** aus Verzweiflung ❷ (*state of being desperate*) Verlangen *nt* (**for** nach +*dat*)

des·pic·able [dɪˈspɪkəbl̩] *adj act, crime, person* abscheulich; *person also* verachtenswert; **it was ~ of her to lie about her friend** es war gemein von ihr, über ihren Freund zu lügen *fam*

des·pic·ably [dɪˈspɪkəbli] *adv* verachtenswert, abscheulich; **to behave ~** gemein sein *fam*

des·pise [dɪˈspaɪz] *vt* ■ **to ~ sb/sth [for sth]** jdn/etw [für etw *akk*] verachten; **that's an offer not to be ~d** dieses Angebot ist nicht zu verachten; **to ~ the government for its policies** die Regierung für ihre politische Linie verachten

de·spite [dɪˈspaɪt] *prep* ❶ (*in spite of*) ■ **~ sth** trotz einer S. *gen;* **~ the fact that ...** trotz [*o* ungeachtet] der Tatsache, dass ... ❷ (*against one's will*) **~ himself, he laughed** er konnte sich das Lachen nicht verkneifen

de·spoil [dɪˈspɔɪl] *vt* ■ **to ~ sth** etw plündern

de·spond·en·cy [dɪˈspɒndən(t)si, AM -ˈspaːn-] *n no pl* Niedergeschlagenheit *f*

de·spond·ent [dɪˈspɒndənt, AM -ˈspaːn-] *adj* niedergeschlagen, mutlos; **to become [*or* get] [*or* grow] ~** niedergeschlagen sein, mutlos werden; **to feel ~ about sth** sich *akk* wegen einer S. *gen* niedergeschlagen fühlen; **she felt ~ about ever finding a proper job** sie hatte fast schon die Hoffnung aufgegeben, je einen richtigen Job zu finden

de·spond·ent·ly [dɪˈspɒndəntli, AM -ˈspɑːn-] *adv* niedergeschlagen; **to shake one's head ~** mutlos den Kopf schütteln

des·pot [ˈdespɒt, AM -pət] *n* Despot *m*

des·pot·ic [deˈspɒtɪk, AM desˈpɑːt̬ɪk] *adj* despotisch

des·poti·cal·ly [deˈspɒtɪkli, AM desˈpɑːt̬ɪkli] *adv* despotisch

des·pot·ism [ˈdespətɪzəm] *n no pl* Despotismus *m geh,* Tyrannei *f*

des res [ˌdezˈrez] *n* BRIT (*hum fam*) *short for* **desirable residence: this is a very ~ on the outskirts of town** das ist eine super Hütte am Stadtrand *hum fam*

des·sert [dɪˈzɜːt, AM dɪˈzɜːrt] *n* Nachtisch *m,* Dessert *nt geh;* **to have sth for ~** etw zum Nachtisch haben

des·ˈsert fork *n* Dessertgabel *f* **des·ˈsert menu** *n* Dessertkarte *f* **des·ˈsert·spoon** *n* ❶ (*spoon for dessert*) Dessertlöffel *m;* (*spoon to go along with knife and fork*) Esslöffel *m* ❷ (*dessertspoonful*) **a ~ of sugar** ein Teelöffel *m* Zucker; **a ~ of cream** ein Klecks *m* Sahne **des·ˈsert wine** *n* Dessertwein *m*

de·sta·bi·li·za·tion [diːˌsteɪbəlaɪˈzeɪʃən, AM -lɪˈ-] *n no pl* Destabilisierung *f;* **~ of the economy** Destabilisierung *f* der Wirtschaft

de·sta·bi·lize [diːˈsteɪbəlaɪz] *vt* ■**to ~ sth** etw destabilisieren [*o* aus dem Gleichgewicht bringen]; **to ~ a process** einen Prozess gefährden; **to ~ a regime** ein Regime unterwandern; **to ~ a region** eine Region destabilisieren

de·sta·bi·liz·ing [diːˈsteɪbəlaɪzɪŋ] *adj attr* destabilisierend; **~ effect** destabilisierende Wirkung

des·ti·na·tion [ˌdestɪˈneɪʃən] *n* Ziel *nt; journey* Reiseziel *nt; letter, parcel* Bestimmungsort *m*

des·tined [ˈdestɪnd] *adj pred* ❶ (*intended*) ■**to be ~ for sth** für etw *akk* bestimmt sein; ■**to be ~ to do sth** dazu bestimmt sein, etw zu tun ❷ (*bound for*) bestimmt; **customs officers have seized heroin ~ for New York** Zollbeamte haben Heroin beschlagnahmt, das für New York bestimmt war ❸ (*heading towards*) ■**to be ~ for sth** für etw *akk* vorherbestimmt sein; **she is ~ for an extremely successful career** ihr steht eine sehr erfolgreiche Karriere bevor; **these plans are ~ to fail** diese Pläne sind zum Scheitern verurteilt ❹ (*hum: meant to be*) vorherbestimmt

des·ti·ny [ˈdestɪniː] *n* Schicksal *nt;* **~ of a nation** Schicksal *nt* einer Nation; **to be a victim of ~** ein Opfer *nt* des Schicksals sein; **to control** [*or* **determine**] [*or* **take charge of**] **one's ~** sein Schicksal lenken [*o* bestimmen]; **to escape one's ~** seinem Schicksal entfliehen; **to fight against ~** gegen das Schicksal ankämpfen; **to shape one's ~** sein Schicksal gestalten

des·ti·tute [ˈdestɪtjuːt, AM *esp* -tuːt] **I.** *adj* mittellos; **~ person** mittelloser Mensch **II.** *n* ■**the ~** *pl* die Bedürftigen *pl*

des·ti·tu·tion [ˌdestɪˈtjuːʃən, AM *esp* -ˈtuː-] *n no pl* Armut *f*

de·stroy [dɪˈstrɔɪ] *vt* ❶ (*demolish*) ■**to ~ sth** etw zerstören ❷ (*do away with*) ■**to ~ sth** etw vernichten; **to ~ evidence** Beweise vernichten ❸ (*kill*) ■**to ~ sth** etw auslöschen *geh;* **to ~ a dog/horse** einen Hund/ein Pferd einschläfern; **to ~ a herd** eine Herde abschlachten ❹ (*ruin*) ■**to ~ sth** etw zunichtemachen; **to ~ sb's reputation** jds Ansehen *nt* ruinieren ❺ (*crush*) ■**to ~ sb** jdn fertigmachen; **she was utterly ~ed when her boyfriend left her** sie war völlig am Boden zerstört, als ihr Freund sie verließ *fam*

de·stroy·er [dɪˈstrɔɪəʳ, AM -ɚ] *n* ❶ (*military ship*) Zerstörer *m* ❷ (*sth that destroys*) zerstörerische Macht; (*sb who destroys*) Vernichter(in) *m(f)*

de·struct·ible [dɪˈstrʌktəbl̩] *adj* zerstörbar

de·struc·tion [dɪˈstrʌkʃən] *n no pl* Zerstörung *f;* **mass ~** Massenvernichtung *f;* **to leave a trail of ~** eine Spur der Verwüstung hinterlassen

de·struc·tive [dɪˈstrʌktɪv] *adj* destruktiv *geh,* zerstörerisch

de·struc·tive·ly [dɪˈstrʌktɪvli] *adv* destruktiv *geh,* zerstörerisch

de·struc·tive·ness [dɪˈstrʌktɪvnəs] *n no pl* Zerstörungswut *f; of explosive* Sprengkraft *f*

de·sul·furi·za·tion *n no pl* AM *see* **desulphurization**

de·sul·fur·ize *vt* AM CHEM *see* **desulphurize**

de·sul·phuri·za·tion [diːˌsʌlfəraɪˈzeɪʃən], AM **de·sul·furi·za·tion** [-rɪˈ-] *n no pl* CHEM Entsulfurisierung *f*

de·sul·phur·ize [diːˈsʌlfəraɪz], AM **de·sul·fur·ize** *vt* CHEM ■**to ~ sth** etw entschwefeln

des·ul·to·ri·ly [ˈdesəltərəli, AM -tɔːr-] *adv* (*form, liter*) halbherzig; **to applaud ~** verhalten applaudieren; **to converse ~** sich *akk* lustlos unterhalten

des·ul·tory [ˈdesəltəri, AM -tɔːr-] *adj* (*form, liter*) halbherzig; **~ attempt** halbherziger Versuch

de·tach [dɪˈtætʃ] *vt* ■**to ~ sth** *hood* etw abnehmen; (*without reattaching*) etw abtrennen

de·tach·able [dɪˈtætʃəbl̩] *adj inv* abnehmbar; **~ collar** abnehmbarer Kragen

de·tached [dɪˈtætʃt] *adj* ❶ *inv* (*separated*) abgelöst; **to become ~** sich *akk* ablösen ❷ (*disinterested, aloof*) distanziert; (*impartial*) unbeteiligt; **~ observer** unbeteiligter Beobachter

de·ˈtached house *n* Einzelhaus *nt,* freistehendes Haus

de·tach·ment [dɪˈtætʃmənt] *n* ❶ *no pl* (*disinterest, aloofness*) Distanziertheit *f* ❷ (*of soldiers*) Einsatztruppe *f,* Abteilung *f*

de·tail [ˈdiːteɪl, AM dɪˈteɪl] **I.** *n* ❶ (*item of information*) Detail *nt,* Einzelheit *f;* **just one last ~ ...** nur noch eine Kleinigkeit ...; **the full ~s** sämtliche Einzelheiten; **for further ~s ...** Weiteres ...; **write in for further ~s** schreiben Sie, um nähere Informationen zu erhalten; **all the gory ~s** (*hum*) alle pikanten Details; **sketchy ~s of** [*or* **about**] **sth** lückenhafte [*o* unvollständige] Angaben über etw *akk;* **to divulge** [*or* **disclose**] **~s** Einzelheiten enthüllen; **to give** [*or* **provide**] **~s about sth** nähere Angaben zu etw *dat* machen; **to go into ~** ins Detail [*o* Einzelne] gehen, auf die Einzelheiten eingehen; **in ~** im Detail [*o* Einzelnen], ausführlich; **in graphic ~** in aller Ausführlichkeit ❷ (*unimportant item*) Kleinigkeit *f,* Nebensache *f,* Nebensächlichkeit *f* ❸ ■**~s** *pl* (*sb's vital statistics*) Personalien *fpl form,* persönliche Daten ❹ (*small feature*) Detail *nt,* das Einzelne; **to have an eye for ~** einen Blick fürs Detail haben ❺ MIL (*schedule*) Tagesdienstplan *m;* **to announce the day's ~** den Tagesbefehl ausgeben ❻ MIL (*special group*) Sonderkommando *nt,* Einsatzkommando *nt,* Sondertrupp *m* **II.** *vt* ❶ (*explain*) **to ~ a plan** einen Plan ausführlich [*o* im Einzelnen] erläutern ❷ (*specify*) ■**to ~ sth** etw einzeln aufführen ❸ MIL ■**to ~ sb to do sth** jdn dazu abkommandieren, etw zu tun

de·tailed [ˈdiːteɪld, AM dɪˈteɪld] *adj* detailliert, genau; *description, report* ausführlich; **~ study** eingehende Studie [*o* Untersuchung]

de·tain [dɪˈteɪn] *vt* ■**to ~ sb** ❶ LAW jdn in Haft nehmen [*o* inhaftieren]; **to be ~ed in custody** in [Untersuchungs]haft gehalten werden; **to be ~ed at His/Her Majesty's pleasure** BRIT eine Haftstrafe von unbestimmter Dauer verbüßen (*in der Regel lebenslänglich*); **to ~ sb without trial** jdn ohne Gerichtsverfahren in Haft halten ❷ (*form: delay*) jdn aufhalten ❸ SCH jdn nachsitzen lassen

de·tainee [ˌdiːteɪˈniː] *n* Häftling *m*

de·tect [dɪˈtekt] *vt* ❶ (*catch in act*) ■**to ~ sb doing sth** jdn bei etw *dat* ertappen [*o fam* erwischen]; **to ~ sb in a crime** jdn auf frischer Tat ertappen ❷ (*discover presence of*) ■**to ~ sth** etw entdecken [*o* orten]; *a smell* etw bemerken; *a sound* etw wahrnehmen; *lead, disease* etw feststellen; **do I ~ a note of sarcasm in your voice?** höre ich da [etwa] einen sarkastischen Unterton aus deinen Worten heraus?; **to ~ a mine** eine Mine aufspüren

de·tect·able [dɪˈtektəbl̩] *adj* (*able to be found*) feststellbar; (*discernible*) *change* wahrnehmbar, spürbar; **the drug is ~ in the body up to three months after it has been taken** das Mittel ist noch drei Monate nach seiner Einnahme im Körper nachweisbar

de·tec·tion [dɪˈtekʃᵊn] *n no pl* ❶ (*act of discovering*) Entdeckung *f; of cancer* Feststellung *f,* Erkennung *f* ❷ (*work of detective*) **crime** ~ Aufdeckung *f* von Verbrechen

de·tec·tive [dɪˈtektɪv] *n* ❶ (*in police*) Kriminalbeamte(r) *m,* Kriminalbeamte [*o* -in] *f;* (*form of address*) **D~ Sergeant Lewis** Kriminalobermeister(in) *m(f)* Lewis ❷ (*private*) [Privat]detektiv(in) *m(f)*

de·tec·tive ˈcon·sta·ble *n* BRIT Kriminalmeister(in) *m(f)* **de·ˈtec·tive film** *n* Kriminalfilm *m,* Krimi *m fam* **de·tec·tive in·ˈspect·or** *n* BRIT Polizeiinspektor(in) *m(f),* Kriminalinspektor(in) *m(f)* **de·ˈtec·tive nov·el** *n* Kriminalroman *m,* Krimi *m fam* **de·tec·tive ˈser·geant** *n* BRIT Kriminalmeister(in) *m(f)* **de·ˈtec·tive sto·ry** *n* Kriminalroman *m;* (*single story also*) Detektivgeschichte *f,* Krimi *m fam* **de·tec·tive super·in·ˈtend·ent** *n* BRIT Kriminalkommissar(in) *m(f)* **de·ˈtec·tive work** *n no pl* Ermittlungsarbeit *f;* (*fig*) Detektivarbeit *f*

de·tec·tor [dɪˈtektəʳ, AM -ɚ] *n* Detektor *m;* **smoke** ~ Rauchmelder *m*

dé·tente [deɪˈtɑ̃nt, AM -ˈtɑːnt] *n no pl* POL (*form*) Détente *f form,* Entspannung *f*

de·ten·tion [dɪˈten(t)ʃᵊn] *n* ❶ *no pl* (*state*) Haft *f* ❷ (*act*) Inhaftierung *f,* Festnahme *f* ❸ *no pl* MIL Arrest *m* ❹ SCH Nachsitzen *nt kein pl,* Arrest *m kein pl;* **to get** [*or* **have**] ~ nachsitzen müssen, Arrest bekommen

de·ˈten·tion camp *n* Internierungslager *nt* **de·ˈten·tion cen·tre** *n* BRIT, **de·ˈten·tion home** *n* AM Jugendstrafanstalt *f,* Jugendgefängnis *nt*

de·ter <-rr-> [dɪˈtɜːʳ, AM -ˈtɜːr] *vt* **to ~ an attack** einen Angriff verhindern; ■**to ~ sb** jdn abschrecken; **nothing will ~ him** nichts wird ihn [davon] abhalten; ■**to ~ sb from doing sth** jdn davon abschrecken [*o* abhalten], etw zu tun

de·ter·gent [dɪˈtɜːdʒᵊnt, AM -ˈtɜːr-] *n* Reinigungsmittel *nt;* **laundry** ~ Waschmittel *nt;* **liquid** ~ [Geschirr]spülmittel *nt*

de·terio·rate [dɪˈtɪəriᵊreɪt, AM -ˈtɪriə-] *vi* ❶ (*become worse*) *condition, situation* sich *akk* verschlechtern; *sales* zurückgehen; *morals* verfallen; *tumour* entarten; *a discussion* an Niveau verlieren; **the conflict seems to be deteriorating into a war** der Konflikt scheint in einen Krieg auszuarten; **the economy is slowly deteriorating** mit der Wirtschaft geht es langsam bergab; **to ~ dramatically/markedly/steadily** sich *akk* dramatisch/merklich/stetig verschlechtern ❷ (*disintegrate*) *building, structure* verfallen, baufällig werden, verkommen *fam; leather, wood* sich *akk* zersetzen, verrotten; *food* verderben, vergammeln *fam*

de·terio·ra·tion [dɪˌtɪəriᵊˈreɪʃᵊn, AM -ˌtɪriə-] *n no pl* ❶ (*worsening*) Verschlechterung *f; of morals* Zerfall *m* ❷ ECON, TECH Qualitätsverlust *m* ❸ (*disintegration*) *of a building* Verfall *m,* Zerfall *m; of metal, wood* Zersetzung *f*

de·ter·mi·nable [dɪˈtɜːmɪnəbl̩, AM -ˈtɜːr-] *adj* bestimmbar

de·ter·mi·nant [dɪˈtɜːmɪnənt, AM -ˈtɜːr-] **I.** *n* ❶ (*determining factor*) entscheidender [*o* ausschlaggebender] Faktor ❷ MATH, BIOL Determinante *f* **II.** *adj* entscheidend, ausschlaggebend

de·ter·mi·nate [dɪˈtɜːmɪneɪt, AM -ˈtɜːr-] *adj* ❶ (*limited*) begrenzt, festgelegt ❷ (*of specific scope*) eindeutig, bestimmt, entschieden

de·ter·mi·na·tion [dɪˌtɜːmɪˈneɪʃᵊn, AM -ˌtɜːr-] *n no pl* ❶ (*resolve*) Entschlossenheit *f,* Entschiedenheit *f;* **dogged/fierce/ruthless** ~ zähe/wilde/rücksichtslose Entschlossenheit; **relentless** ~ Unnachgiebigkeit *f;* **to have a ~ to do sth** die feste Absicht haben [*o* fest entschlossen sein], etw zu tun ❷ (*determining*) *of a cause* Feststellung *f; of a blood group* Bestimmung *f*

de·ter·mine [dɪˈtɜːmɪn, AM -ˈtɜːr-] *vt* ❶ (*decide*) ■**to ~ sth** etw entscheiden; ■**to ~ that ...** beschließen, dass ...; **it has yet to be ~d** (*form*) eine Entscheidung darüber steht noch aus *form* ❷ (*find out*) ■**to ~ sth** etw ermitteln [*o* feststellen]; **to ~ the cause of sth** den Grund einer S. *gen* herausfinden; ■**to ~ that ...** feststellen, dass ...; (*give as result*) ergeben, dass ...; ■**to ~ when/where/who/why ...** herausfinden, wann/wo/wer/warum ... ❸ (*influence*) ■**to ~ sth** etw bestimmen; **it will be ~d by how much money is available** es wird davon abhängen, wie viel Geld uns zur Verfügung steht; **genetically ~d** genetisch festgelegt ❹ (*cause to decide*) ■**to ~ sb to do sth** jdn veranlassen, etw zu tun

de·ter·mined [dɪˈtɜːmɪnd, AM -ˈtɜːr-] *adj* entschlossen; ■**to be ~ to do sth** entschlossen sein, etw zu tun, etw unbedingt tun wollen; **she is ~ that her daughter will study** sie hat es sich in den Kopf gesetzt, dass ihre Tochter einmal studieren wird

de·ter·mined·ly [dɪˈtɜːmɪndli, AM -ˈtɜːr-] *adv* entschlossen; **he was ~ polite despite the aggressive questioning** trotz der aggressiven Befragung ließ er sich nicht in seiner Höflichkeit beirren

de·ter·min·er [dɪˈtɜːmɪnəʳ, AM -ˈtɜːrmɪnɚ] *n* Bestimmungswort *nt*

de·ter·min·ism [dɪˈtɜːmɪnɪzᵊm, AM -ˈtɜːr-] *n no pl* PHILOS Determinismus *m*

de·ter·rence [dɪˈterᵊn(t)s] *n no pl* Abschreckung *f*

de·ter·rent [dɪˈterᵊnt] **I.** *n* Abschreckung *f,* Abschreckungsmittel *nt* (**against** gegen +*akk*); **nuclear ~s** atomare Abschreckungsmittel; **to act** [*or* **serve**] **as a ~ to sb** eine abschreckende Wirkung auf jdn haben; ■**to be a ~** abschrecken **II.** *adj* abschreckend, Abschreckungs-; ~ **effect** abschreckende Wirkung

de·test [dɪˈtest] *vt* ■**to ~ sb/sth** jdn/etw verabscheuen [*o* hassen]; **I ~ having to get up early in the morning** ich hasse es, frühmorgens aufstehen zu müssen

de·test·able [dɪˈtestəbl̩] *adj* ❶ (*causing dislike*) abscheulich ❷ (*meriting dislike*) verabscheuungswürdig, verabscheuenswert

de·test·ably [dɪˈtestəbli] *adv* auf abscheuliche Weise

de·tes·ta·tion [ˌdiːtesˈteɪʃᵊn] *n no pl* (*form*) Abscheu *m* (**of** vor +*dat*); **most people have a ~ of war** die meisten Menschen verabscheuen den Krieg

de·throne [diːˈθrəʊn, AM dɪˈθroʊn] *vt* **to ~ a monarch** einen Monarchen/eine Monarchin absetzen [*o geh* entthronen]; ■**to ~ sb** (*fig*) jdn [aus seiner Machtstellung] verdrängen

deto·nate [ˈdetᵊneɪt] **I.** *vi* ❶ (*explode*) detonieren *geh,* explodieren; **detonating ball/gas** Knallerbse *f*/-gas *nt* ❷ AUTO *engine* klopfen **II.** *vt* ■**to ~ sth** etw detonieren [*o* explodieren] lassen, etw zur Detonation [*o* Explosion] bringen

deto·na·tion [ˌdetᵊnˈeɪʃᵊn] *n* ❶ (*explosion*) Detonation *f,* Explosion *f* ❷ (*knocking*) *of an engine* Klopfen *nt*

deto·na·tor [ˈdetᵊneɪtəʳ, AM -t̬ɚ] *n* ❶ (*device on bomb*) [Spreng]zünder *m,* Sprengkapsel *f,* Zündkapsel *f* ❷ CHEM Initialsprengstoff *m,* Detonator *m fachspr*

de·tour [ˈdiːtʊəʳ, AM -tʊr] *n* ❶ (*long way round*) Umweg *m;* **to make** [*or* AM **take**] **a ~** einen Umweg machen [*o* fahren] ❷ (*diversion*) Umleitung *f;* (*fig: from topic*) Abschweifung *f*

de·tox [ˌdiːˈtɒks, AM diːˈtɑːks] *n no pl* (*fam*) ❶ (*treatment*) *short for* **detoxification** Entzug *m fam* ❷ (*place*) *short for* **detoxification centre** Entziehungsanstalt *f*

de·toxi·fi·ca·tion [diːˌtɒksɪfɪˈkeɪʃᵊn, AM -ˌtɑːk-] *n no pl* ❶ (*remove poison*) Entgiftung *f,* Detoxikation *f fachspr* ❷ (*treatment for addiction*) Entzug *m fam,* Entziehung[skur] *f*

de·toxi·fi·ˈca·tion cen·tre, AM **de·toxi·fi·ˈca·tion cen·ter** *n* ❶ (*for addicts*) Entziehungsanstalt *f,* Entziehungsklinik *f* ❷ (*for victims of poisoning*) Entgiftungszentrum *nt* **de·toxi·fi·ˈca·tion pro·gramme**, AM **de·toxi·fi·ˈca·tion pro·gram** *n* Entziehungskur *f*

de·toxi·fy <-ie-> [ˌdiːˈtɒksɪfaɪ, AM diːˈtɑːk-] **I.** *vt* ❶ (*remove poison*) ■**to ~ sb/sth** jdn/etw entgiften ❷ (*treat addict*) ■**to ~ sb** jdn einer Entziehungskur unterziehen *geh* **II.** *vi* ❶ *addict* sich *akk* einer Entziehungskur unterziehen, entziehen *fam* ❷ (*get rid of poison*) *body* sich *akk* selbst entgiften

de·tract [dɪˈtrækt] I. *vi* ■ to ~ **from sth** etw beeinträchtigen, etw *dat* schaden [*o geh* Abbruch tun]; **to ~ from sb's achievements** jds Leistungen *fpl* schmälern [*o* mindern] II. *vt* ■ **to ~ sb from sth** jdn von etw *dat* abbringen; **to ~ sb's attention from sth** jds Aufmerksamkeit von etw *dat* ablenken

de·trac·tor [dɪˈtræktəʳ, AM -ɚ] *n* ❶ (*critic*) Kritiker(in) *m(f)* ❷ (*slanderer*) Lästerer, Lästerin *m, f,* Verleumder(in) *m(f);* ■ **~s** böse Zungen

det·ri·ment [ˈdetrɪmənt] *n no pl* Schaden *m,* Nachteil *m;* **... to the ~ of her studies** ... zum Nachteil ihres Studiums; **without ~ to sth** ohne Schaden für etw *akk*

det·ri·men·tal [ˌdetrɪˈmentᵊl] *adj* schädlich; **to have a ~ effect on sth** sich *akk* nachteilig auf etw *akk* auswirken

de·tri·tus [dɪˈtraɪtəs, AM -ţ-] *n no pl* ❶ (*waste*) Unrat *m geh,* Abfälle *mpl* ❷ GEOL Geröll *nt,* Gesteinsschutt *m* ❸ BIOL Schwebestoffe *mpl,* Bodensatz *m,* Detritus *m fachspr*

de trop [dəˈtrəʊ, AM -ˈtroʊ] *adj pred, inv* (*form*) überflüssig; **to feel oneself ~** sich *dat* überflüssig [*o fam* wie das fünfte Rad am Wagen] vorkommen

deuce [djuːs, AM *esp* duːs] I. *n no pl* ❶ CARDS Zwei *f;* (*dice*) Zwei *f,* zwei Augen ❷ TENNIS Einstand *m* ❸ (*dated sl: devil*) Teufel *m sl;* **to be a ~ of a problem** ein vertracktes Problem sein *fam;* **how/what the ~ ...** wie/was zum Teufel ... *sl* II. *interj* (*dated*) Teufel nochmal! *sl,* zum Kuckuck! *fam*

deus ex machi·na [ˌdeɪəseksˈmækɪnə, -ˈmɑː-] *n* THEAT Deus ex Machina *m;* (*fig*) Retter *m* in der Not

deu·ter·ago·nist [ˌdjuːtəˈrægənɪst, AM ˌduːţ-] *n* THEAT Deuteragonist(in) *m(f),* zweiter Schauspieler (*auf der altgriechischen Bühne*)

deu·ter·ium [djuːˈtɪəriəm, AM duːˈtɪr-] *n no pl* schwerer Wasserstoff, Deuterium *nt fachspr*

Deutsch·mark [ˈdɔɪtʃmɑːk, AM -mɑːrk] *n* (*hist*) Deutsche Mark, D-Mark *f*

de·valu·ate [ˌdiːˈvæljueɪt] *vt see* **devalue**

de·valua·tion [ˌdiːvæljuːˈeɪʃᵊn] *n no pl* FIN Abwertung *f,* Devaluation *f fachspr*

de·value [ˌdiːˈvæljuː] *vt* ❶ (*reduce value*) ■ **to ~ sth** etw abwerten; **to ~ sb's achievement** jds Leistung *f* herabsetzen ❷ FIN **to ~ a currency** eine Währung abwerten [*o fachspr* devalvieren]

dev·as·tate [ˈdevəsteɪt] *vt* ■ **to ~ sth** etw vernichten [*o* [völlig] zerstören]; **to ~ a crop/an enemy** eine Ernte/einen Feind vernichten; **to ~ the economy** die Wirtschaft zugrunde richten; **to ~ sb's hope/life** jds Hoffnung *f*/Leben *nt* zerstören; **to ~ a region** eine Gegend verwüsten; (*fam*) ■ **to ~ sb** jdn umhauen *fam;* **he was utterly ~d when his wife left him** er war völlig am Boden zerstört, als seine Frau ihn verließ

dev·as·tat·ing [ˈdevəsteɪtɪŋ, AM -ţ-] *adj* ❶ (*a. fig: destructive*) verheerend, vernichtend *a. fig;* **their hopes of winning suffered a ~ blow** ihre Hoffnungen wurden mit einem Schlag zunichte gemacht ❷ (*fig fam: overwhelming*) umwerfend *fam,* hinreißend; *charm, smile* unwiderstehlich; **sb's ~ wit** [*or* **humour**] jds entwaffnender Witz [*o* Humor] ❸ (*fig fam: crushing*) *fact, news, result* niederschmetternd

dev·as·tat·ing·ly [ˈdevəsteɪtɪŋli, AM -ţ-] *adv* ❶ (*destructively*) entsetzlich, furchtbar; **~ cruel** entsetzlich grausam ❷ (*overwhelmingly*) wahnsinnig *fam,* schrecklich *fam,* unheimlich *fam;* **a ~ attractive man** ein wahnsinnig attraktiver Mann

dev·as·ta·tion [ˌdevəˈsteɪʃᵊn] *n no pl* ❶ (*destruction*) Verwüstung *f,* Zerstörung *f;* **a trail of ~** eine Spur der Verwüstung ❷ (*of person*) Verzweiflung *f,* Niedergeschlagenheit *f;* **utter ~** völlige Verzweiflung

de·vein [ˌdiːˈveɪn] *vt* **to ~ a prawn/shrimp** den Darm von einer Garnele/einem Shrimp abziehen

de·vel·op [dɪˈveləp] I. *vi* ❶ (*grow*) sich *akk* entwickeln (**into** zu +*dat*); *abilities* sich *akk* entfalten; **the whole affair might ~ into a scandal** die ganze Sache könnte sich zu einem Skandal auswachsen ❷ (*come into being*) *friendship, misunderstanding* entstehen; *difficulties, doubts* auftreten ❸ (*show*) sich *akk* zeigen, auftreten ❹ PHOT *film* entwickelt werden II. *vt* ❶ (*improve*) **to ~ an idea/a policy/a strategy** eine Vorstellung/eine Politik/eine Strategie entwickeln; **to ~ muscles** Muskeln bilden; **to ~ one's muscles** sich *dat* Muskeln antrainieren, seine Muskeln stärken; **to ~ one's skills/talents** seine Fähigkeiten/Talente weiterentwickeln ❷ (*create*) ■ **to ~ sth** etw erarbeiten [*o* ausarbeiten]; **to ~ a drug/product/technology** ein Arzneimittel/ein Produkt/eine Technologie entwickeln; **to ~ a plan/programme** einen Plan/ein Programm ausarbeiten ❸ (*show*) ■ **to ~ sth** etw zeigen [*o* an den Tag legen]; **she's ~ed some very strange habits** sie hat einige sehr merkwürdige Gewohnheiten angenommen ❹ (*suffer from*) ■ **to ~ sth** etw bekommen [*o* entwickeln]; **to ~ an allergy to sth** eine Allergie gegen etw *akk* entwickeln ❺ ARCHIT (*build*) **to ~ a land site** ein Gelände erschließen [und bebauen]; **they are going to ~ this area into a shopping complex** sie haben vor, auf diesem Gelände ein Einkaufszentrum zu errichten ❻ PHOT **to ~ a film** einen Film entwickeln ❼ MUS (*elaborate*) **to ~ a theme** ein Thema entwickeln [*o* durchführen] ❽ CHESS **to ~ a piece** eine Figur [auf ein anderes Feld] ziehen

de·vel·oped [dɪˈveləpt] *adj* ❶ (*advanced*) entwickelt; **he's very highly ~ for his age** er ist schon sehr weit für sein Alter; **~ country** hoch entwickeltes Land, Industrieland *nt;* **the ~ world** die Industrieländer *ntpl* ❷ ARCHIT **~ area** [*or* **land**] erschlossenes Bauland, baureifes Land

de·vel·op·er [dɪˈveləpəʳ, AM -ɚ] *n* ❶ PSYCH **late ~** Spätentwickler(in) *m(f)* ❷ (*person*) Bauunternehmer(in) *m(f);* (*company*) Baufirma *f,* Bauunternehmen *nt;* **property ~** (*person*) Bauunternehmer(in) *m(f);* (*company*) Bauträgerfirma *f* ❸ PHOT Entwickler *m,* Entwicklerflüssigkeit *f*

de·vel·op·ing [dɪˈveləpɪŋ] *adj attr, inv* sich *akk* entwickelnd; **~ decisions/ideas/plans** heranreifende Entscheidungen/Vorstellungen/Pläne

de·vel·op·ing 'coun·try *n,* **de·vel·op·ing 'na·tion** *n* Entwicklungsland *nt* **de·'vel·oping tank** *n* Entwicklungsdose *f,* Entwicklungstank *m* **de·vel·oping 'world** *n no pl* Entwicklungsländer *ntpl*

de·vel·op·ment [dɪˈveləpmənt] I. *n* ❶ *no pl* (*act, process*) Entwicklung *f;* (*growth also*) Wachstum *nt;* **product ~** Produktentwicklung *f;* **under-/over-~** Unter-/Überentwicklung *f* ❷ (*new event*) Entwicklung *f;* **the new/latest ~s** die neuen/jüngsten Entwicklungen; **have there been any new ~s?** hat sich etwas Neues ergeben? ❸ *no pl* ARCHIT (*work*) Bau *m;* (*area*) Baugebiet *nt;* **housing ~** Wohnungsbau *m;* **property ~** Grundstückserschließung *f;* **new ~** Neubaugebiet *nt* ❹ MUS *of a theme* Durchführung *f,* Entwicklung *f* ❺ CHESS (*moving*) Ziehen *nt* II. *n modifier* Entwicklungs-; **~ project** POL Entwicklungsprojekt *nt;* ARCHIT Erschließungsvorhaben *nt*

de·vel·op·men·tal [dɪˌveləpˈmentᵊl, AM -ţᵊl] *adj process, stage* Entwicklungs-

de·'vel·op·ment area *n* BRIT staatlich gefördertes strukturschwaches Gebiet

de·vi·ance [ˈdiːviən(t)s] *n no pl* ❶ SOCIOL Abweichung *f;* **~ from the norm** abweichendes Verhalten, Devianz *f fachspr* ❷ MATH Abweichung *f,* Summe *f* der Abweichungsquadrate

de·vi·ant [ˈdiːviənt] SOCIOL I. *n* **to be a** [**sexual/social**] **~** [im sexuellen/sozialen Verhalten] von der Norm abweichen II. *adj behaviour* abweichend *attr,* deviant *fachspr;* **~ career** Werdegang *m* der Abweichung

de·vi·ate I. *n* [ˈdiːviət] SOCIOL von der Norm abweichende Person; **sexual/social ~** von der sexuellen/sozialen Norm abweichende Person II. *vi* [ˈdiːvieɪt] ❶ (*diverge*) abweichen; POL [von der Parteilinie] abweichen, deviieren *fachspr* (**from** von +*dat*); **to ~ from the norm** von der Norm abweichen; **this weather pattern ~s from the norm** das Wetter ist für diese Jahreszeit unüblich ❷ (*go in another direction*) sich *akk* entfernen; to ~ **from the route** sich *akk* vom Weg entfernen, vom Weg abkommen; to ~ **from a rule** von einer Regel abweichen, sich *akk* nicht an eine Regel halten

de·via·tion [ˌdiːviˈeɪʃᵊn] *n* ❶ SOCIOL Abweichung *f;* ~ **from the norm** Abweichung *f* von der Norm; **sexual/social** ~ Abweichung *f* von der sexuellen/sozialen Norm, sexuelle/soziale Devianz *fachspr;* POL Abweichen *nt* von der Parteilinie, Deviation *f fachspr* ❷ MATH, NAUT Abweichung *f,* Deviation *f fachspr;* NAUT *a.* Fehlweisung *f*

de·via·tion·ist [ˌdiːviˈeɪʃᵊnɪst] *n* POL Abweichler(in) *m(f),* Deviationist(in) *m(f) fachspr*

de·vice [dɪˈvaɪs] *n* ❶ (*machine*) Gerät *nt,* Vorrichtung *f,* Apparat *m;* **bugging/hearing** ~ Abhör-/Hörgerät *nt* ❷ (*method*) Verfahren *nt,* Maßnahme *f;* **contraceptive** ~ Methode *f* der Empfängnisverhütung; **linguistic/stylistic** ~ Sprach-/Stilmittel *nt;* **literary/rhetorical** ~ literarischer/rhetorischer Kunstgriff; **marketing** ~ absatzförderndes Mittel ❸ (*bomb*) Sprengsatz *m;* **explosive/incendiary** ~ Spreng-/Brandsatz *m;* **nuclear** ~ atomarer Sprengkörper ▶ PHRASES: **to leave sb to their own** ~**s** jdn sich *dat* selbst überlassen

dev·il [ˈdevᵊl] *n* ❶ *no pl* (*Satan*) ■**the D~** der Teufel; **to be possessed by the D~** vom Teufel besessen sein, den Teufel im Leib haben ❷ (*demon*) böser Geist, Dämon *m;* (*fig: wicked person*) Teufel(in) *m(f) fam,* Teufelsbraten *m pej fam,* Satansbraten *m pej fam;* **he's a real** ~ er ist ein echtes Scheusal *fam* ❸ (*approv fam: sly person*) alter Fuchs *fam;* (*daring person*) Teufelskerl *m fam,* Draufgänger(in) *m(f) fam;* **be a** ~ nur zu *fam,* sei kein Frosch *fam;* **you** ~ du bist [mir] vielleicht so eine Marke *fam* ❹ (*affectionately*) **cheeky** ~ Frechdachs *m hum fam;* **little** ~ kleiner Schlingel *fam;* **lucky** ~ Glückskind *nt,* Glückspilz *m fam;* **poor** ~ armer Teufel [*o* Schlucker] [*o* Kerl] *fam* ❺ (*emphasizing*) **to be a** ~ **of a job** eine Heidenarbeit sein *fam;* **to have the** ~ **of a job** [*or* **time**] **doing sth** es verteufelt [*o* verdammt] schwer haben, etw zu tun *fam;* **we had the** ~ **of a time trying to find the place** es war verdammt schwierig für uns, den Ort zu finden; **how/what/where/who/why the** ~ **...?** wie/was/wo/wer/warum zum Teufel ...? *fam* ❻ *esp* LAW (*junior assistant*) Assessor(in) *m(f)* ❼ BRIT (*machine*) Zerkleinerungsmaschine *f,* [Reiß]wolf *m* ❽ ZOOL [**Tasmanian**] ~ Tasmanischer Teufel, Beutelteufel *m* ▶ PHRASES: **to give the** ~ **his due** das muss man ihm/ihr lassen; ~ **take the hindmost** den Letzten beißen die Hunde *prov;* **needs must when the** ~ **drives** (*prov*) ob du willst oder nicht; **to be between the** ~ **and the deep blue sea** sich *akk* in einer Zwickmühle befinden *fam;* **go to the** ~**!** geh zum Teufel! *sl,* scher dich zum Teufel! *sl;* **there'll be the** ~ **to pay** das gibt Ärger; **if he catches you doing that there'll be the** ~ **to pay** wenn er dich dabei erwischt, ist die Hölle los; **to play the** ~ **with sb/sth** jdm/etw übel mitspielen, Schindluder mit jdm/etw treiben; **speak** [*or dated* **talk**] **of the** ~ [**and he appears**] wenn man vom Teufel spricht[, ist er auch schon da], wenn man den Teufel nennt[, kommt er gerennt] SÜDD *prov,* man soll den Teufel nicht an die Wand malen; **like the** ~ wie besessen [*o fam* wild]

dev·il·ish [ˈdevᵊlɪʃ] **I.** *adj* ❶ *plan, plot* teuflisch; *grin also* tückisch; *heat, mess* fürchterlich, furchtbar *fam,* schrecklich *fam* ❷ (*difficult*) *situation* verteufelt *fam; problem* vertrackt *fam,* verzwickt *fam;* ~ **job** Heidenarbeit *f* **II.** *adv* BRIT (*dated: extremely*) *see* **devilishly 2**

dev·il·ish·ly [ˈdevᵊlɪʃli] *adv* ❶ (*mischievously*) *smile, wink* teuflisch, diabolisch ❷ (*extremely*) schrecklich *fam,* verdammt *fam;* ~ **clever** [*or* **cunning**]/**handsome/hot** verdammt schlau/gut aussehend/heiß; ~ **cruel** schrecklich grausam; ~ **difficult** äußerst verzwickt

ˈdev·il-may-care *adj attr* sorglos, leichtsinnig *pej;* **she was always cheerful and had a** ~ **attitude about the future** sie war stets fröhlich und machte sich keine Gedanken über die Zukunft

dev·il·ment [ˈdevᵊlmənt] *n,* **dev·il·ry** [ˈdevᵊlri] *n no pl* (*dated*) [grober] Unfug, böser Streich; **purely out of** ~ aus reinem Übermut; **to be up to** ~ Unfug im Sinn haben, etwas im Schilde führen

dev·il's ˈad·vo·cate *n* Advocatus Diaboli *m;* **to play the** ~ den Advocatus Diaboli spielen **dev·il's food ˈcake** *n* glasierte Schoko[laden]cremetorte **dev·ils on ˈhorse·back** *n* BRIT Backpflaumen *fpl* im Speckmantel auf Toast

de·vi·ous [ˈdiːviəs] *adj* ❶ (*dishonest*) *person* verschlagen, unaufrichtig; *scheme* krumm *fam* ❷ *attr* (*roundabout*) gewunden; **to take a** ~ **route** einen Umweg fahren

de·vi·ous·ly [ˈdiːviəsli] *adv* verschlagen, hinterhältig

de·vi·ous·ness [ˈdiːviəsnəs] *n no pl* ❶ (*dishonesty*) Verschlagenheit *f,* Hinterhältigkeit *f* ❷ (*of a route*) Gewundenheit *f*

de·vise [dɪˈvaɪz] **I.** *vt* ■**to** ~ **sth** ❶ (*contrive*) etw erdenken [*o* ersinnen]; **to** ~ **a plot** [*or* **scheme**] einen Plan aushecken, ein Komplott schmieden *geh* ❷ LAW *property* über etw *akk* letztwillig verfügen, etw hinterlassen [*o* vermachen] **II.** *n* LAW letztwillige Verfügung (*über Grundbesitz*)

de·vi·tal·ize [ˌdiːˈvaɪtᵊlaɪz, AM -t̬ᵊl-] *vt* ■**to** ~ **sth** etw schwächen [*o* entkräften]; **to** ~ **an argument** ein Argument entkräften; **to** ~ **a programme/project** ein Programm/Projekt auslaufen lassen

de·void [dɪˈvɔɪd] *adj pred* ■**to be** ~ **of sth** ohne etw *akk* sein; **he seems to be** ~ **of any compassion whatsoever** ihm fehlt anscheinend jegliches Mitgefühl; **to be completely** ~ **of feeling/ornament/sense** völlig gefühl-/schmuck-/sinnlos sein

de·voir [dəˈvwɑːʳ, AM -ˈvwɑːr] *n* ❶ (*duty*) Pflicht *f;* **to do one's** ~ seine Pflicht und Schuldigkeit tun *geh* ❷ *pl* (*respect*) **to pay one's** ~**s to sb** jdm seine Aufwartung machen *veraltet geh*

de·vo·lu·tion [ˌdiːvəˈluːʃᵊn, AM ˌdevəˈ-] *n no pl* ❶ POL (*decentralization*) Dezentralisierung *f;* ~ **of authority** Delegierung *f* von Amtsgewalt ❷ LAW (*transference*) Übergang *m;* ~ **of an inheritance** Anfall *m* einer Erbschaft; ~ **of property/rights** Übergang *m* von Eigentum/Rechten

i Kultur

Devolution heißt in Großbritannien ein Prozess der Verteilung der zentralen Staatsgewalt an Teile des Landes. Das *Scottish Parliament,* die *Northern Ireland Assembly* und die *Welsh Assembly* haben in regionalen Angelegenheiten alle Befugnisse. Nur England hat kein eigenes Parlament. Das *Parliament of the United Kingdom* in London ist die oberste gesetzgebende Gewalt für alle Teile des Landes, aber es kümmert sich auch um die Belange von England und bestimmt die Außenpolitik, die Verteidigungs- und Wirtschaftspolitik.

de·volve [dɪˈvɒlv, AM -ˈvɑːlv] **I.** *vi* ❶ (*be transferred*) *duty, functions* übergehen, übertragen werden; **the responsibility** ~**s on her as soon as the boss leaves the office** die Verantwortung geht auf sie über, sobald der Chef das Büro verlässt ❷ LAW (*become sb's property*) ■**to** ~ **on sb** auf jdn übergehen **II.** *vt* (*form*) ■**to** ~ **sth** etw übertragen (**on/upon** auf +*akk*); **to** ~ **duties/rights/property** Pflichte/Rechte/Eigentum übertragen; **to** ~ **responsibility downward** Verantwortung nach unten weitergeben; ■**to** ~ **sth to sb** jdm etw übertragen, etw an jdn delegieren

Dev·on [ˈdevᵊn] *n no pl* Devon *nt*

De·vo·nian [dɪˈvəʊniən, AM -ˈvoʊ-] **I.** *n* ❶ (*person*) Bewohner(in) *m(f)* von Devon[shire] ❷ *no pl* GEOL Devon *nt* ❸ ZOOL Devonrind *nt,* Devonschaf *nt* **II.** *adj inv* ❶ (*of Devon*) aus Devon[shire] ❷ GEOL devonisch; ~ **formation** Devon *nt*

de·vote [dɪˈvəʊt, AM -ˈvoʊt] *vt* ■**to** ~ **sth to sb/sth** jdm/etw etw widmen; **to** ~ **one's time to sb/sth** jdm/etw seine Zeit opfern; ■**to** ~ **oneself to sth** sich *akk* etw *dat* widmen; **to** ~

oneself to God sein Leben Gott weihen

de·vot·ed [dɪˈvəʊtɪd, AM -ˈvoʊt̬ɪd] *adj admirer* begeistert; *child, dog* anhänglich; *disciple, follower, friend* treu; *friendship, love* aufrichtig; *husband, mother* hingebungsvoll; *servant* ergeben *geh;* ■**to be ~ to sb/sth** jdm/etw treu ergeben sein; **she is ~ to her job** sie geht völlig in ihrer Arbeit auf

de·vot·ed·ly [dɪˈvəʊtɪdli, AM -ˈvoʊt̬ɪd-] *adv* treu ergeben, hingebungsvoll

devo·tee [ˌdevə(ʊ)ˈtiː, AM -vəˈ-] *n of an artist* Verehrer(in) *m(f); of a leader* Anhänger(in) *m(f); of a cause* Verfechter(in) *m(f); of music* Liebhaber(in) *m(f); of a sport* Fan *m fam*

de·vo·tion [dɪˈvəʊʃᵊn, AM -ˈvoʊ-] *n no pl* ❶ (*loyalty*) Treue *f,* Ergebenheit *f* ❷ (*dedication*) Hingabe *f,* Aufopferung *f;* **self-less/unstinting ~ to a cause/duty** selbstlose/rückhaltlose Hingabe an eine Sache/Pflicht ❸ (*affection*) *of the husband, wife* Liebe *f,* innige Zuneigung; *of children* Anhänglichkeit *f; of an admirer* Verehrung *f,* Wertschätzung *f* ❹ REL Frömmigkeit *f,* Andacht *f;* **she has a deep ~ to God** sie ist sehr gottergeben

de·vo·tion·al [dɪˈvəʊʃᵊnᵊl, AM -ˈvoʊ-] *adj book, exercise, picture* Andachts-; *congregation, prayer, worshipper* andächtig; *literature* erbaulich, Erbauungs-; *person, practice* fromm, religiös; **~ articles** Devotionalien *fpl;* **~ services** gottesdienstliche Handlungen

de·vour [dɪˈvaʊəʳ, AM -ɚ] *vt* ❶ (*eat*) ■**to ~ sth** etw verschlingen; (*fig*) **to ~ a book** ein Buch verschlingen ❷ (*consume*) ■**to ~ sth** etw vernichten [*o geh* verzehren]; **the flames ~ed most of the documents** die Flammen vernichteten den größten Teil der Unterlagen; (*fig*) **to be ~ed by jealousy/passion** sich *akk* vor Eifersucht/Leidenschaft verzehren *geh*

de·vour·ing [dɪˈvaʊərɪŋ, AM -ɚɪŋ] *adj attr* (*fig esp liter*) *ambition, hatred, passion* verzehrend *geh; curiosity* brennend; *fire* vernichtend

de·vout [dɪˈvaʊt] *adj* ❶ *Catholic, person* fromm, gläubig; (*fig: committed*) eifrig; *environmentalist, pacifist* [sehr] engagiert, erklärt; **to be a ~ believer in sth** fest von etw *dat* überzeugt sein ❷ (*sincere*) *prayers* inbrünstig, andächtig; *hope, wish* innig, sehnlich

de·vout·ly [dɪˈvaʊtli] *adv* ❶ (*earnestly religious*) streng religiös; **a ~ Catholic family** eine streng katholische Familie ❷ (*sincerely*) **to pray ~** andächtig beten; **to hope ~** inständig [*o geh* inbrünstig] hoffen

dew [djuː, AM duː] *n no pl* Tau *m*

dew·ber·ry [ˈdjuːbᵊri, AM ˈduːberi, ˈdjuː-] *n* ❶ (*berry*) Brombeere *f* ❷ (*shrub*) Brombeerstrauch *m* **dewdrop** *n* ❶ (*drop of dew*) Tautropfen *m* ❷ BOT Zwergbrombeere *f*

Dewey deci·mal clas·si·fi·ca·tion [ˌdjuːi-, AM ˌduːi-, ˌdjuːi-] *n,* **ˈDewey sys·tem** *n no pl esp* AM Dewey-System *nt* (*System der Katalogisierung von Büchern für Bibliotheken*)

ˈdew·fall *n no pl* Taubildung *f,* Taufall *m;* ■**at ~** (*poet, liter*) in aller Frühe **ˈdew·lap** *n of a cow* Wamme *f; of a turkey* Hautlappen *m; of a fat person* Doppelkinn *nt;* (*from age*) Halsfalte *f*

de·worm [ˌdiːˈwɜːm, AM -ˈwɜrm] *vt* ■**to ~ an animal** ein Tier entwurmen

ˈdew point *n* PHYS Taupunkt *m*

dewy [ˈdjuːi, AM *esp* ˈduːi] *adj* ❶ (*covered with dew*) taufeucht; *morning* taufrisch ❷ (*moist*) *skin* feucht

dewy-ˈeyed *adj* ❶ (*pej: naive*) naiv *pej,* blauäugig *fig pej* ❷ (*emotional*) mit feuchten Augen; **to get** [*or* **go**] **~** feuchte Augen bekommen

dex·ter·ity [dekˈsterəti, AM -ət̬i] *n no pl* ❶ (*of hands*) Geschicklichkeit *f* ❷ (*cleverness*) Gewandtheit *f;* (*of speech*) Redegewandtheit *f*

dex·ter·ous [ˈdekstᵊrəs] *adj* ❶ (*skilful*) *dancer* gewandt; *fingers, hands, person* geschickt, flink ❷ (*clever*) *orator, politician* gewandt; *mind, manager* findig

dex·ter·ous·ly [ˈdekstᵊrəsli] *adv* ❶ (*skilfully*) geschickt ❷ (*cleverly*) gewandt

dex·trose [ˈdekstrəʊs, AM -troʊs] *n no pl* Traubenzucker *m,* Dextrose *f fachspr*

dex·trous [ˈdekstrəs] *adj see* **dexterous**

dex·trous·ly [ˈdekstrəsli] *adv see* **dexterously**

DFE [ˌdiːefˈiː] *n no pl* BRIT *abbrev of* **Department for Education** Ministerium *nt* für Gesundheit und Soziales

dhal [dɑːl] *n no pl* Dal *pl* (*Hindi für Hülsenfrüchte bzw. Gericht aus diesen*)

dhar·ma [ˈdɑːmə, AM ˈdɑːr-] *n no pl* Dharma *nt* (*im Buddhismus und Hinduismus überwiegend im Sinne von Gesetz/Pflicht verwendet*)

dho·ti [ˈdəʊti, AM ˈdoʊt̬i] *n* Lendentuch *nt* (*der Inder*)

dia·be·tes [ˌdaɪəˈbiːtiːz, AM -t̬əs] *n no pl* Zuckerkrankheit *f,* Diabetes *m*

dia·bet·ic [ˌdaɪəˈbetɪk, AM -ˈbet̬-] **I.** *n* Diabetiker(in) *m(f),* Zuckerkranke(r) *f(m)* **II.** *adj* ❶ (*having diabetes*) zuckerkrank, diabetisch *fachspr* ❷ (*for diabetics*) Diabetiker-, Diabetes-; **~ chocolate/diet/food** Diabetikerschokolade/-diät/-kost *f*

dia·bol·ic [ˌdaɪəˈbɒlɪk, AM -ˈbɑː-] *adj* ❶ (*of Devil*) Teufels- ❷ (*evil*) teuflisch, diabolisch *geh*

dia·boli·cal [ˌdaɪəˈbɒlɪkᵊl, AM -ˈbɑː-] *adj* ❶ (*of Devil*) Teufels- ❷ (*evil*) teuflisch, diabolisch *geh* ❸ (*fam: very bad*) schrecklich *fam,* grässlich *fam*

dia·boli·cal·ly [ˌdaɪəˈbɒlɪkᵊli, AM -ˈbɑː-] *adv* ❶ (*extremely*) wahnsinnig *fam,* unheimlich *fam,* fürchterlich *fam;* **~ difficult** saumäßig schwer *sl;* **he invented a ~ clever scheme** er hat sich einen ungemein schlauen Plan ausgedacht; **she is ~ cunning** sie ist eine ganz Ausgebuffte *sl* ❷ (*wickedly*) diabolisch, teuflisch-boshaft

dia·chron·ic [ˌdaɪəˈkrɒnɪk, AM -ˈkrɑː-] *adj inv* LING diachron[isch]

dia·crit·ic [ˌdaɪəˈkrɪtɪk, AM -t̬-] **I.** *adj attr, inv* LING diakritisch **II.** *n* LING diakritisches Zeichen

dia·criti·cal [ˌdaɪəˈkrɪtɪkᵊl, AM -t̬-] *adj inv* LING diakritisch

dia·dem [ˈdaɪədem] *n* Diadem *nt*

di·ag·nose [ˈdaɪəgnəʊz, AM ˌdaɪəgˈnoʊs] **I.** *vi* diagnostizieren **II.** *vt* ■**to ~ sth** ❶ MED etw diagnostizieren [*o* feststellen]; **she was ~d as having diabetes** man hat bei ihr Diabetes festgestellt ❷ (*discover*) etw erkennen; **to ~ a fault** [*or* **flaw**] einen Fehler [*o* Defekt] feststellen

di·ag·no·ses [ˌdaɪəgˈnəʊsiːz, AM -ˈnoʊ-] *n pl of* **diagnosis**

di·ag·no·sis <*pl* -ses> [ˌdaɪəgˈnəʊsɪs, AM -ˈnoʊ-, *pl* -siːz] *n* ❶ *of a disease* Diagnose *f;* **to make a ~** eine Diagnose stellen ❷ *of a problem* Beurteilung *f* ❸ BIOL Bestimmung *f,* Diagnose *fachspr*

di·ag·nos·tic [ˌdaɪəgˈnɒstɪk, AM -ˈnɑː-] *adj* diagnostisch

di·ago·nal [daɪˈægᵊnᵊl] **I.** *adj inv line* diagonal, schräg; **~ stripe** Schrägstreifen *m* **II.** *n* Diagonale *f*

di·ago·nal·ly [daɪˈægᵊnᵊli] *adv inv* schräg, diagonal; **to live/sit ~ across from sb** jdm schräg gegenüber wohnen/sitzen

dia·gram [ˈdaɪəgræm] **I.** *n* ❶ (*drawing*) schematische Darstellung [*o* Zeichnung], Schema *nt;* **wiring ~** Schaltplan *m,* Schaltbild *nt;* **to draw a ~** eine Skizze anfertigen ❷ (*chart*) Diagramm *nt,* graphische Darstellung, Schaubild *nt* ❸ MATH Diagramm *nt* **II.** *vt* <-mm-> ■**to ~ sth** etw schematisch aufzeichnen

dia·gram·mat·ic [ˌdaɪəgrəˈmætɪk, AM -t̬-] *adj* schematisch, diagrammatisch

dia·gram·mati·cal·ly [ˌdaɪəgrəˈmætɪkli, AM -t̬-] *adv* schematisch, diagrammatisch

dial [daɪəl, AM daɪ(ə)l] **I.** *n* ❶ *of clock* Zifferblatt; *of gauge, instrument* Skala *f,* Skale *f fachspr; of telephone* Wählscheibe *f,* Nummernscheibe *f;* RADIO, TV [Einstell]skala *f;* **~ illumination** Skalenbeleuchtung *f* ❷ BRIT (*sl: face*) Visage *f pej sl* **II.** *vi* <BRIT -ll- *or* AM *usu* -l-> wählen; **to ~ direct** durchwählen **III.** *vt* **to ~ a number** eine Nummer wählen; **you've just ~ed the wrong number** Sie haben sich soeben verwählt; **he ~ed the doctor's office** er rief in der Arztpraxis an; **to ~ 999** [*or* AM **911**] den Notruf wählen

dia·lect [ˈdaɪəlekt] **I.** *n* Dialekt *m,* Mundart *f* **II.** *n modifier* (*dictionary, geography*) Dialekt-, Mundart-

dia·lec·tal [ˌdaɪəˈlektᵊl] *adj* dialektal, mundartlich
dia·lec·tic [ˌdaɪəˈlektɪk] **I.** *n no pl* Dialektik *f* **II.** *adj* dialektisch
dia·lec·ti·cal [ˌdaɪəˈlektɪkᵊl] *adj* dialektisch
dia·lec·ti·cal ma·'teri·al·ism *n* PHILOS dialektischer Materialismus, DIAMAT *m*, Diamat *m*
dia·lec·ti·cian [ˌdaɪəlekˈtɪʃᵊn] *n* Dialektiker(in) *m(f)*
dia·lec·tics [ˌdaɪəˈlektɪks] *n + sing vb see* **dialectic I.**
dial·ling [ˈdaɪəlɪŋ, AM ˈdaɪ(ə)l-] *n no pl* Wählen *nt;* **direct** ~ Direktwahl *f*, Durchwahl *f*
'dial·ling code *n* BRIT Vorwahl *f*, Ortsnetzkennzahl *f* **'dial·ling tone** *n* BRIT Amtston *m*, Wählton *m*
dia·log [ˈdaɪəlɑːg] AM, **dia·logue** [-lɒg] *n* ❶ (*conversation*) [Zwie]gespräch *nt*, Dialog *m geh* ❷ LIT, THEAT, FILM Dialog *m* ❸ POL Gespräch *nt*, Unterredung *f*, Dialog *m geh;* **to engage in** ~ sich *akk* an einem Dialog beteiligen, sich *akk* auf einen Dialog einlassen *geh;* **to enter into** ~ **with sb** in einen Dialog mit jdm [ein]treten *geh*
'dia·log box AM, **'dia·logue box** *n* COMPUT Dialogbox *f*
'dial tone *n* AM, AUS Amtston *m*, Wählton *m*
di·aly·sis [daɪˈæləsɪs] *n no pl* ❶ MED (*of blood*) Blutwäsche *f*, [Hämo]dialyse *f fachspr* ❷ CHEM Dialyse *f fachspr*, Trennung *f*
dia·man·té [ˌdiːəˈmɑ̃(ŋ)teɪ, AM -ˈmɑːnteɪ] **I.** *n no pl* Strass *m* **II.** *adj inv brooch, earrings* Strass-
di·am·eter [daɪˈæmətəʳ, AM -t̬ɚ] *n* ❶ (*of pipe etc*) Durchmesser *m*, Diameter *m fachspr;* **the pipe is 4 cm in** ~ das Rohr misst 4 cm im Durchmesser [*o* hat einen Durchmesser von 4 cm] ❷ (*of magnification*) Vergrößerung *f*
dia·met·ri·cal·ly [daɪəˈmetrɪkᵊli] *adv inv* ❶ diametrisch *fachspr* ❷ (*fig: completely*) ~ **opposed** völlig [*o geh* diametral] entgegengesetzt; **their points of view are** ~ **opposed** sie vertreten gegensätzliche Standpunkte
dia·mond [ˈdaɪəmənd] **I.** *n* ❶ (*stone*) Diamant *m;* ■~**s** *pl* Diamanten *mpl*, Diamantschmuck *m;* **conflict** [*or* **blood**] ~**s** Conflict Diamonds *mpl fig* (*afrikanische Edelsteine, mit deren Erlös Konfliktgruppen finanziert werden*) ❷ MATH Raute *f*, Rhombus *m* ❸ CARDS Karo *nt;* **ace/king of** ~**s** Karoass *nt*/-könig *m* ❹ (*tool*) [Glaser]diamant *m* ❺ (*in baseball*) Spielfeld *nt;* (*infield*) Innenfeld *nt* ▸ PHRASES: **a** ~ **in the rough** AM ein ungeschliffener Diamant; **Rachel is a** ~ **in the rough** Rachel ist ein Juwel, ihr fehlt nur der Schliff; **it was** ~ **cut** ~ AM sie standen einander in nichts nach **II.** *n modifier* (*brooch, necklace, ring*) Diamant-
dia·mond an·ni·'ver·sary *n* diamantene Hochzeit **'dia·mond cut·ter** *n* Diamantschneider(in) *m(f)*, Diamantschleifer(in) *m(f)* **dia·mond-en·'crust·ed** *adj inv* diamantbesetzt, mit Diamanten besetzt **dia·mond 'ju·bi·lee** *n esp* BRIT diamantenes [*o* sechzigjähriges] Jubiläum, Sechzigjahrfeier *f* **'dia·mond mine** *n* Diamantenmine *f* **dia·mond 'wed·ding** *n* diamantene Hochzeit
dia·pa·son [ˌdaɪəˈpeɪzᵊn] *n* MUS ❶ (*range*) Diapason *m o nt fachspr* ❷ (*organ*) englisches Orgelregister; **open** ~ Achtfuß-Prinzipal *nt;* **stopped** ~ Achtfuß-Gedackt *m* ❸ *no pl* (*pitch standard*) Normalstimmton *m*, Kammerton *m;* (*rich sound*) voller [*o* volltönender] Klang; (*fig*) Zusammenklang *m*, Harmonie *f* ❹ (*tuning device*) Stimmpfeife *f*
dia·per [ˈdaɪəpəʳ, AM -ɚ] **I.** *n* ❶ AM (*nappy*) Windel *f;* **cloth** ~ Stoffwindel *f;* **disposable** ~ Wegwerfwindel *f*, Papierwindel *f* ❷ (*patterned fabric*) Jacquardgewebe *nt* **II.** *vt* **to** ~ **a baby** ein Baby wickeln [*o* windeln]
'dia·per cov·er *n* AM Windelhose *f* **'dia·per rash** *n* AM (*nappy rash*) Windelausschlag *m* **'dia·per ser·vice** *n* AM Windelwaschdienst *m*, Windelservice *m o nt*
di·apha·nous [daɪˈæfᵊnəs] *adj* (*liter*) durchscheinend, [licht]durchlässig; ~ **cloth** durchsichtiger [*o* transparenter] Stoff
dia·phragm [ˈdaɪəfræm] *n* ❶ ANAT Zwerchfell *nt*, Scheidewand *f*, Diaphragma *nt fachspr* ❷ MECH, TECH Membran[e] *f* ❸ PHOT [Okular]blende *f* ❹ (*contraceptive*) [Scheiden]diaphragma *nt*, [Scheiden]pessar *nt*
dia·rist [ˈdaɪərɪst] *n* Tagebuchschreiber(in) *m(f)*
di·ar·rhea [ˌdaɪəˈriːə] *esp* AM, **di·ar·rhoea** [-ˈrɪə] *n no pl* Durchfall *m*, Diarrhö[e] *f fachspr*
dia·ry [ˈdaɪəri:] *n* ❶ (*book*) Tagebuch *nt;* **to keep a** ~ [ein] Tagebuch führen ❷ (*schedule*) [Termin]kalender *m*, Taschenkalender *m*
di·as·po·ra [daɪˈæspᵊrə] *n no pl* ❶ (*of Jews*) **the D**~ die Judenvertreibung; (*of other groups*) Verstreuung *f* ❷ + *sing/pl vb* (*scattered ones*) Diaspora *f;* (*religious communities also*) Streugemeinde *f;* **D**~ **Jews** die Juden in der Diaspora; **the Christian** ~ die in der Diaspora lebenden Christen; **the Asian** ~ die im Ausland lebenden Asiaten
dia·tom·ic [daɪəˈtɒmɪk, AM -ˈtɑː-] *adj inv* CHEM zweiatomig, doppelatomig
dia·ton·ic [daɪəˈtɒnɪk, AM -ˈtɑː-] *adj inv* MUS diatonisch
dia·tribe [ˈdaɪətraɪb] *n* (*form: verbal*) Schmährede *f;* (*written*) Schmähschrift *f;* LIT [gelehrte] Streitschrift, Diatribe *f fachspr;* **to launch into a** ~ eine Schmährede vom Stapel lassen *fam*
dib·ble [ˈdɪbl̩] **I.** *n* ❶ (*implement*) Pflanzholz *nt*, Setzholz *nt* ❷ AM (*sl: policeman*) Bulle *m sl* ❸ AM (*vulg: penis*) Schwanz *m vulg* **II.** *vi* dibbeln *fachspr*, mit einem Setzholz Pflanzlöcher machen **III.** *vt* ■**to** ~ **sth in** etw mit einem Setzholz einpflanzen; **to** ~ **the soil** mit einem Setzholz Pflanzlöcher in den Boden machen
dice [daɪs] **I.** *n* <*pl* -> ❶ (*object*) Würfel *m;* (*game*) Würfelspiel *nt;* **to load the** ~ die Würfel präparieren; (*fig*) mit gezinkten Karten spielen; **to play** ~ würfeln, ein Würfelspiel machen; **to roll** [*or* **throw**] **the** ~ würfeln, knobeln ❷ (*food*) Würfel *m* ▸ PHRASES: **no** ~! AM (*fam: refusal of request*) kommt [überhaupt] nicht in Frage *fam*, daraus wird nichts *fam;* (*of no use*) vergiss es *fam*, [das ist] völlig witzlos *fam;* (*having no luck*) keine Chance **II.** *vi* würfeln ▸ PHRASES: **to** ~ **with death** mit seinem Leben spielen, sein Leben aufs Spiel setzen **III.** *vt* ❶ (*cut*) ■**to** ~ **sth** etw würfeln [*o* in Würfel schneiden] ❷ AUS (*sl: reject*) ■**to** ~ **sb** jdn abweisen, jdm die kalte Schulter zeigen *fam*
dicey [ˈdaɪsi] *adj* (*fam*) unsicher, riskant; *situation* prekär *geh*
di·choto·my [daɪˈkɒtəmi, AM -ˈkɑːt̬ə-] *n* (*form*) ❶ PHILOS Zweiteilung *f*, Dichotomie *f geh* ❷ BOT Aufspaltung *f*, Gabelung *f*, Dichotomie *f fachspr*
di·chro·mat·ic [ˌdaɪkrəˈmætɪk, AM -t̬ɪk] *adj inv* ❶ (*two-tone*) zweifarbig ❷ MED zweifarbensichtig, dichromatisch *fachspr*
dick [dɪk] *n* ❶ BRIT (*sl: chap*) Kerl *m fam*, Typ *m sl* ❷ (*pej!: stupid man*) Idiot *m pej*, Schwachkopf *m pej* ❸ AM (*pej sl: detective*) Schnüffler *m pej fam* ❹ (*vulg: penis*) Schwanz *m vulg* ❺ AM (*fam*) ~ **all** (*nothing*) einen [feuchten] Dreck *sl;* **he doesn't know** ~ **all** einen Dreck weiß er *sl* ❻ CAN (*sl*) ~ **all** (*nothing*) überhaupt nichts; **last night I did** ~ **all** gestern Abend habe ich überhaupt nichts gemacht
dick·ens [ˈdɪkɪnz] *n* (*dated fam*) **how/what/why the** ~ **...?** wie/was/warum zum Teufel ...? *sl*
Dick·en·sian [dɪˈkenziən] *adj* LIT (*written by Dickens*) von Dickens; (*in Dickens' style*) in Dickensscher Manier; (*of Dickens' day*) wie zu Dickens' Zeiten
dick·er [ˈdɪkɚ] *vi esp* AM feilschen *pej*, schachern *pej* (**with** mit +*dat*)
dick·ey [ˈdɪki] *n* (*for shirt*) Hemdenbrust *f*, Vorhemd *nt*, Plastron *m o nt;* (*for blouse*) Bluseneinsatz *m*
'dick·ey bow *n* BRIT (*fam*) Fliege *f*, Schleife *f*, Binder *m veraltend*
'dick·head *n* (*vulg*) Hohlkopf *m pej*, Schwachkopf *m pej*
dickie *n see* **dickey**
dickie bow *n* BRIT (*fam*) *see* **dickey bow**
dicky[1] *n see* **dickybird**
dicky[2] [ˈdɪki] *adj* BRIT, AUS (*sl*) schlecht; ~ **heart** schwaches Herz
'dicky·bird *n* ❶ BRIT (*childspeak: when taking photos*) Vögelchen *nt* ❷ *no pl* (*rhyming sl*) **we haven't heard a** ~ **from**

D

Riza recently in der letzten Zeit haben wir von Riza überhaupt nichts gehört; **to not say a ~ to sb** jdm kein Sterbenswörtchen [*o* keinen Ton] verraten

'dicky bow *n* BRIT (*fam*) *see* **dickey bow**

dic·ta ['dɪktə] *n pl of* **dictum**

Dic·ta·phone® ['dɪktəfəʊn, AM -foʊn] *n* Diktaphon® *nt,* Diktiergerät *nt*

dic·tate [dɪk'teɪt, AM 'dɪk-] **I.** *vt* ■**to ~ sth** ❶ (*command*) etw befehlen [*o* anordnen] [*o geh* diktieren] ❷ (*make necessary*) etw bestimmen [*o* notwendig machen] [*o geh* diktieren] ❸ *a letter, memo* etw diktieren **II.** *vi* ❶ (*command*) befehlen, anordnen; ■**to ~ to sb** jdm Vorschriften machen, jdn herumkommandieren *fam;* **I will not be ~d to in this manner!** so lasse ich mich nicht herumkommandieren! ❷ (*to a secretary*) diktieren; **to ~ into a machine** in ein Gerät diktieren, auf Band sprechen

dic·tates ['dɪkteɪts] *npl* Gebot *nt kein pl; of fashion* Diktat *nt kein pl geh;* **to follow the ~ of one's conscience** der Stimme seines Gewissens folgen; **the ~ of fairness** das Gebot der Fairness

dic·ta·tion [dɪk'teɪʃᵊn] *n* ECON, SCH Diktat *nt;* **to take ~** ein Diktat aufnehmen

dic·ta·tor [dɪk'teɪtəʳ, AM -t̬ɚ] *n* ❶ POL (*a. fig*) Diktator *m pej;* **my boss is a bit of a ~** mein Chef ist ein kleiner Diktator ❷ (*of text*) Diktierende(r) *f(m)*

dic·ta·tor·ial [ˌdɪktə'tɔːriəl] *adj* diktatorisch; **~ ruler** Gewaltherrscher(in) *m(f)*

dic·ta·tor·ship [dɪk'teɪtəʃɪp, AM -t̬ɚ-] *n* Diktatur *f;* **the ~ of General Franco** die Francodiktatur; **after many years of ~** nach vielen Jahren der Diktatur

dic·tion ['dɪkʃᵊn] *n no pl* ❶ (*of speaking*) Ausdrucksweise *f,* Redestil *m,* Diktion *f geh* ❷ (*of pronunciation*) Aussprache *f;* **to have good ~** eine gute Aussprache haben

dic·tion·ary ['dɪkʃᵊnᵊri, AM -eri] **I.** *n* (*of words*) Wörterbuch *nt;* (*of facts*) Lexikon *nt;* **to look sth up in a ~** etw in einem Wörterbuch nachschlagen **II.** *n modifier* (*entry, use*) Wörterbuch-

dic·tum <*pl* -ta *or* -s> ['dɪktəm, *pl* -tə] *n* ❶ (*saying*) Diktum *nt geh,* [bedeutsamer] Ausspruch, geflügeltes Wort ❷ (*maxim*) Maxime *f,* Grundsatz *m* ❸ LAW richterliches Diktum *fachspr,* richterlicher Spruch

did [dɪd] *pt of* **do**

di·dac·tic [daɪ'dæktɪk] *adj* (*esp pej*) ❶ *method* didaktisch ❷ (*teaching a moral*) belehrend; **~ novel** Bildungsroman *m;* **~ play** Lehrstück *nt* ❸ (*pedantic*) schulmeisterlich *pej*

di·dac·ti·cal·ly [daɪ'dæktɪkli] *adv* (*a. pej*) didaktisch, belehrend, schulmeisterlich *pej*

did·dle ['dɪdl] (*fam*) **I.** *vt* (*cheat*) ■**to ~ sb** jdn übers Ohr hauen *fam;* ■**to ~ sb out of sth** jdm etw abgaunern *fam* **II.** *vi* AM (*tinker*) ■**to ~ [around] with sth** an etw *dat* [he]rummachen *fam;* **he ~d with the washing machine but it still wouldn't work** er hantierte an der Waschmaschine herum, sie wollte aber immer noch nicht laufen

did·dly ['dɪdli] *n* AM, **did·dly-squat** *n* AM (*sl*) nichts, einen feuchten Kehricht *sl;* **to know ~** einen Dreck wissen *sl,* keine Ahnung von Tuten und Blasen haben *sl*

did·dums ['dɪdəmz] **I.** *interj* BRIT (*hum*) ❶ (*mock sympathy*) du Arme(r) ❷ (*childspeak: comfort*) heile, heile Segen *Kindersprache* **II.** *n* armer Kleiner/arme Kleine

did·geri·doo [ˌdɪdʒᵊri'duː] *n* MUS Didgeridoo *nt* (*Musikinstrument der australischen Aboriginals*)

didn't ['dɪdᵊnt] = **did not** *see* **do**

die¹ [daɪ] *n* ❶ <*pl* dice> (*for games*) Würfel *m* ❷ TECH (*for shaping*) [Press]form *f,* Matrize *f;* (*for forging*) Gesenk *nt,* Kokille *f;* (*for cutting*) Schneidwerkzeug *nt;* (*for stamping*) [Press]stempel *m;* ELEC Rohchip *m* ▶ PHRASES: **as <u>straight</u> [*or* <u>true</u>] as a ~** grundehrlich; **the ~ is <u>cast</u>** die Würfel sind gefallen

die² <-y-> [daɪ] **I.** *vi* ❶ (*cease to live*) sterben, umkommen; **she said she would finish the race or ~ in the attempt** sie sagte, sie werde das Rennen tot oder lebend beenden; **I'd rather ~ than ...** lieber sterbe ich, als dass ...; **to almost ~ of boredom/embarrassment/laughter** (*fam*) vor Langeweile/Scham/Lachen fast sterben *fam;* **we almost ~d laughing** wir hätten uns fast totgelacht; **to ~ of [*or* from] cancer/Aids** an Krebs/Aids sterben; **to ~ by one's own hand** (*liter*) Hand an sich *akk* legen *euph geh;* **to ~ of hunger** verhungern, hungers sterben *geh;* **to ~ in one's sleep** [sanft] entschlafen *euph geh;* **to ~ young** jung sterben, einen frühen Tod finden *geh;* ■**to ~ for sth** für etw *akk* sterben; **to ~ for one's beliefs** für seine Überzeugungen in den Tod gehen *geh* ❷ (*fig: end*) vergehen, [dahin]schwinden, erlöschen *geh; love* sterben; **the secret will ~ with her** sie wird das Geheimnis mit ins Grab nehmen ❸ (*fam: stop functioning*) kaputtgehen *fam; engine* stehen bleiben, verrecken *pej sl; battery* leer werden; *flames, lights* [v]erlöschen, ausgehen; **he wore his jeans until they ~d** AM er trug seine Jeans, bis sie völlig hinüber waren *fam* ▶ PHRASES: **to ~ <u>hard</u>** (*person*) nicht aufgeben; (*beliefs, customs*) nicht totzukriegen sein *hum fam;* (*rumour*) sich *akk* lange halten; **<u>never</u> say ~** nur nicht aufgeben; **<u>do</u> or ~ to get the job I'll do or ~** ich werde alles geben, um die Stelle zu kriegen *fam;* **it's do or ~ in this business venture** bei diesem Geschäftsvorhaben geht es ums Ganze; **to be dying to <u>do</u> sth** darauf brennen, etw zu tun; **I'm dying to hear the news** ich bin wahnsinnig gespannt, die Neuigkeiten zu erfahren *fam;* **to be dying <u>for</u> sth** großes Verlangen nach etw *dat* haben; **I'm dying for a cup of tea** ich hätte jetzt zu gern eine Tasse Tee; **to be something to ~ <u>for</u>** (*fam*) unwiderstehlich gut sein; **this chocolate cake is something to ~ for** diese Schokoladentorte ist einfach köstlich **II.** *vt* **to ~ a lonely death** einsam sterben; **to ~ a natural/violent death** eines natürlichen/gewaltsamen Todes sterben ▶ PHRASES: **to ~ the <u>death</u>** BRIT THEAT (*fam*) ein totaler Flop sein *fam*

◆**die away** *vi* schwinden, ersterben *geh; sobs* nachlassen, immer schwächer werden; *anger, enthusiasm, wind* sich *akk* allmählich legen, nachlassen; *sound* verhallen, verklingen

◆**die back** *vi flower, leaves, plant* absterben

◆**die down** *vi loud music, noise* leiser werden; *rain, wind* schwächer werden; *storm* sich legen; *excitement* abklingen

◆**die off** *vi species* aussterben; *customs* aussterben, in Vergessenheit geraten; *flower, leaves, plant* absterben

◆**die out** *vi* aussterben

die-cast I. *vt* ■**to ~ sth** etw spritzgießen [*o* druckgießen] **II.** *adj inv* Spritzguss-, Druckguss-

'die-hard I. *n* (*pej*) Dickschädel *m pej fam,* Sturkopf *m pej fam;* POL Ewiggestrige(r) *f(m)* **II.** *n modifier* (*reformer, critic*) unermüdlich; (*conservative, reactionary*) Erz-; (*cynic*) unverbesserlich

die·sel ['diːzᵊl, AM *also* -sᵊl] **I.** *n no pl* ❶ (*fuel*) Dieselkraftstoff *m,* Diesel *m;* **to run on ~** mit Diesel fahren ❷ (*vehicle*) Dieselfahrzeug *nt,* Diesel *m fam* **II.** *n modifier* (*locomotive, power, tractor, train*) Diesel-

'die·sel en·gine *n* Dieselmotor *m* **'die·sel oil** *n* Dieselöl *nt,* Dieselkraftstoff *m*

diet¹ [daɪət] **I.** *n* ❶ (*food and drink*) Nahrung *f,* Ernährung *f;* **they exist on a ~ of burgers and chips** sie ernähren sich ausschließlich von Hamburgern und Pommes frites; **balanced/healthy/varied ~** ausgewogene/gesunde/abwechslungsreiche Kost [*o* Ernährung]; **staple ~** Hauptnahrungsmittel *ntpl* ❷ (*for medical reasons*) Diät *f,* Schonkost *f;* **strict ~** strenge Diät; **to be on a ~** auf Diät sein *fam;* **to put sb on a ~** jdm eine Diät verordnen, jdn auf Diät setzen *fam* ❸ (*for losing weight*) Diät *f,* Schlankheitskur *f;* **crash ~** Radikalkur *f;* **to go on a ~** eine Diät [*o* Schlankheitskur] machen; **calorie-controlled ~** kalorienreduzierte Diät ❹ (*fig: routine*) Gewohnheit *f;* **part of her therapy includes a ~ of fresh air** zu ihrer Therapie gehört ein regelmäßiger Gang an die frische Luft; (*sth* *provided habitually*) **steady** ~ ewiges Einerlei *pej fam;* **the television offers a ~ of comedies and old movies** das Fernsehen bringt nur Komödien und alte Filme **II.** *vi* Diät halten [*o* leben] **III.** *vt* ■**to ~ sb** jdn auf Diät setzen *fam,* jdm eine Diät verordnen **IV.** *n modifier* (*cola, ice cream, meal, soda*) Diät-

diet² [daɪət] *n* ① POL (*of province*) Landtag *m;* (*federal*) Bundestag *m,* Reichstag *m hist* ② (*assembly*) Versammlung *f* ③ SCOT (*court session*) Gerichtstag *m,* Gerichtstermin *m*

di·etary [ˈdaɪətəri, AM -teri] **I.** *n* Diätplan *m,* Diätfahrplan *m fam,* Ernährungsplan *m* **II.** *adj inv* ① (*of usual food*) Ernährungs-, Ess-; **~ habits** Essgewohnheiten *fpl* ② (*of medical diet*) Diät-, diätetisch

di·etary ˈfi·bre, AM **di·etary ˈfi·ber** *n no pl* Ballaststoff *m,* [unverdauliche] Rohfasern *fpl*

di·et·er [ˈdaɪətəʳ, AM -t̬ɚ] *n* Diätpatient(in) *m(f)*

di·etet·ic [ˌdaɪəˈtetɪk, AM -t̬] *adj inv* diätetisch

di·etet·ics [ˌdaɪəˈtetɪks, AM -t̬-] *n + sing vb* Ernährungslehre *f,* Diätkunde *f,* Diätetik *f fachspr*

di·eti·cian, di·eti·tian [ˌdaɪəˈtɪʃən] *n* Diätassistent(in) *m(f),* Ernährungsberater(in) *m(f)*

dif·fer [ˈdɪfəʳ, AM -ɚ] *vi* ① (*be unlike*) ■**to ~ [from/in sth]** sich *akk* [von/in etw *dat*] unterscheiden; **your taste in music ~s from hers** du hast einen anderen Musikgeschmack als sie; **to ~ considerably/radically/significantly** sich *akk* beträchtlich/völlig/merklich unterscheiden ② (*not agree*) verschiedener Meinung sein, unterschiedliche Ansichten haben; ■**to ~ with sb** anderer Meinung als jd sein

dif·fer·ence [ˈdɪfərən(t)s] *n* ① (*state*) Unterschied *m* (**between** zwischen +*dat*); **~ in quality** Qualitätsunterschied *m* ② (*distinction*) Verschiedenheit *f;* **there is a great ~ between theory and practice** die Theorie unterscheidet sich sehr von der Praxis; **try new Cremetti: the ice cream with a ~** probieren Sie das neue Cremetti: das etwas andere Eis; **to make a ~** einen Unterschied machen; **to make all the ~** die Sache völlig ändern; **for all the ~ it** [*or* **that**] **will make** auch wenn sich dadurch nichts ändert; **to make all the ~ in the world** [*or* **a world of ~**] einen himmelweiten Unterschied machen; **to make a ~ to sth** etw verändern; **the new wallpaper in the bedroom has made all the ~ to it** durch die neue Tapete wirkt das Schlafzimmer jetzt ganz anders ③ FIN Differenz *f;* **to make up the ~** die Differenz ausgleichen, den Fehlbetrag decken; MATH (*after subtraction*) Rest *m* ④ (*disagreement*) Meinungsverschiedenheit *f,* Differenz *f geh;* **to have a ~ of opinion** eine Meinungsverschiedenheit haben; **to put aside/settle** [*or* **resolve**] **~s** Meinungsverschiedenheiten beiseitelassen/beilegen

dif·fer·ent [ˈdɪfərənt] *adj* ① (*not the same*) anders *präd,* andere(r, s) *attr;* **he seems to be ~ now that he's been to college** er scheint sich geändert zu haben, seit er am College war ② (*distinct*) unterschiedlich, verschieden; **she seems to wear something ~ every day** sie scheint jeden Tag etwas anderes zu tragen; ■**to be ~ from sb/sth** sich *akk* von jdm/etw unterscheiden; **Emily is entirely ~ from her sister** Emily ist ganz anders als ihre Schwester ③ (*unusual*) ausgefallen, ungewöhnlich; **well, those purple shoes are certainly ~** deine lila Schuhe sind eher ein wenig ungewöhnlich, oder?; **to do something ~** etwas Außergewöhnliches tun ▶ PHRASES: **to be as ~ as chalk and cheese** [*or esp* AM **night and day**] grundverschieden [*o* [so verschieden] wie Tag und Nacht] sein

dif·fer·en·tial [ˌdɪfəˈren(t)ʃəl] **I.** *n* ① (*difference*) Unterschied *m;* ECON Gefälle *nt;* **pay/price/tariff ~** Einkommens-/Preis-/Tarifunterschied *m,* Lohn-/Preis-/Tarifgefälle *nt* ② MATH Differenzial *nt* ③ AUTO, MECH Differenzial[getriebe] *nt,* Ausgleichsgetriebe *nt* **II.** *adj* ① (*different*) unterschiedlich, ungleich; **~ access** COMPUT selektiver Zugang [*o* Zugriff]; **~ treatment** Ungleichbehandlung *f* ② ECON gestaffelt, Staffel-; **~ tariff** Staffeltarif *m* ③ MATH, MECH Differenzial-

dif·fer·en·tial ˈcal·cu·lus *n* Differenzialrechnung *f* **dif·fer·en·tial eˈqua·tion** *n* Differenzialgleichung *f* **dif·fer·en·tial ˈgear** *n* Differenzialgetriebe *nt*

dif·fer·en·tial·ly [ˌdɪfəˈren(t)ʃəli] *adv* unterschiedlich

dif·fer·en·ti·ate [ˌdɪfəˈren(t)ʃieɪt] **I.** *vi* unterscheiden, einen Unterschied machen; **I'm not very good at differentiating between wines** ich kann Weine nicht sehr gut voneinander unterscheiden **II.** *vt* ■**to ~ sb/sth from sb/sth** jdn/etw von jdm/etw unterscheiden

dif·fer·en·tia·tion [ˌdɪfəren(t)ʃiˈeɪʃən] *n* ① (*showing differences*) Unterscheidung *f,* Differenzierung *f;* **to make a ~** einen Unterschied machen, unterscheiden ② (*becoming different*) Differenzierung *f;* (*of specializing*) Spezialisierung *f;* **the ~ of the foetal organs ...** die Ausbildung der einzelnen embryonalen Organe ... ③ ECON Produktdifferenzierung *f*

dif·ferently [ˈdɪfərentli] *adv* verschieden, unterschiedlich

dif·fi·cult [ˈdɪfɪkəlt] *adj* ① (*not easy*) *examination, language, task* schwierig, schwer; *case, problem, situation* schwierig; *choice, decision* schwer; **this problem is ~ to deal with** dieses Problem ist schwer in den Griff zu bekommen; **it was ~ for her to say goodbye** es fiel ihr schwer, sich zu verabschieden; **~ climb** schwieriger Aufstieg; **~ labour** schwere Geburt; **to find it ~ to do sth** es schwer finden, etw zu tun ② (*with hardship*) *age, position* schwierig; *life, time* schwer; *job, trip* beschwerlich ③ (*not easy to please*) schwierig; **the manager is ~ to deal with** mit dem Manager ist nicht gut Kirschen essen *fam* ④ (*complex*) *author, book, concept* schwierig, schwer verständlich

dif·fi·cul·ty [ˈdɪfɪkəlti] *n* ① *no pl* (*effort*) Mühe *f;* **with ~** mit Mühe, mühsam ② *no pl* (*problematic nature*) *of a task* Schwierigkeit *f* ③ (*trouble*) Problem *nt,* Schwierigkeit *f;* **a ~ has arisen** es gibt da ein Problem; **to be fraught with difficulties** jede Menge Probleme mit sich *dat* bringen *fam;* **learning difficulties** Lernschwierigkeiten *fpl;* **to be in difficulties** in Schwierigkeiten sein; **to be in difficulties with sb** BRIT, AUS Unannehmlichkeiten mit jdm haben; **to encounter difficulties** auf Schwierigkeiten stoßen; **to have ~ doing sth** Schwierigkeiten dabei haben, etw zu tun; **she has been having great ~ finding a job** es war sehr schwer für sie, eine Stelle zu finden

dif·fi·dence [ˈdɪfɪdən(t)s] *n no pl* ① (*shyness*) Schüchternheit *f,* Mangel *m* an Selbstvertrauen; **with great ~, he asked her ...** ganz schüchtern fragte er sie, ... ② (*modesty*) Zurückhaltung *f,* Bescheidenheit *f*

dif·fi·dent [ˈdɪfɪdənt] *adj* ① (*shy*) zaghaft, schüchtern ② (*modest*) zurückhaltend, bescheiden

dif·fi·dent·ly [ˈdɪfɪdəntli] *adv* ① (*shyly*) zaghaft, schüchtern ② (*modestly*) zurückhaltend, bescheiden

dif·fract [dɪˈfrækt] *vt* PHYS ■**to ~ sth** etw beugen

dif·frac·tion [dɪˈfrækʃən] *n no pl* PHYS Beugung *f,* Diffraktion *f fachspr*

dif·fuse I. *adj* [dɪˈfjuːs] ① (*spread out*) *community* [weit] verstreut; **~ light** diffuses Licht, Streulicht *nt* ② (*unclear*) *pain* diffus; **~ murmuring** undeutliches Gemurmel ③ (*verbose*) *explanation, report* weitschweifig; *prose, speech* langatmig **II.** *vi* [dɪˈfjuːz] ① (*disperse*) *knowledge* sich *akk* verbreiten; PHYS *gas* diffundieren *fachspr,* sich *akk* ausbreiten; *fluid* sich *akk* verbreiten [*o* verteilen]; **oxygen ~s from the lungs into the bloodstream** Sauerstoff dringt aus der Lunge in den Blutkreislauf ② PHYS (*intermingle*) sich *akk* vermischen **III.** *vt* [dɪˈfjuːz] ① (*disseminate*) ■**to ~ sth** etw verbreiten [*o* in Umlauf bringen]; **to ~ knowledge** Wissen verbreiten ② (*pour out*) ■**to ~ sth** etw ausgießen [*o* ausschütten] ③ PHYS ■**to ~ sth into sth** etw in etw *akk* eindringen [*o fachspr* diffundieren] lassen; **gas is ~d into the bladder** in die Blase wird Gas eingebracht

dif·fuse·ly [dɪˈfjuːsli] *adv* ① (*in a dispersed manner*) verstreut ② (*verbosely*) langatmig, weitschweifig

dif·fus·er [dɪˈfjuːzəʳ, AM -ɚ] *n* ① (*for light*) [Licht]diffusor *m,*

lichtstreuender Körper ❷ (*for airstream*) Diffusor *m*, Luftverteiler *f*, [Druckluft]belüfter *m*
dif·fu·sion [dɪˈfjuːʒᵊn] *n no pl* Verbreitung *f*; SOCIOL Ausbreitung *f*; CHEM, PHYS Diffusion *f*
dif·fus·or *n see* **diffuser**
dig [dɪg] **I.** *n* ❶ (*with shovel*) Grabung *f*; ARCHEOL Ausgrabung *f*; ARCHIT Erdarbeiten *pl*; **to go on a ~** eine Ausgrabung machen ❷ (*thrust*) Stoß *m*, Puff *m fam*; **~ in the ribs** Rippenstoß *m*; (*fig: cutting remark*) Seitenhieb *m* (**at** auf +*akk*); **to have** [*or* **make**] [*or* **take**] **a ~ at sb** gegen jdn sticheln ❸ *esp* BRIT (*fam*) ■**~s** *pl* [Studenten]bude *f fam*; **to live in ~s** ein möbliertes Zimmer [*o fam* eine eigene Bude] haben **II.** *vi* <-gg-, dug, dug> ❶ (*break up ground*) graben; ■**to ~ for sth** nach etw *dat* graben; ■**to ~ into/through sth** sich *akk* in/durch etw *akk* graben ❷ (*poke*) graben, wühlen; **her nails dug into his palm** ihre Nägel gruben sich in seine Hand; **I've got a stone in my shoe and it's ~ging into my foot** in meinem Schuh ist ein Stein, der bohrt sich in meinen Fuß; **to ~ in one's pocket** in der Tasche graben [*o fam* [herum]wühlen] ❸ (*dated sl: understand*) schnallen *sl*, kapieren *fam*; **you ~, man?** alles klar, Junge? *fam* ▶ PHRASES: **to ~ [deeper] into one's pockets** [tiefer] in die eigene Tasche greifen; **to ~ [deeper] into one's resources** [*or* **savings**] [verstärkt] auf eigene Mittel/Ersparnisse zurückgreifen; **to ~ deeper** der Sache nachgehen [*o* auf den Grund gehen], tiefer bohren **III.** *vt* <-gg-, dug, dug> ❶ (*with a shovel*) ■**to ~ sth** etw graben; **to ~ a canal/ditch** einen Kanal/Graben ausheben; **to ~ a hole** ein Loch buddeln *fam* ❷ ARCHEOL ■**to ~ sth** etw ausgraben [*o* freilegen] ❸ (*thrust*) ■**to ~ sb** jdm einen Stoß geben; **to ~ a pole into the ground** einen Pfahl in den Boden rammen; **to ~ sb in the ribs** jdn [mit dem Ellenbogen] anstoßen; **to ~ one's spurs into a horse** einem Pferd die Sporen geben ❹ (*dated sl: like*) ■**to ~ sth** auf etw *akk* stehen *sl* ❺ (*dated sl: understand a meaning*) ■**to ~ sth** etw schnallen *sl* [*o fam* kapieren] ▶ PHRASES: **to dig [up] the dirt about** [*or* **on**] **sb** jdn durch den Schmutz ziehen; **to ~ one's own grave** sich *dat* sein eigenes Grab schaufeln; **to ~ in one's heels** [*or* **toes**] [*or* **feet**] auf stur schalten, keinen Zentimeter nachgeben; **to ~ oneself into a hole** sich *dat* selbst eine Grube graben
◆**dig in I.** *vi* ❶ (*fam: begin eating*) reinhauen *fam*, zulangen *fam*, zuschlagen *fam*; **~ in!** schlag zu!, hau rein! ❷ MIL sich *akk* eingraben [*o* verschanzen] ❸ *usu passive* (*be established*) ■**to be dug in** sich *akk* eingerichtet [*o* eingelebt] haben; MIL sich *akk* verschanzt haben **II.** *vt* **to ~ fertilizer** ⊂ **in** Dünger untergraben
◆**dig out** *vt* (*a. fig*) ■**to ~ out** ⊂ **sth** etw ausgraben *a. fig*, etw herausholen
◆**dig over** *vt* ■**to ~ over** ⊂ **sth** *dirt* etw umgraben
◆**dig up** *vt* ■**to ~ up** ⊂ **sth** ❶ (*turn over*) etw umgraben ❷ (*remove*) etw ausgraben; ARCHEOL etw freilegen; **to ~ up weeds** Unkraut jäten ❸ (*fig: find out*) etw herausfinden [*o* ausgraben]; **to ~ up information on sb/sth** etwas über jdn/etw herausfinden
dig·era·ti [ˌdɪdʒəˈrɑːti, AM -t̬-] *npl* Digerati, Computer-/Internetexperten, -innen *m, f fam*
di·gest I. *vi* [daɪˈdʒest] *food* sich *akk* verdauen lassen **II.** *vt* [daɪˈdʒest] ■**to ~ sth** ❶ (*in stomach*) etw verdauen ❷ (*fig: understand*) etw verarbeiten [*o* verdauen] ❸ CHEM (*decompose*) etw auflösen [*o fachspr* digerieren] **III.** *n* [ˈdaɪdʒest] Auswahl *f* (**of** aus +*dat*), Überblick *m* (**of** über +*akk*); **~ of findings** Zusammenstellung *f* von Ergebnissen; LAW Sammlung [*o* Auswahl] *f* von Gerichtsentscheidungen
di·gest·ible [dɪˈdʒestəbl̩] *adj* verdaulich, bekömmlich
di·ges·tion [dɪˈdʒestʃᵊn] *n* Verdauung *f*, Digestion *f fachspr*
di·ges·tive [daɪˈdʒestɪv] **I.** *adj inv* Verdauungs-, digestiv *fachspr*; *disorder, enzymes, juices, tract* Verdauungs- **II.** *n* verdauungsförderndes Mittel, Digestivum *nt fachspr*
di·ges·tive 'bis·cuit *n* Vollkornkeks *m* **di·'ges·tive sys·tem** *n* Verdauungssystem *nt*
dig·ger [ˈdɪgəʳ, AM -ɚ] *n* ❶ (*machine*) Bagger *m*; (*gardening tool*) Grabschaufel *f*; AGR Tiefkulturpflug *m*, Rodepflug *m*; **mechanical ~** Grabmaschine *f*, Grabgerät *nt* ❷ (*sb who digs*) Gräber(in) *m(f)*, Erdarbeiter(in) *m(f)*; ARCHEOL Ausgräber(in) *m(f)*; MIN Bergmann *m*; AUS (*gold miner*) Goldgräber(in) *m(f)* ❸ AUS (*fam: buddy*) Kumpel *m fam* ❹ AUS, NZ (*fam: soldier*) [australischer/neuseeländischer] Soldat
dig·gings [ˈdɪgɪŋz] *npl* ❶ (*excavated earth*) [Erd]aushub *m kein pl* ❷ (*mine*) [Gold]mine *f*, [Gold]bergwerk *nt* ❸ BRIT (*dated fam: lodgings*) [Studenten]bude *f fam*
dig·it [ˈdɪdʒɪt] *n* ❶ MATH Ziffer *f*; **three-~ number** dreistellige Zahl ❷ (*finger*) Finger *m*; (*toe*) Zehe *f*
digi·tal [ˈdɪdʒɪtᵊl, AM -t̬ᵊl] *adj inv* digital, Digital-; **~ editing** (*editing movies using the computer*) digitale Bearbeitung
digi·tal 'audio disk *n* digitale Tonplatte **digi·tal 'audio tape** *n*, **DAD** *n* digitales Tonband **digi·tal 'cash** *n no pl* elektronisches Geld, Plastikgeld *nt fam*
digi·tal·is [ˌdɪdʒɪˈteɪlɪs, AM -ˈtælɪs] *n no pl* ❶ PHARM Digitalis *nt* ❷ BOT Digitalis *f fachspr*, Fingerhut *m*
digi·tal·ly [ˈdɪdʒɪtᵊli, AM -t̬ᵊli] *adv inv* digital
digi·tal 'wa·ter·mark *n* digitales Wasserzeichen
digi·ti·grade [ˈdɪdʒɪtɪgreɪd] **I.** *n* ZOOL Zehengänger *m* **II.** *adj* ZOOL auf Zehen gehend
digi·tize [ˈdɪdʒɪtaɪz] *vt* ■**to ~ sth** etw digitalisieren
di·glos·sia [ˌdaɪˈglɒsiə, AM -ˈglɑː-] *n no pl* Diglossie *f*
dig·ni·fied [ˈdɪgnɪfaɪd] *adj* ❶ (*with dignity*) *conduct, person, speech* würdig, würdevoll; *manners* fein; *silence* ehrfürchtig ❷ (*worthy of respect*) ehrwürdig, Achtung gebietend
dig·ni·fy <-ie-> [ˈdɪgnɪfaɪ] *vt* ■**to ~ sth** etw Würde verleihen; **it would be a crime to ~ this rhyme with the label of poetry** es wäre eine Schande, diese Zeilen in den Rang eines Gedichts zu erheben; **to ~ an occasion** einem festlichen Ereignis Glanz verleihen
dig·ni·tary [ˈdɪgnɪtᵊri, AM -nəteri] *n* Würdenträger(in) *m(f)*
dig·ni·ty [ˈdɪgnəti, AM -t̬-] *n no pl* ❶ (*composure*) Würde *f*; **a man of ~** ein Mann von würdevollem Auftreten; **to behave with great ~** mit großer Würde auftreten ❷ (*worthiness*) Würde *f*, [menschliche] Größe; **human ~** Menschenwürde *f*; **to die with ~** mit Würde sterben ❸ (*respect*) Ansehen *nt*, Achtung *f*; **to be beneath sb's ~** unter jds Würde *f* sein; **to stand on one's own ~** Respekt fordern
di·gress [daɪˈgres] *vi* abschweifen; ■**to ~ from sth** von etw *dat* abschweifen [*o* abkommen]
di·gres·sion [daɪˈgreʃᵊn] *n* Abschweifung *f*, Exkurs *m*; **~ on American history** Exkurs *m* über amerikanische Geschichte
di·gres·sive [daɪˈgresɪv] *adj* abschweifend
digs [dɪgz] *n see* **dig I.3**
dike *n see* **dyke**
di·lapi·dat·ed [dɪˈlæpɪdeɪtɪd, AM -t̬-] *adj house* verfallen, baufällig; *building, estate* heruntergekommen, verwahrlost; *car* klapprig, ramponiert *fam*
di·lapi·da·tion [dɪˌlæpɪˈdeɪʃᵊn] *n no pl of house* Verfall *m*, Baufälligkeit *f*; **the farmhouse had fallen into a state of ~** das Bauernhaus war baufällig geworden
di·late [daɪˈleɪt, AM ˈdaɪleɪt] **I.** *vi* sich *akk* weiten [*o* [aus]dehnen] [*o* erweitern] **II.** *vt* ■**to ~ sth** etw weiten [*o* erweitern] [*o* ausdehnen]; **this will ~ the arteries** die Arterien werden dadurch weiter
◆**dilate on, dilate upon** *vi* (*form*) ■**to ~ [up]on sth** sich *akk* über etw *akk* auslassen
di·lat·ed [daɪˈleɪtɪd, AM ˈdaɪleɪt̬-] *adj* erweitert, ausgedehnt; **after 20 hours of labour she was only 2 cm ~** nach 20 Stunden Wehen war der Muttermund erst 2 cm geöffnet; **with ~ eyes** mit aufgerissenen Augen
di·la·tion [daɪˈleɪʃᵊn] *n no pl* Erweiterung *f*, Ausdehnung *f*
dil·a·tory [ˈdɪlətᵊri, AM -tɔːri] *adj* (*form*) langsam, saumselig *geh*; **we apologize for being so ~ in dealing with your enquiry**

wir bitten die säumige Bearbeitung Ihrer Anfrage zu entschuldigen

dil·bert·ed ['dɪlbətɪd] *adj* AM *pred* ■**to be** ~ ein Opfer seines/ihres Vorgesetzten sein

dil·do <*pl* -s *or* -es> ['dɪldəʊ, AM -doʊ] *n* ❶ (*for sex*) Dildo *m* ❷ AM (*sl: idiot*) Trottel *m pej fam*, Rindvieh *nt pej*

di·lemma [dɪ'lemə] *n* Dilemma *nt*, Zwangslage *f*; **the President is in a** ~ **over how to tackle the crisis** der Präsident steht bei der Lösung der Krise vor einem Dilemma; **to be caught in a** ~ sich in einem Dilemma befinden; **to be faced** [*or* **confronted**] **with a** ~ vor einem Dilemma stehen, in der Zwickmühle stecken; **to resolve a** ~ ein Dilemma ausräumen, aus einem Dilemma herauskommen; LAW eine Streitfrage regeln

dil·et·tante [ˌdɪlɪ'tænti, AM -ə'tɑːnt] **I.** *n* <*pl* -s *or* -ti> [-taɪ] ❶ (*not expert*) Dilettant(in) *m(f) a. pej geh*, Amateur(in) *m(f)*, Laie *m* ❷ ART (*old*) Kunstliebhaber(in) *m(f)* **II.** *n modifier* (*approach, attitude*) dilettantisch, amateurhaft, laienhaft

dil·et·tanti [ˌdɪlɪ'tænti, AM -taɪ] *n pl of* **dilettante**

dili·gence ['dɪlɪdʒᵊn(t)s] *n no pl* ❶ (*effort*) Eifer *m* ❷ (*industriousness*) Fleiß *m*

dili·gent ['dɪlɪdʒᵊnt] *adj* ❶ (*hard-working*) fleißig, eifrig; **their lawyer was extremely** ~ **in preparing their case** ihr Anwalt hat den Fall mit außergewöhnlichem Eifer vorbereitet ❷ (*painstaking*) sorgfältig, gewissenhaft (**about** mit +*dat*)

dili·gent·ly ['dɪlɪdʒᵊntli] *adv* sorgfältig, gewissenhaft

dill [dɪl] *n no pl* Dill *m*

dill 'pick·le *n* Essiggurke *f* **'dill weed** *n no pl* Dill *m*

dilly·dally <-ie-> ['dɪliˌdæli] *vi* (*dated fam*) ❶ (*dawdle*) [herum]trödeln *meist pej fam* ❷ (*vacillate*) schwanken, zaudern

di·lute [daɪ'luːt] **I.** *vt* ■**to** ~ **sth** ❶ (*mix*) etw verdünnen [*o* strecken] (**with** mit +*dat*) ❷ (*fig*) etw abschwächen [*o* mildern]; **to** ~ **fears** Ängste zerstreuen; **to** ~ **one's investment in a company** seine Investitionen *fpl* in eine Firma reduzieren; **to** ~ **a statement** einer Stellungnahme die Schärfe nehmen **II.** *adj* verdünnt; ~ **colour** ausgebleichte [*o* verblasste] Farbe; ~ **light** schwaches Licht

di·lut·ed [daɪ'luːtɪd, AM -t̬-] *adj esp* AM verdünnt, gestreckt

di·lu·tion [daɪ'luːʃᵊn] *n* ❶ *no pl* (*act*) Verdünnen *nt*; **by** ~ durch Verdünnen ❷ (*liquid*) Verdünnung *f*, verdünnte Lösung ❸ *no pl* (*fig: weakening*) Verwässerung *f*, Abschwächung *f*

di·lu·vial [daɪ'luːviəl, AM dɪ'-] *adj* sintflutartig

dim <-mm-> [dɪm] **I.** *adj* ❶ (*not bright*) schwach, trüb; ~ **glow** schwacher [*o* trüber] Schein; ~ **light** schwaches [*o* trübes] Licht; (*poorly lit*) düster, schumm[e]rig, dunkel; ~ **corner** dunkle Ecke; ~ **room** schummriges Zimmer ❷ (*indistinct*) undeutlich, verschwommen, schwach; ~ **memory** [*or* **recollection**] verschwommene Erinnerung; ~ **shape** verschwommene Konturen *fpl*; ~ **sound** leises Geräusch; ~ **view/vision** unscharfe Sicht ❸ (*dull*) *colour* matt, trüb, blass ❹ (*fig: slow to understand*) schwer von Begriff *fam*, beschränkt *fam*, begriffsstutzig ❺ (*fig: unfavourable*) dunkel, ungünstig; ~ **prospects** trübe Aussichten; **to take a** ~ **view of sth** mit etw *dat* gar nicht einverstanden sein, von etw *dat* nichts halten **II.** *vt* ■**to** ~ **sth** etw abdunkeln [*o* verdunkeln]; **to** ~ **the lights** das Licht dämpfen; AUTO **to** ~ **the headlights** abblenden **III.** *vi lights* dunkler werden, verlöschen; *hopes* schwächer werden, schwinden

dim. *adj inv abbrev of* **diminuendo** dim.

dime [daɪm] *n* AM Dime *m*, Zehncentstück *nt* ▸PHRASES: **a** ~ **a dozen** spottbillig; **books like this are a** ~ **a dozen** Bücher wie das sind Dutzendware *pej*; **she hasn't a** ~ sie ist total pleite [*o* abgebrannt] *fam*

di·men·sion [ˌdaɪ'men(t)ʃᵊn, AM dɪ'-] **I.** *n* ❶ (*measurements*) *of room* Dimension *f*, Abmessung *f*; ■~**s** *pl* (*size*) Ausmaß *nt*, Umfang *m kein pl*; **of large** [*or* **vast**] ~**s** von riesigen Ausmaßen, riesengroß ❷ (*aspect*) Dimension *f*, Aspekt *m*; **these weapons add a new** ~ **to modern warfare** durch diese Waffen erhält die moderne Kriegsführung eine [ganz] neue Dimension; ~ **of a problem** Bedeutung *f* eines Problems ❸ MATH Dimension *f* **II.** *vt* ■**to** ~ **sth** ❶ (*shape*) etw abmessen ❷ (*indicate size*) etw dimensionieren

-di·men·sion·al [ˌdaɪ'men(t)ʃᵊnᵊl, AM dɪ'-] *in compounds* (*1-, 2-, 3-*) -dimensional

dim·eter ['dɪmɪtəʳ, AM -ət̬ɚ] *n* LIT Dimeter *m*

di·min·ish [dɪ'mɪnɪʃ] **I.** *vt* ❶ (*lessen*) ■**to** ~ **sth** etw vermindern [*o* verringern]; **to** ~ **sb's achievements** jds Leistungen *fpl* schmälern [*o* herabwürdigen]; **to** ~ **a memory** eine Erinnerung beeinträchtigen; **to** ~ **sb's resolve** jdn verunsichern ❷ (*disparage*) ■**to** ~ **sb** jdn herabsetzen [*o* herabwürdigen] **II.** *vi* sich *akk* vermindern; *pain* nachlassen, abklingen; *influence, value* abnehmen, zurückgehen; **to** ~ [**greatly**] **in value** [stark] an Wert verlieren

di·min·ished ca·pac·ity *n no pl* AM LAW verminderte Zurechnungsfähigkeit; **on grounds of** ~ aufgrund verminderter Zurechnungsfähigkeit **di·min·ished 'chord** *n* MUS vermindertes Intervall **di·min·ished re·spon·si'bil·ity** *n no pl* verminderte Zurechnungsfähigkeit; **on grounds of** ~ aufgrund verminderter Zurechnungsfähigkeit

di·min·ish·ing re·turns *npl* abnehmende Skalenerträge; **the law of** ~ Gesetz *nt* vom abnehmenden Ertragszuwachs, Ertragsgesetz *nt*

di·minu·en·do [dɪˌmɪnju'endəʊ, AM -doʊ] MUS **I.** *n* <*pl* -s *or* -di> Diminuendo *nt* **II.** *adv inv* diminuendo **III.** *adj inv* diminuendo **IV.** *vi* leiser werden

dimi·nu·tion [ˌdɪmɪ'njuːʃᵊn, AM -ə'nuː-] *n* ❶ *no pl* Verringerung *f*, Abnahme *f*, Verminderung *f*; **there will be a temporary** ~ **in prospects** die Möglichkeiten sind vorübergehend eingeschränkt ❷ MUS Diminution *f*

di·minu·tive [dɪ'mɪnjətɪv, AM -t̬-] **I.** *adj* ❶ (*small*) winzig, klein ❷ (*indicating smallness*) diminutiv, Verkleinerungs- **II.** *n* Diminutiv *nt*, Verkleinerungsform *f*

dim·ly ['dɪmli] *adv* ❶ (*not brightly*) schwach ❷ (*indistinctly*) undeutlich, unscharf ❸ (*vaguely*) **to remember sth** ~ sich *akk* dunkel an etw *akk* erinnern

dim·mer ['dɪməʳ, AM -ɚ] *n*, **'dim·mer switch** *n* Dimmer *m*, Helligkeitsregler *m*

dim·ness ['dɪmnəs] *n no pl* ❶ (*lack of light*) Trübheit *f*, Halbdunkel *nt*; *of a lamp* Mattheit *f*; *of a memory* Undeutlichkeit *f*; *of an outline* Unschärfe *f*; *of a room* Düsterkeit *f* ❷ (*lack of intelligence*) Beschränktheit *f*

dim·ple ['dɪmpl̩] **I.** *n* (*in cheeks, chin*) Grübchen *nt*; (*indentation*) Delle *f*; (*in water*) Kräuselung *f* **II.** *vt* **a smile** ~**d his cheeks** als er lächelte, bekam er Grübchen in den Wangen **III.** *vi* Grübchen bekommen

dim·pled ['dɪmpl̩d] *adj* mit Grübchen; ■**to be** ~ Grübchen haben

dim sim [ˌdɪm'sɪm] *n*, **dim sum** [-'sʌm] *n no pl* FOOD Dim Sim (*gefüllte chinesische Knödel*)

'dim·wit I. *n* (*pej sl*) Dummkopf *m pej*, Hohlkopf *m pej* **II.** *interj* Blödmann *m fam*, Dummkopf *m fam*

'dim·wit·ted *adj* dusselig *fam*, dämlich *fam*, blöd *fam*, minderbemittelt *pej sl*

din [dɪn] **I.** *n no pl* Lärm *m*, Getöse *nt*; **the** ~ **of the traffic** der Verkehrslärm; **terrible** ~ Höllenlärm *m*; **to make a** ~ Krach machen **II.** *vt* ■**to** ~ **sth into sb** jdm etw einbläuen [*o* einhämmern]

dine [daɪn] *vi* (*form*) essen, speisen *geh*, dinieren *geh*

◆**dine off** *vi* ■**to** ~ **off sth** von etw *dat* leben, etw essen

◆**dine out** *vi* ❶ (*eat in restaurant*) auswärts essen [*o geh* speisen]; **we're dining out tonight at a special little restaurant** wir gehen heute Abend zum Essen in ein kleines Restaurant ❷ (*fig: be invited*) ■**to** ~ **out on sth** wegen etw *dat* zum Essen eingeladen werden; **I've been dining out for months on the story** die Geschichte hat mir monatelang Einladungen

D

zum Essen verschafft

din·er ['daɪnəʳ, AM -ɚ] *n* ❶ (*person*) Speisende(r) *f(m)*; (*in restaurant*) Gast *m* ❷ RAIL Speisewagen *m* ❸ AM *Restaurant am Straßenrand mit Theke und Tischen*

di·ne·ro [dɪ'neroʊ] *n no pl* AM (*fam*) Knete *f fam*, Zaster *m fam*

ding¹ [dɪŋ] **I.** *vi* läuten **II.** *adv* **to go** ~ läuten, klingeln **III.** *n* Klingeln *nt*, Läuten *nt* **IV.** *interj* Ring!

ding² [dɪŋ] *n* AUS (*sl*) Riesenparty *f fam*, Riesending *nt fam*

ding³ [dɪŋ] *n* **to get a** ~ (*fam*) einen Kratzer [ins Auto] bekommen

ding-a-ling ['dɪŋəlɪŋ] **I.** *n* ❶ (*onomat*) Klingeling *nt* ❷ AM (*fam: stupid person*) Depp *m pej* **II.** *adj attr* (*sl: stupid*) gaga

ding·bat ['dɪŋbæt] *n* ❶ AM, AUS, NZ (*stupid person*) Dummkopf *m pej*, Trottel *m pej fam* ❷ AUS, NZ (*madness*) ■ **~s** *pl* Irrsinn *m kein pl*, Wahnsinn *m kein pl*; **to give sb the ~s** jdn verrückt machen; **to end up with the ~s** ins Irrenhaus kommen, durchdrehen *fam*

ding-dong ['dɪŋdɒŋ, AM -dɑːŋ] **I.** *n no pl* ❶ (*onomat*) Bimbam *nt* ❷ *esp* BRIT, AUS (*fam: argument*) Krach *m fam* ❸ BRIT (*fam: party*) [Riesen]ding *nt fam* **II.** *adj attr esp* BRIT, AUS (*fam*) heiß; **a ~ argument** ein heftiger Streit **III.** *adv* **to go** ~ klingeln, läuten

din·ghy ['dɪŋgi, AM -ŋi] *n* Ding[h]i *nt*

din·gle ['dɪŋgl̩] *n* (*poet, liter*) tiefes bewaldetes Tal, tiefe waldige Schlucht

din·go <*pl* -es *or* -s> ['dɪŋgəʊ, AM -goʊ] *n* ❶ (*dog*) Dingo *m*, australischer Windhund ❷ AUS (*sl: coward*) Feigling *m*

din·gy ['dɪndʒi] *adj* schmutzig, schmuddelig, schäbig; **~ colour** trübe Farbe

din·ing car ['daɪnɪŋ,-] *n* RAIL Speisewagen *m* **'din·ing hall** *n* Speisesaal *m* **'din·ing room I.** *n* (*in house*) Esszimmer *nt*; (*in hotel*) Speisesaal *m* **II.** *n modifier* (*table, window*) Esszimmer- **'din·ing ta·ble** *n* Esstisch *m*

dink [dɪŋk] *n acr for* **double income, no kids** kinderloser Doppelverdiener/kinderlose Doppelverdienerin, Dink *m*

dinky¹ ['dɪŋki] *adj* ❶ BRIT, AUS (*approv: pretty*) niedlich, schnuckelig, zierlich ❷ AM (*pej: small*) klein, unbedeutend; **~ apartment** enge Wohnung

dinky² ['dɪŋki] *n acr for* **double income, no kids** kinderloser Doppelverdiener/kinderlose Doppelverdienerin, Dink *m*

din·ner ['dɪnəʳ, AM -ɚ] *n* ❶ (*evening meal*) Abendessen *nt*, Dinner *nt*; (*warm lunch*) Mittagessen *nt*; **we've been invited to ~ at John and Mary's** wir sind bei John und Mary zum Essen eingeladen; **~'s ready!** das Essen ist fertig!; **to finish ~** zu Ende essen; **to go out for ~** essen gehen; **to have ~** zu Abend/Mittag essen; **to have sb over for ~** jdn zum Essen haben; **to make ~** das Essen zubereiten; **for ~** zum Essen ❷ (*formal meal*) Diner *nt*, Festessen *nt*; **to hold a ~ [for sb]** [für jdn] ein [offizielles] Essen geben ▸ PHRASES: **I've written more books than you've had <u>hot</u> ~s!** ich habe schon mehr Bücher geschrieben, als du Briefe

'din·ner dance *n* [Abend]essen *nt* mit Tanz **'din·ner jack·et** *n* Smoking *m*, Smokingjacke *f* **'din·ner lady** *n* BRIT SCH *servierende Aufseherin an Schulen* **'din·ner par·ty** *n* Abendgesellschaft *f* [mit Essen], Diner *nt*; **to have [***or* **give] a ~** ein Abendessen geben **'din·ner ser·vice** *n*, **'din·ner set** *n* Tafelservice *nt*, Speiseservice *nt* **'din·ner ta·ble** *n* (*in house*) Esstisch *m*; (*at formal event*) Tafel *f*; **don't argue at the ~** beim Essen streitet man nicht **'din·ner·time** *n no pl* Essenszeit *f*

di·no·saur ['daɪnəsɔːʳ, AM -sɔːr] *n* Dinosaurier *m*; (*fig: object*) Auslaufmodell *nt*; (*person*) Betonkopf *m pej*; **this typewriter is a bit of a ~** diese Schreibmaschine ist ein Überbleibsel aus einer vergangenen Epoche

dint [dɪnt] **I.** *n* ❶ (*dent*) Beule *f*, Delle *f* ❷ (*old: blow*) Schlag *m* ▸ PHRASES: **<u>by</u> ~ of sth** durch etw *akk* **II.** *vt* ■ **to ~ sth** etw verbeulen [*o* einbeulen], eine Delle in etw *akk* machen

di·oc·esan [daɪ'ɒsɪsᵊn, -zᵊn, AM -'ɑːsə-] **I.** *adj inv* Diözesan-, Bistums- **II.** *n* [Diözesan]bischof *m*

dio·cese ['daɪəsɪs, -siːz] *n* Diözese *f*, Bistum *nt*

di·ode ['daɪəʊd, AM -oʊd] *n* Diode *f*

dioecious [daɪ'iːʃəs] *adj inv* diözisch *fachspr*; BOT *a.* zweihäusig; ZOOL *a.* getrenntgeschlechtlich

Dio·nysi·ac [,daɪə'nɪsiæk, -'nɪz-] *adj*, **Dio·ny·sian** [,daɪə'nɪsiən, -'nɪz-, AM -'nɪʃ-] *adj* ❶ (*sensual*) dionysisch *geh*, rauschhaft, ekstatisch, wild begeistert ❷ *inv* (*of Dionysus*) dionysisch *geh*

di·op·ter [daɪ'ɑːptɚ] AM, **di·op·tre** [-'ɒptəʳ] *n* Dioptrie *f*

di·op·tric [daɪ'ɒptrɪk, AM -'ɑːp-] **I.** *adj* ❶ (*aiding sight*) durchsichtig ❷ (*refractive*) lichtbrechend **II.** *n* ■ **~s** *pl, + sing vb* Dioptrie *f*

dio·ra·ma [,daɪə'rɑːmə, AM -'ræmə] *n* Diorama *nt*

dio·rite ['daɪəraɪt] *n no pl* Quarzgestein *nt*, Diorit *m*

di·ox·ide [daɪ'ɒksaɪd, AM -'ɑːk-] *n no pl* CHEM Dioxyd *nt*, Dioxid *nt fachspr*

di·ox·in [daɪ'ɒksɪn, AM -'ɑːk-] *n* CHEM Dioxin *nt*

dip [dɪp] **I.** *n* ❶ (*dipping*) [kurzes] Eintauchen *kein pl* ❷ FOOD Dip *m*, Soße *f* ❸ (*brief swim*) kurzes Bad; **to go for a ~** mal schnell ins Wasser springen *fam*, kurz reinspringen *fam* ❹ (*cleaning liquid*) [Reinigungs]lösung *f*, Desinfektionslösung *f* ❺ (*brief study*) Ausflug *m*; **a ~ into politics** ein Ausflug *m* in die Politik ❻ (*downward slope*) Fallen *nt kein pl*; *road* Vertiefung *f*; (*drop*) Sinken *nt kein pl*, Senkung *f*; (*in skyline*) Abfallen *nt kein pl*, Neigung *f*; **a sudden ~ in the temperature** ein plötzlicher Temperatureinbruch ❼ ASTRON Neigung *f*, Depression *f fachspr* ❽ PHYS Inklination *f*, Neigungswinkel *m* ❾ GEOL [Ein]fallen *nt kein pl* ❿ (*sl: pickpocket*) Taschendieb(in) *m(f)* ⓫ AM (*sl: fool*) Dummkopf *m pej*, Tölpel *m pej* ⓬ (*candle*) gezogene Kerze **II.** *vi* <-pp-> ❶ (*go down*) [ver]sinken; (*lower*) sich *akk* senken; **the sun ~ped below the horizon** die Sonne verschwand am Horizont ❷ (*decline*) fallen, sinken; **the profits ~ped** die Einnahmen gingen zurück ❸ (*slope down*) abfallen ❹ (*go under water*) eintauchen, untertauchen **III.** *vt* <-pp-> ❶ (*immerse*) ■ **to ~ sth** etw [ein]tauchen; ■ **to ~ sth in[to] sth** etw in etw *akk* [ein]tauchen; FOOD etw in etw *akk* [ein]tunken ❷ (*put into*) ■ **to ~ sth in[to] sth** etw in etw *akk* [hinein]stecken; (*put into and pull out*) **to ~ [one's hand] into sth** [mit der Hand] in etw *akk* hineingreifen [*o* hineinlangen] ❸ (*lower*) ■ **to ~ sth** etw senken [*o* neigen]; **to ~ one's flag** die Flagge dippen ❹ BRIT, AUS (*dim*) **to ~ the headlights** [die Scheinwerfer] abblenden ❺ (*dye*) ■ **to ~ sth** etw färben [*o* in Farbe tauchen] ❻ AGR (*wash*) **to ~ sheep** Schafe dippen [*o* in desinfizierender Lösung baden] ❼ (*make candle*) **to ~ candles** Kerzen ziehen ❽ (*baptize*) ■ **to ~ sb** jdn taufen ▸ PHRASES: **to ~ one's <u>toe</u> in sth** seine Fühler nach etw *dat* ausstrecken

◆**dip in** *vi* zugreifen

◆**dip into** *vi* ❶ (*study casually*) ■ **to ~ into sth** einen kurzen Blick auf etw *akk* werfen; **to ~ into a book** kurz in ein Buch hineinschauen; **to ~ into a subject** sich *akk* flüchtig mit einem Thema befassen [*o* beschäftigen] ❷ (*spend*) ■ **to ~ into sth** etw angreifen; **to ~ into one's reserves/savings** an seine Ersparnisse/Reserven gehen; **to ~ into one's pocket [***or* **wallet]** tief in die Tasche greifen

diph·theria [dɪf'θɪəriə, AM -'θɪriə] *n no pl* MED Diphtherie *f*

diph·thong [dɪf'θɒŋ, AM -'θɑːŋ] *n* LING Doppellaut *m*, Doppelvokal *m*, Diphthong *m fachspr*

dip·loid ['dɪplɔɪd] BIOL **I.** *adj inv* diploid **II.** *n* diploide Zelle, diploider Organismus

di·plo·ma [dɪ'pləʊmə, AM -'ploʊ-] *n* ❶ SCH, UNIV Diplom *nt*; **to hold a ~ in sth** ein Diplom in etw *dat* haben ❷ (*honorary document*) [Ehren]urkunde *f*

di·plo·ma·cy [dɪ'pləʊməsi, AM -'ploʊ-] *n no pl a.* POL Diplomatie *f*; (*in managing relations*) Verhandlungsgeschick *nt*

dip·lo·mat ['dɪpləmæt] *n a.* POL Diplomat(in) *m(f)*

dip·lo·mat·ic [,dɪplə'mætɪk, AM -t̬-] *adj* diplomatisch; (*tactful also*) taktvoll; **he gave a very ~ answer** er antwortete sehr diplomatisch; **~ language** Diplomatensprache *f*

dip·lo·mati·cal·ly [,dɪplə'mætɪkli, AM -t̬-] *adv* diplomatisch; POL

a. auf diplomatischem Weg[e]
dip·lo·mat·ic 'bag *n* Diplomatenpost *m,* Kuriergepäck *nt* **dip·lo·'mat·ic corps** *n* diplomatisches Korps **dip·lo·mat·ic im'mun·ity** *n no pl* diplomatische Immunität **dip·lo·mat·ic 'pouch** *n* AM Diplomatenpost *f,* Kuriergepäck *nt* **dip·lo·mat·ic re·'la·tions** *npl* diplomatische Beziehungen; **to break off** ~ die diplomatischen Beziehungen abbrechen **dip·lo·mat·ic 'ser·vice** *n no pl* diplomatischer Dienst
di·plo·ma·tist [dɪ'pləʊmətɪst, AM -'ploʊ-] *n see* **diplomat**
di·plo·pia [dɪ'pləʊpiə, AM -'ploʊ-] *n no pl* MED Doppeltsehen *nt,* Diplopie *f fachspr*
di·po·lar [daɪ'pəʊlə^r, AM -'poʊlɚ] *adj inv* zweipolig
di·pole ['daɪpəʊl, AM -poʊl] *n* ① PHYS, CHEM, ELEC Dipol *m* ② *(aerial)* Dipolantenne *f*
dip·per ['dɪpə^r, AM -ɚ] *n* ① ORN Taucher *m* ② *(ladle)* Schöpflöffel *m,* [Schöpf]kelle *f*
dip·py ['dɪpi] *adj (sl)* verrückt *fam,* übergeschnappt *fam,* meschugge *sl*
dip·so ['dɪpsəʊ, AM -soʊ] *n (fam) short for* **dipsomaniac** Trunksüchtige(r) *f(m),* Dipsomane, -in *m, f*
dip·so·ma·nia [ˌdɪpsə(ʊ)'meɪniə, AM -sə'-] *n no pl* MED [periodisch auftretende] Trunksucht, Dipsomanie *f fachspr*
dip·so·ma·ni·ac [ˌdɪpsə(ʊ)'meɪniæk, AM -sə'-] *n* MED Trunksüchtige(r) *f(m),* Dipsomane, -in *m, f*
'dip·stick *n* ① AUTO [Öl]messstab *m* ② *(fam: idiot)* Idiot(in) *m(f) pej,* Dummkopf *m pej* **'dip switch** *n* BRIT AUTO Abblendschalter *m*
dip·tych ['dɪptɪk] *n* ART Diptychon *nt*
dire ['daɪə^r, AM -ɚ] *adj* ① *(dreadful)* entsetzlich, schrecklich, furchtbar; ~ **poverty** äußerste [*o* extreme] Armut; ~ **situation** aussichtslose Situation; **to be in ~ straits** in einer ernsten Notlage sein ② *(ominous)* Unheil bringend [*o* verkündend] *attr;* ~ **warning** unheilvolle Warnung ③ *pred (fam: very bad)* grässlich *fam,* schauderhaft *pej fam* ④ *(urgent)* dringend; **to be in ~ need of help** ganz dringend Hilfe brauchen
DirecPC [dɪ'rekpi:si:] *n modifier* INET DirecPC- *fachspr*
di·rect [dɪ'rekt] **I.** *adj* ① *(without interruption)* direkt; ~ **flight** Direktflug *m;* **a ~ train** ein durchgehender Zug; *(without detour)* ~ **route** kürzester Weg ② *(without intervention)* unmittelbar, direkt; ~ **link** Direktverbindung *f;* ~ **negotiations** Direktverhandlungen *fpl* ③ *(frank)* offen, direkt; **I'll be ~ with you ...** wenn ich ehrlich bin, ...; ~ **manner** direkte Art; ~ **question** direkte [*o* unverblümte] Frage ④ *(lineal)* direkt; **she is a ~ descendant of Robert Peel** sie stammt in direkter Linie von Robert Peel ab ⑤ *(exact)* genau, glatt *fam;* **the ~ opposite of sth** das genaue [*o* komplette] Gegenteil von etw *dat* ⑥ ASTRON rechtläufig **II.** *adv* ① *(with no intermediary)* direkt; **to dial** ~ selbst wählen, durchwählen ② *(via direct route)* direkt, geradewegs; **this train goes ~ to Rome** dieser Zug fährt ohne Halt bis nach Rom durch; **to fly ~ to a city** ohne Zwischenlandung nach einer Stadt fliegen **III.** *vt* ① *(control)* ■**to ~ sth** etw leiten [*o* führen]; **to ~ the traffic** den Verkehr regeln [*o* dirigieren] ② *(order)* ■**to ~ sb to do sth** jdn anweisen, etw zu tun ③ *(aim)* ■**to ~ sth against sb** etw gegen jdn richten; ■**to ~ sth at/to sb** etw an jdn richten; **was that remark ~ed at me?** galt diese Bemerkung mir?; **their efforts were ~ed towards helping the homeless** mit ihrem Engagement wollten sie den Obdachlosen helfen; **to ~ sb's attention at sth** jds Aufmerksamkeit *f* auf etw *akk* lenken; **to ~ a blow at sb** nach jdm schlagen; **to ~ a letter to sb** einen Brief an jdn adressieren ④ *(threaten with weapon)* ■**to ~ sth at sth/sb** etw auf etw/jdn richten ⑤ *(give directions)* ■**to ~ sb to sth** jdm den Weg zu etw *dat* zeigen [*o* sagen]; **could you please ~ me to the train station?** könnten Sie mir bitte den Weg zum Bahnhof zeigen? ⑥ THEAT, FILM ■**to ~ sth** bei etw *dat* Regie führen; MUS etw dirigieren **IV.** *vi* THEAT, FILM Regie führen; MUS dirigieren
di·rect 'ac·cess *n no pl* COMPUT Direktzugriff *m,* direkter Zugriff **di·rect 'ac·tion** *n no pl* POL direkte Aktion; ECON Arbeitskampfmaßnahme *f* **di·rect 'bank·ing** *n no pl* Telebanking *nt* **di·rect 'cur·rent** *n no pl* ELEC Gleichstrom *m* **di·rect 'deb·it** *n no pl* BRIT, CAN Einzugsermächtigung *f,* Einzugsverfahren *nt;* **I pay my electricity bill by ~** ich lasse meine Stromrechnung abbuchen **di·rect 'de·pos·it** *n* Überweisungsauftrag *m;* **to pay by ~** per Überweisung bezahlen **di·rect 'dial·ling** *n no pl* Direktwahl *f,* Durchwahl *f* **di·rect 'dis·course** *n no pl* AM *(direct speech)* direkte [*o* wörtliche] Rede **di·rect 'hit** *n* Volltreffer *m*
di·rec·tion [dɪ'rekʃ^ən] *n* ① *(course taken)* Richtung *f;* **he was going in the ~ of the bedroom** er ging in Richtung Schlafzimmer; **sense of ~** Orientierungssinn *m;* **to lack ~** orientierungslos sein; **to move in a ~** sich *akk* in eine Richtung bewegen; **in opposite ~s** in entgegengesetzter Richtung; **in the right/wrong ~** in die richtige/falsche Richtung; **to give sb ~s** jdm den Weg beschreiben ② *no pl (supervision)* Leitung *f,* Führung *f;* **under sb's ~** unter jds Führung [*o* Leitung] *f* ③ *no pl* FILM, TV, THEAT Regie *f;* **under sb's ~** unter jds Regie *f,* unter der Regie von jdm ④ *(instructions)* ■**~s** *pl* Anweisungen *fpl,* Instruktionen *fpl;* **to give** [*or* **issue**] **~s that ...** Anweisungen geben, dass ... ⑤ *(tendency)* Richtung *f,* Tendenz *f,* Strömung *f*
di·rec·tion·al [dɪ'rekʃ^ən^əl] *adj inv* RADIO gerichtet, Peil-, Richt-; ~ **radio** Richtfunk *m*
di·rec·tion·less [dɪ'rekʃ^ənləs] *adj* richtungslos, ziellos
di·rec·tive [dɪ'rektɪv] *n (form)* [An]weisung *f,* Direktive *f geh*
di·rect·ly [dɪ'rektli] **I.** *adv* ① *(without interruption)* direkt, ohne Umwege; **to tell sb sth ~** jdm etw ohne Umschweife sagen ② *(exactly)* direkt, genau ③ *(soon)* sofort, gleich, bald; **I'll be with you ~** ich bin gleich bei Ihnen ④ *(frankly)* offen, aufrichtig, direkt ⑤ *(immediately)* ~ **after/before ...** unmittelbar danach/davor ... **II.** *conj* sobald, sowie
di·rect 'mail *n no pl* Direktwerbung *f,* Directmailing *nt* **di·rect 'mar·ket·ing** *n no pl* COMM Direktmarketing *nt,* Direktvertrieb *m* **di·rect 'meth·od** *n no pl* LING direkte Methode
di·rect·ness [dɪ'rektnəs] *n no pl* Direktheit *f,* Geradheit *f*
di·rect 'ob·ject *n* direktes Objekt, Akkusativobjekt *nt*
di·rec·tor [dɪ'rektə^r, AM -ɚ] *n* ① *of company* Direktor(in) *m(f); of information centre* Leiter(in) *m(f)* ② *(member of board)* Mitglied *nt* des Board of Directors; **board of ~s** Board *m* of Directors *(leitendes Gremium eines Unternehmens)* ③ FILM, THEAT Regisseur(in) *m(f); of orchestra* Dirigent(in) *m(f); of choir* Chorleiter(in) *m(f)*
di·rec·to·rate [dɪ'rekt^ərət, AM -t̬ɚət] *n + sing/pl vb* ① ADMIN Direktion *f,* Direktorat *nt;* **fish and game ~** *Kommission für Fischen und Jagen* ② *(board)* Direktorium *nt,* Aufsichtsrat *m*
di·rec·tor 'gen·er·al <*pl* -s> *n esp* BRIT Generaldirektor(in) *m(f)*
di·rec·to·rial [dɪˌrek'tɔ:ri^əl] *adj inv* ① *(of director)* direktorial, Direktor[en]-; *(managerial)* führend *attr,* leitend *attr;* ~ **style** Führungsstil *m* ② FILM, TV, THEAT **his ~ debut** sein Debüt *nt* als Regisseur
di·rec·tor·ship [dɪ'rektəʃɪp, AM -tɚ-] *n* Direktorenstelle *f,* Direktorenposten *m;* **he holds several company ~s** er ist an der Leitung verschiedener Unternehmen beteiligt
di·rec·tory [dɪ'rekt^əri, AM -əri] *n* ① TELEC Telefonbuch *nt; (list)* Verzeichnis *nt;* **address ~** Adressbuch *nt,* Adressenverzeichnis *nt;* **business ~** Branchenverzeichnis *nt;* **telephone ~** Telefonbuch *nt,* Fernsprechbuch *nt;* **to look sth up in a ~** etw in einem Verzeichnis nachschlagen ② PUBL, MEDIA Inhaltsverzeichnis *nt;* COMPUT Verzeichnis *nt,* Ordner *m*
di·rec·tory as·'sis·tance *n no pl* AM, AUS, **di·rec·tory en·'quiries** *npl* BRIT [Telefon]auskunft *f kein pl,* Fernsprechauskunft *f kein pl*
di·rect-'sales *n modifier* COMM Direktverkaufs-, im Direktverkauf *nach n;* ~ **operation** Direktverkauf *m* **di·rect 'speech** *n no pl* direkte [*o* wörtliche] Rede **di·rect 'tax** *n* direkte Steuer
DirecTV [dɪ'rekti:vi:] *n modifier* TV DirecTV- *fachspr*

dirge [dɜːdʒ, AM dɜːrdʒ] *n* Trauerlied *nt,* Grabgesang *m*

di·rig·ible [ˈdɪrɪdʒəbl̩, AM -ədʒ-] **I.** *n* Zeppelin *m,* [lenkbares] Luftschiff **II.** *adj* lenkbar

dirk [dɜːk, AM dɜːrk] *n* Dolch *m,* Dolchmesser *nt*

dirndl [ˈdɜːndl̩, AM ˈdɜːrn-] *n* ❶ (*traditional dress*) Dirndl[kleid] *nt* ❷ (*skirt*) Dirndlrock *m*

ˈdirndl skirt *n* Dirndlrock *m*

dirt [dɜːt, AM dɜːrt] *n no pl* ❶ (*filth*) Schmutz *m,* Dreck *m;* **to be covered in ~** ganz schmutzig sein; **to live in ~** im Dreck leben; **to show ~** *of cloth etc* den Schmutz sehen lassen ❷ (*soil*) Erde *f,* Boden *m;* (*mud*) Schlamm *m,* Morast *m* ❸ (*obscenity*) obszöne [*o* vulgäre] Sprache, unflätige Reden *fpl;* **don't talk ~** rede nicht so obszön daher ❹ (*rumour*) [üble] Verleumdung [*o* Nachrede], schmutzige Wäsche, Schmutz *m;* (*gossip*) Klatsch *m fam,* Tratsch *m fam;* **the ~ on everyone** der neueste Klatsch zu allen und jeden; **to dig for ~** nach Skandalen suchen ❺ (*fam: excrement*) Dreck *m,* Kot *m,* Scheiße *f fam;* **dog ~** Hundedreck *m,* Hundescheiße *f fam* ▸ PHRASES: **to eat ~** (*fam*) Beleidigungen schlucken, sich *akk* widerspruchslos demütigen lassen; **to treat sb like ~** jdn wie [den letzten] Dreck behandeln *fam*

ˈdirt·ball *n* AM (*fam*) Arschloch *nt derb* **ˈdirt bike** *n* Geländemotorrad *nt* **dirt ˈcheap** *inv* **I.** *adj* (*fam*) spottbillig *fam* **II.** *adv* **to sell sth ~** etw verschleudern

dir·ti·ness [ˈdɜːtɪnəs, AM ˈdɜːr-] *n no pl* ❶ (*lack of cleanliness*) Schmutz *m,* Schmutzigkeit *f* ❷ (*vulgarity*) Unanständigkeit *f,* Obszönität *f*

dirt ˈpoor *adj inv* (*fam*) sehr arm **ˈdirt road** *n* Schotterstraße *f,* unbefestigte Straße **ˈdirt track** *n* BRIT, AUS ❶ (*path*) Feldweg *m;* (*road*) Schotterstraße *f,* unbefestigte Straße ❷ SPORTS Aschenbahn *f*

dirty [ˈdɜːti, AM ˈdɜːr-] **I.** *adj* ❶ (*unclean*) dreckig, schmutzig; **this is really a ~ job** bei dieser Arbeit macht man sich ganz schön dreckig; MED **~ needle** benutzte Nadel ❷ (*squalid*) verwahrlost, dreckig ❸ (*fam: nasty*) gemein, hinterhältig; **a ~ trick** ein gemeiner Trick; (*dishonest*) gemein, hinterlistig; **~ liar** dreckiger Lügner/dreckige Lügnerin *pej;* **~ rascal** gerissener Gauner ❹ BRIT (*rainy and cold*) schlecht, unfreundlich; **~ weather** Sauwetter *nt fam,* Dreckwetter *nt fam* ❺ (*fam: lewd*) schmutzig, unanständig; **~ language** vulgäre [*o* obszöne] Sprache; **to have a ~ mind** eine schmutzige Fantasie haben ❻ (*unfriendly*) feindselig, abweisend; **to give sb a ~ look** jdm einen bösen Blick zuwerfen ❼ (*not pure*) schmutzig; **~ yellow** schmutzig gelb ▸ PHRASES: **to get one's hands ~** sich *dat* die Hände schmutzig machen **II.** *adv inv* ❶ BRIT, AUS (*sl: very*) sehr, extrem; **~ great** [*or* **big**] riesig, verdammt groß *fam* ❷ (*dishonestly*) unfair, gemein; **to play ~** unfair spielen ❸ (*obscenely*) obszön; **to talk ~** sich *akk* vulgär ausdrücken **III.** *vt* ■**to ~ sth** etw beschmutzen [*o meist pej* besudeln]; **to ~ one's hands** sich *dat* die Hände schmutzig machen **IV.** *n no pl* BRIT, AUS (*fam*) ▸ PHRASES: **to do the ~ on sb** jdn [he]reinlegen *fam*

ˈdirty-blonde *adj inv hair* dunkelblond **dirty ˈmon·ey** *n no pl* ❶ (*dishonestly acquired*) schmutziges Geld ❷ BRIT (*extra pay*) Schmutzzulage *f* **dirty old ˈman** *n* (*fam*) geiler alter Bock *pej* **dirty ˈtricks cam·paign** *n* POL, COMM hinterlistige Kampagne **dirty week·ˈend** *n esp* BRIT (*fam*) Liebeswochenende *nt* **dirty ˈword** *n* ❶ (*obscenity*) unanständiges Wort ❷ (*unliked word*) unpopuläres Wort **ˈdirty work** *n no pl* Drecksarbeit *f;* **to do the ~ for sb** [*or* **sb's ~**] für jdn die Drecksarbeit machen *fam*

dis[1] <-ss-> *vt* AM (*sl*) *short for* **disrespect:** ■**to ~ sb** jdn dissen *sl,* über jdn herziehen, jdn verächtlich machen

dis[2] *vt, n see* **diss**

dis·abil·ity [ˌdɪsəˈbɪləti, AM -ət̬i] *n* ❶ (*incapacity*) Unfähigkeit *f kein pl,* Unvermögen *nt kein pl;* **~ benefit** Erwerbsunfähigkeitsrente *f;* **mental/physical ~** geistige Behinderung/Körperbehinderung *f* ❷ *no pl* (*condition*) Behinderung *f* ❸ (*disadvantage*) Benachteiligung *f,* Einschränkung *f*

dis·able [dɪˈseɪbl̩] *vt* ■**to ~ sb** jdn arbeitsunfähig machen; **to ~ sb for life** jdn zum Invaliden machen; ■**to ~ sth** etw funktionsunfähig [*o* unbrauchbar] machen

dis·abled [dɪˈseɪbl̩d] **I.** *adj* ❶ (*handicapped*) behindert; **mentally ~** geistig behindert; **physically ~** körperbehindert; **severely** [*or* **seriously**] **~** schwer behindert ❷ (*for the handicapped*) für Behinderte, Behinderten- ❸ LAW rechtsunfähig, geschäftsunfähig; ECON arbeitsunfähig, erwerbsunfähig **II.** *n* ■**the ~** *pl* die Behinderten

dis·abled ˈac·cess *n no pl* behindertengerechter Zugang

dis·able·ment [dɪˈseɪbl̩mənt] **I.** *n no pl* Behinderung *f* **II.** *n modifier* **~ pension** Arbeitsunfallrente *f*

dis·abling [dɪˈseɪbl̩ɪŋ] *adj* behindernd; **he suffered from a ~ disease** er erlitt eine Krankheit, die ihn zum Invaliden machte

dis·abuse [ˌdɪsəˈbjuːz] *vt* (*form*) ■**to ~ sb of sth** jdn über etw *akk* eines Besseren belehren, jdn von etw *dat* abbringen

dis·ad·vant·age [ˌdɪsədˈvɑːntɪdʒ, AM -ˈvæn-] **I.** *n* Nachteil *m,* Benachteiligung *f;* **it will eventually work to her ~** es wird schließlich zu ihrem Nachteil sein; **educational ~** Benachteiligung *f* in der Ausbildung; **major/minor ~** großer/kleiner Nachteil; **social ~** soziale Benachteiligung; **to be at a ~** im Nachteil sein; **to put** [*or* **place**] **sb at a ~** jdn benachteiligen **II.** *vt* ■**to ~ sb** jdn benachteiligen

dis·ad·van·taged [ˌdɪsədˈvɑːntɪdʒd, AM -ˈvænt̬-] **I.** *adj* benachteiligt **II.** *n* ■**the ~** *pl* die Benachteiligten

dis·ad·van·ta·geous [ˌdɪsˌædvənˈteɪdʒəs, AM -vænˈ-] *adj* nachteilig, ungünstig; ■**to be ~ to sb** für jdn nachteilig [*o* von Nachteil] sein

dis·af·fect·ed [ˌdɪsəˈfektɪd] *adj* (*dissatisfied*) unzufrieden; (*estranged*) entfremdet

dis·af·fec·tion [ˌdɪsəˈfekʃᵊn] *n no pl* (*dissatisfaction*) Unzufriedenheit *f* (**with** mit +*dat*); (*estrangement*) Entfremdung *f* (**with** von +*dat*)

dis·af·for·est [ˌdɪsəˈfɒrɪst, AM -ˈfɔːr-] *vt see* **deforest**

dis·agree [ˌdɪsəˈgriː] *vi* ❶ (*dissent*) nicht übereinstimmen; (*with plan, decision*) nicht einverstanden sein; (*with sb else*) uneinig [*o* anderer Meinung] sein; **I strongly ~ with the decision** ich kann mich der Entscheidung in keiner Weise anschließen ❷ (*quarrel*) sich *akk* streiten, eine Auseinandersetzung [*o* Meinungsverschiedenheit] haben ❸ (*not correspond*) nicht übereinstimmen, im Widerspruch stehen ❹ FOOD nicht zuträglich sein; **I must have eaten something that ~d with me** ich muss etwas gegessen haben, das mir nicht bekommt

dis·agree·able [ˌdɪsəˈgriːəbl] *adj* ❶ (*unpleasant*) unangenehm ❷ (*unamiable*) übellaunig, unsympathisch

dis·agree·ably [ˌdɪsəˈgriːəbli] *adv* unangenehm

dis·agree·ment [ˌdɪsəˈgriːmənt] *n* ❶ *no pl* (*lack of agreement*) Uneinigkeit *f;* **to be in ~ about sth** sich *dat* über etw *akk* nicht einig sein ❷ (*argument*) Meinungsverschiedenheit *f,* Streit *m* (**over/about** um/über +*akk*) ❸ *no pl* (*discrepancy*) Diskrepanz *f*

dis·al·low [ˌdɪsəˈlaʊ] *vt* ■**to ~ sth** ❶ (*rule out*) etw nicht erlauben; SPORTS etw nicht anerkennen [*o* nicht gelten lassen]; **to ~ a goal** ein Tor annullieren ❷ LAW etw ablehnen [*o* abweisen] [*o* zurückweisen]; **to ~ a claim** einen Anspruch zurückweisen [*o* abweisen], eine Forderung nicht anerkennen

dis·ap·pear [ˌdɪsəˈpɪəʳ, AM -ˈpɪr] *vi* ❶ (*vanish*) verschwinden; *memory* schwinden; **he seemed to ~ into thin air** er schien, sich in Luft aufgelöst zu haben; **to ~ without a trace** spurlos verschwinden; **to ~ from view** [*or* **out of sight**] [dem Blick] entschwinden *geh,* verschwinden; ■**to ~ beneath/behind sth** unter/hinter etw *dat* verschwinden ❷ (*become extinct*) aussterben, verloren gehen; (*fig*) **these craftsmen have all but ~ed** solche Handwerker gibt es schon fast nicht mehr

dis·ap·pear·ance [ˌdɪsəˈpɪərᵊn(t)s, AM -ˈpɪr-] *n no pl* ❶ (*vanishing*) Verschwinden *nt* ❷ (*becoming extinct*) Aussterben *nt*

dis·ap·point [ˌdɪsəˈpɔɪnt] *vt* ■**to ~ sb/sth** jdn/etw enttäuschen; **to ~ sb's expectations** jds Erwartungen *fpl* enttäuschen [*o* nicht entsprechen]; **to ~ sb's hopes** jds Hoffnungen *fpl* zunichte machen [*o* enttäuschen]

dis·ap·point·ed [ˌdɪsəˈpɔɪntɪd, AM -t̬-] *adj* enttäuscht (**at/about** über +*akk*, **in/with** mit +*dat*); **I was ~ to learn that ...** ich war enttäuscht, als ich erfuhr, dass ...

dis·ap·point·ed·ly [ˌdɪsəˈpɔɪntɪdli, AM -t̬-] *adv* enttäuscht

dis·ap·point·ing [ˌdɪsəˈpɔɪntɪŋ, AM -t̬-] *adj* enttäuschend; **how ~!** so eine Enttäuschung!

dis·ap·point·ing·ly [ˌdɪsəˈpɔɪntɪŋli, AM -t̬-] *adv* enttäuschend; **~, she did not show up** sie tauchte enttäuschenderweise nicht auf

dis·ap·point·ment [ˌdɪsəˈpɔɪntmənt] *n* Enttäuschung *f* (**in** über +*akk*); **to one's ~** zu jds Enttäuschung *f*; ■**to be a ~ to sb** für jdn eine Enttäuschung sein; **to suffer a ~** eine Enttäuschung erleben

dis·ap·pro·ba·tion [ˌdɪsæprə(ʊ)ˈbeɪʃən, AM -ˌæprə-] *n no pl* (*form*) Missbilligung *f*; **to cause ~** Missfallen erregen

dis·ap·prov·al [ˌdɪsəˈpruːvəl] *n no pl* Missbilligung *f*; **there was a hint of ~ in his voice** in seiner Stimme schwang ein leichtes Missfallen

dis·ap·prove [ˌdɪsəˈpruːv] *vi* dagegen sein; ■**to ~ of sth** etw missbilligen; **to ~ of sb's behaviour** jds Verhalten *nt* kritisieren; ■**to ~ of sb** jdn ablehnen

dis·ap·prov·ing [ˌdɪsəˈpruːvɪŋ] *adj* missbilligend

dis·ap·prov·ing·ly [ˌdɪsəˈpruːvɪŋli] *adv* missbilligend

dis·arm [dɪˈsɑːm, AM -ɑːrm] **I.** *vt* ❶ MIL ■**to ~ sb** jdn entwaffnen; **to ~ a bomb/mine** eine Bombe/Mine entschärfen ❷ **to ~ a critic** einen Kritiker verstummen lassen; **to ~ criticism** Kritik entschärfen ❸ (*charm*) ■**to ~ sb** jdn entwaffnen [*o* freundlich stimmen] **II.** *vi* abrüsten

dis·arma·ment [dɪˈsɑːməmənt, AM -ɑːrm-] **I.** *n no pl* Abrüstung *f*; **nuclear ~** atomare Abrüstung **II.** *n modifier* (*agreement, proposal*) Abrüstungs-; **in the ~ field** auf dem Gebiet der Abrüstung

dis·ˈarma·ment talks *npl* Abrüstungsverhandlungen *fpl*, Abrüstungsgespräche *ntpl*

dis·arm·er [dɪˈsɑːməʳ] *n* BRIT Rüstungsgegner(in) *m(f)*, Abrüstungsbefürworter(in) *m(f)*

dis·arm·ing [dɪˈsɑːmɪŋ, AM -ɑːrm-] *adj* (*approv*) entwaffnend, gewinnend; **~ candour** [*or* **frankness**] entwaffnende Offenheit; **~ smile** entwaffnendes [*o* charmantes] Lächeln

dis·ar·range [ˌdɪsəˈreɪndʒ] *vt* ■**to ~ sth** etw durcheinanderbringen, etw in Unordnung bringen; **~d hair** zerzaustes Haar

dis·ar·ray [ˌdɪsəˈreɪ] **I.** *n no pl* ❶ (*disorder*) Unordnung *f*, Durcheinander *nt*; **to be in [a state of] ~** in [einem Zustand der] Unordnung sein; **her hair was in ~** ihr Haar war [ganz] zerzaust; **to throw sth into ~** etw durcheinanderbringen ❷ (*confusion*) Verwirrung *f*, Wirrwarr *m* **II.** *vt* ■**to ~ sth** etw in Unordnung bringen

dis·as·so·ci·ate [ˌdɪsəˈsəʊsieɪt, AM -ˈsoʊʃi-] *vt see* **dissociate**

dis·as·ter [dɪˈzɑːstəʳ, AM -ˈzæstɚ] *n* ❶ (*misfortune*) Katastrophe *f*, Unglück *nt*, Desaster *nt*; **air ~** Flugzeugunglück *nt*, Flugzeugkatastrophe *f*; **rail ~** Eisenbahnunglück *nt*, Zugunglück *nt*; **environmental ~** Umweltkatastrophe *f*; **natural/global ~** Naturkatastrophe *f*/globale Katastrophe ❷ *no pl* **everything was going smoothly until ~ struck** alles lief reibungslos, bis die Katastrophe ihren Lauf nahm; **to avert ~** eine Katastrophe abwenden; **to spell ~ for sth** eine Katastrophe für etw *akk* bedeuten ❸ (*fam: failure*) Katastrophe *f*; **the evening was a complete ~** der Abend war der totale Reinfall; **as a teacher, he was a ~** als Lehrer war er absolut unfähig

diˈs·as·ter area *n* Katastrophengebiet *nt*; **after the party, the house was a ~** (*fig hum*) nach dem Fest sah das Haus aus wie ein Schlachtfeld **diˈs·as·ter movie** *n* Katastrophenfilm *m*

dis·as·trous [dɪˈzɑːstrəs, AM -ˈzæs-] *adj* ❶ (*causing disaster*) katastrophal, verheerend; **to have a ~ impact on sth** auf etw *akk* einen verhängnisvollen Einfluss haben; ■**to be ~ for sb/sth** für jdn/etw katastrophal sein, sich *akk* auf jdn/etw katastrophal auswirken ❷ (*unsuccessful*) unglückselig, verhängnisvoll; **a ~ attempt** ein unglücklicher Versuch

dis·as·trous·ly [dɪˈzɑːstrəsli, AM -ˈzæs-] *adv* katastrophal, verheerend; **it all went ~ wrong** es war eine Katastrophe

dis·avow [ˌdɪsəˈvaʊ] *vt* (*form*) ■**to ~ sth** etw verleugnen; **to ~ responsibility** die Verantwortung von sich *dat* weisen; **to ~ a rumour** ein Gerücht ableugnen

dis·avow·al [ˌdɪsəˈvaʊəl] *n* Ableugnung *f*, Verleugnung *f*; POL Dementi *nt*

dis·band [dɪsˈbænd] **I.** *vi* sich *akk* auflösen **II.** *vt* ■**to ~ sth** etw auflösen

dis·bar <-rr-> [dɪsˈbɑːʳ, AM -ˈbɑːr] *vt* LAW ■**to ~ sb** jdn aus der Anwaltschaft ausschließen, jdn von der Anwaltsliste streichen; **he was ~red for gross negligence** ihm wurde aufgrund grober Fahrlässigkeit die Zulassung entzogen

dis·be·lief [ˌdɪsbɪˈliːf] *n no pl* Unglaube *m*, Zweifel *m*; (*shock*) Fassungslosigkeit *f*; **she shook her head in ~** sie schüttelte ungläubig den Kopf

dis·be·lieve [ˌdɪsbɪˈliːv] (*form*) **I.** *vt* ■**to ~ sb** jdm nicht glauben; ■**to ~ sth** etw bezweifeln [*o* nicht glauben] **II.** *vi* ■**to ~ in sth** an etw *akk* nicht glauben

dis·be·liev·er [ˌdɪsbɪˈliːvəʳ, AM -ɚ] *n* Zweifler(in) *m(f)*, Ungläubige(r) *f(m)*

dis·burse [dɪsˈbɜːs, AM -ˈbɜːrs] *vt* **to ~ financial aid/money/funds** Finanzhilfe/Geld/Fondsmittel auszahlen

dis·burse·ment [dɪsˈbɜːsmənt, AM -ˈbɜːrs-] *n* Auszahlung *f*

disc [dɪsk], AM **disk** *n* ❶ (*shape, object*) Scheibe *f*, Platte *f*; MED Bandscheibe *f*; BRIT AUTO Parkscheibe *f* ❷ MUS [Schall]platte *f*; (*CD*) CD *f* ❸ COMPUT Diskette *f* ❹ (*in tarot*) ■**~s** *pl* Scheiben *f*

dis·card **I.** *vt* [dɪˈskɑːd, AM -kɑːrd] ❶ (*throw away*) ■**to ~ sth** etw wegwerfen; **to ~ a coat** einen Mantel ausziehen [*o* ablegen]; **to ~ an idea** eine Idee fallen lassen [*o* verwerfen] ❷ CARDS **to ~ a card** eine Karte abwerfen [*o* ablegen] **II.** *vi* CARDS abwerfen **III.** *n* [ˈdɪskɑːd, AM -skɑːrd] ❶ CARDS abgelegte [*o* abgeworfene] Karte ❷ (*reject*) Ausschuss *m kein pl*

ˈdisc brake *n* Scheibenbremse *f* **ˈdisc drive** *n* BRIT COMPUT *see* **disk drive**

dis·cern [dɪˈsɜːn, AM -ˈsɜːrn] *vt* (*form*) ■**to ~ sth** ❶ (*recognize*) etw wahrnehmen ❷ (*understand*) etw erkennen

dis·cern·ible [dɪˈsɜːnəbl̩, AM -ˈsɜːrn-] *adj* ❶ (*recognizable*) wahrnehmbar, erkennbar ❷ (*understandable*) erkennbar

dis·cern·ibly [dɪˈsɜːnəbli, AM -ˈsɜːrn-] *adv* ❶ (*recognizably*) wahrnehmbar, erkennbar ❷ (*understandably*) erkennbar

dis·cern·ing [dɪˈsɜːnɪŋ, AM -ˈsɜːrn-] *adj* (*approv: with good judgement*) urteilsfähig; **these are wines for the ~ palate** das sind Weine für den feinen Gaumen; **~ critic** angesehener Kritiker/angesehene Kritikerin; (*insightful*) scharfsichtig; **~ reader** kritischer Leser/kritische Leserin

dis·cern·ment [dɪˈsɜːnmənt, AM -ˈsɜːrn-] *n no pl* ❶ (*good judgement*) Urteilskraft *f*; (*insight*) Scharfsinn *m*, feines Gespür ❷ (*act of discerning*) Wahrnehmung *f*, Erkennen *nt*

dis·charge **I.** *vt* [dɪsˈtʃɑːdʒ, AM -ɑːrdʒ] ❶ (*from confinement*) ■**to ~ sb** jdn freisprechen; **to ~ a patient from hospital** einen Patienten aus dem Krankenhaus entlassen; **to ~ a prisoner** einen Gefangenen freilassen [*o* entlassen] ❷ (*from employment*) ■**to ~ sb** jdn entlassen; MIL jdn verabschieden ❸ (*form: fire*) **to ~ rounds** [*or* **shots**] Schüsse abgeben [*o* abfeuern]; **to ~ a weapon** eine Waffe abfeuern ❹ (*emit*) ■**to ~ sth** etw von sich *dat* geben, etw absondern [*o* ausstoßen]; **the wound is still discharging a lot of fluid** die Wunde sondert immer noch viel Flüssigkeit ab; **to ~ a liquid** eine Flüssigkeit abgeben [*o* absondern]; **to ~ sewage** Abwasser ablassen [*o* ablaufen lassen]; **to ~ smoke/gas** Rauch/Gas ausstoßen [*o* ausströmen lassen] ❺ (*utter*) ■**to ~ sth** etw ausstoßen [*o* von sich *dat* geben]; **to ~ abuse** Beleidigungen von sich *dat* geben ❻ (*pay off*) ■**to ~ sth** etw bezahlen [*o* begleichen]; **to ~ a debt** eine Schuld tilgen [*o* begleichen] ❼ (*perform*) **to ~ one's duty** seiner Verpflichtung nachkommen, seine Pflicht erfüllen;

D

to ~ **one's responsibility** seiner Verantwortung nachkommen, sich *akk* seiner Verantwortung stellen ❽ PHYS, ELEC ■**to** ~ **sth** etw entladen ❾ NAUT ■**to** ~ **sth** etw entladen [*o* ausladen]; **to** ~ **cargo** Ladung löschen; **to** ~ **a ship** ein Schiff entladen ❿ LAW (*cancel an order*) ■**to** ~ **sth** etw aufheben **II.** *vi* [dɪs'tʃɑːdʒ, AM -ɑːrdʒ] sich *akk* ergießen, ausströmen; *wound* eitern **III.** *n* ['dɪstʃɑːdʒ, AM -ɑːrdʒ] ❶ *no pl of patient* Entlassung *f;* ~ **from hospital/prison** Entlassung aus dem Krankenhaus/Gefängnis; *of employee* Kündigung *f,* Entlassung *f; of soldier* Abschied *m,* Entlassung *f;* **dishonourable** ~ MIL unehrenhafte Entlassung ❷ (*firing of gun*) Abfeuern *nt kein pl,* Abschießen *nt kein pl;* **accidental** ~ versehentliche Auslösung ❸ *of liquid* Ausstoß *m kein pl,* Ausströmen *nt kein pl* ❹ (*liquid emitted*) Ausfluss *m kein pl,* Absonderung *f;* **nasal** ~ Nasensekret *nt,* Nasenschleim *m;* **vaginal** ~ Scheidenausfluss *m,* Scheidensekret *nt* ❺ *of debt* Bezahlung *f,* Begleichung *f* ❻ *of duty* Erfüllung *f;* ~ **of one's duty** Pflichterfüllung *f* ❼ PHYS, ELEC Entladung *f* ❽ (*unloading*) Entladung *f; of a cargo* Löschen *nt kein pl*

dis·ci·ple [dɪ'saɪpl] *n* Anhänger(in) *m(f);* (*pupil*) Schüler(in) *m(f);* (*of Jesus*) Jünger *m*

dis·ci·pli·nar·ian [ˌdɪsəplɪ'neəriən, AM -'neri-] *n* Zuchtmeister(in) *m(f);* **to be a strict** ~ eiserne Disziplin verlangen

dis·ci·pli·nary [ˌdɪsə'plɪnəri, AM 'dɪsəplɪneri] *adj inv* Disziplinar-, disziplinarisch; ~ **measures** Disziplinarmaßnahmen *fpl;* ~ **problems** Disziplinprobleme *ntpl*

dis·ci·pline ['dɪsəplɪn] **I.** *n* ❶ *no pl* (*control*) Disziplin *f;* (*rules*) Vorschriften *fpl,* Regeln *fpl* ❷ *no pl* (*self-control*) Selbstdisziplin *f;* (*for the mind*) [Gehirn]training *nt,* Gehirnjogging *nt* ❸ (*subject*) Disziplin *f,* [Studien]fach *nt* **II.** *vt* ❶ (*have self-control*) ■**to** ~ **oneself** sich *akk* disziplinieren; **I'm trying to** ~ **myself to eat less** ich versuche mich daran zu gewöhnen, weniger zu essen ❷ (*punish*) ■**to** ~ **sb for sth** jdn für etw *akk* bestrafen [*o* züchtigen] ❸ (*drill*) ■**to** ~ **sb** jdn schulen [*o* ausbilden]; MIL jdn drillen

'disc jock·ey *n* Diskjockey *m*

dis·claim [dɪs'kleɪm] *vt* ■**to** ~ **sth** ❶ (*form: deny*) etw abstreiten [*o* von sich *dat* weisen]; **to** ~ **responsibility for sth** die Verantwortung für etw *akk* ablehnen ❷ LAW auf etw *akk* verzichten; **to** ~ **one's inheritance** sein Erbe ausschlagen

dis·claim·er [dɪs'kleɪməʳ, AM -ɚ] *n* ❶ (*form: of responsibility*) Dementi *nt,* Widerruf *m* ❷ LAW Verzichtserklärung *f*

dis·close [dɪs'kləʊz, AM -'kloʊz] *vt* ■**to** ~ **sth** ❶ (*reveal*) etw bekannt geben; **to** ~ **a secret/the truth** ein Geheimnis/die Wahrheit enthüllen ❷ (*uncover*) etw enthüllen *geh* [*o* aufdecken]

dis·clo·sure [dɪs'kləʊʒəʳ, AM -'kloʊʒɚ] *n* (*form*) ❶ *no pl* (*act of disclosing*) *of secret* Enthüllen *nt geh; of information* Bekanntgeben *nt* ❷ (*revelation*) Enthüllung *f,* Aufdeckung *f;* **damaging** ~ folgenschwere Enthüllung

disc·man® *n* Discman *m*

dis·co ['dɪskəʊ, AM -koʊ] **I.** *n* ❶ *short for* **discotheque** (*place*) Disko[thek] *f;* BRIT (*disco equipment*) Diskothekenanlage *f;* (*dance event*) Disko *f,* Disco *f* ❷ *no pl short for* **disco music** Diskomusik *f,* Disco *m* **II.** *n modifier* (*lighting*) Disko- **III.** *vi* ❶ (*go to a disco*) in die Disko gehen ❷ (*dance*) Disco tanzen

dis·col·our [dɪ'skʌləʳ], AM **dis·col·or** [-əʳ] **I.** *vi* sich *akk* verfärben **II.** *vt* ■**to** ~ **sth** etw verfärben

dis·col·oura·tion [dɪˌskʌlə'reɪʃən] *n* (*ruining*) Verfärbung *f;* (*fading*) Entfärbung *f,* Farbverlust *m;* (*mark*) Fleck *m; of teeth* Verfärbung *f,* Fleck *m*

dis·com·fit [dɪ'skʌm(p)fɪt] *vt* (*form*) ■**to** ~ **sb** (*cause embarrassment*) jdm Unbehagen bereiten, jdn in Verlegenheit bringen; (*cause inconvenience*) jdm Unannehmlichkeiten bereiten

dis·com·fi·ture [dɪ'skʌm(p)fɪtʃəʳ, AM -ɚ] *n no pl* (*form*) Unbehagen *nt*

dis·com·fort [dɪ'skʌm(p)fət, AM -fɚt] *n* ❶ *no pl* (*slight pain*) leichter Schmerz, Beschwerden *fpl* (**in** mit +*dat*) ❷ *no pl* (*mental uneasiness*) Unbehagen *nt* ❸ (*inconvenience*) Unannehmlichkeit *f*

'dis·co mu·sic *n no pl* Diskomusik *f,* Disco *m*

dis·con [dɪs'kɑːn] *n modifier* LAW *short for* **disorderly conduct** aufgrund ungebührlichen Verhaltens *nach n;* **he was a** ~ **arrest** er wurde aufgrund ungebührlichen Verhaltens verhaftet

dis·con·cert [ˌdɪskən'sɜːt, AM -'sɜːrt] *vt* ■**to** ~ **sb** jdn beunruhigen; (*unnerve*) jdn irritieren

dis·con·cert·ing [ˌdɪskən'sɜːtɪŋ, AM -'sɜːrt-] *adj* beunruhigend; (*unnerving*) irritierend

dis·con·cert·ing·ly [ˌdɪskən'sɜːtɪŋli, AM -'sɜːrt-] *adv* beunruhigend; (*unnervingly*) irritierend

dis·con·nect [ˌdɪskə'nekt] **I.** *vt* ELEC ❶ (*turn off*) ■**to** ~ **sth** etw trennen [*o* abschalten]; **while we were talking on the phone we suddenly got** ~**ed** während des Telefongesprächs wurde die Verbindung plötzlich unterbrochen; ■**to** ~ **sb** jdn nicht mehr versorgen ❷ (*cancel*) **to** ~ **electricity/gas** Strom/Gas abstellen; **to** ~ **the phone** (*customer*) das Telefon abmelden; (*company*) das Telefon abstellen **II.** *n* [Kommunikations]lücke *f* (**between** zwischen +*dat*)

dis·con·nect·ed [ˌdɪskə'nektɪd] *adj inv* ❶ (*turned off*) abgeschaltet, [ab]getrennt; (*left without supply*) abgestellt ❷ (*incoherent*) zusammenhang[s]los, unzusammenhängend

dis·con·nec·tion [ˌdɪskə'nekʃən] *n* Unterbrechung *f,* Trennung *f;* **a sense of** ~ ein Gefühl *nt* der Ausgeschlossenheit (**from** von +*dat*)

dis·con·so·late [dɪ'skɒn(t)sələt, AM -'skɑːn(t)-] *adj* (*dejected*) niedergeschlagen, deprimiert; (*inconsolable*) unglücklich, untröstlich

dis·con·so·late·ly [dɪ'skɒn(t)sələtli, AM -'skɑːn(t)-] *adv* niedergeschlagen, deprimiert

dis·con·tent [dɪskən'tent] *n no pl* Unzufriedenheit *f;* **rumblings of** ~ Entrüstungsstürme *mpl;* **widespread** ~ weit verbreitete Unzufriedenheit

dis·con·tent·ed [dɪskən'tentɪd, AM -t̬-] *adj* unzufrieden (**with/about** mit +*dat*)

dis·con·tent·ed·ly [dɪskən'tentɪdli, AM -t̬-] *adv* unzufrieden

dis·con·tent·ment [dɪskən'tentmənt] *n no pl see* **discontent**

dis·con·tinu·ance [ˌdɪskən'tɪnjuən(t)s] *n no pl,* **dis·con·tinua·tion** [ˌdɪskənˌtɪnju'eɪʃən] *n* (*form*) Einstellung *f,* Aufgabe *f; of business relations* Abbruch *m; of a subscription* Abbestellung *f*

dis·con·tinue [ˌdɪskən'tɪnjuː] (*form*) **I.** *vt* ■**to** ~ **sth** ❶ (*stop providing*) etw abbrechen; **to** ~ **a product** ein Produkt auslaufen lassen; **to** ~ **service** eine Dienstleistung einstellen [*o* beenden] ❷ (*put an end to*) *one's visits* etw aufgeben; **to** ~ **medication** eine Behandlung abbrechen; **to** ~ **a subscription** ein Abonnement kündigen [*o* beenden] **II.** *vi* aufhören

dis·con·tinued [ˌdɪskən'tɪnjuːd] *adj inv* auslaufend; ~ **model** Auslaufmodell *nt*

dis·con·tinu·ity [ˌdɪsˌkɒntɪ'njuːəti, AM -ˌkɑːntən'uːət̬i] *n* (*form*) ❶ *no pl* (*lack of continuity*) Diskontinuität *f,* mangelnde Kontinuität ❷ (*in an account*) Bruch *m;* (*gap*) Lücke *f*

dis·con·tinu·ous [ˌdɪskən'tɪnjuəs] *adj* ❶ (*incoherent*) unzusammenhängend, zusammenhang[s]los ❷ (*not continuing*) nicht kontinuierlich, mit Unterbrechungen *nach n*

dis·cord ['dɪskɔːd, AM -kɔːrd] *n no pl* (*form*) ❶ (*disagreement*) Uneinigkeit *f,* Zwietracht *f geh,* Disharmonie *f geh;* **the letter caused** ~ **between uncle and nephew** der Brief führte zu Missklängen zwischen Onkel und Neffe; **to sound a note of** ~ einen Misston anschlagen ❷ MUS Disharmonie *f*

dis·cord·ant [dɪ'skɔːdənt, AM -'skɔːrd-] *adj* ❶ (*disagreeing*) abweichend *attr,* sich *dat* widersprechend *attr,* entgegengesetzt; **to strike a** ~ **note** einen Misston anschlagen; ~ **views** gegensätzliche Ansichten ❷ MUS disharmonisch, misstönend

dis·co·theque ['dɪskətek] *n* ❶ (*place*) Diskothek *f* ❷ (*dance event*) Disko *f fam* ❸ BRIT (*disco equipment*) Diskothekenanlage *f*

dis·count **I.** *n* ['dɪskaʊnt] Rabatt *m,* Preisnachlass *m;* **~s are available to club members** Clubmitglieder erhalten einen Rabatt; **~ for cash** Skonto *nt o m;* **to give a ~** [einen] Rabatt geben [*o* gewähren]; **will you give me a ~ for quantity?** geben Sie mir einen Mengenrabatt?; **at a ~** mit Rabatt **II.** *vt* [dɪ'skaʊnt] ■**to ~ sth** ❶ (*disregard*) etw unberücksichtigt lassen; **to ~ a possibility** eine Möglichkeit nicht berücksichtigen; **to ~ a testimony/an analysis** eine Aussage/Analyse nicht einbeziehen ❷ (*lower in price*) etw senken [*o* reduzieren]; **to ~ an article** einen Artikel herabsetzen; **to ~ a price** einen Preis reduzieren [*o* senken]

'dis·count card *n* Ermäßigungskarte *f* **'dis·count flight** *n* Billigflug *m* **'dis·count store** *n* Discountladen *m,* Discountgeschäft *nt* **'dis·count ware·house** *n* Discountkaufhaus *m*

dis·cour·age [dɪ'skʌrɪdʒ, AM -'skɜːr-] *vt* ❶ (*dishearten*) ■**to ~ sb** jdn entmutigen ❷ (*dissuade*) ■**to ~ sth** von etw *dat* abraten; ■**to ~ sb from doing sth** jdm davon abraten, etw zu tun ❸ (*stop*) ■**to ~ sb** jdn abhalten; ■**to ~ sb from doing sth** jdn davon abhalten, etw zu tun

dis·cour·age·ment [dɪ'skʌrɪdʒmənt, AM -'skɜːr-] *n* ❶ *no pl* (*action*) Entmutigung *f;* (*feeling*) Mutlosigkeit *f* ❷ (*discouraging thing*) Hindernis *nt,* Beeinträchtigung *f,* Schwierigkeit *f* ❸ *no pl* (*deterrence*) Abschreckung *f;* (*dissuasion*) Abraten *nt*

dis·cour·ag·ing [dɪ'skʌrɪdʒɪŋ, AM -'skɜːr-] *adj* entmutigend

dis·course **I.** *n* ['dɪskɔːs, AM -kɔːrs] (*form*) ❶ *no pl* (*communication*) Diskurs *m geh,* Kommunikation *f,* Unterhaltung *f;* LING **~ analysis** Diskursanalyse *f* ❷ (*lecture*) Vortrag *m;* (*written treatment*) Abhandlung *f,* Diskurs *m geh* **II.** *vi* [dɪ'skɔːs, AM -'skɔːrs] ❶ (*lecture*) einen Vortrag halten; ■**to ~ [up]on sth** über etw *akk* dozieren ❷ (*converse*) sprechen, sich *akk* unterhalten

dis·cour·teous [dɪ'skɜːtiəs, AM -'skɜːrt̬i-] *adj* (*form*) unhöflich

dis·cour·tesy [dɪ'skɜːtəsi, AM -'skɜːrt̬ə-] *n* (*form*) Unhöflichkeit *f;* (*act also*) Unhöflichkeit[sbezeugung] *f*

dis·cov·er [dɪ'skʌvəʳ, AM -ɚ] *vt* ❶ (*find out*) ■**to ~ sth** etw herausfinden [*o* entdecken] [*o* feststellen]; ■**to ~ that ...** herausfinden [*o* entdecken], dass ... ❷ (*find first*) ■**to ~ sth** etw entdecken; (*fig: talent-spot*) ■**to ~ sb** jdn entdecken [*o* berühmt machen] ❸ (*find*) ■**to ~ sth** etw finden [*o* ausfindig machen]; ■**to ~ sb doing sth** jdn bei etw *dat* ertappen

dis·cov·er·er [dɪ'skʌvᵊrəʳ, AM -ɚɚ] *n* Entdecker(in) *m(f)*

dis·cov·ery [dɪ'skʌvᵊri, AM -əri] *n* Entdeckung *f;* *of star, actor* [Neu]entdeckung *f*

dis·cred·it [dɪ'skredɪt] **I.** *vt* ❶ (*disgrace*) ■**to ~ sb/sth** jdn/etw in Verruf [*o* Misskredit] bringen, jdn/etw diskreditieren ❷ (*cause to appear false*) ■**to ~ sth** etw unglaubwürdig machen ❸ (*disbelieve*) ■**to ~ sth** etw anzweifeln [*o* bezweifeln], etw *dat* keinen Glauben schenken **II.** *n no pl* ❶ (*disrepute*) Misskredit *m,* schlechter Ruf; **this has brought ~ upon the whole school** das hat dem Ruf der ganzen Schule geschadet; **to be to sb's ~** jdm keine Ehre machen ❷ (*sb, sth that discredits*) Schande *f* (**to** für +*akk*)

dis·cred·it·able [dɪ'skredɪtəbḷ, AM -t̬ə-] *adj* schändlich, unehrenhaft, diskreditierend

dis·cred·it·ably [dɪ'skredɪtəbli, AM -t̬ə-] *adv* schändlich, unehrenhaft, diskreditierend

dis·creet [dɪ'skriːt] *adj* ❶ (*unobtrusive*) diskret; *colour, pattern* dezent; **~ elegance** unaufdringliche Eleganz ❷ (*tactful*) taktvoll

dis·creet·ly [dɪ'skriːtli] *adv* diskret; **~ dressed** dezent gekleidet

dis·crep·an·cy [dɪ'skrepᵊn(t)si] *n* (*form*) Diskrepanz *f geh,* Widerspruch *m,* Unstimmigkeit *f*

dis·crep·ant [dɪ'skrepᵊnt] *adj* verschieden, [voneinander] abweichend *attr*

dis·crete [dɪ'skriːt] *adj* eigenständig

dis·cre·tion [dɪ'skreʃᵊn] *n no pl* ❶ (*behaviour*) Diskretion *f,* Verschwiegenheit *f,* Zurückhaltung *f;* **to be the [very] soul of ~** die Diskretion in Person sein ❷ (*good judgement*) Klugheit *f,* Besonnenheit *f,* Umsicht *f;* **age of ~** LAW Alter *nt* der freien Willensbestimmung, Strafmündigkeit *f;* **to reach the age of ~** mündig werden; **to leave sth to sb's ~** etw in jds Ermessen *nt* stellen, etw jds Entscheidung *f* überlassen; **to use one's ~** nach eigenem Ermessen handeln; **at sb's ~** nach jds Ermessen *nt;* **to be at the ~ of sb** [*or* **at sb's ~**] in jds Ermessen *nt* stehen ❸ (*freedom*) Belieben *nt;* *esp* LAW Ermessen *nt;* **it is within his ~ to leave the country** es steht ihm frei, das Land zu verlassen ▸ PHRASES: **~ is the better part of valour** (*prov*) Vorsicht ist die Mutter der Porzellankiste *prov fam*

dis·cre·tion·ary [dɪ'skreʃᵊnᵊri, AM -eri] *adj* (*form*) willkürlich, beliebig, Ermessens-; **~ powers** Ermessensspielraum *m,* Entscheidungsgewalt *f*

dis·crimi·nate [dɪ'skrɪmɪneɪt] **I.** *vi* ❶ (*differentiate*) unterscheiden, einen Unterschied machen ❷ (*be prejudiced*) diskriminieren; **to ~ in favour of sb** jdn bevorzugen [*o* begünstigen]; ■**to ~ against sb** jdn diskriminieren [*o* benachteiligen] **II.** *vt* ❶ (*tell apart*) ■**to ~ sth from sth** etw von etw *dat* unterscheiden; (*twins, sth identical etc*) etw auseinanderhalten ❷ (*mark as distinctive*) ■**to ~ sb/sth from sb/sth** jdn/etw von jdm/etw abheben

dis·crimi·nat·ing [dɪ'skrɪmɪneɪtɪŋ, AM -t̬-] *adj* (*approv form*) ❶ (*able to discern*) kritisch; **~ palate** feiner Gaumen *geh* ❷ (*having good taste*) anspruchsvoll

dis·crimi·na·tion [dɪˌskrɪmɪ'neɪʃᵊn] *n no pl* ❶ (*prejudice*) Diskriminierung *f,* Benachteiligung *f;* **positive** [*or* **reverse**] **~** Begünstigung *f* benachteiligter Schichten; **racial ~** Rassendiskriminierung *f;* **sexual ~** Diskriminierung *f* aufgrund des Geschlechts ❷ (*taste*) [kritisches] Urteilsvermögen, Urteilskraft *f* ❸ (*ability to differentiate*) Unterscheidung *f*

dis·crimi·na·tory [dɪ'skrɪmɪnətᵊri, AM -tɔːri] *adj* diskriminierend

dis·cur·sive [dɪ'skɜːsɪv, AM -'skɜːr-] *adj* (*form*) ❶ (*esp pej*) abschweifend *attr,* weitschweifig ❷ LIT diskursiv, folgernd *attr;* **a ~ style** ein diskursiver Stil

dis·cur·sive·ly [dɪ'skɜːsɪvli, AM -'skɜːr-] *adv* (*esp pej*) abschweifend, weitschweifig

dis·cus <*pl* -es> ['dɪskəs] *n* SPORTS Diskus *m;* (*event*) ■**the ~** das Diskuswerfen

dis·cuss [dɪ'skʌs] *vt* ■**to ~ sth** ❶ (*talk about*) etw besprechen; *best way of doing sth* über etw *akk* beraten; **this booklet ~es how to ...** in dieser Broschüre wird beschrieben, wie man ...; **there's nothing to ~** es gibt nichts zu besprechen; **to ~ a point/detail/topic** einen Punkt/ein Detail/ein Thema besprechen ❷ (*debate*) etw erörtern [*o* diskutieren]

dis·cus·sion [dɪ'skʌʃᵊn] **I.** *n* Diskussion *f,* Erörterung *f;* **the matter is open to ~** das Thema steht zur Diskussion; **to be under ~** zur Diskussion stehen; **the matter is still under ~** die Beratung ist noch nicht zu Ende; **to hold** [*or* **have**] **a ~** eine Besprechung haben **II.** *n modifier* Diskussions-; **~ group** Diskussionsrunde *f*

dis·'cus·sion board *n* COMPUT, INET Diskussionsforum *nt*

'dis·cus throw·er *n* Diskuswerfer(in) *m(f)* **'dis·cus throw·ing** *n no pl* Diskuswerfen *nt*

dis·dain [dɪs'deɪn] **I.** *n no pl* Verachtung *f;* **to show one's ~ of sb/sth** jdn/etw verschmähen [*o* verachten] **II.** *vt* ■**to ~ sth** (*despise*) etw verachten [*o* gering schätzen]; (*reject*) etw verschmähen; **to ~ to do sth** zu stolz sein, etw zu tun; **they ~ed to speak with us** es war unter ihrer Würde, mit uns zu sprechen

dis·dain·ful [dɪs'deɪnfᵊl] *adj* (*form*) verächtlich, geringschätzig; **a country once ~ of foreign authors** ein Land, das einmal die ausländischen Autoren verachtet hat

dis·ease [dɪ'ziːz] *n* ❶ MED Krankheit *f,* Leiden *nt;* **outbreak of [a] ~** Ausbruch *m* einer Krankheit, Krankheitsbeginn *m;* **contagious** [*or* **infectious**]**/rare/common ~** ansteckende/seltene/häufige Krankheit; **to catch** [*or* **contract**] **a ~** sich *dat* eine Krankheit zuziehen, von einer Krankheit befallen werden ❷ *no pl* (*fig: adverse condition*) Gebrechen *nt,* Leiden *nt*

disdain

expressing disdain/displeasure	Geringschätzung/Missfallen ausdrücken
I don't think much of that theory.	**Ich halte nicht viel von** dieser Theorie.
I don't think much of that at all.	**Davon halte ich gar nicht viel.**
I'm not in the least impressed by that.	**Davon halte ich überhaupt nichts.**
Don't give me any of that psychology **nonsense!**	**Komm mir bloß nicht mit** Psychologie **daher!**
(I'm sorry but) **I've got no time for** people like that.	(Es tut mir leid, aber) **ich habe für** diese Typen **nichts übrig.**
Modern art **doesn't do a thing for me./is not my cup of tea.**	**Ich kann mit** moderner Kunst **nichts anfangen.**

dis·eased [dɪ'zi:zd] *adj* ❶ *body part* krank, erkrankt; *plant* befallen ❷ (*abnormal*) krankhaft; **a ~ mind** ein kranker Verstand

dis·em·bark [ˌdɪsɪm'bɑ:k, AM -'bɑ:rk] *vi* von Bord gehen; **the passengers ~ed from the ferry** die Passagiere verließen die Fähre

dis·em·bar·ka·tion [ˌdɪsɪmbɑ:'keɪʃən, AM -bɑ:r'-] *n aircraft* Landung *f; of boat* Ausschiffung *f; of passengers* Aussteigen *nt kein pl; of cargo* Entladen *nt kein pl*

dis·em·bod·ied [ˌdɪsɪm'bɒdid, AM -'bɑ:did] *adj inv* körperlos; **a ~ voice** eine geisterhafte Stimme

dis·em·bow·el <BRIT -ll- *or* AM *usu* -l-> [ˌdɪsɪm'baʊəl] *vt* ■**to ~ sb** jdm die Eingeweide entfernen; *by violence* jdm den Bauch aufschlitzen; ■**to ~ oneself** sich *dat* den Bauch aufschlitzen; **to ~ an animal** einem Tier die Eingeweide herausnehmen, ein Tier ausweiden

dis·en·chant [ˌdɪsɪn'tʃɑ:nt, AM -'tʃænt] *vt* ■**to ~ sb** jdn desillusionieren [*o* ernüchtern]; ■**to ~ sth** etw entzaubern

dis·en·chant·ed [ˌdɪsɪn'tʃɑ:ntɪd, AM -'tʃænt̬ɪd] *adj* desillusioniert, ernüchtert; (*disappointed*) enttäuscht

dis·en·chant·ment [ˌdɪsɪn'tʃɑ:ntmənt, AM -'tʃænt-] *n no pl* Desillusionierung *f,* Enttäuschung *f,* Ernüchterung *f;* **the public's ~ with social conditions** die Unzufriedenheit der Bevölkerung mit den sozialen Verhältnissen

dis·en·fran·chise [ˌdɪsɪn'fræn(t)ʃaɪz] *vt* ■**to ~ sb** jdn entrechten; ECON jdm eine Konzession entziehen; POL jdm die Bürgerrechte aberkennen; **to ~ a town** einer Stadt das Recht nehmen, einen Abgeordneten ins Parlament zu entsenden

dis·en·fran·chised [ˌdɪsɪn'fræn(t)ʃaɪzd] *adj inv* entrechtet

dis·en·fran·chise·ment [ˌdɪsɪn'fræn(t)ʃɪzmənt, AM -(t)ʃaɪz-] *n no pl* Entrechtung *f;* POL *of person* Aberkennung *f* der bürgerlichen Ehrenrechte; *of town* Entzug *m* des Rechts, einen Abgeordneten ins Parlament zu entsenden

dis·en·gage [ˌdɪsɪn'geɪdʒ] **I.** *vt* ❶ (*extricate*) ■**to ~ oneself [from sth]** sich *akk* [von etw *dat*] lösen [*o* befreien] ❷ MECH ■**to ~ sth** etw entkuppeln; **to ~ the clutch** auskuppeln ❸ MIL **to ~ troops** Truppen abziehen **II.** *vi* ❶ (*become detached*) sich *akk* lösen [*o* frei machen] ❷ (*in fencing*) sich *akk* [aus der gegnerischen Bindung] lösen

dis·en·gage·ment [ˌdɪsɪn'geɪdʒmənt] *n no pl* ❶ MECH Lösung *f; of a clutch* Auskuppeln *nt* ❷ MIL Absetzen *nt* ❸ (*in fencing*) Befreiung *f*

dis·en·tan·gle [ˌdɪsɪn'tæŋgl] **I.** *vt* ❶ (*untangle*) ■**to ~ sth** etw entwirren [*o* entflechten]; **to ~ a rope** ein Seil entknoten [*o* entwirren]; (*fig*) ■**to ~ sth from sth** etw aus etw *dat* herauslösen; **to ~ hard facts from myth** die Tatsachen von den Legenden trennen ❷ (*get away*) ■**to ~ oneself from sth** sich *akk* von etw *dat* befreien [*o* lösen] **II.** *vi* sich *akk* [voneinander] loslösen [*o* frei machen]

dis·es·tab·lish [ˌdɪsɪ'stæblɪʃ] *vt* (*form*) ■**to ~ sth** etw vom Staat trennen; **to ~ the Church** Kirche und Staat trennen

dis·es·tab·lish·ment [ˌdɪsɪ'stæblɪʃmənt] *n no pl* Trennung *f* [vom Staat]; **the ~ of the Church** die Trennung von Kirche und Staat

dis·fa·vor [ˌdɪs'feɪvəʳ] AM, **dis·fa·vour** [-əʳ] **I.** *n no pl* Missbilligung *f,* Missfallen *nt;* **to be in ~ with sb** bei jdm in Ungnade stehen; **to fall into ~ with sb** bei jdm in Ungnade fallen; **to hold sb in ~** jdm seine Gunst vorenthalten [*o* nicht gewähren]; **to look on sb with ~** jdn mit Missfallen betrachten **II.** *vt* ■**to ~ sb** jdn benachteiligen; ■**to ~ sth** etw missbilligen

dis·fig·ura·tion [dɪsˌfɪgə'reɪʃən, AM -gjə'-] *n no pl* Entstellung *f,* Verunstaltung *f;* **the ~ of the town continues** die Stadt wird weiterhin verunstaltet

dis·fig·ure [dɪs'fɪgəʳ, AM -gjɚ] *vt* ■**to ~ sb/sth** jdn/etw entstellen [*o* verunstalten]

dis·fig·ure·ment [dɪs'fɪgəmənt, AM -'fɪgjɚ-] *n no pl see* **disfiguration**

dis·fran·chise [ˌdɪs'fræn(t)ʃaɪz] *vt see* **disenfranchise**

dis·gorge [dɪs'gɔ:dʒ, AM -'gɔ:rdʒ] **I.** *vt* ■**to ~ sth** etw ausspucken [*o* ausspeien] *a. fig* **II.** *vi* sich *akk* ergießen; **the river ~s into the Black Sea** der Fluss fließt in das Schwarze Meer

dis·grace [dɪs'greɪs] **I.** *n no pl* ❶ (*shame*) Schande *f,* Schmach *f geh;* **to bring ~ on sb/sth** Schande über jdn/etw bringen ❷ (*sth or sb shameful*) Schande *f,* Schandfleck *m* **II.** *vt* ■**to ~ sb** Schande über jdn bringen, jdm Schande bereiten; **he has been ~d** er ist in Ungnade gefallen

dis·graced [dɪs'greɪst] *adj* beschämt; ■**to be ~** blamiert sein

dis·grace·ful [dɪs'greɪsfəl] *adj* schändlich, skandalös; **it is ~ that ...** es ist ein Skandal [*o* eine Schande], dass ...; **~ behaviour** [*or* **conduct**] skandalöses Verhalten [*o* Benehmen]

dis·grace·ful·ly [dɪs'greɪsfəli] *adv* schändlich; **the unemployment pay is ~ low** das Arbeitslosengeld ist erbärmlich niedrig

dis·grun·tled [dɪs'grʌntld, AM -t̬ld] *adj* verärgert (**with** über +*akk*), verstimmt

dis·guise [dɪs'gaɪz] **I.** *vt* ❶ (*mask*) ■**to ~ oneself [as sb/sth]** sich *akk* [als jd/etw] verkleiden ❷ (*change appearance*) ■**to ~ sth** etw verschleiern [*o* unkenntlich machen]; **to ~ a fact** eine Tatsache verbergen [*o* verschleiern]; **to ~ one's voice** seine Stimme verstellen ❸ (*cover up*) ■**to ~ sth** etw verbergen [*o* verstecken]; **to ~ one's feelings** seine Gefühle verbergen; **to ~ a blemish** einen Fehler kaschieren [*o* verdecken] **II.** *n* (*for body*) Verkleidung *f;* (*for face*) Maske *f;* **to put on a ~** sich *akk* verkleiden; **he put on a false beard as a ~** er tarnte sich mit einem falschen Bart; **to wear a ~** verkleidet sein; **in ~** verkleidet, getarnt

dis·guised [dɪs'gaɪzd] *adj* verkleidet, maskiert; **to be ~ as a cowboy** als Cowboy verkleidet [*o* maskiert] sein; (*fig*) verborgen, verschleiert; **with barely ~ anger** mit kaum verhülltem Ärger; **~ tax** versteckte Steuer

dis·gust [dɪs'gʌst] **I.** *n no pl* ❶ (*revulsion*) Abscheu *m,* Ekel *m;* **to be filled with ~ at sth** von etw *dat* angewidert sein; **sth fills sb with ~** etw ekelt jdn an; **to step back in ~ [from sth]** angeekelt [*o* angewidert] [von etw *dat*] zurückweichen; **to turn away [from sth] in ~** sich *akk* angeekelt [*o* angewidert] [von etw *dat*] abwenden ❷ (*indignation*) Empörung *f,* Entrüstung *f* (**at** über +*akk*); **[much] to sb's ~** [sehr] zu jds Entrüstung; to express one's ~ [at sth] seine Entrüstung [*o* Empörung] über etw *akk* zum Ausdruck bringen; to hide one's ~ at sth seine Empörung über etw *akk* verbergen; in ~ entrüstet, empört; to do sth in ~ etw tun aus Empörung darüber, dass ... **II.** *vt* ■to ~ sb ❶ (*sicken*) jdn anwidern [*o* anekeln] ❷ (*appal*) jdn entrüsten [*o* empören]

dis·gust·ed [dɪs'gʌstɪd] *adj* ❶ (*sickened*) angeekelt, angewidert ❷ (*indignant*) empört; ■to be ~ at sth über etw *akk* entrüstet [*o* empört] sein; ■to be ~ at [*or* with] sb for [not] doing sth darüber empört sein, dass jd etw [nicht] tut; ■to be ~ that ... darüber empört sein, dass ...

dis·gust·ed·ly [dɪs'gʌstɪdli] *adv* empört, entrüstet

dis·gust·ing [dɪs'gʌstɪŋ] *adj* ❶ (*unacceptable*) empörend; ■it is ~ how/that ... es ist empörend, wie/dass ... ❷ (*repulsive*) widerlich, widerwärtig

dis·gust·ing·ly [dɪs'gʌstɪŋli] *adv* ❶ (*repulsively*) widerlich, ekelhaft ❷ (*iron: unbelievably*) unglaublich; his grades are ~ good seine Noten sind unverschämt gut *fam*

dish [dɪʃ] **I.** *n* <*pl* -es> ❶ (*for serving*) Schale *f;* AM (*plate*) Teller *m;* deep ~ Schüssel *f;* to put sth in [*or* on] a ~ etw in eine Schüssel tun; to serve sth in [*or* on] a ~ etw in einer Schüssel servieren ❷ (*crockery*) ■the ~es *pl* das Geschirr *kein pl;* the dirty ~es das schmutzige [*o* dreckige] Geschirr; to do [*or* wash] the ~es [ab]spülen, abwaschen; to stack the ~es das Geschirr stapeln ❸ (*meal*) Gericht *nt;* favourite ~ Lieblingsgericht *nt,* Leibgericht *nt;* main ~ Hauptspeise; sweet ~ Süßspeise *f;* fish ~ Fischgericht *nt;* side ~ Beilage *f* ❹ TELEC Schüssel *f,* Antenne *f fam;* satellite ~ Parabolantenne *f,* Satellitenschüssel *f fam* ❺ (*approv sl: man*) toller Typ *fam;* (*woman*) klasse Frau *fam* **II.** *vt* ❶ (*serve*) ■to ~ sth etw anrichten ❷ (*dated sl*) ■to ~ sb jdn ruinieren; ■to ~ sth etw zunichte machen; to ~ sb's chances [of sth] jds Chancen [auf etw *akk*] zunichte machen ▸ PHRASES: to ~ the dirt on sb jdn öffentlich bloßstellen **III.** *vi* AM (*fam: gossip*) klatschen, tratschen; ■to ~ about sth etw breittreten *pej fam,* sich *akk* über etw *akk* auslassen

◆**dish out** *vt* ❶ (*give freely*) ■to ~ out ○ sth [to sb] etw großzügig [an jdn] verteilen; to ~ out punishment [be]strafen; to ~ it out austeilen *fam;* (*fight*) kräftig zuschlagen; he can ~ it out but can't take it austeilen kann er, aber einstecken nicht ❷ (*serve*) ■to ~ sth ○ out for sb [*or* sb out sth] jdm etw servieren; could you ~ me out some more potatoes, please? würdest du mir bitte noch ein paar Kartoffeln geben?

◆**dish up** (*fam*) **I.** *vt* ■to ~ up ○ sth ❶ (*serve*) etw auftischen *fam;* ~ it up, I'm starving bring das Essen, sonst verhungere ich noch! ❷ (*fig: produce*) etw bieten **II.** *vi* anrichten; I'm ready to ~ up es kann angerichtet werden

dis·ha·bille ['dɪsæb'i:l, AM -ə'bi:l] *n no pl* FASHION Zerzaustheit *f,* Ungepflegtheit *f;* look of ~ Schmuddellook *m*

dish 'aer·ial *n* BRIT Parabolantenne *f,* Satellitenschüssel *f fam*

dis·har·mo·ni·ous [ˌdɪshɑ:'məʊniəs, AM -hɑ:r'moʊ-] *adj* (*form*) disharmonisch

dis·har·mo·ny [dɪs'hɑ:məni, AM -'hɑ:r-] *n no pl* (*form*) Disharmonie *f;* undercurrents of ~ unterschwellige Missstimmung; to stir up ~ Missstimmung erzeugen

'dish·cloth *n* Geschirrtuch *nt*

dis·heart·en [dɪs'hɑ:tᵊn, AM -'hɑ:r-] *vt* ■to ~ sb jdn entmutigen; ■to be ~ed by sth durch etw *akk* entmutigt werden; ■to be ~ed at sth durch etw *akk* entmutigt sein [*o* den Mut verlieren]

dis·heart·en·ing [dɪs'hɑ:tᵊnɪŋ, AM -'hɑ:r-] *adj* entmutigend; (*disappointing*) enttäuschend

di·shev·eled [dɪ'ʃevᵊld], AM *usu* **di·shev·elled** *adj* unordentlich; ~ hair zerzauste Haare

'dish liq·uid *n* AM [Geschirr]spülmittel *nt*

dis·hon·est [dɪ'sɒnɪst, AM -'sɑ:n-] *adj* ❶ (*deceitful*) unehrlich; (*lying*) verlogen; morally ~ moralisch unlauter; ■to be ~ about sth bei etw *dat* nicht ehrlich sein; he's been ~ about his past er hat über seine Vergangenheit gelogen; ■to be ~ in sth bei etw *dat* betrügen ❷ (*misleading*) täuschend *attr;* a ~ account of events eine irreführende Darstellung der Ereignisse

dis·hon·est·ly [dɪ'sɒnɪstli, AM -'sɑ:n-] *adv* auf unehrliche [*o* betrügerische] Art und Weise; to act ~ unredlich handeln

dis·hon·es·ty [dɪ'sɒnɪsti, AM -'sɑ:n-] *n* ❶ *no pl* (*deceitfulness*) Unehrlichkeit *f,* Unaufrichtigkeit *f,* Verlogenheit *f* ❷ (*deceitful act*) Unredlichkeit *f*

dis·hon·or *vt, n* AM *see* **dishonour**

dis·hon·or·able *adj* AM *see* **dishonourable**

dis·hon·our [dɪ'sɒnəʳ], AM **dis·hon·or** [-'sɑ:nɚ] (*form*) **I.** *n no pl* Schande *f* (to für +*akk*); to bring ~ on sb jdm Schande bereiten; to face ~ mit der Schande leben **II.** *vt* ❶ (*disgrace*) ■to ~ sb/sth dem Ansehen einer Person/einer S. *gen* schaden ❷ (*not respect*) to ~ an agreement eine Abmachung verletzen, gegen eine Abmachung verstoßen; to ~ one's principles gegen seine Prinzipien verstoßen; to ~ a promise sich *akk* nicht an ein Versprechen halten, ein Versprechen nicht einlösen

dis·hon·our·able [dɪ'sɒnərəbl̩], AM **dis·hon·or·able** [-'sɑ:nɚ-] *adj* ehrlos, unehrenhaft; to receive a ~ discharge [for sth] [wegen einer S. *gen*] unehrenhaft entlassen werden

'dish·pan *n* AM (*sink*) Spülbecken *nt* **dish·pan 'hands** *npl* AM Spülhände *fpl* **'dish rack** *n* AM (*plate rack*) Geschirrständer *m* **'dish·rag** *n* AM (*dishcloth*) Geschirrtuch *nt* **'dish soap** *n* AM Geschirrspülmittel *nt* **'dish tow·el** *n esp* AM Geschirrtuch *nt* **'dish·wash·er** *n* ❶ (*machine*) Geschirrspülmaschine *f;* to load/unload [*or* empty] the ~ die Geschirrspülmaschine einräumen/ausräumen; to run the ~ die Geschirrspülmaschine laufen lassen ❷ (*person*) Tellerwäscher(in) *m(f);* (*hum*) Geschirrspülmaschine *f hum*

'dish·wash·ing liq·uid *n* AM Geschirrspülmittel *nt*

'dish·wa·ter *n no pl* (*a. fig*) Spülwasser *nt*

dishy ['dɪʃi] *adj* BRIT, AUS (*sl*) sexy *fam*

dis·il·lu·sion [dɪsɪ'lu:ʒᵊn] **I.** *vt* ■to ~ sb jdn desillusionieren [*o* ernüchtern]; I hate [*or* am sorry] to ~ you, but ... ich möchte dir ja nicht deine Illusionen rauben, aber ... **II.** *n no pl* Ernüchterung *f,* Desillusionierung *f*

dis·il·lu·sioned [dɪsɪ'lu:ʒᵊnd] *adj* desillusioniert; ■to be ~ with sb/sth von jdm/etw enttäuscht sein

dis·il·lu·sion·ment [dɪsɪ'lu:ʒᵊnmənt] *n no pl* Ernüchterung *f,* Enttäuschung *f* (with über +*akk*)

dis·in·cen·tive [dɪsɪn'sentɪv, AM -t̬-] **I.** *n* Entmutigung *f;* to be [*or* act as] a ~ to sth sich *akk* abschreckend auf etw *akk* auswirken **II.** *adj* entmutigend; to have a ~ effect on sb auf jdn entmutigend wirken

dis·in·cli·na·tion [ˌdɪsɪnklɪ'neɪʃᵊn] *n no pl* (*aversion*) Abneigung *f;* (*reluctance*) Unlust *f;* to feel [*or* have] a strong ~ to do sth eine starke Abneigung dagegen haben, etw zu tun

dis·in·clined [ˌdɪsɪn'klaɪnd] *adj pred* abgeneigt; ■to be ~ to do sth nicht gewillt sein, etw zu tun

dis·in·fect [ˌdɪsɪn'fekt] *vt* ■to ~ sth etw desinfizieren

dis·in·fect·ant [ˌdɪsɪn'fektənt] **I.** *n* Desinfektionsmittel *nt;* a powerful ~ ein starkes Desinfektionsmittel **II.** *adj* desinfizierend; ~ products Desinfektionsmittel *ntpl*

dis·in·fec·tion [ˌdɪsɪn'fekʃᵊn] *n no pl* Desinfizierung *f*

dis·in·fla·tion [ˌdɪsɪn'fleɪʃᵊn] *n no pl* ECON Inflationsrückgang *m*

dis·in·for·ma·tion [ˌdɪsɪnfə'meɪʃᵊn, AM -fɚ-] *n no pl* Fehlinformation *f;* to spread ~ Fehlinformationen verbreiten

dis·in·genu·ous [ˌdɪsɪn'dʒenjuəs] *adj* (*form*) unaufrichtig; ~ look verschlagener Blick; ~ manner verlogene Art; ~ smile verlogenes Lächeln

dis·in·genu·ous·ly [ˌdɪsɪn'dʒenjuəsli] *adv* unaufrichtig

dis·in·her·it [ˌdɪsɪn'herɪt] *vt* ■to ~ sb jdn enterben

dis·in·te·grate [dɪ'sɪntɪgreɪt, AM -t̬ə-] **I.** *vi* ❶ (*break apart*) zerfallen ❷ (*be divided*) *empire* ■to ~ into sth in etw *akk* zerfallen ❸ (*fig*) *marriage* zerbrechen; to ~ into chaos sich *akk* in Chaos auflösen ❹ (*fam: break down*) einen Nervenzusam-

D

menbruch kriegen *fam* ❺ NUCL *atom* sich *akk* in seine Bestandteile auflösen **II.** *vt* NUCL **to ~ an atom** ein Atom in seine Bestandteile auflösen

dis·in·te·gra·tion [dɪˌsɪntɪˈgreɪʃᵊn, AM -t̬ə'-] *n no pl* ❶ (*breaking apart*) Auseinanderbröckeln *nt; of cells* Zerstörung *f* ❷ (*loss of cohesion*) Zerfall *m,* Auflösung *f* ❸ (*worsening*) *of services* Verschlechterung *f* ❹ *of personality* Verfall *m* ❺ NUCL Auflösung *f* in seine Bestandteile

dis·in·ter <-rr-> [ˈdɪsɪnˈtɜːʳ, AM -ˈtɜːr] *vt* ❶ (*form: dig up*) ■**to ~ sb** jdn ausgraben; (*exhume*) jdn exhumieren ❷ (*fig*) ■**to ~ sth** etw wiederentdecken [*o hum* ausgraben]

dis·in·ter·est [dɪˌsɪntrəst, -trɪst, AM -trɪst] *n no pl* ❶ (*impartiality*) Desinteresse *nt* (**with** an +*dat*) ❷ (*indifference*) Gleichgültigkeit *f* (**in** gegenüber +*dat*)

dis·in·ter·est·ed [dɪˌsɪntrəstɪd, -trɪst-, AM -trɪst-] *adj* ❶ (*impartial*) neutral, unparteiisch; **~ advice** objektiver Rat; **~ judgement** gerechtes Urteil; **~ observer** neutraler Beobachter; **~ party** Unbeteiligte(r) *f(m)* ❷ (*uninterested*) desinteressiert

dis·in·ter·est·ed·ly [dɪˌsɪntrəstɪdli, -trɪst-, AM -trɪst-] *adv* ❶ (*impartially*) gerecht, unparteiisch ❷ (*indifferently*) desinteressiert

dis·in·ter·ment [ˌdɪsɪnˈtɜːmənt, AM -tɜːr-] *n no pl* Ausgrabung *f*

dis·in·vest [dɪsɪnˈvest] FIN **I.** *vi* Anlagekapital zurückziehen; ■**to ~ from sth** sich *akk* aus etw *dat* zurückziehen **II.** *vt* **to ~ shares** Aktien zurückziehen

dis·in·vest·ment [dɪsɪnˈvestmənt] *n no pl* FIN Desinvestition *f fachspr,* Zurückziehung *f* von Anlagekapital

dis·jec·ta mem·bra [dɪsˌdʒektəˈmembrə] *npl* (*liter: written fragments*) geschriebene Fragmente

dis·joint·ed [dɪsˈdʒɔɪntɪd, AM -t̬-] *adj* ❶ (*not coherent*) zusammenhanglos, unzusammenhängend *attr* ❷ (*disunited*) zerrissen

dis·junct [dɪsˈdʒʌŋ(k)t] *adj* LING disjunkt

disk [dɪsk] *n* ❶ COMPUT Diskette *f;* **back-up ~** Sicherungsdiskette *f;* **fixed** [*or* **hard**] **~** Festplatte *f;* **floppy ~** Floppydisk *f;* **removable ~** Wechseldatenträger *m* ❷ AM *see* **disc**

'disk box *n* Diskettenbox *f* **'disk drive** *n* COMPUT Laufwerk *nt;* **fixed ~** Plattenlaufwerk *nt;* **floppy ~** Diskettenlaufwerk *nt* (*für Floppydisks*)

disk·ette [dɪˈsket] *n* COMPUT Diskette *f; see also* **disk 1**

disk·less [ˈdɪskləs] *adj* COMPUT plattenlos; **~ operating system** plattenloses Betriebssystem

disk 'op·er·at·ing sys·tem *n* COMPUT Plattenbetriebssystem *nt*

'disk space *n* COMPUT Diskettenspeicher *m;* (*hard disk drive*) Plattenspeicher *m*

dis·like [dɪsˈlaɪk] **I.** *vt* ■**to ~ sb/sth** jdn/etw nicht mögen [*o fam* leiden können]; (*not condone*) ■**to ~ sth** etw missbilligen; ■**sb ~s sth** jdm missfällt etw; **to deeply** [*or* **heartily**] [*or* **intensely**] **~ sb/sth** jdn/etw zutiefst hassen; ■**to ~ doing sth** etw nicht gern tun **II.** *n* Abneigung *f;* **likes and ~s** Vorlieben und Abneigungen; **a hearty** [*or* **strong**] **~ of** [*or* **for**] **sth** eine tiefe [*o* starke] Abneigung gegen etw *akk;* **to show** [*or* **have**] **a ~ of** [*or* **for**] **sth** eine Abneigung gegen etw *akk* haben [*o* hegen]; **to take a**[**n instant**] **~ to sb/sth** jdn/etw [spontan] unsympathisch finden

dis·lik(**e**)**·able** [dɪsˈlaɪkəbl̩] *adj* unsympathisch

dis·lo·cate [ˈdɪslə(ʊ)keɪt, AM dɪsˈloʊ-] *vt* ❶ *joint* ■**to ~ sth** sich *dat* etw ausrenken [*o* verrenken]; **to ~ one's shoulder** sich *dat* die Schulter auskugeln ❷ *usu passive* (*disrupt*) ■**to be ~d by sth** durch etw *akk* beeinträchtigt werden ❸ *usu passive* (*misused*) ■**to have been ~d** zweckentfremdet worden sein

dis·lo·cat·ed [ˈdɪslə(ʊ)keɪtɪd, AM dɪsˈloʊkeɪt̬ɪd] *adj* ❶ *joint* verrenkt, ausgerenkt; *shoulder* ausgekugelt ❷ (*put out of place*) deplatziert; (*misused*) zweckentfremdet

dis·lo·ca·tion [ˌdɪslə(ʊ)ˈkeɪʃᵊn, AM -loʊ'-] *n* ❶ *of joint* Verrenkung *f; of shoulder* Auskugeln *nt kein pl* ❷ *no pl* (*fig: disturbance*) Störung *f* ❸ (*displacement*) Verlagerung *f*

dis·lodge [dɪˈslɒdʒ, AM -ˈlɑːdʒ] *vt* ❶ (*loosen up*) ■**to ~ sth** etw lösen; **the earthquake ~d stones from the walls** durch das Erdbeben lösten sich Steine aus den Wänden ❷ (*fig*) ■**to ~ sb** jdn verdrängen; **to ~ the enemy from town** den Feind aus der Stadt verdrängen

dis·loy·al [dɪˈslɔɪəl] *adj* ■**~** [**to sb/sth**] [jdm/etw gegenüber] illoyal

dis·loy·al·ty [dɪˈslɔɪəlti] *n no pl* Illoyalität *f* (**to** gegenüber +*dat*); **to demonstrate ~ to sb/sth** jdm gegenüber illoyal sein

dis·mal [ˈdɪzməl] *adj* ❶ (*gloomy*) düster; *mood also* trist; **~ expression** finsterer Gesichtsausdruck ❷ (*dreary*) trostlos; **~ outlook** trübe Aussicht; **~ weather** trübes Wetter ❸ (*fam: pitiful*) kläglich; **a ~ failure** ein großer Reinfall; **~ truth** bittere Wahrheit; **~ weather** grässliches [*o* scheußliches] Wetter

dis·mal·ly [ˈdɪzməli] *adv* ❶ (*gloomily*) düster; **to look ~** finster blicken ❷ (*drearily*) hoffnungslos; (*melancholically*) freudlos; (*grey*) trostlos ❸ (*fam: pitifully*) schrecklich, furchtbar

dis·man·tle [dɪˈsmæntl̩, AM -t̬l̩] **I.** *vi* zerlegbar sein, sich zerlegen lassen **II.** *vt* ❶ (*take apart*) ■**to ~ sth** etw zerlegen ❷ (*fig: do away with*) ■**to ~ sth** etw demontieren

dis·may [dɪˈsmeɪ] **I.** *n no pl* Entsetzen *nt,* Bestürzung *f* (**at/with** über +*akk*); **to sb's** [**great**] **~** zu jds [großer] Bestürzung; **she discovered, to her ~, that ...** bestürzt entdeckte sie, dass ...; **to be filled with ~** entsetzt sein; **to watch in** [*or* **with**] **~ as ...** mit Entsetzen [*o* Bestürzung] zusehen, wie ... **II.** *vt* ■**to ~ sb** jdn schockieren; **it ~ed us that ...** wir waren bestürzt darüber, dass ...

dis·mayed [dɪˈsmeɪd] *adj* bestürzt; *expression* betroffen (**at/with** über +*akk*)

dis·may·ing [dɪˈsmeɪɪŋ] *adj* bestürzend

dis·mem·ber [dɪˈsmembəʳ, AM -ɚ] *vt* ■**to ~ sb** jdn zerstückeln; ■**to ~ an animal** ein Tier zerlegen; (*fig*) **to ~ a country** ein Land zersplittern

dis·mem·bered [dɪˈsmembəd, AM -bɚd] *adj* verstümmelt

dis·mem·ber·ment [dɪˈsmembə-, AM -bɚmənt] *n no pl* ❶ (*chopping off*) Verstümmelung *f* ❷ (*fig*) Zersplitterung *f*

dis·miss [dɪˈsmɪs] *vt* ❶ (*ignore*) ■**to ~ sb/sth** [**as sth**] jdn/etw [als etw *akk*] abtun; **to ~ an idea** eine Idee aufgeben; **to ~ a thought** [**from one's mind**] einen Gedanken [wieder] fallen lassen, sich *dat* einen Gedanken aus dem Kopf schlagen *fam* ❷ (*send away*) ■**to ~ sb** jdn wegschicken; *class* jdn gehen lassen; MIL **~ed!** wegtreten! ❸ (*sack*) ■**to ~ sb** jdn entlassen ❹ LAW **to ~ a** [**court**] **case/an indictment** [**for lack of evidence**] einen Prozess/ein Verfahren [mangels Beweisen] einstellen; **to ~ a charge** eine Klage abweisen

dis·miss·al [dɪˈsmɪsᵊl] *n* ❶ *no pl* (*disregard*) Abtun *nt;* **to meet with ~** auf Ablehnung stoßen ❷ (*the sack*) Entlassung *f* (**from** aus +*dat*); **curt** [*or* **summary**] **~** fristlose Kündigung; **unfair ~** sozial ungerechtfertigte Entlassung ❸ *of an assembly* Auflösung *f* ❹ LAW *of a case* Abweisung *f; of the accused* Entlassung *f*

dis·mis·sive [dɪˈsmɪsɪv] *adj* geringschätzig; ■**to be ~ of sth** etw geringschätzig abtun

dis·mis·sive·ly [dɪˈsmɪsɪvli] *adv* geringschätzig, verächtlich; **to wave one's hand ~** eine verächtliche Handbewegung machen

dis·mount [dɪˈsmaʊnt] **I.** *vi* absteigen; **to ~ from a bike/horse/motorcycle** von einem Fahrrad/Pferd/Motorrad absteigen **II.** *vt* ■**to ~ sth** etw abmontieren; **to ~ a drive** COMPUT ein Laufwerk deaktivieren; **to ~ a tape** COMPUT ein Band entladen

dis·obedi·ence [ˌdɪsə(ʊ)ˈbiːdiən(t)s, AM -sə'-] *n no pl* Ungehorsam *m* (**to** gegenüber +*dat*); **~ to orders** Missachtung *f* von Befehlen; **wilful ~** vorsätzlicher Ungehorsam

dis·obedi·ent [ˌdɪsə(ʊ)ˈbiːdiənt, AM -sə'-] *adj* ungehorsam; ■**to be ~ to**[**wards**] **sb** jdm nicht gehorchen

dis·obedi·ent·ly [ˌdɪsə(ʊ)ˈbiːdiəntli, AM -sə'-] *adv* ungehorsam

dis·obey [ˌdɪsə(ʊ)ˈbeɪ, AM -sə'-] **I.** *vt* ■**to ~ sb** jdm nicht gehorchen; **I won't have you ~ing me!** ich dulde mir gegenüber keinen Ungehorsam!; **to ~ orders** Befehle nicht befolgen; ■**to ~ rules** sich *akk* nicht an die Regeln halten **II.** *vi* ungehorsam sein

dis·oblige [ˌdɪsəˈblaɪʤ] *vt (form)* ■**to ~ sb** jdm nicht hilfreich [*o* behilflich] sein

dis·oblig·ing [ˌdɪsəˈblaɪʤɪŋ] *adj (form)* ungefällig, nicht hilfreich [*o* behilflich]

dis·or·der [dɪˈsɔːdəʳ, AM -ɔːrdɚ] *n* ❶ *no pl (disarray)* Unordnung *f;* **state of ~** chaotischer Zustand; **to be in ~** in Unordnung sein; **to retreat in ~** MIL sich *akk* ungeordnet zurückziehen; **to throw sth into ~** etw in Unordnung bringen [*o* durcheinanderbringen] ❷ MED [Funktions]störung *f;* **brain ~** Störung *f* der Gehirnfunktion; **circulatory ~** Kreislaufstörung *f;* **digestive** [*or* **intestinal**] **~** Verdauungsstörung *f;* **kidney ~** Nierenleiden *nt;* **mental ~** Geistesstörung *f;* **neurotic ~** Neurose *f;* **personality ~** Persönlichkeitsstörung *f;* **respiratory ~** Störung *f* der Atemwege; **skin ~** Hautirritation *f* ❸ *no pl (riot)* Aufruhr *m;* **civil ~** Bürgerunruhen *fpl;* **public ~** öffentliche Unruhen

dis·or·der·ly [dɪˈsɔːdəli, AM -ɔːrdɚli] *adj* ❶ *(untidy)* unordentlich; **~ life** unorganisiertes Leben ❷ *(unruly)* aufrührerisch; **drunken and ~ conduct** Trunkenheit *f* und ordnungswidriges Verhalten

dis·or·gani·za·tion [dɪˌsɔːgənaɪˈzeɪʃən, AM -ɔːrgənɪ-] *n no pl* Desorganisation *f,* schlechte Organisation; *(chaos)* Durcheinander *nt*

dis·or·gan·ized [dɪˈsɔːgənaɪzd, AM -ɔːr-] *adj* schlecht organisiert; **to be a ~ mess** ein einziges Durcheinander sein; **~ person** unordentliche Person

dis·ori·en·tate [dɪˈsɔːriənteɪt] *vt,* AM *usu* **dis·ori·ent** [dɪˈsɔːriənt] *vt usu passive* ❶ *(lose bearings)* **to be/get** [*or* **become**] [**totally**] **~d** [völlig] die Orientierung verloren haben/verlieren ❷ *(be confused)* ■**to be ~d** orientierungslos sein; **she became ~d as to time and place** sie verlor jegliches Raum- und Zeitgefühl; **to make sb feel ~d** jdn verwirren

dis·ori·en·tat·ing [dɪˈsɔːriənteɪtɪŋ] *adj,* AM *usu* **dis·ori·ent·ing** [dɪˈsɔːriəntɪŋ] *adj* ❶ *(confusing)* verwirrend ❷ *(strange)* merkwürdig

dis·own [dɪˈsəʊn, AM -soʊn] *vt* ■**to ~ sb** ❶ *(sever ties)* jdn verstoßen ❷ *(repudiate)* jdn verleugnen; *(hum a.)* jdn nicht mehr kennen *hum*

dis·par·age [dɪˈspærɪʤ, AM -per-] *vt* ■**to ~ sb/sth** jdn/etw diskreditieren *geh*

dis·par·age·ment [dɪˈspærɪʤmənt, AM -per-] *n no pl (snub)* Herabsetzung *f; (denigration)* Verunglimpfung *f; (abuse)* Schmähung *f*

dis·par·ag·ing [dɪˈspærɪʤɪŋ, AM -per-] *adj* geringschätzig, verächtlich; **~ remark** spöttische Bemerkung; **to make ~ remarks about sb** sich *akk* abschätzig über jdn äußern

dis·par·ag·ing·ly [dɪˈspærɪʤɪŋli, AM -per-] *adv* geringschätzig, verächtlich; **to speak ~ of sb/sth** abschätzig über jdn/etw sprechen

dis·par·ate [ˈdɪspᵊrət] *adj (form)* [grund]verschieden; **~ natures** unvereinbare Charaktere

dis·par·ity [dɪˈspærəti, AM -t̬i] *n* Disparität *f geh,* Ungleichheit *f kein pl*

dis·pas·sion·ate [dɪˈspæʃᵊnət] *adj* objektiv, sachlich, nüchtern

dis·pas·sion·ate·ly [dɪˈspæʃᵊnətli] *adv* nüchtern, sachlich; **to look at sth ~** etw nüchtern betrachten; **... but speaking ~ ...** ... nüchtern gesehen, ... jedoch ...

dis·patch [dɪˈspætʃ] **I.** *n* <*pl* -es> ❶ *(something sent)* Lieferung *f,* Sendung *f;* **~ of clothing** Kleidersendung *f* ❷ *no pl (sending)* Verschicken *nt,* Versenden *nt; of a person* Entsendung *f* ❸ *(press report)* [Auslands]bericht *m* ❹ MIL *(report)* [Kriegs]bericht; **to be mentioned in ~es** rühmend erwähnt werden ▸ PHRASES: **to do sth with ~** *(dated form)* etw prompt erledigen **II.** *vt* ❶ *(send)* ■**to ~ sth somewhere** etw irgendwohin senden [*o* schicken]; **to ~ a letter/telegram** einen Brief/ein Telegramm aufgeben; ■**to ~ sb** jdn entsenden; ■**to be ~ed to a place** an einen Ort entsandt werden ❷ *(hum: devour)* **to ~ food** Essen verputzen *fam* ❸ *(hum: kill)* ■**to ~ sb/an animal** jdn/ein Tier ins Jenseits befördern *fam* [*o* zur Strecke bringen] ❹ *(deal with)* **to ~ a problem/task** ein Problem/eine Aufgabe erledigen [*o* lösen]

dis·ˈpatch box *n* ❶ *(box)* Depeschenkassette *f* ❷ BRIT ■**the D~ B~** *Rednerstand im britischen Unterhaus* **dis·ˈpatch rid·er** *n* BRIT Kurier *m,* Eilbote, -in *m, f*

dis·pel <-ll-> [dɪˈspel] *vt* **to ~ sb's doubts** jds Zweifel zerstreuen [*o* vertreiben] [*o* verscheuchen]; **to ~ a fear** eine Befürchtung zerstreuen; **to ~ an idea** eine Idee verwerfen; **to ~ a myth** einen Mythos zerstören; **to ~ sb's sorrows** jds Kummer vertreiben

dis·pen·sable [dɪˈspen(t)səbl̩] *adj* entbehrlich

dis·pen·sa·ry [dɪˈspen(t)sᵊri] *n* ❶ *(room)* [Krankenhaus]apotheke *f* ❷ *(clinic)* Dispensarium *nt*

dis·pen·sa·tion [dɪˌspenˈseɪʃᵊn] *n (form)* ❶ *no pl (permission)* Befreiung *f;* REL Dispens *f;* **papal ~** päpstlicher Erlass; **special ~** Sondergenehmigung *f* ❷ *(system)* System *nt* ❸ *no pl (handing out)* Verteilen *nt,* Verteilung *f; of medication also* Ausgabe *f*

dis·pense [dɪˈspens] **I.** *vt* ❶ *(provide)* ■**to ~ sth** [**to sb/sth**] etw [an jdn/etw] austeilen [*o* verteilen]; **to ~ advice** [gute] Ratschläge erteilen; **to ~ wisdom** Weisheiten von sich *dat* geben ❷ *(prepare)* **to ~ medicine** Medizin ausgeben **II.** *vi* ❶ *(do without)* ■**to ~ with sth** auf etw *akk* verzichten; **to ~ with sb's services** auf jds Dienste verzichten können ❷ *(form: exempt)* ■**to not be able to ~ with sth** nicht ohne etw *akk* auskommen können

dis·pens·er [dɪˈspensəʳ, AM -ɚ] *n* ❶ *(machine)* Automat *m;* **drinks/cash ~** Getränke-/Geldautomat *m;* **paper towel ~** Automat *m* für Papierhandtücher; **soap ~** Seifenspender *m* ❷ *(provider)* Verteiler(in) *m(f); of funds* Vergabestelle *f*

dis·pens·ing chem·ist [dɪˌspen(t)sɪŋˈ-] *n* BRIT, AUS Apotheker(in) *m(f);* ■**~'s** Apotheke *f* **dis·ˈpens·ing ma·chine** *n* Automat *m* **dis·pens·ing op·ˈti·cian** *n* BRIT Optiker(in) *m(f);* **at the ~'s** beim Optiker

dis·per·sal [dɪˈspɜːsəl, AM -pɜːr-] *n no pl* ❶ *(scattering)* Zerstreuung *f; of a crowd* Auflösung *f; (migration)* Verbreitung *f* ❷ *(break-up)* Auseinandergehen *nt kein pl;* **she was disappointed in the quick ~ of the audience after the concert** sie war enttäuscht, dass sich die Zuschauermenge nach dem Konzert so schnell auflöste ❸ *(spread)* Verstreutheit *f;* **the ~ of his family all over the world made it difficult to get together for Christmas** da seine Familie über die ganze Welt zerstreut war, war es schwierig, an Weihnachten zusammenzukommen

dis·per·sant [dɪˈspɜːsənt, AM -pɜːr-] *n* Dispersionsmittel *nt,* Dispergens *nt fachspr;* **oil ~** Öldispergator *m fachspr*

dis·perse [dɪˈspɜːs, AM -pɜːrs] **I.** *vt* ❶ *(dispel)* ■**to ~ sth** *mist* etw auflösen; **to ~ a crowd** eine [Menschen]menge zerstreuen [*o* auflösen] ❷ *(distribute)* **to ~ seeds** Samen verteilen ❸ *(clear)* ■**to ~ sth** *oil slick* etw auflösen ❹ PHYS **to ~ light** Licht streuen **II.** *vi* ❶ *crowd* auseinandergehen, sich *akk* verlaufen ❷ *(thin out) mist* sich *akk* auflösen

dis·persed [dɪˈspɜːst, AM -pɜːrst] *adj* verstreut; *group of people* zerstreut

dis·per·sion [dɪˈspɜːʃᵊn, AM -pɜːrʒ-] *n no pl* ❶ *(form: distribution)* Verteilung *f* ❷ *(spread)* Verbreitung *f* ❸ PHYS Streuung *f*

dis·pir·it·ed [dɪˈspɪrɪtɪd, AM -t̬-] *adj* niedergeschlagen, entmutigt; *(depressed)* deprimiert; ■**sb is ~ by sth** etw hat jdn entmutigt

dis·pir·it·ed·ly [dɪˈspɪrɪtɪdli, AM -t̬-] *adv* deprimiert, entmutigt

dis·pir·it·ing [dɪˈspɪrɪtɪŋ, AM -t̬-] *adj* deprimierend; ■**to be ~ to sb** jdn entmutigen

dis·place [dɪˈspleɪs] *vt* ❶ *(force out)* ■**to ~ sb** jdn vertreiben; ■**to be ~d** vertrieben werden ❷ *(replace)* ■**to ~ sth/sb** etw/jdn ersetzen [*o* ablösen], an die Stelle von etw/jdm treten

displeasure

expressing dissatisfaction	Unzufriedenheit ausdrücken
That doesn't come up to my expectations.	**Das entspricht nicht meinen Erwartungen.**
I would have expected you to take more trouble.	**Ich hätte erwartet, dass** Sie sich nun mehr Mühe geben.
That's not what we agreed.	**So hatten wir es nicht vereinbart.**

expressing annoyance	Verärgerung ausdrücken
That's an outrage!	**Das ist ja unerhört!**
That's outrageous!	**Eine Unverschämtheit ist das!**
What a cheek!	**So eine Frechheit!**
That's the limit!	**Das ist doch wohl die Höhe!**
That can't be true!	**Das darf doch wohl nicht wahr sein!**
I can't take/stand it anymore!	**Das ist ja nicht mehr zum Aushalten!**
It's a pain in the neck. (*fam*)	**Das nervt!** (*fam*)

❸ (*fam: force from office*) ■**to ~ sb** jdn ausbooten *fam* ❹ PHYS **to ~ air/water** Luft/Wasser verdrängen

dis·placed 'per·son *n* Vertriebene(r) *f(m)*

dis·place·ment [dɪ'spleɪsmənt] *n no pl* ❶ (*expulsion*) Vertreibung *f* ❷ (*relocation*) Umsiedlung *f* ❸ (*replacement*) Ablösung *f* ❹ PHYS, NAUT Verdrängung *f*, verdrängtes Flüssigkeitsvolumen ❺ AUTO Hubraum *m*

dis·'place·ment ac·tiv·ity *n* Ersatzbefriedigung *f*

dis·play [dɪ'spleɪ] **I.** *vt* ■**to ~ sth** ❶ (*on a noticeboard*) etw aushängen; **to ~ sth in a shop window** etw in einem Schaufenster auslegen ❷ (*demonstrate*) etw zeigen; **to ~ one's ignorance** seine Unwissenheit nicht verbergen; **to ~ one's power** seine Macht demonstrieren; **to ~ self-control** gefasst sein ❸ (*flaunt*) etw zur Schau stellen ❹ TYPO etw hervorheben **II.** *n* ❶ (*in a museum, shop*) Auslage *f*; **to be/go on ~** ausgestellt sein/werden ❷ (*performance*) Vorführung; **firework** BRIT [*or* AM, AUS **fireworks**] **~** Feuerwerk *nt* ❸ (*demonstration*) Bezeigung *f geh*, Demonstration *f*; **~ of anger** Wutausbruch *m*; **to make a public ~ of grief** öffentlich seinen großen Kummer zeigen ❹ COMPUT Display *nt*; **17-inch ~** 17-Zoll-Bildschirm *m*; **colour ~** Farbmonitor *m* ❺ (*ostentation*) Großspurigkeit *f*; **to make** [*or* **put on**] **a ~** großspurig tun *fam*

dis·'play case *n*, **dis·'play cabi·net** *n* Vitrine *f*; **~ of glass** Glasvitrine *f* **dis·'play type** *n no pl* TYPO Blockschrift *f* **dis·'play window** *n* Schaufenster *nt*

dis·please [dɪ'spli:z] *vt* ■**to ~ sb** jdm missfallen; ■**to be ~d by** [*or* **with**] [*or* **at**] **sth** mit etw *dat* unzufrieden sein; **to be highly** [*or* **greatly**] **~d** sehr verärgert sein

dis·pleas·ing [dɪ'spli:zɪŋ] *adj* ärgerlich; **~ sensation** unangenehmes Gefühl

dis·pleas·ure [dɪ'spleʒəʳ, AM -ʒɚ] *n no pl* Missfallen *nt* (**at** über +*akk*); **to incur sb's ~** jds Missfallen erregen; **much to sb's ~** sehr zu jds Missfallen *dat*

dis·port [dɪ,spɔ:t, AM -spɔ:rt] *vt* (*old or hum*) ■**to ~ oneself** sich *akk* vergnügen

dis·pos·able [dɪ'spəʊzəbl̩, AM -'spoʊ-] **I.** *adj* ❶ *articles* Wegwerf-; **~ razor** Einwegrasierer *m*; **~ towel** Einmalhandtuch *nt* ❷ (*dismissible*) unbedeutend ❸ FIN verfügbar, disponibel; **~ assets** disponibles [*o* frei verfügbares] Vermögen **II.** *n* ■**~s** *pl* Wegwerfartikel *mpl*

dis·pos·able 'cam·era *n* Einmalkamera *f*, Wegwerfkamera *f* **dis·pos·able 'in·come** *n no pl* verfügbares Einkommen; **high/low ~** hohes/niedriges verfügbares Einkommen **dis·pos·able 'lenses** *n pl* Wegwerflinsen *fpl*

dis·pos·al [dɪ'spəʊzəl, AM -'spoʊ-] *n* ❶ *no pl* Beseitigung *f*; *of waste* Entsorgung *f*; **~ of garbage** Müllabfuhr *f* ❷ AM *im Spülbecken angebrachter Müllschlucker* ❸ *no pl of a rival* Sieg (**of** über +*akk*) ❹ (*control*) Verfügung *f*; **to have sth at one's ~** etw zu seiner [freien] Verfügung haben; **to place** [*or* **put**] **sth at sb's ~** jdm etw zur Verfügung stellen; ■**to be at sb's ~** zu jds Verfügung *dat* stehen

dis·'pos·al site *n* Müllhalde *f*, Müllkippe *f*; **~ for nuclear waste** Atommüllendlager *nt*

dis·pose [dɪ'spəʊz, AM -'spoʊ-] *vt* (*form*) ■**to ~ sb to[wards] sb** jdn für jdn gewinnen [*o* einnehmen]; ■**to ~ sb to[wards] sth** jdn zu etw *dat* bewegen; ■**to ~ sb to do sth** jdn [dazu] bewegen, etw zu tun; **whatever ~d you to do that?** was in aller Welt hat dich nur dazu bewogen?

◆**dispose of** *vi* ❶ (*get rid of*) ■**to ~ of sb/sth** jdn/etw beseitigen; ■**to ~ of sth** (*sell*) etw veräußern ❷ (*deal with*) ■**to ~ of sth** etw erledigen [*o* regeln]; **ok, that's ~d of** so, das wäre erledigt ❸ (*fam: kill*) ■**to ~ of sb** jdn um die Ecke bringen *fam*, jdn beseitigen *fam* ❹ (*fam: consume*) ■**to ~ of sth** etw verputzen *fam* ❺ (*have*) ■**to ~ of sth** *time, money* über etw *akk* verfügen ❻ (*defeat*) ■**to ~ of sb** jdn besiegen

dis·posed [dɪ'spəʊzd, AM -'spoʊ-] *adj pred* (*form*) geneigt; **to be** [*or* **feel**] **~ to do sth** geneigt sein, etw zu tun; **to not be** [*or* **feel**] **~ to do sth** keine große Lust haben, etw zu tun; **to be** [*or* **feel**] **~ towards sb/sth** jdm/etw wohlgesonnen sein

dis·po·si·tion [,dɪspə'zɪʃən] *n* ❶ (*nature*) Art *f*, Charakter *m*; **to have** [*or* **be of**] **a cheerful ~** eine Frohnatur sein; **to have** [*or* **be of**] **a gloomy ~** ein depressiver Typ sein; **to have** [*or* **be of**] **a sunny ~** ein sonniges Gemüt haben ❷ (*tendency*) Veranlagung *f* (**to** zu +*dat*); **to have the ~ to do sth** die Veranlagung dazu haben, etw zu tun

dis·pos·sess [,dɪspə'zes] *vt usu passive* (*form*) ■**to have been ~ed** enteignet worden sein; **they ~ed him of his house** sein Haus wurde enteignet

dis·pos·sessed [,dɪspə'zest] (*form*) **I.** *adj inv* enteignet **II.** *n* ■**the ~** *pl* die Enteigneten *pl*; **the poor and the ~** die Armen und die Besitzlosen

dis·pos·ses·sion [,dɪspə'zeʃən] *n no pl* (*form*) Enteignung *f*

dis·proof [dɪs'pru:f] *n* Gegenbeweis *m*

dis·pro·por·tion [,dɪsprə'pɔ:ʃən, AM -'pɔ:r-] *n no pl* (*form*) Missverhältnis *nt*

dis·pro·por·tion·ate [,dɪsprə'pɔ:ʃənət, AM -'pɔ:r-] *adj* ❶ (*unequal*) ■**to be ~ to sth** zu etw *dat* in keinem Verhältnis stehen ❷ (*unwarranted*) unangemessen, unangebracht

dis·pro·por·tion·ate·ly [,dɪsprə'pɔ:ʃənətli, AM -'pɔ:r-] *adv* ❶ (*unequally*) ungleich ❷ (*too much*) unverhältnismäßig; **a ~**

large amount of sth unverhältnismäßig viel von etw *dat*

dis·prove [dɪ'spru:v] *vt* ■**to ~ sth** etw widerlegen

dis·put·able [dɪ'spju:təbl̩, AM -ţ-] *adj* strittig, fraglich; **I think that's ~** darüber lässt sich streiten; **~ point** strittiger Punkt; **~ statements** fragwürdige Aussagen

dis·put·ably [dɪ'spju:təbli, AM -ţ-] *adv* disputabel *geh,* fragwürdig

dis·pu·ta·tion [ˌdɪspjʊ'teɪʃᵊn, AM -'spju:-] *n* (*form or old*) ❶ *no pl* (*disputing*) Kontroverse *f* ❷ (*argument*) Disput *m geh,* Streitgespräch *nt*

dis·pu·ta·tious [ˌdɪspjʊ'teɪʃəs, AM -'spju:-] *adj* (*form or dated*) streitsüchtig

dis·pute I. *vt* [dɪ'spju:t] ❶ (*argue*) ■**to ~ sth** sich *akk* über etw *akk* streiten; **to be hotly ~d** heftig diskutiert werden ❷ (*oppose*) ■**to ~ sth** etw bestreiten [*o* anzweifeln]; ■**to ~ [that] ...** bestreiten, dass ... ❸ SPORTS **to ~ the lead** um die Führungsposition kämpfen **II.** *vi* [dɪ'spju:t] ■**to ~ [with sb] over sth** [mit jdm] über etw *akk* streiten **III.** *n* [dɪ'spju:t, 'dɪspju:t] ❶ (*argument*) Debatte *f,* Streit *m,* Disput *m* (**over** über +*akk*); **that is open to ~** darüber lässt sich streiten; **pay ~** Lohnverhandlung *f;* **territorial ~** Gebietsverhandlungen *fpl;* **to settle** [*or* **resolve**] **a ~ [over sth]** einen Streit [um etw *akk*] beilegen; **to stir up a ~ [about sth]** einen Streit [über etw *akk*] entfachen; ■**to be in ~ with sb over sth** mit jdm über etw *akk* streiten ❷ *no pl* (*doubt*) Zweifel; **to be open to ~** fragwürdig bleiben; **to be in/beyond ~** zur Debatte/außer Frage stehen; **beyond ~** zweifelsohne

dis·put·ed [dɪ'spju:tɪd, AM -ţ-] *adj* ❶ (*controversial*) umstritten ❷ LAW angefochten

dis·quali·fi·ca·tion [dɪˌskwɒlɪfɪ'keɪʃᵊn, AM -kwa:lə-] *n* Ausschluss *m* (**from** von +*dat*); SPORTS Disqualifikation *f* (**from** von +*dat*)

dis·quali·fy <-ie-> [dɪ'skwɒlɪfaɪ, AM -kwa:lə-] *vt* ❶ (*expel*) ■**to ~ sb [from sth]** jdn [von etw *dat*] ausschließen; SPORTS jdn [von etw *dat*] disqualifizieren; ■**to ~ sb for doing sth** jdn wegen einer S. *gen* disqualifizieren [*o* sperren] ❷ LAW **to ~ sb from driving** jdm den Führerschein entziehen; **she was fined heavily for driving while disqualified** wegen Fahrens ohne Führerschein wurde sie mit einer hohen Geldstrafe belegt ❸ (*exempt*) **to ~ sb for military service** jdn ausmustern

dis·qui·et [dɪ'skwaɪət] (*form*) **I.** *n no pl* Besorgnis *f* (**about** um +*akk,* **over** über +*akk*), Unruhe *f;* **growing ~** wachsende Besorgnis; **to allay sb's ~** jds Besorgnis zerstreuen; **to fill sb with ~** jdn besorgen **II.** *vt* ■**to ~ sb** jdn beunruhigen

dis·qui·et·ing [dɪ'skwaɪətɪŋ, AM -ţ-] *adj* (*form*) ❶ (*worrying*) beunruhigend, Besorgnis erregend ❷ (*unnerving*) nervtötend

dis·qui·si·tion [ˌdɪskwɪ'zɪʃᵊn] *n* (*form*) Abhandlung *f* (**on** über +*akk*)

dis·re·gard [ˌdɪsrɪ'gɑ:d, AM -gɑ:rd] **I.** *vt* ■**to ~ sth/sb** etw/jdn ignorieren [*o* nicht beachten] **II.** *n no pl* Gleichgültigkeit *f* (**for** gegenüber +*dat*); (*for a rule, the law*) Missachtung *f;* **wilful ~ for sth** vorsätzliche Missachtung von etw *dat;* **to show ~ for sth** gegenüber etw *dat* Gleichgültigkeit an den Tag legen

dis·re·pair [ˌdɪsrɪ'peəʳ, AM -per] *n no pl* Baufälligkeit *f;* **to fall into ~** verfallen

dis·repu·table [dɪs'repjətəbl̩, AM -ţ-] *adj* verrufen, zwielichtig

dis·repu·tably [dɪs'repjətəbli, AM -ţ-] *adv* unehrenhaft; **to dress ~** sich *akk* anrüchig kleiden; **to live ~** ein anrüchiges Leben führen

dis·re·pute [ˌdɪsrɪ'pju:t] *n* Verruf *m kein pl;* **to bring sb/sth into ~ [with sb]** jdn/etw [bei jdm] in Verruf bringen; **to fall into ~** in Verruf geraten

dis·re·spect [ˌdɪsrɪ'spekt] **I.** *n no pl* Respektlosigkeit *f* (**for** gegenüber +*dat*); **no ~ to your boss, but ...** ohne deinem Chef zu nahe treten zu wollen, aber ...; **a gesture of ~** eine respektlose Geste; **to intend** [*or* **mean**] **no ~ for sth** etw *dat* gegenüber nicht respektlos sein wollen; **to not mean [to show] any ~** nicht unhöflich sein wollen; **to show sb ~** jdm gegenüber respektlos sein, jdm keinen Respekt zollen *geh;* **to show [a deep** [*or* **profound**]] **~** [völlig] respektlos sein **II.** *vt* AM (*fam*) ■**to ~ sb** jdn beleidigen

dis·re·spect·ful [ˌdɪsrɪ'spektfᵊl] *adj* respektlos

dis·re·spect·ful·ly [ˌdɪsrɪ'spektfᵊli] *adv* respektlos

dis·robe [dɪs'rəʊb, AM -roʊb] *vi* (*form*) [seine Robe] ablegen; (*hum*) sich *akk* freimachen

dis·rupt [dɪs'rʌpt] *vt* ■**to ~ sth** ❶ (*disturb*) etw stören; (*bring to a standstill*) *transport system* etw zum Erliegen bringen; **to ~ sb's concentration** jds Konzentration stören; **to ~ a meeting/the class** eine Versammlung/den Unterricht stören ❷ (*form: destroy*) etw zerstören

dis·rup·tion [dɪs'rʌpʃᵊn] *n* ❶ (*interruption*) Unterbrechung *f;* **to cause a ~** zu einer Unterbrechung führen ❷ *no pl* (*disrupting*) Störung *f;* **~ of traffic** Verkehrsbehinderung *f*

dis·rup·tive [dɪs'rʌptɪv] *adj* störend; **~ influence** Störelement *nt;* (*person*) Unruhestifter *m pej;* ■**to be ~ to sth** für etw *akk* kontraproduktiv sein

dis·rup·tive·ly [dɪs'rʌptɪvli] *adv* **to behave ~** stören

diss [dɪs] *vt* AM (*sl*) ■**to ~ sb** jdn schneiden *fam*

dis·sat·is·fac·tion [dɪsˌsætɪs'fækʃᵊn, AM -ţəs-] *n no pl* Unzufriedenheit *f* (**with** mit +*dat*); **growing ~** wachsende Unzufriedenheit; **to express** [*or* **voice**] **~ with sth** seine Unzufriedenheit über etw *akk* äußern; **to feel ~ with sth** mit etw *dat* unzufrieden sein

dis·sat·is·fied [dɪs'sætɪsfaɪd, AM -ţəs-] *adj* unzufrieden (**with** mit +*dat*)

dis·sect [dɪ'sekt, daɪ-] *vt* ❶ (*cut open*) ■**to ~ sb/sth** jdn/etw sezieren ❷ (*fig: analyse*) ■**to ~ sth** etw analysieren

dis·sec·tion [dɪ'sekʃᵊn, daɪ-] *n* ❶ *no pl* (*dissecting*) Sezieren *nt* ❷ (*instance*) Sektion *f* ❸ (*fig*) Analyse *f;* **it was just a casual comment – it wasn't meant for ~!** es war nur so eine Bemerkung – wir brauchen das jetzt nicht Stunden auszudiskutieren

dissed [dɪst] *adj attr* (*sl*) gedisst *sl,* schlechtgemacht

dis·sem·ble [dɪ'sembl̩] **I.** *vi* sich *akk* verstellen **II.** *vt* **to ~ one's feelings/an intention** seine Gefühle/eine Absicht verbergen [*o* verheimlichen]

dis·semi·nate [dɪ'semɪneɪt] *vt* (*form, liter*) ■**to ~ sth** etw verbreiten

dis·semi·na·tion [dɪˌsemɪ'neɪʃᵊn] *n no pl* (*form, liter*) Verbreitung *f*

dis·sen·sion [dɪ'sen(t)ʃᵊn] *n* (*form*) Meinungsverschiedenheit[en] *m*[*pl*], Differenz[en] *f*[*pl*]; **~ within** [*or* BRIT **among**] **a group** Differenzen *fpl* innerhalb einer Gruppe *gen;* **to sow** [*or* **stir up**] **~** zu Meinungsverschiedenheiten führen

dis·sent [dɪ'sent] **I.** *n no pl* ❶ (*disagreement*) Meinungsverschiedenheit *f;* **there is some ~ on this issue** in dieser Angelegenheit ist man sich uneinig ❷ (*protest*) Einwand *m,* Widerspruch *m;* **voice of ~** Gegenstimme *f;* **to brook** [*or* **tolerate**] **no ~** keinen Widerspruch dulden **II.** *vi* dagegenstimmen; (*disagree*) anderer Meinung sein, differieren; ■**to ~ from sth** mit etw *dat* nicht übereinstimmen

dis·sent·er [dɪ'sentəʳ, AM -ţɚ] *n* Andersdenkende(r) *f(m);* POL Dissident(in) *m(f)*

dis·sent·ing [dɪ'sentɪŋ, AM -ţɪŋ] *adj opinion* abweichend *attr;* **~ group** Splittergruppe *f;* **~ voice** Gegenstimme *f*

dis·ser·ta·tion [ˌdɪsə'teɪʃᵊn, AM -sɚ-] *n* Dissertation *f,* Doktorarbeit *f* (**on** über +*akk*); **master's ~** BRIT ≈ Magisterarbeit *f;* **to write a ~** eine Dissertation schreiben, promovieren

dis·ser·vice [dɪs'sɜ:vɪs, AM -sɜ:r-] *n no pl* **to do oneself/sb a ~** [*or* **to do a ~ to oneself/sb**] sich/jdm einen schlechten Dienst erweisen

dis·si·dence ['dɪsɪdᵊn(t)s] *n no pl* Meinungsverschiedenheit *f;* POL Kritik *f* an der Regierung

dis·si·dent ['dɪsɪdᵊnt] **I.** *n* Dissident(in) *m(f);* **political ~** Regimekritiker(in) *m(f)* **II.** *adj inv* regimekritisch

dis·simi·lar [dɪs'sɪmɪləʳ, AM -lɚ] *adj* unterschiedlich

dis·simi·lar·ity [dɪsˌsɪmɪˈlærəti, AM -ˈlerət̬i] *n* Unterschied *m* (**between** zwischen +*dat*)
dis·simu·late [dɪsˈsɪmjəleɪt] (*liter*) **I.** *vt* ■**to ~ sth** etw verbergen **II.** *vi* sich *akk* verstecken
dis·si·pate [ˈdɪsɪpeɪt] **I.** *vi* ❶ (*disperse*) allmählich verschwinden; *a crowd, mist* sich *akk* auflösen ❷ (*die down*) verschwinden, sich *akk* in Luft auflösen *fam* **II.** *vt* ■**to ~ sth** ❶ (*disperse*) *oil spill* etw auflösen ❷ (*squander*) etw verschwenden
dis·si·pat·ed [ˈdɪsɪpeɪtɪd, AM -t̬-] *adj* (*form, liter*) **~ behaviour** zügelloses Verhalten; **~ energy** verschwendete [*o* vergeudete] Energie; **~ life** ausschweifendes Leben
dis·si·pa·tion [ˌdɪsɪˈpeɪʃᵊn] *n* (*form*) ❶ (*squandering*) Verschwendung *f*, Vergeudung *f*; **~ of money/time** Geld-/Zeitverschwendung *f* ❷ (*indulgence*) Übermäßigkeit *f*; **a life of ~** ein ausschweifendes Leben; **sexual ~** ausschweifendes Sexualleben
dis·so·ci·ate [dɪˈsəʊsieɪt, AM -soʊ-] *vt* ■**to ~ sth from sth** etw getrennt von etw *dat* betrachten; ■**to ~ oneself from sb/sth** sich *akk* von jdm/etw distanzieren
dis·so·cia·tion [dɪˌsəʊsiˈeɪʃᵊn, AM -soʊ-] *n no pl* ❶ (*separation*) Trennung *f* (**of** von +*dat*, **between** zwischen +*dat*) ❷ CHEM Dissoziation *f fachspr* (**of** von +*dat*), Aufschluss *m fachspr* (**of** +*gen*)
dis·so·lute [ˈdɪsəluːt] *adj* (*liter*) *life* ausschweifend; *person* zügellos
dis·so·lute·ly [ˈdɪsəluːtli] *adv* (*liter*) ausschweifend; **to behave ~** sich *akk* zügellos aufführen; **to live ~** ein lasterhaftes Leben führen
dis·so·lute·ness [ˈdɪsəluːtnəs] *n no pl* (*liter*) Zügellosigkeit *f*
dis·so·lu·tion [ˌdɪsəˈluːʃᵊn] *n* ❶ *no pl* (*annulment*) *of parliament, a marriage* Auflösung *f* ❷ (*liter: debauchery*) Ausschweifung *f*; **to lead a life of ~** ein ausschweifendes Leben führen
dis·solve [dɪˈzɒlv, AM -zɑːlv] **I.** *vi* ❶ (*be absorbed*) sich *akk* auflösen ❷ (*subside*) **to ~ in[to] giggles** loskichern; **to ~ in[to] laughter** loslachen; **to ~ in[to] tears** in Tränen ausbrechen ❸ (*dissipate*) verschwinden; *tension* sich *akk* lösen ❹ FILM (*fade out*) ■**to ~ into sth** auf etw *akk* überblenden **II.** *vt* ❶ (*liquefy*) ■**to ~ sth [in sth]** etw [in etw *dat*] [auf]lösen ❷ (*annul*) ■**to ~ sth** etw auflösen; **to ~ a marriage** eine Ehe scheiden; **to ~ parliament** das Parlament auflösen
dis·so·nance [ˈdɪsᵊnən(t)s] *n no pl* ❶ MUS Dissonanz *f* ❷ (*disagreement*) Unstimmigkeit *f*
dis·so·nant [ˈdɪsᵊnənt] *adj* ❶ MUS dissonant ❷ (*clashing*) nicht harmonierend; **~ opinions** nicht übereinstimmende Meinungen
dis·suade [dɪˈsweɪd] *vt* (*form*) ■**to ~ sb [from sth]** jdn [von etw *dat*] abbringen; ■**to ~ sb from doing sth** jdn davon abbringen, etw zu tun
dis·tance [ˈdɪstᵊn(t)s] **I.** *n* ❶ (*route*) Strecke *f*; **it's only a short ~ away from here** es ist nicht weit von hier; **braking ~** Bremsweg *m*; **over long ~s** über weite Strecken; **to keep at a safe ~** Sicherheitsabstand halten; **to close [up] the ~ [to sth]** den Abstand [zu etw *dat*] verringern; **to cover long ~s** lange Strecken zurücklegen ❷ (*linear measure*) Entfernung *f*; **what's the ~ between Madrid and Barcelona?** wie weit sind Madrid und Barcelona voneinander entfernt?; **you've come from quite a long ~, haven't you?** du kommst von weiter her, stimmt's?; **within driving/walking ~** mit dem Auto/zu Fuß erreichbar; **he lives within walking ~ of work** er kann zu Fuß zu Arbeit gehen; **within shouting ~** in Rufweite ❸ *no pl* (*remoteness*) Ferne *f*; **they sped off into the ~** sie brausten davon; **to look off into the ~** in die Ferne blicken; **in the ~** in der Ferne; **from [*or* at] a distance** von weitem ❹ (*period*) Zeitraum *m*; **in a ~ of 5 years** innerhalb von fünf Jahren ❺ (*fig: aloofness*) Distanz *f kein pl* (**between** zwischen +*dat*); **to keep one's ~** auf Distanz bleiben; **to keep one's ~ from sb/sth** sich *akk* von jdm/etw fernhalten ❻ SPORTS (*length of race*) Entfernung *f*, Distanz *f*; (*number of rounds*) Zahl *f* der Runden ▶ PHRASES: **within spitting ~** (*fam*) aus kürzester Distanz; **to go the ~** bis zum Ende durchhalten **II.** *vt* ■**to ~ oneself from sb/sth** sich *akk* von jdm/etw distanzieren
'dis·tance learn·ing *n no pl* Fernunterricht *m*; **~ course** Fernkurs *m* **'dis·tance run·ner** *n* Langstreckenläufer(in) *m(f)*
dis·tant [ˈdɪstᵊnt] *adj* ❶ (*far away*) fern; **she could hear the ~ sound of fireworks exploding** sie konnte von fern das Geräusch explodierender Feuerwerkskörper hören; **the village lay two miles ~** das Dorf war zwei Meilen entfernt; **in the not-too-~ future** in nicht allzu ferner Zukunft; **~ lands** ferne Länder *ntpl*; **from the dim and ~ past** aus der fernen Vergangenheit; **at some ~ point in the future** irgendwann einmal; **~ relative** entfernte(r) Verwandte(r) *f(m)* ❷ (*aloof*) unnahbar; ■**to be ~ with sb** jdm gegenüber distanziert sein ❸ (*absent*) *look* abwesend
dis·tant·ly [ˈdɪstᵊntli] *adv* ❶ (*far away*) in der Ferne, weit entfernt; **she heard her mother calling her ~** sie hörte, wie ihre Mutter sie von fern rief ❷ (*loftily*) distanziert, kühl, reserviert ❸ (*absently*) abwesend ❹ (*not closely*) **to be ~ related** entfernt [miteinander] verwandt sein
dis·taste [dɪˈsteɪst] *n no pl* Widerwille *m* (**for** gegen +*akk*); (*repulsion*) Abscheu *f* (**for** vor +*dat*); **much to sb's ~** sehr zu jds Abscheu *dat*; **with ~** mit Widerwillen
dis·taste·ful [dɪˈsteɪstfᵊl] *adj* abscheulich; (*tasteless*) geschmacklos; ■**to be ~ to sb** sich *akk* jdm gegenüber abscheulich verhalten
dis·taste·ful·ly [dɪˈsteɪstfᵊli] *adv* ❶ (*unpleasantly*) abscheulich, widerlich; (*tastelessly*) geschmacklos ❷ (*disdainfully*) verachtungsvoll
dis·tasteful·ness [dɪˈsteɪstfᵊlnəs] *n no pl* Widerwärtigkeit *f*
dis·tem·per [dɪˈstempəʳ, AM -ɚ] *n* ❶ (*of dogs*) Staupe *f*; (*of horses*) Druse *f* ❷ (*paint*) Temperafarbe *f*
dis·tend [dɪˈstend] MED **I.** *vt usu passive* ■**to be ~ed** aufgebläht sein **II.** *vi* sich *akk* [auf]blähen
dis·ten·sion [dɪˈstenʃᵊn] *n no pl* MED [Auf]blähung *f*
dis·til <-ll-> [dɪˈstɪl], AM, AUS **dis·till** *vt* ■**to ~ sth** ❶ CHEM etw destillieren ❷ (*fig*) etw zusammenfassen
dis·til·la·tion [ˌdɪstɪˈleɪʃᵊn] *n* ❶ *no pl* CHEM Destillation *f*; **~ process** Destillationsverfahren *nt* ❷ (*fig*) Quintessenz *f*; (*person*) Verkörperung *f* (**of** +*gen*)
dis·tilled [dɪˈstɪld] *adj* ❶ CHEM destilliert; **~ water** destilliertes Wasser ❷ (*summarized*) zusammengefasst; **a ~ version of the events** eine komprimierte Fassung der Ereignisse
dis·till·er [dɪˈstɪləʳ, AM -ɚ] *n* ❶ (*company*) Destillerie *f* ❷ (*person*) Destillateur *m*, Brenner *m*; **bootleg ~** Schwarzbrenner *m*
dis·till·ery [dɪˈstɪlᵊri] *n* Brennerei *f*, Destillerie *f*; **whisky ~** Whiskybrennerei *f*
dis·tinct [dɪˈstɪŋ(k)t] *adj* ❶ (*different*) verschieden; ■**to be ~ from sth** sich *akk* von etw *dat* unterscheiden, unterschiedlich sein; **as ~ from sth** im Unterschied zu etw *dat* ❷ (*perceivable*) deutlich; **~ words** deutliche Worte ❸ *attr* (*marked*) eindeutig; **to get the ~ impression that ...** den nachhaltigen Eindruck bekommen, dass ...
dis·tinc·tion [dɪˈstɪŋ(k)ʃᵊn] *n* ❶ (*difference*) Unterschied *m* (**between** zwischen +*dat*); **class ~s** Klassenunterschiede *mpl*; **~ without a difference** *künstlich geschaffener Unterschied, wo eigentlich gar keiner besteht*; **clear [*or* sharp] ~** deutlicher Unterschied; **to blur a ~** Unterschiede verwischen; **to draw [*or* make] a ~ between sth** zwischen etw *dat* unterscheiden [*o* einen Unterschied machen] ❷ *no pl* (*eminence*) **of [great] ~** von hohem Rang [*o* herausragender Bedeutung] ❸ *no pl* (*honour*) Ehre *f*; **she has the ~ of being one of the few people to ...** sie hat die Ehre, zu den wenigen Menschen zu gehören, die ...; **to hold the dubious [*or* doubtful] ~ of doing sth** die etwas zweifelhafte Ehre besitzen, etw zu tun ❹ (*award*) Auszeichnung *f*; **to be granted a ~** eine Auszeich-

nung verliehen bekommen ❺ BRIT SCH *die bestmögliche Note;* ▪ **with** ~ ausgezeichnet; **to gain a** ~ **in sth** in etw *dat* die bestmögliche Note bekommen; **to pass** [**an exam**] **with** ~ [ein Examen] mit Auszeichnung bestehen

dis·tinc·tive [dɪˈstɪŋ(k)tɪv] *adj* ❶ (*special*) charakteristisch, unverwechselbar ❷ (*distinguishing*) ~ **feature** Unterscheidungsmerkmal *nt*

dis·tinc·tive·ness [dɪˈstɪŋ(k)tɪvnəs] *n no pl* Besonderheit *f;* (*characteristic feature*) Unverwechselbarkeit *f*

dis·tinct·ly [dɪˈstɪŋ(k)tli] *adv* deutlich, klar; **I** ~ **told you not to do that** ich habe dir das ausdrücklich verboten; **to** ~ **remember having done sth** sich *akk* genau daran erinnern, etw getan zu haben

dis·tinct·ness [dɪˈstɪŋ(k)tnəs] *n no pl* ❶ (*clarity*) Deutlichkeit *f* ❷ (*difference*) Verschiedenheit *f* (**from** von +*dat*)

dis·tin·guish [dɪˈstɪŋgwɪʃ] **I.** *vi* ▪ **to** ~ **between sth and sth** zwischen etw *dat* und etw *dat* unterscheiden **II.** *vt* ❶ (*tell apart*) ▪ **to** ~ **sb/sth from sb/sth** jdn/etw von jdm/etw unterscheiden; **to be able to** ~ **good from evil** Gut und Böse voneinander unterscheiden können ❷ (*characterize*) ▪ **to** ~ **sb/sth from sb/sth** jdn/etw von jdm/etw unterscheiden; (*positively*) jdn/etw von jdm/etw abheben; **it's the range of his voice that** ~**es him from other tenors** sein Stimmumfang hebt ihn von anderen Tenören ab ❸ (*discern*) ▪ **to** ~ **sth** etw ausmachen [*o* erkennen] [können] ❹ (*excel*) ▪ **to** ~ **oneself in sth** sich *akk* in etw *dat* auszeichnen [*o* einen Namen machen]

dis·tin·guish·able [dɪˈstɪŋgwɪʃəbl] *adj* unterscheidbar; **to be clearly** [*or* **plainly**] ~ leicht zu unterscheiden sein; ▪ **to be** ~ **from sb/sth** von jdm/etw zu unterscheiden sein

dis·tin·guished [dɪˈstɪŋgwɪʃt] *adj* ❶ (*eminent*) hervorragend, ausgezeichnet, von hohem Rang; ▪ **to be** ~ **for sth** sich *akk* durch etw *akk* auszeichnen ❷ (*stylish*) distinguiert *geh*

dis·tin·guish·ing [dɪˈstɪŋgwɪʃɪŋ] *adj* charakteristisch, kennzeichnend; ~ **feature** besonderes Kennzeichen

dis·tort [dɪˈstɔːt, AM -ɔːrt] *vt usu passive* ❶ (*out of shape*) ▪ **to** ~ **sth** etw verzerren; ▪ **to be** ~**ed** *face* entstellt sein; **to** ~ **sound** den Ton verzerren ❷ (*fig*) **to** ~ **the facts/a statement/the truth** die Tatsachen/eine Aussage/die Wahrheit verdrehen; **to** ~ **history/a result** die Geschichte/ein Ergebnis verfälschen

dis·tort·ed [dɪˈstɔːtɪd, AM -ɔːrt̬-] *adj* ❶ (*twisted*) *face* entstellt; *parts of the body* verformt; ~ **in agony** schmerzverzerrt ❷ (*fig*) verfälscht, verzerrt; **to have a** ~ **idea/image of sth** eine völlig verzerrte Vorstellung/ein völlig verzerrtes Bild von etw *dat* haben; **to give a** ~ **impression** einen falschen Eindruck vermitteln

dis·tor·tion [dɪˈstɔːʃᵊn, AM -ɔːr-] *n* ❶ (*twisting*) Verzerrung *f; of a face* Entstellung *f;* (*on CDs*) Klirrfaktor *m* ❷ (*fig*) ~ **of the truth/facts** Verdrehung *f* der Wahrheit/Tatsachen

dis·tract [dɪˈstrækt] *vt* ▪ **to** ~ **sb** [**from sth**] jdn [von etw *dat*] ablenken; **to** ~ **sb's attention** [**away**] **from sth** jds Aufmerksamkeit von etw *dat* ablenken; **to be easily** ~**ed** leicht abzulenken sein; ▪ **to** ~ **oneself** [**by doing sth**] sich *akk* ablenken[, indem man etw tut]

dis·tract·ed [dɪˈstræktɪd] *adj* verwirrt, zerstreut; (*worried*) besorgt

dis·tract·ed·ly [dɪˈstræktɪdli] *adv* (*confusedly*) zerstreut; (*excitedly*) aufgeregt, wie von Sinnen; (*worriedly*) verzweifelt

dis·tract·ing [dɪˈstræktɪŋ] *adj* ❶ (*disturbing*) störend; **sb finds sth** ~ jdn stört etw ❷ (*stopping sb from concentrating*) ▪ **to be** ~ **for sb** jdn ablenken

dis·trac·tion [dɪˈstrækʃᵊn] *n* ❶ (*disturbance*) Störung *f;* **sb finds sth a** ~ etw stört jdn ❷ (*diversion*) Ablenkung *f* (**from** von +*dat*); **a welcome** ~ eine willkommene Ablenkung ❸ (*entertainment*) Zerstreuung *f,* Zeitvertreib *m* ❹ *no pl* (*confusion*) Aufregung *f;* **they were in a state of extreme** ~ **when their daughter went missing** sie waren extrem verzweifelt, als ihre Tochter vermisst wurde ► PHRASES: **to drive sb to** ~ jdn zum [*o* in den] Wahnsinn treiben; **to love sb to** ~ jdn wahnsinnig lieben

dis·traught [dɪˈstrɔːt, AM -ɑːt] *adj* verzweifelt, außer sich *dat;* ▪ **to be** ~ **at** [*or* **over**] **sth** über etw *akk* außer sich *dat* sein; **to be** ~ **with pleasure** vor Freude ganz aus dem Häuschen sein *fam*

dis·tress [dɪˈstres] **I.** *n no pl* ❶ (*pain*) Schmerz *m,* Leid *nt;* (*anguish*) Kummer *m,* Sorge *f* (**at** über +*akk*); **to be in** ~ in Sorge sein; **to be a source of** ~ **to sb** jdm Anlass zur Sorge geben ❷ (*despair*) Verzweiflung *f* ❸ (*exhaustion*) Erschöpfung *f;* **to be in** ~ MED in Atemnot sein; **to show signs of** ~ Anzeichen der Erschöpfung zeigen ❹ (*emergency*) Not *f;* **economic/financial** ~ ökonomische/finanzielle Not; **to be in** ~ in Not [geraten] sein; **to relieve** ~ Not lindern; **vessels in** ~ Schiffe *ntpl* in Seenot **II.** *vt* ▪ **to** ~ **sb** jdn quälen; ▪ **to** ~ **oneself** sich *dat* Sorgen machen; **to be deeply** ~**ed** äußerst unglücklich sein

di's·tress call *n* NAUT Notsignal *nt;* **to send out a** ~ ein Notsignal senden

dis·tressed [dɪˈstrest] *adj* ❶ (*unhappy*) bekümmert; **I was deeply** ~ **to learn of your loss** mit tiefem Bedauern erfuhr ich von Ihrem Verlust ❷ (*shocked*) erschüttert (**at** über +*akk*); **deeply** ~ zutiefst erschüttert ❸ (*in difficulties*) ▪ **to be** ~ in Not sein; ~ **area** Notstandsgebiet *nt*

dis·tress·ing [dɪˈstresɪŋ] *adj,* AM *a.* **dis·tress·ful** [dɪˈstresfᵊl] *adj* ❶ (*worrying*) Besorgnis erregend, erschreckend; **it is very** ~ **that ...** es ist erschreckend, dass ...; **deeply** ~ zutiefst erschreckend ❷ (*painful*) schmerzlich; **to be deeply** ~ **for sb** sehr schmerzlich für jdn sein

dis·tress·ing·ly [dɪˈstresɪŋli] *adv* bedauerlicherweise, leider; ~ **little** herzlich wenig; **to yowl** ~ *dog* jämmerlich [*o* erbärmlich] jaulen

di's·tress rock·et *n* NAUT Notrakete *f* **di's·tress sig·nal** *n* Notsignal *nt*

dis·tribu·tary [dɪˈstrɪbjʊtᵊri, AM -jəteri] *n* GEOG Flussarm *m* eines Deltas

dis·tri·bute [dɪˈstrɪbjuːt, *Brit also* ˈdɪstrɪ-] *vt* ❶ (*share*) ▪ **to** ~ **sth** [**among sb**] etw [unter jdm] verteilen; ▪ **to** ~ **sth between sb** etw unter jdm aufteilen; ▪ **to** ~ **sth to sb** etw an jdn verteilen; **to** ~ **sth fairly** etw gerecht verteilen; **to** ~ **food among the poor** Nahrung *f* an die Armen verteilen ❷ (*spread*) ▪ **to** ~ **sth** etw verteilen; **to** ~ **sth evenly** etw gleichmäßig verteilen; **to be widely** ~**d** weit verbreitet sein ❸ ECON ▪ **to** ~ **sth** *goods* etw vertreiben; **to be** ~**d worldwide** weltweit vertrieben werden ❹ (*occur*) ▪ **to be** ~**d somewhere** irgendwo verbreitet sein; **these birds are mainly** ~**d in marshes and river valleys** diese Vögel sind hauptsächlich in Sümpfen und Flussgegenden verbreitet

dis·tri·but·ed 'sys·tem [dɪˌstrɪbjuːtɪdˈ, AM -t̬ɪdˈ-] *n* COMPUT verteiltes System

dis·tri·bu·tion [ˌdɪstrɪˈbjuːʃᵊn] *n no pl* ❶ (*sharing*) Verteilung *f;* **equitable/even** ~ gerechte/gleichmäßige Verteilung ❷ (*scattering*) Verbreitung *f* ❸ ECON Vertrieb *m;* ~ **of goods** Warenaustausch *m,* Warenverkehr *m* ❹ (*occurrence*) Vorkommen *nt* ❺ LING Distribution *f;* **complementary** ~ komplementäre Distribution ❻ MATH **normal** ~ Normalverteilung *f*

dis·tri·'bu·tion area *n* ECON Absatzgebiet *nt* **dis·tri·'bu·tion board** *n* ELEC Verteiler *m,* Verteilungstafel *f fachspr* **dis·tri·'bu·tion chan·nel** *n* ECON Vertriebsweg *m,* Absatzweg *m* **dis·tri·'bu·tion net·work** *n* ECON Vertriebsnetz *nt* **dis·tri·'bu·tion rights** *npl* Vertriebsrechte *ntpl;* ▪ **the** ~ das Vertriebsrecht **dis·tri·'bu·tion sys·tem** *n* ECON Vertriebsnetz *nt*

dis·tribu·tive [dɪˈstrɪbjətɪv, AM -t̬-] *adj* ❶ ECON ~ **industries** vertreibende Industrien ❷ LING, MATH distributiv

dis·tribu·tor [dɪˈstrɪbjətəʳ, AM -t̬ɚ] *n* ❶ (*marketer*) Vertreiber *m;* (*company*) Vertriebsgesellschaft *f;* **film/record** ~ Film-/Plattenanbieter *m* ❷ AUTO Verteiler *m,* Zündverteiler *m fachspr*

dis·trict [ˈdɪstrɪkt] *n* ❶ (*area*) Gebiet *nt;* (*within a town/coun-*

D

try) Bezirk *m* ❷ AM ■**the D~** *Distrikt Columbia mit der Hauptstadt Washington* ❸ ADMIN [Verwaltungs]bezirk *m*

dis·trict at·'tor·ney *n* AM Staatsanwalt, -anwältin *m, f* **dis·trict 'coun·cil** *n* BRIT Bezirksamt *nt* **dis·trict 'court** *n* AM [Bundes]bezirksgericht *nt* **dis·trict 'nurse** *n* BRIT Gemeindeschwester *f*

dis·trust [dɪ'strʌst] **I.** *vt* ■**to ~ sb/sth** jdm/etw misstrauen; **to be deeply/widely ~ed** sehr wenig Vertrauen genießen **II.** *n no pl* Misstrauen *nt;* **a [deep] ~ of sb/sth** ein [tiefes] Misstrauen gegenüber jdm/etw; **mutual ~** gegenseitiges Misstrauen; **to encounter sth with deep ~** etw *dat* mit großem Misstrauen begegnen

dis·trust·ful [dɪ'strʌstfᵊl] *adj* misstrauisch; **she's a woman of ~ nature** sie ist sehr misstrauisch; **to be [deeply] ~ of sth** etw *dat* gegenüber [äußerst] misstrauisch sein, einer S. *dat* [sehr] misstrauen

dis·turb [dɪ'stɜːb, AM -tɜːrb] **I.** *vt* ❶ (*interrupt*) ■**to ~ sb/sth** jdn/etw stören; **to ~ the peace** die öffentliche Sicherheit und Ordnung stören, Unruhe stiften ❷ (*worry*) ■**to ~ sb** jdn beunruhigen; ■**to be ~ed by sth** von etw *dat* beunruhigt werden ❸ (*disarrange*) ■**to ~ sth** etw durcheinanderbringen; **no frown ever ~ed his placid countenance** ruhig wie er war, verzog er nie auch nur eine Miene; **to ~ sb's hair** jds Haare zerzausen **II.** *vi* stören; **"do not ~"** „bitte nicht stören"

dis·turb·ance [dɪ'stɜːbᵊn(t)s, AM -tɜːrb-] *n* ❶ *no pl* (*annoyance*) Belästigung *f;* **to cause ~ to sb** jdn stören ❷ (*distraction*) Störung *f;* **~ of the peace** Störung *f* des Friedens ❸ (*riot*) Tumult *m;* **to cause [or create] [or make] a ~** Unruhe stiften; **to quell [or put down] a ~** Unruhen unterdrücken ❹ PSYCH **mental ~** geistige Verwirrung

dis·turbed [dɪ'stɜːbd, AM -tɜːr-] *adj* ❶ (*worried*) beunruhigt; ■**to be ~ about [or at] sth** über etw *akk* beunruhigt sein; ■**to be ~ that ...** beunruhigt sein, dass ... ❷ PSYCH [geistig] verwirrt; **~ behaviour** gestörtes Verhalten; **emotionally/mentally ~** emotional/psychisch gestört

dis·turb·ing [dɪ'stɜːbɪŋ, AM -tɜːr-] *adj* ❶ (*causing worry*) beunruhigend, Besorgnis erregend; ■**to be ~ to sb** für jdn erschreckend sein; **the following programme contains scenes that may be ~ to some viewers** einige Zuschauer könnten an Szenen des folgenden Programms Anstoß nehmen ❷ (*annoying*) störend

dis·turb·ing·ly [dɪ'stɜːbɪŋli, AM -tɜːr-] *adv* beunruhigend, Besorgnis erregend

dis·unite [ˌdɪsjuː'naɪt] *vt* ■**to ~ sth** etw entzweien [*o* spalten]

dis·unit·ed [ˌdɪsjuː'naɪtɪd, AM -t̬-] *adj* entzweit, gespalten *fig;* **a ~ nation** eine gespaltene Nation; **a ~ party** eine gespaltene Partei

dis·unity [dɪs'juːnɪti, AM -ət̬i] *n no pl* Uneinigkeit *f* (**among** unter +*dat*)

dis·use [dɪs'juːs] *n no pl* Nichtgebrauch *m;* **to fall into ~** nicht mehr benutzt werden

dis·used [dɪs'juːzd] *adj inv* ungenutzt, nicht gebraucht; *building* leer stehend; **a ~ warehouse** ein stillgelegtes Lagerhaus

di·syl·lab·ic [ˌdaɪsɪ'læbɪk] *adj* LING zweisilbig

ditch [dɪtʃ] **I.** *n* <*pl* -es> Graben *m;* **a deep/shallow ~** ein tiefer/flacher Graben; **to dig a ~** einen Graben ausheben; **irrigation ~** Bewässerungsgraben *m* **II.** *vt* ❶ (*discard*) ■**to ~ sth** etw wegwerfen; **to ~ a getaway car** ein Fluchtauto [einfach] stehen lassen; **to ~ a proposal** einen Plan aufgeben ❷ (*get away from*) ■**to ~ sb/sth** jdm/etw entwischen ❸ (*sack*) ■**to ~ sb** jdn entlassen [*o fam* feuern] ❹ (*end relationship*) ■**to ~ sb** jdm den Laufpass geben *fam* ❺ (*to land*) **to ~ a plane** eine Maschine im Bach landen *sl* **III.** *vi* AVIAT *plane* auf dem Wasser landen

'ditch·wa·ter *n no pl abgestandenes Wasser in einem Graben* ▶ PHRASES: **[as] dull as ~** stinklangweilig *sl*

dith·er ['dɪðəʳ, AM -ɚ] **I.** *n no pl* (*pej*) ❶ (*indecision*) Unentschlossenheit *f* ❷ (*agitation*) Aufregung *f;* **to be in [or all of] a ~ [about sth]** [über etw *akk*] ganz aufgeregt sein, [wegen etw *dat*] ganz aus dem Häuschen sein *fam* **II.** *vi* (*pej*) ❶ (*be indecisive*) unentschlossen sein, zögern, schwanken; **she's still ~ing over whether to ...** sie ist sich immer noch nicht schlüssig darüber, ob ... ❷ (*be nervous*) nervös [*o* fahrig] sein; ■**to ~ about** unkonzentriert sein **III.** *vt* COMPUT ■**to ~ sth** etw dithern *fachspr;* **to ~ colours** Farben mischen [*o fachspr* dithern]

dith·er·er ['dɪðᵊrəʳ, AM -ɚɚ] *n* (*pej*) Zauderer *m*

dith·ery ['dɪðᵊri] *adj* (*pej*) ❶ (*indecisive*) unentschlossen ❷ (*nervous*) fahrig, nervös

di·tran·si·tive [ˌdaɪ'trænsɪtɪv, AM -sət̬ɪv] *adj inv* LING ditransitiv *fachspr*

dit·sy ['dɪtsi] *adj* AM (*fam*) schusselig, hirnlos *pej fam*

dit·to ['dɪtəʊ, AM 'dɪt̬oʊ] **I.** *adv inv* (*likewise*) dito, ebenso; (*me too*) ich auch; **that goes ~ for me** AM das Gleiche gilt für mich **II.** *n* LING Wiederholungszeichen *nt*

'dit·to mark *n see* **ditto II.**

dit·ty ['dɪti, AM 'dɪt̬i] *n* [banales] Liedchen; **a popular ~** ein leichtes Liedchen; **to sing a ~** ein Liedchen singen

di·uret·ic [ˌdaɪjʊə'retɪk, AM -jə'ret̬-] MED **I.** *n* harntreibendes Mittel, Diuretikum *nt fachspr* **II.** *adj* harntreibend, diuretisch *fachspr;* **~ effect** harntreibende Wirkung

di·ur·nal [ˌdaɪ'ɜːnᵊl, AM -'ɜːr-] *adj inv* SCI ❶ (*daily*) Tages-, täglich wiederkehrend *attr;* **~ temperature fluctuations** tägliche Temperaturschwankungen ❷ (*opposite of nocturnal*) tagaktiv; **~ flowers** *nur am Tag blühende Blumen*

di·ur·nal·ly [ˌdaɪ'ɜːnᵊli, AM -'ɜːr-] *adv inv* SCI tagsüber

diva ['diːvə] *n* Diva *f;* (*admired woman*) Berühmtheit *f;* **opera ~** Operndiva *f*

di·van [dɪ'væn] *n* Diwan *m,* Ottomane *f veraltet*

di·'van bed *n* Bettcouch *f*

dive [daɪv] **I.** *n* ❶ (*into water*) [Kopf]sprung *m;* **to execute a ~** einen [Kopf]sprung machen; **a swallow** BRIT [*or* AM **swan**] **~** ein Schwalbensprung; **a crash ~** ein Schnelltauchmanöver ❷ *of a plane* Sturzflug *m* ❸ (*sudden movement*) ■**to make a ~ for sth** einen [Hecht]sprung nach etw *dat* machen; **to make a ~ at sb** auf jdn/etw zuspringen ❹ (*drop in price*) [Preis]sturz *m;* **to take a ~** fallen; *profits* sinken ❺ (*setback*) **to take a ~** einen Schlag erleiden; **her reputation took a ~** ihr Ruf bekam einen Kratzer ❻ (*fam: dingy place*) [anrüchige] Kneipe, Spelunke *f* ❼ FBALL Schwalbe *f;* BOXING **to take a ~** ein K.O. vortäuschen **II.** *vi* <dived *or* AM dove, dived *or* AM dove> ❶ (*into water*) einen Kopfsprung ins Wasser machen; (*underwater*) tauchen; ■**to ~ off sth** von etw *dat* [herunter]springen; ■**to ~ for sth** nach etw *dat* tauchen; **to ~ for pearls** nach Perlen tauchen ❷ *plane, bird* einen Sturzflug machen ❸ (*move quickly*) verschwinden; ■**to ~ for sth** nach etw *dat* hechten; ■**to ~ after sb/sth** jdm/etw nachstürzen [*o* nacheilen]; **to ~ through the open window** durch das offene Fenster abhauen *fam;* **to ~ for cover [or safety]** schnell in Deckung gehen ❹ *prices, shares* fallen

◆**dive in** *vi* [mit dem Kopf voran] ins Wasser springen

◆**dive into** *vi* ■**to ~ into sth** ❶ (*plunge*) in etw *akk* hineinspringen; **to ~ head first into sth** kopfüber [*o* mit dem Kopf voran] in etw *akk* hineinspringen ❷ (*move quickly*) sich *akk* schnell in etw *akk* hineinbegeben; **to ~ into a car** schnell in ein Auto einsteigen ❸ (*do rashly*) sich *akk* in etw *akk* stürzen; **to ~ into a sexual relationship with sb** mit jdm eine [schnelle] sexuelle Beziehung eingehen ❹ (*do committedly*) *work, project* sich *akk* in etw *akk* stürzen ❺ (*reach into*) in etw *akk* hineinfassen; **she ~d into her bag** sie fischte in ihrer Tasche herum *fam;* **to ~ into a pocket** in eine Tasche hineinfassen

'dive-bomb *vt* ■**to ~ sth** etw im Sturzflug bombardieren

'dive bomb·er *n* Sturzbomber *m*

div·er ['daɪvəʳ, AM -ɚ] *n* ❶ (*in ocean, lake*) Taucher(in) *m(f);* **police ~** Polizeitaucher(in) *m(f);* SPORTS Turmspringer(in) *m(f)* ❷ (*animal*) Taucher *m*

di·verge [daɪˈvɜːdʒ, AM dɪˈvɜrdʒ] *vi* ❶ (*separate*) auseinandergehen; **their paths ~d** ihre Wege trennten sich; ■**to ~ from sth** von etw *dat* abweichen ❷ (*not follow*) ■**to ~ from sth** von etw *dat* abweichen ❸ (*differ*) auseinandergehen; ■**to ~ from sth** von etw *dat* abweichen; **to ~ dramatically** stark voneinander abweichen; **to ~ dramatically from sth** stark von etw *dat* abweichen, sich *akk* stark von etw *dat* unterscheiden ❹ MATH divergieren *fachspr*

di·ver·gence [daɪˈvɜːdʒən(t)s, AM dɪˈvɜr-] *n* ❶ (*difference*) Divergenz *f geh* (**of** von +*dat*), Auseinandergehen *nt;* **~s of opinion** Meinungsverschiedenheiten *fpl* ❷ (*deviation*) Abweichung *f* (**from** von +*dat*); **a ~ from previous trends** eine Abweichung von den vorherigen Trends

di·ver·gent [daɪˈvɜːdʒənt, AM dɪˈvɜr-] *adj* ❶ (*differing*) abweichend; ■**to be ~ from sth** von etw *dat* abweichen; **to be widely ~** sehr unterschiedlich sein, weit auseinandergehen; **to hold widely ~ opinions** weit auseinandergehende Meinungen haben ❷ MATH divergierend *fachspr,* divergent *fachspr*

di·vers [ˈdaɪvəz, AM -vɚz] *adj attr* (*old*) diverse, mehrere *attr*

di·verse [ˈdaɪvɜːs, AM ˈdɪvɜːrs] *adj* ❶ (*varied*) vielfältig, breit gefächert; **culturally** [*or* **ethnically**] **~** multikulturell ❷ (*not alike*) unterschiedlich

di·ver·si·fi·ca·tion [daɪˌvɜːsɪfɪˈkeɪʃən, AM dɪˌvɜːr-] *n no pl* ECON ❶ *of services* Diversifizierung *f fachspr,* Diversifikation *f fachspr;* **~ in manufacturing** Erweiterung *f* des Produktionsprogramms ❷ *of business* Streuung *f,* Verteilung *f* (**into** auf +*akk*); **~ into new markets** Erschließung *f* neuer Märkte

di·ver·si·fy <-ie-> [daɪˈvɜːsɪfaɪ, AM dɪˈvɜːr-] **I.** *vi* ❶ (*become varied*) vielfältiger werden; **to ~ into new markets** sich *akk* in neue Märkte ausdehnen ❷ (*expand activities*) ■**to ~ into sth** sich auf etw *akk* umstellen **II.** *vt* ■**to ~ sth** etw umfangreicher machen; **to ~ a programme** ein Programm erweitern

di·ver·sion [daɪˈvɜːʃən, AM dɪˈvɜːr-] *n* ❶ *no pl* (*rerouting*) Verlegung *f;* **traffic ~** Umleitung *f* ❷ (*distraction*) Ablenkung *f;* (*entertainment*) Unterhaltung *f;* **to create a ~** ein Ablenkungsmanöver inszenieren

di·ver·sion·ary [daɪˈvɜːʃənəri, AM dɪˈvɜːrʒəneri] *adj* ablenkend *attr,* Ablenkungs-; **a ~ tactic** ein Ablenkungsmanöver

di·ver·sity [daɪˈvɜːsəti, AM dɪˈvɜːrsəṭi] *n no pl* Vielfalt *f;* **~ of opinion** Meinungsvielfalt *f;* **ethnic and cultural ~** ethnische und kulturelle Vielfalt

di·vert [daɪˈvɜːt, AM dɪˈvɜːrt] **I.** *vt* ❶ (*reroute*) ■**to ~ sth** etw verlegen [*o* umleiten]; **to ~ a line** eine Strecke verlegen; **to ~ traffic** den Verkehr umleiten ❷ (*reallocate*) ■**to ~ sth** etw für einen anderen Zweck verwenden; ■**to ~ sth into sth** etw für etw *akk* verwenden; **additional staff have been ~ed into the department** es wurden zusätzlich Arbeitskräfte für die Abteilung abgestellt; **to ~ funds** Finanzmittel anders einsetzen ❸ (*distract*) ■**to ~ sth from sth** von etw *dat* ablenken; **to ~ sb's attention away from sth** jds Aufmerksamkeit von etw *dat* ablenken ❹ (*amuse*) ■**to ~ sb** jdn unterhalten [*o* zerstreuen] **II.** *vi* umdrehen, die Richtung ändern

di·vert·ing [daɪˈvɜːtɪŋ, AM dɪˈvɜːrt-] *adj* amüsant, unterhaltsam; **a ~ book** ein unterhaltsames Buch

di·vest [daɪˈvest, AM dɪˈ-] **I.** *vt* ❶ (*deprive*) ■**to ~ sb of sth** jdn einer S. *gen* berauben ❷ (*relieve*) ■**to ~ sb of sth** jdm etw abnehmen; (*steal*) jdm etw stehlen ❸ *esp* AM (*sell*) ■**to ~ sth** etw verkaufen, sich *akk* einer S. *gen* entledigen *form* **II.** *vi esp* AM ❶ (*sell*) verkaufen ❷ (*pull out*) ■**to ~ from sth** aus etw *dat* ausscheiden, sich *akk* aus etw *dat* zurückziehen **III.** *vt* ❶ (*doff*) ■**to ~ oneself of sth** etw ablegen [*o* ausziehen] ❷ (*rid*) ■**to ~ oneself of sth** etw aufgeben [*o* ablegen], sich *akk* einer S. *gen* entäußern *form* ❸ (*sell*) ■**to ~ oneself of sth** etw verkaufen, sich *akk* einer S. *gen* entledigen *form*

di·vesti·ture [daɪˈvestɪtʃəʳ, AM dɪˈvestɪtʃɚ] *n,* **di·vest·ment** [daɪˈvestmənt, AM dɪˈ-] *n no pl* ❶ (*deprivation*) Entblößung *f,* Entkleidung *f;* (*fig*) Beraubung *f;* **the ~ of privileges** der Verlust von Privilegien ❷ (*doffing*) Ablegen *nt* ❸ AM *of investments* Verkauf *m,* Veräußerung *f; of a company* Abstoßung *f*

di·vid·able [dɪˈvaɪdəbl] *adj inv* AM (*divisible*) MATH teilbar

di·vide [dɪˈvaɪd] **I.** *n* ❶ (*gulf*) Kluft *f* (**between** zwischen +*dat*) ❷ (*boundary*) Grenze *f;* **continental ~** Kontinentalsperre *f* ❸ AM (*watershed*) Wasserscheide *f* ►PHRASES: **to cross the <u>Great</u> D~** die Schwelle des Todes überschreiten **II.** *vt* ❶ (*split*) ■**to ~ sth** etw teilen ❷ (*share*) ■**to ~ sth** etw aufteilen; **to ~ sth equally** [**between** [*or* **among**] **sb**] etw zu gleichen Teilen [untereinander] aufteilen; **Britain is to ~ the development costs with Germany and France** England, Deutschland und Frankreich sollen die Entwicklungskosten gemeinsam tragen ❸ MATH ■**to ~ sth by sth** etw durch etw *akk* teilen; **10 ~d by 2 equals 5** 10 geteilt durch 2 ist 5 ❹ (*separate*) ■**to ~ sth from sth** etw von etw *dat* trennen, etw gegen etw *akk* abgrenzen; ■**to ~ sb** jdn entzweien [*o* auseinanderbringen]; **they refused to let the distance ~ them** sie ließen sich durch die Entfernung nicht auseinanderbringen; **the fence ~s our field from our neighbour's** der Zaun grenzt unser Grundstück von dem unseres Nachbarn ab ❺ (*allocate*) ■**to ~ sth** etw zuteilen; **she ~s her time between her apartment in New York and her cottage in Yorkshire** sie verbringt ihre Zeit abwechselnd in ihrem Apartment in New York und ihrem Landhaus in Yorkshire ❻ (*disunite*) ■**to ~ sb/sth** jdn/etw spalten; **to ~ a nation** eine Nation spalten; ■**to be ~d over** [*or* **on**] **sth** über etw *akk* verschiedene Ansichten haben, [sich *dat*] in etw *dat* uneinig sein ❼ BRIT POL **to ~ the House** durch Hammelsprung abstimmen **III.** *vi* ❶ (*split*) sich *akk* teilen; **to ~ equally** [*or* **evenly**] in gleiche Teile zerfallen; **the vote is expected to ~ equally for and against the proposal** man erwartet, dass ebenso viele für wie gegen den Vorschlag stimmen werden ❷ MATH dividieren ❸ (*separate*) **their paths ~d** ihre Wege trennten sich ❹ BRIT POL im Hammelsprung abstimmen ❺ (*disagree*) nicht übereinstimmen ►PHRASES: **to ~ and <u>rule</u>** [*or* <u>conquer</u>] teilen und herrschen

◆**divide into I.** *vi* ❶ (*split up*) ■**to ~ into sth** sich *akk* in etw *akk* [auf]teilen; **to ~ into groups** sich *akk* in Gruppen aufteilen ❷ MATH **3 ~s into 9 with no remainder** 9 ist durch 3 ohne Rest teilbar **II.** *vt* ❶ (*split up*) ■**to ~ sth into sth** etw in etw *akk* aufteilen; **~ the pastry into four equal parts!** teile das [Kuchen]stückchen in vier gleiche Teile auf! ❷ (*math*) **50 ~d into 10 is 5** 50 geteilt durch 10 ist 5

◆**divide off** *vt* ■**to ~ off ⟲ sth** etw [ab]teilen; ■**to ~ sth off into sth** etw in etw *akk* unterteilen

◆**divide up I.** *vt* ■**to ~ up ⟲ sth** ❶ (*split up*) etw aufteilen ❷ (*share*) *see* **divide II.2** ❸ (*partition*) etw teilen **II.** *vi* sich teilen

di·vid·ed [dɪˈvaɪdɪd] *adj* ❶ (*undecided*) hin- und hergerissen; **to be ~ over sth** sich *dat* über etw *akk* noch nicht einig sein ❷ (*in disagreement*) uneinig; ■**to be ~ over sth** über etw *akk* uneinig sein

di·vid·ed ˈhigh·way *n* AM, AUS Schnellstraße *f*

divi·dend [ˈdɪvɪdend] *n* ❶ FIN Dividende *f,* Gewinnanteil *m;* **to declare a ~** eine Dividende erklären [*o* beschließen]; **to pay ~s** Dividenden auszahlen ❷ (*benefit*) zusätzlicher Vorteil; **to pay ~s** sich *akk* bezahlt machen ❸ MATH Dividend *m; of fraction* Zähler *m*

di·vid·ers [dɪˈvaɪdəz, AM -dɚz] *npl* Zirkel *m;* **a pair of ~** ein Zirkel *m*

di·ˈvid·ing line *n* Trennlinie *f;* **to mark a ~** eine Trennlinie markieren; **to cross the ~** die Trennlinie überschreiten; **to draw a ~ between sth and sth** (*fig*) eine Grenze zwischen etw *dat* und etw *dat* ziehen, zwischen etw *dat* und etw *dat* unterscheiden

divi·na·tion [ˌdɪvɪˈneɪʃən] *n no pl* Wahrsagerei *f;* **powers of ~** hellseherische Kräfte; **to possess powers of ~** hellseherische Kräfte haben

di·vine [dɪˈvaɪn] **I.** *adj* ❶ *inv* (*of God*) göttlich, Gottes-; **~ intervention** Gottes Hilfe; **to pray for ~ intervention** um Gottes

D

Hilfe beten; ~ **judgement** göttliches Urteil; ~ **test** göttliche Prüfung; **a ~ right** ein heiliges Recht; **the ~ right of kings** (*hist*) das Königtum von Gottes Gnaden *hist;* **the ~ will** der Wille Gottes ② *inv* (*sacred*) heilig; ~ **liturgy** heilige Liturgie; ~ **service** Gottesdienst *m* ③ *inv* (*godly*) göttlich ④ (*splendid*) himmlisch; **it's simply ~!** es ist einfach himmlisch!; ~ **voice** göttliche [*o* begnadete] Stimme **II.** *vt* ■**to ~ sth** ① (*guess*) etw erraten [*o* erahnen]; ■**to ~ from sb/sth that ...** jdm/etw ansehen, dass ...; ■**to ~ that/what ...** erraten [*o* ahnen], dass/was ...; **to ~ the future** die Zukunft vorhersehen ② (*search for*) mit einer Wünschelrute nach etw *dat* suchen **III.** *vi* ■**to ~ for sth** mit einer Wünschelrute nach etw *dat* suchen **IV.** *n* ① *no pl* ■**the D~** die Göttlichen [*o* Heiligen] ② (*member of clergy*) Geistliche(r) *m(f);* (*theologian*) Theologe, -in *m, f*

di·vine·ly [dɪ'vaɪnli] *adv* göttlich, himmlisch; **to sing ~** wie ein junger Gott singen

di·vin·er [dɪ'vaɪnə^r, AM -ɚ] *n* Wünschelrutengänger(in) *m(f);* (*of future*) Wahrsager(in) *m(f)*

div·ing ['daɪvɪŋ] *n no pl* ① (*into water*) Tauchen *nt;* SPORTS Turmspringen *nt* ② (*underwater*) Tauchen *nt;* **to go ~** tauchen gehen

'div·ing bell *n* Taucherglocke *f;* **to breath through the ~** durch die Taucherglocke atmen **'div·ing board** *n* Sprungbrett *nt;* **to spring** [*or* **jump**] **from** [*or* **off**] **the ~** vom Sprungbrett springen **'div·ing suit** *n* Taucheranzug *m*

di·'vin·ing rod *n* Wünschelrute *f;* **to hold out the ~** die Wünschelrute ausrichten

di·vin·ity [dɪ'vɪnəti, AM -ət̬i] *n* ① *no pl* (*godliness*) Göttlichkeit *f;* (*godly nature*) göttliche Natur ② (*god*) Gottheit *f* ③ *no pl* (*dated*) Theologie *f;* ~ **student** Theologiestudent(in) *m(f)*

di·vi·sible [dɪ'vɪzəbl̩] *adj inv* ■**to be ~ by sth** durch etw *akk* teilbar sein; **5 is ~ by 5 and 1** 5 ist durch 5 und 1 teilbar

di·vi·sion [dɪ'vɪʒ^{ə}n] *n* ① *no pl* (*sharing*) Verteilung *f;* ~ **of the tasks** Aufgabenverteilung *f* ② *no pl* (*break-up*) Teilung *f* ③ (*section*) Teil *m;* **the main ~s of sth** die Hauptbestandteile einer S. *gen* ④ (*disagreement*) Meinungsverschiedenheit *f;* ~ **within a party** Gespaltenheit *f* innerhalb einer Partei ⑤ (*difference*) Kluft *f;* **the ~ between the rich and the poor** die Kluft zwischen Reich und Arm ⑥ (*border*) Grenze *f,* Trennlinie *f* ⑦ *no pl* MATH Division *f,* Dividieren *nt,* Teilen *nt;* **to do ~** dividieren ⑧ MIL (*unit*) Division *f;* **an infantry ~** eine Infanteriedivision ⑨ (*department*) Abteilung *f* ⑩ (*league*) Liga *f;* **first/second/third ~** erste/zweite/dritte Liga; **to be in the first ~** erstklassig sein ⑪ BRIT POL Abstimmung *f* durch Hammelsprung

di·vi·sion·al [dɪ'vɪʒ^{ə}n^{ə}l] *adj inv* Abteilungs-; MIL Divisions-; SPORTS Liga-; ~ **manager** Abteilungsleiter(in) *m(f);* ~ **commander** Abteilungskommandant *m;* **to play in ~ competitions** bei verschiedenen Wettbewerben mitmachen

di·'vi·sion lob·by *n* BRIT *Abstimmungsraum im britischen Parlament* **di·vi·sion of 'la·bour** *n no pl* Arbeitsteilung *f* **di·'vi·sion sign** *n* Teilungszeichen *nt*

di·vi·sive [dɪ'vaɪsɪv] *adj* entzweiend; **to be a ~ element within the family** ein Streitpunkt innerhalb der Familie sein; ~ **issue** Streitfrage *f;* **to be a highly ~ issue** ein höchst kontroverses Thema sein

di·vi·sive·ness [dɪ'vaɪsɪvnəs] *n no pl* Gespaltenheit *f*

di·vi·sor [dɪ'vaɪzə^r, AM -zɚ] *n* MATH Divisor *m,* Teiler *m;* (*of fraction*) Nenner *m;* **greatest common ~** größter gemeinsamer Nenner

di·vorce [dɪ'vɔːs, AM -'vɔːrs] **I.** *n* ① LAW Scheidung *f;* **what are the chances of a marriage ending in ~?** wie hoch ist die Wahrscheinlichkeit, dass eine Ehe geschieden wird?; **a ~ by mutual consent** Scheidung in gegenseitigem Einvernehmen; **to file** [*or* **sue sb**] **for ~** gegen jdn die Scheidung einreichen; **to get a ~** [**from sb**] sich *akk* [von jdm] scheiden lassen; **to grant a ~** in eine Scheidung einwilligen, einer Scheidung zustimmen ② *no pl* (*separation*) Trennung *f;* **a ~ between the arts and the sciences** eine Kluft zwischen den Künsten und der Wissenschaft **II.** *n modifier* Scheidungs-; ~ **proceedings** Scheidungsprozess *m;* ~ **settlement** Beilegung *f* der Scheidung **III.** *vt* ① (*annul marriage*) ■**to ~ sb** sich *akk* von jdm scheiden lassen; ■**to get** [*or form* **be**] **~d** [**from sb**] [**for sth**] [von jdm] [wegen einer S. *gen*] geschieden werden ② (*distance*) ■**to ~ sth** etw voneinander trennen; ■**to ~ oneself from sth** sich *akk* selbst von etw *dat* trennen [*o* distanzieren] **IV.** *vi* sich *akk* scheiden lassen

di·vor·cé [dɪ'vɔːseɪ, AM -'vɔːrs-] *n* Geschiedener *m*

di·vorced [dɪ'vɔːst, AM -'vɔːrst] *adj inv* ① (*ceased to be married*) geschieden ② (*out of touch*) ■**to be ~ from sth** keinen Bezug zu etw *dat* haben; **to be ~ from the real world** realitätsfern sein

di·vor·cée [dɪ'vɔːseɪ, AM -'vɔːrs-] *n* Geschiedene *f*

di·vor·cee [dɪ'vɔːsiː, AM -'vɔːrsiː] *n* Geschiedene(r) *m(f);* **female ~** geschiedene Frau

div·ot ['dɪvət] *n* ① SCOT (*roof turf*) [Gras]sode *f,* Grasnarbe *f* ② SPORTS *vom Golfschläger ausgehacktes Rasenstück*

di·vulge [daɪ'vʌldʒ, AM *usu* dɪ'-] *vt* ■**to ~ sth** etw enthüllen [*o* verraten] [*o* preisgeben]; **to ~ information to the press** Informationen an die Presse weitergeben; ■**to ~ how/that ...** verraten, wie/dass ...

div·vy up <-ie-> [ˌdɪvi'ʌp] *vt esp* AM (*fam*) ■**to ~ sth up** [*or* **up sth**] [**between sb**] etw [unter jdm] aufteilen; **we divvied up the cake between us** wir haben den Kuchen unter uns aufgeteilt

dixie ['dɪksi] *n* Essgeschirr *nt*

Dixie·land ['dɪksilænd] *n no pl* MUS Dixie[land] *m*

DIY [ˌdiːaɪ'waɪ] *n no pl* BRIT, AUS *abbrev of* **do-it-yourself** Heimwerken *nt;* ~ **store** Baumarkt *m;* **to do some ~** heimwerken

diz·zi·ly ['dɪzɪli] *adv* Schwindel erregend; **to be ~ above sth** weit über etw *dat* liegen

diz·zi·ness ['dɪzɪnəs] *n no pl* Schwindel *m;* **spell of ~** Schwindelanfall *m*

diz·zy ['dɪzi] **I.** *adj* ① (*unsteady*) schwindlig; **the medication made her ~** von dem Medikament wurde ihr schwindlig; ~ **spells** Schwindelanfälle *mpl;* **to suffer ~ spells** unter Schwindelanfällen leiden; ~ **with happiness/excitement** schwindlig vor Freude/Aufregung ② (*vertiginous*) Schwindel erregend; **a ~ height** eine Schwindel erregende Höhe ③ (*rapid*) atemberaubend; ~ **progress** atemberaubender Fortschritt ④ (*fam: silly*) dumm, einfältig; **a ~ blonde** eine naive Blondine **II.** *vt* <-ie-> ■**to ~ sb** jdn verwirren; **her nearness dizzied him** ihre Nähe verwirrte ihn

diz·zy·ing ['dɪziɪŋ] *adj* ① (*vertiginous*) Schwindel erregend ② (*rapid*) ~ **speed** [*or* **pace**] atemberaubende Geschwindigkeit ③ (*confusing*) verwirrend

diz·zy·ing·ly ['dɪziɪŋli] *adv* in Schwindel erregender Weise; (*confusingly*) verwirrend

DJ [ˌdiː'dʒeɪ] *n* ① *abbrev of* **disc jockey** DJ *m;* **to work as a ~** als DJ arbeiten ② BRIT *abbrev of* **dinner jacket**

DLL [ˌdiːel'el] *n* COMPUT *abbrev of* **dynamic link library** DLL *f*

DMs [ˌdiː'emz] *npl* (*fam*) *abbrev of* **Doc Martens**

DNA [ˌdiːen'eɪ] *n no pl* BIOL *abbrev of* **deoxyribonucleic acid** DNS *f*

DN'A vac·cine *n* DNS-Impfstoff *m*

D no·tice ['diːˌnəʊtɪs] *n* BRIT *Anweisung der Regierung, etwas als Staatsgeheimnis zu behandeln*

do [duː] **I.** *aux vb* <does, did, done> ① (*negating verb*) **Frida ~esn't like olives** Frida mag keine Oliven; **I ~n't want to go yet!** ich will noch nicht gehen!; **I ~n't smoke** ich rauche nicht; **it ~esn't matter** das macht nichts; **~n't** [**you**] **speak to me like that!** sprich nicht so mit mir!; **~n't be silly** sei nicht albern!; BRIT, AUS **~n't let's argue about it** lasst uns deswegen nicht streiten ② (*forming question*) **~ you like children?** magst du Kinder?; **did he see you?** hat er dich gesehen?;

what did you say? was hast du gesagt?; ~ **you/~es he/she indeed** [*or* **now**]**?** tatsächlich?; ~ **I like cheese? – I love cheese!** ob ich Käse mag? – ich liebe Käse! ❸ (*for emphasis*) ~ **come to our party** ach komm doch zu unserer Party; **may I join you? – please ~!** kann ich mitkommen? – aber bitte!; **boy, did he yell!** der hat vielleicht geschrieen! *fam;* **so you ~ like beer after all** du magst also doch Bier; **you ~ look tired** du siehst wirklich müde aus; ~ **shut up, Sarah** halte bloß deinen Mund, Sarah; ~ **tell me!** sag's mir doch!; ~ **I/~es he/she ever!** und ob! ❹ (*inverting verb*) **not only did I speak to her, I even ...** ich habe nicht nur mit ihr gesprochen, sondern auch ...; **little ~es she know** sie hat echt keine Ahnung; (*not yet*) sie ahnt noch nichts; (*form*) **never did I hear such a terrible noise** noch nie habe ich so ein schreckliches Geräusch gehört ❺ (*replacing verb*) **she runs much faster than he ~es** sie läuft viel schneller als er; **he said he wouldn't come, but fortunately he did** er meinte, dass er nicht kommen würde; aber glücklicherweise tat er es dann doch; ~ **you like Chopin? – yes, I ~/no, I ~n't** mögen Sie Chopin? – ja/nein; **who ate the cake? – I did!/didn't!** wer hat den Kuchen gegessen? – ich!/ich nicht!; **I don't like Chinese food – nor** [*or* **neither**] ~ **I/I** ~ ich esse nicht gerne Chinesisch – ich auch nicht/ich schon; **... so ~ I ...** ich auch; **so you don't like her – I ~!** du magst sie also nicht – doch! ❻ (*requesting affirmation*) **you don't understand the question, ~ you?** Sie verstehen die Frage nicht, stimmt's?; **you do understand what I mean, ~n't you?** du verstehst [doch], was ich meine, oder? ❼ (*expressing surprise*) **so they really got married, did they?** dann haben sie also wirklich geheiratet! **II.** *vt* <does, did, done> ❶ (*perform*) ■**to ~ sth** etw tun [*o* machen]; **what shall I ~ now?** was soll ich jetzt machen?; **just ~ it!** mach's einfach!; **what are you ~ing over the weekend?** was machst du am Wochenende?; **haven't you got anything better to ~?** hast du nichts Besseres zu tun?; **justice must be done** Gerechtigkeit muss sein; **he ~es nothing but complain** er beklagt sich echt den ganzen Tag lang *fam;* **what have you done to her?** was hast du mit ihr gemacht?; **what are these toys ~ing here?** was macht das [ganze] Spielzeug hier?; **what's the front door ~ing open?** warum steht die Haustür offen?; **what on earth are you ~ing** [**there**]! was um alles in der Welt machst du denn da?; **I'm sorry, it simply can't be done before next weekend** tut mir leid, aber vor dem nächsten Wochenende geht es einfach nicht; **that was a stupid thing to ~** das war dumm!; **what have you done with my coat?** wo hast du meinen Mantel hingetan?; **to ~ one's best** sein Bestes tun [*o* geben]; **to ~ business with sb** mit jdm Geschäfte machen *fam;* **to ~ lunch** *esp* AM auswärts zu Mittag essen; **to ~ nothing of the sort** nichts dergleichen tun ❷ (*undertake*) ■**to ~ sth with sb/oneself** etw mit jdm/sich anfangen; **what am I going to ~ with myself while you are away?** was soll ich nur die ganze Zeit machen, wenn du nicht da bist ❸ (*help*) ■**to ~ sth for sb** etw für jdn tun; **what can I ~ for you?** was kann ich für Sie tun?; **you never ~ anything for me!** du tust nie was für mich!; **can you ~ anything for my bad back, doctor?** können Sie was gegen meine Rückenbeschwerden tun, Herr Doktor?; **these pills have done nothing for me** diese Pillen haben mir überhaupt nicht geholfen ❹ (*use for*) ■**to ~ sth with sth** etw mit etw *dat* tun; **what are you going to ~ with that hammer?** was hast du mit dem Hammer vor?; **what should we ~ with this box?** was sollen wir mit dieser Kiste machen? ❺ (*job*) **to ~ sth for a living** mit etw *dat* seinen Lebensunterhalt verdienen; **what ~es your mother ~?** was macht deine Mutter beruflich? ❻ (*take action*) ■**to ~ sth about sth** etw gegen etw *akk* tun; **I know I drink too much, but I can't ~ anything about it** ich weiß, dass ich zu viel trinke, aber ich kann nichts dagegen tun; **what is to be done about that?** was kann man dagegen tun?; **~n't just stand there, ~ something!** stehen Sie doch nicht nur so rum, tun Sie was! ❼ (*deal with*) ■**to ~ sth** etw machen [*o* erledigen]; **if you ~ the washing up, ...** wenn du abspülst, ...; **let me ~ the talking** überlass mir das Reden; **today we're going to ~ Chapter 4** heute beschäftigen wir uns mit Kapitel 4; **I found someone to ~ the garden wall** ich habe jemanden gefunden, der die Gartenmauer bauen wird; **to ~ one's homework** [seine] Hausaufgaben machen; **to ~ the shopping** einkaufen ❽ (*learn*) ■**to ~ sth: have you ever done any Chinese?** hast du jemals Chinesisch gelernt?; **Diane did History at London University** Diane hat an der London University Geschichte [im Hauptfach] studiert ❾ (*solve*) ■**to ~ sth** *riddle* etw lösen; **to ~ a crossword** ein Kreuzworträtsel lösen [*o fam* machen]; **can you ~ this sum for me?** kannst du das für mich zusammenrechnen? ❿ (*fam: finish*) ■**to be done: are you done?** bist du jetzt fertig? *fam* ⓫ (*produce*) ■**to ~ sth for sb** [*or* **sb sth**] etw für jdn machen; **can you ~ me 20 photocopies of this report?** kannst du mir diesen Bericht 20-mal abziehen? ⓬ (*tidy*) **to ~ the dishes** das Geschirr abspülen; **to ~ one's nails** (*varnish*) sich *dat* die Nägel lackieren; (*cut*) sich *dat* die Nägel schneiden; **to ~ one's shoes** seine Schuhe putzen; **to ~ one's teeth** sich *dat* die Zähne putzen ⓭ (*arrange*) **to ~ a bow tie** eine Schleife binden; **to ~ flowers** Blumen arrangieren; **to get one's hair done** zum Friseur gehen; **where ~ you get your hair done?** zu welchem Friseur gehst du? ⓮ (*visit*) ■**to ~ sth** etw besichtigen; **to ~ India** eine Indienreise machen; **to ~ Nice** sich *dat* Nizza ansehen ⓯ AUTO **to ~ 100 km/h** 100 fahren *fam* ⓰ (*travel*) **to ~ Paris to Bordeaux in five hours** in fünf Stunden von Paris nach Bordeaux fahren ⓱ (*suffice*) ■**to ~ sb** jdm genügen; **that'll ~ me nicely, thank you** das reicht mir dicke, danke! *fam;* **I only have diet cola – will that ~ you?** ich habe nur Diätcola – trinkst du die auch? ⓲ (*provide*) ■**to ~ sth: this pub only ~es food at lunchtime** in diesem Pub gibt es nur zur Mittagszeit etwas zu essen; ~ **you ~ travel insurance as well?** bieten Sie auch Reiseversicherungen an?; **sorry, we ~n't ~ hot meals** tut mir leid, bei uns gibt es nur kalte Küche ⓳ (*cook*) **to ~ the cooking** kochen; **how long should the carrots be done for?** wie lange müssen die Karotten kochen?; **could you ~ me something without fish?** könntest du mir etwas ohne Fisch kochen? ⓴ (*cause*) *see* **credit I. 1, favour I. 5, good II. 2, harm I., honour I. 3, justice 1** ㉑ *esp* BRIT (*serve*) ■**to ~ sb** jdn drannehmen; **but he said he'd ~ me next** aber er sagte, dass ich als Nächste drankäme! ㉒ (*treat well*) **to ~ sb well** jdn verwöhnen; **to ~ oneself well** es sich *dat* gut gehen lassen ㉓ (*act*) ■**to ~ sth** *play* etw aufführen; **to ~ a role** eine Rolle spielen; **who did James Bond before Roger Moore?** wer hat James Bond vor Roger Moore gespielt? ㉔ (*impersonate*) ■**to ~ sb/sth** jdn/etw nachmachen; **he ~es a brilliant Churchill** er kann Churchill wunderbar nachmachen; (*fig*) **I hope she won't ~ a Helen and get divorced six months after her wedding** ich hoffe, sie macht es nicht wie Helen und lässt sich sechs Monate nach ihrer Hochzeit wieder scheiden ㉕ (*fam sl: rob*) ■**to ~ sth** in etw *dat* einen Bruch machen *sl* ㉖ (*fam: cheat*) ■**to ~ sb** jdn übers Ohr hauen *fam;* **he did me for a thousand quid for that car** er hat mir einen Tausender für das Auto abgeknöpft ㉗ (*fam: be in jail*) **to ~ 5 years** [**for sth**] [wegen einer S. *gen*] fünf Jahre sitzen; **if you're not careful, you'll end up ~ing time again** wenn du nicht vorsichtig bist, musst du wieder sitzen ㉘ *esp* BRIT (*fam: punish*) ■**to ~ sb** jdn fertigmachen *fam;* **to get done for sth** (*by the police*) wegen einer S. *gen* von der Polizei angehalten werden; (*by a court*) für etw *akk* verurteilt werden ㉙ (*fam: take drugs*) ■**to ~ sth: how long have you been ~ing heroin?** wie lange nimmst du schon Heroin? ㉚ (*translate*) **to be done into French/German** *book* ins Französische/Deutsche übersetzt worden sein; **to ~ a translation** übersetzen ㉛ (*exhaust*) ■**to have done sb: this last**

climb has really done me diese letzte Tour hat mir wirklich den Rest gegeben ㉜ (*fam: impress*) **sth ~es nothing for sb** etw reißt jdn nicht gerade vom Hocker *fam;* **Bach has never done anything for me** Bach hat mich noch nie sonderlich vom Hocker gerissen *fam;* **that film really did something to me** dieser Film hat mich wirklich beeindruckt; (*excite sexually*) **you really ~ something to me, you know** du machst mich echt an, weißt du [das] *fam* ㉝ (*euph fam: have sex*) ■**to ~ it with sb** mit jdm schlafen *euph;* **how old were you when you first did it?** wie alt warst du bei deinem ersten Mal? ㉞ (*don't mention*) **~n't good morning me!** komm mir nicht mit guten Morgen! ▶PHRASES: **what's done cannot be undone** (*prov*), **what's done is done** (*saying*) was passiert ist, ist passiert; **that ~es it!** so, das war's jetzt!; **that's done it!** jetzt haben wir die Bescherung! *fam* **III.** *vi* <does, did, done> ❶ (*behave*) **to ~ right** [*or* **the right thing**] das Richtige tun; **to ~ well to do sth** gut daran tun, etw zu tun; **to ~ as one pleases** tun, was einem Spaß macht; **~ as I ~** mach's wie ich *fam;* **~ as you're told** tu, was man dir sagt ❷ (*fare*) **sb is ~ing badly/fine** [*or* **all right**] [*or* **well**] jdm geht es schlecht/gut; **mother and baby are ~ing well** Mutter und Kind sind wohlauf; **how is your mother ~ing?** wie geht es deiner Mutter?; **how is Mary ~ing in her new job?** wie geht es Mary in ihrem neuen Job?; **you could ~ better** du könntest besser sein; (*perform*) du könntest es besser machen; **George has done well for himself** George hat es für seine Verhältnisse weit gebracht; **our daughter is ~ing well at school** unsere Tochter ist gut in der Schule; **to be ~ing well out of sth** erfolgreich mit etw *dat* sein ❸ (*fam: finish*) **have you done?** bist du fertig?; **have you done with those scissors yet?** brauchst du die Schere noch?; **I haven't done with you yet** ich bin noch nicht fertig mit dir ❹ (*be acceptable, suffice*) passen, in Ordnung sein; **that'll ~** das ist o.k. so; **will £10 ~?** reichen 10 Pfund?; **this kind of behaviour just won't ~!** so ein Verhalten geht einfach nicht an!; **do you think this will ~ for a blanket?** glaubst du, das können wir als Decke nehmen?; **that'll ~ as a cushion** das geht [erstmal] als Kissen; **this will ~ just fine as a table** das wird einen guten Tisch abgeben; **this will have to ~ for a meal** das muss als Essen genügen; **will this room ~?** ist dieses Zimmer o.k. für Sie?; **it ~n't ~ to criticize your parents** seine Eltern kritisiert man nicht; **will it ~ if I get those books to you by Friday?** reicht es, wenn ich dir die Bücher bis Freitag bringe?; **we'll make ~ with $100** 100 Dollar müssen reichen; **that will never ~** das geht einfach nicht; ■**to ~ [for sb]** sich *akk* [für jdn] eignen ❺ (*fam: happen*) **this town is so boring – there's never anything ~ing** diese Stadt ist so langweilig – nie tut sich was ▶PHRASES: **it isn't done** BRIT es ist nicht üblich; **that will ~** jetzt reicht's aber!; **~ unto others as you would they should ~ unto you** (*prov*) was du nicht willst, das man dir tut, das füg auch keinem andern zu *prov;* **how ~ you ~?** (*form or dated: as introduction*) angenehm; **what's ~ing?** (*fam*) was ist los? **IV.** *n* ❶ *esp* BRIT, AUS (*fam: party*) Fete *f fam;* **a big ~** eine Riesenfete *fam* ❷ BRIT (*sl: swindle*) Schwindel *m fam* ❸ BRIT (*fam: treatment*) **fair ~s** gleiches Recht für alle ❹ AM (*sl*) **that's some ~ you've got!** das ist ja eine Frisur, die du da hast! ❺ *no pl* (*droppings*) **dog ~** Hundehäufchen *nt* ❻ (*allowed, not allowed*) **the ~s and ~n'ts** was man tun und was man nicht tun sollte

◆**do away** *vi* ❶ (*discard*) ■**to ~ away with sth** etw loswerden; **to ~ away with rules** Regeln abschaffen ❷ (*fam: kill*) ■**to ~ away with sb** jdn um die Ecke bringen *fam;* ■**to be done away with by sb** von jdm um die Ecke gebracht werden *fam*

◆**do by** *vi* **to ~ badly/well by sb** (*form*) jdn schlecht/gut behandeln; **to be hard done by** vom Schicksal stiefmütterlich behandelt werden ▶PHRASES: **do as you would be done by** BRIT (*saying*) was du nicht willst, das man dir tut, das füg auch keinem andern zu *prov*

◆**do down** *vt* ■**to ~ down ○ sb** jdn schlechtmachen; ■**to ~ down ○ sb for [not] doing sth** jdn für etw, das er/sie [nicht] tut, [he]runtermachen *fam;* ■**to ~ down ○ sth** etw heruntermachen

◆**do for** *vi* ❶ BRIT (*fam: ruin*) ■**to ~ for sth** etw ruinieren; ■**to ~ for sb** jdn fertigmachen *fam;* ■**to be done for** fertig sein *fam;* (*tired*) müde sein ❷ BRIT (*dated: clean*) ■**to ~ for sb** bei jdm putzen

◆**do in** *vt* (*sl*) ❶ (*kill*) ■**to ~ in ○ sb** jdn kaltmachen *fam;* ■**to ~ oneself in** sich *akk* umbringen ❷ (*tire*) ■**to ~ in ○ sb** jdn schaffen *fam* ❸ (*injure*) ■**to ~ in ○ sth** sich *dat* etw verletzen

◆**do out** *vt* ❶ BRIT (*fam: tidy*) ■**to ~ out ○ sth** etw putzen und aufräumen ❷ (*adorn, decorate*) ■**to ~ sth ○ out with sth** etw mit etw *dat* dekorieren [*o* schmücken]; **they did the living room out with balloons** sie schmückten das Wohnzimmer mit Ballons; **the bathroom has been done out in pale yellow** das Badezimmer ist in Hellgelb gehalten

◆**do out of** *vt* ■**to ~ sb out of sth** jdn um etw *akk* bringen; *inheritance* jdn um etw *akk* prellen

◆**do over** *vt* ❶ *esp* BRIT, AUS (*fam: beat*) ■**to ~ over ○ sb** jdn zusammenschlagen *fam* ❷ BRIT (*fam: rob*) ■**to ~ over ○ sth** etw ausrauben ❸ (*fam: redecorate*) ■**to ~ over ○ sth** etw neu herrichten ❹ AM (*fam: redo*) ■**to ~ sth over** etw noch einmal machen

◆**do up I.** *vt* ❶ (*close*) ■**to ~ up ○ sth** *dress* etw zumachen; **to ~ up one's shoes** seine Schuhe zubinden; **to ~ up a zip** einen Reißverschluss zuziehen ❷ (*adorn*) ■**to ~ up ○ sth** etw herrichten; **to ~ up a house** ein Haus renovieren; **to ~ up a room** ein Zimmer ausstatten ❸ (*dress*) ■**to ~ oneself up** sich *akk* zurecht machen ❹ (*hair*) **to ~ up one's hair** sich *dat* die Haare hochstecken ❺ (*wrap*) ■**to ~ up ○ sth in sth** etw in etw *akk* einpacken; **to ~ sth up in paper** etw in Papier einschlagen; ■**to ~ up ○ sth with sth** etw mit etw *dat* einpacken **II.** *vi dress* zugehen *fam,* zugemacht werden *fam*

◆**do with** *vi* ❶ BRIT (*fam: bear*) ■**sb can't** [*or* **cannot**] **~** [*or* **be ~ing**] **with sth** jd kann etw nicht ertragen; **I can't ~ with all this shouting and screaming** ich kann das Geschreie nicht mehr ertragen; **I really can't ~ with you behaving like this** ich finde es unerträglich, wie du dich benimmst! ❷ BRIT (*fam: need*) ■**sb could ~ with sth** jd könnte etw brauchen; **I could ~ with a sleep** ich könnte jetzt etwas Schlaf gebrauchen; **I could ~ with a cup of tea** eine Tasse Tee wäre jetzt schön ❸ (*be related to*) ■**to be** [*or* **have**] **to ~ with sth** mit etw *dat* zu tun haben, um etw *akk* gehen; **why did you want to talk to me? – it's to ~ with a complaint** warum wollten Sie mich sprechen? – es geht um eine Beschwerde; **to be** [*or* **have**] **nothing to ~ with sth** mit etw *dat* nichts zu tun haben; **what's that got to ~ with it?** was hat das damit zu tun? ❹ (*be involved with*) **to have nothing/something/a lot to ~ with sth** nichts/etwas/viel mit etw *dat* zu tun haben; **what's that got to ~ with it?** was hat das damit zu tun? ❺ (*deal with*) ■**to be** [*or* **have**] **to ~ with sth** von etw *dat* handeln; **what's your book about? – it's to ~ with human behaviour** worum geht es in deinem Buch? – es geht um menschliches Verhalten ❻ (*refuse contact*) **to not have anything [more] to ~ with sb** nichts [mehr] mit jdm zu tun haben ❼ (*not concern*) **sth has nothing to ~ with sb** etw geht jdn nichts an; **it has nothing to ~ with you what my son does** was mein Sohn macht, geht dich nichts an; **it's my decision – it's nothing to ~ with you!** das ist meine Entscheidung – das geht dich nichts an!

◆**do without** *vi* ■**to ~ without sth** ❶ (*not have*) ohne etw *akk* auskommen ❷ (*prefer not to have*) auf etw *akk* verzichten *a. iron*

do·able ['duːəbl] *adj* machbar

dob <-bb-> [dɒb] **I.** *vt* AUS (*fam*) ■**to ~ sb in to sb** jdm von

jdm erzählen; **Helen ~bed me in to Mum** Helen erzählte Mutter von mir **II.** *vi* Aus (*fam*) ■**to ~ on sb** jdm berichten
◆**dob in** *vt* Aus (*fam*) ■**to ~ in** ⊂ **sb to do sth** jdn zu etw *dat* verdonnern

dob·ber ['dɒbəʳ] *n* Aus (*fam*) Informant(in) *m(f)*

doc [dɒk, AM dɑ:k] *n* (*fam*) *short for* **doctor** Arzt, Ärztin *m, f*

doc·ile ['dəʊsaɪl, AM 'dɑ:sᵊl] *adj* sanftmütig; **a cheap and ~ workforce** eine billige und willige Arbeiterschaft; **~ horse** lammfrommes Pferd

do·cil·ity [dəʊ'sɪləti, AM dɑ:'sɪləṭi] *n no pl* Sanftmut *f; of animal* Zahmheit *f*

dock¹ [dɒk, AM dɑ:k] **I.** *n* ❶ (*wharf*) Dock *nt;* ■**the ~s** *pl* die Hafenanlagen *pl;* **to be in ~** im Hafen liegen; **at the ~s** an den Docks; **dry/floating ~** Trocken-/Schwimmdock *nt;* **to go into ~** anlegen ❷ AM (*pier*) Kai *m;* **onto the ~** auf dem Kai ▶ PHRASES: **in ~** BRIT, AUS in Reparatur **II.** *vi* ❶ NAUT anlegen, ins Dock gehen ❷ AEROSP andocken; ■**to ~ with sth** an etw *akk* andocken **III.** *vt* ■**to ~ sth** etw eindocken; AEROSP etw aneinanderkoppeln

dock² [dɒk, AM dɑ:k] *n no pl esp* BRIT ■**the ~** die Anklagebank; **to be in the ~** auf der Anklagebank sitzen ▶ PHRASES: **to be in the ~** Schwierigkeiten bekommen

dock³ [dɒk, AM dɑ:k] *vt* ❶ (*reduce*) ■**to ~ sth by sth** etw um etw *akk* verringern; ■**to ~ sth from sth** etw von etw *dat* abziehen; **they ~ed ten dollars from her wages** sie haben zehn Dollar von ihrem Lohn abgezogen; **to ~ pay by 20%** das Gehalt um 20 % kürzen ❷ (*cut off*) **to ~ an animal** einem Tier den Schwanz kupieren

dock⁴ [dɒk, AM dɑ:k] *n* BOT *no pl* Ampfer *m,* Bitterkraut *nt*

dock·er ['dɒkəʳ, AM 'dɑ:kɚ] *n* (*fam*) Hafenarbeiter(in) *m(f),* Werftarbeiter(in) *m(f)*

dock·et ['dɒkɪt, AM 'dɑ:kɪt] **I.** *n* ❶ BRIT, AUS (*delivery note*) Lieferschein *m;* **to sign the ~** den Lieferschein gegenzeichnen ❷ AM LAW Terminplan *m* ❸ AM (*agenda*) Tagesordnung *f;* ■**to be on the ~** an der Tagesordnung sein **II.** *vt* ❶ (*list*) ■**to ~ sth** etw in einen Lieferschein eintragen ❷ (*classify*) ■**to ~ sb/sth as sth** jdn/etw als etw *akk* klassifizieren

dock·ing ['dɒkɪŋ, AM 'dɑ:kɪŋ] *n no pl* ❶ NAUT Eindocken *nt,* Anlegen *nt* ❷ AEROSP Ankoppeln *nt,* Kopplung *f* ❸ (*reducing*) Kürzung *f;* **~ of wages** Lohnkürzungen *fpl*

'dock·land BRIT **I.** *n* Hafenviertel *nt;* ■**the ~s** *pl* das Hafenviertel **II.** *n modifier* (*community*) Hafenviertel- **'dock·side** *n no pl* ■**the ~** der [Fracht]hafen **'dock·work·er** *n* Hafenarbeiter *m,* Werftarbeiter *m* **'dock·yard** *n* Werft *f*

Doc Martens [ˌdɒk'mɑ:tɪnz, AM ˌdɑ:k'mɑ:rtᵊnz] *npl* (*fam*) Doc Martens *pl*

doc·tor ['dɒktəʳ, AM 'dɑ:ktɚ] **I.** *n* ❶ (*medic*) Arzt, Ärztin *m, f;* **good morning, D~ Smith** guten Morgen, Herr/Frau Doktor Smith; **to be at the ~'s** beim Arzt/bei der Ärztin sein; **to go to the ~'s** zum Arzt/zur Ärztin gehen; **to see a ~ [about sth]** einen Arzt/eine Ärztin [wegen einer S. *gen*] aufsuchen ❷ (*academic*) Doktor *m* ▶ PHRASES: **~'s orders** (*esp hum*) ärztliche Anweisung; **to be just what the ~ ordered** genau das Richtige sein **II.** *vt* ❶ (*pej: falsify*) ■**to ~ sth** etw fälschen ❷ (*poison*) ■**to ~ sth [with sth]** etw [mit etw *dat*] vergiften ❸ AM (*add alcohol to*) ■**to ~ sth** etw mit Alkohol versetzen ❹ *usu passive* BRIT, AUS (*fam: neuter*) **to ~ an animal** ein Tier kastrieren [*o* sterilisieren]

doc·tor·al ['dɒktᵊrᵊl, AM 'dɑ:k-] *adj attr, inv* Doktor-; **~ programme** Doktorenprogramm *nt;* **~ degree** Doktorgrad *m;* **~ work** Doktorarbeit *f,* Promotion *f*

doc·tor·al dis·ser·'ta·tion *n,* **doc·tor·al 'the·sis** *n* Doktorarbeit *f,* Promotion *f*

doc·tor·ate ['dɒktᵊrət, AM 'dɑ:k-] *n* Doktor *m,* Doktortitel *m;* **to receive one's ~** seinen Doktortitel erhalten; **~ in science/philosophy** Doktor[titel] *m* in Naturwissenschaften/Philosophie; **honorary ~** Ehrendoktorwürde *f;* **to award [*or* grant] a ~** die Doktorwürde verliehen bekommen

i Kultur

Ein **doctorate** – *Doktorwürde* oder ein *doctor's degree* in einem Fach ist der höchste akademische Grad, den man in der Regel für eine wissenschaftliche Arbeit von einer Universität verliehen bekommt. Der am häufigsten verliehene **doctorate** ist ein *PhD* oder ein *DPhil – Doctor of Philosophy* für eine Doktorarbeit in geisteswissenschaftlichen Fächern; weitere sind: *DMus – Doctor of Music, MD – Doctor of Medicine, LLD – Doctor of Laws* und *DD – Doctor of Divinity – Doktor der Theologie.* Ein *honorary doctorate – Ehrendoktor,* z.B. ein *DLitt – Doctor of Letters* oder ein *DSc – Doctor of Science* kann eine Universität einer Persönlichkeit von hohem Rang aufgrund wichtiger Veröffentlichungen oder sonstiger Arbeiten verleihen.

doc·tored ['dɒktəd, AM 'dɑ:ktɚd] *adj* gefälscht; **~ evidence** gefälschtes Beweismittel

'doc·tor's of·fice *n* Praxis *f;* **to wait at the ~** in der Praxis warten

doc·tri·naire [ˌdɒktrɪ'neəʳ, AM ˌdɑ:ktrə'ner] *adj* (*pej form*) doktrinär

doc·trin·al [dɒk'traɪnᵊl, AM 'dɑ:ktrɪ-] *adj inv* (*form*) lehrmäßig, Lehr-, dogmatisch; **~ statements** dogmatische Aussagen; **~ theory** reine Lehre

doc·trine ['dɒktrɪn, AM 'dɑ:k-] *n* ❶ *no pl* (*set of beliefs*) Doktrin *f,* Lehre *f;* **the ~ of predestination** die Prädistinationslehre; **military ~** Militärdoktrin *f* ❷ (*belief*) Grundsatz *m,* Lehrmeinung *f;* **a basic/sound ~** ein fundierter Grundsatz; **to apply a ~** nach einem Grundsatz handeln; **to disprove a ~** einen Grundsatz widerlegen; **to preach a ~** einen Grundsatz vertreten

docu·dra·ma ['dɒkju:ˌdrɑ:mə, AM 'dɑ:k-] *n short for* **drama documentary** Dokumentarspiel *nt;* TV Dokumentarfilm *m*

docu·ment ['dɒkjəmənt, AM 'dɑ:k-] **I.** *n* Dokument *nt;* **confidential ~** vertrauliches Dokument; **restricted/secret/top-secret ~** geheimes Dokument; **travel ~s** Reisedokumente *pl,* Reisepapiere *pl;* **to classify a ~** ein Dokument für geheim erklären; **to draw up/file a ~** ein Dokument aufsetzen/abheften **II.** *vt* ■**to ~ sth** etw dokumentieren [*o* belegen]; **to be well-~ed** gut dokumentiert sein

docu·men·tary [ˌdɒkjə'mentᵊri, AM ˌdɑ:kjə'menṭɚi] **I.** *n* Dokumentation *f,* Dokumentarfilm *m* (**on** über +*akk*) **II.** *adj attr* ❶ (*factual*) dokumentarisch, Dokumentar- ❷ *inv* (*official*) urkundlich, Urkunden-; **~ evidence [*or* proof]** Urkundenbeweis *m*

docu·men·ta·tion [ˌdɒkjəmen'teɪʃᵊn, AM ˌdɑ:k-] *n no pl* ❶ (*proof*) schriftlicher [*o* dokumentarischer] Nachweis; **strong/weak ~** starker/schwacher Nachweis; **to provide ~ for sth** den Nachweis für etw *akk* liefern ❷ (*manual*) Informationsmaterial *nt* ❸ (*papers*) Ausweispapiere *pl;* **proper ~** einwandfreie Ausweispapiere; **the relevant ~** die nötigen Ausweispapiere ❹ (*classification*) Anordnung *f*

dod·der ['dɒdəʳ, AM 'dɑ:dɚ] *vi* (*fam*) wacklig gehen; **to ~ along** dahinwackeln

dod·der·ing ['dɒdᵊrɪŋ, AM 'dɑ:d-] *adj,* **dod·dery** ['dɒdᵊri, AM 'dɑ:dɚi] *adj* (*fam*) zittrig, tattrig *fam;* **a ~ old man** ein Tattergreis *m;* **~ [old] fool** vertrottelter [alter] Opa *pej fam*

dod·dle ['dɒdl̩] *n no pl* BRIT (*fam*) ■**to be a ~** ein Kinderspiel sein

dodge [dɒdʒ, AM dɑ:dʒ] **I.** *vt* ■**to ~ sth** ❶ (*duck*) etw *dat* ausweichen ❷ (*evade*) sich *akk* entziehen; **to ~ a question** eine Frage ausweichend beantworten; **to ~ work** sich *akk* vor der Arbeit drücken; ■**to ~ doing sth** um etw *akk* herumkommen **II.** *vi* ausweichen, zur Seite gehen **III.** *n* (*fam*) Ausweichmanöver *nt;* **that's just another ~ to get out of doing work** das ist

D

nur ein erneuter Versuch, sich vor der Arbeit zu drücken; **tax** ~ Steuertrick *m*

◆**dodge around** *vi* ■**to** ~ **around with sb** BRIT (*sl*) mit jdm herumhängen [*o* abhängen]

Dodg·em® ['dɒdʒəm, AM 'dɑːdʒ-] *n*, **Dodg·em car**® *n* Autoskooter *m*; **to go on the** ~**s** Autoskooter fahren; *see also* **bumper car**

dodg·er ['dɒdʒəʳ, AM 'dɑːdʒɚ] *n* (*pej*) Drückeberger(in) *m(f)*; **to be a draft** ~ sich *akk* vor dem Militärdienst drücken; **tax** ~ Steuerhinterzieher(in) *m(f)*

dodgy ['dɒdʒi, AM 'dɑːdʒi] *adj esp* BRIT, AUS (*fam*) ❶ (*unreliable*) zweifelhaft; ~ **weather** unbeständiges [*o* unzuverlässiges] Wetter ❷ (*dishonest*) unehrlich; **a** ~ **businessman** ein zweifelhafter [*o* zwielichtiger] Geschäftsmann ❸ (*risky*) riskant; **to sound** ~ riskant klingen ❹ (*poor*) armselig

dodo <*pl* -s *or* -es> ['dəʊdəʊ, AM 'doʊdoʊ] *n* ❶ (*hist*) Dodo *m* ❷ (*pej: idiot*) Dummkopf *m pej* ▶ PHRASES: **to be as dead as a** [*or* **the**] ~ (*dated*) völlig überholt sein; (*dull*) tote Hose sein

doe [dəʊ, AM doʊ] *n* ❶ (*deer*) Hirschkuh *f*, [Reh]geiß *f* ❷ (*hare or rabbit*) Häsin *f*

'doe-eyed *adj inv* ■**to be** ~ rehbraune Augen haben

doer ['duːəʳ, AM 'duːɚ] *n* (*approv*) Macher *m*

does [dʌz, dəz] *vt, vi, aux vb 3rd pers. sing of* **do**

'doe·skin I. *n no pl* Hirschleder *nt* **II.** *n modifier* hirschledern, aus Hirschleder *nach n*; ~ **gloves** hirschlederne Handschuhe

doesn't [dʌzᵊnt] = **does not** *see* **do I., II.**

doff [dɒf, AM dɑːf] *vt* (*liter*) ■**to** ~ **sth** etw ausziehen; **to** ~ **one's hat** den Hut abnehmen [*o* ablegen]; **to** ~ **one's hat to sb** vor jdm den Hut ziehen ▶ PHRASES: **to** ~ **its hat to sth** etw *dat* seinen Respekt erweisen; **the song** ~**s its hat to the best soul traditions** das Lied ist eine Hommage an die besten Soul-Traditionen

dog [dɒg, AM dɑːg] **I.** *n* ❶ (*canine*) Hund *m*; **good** ~**!** braver Hund!; **breed of** ~ Hunderasse *f*, Hundezüchtung *f*; **bird** ~ Hühnerhund *m*; **hunting** ~ Jagdhund *m*; **police** ~ **handler** Polizeihundführer(in) *m(f)*; **to breed/keep** ~**s** Hunde züchten/halten; **to walk the** ~ den Hund ausführen ❷ *pl* (*fam: dog races*) ■**the** ~**s** das Hunderennen ❸ (*pej: nasty man*) Hund *m*; **the** [**dirty**] ~**!** der [gemeine] Hund! *fam*; (*ugly woman*) Vogelscheuche *f pej*, Schreckschraube *f pej* ❹ (*catch*) Klammer *f* ❺ (*sl: failure*) Flop *m*, Pleite *f*; **these tiny computers were** ~**s** diese winzigen Computer waren ein Flop ❻ BRIT (*sl: mess*) ~**'s dinner** Schweinerei *f*, Pfusch *m* ▶ PHRASES: **a** ~**'s breakfast** BRIT (*fam*) Pfusch *m fam*, Schlamperei *f fam*; **to make a** ~**'s breakfast of sth** etw verpfuschen; **to not have a** ~**'s chance** [**with sb**] (*fam*) nicht die geringste Chance [bei jdm] haben; **every** ~ **has its day** (*prov*) auch ein blindes Huhn findet mal ein Korn *fam*; **to be done** [*or* **dressed**] [*or* **got**] **up like a** ~**'s dinner** BRIT (*fam*) wie ein Papagei angezogen sein; **a** ~**'s life** ein Hundeleben *fam*; **to lead** [**sb**] **a** ~**'s life** [jdm] das Leben zur Hölle machen; **a** ~ **in the manger** ein Neidhammel *pej sl*; [**the**] **lucky** ~ [der] Glückspilz *fam*; ~ **eat** ~ jeder gegen jeden; **to fight like cat and** ~ unerbittlich kämpfen; **to go to the** ~**s** vor die Hunde gehen *fam*; **why keep a** ~ **and bark yourself?** (*prov*) warum etwas selbst machen, wenn man jdn hat, der dafür bezahlt wird?; **to put on the** ~ AM, AUS (*fam*) sich *akk* aufspielen; **to turn** ~ **on sb** AUS (*fam*) jdn verpfeifen; **like a** ~ wie ein Hund **II.** *n modifier* Hunde-; ~ **food** Hundefutter *nt*; ~ **hairs** Hundehaare *pl* **III.** *vt* <-gg-> ■**to** ~ **sb/sth** ❶ (*follow*) jdn/etw ständig verfolgen; **to** ~ **sb's every step** jdm auf Schritt und Tritt folgen; **to** ~ **sb with questions** jdn mit Fragen verfolgen ❷ (*beset*) jdn/etw begleiten; **technical problems** ~**ged our trip from the outset** auf unserer Reise hatten wir von Anfang an ständig technische Probleme

'dog bis·cuit *n* Hundekuchen *m* **'dog·cart** *n* (*hist*) Dogcart *m*, Einspänner *m* **'dog·catch·er** *n* Hundefänger *m* **'dog col·lar** *n* ❶ (*of a dog*) Hundehalsband *nt* ❷ (*fam: of a vicar*) Halskragen *m* eines Geistlichen **'dog days** *npl* ❶ (*weather*) Hundstage *pl* ❷ (*slump*) schlechte Zeiten; **these are** ~ **for British film production** dies sind schlechte Tage für die britische Filmproduktion **'dog-eared** *adj attr* verknickt, sie hat eine verknickte Kopie vom Text; ■**to be** ~ Eselsohren haben **dog-eat-'dog** *adj attr* jeder gegen jeden; **it's a** ~ **world** es ist eine mörderische Welt; **to fight** ~ jeder gegen jeden kämpfen **'dog-end** *n* (*fam*) ❶ (*butt*) Stummel *m* ❷ (*worst part*) dickes Ende **'dog·fight** *n* ❶ MIL Luftkampf *m*; **to engage in a** ~ in einen Luftkampf verwickelt sein ❷ (*between dogs*) Hundekampf *m* ❸ (*brawl*) Schlägerei *f*; **to get in a** ~ in eine Schlägerei verwickelt werden ❹ (*struggle*) Streit *m* **'dog·fish** *n* Hundshai *m*

dog·ged ['dɒgɪd, AM 'dɑːg-] *adj* verbissen, zäh; ~ **determination** wilde Entschlossenheit

dog·ged·ly ['dɒgɪdli, AM 'dɑːg-] *adj* beharrlich

dog·ged·ness ['dɒgɪdnəs, AM 'dɑːg-] *n no pl* Beharrlichkeit *f*, Hartnäckigkeit *f*

dog·ger·el ['dɒgᵊrᵊl, AM 'dɑːgɚᵊl] *n no pl* Knittelvers *m*

dog·gie ['dɒgi, AM 'dɑːgi], **dog·gy** *n* (*childspeak*) Wauwau *m Kindersprache*

dog·go ['dɒgəʊ, AM 'dɑːgoʊ] *adv inv* (*dated fam*) **to lie** ~ mucksmäuschenstill sein *fam*, sich *fam* nicht mucken

dog·gone ['dɑːgɑːn] AM **I.** *adj attr, inv* (*fam*) verdammt; **where'd I put my** ~ **glasses?** wo habe ich verdammt noch mal meine Brille hingelegt? **II.** *interj* (*fam*) ~ [**it**]! verdammt noch mal!

dog·gy *n see* **doggie**

'dog·gy bag *n Beutel für Speisereste;* **I'll have to ask for a** ~ ich muss mir den Rest einpacken lassen **'dog·gy pad·dle** *n*, AM, AUS *a.* **'dog pad·dle** *n hundeartige Schwimmbewegungen;* **to do the** ~ Hundepaddeln machen

'dog·house *n* AM Hundehütte *f* ▶ PHRASES: **to be in the** ~ in Ungnade gefallen sein

do·gie ['doʊgi] *n* AM *mutterloses Kalb*

'dog·leg *n* scharfe Kurve

dog·ma ['dɒgmə, AM 'dɑːg-] *n* (*pej*) ❶ (*belief*) Dogma *nt*, Lehrmeinung *f*; ■**the** ~ **that ...** die Lehrmeinung [*o* das Dogma], dass ...; **to reject a** ~ eine Lehrmeinung ablehnen ❷ *no pl* (*doctrine*) Dogma *nt*; **political/religious** ~ politisches/religiöses Dogma

dog·mat·ic [dɒg'mætɪk, AM dɑːg'mæt̬-] *adj* (*pej*) dogmatisch; ■**to be** ~ **about sth** in etw *dat* sehr dogmatisch sein

dog·mati·cal·ly [dɒg'mætɪkᵊli, AM dɑːg'mæt̬-] *adv* (*pej*) dogmatisch

dog·ma·tism ['dɒgmətɪzᵊm, AM 'dɑːg-] *n no pl* (*pej*) Dogmatismus *m*

dog·ma·tist ['dɒgmətɪst, AM 'dɑːg-] *n* (*pej*) Dogmatiker(in) *m(f)*

'do-good·er *n* (*esp pej*) Weltverbesserer, -verbesserin *m, f*

'dog pad·dle *n see* **doggy paddle** **'dog rose** *n* Hundsrose *f*, eurasische Wildrose **'dogs·body** *n* BRIT, AUS (*fam*) Kuli *m fig*; **the general** ~ das Mädchen für alles; **to be sick of being the general** ~ es satthaben, das Mädchen für alles zu sein **'dog tag** *n* ❶ AM MIL (*sl: identity disc*) Erkennungsmarke *f fam* ❷ (*for dog*) Hundemarke *f* **dog-'tired** *adj* (*fam*) hundemüde *fam* **'dog·wood** *n* Hartriegel *m*

doi·ly ['dɔɪli] *n* Zierdeckchen *nt*, Platzdeckchen *nt*; **lace** ~ Spitzendeckchen *nt*

do·ing ['duːɪŋ] *n* ❶ *no pl* (*sb's work*) **to be sb's** ~ jds Werk sein; **that's all your** ~ daran bist allein du schuld; **to take some** [*or* **a lot of**] ~ ganz schön anstrengend sein *fam* ❷ *pl* (*activities*) ■~**s** Tätigkeiten *fpl*, Tun *nt kein pl*; **there have been a great many** ~**s and goings-on lately** in letzter Zeit hat sich einiges getan; **she knows nothing of his** ~**s** sie weiß nicht, was er treibt *fam* ❸ *pl* (*droppings*) **dogs'** ~**s** Hundehäufchen *pl*

do·ings ['duːɪŋz] *n sing* BRIT Dingsbums *nt fam*

do-it-your·self [ˌduːɪtjɔː'self, AM -jɚ'-] *n no pl see* **DIY**

Dol·by® ['dɒlbi, AM 'dɑːl-, 'doʊl-] **I.** *n no pl* Dolby[-System] *nt*

II. *adj inv* Dolby-; ~ **sound** Dolby Sound *m*

dol·drums ['dɒldrəmz, AM 'doʊl-] *npl (old)* Kalmen *fpl,* Kalmenzone *f,* Kalmengürtel *m* ▶PHRASES: **to be in the** ~ *(be in low spirits)* deprimiert [*o* niedergeschlagen] sein, Trübsal blasen *fam; (be in stagnant state)* eine Flaute durchmachen, in einer Flaute stecken

dole [dəʊl, AM doʊl] **I.** *n* ■**the** ~ das Arbeitslosengeld, die Arbeitslosenunterstützung, die Stütze *fam;* **to be** [*or* **go**] **on the** ~ Arbeitslosengeld bekommen, stempeln gehen *fam; (fig)* arbeitslos sein **II.** *n modifier* Arbeitslosen-; ~ **money** Arbeitslosengeld *nt,* Arbeitslosenunterstützung *f,* Stempelgeld *nt fam;* **to exist on one's** ~ **money** vom Arbeitslosengeld leben **III.** *vt* ■**to** ~ [**out**] **sth** [*or* **sth** [**out**]] etw sparsam austeilen [*o* verteilen] (**to** an +*akk*)

dole·ful ['dəʊlfᵊl, AM 'doʊl-] *adj* trübselig; *expression* traurig; *story* rührselig; ~ **lyric** sentimentaler Liedtext

dole·ful·ly ['dəʊlfᵊli, AM 'doʊl-] *adv* traurig, niedergeschlagen

'dole-out *n (pej)* Essen *nt* für Arme **'dole queue** *n* BRIT Schlange *f* von Arbeitslosen

doll [dɒl, AM dɑːl] **I.** *n* ❶ *(toy)* Puppe *f* ❷ *(approv dated fam: attractive woman)* Puppe *f sl* ❸ AM *(approv fam: kind woman)* Schatz *m fam; (kind man)* prima Kerl; **be a** ~ **and ...** sei [doch bitte] so lieb und ... **II.** *vt* ■**to** ~ **oneself up** sich *akk* herausputzen [*o fam* in Schale werfen] [*o pej* aufdonnern]

dol·lar ['dɒləʳ, AM 'dɑːlɚ] **I.** *n* Dollar *m* **II.** *n modifier (amount, rate)* Dollar-; ~ **account** Dollarkonto *nt;* ~**-denominated cheque** auf Dollar ausgestellter Scheck; ~ **gap/reserves** Dollarlücke *f/*-reserven *fpl;* ~ **value** Wert *m* des Dollars

dol·lar 'bill *n* Dollarnote *f,* Dollarschein *m* **dol·lar di·'plo·ma·cy** *n no pl* Dollardiplomatie *f* **'dol·lar sign** *n* Dollarzeichen *nt* **'dol·lar store** *n* AM Ramschladen *m*

'doll corn·er *n* AM Spielecke *f* **'doll·house** *n* AM *(doll's house)* Puppenhaus *nt*

dol·lop ['dɒləp, AM 'dɑːl-] *n* FOOD Klacks *m kein pl fam,* Schlag *m kein pl fam;* **a** ~ **of brandy** ein Schuss *m* Brandy; **a** ~ **of whipped cream** ein Klacks *m* [*o* Klecks *m*] Schlagsahne

'doll's car·riage *n* AM Puppenwagen *m* **'doll's house** *n* BRIT, AUS Puppenhaus *nt* **'doll's pram** *n* BRIT, AUS Puppenwagen *m*

dol·ly ['dɒli, AM 'dɑːli] *n* ❶ *(childspeak: doll)* Püppchen *nt* ❷ TRANSP [Transport]wagen *m;* FILM Kamerawagen *m,* Dolly *m fachspr;* RAIL *(locomotive)* Schmalspurrangierlokomotive *f; (small railway waggon)* Rollfahrzeug *nt;* TECH fahrbares Montagegestell

'dol·ly bird *n* BRIT *(dated fam)* Mieze *f sl,* Puppe *f sl* **'dol·ly mix·tures** *npl* BRIT Bonbonmischung *f*

dol·men ['dɒlmen, AM 'doʊl-] *n* ARCHEOL Dolmen *m*

dol·or·ous ['dɒlᵊrəs, AM 'doʊlɚ-] *adj (liter)* traurig, wehmütig

dol·phin ['dɒlfɪn, AM 'dɑːl-] *n* Delphin *m;* **bottle-nosed** ~ Großer Tümmler

dolt [dəʊlt, AM doʊlt] *n (pej)* Tollpatsch *m pej,* Tölpel *m pej*

dolt·ish·ly ['dəʊltɪʃli, AM 'doʊl-] *adv* tölpelhaft

do·main [də(ʊ)'meɪn, AM doʊ'-] *n* ❶ *(area)* Reich *nt,* Gebiet *nt;* LAW Grundbesitz *m kein pl;* **private** ~ Privateigentum *nt;* **public** ~ *(common property)* öffentliches Eigentum, Gemeingut *nt geh; (belonging to state)* Staatsländereien *pl,* staatlicher Grundbesitz ❷ *(sphere of influence)* Bereich *m,* Gebiet *nt fig,* Domäne *f fig;* **a man's** ~ Männersache *f;* **to be in the public** ~ *(be no private property)* der Öffentlichkeit zugänglich sein; *(be generally known)* allgemein bekannt sein ❸ COMPUT Domäne *f;* TELEC Domain *f*

do·'main name *n* COMPUT Domänenname *m,* Internetadresse *f;* TELEC Domain-Name *m*

dome [dəʊm, AM doʊm] **I.** *n* ❶ *(rounded roof)* Kuppeldach *nt,* Kuppel *f;* **inner/outer** ~ Innen-/Außengewölbe *nt* ❷ *(liter: dome-like shape)* Gewölbe *nt fig; of a hill* Kuppe *f;* **the** ~ **of the sky** das Himmelsgewölbe [*o* Himmelszelt] [*o* Firmament] *liter* ❸ *(fam: head)* Glatze *f* **II.** *n modifier* Kuppel-; ~ **light** AUTO Deckenlicht *nt;* ~ **nut** TECH Hutmutter *f;* ~ **roof** Kuppeldach *nt*

domed [dəʊmd, AM doʊmd] *adj inv* gewölbt, kuppelförmig; ~ **ceiling** Kuppeldach *nt*

do·mes·tic [də'mestɪk] **I.** *adj* ❶ *(of the household)* häuslich, Haus-; ~ **bliss** häusliches Glück; **they lived in** ~ **bliss** sie führten ein glückliches Familienleben; ~ **commitments** familiäre Verpflichtungen; ~ **discord** häusliche Zwietracht; ~ **relations court** Familiengericht *nt;* **to be in** ~ **service** als Hausangestellte(r) arbeiten; ~ **violence** Gewalt *f* in der Familie; ~ **work** Hausarbeit *f* ❷ *(fond of home)* häuslich; **he is a** ~ **man** er ist ein häuslicher Typ ❸ *inv (a country's own)* Inlands-, inländisch; ~ **affairs** innere [*o* innenpolitische] Angelegenheiten; ~ **airline** Inlandsfluggesellschaft *f;* ~ **considerations** innenpolitische Erwägungen; ~ **economic policy** Binnenwirtschaftspolitik *f;* ~ **mail** Inlandspost *f;* ~ **market** Binnenmarkt *m,* Inlandsmarkt *m;* ~ **public opinion** politische Meinung im Land; ~ **policy** Innenpolitik *f;* ~ **product** einheimisches Produkt [*o* Erzeugnis]; **gross** ~ **product** Bruttoinlandsprodukt *nt;* ~ **trade** Binnenhandel *m;* ~ **wines** einheimische Weine **II.** *n (dated)* Domestik *m veraltet,* Hausangestellte(r) *f(m)*

do·mesti·cal·ly [də'mestɪkli] *adv* ❶ *(relating to home life)* häuslich; **to be** ~ **inclined** häuslich veranlagt sein ❷ *(within a country)* im Inland; **that would be unacceptable both** ~ **and internationally** das wäre sowohl auf Inlands- als auch Auslandsebene inakzeptabel

do·mes·tic 'ani·mal *n* Haustier *nt* **do·mes·tic ap·'pli·ance** *n* [elektrisches] Haushaltsgerät

do·mes·ti·cate [də'mestɪkeɪt] *vt* ❶ *(tame)* ■**to** ~ **an animal** ein Tier zähmen [*o geh* domestizieren] ❷ *(accustom to home life)* ■**to** ~ **sb** jdn häuslich machen

do·mes·tic dis·'turb·ance *n (euph)* Ehekrach *m,* häusliche Querelen *pl geh* **do·'mes·tic flight** *n* Inlandsflug *m* **do·mes·tic 'help** *n no pl* Hausangestellte(r) *f(m),* Haushaltshilfe *f*

do·mes·ti·city [ˌdəʊmes'tɪsəti, AM ˌdoʊmes'tɪsəṭi] *n no pl* ❶ *(fondness for home life)* Häuslichkeit *f* ❷ *(home and family life)* häusliches Leben; **to settle into** ~ häuslich werden, sich *akk* der Familie widmen

do·mes·tic 'sci·ence *n* Hauswirtschaftslehre *f* **do·mes·tic 'vio·lence** *n* Gewalt *f* in der Familie

domi·cile ['dɒmɪsaɪl, AM 'dɑːmə-] *n (form)* Wohnsitz *m form,* Wohnort *m;* LAW ständiger Wohnsitz; **breach of** ~ Hausfriedensbruch *m;* **change of** ~ Wohnsitzänderung *f;* ~ **of origin** ursprünglicher Wohnsitz

domi·ciled ['dɒmɪsaɪld, AM 'dɑːmə-] *adj pred, inv (form)* wohnhaft *form,* ansässig; **he was** ~ **in Saudi Arabia** er lebte in Saudi-Arabien

domi·nance ['dɒmɪnən(t)s, AM 'dɑːmə-] *n no pl* ❶ *(superior position)* Vormachtstellung *f,* dominierende Position; MIL Vormacht *f;* **Canada's** ~ **in the air** Kanadas Luftüberlegenheit *f;* **China's** ~ **on land** Chinas Vormacht *f* zu Lande ❷ *(being dominant)* Dominanz *f,* Vorherrschen *nt* (**over** über +*akk*)

domi·nant ['dɒmɪnənt, AM 'dɑːmə-] **I.** *adj* ❶ *(masterful, controlling)* dominierend *attr,* vorherrschend *attr; group* tonangebend; *issue* beherrschend; *personality* dominierend; ~ **male** männliches Leittier; **the** ~ **military power in the region** die stärkste Militärmacht in der Region; ~ **position** beherrschende Stellung ❷ BIOL *(not recessive)* dominant, überlagernd *attr;* ~ **characteristic/gene** dominantes Merkmal/Gen ❸ MUS dominant, Dominant-; ~ **seventh** Dominantseptakkord *m* **II.** *n* MUS Dominante *f*

domi·nate ['dɒmɪneɪt, AM 'dɑːmə-] **I.** *vt* ❶ *(have control)* ■**to** ~ **sb/sth** jdn/etw beherrschen [*o* dominieren]; **they** ~**d the rest of the match** sie gingen für den Rest des Spieles in Führung; **to be** ~**d by ambition** vom Ehrgeiz beherrscht sein; **to be** ~**d by envy/greed** von Neid/Gier erfüllt sein; **to be** ~**d by fear** voller Angst sein; **to** ~ **sb's thoughts** jds Denken beherrschen ❷ *(be the biggest, etc)* ■**to** ~ **sth** etw beherrschen *fig;* **the group** ~**d the pop charts** die Gruppe führte die Hitlisten an ❸ PSYCH (*pej: browbeat*) ■**to ~ sb** jdn dominieren *pej* **II.** *vi* dominieren; ■**to ~ over sb/sth** über jdn/etw herrschen, jdn/etw beherrschen

domi·nat·ing ['dɒmɪneɪtɪŋ, AM 'dɑ:məneɪt̬-] *adj* ❶ (*tending to dominate*) dominierend *attr* ❷ *attr* (*most important*) vorherrschend, dominierend; ~ **feature** hervorstechendes Merkmal, vorherrschende Eigenschaft

domi·na·tion [ˌdɒmɪ'neɪʃᵊn, AM ˌdɑ:mə'-] *n no pl* ❶ (*state of dominating*) [Vor]herrschaft *f;* **world ~** Weltherrschaft *f;* ■**to be under the ~ of sb/sth** von jdm/etw beherrscht werden ❷ (*controlling position*) Vormachtstellung *f;* **their ~ of the market for computer operating systems** ihre marktbeherrschende Stellung, was Computerbetriebssysteme anbelangt

domi·na·tri·ces [ˌdɒmɪ'neɪtrɪsi:z, AM ˌdɑ:mə'-] *n pl of* **dominatrix**

domi·na·trix <*pl* -trices> [ˌdɒmɪ'neɪtrɪks, AM ˌdɑ:mə'-, *pl* -trɪsi:z] *n* ❶ (*in sadomasochism*) Domina *f* ❷ (*pej: powerful woman*) dominante Frau; POL Despotin *f pej;* (*like a man*) Mannweib *nt pej*

domi·neer [ˌdɒmɪ'nɪəʳ, AM ˌdɑ:mə'nɪr] *vi* sich *akk* aufspielen *pej fam;* ■**to ~ over sb** jdn tyrannisieren; POL despotisch über jdn herrschen; **she ~s over her husband** sie hat ihren Ehemann unter dem Pantoffel *fam*

domi·neer·ing [ˌdɒmɪ'nɪərɪŋ, AM ˌdɑ:mə'nɪr-] *adj* (*pej*) herrschsüchtig, tyrannisch; POL despotisch; ~ **management style** herrischer Führungsstil

Do·mini·can [də'mɪnɪkən, AM doʊ'-] **I.** *adj inv* ❶ REL Dominikaner-; ~ **friar** [*or* **monk**] Dominikaner[mönch] *m;* ~ **nun** [*or* **sister**] Dominikanerin *f,* Dominikanernonne *f* ❷ (*relating to Dominican Republic*) dominikanisch **II.** *n* ❶ REL Dominikaner(in) *m(f)* ❷ (*inhabitant of the Dominican Republic*) Dominikaner(in) *m(f)*

do·min·ion [də'mɪnjən] *n* ❶ *no pl* (*form: sovereignty*) Herrschaft *f;* ■**to have ~ over sb/sth** die Herrschaft über jdn/etw haben, über jdn/etw herrschen; **to be under Dutch ~** unter holländischer Herrschaft stehen ❷ (*realm*) Herrschaftsgebiet *nt;* POL Hoheitsgebiet *nt* ❸ POL, HIST ■**D~** Dominion *nt;* **the D~ of Canada** das Dominion Kanada

domi·no <*pl* -es> ['dɒmɪnəʊ, AM 'dɑ:mənoʊ] *n* ❶ (*piece*) Dominostein *m* ❷ (*game*) ■**~es** + *sing vb, no art* Domino[spiel] *nt;* **to play ~es** Domino spielen

'domi·no ef·fect *n no pl* Dominoeffekt *m*

don[1] [dɒn, AM dɑ:n] *n* ❶ BRIT (*university teacher, esp at Oxford or Cambridge*) [Universitäts]dozent(in) *m(f)* ❷ AM (*sl: mafia boss*) Mafiaboss *m fam*

don[2] <-nn-> [dɒn, AM dɑ:n] *vt* (*liter*) ■**to ~ sth** etw anziehen; **to ~ one's hat** seinen Hut aufsetzen

do·nate [də(ʊ)'neɪt, AM 'doʊneɪt] **I.** *vt* ■**to ~ sth [to sb]** [jdm] etw spenden; **to ~ blood/money** Blut/Geld spenden; **to ~ money to charity** Geld für wohltätige Zwecke spenden; **to ~ time [to sth]** [für etw *akk*] Zeit aufwenden **II.** *vi* spenden; **to ~ to a charity organization** für eine karitative Einrichtung spenden; LAW eine Schenkung machen

do·na·tion [də(ʊ)'neɪʃᵊn, AM doʊ'-] *n* ❶ (*contribution*) [Geld]spende *f,* Zuwendung *f;* (*endowment*) Stiftung *f;* LAW Schenkung *f;* **~s to political parties** Parteispenden *fpl;* **charitable ~s** Spenden *fpl* für wohltätige Zwecke; **to make a ~** LAW eine Schenkung machen; **to make a ~ of sth to sb** jdm etw zum Geschenk machen ❷ *no pl* (*act of donating*) Spenden *nt;* **~ of blood** Blutspenden *nt;* **~ of food** Spenden *nt* von Nahrungsmitteln; **~ of money** Spenden *nt* von Geld; **~ of time** Opfern *nt* von Zeit

done [dʌn] *pp of* **do**

don·er ke·bab ['dɒnəkɪbæb, AM ˌdoʊnəʳkɪ'bɑ:b] *n* Döner[kebab] *m*

don·gle ['dɒŋgl, AM 'dɑ:ŋ-] *n* COMPUT Dongle *nt fachspr* (*Hardwarekomponente zur Sperre des Zugangs zu einem PC*)

Don Juan [ˌdɒn'dʒu:ən, AM ˌdɑ:n'(h)wɑ:n] *n* Don Juan *m fig*

don·key ['dɒŋki, AM 'dɑ:ŋ-] *n* ❶ (*animal*) Esel *m* ❷ (*pej fam: person*) [sturer] Esel *pej fam* ▸ PHRASES: **to talk the hind legs off a ~** (*prov*) jdm ein Ohr abquatschen *fam*

'don·key jack·et *n* BRIT *gefütterte, wasserdichte Jacke* **'don·key's years** *npl* (*fam*) eine Ewigkeit *fam;* **she's been in the same job for ~** sie arbeitet schon ewig im gleichen Job; **I haven't seen you in ~!** dich habe ich ja seit einer Ewigkeit nicht gesehen! **'don·key work** *n no pl* (*fam*) Dreck[s]arbeit *f fam,* Schwerarbeit *f*

don·nish ['dɒnɪʃ, AM 'dɑ:n-] *adj* gelehrt, gebildet; ~ **tone** belehrender Tonfall *pej*

do·nor ['dəʊnəʳ, AM 'doʊnəʳ] *n* (*contributor*) Spender(in) *m(f);* (*for large sums*) Stifter(in) *m(f);* LAW Schenker(in) *m(f),* Schenkungsgeber(in) *m(f);* (*gift giver*) Geber(in) *m(f);* **blood/organ ~** Blut-/Organspender(in) *m(f);* **sperm ~** Samenspender *m;* **anonymous ~** anonymer Spender/anonyme Spenderin

'do·nor card *n* Organspenderausweis *m*

don't [dəʊnt, AM doʊnt] *see* **do not** *see* **do I., II.**

do·nut *n* AM, AUS *see* **doughnut**

doo·dad ['du:dæd] *n* AM, AUS Dings[bums] *nt kein pl fam*

doo·dah ['du:dɑ:] *n* BRIT, AUS Dings[bums] *nt kein pl fam,* Dingsda *nt kein pl fam* ▸ PHRASES: **to be all of a ~** ganz aus dem Häuschen sein *fam*

doo·dle ['du:dl] **I.** *vi* vor sich *akk* hinkritzeln **II.** *n* Gekritzel *nt kein pl pej,* Kritzelei *f pej*

doo·fus ['du:fəs] *n* AM (*fam*) Blödmann *m fam,* Doofie *m fam*

doo·hickey ['du:ˌhɪki] *n* AM Dings[bums] *nt kein pl fam,* Dingsda *nt kein pl fam*

doom [du:m] **I.** *n* ❶ (*grim destiny*) Verhängnis *nt kein pl,* [schlimmes] Schicksal; **he met his ~** (*liter*) sein Schicksal ereilte ihn *liter o hum;* **portent of ~** [böses] Zeichen des Schicksals ❷ (*disaster*) Unheil *nt;* **the newspapers are always full of ~ and gloom these days** (*iron, hum*) die Zeitungen sind heutzutage voll von Katastrophenmeldungen; **prophet of ~** Schwarzseher(in) *m(f) pej,* Pessimist(in) *m(f);* **impending ~** drohendes Unheil ❸ (*dated: the Last Judgement*) das Jüngste Gericht; **until the crack of ~** bis zum Jüngsten Tag **II.** *vt* ■**to ~ sb [to sth]** jdn [zu etw *dat*] verdammen [*o* verurteilen]; **mounting debts ~ed the factory to closure** wachsende Schulden machten die Schließung der Fabrik unumgänglich

doomed [du:md] *adj* ❶ (*destined to end badly*) verdammt, verloren; **this is a ~ city** diese Stadt ist dem Untergang geweiht *geh;* **this is a city ~ to dereliction** diese Stadt ist dem Verfall preisgegeben *geh;* **to be ~ to failure** zum Scheitern verurteilt sein ❷ (*condemned*) verurteilt; ~ **person** Verurteilte(r) *f(m)*

dooms·day ['du:mzdeɪ] **I.** *n no pl* der Jüngste Tag; ■**till** [*or* **until**] ~ bis zum Jüngsten Tag; (*fig: endlessly*) bis jd schwarz wird *fam;* **you could talk till ~, but they will never change their minds** da kannst du reden, bis du schwarz wirst, sie werden ihre Meinung niemals ändern **II.** *n modifier* apokalyptisch, [Welt]untergangs-

door [dɔ:ʳ, AM dɔ:r] *n* ❶ (*entrance*) Tür *f;* **back/front ~** Hinter-/Vordertür *f;* **main ~** Haupteingang *m;* **patio ~** Terrassentür *f;* **revolving/sliding ~** Dreh-/Schiebetür *f;* **swing ~** Pendeltür *f,* Schwingtür *f;* **to shut** [*or* **slam**] **the ~ to sb's face** jdm die Tür vor der Nase zuschlagen; **behind closed ~s** hinter verschlossenen Türen; **to answer the ~** [auf das Läuten [hin]] die Tür aufmachen; **to be on the ~** Türsteher sein; **to knock at** [*or* **on**] **the ~** an die Tür klopfen; **to lay sth at sb's ~** (*fig*) jdm etw anlasten [*o* zur Last machen], jdn für etw *akk* verantwortlich machen; **to open/shut** [*or* **close**] **the ~** die Tür aufmachen/schließen; **to see** [*or* **show**] **sb to the ~** jdn zur Tür bringen; **to show sb the ~** (*form*) jdm die Tür weisen *form,* jdn hinauswerfen *fam;* **show him the door** zeig ihm, wo es hinausgeht *fam;* **to slip through the ~** durch die Tür schlüpfen [*o* entwischen]; ■**at the ~** an der Tür; **someone is**

at the ~ da ist jemand an der Tür; **out of ~s** im Freien, draußen ② (*house*) **two ~s away** zwei Häuser weiter; **two ~s down/up** zwei Häuser die Straße runter/rauf *fam;* **next** ~ nebenan; **the people next** ~ die Leute von nebenan; ~ **to** ~ von Tür zu Tür [*o* Haus zu Haus] ③ (*room*) **two ~s down/up** zwei Zimmer den Gang hinunter/hinauf; **his office is the third ~ on the left** sein Büro ist die dritte Tür links ④ (*fig: means of access/opportunity*) Tür *f fig,* Zugang *m fig;* **to have a foot in the** ~ einen Fuß in der Tür haben *fig;* **to close the ~ on** [*or* **to**] **sth** etw unmöglich machen [*o* ausschließen]; **to leave the ~ open to sth** die Tür für etw *akk* offen lassen [*o* halten] *fig;* **to open the ~ to sth** etw ermöglichen, etw *dat* Tür und Tor öffnen *pej;* **these discussions may well open the ~ to a peaceful solution** diese Gespräche sind vielleicht der Auftakt zu einer friedlichen Lösung; **to shut** [*or* **slam**] **the ~ in sb's face** jdn abweisen ▶ PHRASES: **to shut** [*or* **close**] **the stable** [*or* **barn**] ~ **after the horse has bolted** (*prov*) den Brunnen zudecken, wenn das Kind schon hineingefallen ist

'door·bell *n* Türklingel *f,* Türglocke *f* **'door·frame** *n* Türrahmen *m* **'door jamb** *n* (*doorpost*) Türpfosten *m* **'door·keep·er** *n* Portier *m* **'door·knob** *n* Türknauf *m,* Türgriff *m* **'door·knock·er** *n* Türklopfer *m* **'door·man** *n* Portier *m* **'door·mat** *n* ① (*thing*) Fußmatte *f,* Abtreter *m,* Fußabstreifer *m bes* SÜDD ② (*pej: person*) Waschlappen *m fig, pej* **'door·nail** *n* (*fam*) Türnagel *m;* **as dead as a** ~ mausetot *fam* **'door plate** *n* Türschild *nt* **'door·post** *n* Türpfosten *m* **'door prize** *n* AM *Preis, der unter den Besuchern einer öffentlichen Veranstaltung verlost wird* **'door·step I.** *n* ① (*step outside a house door*) Türstufe *f;* **don't keep her on the ~, invite her in** lass sie nicht in der Tür stehen, bitte sie herein; **to have sth right on the** ~ (*fig*) etw direkt vor der Haustür haben *fig;* **there's a lovely park right on our** ~ direkt vor unserer Haustür ist ein wunderschöner Park ② BRIT (*sl: thick slice of bread*) dicke Scheibe Brot **II.** *vt* <-pp-> BRIT JOURN (*fam*) ■**to ~ sb** jdm [vor der Haustür] auflauern; **he complained about being constantly ~ped by the press** er beschwerte sich darüber, dass sein Haus ständig von Journalisten belagert war **'door·stop** *n* Türstopper *m,* Türanschlag *m* **door to 'door** *adv* von Haus zu Haus; **to sell sth** ~ etw an der Haustür verkaufen **door-to-'door** *adj attr, inv* von Haus zu Haus; **the police made ~ enquiries** die Polizei ließ bei ihren Ermittlungen kein Haus aus; ~ **canvassing** Kundenwerbung *f* an der Haustür, Klinkenputzen *nt pej fam;* ~ **salesman** Vertreter *m,* Hausierer *m pej;* ~ **selling** Verkauf *m* an der Haustür, Haustürgeschäft *nt* **'door·way** *n* [Tür]eingang *m;* **to stand in the** ~ in der Tür stehen

doozie ['du:zi] *n esp* AM (*fam*) Kapriole *f,* starkes Stück; **he delivered himself of another** ~ er hat sich wieder ganz schön was geleistet

dope [dəʊp, AM doʊp] **I.** *n* ① *no pl* (*fam: illegal drug*) Rauschgift *nt,* Droge *f,* Stoff *m sl;* LAW Suchtmittel *nt;* ~ **fiend** AM (*dated*) Rauschgiftsüchtige(r) *f(m);* **to smoke** ~ Haschisch [*o* Marihuana] rauchen; **to take** ~ Drogen [*o* Rauschgift] nehmen ② SPORTS Dopingmittel *nt,* Dopingpräparat *nt* ③ (*sl: stupid person*) Trottel *m fam,* Idiot *m fam* ④ *no pl* (*sl: information*) [vertrauliche] Informationen, Geheimtipps *mpl;* **to give sb the ~ on** [*or* **about**] **sth** jdm Insiderinformationen über etw *akk* geben ⑤ AVIAT Spannlack *m,* Zellonlack *m* ⑥ (*thick lubricant*) Schmiere *f,* Schmiermittel *nt* ⑦ (*petrol*) Additiv *nt,* Zusatz[stoff] *m* ⑧ ELEC Dotiermittel *nt,* Dotierungsstoff *m* ⑨ AM (*sl: ace*) Ass *nt;* ■**to be** ~ ein Ass sein **II.** *adj* AM (*sl: Black English: good*) super *fam,* cool *sl* **III.** *vt* ① SPORTS ■**to ~ sb** jdm Dopingmittel verabreichen, jdn dopen *fam;* **to ~ a racehorse** ein Rennpferd dopen ② (*add drugs to*) ■**to ~ sth** etw präparieren *fam;* **he must have ~d her drink** er muss ihrem Getränk ein Betäubungsmittel beigemischt haben

◆**dope up** *vt* (*fam*) ■**to ~ up ↔ sb** jdn unter Drogen setzen; ■**to be ~d up** unter Drogen stehen

doped [dəʊpt, AM doʊpt] *adj* ■**to be** ~ unter Drogen stehen; SPORTS gedopt sein

'dope ped·dler *n* (*dated fam*) Dealer(in) *m(f) sl,* Drogenhändler(in) *m(f)* **'dope test** *n* Dopingkontrolle *f,* Dopingtest *m;* **to take/pass a ~ test** sich *akk* einer Dopingkontrolle unterziehen/einen Dopingtest bestehen

dopey ['dəʊpi, AM 'doʊpi] *adj* ① (*half stupefied*) benommen, benebelt *fam* ② (*pej: silly*) blöd *fam,* doof *pej sl*

dop·ing ['dəʊpɪŋ, AM 'doʊp-] **I.** *n no pl* SPORTS Doping *nt;* **case of** ~ Dopingfall *m* **II.** *n modifier* Doping-

dop·pel·gäng·er ['dɒp(ə)l,geŋə(r), AM 'dɑ:p(ə)l,geŋɚ] *n* Doppelgänger(in) *m(f)*

Doppler ef·fect ['dɒplə(r)-, AM 'dɑ:plɚ-] *n* PHYS Dopplereffekt *m*

dopy *adj see* **dopey**

do-rag ['du:ræg] *n* (*sl*) *Stück Stoff, z.B. Taschentuch, Schal, das männliche Schwarze auf dem Kopf zum Schutz ihrer Frisur oder als Zeichen der Gruppenzugehörigkeit tragen*

Dor·ic ['dɒrɪk, AM 'dɔ:r-] *adj inv* dorisch; ~ **column** dorische Säule

dork [dɔ:k, AM dɔ:rk] *n* AM, AUS (*pej sl*) Trottel *m pej fam,* Dummkopf *m pej fam*

dorm [dɔ:m, AM dɔ:rm] *n short for* **dormitory** ① (*sleeping quarters*) Schlafsaal *m* ② *esp* AM (*student housing*) Studentenwohnheim *nt*

dor·mant ['dɔ:mənt, AM 'dɔ:r-] *adj* ① (*inactive*) *volcano* untätig; ~ **capital** ECON totes Kapital; ~ **talents** brachliegende Talente; ~ **title** LAW ruhender Rechtstitel; **to lie** ~ (*fig*) schlummern; FIN unverzinslich sein ② BOT, BIOL (*alive but not currently growing*) ■**to be** ~ ruhen; **to lie** ~ schlafen; *seeds* ruhen

dor·mer ['dɔ:mə(r), AM 'dɔ:rmɚ] *n,* **dor·mer 'win·dow** *n* Mansardenfenster *nt,* [stehendes] Dachfenster

dor·mi·tory ['dɔ:mɪt(ə)ri, AM 'dɔ:rmətɔ:ri] *n* ① (*sleeping quarters*) Schlafsaal *m* ② *esp* AM (*student hostel*) Studentenwohnheim *nt*

'dor·mi·tory sub·urb *n* AUS, **'dor·mi·tory town** *n* BRIT Wohnvorort *m,* Schlafstadt *f*

Dor·mo·bile® ['dɔ:məbi:l, AM 'dɔ:r-] *n* Campingbus *m,* Wohnmobil *nt*

dor·mouse ['dɔ:maʊs, AM 'dɔ:r-] *n* Haselmaus *f*

dor·sal ['dɔ:s(ə)l, AM 'dɔ:r-] *adj attr, inv* Rücken-, dorsal *fachspr*

'dor·sal fin *n* Rückenflosse *f*

dory ['dɔ:ri] *n* ① (*fish*) **John D~** Heringskönig *m,* Petersfisch *m* ② AM NAUT (*fishing boat*) Dory *nt* (*kleines Ruderboot*), Langkieler *f fachspr*

DOS [dɒs, AM dɑ:s] *n no pl, no art acr for* **disk operating system** DOS *nt*

dos·age ['dəʊsɪdʒ, AM 'doʊ-] *n* (*size of dose*) Dosis *f;* (*giving of medicine*) Dosierung *f;* **a high/low** ~ eine hohe/niedrige Dosierung; **to increase/decrease the** ~ die Dosis erhöhen/herabsetzen

dose [dəʊs, AM doʊs] **I.** *n* ① (*dosage*) Dosis *f;* **a large/small/lethal** ~ eine starke/schwache/tödliche Dosis; **in small ~s** (*fig*) in kleinen Dosen [*o* Mengen] *fig;* **she's very nice, but only in small ~s** sie ist sehr nett, aber nur, wenn man sie nicht lange ertragen muss; **to go through sb like a ~ of salts** bei jdm eine stark abführende Wirkung haben; **like a ~ of salts** (*fig sl*) in null Komma nichts *fam;* **the medicine went through me like a ~ of salts** das Medikament hat bei mir sofort angeschlagen [*o* gewirkt] ② NUCL Dosis *f;* ~ **of radiation** Strahlendosis *f,* Bestrahlungsdosis *f* ③ (*fam: amount or unit of something unpleasant*) Dosis *f fig,* Portion *f;* **she's got a nasty ~ of flu** die Grippe hat sie schwer erwischt *fam* ④ (*sl: case of gonorrhoea*) Tripper *m sl* **II.** *vt* ■**to ~ sb with sth** jdn mit etw *dat* [medizinisch] behandeln, jdm etw geben [*o geh* verabreichen]

◆**dose up** *vt* ■**to ~ up ↔ sb** [**with sth**] jdm hohe Dosen [von etw *dat*] verabreichen; ■**to ~ up ↔ oneself** [**with sth**] hohe Dosen [von etw *dat*] [ein]nehmen

dosh [dɒʃ] *n no pl* BRIT, AUS (*sl: money*) Knete *f sl,* Moos *nt sl,*

D

Kies *m sl*

doss [dɒs] **I.** *n no pl* BRIT (*sl*) Kinderspiel *nt fam* **II.** *vi* BRIT, AUS (*fam*) pennen *fam*

◆**doss about** *vi* BRIT, **doss around** *vi* BRIT rumhängen *fam;* **he doesn't do anything but ~ about** er liegt ständig nur auf der faulen Haut

◆**doss down** *vi* BRIT sich *akk* aufs Ohr hauen *fam,* pennen *fam;* **I'll ~ down on the camp bed** ich hau mich einfach auf die Campingliege

doss·er ['dɒsəʳ] *n* ❶ BRIT (*pej sl*) Penner(in) *m(f) pej sl,* Obdachlose(r) *f(m),* Stadtstreicher(in) *m(f)* ❷ BRIT (*pej sl*) Faulenzer(in) *m(f) pej,* Faulpelz *m pej fam*

'doss·house *n* BRIT (*sl*) Penne *f sl,* Obdachlosenheim *nt,* Nachtasyl *nt*

dos·si·er ['dɒsieɪ, AM 'dɑːs-] *n* Dossier *nt,* Akte *f*

dot [dɒt, AM dɑːt] **I.** *n* ❶ (*tiny round mark*) Punkt *m;* (*on material*) Tupfen *m;* **at two o'clock on the ~** [*or* **on the ~ of two o'clock**] (*fig*) Punkt zwei Uhr; **the plane landed on the ~ of two o'clock** das Flugzeug landete auf die Sekunde genau um zwei Uhr ❷ (*diacritic*) Punkt *m* ❸ (*signal*) Punkt *m;* **~s and dashes** (*Morse code*) kurze und lange Signale ▶ PHRASES: **in the year ~** BRIT, AUS (*dated*) vor ewigen Zeiten, Anno dazumal *fam* **II.** *vt* <-tt-> ❶ (*make a dot*) ■**to ~ sth** etw mit einem Punkt versehen, einen Punkt auf etw *akk* setzen; **to ~ one's** [*or* **the**] **i's and cross one's** [*or* **the**] **t's, to ~ every i and cross every t** sehr penibel [*o* peinlich genau] sein ❷ *usu passive* (*have many of*) ■**to be ~ted with sth** mit etw *dat* übersät sein; **the countryside is ~ted with beautiful ancient churches** überall auf dem Land findet man schöne alte Kirchen

dot·age ['dəʊtɪʤ, AM 'doʊt̬-] *n no pl* Altersschwäche *f,* Senilität *f geh;* ■**to be in one's ~** senil sein; (*hum: be old*) tatterig sein *fam*

'dot bomb *n* COMM (*sl*) gescheiterte Dotcom-Firma **dot·com** ['dɒtkɒm, AM 'dɑːtkɑːm] **I.** *n* INET Dotcom-Firma *f* **II.** *adj inv* INET auf dem Dotcom-Markt *nach n,* im E-Commerce *nach n* **dot·com·mer** [dɒt'kɒməʳ, AM dɑːt'kɑːmɚ] *n* INET *jd, der eine Dotcom-Firma leitet oder dafür arbeitet*

dote [dəʊt, AM doʊt] *vi* ❶ (*love very much*) ■**to ~ on** [*or* **upon**] **sb** in jdn [ganz] vernarrt sein ❷ (*pej: adore excessively*) ■**to ~ on** [*or* **upon**] **sb/sth** jdn/etw abgöttisch lieben

dot·ing ['dəʊtɪŋ, AM 'doʊt̬-] *adj attr* vernarrt; **the ~ father with the baby on his knee** der Vater mit seinem abgöttisch geliebten Baby auf den Knien

dot-'ma·trix print·er *n* COMPUT Matrixdrucker *m,* Rasterdrucker *m*

dot·ted line [ˌdɒtɪd'-, AM ˌdɑːt̬-] *n* gepunktete [*o* punktierte] Linie; **tear along the ~** trennen Sie den Abschnitt an der gepunkteten Linie ab; **to sign on the ~** unterschreiben, seine/ihre Unterschrift leisten *form* **dot·ted 'swiss** *n no pl* AM Tupfenmull *m,* Punktmull *m,* Tupfenmusselin *m*

dot·ti·ness ['dɒtɪnəs, AM 'dɑːt̬-] *n no pl* Schrulligkeit *f;* **the sheer ~ of the suggestion made us all burst out laughing** der Vorschlag war so komisch, dass wir alle in Gelächter ausbrachen

dot·ty ['dɒti, AM 'dɑːt̬i] *adj* verschroben *pej,* schrullig *fam,* kauzig; **~ idea** verrückte Idee; **to be ~ about sb/sth** (*dated*) in jdn/etw vernarrt [*o* nach jdm/etw verrückt] sein, voll auf jdn/etw stehen *sl;* **to go ~** vertrotteln *fam*

dou·ble ['dʌbl] **I.** *adj inv* doppelt, Doppel-, zweifach; **the word 'cool' has a ~ 'o' in the middle** das Wort ‚cool' wird mit zwei ‚o' in der Mitte geschrieben; **Sabina's telephone number is ~ three, one, five** Sabinas Telefonnummer ist zweimal die drei, eins, fünf; **we have a ~ problem because time is short and several staff have recently left** wir haben zwei Probleme: die Zeit ist knapp und mehrere Mitarbeiter haben uns vor kurzem verlassen; **having twins usually means ~ trouble for the parents** Zwillinge sind für die Eltern in der Regel auch eine doppelte Belastung; **most of the photos on this roll are ~ exposures** die meisten Fotos auf diesem Film sind doppelt belichtet; **~ chimneys** Doppelkamine *mpl;* **~ daffodil/narcissus/primrose** BOT gefüllte Osterglocke/Narzisse/Pfingstrose; **~ door** (*door with two parts*) Flügeltür *f,* zweiflügelige Tür; (*twofold door*) Doppeltür *f;* SPORTS **~ dribble** Doppeldribbeln *nt;* **~ life** Doppelleben *nt;* **to have a ~ meaning** doppeldeutig sein; **~ pneumonia** doppelseitige Lungenentzündung; **to be ~ the price** doppelt so teuer sein; **~ sheet** Doppelbettlaken *nt;* **~ whisky** doppelter Whisky **II.** *adv* doppelt, zweifach; **to be bent ~** sich *akk* krümmen; **after half an hour bent ~ weeding the garden, ...** nachdem sie eine halbe Stunde in gebückter Haltung Unkraut gejätet hatte, ...; **they were bent ~ with laughter** sie krümmten [*o* bogen] sich vor Lachen; **to charge sb ~** jdm das Doppelte berechnen; **to see ~** doppelt sehen **III.** *n* ❶ (*double quantity of sth*) Doppelte *nt,* Zweifache *nt;* **can I get you a Scotch? – make it a ~, please!** darf ich Ihnen einen Scotch bringen? – ja, einen doppelten, bitte! ❷ (*duplicate person*) Doppelgänger(in) *m(f),* Ebenbild *nt;* FILM Double *nt;* **he was your absolute ~** er war dir wie aus dem Gesicht geschnitten ❸ TENNIS, SPORTS ■**~s** *pl* Doppel *nt;* **men's/women's ~s** Herren-/Damendoppel *nt;* **mixed ~s** gemischtes Doppel ❹ SPORTS (*two-base hit in baseball*) Double *nt* ▶ PHRASES: **I'll bet you ~ or nothing** [*or* **quits**] **that ...** BRIT ich wette mit dir um das Doppelte, dass ...; **on** [*or* **at**] **the ~** MIL (*o fam*) im Laufschritt, im Eiltempo; **get my dinner and be back here on the ~!** bring mir auf der Stelle mein Abendessen! **IV.** *vt* ■**to ~ sth** ❶ (*make twice as much/many*) etw verdoppeln; **to ~ the stakes** den Einsatz verdoppeln ❷ (*make two layers*) etw doppelt nehmen; **to ~ grocery bags** zwei Einkaufstüten ineinanderstecken **V.** *vi* ❶ (*increase twofold*) sich *akk* verdoppeln ❷ (*serve a second purpose*) doppelt verwendbar sein, eine Doppelfunktion haben; THEAT eine Doppelrolle spielen; **the kitchen table ~s as my desk when I'm writing** wenn ich schreibe, wird der Küchentisch zu meinem Schreibtisch

◆**double back** *vi* umkehren, kehrtmachen; ■**to ~ back on oneself** einen Haken schlagen

◆**double over** *vi* sich *akk* biegen [*o* krümmen]; **to ~ over in pain** sich *akk* vor Schmerzen krümmen; *see also* **double up 1**

◆**double up** *vi* ❶ (*bend over*) sich *akk* biegen [*o* krümmen]; **to ~ up with laughter** sich *akk* biegen [*o* kringeln] vor Lachen; **to ~ up with pain** sich *akk* vor Schmerzen krümmen ❷ (*share room*) ■**to ~ up with sb** [**in sth**] [etw] mit jdm teilen [*o* gemeinsam nutzen]; **we've had to ~ up in the offices** je zwei von uns mussten sich ein Büro teilen

dou·ble 'agent *n* Doppelagent(in) *m(f)* **dou·ble-'bar·reled** AM, **dou·ble-'bar·relled** *adj* ❶ (*having two barrels*) doppelläufig; **~ shotgun** Doppelflinte *f,* doppelläufiges Gewehr ❷ AM, AUS (*having two purposes*) zweideutig; **it was a ~ question** die Frage war zweideutig ❸ *esp* BRIT (*hyphenated*) **~ name** Doppelname *m* **dou·ble 'bass** *n* Kontrabass *m* **dou·ble 'bed** *n* Doppelbett *nt* **dou·ble 'bill** *n* FILM, THEAT Doppelveranstaltung *f,* Doppelprogramm *nt* **dou·ble 'bind** *n* Dilemma *nt,* Zwickmühle *f;* **to be caught in a ~** sich *akk* in einem Dilemma befinden, in einer Zwickmühle stecken *fam* **dou·ble-'blind** *adj* PSYCH Doppelblind-; **~ test** Doppelblindversuch *m* **dou·ble 'bluff** *n* doppelter Bluff **dou·ble-'book** *vt* ■**to ~ sth** etw doppelt reservieren; **to ~ a flight** einen Flug zweimal buchen; **to ~ a room/a seat** ein bereits vergebenes Zimmer/einen bereits vergebenen Sitzplatz reservieren; **to ~ a ticket** eine Fahrkarte doppelt ausstellen **dou·ble-'breast·ed** *adj inv* zweireihig, doppelreihig; **~ suit** Zweireiher *m* **dou·ble-'check** *vt* ■**to ~ sth** (*verify again*) etw noch einmal überprüfen [*o* ein zweites Mal kontrollieren]; ■**to ~ that ...** nochmals nachsehen, ob...; (*verify in two ways*) etw zweifach überprüfen [*o* kontrollieren] **dou·ble 'chin** *n* Doppelkinn *nt*

dou·ble-'click I. *vt* COMPUT ■**to ~ sth** etw doppelt [*o* zweimal]

doubt

expressing doubt	**Zweifel ausdrücken**
I'm not so sure about that.	Da bin ich mir nicht so sicher.
I find that hard to believe.	Es fällt mir schwer, das zu glauben.
I cannot really believe that.	So ganz kann ich das nicht glauben.
I don't quite buy his story.	Das kaufe ich ihm nicht ganz ab.
I don't really know.	Ich weiß nicht so recht.
I have my doubts as to whether he really was serious about it/that.	**Ich hab da so meine Zweifel, ob** er es wirklich ernst gemeint hat.
I very much doubt (that) we will finish this week.	**Ich glaube kaum, dass** wir noch diese Woche damit fertig werden.
It is nowhere near certain that the campaign will achieve the desired aims.	Ob die Kampagne die gewünschten Ziele erreichen wird, **ist noch zweifelhaft.**

anklicken; **to ~ the mouse** mit der Maus zweimal klicken **II.** *vi* COMPUT doppelklicken, doppelt klicken **dou·ble 'cream** *n no pl* Schlagsahne *f* **dou·ble-'cross I.** *vt* ■**to ~ sb** mit jdm ein falsches [*o* doppeltes] Spiel treiben, jdn hintergehen [*o fam* linken]; **I'm trusting you John – don't ~ me** ich vertraue dir, John – hau mich nicht übers Ohr *fam* **II.** *n* <*pl* -es> falsches Spiel, Doppelspiel *nt* **dou·ble-'cross·er** *n* (*pej*) falscher Hund *pej sl* **dou·ble-'date I.** *n* AM Verabredung *f* zweier Paare, Pärchentreff *m;* **we could make it a ~ with Jenny and Joe** wir könnten doch zu viert mit Jenny und Joe hingehen; **to go on a ~** sich *akk* mit einem anderen Paar treffen [*o* verabreden] **II.** *vi* AM mit einem anderen Paar ausgehen **III.** *vt* ■**to ~ sb** sich *akk* noch mit jemand anderem treffen; **she is double-dating me** sie trifft sich außer mit mir noch mit einem anderen **dou·ble-'deal·er** *n* (*pej*) Betrüger(in) *m(f)*, falscher Fuffziger *pej fam* **dou·ble-'deal·ing I.** *n no pl* (*pej*) Betrug *m*, Betrügerei *f*, [betrügerische] Machenschaften *pej* **II.** *adj attr* (*pej*) betrügerisch, hinterhältig *fam* **dou·ble-'deck·er** *n* ❶ (*bus*) Doppeldecker *m;* **~ bus** Doppeldecker[bus] *m*, Doppelstockomnibus *m* ❷ AM (*sandwich*) doppeltes Sandwich, Doppeldecker *m fam* **dou·ble-deck·er 'sand·wich** *n* AM doppeltes Sandwich, Doppeldecker *m fam* **dou·ble-'dip** <-pp-> *vi* AM, AUS ECON Bezüge [*o* Leistungen] [zu Unrecht] doppelt erhalten, doppelt abkassieren *pej fam* **dou·ble-'dip·per** *n* AM Eiswaffel *f* mit zwei Kugeln Eis **dou·ble-'dip·ping** *n no pl* AM, AUS doppeltes Abkassieren *fam* **dou·ble 'Dutch** *n no pl* ❶ (*fam: incomprehensible words*) Kauderwelsch *nt;* **it sounds like ~ to me** ich verstehe nur Bahnhof *fam* ❷ AM (*jump rope style*) Seilhüpfen *nt* [*o* Seilspringen *nt*] mit zwei Seilen **dou·ble-'edged** *adj* ❶ (*fig: negative and positive*) zweischneidig *fig;* **~ compliment** zweideutiges Kompliment ❷ (*two cutting edges*) *sword* zweischneidig **dou·ble en·ten·dre** [ˌduːblɑ̃nˈtɑ̃ndr(ə), AM ˌdʌblɑnˈtɑːndrə] *n* Doppeldeutigkeit *f*, Zweideutigkeit *f* **dou·ble-'en·try** *n* doppelte Buchführung; **~ accounting/bookkeeping** doppelte Abrechnung/Buchführung **dou·ble 'fault I.** *n* TENNIS Doppelfehler *m* **II.** *vi* TENNIS einen Doppelfehler machen **dou·ble 'fea·ture** *n* FILM Doppelprogramm *nt*, Programm *nt* mit zwei Hauptfilmen **dou·ble-'glaze** *vt* ■**to ~ sth** etw doppelt verglasen [*o* isolierverglasen] **dou·ble-'glaz·ing** *n no pl* Doppelverglasung *f*, Isolierverglasung *f* **dou·ble-'head·er** *n esp* AM SPORTS Doppelspieltag *m*, Doppelveranstaltung *f* (*zwei Spiele derselben Mannschaften an einem Tag*); **to play a ~** zweimal hintereinander gegen dieselbe Mannschaft antreten **dou·ble 'he·lix** *n* BIOL, CHEM Doppelhelix *f*, Doppelspirale *f* **dou·ble 'hon·ours** *n* BRIT *zwei gleichzeitig in verschiedenen Studienfächern erworbene ‚honours degrees'* **dou·ble 'jeop·ar·dy** *n* AM doppelte Strafverfolgung (*wegen desselben Delikts*) **dou·ble-'joint·ed** *adj* äußerst gelenkig, sehr beweglich **dou·ble 'nega·tive** *n* LING doppelte Verneinung **dou·ble-page 'spread** *n* JOURN Doppelseite *f* **dou·ble-'park I.** *vi* in zweiter Reihe parken **II.** *vt* **to ~ a vehicle** ein Fahrzeug in der zweiten Reihe parken **dou·ble 'play** *n* (*in Baseball*) Doppelaus *nt*

dou·ble-'quick I. *adv* sehr schnell, blitzschnell; **I'll be there ~** bin ich in null Komma nichts da *fam* **II.** *adj* sofortige(r, s); **~ response** blitzschnelle Antwort; **in ~ time** in null Komma nichts *fam*

dou·ble 'reed I. *n* MUS (*reed part*) doppeltes Rohrblatt; (*instrument*) Doppelrohrblattinstrument *nt* **II.** *adj attr, inv* MUS mit zwei Rohrblättern; **~ instrument** Instrument *nt* mit zwei Rohrblättern, Doppelrohrblattinstrument *nt* **dou·ble 'room** *n* Doppelzimmer *nt* **dou·ble-'space** *vt* ■**to ~ sth** etw mit doppeltem Zeilenabstand [*o* zweizeilig] schreiben **dou·ble-'spaced** *adj inv* mit doppeltem Zeilenabstand **dou·ble-'spac·ing** *n no pl* doppelter Zeilenabstand **'dou·ble·speak** *n no pl* (*pej*) Doppelzüngigkeit *f pej* **dou·ble 'spread** *n* JOURN Doppelseite *f* **dou·ble 'stand·ard** *n* ❶ SOCIOL Doppelmoral *f kein pl;* **to apply ~s** mit zweierlei Maß messen ❷ ECON Doppelwährung *f*

doublet [ˈdʌblət] *n* ❶ FASHION (*hist*) Wams *nt hist* ❷ LING Dublette *f*

dou·ble 'take *n* verzögerte Reaktion; ■**to do a ~** zweimal hinschauen **'dou·ble-talk** *n no pl* (*pej*) Doppelzüngigkeit *f pej*, doppelzüngiges Gerede *pej* **dou·ble-'team** *vt* AM ■**to ~ sb** jdn durch zwei Abwehrspieler/Abwehrspielerinnen decken **dou·ble-'think** *n no pl* zwiespältiges [*o* widersprüchliches] Denken **dou·ble 'time** *n no pl* ❶ (*double pay*) doppelter Stundenlohn; **to be paid ~** den doppelten Stundenlohn erhalten ❷ MIL Schnellschritt *m*, Laufschritt *m* **dou·ble 'vi·sion** *n no pl* MED Doppeltsehen *nt*, Diplopie *f fachspr;* **she suffered from ~ after hitting her head** nachdem sie sich den Kopf angeschlagen hatte, sah sie alles doppelt **dou·ble 'wham·my** *n* (*fam*) zweifacher Schlag *fig*, doppeltes Pech *fam*

dou·bly [ˈdʌbli] *adv inv* doppelt, zweifach; **you'd better make ~ sure that everything is switched off** sieh lieber zweimal nach, ob alles ausgeschaltet ist

doubt [daʊt] **I.** *n* ❶ *no pl* (*lack of certainty*) Zweifel *m* (**about** an +*dat*); **there seems to be some ~ about the facts** es scheint noch einige Zweifel zu geben, was die Fakten betrifft; ■**to be in ~** fraglich [*o* zweifelhaft] sein; **the future of the project is in ~** die Zukunft des Projekts ist ungewiss; ■**to be in ~ about sth** über etw *akk* im Zweifel sein, sich *dat* über etw *akk* unschlüssig sein; **not a shadow of a ~** nicht der geringste Zweifel; **no ~** zweifellos, ohne Zweifel; **open to ~** fraglich, unsicher; **beyond reasonable ~** LAW jeden Zweifel ausschließend, zweifelsfrei; **without a ~** ohne jeden Zweifel, zweifellos; **to cast ~ on sth** etw in Zweifel ziehen ❷ (*feeling of*

D

uncertainty) Unsicherheit *f*, Ungewissheit *f*; **I'm having ~s about going to Africa** ich bin mir noch unschlüssig, ob ich nach Afrika gehen soll; **to have one's ~s about sth** seine Zweifel an etw *dat* haben; **to have one's ~s that ...** bezweifeln, dass...; **to raise ~s about sth** Zweifel an etw *dat* aufkommen lassen ❸ *no pl* (*lack of belief*) Zweifel *m*, Bedenken *pl*; **I never had any ~ [that] you would win** ich habe nie im Geringsten daran gezweifelt, dass du gewinnen würdest **II.** *vt* ❶ (*be unwilling to believe*) ■**to ~ sb** jdm misstrauen; ■**to ~ sth** Zweifel an etw *dat* haben, etw bezweifeln; **she ~ed the evidence of her own eyes** sie traute ihren eigenen Augen nicht ❷ (*call in question*) ■**to ~ sb** jdm nicht glauben; ■**to ~ sth** etw anzweifeln [*o* bezweifeln] [*o* in Frage stellen]; **to ~ sb's abilities** an jds Fähigkeiten zweifeln; **to ~ the authenticity of a document** Zweifel an der Echtheit eines Dokuments haben; **to ~ sb's authority** jds Autorität in Frage stellen; **to ~ sb's sincerity** [*or* **veracity**] Zweifel an jds Aufrichtigkeit haben ❸ (*feel uncertain*) ■**to ~ that ...** bezweifeln, dass ...; ■**to ~ whether** [*or* **if**] **...** zweifeln, ob ...

doubt·er ['daʊtəʳ, AM -t̬ɚ] *n* Zweifler(in) *m(f)*, Skeptiker(in) *m(f)*

doubt·ful ['daʊtfᵊl] *adj* ❶ (*expressing doubt*) zweifelnd, skeptisch; **the expression on her face was ~** sie blickte skeptisch; **~ person** Skeptiker(in) *m(f)* ❷ (*uncertain, undecided*) unsicher, unschlüssig; ■**to be ~ about sth** über etw *akk* im Zweifel sein, sich *dat* über etw *akk* unschlüssig sein ❸ (*unlikely*) fraglich, ungewiss; **it was ~ that the money would ever be found again** es war unwahrscheinlich, dass das Geld jemals wieder gefunden würde; ■**to be ~ whether** [*or* **if**] **...** zweifelhaft sein, ob ..., nicht sicher sein, ob ... ❹ (*questionable*) fragwürdig, zweifelhaft; **this is in ~ taste at best** dies zeugt doch von recht fragwürdigem Geschmack; **~ advantage** zweifelhafter Vorteil, zweifelhaftes Privileg; **~ distinction** fragwürdige Auszeichnung; **~ honour** zweifelhafte Ehre

doubt·ful·ly ['daʊtfᵊli] *adv* zweifelnd, voller Zweifel; **she looked at me ~** sie sah mich skeptisch an

doubt·ing Thomas <*pl* -es> [ˌdaʊtɪŋ'tɒməs, AM -t̬ɪŋ'tɑ:m-] *n* (*apostle*) ungläubiger Thomas *a. fig*, ewiger Zweifler *m*

doubt·less ['daʊtləs] *adv inv* sicherlich; **~ you have heard the news already** Sie haben die Neuigkeiten bestimmt schon gehört

douche [du:ʃ] **I.** *n* ❶ (*water jet*) Dusche *f*; MED Spülung *f* ❷ (*device*) Dusche *f*, Brause *f*; MED Spülapparat *m*, Irrigator *m fachspr* **II.** *vi* sich *akk* duschen; MED eine Spülung machen **III.** *vt* ■**to ~ sth** etw [ab]duschen; MED etw [aus]spülen

dough [dəʊ, AM doʊ] *n* ❶ (*for baking*) Teig *m*; **bread/pastry/yeast ~** Brot-/Torten-/Hefeteig *m* ❷ *no pl esp* AM (*sl: money*) Kohle *f sl*, Zaster *m sl*, Knete *f sl*

dough·nut ['doʊnʌt] *n* Donut *m*, Doughnut *m*; **iced** [*or* AM **glazed**] **~** glasierter Donut, Donut *m* mit Zuckerguss; **jam**/AM **jelly ~** mit Marmelade/Gelee gefüllter Donut; **~ hole** AM *Gebäck, das aus dem Innenstück eines Donut hergestellt wird*

dough·ty ['daʊti, AM -t̬-] *adj* (*liter*) tapfer, kühn

doughy ['dəʊi, AM 'doʊi] *adj* ❶ (*dough-like*) teigig, teigartig; *bread, cake* nicht richtig durchgebacken ❷ (*fig: pale and flabby*) teigig *fig*; (*pale*) *face* käsig; (*puffy*) schwammig, aufgedunsen

dou·la ['du:lə] *n* Doula *f* (*Frau, die andere Frauen während und nach der Schwangerschaft unterstützt*)

dour ['dʊəʳ, 'daʊəʳ, AM 'dʊr, 'daʊɚ] *adj person, character* mürrisch, verdrießlich; *face* düster; *expression* finster; *struggle* hart[näckig]

dour·ly ['dʊəli, 'daʊəli, AM 'dʊrli, 'daʊɚ-] *adv* mürrisch, verdrossen

douse [daʊs] *vt* ❶ (*drench*) ■**to ~ sth in** [*or* **with**] **sth** *liquid, petrol* etw über etw *akk* schütten, etw mit etw *dat* übergießen ❷ (*extinguish*) ■**to ~ sth** etw ausmachen; *fire* etw löschen; **~ the light!** mach das Licht aus!

dove[1] [dʌv] **I.** *n* ❶ (*bird*) Taube *f* ❷ POL (*peaceful person*) Taube *f fig* **II.** *n modifier* Tauben-; **~ droppings** Taubendreck *m*; **~ population** Taubenbestand *m*

dove[2] [doʊv] *vi esp* AM *pt of* **dive**

dove·cot(e) ['dʌvkɒt, AM -kɑ:t] *n* Taubenschlag *m* **dove-gray** AM, **dove-grey** *adj* taubengrau

'dove·tail ['dʌvteɪl] **I.** *vi* ■**to ~ with** [*or* **into**] **sth** mit etw *dat* übereinstimmen, genau zu etw *dat* passen; **their plans ~ed conveniently with ours** ihre und unsere Pläne waren perfekt aufeinander abgestimmt **II.** *vt* ❶ (*join together*) ■**to ~ sth** *in wood* etw verschwalben [*o* durch einen Schwalbenschwanz verbinden]; *in metal* etw verzinken [*o* mit einem Zinken versehen]; ■**to ~ sth with sth** etw mit etw *dat* verzahnen ❷ (*fig*) ■**to ~ sth with** [*or* **into**] **sth** etw an etw *akk* anpassen [*o* mit etw *dat* koordinieren]; **to ~ dates** Termine aufeinander abstimmen **III.** *n* (*wood*) Schwalbenschwanz *m*; (*metal*) Zinken *m*

dove·tail 'joint *n* (*wood*) Schwalbenschwanzverbindung *f*; (*metal*) Zinkung *f*

dowa·ger ['daʊədʒəʳ, AM -ɚ] **I.** *n* ❶ (*widow of high rank*) [adlige] Witwe ❷ (*dignified old woman*) würdevolle alte Dame, Patriarchin *f*, Matrone *f* **II.** *adj after n, inv* verwitwet; **~ duchess** Herzoginwitwe *f*; **~ queen** [*or* **queen ~**] Königinwitwe *f*

dowa·ger's 'hump *n* (*fam*) Altersbuckel *m*, Alterskyphose *f fachspr*

dow·dy ['daʊdi] *adj* (*pej*) ohne jeden Schick *nach n pej*; **she wears ~ clothes** ihrer Kleidung fehlt jede Eleganz

dow·el ['daʊəl] *n* (*in wood*) [Holz]dübel *m*, [Holz]stift *m*; (*in stone*) [Wand]dübel *m*

Dow Jones Av·er·age [ˌdaʊdʒəʊnz'-, AM -joʊnz'-] *n*, **Dow Jones In·'dus·trial Av·er·age** *n* Dow Jones [Index] *m*

down[1] [daʊn] **I.** *adv* ❶ (*in/to a lower position*) hinunter, hinab; (*towards sb*) herunter, herab; **the baby falls ~ constantly** das Baby fällt ständig hin; **get ~ off that table!** komm sofort von diesem Tisch herunter!; **the leaflet slipped ~ behind the wardrobe** die Broschüre ist hinter dem Kleiderschrank hinuntergerutscht; **you'll have to come further ~ [the steps]** du musst noch ein Stück treppab gehen; **"~!"** (*to dog*) „Platz!"; **to be** [*or* **lie**] **face ~** auf dem Bauch [*o* mit dem Gesicht nach unten] liegen; **to put ~ sth** etw hinstellen ❷ *inv* (*in the south*) im Süden, unten *fam*; (*towards the south*) in den Süden, runter *fam*; **things are much more expensive ~ [in the] south** unten im Süden ist alles viel teurer; **how often do you come ~ to Cornwall?** wie oft kommen Sie nach Cornwall runter? *fam* ❸ *inv* (*away from centre*) außerhalb; **my parents live ~ in Worcestershire, but they come up to London occasionally** meine Eltern leben außerhalb in Worcestershire, aber sie kommen gelegentlich nach London; **he has a house ~ by the harbour** er hat ein Haus draußen am Hafen; **~ our way** hier in unserem Viertel [*o* unserer Gegend] ❹ (*in/to a weaker position*) unten; **she's certainly come ~ in the world!** da muss es mit ihr ganz schön bergab gegangen sein! *fam*; **to be ~ on one's luck** eine Pechsträhne haben; **she's been ~ on her luck recently** in letzter Zeit ist sie vom Pech verfolgt; **to be ~ to sth** nur noch etw haben; **to be ~ with sth** an etw *dat* erkrankt sein; **she's ~ with flu** sie liegt mit einer Grippe im Bett; **to come** [*or* **go**] **~ with sth** an etw *dat* erkranken, etw bekommen *fam*; **to hit** [*or* **kick**] **sb when he's ~** jdn treten, wenn er schon am Boden liegt *fig* ❺ SPORTS im Rückstand; **Milan were three goals ~ at half-time** zur Halbzeit lag Mailand [um] drei Tore zurück; **he quit the poker game when he was only $50 ~** er hörte mit dem Pokerspiel auf, als er erst 50 Dollar verloren hatte ❻ (*in time*) **Joan of Arc's fame has echoed ~ [through] the centuries** Jean d'Arcs Ruhm hat die Jahrhunderte überdauert; **~ to the last century** bis ins vorige Jahrhundert [hinein]; **to come ~** *myths* überliefert werden; **to pass** [*or* **hand**] **sth ~** etw weitergeben [*o* überliefern] ❼ (*at/to a lower amount*) niedriger; **the**

pay offer is ~ 2% from last year das Lohnangebot liegt 2 % unter dem vom Vorjahr; **the number of students has gone ~** die Zahl der Studierenden ist gesunken; **to get the price ~** den Preis drücken [*o* herunterhandeln] ❽ (*in/to a weaker condition*) herunter; **let the fire burn ~** lass das Feuer herunterbrennen; **settle ~, you two** gebt mal ein bisschen Ruhe ihr zwei; **to turn the music/radio ~** die Musik/das Radio leiser stellen [*o* machen]; **to water a drink ~** ein Getränk verwässern ❾ (*including*) bis einschließlich; **from sb/sth ~ to sb/sth** von jdm/etw bis hin zu jdm/etw; **the entire administration has come under suspicion, from the mayor ~** das gesamte Verwaltungspersonal, angefangen beim Bürgermeister, ist in Verdacht geraten ❿ (*on paper*) **to have sth ~ in writing** [*or* **on paper**] etw schriftlich haben; **do you have it ~ in writing or was it just a verbal agreement?** haben Sie das schwarz auf weiß oder war es nur eine mündliche Vereinbarung? *fam;* **to copy sth ~** etw niederschreiben [*o* zu Papier bringen]; **to get** [*or* **put**] **sb ~ for sth** jdn für etw *akk* vormerken; **we've got you ~ for five tickets** wir haben fünf Karten für Sie vorbestellt; **to put sth ~** etw aufschreiben [*o* niederschreiben]; **to write sth ~** etw niederschreiben [*o* schriftlich niederlegen] ⓫ (*swallowed*) hinunter; **to get sth ~** etw [hinunter]schlucken; **she couldn't get the pill ~** sie brachte die Tablette nicht hinunter *fam;* **you'll feel better once you've got some hot soup ~** du wirst dich besser fühlen, wenn du ein bisschen heiße Suppe gegessen hast; **to keep sth ~** MED etw bei sich *dat* behalten ⓬ (*thoroughly*) gründlich; **to nail sth ~** etw festnageln; **to wash/wipe sth ~** etw von oben bis unten waschen/wischen; **he washed the car ~ with soapy water** er wusch den Wagen gründlich mit Seifenlauge ⓭ (*already finished*) vorbei; **two lectures ~, eight to go** zwei Vorlesungen haben wir schon besucht, es bleiben also noch acht ⓮ (*as initial payment*) als Anzahlung; **to pay** [*or* **put**] **£100 ~** 100 Pfund anzahlen ⓯ (*attributable*) ■**to be ~ to sth** auf etw *akk* zurückzuführen sein; **the problem is ~ to her inexperience, not any lack of intelligence** es liegt an ihrer Unerfahrenheit, nicht an mangelnder Intelligenz; **to be** [*or* AM *a.* **come**] **~ to sb** jds Sache sein; **it's all ~ to you now to make it work** nun ist es an Ihnen, die Sache in Gang zu bringen ⓰ (*reduce to*) **to come ~ to sth** auf etw *akk* hinauslaufen; **what the problem comes ~ to is this: ...** die entscheidende Frage ist: ...; **well, if I bring it ~ to its simplest level, ...** also, stark vereinfacht könnte man sagen, ... ⓱ (*in crossword puzzles*) senkrecht ⓲ (*sl: okay*) ■**to be ~ with sth** mit etw *dat* o.k. gehen *fam* ▸PHRASES: **~ to the ground** völlig, ganz und gar, total *fam;* **that suits me ~ to the ground** das ist genau das Richtige für mich **II.** *prep* ❶ (*in a downward direction*) ■**~ sth** etw hinunter [*o* herunter]; **my uncle's in hospital after falling ~ some stairs** mein Onkel ist im Krankenhaus, nachdem er die Treppe heruntergefallen ist; **up and ~ the stairs** die Treppe rauf und runter; **she poured the liquid ~ the sink** sie schüttete die Flüssigkeit in den Abfluss ❷ (*downhill*) hinunter, hinab; **to go ~ the hill/mountain** den Hügel/Berg hinuntergehen; **I walked ~ the hill** ich ging den Hügel hinab ❸ (*along*) ■**~ sth** etw hinunter [*o* entlang]; **go ~ the street towards the river** gehen Sie die Straße entlang zum Fluss; **her office is ~ the corridor on the right** ihr Büro ist weiter den Gang entlang auf der rechten Seite; **we drove ~ the motorway as far as Bristol** wir fuhren die Schnellstraße hinunter bis nach Bristol; **they sailed the boat ~ the river** sie segelten mit dem Boot flussabwärts; **I ran my finger ~ the list of ingredients** ich ging mit dem Finger die Zutatenliste durch; **her long red hair reached most of the way ~ her back** ihre langen roten Haare bedeckten fast ihren ganzen Rücken; **~ town** stadteinwärts; **I went ~ town** ich fuhr in die Stadt hinein; **~ one's way** in jds Gegend; **they speak with a peculiar accent ~ his way** in seiner Ecke haben die Leute einen besonderen Akzent; **up and ~ sb/sth** bei jdm/etw auf und ab ❹ (*through time*) ■**~ sth** durch etw hindurch, über etw hinweg; **~ the generations** über Generationen hinweg; **~ the centuries** durch die Jahrhunderte hindurch; **~ the ages** von Generation zu Generation; **~ the road** [*or* **line**] [*or* **track**] auf der ganzen Linie *fig,* voll und ganz *fig* ❺ BRIT, AUS (*fam: to*) ■**~ sth** zu [*o* in] etw *dat;* **I went ~ the pub with my mates** ich ging mit meinen Freunden in die Kneipe; **to go ~ the shops** einkaufen gehen ❻ FOOD (*inside*) ■**sth ~ sb** etw in jdm; **you'll feel better once you've got some hot soup ~ you** du fühlst dich gleich besser, wenn du ein bisschen heiße Suppe gegessen hast ▸PHRASES: **to go ~ the drain** [*or* **toilet**] [*or* **tube**[**s**]] [*or* **plughole**] [*or* BRIT *a.* **pan**] [*or* AUS **gurgler**] für die Katz sein; **we don't want all their hard work to go ~ the drain** ich möchte nicht, dass ihre harte Arbeit ganz umsonst ist **III.** *adj* <more ~, most ~> ❶ *inv* (*moving downward*) abwärtsführend, nach unten *nach n;* **the ~ escalator** die Rolltreppe nach unten ❷ *pred* (*fam: unhappy, sad*) niedergeschlagen, deprimiert, down *fam;* **I've been feeling a bit ~ this week** diese Woche bin ich nicht so gut drauf *fam* ❸ (*fam: unhappy with*) ■**to be ~ on sb** jdn auf dem Kieker haben *fam* ❹ *pred, inv* (*not functioning*) außer Betrieb; **the computer will be ~ for an hour** der Computer wird für eine Stunde abgeschaltet; **I'm afraid the** [**telephone**] **lines are ~** ich fürchte, die Telefonleitungen sind tot ❺ *inv* BRIT (*dated: travelling away from the city*) stadtauswärts fahrend *attr;* **~ platform** Bahnsteig *m* für stadtauswärts fahrende Züge ❻ (*sunk to a low level*) niedrig; **the river is ~** der Fluss hat [*o geh* führt] Niedrigwasser **IV.** *vt* ❶ BOXING, SPORTS (*knock down*) ■**to ~ sb** jdn zu Fall bringen; BOXING jdn niederschlagen [*o sl* auf die Bretter schicken] ❷ (*shoot down*) ■**to ~ sth** etw abschießen [*o fam* runterholen] ❸ *esp* BRIT **to ~ tools** (*cease work*) mit der Arbeit aufhören; (*have a break*) die Arbeit unterbrechen; (*during strike*) die Arbeit niederlegen; **the printers are threatening to ~ tools** die Drucker drohen mit Arbeitsniederlegungen ❹ AM, AUS SPORTS (*defeat*) ■**to ~ sb** jdn schlagen [*o fam* fertigmachen] ❺ (*swallow* [*quickly*]) ■**to ~ sth** *food* etw verschlingen [*o* herunterschlingen]; *drink* etw hinunterschlucken [*o fam* hinunterkippen] [*o fam* runterschütten]; **he'd ~ed four beers** er hatte vier Bier gekippt *fam* **V.** *n* ❶ (*bad fortune*) Tiefpunkt *m,* schlechte Zeit; **ups and ~s** Auf und Ab *nt;* **well, we've had our ups and ~s** wir haben schon Höhen und Tiefen durchgemacht ❷ (*fam: dislike*) Groll *m;* ■**to have a ~ on sb** jdn auf dem Kieker haben *fam;* **why do you have a ~ on him?** was hast du gegen ihn? ❸ AM FBALL Versuch *m;* **it's second ~ and seven yards to go** es ist der zweite Versuch, und es sind noch sieben Yards **VI.** *interj* **~ with taxes!** weg mit den Steuern!; **~ with the dictator!** nieder mit dem Diktator!

down² [daʊn] **I.** *n no pl* ❶ (*soft feathers*) Daunen *fpl,* Flaumfedern *fpl* ❷ (*soft hair or fluff*) [Bart]flaum *m,* feine Härchen **II.** *n modifier* Daunen-; **~ jacket/quilt** Daunenjacke *f*/-decke *f*

down³ [daʊn] *n esp* BRIT Hügelland *nt,* [baumloser] Höhenzug; ■**the ~s** *pl* die Downs (*an der Südküste Englands*)

down-and-'out I. *adj attr* ❶ (*destitute*) heruntergekommen *fam,* erledigt *fam;* **~ lifestyle** Pennerleben *nt pej sl* ❷ BOXING k.o. **II.** *n* (*pej*) Penner(in) *m(f) pej sl* **down at 'heel** *adj pred,* **down-at-'heel** *adj attr building* heruntergekommen *fam; clothes* schäbig, abgerissen *fam; appearance* ungepflegt **'down·beat I.** *adj* (*fam*) ❶ (*pessimistic*) pessimistisch, düster ❷ (*not showing interest*) gleichgültig; (*bored*) gelangweilt ❸ (*unexciting*) ungezwungen, locker; **the actual signing of the treaty was a ~ affair** die eigentliche Vertragsunterzeichnung verlief in einer lockeren Atmosphäre **II.** *n* MUS erster [betonter] Taktteil **'down·cast** *adj* ❶ (*sad*) niedergeschlagen, deprimiert; **you're looking a little ~ this morning** du wirkst heute Morgen ein bisschen gedrückt; **she still feels ~ at times** manchmal ist sie immer noch ganz mutlos ❷ (*looking down*) gesenkt; **~ eyes** niedergeschlagene Augen; **~ look**

D

gesenkter Blick

down·er ['daʊnəʳ, AM -ɚ] *n* ① (*sl: depressing experience*) deprimierendes Erlebnis, harter Schlag *fig* ② (*fam: sedative*) Beruhigungsmittel *nt,* Tranquilizer *m fachspr,* Downer *m sl*

'down·fall *n* ① (*ruin*) Untergang *m,* Fall *m fig;* **the ~ of the government** der Sturz der Regierung ② (*cause of ruin*) Ruin *m;* **drinking was his ~** das Trinken hat ihn ruiniert **'down·grade** I. *vt* ① (*reduce in status*) ■**to ~ sb** jdn degradieren; ■**to ~ sth** etw herunterstufen [*o* niedriger einstufen] ② (*disparage*) ■**to ~ sb/sth [to sth]** jdn/etw [als etw *akk*] abtun; **to ~ the importance of sth** die Bedeutung einer S. *gen* herunterspielen II. *n* ① (*case of demotion*) Degradierung *f* ② *esp* AM (*downward slope*) Gefälle *nt,* Gefällstrecke *f*

down·'heart·ed *adj* niedergeschlagen, niedergedrückt, mutlos

'down·hill I. *adv* (*downwards*) bergab, abwärts; **to go ~** *person* heruntergehen; *vehicle* herunterfahren; *road, path* bergab führen [*o* gehen]; (*fig*) **the first week was okay, but it's all gone ~ since then** die erste Woche war in Ordnung, aber seither hat sich alles verschlechtert; **he is going ~** es geht bergab mit ihm II. *adj* ■**to be ~** bergab führen, abschüssig sein, abfallen; **the route is all ~ from here to the finish** von hier bis zum Ziel geht es nur noch bergab; **~ hike** Abstieg *m;* (*fig*) **the ~ course of the economy** die Talfahrt der Wirtschaft; **to be ~ [all the way]** leichter [*o* einfacher] werden **down·hill 'ski·ing** *n no pl* Abfahrtslauf *m* **down-'home** *adj* bodenständig; ■**to be ~** auf dem Boden bleiben

Down·ing Street ['daʊnɪŋ,-] *n no art* Downing Street *f* (*Wohnsitz des englischen Premierministers*); (*fig*) die britische Regierung

i Kultur

Die **Number 10 Downing Street** ist der offizielle Wohnsitz des britischen *prime minister – Premierminister.* Das Haus stammt aus dem 17. Jh. und wurde von Sir George Downing, einem Politiker, Immobilienspekulanten und Spion, gebaut. Der Premierminister wohnt in einem oberen Stockwerk, im übrigen Gebäude befinden sich die Regierungsbüros sowie die Sitzungsräume des Kabinetts. Der *Chancellor of the Exchequer – Finanzminister* wohnt im Haus nebenan, in *Number 11.*

down·'load *vt* COMPUT ■**to ~ sth [to sth]** etw [auf etw *akk*] herunterladen **down·'mar·ket** I. *adj* weniger anspruchsvoll, für den Massenmarkt *nach n;* **~ product** Billigprodukt *nt,* Massenprodukt *nt;* **~ tabloid newspaper** Massenblatt *nt,* Boulevardzeitung *f* II. *adv* auf den Massenmarkt ausgerichtet **down 'pay·ment** *n* Anzahlung *f;* **to make** [*or* **put**] **a ~ on sth** eine Anzahlung für etw *akk* leisten **'down·pipe** *n esp* BRIT [Regen]fallrohr *nt* **down·'play** *vt* ■**to ~ sth** etw herunterspielen [*o geh* bagatellisieren] **'down·pour** *n* Regenguss *m,* Platzregen *m;* **torrential ~** Wolkenbruch *m*

'down·right I. *adj* ① *attr* (*complete*) völlig, absolut; **it is a ~ disgrace** es ist eine ausgesprochene Schande; **~ lie** glatte Lüge; **~ nonsense** kompletter Unsinn ② (*straightforward*) offen, ehrlich; **her manner is direct and ~** sie hat eine direkte und offenherzige Art II. *adv* (*completely*) ausgesprochen, völlig, ganz und gar; **these working conditions are ~ dangerous** diese Arbeitsbedingungen sind schlichtweg gefährlich; **she's being ~ difficult** sie ist ausgesprochen schwierig; **to refuse sth ~** etw glatt ablehnen

down·'riv·er I. *adj* flussabwärts [*o* stromabwärts] gelegen; **the ~ ford** die flussabwärts gelegene Furt II. *adv* flussabwärts, stromabwärts **down·shift·er** [daʊnʃɪftəʳ, AM -ɚ] *n* Aussteiger(in) *m(f)* **'down·side** *n no pl* Kehrseite *f,* Schattenseite *f* **'down·size** *vi* ECON Personal abbauen, sich *akk* verkleinern **'down·siz·er** *n* ECON Unternehmen, das Personal abbaut (*als Rationalisierungsmaßnahme*) **'down·siz·ing** I. *n* ① *no pl* (*staff reduction*) Personalabbau *m,* Stellenabbau *m* ② (*cut in staff*) Entlassungswelle *f,* Kündigungswelle *f,* Rationalisierung *f* II. *adj attr, inv* sich *akk* verkleinernd; **~ company** Unternehmen, das Personal abbaut **'down·spout** *n* AM (*downpipe*) [Regen]fallrohr *nt* **'Down's Syn·drome** *n* Down-Syndrom *nt,* Trisomie 21 *f,* Mongolismus *m fam* **'down·stage** I. *adv* zum vorderen Teil der Bühne [hin]; **to move ~** sich *akk* auf der Bühne nach vorne bewegen II. *adj* im vorderen Bühnenabschnitt *nach n,* im Vordergrund der Bühne *nach n* **'down·stairs** I. *adv inv* treppab, die Treppe hinunter, nach unten; **there's a man ~** unten steht ein Mann; **to go ~** nach unten [*o* hinunter] gehen II. *adj inv* ① (*one floor down*) im unteren Stockwerk; **there's a ~ bathroom** unten gibt es ein Badezimmer; **our ~ neighbours are delightful people** die Nachbarn unter uns sind reizende Leute ② (*on the ground floor*) im Erdgeschoss [*o* Parterre] III. *n no pl* Erdgeschoss *nt,* Parterre *nt* **'down·stream** I. *adv* stromabwärts, flussabwärts II. *adj* stromabwärts [*o* flussabwärts] gelegen; **~ voyage** Reise *f* flussabwärts **'down·swing** *n* ① (*downward trend*) Abwärtstrend *m; in figures* Rückgang *m* ② (*recession*) Abschwung *m,* Konjunkturrückgang *m* ③ *no pl* (*in golf*) Abwärtsschwingen *nt,* Abschwung *m* **'down·time** *n no pl* COMPUT, MECH Ausfallzeit *f* **down-to-'earth** *adj* nüchtern, sachlich; **~ plan** realistischer Plan; **she's a ~ sort of woman** sie steht mit beiden Beinen fest auf der Erde **'down·town** AM I. *n no pl, no art* Innenstadt *f,* Stadtmitte *f,* [Stadt]zentrum *nt,* Geschäftsviertel *nt* II. *adv* in der Innenstadt, im [Stadt]zentrum; **shall we eat ~ tonight?** sollen wir heute in der Stadt essen?; **to go/ride ~** in die Innenstadt [*o* ins [Stadt]zentrum] gehen/fahren III. *n modifier* Innenstadt-; **~ crime** Verbrechen *nt* in der Innenstadt; **~ scene** Großstadtszene *f;* **~ stores** Läden *mpl* in der Innenstadt [*o* im Zentrum]; **~ traffic** Verkehr *m* im Zentrum, Innenstadtverkehr *m* **'down·trod·den** *adj* unterdrückt, geknechtet *geh* **'down·turn** *n* ECON Rückgang *m,* Abwärtstrend *m;* **economic ~** Konjunkturabschwung *m;* **to take a ~** sinken, abflauen; *prices* fallen **down 'un·der** BRIT, AM I. *adv* (*fam: Australia*) in [*o* nach] Australien; (*New Zealand*) in [*o* nach] Neuseeland II. *n* Australien *nt;* (*New Zealand*) Neuseeland *nt*

down·ward ['daʊnwəd, AM -wɚd] I. *adj inv* nach unten [gerichtet]; **to be on a ~ trend** sich *akk* im Abwärtstrend befinden, zurückgehen; **at last inflation is on a ~ path** endlich ist die Inflation[srate] rückläufig II. *adv esp* AM *see* **downwards**

down·wards ['daʊnwədz, AM -wɚdz] *adv inv* ① (*in/toward a lower position*) abwärts, nach unten, hinunter; **the road lopes gently ~** die Straße fällt sanft ab; **the water filters ~ through the rock** das Wasser sickert durch den Felsen nach unten; **to lie face ~** mit dem Gesicht nach unten [*o* auf dem Bauch] liegen ② (*to a lower number*) nach unten; **casualty figures were revised ~** die Zahl der Gefallenen wurde nach unten korrigiert; **children of six and ~** Kinder mit sechs Jahren und darunter

'down·wind I. *adv* mit dem Wind, in Windrichtung; **to be ~ of sb** sich *akk* in jds Windschatten befinden II. *adj* in Windrichtung [liegend]; **~ side** windabgewandte Seite; **hunters always approach an animal from the ~ side** Jäger pirschen sich immer nur gegen die Windrichtung an ein Tier heran

downy ['daʊni] *adj* ① (*fluffy*) mit feinen Härchen; *hair* flaumig ② BRIT (*sl: knowing, clever*) clever *fam,* gerissen *fam;* **he's a ~ old bird** er ist ein gerissener alter Fuchs *fam*

dow·ry ['daʊri] *n* Mitgift *f kein pl veraltend,* Aussteuer *f kein pl*

dowse[1] [daʊz] *vi* mit einer Wünschelrute suchen; **to find sth by dowsing** etw mit Hilfe einer Wünschelrute aufspüren

dowse[2] [daʊz] *vt see* **douse**

dows·er ['daʊzəʳ, AM -ɚ] *n* [Wünschel]rutengänger(in) *m(f)*

dows·ing ['daʊzɪŋ] I. *n no pl* Wünschelrutengehen *nt* II. *adj* **~ rod** Wünschelrute *f*

doy·en ['dɔɪen] *n* Altmeister *m,* Nestor *m geh,* Doyen *m fig geh*

doy·enne [dɔɪ'en] *n* Altmeisterin *f,* Nestorin *f geh,* Doyenne *f geh*

doy·l(e)y ['dɔɪli] *n see* **doily**

doze [dəʊz, AM doʊz] **I.** *n* Nickerchen *nt kein pl fam;* **to fall into a ~** einnicken *fam,* wegdösen *fam;* **to have a ~** ein Nickerchen machen [*o* halten] *fam* **II.** *vi* dösen *fam*
◆**doze off** *vi* eindösen *fam,* einnicken *fam*

doz·en ['dʌzᵊn] *n* Dutzend *nt;* **half a ~** [*or* **a half ~**] ein halbes Dutzend; **two/several ~ people** zwei/mehrere Dutzend Leute; **~s of times** (*very often*) x-mal *fam;* **by the ~** zu Dutzenden, dutzendweise ▸PHRASES: **to talk nineteen to the ~** reden wie ein Wasserfall

dozi·ly ['dəʊzɪli, AM 'doʊz-] *adv* schläfrig, verschlafen; **to murmur sth ~** etw halb im Schlaf murmeln

dozi·ness ['dəʊzɪnəs, AM 'doʊz-] *n no pl* ❶ (*condition of feeling dozy*) Schläfrigkeit *f,* Müdigkeit *f* ❷ BRIT (*fam: stupidity*) Dummheit *f,* Stupidität *f*

dozy ['dəʊzi, AM 'doʊzi] *adj* ❶ (*drowsy, sleepy*) schläfrig, verschlafen ❷ BRIT (*fam: stupid*) dumm, schwer von Begriff *pej fam;* **~ idiot** Trottel *m pej fam,* Döskopp *m* NORDD *pej fam*

DPhil [ˌdiː'fɪl] *n abbrev of* **Doctor of Philosophy** Dr. phil.

Dr *n abbrev of* **doctor** Dr.

drab <-bb-> [dræb] *adj* trist, langweilig; **~ colours** trübe Farben; **~ existence** eintöniges Leben, freudloses Dasein *geh;* **~ person** farblose Person; **~ surroundings** trostlose Umgebung

drab·ness ['dræbnəs] *n no pl* Tristheit *f,* Düsterkeit *f; of life* Eintönigkeit *f,* Monotonie *f; of surroundings* Trostlosigkeit *f*

dra·co·nian [drə'kəʊniən, AM -'koʊ-] *adj* drakonisch, hart

draft [drɑːft, AM dræft] **I.** *n* ❶ (*preliminary version*) Entwurf *m;* **first ~** erster Entwurf, Konzept *nt;* **preliminary ~** Vorentwurf *m;* **rough ~** Rohfassung *f,* Rohentwurf *m* ❷ *no pl esp* AM (*military conscription*) Einberufung *f,* Einziehung *f;* **~ card** Einberufungsbescheid *m;* **~ order** Einberufungsbefehl *m* ❸ *no pl esp* AM (*conscripted persons*) Wehrpflichtige *mpl,* Rekruten *mpl* ❹ *esp* BRIT ECON, FIN Zahlungsanweisung *f,* [gezogener] Wechsel, Tratte *f fachspr;* **banker's ~** Bankscheck *m;* **~ at sight** Sichtwechsel *m* ❺ AM *see* **draught** **II.** *n modifier* ❶ (*preliminary*) Entwurfs-; **~ contract/law** Vertrags-/Gesetzentwurf *m;* **~ letter** Entwurf *m* eines Briefes [*o* Schreibens]; **to be still in the ~ stages** sich *akk* noch im Entwurfsstadium befinden ❷ *esp* AM (*relating to military conscription*) Einberufungs-; **~ board** Wehrersatzbehörde *f,* Musterungskommission *f;* **district ~ board** Kreiswehrersatzamt *nt;* **~ exemption** Befreiung *f* vom Wehrdienst **III.** *vt* ❶ (*prepare*) ■**to ~ sth** etw entwerfen [*o* skizzieren]; **to ~ a bill** [*or* **law**] einen Gesetzentwurf verfassen; **to ~ a contract** einen Vertrag aufsetzen; **to ~ a plan** einen Plan entwerfen; **to ~ a proposal** einen Vorschlag ausarbeiten ❷ *esp* AM MIL ■**to ~ sb** jdn einziehen [*o* einberufen]; **to ~ sb into the army** jdn zum Wehrdienst einberufen
◆**draft in** *vt* BRIT ■**to ~ in ↔ sb** jdn als Aushilfe [*o* als Aushilfskraft] einstellen

'draft dodg·er *n esp* AM (*conscientious objector*) Wehrdienstverweigerer, -in *m, f;* (*shirker*) Drückeberger(in) *m(f) pej*

draftee [ˌdrɑːf'tiː, AM ˌdræf'-] *n esp* AM Wehrpflichtige(r) *f(m)*

drafts·man *n* AM, AUS *see* **draughtsman** **drafts·wom·an** *n* AM, AUS *see* **draughtswoman**

drafty *adj* AM *see* **draughty**

drag [dræg] **I.** *n* ❶ *no pl* PHYS Widerstand *m;* AVIAT Luftwiderstand *m,* Strömungswiderstand *m;* NAUT Wasserwiderstand *m* ❷ *no pl* (*impediment*) Hemmschuh *m fig,* Hindernis *nt;* ■**to be a ~ on sb** ein Klotz an jds Bein sein, für jdn eine Last sein; ■**to be a ~ on sth** etw behindern, einer S. *dat* im Wege stehen ❸ *no pl* (*fam: bore*) langweilige Sache; **that's a bit of a ~ – we've run out of coffee** das ist ja echt ätzend – wir haben keinen Kaffee mehr *sl;* **the party was an awful ~** die Party war sowas von stinklangweilig *sl* ❹ *no pl* (*fam: cross dress*) Frauenklamotten *fpl fam,* Fummel *m sl;* ■**to be in ~** Frauenkleider tragen, einen Fummel anhaben *sl* ❺ (*fam: inhalation of smoke*) Zug *m* ▸PHRASES: **the main ~** AM (*fam*) die Hauptstraße **II.** *adj attr, inv* transvestitisch, Transvestiten-; **~ artist** *Künstler, der in Frauenkleidern auftritt* **III.** *vt* <-gg-> ❶ (*pull along the ground*) ■**to ~ sb/sth somewhere** jdn/etw irgendwohin ziehen [*o* schleifen] [*o* zerren]; **to ~ one's heels** [*or* **feet**] schlurfen; (*fig*) sich *dat* Zeit lassen; **the government is ~ging its heels over this issue** die Regierung lässt die Sache schleifen; **to ~ sb's name through the mud** [*or* **mire**] jds Namen durch den Dreck [*o* Schmutz] ziehen; **to ~ sth behind one** etw hinter sich *dat* herziehen; **to ~ oneself somewhere** sich *akk* irgendwohin schleppen ❷ (*take sb somewhere unwillingly*) ■**to ~ sb somewhere** jdn irgendwohin schleifen [*o* zerren]; **we had to ~ him out of the bar** wir mussten ihn aus der Bar herausholen; **I don't want to ~ you away if you're enjoying yourself** ich will dich hier nicht wegreißen, wenn du dich gerade amüsierst *fam* ❸ (*bring up*) **to ~ sth into the conversation** etw aufs Tapet bringen *fam,* das Thema auf etw *akk* lenken ❹ (*involve*) ■**to ~ sb into sth** jdn in etw *akk* hineinziehen [*o* verwickeln]; **don't ~ me into your argument!** lasst mich bitte aus eurem Streit heraus! ❺ (*force*) ■**to ~ sth out of sb** etw aus jdm herausbringen [*o* herausholen]; **you never tell me how you feel – I always have to ~ it out of you** du sagst mir nie, wie du dich fühlst – ich muss dir immer alles aus der Nase ziehen; **to ~ a confession/the truth out of sb** jdm ein Geständnis/die Wahrheit entlocken ❻ (*search*) **to ~ a lake/river** einen See/Fluss absuchen **IV.** *vi* <-gg-> ❶ (*trail along*) schleifen ❷ (*pej: proceed tediously*) sich *akk* [da]hinziehen [*o fig* dahinschleppen] *pej,* schleppend [*o* zäh] vorangehen *pej;* **this meeting is really starting to ~** dieses Treffen zieht sich allmählich ziemlich in die Länge; **to ~ to a close** schleppend zu Ende gehen ❸ AM (*fam: feel unwell*) sich *akk* schlapp fühlen ❹ AM (*sl: race in cars*) ein Rennen fahren [*o fam* machen], sich *dat* ein Rennen liefern
◆**drag along** *vi* ■**to ~ along ↔ sth** etw wegschleppen [*o* wegzerren]; ■**to ~ along ↔ sb** jdn mitschleppen; **to ~ oneself along** sich *akk* dahinschleppen
◆**drag apart** *vt* ■**to ~ sb apart** jdn auseinanderzerren; *fighting parties* jdn trennen
◆**drag down** *vt* ■**to ~ sb down** ❶ (*force sb to a lower level*) jdn herunterziehen [*o* nach unten ziehen] *fig;* **when he argues, he always ends up ~ging others down to his level** wenn er sich streitet, zieht er die anderen am Ende immer auf sein Niveau herunter; ■**to ~ sb down with oneself** jdn mit sich *dat* reißen ❷ (*make sb depressed*) jdn zermürben [*o fam* fertigmachen]
◆**drag in** *vt* **to ~ in ↔ sb** jdn hineinziehen [*o* hineinbringen]; ■**to ~ in ↔ sth** etw aufs Tapet bringen *fam*
◆**drag on** *vi* (*pej*) sich *akk* [da]hinziehen [*o fig* dahinschleppen] [*o* in die Länge ziehen] *pej;* **to ~ on for hours** sich *akk* stundenlang hinziehen
◆**drag out** *vt* ■**to ~ out ↔ sth** ❶ (*protract*) etw in die Länge ziehen [*o* hinausziehen] ❷ (*liter: suffer through*) sich *akk* durch etw *akk* schleppen; **to ~ out a weary life** vor sich *akk* hinleben; **to ~ out one's days** sein Leben fristen
◆**drag up** *vt* ❶ (*mention sth*) ■**to ~ up ↔ sth** etw wieder ausgraben *fig* ❷ *esp* BRIT (*pej: raise children*) **to ~ up ↔ a child** ein Kind lieblos aufziehen

dra·gee [dræʒ'eɪ] *n* dragierte [*o* mit Zucker überzogene] Mandel

'drag lift *n* Schlepplift *m* **'drag·net** *n* ❶ (*systematic search*) Ringfahndung *f* ❷ (*fishing net*) Schleppnetz *nt*

drag·on ['drægᵊn] *n* ❶ (*mythical creature*) Drache *m,* Lindwurm *m liter o hum* ❷ (*woman*) Drachen *m oft pej fam* ❸ AUS (*lizard*) Eidechse *f*

'drag·on·fly *n* Libelle *f*

dra·goon [drə'guːn] **I.** *n* (*hist*) Dragoner *m hist* **II.** *vt* ■**to ~ sb into doing sth** jdn zwingen, etw zu tun, jdm etw aufzwingen

'drag queen *n* Transvestit *m,* Tunte *f pej sl* **'drag race** *n* AUTO, SPORTS Dragsterrennen *nt,* Beschleunigungsrennen *nt*

drag·ster ['drægstəʳ, AM -ɚ] *n* AUTO, SPORTS Dragster *m*

drain [dreɪn] **I.** *n* ❶ (*pipe*) Rohr *nt;* (*under sink*) Abfluss *m,* Abflussrohr *nt;* (*at roadside*) Gully *m;* ~ **in the road** Kanalisationsrohr *nt,* Abwasserleitung *f;* **to be down the** ~ (*fig*) für immer [*o* unwiederbringlich] verloren sein; **to go down the** ~ (*fig*) vor die Hunde gehen *fam;* **to throw sth down the** ~ (*fig*) etw zum Fenster hinauswerfen *fig* ❷ (*plumbing system*) ■ **~s** *pl* Kanalisation *f* ❸ (*constant outflow*) Belastung *f;* ■ **to be a** ~ **on sth** eine Belastung für etw *akk* darstellen [*o* sein]; **looking after her elderly mother is quite a** ~ **on her energy** die Pflege ihrer alten Mutter zehrt sehr an ihren Kräften; **brain** ~ Brain-Drain *m,* Abwanderung *f* von Wissenschaftlern, -innen *mpl, fpl* [ins Ausland] ❹ BRIT (*fam*) **to laugh like a** ~ sich *akk* halb totlachen **II.** *vt* ❶ (*remove liquid*) ■ **to** ~ **sth** etw entwässern; *liquid* etw ablaufen lassen; *vegetables* etw abgießen; **to** ~ **marshes/soil** Sümpfe/Boden entwässern [*o fachspr* dränieren]; **to** ~ **noodles/rice** Nudeln/Reis abtropfen lassen; **to** ~ **a pond** einen Teich ablassen [*o* trockenlegen]; **to** ~ **an abscess** MED einen Abszess drainieren ❷ (*form: empty*) ■ **to** ~ **sth** etw austrinken; **to** ~ **a bottle** eine Flasche leeren [*o* leer trinken]; **to** ~ **one's glass** sein Glas austrinken [*o* leeren] ❸ (*exhaust*) ■ **to** ~ **sb** jdn [völlig] auslaugen [*o* erschöpfen] ❹ (*deplete*) ■ **to** ~ **sth of sb** jdn einer S. *gen* berauben *geh* **III.** *vi* ❶ (*flow away*) ablaufen, abfließen ❷ (*permit drainage*) entwässert [*o* trocken] werden; **the soil had got too hard and wouldn't** ~ **properly** der Boden war zu hart geworden und das Wasser konnte nicht richtig ablaufen ❸ (*become dry*) abtropfen ❹ (*vanish gradually*) dahinschwinden; **the colour ~ed from her face** die Farbe wich aus ihrem Gesicht

◆**drain away** *vi liquid* ablaufen, abfließen; *energy, fear, strength, tension* nachlassen, [dahin]schwinden

◆**drain off** *vt* ■ **to** ~ **off** ◯ **sth** *water* etw abgießen; **to** ~ **off noodles/rice** Nudeln/Reis abtropfen lassen

drain·age ['dreɪnɪdʒ] **I.** *n no pl* ❶ (*water removal*) Entwässerung *f* ❷ (*system*) Kanalisation *f,* Abwasserkanäle *mpl;* (*system*) Entwässerungssystem *nt;* (*in fields, etc*) Dränage *f* ❸ (*material drained off*) abgeleitete Flüssigkeit; (*sewage*) Abwasser *nt* **II.** *n modifier* Entwässerungs-; ~ **area** GEOG Einzugsgebiet *nt,* Entwässerungsgebiet *nt;* ~ **channel** Abzugsgraben *m,* Entwässerungsgraben *m;* ~ **system** Schmutzwassersystem *nt,* Schmutzwassernetz *nt;* NAUT Lenzanlage *f*

'drain·age ba·sin *n* GEOG Einzugsgebiet *nt,* Entwässerungsgebiet *nt*

'drain·board *n* AM (*draining board*) Ablauf *m,* Abtropfbrett *nt*

drained [dreɪnd] *adj* erschöpft, fix und fertig *fam,* k.o. *fam;* **you look completely** ~ du siehst total erledigt aus *fam*

drain·er ['dreɪnəʳ] *n* BRIT, **drain·ing board** *n* Abtropfgefäß *nt,* Abtropfbrett *nt*

'drain·pipe *n* ❶ (*for sewage*) Abflussrohr *nt,* Abwasserleitung *f;* (*for rainwater*) Regenrohr *nt* ❷ ■ **~s** *pl* (*trousers*) Röhrenhose *f* **drain·pipe 'trou·sers** *npl* Röhrenhose *f*

drake [dreɪk] *n* Enterich *m,* Erpel *m*

dram [dræm] *n esp* SCOT **a** ~ **of whisky** ein Schluck *m* Whisky; **would you care for a wee** ~**?** wie wär's mit einem kleinen Schluck?

dra·ma ['drɑːmə] **I.** *n* ❶ *no pl* (*theatre art*) Schauspielerei *f,* Schauspielkunst *f* ❷ *no pl* (*dramatic literature*) Drama *nt,* dramatische Literatur ❸ (*play, theatrical piece*) Drama *nt,* Schauspiel *nt;* **television** ~ Fernsehspiel *nt;* **historical** ~ historisches Stück ❹ *no pl* (*dramatic quality*) Dramatik *f;* **the situation was packed with** ~ die Situation war hoch dramatisch ❺ (*dramatic event*) Drama *nt fig;* **to make a** ~ **out of sth** aus etw *dat* ein Drama machen **II.** *n modifier* Theater-, Schauspiel-; ~ **critic** Theaterkritiker(in) *m(f);* ~ **teacher** Schauspiellehrer(in) *m(f)*

dra·ma docu·'men·tary *n* FILM, TV Dokumentarspiel *nt* **'dra·ma group** *n* Theatergruppe *f;* **amateur** ~ Laienspielgruppe *f* **'dra·ma school** *n* Schauspielschule *f;* **to go to** ~ die Schauspielschule besuchen

dra·mat·ic [drə'mætɪk, AM -ţ-] *adj* ❶ (*in theatre*) Theater-; ~ **artist** Bühnenschauspieler(in) *m(f),* Theaterschauspieler(in) *m(f);* ~ **production** Bühnenbearbeitung *f,* Inszenierung *f;* ~ **reading** Schauspiellesung *f;* ~ **work** [Theater]stück *nt;* ~ **irony** LIT tragische Ironie; ~ **monologue** LIT dramatischer Monolog; ~ **poetry** LIT dramatische Dichtung ❷ (*action-filled*) dramatisch; ~ **climax** dramatischer Höhepunkt; ~ **spectacle** dramatisches Schauspiel ❸ (*pej: theatrical*) theatralisch *pej;* **she looked rather** ~ sie wirkte ziemlich theatralisch; ~ **gesture** theatralische Geste ❹ (*very noticeable*) dramatisch, spektakulär; **there's been a** ~ **rise in unemployment** die Arbeitslosigkeit ist drastisch angestiegen ❺ (*sudden and exciting*) *development* dramatisch; *change* einschneidend

dra·mati·cal·ly [drə'mætɪkəli, AM -ţ-] *adv* ❶ (*relating to the theatre*) schauspielerisch; **it's an interesting idea, but I don't think it will work** ~ es ist eine interessante Idee, aber ich glaube nicht, dass sich das auf der Bühne umsetzen lässt ❷ (*pej: exaggeratedly*) theatralisch *pej* ❸ (*strikingly*) dramatisch, beträchtlich ❹ (*suddenly and excitingly*) dramatisch, drastisch; **your life changes** ~ **when you have a baby** ein Kind stellt dein Leben total auf den Kopf; **the political situation has been developing** ~ die politische Situation hat sich dramatisch zugespitzt

dra·mat·ics [drə'mætɪks, AM -ţ-] *npl* ❶ + *sing vb* (*art of acting*) Dramaturgie *f;* **amateur** ~ Laientheater *nt* ❷ (*usu pej: exaggerated behaviour*) theatralisches Getue *pej,* Theatralik *f*

dra·ma·tis per·so·nae [ˌdrɑːmətɪspɜːˈsəʊnaɪ, -niː, AM -ţɪspɚ'soʊ-, ˌdræm-, -niː] *n* + *sing vb* ❶ (*characters*) Personen *pl* der Handlung (*eines Theaterstücks*); (*actors*) Besetzung *f* ❷ (*listing*) Rollenverzeichnis *nt*

drama·tist ['dræmətɪst, AM -ţ-, 'drɑːm-] *n* Dramatiker(in) *m(f),* Bühnenautor(in) *m(f)*

drama·ti·za·tion [ˌdræmətaɪ'zeɪʃən, AM -ţɪ'-, ˌdrɑːm-] *n* ❶ (*dramatizing of a work*) Dramatisierung *f;* THEAT Bühnenbearbeitung *f;* FILM Kinobearbeitung *f;* TV Fernsehbearbeitung *f* ❷ *no pl* (*usu pej: exaggeration*) Dramatisieren *nt meist pej;* **she has a tendency toward** ~ sie neigt dazu, alles zu dramatisieren

drama·tize ['dræmətaɪz, AM *also* 'drɑːm-] **I.** *vt* ■ **to** ~ **sth** ❶ (*adapt*) etw bearbeiten; **the novel is currently being ~d for TV** der Roman wird derzeit für das Fernsehen bearbeitet ❷ (*usu pej: exaggerate*) etw dramatisieren [*o fam* hochspielen] *pej* **II.** *vi novel* sich *akk* bearbeiten lassen

drank [dræŋk] *pt of* **drink**

drape [dreɪp] **I.** *vt* ❶ (*cover loosely*) ■ **to** ~ **sth** [**in** [*or* **with**] **sth**] etw [mit etw *dat*] bedecken [*o* behängen] ❷ (*place on*) ■ **to** ~ **sth** [**around/over**] **sth** etw [um/über etw *akk*] drapieren; **she ~d the silk scarf around her bare shoulders** sie legte sich das Seidentuch anmutig um die bloßen Schultern; **I saw him last night in the pub with some woman ~d all over him** ich habe ihn gestern Abend in der Kneipe gesehen, in enger Umschlingung mit einer Frau **II.** *vi* herabhängen, herabfallen; **clothes in woollen fabrics** ~ **well** Kleider aus Wollstoffen fallen schön **III.** *n* ❶ *no pl* (*way of hanging*) Fall *m* ❷ (*fold*) ■ **~s** *pl* Falten *fpl* ❸ *esp* AM (*curtains*) ■ **~s** *pl* Vorhänge *mpl,* Gardinen *fpl*

drap·er ['dreɪpəʳ] *n* BRIT (*dated*) Textilkaufmann, -frau *m, f,* Stoffhändler(in) *m(f) veraltet;* **~'s shop** Textilgeschäft *nt*

dra·pery ['dreɪpəri] *n* ❶ *no pl* (*loosely arranged fabric*) Behang *m* ❷ *no pl* BRIT (*dated: cloths*) Stoffe *mpl,* Textilien *fpl;* **you'll find** ~ **on the second floor** die Textilwaren finden Sie im ersten Stock ❸ AM, AUS (*heavy curtains*) ■ **draperies** *pl* [schwere] Vorhänge

dras·tic ['dræstɪk] *adj* drastisch; **isn't that a bit** ~**?** ist das nicht ein bisschen übertrieben?; ~ **action** rigoroses Durchgreifen; ~ **cuts** drastische Kürzungen; ~ **change** radikale [*o* einschneidende] Veränderung; **to take ~ measures** drastische Maßnahmen ergreifen

dras·ti·cal·ly ['dræstɪkli] *adv* drastisch, rigoros; **to change one's diet ~** seine Ernährung von Grund auf umstellen

drat [dræt] *interj* (*dated fam*) verflixt! *fam,* verdammt! *fam*

draught [drɑːft], AM *usu* **draft** [dræft] **I.** *n* ❶ (*air current*) [Luft]zug *m kein pl;* **there's a ~ every time that door is opened** jedes Mal, wenn die Tür aufgeht, zieht es; **to feel the ~** (*fig*) in der Klemme sitzen *fam;* **he's feeling the ~ right now** ihm geht allmählich das Geld aus; **to sit in a ~** im Zug sitzen ❷ (*form: act of drinking*) Zug *m kein pl,* Schluck *m kein pl;* **a ~ of beer** ein Schluck Bier ❸ PHARM (*dated*) Dosis *f* ❹ *no pl* **on ~** vom Fass; **beer on ~** Fassbier *nt,* Bier *nt* vom Fass ❺ (*of ship*) Tiefgang *m kein pl* ❻ BRIT, AUS (*game*) ■**~s** *pl* Damespiel *nt,* Dame; **to play ~** Dame spielen **II.** *adj attr, inv* ❶ (*in cask*) vom Fass, Fass-; **~ beer** Bier *nt* vom Fass, Fassbier *nt* ❷ (*used for pulling loads*) Zug-; **~ animal** Zugtier *nt*

'draught board *n* BRIT, AUS Damebrett *nt*

'draughts·man, AM *usu* **'drafts·man** ❶ (*in technical drawing*) technischer Zeichner, Konstruktionszeichner *m* ❷ (*skilled drawer*) Zeichner *m* ❸ BRIT, AUS (*game*) Damestein *m*

'draughts·man·ship ['drɑːf(t)smənʃɪp], AM *usu* **'drafts·man·ship** ['dræf(t)s-] *n no pl* zeichnerisches Können; **his ~ is excellent** seine zeichnerischen Fähigkeiten sind hervorragend

'draughts·wom·an, AM *usu* **'drafts·wom·an** *n* ❶ technische Zeichnerin, Konstruktionszeichnerin *f* ❷ (*skilled drawer*) Zeichnerin *f*

draughty ['drɑːfti], AM *usu* **drafty** ['dræfti] *adj* zugig; **it's a bit ~ in here** hier zieht es ein bisschen

draw [drɔː, AM *also* drɑː] **I.** *n* ❶ (*celebrity*) Publikumsmagnet *m,* Attraktion *f;* (*popular film, play, etc*) Kassenschlager *m,* Publikumserfolg *m* ❷ (*power*) Anziehungskraft *f,* Attraktivität *f;* **an auction has more ~ than a jumble sale** eine Versteigerung lockt mehr Menschen an als ein Flohmarkt ❸ (*drawn contest*) Unentschieden *nt;* **to end in a ~** unentschieden enden [*o* ausgehen] ❹ (*drawing lots*) Verlosung *f,* Tombola *f;* **it's just the luck of the ~** man muss es eben so nehmen, wie es kommt ❺ (*drawing gun*) Ziehen *nt;* **to be quick on the ~** schnell ziehen können; (*fig*) schlagfertig sein ❻ (*inhalation*) Zug *m;* **he had a quick ~ on his cigarette and tossed it away** er zog noch einmal kurz an seiner Zigarette und warf sie dann weg **II.** *vt* <drew, -n> ❶ (*make a picture*) ■**to ~ sb/sth** jdn/etw zeichnen; **to ~ a line** einen Strich [*o* eine Linie] ziehen; **I ~ the line there** (*fig*) da ist bei mir Schluss; **to ~ a map/sketch** eine Karte/Skizze anfertigen; **to ~ a picture of sth** (*fig*) das Bild einer S. *gen* zeichnen *fig;* **to ~ sth to scale** etw maßstabsgetreu zeichnen ❷ (*depict*) ■**to ~ sth** etw darstellen [*o* beschreiben]; **the plot is exciting, but the characters haven't been very well ~n** die Handlung ist spannend, aber die Charaktere sind nicht gut herausgearbeitet ❸ (*pull*) ■**to ~ sth** etw ziehen; **he drew his coat tightly around his shoulders** er zog sich den Mantel fest um die Schultern; **the little boat was ~n into the whirlpool** das kleine Boot wurde in den Strudel hineingezogen; **he drew her into a tender embrace** er zog sie mit einer zärtlichen Umarmung an sich; **to ~ the blinds** [*or* AM *a.* **shades**] (*open*) die Jalousien [*o* Rollläden] hochziehen; (*close*) die Jalousien [*o* Rollläden] herunterlassen; **to ~ the curtains** (*pull together*) die Vorhänge zuziehen; (*pull apart*) die Vorhänge aufziehen; **to ~ sb aside** [*or* **to one side**] jdn beiseitenehmen; **to ~ sb into [an] ambush** jdn in einen Hinterhalt locken ❹ (*attract*) ■**to ~ sb** jdn anlocken [*o* anziehen]; ■**to ~ sth** etw auf sich *akk* ziehen [*o* lenken]; **you're ~ing a lot of curious looks in that hat** mit diesem Hut ziehst du eine Menge neugieriger Blicke auf dich; **to ~ [sb's] attention [to sb/sth]** [jds] Aufmerksamkeit *f* [auf jdn/etw] lenken; **she waved at him to ~ his attention** sie winkte ihm zu, um ihn auf sich aufmerksam zu machen; **to ~ attention to oneself** Aufmerksamkeit erregen; **to ~ a cheer from the crowd** die Menge zum Lachen bringen; **to ~ sb's fire** jds Kritik *f* auf sich *akk* ziehen; ■**to feel ~n to [*or* toward[s]] sb** sich *akk* zu jdm hingezogen fühlen; **her eyes were immediately ~n to the tall blond man** der große Blonde zog sofort ihre Blicke auf sich ❺ (*involve in*) ■**to ~ sb into sth** jdn in etw *akk* hineinziehen [*o* verwickeln]; **to ~ sb into an argument/discussion** jdn in eine Auseinandersetzung/Diskussion hineinziehen; **to ~ sb into a conversation** jdn in eine Unterhaltung verwickeln ❻ (*attract*) ■**to ~ sth** etw hervorrufen; **her speech drew an angry response** ihre Rede hat für Verärgerung gesorgt; **to ~ applause** Beifall ernten; **to ~ criticism** Kritik erregen [*o* hervorrufen]; ■**to ~ sth from sb** jdn zu etw *dat* veranlassen; **his performance drew a gasp of amazement from the audience** bei seiner Darbietung verschlug es dem Publikum den Atem; **to ~ a confession from sb** jdm ein Geständnis entlocken ❼ (*formulate*) **to ~ an analogy** eine Parallele ziehen [*o geh* Analogie herstellen]; **to ~ a comparison** einen Vergleich anstellen; **you can't really ~ a comparison between the two cases** man kann die beiden Fälle wirklich nicht miteinander vergleichen; **to ~ a conclusion** [*or* **an inference**] einen Schluss ziehen, zu einer Schlussfolgerung kommen; **to ~ a distinction [between sth]** etw auseinanderhalten [*o* voneinander unterscheiden]; **to ~ a parallel** eine Parallele ziehen ❽ (*pull out*) **to ~ a weapon** eine Waffe ziehen; **I couldn't believe it when she drew a knife on me** ich war völlig perplex, als sie ein Messer zückte *fam* ❾ MED (*extract*) **to ~ blood** Blut fließen lassen; **he bit me so hard that it drew blood** er biss mich so fest, dass ich blutete; **to ~ first blood** den ersten Treffer erzielen *a. fig;* **to ~ a tooth** (*dated*) einen Zahn ziehen ❿ CARDS **to ~ a card [from the deck]** eine Karte [vom Stapel] abheben [*o* ziehen] ⓫ (*get from source*) ■**to ~ sth [from sb/sth]** etw [von jdm/etw] beziehen [*o* erhalten] [*o* bekommen]; **he drew much of his inspiration from his travels** einen Großteil seiner Anregungen holte er sich auf seinen Reisen; **the university ~s its students from all 50 states** die Studenten der Universität kommen aus allen 50 Bundesstaaten ⓬ (*earn*) ■**to ~ sth** etw beziehen; (*receive*) etw bekommen [*o* erhalten]; **this investment will ~ 10% interest** diese Investition bringt 10 % Zinsen; **to ~ pay** [*or* **a salary**] ein Gehalt beziehen; **to ~ a pension** Rente bekommen [*o* beziehen]; **to ~ unemployment benefit/a wage** Arbeitslosengeld/einen Lohn bekommen [*o* erhalten] ⓭ (*select by chance*) ■**to ~ sth** etw ziehen [*o* auslosen]; **we're about to ~ the winning card** wir ziehen jetzt gleich den Hauptgewinn; **Real Madrid has ~n Juventus in the football quarter finals** als Gegner von Real Madrid im Fußballviertelfinale wurde Juventus Turin ausgelost; **to ~ lots for sth** um etw *akk* losen, etw auslosen; **they drew lots for it** sie losten darum ⓮ (*obtain water*) **to ~ water** Wasser holen; **she drew water from the well** sie schöpfte Wasser aus dem Brunnen; **to ~ sb's bath** jds Badewasser *nt* einlassen ⓯ (*pour*) **to ~ a beer** ein Bier zapfen ⓰ FIN (*withdraw*) **to ~ money/£500 from one's account** Geld/500 Pfund von seinem Konto abheben; **to ~ a cheque on sb/sth** einen Scheck auf jdn/etw ausstellen ⓱ (*inhale*) **to ~ a breath** Luft [*o* Atem] holen; **she drew a deep breath** sie holte [einmal] tief Luft; **to ~ breath** (*fig*) verschnaufen, eine Verschnaufpause einlegen ⓲ NAUT **the ship ~s 20 feet of water** das Schiff hat sechs Meter Tiefgang ⓳ SPORTS (*stretch a bow*) **to ~ a bow** einen Bogen spannen ⓴ (*disembowel*) **to ~ fowl/game** (*at butcher's*) ein Tier ausnehmen; (*after hunt*) ein Tier ausweiden ▸ PHRASES: **to ~ a bead on sb/sth** auf jdn/etw zielen; **to ~ a blank** eine Niete ziehen, kein Glück haben; **she had spent all morning searching but had ~n a blank** sie hatte den ganzen Morgen gesucht – doch ohne Erfolg; **to ~ the line at sth** bei etw *dat* die Grenze ziehen; **I ~ the line there** da ist bei mir Schluss; **to ~ a veil over sth** über etw *akk* den Mantel des Schweigens breiten; **~n and quartered** (*hist*) gestreckt und gevierteilt **III.** *vi* <drew, -n> ① (*make pictures*) zeichnen ② (*proceed*) sich *akk* bewegen; *vehicle, ship* fahren; **the train slowly drew into the station** der Zug fuhr langsam in den Bahnhof ein; **to ~ alongside sth** mit etw *dat* gleichziehen, an etw *akk* herankommen; **as we drew alongside the black Fiat I recognized the driver** als wir mit dem schwarzen Fiat auf gleicher Höhe waren, erkannte ich den Fahrer; **to ~ apart** sich *akk* voneinander trennen; **the embracing couple drew apart** das eng umschlungene Pärchen löste sich voneinander; **to ~ away** wegfahren; **to ~ away from sth** BRIT sich *akk* von etw *dat* entfernen; **to ~ level with sb/sth** mit jdm/etw gleichziehen; **slowly Paul drew level with the BMW** allmählich holte Paul den BMW ein ③ (*approach* [*in time*]) **to ~ to a close** [*or* **an end**] sich *akk* seinem Ende nähern, zu Ende gehen; **to ~ near** [*or* **nearer**] näher rücken [*o* kommen]; **Christmas is ~ing nearer** Weihnachten rückt [immer] näher ④ (*make use of*) ■**to ~ on sb** auf jdn zurückkommen, jdn in Anspruch nehmen; ■**to ~ on sth** auf etw *akk* zurückgreifen, von etw *dat* Gebrauch machen, etw in Anspruch nehmen; **like most writers, she ~s on personal experience in her work** wie die meisten Schriftsteller schöpft sie bei ihrer Arbeit aus persönlichen Erfahrungen; **to ~ on funds** auf [Geld]mittel zurückgreifen; **to ~ on sb's knowledge** jdn als Kenner zu Rate ziehen, sich *dat* jds Wissen *nt* zunutze machen ⑤ (*inhale*) **to ~ on one's cigarette/pipe** an seiner Zigarette/Pfeife ziehen ⑥ (*draw lots*) losen, das Los entscheiden lassen; ■**to ~ for sth** um etw *akk* losen, etw durch das Los entscheiden lassen ⑦ SPORTS (*tie*) unentschieden spielen; **Coventry drew 1–1 with Manchester United in the semi-finals** im Halbfinale trennten sich Coventry und Manchester United 1:1 unentschieden

◆**draw back I.** *vi* zurückweichen; (*fig*) sich *akk* zurückziehen **II.** *vt* ■**to ~ sb back to sth** jdn veranlassen, auf etw *akk* zurückzukommen; **what drew you back to teaching after so many years in business?** was hat Sie dazu bewogen, sich nach so vielen Jahren im Geschäftsleben wieder dem Lehrberuf zuzuwenden?; **to ~ sb back to a place** jdn veranlassen, an einen Ort zurückzukehren

◆**draw down** *vt* ■**to ~ down ○ sth** etw hervorrufen; **her behaviour drew down the disapproval of the church** mit ihrem Verhalten erregte sie heftiges Missfallen bei der Kirche; **his careless remark drew down the anger of his mother-in-law** mit seiner unbedachten Bemerkung zog er sich den Zorn seiner Schwiegermutter zu

◆**draw in I.** *vi* ① (*arrive and stop*) *train* einfahren; *car* anhalten ② (*shorten*) *days* kürzer werden **II.** *vt* ① (*involve*) ■**to ~ sb in** jdn hineinziehen; **I really don't want to be drawn in** ich möchte da wirklich nicht [mit] hineingezogen werden ② (*inhale*) **to ~ in a** [**deep**] **breath** [tief] Luft [*o* Atem] holen, [tief] einatmen ▶ PHRASES: **to ~ in one's horns** einen Rückzieher machen; (*scale back*) seine Ziele etwas zurückschrauben; **to ~ in the reins** die Zügel anziehen

◆**draw off** *vt* ① (*excess liquid*) ■**to ~ off ○ sth** *liquid* etw ablassen; **to ~ off beer** Bier abzapfen; **to ~ off wine** Wein abfüllen; **to ~ off blood** MED Blut abnehmen ② (*take off*) **to ~ boots/gloves ○ off** Stiefel/Handschuhe ausziehen

◆**draw on** *vi* ① (*put on*) **to ~ on boots/gloves** Stiefel/Handschuhe anziehen ② (*pass slowly*) *evening, summer* vergehen; **as the evening drew on, ...** im Verlauf des Abends ...; **as time drew on, ...** mit der Zeit ... ③ (*form: approach* [*in time*]) näher kommen, nahen *geh;* **winter ~s on** der Winter naht

◆**draw out I.** *vt* ① (*prolong*) ■**to ~ out ○ sth** etw in die Länge ziehen; **to ~ out a discussion** eine Diskussion hinausziehen [*o* in die Länge ziehen]; **to ~ out the vowels** die Vokale dehnen ② (*pull out sth*) ■**to ~ out ○ sth** etw herausziehen [*o* herausholen]; **to ~ out a pistol** eine Pistole ziehen [*o* zücken] ③ FIN (*withdraw*) ■**to ~ out ○ sth** etw abheben; **Mike drew $1000 out of his current account** Mike hob 1000 Dollar von seinem Girokonto ab ④ (*persuade to talk*) ■**to ~ sb out** jdn dazu bringen, aus sich *dat* herauszugehen; **the interviewer manages to ~ people out** [**of themselves**] dem Interviewer gelingt es, die Menschen aus der Reserve zu locken **II.** *vi* ① (*depart*) *train* ausfahren; *car, bus* herausfahren; **the train drew out of the station** der Zug verließ den Bahnhof ② (*lengthen*) *days* länger werden

◆**draw together I.** *vt* ■**to ~ sb together** jdn zusammenbringen, zu einer Annäherung zwischen jdm führen; **unfortunately, the death of their son did not ~ them together** der Tod ihres Sohnes brachte sie einander leider nicht näher; ■**to ~ sth together** etw zusammenziehen; **she drew the folds of her skirt together and ascended the stairs** sie raffte ihren Rock zusammen und stieg die Treppe hinauf **II.** *vi* zusammenrücken; **to ~ closer together** enger [*o* näher] zusammenrücken

◆**draw up I.** *vt* ① (*draft*) ■**to ~ up sth** etw aufsetzen; **to ~ up the agenda** die Tagesordnung aufstellen [*o* festsetzen]; **to ~ up a codicil** einen Testamentsnachtrag abfassen [*o* ausarbeiten]; **to ~ up a constitution** eine Satzung abfassen; **to ~ up a contract** einen Vertrag abschließen; **to ~ up a curriculum** [*or* **syllabus**] einen Lehrplan aufstellen; **to ~ up guidelines** Richtlinien festlegen; **to ~ up a list** eine Liste aufstellen; **to ~ up a plan** einen Plan entwerfen [*o* ausarbeiten]; **to ~ up a proposal/questionnaire** einen Vorschlag/Fragebogen ausarbeiten; **to ~ up a protocol** ein Protokoll aufnehmen; **to ~ up a report** einen Bericht erstellen [*o* abfassen] [*o* ausarbeiten]; **to ~ up a will** ein Testament errichten ② (*pull toward one*) ■**to ~ up ○ sth** etw heranziehen [*o* zu sich *dat* ziehen]; **~ up a chair!** hol dir doch einen Stuhl!; **could you ~ up an extra chair, please?** könnten Sie bitte noch einen Stuhl dazustellen?; **he drew the blanket up to his chin** er zog sich die Bettdecke bis ans Kinn ③ (*stand up*) **to ~ oneself up** [**to one's full height**] (*straighten up*) sich *akk* [zu seiner vollen Größe] aufrichten **II.** *vi* ① (*arrive*) *car* vorfahren; *train* einfahren; **the limousine drew up to the hotel entrance** die Limousine fuhr vor dem Hoteleingang vor; **just ~ up here and I'll get out** fahr einfach hier ran, dann steige ich aus *fam;* ■**to ~ up with sb** jdn einholen ② MIL *troops* aufmarschieren; **the band drew up before the reviewing stand** die Kapelle stellte sich vor der [Parade]tribüne auf; **to ~ up in full array** in voller Uniform aufmarschieren

'draw·back *n* Nachteil *m;* **there are several ~s to your plan** dein Plan hat einige Haken *fam* **'draw·bridge** *n* Zugbrücke *f*

drawee *n* FIN Bezogene(r) *f(m),* Trassat *m fachspr*

draw·er¹ ['drɔːʳ, AM 'drɔːr] *n* Schublade *f;* **chest of ~s** Kommode *f* ▶ PHRASES: **to be out of the top ~** (*dated*) zu den oberen Zehntausend gehören

draw·er² ['drɔːəʳ, AM 'drɑːɚ] *n* ① (*of a cheque*) Aussteller(in) *m(f),* Trassant *m fachspr* ② (*sb who draws*) Zeichner(in) *m(f)*

drawers ['drɔːz, AM 'drɔːrz] *npl* (*dated fam: for men*) Unterhose *f;* (*for women*) Schlüpfer *m*

draw·ing ['drɔːɪŋ, AM *also* 'drɑː-] *n* ① *no pl* (*art*) Zeichnen *nt;* **the art of ~** die Zeichenkunst ② (*picture*) Zeichnung *f;* **pen-and-ink/pencil ~** Tusche-/Bleistiftzeichnung *f;* **to make a ~** eine Zeichnung anfertigen ③ (*outline*) Skizze *f,* Entwurf *m* ④ (*technical diagram*) technische Zeichnung, Maßzeichnung *f;* **mechanical ~** technische Zeichnung

'draw·ing board *n* Reißbrett *nt,* Zeichenbrett *nt;* **to go back to the ~** (*fig*) noch einmal von vorn anfangen **'draw·ing pin** *n* BRIT, AUS Reißnagel *m,* Reißzwecke *f* **'draw·ing room** *n* (*dated form*) Wohnzimmer *nt,* Salon *m veraltend geh*

drawl [drɔːl, AM *also* drɑːl] **I.** *n* schleppende Sprache, gedehnte Sprechweise; **Texas ~** breites Texanisch **II.** *vi* schleppend [*o* gedehnt] sprechen **III.** *vt* ■**to ~ sth** etw dehnen [*o* gedehnt [*o* breit] [aus]sprechen]

drawn [drɔːn, AM *also* drɑːn] **I.** *pp of* **draw II.** *adj* ① (*showing tiredness and strain*) abgespannt; **to look tired and ~** müde und abgespannt aussehen ② FOOD (*melted*) ~ **butter** Buttersoße *f* ③ SPORTS unentschieden; ~ **game** [*or* **match**] Unentschieden *nt*

drawn 'out *adj pred,* **drawn-'out** *adj attr* lang gezogen, ausgedehnt; ~ **affair** langwierige Angelegenheit

'draw·string *n* Kordel *f* zum Zuziehen, Zugband *nt*

draw·string 'pants *npl* Tunnelzughose *f*

dray [dreɪ] *n* Rollwagen *m,* Tafelwagen *m*

'dray horse *n* Zugpferd *nt*

dread [dred] **I.** *vt* ① (*fear greatly*) ■**to ~ sth** sich *akk* vor etw *dat* sehr fürchten, vor etw *dat* große Angst haben; ■**to ~ doing sth** große Angst haben, etw zu tun; ■**to ~ that ...** sich *akk* sehr davor fürchten, dass ..., große Angst davor haben, dass ...; **I ~ to think what would happen if ...** ich wage gar nicht daran zu denken, was geschehen würde, wenn ... ② (*look forward to with fear*) ■**to ~ sth** vor etw *dat* Angst haben, sich *akk* vor etw *dat* fürchten; **he's ~ing his driving test** er hat Angst vor der Fahrprüfung; ■**to ~ doing sth** Angst davor haben, etw zu tun; **I'm ~ing having to ring her** ich traue mich gar nicht, sie anzurufen **II.** *n no pl* Furcht *f,* [große] Angst; **to be** [*or* **stand**] [*or* **live**] **in ~ of sth** in [ständiger] Angst vor etw *dat* leben; **to fill sb with ~** jdn mit Angst und Schrecken erfüllen **III.** *adj attr* (*liter*) fürchterlich, schrecklich, furchtbar; **the ~ spectre of civil war** das Schreckgespenst eines Bürgerkrieges

dread·ed ['dredɪd] *adj attr* ① (*form: feared*) gefürchtet ② (*hum, iron*) gefürchtet *hum, iron;* **I've got my ~ cousin coming to stay!** mein schrecklicher Cousin kommt zu Besuch!

dread·ed 'lur·gy *n* BRIT, AUS (*hum, iron fam*) ■**the ~** eine lästige Krankheit (*als Ausrede für etwas*)

dread·ful ['dredfᵊl] *adj* ① (*awful*) schrecklich, furchtbar; ~ **accident** schlimmer Unfall; ~ **atrocity** entsetzliche Gräueltat; ~ **mistake** furchtbarer Fehler ② (*of very bad quality*) miserabel, erbärmlich, mies *fam* ③ (*disagreeable*) schrecklich *fam,* furchtbar *fam;* ~ **annoyance** großes Ärgernis; **a ~ bore** ein entsetzlich langweiliger Mensch; ~ **bother** [*or* **nuisance**] schreckliche [*o* lästige] Plage

dread·ful·ly ['dredfᵊli] *adv* ① (*in a terrible manner*) schrecklich, entsetzlich; **she behaved ~** sie hat sich furchtbar aufgeführt ② (*very poorly*) mies *fam,* grauenhaft *fam;* **David dances ~** David ist ein miserabler Tänzer ③ (*extremely*) schrecklich, furchtbar; **he was ~ upset** er hat sich furchtbar aufgeregt; **I'm ~ sorry** es tut mir schrecklich leid

dreads [dredz] *npl,* **'dread·locks** *npl* Dreadlocks *pl*

dream [dri:m] **I.** *n* ① (*during sleep*) Traum *m;* **bad/pleasant ~** schlimmer [*o* schlechter]/schöner Traum; **recurring ~** [immer] wiederkehrender Traum; ■**to have a ~ [about sth]** [von etw *dat*] träumen ② (*daydream*) Traum *m,* Träumerei *f;* ■**to be in a ~** vor sich *akk* hinträumen, mit offenen Augen träumen ③ (*aspiration*) [Wunsch]traum *m;* **win the house of your ~s** gewinnen Sie das Haus Ihrer Träume!; **the ~ of independence** der Traum von der Unabhängigkeit; **a ~ come true** ein in Erfüllung gegangener Traum ④ (*fam: perfect thing, person*) Traum *m fam;* **his new girlfriend is a ~!** seine neue Freundin ist einfach perfekt!; **this is a ~ of a house** das ist ein Traum von einem Haus; **he's got a ~ of an apartment** er hat eine traumhafte Wohnung; **to go/run/work/play like a ~** wie eine Eins fahren/funktionieren/spielen ▶ PHRASES: **in your ~s!** du träumst wohl!, nie im Leben! **II.** *adj* ① (*ideal*) Traum-; ~ **holiday/house** Traumurlaub *m*/-haus *nt;* **to be [living] in a ~ world** (*pej*) in einer Traumwelt leben *pej* ② (*relating to dreams*) Traum-; ~ **sequence** FILM Traumsequenz *f;* ~ **time** AUS LIT Traumzeit *f* **III.** *vi* <dreamt *or* dreamed, dreamt *or* dreamed> ① (*during sleep*) träumen; ■**to ~ about** [*or* **of**] **sb/sth** von jdm/etw träumen; **what did you ~ about last night?** wovon hast du letzte Nacht geträumt? ② (*fantasize*) ■**to ~ of** [*or* **about**] **sth** von etw *dat* träumen; ~ **on!** (*iron*) träum [nur schön] weiter! *iron* ③ (*consider*) ■**to not ~ of sth** nicht [einmal] im Traum an etw *akk* denken; **I wouldn't ~ of asking him for money!** es würde mir nicht im Traum einfallen, ihn um Geld zu bitten **IV.** *vt* <dreamt *or* dreamed, dreamt *or* dreamed> ① (*during sleep*) ■**to ~ that ...** träumen, dass ... ② (*imagine*) ■**to ~ sth** etw träumen; **I must have ~t it** das muss ich wohl geträumt haben ③ (*consider possible*) **to never ~ that ...** nicht im Traum daran denken, dass ...

◆**dream away** *vt* ■**to ~ away ⊂ sth: she's just ~ing away the time** sie verbringt ihre Zeit mit Träumen

◆**dream up** *vt* ■**to ~ up ⊂ sth** sich *dat* etw ausdenken

'dream·boat *n* (*approv dated fam*) Traummann, -frau *m, f fam,* Schwarm *m*

dream·er ['dri:məʳ, AM -ɚ] *n* ① (*person who dreams*) Träumer(in) *m(f)* ② (*pej: impractical person*) Träumer(in) *m(f) pej,* Traumtänzer(in) *m(f) pej*

dreami·ly ['dri:mɪli] *adv* verträumt

'dream·land *n* (*fam*) Traumland *nt*

dream·less ['dri:mləs] *adj* traumlos

'dream·like *adj* traumhaft

dreamt [drem(p)t] *pt, pp of* **dream**

dream team *n* Dreamteam *nt* **dream 'tick·et** *n* POL ideale Besetzung, ideales Team

i Kultur

Die **dreamtime** ist nach der Mythologie der *Aborigines – Ureinwohner Australiens* die Zeit der Erschaffung der Welt und ihrer Gesetze. Die Erzählungen aus dieser **dreamtime**, die seit Jahrhunderten mündlich überliefert werden, bilden den Kern ihrer Stammesrechte.

'dream world *n* Traumwelt *f;* **to live in a ~** (*pej*) in einer Traumwelt leben *pej*

dreamy ['dri:mi] *adj* ① (*gorgeous*) zum Träumen; **the film opens with a ~ shot of a sunset** der Film beginnt mit einem traumhaft schönen Sonnenuntergang ② (*daydreaming*) verträumt; **to get a ~ expression on one's face** einen verträumten Gesichtsausdruck bekommen ③ (*approv sl: delightful, wonderful*) traumhaft *fam;* **I think your brother is just ~** ich finde, dein Bruder ist ein echter Schatz

dreari·ly [drɪərɪli, AM drɪr-] *adv* ① (*depressingly*) trübsinnig *pej,* düster ② (*monotonously*) eintönig, langweilig *pej,* monoton

dreari·ness [drɪərɪnəs, AM drɪr-] *n no pl* ① (*depressing quality*) Trübseligkeit *f pej,* Tristheit *f pej;* **the area is noted for the ~ of its weather** die Gegend ist bekannt für ihr trübes Wetter ② (*monotony*) Eintönigkeit *f,* Monotonie *f;* **he lamented the ~ of his life** er beklagte sich über sein eintöniges Leben

dreary [drɪəri, AM drɪri] *adj* ① (*depressing*) trostlos *pej,* düster; **the village looked grey and ~** das Dorf wirkte grau und trostlos; **a ~ day** ein trister [*o* trüber] Tag ② (*bleak*) eintönig, langweilig *pej,* monoton

dreck *n* (*sl*) Mist *m fam,* Dreck *m*

dredge¹ [dredʒ] **I.** *n* ① (*machinery*) Bagger *m;* (*boat*) Schwimmbagger *m,* Nassbagger *m* ② (*net*) Schleppnetz *nt* **II.** *vt* ■**to ~ sth** ① (*dig out*) etw ausbaggern; **to ~ a canal/lake/river** einen Kanal/See/Fluss ausbaggern [*o* nassbaggern] [*o* schlämmen] ② (*search*) etw absuchen

◆**dredge up** *vt* ■**to ~ up ⊂ sth** ① (*bring to surface*) etw heraufholen ② (*fig: remember*) etw ans Licht zerren [*o* wieder ausgraben]; **don't let's ~ all that up again** lasst uns das nicht alles wieder aufführen; **to ~ up painful memories** schmerzliche Erinnerungen wecken [*o* wachrufen]

dredge² [dredʒ] *vt* FOOD ■**to ~ sth with** [*or* **in**] **sth** etw mit etw *dat* bestreuen [*o* bestäuben]; ~ **the meat in flour before searing** wenden Sie das Fleisch vor dem Anbraten kurz in

Mehl

dredg·er[1] ['dredʒəʳ, AM -ɚ] *n* (*machine*) Bagger *m;* (*boat*) Schwimmbagger *m,* Nassbagger *m*

dredg·er[2] ['dredʒəʳ, AM -ɚ] *n* FOOD Streuer *m*

dregs [dregz] *npl* ❶ (*drink sediment*) [Boden]satz *m kein pl; of coffee* Kaffeesatz *m kein pl;* **to drink sth [down] to the** ~ etw bis auf den letzten Tropfen austrinken ❷ (*pej: worst part*) Abschaum *m kein pl pej;* **the** ~ **of society** der Abschaum der Gesellschaft

drench [dren(t)ʃ] *vt* ■**to** ~ **sb/sth** jdn/etw durchnässen; **to get** ~**ed to the skin** nass bis auf die Haut werden; **to be** ~**ed in sweat** schweißgebadet sein

drenched [dren(t)ʃt] *adj* völlig durchnässt; **you're** ~**!** du bist ja vollkommen durchnässt!; ~ **in blood** blutgetränkt; ~ **in tears** in Tränen aufgelöst

dress [dres] **I.** *n* <*pl* -es> ❶ (*woman's garment*) Kleid *nt;* **party** ~ Partykleid *nt;* **long/short** ~ langes/kurzes Kleid; **sleeveless/strapless** ~ ärmelloses/trägerloses Kleid ❷ *no pl* (*clothing*) Kleidung *f;* **evening** ~ Abendkleidung *f;* **casual** ~ legere Kleidung; **ceremonial** ~ Staat *m;* **formal** ~ Gesellschaftskleidung *f;* **traditional** ~ Tracht *f* **II.** *vi* ❶ (*put on clothing*) sich *akk* anziehen ❷ (*wear clothing*) sich *akk* kleiden; **he always** ~**es fairly casually** er ist immer ziemlich leger angezogen; **to** ~ **for dinner** sich *akk* zum Abendessen umziehen **III.** *vt* ❶ (*put on clothing*) ■**to** ~ **sb/oneself** jdn/sich *akk* anziehen ❷ FOOD (*add a dressing*) **to** ~ **a salad** einen Salat anmachen; **to** ~ **vegetables** Gemüse mit einer Soße übergießen ❸ (*treat a wound*) **to** ~ **an injury/a wound** eine Verletzung/Wunde verbinden [*o* versorgen] ❹ FASHION (*prepare carefully*) ■**to** ~ **sth** etw zurechtmachen; **to** ~ **sb's hair** jds Haare *ntpl* frisieren ❺ (*decorate*) ■**to** ~ **sth** etw dekorieren [*o* schmücken]; **to** ~ **shop windows** Schaufenster dekorieren; ■**to** ~ **sb** jdn herausputzen

◆**dress down I.** *vi* sich *akk* leger anziehen **II.** *vt* ■**to** ~ **down** ○ **sb** jdn zurechtweisen [*o fam* herunterputzen], jdm eins auf den Deckel geben *fam;* **he got** ~**ed down for nothing** er wurde wegen nichts zur Schnecke gemacht *fam*

◆**dress up I.** *vi* ❶ (*wear nice clothes*) sich *akk* herausputzen [*o* schick anziehen]; (*wear formal clothes*) sich *akk* fein machen [*o* elegant anziehen] ❷ (*disguise oneself*) sich *akk* verkleiden [*o* kostümieren]; **the children are** ~**ing up as pirates** die Kinder verkleiden sich als Piraten; ■**to** ~ **up in sth** sich *akk* mit etw *dat* kostümieren **II.** *vt* ❶ (*dress nicely*) ■**to** ~ **oneself up** sich *akk* herausputzen [*o* schick anziehen]; (*dress formally*) sich *akk* fein machen [*o* elegant anziehen] ❷ (*wear costume*) ■**to** ~ **sb/oneself up [as sb/sth]** jdn/sich [als jdn/etw] verkleiden [*o* kostümieren] ❸ (*improve*) ■**to** ~ **sth** ○ **up** etw verschönern; **I** ~**ed the pizza up with a few extra tomatoes** ich verzierte die Pizza mit ein paar zusätzlichen Tomaten; **to** ~ **up a story** eine Geschichte ausschmücken ❹ (*make seem better*) ■**to** ~ **sth** ○ **up** etw beschönigen; **the data had been** ~**ed up a bit so the stockholders wouldn't be alarmed** die Zahlen waren etwas schöngefärbt, um die Aktionäre nicht zu verschrecken

dres·sage ['dresɑːʒ, AM drə'sɑːʒ] *n no pl, no art* Dressur *f,* Dressurreiten *nt*

dress 'cir·cle *n* THEAT erster Rang **dress 'coat** *n* Frack *m* **'dress code** *n* ❶ (*accepted standard*) Kleiderordnung *f* ❷ (*required standard*) Bekleidungsvorschriften *fpl*

dressed [drest] *adj* ❶ *pred, inv* (*clothed*) angezogen, angekleidet *geh;* **I'm not** ~ **yet** ich bin noch nicht angezogen; **to get** ~ sich *akk* anziehen ❷ (*in a specified manner*) gekleidet; **badly/well** ~ schlecht/gut gekleidet; **simply/smartly** ~ einfach/elegant gekleidet; **to be** ~ **to kill** aufgedonnert sein *pej fam;* **to be** ~ **up** elegant gekleidet sein; **we all got** ~ **up for the wedding** wir machten uns alle fein für die Hochzeit; ■**to be** ~ **for sth** für etw *akk* passend gekleidet sein; ■**to be** ~ **in sth** etw tragen; **was he the one who was** ~ **in that awful suit?** war das der in dem schrecklichen Anzug? ❸ *inv* FOOD (*tossed with a dressing*) angemacht

dressed 'crab *n* farcierter [*o* mit einer Farce gefüllter] Krebs

dress·er ['dresəʳ, AM -ɚ] *n* ❶ (*person*) **to be a sloppy/snappy/stylish** ~ jd sein, der sich salopp/flott/elegant kleidet ❷ THEAT (*actor's assistant*) Garderobier(e) *m(f)* ❸ (*sideboard*) Anrichte *f,* Büfett *nt* ❹ AM, CAN (*chest of drawers*) [Frisier]kommode *f,* Toilettentisch *m*

dress·ing ['dresɪŋ] *n* ❶ *no pl* (*of clothes*) Tragen *nt* von Kleidung ❷ (*for salad*) [Salat]soße *f,* Dressing *nt;* **French** ~ French Dressing *nt;* **garlic/herb** ~ Knoblauch-/Kräutersoße *f;* **salad** ~ Salatsoße *f,* Salatdressing *nt* ❸ (*for injury*) Verband *m*

dress·ing-'down *n* (*fam*) Zurechtweisung *f,* Standpauke *f fam;* **to get a** ~ zurechtgewiesen werden, eins auf den Deckel kriegen *fam;* **to get off with a severe** ~ mit einer ernsten Verwarnung davonkommen; **to give sb a** ~ jdm eine Standpauke halten *fam,* jdn zusammenstauchen *fam* **'dress·ing gown** *n* Morgenmantel *m veraltend,* Bademantel *m* **'dress·ing room** *n* (*in house*) Ankleideraum *m;* (*in theatre*) [Künstler]garderobe *f;* SPORTS Umkleidekabine *f* **'dress·ing ta·ble** *n* Frisierkommode *f,* Toilettentisch *m*

'dress·mak·er *n* [Damen]schneider(in) *m(f)* **'dress·mak·ing I.** *n no pl* Schneidern *nt;* **my aunt does a lot of** ~ meine Tante schneidert sehr viel [selbst] **II.** *adj attr, inv* Schneider-; ~ **and tailoring shop** Damen- und Herrenschneiderei *f* **'dress parade** *n* ❶ MIL Parade *f* in Galauniform ❷ FASHION Modenschau *f* **dress re·'hears·al** *n* THEAT Generalprobe *f* **'dress sense** *n no pl* Sinn *m* für Mode **dress 'shirt** *n* Smokinghemd *nt,* Anzughemd *nt* **dress 'suit** *n* Abendanzug *m,* Smoking *m* **dress 'uni·form** *n* Galauniform *f,* Paradeuniform *f;* **full-**~ große Galauniform

dressy ['dresi] *adj* (*fam*) ❶ (*stylish*) elegant, schick; **to be a** ~ **person** immer gut angezogen sein ❷ (*requiring formal clothes*) vornehm; ~ **affair** [*or* **occasion**] besonderer Anlass, besondere Gelegenheit

drew [druː] *pt of* **draw**

drib·ble ['drɪbl] **I.** *vi* ❶ *baby, child* sabbern *fam,* geifern *pej* ❷ (*trickle*) *tap* tropfen ❸ (*fig: arrive in small numbers*) kleckerweise eintreffen *fam;* **people have started to** ~ **into the stadium** die Leute kommen nach und nach ins Stadion ❹ (*in basketball*) dribbeln **II.** *vt* ❶ (*let drop*) ■**to** ~ **sth** etw tropfen lassen, etw träufeln ❷ SPORTS **to** ~ **a ball** mit einem Ball dribbeln **III.** *n* ❶ *no pl* (*saliva*) Sabber *m fam,* Geifer *m* ❷ (*droplet*) Tropfen *m* ❸ SPORTS Dribbeln *nt kein pl,* Dribbling *nt kein pl*

drib·bler ['drɪbləʳ, AM -ɚ] *n* SPORTS Dribbler(in) *m(f),* Dribbelkünstler(in) *m(f)*

drib·bling ['drɪblɪŋ] *n no pl* SPORTS Dribbling *nt*

drib·let ['drɪblət] *n* [kleiner] Tropfen, Tröpfchen *nt;* **in** ~**s** tröpfchenweise, in kleinen Mengen

dribs [drɪbz] *npl* **in** ~ **and drabs** (*persons*) in kleinen Gruppen, kleckerweise *fam;* (*things*) in kleinen Mengen, kleckerweise *fam*

dried [draɪd] **I.** *pt, pp of* **dry II.** *adj attr, inv* getrocknet, Trocken-; ~ **fish** getrockneter Fisch; (*cod*) Stockfisch *m;* ~ **flowers** Trockenblumen *fpl;* ~ **fruit** Dörrobst *nt,* Backobst *nt;* ~ **milk** Trockenmilch *f,* Milchpulver *nt;* ~ **mushrooms/peas** getrocknete Pilze/Erbsen

dried up *adj pred,* **dried-up** *adj attr* ausgetrocknet; ~ **old maid** (*pej*) vertrocknete alte Jungfer *pej*

drift [drɪft] **I.** *vi* ❶ (*be moved*) treiben; *mist, fog, clouds* ziehen; *balloon* schweben; **we let ourselves** ~ **downstream** wir ließen uns flussabwärts treiben; **to** ~ **out to sea** aufs offene Meer hinaustreiben ❷ (*move aimlessly*) [ziellos] herumwandern; **after the meeting, people** ~**ed away in twos and threes** nach der Versammlung schlenderten die Leute in Zweier- und Dreiergrüppchen davon ❸ (*progress casually*) sich *akk* treiben lassen; **she just seems to** ~ **from one boyfriend to another**

sie scheint von einer Beziehung in die nächste zu schlittern; **the talk ~ed aimlessly from one subject to another** man kam vom Hundertsten ins Tausendste; **to ~ into crime** in die Kriminalität abdriften; **to ~ into a situation** in eine Situation hineingeraten; **to ~ with the tide** mit dem Strom schwimmen ❹ (*pile up*) Verwehungen bilden, angeweht werden; **snow had ~ed against the garage door** vor der Garagentür war Schnee angeweht worden **II.** *n* ❶ (*slow movement*) Strömen *nt;* **the ~ of unemployed youth** der Zustrom arbeitsloser Jugendlicher; **~ from the land** Landflucht *f* ❷ (*slow trend*) Tendenz *f,* Strömung *f,* Trend *m;* **downward ~** Abwärtstrend *m;* **the downward ~ in copper prices** der Preisverfall bei Kupfer ❸ (*mass*) Wehe *f,* Verwehung *f;* **~ of snow** Schneewehe *f,* Schneeverwehung *f;* **~ of sand** Sandwehe *f,* Haufen *m* Flugsand ❹ (*central meaning*) Kernaussage *f;* (*train of thought*) Gedankengang *m;* **to catch** [*or* **follow**] [*or* **get**] **sb's ~** verstehen, was jd sagen will

◆**drift about, drift along** *vi* **to ~ along** [*or* **about**] **with the crowd** mit dem Strom schwimmen, mit der Herde laufen

◆**drift apart** *vi* einander fremd werden, sich *akk* auseinanderleben

◆**drift around** *vi* sich *akk* [willenlos] treiben lassen

◆**drift off** *vi* einschlummern, in Schlaf sinken, eindösen *fam;* **to ~ off to sleep** einschlafen, vom Schlaf übermannt werden

drift·er ['drɪftəʳ, AM -ɚ] *n* ziellos dahinlebender Mensch, Gammler(in) *m(f) meist pej;* **to be a ~** sich *akk* treiben lassen

'drift ice *n no pl* Treibeis *nt*

drift·ing ['drɪftɪŋ] *adj attr* Treib-; **~ clouds** dahinziehende Wolken; **~ mine** MIL Treibmine *f;* **~ snow** Schneeverwehungen *fpl* **'drift net** *n* NAUT Treibnetz *nt* **'drift sand** *n no pl* Treibsand *m* **'drift·wood** *n no pl* Treibholz *nt*

drill¹ [drɪl] **I.** *n* Bohrer *m,* Bohrgerät *nt;* **electric ~** [Hand]bohrmaschine *f;* **pneumatic ~** Pressluftbohrer *m,* Druckluftbohrer *m* **II.** *vt* ❶ (*in building*) ■**to ~ sth** etw durchbohren; **to ~ a hole/well** ein Loch/einen Brunnen bohren; **to ~ a tooth** bohren ❷ (*sl: shoot*) ■**to ~ sb** jdm eine Kugel verpassen *fam;* **to ~ sb full of holes** jdn durchlöchern *fam* **III.** *vi* bohren; ■**to ~ through sth** etw durchbohren; **to ~ for oil** nach Öl bohren **IV.** *n modifier* Bohr-; **~ bit** Bohrspitze *f,* Bohrmeißel *m;* **~ chuck** [*or* **head**] Bohrfutter *nt;* **~ ship** Bohrschiff *nt*

drill² [drɪl] **I.** *n* ❶ *no pl* (*training*) hartes Training; MIL Drill *m kein pl;* **to do rifle ~** Schießübungen machen ❷ (*exercise*) Übung *f;* **fire ~** (*for firemen*) Feuerwehrübung *f;* (*for others*) Probe[feuer]alarm *m;* **to do spelling ~s** Buchstabierübungen machen ❸ (*fam: routine procedure*) **what's the ~?** wie geht das?, wie wird das gemacht?; **to know the ~** wissen, wie es geht, den Bogen raushaben *fam* **II.** *vt* MIL, SCH ■**to ~ sb** jdn drillen; **he ~ed the children in what they should say** er bläute den Kindern ein, was sie sagen sollten **III.** *vi* MIL exerzieren **IV.** *n modifier* MIL Drill-; **~ ground** Exerzierplatz *m*

'drill·ing rig *n* (*on land*) Bohrturm *m;* (*offshore*) Bohrinsel *f*

'drill ser·geant *n* MIL Ausbilder *m*

dri·ly ['draɪli] *adv* ❶ (*with dry humour*) trocken ❷ (*coldly*) kühl

drink [drɪŋk] **I.** *n* ❶ *no pl* (*liquid nourishment*) Trinken *nt;* **to have no food or ~** nichts zu essen und zu trinken haben ❷ (*amount*) Getränk *nt;* **can I get you a ~?** kann ich Ihnen etwas zu trinken bringen?; **a ~ of coffee/juice/milk** ein Schluck *m* Kaffee/Saft/Milch; **soft ~** Softdrink *m,* alkoholfreies Getränk; **to fill** [*or* **top off**] **sb's ~** jdm nachschenken; **to have a ~** etw trinken ❸ *no pl* (*alcohol*) Alkohol *m;* **he came home smelling of ~** er kam mit einer [Alkohol]fahne nach Hause ❹ (*alcoholic drink*) Drink *m,* Gläschen *nt;* **I do like a ~ occasionally** hin und wieder trinke ich schon mal ganz gern ein Schlückchen; **have we got time for a quick ~?** haben wir noch Zeit für ein schnelles Gläschen?; ■**~s** *pl* Getränke *ntpl;* **come for ~s on Saturday** kommen Sie doch am Samstag auf einen Drink vorbei; **whose turn is it to buy the ~s?** wer gibt die nächste Runde aus? ❺ *no pl* (*excessive alcohol consumption*) Trinken *nt,* Saufen *nt fam;* **~ was his ruin** der Alkohol war sein Verderben; **to drive sb to ~** jdn zum Trinker/zur Trinkerin machen; **to take to ~** mit dem Trinken anfangen, sich *dat* das Trinken angewöhnen ❻ (*fam*) ■**the ~** das Meer **II.** *vi* <drank, drunk> ❶ (*consume liquid*) trinken; **what would you like to ~?** was möchten Sie trinken? ❷ (*consume alcohol*) [Alkohol] trinken; **to ~ heavily** viel trinken, saufen *sl;* **to ~ moderately** [*or* **in moderation**] maßvoll [*o* in Maßen] trinken; **to ~ and drive** unter Alkoholeinfluss [*o* nach dem Trinken] fahren; ■**to ~ to sb/sth** auf jdn/etw trinken [*o* anstoßen]; **I'll ~ to that** darauf trinke ich; (*fig*) dem kann ich nur zustimmen ❸ (*pej: have alcohol problem*) trinken *pej;* **her husband ~s** ihr Mann ist ein Trinker; **to ~ like a fish** saufen *sl,* sich *akk* voll laufen lassen *fam;* **he ~s like a fish** er säuft wie ein Loch *sl* **III.** *vt* <drank, drunk> ❶ (*consume beverage*) ■**to ~ sth** etw trinken; **to ~ a bottle of wine/a glass of water** eine Flasche Wein/ein Glas Wasser trinken; **to ~ one's fill** seinen Durst löschen; **to ~ one's soup** seine Suppe essen ❷ (*consume alcohol*) ■**to ~ sth** etw trinken; **to ~ a toast to sb/sth** auf jdn/etw trinken; **to ~ sb under the table** jdn unter den Tisch trinken; **to ~ oneself to death** sich *akk* zu Tode saufen [*o* totsaufen] *sl;* **to ~ oneself into a stupor** sich *akk* bis zur Besinnungslosigkeit betrinken ❸ (*absorb moisture*) ■**to ~ sth** etw aufsaugen; **my car ~s petrol** mein Auto schluckt viel Benzin *fam;* **to ~ water** Wasser [ver]brauchen; **these plants ~ amazing amounts of water** diese Pflanzen brauchen erstaunlich viel Wasser

◆**drink down** *vt* ■**to ~ down** ↔ **sth** etw auf einen Zug austrinken [*o* schnell hinuntertrinken]

◆**drink in** *vt* ■**to ~ in** ↔ **sth** etw [begierig] in sich *akk* aufnehmen; **they paused to ~ in the beauty of the view** sie machten Halt, um den schönen Ausblick auf sich wirken zu lassen; **they drank in the words of their leader** sie hingen ihrem Anführer an den Lippen

◆**drink off** *vt* ■**to ~ off** ↔ **sth** etw [in einem Zug] austrinken [*o* leeren]

◆**drink up I.** *vi* austrinken, leer trinken **II.** *vt* ■**to ~ up** ↔ **sth** etw austrinken [*o* leeren]

drink·able ['drɪŋkəbl̩] *adj* trinkbar; **~ water** Trinkwasser; **~ wine** süffiger Wein

drink-'driv·ing *n no pl* BRIT, AUS Trunkenheit *f* am Steuer

drink·er ['drɪŋkəʳ, AM -ɚ] *n* ❶ (*of fluids*) Trinkende(r) *f(m),* Trinker(in) *m(f);* **~ of coffee/tea** Kaffee-/Teetrinker(in) *m(f)* ❷ (*of alcohol*) Trinker(in) *m(f);* (*alcoholic*) Alkoholiker(in) *m(f);* **to be a light ~** wenig [*o* kaum] [Alkohol] trinken; **hard** [*or* **heavy**]/**moderate ~** starker/maßvoller Trinker/starke/maßvolle Trinkerin

drink·ing ['drɪŋkɪŋ] **I.** *n no pl* ❶ (*consumption*) Trinken *nt;* **this water is not for ~** das ist kein Trinkwasser ❷ (*of alcohol*) Trinken *nt;* **~ and driving is dangerous** Alkohol am Steuer ist gefährlich; **to do a lot of ~** viel [Alkohol] trinken **II.** *adj* ❶ (*for drinking from*) Trink-; **~ cup/glass** Trinkbecher *m*/-glas *nt* ❷ (*relating to alcohol*) Trink-; **~ bout** Sauftour *f fam;* **~ habits** Trinkgewohnheiten *fpl*

'drink·ing foun·tain *n* Trinkwasserbrunnen *m* **'drink·ing prob·lem** *n* AM, AUS (*pej: of person*) Alkoholproblem *nt;* (*of society*) Alkoholmissbrauch *m;* **to have a ~** ein Alkoholproblem haben **'drink·ing song** *n* Trinklied *nt* **'drink·ing straw** *n* Strohhalm *m,* Trinkhalm *m* **drink·ing-'up time** *n* BRIT *die letzten zehn Minuten vor der Sperrstunde* **'drink·ing wa·ter** *n no pl* Trinkwasser *nt* **drink·ing-wa·ter sup·'ply** *n* Trinkwasserversorgung *f;* **subterranean ~** unterirdischer Trinkwasservorrat; **to poison the ~** das Trinkwasser vergiften

'drink prob·lem *n* BRIT, AUS (*pej: of person*) Alkoholproblem *nt;* (*of society*) Alkoholmissbrauch *m*

'drinks cabi·net *n* Hausbar *f* **'drinks ma·chine** *n* Getränkeautomat *m* **'drinks trol·ley** *n* Servierwagen *m*

drip [drɪp] **I.** *vi* <-pp-> (*continually*) tropfen; (*in individual *drops*) tröpfeln **II.** *vt* <-pp-> ■**to ~ sth** etw [herunter]tropfen lassen; **to ~ blood** Blut verlieren **III.** *n* ❶ *no pl* (*act of dripping*) Tropfen *nt; of rain* Tröpfeln *nt* ❷ (*drop*) Tropfen *m* ❸ MED Tropf *m;* **to be on a ~** am Tropf hängen, eine Infusion bekommen ❹ (*pej sl: foolish person*) Flasche *f pej fam,* Null *f pej fam*

drip-dry I. *vt* <-ie-> **to ~ clothes** Kleidung tropfnass aufhängen **II.** *adj* bügelfrei, knitterfrei

drip·ping ['drɪpɪŋ] **I.** *adj inv* ❶ (*dropping drips*) tropfend; ■**to be ~** tropfen ❷ (*extremely wet*) klatschnass, triefend; **Jim was ~ with sweat** Jim lief der Schweiß herunter ❸ (*hum, iron: be covered with sth*) ■**to be ~ with sth** über und über mit etw *dat* behängt sein *hum, iron* **II.** *adv* **to be ~ wet** klatschnass [*o* patschnass] [*o* vollkommen durchnässt] sein **III.** *n* Bratenfett *nt,* Schmalz *nt*

drip·py ['drɪpi] *adj* (*pej sl*) ❶ (*stupid*) dumm *pej,* doof *pej fam* ❷ (*sentimental*) rührselig *pej,* kitschig *pej,* schmalzig *pej*

drive [draɪv] **I.** *n* ❶ (*act of driving*) Fahrt *f,* Fahren *nt;* **to go for a ~** eine [Spazier]fahrt machen; **to go for a ~ in the new car** eine Spritztour mit dem neuen Wagen machen; **to take sb out for a ~** jdn auf eine Spazierfahrt mitnehmen, mit jdm spazieren fahren ❷ (*distance driven*) Fahrt *f,* [Fahr]strecke *f;* **they live a day's ~ north of us** sie wohnen eine Tagesfahrt nördlich von uns ❸ (*driveway*) Fahrstraße *f,* Fahrweg *m;* (*car entrance*) Einfahrt *f;* (*approaching road*) Zufahrt[sstraße] *f,* Zufahrtsweg *m;* (*to large building*) Auffahrt *f* ❹ *no pl* MECH, TECH (*transmission*) Antrieb *m;* **all-wheel ~** Allradantrieb *m;* **front-wheel ~** Vorderradantrieb *m,* Frontantrieb *m;* AUTO Steuerung *f,* Lenkung *f;* **left-/right-hand ~** Links-/Rechtssteuerung *f* ❺ *no pl* (*energy*) Tatkraft *f,* Dynamik *m,* Energie *f;* PSYCH Trieb *m;* **she lacks ~** es fehlt ihr an Elan; **sex ~** Geschlechts-/Sexualtrieb *m,* Libido *f geh;* **to have ~** Schwung [*o* Elan] haben; **he has the ~ to succeed** mit seiner Energie wird er es schaffen ❻ (*vigorous campaign*) Aktion *f,* Kampagne *f;* **to organize a ~ to collect money** eine Sammelaktion organisieren; **economy ~** Sparmaßnahmen *fpl;* **to be on an economy ~** Sparmaßnahmen durchführen; **fund-raising ~** Spenden[sammel]aktion *f;* **membership/recruitment ~** Anwerbungskampagne *f,* Mitgliederwerbeaktion *f* ❼ TENNIS, SPORTS (*powerful stroke*) Treibschlag *m,* Treibball *m,* Drive *m* ❽ COMPUT Laufwerk *nt;* **disk ~** Diskettenlaufwerk *nt;* **CD-ROM ~** CD-ROM-Laufwerk *nt* ❾ AGR (*of animals*) Treiben *nt;* **cattle ~** Viehtrieb *m* **II.** *vt* <drove, -n> ❶ (*operate vehicle*) ■**to ~ sth** *car, truck* etw fahren; *racing car* etw steuern; *coach* etw lenken; **to ~ an automatic** einen Wagen mit Automatik fahren ❷ (*use vehicle*) ■**to ~ sth** etw fahren; **to ~ a sports car/Porsche** einen Sportwagen/Porsche fahren ❸ (*provide transport*) ■**to ~ sb** jdn fahren; **I drove my daughter to school** ich fuhr meine Tochter zur Schule ❹ (*force movement*) ■**to ~ an animal** *mule, ox* ein Tier antreiben; ■**to be driven from a place** aus einem Ort vertrieben werden; (*fig*) **he ~s himself too hard** er mutet sich zu viel zu ❺ (*propel*) ■**to ~ sth somewhere** etw irgendwohin treiben; **the rain was ~n against the windows by the wind** der Wind peitschte den Regen gegen die Fenster ❻ (*cause to become*) treiben; **he ~s me crazy** er macht mich wahnsinnig; **what drove you to do that?** was hat Sie dazu gebracht, das zu tun? ❼ (*force into a state*) ■**to ~ sb/sth [somewhere]** jdn/etw [irgendwohin] treiben; **the government has ~n the economy into deep recession** die Regierung hat die Wirtschaft in eine tiefe Rezession gestürzt; **a succession of scandals eventually drove the minister out of office** eine Reihe von Skandalen zwang den Minister schließlich zur Amtsniederlegung; (*hum*) **banning boxing would simply ~ the sport underground** ein Verbot des Boxsports würde nur dazu führen, dass dieser Sport heimlich weiter betrieben wird; **to ~ sb to drink** jdn zum Trinken bringen; **to ~ sb to suicide** jdn in den Selbstmord treiben; ■**to ~ sb to do sth** jdn dazu treiben [*o* bewegen] [*o* bringen], etw zu tun; **it was the arguments that drove her to leave home** wegen der Streitereien verließ sie schließlich ihr Zuhause ❽ (*render*) **to ~ sb mad** [*or* **crazy**] [*or* **insane**] jdn verrückt machen; **it's driving me mad!** das macht mich nochmal wahnsinnig!; **to ~ an animal wild** ein Tier wild machen; **to ~ sb wild** jdn heißmachen *fam* ❾ (*hit into place*) ■**to ~ sth into sth** etw in etw *akk* schlagen [*o* treiben]; **to ~ a post into the ground** einen Pfosten in den Boden rammen; ■**to ~ sth between sth** etw mit etw *dat* spalten; **to ~ a wedge between two people** einen Keil zwischen zwei Menschen treiben ❿ (*provide power*) ■**to ~ sth** *engine* etw antreiben ⓫ (*in golf*) **to ~ a ball** einen Ball treiben ▸ PHRASES: **to ~ a hard bargain** hart verhandeln; **you want £2000 for that? you certainly ~ a hard bargain!** 2000 Pfund wollen Sie dafür? das ist ja wohl total überzogen! *fam;* **to ~ a coach and horses through sth** etw auseinandernehmen *fig;* **to ~ one's message** [*or* **point**] **home** seinen Standpunkt klarmachen **III.** *vi* <drove, -n> ❶ (*operate vehicle*) fahren; **who was driving at the time of the accident?** wer saß zurzeit des Unfalls am Steuer?; **someone drove into the back of his car yesterday** jemand ist ihm gestern hinten ins Auto gefahren; **to ~ fast/slowly/carefully** schnell/langsam/vorsichtig fahren; **to learn to ~** [Auto] fahren lernen, den Führerschein machen ❷ (*travel by automobile*) mit dem Auto fahren; **are you going by train? – no, I'm driving** fahren Sie mit dem Zug? – nein, mit dem Auto; **I always ~ to work** ich fahre immer mit dem Auto zur Arbeit; **to ~ on/past** weiter-/vorbeifahren ❸ (*function*) fahren, laufen

◆**drive at** *vi* ■**to be driving at sth** auf etw *akk* hinauswollen; **what are you driving at?** worauf wollen Sie hinaus?

◆**drive away I.** *vt* ❶ (*force to leave*) ■**to ~ away ↻ sb/sth** jdn/etw vertreiben [*o* wegjagen]; **to ~ away suspicions** Bedenken zerstreuen ❷ (*in vehicle*) ■**to ~ sb away** jdn wegfahren [*o* wegbringen] **II.** *vi* wegfahren, fortfahren

◆**drive off I.** *vt* ■**to ~ off ↻ sb/sth** jdn/etw vertreiben [*o* verjagen]; **to ~ off an attack** einen Angriff zurückschlagen [*o* abwehren] **II.** *vi* wegfahren, abfahren; **they drove off to the registry to get married** sie machten sich auf den Weg zum Standesamt, um zu heiraten

◆**drive out** *vt* ■**to ~ out ↻ sb/sth** jdn/etw hinausjagen [*o* vertreiben]; **to ~ out an evil spirit** einen bösen Geist austreiben

◆**drive up I.** *vt* ■**to ~ up sth** etw hochtreiben; **to ~ up prices** die Preise hochtreiben **II.** *vi* vorfahren

'drive belt *n* Treibriemen *m,* Transmissionsriemen *m* **'drive-by** *adj attr, inv* **~ killing/murder** Anschlag *m*/Mord *m* von einem vorbeifahrenden Auto aus **drive-by 'shoot·ing** *n Schießerei aus dem fahrenden Auto heraus* **'drive-in** *esp* AM, AUS **I.** *adj attr, inv* Drive-in-, Auto-; **~ window** Autoschalter *m* **II.** *n* ❶ (*restaurant*) Drive-in *nt,* Drive-in-Restaurant *nt* ❷ (*cinema/movie*) Autokino *nt* **drive-in 'bank** *n esp* AM, AUS Bank *f* mit Autoschalter **drive-in 'cin·ema** *n* Autokino *nt* **drive-in 'res·tau·rant** *n esp* AM, AUS Drive-in *nt,* Drive-in-Restaurant *nt*

driv·el ['drɪvᵊl] *n no pl* (*pej*) Gefasel *nt pej fam,* Geschwätz *nt pej;* **to talk ~** Blödsinn [*o* Quatsch] daherreden *fam*

driv·el·ling ['drɪvᵊlɪŋ], AM *usu* **driv·el·ing** *adj attr, inv* (*pej*) **~ idiot** Volltrottel *m pej fam,* Spinner *m pej fam;* ■**to be ~** Blödsinn daherreden *pej fam*

driv·en ['drɪvᵊn] **I.** *pp of* **drive II.** *adj* ❶ (*very ambitious*) ehrgeizig, rührig, geschäftig; **like most of the lawyers that I know, Rachel is ~** wie die meisten Anwälte, die ich kenne, will auch Rachel hoch hinaus ❷ (*powered*) betrieben, angetrieben; **electrically ~** elektrisch angetrieben, mit elektrischem Antrieb ❸ *attr* (*propelled by sth*) [voran]getrieben ▸ PHRASES: **to be as pure as the ~ snow** so unschuldig wie ein Engel sein

-driv·en *in compounds* betrieben; **gas-/petrol-/steam-~** gas-/

benzin-/dampfbetrieben; **propeller-/wind-~** mit Propeller-/Windantrieb; **market-~** ECON marktorientiert

driv·er ['draɪvəʳ, AM -ɚ] *n* ❶ *of car* [Auto]fahrer(in) *m(f); of lorry* [Lastwagen]fahrer(in) *m(f); of locomotive* Führer(in) *m(f); of coach* Kutscher(in) *m(f);* **bus/taxi ~** Bus-/Taxifahrer(in) *m(f)* ❷ *(golf club)* Driver *m*

driv·er's ed *n (fam) short for* **driver's education program** ❶ *(from an early age)* Verkehrserziehung *f,* Verkehrserziehungsprogramm *nt* ❷ *(driving school)* Fahrschule *f* **driv·er's edu·'ca·tion** *n no pl* AM Fahrunterricht *m* **'driv·er's li·cence** BRIT, AUS, **'driv·er's li·cense** *n* AM Führerschein *m* **'driv·er's seat** *n* AM, AUS *(driving seat)* Fahrersitz *m;* **to be in the ~** *(fig)* die Zügel in der Hand haben

'drive shaft *n* MECH, TECH Antriebswelle *f;* AUTO Kardanwelle *f*

i Kultur

Drive through bottle shops gibt es überall in Australien. Oft gehören sie zu Hotels und sehen wie eine offene Garage oder Scheune aus, weshalb man sie auch *liquor barns* nennt. Man kann mit dem Auto hineinfahren und ohne aussteigen zu müssen, kann man Wein, Bier und Spirituosen kaufen und wird direkt durch das offene Autofenster bedient.

'drive·way *n* ❶ *(car entrance)* Einfahrt *f* ❷ *(approach road)* Zufahrt[sstraße] *f,* Zufahrtsweg *m; (to large building)* Auffahrt *f*

driv·ing ['draɪvɪŋ] **I.** *n (of vehicle)* Fahren *nt;* **~ while under the influence of alcohol** AM Fahren *nt* unter dem Einfluss von Alkohol; **drunk ~** Trunkenheit *f* am Steuer; **~ while intoxicated** AM Fahren *nt* in betrunkenem Zustand; **reckless ~** rücksichtsloser Fahrstil **II.** *adj* ❶ *(on road)* Fahr-; **~ conditions** Straßenverhältnisse *pl* ❷ *(lashing)* stürmisch; **~ rain** peitschender Regen; **~ snow** Schneetreiben *nt* ❸ *(powerfully motivating)* treibend *attr;* **~ ambition** starker Ehrgeiz

'driv·ing force *n no pl* treibende Kraft, Triebfeder *f fig;* ■**to be the ~ behind sth** die treibende Kraft hinter etw *dat* sein **'driv·ing in·struc·tor** *n* Fahrlehrer(in) *m(f)* **'driv·ing les·son** *n* Fahrstunde *f;* ■**~s** *pl* Fahrunterricht *m kein pl;* **our son is taking ~s** unser Sohn macht gerade den Führerschein **'driv·ing li·cence** *n* BRIT Führerschein *m,* Fahrerlaubnis *f form* **'driv·ing mir·ror** *n* Rückspiegel *m;* **to check in the ~** in den Rückspiegel blicken [*o* schauen] **'driv·ing pool** *n* Fuhrpark *m* **'driv·ing range** *n (in golf)* Drivingrange *nt* **'driv·ing school** *n* Fahrschule *f* **'driv·ing seat** *n* BRIT Fahrersitz *m;* **to be in the ~** *(fig)* die Zügel in der Hand haben **'driv·ing test** *n* Fahrprüfung *f;* **to fail one's ~** die Fahrprüfung nicht bestehen, durch die Fahrprüfung fallen *fam;* **to take one's ~** die Fahrprüfung machen [*o* ablegen], den Führerschein machen *fam;* **to pass one's ~** die Fahrprüfung bestehen, durch die Fahrprüfung kommen *fam*

driz·zle ['drɪzl̩] **I.** *n no pl* ❶ *(light rain)* Nieselregen *m,* Sprühregen *m,* Nieseln *nt* ❷ *(small amount of liquid)* ein paar Spritzer [*o* Tropfen] **II.** *vi* nieseln **III.** *vt* FOOD ■**to ~ sth [over sth]** etw [über etw *akk*] träufeln

driz·zly ['drɪzl̩i] *adj* Niesel-, Sprüh-; **it was a ~ afternoon** es hat den ganzen Nachmittag genieselt

droll [drəʊl, AM droʊl] *adj* drollig, komisch; **to look at sb with a ~ expression** jdn verschmitzt anblicken; **~ remark** witzige [*o* lustige] Bemerkung

drol·ly ['drəʊli, AM 'droʊli] *adv* drollig, komisch

drom·edary [drɒmədᵊri, AM drɑːməderi] *n* Dromedar *nt*

drone [drəʊn, AM droʊn] **I.** *n no pl* ❶ *(sound) of a machine* Brummen *nt; of insects* Summen *nt; of a person* monotone Stimme, Geleier *nt pej* ❷ *(male bee)* Drohne *f; (fig pej)* Schmarotzer(in) *m(f) pej* ❸ MUS Bass[ton] *m* **II.** *vi* ❶ *(make sound)* summen; *aircraft, engine* brummen ❷ *(speak monotonously)* monoton [*o* eintönig] sprechen, leiern *pej;* **to ~ on** in monotonem Tonfall reden

drool [druːl] **I.** *vi* ❶ *(dribble)* sabbern *fam,* geifern ❷ *(fig: feel desire)* **to make sb ~** jdn verrückt machen *fam,* jdm den Kopf verdrehen; ■**to ~ over sb/sth** von jdm/etw hingerissen sein; **I can sit for hours, ~ing over recipes** ich kann stundenlang dasitzen und voller Begeisterung in Rezepten schmökern; **Astrid ~s over Mulder** Astrid findet Mulder zum Anbeißen **II.** *n no pl* ❶ *(saliva)* Sabber *m fam,* Geifer *m* ❷ *(pej: senseless talk)* Geschwätz *nt pej,* Gefasel *nt pej fam,* Gewäsch *nt pej fam*

droop [druːp] **I.** *vi* ❶ *(hang down)* schlaff herunterhängen; *flowers* die Köpfe hängen lassen; *eyelids* zufallen; **her breasts are starting to ~** sie bekommt eine Hängebrust *fam;* **my spirits ~ at the prospect of work on Monday** *(fig)* bei der Aussicht auf die Arbeit am Montag sinkt meine Stimmung ❷ *(lack energy)* schlapp sein; *(after work, match, etc)* fertig [*o* erledigt] sein *fam* **II.** *n* ❶ *(hang)* Herunterhängen *nt kein pl; of body* Gebeugtsein *nt kein pl; of eyelids* Schwere *f kein pl* ❷ BRIT *(sl: impotence)* Erektionsunfähigkeit *f,* Schlappe *f fam;* **performance-anxiety ~** die Angst, keinen hochzukriegen *fam*

droop·ing ['druːpɪŋ] *adj attr, inv* [herunter]hängend; **~ branches** herabhängende Äste; **~ eyelids** schwere Augenlider

droopy ['druːpi] *adj (fam)* ❶ *(hanging down)* [schlaff] herabhängend *attr;* **Clive has a long ~ moustache** Clive hat einen langen nach unten hängenden Schnurrbart ❷ *(dejected)* mutlos, niedergeschlagen; *(exhausted)* schlapp, matt

drop [drɒp, AM drɑːp] **I.** *n* ❶ *(vertical distance)* Gefälle *nt; (difference in level)* Höhenunterschied *m;* **there's a ~ of two metres from the window to the ground** die Distanz zwischen Fenster und Boden beträgt zwei Meter; **a sheer ~** ein steiles Gefälle ❷ *(decrease)* Rückgang *m,* Fall *m;* **the ~ in magazine subscriptions is causing concern** die Abnahme der Zeitschriftenabonnements ist Besorgnis erregend; **~ in temperatures** Temperaturrückgang *m* ❸ *(by aircraft)* Abwurf *m;* **the supplies were delivered by air ~** die Vorräte wurden mit dem Fallschirm abgeworfen; **food/letter ~** Futter-/Postabwurf *m;* **~ of medical supplies** Abwurf *m* von medizinischen Versorgungsgütern ❹ *of liquid* Tropfen *m;* **~ of rain/water** Regen-/Wassertropfen *m;* **~s of paint** Farbspritzer *mpl;* **~ by ~** tropfenweise; ■**~s** *pl* MED Tropfen *mpl* ❺ *(fam: drink)* Schluck *m fam,* Gläschen *nt fam;* **a ~ more juice/whisky/wine** noch einen Schluck Saft/Whisky/Wein; **wine anyone? – just a ~ for me please** will jemand Wein? – für mich bitte nur ganz wenig; **to have had a ~ too much [to drink]** ein Glas über den Durst getrunken haben *hum fam,* einen sitzen haben *fam;* **to have [*or* take] a ~** sich *dat* einen genehmigen *hum fam;* **to like a wee ~** BRIT ganz gerne mal einen Schluck trinken; **to not touch a ~** keinen Tropfen anrühren ❻ *(boiled sweet)* Bonbon *m o nt;* **fruit ~** Fruchtbonbon *nt* ❼ *(collection point)* [Geheim]versteck *nt* ❽ *(execution by hanging)* ■**the ~** *(dated fam)* [Tod *m* durch] Erhängen *nt;* **he's for the ~** er soll gehängt werden ▶ PHRASES: **at the ~ of a hat** im Handumdrehen, prompt; **a ~ in the ocean** ein Tropfen *m* auf den heißen Stein *fig;* **to get [*or* have] the ~ on sb** jdm zuvorkommen **II.** *vt* <-pp-> ❶ *(cause to fall)* ■**to ~ sth** etw fallen lassen; **leaflets were ~ped on the town** über der Stadt wurden Flugblätter abgeworfen; **to ~ anchor** Anker werfen, den Anker auswerfen, vor Anker gehen; **to ~ ballast/a bomb** Ballast/eine Bombe abwerfen; **to ~ a bombshell** *(fig)* eine Bombe platzen lassen *fig fam;* **to ~ a depth charge** eine Wasserbombe abschießen; **to ~ a stitch** eine Masche fallen lassen ❷ *(lower)* ■**to ~ sth** etw senken; **you can ~ your arm now, Claire** du kannst deinen Arm jetzt herunternehmen, Claire; **to ~ one's eyes** die Augen niederschlagen [*o geh* senken]; **to ~ prices** die Preise senken; **to ~ one's voice** die Stimme senken ❸ *(fam: send)* **to ~ sth in the post [*or* AM mail]** etw in die Post tun *fam;* **to ~ sb a line/postcard** jdm ein paar Zeilen/eine [Post]karte schreiben; **to ~ a letter into a mailbox** AM

D

einen Brief einwerfen ❹ (*dismiss*) **to ~ sb [from his job]** jdn entlassen ❺ (*give up*) ■**to ~ sth** etw aufgeben [*o fig* fallen lassen]; **I'm going to ~ aerobics next year** nächstes Jahr höre ich mit Aerobic auf; **let's ~ the subject** lassen wir das Thema; **to ~ an allegation/charges** eine Behauptung/die Anklage fallen lassen; **to ~ a course** aus einem Kurs aussteigen *fam;* **to ~ a demand** von einer Forderung abgehen; **to ~ everything** alles stehen und liegen lassen; **to let it ~** es auf sich *dat* beruhen lassen ❻ (*abandon*) ■**to ~ sb** jdn fallen lassen *fig,* mit jdm nichts mehr zu tun haben wollen; (*end a relationship*) mit jdm Schluss machen *fam;* **to ~ sb like a hot brick** [*or* **potato**] (*fig*) jdn wie eine heiße Kartoffel fallen lassen *fam* ❼ SPORTS **to ~ sb from a team** jdn aus einer Mannschaft ausschließen ❽ (*leave out*) ■**to ~ sth** etw weglassen; **to ~ one's aitches** [*or* **h's**] BRIT, AUS den Buchstaben ‚h' [im Anlaut] nicht aussprechen [*o fam* verschlucken] (*euphemistisch für jemanden, der zur Unterschicht gehört*) ❾ (*fam: tell indirectly*) **to ~ [sb] a hint** [*or* **some hints**] [jdm gegenüber] eine Anspielung [*o* Andeutung] machen; **I've been dropping hints that I would like to be invited** ich habe durchblicken lassen, dass ich gerne eingeladen werden würde *fam;* **to ~ a remark** eine Bemerkung fallen lassen; **to ~ a word in sb's ear [about sth]** einmal mit jdm [über etw *akk*] sprechen; **don't worry – I've ~ped a word in his ear** mach dir keine Sorgen, ich habe ihn schon bearbeitet *fam* ▶ PHRASES: **to ~ the <u>ball</u>** AM einen Schnitzer machen; **to ~ a <u>brick</u>** [*or* BRIT **<u>clanger</u>**] ins Fettnäpfchen treten *hum fam;* **to ~ one's <u>guard</u>** (*cease being careful*) unvorsichtig sein; (*allow sb to get closer*) seine Reserviertheit aufgeben; **to ~ a <u>name</u>, to <u>name</u>-~** *bekannte Persönlichkeiten beiläufig erwähnen und so tun, als würde man sie gut kennen, um andere zu beeindrucken;* **to ~ sb <u>right</u> in it** (*fam*) jdn [ganz schön] reinreiten *fam;* **to <u>let</u> it ~ that ...** beiläufig erwähnen, dass ...; (*make known*) etw durchblicken lassen **III.** *vi* <-pp-> ❶ (*descend*) [herunter]fallen; **to ~ into a chair** in einen Sessel fallen [*o* sinken]; **when he heard that he wasn't going to be invited his jaw ~ped** als er hörte, dass er nicht eingeladen war, klappte ihm der Unterkiefer herunter; **the curtain ~ped** THEAT der Vorhang ist gefallen; (*fig*) **the curtain has ~ped on communist rule** über die kommunistische Herrschaft ist endgültig der Vorhang gefallen ❷ (*become lower*) *land* sinken; *water level* fallen, sich *akk* senken; *prices, temperatures* sinken, zurückgehen, fallen ❸ (*fam: become exhausted*) umfallen, umsinken; **to ~ with exhaustion** [*or* **tiredness**] vor Erschöpfung umfallen; **to be fit** [*or* **ready**] **to ~** zum Umfallen müde sein; **to ~ [down] dead** tot umfallen; **~ dead!** (*fam*) scher dich zum Teufel! *fam;* **people are ~ping like flies here** (*fam*) die Leute fallen hier um wie die Fliegen *fam* ▶ PHRASES: **the <u>penny</u> ~ped** *esp* BRIT der Groschen ist gefallen *fam*

◆**drop away** *vi* ❶ (*decrease*) sich *akk* verringern; *interest, support* sinken ❷ (*become lower*) *land* [steil] abfallen

◆**drop back** *vi* ❶ (*lose position*) zurückfallen ❷ (*concede position*) sich *akk* zurückfallen lassen

◆**drop behind** *vi* zurückfallen; ■**to ~ behind in sth** mit etw *dat* im Rückstand sein [*o fam* hinterherhinken]; **she ~ped behind in her schoolwork** sie hat in der Schule den Anschluss verloren

◆**drop by** *vi* (*fam*) vorbeischauen *fam,* vorbeikommen *fam*

◆**drop in** *vi* (*fam*) vorbeischauen *fam,* vorbeikommen *fam;* ■**to ~ in on sb** bei jdm vorbeischauen *fam;* **he doesn't mind people ~ping in on him** es stört ihn nicht, wenn Leute einfach unangemeldet bei ihm hereinschneien *fam*

◆**drop into** *vi* ❶ (*visit briefly*) **to ~ into a bar/a shop** in eine Bar/ein Geschäft hineingehen ❷ (*revert to*) ■**to ~ into sth** in etw *akk* [ver]fallen; **she tends to ~ into her dialect when she gets excited** sie verfällt immer in ihren Dialekt, wenn sie aufgeregt ist

◆**drop off I.** *vt* (*fam*) ■**to ~ sth ⊂ off** etw abliefern; ■**to ~ sb ⊂ off** jdn absetzen; *passengers* jdn aussteigen lassen; **where do you want to be ~ped off?** wo soll ich dich absetzen? **II.** *vi* ❶ (*fall off*) abfallen; **in autumn the leaves ~ off the trees** im Herbst fallen die Blätter von den Bäumen ❷ (*decrease*) sich *akk* verringern, zurückgehen; *support, interest* nachlassen ❸ (*fam: fall asleep*) einschlafen; **to ~ off to sleep** einnicken *fam,* einschlafen

◆**drop out** *vi* ❶ (*give up membership*) ausscheiden; **was he thrown out or did he ~ out?** wurde er rausgeworfen oder ist er von sich aus ausgetreten?; **to ~ out of a course/school/university** einen Kurs/die Schule/das Studium abbrechen ❷ *of society* aussteigen *fam* ❸ LING ausgelassen [*o* weggelassen] werden; **words like 'thee' have ~ped out of modern English** Wörter wie ‚thee' sind aus dem Neuenglischen verschwunden

◆**drop round** BRIT **I.** *vi* (*fam*) vorbeischauen *fam,* vorbeikommen *fam* **II.** *vt* (*fam*) ■**to ~ sth round** etw vorbeibringen *fam*

'drop cloth *n* AM (*dust sheet*) Staubdecke *f* **'drop-dead I.** *adv* wahnsinnig *fam;* **~ gorgeous** [*or* **handsome**] wahnsinnig gut aussehend *fam* **II.** *adj attr* (*approv*) umwerfend *fam,* atemberaubend; **~ gorgeous** wirklich hinreißend **drop-down 'menu** *n* COMPUT Pull-down-Menü *nt fachspr* **drop 'ear·rings** *npl* Ohrringe *mpl* in Tropfenform **'drop-in cen·ter** *n* AM, **'drop-in cen·tre** *n,* **'drop-in fa·cil·ity** *n* Beratungsstelle *f* **'drop kick** *n* SPORTS (*in American football*) Dropkick *m fachspr;* (*in rugby*) Sprungtritt *m fachspr* **drop-leaf 'table** *n* Klapptisch *m*

drop·let ['drɒplət, AM 'drɑ:p-] *n* Tröpfchen *nt*

'drop·out *n* ❶ (*from university*) [Studien]abbrecher(in) *m(f);* AM (*from school*) [**high school**] **~** Schulabgänger(in) *m(f)* ❷ (*from conventional lifestyle*) Aussteiger(in) *m(f) fam*

drop·per ['drɒpəʳ, AM 'drɑ:pɚ] *n* Tropfenzähler *m,* Tropfer *m*

drop·pings ['drɒpɪŋz, AM 'drɑ:p-] *npl of horse, sheep* Mist *m;* (*of horse also*) Pferdeäpfel *mpl; of mice, rats* Dreck *m kein pl;* **bird ~** Vogeldreck *m;* **sheep ~** Schafmist *m*

'drop shot *n* TENNIS Stopp[ball] *m fachspr*

dross [drɒs, AM drɑ:s] *n no pl* Schrott *m fig fam,* Müll *m fig fam;* **human ~** (*pej*) Abschaum *m pej*

drought [draʊt] *n* ❶ *no pl* (*aridity*) Trockenheit *f,* Dürre *f* ❷ (*dry period*) Dürre[periode] *f*

drove[1] [drəʊv, AM droʊv] **I.** *n* ❶ *of animals* Herde *f;* **a ~ of cattle** eine Herde Rinder [*o* Rinderherde] ❷ (*many*) ■**~s** *pl* (*fam*) *of people* Scharen *fpl* (**of** von +*dat*); **in** [*or* BRIT **in their**] **~s** in Scharen *fpl* **II.** *vt* **to ~ cattle/sheep** Vieh/Schafe treiben

drove[2] [drəʊv, AM droʊv] *pt of* **drive**

drov·er ['drəʊvəʳ, AM 'droʊvɚ] *n* Viehtreiber(in) *m(f)*

drown [draʊn] **I.** *vt* ❶ (*kill*) ■**to ~ sb/an animal** jdn/ein Tier ertränken; (*cause to die*) ■**to be ~ed** ertrinken; **to look like a ~ed rat** (*fam*) pudelnass sein *fam* ❷ (*cover*) ■**to ~ sth** etw überfluten; **he ~s his food in ketchup** (*fig*) er tränkt sein Essen in Ketchup ❸ (*make inaudible*) ■**to ~ sth** etw übertönen ▶ PHRASES: **a ~ing <u>man</u> will clutch at a straw** (*prov*) ein Ertrinkender klammert sich an jeden Strohhalm; **to ~ one's <u>sorrows</u> in drink** seinen Kummer [*o* seine Sorgen] im Alkohol ertränken **II.** *vi* ❶ (*die*) ertrinken ❷ (*fig fam: have too much*) **to ~ in sth** in etw *dat* ertrinken *fig*

◆**drown out** *vt* ■**to ~ out ⊂ sth** etw übertönen; ■**to ~ out ⊂ sb** jdn niederschreien [*o* übertönen]

drowse [draʊz] *vi* dösen *fam,* dämmern

drowsi·ness ['draʊzɪnəs] *n no pl* Schläfrigkeit *f;* **to cause ~** müde [*o* schläfrig] machen

drowsy ['draʊzi] *adj* schläfrig; (*after waking up*) verschlafen

drub·bing ['drʌbɪŋ] *n usu sing* (*fam*) ❶ SPORTS (*defeat*) Niederlage *f;* **to get** [*or* **receive**] **a severe ~** eine schwere Niederlage erleiden *fam* ❷ (*beating*) [Tracht *f*] Prügel, Abreibung *f fam;* **to give sb a ~** jdm eine Tracht Prügel verpassen; **to be given a ~ by sb** von jdm [eine Tracht] Prügel beziehen; **to take a ~**

Prügel beziehen [*o* einstecken] *fam*

drudge [drʌdʒ] **I.** *n* Kuli *m pej,* Arbeitstier *nt fig, oft pej* **II.** *vi* schuften *fam,* sich *akk* [ab]plagen [*o* abrackern] *fam*

drudg·ery ['drʌdʒəri, AM -ɚi] *n no pl* Schufterei *f fam,* Plackerei *f fam*

drug [drʌg] **I.** *n* ① (*medicine*) Medikament *nt,* Arznei *f,* Arzneimittel *nt;* **to be on/take ~s** [**for sth**] Medikamente [gegen etw *akk*] [ein]nehmen ② (*narcotic*) Droge *f,* Rauschgift *nt;* **to be on** [*or fam* **do**] [*or* **take**] **~s** Drogen nehmen, drogensüchtig [*o* rauschgiftsüchtig] sein ③ (*fig: something addictive*) Droge *f fig* **II.** *vt* <-gg-> ① MED (*sedate*) ■**to ~ sb** jdm Beruhigungsmittel verabreichen; **to be ~ged to the eyeballs** (*fam*) mit Medikamenten voll gepumpt sein *fam* ② (*secretly*) ■**to ~ sb** jdn unter Drogen setzen

'drug abuse *n* Drogenmissbrauch *m* **'drug ad·dict** *n* Drogenabhängige(r) *f(m),* Drogensüchtige(r) *f(m)* **'drug ad·dic·tion** *n no pl* Drogenabhängigkeit *f,* Drogensucht *f* **'drug bar·on** *n esp* BRIT Drogenboss *m* **'drug charge** *n* Anklage *f* wegen Drogenbesitzes; **to be on ~s** wegen Drogenbesitzes angeklagt sein **'drug com·pa·ny** *n* Arzneimittelhersteller *m* **'drug con·sump·tion** *n no pl* Drogenkonsum *m* **'drug cul·ture** *n* Drogenszene *f* **'drug deal·er** *n* Drogenhändler(in) *m(f),* Dealer(in) *m(f)* **'drug de·pend·en·cy** *n no pl* Drogenabhängigkeit *f*

drugged [drʌgd] *adj pred* ■**to be ~** ① MED (*sedated*) betäubt sein ② (*with illegal substances*) unter Drogen stehen

drug·gie ['drʌgi] **I.** *n* (*pej sl: heroin addict*) Fixer(in) *m(f) fam;* (*user of hashish or marijuana*) Kiffer(in) *m(f) sl;* (*cocaine addict*) Kokser(in) *m(f) sl* **II.** *n modifier* (*attitude, boyfriend, talk*) Fixer- *sl;* **~ haze** Drogennebel *m;* **~ world** Drogenszene *f*

drug·gist ['drʌgɪst] *n* AM (*pharmacist*) Apotheker(in) *m(f)*

drug·gy ['drʌgi] *adj* (*sl*) auf dem Trip *sl,* auf Drogen *nach n*

'drug lord *n* AM Drogenboss *m* **'drug manu·fac·tur·er** *n* Arzneimittelhersteller *m* **'drug over·dose** *n* Überdosis *f* Drogen **'drug ped·dler** *n* (*pej fam*), **'drug push·er** *n* (*pej fam*), **'drugs deal·er** *n* BRIT Drogenhändler(in) *m(f),* Dealer(in) *m(f)* **'drugs over·dose** *n* BRIT Überdosis *f* Drogen **'drug squad** *n,* **'drugs squad** *n* BRIT Drogenfahndung *f* **'drug·store** *n* AM Drogerie *f* **'drug tak·ing** *n no pl* Einnahme *f* von Drogen **'drug thera·py** *n* medikamentöse Behandlung **'drug traf·fic** *n* Drogenhandel *m* **'drug traf·fick·er** *n* Drogenhändler(in) *m(f)* **'drug traf·fick·ing** *n no pl* Drogenhandel *m*

dru·id ['dru:ɪd] *n* Druide *m*

drum [drʌm] **I.** *n* ① MUS Trommel *f;* **bass ~** Basstrommel *f;* **beat of a ~** Trommelschlag *m;* **bongo ~** Bongotrommel *f;* **roll of ~s** Trommelwirbel *m;* **snare ~** kleine Trommel, Militärtrommel *f;* **steel ~** Steeldrum *f;* ■**~s** *pl* (*drum kit*) Schlagzeug *nt* ② (*sound*) **~ of hooves** Pferdegetrappel *nt* ③ (*for storage*) Trommel *f;* **oil ~** Ölfass *nt;* **~ of pesticide** Pestizidbehälter *m* ④ (*machine part*) Trommel *f* ⑤ (*eardrum*) Trommelfell *nt* ► PHRASES: **to bang** [*or* **beat**] **the ~** [**for sb/sth**] [für jdn/etw] die [Werbe]trommel rühren *fam* **II.** *vi* <-mm-> ① MUS trommeln; (*on a drum kit*) Schlagzeug spielen ② (*strike repeatedly*) ■**to ~ on sth** auf etw *akk* trommeln; **she ~med impatiently on the table** sie trommelte ungeduldig [mit den Fingern] auf den Tisch; **the rain ~med loudly on the tin roof** der Regen trommelte laut auf das Blechdach **III.** *vt* <-mm-> (*fam*) ① (*make noise*) **to ~ one's fingers** [**on the table**] [mit den Fingern] auf den Tisch trommeln ② (*repeat*) ■**to ~ sth into sb** jdm etw einhämmern *fam*

◆**drum out** *vt* ■**to ~ sb out of sth** [*or* **out sb from sth**] jdn aus etw *dat* ausstoßen, jdn [mit Schimpf und Schande] aus etw *dat* jagen; **to ~ sb out of office** jdn hinauswerfen *fam*

◆**drum up** *vt* (*fam*) **to ~ up business** Geschäfte anbahnen; **to ~ up clients** Kunden auftreiben; **to ~ up enthusiasm** Begeisterung entfachen *geh;* **to ~ up support for sb/sth** Unterstützung für jdn/etw suchen [*o* organisieren]

'drum·beat *n* Trommelschlag *m* **'drum brake** *n* TRANSP Trommelbremse *f* **'drum·head I.** *n* MUS [Trommel]fell *nt,* Schlagfell *nt fachspr* **II.** *adj attr, inv* provisorisch; **~ court martial** Standgericht *nt* **'drum kit** *n esp* BRIT Schlagzeug *nt* **'drum ma·chine** *n* Trommelsynthesizer *m,* Drum Machine *f* **drum 'ma·jor** *n* Tambourmajor *m* **drum ma·jor·'ette** *n esp* AM Tambourmajorin *f*

drum·mer ['drʌməʳ, AM -ɚ] *n* ① MUS Trommler(in) *m(f);* (*playing the drums*) Schlagzeuger(in) *m(f)* ② *esp* AM (*dated: travelling salesman*) Vertreter(in) *m(f),* Handlungsreisende(r) *f(m) fachspr*

'drum roll *n* Trommelwirbel *m* **'drum set** *n* AM (*drum kit*) Schlagzeug *nt* **'drum·stick** *n* ① MUS Trommelstock *m,* Trommelschlägel *m* ② FOOD Keule *f,* Schlegel *m* SÜDD, ÖSTERR

drunk [drʌŋk] **I.** *adj* ① (*inebriated*) betrunken; **he was charged with being ~ and disorderly** er wurde wegen Erregung öffentlichen Ärgernisses durch Trunkenheit angeklagt; **~ driving** Trunkenheit *f* am Steuer; **to be ~ as a lord** [*or* **skunk**] (*fam*) total blau [*o* voll] sein *fam;* **to be blind** [*or fam* **dead**] **~** stockbetrunken *fam* [*o sl* stockbesoffen] sein; **to get ~** sich *akk* betrinken; **to be/get ~ on sth** von etw *dat* betrunken sein/werden; (*fig*) **punch ~** betäubt, benommen ② (*fig: overcome*) trunken *poet;* ■**to be ~ with sth** trunken vor etw *dat* sein; **to be ~ with joy** freudetrunken [*o* trunken vor Freude] sein *poet;* **to be ~ with success** vom Erfolg berauscht sein *poet* **II.** *n* (*pej*) ① (*person*) Betrunkene(r) *f(m);* (*addicted drinker*) Trinker(in) *m(f)* ② (*fam: drinking spree*) **to be/go on a ~** eine Kneipentour machen *fam* **III.** *vt, vi pp of* **drink**

drunk·ard ['drʌŋkəd, AM -ɚd] *n* (*pej*) Betrunkene(r) *f(m);* (*addicted drinker*) Trinker(in) *m(f)*

drunk·en ['drʌŋkᵊn] *adj attr* (*pej*) ① *person* betrunken, versoffen *sl;* **~ bum** (*fam*) versoffener Penner *sl,* Trunkenbold *m veraltend fam* ② (*involving alcohol*) **~ brawl** Streit *m* zwischen Betrunkenen; **~ driving** AM LAW Trunkenheit *f* am Steuer; **~ orgy** Trinkgelage *nt meist hum,* Saufgelage *nt pej fam;* **in a ~ stupor** im Vollrausch

drunk·en·ly ['drʌŋkᵊnli] *adv* betrunken

drunk·en·ness ['drʌŋkᵊnnəs] *n no pl* ① (*state*) Betrunkenheit *f* ② (*addiction*) Trunksucht *f*

dry [draɪ] **I.** *adj* <-ier, -iest *or* -er, -est> ① (*not wet*) trocken; **the kettle has boiled ~** das ganze Wasser im Kessel ist verdampft; **to be** [**as**] **~ as a bone, to be bone-~** (*fam*) knochentrocken [*o* staubtrocken] sein *fam;* **~ bread** trockenes Brot; **to go ~** austrocknen ② *hair, skin* trocken ③ *river, well, pond* ausgetrocknet; **to go** [*or* **run**] **~** austrocknen; **to run ~** *source* versiegen ④ METEO trocken; *climate also* niederschlagsfrei; *soil also* dürr ⑤ (*lacking lubrication*) trocken; **~ cough** trockener Husten; **~ throat** trockene Kehle ⑥ (*without alcohol*) alkoholfrei; **~ bar** Bar *f* ohne Alkoholausschank; **~ party** Fest *nt* ohne alkoholische Getränke; **~ state** Staat *m* mit Alkoholverbot ⑦ (*not sweet*) *drink* trocken; *wine also* herb ⑧ (*pej: uninteresting*) *speech, writing* trocken, nüchtern; (*cold*) kühl; **as ~ as dust** sterbenslangweilig, stinklangweilig *fam* ⑨ (*approv: understated*) trocken; **~** [**sense of**] **humour** [*or* AM **humor**]/**wit** trockener Humor ► PHRASES: **to bleed sb ~** jdn ausnehmen; **to come up ~** AM erfolglos sein; **to run ~** unproduktiv werden **II.** *n* <*pl* dries *or* -s> ① (*inside*) ■**the ~** das Trockene; **come into the ~** komm ins Trockene ② (*drought*) Dürre *f* ③ AM (*fam: prohibitionist*) Prohibitionist(in) *m(f),* Alkoholgegner(in) *m(f)* **III.** *vt* <-ie-> ■**to ~ sth** etw trocknen; *fruit, meat* etw dörren; (*dry out*) etw austrocknen; (*dry up*) etw abtrocknen; **~ your eyes!** wisch dir die Tränen ab!; (*stop crying*) hör auf zu weinen!; **to ~ the dishes** [das Geschirr] abtrocknen; **to ~ flowers** Blumen trocknen; **to ~ one's hands** sich *dat* die Hände abtrocknen; **to ~ the laundry** die Wäsche trocknen; ■**to ~ oneself** sich *akk* abtrocknen **IV.** *vi* <-ie-> ① (*lose moisture*) trocknen; **to put sth out to ~** etw zum Trocknen raushängen ② (*dry up*) abtrocknen ③ THEAT (*fam: forget one's lines*) stecken bleiben

D

◆**dry off I.** *vt* ■**to ~ off** ○ **sb/sth/oneself** jdn/etw/sich abtrocknen **II.** *vi* trocknen

◆**dry out I.** *vi* ❶ (*become moistureless*) austrocknen ❷ (*stop drinking*) *alcoholic* trocken werden *fam;* (*sober up*) *drunk person* ausnüchtern **II.** *vt* ■**to ~ sth** ○ **out** etw austrocknen; (*leave to dry*) etw trocknen [lassen]

◆**dry up I.** *vi* ❶ (*become dry*) austrocknen; *source, spring, well* versiegen ❷ (*dry the dishes*) abtrocknen ❸ (*evaporate*) *liquid* trocknen ❹ (*fig: stop talking*) den Faden verlieren; (*on stage*) stecken bleiben *fam* ❺ (*fig: run out*) *funds* schrumpfen; *source* versiegen *fig; supply* ausbleiben; *conversation* versiegen *fig* **II.** *vt* ■**to ~ up** ○ **sth** ❶ (*after washing-up*) etw abtrocknen ❷ (*dry out*) etw austrocknen **III.** *interj* (*fam!: shut up!*) halt die Klappe! *sl*

dry·ad ['draɪæd] *n* Dryade *f meist pl,* Waldnymphe *f*

'dry cell *n* ELEC Trockenelement *nt fachspr,* Trockenzelle *f fachspr* **dry cell 'bat·tery** *n* Trockenbatterie *f fachspr* **'dry-clean** *vt* ■**to ~ sth** etw chemisch reinigen; **'~ only'** ‚chemisch reinigen' **dry 'clean·er's** *n* Reinigung *f* **dry 'clean·ing** *n no pl* [chemische] Reinigung **'dry dock** *n* Trockendock *nt;* **to be in ~** im Trockendock liegen

dry·er ['draɪəʳ, AM -ɚ] *n* ❶ (*for laundry*) [Wäsche]trockner *m* ❷ (*for hair*) Fön *m;* (*overhead*) Trockenhaube *f*

dry-'eyed *adj* trockenen Auges *geh* **'dry fly** *n* (*in fishing*) Trockenfliege *f* **dry-fly 'fish·ing** *n no pl* Fischen *nt* mit Trockenfliegen **'dry goods** *npl* AM (*haberdashery*) Kurzwaren *pl;* (*drapery*) Stoffe *pl,* Textilwaren *pl* **dry 'ice** *n no pl* Trockeneis *nt* **dry 'land** *no pl n* Festland *nt;* **to be back on ~** wieder festen Boden unter den Füßen haben

dry·ly ['draɪli] *adv see* **drily**

dry 'meas·ure *n* Trockenmaß *nt*

dry·ness ['draɪnəs] *n no pl* ❶ (*not wetness*) Trockenheit *f* ❷ (*drought*) Dürre *f* ❸ *of alcohol* Trockenheit *f* ❹ (*pej: tedium, monotony*) Nüchternheit *f,* Trockenheit *f*

dry 'rot *n no pl* ❶ (*in timber*) Hausschwamm *m,* Holzschwamm *m* ❷ (*in plants*) Trockenfäule *f* **dry 'run** *n* MIL Trockenübung *f;* (*fig*) Probe *f;* THEAT Generalprobe *f* **'dry-shod I.** *adj* mit trockenen Schuhen **II.** *adv* trockenen Fußes *geh* **dry·stone 'wall** *n* BRIT Trockensteinmauer *f*

DTP [ˌdiːtiː'piː] *n abbrev of* **desktop publishing** DTP *nt*

DTs [ˌdiː'tiːz] *npl* (*fam*) *abbrev of* **delirium tremens**

dual ['djuːəl, AM *esp* 'duːᵊl] *adj attr, inv* (*double*) doppelte(r, s), Doppel-; (*two different*) zweierlei; **his visit had a ~ function** mit seinem Besuch bezweckte er zweierlei; **~ ownership** ECON Miteigentümerschaft *f,* Teilhaberschaft *f;* **~ role** Doppelrolle *f*

dual 'car·riage·way *n* BRIT ≈ Schnellstraße *f* (*Straße mit jeweils zwei Fahrbahnen in jede Richtung, getrennt durch Mittelstreifen*) **dual 'citi·zen·ship** *n* doppelte Staatsbürgerschaft [*o* Staatsangehörigkeit] **dual con·'trols** *npl* AUTO doppelte Bedienungsvorrichtung (*bei Fahrschulwagen*)*;* AVIAT Doppelsteuerung *f* **'dual-deck** *adj* **~ CD recorder** Doppeldeck *nt* **'dual-fuel** *n* mit zwei verschiedenen Brennstoffen *nach n*

dual·ism ['djuːəlɪzᵊm, AM *esp* 'duːᵊl-] *n no pl* (*form*) Dualismus *m*

dual·ity [dju'æləti, AM du'æləṭi, dju-] *n* (*form*) Dualität *f geh*

dual na·tion·'al·ity *n* doppelte Staatsbürgerschaft [*o* Staatsangehörigkeit], Doppelstaatsbürgerschaft **dual per·son·'al·ity** *n* gespaltene Persönlichkeit **dual-'pur·pose** *adj attr* zweifach verwendbare(r, s); **a ~ treatment to fight dandruff and restore damaged hair** ein Shampoo gegen Schuppen und zugleich eine Kur für geschädigtes Haar

dub¹ <-bb-> [dʌb] *vt* ❶ (*confer knighthood*) **to ~ sb a knight** jdn zum Ritter schlagen ❷ (*fig: give sb a name*) ■**to ~ sb [as] sth** jdn etw nennen

dub² [dʌb] *n no pl* ❶ MUS *Musikstil aus der Karibik mit ungewöhnlichem Rhythmus* ❷ LIT *moderne Poesie mit einem an die karibische Musik angelehnten Rhythmus*

dub³ <-bb-> [dʌb] *vt* ■**to ~ sth** *film* etw synchronisieren; **to ~ sth into English** etw ins Englische übersetzen

◆**dub in** *vt* ■**to ~ sth** ○ **in** etw einspielen; (*copy a recording*) etw überspielen

◆**dub over I.** *vi* unterlegen **II.** *vt usu passive* ■**to be ~bed over** unterlegt sein; *voice* synchronisiert sein

dubbed [dʌbd] *adj film* synchronisiert; **to be ~bed into English** ins Englische übersetzt sein

dub·bin ['dʌbɪn] *n no pl* Lederfett *nt*

dub·bing ['dʌbɪŋ] *n* ❶ FILM Synchronisation *f* ❷ *no pl* (*dubbin*) Lederfett *nt*

du·bi·ous ['djuːbiəs, AM *esp* 'duː-] *adj* ❶ (*pej: questionable, doubtful*) zweifelhaft, ungewiss; **~ claims** fragwürdige Behauptungen; **~ distinction/honour** [*or* AM **honor**] fragwürdige Auszeichnung/Ehre ❷ (*untrustworthy*) dubios *geh,* fragwürdig, zweifelhaft; (*ambiguous*) fragwürdig, zweifelhaft; **~ characters/methods** zweifelhafte Charaktere/Methoden; **~ undertaking** bedenkliches Unternehmen ❸ (*unsure, doubtful*) unsicher; **I'm still a bit ~** ich habe immer noch Zweifel; **to have a ~ expression on one's face** zweifelnd dreinschauen; **to be/feel ~ about sth** (*doubt*) an etw *dat* zweifeln; (*doubtful*) **to be/feel ~ about** [*or* **as to**] **whether ...** bezweifeln, ob ...; (*be unsure*) sich *dat* nicht sicher sein, ob ..., noch nicht wissen [*o* sich *dat* unschlüssig [darüber] sein], ob ...; **he was ~ about where he should go on holiday** er ist sich noch unschlüssig, wohin er in Urlaub fahren sollte

du·cal ['djuːkᵊl, AM *esp* 'duː-] *adj inv* herzoglich, Herzogs-

duch·ess <*pl* -es> ['dʌtʃɪs] *n* Herzogin *f*

duchy ['dʌtʃi] *n* Herzogtum *nt*

duck [dʌk] **I.** *n* ❶ (*bird*) Ente *f* ❷ *no pl* (*meat*) Ente *f,* Entenfleisch *nt;* **Peking ~** Pekingente *f* ❸ SPORTS (*in cricket*) **to be out for** [*or* **to make**] **a ~** keinen Punkt erzielen; **to break a ~** den ersten Punkt erzielen ❹ *no pl* BRIT (*dated fam*) Schatz *m fam,* Schätzchen *nt fam* ▸ PHRASES: **sth is water off a ~'s back to sb** etw perlt [*o* prallt] an jdm ab *fig;* **to have one's ~s in a row** AM bereit sein; **to take to sth like a ~ to water** (*fam*) bei etw *dat* gleich in seinem Element sein; **he took to fatherhood like a ~ to water** er war der geborene Vater **II.** *vi* ❶ (*lower head*) **to ~ [down]** sich *akk* ducken; **to ~ [down] out of sight** sich *akk* ducken, um nicht gesehen zu werden ❷ (*plunge*) **to ~ in** [*or* **under**] **water** [unter]tauchen ❸ (*hide quickly*) sich *akk* verziehen *fam,* verschwinden; **to ~ out of sight** sich *akk* verstecken **III.** *vt* ❶ (*lower quickly*) **to ~ one's head** den Kopf einziehen; **to ~ one's head in** [*or* **under**] **water** den Kopf unter Wasser tauchen ❷ (*avoid*) ■**to ~ sth** etw *dat* ausweichen; **he managed to ~ the blows** es gelang ihm, den Schlägen auszuweichen; (*fig*) ■**to ~ sth** etw *dat* ausweichen; (*shirk*) sich *akk* vor etw *dat* drücken *fam;* **to ~ one's duties/responsibility** sich *akk* vor seinen Pflichten/vor der Verantwortung drücken; **to ~ an issue** einer Frage ausweichen

◆**duck out** *vi* (*fam*) ■**to ~ out [of sth]** sich *akk* [vor etw *dat*] drücken

duck à l'orange [ˌdʌkɑːlə'rɔ̃(ŋ)ʒ] *n* Ente *f* à l'orange **duck-billed 'platy·pus** *n* Schnabeltier *nt* **'duck·boards** *npl* Lattenrost *m*

duckie *n, adj see* **ducky**

duck·ing ['dʌkɪŋ] *n no pl* [Unter]tauchen *nt;* **the boat turned over and we all got a ~** das Boot kenterte und wir wurden alle bis auf die Haut nass; **to give sb a ~** jdn untertauchen [*o* tunken] **'duck·ing stool** *n* (*hist*) Tauchstuhl *m hist*

duck·ling ['dʌklɪŋ] *n* ❶ (*animal*) Entenküken *nt,* Entlein *nt,* Entchen *nt* ❷ (*meat*) junge Ente

ducks [dʌks] *n* BRIT (*dated fam*) Schatz *m fam,* Schätzchen *nt fam*

ducks and 'drakes *n Spiel, bei dem man Steine über die Wasseroberfläche springen lässt* **duck 'soup** *n no pl* AM (*fam: an easy task*) **to be ~ [for sb]** [für jdn] ein Kinderspiel sein **'duck·**

weed *n no pl* Wasserlinse *f,* Entengrün *nt,* Entengrütze *f*

ducky ['dʌki] (*dated*) **I.** *n* Brit (*fam*) Schatz *m fam,* Schätzchen *nt fam* **II.** *adj esp* Am (*fam: charming*) entzückend; (*excellent*) toll *fam,* super *fam*

duct [dʌkt] *n* ❶ (*pipe*) [Rohr]leitung *f,* Rohr *nt;* **air** ~ Luftkanal *m,* Luftschacht *m* ❷ anat Kanal *m,* Gang *m;* **ear** ~ Gehörgang *m;* **tear** ~ Tränenkanal *m*

duc·tile ['dʌktaɪl, am *esp* -tɪl] *adj* (*spec*) duktil *fachspr;* (*bendable also*) verformbar; (*stretchable also*) dehnbar

duct·less gland [ˌdʌktləs'-] *n* anat, med endokrine Drüse *fachspr*

dud [dʌd] (*fam*) **I.** *n* ❶ (*bomb*) Blindgänger *m;* (*non-functioning object*) **to be a** ~ nicht funktionieren; **this pen is a** ~ dieser Füller taugt nichts ❷ (*failure*) Reinfall *m fam* ❸ (*person*) Versager *m,* Niete *f fam,* Blindgänger *m sl* ❹ (*clothes*) ■**~s** *pl* (*fam*) Klamotten *pl* **II.** *adj inv* ❶ (*useless, worthless*) schlecht, mies ❷ (*forged*) gefälscht, falsch; ~ **cheque** gefälschter Scheck; (*bouncing*) ungedeckter [*o fam* fauler] Scheck

dude [du:d] *n esp* Am (*fam*) ❶ (*smartly dressed urbanite*) feiner Pinkel *pej fam* ❷ (*fellow, chap*) Typ *m fam,* Kerl *m fam;* **hey, ~, how's it going?** na, wie geht's, Mann? *fam* **'dude ranch** *n* Am Ferienranch *f*

dudg·eon ['dʌdʒən] *n no pl* (*form*) Empörung *f,* Verärgerung *f;* **in** ~ aufgebracht, wütend; **in high** ~ äußerst empört

due [dju:, am *esp* du:] **I.** *adj inv* ❶ *pred* (*payable*) *bill, loan* fällig; **our loan is ~ for repayment on August 1** wir müssen unser Darlehen bis zum 1. August zurückzahlen; ~ **date** Fälligkeitstermin *m,* Fälligkeitstag *m;* **to fall** ~ fällig werden, zu zahlen sein ❷ *pred* (*rightly owing*) ■**to be ~ to sb** jdm zustehen; **our thanks are ~ to everyone who gave so generously** unser Dank gilt allen großzügigen Spendern ❸ *pred* (*entitled to*) ■**sb is ~ sth** jdm steht etw zu; **I'm still ~ seven days' paid holiday** mir stehen immer noch sieben Tage bezahlter Urlaub zu; **to be ~ money from sb** von jdm noch Geld zu bekommen haben ❹ *attr* (*appropriate*) gebührend, angemessen; **without ~ care and attention** Brit, Aus law fahrlässig; **he was found by the court to have been driving without ~ care and attention** das Gericht befand ihn des fahrlässigen Verhaltens im Straßenverkehr für schuldig; **with ~ care/caution** mit der nötigen Sorgfalt/Vorsicht; **after ~ consideration** nach reiflicher Überlegung; **with ~ diligence** mit der erforderlichen Sorgfalt; **with** [**all**] **~ respect** bei allem [gebotenen] Respekt; **to treat sb with the respect ~ to him/her** jdn mit dem nötigen Respekt behandeln ❺ *pred* (*expected*) fällig; **what time is the next bus ~ [to arrive/leave]?** wann kommt/fährt der nächste Bus?; **we're not ~ to arrive for another two hours** wir kommen erst in zwei Stunden an; **their baby is ~ in January** sie erwarten ihr Baby im Januar; **when are you ~?** wann ist es denn so weit? ❻ *attr* (*form*) **in ~ course** zu gegebener Zeit; **at the ~ time** zur rechten Zeit ❼ (*because of*) ■**~ to sth** wegen [*o* auf Grund] einer S. *gen;* **~ to circumstances beyond our control ...** auf Grund unvorhersehbarer Umstände ...; ■**to be ~ to sb/sth** jdm/etw zuzuschreiben sein; **it is ~ to him that we have to start all over again** seinetwegen müssen wir wieder ganz von vorne anfangen; **it is ~ to her that we won the big order** wir haben es ihr zu verdanken, dass wir den großen Auftrag bekommen haben **II.** *n* ❶ (*fair treatment*) **she feels that equal pay for equal work is simply her ~** sie hält gleiche Bezahlung für gleiche Arbeit einfach nur für gerecht [*o* recht und billig]; **to give sb his/her ~** jdm Gerechtigkeit widerfahren lassen *geh;* **to give her her ~, she worked under very difficult conditions** man muss fairerweise zugeben, dass sie unter sehr schwierigen Bedingungen gearbeitet hat ❷ (*fees*) ■**~s** *pl* Gebühren *pl;* *of members* [Mitglieds]beitrag *m;* **annual ~s** Jahresbeitrag *m* ❸ (*debts*) ■**~s** *pl* Schulden *pl;* (*obligations*) Verpflichtungen *pl;* **to pay one's ~s** (*meet debts*) seine Schulden bezahlen; (*meet obligations*) seinen Verpflichtungen nachkommen; (*undergo hardship for collective goal*) seine Schuldigkeit tun **III.** *adv inv, before adv* ~ **north** genau [*o* direkt] nach Norden

duel ['dju:əl, am *esp* 'du:-] **I.** *n* ❶ (*hist: formal fight*) Duell *nt hist;* **to challenge sb to a ~** jdn zum Duell fordern; **to fight a ~** ein Duell austragen; **to fight a ~ over sb** sich *akk* wegen einer Person *gen* duellieren ❷ (*struggle*) Duell *nt geh;* **~ of wits** intellektueller Schlagabtausch; **~ of words** Wortgefecht *nt,* Rededuell *nt;* **to be locked in a ~ for sth** verbissen um etw *akk* kämpfen **II.** *vi* <Brit -ll- *or* Am *usu* -l-> (*hist*) sich *akk* duellieren *hist*

duel·ing *adj* Am *see* **duelling**

duel·ist *n* Am *see* **duellist**

duel·ling ['dju:əlɪŋ], Am **duel·ing** [*esp* 'du:-] *adj attr, inv* sich *akk* bekämpfend, in Fehde liegend *geh*

duel·list ['dju:əlɪst], Am **duel·ist** [*esp* 'du:-] *n* ❶ (*hist*) Duellant *m hist* ❷ (*person in close contest*) Gegner *m*

duet [dju'et, am *esp* du'-] *n* (*for instruments*) Duo *nt;* (*for voices*) Duett *nt*

duff [dʌf] **I.** *adj* Brit (*fam*) mies *pej fam* **II.** *n* Am (*fam*) Hintern *m fam;* **get off your ~** beweg deinen Hintern *sl* **III.** *vt* Aus ■**to ~ animals** *Tiere stehlen und mit neuen Brandzeichen versehen;* ■**to ~ sb** jdn bescheißen [*o* abzocken] *sl;* ■**to ~ sth** etw abzocken *sl,* sich *dat* etw ergaunern (*indem man Preisschilder vertauscht oder das Aussehen eines Gegenstandes so verändert, dass er billiger erscheint*)

◆**duff up** *vt* Brit (*fam*) ■**to ~ sb** ↔ **up** jdn zusammenschlagen *fam*

duf·fel bag ['dʌfəlˌ-] *n* Matchbeutel *m;* naut Seesack *m* **'duf·fel coat** *n* Dufflecoat *m*

duf·fer ['dʌfəʳ, am -ɚ] *n* (*dated*) Dummkopf *m pej;* **to be a ~ at physics** eine Niete in Physik sein *fam*

dug [dʌg] **I.** *pt, pp of* **dig II.** *n usu pl* Zitze *f*

'dug·out *n* ❶ mil Schützengraben *m* ❷ sports (*in football*) überdachte Trainerbank; Am (*in baseball*) überdachte Spielerbank ❸ Am, Aus (*canoe*) Einbaum *m*

duh [dʊ] *interj* Am [ja] klar, sicher; **well, ~** na, klar

duke [dju:k, am du:k] *n* Herzog *m*

duke·dom ['dju:kdəm, am 'du:k-] *n* ❶ *no pl* (*rank*) Herzogswürde *f* ❷ (*land*) Herzogtum *nt*

dul·cet ['dʌlsɪt] *adj attr* (*liter*) wohlklingend, angenehm

dul·ci·mer ['dʌlsɪməʳ, am -ɚ] *n* Hackbrett *nt,* Zimbal *nt*

dull [dʌl] **I.** *adj* ❶ (*pej: boring*) langweilig, eintönig, fade; **as ~ as ditchwater** stinklangweilig *sl;* **~ life** eintöniges Leben; **~ routine** stumpfsinnige Routine; **deadly** [*or* **terribly**] **~** todlangweilig ❷ (*not bright, shiny*) *animal's coat* glanzlos, stumpf; *sky* bedeckt, grau; *weather* trüb; *colour* matt; *light* schwach, trübe, matt; typo matt ❸ (*indistinct, muted*) dumpf; **~ ache/thud** dumpfer Schmerz/Schlag ❹ *esp* Am (*not sharp*) stumpf ❺ (*dated: not intelligent*) beschränkt *pej;* (*slow-witted*) begriffsstutzig; **~ pupil** langsamer Schüler **II.** *vt* ■**to ~ sth** ❶ (*lessen*) etw schwächen [*o* trüben]; **to ~ the pain** den Schmerz betäuben ❷ (*desensitize*) etw abstumpfen [*o* stumpf werden lassen]

dull·ard ['dʌləd, am -ɚd] *n* (*pej dated*) Dummkopf *m pej*

dull·ness ['dʌlnəs] *n no pl* ❶ (*pej: tedium*) Langweiligkeit *f,* Eintönigkeit *f;* *of a routine* Stumpfsinn *m* ❷ meteo Trübheit *f liter* ❸ (*of pain*) Dumpfheit *f* ❹ *of a knife* Stumpfheit *f* ❺ (*stupidity*) Beschränktheit *f pej;* (*slow-wittedness*) Begriffsstutzigkeit *f pej;* (*apathy*) Stumpfsinnigkeit *f;* (*sluggishness*) Trägheit *f*

dulls·ville ['dʌlzvɪl] *n no pl esp* Am (*pej fam*) **to be ~** todlangweilig sein

dul·ly ['dʌlli] *adv* ❶ (*pej: boringly*) langweilig; *play music* ohne Schwung *nach n* ❷ (*not brightly*) matt, trübe ❸ (*not intensely*) *feel, ache* dumpf

duly ['dju:li, am *esp* 'du:-] *adv inv* ❶ (*appropriately*) gebührend, in angemessener Weise; **he ~ apologized** er entschuldigte

D

sich gebührend ❷ (*punctually*) pünktlich; (*straightaway*) prompt; (*at the expected time*) wie erwartet

dumb [dʌm] *adj inv* ❶ (*mute*) stumm; **deaf and** ~ taubstumm ❷ (*tongue-tied*) stumm, sprachlos; **she was struck** ~ **with amazement/fear** es verschlug ihr vor Staunen/Angst die Sprache; ~ **approval** stillschweigende Zustimmung ❸ (*pej fam: stupid*) dumm, blöd *fam,* doof *fam;* **are they brave or just** ~**?** ist das jetzt Mut oder einfach nur Dummheit?; **to act** [*or* **play**] ~ sich *akk* dumm stellen *fam*

◆**dumb down** *esp* AM **I.** *vt* (*usu pej fam: make easy*) ■**to** ~ **sth** ⊂ **down** etw vereinfachen [*o* verflachen] (*das geistige Niveau so weit herunterschrauben, dass eine breite Masse erreicht wird*)*;* **they told him to** ~ **down his message** sie legten ihm nahe, sich einfacher auszudrücken **II.** *vi* (*usu pej fam: become easier*) immer simpler werden; (*become superficial*) *newspaper* immer seichter werden

'dumb·bell *n* ❶ SPORTS Hantel *f* ❷ AM (*pej fam: dummy*) Dummkopf *m pej*

dumbed-down [ˌdʌmd'daʊn] *adj attr* vereinfacht, verflacht

dumb·'found *vt* ■**to** ~ **sb** jdn verblüffen [*o* sprachlos machen] **dumb·'found·ed** *adj* sprachlos, verblüfft

dumb·ly ['dʌmli] *adv inv* stumm

dumb·ness ['dʌmnəs] *n no pl* ❶ (*inability to speak*) Stummheit *f* ❷ (*stupidity*) Dummheit *f,* Blödheit *f fam*

'dumb·show *n no pl esp* BRIT (*fam*) Zeichensprache *f;* **to use** ~ sich *akk* der Zeichensprache bedienen **'dumb·size** *vt* ■**to** ~ **sth** ⊂ **down** *company* die Belegschaft derartig reduzieren, dass nicht mehr effektiv gearbeitet werden kann **'dumb·strick·en** *adj,* **'dumb·struck** *adj* sprachlos, verblüfft **dumb 'wait·er** *n* Speiseaufzug *m,* stummer Diener **dum-dum** *n,* **dum-dum 'bul·let** *n* Dumdum[geschoss] *nt* **dum·found** *vt see* **dumbfound**

dum·my ['dʌmi] **I.** *n* ❶ (*mannequin*) Schaufensterpuppe *f;* (*crash test* ~) Dummy *m;* (*doll*) [**ventriloquist's**] ~ [Bauchredner]puppe *f;* **to stand there like a stuffed** ~ (*fam*) wie ein Ölgötze dastehen *pej fam* ❷ (*substitute*) Attrappe *f* ❸ BRIT, AUS (*for baby*) Schnuller *m* ❹ (*pej: fool*) Dummkopf *m pej* ❺ CARDS (*in bridge*) Strohmann *m* **II.** *adj attr, inv* (*duplicate*) nachgemacht; (*not real*) unecht; (*false*) falsch; ~ **ammunition** Übungsmunition *f;* (*blank cartridge*) Platzpatronen *fpl* **III.** *vi* AM (*fam*) ■**to** ~ **up** dichthalten *fam,* kein Sterbenswörtchen sagen *fam*

'dum·my run *n esp* BRIT ❶ MIL Übung *f* ❷ (*tryout, rehearsal*) Probe *f;* (*of apparatus*) Probelauf *m*

dump [dʌmp] **I.** *n* ❶ (*for rubbish*) Müll[ablade]platz *m;* (*fig, pej: messy place*) Dreckloch *nt fam;* (*badly run place*) Saustall *m pej fam* ❷ (*storage place*) Lager *nt,* Depot *nt;* **ammunition** ~ Munitionslager *nt* ❸ COMPUT Speicherabzug *m fachspr* ❹ (*fam!: faeces*) Scheiße *f derb;* **to have** [*or* **take**] **a** ~ ein Ei legen *derb* **II.** *vt* ❶ *waste* ■**to** ~ **sth** (*unload*) etw abladen; (*deposit*) etw abstellen; (*throw away*) etw wegwerfen; **toxic chemicals continue to be** ~**ed in the North Sea** es werden nach wie vor giftige Chemikalien in die Nordsee gekippt ❷ (*put down carelessly*) ■**to** ~ **sth** etw hinknallen *fam;* (*fam: leave*) etw lassen; **where can I** ~ **my coat?** wo kann ich meinen Mantel lassen?; **to** ~ **sth on the table/in the corner** etw auf den Tisch/in die Ecke knallen *fam* ❸ (*fam: abandon*) ■**to** ~ **sth** *plan, project* etw fallen lassen; *sth unwanted* etw loswerden, sich *akk* einer S. *gen* entledigen; **the criminals** ~**ed the car and fled on foot** die Verbrecher entledigten sich des Autos und flohen zu Fuß ❹ (*fam: leave sb*) ■**to** ~ **sb** jdn verlassen *fig,* jdm den Laufpass geben *fam* ❺ COMPUT ■**to** ~ **sth** etw ausgeben *fachspr* ❻ ECON (*sell*) ■**to** ~ **sth on sb** etw an jdn verschleudern [*o* zu Schleuderpreisen an jdn verkaufen] **III.** *vi* ❶ (*fam!: defecate*) scheißen *derb* ❷ *esp* AM (*fam: treat unfairly*) ■**to** ~ **on sb** jdn fertigmachen *fam,* auf jdm herumtrampeln *fig fam;* (*sl*) etw auf jdn abladen; (*disparage, condemn*) ■**to** ~ **on sb/sth** jdn/etw schlechtmachen *fam,* jdn/etw in den Schmutz ziehen, über jdn/etw herziehen *fam*

dump·er ['dʌmpəʳ] *n* ❶ AUS (*in surfing*) Brecher *m,* Riesenwelle *f* ❷ BRIT (*truck*) Kipper *m*

'dump·er truck *n* BRIT Kipper *m*

dump·ing ['dʌmpɪŋ] *n no pl* ECON Dumping *nt fachspr*

'dump·ing ground *n* Müll[ablade]platz *m* **'dump·ing price** *n* ECON Dumpingpreis *m*

dump·ling ['dʌmplɪŋ] *n* Knödel *m,* Kloß *m*

dumps [dʌmps] *npl* (*fam*) Niedergeschlagenheit *f kein pl;* **to be** [**down**] **in the** ~ niedergeschlagen [*o sl* down] sein

Dump·ster® ['dʌmpstəʳ] *n* AM (*container*) Container *m*

'dump truck *n* AM (*dumper truck*) Kipper *m*

dumpy ['dʌmpi] *adj* untersetzt, pummelig *fam*

dun¹ [dʌn] *adj inv* graubraun

dun² [dʌn] **I.** *vt* <-nn-> ■**to** ~ **sb** jdn mahnen; **to be** ~**ned for one's debts** wegen Schulden verfolgt werden, die Schuldeneintreiber am Hals haben *fam* **II.** *n* Zahlungsaufforderung *f,* Mahnung *f*

dunce [dʌns] *n* (*pej: poor pupil*) schlechter Schüler, schlechte Schülerin; (*stupid person*) Dummkopf *m pej;* **to be a** ~ **at sth** schlecht [*o* eine Niete] in etw *dat* sein

'dunce cap *n esp* AM, **'dunce's cap** *n* (*hist*) *Spotthut, der schlechten Schülern aufgesetzt wurde, meistens aus Papier bestand und die Aufschrift „ich bin ein Esel" trug*

dun·der·head ['dʌndəhed, AM -dəʳ-] *n* (*pej dated fam*) Dummkopf *m pej,* Schwachkopf *m pej*

dun·der·'head·ed *adj* dumm, einfältig

dune [dju:n, AM *esp* du:n] *n* Düne *f*

'dune bug·gy *n* Strandbuggy *m*

dung [dʌŋ] *n no pl* Dung *m*

dun·ga·rees [ˌdʌŋgə'ri:z] *npl esp* BRIT (*overall*) Latzhose *f;* AM (*denim trousers*) Jeans[hose] *f*

dun·geon ['dʌndʒən] *n* Verlies *nt,* Kerker *m;* (*fig: dark place*) Loch *nt pej sl*

'dung·hill *n* Misthaufen *m;* (*fig, pej: disagreeable place*) Loch *nt pej sl*

dunk [dʌŋk] **I.** *vt* ❶ (*dip into*) ■**to** ~ **sth in sth** etw in etw *akk* [ein]tunken DIAL [*o* [ein]tauchen] ❷ (*in basketball*) **to** ~ **the ball** *einen Punkt mit einem Wurf direkt in den Korb erzielen, bei dem die Hände über dem Rand bleiben* **II.** *n* **to go for a** ~ (*fam*) eintauchen, schwimmen gehen

dun·no [də'nəʊ, AM -'noʊ] (*sl*) = **don't know** *see* **know**

dun·ny ['dʌni] *n* AUS (*fam*) Klo *nt fam*

duo ['dju:ə(ʊ), AM 'du:oʊ, 'dju:-] *n* ❶ (*pair*) Duo *nt* ❷ MUS (*duet*) Duett *nt,* Duo *nt*

duo·de·na [ˌdju:ə(ʊ)'di:nə, AM ˌdu:ə'-, ˌdju:-] *n pl of* **duodenum**

duo·denal [ˌdju:ə(ʊ)'di:nəl, AM ˌdu:ə'-, ˌdju:-] *adj inv* MED Zwölffingerdarm-, duodenale(r, s) *fachspr;* ~ **ulcer** Zwölffingerdarmgeschwür *nt*

duo·denum <*pl* -na *or* -s> [ˌdju:ə(ʊ)'di:nəm, AM ˌdu:ə'-, ˌdju:ə'-, *pl* -nə] *n* Zwölffingerdarm *m,* Duodenum *nt fachspr*

dupe [dju:p, AM *esp* du:p] **I.** *n* (*tricked person*) Betrogene(r) *f(m),* Gelackmeierte(r) *f(m) hum fam;* (*victim*) Opfer *nt* **II.** *vt usu passive* ■**to be** ~**d** betrogen werden; **they were** ~**d by drug smugglers into carrying heroin for them** sie wurden von Drogenschmugglern als Heroinkuriere benutzt, ohne dass sie sich dessen bewusst waren

du·plex ['dju:pleks, AM *esp* 'du:-] **I.** *n* <*pl* -es> ❶ AM, AUS Doppelhaus *nt* ❷ AM (*flat having two floors*) Maisonette[wohnung] *f* **II.** *adj* doppelt, Doppel-

du·pli·cate I. *vt* ['dju:plɪkeɪt, AM *esp* 'du:-] ❶ (*replicate*) ■**to** ~ **sth** eine zweite Anfertigung von etw *dat* machen; (*repeat an activity*) etw noch einmal machen; **parenthood is an experience that nothing else can** ~ (*fig*) die Erfahrung, Vater oder Mutter zu sein, kann durch nichts ersetzt werden ❷ (*copy*) etw nachmachen; (*photocopy*) etw kopieren; **to** ~ **a device** ein Gerät nachbauen **II.** *adj* ['dju:plɪkət, AM 'du:-] *attr, inv* Doppel-, Zweit-; ~ **key** Nachschlüssel *m* **III.** *n* [ˈdjuːplɪkət, AM ˈduː-] Duplikat *nt*, Kopie *f*; *of a document* Zweitausfertigung *f*, Zweitschrift *f*; **in** ~ in zweifacher Ausfertigung

du·pli·cate ˈbridge *n Bridgeart, bei der das Spiel mit derselben Kartenverteilung, aber mit anderen Spielern wiederholt wird*

ˈdu·pli·cat·ing ma·chine *n* Kopiergerät *nt*, Kopierer *m fam*

du·pli·ca·tion [ˌdjuːplɪˈkeɪʃən, AM *esp* ˌduː-] *n no pl* Verdoppelung *f*

du·pli·ca·tor [ˈdjuːplɪkeɪtər, AM ˈduːplɪkeɪt̬ɚ, ˈdjuː-] *n* Kopiergerät *nt*, Kopierer *m fam*

du·plic·ity [djʊˈplɪsəti, AM duːˈplɪsət̬i, djuː-] *n no pl* (*pej form: speech*) Doppelzüngigkeit *f pej*; (*action*) falsches [*o* doppeltes] Spiel, Doppelspiel *nt*

du·rabil·ity [ˌdjʊərəˈbɪləti, AM ˌdʊrəˈbɪlət̬i, ˌdjʊr-] *n no pl* ❶ (*endurance*) Dauerhaftigkeit *f*, Dauer *f* ❷ *of a product* Haltbarkeit *f*; *of a machine* Lebensdauer *f*

du·rable [ˈdjʊərəbl̩, AM ˈdʊrə-, ˈdjʊrə-] *adj* ❶ (*hard-wearing*) strapazierfähig, haltbar ❷ (*long-lasting*) dauerhaft; ~ **goods** langlebige Gebrauchsgüter; ~ **peace** dauerhafter Friede

du·ra·tion [ˌdjʊ(ə)ˈreɪʃən, AM ˌdʊˈ-, ˌdjʊˈ-] *n no pl* Dauer *f*; *of a film* Länge *f*; **a stay of two years'** ~ ein zweijähriger Aufenthalt; **for the** ~ (*until this situation ends*) bis zum Ende; (*dated: until the war ends*) für die Dauer des Krieges; **I suppose we're stuck with each other for the** ~ sieht so aus, als müssten wir es bis auf weiteres miteinander aushalten

du·ress [djʊˈres, AM *esp* dʊˈ-] *n no pl* (*form*) Zwang *m*, Nötigung *f*; **under** ~ unter Zwang

Du·rex® [ˈdjʊəreks] *n* BRIT Gummi *m sl*, Kondom *nt*

dur·ing [ˈdjʊərɪŋ, AM ˈdʊr-, ˈdjʊr-] *prep* ❶ (*in time of*) während +*gen*; ~ **World War Two** während des Zweiten Weltkriegs ❷ (*weekdays*) ~ **the week** während [*o* unter] der Woche

dusk [dʌsk] *n no pl* [Abend]dämmerung *f*; ~ **is falling** es dämmert; **after/at** ~ nach/bei Einbruch der Dunkelheit

dusky [ˈdʌski] *adj* ❶ (*dark-hued*) dunkel; ~ **blue** dunkelblau ❷ (*usu pej! dated: dark-skinned*) dunkelhäutig

dust [dʌst] **I.** *n no pl* Staub *m*; **coal** ~ Kohlenstaub *m*; **particle of** ~ Staubpartikel *nt*; **to collect** [*or* **gather**] ~ Staub ansammeln; **to be covered in** ~ staubbedeckt [*o* staubig] sein; *furniture, objects* völlig verstaubt sein ► PHRASES: **to throw** ~ **in sb's eyes** jdm Sand in die Augen streuen *fig*; **to allow the** ~ **to settle, to let the** ~ **settle, to wait till the** ~ **has settled** [ab]warten, bis sich die Wogen wieder geglättet haben; **to bite the** ~ ins Gras beißen *fig fam*; **to eat sb's** ~ AM (*fam*) von jdm abgehängt werden *fam*; **eat my** ~**!** versuch mitzuhalten, wenn du kannst!; **to leave sb/sth in the** ~ etw/jdn weit übertreffen; **to lick the** ~ im Staub kriechen *fig*; **to not see sb for** [**the**] ~ blitzschnell abhauen *fam*; **to turn to** ~ (*liter*) zu Staub werden *fig liter* **II.** *vt* ❶ (*clean*) ■**to** ~ **sth** *objects, furniture* etw abstauben; *rooms, buildings* in etw *dat* Staub wischen ❷ (*spread over finely*) ■**to** ~ **sth** [**with sth**] etw [mit etw *dat*] bestäuben; (*using grated material*) etw [mit etw *dat*] bestreuen; **to** ~ **crops** Getreide bestäuben; **to** ~ **sth with insecticide** etw mit einem Schädlingsbekämpfungsmittel besprühen **III.** *vi* Staub wischen

◆**dust down** *vt* BRIT, AUS ❶ (*return to use*) ■**to** ~ **sth** ↔ **down** etw wieder benutzen ❷ (*fam: criticize*) ■**to** ~ **down** ↔ **sb** jdn zusammenstauchen *fam*

◆**dust off** *vt* ■**to** ~ **sth** ↔ **off** ❶ (*dust*) etw entstauben [*o* abstauben] ❷ (*return to use*) etw wieder benutzen

ˈdust·ball *n* AM (*fam*) Wollmaus *f hum* **ˈdust·bin** *n esp* BRIT Mülleimer *m*; (*big container*) Mülltonne *f* **ˈdust·bin lin·er** *n esp* BRIT Müllbeutel *m* **ˈdust·bin lor·ry** *n* BRIT Müllwagen *m* **ˈdust bowl** *n* Trockengebiet *nt*; ■**the Dust Bowl** (*hist*) die Dust Bowl (*Gebiet der USA, in dem um 1930 große Trockenheit und Bodenerosion herrschte, was einen Massenexodus zur Folge hatte*) **ˈdust bun·ny** *n* AM (*fam*) Wollmaus *f hum* **ˈdust·cart** *n* BRIT Müllwagen *m* **ˈdust cloth** *n* AM Staubtuch *nt* **ˈdust·coat** *n* Kittel *m* **ˈdust cov·er** *n* (*for furniture*) Schonbezug *m*; (*for devices*) Abdeckhaube *f*; (*on a book*) Schutzumschlag *m*; (*for clothes*) Staubschutz *m kein pl*

dust·er [ˈdʌstər, AM -ɚ] *n* Staubtuch *nt*; **feather** ~ Staubwedel *m*

dust·ing [ˈdʌstɪŋ] *n no pl* ❶ (*layer*) Schicht *f*, [dünner] Belag [*o* Überzug]; **there was a** ~ **of snow on the lawn** auf dem Rasen lag eine dünne Schneeschicht ❷ (*cleaning*) Staubwischen *nt*, Abstauben *nt*; **to give sth a** ~ *objects, furniture* etw abstauben; *rooms, buildings* in etw *dat* Staub wischen

ˈdust jack·et *n* Schutzumschlag *m* **ˈdust·man** *n* BRIT Müllmann *m* **ˈdust mop** *n* Staubbesen *m* **ˈdust·pan** *n* Schaufel *f*; ~ **and brush** Schaufel *f* und Besen *m* **ˈdust sheet** *n* BRIT Staubdecke *f* **ˈdust storm** *n* Staubsturm *m* **ˈdust-up** *n* (*fam*) ❶ (*fight*) Schlägerei *f* ❷ (*dispute*) Krach *m fam*, Streit *m*

dusty [ˈdʌsti] *adj* ❶ (*covered in dust*) staubig; *objects, furniture* verstaubt ❷ (*colour*) stumpf, matt; ~ **brown** graubraun; ~ **pink** altrosa ❸ (*unexciting*) trocken, uninteressant ❹ BRIT (*brusque*) ~ **answer** schroffe Antwort

Dutch [dʌtʃ] **I.** *adj* holländisch, niederländisch **II.** *n* ❶ *no pl* (*language*) Holländisch *nt*, Niederländisch *nt* ❷ (*people*) ■**the** ~ *pl* die Holländer [*o* Niederländer] *pl* **III.** *adv* **to go** ~ getrennte Kasse machen

Dutch ˈcap *n* BRIT Pessar *nt* **Dutch ˈcour·age** *n no pl* (*fam*) angetrunkener Mut; **to give oneself** ~ sich *dat* Mut antrinken **Dutch ˈelm dis·ease** *n no pl* Ulmensterben *nt* **ˈDutch·man** *n* Holländer *m*, Niederländer *m* ► PHRASES: **if ... I'm a** ~ BRIT wenn ... , [dann] bin ich der Kaiser von China **Dutch ˈoven** *n* AM Schmortopf *m* **Dutch ˈtreat** *n no pl* (*fam*) *Unternehmung in der Gruppe, bei der getrennte Kasse gemacht wird* **ˈDutch·wom·an** *n* Holländerin *f*, Niederländerin *f*

du·ti·able [ˈdjuːtiəbl̩, AM ˈduːt̬i-, ˈdjuːt̬i-] *adj inv* zollpflichtig

du·ti·ful [ˈdjuːtɪfəl, AM ˈduːt̬ɪ-, ˈdjuːt̬ɪ-] *adj* ❶ *person* pflichtbewusst; (*obedient*) gehorsam ❷ *act* pflichtschuldig; **after the speech, there were a few** ~ **cheers** nach der Rede gab es ein paar lahme Jubelrufe *fam*

du·ti·ful·ly [ˈdjuːtɪfəli, AM ˈduːt̬ɪ-, ˈdjuːt̬ɪ-] *adv* pflichtbewusst; (*obediently*) gehorsam

duty [ˈdjuːti, AM ˈduːt̬i, ˈdjuːt̬i] **I.** *n* ❶ *no pl* (*obligation*) Pflicht *f*, Verpflichtung *f*; (*moral responsibility*) Schuldigkeit *f*, Pflicht *f*; **he has a** ~ **to visit his mother more than once a year** er ist moralisch verpflichtet, seine Mutter öfter als nur einmal im Jahr zu besuchen; **you have a** ~ **to yourself to take a holiday now and then** du bist es dir schuldig, hin und wieder Urlaub zu nehmen; **to do sth out of** ~ etw aus Pflichtbewusstsein tun; **to do one's** ~ seine Pflicht tun; **to do one's** ~ **by sb** jdm gegenüber seine Pflicht erfüllen [*o* tun]; **to entrust sb with a** ~ (*form*) jdn mit einer Aufgabe betrauen; **to make it one's** ~ **to do sth** es sich *dat* zur Pflicht machen, etw zu tun ❷ (*task, function*) Aufgabe *f*, Pflicht *f* ❸ *no pl* (*work*) Dienst *m*; **to do** ~ **for sb** jdn vertreten, für jdn einspringen; **to report for** ~ sich *akk* zum Dienst melden; **to be suspended from** ~ vom Dienst suspendiert sein; **on/off** ~ im/nicht im Dienst; **to be off** ~ [dienst]frei haben; **to be on** ~ Dienst haben; **to come/go on** ~ seinen Dienst antreten ❹ (*revenue*) Zoll *m* (**on** auf +*akk*); **customs duties** Zollabgaben *pl*; **to be free of** ~ zollfrei sein; **to pay** ~ **on sth** etw verzollen **II.** *n modifier* (*nurse, officer*) diensthabende(r, s)

duty-ˈbound *adj* ■**to be** ~ **to do sth** verpflichtet sein, etw zu tun; **to feel** [**oneself**] ~ **to do sth** sich *akk* verpflichtet fühlen, etw zu tun **ˈduty call** *n* Pflichtbesuch *m*, Höflichkeitsbesuch *m* **duty-ˈfree I.** *adj* zollfrei **II.** *n* ■~**s** *pl* zollfreie Waren **duty-free ˈshop** *n* Duty-free-Shop *m* **ˈduty ros·ter** *n* Dienstplan *m*

du·vet [ˈdjuːveɪ, ˈduː-, AM duːˈveɪ, djuːˈ-] *n esp* BRIT Steppdecke *f*; (*with down also*) Daunendecke *f*

ˈdu·vet cov·er *n esp* BRIT Bettbezug *m*

DV [ˌdiːˈviː] *n abbrev of* **digital video** DV *nt*

DVD [ˌdiːviːˈdiː] *abbrev of* **digital versatile disk I.** *n* DVD *f* **II.** *n modifier* (*film*) DVD-, auf DVD *nach n*

DV'D play·er *n* DVD-Player *m*

dwarf [dwɔːf, AM dwɔːrf] **I.** *n* <*pl* -s *or* dwarves> ❶ (*small person*) Zwerg(in) *m(f)* ❷ (*imaginary creature*) Zwerg *m* **II.** *n modifier* (*conifer, lemur, hippo*) winzige(r, s) *attr,* Zwerg- **III.** *vt* ■**to ~ sb/sth** jdn/etw überragen; (*fig*) jdn/etw in den Schatten stellen *fig*

'dwarf star *n* ASTRON Zwerg[stern] *m fachspr*

dwarves [dwɔːvz, AM dwɔːrvz] *n pl of* **dwarf**

dweeb [dwiːb] *n* AM (*sl*) Schwachkopf *m fam*

dwell <dwelt *or* -ed, dwelt *or* -ed> [dwel] *vi* (*form*) wohnen, leben; ■**to ~ with sb** bei jdm wohnen
◆**dwell on, dwell upon** *vi* ■**to ~ on** [*or* **upon**] **sth** bei etw *fig* verweilen *geh;* **to ~ on** [*or* **upon**] **a subject** auf einem Thema herumreiten *sl*

dwell·er ['dwelər, AM -ɚ] *n* (*form*) Bewohner(in) *m(f)*

dwell·ing ['dwelɪŋ] *n* (*form*) Wohnung *f* **'dwell·ing house** *n* Wohnhaus *nt*

dwelt [dwelt] *pp, pt of* **dwell**

DWI [ˌdiːˌdʌbljuːˈaɪ] *n* AM *abbrev of* **driving I.**

dwin·dle ['dwɪndḷ] *vi* abnehmen, schwinden *geh;* (*numbers*) zurückgehen; *money, supplies* schrumpfen; **the circulation has ~d to 5,000** die Auflage ist auf 5000 gesunken

dwin·dling ['dwɪndḷɪŋ] *adj* schwindende(r, s) *attr geh,* Schwund-, abnehmende(r, s) *attr; number* sinkende(r, s)

dye [daɪ] **I.** *vt* ■**to ~ sth** etw färben **II.** *n* Färbemittel *nt,* Farbstoff *m;* (*for hair*) Haarfärbemittel *nt*

dyed-in-the-'wool *adj attr, inv* Erz-, durch und durch; **~ prejudices** tief sitzende Vorurteile; **a ~ reactionary** ein unverbesserlicher [*o* eingefleischter] Reaktionär; **~ opinions** [*or* **views**] unbeugsame Ansichten **'dye-works** *n* Färberei *f*

dy·ing ['daɪɪŋ] *adj attr, inv* ❶ *person, animal* sterbend; (*fig: failing*) hoffnungslos, nicht mehr zu rettende(r, s); (*fig: becoming less important*) aussterbend; **~ traditions** fast verschwundene Bräuche ❷ (*when sb dies*) **to my ~ day** bis an mein Lebensende; **sb's ~ words** jds letzte Worte

dyke [daɪk] *n* ❶ (*wall*) Deich *m,* Damm *m* ❷ (*drainage channel*) [Abfluss]graben *m,* Kanal *m* ❸ (*pej! sl: lesbian*) Lesbe *f fam*

dy·nam·ic [daɪ'næmɪk] *adj* ❶ (*energetic, forceful*) dynamisch ❷ *attr, inv* MUS dynamisch *fachspr* ❸ *attr* PHYS dynamisch *fachspr*

dy·nami·cal·ly [daɪ'næmɪkli] *adv* dynamisch

dy·nam·ics [daɪ'næmɪks] *n* ❶ *no pl* PHYS Dynamik *f fachspr;* (*in sciences*) **atmospheric ~** atmosphärische Dynamik *fachspr;* **chemical ~** chemische Dynamik *fachspr;* **population ~** Bevölkerungsdynamik *f fachspr* ❷ (*fig*) *of change, growth* Dynamik *f;* **group ~** Gruppendynamik *f* ❸ MUS Dynamik *f fachspr*

dy·na·mism ['daɪnəmɪzəm] *n no pl* ❶ (*quality*) Dynamik *f* ❷ PHILOS Dynamismus *m fachspr*

dy·na·mite ['daɪnəmaɪt] **I.** *n no pl* ❶ (*explosive*) Dynamit *nt* ❷ (*fig fam: sth potentially shocking, dangerous*) Dynamit *nt fig,* Zündstoff *m fig;* **political ~** politischer Zündstoff; **to be ~** brisant sein ❸ (*fig fam: sth/sb fantastic, sensational*) **to be ~** eine Wucht sein *sl* **II.** *vt* ■**to ~ sth** etw mit Dynamit sprengen **III.** *n modifier* (*fig fam*) explosiv

dy·na·mo ['daɪnəməʊ, AM -moʊ] *n* ❶ *esp* BRIT (*generator*) Dynamo *m; of a car* Lichtmaschine *f* ❷ (*fig: person*) Energiebündel *nt fam*

dy·nas·tic [dɪ'næstɪk, AM daɪ'-] *adj inv* dynastisch

dyn·as·ty ['dɪnəsti, AM 'daɪ-] *n* Dynastie *f*

d'you [dʒuː, djuː, dʒə, djə] (*fam*) = **do you** *see* **do**

dys·en·tery ['dɪsəntəri, AM -teri] *n no pl* Ruhr *f,* Dysenterie *f fachspr*

dys·func·tion [dɪs'fʌŋ(k)ʃən] *n* ❶ MED Funktionsstörung *f* ❷ TECH Störung *f,* Defekt *m*

dys·func·tion·al [dɪs'fʌŋ(k)ʃənəl] *adj* ❶ MED funktionsgestört ❷ *esp* SOCIOL gestört; **~ family** gestörte Familie, Problemfamilie *f*

dys·lexia [dɪ'sleksiə] *n no pl* Legasthenie *f*

dys·lex·ic [dɪ'sleksɪk] *adj* legasthenisch

dys·pep·sia [dɪ'spepsiə] *n no pl* MED Verdauungsstörung *f,* Dyspepsie *f fachspr*

dys·pep·tic [dɪ'speptɪk] **I.** *adj* ❶ *inv* MED dyspeptisch *fachspr;* **~ disorders** Verdauungsstörungen *fpl* ❷ (*fig liter: pessimistic*) pessimistisch; (*bad-tempered*) missgestimmt *geh* **II.** *n* MED Dyspeptiker(in) *m(f) fachspr,* Verdauungsstörungen *pl*

Ee

e- *in compounds* INET, COMPUT e-, elektronisch

E <*pl* -'s>, **e** <*pl* -'s *or* -s> [iː] *n* ❶ (*letter*) E *nt,* e *nt;* **~ for Edward** [*or* AM **as in Easy**] E für Emil; *see also* **A 1** ❷ MUS E *nt,* e *nt;* **~ flat** Es *nt,* es *nt;* **~ sharp** Eis *nt,* eis *nt; see also* **A 2** ❸ (*school mark*) ≈ Fünf *f,* ≈ mangelhaft; *see also* **A 3**

E [iː] **I.** *n* ❶ *no pl abbrev of* **east** O ❷ (*fam: drug*) *abbrev of* **ecstasy** Ecstasy *f;* **to do** [*or* **take**] **~** Ecstasy nehmen [*o sl* einwerfen] **II.** *vi* (*sl: to take ecstasy*) Ecstasy nehmen **III.** *adj abbrev of* **eastern**

each [iːtʃ] **I.** *adj attr, inv* jede(r, s); **he shook the hand of ~ man he saw** er schüttelte jedem, den er sah, die Hand; **it's about 500 miles ~ way to my parent's house** zum Wohnort meiner Eltern sind es ungefähr 500 Meilen in eine Richtung; **~ and every house/person** jedes einzelne Haus/jeder Einzelne; **~ and every one of us** jede(r) Einzelne von uns; **~ one of the books** jedes einzelne Buch; **~ one of you** jede(r) Einzelne von euch **II.** *pron* ❶ (*every person*) jede(r, s); **we have invited 50 guests and ~ is supposed to bring a date with them** wir haben 50 Gäste eingeladen, die alle in Begleitung kommen sollen; **they/we etc. ~ ...** jede(r) von ihnen/uns etc. ...; **give the kids ~ one piece of candy** gib jedem Kind ein Bonbon; **they ~ have their own personality** jeder von ihnen hat seine eigene Persönlichkeit; **we ~ wanted the bedroom with the window** wir wollten alle das Schlafzimmer mit dem Fenster; **he gave us ~ $100 to spend as we like** er gab jedem von uns 100 Dollar zur freien Verfügung; **he said he loved ~ of his five wives in different ways** er sagte, er liebte jede seiner fünf Frauen auf andere Weise; **~ of us** jede(r) von uns ❷ (*every thing*) jede(r, s); **the cows were milked and ~ was sent out to graze afterwards** die Kühe wurden gemolken und danach alle wieder auf die Weide geschickt; **there are five leaflets – please take one of ~** hier sind fünf Broschüren – nehmen Sie bitte von jeder eine; **~ of the five satellites have their own orbit** jeder der fünf Satelliten hat seine eigene Umlaufbahn ▸PHRASES: **~ to his** [*or* **their**] **own** BRIT jedem das Seine **III.** *adv inv* **the bill comes to £79, so that's about £10 ~** die Rechnung beläuft sich auf 79 Pfund, das sind dann für jeden ungefähr 10 Pfund; **give the kids one cookie ~ and then no more sweets until after dinner** gib jedem Kind einen Keks, und dann keine Süßigkeiten mehr bis nach dem Abendessen; **those toy cars cost $3.50 ~** die Spielzeugautos kosten 3,50 Dollar das Stück

each 'oth·er *pron after vb* einander; **the couple looked at ~ and smiled** die beiden sahen einander an und lächelten; **they're always wearing ~'s clothes** sie tauschen immer die Kleidung; **why are you arguing with ~?** warum streitet ihr euch?; **to be made for ~** füreinander bestimmt sein

'each-way BRIT **I.** *adj inv* auf Sieg oder Platz; **~ bet** Sieg- oder Platzwette *f;* **I put a £10 ~ bet on Yogi Bear** ich habe 10 Pfund auf Sieg oder Platz für Yogi Bear gesetzt **II.** *adv inv* **to bet**

~ auf Sieg oder Platz setzen

eager <-er, -est *or* more ~, most ~> ['i:gəʳ, AM -ɚ] *adj* ① (*hungry*) begierig; ■**to be ~ for sth** auf etw *akk* begierig sein, nach etw *dat* gierig sein; **the crowd were ~ for blood** die Menge wollte Blut sehen ② (*enthusiastic*) eifrig, einsatzfreudig; ■**to be ~ to do sth** (*keen*) etw unbedingt tun wollen, darauf erpicht sein, etw zu tun *geh;* (*trying hard*) eifrig bemüht sein, etw zu tun; **to be ~ to learn** lernbegierig [*o* lerneifrig] sein ③ (*expectant*) *face, eyes* erwartungsvoll; **~ anticipation** gespannte Erwartung

eager 'bea·ver *n* (*fam*) Arbeitstier *nt oft pej*

eager·ly ['i:gəli, AM -ɚ-] *adv* ① (*hungrily*) [be]gierig ② (*enthusiastically*) eifrig ③ (*expectantly*) **to be ~ awaited** mit Spannung erwartet werden

eager·ness ['i:gənəs, AM -ɚ-] *n no pl* Eifer *m;* **~ to learn** Lerneifer *m,* Lernbegierde *f;* **~ to succeed** Erfolgswille *m;* **to have** [*or* **show**] **no ~ for sth** (*not want to do*) nicht erpicht auf etw *akk* sein; (*not be enthusiastic*) sich *akk* nicht für etw *akk* begeistern, für etw *akk* keine Begeisterung zeigen

eagle ['i:gl̩] *n* Adler *m*

eagle 'eye *n* Adlerauge *nt;* **to have an ~** Adleraugen haben

eagle-'eyed *adj* scharfsichtig; ■**to be ~** Adleraugen haben

ear[1] [ɪəʳ, AM ɪr] *n* ANAT Ohr *nt;* **~, nose and throat specialist** Hals-Nasen-Ohren-Arzt, -Ärztin *m, f,* HNO-Arzt, -Ärztin *m, f;* **to have good ~s** gute Ohren [*o* ein feines Gehör] haben; **to grin/smile from ~ to ~** von einem Ohr zum anderen grinsen/strahlen *fam* ▸ PHRASES: **to be up to one's ~s in debt/work** bis über die Ohren in Schulden/Arbeit stecken; **to have** [*or* **keep**] **an ~ to the ground** auf dem Laufenden bleiben [*o* sein]; **to be all ~s** ganz Ohr sein; **to listen with half an ~** [nur] mit halbem Ohr zuhören; **to go in one ~ and out the other** zum einen Ohr hinein- und zum anderen wieder hinausgehen *fam;* **to keep one's ~s open** die Ohren offen halten; **to be out on one's ~** (*fam*) rausgeflogen sein *fam;* [**to give sb**] **a thick ~** *esp* BRIT jdm ein paar hinter die Ohren geben *fam,* jdm eine runterhauen *fam;* **sb's ~s are burning** jdm klingen die Ohren *hum fam;* **to close one's ~s to sth** etw ignorieren; **sb's ~s are flapping** jd spitzt die Ohren *fam;* **to gain the ~ of sb** bei jdm Gehör finden; **to have an ~ for sth** für etw *akk* ein Gehör haben, ein [feines] Ohr für etw *akk* haben; **sb has sth coming out of their ~s** (*fam*) etw hängt jdm zum Hals[e] [he]raus *fam;* **to have the ~ of sb** jds Vertrauen *nt* haben

ear[2] [ɪəʳ, AM ɪr] *n* AGR Ähre *f*

'ear·ache ['ɪəreɪk, AM 'ɪr-] *n no pl* Ohrenschmerzen *mpl* **'ear·bash·ing** *n no pl* (*fam*) **to get an ~** einen Anschiss *sl* [*o fam* was zu hören] bekommen; **to give sb an ~** jdm eine Standpauke halten *fam* **'ear·drops** *npl* Ohrentropfen *mpl* **'ear·drum** *n* Trommelfell *nt* **'ear·flaps** *npl* Ohrenschützer *mpl* **'ear·ful** *n no pl* (*fam*) ① (*rebuke*) Anschiss *m sl;* **to get an ~** was zu hören *fam* [*o sl* einen Anschiss] bekommen; **to give sb an ~** jdm eine Standpauke halten *fam* ② (*insults*) **to get an ~** eine Flut von Beschimpfungen über sich *akk* ergehen lassen müssen; **to give sb an ~** jdn beschimpfen **'ear in·fec·tion** *n* Ohrenentzündung *f*

earl [3:l, AM 3:rl] *n* Graf *m*

earl·dom ['3:ldəm, AM '3:rl-] *n* ① (*rank*) Grafenstand *m,* Grafenwürde *f;* **to be awarded an ~** einen Grafentitel verliehen bekommen, in den Grafenstand erhoben werden ② (*lands*) Grafschaft *f*

ear·li·er ['3:liəʳ, AM '3:rliɚ] **I.** *adj comp of* **early** früher; **at an ~ date** früher **II.** *adv comp of* **early** früher; **we can't deliver the goods ~ than Monday** wir können nicht vor [*o* frühestens am] Montag liefern; **~ in the day** früher am Tag; **~ on** [**today**] vorhin; **~** [**on**] **this evening/morning** vorhin [heute Abend/Morgen]; **~** [**on**] **this week/year** vor ein paar Tagen/Monaten

ear·li·est ['3:liɪst, AM '3:r-] **I.** *adj inv superl of* **early:** ■**the ~ ...** der/die/das früheste ...; **at the ~ possible date** sobald wie [irgend] möglich; **at the ~** [**possible**] **opportunity** bei der erstbesten Gelegenheit; **sb's ~ years** jds früheste Kindheit **II.** *adv inv superl of* **early** zuerst; **who arrived ~?** wer kam als Erster?; **the ~ I can come is Monday** ich kann frühestens am Montag kommen; **at the ~** frühestens

ear·li·ness ['3:lɪnəs, AM '3:r-] *n no pl* ① (*in good time*) Frühzeitigkeit *f;* **her ~ in perceiving that her husband had suffered a stroke significantly aided his recovery** sie erkannte sofort, dass ihr Mann einen Schlaganfall hatte, was wesentlich zu seiner Genesung beitrug ② (*prematureness*) Voreiligkeit *f*

'ear·lobe *n* Ohrläppchen *nt*

ear·ly <-ier, -iest *or* more ~, most ~> ['3:li, AM '3:r-] **I.** *adj* ① (*in the day*) früh; **she usually has an ~ breakfast** sie frühstückt meistens zeitig; **~ edition** Morgenausgabe *f;* **the ~ hours** die frühen Morgenstunden; **in the ~ morning** am frühen Morgen; **~ morning call** Weckruf *m;* **~ riser** Frühaufsteher(in) *m(f)* ② (*of a period*) früh, Früh-; **she is in her ~ thirties** sie ist Anfang dreißig; **in the ~ afternoon** am frühen Nachmittag; **at an ~ age** in jungen Jahren; **from an ~ age** von klein auf; **in the ~ 15th century** Anfang [*o* zu Beginn] des 15. Jahrhunderts; **~ education** Früherziehung *f,* Vorschulerziehung *f;* **to score an ~ goal** ein frühes Tor erzielen; **~ potatoes** Frühkartoffeln *fpl;* **~ returns** erste Wahlergebnisse; **~ Romantic** Frühromantiker(in) *m(f);* **~ stage** Anfangsstadium *nt,* Frühstadium *f* ③ *attr* (*form: prompt*) schnell, baldig; **~ payment appreciated** um baldige Zahlung wird gebeten ④ (*ahead of expected time*) vorzeitig; (*comparatively early*) [früh]zeitig; **I took an ~ train home from work today** ich habe heute nach der Arbeit einen früheren Zug genommen; **you are ~** du bist früh dran *fam;* **to have an ~ dinner/lunch** früh zu Abend/Mittag essen; **to have an ~ night** früh schlafen [*o* zu Bett] gehen; **~ parole** vorzeitige [Haft]entlassung; **~ retirement** vorzeitiger [*o* vorgezogener] Ruhestand; **to take ~ retirement** vorzeitig in den Ruhestand gehen ⑤ *attr* (*first*) erste(r, s), frühe(r, s); **the ~ Christians** die ersten Christen; **the E~ Church** die Urkirche; **the ~ masters** ART die frühen Meister **II.** *adv* ① (*in the day*) früh, zeitig; **to get up** [*or* **rise**] **~** früh aufstehen ② (*in good time*) vorzeitig; **to arrive ~** zeitig eintreffen ③ (*ahead of expected time*) vorzeitig; (*prematurely*) zu früh; (*comparatively early*) [früh]zeitig; **the plane landed 20 minutes ~** das Flugzeug landete 20 Minuten früher [als geplant]; **to die ~** früh sterben ④ (*of a period*) früh; **I'll call you ~ next Monday/tomorrow** ich rufe dich Montag/morgen Vormittag an; **~** [**on**] **in life** früh im Leben; **~ in the week** Anfang der Woche; **~ in October** Anfang Oktober; **~ next week** Anfang nächster Woche

'ear·ly bird *n* (*hum*) Frühaufsteher(in) *m(f)* ▸ PHRASES: **the ~ catches the worm** (*prov*) Morgenstunde hat Gold im Munde *prov* **Ear·ly Child·hood Edu·'ca·tion** *n no pl* AM Kleinkindpädagogik *f form* **ear·ly-'clos·ing day** *n* BRIT **today is ~** heute haben die Geschäfte nachmittags geschlossen **ear·ly 'mu·sic** *n* frühe [*o* alte] Musik **ear·ly 'warn·ing** *adj usu attr* Frühwarn-; **~ system** Frühwarnsystem *nt*

'ear·mark **I.** *vt usu passive* ① (*mark*) ■**to ~ sth** etw kennzeichnen ② (*allocate*) ■**to ~ sth for sth** etw für etw *akk* vorsehen [*o* bestimmen]; **to ~ money for sth** Geld für etw *akk* bereitstellen **II.** *n* Kennzeichen *nt,* Merkmal *nt;* **this has all the ~s of another one of his hare-brained schemes** das sieht wieder ganz nach einer seiner hirnverbrannten Ideen aus *fam*

'ear·muffs *npl* Ohrenschützer *mpl*

earn [3:n, AM 3:rn] **I.** *vt* ① (*be paid*) ■**to ~ sth** etw verdienen [*o* einnehmen]; **to ~ one's daily bread** [**as a waiter**] sein Brot [*o fam* seine Brötchen] [als Kellner] verdienen; **to ~ a living** [*or* **one's livelihood**] seinen Lebensunterhalt verdienen ② (*yield*) ■**to ~ sb sth** jdm etw einbringen; **at 10% interest, £10,000 in the bank will ~ you £1,000 a year** bei 10 % Zinsen tragen dir 10.000 Pfund auf der Bank 1.000 Pfund im Jahr ein ③ (*deserve*) ■**to ~ sth** etw verdienen; **I feel I've ~ed a few**

weeks off ich glaube, ich habe mir ein paar Wochen Urlaub verdient; ■**to ~ sb sth** jdm etw einbringen; **the president's speeches ~ed him many friends** mit seinen Reden hat sich der Präsident viele Freunde gemacht; **to ~ sb nothing but criticism** jdm nichts als Kritik einbringen; **to ~ sb's respect** jds Respekt *m* gewinnen **II.** *vi* verdienen

earned in·come *n* FIN Arbeitseinkommen *nt*

earn·er ['ɜːnəʳ, AM 'ɜːrnɚ] *n* ❶ (*person*) Verdiener(in) *m(f)* ❷ (*fam: income source*) Einnahmequelle *f*, Verdienstquelle *f*; **to be a nice little ~** ganz schön was einbringen *fam*

ear·nest ['ɜːnɪst, AM 'ɜːr-] **I.** *adj* ❶ (*serious*) ernst ❷ (*determined*) ernsthaft, ernstlich; **~ attempt** ernst gemeinter Versuch; **~ desire** aufrichtiges Verlangen **II.** *n no pl* ❶ (*resolution*) Ernst *m*; **to be in [deadly] ~** es [tod]ernst meinen ❷ (*seriousness*) Ernst *m*, Ernsthaftigkeit *f*; **in ~** (*with seriousness*) ernsthaft; (*completely*) richtig ❸ (*earnest money*) Handgeld *nt*

ear·nest·ly ['ɜːnɪstli, AM 'ɜːr-] *adv* ernsthaft

'ear·nest mon·ey *n no pl* AM Handgeld *nt*

ear·nest·ness ['ɜːnɪstnəs, AM 'ɜːr-] *n no pl* Ernst *m*, Ernsthaftigkeit *f*; **he explained in all ~ that ...** er behauptete allen Ernstes, dass ...

earn·ing ca·pac·ity *n* BRIT, **'earn·ing pow·er** *n* AM *no pl* Verdienstmöglichkeiten *fpl*

earn·ings ['ɜːnɪŋz, AM 'ɜːr-] *npl* Einkommen *nt*, Verdienst *m*; *of a business* Ertrag *m*; **immoral ~** (*form*) unehrenhafte Einkünfte *form*

earn·ings-re·'lat·ed *adj inv* einkommensbezogen, verdienstbezogen; **~ pension** verdienstbezogene [*o* einkommensbezogene] Rente

'ear·phone *n* Kopfhörer *m*; **[a pair of] ~s** Kopfhörer *m* **'ear·piece** *n* Hörer *m* **'ear·pierc·ing I.** *adj* ohrenbetäubend; **~ scream** markerschütternder Schrei **II.** *n no pl* Ohrlochstechen *nt* **'ear·plug** *n usu pl* Ohrenstöpsel *nt*, Ohropax® *nt kein pl* **'ear·ring** *n* Ohrring *m*; **clip-on ~s** Klipps *mpl*; **stud ~** Ohrstecker *m* **'ear·shot** *n no pl* **[with|in/out of ~** in/außer Hörweite **'ear-split·ting** *adj* ohrenbetäubend

earth [ɜːθ, AM ɜːrθ] **I.** *n* ❶ *no pl* (*planet*) Erde *f*; **how on ~ did this happen?** wie, um alles in der Welt, konnte das passieren? *fam*; **nothing on ~ would make me sell my house** um nichts in der Welt würde ich mein Haus verkaufen; **nothing on ~ will make me change my mind** keine Macht der Welt kann mich dazu bringen, meine Meinung zu ändern; **to look like nothing [else] on ~** wie nicht von dieser Welt aussehen; **what/who/where/why on earth ...** was/wer/wo/warum um alles in der Welt ... *fam*; **on ~** auf Erden *liter o hum* ❷ *no pl* (*soil*) Erde *f*, Boden *m* ❸ *no pl* BRIT, AUS ELEC Erdung *f*, Erdungsleitung *f* ❹ (*of an animal*) Bau *m* ▶PHRASES: **to bring sb <u>back</u> [down] to ~** jdn wieder auf den Boden der Tatsachen zurückholen; **to come <u>back</u> [down] to ~** auf den Boden der Tatsachen zurückkommen; **to be <u>down</u> to ~** (*not pretentious*) ein natürlicher und umgänglicher Mensch sein; (*practical*) mit beiden Beinen fest auf dem Boden stehen; **to <u>charge</u>/<u>cost</u>/<u>pay</u> the ~** BRIT ein Vermögen verlangen/kosten/bezahlen; **to <u>go</u> to ~** BRIT untertauchen; **the ~ <u>moved</u>** (*iron o hum fam*) die Erde bebte *iron* **II.** *vt* BRIT ■**to ~ sth** etw erden

◆**earth up** *vt* ■**to ~ sth** ○ **up** ❶ (*cover with earth*) etw mit Erde bedecken ❷ AM (*fig: find*) etw ausgraben [*o* finden]; **wherever did you ~ that up?** wo hast du denn das ausgegraben?

'earth·bound *adj* ❶ *inv* (*on earth*) erdgebunden ❷ (*fig: without imagination*) fantasielos, unoriginell ❸ *inv* (*towards earth*) erdwärts **'earth col·or** AM, **'earth col·our** *n* Erdfarbe *f*

earth·en ['ɜːθən, AM 'ɜːr-] *adj inv* irden

earth·en·ware I. *n no pl* Tonwaren *pl*, Steingut *nt* **II.** *n modifier* (*pot, vase*) Steingut-, Ton-, aus Ton; **~ tile** Keramikkachel *f*

earthi·ness ['ɜːθɪnəs, AM 'ɜːr-] *n no pl* ❶ (*honesty*) Ehrlichkeit *f*; (*directness*) Direktheit *f* ❷ (*pej: coarseness*) Derbheit *f*, ungehobeltes Benehmen

earth·ling ['ɜːθlɪŋ, AM 'ɜːr-] *n* Erdbewohner(in) *m(f)*, Erdling *m hum*

earth·ly ['ɜːθli, AM 'ɜːr-] **I.** *adj inv* ❶ (*on Earth*) irdisch, Erden-; **sb's ~ belongings** (*form*) jds irdische Güter; **~ existence** Erdenleben *nt geh*, irdisches Leben; **~ paradise** Paradies *nt* auf Erden ❷ (*fam: possible*) möglich; **there is no ~ reason why ...** es gibt nicht den geringsten Grund, warum ...; **to not have an ~ chance [of doing sth]** nicht die geringste Chance haben[, etw zu tun]; **to not make an ~ difference** nicht den geringsten Unterschied machen; **to be of no ~ use to sb** jdm nicht im Geringsten nützen **II.** *n* BRIT (*fam*) **to not have an ~ [of doing sth]** nicht die geringste Chance haben[, etw zu tun]

'earth moth·er *n* ❶ REL Erdmutter *f*, Erdgöttin *f* ❷ (*approv fam: woman*) Vollweib *nt fam* **'earth·quake** *n* Erdbeben *nt*; (*fig*) Erschütterung *f* **'earth·quake zone** *n* Erdbebengebiet *nt* **'earth sci·ence** *n* Geowissenschaft[en] *f[pl]* **'earth-shak·ing** *adj*, **'earth-shat·ter·ing** *adj* welterschütternd, weltbewegend **'earth tone** *n* Erdfarbe *f* **'earth trem·or** *n* leichtes Erdbeben

earth·ward *inv* **I.** *adj* erdwärts gerichtet; **~ descent** Landeanflug *m* **II.** *adv* erdwärts, auf die Erde zu **earth·wards** *adv inv* erdwärts, auf die Erde zu **'earth wire** *n usu sing* BRIT, AUS Erdung *f*, Erdungsleitung *f* **'earth·work** *n* ❶ *usu pl* (*fortification*) Erdwall *m* ❷ *no pl* (*moving of soil*) Erdarbeiten *pl* **'earth·worm** *n* Regenwurm *m*

earthy <-ier, -iest *or* more ~, most ~> ['ɜːθi, AM 'ɜːr-] *adj* ❶ *smell, touch* erdig ❷ (*direct*) direkt ❸ (*pej: coarse*) derb, vulgär; **~ [sense of] humour** derber Humor

'ear·wax *n no pl* Ohrenschmalz *m* **'ear·wig** *n* ❶ (*Dermaptera*) Ohrwurm *m* ❷ AM (*centipede*) *kleiner Hundertfüßer*

ease [iːz] **I.** *n no pl* ❶ (*effortlessness*) Leichtigkeit *f*, Mühelosigkeit *f*; **for ~ of access** um einen besseren Zugang zu ermöglichen; **to do sth with ~** etw mit Leichtigkeit tun ❷ (*comfort*) Bequemlichkeit *f*; **a life of ~** ein angenehmes Leben; **to put sb's mind at ~** jdn beruhigen; **to be [*or* feel] at [one's] ~** sich *akk* wohl fühlen ❸ (*uninhibitedness*) Unbefangenheit *f*; **[stand] at ~!** MIL rührt euch!; **to be at [one's] ~** unbefangen sein; **to feel at [one's] ~** sich *akk* wohl fühlen; **to put [*or* set] sb at [their] ~** jdm die Befangenheit nehmen **II.** *vt* ❶ (*relieve*) **to ~ sb's conscience** jdn beruhigen; **to ~ pain** Schmerzen lindern; **to ~ a problem** ein Problem entschärfen; **to ~ the strain** die Belastung mindern; **to ~ the tension** die Anspannung lösen; (*fig*) die Lage entspannen ❷ (*free*) **to ~ sb of a burden** jdn von einer Last befreien; (*hum fam*) **to ~ sb of their money** jdn um sein Geld erleichtern ❸ (*move*) ■**to ~ sth into sth** etw behutsam in etw *akk* einführen; **she ~d the key into the lock** vorsichtig steckte sie den Schlüssel ins Schloss; **I ~d myself through the crowd** ich schob mich durch die Menge **III.** *vi* nachlassen; *tension, situation* sich *akk* beruhigen [*o* entspannen]

◆**ease off** *vi* ❶ (*decrease*) nachlassen ❷ (*work less*) **to ~ off [at work]** [auf der Arbeit] kürzertreten *fam*

◆**ease out** *vt* ■**to ~ sb** ○ **out** jdn rausekeln *fam*; **to ~ sb out of power** jdn aus dem Sessel heben

◆**ease up** *vi* ❶ (*abate*) nachlassen ❷ (*relax*) sich *akk* entspannen ❸ (*wind down*) nachlassen; **to ~ up on the accelerator** Gas wegnehmen *fam*, vom Gas gehen *fam* ❹ (*be less severe*) ■**to ~ up on sb** zu jdm weniger streng sein, jdn sanfter anfassen *fam*

easel ['iːzəl] *n* Staffelei *f*

easi·ly ['iːzɪli] *adv* ❶ (*without difficulty*) leicht; (*effortlessly also*) mühelos; **she passed her exam ~** sie bestand ihr Examen mit Leichtigkeit; **to be ~ impressed/shaken** leicht zu beeindrucken/erschüttern sein; **to win ~** spielend gewinnen ❷ (*quickly*) schnell; **to tan ~** schnell bräunen [*o* braun werden] ❸ (*by far*) ■**to be ~ the ... +** *superl* ganz klar [*o* bei weitem] der/die/das ... sein; **Venice is ~ the most beautiful city in Europe** Venedig ist zweifellos die schönste Stadt Europas ❹ (*probably*) [sehr] leicht; **his guess could ~ be wrong** seine Vermutung könnte genauso gut falsch sein; **~ possible** gut möglich ❺ (*at least*) gut und gern[e] *fam,* locker *sl*

easi·ness ['i:zɪnəs] *n no pl* ❶ (*lack of difficulty*) Leichtigkeit *f;* (*effortlessness also*) Mühelosigkeit *f; of a question* Einfachheit *f* ❷ (*quickness*) Leichtigkeit *f,* Schnelligkeit *f* ❸ (*comfortableness*) Bequemlichkeit *f;* (*being trouble-free*) Unbeschwertheit *f*

eas·ing ['i:zɪŋ] *n* Verminderung *f; of a headache, pain* Linderung *f; of political tension* Entspannung *f*

east [i:st] **I.** *n no pl* ❶ (*compass point*) Osten *m;* **the wind comes from the ~** der Wind kommt aus [*o* von] Ost [*o* östlicher Richtung]; **to be/lie 10 km to the ~ of sth** 10 km östlich einer S. *gen* sein/liegen; **from/to the ~** nach/von Osten ❷ (*part of a country, region, town*) ■**the E~** der Osten; **'Birmingham E~'** ,Birmingham-Ost' ❸ (*hist: Eastern bloc*) ■**the E~** der Osten, der Ostblock *hist* ❹ (*Asia*) ■**the E~** der Osten [*o* Orient]; **the Near/Middle/Far ~** der Nahe/Mittlere/Ferne Osten **II.** *adj* östlich, Ost-; **E~ Berlin** Ostberlin *nt;* **the E~ Side** AM *der Ostteil von Manhattan;* **~ Stuttgart** Stuttgart-Ost; **~ wind** Ostwind *m* **III.** *adv* ostwärts, nach Osten; **~ of Heidelberg/the town centre** [*or* AM **downtown**] östlich von Heidelberg/der Innenstadt; **to face ~** nach Osten liegen

'east·bound *adj inv* nach Osten; **~ train** Zug *m* in Richtung Osten **East 'Coast** *n* ■**the ~** die Ostküste **East 'End** *n* ■**the ~** das [Londoner] Eastend **East 'End·er** *n Bewohner(in) des Londoner Eastend*

East·er ['i:stəʳ, AM -ɚ] *n no art* ❶ REL Ostern, Osterfest *nt;* **at/over ~** an/über Ostern ❷ (*season*) Ostern, Osterzeit *f*

East·er 'Day *n* Ostersonntag *m* **'East·er egg** *n* Osterei *nt* **East·er 'holi·days** *npl* Osterferien *pl*

East·er 'Is·land *n* Osterinsel *f*

east·er·ly ['i:stəli, AM -ɚ-] **I.** *adj* ❶ (*location*) östlich, Ost-; **he lives on the ~ edge of the town** er wohnt am östlichen Stadtrand ❷ (*direction*) Ost-; **to travel in an ~ direction** Richtung Osten fahren; **~ wind** Wind *m* aus östlicher Richtung **II.** *n* Ostwind *m*

east·ern ['i:stən, AM -ɚn] *adj* ❶ *location* östlich, Ost-; **E~ Europe** Osteuropa *nt;* **~ hemisphere** östliche Hemisphäre; **the ~ seaboard** AM die Ostküste ❷ (*Asian*) asiatisch; **E~ architecture** orientalische Baukunst ❸ (*hist: communist*) Ost-; **the E~ bloc** der Ostblock *hist* ❹ REL **the E~ church** die Ostkirche, die griechisch-orthodoxe Kirche

east·ern·er ['i:stənəʳ, AM -ɚnɚ] *n Bewohner(in) des Ostens eines Landes;* AM Oststaatler(in) *m(f)*

east·ern·most ['i:stənməʊst, AM -ɚnmoʊst] *adj* ■**the ~ ...** der/die/das östlichste ... **East·ern Stand·ard Time** *n,* **'East·ern Time** *n* AM Ostküstenzeit *f*

East·er 'Sun·day *n* Ostersonntag *m;* **on ~** am Ostersonntag

'east-fac·ing *adj* nach Osten; ■**to be ~** nach Osten liegen [*o* gehen] **East 'Ger·ma·ny** *n no pl* ❶ (*eastern part of Germany*) Ostdeutschland *nt* ❷ (*hist: German Democratic Republic*) Ostdeutschland *nt hist,* DDR *f hist* **eastward** *inv* **I.** *adj* östlich, nach Osten **II.** *adv* ostwärts, nach Osten **eastwards** *adv* ostwärts, nach Osten

easy <-ier, -iest *or* more ~, most ~> ['i:zi] **I.** *adj* ❶ (*simple*) leicht, einfach; **would a ten o'clock appointment be easier for you?** würde Ihnen ein Termin für 10 Uhr besser passen?; **the house is ~ to find** das Haus ist leicht zu finden; **he is ~ to get on with** mit ihm kann man gut auskommen; **it's ~ for you to laugh** du hast gut lachen; **~ access** leichter Zugang; **to be ~ game** [*or* **meat**] [*or* **mark**] [*or* **prey**] [**for sb**] (*sl*) leichte Beute [für jdn] sein *fam;* **to be as ~ as falling off a log** [*or* **as pie**] [*or* **as anything**] (*fam*) kinderleicht sein *fam;* **~ money** (*fam*) leicht verdientes Geld; **to be within ~ reach** leicht erreichbar sein; **~ solution** einfache Lösung; **to be the easiest thing in the world** (*fam*) die einfachste Sache [von] der Welt sein; **to be an ~ touch** (*fam*) leichtgläubig sein; **to be far from ~** alles andere als leicht sein; **~-peasy** BRIT (*fam or usu childspeak*) kinderleicht *fam;* **to be ~ to annoy** [*or* **upset**]/**please** leicht erregbar/zufrieden zu stellen sein; **to be easier said than done** (*fam*) leichter gesagt als getan sein; **it is ~ to see that ...** es ist offensichtlich, dass ... ❷ (*effortless*) leicht, mühelos; **~ walk** bequemer Spaziergang ❸ (*trouble-free*) angenehm; (*comfortable*) bequem; **~ life** sorgloses [*o* unbeschwertes] Leben ❹ (*not worried*) **~ conscience** [*or* **mind**] ruhiges Gewissen; **to be ~ in one's mind** beruhigt sein; **to not feel ~ about sth** sich *akk* bei etw *dat* nicht wohl fühlen ❺ (*fam: indifferent*) **I'm ~** mir ist es egal *fam* ❻ (*relaxed*) entspannt; ■**to be ~ about sth** etw leichtnehmen; **~ charm** ungezwungener Charme; **at an ~ pace** in gemütlichem Tempo; **on ~ terms** ECON zu günstigen Bedingungen; **a woman of ~ virtue** (*dated*) Freudenmädchen *nt veraltet* ❼ (*pleasing*) angenehm; **to be ~ on the ear/eye** angenehm für das Ohr/Auge sein ❽ (*pej: simplistic*) [zu] einfach, simpel *oft pej* ▶ PHRASES: **to be on ~ street** (*dated fam*) in guten Verhältnissen leben **II.** *adv* ❶ (*cautiously*) vorsichtig, sachte; **~ does it** (*fam*) immer langsam [*o* sachte], Vorsicht ist die Mutter der Porzellankiste *prov;* **to go ~ on** [*or* **with**] **sth** (*fam*) sich *akk* bei etw *dat* zurückhalten, mit etw *dat* sparsam umgehen; **go ~ on the cream** nimm nicht so viel Sahne; **to go ~ on sb** (*fam*) nicht zu hart mit jdm umgehen ❷ (*in a relaxed manner*) **take it ~!** nur keine Aufregung!, immer mit der Ruhe!; **to take things** [*or* **it**] **~** (*fam: for one's health*) sich *akk* schonen; (*rest*) sich *dat* keinen Stress machen *fam* ❸ (*fam*) **~ come, ~ go** wie gewonnen, so zerronnen **III.** *interj* (*fam*) locker *sl;* **my car can do 250 kph, ~!** mein Auto fährt locker 250 km/h! *sl*

'easy-care *adj inv* pflegeleicht **'easy chair** *n* Sessel *m* **easy-'go·ing** *adj* (*approv: straightforward*) unkompliziert; (*relaxed*) gelassen, locker; **~ attitude** Gelassenheit *f* **easy 'lis·ten·ing** *n no pl* Unterhaltungsmusik *f* **easy 'pay·ment plan** *n* günstige Rückzahlungsbedingungen (*bei Ratenkauf*) **easy-to-'use** *adj attr* benutzerfreundlich, anwenderfreundlich

eat <ate, eaten> [i:t] **I.** *vt* ❶ (*consume*) ■**to ~ sth** etw essen; *animal* etw fressen; **have you ~en?** hast du [schon] gegessen?; **don't be afraid of the boss, he won't ~ you** hab keine Angst vor dem Chef, er wird dich schon nicht [auf]fressen *fam;* **to ~ breakfast** frühstücken; **to ~ one's fill** sich *akk* satt essen; **to ~ lunch/supper** zu Mittag/Abend essen; **to ~ a meal** etwas essen, eine Mahlzeit einnehmen *geh* ❷ AM (*fig fam: accept costs*) ■**to ~ sth** etw hinnehmen [*o fam* schlucken] [müssen] ▶ PHRASES: **to ~ sb for breakfast** (*fam*) jdn zum Frühstück verspeisen *fam;* **our boss ~s people like you for breakfast** unser Boss ist Leuten wie dir haushoch überlegen; **I'll ~ my hat if ...** ich fresse einen Besen, wenn ... *sl;* **~ your heart out** (*hum fam*) platze ruhig vor Neid *fam;* **to ~ one's heart out** (*fam*) sich *akk* [vor Kummer] verzehren *geh;* **to ~ like a horse** wie ein Scheunendrescher essen *sl;* **[I'm so hungry] I could ~ a horse** (*esp hum fam*) [ich bin so hungrig,] ich könnte ein ganzes Pferd verdrücken *fam;* **to ~ sb out of house and home** jdm die Haare vom Kopf fressen *hum fam;* **to ~ humble pie** [*or* AM, AUS *a.* **crow**] (*fam*) zu Kreuze kriechen; **to ~ one's words** seine Worte zurücknehmen; **what's ~ing you?** (*fam*) was bedrückt [*o* quält] dich?, was hast du denn? **II.** *vi* essen; (*fam*) **to ~ for comfort** aus Frust essen *fam* ▶ PHRASES: **she has them ~ing out of her hand** sie fressen ihr aus der Hand *fam;* **you are what you ~** (*prov*) der Mensch ist, was er isst *prov*

◆**eat away I.** *vt* ■**to ~ sth** ↔ **away** ❶ *usu passive* (*erode*) etw zerfressen [*o* zersetzen]; *river, sea* etw auswaschen; GEOL etw abtragen [*o fachspr* erodieren] ❷ MED etw zerfressen ❸ (*ruin*) etw allmählich zerstören **II.** *vi* ■**to ~ away at sth** ❶ (*erode*) etw zerfressen [*o* zersetzen], an etw *dat* fressen; *river, sea* etw auswaschen; GEOL etw abtragen [*o fachspr* erodieren] ❷ (*undermine*) etw untergraben

◆**eat in** *vi* zu Hause essen

E

◆**eat into** *vi* ❶ (*dig into*) ■**to ~ into sth** sich *akk* in etw *akk* hineinfressen ❷ (*corrode*) ■**to ~ into sth** etw angreifen [*o* befallen] ❸ *money, resources* ■**to ~ into sth** etw angreifen; **inflation was ~ing into her savings** die Inflation ließ ihre Ersparnisse zusammenschmelzen ❹ (*trouble*) ■**to ~ into sb/sth** an jdm/etw nagen; **jealousy ~s into the soul** Eifersucht frisst sich in die Seele

◆**eat out** *vi* auswärts essen, essen gehen; **to ~ out in a Chinese restaurant** chinesisch essen gehen

◆**eat up** **I.** *vt* ❶ (*finish*) ■**to ~ sth ↔ up** etw aufessen; *animal* etw auffressen ❷ (*erode*) ■**to ~ sth ↔ up** etw zerfressen; GEOL etw abtragen [*o fachspr* erodieren] ❸ (*plague*) ■**to be ~en up by** [*or* **with**] **sth** von etw *dat* verzehrt [*o* gequält] werden; **to be ~en up with envy** vor Neid vergehen [*o fam* platzen] ❹ (*consume*) *money, resources* ■**to ~ sth ↔ up** etw verschlingen; *petrol* etw schlucken [*o fam* fressen] **II.** *vi* aufessen; *animals* auffressen

eat·able ['i:təbḷ, AM 'i:t̬-] *adj* essbar, genießbar

eat·en ['i:tᵊn] *pp of* **eat**

eat·er ['i:təʳ, AM -t̬ɚ] *n* ❶ (*person*) Esser(in) *m(f)*; **to be a big/small ~** ein guter/schlechter Esser/eine gute/schlechte Esserin sein ❷ *esp* BRIT (*fam: apple*) Essapfel *m*

eat·ery ['i:t̬ɚi] *n esp* AM Restaurant *nt*, Esslokal *nt*

eat·ing ['i:tɪŋ, AM -t̬-] *adj attr, inv* ❶ *place* Ess-, Speise-; **~ house** Restaurant *nt* ❷ (*consumption*) Ess-; **~ habits** Essgewohnheiten *fpl*

'eat·ing ap·ple *n* Speiseapfel *m* **'eat·ing dis·or·der** *n* Essstörung *f* **eat·ing 'out** *n no pl* Essengehen *nt*

eats [i:ts] *npl* (*fam*) Häppchen *ntpl*

eau de co·logne [ˌəudəkə'ləun, AM ˌoudəkə'loun] *n no pl* Eau de Cologne *nt*, Kölnischwasser *nt*

eaves [i:vz] *npl* Dachvorsprung *m*

eaves·drop <-pp-> ['i:vzdrɒp, AM -drɑ:p] *vi* [heimlich] lauschen; ■**to ~ on sb/sth** jdn/etw belauschen

eaves·drop·per ['i:vz'drɒpəʳ, AM -drɑ:pɚ] *n* Lauscher(in) *m(f)*

eaves·trough ['i:vstrɒf] *n* CAN (*gutter*) Dachrinne *f*, Regenrinne *f*

ebb [eb] **I.** *n no pl* ❶ (*of the sea*) Ebbe *f*; **on the ~** bei Ebbe ❷ (*fig*) **the ~ and flow of sth** das Auf und Ab einer S. *gen*; **the ~ and flow of married life** die Höhen und Tiefen des Ehelebens; **to be at a low ~** auf einem Tiefstand sein; *funds* knapp bei Kasse sein *fam* **II.** *vi* ❶ *sea, tide* zurückgehen ❷ (*lessen*) schwinden, nachlassen

◆**ebb away** *vi* ❶ *sea, tide* zurückgehen ❷ (*lessen*) *strength* nachlassen; *respect* sinken

ebb tide *n* Ebbe *f*

EBD [ˌi:bi:'di:] *n abbrev of* **Electronic Brakeforce Distribution** EBV *f*

Ebon·ics *n + sing vb* Black English *nt* (*Oberbegriff für das gesprochene Englisch der Schwarzen in Amerika*)

eb·ony ['ebᵊni] **I.** *n no pl* Ebenholz *nt* **II.** *n modifier* (*cabinet, carving, table*) Ebenholz-, aus Ebenholz **III.** *adj* (*liter: colour*) schwarz [wie Ebenholz]

eBook ['i:bʊk] *n* INET, COMPUT E-Book *nt* (*digitalisiertes Buch*)

ebul·lience [ɪ'bʌliən(t)s, AM ɪ'bʊlj-] *n no pl* (*approv*) Überschwänglichkeit *f*

ebul·lient [ɪ'bʌliənt, AM ɪ'bʊlj-] *adj* (*approv*) überschwänglich, überschäumend; **to be in an ~ mood** ausgelassen sein

ebul·lient·ly [ɪ'bʌliəntli, AM ɪ'bʊlj-] *adv* überschwänglich, überschäumend; **he behaved ~** er war ausgelassen

EC [ˌi:'si:] *n no pl* (*hist*) *abbrev of* **European Community** EG *f hist*

e-car ['i:kɑ:ʳ, AM -kɑ:r] *n short for* **electric car** Elektroauto *nt*

ec·cen·tric [ɪk'sentrɪk] **I.** *n* Exzentriker(in) *m(f)* **II.** *adj* ❶ (*unconventional*) exzentrisch *geh*; **~ clothes** ausgefallene Kleidung ❷ *circle, orbit* exzentrisch

ec·cen·tri·cal·ly [ɪk'sentrɪkᵊli] *adv* exzentrisch *geh*, überspannt *pej*

ec·cen·tri·city [ˌeksen'trɪsəti, AM -ət̬i] *n* ❶ *usu pl* (*traits*) exzentrische Verhaltensweise, Überspanntheit *f pej* ❷ *no pl* (*unconventionalness*) Exzentrizität *f geh*, Exzentrik *f geh*, Überspanntheit *f pej*

ec·cle·si·as·tic [ɪˌkli:zi'æstɪk] (*form*) **I.** *n* Geistliche(r) *m* **II.** *adj inv* kirchlich, geistlich

ec·cle·si·as·ti·cal [ɪˌkli:zi'æstɪkᵊl] *adj inv* (*form*) kirchlich, geistlich; **~ history** Kirchengeschichte *f*

ec·crine ['ekrɪn] *adj inv* ekkrin *fachspr*; **~ gland** ekkrine Drüse *fachspr*

ECE [ˌi:si:'i:] *n no pl* AM *abbrev of* **Early Childhood Education**

ECG [ˌi:si:'dʒi:] *n abbrev of* **electrocardiogram** EKG *nt*

eche·lon ['eʃəlɒn, AM -lɑ:n] *n* ❶ (*level*) Rang *m* ❷ MIL (*formation*) Staffel[formation] *f*

echid·na [ek'ɪdnə, AM i:'kɪd-] *n* [australischer] Schnabeligel

echo ['ekəʊ, AM -oʊ] **I.** *n* <*pl* -es> ❶ (*reverberation*) Echo *nt* ❷ (*fig: close imitation*) Anklang *m* (**of** an *+akk*) ▶PHRASES: **to cheer sb to the ~** *esp* BRIT jdm brausenden Beifall spenden **II.** *vi* ❶ *sound* [wider]hallen; ■**to ~ against sth** von etw *dat* widerhallen; **to ~ down** [**through**] **the ages** (*fig*) aus längst vergangenen Zeiten nachhallen ❷ *place* [wider]hallen ❸ (*fig: repeat*) wiederholen **III.** *vt* ■**to ~ sth** ❶ (*copy*) etw wiedergeben; (*reflect*) etw widerspiegeln ❷ (*resemble*) etw *dat* ähneln, an etw *akk* erinnern ❸ (*repeat sb's words*) etw wiederholen

'echo cham·ber *n* Hallraum *m*, schallharter Raum **'echo sound·er** *n* Echolot *nt*

éclair [eɪ'kleəʳ, AM -'kler] *n* Eclair *nt*

ec·lec·tic [ek'lektɪk] **I.** *adj* eklektisch *oft pej geh*; **~ blend** bunte Mischung **II.** *n* Eklektiker(in) *m(f) oft pej geh*

ec·lec·ti·cal·ly [ek'lektɪkᵊli] *adv* (*form*) eklektisch *oft pej geh*

ec·lec·ti·cism [ek'lektɪsɪzᵊm, AM -təs-] *n no pl* (*form*) Eklektizismus *m oft pej geh*

eclipse [ɪ'klɪps] **I.** *n* ❶ (*of the sun, moon*) Finsternis *f fachspr*, Eklipse *f fachspr*; **lunar/solar ~** Mond-/Sonnenfinsternis *f*; **total/partial ~ of the sun** totale/partielle Sonnenfinsternis ❷ *no pl* (*fig: decline*) Niedergang *m*; **to be in ~** in der Versenkung verschwunden sein; **to go into ~** [in der Versenkung] verschwinden **II.** *vt* ❶ *usu passive* (*obscure*) **to ~ the sun/moon** die Sonne/den Mond verfinstern ❷ (*fig: overshadow*) ■**to ~ sth** etw in den Hintergrund drängen; ■**to ~ sb** jdn in den Schatten stellen

eco- [i:kə(ʊ)-, AM ekoʊ, i:-] *in compounds* (*product*) Öko-; (*environmental*) **sth is an ~-hazard** etw ist umweltschädlich; **~-horror** Umweltkatastrophe *f*

eco-'friend·ly <more ~, most ~> *adj* umweltfreundlich

'eco-la·bel *n* Umweltetikett *nt*, blauer Engel

eco·logi·cal [ˌi:kə'lɒdʒɪkᵊl, AM -'lɑ:dʒ-] *adj* ökologisch; **~ catastrophe** [*or* **disaster**] Umweltkatastrophe *f*; **~ issues** Umweltfragen *fpl*; **~ research** Umweltforschung *f*

eco·logi·cal·ly [ˌi:kə'lɒdʒɪkᵊli, AM -'lɑ:dʒ-] *adv* ökologisch; **~ friendly** umweltfreundlich; **~ harmful** umweltfeindlich, umweltschädlich; **~ sound** ökologisch unbedenklich, umweltverträglich

ecolo·gist [i:'kɒlədʒɪst, AM -'kɑ:l-] *n* ❶ (*expert*) Ökologe, -in *m, f* ❷ POL Umweltbeauftragte(r) *f(m)*

ecol·ogy [i:'kɒlədʒi, AM -'kɑ:l-] *n no pl* ❶ (*system*) Ökologie *f* ❷ (*science*) Ökologie *f*

e'col·ogy move·ment *n* Umweltbewegung *f*, Öko-Bewegung *f* **e'col·ogy par·ty** *n* Umweltpartei *f*, Öko-Partei *f* **e'col·ogy tax** *n* Umweltsteuer *f*, Öko-Steuer *f*

e-com·merce [ˌi:'kɒmɜ:s, AM -'kɑ:mɜ:rs] *short for* **electronic commerce** **I.** *n no pl* E-Commerce *m* (*Vertrieb von Waren oder Dienstleistungen über das Internet*) **II.** *n modifier* (*site*) E-Commerce-

econo·met·ric [i:ˌkɒnə'metrɪk, AM -ˌkɑ:n-] *adj inv* (*spec*) ökonometrisch *fachspr*

econo·met·rics [i:ˌkɒnə'metrɪks, AM -ˌkɑ:n-] *n no pl* (*spec*) Ökonometrie *f fachspr*

eco·nom·ic [ˌiːkəˈnɒmɪk, AM -ˈnɑːm-] *adj* ❶ *attr, inv* POL, ECON ökonomisch, Wirtschafts-, wirtschaftlich; ~ **aid** [*or* **assistance**] Wirtschaftshilfe *f*; ~ **development** wirtschaftliche Entwicklung; ~ **downturn** Konjunkturabschwächung *f*; ~ **forecast** Wirtschaftsprognose *f*; ~ **geography** Wirtschaftsgeographie *f*; ~ **progress** wirtschaftlicher Fortschritt; ~ **self-sufficiency** Autarkie *f*, wirtschaftliche Unabhängigkeit; ~ **system** Wirtschaftssystem *nt*; ~ **upturn** Konjunkturaufschwung *m*; ~ **warfare** Wirtschaftskrieg *m* ❷ (*profitable*) rentabel, profitabel

eco·nomi·cal [ˌiːkəˈnɒmɪkəl, AM -ˈnɑːm-] *adj* ❶ (*cost-effective*) wirtschaftlich, ökonomisch; *car* sparsam ❷ (*thrifty*) sparsam; (*pej*) knaus[e]rig *pej fam*; **to be ~ with the truth** (*hum*) mit der Wahrheit hinter dem Berg halten

eco·nomi·cal·ly [ˌiːkəˈnɒmɪkəli, AM -ˈnɑːm-] *adv* ❶ (*thriftily*) sparsam; **to use sth ~** mit etw *dat* sparsam umgehen; ~ **written** prägnant geschrieben ❷ *inv* POL, ECON wirtschaftlich, ökonomisch; **to be ~ viable** wirtschaftlich überlebensfähig sein

eco·nom·ic re·ˈform *n* Wirtschaftsreform *f*

eco·nom·ics [ˌiːkəˈnɒmɪks, AM -ˈnɑːm-] *npl* ❶ + *sing vb* (*science*) Wirtschaftswissenschaft[en] *f*[*pl*]; (*management studies*) Betriebswirtschaft *f*; **socialist ~** die sozialistische Wirtschaftslehre ❷ (*economic aspects*) wirtschaftlicher Aspekt

econo·mist [ɪˈkɒnəmɪst, AM -ˈkɑːn-] *n* Wirtschaftswissenschaftler(in) *m(f)*; (*in industrial management*) Betriebswirtschaftler(in) *m(f)*, Betriebswirt(in) *m(f)*

econo·mize [ɪˈkɒnəmaɪz, AM -ˈkɑːn-] *vi* sparen; ■**to ~ on sth** an etw *dat* sparen

econo·my [ɪˈkɒnəmi, AM -ˈkɑːn-] *n* ❶ (*system*) Wirtschaft *f* ❷ (*thriftiness*) Sparsamkeit *f kein pl*; **for the purposes of ~** aus Ersparnisgründen; **to make economies** Einsparungen machen, Sparmaßnahmen durchführen ❸ *no pl* (*sparing use of sth*) Ökonomie *f*, Wirtschaftlichkeit *f*; ~ **of language** prägnante Ausdrucksweise

eˈcono·my class *n* Touristenklasse *f* **eˈcono·my drive** *n* Sparmaßnahmen *fpl*; **to be on an ~** (*fam*) auf dem Spartrip sein *fam* **eˈcono·my pack** *n*, **eˈcono·my size** *n* Sparpackung *f*, Haushaltspackung *f* **eˈcono·my-size(d)** *adj attr, inv* Spar-; ~ **pack** Sparpackung *f*

eco·sys·tem [ˈiːkə(ʊ)-, AM ˈekoʊˌ-] *n* Ökosystem *nt* **ˈeco·tour·ism** *n* Ökotourismus *m* **ˈeco-tour·ist** *n* Ökotourist(in) *m(f)* **ˈeco-war·ri·or** *n* militanter Umweltschützer/militante Umweltschützerin

ec·sta·sy [ˈekstəsi] *n* ❶ (*bliss*) Ekstase *f*, Verzückung *f*; **in ~** in Ekstase; **in an ~ of jealousy** in einem Anfall von Eifersucht; **to be in/go into ecstasies** in Ekstase sein/geraten ❷ *no pl* (*sl: drug*) ■**E~** Ecstasy *f*

ec·stat·ic [ɪkˈstætɪk, AM -ţ-] *adj* ekstatisch, verzückt; **to not exactly be ~ about** [*or* **at**] [*or* **over**] **sb/sth** (*iron fam*) von jdm/etw nicht gerade entzückt sein *iron fam*

ec·stati·cal·ly [ɪkˈstætɪkəli, AM -ţ-] *adv* ekstatisch, verzückt; **to be ~ happy** überglücklich sein, außer sich *dat* vor Freude sein

ECT [ˌiːsiːˈtiː] *n abbrev of* **electro-convulsive therapy** Elektroschocktherapie *f*

ec·to·morph·ic [ˌektə(ʊ)ˈmɔːfɪk, AM -toʊˈmɔːr-] *adj* ektomorph *fachspr*, schlankwüchsig

ec·top·ic ˈpreg·nan·cy [ekˌtɒpɪkˈpregnən(t)si, AM -ˌtɑːp-] *n* MED ektopische Schwangerschaft *fachspr*, Eileiterschwangerschaft *f*

ec·to·plasm [ˈektəʊplæzəm, AM -toʊ-] *n no pl* BIOL Ektoplasma *nt fachspr*

ECU [ˈekjuː, ˈeɪkjuː, AM ˈeɪkuː] *n abbrev of* **European Currency Unit** ECU *m o f*

Ecua·dor [ˈekwədɔːʳ, AM -dɔːr] *n no pl* Ekuador *nt*, Ecuador *nt*

Ecua·do·rian [ˈekwədɔːriən] **I.** *n* Ekuadorianer(in) *m(f)*, Ecuadorianer(in) *m(f)* **II.** *adj inv* ekuadorianisch, ecuadorianisch

ecu·meni·cal [ˌiːkjʊˈmenɪkəl, AM ˌek-] *adj inv* (*form*) ökumenisch; **E~ Council** + *sing/pl vb* Ökumenisches Konzil; ~ **service** ökumenischer Gottesdienst

ecu·meni·cism [ˌiːkjʊˈmenɪsɪzəm, AM ˌek-] *n no pl* (*form*) Ökumenismus *m fachspr*, ökumenische Bewegung

ec·ze·ma [ˈeksɪmə, AM -sə-] *n no pl* Ekzem *nt geh*, [Haut]ausschlag *m*

Edam [ˈiːdæm, AM -dəm] *n* Edamer [Käse] *m*

eddy [ˈedi] **I.** *vi* <-ie-> wirbeln; *water* strudeln **II.** *n* Wirbel *m*; *of water* Strudel *m*

Eden [ˈiːdən] *n no pl* (*a. fig*) Eden *nt a. fig*, Paradies *nt a. fig*; **the garden of ~** der Garten Eden

edge [edʒ] **I.** *n* ❶ (*boundary*) Rand *m*; *of a lake* Ufer *nt*; **at the ~ of the road** am Straßenrand; **the ~ of the table** die Tischkante ❷ (*fig: threshold*) Rand *m*, Schwelle *f*; **to be on the ~ of collapse/a catastrophe** am Rande des Zusammenbruchs/einer Katastrophe stehen ❸ (*blade*) Schneide *f*; (*sharp side*) Kante *f*, Rand *m*; **rounded/sharp ~** abgerundete/scharfe Kante; **to put an ~ on sth** etw schärfen [*o* schleifen]; **to take the ~ off sth** etw stumpf machen ❹ *no pl* (*intensity*) Heftigkeit *f*; (*sharpness*) Schärfe *f*; **his apology took the ~ off her anger** seine Entschuldigung besänftigte ihren Ärger; **there's an ~ to her voice** sie schlägt einen scharfen Ton an; **to take the ~ off sb's appetite** jdm den Appetit nehmen ❺ (*nervousness*) **to be on ~** nervös [*o* gereizt] sein; **her nerves are on ~** sie ist nervös; **to set** [*or* **put**] **sb's teeth on ~** jdm auf die Nerven gehen *fam* ❻ (*superiority*) ■**the ~** Überlegenheit *f*; **to have the ~ over sb** jdm überlegen sein, jdm gegenüber im Vorteil sein ▸ PHRASES: **to live on the ~** ein extremes [*o* exzentrisches] Leben führen **II.** *vt* **to ~ one's way forward** sich *akk* langsam vorwärtsbewegen; **to ~ one's hand near to sth** seine Hand einer S. *dat* [langsam] nähern **III.** *vi* sich *akk* schieben; **to ~ forward** langsam voranrücken

◆**edge out** *vt* ■**to ~ out** ↻ **sb** jdn hinausdrängen

◆**edge up** *vi* allmählich [*o* langsam] ansteigen; **to ~ up 10%** um 10 % ansteigen; **to ~ up to 5%** auf 5 % ansteigen

edged [edʒd] *adj inv* ■**to be ~ with sth** von etw *dat* umrandet sein; *coat* mit etw *dat* besetzt sein; *table cloth* mit etw *dat* eingefasst sein

-edged [edʒd] *in compounds* **dull-~** stumpf; **sharp-~** scharf; **single-/two-** [*or* **double-**] ~ ein-/zweischneidig

ˈedge trim·mer *n* Rasenschneidegerät *nt*

edge·ways [ˈedʒweɪz] *adv*, **edge·wise** [ˈedʒwaɪz] *adv inv* (*with edge foremost*) mit der Kante voran; (*sideways*) seitlich; **to not get a word in ~** (*fam*) nicht zu Wort kommen; **to see sth ~** [**on**] etw von der Seite sehen

edgi·ly [ˈedʒɪli] *adv* nervös, gereizt

edgi·ness [ˈedʒɪnəs] *n no pl* Nervosität *f*, Angespanntheit *f*

edg·ing [ˈedʒɪŋ] *n* Umrandung *f*; *of a tablecloth, dress* Borte *f*; *of a lawn, garden* Einfassung *f*

edgy [ˈedʒi] *adj* (*fam*) nervös, gereizt

ed·ible [ˈedɪbl̩] *adj* essbar, genießbar; ~ **mushroom** Speisepilz *m*

edict [ˈiːdɪkt] *n* (*form*) Edikt *nt hist*, Erlass *m*, Verordnung *f*

edi·fi·ca·tion [ˌedɪfɪˈkeɪʃən] *n no pl* (*form*) Erbauung *f geh o a. iron*; **for sb's ~** zu jds Erbauung *f geh*

edi·fice [ˈedɪfɪs] *n* ❶ (*form: building*) Gebäude *nt* ❷ (*fig: structure*) Gebäude *nt*, Gefüge *nt*

edi·fy <-ie-> [ˈedɪfaɪ] *vt* (*form*) ■**to ~ sb** ❶ (*uplift*) jdn erbauen *geh* ❷ (*educate*) jdn erbauen [*o* innerlich bereichern] *geh*

edi·fy·ing [ˈedɪfaɪɪŋ] *adj* (*hum: enjoyable*) erbaulich *geh o a. iron*, erhebend *geh*

i Kultur

Seit 1947 findet jedes Jahr für drei Wochen ab Mitte August in Edinburgh, der Hauptstadt Schottlands, das **Edinburgh International Festival** mit vielen Theater-, Musik-, Opern-, Tanz- und Kunstveranstaltungen statt. Gleichzeitig gibt es ein großes *Film Festival*, ein *Jazz Festival* und ein *Book Festival*. Neben dem offiziellen Festival hat sich ein sehr großes, lebendiges und innovatives *Festival Fringe – Alternativfestival* mit über 1.000 verschiedenen Veranstaltungen entwickelt.

edit ['edɪt] *vt* ❶ *(modify for publication)* ■**to ~ sth** etw redigieren; **to ~ copy** einen Beitrag bearbeiten ❷ COMPUT **to ~ a file** eine Datei editieren *fachspr* ❸ *(be editor of)* ■**to ~ sth** etw herausgeben [*o* edieren]; **to ~ a newspaper** eine Zeitung herausgeben ❹ FILM, TV, RADIO ■**to ~ sth** etw cutten [*o* schneiden]

◆**edit down** *vt* ■**to ~ down** ○ **sth** etw kürzen; FILM, TV, RADIO etw zusammenschneiden

◆**edit out** *vt* ■**to ~ out** ○ **sth** PUBL, JOURN etw [heraus]streichen [*o fam* weglassen]; FILM, TV, RADIO etw herausschneiden

edit·ing ['edɪtɪŋ, AM -t̬-] *n no pl* ❶ *of a text* Bearbeiten *nt,* Redigieren *nt* ❷ *of a film, tape* Bearbeiten *nt,* Schneiden *nt,* Cutten *nt*

edi·tion [ɪ'dɪʃᵊn] *n* ❶ *(issue)* Ausgabe *f;* *(version)* Ausgabe *f,* Edition *f fachspr;* **early ~ of a paper** Morgenausgabe *f* einer Zeitung; **first ~** Erstausgabe *f;* **hardback ~** gebundene Ausgabe; **paperback ~** Taschenbuchausgabe *f* ❷ *(broadcast)* Folge *f* ❸ *(simultaneously published books)* Auflage *f; of a newspaper, magazine also* Ausgabe *f;* **limited ~** limitierte Auflage; **second/third ~** zweite/dritte Auflage ❹ AM *(of an event)* Auflage *f;* **the 77th ~ of the Indianapolis 500** die 77. Indianapolis 500 ❺ *(clone)* Ausgabe *f hum*

edi·tor ['edɪtəʳ, AM -t̬ɚ] *n* ❶ *(of a newspaper, magazine)* Herausgeber(in) *m(f)* ❷ *(of a press department)* Redakteur(in) *m(f);* *(of a publishing department)* [Verlags]redakteur(in) *m(f);* **sports ~** Sportredakteur(in) *m(f)* ❸ *(of a book)* Herausgeber(in) *m(f)* ❹ FILM Cutter(in) *m(f)*

edi·to·rial [ˌedɪ'tɔːriəl, AM -ə'-] **I.** *n* Leitartikel *m* **II.** *adj attr, inv* ❶ *(of a press or publishing department)* Redaktions-, redaktionell; **~ decisions** redaktionelle Entscheidungen; **~ staff** + *sing/pl vb* Redaktion *f* ❷ *(reflecting opinions of editors)* **~ article** Leitartikel *m;* **~ opinion** Auslegung *f* von Fakten ❸ *(regulatory)* zensierend, regulierend; **to exercise ~ control** Zensur ausüben

edi·to·rial 'board *n + sing/pl vb* Chefredaktion *f*

edi·to·rial·ize [ˌedɪ'tɔːriᵊlaɪz, AM -ə'tɔːriə-] *vi* JOURN seine eigene Meinung vertreten

edi·tor-in-chief [ˌedɪtərɪn'tʃiːf, AM -t̬ɚɪn'-] *n* *(at newspaper)* Chefredakteur(in) *m(f);* *(at publishing house)* Herausgeber(in) *m(f)*

EDP [ˌiːdiː'piː] *n no pl abbrev of* **electronic data processing** EDV *f*

edu·cate ['edʒʊkeɪt] *vt* ❶ *(teach knowledge)* ■**to ~ sb** jdn unterrichten; *(train)* jdn ausbilden; **to be ~d at Oxford** in Oxford auf die [*o* zur] Schule gehen; **I was ~d in the private school system** ich habe Privatschulen besucht ❷ *(enlighten)* ■**to ~ sb** jdn aufklären; **to ~ the public** die Öffentlichkeit aufklären [*o* informieren]; ■**to ~ sb about** [*or* **in**] [*or* **on**] **sth** jdn über etw *akk* aufklären ❸ *(rare: bring up)* ■**to ~ sb** jdn erziehen

edu·cat·ed ['edʒʊkeɪtɪd, AM -t̬-] *adj* ❶ *(schooled)* gebildet; **highly ~** hochgebildet; **to be Cambridge-/Oxford-/Harvard-~** in Cambridge/Oxford/Harvard studiert haben ❷ *(cultivated)* kultiviert

edu·cat·ed 'guess *n* wohl begründete Vermutung [*o* Annahme]; **to make an ~** eine fundierte Vermutung äußern

edu·ca·tion [ˌedʒʊ'keɪʃᵊn] *n no pl* ❶ *(teaching knowledge)* Bildung *f;* *(training)* Ausbildung *f;* **he received most of his ~ at home** er wurde größtenteils zu Hause unterrichtet; **science ~** naturwissenschaftlicher Unterricht, Unterricht *m* in den naturwissenschaftlichen Fächern ❷ *(knowledge)* Bildung *f;* **to have a gap in one's ~** eine Bildungslücke haben; **classical/literary ~** klassische/literarische Bildung ❸ *(system)* Erziehungswesen *nt;* *(schools, colleges, universities)* Bildungswesen *nt* ❹ *(study of teaching)* Pädagogik *f,* Erziehungswissenschaft *f*

edu·ca·tion·al [ˌedʒʊ'keɪʃᵊnᵊl] *adj* ❶ *attr, inv* SCH, UNIV Bildungs-, pädagogisch; **~ background** schulischer Werdegang; **~ establishment** Bildungsanstalt *f;* **~ film** Lehrfilm *m;* **~ institution** Bildungseinrichtung *f;* **~ psychology** Schulpsychologie *f;* **~ qualifications** schulische Qualifikationen; **~ standards** Bildungsniveau *nt;* **~ system** Bildungswesen *nt* ❷ *(enlightening)* lehrreich; **an ~ experience** eine lehrreiche Erfahrung; **an ~ journey** eine Bildungsreise ❸ *(raising awareness)* bewusstseinsbildend; **~ campaign** Informationskampagne

edu·ca·tion·al·ist [ˌedʒʊ'keɪʃᵊnᵊlɪst] *n* Erziehungswissenschaftler(in) *m(f),* Pädagoge, -in *m, f*

edu·ca·tion·al·ly [ˌedʒʊ'keɪʃᵊnᵊli] *adv* pädagogisch, erzieherisch; **~ I think Stuttgart has the edge over Cologne** ich glaube, dass Stuttgart Köln im Hinblick auf die Bildungseinrichtungen überlegen ist; **~ disadvantaged** lernbehindert

edu·'ca·tion cor·re·spond·ent *n* Berichterstatter(in) *m(f)* für den Sektor Bildungswesen

edu·ca·tion·ist [ˌedʒʊ'keɪʃᵊnɪst] *n* Erziehungswissenschaftler(in) *m(f),* Pädagoge, -in *m, f*

edu·'ca·tion lob·by *n + sing/pl vb* Bildungslobby *f*

edu·ca·tive ['edʒʊkətɪv, AM -keɪt̬ɪv] *adj* erzieherisch, pädagogisch; **~ toys** pädagogisch wertvolles Spielzeug

edu·ca·tor ['edʒʊkeɪtəʳ, AM -t̬ɚ] *n esp* AM Erzieher(in) *m(f),* Pädagoge, -in *m, f geh;* *(teacher)* Lehrer(in) *m(f)*

Ed·ward·ian [ed'wɔːdiən, AM -'wɑːr-] **I.** *adj inv* aus der Zeit Edwards VII., edwardianisch **II.** *n* Edwardianer(in) *m(f)*

EEC [ˌiːiː'siː] *n no pl* *(hist) abbrev of* **European Economic Community** EWG *f hist*

EEG [ˌiːiː'dʒiː] *n abbrev of* **electroencephalogram** EEG *nt*

eek [iːk] *interj* *(esp hum fam)* ih, igitt

eel [iːl] *n* Aal *m;* **jellied ~s** Aal *m* in Aspik; **to be like** [*or* **slippery as**] **an ~** aalglatt [*o* glatt wie ein Aal] sein *pej*

eemie ['iːmi] *n* AM *(fam!: early-morning erection)* morgendliche Erektion

eerie <-r, -st> ['ɪəri, AM 'ɪri] *adj* unheimlich

eeri·ly ['ɪərɪli, AM 'ɪr-] *adv* unheimlich

eeri·ness ['ɪərɪnəs, AM 'ɪr-] *n no pl* Unheimlichkeit *f*

eery *adj see* **eerie**

eff [ef] *vi* BRIT *(euph fam!)* fluchen, schimpfen; **to ~ and blind** *(esp hum)* fluchen

◆**eff off** *vi* BRIT *(euph fam!)* **~ off!** verpiss dich! *sl,* hau ab! *fam*

ef·face [ɪ'feɪs] *vt* ❶ *(a. fig: erase)* ■**to ~ sth** etw auslöschen *a. fig;* **to ~ the memory of sth** die Erinnerung an etw *akk* auslöschen ❷ *(be humble)* ■**to ~ oneself** zurückhaltend sein, sich *akk* zurückhalten

ef·fect [ɪ'fekt] **I.** *n* ❶ *(consequence)* Auswirkung *f* ([**up**]**on** auf +*akk*), Folge *f* ([**up**]**on** für +*akk*); **the overall ~** das Gesamtresultat ❷ *no pl* *(influence)* Einfluss *m* (**on** auf +*akk*) ❸ *no pl* *(force)* Wirksamkeit *f;* LAW [Rechts]kraft *f,* Gültigkeit *f;* **to come into ~** in Kraft treten, wirksam werden; **to remain in ~** wirksam [*o* in Kraft] bleiben; **to take ~** *(come into force) laws, regulations* in Kraft treten, wirksam werden; *(start to work) medicine, anaesthetic* Wirkung zeigen, wirken; **with ~ from 1st January** *(form)* mit Wirkung vom 1. Januar *form* ❹ *(result)* Wirkung *f;* *(success)* Erfolg *m;* **talking to him had no ~ because he got drunk again** mit ihm zu sprechen war umsonst, denn er betrank sich wieder; **to good ~** mit Erfolg ❺ *no pl* *(esp pej: attention-seeking)* **for ~** aus Effekthascherei *pej;* **she uses bad language for ~** sie gebraucht ordinäre Ausdrücke, um sich in Szene zu setzen *fam* ❻ *(essentially)* **in ~** eigentlich, in Wirklichkeit ❼ *(summarizing)* **to say something to the effect that ...** sinngemäß sagen, dass ...; **she said she was unhappy or words to that ~** sie sagte, sie sei unglücklich, oder etwas in der Art; **I received a letter to the ~ that my contract had run out** ich erhielt einen Brief des Inhalts, dass mein Vertrag abgelaufen war ❽ *(sounds, lighting)* ■**~s** *pl* Effekte *mpl;* **light/sound ~s** Licht-/Klangeffekte *mpl*

❾ (*spec: belongings*) ■ ~**s** *pl* Eigentum *nt kein pl,* Vermögen *nt kein pl,* Effekten *pl fachspr;* **personal ~s** Gegenstände *mpl* des persönlichen Gebrauchs **II.** *vt* ■**to ~ sth** etw bewirken; **to ~ a breakthrough** einen Durchbruch erzielen; **to ~ a change** eine Änderung herbeiführen; **to ~ a cure** eine Heilung bewirken; **to ~ a merger** fusionieren; **to ~ a reform** eine Reform durchführen

ef·fec·tive [ɪ'fektɪv] *adj* ❶ (*competent*) fähig, kompetent; **he was an ~ speaker** er war ein guter Redner ❷ (*achieving the desired effect*) wirksam, effektiv; (*successful*) erfolgreich; **~ medicine** wirksames Medikament; **the medicine was ~ in lowering the fever** das Medikament hat das Fieber gesenkt; **the treatment hasn't been very ~** die Behandlung hat wenig Wirkung gezeigt ❸ (*real*) tatsächlich, wirklich; **she's in ~ control of the office** sie ist die eigentliche Leiterin der Geschäftsstelle ❹ (*operative*) gültig; *law* [rechts]wirksam; **to become ~** *law* [rechts]wirksam werden, in Kraft treten ❺ (*striking*) effektvoll, wirkungsvoll

ef·fec·tive·ly [ɪ'fektɪvli] *adv* ❶ (*efficiently*) wirksam, effektiv; (*successfully*) erfolgreich ❷ (*essentially*) eigentlich, tatsächlich

ef·fec·tive·ness [ɪ'fektɪvnəs] *n no pl* Wirksamkeit *f,* Effektivität *f*

ef·fec·tual [ɪ'fektʃuəl, AM -tʃuː-] *adj* (*form*) ❶ (*effective*) wirksam ❷ (*in effect*) wirklich, tatsächlich, eigentlich

ef·fec·tual·ly [ɪ'fektʃuəli, AM -tʃuː-] *adv* (*form*) ❶ (*efficiently*) effektiv, wirksam; (*successfully*) erfolgreich ❷ (*in practice*) in Wirklichkeit, tatsächlich

ef·fec·tu·ate [ɪ'fektʃueɪt, AM -tʃuː-] *vt* (*form*) ■**to ~ sth** etw bewirken; **to ~ a change** eine Änderung herbeiführen

ef·femi·na·cy [ɪ'femɪnəsi] *n no pl* (*pej*) unmännliches Verhalten

ef·femi·nate [ɪ'femɪnət] *adj* (*pej*) unmännlich, weibisch *pej,* effeminiert *geh*

ef·fer·vesce [ˌefə'ves, AM -ɚ'-] *vi* ❶ (*spec: bubble*) sprudeln ❷ (*fig approv*) *person* vor Temperament sprudeln [*o* überschäumen]

ef·fer·ves·cence [ˌefə'vesən(t)s, AM -ɚ'-] *n no pl* ❶ *of a liquid* Sprudeln *nt* ❷ (*fig approv*) *of a person* übersprudelndes [*o* überschäumendes] Temperament

ef·fer·ves·cent [ˌefə'vesənt, AM -ɚ'-] *adj* ❶ *inv* (*giving off gas*) sprudelnd *attr;* **~ drink** sprudelndes [*o geh* moussierendes] Getränk; **~ tablet** Brausetablette *f* ❷ (*fig approv*) *person* sprudelnd *attr,* überschäumend; ■**to be ~** vor Temperament sprudeln [*o* überschäumen]

ef·fete [ɪ'fiːt] *adj* (*liter*) ❶ (*pej: weak*) weichlich *pej,* verweichlicht *pej* ❷ (*exhausted*) erschöpft, entkräftet ❸ (*pej: effeminate*) weibisch *pej*

ef·fi·ca·cious [ˌefɪ'keɪʃəs] *adj* (*form*) wirksam; (*successful*) erfolgreich; **~ medicine** wirksames Medikament

ef·fi·ca·cy ['efɪkəsi] *n* (*form*) Wirksamkeit *f*

ef·fi·cien·cy [ɪ'fɪʃən(t)si] *n* ❶ *no pl* (*proficiency*) *of a company* Leistungsfähigkeit *f; of a system* Effizienz *f geh,* Leistungsfähigkeit *f; of a person* Tüchtigkeit *f; of a method* Wirksamkeit *f,* Effizienz *f geh* ❷ *no pl* (*frugality*) Wirtschaftlichkeit *f,* Effizienz *f geh;* **energy ~** sparsame Energieverwendung ❸ (*spec: of a machine, an engine*) Wirkungsgrad *m fachspr* ❹ AM (*apartment*) kleines Apartment

ef·'fi·cien·cy apart·ment *n* AM kleines Apartment

ef·fi·cient [ɪ'fɪʃənt] *adj* ❶ (*productive*) leistungsfähig, effizient *geh;* **~ person** fähige [*o* tüchtige] Person ❷ (*economical*) wirtschaftlich

ef·fi·cient·ly [ɪ'fɪʃəntli] *adv* effizient *geh*

ef·fi·gy ['efɪdʒi] *n* Bild[nis] *nt;* **to burn/hang sb in ~** jdn symbolisch verbrennen/hängen

eff·ing ['efɪŋ] *adj attr, inv* BRIT (*euph fam!*) verdammt *fam,* Scheiß- *derb*

ef·flo·res·cence [ˌeflɔː'resən(t)s, AM -lə'-] *n no pl* ❶ BOT Blüte *f* ❷ (*liter*) *of a trend* Blüte[zeit] *f*

ef·flu·ent ['efluənt] *n* Abwasser *nt*

ef·fort ['efət, AM -ɚt] *n* ❶ (*exertion*) Mühe *f,* Anstrengung *f;* **despite all my ~s, he is still smoking** trotz all meiner Bemühungen raucht er immer noch; **to be worth the ~** die Mühe wert sein; **it is an ~ [for sb] to do sth** es kostet [jdn] Mühe, etw zu tun; **to make an ~ [to do sth]** sich *akk* anstrengen [*o* sich *dat* Mühe geben][, etw zu tun] ❷ (*trying*) Bemühung *f,* Bemühen *nt kein pl geh;* **to make an ~ [to do sth]** sich *akk* bemühen [*o* sich *dat* Mühe geben][, etw zu tun]; **to not make any ~ to do sth** sich *dat* nicht die geringste Mühe geben [*o* sich *akk* nicht bemühen], etw zu tun ❸ (*outcome*) Versuch *m;* **that's a fairly poor ~** das ist eine ziemlich schwache Leistung

ef·fort·less ['efətləs, AM -ɚt-] *adj* ❶ (*easy*) mühelos, leicht; **~ charm** ungezwungener Charme; **~ grace** natürliche Grazie ❷ (*undemanding*) unkompliziert, einfach

ef·fort·less·ly ['efətləsli, AM -ɚt-] *adv* mühelos, ohne Anstrengung

ef·fort·less·ness ['efətləsnəs, AM -ɚt-] *n no pl* Mühelosigkeit *f*

ef·fron·tery [ɪ'frʌntəri, AM ef'rʌnt̬ɚi] *n no pl* (*form*) Unverfrorenheit *f geh,* Unverschämtheit *f;* **to have the ~ to do sth** die Unverschämtheit [*o* Unverfrorenheit] besitzen, etw zu tun

ef·fu·sion [ɪ'fjuːʒən] *n* (*liter*) ❶ (*outburst*) Gefühlsausbruch *m* ❷ (*esp pej: of feelings*) Erguss *m pej*

ef·fu·sive [ɪ'fjuːsɪv] *adj* (*form*) überschwänglich

ef·fu·sive·ly [ɪ'fjuːsɪvli] *adv* (*form*) überschwänglich

EFL [ˌiːef'el] *n no pl abbrev of* **English as a Foreign Language** Englisch *nt* als Fremdsprache

EFT [ˌiːef'tiː] *n no pl abbrev of* **electronic funds transfer** elektronischer Zahlungsverkehr, elektronische Kontoabbuchung

EFTA, Efta ['eftə] *n no pl, + sing/pl vb acr for* **European Free Trade Association** EFTA *f*

e.g. [ˌiː'dʒiː] *abbrev of* **exempli gratia** z. B.

egali·tar·ian [ɪˌgælɪ'teəriən, AM -'teri-] **I.** *n* Verfechter(in) *m(f)* des Egalitarismus **II.** *adj* egalitär *geh;* **the party's principles are basically ~** die Prinzipien der Partei beruhen im Wesentlichen auf dem Gleichheitsgedanken

egali·tar·ian·ism [ɪˌgælɪ'teəriənɪzəm, AM -'teri-] *n no pl* Egalitarismus *m geh*

e-gen·era·tion ['iːdʒenəreɪʃən] *n* Computergeneration *f,* Internetgeneration *f;* ■**to be ~** ein Kind des elektronischen Zeitalters sein *fig*

egg [eg] **I.** *n* ❶ (*food*) Ei *nt;* **[half] a dozen ~s** ein [halbes] Dutzend Eier; **quail's ~s** Wachteleier *ntpl;* **beaten ~** geschlagenes Ei; **hard-boiled/soft-boiled ~** hart/weich gekochtes Ei; **to lay an ~** ein Ei legen ❷ (*cell*) Eizelle *f* ❸ (*shape*) Ei *nt;* **chocolate ~** Schokoladenei *nt* ▶ PHRASES: **to put all one's ~s in one basket** alles auf eine Karte setzen; **to be left with ~ on one's face** dumm dastehen *fam;* **it's like teaching your grandmother to suck ~s** (*fam*) da will das Ei [*o* Küken] [mal] wieder klüger sein als die Henne *hum fam;* **to be a bad ~** (*fam*) ein Gauner *m* sein; **as sure as ~s is ~s** BRIT (*fam*) das ist so sicher wie das Amen in der Kirche **II.** *vt* ■**to ~ sb** ↻ **on** jdn anstacheln

egg-and-'spoon race *n* Eierlaufen *nt kein pl* **'egg cell** *n* Eizelle *f* **'egg cup** *n* Eierbecher *m* **'egg·head** *n* (*hum fam*) Eierkopf *m oft pej fam,* Egghead *m oft hum geh* **'egg·plant** *n esp* AM, AUS Aubergine *f* **'egg roll** *n* AM (*spring roll*) Frühlingsrolle *f* **'egg·shell** *n* Eierschale *f* **'egg spoon** *n* Eierlöffel *m* **'egg tim·er** *n* Eieruhr *f* **'egg whisk** *n* Schneebesen *m* **'egg white** *n no pl* Eiweiß *nt;* **beaten ~** Eischnee *m*

eggy ['egi] *adj pred* (*fam*) **to smell/taste ~** nach Ei riechen/schmecken

'egg yolk *n* Eigelb *nt,* Eidotter *m*

ego ['iːgəʊ, AM -oʊ] *n* ❶ PSYCH Ego *nt fachspr,* Ich *nt fachspr* ❷ (*self-esteem*) Selbstbewusstsein *nt kein pl,* Ego *nt kein pl fam;* **to bolster [*or* boost] sb's ~** jds Ego *nt* stärken *fam*

ego·cen·tric [ˌiːgə(ʊ)'sentrɪk, AM -goʊ'-] *adj* (*esp pej*) egozentrisch *geh,* ichbezogen

ego·cen·tri·cal·ly [ˌiːgə(ʊ)'sentrɪkəli, AM -goʊ'-] *adv* (*esp pej*) egozentrisch *geh,* ichbezogen

ego·cen·tric·ity [ˌiːgəʊsen'trɪsəti, AM -goʊsen'trɪsət̬i] *n no pl* Egozentrik *f geh,* Ichbezogenheit *f*

ego·ism ['iːgəʊɪzəm, AM -goʊ-] *n no pl* ① (*pej: egotism*) Egoismus *m,* Egotismus *m geh* ② (*ethical theory*) Egotismus *m fachspr*

ego·ist ['iːgəʊɪst, AM -goʊ-] *n* (*pej*) Egoist *m,* Egotist *m*

ego·is·tic [ˌiːgəʊ'ɪstɪk, AM -goʊ'-] *adj* (*pej*) egoistisch

ego·ma·nia [ˌiːgə(ʊ)'meɪniə, AM -goʊ'-] *n no pl* Egomanie *f geh*

ego·ma·ni·ac [ˌiːgə(ʊ)'meɪniæk, AM -goʊ'-] *n* (*pej*) Egomane, -in *m, f geh*

ego·tism ['iːgəʊtɪzəm, AM -goʊ-] *n no pl* Egoismus *m,* Egotismus *m geh*

ego·tist ['iːgəʊtɪst, AM -goʊ-] *n* (*pej*) Egoist(in) *m(f),* Egotist(in) *m(f) geh*

ego·tis·tic [ˌiːgəʊ'tɪstɪk, AM -goʊ'-] *adj* (*pej*) egoistisch

'ego trip *n* Egotrip *m sl;* **to be on an ~** auf dem Egotrip sein *sl*

egre·gious [ɪ'griːdʒəs] *adj* (*pej form*) unerhört, ungeheuerlich; **~ error** krasser [*o* grober] Fehler

Egypt ['iːdʒɪpt] *n no pl* Ägypten *nt*

Egyp·tian [ɪ'dʒɪpʃən] **I.** *n* Ägypter(in) *m(f)* **II.** *adj inv* ägyptisch

eh [eɪ] *interj* (*fam*) ■ **~?** (*expressing confusion*) was? *fam,* hä? *fam;* (*expressing surprise also*) wie bitte?; (*asking for repetition*) wie bitte?, was? *fam;* (*inviting response to statement*) nicht [wahr]?; **... – ~? what are you talking about?** ... – hä? wovon sprichst du überhaupt?; **... – ~! why didn't you tell me sooner?** ... – was? warum hast du [mir] das nicht früher gesagt?; **I got the job, that's good, ~?** ich habe den Job, ist das nicht toll? *fam*

eider ['aɪdər, AM -ɚ] *n* Eiderente *f*

eider·down ['aɪdədaʊn, AM -dɚ-] *n* ① (*feathers*) [Eider]daunen *fpl* ② (*quilt*) Daunenbett *nt,* Federbett *nt*

eidet·ic [aɪ'detɪk, AM -t̬-] PSYCH **I.** *adj* eidetisch *fachspr* **II.** *n* Eidetiker(in) *m(f) fachspr*

eight [eɪt] **I.** *adj* ① (*number*) acht; **~ times three is 24** acht mal drei ist 24; **that costs £~** das kostet acht Pfund; **the number ~ goes to the station** die Linie acht fährt zum Bahnhof; **the score is ~ three** es steht acht zu drei; **there are ~ of us** wir sind [zu] acht; **they're sold in packets of ~** das wird in einer Achterpackung verkauft; **after ringing the bell ~ times we ...** nachdem wir achtmal geklingelt hatten, ...; **in chapter ~** in Kapitel acht, im achten Kapitel; **a family of ~** eine achtköpfige Familie; **~ and a quarter/half** achteinviertel/achteinhalb; **~ times the amount of ...** achtmal so viel ...; **one in ~ [people]** jeder Achte; **in ~ [different] colours/sizes** in acht [verschiedenen] Farben/Größen; **to bet at ~ to one** acht zu eins wetten ② (*age*) acht; **a boy of ~** ein achtjähriger Junge; **to be/turn ~ [years old]** acht [Jahre alt] sein/werden; **at the age of ~** [*or* **at ~ [years old]**] [*or* **aged ~**] mit acht Jahren, im Alter von acht Jahren *geh* ③ (*time*) **to be ~ [o'clock]** acht [Uhr] sein; **at ~ [o'clock]** um acht [Uhr]; **[at] about** [*or* **around**] **~ [o'clock]** gegen acht [Uhr]; **ten/twenty [minutes] past** [*or* AM *usu* **after**] **~ [o'clock]** zehn/zwanzig [Minuten] nach acht [Uhr]; **ten/twenty [minutes] to** [*or* AM *usu* **before**] **~ [o'clock]** zehn/zwanzig [Minuten] vor acht [Uhr]; **just** [*or* **shortly**] **after/before ~ [o'clock]** kurz nach/vor acht [Uhr]; **half past ~** [*or* BRIT *fam* **half ~**] halb neun; **at ~ thirty** um halb neun, um acht Uhr dreißig; **at ~ twenty/forty-five** um zwanzig nach acht [*o* acht Uhr zwanzig]/Viertel vor neun [*o* drei viertel neun] [*o* acht Uhr fünfundvierzig] **II.** *n* ① (*number, symbol*) Acht *f* ② SPORTS (*boat*) Achter *m;* (*crew also*) Achtermannschaft *f;* ■ **~s** *pl* Achterrennen *nt;* **number ~** (*rugby union forward*) Stürmer *m;* **last** [*or* **final**] **~** TENNIS die letzten Acht; **to skate a figure of ~ [on the ice]** [auf dem Eis] eine Acht laufen ③ BRIT (*clothing size*) [Kleidergröße] 34; AM (*clothing size*) [Kleidergröße] 38; BRIT (*shoe size*) [Schuhgröße] 41; AM (*shoe size*) [Schuhgröße] 39 ④ CARDS Acht *f;* **~ of clubs/hearts** Kreuz-/Herz-Acht *f* ⑤ (*public transport*) ■ **the ~** die Acht ▶ PHRASES: **to be behind the ~ ball** AM im Nachteil sein; **to have one past the ~** BRIT (*sl*) einen über den Durst getrunken haben *fam*

'eight-day *adj attr* achttägig

eight·een [eɪ'tiːn] **I.** *adj* ① (*number, age*) achtzehn; **there are ~ of us** wir sind achtzehn [*o* zu achtzehnt]; *see also* **eight I. 1, 2** ② (*time*) **~ hundred hours** *spoken* achtzehn Uhr; **1800 hrs** *written* 18:00; **at ~ twenty/thirty** um achtzehn Uhr zwanzig [*o* 18:20] [*o* zwanzig nach sechs]/dreißig [*o* 18:30] [*o* halb sieben]; *see also* **eight I. 3 II.** *n* ① (*number, symbol*) Achtzehn *f;* **in the ~ twenties** in den zwanziger Jahren des neunzehnten Jahrhunderts ② BRIT FILM **~ certificate** [Alters]freigabe *f* ab 18 Jahren; **to be given an ~ certificate** ab 18 [Jahren] freigegeben sein

eight·eenth [eɪ'tiːnθ] **I.** *adj inv* achtzehnte(r, s) **II.** *n* ■ **the ~** der/die/das Achtzehnte

'eight-fig·ure *adj* **~ number** achtstellige Zahl

eighth [eɪtθ] **I.** *adj inv* achte(r, s); **you're the ~ person to put your name down** du bist der Achte, der sich einträgt; **~ grade** AM achte Klasse; **every ~ person** jeder Achte; **in ~ place** an achter Stelle; **the ~ largest ...** der/die/das achtgrößte ... **II.** *n no pl* ① (*order*) ■ **the ~** der/die/das Achte; **to be ~ [in line]** als Achter an der Reihe [*o fam* dran] sein; **to be/finish ~ [in a race]** [bei einem Rennen] Achter sein/werden [*o* als Achter ins Ziel kommen] ② (*date*) ■ **the ~ [of the month]** *spoken* der Achte [des Monats]; ■ **the 8th [of the month]** *written* der 8. [des Monats]; **on the ~ of February** am achten Februar ③ (*in titles*) **Henry the E~** *spoken* Heinrich der Achte; **Henry VIII** *written* Heinrich VIII. ④ (*fraction*) Achtel *nt* **III.** *adv inv* achtens

eighth·ly ['eɪtθli] *adv* achtens

'eighth note *n* AM MUS Achtelnote *f,* Achtel *nt*

'eight-hour *adj attr* achtstündig; **~ day** Achtstundentag *m*

eight 'hun·dred **I.** *adj* achthundert **II.** *n* Achthundert *f;* **800 number** AM ≈ 0130-Nummer *f* (*gebührenfreie Telefonnummer*)

eighti·eth ['eɪtiəθ, AM -t̬i-] **I.** *adj inv* achtzigste(r, s); *see also* **eighth I II.** *n* ① (*order*) ■ **the ~** der/die/das Achtzigste; *see also* **eighth II. 1** ② (*fraction*) Achzigstel *nt*

'eight-page *adj attr* achtseitig **'eight-part, 'eight-piece** *adj attr* achtteilig **'eight-sid·ed** *adj attr* achtseitig **'eight-sto·rey** BRIT, AM **'eight-sto·ry** *adj attr* achtstöckig **eight 'thou·sand** **I.** *adj* achttausend **II.** *n* Achttausend *f*

eighty ['eɪti, AM -t̬i] **I.** *adj* achtzig; *see also* **eight I. 1, 2 II.** *n* ① (*number*) Achtzig *f* ② (*age*) **to be in one's eighties** in den Achtzigern sein; **to be in one's early/mid/late eighties** Anfang/Mitte/Ende achtzig sein ③ (*decade*) ■ **the eighties** *pl* die achtziger [*o* 80er] Jahre, die Achtziger; **in the eighties** in den Achtzigern ④ (*temperature*) **to be in the eighties** um die 30 Grad Celsius warm sein ⑤ (*fam: speed*) achtzig; **to do** [*or* **drive**] **~** achtzig fahren, mit achtzig Sachen fahren *fam*

'eight-year *adj attr* achtjährig **'eight-year-old** **I.** *adj attr* achtjährig, acht Jahre alt **II.** *n* Achtjährige(r) *f(m);* **she learnt to ride as an ~** sie lernte mit acht Jahren reiten

'eighty-year *adj attr war* achtzigjährig **'eighty-year-old** **I.** *adj attr* achtzigjährig, achtzig Jahre alt **II.** *n* Achtzigjährige(r) *f(m)*

Eire ['eərə, AM 'erə] *n* Eire *nt,* Irland *nt*

either ['aɪðər, 'iː-, AM 'iːðɚ, 'aɪ-] **I.** *conj* **~ ... or ...** entweder ... oder ...; **~ you leave now or I call the police!** entweder Sie gehen jetzt oder ich rufe die Polizei! **II.** *adv inv* ① (*introducing alternative*) **~ ... or ...** entweder ... oder ...; **available in ~ black or white** in Schwarz oder Weiß erhältlich; **I'm going to buy ~ a new camera or a new video** ich kaufe entweder eine neue Kamera oder einen neuen Videorekorder ② + *neg* (*indicating similarity*) **I haven't been to the cinema for**

ages – I haven't been ~ ich bin seit Ewigkeiten nicht [mehr] im Kino gewesen – ich auch nicht; **I don't eat meat and my husband doesn't** ~ ich esse kein Fleisch und mein Ehemann auch nicht; **it won't do any harm, but won't really help** ~ es schadet nicht, hilft aber auch nicht wirklich ③ + *neg* (*moreover*) **they do really good food at that restaurant and it's not very expensive** ~ das Essen in diesem Restaurant ist wirklich gut – und nicht einmal sehr teuer **III.** *adj attr, inv* ① (*each of two*) beide; **unfortunately I was sitting at the table with smokers on** ~ **side of me** leider saß ich an dem Tisch zwischen zwei Rauchern; **the road was straight with fields of grass on** ~ **side** die Straße war gerade und auf beiden Seiten von Wiesen umgeben ② (*one of two*) eine(r, s) [von beiden]; ~ **person would be fine for the job** jede(r) der beiden wäre für den Job geeignet; **there were no children of** ~ **marriage** aus den beiden Ehen stammen keine Kinder; ~ **way** [*or* **in** ~ **case**] so oder so **IV.** *pron no pl* (*any one of two*) beide(s); **we have beer and wine – would you like** ~**?** wir haben Bier und Wein – was hättest du lieber?; **you can have** ~ **of the two chocolates** welche der beiden Pralinen hättest du gerne?; ~ **of you** eine(r) von euch beiden

either-'or *adj* Entweder-oder-; ~ **situation** Entweder-oder-Situation *f*

ejacu·late [ɪ'dʒækjəleɪt] **I.** *vi* ejakulieren **II.** *vt* ■**to** ~ **sth** ① (*dated: utter suddenly*) etw ausrufen [*o* ausstoßen] ② (*eject semen*) etw ausspritzen [*o* ejakulieren] **III.** *n* [ɪ'dʒækjələt] Ejakulat *nt fachspr,* Samen *m*

ejacu·la·tion [ɪˌdʒækjə'leɪʃən] *n* ① (*process of ejaculating*) Ejakulation *f fachspr,* Samenerguss *m* ② (*dated: sudden outburst*) Ausbruch *m* ③ (*cry*) Ausruf *m*

eject [ɪ'dʒekt] **I.** *vt* ① (*kick out*) ■**to** ~ **sb** jdn hinauswerfen [*o* hinausbefördern] (**from** aus +*dat*) ② TECH ■**to** ~ **sth** etw auswerfen; **the VCR** ~**ed the cassette** der Videorekorder gab die Kassette aus **II.** *vi* AVIAT den Schleudersitz betätigen

ejec·ta [ɪ'dʒektə] *npl esp* GEOG, ASTRON Auswurf *m,* Auswurfmaterial *nt*

ejec·tion [ɪ'dʒekʃən] *n no pl* ① (*kicking out*) *of a person* Hinauswurf *m* ② TECH Auswerfen *nt;* AVIAT *of a pilot* Hinausschleudern *nt*

e'jec·tion seat *n* Schleudersitz *m*

ejec·tor [ɪ'dʒektər, AM -ər] *n* Auswerfer *m,* Ejektor *m fachspr*

e'jec·tor seat *n* Schleudersitz *m*

eke [i:k] *vt* ■**to** ~ **sth** ↻ **out** *food* etw strecken; **to** ~ **out a miserable existence** ein armseliges Dasein fristen; **to** ~ **out a living** sich *akk* mehr schlecht als recht durchschlagen

elabo·rate I. *adj* [ɪ'læbərət, AM -ərət] ① (*not simple*) *design, pattern* kompliziert, raffiniert; *clothes, decorations* kunstvoll [gearbeitet]; *style of writing* ausgefeilt; *banquet* aufwendig, üppig ② (*very detailed*) ausführlich, detailliert; *plan* ausgeklügelt; *preparations* sorgfältig **II.** *vi* [ɪ'læbəreɪt, AM -əreɪt] ins Detail gehen; ■**to** ~ **on sth** etw näher ausführen [*o* ausführlich behandeln], auf etw *akk* ausführlich eingehen

elabo·rate·ly [ɪ'læbərətli, AM -ərət-] *adv* ① (*detailed*) ausführlich; ~ **planned** sorgfältig geplant ② (*ornate*) kunstvoll, kompliziert; ~ **decorated** kunstvoll verziert

elabo·ra·tion [ɪˌlæbə'reɪʃən] *n* ① *no pl* (*detail work*) Ausfeilung *f,* Ausarbeitung *f* ② (*explanation*) [nähere] Ausführung, Erklärung *f*

élan [eɪ'lɑ̃(ŋ), AM -'lɑ:n] *n no pl* (*approv liter*) Elan *m,* Schwung *m*

eland [i:'lənd] *n* Elenantilope *f*

elapse [ɪ'læps] *vi time* vergehen, verstreichen *geh*

elapsed 'time *n* COMPUT Gesamtverarbeitungszeit *f*

elas·tane [ɪ'læsteɪn] *n modifier* Elastan-, aus Elastan *nach n*

elas·tic [ɪ'læstɪk] **I.** *adj* ① (*stretchable*) elastisch, dehnbar; **to have** ~ **properties** elastisch sein ② (*fig: adaptable*) flexibel, anpassungsfähig ③ (*fig: buoyant*) *person* seelisch robust; **he has an** ~ **personality** er ist nicht unterzukriegen ④ ECON (*variable*) *currency* elastisch **II.** *n* ① (*material*) elastisches Material, Gummi *m* ② (*band*) Gummiband *nt,* Gummi *m fam*

elas·ti·cat·ed [ɪ'læstɪkeɪtɪd, AM -t̬-] *adj* BRIT elastisch; **with an** ~ **waist** mit [einem] Gummizug in der Taille

elas·tic 'band *n* Gummiband *nt*

elas·tici·ty [ˌɪlæs'tɪsəti, AM -ət̬i] *n no pl* ① (*quality of being elastic*) Elastizität *f,* Dehnbarkeit *f* ② (*fig: flexibility*) Flexibilität *f; of a law* Auslegbarkeit *f* ③ ECON Anpassungsfähigkeit *f,* Elastizität *f fachspr*

elas·ti·cized [ɪ'læstɪsaɪzd] *adj* AM elastisch

Elas·to·plast® [ɪ'læstə(ʊ)plɑ:st] *n no pl* BRIT Hansaplast® *nt*

elate [ɪ'leɪt] *vt* ■**to** ~ **sb** jdn begeistern [*o* [hoch] erfreuen] [*o* in Hochstimmung versetzen]

elat·ed [ɪ'leɪtɪd, AM -t̬-] *adj* **to be** ~ **at** [*or* **by**] **sth** über etw *akk* hocherfreut sein, aufgrund einer S. *gen* in Hochstimmung sein

ela·tion [ɪ'leɪʃən] *n no pl* Hochstimmung *f,* Begeisterung *f;* **to experience a sense of** ~ in Hochstimmung sein

el·bow ['elbəʊ, AM -boʊ] **I.** *n* ① (*arm joint*) Ell[en]bogen *m* ② (*clothing covering elbow*) Ellbogen *m* ③ (*fig: in a pipe, river*) Knie *nt;* (*in a road, river*) Biegung *f,* Krümmung *f* ▸ PHRASES: **to give sb the** ~ jdm den Laufpass geben *fam;* [**out**] **at the** ~**s** (*clothes*) durchgewetzt, abgetragen; (*person*) heruntergekommen; **to be at sb's** ~ (*close at hand*) in jds [unmittelbarer] Nähe sein; (*working closely with sb*) eng mit jdm zusammenarbeiten **II.** *vt* ■**to** ~ **sb** jdm mit dem Ellbogen einen Stoß versetzen; **to** ~ **sb out** jdn hinausdrängeln; **she** ~**ed him in the ribs** sie stieß ihm den Ellbogen in die Rippen

'el·bow grease *n* Muskelkraft *f,* Schmalz *nt fam;* **to use some** ~, **to put some** [**real**] ~ **into it** (*fam*) sich *akk* [ordentlich] ins Zeug legen *fam;* **"come on, use some** ~**!"** „los, Leute, etwas mehr Einsatz bitte!" **'el·bow room** *n* ① (*space to move*) Ellbogenfreiheit *f* ② (*fig: freedom of action*) Bewegungsfreiheit *f fig,* Spielraum *m*

el·der^1 ['eldər, AM -ər] **I.** *n* ① (*older person*) Ältere(r) *f(m);* **listen to the advice of your** ~**s** hör auf den Rat der Älteren [*o* von Leuten, die älter sind als du] ② (*older brother, sister*) **she is my** ~ **by three years** sie ist drei Jahre älter als ich ③ (*respected person*) Älteste(r) *f(m);* **village** ~ Dorfälteste(r) *f(m)* ④ REL **church** ~ [*or* **E**~] [Kirchen]älteste(r) *f(m)* **II.** *adj attr, inv* ältere(r, s); POL ~ **statesman/stateswoman** erfahrener Politiker [*o* Staatsmann]/erfahrene Politikerin

el·der^2 ['eldər, AM -ər] *n* BOT Holunder *m*

el·der·ber·ry ['eldəˌberi, AM -ərˌ-] *n* ① (*berry*) Holunderbeere *f* ② (*tree*) Holunder[strauch] *m* **el·der·ber·ry 'wine** *n* Holunder[beer]wein *m*

el·der·ly ['eldəli, AM -əli] **I.** *adj* ältere(r, s) *attr,* ältlich **II.** *n* ■**the** ~ *pl* ältere Menschen, Senioren

'el·der tree *n* Holunderstrauch *m*

eld·est ['eldɪst] **I.** *adj inv* älteste(r, s) **II.** *n no pl* ■**the** ~ der/die Älteste

'eld·est hand *n* CARDS Vorhand *f*

El Do·ra·do, el·do·ra·do [ˌeldə'rɑ:dəʊ, AM -doʊ] *n* Eldorado *nt*

elect [ɪ'lekt] **I.** *vt* ① (*choose someone by voting*) ■**to** ~ **sb** jdn wählen; **to** ~ **sb as a representative** jdn zum Stellvertreter wählen; **to** ~ **sb to a committee** jdn in ein Gremium [*o* einen Ausschuss] wählen; **to be** ~**ed chairman/president** zum Vorsitzenden/Präsidenten gewählt werden; **the president** ~ der designierte Präsident; ~**ed body** gewähltes Gremium; ~**ed official** Wahlbeamte(r) *m,* Wahlbeamte [*o* -in] *f* ② (*opt for*) ■**to** ~ **to do sth** sich *akk* [dafür] entscheiden, etw zu tun; **he** ~**ed to follow the second plan** er entschied sich für die Durchführung des zweiten Plans **II.** *n pl* REL ■**the** ~ die Auserwählten

elect·able [ɪ'lektəbl] *adj* wählbar

elec·tion [ɪ'lekʃən] *n* ① (*voting event*) Wahl *f;* **to hold an** ~ eine Wahl durchführen ② (*form: choose*) **to make an** ~ eine Wahl treffen

e'lec·tion ad·dress *n* Wahlrede *f* **e'lec·tion booth** *n* Wahlka-

bine *f* **e'lec·tion cam·paign** *n* Wahlkampf *m,* Wahlkampagne *f* **e'lec·tion day, E'lec·tion Day** *n* AM Wahltag *m*
elec·tion·eer [ɪˌlekʃə'nɪəʳ, AM -'nɪr] **I.** *n* Wahlhelfer(in) *m(f)* **II.** *vi* Wahlkampf betreiben [*o* machen]; **to ~ for sb** für jdn als Wahlhelfer arbeiten
elec·tion·eer·ing [ɪˌlekʃə'nɪərɪŋ, AM -'nɪr-] *n no pl* Wahlkampf *m,* Wahlkampagne *f;* (*pej*) Wahlpropaganda *f pej*
elec·tion mani·'fes·to *n* Wahlprogramm *nt* **e'lec·tion plat·form** *n* Wahlprogramm *nt* **e'lec·tion re·turns** *npl* (*report*) Wahlberichte *mpl;* (*counts*) Wahlergebnisse *ntpl*
elec·tive [ɪ'lektɪv] *adj inv* ❶ (*appointed by election*) gewählt; (*based on voting*) Wahl- ❷ (*optional, not necessary*) wahlfrei, fakultativ, Wahl-; **~ subject** SCH, UNIV Wahlfach *nt;* **~ surgery** MED elektive Operation, Operation *f* zum Zeitpunkt der [eigenen] Wahl ❸ (*selective concern*) **~ affinity** Wahlverwandtschaft *f geh*
elec·tive dic·'ta·tor·ship *n* (*pej*) gewählte Diktatur
elec·tor [ɪ'lektəʳ] *n* ❶ (*voter*) Wähler(in) *m(f),* Wahlberechtigte(r) *f(m)* ❷ AM (*member of electoral college*) Wahlmann *m* ❸ (*hist: German prince*) ■**E~** Kurfürst *m*
elec·tor·al [ɪ'lektᵊrᵊl] *adj attr, inv* Wahl-, Wähler-
elec·tor·al 'col·lege *n* ❶ (*electors of a leader*) Wahlausschuss *m* ❷ (*of US president*) Wahlmännergremium *nt*
elec·tor·al·ly [ɪ'lektᵊrəli] *adv inv* in Bezug auf die Wahlen; **to be ~ damaging** sich *akk* wahltaktisch [*o* auf die Wahl] negativ auswirken
elec·tor·al 'reg·is·ter *n,* **elec·tor·al 'roll** *n* Wählerliste *f,* Wählerverzeichnis *nt*
elec·tor·ate [ɪ'lektᵊrət] *n* ■**the ~** die Wählerschaft [*o* Wähler]
Elec·tra com·plex [ɪ'lektᵊrə,] *n* PSYCH Elektrakomplex *m fachspr*
elec·tric [ɪ'lektrɪk] *adj* ❶ (*powered by electricity*) elektrisch, Elektro-; **~ blanket** Heizdecke *f;* **~ current** elektrischer Strom; **~ guitar** E-Gitarre *f;* **~ motor** Elektromotor *m* ❷ (*involving or conveying electricity*) Strom-; **~ bill** Stromrechnung *f* ❸ (*fig: exciting*) elektrisierend; *atmosphere* spannungsgeladen; *performance* mitreißend
elec·tri·cal [ɪ'lektᵊrɪkᵊl] *adj inv* elektrisch, Elektro-; **~ circuit** [elektrischer] Stromkreis; **~ device** Elektrogerät *nt;* **~ fittings** Elektroinstallationen *fpl*
elec·tri·cal en·gi·'neer *n* (*without university degree*) Elektrotechniker(in) *m(f);* (*with university degree*) Elektroingenieur(in) *m(f)* **elec·tri·cal en·gi·'neer·ing** *n* Elektrotechnik *f*
elec·tri·cal·ly [ɪ'lektrɪkᵊli] *adv inv* elektrisch
elec·tri·cals [ɪ'lektrɪkᵊlz] *npl* STOCKEX Elektrizitätsaktien *pl,* Elektrowerte *pl*
elec·tri·cal 'storm *n* Gewitter *nt,* Gewittersturm *m*
elec·tric 'chair *n* LAW elektrischer Stuhl **elec·tric 'charge** *n* PHYS elektrische Ladung **elec·tric 'eel** *n* Zitteraal *m* **elec·tric 'eye** *n* ELEC Photozelle *f* **elec·tric 'fence** *n* elektrischer Zaun, Elektrozaun *m* **elec·tric 'field** *n* ELEC elektrisches Feld **elec·tric 'fire** *n,* AM **elec·tric 'heat·er** *n* [elektrischer] Heizofen, Heizstrahler *m,* Elektroheizgerät *nt*
elec·tri·cian [ˌelɪk'trɪʃᵊn, ˌi:lek'-, AM ɪˌlek'-, ˌi:lek'-] *n* (*without univ degree*) Elektriker(in) *m(f),* Elektroinstallateur(in) *m(f);* (*with univ degree*) Elektrotechniker(in) *m(f)*
elec·tric·ity [ˌelɪk'trɪsəti, ˌi:lek'-, AM ɪˌlek'trɪsət̬i, ˌi:lek'-] *n no pl* Elektrizität *f,* [elektrischer] Strom; **heated/lit by ~** elektrisch beheizt/beleuchtet; **powered by ~** mit Elektroantrieb, elektrisch angetrieben
elec·'tric·ity me·ter *n* Stromzähler *m;* **to read the ~** den Stromzähler ablesen **elec·'tric·ity py·lon** *n* Hochspannungsmast *m*
elec·tric 'mir·ror *n* (*rear-view mirror*) automatisch abblendbarer Spiegel; (*side mirror*) elektrisch einstellbarer Spiegel **elec·tric 'or·gan** *n* elektrische Orgel **elec·tric 'ray** *n* Zitterrochen *m* **elec·tric 'ra·zor** *n* [Elektro]rasierer *m fam*
elec·trics [ɪ'lektrɪks] *npl* BRIT Elektrik *f,* elektrische Ausstattung [*o* Ausrüstung]
elec·tric 'shock *n* Stromschlag *m,* [elektrischer] Schlag; MED Elektroschock *m* **elec·tric 'storm** *n* Gewitter *nt,* Gewittersturm *m* **elec·tric 'win·dow** *n* elektrischer Fensterheber
elec·tri·fi·ca·tion [ɪˌlektrɪfɪ'keɪʃᵊn] *n no pl* Elektrifizierung *f;* (*fig*) Elektrisierung *f fig,* Begeisterung *f*
elec·tri·fy [ɪ'lektrɪfaɪ] *vt* ❶ TECH ■**to ~ sth** etw elektrifizieren ❷ (*fig: imbue with excitement*) ■**to ~ sb** jdn elektrisieren [*o* begeistern]
elec·tri·fy·ing [ɪ'lektrɪfaɪɪŋ] *adj* (*fig*) elektrisierend, begeisternd
elec·tro- [ɪ'lektrə(ʊ)-, AM -troʊ-] *in compounds* (*surgery, shock*) Elektro-
elec·tro·a'naly·sis *n* Elektroanalyse *f* **elec·tro·'car·dio·gram** *n* Elektrokardiogramm *nt,* EKG *nt,* Ekg *nt* **elec·tro·'car·dio·graph** *n* Elektrokardiograph *m* **elec·tro·con·vul·sive 'thera·py** *n no pl* BRIT Elektroschocktherapie *f*
elec·tro·cute [ɪ'lektrəkju:t] *vt* ■**to ~ sb** (*kill*) jdn durch einen Stromschlag töten; (*execute*) jdn auf dem elektrischen Stuhl hinrichten
elec·tro·cu·tion [ɪˌlektrə'kju:ʃᵊn] *n* ❶ (*death*) Tötung *f* durch Stromschlag ❷ LAW Hinrichtung *f* durch den elektrischen Stuhl
elec·trode [ɪ'lektrəʊd, AM -troʊd] *n* Elektrode *f*
elec·tro·en·cepha·lo·gram [-en'sefᵊlə(ʊ)græm, AM -əloʊ-] *n* Elektroenzephalogramm *nt,* EEG *nt* **elec·tro·en·cepha·lo·graph** [-en'sefᵊlə(ʊ)grɑ:f, AM -əloʊgræf] *n* Elektroenzephalograph *m*
elec·troly·sis [ˌelɪk'trɒləsɪs, ˌi:lek'-, AM ɪˌlek'trɑ:l-, ˌi:lek'-] *n no pl* CHEM, PHYS Elektrolyse *f;* MED Elektroresektion *f*
elec·tro·lyte [ɪ'lektrəlaɪt] *n* BIOL, CHEM Elektrolyt *m* **elec·tro·'mag·net** *n* Elektromagnet *m* **elec·tro·mag·'net·ic** *adj inv* elektromagnetisch **elec·tro·mag·net·ic ra·di'a·tion** *n* elektromagnetische Strahlung **elec·tro·mag·net·ic 'spec·trum** *n* elektromagnetisches Spektrum **elec·tro·mag·netic 'wave** *n* elektromagnetische Welle [*o* Schwingung] **elec·tro·'mag·ne·tism** *n no pl* Elektromagnetismus *m* **elec·tro·mo·tive 'force** *n* elektromotorische Kraft
elec·tron [ɪ'lektrɒn, AM -trɑ:n] *n* Elektron *nt*
elec·tron·ic [ˌelek'trɒnɪk, ˌi:lek'-, AM ɪˌlek'trɑ:n-, ˌi:lek'-] *adj inv* elektronisch; **~ calculator** Elektronenrechner *m;* **~ guitar** Elektrogitarre *f,* E-Gitarre *f;* **~ organ** elektronische Orgel
elec·troni·cal·ly [ˌelek'trɒnɪkli, ˌi:lek'-, AM ɪˌlek'trɑ:n-, ˌi:lek'-] *adv inv* elektronisch
elec·tron·ic 'art *n* kinetische Kunst, Electronic Art *f* **elec·tron·ic 'brake·force dis·tri·bu·tion** *n,* **EBD** *n* elektronische Bremskraftverteilung **elec·tron·ic 'cot·tage** *n* BRIT Telearbeitsplatz *m* **elec·tron·ic 'coun·ter·meas·ure** *n* MIL elektronische Abwehrmaßnahme [*o* Gegenmaßnahme] **elec·tron·ic 'flash** *n* PHYS, PHOT Elektronenblitz *m* **elec·tron·ic 'funds trans·fer** *n* elektronischer Zahlungsverkehr **elec·tron·ic in·'tel·li·gence** *n* ❶ (*obtaining secrets from computers*) elektronische Nachrichtenbeschaffung ❷ (*artificial intelligence*) elektronische Intelligenz **elec·tron·ic 'mail** *n* (*system*) elektronische Post, Mailboxsystem *nt;* (*single message*) elektronischer Brief, E-Mail *f; see also* **e-mail** **elec·tron·ic 'nose** *n* elektronischer Geruchssensor **elec·tron·ic 'pub·lish·ing** *n* ❶ (*publishing*) elektronische Publikation, Electronic Publishing *nt* ❷ (*texts*) Publikationen *fpl* auf elektronischen Datenträgern
elec·tron·ics [ˌelek'trɒnɪks, ˌi:lek'-, AM ɪˌlek'trɑ:n-, ˌi:lek'-] *n + sing/pl vb* ❶ (*electronic circuits*) Elektronik *f* ❷ UNIV, SCI Elektronik *f kein pl*
elec·tron·ic 'super·high·way *n* elektronische Datenautobahn **elec·tron·ic 'tag·ging** *n* LAW elektronische Fußfessel **elec·tron·ic 'text** *n* elektronischer [*o* maschinell lesbarer] Text **elec·tron·ic town 'hall** *n,* **elec·tron·ic town-'meet·ing** *n* elektronisches Stadtforum, Telediskussionsforum *nt* für lokale Belange **elec·tron·ic 'war·fare** *n* elektronische Krieg[s]führung
elec·tron 'micro·scope *n* Elektronenmikroskop *nt* **e'lec·tron tube** *n* Elektronenröhre *f*

elec·tro·plate [ɪ'lektrə(ʊ)pleɪt, AM -troʊ-] **I.** *vt usu passive* ■**to ~ sth** etw galvanisieren; **~d cutlery** versilbertes Besteck **II.** *n* Galvanisierung *f,* galvanischer Überzug

elec·tro·scope [ɪ'lektrə(ʊ)skəʊp, AM -troʊskoʊp] *n* Elektroskop *nt*

elec·tro·shock thera·py [ɪ,lektrə(ʊ)ʃɒk'-, AM -troʊʃɑ:k'-] *n no pl* AM Elektroschocktherapie *f,* Elektroschockbehandlung *f*

elec·tro·stat·ic [ɪ,lektrə(ʊ)'stætɪk, AM -troʊ'stæţ-] *adj inv* elektrostatisch

elec·tro·thera·py [ɪ,lektrə(ʊ)'θerəpi, AM -troʊ'-] *n* Elektrotherapie *f*

el·egance ['elɪgᵊn(t)s] *n no pl* Eleganz *f*

el·egant ['elɪgᵊnt] *adj* elegant

el·egant·ly ['elɪgᵊntli] *adv* elegant

el·egi·ac [,elɪ'dʒaɪək, AM *also* ɪ'li:dʒi:æk] *adj* LIT elegisch; **~ poetry** elegische Gedichte

el·egy ['elɪdʒi] *n* LIT Elegie *f,* Klagegedicht *nt*

el·ement ['elɪmənt] *n* ① CHEM Element *nt,* Grundstoff *m* ② ELEC (*heating part of appliance*) Heizelement *nt* ③ (*part of a group of people*) Element *nt* ④ (*rough weather*) ■**the ~s** *pl* die Elemente [*o* Naturgewalten]; **to battle against the ~s** gegen die Naturgewalten ankämpfen; **to brave** [*or* **face**] **the ~s** den Elementen trotzen

el·ement·al [,elɪ'mentᵊl, AM -ə'menţᵊl] *adj* ① (*form, liter: basic, natural*) elementar, natürlich; **~ desire** natürliches Verlangen; **the ~ forces** die Naturkräfte [*o geh* Urgewalten]; **~ needs** elementare Bedürfnisse, Grundbedürfnisse *pl* ② (*fig: strong and basic*) elementar, urgewaltig; **he shouted at her in ~ fury** rasend vor Wut schrie er sie an; **~ strength** urwüchsige Kraft

el·emen·ta·ry [,elɪ'mentᵊri, AM -ə'menţɚi] *adj* elementar, grundlegend; **they failed to take ~ precautions** sie haben nicht einmal die einfachsten Vorsichtsmaßnahmen getroffen; **~ course** Grundkurs *m;* **~ mathematics** die Grundlagen der Mathematik; **~ mistake** grober Fehler; **~ science** elementare Naturwissenschaften *fpl;* **~ education** AM Elementarunterricht *m*

el·emen·ta·ry 'par·ti·cles *n pl* Elementarteilchen *pl* **el·e'men·ta·ry school** *n* Grundschule *f*

el·ephant ['elɪfənt] *n* Elefant *m*

el·ephan·tia·sis [,elɪfən'taɪəsɪs] *n* MED Elephantiasis *f fachspr*

el·ephan·tine [,elɪ'fəntaɪn] *adj* ① (*huge*) massig, riesenhaft ② (*clumsy*) plump, schwerfällig

'el·ephant seal *n* Seeelefant *m*

el·evate ['elɪveɪt] *vt* ① (*lift*) ■**to ~ sth** etw [empor]heben [*o* anheben]; (*raise*) etw erhöhen ② (*fig: increase importance*) ■**to ~ sb/sth to sth** jdn/etw zu etw *dat* erheben; **they ~d the band members to the status of gods** sie behandelten die Bandmitglieder wie Götter

el·evat·ed ['elɪveɪtɪd, AM -ţ-] *adj* ① (*raised*) erhöht, höher liegend, hoch gelegen; **~ road** Hochstraße *f* ② MED (*form*) **~ blood-pressure** erhöhter Blutdruck ③ (*important*) gehoben; **to hold an ~ position** eine gehobene Position einnehmen; **to have an ~ idea of oneself** von sich *dat* selbst sehr eingenommen sein ④ LIT *language, style* gehoben; **~ thoughts** erhabene Gedanken

el·evat·ed 'rail·road *n* AM Hochbahn *f*

el·eva·tion [,elɪ'veɪʃᵊn] *n* (*form*) ① (*height*) Höhe *f;* (*above sea level*) *of mountain* Höhe *f* über dem Meeresspiegel ② (*raised area*) [Boden]erhebung *f;* (*hill*) Anhöhe *f* ③ (*rise*) Beförderung *f;* (*to peerage*) Erhebung *f*

el·eva·tor ['elɪveɪţɚ] *n* AM Aufzug *m,* Fahrstuhl *m,* Lift *m*

'el·eva·tor mu·sic *n no pl* (*pej*) [Hintergrund]gedudel *nt pej*

'el·eva·tor op·era·tor *n* Fahrstuhlführer(in) *m(f),* Liftboy *m*

elev·en [ɪ'levᵊn] **I.** *adj* ① (*number*) elf; **after ringing the bell ~ times we ...** nachdem wir elfmal geklingelt hatten, ...; **a family of ~** eine elfköpfige Familie; **~ and a quarter/half** elfeinviertel/elfeinhalb; **~ times the amount of ...** elfmal so viel ...; **one in ~ [people]** jeder Elfte; *see also* **eight 1** ② (*age*) elf; **a boy of ~** ein elfjähriger Junge; *see also* **eight 2** ③ (*time*) **to be ~ [o'clock]** elf [Uhr] sein; **half past ~** [*or* BRIT *fam* **half ~**] halb zwölf; **at ~ thirty** um halb zwölf, um elf Uhr dreißig; **at ~ forty-five** um Viertel vor zwölf [*o* drei viertel zwölf]; *see also* **eight 3 II.** *n* ① (*number, symbol*) Elf *f* ② FBALL ■**the ~** die Elf; **the second ~** die zweite Mannschaft ③ BRIT (*shoe size*) [Schuhgröße] 44; AM (*shoe size*) [Schuhgröße] 42 ④ CARDS Elf *f;* **~ of clubs/hearts** Kreuz-/Herz-Elf *f* ⑤ (*public transport*) ■**the ~** die Elf

elev·en-'plus *n* BRIT SCH *Prüfung der 11-jährigen Schüler vor dem Wechsel an eine weiterführende Schule*

elev·en·ses [ɪ'levᵊnzɪz] *npl* BRIT (*fam*) zweites Frühstück

elev·enth [ɪ'levᵊnθ] **I.** *adj* elfte(r, s); *see also* **eighth I. II.** *n* ① (*order*) **the ~** der/die/das Elfte *f(m); see also* **eighth II. 1** ② (*date*) **the ~ [of the month]** *spoken* der Elfte [des Monats]; **the 11th [of the month]** *written* der 11. [des Monats]; **on the ~ of February** am elften Februar ③ (*in titles*) ■**the E~** der/die Elfte; *see also* **eighth II. 3** ④ (*fraction*) Elftel *nt* **III.** *adv inv* elftens

elev·enth 'hour *n* **at the ~** im letzten Augenblick [*o* Moment], in letzter Minute, fünf vor zwölf *fig*

elf <*pl* elves> [elf] *n* Elf *m,* Elfe *f*

elf·in ['elfɪn] *adj* elfenhaft, elfisch

elic·it [ɪ'lɪsɪt] *vt* ① (*obtain*) ■**to ~ sth from sb** jdm etw entlocken ② (*provoke*) **to ~ criticism/controversy/an immune response** Kritik/Kontroversen/eine Immunreaktion hervorrufen

eli·gibil·ity [,elɪdʒə'bɪləti, AM -əţi] *n no pl* ① (*for a job*) Eignung *f;* (*fitness*) Qualifikation *f* ② (*entitlement*) Berechtigung *f* ③ POL Wählbarkeit *f*

eli·gible ['elɪdʒəbl] *adj* ① (*qualified*) ■**to be ~** in Frage kommen; ■**to be ~ for** [*or* **to**] **sth** für etw *akk* qualifiziert [*o* geeignet] sein; **to be ~ for promotion** für eine Beförderung in Frage kommen ② (*entitled*) zu etw *dat* berechtigt sein; **he is not ~ to enter the competition** er ist für den Wettkampf nicht zugelassen [*o* teilnahmeberechtigt]; **to be ~ to early retirement/maternity leave** Anspruch auf Frühpensionierung/Mutterschaftsurlaub haben ③ POL **~ for election** wählbar; **~ to vote** wahlberechtigt ④ (*desirable*) **~ bachelor** begehrter Junggeselle

elimi·nate [ɪ'lɪmɪneɪt] *vt* ① (*eradicate*) ■**to ~ sth** etw beseitigen [*o* entfernen] [*o geh* eliminieren]; **to ~ poverty** die Armut besiegen; **to ~ prejudice** Vorurteile ausräumen ② (*exclude from consideration*) ■**to ~ sth** etw ausschließen ③ SPORTS ■**to ~ sb** jdn sperren; **to ~ sb from further participation** jdn von der weiteren Teilnahme ausschließen ④ (*euph sl: murder*) ■**to ~ sb** jdn eliminieren [*o* beseitigen] [*o* ausschalten] *euph sl* ⑤ BIOL (*discharge waste*) ■**to ~ sth** etw ausscheiden

elimi·na·tion [ɪ,lɪmɪ'neɪʃᵊn] *n no pl* Beseitigung *f,* Eliminierung *f geh; of diseases, racism* Ausmerzen *nt;* **process of ~** Ausleseverfahren *nt,* Selektionsprozess *m*

elimi·'na·tion tour·na·ment *n* AM Ausscheidungswettkampf *m*

elimi·na·tor [ɪ'lɪmɪneɪtəʳ, AM -ţɚ] *n* ① BRIT (*sports*) Ausscheidungskampf *m* ② ELEC Sperrkreis *m*

ELINT, Elint [ɪ'lɪnt, AM 'elɪnt] *n acr for* **electronic intelligence**

elite [ɪ'li:t] **I.** *n* ① (*the best*) Elite *f* ② (*iron: rich people*) ■**the ~** *pl* die oberen Zehntausend **II.** *adj* Elite-

elit·ism [ɪ'li:tɪzᵊm, AM -ţ-] *n no pl* Elitedenken *nt pej,* elitäres Denken *pej*

elit·ist [ɪ'li:tɪst, AM -ţ-] *adj* (*pej*) elitär *pej*

elix·ir [ɪ'lɪksəʳ, AM -ɚ] *n* Elixier *nt,* Zaubertrank *m*

Eliza·bethan [ɪ,lɪzə'bi:θᵊn] **I.** *adj inv* elisabethanisch **II.** *n* Elisabethaner(in) *m(f),* Zeitgenosse, -in *m, f* von Königin Elisabeth I. von England

elk <*pl* - *or* -s> [elk] *n* Elch *m*

'elk-hound *n* [schwedischer] Elchhund, Jämthund *m*

el·lipse [ɪ'lɪps] *n* MATH Ellipse *f*

el·lip·sis <*pl* -ses> [ɪ'lɪpsɪs, *pl* -si:z] *n* ① LIT, LING Ellipse *f*

❷ TYPO Auslassungszeichen *nt,* Auslassung *f*
el·lip·tic(al) [ɪˈlɪptɪk(ᵊl)] *adj* ❶ MATH elliptisch ❷ LIT, LING elliptisch, unvollständig
el·lip·ti·cal·ly [ɪˈlɪptɪkᵊli] *adv* ❶ MATH elliptisch ❷ LIT, LING elliptisch
elm [elm] *n* Ulme *f*
elo·cu·tion [ˌeləˈkjuːʃᵊn] *n no pl* ❶ (*art of rhetoric*) Vortragskunst *f,* Redekunst *f* ❷ (*method of speaking*) Sprechtechnik *f*
elon·gate [ˈiːlɒŋgeɪt, AM ɪˈlɑːŋ-] **I.** *vt* ■**to ~ sth** etw strecken [*o* verlängern] **II.** *vi* länger werden
elon·gat·ed [ˈiːlɒŋgeɪtɪd, AM ɪˈlɑːŋgeɪṭ-] *adj* ❶ (*extra length added*) verlängert; (*stretched*) [lang] gestreckt ❷ (*shape*) länglich
elon·ga·tion [ˌiːlɒŋˈgeɪʃᵊn, AM -lɑːŋˈ-] *n* (*adding extra length*) Verlängerung *f;* (*stretching*) Strecken *nt;* **the ~ of a vowel** die Dehnung eines Vokals
elope [ɪˈləʊp, AM -oʊp] *vi* ■**to ~ [with sb]** [mit jdm zusammen] weglaufen [*o fam* ausreißen] [*o fam* durchbrennen]
elope·ment [ɪˈləʊpmənt, AM -oʊp-] *n* Weglaufen *nt,* Durchbrennen *nt fam,* Ausreißen *nt fam*
elo·quence [ˈeləkwən(t)s] *n* Sprachgewandtheit *f,* Wortgewandtheit *f,* Redegewandtheit *f,* Eloquenz *f geh*
elo·quent [ˈeləkwənt] *adj* sprachgewandt, wortgewandt, redegewandt, eloquent *geh*
elo·quent·ly [ˈeləkwəntli] *adv* sprachgewandt, wortgewandt, redegewandt, eloquent *geh*
else [els] *adv inv* ❶ (*other*) **everybody ~** alle anderen; **someone ~** jemand anders; **anyone** [*or* **anybody**] **~?** sonst noch jemand?; **has anyone ~ seen my bag?** hat [vielleicht] sonst jemand meine Tasche gesehen?; **where ~ should I look?** wo könnte ich sonst noch nachsehen?; **I didn't know what ~ to say** ich wusste nicht, was ich noch sagen sollte ❷ (*something different*) **something ~** etwas anderes ❸ (*otherwise*) andernfalls, sonst; **... or ~ ...!** ..., sonst ...!; **you'd better go now, ~ you'll miss the bus** du solltest besser gehen, sonst verpasst du noch den Bus
else·where [ˈels(h)weəʳ, AM -(h)wer] *adv inv* woanders, anderswo; **let's go ~!** lass uns woandershin gehen!
ELT [ˌiːelˈtiː] *n abbrev of* **English Language Teaching** ELT *m* (*Unterricht des Englischen als Fremdsprache*)
elu·ci·date [ɪˈluːsɪdeɪt] (*form*) **I.** *vt* ■**to ~ sth** etw erklären [*o* erläutern]; **to ~ a mystery** ein Geheimnis aufklären **II.** *vi* sich *akk* [auf]klären
elu·ci·da·tion [ɪˌluːsɪˈdeɪʃᵊn] *n* Erklärung *f,* Erläuterung *f;* **to need ~** einer Erklärung bedürfen
elude [ɪˈluːd] *vt* ❶ (*escape*) ■**to ~ sb** jdm entkommen; **to ~ capture** der Gefangennahme entgehen ❷ (*fig: not be evident*) ■**to ~ sb/sth** sich *akk* jdm/etw entziehen; **the final solution continued to ~ him** es wollte ihm einfach keine endgültige Lösung einfallen; **to ~ comprehension** [völlig] unverständlich sein; **to ~ sb's memory** jdm entfallen sein
elu·sive [ɪˈluːsɪv] *adj* ❶ (*evasive*) ausweichend; **he was a very ~ person** er war so jemand, der ständig ausweicht ❷ (*difficult to obtain*) schwer fassbar; **~ meaning** schwer definierbare Bedeutung; **~ memory** schlechtes Gedächtnis, schwache Erinnerung; **~ thought** flüchtiger Gedanke ❸ (*avoiding pursuit*) schwer zu fassen
elu·sive·ly [ɪˈluːsɪvli] *adv* ausweichend
elu·sive·ness [ɪˈluːsɪvnəs] *n no pl* ausweichendes Verhalten, Ausweichen *nt;* **there was some ~ about her answers** ihre Antworten waren recht ausweichend
elves [elvz] *n pl of* **elf**
Ely·sian fields [ɪˌlɪziənˈ-, AM -ˈlɪʒənˈ-] *n,* **Ely·sium** [ɪˈlɪziəm, AM *also* -ʒiəm] *n* (*liter*) Elysium *nt liter,* elysäische Gefilde *liter;* (*fig*) Paradies *nt fig,* Himmel *m* [auf Erden]; **to be in ~** sich *akk* wie im Paradies fühlen
'em [əm] *pron* (*fam*) *short for* **them**
ema·ci·at·ed [ɪˈmeɪsieɪtɪd, -ʃieɪ-, AM -sieɪṭɪd] *adj* [stark] abgemagert, ausgezehrt, ausgemergelt
ema·cia·tion [ɪˌmeɪʃiˈeɪʃᵊn, AM *usu* -siˈ-] *n no pl* [starke] Abmagerung, Auszehrung *f,* Ausmergelung *f*
e-mail [ˈiːmeɪl] **I.** *n abbrev of* **electronic mail** E-Mail *f;* **to send [sb] an ~** [jdm] eine E-Mail senden; **to receive** [*or* **get**] **an ~** eine E-Mail bekommen **II.** *vt* ■**to ~ sb sth** jdm etw [e-]mailen [*o* per E-mail schicken]
ema·nate [ˈemə neɪt] **I.** *vi* (*form: originate*) ■**to ~ from sb/sth** *heat, light* von jdm/etw ausstrahlen; *aroma, odour* von jdm/etw ausgehen; *documents* von jdm/etw stammen; **light ~d from the back room** aus dem Hinterzimmer schien Licht **II.** *vt* ■**to ~ sth** etw ausstrahlen; **to ~ confidence** Zuversicht verströmen; **to ~ joy** Freude verbreiten; **to ~ an order** einen Befehl erteilen
ema·na·tion [ˌeməˈneɪʃᵊn] *n* (*form*) Ausstrahlen *nt; of gas, odour, steam* Ausströmen *nt*
eman·ci·pate [ɪˈmæn(t)sɪpeɪt] *vt* ❶ SOCIOL ■**to ~ oneself from sb/sth** sich *akk* von jdm/etw emanzipieren [*o* unabhängig machen]; ■**to ~ sb from sth** jdn von etw *dat* befreien [*o* frei machen] ❷ POL jdn befreien [*o* unabhängig machen]; **to ~ a slave** einen Sklaven/eine Sklavin freilassen
eman·ci·pat·ed [ɪˈmæn(t)sɪpeɪtɪd, AM -ṭ-] *adj inv* ❶ SOCIOL emanzipiert ❷ POL frei; **~ slave** freigelassener Sklave/freigelassene Sklavin
eman·ci·pa·tion [ɪˌmæn(t)sɪˈpeɪʃᵊn] *n no pl* ❶ SOCIOL Emanzipation *f,* Emanzipierung *f* ❷ POL Befreiung *f;* **~ of a slave** Freilassung eines Sklaven/einer Sklavin
emas·cu·late [ɪˈmæskjʊleɪt] *vt usu passive* ❶ (*weaken*) ■**to ~ sb/sth** jdn/etw entkräften [*o* schwächen] ❷ (*make unmanly*) ■**to ~ sb** jdn entmannen [*o* kastrieren]; **he felt ~d by the girl's ridicule** er fühlte sich durch den Spott des Mädchens in seiner Mannesehre gekränkt
emas·cu·la·tion [ɪˌmæskjʊˈleɪʃᵊn] *n no pl* (*form*) ❶ (*weakening*) Schwächung *f,* Entkräftung *f; of a plan* Verwässerung *f* ❷ (*castration*) Entmannung *f,* Kastration *f*
em·balm [ɪmˈbɑːm, emˈ-, AM *esp* -emˈ-] *vt* ■**to ~ sb/sth** jdn/etw [ein]balsamieren; **to be ~ed in sth** (*fig*) in etw *dat* fortleben
em·balm·er [ɪmˈbɑːməʳ, emˈ-, AM -emˈbɑːmɚ, ɪmˈ-] *n* Einbalsamierer(in) *m(f)*
em·bank·ment [ɪmˈbæŋkmənt, emˈ-, AM *esp* em-] *n* Damm *m; of a road* [Straßen]damm *m,* Böschung *f; of a river* Uferbefestigung *f,* Uferdamm *m,* Deich *m;* **railway ~** Bahndamm *m*
em·bar·go [ɪmˈbɑːgəʊ, emˈ-, AM emˈbɑːrgoʊ, ɪm-] **I.** *n* <*pl* -es> Embargo *nt;* **arms ~** Waffenembargo *nt,* Waffenausfuhrverbot *nt;* **trade ~** Handelsembargo *nt;* **to lay** [*or* **place**] **an ~ on sth** ein Embargo über etw *akk* verhängen; **to lift** [*or* **raise**] **an ~ from sth** ein Embargo für etw *akk* aufheben **II.** *vt* ■**to ~ sth** über etw *akk* ein Embargo verhängen, etw einem Embargo unterwerfen
em·bark [ɪmˈbɑːk, emˈ-, AM emˈbɑːrk, ɪmˈ-] *vi* ❶ (*board*) sich *akk* einschiffen ❷ (*begin*) ■**to ~ on** [*or* **upon**] **sth** etw in Angriff nehmen [*o* anfangen]
em·bar·ka·tion [ˌembɑːˈkeɪʃᵊn, AM -bɑːrˈ-] *n of passengers, cargo* Einschiffung *f; of cargo* Verladung *f*
em·bar·rass [ɪmˈbærəs, AM emˈber-] *vt* ■**to ~ oneself/sb** sich *akk* [selbst]/jdn in Verlegenheit [*o* eine peinliche Lage] bringen
em·bar·rassed [ɪmˈbærəst, AM emˈber-] *adj* verlegen, peinlich berührt; **to be financially ~** in finanziellen Schwierigkeiten stecken; **to feel ~** verlegen sein; **I feel so ~ about it** das ist mir so peinlich; **to look** [*or* **seem**] **~** verlegen wirken [*o* aussehen]; **to make sb feel ~** jdn verlegen machen
em·bar·rass·ing [ɪmˈbærəsɪŋ, AM emˈber-] *adj* peinlich; *generosity* beschämend; *situation* unangenehm, peinlich
em·bar·rass·ing·ly [ɪmˈbærəsɪŋli, AM emˈber-] *adv* peinlich; **~, he had forgotten to congratulate her** peinlicherweise hatte er vergessen, ihr zu gratulieren
em·bar·rass·ment [ɪmˈbærəsmənt, AM emˈber-] *n* (*instance*)

Peinlichkeit *f;* (*feeling*) Verlegenheit *f;* **she blushed with ~** sie wurde rot vor Verlegenheit; ■**to be an ~ [to sb]** [jdm] peinlich sein; **you were a real ~ to me this evening!** ich habe mich heute Abend deinetwegen echt geschämt!; **he is an ~ to his family** er blamiert seine Familie; **to cause sb ~** jdn verlegen machen; **to cause ~ to sb** jdn in Verlegenheit bringen

em·bassy ['embəsi] *n* ❶ (*building*) Botschaftsgebäude *nt,* Botschaft *f* ❷ (*staff*) Botschaftspersonal *nt,* Botschaft *f*

em·bat·tled [ɪm'bætl̩d, em'-, AM em'bæt̬l̩d, ɪm'-] *adj* ❶ (*ready to fight*) kampfbereit ❷ (*fortified*) befestigt ❸ (*having to fight*) **~ government** attackierte Regierung; **to feel ~** sich *akk* [stark] bedrängt fühlen

em·bed <-dd-> [ɪm'bed, em'-, AM *esp* em'-] *vt* ■**to ~ sth in[to] sth** etw in etw *akk* einlassen [*o* einbetten]; (*fig*) etw in etw *akk* verankern *fig;* **the idea seems ~ded in his mind** die Idee scheint ihm nicht mehr aus dem Kopf zu gehen; **to ~ sth in cement** etw einzementieren

em·bed·ded [ɪm'bedɪd, em'-, AM *esp* em'-] *adj* [fest] eingelassen; (*fig*) verankert *fig,* verwurzelt *fig;* **~ in concrete** einbetoniert; **to be firmly ~ in sth** fest in etw *dat* verwurzelt sein

em·bel·lish [ɪm'belɪʃ, em'-, AM *esp* em'-] *vt* ❶ (*decorate*) ■**to ~ sth** etw schmücken [*o* verzieren] ❷ (*fig: add to*) **to ~ a story** eine Geschichte ausschmücken; **to ~ the truth** die Wahrheit beschönigen

em·bel·lish·ment [ɪm'belɪʃmənt, em'-, AM *esp* em'-] *n* ❶ (*beautiful adornment*) Verschönerung *f;* (*decoration*) Verzierung *f* ❷ (*addition to*) *of a story* Ausschmückung *f; of the truth* Beschönigung *f*

em·bers ['embəz, AM 'embɚz] *npl* Glut *f*

em·bez·zle [ɪm'bezl̩, em'-, AM *esp* em'-] *vt* ■**to ~ sth** *money* etw veruntreuen [*o* unterschlagen]

em·bez·zle·ment [ɪm'bezl̩mənt, em'-, AM *esp* em'-] *n no pl* Unterschlagung *f,* Veruntreuung *f*

em·bez·zler [ɪm'bezl̩əʳ, em'-, AM em'bezl̩ɚ, ɪm'-] *n* Veruntreuer(in) *m(f)*

em·bit·ter [ɪm'bɪtəʳ, em'-, AM em'bɪt̬ɚ, ɪm'-] *vt usu passive* ❶ (*make bitter*) ■**to ~ sb** jdn verbittern ❷ (*make worse*) ■**to ~ sth** etw verschlimmern; **to ~ relations** die Beziehungen trüben; **to ~ the fight** den Kampf verschärfen

em·bla·zon [ɪm'bleɪzᵊn, em'-, AM *esp* em'-] *vt usu passive* ■**to ~ sth [with sth]** etw [mit etw *dat*] verzieren [*o* schmücken]; **a logo was ~ed on the t-shirt** auf dem T-Shirt prangte ein Logo; ■**to ~ sth across sth** etw mit etw *dat* versehen; **the author's name was ~ed across the dust-jacket** der Name des Autors prangte auf dem Buchumschlag

em·blem ['embləm] *n* Emblem *nt,* Symbol *nt; of a political party, country* Wahrzeichen *nt;* (*in heraldry*) Wappenbild *nt*

em·blem·at·ic [ˌemblə'mætɪk, AM -t̬-] *adj* (*form*) symbolisch, sinnbildlich (**of** für +*akk*)

em·blem·ati·cal·ly [ˌemblə'mætɪkli, AM -t̬-] *adv* (*form*) symbolisch, sinnbildlich

em·bodi·ment [ɪm'bɒdɪmənt, em'-, AM em'bɑːd-, ɪm'-] *n no pl* ❶ (*incarnation*) Verkörperung *f,* Inbegriff *m;* (*she is the ~ of virtue*) sie ist die Tugend selbst ❷ (*incorporation*) Eingliederung *f,* Einverleibung *f,* Aufnahme *f*

em·body [ɪm'bɒdi, em'-, AM em'bɑːdi, ɪm'-] *vt* ■**to ~ sth** ❶ (*show*) etw zum Ausdruck bringen [*o* ausdrücken] ❷ (*be incarnation of*) etw darstellen [*o* verkörpern] ❸ (*incorporate*) etw aufnehmen

em·bold·en [ɪm'bəʊldᵊn, em'-, AM em'boʊl-, ɪm'-] *vt* (*form*) ■**to ~ oneself** sich *dat* selbst Mut machen; ■**to ~ sb to do sth** jdn dazu ermutigen, etw zu tun; ■**to be ~ed** ermutigt werden

em·bo·lism ['embəlɪzᵊm] *n* MED Embolie *f*

em·boss [ɪm'bɒs, em'-, AM em'bɑːs, ɪm'-] *vt usu passive* ■**to ~ sth** etw prägen; **~ed letter paper** geprägtes Briefpapier

em·brace [ɪm'breɪs, em'-, AM *esp* em'-] **I.** *vt* ❶ (*hug, clasp*) ■**to ~ sb** jdn umarmen [*o* in die Arme schließen]; ■**to ~ sth** etw umfassen [*o* umklammern] ❷ (*fig: eagerly accept*) ■**to ~ sth** etw [bereitwillig] übernehmen; **to ~ an idea** eine Idee aufgreifen; **to ~ an offer** ein Angebot [gern] annehmen; **to ~ the opportunity** die Gelegenheit ergreifen [*o* wahrnehmen] ❸ (*fig: adopt*) sich *dat* etw zu eigen machen; **he ~d the cause of the natives** er machte die Sache der Eingeborenen zu seiner eigenen **II.** *n* Umarmung *f*

em·bro·ca·tion [ˌembrə(ʊ)'keɪʃᵊn, AM -broʊ'-] *n* Einreibemittel *nt,* Liniment *nt fachspr*

em·broi·der [ɪm'brɔɪdəʳ, em'-, AM em'brɔɪdɚ, ɪm'-] **I.** *vi* sticken **II.** *vt* ❶ (*by needlework*) ■**to ~ sth [onto sth]** etw [auf etw *akk*] sticken; **to ~ a cloth** ein Tuch besticken [*o* mit einer Stickerei verzieren] ❷ (*fig: embellish*) ■**to ~ sth with sth** etw mit etw *dat* ausschmücken; ■**to ~ on sth** etw ausschmücken

em·broi·dery [ɪm'brɔɪdᵊri, AM em'brɔɪdəri] *n* ❶ Stickerei *f;* **to be good at ~** gut sticken können ❷ *no pl* (*fig: fictitious additions*) Ausschmückungen *fpl*

em·broil [ɪm'brɔɪl, em'-, AM *esp* em'-] *vt* ■**to ~ sb in sth** jdn in etw *akk* hineinziehen [*o* verwickeln]; ■**to ~ oneself in sth** sich *akk* in etw *akk* einmischen; ■**to be/become ~ed in sth** in etw *akk* verwickelt sein/werden

em·bryo ['embriəʊ, AM -oʊ] *n* Embryo *m o* ÖSTERR *a. nt*

em·bry·olo·gist [ˌembri'ɒlədʒɪst, AM -'ɑːl-] *n* MED Embryologe, -in *m, f*

em·bry·ol·ogy [ˌembri'ɒlədʒi, AM -'ɑːl-] *n no pl* Embryologie *f*

em·bry·on·ic [ˌembri'ɒnɪk, AM -'ɑːn-] *adj* embryonal, embryonisch; (*fig*) unentwickelt, unausgereift; **the project is still in its ~ stage** das Projekt steckt noch in den Kinderschuhen

em·cee [ˌem'siː] AM **I.** *n* (*compère*) Conférencier *m;* TV Showmaster *m* **II.** *vt* (*compère*) ■**to ~ sth** etw als Conférencier leiten [*o bes* ÖSTERR konferieren] **III.** *vi see* **MC**

emend [ɪ'mend, iː'-] *vt* ■**to ~ sth** etw berichtigen [*o* verbessern] [*o* korrigieren]

emen·da·tion [ˌiːmen'deɪʃᵊn, ˌemen'-] *n* (*form*) Verbesserung *f,* Berichtigung *f,* Korrektur *f*

em·er·ald ['emᵊrᵊld] *n* ❶ (*stone*) Smaragd *m* ❷ (*colour*) Smaragdgrün *nt*

em·er·ald 'green *n no pl* Smaragdgrün *nt* **'Em·er·ald Isle** *n* ■**the ~** (*liter*) die Grüne Insel (*Irland*)

emerge [ɪ'mɜːdʒ, iː'-, AM ɪ'mɜːrdʒ, iː'-] *vi* ❶ (*come out*) ■**to ~ from sth** aus etw *dat* herauskommen; ■**to ~ from behind/beneath [*or* under] sth** hinter/unter etw *dat* hervorkommen ❷ (*from liquid*) auftauchen, an die [Wasser]oberfläche kommen; **to ~ from the sea** aus dem Meer auftauchen ❸ (*fig: become known*) herauskommen, sich *akk* herausstellen; *truth* an den Tag kommen ❹ (*fig: become famous*) in Erscheinung treten, auftreten ❺ (*be started*) entstehen; **at the end of the war, the country ~d as a new democracy** nach dem Krieg wurde der Staat als Demokratie neu gegründet ❻ (*fig: make it through*) herauskommen; **to ~ unscathed from a scandal** aus einem Skandal unbeschadet hervorgehen

emer·gence [ɪ'mɜːdʒən(t)s, iː'-, AM ɪ'mɜːr-, iː'-] *n no pl* ❶ (*appearance*) Auftauchen *nt* (**from** aus +*dat*), Hervortreten *nt,* Hervorkommen *nt* ❷ (*from liquid*) Auftauchen *nt* ❸ (*taking place*) *of circumstances* Auftreten *nt,* Eintreten *nt* ❹ (*becoming known*) *of facts* Bekanntwerden *nt* ❺ (*becoming prominent*) *of a book, etc* Erscheinen *nt; of a person, group* Bekanntwerden *nt; of a product* Verbreitung *f* ❻ (*birth*) *of ideas, trends* Aufkommen *nt; of a country* Entstehung *f,* Gründung *f* ❼ (*survival*) Hervorgehen *nt* (**from** aus +*dat*)

emer·gen·cy [ɪ'mɜːdʒən(t)si, iː'-, AM ɪ'mɜːr-, iː'-] **I.** *n* ❶ (*extreme situation*) Notfall *m,* Notlage *f;* **in case of ~** im Notfall; **medical ~** medizinischer Notfall ❷ POL Ausnahmezustand *m,* Notstand *m;* **to declare [*or* proclaim] a state of ~** den Ausnahmezustand erklären [*o* ausrufen]; **to lift the state of ~** den Ausnahmezustand aufheben ❸ AM (*emergency room*) Notaufnahme *f,* Unfallstation *f* **II.** *n modifier* (*landing, meeting*) Not-; **~ aid** Soforthilfe *f;* **~ measures** POL Notstandsmaßnahmen *pl*

e'mer·gen·cy brake *n* AM Notbremse *f* **e'mer·gen·cy call** *n*

Notruf *m* **e'mer·gen·cy cord** *n* AM RAIL Notbremse *f* **emer·gen·cy 'ex·it** *n* Notausgang *m;* TRANSP Notausstieg *m* **e'mer·gen·cy room** *n* AM Notaufnahme *f,* Unfallstation *f* **e'mer·gen·cy ser·vices** *n pl* Notdienst *m,* Bereitschaftsdienst *m* **emer·gen·cy 'stop** *n* Notbremsung *f,* Vollbremsung *f*

emer·gent [ɪ'mɜ:dʒənt, AM ɪ'mɜ:r-] *adj attr* ❶ (*newly formed*) *democracy, nation* aufstrebend, jung ❷ (*successful*) *author* aufstrebend ❸ (*rising out*) *island, rock, tree* aufragend ❹ (*urgent*) *danger* akut

emeri·tus [ɪ'merɪtəs, AM -ət̬əs] *adj after n, inv* emeritiert; **professor** ~ Professor *m* emeritus

em·ery ['emᵊri] *n no pl* Schmirgel *m*

'em·ery board *n* Nagelfeile *f* **'em·ery pa·per** *n* Schmirgelpapier *nt,* Sandpapier *nt*

emet·ic [ɪ'metɪk, AM -t̬-] **I.** *adj* ❶ Brechreiz erregend, emetisch *fachspr* ❷ (*fig*) Ekel erregend **II.** *n* Brechmittel *nt,* Emetikum *nt fachspr*

EMF [ˌi:em'ef] *n* ❶ ELEC, PHYS *abbrev of* **electromotive force** EMK *f* ❷ *no pl* FIN, POL *abbrev of* **European Monetary Fund** EWF *m*

emi·grant ['emɪgrənt] *n* Auswanderer, -in *m, f,* Emigrant(in) *m(f)*

emi·grate ['emɪgreɪt] *vi* auswandern; (*esp for political reasons*) emigrieren

emi·gra·tion [ˌemɪ'greɪʃᵊn] *n* Auswanderung *f;* (*esp for political reasons*) Emigration *f*

emi·gré, émi·gré ['emɪgreɪ] *n* Emigrant(in) *m(f)*

emi·nence ['emɪnən(t)s] *n no pl* hohes Ansehen; **to achieve** [*or* **win**] ~ [**as sth**] (*become respected*) [als etw] zu hohem Ansehen gelangen, sich *dat* ein hohes Ansehen [als etw] verschaffen; (*become famous*) [als etw] berühmt werden

Emi·nence ['emɪnən(t)s] *n* REL Eminenz *f;* **your** ~ Eure Eminenz

émi·nence grise <*pl* éminences grises> [ˌemɪnən(t)s'gri:z, AM ˌeɪmi:nɑ:n-] *n* graue Eminenz

emi·nent ['emɪnənt] *adj attr* bedeutend, berühmt, [hoch] angesehen

emi·nent·ly ['emɪnəntli] *adv* überaus, ausgesprochen, außerordentlich; **the film is** ~ **forgettable** den Film kann man getrost vergessen; ~ **memorable** absolut unvergesslich

emir [em'ɪəʳ, AM -'ɪr] *n* ■**E**~ Emir *m*

emir·ate ['emɪrət, AM em'ɪreɪt] *n* Emirat *nt;* **the United Arab E~s** die Vereinigten Arabischen Emirate

em·is·sary ['emɪsᵊri, AM -seri] *n* Emissär(in) *m(f),* Abgesandte(r) *f(m)*

emis·sion [ɪ'mɪʃᵊn, i:'-] *n* ❶ (*giving off*) Emission *f,* Abgabe *f; of fumes* Emission *f,* Ausstoß *m; of gas* Ausströmen *nt; of light* Ausstrahlen *nt,* Abgabe *f; of heat* Abgabe *f,* Abstrahlung *f; of sounds* Abgabe *f; of liquid* Ausströmen *nt,* Ausfließen *nt,* Auslaufen *nt; of an odour* Ausströmen *nt,* Verströmen *nt; of rays* Aussendung *f,* Emission *f; of sparks* Versprühen *nt; of steam* Ablassen *nt* ❷ (*utterance*) Äußerung *f; of a cry of joy, pain* Ausstoßen *nt* ❸ (*slow seepage*) Absonderung *f;* (*steady flow*) Strahl *m;* (*in spurts*) Spritzer *m*

emit <-tt-> [ɪ'mɪt, i:-] *vt* ■**to** ~ **sth** ❶ (*give off*) etw abgeben [*o* emittieren]; **to** ~ **fumes/smoke** Abgase/Rauch ausstoßen; **to** ~ **gas** Gas verströmen; **to** ~ **heat/radiation/a sound** Hitze/Strahlung/ein Geräusch abgeben; **to** ~ **liquid** Flüssigkeit absondern [*o* abscheiden]; **to** ~ **an odour** [*or* AM **odor**] einen Duft verströmen; **to** ~ **rays** Strahlen aussenden; **to** ~ **sparks** Funken [ver]sprühen; **to** ~ **steam** Dampf ablassen ❷ (*utter*) etw von sich *dat* geben [*o* äußern]; **to** ~ **a cry of joy/pain** einen Freuden-/Schmerzensschrei ausstoßen; **to** ~ **a groan** [auf]stöhnen; **to** ~ **a loud guffaw** schallend [*o* laut] lachen; **to** ~ **a squeal** einen Schrei ausstoßen ❸ (*seep slowly*) etw absondern; (*flow steadily*) etw ausströmen; (*in spurts*) etw ausspritzen

Emmy ['emi] *n* AM TV Emmy *m* (*amerikanischer Fernsehpreis*)

emol·lient [ɪ'mɒliənt, i:'-, AM -'mɑ:ljənt, i:'-] **I.** *n* ❶ CHEM Weichmacher *m* ❷ MED Linderungsmittel *nt* **II.** *adj inv* lindernd, beruhigend; (*fig*) sanft, beruhigend; ~ **words** besänftigende Worte

emolu·ment [ɪ'mɒljʊmənt, AM -'mɑ:l-] *n* (*form: compensation*) Vergütung *f;* (*fee*) Honorar *nt;* (*salary*) Bezüge *mpl,* Einkünfte *fpl*

emo·ti·con [ɪ'məʊtɪkɒn, AM -'moʊtɪkɑ:n] *n* INET Emoticon *nt* (*bei Kommunikation via Internet verwendete Zeichenkombination, die eine Gefühlsäußerung wiedergibt*)

emot·ing [ɪ'məʊtɪŋ, AM -'moʊt-] *n no pl* Gefühlsausdruck *m,* Ausdrücken *nt* von Emotionen

emo·tion [ɪ'məʊʃᵊn, AM -'moʊ-] *n* Gefühl *nt,* Emotion *f;* **to be driven by** ~ sich *akk* von seinen Gefühlen leiten lassen; **to be overcome by** [*or* **with**] ~ von [seinen] Gefühlen überwältigt [*o* übermannt] werden

emo·tion·al [ɪ'məʊʃᵊnᵊl, AM -'moʊ-] *adj* ❶ (*involving emotion*) emotional, emotionell; *decision* gefühlsmäßig; *speech* gefühlsbetont; *voice* gefühlvoll; **he doesn't want** ~ **involvement with anyone** er will sich auf niemanden gefühlsmäßig einlassen; ~ **charge** emotionale Angespanntheit; ~ **experience** erregende Erfahrung; **to have an** ~ **impact on sb** jdn emotional berühren; ~ **reception** herzlicher Empfang; **to make an** ~ **appeal to sb** an jds Gefühle appellieren; **to suffer an** ~ **collapse** einen Nervenzusammenbruch erleiden ❷ PSYCH *development* seelisch; ~ **blackmail** psychologische Erpressung; **to use** ~ **blackmail against sb** jdn psychisch unter Druck setzen; ~ **character** [*or* **disposition**] leichte Erregbarkeit; ~ **person** leicht erregbare Person

emo·tion·al·ism [ɪ'məʊʃᵊnᵊlɪzᵊm, AM -'moʊ-] *n no pl* ❶ (*pej: being too emotional*) Rührseligkeit *f pej,* Gefühlsduselei *f pej* ❷ (*full of emotion*) *of lyrics, words* Emotionalität *f,* Gefühlsbetontheit *f*

emo·tion·al·ly [ɪ'məʊʃᵊnᵊli, AM -'moʊ-] *adv* ❶ (*involving emotion*) emotional, gefühlsmäßig; **to be** ~ **involved with sb/sth** sich *akk* jdm/etw sehr verbunden fühlen; **to get** ~ **involved with sb** sich *akk* emotional auf jdn einlassen ❷ PSYCH ~ **constipated** [emotional] gehemmt; ~ **disturbed** seelisch gestört, blockiert

emo·tion·al·ly 'charged *adj* emotionsgeladen

emo·tion·less [ɪ'məʊʃᵊnləs, AM -'moʊ-] *adj* emotionslos, gefühllos; *face* ausdruckslos; *voice* gleichgültig

emo·tive [ɪ'məʊtɪv, AM -'moʊt̬-] *adj* emotional, gefühlsbetont; LING, PSYCH emotiv *fachspr;* ~ **term** [*or* **word**] Reizwort *nt*

emo·tive·ly [ɪ'məʊtɪvli, AM -'moʊt̬-] *adv* emotional, gefühlsbetont

em·pan·el [ɪm'pænᵊl, -em'-], AM *usu* **im·pan·el** [em'-, ɪm'-] *vt* LAW ■**to** ~ **sb** jdn in die Geschworenenliste eintragen [*o* als Geschworenen einsetzen]; **to** ~ **a jury** eine Geschworenenliste aufstellen

em·pa·thet·ic [empə'θetɪk, AM -'θet̬-] *adj* einfühlsam, einfühlend; PSYCH empathisch

em·pa·thize ['empəθaɪz] *vi* ■**to** ~ **with sb** sich *akk* in jdn einfühlen [*o* hineinversetzen]

em·pa·thy ['empəθi] *n no pl* Einfühlungsvermögen *nt;* PSYCH Empathie *f fachspr*

em·per·or ['empᵊrəʳ, AM -ɚ] *n* Kaiser *m*

em·per·or 'moth *n* Kleines Nachtpfauenauge **em·per·or 'pen·guin** *n* Kaiserpinguin *m*

em·pha·sis <*pl* -ses> ['em(p)fəsɪs] *n* ❶ (*importance*) Betonung *f,* Bedeutung *f;* **to lay** [*or* **place**] [**great**] ~ **on sth** [großen] Wert [*o* [großes] Gewicht] auf etw *akk* legen, etw [sehr] betonen; **to place** [**far**] **greater** ~ **on sth** etw stärker akzentuieren, einen stärkeren Akzent auf etw *akk* legen ❷ LING (*accent*) Betonung *f,* Akzent *m*

em·pha·size ['em(p)fəsaɪz] *vt* ❶ (*put emphasis on*) ■**to** ~ **sth** etw betonen [*o* hervorheben]; **he** ~**d that all the people taking part in the research were volunteers** er legte Wert auf die Feststellung, dass alle Probanden freiwillig teilnahmen ❷ (*put accent*) ■**to ~ sth** etw betonen ❸ (*make stand out*) ■**to ~ sth** etw hervorheben

em·phat·ic [ɪm'fætɪk, em'-, AM em'fæt̬-, ɪm'-] *adj* ❶ (*strong*) nachdrücklich, emphatisch *geh;* ~ **denial** [*or* **rejection**] entschiedene [*o* energische] Ablehnung ❷ (*insistent*) eindringlich, nachdrücklich; **she was ~ in her rejection of the accusation** sie wies die Anschuldigung mit Entschiedenheit zurück; **he's most ~ that he should talk to you** er besteht darauf, dass er unbedingt mit dir reden muss ❸ (*decisive*) ausdrücklich, bestimmt; ~ **victory** deutlicher [*o* klarer] Sieg

em·phati·cal·ly [ɪm'fætɪkli, em'-, AM em'fæt̬-, ɪm'-] *adv* mit Nachdruck, nachdrücklich, ausdrücklich, emphatisch *geh;* **to ~ reject sth** etw entschieden [*o* energisch] zurückweisen

em·phy·sem·a [ˌem(p)fɪ'siːmə, AM -fə'siː-, -'ziː-] *n no pl* MED Emphysem *nt fachspr*

em·pire ['empaɪəʳ, AM -ɚ] *n* Imperium *nt,* [Welt]reich *nt;* (*fig*) Imperium *nt;* **economic/financial ~** Wirtschafts-/Finanzimperium *nt*

em·piri·cal [ɪm'pɪrɪkəl, -em'-, AM em'-, ɪm'-] *adj* erfahrungsmäßig; SCI empirisch

em·piri·cal·ly [ɪm'pɪrɪkəli, em'-, AM *esp* em'-] *adv* SCI empirisch

em·piri·cism [ɪm'pɪrɪsɪzəm, em'-, AM *esp* em'-] *n no pl* SCI Empirie *f;* PHILOS Empirismus *m*

em·piri·cist [ɪm'pɪrɪsɪst, em'-, AM *esp* em'-] *n* SCI Empiriker(in) *m(f);* PHILOS Empirist(in) *m(f)*

em·place·ment [ɪm'pleɪsmənt, AM em'-] *n* MIL Geschützstand *m,* Stellung *f*

em·plane [ɪm'pleɪn, AM em'-] **I.** *vt* ■**to ~ sb/sth** jdn/etw an Bord nehmen **II.** *vi* an Bord gehen

em·ploy [ɪm'plɔɪ, AM em'-] **I.** *vt* ❶ (*pay to do work*) ■**to ~ sb** [**as sth**] jdn [als etw *akk*] beschäftigen; (*take into service*) jdn [als etw *akk*] einstellen [*o* anstellen]; **she's ~ed as an editor with Klett Publishing** sie arbeitet als Redakteurin beim Klett Verlag; **to be ~ed with a company** bei einer Firma arbeiten; ■**to ~ sb to do sth** jdn beauftragen [*o* engagieren], etw zu tun ❷ (*fig*) ■**to ~ sth** (*put to use*) etw einsetzen; (*use*) etw anwenden; **to ~ one's intellect** seinen Verstand gebrauchen; **to ~ one's time** seine Zeit nutzen; ■**to ~ oneself in** [*or* **with**] **doing sth** damit beschäftigt sein, etw zu tun **II.** *n no pl* (*form or dated*) Beschäftigung *f;* ■**to be in the ~ of sb** [*or* **in sb's ~**] bei jdm beschäftigt sein

em·ploy·able [ɪm'plɔɪəbl, AM em'-] *adj* ❶ (*to be hired*) vermittelbar; **a university degree would make him more ~** mit einem Universitätsabschluss hätte er auf dem Arbeitsmarkt bessere Chancen ❷ (*usable*) *method, technique* anwendbar, verwendbar

em·ployee [ɪm'plɔɪiː, AM em'-] *n* Angestellte(r) *f(m);* (*vs employer*) Arbeitnehmer(in) *m(f),* Beschäftigte(r) *f(m);* ■**~s** *pl* (*in company*) Belegschaft *f;* (*vs employers*) Arbeitnehmerschaft *f,* Arbeitnehmer *pl;* **to be an ~ of a bank/of the university** bei einer Bank/an der Universität angestellt sein

em·ploy·er [ɪm'plɔɪəʳ, AM em'plɔɪɚ] *n* Arbeitgeber(in) *m(f);* **~s and employees** Arbeitgeber und Arbeitnehmer; **~s' federation** [*or* **association**] Arbeitgeberverband *m*

em·ploy·ment [ɪm'plɔɪmənt, AM em'-] *n no pl* ❶ (*having work*) Beschäftigung *f;* (*taking on*) Anstellung *f,* Einstellung *f;* **to take up ~ with a company** bei einer Firma eine Stelle annehmen; **level of ~** Beschäftigungsgrad *m;* **to give ~ to sb** jdn beschäftigen; **to be in ~** BRIT (*form*) erwerbstätig sein; **to be in sb's ~** [*or* **in the ~ of sb**] bei jdm angestellt sein; **to be out of ~** erwerbslos sein ❷ (*profession*) Beruf *m,* Tätigkeit *f,* Beschäftigung *f;* **what's your ~?** was sind Sie von Beruf? ❸ (*fig: use*) *of skill* Anwendung *f; of means* Einsatz *m; of a concept* Verwendung *f*

em·'ploy·ment agen·cy *n* [private] Stellenvermittlung **em·'ploy·ment ex·change** *n* BRIT (*dated*), **em·'ploy·ment of·fice** *n* BRIT Arbeitsamt *nt*

em·po·ria [em'pɔːriə] *n pl of* **emporium**

em·po·rium <*pl* -s *or* -ia> [em'pɔːriəm, *pl* -riə] *n* (*shop*) Kaufhaus *nt,* Warenhaus *nt;* (*market*) Handelszentrum *nt*

em·pow·er [ɪm'paʊəʳ, AM em'paʊɚ] *vt* ❶ (*make mentally stronger*) ■**to ~ oneself/sb** sich/jdn [mental] stärken [*o* aufbauen] ❷ (*give ability*) ■**to ~ sb to do sth** jdn befähigen, etw zu tun; (*authorize*) jdn ermächtigen [*o* autorisieren], etw zu tun

em·pow·er·ment [ɪm'paʊəmənt, AM em'paʊɚ-] *n no pl* Bevollmächtigung *f; of minorities, the underprivileged* Stärkung *f,* Unterstützung *f*

em·press <*pl* -es> ['emprəs] *n* Kaiserin *f*

emp·ti·ly ['em(p)tɪli] *adv* leer; **to look ~ at sb/sth** jdn/etw ausdruckslos ansehen

emp·ti·ness ['em(p)tɪnəs] *n no pl* Leere *f*

emp·ty ['em(p)ti] **I.** *adj* ❶ (*with nothing inside*) leer; (*with no people*) *ship, train* leer; *house, flat* leer stehend *attr; castle* unbewohnt; (*without cargo*) unbeladen; (*unfurnished*) unmöbliert; (*not taken*) *chair* frei; **the larder was ~ of food** in der Speisekammer waren keine Lebensmittel mehr; **you shouldn't drink alcohol on an ~ stomach** du solltest auf nüchternen Magen keinen Alkohol trinken; **~ of people** menschenleer; **to stare into ~ space** ins Leere starren ❷ FOOD nährstoffarm; **~ calories** wertlose Kalorien ❸ (*fig: without purpose, meaning*) leer, nichts sagend; **her life felt ~** ihr Leben fühlte sich leer an; **to lead an ~ existence** ein armseliges Leben führen; **~ gestures/promises/threats/words** leere Gesten/Versprechungen/Drohungen/Worte; **~ talk** hohles Gerede **II.** *vt* <-ie-> ■**to ~ sth** etw [ent]leeren; **he emptied the bath** er ließ das Wasser aus der Badewanne; **he emptied the contents of the tin into the saucepan** er schüttete den Inhalt der Dose in den Kochtopf; **to ~ one's bladder/bowels** seine Blase/seinen Darm entleeren; **to ~ a bottle** eine Flasche ausleeren; **to ~ a house** ein Haus räumen; (*hum*) *burglar* ein Haus leer räumen; **to ~ sth into the sink** etw in den Ausguss schütten **III.** *vi* <-ie-> sich *akk* leeren; *water* auslaufen; *river* münden **IV.** *n* ■**empties** *pl* Leergut *nt*

◆**empty out I.** *vt* ■**to ~ out** ↻ **sth** etw ausleeren; **she emptied her bag out onto the desk** sie leerte den Inhalt ihrer Tasche auf den Tisch **II.** *vi* sich *akk* leeren

emp·ty-'hand·ed *adj* mit leeren Händen; **to return ~** (*fig*) unverrichteter Dinge zurückkehren **emp·ty-'head·ed** *adj* hohl[köpfig], strohdumm *fam* **emp·ty 'nest** *n* (*fig*) *Haushalt, aus dem die erwachsenen Kinder ausgezogen sind* **emp·ty-'nest·er** *n* AM *Elternteil in einem Haushalt, aus dem die erwachsenen Kinder bereits ausgezogen sind*

em·pur·ple [ɪm'pɜːpl, AM em'pɜːr-] *vt* ❶ (*make angry*) ■**to ~ sb** jdn in Rage bringen ❷ (*make purple*) ■**to ~ sth** etw violett färben; (*make red*) etw purpurrot färben

em rule ['emruːl] *n* BRIT [verlängerter] Gedankenstrich (*in der Breite eines ‚m'*)

EMS [ˌiːem'es] *n no pl* ECON *abbrev of* **European Monetary System** EWS *nt*

emu <*pl* - *or* -s> ['iːmjuː] *n* Emu *m*

EMU [ˌiːem'juː] *n no pl* ECON *abbrev of* **economic and monetary union** EWU *f*

emu·late ['emjəleɪt] *vt* ❶ (*copy*) ■**to ~ sb/sth** jdm/etw nacheifern ❷ COMPUT ■**to ~ sth** etw emulieren *fachspr*

emu·la·tion [ˌemjə'leɪʃən] *n no pl* Nacheifern *nt,* Nachahmen *nt;* COMPUT Emulation *f fachspr*

emu·lous ['emjələs] *adj* ❶ (*seeking to emulate*) ■**to be ~ of sth** etw *dat* nacheifern ❷ (*by spirit of rivalry*) konkurrierend, wetteifernd; **~ actions** Nachahmungsversuche *pl*

emul·si·fier [ɪ'mʌlsɪfaɪəʳ, AM -ɚ] *n* Emulgator *m*

emul·si·fy <-ie-> [ɪ'mʌlsɪfaɪ] **I.** *vt* ■**to ~ sth** etw zu einer Emulsion verbinden, *fachspr* emulgieren **II.** *vi* eine Emulsion bilden, emulgieren *fachspr*

emul·sion [ɪ'mʌlʃən] *n* ❶ (*mixture*) Emulsion *f* ❷ BRIT (*paint*) Dispersionsfarbe *f*

E

en·able [ɪ'neɪbl̩] *vt* ❶ (*give the ability*) ■**sth ~s sb to do sth** etw ermöglicht jdm, etw zu tun ❷ COMPUT ■**to ~ sth** etw aktivieren

en·abler [ɪ'neɪbləʳ, AM -ɚ] *n Person oder Organisation, die etwas ermöglicht;* COMPUT Enabler *m fachspr*

en·abling act [ɪ'neɪblɪŋ,-] *n* LAW, POL Ermächtigungsgesetz *nt;* AM (*legalizing the unlawful*) Anpassungsgesetz *nt,* gesetzliche Sonderregelung

en·act [ɪ'nækt] *vt* ❶ LAW ■**to ~ sth** etw erlassen [*o* gesetzlich verordnen]; **to ~ legislation** Gesetze erlassen; ■**to ~ that ...** verfügen, dass ...; ■**to be ~ed** *legislation* Gesetzeskraft erlangen ❷ (*carry out*) **to ~ a plan** einen Plan ausführen ❸ THEAT **to ~ a part/role** einen Part/eine Rolle spielen; **to ~ a play** ein Stück aufführen ❹ (*fig*) ■**to be ~ed** *scene* sich abspielen

en·act·ment [ɪ'næktmənt] *n* ❶ LAW Verfügung *f,* Erlass *m;* (*carrying out a legislation*) Verabschiedung *f* ❷ *no pl* (*carrying out*) *of a plan* Ausführung *f* ❸ THEAT (*performance*) Aufführung *f*

enam·el [ɪ'næmᵊl] **I.** *n* ❶ (*substance*) Email *nt,* Emaille *f fam* ❷ (*part of tooth*) Zahnschmelz *m* ❸ (*paint*) Emaillelack *m,* Glasur *f* **II.** *n modifier* Emaille- **III.** *vt* <BRIT -ll- *or* AM *usu* -l-> ■**to ~ sth** etw emaillieren; ■**~led** emailliert

en·am·or *vt* AM *see* **enamour**

en·am·ored *adj pred* AM *see* **enamoured**

en·amour [ɪ'næməʳ], AM **en·amor** [-ɚ] *vt usu passive* ■**to be ~ed of** [*or* **with**] **sb/sth** (*taken by*) von jdm/etw [besonders] angetan sein; (*infatuated with*) in jdn/etw verliebt sein

en·am·oured [ɪ'næməʳd], AM **en·am·ored** [-ɚd] *adj pred* ■**to be ~ with** [*or* **of**] **sth** von etw *dat* begeistert sein; ■**to be ~ with** [*or* **of**] **sb** in jdn verliebt sein

en·antio·morph [ɪ'næntiə(ʊ)mɔːf, AM -oʊmɔːrf] *n* ❶ (*mirror image*) Spiegelbild *nt* ❷ CHEM Enantiomer *nt fachspr,* Spiegelbildisomer *nt fachspr,* enantiomorphe Form *fachspr*

en bloc [ˌɑ̃ː(m)'blɒk, AM ɑ̃ː(m)'blɑːk] *adv inv* im Ganzen, als Ganzes, en bloc

en·camp [ɪn'kæmp, AM en'-] **I.** *vt* ■**to be ~ed** das Lager aufgeschlagen haben **II.** *vi* sein Lager aufschlagen; MIL [ein] Lager beziehen

en·camp·ment [ɪn'kæmpmənt, AM en'-] *n* (*place*) Lager *nt;* (*living in camp*) Lagern *nt*

en·cap·su·late [ɪn'kæpsjəleɪt, AM en'-] *vt* ■**to ~ sth** ❶ (*totally enclose*) PHARM etw in Kapseln abfüllen; (*put capsule around*) etw ummanteln; **the nuclear waste was ~d in concrete** der Atommüll wurde in Beton eingeschlossen ❷ (*fig: express the essence*) etw zusammenfassen; **to ~ an atmosphere** eine Stimmung einfangen

en·cap·su·la·tion [ɪnˌkæpsjə'leɪʃᵊn, AM enˌ-] *n* ❶ (*enclose*) *of waste material* Ummantelung *f,* Verkapselung *f; of nuclear waste* Einschließen *nt;* (*in capsule*) Einkapseln *nt;* PHARM Abfüllen *nt* in Kapseln ❷ LIT Zusammenfassung *f,* geraffte Darstellung ❸ (*fig*) *of an atmosphere* Einfangen *nt kein pl*

en·case [ɪn'keɪs, AM enˌ-] *vt usu passive* ■**to be ~d** ummantelt [*o* verkleidet] sein; *cake* überzogen sein; ■**to be ~d** [**in sth**] *waste* [in etw *dat*] eingeschlossen sein; **a diamond ~d in pure gold** ein Diamant *m* in reines Gold gefasst; **to be ~d in plaster** eingegipst sein

en·cepha·li·tis [ˌenkefə'laɪtɪs, AM enˌsefə'laɪt̬ɪs] *n* MED Enzephalitis *f fachspr,* Gehirnentzündung *f*

en·cepha·lo·gram [en'kefələgræm, AM en'sefəloʊ-] *n* MED Enzephalogramm *nt fachspr,* Röntgenaufnahme *f* des Gehirns

en·cepha·lo·graph [en'kefələgrɑːf, AM en'sefəloʊgræf] *n* MED Enzephalograph *m fachspr*

en·cepha·lon <*pl* -la> [en'kefəlɒn, AM en'sefəlɑːn, *pl* -lə] *n* ANAT Enzephalon *nt fachspr,* Gehirn *nt*

en·chain [ɪn'tʃeɪn, AM en'-] *vt* ❶ (*chain up*) ■**to ~ sb** jdn in Ketten legen; **to ~ a dog** einen Hund an die Kette legen ❷ (*hold fast*) ■**to ~ sb** jdn fesseln; **to ~ sb's attentions** jds Aufmerksamkeit fesseln; **to ~ sb's emotions** jdn faszinieren ❸ (*fig: impede*) ■**to ~ sb** jdn behindern [*o* einschränken]

en·chant [ɪn'tʃɑːnt, AM en'tʃænt] *vt* ■**to ~ sb** [**with sth**] (*delight*) jdn [mit etw *dat*] entzücken [*o* bezaubern]; (*bewitch*) jdn [mit etw *dat*] verzaubern

en·chant·ed [ɪn'tʃɑːntɪd, AM en'tʃænt̬ɪd] *adj* (*delighted*) entzückt; (*liter: bewitched*) verzaubert; **~ forest** [*or* **wood**] Zauberwald *m*

en·chant·er [ɪn'tʃɑːntəʳ, AM en'tʃænt̬ɚ] *n* (*dated*) Zauberer *m*

en·chant·ing [ɪn'tʃɑːntɪŋ, AM en'tʃænt̬-] *adj* bezaubernd, entzückend, hinreißend

en·chant·ment [ɪn'tʃɑːntmənt, AM en'tʃænt-] *n* (*delight*) Entzücken *nt;* (*charm*) Zauber *m,* Liebreiz *m geh o veraltend*

en·chant·ress <*pl* -es> [ɪn'tʃɑːntrɪs, AM en'tʃænt-] *n* (*sorceress*) Zauberin *f,* Magierin *f;* (*alluring female*) bezaubernde Frau

en·chi·la·da [ˌentʃɪ'lɑːdə] *n* Enchilada *f*

en·ci·pher [ɪn'saɪfəʳ, AM en'saɪfɚ] *vt* ■**to ~ sth** etw chiffrieren [*o* verschlüsseln]

en·cir·cle [ɪn'sɜːkl̩, AM en'sɜːr-] *vt* ■**to ~ sb/sth** (*enclose*) jdn/etw umgeben; (*make a circle around*) jdn/etw einkreisen; MIL jdn/etw einkesseln; **the M25 ~s London** die M25 führt ringförmig um London herum; **to ~ the enemy** den Feind umzingeln [*o* einschließen]

en·circle·ment [ɪn'sɜːkl̩mənt, AM en'sɜːr-] *n* Einkreisung *f;* ARCHIT Umschließung *f;* MIL Umzingelung *f,* Einkesselung *f*

encl. **I.** *adj abbrev of* **enclosed** Anl. **II.** *n abbrev of* **enclosure** Anl.

en·clave ['enkleɪv] *n* Enklave *f*

en·clit·ic [ɪn'klɪtɪk, AM en'klɪt̬ɪk] LING **I.** *adj* enklitisch *fachspr* **II.** *n* Enklitikon *nt fachspr*

en·close [ɪn'kləʊz, AM en'kloʊz] *vt* ■**to ~ sth** ❶ (*surround*) etw umgeben; (*shut in*) etw einschließen; TECH etw einschließen [*o* einkapseln]; **to ~ sth in brackets** etw einklammern; **to ~ sth with a fence** etw einzäunen [*o* einfrieden] ❷ (*include in same envelope*) etw beilegen [*o* beifügen]; **please find ~d ...** in der Anlage [*o* beiliegend] senden wir Ihnen ...

en·closed [ɪn'kləʊzd, AM en'kloʊzd] *adj* (*separated*) abgegrenzt; (*surrounded by fence*) eingezäunt, eingefriedet; (*shut in*) eingeschlossen; **~ order** REL geschlossener Orden; **in ~ spaces** in geschlossenen Räumen

en·clo·sure [ɪn'kləʊʒəʳ, AM en'kloʊʒɚ] *n* ❶ (*enclosed area*) eingezäuntes [*o* eingefriedetes] Grundstück, Einfriedung *f;* (*for keeping animals*) Gehege *nt;* (*paddock*) Koppel *f* ❷ (*act of enclosing*) Einfriedung *f;* (*with fence*) Einzäunung *f,* Einzäunen *nt,* Umzäunung *f,* Umzäunen *nt* ❸ BRIT SPORTS Zuschauerbereich *m;* **Royal E~** *Zuschauerbereich für die königliche Familie* ❹ (*enclosed item*) Anlage *f*

en·code [ɪn'kəʊd, AM en'koʊd] *vt* ■**to ~ sth** ❶ (*put into code*) etw kodieren [*o* chiffrieren]; COMPUT etw kodieren ❷ LING etw enkodieren *fachspr*

en·co·mia [ɪn'kəʊmiə, AM en'koʊ-] *n pl of* **encomium**

en·co·mi·ast [ɪn'kəʊmiæst, AM en'koʊ-, *pl* -miə] *n* ❶ (*pej: flatterer*) Schönredner(in) *m(f) pej,* Schmeichler(in) *m(f) a. pej* ❷ (*eulogist*) Lobredner(in) *m(f)*

en·co·mium <*pl* -s *or* -ia> [ɪn'kəʊmiəm, AM en'koʊ-, *pl* -miə] *n* (*dated form*) Laudatio *f geh,* Lobrede *f*

en·com·pass [ɪn'kʌmpəs, AM en'-] *vt* ■**to ~ sth** etw umfassen [*o* beinhalten]; **the festival ~es all forms of art** auf dem Festival wird jede Art von Kunst angeboten

en·core ['ɒŋkɔːʳ, AM 'ɑːnkɔːr] *n* Zugabe *f;* **to call for/receive an ~** eine Zugabe verlangen/bekommen; **to do sth as** [*or* **for**] **an ~** etw als Zugabe spielen; **to give an ~** eine Zugabe geben; **for an ~** (*fig*) obendrein; **... and then for an ~ he dropped our pizzas on the carpet!** ... und dann fielen ihm auch noch unsere Pizzen auf den Teppich!

en·core 'mar·riage *n no pl* Zweitehe *f*

en·coun·ter [ɪn'kaʊntəʳ, AM en'kaʊnt̬ɚ] **I.** *vt* ❶ (*experience*) ■**to ~ sb/sth** auf jdn/etw treffen [*o* stoßen]; **to ~ danger** in

Gefahr geraten; **to ~ difficulties/resistance** auf Probleme/ Widerstand stoßen ❷ (*unexpectedly meet*) ■**to ~ sb** jdn [unerwartet] treffen, jdm begegnen **II.** *n* [Zusammen]treffen *nt,* Begegnung *f* (**between** zwischen *+dat*); SPORTS Aufeinandertreffen *nt,* Begegnung *f;* MIL Zusammenstoß *m;* **chance ~** zufällige Begegnung; **verbal ~** Wortgefecht *nt*

en·cour·age [ɪnˈkʌrɪdʒ, AM enˈkɜːr-] *vt* ❶ (*give courage*) ■**to ~ sb** jdm Mut zusprechen [*o* machen]; (*give confidence*) jdn ermutigen [*o* bestärken]; (*give hope*) jdn unterstützen [*o* bestärken] ❷ (*urge*) ■**to ~ sb to do sth** jdn [dazu] ermuntern, etw zu tun; (*advise*) jdm [dazu] raten, etw zu tun ❸ (*support*) ■**to ~ sb/sth** jdn/etw unterstützen [*o* fördern]; ■**to ~ sb** SPORTS jdn anfeuern ❹ (*make more likely*) ■**to ~ sth** etw fördern [*o* begünstigen]

en·cour·aged [ɪnˈkʌrɪdʒd, AM enˈkɜːr-] *adj* ■**to be ~ by sb** von jdm ermutigt werden; ■**to be ~ by sth** durch etw *akk* [neuen] Mut schöpfen; **to feel ~ by sth** sich *akk* durch etw *akk* ermutigt [*o* bestärkt] fühlen

en·cour·age·ment [ɪnˈkʌrɪdʒmənt, AM enˈkɜːr-] *n no pl* (*incitement*) Ermutigung *f;* (*urging*) Ermunterung *f;* SPORTS Anfeuerung *f;* (*support*) Unterstützung *f,* Förderung *f;* **to be a great ~ to sb** jdm großen Auftrieb geben; **to give sb ~** jdn ermutigen [*o* ermuntern]; **to give [positive] ~ to sth** etw fördern [*o* unterstützen]

en·cour·ag·ing [ɪnˈkʌrɪdʒɪŋ, AM enˈkɜːr-] *adj* ermutigend; **he took her interest as an ~ sign** ihr Interesse machte ihm Hoffnung; **I found my teacher very ~** meine Lehrerin hat mir sehr viel Mut gemacht

en·cour·ag·ing·ly [ɪnˈkʌrɪdʒɪŋli, AM enˈkɜːr-] *adv* ermutigend

en·croach [ɪnˈkrəʊtʃ, AM enˈkroʊ-] *vi* ■**to ~ [up]on sb** zu jdm vordringen; **exam time is ~ing upon us** der Prüfungszeitraum rückt immer näher; ■**to ~ [up]on sth** in etw *akk* eindringen; *troops* in etw *akk* vordringen; **to ~ [up]on sb's rights** in jds Rechte eingreifen, jds Rechte beschneiden; **to ~ on sb's time** jds Zeit *f* [über Gebühr] in Anspruch nehmen

en·croach·ment [ɪnˈkrəʊtʃmənt, AM enˈkroʊ-] *n* ❶ (*incursion*) Übergriff *m* (**on** auf *+akk*); (*interference*) Eingriff *m* (**on** in *+akk*); (*intrusion*) Eindringen *nt* (**on** in *+akk*); **an ~ on human rights** eine Verletzung der Menschenrechte ❷ (*gradual approach*) Vordringen *nt;* **the ~ of old age** das [unaufhaltsame] Fortschreiten des Alters ❸ (*on time*) Beanspruchung *f*

en·crust [ɪnˈkrʌst, AM enˈ-] *vt* ■**to ~ sth** etw überkrusten

en·crus·ta·tion *n* AM, AUS *see* **incrustation**

en·crust·ed [ɪnˈkrʌstɪd, AM enˈ-] *adj* überkrustet; **to be ~ in gold** mit Gold überzogen sein; **to be ~ with jewels** [ganz] mit Edelsteinen besetzt sein

en·crypt [ɪnˈkrɪpt, AM enˈ-] *vt usu passive* COMPUT, TV ■**to be ~ed** verschlüsselt sein

en·cryp·tion [ɪnˈkrɪpʃᵊn, AM enˈ-] *n no pl* TV Verschlüsselung *f;* COMPUT *a.* Kodierung *f*

en·cum·ber [ɪnˈkʌmbəʳ, AM enˈkʌmbɚ] *vt usu passive* ■**to be ~ed with** [*or* **by**] **sth** (*be burdened*) mit etw *dat* belastet sein; (*be impeded*) durch etw *akk* behindert sein; **to be ~ed with debts** völlig verschuldet sein

en·cum·brance [ɪnˈkʌmbrən(t)s, AM enˈ-] *n* ❶ (*burden*) Belastung *f;* *of debts* Last *f;* (*impediment*) Behinderung *f,* Hindernis *nt;* **to be without ~** ohne Anhang sein ❷ (*mortgage*) Belastung *f;* ■**~s** *pl* Hypothekenschulden *pl;* **free from ~s** schuldenfrei, lastenfrei

en·cyc·li·cal [ɪnˈsɪklɪk, AM enˈ-] REL **I.** *n* Enzyklika *f* **II.** *adj* enzyklisch; **~ letter** Enzyklika *f*

en·cy·clo·p(a)e·dia [ɪnˌsaɪkləˈpiːdiə, AM enˈ-] *n* Lexikon *nt,* Enzyklopädie *f geh*

en·cyc·lo·p(a)e·dic [ɪnˌsaɪkləˈpiːdɪk, AM enˈ-] *adj* universal, enzyklopädisch *geh*

end [end] **I.** *n* ❶ (*last, furthest point*) Ende *nt* ❷ (*final part, finish*) Ende *nt,* Schluss *m* ❸ (*surface bounding extremities*) Ende *nt;* TECH Stirnseite *f,* Stirnfläche *f* ❹ *usu pl* (*aims*) Ziel *nt,* Absicht *f;* (*purpose*) Zweck *m;* **to use sth for commercial ~s** etw zu kommerziellen Zwecken einsetzen; **to achieve one's ~s** seine Ziele erreichen ❺ (*death*) Ende *nt,* Tod *m;* **sudden/untimely ~** plötzliches/vorzeitiges Ende; **sb is nearing his/her ~** mit jdm geht es zu Ende ❻ (*small leftover piece*) Rest *m,* Ende *nt;* *of a candle, cigarette* Stummel *m* ❼ SPORTS (*either half of a pitch*) [Spielfeld]hälfte *f;* (*player in American Football*) *am nächsten an den Seitenlinien stehender Spieler* ❽ COMPUT (*button on keyboard*) ‚Ende' ❾ (*fig: matter of concern*) Teil *m;* **I'm taking care of my ~ of the plan and hope he's taking care of his** ich kümmere mich um meinen Teil des Plans und hoffe, dass er sich um seinen kümmert; **stick to your ~ of the deal!** halte dich an deinen Teil der Abmachung! ❿ (*position*) ■**~ on: the table faced him ~ on** er stand vor der kurzen Tischkante; **place the table ~ on against the wall** stell den Tisch mit der schmalen Seite an die Wand ▸ PHRASES: **at the ~ of the day** (*when everything is considered*) letzten Endes; (*finally, eventually*) schließlich, zum Schluss; **to reach the ~ of the line** [*or* **road**] am Ende sein; **~ of story** Schluss, aus, fertig *fam;* **he deserved to be punished, ~ of story** er hat die Strafe verdient und Schluss *fam;* **[and] that's the ~ of the story** [*or* **matter**] und jetzt Schluss damit!; **to be at the ~ of one's tether** [*or* AM **rope**] am Ende [seiner Kräfte] sein; **it's not the ~ of the world** davon geht die Welt nicht unter; **to come to a bad** [*or* BRIT **sticky**] **~** ein schlimmes Ende nehmen; **to hold** [*or* **keep**] **one's ~ up** sich *akk* nicht unterkriegen lassen *fam;* **the ~ justifies the means** (*prov*) der Zweck heiligt die Mittel *prov;* **to meet one's ~** den Tod finden *geh;* **to make [both] ~s meet** mit seinem Geld zurechtkommen, über die Runden kommen *fam;* **to put an ~ to oneself/it all** mit seinem Leben/dem Ganzen Schluss machen; **that would please Granny no ~** darüber würde sich Oma unglaublich freuen; **no ~ of trouble** reichlich Ärger; **in the ~** (*when everything is considered*) letzten Endes; (*finally, eventually*) schließlich, zum Schluss; **to become an ~ in itself** [zum] Selbstzweck werden; **to this ~** zu diesem Zweck **II.** *vt* ❶ (*finish*) ■**to ~ sth** etw beenden [*o* zu Ende bringen]; **to ~ up one's speech with the words ...** seine Rede mit den Worten ... [be]schließen ❷ (*make stop*) ■**to ~ sth** etw beenden, etw *dat* ein Ende setzen [*o* machen] **III.** *vi* ❶ (*result in*) ■**to ~ in sth** in etw *dat* enden; **to ~ in divorce** mit der Scheidung enden; **to ~ in a draw** unentschieden ausgehen; **to ~ in a fight** mit einer Schlägerei enden ❷ (*finish*) enden

◆**end up** *vi* **most of this meat will ~ up as dog food** ein Großteil dieses Fleisches wird zu Hundefutter verarbeitet; **after travelling around the world, she ~ed up teaching English as a foreign language** nachdem sie durch die Welt gereist war, unterrichtete sie schließlich Englisch als Fremdsprache; **to ~ up in love with sb** sich *akk* [schließlich] in jdn verlieben; **to ~ up a rich man** ein reicher Mann werden; **to ~ up in prison** im Gefängnis landen *fam;* **to ~ up a prostitute** als Prostituierte enden; **to ~ up homeless** [schließlich] auf der Straße landen *fam;* **to ~ up penniless** [schließlich] ohne einen Pfennig dastehen *fam*

en·dan·ger [ɪnˈdeɪndʒəʳ, AM enˈdeɪndʒɚ] *vt* ■**to ~ sb/sth** jdn/etw gefährden

en·dan·gered spe·cies [ɪnˌdeɪndʒədˈ-, AM enˈdeɪndʒɚdˈ-] *n* vom Aussterben bedrohte Tierart

en dash [ˈendæʃ] *n* BRIT Bindestrich *m* (*in der Breite eines ‚n'*)

en·dear [ɪnˈdɪəʳ, AM enˈdɪr] *vt* ■**to ~ sb/oneself to sb** jdn/sich bei jdm beliebt machen

en·dear·ing [ɪnˈdɪəʳɪŋ, AM enˈdɪr-] *adj* lieb[enswert], reizend; **an ~ smile** ein gewinnendes Lächeln

en·dear·ing·ly [ɪnˈdɪəʳɪŋli, AM enˈdɪr-] *adv* lieb[enswert], reizend; **to smile ~** gewinnend lächeln

en·dear·ment [ɪnˈdɪəʳmənt, AM enˈdɪr-] *n* Zärtlichkeit *f;* **terms**

of ~ Koseworte *ntpl,* Kosenamen *mpl;* **words of** ~ liebe [*o* zärtliche] Worte

en·deav·or [en'devɚ] AM, **en·deav·our** [ɪn'devəʳ] BRIT **I.** *vi* ■**to** ~ **to do sth** sich *akk* bemühen [*o* anstrengen], etw zu tun **II.** *n* Anstrengung *f,* Bemühung *f;* (*striving*) Bestreben *nt;* **to make every** ~ **to do sth** alle Anstrengungen unternehmen, [um] etw zu tun

en·dem·ic [en'demɪk] *adj* BIOL, MED endemisch *fachspr; plant, animal* einheimisch; **to be** ~ **in certain regions** *diseases* nur in bestimmten Regionen auftreten; *plants* nur in bestimmten Regionen verbreitet sein

en·der·mic [en'dɜːmɪk, AM -'dɜːr-] *adj* MED endermal *fachspr*

end·game ['en(d)geɪm] *n* Endspiel *nt;* (*fig*) Finale *nt*

end·ing ['endɪŋ] *n* ❶ (*last part*) Ende *nt,* Schluss *m; of a day* Abschluss *m; of a story, book* Ausgang *m;* **happy** ~ Happyend *nt* ❷ LING Endung *f*

en·dive ['endaɪv, -dɪv, AM 'endaɪv] *n* ❶ (*plant*) Endivie *f* ❷ AM (*chicory*) Chicorée *m*

end·less ['endləs] *adj* (*without end*) endlos; (*innumerable*) unzählig; (*infinite*) unendlich; (*going on too long*) endlos, unendlich lang; **the play seemed** ~ das Stück schien kein Ende zu nehmen

end·less·ly ['endləsli] *adv* (*infinitely*) endlos; (*incessantly*) unaufhörlich, ununterbrochen

'end line *n* (*in basketball, football*) Endlinie *f* **'end·most** *adj* letzte(r, s)

endo·crine ['endə(ʊ)kraɪn, AM -dəkrɪn] *adj* MED endokrin *fachspr;* ~ **gland** endokrine Drüse

en·doga·my [ɪn'dɒgəmi, AM en'dɑːg-] *n* SOCIOL Endogamie *f fachspr*

en·dog·enous [ɪn'dɒdʒənəs, AM en'dɑːdʒə-] *adj* endogen *fachspr*

endo·metrio·sis [ˌendəʊˌmiːtrɪ'əʊsɪs, AM -doʊˌmiːtrɪ'oʊ-] *n* Endometriose *f fachspr*

endo·morph ['endə(ʊ)mɔːf, AM -doʊmɔːrf] *n* endomorph *fachspr;* MED *a.* pyknisch *fachspr*

en·dor·phin [en'dɔːfɪn, AM -'dɔːr-] *n* MED, BIOL Endorphin *nt*

en·dorse [ɪn'dɔːs, AM en'dɔːrs] *vt* ❶ FIN ■**to** ~ **sth** etw indossieren [*o* girieren] *fachspr;* **to** ~ **a cheque** einen Scheck auf der Rückseite unterschreiben [*o fachspr* indossieren] ❷ *usu passive* BRIT (*record driving offence*) ■**to be** ~**d** eine Strafe auf dem Führerschein vermerkt bekommen ❸ (*declare approval for*) ■**to** ~ **sth** etw billigen [*o* gutheißen]; (*promote*) etw unterstützen

en·dorsee [ˌendɔː'siː, AM -dɔːr'-] *n* FIN Indossat[ar] *m fachspr,* Girat[ar] *m fachspr*

en·dorse·ment [ɪn'dɔːsmənt, AM en'dɔːrs-] *n* ❶ (*support*) *of a plan* Billigung *f;* (*quotable recommendation*) Befürwortung *f,* Unterstützung *f;* **the** ~ **of the running shoes by a famous athlete doubled the sales figures** dadurch dass der berühmte Sportler die Turnschuhe gelobt hatte, verdoppelten sich die Verkaufszahlen ❷ FIN Indossament *nt fachspr;* (*act*) Indossierung *f fachspr* ❸ (*note on insurance policy*) Nachtrag *m,* Zusatz *m* ❹ BRIT LAW (*record of offence*) Strafvermerk *m* (*im Führerschein*)

en·dors·er [ɪn'dɔːsəʳ, AM en'dɔːrsɚ] *n* FIN Indossant *m fachspr,* Girant *m fachspr*

endo·scope ['endə(ʊ)skəʊp, AM -doʊskoʊp] *n* MED Endoskop *nt*

endo·scop·ic [ˌendə(ʊ)'skɒpɪk, AM -doʊ'skɑːp-] *adj* endoskopisch; ~ **sympathectomy** endoskopische Sympathektomie [*o* Grenzstrangsektion] *fachspr*

en·dos·co·py [en'dɒskəpi, AM -'dɑː-] *n* MED Endoskopie *f*

endo·skel·eton [ˌendəʊ'skelɪtᵊn, AM -doʊ'-] *n* BIOL, MED Endoskelett *nt fachspr,* Knochen- und Knorpelskelett *nt*

endo·sperm ['endəʊspɜːm, AM -doʊspɜːrm] *n* BOT Endosperm *nt fachspr,* Nährgewebe *nt*

en·dow [ɪn'daʊ, AM en'-] *vt* ❶ (*give income to*) ■**to** ~ **sb/sth** jdn/etw über eine Stiftung finanzieren; **to** ~ **sb with money** jdm Geld stiften; **to** ~ **a prize** einen Preis stiften ❷ (*give feature*) ■**to be** ~**ed with sth** mit etw *dat* ausgestattet sein, etw besitzen; **this is one of the best-~ed universities in the world** diese Universität gehört zu den finanziell am besten ausgestatteten der Welt; **to be** ~**ed with great beauty** mit großer Schönheit ausgestattet sein; **to be** ~**ed with brains** [*or* **intelligence**] intelligent sein; **to be well-~ed** (*hum*) viel Holz vor der Hütte haben *hum*

en·dow·ment [ɪn'daʊmənt, AM en'-] *n* ❶ FIN (*permanent income*) finanzielle Ausstattung, Stiftung *f;* ■~**s** *pl* Stiftungsgelder *pl* ❷ (*asset possessed*) Ausstattung *f;* (*natural talent*) Begabung *f* ❸ BIOL **genetic** ~ genetisches Erbgut

en·dow·ment as·'sur·ance *n,* AM **en·dow·ment in·'sur·ance** *n* FIN Versicherung *f* auf Erlebensfall **en·'dow·ment mort·gage** *n* BRIT FIN Hypothekendarlehen *nt* mit Lebensversicherung **en·'dow·ment poli·cy** *n* FIN Lebensversicherungspolice *f* **'end·pa·per** *n* TYPO Vorsatzblatt *nt,* Vorsatz *m* **'end·point** *n usu sing* ❶ (*finish*) Endpunkt *m* ❷ CHEM Umschlagspunkt *m* **end 'prod·uct** *n* Endprodukt *nt;* (*fig*) Resultat *nt,* Ergebnis *nt* **end re·'sult** *n* Endergebnis *nt* **'end-run** ['endrʌn] *adj attr* AM taktisch **'end run** *n* AM SPORTS *Lauf des ballführenden Spielers beim American Football* **'end-stopped** *adj* LIT ~ **verse** *durch eine Sprechpause gekennzeichnetes Versende* **'end ta·ble** *n* Beistelltisch *m*

en·dur·able [ɪn'djʊərəbl, AM en'dʊrə-, -djʊr-] *adj* erträglich; **the pain became no longer** ~ der Schmerz wurde unerträglich

en·dur·ance [ɪn'djʊərᵊn(t)s, AM en'dʊrᵊn(t)s, -djʊr-] *n no pl* (*ability to withstand*) Ausdauer *f;* (*staying power*) Durchhaltevermögen *nt;* (*patience*) Geduld *f;* TECH Dauerleistung *f*

en·'dur·ance test *n* (*long-lasting strain*) Belastungsprobe *f,* Belastungstest *m;* TECH (*fatigue test*) Ermüdungsversuch *m,* Verschleißprüfung *f,* Dauertest *f*

en·dure [ɪn'djʊəʳ, AM en'dʊr, -djʊr] **I.** *vt* ■**to** ~ **sth/sb** (*tolerate*) etw/jdn ertragen; **I can't** ~ **him** ich kann ihn nicht ausstehen; (*suffer*) ■**to** ~ **sth** etw erleiden; **I can't** ~ **that a moment longer** ich halte das keinen Moment länger aus **II.** *vi* (*form*) fortdauern, bestehen, Bestand haben *geh*

en·dur·ing [ɪn'djʊəʳɪŋ, AM en'dʊr-, -djʊr-] *adj* (*lasting*) dauerhaft, beständig; (*patient*) geduldig; ~ **memories** bleibende Erinnerungen

en·du·ro [ɪn'djʊəʳəʊ, AM en'dʊroʊ, -djʊr-] *n* Langstrecken-Motorradrennen *nt,* Enduro-Rennen *nt*

end 'user *n* ❶ ECON Endverbraucher(in) *m(f),* Konsument(in) *m(f)* ❷ COMPUT Anwender(in) *m(f),* Benutzer(in) *m(f);* (*computer illiterate*) Endbenutzer(in) *m(f),* Endkunde, -in *m, f* **end user cer·'ti·fi·cate** *n* ECON (*to prevent breach of copyright*) *Endverbrauchernachweis zur Verhinderung von Raubkopien;* (*by private arms dealers*) Endverbleibsbestätigung *f* **'end·ways** *adv,* AM *a.* **'end·wise** *adv inv* (*with end foremost*) längs; (*with end uppermost*) hochkant; (*with end facing viewer*) mit der Schmalseite [*o* dem Ende] nach vorn; (*end to end*) mit den Enden aneinander **'end zone** *n* AM (*in American football*) Endzone *f*

en·ema <*pl* -s *or* -ta> ['enɪmə, *pl* ɪ'nemətə] *n* MED Klistier *nt fachspr,* Einlauf *m*

en·emy ['enəmi] **I.** *n* Feind(in) *m(f);* **to be in the hands of the** ~ in die Hände des Feindes geraten sein; **an** ~ **to reform** Reformgegner(in) *m(f);* ~ **of the state** Staatsfeind(in) *m(f)* **II.** *n modifier* MIL feindlich; ~ **action** Feindeinwirkung *f;* ~ **country** Feindesland *nt geh;* ~ **desertion** Fahnenflucht des Feindes; **to be in** ~ **hands** in den Händen des Feindes sein

en·er·get·ic [ˌenə'dʒetɪk, AM -ɚ'dʒeţ-] *adj* ❶ (*full of energy*) voller Energie *präd,* energiegeladen, schwungvoll; (*resolute*) energisch ❷ (*euph: overactive*) anstrengend

en·er·geti·cal·ly [ˌenə'dʒetɪkᵊli, AM -ɚ'dʒeţ-] *adv* voller Energie, energiegeladen, schwungvoll; **he** ~ **pursued his goals** energisch verfolgte er seine Ziele

en·er·get·ics [ˌenə'dʒetɪks, AM -ɚ'dʒeţ-] *n + sing vb* PHYS Energetik *f*

en·er·gize ['enədʒaɪz, AM 'enɚ-] *vt* ❶ ELEC ■**to ~ sth** etw unter Strom setzen ❷ (*fig*) ■**to ~ sb** jdm neue Energie [*o* neuen Schwung] geben; **to ~ the economy** die Wirtschaft ankurbeln

en·er·gy ['enədʒi, AM 'enɚ-] *n* ❶ *no pl* (*vigour*) Energie *f*, Kraft *f*; **I haven't got the ~ to go out tonight** ich bin heute zu schlapp, um auszugehen; **to conserve one's ~** seine Kräfte schonen, mit seinen Kräften haushalten; **to be bursting** [*or* **brimming**] **with ~** vor Energie nur so sprühen; **to be full of ~** voller Energie stecken ❷ (*totality of individual's power*) Tatkraft *f*, Energie *f*; **to channel** [*or* **direct**] [**all**] **one's energies into sth** [all] seine Kräfte auf etw *akk* konzentrieren, seine Energie in etw *akk* reinstecken; **to concentrate one's energies on sth** all seine Energie für etw *akk* aufwenden ❸ SCI Energie *f*; **~ crisis** Energiekrise *f*; **sources of ~** Energiequellen *pl*

'en·er·gy bar *n* AM Energieriegel *m* **en·er·gy con·ser·'va·tion** *n no pl* Energieeinsparung *f*, Energiesparen *nt*; TECH Energieerhaltung *f* **'en·er·gy ef·fi·cient** *adj* energiesparend *attr*, sparsam im Energieverbrauch *präd* **'en·er·gy-ef·fi·cient** *adj food, drink* Energie spendend *attr*; ■**to be ~** Energie spenden

en·er·vate ['enəveɪt, AM 'enɚ-] *vt* (*liter*) ■**to ~ sb** (*physically*) jdn entkräften [*o* schwächen]; (*mentally*) jdn entnerven; **the humidity ~s me** die Feuchtigkeit macht mir zu schaffen

en·er·vat·ing ['enəveɪtɪŋ, AM 'enɚ-] *adj* (*liter*) strapazierend

en·fant ter·ri·ble <*pl* enfants terribles> [ˌɑ̃:(n)fɑ̃:(n)ter'i:bl(ə), AM ˌɑ:nfɑ:nter'-] *n* (*liter*) Enfant terrible *nt*

en·fee·ble [ɪn'fi:bl̩, AM en'-] *vt* (*form*) ■**to ~ sb** jdn schwächen; ■**to ~ sth** etw schwächen [*o* entkräften]

en·fee·bled [ɪn'fi:bl̩d, AM en'-] *adj* (*form*) geschwächt; *person also* entkräftet

en·fold [ɪn'fəʊld, AM en'foʊld] *vt* (*liter*) ■**to ~ sb** jdn umarmen; ■**to ~ sb in** [*or* **with**] **sth** jdn in etw *dat* einhüllen; **the mists ~ed the mountaintop** (*fig*) der Gipfel war in Wolken gehüllt; **to ~ sb in one's arms** jdn in seine Arme schließen

en·force [ɪn'fɔ:s, AM en'fɔ:rs] *vt* ■**to ~ sth** ❶ (*impose*) etw durchsetzen [*o* erzwingen]; **it is difficult to ~ the speed limit** es ist schwierig, die Geschwindigkeitsbegrenzung durchzusetzen; **to ~ the law** dem Gesetz Geltung verschaffen; **to ~ a regulation** eine Regelung durchsetzen; **to ~ one's rights** seine Rechte einklagen ❷ (*give force to*) etw *dat* Nachdruck verleihen

en·force·able [ɪn'fɔ:səbl̩, AM en'fɔ:r-] *adj* durchsetzbar; LAW vollziehbar, vollstreckbar; **the law is not always ~** das Gesetz kann man nicht immer erzwingen

en·force·ment [ɪn'fɔ:smənt, AM en'fɔ:r-] *n no pl* Erzwingung *f*; *of a regulation* Durchsetzung *f*; *of a rule* Durchführung *f*; *of a law* Vollziehung *f*, Vollstreckung *f*

en·'force·ment no·tice *n* BRIT LAW Vollstreckungsbescheid *m*

en·fran·chise [ɪn'fræn(t)ʃaɪz, AM en'-] *vt* (*form*) ■**to ~ sb** jdm das Wahlrecht verleihen; ■**to be ~ed** wahlberechtigt sein

en·fran·chise·ment [ɪn'fræn(t)ʃɪzmənt, AM en'fræn(t)ʃaɪz-] *n no pl* (*form*) Verleihung *f* des Wahlrechts; **to be given ~** das Wahlrecht erhalten [*o* verliehen bekommen]

en·gage [ɪn'geɪdʒ, AM en'-] **I.** *vt* ❶ (*employ*) ■**to ~ sb** jdn anstellen [*o* einstellen]; **to ~ an actor** einen Schauspieler engagieren; **to ~ a lawyer** sich *dat* einen Anwalt nehmen; **to ~ the services of sb** jds Dienste in Anspruch nehmen ❷ BRIT (*form: hire*) ■**to ~ sb** jdn anstellen; *company* jdn beauftragen ❸ (*form: hold interest*) ■**to ~ sb** jds Aufmerksamkeit *f* in Anspruch nehmen; (*fascinate*) jdn faszinieren [*o* begeistern]; ■**to ~ oneself in sth** sich *akk* mit etw *dat* beschäftigen ❹ (*involve*) **to ~ sb in a conversation** jdn in ein Gespräch verwickeln; **to ~ sb in flirtation** einen Flirt mit jdm anfangen ❺ (*put into use*) **to ~ the clutch** einkuppeln; **to ~ a gear** einen Gang einlegen, in einen Gang schalten; **to ~ the automatic pilot** den Autopiloten einschalten ❻ MIL ■**to ~ sb** jdn angreifen ❼ TECH ■**to be ~d: the cogs ~d with one another** die Zähne griffen ineinander ❽ BRIT (*dated: reserve*) ■**to ~ sth** etw anmieten; *hotel room* etw reservieren **II.** *vi* ❶ (*involve self with*) ■**to ~ in sth** sich *akk* an etw *dat* beteiligen; **to ~ in combat with sb** in eine Kampfhandlung mit jdm treten; **to ~ in conversation** sich *akk* unterhalten; **to ~ in a dogfight** einen Luftkampf führen; **to ~ in espionage/propaganda/smuggling** Spionage/Propaganda/Schmuggel betreiben; **to ~ in politics** sich *akk* politisch engagieren [*o* betätigen]; **to be ~d in trade with sb** mit jdm Handel treiben ❷ MIL angreifen; **to ~ with the enemy/hostile forces** den Feind/die gegnerischen Streitkräfte angreifen ❸ TECH eingreifen, einrasten; ■**to ~ with each other** *cogs* ineinandergreifen ❹ (*form: promise*) ■**to ~ to do sth** sich *akk* verpflichten, etw zu tun

en·ga·gé [ˌɑ̃'gæʒeɪ] *adj* (*form*) [gesellschaftlich] engagiert

en·gaged [ɪn'geɪdʒd, AM en'-] *adj inv* ❶ *pred esp* BRIT (*busy*) beschäftigt; *toilet* besetzt; **the line is ~** es ist besetzt; **to be otherwise ~** anderweitig beschäftigt sein; (*have other appointments*) schon was anderes vorhaben ❷ (*to be married*) verlobt; **to get** [*or* **become**] **~** [**to sb**] sich *akk* [mit jdm] verloben; **the ~ couple** die Verlobten *pl*

en·'gaged sig·nal *n* AUS, **en·'gaged tone** *n* BRIT Besetztzeichen *nt*

en·gage·ment [ɪn'geɪdʒmənt, AM en'-] *n* ❶ (*appointment*) Verabredung *f*, Termin *m*; **I have a previous** [*or* **prior**] **~** ich habe schon eine Verabredung; **social ~** gesellschaftliche Verpflichtung ❷ MIL Kampfhandlung *f*, Gefecht *nt* ❸ (*formal agreement to marry*) Verlobung *f* (**to** mit +*dat*); **to announce the ~ of sb** jds Verlobung verkündigen ❹ TECH Ineinandergreifen *nt kein pl*

en·'gage·ment book *n* BRIT, **en·'gage·ment dia·ry** *n* BRIT Terminkalender *m* **en·'gage·ment ring** *n* Verlobungsring *m*

en·gag·ing [ɪn'geɪdʒɪŋ, AM en'-] *adj* (*approv*) bezaubernd; **~ look** ansprechendes Äußeres; **~ manner** einnehmende Art; **~ person** sympathische Person; **~ smile** gewinnendes [*o* bezauberndes] Lächeln

en·gen·der [ɪn'dʒendəʳ, AM en'dʒendɚ] *vt* (*form*) ❶ (*give rise to*) ■**to ~ sth** etw erzeugen [*o* hervorrufen]; **her latest book has ~ed a lot of controversy** ihr letztes Buch ist sehr umstritten ❷ (*old: beget*) **to ~ a child** ein Kind zeugen

en·gine ['endʒɪn] *n* ❶ (*mechanical power source*) Maschine *f*, Motor *m*; *of aircraft* Triebwerk *nt*; **diesel/petrol ~** Diesel-/Benzinmotor *m*; **jet ~** Düsen[strahl]triebwerk *nt* ❷ RAIL Lok[omotive] *f*

-en·gined ['endʒɪnd] *in compounds* (*multi-, single-*) -motorig; **diesel-~** mit Dieselmotor *nach n*; **electric-~** elektrisch angetrieben, mit Elektromotor *nach n*; **jet-~** mit Düsenantrieb *nach n*; **petroleum-~** mit Verbrennungsmotor *nach n*; **twin-~** zweimotorig

'en·gine driv·er *n esp* BRIT Lok[omotiv]führer(in) *m(f)*

en·gi·neer [ˌendʒɪ'nɪəʳ, AM -'nɪr] **I.** *n* ❶ (*qualified in engineering*) Ingenieur(in) *m(f)*; (*in navy*) [Schiffs]ingenieur(in) *m(f)*; (*on merchant ship*) Maschinist(in) *m(f)*; (*maintains machines*) [Wartungs]ingenieur(in) *m(f)*; (*controls engines*) Techniker(in) *m(f)*; MIL Technischer Offizier; **civil/electrical/mechanical ~** Bau-/Elektro-/Maschinenbauingenieur(in) *m(f)* ❷ (*pej: contriver*) Arrangeur(in) *m(f)* (**of** von +*dat*) ❸ AM (*engine driver*) Lok[omotiv]führer(in) *m(f)* **II.** *vt* ■**to ~ sth** ❶ *usu passive* (*construct precisely*) etw konstruieren; **to ~ a bridge/street** eine Brücke/Straße bauen ❷ (*pej: skilfully contrive*) etw arrangieren; **how did you manage to ~ that invitation to the party?** wie bist du bloß an diese Einladung zu der Party gekommen?; **to ~ a coup** einen Coup vorbereiten; **to ~ a meeting** ein Treffen arrangieren; **to ~ a plan** [*or* **scheme**] einen Plan aushecken [*o* entwickeln]

en·gi·neer·ing [ˌendʒɪ'nɪəʳɪŋ, AM -'nɪrɪŋ] *n no pl* ❶ (*science*) Technik *f*; **a masterpiece of ~** ein Meisterwerk *nt* der Technik ❷ UNIV (*subject*) Technik *f*, Ingenieurwissenschaft *f*; (*mechanical engineering*) Maschinenbau *m*; **to be in ~** Inge-

nieur/Ingenieurin sein ❸ *of a building* Konstruktion *f* ❹ (*organizing*) Organisation *f*, Arrangement *nt*
en·gi·'neer·ing works *npl* Maschinenfabrik *f*
'en·gine room *n* NAUT Maschinenraum *m*
Eng·land ['ɪŋglənd] *n* England *nt*
eng·lish ['ɪŋglɪʃ] *n* AM SPORTS Effet *m o selten nt;* **to put some ~ on the ball** der Kugel einen leichten Effet geben
Eng·lish ['ɪŋglɪʃ] **I.** *n* ❶ *no pl* (*language*) Englisch *nt;* **do you speak ~?** sprechen Sie Englisch?; **the King's/Queen's ~** die englische Hochsprache ❷ (*people*) ■**the ~** *pl* die Engländer *pl* **II.** *adj* englisch; **~ department** UNIV Anglistisches Institut, Institut *nt* für Anglistik
Eng·lish 'break·fast *n typisch englisches Frühstück mit Frühstückszerealien, Spiegeleiern, gebratenen Tomaten, Pilzen, Speck, Würstchen sowie Toast und Marmelade* **Eng·lish 'horn** *n* MUS Englischhorn *nt* **'Eng·lish·man** *n* Engländer *m* ▶ PHRASES: **an ~'s home is his castle** BRIT (*prov*) für den Engländer ist sein Haus wie eine Burg **Eng·lish 'sad·dle** *n sehr flacher Reitsattel* **'Eng·lish·wom·an** *n* Engländerin *f*
en·gorge [ɪn'gɔːdʒ, AM en'gɔːrdʒ] *vt* ❶ (*consume greedily*) ■**to ~ sth** etw [gierig] verschlingen ❷ *usu passive* MED **to become ~d** [an]schwellen; **when you blush your cheeks have become ~d with blood** beim Erröten füllen sich die Wangen mit Blut
en·gorge·ment [ɪn'gɔːdʒmənt, AM en'gɔːrdʒ-] *n no pl* MED Schwellung *f; of blood* Blutfülle *f; of the lung* Anschoppung *f*
en·grave [ɪn'greɪv, AM en'-] *vt* ■**to ~ sth** etw [ein]gravieren; (*on stone*) etw einmeißeln; (*on wood*) etw einschnitzen; (*fig*) sich *dat* etw einprägen; **to be ~d on [***or* **in] one's memory** unauslöschlich in jds Gedächtnis eingebrannt sein
en·grav·er [ɪn'greɪvəʳ, AM en'greɪvɚ] *n* (*cutter*) Graveur(in) *m(f)*, Steinschneider(in) *m(f);* (*for stone*) Steinhauer(in) *m(f);* (*for wood*) Holzschneider(in) *m(f);* **~ on copper** Kupferstecher(in) *m(f)*
en·grav·ing [ɪn'greɪvɪŋ, AM en'-] *n* ❶ (*from engraved surface*) Stich *m;* (*from wood*) Holzschnitt *m* ❷ (*design*) Gravierung *f*, Gravur *f* ❸ *no pl* (*act*) Gravieren *nt;* (*art*) Gravierkunst *f*
en·gross [ɪn'grəʊs, AM en'groʊs] *vt* ❶ (*absorb attention*) ■**to ~ sb** jdn fesseln [*o* in seinen Bann ziehen] ❷ LAW **to ~ a document** (*write*) eine Urkunde ausfertigen; (*make fair copy*) eine Reinschrift einer Urkunde anfertigen
en·grossed [ɪn'grəʊst, AM en'groʊst] *adj* versunken, vertieft; ■**to be ~ in [***or* **by] sth** in etw *akk* vertieft [*o* versunken] sein; **to be ~ in conversation** ins Gespräch vertieft sein; ■**to be ~ with sth** völlig versunken in etw *akk* sein
en·gross·ing [ɪn'grəʊsɪŋ, AM en'groʊ-] *adj* fesselnd, spannend
en·gulf [ɪn'gʌlf, AM en'-] *vt* ■**to ~ sb** jdn umringen; ■**to ~ sth** etw verschlingen; **the house was ~ed in flames** das Haus stand in Flammen
en·hance [ɪn'hɑːn(t)s, AM -'hæn(t)s] *vt* ■**to ~ sth** (*improve*) etw verbessern; (*intensify*) etw hervorheben; **to ~ one's chances** seine Chancen erhöhen [*o* verbessern]; **to ~ one's eyebrows/eyes** seine Augenbrauen/Augen betonen; **to ~ sb's memory** jds Erinnerungen *pl* [wieder] lebendig werden lassen; **to ~ the price of sth** etw verteuern
en·hance·ment [ɪn'hɑːn(t)smənt, AM -'hæn(t)s-] *n* (*improvement*) Verbesserung *f;* (*intensification*) Verstärkung *f;* (*increase*) Steigerung *f*, Erhöhung *f*
en·hanc·er [ɪn'hɑːn(t)səʳ, AM -'hæn(t)sɚ] *n* Verstärker *m;* **music can be a good mood ~** Musik kann die Stimmung enorm heben; **flavour ~** Geschmacksverstärker *m*
en·har·mon·ic [ˌenhɑː'mɒnɪk, AM -hɑːr'mɑːnɪk] *adj* MUS enharmonisch *fachspr*
enig·ma [ɪ'nɪgmə] *n* Rätsel *nt*
en·ig·mat·ic(al) [ɪ'nɪgmætɪk(ᵊl), AM -mæt̬-] *adj* rätselhaft, geheimnisvoll
en·ig·mati·cal·ly [ɪ'nɪgmætɪkᵊli, AM -mæt̬-] *adv* rätselhaft
en·jamb(e)·ment [ɪn'dʒæm(b)mənt, AM en'-] *n* LIT Enjambement *nt*
en·join [ɪn'dʒɔɪn, AM en'-] *vt* (*form*) **to ~ caution/silence on sb** jdn eindringlich zur Vorsicht/Ruhe mahnen; ■**to ~ sb to do sth** jdn eindringlich zu etw *dat* ermahnen; ■**to ~ sb from doing sth** AM LAW jdm gerichtlich untersagen, etw zu tun; **she was ~ed from driving for six months** ihr wurde die Fahrerlaubnis für sechs Monate entzogen; ■**to ~ that ...** [mit Nachdruck] fordern, dass ...
en·joy [ɪn'dʒɔɪ, AM en'-] *vt* ❶ (*get pleasure from*) ■**to ~ sth** etw genießen; **did you ~ your holiday?** hatten Sie einen schönen Urlaub?; **he ~ed his meal** ihm hat das Essen sehr gut geschmeckt; **did you ~ the film?** hat dir der Film gefallen?; **to ~ the company of sb** gern[e] mit jdm zusammen sein; ■**to ~ doing sth** etw gern[e] tun; **I really ~ed talking to you** es war wirklich nett, sich mit dir zu unterhalten ❷ (*have sth positive*) ■**to ~ sth: from childhood on she's always ~ed popularity** von Kindheit an hat sie immer im Rampenlicht gestanden; **to ~ an advantage** einen Vorteil genießen; **to ~ sb's confidence** jds Vertrauen genießen; **to ~ good health** sich *akk* guter Gesundheit erfreuen; **to ~ the right to do sth** berechtigt sein, etw zu tun ❸ (*have fun*) ■**to ~ oneself** sich *akk* amüsieren; **~ yourself!** viel Spaß!; **the waiter said "~ yourself!"** der Kellner wünschte uns guten Appetit
en·joy·able [ɪn'dʒɔɪəbl̩, AM en'-] *adj* angenehm, nett; *evening also* amüsant; *film, book, play* unterhaltsam
en·joy·ment [ɪn'dʒɔɪmənt, AM en'-] *n no pl* Vergnügen *nt*, Spaß *m* (**of** an +*dat*); **to get real ~ out of doing sth** großen Spaß daran finden, etw zu tun; **I got a lot of ~ from this book** ich habe dieses Buch sehr genossen
en·kepha·lin [en'kef(ə)lɪn] *n* BIOL, CHEM, MED Enkephalin *nt fachspr*
en·kin·dle [ɪn'kɪndl̩, AM en'-] *vt* (*liter*) ■**to ~ sth** ❶ (*start*) etw entflammen; **to ~ a fire** ein Feuer entzünden [*o* entfachen] *geh* ❷ (*arouse*) **to ~ the flame of passion within sb** in jdm das Feuer der Leidenschaft entzünden *geh;* **to ~ a lust for adventure in sb** in jdm die Abenteuerlust wecken; **to ~ sb's passion** jds Leidenschaft entfachen
en·large [ɪn'lɑːdʒ, AM en'lɑːrdʒ] **I.** *vt* ■**to ~ sth** ❶ (*make bigger*) etw vergrößern; (*expand*) etw erweitern [*o* ausdehnen]; **to ~ one's kitchen** seine Küche ausbauen; **to ~ one's vocabulary** seinen Wortschatz vergrößern [*o* erweitern] ❷ PHOT etw vergrößern; **to ~ a negative** eine Vergrößerung vom Negativ machen **II.** *vi* ❶ (*expatiate*) ■**to ~ [up]on sth** sich *akk* zu etw *dat* ausführlich äußern [*o* auslassen] ❷ (*get bigger*) sich vergrößern
en·larged [ɪn'lɑːdʒd, AM en'lɑːrdʒd] *n* erweitert; MED [an]geschwollen; **~ edition** erweiterte Ausgabe
en·large·ment [ɪn'lɑːdʒmənt, AM en'lɑːrdʒ-] *n* ❶ *no pl* (*act of making bigger*) Vergrößerung *f;* (*act of expanding*) Erweiterung *f*, Ausdehnung *f;* (*act of making higher*) Erhöhung *f* ❷ PHOT Vergrößerung *f*
en·larg·er [ɪn'lɑːdʒəʳ, AM en'lɑːrdʒɚ] *n* PHOT Vergrößerungsapparat *m*
en·light·en [ɪn'laɪtᵊn, AM en'-] *vt* ❶ (*give spiritual insight*) ■**to ~ sb** jdn erleuchten ❷ (*explain the true facts*) ■**to ~ sb [about [***or* **on] sth]** jdn [über etw *akk*] aufklären; **let me ~ you on this** lass mich es dir erklären
en·light·ened [ɪn'laɪtᵊnd, AM en'-] *adj* (*approv*) aufgeklärt; **~ self-interest** *gewisse Eigennützigkeit, von der jedoch alle Seiten profitieren*
en·light·en·ing [ɪn'laɪtᵊnɪŋ, AM en'-] *adj* aufschlussreich
en·light·en·ment [ɪn'laɪtᵊnmənt, AM en'-] *n no pl* ❶ REL Erleuchtung *f* ❷ PHILOS ■**the E~** die Aufklärung ❸ (*information*) erhellende [*o* aufklärende] Information; **to give sb ~ on sth** jdn über etw *akk* aufklären
en·list [ɪn'lɪst, AM en'-] **I.** *vi* MIL sich *akk* melden; **to ~ in the army** in die Armee eintreten **II.** *vt* ■**to ~ sb** *supporter* jdn anwerben; *soldier also* jdn einziehen; *recruit* jdn einstellen; **he**

~**ed her help in making the posters** er konnte sie dafür gewinnen, bei der Anfertigung der Poster zu helfen; **to ~ sb's support** jds Unterstützung *f* gewinnen

en·list·ed 'man *n* AM (*sailor*) Matrose *m;* (*soldier*) [gemeiner] Soldat **en·list·ed 'wom·an** *n* AM (*female sailor*) Matrosin *f;* (*female soldier*) [gemeine] Soldatin

en·list·ment [ɪn'lɪstmənt, AM en'-] *n* MIL (*entering the army, navy*) Meldung *f;* (*being recruited by the state*) Einziehung *f; of recruits* Anwerbung *f,* Einstellung *f; of support* Gewinnung *f*

en·liv·en [ɪn'laɪvᵊn, AM en'-] *vt usu passive* ■**to ~ sth** etw beleben [*o* in Schwung bringen]; ■**to be ~ed** aufgelockert werden; **to ~ sb** jdm Auftrieb geben; **to ~ one's fantasy** jds Fantasie anregen; **to ~ a party** Stimmung in eine Party bringen

en masse [ɑ̃(m)'mæs, AM ɑːn'-] *adv inv* (*all together*) alle zusammen, gemeinsam; (*in a crowd*) in der Masse; **to resign ~** geschlossen zurücktreten; **to vote ~ for sth** einstimmig für etw *akk* stimmen

en·mesh [ɪn'meʃ, AM en'-] *vt* ■**to be/become ~ed in sth** sich *akk* in etw *akk* verfangen haben/verfangen; ■**to ~ oneself in sth** (*fig*) sich *akk* in etw *akk* verstricken

en·mity ['enməti, AM -t̬-] *n* Feindschaft *f*

en·no·ble [ɪ'nəʊbl̩, AM en'oʊ-] *vt* ❶ (*liter*) ■**to ~ oneself** sich *akk* selbst erheben *geh* ❷ (*make member of nobility*) ■**to ~ sb** jdn adeln [*o* in den Adelsstand erheben]

en·no·bling [ɪ'nəʊblɪŋ, AM en'oʊ-] *adj* erhebend

en·nui ['ɑ̃ːnwiː, AM ˌɑːn'wiː] *n no pl* (*liter*) Ennui *m o nt geh,* Langeweile *f;* (*mental weariness*) [Lebens]überdruss *m*

enol·ogy *n* AM *see* **oenology**

enor·mity [ɪ'nɔːməti, AM -'nɔːrmət̬i] *n* ❶ *no pl* (*daunting magnitude*) *of a damage* ungeheures Ausmaß; *of a task* ungeheure Größe ❷ (*form: extreme evil*) Abscheulichkeit *f; of crime also* Ungeheuerlichkeit *f*

enor·mous [ɪ'nɔːməs, AM -'nɔːr-] *adj* enorm; *size* riesig; *mountain* gewaltig; **~ crowd** riesige [Menschen]menge; **~ difficulties** ungeheure Schwierigkeiten; **~ luck** riesiges [*o* enormes] Glück

enor·mous·ly [ɪ'nɔːməsli, AM -'nɔːr-] *adv* enorm, ungeheuer; **I liked her ~** ich hatte sie wahnsinnig gern; **~ grateful/hard** unglaublich dankbar/schwer; **~ pleased** hocherfreut

enor·mous·ness [ɪ'nɔːməsnəs, AM -'nɔːr-] *n no pl* enorme Größe; *of a person* Riesenhaftigkeit *f*

eno·sis [ɪ'nəʊsɪs, AM -oʊ-] *n no pl* POL Enosis *f fachspr*

enough [ɪ'nʌf] **I.** *adj inv* ❶ *attr* (*sufficient*) genügend, ausreichend, genug; **there are 25 textbooks per class – that should be ~** wir haben 25 Lehrbücher pro Klasse – das dürfte reichen; **there's ~ room for everyone** es ist genügend Platz für alle da; **there was just ~ room for two cars** es war gerade Platz genug für zwei Autos; **Chris had cooked ~ food to feed an army** Chris hat genug Essen gekocht, um eine ganze Armee zu verköstigen; **too much work and not ~ people to do it** zu viel Arbeit und nicht genug Leute, um sie zu erledigen; (*form*) **there will be time ~ to tell you when we meet** es ist genug Zeit, dir zu sagen, wann wir uns treffen ❷ *attr* (*more than is wanted*) genug, genügend; **don't you have ~ problems already?** hast du nicht schon genug Probleme?; **you've had quite ~ time!** du hattest doch wohl Zeit genug!; **we've got ~ problems without that** wir haben auch so schon genug Probleme; **I've got problems ~ of one's own** ich habe selbst genug Probleme ▶ PHRASES: **to give sb ~ rope to hang themselves** jdm zu viele Freiheiten lassen **II.** *adv inv* ❶ (*adequately*) genug, genügend, ausreichend; **are you warm ~?** ist es dir warm genug?; **is the water hot ~ yet?** ist das Wasser schon heiß genug?; (*form*) **would you be good ~ to take my bag upstairs for me?** wären Sie so freundlich, mir meine Tasche nach oben zu tragen?; **I can't run fast ~ to keep up with you** ich laufe nicht schnell genug, um mit dir Schritt halten zu können; **to be experienced ~ for a job** ausreichend Erfahrung für einen Job haben; **to be stupid ~ to believe sb** dumm genug sein, jdm zu glauben ❷ (*quite*) ziemlich; **he seems nice ~** er scheint recht nett zu sein; **he's bad ~, but his brother is far worse** er ist schon schlimm genug, aber sein Bruder ist noch viel schlimmer; **curiously ~, there is no mention of him** seltsamerweise wird er überhaupt nicht erwähnt; **funnily ~** komischerweise; **to be pretty ~** recht hübsch sein; **strangely** [*or* **oddly**] **~** merkwürdigerweise **III.** *interj* **~!** jetzt reicht es aber! *fam* **IV.** *pron no pl* ❶ (*sufficient quantity*) genug, ausreichend; **there's ~ for everybody** es ist für alle genug da; **we had almost ~ but one or two people didn't get any ice cream** wir hatten fast genug, nur ein oder zwei Leute bekamen kein Eis; **it had looked tight but in the end there was just ~ to go around** es hatte eng ausgesehen, aber schlussendlich kamen wir gerade durch; **sometimes there is not quite ~ for a second cup** manchmal reicht es nicht ganz für eine zweite Tasse; **you've had ~ [to eat]** du hast genug gehabt!; **watching five minutes of the movie was ~ to see that it was going to be bad** nach fünf Minuten war klar, dass der Film schlecht war; **I know ~ about art to ...** ich weiß genug über Kunst, um ...; **she has ~ to do at work to keep her occupied for the next two years** sie hat genügend Arbeit, um für die nächsten zwei Jahre beschäftigt zu sein; **more than ~** mehr als genug; **to have ~ to eat and drink** genügend zu essen und zu trinken haben ❷ (*too much*) **half an hour in his company is quite ~** eine halbe Stunde in seiner Gesellschaft ist mehr als genug; **you've had quite ~ to eat already** du hast wirklich schon genug gegessen; (*fig*) **I've had ~ of your excuses/lies!** ich habe die Nase voll von deinen Entschuldigungen/Lügen! *fam;* **I've had ~ – I'm going home** mir reicht's – ich gehe nach Hause; **~ is ~** genug ist genug!; **that's ~!** jetzt reicht es!; **you've made ~ of a mess already** du hast bereits genug Unheil angerichtet; **~ of this** [AM **already**]! genug davon! *fam;* **to have seen/heard ~** genug gesehen/gehört haben; **more than ~** mehr als genug; **to have ~ and to spare** mehr als genug haben *fam* ▶ PHRASES: **~ is as good as a feast** (*prov*) irgendwann muss man [auch mal] zufrieden sein; **it's ~ to make a saint swear** es ist zum aus der Haut fahren *fam;* **~ said** (*don't mention it further*) es ist alles gesagt; (*I understand*) ich verstehe schon

en pas·sant [ˌɑ̃ː(m)'pæsɑ̃ː(ŋ), AM ˌɑːnpɑː'sɑ̃ːn] *adv inv* ❶ (*in passing*) en passant *geh,* [ganz] beiläufig, nebenbei; **to say sth ~** etw beiläufig erwähnen ❷ CHESS en passant; **to take a pawn ~** einen Bauern en passant schlagen

en·plane *vt, vi see* **emplane**

en·print ['enprɪnt] *n* BRIT PHOT Fotografie *f* (*im Standardformat*)

en·quire [ɪn'kwaɪəʳ, AM en'kwaɪɚ] *esp* BRIT **I.** *vi* ❶ (*ask for information*) sich *akk* erkundigen; **'Saturday staff needed – ~ within'** ‚Aushilfspersonal für samstags gesucht – Näheres im Geschäft'; ■**to ~ about sth** nach etw *dat* fragen, sich *akk* nach etw *dat* erkundigen; ■**to ~ after** [*or* **for**] **sb** sich *akk* nach jdm erkundigen, nach jdm fragen; **to ~ after sb's health** sich *akk* nach jds Gesundheit *f* erkundigen; ■**to ~ of sb whether ...** (*form*) bei jdm nachfragen, ob ..., sich *akk* bei jdm erkundigen, ob ...; ■**to ~ whether/when/what/where ...** fragen [*o* sich *akk* erkundigen], ob/wann/was/wo ... ❷ (*investigate*) Nachforschungen anstellen; ■**to ~ into sth** etw untersuchen; **to ~ into a matter** eine Angelegenheit untersuchen **II.** *vt* (*form*) ■**to ~ sth [of sb]** sich *akk* [bei jdm] nach etw *dat* erkundigen, [jdn] nach etw *dat* fragen; **he ~d the time from a passer-by** er fragte einen Passanten nach der Uhrzeit

en·quir·er [ɪn'kwaɪəʳəʳ, AM en'kwaɪɚɚ] *n* (*asking person*) Fragesteller(in) *m(f),* Fragende(r) *f(m);* BRIT (*policeman*) Untersuchungsbeamte, -in *m, f*

en·quir·ing [ɪn'kwaɪəʳɪŋ, AM en'kwaɪɚ-] *adj* (*quizzical*) fragend; **to give sb an ~ look** jdm einen fragenden Blick zuwerfen; **~ mind** forschender Geist

en·quir·ing·ly [ɪn'kwaɪəʳɪŋli, AM en'kwaɪɚ-] *adv* fragend; **to look at sb ~** jdn fragend ansehen

E

en·quiry [ɪnˈkwaɪəri, AM enˈ-] *n* ❶ (*question*) Anfrage *f*, Erkundigung *f*; **on ~** auf Anfrage ❷ (*investigation of facts*) Untersuchung *f*; **to make an ~ into** [*or* **about**] **sth** Nachforschungen *fpl* über etw *akk* anstellen; (*ask*) sich *akk* nach etw *dat* erkundigen ❸ LAW (*official investigation*) Untersuchung *f*; (*by the police*) Ermittlung *f*, Nachforschung *f*; **to hold an ~** eine Untersuchung durchführen; **to make enquiries** Nachforschungen anstellen

en·rage [ɪnˈreɪdʒ, AM enˈ-] *vt* ■**to ~ sb** jdn wütend machen

en·raged [ɪnˈreɪdʒd, AM enˈ-] *adj* wütend, aufgebracht

en·rap·ture [ɪnˈræptʃəʳ, AM enˈræptʃɚ] *vt* ■**to ~ sb** jdn entzücken; **to ~ sb with one's charm** jdn durch seinen Charme bezaubern

en·rap·tured [ɪnˈræptʃəd, AM enˈræptʃɚd] *adj* (*liter*) entzückt, hingerissen; ■**to be ~ by** [*or* **with**] **sth** von etw *dat* entzückt sein

en·rich [ɪnˈrɪtʃ, AM enˈ-] *vt* ❶ (*improve quality*) ■**to ~ sth** etw bereichern ❷ (*add to the contents*) ■**to ~ sth** [**with sth**] *food* etw [mit etw *dat*] anreichern; **to ~ a collection** eine Sammlung bereichern ❸ (*make richer*) ■**to ~ oneself** sich *akk* bereichern; ■**to ~ sb** jdn reich machen ❹ PHYS ■**to ~ sth** [**with sth**] etw [mit etw *dat*] anreichern

en·riched [ɪnˈrɪtʃt, AM enˈ-] *adj* angereichert; **we were greatly ~ by this trip** diese Reise war für uns eine große Bereicherung; **~ fuel** TECH angereicherter Brennstoff; **~ with vitamins** mit Vitaminen angereichert

en·rich·ment [ɪnˈrɪtʃmənt, AM enˈ-] *n no pl* Bereicherung *f*; *of food, soil* Anreicherung *f*

en·rol <-ll-> [ɪnˈrəʊl], AM *usu* **en·roll** [enˈroʊl] **I.** *vi* sich *akk* einschreiben; (*at university*) sich *akk* einschreiben [*o* immatrikulieren]; MIL sich *akk* melden; **to ~ for** [*or* **in**] **a course** sich *akk* für einen Kurs anmelden; **to ~ at university/a college** sich *akk* an der Universität/einem College einschreiben [*o* immatrikulieren] **II.** *vt* ■**to ~ sb** (*at college, university*) jdn aufnehmen; *worker* jdn einstellen; *soldier* jdn anwerben

en·roll·ment [enˈroʊlmənt] AM, **en·rol·ment** [ɪnˈrəʊl-] *n* ❶ (*act of enrolling*) Einschreibung *f*; (*at university*) Immatrikulation *f*; (*for a course*) Anmeldung *f*; (*in the army*) Eintritt *m* ❷ AM (*number of students*) Studentenzahl *f*

en route [ˌɑ̃:(n)ˈru:t, AM ˌɑ:nˈ-] *adv inv* unterwegs, auf der Reise; **~ from London to Tokyo** auf dem Weg von London nach Tokio

en rule [ˈenru:l] *n* BRIT Bindestrich *m* (*in der Breite eines ‚n'*)

en·sconce [ɪnˈskɒn(t)s, AM enˈskɑ:n(t)s] *vt* ■**to ~ oneself somewhere** es sich *dat* irgendwo bequem machen, sich *akk* irgendwo niederlassen *fam*; **I ~d myself in a deep armchair** ich machte es mir in einem großen Sessel gemütlich

en·sem·ble [ɑ̃:(n)ˈsɑ̃:(m)bᵊl, AM ɑ:nˈsɑ:m-] *n* ❶ MUS, THEAT Ensemble *nt* ❷ FASHION Ensemble *nt*

en·shrine [ɪnˈʃraɪn, AM enˈ-] *vt* ■**to ~ sth** etw bewahren; *rights* etw wahren; **to ~ the memory of sth** das Andenken an etw *akk* wahren; **~d in tradition** in der Tradition verankert

en·shroud [ɪnˈʃraʊd, AM enˈ-] *vt* (*liter*) ■**to ~ sth** etw einhüllen [*o* verhüllen]; (*fig*) etw umgeben; **a mist ~ed the land for three days** das Land lag drei Tage in Nebel gehüllt; **to be ~ed in thick clouds** in dichten Wolken verborgen liegen; **~ed in secrecy** in Geheimnisse gehüllt

en·sign [ˈensaɪn] *n* MIL ❶ (*flag*) Flagge *f*, Hoheitszeichen *nt*, Banner *nt*; (*naval flag*) Schiffsflagge *f*, Nationalflagge *f* ❷ (*standard-bearer*) Fähnrich *m*

en·slave [ɪnˈsleɪv, AM enˈ-] *vt* ■**to ~ sb** jdn zum Sklaven machen; **he was ~d by her beautiful eyes** (*fig*) ihre schönen Augen machten ihn total willenlos

en·slave·ment [ɪnˈsleɪvmənt, AM enˈ-] *n no pl* Versklavung *f*

en·snare [ɪnˈsneəʳ, AM enˈsner] *vt* (*liter*) ■**to ~ sb/an animal** jdn/ein Tier fangen; ■**to be ~d in sth** sich *akk* in etw *dat* verfangen haben *a. fig*; ■**to ~ sb** (*fig*) jdn umgarnen

en·sue [ɪnˈsju:, AM enˈsu:] *vi* folgen; ■**to ~ from sth** aus etw *dat* folgen, sich *akk* aus etw *dat* ergeben

en·su·ing [ɪnˈsju:ɪŋ, AM enˈsu:-] *adj attr, inv* [darauf] folgend *attr*, nachfolgend *attr*

en suite [ˌɑ̃:(n)ˈswi:t, AM ˌɑ:nˈ-] **I.** *adv* **room with a bathroom ~** Zimmer *nt* mit eigenem Bad **II.** *n* Zimmer *nt* mit Bad **en suite ˈbath·room** *n* angeschlossenes Badezimmer

en·sure [ɪnˈʃɔ:ʳ, AM enˈʃʊr] *vt* ■**to ~ sth** (*secure*) etw sicherstellen; (*guarantee*) etw garantieren; **this victory ~d them a place in the World Cup final** durch diesen Sieg sicherten sie sich die Teilnahme am Endspiel der WM; **to ~ security** die Sicherheit gewährleisten; ■**to ~ that ...** sicherstellen [*o* gewährleisten], dass ...

en·tab·la·ture [enˈtæblətʃəʳ, AM -ɚ] *n* ARCHIT Gebälk *nt*

en·ta·ble·ment [enˈtæbləmənt] *n* ARCHIT horizontale Plattform (*über dem Sockel einer Statue*)

en·tail [ɪnˈteɪl, AM enˈ-] *vt* ❶ (*involve*) ■**to ~ sth** etw mit sich bringen [*o* nach sich ziehen]; **to ~ some risk** mit einem gewissen Risiko verbunden sein ❷ (*necessitate*) ■**to ~ doing sth** es erforderlich machen, etw zu tun; **that would ~ ...** das würde bedeuten, ...

en·tan·gle [ɪnˈtæŋgl, AM enˈ-] *vt usu passive* ❶ (*catch up*) ■**to ~ oneself** sich *akk* verfangen; **to get** [*or* **become**] **~d in sth** sich *akk* in etw *dat* verfangen; **his legs got ~d in the ropes** er verhedderte sich mit den Beinen in den Seilen ❷ (*involve*) ■**to ~ oneself in sth** sich *akk* in etw *akk* verstricken; **to get sb ~d in sth** jdn in etw *akk* hineinziehen [*o* verwickeln]; **to get oneself ~d in sth** sich *akk* in etw *akk* verwickeln ❸ (*confuse*) ■**to ~ sb** jdn verwirren [*o* durcheinanderbringen]; ■**to become ~d** verwirrt werden; **to get sth ~d with sth** etw mit etw *dat* durcheinanderbringen

en·tan·gle·ment [ɪnˈtæŋglmənt, AM enˈ-] *n* ❶ (*catching up*) Verfangen *nt*, Verheddern *nt* ❷ (*involvement*) Verwicklung *f*, Verstrickung *f* ❸ (*messy situation*) Durcheinander *nt kein pl*; **emotional ~s** gefühlsmäßige Verwicklungen

en·ta·sis <*pl* -ses> [ˈentəsɪs, *pl* -si:z] *n* ARCHIT Entase *f fachspr*, Entasis *f fachspr*

en·tente *n*, **en·tente cor·diale** [ˌɑ̃:(n)ˈtɑ̃:(n)tkɔ:diˈɑ:l, AM ɑ:nˈtɑ:ntkɔ:r-] *n* POL Bündnis *nt*, Entente *f*; **the ~ cordiale** HIST die Entente cordiale

en·ter [ˈentəʳ, AM -ɚ] **I.** *vt* ■**to ~ sth** ❶ (*go into*) in etw *akk* hineingehen; (*penetrate*) in etw *akk* eindringen; **alcohol ~s the bloodstream through the stomach wall** Alkohol gelangt durch die Magenwand in den Blutkreislauf; **to ~ a building/room** ein Gebäude/Zimmer betreten; **to ~ a phase** in eine Phase eintreten ❷ (*insert*) *data, numbers* etw eingeben; (*insert into a register*) etw eintragen; (*register for*) an etw *dat* teilnehmen, sich *akk* an etw *dat* beteiligen ❸ (*join*) etw *dat* beitreten, in etw *akk* eintreten; ■**to ~ sb for sth** jdn für etw *akk* anmelden; **to ~ the college** sein Studium [am College] beginnen; **to ~ the priesthood** Priester werden; **to ~ school** in die Schule kommen ❹ (*make known*) etw einreichen; **to ~ an action against sb** gegen jdn Klage erheben [*o* einreichen]; **to ~ a bid** ein Gebot abgeben; **to ~ a claim/counterclaim** einen Rechtsanspruch/Gegenanspruch geltend machen; **to ~ a protest** Protest einlegen ►PHRASES: **to ~ the fray** (*start fighting*) sich *akk* ins Getümmel stürzen; (*join a quarrel*) sich *akk* in einen Streit einmischen **II.** *vi* ❶ THEAT auftreten, die Bühne betreten ❷ (*register*) anmelden; ■**to ~ for sth** sich *akk* für etw *akk* [an]melden ❸ (*bind oneself to*) **to ~ into an alliance/marriage** ein Bündnis/die Ehe schließen; **to ~ into conversation with sb** mit jdm ein Gespräch anknüpfen [*o* anfangen]; **to ~ into discussion** sich *akk* an einer Diskussion beteiligen; **to ~ into negotiations** in Verhandlungen eintreten, Verhandlungen aufnehmen; **due to the new targets various other factors ~ into the plan** aufgrund der neuen Zielvorgaben müssen verschiedene zusätzliche Faktoren berücksichtigt werden ❹ (*begin*) ■**to ~** [**up**]**on sth** etw beginnen; **to ~ upon a career as sth** eine Laufbahn als etw einschlagen; **to ~ on a new phase** in ein neues Stadium treten ▸PHRASES: **to ~ into the spirit of things** innerlich bei etw *dat* dabei sein

en·teri·tis [ˌentəˈraɪtɪs, AM -t̬-] *n no pl* MED Dünndarmentzündung *f,* Enteritis *f fachspr*

ˈen·ter key *n* COMPUT Eingabetaste *f*

en·ter·prise [ˈentəpraɪz, AM -t̬ɚ-] *n* ❶ (*bold undertaking*) Vorhaben *nt,* Unternehmen *nt;* **the original ~ was to raise the money by giving a concert** ursprünglich war geplant, das Geld durch ein Konzert einzuspielen ❷ *no pl* (*eagerness to risk something new*) Unternehmungsgeist *m,* Risikofreude *f;* **to show ~ in doing sth** die Initiative zu etw *dat* ergreifen ❸ (*business firm*) Unternehmen *nt,* Betrieb *m,* Firma *f;* **commercial ~** gewerbliches Unternehmen, Wirtschaftsunternehmen *nt;* **free ~** freies Unternehmertum; **private ~** Privatwirtschaft *f;* **to start an ~** ein Unternehmen gründen

En·ter·prise Al·ˈlow·ance Scheme *n* BRIT ECON *Programm zur staatlichen Bezuschussung bei Unternehmensgründung* **ˈen·ter·prise cul·ture** *n esp* BRIT Unternehmenskultur *f* **ˈen·ter·prise zone** *n esp* BRIT wirtschaftliches Fördergebiet

en·ter·pris·ing [ˈentəpraɪzɪŋ, AM -t̬ɚ-] *adj* (*adventurous*) unternehmungslustig, risikofreudig; (*ingenious*) einfallsreich, erfindungsreich; **~ businessman** rühriger Geschäftsmann; **~ idea** kühne Idee

en·ter·tain [ˌentəˈteɪn, AM -t̬ɚ-] **I.** *vt* ❶ (*amuse*) ■**to ~ sb** jdn unterhalten; **I ~ed the child while his mom was speaking on the phone** ich habe mich mit dem Kind beschäftigt, während seine Mutter telefonierte ❷ (*invite*) ■**to ~ sb** jdn zu sich *dat* einladen; (*give meal*) jdn bewirten ❸ (*have*) **to ~ doubts/a suspicion** Zweifel/einen Verdacht hegen; **to ~ the hope that ...** die Hoffnung haben, dass ...; **to ~ an offer** ein Angebot in Erwägung ziehen; **to ~ an opinion** eine Meinung haben; **to ~ a plan** einen Plan schmieden; **to ~ a thought** sich *akk* mit einem Gedanken tragen; **I don't know how I ever ~ed the thought that he was interested in me** ich weiß wirklich nicht, wie ich nur darauf kommen konnte, zu denken, dass er an mir interessiert sei **II.** *vi* ❶ (*amuse*) unterhalten ❷ (*give hospitality to guests*) Gäste haben

en·ter·tain·er [ˌentəˈteɪnəʳ, AM -t̬ɚˈteɪnɚ] *n* Entertainer(in) *m(f)*

en·ter·tain·ing [ˌentəˈteɪnɪŋ, AM -t̬ɚ-] **I.** *adj* unterhaltsam; **an ~ evening** ein reizender Abend; **an ~ speaker** ein gewitzter [*o* gewandter] Redner **II.** *n no pl* **to do a lot of ~** häufig jdn bewirten

en·ter·tain·ing·ly [ˌentəˈteɪnɪŋli, AM -t̬ɚ-] *adv* unterhaltsam; **an ~ silly film** eine unterhaltsame Komödie

en·ter·tain·ment [ˌentəˈteɪnmənt, AM -t̬ɚ-] *n* Unterhaltung *f;* **to get a lot of ~ from sth** etw sehr unterhaltsam finden; **to provide some ~** für ein wenig Unterhaltung sorgen

en·thal·py [ˈenθəlpi] *n* PHYS Enthalpie *f fachspr*

en·thral <-ll-> [ɪnˈθrɔːl], AM *usu* **en·thrall** [en-] *vt* ■**to ~ sb** jdn packen [*o* fesseln]

en·thral·ling [ɪnˈθrɔːlɪŋ, AM en-] *adj* fesselnd, packend, spannend

en·throne [ɪnˈθrəʊn, AM enˈθroʊn] *vt* (*form*) ❶ (*install on throne*) ■**to ~ sb** jdn inthronisieren *geh;* **to ~ a bishop** einen Bischof feierlich einsetzen [*o geh* inthronisieren] ❷ (*fig*) **to sit ~d** thronen

en·throne·ment [ɪnˈθrəʊnmənt, AM enˈθroʊn-] *n* Thronbesteigung *f,* Inthronisierung *f geh,* Inthronisation *f geh*

en·thuse [ɪnˈθjuːz, AM enˈθuːz] **I.** *vi* schwärmen; ■**to ~ about** [*or* **over**] **sth** von etw *dat* schwärmen [*o* begeistert sein] **II.** *vt* ■**to ~ sb** [**with sth**] jdn [für etw *akk*] begeistern

en·thu·si·asm [ɪnˈθjuːziæzᵊm, AM enˈθuː-] *n* Enthusiasmus *m,* Begeisterung *f* (**for** für +*akk*); **to show ~ for sth** für etw *akk* Begeisterung zeigen, sich *akk* für etw *akk* begeistern; **to not work up any ~ for sth** sich *akk* für etw *akk* einfach nicht begeistern können

en·thu·si·ast [ɪnˈθjuːziæst, AM enˈθuː-] *n* Enthusiast(in) *m(f);* **a bird ~** ein begeisterter Vogelkundler/eine begeisterte Vogelkundlerin; **a model-aircraft ~** ein Fan von Modellflugzeugen; **a train ~** ein Eisenbahnfreund *m*/eine Eisenbahnfreundin

en·thu·si·as·tic [ɪnˈθjuːziæstɪk, AM enˈθuː-] *adj* enthusiastisch, begeistert; ■**to be ~ about sth** von etw *dat* begeistert sein; **you don't seem very ~ about the party** du scheinst nicht gerade Lust zu haben, auf die Party zu gehen; **to be less than ~ about sth** von etw *dat* nicht gerade begeistert sein; ■**to become ~ about sth** sich *akk* für etw *akk* begeistern

en·thu·si·as·ti·cal·ly [ɪnˈθjuːziæstɪkᵊli, AM enˈθuː-] *adv* enthusiastisch, begeistert, mit Begeisterung

en·tice [ɪnˈtaɪs, AM en-] *vt* ■**to ~ sb** [**away from sth**] jdn [von etw *dat* weg]locken; **he was ~d away from his profession** er wurde aus seiner Stellung abgeworben; ■**to ~ sb to do sth** jdn dazu verleiten [*o* verführen], etw zu tun

en·tice·ment [ɪnˈtaɪsmənt, AM en-] *n* (*allurement*) Verlockung *f,* Verführung *f;* (*means, lure*) Lockmittel *nt*

en·tic·ing [ɪnˈtaɪsɪŋ, AM en-] *adj* verlockend; **an ~ smile** ein verführerisches Lächeln

en·tic·ing·ly [ɪnˈtaɪsɪŋli, AM en-] *adv* verlockend; *smile* verführerisch

en·tire [ɪnˈtaɪəʳ, AM enˈtaɪɚ] *adj attr, inv* (*whole*) gesamt, ganz; (*complete*) vollständig

en·tire·ly [ɪnˈtaɪəʳli, AM enˈtaɪɚli] *adv inv* ganz, total, völlig; **this is ~ his fault** das ist ausschließlich sein Fehler; **to do sth ~ for sb's benefit** etw nur jdm zuliebe tun; **to devote oneself/one's time ~ to sb/sth** sich/seine Zeit ausschließlich jdm/etw widmen; **to agree ~ with sb** mit jdm völlig übereinstimmen, jdm absolut zustimmen; **to disagree ~** eine völlig [*o* ganz] andere Meinung vertreten

en·tirety [ɪnˈtaɪ(ə)rəti, AM enˈtaɪrət̬i] *n no pl* Gesamtheit *f;* **I've never read this book in its ~** ich habe diese Buch nie ganz gelesen

en·ti·tle [ɪnˈtaɪtl̩, AM enˈtaɪt̬l̩] *vt usu passive* ■**to ~ sb to do sth** jdn dazu berechtigen, etw zu tun; ■**to be ~d to do sth** dazu berechtigt sein, etw zu tun; **I feel ~d to a nap after working so hard** ich glaube, nach der harten Arbeit habe ich mir ein Nickerchen verdient; **~d to vote** stimmberechtigt, wahlberechtigt

en·ti·tle·ment [ɪnˈtaɪtl̩mənt, AM enˈtaɪt̬l̩-] *n no pl* (*right*) Berechtigung *f* (**to** zu +*dat*); (*claim*) Anspruch *m* (**to** auf +*akk*)

en·tity [ˈentɪti, AM -t̬ət̬i] *n* ❶ (*independently existing thing*) Einheit *f;* **single/separate ~** eigenständige Einheit ❷ LAW Einheit *f,* Rechtspersönlichkeit *f;* **legal ~** juristische Person ❸ PHILOS Wesen *nt,* Existenz *f*

en·tomb [ɪnˈtuːm, AM en-] *vt* (*form, liter*) ■**to ~ sb** jdn beisetzen [*o* bestatten]; ■**to be ~ed in sth** in etw *dat* eingeschlossen sein

ento·molo·gist [ˌentəˈmɒlədʒɪst, AM -t̬əˈmɑːlə-] *n* ZOOL Entomologe, -in *m, f fachspr,* Insektenkundler(in) *m(f)*

ento·mol·ogy [ˌentəˈmɒlədʒi, AM -t̬əˈmɑːlə-] *n no pl* ZOOL Entomologie *f fachspr,* Insektenkunde *f*

ento·mophi·lous [ˌentəˈmɒfɪləs, AM -ˈmɑːfə-] *adj* BIOL entomogam *fachspr,* entomophil *fachspr,* insektenblütig

en·tou·rage [ˈɒntʊrɑːʒ, AM ˌɑːntʊˈrɑːʒ] *n* Gefolge *nt*

en·trails [ˈentreɪlz] *npl* Eingeweide *pl,* Innereien *pl;* (*fig*) Inneres *nt*

en·train [ɪnˈtreɪn, AM en-] **I.** *vt* ■**to ~ sth** ❶ (*carry along in flow*) etw mitführen; (*fig*) etw nach sich ziehen ❷ (*put in train*) etw in den Zug verladen **II.** *vi* [in den Zug] einsteigen

en·trance[1] [ˈentrən(t)s] *n* ❶ (*door*) Eingang *m;* (*for vehicle*) Einfahrt *f;* **back/front/side ~** Hinter-/Vorder-/Seiteneingang *m* ❷ (*act of entering*) Eintritt *m,* Eintreten *nt kein pl;* THEAT Auftreten *nt kein pl,* Betreten *nt* der Bühne; **she likes to make an ~** sie setzt sich gerne in Szene; **to make one's ~** THEAT auftreten ❸ (*right to enter*) Eintritt *m,* Einlass *m;* (*right to admission*) Aufnahme *f;* **to gain ~ to a university** an einer Universität aufgenommen werden; **to grant/refuse ~ to sb**

jdm den Zutritt gewähren/verweigern

en·trance² [ɪn'trɑ:n(t)s, AM en'træn(t)s] *vt* (*delight*) ■**to ~ sb** jdn entzücken; ■**to be ~d by sth** von etw *dat* hingerissen sein; **~d with joy** außer sich *dat* vor Freude

'en·trance ex·ami·na·tion *n* Aufnahmeprüfung *f* **'en·trance fee** *n* (*for admittance*) Eintritt *m,* Eintrittsgeld *nt,* ÖSTERR *a.* Entree *nt;* (*for competition entry*) Teilnahmegebühr *f;* (*for membership*) Aufnahmegebühr *f* **'en·trance form** *n* Antragsformular *nt;* (*for competition*) Teilnahmeformular *nt* **'en·trance hall** *n* Eingangshalle *f* **'en·trance re·quire·ment** *n* Aufnahmebedingung *f* **'en·trance tick·et** *n* Eintrittskarte *f* **'en·trance visa** *n* Einreisevisum *nt*

en·tranc·ing [ɪn'trɑ:n(t)sɪŋ, AM en'træn(t)s-] *adj* bezaubernd, hinreißend

en·trant ['entrənt] *n* (*in a room*) Eintretende(r) *f(m);* (*in a contest*) Teilnehmer(in) *m(f);* (*starting to work*) Berufsanfänger(in) *m(f);* (*for exam*) Prüfling *m;* (*in organization*) neues Mitglied

en·trap <-pp-> [ɪn'træp, AM en'-] *vt* ■**to ~ sb** ❶ (*trap*) jdn fangen ❷ (*fig*) jdm eine Falle stellen; ■**to ~ sb into doing sth** jdn dazu verleiten, etw zu tun

en·trap·ment [ɪn'træpmənt, AM en'-] *n* LAW (*form*) Provozieren *nt* einer strafbaren Handlung

en·treat [ɪn'tri:t, AM en'-] *vt* ■**to ~ sb to do sth** jdn anflehen [*o* inständig bitten], etw zu tun

en·treaty [ɪn'tri:ti, AM en'tri:ţi] *n* inständige [*o* flehentliche] Bitte, Flehen *nt;* **to make an ~ to sb** jdn inständig bitten; **to make an ~ to sb to do sth** jdn inständig darum bitten, dass er/sie etw macht

en·trée ['ɑ̃:(n)treɪ, AM 'ɑ:n-] *n* ❶ BRIT (*before main meal*) Vorspeise *f,* Entree *nt geh* ❷ AM (*main course*) Hauptgericht *nt* ❸ *no pl* (*right of admission*) Zutritt *m;* **to gain ~ [in]to sth** Zutritt zu etw *dat* erhalten; **to gain ~ into the higher social circles** in die höheren Gesellschaftskreise eintreten

en·trench [ɪn'tren(t)ʃ, AM en'-] *vt usu passive* ■**to ~ itself** *prejudice, racism* sich *akk* festsetzen; ■**to ~ oneself** MIL sich *akk* verschanzen [*o* eingraben]

en·trenched [ɪn'tren(t)ʃt, AM en'-] *adj* ❶ (*pej: ingrained*) verwurzelt; *idea, prejudice, racism* festgesetzt; *behaviour, word* eingebürgert; *attitudes* etabliert; **~ habit** alte Gewohnheit; **firmly ~** fest verankert; **to become ~** *attitudes, behaviour, word* sich *akk* einbürgern; *idea, prejudice, racism* sich *akk* festsetzen ❷ MIL verschanzt

en·trench·ment [ɪn'tren(t)ʃmənt, AM en'-] *n* ❶ MIL Schützengraben *m,* Verschanzung *f* ❷ *no pl* (*deep rootedness*) Verwurzelung *f,* Verankerung *f*

en·tre nous [ˌɑ̃:(n)trə'nu:, AM ˌɑ:n-] *adv inv* (*form or hum*) unter uns, im Vertrauen; **strictly ~** streng vertraulich; **he told me – and this is strictly ~ – that ...** er sagte mir, – und das bleibt unter uns – dass ...

en·tre·pre·neur [ˌɒntrəprə'nɜ:ʳ, AM ˌɑ:ntrəprə'nɜ:r] *n* Unternehmer(in) *m(f)*

en·tre·pre·neur·ial [ˌɒntrəprə'nɜ:riəl, AM ˌɑ:ntrəprə'nɜ:r-] *adj* unternehmerisch, Unternehmer-

en·tre·pre·neur·ship [ˌɒntrəprə'nɜ:rʃɪp, AM ˌɑ:ntrəprə'nɜ:r-] *n* Unternehmertum *nt*

en·tro·py ['entrəpi] *n no pl* PHYS Entropie *f fachspr*

en·trust [ɪn'trʌst, AM en'-] *vt* ■**to ~ sth to sb** [*or* **sb with sth**] jdm etw anvertrauen; **to ~ sth/sb into sb's care** etw/jdn in jds Obhut *f* geben; **to ~ a task to sb** jdn mit einer Aufgabe betrauen

en·try ['entri] *n* ❶ (*act of entering*) Eintritt *m;* (*by car*) Einfahrt *f;* (*into a country*) Einreise *f;* (*into an organization or activity*) Aufnahme *f,* Beitritt *m;* THEAT Auftritt *m;* **"no ~"** „Zutritt verboten" ❷ (*entrance*) Eingang *m;* (*to car park etc.*) Einfahrt *f* ❸ (*right of membership*) Zugang *m,* Zutritt *m* (**into** zu +*dat*) ❹ (*recorded item*) Eintrag *m,* Eintragung *f;* (*in dictionary*) Eintrag *m* ❺ (*submitted item for competition*) Einsendung *f;* (*submitted solution*) Lösung *f;* (*number*) Teilnehmerzahl *f;* **the winning ~** der Beitrag/die Einsendung, der/die gewonnen hat ❻ LAW *of land* Inbesitznahme *f,* Besitzergreifung *f*

'en·try fee *n* (*for admittance*) Eintritt *m,* Eintrittsgeld *nt,* ÖSTERR *a.* Entree *nt;* (*for competition entry*) Teilnahmegebühr *f;* (*for membership*) Aufnahmegebühr *f* **'en·try form** *n* Antragsformular *nt;* (*for competition*) Teilnahmeformular *nt*

en·try·ism ['entriɪzᵊm] *n no pl* POL (*pej*) *Eintreten in eine Organisation zwecks bewusster Einflussnahme*

'en·try-lev·el I. *n* Anfängerniveau *nt* **II.** *n modifier* einfach; **an ~ human being** ein ganz normaler Mensch; **~ computer** Computer *m* für Einsteiger **'en·try per·mit** *n* (*permit to pass*) Passierschein *m;* (*into a country*) Einreiseerlaubnis *f,* Einreisegenehmigung *f* **'en·try·phone** *n* BRIT [Tür]sprechanlage *f* **'en·try quali·fi·ca·tions** *npl* Zulassungsanforderungen *fpl* **'en·try regu·la·tions** *n Bedingungen, die erfüllt sein müssen, um Eintritt zu erlangen* **'en·try test** *n* Zulassungstest *m* **'en·try visa** *n* Einreisevisum *nt* **'en·try·way** *n* AM (*passage*) Eingang *m;* (*for vehicles*) Einfahrt *f*

en·twine [ɪn'twaɪn, AM *esp* en'-] *vt* ❶ (*weave, twist*) ■**to ~ sth** etw [miteinander] verflechten; **to ~ flowers in one's hair** sich *dat* Blumen ins Haar flechten; **~d initials/letters** [miteinander] verschlungene Initialen/Buchstaben ❷ (*surround*) ■**to ~ sb/sth** jdn/etw umschlingen; ■**to ~ around sth** *plant* sich *akk* um etw *akk* ranken ❸ (*fig: connect*) ■**to be ~d [together]** miteinander verbunden [*o* verknüpft] sein

'E num·ber *n* BRIT EU E-Nummer *f*

enu·mer·ate [ɪ'nju:mᵊreɪt, AM ɪ'nu:mər-] *vt* ■**to ~ sth** etw aufzählen

enu·mera·tion [ɪˌnju:mᵊr'eɪʃᵊn, AM ɪˌnu:mə'reɪ-] *usu sing n* Aufzählung *f*

enun·ci·ate [ɪ'nʌn(t)sieɪt] **I.** *vi* sich *akk* artikulieren; **to ~ clearly** deutlich sprechen **II.** *vt* ■**to ~ sth** ❶ (*pronounce*) etw aussprechen [*o geh* artikulieren]; **to ~ a sound** einen Laut bilden ❷ (*formulate*) etw formulieren; **to ~ a theory** eine Theorie aufstellen

enun·cia·tion [ɪˌnʌn(t)si'eɪʃᵊn] *n usu sing* ❶ (*pronunciation*) Aussprache *f,* Artikulation *f geh;* **clear/poor ~** deutliche/schlechte Aussprache ❷ (*expression*) Formulierung *f*

en·vel·op [ɪn'veləp, en'-, AM en'-, ɪn'-] *vt* ■**to ~ sth in sth** etw in etw *akk* einhüllen [*o* einwickeln]; **after her death, he was ~ed by gloom** (*fig*) nach ihrem Tod umgab ihn eine tiefe Trauer; **to ~ sb in one's arms** jdn in seine Arme schließen

en·velope ['envələʊp, AM -loʊp] *n* Briefumschlag *m,* Kuvert *nt* ►PHRASES: **on the back of an ~** unter Zeitdruck, Hals über Kopf; **to push one's own ~** (*sl*) seine Grenzen erproben

en·vi·able ['enviəbl] *adj* beneidenswert

en·vi·ably ['enviəbli] *adv* beneidenswert

en·vi·ous ['enviəs] *adj* neidisch; ■**to be ~ of sb/sth** auf jdn/etw neidisch sein; **~ person** Neidhammel *m pej fam*

en·vi·ous·ly ['enviəsli] *adv* neidisch, neiderfüllt *geh;* **to look ~ at sth** etw voller Neid betrachten

en·vi·ron·ment [ɪn'vaɪ(ə)rᵊnmənt, AM en'vaɪrᵊn-] *n* ❶ (*surroundings*) Umgebung *f* ❷ (*social surroundings*) Milieu *nt,* [soziales] Umfeld, [persönliche] Umgebung; **family ~** familiäre Verhältnisse, Familienverhältnisse *ntpl;* **heredity and ~** Vererbung *f* und Sozialisierung *f;* **home ~** häusliches Milieu, häusliche Verhältnisse; **professional ~** berufliches Umfeld; **working ~** Arbeitsumfeld *nt* ❸ *no pl* (*natural surroundings*) ■**the ~** die Umwelt

en·vi·ron·men·tal [ɪnˌvaɪ(ə)rᵊn'mentᵊl, AM enˌvaɪrən'menţᵊl] *adj inv* Umwelt-; **~ damage** Umweltschäden *mpl;* **~ forecasting** [*or* **planning**] Umweltplanung *f;* **~ impact** Einfluss *m* auf die Umwelt; **negative ~ impact** Umweltbelastung *f;* **~ law/pollution** Umweltgesetz *nt*/-verschmutzung *f;* **~ studies** Umweltforschung *f*

en·vi·ron·men·tal 'health of·fic·er *n* ≈ Beamte(r) *m*/Beamte [*o* -in] *f* des Gewerbeaufsichtsamts

en·vi·ron·men·tal·ism [ɪnˌvaɪ(ə)rᵊnˈmentᵊlɪzᵊm, AM enˌvaɪrənˈmenṭᵊl-] *n no pl* ① (*protection of environment*) Umweltschutz *m;* (*movement*) Umweltschutzbewegung *f* ② (*conscience*) Umweltbewusstsein *nt*

en·vi·ron·men·tal·ist [ɪnˌvaɪ(ə)rᵊnˈmentᵊlɪst, AM enˌvaɪrənˈmenṭᵊl-] *n* Umweltschützer(in) *m(f)*

en·vi·ron·men·tal·ly [ɪnˌvaɪ(ə)rᵊnˈmentᵊli, AM enˌvaɪrənˈmenṭᵊli] *adv* ~ **damaging** umweltschädlich, umweltbelastend, umweltzerstörend; ~ **sound** umweltfreundlich, umweltschonend, umweltverträglich

en·vi·ron·men·tal 'stress *n* Elektrosmog *m*

en·vi·ron·ment-'friend·ly *adj* umweltfreundlich, umweltverträglich, umweltschonend

en·vi·rons [ɪnˈvaɪ(ə)rᵊnz, AM enˈvaɪrᵊnz] *npl* (*form*) Umgebung *f kein pl,* Umland *nt kein pl*

en·vis·age [ɪnˈvɪzɪdʒ, enˈ-, AM enˈ-, ɪnˈ-] *vt,* **en·vi·sion** [ɪnˈvɪʒᵊn, AM enˈ-] *vt esp* AM ■**to** ~ **sth** sich *dat* etw vorstellen; **it's hard to** ~ **how it could have happened** es ist schwer vorstellbar, wie das passieren konnte; ■**to** ~ **that ...** hoffen, dass ...; ■**to** ~ **doing sth** vorhaben [*o geh* gedenken], etw zu tun; ■**to** ~ **sb doing sth** sich *dat* vorstellen, dass jd etw tut

en·voy [ˈenvɔɪ, AM ˈɑːn-] *n* (*diplomat*) Gesandte(r) *f(m);* (*authorized representative*) Bevollmächtigte(r) *f(m);* **government** ~ Regierungsgesandte(r) *f(m);* **special** ~ Sonderbeauftragte(r) *f(m)*

envy [ˈenvi] **I.** *n no pl* ① (*feeling*) Neid *m* (**of** auf +*akk*); **to feel** ~ **towards sb** auf jdn neidisch sein ② (*enviable person/thing*) **he's the** ~ **of the school with his new car** die ganze Schule beneidet ihn um sein neues Auto ▸PHRASES: **to be green with** ~ grün [*o* blass] vor Neid sein **II.** *vt* <-ie-> ■**to** ~ **sb sth** [*or* **sb for sth**] jdn um etw *akk* beneiden, jdm etw neiden *geh*

en·zyme [ˈenzaɪm] *n* Enzym *nt,* Ferment *nt*

eon *n* AM *see* **aeon**

ep·aulet(te) [ˌepəˈlet] *n* Epaulette *f,* Schulterstück *nt*

épée [ˈepeɪ, AM eɪˈpeɪ] *n* SPORTS [Fecht]degen *m*

ephem·era [ɪˈfemᵊrə, AM -ɚə] *npl* ① (*objects of short-term interest*) vorübergehende Erscheinungen, Eintagsfliegen *fpl fig* ② ZOOL, BOT (*plants*) kurzlebige Pflanzen; (*insects*) Eintagsfliegen *fpl,* Ephemeriden *fpl fachspr*

ephem·er·al [ɪˈfemᵊrᵊl, AM -ɚᵊl] *adj* ① (*fig: short-lived*) kurzlebig *fig,* vorübergehend ② *inv* ZOOL, BOT kurzlebig, ephemer *fachspr;* ~ **insects** Eintagsfliegen *fpl,* Ephemeriden *fpl fachspr*

epic [ˈepɪk] **I.** *n* (*poem*) Epos *nt,* Heldengedicht *nt;* (*novel*) Epos *nt;* FILM Filmepos *nt* **II.** *adj* ① *inv* episch *fachspr,* erzählend; ~ **drama** episches Drama; ~ **poem** erzählendes Gedicht, Epos *nt;* ~ **poet** Epiker(in) *m(f);* ~ **poetry** Epik *f,* erzählende Dichtung ② (*fig: long, difficult and important*) schwierig und abenteuerlich; ~ **achievement** Heldentat *f;* ~ **journey** abenteuerliche Reise; ~ **struggle** heroischer Kampf ③ (*fig: very large*) monumental; ~ **proportions** unvorstellbare Ausmaße

epi·cene [ˈepɪsiːn] *adj* ① BIOL beiderlei Geschlechts; ~ **feature** androgynes Merkmal ② (*fig: sexually indeterminate*) geschlechtslos *fig*

epi·cen·ter [ˈepɪsenṭɚ] AM, **epi·cen·tre** [-təʳ] *n* Epizentrum *nt*

epi·cure [ˈepɪkjʊəʳ, AM -kjʊr] *n* (*form, liter*) Gourmet *m geh,* Feinschmecker(in) *m(f)*

epi·cu·rean [ˌepɪkjʊəˈriːən, AM -kjʊˈriː-] **I.** *adj* (*form, liter*) epikur[e]isch *geh; meal* superb *geh;* ~ **tastes** Gourmetgeschmack *m* **II.** *n* (*form, liter*) Epikureer *m geh,* Genussmensch *m*

epi·cy·cle [ˈepɪsaɪkᵊl, AM ˈepə-] *n* ① MATH Epizykel *m* ② ASTRON (*hist*) Planetenumlaufbahn *f*

epi·dem·ic [ˌepɪˈdemɪk, AM -əˈ-] **I.** *n* Epidemie *f,* Seuche *f;* ~ **of cholera/flu/typhoid** [*or* **cholera/flu/typhoid** ~] Cholera-/Grippe-/Typhusepidemie *f;* (*fig*) ~ **of unemployment** grassierende Arbeitslosigkeit **II.** *adj inv* epidemisch, seuchenartig; ~ **disease** Epidemie *f,* Seuche *f;* ~ **proportions** horrende [*o* erschreckende] Ausmaße; **to become** ~ sich *akk* seuchenartig ausbreiten, zu einer Epidemie werden

epi·demio·logi·cal [ˌepɪˌdiːmiəˈlɒdʒɪkᵊl, AM -əˌdiːmiəˈlɑːdʒ-] *adj inv study* epidemiologisch

epi·demi·ol·ogy [ˌepɪˌdiːmiˈɒlədʒi, AM -əˌdiːmiˈɑːl-] *n* Epidemiologie *f*

epi·der·mis <*pl* -mes> [ˌepɪˈdɜːmɪs, AM -əˈdɜːr-, *pl* -miːz] *n* (*spec*) Oberhaut *f,* Epidermis *f fachspr*

epi·dur·al [ˌepɪˈdjʊərᵊl, AM -əˈdʊr-] *n* Epiduralanästhesie *f fachspr*

epi·glot·tis [ˌepɪˈglɒtɪs, AM -əˈglɑːṭ-] *n* Kehldeckel *m,* Epiglottis *f fachspr*

epi·gram [ˈepɪgræm, AM -pə-] *n* Epigramm *nt,* Sinngedicht *nt*

epi·gram·mat·ic [ˌepɪgrəˈmætɪk, AM -pəgrəˈmæṭ-] *adj* ① LIT epigrammatisch *geh* ② (*sharp-witted*) kurz und treffend, scharf pointiert, epigrammatisch *geh;* ~ **humour** scharfsinniger Humor

epi·graph [ˈepɪgrɑːf, AM -əgræf] *n* LIT Epigraph *nt geh,* Inschrift *f*

epi·lep·sy [ˈepɪlepsi] *n no pl* Epilepsie *f*

epi·lep·tic [ˌepɪˈleptɪk] **I.** *n* Epileptiker(in) *m(f)* **II.** *adj inv* ~ **fit** [*or* **seizure**] epileptischer Anfall

epi·log [ˈepəlɑːg] AM, **epi·logue** [-ɪlɒg] *n* ① LIT Epilog *m,* Nachwort *nt* ② THEAT Epilog *m,* Nachspiel *nt*

epi·neph·rine [ˌepiˈnefriːn, AM ˌepəˈnefrɪn] *n no pl* Adrenalin *nt,* Epinephrin *nt*

epipha·ny [ɪˈpɪfᵊni, AM -fəni] *n* ① REL Erscheinung *f;* **to experience an** ~ eine Erscheinung haben ② LIT Auflösung *f,* Aufklärung *f*

Epipha·ny [ɪˈpɪfᵊni, AM -fəni] *n* Dreikönigsfest *nt,* Erscheinungsfest *nt*

epis·co·pa·cy [ɪˈpɪskəpəsi] *n* ① (*Church government*) Episkopat *nt* ② (*bishops*) ■**the** ~ das Episkopat

epis·co·pal [ɪˈpɪskəpᵊl] *adj inv* episkopal *fachspr,* bischöflich, Bischofs-

Epis·co·pal [ɪˈpɪskəpᵊl] *adj inv* AM, SCOT **the** ~ **Church** die Episkopalkirche

Epis·co·pa·lian [ɪˌpɪskəˈpeɪliən] **I.** *adj inv* AM, SCOT ■**to be** ~ der Episkopalkirche angehören; ~ **priest** Priester *m* der Episkopalkirche; ~ **service** Gottesdienst *m* [*o* Messe *f*] nach der Liturgie der Episkopalkirche **II.** *n* Mitglied *nt* der Episkopalkirche, Episkopale *m o f*

epi·sode [ˈepɪsəʊd, AM -əsoʊd] *n* ① (*event*) Ereignis *nt,* Vorfall *m,* Vorkommnis *nt;* **unfortunate** ~ bedauerlicher Vorfall ② (*part of story*) Episode *f,* Folge *f*

epi·sod·ic [ˌepɪˈsɒdɪk, AM -ˈsɑːd-] *adj* ① (*occasional*) flüchtig, vorübergehend; ~ **love affair** kurze [Liebes]affäre ② LIT, MEDIA (*consisting of episodes*) episodisch, episodenhaft

epis·temo·logi·cal [ɪˌpɪstɪməˈlɒdʒɪkᵊl, AM -ˈlɑːdʒ-] *adj* PHILOS (*form*) erkenntnistheoretisch, epistemologisch *fachspr*

epis·temo·logi·cal·ly [ɪˌpɪstɪməˈlɒdʒɪkᵊli, AM -ˈlɑːdʒ-] *adv* PHILOS (*form*) erkenntnistheoretisch, epistemologisch *fachspr*

epis·temol·ogy [ɪˌpɪstəˈmɒlədʒi, AM -ˈmɑːl-] *n no pl* PHILOS (*form*) Erkenntnistheorie *f,* Epistemologie *f fachspr*

epis·tle [ɪˈpɪsl] *n* ① (*hum, iron: letter*) Epistel *f hum* ② LIT Epistel *f fachspr*

Epis·tle [ɪˈpɪsl] *n* ① (*in Bible*) Epistel *f,* Apostelbrief *m;* **St Paul's** ~ **to the Romans** der Brief des Apostels Paulus an die Römer ② (*during service*) Epistel *f,* [gottesdienstliche] Lesung

epis·to·lary [ɪˈpɪstᵊlᵊri, AM -leri] *adj inv* ① (*in letters*) ~ **correspondence** Briefwechsel *m* ② LIT Brief-; ~ **novel** Briefroman *m;* ~ **style** Briefstil *m*

epi·taph [ˈepɪtɑːf, AM -ətæf] *n* ① (*inscription*) Grabinschrift *f,* Epitaph *nt geh* ② (*words*) Totengedicht *nt*

epi·thet [ˈepɪθet] *n* ① LING Epitheton *nt fachspr,* Beiwort *nt,* Attribut *nt* ② (*addition to name*) Beiname *m;* (*nickname*) Spitzname *m* ③ BIOL Epitheton *nt*

epito·me [ɪˈpɪtəmi, AM -ṭ-] *n usu sing* Inbegriff *m,* Verkörperung *f;* **the** ~ **of elegance** die Eleganz selbst [*o* in Person]; **the** ~ **of extravagance** die personifizierte Extravaganz

epito·mize [ɪˈpɪtəmaɪz, AM -ṭ-] *vt* ■**to** ~ **sth** (*typify*) etw verkörpern; (*contain*) etw repräsentieren, beispielhaft für etw *akk* stehen; **he ~s the absent-minded professor** er ist der typische zerstreute Professor

epoch ['i:pɒk, AM 'epək] *n* Epoche *f;* **glacial ~** Eiszeit *f;* **historical ~** geschichtlich bedeutsame Epoche; **to move into a new ~** in ein neues Zeitalter eintreten; **to mark an ~** ein Wendepunkt [*o* Meilenstein] [in der Geschichte] sein; **to usher in an ~** eine Epoche einläuten

ep·och·al ['i:pɒkəl, AM 'epək-] *adj* ❶ (*having to do with an epoch*) Epochen-, der Epoche *nach n* ❷ (*very important*) epochemachend, epochal *geh;* **~ event** bahnbrechendes Ereignis

'epoch-mak·ing *adj discovery* epochal *geh,* epochemachend, revolutionär

epo·nym ['epənɪm] *n* LING Eponym *nt*

epony·mous [ɪ'pɒnɪməs, AM ɪ'pɑ:nə-] *adj attr, inv* namensgebend

epoxy [ɪ'pɒksi, AM ɪ'pɑ:k-] **I.** *n no pl* ❶ (*strong glue*) Kompaktkleber *m,* Epoxydharz *nt* ❷ CHEM Epoxydgruppe *f* **II.** *vt* <-ie-> AM ■**to ~ sth** etw mit Epoxydharz kleben

epoxy 'res·in *n* ❶ *no pl* (*type of strong glue*) Epoxydharz *nt,* EP-Harz *nt* ❷ CHEM (*synthetic resin*) Kunstharz *nt,* Epoxydharz *nt*

Ep·som salts ['epsəm,-] *npl* Bittersalz *nt kein pl*

eq·uable ['ekwəbl] *adj temperament* gleichmäßig, ausgeglichen; *climate* gemäßigt; **to have an ~ disposition** ausgeglichen sein

eq·uably ['ekwəbli] *adv* ❶ (*calmly*) gelassen, gleichmütig ❷ (*uniformly*) gleichmäßig; **to enforce laws ~** bei der Anwendung von Gesetzen keine Unterschiede machen

equal ['i:kwəl] **I.** *adj inv* ❶ (*the same*) gleich; **~ pay for ~ work** gleiche Bezahlung bei gleicher Arbeit; **~ in number** zahlenmäßig gleich; **of ~ size** gleich groß; **on ~ terms** unter gleichen Bedingungen; **~ in volume** vom Umfang her gleich; ■**to be ~ to sth** etw *dat* gleich sein; **one litre is ~ to 1.76 imperial pints** ein Liter entspricht 1,76 ips. ❷ (*same in amount*) gleich viel; (*same in size*) gleich groß; **Robert made an ~ division of the prize money among the winners** Robert teilte das Preisgeld gleichmäßig unter den Gewinnern auf; **to have ~ reason to do sth** gleichermaßen Grund haben, etw zu tun ❸ (*equal in status*) gleich[berechtigt]; **all men are created ~** alle Menschen sind gleich; **on ~ footing** gleichgestellt; **~ status for men and women** Gleichstellung *f* von Mann und Frau; **~ treatment** Gleichbehandlung *f* ❹ *pred* (*able to do*) ■**to be ~ to sth** für etw *akk* geeignet [*o* zu etw *dat* fähig] sein; **to be ~ to a task** einer Aufgabe gerecht werden [*o* gewachsen sein]; **to prove ~ to sth** sich *akk* etw *dat* gewachsen zeigen ▸ PHRASES: **all things being ~** (*if other factors are the same*) unter ansonsten gleichen Bedingungen; (*if all goes well*) wenn nichts dazwischenkommt **II.** *n* Gleichgestellte(r) *f(m),* Ebenbürtige(r) *f(m);* **he does not consider his brother to be his intellectual ~** er glaubt, sein Bruder sei ihm geistig unterlegen; **she was the ~ of any opera singer** sie konnte sich mit jeder Opernsängerin messen; **this author is without ~** dieser Autor sucht seinesgleichen *geh;* **to have no ~** unübertroffen sein **III.** *vt* <BRIT -ll- *or* AM *usu* -l-> ❶ MATH ■**to ~ sth** etw ergeben [*o* sein]; **three plus four ~s seven** drei plus vier ist gleich [*o fam* macht] sieben ❷ (*match*) ■**to ~ sth** an etw *akk* herankommen, etw *dat* gleichkommen; **we raised $500 for charity last year and we're hoping to ~ that this year** wir haben letztes Jahr 500 Dollar für wohltätige Zwecke gesammelt und hoffen, dass uns das in diesem Jahr wieder gelingt ❸ SPORTS **to ~ a world record** einen Weltrekord erreichen

equali·ty [ɪ'kwɒləti, AM -ɑ:ləṭi] *n no pl* ❶ (*same rights*) Gleichberechtigung *f;* **~ between men and women/the sexes** Gleichberechtigung *f* von Mann und Frau/der Geschlechter; **racial ~** Rassengleichheit *f* ❷ (*sameness*) Gleichheit *f*

equali·za·tion [,i:kwəlaɪ'zeɪʃən, AM -lɪ'-] *n* Gleichmachung *f;* **~ of voting rights** gleiches Wahlrecht [für alle]

equal·ize ['i:kwəlaɪz, AM -kwəl-] **I.** *vt* ■**to ~ sth** etw gleichmachen; **to ~ incomes/standards** Einkommen/Standards einander angleichen [*o* gleichstellen]; **to ~ the pressure/the temperature** den Druck/die Temperatur ausgleichen **II.** *vi* BRIT, AUS SPORTS ausgleichen, den Ausgleich erzielen

equal·iz·er ['i:kwəlaɪzəʳ] *n* BRIT, AUS Ausgleichstor *nt,* Ausgleichstreffer *m;* **to score an ~** den Ausgleich[streffer] erzielen

equal·ly ['i:kwəli] *adv* ebenso; **~ good** gleich gut; **to contribute ~ to sth** gleichermaßen zu etw *dat* beitragen; **to divide** [*or* **share**] **sth ~** etw gleichmäßig [*o* zu gleichen Teilen] aufteilen

equal op·por·'tu·nities *npl* BRIT, **equal op·por·'tu·nity** AM **I.** *n* Chancengleichheit *f* **II.** *n modifier* **~ employer** *Arbeitgeber, der Chancengleichheit praktiziert* **equal 'rights** *npl* gleiche Rechte, Gleichberechtigung *f;* **~ before the law** Gleichheit *f* vor dem Gesetz; **~ under the law** im Gesetz verankerte [*o* gesetzlich verbürgte] Gleichberechtigung **Equal Rights A'mend·ment** *n* AM *US-Verfassungszusatzartikel zur Gleichberechtigung* **'equal(s) sign** *n* MATH Gleichheitszeichen *nt*

equa·nim·ity [,ekwə'nɪməti, AM -əṭi] *n no pl* Gleichmut *m,* Gelassenheit *f;* **to disturb sb's ~** jdn aus dem Gleichgewicht bringen; **to receive sth with ~** etw gelassen aufnehmen; **to regain one's ~** sein [inneres] Gleichgewicht wiedererlangen; **to view sth with ~** etw *dat* mit Gelassenheit entgegensehen

equate [ɪ'kweɪt] **I.** *vt* ■**to ~ sth with sth** etw mit etw *dat* gleichsetzen **II.** *vi* ■**to ~ to sth** etw *dat* entsprechen

equa·tion [ɪ'kweɪʒən] *n* ❶ MATH Gleichung *f* ❷ (*fig: connection, balance*) Ausgleich *m;* **managing the economy is a complex ~ of controlling inflation and reducing unemployment** Wirtschaftspolitik besteht in einem komplizierten Balanceakt zwischen Inflationsbekämpfung und Senkung der Arbeitslosigkeit ▸ PHRASES: **the other side of the ~** die Kehrseite der Medaille

equa·tor [ɪ'kweɪtəʳ, AM -ṭɚ] *n no pl* Äquator *m;* **to be** [*or* **lie**] **on the ~** am Äquator liegen

equa·to·rial [,ekwe'tɔ:riəl] *adj inv* äquatorial, Äquatorial-; **~ Africa** Äquatorialafrika *nt;* **~ climate** äquatoriales Klima

eq·uer·ry ['ekwəri, AM -wɚ-] *n* ❶ (*royal aide*) Kammerherr *m,* persönlicher Diener; **to be appointed as an ~ to sb** zu jds persönlichem Diener ernannt werden ❷ (*in charge of horses*) königlicher Stallmeister

eques·trian [ɪ'kwestriən] **I.** *adj inv* Reit[er]-; **~ event[s]** Reitveranstaltung *f;* **~ statue** Reiterstandbild *nt,* Reiterstatue *f* **II.** *n* Reiter(in) *m(f)*

equi·dis·tant [,i:kwɪ'dɪstənt] *adj inv* ■**~ from sth** [**and sth**] gleich weit von etw *dat* [und etw *dat*] entfernt; ■**to be ~ between sth and sth** [in der Mitte] zwischen etw *dat* und etw *dat* liegen

equi·lat·eral [,i:kwɪ'lætərəl, AM -'læṭ-] *adj inv* MATH *triangle* gleichseitig

equi·lib·rium [,i:kwɪ'lɪbriəm] *n no pl* Gleichgewicht *nt;* **inner ~** inneres Gleichgewicht; **to lose/maintain one's ~** (*physical balance*) sein Gleichgewicht verlieren/halten; (*equanimity*) die Ruhe verlieren/bewahren

equine ['ekwaɪn, 'i:k-, AM *esp* 'i:k-] *adj* ❶ (*having to do with horses*) Pferde-; **~ disease** Pferdekrankheit *f* ❷ (*horse-like*) pferdeähnlich; **~ face** Pferdegesicht *nt pej*

equi·noc·tial [,i:kwɪ'nɒkʃəl, ,ek-, AM -'nɑ:k-] *adj inv* (*spec*) äquinoktial *fachspr;* **~ gales** Äquinoktialstürme *mpl fachspr;* **~ line** Himmelsäquator *m*

equi·nox <*pl* -es> ['i:kwɪnɒks, 'ek-, AM -nɑ:ks] *n* Äquinoktium *nt fachspr,* Tagundnachtgleiche *f kein pl;* **autumn/spring** [*or* **vernal**] **~** Herbst-/Frühjahrs-Tagundnachtgleiche *f*

equip <-pp-> [ɪ'kwɪp] *vt* ❶ (*provide with*) ■**to ~ sb/sth with sth** jdn/etw mit etw *dat* ausstatten; *with special equipment* jdn/etw mit etw *dat* ausrüsten; ■**to ~ oneself with sth** sich *akk* mit etw *dat* ausrüsten ❷ (*fig: prepare*) ■**to ~ sb for sth** jdn für etw *akk* rüsten, jdm das [geistige] Rüstzeug für etw *akk* geben; **to ~ sb with skills** jdm Fähigkeiten vermitteln

equip·ment [ɪˈkwɪpmənt] *n no pl* ❶ (*supplies*) Ausrüstung *f*, Ausstattung *f*; **camping** ~ Campingausrüstung *f*; **first-aid** ~ Erste-Hilfe-Ausrüstung *f*; **household** ~ Hausrat *m*; **office** ~ Büroausstattung *f* ❷ (*form: act of equipping*) Ausstattung *f*, Ausrüstung *f*

equipped [ɪˈkwɪpt] *adj* ❶ (*fitted out with equipment*) ausgestattet; (*with special equipment*) ausgerüstet; **to be ~ with sth** über etw *akk* verfügen; **well-/poorly-~** gut/schlecht ausgestattet [*o* ausgerüstet] ❷ (*fig: prepared*) ■**to be ~ to do sth** auf etw *akk* vorbereitet sein, für etw *akk* gerüstet sein; **to be well-~** gut vorbereitet sein; **she's well-~ for this job** sie bringt gute Voraussetzungen für diesen Job mit

equi·table [ˈekwɪtəbl̩, AM -t̬-] *adj treatment* gerecht, fair

equi·tably [ˈekwɪtəbli, AM -t̬-] *adv* gerecht, fair

equi·ty¹ [ˈekwɪti, AM -t̬-] *n* STOCKEX ❶ FIN ■**equities** *pl* (*stocks, shares*) Stammaktien *fpl*, Dividendenpapiere *ntpl*; **equities market** Aktienmarkt *m*; **equities trade** Aktienhandel *m* ❷ *no pl* (*block of stock*) Anteilskapital *nt*; (*value of stock*) Eigenkapital *nt*

equi·ty² [ˈekwɪti, AM -t̬-] *n no pl* (*form*) ❶ (*fairness, justice*) Gerechtigkeit *f*, Fairness *f* ❷ LAW Billigkeitsrecht *nt*, billiges [*o* natürliches] Recht ❸ (*neutrality*) Unparteilichkeit *f*

equi·ty ˈcapi·tal *n no pl* STOCKEX Eigenkapital *nt*

equiva·lence [ɪˈkwɪvᵊlən(t)s] *n no pl* (*correspondence*) Entsprechung *f*; (*equivalent meaning*) Äquivalenz *f*, Bedeutungsgleichheit *f*; **there's a general ~ between the two concepts** die beiden Konzepte stimmen im Großen und Ganzen überein

equiva·lent [ɪˈkwɪvᵊlənt] **I.** *adj inv* äquivalent *geh*, entsprechend; ■**to be ~ to sth** etw *dat* entsprechen; **is $50 ~ to about £30?** sind 50 $ ungefähr so viel wie 30 Pfund?; ■**to be ~ to doing sth** genauso sein, als ob man etw tun würde; **this is ~ to writing ...** genauso gut könnte man schreiben, ... **II.** *n* Äquivalent *nt geh* (**for**/**of** für +*akk*), Entsprechung *f*; **there is no English ~ for 'bon appetit'** im Englischen gibt es keinen entsprechenden Ausdruck für ‚bon appetit'

equivo·cal [ɪˈkwɪvəkᵊl] *adj* ❶ (*ambiguous*) zweideutig, doppeldeutig; **~ meaning** unklare Bedeutung ❷ (*questionable*) fragwürdig, zweifelhaft; **to place sb in an ~ position** jdn in ein zweifelhaftes Licht rücken

equivo·cal·ly [ɪˈkwɪvəkᵊli] *adv* in zweideutiger Weise, unklar

equivo·cate [ɪˈkwɪvəkeɪt] *vi* (*form*) doppeldeutige Aussagen machen, ausweichen

equivo·ca·tion [ɪˌkwɪvəˈkeɪʃᵊn] *n no pl* Ausflucht *f*, doppeldeutige Aussage; ■**without ~** ohne Ausflüchte

ER [ˌiːˈɑːʳ, AM -ˈɑːr] *n* ❶ *abbrev of* **Elizabeth Regina** ER ❷ *abbrev of* **emergency room**

er [ɜːʳ, AM ɜːr] *interj* (*fam*) äh[m] *fam*

era [ˈɪərə, AM ˈɪrə, ˈerə] *n* Ära *f*, Epoche *f*; **Communist ~** Ära *f* [*o* Zeitalter *nt*] des Kommunismus; **bygone ~** vergangene Zeit; **post-war ~** Nachkriegszeit *f*; **to usher in an ~** eine neue Zeit [*o* Ära] einläuten

ERA [ˌiːɑːrˈeɪ] *n* AM POL *abbrev of* **Equal Rights Amendment**

eradi·cate [ɪˈrædɪkeɪt] *vt* ■**to ~ sth** etw ausrotten [*o* ausmerzen]; **to ~ a disease** eine Krankheit ausrotten; **to ~ a tree** einen Baum entwurzeln [*o* ausreißen]

eradi·ca·tion [ɪˌrædɪˈkeɪʃᵊn] *n no pl* Ausrottung *f*

erase [ɪˈreɪz, AM -eɪs] *vt* ■**to ~ sth** ❶ (*remove completely*) etw entfernen; **to ~ a deficit/gains/losses** ein Defizit/Gewinne/Verluste ausgleichen; **to ~ a file** eine Datei löschen; **to ~ sb's memories** jds Erinnerungen auslöschen ❷ (*rub out*) *letter, mark, word* etw ausradieren; **to ~ the blackboard** AM die Tafel wischen

eras·er [ɪˈreɪzəʳ, AM -sɚ] *n esp* AM (*rubber*) Radiergummi *m*, Radierer *m fam*; (*sponge*) [Tafel]schwamm *m*; *see also* **rubber**

eras·ure [ɪˈreɪʒəʳ, AM -ʃɚ] *n esp* AM Löschung *f*

ere [eəʳ, AM er] **I.** *prep* (*old liter*) ehe, bevor; **~ now** bisher; **~ long** binnen kurzem **II.** *conj* (*old liter*) ehe, bevor

erect [ɪˈrekt] **I.** *adj* ❶ (*upright*) aufrecht, gerade; **~ carriage** aufrechter Gang; **to stand ~** gerade stehen; MIL strammstehen ❷ ANAT erigiert *geh*; **~ penis** erigierter Penis, steifes Glied **II.** *vt* ■**to ~ sth** ❶ (*build, construct*) etw errichten [*o* erbauen] ❷ (*put up*) etw aufstellen [*o* aufrichten]

erec·tile [ɪˈrektaɪl, AM -təl] *adj* ANAT schwellfähig, erektil *fachspr*; **~ tissue** Schwellkörper *m*

erec·tion [ɪˈrekʃᵊn] *n* ❶ *no pl* (*construction*) Errichtung *f*, Bau *m* ❷ (*usu hum: building*) Bauwerk *nt*; (*other than building*) Konstruktion *f* ❸ (*erect penis*) Erektion *f*

erg [ɜːg, AM ɜːrg] *n* PHYS Erg *nt*

ergo [ˈɜːgəʊ, AM ˈergoʊ] *adv inv* (*form*) also, ergo *geh*

er·go·nom·ic [ˌɜːgəˈnɒmɪk, AM ˌɜːrgəˈnɑːm-] *adj* ergonomisch

er·go·nomi·cal·ly [ˌɜːgəˈnɒmɪkli, AM ˌɜːrgəˈnɑːm-] *adv* ergonomisch

er·go·nom·ics [ˌɜːgəˈnɒmɪks, AM ˌɜːrgəˈnɑːm-] *n no pl* ❶ + *sing vb* (*science*) Arbeitswissenschaft *f*, Ergonomie *f* ❷ (*design*) ergonomische Gestaltung, Ergonomie *f*

ERM [ˌiːɑːrˈem, AM -ɑːrˈ-] *n no pl* EU *abbrev of* **Exchange Rate Mechanism**

er·mine [ˈɜːmɪn, AM ˈɜːr-] *n* ❶ (*type of stoat*) Hermelin *nt* ❷ *no pl* (*fur*) Hermelin *m*

erode [ɪˈrəʊd, AM ɪˈroʊd] **I.** *vt* ■**to ~ sth** ❶ GEOL etw auswaschen [*o fachspr* erodieren] ❷ CHEM etw zerfressen ❸ (*fig: undermine*) **to ~ sb's confidence** jds Vertrauen untergraben **II.** *vi* ❶ GEOL erodieren; *soil* abtragen ❷ (*fig: disappear*) *belief* abnehmen, [dahin]schwinden

◆**erode away** *vi* GEOL sich *akk* auflösen, zerfallen, verwittern

erog·enous [ɪˈrɒdʒɪnəs, AM ɪˈrɑːdʒ-] *adj* erogen; **~ zone** erogene Zone

ero·sion [ɪˈrəʊʒᵊn, AM ɪˈroʊ-] *n no pl* ❶ GEOL Erosion *f*, Abtragung *f*; **soil/wind ~** Boden-/Winderosion *f*; **~ by water** Auswaschung *f* ❷ (*fig: dwindling*) [Dahin]schwinden *nt*; **~ of confidence** Vertrauensverlust *m*; **~ of the purchasing power** Schwinden *nt* [*o* Abnahme *f*] der Kaufkraft

erot·ic [ɪˈrɒtɪk, AM ɪˈrɑːt̬-] *adj* erotisch; **~ film** Erotikfilm *m*

eroti·ca [ɪˈrɒtɪkə, AM ɪˈrɑːt̬-] *n no pl* (*form*) Erotika *pl*

eroti·cal·ly [ɪˈrɒtɪkᵊli, AM ɪˈrɑːt̬-] *adv* erotisch; **she licked her lips ~** sie leckte sich aufreizend die Lippen

eroti·cism [ɪˈrɒtɪsɪzᵊm, AM ɪˈrɑːt̬-] *n no pl* Eroti[zi]smus *m*

eroti·cize [ɪˈrɒtɪsaɪz, AM ɪˈrɑːt̬ə-] *vt* ■**to ~ sth** etw erotisieren

err [ɜːʳ, AM ɜːr] *vi* (*form*) einen Fehler machen, sich *akk* irren; **to ~ on the side of sth** sich *akk* zugunsten einer S. *gen* irren; **to ~ on the side of caution** übervorsichtig sein; **I decided to ~ on the side of caution and make twenty copies** ich habe mir gedacht, lieber zu viel als zu wenig, und deshalb gleich zwanzig Kopien gemacht ►PHRASES: **to ~ is human** (*prov*) Irren ist menschlich *prov*; **to ~ is human to forgive divine** (*prov*) Irren ist menschlich, Vergeben göttlich

er·rand [ˈerənd] *n* ❶ (*short journey to perform a task*) Besorgung *f*; (*to deliver message*) Botengang *m*; **to go on an ~** etw erledigen; **to go on ~s** Besorgungen machen; **to have an ~ to run** (*for oneself*) etw erledigen müssen; (*for somebody else*) einen Auftrag ausführen [*o* einen Botengang machen] müssen; **to have some ~s to run** [*or* **do**] Besorgungen machen müssen; **to run** [*or* **do**] **an ~** etwas erledigen ❷ (*act of bringing help*) **~ of mercy** Rettungsaktion *f*; **to go on an ~ of mercy for sb** jdm zu Hilfe kommen

ˈer·rand boy *n* (*dated*) Laufbursche *m veraltend o pej*, Botenjunge *m*

er·rant [ˈerᵊnt] *adj attr, inv* (*form*) ❶ (*travelling*) umherziehend; *see also* **knight-errant** ❷ (*stray*) irrend; *sheep* verirrt; (*fig*) sündig ❸ (*hum, iron: unfaithful*) *husband, wife* treulos, auf Abwegen *nach n hum*

er·ra·ta [erˈɑːtə, AM -t̬-] *n pl of* **erratum**

er·rat·ic [erˈætɪk, AM -t̬-] *adj* ❶ (*inconsistent, unsteady*) sprunghaft, launenhaft, unberechenbar ❷ (*wandering*) [umher]wandernd ❸ (*irregular*) unregelmäßig, ungleichmäßig; MED unregelmäßig auftretend, erratisch *fachspr*; **~ pulse** unregelmäßiger Puls ❹ GEOL erratisch *fachspr*

er·rati·cal·ly [er'ætɪkᵊli, AM -t̬-] *adv* ❶ (*inconsistently*) unberechenbar, launenhaft ❷ (*aimlessly*) **to drive ~** ziellos herumfahren ❸ (*irregularly*) unregelmäßig, ungleichmäßig; **the machine is working ~** die Maschine läuft ungleichmäßig; **to play ~** unkonzentriert spielen

er·ra·tum <*pl* -ta> [er'ɑːtəm, ɪr'-, *pl* -tə, AM -t̬əm, *pl* -t̬ə] *n* (*spec form*) Druckfehler *m*

er·'ra·tum slip *n* (*spec*) Druckfehlerverzeichnis *nt*

er·ro·neous [ɪ'rəʊniəs, AM ə'roʊ-, ɪ'roʊ-] *adj* falsch, irrig; **~ assumption** irrige Annahme; **~ conclusion** Fehlschluss *m;* **to prove to be ~** sich *akk* als falsch erweisen

er·ro·neous·ly [ɪ'rəʊniəsli, AM ə'roʊ-, ɪ'roʊ-] *adv* fälschlicherweise, irrtümlich, aus Versehen

er·ror ['erəʳ, AM -ɚ] *n* ❶ (*mistake*) Fehler *m*, Irrtum *m;* **~ of judgment** Fehleinschätzung *f*, Fehlurteil *nt;* **to do sth in ~** etw aus Versehen [*o* versehentlich] tun ❷ (*failure*) **human ~** menschliches Versagen ❸ AM SPORTS Fehlpass *m* ▸ PHRASES: **to see the ~ of one's ways** sich *dat* seine eigenen Fehler eingestehen, seine Fehler einsehen; **to show sb the ~ of his/her ways** jdn auf seine Fehler hinweisen

'er·ror mes·sage *n* COMPUT Fehlermeldung *f* **'er·ror-prone** *adj* fehleranfällig **'er·ror rate** *n* Fehlerquote *f*, Fehlerrate *f*

er·satz ['ɜːsæts, AM 'erzɑːts] *adj inv* (*pej*) Ersatz-; **~ chocolate** Diätschokolade *f*, fettarme Schokolade; **~ coffee** Kaffeeersatz *m*, Malzkaffee *m;* **~ sugar** Süßstoff *m*

Erse [ɜːs, AM ɜːrs] *n no pl* Gälisch *nt*

erst·while ['ɜːst(h)waɪl, AM 'ɜːrs-] *adj attr, inv* (*dated form*) ehemalige(r, s), frühere(r, s)

eru·dite ['erʊdaɪt, AM *esp* -jə-] *adj* gebildet, gelehrt, belesen; *book* gelehrt

eru·di·tion [ˌerʊ'dɪʃᵊn, AM -juː'-] *n no pl* Bildung *f*, Gelehrsamkeit *f geh*

erupt [ɪ'rʌpt] *vi* ❶ (*burst out*) *volcano, quarrel* ausbrechen; *person* explodieren *fig;* **to ~ with anger** einen Wutanfall bekommen; **to ~ into violence** gewalttätig werden ❷ (*appear suddenly*) plötzlich auftauchen [*o* zum Vorschein kommen] ❸ (*spec*) MED *teeth* durchbrechen; *rash* ausbrechen; **her back ~ed in small red spots** überall auf ihrem Rücken bildeten sich plötzlich kleine rote Flecken

erup·tion [ɪ'rʌpʃᵊn] *n* (*a. fig*) Ausbruch *m a. fig*, Eruption *f;* MED [Haut]ausschlag *m;* **volcanic ~** Vulkanausbruch *m*

es·ca·late ['eskəleɪt] **I.** *vi* eskalieren, sich *akk* ausweiten; *incidents* stark zunehmen, sich *akk* häufen; **their disagreement has ~d into a major feud** ihre Meinungsverschiedenheit hat sich zu einem handfesten Streit ausgewachsen **II.** *vt* ■**to ~ sth** etw ausweiten

es·ca·lat·ing ['eskəleɪtɪŋ, AM -t̬-] *adj attr prices* steigend, zunehmend

es·ca·la·tion [ˌeskə'leɪʃᵊn] *n* Eskalation *f*, Steigerung *f;* **~ of violent crime** Zunahme *f* der Gewaltverbrechen; **~ of fighting** Ausweitung *f* der Kämpfe; **~ of prices** Preisanstieg *m;* **~ in tension** Verschärfung *f* der Spannung

es·ca·la·tor ['eskəleɪtəʳ, AM -t̬ɚ] *n* ❶ (*moving stairs*) Rolltreppe *f;* **the down/up ~** die Rolltreppe nach unten/oben ❷ LAW **~ [clause]** Gleitklausel *f;* **under the ~ clause** gemäß der Gleitklausel

es·ca·lope ['eskəlɒp, AM ˌeskə'loʊp] *n* Schnitzel *nt*

es·ca·pade [ˌeskə'peɪd] *n* Eskapade *f*

es·cape [ɪ'skeɪp, es'-] **I.** *vi* ❶ (*get free, flee*) [ent]fliehen, entkommen; ■**to ~ from sb** jdm entkommen ❷ COMPUT **to ~ from a program** ein Programm verlassen ▸ PHRASES: **to ~ with one's life** mit dem Leben davonkommen **II.** *vt* ❶ (*avoid*) ■**to ~ sth** etw *dat* entkommen; **we won't ~ paying the local rate** wir werden nicht darum herumkommen, die Gemeindesteuer zu zahlen; **there's no escaping death and taxes** am Tod und an den Steuern kommt keiner vorbei; **there's no escaping the fact that ...** eines ist sicher – ... ❷ (*not be observed or remembered*) ■**to ~ sth** etw *dat* entgehen; **I'm afraid your name ~s me** ich fürchte, ich habe Ihren Namen vergessen; **to ~ sb's attention** [*or* **notice**] jds Aufmerksamkeit entgehen ❸ (*be emitted*) ■**to ~ sb** jdm entfahren [*o* entschlüpfen]; **a cry ~d him** ihm entfuhr ein Schrei **III.** *n* ❶ (*act of escaping*) Flucht *f;* **~ from a prison** Ausbruch *m* aus einem Gefängnis; **to make [good] one's ~ from sth** aus etw *dat* [ent]fliehen [*o* ausbrechen] ❷ (*avoidance*) Entkommen *nt*, Entrinnen *nt;* **to have a narrow ~** gerade noch einmal davongekommen sein; **what a hair's-breadth ~!** das ist ja gerade noch mal gut gegangen! ❸ (*leakage*) Austreten *nt*, Entweichen *nt;* (*of gas, smoke*) Ausströmen *nt* ❹ LAW **~ clause** Rücktrittsklausel *f* ▸ PHRASES: **there's no ~** daran führt kein Weg vorbei

e's·cape art·ist *n* Entfesselungskünstler(in) *m(f)*

es·capee [ɪˌskeɪ'piː, eˌs-] *n* Flüchtling *m*, Entflohene(r) *f(m)*

e's·cape hatch *n* NAUT Notluke *f*, Notausstieg *m* **e's·cape key** *n* COMPUT Escape-Taste *f* **e's·cape route** *n* Fluchtweg *m* **e's·cape ve·loc·ity** *n no pl* AEROSP Fluchtgeschwindigkeit *f*, Entweichgeschwindigkeit *f*

es·cap·ism [ɪ'skeɪpɪzᵊm, es'-] *n no pl* (*pej*) Realitätsflucht *f pej*, Eskapismus *m geh o fachspr*

es·cap·ist [ɪ'skeɪpɪst, es'-] **I.** *n* (*pej*) Eskapist(in) *m(f) geh o fachspr* **II.** *adj* (*pej*) eskapistisch *geh o fachspr;* **~ literature** *unrealistische, eine Fantasiewelt vorgaukelnde Literatur*

es·ca·polo·gist [ˌeskə'pɒlədʒɪst, AM -'pɑːl-] *n* Entfesselungskünstler(in) *m(f)*

es·ca·pol·ogy [ˌeskə'pɒlədʒi, AM -'pɑːl-] *n no pl* Entfesselungskunst *f*

es·carp·ment [ɪ'skɑːpmənt, es'-, AM es'kɑːrp-] *n* Steilhang *m*, Böschung *f*

es·cha·to·logi·cal [ˌeskətə'lɒdʒɪkᵊl, AM -t̬ə'lɑːdʒ-] *adj* REL eschatologisch *fachspr;* **~ questions** Endzeitfragen *fpl*

es·cha·to·logi·cal·ly [ˌeskətə'lɒdʒɪkᵊli, AM -t̬ə'lɑːdʒ-] *adv* REL eschatologisch *fachspr*

es·cha·tol·ogy [ˌeskə'tɒlədʒi, AM -'tɑːl-] *n no pl* REL Eschatologie *f fachspr*

es·chew [ɪs'tʃuː, es'-, AM *esp* es'-] *vt* (*form*) ■**to ~ sth** ❶ (*renounce*) auf etw *akk* verzichten ❷ (*deliberately avoid*) etw [ver]meiden, sich *akk* von etw *dat* fernhalten

es·cort **I.** *vt* [ɪ'skɔːt, es'-, AM es'kɔːrt, ɪ's-] ■**to ~ sb** jdn eskortieren [*o geh* geleiten]; MIL, NAUT jdm Geleitschutz geben; **to ~ sb to safety** jdn in Sicherheit bringen **II.** *n* ['eskɔːt, AM -kɔːrt] ❶ (*official companion*) [offizieller] Begleiter/[offizielle] Begleiterin, Begleitung *f* ❷ *no pl* (*guard*) Eskorte *f*, Begleitschutz *m;* **police ~** Polizeieskorte *f;* **under police ~** unter Polizeischutz; **under the ~ of sb** in jds Begleitung, begleitet von jdm; **the ambassador attended the reception under the ~ of diplomats from the host country** der Botschafter kam zum Empfang begleitet von Diplomaten des Gastgeberlandes ❸ (*companion for the evening*) Begleitung *f* ❹ (*paid social companion*) Begleiter(in) *m(f);* (*paid female companion*) Hostess *f*

'es·cort agen·cy *n*, **'es·cort ser·vice** *n* Begleitservice *m*, Hostessenagentur *f* **'es·cort duty** *n* Geleitdienst *m;* **to be on ~** als Geleitschutz eingesetzt sein

es·crow ['eskrəʊ, AM -roʊ] *n no pl* FIN **~ [account]** Treuhandkonto *nt*, Anderkonto *nt fachspr;* **the money was placed in ~** das Geld lag auf einem Treuhandkonto; **~ agreement** Treuhandvertrag *m*

es·cutch·eon [ɪ'skʌtʃᵊn] *n* (*old*) Wappen *nt;* **family ~** Familienwappen *nt* ▸ PHRASES: **to be a blot on sb's ~** ein Fleck auf jds weißer Weste sein

Es·ki·mo <*pl* -s *or* -> ['eskɪməʊ, AM -kəmoʊ] *n* ❶ (*people*) Eskimo, Eskimofrau *m, f* ❷ *no pl* (*language*) Eskimosprache *f; see also* **Inuit**

ESL [ˌiːes'el] *n no pl abbrev of* **English as a Second Language** Englisch als Zweitsprache

esopha·gus *n* AM ANAT *see* **oesophagus**

eso·ter·ic [ˌesə(ʊ)'terɪk, AM ˌesə'-] *adj* esoterisch *geh;* **~ taste**

(*fig, hum*) exotischer Geschmack

ESP [ˌiːesˈpiː] *n no pl abbrev of* **extrasensory perception**

esp *adv abbrev of* **especially** bes.

es·pe·cial [ɪˈspeʃəl, esˈ-] *adj attr* (*form*) besondere(r, s); ~ **difficulties** spezielle Probleme

es·pe·cial·ly [ɪˈspeʃəli, esˈ-] *adv* ❶ (*particularly*) besonders; **I chose this ~ for your new house** ich habe das extra für Ihr neues Haus ausgesucht; **I'm ~ pleased to meet you** ich freue mich ganz besonders, Sie kennen zu lernen ❷ (*in particular*) vor allem, hauptsächlich

Es·pe·ran·to [ˌespəˈræntəʊ, AM -pəˈræntoʊ] *n no pl* Esperanto *nt*

es·pio·nage [ˈespiənɑːʒ] *n no pl* Spionage *f;* **industrial ~** Industriespionage *f*

es·pla·nade [ˌespləˈneɪd, -nɑːd, AM ˈesplənɑːd, -neɪd] *n* (*dated*) Strandpromenade *f*, Esplanade *f geh*

es·pous·al [ɪˈspaʊzəl, esˈ-] *n no pl* (*form*) Parteinahme *f*, Eintreten *nt* (**of** für +*akk*)

es·pouse [ɪˈspaʊz, esˈ-] *vt* ❶ (*form: adopt*) ■ **to ~ sth** für etw *akk* Partei ergreifen [*o* eintreten], sich *akk* für etw *akk* einsetzen ❷ (*dated: betroth*) ■ **to ~ sb** jdn ehelichen; ■ **to ~ sb to sb** jdn mit jdm vermählen *geh;* ■ **to ~ oneself to sb** sich *akk* mit jdm verloben

es·pres·so [esˈpresəʊ, AM -soʊ] *n* ❶ *no pl* (*strong coffee*) Espresso *m* ❷ (*cup of coffee*) Espresso *m kein pl* ❸ (*coffee machine*) Espressomaschine *f*

es·prit de corps [esˌpriːdəˈkɔːr, AM -ˈkɔːr] *n no pl* Teamgeist *m;* MIL Korpsgeist *m*

espy <-ie-> [ɪˈspaɪ, esˈ-] *vt* (*dated form*) ■ **to ~ sb/sth** jdn/etw erspähen [*o* entdecken]

Esq *n abbrev of* **Esquire**

Es·quire [ɪˈskwaɪəʳ, esˈ-, AM esˈkwaɪɚ, ɪˈs-] *n* ❶ BRIT (*dated: title of courtesy*) **Richard Smith, Esq.** Herrn Richard Smith ❷ AM LAW (*dated: for lawyers*) **address it to my lawyer, Steven A. Neil, Esq** adressieren Sie ihn an meinen Anwalt, Herrn Rechtsanwalt Steven A. Neil

es·say¹ [ˈeseɪ] *n* Essay *m o nt* (**on** über +*akk*)

es·say² [esˈeɪ] *vt* (*dated*) ■ **to ~ sth** etw versuchen [*o* ausprobieren]

es·say·ist [ˈeseɪɪst] *n* Essayist(in) *m(f)*

es·sence¹ [ˈesən(t)s] *n no pl* ❶ PHILOS Essenz *f geh*, Wesen *nt*, Substanz *f* ❷ (*gist*) Wesentliche(s) *nt*, Quintessenz *f geh;* **the ~ of the problem** der Kern des Problems; **to be of the ~** ausschlaggebend [*o* von entscheidender Bedeutung] sein; **time is of the ~ here** die Zeit ist hier entscheidend; **in ~** im Wesentlichen ❸ (*epitome*) **the** [**very**] **~ of stupidity** der Inbegriff der Dummheit

es·sence² [ˈesən(t)s] *n* ❶ (*fragrance*) Essenz *f*, Duftstoff *m;* (*concentrated*) Konzentrat *nt;* (*extract*) Auszug *m*, Extrakt *m;* **~ of violets** Veilchenextrakt *m* ❷ (*in food*) Aroma *nt*

es·sen·tial [ɪˈsen(t)ʃəl] **I.** *adj* ❶ (*indispensable*) unbedingt erforderlich, unentbehrlich, unverzichtbar; **it is ~ to record the data accurately** eine genaue Aufzeichnung der Daten ist unabdingbar; **~ vitamins** lebensnotwendige [*o* lebenswichtige] [*o fachspr* essenzielle] Vitamine; ■ **to be ~ to** [*or* **for**] **sb/sth** für jdn/etw von größter Wichtigkeit sein; **it is ~** [**that**] **our prices remain competitive** unsere Preise müssen unbedingt wettbewerbsfähig bleiben ❷ (*fundamental*) essenziell; *element* wesentlich; *difference* grundlegend; **~ component** Grundbestandteil *m;* **~ subject** zentrales Thema **II.** *n usu pl* ■ **the ~s** *pl* die Grundlagen, das Wesentliche *kein pl*, die wichtigsten Punkte; **I regard my car as an ~** mein Auto ist für mich absolut unverzichtbar; **the ~s of Spanish** die Grundzüge des Spanischen; **the bare ~s** das [Aller]nötigste; **to be reduced to its ~s** auf das Wesentliche reduziert werden

es·sen·tial·ist [ɪˈsen(t)ʃəlɪst] *adj* essenziell, wesentlich; **an ~ movement** eine bahnbrechende Bewegung

es·sen·tial·ly [ɪˈsen(t)ʃəli] *adv inv* ❶ (*basically*) im Grunde [genommen] [*o* Prinzip] [*o* Wesentlichen]; **to be ~ correct** im Großen und Ganzen richtig sein ❷ (*mainly*) hauptsächlich, in erster Linie; **~ I need to know ...** ich muss vor allem wissen, ...

es·sen·tial 'oil *n* Duftöl *nt*, ätherisches Öl **es·sen·tial 'services** *npl* Grundversorgung *f kein pl* (*mit Wasser, Gas und Strom*)

est *adj abbrev of* **estimated**

Est *adj abbrev of* **established** gegr.

es·tab·lish [ɪˈstæblɪʃ, esˈ-] **I.** *vt* ❶ (*found, set up*) ■ **to ~ sth** etw gründen; **to ~ an account** ein Konto eröffnen; **to ~ a beachhead** einen Brückenkopf errichten; **to ~ a commission** eine Kommission bilden; **to ~ a dictatorship** eine Diktatur errichten; **to ~ a home/a household** ein Heim/einen Haushalt gründen; **to ~ a new home** sich *dat* ein neues Zuhause einrichten; **to ~ a hospital** ein Krankenhaus errichten; **to ~ a rule/theory** eine Regel/Theorie aufstellen ❷ (*begin*) ■ **to ~ sth** etw einführen; **to ~ contact with sb** mit jdm Kontakt [*o* Fühlung] aufnehmen; **to ~ relations** Verbindungen herstellen; **to ~ a relationship with sb** eine Beziehung zu jdm aufbauen; **to ~ the rule of law** Recht und Ordnung herstellen; **to ~ ties** Kontakte knüpfen ❸ (*set*) ■ **to ~ sth** etw schaffen [*o* herstellen]; **we have ~ed parity with wages in other companies** wir haben im Lohnniveau mit anderen Firmen gleichgezogen; **to ~ a criterion** ein Kriterium festlegen; **to ~ a norm** eine Norm definieren; **to ~ a policy** eine politische Linie einschlagen; **to ~ a precedent** einen Präzedenzfall schaffen; **to ~ priorities** Prioritäten setzen; **to ~ a quota** eine Quote festlegen; **to ~ a standard/terminology** einen Maßstab/eine Terminologie festlegen; **to ~ a world record** einen Weltrekord aufstellen ❹ (*secure, make firm*) ■ **to ~ sth** etw durchsetzen; **to ~ one's authority over sb** [*or* **supremacy**] sich *dat* Autorität gegenüber jdm verschaffen; **to ~ a monopoly** ein Monopol errichten; **to ~ order** für Ordnung sorgen; **to ~ one's reputation as a sth** sich *dat* einen Namen als etw machen; **to ~ one's rights** seine Rechte geltend machen ❺ (*demonstrate*) ■ **to ~ sth** etw zeigen [*o* demonstrieren]; **to ~ one's superiority to sb/sth** sich *akk* jdm/etw gegenüber als überlegen erweisen; ■ **to ~ sb/oneself as sth: her latest book has ~ed her as one of our leading novelists** ihr jüngstes Buch zeigt, dass sie eine unserer führenden Romanautorinnen ist; **he's ~ed himself as a dependable source of information** er hat sich als verlässliche Informationsquelle erwiesen ❻ (*prove*) ■ **to ~ sth** etw nachweisen; **we've ~ed that ...** wir haben festgestellt, dass ...; **to ~ a claim** einen Anspruch nachweisen; **to ~ the constitutionality of a law** die Verfassungsmäßigkeit eines Gesetzes feststellen; **to ~ the facts** den Sachverhalt klären; **to ~ the truth** die Wahrheit herausfinden; **to ~ where/whether ...** feststellen, wo/ob ...; ■ **to ~ that ...** herausfinden, dass ... ❼ (*declare*) **to ~ one's residence** (*form*) sich *akk* niederlassen, seinen Wohnsitz begründen *form* **II.** *vi* gedeihen, aufblühen

es·tab·lished [ɪˈstæblɪʃt, esˈ-] *adj attr* ❶ (*standard*) bestehend; **it is ~ practice ...** es ist üblich, ...; **there are ~ procedures for dealing with emergencies** es gibt feste Verfahrensweisen, nach denen in Notfällen vorgegangen wird; **~ institution** feste Einrichtung; **~ law** geltendes Recht ❷ (*proven*) nachgewiesen; **~ fact** gesicherte [*o* feststehende] Tatsache ❸ (*accepted*) anerkannt, akzeptiert; **~ authority** anerkannte Autorität; **Shakespeare is part of the ~ canon in English literature** Shakespeare gehört zu den Standardwerken der englischen Literatur ❹ (*founded*) gegründet; **~ in 2000** 2000 gegründet

es·tab·lished 'church *n* Staatskirche *f*

i Kultur

In England ist die **Established Church** – *Staatskirche* die *Church of England* oder *Anglican Church* – *anglikanische Kirche*. Sie entstand, als Henry VIII. 1532 mit der römisch-katholischen Kirche brach und sich selbst zum Oberhaupt der englischen Kirche erklärte. In ihrer Verfassung und in ihrer Liturgie kombiniert die anglikanische Kirche katholische und protestantische Elemente. In Schottland ist die **Established Church** die *Church of Scotland*, eine *Presbyterian Church – presbiterianische Kirche*, die im 16. Jh. von dem kalvinistischen Reformator John Knox stark beeinflusst wurde. *Church elders – Älteste* geben zusammen mit dem *minister – Pfarrer* auf Gemeindeebene die Richtung vor, und eine demokratisch organisierte *General Assembly – Generalversammlung* bestimmt den Kurs auf nationaler Ebene. In Irland und Wales gibt es keine Staatskirche.

es·tab·lished re·'li·gion *n* Staatsreligion *f*

es·tab·lish·ment [ɪ'stæblɪʃmənt, es'-] *n* ❶ (*business*) Unternehmen *nt*, Firma *f*; **business** ~ Geschäftsbetrieb *m*; **family** ~ Familienunternehmen *nt* ❷ (*organization*) Organisation *f*, Einrichtung *f*, Institut *nt*; **educational** ~ Bildungseinrichtung *f*, Schule *f*; **financial** ~ Finanzierungsgesellschaft *f*; **religious** ~ Religionsgemeinschaft *f* ❸ *no pl* (*ruling group*) ■**the** ~ das Establishment; **the political** ~ das politische Establishment, die politisch einflussreichen Kreise; **to be/revolt against the** ~ gegen das Establishment sein/rebellieren ❹ (*act of setting up*) Gründung *f*, Errichtung *f*; **the** ~ **of new areas of employment** die Schaffung neuer Arbeitsbereiche

es·tate [ɪ'steɪt, es'-] *n* ❶ (*landed property*) Grundbesitz *m*; (*piece of land*) [großes] Grundstück, Anwesen *nt*; (*with buildings*) Gut *nt*; **country** ~ Landgut *nt* ❷ LAW (*personal property*) [Privat]vermögen *nt*, Vermögensmasse *f*; (*of deceased person*) Erbmasse *f*, Nachlass *m*; **personal** ~ bewegliches Vermögen, Mobiliarvermögen *nt*; **real** ~ unbewegliches Vermögen, Immobilien *fpl*; **to leave one's entire** ~ **to sb** jdm sein gesamtes Vermögen hinterlassen [*o* vererben] ❸ BRIT (*group of buildings*) Siedlung *f*; **council** ~ Wohnviertel *nt* mit Sozialwohnungen; **housing** ~ [Wohn]siedlung *f*; **industrial** ~ Industriegebiet *nt*; **trading** ~ Gewerbegebiet *nt* ❹ (*political class*) Stand *m*, Klasse *f*; **the first** ~ der erste Stand [*o* Klerus]; **the fourth** ~ (*hum*) die Zunft der Journalisten [*o* Presse] ❺ (*dated: state*) Stand *m*; **to reach man's** ~ in den Mannesstand treten *veraltet*; **the holy** ~ **of matrimony** der heilige Stand der Ehe *geh*; **of high/low** ~ (*old*) von hohem/niedrigem Stand ❻ BRIT (*car*) Transporter *m*, [großer] Kombi

e's·tate agen·cy *n* BRIT Maklerbüro *nt*, Immobilienbüro *nt* **e's·tate agent** *n* BRIT [Immobilien]makler(in) *m(f)*, Grundstücksmakler(in) *m(f)* **e's·tate car** *n* BRIT [großer] Kombi **e's·tate duty** *n* BRIT, **e's·tate tax** *n* Erbschaftssteuer *f*

es·teem [ɪ'sti:m, es'-] **I.** *n no pl* Ansehen *nt*, Achtung *f*; **to be held in high/low** ~ hohes/geringes Ansehen genießen; **to hold sb in high/low** ~ jdn hoch/gering schätzen; **to fall/rise in sb's** ~ in jds Ansehen sinken/steigen **II.** *vt* ❶ *usu passive* (*respect*) ■**to** ~ **sth** etw [hoch] schätzen [*o* achten]; **highly** ~**ed** sehr [*o geh* hoch] geschätzt ❷ (*dated form: consider*) ■**to** ~ **sb sth** jdn für etw *akk* halten, jdn als etw *akk* ansehen [*o geh* erachten]; **I would** ~ **it a favour if you would accompany me** Sie würden mir einen großen Gefallen erweisen, wenn Sie mich begleiten würden; **to** ~ **it an honour to do sth** es als eine Ehre betrachten, etw zu tun

es·thete *n* AM *see* **aesthete**

es·thet·ic *adj* AM *see* **aesthetic**

es·ti·mable ['estɪməbl̩] *adj* (*form*) bewundernswert, schätzenswert

es·ti·mate **I.** *vt* ['estɪmeɪt] ■**to** ~ **sth** etw [ein]schätzen; **government sources** ~ **a long-term increase in rail fares** Regierungskreise rechnen langfristig mit einem Anstieg der Bahnpreise; **the journey is** ~**d to have taken a week** die Reise hat schätzungsweise eine Woche gedauert; ■**to** ~ **that** ... schätzen [*o* annehmen], dass ... **II.** *n* ['estɪmət, AM -mɪt] Schätzung *f*, Veranschlagung *f*; ECON Kostenvoranschlag *m*; **conservative** ~ vorsichtige Einschätzung; **rough** [*or* AM **ballpark**] ~ grobe Schätzung; **at a rough** ~ grob geschätzt

es·ti·mat·ed ['estɪmeɪtɪd, AM -t̬-] *adj* geschätzt; ~ **costs** geschätzte [*o* voraussichtliche] Kosten; ~ **figure** Schätzung *f*; ~ **time of arrival, ETA** voraussichtliche Ankunftszeit; ~ **time of departure, ETD** (*train*) voraussichtliche Abfahrtszeit; (*plane*) voraussichtliche Abflugzeit

es·ti·ma·tion [ˌestɪ'meɪʃən] *n no pl* ❶ (*opinion*) Einschätzung *f*, Meinung *f*; **in my** ~ meiner Ansicht [*o* Meinung] nach ❷ (*esteem*) Achtung *f*, Ansehen *nt*; **he went down/up in my** ~ er ist in meiner Achtung gesunken/gestiegen

es·trange [ɪ'streɪndʒ, es'-] *vt* ■**to** ~ **sb from sb/sth** jdn jdm/etw entfremden

es·tranged [ɪ'streɪndʒd, es'-] *adj inv* ❶ (*alienated*) entfremdet; **they are** ~ sie sind einander fremd geworden, sie haben sich auseinandergelebt ❷ (*living apart*) ■**to be** ~ getrennt leben; ~ **husband** getrennt lebender Ehemann; ~ **wife** getrennt lebende Ehefrau ❸ (*unamicably separated*) ■**to be** ~ **from sb** mit jdm zerstritten sein

es·trange·ment [ɪ'streɪndʒmənt, es'-] *n* Entfremdung *f* (**from** von +*dat*)

es·tro·gen *n* AM *see* **oestrogen**

es·trus ['ɜstrəs] *n* AM *see* **oestrus**

es·tua·rine ['estjuəraɪn, AM -tʃu:-] *adj* (*spec*) Mündungs-, estuarin *fachspr*; ~ **species** *Tiere, die im Mündungsgebiet eines Flusses leben*

es·tu·ary ['estjʊəri, AM -tʃu:eri] *n* Flussmündung *f*, Mündungsgebiet *nt*

i Kultur

Estuary English (von *Thames estuary*, dem Mündungsgebiet der Themse) ist die spöttische Bezeichnung für die neuerdings modische, vom *Cockney – Dialekt des Londoner East Ends* beeinflusste Aussprache vieler junger Leute und auch von Leuten mittleren Alters aller Klassen im gesamten Südosten Englands.

ETA [ˌi:ti:'eɪ] *n abbrev of* **Estimated Time of Arrival** voraussichtliche Ankunft

e-tail·er ['i:teɪləʳ, AM -ɚ] *n* E-Tailer *m*, Internethändler *m*, Internetvertriebsunternehmen *nt*

e-tail·ing ['i:teɪlɪŋ] *adj attr* übers Internet vertreibend; ~ **company** Internethändler *m*, Internetvertriebsunternehmen *nt*

et al. [et'æl, AM et'ɑ:l] *adv abbrev of* **et alii** et al.

etc. *adv abbrev of* **et cetera** usw., etc.

et cet·era [ɪt'setərə, AM -'set̬ɚə] *adv* und so weiter, et cetera

etch [etʃ] *vt* ■**to** ~ **sth** etw ätzen; (*in copper*) etw kupferstechen; (*in other metals*) etw radieren; **to be** ~**ed on sb's memory** [*or* **mind**] (*fig*) in jds Gedächtnis eingebrannt [*o* eingegraben] sein

etch·er ['etʃəʳ, AM -ɚ] *n* Ätzer(in) *m(f)*; (*in copper*) Kupferstecher(in) *m(f)*; (*in other metals*) Radierer(in) *m(f)*

etch·ing ['etʃɪŋ] *n* ❶ (*result of etching*) Ätzung *f*; (*artwork*) Radierung *f*; (*in copper*) Kupferstich *m* ❷ *no pl* (*process*) Ätzen *nt*; (*in copper*) Kupferstechen *nt*; (*in other metals*) Radieren *nt*

eter·nal [ɪ'tɜ:nəl, AM ɪ'tɜ:r-] *adj inv* ❶ (*lasting forever*) ewig, immer während; ~ **flame** ewiges Licht; ~ **life** ewiges Leben; ~ **student** (*fig*) ewiger Student/ewige Studentin *hum*; ~ **triangle** (*fig*) Dreiecksverhältnis *nt* ❷ (*pej, fig: incessant*) ewig *fam*, ständig, unaufhörlich; ~ **complaints** endlose Klagen ▸PHRASES: **hope springs** ~ [**in the human breast**] (*saying*) der Mensch hofft, solange er lebt

eter·nal·ly [ɪ'tɜ:nəli, AM ɪ'tɜ:r-] *adv inv* ❶ (*fig: forever*) ewig, immer; **to be ~ grateful** ewig dankbar sein ❷ (*pej, fig: incessantly*) unaufhörlich, ununterbrochen, ständig *fam*

eter·nity [ɪ'tɜːnəti, AM ɪ'tɜːrnət̬i] *n no pl* ❶ REL (*immortality*) Ewigkeit *f*; **for all ~** bis in alle Ewigkeit ❷ (*fig: very long time*) ■**an ~** eine Ewigkeit; **to seem like an ~** wie eine Ewigkeit erscheinen; **to wait an ~ for sb** endlos lange auf jdn warten

etha·nol ['eθənɒl, AM -nɑːl] *n no pl* Äthanol *nt*, Äthylalkohol *m*

ether ['iːθəʳ, AM -ɚ] *n no pl* ❶ CHEM, MED Äther *m* ❷ MEDIA, RADIO (*fig old*) Äther *m*; **through the ~** durch den Äther

ethe·real [ɪ'θɪəriəl, AM ɪ'θɪr-] *adj* ätherisch; **~ being** ätherisches [*o* himmlisches] Wesen

ethe·real·ly [ɪ'θɪəriəli, AM ɪ'θɪr-] *adv* ätherisch; **~ beautiful** überirdisch schön

eth·ic ['eθɪk] *n* ❶ *usu pl* (*morality*) Moral *f*, Ethos *nt*; **breach of ~s** Verstoß *m* gegen die Moral; **code of ~s** Moralkodex *m*; **professional ~s** Berufsethos *nt*, Standesehre *f* ❷ *sing* (*system of moral beliefs*) Ethik *f*, Moralphilosophie *f*, Sittenlehre *f*; **Protestant work ~** protestantische Arbeitsethik

ethi·cal ['eθɪkᵊl] *adj* ethisch

ethi·cal·ly ['eθɪkᵊli] *adv* ethisch; **~ questionable** moralisch fragwürdig

ethi·cist ['eθɪsɪst] *n* Ethiker(in) *m(f)*

eth·ics ['eθɪks] *n + sing vb* Ethik *f*; *see also* **ethic**

Ethio·pia [ˌiːθi'əʊpiə, AM -'oʊp-] *n no pl* Äthiopien *nt*

Ethio·pian [ˌiːθi'əʊpiən, AM -'oʊp-] **I.** *n* Äthiopier(in) *m(f)* **II.** *adj* äthiopisch

Ethio·pic [ˌiːθi'ɒpɪk, AM -'ɑːp-] **I.** *n no pl* Äthiopisch *nt* **II.** *adj inv* äthiopisch

eth·nic ['eθnɪk] **I.** *adj* ❶ *inv* (*ethnological*) ethnisch, Volks-; **the ~ Chinese** die Volkschinesen; **~ minority** ethnische Minderheit; **~ slur** rassistische Äußerung ❷ (*national*) landesüblich, einheimisch; **~ costumes** Landestrachten *fpl* ❸ (*exotic*) exotisch; **~ food** exotische Gerichte **II.** *n* AM, AUS Eingeborene(r) *f(m)*

eth·ni·cal·ly ['eθnɪkᵊli] *adv* ethnisch; **~ discreet** ethnisch abgeschottet

eth·nic 'cleans·ing *n* (*euph*) ethnische Säuberung *euph*

eth·nic·ity [eθ'nɪsəti, AM -ət̬i] *n no pl* (*form*) Ethnie *f fachspr*

eth·no·cen·tric [ˌeθnə(ʊ)'sentrɪk, AM -noʊ'-] *adj* (*pej*) ethnozentrisch

eth·nog·ra·pher [eθ'nɒgrəfəʳ, AM -'nɑːgrəfɚ] *n* Ethnograph(in) *m(f)*, Völkerkundler(in) *m(f)*

eth·no·graph·ic(al) [ˌeθnə(ʊ)'græfɪk(ᵊl), AM -noʊ'-] *adj inv* ethnographisch

eth·no·graphi·cal·ly [ˌeθnə(ʊ)'græfɪkᵊli, AM -noʊ'-] *adv inv* ethnographisch

eth·nog·ra·phy [eθ'nɒgrəfi, AM -'nɑːg-] *n* ❶ *no pl* (*study*) Ethnographie *f*, beschreibende Völkerkunde ❷ (*ethnographical book*) Ethnographie *f*

eth·no·log·ic(al) [ˌeθnə(ʊ)'lɒdʒɪk(ᵊl), AM -noʊ'lɑːdʒ-] *adj inv* ethnologisch

eth·no·logi·cal·ly [ˌeθnə(ʊ)'lɒdʒɪkᵊli, AM -noʊ'lɑːdʒ-] *adv inv* ethnologisch

eth·nolo·gist [eθ'nɒlədʒɪst, AM -'nɑːl-] *n* Ethnologe, -in *m, f*

eth·nol·ogy [eθ'nɒlədʒi, AM -'nɑːl-] *n no pl* Ethnologie *f*, vergleichende Völkerkunde

ethos ['iːθɒs, AM -θɑːs] *n no pl* Gesinnung *f*, Ethos *nt geh*; **working-class ~** Ethos *nt* der Arbeiterklasse

ethyl 'al·co·hol *n* Äthylalkohol *m*

etio·lat·ed ['iːtiə(ʊ)leɪtɪd, AM -əleɪt̬ɪd] *adj* BOT etioliert *fachspr*, vergeilt

eti·ol·ogy *n no pl* MED *see* **aetiology**

eti·quette ['etɪket, AM 'et̬ɪkɪt] *n no pl* Etikette *f*; **breach of ~** Verstoß *m* gegen die Etikette; **court ~** Hofetikette *f*, Hofzeremoniell *nt*; **legal ~** Berufsethos *nt* der Anwälte; **social ~** gesellschaftliche Umgangsformen

e-trav·el ['iːˌtrævᵊl] *n modifier* E-Travel-, Online-Reise-; **~ agency** Online-Reisebüro *nt*

Etrus·can [ɪ'trʌskᵊn] **I.** *adj* (*hist*) etruskisch **II.** *n* (*hist: person*) Etrusker(in) *m(f)*; (*language*) Etruskisch *nt*

ety·mo·logi·cal [ˌetɪmə'lɒdʒɪkᵊl, AM ˌet̬ɪmə'lɑːdʒ-] *adj inv* LING etymologisch

ety·mo·logi·cal·ly [ˌetɪmə'lɒdʒɪkᵊli, AM ˌet̬ɪmə'lɑːdʒ-] *adv inv* LING etymologisch

ety·molo·gist [ˌetɪ'mɒlədʒɪst, AM ˌet̬ɪ'mɑːl-] *n* LING Etymologe, -in *m, f*

ety·mol·ogy [ˌetɪ'mɒlədʒi, AM ˌet̬ɪ'mɑːl-] *n* LING ❶ *no pl* (*study*) Etymologie *f* ❷ (*of word*) Etymologie *f*

EU [ˌiː'juː] *n abbrev of* **European Union** EU *f*

euca·lyp·ti [ˌjuːkᵊl'ɪptiː] *n pl of* **eucalyptus**

euca·lyp·tus <*pl* -es *or* -ti> [ˌjuːkᵊl'ɪptəs, *pl* -tiː] *n* Eukalyptus *m*; **~ tree** Eukalyptusbaum *m*

euca·'lyp·tus oil *n no pl* Eukalyptusöl *nt*

Eucha·rist ['juːkᵊrɪst] *n no pl* REL ■**the ~** die Eucharistie, das [heilige] Abendmahl; **to celebrate/receive the ~** die Eucharistie feiern/empfangen

Eucha·ris·tic [ˌjuːkᵊ'rɪstɪk] *adj inv* REL eucharistisch

Euclid·ean [juː'klɪdiən] *adj inv* MATH euklidisch

eugen·ic [juː'dʒenɪk] *adj* MED eugenisch

eugen·ics [juː'dʒenɪks] *n + sing vb* MED Eugenik *f kein pl*

eulo·gist ['juːlədʒɪst] *n* Lobredner(in) *m(f)*

eulo·gis·tic [ˌjuːlə'dʒɪstɪk] *adj* lobend, rühmend, preisend

eulo·gize ['juːlədʒaɪz] **I.** *vt* (*form*) ■**to ~ sb/sth** jdn/etw loben [*o* rühmen] [*o* preisen] *geh* **II.** *vi* (*form*) **to ~ over sb/sth** eine Lobrede auf jdn/etw halten

eulogy ['juːlədʒi] *n* ❶ *esp* AM (*funeral oration*) Grabrede *f* ❷ (*speech of praise*) Lobrede *f*, Eloge *f geh*; **to deliver** [*or* **pronounce**] **a ~** eine Lobrede halten

eunuch ['juːnək] *n* ❶ (*castrated man*) Eunuch *m*, Kastrat *m* ❷ (*fig, pej: ineffective person*) Versager(in) *m(f)*, Niete *f fam*; **intellectual ~** intellektueller Tiefflieger *sl*

euphemism ['juːfəmɪzᵊm] *n* ❶ (*paraphrase*) Euphemismus *m geh* ❷ *no pl* (*use of paraphrase*) Beschönigung *f*, Euphemismus *m geh*

euphemis·tic [ˌjuːfə'mɪstɪk] *adj* beschönigend, euphemistisch *geh*

euphemis·ti·cal·ly [ˌjuːfə'mɪstɪkᵊli] *adv* beschönigend, euphemistisch *geh*

eupho·ni·ous [juː'fəʊniəs, AM -'foʊ-] *adj* (*form*) wohlklingend *geh*, euphonisch *fachspr*

eupho·nium [juː'fəʊniəm, AM -'foʊ-] *n* MUS Baritonhorn *nt*, Euphonium *nt fachspr*

eupho·ny ['juːfᵊni] *n no pl* (*form*) Euphonie *f fachspr*, Wohlklang *m geh*

eupho·ria [juː'fɔːriə] *n no pl* Hochstimmung *f*, Euphorie *f geh*

euphor·ic [juː'fɔːrɪk] *adj* euphorisch *geh*

euphori·cal·ly [juː'fɔːrɪkᵊli] *adv* euphorisch *geh*

Eura·sia [jʊ(ə)'reɪʒə, AM jʊ'reɪ-] *n no pl* Eurasien *nt*

Eura·sian [jʊ(ə)'reɪʒən, AM jʊ'reɪ-] **I.** *adj inv* eurasisch **II.** *n* Eurasier(in) *m(f)*

Eur·at·om [jʊ(ə)'rætəm, AM jʊ'ræt̬-] *n no pl, no art abbrev of* **European Atomic Energy Community** Euratom *f*

eureka [jʊ(ə)'riːkə, AM jʊ'-] *interj* (*hum*) ■**~!** heureka! *geh*

eurhyth·mics, AM *esp* **euryth·mics** [jʊ(ə)'rɪðmɪks, AM jʊ'-] *n + sing vb* Eurhythmie *f*

euro *n* Euro *m*

Euro·cen·tric [ˌjʊərəʊ'sentrɪk, AM ˌjʊroʊ'-] *adj* (*pej*) eurozentrisch *pej*

'Euro·cheque *n* Euroscheck *m* **Euro·crat** ['jʊərə(ʊ)kræt, AM 'jʊrə-] *n* (*usu pej*) Eurokrat(in) *m(f)* **'Euro·cur·ren·cy** *n* Euro-Währung *f* **'Euro·dol·lar** *n* Eurodollar *m* **'Euro·land** *n no pl* (*fam*) Eurozone *f* **'Euro-MP** *n* Europaabgeordnete(r) *f(m)*, Mitglied *nt* des Europaparlaments

Europe ['jʊərəp, AM 'jʊrəp] *n no pl* Europa *nt*

Euro·pean [ˌjʊərə'piən, AM ˌjʊrə'-] **I.** *adj* europäisch **II.** *n* Europäer(in) *m(f)*

Euro·pean Com·'mu·nity *n no pl* (*hist*) ■**the** ~ die Europäische Gemeinschaft **Euro·pean 'cur·ren·cy unit** *n* Europäische Währungsunion **Euro·pean Eco·nom·ic Com·'mu·nity** *n no pl* (*hist*) ■**the** ~ die Europäische Wirtschaftsgemeinschaft **Euro·pean 'mon·etary sys·tem** *n no pl* ■**the** ~ das Europäische Währungssystem **Euro·pean 'Par·lia·ment** *n no pl* ■**the** ~ das Europaparlament **Euro·pean 'Un·ion** *n no pl* ■**the** ~ die Europäische Union

'Euro·trash ['jʊrətræʃ] *n* AM (*fam*) **Jill thinks her new boyfriend is really cool, but he's just** ~ Jill findet ihren neuen Freund echt cool, aber er lässt immer den Europäer raushängen *sl*

Eusta·chian tube [ju:ˌsteɪʃᵊn'-, AM -'steɪʃᵊnˌ-] *n* ANAT Eustachische Röhre *fachspr,* Ohrtrompete *f*

eutha·na·sia [ˌju:θə'neɪziə, AM -ʒə] *n no pl* Euthanasie *f,* Sterbehilfe *f*

evacu·ate [ɪ'vækjueɪt] **I.** *vt* ❶ (*in an emergency*) ■**to** ~ **sb** jdn evakuieren; ■**to** ~ **sth** *building, house* etw räumen; **to** ~ **sb from a place** jdn aus einem Ort evakuieren; **to** ~ **sb to a place** jdn an einen sicheren Ort bringen ❷ (*euph or spec*) **to** ~ **one's bowels** seinen Darm entleeren, Stuhlgang haben **II.** *vi* sich *akk* in Sicherheit bringen; MIL sich *akk* zurückziehen

evacu·ation [ɪˌvækju'eɪʃᵊn] *n* ❶ (*of people*) Evakuierung *f;* (*of area, building*) Räumung *f;* ~ **of victims** Bergung *f* von Opfern; MIL Verlegung *f,* Abtransport *m;* ~ **of the army** Abzug *m* der Armee ❷ (*euph or spec*) ~ **of the bowels** [Darm]entleerung *f,* Stuhlgang *m*

evac·uee [ɪˌvækju'i:] *n* Evakuierte(r) *f(m)*

evade [ɪ'veɪd] *vt* ■**to** ~ **sth** etw *dat* ausweichen; **to** ~ **the draft** sich *akk* der Einberufung zum Militär entziehen; **to** ~ **responsibility** sich *akk* einer Verantwortung entziehen; ■**to** ~ **doing sth** etw umgehen; ■**to** ~ **sb** jdn meiden, jdm aus dem Weg gehen *fam;* **to** ~ **the police** der Polizei entgehen; **to** ~ **the tax authorities** das Finanzamt umgehen

evalu·ate [ɪ'væljueɪt] *vt* ■**to** ~ **sth** etw bewerten; *a value* etw berechnen; **we need to** ~ **how the new material stands up to wear and tear** wir müssen feststellen, wie das neue Material auf Verschleiß reagiert; **to** ~ **a loan** ein Darlehen festsetzen; **to** ~ **the results** die Ergebnisse auswerten; ■**to** ~ **sb** jdn beurteilen; ■**to** ~ **whether ...** beurteilen, ob ...

evalu·ation [ɪˌvælju'eɪʃᵊn] *n* Schätzung *f; of damages* Festsetzung *f; of an experience* Einschätzung *f; of a treatment* Beurteilung *f; of a book* Bewertung *f*

evalu·ative [ɪ'væljuətɪv, AM -t̬ɪv] *adj* (*form*) bewertend; ~ **test** Einstufungstest *m*

eva·nes·cence [ˌi:və'nesᵊn(t)s, AM ˌevə'-] *n no pl* (*form*) Vergänglichkeit *f*

eva·nes·cent [ˌi:və'nesᵊnt, AM ˌevə'-] *adj* (*form*) vergänglich; **an** ~ **boom** ein kurzzeitiger Boom

evan·geli·cal [ˌi:væn'dʒelɪkᵊl] **I.** *n* Mitglied *nt* der evangelischen Kirche **II.** *adj* evangelisch; (*fig*) missionarisch

evan·geli·cal·ism [ˌi:væn'dʒelɪkᵊlɪzᵊm] *n no pl* evangelische Lehre

evan·gelism [ɪ'vændʒəlɪzᵊm] *n no pl* Verkündigung *f* des Evangeliums

evan·gelist [ɪ'vændʒəlɪst] *n* Wanderprediger(in) *m(f)*

Evan·gelist [ɪ'vændʒəlɪst] *n* Evangelist *m;* **the four** ~**s** die vier Evangelisten

evan·gelis·tic [ɪˌvændʒə'lɪstɪk] *adj* missionarisch

evan·gelize [ɪ'vændʒᵊlaɪz, AM -dʒə-] **I.** *vt* ■**to** ~ **sb** jdn zum Christentum bekehren **II.** *vi* das Evangelium predigen; (*fig*) eine Predigt halten; ■**to** ~ **about sth** über etw *akk* predigen

evapo·rate [ɪ'væpᵊreɪt, AM -pər-] **I.** *vt* ■**to** ~ **sth** etw verdampfen lassen, etw verdunsten **II.** *vi* verdunsten; (*fig*) schwinden, sich in Luft auflösen

evapo·rat·ed 'milk *n no pl* Kondensmilch *f*

evapo·ra·tion [ɪˌvæpə'reɪʃᵊn] *n no pl* Verdampfung *f,* Verdunstung *f*

eva·sion [ɪ'veɪʒᵊn] *n* ❶ (*prevarication*) Ausweichen *nt;* **excuses and** ~**s** Entschuldigungen und Ausflüchte ❷ *no pl* (*avoidance*) Umgehung *f;* **for me that was just an** ~ **of responsibility** meiner Meinung nach wollte er/sie keine Verantwortung übernehmen; **fare** ~ Schwarzfahren *nt;* **tax** ~ Steuerhinterziehung *f*

eva·sive [ɪ'veɪsɪv] *adj* **to take** ~ **action** ein Ausweichmanöver machen; **to be very good at** ~ **answers** um etw *akk* gut herumreden können; **an** ~ **statement** eine Ausrede; ■**to be** ~ ausweichen

eva·sive·ly [ɪˌveɪsɪvli] *adv* ausweichend; **to behave very** ~ ständig ausweichen

eva·sive·ness [ɪ'veɪsɪvnəs] *n no pl* ausweichendes Verhalten; **he was well-known for his** ~ er war dafür bekannt, nie klar Stellung zu beziehen

eve [i:v] *n no pl* ❶ (*day before*) Vorabend *m;* **on the** ~ **of the election** am Vorabend der Wahl ❷ (*old: evening*) Abend *m*

Eve [i:v] *n no art* Eva *f;* (*fig*) Evastochter *f hum*

even ['i:vᵊn] **I.** *adv* ❶ (*unexpectedly*) selbst; ~ **Chris was there** selbst Chris war da ❷ (*indeed*) sogar; **it might** ~ **take a year** es könnte unter Umständen ein Jahr dauern; **I never cry, not** ~ **when I hurt myself really badly** ich weine nie, noch nicht mal, wenn ich mir sehr wehtue; **he declined** ~ **to consider the idea** er lehnte es schon ab, die Idee überhaupt in Erwägung zu ziehen ❸ (*despite*) selbst; ~ **now I can't believe it** ich kann es noch immer nicht ganz glauben; **... but** ~ **then he managed to make a mess of it ...** und trotzdem hat er es geschafft, alles durcheinanderzubringen; ~ **if ...** selbst wenn ...; ~ **so ...** trotzdem ...; **I had a terrible headache but** ~ **so I went to the concert** ich hatte fürchterliche Kopfschmerzen, bin aber dennoch ins Konzert gegangen; ~ **though ...** selbst wenn ...; ~ **though he left school at 16, ...** obwohl er mit sechzehn bereits von der Schule abging, ... ❹ (*as intensifier*) nahezu; **I find his habits rather unpleasant, disgusting** ~ ich finde seine Gewohnheiten ziemlich unangenehm, um nicht zu sagen abstoßend ❺ + *comp* (*all the more*) noch; ~ **colder/faster** noch kälter/schneller **II.** *adj* ❶ (*level*) eben; *two surfaces* auf gleicher Höhe; (*fig*) ausgeglichen; **to bring a boat onto an** ~ **keel** ein Boot in eine waagrechte Position bringen; **to put sth on an** ~ **keel** (*fig*) etw wieder auf die Beine bringen *fig;* **an** ~ **row** eine gerade Reihe; **an** ~ **surface** eine glatte Oberfläche ❷ (*equal*) gleich [groß]; (*size, amount*) gleich groß; **the odds are quoted as** ~ **money** die Gewinnquote steht fünfzig fünfzig; **there is an** ~ **chance of sth** die Chancen für etw *akk* stehen fünfzig zu fünfzig; **there's an** ~ **chance of rain** es sieht ganz nach Regen aus; **an** ~ **contest** ein ebenbürtiger Wettkampf; **an** ~ **distribution of wealth** eine gleichmäßige Verteilung des Reichtums; **an** ~ **game** ein ausgeglichenes Spiel; **to be on** ~ **terms** gleichgestellt sein; **to get** ~ **with sb** jdm etw heimzahlen ❸ (*regular*) gleichmäßig; **to walk at an** ~ **pace** in gleichmäßigem Tempo gehen; **to work at an** ~ **rate** im regelmäßigen Rhythmus arbeiten; **to walk with** ~ **steps** gleichmäßigen Schrittes gehen; **to have an** ~ **temper** ausgeglichen sein ❹ (*fair*) günstig; **an** ~ **bargain** ein Schnäppchen; **to distribute sth with an** ~ **hand** etw gleich verteilen; ■**to be** ~ [**with sb**] [mit jdm] quitt sein ❺ *inv* MATH gerade; **an** ~ **number** eine gerade Zahl; **an** ~ **page** eine Seite mit gerader Zahl **III.** *vt* ❶ (*level*) **to** ~ **a floor/surface** einen Fußboden ebnen/eine Oberfläche glätten ❷ (*equalize*) ■**to** ~ **sth** etw ausgleichen; **to** ~ **the score** das Gleichgewicht wiederherstellen; ■**to** ~ **out** ⊂ **sth** etw ausgleichen ❸ (*balance out*) ■**to** ~ **up** ⊂ **sth** etw ausgleichen; (*give parity to*) aufeinander abgestimmt werden; **that should** ~ **things up a bit** das sollte alles etwas ausgleichen **IV.** *vi* sich ausgleichen; *prices* sich einpendeln

even-'hand·ed *adj* gerecht; **to give** ~ **treatment to sb** jdn unvoreingenommen behandeln

eve·ning ['i:vnɪŋ] **I.** *n* Abend *m;* **have a nice** ~ schönen Abend!

fam; **I only get one ~ off a week** ich habe nur einen Abend in der Woche frei; **all ~** den ganzen Abend; **on Friday ~** am Freitagabend; **on Friday ~s** freitagabends; **this/tomorrow ~** heute/morgen Abend; **in the ~** am Abend; **in the ~s** abends **II.** *n modifier (edition, meal, walk)* Abend-; **~ service** Abendgottesdienst *m*

'eve·ning class *n* Abendkurs *m* **eve·ning 'dress** *n* ❶ *(dress)* Abendkleid *nt* ❷ *no pl (outfit)* **to wear ~** Abendkleidung tragen **eve·ning 'gown** *n* Abendkleid *nt* **eve·ning 'news·pa·per** *n,* **eve·ning 'pa·per** *n* Abendzeitung *f* **eve·ning 'prim·rose** *n* BOT Nachtkerze *f* **eve·ning 'prim·rose oil** *n* Nachtkerzenöl *nt*

eve·nings ['i:vnɪŋz] *adv inv esp* AM abends

'eve·ning school *n* Abendschule *f* **eve·ning 'star** *n* Abendstern *m*

even·ly ['i:vənli] *adv* ❶ *(placidly)* gelassen; **to state sth ~** etw gelassen [*o* in einem ruhigen Ton] erklären ❷ *(equally)* gleichmäßig; **their chances of victory are ~ balanced** sie haben gleich große Chancen auf einen Sieg; **to divide sth ~** etw gleichmäßig aufteilen; **to be ~ matched** einander ebenbürtig sein

even·ness ['i:vənnəs] *n no pl* Ebenheit *f*

evens ['i:vənz] BRIT **I.** *adj attr, inv (in betting)* **an ~ bet** eine eins zu eins Wette; *(fig: fifty-fifty)* ausgewogen; **the chances are ~** die Chancen stehen fünfzig zu fünzig **II.** *adv* **to bet ~ on the favourite** den doppelten Wetteinsatz für den Favoriten zurückbekommen **III.** *n* **to lay ~** den Einsatz verdoppeln; **to quote at ~** die Gewinnquote mit 1:1 ansetzen; **to win at ~** eins zu eins gewinnen

even·song *n no pl esp* BRIT Abendgottesdienst *m,* Abendandacht *f* **even-steven(s)** [-'sti:vən] *adj pred, inv (fam)* ▪**to be ~** quitt sein

event [ɪ'vent] *n* ❶ *(occurrence)* Ereignis *nt;* **series of ~s** Reihe *f* von Vorfällen; **social ~** gesellschaftliches Ereignis; **sporting ~** Sportveranstaltung *f;* **to be swept along by the tide** [*or* **course**] **of ~s** von der Wucht der Ereignisse mitgerissen werden ❷ *(case)* Fall *m;* **in that ~ I'll phone you** falls es so ist, rufe ich dich an; **we had expected to arrive late but in the ~ we were actually early** wir hatten uns darauf eingestellt, zu spät zu kommen, aber waren dann doch zu früh dran; **in the ~ that ...** falls ...; **in the ~ of sb's death/an explosion** im Falle jds Todes/einer Explosion; **in any** [*or* **either**] **~** [*or* BRIT *a.* **at all ~s**] auf jeden Fall, in jedem Fall, auf alle Fälle; **to be wise after the ~** es im Nachhinein besser wissen ❸ SPORTS Wettkampf *m*

even-'tem·pered *adj (approv)* ausgeglichen

event·ful [ɪ'ventfəl] *adj* ereignisreich

even·tide ['i:vəntaɪd] *n (poet)* Abendzeit *f;* **~ rolled in** der Abend brach an

e'vent plan·ner *n* Veranstaltungsplaner(in) *m(f),* Event-Manager(in) *m(f)*

even·tual [ɪ'ventʃuəl] *adj attr, inv* ❶ *(final)* schließlich; **the ~ cost** die letztendlichen Kosten ❷ *(possible)* etwaig; **we remain optimistic about an ~ agreement** wir glauben, dass eine Übereinkunft doch noch möglich ist

even·tu·al·ity [ɪˌventʃu'æləti, AM -əṭi] *n inv* Möglichkeit *f,* Eventualität *f;* **for all eventualities** für alle Eventualitäten; **for any ~** für alle Fälle; **in that ~** in diesem Fall

even·tu·al·ly [ɪ'ventʃuəli] *adv inv* ❶ *(finally)* schließlich; **the bus ~ came** der Bus kam endlich ❷ *(some day)* irgendwann; *(with time)* nach und nach; *(at one point in future)* eines Tages

ever ['evəʳ, AM -ɚ] *adv inv* ❶ *(at any time)* jemals; **nothing ~ happens here in the evenings** hier ist abends nie was los; **have you ~ been to London?** bist du schon einmal in London gewesen?; **nobody has ~ heard of this book** keiner hat je etwas von diesem Buch gehört; **if ~ somebody was guilty, then that scumbag was** dieser Mistkerl war todsicher schuldig; **it was a brilliant performance if ~ there was one** dies war eine wahrhaft ausgezeichnete Darbietung; **if ~ you're in Dubai, ...** solltest du je in Dubai sein, ...; **he rarely, if ~ does any cleaning** er putzt kaum, wenn überhaupt je; **hardly ~** kaum; **to hardly ~ do sth** etw so gut wie nie tun; **as good as ~** so gut wie eh und je; **worse/happier than ~** schlimmer/glücklicher als je zuvor; **never ~** *(fam)* nie im Leben, niemals ❷ *(always)* **they lived happily ~ after** sie lebten glücklich bis ans Ende ihrer Tage; *(in fairy tales)* und wenn sie nicht gestorben sind, dann leben sie noch heute; **Yours ~, Chris** BRIT *(dated)* Viele Grüße, dein Chris; **~ better** immer besser; **as ~** wie gewöhnlich; **~ since ...** seitdem ... ❸ *(of all time)* **the biggest trade fair ~** die größte Handelsmesse, die es je gab; **the first performance ~** die allererste Darbietung ❹ *(as intensifier)* **how ~ could anyone ...?** wie kann jemand nur ...?; **what ~ have you done to him?** was hast du ihm bloß angetan?; **when ~ are we going to get this finished?** wann haben wir das endlich fertig?; **where ~ have I ...?** wohin habe ich nur ...?; **am I ~!** und wie!; **was she ~ a fast runner!** sie war wirklich eine schnelle Läuferin ❺ *esp* BRIT *(fam: exceedingly)* **Mark got ~ so drunk last night** Mark war gestern Abend wahnsinnig betrunken; **thank you ~ so much** tausend Dank

'ever·glade ['evəgleɪd, AM 'evɚ-] *n* Sumpfgebiet *nt;* ▪**the E~s** *pl* die Everglades *pl* **'ever·green I.** *n (plant, shrub)* immergrüne Pflanze; *(tree)* immergrüner Baum **II.** *adj* immergrün; **~ forest** Nadelwald *m;* **~ tree** Nadelbaum *m; (fig)* immer aktuell; **an ~ performer** ein bewährter Künstler; **~ song** Evergreen *m* **ever-in·'creas·ing** *adj inv* ständig zunehmend *attr;* **~ demand for sth** ständig wachsende Nachfrage nach etw *dat*

ever·'last·ing *adj inv* ❶ *(undying)* immerwährend; **an ~ place in history** ein fester Platz in der Geschichte; **~ glory** unvergänglicher Ruhm; **~ gratitude** ewige Dankbarkeit; **the key to ~ happiness** der Schlüssel zum dauerhaften Glück ❷ *(pej: unceasing)* endlos; **~ lectures** stundenlange Vorträge **'ever·more** *adv inv (liter)* immerfort; **for ~** für alle Ewigkeit; **to live on for ~** ewig fortleben **ever-'pres·ent** *adj inv* allgegenwärtig; **~ threat** ständige Bedrohung

every ['evri] *adj* ❶ *(each)* jede(r, s); **he seemed to dog her ~ step** er folgte ihr auf Schritt und Tritt; **to cater to sb's ~ wish** auf alle Wünsche einer Person *gen* eingehen ❷ *(as emphasis)* ganz und gar; **~ bit** ganz genauso; **~ bit as ... as ...** genauso ... wie ...; **to have ~ chance that ...** die besten Chancen haben, dass ...; **to be ~ inch a gentleman** von Kopf bis Fuß ein Gentleman sein; **to be ~ inch a liberal** durch und durch liberal sein; **to know ~ nook and cranny of an area** jeden Winkel eines Gebiets kennen; **to have ~ reason to do sth** allen Grund haben, etw zu tun; **~ which way** *esp* AM *(sl)* in alle Richtungen; **to attend to sb's ~ whim and fancy** jdm jeden Wunsch von den Augen ablesen

every·body ['evriˌbɒdi, AM -ˌbɑ:di], **every·one I.** *pron indef,* + *sing vb (all people)* jede(r); **surely ~ agrees that ...** sicher stimmt jeder zu, dass ...; **if you don't have enough to share with ~, ...** wenn du nicht genug hast, um mit allen zu teilen, ...; **~ in favour of this proposal please raise their hand** alle, die für diesen Vorschlag sind, heben die Hand; **~ had expected her to ...** jeder hatte erwartet, dass sie ...; **goodbye, ~** auf Wiedersehen alle miteinander; **it's not ~'s cup of tea** das liegt nicht jedem; **I've received replies from ~ but Jane** alle außer Jane haben mir geantwortet; **~ else** alle anderen; **I'm sorry, but you'll just have to wait your turn like ~ else** es tut mir leid, aber Sie müssen wie alle anderen warten, bis Sie dran sind **II.** *interj* **~** ich bitte um Ihre Aufmerksamkeit

'every·day ['evrideɪ] *adj* alltäglich; **death was an ~ occurrence back then** damals war man täglich mit dem Tod konfrontiert; **to be an ~ event** gang und gäbe sein; **~ language** Alltagssprache *f;* **to write sth in ~ language** etw verständlich formulieren; **~ life** Alltagsleben *nt;* **~ topic** Allerweltsthema *nt;* **to attend in ~ wear** (*Brit*) in Alltagsklamotten erscheinen *fam;* **a word in ~ use** ein umgangssprachlich verwendetes Wort

'Every·man *n no pl* jedermann; **the main character in the film is an ~** die Hauptrolle des Films handelt von Otto Normalverbraucher

every·one ['evriwʌn] *pron see* **everybody**

every·place ['evripleɪs] AM **I.** *adv inv* (*everywhere*) überallhin **II.** *n no pl* (*everywhere*) überall

every·thing ['evriθɪŋ] *pron indef* ❶ (*all things*) alles; **he taught me ~ I know** er brachte mir alles bei, was ich weiß; (*for sale*) **~ must go!** alles muss raus!; **we will do ~ in our power to prevent a war** wir werden alles tun, das in unser Macht steht, um einen Krieg zu verhindern; **the doctors did ~ possible to save her life** die Ärzte versuchten alles Menschenmögliche, um ihr Leben zu retten; **we did ~ we could** wir taten alles, was in unserer Macht stand; **why do you always have to reduce ~ to sex?** warum läuft bei dir immer alles auf Sex raus?; **he reduces ~, even tragic things, to a joke** er zieht alles, sogar Tragisches, ins Komische; **~ from caviar to cut glass was on sale** alles von Kaviar bis zu geschliffenem Glas stand zum Verkauf; **you can see ~ from alligators to zebras at the zoo** im Zoo sieht man alle Tiere von Alligatoren bis Zebras; **to blame ~ on sth/sb** [*or* **sth/sb for ~**] etw/jdm die ganze Schuld geben; **anything and ~** jede Kleinigkeit ❷ (*the most important thing*) **time is ~ – don't waste it** Zeit ist alles – vergeude sie nicht; **money isn't ~** Geld ist nicht alles; **to be ~ [to sb]** [jdm] alles sein; **getting rich is ~ to her** sie möchte nur reich werden ❸ (*current situation*) alles; **have you been crying? is ~ all right?** hast du geweint? ist alles in Ordnung?; **how's ~?** wie steht's?; **despite** [*or* **in spite of**] **~** trotz allem ▸PHRASES: **we've reduced prices on ~ but** [*or* **except**] **the kitchen sink** (*hum*) wir haben alles reduziert; **~ comes to him who waits** (*prov*) mit Geduld kommt jeder ans Ziel; **to have ~** reich gesegnet sein; **the charity had nothing to do with helping the needy and ~ to do with making its administrators rich** die Fürsorge wollte nicht den Bedürftigen helfen, sondern nur ihre Angestellten reich machen; **and ~** (*fam*) und allem drum und dran *fam*

every·where ['evri(h)weəʳ, AM -wer] **I.** *adv inv* überall; **reasonable people ~ ...** jeder vernünftige Mensch auf dieser Welt ...; **~ in the world** auf der ganzen Welt; **~ else** überall sonst; **to look ~ for sth** überall nach etw *dat* suchen; **to travel ~** überallhin reisen **II.** *n no pl* allerorts

evict [ɪ'vɪkt] *vt* **to ~ sb** (*from their home*) jdm kündigen; (*forcefully*) jdn zur Räumung seiner Wohnung zwingen; (*from a pub*) jdn rausschmeißen; **tenants who fall behind in their rent risk being ~ed** Mieter, die ihre Miete nicht zahlen, riskieren auf die Straße gesetzt zu werden

evic·tion [ɪ'vɪkʃᵊn] **I.** *n* Zwangsräumung *f;* **a court order for the ~ of the squatters** ein gerichtlich bestätigter Räumungsbefehl gegen die Squatter **II.** *adj attr, inv* **~ notice/order** Räumungsbescheid *m*/-befehl *m*

evi·dence ['evɪdᵊn(t)s] **I.** *n no pl* ❶ (*proof*) Beweis[e] *m[pl];* **where is your ~?** kannst du das beweisen?; **is there any scientific ~ that ...?** lässt es sich irgendwie wissenschaftlich beweisen, dass ...?; **there is growing ~ that ...** es gibt zunehmend Anhaltspunkte dafür, dass ...; **to believe the ~ of one's eyes** seinen eigenen Augen trauen; **all the ~** alle Anhaltspunkte; **documentary ~** dokumentarische Beweise; **to have documentary ~ of sth** stichfeste Belege für etw *akk* haben; **further ~** weitere Anhaltspunkte; ■**on the ~ of sth** BRIT aufgrund einer S. *gen;* **on the ~ of recent developments** BRIT in Anbetracht der jüngsten Entwicklungen; **on the ~ of their past encounters** im Hinblick auf ihre letzten Begegnungen ❷ LAW Beweisstück *nt;* **circumstantial ~** Indizienbeweis *m;* **convincing ~** überzeugende Beweise; **documentary ~** urkundliche Beweise; **forensic ~** gerichtlicher Beweis; **fresh ~** neues Beweismaterial; **insufficient ~** unzureichende Beweise; **oral ~** mündliche Aussage; **Queen's/King's ~** Aussage *f* eines Kronzeugen; **to turn Queen's/King's ~** BRIT als Kronzeuge auftreten; **to give State's** [*or* **Queen's**] **~ against sb** BRIT als Kronzeuge gegen jdn aussagen; **written ~** schriftliches Beweismaterial; **to find no ~ of sth** keinen Anhaltspunkt für etw *akk* haben; **to give ~ [on sth]** [über etw *akk*] aussagen; **to give ~ [against sb]** [gegen jdn] aussagen; **to give ~ in sb's favour** zugunsten von jdm aussagen ❸ (*be present*) Offenkundigkeit *f;* **few police were in ~ outside the courtroom** außerhalb des Gerichtssaals war nur ein geringes Polizeiaufgebot zu erkennen; ■**to be [much] in ~** [deutlich] sichtbar sein **II.** *vt* **to ~ interest in sth** Interesse an etw *dat* zeigen; ■**to be ~d by sth** *esp* AM (*show, prove*) sich *akk* in etw *dat* ausdrücken

evi·dent ['evɪdᵊnt] *adj* offensichtlich; **from the smell it was ~ that ...** der Geruch ließ darauf schließen, dass ...; **it only became ~ the following morning** es war erst am nächsten Morgen zu erkennen; ■**to be ~ in sth** in etw *dat* zu erkennen sein, sich *akk* in etw *dat* zeigen; ■**to be ~ to sb** für jdn deutlich sichtbar sein

evi·dent·ly ['evɪdᵊntli] *adv* ❶ (*clearly*) offensichtlich ❷ (*form: so it seems*) ganz offensichtlich; **~ not** offensichtlich nicht

evil ['iːvᵊl] **I.** *adj* böse; **the ~ day** [*or* **hour**] (*hum*) die Stunde der Wahrheit; **to put off the ~ hour** der Stunde der Wahrheit aus dem Wege gehen; **the ~ hour is upon sb** jdm droht die Stunde der Wahrheit; **to use one's ~ influence on sb** auf jdn einen schlechten Einfluss ausüben; **a thoroughly ~ man** ein ausgesprochen gehässiger Mann; **~ odour** [*or* AM **odor**] übler Gestank; **to be of ~ repute** einen schlechten Ruf genießen; **~ spirit[s]** böse Geister; **to have an ~ tongue** eine bösartige Zunge haben **II.** *n* Übel *nt;* LIT das Böse; **an aura of ~** eine Aura des Bösen; **to blame sb for all the ~s of the past** jdn für alles Schlechte der Vergangenheit verantwortlich machen; **good and ~** Gut und Böse; **the lesser ~** das geringere Übel; **the lesser of two ~s** das kleinere von zwei Übeln; **social ~** soziale Missstände

'evil·doer *n* Übeltäter(in) *m(f)* **evil 'eye** *n* (*fig*) ■**the ~** der böse Blick **evil-'mind·ed** *adj* (*pej*) bösartig **evil-'tem·pered** *adj* (*pej*) jähzornig

evince [ɪ'vɪn(t)s] *vt* ■**to ~ sth** etw bekunden; **to ~ a desire to do sth** den Wunsch äußern, etw zu tun; **to ~ interest** Interesse zeigen; **to ~ a willingness to do sth** die Bereitschaft zeigen, etw zu tun

evis·cer·ate [ɪ'vɪsəreɪt] *vt* (*form*) ■**to ~ an animal/sb** ein Tier ausnehmen/jdm die inneren Organe entfernen; (*fig: remove beautiful/valuable part*) ■**to ~ sth** etw einer S. *gen* berauben *geh*

evis·cera·tion [ɪˌvɪsə'reɪʃᵊn] *n no pl* (*of animals*) Ausweidung *f;* (*of humans*) Entfernen *nt* der Eingeweide

evo·ca·tion [ˌevə(ʊ)'keɪʃᵊn, AM ˌevə'-] *n* (*form*) Heraufbeschwören *nt*

evoca·tive [ɪ'vɒkətɪv, AM ɪ'vɑːkət̬ɪv] *adj* evokativ; *melodie* sinnträchtig; **an ~ image** ein plastisches Bildnis; ■**to be ~ of sth** an etw *akk* erinnern; **to be ~ of a decade** Erinnerungen an ein [bestimmtes] Jahrzehnt wachrufen

evoca·tive·ly [ɪ'vɒkətɪvli, AM ɪ'vɑːkət̬-] *adv* evokativ; **to read ~** etw anschaulich vortragen; **to write ~ of sth** etw in plastischer Weise beschreiben

evoke [ɪ'vəʊk, AM -'voʊk] *vt* ■**to ~ sth** etw hervorrufen; *mental image* an etw *akk* erinnern; **to ~ a memory** eine Erinnerung wachrufen; **to ~ a smile** ein Lächeln bewirken; **seeing the pictures of himself as a baby ~d a smile** als er sich selbst als Baby auf den Bildern sah, musste er lächeln; **to ~ a suspicion** einen Verdacht erregen

evo·lu·tion [ˌiːvə'luːʃᵊn, AM ˌevə'-] *n no pl* Evolution *f; of animals* Entwicklung *f* [von Tieren]; (*fig*) Entwicklung *f*

evo·lu·tion·ary [ˌiːvə'luːʃᵊnᵊri, AM ˌevə'luːʃᵊneri] *adj* evolutionär;

change should be ~ and not revolutionary (*fig*) die Änderungen sollten sich Schritt für Schritt und nicht drastisch vollziehen
evolve [ɪ'vɒlv, AM -'vɑːlv] **I.** *vi* (*develop*) entwickeln; *animals* sich entwickeln; *a species, theory* sich herausbilden; **how do we know that humans ~d from apes?** woher wissen wir, dass der Mensch vom Affen abstammt? **II.** *vt* ■**to ~ sth** etw entwickeln; **to ~ new forms of life** neue Formen des Lebens herausbilden
ewe [juː] *n* Mutterschaf *nt;* **~'s milk** Schafsmilch *f*
ewer ['juːəʳ, AM -ɚ] *n* Wasserkrug *m*
ex <*pl* -es> [eks] *n* (*fam: lover*) Ex-Freund(in) *m(f);* (*spouse*) Ex-Mann, Ex-Frau *m, f*
ex- [eks] *in compounds* ehemalig; **~prisoner** ehemaliger Häftling; **~husband** Ex-Mann *m;* **~communist** Ex-Kommunist(in) *m(f);* **~wife** Ex-Frau *f*
ex·ac·er·bate [ɪg'zæsəbeɪt, AM -'zæsɚ-] *vt* ■**to ~ sth** etw verschlimmern; *drought, crisis* etw verschärfen; **to ~ relations** Beziehungen trüben; **to ~ tension** Spannungen vertiefen
ex·ac·er·ba·tion [ɪg,zæsə'beɪʃᵊn, AM -,zæsɚ'-] *n no pl* Verschlimmerung *f; of crisis etc* Verschärfung *f;* **~ of a problem** Verschlechterung *f* eines Problems
ex·act [ɪg'zækt] **I.** *adj* ❶ (*precise*) genau; **£7.30 to be ~** 7 Pfund und dreißig Pence, um genau zu sein; **the ~ circumstances** die genauen Umstände; **the ~ description of a person** die exakte Beschreibung einer Person; **to be the ~ equivalent of sth** etw *dat* genau entsprechen; **to be ~ in one's evaluation** eine exakte Beurteilung abgeben; **to have the ~ fare ready** das Fahrgeld genau abgezählt bereithalten; **the ~ opposite** ganz im Gegenteil; **to be ~ in one's reporting** genauestens Bericht erstatten; **an ~ science** eine exakte Wissenschaft ❷ (*same*) **at the ~ same moment** genau in dem Moment; **the ~ one** genau der/die/das **II.** *vt* ■**to ~ sth** etw fordern; (*pej*) etw abverlangen; **to ~ tremendous concentration** ein erhebliches Maß an Konzentration erfordern; **to ~ obedience** Gehorsam fordern; **to ~ a high price from sb** einen hohen Preis von jdm fordern; **to ~ revenge on sb** an jdm Rache üben; ■**to ~ sth from sb** etw von jdm fordern; ■**to be ~ed by sth** durch etw *akk* verursacht werden
ex·act·ing [ɪg'zæktɪŋ] *adj* anstrengend; **sb is very ~** jd verlangt sehr viel; **to conform to ~ safety standards** genauen Sicherheitsnormen entsprechen
ex·acti·tude [ɪg'zæktɪtjuːd, AM -tətuːd, -tjuːd] *n no pl* (*form*) Genauigkeit *f*
ex·act·ly [ɪg'zæktli] *adv* ❶ (*precisely*) genau; **we started going out with each other ~ four years ago today** heute sind wir seit genau vier Jahren zusammen; **this song sounds ~ like all his other songs** dieses Lied unterscheidet sich nicht im Geringsten von seinen anderen Liedern; **~!** ganz genau!; **~ the same** genau dasselbe; **if I had my life again, I'd do ~ the same things** wenn ich nochmal zu leben hätte, würde ich alles nochmal ganz genauso machen; **to not ~ agree to sth** etw *dat* nicht gerade zustimmen; **he didn't ~ agree with my proposal, but ...** er stimmte meinem Vorschlag nicht gerade zu, aber ...; **to do ~ that** genau das tun; **how/what/when/where/who ~ ...** [*or* **~ how/what/when/where/who ...**] wie/was/wann/wo/wer genau ...; **what ~ do you want from life?** was erwartest du eigentlich vom Leben? ❷ (*hardly*) ■**not ~** eigentlich nicht; **he's not ~ good-looking but ...** eigentlich sieht er gar nicht gut aus, aber ...; **to be not ~ the epitome of sth** (*iron*) etw *dat* nicht gerade entsprechen
ex·act·ness [ɪg'zæktnəs] *n* Genauigkeit *f*
ex·ag·ger·ate [ɪg'zædʒᵊreɪt, AM -dʒər-] **I.** *vt* ■**to ~ sth** etw übertreiben; **to ~ the effect of sth** die Wirkung von etw *dat* verstärken; **to ~ a situation** eine Situation übertrieben darstellen; **to ~ sth grossly** [*or* **wildly**] etw stark übertreiben **II.** *vi* übertreiben; **let's not ~!** bloß nicht übertreiben!
ex·ag·ger·at·ed [ɪg'zædʒᵊreɪtɪd, AM -dʒəreɪt̬ɪd] *adj* übertrieben; **he has an ~ idea of his own importance** er nimmt sich selbst viel zu wichtig; **to pay ~ attention to sb** jdm übertriebene Aufmerksamkeit schenken; **wildly ~ claims** vollkommen überzogene Forderungen; **to attach ~ importance to sth** etw *dat* übertriebene Aufmerksamkeit schenken; **greatly ~** stark übertrieben
ex·ag·ger·at·ed·ly [ɪg'zædʒᵊreɪtɪdli, AM -dʒəreɪt̬ɪd-] *adv* übertrieben
ex·ag·gera·tion [ɪg,zædʒᵊr'eɪʃᵊn] *n* Übertreibung *f;* **it's not an ~ to say that ...** es ist nicht übertrieben, wenn man behauptet, dass ...; **it's a bit of an ~ to say that she's beautiful** sie als schön zu bezeichnen wäre wohl ein bisschen übertrieben; **to have a tendency to ~** zu Übertreibungen neigen
ex·alt [ɪg'zɔːlt] *vt* ❶ (*praise*) ■**to ~ sb** jdn preisen; **the new book about JFK does not exactly ~ him** das neue Buch über John F. Kennedy ist nicht gerade eine Lobeshymne; **to ~ sth as a virtue** etw als eine Tugend preisen ❷ (*promote*) jdn [in einen Stand] erheben
ex·al·ta·tion [,egzɔːl'teɪʃᵊn] *n no pl* Begeisterung *f*
ex·alt·ed [ɪg'zɔːltɪd] *adj* ❶ (*elevated*) hoch; **to rise to an ~ post** zu einem hohen Posten aufsteigen; **~ rank** hoher Rang ❷ (*overjoyed*) überschwänglich; ■**to be ~** überschwänglich reagieren; **we were absolutely ~ when ...** wir waren vor Freude vollkommen aus dem Häuschen, als ...
exam [ɪg'zæm] *n* Prüfung *f;* **to fail an ~** durch eine Prüfung fallen; **to take an ~** eine Prüfung machen
ex·ami·na·tion [ɪg,zæmɪ'neɪʃᵊn] **I.** *n* ❶ (*test*) Prüfung *f;* UNIV Examen *nt;* **to fail an ~** durch eine Prüfung fallen; **to pass/sit/take an ~** eine Prüfung bestehen/ablegen/machen ❷ (*investigation*) Untersuchung *f;* **~ of the evidence** Überprüfung *f* der Beweismittel; **research ~** Forschungsuntersuchungen; **on closer ~** bei genauerer Überprüfung; **to be under ~** untersucht werden; **the evidence is still under ~** die Beweismittel werden immer noch geprüft ❸ MED Untersuchung *f;* **to undergo a medical ~** sich *akk* ärztlich untersuchen lassen; **post-mortem ~** Obduktion *f,* Autopsie *f;* **to have** [*or* **undergo**] **an ~** sich *akk* einer Untersuchung unterziehen **II.** *n modifier* (*questions, results, certificate*) Prüfungs-; **~ paper** Prüfungsunterlagen *pl*
ex·ami·'na·tion board *n* Prüfungsausschuss *m*
ex·am·ine [ɪg'zæmɪn] *vt* ❶ (*test*) ■**to ~ sb** [**in sth**] jdn [in etw *dat*] prüfen; ■**to be ~d** geprüft werden ❷ (*scrutinize*) ■**to ~ sth** etw untersuchen [*o* prüfen]; **the council is to ~ ways of reducing traffic** der Stadtrat versucht Wege zur Reduzierung des Verkehrs zu finden; **to ~ credentials/methods** Referenzen/Methoden überprüfen; **to ~ the effects of sth** die Auswirkungen von etw *dat* untersuchen ❸ LAW ■**to ~ sb** jdn verhören [*o* vernehmen]; **to ~ the accused** den Angeklagten verhören; **to ~ experts** Experten anhören; ■**to ~ sb on sth** jdn zu etw *dat* befragen [*o* hinzuziehen] ❹ MED ■**to ~ sb/sth** jdn/etw untersuchen; **to ~ one's breasts** [**for lumps**] jds Brust [auf Knoten] abtasten
ex·ami·nee [ɪg,zæmɪ'niː] *n* Examenskandidat(in) *m(f)*
ex·am·in·er [ɪg'zæmɪnəʳ, AM -ɚ] *n* ❶ SCH, UNIV Prüfer(in) *m(f)* ❷ MED **medical ~** Gerichtsmediziner(in) *m(f)*
ex·'am·in·ing board *n* Prüfungsausschuss *m*
ex·am·ple [ɪg'zɑːmpl̩, AM -'zæm-] *n* ❶ (*illustration*) Beispiel *nt;* **this painting is a marvellous ~ of her work** dieses Bild verdeutlicht ihre Arbeit auf wunderbare Art und Weise; **that was a perfect ~ of ...** das war ein perfektes Beispiel für ...; **to give** [*or* **quote**] [**sb**] **an ~** [**of sth**] [jdm] ein Beispiel [für etw *akk*] geben; **for ~** zum Beispiel ❷ (*model*) Beispiel *nt;* **to set a good ~ to sb** jdm als Vorbild dienen; **to be a shining ~ for sth** ein leuchtendes Beispiel für etw *akk* sein; **to follow sb's ~** in die Fußstapfen einer Person *gen* treten; **to make an ~ of sb** an jdm ein Exempel statuieren; **the judge made an ~ of him and gave him the maximum sentence** der Richter belegte ihn exemplarisch mit der Höchststrafe

E

ex·as·per·ate [ɪg'zæspəreɪt, AM -pər-] *vt* ■**to ~ sb** (*infuriate*) jdn zur Verzweiflung bringen; (*irritate*) jdn verärgern [*o fam* auf die Palme bringen]; ■**to be ~d by** [*or* **at**] **sth** über etw *akk* verärgert sein

ex·as·per·at·ed [ɪg'zæspəreɪtɪd, AM -pəreɪt̬ɪd] *adj* (*irritated*) verärgert; (*infuriated*) aufgebracht; **to show an ~ reaction to sth** sehr aufgebracht auf etw *akk* reagieren; **to say sth in an ~ voice** etw in einem ärgerlichen Tonfall sagen; **to look ~** einen ärgerlichen Gesichtsausdruck haben; ■**to be ~ at** [*or* **by**] **sth** über etw *akk* verärgert sein

ex·as·per·at·ed·ly [ɪg'zæspəreɪtɪdli, AM -pəreɪt̬ɪd-] *adv* verärgert; **..., he spluttered ~** ..., zischte er aufgebracht; **to talk ~ of sth** aufgebracht über etw *akk* berichten

ex·as·per·at·ing [ɪg'zæspəreɪtɪŋ, AM -pəreɪt̬ɪŋ] *adj* ärgerlich; **sth is really ~** etw bringt jdn auf die Palme

ex·as·per·at·ing·ly [ɪg'zæspəreɪtɪŋli, AM -pəreɪt̬ɪŋ-] *adv* zum Verzweifeln; **they are ~ slow in processing any application** es ist zum Verzweifeln, wie langsam sie Anträge bearbeiten; **to be ~ obstinate** zum Verzweifeln stur sein

ex·as·pera·tion [ɪg,zæspə'reɪʃən] *n no pl* Verzweiflung *f* (**at** über +*akk*); **to feel deep ~** zutiefst verzweifelt sein; **to drive sb to ~** jdn vollkommen zur Verzweiflung bringen; **in ~** verärgert, verzweifelt; **he stormed out of the meeting in ~** er stürmte völlig frustriert aus der Konferenz

ex ca·thedra [,ekskə'θi:drə] **I.** *adj inv* ❶ (*form: unchallengeable*) maßgeblich; **~ pronouncement** unumstößliche Erklärung ❷ REL ex cathedra **II.** *adv inv* (*form*) autoritativ; **when the pope says something he speaks ~** alles was der Papst sagt, ist von maßgebender Bedeutung

ex·ca·vate ['ekskəveɪt] **I.** *vt* ■**to ~ sth** ❶ ARCHEOL etw ausgraben; **to ~ a burial place** ein Grab ausheben; **to ~ a site** Ausgrabungen auf einem Gelände machen; **~d site** Ausgrabungsgelände *nt* ❷ (*dig*) etw ausheben; **to ~ a hole/tunnel** ein Loch/einen Tunnel graben ❸ *esp* BRIT (*fig: expose*) etw offenlegen; **to ~ details of sb's private life** Einzelheiten aus jds Privatleben *nt* an die Öffentlichkeit bringen **II.** *vi* Ausgrabungen machen

ex·ca·va·tion [,ekskə'veɪʃən] *n* ARCHEOL Ausgrabung *f;* (*digging*) Ausheben *nt;* **~ of a tumulus** Aushebung *f* eines Hügelgrabs; **the ~ of a tunnel** das Graben eines Tunnels; **to carry out an ~** eine Ausgrabung durchführen; **to take part in an ~** an einer Ausgrabung teilnehmen

ex·ca·'va·tion site *n* Ausgrabungsstätte *f*

ex·ca·va·tor ['ekskəveɪtəʳ, AM -t̬ɚ] *n* Bagger *m*

ex·ceed [ɪk'si:d] *vt* ■**to ~ sth** etw übersteigen; (*outshine*) etw übertreffen; **the total current must not ~ 13 amps** es dürfen nicht mehr als 13 Ampere Strom fließen; **to ~ the ceiling** (*fig*) die Höchstgrenze überschreiten; **to ~ sb's wildest dreams** jds kühnste Träume *mpl* übertreffen; **to ~ sb's wildest expectations** all jds Erwartungen *fpl* bei weitem übertreffen; **to ~ a quota** eine Quote übersteigen; **to ~ the speed limit** die Geschwindigkeitsgrenze überschreiten

ex·ceed·ing·ly [ɪk'si:dɪŋli] *adv* äußerst; **~ difficult** extrem schwierig; **~ good** überdurchschnittlich gut; **~ unpleasant** höchst unangenehm; **to disturb sb ~** (*old*) jdn aufs Äußerste beunruhigen

ex·cel <-ll-> [ɪk'sel] **I.** *vi* sich *akk* auszeichnen; ■**to ~ at** [*or* **in**] **sth** sich *akk* bei etw *dat* hervortun; **I've never ~led at diving** ich war noch nie ein guter Taucher; **she ~s in debates** sie schlägt sich hervorragend bei Diskussionen; **to ~ at chess** im Schachspielen ein As sein *fam;* **to ~ at French** im Französischen eine Leuchte sein *fam* **II.** *vt* ■**to ~ oneself** sich *akk* selbst übertreffen

ex·cel·lence ['eksələn(t)s] *n no pl* Vorzüglichkeit *f; of a performance* hervorragende Qualität; **academic ~** (*of a university*) ausgezeichnetes akademisches Niveau

Ex·cel·len·cy ['eksələn(t)si] *n* Exzellenz *f;* **His/Her ~** Seine/Ihre Exzellenz; [**Your**] **~** [Eure] Exzellenz

ex·cel·lent ['eksələnt] *adj* (*approv*) ausgezeichnet; **the fall in interest rates is ~ news for borrowers** der niedrigere Zinssatz kommt Kreditnehmern wie gerufen; **in ~ condition** in einem ausgezeichneten Zustand; **to have ~ facilities** über ausgezeichnete Einrichtungen verfügen; **to be in ~ form** in Topform sein *fam;* **to achieve an ~ grade** eine überdurchschnittlich gute Zensur bekommen; **to make an ~ impression on sb** einen sehr guten Eindruck bei jdm hinterlassen; **to have an ~ name** einen hervorragenden Ruf besitzen; **~ performance** hervorragende Leistung; **~ qualifications** sehr gute Qualifikationen; **to be of ~ quality** von hervorragender Qualität sein; **to have an ~ record** ausgezeichnete Leistungen vorweisen; **to have an ~ reputation for sth** in außergewöhnlichem Maße für etw bekannt sein; **to achieve ~ results** hervorragende Ergebnisse erzielen; **to have ~ taste** einen auserwählten Geschmack besitzen; **to be an ~ traveller** ein erfahrener Reisender sein; ■**~!** ausgezeichnet!, hervorragend!

ex·cel·lent·ly ['eksələntli] *adv* ausgezeichnet; **to work ~** hervorragende Arbeit leisten; *computers, machines* hervorragend funktionieren

ex·cept [ɪk'sept] **I.** *prep* ■**~** [**for**] außer +*dat;* **the museum is open daily ~ Mondays** das Museum ist täglich geöffnet, außer montags; **~ for the fact that ...** außer [*o* abgesehen von] der Tatsache, dass ... **II.** *conj* ❶ (*only, however*) doch, nur; **I would come to see you ~ I haven't any time** ich würde dich ja gerne besuchen kommen, nur ich habe keine Zeit ❷ (*besides*) außer; **we can do nothing ~ appeal to their conscience** wir können nur an ihr Gewissen appellieren **III.** *vt* (*form*) ■**to ~ sb/sth from sth** jdn/etw von etw *dat* ausschließen; **I ~ no one from this criticism** keiner ist von dieser Kritik ausgeschlossen; **to be ~ed from a fine/tax** eine Geldstrafe/eine Steuer nicht bezahlen müssen; **to be ~ed from a law** von einem Gesetz ausgenommen sein

ex·cept·ed [ɪk'septɪd] *adj after n* außer; **Peter ~, ...** außer Peter ...; **present company ~** Anwesende ausgenommen

ex·cept·ing [ɪk'septɪŋ] *prep* außer +*dat;* **not ~** nicht ausgenommen; **always ~** natürlich mit Ausnahme

ex·cep·tion [ɪk'sepʃən] *n* Ausnahme *f;* **you must report here every Tuesday without ~** du musst dich hier ausnahmslos jeden Dienstag melden; **to make/be an ~** eine Ausnahme machen/sein; **to take ~** [**to sth**] Anstoß *m* [an etw *dat*] nehmen; **I take great ~ to your last comment** deine letzte Bemerkung verbitte ich mir *geh;* **with the ~ of ...** mit Ausnahme von ... ▶PHRASES: **the ~ proves the rule** (*prov*) die Ausnahme bestätigt die Regel *prov*

ex·cep·tion·able [ɪk'sepʃənəbl] *adj* (*form*) anfechtbar; (*not appropriate*) unschicklich; **many people find that sort of newspaper article highly ~** viele Leute nehmen starken Anstoß an solch einem Zeitungsartikel; **an ~ programme** [*or* AM **program**] ein anstößiges Programm; **an ~ speech** eine ungebührliche Rede

ex·cep·tion·al [ɪk'sepʃənəl] *adj* (*approv*) außergewöhnlich; **she has ~ qualities as a pianist** sie ist eine ganz hervorragende Pianistin; **her ~ pallor attracted me** mir gefiel ihre auffallende Blässe; **an ~ case** ein ungewöhnlicher Fall; **~ circumstances** außergewöhnliche Umstände

ex·cep·tion·al·ly [ɪk'sepʃənəli] *adv* (*approv*) außergewöhnlich; **to be ~ clever/cold** ungewöhnlich intelligent/kalt sein; **to be ~ talented** überdurchschnittliches Talent besitzen

ex·cerpt **I.** *n* ['eksɜ:pt, AM -sɜ:rpt] Auszug *m,* Exzerpt *nt form* (**from** aus +*dat*) **II.** *vt* [ek'sɜ:pt, AM -'sɜ:rpt] *usu passive esp* AM ■**to be ~ed from sth** (*from a collection*) aus etw *dat* stammen; **this passage of text has been ~ed from her latest novel** diese Textpassage wurde ihrem letzten Roman entnommen

ex·cess [ɪk'ses, ek-] **I.** *n* <*pl* -es> ❶ *no pl* (*overindulgence*) Übermaß *nt;* **another night of ~ yesterday?** hast mal wieder maßlos über die Stränge geschlagen gestern Abend?; **an ~ of**

alcohol ein Übermaß an Alkohol ❷ (*surplus*) Überschuss *m;* **an ~ of enthusiasm is not always a good thing** allzu viel Enthusiasmus ist nicht immer gut; **to have an ~ of energy** überschüssige Energie besitzen; ■**to do sth to ~** bei etw *dat* übertreiben; **to make love to ~** sich exzessiv lieben; **to eat to ~** übermäßig viel essen; **in ~ of ...** mehr als ... **II.** *adj attr* ❶ (*additional*) Überschuss *m;* **~ amount** Mehrbetrag *m;* **~ capacity** Überkapazität *f;* **~ charge** Zusatzgebühr *f;* **~ income** Mehreinkommen *nt;* **~ production** Überschussproduktion *f;* **~ supply** Überangebot *nt* ❷ (*surplus*) überschüssig; **~ allowance** Zusatzbewilligung *f;* **~ fare** Zuschlag *m;* **~ fat** überschüssiges Fett

ex·cess 'bag·gage *n,* **ex·cess 'lug·gage** *n no pl* Übergepäck *nt*

ex·cesses [ɪk'sesɪz, ek-] *npl* ❶ (*outrageousness*) Exzesse *mpl;* **to commit ~** Exzesse begehen ❷ (*overabundance*) Unmenge *f;* **as for shoes her ~ were well known** es war bekannt, dass sie eine Unmenge von Schuhen besaß

ex·ces·sive [ɪk'sesɪv, ek-] *adj* übermäßig; **~ exercise can cause health problems** zu viel Sport kann Gesundheitsschäden verursachen; **~ claim** übertriebene Forderung; **~ spending** überhohe Ausgaben; **~ taxation** Übersteuerung *f;* **~ violence** übermäßige Gewalt[anwendung]; **~ zeal** Übereifer *m*

ex·ces·sive·ly [ɪk'sesɪvli, ek-] *adv* übermäßig; **he behaved ~ at the party** er benahm sich auf der Party total daneben; **~ high salaries** überzogene Gehälter; **to not be ~ bright** nicht gerade eine Leuchte sein; **~ direct/rigorous** allzu direkt/streng; **~ persistent** übertrieben hartnäckig

ex·change [ɪks'tʃeɪndʒ, eks-] **I.** *vt* ❶ (*trade*) ■**to ~ sth [for sth]** etw [gegen etw *akk*] austauschen; *in a shop* etw [gegen etw *akk*] umtauschen; **to ~ apartments** einen Wohnungstausch vornehmen ❷ (*interchange*) ■**to ~ sth** etw austauschen; **to ~ addresses/greetings/opinions** Adressen/Grüße/Meinungen austauschen; **to ~ banter with sb** mit jdm herumalbern; **to ~ looks** Blicke wechseln; **to ~ words** einen Wortwechsel haben **II.** *n* ❶ (*trade*) Tausch *m;* **he gave me some tomatoes in ~ for a lift into town** er gab mir ein paar Tomaten und dafür nahm ich ihn mit in die Stadt; **~ of contracts** Vertragsabschluss *m;* **~ of letters** Briefwechsel *m;* **~ of proposals** Austausch *m* von Vorschlägen ❷ FIN, ECON Währung *f;* **foreign ~** Devisen *fpl;* (*money*) ausländische Zahlungsmittel; **rate of ~** Wechselkurs *m;* **rate of ~ of the dollar** Wechselkurs *m* des Dollars; **~ regulations** Devisenbestimmungen *fpl* ❸ (*interchange*) Wortwechsel *m;* **there was a brief ~ between the two leaders** die beiden Führungskräfte tauschten sich kurz aus; **~ of blows** Schlagabtausch *m;* **~ of fire** Feuergefecht *nt,* Schusswechsel *m;* **~ of threats** gegenseitige Drohungen; **bitter ~** erbitterter Wortwechsel **III.** *adj attr, inv* **~ conditions** Wechselbedingungen *fpl;* **~ market** Devisenmarkt *m;* **~ teacher** Austauschlehrer(in) *m(f);* **~ value** Tauschwert *m*

ex·change·able [ɪks'tʃeɪndʒəbl̩, eks-] *adj inv* austauschbar; *goods* umtauschbar; **~ currency** Tauschwährung *f;* **~ token** einlösbarer Gutschein

ex·'change bro·ker *n* Devisenmakler(in) *m(f)* **ex·'change con·trol** *n* Devisenbewirtschaftung *f,* Devisenkontrolle *f* **ex·'change deal·er** *n* ECON, FIN Devisenmakler(in) *m(f)* **ex·'change rate** *n* Wechselkurs *m,* Devisenkurs *m;* **~ parity** Wechselkursparität *f;* **~ stability** Wechselkursstabilität *f;* **~ swap** Wechselkurstauschgeschäft *nt* **Ex·change Rate 'Mecha·nism** *n* Wechselkursmechanismus *m* **ex·'change re·stric·tions** *npl* ECON, FIN Devisenbewirtschaftung *f,* Devisenkontrolle *f* **ex·'change stu·dent** *n* SCH Austauschschüler(in) *m(f);* UNIV Austauschstudent(in) *m(f)*

ex·cheq·uer [ɪks'tʃekəʳ, eks-, AM -ɚ] *n no pl* BRIT Finanzministerium *nt*

ex·cise¹ ['eksaɪz] **I.** *n no pl* FIN Verbrauchssteuer *f;* **~ on alcohol** Alkoholsteuer *f;* **local ~** örtliche Verbrauchssteuer; **to increase** [*or* **raise**]**/lower ~** die Verbrauchssteuer erhöhen [*o* anheben]/senken **II.** *adj attr* **~ duty [on sth]** Verbrauchssteuern [für etw *akk*]; **~ duty on beer** Biersteuer *f;* **~ law** Verbrauchssteuergesetz *nt;* **~ regulations** verbrauchssteuerrechtliche Bestimmungen

ex·cise² [ek'saɪz] *vt* ■**to ~ sth** (*remove*) etw entfernen (**from** von +*dat*); *from list* etw streichen; FILM etw herausschneiden; **to ~ a chapter** ein Kapitel herausnehmen; **to ~ a tumour** [*or* AM **tumor**] einen Tumor entfernen

ex·ci·sion [ek'sɪʒən] *n* MED Entfernung *f*

ex·cit·able [ɪk'saɪtəbl̩, ek-, AM -t̬ə-] *adj* erregbar; **to have an ~ temper** reizbar sein

ex·cite [ɪk'saɪt, ek-] *vt* ❶ (*stimulate*) ■**to ~ sb** jdn erregen; (*make enthusiastic*) jdn begeistern; **to ~ an audience** ein Publikum begeistern; **to be ~d about an idea** von einer Idee begeistert sein; **to be ~d about a prospect/discovery** eine Aussicht/eine Entdeckung aufregend finden ❷ (*awaken*) ■**to ~ sth** etw hervorrufen; **to ~ sb's curiosity** jds Neugierde *f* wecken; **to ~ feelings** Gefühle verursachen; **to ~ sb's imagination** jds Fantasie *f* anregen; **to ~ passion** Leidenschaft hervorrufen; **to ~ speculation** zu Spekulationen führen

ex·cit·ed [ɪk'saɪtɪd, ek-, AM -t̬ɪd] *adj* aufgeregt; (*enthusiastic*) begeistert; (*sexually*) erregt; **to be ~ about sth** (*in present*) von etw *dat* begeistert sein; (*in near future*) sich auf etw *akk* freuen; **nothing to get ~ about** nichts Weltbewegendes [*o* Besonderes]; **the progress made is nothing to get ~ about** es sind keine überwältigenden Fortschritte gemacht worden

ex·cit·ed·ly [ɪk'saɪtɪdli, ek-, AM -t̬ɪd-] *adv* aufgeregt; **to talk ~** erregt sprechen

ex·cite·ment [ɪk'saɪtmənt, ek-] *n* ❶ (*strong arousal*) Aufregung *f;* **~ of anticipation** angespannte Erwartungshaltung; **to be in a state of ~** in heller Aufregung sein; **what ~!** wie aufregend! ❷ *no pl* (*stimulation*) Erregung *f;* (*commotion*) Aufruhr *m;* (*agitation*) Aufregung *f;* **if you want ~ you should try parachuting** wenn du Aktion haben willst, solltest du Fallschirmspringen versuchen

ex·cit·ing [ɪk'saɪtɪŋ, ek-, AM -t̬ɪŋ] *adj* (*approv*) *discovery, life* aufregend; *development, match, story* spannend; (*stimulating*) anregend; **to have an ~ life** ein aufregendes Leben führen

ex·cit·ing·ly [ɪk'saɪtɪŋli, ek-, AM -t̬ɪŋli] *adv* (*approv*) aufregend; *describe, tell, write* spannend

excl. I. *adj abbrev of* **exclusive** exkl. **II.** *prep abbrev of* **excluding** exkl.

ex·claim [ɪks'kleɪm, eks-] **I.** *vi* aufschreien; **to ~ in delight** vor Freude aufschreien **II.** *vt* ■**to ~ that ...** ausrufen, dass ...; **he ~ed that his pocket had been picked** er sei beraubt worden, schrie er

ex·cla·ma·tion [ˌekskləˈmeɪʃən] *n* Ausruf *m;* **~ of anger** Wutschrei *m;* **~s of happiness** Freudengeschrei *nt*

ex·cla·'ma·tion mark *n,* **ex·cla·'ma·tion point** *n* Ausrufezeichen *nt*

ex·clude [ɪks'klu:d, eks-] *vt* ❶ (*keep out*) ■**to ~ sb/sth [from sth]** jdn/etw [von etw *dat*] ausschließen; **to ~ sb from a club** jdn für einen Verein nicht zulassen; **to be ~d from school** von der Schule ausgeschlossen sein ❷ (*leave out*) **the price ~s local taxes** im Preis sind die Kommunalsteuern nicht inbegriffen; **to ~ a possibility** eine Möglichkeit ausschließen

ex·clud·ing [ɪks'klu:dɪŋ, eks-] *prep* ausgenommen +*gen*

ex·clu·sion [ɪks'klu:ʒən, eks-] *n* Ausschluss *m* (**from** von +*dat*); ■**to the ~ of sb** unter Ausschluss einer Person *gen*

ex·clu·sion·ary [ɪks'klu:ʒənəri, eks-, AM -neri] *adj* ausschließend; **~ area** Ausschlusszone *f;* **~ rule** AM LAW Ausschließungsregel *f;* **~ zone** abgegrenzte Zone

ex·clu·sive [ɪks'klu:sɪv, eks-] **I.** *adj* ❶ (*excluding*) ausschließlich; **is the total ~ of service charge?** ist das Bedienungsgeld nicht im Gesamtpreis enthalten?; **to be mutually ~** nicht zu vereinbaren sein, einander ausschließen ❷ (*limited to*) exklusiv; **this room is for the ~ use of our guests** dieser Raum ist nur für unsere Gäste bestimmt; **~ interview** Exklusivinterview *nt;* ~ **privilege** alleiniges Privileg; ~ **right** Exklusivrecht *nt;* ■ **to be ~ to sb** auf jdn beschränkt sein; **these items are ~ to the outlets we own** diese Waren sind nur an unseren Verkaufsstellen zu erhalten ❸ (*select*) vornehm; ~ **clientele/membership** exklusive Kundschaft/Mitgliedschaft; **in ~ circles** in besseren Kreisen ❹ (*sole*) einzig; **singing is not her ~ interest outside work** außerhalb ihrer Arbeit interessiert sie sich nicht nur fürs Singen; ~ **occupation** einzige Beschäftigung **II.** *n* MEDIA Exklusivbericht *m*

ex·clu·sive·ly [ɪks'klu:sɪvli, eks-] *adv* ausschließlich, exklusiv; **to be ~ owned by sb** sich im alleinigen Besitz von jdm befinden

ex·clu·sive·ness [ɪks'klu:sɪvnəs, eks-] *n no pl* ❶ (*being limited*) Ausschließlichkeit *f* ❷ (*luxuriousness*) Exklusivität *f*

ex·clu·sivi·ty [,eksklu:'sɪvəti, AM -ət̬i] *n no pl* Exklusivität *f;* **sb's ~** jds exklusives Verhalten

ex·com·muni·cate [,ekskə'mju:nɪkeɪt] *vt* ■ **to ~ sb** jdn exkommunizieren, jdn aus der Kirchengemeinschaft ausschließen

ex·com·muni·ca·tion [,ekskə,mju:nɪ'keɪʃ^ən] *n* Exkommunikation *f;* **to risk ~** den Ausschluss aus der Kirchengemeinschaft riskieren

ex·co·ri·ate [ek'skɔ:rieɪt] *vt* (*form*) ■ **to ~ sth** etw heftig angreifen; *idea* etw verurteilen; **to ~ a book** eine vernichtende Kritik über ein Buch schreiben

ex·cre·ment ['ekskrəmənt] *n* (*form*) Kot *m,* Exkremente *ntpl*

ex·cres·cence [ɪk'skres^ən(t)s, ek-] *n* MED Wucherung *f;* (*fig pej*) Auswuchs *f*

ex·cre·ta [ɪk'skri:tə, ek-, AM -t̬ə] *n no pl* (*form or spec*) Exkrete *ntpl fachspr,* Ausscheidungen *fpl*

ex·crete [ɪk'skri:t, ek-] **I.** *vt* ■ **to ~ sth** etw ausscheiden; *secretion* etw absondern **II.** *vi* Exkremente ausscheiden

ex·cre·tion [ɪk'skri:ʃ^ən, ek-] *n* (*form*) ❶ Exkret *nt fachspr* ❷ *no pl* (*act*) Ausscheidung *f,* Exkretion *f fachspr*

ex·cru·ci·at·ing [ɪk'skru:ʃieɪtɪŋ, ek-, AM -t̬ɪŋ] *adj* ❶ (*painful*) schmerzhaft; **to have an ~ attack of sth** von etw *dat* stark befallen sein; **to have an ~ pain** fürchterliche Schmerzen haben; **to suffer from [an] ~ pain** unter fürchterlichen Schmerzen leiden; ~ **suffering** entsetzliches Leiden ❷ (*fig*) qualvoll; **in ~ detail** in allen qualvollen Einzelheiten

ex·cru·ci·at·ing·ly [ɪk'skru:ʃieɪtɪŋli, ek-, AM -t̬ɪŋ-] *adv* entsetzlich, furchtbar; *funny* wahnsinnig; ~ **boring** todlangweilig; ~ **difficult** extrem schwierig; ~ **funny** urkomisch; ~ **long** überlang; ~ **painful** entsetzlich schmerzhaft

ex·cul·pate ['ekskʌlpeɪt] *vt* (*form*) ■ **to ~ sb [from sth]** jdn [von etw *dat*] freisprechen

ex·cul·pa·tory [ek'skʌlpət^əri, AM -tɔ:ri] *adj inv* (*form*) entlastend

ex·cur·sion [ɪk'skɜ:ʃ^ən, eks-, AM -'skɜ:rʒ-] *n* Ausflug *m;* **annual ~** Jahresausflug *m;* **to go on [*or* make] an ~** einen Ausflug machen; (*fig*) Abstecher *m;* **to make an ~** einen Abstecher machen

ex·'cur·sion tick·et *n* verbilligte Fahrkarte **ex·'cur·sion train** *n* Sonderzug *m*

ex·cus·able [ɪk'skju:zəbl̩, ek-] *adj* verzeihlich, entschuldbar

ex·cuse I. *vt* [ɪk'skju:z, ek-] ❶ (*forgive*) ■ **to ~ sth** etw entschuldigen; (*make an exception*) über etw *akk* hinwegsehen; ~ **the mess in my room** entschuldige bitte meine Unordnung; **please ~ me for arriving late** entschuldigen Sie bitte mein Zuspätkommen; **to ~ sb's behaviour** jds Verhalten *nt* rechtfertigen; **to ~ sb's lateness** über jds Unpünktlichkeit *f* hinwegsehen; ■ **to ~ sb [for] sth** jdm etw entschuldigen; **many of the war criminals were ~d their crimes** vielen Kriegsverbrechern wurden ihre Verbrechen nicht angerechnet; ■ **to ~ sb from sth** jdn von etw *dat* befreien; **may I be ~d from cricket practice?** dürfte ich dem Cricket-Training fernbleiben? ❷ (*attract attention*) ~ **me!** entschuldigen Sie bitte!, Entschuldigung!; (*beg pardon*) [ich bitte vielmals um] Entschuldigung; **my name is Dedijer – ~ me?** mein Name ist Dedijer – wie bitte?; (*on leaving*) **[if you'll] ~ me** wenn Sie mich jetzt entschuldigen würden; **may I be ~d?** dürfte ich mal auf die Toilette gehen? **II.** *n* [ɪk'skju:s, ek-] ❶ (*reason*) Entschuldigung *f,* Grund *m;* **please make my ~s at Thursday's meeting** entschuldige mich bitte bei der Sitzung am Donnerstag ❷ (*pej: justification*) Ausrede *f;* (*cause, reason*) Anlass *m;* **there is no ~ for their behaviour** ihr Verhalten lässt sich nicht entschuldigen; **poor ~** schlechte Ausrede; **to look for an ~** nach einer Ausrede suchen; **to make an ~** sich *akk* entschuldigen; **I make no ~s for my views** ich entschuldige meine Ansichten nicht; **to be always making ~s** sich *akk* immer herausreden ❸ (*fam: poor example*) ■ **an ~ for sth** eine armselige Ausführung von etw *dat;* **it was a miserable ~ for a meal** das war ein jämmerliches Essen

ex·di·rec·tory [,eksdə'rekt^əri] BRIT, AUS **I.** *adj inv* ~ **number** Geheimnummer *f;* ■ **to be ~** nicht im Telefonbuch stehen **II.** *adv inv* **to go ~** eine Geheimnummer beantragen

ex·eat ['eksiæt] *n* BRIT UNIV, SCH (*o form*) Beurlaubung *f*

exec [ɪg'zek, eg-] *n* (*fam*) *short for* **executive** leitender Angestellter/leitende Angestellte, Geschäftsführer(in) *m(f);* **he's a young ~ with a Porsche and five credit cards** er ist ein Jungmanager mit einem Porsche und fünf Kreditkarten

ex·ecrable ['eksɪkrəbl̩] *adj* (*pej form*) scheußlich, grässlich, abscheulich; **an ~ meal** ein abscheuliches Essen; **an ~ show** eine miserable Show

ex·ecrably ['eksɪkrəbli] *adv* (*pej*) scheußlich, abscheulich; **to behave ~** sich *akk* widerlich benehmen; **to perform sth ~** etw miserabel aufführen; **to treat sb ~** jdn scheußlich behandeln

ex·ecrate ['eksɪkreɪt] *vt* (*form*) ■ **to ~ sth** etw verabscheuen; **to ~ a symbol** ein Symbol verfluchen

ex·ecute ['eksɪkju:t] *vt* ❶ (*form: carry out*) ■ **to ~ sth** etw durchführen; **to ~ a manoeuvre [*or* AM maneuver]** ein Manöver ausführen; **to ~ an order** einen Befehl ausführen; **to ~ a plan** einen Plan ausführen [*o* durchführen]; **to ~ a play** ein Stück aufführen; **to ~ a somersault** einen Purzelbaum schlagen ❷ LAW **to ~ sb's will** das Testament von jdm vollstrecken ❸ (*kill*) ■ **to ~ sb** jdn hinrichten

ex·ecu·tion [,eksɪ'kju:ʃ^ən] *n* ❶ *no pl* (*carrying out*) Durchführung *f;* **the ~ of an idea** die Verwirklichung einer Idee; **the ~ of a duty** die Wahrnehmung einer Pflicht; **to put [*or* carry] a plan into ~** einen Plan ausführen; **the ~ of a sonata** die Ausführung einer Sonate ❷ (*killing*) Hinrichtung *f,* Exekution *f form*

ex·ecu·tion·er [,eksɪ'kju:ʃ^ənə^r, AM -ɚ] *n* Scharfrichter *m*

ex·ecu·tive [ɪg'zekjətɪv, eg-, AM -t̬ɪv] **I.** *n* ❶ (*manager*) leitender Angestellter/leitende Angestellte; **advertising ~** Werbemanager(in) *m(f);* **bank ~** Bankmanager(in) *m(f);* **junior/senior ~** untere/höhere Führungskraft ❷ + *sing/pl vb* (*body*) Exekutive *f;* (*committee*) Vorstand *m;* ~ **of the party** Parteivorstand *m;* ~ **of the union** Gewerkschaftsvorstand *m;* **local ~** örtliche Exekutive; **national ~** Nationalexekutive *f* **II.** *adj attr* ❶ (*administrative*) Exekutiv-; ~ **branch** Exekutivzweig *m;* ~ **committee** [geschäftsführender] Vorstand *m;* ~ **council** Ministerrat *m* ❷ (*managerial*) ~ **car** Vorstandswagen *m;* ~ **decisions** Führungsentscheidungen *fpl;* ~ **editor** Chefredakteur(in) *m(f);* ~ **producer** leitender Produzent/leitende Produzentin; ~ **secretary** Direktionssekretär(in) *m(f);* ~ **skills** Führungsfähigkeiten *fpl;* ~ **suite** Vorstandsetage *f; in a hotel* Chefsuite *f*

ex·ecu·tor [ɪg'zekjətə^r, eg-, AM -t̬ɚ] *n* LAW Testamentsvollstrecker(in) *m(f);* **the ~ of the will** der Vollstrecker/die Vollstreckerin des Testaments; **literary ~** literarischer Testamentsvollstrecker

ex·ecu·trix <*pl* -trices> [ɪg'zekjətrɪks, *pl* -traɪsi:z] *n* LAW Testamentsvollstreckerin *f*

ex·egesis <*pl* -geses> [,eksɪ'dʒi:sɪs, *pl* -si:z] *n* ❶ Auslegung *f,* Exegese *f fachspr* ❷ (*fig*) Einschätzung *f*

ex·em·plar [ɪg'zemplə^r, eg-, AM -ɚ] *n* (*approv*) Musterbeispiel *nt*

ex·em·pla·ry [ɪg'zempl^əri, eg-] *adj* (*approv*) vorbildlich; **his**

tact was ~ er erwies einen beispielhaften Takt; ~ **damages** (*form*) über den verursachten Schaden hinausgehende Entschädigung; ~ **persistence** bewundernswerte Ausdauer; ~ **punishment** exemplarische Strafe; ~ **restraint** beachtliche Beherrschung

ex·em·pli·fi·ca·tion [ɪɡˌzemplɪfɪˈkeɪʃᵊn, eg-, AM -plə-] *n* Erläuterung *f* durch Beispiele; ~ **of an adage** Verdeutlichung *f* eines Sprichworts; ~ **of an idea** Veranschaulichung *f* einer Idee

ex·em·pli·fy <-ie-> [ɪɡˈzemplɪfaɪ, eg-] *vt* ■**to** ~ **sth** *person* etw erläutern; *thing* etw veranschaulichen; **to** ~ **a fashion** eine Mode darstellen; **to** ~ **a strategy** eine Strategie verdeutlichen

ex·empt [ɪɡˈzempt, eg-] **I.** *vt* ■**to** ~ **sb/sth from sth** jdn/etw von etw *dat* befreien; **to** ~ **sb from military service** jdn vom Militärdienst freistellen **II.** *adj inv* befreit; ■**to be** ~ **from sth** von etw *dat* befreit sein; **goods** ~ **from this tax** von dieser Steuer ausgenommene Waren; ~ **from duty** gebührenfrei; ~ **from excise** von der Verbrauchssteuer ausgenommen

ex·emp·tion [ɪɡˈzempʃᵊn, eg-] *n* ❶ *no pl* (*exempting*) Befreiung *f* (**from** von +*dat*); **to be granted** ~ **from a payment** von einer Zahlung befreit werden; ~ **from military service** Freistellung *f* vom Militärdienst; ~ **from taxes** Steuerfreiheit *f* ❷ (*dispensation*) Erlass *m*; **tax** ~ Steuerbefreiung

ex·er·cise [ˈeksəsaɪz, AM -sɚ-] **I.** *vt* ❶ (*physically*) ■**to** ~ **sth** etw trainieren; **to** ~ **a dog** einen Hund spazieren führen; **to** ~ **a horse** ein Pferd bewegen; **to** ~ **one's muscles/memory** seine Muskeln/sein Gedächtnis trainieren ❷ (*form: mentally*) **to** ~ **sb's mind** jdn sehr beschäftigen ❸ (*form: use*) ■**to** ~ **sth** etw üben; **to** ~ **one's authority** seine Autorität ausüben; **to** ~ **caution** Vorsicht walten lassen; **to** ~ **common sense** den gesunden Menschenverstand benutzen; **to** ~ **control over sth** Kontrolle über etw *akk* ausüben; **to** ~ **discretion in a matter** eine Angelegenheit mit Diskretion behandeln; **to** ~ **leadership** die Leitung innehaben; **to** ~ **an option** ein Optionsrecht ausüben; **to** ~ **one's power** seine Macht in Anspruch nehmen; **to** ~ **one's privilege** von seinem Privileg Gebrauch machen; **to** ~ **one's right** sein Recht geltend machen; **to** ~ **self-denial** sich *akk* selbst verleugnen; **to** ~ **self-discipline** Selbstdisziplin ausüben; **to** ~ **tact** mit Takt vorgehen; **to** ~ **one's veto** sein Vetorecht einlegen **II.** *vi* trainieren **III.** *n* ❶ (*physical exertion*) Bewegung *f*; (*training*) Übung *f*; **breathing** ~ Atemübung *f*; **outdoor** ~ Bewegung *f* im Freien; **physical** ~ körperliche Bewegung; **to do** ~**s** Gymnastik machen; **to do leg** ~**s** Beinübungen machen; **to take** ~ sich *akk* bewegen; **you really should take more** ~ du solltest dich wirklich mehr sportlich betätigen ❷ (*practice*) Übung *f*; SCH, UNIV Aufgabe *f*; **written** ~**s** schriftliche Übungen ❸ MIL Übung *f*; **to take part in an** ~ an einer Übung teilnehmen; **a military** ~ eine militärische Übung; **a naval** ~ eine Marineübung; **tactical** ~**s** taktische Übungen ❹ *usu sing* (*act*) Aufgabe *f*; (*iron*) Meisterstück *nt iron fam*; **damage limitation** ~ Versuch *m* der Schadensbegrenzung; ■**an** ~ **in sth** ein Paradebeispiel für etw *akk*; **an** ~ **in compromise** ein wahrhafter Kompromiss ❺ *no pl* (*use*) Ausübung *f*; **the** ~ **of tolerance** die Gewährung von Toleranz ❻ *esp* AM ■~**s** *pl* Feierlichkeiten *fpl*; **graduation** ~**s** Abschlussfeierlichkeiten *fpl*; **inauguration** ~**s** Einweihungsfeierlichkeiten *fpl* **IV.** *n modifier* (*programme, session, studio*) Trainings-; ~ **class** Fitnessklasse *f*; ~ **video** Übungsvideo *nt*

'ex·er·cise bi·cy·cle *n*, **'ex·er·cise bike** *n* Heimfahrrad *nt* **'ex·er·cise book** *n* Heft *nt*

ex·er·cis·er [ˈeksəsaɪzəʳ, AM -sɚsaɪzɚ] *n* Trainingsgerät *nt*

ex·er·cy·cle® [ˈeksəsaɪkḷ, AM -sɚ-] *n* Exercycle® *nt*, Hometrainer *m*

ex·ert [ɪɡˈzɜːt, eg-, AM -ˈzɜːrt] *vt* ❶ (*utilize*) ■**to** ~ **sth** etw ausüben; **to** ~ **control** Kontrolle ausüben; **to** ~ **[one's] influence** [seinen] Einfluss geltend machen ❷ (*labour*) ■**to** ~ **oneself** sich *akk* anstrengen

ex·er·tion [ɪɡˈzɜːʃᵊn, eg-, AM -ˈzɜːr-] *n* ❶ *no pl* (*utilization*) Ausübung *f* ❷ (*strain*) Anstrengung *f*; **to be a major** ~ eine größere Anstrengung sein; **physical** ~ körperliche Anstrengung

ex·fo·li·ant [eksˈfəʊliənt, AM -ˈfoʊ-] *n* ❶ (*cosmetic*) Rubbelcreme *f*, Peeling *nt* ❷ (*of skin, bark*) Exfoliant *nt*

ex·fo·li·ate [eksˈfəʊlieɪt, AM -ˈfoʊ-] **I.** *vi skin, bark* sich *akk* abschälen; (*fig: changing*) sich *akk* entwickeln **II.** *vt* ■**to** ~ **sth** etw abrubbeln; **to** ~ **one's face** ein Peeling machen

ex·'fo·li·at·ing cream *n* Rubbelcreme *f*, Peeling *nt*

ex·fo·lia·tion [eksˌfəʊliˈeɪʃᵊn, AM -ˌfoʊ-] *n no pl* Haut[ab]schälung *f*

ex gra·tia [eksˌɡreɪʃə] *adj inv* (*form*) freiwillig; ~ **payment** Kulanzzahlung *f*

ex·ha·la·tion [ˌeks(h)əˈleɪʃᵊn] *n* Ausatmen *nt*

ex·hale [eksˈheɪl] **I.** *vt* **to** ~ **a gas/scent** Gas ausstoßen/Duft verströmen; **to** ~ **smoke** Rauch ausatmen; (*fig: exude*) **to** ~ **charisma** Charisma verbreiten; **to** ~ **charm** Charme ausstrahlen **II.** *vi* ausatmen

ex·haust [ɪɡˈzɔːst, eg-, AM *esp* -ˈzɑːst] **I.** *vt* ❶ (*tire*) ■**to** ~ **sb** jdn ermüden; ■**to** ~ **oneself** sich *akk* strapazieren ❷ (*use up*) ■**to** ~ **sth** etw erschöpfen; **to** ~ **sb's patience** jds Geduld *f* erschöpfen; **to** ~ **a topic** ein Thema erschöpfend behandeln **II.** *n* ❶ *no pl* (*gas*) Abgase *ntpl* ❷ (*tailpipe*) Auspuff *m* **III.** *adj* ~ **fumes** Abgase *ntpl*

ex·haust·ed [ɪɡˈzɔːstɪd, eg-, AM *esp* -ˈzɑːst-] *adj* (*very tired*) erschöpft; (*used up also*) aufgebraucht; ~ **reserves/supplies** aufgebrauchte Reserven/Vorräte; ~ **soil** ausgelaugter Boden

ex·haust·ible [ɪɡˈzɔːstəbḷ, eg-, AM *esp* -ˈzɑːst-] *adj* erschöpfbar

ex·haust·ing [ɪɡˈzɔːstɪŋ, eg-, AM *esp* -ˈzɑːst-] *adj* anstrengend

ex·haus·tion [ɪɡˈzɔːstʃᵊn, eg-, AM *esp* -ˈzɑːst-] *n no pl* Erschöpfung *f*; **to suffer from** ~ an einem Erschöpfungszustand leiden

ex·haus·tive [ɪɡˈzɔːstɪv, eg-, AM *esp* -ˈzɑːst-] *adj* erschöpfend; ~ **inquiry** eingehende Erkundigung; **an** ~ **list** eine vollständige Liste; ~ **probe** tief gehende Nachforschung; **an** ~ **report** ein ausgiebiger Bericht; ~ **research** tief greifende Forschung; **an** ~ **study** eine detaillierte Untersuchung; ~ **treatment of a subject** ausgiebige Behandlung eines Themas

ex·haus·tive·ly [ɪɡˈzɔːstɪvli, eg-, AM *esp* -ˈzɑːst-] *adv* erschöpfend; **to document sth** ~ etw eingehend dokumentieren; **to list sth** ~ etw vollständig auflisten; **to treat a subject** ~ ein Thema ausgiebig behandeln

ex·'haust pipe *n* Auspuffrohr *nt* **ex·'haust sys·tem** *n* Abgasanlage *f*; *of car* Auspuff *m*; *of train* Abgasleitung *f*

ex·hi·b·it [ɪɡˈzɪbɪt, eg-] **I.** *n* ❶ (*display*) Ausstellungsstück *nt* ❷ LAW (*evidence*) Beweisstück *nt* **II.** *vt* ❶ (*display*) ■**to** ~ **sth** etw ausstellen; **to** ~ **a parking ticket in the car window** einen Parkschein in der Windschutzscheibe auslegen; **to** ~ **one's works** seine Werke ausstellen ❷ (*manifest*) ■**to** ~ **sth** etw zeigen; **your son** ~**s some talent for languages** Ihr Sohn ist recht sprachbegabt; **to** ~ **belligerency** Streitlust an den Tag legen; **to** ~ **bias** voreingenommen sein; **to** ~ **bravery** Mut beweisen; **to** ~ **rudeness** unhöflich sein; **to** ~ **shame** sich *akk* schämen **III.** *vi* ausstellen

ex·hi·bi·tion [ˌeksɪˈbɪʃᵊn] *n* (*display*) Ausstellung *f* (**about** über +*akk*); (*performance*) Vorführung *f*; **an** ~ **of skill and strength** eine Darstellung von Kunstfertigkeit und Stärke; ~ **of paintings** Gemäldeausstellung *f*; ■**to be on** ~ ausgestellt werden ▶ PHRASES: **to make an** ~ **of oneself** (*pej*) sich *akk* zum Gespött machen

ex·hi·bi·tion·ism [ˌeksɪˈbɪʃᵊnɪzᵊm] *n no pl* Exhibitionismus *m a. fig*

ex·hi·bi·tion·ist [ˌeksɪˈbɪʃᵊnɪst] *n* ❶ PSYCH Exhibitionist(in) *m(f)* ❷ (*attention-seeker*) exhibitionistische Person

ex·hi·'bi·tion match *n* Schaukampf *m*

ex·hi·bi·tor [ɪɡˈzɪbɪtəʳ, eg-, AM -t̬ɚ] *n* Aussteller(in) *m(f)*

ex·hila·rate [ɪɡˈzɪlᵊreɪt, egˈ-, AM -lər-] *vt* ■**to** ~ **sb** ❶ (*thrill*) jdn berauschen [*o geh* in ein Hochgefühl versetzen]; **they were both** ~**d by the motorbike ride** sie waren beide von der Motorradfahrt begeistert ❷ (*delight*) *news* jdn froh machen [*o*

E

geh freudig erregen] ❸ (*energize*) *brisk air* jdn beleben [*o* erfrischen]

ex·hila·rat·ed [ɪg'zɪləreɪtɪd, eg'-, AM -t̬-] *adj* ❶ (*thrilled*) begeistert; **to feel** ~ ein Hochgefühl haben ❷ (*delighted*) fröhlich gestimmt, freudig erregt ❸ (*energized*) belebt, erfrischt

ex·hila·rat·ing [ɪg'zɪləreɪtɪŋ, eg'-, AM -t̬-] *adj* ❶ (*thrilling*) berauschend; (*exciting*) aufregend; **the** ~ **sense of freedom** das berauschende Gefühl der Freiheit ❷ (*delighting*) hinreißend ❸ (*energizing*) belebend, erfrischend

ex·hila·ra·tion [ɪg,zɪlə'reɪʃən, eg,-] *n no pl* Hochstimmung *f*, Hochgefühl *nt;* (*excitement*) überschwängliche Freude; **the** ~ **of liberty/speed** der Freiheitsrausch/Geschwindigkeitsrausch; **the** ~ **of seeing sb again** die übergroße Wiedersehensfreude

ex·hort [ɪg'zɔːt, eg'-, AM -'zɔːrt] *vt* (*form*) ■**to** ~ **sb to do sth** jdn ermahnen, etw zu tun, jdn zu etw *dat* anhalten

ex·hor·ta·tion [,egzɔː'teɪʃən, AM -zɔːr'-] *n* ❶ *no pl* (*exhorting*) Ermahnung *f* (**to** zu +*dat*) ❷ (*address*) [dringender] Appell (**to** zu +*dat*)

ex·hu·ma·tion [,eks(h)juː'meɪʃən] *n no pl* Exhumierung *f*, Exhumation *f selten*

ex·hume [eks'(h)juːm, AM eg'zuːm] *vt* ■**to** ~ **sb** jdn exhumieren

exi·gence ['eksɪdʒən(t)s] *n*, **exi·gen·cy** ['eksɪdʒən(t)si] *n* (*form*) ❶ (*urgent needs*) ■**exigenc[i]es** *pl* Anforderungen *fpl; of situation* Erfordernisse *ntpl* ❷ *no pl* (*emergency*) Notlage *f;* POL kritische [*o* zugespitzte] Lage ❸ *no pl* (*extreme urgency*) Dringlichkeit *f*

exi·gent ['eksɪdʒənt] *adj* (*form*) ❶ (*demanding*) anspruchsvoll; **an** ~ **father** ein fordernder Vater; **an** ~ **manager** ein Manager *m*/eine Managerin mit hohen Ansprüchen ❷ (*urgent*) dringend, dringlich; **an** ~ **issue** ein brennendes Problem; **an** ~ **necessity** eine zwingende Notwendigkeit

ex·igu·ous [eg'zɪgjuəs] *adj* gering, dürftig *pej;* ~ **reserves** knappe Vorräte

ex·ile ['eksaɪl] **I.** *n* ❶ *no pl* (*banishment*) Exil *nt*, Verbannung *f* (**from** aus +*dat*); **to be in** ~ im Exil leben; **to go into** ~ ins Exil gehen ❷ (*person*) Verbannte(r) *f(m)*, Exilierte(r) *f(m) form;* **he's been a political** ~ **from his homeland** er musste aus politischen Gründen ins Exil gehen; **tax** ~ Steuerflüchtling *m* ❸ REL ■**the E**~ die Babylonische Gefangenschaft **II.** *vt* ■**to** ~ **sb** jdn verbannen [*o* ins Exil schicken] [*o form* exilieren]; **the** ~**d author** der im Exil lebende Schriftsteller/die im Exil lebende Schriftstellerin, der Exilschriftsteller/die Exilschriftstellerin

ex·ist [ɪg'zɪst, eg'-] *vi* ❶ (*be*) existieren, bestehen; **I will find it, if such a thing** ~**s** wenn es so etwas gibt, dann finde ich es; **the realities of poverty** ~ **for a great many people across the globe** Armut ist weltweit für sehr viele Menschen Realität; **there still** ~**s a shadow of doubt** es bestehen immer noch kleine Zweifel ❷ (*live*) leben, existieren; (*survive*) überleben; ■**to** ~ **on sth** von etw *dat* leben; **few people can** ~ **without water for long** nur wenige Menschen können längere Zeit ohne Wasser auskommen ❸ (*occur*) vorkommen; **some species only** ~ **in this area of forest** einige Tierarten finden sich nur in diesem Waldgebiet

ex·ist·ence [ɪg'zɪstən(t)s, eg'-] *n* ❶ *no pl* (*state*) Existenz *f*, Bestehen *nt;* **this is the only one in** ~ das ist das einzige Exemplar, das es [davon] gibt; **the continued** ~ **of sth** der Fortbestand einer S. *gen;* **to be in** ~ existieren, bestehen; **there are three different versions of that manuscript in** ~ von diesem Manuskript gibt es drei verschiedene Fassungen; **to come into** ~ entstehen; **to go out of** ~ verschwinden, zu bestehen aufhören ❷ (*life*) Leben *nt*, Existenz *f;* **means of** ~ Lebensgrundlage *f*, Existenzgrundlage *f;* **a miserable/pitiful** ~ ein elendes/kümmerliches Dasein

ex·ist·ent [ɪg'zɪstənt, eg-] *adj inv* existent, bestehend *attr*, vorhanden; **the only** ~ **copy** die einzig vorhandene Kopie

ex·is·ten·tial [,egzɪ'sten(t)ʃəl] *adj* ❶ BIOL existenziell *fachspr* ❷ PHILOS existenzialistisch *fachspr;* **the** ~ **philosopher** der Existenzialphilosoph/die Existenzialphilosophin

ex·is·ten·tial·ism [,egzɪ'sten(t)ʃəlɪzəm] *n no pl* Existenzphilosophie *f*, Existenzialismus *m fachspr*

ex·is·ten·tial·ist [,egzɪ'sten(t)ʃəlɪst] **I.** *n* Existenzialist(in) *m(f)* **II.** *adj* existenzialistisch

ex·ist·ing [ɪg'zɪstɪŋ, eg-] *adj attr, inv* existierend, bestehend; **under the** ~ **conditions** unter den gegebenen Umständen; **the** ~ **laws** die geltenden Gesetze; **the** ~ **rules** die gegenwärtigen [*o* gültigen] Bestimmungen

exit ['eksɪt, 'egz-] **I.** *n* ❶ (*way out*) Ausgang *m;* **emergency** ~ Notausgang *m;* **fire** ~ Notausgang *m*, Feuertreppe *f* ❷ (*departure*) Weggehen *nt kein pl*, Abgang *m;* (*from room*) Hinausgehen *nt kein pl;* **to make an** ~ weggehen, einen Abgang machen *fam; from room* hinausgehen; **you made a dramatic** ~ dein Abgang war dramatisch ❸ (*road off*) Ausfahrt *f*, Abfahrt *f;* **to take an** ~ eine Ausfahrt nehmen ❹ THEAT Abgang *m;* **to make one's** ~ **[from the stage]** [von der Bühne] abgehen **II.** *vt* ■**to** ~ **sth** *building, road* etw verlassen **III.** *vi* ❶ (*leave*) hinausgehen, einen Abgang machen *fam;* **he** ~**ed without a word** er verließ wortlos den Raum ❷ (*leave road*) eine Ausfahrt [*o* Abfahrt] nehmen ❸ (*leave the stage*) abgehen; ~ **Ophelia** Ophelia [tritt] ab

'exit docu·ments *npl*, **'exit per·mit** *n* Ausreisegenehmigung *f*, Ausreiseerlaubnis *f* **'exit poll** *n* Wählerbefragung *f* (*nach Verlassen des Wahllokals*) **'exit visa** *n* Ausreisevisum *nt*

exo·dus ['eksədəs] *n* <*pl* -es> ❶ (*mass departure*) Auszug *m*, Exodus *m geh;* **there is always an** ~ **to the coast at holiday times** während der Ferienzeit setzt immer eine Völkerwanderung zur Küste ein; **mass** ~ Massenabwanderung *f*, Massenflucht *f;* **general** ~ allgemeiner Aufbruch ❷ REL ■**E**~ Zweites Buch Mose, Exodus *m fachspr*

ex of·fi·cio [,eksə'fɪʃiəʊ, AM -oʊ] *inv* **I.** *adv* ADMIN (*form*) von Amts wegen, ex officio *geh;* **to attend sth** ~ an etw *dat* in amtlicher Funktion teilnehmen **II.** *adj* ADMIN (*form*) amtlich, von Amts wegen *nach n;* **to be an** ~ **member of a body** amtliches Mitglied eines Gremiums sein

ex·on·er·ate [ɪg'zɒnəreɪt, eg-, AM -'zɑːnər-] *vt* ■**to** ~ **sb [from sth]** jdn [von etw *dat*] freisprechen; (*partially*) jdn [von etw *dat*] entlasten; **to** ~ **sb from a duty/task** jdn von einer Verpflichtung/Aufgabe entbinden

ex·on·era·tion [ɪg,zɒnə'reɪʃən, eg-, AM -,zɑːnə'-] *n no pl* Entlastung *f; from duty, task* Entbindung *f* (**from** von +*dat*)

ex·or·bi·tance [ɪg'zɔːbɪtən(t)s, eg-, AM -'zɔːrbət̬-] *n no pl* Maßlosigkeit *f*, Unverhältnismäßigkeit *f*

ex·or·bi·tant [ɪg'zɔːbɪtənt, eg-, AM -'zɔːrbət̬-] *adj* überhöht, exorbitant *geh;* ~ **demands** maßlose [*o* übertriebene] Forderungen; ~ **price** überhöhter [*o pej* unverschämter] Preis, Wucherpreis *m pej*

ex·or·cism ['eksɔːsɪzəm, AM -sɔːr-] *n* ❶ *no pl* (*driving out*) Exorzismus *m fachspr; of evil spirits* Austreibung *f* böser Geister (*durch Beschwörung*), Geisterbeschwörung *f; of the devil* Teufelsaustreibung *f* ❷ (*particular case*) **to perform an** ~ eine Geister-/Teufelsaustreibung durchführen

ex·or·cist ['eksɔːsɪst, AM -sɔːr-] *n* Exorzist(in) *m(f) fachspr; of evil spirits* Geisterbeschwörer(in) *m(f); of devil* Teufelsaustreiber(in) *m(f)*

ex·or·cize ['eksɔːsaɪz, AM -sɔːr-] *vt* ❶ (*expel*) ■**to** ~ **sth** etw exorzieren *fachspr;* **to** ~ **the spirits** die Geister beschwören [*o geh* bannen] ❷ (*free*) ■**to** ~ **sb/sth** *evil spirits* jdm/etw die bösen Geister austreiben; *the devil* jdm/etw den Teufel austreiben ❸ (*fig*) ■**to** ~ **sth** *experience* etw [aus dem Gedächtnis] streichen; **to** ~ **the memory of sth** die Erinnerung an etw *akk* löschen

exo·skele·ton [,eksəʊ'skelɪtən, AM -soʊ'skelə-] *n* Außenskelett *nt*

ex·ot·ic [ɪg'zɒtɪk, eg-, AM -'zɑːt̬-] **I.** *adj* exotisch; (*fig*) fremdländisch; ~ **fruit** exotische Früchte *fpl;* ~ **holidays** Urlaub *m* in exotischen Ländern **II.** *n* Exot(in) *m(f)*

ex·oti·ca [ɪɡ'zɒtɪkə, eɡ-, AM -'zɑːt̬-] *npl* Exotika *pl fachspr,* fremdländische Kunstwerke

ex·oti·cal·ly [ɪɡ'zɒtɪkəli, eɡ-, AM -'zɑːt̬-] *adv* exotisch; ~ **named** mit exotischem [*o* ausgefallenem] Namen *nach n*

ex·ot·ic 'danc·er *n* Stripteasetänzer(in) *m(f),* Stripper(in) *m(f) fam*

ex·oti·cism [ɪɡ'zɒtɪsɪzəm, eɡ-, AM -'zɑːt̬ə-] *n no pl* Exotik *f;* **the lure of** ~ der Reiz des Exotischen

ex·pand [ɪk'spænd, ek-] **I.** *vi* ❶ (*increase*) zunehmen, expandieren; *population, trade* wachsen; *horizon, knowledge* sich *akk* erweitern ❷ ECON expandieren; **our company is ~ing into other markets** unsere Firma dringt in weitere Märkte vor ❸ PHYS (*swell*) *gas, liquids, metal* sich *akk* ausdehnen, expandieren ❹ (*become sociable*) aus sich *dat* herausgehen, locker werden **II.** *vt* ■**to** ~ **sth** ❶ (*make larger*) *business, trade* etw erweitern [*o* ausweiten] [*o* ausdehnen]; **to** ~ **one's exports** den Export ausdehnen; **to** ~ **the programme** das Programm erweitern; **to** ~ **one's retail operations** den Einzelhandel ausweiten ❷ PHYS *gas, liquids, metal* etw ausdehnen ❸ (*elaborate*) *reasoning, arguments* etw weiter ausführen; **to** ~ **a concept/idea** ein Konzept/eine Idee ausarbeiten

◆**expand on, expand upon** *vi* ■**to** ~ [**up**]**on sth** etw weiter ausführen [*o* erläutern]

ex·pand·able [ɪk'spændəbl̩, ek-] *adj material* dehnbar; *business, project* entwicklungsfähig; *installation, system* ausbaufähig; ~ **bag** elastische Tasche; ~ **documentation** erweiterungsfähige Dokumentation

ex·pand·ed poly·sty·rene *n no pl* CHEM schaumfähiges Polystyrol *fachspr*

ex·panse [ɪk'spæn(t)s, ek-] *n* weite Fläche, Weite *f;* **vast ~s of sand and pine** ein riesiges Gebiet mit Sand und Pinien; ~ **of grass/lawn** ausgedehnte Grün-/Rasenfläche; **the** ~ **of the prairie/sea** die Weite der Prärie/des Meeres

ex·pan·sion [ɪk'spæn(t)ʃən, ek-] *n* ❶ *no pl* (*increase*) *of knowledge* Erweiterung *f; of territory, rule* Expansion *f; of population, trade* Wachstum *nt,* Zunahme *f;* ~ **into new areas of research might be possible** ein Vorstoß in neue Forschungsgebiete könnte möglich sein ❷ *no pl* ECON Expansion *f fachspr,* Erweiterung *f;* **a company geared towards** ~ ein wachstumsorientiertes Unternehmen ❸ *no pl* PHYS *of gas, metal* Ausdehnung *f,* Expansion *f fachspr* ❹ (*elaboration*) Erweiterung *f,* erweiterte Darstellung

ex·pan·sion·ary [ɪk'spæn(t)ʃənəri, ek-, AM -neri] *adj* expansionistisch

ex·'pan·sion board *n,* **ex·'pan·sion card** *n* Erweiterungsplatine *f*

ex·pan·sion·ism [ɪk'spæn(t)ʃənɪzəm, ek-] *n no pl* (*pej*) Expansionspolitik *f,* Expansionsbestrebungen *pl;* ~ **in business** Expansionsbestrebungen *pl* in der Wirtschaft; **policy of** ~ Expansionspolitik *f*

ex·pan·sion·ist [ɪk'spæn(t)ʃənɪst] **I.** *adj* expansionistisch, Expansions-; ~ **policy** Expansionspolitik *f* **II.** *n* Expansionspolitiker(in) *m(f)*

ex·'pan·sion joint *n* Dehnungsfuge *f fachspr*

ex·pan·sive [ɪk'spæn(t)sɪv] *adj* ❶ (*approv: sociable*) umgänglich, mitteilsam; (*effusive*) überschwänglich; ~ **gratitude/speech** überschwängliche Dankbarkeit/Ausdrucksweise; ~ **nature/personality** offenes Wesen/aufgeschlossene Persönlichkeit ❷ (*broad*) weit; *area* ausgedehnt; **an** ~ **gesture** eine weit ausholende Geste; **an** ~ **view** ein weiter Blick ❸ ECON expandierend *attr; business, trade* expansiv ❹ (*elaborated*) ausführlich, detailliert; **an** ~ **critique** eine eingehende Kritik; **an** ~ **report** ein umfassender Bericht

ex·pan·sive·ly [ɪk'spæn(t)sɪvli] *adv* ❶ (*approv: effusively*) überschwänglich; **to throw open one's arms** ~ die Arme freudig ausbreiten ❷ (*broadly*) weit; **to gesture/wave** ~ mit weit ausholenden Bewegungen gestikulieren/winken ❸ (*in detail*) ausführlich, detailliert; **to speak** ~ **about sth** in aller Ausführlichkeit über etw *akk* sprechen

ex·pan·sive·ness [ɪk'spæn(t)sɪvnəs] *n no pl* ❶ (*approv: effusiveness*) Überschwänglichkeit *f* ❷ (*detailed nature*) Ausführlichkeit *f*

ex·pat [ˌeks'pæt] *n* (*fam*) *short for* **expatriate** im Ausland Lebende(r) *f(m)*

ex·pa·ti·ate [ek'speɪʃieɪt] *vi* (*pej form*) ■**to** ~ [**up**]**on sth** sich *akk* über etw *akk* verbreiten *pej form,* sich *akk* [lang und breit] über etw *akk* auslassen *pej fam*

ex·pa·tia·tion [ekˌspeɪʃi'eɪʃən] *n* (*form*) [weitschweifige] Erörterung ([**up**]**on** +*gen*)

ex·pat·ri·ate (*form*) **I.** *n* [ɪk'spætriət, ek'-, AM ek'speɪ-, ɪk'-] ❶ (*person living abroad*) [ständig] im Ausland Lebende(r) *f(m)* ❷ (*foreigner*) Ausländer(in) *m(f);* **proportion of ~s** Ausländeranteil *m* ❸ (*exile*) im Exil Lebende(r) *f(m) a. hum,* Exilant(in) *m(f) geh* **II.** *n* [ɪk'spætriət, AM ek'speɪ-] *modifier* ❶ (*of people abroad*) Exil-, Auslands-, im Ausland lebend *attr;* **German** ~ im Ausland lebende(r) Deutsche(r), Auslandsdeutsche(r) *f(m) veraltend* ❷ (*of foreigners*) Ausländer-; ~ **community** Ausländergemeinde *f;* ~ **worker** ausländischer Arbeiter/ausländische Arbeiterin **III.** *vt* [ɪk'spætrieɪt, ek'-, AM ek'speɪ-, ɪk'-] ■**to** ~ **sb** jdn ausbürgern [*o fachspr* expatriieren] **IV.** *vi* [ɪk'spætrieɪt, ek'-, AM ek'speɪ-, ɪk'] (*move abroad*) seinen Wohnsitz ins Ausland verlegen, im Ausland ansässig werden

ex·pect [ɪk'spekt, ek-] *vt* ❶ (*anticipate*) ■**to** ~ **sb/sth** jdn/etw erwarten, mit jdm/etw rechnen; **as was to be ~ed, grandma was fine** wie erwartet ging es Oma gut; **that was to be ~ed** das war zu erwarten, damit musste man rechnen; **I ~ed as much** damit habe ich gerechnet, ich habe nichts anderes erwartet; **to half** ~ **sth** fast mit etw *dat* rechnen, fast von etw *dat* ausgehen; **we were half ~ing you to not come back** wir haben Sie eigentlich schon nicht mehr zurückerwartet; **it is to be ~ed that ...** man kann davon ausgehen [*o* damit rechnen], dass ...; ■**to** ~ **to do sth** damit rechnen, etw zu tun ❷ (*demand*) ■**to** ~ **sth of** [*or* **from**] **sb** etw von jdm erwarten; **I ~ed better of you than that** von dir habe ich mir eigentlich mehr erhofft; **what can you** ~ **at that price!** für den Preis kann man das nicht erwarten!; ■**to** ~ **sb to do sth** erwarten, dass jd etw tut; **borrowers are ~ed to return their books on time** Entleiher müssen ihre Bücher rechtzeitig zurückgeben ❸ (*fam: suppose*) ■**to** ~ **sth** etw glauben [*o* denken]; **don't you think? – I** ~ **so/not** glaubst du? – ich denke schon/nicht; ■**to** ~ [**that**] ... glauben [*o* annehmen], [dass] ...; **I** ~ **that it is somewhere in your bedroom** ich schätze, es ist irgendwo in deinem Schlafzimmer; **I** ~ **you'd like a rest** Sie möchten sich sicher ausruhen ❹ (*wait for*) ■**to** ~ **sb/sth** jdn/etw erwarten; **is someone ~ing you?** werden Sie erwartet?; **to be ~ing a baby** ein Kind erwarten; ■**to** ~ **sb/sth to do sth** erwarten, dass jd/etw etw tut; **we ~ed the letter to arrive yesterday** wir haben den Brief für gestern erwartet; **so, we may** ~ **to see you next Thursday** wir dürfen Sie also am nächsten Donnerstag erwarten ▶ PHRASES: **I'll** ~ **you when I <u>see</u> you** (*fam*) wenn du kommst, bist du da *fam;* ~ **me when you <u>see</u> me** (*fam*) wenn ich komme, bin ich da *fam*

ex·pec·tan·cy [ɪk'spektən(t)si, ek-] *n no pl* Erwartung *f;* **air of** ~ erwartungsvolle Atmosphäre; **there was an air of** ~ **in her eyes** sie hatte einen erwartungsvollen Blick in den Augen; **life** ~ Lebenserwartung *f;* **look of** ~ erwartungsvoller Blick

ex·pec·tant [ɪk'spektənt, ek-] *adj* ❶ (*awaiting*) erwartungsvoll ❷ *attr* (*expecting a baby*) ~ **mother** werdende Mutter, Schwangere *f;* ~ **parents** werdende Eltern

ex·pec·tant·ly [ɪk'spektəntli] *adv* erwartungsvoll; **to pause** ~ eine erwartungsvolle Pause machen; **to wait** ~ gespannt warten

ex·pec·ta·tion [ˌekspek'teɪʃən] *n* ❶ (*act of expecting*) Erwartung *f;* **to be in** ~ **of sth** in Erwartung einer S. *gen* sein *geh,* mit etw *dat* rechnen ❷ (*thing expected*) Erwartung *f;* ~ **of life** Lebenserwartung *f;* **to have great ~s for sb/sth** große Erwartungen in jdn/etw setzen; **to be beyond [all] ~[s]** die [*o* alle] Erwartungen übertreffen; **to live** [*or* **come**] **up to sb's expectations** jds Erwartungen *fpl* erfüllen [*o* entsprechen]; **against** [*or* **contrary to**] **[all] ~[s]** entgegen den [*o* allen] Erwartungen, wider [alles] Erwarten *geh* ❸ (*prospect*) Aussicht[en] *f[pl]* (**of** auf +*akk*); ■ **~s** *pl* (*of inheriting money*) ausstehendes Erbe

ex·pec·to·rant [ɪk'spektᵊrᵊnt, ek-] *n* schleimlösendes Mittel, Expektorans *nt fachspr*

ex·pec·to·rate [ɪk'spektᵊreɪt, ek-] *vi* (*form*) *phlegm* [Schleim] abhusten, expektorieren *fachspr; blood* [Blut] husten [*o fam* spucken]

ex·pedi·ence [ɪk'spi:diən(t)s, ek-] *n,* **ex·pedi·en·cy** [ɪk'spi:diən(t)si, ek-] *n no pl* ❶ (*suitability*) Zweckmäßigkeit *f,* Zweckdienlichkeit *f;* (*advisability*) Ratsamkeit *f;* **~ requires that we raise the fees** aus Sachzwängen müssen wir die Gebühren anheben ❷ (*pej: personal advantage*) Eigennutz *m pej,* Berechnung *f;* **to act on the basis of ~** aus Eigeninteresse handeln

ex·pedi·ent [ɪk'spi:diənt, ek-] **I.** *adj* ❶ (*useful*) zweckmäßig, zweckdienlich; (*advisable*) ratsam, angebracht; **to take ~ measures** geeignete Maßnahmen ergreifen [*o* treffen] ❷ (*pej: advantageous*) eigennützig *pej,* berechnend; **to take ~ action** eigennützig handeln **II.** *n* ❶ (*measure*) Maßnahme *f,* Vorgehen *nt;* **before deciding, we took the ~ of asking friends for advice** bevor wir uns entschieden, fragten wir Freunde um Rat ❷ (*resource*) [Hilfs]mittel *nt,* [Not]lösung *f;* **to do sth as an ~** sich *dat* mit etw *dat* behelfen; **the company is having to cut jobs as an ~** zur Not wird die Firma Stellen streichen müssen

ex·pedi·ent·ly [ɪk'spi:diəntli, ek-] *adv* zweckmäßig, sachgemäß; **to act ~** angemessen handeln

ex·pedite ['ekspɪdaɪt] *vt* ■ **to ~ sth** ❶ (*hasten*) etw beschleunigen [*o* vorantreiben] ❷ (*carry out*) etw schnell erledigen [*o* ausführen]; **to ~ one's duties** seine Aufgaben zügiger erledigen

ex·pedi·tion [ˌekspɪ'dɪʃᵊn] *n* ❶ (*journey*) [Forschungs]reise *f,* Expedition *f fachspr;* MIL Feldzug *m;* **shopping ~** Einkaufstour *f;* **to be on an ~** sich *akk* auf einer Expedition befinden; **to go on an ~** eine Forschungsreise unternehmen ❷ *no pl* (*form: swiftness*) Schnelligkeit *f;* **with the greatest possible ~** schnellstmöglich

ex·pe'di·tion·ary force [ˌekspɪ'dɪʃᵊnᵊri,-, AM -neri,-] *n* MIL Expeditionskorps *nt fachspr*

ex·pedi·tious [ˌekspɪ'dɪʃəs] *adj* (*form*) ❶ (*swift*) prompt, schnell; ■ **to be ~ in doing sth** etw zügig erledigen ❷ (*swiftly done*) schnell durchführbar

ex·pedi·tious·ly [ˌekspɪ'dɪʃəsli] *adv* (*form*) prompt, schnell

ex·pel <-ll-> [ɪk'spel, ek-] *vt* ❶ (*force to leave*) ■ **to ~ sb [from sth]** *member* jdn [aus etw *dat*] ausschließen [*o geh* ausstoßen]; **to ~ sb [from a country]** jdn ausweisen [*o* des Landes verweisen]; **to ~ sb from school/university** jdn von der Schule/Universität verweisen [*o fachspr* relegieren] ❷ (*force out*) ■ **to ~ sb [from sth]** jdn [aus etw *dat*] vertreiben [*o* verjagen]; ■ **to ~ sth [from sth]** *odour, smell* etw [aus etw *dat*] vertreiben ❸ (*eject*) ■ **to ~ sth** *breath, gas* etw ausstoßen; *liquid* etw austreiben

ex·pend [ɪk'spend, ek-] *vt* ❶ (*spend*) ■ **to ~ sth [on sth]** *time, effort* etw [für etw *akk*] aufwenden; **to ~ money** Geld ausgeben [*o* verwenden] ❷ (*use up*) ■ **to ~ sth** etw aufbrauchen; **to ~ resources** Rohstoffe verbrauchen

ex·pend·able [ɪk'spendəbl, ek-] *adj inv* ❶ (*dispensable*) entbehrlich; (*unnecessary*) überflüssig ❷ (*not reused*) zum Verbrauch *nach n;* **~ materials** Verbrauchsmaterial *nt;* **~ pack** Einwegpackung *f;* **~ supplies** Verbrauchsgüter *pl*

ex·pendi·ture [ɪk'spendɪtʃəʳ, ek-, AM -ɚ] *n* ❶ *no pl* (*spending*) *of money* Ausgabe *f;* (*using*) *of energy, resources* Verbrauch *m* (**of** von +*dat*), Aufwand *m* (**of** an +*dat*); **~ in manpower** Personalaufwand *m;* **~ of strength** Kraftaufwand *m;* **~ of time** Zeitaufwand *m* ❷ (*sum spent*) Ausgaben *pl* (**on** für +*akk*), Aufwendungen *pl* (**on** für +*akk*)

ex·pense [ɪk'spen(t)s, ek-] *n* ❶ (*payment*) [Geld]ausgabe *f,* [finanzielle] Aufwendungen ❷ *no pl* (*cost*) [Un]kosten *pl,* Ausgaben *pl;* **at great ~** mit großen Kosten, unter großem Kostenaufwand; **to go to great ~** sich *akk* in Unkosten stürzen; **at one's own ~** auf eigene Kosten; **to be worth the ~** die Kosten lohnen; **to put sb to ~** jdm Kosten verursachen; **to put sb to the ~ of sth** jdm die Kosten für etw *akk* zumuten; (*fig*) jdm etw zumuten; **I don't want to put you to the ~ of coming to the airport to meet me** es ist wirklich nicht nötig, dass Sie mich am Flughafen abholen ❸ (*reimbursed money*) ■ **~s** *pl* Spesen *pl;* **please detail any ~s incurred** bitte führen Sie alle entstandenen Auslagen auf; **to be on ~s** BRIT auf Spesen gehen; **to put sth on ~s** etw auf die Spesenrechnung setzen ❹ (*fig*) **at sb's ~** [*or* **at the ~ of sb**] auf jds Kosten *pl;* **at the ~ of sth** auf Kosten einer S. *gen* ▶ PHRASES: **all ~[s] paid** ohne Unkosten; **his company sent him to Boston, all ~s paid** seine Firma schickte ihn auf Geschäftskosten nach Boston; **no ~[s] spared** [die] Kosten spielen keine Rolle

ex·'pense ac·count I. *n* Spesenkonto *nt,* Spesen[ab]rechnung *f;* **to put sth on one's ~** etw auf seine Spesenrechnung setzen **II.** *n modifier* (*life, meal*) auf Spesen *nach n* **ex·'pense al·low·ance** *n* Aufwandsentschädigung *f*

ex·pen·sive [ɪk'spen(t)sɪv, ek-] *adj* teuer; **~ film production** aufwendige Filmproduktion; **~ hobby** kostspieliges Hobby; **to be an ~ mistake for sb** jdn teuer zu stehen kommen; **to have ~ tastes** einen teuren Geschmack haben

ex·pen·sive·ly [ɪk'spen(t)sɪvli, ek-] *adv* teuer; **~ staged play** aufwendig inszeniertes Stück; **to be ~ dressed** teure Kleidung tragen; **~ priced** teuer

ex·peri·ence [ɪk'spɪəriən(t)s, ek-, AM -'spɪr-] **I.** *n* ❶ *no pl* (*practical knowledge*) Erfahrung *f;* **~ of life** Lebenserfahrung *f;* **driving ~** Fahrpraxis *f;* **professional ~** Berufserfahrung *f;* **to learn by ~** durch Erfahrung lernen; **the best way to learn is by ~** aus Erfahrung wird man klug; **from my own ~** aus eigener Erfahrung; **to know sth from ~** etw aus Erfahrung wissen; ■ **to have ~ in sth** *field* Erfahrung in etw *dat* haben; ■ **to have ~ of sth** Erfahrung mit [*o* in] etw *dat* haben ❷ (*particular instance*) Erfahrung *f,* Erlebnis *nt;* **enjoy the real coffee ~** erleben Sie den wahren Kaffeegenuss!; **that can be a painful ~** das kann ganz schön wehtun; **~ of pain** Schmerzempfinden *nt;* **to have an ~** eine Erfahrung machen ▶ PHRASES: **to put sth down to ~** etw als Erfahrung abbuchen [*o* betrachten] **II.** *vt* ■ **to ~ sth** ❶ (*undergo*) etw erleben; (*endure*) etw kennen lernen, etw erfahren; *hard times* etw durchmachen [*o fam* mitmachen]; **to ~ difficulties** auf Schwierigkeiten stoßen ❷ (*feel*) etw empfinden [*o* fühlen]; **to ~ a loss** einen Verlust erleiden

ex·peri·enced [ɪk'spɪəriən(t)st, ek-, AM -'spɪr-] *adj* (*approv*) erfahren; **an ~ eye** ein geschultes Auge; **someone ~** *applicant* jemand mit mehr Erfahrung; ■ **to be ~ at** [*or* **in**] **sth** Erfahrung in etw *dat* haben, in etw *dat* erfahren sein

ex·peri·en·tial [ɪkˌspɪəri'en(t)ʃᵊl, ek-, AM -ˌspɪr-] *adj* empirisch; **~ knowledge** praktische Erfahrung

ex·peri·ment I. *n* [ɪk'sperɪmənt, ek-] Experiment *nt,* Versuch *m* (**on** an/mit +*dat*); **to do** [*or* **conduct**] **an ~** ein Experiment [*o* einen Versuch] machen; **by ~** mithilfe eines Versuchs; **we can only find the best solution by ~** die beste Lösung können wir nur durch Ausprobieren herausfinden **II.** *vi* [ɪk'sperɪment] experimentieren; ■ **to ~ with sth** mit etw *dat* [herum]experimentieren, etw ausprobieren; ■ **to ~ on sb/sth** an jdm/etw Versuche machen; **to ~ on animals** Tierversuche machen

ex·peri·men·tal [ɪkˌsperɪ'mentᵊl, ekˌ-, AM *esp* ekˌ-] *adj* ❶ (*for experiment*) Versuchs-; **~ laboratory** Versuchslabor *nt;* **to be still at the ~ stage** sich *akk* noch im Versuchsstadium befinden ❷ (*using experiments*) experimentell, Experimentier-; **~ physics** Experimentalphysik *f fachspr;* **~ psychology** experimentelle Psychologie *fachspr;* ~ **researcher** Experimentalforscher(in) *m(f);* ~ **theatre** Experimentiertheater *nt fachspr;* **to be purely** ~ rein experimentell sein ❸ (*fig: provisional*) vorläufig; **on an** ~ **basis** versuchsweise

ex·peri·men·tal·ist [ɪkˌsperɪˈmentəlɪst, ek-, AM ekˌsperɪˈment̬-, ɪkˌ-] *n* Experimentator(in) *m(f) fachspr*

ex·peri·men·tal·ly [ɪkˌsperɪˈmentəli, ek-, AM ekˌsperɪˈment̬-] *adv* ❶ (*by experiment*) experimentell; **to prove sth** ~ etw experimentell nachweisen ❷ (*as experiment*) versuchsweise; **to be tried** ~ versuchsweise eingesetzt werden

ex·peri·men·ta·tion [ɪkˌsperɪmenˈteɪʃən, ek-] *n no pl* ❶ (*doing experiments*) Experimentieren *nt* ❷ (*fig: trying out*) Ausprobieren *nt,* Experimentieren *nt;* ~ **with drugs** Drogenexperimente *ntpl*

ex·peri·ment·er [ɪkˈsperɪmentəʳ, ek-, AM -t̬ɚ] *n* Neuerer, Neuerin *m, f,* Vordenker(in) *m(f)*

ex·pert [ˈekspɜːt, AM -spɜːrt] **I.** *n* Experte, -in *m, f,* Fachmann, -frau *m, f;* LAW Sachverständige(r) *f(m);* **gardening** ~ Fachmann, Fachfrau *m, f* für Gartenbau; **with the eye of an** ~ mit fachmännischem Blick; **the help of an** ~ fachkundige Hilfe; **the foremost** ~ der führende Experte/die führende Expertin; **to call in an** ~ einen Experten/eine Expertin hinzuziehen; **among** ~**s** in der Fachwelt, unter Fachleuten; ■**to be an** ~ **at doing sth** ein Experte *m*/eine Expertin in etw *dat* sein, sich *akk* in etw *dat* gut auskennen; ■**to be an** ~ **on** [*or* **in**] **sth** Experte/Expertin für etw *akk* sein, fachkundig in etw *dat* sein; **he is an** ~ **on that subject** er ist ein Fachmann auf diesem Gebiet **II.** *adj* ❶ (*specialist*) fachmännisch, eines Fachmanns/einer Fachfrau *nach n;* (*skilled*) erfahren; (*clever*) geschickt; **he's an** ~ **orator** er ist ein gewandter Redner; ~ **analysis** fachkundige Analyse; ~ **hands** erfahrene Hände; ~ **swimmer** erfahrener Schwimmer/erfahrene Schwimmerin ❷ (*excellent*) ausgezeichnet; **she is an** ~ **liar** sie ist eine perfekte Lügnerin; ■**to be** ~ **at sth** sehr gut in etw *dat* sein; ■**to be** ~ **at** [*or* **in**] **doing sth** wissen, wie man etw macht

ex·pert ad·ˈvice *n no pl* fachmännischer Rat; **to offer** ~ fachmännischen Rat erteilen; **to seek** ~ fachmännischen Rat einholen, einen Fachmann/eine Fachfrau zu Rate ziehen

ex·per·tise [ˌekspɜːˈtiːz, AM -spɜːrˈ-] *n no pl* (*knowledge*) Fachkenntnis *f,* Sachverstand *m* (**in** in +*dat*); (*skill*) Geschick *nt* (**in** bei +*dat*), Können *nt;* **I have no sewing** ~ vom Nähen verstehe ich nichts

ex·pert ˈknowl·edge *n no pl* Fachkenntnis *f,* Fachwissen *nt*

ex·pert·ly [ˈekspɜːtli, AM -spɜːr-] *adv* (*with expert knowledge*) fachmännisch; (*skilfully*) geschickt, gekonnt; (*brilliantly*) meisterhaft; **to tune a machine** ~ eine Maschine ordnungsgemäß einstellen

ex·pert oˈpin·ion *n* Expertenmeinung *f;* LAW Sachverständigengutachten *nt* **ˈex·pert sys·tem** *n* COMPUT Expertensystem *nt* **ex·pert ˈwit·ness** *n* LAW Sachverständige(r) *f(m),* Gutachter(in) *m(f)*

ex·pi·ate [ˈekspieɪt] *vt* (*form*) ■**to** ~ **sth** etw sühnen *geh* [*o* büßen]

ex·pia·tion [ˌekspiˈeɪʃən] *n* (*form*) Sühne *f geh,* Buße *f geh;* **to do sth in** ~ [**of** [*or* **for**] **sth**] etw als Sühne [*o* Buße] [für etw *akk*] tun

ex·pia·tory [ˈekspiətəri, AM -tɔːri] *adj attr* Sühne-; ~ **sacrifice** Sühneopfer *nt*

ex·pi·ra·tion [ˌekspɪˈreɪʃən, AM -əˈ-] *n no pl* ❶ (*spec: exhalation*) Ausatmung *f,* Exspiration *f fachspr* ❷ (*running out*) Ablauf *m;* **the** ~ **of a subscription/visa** der Ablauf eines Abonnements/Visums

ex·pi·ˈra·tion date *n* Verfallsdatum *nt;* **what's the** ~ **on these eggs?** wann laufen diese Eier ab?

ex·pire [ɪkˈspaɪəʳ, AM -ɚ] **I.** *vi* ❶ (*become invalid*) *licence, period* ablaufen, enden; *contract* auslaufen, enden; *coupon, ticket* verfallen; *lease, passport* ablaufen, ungültig werden; *drugs, food* ablaufen, das Verfallsdatum überschreiten *geh* ❷ (*form: die*) verscheiden *geh;* (*fig fam*) den Geist aufgeben *fam* **II.** *vt* (*spec: exhale*) ■**to** ~ **sth** etw ausatmen

ex·pi·ry [ɪkˈspaɪ(ə)ri, AM -ˈspaɪri] *n no pl* ❶ (*running out*) Ablauf *m;* **date of** ~ *of drugs, food* Verfallsdatum *nt; of credit card, passport* Ablaufdatum *nt;* ■**before/on the** ~ **of sth** vor/nach Ablauf einer S. *gen* ❷ (*form: death*) Verscheiden *nt euph geh*

ex·ˈpi·ry date *n* Verfallsdatum *nt; see also* **expiration date**

ex·plain [ɪkˈspleɪn, ekˈ-] **I.** *vt* ❶ (*make understandable*) ■**to** ~ **sth** [**to sb**] [jdm] etw erklären; *reason, motive* [jdm] etw erläutern; **our guide** ~**ed where the cathedral was** unser Führer erklärte uns den Weg zur Kathedrale ❷ (*give reasons*) ■**to** ~ **sth** etw erklären; *secret* etw aufklären; **no one has been able to** ~ **the accident** niemand hat bisher eine Erklärung für den Unfall; **please could you** ~ **why you're so late?** könntest du mir bitte erklären, warum du so spät kommst?; ■**to** ~ **that ...** erklären, dass... ❸ (*make clear*) ■**to** ~ **oneself** sich *akk* [deutlich] ausdrücken; **please** ~ **yourself more clearly** bitte drücken Sie sich etwas genauer aus ❹ (*justify*) ■**to** ~ **oneself** sich *akk* rechtfertigen; **you'd better** ~ **yourself** du solltest mir das erklären **II.** *vi* eine Erklärung geben; **I just can't** ~ ich kann es mir einfach nicht erklären; **let me** ~ lassen Sie es mich erklären

◆**explain away** *vt* ■**to** ~ **away** ↔ **sth** ❶ (*dispel doubts*) eine [einleuchtende] Erklärung für etw *akk* haben, sich *dat* etw erklären ❷ (*pej: minimize*) etw bagatellisieren [*o fam* abtun]

ex·plain·able [ɪkˈspleɪnəbl̩, ekˈ-] *adj* erklärlich; **to be** ~ sich *akk* erklären lassen

ex·pla·na·tion [ˌekspləˈneɪʃən, ekˈ-] *n* ❶ (*clarifying statement*) Erklärung *f; of reason, motive* Erläuterung *f;* **to give** [**sb**] **an** ~ **for** [*or* **of**] **sth** [jdm] etw erklären [*o* erläutern]; **to need an** ~ einer Erklärung *f* [*o* Erläuterung *f*] bedürfen ❷ (*reason*) Erklärung *f;* LAW Aussage *f;* **to give** [**sb**] **an** ~ **for** [*or* **of**] **sth** [jdm] eine Erklärung für etw *akk* geben, [jdm] etw erklären ❸ *no pl* (*act of explaining*) Erklärung *f;* **in** ~ [**of sth**] [*or* **by way of** ~ [**for sth**]] als Erklärung [für etw *akk*]

ex·plana·tory [ɪkˈsplænətəri, ekˈ-, AM -tɔːri] *adj* erklärend *attr; footnotes, statement* erläuternd *attr;* ~ **diagram** Schaubild *nt* zur Erläuterung

ex·ple·tive [ɪkˈspliːtɪv, ekˈ-, AM ˈekspləṭ-] **I.** *n* ❶ (*form: swear word*) Kraftausdruck *m,* Fluch *m;* **to let out a row** [*or* **string**] **of** ~**s** einen Schwall von Flüchen loslassen, laut drauflosfluchen; ~ **deleted** (*im Deutschen meist durch ‚...' gekennzeichnete Streichung eines vulgären Ausdrucks*) ❷ LING Füllwort *nt,* Expletivum *nt fachspr* **II.** *n modifier* (*word*) Füll-

ex·pli·cable [ɪkˈsplɪkəbl̩, ekˈ-] *adj* erklärbar

ex·pli·cably [ɪkˈsplɪkəbli, ekˈ-] *adv* erklärlicherweise, verständlicherweise

ex·pli·cate [ˈeksplɪkeɪt] *vt* (*form*) ■**to** ~ **sth** ❶ (*elaborate*) etw ausführen ❷ (*make clear*) etw [im Einzelnen] erläutern [*o* darlegen] [*o geh* explizieren]

ex·pli·ca·tion [ˌeksplɪˈkeɪʃən] *n no pl* (*form*) ❶ (*elaboration*) Ausführung *f* ❷ (*clarification*) Erklärung *f,* Erläuterung *f*

ex·plic·it [ɪkˈsplɪsɪt, ekˈ-] *adj* ❶ (*precise*) klar, deutlich; *agreement, consent, order* ausdrücklich; **could you please be more** ~**?** könnten Sie bitte etwas deutlicher werden?; **she made no** ~ **mention of her plans** sie erwähnte ihre Pläne nicht ausdrücklich; ~ **directions** klare Anweisungen; ■**to be** ~ **about sth** etw offen [*o* unverhohlen] aussprechen ❷ (*detailed*) eindeutig; (*with sexual details*) eindeutig; *film, picture, sex* freizügig; *pornography* unverhüllt

ex·plic·it·ly [ɪkˈsplɪsɪtli, ekˈ-] *adv* ❶ (*precisely*) [klar und] deutlich; **to tell sb sth** ~ jdm etw ausdrücklich sagen ❷ (*outspokenly*) unverhohlen; (*sexually explicit*) freizügig, explizit *geh*

ex·plic·it·ness [ɪkˈsplɪsɪtnəs, ekˈ-] *n no pl* Klarheit *f,* Deutlichkeit *f;* **sexual** ~ sexuelle Freizügigkeit

ex·plode [ɪkˈspləʊd, ekˈ-, AM -oʊd] **I.** *vi* ❶ (*blow up*) explodieren; *bomb* explodieren, hochgehen *fam; tyre* platzen ❷ (*fig: give vent*) sich *akk* entladen, explodieren *fam;* (*lose temper*) in die Luft gehen *fam;* **the peaceful protest ~d into a riot** die friedliche Protestkundgebung schlug in öffentlichen Aufruhr um; **to ~ in** [*or* **with**] **anger** [*or* **fury**] [*or* **rage**] vor Wut platzen [*o* in die Luft gehen] *fam;* **to ~ into giggles** plötzlich loskichern; **to ~ in laughter/tears** in Gelächter/Tränen ausbrechen; ■**to ~ at sb** auf jdn losgehen ❸ (*fig: grow rapidly*) *population* explodieren, explosionsartig zunehmen [*o* wachsen] **II.** *vt* ■**to ~ sth** ❶ (*blow up*) etw zur Explosion bringen; *bomb* etw zünden; *container* etw sprengen, etw zum Bersten bringen; *ball* etw zum Platzen bringen [*o* platzen lassen] ❷ (*refute*) etw widerlegen; **to ~ a theory** eine Theorie ad absurdum führen *geh* [*o fam* über den Haufen werfen] ❸ (*show details*) *diagram, drawing* etw [in Einzelteile] aufgelöst [perspektivisch] darstellen ▸ PHRASES: **to ~ a myth** einen Mythos zerstören, mit einem Mythos aufräumen *fam*

ex·plod·ed view [ɪkˌspləʊdɪd'-, ek'-, AM -oʊd-] *n* Explosionsdarstellung *f,* [perspektivische] Darstellung der Einzelteile

ex·plod·ing [ɪk'spləʊdɪŋ, ek'-, AM -oʊd-] *adj inv* (*a. fig*) explodierend; **~ population** explosionsartig wachsende [*o* zunehmende] Bevölkerung

ex·ploit **I.** *n* ['eksplɔɪt] Heldentat *f a. hum,* Großtat *f* **II.** *vt* [ɪk'splɔɪt, ek'-] ❶ (*pej: take advantage*) ■**to ~ sb** *worker* jdn ausbeuten; *person, friend* jdn ausnutzen; ■**to ~ sth** *good-naturedness, situation, weakness* etw ausnutzen; **to ~ a colony** eine Kolonie ausbeuten ❷ (*utilize*) ■**to ~ sth** etw nutzen, sich *dat* etw zunutze machen; *resources* etw ausbeuten

ex·ploit·able [ɪk'splɔɪtəbl̩, ek'-, AM -t̬ə-] *adj* ❶ (*pej: vulnerable*) ■**to be ~** *workforce* auszubeuten sein; *person, friend* auszunutzen sein ❷ (*profitable*) nutzbar, verwertbar; **he has a very ~ talent** aus seinem Talent lässt sich viel machen; **to be commercially ~** kommerziell verwertbar sein

ex·ploi·ta·tion [ˌeksplɔɪ'teɪʃᵊn] *n no pl* ❶ (*pej: taking unfair advantage*) *of workforce* Ausbeutung *f; of person, situation, weakness* Ausnutzung *f;* **the ~ of employees** die Ausbeutung der Arbeitnehmerschaft ❷ (*profitable use*) Nutzung *f,* Verwertung *f; of resources* Ausbeutung *f*

ex·ploita·tive [ɪk'splɔɪtətɪv, ek'-, AM -t̬ət̬ɪv] *adj* (*pej*) ausbeuterisch *pej;* **~ tactics** Ausbeutungstaktik *f*

ex·ploit·er [ɪk'splɔɪtəʳ, ek'-, AM -t̬ɚ] *n* (*pej*) Ausbeuter(in) *m(f) pej*

ex·plo·ra·tion [ˌekspləˈreɪʃᵊn, AM -splɔːr'eɪ-] *n* ❶ (*journey*) Erforschung *f,* Exploration *f fachspr; of enclosed space* Erkundung *f;* **voyage of ~** Entdeckungsreise *f* ❷ (*examination*) Untersuchung *f* (**of** von +*dat*); **to carry out a full ~ of sth** etw eingehend untersuchen [*o geh* einer eingehenden Untersuchung unterziehen] ❸ *no pl* (*searching*) Suche *f* (**for** nach +*dat*)

ex·plora·tory [ɪk'splɒrətᵊri, ek-, AM -'splɔːrətɔːri] *adj* Forschungs-, Erkundungs-; *drilling, well* Probe-, Versuchs-; **~ expedition** Forschungsexpedition *f;* **~ talks** Sondierungsgespräche *ntpl;* **~ test** MED Voruntersuchung *f;* **~ operation** MED explorativer Eingriff *fachspr*

ex·plore [ɪk'splɔːʳ, ek'-, AM -'splɔːr] **I.** *vt* ■**to ~ sth** ❶ (*investigate*) etw erforschen [*o* erkunden] [*o fachspr* explorieren] ❷ (*examine*) etw untersuchen; **to ~ one's feelings** in sich *akk* hineinfühlen; **to ~ sb's past** jds Vergangenheit *f* überprüfen **II.** *vi* ❶ (*investigate*) sich *akk* umschauen, etw in Erfahrung bringen; **to go exploring** auf Erkundung[stour] gehen ❷ (*look for*) **to ~ for gold/treasure** auf Gold-/Schatzsuche gehen

ex·plor·er [ɪk'splɔːrəʳ, ek'-, AM -'splɔːrɚ] *n* Forscher(in) *m(f),* Forschungsreisende(r) *f(m)*

Ex·'plor·er Scout *n* AM Pfadfinder *m*

ex·plo·sion [ɪk'spləʊʒᵊn, ek'-, AM -'sploʊ-] *n* ❶ (*blowing up*) Explosion *f;* **bomb/gas ~** Bomben-/Gasexplosion *f* ❷ (*noise*) Explosion *f,* Knall *m;* **an ~ of applause** (*fig*) tosender [*o* donnernder] Applaus ❸ (*fig: outburst*) Ausbruch *m;* **there is an ~ of public protest** plötzlich entlädt sich öffentlicher Protest; **~ of anger** Wutausbruch *m* ❹ (*fig: rapid growth*) Explosion *f;* **there has been an ~ in demand for computers in the last few years** in den letzten Jahren ist die Nachfrage nach Computern explosionsartig angestiegen; **population ~** Bevölkerungsexplosion *f* ❺ (*refutal*) Widerlegung *f;* **an ~ of a theory** die Verwerfung einer Theorie

ex·plo·sive [ɪk'spləʊsɪv, ek'-, AM -'sploʊ-] **I.** *adj* ❶ (*able to blow up*) explosiv; *of reaction* Explosions-; **~ force** Sprengkraft *f;* **~ mixture** explosives Gemisch; **~ substance** Explosivstoff *m;* **highly ~** hochexplosiv ❷ (*fig: very loud*) ohrenbetäubend; **an ~ clap of thunder** ein ohrenbetäubender Donnerschlag; **an ~ cough** ein bellender Husten ❸ (*fig: volatile*) explosiv; *issue, situation* [hoch] brisant; *person* aufbrausend, jähzornig *pej;* **to have an ~ temper** cholerisch sein, zu Wutausbrüchen neigen **II.** *n* ❶ *usu pl* (*substance*) Sprengstoff *m usu sing* ❷ LING [Ex]plosivlaut *m fachspr,* Verschlusslaut *m fachspr*

ex·plo·sive de·'vice *n* Sprengkörper *m*

ex·plo·sive·ly [ɪk'spləʊsɪvli, ek'-, AM -'sploʊ-] *adv* ❶ (*by blowing up*) explosiv; **to react ~** *flame, gas* verpuffen ❷ (*fig: with sudden outburst*) heftig; **to bark ~ at sb** jdn anschnauzen; **to laugh ~** schallend lachen; **to react ~** explodieren, heftig reagieren ❸ (*fig: rapidly*) explosionsartig; **to grow ~** explosionsartig ansteigen [*o* wachsen]

ex·plo·sive·ness [ɪk'spləʊsɪvnəs, ek'-, AM -'sploʊ-] *n no pl* (*fig*) Explosivität *f; of an issue, situation* Brisanz *f; of a person* Jähzorn *m; of sb's temper* aufbrausende Art

Expo ['ekspəʊ, AM -spoʊ] *n short for* **exposition** Expo *f fam*

ex·po·nent [ɪk'spəʊnənt, ek'-, AM -'spoʊ-] *n* (*approv*) ❶ (*representative*) Vertreter(in) *m(f),* Exponent(in) *m(f);* (*advocate*) Verfechter(in) *m(f);* (*performer*) Interpret(in) *m(f);* **she is a leading ~ of cello-playing** sie ist eine führende Cellointerpretin; **an ~ of communism** ein Verfechter *m*/eine Verfechterin des Kommunismus ❷ MATH Exponent *m fachspr,* Hochzahl *f*

ex·po·nen·tial [ˌekspə(ʊ)'nen(t)ʃᵊl, AM -spoʊ'-] *adj inv* ❶ MATH exponentiell, Exponential-; **~ function** Exponentialfunktion *f* ❷ (*extremely fast*) exponentiell; **an ~ increase in world population** ein sprunghafter Anstieg der Weltbevölkerung

ex·po·nen·tial 'curve *n* MATH Exponentialkurve *f fachspr* **ex·po·nen·tial 'growth** *n* exponentielles Wachstum

ex·po·nen·tial·ly [ˌekspə(ʊ)'nen(t)ʃᵊli, AM -spoʊ'-] *adv inv* ❶ MATH exponentiell ❷ (*extremely quickly*) exponentiell; **to rise ~** steil [nach oben] ansteigen

ex·port **I.** *vt* [ɪk'spɔːt, ek'-, AM -'spɔːrt] ■**to ~ sth** ❶ (*sell abroad*) etw exportieren [*o* ausführen]; **some cultural values have been ~ed all over the world** (*fig*) einige kulturelle Werte haben weltweite Verbreitung gefunden ❷ COMPUT etw exportieren **II.** *vi* [ɪk'spɔːt, AM -'spɔːrt] exportieren, ausführen **III.** *n* ['ekspɔːt, ek'-, AM -spɔːrt] ❶ *no pl* (*selling abroad*) Export *m,* Ausfuhr *f;* **for ~** für den Export ❷ (*product*) Exportartikel *m* **IV.** *n* ['ekspɔːt, AM -spɔːrt] *modifier* Export-

ex·port·able [ɪk'spɔːtəbl̩, ek'-, AM -'spɔːrt̬-] *adj* exportfähig; **to be highly ~** für den Export sehr gut geeignet sein

ex·por·ta·tion [ˌekspɔː'teɪʃᵊn, AM -spɔːr'-] *n no pl* Export *m,* Ausfuhr *f;* **for ~** für den Export [bestimmt]

'ex·port ban *n* Exportverbot *nt,* Ausfuhrverbot *nt* **'ex·port busi·ness** *n* ❶ (*company*) Exportgeschäft *nt* ❷ *no pl* (*branch*) Exportgeschäft *nt;* **to be in the ~** in der Exportbranche [*o* im Export] tätig sein **'ex·port duty** *n* Ausfuhrzoll *m,* Exportzoll *m*

ex·port·er [ɪk'spɔːtəʳ, AM -'spɔːrt̬ɚ] *n* Exporteur *m;* (*person*) Exporthändler(in) *m(f);* (*company*) Exportgeschäft *nt;* (*country*) Exportland *nt,* Ausfuhrland *nt*

'ex·port goods *npl* Exportgüter *pl,* Exportartikel *mpl* **'ex·port li·cence** *n* Ausfuhrgenehmigung *f,* Exportlizenz *f* **'ex·port mar·ket** *n no pl* Exportmarkt *m* **'ex·port mar·ket·ing** *n no pl* Exportmarketing *nt* **'ex·port per·mit** *n* Ausfuhrerlaubnis *f,* Exporterlaubnis *f* **'ex·port regu·la·tions** *npl* Ausfuhrbestimmungen *fpl* **'ex·port sur·plus** *n no pl* Exportüberschuss *m* **'ex·port trade** *n no pl* Exporthandel *m,* Außenhandel *m*

ex·po·sé [ek'spəʊzeɪ, ɪk-, AM ˌekspoʊ'zeɪ] *n* ❶ (*informative* *report*) Exposé *nt,* Darstellung *f* ② (*revealing report*) Enthüllung *f,* Aufdeckung *f;* **an ~ of corruption/scandal** die Aufdeckung einer Korruptionsaffäre/eines Skandals; **a shocking ~** eine schockierende Enthüllung

ex·pose [ɪkˈspəʊz, ekˈ-, AM -ˈspoʊz] *vt* ① (*lay bare*) ■ **to ~ sth** *bone, foundations* etw freilegen; *nerves* etw bloßlegen ② (*leave vulnerable to*) ■ **to ~ sb/sth to sth** jdn/etw etw *dat* aussetzen; **to ~ sth to cold/heat** etw der Kälte/Hitze aussetzen; **to ~ sb to danger** jdn einer Gefahr aussetzen; **to ~ sb to ridicule** (*fig*) jdn dem Spott [*o* der Lächerlichkeit] preisgeben ③ (*reveal*) ■ **to ~ sth** etw offenbaren; *scandal, treachery, plot* etw aufdecken [*o* enthüllen]; ■ **to ~ sb** jdn entlarven ④ (*put in contact*) ■ **to ~ sb to sth** jdn mit etw *dat* vertraut machen; ■ **to be ~d to sth** etw *dat* ausgesetzt sein, mit etw *dat* in Berührung kommen ⑤ (*show genitals*) ■ **to ~ oneself [to sb]** sich *akk* [vor jdm] entblößen ⑥ PHOT ■ **to ~ sth** etw belichten; **to over-/under~ sth** etw über-/unterbelichten ⑦ LAW (*abandon*) ■ **to ~ sb/an animal** jdn/ein Tier aussetzen

ex·posed [ɪkˈspəʊzd, ekˈ-, AM -ˈspoʊzd] *adj* ① (*unprotected*) ungeschützt, exponiert *geh;* **~ position** exponierte Lage; **the house is in a very ~ position** das Haus steht völlig frei; **to be ~ to rain/wind** dem Regen/Wind ausgesetzt sein; **to feel ~** sich *akk* schutzlos [ausgeliefert] fühlen ② (*bare*) freigelegt; *part of body* unbedeckt, entblößt *geh* ③ PHOT belichtet

ex·po·si·tion [ˌekspə(ʊ)ˈzɪʃən, AM -pəˈ-] *n* ① (*form: explanation*) Darlegung *f,* Ausführung[en] *f[pl]* (**of** zu +*dat*); (*commentary*) Kommentar *m* (**of** zu +*dat*) ② *no pl* (*clarification*) Erklärung *f,* Erläuterung *f* ③ (*public show*) Ausstellung *f* ④ LIT, MUS (*introduction*) Exposition *f fachspr*

ex·posi·tory [ɪkˈspɒzɪtəri, ekˈ-, AM -ˈspɑːzətɔːri] *adj* erklärend *attr*

ex·pos·tu·late [ɪkˈspɒstʃəleɪt, ekˈ-, AM -ˈspɑːs-] *vi* (*form*) [heftig] protestieren; ■ **to ~ on** [*or* **about**] **sth** sich *akk* vehement gegen etw *akk* aussprechen; (*stronger*) etw scharf verurteilen; ■ **to ~ with sb about sth** (*protest*) eine [heftige] Auseinandersetzung mit jdm wegen etw *dat* haben; (*criticize*) jdm [ernste] Vorhaltungen wegen einer S. *gen* machen *geh*

ex·pos·tu·la·tion [ɪkˌspɒstʃəˈleɪʃən, ekˈ-, AM -ˌspɑːs-] *n* (*form: protest*) [heftiger] Protest; (*criticism*) [ernste] Vorhaltung[en]

ex·po·sure [ɪkˈspəʊʒəʳ, ekˈ-, AM -ˈspoʊʒɚ] *n* ① (*being unprotected*) Aussetzung *f kein pl;* **you should always limit your ~ to the sun** man sollte sich den Sonnenstrahlen immer nur eine begrenzte Zeit aussetzen; **~ to radiation** MED Bestrahlung *f* ② *no pl* (*contact with elements*) Ausgesetztsein *nt;* **to die of/suffer from ~** an Unterkühlung sterben/leiden ③ *no pl* (*revelation*) *of a person* Entlarvung *f; of a plot, scheme* Aufdeckung *f; of an affair* Enthüllung *f* ④ *no pl* (*media coverage*) Berichterstattung *f* [in den Medien], Publicity *f;* **to get lots of ~** ganz groß herauskommen, große Beachtung finden ⑤ PHOT (*contact with light*) Belichtung *f;* (*duration*) Belichtungszeit *f* ⑥ PHOT (*shot*) Bild *nt,* Aufnahme *f* ⑦ (*position*) Lage *f;* **the room has a northern ~** das Zimmer geht nach Norden ⑧ *no pl* (*contact*) Kontakt *m,* Berührung *f* (**to** mit +*dat*)

ex·ˈpo·sure me·ter *n* PHOT Belichtungsmesser *m*

ex·pound [ɪkˈspaʊnd, ekˈ-] **I.** *vt* (*form*) ① (*explain*) ■ **to ~ sth** etw darlegen [*o* [näher] ausführen] ② (*interpret*) ■ **to ~ sth** etw erläutern [*o* im Einzelnen erklären]; **to ~ the Bible** die Bibel auslegen **II.** *vi* ■ **to ~ on sth** etw darlegen [*o* [näher] ausführen]

ex·press [ɪkˈspres, ekˈ-] **I.** *vt* ① (*communicate*) ■ **to ~ sth** etw ausdrücken [*o geh* zum Ausdruck bringen]; (*say*) etw aussprechen; **there are no words to ~ what that means to me** was das für mich bedeutet, lässt sich nicht in Worte fassen; **he is not able to ~ properly what he means** er kann nie richtig sagen, was er meint; **to ~ one's thanks** seinen Dank zum Ausdruck bringen; ■ **to ~ oneself** sich *akk* ausdrücken; **children often ~ themselves in painting** Kinder drücken ihre Gefühle oft in Bildern aus ② (*reveal*) ■ **to ~ sth** etw ausdrücken [*o geh* offenbaren]; **her eyes ~ed deep sadness** aus ihren Augen sprach eine tiefe Traurigkeit; **to ~ one's feelings** seine Gefühle zeigen ③ MATH (*symbolize*) ■ **to ~ sth as sth** etw als etw *akk* darstellen ④ (*squeeze out*) ■ **to ~ sth** etw ausdrücken [*o* [aus]pressen] ⑤ (*send quickly*) ■ **to ~ sth to sb** [*or* **sb sth**] jdm etw per Express [*o* als Eilsendung] schicken **II.** *adj attr* ① *inv* (*rapid*) express, Eil-; **by ~ delivery** per Eilzustellung, als Eilsendung [*o* Eilsache] ② (*precise*) klar, bestimmt; (*explicit*) ausdrücklich; **~ command** ausdrücklicher Befehl; **~ instructions** klare Anweisungen; **~ intention** [*or* **purpose**] bestimmte Absicht; **for the ~ purpose** eigens zu dem Zweck; **~ warranty** COMM ausdrücklich erklärte Garantie **III.** *adv* **to send sth ~** etw per Express [*o* als Eilsache] schicken **IV.** *n* ① (*train*) Express[zug] *m,* Schnellzug *m,* D-Zug *m;* **the Orient E~** der Orient-Express ② *no pl* (*messenger*) Eilbote, -in *m, f;* **by ~** per Eilboten; (*delivery*) per Express ③ AM (*company*) Spedition *f,* Transportunternehmen *nt*

ex·ˈpress bus *n* Überlandbus *m* **ex·ˈpress com·pa·ny** *n* AM Spedition *f,* Transportunternehmen *nt*

ex·pressed [ɪkˈsprest, ekˈ-] *adj attr, inv* ausdrücklich; **~ wish** ausdrücklicher Wunsch

ex·ˈpress high·way *n* AUS Schnell[verkehrs]straße *f;* (*in town*) Stadtautobahn *f*

ex·pres·sion [ɪkˈspreʃən, ekˈ-] *n* ① *no pl* (*showing*) Ausdruck *m,* Äußerung *f;* **~ of individuality** Ausdruck *m* von Individualität; **to find ~ in sth** in etw *dat* seinen Ausdruck finden; **to give ~ to sth** etw zum Ausdruck bringen, etw *dat* Ausdruck verleihen *geh* ② (*demonstration*) Ausdruck *m kein pl,* Zeichen *nt;* **as an ~ of his love** zum Zeichen seiner Liebe; **an ~ of gratitude/sympathy** ein Ausdruck *m* [*o* Zeichen *nt*] der Dankbarkeit/Sympathie ③ *no pl* (*oral communication*) Äußerung *f;* **freedom of ~** Freiheit *f* der Meinungsäußerung; **mode of ~** Ausdrucksweise *f* ④ (*phrase*) Ausdruck *m,* Wendung *f* ⑤ (*facial look*) [Gesichts]ausdruck *m,* Miene *f;* **I could tell from her ~ that ...** ich konnte es ihrem Gesicht ansehen, dass ...; **to have a glum ~** ein mürrisches Gesicht machen ⑥ (*emotion*) Gefühlsausdruck *m,* [Gefühls]regung *f;* **without ~** ausdruckslos ⑦ *no pl* MUS Ausdruck *m,* Gefühl *nt;* **with great ~** sehr ausdrucksvoll ⑧ MATH Ausdruck *m*

Expres·sion·ism [ɪkˈspreʃənɪzəm, ekˈ-] *n no pl* Expressionismus *m*

Expres·sion·ist [ɪkˈspreʃənɪst, ekˈ-] **I.** *n* Expressionist(in) *m(f)* **II.** *adj* expressionistisch

ex·pres·sion·is·tic [ɪkˌspreʃəˈnɪstɪk, ekˈ-] *adj* expressionistisch

ex·pres·sion·less [ɪkˈspreʃənləs, ekˈ-] *adj* ① (*showing no emotion*) ausdruckslos; **an ~ face/voice** eine ausdruckslose Miene/Stimme ② MUS ausdruckslos, ohne Gefühl *nach n*

ex·pres·sion·less·ly [ɪkˈspreʃənləsli, ekˈ-] *adv* ausdruckslos, ohne eine Miene zu verziehen *fam*

ex·ˈpres·sion line *n* Fältchen *nt* **ex·ˈpres·sion mark** *n* MUS Vortragsbezeichnung *f fachspr*

ex·pres·sive [ɪkˈspresɪv, ekˈ-] *adj* ① (*showing feeling*) ausdrucksstark, ausdrucksvoll, expressiv *geh;* **an ~ face** ein ausdrucksvolles Gesicht; **an ~ shrug** ein viel sagendes Achselzucken; **an ~ voice** eine ausdrucksstarke Stimme ② (*indicative*) ■ **to be ~ of sth** etw ausdrücken; **to be ~ of joy/sorrow** Freude/Trauer ausdrücken

ex·pres·sive·ly [ɪkˈspresɪvli, ekˈ-] *adv* ausdrucksvoll, expressiv *geh*

ex·pres·sive·nes·s [ɪkˈspresɪvnəs, ekˈ-] *n no pl* Ausdruckskraft *f; of emotions* Ausdrucksfähigkeit *f*

ex·ˈpress lane *n* (*for overtaking*) Schnellspur *f,* Überholspur *f;* (*in supermarket*) Schnellkasse *f* **ex·ˈpress let·ter** *n* Eilbrief *m*

ex·press·ly [ɪkˈspresli, ekˈ-] *adv* ① (*explicitly*) ausdrücklich; **to prohibit sth ~** etw ausdrücklich untersagen ② (*particularly*) extra, eigens *geh;* **I came ~ to see you** ich bin eigens gekommen, um dich zu sehen

ex·presso *n see* **espresso**

ex·ˈpress ser·vice *n* Expressdienst *m;* (*for mail*) Schnelltransport *m,* Eilzustellung *f* **ex·'press train** *n* Express[zug] *m,* Schnellzug *m,* D-Zug *m* **ex·'press·way** *n* AM, AUS Schnellstraße *f*

ex·pro·pri·ate [ɪk'sprəʊprieɪt, ek'-, AM -'sproʊ-] *vt* ❶ (*dispossess*) ■**to ~ sth** etw enteignen; ■**to ~ sb** jdn enteignen; ■**to ~ sb from sth** jds etw enteignen ❷ (*appropriate*) ■**to ~ sth** sich *dat* etw [widerrechtlich] aneignen; **to ~ funds** Gelder veruntreuen; **to ~ ideas** fremde Ideen übernehmen *euph,* geistigen Diebstahl begehen

ex·pro·pria·tion [ɪkˌsprəʊpri'eɪʃᵊn, ek'-, AM -ˌsproʊ-] *n* ❶ (*dispossessing*) Enteignung *f,* Expropriation *f fachspr* ❷ (*appropriation*) [widerrechtliche] Aneignung; *of funds* Veruntreuung *f*

ex·pro·pria·tor [ɪk'sprəʊprieɪtəʳ, ek'-, AM -'sproʊpieɪt̬ɚ] *n* Enteigner(in) *m(f),* Expropriateur(in) *m(f) fachspr*

ex·pul·sion [ɪk'spʌlʃᵊn, ek'-] *n no pl from a club* Ausschluss *m* (**from** aus *+dat*); *from a country* Ausweisung *f* (**from** aus *+dat*); *from home* Vertreibung *f* (**from** aus *+dat*); **~ from school/university** Verweisung *f* [*o fachspr* Relegation *f*] von der Schule/Universität

ex·punge [ɪk'spʌn(d)ʒ, ek'-] *vt* (*form*) ■**to ~ sth** etw [aus]streichen [*o geh* tilgen]; (*fig*) etw löschen; **to ~ sb/sth from a list** jdn/etw von [*o* aus] einer Liste streichen; **to ~ a registration** eine Eintragung löschen; **to ~ sth from one's memory** etw aus seinem Gedächtnis streichen

ex·pur·gate ['ekspəgeɪt, AM -spɚ-] *vt* ■**to ~ sth** *text* etw [von anstößigen Stellen] reinigen [*o pej* zensieren]

ex·pur·gat·ed ['ekspəgeɪtɪd, AM -spɚgeɪt̬-] *adj* [von anstößigen Stellen] gereinigt, zensiert *pej;* **~ version** bereinigte Fassung

ex·pur·ga·tion [ˌekspə'geɪʃᵊn, AM -spɚ'-] *n* ❶ (*censored version*) bereinigte [*o pej* zensierte] Fassung ❷ *no pl* (*censorship*) Zensur *f*

ex·quis·ite [ɪk'skwɪzɪt, ek'-] *adj* ❶ (*very fine*) erlesen, exquisit; **~ manners** ausgesuchtes Benehmen; **an ~ painting** ein ausnehmend schönes Gemälde; **an ~ piece of china** ein [aus]erlesenes Stück Porzellan; **to have ~ taste** einen exquisiten [*o* feinen] Geschmack haben; **showing ~ taste** von erlesenem Geschmack *nach n;* **an ~ view** ein bezaubernder Ausblick ❷ (*intense*) außerordentlich; **an ~ pain** ein bohrender Schmerz; **an ~ pleasure** ein köstliches [*o* königliches] Vergnügen ❸ (*precise*) ausgeprägt; **~ timing** ausgeprägtes Zeitgefühl

ex·quis·ite·ly [ɪk'skwɪzɪtli, ek'-] *adv* ❶ (*beautifully*) vorzüglich; **an ~ behaved child** ein äußerst wohlerzogenes Kind; **an ~ crafted piece of furniture** ein kunstvoll angefertigtes Möbelstück; **an ~ furnished house** ein geschmackvoll [*o* ausnehmend schön] eingerichtetes Haus ❷ (*intensely*) außerordentlich; **an ~ painful sensation** ein außerordentlich starker [*o* heftiger] Schmerz; **~ sensitive** äußerst [*o* überaus] empfindlich

ex·quis·ite·ness [ɪk'skwɪzɪtnəs, ek'-] *n no pl* ❶ (*fineness*) Erlesenheit *f,* Ausgesuchtheit *f;* (*perfection*) Vollendung *f* ❷ (*intensity*) Intensität *f;* **the ~ of the pain** die Heftigkeit des Schmerzes

ex-'ser·vice·man *n* ehemaliger Militärangehöriger, Veteran *m* **ex-'ser·vice·wom·an** *n* ehemalige Militärangehörige

ex·tant [ek'stænt, AM 'ekstᵊnt] *adj inv* (*form*) [noch] vorhanden [*o* existent]; **he is the most famous writer ~** er ist der berühmteste noch lebende Schriftsteller

ex·tem·po·ra·neous [ɪkˌstempə'reɪniəs, ek'-] *adj inv* improvisiert, unvorbereitet; **an ~ speech** eine Rede aus dem Stegreif; **an ~ translation** eine Stegreifübersetzung

ex·tem·po·ra·neous·ly [ɪkˌstempə'reɪniəsli, ek'-] *adv* unvorbereitet, aus dem Stegreif; **they asked her to say a few words ~** man bat sie um ein paar formlose Worte; **to speak ~** aus dem Stegreif sprechen

ex·tem·po·rari·ly [ɪk'stempᵊrərɪli, ek'-, AM -pərer-] *adv see* **extemporaneously**

ex·tem·po·rary [ɪk'stempᵊrəri, ek'-, AM -pəreri] *adj see* **extemporaneous**

ex·tem·po·re [ɪk'stempᵊri, ek'-, AM -pəri] **I.** *adj inv* unvorbereitet, Stegreif-; **to give an ~ speech** eine Rede aus dem Stegreif halten, extemporieren *geh* **II.** *adv* unvorbereitet, aus dem Stegreif, ex tempore *geh;* **to perform ~** improvisieren

ex·tem·po·rize [ɪk'stempᵊraɪz, ek'-, AM -pər-] *vi* etw aus dem Stegreif tun, extemporieren *geh;* (*perform*) improvisieren

ex·tend [ɪk'stend, ek'-] **I.** *vt* ❶ (*stretch out*) ■**to ~ sth** etw ausstrecken; **to ~ one's fingers** seine Finger ausstrecken; **to ~ one's hand to sb** jdm die Hand entgegenstrecken [*o geh* reichen]; **to ~ a line/rope** eine Leine/ein Seil spannen ❷ (*prolong*) ■**to ~ sth** *credit, visa* etw verlängern ❸ (*pull out*) ■**to ~ sth** etw verlängern; *ladder, table* etw ausziehen; *landing gear* etw ausfahren; *sofa* etw ausklappen ❹ (*expand*) ■**to ~ sth** etw erweitern [*o* vergrößern]; *influence, business* etw ausdehnen [*o* ausbauen] ❺ (*increase*) ■**to ~ sth** etw vergrößern [*o* verstärken]; **to ~ public awareness of sth** die Öffentlichkeit für etw *akk* sensibilisieren; **to ~ one's commitment** seine Bemühungen *fpl* verstärken, sich *akk* stärker engagieren ❻ (*build*) ■**to ~ sth** [**to sth**] etw [an etw *akk*] anbauen; **to ~ one's house** sein Haus ausbauen; **to ~ a road/track** eine Straße/Fahrspur ausbauen ❼ (*offer*) ■**to ~ sth to sb** jdm etw erweisen [*o* zuteilwerden lassen]; *credit, protection* jdm etw gewähren; **to ~ money to sb** FIN jdm Geld zur Verfügung stellen; **to ~ one's thanks to sb** jdm seinen Dank aussprechen; **to ~ a welcome to sb** jdn willkommen heißen ❽ (*strain*) ■**to ~ sb** jdn [bis an seine Leistungsgrenze] fordern; ■**to ~ oneself** sich *akk* verausgaben **II.** *vi* ❶ (*stretch*) sich *akk* erstrecken, sich *akk* ausdehnen; *over period of time* sich *akk* hinziehen *pej,* dauern; **the fields ~ into the distance** die Felder dehnen sich bis in die Ferne aus; **rain is expected to ~ to all parts of the country by this evening** bis heute Abend soll der Regen alle Landesteile erreicht haben; **the last party ~ed throughout the night** die letzte Party dauerte die ganze Nacht; ■**to ~ beyond sth** über etw *akk* hinausgehen; **to ~ for miles** sich *akk* meilenweit hinziehen ❷ (*include*) sich erstrecken; ■**to ~ to sb/sth** *restrictions* für jdn/etw gelten; **his concern doesn't ~ as far as actually doing something** seine Besorgnis geht nicht so weit, dass er tatsächlich etwas unternimmt

ex·tend·able [ɪk'stendəbl̩, ek'-] *adj* ❶ (*prolongable*) *lease, passport, contract* verlängerbar; **~ deadline** verlängerbare Frist ❷ (*telescopic*) ausziehbar; **~ ladder** Ausziehleiter *f*

ex·tend·ed [ɪk'stendɪd, ek'-] *adj* ❶ (*prolonged*) verlängert; **an ~ holiday** ein ausgedehnter Urlaub ❷ (*comprehensive*) umfassend, erweitert; **~ coverage** erweiterter Versicherungsschutz; **an ~ news bulletin** ein umfassender [*o* ausführlicher] Bericht

ex·tend·ed 'cred·it *n no pl* Kredit *m* mit verlängerter Laufzeit **ex·tend·ed 'fami·ly** *n* Großfamilie *f*

ex·ten·sible [ɪk'sten(t)səbl̩, ek'-] *adj see* **extendable**

ex·ten·sion [ɪk'sten(t)ʃᵊn, ek'-] **I.** *n* ❶ *no pl* (*stretching out*) *of extremities* Ausstrecken *nt; of muscles* Dehnung *f,* Streckung *f* ❷ (*lengthening*) Verlängerung *f;* **~ table** Ausziehtisch *m* ❸ *no pl* (*expansion*) Erweiterung *f,* Vergrößerung *f; of influence, power* Ausdehnung *f,* Ausbau *m;* **~ of business** Geschäftserweiterung *f;* **the ~ of police powers** die Verstärkung [*o* der Ausbau] von Polizeikräften; **by ~** des Weiteren, im weiteren Sinne ❹ (*prolongation*) *of a credit, time, a visa* Verlängerung *f;* **~ of payment** Zahlungsaufschub *m* ❺ (*added piece*) Anbau *m; of a building* Erweiterungsbau *m* (**to** an *+akk*); **we're building an ~ to our house** wir bauen gerade an ❻ (*phone line*) Nebenanschluss *m,* Nebenstelle *f;* (*number*) [Haus]apparat *m* ❼ *no pl* (*offering*) Bekundung *f* ❽ (*scope*) Umfang *m* ❾ (*logic*) Bedeutungsumfang *m,* Extension *f fachspr* **II.** *n modifier* AM, AUS UNIV (*extramural*) Fern-; **~ course** Fernlehrgang *m,* Fernstudienkurs *m*

ex·'ten·sion cord *n* AM, AUS (*extension lead*) Verlängerungskabel *nt* **ex·'ten·sion lad·der** *n* Ausziehleiter *f* **ex·'ten·sion lead** *n* BRIT Verlängerungskabel *nt*

ex·ten·sive [ɪk'sten(t)sɪv, ek'-] *adj* ❶ (*large*) weit, ausgedehnt; **~ grounds** weitläufiges Gelände; **~ journey** ausgedehnte

Reise; ~ **property** ausgedehnte Ländereien; ~ **tracts of land** weite Landstriche ❷ (*far-reaching*) weitreichend; ~ **political influence** weitreichender politischer Einfluss ❸ (*large-scale*) umfangreich, ausführlich; **the royal wedding received ~ coverage in the newspapers** über die königliche Hochzeit wurde in den Zeitungen ausführlich berichtet; ~ **knowledge** breites [*o* umfassendes] Wissen; ~ **repairs** umfangreiche Reparaturarbeiten; **to make ~ use of sth** von etw *dat* großen Gebrauch machen ❹ (*severe*) schwer; ~ **bombing** schweres [*o* großflächiges] Bombardement; ~ **damage** beträchtlicher [*o* erheblicher] Schaden ❺ AGR extensiv *fachspr*

ex·ten·sive·ly [ɪk'sten(t)sɪvli, ek'-] *adv* ❶ (*for the most part*) weitgehend; **to be ~ rebuilt** weitgehend wiederaufgebaut werden ❷ (*considerably*) beträchtlich, erheblich; **to be ~ damaged** erheblich beschädigt werden ❸ (*thoroughly*) gründlich; (*in detail*) ausführlich; **to be ~ researched** genau untersucht werden; **to use sth ~** von etw *dat* ausgiebig Gebrauch machen

ex·tent [ɪk'stent, ek'-] *n* ❶ *no pl* (*size*) *of an area, a city, a park* Größe *f*, Ausdehnung *f*; (*length*) *of a river* Länge *f* ❷ *no pl* (*range*) Umfang *m*; **the ~ of knowledge** der Wissensumfang ❸ *no pl* (*amount*) Ausmaß *nt*, Umfang *m*; *of a sum* Höhe *f*; **the company is in debt to the ~ of a million pounds** die Firma ist mit einer Million Pfund verschuldet; **the ~ of a credit** die Höhe eines Kredits; **the ~ of destruction** das Ausmaß der Zerstörung ❹ (*degree*) Grad *m kein pl*, Maß *nt kein pl*; **to a certain ~** in gewissem Maße; **to a great** [*or* **large**] **~** in hohem Maße, weitgehend; **to the same ~ as ...** in gleichem Maße wie ...; **to some ~** bis zu einem gewissen Grad; **to go to the ~ of doing sth** so weit gehen, etw zu tun; **to an ~** bis zu einem gewissen Grad, in gewissem Maße; **to such an ~ that ...** dermaßen [*o* derart], dass ...; **the car was damaged to such an ~ that it could not be repaired** der Wagen war so stark beschädigt, dass er nicht repariert werden konnte; **to that ~** in diesem Punkt, insofern; **to what ~** in welchem Maße, inwieweit

ex·tenu·ate [ɪk'stenjueɪt, ek'-] *vt* (*form*) ■**to ~ sth** etw beschönigen [*o* verharmlosen]; **to ~ sb's behaviour** jds Verhalten *nt* entschuldigen [*o* rechtfertigen]; **to ~ sb's guilt** jds Schuld *f* mindern

ex·tenu·at·ing [ɪk'stenjueɪtɪŋ, ek'-, AM -t̬-] *adj attr* (*form*) mildernd; **to allow ~ circumstances** mildernde Umstände zubilligen

ex·tenu·ation [ɪkˌstenju'eɪʃᵊn, ek'-] *n no pl* (*form*) Beschönigung *f*, Verharmlosung *f*; **in ~ of sb/sth** als Entschuldigung [*o* mildernder Umstand] für jdn/etw

ex·te·ri·or [ɪk'stɪəriəʳ, ek'-, AM -'stɪriɚ] **I.** *n* ❶ (*outside surface*) *of a wall* Außenseite *f*; *of a building* Außenfront *f*, Außenwände *fpl*; **on the ~** (*fig*) äußerlich ❷ (*outward appearance*) das Äußere, äußere Erscheinung; **she has a tough ~** sie hat ein hartes Auftreten ❸ FILM Außenaufnahme *f* **II.** *adj* Außen-; ~ **paint** Farbe *f* für den Außenanstrich; ~ **shots** Außenaufnahmen *fpl*; ~ **walls** Außenwände *fpl*; ■~ **to sth** außerhalb einer S. *gen*

ex·ter·mi·nate [ɪk'stɜːmɪneɪt, ek'-, AM -'stɜːr-] *vt* ■**to ~ sb/sth** *people, sect, species* jdn/etw ausrotten; *civilization, city, enemy* jdn/etw vernichten; *vermin, weeds* etw vertilgen [*o* vernichten]; (*fig*) *evil, superstition* etw ausrotten

ex·ter·mi·na·tion [ɪkˌstɜːmɪ'neɪʃᵊn, ek'-, AM -ˌstɜːr-] *n no pl* Ausrottung *f*, Vernichtung *f*; *of vermin, weeds* Vertilgung *f*

ex·ter·mi·na·tor [ɪk'stɜːmɪneɪtəʳ, ek'-, AM -'stɜːrmɪneɪt̬ɚ] *n* ❶ (*person*) Kammerjäger(in) *m(f)* ❷ (*poison*) Insektenvertilgungsmittel *nt*

ex·ter·nal [ɪk'stɜːnᵊl, ek'-, AM -'stɜːr-] *adj inv* ❶ (*exterior*) äußerlich; *angle, pressure, world* Außen-; ■**to be ~ to sth** außerhalb einer S. *gen* liegen; ~ **appearance** Aussehen *nt*; ~ **calm/similarity** äußerliche Ruhe/Ähnlichkeit ❷ (*from the outside*) äußere(r, s), von außen *nach n*, extern *geh* ❸ (*on body surface*) äußerlich; ~ **injury** äußer[lich]e Verletzung; **for ~ use only** PHARM nur zur äußerlichen Anwendung ❹ (*foreign*) ausländisch, auswärtig, Außen-; ~ **affairs** auswärtige Angelegenheiten, Außenpolitik *f*; ~ **exchange** ECON Devisenkurs *m*; ~ **relations** auswärtige Beziehungen, Auslandsbeziehungen *fpl* ❺ UNIV per Fernstudium *nach n*; ~ **degree** Abschluss *m* eines Fernstudiums ❻ ECON ~ **auditing** außerbetriebliche Revision

ex·ter·nal ex·ami·'na·tion *n* externe Prüfung **ex·ter·nal ex·'am·in·er** *n* externer Prüfer/externe Prüferin

ex·ter·nali·za·tion [ɪkˌstɜːnᵊlaɪ'zeɪʃᵊn, ek'-, AM -'stɜːrnᵊlɪ'-] *n* ❶ (*expression*) *of emotions* Äußerung *f*, Ausdruck *m* ❷ PSYCH *of a conflict, a difficulty* Verlagerung *f* nach außen, Externalisierung *f fachspr*, Projektion *f fachspr*

ex·ter·nal·ize [ɪk'stɜːnᵊlaɪz, ek'-, AM -'stɜːr-] *vt* ■**to ~ sth** ❶ (*express*) *emotions* etw äußern ❷ PSYCH *conflict, difficulty* etw nach außen verlagern [*o fachspr* externalisieren] [*o fachspr* projizieren]

ex·ter·nal·ly [ɪk'stɜːnᵊli, ek'-, AM -'stɜːr-] *adv inv* äußerlich; (*to the outside*) nach außen; (*from the outside*) von außen; (*on the outside*) außen; ~ **she appeared calm** nach außen hin wirkte sie gelassen

ex·ter·nals [ɪk'stɜːnᵊlz, ek'-, AM -'stɜːr-] *npl* (*a. pej*) Äußerlichkeiten *fpl a. pej*, Nebensächlichkeiten *fpl pej*

ex·ter·nal 'stu·dent *n* Externe(r) *f(m)* **ex·'ter·nal world** *n no pl* Außenwelt *f*; *of phenomena* Welt *f* der Erscheinungen

ex·ter·ri·to·rial [ˌeksterɪ'tɔːriəl] *adj inv see* **extraterritorial**

ex·tinct [ɪk'stɪŋkt, ek'-] *adj inv* ❶ (*died out*) *animal, plant, species* ausgestorben; *dynasty, empire, people* untergegangen; **an ~ language** eine tote Sprache; **to become ~** aussterben ❷ (*no longer active*) *fire, love, volcano* erloschen; **an ~ firm** COMM eine gelöschte Firma; **to become ~** erlöschen ❸ (*abolished*) *custom, practice* abgeschafft, verloren gegangen; **an ~ law** ein aufgehobenes Gesetz; **an ~ right** LAW ein erloschenes [*o* untergegangenes] Recht

ex·tinc·tion [ɪk'stɪŋkʃᵊn, ek'-] *n no pl* ❶ (*dying out*) Aussterben *nt*; *of a dynasty, an empire, a people* Untergang *m*; (*deliberate act*) Ausrottung *f*, Auslöschung *f*; (*fig*) *of traces* Verschwinden *nt*; *of memories* Auslöschung *f*; **to be in danger of** [*or* **threatened with**] **~** vom Aussterben bedroht sein ❷ (*becoming inactive*) *of fire, passion, volcano* Erlöschen *nt*; *of a firm* Löschung *f* ❸ (*abolition*) Abschaffung *f*; *of a law* Aufhebung *f*; *of a right* Erlöschen *nt*, Untergang *m*; **the ~ of a debt** COMM die Tilgung einer Schuld

ex·tin·guish [ɪk'stɪŋgwɪʃ, ek'-] *vt* ■**to ~ sth** ❶ (*put out*) *fire* etw [aus]löschen [*o fam* ausmachen]; **to ~ a candle/the light** eine Kerze/das Licht ausmachen [*o geh veraltend* löschen] ❷ (*destroy*) etw auslöschen; *firm* etw löschen; **to ~ sb's love/passion** jds Liebe/Leidenschaft *f* erlöschen lassen; **to ~ the memory of sth** die Erinnerung an etw *akk* auslöschen ❸ (*fig: abolish*) *custom, practice* etw abschaffen; LAW etw aufheben; **to ~ a debt** COMM eine Schuld tilgen

ex·tin·guish·er [ɪk'stɪŋgwɪʃəʳ, ek'-, AM -ɚ] *n* Feuerlöscher *m*, Löschgerät *nt*

ex·tir·pate ['ekstɜːpeɪt, AM -stɚ-] *vt* (*form*) ■**to ~ sb/sth** *people, sect, species* jdn/etw [mit Stumpf und Stiel] ausrotten; *evil, heresy, prejudice* etw ausmerzen *geh*; *hair, plant* etw [mit der Wurzel] ausreißen; MED *growth* etw entfernen [*o fachspr* exstirpieren]; **to ~ an enemy** einen Feind vernichten; **to ~ ignorance** (*fig*) [dem Zustand] der Unwissenheit ein Ende bereiten *geh*

ex·tir·pa·tion [ˌekstɜː'peɪʃᵊn, AM -stɚ'-] *n no pl* (*form*) *of a people, a sect, a species* Ausrottung *f*; *of heresy, prejudice* Ausmerzung *f geh*; MED *of a growth* Entfernung *f*, Exstirpation *f fachspr*; **the ~ of an enemy** die Vernichtung eines Feindes; **the ~ of ignorance** (*fig*) die Beseitigung der Unwissenheit

ex·tol <-ll-> [ɪk'stəʊl, ek'-, AM -'stoʊl] *vt* (*form*) ■**to ~ sth** etw rühmen [*o geh* [lob]preisen]; ■**to ~ sb as sb/sth** jdn als jdn/etw feiern [*o geh* preisen]; **to ~ sb as a hero** jdn als Held feiern [*o* verehren]; **to ~ the virtues of sb/sth** die Vorzüge einer Person/einer S. *gen* preisen

ex·tort [ɪk'stɔːt, ek'-, AM -'stɔːrt] *vt* ■**to ~ sth from sb** ❶ (*get with force*) etw von jdm erzwingen [*o* erpressen]; **to ~ a confession from sb** von jdm ein Geständnis erpressen [*o* erzwingen]; **to ~ money from sb** Geld von jdm erpressen [*o fam* aus jdm herausholen] ❷ (*get with effort*) jdm etw abringen [*o* abnötigen], jdn zu etw *dat* bewegen *fam;* **to ~ a promise from sb** jdm ein Versprechen abringen [*o* abnötigen]; **to ~ a secret from sb** jdm ein Geheimnis entlocken

ex·tor·tion [ɪk'stɔːʃən, ek'-, AM -'stɔːr-] *n no pl* ❶ (*coercion*) Erzwingung *f; of money* Erpressung *f* ❷ (*demand*) *of money* überhöhte [*o* überzogene] Forderung, Wucher *m pej*

ex·tor·tion·ate [ɪk'stɔːʃənət, ek'-, AM -'stɔːr-] *adj* (*pej*) ❶ (*exorbitant*) maßlos, übermäßig; (*sum*) Wucher-, horrend; **to make ~ demands of** [*or* **on**] **sb** übersteigerte [*o* übertrieben hohe] Erwartungen an jdn stellen; **~ prices** horrende [*o fam* astronomische] Preise, Wucherpreise *mpl pej* ❷ (*using force*) erpresserisch; **~ methods** Erpressermethoden *fpl*

ex·tor·tion·ate·ly [ɪk'stɔːʃənətli, ek'-, AM -'stɔːr-] *adv* (*pej*) maßlos, übermäßig

ex·tor·tion·er [ɪk'stɔːʃənəʳ, ek'-, AM -'stɔːrʃənɚ] *n* (*pej*) ❶ (*coercing person*) Erpresser(in) *m(f)* ❷ (*usurer*) Wucherer, Wucherin *m, f*

ex·tor·tion·ist [ɪk'stɔːʃənɪst, ek'-, AM -'stɔːr-] **I.** *n see* **extortioner II.** *adj see* **extortionate**

ex·tra ['ekstrə] **I.** *adj inv* zusätzlich; **I'll take some ~ clothes** ich nehme noch Ersatzkleidung mit; **we have an ~ bed – you can stay overnight if you want to** wir haben noch ein Bett frei – wenn du willst, kannst du hier übernachten; **I'll need some ~ time/money for the job** für die Arbeit brauche ich etwas mehr Zeit/Geld; **to take ~ care** besonders vorsichtig sein; **~ charge** Aufschlag *m,* Aufpreis *m;* **to make an ~ effort** sich *akk* besonders anstrengen; **to work ~ hours** [*or* **long days**] Überstunden machen; **~ income** zusätzliches Einkommen, Nebeneinkommen *nt;* ■**to be ~** extra gehen; **packing is ~** die Verpackung geht extra **II.** *adv inv* ❶ (*more*) mehr; **a** [**little**] **bit ~** ein [kleines] bisschen mehr; **to charge/pay ~** einen Aufpreis verlangen/bezahlen; **to cost ~** gesondert berechnet werden; **postage and packing ~** zuzüglich Porto und Versand ❷ (*especially*) besonders; **I'll try ~ hard this time** ich werde mich diesmal ganz besonders anstrengen; **~ large** besonders groß; (*too large*) übergroß **III.** *n* ❶ ECON (*perk*) Zusatzleistung *f,* Sonderleistung *f;* AUTO Extra *nt;* **lots of little ~s** eine Menge kleiner Extras ❷ (*charge*) Aufschlag *m,* Aufpreis *m* ❸ (*actor*) Statist(in) *m(f),* Komparse, -in *m, f* ❹ SPORTS (*additional run*) zusätzlicher Run

extra- ['ekstrə] *in compounds* ❶ (*outside*) außer- ❷ (*more than usual*) extra-, besonders

ex·tra 'charge *n* Zuschlag *m,* Aufpreis *m*

ex·tract I. *vt* [ɪk'strækt, ek'-] ❶ (*remove*) ■**to ~ sth** [**from sth**] *cork, splinter, stopper* etw [aus etw *dat*] [heraus]ziehen; **to ~ a bullet** eine Kugel entfernen; **to ~ papers from a folder** einem Ordner Unterlagen entnehmen; **to ~ a tooth** einen Zahn ziehen [*o fachspr* extrahieren] ❷ (*obtain*) ■**to ~ sth** [**from sth**] *resources* etw [aus etw *dat*] gewinnen [*o fachspr* extrahieren]; **to ~ iron ore** Eisenerz gewinnen; **to ~ oil** Erdöl fördern; ■**to ~ sth from sb** *secret* jdm etw entlocken; **to ~ a confession from sb** jdm ein Geständnis abringen; **to ~ information from sb** Informationen aus jdm herausquetschen *fam;* **to ~ money from sb** Geld aus jdm herausholen *fam* ❸ (*select*) **to ~ sth from a text** etw aus einem Text [heraus]ziehen, etw exzerpieren *geh* ❹ MATH **to ~ the root** [**from sth**] die Wurzel [aus etw *dat*] ziehen **II.** *n* ['ekstrækt] ❶ (*excerpt*) Auszug *m,* Exzerpt *nt geh* (**from** aus +*dat*) ❷ (*derived substance*) Extrakt *m,* Auszug *m* ❸ *no pl* (*concentrate*) Extrakt *m,* Essenz *f;* **malt/vanilla ~** Malz-/Vanilleextrakt *m*

ex·trac·tion [ɪk'strækʃən, ek'-] *n* ❶ *no pl* (*removal*) *of a cork, splinter, stopper* Herausziehen *nt; of bullet* Entfernen *nt* ❷ (*obtainment*) *of resources* Gewinnung *f,* Abbau *m; of oil* Förderung *f; of secret* Entlocken *nt; of confession* Abringen *nt* ❸ (*tooth removal*) [Zahn]ziehen *nt,* Extraktion *f fachspr* ❹ *no pl* (*family origin*) Herkunft *f,* Abstammung *f*

ex·trac·tor [ɪk'stræktəʳ, ek'-, AM -ɚ] *n* ❶ (*squeezer*) [Saft]presse *f,* Entsafter *m* ❷ (*centrifuge*) Trockenschleuder *f* ❸ MED Geburtszange *f;* (*in dentistry*) Zahn[wurzel]zange *f* ❹ (*fan*) Dunstabzug *m* ❺ (*gun part*) Auswerfer *m,* Auszieher *m*

ex·'trac·tor fan *n* Dunstabzug *m* **ex·'trac·tor hood** *n* Dunstabzugshaube *f*

extra·cur·ricu·lar [ˌekstrəkə'rɪkjələʳ, AM -ɚ] *adj inv* ❶ SCH, UNIV außerhalb des Stundenplans [*o* Lehrplans] *nach n,* extracurricular *fachspr* ❷ (*fig*) außerplanmäßig; **~ course** Wahlkurs *m*

extra·cur·ricu·lar ac·'tiv·ities *npl* ❶ SCH, UNIV Wahlveranstaltungen *fpl,* extracurriculare Veranstaltungen *fachspr;* (*in spare time*) Freizeitbeschäftigung[en] *f*[*pl*] ❷ (*hum: sexual activities*) Liebschaften *fpl,* amouröse Abenteuer *hum*

extra·dit·able ['ekstrədaɪtəbl, AM -t̬-] *adj inv offence* zur Auslieferung führend *attr; offender* auszuliefernd *attr,* auszuliefern *präd;* **an ~ crime** ein mit Auslieferung belegtes Verbrechen; **an ~ offender** ein auszuliefernder Straftäter/eine auszuliefernde Straftäterin

extra·dite ['ekstrədaɪt] *vt* **to ~ sb** [**from Germany to Great Britain**] jdn [von Deutschland an Großbritannien] ausliefern; **to ~ an offender from one state to another state** AM einen Straftäter von einem Bundesstaat an einen anderen überstellen

extra·di·tion [ˌekstrə'dɪʃən] *n no pl* Auslieferung *f;* AM Überstellung *f*

extra·'di·tion trea·ty *n* Auslieferungsvertrag *m*

extra·mari·tal [ˌekstrə'mærɪtəl, AM -'merət̬əl] *adj inv* außerehelich

extra·mari·tal af·'fairs *npl* außereheliche Beziehungen

extra·mu·ral [ˌekstrə'mjʊərəl, AM -'mjʊr-] *adj inv* ❶ *esp* BRIT (*outside university*) außeruniversitär, außerhalb der Universität *nach n* ❷ (*by correspondence*) Fernstudien-; (*part-time*) Teilzeit-; **~ courses** Fern[studien]kurse *mpl*

extra·neous [ɪk'streɪniəs] *adj* ❶ (*external*) äußere(r, s), von außen *nach n;* MED körperfremd; CHEM Fremd-; **~ substance** Fremdstoff *m* ❷ (*form: unrelated*) nicht dazugehörig, sachfremd; **~ issues/matters** sachfremde Fragestellungen/Angelegenheiten; **an ~ remark** eine unpassende [*o geh* deplatzierte] Bemerkung ❸ (*irrelevant*) unwichtig, irrelevant, ohne Belang *form*

extraor·di·nari·ly [ɪk'strɔːdənərəli, AM -'strɔːrdənerəli] *adv* (*remarkably*) außerordentlich; (*unusually*) ungewöhnlich; (*positive*) ungemein

extraor·di·nary [ɪk'strɔːdənəri, AM -'strɔːrdəneri] *adj* ❶ (*remarkable*) außerordentlich, außergewöhnlich; (*unusual*) ungewöhnlich; **an ~ feat** eine herausragende Leistung; **an ~ success** ein erstaunlicher Erfolg ❷ (*strange*) merkwürdig, seltsam; (*approv*) erstaunlich; **an ~ coincidence** ein merkwürdiges Zusammentreffen ❸ (*additional*) außerordentlich

extraor·di·nary am·'bas·sa·dor *n* Sonderbotschafter(in) *m(f)*

ex'traor·di·nary meet·ing *n* Sondersitzung *f,* außerordentliche Versammlung

ex·tra 'pay *n no pl* (*beyond regular pay*) Zulage *f;* (*from odd jobs*) Zusatzeinkommen *nt;* **to get ~** eine Zulage bekommen

ex·trapo·late [ɪk'stræpəleɪt] **I.** *vt* ■**to ~ sth** etw erschließen [*o* ableiten]; MATH etw extrapolieren *fachspr;* **to ~ a trend from a survey** einen Trend aus einer Umfrage ableiten **II.** *vi* ■**to ~ from sth to sth** von etw *dat* auf etw *akk* schließen

ex·trapo·la·tion [ɪkˌstræpə'leɪʃən] *n no pl* Ableitung *f,* Folgerung *f;* MATH Extrapolation *f fachspr*

extra·sen·so·ry [ˌekstrə'sen(t)səri] *adj inv* übersinnlich; **~ powers** übersinnliche Kräfte

extra·sen·so·ry per·'cep·tion *n* übersinnliche Wahrnehmung

extra·ter·res·trial [ˌekstrətə'restriəl] **I.** *adj* außerirdisch, extraterrestrisch *geh;* ~ **being** außerirdisches Wesen; ~ **life forms** außerirdische Lebensformen **II.** *n* Außerirdische(r) *f(m),* außerirdisches [Lebe]wesen

extra·ter·ri·to·rial [ˌekstrəterɪ'tɔːriəl] *adj inv* exterritorial; **to have** ~ **rights** LAW diplomatischen Status genießen

ex·tra 'time *n no pl* BRIT, AUS SPORTS [Spiel]verlängerung *f;* **they had to play** ~ sie mussten nachspielen

ex·trava·gance [ɪk'strævəgən(t)s] *n* ❶ *no pl (unrestrained excess)* Verschwendungssucht *f;* *(lifestyle)* extravaganter Lebensstil ❷ *no pl (excessive expenditure)* Verschwendung *f* ❸ *(unnecessary treat)* Luxus *m kein pl,* Extravaganz *f meist pl;* **chocolate is my only** ~ Schokolade ist das Einzige, was ich mir gönne ❹ *no pl (exaggeration)* Übertriebenheit *f;* *of a claim, demand* Maßlosigkeit *f,* Überspanntheit *f*

ex·trava·gant [ɪk'strævəgənt] *adj* ❶ *(flamboyant) person, style* extravagant ❷ *(luxurious) meal, vegetation* üppig; **to lead an** ~ **life** ein Leben im Luxus führen; ~ **lifestyle** aufwendiger Lebensstil; **to have** ~ **tastes** einen teuren Geschmack haben ❸ *(wasteful)* verschwenderisch ❹ *(excessively expensive)* extravagant; *hobbies* teuer, kostspielig ❺ *(exaggerated)* übertrieben; *claims, demands* maßlos, überspannt

ex·trava·gant·ly [ɪk'strævəgəntli] *adv* ❶ *(luxuriously)* verschwenderisch; *(flamboyantly)* extravagant; **the table was laid out** ~ der Tisch war reich gedeckt; **to be dressed** ~ extravagant gekleidet sein; **to be furnished** ~ teuer eingerichtet sein; **to live** ~ ein aufwendiges Leben führen ❷ *(wastefully)* verschwenderisch; **he spends his money** ~ er gibt sein Geld mit vollen Händen aus ❸ *(lavishly)* aufwendig, mit großem Aufwand ❹ *(exaggeratedly)* in übertriebener Weise, maßlos; *gesture* wild

ex·trava·gan·za [ɪkˌstrævə'gænzə] *n* ❶ *(fanciful composition)* opulente Veranstaltung; LIT fantastische Dichtung; MUS fantastische Komposition; **film/musical** ~ aufwendige Film-/Musicalproduktion ❷ THEAT Ausstattungsstück *nt*

extra·vert *n, adj see* **extrovert**

ex·treme [ɪk'striːm] **I.** *adj* ❶ *(utmost)* äußerste(r, s); ~ **caution** äußerste [*o* größte] Vorsicht; ~ **cold/heat** extreme Kälte/Hitze; ~ **difficulties** extreme [*o* ungeheure] Schwierigkeiten; **to feel** ~ **discomfort** sich *akk* höchst [*o* äußerst] unbehaglich fühlen; ~ **distress** größte Not; **to feel** ~ **pain** extreme Schmerzen haben; **with** ~ **pleasure** mit größtem Vergnügen; ~ **relief** außerordentliche Erleichterung; ~ **weather** extreme Wetterverhältnisse; **in his** ~ **youth** in seiner frühesten Jugend ❷ *(most remote)* äußerste(r, s); **in the** ~ **north** im äußersten Norden ❸ *(radical)* radikal, extrem; **to be** ~ **in one's views** radikale [*o* extreme] Ansichten vertreten **II.** *n* ❶ *(furthest end) of a field* äußerstes Ende ❷ *(fig: furthest extent)* Extrem *nt;* **to go from one** ~ **to the other** von einem Extrem ins andere fallen; **to drive sb to** ~**s** jdn zum Äußersten treiben; **at the** ~ im äußersten Fall, im Extremfall ❸ *(utmost)* **in the** ~ äußerst; **to be disappointed in the** ~ zutiefst enttäuscht sein; **to be surprised in the** ~ aufs Höchste überrascht sein

ex·treme·ly [ɪk'striːmli] *adv* äußerst, höchst; **I'm** ~ **sorry** es tut mir außerordentlich leid; ~ **confusing/dull** äußerst [*o* höchst] verwirrend/langweilig; **to be** ~ **good-looking** äußerst gut aussehend sein

ex·'treme sport **I.** *n* ❶ *(individual)* Extremsportart *f* ❷ *(collective)* ■ ~**s** *pl* Extremsport *m kein pl* **II.** *n modifier* Extremsport-; ~ **event** Extremsportveranstaltung *f*

ex·trem·ism [ɪk'striːmɪzᵊm] *n no pl* Extremismus *m;* **political** ~ politischer Extremismus

ex·trem·ist [ɪk'striːmɪst] **I.** *n* Extremist(in) *m(f)* **II.** *adj* radikal; **to have** ~ **tendencies** zum Extremismus neigen

ex·trem·ity [ɪk'streməti, AM -ət̬i] *n* ❶ *(furthest end)* äußerstes Ende; **the southern** ~ **of the estate** die südliche Grenze des Anwesens ❷ *(hands and feet)* ■ **extremities** *pl* Gliedmaßen *fpl,* Extremitäten *fpl geh* ❸ *(fig: near the limit)* Äußerste(s) *nt;* **a decision of that type is at the** ~ **of a judge's powers** eine solche Entscheidung bewegt sich gerade noch am Rande dessen, was ein Richter entscheiden kann

ex·tri·cate ['ekstrɪkeɪt] *vt (form)* ■**to** ~ **sb/sth from sth** jdn/etw aus etw *dat* befreien; ■**to** ~ **oneself from sth** sich *akk* aus etw *dat* befreien; **to** ~ **oneself from a ticklish situation** sich *akk* aus einer heiklen Situation herauswinden

ex·tri·ca·tion [ˌekstrɪ'keɪʃᵊn] *n no pl* Befreiung *f;* *(fig) of a victim* Rettung *f*

extro·vert ['ekstrəvɜːt, AM -vɜrt] **I.** *n* extravertierter Mensch; **to be an** ~ extravertiert sein **II.** *adj* extravertiert; ~ **behaviour** Extravertiertheit *f,* extravertiertes Verhalten

extro·vert·ed ['ekstrəvɜːtɪd, AM -vɜrt̬ɪd] *adj* extravertiert

ex·trude [ɪk'struːd] *vt* ■**to** ~ **sth** *feeler, proboscis* etw ausstrecken; *glue, toothpaste* etw herauspressen [*o* herausdrücken]; *metal* etw strangpressen [*o fachspr* fließpressen]; *molten rock* etw ausstoßen [*o* auswerfen] [*o* herausschleudern]; *plastic* etw formpressen [*o fachspr* extrudieren]

ex·trud·ed [ɪk'struːdɪd] *adj tube* ausgepresst, ausgedrückt; *metal* fließgepresst *fachspr,* stranggepresst *fachspr;* ~ **dough** Spritzteig *m;* ~ **snacks** *zu verschiedenen Formen gepresste Snacks aus Kartoffelteig oder Maisbrei*

ex·tru·sion [ɪk'struːʒᵊn] *n no pl* ❶ *(squeezing out)* Herauspressen *nt,* Herausdrücken *nt* ❷ *(shaping) of metal* Strangpressen *nt fachspr,* Fließpressen *nt fachspr;* *of plastic* Formpressen *nt fachspr,* Extrudieren *nt fachspr*

exu·ber·ance [ɪg'zjuːbᵊrᵊn(t)s, AM ɪg'zuː-] *n no pl of a person* Überschwänglichkeit *f,* Ausgelassenheit *f,* überschäumende Lebensfreude; *of feelings* Überschwang *m;* **to sing with real** ~ mit wahrer Begeisterung singen

exu·ber·ant [ɪg'zjuːbᵊrᵊnt, AM ɪg'zuː-] *adj* ❶ *(lively) person* überschwänglich, ausgelassen; *painting* lebendig; *dancing* schwungvoll, temperamentvoll; *mood* überschäumend; **young and** ~ jung und dynamisch ❷ *(fig: luxuriant)* üppig; ~ **growth** üppiger Wuchs

ex·ude [ɪg'zjuːd, AM ɪg'zuːd] *vt* ■**to** ~ **sth** etw ausscheiden; *aroma, smells* etw verströmen; **to** ~ **confidence/vitality** *(fig)* Zuversicht/Vitalität ausstrahlen; **to** ~ **pus/sweat** Eiter/Schweiß absondern; **to** ~ **resin** Harz absondern, harzen

ex·ult [ɪg'zʌlt] *vi* frohlocken *geh,* jubeln; ■**to** ~ **at** [*or* **in**] [*or* **over**] **sth** über etw *akk* jubeln [*o geh* frohlocken]; **to** ~ **over sb's defeat/misfortune** sich *akk* über jds Niederlage *f*/Missgeschick *nt* freuen; **to** ~ **over an enemy** über einen Feind triumphieren

ex·ult·ant [ɪg'zʌltᵊnt] *adj attr* jubelnd; ~ **crowd** jubelnde Menge; ~ **cheer** Jubelruf *m;* ~ **laugh** triumphierendes Lachen; ~ **mood** ausgelassene Stimmung

ex·ult·ant·ly [ɪg'zʌltᵊntli] *adv* jubelnd; **to smile** ~ triumphierend lächeln; **to throw up one's arms** ~ jubelnd die Arme hochreißen

ex·ul·ta·tion [ɪgˌzʌl'teɪʃᵊn] *n no pl* Jubel *m,* Frohlocken *nt veraltend geh* (**at** über +*akk*)

eye [aɪ] **I.** *n* ❶ *(visual organ)* Auge *nt;* **her** ~**s flashed with anger** ihre Augen blitzten vor Zorn; **he had tears in his** ~**s** ihm standen Tränen in den Augen; **to blink one's** ~**s** [**in amazement/disbelief**] [erstaunt/ungläubig] [drein]schauen, [große] Augen machen; **to close one's** ~**s tightly** die Augen zu[sammen]kneifen; **to close one's** ~**s to sth** seine Augen vor etw *dat* verschließen; **to cross one's** ~**s** nach innen schielen; **to roll one's** ~**s** die Augen rollen [*o* verdrehen]; **to rub one's** ~**s** [**in amazement/disbelief**] sich *dat* [erstaunt/ungläubig] die Augen reiben ❷ *(needle hole)* Öhr *nt;* **the** ~ **of a needle** das Nadelöhr ❸ *(storm centre)* Auge *nt;* **the** ~ **of a storm** das [windstille] Zentrum [*o* der Kern] eines Sturms; **the** ~ **of the hurricane** das Auge des Wirbelsturms ❹ BOT *(bud site) potato* Auge *nt;* *flower* Knospenansatz *m* ▸ PHRASES: **to have an** ~ **for the main chance** BRIT, AUS *(fam)* [immer nur] auf den eigenen Vorteil bedacht sein; **to have** ~**s in the back of one's head** *(fam)* seine Augen überall haben, sich nichts entgehen lassen;

E

a sight for sore ~s ein erfreulicher [o wohltuender] Anblick sein; his ~s were too big for his stomach (*hum*) seine Augen waren größer als sein Mund; an ~ for an ~, a tooth for a tooth (*prov*) Auge um Auge, Zahn um Zahn *prov;* not to be able to take one's ~s off sb/sth (*fam*) kein Auge von jdm/etw abwenden können, jdn/etw nicht mehr aus den Augen lassen können; to be all ~s ganz aufmerksam zusehen, etw/jdn mit den Augen verfolgen; to give sb a black ~ jdm ein blaues Auge verpassen *fam;* as far as the ~ can [*or* could] see so weit das Auge reicht [*o* reichte]; to have a good [*or* keen] ~ for sth ein Auge [*o* einen Blick] für etw *akk* haben; to do sth with one's ~s open (*fam*) etw mit offenen Augen [*o* vollem Bewusstsein] tun; to keep one's ~s open [*or* peeled] [*or* BRIT *fam* skinned] die Augen offen halten *fam;* with one's ~s shut (*fig fam*) mit geschlossenen Augen, blind; to be able to do sth with one's ~s shut (*fam*) etw mit geschlossenen Augen [*o fam* im Schlaf] tun können; to go around with one's ~s shut blind durch die Gegend laufen; [right] before/under one's very ~s [direkt] vor/unter jds Augen; to not bat an ~ nicht mit der Wimper zucken; to not believe one's ~s seinen Augen nicht trauen; to clap [*or* lay] [*or* set] ~s on sb/sth (*fam*) jdn/etw zu Gesicht bekommen *fam;* to get/keep one's ~ in BRIT *in ball games* Ballgefühl bekommen/haben; to have one's ~ on sb/sth (*fam: watch*) jdn/etw im Auge haben, auf jdn/etw ein wachsames Auge haben; (*desire*) ein Auge auf jdn/etw geworfen haben; to keep an [*or* one's] ~ on sb/sth (*fam*) ein Auge auf jdn/etw haben; to keep an ~ out for sb/sth (*fam*) nach jdm/etw Ausschau halten; to make ~s at sb (*fam*) jdm [schöne] Augen machen; there's more to her/it than meets the ~ in ihr/dahinter steckt mehr, als man zuerst denkt; to see ~ to ~ with sb on sth mit jdm einer Meinung über etw *akk* sein; in sb's ~s [*or* in the ~s of sb] in jds Augen, nach jds Ansicht *f;* to be one in the ~ for sb BRIT (*fam*) ein Schlag ins Kontor für jdn sein *fam;* to sb's ~ in jds Augen, jds Ansicht nach; I'm up to my ~s in work (*fam*) ich stecke bis über beide Ohren [*o* zum Hals] in Arbeit *fam* **II.** *vt* <-d, -d, -ing *or* eying> ■to ~ sb/sth ❶ (*look at carefully*) jdn/etw genau betrachten [*o pej* beäugen]; she ~d him up and down sie musterte ihn von oben bis unten; to ~ sb/sth curiously/suspiciously/thoughtfully jdn/etw neugierig/argwöhnisch/nachdenklich betrachten ❷ (*look at with desire*) jdn/etw mit begehrlichen Blicken betrachten *geh* [*o* begehren]; to ~ sb/sth appreciatively jdm/etw anerkennende Blicke zollen *geh*

◆**eye up** *vt* ❶ (*look at carefully*) ■to ~ up ○ sb/sth jdn/etw prüfend ansehen [*o* in Augenschein nehmen] [*o pej* beäugen]; to ~ sb/sth up curiously/thoughtfully/warily jdn/etw neugierig/nachdenklich/argwöhnisch betrachten ❷ (*look at with desire*) ■to ~ up ○ sb/sth jdn/etw mit begehrlichen Blicken betrachten *geh* ❸ (*look at covetously*) ■to ~ up ○ sb jdn mit Blicken verschlingen, jdn aufdringlich ansehen

'eye·ball I. *n* Augapfel *m* ▸PHRASES: to be drugged to the ~s völlig zu sein *sl;* [to be] ~ to ~ [with sb] (*fam*) [jdm] Auge in Auge [gegenüberstehen]; to be up to one's ~s in work bis über beide Ohren in Arbeit stecken *fam* **II.** *vt* (*fam*) ❶ (*watch intently*) ■to ~ sb jdn mit einem durchdringenden Blick ansehen ❷ (*measure approximately*) ■to ~ sth etw nach Augenmaß einschätzen **'eye·brow** *n* Augenbraue *f;* bushy ~s buschige [*o* dichte] Augenbrauen; to pluck one's ~s sich *dat* die Augenbrauen zupfen; to raise one's ~s die Augenbrauen hochziehen; (*fig*) die Stirn runzeln **'eye-catch·er** *n* Blickfang *m* **'eye-catch·ing** *adj* auffällig; ■to be ~ auffallend sein, ins Auge fallen [*o* springen] **'eye con·tact** *n no pl* Blickkontakt *m;* to avoid ~ [with sb] Blickkontakt [mit jdm] vermeiden, jds Blick[en] *m[pl]* ausweichen; to keep/make ~ [with sb] Blickkontakt [mit jdm] halten/aufnehmen **'eye·ful** *n* to get an ~ of dust/soapy water Staub/Seifenlauge ins Auge bekommen ▸PHRASES: to be an ~ (*fam*) etw fürs Auge sein *fam;* she's quite an ~ sie sieht toll aus *fam;* to get an ~ of sth (*fam*) einen [verstohlenen] Blick auf etw *akk* werfen; we should have got an ~ of the contract wir hätten uns den Vertrag einmal ansehen sollen **'eye·glass** *n* (*dated*) Augenglas *nt veraltet* **'eye·glasses** *npl* AM (*spectacles*) Brille *f* **'eye·lash** *n* Wimper *f;* false ~es falsche [*o* künstliche] Wimpern; long ~es lange Wimpern **'eye·lash curl·er** *n* Wimpernformer *m* **eye·let** ['aɪlət] *n* Öse *f* **'eye-lev·el** *n* at ~ in Augenhöhe; to place sth at ~ etw in Augenhöhe anbringen **'eye·lid** *n* Augenlid *nt* **'eye·lin·er** *n no pl* Eyeliner *m* **'eye-open·er** *n* (*fig*) ■to be an ~ for sb (*enlightening*) jdm die Augen öffnen; (*startling*) alarmierend für jdn sein; seeing her son's friend smoking a joint was a real ~ for Mrs Drake Mrs. Drake fiel aus allen Wolken, als sie den Freund ihres Sohnes einen Joint rauchen sah **'eye-open·ing** *adj experiment* aufschlussreich, erhellend **'eye·patch** *n* Augenklappe *f* **'eye·piece** *n* Okular *nt* **'eye shad·ow** *n no pl* Lidschatten *m* **'eye·sight** *n no pl* Sehvermögen *nt,* Sehkraft *f,* Augenlicht *nt geh;* bad/good/keen ~ schlechte/gute/scharfe Augen; failing ~ nachlassende Sehkraft; to have poor ~ schlecht sehen; to lose one's ~ das Augenlicht verlieren *geh* **'eye sock·et** *n* Augenhöhle *f* **'eye·sore** *n* (*fig*) Schandfleck *m;* the new building is an ~ das neue Gebäude sieht einfach scheußlich aus **'eye·strain** *n no pl* Überanstrengung *f* [*o* Ermüdung *f*] der Augen; MED Asthenopie *f fachspr*

Eye·tie ['aɪtaɪ] *n* (*pej! sl*) Itaker(in) *m(f) pej,* Spaghettifresser(in) *m(f) pej*

'eye·tooth *n* (*tooth*) Augenzahn *m,* oberer Eckzahn; (*fig*) I'd give my eyeteeth for that ich würde alles darum geben ▸PHRASES: to cut one's eyeteeth AM erwachsen werden; to cut one's eyeteeth on a career erste Erfahrungen in einem Beruf sammeln **'eye·wash** *n* ❶ *no pl* PHARM Augenwasser *nt* ❷ *no pl* (*fam: silly nonsense*) Blödsinn *m fam,* Quatsch *m fam;* (*empty statements*) leeres Gerede; (*pretentious nonsense*) Augenwischerei *f pej* **eye·'wit·ness** *n* Augenzeuge, -in *m, f* **eye·wit·ness ac·'count** *n* Augenzeugenbericht *m*

ey·ing ['aɪɪŋ] *vt pres part of* eye

ey·rie ['ɪəri, AM 'eri] *n* ORN Horst *m*

Ff

F <*pl* -'s>, **f** <*pl* -'s *or* -s> [ef] *n* ❶ (*letter*) F *nt,* f *nt;* ~ for Frederick [*or* AM as in Fox] F für Friedrich; *see also* **A 1** ❷ MUS F *nt,* f *nt;* ~ flat Fes *nt,* fes *nt;* ~ sharp Fis *nt,* fis *nt; see also* **A 2** ❸ (*school mark*) ≈ Sechs *f,* ≈ ungenügend; *see also* **A 3**

F *abbrev of* Fahrenheit *after n* F

fa [fɑː] *n* MUS Fa *nt*

FA [ˌefˈeɪ] *n no pl abbrev of* Football Association: ■the ~ ≈ der DFB; ~ Cup ≈ DFB-Pokal *m*

fab [fæb] *adj inv* (*esp hum fam*) *short for* fabulous toll *fam,* dufte *fam*

fa·ble ['feɪbl̩] *n* ❶ (*story*) Fabel *f* ❷ (*genre*) Sage *f* ❸ (*plan of literary work*) Plot *m* ❹ (*made-up story*) Märchen *nt*

fa·bled ['feɪbl̩d] *adj attr, inv* ❶ (*approv: famous*) legendär ❷ (*mythical*) sagenumwoben; ~ creature Fabelwesen *nt*

fab·ric ['fæbrɪk] *n* ❶ *no pl* (*textile*) Stoff *m;* cotton ~ Baumwollstoff *m;* fine/hard-wearing ~ feiner/strapazierfähiger Stoff; high-quality ~ Qualitätsstoff *m;* woollen ~ Wollstoff *m* ❷ *no pl* (*underlying structure*) Gefüge *nt,* Struktur *f;* the ~ of society die Gesellschaftsstruktur [*o* soziale Struktur] ❸ *of building* Bausubstanz *f*

fab·ri·cate ['fæbrɪkeɪt] *vt* ❶ (*make*) ■to ~ sth *furniture, toys* etw herstellen [*o geh* fertigen] ❷ (*pej: make up*) ■**to ~ sth** etw erfinden; **to ~ an excuse** sich *dat* eine Ausrede ausdenken; **~d fact** LAW erfundene Tatsache ❸ (*forge*) **to ~ banknotes/a document/a signature** Geldscheine/ein Dokument/eine Unterschrift fälschen

fab·ri·ca·tion [ˌfæbrɪˈkeɪʃᵊn] *n* ❶ *no pl* (*act*) Herstellung *f*, Fertigung *f* ❷ *no pl* (*pej: result*) Erfindung *f pej*; (*untrue story*) Märchen *nt*, Lügengeschichte *f*; **complete ~** reine Erfindung ❸ (*fake*) Fälschung *f*

fabu·lous [ˈfæbjələs] *adj* ❶ (*terrific*) fabelhaft, sagenhaft, fantastisch, toll *fam*; **~ prizes** sagenhafte Preise; **to look absolutely ~** einfach fabelhaft aussehen *fam* ❷ *inv* (*dated: mythical*) Fabel-; **~ beast** Fabeltier *nt*; **~ creature** Fabelwesen *nt*

fabu·lous·ly [ˈfæbjələsli] *adv* fabelhaft, sagenhaft, toll *fam*; **~ rich** unvorstellbar reich; **~ wealthy** unglaublich wohlhabend

fa·çade [fəˈsɑːd] *n* ❶ (*front*) Fassade *f*, Vorderseite *f*, Front *f* ❷ (*fig: false appearance*) Fassade *f*; **he wears a ~ of happiness** sein Glück ist nur gespielt; **to maintain an amiable ~** nach außen hin freundlich bleiben

face [feɪs] **I.** *n* ❶ (*countenance*) Gesicht *nt*, Antlitz *nt geh*; **to have a puzzled expression on one's ~** ein ratloses Gesicht machen; **a smile on sb's ~** ein Lächeln in jds Gesicht *nt*; **to keep a smile on one's ~** [immerzu] lächeln; **a fierce ~** eine grimmige Miene; **a happy ~** eine strahlende Miene, ein glückliches Gesicht; **a sad ~** eine traurige Miene, ein trauriges Gesicht; **a smiling ~** ein lächelndes Gesicht; **to tell sth to sb's ~** jdm etw ins Gesicht sagen ❷ *no pl* (*presence*) Angesicht *nt*; **she left home in the ~ of strong opposition from her parents** sie ist trotz starken Widerstands von Seiten ihrer Eltern ausgezogen; **he maintained, in ~ of all the facts, that he had told the truth** obwohl alle Tatsachen dagegensprachen, behauptete er, die Wahrheit gesagt zu haben; **to show courage in the ~ of the enemy** Mut im Angesicht des Feindes [*o* vor dem Feind] zeigen; **in the ~ of danger** angesichts der Gefahr ❸ (*of a building*) Fassade *f*, Vorderfront *f*, Stirnseite *f*; (*of a clock, watch*) Zifferblatt *nt*; **the west ~ of a building** die Westseite eines Gebäudes; **the north ~ of a mountain** die Nordflanke [*o* Nordseite] eines Berges ❹ (*fig: aspect*) Seite *f*, Erscheinungsform *f* ❺ (*surface*) Oberfläche *f* ❻ (*good reputation*) Ansehen *nt*, Gesicht *nt*; **to lose/save ~** sein Gesicht verlieren/wahren ▶ PHRASES: **to have a ~ like the back [end] of a <u>bus</u>** (*fam*) potthässlich aussehen *fam*; **to disappear** [*or* **be wiped**] **off the ~ of the <u>earth</u>** [plötzlich] vom Erdboden verschwinden, wie vom Erdboden verschluckt sein; **a ~ like <u>thunder</u>** ein wütendes [*o* finsteres] Gesicht, eine finstere Miene *geh*; **sb's ~ <u>falls</u>** [*or* **<u>drops</u>**] jd ist sichtlich enttäuscht; **her ~ fell when she opened the letter** sie war sichtlich enttäuscht, als sie den Brief öffnete; **sb's ~ <u>fits</u>** BRIT (*fam*) jd ist allem Anschein nach der Richtige/die Richtige; **<u>get</u> out of my ~!** AM (*sl*) lass mich in Frieden [*o* Ruhe]!; **to be <u>in</u> sb's ~** AM (*sl: impede*) jdm in die Quere kommen *fam*; (*bother*) jdm auf den Geist gehen *fam*; **<u>on</u> the ~ of it** auf den ersten Blick, oberflächlich betrachtet **II.** *vt* ❶ (*point towards*) ■**to ~ sb/sth** sich *akk* jdm/etw zuwenden, den Blick auf jdn/etw richten *akk*; **please ~ me when I'm talking to you** schau mich bitte an, wenn ich mit dir rede; **to ~ the audience** sich dem Publikum zuwenden ❷ (*confront*) ■**to ~ sth** *death, a situation* etw *dat* ins Auge sehen; **to ~ criticism** sich einer Kritik stellen; **to ~ the facts** den Tatsachen ins Auge sehen [*o* blicken]; **to ~ one's fears/problems** zu seinen Ängsten/Problemen stehen; **to ~ a charge of theft** LAW sich wegen Diebstahls vor Gericht verantworten müssen ❸ (*bear*) ■**to ~ [doing] sth** sich *akk* in der Lage sehen, etw zu tun; **she can't ~ seeing him so soon after their break-up** sie sieht sich außerstande, ihn so kurz nach ihrer Trennung wiederzusehen; **he can't ~ work today** er ist heute nicht imstande zu arbeiten ❹ (*require attention*) ■**to ~ sb/sth** sich *akk* jdm/etw stellen; **the main question facing us at present is ...** die größte Frage, die sich uns gegenwärtig stellt, ist ...; ■**to be ~d by sth** vor etw *dat* stehen, sich *akk* etw *dat* gegenübersehen; **we were ~d by a flooded cellar** wir standen vor einem überfluteten Keller; ■**to ~ sb with sth** jdn mit etw *dat* konfrontieren; ■**to be ~d with sth** mit etw *dat* konfrontiert werden; **they are ~d with financial penalties** sie müssen mit Geldstrafen rechnen ❺ ARCHIT ■**to ~ sth in** [*or* **with**] **sth** etw mit etw *dat* verkleiden; **to ~ sth in** [*or* **with**] **wood/bricks** etw mit Holz verkleiden [*o* verschalen]/mit Ziegelsteinen verblenden ▶ PHRASES: **to ~ the <u>music</u>** (*fam*) für etw *akk* geradestehen *fam*, sich *akk* etw *dat* stellen, die Konsequenzen von etw *dat* tragen [müssen]; **you had better go in and ~ the music now** geh lieber gleich rein und stell dich der Sache **III.** *vi* **to ~ towards** [*or* **on**] **the garden/sea** nach dem Garten/zum Meer [hin] [*o* Richtung Garten/Meer] liegen; **his bedroom ~s south** sein Schlafzimmer geht nach Süden

◆**face about** *vi* kehrtmachen

◆**face down** *vt* AM ■**to ~ down ↔ sb** ❶ (*pej: threaten*) jdn einschüchtern [*o* unsicher machen] ❷ (*confront*) jdm [energisch] entgegentreten, jdn in seine Schranken weisen

◆**face out** *vt* BRIT ■**to ~ out ↔ sth** etw durchstehen

◆**face up** *vi* ■**to ~ up to sth** etw *dat* ins Auge sehen; **I've ~d up to the knowledge that I'll never be a great writer** ich habe mich damit abgefunden, dass ich nie eine große Schriftstellerin sein werde; ■**to not ~ up to sth** etw nicht wahrhaben wollen; **to ~ up to one's problems** sich *akk* seinen Problemen stellen

ˈface·cloth *n* Waschlappen *m* **ˈface cream** *n no pl* Gesichtscreme *f*

face·less [ˈfeɪsləs] *adj inv* (*pej*) gesichtslos, anonym

ˈface·lift *n* [Face]lifting *nt*, Gesichtsstraffung *f*; (*fig*) Renovierung *f*; **to have a ~** sich *akk* liften lassen **ˈface pack** *n* Gesichtspackung *f*, Gesichtsmaske *f*; **to apply a ~** eine Gesichtsmaske auftragen **ˈface pow·der** *n no pl* Gesichtspuder *m*; **to apply ~** Gesichtspuder auftragen **ˈface-sav·ing** *adj* **a ~ compromise/gesture/tactic** ein Kompromiss/eine Geste/eine Taktik, um das Gesicht zu wahren

fac·et [ˈfæsɪt] *n* ❶ (*side of cut gem*) Facette *f*, Schleiffläche *f* ❷ (*fig: aspect*) Seite *f*; *of a problem* Aspekt *m*; *of a personality* Facette *f*

ˈface time *n no pl* ❶ (*fam: for meeting*) Zeit *f* für ein persönliches Treffen ❷ (*for interview*) Zeit *f* für ein persönliches Gespräch

fa·ce·tious [fəˈsiːʃəs] *adj* (*usu pej*) ❶ (*pretendedly witty*) *comments, remarks* [gewollt] witzig *pej*; ■**to be ~ about sth** über etw *akk* witzeln [*o* spötteln], sich *akk* über etw *akk* mokieren *geh* ❷ (*frivolous*) leichtfertig, oberflächlich, ohne den nötigen Ernst *präd*; **he is a ~ kind of guy** ihm fehlt es am nötigen Ernst

fa·ce·tious·ly [fəˈsiːʃəsli] *adv* witzelnd; (*pej*) spöttisch *pej*, mokant *pej geh*

fa·ce·tious·ness [fəˈsiːʃəsnəs] *n no pl* (*usu pej*) ❶ (*pretended wittiness*) [ständiges] Gewitzel [*o* Witzeln] [*o* Geblödel] ❷ (*frivolousness*) Oberflächlichkeit *f*, Mangel *m* an Ernst

face-to-ˈface *adv* persönlich; **to come ~ with sth** direkt mit etw *dat* konfrontiert werden, etw am eigenen Leib erfahren; **to come ~ with real pain** Schmerzen am eigenen Leib erfahren; **to speak** [*or* **talk**] **to sb ~** mit jdm persönlich sprechen **face ˈvalue** *n* ❶ ECON Nennwert *m*, Nominalwert *m* ❷ (*apparent value*) **to take sb at [his/her] ~** jdm [erst einmal] glauben; **to take sth at [its] ~** etw für bare Münze nehmen; **I took the offer at ~** ich habe das Angebot unbesehen angenommen **ˈface wash·er** *n* AUS Waschlappen *m*

fa·cial [ˈfeɪʃᵊl] **I.** *adj inv* Gesichts-; **~ expression** Gesichtsausdruck *m*; **~ hair** Barthaare *ntpl*; **~ injury** Verletzung *f* im Gesicht; **to bear a strong ~ resemblance to sb** jdm wie aus dem Gesicht geschnitten sein **II.** *n* [kosmetische] Gesichtsbehandlung; **to get a ~** sich *dat* einer Gesichtsbehandlung unterziehen

fac·ile <-r, -st *or* more ~, most ~> ['fæsaɪl, AM -sɪl] *adj* ❶ (*effortless*) mühelos; *method* einfach; *victory* leicht ❷ *person* oberflächlich ❸ (*unrestrained*) *style* flüssig, gewandt; ~ **wit** reger Geist; **to have a ~ wit** sehr geistreich sein ❹ (*pej: superficially easy*) [allzu] einfach; **it would be easy, but ~, to ...** man würde es sich einfach, ja zu einfach machen, ...

fa·cili·tate [fə'sɪlɪteɪt] *vt* ■**to ~ sth** ❶ (*make easier*) *process, work* etw erleichtern; **this would ~ matters a lot** das würde die Sache doch sehr erleichtern ❷ (*enable*) etw ermöglichen; **to ~ an enterprise/a project** ein Unternehmen/Projekt fördern

fa·cili·ta·tor [fə'sɪlɪteɪtəʳ, AM -t̬ɚ] *n* Vermittler(in) *m(f)*

fa·cil·ity [fə'sɪləti, AM -əţi] *n* ❶ *no pl* (*ease*) Leichtigkeit *f*, Mühelosigkeit *f*; ~ **of style** stilistische Gewandtheit; **to learn sth with great ~** etw mit großer Leichtigkeit lernen ❷ (*natural ability*) Begabung *f* (**for** für +*akk*); ~ **for languages** Sprachbegabung *f*; **to have a ~ for memorizing numbers** ein gutes Zahlengedächtnis haben ❸ (*extra feature*) Funktion *f*, Möglichkeit *f*; **memory ~** TELEC Speicherfunktion *f*; **a bank account with an overdraft ~** ein Bankkonto *nt* mit Überziehungsmöglichkeit ❹ *esp* AM (*building*) Einrichtung *f*, Anlage *f*; **holiday ~** Ferienanlage *f*; **military ~** militärische Anlage; **research ~** Forschungszentrum *nt* ❺ (*equipment and buildings*) ■**facilities** *pl* Einrichtungen *fpl*, Anlagen *fpl*; **medical facilities** medizinische Einrichtungen; **sports facilities** Sportanlagen *fpl*; **toilet facilities** Toiletten *fpl* ❻ *pl* (*services*) **catering facilities** gastronomisches Angebot; **medical facilities** medizinische Versorgung; **shopping facilities** Einkaufsmöglichkeiten *fpl*

fac·ing ['feɪsɪŋ] *n* ❶ (*outer layer: in wood*) Verkleidung *f*; (*in bricks*) Verblendung *f* ❷ *no pl* FASHION (*reinforcement*) Versteifungsband *nt*; (*decoration*) Besatz *m*; (*on sleeve*) Aufschlag *m*

fac·simi·le [fæksɪmᵊli] *n* ❶ (*copy*) Reproduktion *f*, Faksimile *nt fachspr* ❷ *no pl* TELEC (*method of transmission*) Bildübertragung *f*, Faksimileübertragung *f fachspr*; (*transmitted image*) Faksimile *nt fachspr*, Telefax *nt*, Fernkopie *f*

fact [fækt] *n* ❶ *no pl* (*truth*) Wirklichkeit *f*, Wahrheit *f*, Übereinstimmung *f* mit den Tatsachen [*o* Fakten] ❷ (*single truth*) Tatsache *f*, Faktum *nt geh*; **the bare** [*or* **hard**] [*or* **plain**] **~s** die nackten Tatsachen; **the ~ [of the matter] is that ...** Tatsache ist [*o* es stimmt], dass ... ▸ PHRASES: **~s and figures** Fakten und Zahlen, genaue Daten; **to be a ~ of life** die harte Wahrheit sein; **to know the ~s of life** wissen, worauf es im Leben ankommt; **to tell sb the ~s of life** jdn über den Ernst des Lebens aufklären; **to tell a child the ~s of life** (*euph fam*) ein Kind sexuell aufklären; **in ~** [*or* **as a matter of ~**] [*or* **in point of ~**] genau genommen

'fact-find·ing *adj inv* Untersuchungs-; ~ **committee** Untersuchungsausschuss *m*; ~ **mission** Erkundungsmission *f a. iron*; ~ **study** klärende Untersuchung; ~ **tour** Informationsreise *f*

fac·tion ['fækʃᵊn] *n* POL ❶ (*esp pej: dissenting part*) [Splitter]gruppe *f*; **radical ~** radikaler Flügel; (*group*) radikale Splittergruppe; **to split into ~s** in Splittergruppen zerfallen ❷ (*party within parliament*) Fraktion *f* ❸ *no pl* (*disagreement*) interne Unstimmigkeiten

fac·tion·al ['fækʃᵊnᵊl] *adj* POL Gruppen-; ~ **interests** Gruppeninteressen *ntpl*; ~ **leaders** Anführer von Splittergruppen

fac·tion·al·ism ['fækʃᵊnᵊlɪzᵊm] *n no pl* POL ❶ (*grouping*) [parteiinterne] Gruppenbildung; (*pej*) Parteigeist *m* ❷ (*disagreement*) innere Zerspaltenheit

fac·ti·tious [fæk'tɪʃəs] *adj inv* (*form*) ❶ (*produced artificially*) künstlich herbeigeführt; ~ **demand/needs** künstlich hervorgerufene Nachfrage/Bedürfnisse; ~ **tastes and values** künstlich beeinflusste Geschmacks- und Wertvorstellungen ❷ (*false*) falsch, unecht, nachgemacht; (*affected*) unnatürlich *pej*; *laughter* gekünstelt *pej*; *enthusiasm* geheuchelt; **a wholly ~ story** eine völlig konstruierte Geschichte

fac·toid ['fæktɔɪd] *n* ❶ (*assumption*) allgemeine Annahme, weltläufige Meinung ❷ AM (*brief fact*) Nachrichtenfetzen *m*; (*trivial fact*) nebensächliches Detail, Kinkerlitzchen *pl fam*

fac·tor ['fæktəʳ, AM -tɚ] *n* ❶ (*influence*) Faktor *m*, Umstand *m*; **that was not a ~ in my decision** das hat bei meiner Entscheidung keine Rolle gespielt; **to be a contributing ~ in sth** zu etw *dat* beitragen; **to be a crucial ~ in sth** etw entscheidend beeinflussen; **decisive** [*or* **key**]**/unknown ~** entscheidender/unbekannter Faktor; **to be a major ~ in sth** auf etw *akk* einen großen Einfluss haben ❷ MATH Faktor *m*; **two is a ~ of six** sechs ist durch zwei teilbar; **by a ~ of four** um das Vierfache ❸ (*for suncream*) [Lichtschutz]faktor *m*; **a ~ four sunscreen** eine Sonnencreme mit Schutzfaktor vier

fac·tor·ize ['fæktᵊraɪz, AM -tə-] *vt* MATH ■**to ~ sth** etw in Faktoren zerlegen [*o fachspr* faktorisieren]

fac·to·ry ['fæktᵊri] *n* Fabrik *f*; (*plant*) Werk *nt*; **car ~** Autofabrik *f*; ~ **inspector** Gewerbeaufsichtsbeamte(r) *m*, Gewerbeaufsichtsbeamte [*o* -in] *f*; ~ **manager** Betriebsleiter(in) *m(f)*; **shoe/textile ~** Schuh-/Textilfabrik *f*; ~ **worker** Fabrikarbeiter(in) *m(f)*; **to work in** [*or* **at**] **a ~** in einer Fabrik arbeiten

'fac·to·ry-farmed *adj inv* BRIT, AUS aus Massentierhaltung *nach n*; ~ **eggs** Eier *ntpl* aus Legebatterien **'fac·tory farm·ing** *n no pl* BRIT, AUS [voll] automatisierte Viehhaltung [*o* Viehzucht] **fac·tory 'floor** *n* (*place*) Fertigungsfläche *f* (*eines Fabrikationsbetriebes*); (*workers*) Belegschaft *f* **fac·tory gate 'price** *n* BRIT Fabrikpreis *m* **'fac·tory ship** *n* Fabrikschiff *nt*

fac·to·tum [fæk'təʊtəm, AM -'toʊţəm] *n* (*form*) Faktotum *nt*; **to be a general ~** (*hum*) Mädchen für alles sein *fam*

'fact·sheet *n* Informationsblatt *nt* (**on** zu +*dat*)

fac·tual ['fæktʃʊəl, AM -tʃu:əl] *adj inv* ❶ (*based on fact*) sachlich, auf Tatsachen beruhend; ~ **account** Tatsachenbericht *m*; ~ **information** Sachinformationen *fpl* ❷ (*actual*) tatsächlich

fac·tual·ly ['fæktʃʊəli, AM -tʃu:əli] *adv inv* sachlich; ~ **correct** sachlich korrekt

fa·cul·ty ['fækᵊlti, AM -ţi] *n* ❶ (*university department*) Fakultät *f*, Fachbereich *m*; **the F~ of Arts/Law/Science** die philosophische/juristische/naturwissenschaftliche Fakultät ❷ *no pl* AM SCH Lehrkörper *m*, Lehrerkollegium *nt*; UNIV [Lehrkörper *m* einer] Fakultät; (*all professors at university*) Professorenkollegium *nt*; **business/law ~** Lehrpersonal *nt* im Fachbereich Betriebswirtschaftslehre/Rechtswissenschaften; **the lower/upper school ~** die Lehrer *pl* der Sekundarstufe I/II ❸ (*natural ability*) Fähigkeit *f*, Vermögen *nt kein pl*; **to be in command** [*or* **possession**] **of all one's mental faculties** im Vollbesitz seiner geistigen Kräfte sein; **to have [all] one's faculties** im [Voll]besitz seiner [geistigen] Kräfte sein ❹ (*skill*) Talent *nt*, Begabung *f* (**for** für +*akk*)

'fa·cul·ty lounge *n* AM Lehrerzimmer *nt* **'fa·cul·ty meet·ing** *n* AM SCH Lehrerkonferenz *f*; **to attend a ~** an einer Lehrerkonferenz teilnehmen **'fa·cul·ty park·ing** *n no pl* AM SCH Lehrerparkplatz *m*; UNIV Parkplatz *m* für Universitätsangehörige

i Kultur

Der **FA Cup**, der 1871 zum ersten Mal stattfand, ist der jährliche Ausscheidungskampf zwischen den Fußballclubs des englischen Fußballverbandes (*Football Association, FA*), der mit dem *Cup Final – Pokalendspiel* im Wembley-Stadion in London endet. Fußball wurde ursprünglich in den *public schools – Privatschulen* gespielt und jede Schule hatte ihre eigenen Regeln. Der englische Verband der *Football Association* wurde 1863 gegründet, um einheitliche Regeln festzulegen, und so wurde der Fußball (*Association Football* oder *soccer*) ins Leben gerufen. Im späten 19. Jh. wurde Fußball dann die beliebteste Sportart in den Industriegebieten. Wales, Schottland, Nordirland und die Republik Irland haben jeweils ihre eigenen Verbände.

fad [fæd] *n* (*fam: fashion*) Modeerscheinung *f;* (*esp pej: craze*) Fimmel *m fam;* **brown rice was the food ~ of the 70s** Naturreis war das Modenahrungsmittel in den siebziger Jahren; **there was a ~ for wearing ripped jeans a few years ago** vor einigen Jahren war es in, zerschlissene Jeans zu tragen; **the latest ~** der letzte Schrei

fad·di·ly ['fædɪli] *adv* BRIT (*esp pej fam*) dem neuesten Trend [*o* der neuesten Mode] folgend, trendig

fad·dish ['fædɪʃ] *adj* (*esp pej fam*) *see* **faddy**

fad·dish·ly ['fædɪʃli] *adv* (*esp pej fam*) *see* **faddily**

fad·dism ['fædɪzᵊm] *n no pl* (*esp pej fam*) Begeisterung *f* für jede neue Mode[welle]; **food ~** modische Essgewohnheiten

fad·dist ['fædɪst] *n* (*esp pej fam*) ■**to be a ~** jede neue Modewelle mitmachen; **she's a health-food ~** sie ist voll auf dem Reformkosttrip

fad·dy ['fædi] *adj* (*esp pej fam*) wählerisch; *person* exzentrisch *pej,* launenhaft *pej; interest* kurzfristig, vorübergehend; ■**to be ~ about sth** bei etw *dat* wählerisch sein

fade [feɪd] **I.** *vi* ❶ (*lose colour*) ausbleichen, verblassen ❷ (*lose intensity*) nachlassen; *light* schwächer werden; (*at end of day*) dunkel werden; *sound* verklingen; *smile* vergehen, [ver]schwinden; *suntan* verbleichen ❸ (*disappear*) ■**to ~ from sth** von etw *dat* verschwinden; FILM, TV *picture* ausgeblendet werden; **day slowly ~d into night** der Tag ging langsam in die Nacht über; **to ~ from the picture** [*or* **scene**] von der Bildfläche verschwinden *fam;* **to ~ from sight** [*or* **view**] aus dem Blickfeld verschwinden ❹ (*fig*) schwinden *geh; memories* verblassen; **to ~ fast** (*liter: weaken and die*) dahinwelken *euph liter,* dahinsiechen; (*fall asleep*) am Einschlafen sein ❺ (*fam: to lose vitality*) abschlaffen *fam,* müde werden; **we're fading, so we have coffee in the hotel café** wir sind ziemlich fertig, wir trinken jetzt erst mal einen Kaffee im Hotelcafé **II.** *vt* ■**to ~ sth** etw ausbleichen

◆**fade away** *vi* ❶ (*disappear gradually*) *courage, hope* schwinden *geh; memories* verblassen; *dreams, plans* zerrinnen *geh; beauty* verblühen ❷ (*liter: weaken and die*) dahinwelken *euph liter,* dahinsiechen

◆**fade in** FILM, TV **I.** *vi picture* eingeblendet werden **II.** *vt* ■**to ~ in** ⊂ **sth** etw einblenden

◆**fade out I.** *vi* ausgeblendet werden; **to ~ out of sb's life** aus jds Leben *nt* verschwinden **II.** *vt* ■**to ~ out** ⊂ **sb/sth** jdn/etw ausblenden

fad·ed ['feɪdɪd] *adj carpet, wallpaper* ausgeblichen; *colour* verblichen; *flower, leaf* welk; (*fig*) *memory* verblasst; *beauty* verblüht

fae·cal ['fi:kᵊl], AM **fe·cal** *adj inv* (*form*) Kot-, Fäkal- *geh;* **~ contamination** Verunreinigung *f* durch Fäkalien; **~ matter** Kot *m; of human beings* Stuhl *m;* **~ sample** Kotprobe *f*

fae·ces ['fi:si:z], AM **fe·ces** *npl* (*form*) Fäkalien *fpl geh,* Exkremente *ntpl geh,* Kot *m kein pl*

faff [fæf] *vi* BRIT (*pej fam*) ■**to ~ about** [*or* **about**] herummachen *fam;* **stop ~ing around** komm endlich mal zu Potte *fam*

faf·fi·ness ['fæfɪnəs] *n no pl* BRIT [übertriebenes] Getue, Aufheben *nt*

fag [fæg] **I.** *n* ❶ BRIT, AUS (*fam: cigarette*) Kippe *f fam,* Glimmstängel *m fam* ❷ *no pl esp* BRIT, AUS (*fam: bother*) Schinderei *f* ❸ *esp* AM (*pej sl: homosexual*) Schwule(r) *m sl,* Homo *m sl* ❹ BRIT SCH (*dated*) Diener *m* (*Schüler einer Privatschule, der einem älteren Mitschüler bestimmte Dienste leisten muss*) **II.** *vt* <-gg-> *passive esp* BRIT, AUS (*fam*) ■**sb can't be ~ged to do sth** jd lässt sich *akk* nicht zwingen, etw zu tun **III.** *vi* <-gg-> BRIT SCH (*dated*) [einem älteren Mitschüler] Dienste leisten

◆**fag out** *vt esp* BRIT, AUS (*fam*) ■**to ~ sb** ⊂ **out** jdn völlig fertigmachen [*o* schaffen] *fam;* ■**to be ~ged out** fix und fertig [*o sl* ausgepowert] sein *fam*

'fag end *n* ❶ BRIT, AUS (*fam: cigarette butt*) Kippe *f fam,* Stummel *m fam* ❷ (*fig: last portion*) letzter Rest (**of** von +*dat*)

fagged [fægd] *adj esp* BRIT, AUS (*fam*) geschafft *fam,* fertig *fam,* fix und alle *sl,* völlig k.o. *sl*

fag·got ['fægət] *n* ❶ *esp* AM (*pej sl*) Schwule(r) *m fam,* Homo *m sl* ❷ *usu pl* (*dated: bundle of sticks*) Reisigbündel *nt* ❸ *usu pl* BRIT (*meatball*) Leberknödel *m*

'fag hag *n esp* AM (*pej sl*) *mit Homosexuellen verkehrende Frau*

fag·ot *n* AM *see* **faggot**

Fahr·en·heit ['færᵊnhaɪt, AM *also* 'fer-] *n* Fahrenheit *nt;* [**at**] **80 degrees ~** [bei] 80 Grad Fahrenheit; **in ~** in Fahrenheit

fail [feɪl] **I.** *vi* ❶ (*not succeed*) *person* versagen, scheitern; *attempt, plan* scheitern, fehlschlagen, missglücken; **I tried to persuade him to come, but I ~ed** ich habe versucht, ihn zum Kommen zu überreden, aber ich habe es nicht geschafft; **this method never ~s** diese Methode funktioniert immer; **we ~ed in our efforts to find a compromise** wir haben uns vergeblich um einen Kompromiss bemüht; **he ~ed to convince the jury** es ist ihm nicht gelungen, die Jury zu überzeugen; **to ~ completely** [*or* **utterly**] [*or* **miserably**] kläglich scheitern; **to be doomed to ~** zum Scheitern verurteilt sein; **if all else ~s** zur Not, wenn alle Stricke reißen *fam* ❷ (*not do*) ■**to ~ to do sth** versäumen, etw zu tun; **she ~ed to arrive on time** sie kam nicht pünktlich; **to ~ in one's duty** [**to sb**] seiner Pflicht [jdm gegenüber] nicht nachkommen; **to ~ to attend a meeting** an einem Treffen nicht teilnehmen; **to ~ to appreciate sth** etw nicht zu schätzen wissen ❸ (*not be able to do*) nicht umhin können *geh;* **you couldn't ~ to be impressed by their efficiency** man war unweigerlich von ihrer Effizienz beeindruckt; **they surely can't ~ to notice that ...** es kann ihnen nicht entgangen sein, dass ...; **this trick never ~s to amuse the children** dieser Trick bringt die Kinder immer zum Lachen; **I ~ to see** [*or* **understand**] **what/why/how ...** ich verstehe nicht, was/warum/wie ... ❹ SCH, UNIV durchfallen; **to ~ on a subject** in einem Fach durchfallen; **to ~ dismally** mit Pauken und Trompeten durchfallen *fam* ❺ TECH, TRANSP (*stop working*) *brakes* versagen; *generator, pump* ausfallen ❻ (*become weaker, stop*) nachlassen; *health* schwächer werden; *heart, voice* versagen; **my courage ~ed** der Mut verließ mich; **to be ~ing fast** im Sterben liegen ❼ (*go bankrupt*) bankrottgehen ❽ AGR *harvest, yield* ausfallen **II.** *vt* ❶ (*not pass*) **to ~ a course/subject** einen Kurs/ein Fach nicht bestehen; **to ~ an exam/a test** bei einer Prüfung/einem Test durchfallen; **to ~ an interview** bei einem Bewerbungsgespräch versagen; **to ~ one's driving test** bei der Fahrprüfung durchfallen ❷ (*give failing grade*) ■**to ~ sb** *candidate* jdn durchfallen lassen ❸ (*let down*) ■**to ~ sb** jdn im Stich [*o fam* hängen] lassen; **my courage ~ed me** mich verließ der Mut; **words ~ me** mir fehlen die Worte **III.** *n* negative Prüfungsarbeit; **John got four ~s in his exams** John ist bei seinen Prüfungen in vier Fächern durchgefallen; **is this one a pass or a ~?** hat dieser Kandidat bestanden oder ist er durchgefallen?

▸PHRASES: **without ~** auf jeden Fall, ganz sicher

failed [feɪld] *adj attr, inv person, marriage* gescheitert; *writer also* erfolglos; **~ attempt** fehlgeschlagener [*o* missglückter] Versuch; **~ policy** gescheiterte Politik

fail·ing ['feɪlɪŋ] **I.** *adj attr, inv* angeschlagen, angegriffen; **~ eyesight** Sehschwäche *f;* **to be in ~ health** eine angeschlagene [*o* angegriffene] Gesundheit haben; **in the ~ light** in der Dämmerung *geh* **II.** *n* Schwachstelle *f;* **his one big ~ is that ...** er hat einen großen Fehler: ... **III.** *prep* mangels *geh* +*gen;* **~ sufficient aid** mangels ausreichender Hilfe; **~ a more positive attitude ...** wenn wir nicht alle eine positivere Haltung einnehmen, ...; ■**~ that** ansonsten, wenn das nicht geht; **give her a book, or ~ that, buy her something to wear** schenk ihr ein Buch, oder ansonsten, etwas zum Anziehen; **all else ~** wenn alle Stricke reißen

'fail-safe *adj inv* abgesichert; **a ~ system** ein Sicherungssystem *nt;* **~ device** [*or* **mechanism**] Sicherheitsmechanismus *m*

fail·ure ['feɪljəʳ, AM -ə˞] *n* ❶ *no pl* (*lack of success*) Scheitern *nt,* Versagen *nt;* **the thought of ~** der Gedanke, versagen zu können; **~ rate** Durchfallquote *f;* **to be doomed to ~** zum Scheitern verurteilt sein; **to end in ~** scheitern ❷ (*unsuccessful thing*) Misserfolg *m;* **to be an utter ~** ein totaler Reinfall [*o fam* Flop] sein *m; person* Versager(in) *m(f);* **I'm a bit of a ~ at making cakes** ich bin im Kuchenbacken nicht besonders geschickt ❸ *no pl* (*omission*) Unterlassung *f;* **~ to report an accident is a criminal offence** es ist ein Vergehen, einen Unfall nicht zu melden ❹ TECH, ELEC (*breakdown*) Versagen *nt kein pl;* **~ of brakes** Bremsversagen *nt;* **~ of the engine/system** Ausfall *m* des Motors/Systems; ANAT **heart/liver/kidney** [*or* **renal**] **~** Herz-/Leber-/Nierenversagen *nt;* **electrical ~** Kurzschluss *m* ❺ ECON (*bankruptcy*) **business** [*or* **company**]**/bank ~** Bankrott *m* einer Firma/Bank ❻ AGR **crop ~** Missernte *f*

fain [feɪn] *adv* (*old*) **I would ~ do sth** es verlangt mich danach, etw zu tun *liter,* ich möchte etw tun

faint [feɪnt] **I.** *adj* ❶ (*slight*) *light, colour, smile, voice* matt; *sound* leise; *scent* zart, dezent; *smell* schwach; **there was only a ~ taste of vanilla in the pudding** der Pudding schmeckte nur schwach nach Vanille; **I had a ~ memory of him** ich hatte eine schwache Erinnerung an ihn; **I have a ~ suspicion that ...** ich habe den leisen Verdacht, dass ...; **I have a ~ idea** [*or* **notion**] **that I've heard that name before** ich meine, [mich daran erinnern zu können], den Namen schon einmal gehört zu haben; **there's not the ~est hope** es besteht nicht die leiseste Hoffnung; **to bear a ~ resemblance to sb** jdm ein wenig ähnlich sehen; **to not make the ~est attempt to do sth** nicht im Traum daran denken, etw zu tun; **a ~ chance** [*or* **possibility**] eine geringe Chance; **~ pattern** zartes Muster; **~ signs of a recovery in the economy** erste Anzeichen einer Erholung der Wirtschaft; **to not have the ~est** [**idea**] (*fam*) nicht die geringste Ahnung haben; **not in the ~est, not the ~est bit** nicht im Geringsten ❷ (*unclear*) *line* undeutlich; **I could see the ~ outline of the headland through the haze** ich konnte die Umrisse der Landspitze durch den Dunst schwach erkennen ❸ *pred* (*physically weak*) schwach; **he was ~ with hunger** er fiel fast um vor Hunger *fam* **II.** *vi* ohnmächtig werden; **he ~s at the sight of blood** beim Anblick von Blut wird er ohnmächtig; **to ~** [**dead**] **away** auf der Stelle umfallen, umkippen *fam* **III.** *n* **to fall** [**down**] **in a** [**dead**] **~** ohnmächtig umfallen

faint-'heart·ed *adj* zaghaft; **to not be for the ~** nichts für schwache Nerven sein

faint·ing fit *n* Ohnmachtsanfall *m;* **to have a ~** ohnmächtig werden

faint·ly ['feɪntli] *adv* ❶ (*weakly*) leicht, schwach; **the room smelled ~ of disinfectant** das Zimmer roch leicht nach Desinfektionsmittel ❷ (*not clearly*) schwach, sacht *geh;* **to talk ~** leise sprechen, wispern; **to be ~ visible** schwach zu sehen sein; **to see** [*or* **glimpse**] [*or* **make out**] **sth ~** etw erspähen; **to glimpse sth ~ in the distance** etw in der Ferne erspähen ❸ (*slightly*) leicht, etwas; **she seemed ~ embarrassed to see us there** es war ihr scheinbar etwas unangenehm, uns dort zu sehen; **if the talk had been even ~ informative, ...** wenn das Gespräch auch nur annähernd informativ gewesen wäre, ...; **not** [**even**] **~ funny** überhaupt nicht komisch; **to ~ resemble sth** entfernt an etw *akk* erinnern

faint·ness ['feɪntnəs] *n no pl* ❶ (*indistinctness*) *of a handwriting* Unleserlichkeit *f; of a signal* Verzerrtheit *f; of a sound, outline, image* Unschärfe *f* ❷ (*dizziness*) Ohnmacht *f;* **feeling of ~** Ohnmachtsgefühl *nt*

fair¹ [feəʳ, AM fer] **I.** *adj* ❶ (*just and equal*) gerecht; **a ~ deal/trial** ein fairer Handel/Prozess; **a ~ hearing** LAW eine faire Anhörung; **~ price** annehmbarer Preis; **to not get one's ~ share** zu kurz kommen; **poor Fred's had more than his ~ share of trouble this week** der arme Fred hat diese Woche mehr als genug Ärger gehabt; **~ wage** angemessener Lohn ❷ (*reasonable*) berechtigt; (*in accordance with rule*) fair; **the point she's making is a ~ one** ihr Einwand ist berechtigt; **~ enough** na schön, o.k. *fam;* (*after suggestion*) dagegen ist nichts einzuwenden; **and that seems ~ enough to me** und das halte ich nur für recht und billig; **it's a ~ enough comment to make** der Einwand ist durchaus berechtigt; **it's only ~ that ...** es ist nur [zu] gerecht, dass ...; **to be ~, ...** zugegeben, ...; **~ contest** fairer Wettbewerb; **~ question** berechtigte Frage; ■**to be ~ with sb** sich *akk* jdm gegenüber fair verhalten; ■**to not be ~ on sb** jdm gegenüber nicht fair sein ❸ *attr, inv* (*quite large*) ziemlich; **we've had a ~ amount of rain** es hat ziemlich viel geregnet; **there's still a ~ bit of work to do** es gibt noch einiges zu tun ❹ (*reasonably good*) ziemlich gut; **she's got a ~ chance of winning this year** ihre Chancen, dieses Jahr zu gewinnen, stehen ziemlich gut; **there's a ~ prospect of ...** es sieht ganz so aus, als ob ...; **to have a ~ idea of sth** sich *dat* etw vorstellen können ❺ *pred, inv* (*average*) mittelmäßig; **~ to middling** so lala *hum fam* ❻ (*light, blond*) **~ complexion** heller Teint; **~ hair** blondes Haar; **~ skin** helle Haut ❼ METEO (*pleasant and dry*) **~ weather** schönes [und trockenes] Wetter; BRIT (*fig*) **everything seems set ~** alles scheint gut zu laufen ❽ (*old: beautiful*) liebreizend *veraltet;* **mirror, mirror on the wall, who is the ~est of them all?** Spieglein, Spieglein an der Wand, wer ist die Schönste im ganzen Land?; **the ~**[**er**] **sex** (*dated or hum*) das schöne Geschlecht *approv; esp* BRIT **to do sth with one's own ~ hand** (*hum*) etw mit eigenen Händen tun; **to sign a letter with one's own ~ hand** einen Brief eigenhändig unterschreiben ►PHRASES: **it's a ~ cop** *esp* BRIT [oh je], jetzt hat's mich erwischt!; **to give sb a ~ crack of the whip** [*or* AM *a.* **a ~ shake**] jdm eine faire Chance geben; **~ dinkum** AUS (*fam*) ernst gemeint; **~ go** AUS sei[d] fair; **by ~ means or foul** koste es, was es wolle; **he made a ~ old mess of it** (*dated fam*) er machte alles nur noch schlimmer; **that machine makes a ~ old noise** diese Maschine macht vielleicht einen Lärm; **~'s ~,** BRIT **~ do's** (*fam*) sei [doch] fair; **~'s ~, it was you who suggested coming here in the first place** du musst [schon] zugeben, dass du die Idee hattest, hierher zu kommen; **~ do's, mate, we've all paid the same money** gleiches Recht für alle, wir haben alle dieselbe Summe bezahlt **II.** *adv* **to play ~** fair sein; SPORTS fair spielen ►PHRASES: **~ and square** [ganz] klar; **I told them ~ and square ...** ich sagte ihnen klar und deutlich, ...; BRIT, AUS (*in emphasis*) **he hit me ~ and square on the nose** er schlug mir voll auf die Nase

fair² [feəʳ, AM fer] *n* ❶ (*funfair*) Jahrmarkt *m,* Rummelplatz *m,* Rummel *m* DIAL, BES NORDD ❷ (*trade, industry*) Messe *f;* (*agriculture*) [Vieh]markt *m;* **autumn ~** Herbstmesse *f;* **the Bristol Antiques F~** die Antiquitätenmesse von Bristol; **a county/state ~** AM *ein Markt in einem US-County/US-Bundesstaat;* **a local craft ~** ein Kunsthandwerkmarkt *m;* **the Frankfurt** [**Book**] **F~** die Frankfurter Buchmesse; **trade ~** Messe *f*

fair 'copy *n* Reinschrift *f;* **to make a ~ of a text** einen Text ins Reine schreiben **fair 'game** *n no pl* Freiwild *nt;* **to be ~ between August and December** zwischen August und Dezember zum Abschuss freigegeben sein; ■**to be ~ for sb** (*fig*) für jdn Freiwild sein **'fair·ground** *n* ❶ (*for roller coaster etc*) Rummelplatz *m fam* ❷ (*for trade fair*) Messegelände *nt* **fair-'haired** <fairer-, fairest- *or* more ~, most ~> *adj* blond

fair·ing ['feərɪŋ, AM 'fer-] *n* AVIAT, NAUT Verkleidung *f*

fair·ish ['feərɪʃ, AM 'fer-] *adj inv* ❶ (*considerable*) beträchtlich, ziemlich *fam;* **there's a ~ wind blowing** es bläst ein recht starker Wind ❷ (*blond, pale*) hell; **~ complexion** heller Teint; **~ hair** dunkelblondes Haar ❸ (*quite good*) gering; **her chances are ~** ihre Aussichten sind so lala *fam*

fair·isle, Fair Isle ['feərˌaɪl, AM 'fer,-] *adj inv im spezifischen Muster der Shetlandinseln gestrickt;* **~ sweater** Shetlandpullover *m*

fair·ly [ˈfeəli, AM ˈferli] *adv* ❶ *inv* (*quite, rather*) ziemlich, recht; **I saw her ~ recently** ich habe sie vor kurzem [noch] gesehen; **to know sb ~ well** jdn recht gut kennen ❷ (*justly*) fair *approv;* **to allocate sth ~** etw gerecht verteilen ❸ *inv* (*liter: actually*) geradezu, förmlich *geh;* **the dog ~ flew out of the door to greet him** der Hund flog nahezu durch die Tür, um ihn zu begrüßen ▶ PHRASES: **~ and squarely** *esp* BRIT, AUS einzig und allein

fair-ˈmind·ed <fairer-, fairest- *or* more ~, most ~> *adj* unvoreingenommen

fair·ness [ˈfeənəs, AM ˈfer-] *n no pl* ❶ (*justice*) Fairness *f,* Gerechtigkeit *f;* **the ~ of a decision** die Gerechtigkeit einer Entscheidung; **lack of ~** Mangel *m* an Gerechtigkeit; **sense of ~** Gerechtigkeitsempfinden *nt;* **in [all] ~** fairerweise, zugegeben[ermaßen]; **in ~ to John, you must let him have his say** seid John gegenüber fair und lasst ihm seine Meinung; (*accept in sb's favour*) **in ~ to Diana, she has at least told you the truth** man muss Diana zugutehalten, dass sie dir wenigstens die Wahrheit gesagt hat ❷ *of hair, skin* Helligkeit *f* ❸ (*old: beauty*) Liebreiz *m geh*

fair ˈplay *n no pl* Fairplay *nt* (**between** zwischen +*dat*) **ˈfair-sized** *adj inv* recht groß **ˈfair-skinned** <fairer-, fairest- *or* more ~, most ~> *adj* hellhäutig **ˈfair·way** *n* ❶ (*in golf*) Fairway *nt* ❷ (*for shipping*) Fahrrinne *f* **fair-weath·er ˈfan** *n* Schönwetterfähnchen *nt fig* (*Fan, der sich nur in Erfolgszeiten für eine Mannschaft interessiert*) **fair-weath·er ˈfriend** *n Freund(in), der/die nur in guten Zeiten zu einem hält*

fairy [ˈfeəri, AM ˈferi] *n* ❶ (*imaginary creature*) Fee *f;* **the ~ king/queen** der König/die Königin der Feen; **a good/wicked ~** eine gute/böse Fee ❷ (*pej! sl: homosexual*) Tunte *f pej sl*

ˈfairy bread *n* AUS *no pl Butterbrot mit bunten Zuckerstreuseln, typisch australische Leckerei für Kinder* **ˈfairy cake** *n* BRIT *kleines Törtchen* **fairy ˈgod·moth·er** *n* (*in stories*) Märchenfee *f;* (*fig: in real life*) gute Fee; **to play ~ to sb** für jdn der rettende Engel sein **ˈfairy lamps** *npl* BRIT [*bunte*] *Lichterkette u.a. für den Weihnachtsbaum* **ˈfairy·land** *n* ❶ *no pl* (*home of fairies*) Feenreich *nt;* (*pej: realm of fantasy*) Märchenwelt *f,* Fantasiewelt *f;* **his argument belongs to ~** sein Argument ist utopisch ❷ (*place of beauty*) Paradies *nt;* (*from snow*) **a white ~** eine weiße Märchenlandschaft **ˈfairy lights** *npl* BRIT, AUS [*bunte*] *Lichterkette u.a. für den Weihnachtsbaum* **ˈfairy sto·ry** *n,* **ˈfairy tale** *n* ❶ (*story for children*) Märchen *nt;* **book of ~s** Märchenbuch *nt* ❷ (*a. fig: lie, deception*) Märchen *nt;* **to tell sb a ~** jdm ein Märchen erzählen *euph* **ˈfairy-tale** *adj inv* (*from a fairy story*) Märchen-; **~ character** Märchenfigur *f;* **~ element/motif** märchenhaftes Element/Motiv; (*approv: special, magical*) Märchen-, Traum-; **~ atmosphere** magische Atmosphäre; **to create a ~ effect** einen magischen Effekt auslösen; **a ~ wedding** eine Märchenhochzeit; **a ~ romance** eine Bilderbuchromanze

fait ac·com·pli <*pl* faits accomplis> [ˌfeɪtəˈkɒmpliː, *pl* ˌfeɪz-, AM -əkɑːmˈpliː, *pl* ˌfeɪt-] *n* Fait accompli *nt geh,* vollendete Tatsachen; **to present sb with a ~** jdn vor vollendete Tatsachen stellen

faith [feɪθ] *n* ❶ *no pl* (*confidence, trust*) Vertrauen *nt;* **an act of ~** eine Vertrauenssache; **to have unshakeable ~ in sb** unerschütterliches Vertrauen in jdn haben; **to have ~** vertrauen, Vertrauen haben; **you must have ~ that ...** du musst darauf vertrauen, dass ...; **to have [complete] ~ in sb/sth** zu jdm/etw [volles] Vertrauen haben; **to lose ~ in sb/sth** das Vertrauen zu jdm/etw verlieren; **to put** [*or* **place**] **[one's] ~ in sb/sth** auf jdn/etw vertrauen; **he placed complete ~ in his old friend's honesty** er war völlig von der Ehrlichkeit seines alten Freundes überzeugt; **to restore [sb's] ~ in sb/sth** [jds] Vertrauen *nt* in jdn/etw wiederherstellen; **to shake sb's ~ in sth** jds Vertrauen *nt* in etw *akk* erschüttern ❷ REL (*in God*) Glaube *m* (**in** an +*akk*); (*religion*) Bekenntnis *nt,* Glaube *m;* **have ~, hope and charity** verwirkliche Glauben, Hoffnung und Großzügigkeit; **the Christian ~** der christliche Glaube; **the true ~** der wahre Glaube; **to keep the ~** am Glauben festhalten, sich *dat* den Glauben bewahren; (*fig*) den Mythos aufrechterhalten; **to lose one's ~** seinen Glauben verlieren; **to practise** [*or* AM **practice**] **a ~** eine Religion praktizieren; **to renounce one's ~** seinem Glauben abschwören ❸ *no pl* (*promise*) **to break ~ with sb** jdm gegenüber wortbrüchig werden; **to break ~ with one's principles** seine Prinzipien über Bord werfen; **to keep ~ with sb/sth** jdm/etw gegenüber Wort halten; (*continue to support*) jdn/etw weiterhin unterstützen ❹ (*sincerity*) **to act in good/bad ~** in gutem/bösem Glauben handeln

ˈfaith cure *n* Heilung *f* durch Gesundbeten

faith·ful [ˈfeɪθfəl] **I.** *adj* ❶ (*form: loyal*) treu; **~ companion** (*dog*) treuster Freund, treuer Gefährte; **to be sb's ~ companion** (*fig: object*) jdm gute Dienste leisten; **~ customer** Stammkunde, -in *m, f;* ■**to be ~ to sb/sth** jdm/etw treu sein; **to be ~ to one's principles** seinen Prinzipien treu bleiben ❷ REL (*stalwart*) gläubig; **~ believer** [*or* **follower**] treuer Anhänger/treue Anhängerin (**of** von +*dat*); **~ Christian** gläubiger Christ/gläubige Christin ❸ (*accurate*) originalgetreu; **a ~ account** ein detaillierter Bericht; **~ sound reproduction** MUS originalgetreue Tonwiedergabe; ■**to be ~ to sth** einer S. *dat* gerecht werden **II.** *n* ■**the ~** *pl* (*religious believers*) die Gläubigen *pl;* (*supporters*) die Anhänger *pl;* **the party ~** die Parteifreunde *pl*

faith·ful·ly [ˈfeɪθfəli] *adv* ❶ (*loyally*) treu; **to promise ~ to do sth** hoch und heilig versprechen, etw zu tun; **to serve sb ~** jdm treue Dienste leisten *geh;* **Yours f~** BRIT, AUS (*in business letters*) mit freundlichen Grüßen, hochachtungsvoll *geh* ❷ (*exactly*) genau; *reproduce* originalgetreu

faith·ful·ness [ˈfeɪθfəlnəs] *n no pl* ❶ (*loyalty*) Loyalität *f* (**to** gegenüber +*dat*), Treue *f;* **to put sb's ~ to the test** jds Treue *f* auf die Probe stellen; **~ in marriage** eheliche Treue ❷ (*accuracy*) Genauigkeit *f;* **the ~ of a translation** die Texttreue einer Übersetzung

ˈfaith heal·er *n* Gesundbeter(in) *m(f)* **ˈfaith heal·ing** *n no pl* Gesundbeten *nt*

faith·less [ˈfeɪθləs] *adj* (*unfaithful*) untreu; (*disloyal*) treulos

faith·less·ly [ˈfeɪθləsli] *adv* treulos; **to betray sb ~** jdn hintergehen

faith·less·ness [ˈfeɪθləsnəs] *n no pl* Untreue *f*

faits ac·com·plis [ˌfeɪzəˈkɒmpliː, AM ˌfeɪtəkɑːmˈpliː] *n pl of* **fait accompli**

fake [feɪk] **I.** *n* ❶ (*counterfeit object*) Fälschung *f;* (*of a gun*) Attrappe *f* ❷ (*impostor*) Hochstapler(in) *m(f);* (*feigning illness*) Simulant(in) *m(f)* **II.** *adj inv* ❶ (*imitated from nature*) *flowers, fur, leather* Kunst-; *flowers also* künstlich; **~ blood** blutrote Flüssigkeit; **~ jewel** imitiertes Juwel; **a ~ tan** Solariumsbräune *f* ❷ (*counterfeit*) **~ antique** falsche Antiquität; **a ~ passport** ein gefälschter Pass **III.** *vt* ❶ (*make a copy*) ■**to ~ sth** *antique, painting, document* etw fälschen ❷ (*pretend*) ■**to ~ sth** *a feeling* etw vortäuschen; *an illness* etw simulieren; **they ~d astonishment** sie taten so, als seien sie sehr erstaunt; **to ~ an orgasm** einen Orgasmus vortäuschen **IV.** *vi* (*pretend*) markieren *fam,* so tun als ob, nur so tun

fak·er [ˈfeɪkər, AM -ɚ] *n* (*profession*) Fälscher(in) *m(f);* (*of fake emotions*) Schauspieler(in) *m(f) pej*

fa·kir [ˈfeɪkɪər, AM fɑːˈkɪr] *n* Fakir *m*

fala·fel *n see* **felafel**

fal·con [ˈfɔːlkən, AM ˈfæl-] *n* Falke *m*

fal·con·er [ˈfɔːlkənər, AM ˈfælkənɚ] *n* Falkner(in) *m(f)*

fal·con·ry [ˈfɔːlkənri, AM ˈfæl-] *n no pl* Falknerei *f*

Falk·land Is·lands [ˈfɔːklənd,-] *npl,* **Falk·lands** *npl* ■**the ~** die Falklandinseln *pl;* **the ~ War** der Falklandkrieg

fall [fɔːl, AM *esp* fɑːl] **I.** *n* ❶ (*drop from a height*) Fall *m,* Sturz *m;* **she broke her leg in the ~** sie brach sich bei dem Sturz ihr

Bein; **to break sb's ~** jds Sturz *m* abfangen; **to have a ~** stürzen, hinfallen; **to take a ~** stürzen; (*from a horse*) vom Pferd fallen ② METEO Niederschlag *m;* **[heavy] ~s of rain/snow** [heftige] Regen-/Schneefälle ③ (*landslide*) **~ of earth/rock** Erd-/Felsrutsch *m* ④ SPORTS (*in wrestling*) Schultersieg *m* ⑤ (*downward movement*) *of a leaf* Herabfallen *nt kein pl geh;* (*drop*) *of a blade, axe, guillotine* Herunterfallen *nt kein pl; of the level of a liquid* Absinken *nt kein pl* ⑥ (*downward slope*) Gefälle *nt;* THEAT **the audience roared at the ~ of the curtain** das Publikum brüllte, als der Vorhang fiel; **~ of ground water levels** Absinken *nt* des Grundwasserspiegels; **the rise and ~ of the tide** Flut und Ebbe; **at the ~ of the tide** bei Ebbe ⑦ (*decrease*) Nachlassen *nt kein pl;* (*in numbers, support, rate, prices*) Sinken *nt;* **~ in pressure** METEO Fallen *nt* des Luftdrucks; **sharp ~ in temperature** deutlicher Temperaturrückgang ⑧ (*defeat, overthrow*) *of a city* Einnahme *f;* **the ~ of Constantinople** die Eroberung Konstantinopels; **the ~ of the Roman Empire** der Untergang des Römischen Reiches; **~ of a government/regime/dictator** Sturz *m* einer Regierung/eines Regimes/eines Diktators; **the ~ of the Berlin Wall/Iron Curtain** der Fall der Berliner Mauer/des Eisernen Vorhangs; **... after the president's ~ from power ...** nach der Entmachtung des Präsidenten ⑨ AM (*autumn*) Herbst *m* ⑩ (*waterfall*) ■ **~s** *pl* Wasserfall *m;* **[the] Niagara F~s** die Niagarafälle *pl* ⑪ *no pl* REL ■ **the F~ [of Man]** der Sündenfall ▸ PHRASES: **as innocent as Adam before the F~** (*saying*) so unschuldig wie Adam vor dem Sündenfall; **to take a [*or* the] ~ for sb/sth** AM für jdn/etw Schuld auf sich *akk* nehmen, einstehen **II.** *adj attr, inv* AM (*in autumn*) Herbst-, herbstlich; **~ plowing** Wintersaat *f;* **~ sun** Herbstsonne *f;* **~ weather** Herbstwetter *nt;* (*of autumn*) Herbst-; **~ clothing** Herbstkleidung *f;* **~ collection** Herbstkollektion *f* **III.** *vi* <fell, fallen> ① (*drop down from a height*) [herunter]fallen, [hinunter]fallen; *curtain* fallen; **the snow had been ~ing all day** es hatte den ganzen Tag über geschneit; **more rain had ~en overnight** über Nacht hatte es noch mehr geregnet; **the bridge collapsed and fell into the river** die Brücke brach zusammen und stürzte ins Wasser; (*fig*) **the task of telling her the bad news fell on me** ich hatte die Aufgabe, ihr die schlechten Nachrichten zu übermitteln; **it fell on Henry to take the final decision** es war Henrys Aufgabe, eine endgültige Entscheidung zu treffen; **to ~ into sb's arms** jdm in die Arme fallen; **they fell into each other's arms** sie fielen sich in die Arme; **to ~ into bed** ins Bett fallen; **to ~ to one's death** in den Tod stürzen; **to ~ out of one's dress** (*fig fam*) aus allen Wolken fallen *hum fam;* **to ~ to the ground/on the floor** auf den Boden fallen; **to ~ from a window** aus dem Fenster fallen; **to ~ downstairs** die Treppe hinunterfallen [*o* herunterfallen] ② (*from an upright position*) hinfallen; *tree, post, pillar* umfallen; **he fell badly** er stürzte schwer; **to ~ under a bus/train/truck** unter einen Bus/Zug/Lastwagen kommen; **to ~ at a fence** *horse* in einem Hindernis hängen bleiben; **to ~ to one's knees** auf die Knie fallen; **to ~ [down] dead** tot umfallen; **to ~ flat on one's face** [vornüber] aufs Gesicht fallen *fam* ③ (*fig: fail or get no response*) *joke, plan, suggestion* nicht ankommen; (*fig: be embarrassingly unsuccessful*) auf die Schnauze fallen *pej sl; thing, scheme* danebengehen *fam* ④ (*land*) herunterkommen; *light, bomb, shadow, gaze* fallen; (*fig*) **we haven't decided yet where the cuts will ~** wir haben noch nicht entschieden, was von den Kürzungen betroffen sein wird; **we don't at this stage know where the blame will ~** zum jetzigen Zeitpunkt wissen wir noch nicht, wer die Schuld trägt; **the blows continued to ~ on him** die Schläge prasselten weiter auf ihn nieder; **the axe looks likely to ~ on 500 jobs** 500 Stellen werden wahrscheinlich gestrichen werden; **suspicion immediately fell on him** der Verdacht fiel sofort auf ihn; **silence fell on the group of men** Schweigen überkam die Männern; LING **the accent ~s on the second syllable** der Akzent liegt auf der zweiten Silbe ⑤ (*become lower, decrease*) *demand, numbers, prices, standard* sinken; *prices* fallen; METEO *temperature, pressure* fallen, sinken; *barometer* fallen; **the temperature could well ~ below zero this evening** die Temperatur könnte heute Abend auf unter null absinken; **water supplies have fallen to danger levels** der Wasservorrat ist auf einen gefährlich niedrigen Level abgesunken; **the attendance fell well below the expected figure** die Besucherzahlen blieben weit hinter den erwarteten Zahlen zurück; **to ~ to a whisper** in einen Flüsterton verfallen ⑥ (*move to a lower position*) in einer Tabelle/in den Charts fallen; **to ~ to the bottom of the league table** ganz unten auf der Tabelle stehen; **to ~ in sb's estimation** bei jdm im Ansehen sinken ⑦ (*be defeated or overthrown*) gestürzt werden, untergehen; (*be conquered*) *a city, town* eingenommen werden, fallen; *person* zerbrechen; **to ~ to pieces** *plan, relationship* in die Brüche gehen; *person* zerbrechen; **to ~ from power** seines Amtes enthoben werden; ■ **to ~ to sb** jdm in die Hände fallen; **Basildon finally fell to Labour at the last election** Basildon fiel in der letzten Wahl Labour zu ⑧ (*liter: die in battle*) fallen ⑨ REL (*do wrong, sin*) von Gott abfallen ⑩ (*happen at a particular time*) **Easter ~s early/late this year** Ostern ist dieses Jahr früh/spät; **to ~ on a Monday/Wednesday** auf einen Montag/Mittwoch fallen ⑪ (*happen*) **darkness ~s early in the tropics** in den Tropen wird es früh dunkel; **night was already ~ing** es begann bereits dunkel zu werden ⑫ (*belong*) **this matter ~s outside the area for which we are responsible** diese Sache fällt nicht in unseren Zuständigkeitsbereich; **any offence committed in this state ~s within the jurisdiction of this court** für jedes Vergehen, das in diesem Staat begangen wird, ist die Rechtsprechung dieses Gerichts zuständig; **to ~ into a category/class** in eine Kategorie/Klasse gehören; **the text ~s into three categories** der Text gliedert sich in drei Kategorien ⑬ (*hang down*) herabhängen *geh,* fallen; **her hair fell to her waist** ihr Haar reichte ihr bis zur Taille ⑭ (*slope, go downward*) *cliff* [steil] abfallen ⑮ + *n* **to ~ prey [*or* victim] to sb/sth** jdm/etw zum Opfer fallen ⑯ + *adj* (*become*) **to ~ asleep** einschlafen; **to ~ due** fällig sein; **to ~ foul of sb** mit jdm Streit bekommen; **to ~ foul of a law [*or* regulation]** ein Gesetz übertreten; **to ~ ill [*or* sick]** krank werden; **to ~ open** *a book, magazine* aufklappen; **to ~ silent** verstummen; **to ~ vacant** *a room* frei werden; *a position, post* vakant werden ⑰ (*enter a particular state*) ■ **to ~ for sb** sich *akk* in jdn verknallen *sl;* **they all fell into hysterics** sie kringelten sich alle vor Lachen; **he fell into a reflective mood** er fing an zu grübeln; **to ~ into debt** sich *akk* verschulden; **to ~ into disrepute** in Misskredit geraten; **to ~ into disrepair [*or* decay]** verkommen; **to ~ into disuse** nicht mehr benutzt werden; **to ~ into error/sin** REL sich *akk* versündigen; **to ~ out of favour [*or* AM favor] [with sb]** [bei jdm] nicht mehr gefragt sein *fam;* **to ~ into the habit of doing sth** sich *dat* angewöhnen, etw zu tun; **to ~ under the influence of sb/sth** unter den Einfluss einer Person/einer S. *gen* geraten; **to ~ in love [with sb/sth]** sich *akk* [in jdn/etw] verlieben; **to ~ out of love [with sb/sth]** nicht mehr [in jdn/etw] verliebt sein; **to have fallen under the spell of sb/sth** von jdm/etw verzaubert sein; **to ~ into a/sb's trap** (*fig*) [jdm] in die Falle gehen; **I was afraid that I might be ~ing into a trap** ich hatte Angst, in eine Falle zu laufen; (*fig*) **they fell into the trap of overestimating their own ability to deal with the situation** sie haben ihre eigene Fähigkeit, mit der Situation umzugehen, völlig überschätzt ⑱ (*be deceived by*) ■ **to ~ for sth** auf etw *akk* hereinfallen ⑲ (*old*) **to ~ among thieves** unter die Räuber fallen *veraltet* ⑳ (*attack*) ■ **to ~ on sb** über jdn herfallen ㉑ (*form: be responsibility of*) **the worst job fell to me** die schlimmste Arbeit musste ich erledigen; **clearing up fell to Tim and Stephen** für das Aufräumen waren Tim und Stephen zuständig; **it ~s to the committee to**

... es ist Aufgabe des Komitees, ...; ■ **to ~ under sth** zu etw *dat* gehören; **that side of the business ~s under my department** dieser Geschäftsteil fällt in meinen Zuständigkeitsbereich; (*be classified*) **that ~s under the heading ...** das fällt unter die Rubrik ... ㉒ (*liter: embrace*) ■ **to ~ on sb** jdn in die Arme schließen *liter;* **they fell on each other** sie fielen sich in die Arme ▶ PHRASES: **to ~ on deaf ears** auf taube Ohren stoßen; **sb's face fell** jdm fiel das Gesicht herunter *fam,* jd macht ein langes Gesicht; **to ~ on stony ground** auf felsigen Grund fallen *liter;* **to ~ into the hands** [*or* **clutches**] **of sb** jdm in die Hände fallen; **to ~ in** [*or* **into**] **line** [**with sth**] sich *akk* [an etw *akk*] anpassen; **to ~ into place** sich von selbst ergeben; (*making sense*) Sinn machen; **to ~ on hard times** harte Zeiten durchleben; **to ~ short** [**of sth**] etw nicht erreichen; **to ~ short of sb's expectations** hinter jds Erwartungen zurückbleiben

◆**fall about** *vi* BRIT, AUS (*fam*) ■ **to ~ about** [**laughing**] sich *akk* schütteln vor Lachen *fam*

◆**fall apart** *vi* ① (*disintegrate*) auseinanderfallen, sich *akk* in seine Bestandteile auflösen *fam; clothing* ausfransen; *furniture* auseinanderbrechen ② (*fig: fail*) sich *akk* auflösen; *marriage* in die Brüche gehen; *deal* in die Hose gehen *fam* ③ (*fig fam: have emotional problems*) zusammenbrechen *fam;* **he fell apart when his wife died** als seine Frau starb, brach für ihn eine Welt zusammen

◆**fall away** *vi* ① (*become detached*) *plaster, rock* abbröckeln ② (*slope downward*) *land* abfallen ③ (*decrease*) nachlassen, abnehmen; *sound* verebben *geh; attendance* sinken ④ (*disappear*) *negative factor, feeling* [ver]schwinden; *supporter* abfallen

◆**fall back** *vi* ① (*move backwards*) zurückgehen, zurückweichen *geh* ② MIL (*retreat*) sich *akk* zurückziehen ③ SPORTS (*not stay in leading position*) zurückfallen ④ (*decrease*) sinken; **to ~ back by 15%** um 15 % sinken ⑤ (*as back-up*) ■ **to ~ back** [**up**]**on sth** auf etw *akk* zurückgreifen; **if the worst comes to the worst I can ~ back on my parents** wenn es hart auf hart kommt, kann ich mich immer an meine Eltern wenden

◆**fall behind** I. *vi* ① (*become slower*) zurückfallen ② (*achieve less*) zurückbleiben; (*at school*) hinterherhinken *sl* ③ (*fail to do sth on time*) hinterherhinken; ■ **to ~ behind with sth** mit etw *dat* in Verzug geraten ④ SPORTS (*have lower score than opponent*) zurückfallen, in Rückstand geraten II. *vt* ① (*become slower*) ■ **to ~ behind sb** hinter jdn zurückfallen; **to ~ behind schedule** nicht in der Zeit liegen ② (*achieve less*) ■ **to ~ behind sb/sth** hinter jdm/etw zurückbleiben ③ SPORTS ■ **to have fallen behind sb** hinter jdm liegen

◆**fall down** *vi* ① (*from upright position*) *person* hinfallen; *object* umfallen; **to ~ down a cliff/the steps** [*or* **the stairs**] die Klippen/die Treppe [*o* ÖSTERR Stiegen] hinunterfallen; **to ~ down a hole/shaft** in ein Loch/einen Schacht hineinfallen ② (*collapse*) einstürzen; *tent* zusammenfallen; ■ **to be ~ing down** *building* abbruchreif sein ③ (*be unsatisfactory*) scheitern; **their ideas are good, what they ~ down on is implementing them effectively** ihre Ideen sind gut, aber es hapert an der effektiven Umsetzung

◆**fall in** *vi* ① (*drop in the water*) ins Wasser fallen, hineinfallen ② (*collapse*) einstürzen; **the ceiling fell in on them** die Decke stürzte über ihnen ein ③ MIL (*form a line*) [in Reih und Glied] antreten; ■ **to ~ in alongside** [*or* **beside**] **sb** sich *akk* jdm anschließen; ■ **to ~ in behind sb** hinter jdm herlaufen ④ (*agree to*) ■ **to ~ in with sth** mit etw *dat* einverstanden sein; **to ~ in with an idea** einer Idee zustimmen ⑤ (*become friendly with*) ■ **to ~ in with sb** sich *akk* jdm anschließen; (*become acquainted with*) jds Bekanntschaft machen

◆**fall off** I. *vi* ① (*decrease*) zurückgehen; *number* sinken ② (*decline*) abfallen, absteigen ③ (*become detached*) herunterfallen; *wallpaper* sich *akk* [los]lösen II. *vt* **to ~ off a horse/bicycle** vom Pferd/Fahrrad fallen; **to ~ off the table/roof** vom Tisch/Dach [hinunter]fallen; **bits keep ~ing off my car** von meinem Auto fallen ständig Teile ab

◆**fall out** *vi* ① (*drop out*) herausfallen; *teeth, hair* ausfallen; **to ~ out of a window/vehicle** aus dem Fenster/einem Fahrzeug fallen ② (*fam: quarrel*) ■ **to ~ out** [**with sb**] sich *akk* [mit jdm] [zer]streiten ③ MIL (*move out of line*) wegtreten ④ (*happen, turn out*) sich *akk* ergeben; **in the end, things fell out rather more favourably for us than we had anticipated** am Ende sah es für uns besser aus, als wir angenommen hatten

◆**fall over** *vi* ① (*drop*) *person* hinfallen; *object* umfallen ② (*trip*) ■ **to ~ over sth** über etw *akk* fallen; **to ~ over one's own feet** über seine eigenen Füße stolpern; **to ~ over a step** über eine Stufe stolpern ③ (*fam: be very eager*) ■ **to ~** [AM **all**] **over oneself to do sth** sich *akk* darum reißen, etw zu tun *fam,* alles dafür tun, etw zu tun

◆**fall through** *vi* scheitern; *plan* ins Wasser fallen *fam*

◆**fall to** *vi* (*liter*) loslegen; (*start working*) sich *akk* an die Arbeit machen; (*start eating*) reinhauen *fam;* ■ **to ~ to doing sth** beginnen [*o* anfangen], etw zu tun

fal·la·cious [fəˈleɪʃəs] *adj* (*form*) abwegig *geh;* **it is quite ~ to argue that ...** es ist eine ziemlich irrige Ansicht, dass ...

fal·la·cious·ly [fəˈleɪʃəsli] *adv* (*form*) fälschlicherweise; **to argue/reason ~ that ...** fehl in der Annahme gehen, dass ... *geh*

fal·la·cious·ness [fəˈleɪʃəsnəs] *n no pl* Abwegigkeit *f geh;* **~ of an argument/claim/assertion** Unhaltbarkeit *f* eines Arguments/einer Behauptung/einer Annahme

fal·la·cy [ˈfæləsi] *n* ① (*false belief*) Trugschluss *m,* Irrtum *m;* **a common ~** ein weit verbreiteter Irrtum; **a complete ~** ein absoluter Blödsinn *fam;* **it is a ~ to suppose** [*or* **think**] **that ...** es ist ein Irrtum anzunehmen, dass ... ② *no pl* (*form: false reasoning*) Denkfehler *m,* Unlogik *f;* **~ of an argument** Fehlschluss *m*

ˈfall·back [ˈfɔːlbæk, AM *esp* ˈfɑːl-] I. *n* Ersatz *m; person* Vertretung *f* II. *adj attr, inv* Ersatz-; **~ plan** Ersatzplan *m;* **a ~ proposal** ein Kompromissvorschlag *m*

fall·en [ˈfɔːlən, AM *esp* ˈfɑːl-] I. *adj inv* ① *attr* (*on the ground*) **~ apple** abgefallener Apfel; **~ arches** MED Senkfüße *mpl;* **~ leaf** heruntergefallenes Blatt; **~ leaves** Laub *nt;* **~ tree** umgestürzter Baum ② *attr* (*overthrown*) **a ~ politician/dictator** ein gestürzter Politiker/Diktator; (*disgraced*) **a ~ idol** ein einstiges Idol; **a ~ woman** (*old*) ein gefallenes Mädchen *veraltet* ③ REL (*sinful*) sündig; **a ~ angel** ein gefallener Engel II. *n* (*liter*) ■ **the ~** *pl* die Gefallenen *pl;* **a monument to the ~** ein Denkmal *nt* für die Gefallenen

fall·er [ˈfɔːləʳ, AM -ɚ] *n* ① BRIT *Pferd, das in einem Jagdrennen über ein Hindernis fällt* ② AM (*lumberjack*) Holzfäller *m*

ˈfall guy *n* (*sl*) Prügelknabe *m fam*

fal·libil·ity [ˌfæləˈbɪləti, AM -ət̬i] *n no pl* Fehlbarkeit *f;* **human ~** die menschliche Fehlerhaftigkeit

fal·lible [ˈfæləbl̩] *adj* fehlbar; *method, object, system* fehleranfällig

fall·ing [ˈfɔːlɪŋ, AM *esp* ˈfɑːl-] *adj attr, inv* ① (*falling down*) *rocks* herabfallend; *trees* umstürzend; **~ masonry** bröckelndes Mauerwerk ② (*declining, decreasing*) sinkend; **~ standards in schools** das sinkende [Lern]niveau in den Schulen; **~ interest rates** fallende Zinsen; **~ membership** zurückgehende Mitgliederzahl; **~ population** sinkende Bevölkerungszahl; FIN **~ pound/dollar/yen** der fallende [*o* sinkende] Kurs des Pfundes/Dollars/Yen

fall·ing-ˈoff <*pl* fallings-> *n* Rückgang *m* (**in** bei +*dat*) **fall·ing-ˈout** <*pl* fallings-> *n* Streit *m;* **to have a ~** [**with sb**] [**over sth**] sich *akk* [mit jdm] [über etw *akk*] streiten **ˈfall·ing sick·ness** *n no pl* MED (*old*) Fallsucht *f veraltet,* Epilepsie *f* **fall·ing ˈstar** *n* ASTROL Sternschnuppe *f*

ˈfall-off *n no pl* Rückgang *m,* Abfall *m* (**in** +*gen*); *of team* Abstieg *m*

fal·lo·pian tube [fəˌləʊpiənˈ-, AM -ˌloʊpiənˈ-] *n* ANAT, MED Eileiter *m*

'fall·out *n no pl* ❶ NUCL radioaktive Strahlung ❷ (*consequences*) ■**the** ~ die Konsequenzen *fpl*, die Nachwirkungen *fpl* (**from** +*gen*) **'fall·out shel·ter** *n* Atombunker *m*

fal·low ['fæləʊ, AM -loʊ] *adj inv* ❶ AGR (*not planted*) brachliegend *attr;* **a** ~ **field** ein Brachfeld *nt*, eine Brache; **to lie** ~ brachliegen ❷ (*unproductive*) still, ruhig; **a** ~ **period** eine ruhige Zeit

fal·low 'deer *n* Damwild *nt kein pl*

false [fɔːls, AM *esp* fɑːls] **I.** *adj* ❶ *inv* (*untrue, incorrect*) falsch; **is that true or** ~**?** stimmt das oder nicht?; **her whole theory is based on a** ~ **premise** ihre ganze Theorie geht von falschen Voraussetzungen aus; **a** ~ **alarm** ein falscher Alarm; **a** ~ **dawn** [**of hope**] eine trügerische Hoffnung; ~ **friend** LING falscher Freund; **to raise** ~ **hopes** falsche Hoffnungen wecken; **to have a** ~ **idea of sth** falsche Vorstellungen von etw *dat* haben; **to give sb a** ~ **impression** jdm einen falschen Eindruck vermitteln; ~ **imprisonment** LAW unrechtmäßige Verhaftung; **a** ~ **move** [*or* **step**] eine unbedachte Bewegung; **one** ~ **move and I'll shoot!** eine falsche Bewegung und ich schieße!; **to make a** ~ **move, to take a** ~ **step** (*wrong action*) unbedacht [*o* unüberlegt] handeln; ~ **pregnancy** MED, PSYCH Scheinschwangerschaft *f;* **a** ~ **rib** ANAT eine falsche Rippe; **a** ~ **start** SPORTS ein Fehlstart *m a. fig;* **to turn out** [*or* **prove**] **to be** ~ sich *akk* als falsch erweisen ❷ *inv* (*artificial*) *beard, moustache, eyelashes, teeth* falsch; **a** ~ **bottom** ein doppelter Boden (*in einem Behälter*) ❸ *inv* (*fake*) *name, address, identity* falsch; **thou shalt not bear** ~ **witness** REL du sollst kein falsches Zeugnis geben; ~ **accounting** LAW, FIN Unterschlagung *f;* ~ **claim** [*or* **information**] falsche Angaben *fpl;* **under** ~ **colours** [*or* AM **colors**] (*liter*) unter falscher Flagge; ~ **evidence** LAW Falschaussage *f;* **to give** ~ **evidence in court** vor Gericht falsch aussagen; **to give** ~ **information** falsche Angaben machen; **under** ~ **pretences** unter Vorspiegelung falscher Tatsachen ❹ (*insincere*) *person, smile, laugh, manner, modesty* falsch, unehrlich; ~ **optimism** trügerischer Optimismus; (*intending to deceive*) **a** ~ **front** (*fig*) eine Fassade; **to put on** [*or* **up**] **a** ~ **front** sich *dat* einen gewissen Anschein geben; **they put up a** ~ **front of friendly concern** sie gaben vor, sehr besorgt zu sein; **to be in a** ~ **position** in der Bredouille sein *fam;* **to put sb in a** ~ **position** jdn in die Bredouille bringen *fam* ❺ (*esp liter: disloyal*) untreu; **he turned out to be a** ~ **friend** er war mir ein schöner Freund *hum, iron;* ■**to be** ~ **to sb/sth** jdm/etw untreu werden; **you have been** ~ **to your principles** du hast deine Prinzipien verraten **II.** *adv* (*old*) **to play sb** ~ jdn betrügen

false·hood ['fɔːls(h)ʊd, AM 'fɑːlshʊd] *n* ❶ *no pl* (*not truth*) Unwahrheit *f; of a person* Falschheit *f* ❷ (*form: lie*) Unwahrheit *f euph geh;* **to tell a** ~ die Unwahrheit sagen

false·ly ['fɔːlsli, AM *esp* 'fɑːl-] *adv* ❶ (*wrongly*) fälschlicherweise; (*untruthfully*) zu Unrecht; **to be** ~ **accused of sth** zu Unrecht einer S. *dat* beschuldigt werden ❷ (*insincerely*) ~ **cheerful/optimistic** gespielt munter/optimistisch; **... he said, smiling** ~ **...**, sagte er mit aufgesetztem Lächeln

false·ness ['fɔːlsnəs, AM *esp* 'fɑːl-] *n no pl* ❶ (*inaccuracy*) *of statement, report* Unkorrektheit *f;* (*untruthfulness*) *of claim, accusation* Unhaltbarkeit *f* ❷ (*insincerity*) Falschheit *f*, Verlogenheit *f*

fal·set·to [fɒl'setəʊ, AM fɔːl'set̬oʊ] MUS **I.** *n* ❶ (*voice*) Kopfstimme *f*, Falsett *nt fachspr;* **to speak in a high** ~ im Falsett sprechen ❷ (*person*) Falsettist *m* **II.** *adj inv part, passage* Falsett-; ~ **voice** Falsettstimme *f*, Kopfstimme *f* **III.** *adv inv* **to sing** ~ Falsettstimme singen

fal·sies ['fɔːlsiːz, AM *esp* 'fɑːl-] *npl* (*fam*) BH-Einlage *f*

fal·si·fi·ca·tion [ˌfɔːlsɪfɪ'keɪʃᵊn, AM *esp* ˌfɑːl-] *n no pl* Fälschung *f*, Falsifikation *f geh;* ~ **of evidence** Fälschung *f* von Beweismaterial

fal·si·fy <-ie-> ['fɔːlsɪfaɪ, AM *esp* 'fɑːl-] *vt* ■**to** ~ **sth** etw fälschen

fal·sity ['fɔːlsəti, AM -ət̬i] *n no pl* ❶ (*incorrectness*) *of statement, report* Unkorrektheit *f; of claim, accusation* Unhaltbarkeit *f* ❷ (*insincerity*) Falschheit *f*, Verlogenheit *f*

fal·ter ['fɔːltəʳ] **I.** *vi* ❶ *speaker, voice, conversation* stocken ❷ (*fig: lose strength*) nachlassen; **their courage never** ~**ed for a second** ihr Mut verließ sie nicht eine Sekunde lang; **her friends never** ~**ed in their belief in her** ihre Freunde verloren nie den Glauben an sie; (*hesitate*) zögern; **without** ~**ing** ohne zu zögern ❸ (*movement*) seinen Schritt verlangsamen; (*move unsteadily*) schwanken; *horse* straucheln **II.** *vt* **to** ~ **an apology** [*or* **an excuse**]/**a question** [**out**] eine Entschuldigung/eine Frage stammeln

fal·ter·ing ['fɔːltᵊrɪŋ] *adj attr* ❶ (*hesitant*) *words* zögerlich; *step, voice* stockend; **in a** ~ **voice** mit stockender Stimme; **with** ~ **steps** mit stockendem Schritt ❷ *inv* (*lose strength*) zögerlich; **the** ~ **economy** die stagnierende Wirtschaft

fal·ter·ing·ly ['fɔːltᵊrɪŋli] *adv* stockend; (*hesitantly*) zögerlich; **to say** [*or* **speak**] ~ stockend sprechen

fame [feɪm] *n no pl* ❶ (*being famous*) Ruhm *m;* ~ **and fortune** Ruhm und Reichtum; **to be of Hollywood** ~ ein Hollywoodstar sein; **worldwide** ~ Weltruhm *m;* **to win** [*or* **achieve**] ~ berühmt werden, Ruhm erlangen *geh* ❷ (*reputation*) Ruf *m*, Ansehen *nt;* **his main claim to** ~ **is that he was one of Beethoven's early teachers** er erlangte vor allem als einer von Beethovens frühen Lehrern Berühmtheit

famed [feɪmd] *adj* berühmt; **their** ~ **efficiency** ihre sprichwörtliche Effizienz; ■**to be** ~ **for sth** (*be known*) für etw *akk* bekannt sein; (*be famous*) für etw *akk* berühmt sein

fa·mil·ial [fə'mɪliəl] *adj attr, inv* Familien-, familial *fachspr,* innerhalb einer Familie *nach n;* ~ **relationship** [*or* **tie**]/**duties** familiäre Bindung/Verpflichtungen

fa·mil·iar [fə'mɪliəʳ, AM -jɚ] **I.** *adj* ❶ (*well-known*) vertraut; **this looks** ~ **to me** das kommt mir irgendwie bekannt vor; ~ **faces** bekannte Gesichter; **his face has become** ~ man kennt sein Gesicht ❷ (*acquainted*) ■**to be** ~ **with sth/sb** etw/jdn kennen; **yours is not a name I'm** ~ **with** Ihr Name kommt mir nicht bekannt vor; **to become** [*or* **get**] [*or* **grow**] ~ **with sth/sb** mit etw/jdm vertraut werden, sich *akk* an etw *akk* gewöhnen ❸ (*informal*) vertraulich; ~ **name** [*or* **term**] gebräuchliche Bezeichnung; **to be on** ~ **terms** [**with sb**] (*be friends*) [mit jdm] befreundet sein; **the** ~ **form** LING die Du-Form; ~ **form of address** vertrauliche Anrede ❹ (*too friendly*) allzu vertraulich; ■**to be/get** ~ **with sb** mit jdm vertraut sein/werden; **to get too** ~ **with sb** zu vertraulich mit jdm werden *fam* **II.** *n* ❶ (*witch's companion*) Schutzgeist *m* ❷ (*old: close friend*) enger Freund/enge Freundin

fa·mili·ar·ity [fəˌmɪli'ærəti, AM -'erət̬i] *n no pl* ❶ (*well-known*) Vertrautheit *f; of home* Geborgenheit *f* ❷ (*knowledge*) Kenntnis *f;* **her** ~ **with pop music** ihr Wissen im Bereich Popmusik; ~ **with French law** Kenntnisse *pl* in französischem Recht ❸ (*overfriendly*) Vertraulichkeit *f;* **excessive** ~ allzu große Vertraulichkeit ►PHRASES: ~ **breeds contempt** (*prov*) allzu große Vertrautheit erzeugt Verachtung

fa·mil·iari·za·tion [fəˌmɪliᵊraɪ'zeɪʃᵊn, AM -jərɪ'-] *n no pl* Vertrautwerden *nt*

fa·mil·iar·ize [fə'mɪliᵊraɪz, AM -jər-] *vt* ■**to** ~ **oneself/sb with sth** sich/jdn mit etw *dat* vertraut machen; **to** ~ **oneself with working methods** sich *akk* einarbeiten

fa·mili·ar·ly [fə'mɪliəli, AM -jɚ-] *adv* ~ **known as ...** besser bekannt als ...

fa·mili·ar 'spir·it *n* Schutzgeist *m*

fami·ly ['fæmᵊli] **I.** *n* ❶ + *sing/pl vb* (*relations*) Familie *f;* **a** ~ **of robins/squirrels** eine Rotkehlchen-/Eichhörnchenfamilie; **a** ~ **of four/six** eine vier-/sechsköpfige Familie; LING Sprachfamilie *f;* **the Indo-European** ~ die indo-europäische Sprachfamilie ❷ *no pl,* + *sing/pl vb* (*family members*) Familie *f;* **we've got** ~ **coming to visit** wir bekommen Familienbesuch; **a friend of the** ~, **a** ~ **friend** ein Freund *m*/eine Freundin der

Familie; **non-traditional** ~ unkonventionelle Familie; **to keep sth in the** ~ (*not sell*) etw in Familienbesitz behalten; **to keep a secret in the** ~ ein Geheimnis für sich *akk* behalten; **to have [got]** ~ eine Familie haben; **she's got** ~ **in the States** sie hat Verwandte in den Staaten; **to start a** ~ eine Familie gründen; ■**to be** ~ zur Familie gehören; **to be [like] one of the** ~ [praktisch] zur Familie gehören ❸ + *sing/pl vb* (*lineage*) Familie *f*, Vorfahren *mpl;* **they're one of the old county families** sie gehören zu den alteingesessenen Familien dieses Bezirks; **to run in the family** *talent, character* in der Familie liegen ❹ BIOL Familie *f;* **the cat/rose** ~ die Familie der Katzen/Rosen ❺ (*employees, staff*) Belegschaft *f*, Familie *f fig;* **the Acme** ~ die Belegschaft [*o* Familie] von Acme **II.** *adj attr, inv* ❶ (*involving family*) Familien-; ~ **business** [*or* **firm**] Familienunternehmen *nt;* ~ **celebration** [*or* **party**] Familienfeier *f;* ~ **council** Familienrat *m;* ~ **feud** [*or* **quarrel**] Familienfehde *f geh*, familiäre Streitigkeiten *fpl;* **to settle down to** ~ **life** eine Familie gründen; ~ **likeness** Familienähnlichkeit *f;* ~ **reunion** Familientreffen *nt* ❷ (*including children*) Familien-; ~ **entertainment** Familienspaß *m;* (*film, programme*) Unterhaltung für die ganze Familie; ~ **fare** Familienpreis *m;* ~ **hotel** Familienhotel *nt;* ~ **rate** Familienrabatt *m;* ~ **show** Familiensendung *f;* ~ **ticket** Familienkarte *f;* ~ **viewing** Familienfernsehen *nt* ▶PHRASES: **to be in the** ~ **way** (*dated fam*) in anderen Umständen sein *euph veraltend fam*

fami·ly al'low·ance *n* BRIT (*dated*) ≈ Kindergeld *nt* **fami·ly 'Bi·ble** *n* [Familien]stammbuch *nt* **fami·ly 'cir·cle** *n no pl* Familienkreis *m* **fami·ly 'cred·it** *n no pl* BRIT ≈ Kindergeld *nt* (*britische Einrichtung zur Unterstützung von finanzschwachen Familien*) **'Fami·ly Di·vi·sion** *n* BRIT ■**the** ~ das Familiengericht (*Abteilung des High Court of Justice in England und Wales*) **fami·ly 'doc·tor** *n* Hausarzt, -ärztin *m, f* **'fami·ly man** *n* ❶ (*homeloving*) Familienmensch *m* ❷ (*with family*) Familienvater *m* **fami·ly 'name** *n* Nachname *m*, Familienname *m* **fami·ly 'plan·ning** *n no pl* Familienplanung *f;* **a** ~ **clinic** Familienberatungsstelle *f* **fami·ly 'sa·loon** *n* BRIT Kombi *m*, Familienkutsche *f fam* **'fami·ly-sized** *adj inv* Familien-, Groß-; ~ **jar** Familiendose *f;* ~ **pack[et]** Familienpackung *f*, Großpackung *f* **fami·ly 'thera·py** *n no pl* PSYCH Familientherapie *f* **fami·ly 'tree** *n* Familienstammbaum *m* **fami·ly 'values** *n* der Wertbegriff der Familie, die Werte Ehe und Familie

fam·ine ['fæmɪn] *n* ❶ (*shortage of food*) Hungersnot *f;* **the Irish F**~ *große Hungersnot in Irland im 19. Jahrhundert* ❷ *no pl* (*starvation*) Hungertod *m;* **to die of** ~ verhungern

fam·ished ['fæmɪʃt] *adj pred* (*fam*) ■**to be** [*or* **feel**] ~ ausgehungert sein, vor Hunger umfallen *fam*

fa·mous ['feɪməs] *adj* berühmt; **to become** ~ berühmt werden; ■**to be** ~ **for sth** für etw *akk* berühmt sein ▶PHRASES: ~ **last words** (*fam*) wer's glaubt wird selig!

fa·mous·ly ['feɪməsli] *adv* ❶ (*well-known*) bekanntermaßen, bekanntlich ❷ (*dated fam: very friendly*) **to get on** ~ sich *akk* blendend verstehen

fan¹ [fæn] *n* (*enthusiast*) Fan *m;* (*admirer*) Bewunderer, Bewunderin *m, f;* ■**to be a** ~ **of sb/sth** ein Fan von jdm/etw sein; **I'm a great** ~ **of your work** ich schätze Ihre Arbeit sehr; **a Beatles** ~ ein Fan *m* von den Beatles; **a football/tennis/baseball** ~ ein Fußball-/Tennis-/Baseballfan *m;* ~ **of a star/pop group** Fan *m* eines Stars/einer Popgruppe

fan² [fæn] **I.** *n* ❶ (*hand-held*) Fächer *m* ❷ (*electrical*) Ventilator *m;* **ceiling** ~ Deckenventilator *m* **II.** *vt* <-nn-> ❶ (*cool*) ■**to** ~ **sb/oneself** jdm/sich Luft zufächeln ❷ (*burn better*) **to** ~ **fire/flames** ein Feuer/Flammen anfachen *geh;* **to** ~ **fears/passions/resentment** (*fig: heighten*) Ängste/Leidenschaften/Ablehnung entfachen *geh* [*o* schüren]

◆**fan out I.** *vi* ❶ (*spread out*) sich *akk* in alle Richtungen verteilen; (*search*) ausschwärmen ❷ (*fan-shaped*) auffächern; **the streets** ~ **out from the main square** die Straßen gehen vom Hauptplatz in alle Richtungen auseinander **II.** *vt* ■**to** ~ **sth** ↻ **out** *cards, feathers* fächerförmig ausbreiten

fan-as·sist·ed 'oven *n* Umluftherd *m*

fa·nat·ic [fə'nætɪk, AM -t̬-] **I.** *n* ❶ (*pej: obsessed*) Fanatiker(in) *m(f);* **right-wing** ~ Rechtsextreme(r) *f(m)*, Rechtsextremist(in) *m(f)* ❷ (*enthusiast*) Begeisterte(r) *f(m)*, Fan *m*, Freak *m approv sl;* **fellow** ~ Mitbegeisterte(r) *f(m);* **a fitness/film/sports** ~ ein Fitness-/Film-/Sportfan *m approv* **II.** *adj* fanatisch; *see also* **fanatical**

fa·nati·cal [fə'nætɪkᵊl, AM -t̬-] *adj* ■**to be** ~ **about sth** ❶ (*obsessed*) von etw *dat* besessen sein; ~ **support** bedingungslose Unterstützung ❷ (*enthusiastic*) von etw *dat* total begeistert sein, auf etw *akk* total abfahren *sl;* **she's a bit** ~ **about tidiness** sie hat einen Reinlichkeitsfimmel *fam*

fa·nati·cal·ly [fə'nætɪkᵊli, AM -t̬-] *adv* fanatisch, extrem; **to be** ~ **determined to do sth** wild entschlossen sein, etw zu tun *fam*

fa·nati·cism [fə'nætɪsɪzᵊm, AM -t̬-] *n no pl* (*pej*) Fanatismus *m pej*

'fan belt *n* AUTO Keilriemen *m*

fan·ci·able ['fæn(t)siəbl̩] *adj* BRIT (*fam*) hübsch, gut aussehend, attraktiv, fesch ÖSTERR *fam*

fan·cied ['fæn(t)sid] *adj attr* ❶ *inv* (*imaginary*) eingebildet, vermeintlich ❷ SPORTS, POL (*tipped to win*) favorisiert

fan·ci·er ['fæn(t)siəʳ, AM -ɚ] *n* SPORTS Züchter(in) *m(f);* **pigeon** ~ Taubenzüchter(in) *m(f)*

fan·ci·ful ['fæn(t)sifᵊl] *adj* ❶ (*unrealistic*) unrealistisch, aus der Luft gegriffen; ~ **notion[s]** Fantasterei[en] *f[pl] pej;* **someone's been filling his head with** ~ **notions** jemand hat ihm einen Floh ins Ohr gesetzt *fam* ❷ (*elaborate*) *design, style* aufwendig ❸ *person* überspannt *pej*, versponnen *pej fam;* **am I just being** ~**?** bilde ich mir das nur ein?

fan·ci·ful·ly ['fæn(t)sifᵊli] *adv* ❶ (*unrealistically*) großartig *pej* ❷ (*elaborately*) ~ **decorated/embroidered** aufwendig geschmückt/bestickt *approv*

'fan club *n* + *sing/pl vb* Fanclub *m*

fan·cy ['fæn(t)si] **I.** *vt* <-ie-> ❶ *esp* BRIT (*want, like*) ■**to** ~ **sth** Lust auf etw *akk* haben; **I'm not sure I** ~ **the idea of going there** ich weiß nicht, ob mir der Gedanke gefällt, dort hinzufahren; **to** ~ **the prospect of doing sth** davon begeistert sein, etw zu tun; ■**to** ~ **doing sth** etw gern tun ❷ *esp* BRIT (*be attracted*) ■**to** ~ **sb** eine Schwäche für jdn haben; **I always liked her without ever really** ~**ing her** ich mochte sie immer, ohne dass ich je was von ihr wollte; ■**to** ~ **oneself** BRIT (*pej*) sich *akk* toll vorkommen ❸ (*imagine as winner*) **who do you** ~ **to win the Cup this year?** wer, glaubst du, wird dieses Jahr den Cup gewinnen?; **I didn't** ~ **his chances of ever getting his novel published** ich habe nicht daran geglaubt, dass er seinen Roman jemals veröffentlichen würde; **to** ~ **a horse/team/candidate** ein Pferd/ein Team/einen Kandidaten favorisieren ❹ *esp* BRIT (*imagine*) ■**to** ~ **[that]** ... denken, dass ...; **she fancies herself a rebel** sie hält sich für eine Rebellin; **I used to** ~ **myself captaining a great ocean liner** ich habe mir früher immer vorgestellt, einen großen Ozeandampfer zu steuern; (*dated*) **there's rather more to this than meets the eye, I** ~ ich denke, da steckt mehr dahinter; ~ **[that]!** stell dir das [mal] vor!; ~ **seeing you again!** schön, dich wiederzusehen!; ~ **seeing you here!** das ist aber eine Überraschung, dich hier zu sehen!; ~ **you knowing old Ben!** das ist ja nicht zu glauben, dass du den alten Ben auch kennst!; ~ **saying that to you of all people!** [unglaublich,] dass man das ausgerechnet zu dir gesagt hat! **II.** *n* ❶ *no pl* (*liking*) Vorliebe *f;* **ok, whatever tickles your** ~ o.k., wenn's dich anmacht! *fam;* **sb has taken a** ~ **to sth/sb** etw hat es jdm angetan; **Laura's taken a** ~ **to Japanese food** Laura findet japanisches Essen gerade ganz toll; **I've taken a** ~ **to that old car of yours** mittlerweile gefällt mir dein altes Auto echt gut; **to have taken sb's** ~ es jdm angetan haben ❷ *no pl* (*imagination*) Fantasie *f;* **flight of** ~ Fantasterei *f pej* ❸ (*whimsical idea*) **an idle** [*or* **a vain**] ~ Fantasterei *f pej;* **these are just idle fancies of yours**

das existiert doch nur in deiner Fantasie; **he only comes when the ~ takes him** er kommt nur, wenn er Lust dazu hat; **to have a ~ that ...** das Gefühl haben, dass ... ❹ BRIT ■**fancies** *pl kleine süße Kuchen, die gewöhnlich gefroren und verziert sind* **III.** *adj* ❶ (*elaborate*) *decoration, frills* aufwendig, pompös; (*fig*) *talk* ausschweifend; **never mind the ~ phrases, just give us the facts** reden Sie nicht lange drum herum, geben Sie uns die Fakten; ~ **footwork** FBALL gute Beinarbeit; (*fig*) **she did some ~ footwork to get out of a tight corner** sie zog sich geschickt aus der Affäre ❷ (*whimsical*) *notions* versponnen *pej fam;* ~ **ideas** Fantastereien *fpl pej;* **don't you go filling his head with ~ ideas** setz ihm keinen Floh ins Ohr *fam* ❸ (*fam: expensive*) Nobel- *pej fam;* **I keep away from the ~ shops** ich meide die teuren Nobelgeschäfte; ~ **car** Nobelkarosse *f fam,* Luxusschlitten *m sl;* ~ **place** teures Pflaster *fam;* ~ **prices** astronomische Preise

fan·cy 'dress *n no pl esp* BRIT, AUS Verkleidung *f,* Kostüm *nt;* **to go/come in ~** verkleidet sein; **to wear ~** sich *akk* verkleiden **'fan·cy-dress** *adj attr, inv esp* BRIT Kostüm-; ~ **ball** Kostümball *m;* ~ **party** Kostümfest *nt* **fan·cy-'free** *adj pred* sorglos; **to be [footloose and] ~** frei und ungebunden sein **'fan·cy goods** *npl esp* BRIT Nippes *pl,* Nippsachen *pl* **'fan·cy man** *n* (*dated or pej fam: lover*) Liebhaber *m* **'fan·cy wom·an** *n* (*dated or pej fam: lover*) Geliebte *f* **'fan·cy·work** *n no pl* (*needlework*) Spitze *f;* (*round the edge*) Spitzenbesatz *m*

fan·dan·go [fæn'dæŋgəʊ, AM -goʊ] *n* Fandango *m*

fan·fare ['fænfeəʳ, AM -fer] *n* Fanfare *f*

fang [fæŋ] *n of a dog, wolf* Fang *m,* Fangzahn *m; of a snake* Giftzahn *m;* ~ **of a vampire** Vampirzahn *m*

'fan heat·er *n* Heizlüfter *m* **'fan·light** *n* Oberlicht *nt;* **a semicircular ~** ein halbrundes Oberlicht **'fan mail** *n no pl* Fanpost *f*

fan·ny ['fæni] *n* ❶ BRIT, AUS (*vulg: female genitals*) Fotze *f vulg,* Möse *f derb* ❷ AM, AUS (*sl: backside*) Hintern *m fam*

'fan·ny pack *n* AM (*bumbag*) Gürteltasche *f*

'fan oven *n* Umluftherd *m* **'fan-shaped** *adj* fächerförmig

fan·tabu·lous [fæn'tæbjələs] *adj* (*sl*) spitzenmäßig *sl*

fan·tail ['fænteɪl] *n* Pfautaube *f*

fan·ta·sia [fæn'teɪziə, AM -ʒə] *n* MUS Fantasie *f,* Fantasia *f fachspr*

fan·ta·sist ['fæntəsɪst] *n* Fantast(in) *m(f)*

fan·ta·size ['fæntəsaɪz, AM -ţ-] **I.** *vi* fantasieren, sich *dat* etw vorstellen **II.** *vt* ■**to ~ that ...** davon träumen, dass ...

fan·tas·tic [fæn'tæstɪk] *adj* ❶ (*fam: wonderful*) fantastisch *fam;* **we had an absolutely ~ time on holiday** unsere Ferien waren total super *sl;* **they've won a prize? ~!** sie haben etwas gewonnen? toll!; **I've just had a ~ idea!** ich habe eine Superidee! *fam;* **a ~ opportunity** eine einzigartige Gelegenheit; **to look ~** *person* umwerfend aussehend ❷ (*fam: extremely large*) enorm; **a ~ amount of money** ein Haufen *m* Geld *fam;* **to take a ~ effort to do sth** unwahrscheinlich viel Mühe kosten, etw zu tun ❸ (*not real, strange*) Fantasie-; ~ **animal** Fabeltier *nt;* ~ **figure/image** Fantasiegestalt *f*/Fantasiebild *nt* ❹ (*unbelievable*) unwahrscheinlich; (*unreasonable*) unsinnig, abstrus; **by the most ~ coincidence** durch absoluten Zufall; **a ~ plan** ein absurder Plan

fan·tas·ti·cal [fæn'tæstɪkᵊl] *adj* (*liter*) fantastisch *liter;* ~ **account** [*or* **tale**] fantastische Erzählung

fan·tas·ti·cal·ly [fæn'tæstɪkᵊli] *adv* ❶ (*extremely*) unwahrscheinlich *fam,* unglaublich *pej;* ~ **arrogant** unglaublich arrogant; ~ **rich** unvorstellbar reich ❷ (*fam: wonderfully well*) ganz wunderbar; **everything's going ~** es läuft alles ausgesprochen gut; **we were treated ~** wir wurden hervorragend behandelt ❸ (*strange shapes*) ~ **carved/shaped** bizarr geschnitzt/geformt

fan·ta·sy ['fæntəsi, AM -ţ-] *n* ❶ (*pleasant fancy*) Vorstellung *f;* **Steve's favourite ~ was that ...** Steve träumte am liebsten davon, ...; **sexual ~** sexuelle Fantasie[n] *f*[*pl*]; ■**to have fantasies about sth** [*or* **doing sth**] von etw *dat* träumen ❷ (*pej: unreal, imagined thing*) Hirngespinst *nt pej* ❸ *no pl* (*unreal, imagined things*) Einbildung *f;* **a world of ~** eine Traumwelt ❹ *no pl* (*literary genre*) Fantasy *f* ❺ (*imagination*) Fantasie *f;* **it's a product of your ~** es ist ein Produkt Ihrer Fantasie ❻ MUS Fantasie *f,* Fantasia *f fachspr*

'fan·tasy·land *n* Fabelwelt *f* **'fan·tasy world** *n* Traumwelt *f*

fan 'vault·ing *n no pl* ARCHIT Fächergewölbe *nt*

fan·zine ['fænzi:n] *n* Fanmagazin *nt,* Fanzeitschrift *f*

far <farther *or* further, farthest *or* furthest> [fɑ:ʳ, AM fɑ:r] **I.** *adv* ❶ (*a long distance*) von weit her; **have you come very ~?** kommen Sie von weit her?; **do you have ~ to travel to work?** haben Sie es weit zu Ihrer Arbeitsstelle?; **it's too ~ to walk** es ist zu weit zu Fuß; **I can take you as ~ as Bristol** ich kann Sie bis Bristol mitnehmen; **we've come so ~, we can't turn back now** wir sind so weit gekommen, wir können jetzt nicht umkehren; **~ be it from me to blame anyone, it was a total accident** ich will unter keinen Umständen jemanden beschuldigen, es war ein Unfall; **she doesn't live ~ from here** sie wohnt nicht weit von hier; **how ~ are we from the campsite now?** wie weit ist es noch bis zum Campingplatz?; **~ above, a hawk circled in the sunshine** weit oben kreiste ein Habicht im Sonnenschein; **you can see how ~ up the wall the water came during the flood** man kann sehen, wie hoch das Wasser während der Flut an der Mauer stieg; (*liter*) **a traveller from some ~ distant land** ein Reisender aus einem fernen Land; **we're ~ from happy with the situation** wir sind alles andere als zufrieden mit der Situation; **as ~ as the eye can see** so weit das Auge reicht; **~ from home** fern der Heimat; **to be fairly ~ down the list** ziemlich weit unten auf der Liste stehen; **~ away from here** weit weg von hier; **how ~ away is it?** wie weit weg ist es?; **~ and wide** weit und breit; **to come from ~ and wide** von überall her kommen; **~ from it** weit gefehlt; **Jim selfish? ~ from it!** Jim egoistisch? alles nur das nicht! ❷ (*distant in time*) **some time ~ in the past/future** irgendwann in ferner Vergangenheit/Zukunft; **one day, perhaps ~ in the future, you'll regret what you've done** irgendwann einmal wirst du bereuen, was du getan hast; **your birthday's not ~ away** bis zu deinem Geburtstag ist es nicht mehr lang; **as ~ back as I can remember** so weit ich mich erinnern kann; **we warned you about this as ~ back as 1977** wir haben Sie bereits 1977 davor gewarnt; **it probably dates from as ~ back as the end of the last century** es geht wahrscheinlich sogar bis auf das Ende des letzten Jahrhunderts zurück; **so ~ everything's been going according to plan** so weit lief [bisher] alles nach Plan; **only one of the escaped prisoners has so ~ been recaptured** bisher wurde nur einer der entflohenen Gefangenen wieder gefasst; **any problems? – not so ~** Probleme? – bis jetzt nicht; **he's not ~ off seventy** er wird bald siebzig; **we're not ~ off finishing now** es dauert nicht mehr lange und wir sind fertig; **to work ~ into the night** bis spät in die Nacht hinein arbeiten; **so ~ so good** so weit, so gut ❸ (*in progress*) **how ~ have you got? – I'm on page 17** wie weit bist du? – ich bin jetzt auf Seite 17; **how ~ have you got with your new play?** wie weit bist du mit deinem neuen Stück gekommen?; **if you can get as ~ as drafting the letter tonight ...** wenn du vielleicht bis heute Abend noch einen groben Entwurf des Briefes aufsetzen kannst, ...; **to not get very ~ with sth** [*or* **doing sth**] mit etw *dat* nicht besonders weit kommen; **to not get very ~ with sb** bei jdm nicht viel erreichen; **she tried to talk him round, but she didn't get very ~ with him** sie versuchte ihn zu überreden, kam aber nicht sonderlich weit ❹ *inv* (*much*) **~ better/nicer/warmer** viel besser/netter/wärmer; **~ more difficult** viel schwieriger; **~ too expensive** viel zu teuer; **by ~** bei weitem, mit Abstand; **it would be better by ~ to resist the temptation** es wäre viel besser, der Versuchung zu widerstehen; **your entry was ~ and away the best** dein Auftritt war einsame Spitze *fam;* BRIT **I'd ~ prefer to go with you** ich würde viel lieber mit dir gehen; **I'd ~ rather stay at home** ich würde viel lieber zu Hause bleiben; **she'd ~ sooner go on her own** sie würde viel lieber allein gehen ❺ (*connecting adverbial phrase*) **as ~ as I can, I try and avoid using my car** soweit es mir möglich ist, benutze ich mein Auto nicht; **I use public transport as ~ as possible** ich benutze so oft wie möglich öffentliche Verkehrsmittel; **as ~ as I can see ...** so wie ich es beurteilen kann, ...; **he isn't coming today as ~ as I know** soweit ich weiß, kommt er heute nicht,; **as ~ as I'm concerned ...** wenn es nach mir geht ...; **as ~ as Bob is concerned, he's one hell of a nice fellow** Bob? Bob ist ein wirklich netter Kerl!; **he's a good mechanic, but that's as ~ as it goes** er ist ein guter Mechaniker, aber das ist auch alles ▸ PHRASES: **sb will go ~** jd wird es zu etwas bringen; **sth won't go very ~** etw wird nicht lange vorhalten; **a hundred pounds won't go very ~ if you're going abroad for two weeks** mit hundert Pfund kommt man nicht weit, wenn man für zwei Wochen ins Ausland geht; **to go too ~** zu weit gehen; **to not trust sb as ~ as one could throw him/her** jdm nicht über den Weg trauen **II.** *adj attr* ❶ (*further away*) **at the ~ end of the room** am anderen Ende des Raumes; **the ~ bank of the river** das jenseitige Ufer des Flusses ❷ (*extreme*) **the ~ left/right [of a party]** die extreme Linke/Rechte [einer Partei] ❸ (*distant*) **a ~ country** (*liter*) ein fernes Land *liter;* **in the ~ distance** in weiter Ferne ▸ PHRASES: **to be a ~ cry from sth/sb** mit etw/jdm nicht zu vergleichen sein

far·ad ['færəd, AM 'fer-] *n* ELEC Farad *nt*

far·away [ˌfɑːrə'weɪ] *adj attr, inv* ❶ (*distant*) *location* fern; *sound, voice* weit entfernt [*o fam* weg]; **a ~ land** [*or* **country**] ein fernes Land *liter* ❷ (*dreamy*) *look* verträumt, abwesend

farce [fɑːs, AM fɑːrs] *n* ❶ THEAT Farce *f;* **a Feydeau ~** eine Farce von Feydeau ❷ (*situation*) Farce *f pej geh*

far·ci·cal ['fɑːsɪkəl, AM 'fɑːrs-] *adj* ❶ THEAT (*like a farce*) farcenhaft ❷ (*pej: ridiculous*) grotesk *geh,* absurd

far·ci·cal·ly ['fɑːsɪkəli, AM 'fɑːrs-] *adv* (*pej: ridiculously*) grotesk *geh*

fare [feəʳ, AM fer] **I.** *n* ❶ (*money*) Fahrpreis *m;* **~s, please!** die Fahrkarten bitte!; **bus/train/taxi ~** Bus-/Bahn-/Taxifahrpreis *m;* **single/return ~** Einzel-/Rückfahrkarte *f;* **to pay the** [*or* **one's**] **~** den Fahrpreis bezahlen ❷ (*traveller in a taxi*) Taxifahrgast *m* ❸ *no pl* (*food*) Kost *f;* **boarding-school ~** Internatsessen *nt;* **traditional British ~** traditionelle britische Küche **II.** *vi* (*form: get on*) [er]gehen; **how did you ~ in your exams?** wie ist es dir bei der Prüfung gegangen?; HORT gedeihen; **to ~ badly/well** schlecht/gut ergehen

Far 'East *n no pl* ■ **the ~** der Ferne Osten **Far 'East·ern** *adj inv* fernöstlich

'fare stage *n* BRIT ❶ (*section of bus route*) Fahrzone *f* ❷ (*bus stop*) Zonengrenze *f*

fare·well [ˌfeə'wel, AM ˌfer'-] **I.** *interj* (*form*) leb wohl *geh;* **~, until we meet again** leb wohl, bis bald; **to bid** [*or* **say**] **~ to sb/sth** sich *akk* von jdm/etw verabschieden **II.** *n* Lebwohlsagen *nt kein pl veraltet geh,* Verabschieden *nt kein pl;* **to bid sb a fond ~** sich *akk* herzlich von jdm verabschieden; **to bid sb a last ~** von jdm Abschied nehmen **III.** *n modifier* (*dinner, gift, kiss*) Abschied[s]-; **~ hug** Umarmung *f* zum Abschied; **a ~ party** eine Abschiedsparty

'fare zone *n* Tarifzone *f* (*für öffentliche Verkehrsmittel*)

far-'fetched *adj* weit hergeholt **far-'flung** *adj usu attr* (*liter*) ❶ (*widely spread*) weitläufig; *network* weit verzweigt ❷ (*remote*) abgelegen **far-'gone** *adj usu pred* ❶ (*advanced stage*) tief; **the night was ~** es war tiefe Nacht; **a ~ romance** eine innige Liebesbeziehung ❷ (*drunk*) stark angetrunken, besoffen *sl*

fari·na·ceous [ˌfærɪ'neɪʃəs, AM ˌfer-] *adj inv* (*spec*) mehlhaltig

farm [fɑːm, AM fɑːrm] **I.** *n* Bauernhof *m;* **chicken ~** Hühnerfarm *f;* **health ~** Schönheitsfarm *f;* **trout ~** Forellenzucht *f* **II.** *vt* **to ~ land/a number of acres** Land/eine Anzahl Hektar bebauen **III.** *vi* Land bebauen; **the family still ~s in Somerset** die Familie hat immer noch Farmland in Somerset

◆**farm out** *vt* **to ~ out ○ work [to sb]** Arbeit [an jdn] abgeben; **to ~ out ○ children [to sb]** BRIT [jdm] Kinder anvertrauen

'farm ani·mal *n* Nutztier *nt*

farm·er ['fɑːməʳ, AM 'fɑːrməʳ] *n* Bauer, Bäuerin *m, f,* Farmer(in) *m(f);* **a Wiltshire ~** ein Bauer *m*/eine Bäuerin aus Wiltshire

'farm·hand *n* Landarbeiter(in) *m(f)* **'farm·house I.** *n* Bauernhaus *nt* **II.** *adj attr, inv* Bauern-; **~ cheese** Bauernkäse *m;* **~ cheddar** Cheddar *m* nach Bauernart

farm·ing ['fɑːmɪŋ, AM 'fɑːr-] *n no pl* Ackerbau und Viehzucht

'farm·land *n no pl* Ackerland *nt* **'farm pro·duce** *n Obst und Gemüse vom Bauernhof* **farm·stead** ['fɑːrmsted] *n* AM Farm *f,* Gehöft *nt* **'farm·work·er** *n* Landarbeiter(in) *m(f)* **'farm·yard** *n* Hof *m*

'far-off I. *adj* ❶ (*distant*) *place, country* fern *geh;* (*remote*) [weit] entfernt; **you're not ~ with this answer** (*fig*) du liegst mit dieser Antwort nicht schlecht; **a ~ country** ein weit entferntes Land ❷ (*time*) **a ~ time** eine lang vergangene Zeit; (*future*) eine ferne Zukunft; **lunch isn't ~** wir essen bald zu Mittag **II.** *adv* weit entfernt; *in the distance* in der Ferne **far-'out** *adj* ❶ (*fam: strange*) abstrus; *music* abgedreht *sl* ❷ AM (*dated sl: wonderful*) toll *fam,* super *sl;* **you got the job? ~!** du hast die Stelle bekommen? toll!

far·ra·go <*pl* -s *or* AM -es> [fə'rɑːgəʊ, AM -goʊ] *n* (*pej*) Quatsch *m fam*

far-'reach·ing *adj* weitreichend, umfassend

far·ri·er ['færiəʳ] *n* BRIT Hufschmied(in) *m(f)*

'far-right *adj* POL rechtsextrem

far·row ['færəʊ, AM 'feroʊ] **I.** *n* Wurf *m* **II.** *vi* ferkeln **III.** *vt* **to ~ piglets** ferkeln

far-'see·ing *adj decision, move, policy* weitsichtig; *person* vorausschauend, umsichtig **far-'sight·ed** *adj* ❶ (*shrewd*) *decision, move, policy* weitsichtig; *person* vorausschauend, umsichtig ❷ AM, AUS (*long-sighted*) weitsichtig

fart [fɑːt, AM fɑːrt] **I.** *n* ❶ (*fam!: gas*) Furz *m derb;* **to do** [*or* **let off**] **a ~** furzen *derb* ❷ (*pej sl: unpleasant person*) Sack *m pej sl;* **a boring/stupid old ~** ein langweiliger/dummer alter Sack *pej sl;* **silly ~** blöder Idiot *pej fam* **II.** *vi* (*fam!*) furzen *derb*

◆**fart about** BRIT, **fart around** *vi* herumhängen *fam,* herumlungern *sl;* ■ **to ~ about with sth** mit etw *dat* herumhantieren *fam;* (*meddle with*) an etw *dat* herumfummeln *sl*

far·ther ['fɑːðəʳ, AM 'fɑːrðɚ] **I.** *adv comp of* **far** weiter ❶ (*at, to a greater distance*) weiter entfernt; **how much ~ is it to the airport?** wie weit ist es noch zum Flughafen?; **it was ~ than expected to the shops** der Weg zu den Geschäften war weiter als erwartet; **could you stand ~ off?** könnten Sie etwas zur Seite gehen?; **~ away** weiter weg; **~ down/up [sth]** weiter unten/oben; **~ east/west/north/south** weiter östlich/westlich/nördlich/südlich; **~ on along the road** weiter die Straße entlang ❷ (*at, to a more advanced point*) **~ back** weiter zurück ❸ (*additional*) weitere(r, s); *see also* **further II.** *adj comp of* **far** weiter; **at the ~ end** am anderen Ende; **to the ~ side** zum anderen Ufer

far·thest ['fɑːðɪst, AM 'fɑːr-] **I.** *adv superl of* **far** am weitesten; **the ~ east/west/north/south** am weitesten östlich/westlich/nördlich/südlich **II.** *adj superl of* **far** am weitesten; **the ~ place** der am weitesten entfernte Ort

far·thing ['fɑːðɪŋ, AM 'fɑːr-] *n* (*hist*) ❶ (*coin*) *alte britische Münze mit dem Wert eines Viertel-Penny* ❷ (*fig dated: small value*) Tand *m veraltet;* **to not be worth a ~** keinen Pfifferling wert sein *fam;* **to not care a ~** völlig gleichgültig sein

fas·cia ['feɪʃə, AM 'fæʃiə] *n* ❶ BRIT (*dated: dashboard*) Armaturenbrett *nt* ❷ (*above shop*) Ladenschild *nt* ❸ ARCHIT Faszie *f*

fas·ci·nate ['fæsɪneɪt, AM -sən-] *vt* ■ **to ~ sb** jdn faszinieren

fas·ci·nat·ed ['fæsɪneɪtɪd, AM -səneɪt̬ɪd] *adj* fasziniert

fas·ci·nat·ing ['fæsɪneɪtɪŋ, AM -sᵊneɪt̬ɪŋ] *adj* faszinierend; **it's been ~ to talk to you** es war sehr anregend, sich mit Ihnen zu unterhalten; **she's a ~ person to watch** es ist faszinierend, sie zu beobachten

fas·ci·na·tion [ˌfæsɪ'neɪʃᵊn, AM -sᵊn'eɪ-] *n no pl* ❶ (*strong interest*) Faszination *f*, Begeisterung (**with/for** für +*akk*); **to listen/watch in ~** fasziniert zuhören/zusehen ❷ (*attraction*) Anziehungskraft *f;* **to hold** [*or* **have**] **a ~ for sb** jdn faszinieren [*o* anziehen]; **Mahler's music has always held a particular ~ for me** Mahlers Musik hat mich immer ganz besonders angezogen

fas·cism, Fas·cism ['fæʃɪzᵊm] *n no pl* Faschismus *m*

fas·cist, Fas·cist ['fæʃɪst] **I.** *n* ❶ (*party member*) Faschist(in) *m(f)* ❷ (*pej: overbearing person*) Tyrann *m pej;* (*woman*) Dragoner *m pej sl* **II.** *adj* ❶ (*politics*) faschistisch ❷ (*pej: repressive*) tyrannisch *pej*

fas·cis·tic [fæʃ'ɪstɪk] *adj* ❶ (*politics*) faschistisch ❷ (*pej: repressive*) tyrannisch *pej*

fash·ion ['fæʃᵊn] **I.** *n* ❶ (*popular style*) Mode *f;* **there's a ~ for denim overalls** Jeansoveralls sind im Moment in Mode; **to be the ~** schick [*o* Mode] sein *fam;* **long curly hair is the ~ this summer** diesen Sommer trägt man langes gelocktes Haar; **to be all the ~** der [absolute] Renner sein *fam;* **to be dressed in the latest ~** nach der neuesten Mode gekleidet sein; **to be in ~** in Mode [*o* modern] sein; **to be out of ~** aus der Mode [*o* unmodern] sein; **old-world courtesy is out of ~ these days** altväterliche Höflichkeit ist heutzutage nicht mehr gefragt; **to go out of ~** aus der Mode kommen, unmodern werden ❷ (*newly designed clothes*) ■**~s** *pl* Mode *f*, Kollektion *f;* **the latest Paris ~s** die neueste Pariser Mode; **the spring ~s** die Frühjahrsmode ❸ *no pl* (*industry*) Modebranche *f;* **the world of ~** die Modewelt; **Italian ~** die italienische Mode[branche] ❹ (*manner*) ■**to do sth in a certain ~** etw auf eine bestimmte Art und Weise tun; **why is he scratching his nose in that peculiar ~?** warum kratzt er sich so an der Nase?; **she held the fork in her right hand, American ~** sie hielt die Gabel in der rechten Hand, wie es für einen Amerikaner typisch ist; **after a ~** einigermaßen; **the machine works, after a ~** die Maschine funktioniert einigermaßen; **I can cook, after a ~** ich kann so halbwegs kochen **II.** *vt* ■**to ~ sth** etw fertigen *geh;* (*fig: create*) etw ausarbeiten

fash·ion·able ['fæʃᵊnəbl] *adj* modisch; *person* extravagant; (*for stylish people*) schick[imicki] *sl*, Schickeria- *sl;* ■**to be/become ~** in Mode [*o fam* in] sein/werden, in Mode kommen; **a suit of a ~ cut** ein modisch geschnittener Anzug; **~ restaurant** Schickerialokal *nt sl;* **a ~ couple** ein Paar *nt* aus dem Jetset

fash·ion·ably ['fæʃᵊnəbli] *adv* modisch; **to be ~ dressed** modisch gekleidet sein

'fash·ion-con·scious *adj* modebewusst **'fash·ion de·sign·er** *n* Modedesigner(in) *m(f)*, Modeschöpfer(in) *m(f)* **'fash·ion house** *n* Modehaus *nt*, Modesalon *m* **'fash·ion in·dus·try** *n* ■**the ~** die Modeindustrie [*o* Modebranche]

fash·ion·ista [fæʃᵊn'i:stə] *n* (*follower, buyer*) Modefreak *m;* (*designer*) Modepapst, -päpstin *m, f;* (*journalist*) Trendjournalist(in) *m(f)*

'fash·ion maga·zine *n* Modezeitschrift *f* **'fash·ion mod·el** *n* Model *nt* **'fash·ion pa·rade** *n* Modenschau *f* **'fash·ion show** *n* Modenschau *f* **'fash·ion vic·tim** *n* (*pej*) Modepuppe *f pej fam;* **she hasn't got her own style, she's just a ~** sie hat keinen eigenen Stil, sie folgt immer nur der neuesten Mode

fast¹ [fɑ:st, AM fæst] **I.** *adj* ❶ (*moving quickly*) schnell; **to be a ~ driver/runner** schnell fahren/laufen ❷ (*performing quickly*) schnell; **to be a ~ reader/typist/worker** schnell lesen/tippen/arbeiten ❸ (*short*) schnell ❹ *attr* (*permitting speed*) schnell; **can you tell me the ~est way to get from here to Gloucester?** können Sie mir sagen, wie man von hier am schnellsten nach Gloucester kommt?; **~ train** Schnellzug *m*, D-Zug *m* ❺ PHOT **~ film** lichtempfindlicher Film; **~ shutter speed** kurze Belichtungszeit ❻ *pred* (*ahead of time*) ■**to be ~** *clock, watch* vorgehen ❼ *pred, inv* (*firm*) ■**to be ~** fest sein; **to make ~** [**to sth**] NAUT [an etw *dat*] anlegen; **to make sth ~** [**to sth**] etw [an etw *dat*] festmachen ❽ *inv* (*permanent*) **~ colour** [*or* AM **color**] waschechte Farbe ❾ (*pej dated: bad*) unmoralisch; **~ living** flottes Leben, lockerer Lebenswandel; **~ woman** leichtlebige Frau ►PHRASES: **to be a ~ worker** (*fam*) schnell arbeiten, ein Draufgänger/eine Draufgängerin sein *fam; see also* **pull II.** *adv* ❶ (*at speed*) schnell; **it all happened so ~** es ging alles so schnell; **not so ~!** nicht so schnell!; **as ~ as one's legs would carry one** so schnell seine Beine ihn trugen; **to be ~ approaching sth** rasch auf etw *akk* zugehen; **the time is ~ approaching when ...** der Zeitpunkt rückt schnell näher, an dem ... ❷ (*soon*) schnell, bald ❸ *inv* (*firmly*) fest; **the glue had set and my hand was stuck ~** der Leim war getrocknet und meine Hand klebte fest; **to cling on ~ to sth** sich *akk* an etw *dat* festhalten; **to stand ~** ausharren, standhalten ❹ *inv* **to be/lie ~ asleep** tief schlafen ►PHRASES: **to hold ~ to an idea/a principle** an einer Idee/einem Prinzip festhalten; **to play ~ and loose with sb** (*dated*) mit jdm ein falsches Spiel treiben; **to play ~ and loose with sth** (*dated*) mit etw *dat* Schindluder treiben *fam*

fast² [fɑ:st, AM fæst] **I.** *vi* fasten **II.** *n* Fastenzeit *f;* **to break one's ~** das Fasten brechen

fast-'act·ing *adj pain-killer* schnell wirkend *attr;* ■**to be ~** schnell wirken **fast and 'fu·ri·ous I.** *adj final* rasant **II.** *adv* rasant **'fast·back** *n* AUTO ❶ (*car*) Auto *nt* mit Fließheck ❷ (*rear*) Fließheck *nt* **'fast·ball** *n* AM (*in baseball*) Fastball *m* **fast 'breed·er** *n*, **fast breed·er re·'ac·tor** *n* schneller Brüter

fas·ten ['fɑ:sᵊn, AM 'fæs-] **I.** *vt* ❶ (*close*) ■**to ~ sth** etw schließen [*o fam* zumachen]; **to ~ a button/coat** einen Knopf/Mantel zumachen; **to ~ one's seat belt** sich *akk* anschnallen ❷ (*secure*) ■**to ~ sth** etw befestigen; ■**to ~ sth on/to sth** etw an etw *dat* befestigen; (*with glue*) etw an etw *dat* festkleben; (*with rope*) etw an etw *dat* festbinden ►PHRASES: **to ~ one's eyes** [*or* **gaze**] **on sb/sth** den Blick auf jdn/etw heften, jdn/etw [mit den Augen] fixieren **II.** *vi* ❶ (*close*) geschlossen werden, sich *akk* schließen lassen; **the zip won't ~** der Reißverschluss geht nicht mehr zu; **the door ~s with a bolt** die Tür wird mit einem Riegel verschlossen; **this dress ~s at the back/with a zip** dieses Kleid wird hinten/mit einem Reißverschluss zugemacht ❷ (*focus*) ■**to ~** [**up**]**on sth** sich *akk* auf etw *akk* konzentrieren ❸ (*follow*) ■**to ~ on to** [*or* **onto**] **sb** jdm folgen

◆**fasten down** *vt* ■**to ~ down** ↔ **sth** etw befestigen; **they steal anything that's not actually ~ed down** sie stehlen alles, was nicht niet- und nagelfest ist

◆**fasten on** *vt* ■**to ~ on** ↔ **sth** etw befestigen [*o fam* festmachen]; *see also* **fasten II. 2, 3**

◆**fasten together** *vt* ■**to ~ together** ↔ **sth** etw miteinander verbinden; *sheets of paper* etw zusammenheften

◆**fasten up I.** *vt* ■**to ~ up** ↔ **sth** *dress, coat* etw zumachen *fam; buttons* etw zuknöpfen **II.** *vi dress, coat* zugemacht [*o* geschlossen] werden

fas·ten·er ['fɑ:sᵊnəʳ, AM 'fæsᵊnɚ] *n* Verschluss *m; on door, window* Verriegelung *f;* **snap ~** Druckknopf *m;* **zip ~** Reißverschluss *m*

fas·ten·ing ['fɑ:sᵊnɪŋ, AM 'fæs-] *n* Verschluss *m*

fast 'food *n no pl* Fast Food *nt*, Fastfood *nt* **'fast-food** *n modifier* (*chain, freak*) Fastfood-; **~ restaurant** Fastfood-Restaurant *nt*, Schnellgaststätte *f* **fast-'for·ward I.** *vt* **to ~ a tape/video** eine Kassette/ein Video vorspulen **II.** *vi* vorspulen **III.** *n* Vorspultaste *f* **fast-'grow·ing** *adj business* schnell wachsend, sich schnell etablierend

fas·tidi·ous [fæs'tɪdiəs] *adj* ❶ (*correct*) anspruchsvoll, wählerisch; **~ taste** anspruchsvoller Geschmack; **to be very ~ about sth** über etw *akk* eine sehr genaue Vorstellung haben;

to be very ~ about doing sth sehr sorgsam darauf bedacht sein, etw zu tun ❷ *(cleanly)* pingelig

fas·tidi·ous·ly [fæs'tɪdiəsli] *adv* mit peinlicher Genauigkeit, sorgfältig; ~ **clean** peinlich sauber

fas·tidi·ous·ness [fæs'tɪdiəsnəs] *n no pl* Genauigkeit *f*, Pedanterie *f pej;* **the studied ~ of sb's clothes** jds sorgfältig ausgesuchte Kleidung; **the ~ of sb's taste** jds anspruchsvoller Geschmack

fast·ing ['fɑːstɪŋ, AM 'fæst-] *n no pl* Fasten *nt*

'fast lane *n* Überholspur *f* ▶ PHRASES: **life in the ~** Leben *nt* auf der Überholspur, exzessive [*o* ausschweifende] Lebensweise **'fast link** *n* Schnellverbindung *f* **fast-'mov·ing** *adj* ❶ *(exciting)* spannend ❷ *(selling)* schnell verkäuflich

fast·ness <*pl* -es> ['fɑːstnəs, AM 'fæst-] *n* ❶ *no pl (permanence)* Beständigkeit *f;* **colour** [*or* AM **color**] ~ Farbechtheit *f* ❷ *(liter: refuge)* Festung *f;* **mountain ~** Bergfeste *f*

'fast-paced *adj novel* temporeich, tempogeladen **fast-'talk** *vt esp* AM *(pej)* ■**to ~ sb into sth/doing sth** jdn beschwatzen, etw zu tun *fam;* **to ~ one's way into sth** sich *dat* etw erschwatzen; **to ~ one's way out of a situation** sich *akk* aus einer Situation herausreden **fast-'talk·er** *n (pej)* Überredungskünstler(in) *m(f),* Schwätzer(in) *m(f) pej* **fast-'talk·ing** *adj attr, inv (pej)* beredsam **'fast track** *n* Sprungbrett *nt fig;* ~ **to the top** Sprungbrett *nt* nach oben **'fast-track I.** *adj attr, inv* Sprungbrett-, Karriere fördernd **II.** *vt* ■**to ~ sth** etw beschleunigen

fat [fæt] **I.** *adj* <-tt-> ❶ *(fleshy)* dick, fett *pej; animal* fett; ~ **stock** Mastvieh *nt;* **to get** [*or* **grow**] ~ dick werden ❷ *(thick)* dick; ~ **wallet** dicke Brieftasche ❸ *attr (substantial)* fett; ~ **profits** fette Gewinne ❹ *attr, inv (fam: little)* ~ **chance we've got of being invited** die Chancen stehen schlecht, dass wir eingeladen werden; **a ~ lot he cares about what happens to us!** er schert sich einen Dreck darum, was mit uns passiert! *sl;* **a ~ lot of use you are!** du bist mir eine schöne Hilfe! ▶ PHRASES: **the opera ain't over until the ~ lady sings** *(prov)* das ist noch nicht das Ende **II.** *n* ❶ *no pl (body tissue)* Fett *nt;* **layer of ~** Fettschicht *f* ❷ *no pl (food)* Fett *nt;* **animal/vegetable ~** tierisches/pflanzliches Fett ▶ PHRASES: **the ~ is in the fire** *(fam)* der Teufel ist los; **ye shall eat the ~ of the land** REL *(saying)* ihr sollt das Fett des Landes essen; **to live off the ~ of the land** in Saus und Braus leben

fa·tal ['feɪtəl, AM -t̬əl] *adj inv* ❶ *(lethal)* tödlich; **this illness is ~ in almost all cases** diese Krankheit führt fast immer zum Tod; ~ **accident/dose** tödlicher Unfall/tödliche Dosis; ~ **blow** Todesstoß *m* ❷ *(disastrous)* fatal, verhängnisvoll; ■**to be ~ to sth** für etw *akk* fatal sein ❸ *(liter: fateful)* schicksalhaft

fa·tal·ism ['feɪtəlɪzəm, AM -t̬əl-] *n no pl* Fatalismus *m*

fa·tal·ist ['feɪtəlɪst, AM -t̬əl-] *n* Fatalist(in) *m(f)*

fa·tal·is·tic [ˌfeɪtəl'ɪstɪk, AM -t̬əl-] *adj* fatalistisch

fa·tal·is·ti·cal·ly [ˌfeɪtəl'ɪstɪkli, AM -t̬əl-] *adv* mit Fatalismus; **he shrugged ~** schicksalsergeben zuckte er mit den Achseln

fa·tal·ity [fə'tæləti, AM -əti] *n* Todesopfer *nt*

fa·tal·ly ['feɪtəli, AM -t̬əli] *adv inv* ❶ *(mortally)* tödlich; ~ **ill** sterbenskrank ❷ *(disastrously)* hoffnungslos; **his reputation was ~ damaged** sein Ansehen war für immer geschädigt

'fat ass *n* AM *(pej fam!)* Fettsack *m pej sl* **'fat cat** *n esp* AM *(fam)* Bonze *m pej fam* **'fat con·tent** *n no pl* Fettgehalt *m*

fate [feɪt] *n* ❶ *usu sing (destiny)* Schicksal *nt,* Geschick *nt,* Los *nt;* **to decide sb's ~** über jds Schicksal entscheiden; **to decide one's own ~** sein Schicksal selbst bestimmen [*o* in die Hand nehmen]; **to leave sb to his/her ~** jdn seinem Schicksal überlassen; **to meet one's ~** den Tod finden; **to seal sb's ~** jds Schicksal besiegeln; **to share** [*or* **suffer**] **the same ~** dasselbe Schicksal erleiden ❷ *no pl (power)* Schicksal *nt;* **it must be ~** das muss Schicksal sein; ~ **ordained** [*or* **decreed**] **that ...** das Schicksal wollte es, dass ...; *see also* **tempt 3, twist III.4** ▶ PHRASES: **a ~ worse than death** *(unpleasantness)* Unerfreulichkeit *f;* *(old: pregnancy) illegitime Schwangerschaft*

fat·ed ['feɪtɪd, AM -t̬ɪd] *adj pred, inv* vom Schicksal bestimmt; **you're obviously ~ to be the odd one out** du scheinst offensichtlich zum Außenseiter verdammt zu sein; **it seemed ~ that we should get married** wir schienen füreinander bestimmt zu sein; ■**it was ~ that ...** das Schicksal wollte es, dass ...

fate·ful ['feɪtfəl] *adj* schicksalhaft; *decision* verhängnisvoll

Fates [feɪts] *npl* ■**the ~** die Parzen *fpl*

'fat farm *n esp* AM *(fam)* Erholungsfarm *f* für Fettleibige **'fat-free** *adj yogurt, diet* fettfrei **'fat·head** *n (fam)* Schafskopf *m fam,* Blödmann *m fam* **'fat·head·ed** *adj (fam)* idiotisch *fam,* blöd *fam*

fa·ther ['fɑːðəʳ, AM -ɚ] **I.** *n* ❶ *(parent)* Vater *m;* **on one's ~'s side** väterlicherseits; **like ~, like son** wie der Vater, so der Sohn; **from ~ to son** vom Vater auf den Sohn; **to be like a ~ to sb** zu jdm wie ein Vater sein; *(form: form of address)* Vater *m* ❷ *(founder)* Vater *m* ❸ *(senior)* [dienst]ältestes Mitglied; **the ~ of the House** BRIT das dienstälteste Mitglied des britischen Unterhauses ❹ *pl (liter: ancestors)* ■**~s** Ahnen *mpl* ▶ PHRASES: **how's your ~** BRIT *(euph fam)* was macht dein Sexualleben **II.** *vt* **to ~ a child** ein Kind zeugen

Fa·ther ['fɑːðəʳ, AM -ɚ] *n* ❶ *(priest)* Pater *m,* Pfarrer *m,* Pastor *m;* ~ **O'Casey/Jack** Pater *m* O'Casey/Jack ❷ *(God)* Vater *m;* **God the ~** Gott Vater; **our ~ who** [*or* **which**] **art in heaven** Vater unser im Himmel ❸ *(early writer)* **the ~s of the Church** die Kirchenväter

Fa·ther 'Christ·mas *n esp* BRIT der Weihnachtsmann **fa·ther con·'fes·sor** *n* Beichtvater *m* **'fa·ther fig·ure** *n* Vaterfigur *f*

fa·ther·hood ['fɑːðəhʊd, AM -ɚ-] *n no pl* Vaterschaft *f*

fa·ther·ing ['fɑːðərɪŋ] *n no pl* Vatersein *nt*

'fa·ther-in-law <*pl* fathers- *or* BRIT *a.* -s> *n* Schwiegervater *m* **'fa·ther·land** *n* Vaterland *nt*

fa·ther·less ['fɑːðələs, AM -ɚ-] *adj inv* vaterlos; **to have a ~ childhood** ohne Vater aufwachsen

fa·ther·ly ['fɑːðəli, AM -ɚli] *adj* väterlich, wie ein Vater

Fa·ther 'Time *n* ■[**Old**] ~ Kronos, Vater *m* des Zeus

fath·om ['fæðəm] **I.** *n* Faden *m* (= *ca. 1,8 m*) **II.** *vt* ❶ *(understand)* ■**to ~ sb/sth** jdn/etw begreifen; **we haven't yet ~ed why/how ...** wir sind noch nicht dahinter gekommen, warum/wie ... ❷ NAUT *(sound)* ■**to ~ sth** etw ausloten

◆**fathom out** *vt* ■**to ~ out** ⊂ **sb/sth** jdn/etw verstehen; **we're still trying to ~ out why/how ...** wir versuchen immer noch herauszukriegen, warum/wie ...

fath·om·less ['fæðəmləs] *adj inv (esp liter)* ❶ *(deep) ocean, depths* unergründlich ❷ *(complex) mystery* unbegreiflich

fa·tigue [fə'tiːg] **I.** *n* ❶ *no pl (tiredness)* Ermüdung *f,* Erschöpfung *f;* **combat ~** Kampfesmüdigkeit *f;* **donor ~** *(hum)* Nachlassen *nt* der Spendenfreudigkeit; **to suffer from ~** unter Erschöpfung leiden ❷ *(form: effort)* Anstrengung *f,* Strapaze[n] *f[pl]* ❸ *no pl* TECH *(failure)* Ermüdung *f;* **metal ~** Metallermüdung *f* ❹ *usu pl* MIL *(chore)* Arbeitsdienst *m;* **cookhouse ~** Küchendienst *m;* ~ **dress** Drillichanzug *m;* ~ **duty** Arbeitsdienst *m* ❺ MIL ■**~s** *pl (uniform)* Arbeitskleidung *f kein pl* **II.** *vt* ❶ *(tire)* ■**to ~ sb** jdn ermüden ❷ TECH *(strain)* ■**to ~ sth** *metal* etw ermüden **III.** *vi* ermüden

fat·less ['fætləs] *adj* fettfrei

fat·ness ['fætnəs] *n no pl* Beleibtheit *f,* Korpulenz *f geh;* **the ~ of sb's stomach/thighs** jds dicker Bauch/dicke Oberschenkel

fat·so <*pl* -s *or* -es> ['fætsəʊ, AM -soʊ] *n (pej, hum fam)* Dickerchen *nt pej, hum fam,* Fettsack *m pej sl*

fat·ted ['fætɪd, AM -t̬ɪd] *adj* gemästet; *see also* **kill**

fat·ten ['fætən] *vt* ❶ *(feed)* ■**to ~ an animal** ein Tier mästen; ■**to ~ sb** *(hum)* jdn herausfüttern ❷ *(increase)* **to ~ one's profits** seine Profite erhöhen

◆**fatten up** *vt* ■**to ~ up** ⊂ **an animal** ein Tier mästen; ■**to ~ up** ⊂ **sb** *(hum)* jdn herausfüttern

fat·ten·ing ['fætənɪŋ] *adj* **to be ~** dick machen

F

fat·ty ['fæti, AM -t̬ɪ] I. *adj* ❶ (*containing fat*) *food* fetthaltig, fett ❷ (*consisting of fat*) Fett-; ~ **tissue** Fettgewebe *nt* II. *n* (*pej, hum fam*) Dickerchen *nt hum fam*

fat·ty 'acid *n* Fettsäure *f* **fat·ty de·gen·e'ra·tion** *n no pl* Verfettung *f*

fa·tu·ity [fə'tju:əti, AM -'tu:ət̬i] *n no pl* (*form*) Albernheit *f*, Lächerlichkeit *f*

fatu·ous ['fætjuəs, AM -tʃu-] *adj* (*form*) albern, dumm, bescheuert *sl*

fatu·ous·ly ['fætjuəsli, AM -tʃu-] *adv* (*form*) dümmlich

fatu·ous·ness ['fætjuəsnəs, AM -tʃu-] *n no pl* (*form*) Albernheit *f*, Lächerlichkeit *f*

fat·wa ['fætwɑ:] *n* Fetwa *nt*, Rechtsgutachten *nt* (*im Islam*)

fau·cet ['fɑ:sɪt] *n* AM (*tap*) Wasserhahn *m*; **to turn a ~ on/off** einen Wasserhahn auf-/abdrehen

fault [fɔ:lt, AM *also* fɑ:lt] I. *n* ❶ *no pl* (*responsibility*) Schuld *f*; **it's all your ~** das ist ganz allein deine Schuld, nur du bist schuld daran; **it's your own ~** du bist selbst schuld daran; **it's the ~ of the judicial system that cases take so long to come to trial** es liegt am Rechtssystem, dass Fälle so spät zur Verhandlung kommen; **to find ~ with sb/sth** etw an jdm/etw auszusetzen haben; **the ~ lies in sth** es liegt an etw *dat*, etw ist schuld; **the ~ lies with sb/sth** die Schuld liegt bei jdm/etw; **the ~ lay with the organizers** Schuld hatten die Organisatoren; **to be at ~** die Schuld tragen, schuld sein; **through no ~ of sb's own** ohne jds eigenes Verschulden, unverschuldet ❷ (*weakness*) Fehler *m*, Schwäche *f*; **we all have ~s** wir haben alle unsere Fehler; **our electoral system has its ~s** unser Wahlsystem hat seine Schwächen; **she was generous to a ~** sie war zu großzügig; **a ~ in sb's character** jds Charakterfehler *m*; **his/her main ~** seine/ihre größte Schwäche ❸ (*mistake*) Fehler *m* ❹ (*defect*) Fehler *m*, Defekt *m*; **there seems to be a ~ on the line** es scheint eine Störung in der Leitung zu geben; **electrical/technical ~** elektrischer/technischer Defekt, elektrische/technische Störung ❺ GEOL (*rift*) Verwerfung *f* ❻ TENNIS Fehler *m*; **double ~** Doppelfehler *m*; **foot ~** Fußfehler *m*; **to call a ~** einen Fehler anzeigen; **~ called!** Fehler! II. *vt* ■**to ~ sb/sth** [einen] Fehler an jdm/etw finden; **you can't ~ her arguments** gegen ihre Argumente ist nichts einzuwenden; **you can't ~ him on his logic** an seiner Logik ist nichts auszusetzen III. *vi* TENNIS ■**to ~** [on sth] [bei etw *dat*] einen Fehler machen

'fault-find·er *n* ❶ (*person*) Nörgler(in) *m(f) pej* ❷ ELEC Fehlersuchgerät *nt* **'fault-find·ing** I. *n no pl* ❶ (*criticism*) Nörgelei *f pej* ❷ ELEC Fehlersuche *f* II. *adj attr, inv* nörglerisch *pej*

'fault-in·di·ca·tor *n* ELEC Störungsmelder *m*

fault·less ['fɔ:ltləs] *adj* (*approv*) *French, Spanish* fehlerfrei; *performance also* fehlerlos, einwandfrei

fault·less·ly ['fɔ:ltləsli] *adv* fehlerlos, einwandfrei

'fault line *n* ❶ GEOL Verwerfungslinie *f* ❷ (*division*) Streitgegenstand *m*

faulty ['fɔ:lti] *adj* ❶ (*unsound*) fehlerhaft; ~ **logic** falsche Logik ❷ (*defect*) defekt

faun [fɔ:n, AM *esp* fɑ:n] *n* Faun *m*

fau·na ['fɔ:nə, AM *esp* 'fɑ:-] *n no pl, + sing/pl vb* Fauna *f*

faux-fur [ˌfəʊ'fɜ:ʳ, AM ˌfoʊ'fɜr] *n modifier* Webpelz-, aus Webpelz *nach n*; ~ **coat** Webpelz[mantel] *m* **faux pas** <*pl* -> [ˌfəʊ'pɑ:, AM ˌfoʊ'-] *n* Fauxpas *m kein pl*; **to commit** [*or* **make**] **a ~** einen Fauxpas begehen

fave [feɪv] *esp* BRIT *short for* **favourite** I. *adj attr, inv* (*fam*) (*number*) Lieblings- II. *n* (*fam*) ❶ (*most-liked*) *person* Liebling *m* ❷ (*contestant*) Favorit(in) *m(f)* ❸ (*privileged person*) Liebling *m*

fa·vor *n, vt* AM *see* **favour**

fa·vor·able *adj* AM *see* **favourable**

fa·vor·ably *adv* AM *see* **favourably**

fa·vored *adj* AM *see* **favoured**

fa·vor·ite *adj, n* AM *see* **favourite**

fa·vor·it·ism *n no pl* AM *see* **favouritism**

fa·vour ['feɪvəʳ], AM **fa·vor** [-ɚ] I. *n* ❶ *no pl* (*approval*) Befürwortung *f*; **to come down** [*or* **out**] **in ~ of sth** sich *akk* für etw *akk* aussprechen; **to decide in ~ of sth** sich *akk* für etw *akk* entscheiden; **to speak in ~ of sth** für etw *akk* sprechen; **to vote in ~ of sth** für etw *akk* stimmen; ■**to be in ~** dafür sein; **all those in ~, please raise your hands** alle, die dafür sind, heben bitte die Hand; ■**to be in ~ of sth** für etw *akk* sein, etw befürworten ❷ *no pl* (*preference*) Bevorzugung *f*; **to gain** [*or* **win**] **sb's ~** [*or* **~ with sb**] jds Gunst erlangen, jdn für sich *akk* gewinnen; **to show ~ to sb** jdn bevorzugen ❸ *no pl* (*popularity*) Gunst *f*; **to find ~ with sb** bei jdm Gefallen finden; **to return to** [*or* **get back into**] **~** [**with sb**] wieder beliebt werden; **his style has now returned to ~** sein Stil ist jetzt wieder gefragt; **he's trying to get back into ~** er versucht, sich wieder beliebt zu machen; ■**to be in ~** [**with sb**] [bei jdm] hoch im Kurs stehen; **to be/fall** [*or* **go**] **out of ~** *person* in Ungnade sein/fallen; *object* aus der Mode sein/kommen ❹ *no pl* (*advantage*) **to decide in ~ of sth** sich *akk* für etw *akk* entscheiden; **to find in ~ of sb** für jdn entscheiden; **to have sth in one's ~** etw als Vorteil haben; **to reject** [*or* **turn down**] **sb/sth in ~ of sb/sth** jdm/etw gegenüber jdm/etw den Vorzug geben; **to rule in sb's ~** SPORTS für jdn entscheiden; ■**to be in sb's ~** zu jds Gunsten sein; **you must stand a good chance, there are so many things in your ~** du hast sicherlich eine gute Chance, so viele Dinge sprechen für dich; **the wind was in our ~** der Wind war günstig für uns; **bank error in your ~** Bankirrtum zu Ihren Gunsten ❺ (*kind act*) Gefallen *m kein pl*; **I'm not asking for ~s** ich bitte nicht um Gefälligkeiten; **do it as a ~ to me** tu es mir zuliebe; **to ask sb** [**for**] **a ~** [*or* **to ask a ~ of sb**] jdn um einen Gefallen bitten; **to dispense ~s to sb** jdm Gefälligkeiten erweisen; **to do sb a ~** [*or* **a ~ for sb**] jdm einen Gefallen tun; **to not do sb/oneself any ~s** jdm/sich *dat* keinen Gefallen tun; **to grant sb a ~** jdm einen Gefallen tun ❻ AM (*present*) kleines Geschenk; **party ~** kleines Geschenk (*das auf einer Party verteilt wird*) ❼ *pl* (*dated: sex*) ■**~s** Gunst *f veraltet o hum*, Liebesdienste *mpl*; **to be free with one's ~s** freizügig sein, nicht mit seinen Reizen geizen ▸PHRASES: **do me a ~!** *esp* BRIT (*fam*) tu mir einen Gefallen! *fam* II. *vt* ❶ (*prefer*) ■**to ~ sth** etw vorziehen [*o* bevorzugen]; **to ~ an explanation/a theory** für eine Erklärung/eine Theorie sein, eine Erklärung/eine Theorie vertreten ❷ (*approve*) ■**to ~ sth** etw gutheißen; ■**to ~ doing sth** es gutheißen, etw zu tun ❸ (*benefit*) ■**to ~ sb/sth** jdn/etw begünstigen ❹ (*be partial*) ■**to ~ sb** jdn bevorzugen; SPORTS jdn favorisieren; **to ~ one person above the other** eine Person einer anderen vorziehen ❺ (*form: bestow*) ■**to ~ sb with sth** jdm etw huldvoll gewähren *geh*; **he has not yet ~ed me with an explanation** (*iron*) er war noch nicht so gnädig, mir eine Erklärung zu geben ❻ (*look like*) ■**to ~ sb** jdm ähneln; **I ~ my grandmother** ich schlage nach meiner Großmutter

fa·vour·able ['feɪvᵊrəbl̩], AM **fa·vor·able** *adj* ❶ (*approving*) *response* positiv, zustimmend; **to make a ~ impression** [**on sb**] einen sympathischen Eindruck [auf jdn] machen; **to view sth in a ~ light** etw mit Wohlwollen betrachten ❷ (*advantageous*) *circumstances, prognosis* günstig; ■**~ to sb/sth** für jdn/etw günstig, zum Vorteil einer Person/einer S. *gen*

fa·vour·ably ['feɪvᵊrəbli], AM **fa·vor·ably** *adv* ❶ (*approvingly*) positiv, wohlwollend; **to be ~ disposed towards sb** jdm gewogen sein *geh*; **to be ~ inclined** nicht abgeneigt sein ❷ (*pleasingly*) **to compare ~ with sb/sth** im Vergleich zu jdm/etw gut abschneiden; **to impress sb ~** jdn positiv beeindrucken ❸ (*advantageously*) vorteilhaft, günstig; **things didn't turn out ~ for us** die Dinge entwickelten sich nicht in unserem Sinn

fa·voured ['feɪvəd], AM **fa·vored** [-ɚd] *adj* ❶ (*preferred*) bevorzugt ❷ (*privileged*) begünstigt; ~ **customer** Kunde, -in *m, f* mit besonderen Vergünstigungen

fear

expressing fear/anxiety	Befürchtungen/Angst ausdrücken
I've got a bad feeling (about this).	**Ich habe** (da) **ein ungutes Gefühl.**
It doesn't look good.	**Es sieht nicht gut aus.**
I'm expecting the worst.	**Ich rechne mit dem Schlimmsten.**
I'm scared/afraid you will hurt yourself.	**Ich habe Angst, dass** du dich verletzen könntest.
I'm scared/afraid of the dentist.	**Ich habe Angst vorm** Zahnarzt.
I'm worried to death about the exam. (*fam*)	**Ich habe Bammel/Schiss vor** der Prüfung. (*fam*)
These crowds **terrify me.**	Diese Menschenmengen **machen mir Angst.**
This thoughtlessness **frightens me.**	Diese Rücksichtslosigkeit **beängstigt mich.**

expressing concern	Sorge ausdrücken
I am very worried about his health.	Sein Gesundheitszustand **macht mir große Sorgen.**
I am worried about you.	**Ich mache mir Sorgen um** dich.
I'm (**deeply**) **concerned about** the rising unemployment figures.	Die steigenden Arbeitslosenzahlen **beunruhigen mich.**
I'm having sleepless nights worrying about him.	Die Sorge um ihn **bereitet mir schlaflose Nächte.**

fa·vour·ite, AM **fa·vor·ite** ['feɪvᵊrɪt] **I.** *adj attr, inv colour, songs, books etc.* Lieblings-; ~ **son** AM POL *amerikanischer Präsidentschaftskandidat, der beim Nationalkonvent von Delegierten seines Heimatstaates nominiert wird* **II.** *n* ❶ (*best-liked*) *person* Liebling *m;* **Sinatra's been a ~ of mine ever since I was a teenager** schon seit meiner Teenagerzeit ist Sinatra einer meiner Lieblingsstars; *thing;* **which one's your ~ out of these three?** welches von den dreien magst du am liebsten?; **I'd like to play you a particular ~ of mine** ich möchte dir ein Stück vorspielen, das ich besonders gerne mag; ■**to be a ~ with sb** bei jdm sehr beliebt sein ❷ (*contestant*) Favorit(in) *m(f);* **Brazil are ~s to win the World Cup** die Brasilianer haben die größten Aussichten, die Weltmeisterschaft zu gewinnen ❸ (*privileged person*) Liebling *m,* Günstling *m pej*

fa·vour·it·ism, AM **fa·vor·it·ism** ['feɪvᵊrɪtɪzᵊm] *n no pl* (*pej*) Begünstigung *f,* Vetternwirtschaft *f*

fawn¹ [fɔːn, AM *esp* fɑːn] **I.** *n* ❶ (*deer*) Rehkitz *nt,* Hirschkalb *nt* ❷ (*brown*) Rehbraun *nt* **II.** *adj* rehbraun

fawn² [fɔːn, AM *esp* fɑːn] *vi* (*pej*) ■**to ~** [**up**]**on sb** vor jdm katzbuckeln *pej; dog* jdn umschwänzeln; ■**to ~ over sb/sth** um jdn/etw ein Getue machen *pej fam,* jdn/etw hofieren *pej*

fawn·ing ['fɔːnɪŋ, AM *esp* 'fɑːn-] *adj inv* (*pej*) kriecherisch *pej;* ~ **review** schmeichelhafte Rezension

fax [fæks] **I.** *n* ❶ (*machine*) Fax[gerät] *nt;* ■**by ~** per Fax; **to send sth by ~** etw faxen [*o* per Fax senden] ❷ (*document*) Fax *nt* **II.** *vt* ■**to ~** [**sb**] **sth** [*or* **sth to sb**] jdm etw faxen; ■**to ~ sth through** [*or* **over**] **to sb** jdm etw durchfaxen

'fax ma·chine *n* Fax[gerät] *nt* **'fax mo·dem** *n* COMPUT Faxmodem *nt*

faze [feɪz] *vt usu passive esp* AM, AUS (*fam*) ■**to ~ sb** jdn aus der Fassung bringen

FBI [ˌefbiː'aɪ] *n no pl abbrev of* **Federal Bureau of Investigation:** ■**the ~** das FBI

FB'I agent *n* FBI-Agent(in) *m(f)*

FC [ˌef'siː] *n* BRIT *abbrev of* **Football Club** FC *m*

FCC *n* AM *abbrev of* **Federal Communications Commission** Medienkontrollbehörde *f*

FCL [ˌefsiː'el] COMM *abbrev of* **full container load** Vollcontainerladung *f*

FD [ˌef'diː] *n* COMPUT *abbrev of* **floppy disk**

FDA [ˌefdiː'eɪ] *n no pl* AM ■**the ~** *abbrev of* **Food and Drug Administration** *Amt, das für die Zulassung von Lebensmittelzusätzen und Arzneimitteln zuständig ist*

FDD [ˌefdiː'diː] *n* COMPUT *abbrev of* **floppy disk drive** Diskettenlaufwerk *nt*

fe·al·ty ['fiːlti] *n no pl* HIST Lehnstreue *f;* **to swear** [**an oath of**] **~ to sb** jdm Lehnstreue schwören

fear [fɪəʳ, AM fɪr] **I.** *n* ❶ *no pl* (*dread*) Angst *f,* Furcht *f* (**of** vor +*dat*); **to put the ~ of God into sb** jdm einen heiligen Schrecken einjagen; **~ of heights** Höhenangst *f;* **in ~ of one's life** in Todesangst; **in ~ and trembling** zitternd vor Angst; **to go in ~ of sth** in ständiger Angst vor etw *dat* leben; **to have a ~ of sth** vor etw *dat* Angst haben; ■**for ~ of doing sth** aus Angst, etw zu tun; ■**for ~ that** [*or liter* **lest**] **...** aus Angst, dass ...; ■**to be in ~ of sth** vor etw *dat* Angst haben; **he was in ~ of his life** er fürchtete um sein Leben; ■**to do sth out of ~** etw aus Angst tun; *see also* **strike** ❷ (*worry*) Sorge *f kein pl,* Befürchtung *f;* ■**there are ~s that ...** es gibt Befürchtungen, dass ...; **~s for sb's life/safety** Sorge *f* um jds Leben/Sicherheit; **sb's worst ~s** jds schlimmste Befürchtungen ❸ *no pl* (*old: respect*) Ehrfurcht *f;* **~ of God** [*or* **the Lord**] Gottesfurcht *f* ▶ PHRASES: **without ~ or favour** völlig unparteiisch; **no ~!** BRIT, AUS (*fam*) bestimmt nicht!; **there's no** [*or* **isn't any**] **~ of that!** das ist nicht zu befürchten!; **there isn't any ~ of your getting lost** du brauchst keine Angst zu haben, dass du dich verirrst **II.** *vt* ❶ (*dread*) ■**to ~ sb/sth** jdn/etw fürchten; **what do you ~ most?** wovor hast du am meisten Angst?; **to have nothing to ~** nichts zu befürchten haben; ■**to ~ doing/to do sth** Angst davor haben [*o* sich *akk* davor fürchten], etw zu tun ❷ (*form: regret*) ■**to ~** [**that**] ... befürchten, dass ... ❸ (*old: respect*) **to ~ God** Gott fürchten **III.** *vi* ❶ (*form: worry*) ■**to ~ for sb/sth** sich *dat* um etw *akk* Sorgen machen; **to ~ for sb's life/sanity** um jds Leben/Verstand fürchten; **never ~, ~ not** (*dated*) keine Angst ❷ (*liter: be afraid*) sich *akk* fürchten

feared [fɪəd, AM fɪrd] *adj* gefürchtet

fear·ful ['fɪəfᵊl, AM 'fɪr-] *adj* ❶ *pred* (*anxious*) ängstlich; ■**to be ~ of sb/sth** Angst vor jdm/etw haben; **she was ~ of what he might say** sie hatte Angst davor, was er sagen würde; **~ of causing a scene, he said nothing** aus Angst, eine Szene auszulösen, sagte er nichts; ■**to be ~ that ...** Angst haben, dass ... ❷ *usu attr* (*terrible*) *consequences, accident* schrecklich

F

③ *attr* (*dated fam: great*) *argument* furchtbar *fam,* fürchterlich *fam*

fear·ful·ly ['fɪəfəli, AM 'fɪr-] *adv* ① (*anxiously*) ängstlich, angsterfüllt ② (*dated: very*) furchtbar *fam;* **I'm ~ sorry** es tut mir schrecklich leid

fear·ful·ness ['fɪəfəlnəs, AM 'fɪr-] *n no pl* Ängstlichkeit *f*

fear·less ['fɪələs, AM 'fɪr-] *adj* furchtlos; ■**to be ~ of sth** ohne Angst vor etw *dat* sein

fear·less·ly ['fɪələsli, AM 'fɪr-] *adv* furchtlos, unerschrocken

fear·less·ness ['fɪələsnəs, AM 'fɪr-] *n no pl* Furchtlosigkeit *f*

fear·some ['fɪəsəm, AM 'fɪr-] *adj* (*form or hum*) Furcht einflößend, Furcht erregend

fear·some·ly ['fɪəsəmli, AM 'fɪr-] *adv* Furcht erregend

fea·sibil·ity [ˌfi:zə'bɪləti, AM -əṭi] *n no pl* Machbarkeit *f; of plan, project* Durchführbarkeit *f;* **I'm doubtful about the ~ of financing this project with private capital** ich zweifle daran, dass es möglich sein wird, das Projekt mit Privatkapital zu finanzieren

fea·si'bil·ity study *n* Machbarkeitsstudie *f,* Durchführbarkeitsstudie *f,* Projektstudie *f*

fea·sible ['fi:zəbl] *adj* ① (*practicable*) durchführbar; **~ objective** realisierbares Ziel; **financially/politically ~** finanziell/politisch möglich; **technically ~** technisch machbar ② (*possible*) möglich; **it's quite ~ that ...** es ist ziemlich wahrscheinlich, dass ... ③ (*fam: plausible*) glaubhaft

fea·sibly ['fi:zəbli] *adv* durchaus; **he could quite ~ attack someone** es ist sehr gut möglich, dass er jemanden angreift

feast [fi:st] **I.** *n* ① (*meal*) Festmahl *nt,* Festessen *nt* ② (*presentation*) [Hoch]genuss *m;* **a ~ for the ear** ein Ohrenschmaus *m fam;* **a ~ for the eye, a visual ~** eine Augenweide ③ *esp* REL (*holiday*) Feiertag *m;* **the ~ of the Passover** das Passahfest; **the F~ of St James** das Fest des hl. Jakobus; **movable ~** beweglicher Feiertag **II.** *vi* schlemmen; ■**to ~ on** [*or* **off**] **sth** sich *akk* an etw *dat* gütlich tun *geh* **III.** *vt* ■**to ~ sb** jdn festlich bewirten ▸PHRASES: **to ~ one's eyes on sth** sich *akk* am Anblick einer S. *gen* weiden *geh*

'feast day *n esp* REL Feiertag *m*

feast·ing ['fi:stɪŋ] *n no pl* Schlemmerei *f*

feat [fi:t] *n* ① (*brave deed*) Heldentat *f,* Großtat *f;* **heroic ~** Heldentat *f* ② (*skill*) [Meister]leistung *f;* **~ of engineering** technische Großtat; **~ of organization** organisatorische Meisterleistung; **~ of skill** Kunststück *nt;* **to be no mean ~** keine schlechte Leistung sein

feath·er ['feðəʳ, AM -ɚ] **I.** *n* Feder *f;* **an eagle['s]/a peacock['s] ~** eine Adler-/Pfauenfeder; **tail/wing ~** Schwanz-/Schwungfeder *f;* **to ruffle its ~s** seine Federn zersausen ▸PHRASES: **a ~ in sb's cap** etwas, worauf jd stolz sein kann; **in fine ~** (*dated: in good spirits*) in blendender Laune; (*in top form*) in Hochform; **as light as a ~** federleicht; **you could have knocked me down with a ~** (*fam*) ich war total platt *fam* **II.** *n modifier* (*pillow*) Feder- **III.** *vt* **to ~ an oar** SPORTS ein Ruder flach drehen; **to ~ a propeller** AVIAT einen Propeller auf Segelstellung bringen ▸PHRASES: **to ~ one's [own] nest** (*esp pej*) seine Schäfchen ins Trockene bringen *fam*

feath·er·'bed <-dd-> *vt* (*pej*) ■**to ~ sb** jdn protegieren; ■**to ~ sth** etw subventionieren **feath·er·'bed·ding** *n no pl* (*pej*) ① (*subsidization*) Subventionierung *f* ② (*overemployment*) Überbesetzung *f* mit Arbeitskräften **feath·er 'boa** *n* Federboa *f* **'feath·er·brained** *adj* (*fam*) schwachköpfig, schwachsinnig **feath·er 'dust·er** *n* Staubwedel *m*

feath·ered ['feðəd, AM -ɚd] *adj inv* gefiedert; **our ~ friends** (*hum: birds*) unsere gefiederten Freunde

feath·er 'edge *n* scharfe Kante, Falzung *f* **feath·er 'pil·low** *n* Federkissen *nt* **feath·er 'quilt** *n* Federbett *nt* **'feath·er stitch** *n* Hexenstich *m* **'feath·er·weight I.** *n* BOXING Federgewicht *nt* **II.** *n modifier* BOXING Federgewichts- **feath·er·weight 'box·er** *n* Federgewichtler *m*

feath·ery ['feðəri] *adj* (*covered with feathers*) gefiedert; (*like a feather*) fed[e]rig; *cake* locker; **~ leaves** federförmige Blätter; **~ snowflakes** dicke Schneeflocken

fea·ture ['fi:tʃəʳ, AM -ɚ] **I.** *n* ① (*aspect*) Merkmal *nt,* Kennzeichen *nt,* Charakteristikum *nt;* **key ~** Hauptmerkmal *nt;* **the best ~ of sb/sth** das Beste an jdm/etw; **distinguishing ~** besonderes Merkmal, Unterscheidungsmerkmal *nt;* **redeeming ~** ausgleichendes Moment, Lichtblick *m;* **regular ~** fester Bestandteil; **the worst ~ of sb/sth** die negativste Eigenschaft einer Person/einer S. *gen;* **to make a ~ of sth** (*in room*) etw zu einem Blickfang machen; (*event*) etw zu einer Attraktion machen ② (*equipment*) Ausrüstung *f;* **special ~** Besonderheit *f;* (*in a car*) Extra *nt;* **standard ~** serienmäßiges Zubehörteil ③ *usu pl* (*land*) Besonderheit *f;* **landscape ~** landschaftliche Besonderheit ④ (*of face*) ■**~s** *pl* Gesichtszüge *mpl;* **to have regular/strong ~s** regelmäßige/ausgeprägte Gesichtszüge haben ⑤ (*report*) Sonderbeitrag *m* (**on** *+gen*) ⑥ (*film*) Spielfilm *m;* **double ~** zwei Spielfilme in einem; **main ~** Hauptfilm *m* **II.** *vt* ① (*show*) ■**to ~ sth** etw aufweisen; **the new model ~s air-conditioning as standard** das neue Modell ist serienmäßig mit einer Klimaanlage ausgestattet ② (*star*) ■**to ~ sb** jdn in der Hauptrolle zeigen; **featuring Humphrey Bogart** mit Humphrey Bogart in der Hauptrolle ③ (*exhibit*) ■**to ~ sth** etw groß herausbringen; *in an exhibition* etw ausstellen [*o* zeigen] ④ (*report*) ■**to ~ sth** über etw *akk* groß berichten ⑤ (*advertise*) **to ~ a product** für ein Produkt besonders werben **III.** *vi* ① (*appear*) ■**to ~ somewhere** irgendwo erscheinen [*o* vorkommen]; **a good salary ~s high on the list of things she wants from a job** ein gutes Gehalt steht ganz oben auf der Liste der Dinge, die sie von einer Stelle erwartet; ■**to ~ in sth** *in one's plans* in etw *dat* vorkommen ② (*act*) **to ~ in a film** in einem Film [mit]spielen

'fea·ture ar·ti·cle *n* Feature *nt,* Sonderbeitrag *m* **'fea·ture film** *n* Spielfilm *m* **'fea·ture-length** *adj inv* mit [*o* von] Spielfilmlänge *nach n*

fea·ture·less ['fi:tʃələs, AM -ɚ-] *adj* ① *land* ohne Besonderheiten *nach n* ② (*dull*) nichts sagend; **to be pretty ~** ziemlich nichts sagend sein

'fea·ture pres·en·ta·tion *n* AM FILM Spielfilm *m* **'fea·ture writ·er** *n* Feuilletonist(in) *m(f)*

Feb *n abbrev of* **February** Febr.

fe·brile ['fi:braɪl, AM 'febrɪl, fi:brɪl] *adj* (*liter*) *intensity* fiebrig

Feb·ru·ary ['februəri, AM -ru:eri] **I.** *n* Februar *m,* Feber *m* ÖSTERR; **at the beginning of** [*or* **in early**] **~** Anfang Februar; **at the end of** [*or* **in late**] **~** Ende Februar; **in the middle of ~, in mid-~** Mitte Februar; **in the first/second** [*or* **latter**] **half of ~** in der ersten/zweiten Februarhälfte; **during the course of ~** im Laufe des Februars [*o* des Monats Februar]; **for the whole of ~** den ganzen Februar über; **every ~** jeden Februar; **last/next/this ~** vergangenen [*o* letzten]/kommenden [*o* nächsten]/diesen Februar; **to be ~** Februar sein [*o* haben]; **it's ~ already** wir haben [*o* es ist] schon Februar; **to be in/schedule for ~** in den Februar fallen/legen; **in/during [the month of] ~** im [Monat] Februar; **until [well] into ~** bis in den Februar hinein; **on ~ 14** [*or* BRIT *a.* **~ 14th**] am 14. Februar; **on Friday, ~ 14** am Freitag, dem [*o* den] 14. Februar; **Michael's birthday is on ~ 22** Michael hat am 22. Februar Geburtstag; **Hamburg, ~ 14, 2000** Hamburg, den 14. Februar 2000; **to fall on/to schedule for ~ 14** auf den 14. Februar fallen/legen **II.** *n modifier* **the ~ issue** *magazine* die Februarausgabe

fe·cal *adj inv* AM *see* **faecal**

fe·ces *npl* AM *see* **faeces**

feck·less ['fekləs] *adj* (*form*) ① (*idle*) nutzlos; *person* nichtsnutzig ② (*careless*) verantwortungslos

fe·cund ['fekənd, AM *esp* 'fi:-] *adj* (*form*) *earth, animal* fruchtbar; (*fig*) **~ imagination** lebhafte Fantasie

fe·cund·ity [fɪ'kʌndəti, AM -əṭi] *n no pl* (*form*) Fruchtbarkeit *f*

Fed [fed] *n* AM (*fam*) ① (*federal police*) FBI-Agent(in) *m(f)* ② (*bank*) ■**the ~** der Zentralbankrat

fed [fed] *pt, pp of* **feed**

fed·er·al ['fedᵊrᵊl, AM -ɚᵊl] *adj inv* ❶ (*of independent states*) föderativ; ~ **republic/state** Bundesrepublik *f*/-staat *m;* **the F~ Republic of Germany** die Bundesrepublik Deutschland; ~ **system** föderalistisches System ❷ (*of central government*) Bundes-, bundesstaatlich; **at ~ level** auf Bundesebene

fed·er·al·ism ['fedᵊrᵊlɪzᵊm, AM -ɚᵊl-] *n no pl* Föderalismus *m*

fed·er·al·ist ['fedᵊrᵊlɪst, AM -ɚᵊl-] **I.** *n* Föderalist(in) *m(f)* **II.** *adj* föderalistisch

fed·er·alize ['fedᵊrᵊlaɪz, AM -ɚəl-] *vt* ■**to ~ sth** ❶ (*unite*) *states* etw zu einer Föderation [*o* einem Staatenbund] zusammenschließen ❷ (*control*) *states* etw unter bundesstaatliche Kontrolle bringen

Fed·er·al 'Re·serve Bank *n* AM Bundeszentralbank *f* **Fed·er·al 'Re·serve Board** *n* AM Zentralbankrat *m* **Fed·er·al Re·serve 'Sys·tem** *n* AM Zentralbankensystem *nt*

fed·er·ate ['fedᵊreɪt, AM -əreɪt] **I.** *vt* ■**to ~ sth** *states* etw zu einer Föderation [*o* einem Staatenbund] zusammenschließen **II.** *vi* sich *akk* zu einem Staatenbund zusammenschließen

fed·era·tion [ˌfedᵊr'eɪʃᵊn, AM -ə'reɪ-] *n* ❶ (*group*) Föderation *f,* Bundesstaat *m* ❷ *no pl* (*uniting*) Föderation *f,* politischer Zusammenschluss

FedEx® ['fedeks] *vt* ■**to ~ sth** etw mit Boten verschicken

fe·do·ra [fɪ'dɔːrə, AM fə'-] *n* Filzhut *m*

'fed up *adj pred* (*fam*) ■**to be ~ up** ❶ (*angry*) sauer sein *fam;* ■**to be ~ up about sth** wegen einer S. *gen* sauer sein *fam;* ■**to be ~ up with sb/sth** von jdm/etw die Nase voll haben *fam,* jdn/etw satthaben *fam;* **I'm ~ up with being treated as a child** ich habe es satt, wie ein Kind behandelt zu werden ❷ (*disappointed*) enttäuscht sein ❸ (*bored*) sich *akk* langweilen ▶ PHRASES: **to be ~ up to the [back] teeth with sb/sth** *esp* BRIT, AUS jdn/etw gründlich satthaben *fam*

fee [fiː] *n* ❶ (*charge*) Gebühr *f;* **director's ~s** Verwaltungsratsbezüge *pl;* **doctor's/lawyer's ~** Arzt-/Rechtsanwaltshonorar *nt;* **member ~** Mitgliedsbeitrag *m;* **school ~s** Schulgeld *nt;* **tuition ~s** Studiengebühren *fpl;* **legal/medical ~s** Rechts-/Arztkosten *pl;* **to charge/receive a ~ for sth** für etw *akk* eine Gebühr berechnen/einziehen ❷ *no pl* LAW Eigentumsrecht *nt;* **estate in ~ [simple]** unbeschränkt vererbbarer Grundbesitz

fee·ble <-r, -st> ['fiːbl̩] *adj* ❶ (*weak*) schwach; ~ **light** schwaches Licht; **old and ~** alt und gebrechlich ❷ (*bad*) *joke, excuse* lahm; ~ **attempt** müder Versuch; ~ **performance** schwache Vorstellung

fee·ble-'mind·ed *adj* ❶ (*retarded*) geistig zurückgeblieben ❷ (*stupid*) schwachsinnig *pej fam*

fee·ble·ness ['fiːbl̩nəs] *n no pl* ❶ (*weakness*) Schwäche *f* ❷ (*badness*) Schwäche *f pej,* Kläglichkeit *f pej;* **the ~ of her attempts** ihre müden Versuche

fee·bly ['fiːbli] *adv* ❶ (*weakly*) schwach ❷ (*badly*) schwach *pej*

feed [fiːd] **I.** *n* ❶ *no pl* (*fodder*) Futter *nt;* **cattle ~** Viehfutter *nt;* **to be off its ~** die Nahrungsaufnahme verweigern; *animal* nicht fressen wollen ❷ (*meal*) *for baby* Mahlzeit *f; for animals* Fütterung *f;* **the baby had a ~ an hour ago** das Baby ist vor einer Stunde gefüttert worden ❸ TECH (*supply*) Zufuhr *f;* **paper/petrol ~** Papier-/Benzinzufuhr *f* **II.** *vt* <fed, fed> ❶ (*give food to*) ■**to ~ sb** jdm zu essen geben; **the baby's old enough now to ~ herself** das Baby ist jetzt alt genug, allein zu essen; **to ~ an animal** ein Tier füttern; **to ~ a baby** ein Baby füttern; (*breast-feed*) ein Baby stillen; (*with bottle*) einem Baby die Flasche geben; **to ~ a plant** eine Pflanze düngen; ■**to ~ sb sth** jdm etw zu essen geben; ■**to ~ an animal sth** einem Tier etw zu fressen geben; ■**to ~ an animal on sth** ein Tier mit etw *dat* füttern, einem Tier etw zu fressen geben; ■**to ~ sth to an animal** etw an ein Tier verfüttern; ■**to ~ an animal with sth** ein Tier mit etw *dat* füttern ❷ (*provide food for*) ■**to ~ sb** jdn satt machen; (*support*) *a family* jdn ernähren; **this amount of pasta is not going to ~ ten people** diese Menge Nudeln reicht nicht für zehn Personen; **to ~ hungry mouths** hungrige Mäuler stopfen ❸ (*supply*) **the river is fed by several smaller streams** der Fluss wird von einigen kleineren Flüssen gespeist; ~ **the vegetables into the machine** füllen Sie das Gemüse in das Gerät ein; **to ~ data into a computer** Daten in einen Computer eingeben ❹ (*thread*) ■**to ~ sth somewhere** etw irgendwohin führen; **to ~ a rope through sth** ein Seil durch etw *akk* fädeln ❺ (*stoke*) **to ~ the fire/furnace** das Feuer/den Ofen schüren ❻ (*fam: insert coins*) **to ~ a parking meter/slot machine** Münzen in eine Parkuhr/einen Spielautomaten einwerfen ❼ (*give*) ■**to ~ sth to sb** [*or* **sb sth**] jdn mit etw *dat* versorgen; **I think they've been ~ing us false information** ich glaube, man hat uns falsche Informationen gegeben ❽ THEAT **to ~ sb a line** jdm ein Stichwort geben ❾ SPORTS ■**to ~ sb** jdm [den Ball] zuspielen ▶ PHRASES: **to ~ sb a line** (*fam*) jdm einen Bären aufbinden; **to be fed to the lions** den Löwen zum Fraß vorgeworfen werden **III.** *vi* <fed, fed> ❶ (*eat*) *animal* weiden; *baby* gefüttert werden ❷ (*enter*) ■**to ~ into sth** *a river* in etw *akk* münden

◆**feed off, feed on** *vi* ❶ (*eat*) ■**to ~ on** [*or* **off**] **sth** sich *akk* von etw *dat* ernähren ❷ (*fig: increase*) ■**to ~ on** [*or* **off**] **sth** von etw *dat* genährt werden

◆**feed up** *vt* ■**to ~ up** ↻ **sb** jdn aufpäppeln *fam;* ■**to ~ up** ↻ **an animal** ein Tier mästen

'feed·back *n no pl* ❶ (*opinion*) Feedback *nt* (**from** von +*dat*), Rückmeldung *f* (**from** von +*dat*); **positive/negative ~** positives/negatives Feedback ❷ (*return*) Rückkopplung *f* (**from** an +*akk*) **'feed·bag** *n* AM (*nosebag*) Futtersack *m*

feed·er ['fiːdəʳ, AM -ɚ] *n* ❶ (*eater*) Esser(in) *m(f);* **to be a fussy/messy/noisy ~** beim Essen heikel sein/kleckern/schmatzen ❷ BRIT (*bib*) Babylätzchen *nt* ❸ (*device*) Zuführapparat *m;* ELEC Versorgungsleitung *f,* Zuleitung *f;* COMPUT automatische Papierzuführung ❹ (*river*) Zufluss *m*

'feed·er line *n* ❶ RAIL Zubringerstrecke *f* ❷ AVIAT Zubringerlinie *f* **'feed·er road** *n* Zubringerstraße *f* **'feed·er school** *n* BRIT *Grundschule, von der eine höhere Schule ihre Schüler bekommt*

'feed·ing bot·tle *n* Fläschchen *nt* **'feed·ing fren·zy** *n* Futterstreit *m* **'feed·ing ground** *n* Fressplatz *m* **'feed·ing time** *n* Fütterungszeit *f* ▶ PHRASES: **to be like ~ at the zoo** wie im Irrenhaus zugehen *fam*

feel [fiːl] **I.** *vt* <felt, felt> ❶ (*experience*) ■**to ~ sth** etw fühlen; **she felt a tingling sensation in her finger** sie spürte ein Kribbeln im Finger; **what do you ~ about the new arrangement?** was hältst du von der neuen Regelung?; **by midday we'd really begun to ~ the heat** ab Mittag litten wir richtig unter der Hitze; **she ~s the cold rather more than most people** sie ist bedeutend kälteempfindlicher als die meisten Menschen; **to ~ anger/jealousy** wütend/eifersüchtig sein; **to ~ it in one's bones [that ...]** es im Gefühl haben[, dass ...]; **to ~ joy** sich *akk* freuen; **to ~ nothing for sb** für jdn nichts empfinden; **do you still ~ anything for Robert?** hast du noch etwas für Robert übrig? ❷ (*think, believe*) ■**to ~ sth** etw meinen [*o* glauben]; **to ~ that ...** der Meinung sein, dass ...; **to ~ it appropriate/necessary/right to do sth** es für angebracht/notwendig/richtig halten, etw zu tun ❸ (*touch*) ■**to ~ sth** etw fühlen; **I felt her forehead** ich fühlte ihre Stirn; **I had to ~ my way along the wall** ich musste mich die Wand entlangtasten; (*fig*) **they're ~ing their way towards a solution** sie tasten sich an eine Lösung heran **II.** *vi* <felt, felt> ❶ + *adj/n* (*have a sensation or emotion*) **perhaps you ~ more your old self again after a good holiday** vielleicht bist du nach einem richtigen Urlaub wieder ganz der Alte; **my mouth ~s very dry** mein Mund fühlt sich ganz trocken an; **my eyes ~ really sore with all this smoke** meine Augen brennen richtig von all diesem Rauch; ~ **free to help yourself to some more coffee** schenken Sie sich ruhig noch Kaffee nach; ~ **free to call again any time you like** du kannst gern jederzeit wieder anrufen; **it ~s awful to tell you this** ich fühle mich ganz schrecklich dabei, dir das zu sagen; **we shouldn't be doing this, it ~s all wrong somehow** wir sollten das nicht tun, ich habe ein ganz schlechtes Gefühl dabei; **how do you ~ about that decision?** was sagst du zu dieser Entscheidung?; (*fam*) **she felt as if she were young again** sie hatte das Gefühl, wieder jung zu sein; **how does it ~ to be world champion?** wie fühlt man sich als Weltmeister?; **I ~ like nothing on earth this morning** ich fühle mich heute hundeelend; **what does it ~ like?** was für ein Gefühl ist das?; **to ~ one's age** sein Alter spüren; **to ~ angry/glad/sad** wütend/froh/traurig sein; **to ~ better/ill/well** sich *akk* besser/krank/wohl fühlen; **to ~ certain** [*or* **convinced**] [*or* **sure**] sich *dat* sicher sein; **to ~ foolish/an idiot** sich *dat* dumm/wie ein Idiot vorkommen; **you made me ~ a real idiot** du hast mir das Gefühl gegeben, ein richtiger Idiot zu sein; **to ~ good/bad** sich *akk* gut/schlecht fühlen; **sb ~s hot/cold** jdm ist heiß/kalt; **sb ~s hungry/thirsty** jd ist hungrig/durstig; **to ~ safe** sich *akk* sicher fühlen; ■**to ~ for sb** mit jdm fühlen ❷ + *adj* (*seem*) scheinen; **the bag felt heavy** die Tasche kam mir schwer vor; **how do the shoes ~?** was für ein Gefühl hast du in den Schuhen? ❸ (*use hands to search*) tasten; **to ~ along sth** etw abtasten; ■**to ~ for sth** nach etw *dat* tasten ❹ (*fam: want*) ■**to ~ like sth** zu etw *dat* Lust haben; ■**to ~ like doing sth** Lust haben, etw zu tun **III.** *n* ❶ *no pl* (*texture*) **I can't stand the ~ of wool** ich hasse das Gefühl von Wolle [auf der Haut]; **you can recognize high-quality leather simply by the ~ of it** hochwertiges Leder können Sie schon beim Anfassen erkennen; **the material has a nice ~ to it** das Material fühlt sich gut an ❷ *no pl* (*act of touching*) Berühren *nt,* Anfassen *nt;* **she had a ~ around in the bottom of the trunk** sie tastete den Boden der Truhe ab; (*fam*) **she let me have a ~** ich durfte sie berühren ❸ *no pl* (*character, atmosphere*) Ambiente *nt,* Flair *nt;* **a ~ of mystery** eine geheimnisvolle Atmosphäre ❹ *no pl* (*natural talent*) Gespür *nt;* **to have a ~ for sth** ein Gespür für etw *akk* haben; **to get the ~ of sth** ein Gespür für etw *akk* bekommen

◆**feel out** *vt* (*fam*) ■**to ~ sb** ↻ **out** jdn aushorchen

◆**feel up I.** *vt* (*fam*) ■**to ~ sb up** jdn begrapschen *pej fam* **II.** *vi* ■**to ~ up to sth** sich *akk* einer S. *dat* gewachsen fühlen; ■**to ~ up to doing sth** Lust haben, etw zu tun

feel·er [ˈfiːləʳ, AM -ɚ] *n usu pl* Fühler *m* ▶ PHRASES: **to put out ~s** seine Fühler ausstrecken

'feel·er gauge *n* TECH Fühlerlehre *f*

'feel·good *adj attr, inv* ein Wohlgefühl erzeugend; **a ~ movie** ein Film *m,* der gute Laune macht **'feel·good fac·tor** *n* Faktor *m* des allgemeinen Wohlbefindens

feel·ing [ˈfiːlɪŋ] *n* ❶ (*emotion*) Gefühl *nt;* ■**sb's ~s for sb** jds Gefühle für jdn; **I wanted to spare his ~s** ich wollte ihn nicht kränken; **no hard ~s!** (*don't be angry*) nicht böse sein!; (*no offence meant*) nichts für ungut!; **mixed ~s** gemischte Gefühle; **I have mixed ~s about letting her go on her own** es ist mir nicht ganz wohl dabei, wenn ich sie allein gehen lasse; **to hurt sb's ~s** jds Gefühle verletzen ❷ (*sensation*) Gefühl *nt* (**of** +*gen*/von +*dat*); **dizzy ~** Schwindelgefühl *nt;* **to have a ~ of sth** etw verspüren; **I had a ~ of sheer elation** ich war einfach begeistert; **when he died, I had this enormous ~ of loss** als er starb, fehlte er mir so sehr ❸ (*reaction*) Gefühl *nt;* **bad ~** [*or* AM **~s**] böses Blut; **to cause bad ~** [*or* AM **~s**] böses Blut verursachen ❹ (*impression*) Gefühl *nt,* Eindruck *m;* **it's just a ~** es ist nur so ein Gefühl; **I got the ~ that I wasn't welcome** ich hatte den Eindruck, nicht willkommen zu sein; **to have the distinct/strong ~ that ...** das bestimmte/starke Gefühl haben, dass ... ❺ (*opinion*) Meinung *f,* Ansicht *f* (**about/on** über +*akk*); **what are your ~s about the present crisis?** wie denken Sie über die derzeitige Krise?; **to have strong ~s about sth** strenge Ansichten über etw *akk* haben ❻ *no pl* (*passion*) Gefühl *nt,* Emotion *f;* **with ~** gefühlvoll; **one more, please, with ~** bitte noch einmal, mit Gefühl ❼ *no pl* (*touch*) Gefühl *nt;* **to lose the ~ in one's arm/leg** das Gefühl in seinem Arm/Bein verlieren ❽ *no pl* (*atmosphere*) Stimmung *f;* **~ of tension** angespannte Stimmung; **welcoming ~** einladende Atmosphäre ❾ *no pl* (*talent*) ■**to get/have a ~ for sth** für etw *akk* ein Gespür bekommen/haben; **~ for language** Sprachgefühl *nt* ❿ *no pl* (*character*) Ambiente *nt,* Flair *nt*

feel·ing·ly [ˈfiːlɪŋli] *adv* mitfühlend

'fee-pay·ing *adj inv* BRIT, AUS gebührenpflichtig; **~ school** Privatschule *f*

feet [fiːt] *n pl of* **foot**

feign [feɪn] *vt* ■**to ~ sth** etw vortäuschen; ■**to ~ that ...** vortäuschen, dass ...

feigned [feɪnd] *adj inv* vorgetäuscht; **~ indifference** gespielte Gleichgültigkeit

feint [feɪnt] SPORTS **I.** *vi* täuschen, fintieren *fachspr;* **Callas ~ed to pass the ball** Callas täuschte an, den Ball zuzuspielen; **to ~ left/right** links/rechts antäuschen **II.** *vt* ■**to ~ sth** etw antäuschen **III.** *n* Finte *f,* Täuschungsmanöver *nt;* **to make a ~** ein Täuschungsmanöver machen

feisty [ˈfaɪsti] *adj* ❶ (*active*) *person* resolut, entschlossen ❷ (*aggressive*) lebhaft

fela·fel [fəˈlɑːfᵊl] *n* FOOD Falafel *f*

feld·spar [ˈfeldspɑːʳ, AM -spɑːr] *n no pl* Feldspat *m*

fe·lici·ta·tions [fɪˌlɪsɪˈteɪʃᵊnz] *npl* (*hum*) Glückwünsche *mpl* (**on** zu +*dat*)

fe·lici·tous [fɪˈlɪsɪtəs, AM -t̬əs] *adj* (*liter, form*) ❶ (*pleasing*) glücklich; **~ choice** glückliche Wahl ❷ (*suited*) *description, phrase* treffend

fe·lici·tous·ly [fɪˈlɪsɪtəsli, AM -t̬əs-] *adv* (*liter, form*) treffend

fe·lic·ity [fɪˈlɪsəti, AM -ət̬i] *n* (*liter, form*) ❶ *no pl* (*fortune*) Glückseligkeit *f;* **dubious ~** zweifelhaftes Glück ❷ (*phrase*) sprachlicher Glücksgriff, treffender Ausdruck ❸ *no pl* (*suitability*) Trefflichkeit *f* ❹ *no pl* (*ability*) Fähigkeit *f* sich treffend auszudrücken; **linguistic ~** Sprachgewandtheit *f*

fe·line [ˈfiːlaɪn] **I.** *adj* ❶ (*of cat family*) *species* Katzen-; **our ~ friends** (*hum*) unsere Freunde, die Katzen ❷ (*approv: catlike*) katzenartig; **~ eyes** Katzenaugen *ntpl* **II.** *n* ZOOL (*form*) Katze *f*

fell¹ [fel] *pt of* **fall**

fell² [fel] **I.** *vt* ❶ (*cut down*) ■**to ~ sth** etw fällen ❷ (*knock down*) ■**to ~ sb** jdn niederstrecken **II.** *n* ❶ NBRIT, SCOT (*land*) Hochmoor *nt* (*in Nordengland und Schottland*) ❷ (*old: skin*) Fell *nt* **III.** *adj* (*old: evil*) fürchterlich ▶ PHRASES: **at** [*or* **in**] [*or* **with**] **one ~ swoop** auf einen Streich

fel·la [ˈfelə] *n* (*fam*) Typ *m sl; see also* **fellow I. 1, 2**

fel·late [felˈeɪt] *vt* ■**to ~ sb** jdn fellationieren *geh*

fel·la·tio [fəˈleɪʃiəʊ, AM -oʊ] *n no pl* Fellatio *f*

fel·ler [ˈfeləʳ, AM -ɚ] *n* (*fam*) Typ *m sl; see also* **fellow I. 1, 2**

fel·low [ˈfeləʊ, AM -oʊ] **I.** *n* ❶ (*fam: man*) Kerl *m fam;* **he's not the sort of ~ who makes friends easily** er ist nicht der Typ, der sich leicht mit jdm anfreundet; **old ~** *esp* BRIT (*dated*) alter Knabe *fam* ❷ (*fam: boyfriend*) Freund *m,* Typ *m* ❸ BRIT (*scholar*) Fellow *m,* Mitglied *nt* eines College ❹ (*award-holder*) Fellow *m;* **research ~** Forschungsstipendiat(in) *m(f)* ❺ (*expert*) Fellow *m,* Mitglied *nt* ❻ *usu pl* (*colleague*) Kollege, -in *m, f* ❼ *usu pl* (*contemporary*) Zeitgenosse, -in *m, f,* Mitmensch *m* **II.** *adj attr, inv* **~ being/citizen** Mitmensch *m*/Mitbürger(in) *m(f);* **~ countryman** Landsmann *m,* Landsmännin *f;* **~ countrymen** Landsleute *pl;* **~ student** Kommilitone, -in *m, f;* **~ sufferer** Leidensgenosse, -in *m, f;* **~ worker** Arbeitskollege, -in *m, f*

fel·low 'feel·ing *n* Zusammengehörigkeitsgefühl *nt,* Gefühl *nt* der Verbundenheit **fel·low 'men** *npl* Mitmenschen *pl*

fel·low·ship [ˈfelə(ʊ)ʃɪp, AM -oʊ-] *n* ❶ (*group*) Gesellschaft *f* ❷ *no pl* (*dated: comradeship*) Kameradschaft *f* ❸ (*studentship*) Fellowship *f* ❹ (*award*) Stipendium *nt;* **research ~** Forschungsstipendium *nt* ❺ (*membership*) Mitgliedschaft *f*

fel·low 'trav·el·ler, AM *usu* **fel·low 'trav·el·er** *n* ❶ (*traveller*)

Mitreisende(r) *f(m)* ❷ (*supporter*) Mitläufer(in) *m(f) pej,* Sympathisant(in) *m(f)*

fel·on ['felən] *n* LAW [Schwer]verbrecher(in) *m(f)*

fe·lo·ni·ous [fə'ləʊniəs, AM -'loʊ-] *adj* (*old*) verbrecherisch

felo·ny ['feləni] *n esp* AM [Schwer]verbrechen *nt,* schweres Verbrechen; ~ **charge** Anklage *f* wegen eines Schwerverbrechens

fel·spar ['felspɑːʳ, AM -spɑːr] *n no pl* Feldspat *m*

felt[1] [felt] *pt, pp of* **feel**

felt[2] [felt] **I.** *n no pl* Filz *m* **II.** *n modifier* (*hat*) Filz-

'felt-tip *n,* **felt-tip 'pen** *n* Filzstift *m*

fem [fem] *adj* ❶ (*sex*) *abbrev of* **female** weibl. ❷ LING *abbrev of* **feminine** fem.

fe·male ['fiːmeɪl] **I.** *adj inv* ❶ (*sex*) weiblich ❷ TECH Innen-; ~ **connector** [Stecker]buchse *f;* ~ **part** hohles Gegenstück **II.** *n* ❶ (*animal*) Weibchen *nt* ❷ (*woman*) Frau *f;* (*pej!*) Weibsstück *nt pej fam*

fe·male geni·tal mu·ti·'la·tion *n* weibliche Beschneidung

fe·male·ness ['fiːmeɪlnəs] *n no pl* Weiblichkeit *f*

fe·male 'suf·frage *n no pl* Frauenstimmrecht *nt*

femi·dom® ['femɪdɒm] *n* BRIT (*condom*) Femidom *nt*

femi·nazi [ˌfemɪ'nɑːzi] *n* aggressive Feministin

femi·nine ['femɪnɪn] **I.** *adj* ❶ (*pretty*) feminin ❷ (*of women*) *company* weiblich; ~ **hygiene** Damenhygiene *f* ❸ *inv* LING feminin **II.** *n* Femininum *nt;* **in the** ~ in der femininen Form

femi·nine 'rhyme *n* LIT weiblicher [*o* klingender] Reim

femi·nin·ity [ˌfemɪ'nɪnəti, AM -əṭi] *n no pl* Weiblichkeit *f*

femi·nism ['femɪnɪzᵊm] *n no pl* Feminismus *m*

femi·nist ['femɪnɪst] **I.** *n* Feminist(in) *m(f)* **II.** *adj inv movement, literature, issues* feministisch

femi·ni·za·tion [ˌfemɪnaɪ'zeɪʃᵊn, AM -nɪ'-] *n no pl* Feminierung *f*

femi·nize ['femɪnaɪz] *vt* ■**to** ~ **sth** etw verweiblichen [*o* weiblich[er] machen]

femme fa·tale <*pl* femmes fatales> [ˌfæmfə'tɑːl, AM ˌfemfə'tæl] *n* Femme fatale *f*

femo·ra ['femᵊrə, fiː, AM 'fem-] *n* ANAT *pl of* **femur**

fe·mur <*pl* -s *or* -mora> ['fiːməʳ, *pl* 'femᵊrə, 'fiː, AM -ɚ, *pl* -mɚə] *n* ANAT Oberschenkelknochen *m,* Femur *m fachspr*

fen [fen] *n* BRIT Sumpfland *nt;* **the F~s** *die Niederungen in East Anglia*

fence [fen(t)s] **I.** *n* ❶ (*barrier*) Zaun *m;* **to put up a** ~ einen Zaun errichten ❷ (*in horse race*) Hindernis *nt* ❸ (*dated sl: criminal*) Hehler(in) *m(f)* ▶ PHRASES: **to come off the** ~ Partei ergreifen; **to mend** [**one's**] ~**s** [**with sb**] seine Beziehungen [zu jdm] in Ordnung bringen; **to sit** [*or* **be**] **on the** ~ neutral bleiben **II.** *vi* ❶ (*fight*) fechten; ■**to** ~ **with sb** mit jdm fechten ❷ (*form: evade*) ausweichen, Ausflüchte machen; ■**to** ~ **with sb** jdm ausweichend antworten **III.** *vt* ■**to** ~ **sth** etw einzäunen

◆**fence in** *vt* ❶ (*enclose*) ■**to** ~ **in** ↔ **sth** etw einzäunen ❷ (*pej: limit*) ■**to** ~ **sb** ↔ **in** jdn einschränken

◆**fence off** *vt* ■**to** ~ **off** ↔ **sth** etw absperren

'fence post *n* Zaunpfahl *m*

fenc·er ['fen(t)səʳ, AM -ɚ] *n* Fechter(in) *m(f)*

fenc·ing ['fen(t)sɪŋ] **I.** *n no pl* ❶ SPORTS Fechten *nt* ❷ (*barrier*) Einzäunung *f* ❸ (*materials*) Einzäunungsmaterial *nt* **II.** *n modifier* (*foil, mask, tournament*) Fecht-

fend [fend] **I.** *vi* (*care*) ■**to** ~ **for oneself** für sich *akk* selbst sorgen **II.** *vt* ❶ (*defend*) ■**to** ~ **off sb/sth** jdn/etw wegstoßen; **to** ~ **off attackers/a blow** Angreifer/einen Schlag abwehren ❷ (*evade*) **to** ~ **off criticism** Kritik zurückweisen; **to** ~ **off a question** einer Frage ausweichen

fend·er ['fendəʳ, AM -ɚ] *n* ❶ (*frame*) Kamingitter *nt* ❷ AM (*wing*) Kotflügel *m* ❸ NAUT Fender *m fachspr*

'fend·er bend·er *n* AM (*fam*) Unfall *m* mit Blechschaden

Feng Shui [ˌfeŋ'ʃuːi, AM ˌfʌŋ'ʃweɪ] **I.** *n* Fengshui [*o* Feng-Shui] *nt* (*chinesische Kunst der harmonischen Lebens- und Wohnraumgestaltung*) **II.** *n modifier* Feng-Shui-

fen·nel ['fenᵊl] *n no pl* Fenchel *m*

fenu·greek ['fenjʊgriːk, AM -juː-] *n no pl* Bockshornklee *m*

feoff [fiːf] *n* LAW *see* **fief**

fe·ral ['ferᵊl] *adj inv animals* wild [geworden], ungezähmt

fer·ment I. *vt* [fə'ment, AM fɚ'-] ■**to** ~ **sth** ❶ (*change*) etw fermentieren ❷ (*form: rouse*) etw anzetteln; **to** ~ **rebellion** den Aufstand schüren **II.** *vi* [fə'ment, AM fɚ'-] ❶ (*change*) gären ❷ (*form: develop*) gären **III.** *n* ['fɜːment, AM 'fɜːr-] *no pl* (*form*) Erregung *f,* Unruhe *f*

fer·men·ta·tion [ˌfɜːmen'teɪʃᵊn, AM ˌfɜːr-] *n no pl* Gärung *f*

fern [fɜːn, AM fɜːrn] *n* Farn *m*

fe·ro·cious [fə'rəʊʃəs, AM -'roʊ-] *adj dog, headache* wild; ~ **argument** heftige Auseinandersetzung; ~ **battle** [*or* **fighting**] heftiger Kampf; ~ **competition** harter Wettbewerb; ~ **criticism** scharfe Kritik; ~ **heat** brütende Hitze; ~ **temper** hitziges Temperament

fe·ro·cious·ly [fə'rəʊʃəsli, AM -'roʊ-] *adv* ❶ (*fiercely*) wild; **to criticize sb/sth** ~ jdn/etw heftig kritisieren; **to defend sb/sth** ~ jdn/etw erbittert verteidigen; **to snarl** ~ grimmig fauchen ❷ *esp* BRIT (*hum: fast*) wie wild *fam*

fe·ro·cious·ness [fə'rəʊʃəsnəs, AM -'roʊ-] *n,* **fe·roc·ity** [fə'rɒsəti, AM -'rɑːsəṭi] *n no pl of animal, person* Wildheit *f,* Grausamkeit *f; of attack* Heftigkeit *f,* Wucht *f; of storm, wind* Heftigkeit *f*

fer·ret ['ferɪt] **I.** *n* Frettchen *nt* **II.** *vi* (*fam*) ❶ (*search*) wühlen; ■**to** ~ [**around** [*or* **about**]] **in sth** [**for sth**] in etw *dat* [nach etw *dat*] wühlen ❷ (*hunt with ferrets*) **to go** ~**ing** mit Frettchen auf die Jagd gehen

◆**ferret out** *vt* ■**to** ~ **out** ↔ **sth** etw herausfinden; ■**to** ~ **out** ↔ **sb** jdn aufstöbern

Fer·ris wheel ['ferɪs,-] *n esp* AM, AUS (*big wheel*) Riesenrad *nt*

fer·ro·con·crete [ˌferə(ʊ)'kɒŋkriːt, AM -oʊ'kɑːŋ-] TECH **I.** *n no pl* Stahlbeton *m* **II.** *n modifier* (*tank, support, bridge, structure*) Stahlbeton-

fer·rous ['ferəs] *adj inv* CHEM Eisen-

fer·rule ['feruːl, AM -rᵊl] *n* Zwinge *f*

fer·ry ['feri] **I.** *n* Fähre *f;* **car/train** ~ Auto-/Eisenbahnfähre *f;* **on the** [*or* **by** [**the**]] ~ mit der Fähre **II.** *vt* <-ie-> ■**to** ~ **sb/sth somewhere** ❶ (*across water*) jdn/etw irgendwohin übersetzen; **to** ~ **sb across to the island/shore** jdn auf die Insel/ans andere Ufer übersetzen ❷ (*transport*) jdn/etw irgendwohin befördern; **to** ~ **sb about** jdn herumfahren [*o pej fam* herumkutschieren]

'fer·ry boat *n* Fährschiff *nt* **'fer·ry cross·ing** *n* Überfahrt *f* mit der Fähre **'fer·ry·man** *n* Fährmann *m* **'fer·ry port** *n* Fährhafen *m* **'fer·ry ser·vice** *n* Fährbetrieb *m*

fer·tile ['fɜːtaɪl, AM 'fɜːrṭᵊl] *adj* ❶ (*of soil, life form*) fruchtbar ❷ (*esp liter: inventive*) schöpferisch, kreativ; ~ **imagination** lebhafte Fantasie ▶ PHRASES: **to be** ~ **ground for sth** ein fruchtbarer Boden für etw *akk* sein

fer·til·ity [fə'tɪləti, AM fɚ'tɪləṭi] *n no pl* ❶ *of soil* Fruchtbarkeit *f* ❷ *of life form* Fruchtbarkeit *f,* Fertilität *f fachspr* ❸ (*liter: inventiveness*) Fruchtbarkeit *f,* Kreativität *f*

fer·'til·ity drug *n* Fruchtbarkeitspille *f* **fer·'til·ity rate** *n* Fruchtbarkeitsrate *f* **fer·'til·ity rite** *n* Fruchtbarkeitsritual *nt* **fer·'til·ity sym·bol** *n* Fruchtbarkeitssymbol *nt* **fer·'til·ity treat·ment** *n* Fruchtbarkeitsbehandlung *f*

fer·ti·li·za·tion [ˌfɜːtɪlaɪ'zeɪʃᵊn, AM ˌfɜːrṭᵊlɪ'-] *n no pl* Befruchtung *f*

fer·ti·lize ['fɜːtɪlaɪz, AM 'fɜːrṭᵊl-] *vt* ❶ (*enrich*) ■**to** ~ **sth** etw düngen ❷ *life form* ■**to** ~ **sb/sth** jdn/etw befruchten

fer·ti·liz·er ['fɜːtɪlaɪzəʳ, AM 'fɜːrṭᵊlaɪzɚ] *n* Dünger *m*

fer·ven·cy ['fɜːvᵊn(t)si, AM 'fɜːr-] *n no pl* (*form*) *see* **fervour**

fer·vent ['fɜːvᵊnt, AM 'fɜːr-] *adj* (*form*) ❶ (*intense*) *hope, prayer* inbrünstig *geh* ❷ (*devoted*) *supporter, admirer* glühend

fer·vent·ly ['fɜːvᵊntli, AM 'fɜːr-] *adv* (*form*) inbrünstig *geh*

fer·vid ['fɜːvɪd, AM 'fɜːr-] *adj* (*form*) *see* **fervent**

fer·vour ['fɜːvəʳ], AM **fer·vor** ['fɜːrvɚ] *n no pl* (*form*) Leidenschaft *f,* Inbrunst *f geh;* **he lacks any real** ~ **for the cause** er begeistert sich nicht wirklich für die Sache

fest *n short for* **festival** Festival *nt*

fes·ter ['festəʳ, AM -ɚ] *vi* ❶ (*suppurate*) eitern; ~**ing sore** eitrige Wunde ❷ (*run down*) herunterkommen *fam*, verkommen, verwahrlosen ❸ (*embitter*) *anger* gären; ~**ing conflict** schwelender Konflikt
fes·ti·val ['festɪvᵊl] *n* ❶ (*holy day*) Fest *nt* ❷ (*event*) Festival *nt*; **the Salzburg F~** die Salzburger Festspiele; **folk/pop/rock ~** Folk-/Pop-/Rockfestival *nt*; **to hold a ~** ein Fest veranstalten
fes·tive ['festɪv] *adj* festlich; ~ **mood** Feststimmung *f*
'fes·tive sea·son *n* ■**the ~** die Festzeit
fes·tiv·ity [fes'tɪvəti, AM -əṱi] *n* ❶ (*celebrations*) ■**festivities** *pl* Feierlichkeiten *fpl*, Fest *nt* ❷ *no pl* (*festiveness*) Feststimmung *f*, Festlaune *f* ❸ (*festival*) Fest *nt*
fes·toon [fes'tu:n] **I.** *n* Girlande *f* **II.** *vt* ■**to ~ sth** etw mit Girlanden schmücken; **to ~ sth with flowers/lights** etw mit Blumengirlanden/Lichterketten schmücken
fe·tal *adj inv esp* AM *see* **foetal**
fetch [fetʃ] **I.** *vt* ❶ (*get*) ■**to ~ sth** etw holen; *dog* etw apportieren; ■**to ~ sb** jdn holen; **to ~ sb from the station** jdn vom Bahnhof abholen; ■**to ~ sb sth** [*or* **sth for sb**] jdm etw holen ❷ (*sell*) **to ~ a price** einen Preis erzielen ❸ (*dated fam: hit*) **to ~ sb a blow** jdm einen Schlag [*o* Hieb] versetzen **II.** *vi* **~!** (*to dog*) bring [es] her!; **to ~ and carry [for sb]** [jds] Handlanger sein
◆**fetch up** (*fam*) **I.** *vi esp* AM ■**to ~ up somewhere** irgendwo landen *fam* **II.** *vt* BRIT ■**to ~ up** ⊂ **sth** etw erbrechen
fetch·ing ['fetʃɪŋ] *adj* (*hum dated*) *clothes* bezaubernd
fetch·ing·ly ['fetʃɪŋli] *adv* (*hum*) bezaubernd
fête [feɪt] **I.** *n* BRIT, AUS Fest *nt*; **church/school/village ~** Kirchen-/Schul-/Dorffest *nt*; **to hold a ~** ein Fest veranstalten **II.** *vt usu passive* ■**to ~ sb** jdn feiern
fet·id ['fetɪd, AM -ṱɪd] *adj air* übel riechend *attr*; *water* stinkend *attr*; ~ **smell** übler Geruch
fet·id·ness ['fetɪdnəs, 'fi:tɪd-, AM 'feṱɪd-, 'fi:ṱɪd-] *n no pl* Gestank *m*
fet·ish ['fetɪʃ, AM -ṱ-] *n* ❶ (*obsession*) Fetisch *m*; **to have a shoe ~** [*or* **a ~ for shoes**] ein Schuhfetischist/eine Schuhfetischistin sein; **to make a ~ of sth** etw zum Fetisch erheben ❷ REL (*talisman*) Fetisch *m*
fet·ish·ism ['fetɪʃɪzᵊm, AM 'feṱ-] *n no pl* ❶ (*obsession*) Fetischismus *m* ❷ REL (*belief*) Fetischkult *m*, Fetischismus *m*
fet·ish·ist ['fetɪʃɪst, AM 'feṱ-] *n* Fetischist(in) *m(f)*
fet·ish·is·tic [ˌfetɪ'ʃɪstɪk, AM ˌfeṱ-] *adj* ❶ (*obsessed*) fetischistisch ❷ REL fetischistisch
fet·ish·ize ['fetɪʃaɪz, AM 'feṱ-] *vt* ■**to ~ sth/sb** etw/jdn fetischisieren [*o* zum Fetisch erheben] *geh*
fet·lock ['fetlɒk, AM -lɑ:k] *n* Fessel *f*, Fesselgelenk *nt*
fet·ter ['fetəʳ, AM -ɚ] *vt usu passive* ■**to ~ sb** ❶ (*chain*) jdn fesseln; **to ~ a horse** ein Pferd anbinden ❷ (*liter: restrict*) jdn einschränken; **to be ~ed by superstition** im Aberglauben befangen sein
fet·ters ['fetəz, AM -ɚz] *npl* ❶ (*chains*) Fußfesseln *fpl* ❷ (*esp liter: restrictions*) Fesseln *fpl*, Beschränkungen *fpl*; **the ~ of a mortgage** die Belastung durch eine Hypothek
fet·tle ['fetḷ, AM 'feṱḷ] *n no pl* (*fam*) **to be in fine ~** in guter Verfassung sein; **oh, she's in fine ~** oh, ihr geht es bestens
fe·tus *n esp* AM *see* **foetus**
feud [fju:d] **I.** *n* Fehde *f* (**between** zwischen +*dat*, **over** wegen +*gen*, **with** mit +*dat*); **family ~** Familienfehde *f*; ■**to have a ~ with sb** mit jdm in Fehde liegen **II.** *vi* ■**to ~ [with sb] [over sth]** [mit jdm] [wegen einer S. *gen*] in Fehde liegen
feu·dal ['fju:dᵊl] *adj inv monarchy* feudal, Feudal-; **the ~ system** das Feudalsystem
feu·dal·ism ['fju:dᵊlɪzᵊm] *n no pl* Feudalismus *m*
feud·ing ['fju:dɪŋ] *adj attr, inv* verfeindet
fe·ver ['fi:vəʳ, AM -ɚ] *n* ❶ (*temperature*) Fieber *nt kein pl*; **to have [a]** [*or* **be running a**] **~** Fieber haben ❷ (*disease*) Fieberkrankheit *f* ❸ (*excitement*) Aufregung *f*; **election/football ~** Wahl-/Fußballfieber *nt*; **a ~ of excitement** fieberhafte Erregung; ■**to be in a ~** [ganz] aufgeregt sein; **at a ~ pitch** fieberhaft
fe·vered ['fi:vəd, AM -ɚd] *adj* ❶ (*ill*) *eyes* fiebrig ❷ (*excited*) *brain* aufgeregt, fieberhaft; ~ **imagination** übersteigerte Fantasie
fe·ver·ish ['fi:vᵊrɪʃ] *adj* ❶ (*ill*) fiebrig ❷ (*frantic*) fieberhaft
fe·ver·ish·ly ['fi:vᵊrɪʃli] *adv* fieberhaft, hektisch
'fe·ver pitch *n no pl* Siedepunkt *m*; ■**at ~** auf dem Siedepunkt [*o* Höhepunkt]; **to rise to ~** den Höhepunkt erreichen; **to work at ~** fieberhaft arbeiten
few [fju:] **I.** *adj* ❶ *attr, inv* (*some*) einige; **there are a ~ sandwiches left over from the party** es sind noch ein paar Sandwiches von der Feier übrig; **I've got to get a ~ things** ich muss ein paar Dinge kaufen; **may I ask a ~ questions?** darf ich ein paar Fragen stellen?; **I'll be ready in just a ~ minutes** ich bin gleich fertig; **can I have a ~ words with you?** kann ich mal kurz mit dir sprechen?; **every ~ days/minutes/weeks** alle paar Tage/Minuten/Wochen ❷ (*emph: not many*) wenige; **he is among the very ~ people I can trust** er gehört zu den ganz wenigen Leuten, denen ich vertrauen kann; **so ~ people attended the party that it was embarrassing** auf der Party waren so wenige Leute, dass es peinlich war; **there are only a ~ days left before we leave for France** in ein paar Tagen fahren wir nach Frankreich; **there are ~ things in this world that give me more pleasure than a long bath** nur weniges auf der Welt bereitet mir mehr Vergnügen als ein langes Bad; ~**er people smoke these days than used to** heute rauchen weniger Menschen als früher; **the benefits of this scheme are ~** dieser Plan hat nur wenige Vorteile; **he's a man of ~ words** er sagt nie viel; (*form*) **I've warned him on no ~er than five occasions** ich habe ihn schon mindestens fünf Mal gewarnt; **his fiction has caused not a ~ readers to see red** bei seinen Romanen sehen nicht wenige Leser rot; **as ~ as ...** nur ... ❸ *attr, inv* (*many*) viele; **I know a ~ people who ...** ich kenne einige Leute, die ...; BRIT **she put on a good ~ pounds over Christmas** sie hat über Weihnachten einige Pfunde zugelegt; **quite a ~ [people]** ziemlich viele ▶PHRASES: **to be ~ and <u>far</u> between** dünn gesät sein; **such opportunities are ~ and far between** solche Gelegenheiten gibt es nicht oft; **<u>precious</u> ~ ...** (*fam*) reichlich wenig ... *fam* **II.** *pron* ❶ (*small number*) **a ~ of these apples** ein paar von diesen Äpfeln; **many believe it but only a ~ are prepared to say** viele glauben es, aber nur wenige sagen es; **a ~ of us/you/them** einige von uns/euch/ihnen ❷ (*emph: not many*) wenige; ~ **can remember back that far** nur wenige können sich so weit zurückerinnern; **not many showed up and the ~ who did left early** es kamen nicht viele, und die paar, die kamen, gingen bald; ~ **if any still believe that ...** kaum einer glaubt heute noch, dass ...; **only some ~ master more than ten languages** nur ein paar wenige sprechen mehr als zehn Sprachen; ~ **of the houses in the village made it through the hurricane** nur wenige Häuser in dem Ort überstanden den Hurrikan; ~ **of them actually got an interview** nur wenige wurden zu einem Gespräch eingeladen; **there were too ~ of us to charter the plane** wir waren nicht genug, um das Flugzeug chartern zu können; **not a ~** nicht wenige; **though she's young, her talents are not a ~** obwohl sie jung ist, hat sie viele Talente ❸ (*many*) **a good ~** BRIT ziemlich viele; **quite a ~** eine ganze Menge ▶PHRASES: **<u>precious</u> ~** herzlich wenig +*akk*; **to <u>have</u> had a ~** einen sitzen haben *fam*; **to have had a ~ <u>too</u> <u>many</u>** etwas zu viel getrunken haben **III.** *n* ❶ (*elite*) ■**the ~** *pl* die Auserwählten; **only the ~ can say they've dined with the Queen** nur wenige Auserwählte können von sich sagen, dass sie mit der Queen gespeist haben ❷ (*minority*) ■**the ~** *pl* die Minderheit; **I was one of the lucky ~ who ...** ich gehörte zu den wenigen Glücklichen, die ...; **one of the fortunate** [*or* **happy**] **~** eine(r)

der wenigen Glücklichen ③ BRIT HIST ■**the F~** *pl RAF-Piloten (Zitat aus einer Rede von Winston Churchill)*

fey [feɪ] *adj (liter)* ① *(strange)* schrullig, hellseherisch ② *(insincere)* übersinnlich

fey·ness ['feɪnəs] *n no pl (liter)* Schrulligkeit *f fam*

fez <*pl* -zzes> [fez] *n* Fes *m*

ff *n* ① *abbrev of* [and] **the following pages** ff. ② MUS *abbrev of* **fortissimo** ff

fi·an·cé [fi'ɑ̃:(n)seɪ, AM ˌfiɑ:n'seɪ] *n* Verlobte(r) *m*

fi·an·cée [fi'ɑ̃:(n)seɪ, AM ˌfiɑ:n'seɪ] *n* Verlobte *f*

i Kultur

Fianna Fáil – *Soldaten Irlands* heißt eine der beiden großen Parteien der *Irish Republic – Republik Irland.* Die zweite große Partei ist *Fine Gael – Stamm der Gälen.* **Fianna Fáil** wurde 1926 gegründet, um sich dem *Anglo-Irish Treaty – anglo-irischen Abkommen* von 1921 zu widersetzen, durch das die *Irish Republic* den Status eines *dominion – Herrschaftsgebiet* innerhalb des Commonwealth erhielt. Die Partei kam 1932 unter Eamon de Valera an die Macht und stellt seither fast ununterbrochen die Regierung.

fi·as·co <*pl* -s *or esp* AM -es> [fi'æskəʊ, AM -oʊ] *n* Fiasko *nt;* **to be a complete** [*or* **total**] ~ ein einziges Fiasko sein; **to end in a** ~ in einem Fiasko enden

fiat ['faɪæt, AM 'fiət] *n (form)* [formelle] Genehmigung [*o* Erlaubnis]

fib [fɪb] *(fam)* **I.** *vi* <-bb-> schwindeln; ■**to** ~ **to sb** jdn anschwindeln **II.** *n* Schwindelei *f;* **to tell a** ~ schwindeln, flunkern

fib·ber ['fɪbəʳ, AM -ɚ] *n (fam)* Schwindler(in) *m(f),* Flunkerer *m fam*

fi·ber *n* AM *see* **fibre**

fi·ber·glass *n no pl* AM *see* **fibreglass**

fi·bre ['faɪbəʳ], AM **fi·ber** [-ɚ] *n* ① *(thread)* Faden *m; (for cloth)* Faser *f* ② *(cloth, material)* Faser *f;* **artificial** [*or* **man-made**] ~ Kunstfaser *f,* Chemiefaser *f;* **natural** ~ Naturfaser *f* ③ ANAT Faser *f,* Fiber *f fachspr;* **muscle** ~ Muskelfaser *f* ④ *no pl (fig: strength)* **moral** ~ Rückgrat *nt* ⑤ *no pl* FOOD Ballaststoffe *mpl* ▸ PHRASES: **with every** ~ **of one's being** mit jeder Faser [seines Herzens] *geh;* **she wanted to win the race with every** ~ **of her being** sie war fest entschlossen, alles zu tun, um das Rennen zu gewinnen

'fi·bre·glass, AM **'fi·ber·glass** *n no pl* ① *(plastic)* glasfaserverstärkter Kunststoff ② *(fabric)* Glasfaser *f* **fi·bre op·tic 'ca·ble** *n* TELEC, MED faseroptisches Kabel *fachspr,* Glasfaserkabel *nt* **fi·bre 'op·tics I.** *n + sing vb* TELEC, COMPUT Glasfasertechnik *f,* Lichtwellenleitertechnik *f fachspr;* MED, PHYS, CHEM [Glas]faseroptik *f fachspr* **II.** *n modifier* TELEC, COMPUT *(cable, technology)* Glasfaser-; MED, PHYS, CHEM Faseroptik- *fachspr* **fi·bre-tip 'pen** *n* BRIT Filzstift *m*

fi·bro ['faɪbrəʊ] *n* AUS ① *no pl (material)* Asbestzement *m,* Eternit *m* ② *(house) mit Asbestzement erstelltes Haus*

fi·broid ['faɪbrɔɪd] MED **I.** *adj* faserartig **II.** *n* Fibrom *nt fachspr*

fi·brous ['faɪbrəs] *adj* fas[e]rig

fibu·la <*pl* -s *or* -lae> ['fɪbjələ, *pl* -li:] *n* ANAT Wadenbein *nt*

fibu·lae ['fɪbjəli:] *n pl of* **fibula**

fiche <*pl* -s *or* -> ['fi:ʃ] *n* [Mikro]fiche *m o nt*

fick·le ['fɪkl] *adj (pej)* ① *(vacillating)* wankelmütig *pej geh; (moody)* launisch *pej* ② METEO ~ **weather** unbeständiges [*o* wechselhaftes] Wetter ③ *(not loyal)* ~ **lover** untreuer Liebhaber

fick·le·ness ['fɪklnəs] *n no pl* ① *(moodiness)* Launenhaftigkeit *f* ② *of the weather* Unbeständigkeit *f pej geh* ③ *(lack of loyalty)* Untreue *f*

fic·tion ['fɪkʃᵊn] **I.** *n* ① *no pl* LIT Erzählliteratur *f,* Prosaliteratur *f;* **work of** ~ *(long)* Roman *m; (short)* Erzählung *f;* **light** ~ Unterhaltungsliteratur *f* ② *(fabrication)* Erfindung *f,* Fiktion *f geh,* Märchen *nt fam;* **at work she managed to keep up the** ~ **that she had a university degree** bei der Arbeit konnte sie das Märchen aufrecht erhalten, sie habe einen Universitätsabschluss *fam* ③ *(falsehood)* kleine Unaufrichtigkeit; **he maintains the** ~ **that he is still cohabiting with his wife** er tut so, als würde er noch mit seiner Ehefrau zusammenleben; **legal** ~ Rechtsfiktion *f,* juristische Fiktion; **polite** ~ Notlüge *f* **II.** *n modifier* Literatur-; ~ **author** Romanautor(in) *m(f);* ~ **book** Roman *m;* ~ **writer** Prosaschriftsteller(in) *m(f)*

fic·tion·al ['fɪkʃᵊnᵊl] *adj* erfunden, fiktiv *geh;* ~ **autobiography** fiktive Autobiografie

fic·tion·ali·za·tion [ˌfɪkʃᵊnᵊlaɪ'zeɪʃᵊn, AM -lɪ'-] *n* LIT Fiktionalisierung *f geh*

fic·tion·al·ize ['fɪkʃᵊnᵊlaɪz] *vt* **to** ~ **a biography** eine Biografie als Fiktion darstellen

fic·ti·tious [fɪk'tɪʃəs] *adj* ① *(false)* falsch ② *(imaginary)* [frei] erfunden, fiktiv *geh;* ~ **character** fiktive [*o* erfundene] Person; **some of the characters in the book are** ~ einige der Figuren im Buch sind frei erfunden

fi·cus ['fi:kəs] *n* BOT Ficus *m*

fid·dle ['fɪdl] **I.** *n* ① MUS *(fam)* Geige *f,* Fi[e]del *f hum o pej;* **to play the** ~ Geige spielen ② *esp* BRIT *(fam: fraud)* Betrug *m kein pl,* Schwindel *m kein pl;* **this is some sort of** ~ hier ist was faul *fam;* **to be on the** ~ faule Geschäfte machen *fam,* krumme Dinger drehen *fam* ③ BRIT *(fam: task)* kniff[e]lige Angelegenheit; **it's a real** ~ **to assemble because of all the small parts** all die kleinen Teile machen das Zusammensetzen ganz schön schwierig *fam* ▸ PHRASES: **sb's face is as long as a** ~ *esp* BRIT *(fam)* jd macht ein Gesicht wie drei Tage Regenwetter *fam;* **to be** [**as**] **fit as a** ~ kerngesund sein; **to play first/second** ~ die erste/zweite Geige spielen *fam;* **to play second** ~ **to sb** in jds Schatten *m* stehen **II.** *interj* AM *(dated)* Unsinn *m fam,* Quatsch *m fam* **III.** *vt (fam)* ■**to** ~ **sth** ① *(falsify)* etw frisieren *fam; (manipulate)* etw manipulieren; **to** ~ **the accounts/books** die Rechnungen/Bücher frisieren *fam;* **to** ~ **it** [*or* **things**] **so that ...** es so hindrehen [*o* hinbiegen], dass ... *fam* ② *(obtain fraudulently)* [sich *dat*] etw ergaunern; **to** ~ **money out of a company** ein Unternehmen um Geld betrügen *fam* **IV.** *vi* ① *(finger)* herumfummeln *fam;* ■**to** ~ **with sth** an etw *dat* herumspielen [*o* herumfummeln] *fam; (play)* mit etw *dat* herumspielen *fam* ② *(tinker)* herumbasteln *fam;* ■**to** ~ **with sth** an etw *dat* herumhantieren [*o* herumfummeln] [*o* herumbasteln] *fam* ③ MUS *(fam)* geigen, fiedeln *hum o pej* ▸ PHRASES: **to** ~ **while Rome burns** den Kopf in den Sand stecken

◆**fiddle about, fiddle around** *vi* ① *(waste time)* herumtrödeln *fam* ② *(finger)* herumfummeln *fam;* ■**to** ~ **about** [*or* **around**] **with sth** an etw *dat* herumspielen [*o* herumfummeln] *fam; (play)* mit etw *dat* herumspielen *fam* ③ *(tinker)* herumbasteln *fam;* ■**to** ~ **about** [*or* **around**] **with sth** an etw *dat* herumhantieren [*o* herumfummeln] [*o* herumbasteln] *fam*

fid·dle-fad·dle ['fɪdlˌfædl] *(dated)* **I.** *n no pl* Unfug *m* **II.** *interj* Unsinn *m fam,* Quatsch *m fam* **III.** *vi* ■**to** ~ **about** dummes Zeug reden *pej fam*

fid·dler ['fɪdləʳ, AM -ɚ] *n (fam)* ① MUS Geiger(in) *m(f)* ② BRIT *(swindler)* Betrüger(in) *m(f),* Gauner(in) *m(f) pej*

fid·dle·stick ['fɪdlstɪk] **I.** *n* MUS *(fam)* Geigenbogen *m* **II.** *interj (dated)* ■~**s** Unsinn *m fam,* Quatsch *m fam*

fid·dling ['fɪdlɪŋ] **I.** *adj* ① *(insignificant)* läppisch *pej,* belanglos; *(small)* geringfügig; *(narrow-minded)* kleinkariert *pej fam,* kleinlich *pej;* ~ **restrictions** kleinliche Einschränkungen ② *attr (swindling)* betrügerisch **II.** *n no pl* Geigen *nt,* Geigespielen *nt*

fid·dly <-ier, -iest *or* more ~, most ~> ['fɪdli] *adj* BRIT *(fam)* kniff[e]lig; **repairing something as small as a watch is a very** ~ **job** die Reparatur einer Armbanduhr ist eine sehr diffizile Angelegenheit

fi·del·ity [fɪˈdeləti, AM -t̬i] *n no pl* (*form*) ❶ (*loyalty*) Treue *f* (**to** gegenüber +*dat*) ❷ (*sexual loyalty*) Treue *f;* **marital** ~ eheliche Treue ❸ (*exactness*) [Werk]treue *f,* Genauigkeit *f;* ~ **to detail** Detailtreue *f;* ~ **of translation** Worttreue *f*

fidg·et [ˈfɪdʒɪt] **I.** *n* ❶ (*person*) Zappelphilipp *m pej fam* ❷ (*condition*) ■**the** ~**s** *pl* nervöse Unruhe; **she's got [a bad case of] the** ~**s today** sie ist heute extrem unruhig [*o* nervös] [*o fam* zapp[e]lig] **II.** *vi* ❶ (*move*) zappeln, herumzappeln *fam;* **stop** ~**ing!** hör auf so rumzuzappeln! *fam* ❷ (*play*) ■**to** ~ **with sth** mit etw *dat* herumspielen *fam* ❸ (*be eager, restless*) ■**to** ~ **to do sth** brennen, etw zu tun, darauf aus sein, etw zu tun **III.** *vt* ■**to** ~ **sb** jdn nervös machen

◆**fidget about, fidget around** *vi* herumzappeln *fam*

fidg·ety [ˈfɪdʒəti, AM -t̬i] *adj* unruhig, nervös, zapp[e]lig *fam*

fief [fiːf] *n* (*hist*) Lehen *nt hist;* (*fig*) Machtbereich *m*

field [fiːld] **I.** *n* ❶ (*meadow*) Wiese *f;* (*pasture*) Weide *f;* (*for crops*) Feld *nt,* Acker *m;* **to cut across the** ~**s** quer über die Felder gehen ❷ (*for sports*) Spielfeld *nt,* Platz *m;* **to take the** ~ einlaufen ❸ (*expanse*) [weite] Fläche; **ice/snow** ~ Eis-/Schneefläche *f* ❹ *of deposits* Feld *nt;* **coal** ~ Kohleflöz *m;* **gas/oil** ~ Gas-/Ölfeld ❺ (*battlefield*) Schlachtfeld *nt;* (*scene*) ~ **of battle** Kriegsschauplatz *m;* **to take the** ~ ins Feld ziehen; **in the** ~ an der Front ❻ (*working area*) Arbeitsbereich *m,* Einsatzgebiet *nt* ❼ (*area of knowledge*) Arbeitsfeld *nt,* Gebiet *nt,* Bereich *m;* **to be first in the** ~ der/die Beste auf dem Gebiet sein; **to be outside sb's** ~ außerhalb jds Kompetenzbereich *m* liegen, nicht mehr in jds Ressort *nt* fallen ❽ COMPUT Datenfeld *nt fachspr* ❾ + *sing/pl vb* (*contestants*) [Teilnehmer]feld *nt;* **once again Jones finished ahead of the** ~ wieder einmal gewann Jones vor dem Rest des Feldes; **we have a strong** ~ **this afternoon** wir haben heute Nachmittag eine starke Besetzung ❿ (*side in cricket*) Fängerpartei *f;* (*player*) Fänger(in) *m(f)* ⓫ PHYS Feld *nt;* **gravitational** ~ Schwerefeld *nt fachspr,* Gravitationsfeld *nt fachspr;* **magnetic** ~ Magnetfeld *nt* ⓬ MATH Feld *nt* ▶ PHRASES: **to leave the** ~ **clear for sb** jdm das Feld überlassen; **John's transfer left the** ~ **clear for Judy to get the job** weil John versetzt wurde, konnte sich Judy um seinen Job bewerben **II.** *n modifier* Feld-; ~ **interview** Befragung *f;* ~ **observations** Freilandbeobachtungen *fpl,* Feldbeobachtungen *fpl* **III.** *vi* als Fänger spielen *m* **IV.** *vt* ❶ (*stop*) **to** ~ **the ball** den Ball fangen ❷ (*have playing*) **to** ~ **a team** ein Team aufs Feld schicken; (*fig*) **to** ~ **a group of experts** eine Expertengruppe zusammenstellen ❸ (*offer as candidate*) ■**to** ~ **sb** jdn aufstellen ❹ (*display*) **to** ~ **an army** eine Armee aufmarschieren lassen ❺ (*handle*) **to** ~ **questions** Fragen abblocken [*o* parieren]; **to** ~ **telephone calls** Telefonanrufe abweisen

'field ar·til·lery *n no pl* MIL Feldartillerie *f fachspr* **'field day** *n* ❶ (*opportunity*) **to have a** ~ seinen großen Tag haben ❷ MIL (*exercise*) Manöver *nt;* (*parade*) Truppenparade *f* ❸ AM, AUS SCH, SPORTS [Schul]sportfest *nt*

field·er [ˈfiːldəʳ, AM -ɚ] *n* SPORTS (*stopping the ball*) Fänger(in) *m(f);* (*playing on the field*) Feldspieler(in) *m(f)*

'field events *npl* SPORTS technische Disziplinen, Sprung- und Wurfdisziplinen *fpl* **'field glasses** *npl* Feldstecher *m,* Fernglas *nt* **'field goal** *n* AM (*American football*) Feldtor *nt;* (*basketball*) Feldkorb *m* **'field hock·ey** *n no pl* AM [Feld]hockey *nt* **'field hos·pi·tal** *n* MIL Feldlazarett *nt* **field 'mar·shal** *n* BRIT MIL Feldmarschall *m* **'field mouse** *n* Feldmaus *f* **'field of·ficer** *n* AM MIL Stabsoffizier(in) *m(f)* **field of 'vi·sion** <*pl* fields-> *n* Gesichtsfeld *nt,* Blickfeld *nt;* (*fig*) Horizont *m* **'fields·man** *n* SPORTS (*stopping the ball*) Fänger *m;* (*playing on the field*) Feldspieler *m* **'field sports** *npl* Sport *m* im Freien (*bes Jagen und Fischen*) **'field test** *n* Feldversuch *m* **'field-test** *vt* ■**to** ~ **sth** etw in einem Feldversuch [*o* in der Praxis] erproben [*o* testen] **'field trial** *n* Feldversuch *m* **'field trip** *n* Exkursion *f* **'field·work** *n no pl* ❶ (*collecting data*) Feldarbeit *f,* Feldforschung *f* ❷ MIL Feldbefestigung *f* **'field·work·er** *n* (*gathering data*) Feldforscher(in) *m(f);* (*interviewer*) Befrager(in) *m(f),* Interviewer(in) *m(f);* (*representative*) Außendienstmitarbeiter(in) *m(f)*

fiend [fiːnd] *n* ❶ (*demon*) Dämon *m* ❷ (*Satan*) ■**the** ~ der Teufel [*o* Satan] ❸ (*pej: evil person*) Scheusal *nt pej* ❹ (*annoying person*) Nervensäge *f sl* ❺ (*fig fam: enthusiast*) Fanatiker(in) *m(f);* **she's a** ~ **for chocolate** sie ist ganz verrückt auf Schokolade *fam;* **fresh-air** ~ Frischluftfanatiker(in) *m(f)*

fiend·ish [ˈfiːndɪʃ] *adj* ❶ (*pej: cruel*) grausam, unmenschlich; (*sadistic*) teuflisch, gemein ❷ (*complex*) verzwickt *fam;* (*cunning*) gerissen *fam,* schlau ❸ BRIT (*exceptional*) *difficulty, problem* höllisch *fam,* teuflisch *fam;* ~ **costs** horrende Kosten; **to be in a** ~ **hurry** es tierisch eilig haben *fam*

fiend·ish·ly [ˈfiːndɪʃli] *adv* ❶ (*diabolically*) teuflisch ❷ BRIT (*exceptionally*) höllisch *fam,* teuflisch *fam*

fiend·ish·ness [ˈfiːndɪʃnəs] *n no pl* (*pej*) ❶ (*cruelty*) Grausamkeit *f* ❷ (*nasty trick*) teuflische Bosheit

fierce [fɪəs, AM fɪrs] *adj* ❶ (*hostile*) heftig, ungestüm *geh;* ~ **attack** scharfer Angriff; ~ **combat** [*or* **fighting**] erbitterter Kampf; ~ **competition** erbarmungslose [*o* scharfe] Konkurrenz; ~ **opposition** entschlossener Widerstand; ~ **struggle** heftiger Streit ❷ (*untamed*) *animal* wild ❸ (*intense*) stark, intensiv; ~ **debate/discussion** hitzige Debatte/Diskussion; ~ **hate** wilder [*o* blinder] Hass; ~ **jealousy** heftige [*o* blinde] Eifersucht; ~ **love** leidenschaftliche Liebe ❹ (*destructive*) heftig, stürmisch; ~ **weather** stürmisches Wetter; ~ **winds** tobende [*o* kräftige] Winde ❺ AM (*fam: difficult*) schwer, schwierig ▶ PHRASES: **something** ~ AM (*fam*) unbedingt; **I need a cold drink something** ~ ich muss unbedingt etwas Kaltes trinken

fierce·ly [ˈfɪəsli, AM ˈfɪrs-] *adv* ❶ (*hostilely*) wild ❷ (*very*) extrem; (*intensely*) ausgesprochen, äußerst; **a** ~ **competitive school system** ein äußerst konkurrenzorientiertes Schulsystem ❸ (*destructively*) heftig

fierce·ness [ˈfɪəsnəs, AM ˈfɪrs-] *n no pl* ❶ (*hostility*) Wildheit *f* ❷ (*intensity*) Intensität *f* ❸ (*destructiveness*) Heftigkeit *f*

fiery [ˈfaɪ(ə)ri, AM -ɚi] *adj* ❶ (*consisting of fire*) glühend, brennend; ~ **tongues were playing about the house** rote Flammen züngelten an dem Haus empor ❷ (*spicy*) *food* scharf, feurig ❸ (*bright*) feuerrot, glutrot ❹ (*passionate*) leidenschaftlich, hitzig; ~ **lover** feuriger Liebhaber ❺ (*angry*) hitzig; **he has a** ~ **temper** er ist ein Hitzkopf

fi·es·ta [fiˈestə] *n* ❶ (*holiday*) Fiesta *f,* Feiertag *m* ❷ (*event*) Fiesta *f,* Fest *nt*

fife [faɪf] MUS **I.** *n* ❶ (*instrument*) Querpfeife *f* ❷ (*player*) [Quer]pfeifer(in) *m(f)* **II.** *vi* [auf der Querpfeife] pfeifen

fif·teen [fɪfˈtiːn] **I.** *adj* ❶ (*number, age*) fünfzehn; **there are** ~ **of us** wir sind fünfzehn [*o* zu fünfzehnt]; *see also* **eight I. 1, 2** ❷ (*time*) ~ **hundred hours** *spoken* fünfzehn Uhr; **1500 hours** *written* 15:00; **at** ~ **thirty** um fünfzehn Uhr dreißig [*o* 15:30] [*o* halb vier]; *see also* **eight I. 3 II.** *n* ❶ (*number, symbol*) Fünfzehn *f* ❷ + *sing/pl vb* BRIT (*in rugby union*) Rugbymannschaft *f* ❸ BRIT FILM ~ **certificate** [Alters]freigabe *f* ab 15 Jahren; **to be given a** ~ **certificate** ab 15 [Jahren] freigegeben sein

fif·teenth [fɪfˈtiːnθ] **I.** *adj inv* fünfzehnte(r, s) **II.** *n* ❶ (*in date, order*) ■**the** ~ der/die/das Fünfzehnte ❷ (*fraction*) Fünfzehntel *nt*

fifth [fɪfθ] **I.** *adj inv* fünfte(r, s); **every** ~ **person** jeder Fünfte; *see also* **eighth I II.** *n* ❶ (*order*) ■**the** ~ der/die/das Fünfte; *see also* **eighth II. 1** ❷ (*date*) **the** ~ [**of the month**] der Fünfte [des Monats]; *see also* **eighth II. 2** ❸ (*title*) ■**the F~** der/die Fünfte; *see also* **eighth II. 3** ❹ (*fraction*) Fünftel *nt* ❺ (*gear*) fünfter Gang; **to change** [*or* AM **shift**] **to** ~ in den fünften Gang schalten ❻ MUS Quinte *f fachspr* ❼ AM (*fam: measure*) **a** ~ **of a gallon** ein Dreiviertelliter *m;* (*bottle*) **a** ~ **of whisky** eine Dreiviertelliterflasche Whisky ❽ AM LAW (*fam*) **to plead** [*or* **take**] **the F~** die Aussage verweigern **III.** *adv inv*

fünftens
fifth 'col·umn *n + sing/pl vb* POL fünfte Kolonne **fifth 'col·umn·ist** *n* POL Mitglied *nt* der fünften Kolonne
fif·ti·eth ['fɪftiəθ] **I.** *adj inv* fünfzigste(r, s); *see also* **eighth I. II.** *n* ❶ *(order)* ■**the** ~ der/die/das Fünfzigste; *see also* **eighth II. 1** ❷ *(fraction)* Fünfzigstel *nt* **III.** *adv inv* fünfzigstens
fif·ty ['fɪfti] **I.** *adj inv* fünfzig; *see also* **eight I. 1, 2 II.** *n* ❶ *(number)* Fünfzig *f* ❷ *(age)* **to be in one's fifties** in den Fünfzigern sein; **to be in one's early/mid/late fifties** Anfang/Mitte/Ende Fünfzig sein ❸ *(decade)* ■**the fifties** *pl* die fünfziger [*o* 50er] Jahre, die Fünfziger ❹ *(temperature)* **to be in the fifties** um die fünfzig Grad [Fahrenheit] haben ❺ *(fam: speed)* fünfzig [Stundenkilometer]; **to do** ~ *(fam)* fünfzig fahren ❻ *(banknote)* Fünfziger *m*
fif·ty-cent 'piece *n* Fünfzig-Cent-Münze *f,* Fünfzig-Cent-Stück *nt* **fif·ty-'fif·ty** *inv* **I.** *adj (fam)* halbe-halbe *präd fam,* fifty-fifty *präd fam;* **we should share the work on a ~ basis** jeder von uns sollte die Hälfte der Arbeit machen *fam;* **there's only a ~ chance** die Chancen stehen nur fifty-fifty *fam* **II.** *adv* halbe-halbe *fam,* fifty-fifty *fam;* **let's go ~!** lass uns halbe-halbe [*o* fifty-fifty] machen! *fam*
fig¹ [fɪg] *n* ❶ FOOD Feige *f* ❷ *(tree)* Feigenbaum *m,* Feige *f* ▸ PHRASES: **to be not worth a** ~ *(fam)* keine müde Mark [*o* keinen Pfifferling] wert sein *fam;* **to not care** [*or* **give**] **a ~ about** [*or* **for**] **sb/sth** *(dated fam)* sich *akk* keinen Deut um jdn/etw scheren; **she doesn't care a ~ for him** er ist ihr vollkommen gleichgültig; **I don't care a ~ about that!** das kümmert mich nicht die Bohne! *fam*
fig² [fɪg] *(fam)* **I.** *n no pl* ❶ *(dress)* Aufmachung *f,* Kleidung *f;* **in full** ~ in vollem Staat ❷ *(condition)* Form *f,* Verfassung *f;* **to be in great** ~ hervorragend in Form sein **II.** *vt* <-gg-> *(dated)* ■**to ~ sb out** jdn herausputzen
fig³ [fɪg] **I.** *n abbrev of* **figure** Abb. *f* **II.** *adj inv abbrev of* **figurative** fig.
figgy pud·ding *n* BRIT Rosinenpudding *m*
fight [faɪt] **I.** *n* ❶ *(violent combat)* Kampf *m* (**against/for** gegen/um +*akk*); *(brawl)* Rauferei *f;* *(involving fists)* Schlägerei *f;* **to give up without a** ~ kampflos aufgeben ❷ BOXING Kampf *m,* Fight *m* ❸ MIL Gefecht *nt* (**against** gegen +*akk*) ❹ *(struggle, resistance)* Kampf *m* (**against/for** gegen/um +*akk*) ❺ *(quarrel)* Streit; **to have a ~ on one's hands** Ärger am Hals haben *fam* ❻ *no pl (inclination)* Kampfgeist *m;* **to knock** [*or* **take**] **the ~ out of sb** jdm seinen Kampfgeist nehmen; **to show some** ~ *(defend oneself)* Widerstand leisten, sich *akk* zur Wehr setzen; *(show appetite for fighting)* Kampfgeist demonstrieren, sich *akk* kampflustig zeigen ▸ PHRASES: ~ **or flight!** friss oder stirb! *fam;* **to put up a** [**good**] ~ sich *akk* [tapfer] zur Wehr setzen; **to put up a ~ about sth** sich *akk* gegen etw *akk* wehren **II.** *vi* <fought, fought> ❶ *(combat violently)* kämpfen; **the children were ~ing in the playground** die Kinder rauften sich auf dem Spielplatz; **to ~ like cats and dogs** wie Hund und Katze sein; ■**to ~ against/for sth/sb** gegen/für etw/jdn kämpfen; ■**to ~ with each other** miteinander kämpfen ❷ *(wage war)* kämpfen; **to ~ to the death** auf Leben und Tod kämpfen; **to ~ to the bitter end** bis zum bitteren Ende kämpfen; **to ~ to the finish** bis zum Schluss [*o* letzten Augenblick] kämpfen; ■**to ~ on** weiterkämpfen, den Kampf fortsetzen; ■**to ~ against/for sb/sth** gegen/für jdn/etw kämpfen; **to ~ for the winning side** für die Sieger kämpfen; ■**to ~ with sb** *(battle against)* gegen jdn kämpfen; *(battle on same side)* an jds Seite *f* kämpfen ❸ *(quarrel)* sich *akk* streiten; ■**to ~ about sb/sth** sich *akk* über jdn/etw [*o* wegen einer Person/einer S. *gen*] streiten; ■**to ~ over sth/sb** sich *akk* um etw/jdn streiten ❹ *(struggle)* kämpfen; **to ~ at** [*or* **in**] **an election** bei einer Wahl kandidieren; **to ~ to clear one's name** um seinen guten Ruf kämpfen; ■**to ~ against sth** gegen etw *akk* [an]kämpfen, etw bekämpfen; ■**to ~ against sb** gegen jdn [an]kämpfen; ■**to ~ for sth** um etw *akk* kämpfen; **to ~ for breath** nach Luft ringen; **to ~ for a cause** für eine Sache kämpfen; **to ~ for life** um sein Leben kämpfen ❺ BOXING boxen; ■**to ~ against sb** gegen jdn boxen **III.** *vt* <fought, fought> ❶ *(wage war)* ■**to ~ sb/sth** gegen jdn/etw kämpfen; **to ~ a delaying action** den Feind im Kampf hinhalten; **to ~ a battle** eine Schlacht schlagen; **to ~ a duel** ein Duell austragen, sich *akk* duellieren ❷ *(dated: manoeuvre)* **to ~ ships/troops** Schiffe/Truppen kommandieren ❸ *(struggle to extinguish)* **to ~ a fire** ein Feuer bekämpfen, gegen ein Feuer ankämpfen ❹ *(strive to win)* **to ~ an action** einen Prozess durchkämpfen; **to ~ a case in** [*or* **through**] **the courts** einen Fall vor Gericht durchfechten; *(strive to beat)* ■**to ~ sb for sth** gegen jdn wegen einer S. *gen* einen Prozess führen ❺ *(struggle against, resist)* ■**to ~ sth** etw bekämpfen, gegen etw *akk* [an]kämpfen; **to ~ crime** das Verbrechen bekämpfen; **to ~ a disease** gegen eine Krankheit ankämpfen; ■**to ~ sb** gegen jdn [an]kämpfen ❻ *(in boxing)* ■**to ~ sb** gegen jdn boxen ❼ *(battle)* **to ~ one's way** [**out of sth**] sich *dat* den Weg [aus etw *dat*] freikämpfen; **to ~ one's way through the crowd** sich *dat* einen Weg durch die Menge bahnen; **to ~ one's way to the top** sich *akk* an die Spitze kämpfen ▸ PHRASES: **to ~ a losing battle** auf verlorenem Posten kämpfen; **to ~ one's corner** BRIT seinen Standpunkt verfechten; **to ~ fire with fire** mit den gleichen Waffen kämpfen; **to not be able to ~ one's way out of a brown paper bag** absolut bescheuert sein *fam;* **to ~ shy of sb/sth** jdm/etw aus dem Weg gehen
◆**fight back I.** *vi* zurückschlagen; *(defend oneself)* sich *akk* zur Wehr setzen; *(struggle, resist)* sich *akk* wehren **II.** *vt* ■**to ~ back** ◌ **sth** etw unterdrücken [*o* zurückhalten], gegen etw *akk* ankämpfen; **to ~ back the** [*or* **one's**] **tears** gegen die Tränen ankämpfen, die Tränen unterdrücken [*o* zurückhalten]
◆**fight down** *vt see* **fight back II.**
◆**fight off** *vt* ❶ *(hit)* ■**to ~ off** ◌ **sb** jdn abwehren; **to ~ off a reporter** einen Reporter abwimmeln *pej* ❷ *(master)* ■**to ~ off** ◌ **sth** etw bekämpfen, gegen etw *akk* [an]kämpfen; **to ~ off a cold/depression** gegen eine Erkältung/Depression ankämpfen
◆**fight out** *vt* ■**to ~ it out** es ausfechten; *(compete also)* es austragen; ~ **it out between you!** *(fam)* macht das unter euch aus!
fight·er ['faɪtəʳ, AM -t̬ɚ] *n* ❶ *(boxer)* Boxer(in) *m(f),* Fighter(in) *m(f)* ❷ *(plane)* Jäger *m,* Kampfflugzeug *nt* ❸ *(one who fights)* Kämpfer(in) *m(f)* ❹ *(one who resists)* Kämpfernatur *f*
fight·er 'air·plane *n* Kampfflugzeug *nt,* Jäger *m* **fight·er-'bomb·er** *n* Jagdbomber *m* **'fight·er pi·lot** *n* Jagdflieger(in) *m(f)*
fight·ing ['faɪtɪŋ, AM -t̬-] **I.** *n no pl* ❶ *(hostilities)* Kämpfe *mpl,* Gefechte *ntpl;* **the ~ on the Eastern Front lasted for four years** die Kämpfe an der Ostfront dauerten vier Jahre an ❷ *(fist fights)* Schlägereien *fpl,* Prügeleien *fpl* **II.** *adj attr, inv* kämpferisch, streitlustig; **they were in a ~ mood** sie waren kämpferisch gestimmt
fight·ing 'chance *n* reelle Chance; **although the odds are against us we do have a ~ of getting a mortgage** obwohl unsere Chancen schlecht stehen, besteht die Möglichkeit, dass wir ein Hypothekendarlehen bekommen; **there's a ~ that ...** es gibt eine reelle Chance, dass ... **fight·ing 'fit** *adj pred* topfit *fam* **fight·ing 'spir·it** *n no pl* Kampfgeist *m* **'figh·ting talk** *n no pl,* **figh·ting 'words** *npl (fam)* Kampfparolen *fpl*
'fig leaf *n* Feigenblatt *nt;* *(fig)* Tarnung *f,* Feigenblatt *nt*
fig·ment ['fɪgmənt] *n* Fantasieprodukt *nt,* Hirngespinst *nt pej;* **to be a ~ of sb's** [*or* **the**] **imagination** reine [*o* pure] Einbildung sein; **this is a ~ of her imagination** das bildet sie sich nur ein
fig·ura·tive ['fɪgjᵊrətɪv, AM -jɚət̬ɪv] *adj inv* ❶ *(metaphorical)* bildlich; LING figurativ *fachspr;* ~ **expression** bildlicher Ausdruck; ~ **meaning** übertragene Bedeutung; ~ **sense** übertra-

F

gener [*o fachspr* figurativer] Sinn ❷ ART gegenständlich

fig·ura·tive·ly ['fɪgjᵊrətɪvli, AM -jɚət̬-] *adv inv* bildlich, figurativ *fachspr;* **to express sth ~** etw bildlich ausdrücken; **to be used ~** im übertragenen Sinn [*o fachspr* figurativ] gebraucht sein; **~ speaking** bildlich gesprochen

fig·ure ['fɪgəʳ] **I.** *n* ❶ (*silhouette of body*) Gestalt *f;* (*personality*) Persönlichkeit *f;* (*in novel*) Gestalt *f;* **a ~ of fun** [*or* AM *usu* **ridicule**] eine Spottfigur [*o pej fam* Witzfigur]; **to be a mother ~ to sb** für jdn die Mutterrolle einnehmen; **to cut an elegant/a sorry ~** eine elegante/traurige Figur abgeben ❷ (*shape of body*) Figur *f;* **a fine ~ of a man** (*dated or hum*) ein Bild *nt* von einem Mann; **a fine ~ of a woman** eine stattliche Frau; **to be ~-conscious** figurbewusst sein; **to get one's ~ back** seine alte Figur wiederbekommen; **to keep one's ~** schlank bleiben ❸ MATH (*digit*) Ziffer *f;* (*numeral*) Zahl *f;* **he is good at ~s** er ist ein guter Rechner; **column of ~s** Zahlenreihen *pl;* **to have a head for ~s** sich *dat* Zahlen gut merken können; **double/single ~s** zweistellige/einstellige Zahlen; **to run into double ~s** im zweistelligen Bereich liegen; **to put a ~ on sth** etw in Zahlen ausdrücken; **in four/five ~s** vier-/fünfstellig; **in round ~s** rund [gerechnet] ❹ (*amount of money, cash*) Betrag *m;* **a high** [*or* **large**] **~** ein hoher Preis; *amount* eine hohe Summe ❺ (*bookkeeping, economic data*) ■**the ~s** *pl* **Ms Smith, could you bring in the ~s for the Miller contract?** Frau Schmitt, könnten Sie das Zahlenmaterial für den Miller-Vertrag bringen?; **unemployment ~s** Arbeitslosenzahlen *pl* ❻ (*illustration, representation*) Abbildung *f;* (*diagram*) Diagramm *nt* **II.** *vt* ❶ *esp* AM (*think, reckon*) ■**to ~ sth** (*anticipate, envisage*) etw voraussehen; (*predict*) etw voraussagen; (*estimate*) etw schätzen ❷ (*comprehend, work out*) ■**to ~ sth/sb** etw/jdn verstehen; ■**to ~ why/who/how ...** verstehen, warum/wer/wie ...; **can you ~ how to open this box?** hast du eine Ahnung, wie der Kasten aufgeht? **III.** *vi* ❶ (*feature*) eine Rolle spielen; (*appear*) erscheinen, auftauchen; (*he ~d prominently in my plans*) er spielte eine bedeutende Rolle in meinen Plänen; **where does pity ~ in your scheme of things?** welche Rolle spielt Mitleid in deiner Weltordnung? ❷ *esp* AM (*count on*) ■**to ~ on sth** mit etw *dat* rechnen ❸ (*make sense*) **that** [*or* **it**] **~s** *esp* AM das hätte ich mir denken können; **it doesn't ~** das passt nicht zusammen ❹ (*fam: imagine*) **go ~** stell dir vor

◆**figure out** *vt* ❶ (*fam: comprehend*) ■**to ~ out** ⇔ **sth** etw herausfinden; **I can't ~ out why he did it** ich kann mir nicht erklären, warum er es tat; **can you ~ out how to open this box?** weißt du, wie man diese Schachtel aufmacht?; **to ~ out a problem** ein Problem lösen ❷ (*fam: calculate*) ■**to ~ out** ⇔ **sth** etw ausrechnen ❸ (*understand*) ■**to ~ out** ⇔ **sb** jdn verstehen [*o* begreifen]

◆**figure up** *vi* zusammenzählen; **the holiday in Spain ~s up to $200** die Urlaubskosten in Spanien belaufen sich auf 200 Dollar

-fig·ure ['fɪgəʳ, AM -jɚ] *in compounds* -stellig; **a four/five/six~ salary** ein vier-/fünf-/sechsstelliges Gehalt

fig·ure 'eight *n* AM SPORTS (*figure of eight*) Achter *m* **'fig·ure·head** ['fɪgəhed, AM -jɚ-] *n* (*a. fig*) Galionsfigur *f a. fig* **fig·ure of 'eight** <*pl* figures-> *n* BRIT, AUS SPORTS Achter *m* **fig·ure of 'speech** <*pl* figures-> *n* (*rhetorical device*) Redefigur *f,* Redensart *f;* (*simile*) Redewendung *f;* **it's just a ~** (*fam*) das habe ich nur so gesagt *fam* **'fig·ure-skat·er** *n* Eiskunstläufer(in) *m(f)* **'fig·ure-skat·ing** *n no pl* Eiskunstlauf *m*

figu·rine ['fɪgjəri:n, AM ˌfɪgju:'ri:n] *n* ART Figurine *f fachspr,* Statuette *f*

fila·ment ['fɪləmənt] *n* ❶ (*fibre*) Faden *m,* Faser *f* ❷ ELEC Glühfaden *m* ❸ BOT Filament *nt fachspr,* Staubfaden *m*

fil·bert ['fɪlbət, AM -bɚt] *n* ❶ (*tree*) Haselnussstrauch *m* ❷ (*nut*) Haselnuss *f*

filch [fɪltʃ] *vt* (*fam*) ■**to ~ sth** etw mitgehen lassen *fam,* etw mopsen *fam*

file¹ [faɪl] **I.** *n* ❶ (*folder*) [Akten]hefter *m;* (*hardback with a spine*) [Akten]ordner *m;* (*loose-leaf*) [Akten]mappe *f;* **you'll find it in the ~s under C** das muss in den Akten unter C sein ❷ (*information, database*) Akte *f* (**on** über +*akk*); **the Reg Jones ~** die Akte Reg Jones; **to keep a ~ on sb/sth** eine Akte über jdn/etw führen; **to open** [*or* **start**] **a ~** eine Akte anlegen ❸ (*records*) ■**~s** *pl* Unterlagen *fpl,* Akten *fpl;* **your report will be put into our ~s** wir werden ihren Bericht zu unseren Akten nehmen; **to be in** [*or* **on**] **sb's ~** in jds Akten [*o* Unterlagen] *fpl* sein ❹ COMPUT Datei *f;* **to copy/delete/save a ~** eine Datei kopieren/löschen/speichern ► PHRASES: **to keep sth on ~** etw aufbewahren **II.** *vt* ❶ (*put in folder*) ■**to ~ sth** etw ablegen; (*not loose also*) etw abheften; **we ~ these reports under country of origin** wir ordnen diese Berichte unter dem Ursprungsland ein; **these scripts are ~d according to the author's last name** diese Texte werden nach dem Nachnamen des Autors archiviert ❷ (*submit*) **to ~ a bid** ein Angebot abgeben; **to ~ a claim for sth** einen Anspruch auf etw *akk* erheben; **claims were ~d for enormous damages against tobacco companies** die Zigarettenindustrie wurde mit enormen Schadenersatzforderungen konfrontiert; **to ~ a petition** einen Antrag stellen; **to ~ a protest** Einspruch einlegen; **to ~ a suit against sb/sth** eine Klage gegen jdn/etw einreichen; **to ~ a tax return** eine Steuererklärung abgeben ❸ JOURN **to ~ a copy/report/story** ein Manuskript/einen Bericht/eine Geschichte einsenden **III.** *vi* LAW ■**to ~ for sth** auf etw *akk* klagen; **to ~ for bankruptcy** einen Konkursantrag stellen, Konkurs anmelden; **to ~ for divorce** die Scheidung beantragen

◆**file away** *vt* ■**to ~ away** ⇔ **sth** etw zu den Akten legen; (*fig*) etw im Gedächtnis behalten

file² [faɪl] **I.** *n* ❶ (*line*) Reihe *f;* **a ~ of children** eine Reihe Kinder; **in ~** in Reih und Glied; **in single ~** im Gänsemarsch; **to stand in single ~** in Reihe stehen ❷ + *sing/pl vb* MIL Abteilung *f* ❸ CHESS Reihe *f* **II.** *vi* ■**to ~ into sth** nacheinander in etw *akk* [herein]kommen; **hundreds of tourists ~d past the monument** Hunderte von Touristen defilierten an dem Denkmal vorbei; **the visitors ~d through the entrance to the ticket offices** die Besucherschlange reichte durch den Eingang bis zum Kartenschalter

file³ [faɪl] **I.** *n* (*tool*) Feile *f* **II.** *vt* (*smooth*) ■**to ~ sth** etw feilen; **to ~ one's nails** sich *dat* die Nägel feilen; ■**to ~ sth down** etw abfeilen

◆**file away, file off** *vt* ■**to ~ away** [*or* **off**] ⇔ **sth** etw abfeilen

◆**file through** *vi* ■**to ~ through sth** etw durchfeilen

'file cabi·net *n* AM Aktenschrank *m* **'file ex·ten·sion** *n* COMPUT Datei[namen]erweiterung *f,* Dateikennung *f* **'file name** *n* COMPUT Dateiname *m*

fi·let ['fɪleɪ, AM fɪ'leɪ] *n* ❶ FOOD *see* **fillet** ❷ *no pl* (*net*) Filetarbeit *f,* Netzstickerei *f*

fi·let 'mi·gnon *n no pl* FOOD Filet mignon *nt*

fil·ial ['fɪliəl] *adj attr, inv* (*form*) ❶ (*of a son, daughter*) Kindes-; **~ duty** Kindespflicht *f geh;* (*of a son also*) Sohnespflicht *f geh;* **~ obedience/respect** kindlicher Gehorsam/Respekt; **~ piety** kindliche Ergebenheit ❷ BIOL Filial- *fachspr;* **~ generation** Filialgeneration *f fachspr*

fili·bus·ter ['fɪlɪbʌstəʳ, AM -ɚ] **I.** *n esp* AM ❶ (*obstruction*) Verschleppung *f,* Obstruktion *f geh* ❷ (*obstructing person*) Dauerredner(in) *m(f)* **II.** *vi esp* AM Obstruktion betreiben *geh* **III.** *vt* **to ~ legislation/a measure** ein Gesetz/eine Maßnahme [durch Verschleppung] zu Fall bringen

fili·gree ['fɪlɪgri:] **I.** *n no pl* Filigran *nt,* Filigranarbeit *f* **II.** *n modifier* Filigran-; **~ ornament** feingliedrige Verzierungen; **~ silverwork** sorgfältige Silberarbeit

fil·ing ['faɪlɪŋ] *n* ❶ *no pl* (*archiving*) Ablage *f;* **her job involves ~** zu ihren Aufgaben gehört auch die Ablage ❷ (*registration*) Einreichung *f;* **bankruptcy ~** Konkursanmeldung *f* ❸ *no pl* COMPUT Archivierung *f*

'fil·ing cabi·net *n* ❶ (*furniture*) Aktenschrank *m* ❷ (*container* *for file cards*) Karteikasten *m* **'fil·ing clerk** *n* Archivangestellte(r) *f(m)*, Registrator(in) *m(f)*

fil·ings ['faɪlɪŋz] *npl* (*particles*) [Feil]späne *mpl;* **iron ~** Eisenspäne *mpl*

'fil·ing sys·tem *n* ECON Ablagesystem *nt;* COMPUT Archivierungssystem *nt*

fill [fɪl] **I.** *n* ❶ (*bearable amount*) **to drink one's ~** seinen Durst stillen; **to eat one's ~** sich *akk* satt essen; **to have one's ~ of sth** von etw *dat* genug haben ❷ (*space full*) Füllung *f;* **~ of gasoline** [*or* **petrol**] Tankfüllung *f;* **a ~ of tobacco** eine Pfeife Tabak; **to have had one's ~ of sth** genug von etw *dat* haben ❸ *no pl* (*material*) Verfüllung *f,* Aufschüttung *f* **II.** *vt* ❶ (*make full*) ■**to ~ sth** etw füllen; **to ~ a bottle** eine Flasche [voll] füllen [*o* abfüllen]; **to ~ a pipe** eine Pfeife stopfen ❷ (*occupy to capacity*) ■**to ~ sth** etw füllen; **to ~ a stadium** ein Stadion füllen ❸ (*seal, block*) ■**to ~ sth** [**with sth**] etw [mit etw *dat*] füllen; **to ~ a cavity** [*or* **hole**] ein Loch füllen; **to ~ a crack** einen Spalt [*o* Riss] verspachteln; **to ~ a tooth** einen Zahn plombieren ❹ FOOD ■**to ~ sth** [**with sth**] etw [mit etw *dat*] füllen; **~ the mushrooms with the prepared stuffing** die Pilze mit der vorbereiteten Füllung füllen ❺ (*pervade*) ■**to ~ sth** etw erfüllen; **happy sounds ~ed the room** der Raum war mit [*o* von] fröhlichen Klängen erfüllt; **a strong sweet smell ~ed the air** ein starker, süßer Geruch lag in der Luft ❻ (*cause to feel*) ■**to ~ sb with sth** jdn mit etw *dat* erfüllen *geh;* **to ~ sb with fear** jdn mit Furcht erfüllen *geh* ❼ NAUT **to ~ a sail** ein Segel aufblähen ❽ (*appoint to hold*) **to ~ a vacancy/job/position** [**with sb**] eine freie Stelle/Position [mit jdm] besetzen ❾ (*carry out duties of*) **to ~ a role/position** eine Rolle/Position übernehmen ❿ (*utilize*) ■**to ~ the day/time** [**with sth**] den Tag/die Zeit [mit etw *dat*] ausfüllen [*o* verbringen]; **to ~ the day/time** [**by**] **watching television** den Tag/die Zeit mit Fernsehen verbringen; (*bridge*) **to ~ time** die Zeit überbrücken ⓫ (*satisfy*) **to ~ a need** einen Bedarf [ab]decken; **to ~ a gap** [*or* **need**] **in the market** in eine Marktlücke stoßen, eine Marktlücke schließen; **to ~ an order** einen Auftrag ausführen; **to ~ a prescription** AM eine Medizin zubereiten; **to ~ a vacuum** [*or* **void**] eine Lücke schließen ⓬ (*satiate*) ■**to ~ sb** jdn sättigen [*o* satt machen]; (*fig*) jdn zufrieden stellen **III.** *vi* sich *akk* füllen; ■**to ~ with sth** sich *akk* mit etw *dat* füllen; **their eyes ~ed with tears** sie hatten Tränen in den Augen, ihnen traten [die] Tränen in die Augen; **the buckets were quickly ~ing with water** die Eimer waren schnell voller Wasser

◆**fill in I.** *vt* ❶ (*inform*) ■**to ~ in** ◌ **sb** [**on sth**] jdn [über etw *akk*] informieren [*o* unterrichten] ❷ BRIT (*fam: hit*) ■**to ~ in** ◌ **sb** jdn zusammenschlagen [*o* krankenhausreif schlagen] *fam* ❸ (*seal*) ■**to ~ in** ◌ **sth** etw [aus]füllen; **to ~ in a hole with putty/cracks in the plaster** ein Loch mit Kitt/Risse im Putz zuspachteln [*o* verspachteln] ❹ ART ■**to ~ in** ◌ **sth** etw ausmalen ❺ (*complete*) ■**to ~ in** ◌ **sth** etw ausfüllen; **to ~ in a form** ein Formular ausfüllen ❻ (*enter*) ■**to ~ in** ◌ **sth** etw eintragen; **please ~ in your name and address** bitte Namen und Anschrift eintragen ❼ (*occupy*) ■**to ~ in the time** [**by**] **doing sth** die Zeit mit etw *dat* ausfüllen [*o* verbringen]; (*bridge*) **to ~ in the time** die Zeit überbrücken **II.** *vi* ■**to ~ in** [**for sb**] [für jdn] einspringen

◆**fill out I.** *vt* ■**to ~ out** ◌ **sth** etw ausfüllen; **to ~ out a form** ein Formular ausfüllen **II.** *vi* (*expand*) sich *akk* ausdehnen; (*gain weight*) fülliger werden

◆**fill up I.** *vt* ❶ (*render full*) ■**to ~ up** ◌ **sth** etw voll füllen; **to ~ up a bucket with water** einen Eimer mit Wasser [voll] füllen ❷ (*occupy entire space*) ■**to ~ up** ◌ **sth** etw ausfüllen; **the painting ~s up the entire wall** das Bild füllt die gesamte Wand aus ❸ BRIT (*fill in*) ■**to ~ up** ◌ **sth** etw ausfüllen; **to ~ up a document** ein Dokument ausfüllen ❹ AUTO **to ~ up a car/the petrol** [*or* AM **gas**] **tank** ein Auto voll tanken/den Tank voll machen; **I ~ed up the car with diesel fuel** ich tankte das Auto mit Diesel voll; **~ it up with unleaded, please!** einmal bleifrei voll tanken, bitte! ❺ (*occupy*) **after her death he ~ed up his timetable with as many appointments as possible to take his mind off the tragedy** nach ihrem Tod traf er jeden Tag so viele Verabredungen wie möglich, um sich von der Tragödie abzulenken; **to ~ up the day with appointments** den Tag mit Terminen voll packen *fam;* **to ~ up one's time** sich *dat* viel vornehmen ❻ FOOD ■**to ~ up** ◌ **sb** jdn satt bekommen; ■**to ~ oneself up** sich *akk* voll stopfen *fam* **II.** *vi* ❶ (*become full*) sich *akk* füllen; ■**to ~ up with sth** sich *akk* mit etw *dat* füllen; **the hall ~ed up with visitors** die Halle füllte sich mit Besuchern ❷ AUTO [voll] tanken

filled 'gold *n no pl* Golddoublé *nt* **filled 'milk** *n no pl mit Pflanzenöl verstärkte Magermilch*

fill·er ['fɪləʳ, AM -ɚ] *n* ❶ (*sb that fills*) Abfüller(in) *m(f)* ❷ (*sth that fills*) Füllvorrichtung *f;* (*funnel*) Trichter *m* ❸ *no pl* (*for cracks*) Spachtelmasse *f;* **wood ~** Porenfüller *m* ❹ (*for adding bulk*) Füllmaterial *nt,* Füllmittel *nt;* **foam ~** Schaumfüllstoff *m* ❺ JOURN, TV, RADIO Lückenfüller *m* ❻ LING Füllwort *nt* ❼ *no pl* AM (*tobacco*) Tabak *m*

'fill·er cap *n* Tankdeckel *m,* Tankverschluss *m*

fil·let¹ ['fɪleɪ, 'fɪlɪt, AM fɪ'leɪ, 'fɪlɪt] *n* FOOD Filet *nt*

fil·let² ['fɪlɪt] **I.** *n* ❶ (*headband*) Stirnband *nt* ❷ (*separating mouldings*) Leiste *f,* Rippe *f;* (*between flutes*) Kannelüre *f fachspr* ❸ TYPO, PUBL Filet *nt fachspr,* [Buch]zierstreifen *m;* (*tool*) Filete *f fachspr* ❹ (*on walls, furniture, windows*) Hohlkehle *f,* Deckleiste *f* **II.** *vt* ❶ (*remove bones*) **to ~ a fish** einen Fisch entgräten ❷ (*cut into pieces*) **to ~ fish/meat** Fisch/Fleisch filetieren

'fil·let steak *n* Filetsteak *nt*

fill·ing ['fɪlɪŋ] **I.** *n* ❶ (*material*) Füllmasse *f,* Füllmaterial *nt* ❷ (*for dental cavities*) Füllung *f,* Plombe *f veraltend* ❸ FOOD Füllung *f;* (*in a sandwich*) Belag *m* **II.** *adj* sättigend

'fill·ing sta·tion *n* Tankstelle *f*

fil·lip ['fɪlɪp] **I.** *n* ❶ *usu sing* (*stimulus*) Ansporn *m kein pl;* (*boost*) Auftrieb *m;* **to give sb a ~, to provide a ~ for** [*or* **to**] **sb** (*encourage*) jdn anspornen; (*give a boost*) jdm Auftrieb geben; **to give sth a ~, to provide a ~ for** [*or* **to**] **sth** (*stimulate*) etw beleben [*o fam* in Schwung bringen]; (*give a boost*) etw *dat* Auftrieb geben; **the news gave the stock market a big ~** die Meldungen führten zu einer deutlichen Belebung des Aktienmarkts ❷ (*dated: flick*) Schnipser *m,* Schnalzer *m* ❸ (*strike*) Klaps *m* **II.** *vt* ❶ (*dated: flick*) ■**to ~ sth** mit etw *dat* schnipsen [*o* schnalzen] ❷ (*strike*) ■**to ~ sb/sth** jdm/etw einen Klaps geben ❸ (*stimulate*) ■**to ~ sth** etw beleben [*o fam* in Schwung bringen]; (*encourage*) ■**to ~ sb** jdn anspornen; **to ~ sb's memory** jds Gedächtnis *nt* auf die Sprünge helfen *fam*

fil·ly ['fɪli] *n* ❶ ZOOL Stutenfohlen *nt,* junge Stute ❷ (*dated: girl*) Bienchen *nt hum veraltend*

film [fɪlm] **I.** *n* ❶ (*motion picture*) Film *m;* **she's had a long career in ~s** sie hat eine lange Filmkarriere hinter sich; **to get into the ~s** zum Film gehen; **to make** [*or* **shoot**] **a ~** einen Film drehen; **to see** [*or* **watch**] **a ~** sich *dat* einen Film ansehen ❷ *no pl* (*for cameras*) Film *m;* **a roll of ~** eine Rolle Film; **to develop a roll of ~** einen Film entwickeln; **to catch** [*or* **record**] **sth on ~** etw auf Film festhalten; **to run out of ~** keinen Film mehr haben ❸ (*layer*) Schicht *f,* Film *m;* **~ of grease/oil** Schmier-/Ölfilm *m* ❹ (*sheet*) Folie *f;* **plastic ~** Kunststofffolie *f,* Plastikfolie *f* **II.** *n modifier* (*actor, career, industry, producer*) Film-; **Hollywood is the ~ capital of the world** Hollywood ist die Filmhauptstadt der Welt; **~ buff** Filmfan *m;* **~ censorship** Filmzensur *f;* **~ scenario** FILM Szenario *nt fachspr* **III.** *vt* ❶ (*photograph*) ■**to ~ sb/sth** jdn/etw filmen; (*shoot*) **to ~ a scene** eine Szene drehen ❷ (*reproduce*) **to ~ a book** ein Buch verfilmen **IV.** *vi* ❶ (*make a movie*) filmen, drehen ❷ *book, story* **to ~ well/badly** sich *akk* gut/schlecht verfilmen lassen; **this story ~s well** diese Geschichte eignet sich gut zum Verfilmen ❸ *person* **to ~ well/badly** fotogen/nicht fotogen sein

◆**film over** *vi* (*become tearful*) **suddenly, her eyes ~ed over [with tears]** plötzlich traten Tränen in ihre Augen *akk;* (*haze*) anlaufen, beschlagen

'film ar·chives *npl* Filmarchiv *nt* **'film cam·era** *n* Filmkamera *f* **'film clip** *n* [Film]ausschnitt *m* **'film cred·its** *npl* [Film]abspann *m* **'film crit·ic** *n* Filmkritiker(in) *m(f)* **'film di·rec·tor** *n* Filmregisseur(in) *m(f)* **'film·goer** *n* Kinobesucher(in) *m(f);* (*regular*) Kinogänger(in) *m(f)* **'film·going** *n no pl* Kinobesuch *m;* ~ **is for her something of a luxury** ins Kino zu gehen ist für sie fast schon Luxus

film·ic ['fɪlmɪk] *adj* (*form*) filmisch *attr,* Film-

filmi·ness ['fɪlmɪnəs] *n no pl* ❶ (*translucence*) Durchsichtigkeit *f* ❷ (*haziness*) Verschwommenheit *f;* **there was a ~ in her eyes** sie hatte ganz verschwommene Augen

film·ing ['fɪlmɪŋ] *n no pl* ❶ (*making of a film*) Dreharbeiten *fpl;* ~ **is taking place in the Spanish countryside** die Dreharbeiten finden in Spanien auf dem Land statt; **after three weeks of ~ there is not a great deal more that a director can teach the actors** nach drei Wochen Dreharbeiten kann der Regisseur den Schauspielern nicht viel mehr Neues vermitteln ❷ (*making into a film*) **the ~ of a book** die Verfilmung eines Buchs

'film-mak·er *n* Filmemacher(in) *m(f)* **'film-mak·ing** *n no pl* Filmproduktion *f* **film noir** *n* ❶ *no pl* (*genre*) Film noir *m* ❷ (*film*) düsterer Film

fil·mog·ra·phy [fɪlm'ɒgrəfi, AM -'ɑ:grə-] *n* Filmografie *f*

'film pro·duc·er *n* Filmproduzent(in) *m(f)* **'film pro·jec·tor** *n* [Film]projektor *m* **'film rent·al** *n* ❶ (*price*) [Film]leihgebühr *f* ❷ (*company*) Filmverleih *m* **'film rights** *npl* Filmrechte *pl* **'film script** *n* Drehbuch *nt,* Skript *nt* **'film set** *n* ❶ (*model*) Filmkulisse *f,* Dekoration *f* ❷ (*location*) Drehort *m,* Filmset *nt* **'film speed** *n* ❶ (*sensitivity*) Lichtempfindlichkeit *f,* Filmempfindlichkeit *f* ❷ (*pace*) Laufgeschwindigkeit *f,* Frequenz *f* **'film star** *n* Filmstar *m* **'film star·let** *n* (*dated*) Filmsternchen *nt,* [Film]starlet *nt hum, pej* **'film·strip** *n* FILM, TECH Filmstreifen *m,* Bildstreifen *m; esp* SCH (*sequence*) Filmabschnitt *m;* (*scene*) Filmszene *f* **'film stu·dio** *n* Filmstudio *nt,* Filmatelier *nt*

filmy ['fɪlmi] *adj* ❶ (*translucent*) hauchdünn, durchscheinend; ~ **textile** durchsichtiger Stoff ❷ (*hazy*) trüb; ~ **gaze** verschleierter Blick; ~ **mist/smoke** leichter Nebel/Rauch

filo·fax® BRIT, **Filo·fax®** ['faɪlə(ʊ)fæks] *n* BRIT Filofax® *m,* Terminplaner *m*

fi·lo pas·try [ˌfaɪləʊ'-, AM ˌfi:loʊ'-] *n no pl,* **fi·lo dough** *n no pl* griechischer Blätterteig *f*

fil·ter ['fɪltəʳ, AM -ɚ] **I.** *n* ❶ (*porous device*) Filter *m;* **water ~** Wasserfilter *m;* (*for coffee*) Kaffeefilter *m,* Filtertüte *f* ❷ (*for light*) Filter *m o nt;* **light ~** Lichtfilter *m,* optischer Filter ❸ (*for frequencies*) Frequenzfilter *m* ❹ BRIT [**traffic**] ~ (*lane*) Abbiegespur *f;* (*light*) grünes Licht für Abbieger ❺ COMPUT, INET Filter *m* **II.** *n modifier* Filter-; ~ **program** COMPUT Filterprogramm *nt fachspr* **III.** *vt* ❶ (*process, purify*) ■**to ~ sth** etw filtern [*o bes fachspr* filtrieren] ❷ (*extract*) ■**to ~ sth from sth** etw aus etw *dat* herausfiltern ❸ (*fig: select*) **to ~ calls/people** Anrufe/Leute selektieren [*o* auswählen] **IV.** *vi* ❶ BRIT AUTO **to ~ left/right** sich *akk* links/rechts einordnen ❷ (*get*) ■**to ~ into/out of sth** *liquid* in etw *akk*/aus etw *dat* sickern; *light, sound* in etw *akk*/aus etw *dat* dringen

◆**filter down I.** *vi* durchsickern; **news ~ed down to us during the day** die Neuigkeiten sind im Lauf des Tages bis zu uns durchgesickert **II.** *vt* ■**to ~ down ↻ sth [to sb]** etw [zu jdm] durchsickern lassen

◆**filter in** *vi* ❶ (*become known*) durchsickern ❷ BRIT AUTO sich *akk* einfädeln

◆**filter out I.** *vi* ❶ (*leak*) durchsickern ❷ (*leave*) nacheinander herausgehen [*o* herauskommen] **II.** *vt* ■**to ~ sth ↻ out [from sth]** etw [aus etw *dat*] herausfiltern

◆**filter through** *vi light* durchscheinen, durchschimmern; *liquid* durchsickern; *sound* durchdringen; (*fig*) *news, reports* durchsickern

'fil·ter bed *n* ❶ (*sewage treatment plant*) Kläranlage *f,* Klärbecken *nt* ❷ (*filtering layer*) Filterschicht *f,* Filterbett *nt* **'fil·ter cof·fee** *n no pl,* **fil·tered 'cof·fee** *n no pl* Filterkaffee *m* **'fil·ter lane** *n* BRIT Abbiegespur *f* **'fil·ter pa·per** *n esp* BRIT Filterpapier *nt* **'fil·ter tip** *n* ❶ (*cigarette*) Filterzigarette *f* ❷ (*filter*) Filter *m* **fil·ter-tipped ciga·'rette** *n* Filterzigarette *f*

filth [fɪlθ] *n no pl* ❶ (*dirt*) Dreck *m,* Schmutz *m;* (*faeces*) Kot *m* ❷ (*pej: obscenity*) Schmutz *m pej,* Schund *m pej fam* ❸ (*foul language*) Obszönitäten *fpl,* Ausdrücke *mpl geh,* Schweinereien *fpl pej fam* ❹ + *sing/pl vb* BRIT (*pej! sl: police*) ■**the ~** die Bullen *pl pej sl*

filthi·ly ['fɪlθɪli] *adv* ❶ (*disgustingly*) widerlich *pej,* ekelhaft *pej fam* ❷ (*very*) schrecklich *fam,* furchtbar *fam;* ~ **rich** stinkreich *sl*

filthi·ness ['fɪlθɪnəs] *n no pl* Schmutzigkeit *f fam*

filthy ['fɪlθi] **I.** *adj* ❶ (*dirty*) schmutzig, dreckig *fam,* verdreckt *pej fam* ❷ (*bad-tempered*) furchtbar; **he was in a ~ mood** er hatte furchtbare Laune; **he's got a ~ temper** er hat ein aufbrausendes Temperament; ~ **look** vernichtender Blick; BRIT (*fam: unpleasant*) *night, afternoon* scheußlich, furchtbar; ~ **weather** Schmuddelwetter *nt fam* ❸ (*pej fam: obscene*) schmutzig *pej,* unanständig; ~ **language** obszöne [*o geh* unflätige] Sprache; ~ **mind** schmutzige Fantasie *pej;* ~ **habit** (*pej*) widerliche Angewohnheit *pej* ►PHRASES: ~ **lucre** schnöder Mammon *iron geh* **II.** *adv* (*fam*) schrecklich *fam,* furchtbar *fam;* ~ **rich** stinkreich *sl*

fil·tra·tion [fɪl'treɪʃᵊn] *n no pl* Filterung *f,* Filtrierung *f,* Filtration *f fachspr*

fil·'tra·tion plant *n,* **fil·'tra·tion unit** *n* Filteranlage *f,* Filtrationsanlage *f fachspr*

fin [fɪn] **I.** *n* ❶ (*appendage*) Flosse *f* ❷ (*flipper*) [Schwimm]flosse *f* ❸ AVIAT Seitenflosse *f;* AUTO Heckflosse *f;* NAUT Kielflosse *f,* Ruderflosse *f* ❹ AM (*dated sl: money*) Fünfdollarschein *m* **II.** *vi* <-nn-> schwimmen **III.** *vt* <-nn-> ■**to ~ sth** etw mit Flossen versehen

fi·na·gle [fɪ'neɪgḷ] (*fam*) **I.** *vt* ❶ (*cheat*) ■**to ~ sb out of sth** jdn um etw *akk* betrügen ❷ (*fam: obtain*) ■**to ~ sth** [sich *dat*] etw ergaunern, etw für sich *akk* rausholen **II.** *vi* ■**to ~ around** herumgaunern *fam;* ■**to ~ over sth** sich *akk* mit etw *dat* herumschlagen

fi·nal ['faɪnᵊl] **I.** *adj inv* ❶ *attr* (*last*) letzte(r, s); **in the ~ analysis the client has the freedom to refuse the offer** letzten Endes hat der Kunde die Freiheit, das Angebot abzulehnen; ~ **chapter** Schlusskapitel *nt;* ~ **instalment** [*or* AM **installment**] [*or* **part**] letzte Rate, Abschlusszahlung *f;* ~ **phase** [*or* **stage**] Endphase *f;* **to be in the ~ stages** sich *akk* im Endstadium befinden; **the game was in the ~ stages** das Spiel befand sich in der Schlussphase; **to give sth the ~ touch, to put the ~ touches to sth** etw *dat* den letzten Schliff geben; ~ **result** Endergebnis *nt* ❷ (*decisive*) entscheidend; ~ **decision** endgültige Entscheidung; **to have the ~ say [on sth]** [bei etw *dat*] das letzte Wort haben ❸ (*indisputable*) endgültig, definitiv; **that's ~!** (*fam*) und damit basta! *fam;* **you're not going on that holiday and that's ~!** du machst diesen Urlaub nicht und damit basta! *fam* **II.** *n* ❶ (*concluding match*) Endspiel *nt,* Finale *nt;* **to get** [*or* **go**] [**through**] **to the ~** ins Finale kommen ❷ (*final stage*) ■**~s** *pl* Finale *nt* ❸ BRIT (*series of exams*) ■**~s** *pl* [Schluss]examen *nt;* **to take one's ~s** Examen machen ❹ AM (*exam*) Abschlussprüfung *f* ❺ PUBL, JOURN, MEDIA Spätausgabe *f* ❻ MUS Schlusssatz *m*

fi·nal de·'mand *n* FIN letzte Mahnung [*o* Zahlungsaufforderung]

fi·na·le [fɪ'nɑ:li, AM -'næli] *n* Finale *nt;* **grand ~** großes Finale; (*fig*) [krönender] Abschluss; **the ovations were a rousing ~ to the match** der Applaus war ein fulminanter Abschluss für das Spiel

fi·nal ex'am *n* AM (*last test*) Abschlussprüfung *f;* (*written test*) Abschlussklausur *f;* **when is your algebra ~?** wann schreibst du deine Algebraprüfung?

fi·nal·ist ['faɪnᵊlɪst] *n* ❶ UNIV Examenskandidat(in) *m(f)* ❷ SPORTS Finalteilnehmer(in) *m(f),* Finalist(in) *m(f)*

fi·nal·ity [fɪ'næləti, AM faɪ'næləṭi] *n* ❶ *no pl* (*irreversible conclusion*) Endgültigkeit *f* ❷ *no pl* (*determination*) Entschiedenheit *f,* Bestimmtheit *f* ❸ (*final act*) abschließende Handlung

fi·na·li·za·tion [ˌfaɪnᵊlaɪ'zeɪʃᵊn, AM -lɪ'-] *n no pl* ❶ (*conclusion*) endgültiger Abschluss ❷ (*agreement*) endgültige Festlegung

fi·nal·ize ['faɪnᵊlaɪz] *vt* ■**to ~ sth** ❶ (*complete*) etw zum Abschluss [*o* unter Dach und Fach] bringen ❷ (*agree on*) etw endgültig festlegen; **to ~ plans** Pläne endgültig ausarbeiten

fi·nal·ly ['faɪnᵊli] *adv inv* ❶ (*at long last*) schließlich; (*expressing relief*) endlich ❷ (*lastly*) zum Schluss ❸ (*in conclusion*) abschließend, zum Schluss ❹ (*conclusively*) endgültig; (*decisively*) bestimmt, entschieden

fi·nal so·'lu·tion *n* (*hist*) ■**the ~** die Endlösung *euph hist*

fi·nance ['faɪnæn(t)s] **I.** *n* ❶ *no pl* (*money management*) Finanzwirtschaft *f,* Finanzwesen *nt,* Geldwesen *nt;* **corporate ~** Unternehmensfinanzen *pl,* Betriebsfinanzen *pl;* **personal ~** private Finanzen *pl;* **public ~** Staatsfinanzen *pl* ❷ *no pl* (*money*) Geldmittel *pl,* Geld *nt;* **to raise ~** Geld aufbringen [*o* beschaffen] ❸ FIN ■**~s** *pl* (*assets*) Finanzen *pl;* (*fam: personal cash flow situation*) Finanzlage *f kein pl;* **my ~s are quite low at the moment** ich habe zurzeit nicht gerade viel Geld; **my ~s won't run to a new car this year** BRIT, AUS (*fam*) ich kann mir in diesem Jahr keine neues Auto leisten **II.** *vt* ■**to ~ sb/sth** jdn/etw finanzieren

'fi·nance com·pa·ny *n,* **'fi·nance house** *n* Finanzierungsgesellschaft *f;* BRIT Kundenkreditbank *f*

fi·nan·cial [faɪ'næn(t)ʃᵊl] *adj inv* finanziell, Finanz-; (*fiscal*) Fiskal-; (*monetary*) Geld-; **we've hired an attorney to look after her ~ affairs** wir haben einen Anwalt mit der Verwaltung ihres Vermögens beauftragt; **~ adviser** [*or esp* AM **advisor**] Finanzberater(in) *m(f);* **~ difficulties** finanzielle Schwierigkeiten; **~ resources** Geldmittel *pl;* **~ success** finanzieller Erfolg

fi·nan·cial·ly [faɪ'næn(t)ʃᵊli] *adv inv* finanziell; **to be ~ dependent on sb/sth** von jdm/etw finanziell abhängig sein; **~ sound** finanziell gesund; **to be ~ viable** finanziell rentabel sein; **~ weak** kapitalschwach

fi·nan·cial 'year *n* BRIT (*business year*) Geschäftsjahr *nt;* (*fiscal year*) Finanzjahr *nt,* Rechnungsjahr *nt*

fi·nan·cier [faɪ'næn(t)siəʳ, AM fɪ'næn(t)siɚ] *n* ❶ (*expert*) Finanzexperte, -in *m, f* ❷ (*capitalist*) Geldgeber(in) *m(f),* Finanzier *m*

finch <*pl* -es> [fɪn(t)ʃ] *n* Fink *m*

find [faɪnd] **I.** *n* ❶ (*approv: asset, bargain*) Fund *m;* (*approv: person previously undiscovered*) Entdeckung *f* ❷ (*discovery, location*) Fund *m* **II.** *vt* <found, found> ❶ (*chance upon, come across*) ■**to ~ oneself somewhere: when we woke up we found ourselves in Calais** als wir aufwachten, befanden wir uns in Calais; **to ~ happiness with sb** mit jdm glücklich werden; **to ~ support** Unterstützung finden ❷ (*track down, search for*) ■**to ~ sth/sb** etw/jdn finden; **the bullet found its mark** die Kugel fand ihr Ziel; **I wish I could ~ more time to do the reading** ich wünschte, ich hätte mehr Zeit für die Lektüre; **she found her boyfriend a job** sie besorgte ihrem Freund eine Stelle; **to ~ excuses** Ausreden finden; **to ~ a place/town/village on a map** eine Stelle/eine Stadt/ein Dorf auf einer Karte finden; **to ~ no reason** [*or* **cause**] **why ...** keinen Grund sehen, warum ...; **to ~ a replacement for sb/sth** Ersatz für jdn/etw finden; **to ~ the strength** [**to do sth**] die Kraft finden[, etw zu tun]; **to ~ the truth** die Wahrheit finden; **to ~ a use for sth** für etw *akk* Verwendung finden; ■**to ~ oneself** zu sich *dat* selbst finden; ■**to ~ what/where/who ...** herausfinden, was/wo/wer ... ❸ (*acquire, get*) ■**to ~ sth** etw aufbringen; *money* etw auftreiben *fam* ❹ MATH **to ~ the cube root of eight** die Kubikwurzel aus acht finden ❺ (*experience*) ■**to ~ sb/sth** [**to be sth**] jdn/etw [als etw *akk*] empfinden; (*observe*) ■**to ~ sb/sth** jdn/etw antreffen [*o* vorfinden]; (*perceive*) jdn/etw sehen; **do you also ~ Clive to be a nuisance?** findest du auch, dass Clive total lästig ist?; **Linda found living in Buenos Aires a fascinating experience** für Linda war es eine faszinierende Erfahrung, in Buenos Aires zu leben ❻ + *adj* (*in certain state*) ■**to ~ sb/sth ...** jdn/etw ... [auf]finden; **she was found unconscious** sie wurde bewusstlos aufgefunden; **one day I found myself homeless** eines Tages war ich plötzlich obdachlos; **to ~ oneself alone** auf einmal alleine sein; **to ~ sb guilty/innocent** LAW jdn für schuldig/unschuldig erklären ❼ (*ascertain, discover*) ■**to ~ that ...** feststellen, dass ...; (*come to realize*) sehen, dass ...; **you will ~ that I am right** Sie werden schon sehen, dass ich Recht habe; **I eventually found her reading a newspaper in the library** ich fand sie schließlich Zeitung lesend in der Bibliothek ❽ (*exist*) ■**to ~ sth** etw [vor]finden; **you won't ~ many people cycling to work in New York** du wirst nicht viele Leute finden, die in New York mit dem Rad zur Arbeit fahren ▸ PHRASES: **to ~ fault with sb/sth** an jdm/etw etwas auszusetzen haben; **to ~ one's feet** Fuß fassen; **to ~ one's tongue** die Sprache wiederfinden; **to ~ it in oneself** [*or* **one's heart**] **to do sth** es fertigbringen, etw zu tun **III.** *vi* <found, found> ■**to ~ against sb/sth** gegen jdn/etw entscheiden; ■**to ~ for sb/sth** zu Gunsten einer Person/einer S. *gen* entscheiden ▸ PHRASES: **seek and you shall ~** (*prov*) wer such[e]t, der findet

◆**find out I.** *vt* ❶ (*detect*) ■**to ~ out** ⟲ **sb** jdn erwischen [*o* ertappen]; **to ~ out a thief** einem Dieb auf die Schliche kommen ❷ (*discover*) ■**to ~ out** ⟲ **sth** etw herausfinden [*o* herausbekommen]; ■**to ~ out when/where/who ...** herausfinden [*o* herausbekommen], wann/wo/wer ...; ■**to ~ out that ...** herausfinden [*o* herausbekommen], dass ... **II.** *vi* dahinterkommen; ■**to ~ out about sb/sth** (*get information*) sich *akk* über jdn/etw informieren [*o* erkundigen]; (*learn*) über jdn/etw etwas erfahren

find·er ['faɪndəʳ, AM -ɚ] *n* ❶ (*person*) *of sth lost* Finder(in) *m(f);* *of sth unknown* Entdecker(in) *m(f)* ❷ (*telescope*) Sucherteleskop *nt,* Sucherfernrohr *nt* ❸ (*of a camera*) Sucher *m* ▸ PHRASES: **~s keepers**[**, losers weepers**] (*fam*) wer's findet, dem gehört's *fam*

fin de siè·cle <fins de siècle> [ˌfɛ̃(n)də'sjekl, AM ˌfɛ̃ndəsi'eklə] *n* Ende *nt* eines Jahrhunderts, Jahrhundertwende *f;* (*end of the 19th century*) Fin de Siècle *nt kein pl*

fin-de-siè·cle [ˌfɛ̃(n)də'sjekl, AM ˌfɛ̃ndəsi'eklə] *adj attr, inv* ❶ ART, LIT Fin-de-Siècle-; **~ art** die Kunst des Fin de Siècle ❷ (*decadent*) [Welt]untergangs-, Endzeit-; **~ feel** Endzeitstimmung *f*

find·ing ['faɪndɪŋ] *n* ❶ (*discovery*) Entdeckung *f* ❷ (*result of inquiry*) [Urteils]spruch *m,* Entscheidung *f; usu pl* (*result of investigation*) Ergebnis *nt;* (*statement*) Feststellung *f,* Befund *m;* **the ~ was that the evidence is inadmissible** das Gericht hat entschieden, dass die Beweise nicht zulässig sind ❸ AM (*tools*) ■**~s** *pl* Handwerkszeug *nt kein pl*

fine[1] [faɪn] **I.** *adj* ❶ *pred, inv* (*acceptable, satisfactory*) in Ordnung *fam,* gut; **seven's ~ by me** sieben [Uhr] passt mir gut; (*iron*) **that's all fine, but ...** das ist schön und gut, aber ... ❷ (*admirable, excellent*) glänzend, ausgezeichnet, hervorragend; *performance, player* großartig; **the ~st English painting of its time** das beste englische Gemälde seiner Zeit; **the ~st wines in the world** die erlesensten Weine der Welt; **a ~ example** ein gutes Beispiel; **~ food** ausgezeichnetes Essen ❸ (*iron: unpleasantly intense, nasty*) schön *iron fam,* fein; (*iron*) **I had a ~ time repairing your car** ich hatte meine helle Freude daran, dein Auto zu reparieren; **~ words** schöne Worte *iron* ❹ (*slender, cut small*) fein; *slice* dünn; **~ features** (*approv*) feine Gesichtszüge ❺ (*cloudless, pleasant*) schön; **~ weather** schönes Wetter ❻ (*distinguished, noble*) edel *geh;*

F

manners fein; *house* vornehm; (*sophisticated*) verfeinert; **he appealed to my ~r feelings** er appellierte an meine edleren Gefühle; ~ **character** edler Mensch ❼ (*understated*) fein; (*ingenious*) scharfsinnig; (*fig*) **there's a ~ line between genius and madness** Genie und Wahnsinn liegen oft nah beieinander; ~ **distinction** feiner Unterschied; ~ **nuance** feine Nuance; ~**r points** Feinheiten *pl;* **not to put too ~ a point on it ...** um ganz offen zu sein ... **II.** *adv* ❶ *inv* (*acceptably, all right*) fein, [sehr] gut, prima *fam;* **to feel ~** sich *akk* gut fühlen; **to suit sb ~** jdm [sehr] gut passen; **to work ~** gut funktionieren ❷ (*thinly*) fein; **the garlic wasn't cut ~ enough** der Knoblauch war nicht fein genug geschnitten ▸ PHRASES: **to cut sth ~** etw mit Mühe und Not erreichen

fine² [faɪn] **I.** *n* (*punishment*) Geldstrafe *f;* **heavy/small ~** hohe/niedrige Geldstrafe; (*for minor offences*) Geldbuße *f,* Bußgeld *nt* **II.** *vt* ■**to ~ sb [for sth]** jdn [wegen einer S. *gen*] zu einer Geldstrafe verurteilen; (*for minor offences*) gegen jdn [wegen einer S. *gen*] ein Bußgeld verhängen; **FIFA ~d the club $50,000 for bribing the referee** die FIFA verurteilte den Klub zu einer Geldstrafe von 50.000 Dollar für die Bestechung des Schiedsrichters

fine 'art *n no pl,* **fine 'arts** *npl* schöne Künste; **she's a great lover of ~** sie ist eine große Liebhaberin der schönen Künste; **to get** [*or* **have**] **sth down** [*or* **off**] **to a ~** (*fig*) etw zu einer wahren Kunst entwickeln

i Kultur

Fine Gael – *Stamm der Gälen* heißt eine der beiden großen Parteien der *Irish Republic – Republik Irland.* Die andere große Partei ist *Fianna Fáil – Soldaten Irlands.* **Fine Gael** wurde von der Gruppe der *Sinn Féin* gegründet, die das *Anglo-Irish Treaty – anglo-irische Abkommen* von 1921 befürwortete. Diese Partei regierte bis 1932; seitdem ist sie hauptsächlich in der Opposition.

fine·ly ['faɪnli] *adv* ❶ (*elegantly*) elegant, fein ❷ (*delicately, subtly*) fein; **a ~ balanced decision** ein wohl bedachter [*o geh* wohl erwogener] Entschluss; **to have ~ chiselled [facial] features** ein fein geschnittenes Gesicht [*o* Profil] haben; ~ **tuned** fein eingestellt ❸ (*small*) fein; ~ **ground** fein gemahlen

fine·ness ['faɪnnəs] *n no pl* (*lightness*) Feinheit *f;* (*thinness, slenderness*) Zierlichkeit *f,* Dünnheit *f;* (*sharpness*) Schärfe *f;* (*approv: delicacy, ornateness*) Feinheit *f;* (*elegance*) Eleganz *f;* (*beauty*) Schönheit *f;* (*exactness*) Genauigkeit *f;* (*exclusiveness*) Vornehmheit *f;* (*purity*) Reinheit *f*

'fine print *n no pl* ■**the ~** das Kleingedruckte

fin·ery ['faɪnəri, AM -əi] *n no pl* (*clothing*) Staat *m veraltend fam;* (*appearance*) Pracht *f;* **we watched the stars arriving for the awards ceremony dressed up in all their ~** wir beobachteten, wie die Stars prachtvoll gekleidet [*o veraltend* in vollem Staat] zur Preisverleihung erschienen

fines herbes [ˌfiːn'eəb, AM -'zerb] *npl* Fines Herbes *pl,* fein gehackte Kräuter *pl* (*Petersilie, Schnittlauch, Estragon und Thymian*)

fi·nesse [fɪ'nes] **I.** *n no pl* ❶ (*delicacy*) Feinheit *f,* Finesse *f geh* ❷ (*skill*) Geschick *nt,* Gewandtheit *f* ❸ (*manipulation*) Kunstgriff *m,* Kniff *m* ❹ CARDS Schneiden *nt* **II.** *vt* ❶ (*achieve with skill*) ■**to ~ sth** etw deichseln [*o* drehen] *fam* ❷ (*trick*) ■**to ~ sb/sth** jdn/etw austricksen ❸ CARDS **to ~ a card** eine Karte schneiden

fine-tooth 'comb *n,* **fine-toothed 'comb** *n* fein gezahnter Kamm ▸ PHRASES: **to examine** [*or* **go through**] [*or* **go over**] **sth with a ~** etw sorgfältig unter die Lupe nehmen *fam* **fine-'tune** *vt* ■**to ~ sth** etw fein [*o* genau] abstimmen; (*fig*) **to ~ the economy** die Wirtschaftsfaktoren genau aufeinander abstimmen

f'ing ['efɪŋ] *adv* (*fam!*) verdammt *fam,* verflucht *fam*

fin·ger ['fɪŋgəʳ, AM -ə] **I.** *n* ❶ ANAT Finger *m;* **the attendance at the poetry reading was dismal – the audience could be counted on the ~s of one hand** das Interesse an der Gedichtlesung war enttäuschend – die Besucher konnte man an einer Hand abzählen; **if you ever lay a ~ on him, you're in trouble!** wenn du ihm auch nur ein Haar krümmst, bekommst du Ärger! *fam;* **first** [*or* **index**] ~ Zeigefinger *m;* **middle** [*or* **second**] ~ Mittelfinger *m;* **ring ~** [*or* **third**] Ringfinger *m;* **little ~** kleiner Finger ❷ (*glove part*) Fingerling *m* ❸ *of alcohol* Fingerbreit *m* ❹ (*object*) schmaler Streifen, längliches Stück; **a ~ of bread** ein Streifen *m* [*o* Stück *nt*] Brot ▸ PHRASES: **to have a ~ in every pie** überall die Finger drin [*o* im Spiel] haben *fam;* **to have** [*or* **put**] **a ~ in the pie** AM die Hand im Spiel haben, mitmischen; **the ~ of suspicion** die Verdachtsmomente *pl;* **the ~ of suspicion is pointing right at him** die Verdachtsmomente weisen direkt auf ihn; **to be all ~s and thumbs** BRIT, AUS (*fam*) zwei linke Hände haben; **to have one's ~s in the till** sich *akk* bedienen *euph,* in die Kasse greifen *euph fam;* **to catch sb with their ~s in the till** jdn beim Griff in die Kasse ertappen *euph fam;* **to twist sb around one's little ~** (*fam*) jdn um den [kleinen] Finger wickeln *fam;* **to keep one's ~s crossed [for sb]** [jdm] die Daumen drücken *fam;* **to get** [*or* **pull**] **one's ~ out** BRIT, AUS (*fam*) sich *akk* ranhalten *fam,* Dampf dahinter machen *fam;* **to give sb the ~** AM (*fam*) jdm den Stinkefinger zeigen *fam;* **to not lift** [*or* **raise**] **a ~** keinen Finger rühren [*o* krumm machen] *fam;* **he never lifts a ~ when it comes to cooking or washing up** er kümmert sich überhaupt nicht um Kochen und Abspülen; **to put one's ~ on sth** den Finger auf etw *akk* legen; (*fig*) etw genau ausmachen; **something seemed to be wrong but I couldn't put my ~ on exactly what it was** irgendwas schien falsch zu sein, aber ich konnte nicht genau sagen, was es war; **to put the ~ on sb** (*fam*) jdn verpfeifen *fam* **II.** *vt* ❶ (*touch*) ■**to ~ sth** etw anfassen [*o* berühren]; (*feel, play with*) etw befingern *sl,* an etw *dat* herumfingern *fam* ❷ (*vulg: fondle*) ■**to ~ sb** jdn befummeln *pej fam* ❸ (*play upon*) **to ~ an instrument** mit den Fingern spielen; **to ~ the strings** in die Saiten greifen ❹ (*fam: inform on*) ■**to ~ sb [to sb]** jdn [bei jdm] verpfeifen *pej fam;* **his brother ~ed him for arson** sein Bruder hat ihn wegen Brandstiftung verpfiffen ❺ AM (*choose*) ■**to ~ sb for sth** jdn für etw *akk* aussuchen ❻ (*play*) **to ~ a passage** eine Passage spielen ❼ (*mark*) **to ~ music** Musik mit einem Fingersatz versetzen

'fin·ger·board *n of string instruments* Griffbrett *nt; of keyboard instruments* Klaviatur *f; of an organ* Manual[e] *nt* **'fin·ger bowl** *n* Fingerschale *f* **'fin·ger buf·fet** *n* kaltes Buffet

-fin·gered ['fɪŋgəd, AM -əd] *in compounds* **five~/two~** mit fünf/zwei Fingern *nach n*

'fin·ger food *n no pl* Fingerfood *nt*

fin·ger·ing ['fɪŋgərɪŋ, AM -ə-] *n* MUS ❶ *no pl* (*technique*) Fingertechnik *f* ❷ (*marking*) Fingersatz *m*

'fin·ger·mark *n* Fingerabdruck *m* **'fin·ger·nail** *n* Fingernagel *m* **'fin·ger paint·ing** *n* Malen *nt* mit Fingern **'fin·ger-point·ing** *n no pl* Schuldzuweisungen *fpl* **'fin·ger·print I.** *n* ❶ (*mark*) Fingerabdruck *m;* **to take sb's ~s** von jdm die Fingerabdrücke nehmen, jdm die Fingerabdrücke abnehmen ❷ (*characteristic*) unverwechselbares Kennzeichen **II.** *vt* ■**to ~ sb** von jdm die Fingerabdrücke nehmen, jdm die Fingerabdrücke abnehmen **'fin·ger·tip** *n* Fingerspitze *f* ▸ PHRASES: **to be sth to one's ~s** BRIT, AUS durch und durch etw sein; **she is French to the very ~s** sie ist durch und durch Französin; **to have sth at one's ~s** etw perfekt [*o fam* aus dem Effeff] beherrschen

fin·icky ['fɪnɪki] *adj* (*pej*) ❶ (*fussy*) wählerisch, heikel DIAL *fam* ❷ BRIT (*fiddly*) kniff[e]lig, verzwickt, vertrackt; ~ **job** komplizierte [*o* kniff[e]lige] Angelegenheit

fin·ish ['fɪnɪʃ] **I.** *n* ❶ (*conclusion of race*) Endspurt *m,* Finish *nt;* (*point at which race ends*) Ziel *nt;* **close ~** Kopf-an-Kopf-Rennen *nt;* **to be in at the** ~ in der Endrunde sein ❷ (*final stage*) Ende *nt;* **from start to** ~ von Anfang bis Ende ❸ (*result, outcome*) Ergebnis *nt;* **close** ~ POL knappes Ergebnis ❹ (*surface*) Oberflächenbeschaffenheit *f* ❺ (*workmanship*) Verarbeitung *f* ❻ (*final treatment*) letzter Schliff; (*sealing, varnishing*) Finish *nt; of fabric* Appretur *f; of furniture* Politur; *of coatings* letzte Schicht, Überzug *m* ▶ PHRASES: **a fight to the** ~ (*hard fought throughout*) ein Kampf *m* bis aufs Messer *fam;* (*decisive result*) ein Kampf *m* bis zur Entscheidung **II.** *vi* ❶ (*cease, conclude*) enden, aufhören; **I'm going to** ~ **with a new song** ich werde mit einem neuen Lied schließen ❷ (*stop talking*) zum Ende kommen; **to** ~ **on an optimistic note** mit einer optimistischen Anmerkung schließen; **have you quite** ~**ed?** (*iron*) bist du endlich fertig? *fam* ❸ (*to come to the end of sth*) fertig werden; **to** ~ **first/second** als Erster/Zweiter fertig sein; SPORTS Erster/Zweiter werden ❹ (*come to an end*) enden, zu Ende gehen ❺ (*stop using*) ■**to** ~ **with sth** etw nicht mehr brauchen; (*end involvement in*) mit etw *dat* fertig sein *fam;* **I'm** ~**ed with politics** ich bin mit der Politik fertig *fam* ❻ (*conclude dealings with*) ■**to** ~ **with sb** mit jdm fertig sein *fam;* (*conclude love relationship*) mit jdm Schluss machen **III.** *vt* ❶ (*bring to end*) ■**to** ~ **sth** etw beenden; **to** ~ **a sentence** einen Satz zu Ende sprechen; ■**to** ~ **doing sth** mit etw *dat* fertig sein; **have you** ~**ed reading?** hast du zu Ende gelesen?; **to** ~ **reading a book** ein Buch zu Ende lesen [*o* fertig lesen] [*o* auslesen]; **they** ~**ed the concert with their first hit** sie ließen das Konzert mit ihrem ersten Hit ausklingen ❷ (*complete education*) **to** ~ **college/school** das College/die Schule abschließen ❸ (*bring to completion*) etw fertig stellen; (*give final treatment*) etw *dat* den letzten Schliff geben ❹ (*stop*) ■**to** ~ **sth** mit etw *dat* aufhören; **I** ~ **work at 5 p.m. every day** ich mache jeden Tag um 5 Uhr Feierabend ❺ FOOD ■**to** ~ **sth** (*eat*) etw aufessen; (*drink*) etw austrinken

◆**finish off I.** *vt* ❶ (*get done*) ■**to** ~ **sth** ⟲ **off** etw fertig stellen; **I want to** ~ **off this essay soon** ich möchte diesen Aufsatz bald fertig schreiben ❷ (*make nice*) ■**to** ~ **sth** ⟲ **off** etw *dat* den letzten Schliff geben ❸ FOOD ■**to** ~ **sth** ⟲ **off** (*eat*) etw aufessen; (*drink*) etw austrinken ❹ (*beat*) ■**to** ~ **sb off** jdn bezwingen; (*tire out*) jdn schaffen [*o* fertigmachen] *fam;* AM (*sl: murder*) jdn erledigen *fam* [*o sl* alle machen] **II.** *vi* ❶ (*end*) abschließen; **dinner was delicious – let's** ~ **off with a coffee** das Abendessen war vorzüglich – trinken wir doch einen Kaffee zum Abschluss ❷ (*get work done*) zum Abschluss kommen; **if we don't** ~ **off today, ...** wenn wir heute nicht fertig werden, ...

◆**finish up I.** *vi* ❶ (*get work done*) fertig werden; **I have to** ~ **up before I can leave** ich kann erst gehen, wenn ich fertig bin; **let's** ~ **up with the dishes so we can go to bed** bringen wir den Abwasch hinter uns, damit wir zu Bett gehen können ❷ *esp* BRIT, AUS (*end up*) enden; **to** ~ **up bankrupt/drunk/ruined** am Ende bankrott/betrunken/ruiniert sein; **if you drive like that, you'll** ~ **up dead** wenn du so fährst, bist du irgendwann tot; ■**to** ~ **up doing sth: I** ~**ed up spending more than I had planned** am Ende gab ich mehr aus, als ich geplant hatte; **to** ~ **up at home/in California/on a farm** sich *akk* zu Hause/in Kalifornien/auf einer Farm wiederfinden; **to** ~ **up in debt/trouble** am Ende in Schulden/Schwierigkeiten stecken; **to** ~ **up in hell/hospital/jail** in der Hölle/im Krankenhaus/im Gefängnis landen *fam* **II.** *vt* ■**to** ~ **up** ⟲ **sth** (*eat*) etw aufessen; (*drink*) etw austrinken

fin·ished ['fɪnɪʃt] *adj inv* ❶ *pred* (*done*) fertig, beendet; ■**to be** ~ **with sth** mit etw *dat* fertig sein ❷ (*completed*) fertig; **the** ~ **product** das Endprodukt; **half-**~ halb fertig ❸ (*of refined workmanship*) vollendet, vollkommen, makellos; **beautifully/masterfully** ~ wunderbar/meisterhaft bearbeitet; ~ **wooden surface** ebenmäßige Holzoberfläche; ~ **metal surface** polierte Metalloberfläche ❹ (*used up*) verbraucht, aufgebraucht; **the juice is** ~ **and so are the cookies** der Saft ist leer und Plätzchen sind auch keine mehr da ❺ (*worn out*) erschöpft, erledigt *fam;* **after that run yesterday, I was** ~ nach dem Lauf war ich gestern fix und fertig ❻ (*ruined*) erledigt *fam; career* zu Ende

fin·ish·ing ['fɪnɪʃɪŋ] *adj attr* Schluss-, abschließend; **the** ~ **stroke to the detective story was that ...** als krönender Abschluss des Krimis stellte sich heraus, dass ...

'fin·ish·ing line *n,* **'fin·ish·ing post** *n* SPORTS Ziellinie *f* **'fin·ish·ing school** *n* Mädchenpensionat *nt* **'fin·ish·ing tape** *n* SPORTS Ziellinie *f* **fin·ish·ing 'touch** *n* letzter Schliff; **to put the** ~**es to** [*or* AM, AUS **on**] **sth** einer Sache *dat* den letzten Schliff geben

fi·nite ['faɪnaɪt] *adj* ❶ (*limited*) begrenzt; **a** ~ **number of possibilities** eine begrenzte Anzahl an Möglichkeiten; MATH endlich; ~ **number** endliche Zahl ❷ *inv* LING finit; ~ **form** Personalform *f*

fi·ni·to [fɪ'ni:təʊ, AM -oʊ] *adj pred, inv* (*fam: completed, accomplished*) finito *fam;* (*over and done with*) aus und vorbei; **if you don't finish this one on time you're** ~ wenn du dieses Mal nicht rechtzeitig fertig wirst, ist es ein für alle Mal vorbei

fink [fɪŋk] **I.** *n* AM, AUS (*pej fam!*) ❶ (*informer*) Spitzel *m pej;* (*tattletale*) Lästermaul *nt pej* ❷ (*spoiler of fun*) Spielverderber(in) *m(f) pej* ❸ (*strike-breaker*) Streikbrecher(in) *m(f)* **II.** *vi* AM (*sl*) ■**to** ~ **on sb** (*betray*) jdn verpfeifen *pej sl;* (*tattletale*) über jdn lästern *pej*

◆**fink out** *vi* AM (*sl*) einen Rückzieher machen, abspringen *fam,* aussteigen *sl*

Fin·land ['fɪnlənd] *n* Finnland *nt*

Finn [fɪn] *n* Finne, -in *m, f*

Finn·ish ['fɪnɪʃ] **I.** *n* Finnisch *nt* **II.** *adj* finnisch; **the** ~ **people** die Finnen

fiord [fjɔ:d, AM fjɔ:rd] *n* Fjord *m*

fir [fɜ:ʳ, AM fɜ:r] *n* (*tree*) Tanne *f;* (*wood*) Tannenholz *nt*

'fir-cone *n* BRIT Tannenzapfen *m*

fire ['faɪəʳ, AM -ɚ] **I.** *n* ❶ *no pl* (*flame*) Feuer *nt,* Flamme *f;* **don't play with** ~**!** spiel nicht mit dem Feuer!; **open** ~ Lagerfeuer *nt* ❷ (*on hearth*) [Herd]feuer *nt;* **open** ~ Kaminfeuer *nt;* **to light a** ~ Feuer *nt* machen ❸ (*stove*) Ofen *m;* **to put** [*or* **switch**] [*or* **turn**] **the** ~ **on** den Ofen anmachen; BRIT (*heating appliance*) Heizgerät *nt;* **electric** ~ Elektroofen *m;* **gas** ~ Gasofen *m;* **open** ~ offener Kamin ❹ *no pl* (*destructive burning*) Brand *m;* ~**!** Feuer!; **the library was destroyed by** ~ die Bibliothek ist völlig abgebrannt; **to be on** ~ brennen, in Flammen stehen; **to catch** ~ Feuer fangen, in Brand geraten; **to set sb/sth on** ~, **to set** ~ **to sb/sth** jdn/etw anzünden [*o* in Brand stecken] ❺ (*conflagration*) Feuersbrunst *f,* Großfeuer *nt,* Großbrand *m;* **he lost his house in a** ~ **recently** sein Haus ist vor kurzem bei einem Großfeuer heruntergebrannt; **forest** ~ Waldbrand *m;* **to put out the** ~ das Feuer löschen ❻ *no pl* (*hail of bullets*) Feuer *nt,* Beschuss *m;* ■**to be under** ~ beschossen werden; MIL unter Feuer stehen; **to come under** ~ **from sb** von jdm unter Beschuss genommen werden, von jdm beschossen werden; **to come under** ~ **for sth** (*fig*) wegen einer S. *gen* unter Beschuss geraten *a. fig fam;* (*shooting*) Schießen *nt;* **in the line of** ~ in der Schusslinie; **covering** ~ Feuerschutz *m;* **killed by enemy/friendly** ~ von feindlichem/eigenem Feuer getötet; **to cease** ~ das Feuer einstellen; **to open** ~ **on sb** das Feuer auf jdn eröffnen; **to return** ~ das Feuer erwidern ❼ *no pl* (*fervour*) Feuer *nt;* LIT Glut *f;* (*burning passion*) Leidenschaft *f;* (*enthusiasm*) Begeisterung *f;* **he is filled with the** ~ **of youth and his convictions** er ist voller jugendlicher Leidenschaft und Begeisterung für seine Überzeugungen; ■**to be on** ~ begeistert sein; **my heart is on** ~ **for her** mein Herz sehnt sich nach ihr ▶ PHRASES: **to have** ~ **in one's** [*or* **the**] **belly** (*have ambition*) Ehrgeiz haben; (*have enthusiasm*) begeisterungsfähig sein; ~ **and brimstone** REL Hölle und Verdammnis; (*fig*) Tod und Verderben; **to breathe** ~ **and brimstone** Gift und Galle spucken [*o* speien]; **to pull**

F

the chestnuts [*or* **fat**] **out of the** ~ BRIT die Kastanien aus dem Feuer holen *fig fam;* **to jump out of the frying pan and into the** ~ (*prov*) vom Regen in die Traufe kommen; **to get on like a house on** ~ hervorragend miteinander auskommen; **there's no smoke without a** ~ (*prov*) wo Rauch ist, ist auch Feuer *prov;* **to go through** ~ **and water for sb** (*dated*) für jdn durchs Feuer gehen *fig;* **to set the world** [*or esp* BRIT **Thames**] **on** ~ die Welt erschüttern; **to hang** ~ auf sich warten lassen; **to play with** ~ mit dem Feuer spielen *fig* **II.** *n modifier* Feuer-; ~ **control** Brandschutz *m;* MIL Feuerleitung *f;* ~ **damage** Brandschaden *m,* Feuerschaden *m;* ~ **precautions** Brandschutz *m,* Brandschutzmaßnahmen *fpl;* ~ **prevention** Brandschutz *m,* Brandprävention *f;* ~ **risk** Brandrisiko *nt,* Feuergefahr *f* **III.** *vt* ❶ (*bake in kiln*) ■**to** ~ **sth** etw brennen ❷ (*shoot*) ■**to** ~ **sth** etw abfeuern; **to** ~ **a broadside** eine Breitseite abgeben; **to** ~ **a bullet** [*or* **shot**] einen Schuss abgeben; **he** ~**d a warning shot into the air** er feuerte einen Warnschuss in die Luft ab; **to** ~ **a gun at sb/sth** auf jdn/etw schießen; (*fig*) **to** ~ **questions at sb** jdn mit Fragen bombardieren; **to** ~ **a round** [*or* **volley**] einen Schuss [*o* eine Salve] abgeben; **to** ~ **a salute** Salut schießen ❸ (*launch*) ■**to** ~ **sth** etw abschießen [*o* abfeuern]; **bazookas were** ~**d almost every day that month at Sarajevo** in diesem Monat wurde Sarajevo fast jeden Tag mit Bazookas beschossen; **to** ~ **a rocket** eine Rakete zünden [*o* abfeuern] ❹ (*dismiss*) ■**to** ~ **sb** jdn feuern [*o* rausschmeißen] *fam;* **this company uses a hire and** ~ **strategy** diese Firma stellt ein und entlässt schnell ❺ (*excite, electrify*) ■**to** ~ **sb** jdn begeistern [*o* in Begeisterung versetzen]; (*inspire*) jdn anregen [*o geh* inspirieren]; **it** ~**d me with enthusiasm for literature** es weckte die Begeisterung für Literatur in mir; **to** ~ **sb's imagination** jds Fantasie beflügeln **IV.** *vi* ❶ (*shoot*) feuern, schießen; **without warning he started to** ~ **into the crowd** er schoss ohne Vorwarnung in die Menge; ■**to** ~ **at sb/sth** auf jdn/etw feuern [*o* schießen] ❷ (*start up*) zünden; (*be operating*) funktionieren; **to** ~ **on all four cylinders** auf allen vier Zylindern laufen; (*fig*) voll funktionstüchtig sein; **coffee might help – I'm not firing on all four cylinders today** vielleicht hilft ja ein Kaffee – ich bin heute nicht so ganz da *fam*

◆**fire away** *vi* (*fam*) losschießen *fam;* **I have a few questions –** ~ **away!** ich habe ein paar Fragen – fangen Sie an!

◆**fire off** *vt* ■**to** ~ **sth** ⟲ **off** etw abfeuern [*o* abschießen]; **to** ~ **off a gun** eine Schusswaffe abfeuern; **to** ~ **off a bullet** [*or* **shot**] einen Schuss abgeben, abfeuern

◆**fire up** *vt* (*fam*) ❶ (*excite, inspire*) ■**to** ~ **sb** ⟲ **up** jdn begeistern (**about** für +*akk*) ❷ (*start*) ■**to** ~ **sth** ⟲ **up** etw zünden

'fire alarm *n* ❶ (*instrument*) Feuermelder *m;* **to sound the** ~ den Feuermelder auslösen; **if the** ~ **goes off leave the building quickly and calmly** wenn der Feuermelder Alarm gibt, verlassen Sie das Gebäude schnell und in Ruhe ❷ (*sound*) Feueralarm *m* **'fire alarm sys·tem** *n* Feuermeldeanlage *f,* Brandmeldeanlage *f* **'fire·arm** *n* Schusswaffe *f,* Feuerwaffe *f* **'fire·ball** *n* ❶ (*ball of flame*) Feuerball *m* ❷ ASTRON Feuerkugel *f* ❸ METEO Kugelblitz *m* **'fire blan·ket** *n* ❶ (*covering*) Feuerlöschdecke *f* ❷ (*apparatus*) Feuerpatsche *f* **'fire·bomb I.** *vt* ■**to** ~ **sth** eine Brandbombe auf etw *akk* werfen **II.** *n* Brandbombe *f* **'fire·bombing** *n* Brandbombenanschlag *m;* **their offices were destroyed by** ~**ing** ihre Büros wurden durch einen Brandanschlag zerstört **'fire·brand** *n* Brandfackel *f;* (*fig*) Aufwiegler(in) *m(f),* Unruhestifter(in) *m(f)* **'fire·break** *n* Feuerschneise *f,* Brandschneise *f* **'fire·brick** *n* Schamottestein *m,* feuerfester Stein **'fire bri·gade** *n* BRIT Feuerwehr *f* **'fire·bug** *n* Brandstifter(in) *m(f),* Feuerteufel *m fam* **'fire·crack·er** *n* Kracher *m,* Knallkörper *m;* (*fig*) **a** ~ **of an idea** eine zündende Idee *approv,* eine umstrittene [*o* heftig diskutierte] Idee; **a** ~ **of a policy** eine kontroverse Politik; **a** ~ **of a politician** ein entflammter Politiker/eine entflammte Politikerin *approv,* ein aufrührerischer Politiker/eine aufrührerische Politikerin **'fire·damp** *n no pl* (*sl*) Grubengas *nt,* Schlagwetter *nt* **'fire de·part·ment** *n* AM (*fire brigade*) Feuerwehr *f* **'fire de·tec·tion sys·tem** *n* Brandmeldeanlage *f,* Feuermeldeanlage *f* **'fire door** *n* Brandschutztür *f* **'fire drill** *n* (*for firemen*) Feuerwehrübung *f;* (*for others*) Feueralarmübung *f* **'fire-eat·er** *n* Feuerschlucker(in) *m(f)* **'fire en·gine** *n* Feuerwehrauto *nt,* [Feuer]löschfahrzeug *nt* **'fire es·cape** *n* (*staircase*) Feuertreppe *f,* Nottreppe *f;* (*ladder*) Feuerleiter *f,* Rettungsleiter *f* **'fire exit** *n* Notausgang *m* **'fire exit route** *n* Fluchtweg *m* **'fire ex·tin·guish·er** *n* Feuerlöscher *m* **'fire·fight** *n* MIL Feuergefecht *nt* **'fire·fight·er** *n* Feuerwehrmann, -frau *m, f* **'fire·fight·ing I.** *n no pl* Brandbekämpfung *f* **II.** *adj attr, inv* Feuerwehr-, Lösch-; ~ **equipment** [Feuer]löscheinrichtung *f* **'fire·fly** *n* Leuchtkäfer *m,* Glühwürmchen *nt fam* **'fire·guard** *n* (*in front of fireplace*) Kamingitter *nt;* (*person*) Brandwache *f* **'fire haz·ard** *n* Brandrisiko *nt,* Brandgefahr *f;* **to be a** ~ ein Brandrisiko darstellen **'fire hose** *n* Feuerwehrschlauch *m,* [Feuer]löschschlauch *m* **'fire house** *n* AM Feuerwache *f* **'fire hy·drant** *n* Hydrant *m* **'fire-in·sur·ance** *n* Feuerversicherung *f,* Brandversicherung *f* **'fire-irons** *npl* Kaminbesteck *nt* **'fire·light** *n no pl* Schein *m* des Feuers; **lit by** ~ im Feuerschein, vom Feuer erleuchtet **'fire·light·er** *n* Feueranzünder *m* **'fire·man** *n* Feuerwehrmann *m* **'fire·place** *n* Kamin *m* **'fire-plug** *n* Hydrant *m* **'fire·pow·er** *n no pl* (*amount of ammunition*) Feuerkraft *f;* (*fig: aggressive potential*) Schlagkraft *f* **'fire·proof I.** *adj* feuerfest, brandsicher; ELEC feuersicher; MECH feuerfest, feuersicher; ~ **building board** Feuerschutzplatte *f;* ~ **coating** Brandschutzbeschichtung *f;* ~ **material** feuerbeständiges Material, feuerfester Stoff; ~ **pottery** feuerfeste Töpferwaren; ~ **wall** Brandmauer *f* **II.** *vt* ■**to** ~ **sth** etw feuerfest machen **'fire-rais·er** *n* BRIT Brandstifter(in) *m(f)* **'fire-rais·ing** *n no pl* BRIT Brandstiftung *f* **'fire screen** *n* AM, AUS Kamingitter *nt,* Schutzgitter *nt* **'fire·side** *n* [offener] Kamin; ■**by the** ~ am Kamin; (*fig dated*) häuslicher Herd **fire·side 'chat** *n,* **fire·side ad·'dress** *n* Plauderei *f* am Kamin; POL, MEDIA Fernsehansprache *f* (*eines Staatsoberhaupts vor einem offenen Kamin*) **'fire start·er** *n esp* AM [Feuer]anzünder *m* **'fire sta·tion** *n* Feuerwache *f* **'fire·storm** *n* Feuersturm *m* **'fire trail** *n* AUS Feuerschneise *f* **'fire·trap** *n* ❶ (*inflammable area*) feuergefährdeter Bereich ❷ (*place in a fire*) Feuerfalle *f* **'fire wall** *n* ❶ ARCHIT Brandmauer *f,* Feuermauer *f* ❷ COMPUT Firewall *f fachspr* **'fire war·den** *n* AM ❶ (*watchman*) Brandwache *f,* Feuerwache *f* ❷ (*professional firefighter*) Feuerwehrmann, -frau *m, f;* (*voluntary firefighter*) Feuerwehrhelfer(in) *m(f);* **he was a volunteer** ~ er war bei der freiwilligen Feuerwehr **'fire·wa·ter** *n no pl* (*hum fam*) Feuerwasser *nt fam* **'fire·wom·an** *n* Feuerwehrfrau *f* **'fire·wood** *n no pl* Brennholz *nt* **'fire·work** *n* ❶ (*explosive*) Feuerwerkskörper *m;* **to let** [*or* AM **set**] **off** ~**s** Feuerwerkskörper anzünden [*o* abbrennen] ❷ ■~**s** *pl* (*display*) Feuerwerk *nt;* (*fig*) [Riesen]krach *m kein pl fam;* **there'll be** ~**s if I get home too late** wenn ich zu spät heimkomme, fliegen die Fetzen

fir·ing ['faɪərɪŋ, AM 'faɪə-] *n* ❶ *no pl* (*shooting*) *of a gun* Abfeuern *nt; of a rocket* Abschießen *nt; of a shot* Abgeben *nt,* Abfeuern *nt;* ~ **practice** Schießübung *f* ❷ *no pl* (*in a kiln*) Brennen *nt* ❸ (*dismissal from work*) Rauswurf *m fam,* Rausschmiss *m fam*

'fir·ing line *n* Feuerlinie *f;* (*fig a.*) Schusslinie *f;* ■**in** [*or* AM **on**] **the** ~ in der Schusslinie (**of** +*gen*) **'fir·ing range** *n* Schussweite *f,* Reichweite *f* **'fir·ing squad** *n* (*at execution*) Exekutionskommando *nt;* (*at funeral*) Ehrensalutkommando *nt*

firm[1] [fɜːm, AM fɜːrm] *n* Firma *f,* Unternehmen *nt;* ~ **of lawyers** [Rechts]anwaltsbüro *nt,* [Rechts]anwaltskanzlei *f;* **small** ~ kleine Firma; **state-owned** ~ staatliches Unternehmen

firm[2] [fɜːm, AM fɜːrm] **I.** *adj* ❶ (*steady*) stabil, fest; **keep a** ~ **hold of the railing** halten Sie sich am Geländer fest ❷ (*secure*) sicher, robust; **the pole is** ~ **in its base** der Pfosten ist gut befestigt; COMM *currency, market, shares* stabil ❸ (*strong*) fest, stark; ~ **grip** fester Griff; **to have a ~ grip on sth** etw fest in der Hand haben; **with a ~ hand** mit starker Hand; ~ **handshake** kräftiger [*o* fester] Händedruck ❹ (*strict*) entschieden, streng; ■ **to be ~ with sb** gegenüber jdm bestimmt auftreten; **love and a ~ hand are keys to successful childrearing** Liebe und Disziplin sind die Grundlagen jeder erfolgreichen Kindererziehung ❺ (*thorough*) zuverlässig, sicher; ~ **basis** sichere Grundlage; ~ **understanding** feste Vereinbarung ❻ (*sure*) fest, sicher; **we're appealing to the government for a ~ commitment to help the refugees** wir fordern die Regierung dazu auf, eine definitive Zusage zur Unterstützung der Flüchtlinge abzugeben; **some still claim that there is no ~ evidence linking smoking with cancer** manche Leute behaupten noch immer, es gebe keine eindeutige Verknüpfung zwischen Rauchen und Krebs; ~ **offer** verbindliches Angebot ❼ (*hard*) fest, hart; ~ **ground** fester Boden ❽ (*staunch*) standhaft, beständig; ~ **ally** enger Verbündeter/enge Verbündete; ~ **friend** enger Freund/enge Freundin; (*resolute*) entschlossen; **to be a ~ believer in sth** fest an etw *akk* glauben; ~ **in the belief that they could never be caught they didn't bother to hide the clues** fest davon überzeugt, niemals gefasst zu werden, kümmerten sie sich nicht darum, die Hinweise zu beseitigen **II.** *adv* fest; **to hold ~** standhaft bleiben, nicht nachgeben; **to stand ~** eine feste Haltung einnehmen; (*fig*) unnachgiebig sein; **to stand ~ in sth** unerschütterlich bei etw *dat* bleiben; **to stay ~ in sth** bei etw *dat* standhaft bleiben **III.** *vi* sich *akk* stabilisieren [*o* festigen]

◆**firm up I.** *vt* ■ **to ~ sth** ○ **up** etw festmachen; **to ~ up a deal** (*fig*) ein Geschäft unter Dach und Fach bringen *fig* **II.** *vi* endgültig festlegen; *negotiations* konkret werden; *date* fest vereinbaren

fir·ma·ment ['fɜːməmənt, AM 'fɜːrm-] *n no pl* (*liter*) ■ **the ~** das Firmament *poet,* der Himmel

firm·ly ['fɜːmli, AM 'fɜːrm-] *adv* ❶ (*securely*) fest, sicher; **sometimes it takes more courage to admit you are wrong than to stand ~** manchmal braucht man mehr Mut, einen Fehler einzugestehen, als auf etwas zu beharren; **to be attached/held ~** fest angebracht [*o* gut befestigt] sein ❷ (*strongly*) fest; **to grip/hold sth ~** etw fest halten; **to shake sb's hand ~** jdm kräftig die Hand schütteln; (*with decision*) **to insist sth ~** auf etw *dat* fest beharren; **to say sth ~** etw mit Entschiedenheit sagen ❸ (*strictly*) entschieden, bestimmt; **to deal ~ with sb/sth** jdm/etw gegenüber bestimmt auftreten; **to reprimand sb ~** jdn entschieden zurechtweisen [*o* scharf tadeln] ❹ (*resolutely*) fest, bestimmt; **we are ~ committed to reducing unemployment** wir sind fest entschlossen, die Arbeitslosigkeit zu verringern; **to believe ~ that ...** fest glauben, dass ...; (*unchangingly*) entschlossen, fest; **his beliefs are ~ rooted in the Bible** sein Glaube ist tief in der Bibel verwurzelt

firm·ness ['fɜːmnəs, AM 'fɜːrm-] *n no pl* ❶ (*hardness*) Härte *f;* (*solidity*) Festigkeit *f,* Stabilität *f* ❷ (*strictness*) Strenge *f;* (*strength of will*) Entschlossenheit *f,* Entschiedenheit *f*

First *adj attr, inv* AM ~ **baby/cat** Baby *nt*/Katze *f* des Präsidenten; **the ~ couple** der Präsident und die First Lady; **the ~ marriage** die Ehe des Präsidenten

first [fɜːst, AM fɜːrst] **I.** *adj* erste(r, s); **at ~ appearance** auf den ersten Blick; **in the ~ flush of youth** in der ersten Jugendblüte *poet;* **he's no longer in the ~ flush of youth** er ist nicht mehr ganz taufrisch *hum;* ~ **impressions** der erste Eindruck; ~ **option** [*or* **refusal**] Vorkaufsrecht *nt;* **it won't be the ~ time that ...** es wäre nicht das erste Mal, dass ...; **for the ~ time** zum ersten Mal; ~ **thing** als Allererstes; **I'll do that ~ thing tomorrow** ich mache das morgen als Allererstes; **it was the ~ thing that came into my head** es war das Erstbeste, das mir einfiel; **the ~ ever** (*fam*) der/die/das Allererste; **when was the ~ ever radio broadcast made?** wann wurde die allererste Rundfunksendung gemacht? ▶ PHRASES: ~ **among equals** Primus inter pares *geh;* **in the ~ place** (*at beginning*) zunächst [einmal], an erster Stelle; (*from the beginning*) von vornherein; (*most importantly*) in erster Linie; **to not know the ~ thing about sth** von etw *dat* keinen blassen Schimmer haben *fam;* ~ **things ~** eins nach dem anderen; **to take ~ things ~** Prioritäten setzen **II.** *adv* ❶ (*before doing something else*) zuerst, als Erstes; ■ **~ of all** zu[aller]erst; ■ **~ off** (*fam*) erst [einmal] ❷ (*before other things, people*) als Erste(r, s); **head ~** mit dem Kopf voraus; **to leave ~** als Erster gehen ❸ (*rather*) lieber; **I would die ~** (*fam*) lieber [*o* eher] würde ich sterben ▶ PHRASES: ~ **come ~ served** (*prov*) wer zuerst kommt, mahlt zuerst *prov;* ~ **and foremost** vor allem; ~ **and last** in erster Linie **III.** *n* ❶ (*that before others*) ■ **the ~** der/die/das Erste; ■ **to be the ~ to do sth** etw als Erster/Erste tun; **he was one of the ~ to climb this mountain** er hat als einer der Ersten diesen Berg bestiegen ❷ (*of monarchs*) **William the F~** Wilhelm der Erste ❸ (*start*) ■ **at ~** anfangs, zuerst; **from the [very] ~** von Anfang an ❹ (*top-quality product*) Spitzenerzeugnis *nt;* (*achievement*) Errungenschaft *f;* **this new surgical technique is a ~ for Britain** diese neue Operationstechnik sichert Großbritannien einen Spitzenplatz ❺ BRIT UNIV Eins *f;* **she's got a ~ in English** sie hat Englisch mit einer Eins [*o* [der Note] „sehr gut"] bestanden ❻ AUTO der erste Gang; **to put the car in ~** den ersten Gang einlegen

first 'aid I. *n* erste Hilfe; **to give** [*or* **render**] **sb ~** jdm erste Hilfe leisten; **he had to be given ~ for his injuries** er benötigte erste Hilfe für seine Verletzungen **II.** *n modifier* (*room, teacher, treatment*) Erste-Hilfe-; ~ **certificate** Erste-Hilfe-Schein *m* **first 'aid box** *n* Verbandskasten *m* **first-'aid·er** *n jd, der erste Hilfe leistet/leisten kann* **first 'aid kit** *n* Erste-Hilfe-Ausrüstung *f* **first 'base** *n* AM (*in baseball*) erste Base; (*fig*) **to get to ~** etwas erreichen; (*phase one*) erste Stufe; **his weak proposal won't even make it to ~ with the directors** sein schwacher Vorschlag kommt bei den Direktoren nicht einmal in die Vorauswahl; (*kiss*) jdn küssen; **he couldn't even get to ~ with his date** (*fig*) er konnte bei ihr überhaupt nicht landen *fig* **'first-born I.** *adj* erstgeboren **II.** *n* Erstgeborene(r) *f(m)* **first 'chair** *n* MUS Stimmführer(in) *m(f);* **she's ~ in the cellos** sie ist die erste Cellistin **first 'class** *n* erste Kategorie; TRANSP erste Klasse; ECON Klasse A **'first-class I.** *adj* ❶ (*best quality*) Erste[r]-Klasse-; ~ **article** Spitzenerzeugnis *nt,* Spitzenprodukt *nt;* ~ **compartment** Erste[r]-Klasse-Abteil *nt;* ~ **mail** bevorzugt beförderte Post; BRIT [bevorzugt beförderte] Inlandspost; AM Briefpost *f;* ~ **restaurant** Restaurant *nt* der Spitzenklasse ❷ (*approv: wonderful*) erstklassig, erstrangig **II.** *adv* erster Klasse; **to travel ~** erster Klasse reisen **first class de·'gree** *n* BRIT (*form*) Spitzenexamen *nt,* erstklassiges Examen **first 'cous·in** *n* Cousin(e) *m(f)* ersten Grades **first-de·gree 'burn** *n* (*dated*) Verbrennung *f* ersten Grades **first-de·gree 'mur·der** *n* AM schwerer Mord **first e'di·tion** *n* Erstausgabe *f* **First 'Fleet** *n* AUS (*hist*) *Flotte, mit der die ersten europäischen Einwanderer nach Australien kamen* **first 'fleet·er** *n* AUS (*hist*) *Abkömmling der ersten europäischen Einwanderer in Australien* **first 'floor** *n* BRIT (*floor above ground level*) erster Stock, erste Etage; AM (*floor at ground level*) Erdgeschoss *nt,* Parterre *nt* **first 'fruit** *n* (*fig*) erste Ergebnisse; ART Erstlingswerk *nt;* BIOL Erstlinge *mpl* **first 'gear** *n* AUTO erster Gang; **to put a car into ~** in einem Auto den ersten Gang einlegen, ein Auto in den ersten Gang schalten **'first-hand I.** *adj attr* aus erster Hand *nach n* **II.** *adv* aus erster Hand **first 'lady** *n* AM ■ **the ~** die First Lady **first 'lan·guage** *n* Muttersprache *f* **first 'light** *n no pl* Tagesanbruch *m,* Morgengrauen *nt;* **to wait until ~** bis zum Tagesanbruch warten; **at ~** bei Tagesanbruch, im Morgengrauen

first·ly ['fɜːs(t)li, AM 'fɜːr-] *adv inv* erstens

first 'mate *n* NAUT Erster Offizier/Erste Offizierin *m/f* **'first name** *n* Vorname *m,* Rufname *m form;* **to call sb by their ~** jdn beim Vornamen nennen [*o* mit dem Vornamen anreden]

'first-name ba·sis *n no pl* **to be on/get onto a ~ [with sb]** [jdn] mit dem Vornamen anreden; (*address familiarly*) [mit jdm] per du sein; **they are on a ~** sie duzen sich **'first-name terms** *npl* AM **we are on ~ now** wir reden uns jetzt mit dem Vornamen an; (*familiar form of address*) wir duzen uns jetzt **first 'night** *n* THEAT Premiere *f,* Uraufführung *f* **first of·'fend·er** *n* LAW Ersttäter(in) *m(f),* nicht Vorbestrafte(r) *f(m)* **first 'of·fic·er** *n* NAUT Erster Offizier/Erste Offizierin **first-past-the-'post** *adj* BRIT ❶ (*winner of race*) Erste(r) *f(m),* Sieger(in) *m(f);* **my horse was ~** mein Pferd wurde Erster ❷ POL (*not proportional*) Mehrheits-; **~ electoral system** Mehrheitswahlrecht *nt* **first 'per·son** *n* LING **the ~ [singular/plural]** die erste Person [Singular/Plural]; **to write in the ~** in der ersten Person schreiben **first 'prin·ci·ples** *npl* Grundprinzipien *ntpl* **'first-rate** *adj* (*approv*) erstklassig, hervorragend, ausgezeichnet **first re·'fus·al** *n* LAW Vorkaufsrecht *nt;* **he has the ~** er besitzt das Vorkaufsrecht; **right of ~** Vorkaufsrecht *nt;* **to offer [*or* give] sb the ~ on sth** jdm das Vorkaufsrecht auf etw *akk* einräumen **'first school** *n* BRIT Grundschule *f* **first 'ser·geant** *n* AM Hauptfeldwebel *m* **first 'strike** *n* MIL Erstschlag *m* **'first-strike** *adj attr, inv* Erstschlags-; **~ capability** Erstschlagsfähigkeit *f* **first-time 'buy·er** *n jd, der zum ersten Mal ein eigenes Haus/eine eigene Wohnung kauft* **first vio·'lin** *n* (*first violinist*) erste Geige; (*leader of an orchestra*) Konzertmeister(in) *m(f);* **to play ~ in an orchestra/a quartet** in einem Orchester/Quartett die erste Geige spielen **First World 'War** *n* Erster Weltkrieg **'first year** *adj attr* UNIV im ersten Studienjahr *nach n;* **to be ~ student** im ersten Jahr seines Studiums sein; **to be ~ med/MBA student** AM Medizin/BWL im ersten Jahr studieren

firth [fɜːθ] *n* SCOT Förde *f,* Meeresarm *m*

'fir tree *n* Tanne *f*

fis·cal ['fɪsk(ə)l] *adj inv* fiskalisch, steuerlich, Finanz-, Steuer-; **~ law** Steuerrecht *nt;* **~ measures** finanzpolitische Maßnahmen; **~ policy** Finanzpolitik *f*

fis·cal·ly ['fɪsk(ə)li] *adv* fiskalisch; **raising the interests rates would be ~ unsound at this juncture** eine Erhöhung der Zinssätze wäre zu diesem Zeitpunkt fiskalpolitisch unklug

fis·cal 'year *n* (*for management*) Geschäftsjahr *nt;* (*for public finance*) Haushaltsjahr *nt,* Etatjahr *nt;* BRIT (*for taxation*) Steuerjahr *nt*

fish [fɪʃ] **I.** *n* <*pl* -es *or* -> ❶ (*animal*) Fisch *m* ❷ *no pl* (*as food*) Fisch *m* ❸ (*person*) **a cold ~** ein kalter Fisch *fam o pej;* **an odd [*or* queer] ~** ein komischer Kauz ▸ PHRASES: **to be a small ~ in a big pond** nur einer von vielen sein; **there are [plenty] more ~ in the sea** (*a lot of other people*) es gibt noch andere auf der Welt; (*a lot of other opportunities*) es gibt noch andere Möglichkeiten auf der Welt; **like a ~ out of water** wie ein Fisch auf dem Trockenen; **to have bigger [*or* other] ~ to fry** Wichtigeres [*o* Besseres] zu tun haben; **to drink like a ~** wie ein Loch saufen *fam* **II.** *vi* ❶ (*catch fish*) fischen; (*with rod*) angeln; **to ~ for bass/perch/trout** auf Barsche/Flussbarsche/Forellen angeln *fachspr* ❷ (*look for*) ■**to ~ in sth** in etw *dat* herumsuchen; **she ~ed in her purse for the keys** sie kramte in ihrer Handtasche nach den Schlüsseln; ■**to ~ for sth** (*fig*) nach etw *dat* suchen; **he ~ed for information on her whereabouts** er ist auf Informationen über ihren Aufenthaltsort aus; **to ~ for compliments** sich *dat* gerne Komplimente machen lassen ▸ PHRASES: **to ~ or cut bait** AM (*decide*) eine Entscheidung fällen; (*marry*) sich *akk* für jdn entscheiden; **to ~ in troubled waters** im Trüben fischen **III.** *vt* **to heavily ~ a lake/ocean/sea** einen See/Ozean/ein Meer intensiv befischen

◆**fish out** *vt* ❶ (*fish too much*) ■**to ~ out** ↻ **sth** *with fishing boat* etw leer fischen; *with rod* etw leer angeln ❷ (*remove*) ■**to ~ out** ↻ **sb/sth** jdn/etw herausfischen *fam;* **the police ~ed another corpse out of the river today** die Polizei zog heute eine weitere Leiche aus dem Fluss; (*extract/find with difficulty*) ■**to ~ sth out** etw hervorkramen *fam,* etw heraussuchen

fish and 'chips *n esp* BRIT Fisch *m* mit Pommes frites **fish and 'chip shop** *n esp* BRIT Fischimbiss *m* **'fish·bone** *n* [Fisch]gräte *f* **'fish·bowl** *n* AM [Gold]fischglas *nt* **'fish·cake** *n* Fischfrikadelle *f* **'fish·er·man** *n* (*professional*) Fischer *m;* (*for hobby*) Angler *m* **'fish·er·wom·an** *n* Fischerin *f*

fish·ery ['fɪʃ(ə)ri] *n* (*industry*) Fischerei[wirtschaft] *f;* (*fishing*) Fischfang *m,* Fischerei *f;* (*fishing-grounds*) Fischereizone *f,* Fischfanggebiet *nt;* **offshore ~** Küstenfischgründe *mpl*

fish-eye 'lens *n* PHOT Fischauge *nt* **'fish farm** *n* Fischzuchtanlage *f* **fish 'fin·ger** *n* BRIT, AUS Fischstäbchen *nt* **'fish-hook** *n* Angelhaken *m*

fish·ing ['fɪʃɪŋ] *n no pl* ❶ (*catching fish*) Fischerei *f,* Fischen *nt;* **salmon ~** Lachsfischen *nt;* (*with rod*) Angeln *nt* ❷ (*looking for*) Suche *f;* **~ for compliments** Suche *f* nach Komplimenten; **~ for information** Informationssuche *f*

'fish·ing boat *n* Fischerboot *nt,* Fischereifahrzeug *nt* **'fish·ing ex·pedi·tion** *n* ❶ (*for industry*) Fangfahrt *f;* (*for sport*) Angelausflug *m* ❷ (*information search*) Recherche *f;* (*under false pretences*) Schnüffeltour *f fam o pej* **'fish·ing gear** *n no pl* Angelausrüstung *f* **'fish·ing grounds** *npl* Fischgründe *pl* **'fish·ing lake** *n* Fischweiher *m* **'fish·ing-line** *n* Angelleine *f,* Angelschnur *f* **'fish·ing net** *n* Fisch[er]netz *nt* **'fish·ing pole** *n* AM Angelrute *f* **'fish·ing port** *n* Fischereihafen *m* **'fish·ing rod** *n* Angel[rute] *f* **'fish·ing sea·son** *n* (*for industry*) Fangsaison *f;* (*for sport*) Angelsaison *f* **'fish·ing smack** *n* Fischkutter *m* **'fish·ing-tack·le** *n no pl* (*for industry*) Fischereigeräte *ntpl;* (*for sport*) Angelgeräte *ntpl* **'fish·ing trip** *n* Angeltour *f,* Angelausflug *m* **'fish·ing vil·lage** *n* Fischerdorf *nt*

'fish ket·tle *n* Fischkessel *m* **'fish knife** *n* Fischmesser *nt* **'fish mar·ket** *n* Fischmarkt *m* **'fish·monger** *n esp* BRIT Fischhändler(in) *m(f);* ■**the ~'s** (*shop*) Fischgeschäft *nt,* Fischhandlung *f;* (*at market*) Fischstand *m* **'fish·net** *n* ❶ (*net*) Fisch[er]netz *nt* ❷ *no pl* (*material resembling nets*) Netz *nt* **fish·net 'stock·ings** *n,* **fish·net 'tights** *npl* Netzstrümpfe *pl* **'fish·pond** *n* Fischteich *m* **'fish slice** *n* (*for frying*) Wender *m; esp* BRIT (*for serving*) Fischvorlegemesser *nt* **'fish stick** *n* AM (*fish finger*) Fischstäbchen *nt* **'fish story** *n* (*about the sea*) Seemannsgarn *nt;* (*tall tale*) Räuberpistole *f* **'fish tank** *n* (*at home*) Aquarium *nt;* (*public aquarium*) Ozeanarium *nt;* (*for breeding*) Fischteich *m* **'fish·wife** *n* (*dated or pej*) Fischweib *nt veraltend,* Marktweib *nt meist pej sl;* **to shout/swear like a ~** keifen/fluchen wie ein Marktweib *pej sl*

fishy ['fɪʃi] *adj* ❶ (*tasting of fish*) fischig; **~ smell** Fischgeruch *m;* **there is a ~ smell in here** hier riecht es nach Fisch; (*like fish*) fischartig, fischähnlich ❷ (*pej fam: dubious*) verdächtig, zweifelhaft; **~ excuse** faule Ausrede *fam;* **there is something ~ about that** daran ist irgendetwas faul *fam*

fis·sile ['fɪsaɪl, AM -sɪl] *adj inv* spaltbar; **~ material** spaltbares Material, Spaltmaterial *nt*

fis·sion ['fɪʃ(ə)n, AM *also* -ʒ-] **I.** *n no pl* ❶ PHYS [Kern]spaltung *f,* Fission *f fachspr;* **~ product** Spaltprodukt *nt* ❷ BIOL [Zell]teilung *f,* Fission *f fachspr* ❸ (*fig: splitting*) Spaltung *f,* Teilung *f* **II.** *vi* PHYS sich *akk* spalten; BIOL sich *akk* teilen

fis·sion·able ['fɪʃ(ə)nəbl̩, AM *also* -ʒ-] *adj inv* spaltbar, spaltfähig

'fis·sion bomb *n* Atombombe *f*

fis·sure ['fɪʃə', AM -ɚ] *n* ❶ (*cleavage*) Spalte *f,* Spalt *m;* (*fig: split*) Riss *m;* (*long split*) Furche *f* ❷ (*deep crack*) tiefer Spalt, tiefe Spalte; (*in glacier*) Gletscherspalte *f;* (*in earth*) Erdspalte *f* ❸ (*tiny crack*) Riss *m,* Sprung *m;* **~ in the rock** Felsspalte *f* ❹ (*fig*) Spaltung *f;* POL **there is a ~ in the party** durch die Partei geht ein Riss

fist [fɪst] *n* Faust *f;* **to clench one's ~s** die Fäuste ballen; **to go for sb with one's ~** auf jdn mit geballter Faust losgehen; **to shake one's ~ at sb** jdm mit der Faust drohen

'fist-fight *n* Schlägerei *f;* BOXING Boxkampf *m* **'fist·ful** *n* Handvoll *f;* (*fig*) Vielzahl *f*

fisti·cuffs ['fɪstɪkʌfs] *npl* (*old or hum*) Handgreiflichkeiten *pl;* **to resort to ~** handgreiflich werden; **the quarrel ended in ~** der Streit endete in einer Schlägerei; BOXING Boxen *nt,* Faustkampf *m geh*

fit[1] [fɪt] *n* ❶ (*attack*) Anfall *m;* **epileptic ~** epileptischer Anfall ❷ (*brief spell of sickness*) Anfall *m;* **coughing ~** Hustenanfall *m* ❸ (*fig fam: outburst of rage*) [Wut]anfall *m;* **to have** [*or* **throw**] **a ~** einen Anfall bekommen *fam,* Zustände kriegen *fam* ❹ (*burst*) **~ of laughter** Lachkrampf *m;* **to be in ~s of laughter** sich *akk* kaputtlachen *fam;* **to get the audience in ~s** das Publikum zum Lachen bringen ❺ (*caprice, mood*) Anwandlung *f;* **in a ~ of generosity** in einer Anwandlung von Großzügigkeit ▶ PHRASES: **by** [*or* **in**] **~s and starts** (*erratically*) sporadisch; (*in little groups*) stoßweise

fit[2] [fɪt] **I.** *adj* <-tt-> ❶ (*suitable*) geeignet; **they served a meal ~ for a king** sie trugen ein köngliches Mahl auf; **to be ~ for human consumption** zum Verzehr geeignet sein; **to be ~ for human habitation** bewohnbar sein; **to be no ~ way to do sth** kein geeigneter [*o* tauglicher] Weg sein, etw zu tun; **to be ~ to eat** essbar [*o* genießbar] sein ❷ (*qualified*) geeignet; **that's all sb's ~ for** (*fam*) das ist alles, wozu jd taugt ❸ (*up to*) fähig; **she's not ~ for this responsibility** sie ist dieser Verantwortung nicht gewachsen; **to be ~ for military service/ the tropics** wehrdienst-/tropentauglich sein; ■**to be** [**not**] **~ to do sth** nicht fähig [*o* in der Lage] sein, etw zu tun; **to be ~ to travel** reisetauglich sein; **to be ~ to work** arbeitsfähig sein ❹ (*appropriate*) angebracht; **to do what one sees** [*or* **thinks**] **~** tun, was man für richtig hält ❺ (*worthy*) würdig; **to be not ~ to be seen** sich *akk* nicht sehen lassen können ❻ (*ready, prepared*) bereit; ■**to be ~ to do sth** nahe daran sein, etw zu tun; **to be ~ to drop** zum Umfallen müde sein ❼ (*healthy*) fit; **to keep ~** sich *akk* fit halten ❽ BRIT (*sl: physically alluring*) geil *sl* ▶ PHRASES: **to be** [**as**] **~ as a fiddle** [*or* BRIT *a.* **flea**] (*fam: merry*) quietschvergnügt sein *fam;* (*healthy*) fit wie ein Turnschuh sein *fam;* **to laugh ~ to burst** (*fam*) vor Lachen beinahe platzen *fam;* **to be ~ to be tied** AM [vor Wut] kochen *fam* **II.** *n no pl* ❶ FASHION Sitz *m,* Passform *f;* **bad/good/perfect ~** schlechter/guter/tadelloser Sitz; **these shoes are a good ~** diese Schuhe passen gut ❷ (*tech*) Passung *f* **III.** *vt* <BRIT -tt- *or* AM *usu* -t-> ❶ (*be appropriate*) ■**to ~ sb/sth** sich *akk* für jdn/etw eignen; **he should ~ the sales job perfectly** er müsste die Verkäuferstelle perfekt ausfüllen ❷ (*correspond with*) ■**to ~ sth** etw *dat* entsprechen; **the punishment should always ~ the crime** die Strafe sollte immer dem Vergehen angemessen sein; **the key ~s the lock** der Schlüssel passt ins Schloss; **the description ~ted the criminal** die Beschreibung passte auf den Täter; **to ~ sb's plans** in jds Pläne passen ❸ (*make correspond*) ■**to ~ sth to sth** etw etw *dat* anpassen; **he had to ~ his plans to the circumstances** er musste sich mit seinen Plänen nach den Gegebenheiten richten ❹ FASHION ■**to ~ sb** jdm passen; **to ~ a dress/a suit on sb** jdm ein Kleid/ein Kostüm anprobieren ❺ (*mount*) ■**to ~ sth** etw montieren; **to ~ a bulb** eine Glühbirne einschrauben ❻ (*shape as required*) ■**to ~ sth** etw anpassen ❼ (*position as required*) ■**to ~ sth** etw einpassen ❽ (*supply*) ■**to ~ sth with sth** etw mit etw *dat* versehen [*o* ausstatten] ▶ PHRASES: **to ~ the bill** seinen Zweck erfüllen **IV.** *vi* <BRIT -tt- *or* AM *usu* -t-> ❶ (*be correct size*) passen; FASHION *a.* sitzen; **to ~ like a glove** wie angegossen passen [*o* sitzen]; ■**to ~ into sth** in etw *akk* hineinpassen ❷ (*accord*) *facts* übereinstimmen, zusammenpassen ❸ (*have required characteristics*) ■**to ~ into sth** zu etw *dat* passen; (*adapt*) sich *akk* in etw *akk* einfügen; **how do you ~ into all this?** was für eine Rolle spielen Sie in dem Ganzen? ▶ PHRASES: **if the shoe** [*or* BRIT *a.* **cap**] **~s, wear it** wem der Schuh passt, der soll ihn sich anziehen *fig*

◆**fit in I.** *vi* ❶ (*get on well in group*) sich *akk* einfügen; **to ~ in with a team** sich *akk* in ein Team einfügen ❷ (*conform, correspond*) dazupassen; ■**to ~ in with sth** (*match*) zu etw *dat* passen; (*be compatible*) mit etw *dat* vereinbar sein; **this doesn't ~ in with my plans** das passt mir nicht in den Plan **II.** *vt* ❶ (*make time for*) ■**to ~ sb ↻ in** jdn einschieben; (*for treatment, talks*) jdm einen Termin geben; ■**to ~ sth ↻ in** etw einschieben; **to ~ sth in one's schedule** etw in seinem Terminkalender unterbringen ❷ (*put down as*) ■**to ~ sb in** [**somewhere**] jdn [irgendwo] einordnen

◆**fit out** *vt* ■**to ~ sb/sth ↻ out** (*equip*) jdn/etw ausstatten; (*for a purpose, task*) jdn/etw ausrüsten; **they will ~ her out with a suitable dress** sie werden sie mit einem passenden Kleid ausstatten

◆**fit up** *vt* ❶ (*position furnishings somewhere*) ■**to ~ sth ↻ up** *room* etw einrichten (**as** als) ❷ (*provide necessary equipment*) ■**to ~ sb ↻ up** jdn ausstatten [*o* ausrüsten] ❸ BRIT (*sl: frame, rig accusations*) ■**to ~ sb up** jdn anschwärzen *pej fam*

fit·ful ['fɪtfᵊl] *adj* unbeständig; **~ breath** unregelmäßige Atmung; **~ gusts of wind** vereinzelte Windböen; **~ progress** sprunghafter Fortschritt; **~ sleep** unruhiger Schlaf; **~ weather** unbeständiges [*o* launenhaftes] Wetter; **~ working** stoßweises Arbeiten

fit·ful·ly ['fɪtfᵊli] *adv* unbeständig; **the wind blew ~** der Wind blies ab und zu; **to breathe ~** unregelmäßig atmen; **to sleep ~** unruhig schlafen; **to work ~** stoßweise [*o* sporadisch] arbeiten

fit·ment ['fɪtmənt] *n* (*part of equipment*) Zubehörteil *nt; esp* BRIT (*piece of furniture*) Einrichtungsgegenstand *m*

fit·ness ['fɪtnəs] *n no pl* ❶ (*competence*) Eignung *f,* Tauglichkeit *f* (**for** für +*akk*) ❷ (*good health*) Gesundheit *f;* (*good condition*) Fitness *f;* **physical ~** [körperliche] Fitness ❸ (*class*) Fitnesstraining *nt;* **~ class/training** Fitnesstraining *nt*

'fit-out *n* Ausrüstung *f*

fit·ted ['fɪtɪd, AM -t̬ɪd] *adj attr, inv* (*adapted, suitable*) passend, geeignet; (*tailor-made*) maßgeschneidert; **~ carpet** [*or* **carpeting**] BRIT Teppichboden *m*

fit·ted 'kitch·en *n* BRIT Einbauküche *f* **fit·ted 'sheet** *n* Spannbetttuch *nt*

fit·ter ['fɪtəʳ, AM -t̬ɚ] *n* ❶ (*tailor's aid*) Zuschneider(in) *m(f)* ❷ (*person maintaining machinery*) [Maschinen]schlosser(in) *m(f);* (*of engines*) Monteur(in) *m(f);* (*of pipes*) Installateur(in) *m(f)*

fit·ting ['fɪtɪŋ, AM -t̬-] **I.** *n* ❶ (*fixtures*) ■**~s** *pl* Ausstattung *f;* **bathroom ~s** Badezimmereinrichtung *f;* **electric light ~s** Beleuchtungskörper *mpl,* Leuchte *f;* BRIT, AUS (*movable furnishing items*) Einrichtungsgegenstände *pl* ❷ (*of clothes*) Anprobe *f;* **I'm having the final ~ of my wedding dress today** ich probiere heute zum letzten Mal mein Hochzeitskleid an **II.** *adj* (*form*) passend, geeignet; **it is ~ that we should remember those who died** es schickt sich, dass wir die Toten in Erinnerung behalten; **a ~ comment** eine treffende Bemerkung; **a ~ end** ein passender [Ab]schluss; **a ~ occasion** eine günstige Gelegenheit

fit·ting·ly ['fɪtɪŋli, AM -t̬-] *adv* passend[erweise]; **to behave ~** sich *akk* schicklich benehmen; **to dress ~** sich *akk* passend anziehen; **to end ~** angemessen enden; **to remark ~ that...** treffend bemerken, dass...

five [faɪv] **I.** *adj* ❶ (*number*) fünf; **they're sold in packets of ~** das wird in einer Fünferpackung verkauft; **after ringing the bell ~ times we ...** nachdem wir fünfmal geklingelt hatten, ...; **the ~ senses** die fünf Sinne *pl;* **a family of ~** eine fünfköpfige Familie; **~ and a quarter/half** fünfeinviertel/fünfeinhalb; **~ times the amount of ...** fünfmal so viel ...; **one in ~** [**people**] jeder Fünfte; *see also* **eight 1** ❷ (*age*) fünf; **a boy of ~** ein fünfjähriger Junge; *see also* **eight 2** ❸ (*time*) **to be ~** [**o'clock**] fünf [Uhr] sein; **half past ~** [*or* BRIT *fam* **half ~**] halb sechs; **at ~ thirty** um halb sechs, um fünf Uhr dreißig; **at ~ forty-five** um Viertel vor sechs [*o* drei viertel sechs]; *see also* **eight 3 II.** *n* ❶ (*number, symbol*) Fünf *f;* **~ o'clock shadow** nachmittäglicher Stoppelbart; **he was a hot Italian with a**

F

slight ~ **o'clock shadow** er war ein echter Italiener und hatte nachmittags schon wieder leichte Bartstoppel ❷ BRIT (*shoe size*) [Schuhgröße] 38; AM (*shoe size*) [Schuhgröße] 36 ❸ CARDS Fünf *f*; ~ **of clubs/hearts** Kreuz-/Herz-Fünf *f* ❹ (*public transport*) **the** ~ die Fünf ❺ (*group of five*) Fünfergruppe *f* ❻ (*greeting*) **gimme ~!** *esp* AM (*fam*) *Aufforderung zur Begrüßung o nach einem Erfolg die Hand hochzuheben, so dass man mit der eigenen Hand dagegenschlagen kann* ❼ (*5 minutes*) **to give oneself ~, to have** [*or* **take**] ~ (*fam*) sich *dat* eine kurze Pause genehmigen *hum fam* ❽ BRIT (*currency note*) Fünfpfundnote *f*; AM (*currency note*) Fünfdollarschein *m*

five-and-'dime *n* AM, **five-and-'dime store** *n* AM Billigladen *m* **'five·fold I.** *adj* fünffach; **there has been a ~ fall in the value of money** das Geld ist nur noch ein Fünftel wert **II.** *adj* fünffach; **to increase ~** um das Fünffache zunehmen, sich *akk* verfünffachen

fiv·er ['faɪvəʳ, AM -ɚ] *n* (*fam*) ❶ BRIT (*£5 note*) Fünfpfundnote *f*; (*£5*) fünf Pfund ❷ AM (*$5 bill*) Fünfdollarschein *m*; (*$5*) fünf Dollar

fives [faɪvz] *n + sing vb* BRIT *ein dem Squash ähnliches Spiel*

'fives court *n* BRIT *ein Raum, in dem ein dem Squash ähnliches Spiel gespielt wird*

'five star *adj attr* (*approv*) Fünf-Sterne-; ~ **hotel** Fünf-Sterne-Hotel *nt*

fix [fɪks] **I.** *n* ❶ *usu sing* (*fam: dilemma*) Klemme *f fam*, Patsche *f fam*; **to be in a ~** in der Klemme [*o* Patsche] sitzen *fam*; **this was something of a ~** es war schon ein Dilemma; **he's in a real ~ – he's got two meetings booked for three o'clock** er steckt in einer echten Zwangslage – er hat zwei Besprechungen für drei Uhr eingetragen ❷ (*sl: dosage of injectable narcotics*) **a ~ of amphetamine** eine Ladung Amphetamine *fam*; **a ~ of cocaine/heroin** ein Schuss *m* Kokain/Heroin *sl* ❸ NAUT, AVIAT (*position*) Position *f*, Standort *m*; (*determination of position*) Standortbestimmung *f*, Ortung *f*; **do we still have a ~ on that plane?** haben wir die Position dieses Flugzeuges noch?; **to take a ~ on a plane/ship** ein Flugzeug/Schiff orten **II.** *vt* ❶ (*fasten*) ■**to ~ sth** etw festmachen [*o* befestigen]; ■**to ~ sth to sth** etw an etw *dat* anbringen; **to ~ a picture to the wall** ein Bild an der Wand aufhängen; (*fig*) **to ~ sth in one's mind** sich *dat* etw einprägen; **to ~ the blame on sb** die Schuld auf jdn schieben ❷ (*decide*) ■**to ~ sth** etw festlegen [*o* festsetzen]; **to ~ a border** [*or* **boundary**]**/a price/a time** eine Grenze/einen Preis/eine Zeit festlegen; **so can we ~ two o'clock tomorrow for the presentation?** können wir dann die Präsentation für morgen zwei Uhr ansetzen?; **the rent is ~ed at £750 a month** die Miete wurde auf £750 pro Monat festgesetzt ❸ (*arrange*) ■**to ~ sth** etw arrangieren; **to ~ a trip** einen Ausflug organisieren ❹ (*repair*) ■**to ~ sth** etw reparieren; (*put to rights*) etw in Ordnung bringen; **to ~ a blowout** *esp* AM eine Reifenpanne beheben, einen Platten [*o* ÖSTERR Patschen] richten *bes* SÜDD, SCHWEIZ; **to ~ sb's flat** BRIT jds Wohnung sauber machen ❺ (*fam: improve appearance of*) ■**to ~ oneself** sich *akk* zurechtmachen; **to ~ one's hair** sich *akk* frisieren ❻ *esp* AM (*fam: make food ready*) ■**to ~ sth** etw zu essen machen; **shall I ~ you sth?** soll ich dir was zu essen machen? ❼ (*fam: manipulate crookedly*) **to ~ a ballot/a fight/a race** eine Wahl/einen Kampf/ein Rennen manipulieren; **to ~ the jury** die Geschworenen bestechen ❽ (*sl: take revenge on*) ■**to ~ sb** es jdm heimzahlen *fam* ❾ (*sl: inject narcotics*) ■**to ~ sth** [sich *dat*] etw spritzen *fam* ❿ ART, PHOT **to ~ the colour** die Farbe fixieren ⓫ BIOL, MED ■**to ~ sth** etw präparieren ⓬ (*concentrate*) **to ~ one's eyes/one's thoughts on sth** die Augen/seine Gedanken auf etw *akk* richten; **she could not ~ her thoughts upon anything** sie konnte keinen klaren Gedanken fassen; **his eyes were ~ed on the distant yacht** er hatte den Blick auf die Yacht in der Ferne gerichtet ⓭ (*stare at*) ■**to ~ sb/sth** jdn/etw fixieren [*o* anstarren]; **he ~ed me with a stare of disapproval** er durchbohrte mich mit missbilligenden Blicken ⓮ MIL **to ~ the bayonet** das Seitengewehr aufpflanzen ⓯ AM (*fam: sterilize*) **to ~ an animal** ein Tier sterilisieren **III.** *vi* ❶ (*sl*) *drugs* fixen *fam*, drücken *sl* ❷ (*fam: make definite*) ■**to ~ on** [*or* **upon**] **sth** sich *akk* auf etw *akk* festlegen

◆**fix up** *vt* ❶ (*supply*) ■**to ~ sb ↻ up** [**with sth**] jdn [mit etw *dat*] versorgen; ■**to ~ sb ↻ up with sb** [*or* **up sb with sb**] für jdn mit jdm eine Verabredung arrangieren; **his roommate ~ed him up with a date** sein Zimmergenosse hat ihm eine Verabredung arrangiert ❷ (*arrange*) ■**to ~ up sth** etw arrangieren; **shall we ~ up a time for our next meeting?** sollen wir eine Zeit für unser nächstes Treffen vereinbaren? ❸ (*construct out of necessity*) **to ~ up a tent** ein Zelt aufschlagen ❹ (*fam: mend, restore*) ■**to ~ sth ↻ up** etw in Ordnung bringen; **to ~ up a house** ein Haus renovieren

fix·at·ed [fɪk'seɪtɪd, AM -t̬ɪd] *adj pred* fixiert; ■**to be ~ on** [*or* **with**] **sth** auf etw *akk* fixiert sein; **the boss is ~ with automating the office** der Chef ist ganz darauf versessen, das Büro zu automatisieren

fixa·tion [fɪk'seɪʃᵊn] *n* PSYCH Fixierung *f* (**with** auf +*akk*); **mother ~** Mutterfixierung *f*

fixa·tive ['fɪksətɪv, AM -t̬ɪv] *n* Fixiermittel *nt*; **denture ~** Haftcreme *f*

fixed [fɪkst] *adj* ❶ *inv* (*unmoving*) fest, unbeweglich; ~ **gaze** starrer Blick ❷ (*unchanging*) fest[gesetzt], unveränderlich; ~ **idea** fixe Idee; PSYCH Zwangsvorstellung *f*; ~ **opinion** vorgefasste Meinung ❸ (*permanent*) fest, beständig; **to be of** [*or* **have**] **no ~ abode** [*or* **address**] keinen festen Wohnsitz haben ❹ (*same amount*) fest; ~ **allowance** fester Zuschuss; ECON Fixum *nt*; ~ **charges** [*or* **costs**] Fixkosten *pl*, gleichbleibende Belastungen; ~ **income** festes Einkommen, feste Einkünfte; ~ **repayment terms** feste Rückzahlungskonditionen ❺ (*decided on*) fest; ~ **plans** feste Pläne ❻ *pred, inv esp* BRIT (*having an appointment*) verabredet; **can you have dinner with us on Friday? – how are you ~?** kannst du am Freitag zum Essen zu uns kommen? – wie sieht es da bei dir aus? *fam*; **how are you ~ for Saturday evening?** hast du am Samstagabend schon etwas vor? ❼ *pred, inv* (*having money*) gut versorgt; **how are you ~ for cash?** wie steht's bei dir mit Geld?

fixed 'as·sets *npl*, **fixed 'capi·tal** *n no pl* FIN Anlagevermögen *nt*; (*unmovable assets*) feste Anlagen

fix·ed·ly ['fɪksɪdli] *adv inv* starr, unbeweglich

fixed 'star *n* ASTRON Fixstern *m*

fix·er ['fɪksəʳ, AM -ɚ] *n* ❶ (*fam: person organizing illegally*) Schieber(in) *m(f)*; (*person dealing illegally*) Dealer(in) *m(f)* ❷ CHEM Fixiermittel *nt*, Fixierer *m*

'fix·ing bath *n* PHOT Fixierbad *nt*

fix·ity ['fɪksəti, AM -ət̬i] *n no pl* (*form*) Beständigkeit *f*; ~ **of purpose** Zielstrebigkeit *f*

fix·ture ['fɪkstʃəʳ, AM -ɚ] *n* ❶ (*immovable object*) Inventarstück *nt*, eingebautes Teil; **bath ~s** Badezimmerarmaturen *pl*; **~s and fittings** bewegliches und unbewegliches Inventar *form*; **light ~** Lampe *f fam*; TECH Beleuchtungskörper *m*; **to be a permanent ~** (*fig, hum*) zum [lebenden] Inventar gehören *fig, hum* ❷ *esp* BRIT, AUS (*sporting contest*) [Sport]veranstaltung *f*; (*with players*) Spiel *nt*; ~ **list** Spielplan *m*

fizz [fɪz] **I.** *vi* ❶ (*bubble*) sprudeln ❷ (*make sound*) zischen **II.** *n no pl* ❶ (*bubbles*) Sprudeln *nt*; **the tonic water has lost its ~** in dem Tonic Water ist keine Kohlensäure mehr ❷ (*champagne*) Schampus *m fam*; (*effervescent drink*) Sprudel *m*; (*sweet bubbly lemonade*) Brause[limonade] *f veraltend fam*, Limonade *f* ❸ (*sibilant 's' sound*) Zischen *nt*

fizzi·ness ['fɪzɪnəs] *n no pl* starkes Sprudeln

fiz·zle ['fɪzl] *vi* zischen

◆**fizzle out** *vi fireworks, enthusiasm* verpuffen; *attack, campaign, plan* im Sand verlaufen; *interest* stark nachlassen [*o* zurückgehen]; **the concert began promisingly but then ~d**

out das Konzert begann viel versprechend, hat die Erwartungen aber nicht erfüllt

fizzy ['fɪzi] *adj* (*bubbly*) sprudelnd *attr;* **to be ~** sprudeln; (*carbonated*) kohlensäurehaltig; **~ drink** Getränk *nt* mit Kohlensäure; (*water*) Sprudel *m;* (*cola*) Cola *f;* (*lemonade*) Limonade *f*

fjord [fjɔːd, AM fjɔːrd] *n* Fjord *m*

flab [flæb] *n no pl* (*pej fam*) Speck *m hum fam,* Fett *nt*

flab·ber·gast ['flæbəgɑːst, AM -ɚgæst] *vt usu passive* (*fam*) ■**to be ~ed** völlig platt sein *fam;* **I was ~ed** mir blieb die Spucke weg *fam*

flab·ber·gast·ed ['flæbəgɑːstɪd, AM -ɚgæst-] *adj* (*fam*) total von den Socken *fam;* **she gave me a ~ look** sie warf mir einen verstörten Blick zu

flab·bi·ness ['flæbɪnəs] *n no pl* (*pej fam*) ① (*lack of firmness*) Schlaffheit *f;* (*fam*) *of arms, thighs* Wabbeligkeit *f fam* ② (*fig: ineffectiveness*) *of a person* Schlappheit *f,* Schwäche *f; of a minister* Konturlosigkeit *f; of a debate* Schwammigkeit *f; of a department* Ineffizienz *f*

flab·by ['flæbi] *adj* ① (*flaccid*) schwabbelig *fam;* **~ thighs** wabbelige [Ober]schenkel *fam* ② (*pej: feeble*) schlapp *fam;* **~ leadership** kraftlose Führung; (*weak*) schwach; **~ argument** schwammiges Argument *pej*

flac·cid ['flæksɪd, 'flæsɪd] *adj* (*form*) ① (*not firm*) schlaff ② (*fig: lacking power*) schlapp *fam,* lasch *fam;* (*weak*) schwach; **~ performance** schwache Leistung; **~ rhetoric** schlechte Ausdrucksweise

flack[1] *n no pl* (*fam*) Publicitymanager(in) *m(f) sing,* Medienheini *m sing fam o pej*

flack[2] *n no pl see* **flak**

flag[1] [flæg] **I.** *n* (*flagstone*) [Stein]platte *f;* (*also for floor*) Fliese *f* **II.** *vt* ■**to ~ sth** (*pave*) etw mit Steinplatten belegen; (*also for floor*) etw fliesen [*o* mit Fliesen belegen]

flag[2] [flæg] *n* BOT Schwertlilie *f*

flag[3] [flæg] **I.** *n* ① (*pennant, standard*) Fahne *f;* (*national, on ship*) Flagge *f;* **~ of truce** Parlamentärflagge *f;* **to fly** [*or* **show**] [*or* **wave**] **the ~** (*fig*) Flagge zeigen *fig;* **to keep the ~ flying** (*fig*) die Fahne hochhalten *fig;* **to raise** [*or* **hoist**] **a ~** (*raise a pennant*) eine Fahne hissen; (*raise a national flag*) eine Flagge hissen; **to wave a ~** eine Fahne schwenken ② (*marker*) Markierung *f;* (*bookmark*) Lesezeichen *nt;* (*tab*) Karteireiter *m* ▶PHRASES: **to put out the ~s** [*or* **to put the ~s out**] BRIT drei Kreuze machen *fig fam;* **we won – let's put out the ~s and party** wir haben gewonnen – jetzt können wir aufatmen und feiern **II.** *vt* <-gg-> ① (*docket, mark*) ■**to ~ sth** etw markieren [*o* kennzeichnen]; *computer data* etw markieren; **we'll ~ the records of interest in the database** wir markieren die betreffenden Datensätze in der Datenbank ② (*signal to*) **to ~ a taxi** ein Taxi anhalten **III.** *vi* <-gg-> *enthusiasm* abflauen; *interest, strength* nachlassen, abnehmen; *child, person* ermüden; *vigour* erlahmen

◆**flag down** *vt* ■**to ~ down** ◌ **sb/sth** jdn/etw anhalten; **the police ~ged him down for speeding** die Polizei hat ihn wegen zu hoher Geschwindigkeit angehalten

'flag day *n* BRIT *Tag, an dem für wohltätige Zwecke gesammelt wird*

flag·el·lant ['flædʒəlænt] *n* (*form*) ① REL Flagellant(in) *m(f),* Geißler(in) *m(f)* ② (*in sex*) Flagellant(in) *m(f)*

flag·el·late ['flædʒəleɪt] *vt* (*form*) ① REL ■**to ~ sb/oneself** jdn/sich geißeln ② (*in sex*) ■**to ~ sb** jdn züchtigen; (*with whip*) jdn [aus]peitschen

flag·el·la·tion [ˌflædʒə'leɪʃən] *n no pl* (*form*) ① REL Geißelung *f;* PSYCH Flagellation *f fachspr* ② (*in sex*) Züchtigung *f;* (*with whip*) [Aus]peitschen *nt*

flag·ging ['flægɪŋ] *adj attr* AM nachlassend, erlahmend *geh;* **~ sales** Absatzrückgang *m*

flag of con·'veni·ence <*pl* flags-> *n* Billigflagge *f*

flag·on ['flægən] *n* (*old*) ① (*serving container*) Kanne *f;* **~ of wine** Bocksbeutel *m* ② (*drinking container*) Krug *m*

'flag·pole *n* Fahnenstange *f,* Fahnenmast *m,* Flaggenmast *m*

fla·gran·cy ['fleɪgrən(t)si] *n* ① (*barefaced audacity*) Schamlosigkeit *f;* **the ~ of his disregard for authority shocked his parents** seine schamlose Missachtung jeder Autorität schockierte seine Eltern; (*shameless openness*) Unverhohlenheit *f,* Unverfrorenheit *f* ② (*shocking horror*) Schändlichkeit *f;* **the ~ of the action/crime** die Ungeheuerlichkeit der Tat/des Verbrechens

fla·grant ['fleɪgrənt] *adj* (*blatant*) offenkundig; (*unconcealed*) unverhohlen; (*scandalous*) ungeheuerlich; **a ~ breach of trust** ein eklatanter Vertrauensbruch; **a ~ misuse of privilege** ein offenkundiger Missbrauch von Privilegien; **a ~ waste of resources** eine skandalöse Verschwendung von Ressourcen

fla·grant·ly ['fleɪgrəntli] *adv* (*blatantly*) offenkundig, eklatant; (*unconcealedly*) unverhohlen, unverfroren; (*scandalously*) ungeheuerlich, skandalös

'flag·ship I. *n* ① (*thing of quality*) Flaggschiff *nt fig,* Aushängeschild *nt fig* ② (*vessel*) Flaggschiff *nt* **II.** *adj attr, inv* führend; **~ company** Vorzeigeunternehmen *nt;* **~ model** Topmodell *nt;* **~ product** Spitzenprodukt *nt;* **~ store** Hauptgeschäft *nt*

'flag·staff *n* Fahnenstange *f,* Fahnenmast *m,* Flaggenmast *m*

'flag·stone *n* (*paving stone*) [Stein]platte *f;* (*also for floor*) Fliese *f* **'flag-wav·ing I.** *n* Hurrapatriotismus *m pej veraltend* **II.** *adj* naiv patriotisch

flail [fleɪl] **I.** *n* Dreschflegel *m* **II.** *vi* heftig um sich *akk* schlagen; ■**to ~ about** herumfuchteln; **to ~ away at sb/sth** wild auf jdn/etw einschlagen **III.** *vt* ■**to ~ sth** etw dreschen; **to ~ one's arms** wild mit den Armen fuchteln; **to ~ the air/water** [**with one's arms/legs**] [mit den Armen/Beinen] in der Luft/im Wasser herumschlagen

flair [fleəʳ, AM fler] *n no pl* (*approv*) ① (*natural talent*) Talent *nt,* Veranlagung *f;* **to have a ~ for sth** für etw *akk* Talent haben; **to have a ~ for music** musikalisch veranlagt sein; **to have a ~ for languages** sprachbegabt sein ② (*panache*) Eleganz *f;* **to dress with ~** sich *akk* elegant anziehen; **to have ~** Stil [*o* Geschmack] haben

flak [flæk] *n no pl* ① (*shooting*) Flakfeuer *nt;* (*guns*) Flak *f* ② (*criticism*) scharfe Kritik; **to receive** [*or* **get**] **~ about** [*or* **for**] **sth** wegen einer S. *gen* unter Beschuss geraten *fig;* **to take ~** [**from sb**] [von jdm] scharf kritisiert werden; (*significant opposition*) Gegenwehr *f,* Widerstand *m;* **to come** [*or* **run**] **into ~** auf Gegenwehr [*o* Widerstand] stoßen

flake [fleɪk] **I.** *n* ① *of bread* Brösel *m; of chocolate* Raspel *f; of metal* Span *m; of pastry* Krümel *m; of plaster* Klümpchen *nt; of wallpaper* Fetzen *m; of wood* Splitter *m;* **~s of skin** [Haut]schuppe *f;* **~ of snow** Schneeflocke *f;* **soap ~** Seifenflocke *f* ② *esp* AM (*pej fam: odd person*) Spinner(in) *m(f) pej fam;* (*forgetful person*) vergesslicher Mensch; ■**to be a ~** vergesslich sein ③ *no pl* (*sl: cocaine*) Koks *m sl;* (*crack*) Crack *nt* **II.** *vi* ① *skin* sich *akk* schuppen [*o* schälen]; *paint* abblättern; *wood* absplittern; *plaster* abbröckeln ② AM (*fam: forget*) nicht dran denken *fam;* **don't ~!** denk dran!; (*be absentminded*) zerstreut sein; **don't depend on her – she'll ~ on you every time!** verlass dich nicht auf sie - die lässt dich doch sowieso immer im Stich! ③ (*fam: quit, back out*) aussteigen *fam*

◆**flake off** *vi paint* abblättern; *skin* sich *akk* schuppen [*o* schälen]

◆**flake out** *vi* (*fam*) ① BRIT (*lose consciousness*) umkippen *fam;* (*pass out*) aus den Latschen kippen *sl* ② BRIT (*fall asleep*) einpennen *sl;* (*be exhausted*) zusammenklappen; ■**to be ~d out** fix und fertig sein *fam* ③ AM (*fam: forget*) nicht dran denken *fam;* **don't ~ out!** denk dran!; (*be absentminded*) zerstreut sein; **if you promised to do it, don't ~ out on me and forget!** wenn du es mir versprochen hast, dann vergiss es nicht und denk dran!

'flak jack·et *n* kugelsichere Weste

flaky ['fleɪki] *adj* ① (*with layers*) flockig; *pastry* blättrig; *paint* bröcklig; *skin* schuppig ❷ *esp* AM (*fam: odd*) verdreht *fam,* merkwürdig; (*eccentric*) exzentrisch, skurril; (*forgetful*) zerstreut, vergesslich ❸ COMPUT unberechenbar, launisch

flaky 'pas·try *n no pl* Blätterteig *m*

flam·bé ['flɑ̃(m)beɪ, AM flɑːm'beɪ] **I.** *vt* ■**to ~ sth** etw flambieren **II.** *adj after n* flambiert; **steak ~** flambiertes Steak

flam·boy·ance [flæm'bɔɪən(t)s] *n no pl* ❶ (*extravagance*) Extravaganz *f* ❷ (*showiness*) Grellheit *f* ❸ (*approv: excitement*) Aufregung *f*

flam·boy·ant [flæm'bɔɪənt] *adj* ❶ (*ostentatious*) extravagant; **~ colours** [*or* AM **colors**] prächtige Farben; **~ gesture** großartige Geste; **~ lifestyle** aufwendiger Lebensstil ❷ (*conspicuously coloured*) grell; (*showy*) auffällig, auffallend

flam·boy·ant·ly [flæm'bɔɪəntli] *adv* ❶ (*ostentatiously*) extravagant; **the theatre set live quite ~** das Leben im Theatermilieu ist ziemlich hemmungslos ❷ (*with conspicuous colours*) grell; (*showily*) auffällig; **she was ~ dressed** sie war auffallend angezogen

flame [fleɪm] **I.** *n* ❶ (*fire*) Flamme *f;* **naked ~** offene Flamme; ■**to be in ~s** in Flammen stehen; **to burst into ~** in Brand geraten; **to go up in ~s** in Flammen aufgehen ❷ (*fig*) *passion* Flamme *f fig geh,* Feuer *nt;* (*fig: ardour*) Glut *f geh,* Hitze *f;* **~ of freedom** Freiheitsliebe *f;* **~s of love/lust** Feuer *nt* der Liebe/Lust *fig geh;* **~s of passion** Glut *f* der Leidenschaft *geh* ❸ INET beleidigende E-Mail ❹ (*dated sl: sweetheart*) Flamme *f fam;* **his old high school ~** seine alte Flamme aus der Schulzeit ❺ (*failure*) Misserfolg *m* **II.** *vi* ❶ (*blaze*) brennen, lodern; (*be brightly coloured*) leuchten ❷ (*fig: become red*) glühen; **her cheeks ~d** sie errötete; **to ~ red** rot leuchten ❸ (*fig: burn with passion*) glühen *fig;* **seeing the damage made the hatred ~ within her** als sie den Schaden sah, flammte der Hass in ihr auf ❹ AM (*pej fam: act gay*) sich *akk* tuntig aufführen *fam o pej* **III.** *vt* (*sl*) ■**to ~ sb** COMPUT jdn per E-Mail beleidigen

◆**flame up** *vi person* in Wut geraten, aufbrausen; *anger, hate* aufflammen *fig,* auflodern *fig*

fla·men·co [flə'meŋkəʊ, AM -oʊ] **I.** *n* Flamenco *m* **II.** *n modifier* (*cafe, dancer*) Flamenco-; **~ music** Flamenco *m*

'flame·out *n* AM Misserfolg *m* **'flame·proof** *adj* feuerfest, feuersicher; **~ textiles** flammensichere Textilien

flam·er ['fleɪməʳ] *n* AM (*pej fam*) Tunte *f sl o pej*

'flame re·tard·ant *n* Flammschutzmittel *nt* **'flame-throw·er** *n* MIL Flammenwerfer *m*

flam·ing ['fleɪmɪŋ] **I.** *adj attr* ❶ (*fig: angry*) glühend; **to fly into a ~ rage** in helle Wut geraten ❷ (*fig: passionate*) heftig, leidenschaftlich ❸ (*bright*) hell; **a ~ orange/red** ein flammendes Orange/Rot ❹ *inv* BRIT (*fam!: intensifier*) verdammt *fam;* **put that down, you ~ idiot** lass das sein, du Vollidiot! *fam o pej;* **this ~ pencil always breaks!** dieser blöde Bleistift bricht dauernd ab! *fam* ❺ (*pej fam: homosexual*) tuntig **II.** *n no pl* INET, COMPUT *heftiges Beleidigen beim Chatten im Internet*

fla·min·go <*pl* -s *or* -es> [flə'mɪŋgəʊ, AM -oʊ] *n* Flamingo *m*

flam·mable ['flæməbl̩] *adj* AM leicht entflammbar [*o* entzündlich]; **highly ~** feuergefährlich

flan [flæn] **I.** *n* ❶ (*with fruit*) Obsttorte *f;* (*salty*) *Pastete mit Käse oder Schinken* ❷ AM (*custard pie*) *Kuchen mit einer Füllung aus Vanillepudding;* (*in slapstick*) Sahnetorte *f* **II.** *vt* (*fam*) ■**to ~ sb** jdn mit Sahnetorte bewerfen

flange [flændʒ] *n* ❶ (*connecting rim*) Flansch *m;* **~ of a pipe** Rohrflansch *m* ❷ (*around rail wheels*) Spurkranz *m*

flank [flæŋk] **I.** *n* ❶ (*hip to rib area*) Seite *f;* (*of an animal*) Weiche *f,* Flanke *f* ❷ MIL Flanke *f,* Flügel *m* ❸ (*side*) Seite *f* **II.** *vt* ■**to ~ sb/sth** jdn/etw flankieren; **bodyguards ~ed the president** der Präsident wurde von Bodyguards flankiert

'flank at·tack *n* MIL Flankenangriff *m*

flan·nel ['flænᵊl] **I.** *n* ❶ *no pl* (*felty woollen material*) Flanell *m* ❷ BRIT (*facecloth, washcloth*) Waschlappen *m* ❸ *no pl* BRIT (*fam: verbose hedging*) Geschwafel *nt pej fam,* Gelaber *nt fam o pej* ❹ ■**~s** *pl* (*trousers*) Flanellhose *f;* AM (*underwear*) Flanellunterwäsche *f kein pl* **II.** *vt* <-ll-> BRIT, AUS (*fam*) ■**to ~ sb** (*deceive*) jdn einwickeln *fam;* (*flatter*) jdm schmeicheln **III.** *vi* <-ll-> BRIT, AUS (*fam: deceive*) schummeln *fam,* mogeln *fam;* (*flatter*) Süßholz raspeln *fam*

flan·nel·et(te) [ˌflænᵊl'et] *n no pl* Baumwollflanell *m*

flap [flæp] **I.** *vt* <-pp-> **to ~ one's wings** mit den Flügeln schlagen; (*in short intervals*) mit etw *dat* flattern **II.** *vi* <-pp-> ❶ (*fly*) flattern; **the geese have ~ped slowly out of sight** die Gänse sind langsam davongeflattert; *wings* schlagen; *door* klappern ❷ (*flutter*) flattern; **the sails ~ped in the wind** die Segel flatterten im Wind ❸ *esp* BRIT (*pej fam: fuss*) sich *akk* aufregen, die Nerven verlieren; **don't ~!** reg dich nicht auf!; ■**to ~ about** [*or* **around**] nervös auf und ab laufen **III.** *n* ❶ (*flutter*) Flattern *nt;* (*with wings*) Flügelschlag *m,* Flattern *nt* ❷ (*noise*) Flattern *nt* ❸ (*overlapping part*) *of cloth* Futter *nt; of shoe* Lasche *f;* **~ of flesh** Fleischfetzen *m;* **pocket ~** Taschenklappe *f;* **~ of skin** Hautlappen *m* ❹ AVIAT Landeklappe *f* ❺ (*pej fam: commotion*) helle Aufregung; (*panic*) Panik *f;* ■**to be in a ~** schrecklich aufgeregt sein *fam;* **to get in** [*or* **into**] **a ~** sich *akk* furchtbar aufregen *fam;* **what was the big ~ about?** warum waren denn alle so aus dem Häuschen? *fam*
▸ PHRASES: **to cause a ~** [einen Sturm der] Entrüstung auslösen

flap·jack ['flæpdʒæk] *n* ❶ *esp* BRIT, AUS (*chewy cake*) Haferkeks *m* ❷ *esp* AM (*pancake*) Pfannkuchen *m*

flap·per ['flæpəʳ, AM -ɚ] *n* (*fam or dated*) *emanzipierte Frau der 20er-Jahre*

flare [fleəʳ, AM fler] **I.** *n* ❶ (*fire*) Aufflackern *nt kein pl,* Auflodern *nt kein pl;* (*light*) Lichtschein *m* ❷ (*light signal*) Lichtsignal *nt;* (*smoke and fire signal*) Leuchtfeuer *nt* ❸ (*signalling device*) Leuchtrakete *f;* (*from pistol*) Leuchtkugel *f* ❹ *usu sing* (*wide area*) ausgestellter Schnitt; (*of trousers*) Schlag *m* ❺ ■**~s** *pl* (*bell-bottoms*) Schlaghose *f* **II.** *vi* ❶ (*burn up*) aufflammen, auflodern; (*light up*) aufleuchten, aufblitzen ❷ (*broaden at end*) *trousers, skirt* aufweiten ❸ (*open more*) sich *akk* blähen; **the horse's nostrils ~d** die Nüstern des Pferdes blähten sich **III.** *vt* ❶ (*widen at end*) **to ~ a skirt/sleeves/trouser legs** einen Rock/Ärmel/Hosenbeine ausstellen ❷ (*open*) **to ~ one's nostrils** die Nasenflügel aufblähen

◆**flare up** *vi* ❶ (*become alight*) aufflammen, auflodern ❷ (*fig: intensify*) aufflammen *fig,* auflodern *fig,* aufflackern *fig;* **violence ~d up again** Gewalt flammte wieder auf ❸ (*fig: rise*) ausbrechen; **once tempers have ~d up they seem to take hours to cool down** wenn sich die Gemüter erst einmal erhitzt haben, dauert es Stunden, bis sie sich wieder beruhigen; (*burst with anger*) aus der Haut fahren *fam* ❹ (*fig: get mad*) aufbrausen ❺ (*fig: break out*) *disease, epidemic* [wieder] ausbrechen

flared [fleəd, AM flerd] *adj skirt, sleeve* ausgestellt; *trousers* mit Schlag

'flare-up ['fleəʳʌp, AM 'fler-] *n* ❶ MIL Auflodern *nt fig,* Aufflammen *nt fig,* Aufflackern *nt fig;* **the ~ of protests/riots/violence** das Ausbrechen der Proteste/Unruhen/Gewalt; **they hoped another ~ wouldn't disturb the peace process** sie hofften, dass der Friedensprozess nicht durch weitere Unruhen gestört wird ❷ MED [erneuter] Ausbruch; **he had a ~ of his old back injury** sein altes Rückenleiden brach wieder aus

flash [flæʃ] **I.** *n* <*pl* -es> ❶ (*light*) [Licht]blitz *m,* Aufblitzen *nt kein pl,* Aufleuchten *nt kein pl; of jewellery, metal* [Auf]blitzen *nt kein pl,* [Auf]blinken *nt kein pl;* **~ of light** Lichtblitz *m;* **~ of lightning** Blitz *m;* **to give sb a ~** AUTO jdm Lichthupe machen *fam* ❷ (*flame*) *of an explosion* Stichflamme *f* ❸ (*fig: feeling*) Blitz *m;* **~ of anger/temper** Wut-/Temperamentsausbruch *m;* **~ of hope** Hoffnungsstrahl *m;* **~ of inspiration** [*or* **wit**] Geistesblitz *m;* **~ of intuition** plötzliche Eingebung; **~ of pity** Aufwallung *f* von Mitleid ❹ (*glimpse*) **to catch a ~ of sth** einen Blick von etw *dat* erhaschen; **to give sth a ~** einen Blick auf etw *akk* werfen ❺ (*moment*) Augenblick *m,* Moment *m;*

for a ~ einen Augenblick [*o* Moment] lang ❻ MEDIA (*bulletin*) Kurzmeldung *f* ❼ AM ELEC (*fam: lamp*) Taschenlampe *f* ❽ PHOT (*light*) Blitz *m,* Blitzlicht *nt;* **a built-in ~** ein eingebauter Blitz; **to use a ~** [**for sth**] [etw] blitzen [*o* mit Blitzlicht fotografieren] ❾ BRIT MIL (*insignia*) [Uniform]besatz *m,* [Uniform]abzeichen *nt meist pl,* [Kragen]spiegel *m meist pl,* [Schulter]streifen *m meist pl* ❿ FILM, TV (*insert*) [kurze] Einblendung *fachspr;* (*interference*) [kurzzeitige] Bildstörung *fachspr* ⓫ MECH, TECH (*excess material*) [starker] Grat, überfließendes Material *fachspr; in casting* Gussgrat *m fachspr; in forging* Schmiedegrat *m fachspr; in pressing* Pressgrat *m fachspr* ⓬ MED (*sl: effect*) *drug addict* Flash *m sl* ▸ PHRASES: **a ~ in the pan** (*pej: short-lived effect*) ein Strohfeuer *nt pej,* eine Eintagsfliege *pej;* (*miss*) ein Schuss *m* in den Ofen *pej fam;* (*sl: in sexual act*) unvollendeter Quickie *fam;* **like a ~** blitzartig, wie der Blitz; **quick as a ~** blitzschnell, wie ein geölter Blitz; **in a ~** in Sekundenschnelle, im Nu [*o* Handumdrehen]; **to be back in a ~** sofort [*o* gleich] wieder da sein **II.** *adj* (*esp pej fam*) ❶ (*showy*) *clothing* [sehr] auffällig, protzig *pej fam;* **a ~ car** ein protziges Auto *pej fam;* **~ outfit** protzige Aufmachung ❷ (*pretentious*) großspurig, großkotzig *pej fam;* **a ~ Harry** BRIT ein Protz [*o pej fam* feiner Pinkel] [*o pej sl* Großkotz] *m* **III.** *vt* ❶ (*signal*) **to ~ a light** ein Licht aufleuchten lassen; **to ~ a light at sb** (*in a car*) jdm Lichthupe machen *fam; with a torch* jdn anleuchten; **to ~ a message** eine Nachricht blinken; **to ~ a mirror** [**at sb**] [jdn] mit einem Spiegel blenden ❷ (*look*) **to ~ a glance/smile at sb** jdm einen Blick/ein Lächeln zuwerfen ❸ (*communicate*) ■**to ~ sth** *message, news* etw übermitteln [*o* durchgeben] ❹ (*fig pej fam: show*) ■**to ~ sth about** [*or* **around**] *one's car, success* mit etw *dat* protzen; **to ~ one's money around** mit dem Geld [nur so] um sich *akk* werfen, den reichen Mann markieren *pej fam;* **to ~ a credit card/money/a wallet** eine Kreditkarte/Geld/eine Brieftasche zücken *fam* **IV.** *vi* ❶ (*shine*) blitzen; AUTO Lichthupe machen; **the lightning ~ed** es blitzte; **Jane's eyes ~ed with rage** Janes Augen funkelten vor Zorn ❷ (*fig: appear*) kurz [*o* plötzlich] auftauchen; **a smile ~ed across her face** ein Lächeln huschte über ihr Gesicht; **a thought ~ed through her mind** ein Gedanke schoss ihr durch den Kopf; **my whole life ~ed before me** mein ganzes Leben lief im Zeitraffer vor mir ab ❸ (*move*) ■**to ~ by** [*or* **past**] vorbeirasen *fam,* vorbeiflitzen *fam;* **the time is just ~ing past** die Zeit rast nur so dahin ❹ (*fam: expose genitals*) ■**to ~** [**at sb**] *male* sich *akk* [jdm] exhibitionistisch zeigen

◆**flash back** *vi in memory* [plötzlich] wiederkommen; ■**to ~ back to sth** sich *akk* plötzlich [wieder] an etw *akk* erinnern

'flash·back *n* ❶ FILM, LIT Flashback *m fachspr,* Rückblende *f fachspr* ❷ CHEM (*flame*) [Flammen]rückschlag *m,* [Flammen]durchschlag *m fachspr;* ELEC *in rectifier* Rückzündung *f,* Durchzündung *f fachspr* **'flash·bulb** *n* PHOT Blitz[licht]lampe *f,* Blitzlicht *nt* **'flash card** *n* SCH Zeigekarte *f* **'flash cube** *n* PHOT Blitzwürfel *m*

flash·er ['flæʃəʳ, AM -ɚ] *n* ❶ AUTO (*device*) Lichthupe *f fachspr;* (*signal*) Lichthupensignal *nt* ❷ (*fam: exhibitionist*) *male* Exhibitionist *m,* Blitzer *m fam*

flash 'flood *n* flutartige Überschwemmung, Sintflut *f fig fam* **'flash-fry** *vt* **to ~ a steak** ein Steak kurz [an]braten **'flash·gun** *n* PHOT Blitzlicht *nt,* [Elektronen]blitz[licht]gerät *nt fachspr*

flashi·ly ['flæʃɪli] *adv* (*esp pej fam*) ❶ (*showily*) [sehr] auffällig, protzig *pej fam;* **~ dressed** auffällig gekleidet ❷ (*pretentiously*) großspurig *pej,* großkotzig *pej fam;* **to act** [*or* **behave**] **~** großspurig [*o* großkotzig] auftreten, sich *akk* protzig geben

flashi·ness ['flæʃɪnəs] *n no pl* (*esp pej fam*) ❶ (*showiness*) *of appearance, clothing* [übertriebene] Auffälligkeit, Protzigkeit *f pej fam* ❷ (*pretentiousness*) *of behaviour* Großspurigkeit *f pej,* Großkotzigkeit *f pej fam*

flash·ing ['flæʃɪŋ] *n* ARCHIT Dichtungsblech *nt fachspr*

'flash·light *n* ❶ (*signal*) Blinklicht *nt; in lighthouse* Leuchtfeuer *nt* ❷ AUTO (*device*) Blinklicht *nt,* Lichthupe *f fachspr;* (*lamp*) Scheinwerfer *m,* Suchlicht *nt fachspr* ❸ PHOT (*artificial light*) Blitzlicht *nt fachspr* ❹ *esp* AM (*torch*) Taschenlampe *f* **'flash·point** *n* ❶ CHEM Flammpunkt *m fachspr* ❷ (*fig: stage*) Siedepunkt *m,* Höhepunkt *m* ❸ (*fig: situation*) kritische Lage ❹ (*fig: trouble spot*) Unruheherd *m,* Krisenherd *m,* Pulverfass *nt fam*

flashy ['flæʃi] *adj* (*esp pej fam*) ❶ (*showy*) [sehr] auffällig, protzig *pej fam;* **~ jewellery** protziger Schmuck ❷ (*pretentious*) großspurig *pej,* großkotzig *pej fam;* **~ people** Schickimickis *pl pej fam,* Schickeria *f kein pl pej fam*

flask [flɑːsk, AM flæsk] *n* ❶ (*bottle*) *for liquids* [bauchige] Flasche; *for wine* Ballonflasche *f; for spirits* Flachmann *m fam; for carrying* kleine Flasche, Taschenflasche *f; for travelling* Feldflasche *f,* Reiseflasche *f;* **thermos ~**® Thermosflasche® *f;* **a ~ of whisky** ein Fläschchen *nt* Whisky ❷ CHEM [Glas]kolben *m,* [Glas]ballon *m,* Destilliergefäß *nt fachspr;* **conical** [*or* **Erlenmeyer**] **~** Erlenmeyerkolben *m fachspr* ❸ (*container*) *for gunpowder* Pulverflasche *f,* Pulverhorn *nt; for nuclear fuel, radioactive waste* Transportbehälter *m,* Kastor *m fachspr;* **vacuum ~** Vakuumkolben *m fachspr* ❹ MECH, TECH (*frame*) *in casting* [Form]kasten *m fachspr*

flat[1] [flæt] **I.** *adj* <-tt-> ❶ (*not raised, horizontal*) *inclination* flach; (*even*) *floor, ground* flach; *ground, path, territory* eben; *face, nose* platt; **people used to believe that the earth was ~** früher glaubten die Menschen, die Erde sei eine Scheibe; **~ hand** flache [*o* offene] Hand; **~ heel/shoe** flacher Absatz/Schuh; **to be** [**as**] **~ as a pancake** *ground* topfeben sein; (*fam*) *woman* flach wie ein [Bügel]brett sein *fam;* **~ roof** flaches Dach, Flachdach *nt* ❷ (*shallow*) *cup, plate* flach ❸ (*smooth*) glatt; *surface* eben ❹ *attr, inv* (*fig: absolute*) entschieden, kategorisch, glatt *fam;* **to be met with ~ denial** [*or* **refusal**] auf entschiedene [*o fam* glatte] Ablehnung stoßen, rundweg abgelehnt werden *fam* ❺ (*a. fig, pej: dull*) langweilig, lahm *pej fam,* öd[e] *pej fam; of conversation, writing* geistlos, flach *pej* ❻ (*monotone*) *voice* ohne Modulation *nach n,* ausdruckslos *pej;* LIT (*lacking delineation*) *character* eindimensional *fachspr,* einfach gestrickt *fam;* (*lacking depth, contrast*) *of a photo, picture* flach, kontrastarm ❼ (*not shiny*) *of colour, paint, varnish* matt, stumpf ❽ (*tasteless*) *cooking* fad[e]; *drinks* schal, abgestanden; **to go ~** schal werden ❾ BRIT, AUS (*exhausted*) *battery* leer ❿ (*deflated*) platt; **~ tyre** platter Reifen, Plattfuß *m fam* ⓫ COMM, ECON (*not active*) *business* flau, lustlos *fachspr;* **~ market** flauer [*o* ruhiger] Markt, lustlose Börse ⓬ *pred* AM (*fam: without funds*) pleite *fam* ⓭ MUS (*lower in pitch*) *note* [um einen Halbton] erniedrigt; *key* mit B-Vorzeichen *nach n;* (*below intended pitch*) *string, voice* zu tief [gestimmt]; **E ~ major** Es-Dur ⓮ *attr, inv* COMM (*fixed*) einheitlich, Einheits-, Pauschal-; **~ charge** Pauschale *f fachspr;* **~ fee** Pauschalgebühr *f,* Pauschalhonorar *nt fachspr;* **~ price/tariff** Einheitspreis/Einheitstarif *m fachspr;* **~ rate** Einheitssatz *m,* Pauschalsatz *m fachspr* ▸ PHRASES: **and that's ~** und dabei bleibt es [*o fam* damit basta] **II.** *adv* <-tt-> ❶ (*horizontally*) flach; **to fall ~ on one's face** der Länge nach hinfallen; **to lie ~ on one's back** flach [*o* lang hingestreckt] auf dem Rücken liegen ❷ (*levelly*) platt; **to fold sth ~** *napkin, sheet* etw zusammenfalten; *ironing, napkin, tablecloth* etw zusammenlegen; *deckchair* etw zusammenklappen; **to knock** [*or* **lay**] **sth ~** *building, wall* etw platt walzen [*o* einebnen] [*o a. fig* dem Erdboden gleichmachen] ❸ *inv* (*fam: absolutely*) rundheraus, glattweg; **she told him ~ that she would not go to the show** sie sagte ihm klipp und klar, dass sie nicht zu der Show gehen werde; **to be ~ against the rules** eindeutig gegen die Regeln verstoßen ❹ *inv* (*fam: completely*) völlig, total *fam;* **to be ~ broke** total [*o* völlig] pleite sein *fam;* **to be ~ out** völlig alle [*o* total erledigt] sein *fam* ❺ (*fam: exactly*) genau ❻ MUS (*below intended pitch*) *sing, play* zu tief ▸ PHRASES: **in no time ~** (*fam*) in Sekundenschnelle [*o fam* null Komma nichts]; **to**

fall ~ (*fail*) *attempt, effort* scheitern, danebengehen *fam; stage performance* durchfallen; *joke* nicht ankommen *fam* **III.** *n* ❶ (*level surface*) flache Seite; *of a knife, sword* Breitseite *f;* ~ **of the hand** Handfläche *f;* **he hit me with the ~ of his hand** er schlug mich mit der flachen Hand ❷ (*level ground*) Fläche *f,* Ebene *f;* **most of the path is on the ~** der größte Teil des Weges ist eben ❸ GEOG (*land*) Flachland *nt,* Niederung *f fachspr;* ■**the ~s** *pl ground* die Ebenen *fpl fachspr; seafloor* die Untiefen *fpl,* die Sandbänke *fpl fachspr;* **the mud ~s** *pl* die Sumpfebene *fachspr;* **the salt ~s** *pl* die Salzwüste *fachspr* ❹ MUS (*sign*) Erniedrigungszeichen *nt fachspr,* b *nt;* (*tone*) [um einen halben Ton] erniedrigter Ton *fachspr* ❺ BRIT SPORTS (*horse race*) Flachrennen *nt fachspr;* (*season*) Saison *f* für Flachrennen ❻ THEAT (*scenery*) Schiebewand *f,* Kulisse *f fachspr* ❼ *esp* BRIT, AUS (*tyre*) Platte(r) *m,* Plattfuß *m fam*

flat² [flæt] *n* BRIT, AUS [Etagen]wohnung *f,* Mietwohnung *f;* ■**~s** *pl* Wohnblock *m,* Mietblock *m*

'flat-bot·tomed *adj attr, inv* NAUT *boat* flach, mit Flachkiel *nach n* **'flat·car** *n* RAIL Flachwaggon *m* **flat-'chest·ed** *adj attr, inv woman* flachbrüstig, flachbusig **flat 'feet** *npl* MED, ANAT Plattfüße *mpl fachspr* **'flat·fish** *n* Plattfisch *m* **flat-'foot·ed** *adj* ❶ *attr, inv* ANAT, MED plattfüßig *fachspr;* **to be ~** Plattfüße haben ❷ *attr, inv* AM (*explicit*) entschieden, kategorisch; **a ~ denial** eine entschiedene Ablehnung ❸ (*unskilful*) linkisch, unbeholfen, plump *pej;* ~ **style** schwerfälliger Stil ▸PHRASES: **to catch sb ~** (*fam*) jdn [völlig] umhauen **'flat·head** *n* ❶ (*fish*) Platy *m* ❷ <*pl* - *or* -s> AM (*Indian tribe*) ■**the F~** die Flachkopf-Indianer *pl* ❸ AM (*sl: stupid person*) Flachkopf *m pej fam* **'flat-hunt·ing** *n no pl* BRIT Wohnungssuche *f* **'flat iron** *n* (*hist*) Bügeleisen *nt*

flat·let ['flætlət] *n* BRIT Kleinwohnung *f,* kleine Mietwohnung

flat·ly ['flætli] *adv* ❶ (*dully*) ausdruckslos, lahm *pej fam* ❷ *inv* (*absolutely*) kategorisch, glatt[weg]; **to ~ deny sth** etw strikt leugnen

'flat·mate *n* BRIT Mitbewohner(in) *m(f)*

flat·ness ['flætnəs] *n no pl* ❶ (*horizontality*) *of an inclination, roof* Flachheit *f;* (*levelness*) *of a ground, territory, track* Ebenheit *f;* (*evenness*) *of a face, nose* Plattheit *f; of a heel, shoe* Flachheit *f;* (*smoothness*) *of a rug, surface* Glätte *f* ❷ (*absoluteness*) *of a denial, refusal* Entschiedenheit *f,* Deutlichkeit *f* ❸ (*a. fig pej: dullness*) *of a conversation, performance* Langweiligkeit *f,* Geistlosigkeit *f,* Flachheit *f pej; of a joke, remark* Geschmacklosigkeit *f,* Abgeschmacktheit *f; of a colour, paint, varnish* Mattheit *f,* Stumpfheit *f; of a photo, picture* Flachheit *f,* Kontrastmangel *m; of a voice* Klanglosigkeit *f,* Tonlosigkeit *f;* LIT *of a character* Eindimensionalität *f fachspr* ❹ (*tastelessness*) *of food* Fadheit *f; of drinks* Schalheit *f,* Abgestandenheit *f* ❺ ECON (*inactivity*) *of business, a market* Flauheit *f,* Lustlosigkeit *f fachspr*

flat 'out *adv* (*fam*) ❶ AM (*absolutely*) total, völlig, glattweg *fam;* **to be ~ mad** völlig ausgerastet sein *fam* ❷ (*vigorously*) voll, mit Volldampf *fam,* volle Pulle *sl;* **to tackle sth ~** voll an etw *akk* rangehen *fam;* **to work ~** mit Volldampf [*o* volle Pulle] arbeiten ❸ (*fast*) mit Vollgas; **to drive ~** mit Vollgas fahren

flat-'out [ˌflæt'aʊt] *adj* AM (*fam*) ❶ (*absolute*) total, völlig, glatt *fam;* **a ~ lie** eine glatte Lüge; **~ madness** totaler Wahnsinn ❷ (*vigorous*) mit voller Kraft [*o* vollem Einsatz] *nach n;* **a ~ commitment** volles Engagement; **to make a ~ effort** alles geben *fam* ❸ (*fast*) mit Vollgas *nach n fam;* **to drive at ~ speed** mit Vollgas fahren **'flat pan·el, 'flat screen I.** *n* (*monitor*) Flachbildschirm *m;* (*tv*) Fernsehgerät *nt* mit Flachbildschirm **II.** *n modifier* (*monitor, display*) Flachbildschirm-, mit Flachbildschirm *nach n;* **15-inch ~ monitor** 15-Zoll-Flachbildschirm *m*

flats *npl* flache Schuhe

'flat screen *n* Flachbildschirm *m*

flat·ten ['flætᵊn] *vt* ❶ (*level*) ■**to ~ sth** *roof, slope* etw flach machen [*o* abflachen]; *ground, path, road* etw eben machen [*o* planieren]; *dent* etw ausbeulen; *board, cloth, surface* etw glätten; **he folded the bag and ~ed it** er faltete die Tüte und strich sie glatt; ■**to ~ oneself against sth** sich *akk* platt gegen etw *akk* drücken ❷ (*knock down*) ■**to ~ sth** *building, wall* etw einebnen [*o fam* platt walzen] [*o a. fig* dem Erdboden gleichmachen]; **to ~ a tree** *storm* einen Baum umlegen [*o* umknicken]; ■**to ~ sb** (*fam*) *boxer, wrestler* jdn niederstrecken [*o* flachlegen]; (*fig: defeat*) jdn fertigmachen *fam;* (*fig: depress*) jdn niederschmettern [*o* am Boden zerstören] ❸ MUS **to ~ a note** eine Note [um einen Halbton] erniedrigen; **to ~ a string** eine Saite tiefer stimmen

◆**flatten out I.** *vi* ❶ (*become flatter*) *inclination* flach[er] werden; *ground, path* eben[er] werden ❷ AVIAT (*fly level*) *plane* sich *akk* fangen, ausschweben ❸ (*stabilize*) *demand, inflation* sich *akk* abflachen; *prices, numbers* auf dem gleichen Stand [*o* unverändert] bleiben **II.** *vt* ❶ (*make flatter*) ■**to ~ out** ⊂ **sth** etw ebnen; *blanket, map, tablecloth* etw ausbreiten; *dent* etw ausbeulen; *paper, bag* etw glatt streichen ❷ (*make equal*) **to ~ out a difference/variation** eine Differenz/Abweichung ausgleichen

flat·ter¹ ['flætəʳ, AM -t̬ɚ] *vt* ❶ (*praise*) ■**to ~ sb** jdm schmeicheln; **to feel ~ed** sich *akk* geschmeichelt fühlen ❷ (*a. euph: represent favourably*) ■**to ~ sb** jdm schmeicheln *euph,* jdn gut aussehen lassen; **the photo ~s her** das Foto schmeichelt ihr ❸ (*show to advantage*) ■**to ~ sth** *lips, nose, skin* etw [gut] zur Geltung bringen; **short skirts don't ~ me** kurze Röcke stehen mir nicht ❹ (*pej: imagine*) **don't ~ yourself!** bilde dir ja nichts ein!; ■**to ~ oneself [that] ...** sich *dat* etw [darauf] einbilden, [dass] ... *pej;* **you're ~ing yourself if you think she'll go out with you** du machst dir selbst etwas vor, wenn du denkst, dass sie mit dir ausgeht ▸PHRASES: **to ~ to deceive** einen falschen Eindruck erwecken, ein falsches Bild geben

flat·ter² *adj comp of* **flat**

flat·tered ['flætəd, AM -t̬ɚd] *adj* geschmeichelt; **to be ~** sich *akk* geschmeichelt fühlen

flat·ter·er ['flætᵊrəʳ, AM -t̬ɚɚ] *n* Schmeichler(in) *m(f)*

flat·ter·ing ['flætᵊrɪŋ, AM -t̬ɚ-] *adj* ❶ (*complimentary*) schmeichelhaft, schmeichlerisch *pej;* ~ **remarks/words** schmeichlerische [*o* schmeichelhafte] Bemerkungen/Worte; **in a ~ voice** in schmeichlerischem Ton ❷ (*a. euph: enhancing*) schmeichelhaft *a. euph,* vorteilhaft; **that suit is very ~** dieser Anzug steht Ihnen gut

flat·tery ['flætᵊri, AM -t̬əri] *n no pl* Schmeicheleien *pl* ▸PHRASES: ~ **will get you nowhere** (*prov*) mit Schmeicheleien erreicht man nichts

'flat-top *n* ❶ AM (*fam: aircraft carrier*) Flugzeugträger *m* ❷ (*sl: man's hairstyle*) Rappo *m fam* **flat T'V** *n* Fernsehgerät *nt* mit Flachbildschirm

flatu·lence ['flætjələn(t)s, AM 'flætʃə-] *n no pl* (*form*) ❶ MED Blähung[en] *f[pl],* Flatulenz *f fachspr;* **to cause ~** Blähungen verursachen; **to suffer from ~** an Blähungen leiden, Blähungen haben ❷ (*fig pej: pretentiousness*) *of style* Schwülstigkeit *f pej; of rhetoric, speech* Aufgeblähtheit *f pej*

flatu·lent ['flætjələnt, AM 'flætʃə-] *adj* (*form*) ❶ MED blähend *attr,* flatulent *fachspr;* **to become ~** an Blähungen leiden, Blähungen haben ❷ (*fig pej: pretentious*) *style* schwülstig *pej; rhetoric, speech* aufgebläht *pej*

'flat·ware *n no pl* ❶ (*dishes*) [flaches] [Ess]geschirr ❷ AM (*cutlery*) Besteck *nt;* **silver ~** Silberbesteck *nt* **'flat·worm** *n* Plattwurm *m*

flaunt [flɔːnt, AM flɑːnt] *vt* (*esp pej*) ■**to ~ sth** *money, wealth* etw zur Schau stellen *pej,* mit etw *dat* protzen *pej fam;* **when you've got it, ~ it** (*fam*) wer [es] hat, der hat [es] *fam;* ■**to ~ oneself** sich *akk* in Szene setzen *pej,* seine Show abziehen *fam*

flaut·ist ['flɔːtɪst, AM 'flɑːt̬-, 'flaʊ-] *n* Flötist(in) *m(f) fachspr*

fla·vor *n* AM *see* **flavour**

fla·vor·ful *adj* AM *see* **flavourful**

fla·vor·ing *n* AM *see* **flavouring**

fla·vor·less *adj* AM *see* **flavourless**
fla·vor·some *adj* AM *see* **flavoursome**
fla·vory *adj* AM *see* **flavoury**
fla·vour ['fleɪvəʳ], AM **fla·vor** [-ɚ] **I.** *n* ① (*taste*) [Wohl]geschmack *m,* Aroma *nt;* (*particular taste*) *of ice cream, lemonade* Geschmacksrichtung *f,* Sorte *f;* **the soup lacked ~** die Suppe schmeckte fade [*o fam* gerade heraus]; **to add ~ to sth** etw *dat* Geschmack verleihen ② (*fig: characteristic*) Einschlag *m,* eigene Note, Fluidum *nt geh* ③ (*fig: quality*) Anflug *m,* Anstrich *m pej,* Touch *m pej;* **a city with a cosmopolitan ~** eine Stadt mit weltmännischer Atmosphäre; **nostalgic ~** nostalgischer Touch, Anflug *m* von Nostalgie ④ *esp* AM (*substance*) Aroma *nt,* Geschmacksstoff *m* ⑤ (*fam*) **~ of the month** (*ice cream*) Eis *nt* des Monats; (*favourite person or thing*) die derzeitige Nummer eins *fam* **II.** *vt* ■**to ~ sth** *dish, soup* etw würzen [*o* abschmecken]
-fla·voured ['fleɪvəd], AM **-fla·vored** [-ɚd] *in compounds* mit ...-geschmack *nach n;* **chocolate/fruit-~** mit Schokoladen-/Fruchtgeschmack *nach n;* **chocolate-~ ice cream** Schokoladeneis *nt*
fla·vour·ful ['fleɪvəfᵊl], AM **fla·vor·ful** [-vɚ-] *adj* ① (*odorous*) wohlriechend, aromatisch ② (*tasty*) wohlschmeckend, geschmackvoll, aromatisch
fla·vour·ing ['fleɪvᵊrɪŋ], AM **fla·vor·ing** [-vɚ-] *n* Aroma *nt,* Geschmacksstoff *m;* **artificial ~s** künstliche Aromen; **vanilla ~** Vanillearoma *nt*
fla·vour·less ['fleɪvələs], AM **fla·vor·less** [-vɚ-] *adj* ① (*without physical taste*) *liquid, medicine* geschmacklos, geschmacksneutral; (*not tasty*) ohne Geschmack *nach n;* **these grapes are completely ~** diese Weintrauben schmecken nach gar nichts ② (*fig pej: flat*) geschmacklos *pej; person* farblos *pej,* fad[e] *pej;* **~ platitudes** geschmacklose Platituden
fla·vour·some ['fleɪvəsəm], AM **fla·vor·some** [-vɚ-] *adj see* **flavoury**
fla·voury ['fleɪvᵊri], AM **fla·vory** [-ɚi] *adj* schmackhaft, aromatisch; **~ tea** aromatischer Tee
flaw [flɔː, AM flɑː] **I.** *n* ① (*fault*) Fehler *m,* Mangel *m;* MECH, TECH *of machine* Defekt *m,* [Fabrikations]fehler *m; in casting* Gussblase *f,* Lunker *m fachspr;* **beauty without ~** makellose Schönheit; **~ in material** Materialfehler *m;* **the ~s of** [*or* **in**] **a plan/an argument** die Schwachstellen *fpl* eines Plans/in einer Argumentation; **to have a ~ in one's character** einen Charakterfehler haben ② (*break*) *in china, glass* Sprung *m; in floor, wall* Riss *m,* Spalt *m; in pipe* Bruch *m* ③ LAW *of a contract, will* Formfehler *m* **II.** *vt* ■**to ~ sth** etw beeinträchtigen; *brick, material* etw brüchig [*o* rissig] machen; *body, face* etw verunstalten [*o* entstellen]; **our holiday was ~ed by heavy rains** unser Urlaub wurde von schweren Regenfällen getrübt
flawed [flɔːd, AM flɑːd] *adj* ① (*faulty*) fehlerhaft, mangelhaft; *machine* defekt; *diamond* unrein; **his argument is deeply ~** seine Argumentation hat große Schwachstellen; **~ reasoning** mangelnde Beweisführung ② (*broken*) *china, glass* gesprungen; *floor, wall* rissig, brüchig; *pipe* gebrochen
flaw·less ['flɔːləs, AM 'flɑː-] *adj inv pronunciation, workmanship* fehlerlos, fehlerfrei; *beauty, style* makellos; *behaviour, character* einwandfrei, untadelig; **~ diamond** lupenreiner Diamant; **~ performance** vollendete Aufführung
flax [flæks] *n no pl* ① (*plant*) Flachs *m* ② (*thread*) Flachsgarn *nt*
flax·en ['flæksᵊn] *adj* ① (*of flax*) flächse[r]n, Flachs- ② (*fig liter: coloured like flax*) flachsfarben; **~ haired** flachsblond
flay [fleɪ] *vt* ① (*strip off*) ■**to ~ sth** *animal* ein Tier [ab]häuten, einem Tier die Haut [*o* das Fell] abziehen; *lumber, timber* etw abschälen [*o* abrinden]; **to ~ a rabbit** HUNT einen Hasen abbalgen, einem Hasen den Balg abziehen *fachspr* ② (*fig: punish*) ■**to ~ sb** jdn auspeitschen, jdm das Fell gerben *fam* ③ (*fig: criticize*) ■**to ~ sb/sth** jdn/etw heruntermachen *fam;* **to ~ a book/film/play** ein Buch/einen Film/ein Stück zerreißen ▸ PHRASES: **to ~ sb alive** (*criticize*) kein gutes Haar an jdm lassen; (*punish*) jdm eine gehörige Tracht Prügel verpassen
flea [fliː] *n* Floh *m* ▸ PHRASES: **to get a ~ in one's ear** (*be criticized*) eins übergebügelt [*o* einen eingeschenkt] bekommen *fam;* (*be rejected*) eine Abfuhr bekommen, abblitzen *fam;* (*be humiliated*) wie ein begossener Pudel dastehen *fam;* **to go away** [*or* **leave**] **with a ~ in one's ear** wie ein begossener Pudel abziehen *fam;* **to send sb away** [*or* **off**] **with a ~ in their ear** (*criticize*) jdm eins überbügeln [*o* einen einschenken] *fam;* (*reject*) jdm eine Abfuhr erteilen, jdn abblitzen lassen *fam;* (*humiliate*) jdn wie einen begossenen Pudel dastehen lassen *fam*
'flea·bag *n* ① (*pej sl: dirty person or animal*) verwahrloster Streuner, Flohfänger *m pej fam;* (*disliked person*) Ekel *nt pej,* Mistkerl *m pej fam;* (*disliked animal*) Mistvieh *nt pej fam* ② AM (*pej fam: cheap hotel*) Absteige *f pej fam;* (*run-down place*) Bruchbude *f pej fam* ③ AM (*pej fam: worthless horse*) Schindmähre *f pej,* Klepper *m pej* ④ AM (*pej fam: bed*) Flohkiste *f fam;* (*sleeping bag*) Flohsack *m fam* **'flea·bite** *n* ① (*bite*) Flohstich *m* ② (*fig fam: wound*) [kleine] Schramme, geringfügige Verletzung ③ (*fig fam: small problem*) Kleinigkeit *f,* Klacks *m fam* **'flea-bit·ten** *adj* ① (*bitten*) voller Flohbisse *präd* ② *esp* BRIT (*fig pej fam: shabby*) verlottert *pej fam,* lausig *pej fam* **'flea cir·cus** *n* Flohzirkus *m* **'flea col·lar** *n* Flohhalsband *nt* **'flea mar·ket** *n* Flohmarkt *m,* Trödel[markt] *m* **'flea·pit** *n* BRIT (*dated fam*) Flohkino *nt fam*
fleck [flek] **I.** *n* ① (*speck*) Fleck[en] *m,* Tupfen *m;* (*blotch*) [Schmutz]fleck *m;* **his hair was dark, with ~s of grey** er hatte dunkles, stellenweise graues Haar; **~ of colour** Farbfleck *m,* Farbtupfen *m;* **~ of light** Lichtfleck *m* ② (*bit*) *of dust* Teilchen *nt,* Partikel *f geh; of mud, paint* Spritzer *m* ③ (*freckle*) Leberfleck *m;* ■**~s** *pl* Sommersprossen *fpl* **II.** *vt* (*liter*) ■**to ~ sth** etw sprenkeln; *textiles* etw [farblich] mustern; *hair, yarn* etw melieren; ■**to be ~ed** gesprenkelt [*o* gefleckt] sein; *textiles* gemustert sein; *hair, yarn* meliert sein; **the bird's chest is ~ed with red** die Brust des Vogels ist rot gesprenkelt
flecked [flekt] *adj* gesprenkelt, gefleckt; *textiles* farblich gemustert; *hair, yarn* meliert
flec·tion *n* AM *see* **flexion**
fled [fled] *vi, vt pp, pt of* **flee**
fledged [fledʒd] *adj inv* ① (*able to fly*) *bird* flügge *präd,* flugfähig; *insect* geflügelt ② (*fig: mature*) *child* flügge *fam; person* ausgebildet, fertig; **to be fully ~** [völlig] selbständig sein; **newly ~ dancer** frischgebackener Tänzer/frischgebackene Tänzerin
fledg(e)·ling ['fledʒlɪŋ] **I.** *n* ① (*bird*) Jungvogel *m,* [gerade] flügge gewordener Vogel ② (*fig, usu pej: inexperienced person*) Grünschnabel *m meist pej fam* **II.** *adj* unerfahren, neu, Jung-; **~ business** neu gegründetes Unternehmen; **~ democracy/republic** junge Demokratie/Republik; **~ manager** Jungmanager(in) *m(f);* **~ player** Nachwuchsspieler(in) *m(f)*
flee <fled, fled> [fliː] **I.** *vi* ① (*run away*) fliehen; (*seek safety*) flüchten; **she fled from the room in tears** sie rannte weinend aus dem Zimmer; **to ~ to the country** sich *akk* aufs Land flüchten; **to ~ from justice** sich *akk* der Strafverfolgung entziehen ② (*fig: fade*) vergehen, schwinden; **all our dreams have fled** (*liter*) all unsere Träume sind dahin *liter* **II.** *vt* ① (*avoid*) ■**to ~ sb/sth** *adversary, danger* vor jdm/etw fliehen [*o* flüchten], jdm/etw entfliehen *geh* ② (*leave*) ■**to ~ sth** *country, home* aus etw *dat* fliehen, etw fluchtartig verlassen ③ (*liter: abandon*) ■**to ~ sth** *city, people, society* etw fliehen *liter*
fleece [fliːs] **I.** *n* ① (*coat*) *of sheep* Schaffell *nt,* Vlies *nt* ② (*quantity shorn*) Schur *f* ③ *no pl* (*fabric*) Flausch *m,* weicher Wollstoff; **~ gloves** Handschuhe *mpl* aus weicher Wolle **II.** *vt* ① (*shear*) **to ~ a sheep** ein Schaf scheren ② (*fig pej fam: cheat*) ■**to ~ sb** jdn schröpfen *pej fam;* **to ~ sb of money** jdm Geld abknöpfen *pej,* jdn um sein Geld bringen
fleecy ['fliːsi] *adj* ① (*like fleece*) flauschig; **~ clouds** Schäfchen-

wolken *fpl;* ~ **towel** flauschiges Handtuch ❷ (*of fleece*) [Schaf]fell-; ~ **lining** Fellfutter *nt*

fleet¹ [fli:t] *n + sing/pl vb* ❶ NAUT (*of ships*) Flotte *f,* Staffel *f;* **fishing/merchant** ~ Fischerei-/Handelsflotte *f;* **a peace-keeping** ~ eine Friedensflotte; **a** ~ **of warships** ein Geschwader *nt* von Kriegsschiffen, eine Kriegsflotte; ■**the F~** die Marine ❷ AVIAT (*group of planes*) Staffel *f,* Geschwader *nt* ❸ (*group of vehicles*) Fuhrpark *m,* Flotte *f fig;* **a** ~ **of cars** ein Wagenpark *m; when moving* eine Autokolonne *f;* **a** ~ **of trucks** ein Lastwagen[fuhr]park *m*

fleet² [fli:t] *adj* (*liter*) flink, schnell; **to be** ~ **of foot** schnell zu Fuß sein

fleet 'ad·mi·ral *n* ❶ AM (*naval officer*) Großadmiral *m* ❷ BRIT Oberbefehlshaber *m* [*o* Oberkommandierender *m*] der Flotte

fleet·ing ['fli:tɪŋ, AM -t̬-] *adj* flüchtig, vergänglich; ~ **beauty** vergängliche Schönheit; ~ **encounter/glance** flüchtige Begegnung/flüchtiger Blick; ~ **idea** [*or* **thought**] plötzlicher Einfall; **for a** ~ **moment** für einen kurzen Augenblick; ~ **opportunity** kurzfristige Gelegenheit; ~ **smile** flüchtiges Lächeln; ~ **time** schnell vergehende Zeit; ~ **visit** Kurzbesuch *m,* Stippvisite *f fam*

fleet·ing·ly ['fli:tɪŋli, AM -t̬-] *adv* (*briefly*) kurz; (*transiently*) flüchtig

fleet·ness ['fli:tnəs] *n no pl* (*liter*) ❶ (*quickness*) Flinkheit *f,* Schnelligkeit *f* ❷ (*transience*) Flüchtigkeit *f*

'Fleet Street *n no pl* BRIT ❶ *+ sing/pl vb* (*media*) das [britische] Zeitungswesen, die [britische] Presse ❷ (*quarter*) die Fleet Street

i Kultur

Die **Fleet Street** im Zentrum Londons wurde nach dem Fluss Fleet benannt. Dort begann sich die Zeitungsindustrie im 16. Jh. zu entwickeln. Die überregionalen Zeitungen haben dort schon immer ihre Büros gehabt, so dass der Name **Fleet Street** mit „der Presse" gleichgesetzt wurde. Seit den 80er Jahren ziehen jedoch immer mehr Zeitungen aus dem Stadtzentrum weg.

'Fleet Street·er *n* BRIT [Zeitungs]journalist(in) *m(f)*

Flem·ing ['flemɪŋ] *n* Flame, Flämin *m, f*

Flem·ish ['flemɪʃ] **I.** *adj* flämisch **II.** *n* ❶ *no pl* (*language*) Flämisch *nt* ❷ (*people*) ■**the** ~ *pl* die Flamen *pl*

flesh [fleʃ] **I.** *n no pl* ❶ (*substance*) *of animals, humans* Fleisch *nt; of fruit* [Frucht]fleisch *nt,* Fruchtmark *nt;* (*old: meat*) Fleisch *nt* ❷ (*a. fig: fat*) Fett *nt;* (*corpulence*) [Körper]fülle *f,* Korpulenz *f geh;* **to be in** ~ fett sein *pej,* gut im Futter stehen *euph fam;* **to lose** ~ abnehmen, abspecken *fam;* **to put on** ~ zunehmen, [Fett] ansetzen *fam;* **to put** ~ **on sth** (*fig*) *argument, idea, plan* etw *dat* mehr Substanz [*o* Form] geben ❸ (*fig: human body*) ■**the** ~ der [menschliche] Körper [*o geh* Leib]; **all** ~ die gesamte Menschheit; **one** ~ (*fig*) ein Leib und eine Seele ❹ REL (*fig, usu pej: human nature*) ■**the** ~ das Fleisch *geh;* **desires of the** ~ fleischliche [*o* sinnliche] Begierden *geh;* **pleasures of the** ~ Freuden *fpl* des Fleisches *geh,* sinnliche Freuden; **sins of the** ~ fleischliche Sünden *meist pej* ❺ (*fig, a. pej: skin*) [nacktes] Fleisch, [nackte] Haut; **he stripped down to his bare** ~ er zog sich bis auf die Haut aus ▸ PHRASES: **to be** [**only**] ~ **and blood** auch [nur] ein Mensch sein; **more than** ~ **and blood can bear** [*or* **stand**] [einfach] nicht zu ertragen; **one's own** ~ **and blood** sein eigen[es] Fleisch und Blut; **to have/want one's pound of** ~ seinen vollen Anteil bekommen/wollen; **the spirit is willing but the** ~ **is weak** (*saying*) der Geist ist willig, aber das Fleisch ist schwach *prov;* **to be a thorn in sb's** ~ jdm ein Dorn im Auge sein; **to go the way of all** ~ (*saying*) den Weg allen Fleisches gehen *prov;* **to make one's** ~ **crawl** [*or* **creep**] eine Gänsehaut bekommen; **to press the** ~ AM POL (*fam*) [Wähler]hände schütteln; **in the** ~ *in person* live, in Person; *alive* [quick]lebendig **II.** *vt* ❶ (*embody*) ■**to** ~ **sth** etw verkörpern ❷ HUNT **to** ~ **a hawk/hound** einen Falken/Jagdhund Wild schmecken lassen *fachspr;* **to** ~ **a hide** eine Tierhaut abschaben [*o* ausfleischen]

◆**flesh out** *vt* ■**to** ~ **out** ◌ **sth** *draft, paper, study* etw ausarbeiten [*o* ausgestalten]; *assumption, thesis* etw untermauern [*o* zusätzlich belegen]; **to** ~ **out a character** eine Figur mit mehr Leben füllen [*o* lebendig gestalten]

'flesh-col·ored AM, **'flesh-col·oured** *adj* fleischfarben **'flesh-eat·ing** *adj* Fleisch fressend

flesh·er ['fleʃəʳ] *n* SCOT (*butcher*) Metzger(in) *m(f),* Fleischer(in) *m(f) bes* NORDD

flesh·ings ['fleʃɪŋz] *npl* [blickdichte fleischfarbene] Strumpfhose

flesh·ly ['fleʃli] *adv* (*liter*) ❶ *inv* (*physical*) körperlich, leiblich ❷ (*fig, usu pej: sensual*) *desires, pleasures, sins* fleischlich, sinnlich *a. pej* ❸ (*fig: worldly*) irdisch, menschlich

'flesh·pot *n* ❶ (*vessel*) Fleischtopf *m* ❷ (*fig: good life*) ■**the** ~**s** *pl* das Wohlleben [*o* süße Leben] ❸ (*fig, a. pej: place*) ■**the** ~**s** *pl* das Vergnügungsviertel, die Lasterhöhlen *fpl pej*

'flesh-tone *adj* AM (*flesh-coloured*) fleischfarben **'flesh wound** *n* Fleischwunde *f*

fleshy ['fleʃi] *adj* ❶ (*a. fig, euph: plump*) *person* beleibt, füllig, korpulent *euph,* fett *pej; arm, hand* fleischig *oft pej* ❷ (*succulent*) *fruit* fleischig, saftig ❸ (*colour*) *skin* fleischfarben

fleur-de-lis <*pl* fleurs-de-lis>, **fleur-de-lys** <*pl* fleurs-de-lys> [ˌflɜ:dəˈli:, AM ˌflɜ:r-] *n* ❶ BOT (*flower*) Schwertlilie *f fachspr* ❷ (*hist: device*) [heraldische] Lilie *hist* ❸ (*hist: arms of France*) bourbonische Lilie *hist*

flew [flu:] *vi, vt pp, pt of* **fly**

flex¹ [fleks] **I.** *vt* ■**to** ~ **sth** ❶ (*bend*) *arms, knees* etw beugen; *metal strap* etw biegen ❷ (*tighten*) *muscles* etw [an]spannen; **to** ~ **one's ankle** seinen Fuß strecken **II.** *vi* ❶ (*bend*) *arms, limbs, knees* sich *akk* beugen; *metal strap* sich *akk* biegen ❷ (*tighten*) *muscles* sich *akk* [an]spannen ▸ PHRASES: **to** ~ **one's muscles** seine Muskeln spielen lassen; (*fig*) Stärke demonstrieren

flex² <*pl* -es> [fleks] *n* [Anschluss]kabel *nt;* **a piece of** ~ ein Kabel *nt,* eine Schnur

flex·ecu·tive [flekˈzekjətɪv] *n jd, der hinsichtlich der Arbeitszeit und des Arbeitsortes flexibel ist*

flex·ibil·ity [ˌfleksɪˈbɪləti, AM -ət̬i] *n no pl* ❶ (*pliability*) Biegsamkeit *f; of body* Beweglichkeit *f,* Gelenkigkeit *f; of joints, limbs* Biegsamkeit *f,* Beweglichkeit *f; of material* Elastizität *f;* (*fig*) *of a person* Nachgiebigkeit *f a. pej* ❷ (*a. fig: adaptability*) *of an arrangement, policy, schedule* Flexibilität *f; of a person* Flexibilität *f,* [geistige] Beweglichkeit, Anpassungsfähigkeit *f*

flex·ible ['fleksɪbl̩] *adj* ❶ (*pliable*) biegsam; *body* gelenkig; *joints, limbs* biegsam, beweglich; (*fig*) *person* nachgiebig *a. pej;* ~ **leather** geschmeidiges Leder; ~ **material** biegsames [*o* elastisches] Material ❷ (*a. fig: adaptable*) *arrangement, policy, schedule* flexibel; *person* flexibel, beweglich, anpassungsfähig; ~ **car** wendiger Wagen; ~ **working hours** gleitende Arbeitszeit

flex·ibly ['fleksɪbli] *adv material* elastisch; *person, arrangement* flexibel; **to organize a schedule** ~ ein Programm flexibel gestalten; **to respond** ~ flexibel reagieren

flex·ion ['flekʃᵊn], AM **flec·tion** *n* ❶ (*curve*) Biegung *f* ❷ LING Beugung *f,* Flexion *f fachspr*

flexi·time ['fleksitaɪm] *n no pl* Gleitzeit *f,* gleitende Arbeitszeit; **to work** [*or* **be on**] ~ gleitende Arbeitszeit haben

flex·or ['fleksəʳ, AM -ɚ] *n,* **'flex·or mus·cle** *n* Beuger *m*

flib·ber·ti·gib·bet [ˌflɪbətiˈdʒɪbɪt, AM -bɚt̬i'-] *n* (*pej dated: talkative person*) Klatschmaul *nt pej fam,* Plaudertasche *f hum o pej fam;* (*flighty person*) Flattergeist *m pej fam;* (*light-headed person*) Luftikus *m pej fam,* Leichtfuß *m pej fam*

flick [flɪk] **I.** *n* ❶ (*blow*) [kurzer [*o* leichter]] Schlag, Klaps *m*

❷ *sing* (*sound*) *of fingers* Schnipsen *nt,* Schnalzen *nt; of tongue* Schnalzen *nt; of switch* Klicken *nt; of whip* Schnalzen *nt,* Knallen *nt* ❸ (*movement*) kurze [*o* schnelle] Bewegung; **at the ~ of a switch, the room was in darkness** ein Knipser und schon war es dunkel im Zimmer; **he gave the room a ~ with the duster** er ging mal eben mit dem Staubtuch durch das Zimmer; **a ~ of the wrist** eine kurze [*o* schnelle] Drehung des Handgelenks ❹ BRIT (*dated fam: movie*) Film *m,* Streifen *m fam;* ■ **the ~s** *pl* (*cinema*) Kintopp *m o nt kein pl* DIAL *veraltet fam* ▶ PHRASES: **a ~ of a switch** ein Kinderspiel; **with a ~ of a switch** im Handumdrehen, in null Komma nichts *fam*
II. *vt* ❶ (*strike*) ■ **to ~ sb/sth** jdm/etw einen [leichten] Schlag versetzen; **horses ~ their tails to make flies go away** Pferde schlagen mit dem Schweif, um Fliegen zu verjagen ❷ (*move*) ■ **to ~ sth** etw mit einer schnellen [*o* kurzen] Bewegung ausführen; **you hit a squash ball by ~ing your wrist** man schlägt einen Squashball mit einer schnellen Drehung des Handgelenks; **to ~ channels** (*fam*) durch die Kanäle zappen; **to ~ a knife [open]** ein Messer aufschnappen lassen; **to ~ the light switch [on/off]** das Licht an-/ausknipsen ❸ (*remove*) ■ **to ~ sth** etw wegwedeln [*o* wegfegen]; *with fingers* etw wegschnippen [*o* wegschnipsen] ❹ (*produce sound*) **to ~ one's fingers** mit den Fingern schnipsen [*o* schnalzen]; **to ~ one's tongue** mit der Zunge schnalzen; **to ~ a whip** mit einer Peitsche schnalzen [*o* knallen] **III.** *vi* sich *akk* schnell [und ruckartig] bewegen; ELEC *arc* flattern *fachspr;* **I saw her eyes ~ away towards the door** ich sah, wie ihr Blick zur Tür schnellte

◆**flick off** *vt* ■ **to ~ off ↻ sth** etw wegwedeln [*o* wegfegen]; *with fingers* etw wegschnippen [*o* wegschnipsen]

◆**flick out I.** *vt* ■ **to ~ out ↻ sth** etw herausschnellen [*o* hervorschnellen]; *tongue* etw herausschnalzen; *claws* etw herausfahren **II.** *vi* hervorschießen; *claws* plötzlich hervorkommen; *tongue* hervorschnellen

◆**flick over** *vi* (*fam*) ■ **to ~ over sth** *page, report* etw überfliegen, einen [flüchtigen] Blick auf etw *akk* werfen

◆**flick through** *vi* (*fam*) ■ **to ~ through sth** *book, pages, report* etw [schnell] durchblättern

flick·er ['flɪkəʳ, AM -ɚ] **I.** *vi* ❶ (*shine unsteadily*) *candle, fire, light* flackern; *TV* flimmern; (*move unsteadily*) *eyes* unruhig sein; *eyelids* zucken; *flag* flattern; *tongue* züngeln ❷ (*fig: appear*) aufkommen; *hope* aufflackern; **a look of horror ~ed across her face** ihr stand plötzlich das Entsetzen ins Gesicht geschrieben; **the thought ~ed into my head that ...** der Gedanke schoss mir durch den Kopf, dass ... **II.** *vt* **to ~ an eyelid** mit dem Augenlid zucken **III.** *n* ❶ (*movement*) *of a candle, fire, light* Flackern *nt kein pl; of TV pictures* Flimmern *nt kein pl; of eyelids* Zucken *nt kein pl; of flag* Flattern *nt kein pl* ❷ (*fig: appearance*) Anflug *m;* **a ~ of hope** ein Hoffnungsschimmer *m*

flick·er·ing ['flɪkərɪŋ, AM -ɚ-] *adj* (*a. fig*) *candle, fire, light* flackernd *attr;* **a ~ hope** (*fig*) eine aufflackernde Hoffnung; **~ image** flimmerndes Bild; **~ shape** zuckendes Etwas

'flick knife *n* BRIT, AUS Klappmesser *nt*

fli·er ['flaɪəʳ, AM -ɚ] *n* ❶ (*bird*) Vogel *m;* (*insect*) Fluginsekt *nt;* **to be a good/bad ~** ein guter/schlechter Flieger sein ❷ (*pilot*) Flieger(in) *m(f),* Pilot(in) *m(f);* (*traveller*) [Stamm]fluggast *m;* **frequent ~** Vielflieger(in) *m(f) fam;* **to be a good/poor ~** das Fliegen gut/schlecht vertragen ❸ (*trapeze artist*) Trapezkünstler(in) *m(f),* Springer(in) *m(f)* ❹ (*fig: fast horse*) Renner *m fam;* AM (*fig fam: fast vehicle*) Flitzer *m fam;* (*coach*) Expressbus *m;* (*train*) Expresszug *m* ❺ (*leaflet*) Flugblatt *nt; in commerce* Handzettel *m,* Reklamezettel *m; of police* Steckbrief *m* ❻ AM STOCKEX (*fig fam: venture*) Spekulationsgeschäft *nt* ❼ AM (*fig fam: jump*) Riesensatz *m fam* ❽ ARCHIT (*step*) Absatz *m fachspr;* ■ **~s** *pl* Außentreppe *f sing,* Freitreppe *f sing*

flies [flaɪz] *npl* BRIT Reißverschluss *m*

flight¹ [flaɪt] *n* ❶ *sing* (*action*) Fliegen *nt;* (*single instance*) *of a ball, bird, plane* Flug *m;* **to take ~** auffliegen; **in ~** im Flug ❷ (*extent*) Flug *m;* (*distance*) Flugstrecke *f;* **a ~ of five hours** ein fünfstündiger Flug ❸ (*journey*) Flug *m;* **we were booked on the same ~** wir hatten den selben Flug gebucht; **long-distance ~** Langstreckenflug *m;* **space ~** Weltraumflug *m;* **to call a ~** einen Flug aufrufen ❹ + *sing/pl vb* (*group*) *of birds* Schwarm *m,* Schar *f geh; of migrating birds* [Vogel]zug *m; of aircraft* [Flieger]staffel *f; of insects* Schwarm *m;* **a ~ of geese** eine Gänseschar; **a ~ of swallows** ein Schwalbenschwarm *m;* **to be in the first [*or* top] ~** (*fig*) zur ersten Garnitur [*o* Spitze] gehören; **she's in the top ~ of actresses** sie gehört mit zu den Spitzenschauspielerinnen ❺ (*series*) **a ~ [of stairs]** eine [geradläufige] Treppe; **we live three ~s up** wir wohnen drei Treppen hoch; **a ~ of hurdles** eine Hürdenreihe ❻ (*a. hum: whim*) Höhenflug *m;* **a ~ of fancy** ein geistiger Höhenflug; (*imaginative idea*) ein kühner Gedanke, eine tolle Idee *fam;* (*crazy idea*) eine Schnapsidee *a. hum fam* ❼ SPORTS *in darts* Befiederung *f*

flight² [flaɪt] *n* Flucht *f;* **~ of investment** ECON Kapitalflucht *f;* **to be in full ~** mitten auf der Flucht sein; **to put sb to ~** jdn in die Flucht schlagen; **to take [to] ~** (*dated*) die Flucht ergreifen

'flight at·tend·ant *n* Flugbegleiter(in) *m(f),* Steward, Stewardess *m, f veraltend* **'flight bag** *n* Schultertasche *f* **'flight con·trol** *n* (*external*) Flugsicherung *f;* (*internal*) [Flug]steuerung *f* **'flight con·trol·ler** *n* Fluglotse, -in *m, f* **'flight deck** *n* ❶ (*on carrier*) Flugdeck *nt* ❷ (*compartment*) Cockpit *nt,* Kanzel *f* **'flight en·gi·neer** *n* Flug[zeug]ingenieur(in) *m(f)* **'flight feath·er** *n* Schwungfeder *f*

flighti·ly ['flaɪtɪli, AM -t̬-] *adv* (*usu pej*) ❶ (*moodily*) launisch *pej,* flatterhaft *pej,* kapriziös *pej geh* ❷ (*light-headedly*) gedankenlos, fahrig *pej,* wirr *pej* ❸ (*carelessly*) leichtsinnig *pej*

flighti·ness ['flaɪtɪnəs, AM -t̬-] *n no pl* (*usu pej*) ❶ (*moodiness*) Launenhaftigkeit *f pej,* Flatterhaftigkeit *f pej* ❷ (*light-headedness*) *of words* Gedankenlosigkeit *f pej; of movements* Fahrigkeit *f pej; of promises* Leichtherzigkeit *f pej; of thoughts* Wirrheit *f pej* ❸ (*carelessness*) Leichtsinn *m pej*

flight·less ['flaɪtləs] *adj inv* flugunfähig; **the ostrich is a ~ bird** Strauße können nicht fliegen

'flight lieu·ten·ant *n* BRIT Hauptmann *m* der Luftwaffe **'flight me·chan·ic** *n* Bordmechaniker(in) *m(f)* **'flight num·ber** *n* Flugnummer *f* **'flight path** *n of an aircraft* Flugweg *m,* Flugroute *f; of an object* Flugbahn *f* **'flight re·cord·er** *n* Flugschreiber *m* **'flight simu·la·tor** *n* Flugsimulator *m* **'flight-test** *vt* ■ **to ~ sth** *aircraft, spacecraft* etw im Flug testen

flighty ['flaɪti, AM -t̬-] *adj* (*usu pej*) ❶ (*moody*) launisch *pej,* flatterhaft *pej,* kapriziös *geh* ❷ (*light-headed*) *answer, words* gedankenlos *pej; promise* leichtherzig *pej; movements* fahrig *pej; thoughts* wirr *pej* ❸ (*careless*) leichtsinnig *pej*

flim·flam ['flɪmflæm] *n no pl* (*fig pej fam*) ❶ (*nonsense*) Quatsch *m pej fam,* Blödsinn *m pej* ❷ (*talk*) Geschwätz *nt pej fam* ❸ (*deception*) Schwindel *m,* fauler Zauber *pej*

flim·si·ly ['flɪmzɪli] *adv* notdürftig

flim·si·ness ['flɪmzɪnəs] *n no pl* ❶ (*inadequacy*) schlechte [*o* mindere] Qualität, Minderwertigkeit *f* ❷ (*fragility*) *of material* mangelnde Festigkeit; *of a structure* mangelnde Stabilität ❸ (*lightness*) *of a fabric, paper* Dünnheit *f,* Dünne *f* ❹ (*fig pej: weakness*) *of a performance* Dürftigkeit *f pej; of an excuse, pretext* Fadenscheinigkeit *f pej*

flim·sy ['flɪmzi] **I.** *adj* ❶ (*inadequate*) schlecht, minderwertig ❷ (*fragile*) unsolide; **~ construction** instabile Konstruktion; **~ huts** windschiefe Hütten; **~ structure** unsolider Bau ❸ (*light*) *dress, blouse* dünn, leicht ❹ (*fig pej: weak*) **~ excuse** schwache [*o* fadenscheinige] Ausrede *pej* **II.** *n* BRIT (*paper*) Durchschlagpapier *nt;* (*document*) Durchschlag *m;* **credit card ~** Kreditkartenkopie *f* auf Durchschlagpapier

flinch [flɪn(t)ʃ] *vi* ❶ (*wince*) [zusammen]zucken, zusammenfahren; **she listened to the teacher's criticisms without ~ing** sie hörte sich die Kritik des Lehrers an, ohne eine Miene zu verziehen ② (*avoid*) ■to ~ [away] from sth vor etw *dat* zurückschrecken; *fire, syringe* vor etw *dat* zurückzucken; (*fig*) *responsibility, task* sich *akk* etw *dat* entziehen; **we should not ~ from the facts** wir sollten den Tatsachen ins Auge sehen; ■**to ~ from doing sth** *unpleasant jobs* davor zurückschrecken, etw zu tun

fling [flɪŋ] **I.** *n usu sing* ① (*a. fig: throw*) [mit Schwung [*o* Wucht] ausgeführter] Wurf; **to give sth a ~** (*throw*) etw werfen; (*fig: give up*) etw hinwerfen [*o fam* hinschmeißen] ② (*fig: try*) Versuch *m;* **to give sth a ~** [*or* **to take a ~ at** [**doing**] **sth**] es mit etw *dat* versuchen; **to take a ~ at a novel/writing** sich *akk* an einem Roman/als Schriftsteller versuchen ③ (*fig, usu euph fam: good time*) ausgelassene [*o* wilde] Zeit *oft euph;* **to have a** [*or* **one's**] **~** ausgelassen [*o* wild] feiern, einen draufmachen *fam* ④ (*fig, usu euph fam: relationship*) **to have a ~ with sb** mit jdm etw haben *euph fam;* **I had a few ~s in my younger days** als ich noch jünger war, hatte ich ein paar Geschichten ⑤ SCOT (*dance*) **Highland F~** Schottentanz *m* **II.** *vt* <flung, flung> ① (*throw*) ■**to ~ sb/sth** jdn/etw werfen [*o* schleudern]; **could you ~ the paper over here?** könntest du mal die Zeitung 'rüberwerfen?; **to ~ a door/window open** eine Tür/ein Fenster aufstoßen [*o* aufreißen]; **to ~ sb to the ground** jdn zu Boden werfen; **to ~ sb into prison** jdn ins Gefängnis werfen [*o fam* stecken] ② (*move part of body*) ■**to ~ sth** etw werfen; **they flung their arms [a]round each other** sie sind sich [*o* einander] um den Hals gefallen; **to ~ one's arms round sb's neck** jdm die Arme um den Hals werfen; **to ~ one's head back** den Kopf in den Nacken werfen ③ (*fam: move violently*) ■**to ~ oneself at sb/sth** sich *akk* auf jdn/etw stürzen; **to ~ oneself at sb's feet** sich *akk* vor jds Füße *mpl* werfen; ■**to ~ oneself into sth** sich *akk* in etw *akk* werfen [*o* fallen lassen]; **she flung herself into bed** sie ließ sich ins Bett fallen; **to ~ oneself in front of a train** sich *akk* vor einen Zug werfen ④ (*fig pej: express*) ■**to ~ sth at sb** *accusations, insults* jdm etw entgegenschleudern [*o* an den Kopf werfen]; **to ~ sth in sb's teeth** jdm etw an den Kopf werfen [*o* ins Gesicht sagen] ⑤ (*fig: get involved*) ■**to ~ oneself into sth** sich *akk* in [*o* auf] etw *akk* stürzen; ■**to ~ oneself at sb** sich *akk* jdm an den Hals werfen *pej fam*

◆**fling away** *vt* ■**to ~ away** ◌ **sth** ① (*discard*) etw wegwerfen [*o fam* wegschmeißen] ② (*fig: waste*) *money* etw verschleudern; *time* etw vergeuden

◆**fling off I.** *vt* ① (*a. fig: remove*) ■**to ~ off** ◌ **sth** *coat, jacket* etw abwerfen; *blanket, sheet* etw wegstoßen; **to ~ off a burden/yoke** (*fig*) eine Last/ein Joch abwerfen; **to ~ off scruples** (*fig*) Bedenken über Bord werfen ② (*rid*) ■**to ~ off** ◌ **sb** *attacker, pursuer* jdn abschütteln ③ (*fig pej: write quickly*) ■**to ~ off** ◌ **sth** *essay, letter* etw hinhauen *pej fam; poem* etw herunterrasseln *pej fam* ④ (*say quickly*) ■**to ~ off** ◌ **sth** *hint, insult, remark* etw fallen lassen **II.** *vi* davonstürzen, abzischen *fam;* **he flung off in a temper** er zischte wütend ab

◆**fling on** *vt* (*fam*) ■**to ~ on** ◌ **sth** *clothes* sich *dat* etw überwerfen [*o* überziehen] *fam*

◆**fling out I.** *vt* (*fam*) ① (*throw away*) ■**to ~ out** ◌ **sth** etw wegschmeißen [*o fam* ausrangieren] ② (*fam: expel*) ■**to ~ out** ◌ **sb** jdn hinauswerfen [*o fam* rausschmeißen] ③ (*fig: utter*) ■**to ~ out** ◌ **sth** etw hervorstoßen **II.** *vi of a room, house* hinausstürzen

◆**fling up** *vt* **to ~ up one's arms [for joy]** [jubelnd] die Arme hochreißen; **to ~ up one's hands [in horror]** [entsetzt] die Hände über dem Kopf zusammenschlagen

flint [flɪnt] *n* ① (*stone*) Feuerstein *m,* Flint[stein] *m veraltet;* (*in cigarette lighter*) [mit Zereisen legierter] Feuerstein; (*in old gun*) [Feuer]stein *m;* **~ tools** Werkzeuge *ntpl* aus Feuerstein ② (*substance*) harte Substanz, hartes Material ③ (*pej*) **to have a heart like ~** ein Herz aus Stein haben *pej;* **to skin a ~** ein Pfennigfuchser sein *pej fam;* **to be as hard as ~** hartherzig [*o fam* knallhart] sein *pej*

'flint glass *n no pl* Flintglas *nt*

flinty ['flɪnti, AM -t̬-] *adj* ① (*composed of flint*) aus Feuerstein *nach n* ② (*containing flint*) feuersteinhaltig ③ (*fig pej: unyielding*) hart[herzig], gefühllos; (*impervious*) abweisend, unzugänglich *pej;* **the headmaster has a rather ~ manner** der Direktor ist ziemlich abweisend

flip[1] [flɪp] **I.** *vt* <-pp-> ① (*throw*) ■**to ~ sth** etw werfen; **to ~ a coin** eine Münze werfen ② (*remove*) ■**to ~ sth** etw [weg]schnippen [*o* [weg]schnipsen] ③ (*strike*) ■**to ~ sb/sth** jdm/etw einen Klaps geben; **to ~ one's fingers** mit den Fingern schnipsen; **to ~ a switch** einen Knopf drücken [*o* Schalter anknipsen] ④ (*turn over*) ■**to ~ sth** etw umdrehen; **to ~ a book open** ein Buch aufschlagen; **to ~ a pancake** einen Pfannkuchen wenden ⑤ (*manipulate*) ■**to ~ sb to do sth** jdn so bearbeiten, dass er etw tut; **will they be able to ~ them to testify against higher-ups?** werden sie sie umdrehen können und dazu bringen, gegen die höheren Tiere auszusagen? ►PHRASES: **to ~ sb the bird** AM (*fam*) jdm einen Vogel zeigen *fam;* **to ~ one's lid** [*or* **top**] [*or* AM *a.* **stack**] (*sl*) durchdrehen *fam,* ausrasten *sl,* ausflippen *fam* **II.** *vi* <-pp-> ① (*strike*) [leicht] schlagen ② (*move*) sich *akk* ruckartig bewegen; *seal* robben ③ (*jump*) einen Salto machen ④ (*turn over*) sich *akk* [schnell] [um]drehen, eine [schnelle] [Um]drehung machen; **the car ~ped and crashed into a wall** der Wagen überschlug sich und krachte gegen eine Mauer; **the pages of my book ~ped over in the wind** der Wind verblätterte die Seiten in meinem Buch ⑤ (*sl: go mad*) durchdrehen *fam,* ausrasten *sl,* ausflippen *fam;* (*fig: be enthusiastic*) ganz [*o* völlig] aus dem Häuschen sein *fam* **III.** *n* ① (*throw*) Wurf *m;* **~ of a coin** Werfen *nt* einer Münze ② (*a. fig: movement*) Ruck *m,* schnelle [*o* kurze] Bewegung; **to have a [quick] ~ through sth** (*fig*) etw im Schnellverfahren tun; **could you have a ~ through my files?** könnten Sie mal kurz meine Akten durchgehen? ③ (*fam: short flight*) kurzer [Rund]flug; (*trip by car*) Spritztour *f fam;* (*short walk*) kurze [*o* kleine] Runde; **to do** [*or* **go for**] **a ~** eine kurze Runde drehen ④ (*snap*) *of fingers* Schnipser *m,* Schnippen *nt kein pl* ⑤ SPORTS Salto *m,* Überschlag *m;* **backward ~** Salto *m* rückwärts

◆**flip out** *vi* ausflippen *fam*

◆**flip through** *vi* (*fig fam*) ■**to ~ through sth** *book, pages, file* etw [schnell] durchblättern

flip[2] [flɪp] *n* (*egg-nog*) Flip *m*

'flip chart *n* Flipchart *m o nt* (*an einer Stelltafel aufklappbare Schaubilder*)

'flip-flop *n* ① *usu pl* (*shoe*) [Gummi- [*o* Plastik-]]sandale *f,* Gummilatsche *f pej fam;* (*for beach, swimming pool*) Badesandale *f,* Badelatsche *f pej fam* ② AM SPORTS (*jump*) Flic[k]flac[k] *m fachspr* ③ ELEC (*circuit*) [bistabile] Kippschaltung *fachspr;* (*switch*) Ein-Aus-Schalter *m,* Kippschalter *m fachspr* ④ (*fig fam: change*) [plötzliche] Kehrtwende *f* (**on** hinsichtlich +*gen*); *in attitude, belief, policy* plötzlicher Gesinnungswandel

flip·pan·cy ['flɪpᵊn(t)si] *n no pl* ① (*frivolousness*) Leichtfertigkeit *f,* Oberflächlichkeit *f* ② (*disrespectfulness*) vorlaute [*o* kecke] Art, Schnodd[e]rigkeit *f fam,* Flapsigkeit *f fam*

flip·pant ['flɪpᵊnt] *adj* ① (*frivolous*) leichtfertig, oberflächlich ② (*disrespectful*) vorlaut, flapsig *fam,* schnodd[e]rig *pej fam*

flip·pant·ly ['flɪpᵊntli] *adv* ① (*frivolously*) leichtfertig, oberflächlich ② (*disrespectfully*) vorlaut, flapsig *fam,* schnodd[e]rig *pej fam*

flip·per ['flɪpəʳ, AM -ɚ] *n* ① ZOOL (*limb*) [Schwimm]flosse *f fachspr* ② (*swimming aid*) Schwimmflosse *f* ③ (*dated sl: hand*) Flosse *f fam*

flip·ping ['flɪpɪŋ] (*sl*) **I.** *adj* echt *fam,* verflixt *fam;* **it's a ~ nuisance!** das ist echt ärgerlich! **II.** *adv* echt *fam,* verflixt *fam;* **she was ~ tired of his excuses** sie hatte seine Ausreden bis oben satt; **you'll do as you're ~ well told!** du tust gefälligst das, was man dir sagt!; **what a ~ awful film!** ein echt schrecklicher Film! **III.** *n no pl* (*of opinions*) Umschwenken *nt fig* (**on** bei +*dat*)

'flip side *n* ❶ (*back*) *of a record* B-Seite *f* ❷ (*effect*) *of an activity, policy* Kehrseite *f*

flirt [flɜ:t, AM flɜ:rt] **I.** *vi* ❶ (*act playfully*) flirten; ■**to ~ with sb** mit jdm flirten ❷ (*fig: consider*) ■**to ~ with sth** mit etw *dat* spielen [*o* liebäugeln]; **to ~ with the idea of doing sth** mit dem Gedanken spielen, etw zu tun ❸ (*fig pej: risk*) ■**to ~ with sth** [leichtfertig] mit etw *dat* spielen; **you know you're ~ing with disaster if you invite Aunt Fern to the wedding** dir ist klar, dass du eine Katastrophe heraufbeschwörst, wenn du Tante Fern zur Hochzeit einlädst; **to ~ with danger/death** [leichtfertig] mit dem Feuer/Leben spielen ❹ (*move*) sich *akk* schnell [*o* ruckartig] fortbewegen; *butterfly* flattern **II.** *n* ❶ (*man*) [gern] flirtender Mann, Charmeur *m;* (*woman*) [gern] flirtende Frau, Kokette *f;* **he's a dreadful ~** er kann das Flirten nicht lassen ❷ (*motion*) kurze [*o* ruckartige] Bewegung; **with a ~ of one's hand** mit einer schnellen Handbewegung

flir·ta·tion [flɜ:'teɪʃᵊn, AM flɜ:r'-] *n* ❶ (*behaviour*) Flirt *m;* **a lot of ~ goes on in this office** in diesem Büro wird viel geflirtet; **to have a ~ [with sb]** [mit jdm] flirten; (*affair*) [mit jdm] etwas haben *euph* ❷ (*consideration*) [spielerische] Überlegung; (*risk*) [gefährliches] Spiel; **we had a brief ~ with the idea of starting our own business** wir haben mal kurz mit dem Gedanken geliebäugelt, eine eigene Firma zu gründen

flir·ta·tious [flɜ:'teɪʃəs, AM flɜ:r'-] *adj* kokett; **to be ~ with sb** mit jdm [herum]flirten

flir·ta·tious·ly [flɜ:'teɪʃəsli, AM flɜ:r'-] *adv* kokett; **she danced with him very ~** beim Tanzen flirtete sie heftig mit ihm

flir·ta·tious·ness [flɜ:'teɪʃəsnəs, AM flɜ:r'-] *n no pl* Koketterie *f,* Flirten *nt kein pl*

flit <-tt-> [flɪt] **I.** *vi* ❶ (*a. fig: move*) huschen, flitzen; (*fly*) *bats, birds, butterflies* flattern; *bees* fliegen; *beetles, insects* schwirren; ■**to ~ about** [*or* **around**] herumflitzen; *bats, birds, butterflies* herumflattern; *bees* herumfliegen; *beetles, insects* herumschwirren; (*fig*) verfliegen; **to ~ from one thing to another** (*fig pej*) sich *akk* von einer Sache in die andere stürzen *pej;* **to ~ across** [*or* **into**] [*or* **through**] **one's mind** (*fig*) einem durch den Kopf schießen ❷ BRIT (*fig, a. pej fam: escape*) abhauen, die Kurve kratzen *a. pej sl* ❸ NBRIT, SCOT (*change home*) umziehen **II.** *n* BRIT **to do a moonlight ~** sich *akk* bei Nacht und Nebel davonmachen *fam*

flitch <*pl* -es> [flɪtʃ] *n of bacon* Speckseite *f*

float [fləʊt, AM floʊt] **I.** *n* ❶ (*boat*) Floß *nt;* (*buoy*) Boje *f;* (*platform*) schwimmende Landebrücke; (*buoyant material*) *on a fishing line* [Kork]schwimmer *m; on a net* Schwimmkörper *m* ❷ TECH (*device*) *in a carburettor, cistern, on a seaplane* Schwimmer *m fachspr* ❸ (*swimming aid*) Schwimmkork *m;* (*inflated bag*) Schwimmweste *f* ❹ ANAT (*organ*) Schwimmblase *f fachspr* ❺ (*vehicle*) *for goods* Lieferwagen *m; for festivities* Festzugswagen *m;* **carnival ~** Karnevalswagen *m;* **milk ~** Milch[ausliefer]wagen *m* ❻ BRIT, AUS (*capital*) *as an advance* Spesenvorschuss *m,* Kostenvorschuss *m; as cheques, commercial papers* umlaufendes Geld; *as a loan* Startanleihe *f; in a till* Wechselgeldbetrag *m,* Wechselgeld *nt* ❼ THEAT (*lights*) ■**~s** *pl* Rampenlicht *nt kein pl* **II.** *vi* ❶ (*be buoyant*) schwimmen, oben bleiben ❷ (*move in liquid or gas*) *objects* treiben; *people* sich *akk* treiben lassen; **the boat ~ed downstream** das Boot trieb flussabwärts; **to ~ to the surface** an die Oberfläche treiben ❸ (*fig: move graciously*) schweben *geh o iron* ❹ (*move in air*) *clouds* ziehen; *leaves* segeln; **the sound of piano-playing ~ed from the open window** aus dem offenen Fenster drang Klavierspiel nach draußen ❺ (*appear*) **to ~ across/into/through one's mind** jdm in den Sinn kommen ❻ ECON (*fluctuate*) *currency* frei konvertierbar sein; *exchange rate* schwanken, floaten *fachspr* ❼ (*a. fig: move about*) herumziehen *fam; rumours* herumgehen; AM häufig den Wohnort wechseln; **to ~ from place to place** von Ort zu Ort ziehen **III.** *vt* ❶ FIN (*launch*) **to ~ a business/company** ein Unternehmen/eine Gesellschaft gründen; **to ~ a loan** eine Anleihe auflegen; **to ~ shares** Aktien ausgeben [*o* in Umlauf bringen] ❷ ECON (*fluctuate*) **to ~ a currency** eine Währung freigeben [*o fachspr* floaten lassen] ❸ (*cause to move*) ■**to ~ sth** etw treiben [*o* schwimmen] lassen; **to ~ logs** Baumstämme flößen; **to ~ a ship** ein Schiff zu Wasser lassen ❹ (*introduce*) **to ~ an idea/plan** eine Idee/einen Plan in den Raum [*o* zur Diskussion] stellen ❺ (*test*) **to ~ an opinion** eine Meinung testen

◆**float about, float around** *vi* (*fig fam*) *rumour* in Umlauf sein, die Runde machen *fam; objects* [he]rumfliegen *fam,* [he]rumliegen *fam;* **have you heard the rumours ~ing about that ...** hat es sich schon bis zu dir herumgesprochen, dass ...; **to ~ around** [*or* **about**] **doing nothing** *person* sich *akk* in der Gegend herumtreiben *fam*

floata·tion *n see* **flotation**

floa·tel [flə(ʊ)'tel, AM floʊ'-] *n* schwimmendes Hotel

float·er ['fləʊtəʳ, AM 'floʊt̬ɚ] *n* (*insurance policy*) Versicherung *f* für bewegliches Eigentum; **office ~** Versicherung *f* für Büroeinrichtung

float·ing ['fləʊtɪŋ, AM 'floʊt̬-] *adj attr, inv* ❶ (*in water*) schwimmend, treibend; *garden, hotel, restaurant* schwimmend; *body, crane, dock* Schwimm-; *anchor, ice* Treib- ❷ (*fluctuating*) *population* fluktuierend *geh,* wandernd, mobil; **~ workforce** Arbeiterschaft, die häufig den Arbeitsplatz wechselt ❸ FIN (*unfunded*) **~ assets** flüssige Aktiva *fachspr;* **~ capital** Umlaufvermögen *nt fachspr;* **~ debt [of a business]** schwebende [*o* kurzfristige] Schuld [eines Unternehmens] *fachspr;* **~ interest rate** gleitender [*o* variabler] Zinssatz *fachspr;* **~ liability** laufende Verbindlichkeit *fachspr* ❹ COMPUT, MATH Gleit-; **~ point** bewegliches Komma, Gleitkomma *nt* ❺ MED (*displaced*) Wander-; **~ kidney** Wanderniere *f fachspr;* **~ rib** freie Rippe *fachspr*

float·ing 'bridge *n* ❶ (*bridge*) Pontonbrücke *f* ❷ (*ferry*) Kettenfähre *f* **float·ing 'dock** *n* Schwimmdock *nt* **float·ing 'light** *n* ❶ (*buoy*) Leuchtboje *f* ❷ (*ship*) Feuerschiff *nt* **float·ing 'vot·er** *n* Wechselwähler(in) *m(f)*

flock[1] [flɒk, AM flɑ:k] **I.** *n + sing/pl vb* ❶ (*group of animals*) *goats, sheep* Herde *f; birds* Schar *f,* Schwarm *m* ❷ (*group of people*) Schar *f,* Horde *f pej;* REL Herde *f geh,* Gemeinde *f,* Schäfchen *ntpl fam;* **a ~ of sightseers/tourists** eine Besucherschar/Schar von Touristen **II.** *vi* sich *akk* scharen; **crowds of people ~ed to see the Picasso exhibition** es kamen Scharen von Menschen, um die Picassoausstellung zu sehen; ■**to ~ around sb/sth** sich *akk* um jdn/etw scharen, jdn/etw umringen; ■**to ~ in/out of somewhere** irgendwo [scharenweise] hinein-/hinausströmen; ■**to ~ to sth** zu etw *dat* in Scharen kommen [*o* strömen]

flock[2] [flɒk, AM flɑ:k] *n* ❶ (*tuft*) *of cotton, wool* [Woll]flocke *f* ❷ *no pl* (*material*) Reißwolle *f;* (*for coating*) Wollpulver *nt,* Wollstaub *m;* (*as stuffing*) Flockwolle *f* ❸ *no pl* (*fibre*) Velours *m*

flock 'wall·pa·per *n* Velourstapete *f*

floe [fləʊ, AM floʊ] *n* Eisscholle *f,* Treibeis *nt kein pl*

flog <-gg-> [flɒg, AM flɑ:g] *vt* ❶ (*punish*) ■**to ~ sb** jdn prügeln [*o* züchtigen]; *with a whip* jdn auspeitschen (**for** wegen +*gen*) ❷ BRIT (*fam: sell*) ■**to ~ sth** etw verscheuern *fam* [*o sl* verkloppen] ▶PHRASES: **to ~ sth to death** (*fam*) etw zum hundertsten Mal durchkauen [*o* zu Tode reiten] *pej fam;* **to ~ oneself to death** sich *akk* zu Tode rackern *fam;* **to ~ oneself into the ground** sich *akk* völlig verausgaben; **to be ~ging a dead horse** (*fam*) seine Kraft und Zeit verschwenden, offene Türen einrennen

flog·ging ['flɒgɪŋ, AM 'flɑ:g-] *n* Prügeln *nt kein pl,* Züchtigen *nt kein pl; with a whip* Auspeitschen *nt kein pl*

flood [flʌd] **I.** *n* ❶ (*flowing*) Überschwemmung *f,* Hochwasser *nt kein pl;* **we had a ~ in the cellar** wir hatten den Keller unter Wasser; **when the snow melts, this little stream becomes a ~** wenn der Schnee schmilzt, wird dieser kleine Bach ein reißender Fluss; **to be in full ~** (*fig*) *activity, discussion* in vollem Gang sein; ■**the F~** REL die Sintflut ❷ (*outpouring*) Flut *f,* Schwall *m;* **a ~ of cheap imports came into the shops** ein ganzer Schwung Billigimporte kam in die Läden; **to let out a ~ of abuse** eine Schimpfkanonade loslassen; **~ of calls/letters** eine Flut von Anrufen/Briefen; **~ of complaints** ein Haufen *m* Beschwerden; **~ of tears** Strom *m* von Tränen; **~ of words** Redeschwall *m* ❸ (*tide*) **~ [tide]** Flut *f;* **on the ~** bei [*o* mit der] Flut ▸ PHRASES: **before the F~** (*hum*) vorsintflutlich *hum* **II.** *vt* ■**to ~ sth** ❶ (*overflow*) etw überschwemmen [*o* überfluten]; (*deluge*) *kitchen, bathroom* etw unter Wasser setzen; **don't ~ the bathtub** lass die Badewanne nicht überlaufen ❷ (*fig: overwhelm*) etw überschwemmen [*o* überfluten]; **the calls for tickets ~ed the switchboard** die Kartenanfragen führten zu einer völligen Überlastung der Telefonzentrale; **to be ~ed with joy** überglücklich sein; **to be ~ed with responses** mit Antworten überhäuft werden ❸ AUTO (*supply*) *carburettor, engine* etw absaufen lassen *fam* ❹ (*fill with water*) *a dam, submarine, valley* etw fluten *fachspr; a river* etw über die Ufer treten lassen **III.** *vi* ❶ (*overflow*) *place* überschwemmt werden, unter Wasser stehen; *river* über die Ufer treten; *container, bathtub* überlaufen ❷ (*fig: pour*) strömen, sich *akk* ergießen *geh;* ■**to ~ into sb/sth** jdn/etw überschwemmen [*o* überfluten]; **donations are ~ing into the relief fund** Spenden gehen zu Tausenden bei dem Hilfsfonds ein; **colour ~ed into her cheeks** sie wurde ganz rot im Gesicht; **anger ~ed into him** Wut stieg in ihm hoch

◆**flood back** *vi* (*fig*) *memories* wiederaufkommen, hochsteigen

◆**flood in** *vi* (*a. fig*) hereinströmen; *sunlight* hereinfluten

◆**flood out** *vt usu passive* ■**to be ~ed out** vom Hochwasser vertrieben werden, [wegen Hochwassers] obdachlos werden

'flood con·trol *n no pl* Hochwasserschutz *m* **'flood dam·age** *n no pl* Hochwasserschaden *m* **'flood dis·as·ter** *n* Überschwemmungskatastrophe *f*

flood·ed ['flʌdɪd] *adj* METEO (*submerged*) *fields, meadows, plains* überflutet, überschwemmt

'flood·gate *n* Schleusentor *nt,* Schleuse *f;* **to open the ~s to sth** (*fig pej*) etw *dat* Tür und Tor öffnen *pej,* die Schleusen öffnen *fig*

flood·ing ['flʌdɪŋ] *n no pl* Überflutung *f,* Überschwemmung *f*

'flood·light I. *n* (*lamp*) Scheinwerfer *m;* (*light*) Scheinwerferlicht *nt,* Flutlicht *nt;* **under ~s** bei Flutlicht **II.** *vt* <-lit, -lit> ■**to ~ sth** *building* etw [mit Scheinwerfern] anstrahlen; *plaza, square* etw hell erleuchten [*o* beleuchten]; *stadium* etw mit Flutlicht ausleuchten **'flood·light·ing** *n no pl* ❶ (*light*) Flutlichtanlage *f* ❷ (*illumination*) [helle] Beleuchtung **'flood·lit** *adj inv building* angestrahlt; *plaza, square* hell erleuchtet [*o* beleuchtet]; *stadium* in Flutlicht getaucht; **~ match** Spiel *nt* bei Flutlicht **'flood plain** *n* GEOG Überschwemmungsgebiet *nt fachspr* **'flood tide** *n* Flut *f a. fig;* **a ~ of calls/letters** eine Flut von Anrufen/Briefen

floor [flɔːʳ, AM flɔːr] **I.** *n* ❶ (*ground*) [Fuß]boden *m;* GEOG Boden *m,* Grund *m; of a mine, river, valley* Sohle *f fachspr;* **bathroom ~** Badezimmerboden *m;* **dance~** Tanzfläche *f,* Tanzparkett *nt;* **ocean** [*or* **sea**] **~** Meeresboden *m,* Meeresgrund *m;* **inlaid ~** Parkettboden *m,* Parkett *nt;* **tiled ~** gekachelter [*o* gefliester] Boden; **to take the ~** (*form: dance*) sich *akk* aufs Parkett begeben *geh o hum* ❷ (*storey*) Stock *m,* Stockwerk *nt,* Etage *f;* **ground ~** Erdgeschoss *nt,* Parterre *nt;* **first ~** BRIT erster Stock; AM Erdgeschoss *nt;* **on the third ~** im dritten Stock ❸ (*room*) Saal *m;* (*in parliament*) Sitzungssaal *m,* Plenarsaal *m;* (*in stock exchange*) Parkett *nt;* (*people*) Auditorium *nt geh;* POL Plenum *nt geh;* **on the ~ of the House of Commons** im Sitzungssaal des Unterhauses; POL **to cross the ~** POL (*fig*) sich *akk* der Gegenpartei [*o* Opposition] anschließen ❹ (*area*) Bereich *m,* Sektor *m;* **to work on the factory/trading ~** im Industriebereich/auf dem Handelssektor arbeiten ❺ (*minimum*) *of prices, wages* Minimum *nt;* **to go** [*or* **drop**] **through the ~** ins Bodenlose fallen, in den Keller gehen *fam* ▸ PHRASES: **to <u>give</u> sb the ~** POL jdm das Wort geben; **to <u>hold</u>** [*or* **<u>have</u>**] **the ~** POL das Wort haben; **to <u>take</u> the ~** das Wort ergreifen **II.** *n modifier* (*leads, mat, space*) Boden-; **~ cover[ing]** [Fuß]bodenbelag *m;* **~ heating** Fußbodenheizung *f* **III.** *vt* ❶ (*cover*) **to ~ sth** *room, space* etw mit einem [Fuß]boden auslegen ❷ (*knock down*) ■**to ~ sb** jdn zu Boden schlagen [*o geh* niederstrecken] ❸ (*fig: confuse*) ■**to ~ sb** jdn umhauen *fig;* **to be completely ~ed** (*confused*) völlig platt [*o* geplättet] sein *fam;* (*sl: drunk*) stockbesoffen sein *sl*

'floor·board *n* Diele *f,* Dielenbrett *nt* **'floor·cloth** *n* Putzlappen *m,* Wischlappen *m*

floored [flɔːd, AM flɔːrd] *adj inv* ■**to be ~ with sth** *carpeting* mit etw *dat* ausgelegt sein; *tiles* mit etw *dat* gefliest sein

floor·ing ['flɔːrɪŋ] *n no pl* ❶ (*space*) [Fuß]boden *m* ❷ (*material*) Boden[belag] *m;* **parquet ~** Parkettboden *m;* **stone ~** Steinboden *m;* **wooden ~** Holzboden *m*

'floor lamp *n esp* AM (*standard lamp*) Stehlampe *f* **'floor man·ag·er** *n of a store* Abteilungsleiter(in) *m(f);* TV Aufnahmeleiter(in) *m(f)* **'floor plan** *n* Grundriss *m* (*eines Stockwerks*) **'floor pol·ish** *n no pl* Bohnerwachs *nt* **'floor show** *n* Varieteevorstellung *f,* Varieteenummer *f* **'floor space** *n* Bodenfläche *f;* (*for storing*) Stellfläche *f*

'floor·walk·er *n* AM (*shopwalker*) Abteilungsleiter(in) *m(f)*

floo·sie ['fluːzi], **floo·zie, floo·zy** *n* (*pej o hum fam*) Flittchen *nt pej fam*

flop [flɒp, AM flɑːp] **I.** *vi* <-pp-> ❶ (*move clumsily*) plumpsen *fam,* sich *akk* fallen lassen; ■**to ~ over** sich *akk* umwälzen; **to ~ into bed** sich *akk* ins Bett hauen *sl* ❷ (*drop*) fallen; **the baby's head kept ~ping backwards** der Kopf des Babys kippte immer wieder nach hinten ❸ (*fail*) ein Flop [*o* ein Reinfall] [*o* eine Pleite] sein; *performance, play* durchfallen **II.** *n* ❶ *no pl* (*movement, sound*) Plumps *m fam;* **he fell with a ~ on the bed** er ließ sich aufs Bett plumpsen ❷ *usu sing* (*fig pej fam: failure*) *business, enterprise* Flop *m fam,* Reinfall *m fam,* Pleite *f fam; person* Niete *f pej fam;* **to be a commercial ~** ein wirtschaftlicher Misserfolg sein

◆**flop down** *vi* (*fam*) sich *akk* plumpsen lassen *fam,* sich *akk* hinhauen *sl*

'flop·house *n* AM (*fam*) Absteige *f fam,* Penne *f fam,* billige Pension

flop·pi·ness ['flɒpɪnəs, AM 'flɑːp-] *n no pl* ❶ (*flexibility*) Biegsamkeit *f,* Weichheit *f* ❷ (*limpness*) *of a body, limb, rope* Schlaffheit *f,* Schlappheit *f fam; of clothing, trousers* Schlott[e]rigkeit *f,* Flatt[e]rigkeit *f*

flop·py ['flɒpi, AM 'flɑːpi] **I.** *adj* ❶ (*flexible*) biegsam, weich ❷ (*limp*) *body, limb, rope* schlaff, schlapp *fam; clothing, trousers* schlott[e]rig, flatt[e]rig; **~ ears** Schlappohren *ntpl;* **~ hair** [immer wieder] herabfallendes Haar; **~ hat** Schlapphut *m* **II.** *n* COMPUT (*fam*) Floppy *f,* [Magnet]diskette *f*

flop·py 'disk *n* COMPUT Floppydisk *f fachspr,* Diskette *f fachspr*

flo·ra ['flɔːrə] *n no pl* ❶ BIOL (*plants*) Flora *f fachspr,* Pflanzenwelt *f;* **~ and fauna** Flora und Fauna ❷ BIOL (*treatise*) [systematische] Pflanzenabhandlung *fachspr; as a book* Pflanzenbestimmungsbuch (**of** über +*akk*) ❸ MED (*micro-organisms*) Flora *f fachspr;* **intestinal ~** Darmflora *f*

flo·ral ['flɔːrəl] *adj* ❶ *inv* (*of flowers*) Blumen-; **~ arrangement** Blumenarrangement *nt,* Blumengesteck *nt;* **~ display** Blumenschau *f;* **~ leaf** BOT Blütenblatt *nt fachspr;* **~ tribute** Blumengruß *m* ❷ *inv* (*patterned*) *curtain, dress* geblümt, mit Blumenmuster *nach n;* **~ wallpaper** Blumentapete *f* ❸ (*like flowers*) *scent* blumig

Flor·ence ['flɒrən(t)s, AM 'flɔːr-] *n no pl* Florenz *nt*

Flor·en·tine ['flɒrəntaɪn, AM 'flɔːr-] **I.** *adj* florentinisch **II.** *n* ❶ (*inhabitant of Florence*) Florentiner(in) *m(f)* ❷ (*pastry*) Florentiner *m*

flo·res·cence [flɔːˈresᵊn(t)s] *n* Blütenstand *m,* Fluoreszenz *f fachspr*

flo·ret [ˈflɒrɪt, AM ˈflɔːr-] *n* ❶ BOT (*part*) *of a composite* Einzelblüte *f fachspr; of a broccoli, cauliflower* Röschen *nt fachspr* ❷ (*flower*) kleine Blume, Blümchen *nt*

flor·id [ˈflɒrɪd, AM ˈflɔːr-] *adj* ❶ (*form: ruddy*) kräftig rot; ~ **complexion** kräftig rote [*o* gesunde] Gesichtsfarbe ❷ (*fig, usu pej: decorated*) überladen; *style* blumig *pej; prose, rhetoric* schwülstig, überschwänglich; *of music* figuriert *fachspr;* **why does he always have to use such ~ rhetoric?** warum muss er sich immer so geschwollen ausdrücken?; ~ **architectural style** überladener [*o* überreich verzierter] Baustil ❸ MED (*fig: developed*) *disease* voll ausgeprägt, florid *fachspr;* **a ~ flu** eine ausgewachsene Grippe *fam*

flor·id·ly [ˈflɒrɪdli, AM ˈflɔːr-] *adv* (*fig pej*) blumig *pej,* schwülstig *pej;* ~ **figurative prose** bildüberfrachtete Prosa

flo·rist [ˈflɒrɪst, AM ˈflɔːr-] *n* Florist(in) *m(f),* Blumenhändler(in) *m(f);* ■ **~'s** Blumengeschäft *nt*

floss [flɒs, AM flɑːs] **I.** *n no pl* ❶ (*fibre*) *of silkworm* Kokonseide *f fachspr; of silk-cotton tree* Seidenbaumwolle *f fachspr* ❷ FASHION (*filaments*) ungezwirnte Seidenfäden *mpl fachspr* ❸ FASHION (*waste*) Florettseide *f,* Flockseide *f fachspr; as yarn* Florettgarn *nt fachspr* ❹ MED (*thread*) Zahnseide *f* **II.** *vt* **to ~ one's teeth** seine Zähne mit Zahnseide reinigen

floss 'silk *n no pl* FASHION Florettseide *f fachspr*

flo·ta·tion [fləʊˈteɪʃᵊn, AM floʊˈ-] *n* ❶ ECON, FIN (*launching*) *of a business* Gründung *f; of a loan, shares* Ausgabe *f;* **stock-market ~** Börsengang *m;* **to launch a stock-market ~** [mit einem Wertpapier] an die Börse gehen ❷ *no pl* CHEM, TECH (*separation*) *of minerals* Schwimmaufbereitung *f,* Flotation *f fachspr;* ~ **chamber** Schwimmkammer *f* ❸ *no pl* (*being buoyant*) Schwimmen *nt;* (*buoyancy*) Schwimmfähigkeit *f;* PHYS Auftrieb *m fachspr*

flo·tel [flə(ʊ)ˈtel, AM floʊˈ-] *n* schwimmendes Hotel

flo·til·la [flə(ʊ)ˈtɪlə, AM floʊˈ-] *n + sing/pl vb* Flotille *f*

flot·sam [ˈflɒtsəm, AM ˈflɑːt-] *n,* **flot·sam and 'jet·sam** *n no pl* ❶ (*wreckage*) Treibgut *nt;* (*ashore*) Strandgut *nt* ❷ (*useless items*) Krimskrams *m fam,* Krempel *m fam* ❸ *+ sing/pl vb* (*fig pej: vagrants*) [**human**] ~ [menschliches] Treibgut, gestrandete Existenzen *fpl pej*

flounce[1] [flaʊn(t)s] *vi* ❶ (*fling the body*) zappeln, zucken, sich *akk* ruckartig bewegen ❷ (*pej: move affectedly*) stolzieren, rauschen *pej;* **mortally wounded, she ~d out of the room** tief beleidigt rauschte sie aus dem Zimmer

flounce[2] [flaʊn(t)s] FASHION **I.** *n* Rüsche *f,* Volant *m,* Falbel *f fachspr* **II.** *vt* ■ **to ~ sth** etw falbeln [*o* fälbeln] *fachspr; blouse* etw mit Rüschen verzieren; *skirt* etw mit Volants versehen

flouncy[1] [ˈflaʊn(t)si] *adj* (*affected*) stolzierend *attr,* rauschend *attr;* **her ~ departure amused everybody** ihr rauschender Abgang diente der allgemeinen Belustigung

flouncy[2] [ˈflaʊn(t)si] *adj* FASHION (*adorned*) Rüschen-, Volant-; ~ **blouse** Rüschenbluse *m;* ~ **skirt** Volantrock *m*

floun·der[1] <*pl* - *or* -s> [ˈflaʊndəʳ, AM -ɚ] *n* (*flatfish*) Flunder *f*

floun·der[2] [ˈflaʊndəʳ, AM -ɚ] *vi* ❶ (*move with difficulty*) stolpern; *in mud, snow* waten; *in water* [herum]rudern [*o* strampeln] ❷ (*fig: be in difficulty*) sich *akk* abmühen [*o fam* abzappeln] [*o fam* abstrampeln]; (*be confused*) nicht weiterwissen; **her answer surprised him and he ~ed at first** ihre Antwort überraschte ihn und er wusste zuerst nicht, was er sagen sollte; ■ **to be ~ing** *organization* auf der Kippe stehen, sich *akk* in einer Krise befinden; *person* ins Schwimmen kommen; **the job was new, and at the moment he was ~ing a bit** die Arbeit war neu und im Augenblick war er etwas ins Schwimmen geraten ❸ (*fig pej: proceed clumsily*) murksen *pej fam,* wursteln *pej fam;* ■ **to ~ through sth** sich *akk* durch etw *akk* [durch]wursteln

◆**flounder about, flounder around** *vi* ❶ (*move with difficulty*) herumstolpern; *in mud, snow* herumwaten; *in water* herumrudern, herumstrampeln ❷ (*fig pej: act with difficulty*) sich *akk* herumquälen [*o* herumschlagen]

flour [ˈflaʊəʳ, AM -ɚ] **I.** *n no pl* ❶ (*ground grain*) Mehl *nt* ❷ (*ground matter*) [feines] Mehl, Pulver *nt* **II.** *vt* ■ **to ~ sth** ❶ (*cover*) *plate, dough* etw bemehlen [*o* mit Mehl bestäuben]; *cake pan, tin* etw mit Mehl ausstreuen ❷ AM (*grind*) *grain, wood* etw [zu Mehl [*o* zu Pulver] [*o* fein]] mahlen

flour·ish [ˈflʌrɪʃ, AM ˈflɜːr-] **I.** *vi* ❶ (*a. fig: grow well*) *plants* blühen *a. fig,* gedeihen *a. fig geh;* (*fig*) *business, industry* blühen, florieren; **the country's tourist industry is ~ing** der Tourismus des Landes floriert ❷ (*fig: mature*) zu voller Blüte gelangen; **rock 'n' roll ~ed in the 1950s** der Rock 'n 'Roll hatte seine Blütezeit in den fünfziger Jahren **II.** *vt* (*wave*) ■ **to ~ sth** mit etw *dat* herumfuchteln; (*display*) etw [mit großer Geste] schwingen *pej;* **he arrived ~ing a bunch of flowers** er kam an, mit einem Blumenstrauß winkend; **to ~ a baton** einen Taktstock schwingen **III.** *n* ❶ (*a. pej: movement*) schwungvolle Bewegung; (*gesture*) überschwängliche [*o* große] Geste *a. pej;* **the team produced a late ~ scoring twice to clinch the match** mit zwei entscheidenden Treffern brachte die Mannschaft gegen Ende noch einmal Bewegung ins Spiel ❷ (*decoration*) *in handwriting* Schnörkel *m* ❸ (*expression*) blumiger Ausdruck *pej,* Ausschmückung *f* ❹ MUS (*fanfare*) Fanfare *f;* (*passage*) Figuration *f fachspr,* Verzierung *f*

flour·ish·ing [ˈflʌrɪʃɪŋ, AM ˈflɜːr-] *adj* (*a. fig*) *plants* prächtig, blühend; *business, market* blühend, florierend; **a ~ trade** ein blühender [*o* florierender] Handel; ~ **tradition** blühende Tradition

'flour mill *n* Getreidemühle *f,* Mahlmühle *f*

floury [ˈflaʊəri, AM -ɚi] *adj* ❶ (*covered with flour*) mehlig, voller Mehl *nach n* ❷ (*dry*) *potato* mehlig; *make-up* pulv[e]rig

flout [flaʊt] *vt* ■ **to ~ sth** ❶ (*disregard*) etw [offen] missachten, sich *akk* [offen] über etw *akk* hinwegsetzen; **to ~ convention/tradition** sich *akk* Konventionen/Traditionen widersetzen; **to ~ a law/rule** ein Gesetz/eine Regel missachten ❷ (*disdain*) etw [öffentlich] verspotten, sich *akk* über etw *akk* lustig machen

flow [fləʊ, AM floʊ] **I.** *vi* ❶ (*a. fig: stream*) fließen *a. fig; air, light, warmth* strömen *a. fig;* **many rivers ~ into the Pacific Ocean** viele Flüsse münden in den Pazifischen Ozean; **the beer was ~ing** das Bier floss in Strömen; **the conversation began to ~** die Unterhaltung kam in Gang; **a wash of sympathy ~ed over him** eine Welle des Mitgefühls stieg in ihn auf; **her long red hair ~ed down over her shoulders** ihr langes rotes Haar wallte über ihre Schultern; **to keep the money ~ing in** dafür sorgen, dass [weiterhin] Geld reinkommt *fam* ❷ (*fig: originate*) ■ **to ~ from sth** von etw *dat* herrühren, sich *akk* aus etw *dat* ergeben; **many benefits will ~ from our collaboration** unsere Zusammenarbeit wird viel Gutes mit sich bringen ❸ (*rise*) *tide* steigen, hereinkommen **II.** *n usu sing* ❶ (*a. fig: movement*) Fluss *m a. fig,* Strom *m a. fig;* ~ **of goods** [*or* **supplies**] Güterverkehr *m,* Warenverkehr *m;* ~ **of ideas/information** Ideen-/Informationsfluss *m;* ~ **of traffic** Verkehrsfluss *m;* ~ **of words/conversation** Rede-/Gesprächsfluss *m;* ~ **of visitors** Besucherstrom *m;* **cut off** [*or* **stop**] **the ~** die Zufuhr [*o* den Zufluss] stoppen *a. fig* ❷ (*volume of fluid*) Durchflussmenge *f* ❸ (*a. fig: outpouring*) Ausfluss *m;* **she tried to stem the ~ of blood** sie versuchte das Blut zu stillen; ~ **of capital** [*or* **funds**] Kapital[ab]wanderung *f* ▶ PHRASES: **to be in full ~** (*speaking*) mitten im Redefluss sein; (*acting*) voll in Fahrt [*o* dabei] sein; **to go** [*or* **move**] **against/with the ~** gegen den/mit dem Strom schwimmen **III.** *adv* ■ **in ~** fließend, im Fluss *nach n;* **a mind in ~ can make an athlete seem invincible** wenn Geist und Körper eine Einheit bilden, scheint ein Athlet unbesiegbar

'flow·chart *n,* **'flow dia·gram** *n* Flussdiagramm *nt*

flow·er [ˈflaʊəʳ, AM -ɚ] **I.** *n* ❶ BOT (*plant*) Blume *f;* (*plant part*)

Blüte *f;* **no ~s by request** wir bitten von Blumenspenden abzusehen; **"say it with ~s"** „lass Blumen sprechen"; **to be in ~** blühen, in Blüte stehen *geh;* **to come into ~** zu blühen beginnen ② (*fig liter: prime*) Blüte *f;* **in the ~ of [one's] youth** in der Blüte des [*o* seines] Lebens **II.** *vi* ① (*a. fig: be productive*) *plant, arts, place* blühen; *business, industry* blühen, gedeihen ② (*fig: mature*) zur Entfaltung kommen; *talent* in voller Blüte stehen

'flow·er ar·range·ment *n* Blumengesteck *nt* **'flow·er ar·rang·ing** *n no pl* Blumenbinden *nt* **'flow·er·bed** *n* Blumenbeet *nt* **'flow·er chil·dren** *npl* Blumenkinder *ntpl,* Hippies *mpl*

flow·ered ['flaʊəd, AM -ɚd] *adj* geblümt, mit Blumenmuster *nach n;* **~ curtains** geblümte Vorhänge; **~ wallpaper** Blumentapete *f*

'flow·er gar·den *n* Blumengarten *m* **'flow·er girl** *n* ① (*vendor*) Blumen[straßen]händlerin *f,* Blumenmädchen *nt* ② (*at weddings*) Blumenmädchen *nt,* Blumen streuendes Mädchen

flow·er·ing 'plant *n* Blütenpflanze *f,* Zierpflanze *f* **'flow·er·ing season** *n* Blütezeit *f*

'flow·er peo·ple *npl* Blumenkinder *pl* **'flow·er·pot** *n* Blumentopf *m* **'flow·er pow·er** *n no pl* Flower-Power *f* **'flow·er shop** *n* Blumengeschäft *m* **'flow·er show** *n* Blumenschau *f*

flow·ery ['flaʊəri] *adj* ① (*patterned*) *clothes, material* geblümt, mit Blumenmuster *nach n* ② (*fig, a. pej: ornate*) *language, speech, style* blumig *a. pej* ③ (*with flowers*) voller Blumen *nach n;* **a ~ meadow** eine Blumenwiese

flow·ing ['fləʊɪŋ, AM 'floʊ-] *adj* ① (*fluent*) *style, script* flüssig ② (*smooth*) flüssig; *line* fließend; **~ movement** fließende Bewegung ③ (*unconfined*) *beard, hair* wallend *attr; clothing* fließend *attr;* **a ~ beard** ein wallender Bart [*o fam* Rauschebart]; **a ~ robe** ein fließendes Gewand

flown [fləʊn, AM floʊn] *vi, vt pp of* **fly**

flu [flu:] *short for* **influenza I.** *n no pl* (*illness*) Grippe *f;* **a wave of ~** eine Grippewelle; **gastric ~** Magengrippe *f;* **to catch** [*or* **get**] **[the] ~** sich *dat* die Grippe holen [*o* eine Grippe einfangen] *fam* **II.** *n modifier* (*epidemic, virus, symptoms*) Grippe-; **~ shot** [*or* **vaccination**] Grippeimpfung *f*

flub <-bb-> [flʌb] *vt* (*fam*) ■**to ~ sth** etw vermasseln *fam*

◆**flub around** *vi* (*fam*) ■**to ~ around with sth** mit etw *dat* herummachen *fam,* an etw *dat* herumpfuschen *fam*

fluc·tu·ate ['flʌktʃueɪt] *vi numbers, prices, feelings* schwanken; ECON *business cycle, market* sich *akk* ständig verändern, fluktuieren *fachspr*

fluc·tua·tion [ˌflʌktʃu'eɪʃᵊn] *n of numbers, prices, feelings* Schwankung *f;* ECON *of business cycle, market* ständige Veränderung, Fluktuation *f fachspr;* **~ in the exchange rate** Wechselkursschwankung *f;* **~ in quality** Qualitätsschwankung *f;* **~ in temperature** Temperaturschwankung[en] *f[pl]*

flue [flu:] *n* ① (*chimney*) Rauchfang *m,* Rauchabzug *m;* TECH Feuerzug *m,* Heizkanal *m* ② (*passage*) Abzugsrohr *nt,* Zug *m;* (*for air*) Luftkanal *m;* (*for boiler*) Flammrohr *nt*

'flue gas *n* Rauchgas *nt,* Verbrennungsgase *ntpl*

flu·en·cy ['flu:ən(t)si] *n no pl of a conversation, movements, speech* Fluss *m; of script, style* Flüssigkeit *f; of articulation, rhetoric* Gewandtheit *f,* Eleganz *f; of foreign language* Beherrschung *f*

flu·ent ['flu:ənt] *adj foreign language* fließend, geläufig *präd; style* flüssig, elegant; *orator, rhetoric* gewandt; *movements* flüssig; **the football match was scrappy with little ~ passing** das Fußballspiel war nichts und das Passspiel war nicht sehr flüssig; **to be ~ in a language** eine Sprache fließend beherrschen [*o* sprechen]

flu·ent·ly ['flu:əntli] *adv speak* flüssig, gewandt; *speak a foreign language* fließend, geläufig; *move* flüssig; **he passed the ball ~** er spielte den Ball flüssig weiter; **to speak/write ~** flüssig sprechen/schreiben

'flue pipe *n* (*organ pipe*) Labialpfeife *f fachspr*

fluff [flʌf] **I.** *n no pl* ① (*particle*) Fusseln *pl,* Flusen *pl;* (*dust*) Staubflocke[n] *fpl* ② ORN, ZOOL (*fur or feathers*) *on young animals* Flaum *m* ③ (*fig pej fam: mistake*) Patzer *m pej fam* ④ AM (*fig pej fam: nonsense*) Blödsinn *m fam,* dummes Zeug *pej fam* ⑤ (*fig, usu pej fam: girl*) Mieze *f pej fam;* **a bit of ~** ein Betthäschen *nt euph fam* **II.** *vt* (*pej fam*) ■**to ~ sth** etw verpatzen [*o* vermasseln] *pej fam;* **to ~ an exam/a test** ein Examen/eine Prüfung verhauen [*o* versieben] *sl;* **to ~ one's driving test** durch die Fahrprüfung fallen; **to ~ a joke** einen Witz vermasseln; **to ~ one's lines** seinen Text verpatzen

◆**fluff up** *vt* ■**to ~ up** ↻ **sth** *feathers* etw aufplustern; *pillows* etw aufschütteln; (*fig*) etw auflockern

fluffi·ness ['flʌfɪnəs] *n no pl* ① (*softness*) *of feathers* Flaumigkeit *f; of towels* Flauschigkeit *f; of pillows* Weichheit *f* ② (*lightness*) *of food, hair* Lockerheit *f; of egg white* Schaumigkeit *f; of snow* Flockigkeit *f*

fluffy ['flʌfi] *adj* ① (*soft*) *feathers* flaumig; *pillows* flaumig weich; *towels* flauschig, kuschelweich; *animal* kuschelig [weich], flauschig; **~ toy** Stofftier *nt,* Kuscheltier *nt* ② (*light*) *clouds* aufgelockert; *food, hair* locker; *egg white* schaumig; *snow* flockig; **~ clothes** leichte Kleidung

flu·id ['flu:ɪd] **I.** *n* Flüssigkeit *f;* CHEM (*gas, liquid*) Fluid *nt fachspr;* **she's on ~s** sie kann nur flüssige Nahrung zu sich nehmen; **loss of ~s** Flüssigkeitsverlust *m;* **bodily ~s** Körpersäfte *mpl* **II.** *adj* ① (*liquid*) flüssig; CHEM *gas, liquid* flüssig, fluid *fachspr* ② (*fig: free-flowing*) **~ movements** fließende [*o* flüssige] Bewegungen ③ (*fig: tending to change*) veränderlich, instabil; **~ plan** vages Vorhaben; **~ situation** ungewisse [*o* instabile] Lage

flu·id·ity [flu'ɪdəti, AM -ət̬i] *n no pl* ① (*nature of movements*) Flüssigkeit *f,* Leichtigkeit *f* ② (*tendency to change*) Veränderlichkeit *f,* Instabilität *f;* **the ~ of a situation** die Ungewissheit einer Situation

flu·id 'ounce *n* BRIT 28,41 cm^3; AM 29,57 cm^3

fluke[1] [flu:k] *n usu sing* (*fam: chance*) Dusel *m fam,* Schwein *fam;* **it was just a ~** das war einfach nur Dusel; **by some amazing ~** durch einen glücklichen Zufall

fluke[2] [flu:k] *n* ① <*pl* - *or* -s> ZOOL (*flatworm*) Plattwurm *m,* Trematode *f fachspr* ② <*pl* - *or* -s> ZOOL (*flatfish*) Flunder *f* ③ ANAT (*part of a whale's tail*) Fluke *f* ④ NAUT *of harpoon* Widerhaken *m*

fluk(e)y ['flu:ki] *adj* (*fam*) glücklich, zufällig; **a ~ result** ein glückliches Ergebnis; **~ shot** Zufallstreffer *m*

flume [flu:m] *n* ① (*channel*) [Ablauf]kanal *m,* Abflussrinne *f* ② (*slide*) Klamm *f*

flum·mox ['flʌməks] *vt* (*fam*) ■**to ~ sb** jdn verwirren [*o* aus dem Konzept bringen]

flum·moxed ['flʌməkst] *adj* (*fam*) verwirrt, perplex

flung [flʌŋ] *pp, pt of* **fling**

flunk [flʌŋk] *vt* AM (*fam*) **to ~ an exam** in einer Prüfung durchfallen *fam,* durch eine Prüfung rasseln *fam*

◆**flunk out** *vi* AM **to ~ out [of college/school]** von der Uni/Schule fliegen *fam* (*wegen schlechter Noten*)

flunk·ey, flunky ['flʌŋki] *n* Lakai *m oft pej*

fluo·res·cence [flɔ:'resᵊn(t)s] *n no pl* Fluoreszenz *f*

fluo·res·cent [flɔ:'resᵊnt] *adj* fluoreszierend; **~ light** Neonlicht *nt;* **~ tube** Leuchtstoffröhre *f*

fluori·date ['flɔ:rɪdeɪt, AM -rə-] *vt* ■**to ~ sth** etw fluoridieren [*o* fluorieren]; **to ~ water** Wasser mit Fluor anreichern

fluori·da·tion [ˌflɔ:rɪ'deɪʃᵊn, AM -rə'-] *n no pl* Fluoridierung *f,* Anreicherung *f* mit Fluor

fluo·ride ['flɔ:raɪd] *n no pl* Fluorid *nt*

fluo·rine ['flɔ:ri:n] *n no pl* CHEM Fluor *nt*

fluo·ro·car·bon [ˌflɔ:rə(ʊ)'kɑ:bᵊn, AM -rə'kɑ:r-] *n* CHEM Fluorkohlen[wasser]stoff *m*

flur·ried ['flʌrid, AM 'flɜ:rid] *adj* aufgeregt, nervös; **to become ~** sich *akk* aufregen

flur·ry ['flʌri, AM 'flɜ:ri] *n* ① (*swirl*) Schauer *m;* **~ of snow** Schneeschauer *m* ② (*excitement*) Unruhe *f;* **~ of excitement**

große Aufregung; **to prompt a ~ of speculation** heftige Spekulationen auslösen

flush¹ [flʌʃ] *adj* ❶ (*flat*) eben, plan *geh;* **~ with sth** mit etw *dat* auf gleicher Ebene ❷ *pred* (*fam: rich*) reich; **to feel ~** sich *dat* reich vorkommen; **to be ~ with cash** gut bei Kasse sein *fam,* reichlich Bargeld zur Verfügung haben

flush² [flʌʃ] *n* (*in cards*) Flush *m*

flush³ [flʌʃ] **I.** *vi* ❶ (*blush*) erröten, rot werden; **to ~ with embarrassment/pleasure** vor Verlegenheit/Freude *dat* erröten ❷ (*empty*) spülen; **the toilet won't ~** die Spülung geht nicht **II.** *vt* ❶ **to ~ the toilet** [hinunter]spülen; **to ~ sth down the toilet** etw die Toilette hinunterspülen ❷ (*purge*) ■ **to ~ sth out of sth** etw aus etw *dat* spülen; **you're supposed to drink a lot to ~ the toxins out of your system** du musst viel trinken, um die Giftstoffe aus deinem Körper zu spülen ❸ (*drive out*) ■ **to ~ sb/an animal from** [*or* **out of**] **sth** jdn/ein Tier aus etw *dat* hinaustreiben ▶ PHRASES: **to ~ sth down the toilet** etw das Klo hinunterspülen *fam* **III.** *n* ❶ *usu sing* (*blush*) Röte *f kein pl;* **~ of anger** Zornesröte *f* ❷ (*emptying*) Spülen *nt kein pl*

◆**flush out** *vt* ❶ (*cleanse*) ■ **to ~ out** ↻ **sth** etw ausspülen [*o* auswaschen]; **his wife ~ed out the catheter** seine Frau wusch den Katheder aus ❷ (*drive out*) ■ **to ~ out** ↻ **sb/an animal** jdn/ein Tier hinaustreiben; **we used a dog to ~ out the rabbits** wir trieben die Kaninchen mit Hilfe eines Hundes aus dem Bau ❸ (*purge*) ■ **to ~ out** ↻ **sth** etw entleeren

flushed [flʌʃt] *adj* rot im Gesicht, mit rotem Kopf; **~ cheeks** gerötete Wangen; **~ with anger** wutentbrannt; **~ with joy** freudestrahlend; **~ with success** triumphierend

flus·ter ['flʌstəʳ, AM -ɚ] **I.** *vt* ■ **to ~ sb** jdn nervös machen **II.** *n no pl* ■ **to be/get in a ~** nervös [*o* aufgeregt] sein/werden

flus·tered ['flʌstəd, AM -ɚd] *adj* nervös, aufgeregt; **to look ~** einen gehetzten Eindruck machen

flute [flu:t] *n* Flöte *f*

flut·ed ['flu:tɪd, AM -t̬-] *adj* gerillt; *edges* bogenförmig; *column* kanneliert; *paper* gewellt

flut·ing ['flu:tɪŋ, AM -t̬-] *n* Riffelung *f*

flut·ist ['flu:t̬ɪst] *n* AM (*flautist*) Flötist(in) *m(f)*

flut·ter ['flʌtəʳ, AM -t̬ɚ] **I.** *vi* ❶ (*quiver*) *heart, stomach* flattern ❷ (*flap*) *flags* flattern, wehen; *wings* flattern ❸ (*fall*) ■ **to ~ somewhere** irgendwohin flattern; *see also* **flutter down** ▶ PHRASES: **to make one's heart ~** das Herz höher schlagen lassen **II.** *vt* ■ **to ~ sth** etw flattern lassen; **the bird ~ed its wings** der Vogel schlug mit den Flügeln; **to ~ one's eyelashes/eyelids** (*hum*) mit den Wimpern/Augendeckeln klimpern *fam* **III.** *n* ❶ *usu sing* BRIT, AUS (*fam: bet*) kleine Wette; **to have a ~** ein paar Euro riskieren ❷ (*flapping*) Flattern *nt kein pl* ❸ (*nervousness*) Aufregung *f;* **to put sth in a ~** etw in Aufregung *akk* versetzen; **to be all of a ~** völlig aus dem Häuschen sein *fam*

◆**flutter about, flutter around** *vi* ❶ (*fly*) herumflattern ❷ (*dash*) nervös herumgehen

◆**flutter down** *vi leaves* herabschweben

flu·vial ['flu:viəl] *adj inv* GEOL Fluss-, fluvial *fachspr*

flux [flʌks] *n no pl* ❶ (*change*) Fluss *m;* **to be in a state of ~** sich *akk* ständig verändern, im Fluss sein ❷ CHEM (*solder*) Flussmittel *nt*

fly [flaɪ] **I.** *vi* <flew, flown> ❶ (*through the air*) fliegen; **we're ~ing at 9000 metres** wir fliegen in 9000 Meter Höhe; **he flew across the Atlantic** er überflog den Atlantik; **we flew from Heathrow** wir flogen von Heathrow ab; ■ **to ~** [**out**] **from** [*or* AM *a.* **out of**] **somewhere** von irgendwo wegfliegen; ■ **to ~ in sth** *plane, helicopter* in etw *dat* fliegen ❷ (*in the air*) flattern, wehen; **the flag was ~ing at half-mast** die Fahne wehte auf Halbmast ❸ (*speed*) ■ **to ~ somewhere** irgendwohin sausen [*o* stürmen]; **the door suddenly flew open** die Tür flog plötzlich auf; ■ **to ~ by** [*or* **past**] **sb** an jdm vorübersausen; *see also* **send** ❹ (*fam: leave*) sich *akk* sputen; **I must ~** ich muss mich sputen ❺ (*fam: be successful*) Erfolg haben, groß rauskommen; **to make sth ~ or flop** etw zu einem Renner oder einem Flop machen ▶ PHRASES: **to ~ in the face of logic/reason** gegen jede Logik/Vernunft verstoßen; **sb flies off the handle** jdm brennt die Sicherung durch *fam;* **time flies when you're having fun** (*prov*) wenn man Spaß hat, vergeht die Zeit wie im Flug; **to ~ high** AM im siebten Himmel sein; **to be ~ing low** (*dated or hum*) den Hosenschlitz offen haben **II.** *vt* <flew, flown> ❶ (*pilot*) ■ **to ~ sth** *a plane* etw fliegen ❷ (*transport*) ■ **to ~ sb/sth somewhere** jdn/etw irgendwohin fliegen ❸ (*raise*) ■ **to ~ sth** etw wehen lassen; **to ~ a flag** eine Fahne hissen; **the ship was ~ing the Spanish flag** das Schiff fuhr unter spanischer Flagge; **to ~ a kite** einen Drachen steigen lassen ❹ (*travel*) **I usually ~ Lufthansa** für gewöhnlich fliege ich mit Lufthansa ▶ PHRASES: **to ~ the coop** (*fam*) sich aus dem Staub machen; **to ~ a kite** [**for sth**] einen Versuchsballon steigen lassen; **go ~ a kite!** *esp* AM (*fam*) verzieh dich! *fam;* **to ~ the nest** (*fam*) das Nest verlassen **III.** *n* ❶ (*insect*) Fliege *f* ❷ (*bait*) [künstliche] Fliege ❸ (*zip*) Hosenschlitz *m* ❹ AM (*flysheet*) Überdach *f,* Überzelt *nt* ▶ PHRASES: **the ~ in the ointment** (*fam*) das Haar in der Suppe; **to like** [*or* **love**] **to be a ~ on the wall** gerne Mäuschen sein [*o* spielen]; **to drop** [**off**] **like flies** (*fam: collapse*) sterben wie die Fliegen *fam;* (*stop*) massenweise aufhören; **sb wouldn't harm** [*or* **hurt**] **a ~** jd würde keiner Fliege etwas zuleide tun; **there are no flies on sb** jdn legt man nicht so leicht rein **IV.** *adj* <-er, -est> (*fam*) ❶ BRIT (*sly*) gerissen; **to be ~ enough** gerissen genug sein ❷ AM (*sl: modern*) *clothing* cool *sl,* hip *sl,* in *fam,* schick; ■ **to be ~** ein [*o* der] Hit sein

◆**fly about, fly around** *vi* ❶ (*circulate*) im Umlauf sein; **there is a rumour ~ing about that ...** es geht das Gerücht [um], dass ... ❷ (*travel*) herumfliegen

◆**fly at** *vi* ■ **to ~ at sb/sth** auf jdn/etw losgehen ▶ PHRASES: **to ~ at sb's face** jdm ins Gesicht springen

◆**fly by** *vi* ❶ (*rush*) vorbeisausen; *see also* **fly I.3** ❷ (*elapse*) *holiday, time* wie im Flug vergehen

◆**fly in I.** *vi* einfliegen; **my wife's ~ing in from New York tonight** meine Frau kommt heute Abend mit dem Flugzeug aus New York **II.** *vt* ■ **to ~ in** ↻ **sth** etw einfliegen; **the restaurant flies its fish in daily from Scotland** das Restaurant lässt seinen Fisch täglich aus Schottland einfliegen

◆**fly into** *vi* **to ~ into a panic** in Panik geraten; **to ~ into a fury** [*or* **rage**] [*or* BRIT *a.* **temper**] einen Wutanfall bekommen

◆**fly out I.** *vi* ausfliegen; **he's ~ing out to Australia next week** er fliegt nächste Woche nach Australien **II.** *vt* ■ **to ~ out** ↻ **sb/sth** jdn/etw ausfliegen

'fly·away *adj* **~ hair** feines Haar **fly·away 'hair** *n* fliegendes Haar **'fly·by** *n* ❶ (*approach*) Flyby *nt* ❷ AM (*flypast*) Vorbeiflug *m* **'fly-by-night** *adj inv* (*pej fam*) *organization* zweifelhaft *pej;* **~ company** dubiose Firma **'fly-by-wire** *n modifier* mit elektronischer Flugsteuerung *nach n* **'fly·catch·er** *n* Fliegenschnäpper *m* **fly-drive 'holi·day** *n* BRIT, AM **fly-drive va·'ca·tion** *n* Fly-&-Drive-Urlaub *m*

fly·er *n see* **flier**

'fly-fish·ing *n no pl* Fliegenfischen *nt;* **to go ~** Fliegenfischen gehen

fly·ing ['flaɪɪŋ] **I.** *n no pl* Fliegen *nt;* **to be scared of ~** Angst vorm Fliegen haben **II.** *adj attr, inv* ❶ (*winged*) *ant* Flug-, fliegend *attr* ❷ (*quick*) *glass* fliegend; **to take a ~ jump/leap** einen großen Satz machen

'fly·ing boat *n* Flugboot *nt* **fly·ing 'but·tress** *n* ARCHIT Strebebogen *m* **fly·ing 'col·ours** *npl* **she passed the test with ~ colours** sie bestand die Prüfung mit Bravour

fly·ing 'doc·tor *n* AUS fliegender Arzt

i Kultur

Ein **flying doctor** ist in Australien ein Arzt, der mit seinem Flugzeug abgelegene ländliche Gebiete versorgt. Sofern keine

F

ernsthafte Erkrankung vorliegt, berät der Arzt seine Patienten über Funk, stellt Therapiepläne auf und verschreibt Medikamente. Für zwei Drittel der Bevölkerung Australiens ist das die einzige verfügbare medizinische Versorgung.

fly·ing 'fish *n* fliegender Fisch **fly·ing 'fox** *n* Flughund *m* **fly·ing 'pick·et** *n esp* BRIT mobiler Streikposten **fly·ing 'sauc·er** *n* fliegende Untertasse **'fly·ing squad** *n* Überfallkommando *nt* (*der Polizei*) **fly·ing 'start** *n* fliegender Start ▶ PHRASES: **to get** [*or* **be**] **off to a ~** einen glänzenden Einstand haben **'fly·ing time** *n* Flugzeit *f* **fly·ing tra·'peze** *n see* **trapeze fly·ing 'vis·it** *n* Stippvisite *f fam*

'fly·leaf *n* Vorsatzblatt *nt* **'fly·over** *n* ❶ BRIT (*bridge*) Überführung *f* ❷ AM (*flight*) Luftparade *f* **'fly·pa·per** *n* Fliegenpapier *nt* **'fly·past** *n* Luftparade *f* **'fly·post·er** *n* BRIT ❶ (*bill*) nicht genehmigtes Plakat ❷ (*person*) illegaler Plakatierer, jd, der nicht genehmigte Plakate anbringt **'fly·post·ing** *n no pl* BRIT illegales Plakatieren **'fly·screen** *n* AUS Fliegengitter *nt* **'fly·sheet** *n* BRIT Überdach *nt,* Überzelt *nt* **'fly·speck** *n* Fliegendreck *m kein pl* **'fly spray** *n* Fliegenspray *m* **'fly swat** *n,* **'fly swat·ter** *n* Fliegenklatsche *f* **'fly·trap** *n* Insekten fressende Pflanze; **Venus ~** Venusfliegenfalle *f* **'fly·weight** *n* BOXING Fliegengewicht *nt* **'fly·wheel** *n* TECH Schwungrad *nt*

FM [ˌefˈem] **I.** *n no pl abbrev of* **frequency modulation** FM; **on ~** auf FM **II.** *n modifier radio* [*station*] FM-

foal [fəʊl, AM foʊl] **I.** *n* Fohlen *nt;* ■**to be in** [*or* **with**] **~** trächtig sein **II.** *vi* fohlen

foam [fəʊm, AM foʊm] **I.** *n no pl* ❶ (*bubbles*) Schaum *m;* **shaving ~** Rasierschaum *m* ❷ (*plastic*) Schaumstoff *m* **II.** *n modifier* ❶ (*containing foam*) (*cushion, mattress, pillow*) Schaumstoff- ❷ (*foamed*) (*plastic, rubber*) Schaum- **III.** *vi* schäumen ▶ PHRASES: **to be ~ing at the mouth** vor Wut schäumen [*o* fast platzen]

'foam bath *n no pl* Schaumbad *nt* **foam 'plas·tic** *n no pl* Schaumstoff *m* **foam 'rub·ber** *n no pl* Schaumgummi *m*

foamy [ˈfəʊmi, AM ˈfoʊmi] *adj shampoo* schaumig

fob¹ [fɒb, AM fɑːb] **I.** *n* ❶ (*chain*) Uhrband *nt,* Uhrkette *f* ❷ (*tab*) Schlüsselanhänger *m* **II.** *vt* <-bb-> ■**to ~ off** ○ **sb with sth** jdn mit etw *dat* abspeisen *fam;* ■**to ~ off** ○ **sth on sb** jdm etw andrehen *fam*

fob² [ˌefəʊˈbiː, AM -oʊˈ-] ECON *abbrev of* **free on board** fob *fachspr*

fo·cac·cia [fəˈkætʃe] *n* Focaccia *f* (*flaches Hefebrot mit Olivenöl und Kräutern*)

fo·cal [ˈfəʊkəl, AM ˈfoʊ-] *adj* im Brennpunkt stehend *attr;* **~ figure** zentrale Figur

fo·cal 'length *n* PHYS Brennweite *f* **fo·cal 'point** *n* ❶ (*centre*) Brennpunkt *m,* Mittelpunkt *m;* **~ of a discussion/problem** Kernpunkt *m* einer Diskussion/eines Problems ❷ PHYS (*focus*) *of the lens* Brennpunkt *m*

fo·ci [ˈfəʊsaɪ, AM ˈfoʊ-] *n* (*form*) *pl of* **focus**

fo·cus <*pl* -es *or form* -ci> [ˈfəʊkəs, AM ˈfoʊ-, *pl* -saɪ] **I.** *n* ❶ (*centre*) Mittelpunkt *m* (**on** +*gen*), Brennpunkt *m* (**on** +*gen*); **the main ~ of interest was ...** das Hauptinteresse galt *dat* ...; **to be the ~ of attention** im Mittelpunkt stehen; **~ of discontent** Quelle *f* der Unzufriedenheit; **~ of a policy/programme** Schwerpunkt *m* einer Politik/eines Programms; **to bring sth in**[**to**] **~** etw in den Brennpunkt rücken; **out of ~** unklar, unscharf ❷ PHYS Brennpunkt *m;* PHOT *of a lens* Fokus *m;* ■**to be in/out of ~** scharf/nicht scharf eingestellt sein **II.** *vi* <-s- *or* -ss-> ❶ (*concentrate*) sich konzentrieren; ■**to ~** [**up**]**on sth** sich *akk* auf etw *akk* konzentrieren ❷ (*see*) klar sehen; ■**to ~ on sth** auf etw *akk* fokussieren ❸ PHYS fokussieren **III.** *vt* <-s- *or* -ss-> ❶ (*concentrate*) **to ~ one's attention on sth** seine Aufmerksamkeit auf etw *akk* konzentrieren; **to ~ one's energies on sth** seine Energien auf etw *akk* konzentrieren ❷ (*direct*) **to ~ a camera/telescope** [**on sb/sth**] eine Kamera/ein Teleskop scharf [auf jdn/etw *akk*] einstellen; **to ~ one's eyes on sb/sth** den Blick auf jdn/etw *akk* richten; **all eyes were ~ed on the actress** alle Augen waren auf die Schauspielerin gerichtet

'fo·cus group *n* (*in marketing*) [ausgewählte] Testgruppe

fo·cus(**s**)**ed** [ˈfəʊkəst, AM ˈfoʊ-] *adj image* fokussiert *fachspr*

fod·der [ˈfɒdəʳ, AM ˈfɑːdɚ] *n no pl* ❶ (*food*) Futter *nt;* **~ crop** Futterpflanze *f* ❷ (*fam: material*) Stoff *m* (**for** für +*akk*); **politicians are good ~ for comedians** Politiker sind ein gefundenes Fressen für Komiker; **literary ~** Lesestoff *m*

foe [fəʊ, AM foʊ] *n* (*liter*) Feind *m*

FoE [ˌefəʊˈiː, AM -oʊˈ-] *n no pl abbrev of* **Friends of the Earth** FoE

foe·tal [ˈfiːtəl], AM **fe·tal** *adj inv* fötal, fetal, Fötus-, Fetus-

foet·id [ˈfiːtɪd, AM ˈfet̬ɪd] *adj see* **fetid**

foe·tus [ˈfiːtəs], AM **fe·tus** *n* Fötus *m,* Fetus *m*

fog [fɒg, AM fɑːg] **I.** *n* ❶ (*mist*) Nebel *m;* **thick ~** dichter Nebel ❷ *no pl* (*complexity*) *of details* Schleier *m;* **a ~ of conditions** verworrene Zustände; **to be wrapped in the ~ of history** in den Nebel der Geschichte gehüllt sein ▶ PHRASES: **in a ~** (*fam*) ratlos; **I felt in a ~ about what to do next** ich war ratlos, was ich als Nächstes tun sollte **II.** *vt* <-gg-> ■**to ~ sth** etw verschleiern; **alcohol ~s his brain** Alkohol benebelt sein Gehirn

◆**fog in** *vt usu passive* ■**to ~ in** ○ **sth** etw einnebeln

◆**fog up I.** *vi* anlaufen, sich *akk* beschlagen **II.** *vt* ■**to ~ up** ○ **sth** *mirror* etw beschlagen [*o* verschleiern]

'fog bank *n* Nebelbank *f* **'fog·bound** *adj inv* wegen Nebels geschlossen

fo·gey [ˈfəʊgi, AM ˈfoʊgi] *n* (*fam*) Mensch *m* mit verstaubten Ansichten *pej;* **old ~** alter Kauz *pej;* **young ~** *junger Mensch, der sich bewusst altmodisch gibt*

fo·gey·ish [ˈfəʊgiɪʃ, AM ˈfoʊgi-] *adj* verknöchert *pej;* **to have a ~ attitude towards sth** verstaubte Ansichten über etw *akk* haben

fog·gy [ˈfɒgi, AM ˈfɑːgi] *adj* neblig ▶ PHRASES: **to not have the foggiest** [**idea** [*or* **notion**]] (*fam*) keine blasse [*o* nicht die leiseste] Ahnung haben

'fog·horn *n* Nebelhorn *nt;* **to have a voice like a ~** [*or* **a ~ voice**] (*hum*) eine dröhnende Stimme haben **'fog lamp** *n,* **'fog light** *n* Nebelscheinwerfer *m*

fogy *n see* **fogey**

foi·ble [ˈfɔɪbl] *n usu pl* Eigenart *f kein pl,* [kleine] Schwäche, Macke *f fam*

foil¹ [fɔɪl] *n* ❶ (*sheet*) Folie *f* ❷ (*contrast*) Hintergrund *m;* **the cynical character in the play is the perfect ~ for the innocent William** die zynische Figur in dem Stück ist das perfekte Gegenstück zum unschuldigen William ❸ (*sword*) Florett *nt*

foil² [fɔɪl] *vt* ■**to ~ sth** etw verhindern; **to ~ a coup** einen Coup vereiteln; **to ~ a plan** einen Plan durchkreuzen; ■**to ~ sb** jdn vereiteln; **~ed again!** (*hum*) wieder mal alles umsonst!

foist [fɔɪst] *vt* ■**to ~ sth** [**up**]**on sb** jdm etw aufzwingen

fold [fəʊld, AM foʊld] **I.** *n* ❶ (*crease*) Falte *f* ❷ (*pen*) Pferch *m* ❸ (*home*) Schoß *m;* **to go back** [*or* **return**] **to the ~** in den Schoß der Familie zurückkehren ❹ GEOL Falte *f* **II.** *vt* ❶ (*bend*) **we ~ed the car roof down** wir schlugen das Verdeck zurück; **to ~ a letter** einen Brief zusammenfalten; **to ~ a piece of paper** ein Blatt Papier falten; **to ~ an umbrella** einen Schirm zusammenklappen ❷ (*wrap*) **he ~ed his arms around her** er schloss sie in die Arme; **to ~ one's arms** die Arme verschränken; **to ~ one's hands** seine Hände verschränken; **to ~ one's legs under one** seine Beine verschränken; ■**to ~ sb/sth in sth** jdn/etw in etw *akk* einwickeln ❸ (*make by folding*) **she ~ed the newspaper into a hat** sie faltete die Zeitung zu einem Hut ❹ (*mix*) **~ the eggs into the melted chocolate** heben Sie die Eier unter die geschmolzene Schokolade **III.** *vi* ❶ (*bend*) zusammenklappen; **the chairs ~ flat** die Stühle lassen sich flach zusammenklappen ❷ (*fail*) eingehen *fam* ❸ (*admit defeat*) ■**to ~** sich *akk* beugen, nachgeben

◆**fold in** *vt* ■**to ~ in** ◯ **sth** ❶ (*crease*) etw falten ❷ (*mix*) etw untermischen

◆**fold up** **I.** *vt* ■**to ~ up** ◯ **sth** *clothes* etw zusammenfalten **II.** *vi* zusammenfalten

-fold [fəʊld, AM foʊld] *in compounds* -fach; **the problems are two~** es gibt zweierlei Probleme

fold·away ['fəʊldəweɪ, AM 'foʊld-] *adj inv bed, table* Klapp-

fold·er ['fəʊldəʳ, AM 'foʊldɚ] *n* ❶ (*holder*) Mappe *f,* Schnellhefter *m* ❷ COMPUT Ordner *m*

fold·ing ['fəʊldɪŋ, AM 'foʊld-] *adj inv* Klapp-; **~ bed** Klappbett *nt;* **~ door** Falttür *f*

'fold-out *adj inv* Ausklapp-; **a ~ map** eine Faltkarte

fo·li·age ['fəʊliɪdʒ, AM 'foʊ-] *n no pl* Laub *nt*

fo·lic 'acid [ˌfɒlɪk'-, AM ˌfoʊ-] *n* Folsäure *f*

fo·lio <*pl* -s> ['fəʊliəʊ, AM 'foʊlioʊ] *n* Foliant *m*

folk [fəʊk, AM foʊk] **I.** *n* ❶ *pl* (*people*) Leute *pl;* **farming ~** Landvolk *ntsing;* **old/ordinary ~** alte/normale Leute ❷ *no pl* (*music*) Folk *m* **II.** *n modifier* ❶ (*art*) [*art, club, singer*] Folk- ❷ (*traditional*) [*customs, culture, religion*] Volks-

'folk dance *n* Volkstanz *m* **'folk hero** *n* Volksheld *m* **'folk·lore** *n no pl* Folklore *f,* Brauchtum *nt;* **Irish ~** irische Volkskunde **'folk medi·cine** *n no pl* überlieferte Heilkunde **'folk memo·ry** *n* Erinnerung *f* des Volkes **'folk mu·sic** *n no pl* Folk *m* **'folk rock** *n no pl* Mischung *f* aus traditioneller und moderner Musik

folks [fəʊks, AM foʊks] *npl* ❶ AM *see* **folk I. 1** ❷ (*fam: form of address*) Leute *pl fam* ❸ *esp* AM (*parents*) ■**the/one's ~** die/seine Eltern *fpl,* seine Leute *fam*

'folk song *n* Volkslied *nt*

folk·sy ['fəʊksi, AM 'foʊ-] *adj* ❶ (*simple*) gesellig ❷ (*traditional*) folkloristisch

'folk tale *n* Volkssage *f* **'folk wis·dom** *n no pl* Volksweisheit *f*

fol·li·cle ['fɒlɪkl̩, AM 'fɑː-] *n* Follikel *nt*

fol·low ['fɒləʊ, AM 'fɑːloʊ] **I.** *vt* ❶ (*take same route as*) ■**to ~ sb** jdm folgen; **he was being ~ed** er wurde verfolgt; **Sophie always ~s what her sister does** Sophie macht ihrer Schwester alles nach ❷ (*come/happen next*) ■**to ~ sth** auf etw *akk* folgen ❸ (*obey*) ■**to ~ sth** etw befolgen; **he ~s the teachings of the Koran** er hält sich an die Lehren des Koran; **to ~ ancient traditions** nach alten Bräuchen leben ❹ (*understand*) ■**to ~ sb/sth** jdm/etw folgen; **his lecture was difficult to ~** man konnte seinem Vortrag nur schwer folgen ❺ (*have an interest in*) ■**to ~ sth** etw verfolgen *fig* ▸ PHRASES: **~ your nose** (*fam: trust your instincts*) vertrau deinem Instinkt; (*go straight ahead*) immer der Nase nach; **to ~ suit** nachziehen *fam,* dasselbe machen **II.** *vi* ❶ (*take same route as*) folgen ❷ (*come/happen next*) folgen ❸ (*likely to result*) folgen, sich *akk* ergeben; ■**to ~ from sth** aus etw *dat* folgen [*o* resultieren]; **just because I agreed last time, it doesn't necessarily ~ that ...** nur weil ich das letzte Mal zugestimmt habe, heißt das noch lange nicht, dass ...

◆**follow out** *vt* **to ~ out instructions/teachings** Anweisungen/Lehren befolgen

◆**follow through** **I.** *vt* ❶ (*study*) ■**to ~ sth through** sich *akk* bis ins Letzte mit etw *dat* auseinandersetzen ❷ (*see through to the end*) **to ~ sth through** etw durchziehen *fam;* **the journalist ~ed the story through** der Journalist verfolgte die Story bis zum Ende **II.** *vi* SPORTS *movement* durchschwingen

◆**follow up** *vt* ❶ (*investigate*) ■**to ~ up** ◯ **sth** etw weiterverfolgen ❷ (*do next*) ■**to ~ up** ◯ **sth by** [*or* **with**] **sth** etw *dat* etw folgen lassen

fol·low·er ['fɒləʊəʳ, AM 'fɑːloʊɚ] *n* ❶ (*fan*) Anhänger(in) *m(f)* ❷ (*attendant*) Mitläufer(in) *m(f) pej*

fol·low·ing ['fɒləʊɪŋ, AM 'fɑːloʊ-] **I.** *adj attr, inv* folgende(r, s); **we didn't arrive until the ~ day** wir kamen erst am nächsten Tag an **II.** *n* ❶ + *pl vb* (*listed*) ■**the ~** *persons* folgende Personen, die Folgenden; *objects* Folgendes, das Folgende; **in the ~** im Folgenden ❷ *usu sing,* + *sing/pl vb* (*fans*) Anhänger *mpl,* Gefolgschaft *f; of shop* treue Kundschaft; **a** [**large**] **~ among sb/sth** [viele] Anhänger unter jdm/etw **III.** *prep* nach +*dat;* **~ the dinner** nach dem Essen

fol·low·ing 'wind *n* Rückenwind *m*

fol·low-my-'lead·er *n* BRIT, AUS, AM **fol·low-the-'lead·er** *n* *Kinderspiel, bei dem die Teilnehmer alles nachmachen müssen, was der Anführer vormacht* **'fol·low-up** **I.** *n* Fortsetzung *f* (**to** von +*dat*); **to do a ~ on sth** eine Fortsetzung von etw *akk* schreiben **II.** *n modifier* [*visit, interviews*] Folge-; **~ treatment** Nachbehandlung *f*

fol·ly ['fɒli, AM 'fɑːli] *n* ❶ *no pl* (*stupidity*) Dummheit *f,* Torheit *f;* ■**to be ~** töricht sein; ■**it is ~** [**for sb**] **to do sth** es ist töricht [von jdm], etw zu tun ❷ (*something stupid*) Dummheit *f,* Torheit *f* ❸ *esp* BRIT (*building*) [verschwenderischer] Prachtbau

fo·ment [fəʊ'ment, AM foʊ'-] *vt* (*form*) ■**to ~ sth** zu etw *dat* aufhetzen, etw schüren *geh*

fond [fɒnd, AM fɑːnd] *adj attr* ❶ (*affectionate*) *smile* liebevoll; ■**to be ~ of sb/sth** jdn/etw gerne mögen; ■**to be ~ of doing sth** etw gerne machen ❷ (*tender*) zärtlich, liebevoll; **~ memories** teure Erinnerungen ❸ (*naive*) töricht, übertrieben; **~ hope** kühne Hoffnung

fon·dant ['fɒndənt, AM 'fɑː-] *n* Fondant *m o nt*

fon·dle ['fɒndl̩, AM 'fɑː-] *vt* ❶ (*lovingly*) ■**to ~ sb/sth** jdn/etw streicheln ❷ (*erotically*) ■**to ~ sb** jdn begrapschen *fam*

fond·ly ['fɒndli, AM 'fɑː-] *adv* ❶ (*lovingly*) liebevoll ❷ (*foolishly*) törichterweise

fond·ness ['fɒndnəs, AM 'fɑː-] *n no pl* Vorliebe *f* (**for** für +*akk*)

fon·due ['fɒndjuː, AM fɑːn'duː] *n* Fondue *nt;* **cheese ~** Käsefondue *nt;* **meat ~** Fleischfondue *nt*

'fon·due set *n* Fonduegeschirr *nt,* Fondueset *nt*

font [fɒnt, AM fɑːnt] *n* ❶ (*basin*) Taufbecken *nt* ❷ (*type*) Schriftart *f*

fon·ta·nel [ˌfɒntə'nel, AM ˌfɑːntᵊn'el] *n* Fontanelle *f*

food [fuːd] *n* ❶ *no pl* (*nutrition*) Essen *nt,* Nahrung *f;* **there was lots of ~ and drink at the party** auf der Party gab es viel zu essen und zu trinken; **baby ~** Babynahrung *f;* **cat ~** Katzenfutter *nt;* **to be off one's ~** keinen Appetit haben ❷ (*foodstuff*) Nahrungsmittel *pl* ▸ PHRASES: **~ for thought** Stoff *m* zum Nachdenken

'food ad·di·tive *n* Nahrungsmittelzusatz[stoff] *m* **'food chain** *n* Nahrungskette *f*

foodie *n* ['fuːdi] (*fam*) Feinschmecker(in) *m(f),* Gourmet *m*

'food poi·son·ing *n no pl* Lebensmittelvergiftung *f* **'food pro·ces·sor** *n* Küchenmaschine *f* **'food stamp** *n* AM Lebensmittelmarke *f* **'food·stuff** *n* Nahrungsmittel *pl* **'food sup·plies** *npl* Lebensmittellieferung *fsing*

fool [fuːl] **I.** *n* ❶ (*idiot*) Dummkopf *m;* **you ~!** du Idiot!; **any ~ can do that** jeder Idiot kann das machen *pej fam;* **to act** [*or* **play**] **the ~** sich *akk* dumm stellen; **to make a ~ of sb/oneself** jdn/sich lächerlich machen; **to be ~ enough to do sth** dumm genug sein, etw zu tun; **to be no** [*or* **no one's**] [*or* **nobody's**] **~** nicht blöd sein *fam;* **he's no ~** er ist nicht blöd *fam;* **he's a ~ to think she still loves him** er ist ein Idiot, wenn er glaubt, dass sie ihn noch immer liebt ❷ (*jester*) [Hof]narr *m* ❸ (*dessert*) *cremiges Fruchtdessert* ▸ PHRASES: **~s rush in where angels fear to tread** (*prov*) blinder Eifer schadet nur; **a ~ and his money are soon parted** (*prov*) Dummheit und Geld lassen sich nicht vereinen; **there's no ~ like an old ~** (*prov*) Alter schützt vor Torheit nicht *prov;* **more ~ you** *esp* BRIT selber schuld **II.** *adj attr, inv esp* AM (*fam*) blöd *fam;* **you've done some ~ things in your time** du hast zu deiner Zeit so manchen Blödsinn getrieben **III.** *vt* ■**to ~ sb** jdn täuschen [*o* zum Narren halten]; **we weren't ~ed by his promises** wir sind auf seine Versprechungen nicht hereingefallen; ■**to ~ oneself in doing sth** sich in etw *akk* täuschen; ■**to ~ sb into doing sth** jdn [durch einen Trick] dazu bringen, etw zu tun ▸ PHRASES: **you could have ~ed me** (*fam*) das kannst du mir nicht weismachen **IV.** *vi* einen Scherz machen

◆**fool about, fool around** *vi* ❶ (*carelessly*) ■**to ~ around** [*or* **about**] **with sth** mit etw *dat* herumspielen; ■**to ~ around** [*or* **about**] **doing sth** seine Spielchen mit etw *dat* treiben ❷ (*amusingly*) herumblödeln *fam* ❸ (*idly*) seine Zeit verschwenden ❹ *esp* AM (*sexually*) ■**to ~ around with sb** es mit jdm treiben *sl*

fool·ery ['fu:lᵊri, AM -əri] *n* Dummheit *m,* Torheit *f*

fool·hardy ['fu:l,hɑ:di, AM -,hɑ:rdi] *adj* verwegen; ~ **attempt** tollkühner Versuch; **to be ~ enough to do sth** verwegen genug sein, etw zu tun; ■**it is ~ [of sb] to do sth** es ist tollkühn [von jdm], etw zu tun

fool·ish ['fu:lɪʃ] *adj* töricht; **she was afraid that she would look ~** sie hatte Angst, sich zu blamieren; ■**to be ~ to do sth** töricht sein, etw zu tun; ■**it is ~ [of sb] to do sth** es ist töricht [von jdm], etw zu tun

fool·ish·ly ['fu:lɪʃli] *adv* töricht

fool·ish·ness ['fu:lɪʃnəs] *n no pl* Dummheit *f;* ■**it is ~ to do sth** es ist dumm, etw zu tun

'fool·proof *adj* idiotensicher *hum fam*

fools·cap ['fu:lzkæp] **I.** *n no pl britisches Papierformat* (*330 x 200 mm*) **II.** *adj inv* in britischem Papierformat (330 x 200 mm)

fool's 'er·rand *n* ►PHRASES: **to be a ~** vergebliche Liebesmühe sein **fool's 'gold** *n no pl* ❶ (*mineral*) Katzengold *nt* ❷ (*failure*) Reinfall *m,* Rohrkrepierer *m fam* **fool's 'para·dise** *n* Traumwelt *f*

foot [fʊt] **I.** *n* <*pl* feet> [*pl* fi:t] ❶ (*limb*) Fuß *m;* **what size are your feet?** welche Schuhgröße haben Sie?; **to be [back] on one's feet** [wieder] auf den Beinen sein; **sb can barely** [*or* **hardly**] **put one ~ in front of the other** jd hat Schwierigkeiten beim Laufen; **to be fast** [*or* **quick**] **on one's feet** schnell auf seinen Beinen sein; **to drag one's feet** schlurfen; **to get** [*or* **rise**]/**jump** [*or* **leap**] **to one's feet** aufspringen; **to put one's feet up** die Füße hochlegen; **to set ~ in sth** einen Fuß in etw *akk* setzen; **at sb's feet** zu jds Füßen; **on ~** zu Fuß; *see also* **sweep** ❷ <*pl* foot *or* feet> (*length*) Fuß *m* (= *0,348 Meter*) ❸ <*pl* feet> (*base*) Fuß *m;* **at the ~ of one's bed** am Fußende des Betts; **at the ~ of the page** am Seitenende ❹ <*pl* feet> LIT (*poetry*) Versfuß *m* ►PHRASES: **the boot** [*or* **shoe**] **is on the other ~** die Situation ist umgekehrt; **see, the boot is on the other ~ now** siehst du, das Blatt hat sich gewendet; **to have a ~ in both camps** auf beiden Seiten beteiligt sein; **to have feet of clay** auch nur ein Mensch sein, seine Schwächen haben; **to get a ~ in the door** einen Fuß in die Tür kriegen *fam,* [mit einem Fuß] hineinkommen; **to put one's ~ to the floor** AM Gas geben; **to have one ~ in the grave** mit einem Bein im Grab stehen; **to have both feet on the ground** mit beiden Beinen fest auf der Erde stehen; **to get one's feet under the table** BRIT sich etablieren; **to have the world at one's feet** die Welt in seiner Macht haben; **to put one's best ~ forward** sich *akk* anstrengen; **to get off on the right/wrong foot** einen guten/schlechten Start haben; **to get one's feet wet** nasse Füße bekommen; **to never/not put** [*or* **set**] **a ~ wrong** nie einen Fehler machen; **to drag one's feet** herumtrödeln; **to fall** [*or* **land**] **on one's feet** Glück haben; **to put one's ~ down** (*insist*) ein Machtwort sprechen; *esp* BRIT (*accelerate*) Gas geben; **to put one's ~** [*or esp* AM **one's mouth**] **in it** ins Fettnäpfchen treten; **to run** [*or* **rush**] **sb off his/her feet** jdn beschäftigen; **to think on one's feet** eine schnelle Entscheidung treffen; **to be under sb's feet** zwischen jds Füßen herumlaufen; **my ~** (*dated*) so ein Quatsch! *fam* **II.** *vt* (*fam*) ■**to ~ sth** etw bezahlen

foot·age ['fʊtɪdʒ, AM -t̬-] *n no pl* Filmmaterial *nt*

foot-and-'mouth dis·ease *n* Maul- und Klauenseuche *f*

foot·ball ['fʊtbɔ:l] **I.** *n* ❶ *no pl esp* BRIT (*soccer*) Fußball *m* ❷ *no pl* AM (*American football*) Football *m* ❸ (*ball*) Fußball/Football *m* **II.** *n modifier* BRIT (*celebrity, commentator, field, pitch, season, stadium*) Fußball-; AM Football-

i Kultur

Der amerikanische **football** ist anders als der europäische Fußball, der in den USA **soccer** genannt wird. Zwei Mannschaften mit je elf Spielern versuchen den eiförmigen Lederball über die gegnerische Grundlinie zu platzieren. Punkte können hauptsächlich dadurch erzielt werden, dass der Ball über die Grundlinie des Gegners getragen wird (*touchdown*) oder durch die gegnerischen Torstangen geschossen wird (*field goal*). Jede der vier Spielzeiten à 15 Minuten fängt mit einem *kickoff* an, d.h. ein Spieler tritt den Ball und seine Mitspieler versuchen diesen mit den Händen zu fangen, um damit hinter die Grundlinie zu gelangen. Die Gegenseite stoppt den Spieler mit dem Ball durch *tackling,* wobei man ihn mit den Armen festhält und zu Boden drückt.

'foot·ball boots *npl* BRIT Fußballschuhe *mpl* **'foot·ball cleats** *npl* AM Stollen *mpl* **'foot·ball club** *n* BRIT Fußballverein *m* **foot·ball·er** *n* BRIT Fußballspieler(in) *m(f);* AM Footballspieler(in) *m(f)* **'foot·ball fan** *n* BRIT Fußballfan *m;* AM Footballfan *m* **'foot·ball game** *n,* **'foot·ball match** *n* BRIT Fußballspiel *nt;* AM Footballspiel *nt* **'foot·ball play·er** *n see* **footballer 'foot·ball pools** *npl* BRIT *see* **pools** Fußballtoto *nt o m* **'foot·ball sup·port·er** *n see* **football fan 'foot·ball team** *n* BRIT Fußballmannschaft *f;* AM Footballteam *nt*

'foot·board *n* Trittbrett *nt* **'foot brake** *n* Fußbremse *f* **'foot·bridge** *n* Fußgängerbrücke *f* **'foot·care** *n no pl* Fußpflege *f* **'foot-drag·ging** *n no pl* (*fam*) Verzögerung *f* (**on** +*gen*)

-foot·ed ['fʊtɪd, AM -t̬-] *in compounds* -füßig

foot·er ['fʊtəʳ, AM -t̬-] *n* TYPO Fußzeile *f*

-foot·er ['fʊtəʳ, AM -t̬-] *in compounds* **to be a 40-~** 40 Fuß lang sein

'foot·fall *n* (*liter*) Tritt *m,* Schritt *m;* **I heard echoing ~s in the corridor** ich hörte Schritte im Korridor hallen **'foot fault** *n* TENNIS Fußfehler *m* **'foot·hills** *npl* Vorgebirge *ntsing* **'foot·hold** *n* Halt *m* [für die Füße] ►PHRASES: **to gain** [*or* **get**] [*or* **secure**] **a ~ [in sth]** Fuß [in etw *dat*] fassen

footie ['fʊti] *n no pl* (*fam*) ❶ BRIT (*soccer*) *see* **football I. 1** ❷ AUS (*rugby*) Rugby *nt*

foot·ing ['fʊtɪŋ, AM -t̬-] *n no pl* ❶ (*foothold*) Halt *m;* **to lose one's ~** seinen Halt verlieren ❷ (*basis*) **on a commercial/an equal/a friendly ~** auf kommerzieller/gleicher/freundlicher Basis; **on a war ~** im Kriegszustand

'foot·lights *npl* Rampenlicht *ntsing* **foot·ling** ['fʊtlɪŋ] *adj task, complaint* albern, läppisch *fam* **'foot·loose** *adj* ungebunden; **~ and fancy-free** frei und ungebunden **'foot·man** *n* Lakai *m* **'foot·note** *n* ❶ (*reference*) Fußnote *f* (**to** zu +*dat*) ❷ (*addition*) Anmerkung *f* ❸ (*triviality*) Nebensächlichkeit *f* (**to** +*gen*); **a ~ to history** eine Nebensächlichkeit der Geschichte **'foot·path** *n* Fußweg *m* **'foot ped·al** *n* Fußpedal *nt* **'foot·plate** *n* RAIL Führerstand *m* (*in Lokomotive*) **'foot·print** *n* Fußabdruck *m;* **to leave ~s in sth** Fußabdrücke in etw *dat* hinterlassen **'foot·rest** *n* Fußstütze *f*

foot·sie ['fʊtsi] *n no pl* (*fam*) *see* **play**

Foot·sie ['fʊtsi] *n no pl* (*fam: FTSE 100*) Footsie[-Index]

'foot·slog <-gg-> ['fʊtslɒg, AM -slɑ:g] *vi* (*fam*) ■**to ~ somewhere** irgendwohin marschieren [*o fam* latschen]; **to ~ around shops** Geschäfte abklappern **'foot·slog·ging** *n no pl* (*fam*) Marschieren *nt;* **we had to do a lot of ~** wir mussten weite Strecken zu Fuß zurücklegen **'foot sol·dier** *n* Infanterist(in) *m(f)* **'foot·sore** *adj* (*liter*) fußwund *geh;* ■**to be ~** wunde Füße haben **'foot·step** *n* ❶ (*footfall*) Schritt *m* ❷ (*progress*) Schritt *m;* **the first ~ on the road to sth** der erste Schritt auf dem Weg zu etw *dat* ►PHRASES: **to dog sb's ~** jdm auf den Fersen sein; [**to follow** [*or* **tread**]] **in sb's ~** in jds Fußstapfen [treten] **'foot·stool** *n* Fußbank *f,* Schemel *m* SÜDD,

ÖSTERR **'foot·way** *n* ❶ (*footpath*) Fußweg *m* ❷ BRIT (*form: pavement*) Bürgersteig *m* **'foot·wear** *n no pl* Schuhe *mpl,* Schuhwerk *nt* **'foot·well** *n* AUTO Fußraum *m* **'foot·work** *n no pl* Beinarbeit *f* ▶ PHRASES: **fancy** ~ (*fam*) Geschick *nt*

footy *n no pl* BRIT (*fam*) *see* **footie**

fop [fɒp, AM fɑːp] *n* Geck *m pej veraltet*

fop·pish ['fɒpɪʃ, AM 'fɑːp-] *adj* (*old or pej o hum*) *man* geckenhaft; *clothes* stutzerhaft

for [fɔːʳ, fəʳ, AM fɔːr, fɚ] **I.** *conj* (*liter or dated*) denn **II.** *prep* ❶ *after vb, n* (*to give to*) für +*akk;* **I bought a new collar ~ my dog** ich kaufte ein neues Halsband für meinen Hund; *after adj;* **there are government subsidies available ~ farmers** für Bauern gibt es Zuschüsse vom Staat; **this is a birthday present ~ you** hier ist ein Geburtstagsgeschenk für dich; **to be [up] ~ grabs** noch zu haben sein; **the last piece of cake is up ~ grabs – who wants it?** ein Stück Kuchen ist noch da – wer möchte es? ❷ *after vb, n* (*in support of*) für +*akk;* **I voted ~ the Greens at the last election** bei der letzten Wahl habe ich für die Grünen gestimmt; **they voted ~ independence in a referendum** sie haben sich in dem Referendum für die Unabhängigkeit ausgesprochen; **please donate – it's ~ a good cause** spenden Sie bitte – es ist für einen guten Zweck; **I'm all ~ sexual equality, but I still don't want my wife to work** ich bin zwar für die Gleichberechtigung, aber ich möchte nicht, dass meine Frau arbeiten geht; **applause ~ sb** Applaus für jdn; **to be ~ sb/sth** für jdn/etw sein; **his followers are still for him** seine Anhänger unterstützen ihn noch immer; **to be ~ doing sth** dafür sein, dass etw getan wird; **are you ~ banning smoking in public places?** sind Sie dafür, das Rauchen in der Öffentlichkeit zu verbieten?; **to be all ~ sth** ganz für etw *akk* sein ❸ (*concerning*) für +*akk;* **she felt sorry ~ the homeless people** die Obdachlosen taten ihr leid; **they are responsible ~ marketing the product** sie tragen die Verantwortung für den Vertrieb des Produkts; **that jacket looks a bit big ~ you** diese Jacke ist wohl etwas zu groß für dich; **I can't run with you – you're far too fast ~ me!** ich kann mit dir nicht laufen – du bist zu schnell für mich!; **I'm happy ~ you that it finally worked out** ich freue mich für dich, dass es endlich geklappt hat; **you're not making it easy ~ me to tell you the news** du machst es mir nicht gerade einfach, dir die Neuigkeiten zu erzählen; **the coffee was too strong ~ me** der Kaffee war mir zu stark; **luckily ~ me, I already had another job** zu meinem Glück hatte ich bereits eine andere Stelle; **the admiration she felt ~ him soon died** ihre Bewunderung für ihn war schnell verflogen; **he felt nothing but contempt ~ her** er fühlte nur noch Verachtung für sie; **is this seat high enough ~ you?** ist Ihnen dieser Sitz hoch genug?; **she is preparing ~ her presentation** sie bereitet sich auf ihre Präsentation vor; **how are you doing for money?** wie sieht es bei dir mit dem Geld aus?; **Jackie's already left and, as ~ me, I'm going at the end of the month** Jackie ist schon weg, und was mich angeht, ich gehe Ende des Monats; **to feel ~ sb** mit jdm fühlen; **I feel ~ you but I can't do anything** ich fühle mit dir, aber ich kann nichts tun ❹ *after vb, adj, n* (*to get*) **she asked ~ a skateboard for her birthday** sie wünschte sich ein Skateboard zum Geburtstag; **to hope for good news** auf gute Nachrichten hoffen; **I've applied ~ a job** ich habe mich um eine Stelle beworben; **quick, send ~ a doctor!** holen Sie schnell einen Arzt!; **the little girl ran ~ her mother** das kleine Mädchen lief zu ihrer Mutter; **I had to run ~ the bus** ich musste zum Bus laufen; **she's looking ~ a way to finance the purchase** sie sucht nach einer Möglichkeit, den Kauf zu finanzieren; **I had to wait ~ him for 20 minutes** ich musste 20 Minuten auf ihn warten; **he did it ~ the fame** er tat es, um berühmt zu werden; **even though he's in this ~ the money, we still need him** auch wenn er es wegen des Geldes tut, brauchen wir ihn; **she's eager ~ a chance to show that she's a capable worker** sie möchte gerne beweisen, dass sie eine fähige Mitarbeiterin ist; **drug addicts have a need ~ more and more of their drug of choice** Drogensüchtige brauchen immer mehr von ihrer Droge; **oh ~ something to drink!** hätte ich doch bloß etwas zu trinken!; **oh ~ a strong black coffee!** und jetzt einen starken schwarzen Kaffee!; **the demand ~ money** der Bedarf an Geld; **to fish ~ compliments** sich *dat* gerne Komplimente machen lassen; **to make a play ~ sb/sth** sich *akk* um jdn bemühen ❺ *after n, vb* (*on behalf, for the benefit of*) für +*akk;* **he's an agent ~ models and actors** er ist Agent für Models und Schauspieler; ■ **to do sth ~ sb** etw für jdn tun; **these parents aren't speaking ~ everyone** diese Eltern sprechen nicht für alle; **she works ~ a charity** sie arbeitet für eine soziale Einrichtung; **next time you see them, say hi ~ me** sag ihnen Grüße von mir, wenn du sie wiedersiehst; **the messenger was there ~ his boss** der Bote war dort, um seinen Chef zu vertreten; **a course ~ beginners in Russian** ein Russischkurs für Anfänger; ■ **to do sth ~ oneself** etw selbst tun ❻ (*as ordered by*) ■ **to do sth ~ sb/sth** etw für jdn/etw tun; **they had to do extra work ~ their boss** sie mussten noch mehr für ihren Chef arbeiten; **I have some things to do ~ school** ich muss noch etwas für die Schule machen ❼ *after n, vb* (*employed by*) bei +*dat;* **she is a tutor ~ the Open University** sie ist Tutorin bei der Offenen Universität; **to work ~ sb/sth** bei jdm/etw arbeiten ❽ *after vb, n, adj* (*for purpose of*) für +*akk;* **what's that ~?** wofür ist das?; **what did you do that ~?** wozu hast du das getan?; **what do you use these enormous scissors ~?** was machst du mit dieser riesigen Schere?; **I need some money ~ tonight** ich brauche ein wenig Geld für heute Abend; **that's useful ~ removing rust** damit kann man gut Rost lösen; **the books are not ~ sale** die Bücher sind nicht verkäuflich; **they've invited us round ~ dinner on Saturday** sie haben uns für Samstag zum Essen eingeladen; **he is taking medication ~ his heart condition** er nimmt Medikamente für sein Herz; **if you can't sleep, you can take some pills ~ that** wenn du nicht schlafen kannst, dann nimm doch ein paar Schlaftabletten; **she needed to move closer ~ me to hear her** sie musste näher zu mir rücken, damit ich sie verstehen konnte; **take that out of your mouth – that's not ~ eating** nimmt das aus dem Mund – das ist nicht zum Essen; **~ your information** zu Ihrer Information; **~ the record** der Ordnung halber; **the spokesman told the press ~ the record that the president was in good health** der Sprecher sagte der Presse für das Protokoll, dass der Präsident bei guter Gesundheit sei; **bikes ~ rent** Räder zu vermieten ❾ *after vb, adj, n* (*because of*) wegen +*gen,* aus +*dat;* **she did fifteen years in prison ~ murder** sie war wegen Mordes fünfzehn Jahre im Gefängnis; **I don't eat meat ~ various reasons** ich esse aus verschiedenen Gründen kein Fleisch; **I could dance and sing ~ joy!** ich könnte vor Freude tanzen und singen!; **he apologized ~ being late** er entschuldigte sich wegen seiner Verspätung; **she loved him just ~ being himself** sie liebte ihn, weil er einfach er selbst war; **Bob was looking all the better ~ his three weeks in Spain** wegen seiner drei Wochen in Spanien sah Bob viel besser aus; (*form*) **if it hadn't been ~ him, we wouldn't be here right now** ohne ihn wären wir jetzt nicht hier; **how are you? – fine, and all the better ~ seeing you!** wie geht's? – gut, und wo ich dich sehe, gleich noch besser!; **I could not see ~ the tears in my eyes** ich konnte vor Tränen in den Augen gar nicht sehen; **~ fear of sth** aus Angst vor etw *dat;* **~ lack of sth** aus Mangel an etw *dat;* **for that** [*or* **this**] **reason** aus diesem Grund; **the reason ~ his behaviour** der Grund für sein Verhalten; **be famous ~ sth** für etw *akk* berühmt sein ❿ *after vb, n* (*as destination*) nach +*dat;* **this train is ~ Birmingham** dieser Zug fährt nach Birmingham; **he made ~ home in a hurry** er rannte schnell nach Hause; **the man went ~ him with his fists** der Mann ging mit den Fäusten auf ihn los; **just**

forbidding something

forbidding	verbieten
You're not allowed to watch TV today.	**Du darfst** heute **nicht** fernsehen.
That's (**completely**) **out of the question.**	**Das kommt gar nicht in Frage.**
Hands off/Don't go near my computer!	**Finger weg von** meinem Computer!
Keep out of/Don't touch my diary!	**Lass die Finger von** meinem Tagebuch!
I can't allow that.	**Das kann ich nicht zulassen.**
Don't you dare use that tone (of voice) with me!	**Ich verbiete mir** diesen Ton!
Please refrain from smoking. (*form*)	**Bitte unterlassen Sie das** Rauchen. (*form*)

follow signs ~ the town centre folgen Sie einfach den Schildern in die Innenstadt ⑪ (*meaning*) **to be ~ sth** für etw *akk* stehen; **A is ~ 'airlines'** A steht für ‚Airlines'; **to stand ~ sth** etw bedeuten, für etw *akk* stehen; **what does the M.J. stand ~? María José?** was bedeutet M.J.? María José?; **what's the Spanish word ~ 'vegetarian'?** was heißt ‚vegetarian' auf Spanisch? ⑫ (*in return for*) für +*akk;* **she paid a high price ~ loyalty to her boss** sie hat einen hohen Preis für die Loyalität zu ihrem Chef gezahlt; **I'll trade you this baseball card ~ that rubber ball** ich gebe dir diese Baseball-Karte für diesen Gummiball; **since we're friends, I'll do it ~ nothing** da wir Freunde sind, mache ich es umsonst; **that's ~ cheating on me!** das ist dafür, dass du mich betrogen hast!; **how much did you pay ~ your glasses?** wie viel hast du für deine Brille gezahlt? ⑬ *after vb* (*charged as*) für +*akk;* **she sold the house ~ quite a lot of money** sie verkaufte das Haus für ziemlich viel Geld; **you can buy a bestseller ~ about $6** Sie bekommen einen Bestseller schon für 6 Dollar; **they sent a cheque ~ $100** sie schickten einen Scheck über 100 Dollar; **not ~ a million dollars** [*or* **~ all the world**] um nichts in der Welt; **I wouldn't go out with him ~ a million dollars** ich würde für kein Geld der Welt mit ihm ausgehen ⑭ *after adj, n* (*compared with expected*) für +*akk;* **the summer has been quite hot ~ England** für England war das ein ziemlich heißer Sommer; **she's very mature ~ her age** sie ist für ihr Alter schon sehr weit entwickelt; **warm weather ~ the time of year** für diese Jahreszeit ein mildes Wetter; **he's quite thoughtful ~ a man!** für einen Mann ist er sehr zuvorkommend! ⑮ *after vb* (*amount of time*) **I'm just going to sleep ~ half an hour** ich lege mich mal eine halbe Stunde schlafen; **my father has been smoking ~ 10 years** mein Vater raucht seit 10 Jahren; **he was jailed ~ twelve years** er musste für zwölf Jahre ins Gefängnis; **~ the moment it's okay** im Augenblick ist alles o.k.; **~ the next two days** in den beiden nächsten Tagen; **~ a time** eine Zeitlang; **~ a long time** seit längerer Zeit; **~ such a long time that ...** schon so lange, dass ...; **~ some time** seit längerem; **~ the time being** vorübergehend; **~ a while** eine Zeitlang; **play here ~ a while!** spiele hier mal ein wenig!; **~ ever/eternity** bis in alle Ewigkeit; **this pact is ~ ever** dieser Pakt gilt für immer und ewig ⑯ *after vb* (*distance of*) **he always jogs ~ 5 kilometres before breakfast** er joggt immer 5 Kilometer vor dem Frühstück; **she wanted to drive ~ at least 100 kilometres** sie wollte mindestens 100 Kilometer fahren ⑰ *after vb* (*on the occasion of*) **he booked a table at the restaurant ~ nine o'clock** er reservierte in dem Restaurant einen Tisch für neun Uhr; **they set their wedding date ~ September 15** sie legten ihre Hochzeit auf den 15. September; **we'll plan the party ~ next Friday** wir planen die Party für nächsten Freitag; **she finished the report ~ next Monday** sie machte den Bericht bis zum nächsten Montag fertig; **what did you buy him ~ Christmas?** was hast du ihm zu Weihnachten gekauft?; **~ the first time** zum ersten Mal; **~ the** [**very**] **last time** zum [aller]letzten Mal; **~ the first/second time running** im ersten/zweiten Durchlauf; **at ... ~ ...** um ... zu ...; **to arrive at 8.00 ~ dinner at 8.30** um 8.00 Uhr zum Abendessen um 8.30 eintreffen ⑱ (*despite*) trotz +*gen,* ungeachtet +*gen;* **~ all that** trotz alledem; **~ all his effort, the experiment was a failure** trotz all seiner Anstrengungen war das Experiment ein Fehlschlag; **~ all I know/care** soviel ich weiß; **~ all I know, Dubai could be in Africa** soweit ich weiß, liegt Dubai in Afrika ⑲ (*per*) **there is one teacher ~ every 25 students in our school** auf 25 Schüler kommt in unserer Schule ein Lehrer; **~ every cigarette you smoke, you take off one day of your life** für jede Zigarette, die du rauchst, wird dein Leben um einen Tag kürzer; **she told me word ~ word what he said** sie erzählte mir Wort für Wort, was sie gesagt hatte ⑳ (*duty of*) ■**to** [**not**] **be ~ sb to do sth** [nicht] jds Sache *f* sein, etw zu tun; **it's not ~ me to tell her what to do** es ist nicht meine Aufgabe, ihr vorzuschreiben, was sie zu tun hat; **the decision is not ~ him to make** er hat diese Entscheidung nicht zu treffen ㉑ *after vb* (*as*) **she thought it ~ a lie but didn't say anything** sie glaubte, das sei eine Lüge, sagte aber nichts; **I ~ one am sick of this bickering** ich für meinen Teil habe genug von diesem Gezänk ▶PHRASES: **~ <u>Africa</u>** SA (*fam*) Unmengen; **I've got homework ~ Africa** ich habe zu Hause noch jede Menge Arbeit; **an <u>eye</u> ~ an eye** Auge für Auge; **a <u>penny</u> ~ your thoughts** ich gäbe was dafür, wenn ich wüsste, woran Sie gerade denken; **~ crying out <u>loud</u>** um Himmels willen; **to <u>be</u>** [**in**] **~ it** Schwierigkeiten bekommen; **<u>that's</u>/<u>there's</u> sth ~ you** (*pej*) das sieht etwas ähnlich; **there's gratitude ~ you!** und so was nennt sich Dankbarkeit!

for·age ['fɒrɪdʒ, AM 'fɔːr-] **I.** *vi* ■**to ~** [**about** [*or* **around**]] **for food** *person* nach etwas Essbarem suchen; *animal* nach Futter suchen **II.** *n no pl* Viehfutter *nt*

for·ay ['foreɪ, AM 'fɔːr-] *n* ❶ (*raid*) Beutezug *m;* **to make a ~** auf Beutezug gehen; **the soldiers made the first of several ~s into enemy-occupied territory** die Soldaten unternahmen den ersten von mehreren Überfällen auf feindlich besetztes Gebiet ❷ (*attempt*) Ausflug *m* (**into** in +*akk*); **she made a brief ~ into acting before starting a career as a teacher** sie wandte sich kurz der Schauspielerei zu, bevor sie eine Lehrerlaufbahn antrat ❸ (*fam: visit*) Abstecher *m* (**into** in +*akk*)

for·bad, for·bade [fə'bæd, AM fɚ'-] *pt of* **forbid**

for·bear[1] <forbore, forborne> [fɔː'beəʳ, AM fɔːr'ber] **I.** *vi* (*form or dated*) ■**to ~ from doing** [*or* **to do**] **sth** darauf verzichten, etw zu tun; **even his critics could scarcely ~ from congratulating him** selbst seine Kritiker konnten kaum umhin, ihm zu gratulieren; **the doctor said she was optimistic but forbore to make any promises** die Ärztin sagte, sie sei optimistisch, nahm aber davon Abstand, irgendwelche Versprechungen zu machen *geh* **II.** *vt* (*form or dated*) ■**to ~ sth** *a smile* sich *dat* etw verkneifen

for·bear[2] *n usu pl see* **forebears**

for·bear·ance [fɔːˈbeərən(t)s, AM fɔːrˈber-] *n no pl* (*dated form*) Nachsicht *f*, Geduld *f*

for·bear·ing [fɔːˈbeərɪŋ, AM fɔːrˈber-] *adj* (*dated form*) nachsichtig

for·bid <-dd-, forbade *or old* forbad, forbidden> [fəˈbɪd, AM fɚ-] *vt* ❶ (*legally*) ■**to ~ sth** etw verbieten ❷ (*refuse*) ■**to ~ sth** (*form*) etw verbieten; ■**to ~ sb sth** [*or* **sth to sb**] (*form*) jdm etw verbieten; ■**to ~ sb from doing sth,** ■**to ~ sb to do sth** jdm verbieten, etw zu tun ▸ PHRASES: **God** [*or* **heaven**] ~ [**that ...**] Gott behüte [*o* bewahre] mich [davor, dass ..]

for·bid·den [fəˈbɪdᵊn, AM fɚ-] **I.** *adj* verboten ▸ PHRASES: ~ **fruit** (*liter*) verbotene Früchte **II.** *pp of* **forbid**

for·bid·ding [fəˈbɪdɪŋ, AM fɚ-] *adj* abschreckend

for·bid·ding·ly [fəˈbɪdɪŋli, AM fɚ-] *adv* abschreckend; ~ **cold** ungemütlich kalt

for·bore [fɔːˈbɔːʳ, AM fɔːrˈbɔːr] *pt of* **forbear**

for·borne [fɔːˈbɔːn, AM fɔːrˈbɔːrn] *pp of* **forbear**

force [fɔːs, AM fɔːrs] **I.** *n* ❶ (*power*) Gewalt *f*, Stärke *f*; **she slapped his face with unexpected ~** sie versetzte ihm eine unerwartet wuchtige Ohrfeige; **by sheer ~ of numbers** aufgrund zahlenmäßiger Überlegenheit; **to use ~** Gewalt anwenden ❷ PHYS (*influence effecting motion*) Kraft *f*; **~ of gravity** Erdanziehungskraft *f* ❸ (*large numbers*) ■**in ~** in großer Zahl ❹ (*influence*) Macht *f*; **he was a powerful ~ in politics** er war einflussreicher Politiker; **the ~s of evil** die Mächte des Bösen; **the ~ of habit** die Macht der Gewohnheit; **from ~ of habit** aus reiner Gewohnheit; **the ~s of nature** (*liter*) die Naturgewalten ❺ (*validity*) Gültigkeit *f*; **to be in/come into ~** in Kraft sein/treten; **to put in ~** in Kraft setzen ❻ (*group*) Truppe *f*; **police ~** Polizei *f*; **Air F~** Luftwaffe *f*; **armed ~s** Streitkräfte *fpl* ▸ PHRASES: **to combine** [*or* **join**] **~s** zusammenhelfen; **with combined ~s** mit vereinten Kräften; **a ~ to be reckoned with** ein nicht zu unterschätzender Faktor **II.** *vt* ❶ (*compel*) ■**to ~ sb/oneself** [**to do sth**] jdn/sich zwingen[, etw zu tun]; ■**to ~ sth** etw erzwingen; **to ~ a smile** gezwungen lächeln, sich *akk* zu einem Lächeln zwingen; **to ~ words out of sb** jdm die Worte aus der Nase ziehen; ■**to ~ sb into sth** jdn zu etw *dat* zwingen; ■**to ~ sb into doing sth** jdn dazu zwingen, etw zu tun; ■**to ~ sth on sb** jdm etw aufzwingen ❷ (*use power*) ■**to ~ sth** etw mit Gewalt tun; **to ~ one's way** sich *dat* seinen Weg bahnen; **the burglar ~d an entry** der Einbrecher verschaffte sich mit Gewalt Zutritt ❸ (*break open*) ■**to ~ sth** *door, lock* etw aufbrechen ❹ (*artificially grow faster*) ■**to ~ sth** *fruit, vegetable* etw [zum Wachstum] treiben ▸ PHRASES: **to ~ sb's hand** jdn zum Handeln zwingen; **to ~ an issue** eine Entscheidung erzwingen

◆**force back** *vt* ■**to ~ back** ↻ **sth** *tears* etw unterdrücken

forced [fɔːst, AM fɔːrst] *adj inv* ❶ (*imposed*) erzwungen; **~ labour** Zwangsarbeit *f*; **~ march** Gewaltmarsch *m* ❷ (*emergency*) erzwungen; **~ landing** Notlandung *f* ❸ (*unnatural*) *laughter, smile* gezwungen ❹ **~ fruit/vegetables** getriebenes Obst/Gemüse

ˈforce-feed *vt* ❶ (*with food*) ■**to ~ sb** [**sth**] jdn [mit etw *dat*] zwangsernähren ❷ (*fig*) **the whole nation was force-fed government propaganda about how well the country was doing** die ganze Nation bekam ständig nur die Propaganda der Regierung zu hören, wie gut es dem Land ginge

ˈforce field *n* (*in sci-fi*) Kraftfeld *nt*

force·ful [ˈfɔːsfᵊl, AM ˈfɔːrs-] *adj attack* kraftvoll; **~ personality** starke Persönlichkeit

force·ful·ly [ˈfɔːsfᵊli, AM ˈfɔːrs-] *adv* kraftvoll; **to argue ~** überzeugend argumentieren

force·ful·ness [ˈfɔːsfᵊlnəs, AM ˈfɔːrs-] *n no pl* Stärke *f*; *of argument* Eindringlichkeit *f*

for·ceps [ˈfɔːseps, AM ˈfɔːr-] *npl* Zange *fsing*; **a pair of ~** eine Zange; **obstetric ~** gynäkologische Zange

for·ceps de·ˈliv·ery *n* Zangengeburt *f*

for·cible [ˈfɔːsəbl̩, AM ˈfɔːr-] *adj* ❶ (*violent*) *entry* gewaltsam ❷ (*effective*) *appeal* eindrucksvoll, eindringlich

for·cibly [ˈfɔːsəbli, AM ˈfɔːr-] *adv* gewaltsam, mit Gewalt

ford [fɔːd, AM fɔːrd] **I.** *n* Furt *f* **II.** *vt* ■**to ~ sth** (*with vehicle*) etw durchqueren; (*on foot*) etw durchwaten

ford·able [fɔːdəbl̩, AM fɔːr-] *adj* (*with vehicle*) durchquerbar; (*on foot*) durchwatbar

fore [fɔːʳ, AM fɔːr] **I.** *adj inv* vordere(r, s) **II.** *n no pl* Vordergrund *m*; *of ship* Bug *m*; **to bring sb/sth to the ~** (*a. fig*) jdn/etw in den Vordergrund rücken *a. fig*; **to come to the ~** (*a. fig*) in den Vordergrund treten *a. fig*; ■**to be to the ~** (*a. fig*) im Vordergrund stehen *a. fig* **III.** *interj* (*golfer's warning*) Achtung!

fore- [ˈfɔːʳ, AM ˈfɔːr] *in compounds* Vorder-; **~wings** Vorderflügel *mpl*

fore and ˈaft *adv inv* ❶ NAUT, AVIAT (*at bow and stern*) vorn und achtern ❷ NAUT (*along ship*) längsschiffs *fachspr*

fore·arm¹ [ˈfɔːrɑːm, AM ˈfɔːrɑːrm] *n* Unterarm *m*

fore·arm² [fɔːrˈɑːm, AM fɔːrˈɑːrm] *vt* (*liter*) ■**to ~ oneself** [**against sth**] sich *akk* [gegen etw *akk*] wappnen *geh*

fore·bears [ˈfɔːʳbeəʳs, AM ˈfɔːrbers] *npl* (*form*) Vorfahren *mpl*, Ahnen *mpl*

fore·bode [fɔːʳˈbəʊd, AM fɔːrˈboʊd] *vt* (*liter*) ■**to ~ sth** etw prophezeien; **there were several incidents during the voyage that seemed to ~ disaster** es gab verschiedene Vorfälle während der Reise, die eine Katastrophe ankündeten; **to ~ evil** Unheil verkünden

fore·bod·ing [fɔːʳˈbəʊdɪŋ, AM fɔːrˈboʊd-] **I.** *n* (*liter*) ❶ *no pl* (*anticipation*) [düstere] Vorahnung; **there was a sense of ~ in the capital as if fighting might at any minute break out** es hing eine düstere Vorahnung über der Hauptstadt, so als könnte jede Minute ein Kampf losbrechen ❷ (*presentiment*) [düstere] Prophezeiung; **to have a ~** [**that**] ... das [ungute] Gefühl haben, [dass] ... **II.** *adj* unheilverkündend

fore·cast [ˈfɔːʳkɑːst, AM ˈfɔːrkæst] **I.** *n* ❶ (*prediction*) Prognose *f* (**for** für +*akk*) ❷ *of weather* [Wetter]vorhersage *f* (**for** für +*akk*) **II.** *vt* <-cast *or* -casted, -cast *or* -casted> ■**to ~ sth** METEO etw vorhersagen; ECON etw prognostizieren; ■**to ~ that/what/who ...** prophezeien, dass/was/wer ...; ■**to be ~ to do sth** laut Vorhersage etw tun; **she was ~ to win by three newspapers** drei Zeitungen prophezeiten, dass sie gewinnen würde; **environmentalists ~ that we humans will destroy the planet** Umweltschützer sagen voraus, dass wir Menschen unseren Planeten zerstören werden

fore·cast·er [ˈfɔːʳkɑːstəʳ, AM ˈfɔːrkæstɚ] *n* ECON Prognostiker(in) *m(f)*; STOCKEX Analyst(in) *m(f)*; **a** [**weather**] **~** ein Meteorologe *m*/eine Meteorologin

fore·cas·tle [ˈfəʊksᵊl, AM ˈfoʊ-] *n* NAUT (*hist*) Vorderdeck *nt*

fore·close [fɔːˈkləʊz, AM fɔːrˈkloʊz] **I.** *vt* ❶ FIN (*take possession*) ■**to ~ sth** etw geltend machen; **to ~ a mortgage** eine Hypothekenforderung geltend machen ❷ (*form: rule out*) ■**to ~ sth** etw ausschließen; **to ~ a chance** eine Chance zunichte machen; **to ~ a possibility** eine Möglichkeit ausschließen **II.** *vi* FIN aufkündigen; **to ~ on a loan/mortgage** einen Kredit/eine Hypothek [gerichtlich] für verfallen erklären; ■**to ~ on sb** jdm eine Hypothek kündigen

fore·clo·sure [fɔːˈkləʊʒəʳ, AM fɔːrˈkloʊʒɚ] *n no pl* Zwangsvollstreckung *f*

ˈfore·court *n* ❶ (*of building*) Vorhof *m*; **station ~** Bahnhofsplatz *m* ❷ (*in tennis*) Halfcourt *m fachspr* **fore·ˈdoomed** *adj* (*liter*) zum Scheitern verurteilt **ˈfore·fa·thers** *npl* (*liter*) Ahnen *mpl*, Vorfahren *mpl* **ˈfore·fin·ger** *n* Zeigefinger *m* **ˈfore·foot** *n* Vorderfuß *m* **ˈfore·front** *n no pl* vorderste Front; **his team are at the ~ of scientific research into vaccines** sein Team steht an der Spitze der wissenschaftlichen Erforschung von Impfstoffen

fore·ˈgath·er *vi see* **forgather**

fore·go¹ <-went, -gone> *vt see* **forgo**

fore·go² <-went, -gone> [fɔːˈgəʊ, AM fɔːrˈgoʊ] *vi* (*old: precede*) vorausgehen, vorangehen

fore·go·ing [fɔːˈɡəʊɪŋ, AM fɔːrˈɡoʊ-] (*form*) **I.** *adj attr, inv* vorhergehend **II.** *n no pl* ▪**the** ~ das Vorangehende [*o* Vorhergehende]; **I can testify to the ~ since I was actually present** ich kann bezeugen, was gerade gesagt wurde, da ich tatsächlich dabei war; **as must be clear from the ~, the situation is already grave** wie sich aus dem gerade Gesagten ergibt, ist die Situation schon jetzt [sehr] ernst

fore·gone [fɔːˈɡɒn, AM fɔːrˈɡɑːn] *pp of* **forego**

fore·gone con·ˈclu·sion *n* ausgemachte Sache; **the results of the coming election seem like a ~** die kommenden Wahlergebnisse scheinen von vorn[e]herein festzustehen

ˈfore·ground I. *n no pl* ❶ (*of painting*) Vordergrund *m;* **in the ~** im Vordergrund ❷ (*prominent position*) Mittelpunkt *m;* **to put oneself in the ~** sich *akk* in den Vordergrund drängen; ▪**to be in the ~** im Vordergrund stehen **II.** *vt* ▪**to ~ sth** etw hervorheben **ˈfore·hand I.** *n* ❶ (*tennis shot*) Vorhand *f* ❷ *no pl* (*player's side*) Vorhandseite *f;* **to take a ball on the ~** einen Ball mit der Vorhand nehmen **II.** *adj attr, inv* SPORTS Vorhand-; **~ shot** Vorhandschlag *m* **fore·head** [ˈfɒrɪd, AM ˈfɔːrhed] *n* Stirn *f*

for·eign [ˈfɒrɪn, AM ˈfɔːrɪn] *adj* ❶ *inv* (*from another country*) ausländisch, fremd; **~ countries** Ausland *nt kein pl;* **~ currency** Fremdwährung *f,* Devisen *pl;* **~ national** Ausländer(in) *m(f);* **~ parts** (*hum*) Ausland *nt;* **~ soil** (*form*) fremder Boden; **to rest in ~ soil** in fremder Erde begraben sein [*o geh* ruhen] ❷ (*of other countries*) Außen-; **~ policy** Außenpolitik *f;* **~ relations** Auslandsbeziehungen *fpl;* **~ trade** Außenhandel *m;* **~ travel** Auslandsreise *f* ❸ *pred* (*not known*) unbekannt; ▪**to be ~ to sb** jdm nicht bekannt sein; **deception was ~ to her nature** Täuschung war ihrem Wesen fremd ❹ *inv* (*not belonging*) fremd; **a ~ body** ein Fremdkörper *m*

for·eign ˈaffairs *npl* Außenpolitik *f kein pl;* **Minister of F~** Außenminister(in) *m(f)* **for·eign ˈaid** *n no pl* Auslandshilfe *f* **For·eign and ˈCom·mon·wealth Of·fice** *n no pl* BRIT ▪**the ~** das Außenministerium **for·eign cor·re·ˈspond·ent** *n* JOURN Auslandskorrespondent(in) *m(f)*

for·eign·er [ˈfɒrɪnəʳ, AM ˈfɔːrɪnɚ] *n* ❶ (*from another country*) Ausländer(in) *m(f)* ❷ (*from another district*) Auswärtige(r) *f(m)*

for·eign ex'change *n no pl* ❶ (*system*) Devisenkurs *m;* (*business*) Devisenhandel *m* ❷ (*currency*) Devisen *pl* **for·eign-ex·ˈchange** *adj attr, inv* Devisen-; **~ dealings** Devisenhandel *m;* **~ market** Devisenmarkt *m* **for·eign ˈlan·guage** *n* Fremdsprache *f a. fig;* **legal documents are written in a ~ as far as most people are concerned** Rechtsdokumente sind nach Meinung der meisten Menschen in einer absolut unverständlichen Sprache geschrieben **For·eign ˈLe·gion** *n* ▪**the ~** die Fremdenlegion **for·eign ˈmin·is·ter** *n* Außenminister(in) *m(f)*

for·eign·ness [ˈfɒrɪnəs, AM ˌfɔːrɪn-] *n no pl* ❶ (*from another country*) Fremdartigkeit *f* ❷ (*unfamiliarity*) Fremdheit *f;* **the ~ of this concept to their culture is demonstrated by the fact that they have no word for it** dass diese Vorstellung ihrer Kultur fremd ist, zeigt sich in der Tatsache, dass sie keine Bezeichnung dafür haben

ˈFor·eign Of·fice *n no pl* BRIT ▪**the ~** das Außenministerium; *see also* **Foreign and Commonwealth Office For·eign ˈSec·re·tary** *n* BRIT Außenminister(in) *m(f)* **for·eign ˈser·vice** *n* BRIT *see* **diplomatic service**

fore·ˈknowl·edge [fɔːˈnɒlɪdʒ, AM fɔːrˈnɑːl-] *n no pl* (*form*) vorherige Kenntnis; **she denied any ~ of the appointment** sie leugnete, von der Verabredung gewusst zu haben; **to have ~ of sth** von etw *dat* im Voraus wissen; **he always claimed to have had no ~ of the impending crisis** er behauptete stets, keine Anzeichen von der bevorstehenden Krise wahrgenommen zu haben

ˈfore·land [ˈfɔːlənd, AM ˈfɔːr-] *n* (*cape*) Kap *nt;* (*peninsula*) Landzunge *f*

ˈfore·leg *n* Vorderbein *nt* **ˈfore·lock** *n* Stirnlocke *f; of horse* Mähne *f;* **to touch** [*or* **tug**] **one's ~** (*a. fig*) jdm seine Referenz erweisen, einen Diener machen ▸PHRASES: **to take time by the ~** (*liter*) die Gelegenheit beim Schopf packen **ˈfore·man** *n* ❶ (*workman*) Vorarbeiter *m* ❷ LAW Vorsitzender *m,* Obmann *m* (*der Geschworenen*) **ˈfore·mast** *n* NAUT Fockmast *m fachspr*

fore·most [ˈfɔːməʊst, AM ˈfɔːrmoʊst] *inv* **I.** *adj* ❶ (*important*) führend; **they were ~ among those seeking to bring about reforms** sie waren federführend unter denjenigen, die versuchten, Reformen einzuleiten ❷ (*at the front*) vorderste(r, s) **II.** *adv* ❶ (*position*) an vorderster Stelle *dat;* **first and ~** zuallererst; **to come** [*or* **rank**] **~ among sth** an der Spitze einer S. *gen* stehen ❷ (*at the front*) zuerst; **feet/head ~** mit den Füßen/dem Kopf voraus [*o* voran]; **to be carried out feet ~** mit den Füßen zuerst hinausgetragen werden *fam*

ˈfore·name *n* (*form*) Vorname *m*

fo·ren·sic [fəˈren(t)sɪk] *adj inv* gerichtsmedizinisch, forensisch *fachspr;* **~ evidence** Indizienbeweis *m*

fo·ren·sic ˈmedi·cine *n no pl* Gerichtsmedizin *f*

fo·ren·sics [fəˈren(t)sɪks] *n + sing vb* ❶ (*subject*) Kriminalistik *f* ❷ (*department*) gerichtsmedizinische Abteilung

fore·or·ˈdain [ˌfɔːrɔːˈdeɪn, AM ˌfɔːrɔːr-] *vt* ▪**to ~ sth** etw vorherbestimmen

ˈfore·paw *n* Vorderpfote *f* **ˈfore·per·son** *n* Vorarbeiter(in) *m(f)* **ˈfore·play** *n no pl* Vorspiel *nt* **ˈfore·quar·ters** *npl* Vorderteil *nt* **ˈfore·run·ner** *n* ❶ (*version*) Vorläufer(in) *m(f)* (**of** *+gen*) ❷ (*sign*) Vorzeichen *nt,* Anzeichen *nt;* ▪**~ of sth** Vorzeichen einer S. *gen* ❸ (*hist: messenger*) [Vor]bote, -in *m, f* **ˈfore·sail** *n* NAUT Focksegel *nt fachspr*

fore·saw [fɔːˈsɔː, AM fɔːrˈsɑː] *pt of* **foresee**

fore·see <-saw, -seen> [fɔːˈsiː, AM fɔːr-] *vt* ▪**to ~ sth** etw vorhersehen [*o* voraussehen]; **I don't ~ any difficulties** ich sehe keine Schwierigkeiten; ▪**to ~ that/how/what ...** vorhersehen, dass/wie/was ...

fore·see·able [fɔːˈsiːəbl̩, AM fɔːr-] *adj* absehbar; **in the ~ future** in absehbarer Zeit; **for the ~ future** in der nächsten Zeit

fore·seen [fɔːˈsiːn, AM fɔːr-] *pp of* **foresee**

fore·ˈshad·ow *vt usu passive* ▪**to be ~ed** [**by sth**] [durch etw *akk*] angedeutet werden **ˈfore·shore** *n no pl* ❶ (*undeveloped land*) Uferland *nt* ❷ (*beach*) Strand *m* **fore·ˈshort·en** *vt* ▪**to ~ sth** ❶ ART etw perspektivisch verkürzen ❷ (*fig: make shorter*) etw verkürzen **fore·ˈshort·ened** *adj* ❶ ART perspektivisch verkürzt ❷ (*fig: reduced*) verkürzt **fore·ˈshort·en·ing** *n no pl* perspektivische Verkürzung **ˈfore·sight** *n* ❶ *no pl* (*prediction*) Weitblick *m;* ▪**to have the ~ to do sth** so vorausschauend sein, etw zu tun ❷ (*on a gun*) Korn *nt* **ˈfore·skin** *n* Vorhaut *f*

for·est [ˈfɒrɪst, AM ˈfɔːrɪst] **I.** *n* ❶ (*area*) Wald *m;* **the Black F~** der Schwarzwald ❷ *no pl* (*woods*) Wald *m,* Holz *nt fachspr;* **deciduous ~** Laubwald *m* ❸ *usu sing* (*cluster*) Wald *m fig;* **when the teacher asked a question, a ~ of hands went up** als die Lehrerin eine Frage stellte, gingen jede Menge Hände hoch; **a ~ of television aerials** BRIT ein Antennenwald *m* **II.** *n modifier* (*animal, plant, region*) Wald-

fore·stall [fɔːˈstɔːl, AM fɔːr-] *vt* ▪**to ~ sth** etw *dat* zuvorkommen; **to ~ an attempt** einen Versuch abschmettern *fam;* **to ~ criticism** Kritik vorwegnehmen

for·est·er [ˈfɒrɪstəʳ, AM ˈfɔːrɪstɚ] *n* Förster(in) *m(f)*

for·est ˈfire *n* Waldbrand *m* **for·est ˈfly** *n* Pferdelausfliege *f* **for·est ˈman·age·ment** *n no pl* Forstwirtschaft *f* **for·est ˈrang·er** *n esp* AM Förster(in) *m(f)*

for·est·ry [ˈfɒrɪstri, AM ˈfɔːr-] *n no pl* Forstwirtschaft *f*

ˈFor·est·ry Com·mis·sion *n* BRIT Forstbehörde *f*

fore·taste [ˈfɔːteɪst, AM ˈfɔːr-] *n usu sing* Vorgeschmack *m;* **we wanted to get a ~ of what it would be like to live without a car** wir wollten schon mal einen Vorgeschmack davon bekommen, wie ein Leben ohne Auto aussehen würde; **she read a poem as a ~ of her new collection** sie las ein Gedicht vor, um auf ihren neuen Sammelband einzustimmen

fore·tell <-told, -told> [fɔːˈtel, AM fɔːrˈ-] *vt* ■**to ~ sth** etw vorhersagen; ■**to ~ how/what ...** vorhersagen, wie/was ...

fore·thought [ˈfɔːθɔːt, AM ˈfɔːrθɑːt] *n no pl* Weitblick *m;* ■**to have the ~ to do sth** den Weitblick haben, etw zu tun

for·ever [fəˈrevər, AM fɔːrˈevɚ] *adv inv* 1 (*for all time*) ewig 2 (*fam: long time*) **to last** [*or* **take**] **~** ewig dauern *fam* 3 (*fam: continually*) ständig; ■**to be ~ doing sth** etw ständig machen ▶PHRASES: **speak now or ~ hold your peace** (*saying*) sprich jetzt oder schweige für immer; **a thing of beauty is a joy ~** BRIT (*saying*) etwas Schönes gewährt Freude ohne Unterlass *geh*

for ever·more, for·ever more, AM **for·ever·more** *adv* auf immer [*o* alle Zeiten]

fore·warn [fɔːˈwɔːn, AM fɔːrˈwɔːrn] *vt* ■**to ~ sb** jdn vorwarnen; **there was no-one left in the village – they'd obviously been ~ed about the raid** es war niemand mehr im Dorf – offensichtlich waren sie vor dem Angriff gewarnt worden; ■**to ~ sb [that] ...** jdn vorwarnen, dass ... ▶PHRASES: **~ed is forearmed** (*prov*) bist du gewarnt, bist du gewappnet

fore·went [fɔːˈwent, AM fɔːrˈ-] *pt of* **forego**

ˈfore·wom·an *n* 1 (*worker*) Vorarbeiterin *f* 2 *esp* AM LAW Vorsitzende *f,* Obfrau *f* (*der Geschworenen*) **ˈfore·word** *n* Vorwort *nt*

forex [ˈfɔːreks] *n short for* **foreign exchange** Devisen *pl*

for·feit [ˈfɔːfɪt, AM ˈfɔːr-] **I.** *vt* ■**to ~ sth** etw einbüßen; **I ~ed my lunchbreak in order to finish this report** ich habe meine Mittagspause geopfert, um diesen Bericht zu beenden; **to ~ a bail/a deposit/money** eine Kaution/eine Anzahlung/Geld verlieren; **to ~ a chance** eine Chance verspielen; **to ~ a right** ein Recht verwirken *geh* **II.** *n* 1 (*penalty*) Pfand *nt;* **to pay a ~** ein Pfand *nt* hinterlegen 2 (*game*) ■**~s** *pl* Pfänderspiel *nt;* **to play ~s** Pfänderspiele machen 3 LAW (*form: penalty*) Strafe *f* **III.** *adj pred, inv* (*form*) verfallen; ■**to be ~ [to sb]** [an jdn] übergehen; **the bail was ~** die Kaution verfiel; **a traitor's lands were ~ to the Crown** die Ländereien eines Betrügers gingen an die Krone über

for·fei·ture [ˈfɔːfɪtʃər, AM ˈfɔːrfə-] *n* LAW 1 *no pl* (*loss*) *of property, money* Verlust *m;* (*of claim, right*) Verwirkung *f* 2 (*penalty*) Beschlagnahme *f*

for·gath·er [fɔːˈgæðər, AM fɔːrˈgæðɚ] *vi* (*form*) zusammenkommen; **the small crowd ~ed in the church** die kleine Gruppe versammelte sich in der Kirche

for·gave [fəˈgeɪv, AM fɚˈ-] *n pt of* **forgive**

forge [fɔːdʒ, AM fɔːrdʒ] **I.** *n* 1 (*furnace*) Glühofen *m* 2 (*smithy*) Schmiede *f* **II.** *vt* ■**to ~ sth** 1 (*copy*) etw fälschen 2 (*heat and shape*) etw schmieden; **to ~ iron/metal** Eisen/Metall schmieden 3 (*fig: form with effort*) etw mühsam schaffen; **a new Britain ~d in the white heat of the technological revolution** ein neues Großbritannien, das in der Glut der technologischen Revolution entstand; **to ~ a bond/link** eine Verbindung schaffen; **to ~ a career** eine Karriere schmieden **III.** *vi* ■**to ~ somewhere** irgendwohin rasen; **to ~ into the lead** die Führung übernehmen

◆**forge ahead** *vi* 1 (*progress*) [rasch] Fortschritte machen; ■**to ~ ahead with sth** mit etw *dat* vorankommen 2 (*take lead*) die Führung übernehmen; **he ~d ahead of the Finn to cross the line first** er setzte sich vor dem Finnen an die Spitze und überquerte als erster die Ziellinie

forged [fɔːdʒd, AM fɔːr-] *adj* gefälscht

forg·er [ˈfɔːdʒər, AM ˈfɔːrdʒɚ] *n* Fälscher(in) *m(f)*

forg·ery [ˈfɔːdʒəri, AM ˈfɔːr-] *n* 1 (*copy*) Fälschung *f* 2 *no pl* (*crime*) Fälschen *nt*

for·get <-got, -gotten *or* AM *a.* -got> [fəˈget, AM fɚˈ-] **I.** *vt* 1 (*not remember*) ■**to ~ sb/sth** jdn/etw vergessen, sich *akk* nicht an jdn/etw erinnern 2 (*omit to keep*) ■**to ~ sth** etw vergessen; **she clean forgot our date** sie hat unsere Verabredung glatt vergessen *fam;* **my uncle forgot my birthday last year** mein Onkel hat letztes Jahr meinen Geburtstag vergessen; **I'd like to thank all my family, not ~ting my cousin Jerome** ich möchte meiner ganzen Familie danken, nicht zu vergessen meinem Cousin Jerome; **to ~ an appointment** einen Termin vergessen [*o fam* verschwitzen]; ■**to ~ to do sth** vergessen, etw zu tun; ■**to ~ [that]/how/what/who ...** vergessen, dass/wie/was/wer ... 3 (*leave behind*) ■**to ~ sth** etw vergessen [*o* liegen lassen] 4 (*stop thinking about*) ■**to ~ sth/sb** etw/jdn vergessen, an etw/jdn nicht mehr denken; **to ~ the past** die Vergangenheit ruhen lassen; **to ~ one's quarrels** die Streitereien begraben; **forgive and ~** vergeben und vergessen 5 (*fam: give up*) ■**to ~ sth** etw aufgeben; **you can ~ any ideas you may have of taking the day off** Sie können es sich aus dem Kopf schlagen, dass Sie den Tag frei bekommen *fam;* **~ it!** vergiss es! 6 (*pej: disregard*) ■**to ~ sth** etw vergessen; **have you forgotten your manners?** wo sind deine Manieren?; **to ~ one's dignity** seine Würde fallen lassen; **and don't you ~ it!** lass dir das gesagt sein! 7 (*form: behave badly*) ■**to ~ oneself** sich *akk* vergessen **II.** *vi* 1 (*not remember*) vergessen; ■**to ~ about sth/sb** jdn/etw vergessen; ■**to ~ about doing sth** vergessen, etw zu tun 2 (*stop thinking about*) ■**to ~ about sth/sb** etw/jdn vergessen, an etw/jdn nicht mehr denken; **to ~ about a plan** einen Plan fallen lassen; **I suggest we ~ all about it** ich schlage vor, wir vergessen das alles; ■**to ~ about doing sth** sich *dat* etw aus dem Kopf schlagen *fam*

for·get·ful [fəˈgetfəl, AM fɚˈ-] *adj* 1 (*unable to remember*) vergesslich 2 *pred* (*form: oblivious*) ■**to be ~ of sth** etw vergessen; **~ of the time, he hadn't even begun to get ready** da er vergessen hatte, wie spät es war, hatte er noch nicht einmal begonnen, sich fertig zu machen

for·get·ful·ly [fəˈgetfəli, AM fɚˈ-] *adv* [ganz] in Gedanken

for·get·ful·ness [fəˈgetfəlnəs, AM fɚˈ-] *n no pl* Vergesslichkeit *f*

for·ˈget-me-not *n* BOT Vergissmeinnicht *nt*

for·get·table [fəˈgetəbl̩, AM fɚˈgeţ-] *adj* unbedeutend; **he scored a brilliant goal in an otherwise ~ match** er schoss ein großartiges Tor in einem Spiel, das man ansonsten vergessen konnte

forg·ing [ˈfɔːdʒɪŋ, AM ˈfɔːr-] *n* Schmiedearbeit *f*

for·giv·able [fəˈgɪvəbl̩, AM fɚˈ-] *adj* verzeihlich

for·giv·ably [fəˈgɪvəbli, AM fɚˈ-] *adv* verständlicherweise

for·give <-gave, -given> [fəˈgɪv, AM fɚˈ-] **I.** *vt* 1 (*cease to blame*) ■**to ~ sb** jdm vergeben [*o* verzeihen]; ■**to ~ sb [for] sth** jdm etw verzeihen; **they've never ~n me for leaving them in the lurch that time** sie haben mir nie verziehen, dass ich sie damals im Stich gelassen habe; **to ~ an insult/a sin** eine Beleidigung verzeihen/eine Sünde vergeben 2 (*form: pardon*) **please ~ me for asking** verzeihen Sie bitte, dass ich frage; **you could be ~n for thinking they were lovers, they behave as though they were** es ist verständlich, dass du sie für ein Liebespaar hieltest, sie benehmen sich genau so; **may God ~ me** möge Gott mir vergeben; **~ my ignorance/language** verzeihen Sie meine Unwissenheit/Ausdrucksweise; **~ me [for] mentioning it** [*or* **my mentioning it**] tut mir leid, dass ich es erwähne; **~ me, but ...** Entschuldigung, aber ... 3 (*not ask for payment*) **to ~ sb a debt** [*or* **payment**] jdm eine Schuld erlassen ▶PHRASES: **to understand all is to ~ all** alles verstehen, heißt alles verzeihen **II.** *vi* verzeihen, vergeben; **to ~ and forget** vergeben und vergessen

for·giv·en [fəˈgɪvən, AM fɚˈ-] *pp of* **forgive**

for·give·ness [fəˈgɪvnəs, AM fɚˈ-] *n no pl* 1 (*pardon*) Vergebung *f* (**for** für +*akk*); **~ of one's sins** Vergebung *f* seiner Sünden *geh;* **to ask/beg [for] ~** um Vergebung bitten *geh* 2 (*forgiving quality*) Versöhnlichkeit *f;* **to show ~** Versöhnungsbereitschaft zeigen

for·giv·ing [fəˈgɪvɪŋ, AM fɚˈ-] *adj* nachsichtig; **~ nature/person** versöhnlicher Charakter/Mensch

for·go <-went, -gone> [fɔːˈgəʊ, AM fɔːrˈgoʊ] *vt* ■**to ~ sth** auf etw *akk* verzichten; **to ~ the chance** die Chance verpassen

for·gone [fɔːˈgɒn, AM fɔːrˈgɑːn] *pp of* **forgo**

for·got [fəˈgɒt, AM fəˈgɑːt] *pt of* **forget**

for·got·ten [fəˈgɒtᵊn, AM fəˈgɑːt-] **I.** *pp of* **forget** **II.** *adj* vergessen; **some things are best ~ in the interests of a quiet life** manche Dinge vergisst man besser im Interesse eines ruhigen Lebens

fork [fɔːk, AM fɔːrk] **I.** *n* ❶ (*cutlery*) Gabel *f* ❷ (*tool*) *garden* Gabel *f; farm* Heugabel *f,* Mistgabel *f* ❸ (*division*) Gabelung *f; branch* Astgabel *f;* **take the left/right ~** nehmen Sie die linke/rechte Abzweigung; **a ~ in the road/river** eine Straßen-/Flussgabelung ❹ *of bicycle* ■**~s** *pl* [Rad]gabel *f* **II.** *vt* ❶ (*with tool*) **he ~ed the fertilizer round the shrubs** er verteilte den Dünger mit einer Gabel um die Büsche; **the labourers were ~ing hay into the cart** die Arbeiter luden mit einer Gabel Heu auf den Wagen ❷ (*with cutlery*) **he was busy ~ing peas into his mouth** er war damit beschäftigt, sich Erbsen mit der Gabel in den Mund zu schaufeln; **she ~ed a slice of ham onto her plate** sie holte sich mit der Gabel eine Scheibe Schinken auf den Teller; **~ the meringue into peaks** häufen Sie die Baisermasse mit der Gabel auf; **she ~ed a pattern on the top of the cake** sie zeichnete mit der Gabel Muster auf den Kuchen **III.** *vi* ❶ (*a. liter: divide*) sich *akk* gabeln ❷ (*go*) **to ~ left/right** nach links/rechts abzweigen

◆**fork out** (*fam*) **I.** *vi* ■**to ~ out [for sth]** [für etw *akk*] zahlen [*o fam* blechen] **II.** *vt* **to ~ money out** ⊂ **[for [or on] sth]** [für etw *akk*] Geld herausrücken [*o* lockermachen] *fam;* **can you persuade him to ~ out the money for my trip to Alaska?** kannst du ihn überreden, das Geld für meinen Alaska-Urlaub herauszurücken? *fam*

◆**fork over I.** *vi* AM, AUS (*fam*) ■**to ~ over [for sth]** [für etw *akk*] zahlen [*o fam* blechen] **II.** *vt* ❶ (*turn*) ■**to ~ over** ⊂ **sth** etw mit einer Gabel wenden; *bed* mit einer Gabel umgraben; *soil* mit einer Gabel lockern ❷ (*fam*) **to ~ over money [for sth]** [für etw *akk*] Geld herausrücken [*o* lockermachen] *fam; see also* **fork out II.**

◆**fork up I.** *vi* (*fam*) ■**to ~ up [for sth]** [für etw zahlen [*o fam* blechen]] **II.** *vt* ❶ (*put on fork*) ■**to ~ up** ⊂ **sth** etw auf eine Gabel laden; **she ~ed up the meringue into peaks** sie häufte die Baisermasse mit der Gabel auf ❷ (*fig fam*) **to ~ up money [for sth]** [für etw *akk*] zahlen [*o fam* blechen]

forked [fɔːkt, AM fɔːrkt] *adj inv* gegabelt; **~ lightning** Linienblitz *m;* **~ tongue** gespaltene Zunge ▸ PHRASES: **to speak with a ~ tongue** mit gespaltener Zunge sprechen [*o* reden]

fork·ful [ˈfɔːkfʊl, AM ˈfɔːr-] *n* ■**a ~** eine Gabel voll

ˈfork-lift *n,* **fork-lift ˈtruck** *n* Gabelstapler *m*

for·lorn [fəˈlɔːn, AM fɔːrˈlɔːrn] *adj* ❶ (*alone*) einsam ❷ (*desolate*) verlassen; **~ place** trostlose Gegend ❸ *inv* (*despairing*) verzweifelt; **a ~ hope** verlorene Liebesmühe; **in the ~ hope** in der schwachen Hoffnung

for·lornly [fəˈlɔːnli, AM fɔːrˈlɔːrn-] *adv* ❶ (*sadly*) unglücklich ❷ (*unsuccessfully*) vergeblich

form [fɔːm, AM fɔːrm] **I.** *n* ❶ (*type*) Form *f;* **the medication is given in the ~ of an injection** die Behandlung erfolgt in Form einer Spritze; **we agreed on a ~ of words to ...** wir einigten uns auf eine Formulierung, die ...; **a ~ of blackmail/disease/violence** eine Erpressungsart/Krankheitsform/Art von Gewalt; **~ of exercise** Sportart *f;* **~ of government** Regierungsform *f;* **a ~ of language** eine Sprachvariante; **~ of persuasion** Überredungskunst *f;* **in any [shape or] ~** in jeglicher Form; **~ of transport** Transportmittel *nt;* **a ~ of worship** eine Art der [Gottes]verehrung; **to take the ~ of sth** aus etw *dat* bestehen ❷ (*outward shape*) Gestalt *f; of an object* Umriss *m;* **the lawn was laid out in the ~ of a figure eight** der Rasen war in Form einer Acht angelegt; **to take ~** Form annehmen ❸ CHEM Form *f;* **in liquid/solid ~** in flüssiger/fester Form ❹ *no pl* ART, LIT, MUS Form *f* ❺ LING Form *f;* **the plural/singular/short ~ of a word** die Plural-/Singular-/Kurzform eines Wortes ❻ (*document*) Formular *nt;* **an application/entry ~** ein Bewerbungs-/Anmeldeformular *nt;* **to complete [or fill in] a ~** ein Formular ausfüllen ❼ *no pl* SPORTS (*of performance*) Form *f;* **to be in [or BRIT *a.* on] [good/excellent/top] ~** in [guter/ausgezeichneter/Höchst-] Form sein; **on present ~** BRIT bei der derzeitigen Lage; ■**to be out of ~** nicht in Form sein ❽ *no pl* (*procedure*) Form *f;* **a matter of ~** eine Formsache; **for ~['s sake]** aus Formgründen; **to be bad ~** (*dated*) sich nicht gehören; **in due [or proper] ~** formgerecht; **to run true to ~** wie zu erwarten [ver]laufen; **to know the ~** BRIT den Brauch kennen; **what's the ~?** BRIT wie ist das übliche Verfahren? ❾ BRIT (*class*) Klasse *f;* (*secondary year group*) Schulstufe *f;* **he's in the second ~ at the local comprehensive** er geht in die Sekundarstufe I der örtlichen Gesamtschule ❿ *no pl* BRIT (*sl: criminal record*) Vorstrafenregister *nt;* **to have ~** vorbestraft sein ⓫ BRIT (*dated: schoolbench*) [Schul]bank *f* ⓬ (*mould*) Gussform *f* ⓭ BRIT (*spec: hare's lair*) Lager *nt fachspr,* Sasse *f fachspr* ▸ PHRASES: **attack is the best ~ of defence** (*saying*) Angriff ist die beste Verteidigung **II.** *vt* ❶ (*make shape*) ■**to ~ sth** etw bilden [*o* formen]; **to ~ a queue** eine Schlange bilden; **they ~ed themselves into three lines** sie stellten sich in drei Reihen auf; **the clouds ~ed themselves into fantastic shapes** die Wolken bildeten wunderbare Formen ❷ (*make*) ■**to ~ sth** etw formen; **these islands were ~ed as a result of a series of underwater volcanic eruptions** diese Inseln entstanden durch eine Reihe von Vulkanausbrüchen auf dem Meeresgrund ❸ (*set up*) **to ~ an alliance with sb** sich *akk* mit jdm verbünden; **to ~ a committee/government** ein Komitee/eine Regierung bilden; **to ~ a relationship** eine Verbindung eingehen; **they ~ed themselves into a pressure group** sie gründeten eine Pressure-group ❹ LING **to ~ a sentence** einen Satz bilden ❺ (*form: influence*) ■**to ~ sth** etw prägen; **to ~ sb/[sb's] character** jdn/jds Charakter formen ❻ (*constitute*) ■**to ~ sth** etw bilden; **to ~ the basis of sth** die Grundlage einer S. *gen* bilden; **to ~ the core [or nucleus] of sth** den Kern einer S. *gen* bilden; **to ~ part of sth** Teil einer S. *gen* sein **III.** *vi* sich *akk* bilden; *idea* Gestalt annehmen

◆**form up** *vi* MIL sich *akk* formieren; ■**to ~ up in sth** sich *akk* zu etw *dat* formieren

for·mal [ˈfɔːmᵊl, AM ˈfɔːr-] *adj* ❶ (*ceremonious*) formell; **~ dress** Gesellschaftskleidung *f* ❷ (*serious*) förmlich; **~ person** förmliche Person; (*pej*) steife Person ❸ (*official*) offiziell; **~ education** ordentliche [Schul]bildung; **~ procedures** offizielles Verfahren ❹ (*laid out*) sorgfältig angelegt; **~ flower arrangement** symmetrisch angeordnetes Blumengesteck; **~ garden** architektonischer Garten ❺ (*nominal*) formal; **~ interest** höfliches Interesse ❻ (*form: of artistic form*) formal

for·mal·de·hyde [fɔːˈmældɪhaɪd, AM fɔːr-] *n no pl* Formaldehyd *m*

for·mal·ity [fɔːˈmæləti, AM fɔːrˈmæləṭi] *n* ❶ *no pl* (*ceremoniousness*) Förmlichkeit *f* ❷ *no pl* (*for form's sake*) Formalität *f;* **to be [just/merely] a ~** [eine] [reine] Formsache sein ❸ (*necessary activities*) ■**the formalities** *pl* die Formalitäten *fpl*

for·mal·ize [ˈfɔːmᵊlaɪz, AM ˈfɔːrmə-] *vt* ❶ (*make official*) **to ~ an agreement/a procedure** eine Abmachung/ein Verfahren formell bekräftigen; **they began as informal gatherings, but have become increasingly ~d in recent years** sie fingen mit informellen Treffen an, aber in den letzten Jahren haben sie sich zunehmend regelmäßig getroffen ❷ (*give shape to*) **to ~ one's thoughts** seine Gedanken ordnen

for·mal·ly [ˈfɔːmᵊli, AM ˈfɔːr-] *adv* ❶ (*ceremoniously*) formell ❷ (*officially*) offiziell ❸ (*for form's sake*) formal

for·mat [ˈfɔːmæt, AM ˈfɔːr-] **I.** *n* ❶ (*of production*) Format *nt;* **two-colour ~** Zweifarbendruck *m* ❷ (*of organization*) Ablauf *m* ❸ COMPUT Format *nt* **II.** *vt* <-tt-> COMPUT **to ~ a disk/a text** eine Diskette/einen Text formatieren

for·ma·tion [fɔːˈmeɪʃᵊn, AM fɔːr-] *n* ❶ *no pl* (*creation*) Bildung *f;* **process of ~** Entstehungsprozess *m* ❷ (*shape*) Formation *f;* **a**

cloud/rock ~ eine Wolkenbildung/Gesteinsformation ❸ *usu sing* MIL Formation *f;* **in battle** ~ in Gefechtsformation; **in** [**close**] ~ in [enger [*o* geschlossener]] Formation
for·ma·tion 'danc·ing *n no pl* Formationstanz *m* **for·ma·tion 'fly·ing** *n no pl* Formationsflug *m*
for·ma·tive ['fɔːmətɪv, AM 'fɔːrmət̬ɪv] *adj* prägend; **the** ~ **years** die prägenden [*o* entscheidenden] Jahre
for·mer ['fɔːməʳ, AM 'fɔːrmɚ] **I.** *adj attr, inv* ❶ (*previous*) ehemalige(r, s), frühere(r, s); **to restore sth to its** ~ **glory** etw wieder in seinem alten Glanz erstrahlen lassen; **in a** ~ **life** in einem früheren Leben ❷ (*first of two*) erstere(r, s) **II.** *n* ■**the** ~ der/die/das Erstere
-form·er ['fɔːməʳ] *in compounds* BRIT SCH -klässler(in) *m(f);* **third/fourth** ~ Dritt-/Viertklässler(in) *m(f)*
for·mer·ly ['fɔːməʳli, AM 'fɔːrmɚ-] *adv inv* früher
'form feed *n* COMPUT Papiereinzug *m*
For·mi·ca® [fɔː'maɪkə, AM fɔːr'-] *n no pl* Resopal® *nt*
for·mic acid [,fɔːmɪk'-, AM ,fɔːr'-] *n no pl* Ameisensäure *f,* Methansäure *f fachspr*
for·mi·dable ['fɔːmɪdəbl̩, AM 'fɔːrmə-] *adj* ❶ (*difficult*) schwierig; (*enormous*) riesig; (*tremendous*) kolossal *fam;* ~ **adversary** schwieriger Gegner/schwierige Gegnerin; ~ **obstacle** ernstliches Hindernis; ~ **opposition** erbitterter Widerstand; ~ **person** Furcht erregende Person; ~ **task** schwierige Aufgabe ❷ (*powerful*) eindrucksvoll
for·mi·dably ['fɔːmɪdəbli, AM 'fɔːrmə-] *adv* ungeheuer; **how will he succeed with these forces so** ~ **ranged against him?** wie kann er Erfolg haben, wenn sich alles gegen ihn verschworen hat?
form·less ['fɔːmləs, AM 'fɔːr-] *adj* formlos
'form let·ter *n* Briefvorlage *f,* Standardbrief *m* **'form room** *n* BRIT Klassenzimmer *nt* **'form teach·er** *n* BRIT Klassenlehrer(in) *m(f),* Klassenvorstand *m* ÖSTERR
for·mu·la <*pl* -s *or* -e> ['fɔːmjələ, AM 'fɔːrmjʊ-, *pl* -liː] *n* ❶ (*rule*) Formel *f* (**for** für +*akk*); **a chemical/mathematical** ~ eine chemische/mathematische Formel ❷ ECON (*recipe for product*) Formel *f* ❸ (*plan*) Rezept *nt fig;* ~ **for success** Erfolgsrezept *nt* ❹ (*for book*) Schema *nt* ❺ (*of words*) Formel *f;* (*formulation*) Formulierung *f* ❻ *no pl* (*baby food*) Babymilchpulver *nt*
for·mu·laic [,fɔːmjə'leɪɪk, AM ,fɔːrmjʊ-] *adj* (*pej*) formelhaft
For·mu·la 'One *n* Formel 1 *f*
for·mu·late ['fɔːmjəleɪt, AM 'fɔːrmjʊ-] *vt* ■**to** ~ **sth** ❶ (*draw up*) etw ausarbeiten; **to** ~ **a law** ein Gesetz formulieren; **to** ~ **a theory** eine Theorie entwickeln ❷ (*articulate*) etw formulieren [*o* in Worte fassen]
for·mu·la·tion [,fɔːmjə'leɪʃᵊn, AM ,fɔːrmjʊ'-] *n* ❶ *no pl* (*drawing up*) *of plan, strategy, theory* Entwicklung *f; of law* Fassung *f* ❷ (*articulation*) Formulierung *f* ❸ (*mixture*) Rezeptur *f*
form·work ['fɔːmwɜːk, AM 'fɔːrmwɜːrk] *n no pl* ARCHIT Verschalung *f*
for·ni·cate ['fɔːnɪkeɪt, AM 'fɔːr-] *vi* (*old or hum*) ■**to** ~ [**with sb**] [mit jdm] Unzucht treiben *veraltend*
for·ni·ca·tion [,fɔːnɪ'keɪʃᵊn, AM ,fɔːr-] *n no pl* (*old or hum*) Unzucht *f veraltend*
for·ni·ca·tor ['fɔːnɪkeɪtəʳ, AM 'fɔːrnɪkeɪt̬ɚ] *n* (*old*) Hurenbock *m pej fam*
for-prof·it [fə'prɒfɪt, AM fɚ'prɑː-] *adj attr* Gewinnerwirtschaftungs-
for·sake <forsook, -n> [fə'seɪk, AM fɔːr'-] *vt* (*liter*) ❶ (*old: abandon*) ■**to** ~ **sb** jdn verlassen; **his nerve forsook him** er verlor die Nerven ❷ (*give up*) ■**to** ~ **sth** etw aufgeben ❸ (*old liter: leave*) ■**to** ~ **sth** etw verlassen; **like rats forsaking a sinking ship** wie Ratten das sinkende Schiff verlassen *prov*
for·sak·en [fə'seɪkᵊn, AM fɔːr'-] **I.** *pp of* **forsake II.** *adj* (*neglected*) verwahrlost
for·sook [fə'sʊk, AM fɔːr'-] *pt of* **forsake**
for·swear <-swore, -sworn> [fɔː'sweəʳ, AM fɔːr'swer] *vt* (*old: give up*) ■**to** ~ **sth** etw *dat* abschwören *geh;* **during the boycott many citizens forswore the buying of goods from this country** während des Boykotts lehnten es viele Bürger und Bürgerinnen strikt ab, Waren aus diesem Land zu kaufen
for·swore [fɔː'swɔːʳ, AM fɔːr'swɔːr] *pt of* **forswear**
for·sworn [fɔː'swɔːn, AM fɔːr'swɔːrn] *pp of* **forswear**
for·sythia [fɔː'saɪθiə, AM fɔːr'sɪθ-] *n* BOT Forsythie *f*
fort [fɔːt, AM fɔːrt] *n* Fort *nt,* Festung *f* ▶ PHRASES: **to hold the** ~ die Stellung halten
forte ['fɔːteɪ, AM 'fɔːr-] **I.** *n usu sing* Stärke *f;* ■**to not be sb's** ~ nicht jds Stärke sein **II.** *adv* MUS forte
forth [fɔːθ, AM fɔːrθ] *adv inv* ❶ (*form*) **to put** ~ **roots/shoots** Wurzeln treiben/Triebe hervorbringen; **back and** ~ vor und zurück; **to go/set** ~ hinausgehen/ausziehen; **to pace back and** ~ auf und ab gehen ❷ (*form: forward*) nach vorne; **back and** ~ vor und zurück ❸ (*form: in time*) weiter; **from that day** ~ von jenem Tag an ▶ PHRASES: [**and so on**] **and so** ~ und so weiter [und so fort]
forth·com·ing [,fɔːθ'kʌmɪŋ, AM ,fɔːr-] *adj* ❶ *attr, inv* (*planned*) bevorstehend ❷ (*coming out soon*) in Kürze erscheinend; ~ **film** in Kürze anlaufender Film ❸ *pred, inv* (*available*) verfügbar; ■**to be** ~ [**from sb**] [von jdm] zur Verfügung gestellt werden; **no explanation for his absence was** ~ für seine Abwesenheit gab es keine Erklärung; **the promised answer to this question has not yet been** ~ die versprochene Antwort auf diese Frage ist noch nicht erfolgt ❹ *pred* ■**to be** ~ (*informative*) mitteilsam sein; (*helpful*) hilfsbereit sein; (*courteous*) zuvorkommend sein; ■**to be** ~ **about sth** über etw *akk* offen sprechen
forth·right ['fɔːθraɪt, AM 'fɔːr-] *adj* direkt; ■**to be** ~ **about sth** unumwunden über etw *akk* sprechen
forth·right·ly ['fɔːθraɪtli, AM 'fɔːr-] *adv* offen, freimütig
forth·right·ness ['fɔːθraɪtnəs, AM 'fɔːr-] *n no pl* Freimütigkeit *f;* **she's never forgiven Martin for his** ~ **about the quality of her work** sie hat Martin nie seine offen geäußerte Meinung über die Qualität ihrer Arbeit verziehen
forth·with [,fɔːθ'wɪθ, AM ,fɔːr-] *adv inv* (*form*) unverzüglich
for·ties ['fɔːtiz, AM 'fɔːrt̬iz] *npl* ❶ (*numbers*) ■**the** ~ die Vierziger; **the temperature seldom rises above the** ~ die Temperatur steigt selten über vierzig Grad Fahreneinheit [an]; ■**in the** ~ in den Vierzigern ❷ (*age*) ■**one's** ~ die Vierziger; **she must be in her** ~ sie muss in den Vierzigern sein; [**in**] **one's early/late** ~ Anfang/Ende vierzig ❸ (*of century*) ■**the** ~ die vierziger Jahre; ~' **fashions/music** die Mode/Musik der vierziger Jahre ❹ GEOG ■**the F**~ *Gebiet der Nordsee zwischen Schottland und Norwegen;* **the Roaring F**~ *stürmisches Meergebiet zwischen dem 40. und 50. südlichen Breitengrad*
for·ti·eth ['fɔːtiəθ, AM 'fɔːrt̬i-] **I.** *adj inv* vierzigste(r, s); *see also* **eighth I. II.** *n* ❶ (*order*) ■**the** ~ der/die/das Vierzigste; *see also* **eighth II. 1** ❷ (*fraction*) Vierzigstel *nt* **III.** *adv inv* vierzigstens
for·ti·fi·ca·tion [,fɔːtɪfɪ'keɪʃᵊn, AM ,fɔːrt̬ə-] *n* ❶ *no pl* (*reinforcing*) Befestigung *f* ❷ (*reinforcement*) ■~**s** *pl* Befestigungsanlagen *fpl*
for·ti·fied ['fɔːtɪfaɪd, AM 'fɔːrt̬ə-] *adj place* befestigt; *person* bestärkt; *food* angereichert
for·ti·fied 'wine *n* Dessertwein *m*
for·ti·fy <-ie-> ['fɔːtɪfaɪ, AM 'fɔːrt̬ə-] *vt* ❶ MIL ■**to** ~ **sth** [**with sth**] etw [mit etw *dat*] befestigen ❷ (*strengthen*) ■**to** ~ **oneself** [**with sth**] sich *akk* [mit etw *dat*] stärken; **to** ~ [**sb's**] **confidence/resolve** (*form*) jds Selbstvertrauen/Entschlusskraft stärken ❸ *usu passive* (*enrich*) ■**to be fortified** [**with sth**] [mit etw *dat*] angereichert sein; **the fruit drink is fortified with vitamin C** der Fruchtsaft ist mit Vitamin C angereichert
for·tis·si·mo [fɔː'tɪsɪməʊ, AM fɔːr'tɪsəmoʊ] *adv* MUS fortissimo
for·ti·tude ['fɔːtɪtjuːd, AM 'fɔːrt̬ətuːd, -tjuːd] *n no pl* (*form*) [innere] Stärke
Fort Knox [,fɔːt'nɒks, AM ,fɔːrt'nɑːks] *n no pl* Fort Knox *nt;* **their**

house is like ~ (*hum*) ihr Haus wird bewacht wie Fort Knox

fort·night ['fɔːtnaɪt, AM 'fɔːrt-] *n usu sing esp* BRIT, AUS zwei Wochen, vierzehn Tage; **a ~'s holiday/stay** ein zweiwöchiger [*o* vierzehntägiger] Urlaub/Aufenthalt; **a ~ on Monday** [*or* BRIT *fam* **on Monday** ~] Montag in zwei Wochen [*o* vierzehn Tagen]; **in a ~['s time]** in zwei Wochen [*o* vierzehn Tagen]; **once a** ~ [einmal] alle zwei Wochen [*o* vierzehn Tage]

fort·night·ly ['fɔːtnaɪtli, AM 'fɔːrt-] *inv* **I.** *adj* vierzehntägig **II.** *adv* alle zwei Wochen [*o* vierzehn Tage]

for·tress <*pl* -es> ['fɔːtrəs, AM 'fɔːr-] *n* Festung *f*

for·tui·tous [fɔː'tjuːɪtəs, AM fɔːr'tuːəṭəs] *adj* (*form*) zufällig

for·tui·tous·ly [fɔː'tjuːɪtəsli, AM fɔːr'tuːəṭ-] *adv* (*form*) zufällig

for·tui·tous·ness [fɔː'tjuːɪtəsnəs, AM fɔːr'tuːəṭ-] *n no pl* (*form*) Zufälligkeit *f*

for·tu·nate ['fɔːtʃᵊnət, AM 'fɔːr-] *adj* ❶ (*lucky*) glücklich; **I feel I'm a very ~ person having so many choices** ich schätze mich sehr glücklich, so viele Wahlmöglichkeiten zu haben; ■**to be** ~ Glück haben; **you're very ~ to have found such a pleasant house** Sie können von Glück sagen, dass Sie so ein schönes Haus gefunden haben; **we were particularly ~ in the weather** wir hatten besonderes Glück mit dem Wetter; ■**it is ~ [for sb] that ...** es ist [jds] Glück, dass ...; **to count oneself** ~ sich *akk* glücklich schätzen ❷ (*well-off*) vom Glück begünstigt

for·tu·nate·ly ['fɔːtʃᵊnətli, AM 'fɔːr-] *adv inv* zum Glück; ~ **for him, the referee was looking the other way** zu seinem Glück sah der Schiedsrichter gerade in die andere Richtung

for·tune ['fɔːtʃuːn, AM 'fɔːrtʃən] *n* ❶ (*money*) Vermögen *nt;* **fame and** ~ Ruhm und Reichtum; **a small** ~ (*fam*) ein kleines Vermögen; **to be worth a** ~ (*fam*) ein Vermögen wert sein; **to cost a** ~ (*fam*) ein Vermögen kosten; **to make a/one's** ~ zu Reichtum kommen, ein Vermögen machen ❷ *no pl* (*form: luck*) Schicksal *nt;* **a stroke of good** ~ ein Glücksfall *m;* **good/ill** ~ Glück/Pech *nt;* **to have the good ~ to do sth** das Glück haben, etw zu tun; **to read/tell sb's** ~ jds Schicksal vorhersagen; **to seek one's** ~ sein Glück suchen ❸ *no pl* (*liter: luck personified*) Glück *nt,* Fortuna *f geh;* ~ **always seems to be smiling on him** Fortuna scheint ihm immer gewogen zu sein *geh* ❹ (*sb's fate*) ■**~s** *pl* Geschick *nt;* **the ~s of war** die Wechselfälle [*o* das Auf und Ab] des Krieges ► PHRASES: **the slings and arrows of [outrageous]** ~ BRIT die Stricke und Fallen des [entfesselten] Schicksals; ~ **favours the brave** (*prov*) das Glück ist mit den Tüchtigen

'for·tune cookie *n* Glückskeks *m* ÖSTERR *a. nt* **'for·tune hunt·er** *n* (*pej*) Mitgiftjäger *m pej veraltend* **'for·tune tell·er** *n* Wahrsager(in) *m(f)*

for·ty ['fɔːti, AM 'fɔːrṭi] **I.** *adj* ❶ (*number*) vierzig; *see also* **eight I. 1** ❷ (*age*) vierzig; **he must be pushing** ~ (*fam*) er geht stark auf die Vierzig zu; **to be fair, fat and** ~ BRIT den Zenith überschritten haben *geh; see also* **eight I. 2** ► PHRASES: **to have** [*or* AM **take**] ~ **winks** (*fam*) ein Nickerchen machen *fam* **II.** *n* ❶ (*number*) Vierzig *f* ❷ (*age*) **to be in one's forties** in den Vierzigern sein; **to be in one's early/mid/late forties** Anfang/Mitte/Ende vierzig sein ❸ (*decade*) ■**the forties** *pl* die vierziger [*o* 40er] Jahre, die Vierziger ❹ (*temperature*) **to be in the forties** um die 40 Grad Fahrenheit kalt sein ❺ (*fam: speed*) vierzig; **to be doing** [*or* **driving**] ~ vierzig fahren

for·ty·ish ['fɔːtiɪʃ, AM 'fɔːrṭ-] *adj pred* ■**to be** ~ um die vierzig sein

for·ty-'nin·er *n* Goldgräber *m* (*während des Goldrausches 1849 in Kalifornien*)

fo·rum ['fɔːrəm] *n* ❶ <*pl* -s> (*for discussion*) Forum *nt;* **a ~ for debate** ein Diskussionsforum *nt* ❷ <*pl* fora> HIST (*in ancient Rome*) Forum *nt,* [Markt]platz *m*

for·ward ['fɔːwəd, AM 'fɔːrwɚd] **I.** *adv* ❶ (*towards front*) nach vorn[e]; **the traffic moved ~ slowly** der Verkehr bewegte sich langsam vorwärts; **there was a general movement** ~ es gab eine allgemeine Vorwärtsbewegung; **to lean** ~ sich *akk* vorlehnen; **to be backwards in coming** ~ (*fig*) sich *akk* nur zögerlich melden ❷ (*fig: progress*) weiter; **a leap/step** ~ ein Sprung/Schritt nach vorn[e]; **to be [no] further** ~ [nicht] weiter sein ❸ (*close to front*) vorn[e]; ■**to be ~ of sth** vor etw *dat* liegen [*o* gelegen sein]; **all the main cargo holds are ~ of the bridge** alle Hauptfrachträume liegen vor der Brücke ❹ (*earlier in time*) **we brought the starting time ~ an hour** wir verlegten die Startzeit eine Stunde vor; **to put the clock/one's watch** ~ die Uhr/seine Armbanduhr vorstellen ❺ (*form: onwards in time*) **from that day/time** ~ von jenem Tag/jener Zeit an **II.** *adj* ❶ *attr, inv* (*towards front*) Vorwärts-; ~ **movement** Vorwärtsbewegung *f;* ~ **gear** AUTO Vorwärtsgang *m;* **a ~ pass** SPORTS Vorpass *m* ❷ (*near front*) vordere(r, s) ❸ MIL (*close to enemy*) vordere(r, s) ❹ *attr, inv* (*of future*) voraus-; ~ **look** Vorschau *f;* ~ **planning** Vorausplanung *f* ❺ (*for future delivery*) Termin-; ~ **buying** Terminkauf *m* ❻ (*a. pej: bold*) vorlaut ❼ (*fig: judicious*) ~ **step** Schritt *m* nach vorn ❽ HORT (*early*) frühe(r, s); (*nearing maturity*) frühreif **III.** *n* SPORTS Stürmer(in) *m(f);* **centre** ~ Mittelstürmer(in) *m(f)* **IV.** *vt* ❶ (*pass on*) ■**to ~ sth [to sb]** etw [an jdn] weiterleiten; **"please ~"** „bitte nachsenden" ❷ (*form: send*) ■**to ~ sb sth** [*or* **sth to sb**] jdm etw senden ❸ (*form: help to progress*) ■**to ~ sth** etw vorantreiben; **to ~ sb's interests** jds Interessen vertreten

'for·ward·ing ad·dress *n* Nachsendeadresse *f* **'for·ward·ing agent** *n* BRIT Spediteur(in) *m(f)* **'for·ward-look·ing** *adj* vorausschauend, zukunftsorientiert

for·ward·ness ['fɔːwədnəs, AM 'fɔːrwɚd-] *n no pl* (*pej*) Dreistigkeit *f*

for·wards ['fɔːwədz, AM 'fɔːrwɚ-] *adv see* **forward**

for·went [fɔː'went, AM fɔːr'-] *pt of* **forgo**

Fosbury flop ['fɒzbᵊri,-, AM 'fɑːzbᵊri,-] *n* (*high-jump style*) Fosburyflop *m*

fos·sick ['fɒsɪk] *vi* AUS, NZ (*fam*) ■**to ~ about in** [*or* **through**] **sth** in etw *dat* herumsuchen *fam*

fos·sil ['fɒsᵊl, AM 'fɑː-] **I.** *n* ❶ GEOL Fossil *nt* ❷ (*pej fam: person*) Fossil *nt;* **an old** ~ ein altes Fossil **II.** *adj attr, inv* versteinert

fos·sil 'fuel *n* fossiler Brennstoff

fos·sili·za·tion [ˌfɒsᵊlaɪ'zeɪʃᵊn, AM ˌfɑːsᵊlɪ'-] *n no pl* Versteinerung *f,* Fossilisation *f geh*

fos·sil·ize ['fɒsᵊlaɪz, AM 'fɑːsə-] **I.** *vi* versteinern, fossilisieren *geh* **II.** *vt usu passive* ■**to be ~d** versteinert sein/werden

fos·sil·ized ['fɒsᵊlaɪzd, AM 'fɑːsə-] *adj* ❶ *inv* (*turned into rock*) versteinert, fossilisiert *geh* ❷ (*pej fam: outdated*) verknöchert

fos·ter ['fɒstəʳ, AM 'fɑːstɚ] **I.** *vt* ❶ (*as family*) ■**to ~ sb** jdn aufziehen ❷ (*encourage development*) ■**to ~ sth [in sb]** etw [bei jdm] fördern; **what is the best way to ~ democracy in former communist countries?** wie kann man am besten die Demokratie in den ehemaligen kommunistischen Staaten begünstigen? **II.** *vi* ein Kind in Pflege nehmen **III.** *n modifier* (*brother, child, family, home, mother, parents*) Pflege-

fought [fɔːt, AM *esp* fɑːt] *pt, pp of* **fight**

foul [faʊl] **I.** *adj* ❶ (*dirty*) verpestet; ~ **air** stinkende Luft; ~ **smell/stench** fauler Geruch/Gestank; ~ **taste** schlechter Geschmack; ~ **water** schmutziges Wasser ❷ (*unpleasant*) grauenhaft, schrecklich; ~ **mood** [*or* **temper**] fürchterliche Stimmung [*o* Laune]; ■**to be ~ to sb** abscheulich zu jdm sein ❸ (*morally objectionable*) schmutzig, unanständig; **by fair means or** ~ auf faire oder unfaire Weise ❹ (*of words*) ~ **word** Schimpfwort *nt;* **she called him a lot of ~ names** sie beschimpfte ihn heftig; **to have a ~ mouth** ein loses Maul haben *fam* ❺ (*old: wicked*) schändlich ❻ **to fall ~ of sb** mit jdm in Konflikt geraten **II.** *n* SPORTS Foul *nt* (**on** an +*dat*) **III.** *vt* ❶ (*pollute*) ■**to ~ sth** etw verschmutzen ❷ *esp* BRIT (*defecate on*) ■**to ~ sth** etw beschmutzen [*o geh* verunreinigen] ❸ SPORTS ■**to ~ sb** jdn foulen ❹ NAUT (*collide with*) ■**to ~ sth** etw rammen ► PHRASES: **to ~ one's own nest** das eigene Nest beschmutzen

◆**foul up** I. *vt* ■**to ~ up ↔ sth** ① *esp* BRIT (*block*) etw blockieren [*o* verklemmen]; (*entangle*) sich *akk* in etw *akk* verwickeln; **something's got stuck inside and is ~ing up the mechanism** irgendwas ist innen drin stecken geblieben und blockiert jetzt den Mechanismus; **the seaweed ~ed up the propeller** der Seetang verhedderte sich in der Schraube ② (*fam: spoil*) etw verpatzen [*o fam* vermasseln] II. *vi* ① (*stop working*) sich *akk* aufhängen *fam* ② (*fam: spoil things*) Mist bauen *pej fam*

fou·lard ['fu:la:(d), AM fu:'lɑ:rd] *n* Halstuch *nt* aus Foulard [*o* Kunstseide], Foulard *nt* SCHWEIZ

foul 'ball *n* (*in baseball*) Aus-Schlag *m* **'foul line** *n* (*in baseball*) *Linie vom Ziel über das 1. und 3. Mal bis zur Spielfeldgrenze* **foul-'mouthed** *adj* unflätig

foul·ness ['faʊlnəs] *n no pl* ① (*dirtiness*) Schmutzigkeit *f;* ~ **of a smell** schlechter Geruch; (*stronger*) Gestank *m* ② (*unpleasantness*) Schlechtigkeit *f* ③ (*coarseness*) Verdorbenheit *f*

foul 'play *n no pl* ① (*criminal activity*) Verbrechen *nt;* ~ **is not suspected** ein Verbrechen wird ausgeschlossen ② SPORTS Foulspiel *nt*, unfaires Spiel **'foul-up** *n* Fehler *m*

found[1] [faʊnd] *pt, pp of* **find**

found[2] [faʊnd] *vt* ① (*establish*) ■**to ~ sth** etw gründen ② (*base*) ■**to ~ sth on sth** etw auf etw *dat* gründen; **her lawyer accused the prosecution of ~ing its case on insufficient evidence** ihre Anwältin beschuldigte die Anklage, den Fall auf ungenügenden Beweisen aufzubauen ③ *usu passive* (*build*) ■**to be ~ed on sth** auf etw *dat* errichtet sein

found[3] [faʊnd] *vt* ■**to ~ sth** etw gießen; (*melt*) etw [ein]schmelzen

foun·da·tion [ˌfaʊn'deɪʃᵊn] *n* ① *usu pl* (*of building*) Fundament *nt;* **to lay the ~[s] [of [*or* for] sth]** das Fundament [zu etw *dat*] legen; **to shake sth to its ~s** etw in seinem Fundament erschüttern ② *usu pl* (*fig: basis*) Basis *f;* **to lay the ~[s] [of [*or* for] sth]** den Grundstein [zu etw *dat*] legen; **to shake sth to its ~s** etw in seinen Grundfesten erschüttern ③ *no pl* (*evidence*) Grundlage *f;* **to have no [*or* be without] ~** der [*o* jeglicher] Grundlage entbehren *geh* ④ *no pl* (*establishing*) Gründung *f* ⑤ (*organization*) Stiftung *f* ⑥ *no pl* (*of make-up*) Grundierung *f*

foun·'da·tion course *n* BRIT SCH Grundkurs *m;* UNIV Einführungskurs *m* **foun·'da·tion cream** *n no pl* Grundierung *f* **foun·'da·tion gar·ment** *n* Mieder *nt* **foun·'da·tion stone** *n* Grundstein *m;* **to lay the ~** den Grundstein legen **foun·'da·tion sub·ject** *n* BRIT Pflichtfach *nt*, Pflichtgegenstand *m* ÖSTERR

found·er ['faʊndəʳ, AM -ɚ] I. *n* ① (*person who founds sth*) Gründer(in) *m(f)* ② (*maker of metal objects*) Gießer(in) *m(f);* **iron ~** Eisengießer(in) *m(f)* II. *vi* ① (*sink*) sinken ② (*fig: fail*) scheitern; **they acted too late to prevent the project from ~ing** man handelte zu spät, um das Projekt noch vor dem Scheitern zu bewahren

found·er 'mem·ber *n* Gründungsmitglied *nt*

found·ing ['faʊndɪŋ] *n no pl* Gründung *f*

found·ing 'fa·ther *n* Begründer *m* **Found·ing 'Fa·thers** *npl* ■**the ~** AM die Gründerväter **found·ing 'mem·ber** *n* Gründungsmitglied *nt* **found·ing 'moth·er** *n* Begründerin *f*

found·ling ['faʊndlɪŋ] *n* (*dated*) Findelkind *nt*, Findling *m*

found·ry ['faʊndri] *n* Gießerei *f*

fount [faʊnt] *n* ① (*source*) Quelle *f;* **to be the ~ of all knowledge/wisdom** (*hum*) die Quelle allen Wissens/aller Weisheit sein ② (*old liter*) Brunnen *m*, Born *m poet*

foun·tain ['faʊntɪn, AM -tᵊn] I. *n* ① (*ornamental jet*) Brunnen *m;* **drinking ~** Trinkbrunnen *m;* **the Trevi F~** der Trevibrunnen ② (*fig: spray*) Schwall *m;* ~ **of water** Wasserstrahl *m* ③ (*liter: source*) Quelle *f* II. *vi* spritzen

'foun·tain pen *n* Füllfederhalter *m*, Füllfeder *f bes* ÖSTERR, SÜDD, SCHWEIZ

four [fɔ:ʳ, AM fɔ:r] I. *adj* ① (*number*) vier; **they're sold in packets of ~** das wird in einer Viererpackung verkauft; **after ringing the bell ~ times we ...** nachdem wir viermal geklingelt hatten, ...; **a family of ~** eine vierköpfige Familie; ~ **and a quarter/half** viereinviertel/viereinhalb; ~ **times the amount of ...** viermal so viel ...; **one in ~ [people]** jeder Vierte; *see also* **eight 1** ② (*age*) vier; **a boy of ~** ein vierjähriger Junge; *see also* **eight 2** ③ (*time*) **to be ~ [o'clock]** vier [Uhr] sein; **half past ~** [*or* BRIT *fam* **half ~**] halb fünf; **at ~ thirty** um halb fünf, um vier Uhr dreißig; **at ~ forty-five** um Viertel vor fünf [*o* drei viertel fünf]; *see also* **eight 3** II. *n* ① (*number, symbol*) Vier *f* ② (*in rowing*) Vierer *m;* (*four runs: cricket*) vier Punkte; **to hit a ~** vier Punkte erzielen ③ BRIT (*clothing size*) [Kleidergröße] 30; AM (*clothing size*) [Kleidergröße] 34; BRIT (*shoe size*) [Schuhgröße] 37; AM (*shoe size*) [Schuhgröße] 35 ④ CARDS Vier *f;* ~ **of clubs/hearts** Kreuz-/Herz-Vier *f* ⑤ (*public transport*) **the ~** die Vier ⑥ (*group of four*) Vierergruppe *f;* **get into ~s, please children!** stellt euch bitte in Viererpaaren auf, Kinder! ⑦ (*on hands and knees*) **to be on all ~s** auf allen Vieren sein; **he was on all ~s and the children were riding on his back** er war auf allen Vieren und die Kinder ritten auf seinem Rücken; **we got down on all ~s to crawl through the gap in the hedge** wir sind auf allen Vieren durch das Loch in der Hecke gekrochen

'four-by-four *n* AM AUTO allrad-/vierradangetriebenes Auto **'four-door** *adj* viertürig **'four-eyes** *n + sing vb* (*hum, pej! sl*) Brillenschlange *f hum, pej fam* **'fourfold** I. *adj* vierfach II. *adv* vierfach; **to increase ~** um das Vierfache steigen **four-'foot·ed** *adj inv* vierfüßig **four-'hand·ed** *adj inv* ① (*for four people*) für vier Personen *nach n;* **bridge is a ~ game** Bridge ist ein Spiel für vier Personen ② (*for two pianists*) vierhändig **four-leaf 'clo·ver** *n*, **four-leaved 'clo·ver** *n* vierblättriges Kleeblatt **four-'leg·ged** *adj inv* vierbeinig; **a ~ friend** (*euph*) ein vierbeiniger Freund **four-let·ter 'word** *n* ① (*swearword*) Schimpfwort *nt;* (*dirty word*) unanständiges Wort ② (*hum: taboo word*) Tabuwort *nt*

404 [ˌfɔ:rəʊ'fɔ:ʳ, AM -oʊ'fɔ:r] *adj pred* (*fam*) ratlos; ■**to be ~** keine Ahnung haben

'four-pack *n* Viererpack *m* **'four-ply** I. *n* vierfädige [Strick]wolle II. *adj of paper* vierlagig; *of wool* vierfädig **four-'post·er** *n*, **four-post·er 'bed** *n* Himmelbett *nt* **four-'score** *adj* (*liter or old*) achtzig **four-'seat·er** *n* Viersitzer *m* **'four·some** *n* ① (*of people*) Vierergruppe *f*, Quartett *nt oft iron;* **to make up a ~** eine Vierergruppe bilden ② (*of golf players*) Vierer *m* **'four-speed** *adj inv* mit Viergangschaltung *nach n;* ~ **gearbox** Vierganggetriebe *nt* **four-'square** *adj* ① (*solid*) *building* klotzig *pej; person, physique* robust ② (*resolute*) standhaft, unerschütterlich; **to be/stand ~ behind sb/sth** fest hinter jdm/etw stehen **'four-star** *adj inv* Viersterne- **four-star 'pet·rol** *n no pl* BRIT Super[benzin] *nt* **'four-stroke** *adj* Viertakt-; ~ **engine** Viertaktmotor *m*

four·teen [ˌfɔ:'ti:n, AM ˌfɔ:r'-] I. *adj* ① (*number, age*) vierzehn; **there are ~ of us** wir sind vierzehn [*o* zu vierzehnt]; *see also* **eight I. 1, 2** ② (*time*) ~ **hundred hours** *spoken* vierzehn Uhr; **1400 hours** *written* 14:00; **at ~ thirty** um vierzehn Uhr dreißig [*o* 14:30] [*o* halb drei]; *see also* **eight I. 3** II. *n* Vierzehn *f*

four·teenth [ˌfɔ:'ti:nθ, AM ˌfɔ:r'-] I. *adj* vierzehnte(r, s) II. *n* ① (*fraction*) Vierzehntel *nt* ② (*day of month*) ■**the ~** der Vierzehnte

fourth [fɔ:θ, AM fɔ:rθ] I. *adj* vierte(r, s) II. *n* ① (*order*) **the ~** der/die/das Vierte *f(m); see also* **eighth II. 1** ② (*date*) **the ~ [of the month]** *spoken* der Vierte [des Monats]; **the 4th [of the month]** *written* der 4. [des Monats]; **on the ~ of February** am vierten Februar; **the F~ of July** der vierte Juli ③ (*in titles*) **George the F~** George der Vierte; *see also* **eighth II. 3** ④ (*fraction*) Viertel *nt* ⑤ AUTO (*fourth gear*) vierter Gang; **you should be in ~ at this speed** Sie sollten bei dieser Geschwindigkeit im vierten Gang fahren ⑥ (*musical interval*) Quart[e] *f* III. *adv* viertens; **third, the product is too**

expensive and ~, it is out-of-date drittens ist das Produkt zu teuer und viertens ist es veraltet

fourth di·'men·sion *n no pl* ■**the** ~ die vierte Dimension

Fourth Es·'tate *n no pl* ■**the** ~ die Presse

fourth·ly ['fɔːθli, AM 'fɔːr-] *adv* viertens

i Kultur

Der **Fourth of July** oder **Independence Day** ist der höchste amerikanische nichtkonfessionelle Feiertag zum Gedenken an die *Declaration of Independence – Unabhängigkeitserklärung*, in der die amerikanischen Kolonien am 4. Juli 1776 ihre Unabhängigkeit von Großbritannien erklärten. Man trifft sich zu Picknicks, Familienfeiern und professionellen Baseballspielen. Als Höhepunkt des Tages findet in allen Städten ein großes Feuerwerk statt.

four-way 'stop *n* AM *mit Stopptafeln geregelte Kreuzung*

4WD *n abbrev of* **four-wheel drive**

four-wheel 'drive I. *n* Allrad-/Vierradantrieb *m* **II.** *adj inv* mit Allrad-/Vierradantrieb *nach n*

fowl <*pl* - *or* -s> [faʊl] *n* Geflügel *nt kein pl*

fowl pest ['faʊlpest] *n no pl* Hühnerpest *f*

fox [fɒks, AM fɑːks] **I.** *n* ❶ (*animal*) Fuchs *m;* **a red/silver** ~ ein Rot-/Silberfuchs *m* ❷ *no pl* (*fur*) Fuchspelz *m* ❸ (*fam: cunning person*) **an old** ~ ein gerissener Kerl [*o* alter Fuchs] *fam* ❹ AM (*fam: sexy woman*) scharfe Braut *pej sl* ▸ PHRASES: **as cunning as a** ~ schlau wie ein Fuchs **II.** *vt* ❶ (*mystify*) ■**to ~ sb** jdn verblüffen ❷ (*trick*) ■**to ~ sb [into doing sth]** jdn täuschen[, damit er/sie etw macht] ❸ *usu passive* (*discolour*) ■**to be ~ed** fleckig sein/werden

'fox cub *n* Fuchswelpe *m* **'fox·glove** *n* BOT Fingerhut *m* **'fox·hole** *n* MIL Schützenloch *nt* **'fox·hound** *n* Foxhound *m* **'fox·hunt** *n* Fuchsjagd *f* **'fox·hunt·ing** *n no pl* Fuchsjagd *f;* **to go** ~ auf die Fuchsjagd gehen **'fox·tail** *n* HORT Fuchsschwanz *m* **fox 'ter·ri·er** *n* Foxterrier *m* **'fox·trot I.** *n* Foxtrott *m* **II.** *vi* <-tt-> Foxtrott tanzen

foxy ['fɒksi, AM 'fɑːksi] *adj* ❶ (*like fox*) fuchsig ❷ (*crafty*) gerissen *fam* ❸ AM (*fam: sexy*) sexy *fam* ❹ (*of paper*) fleckig

foy·er ['fɔɪeɪ, AM 'fɔɪɚ] *n* ❶ (*of public building*) Foyer *nt* ❷ AM (*of house*) Vorraum *m,* Diele *f*

Fr *n* ❶ REL *abbrev of* **Father** P. ❷ FIN *abbrev of* **franc** fr

fra·cas <*pl* - *or* AM **-es**> ['frækɑː, *pl* -kɑz, AM 'freɪkəs, *pl* -ɪz] *n* ❶ (*fight*) Tumult *m* ❷ (*dispute*) hitzige Debatte

frac·tal ['fræktᵊl] **I.** *n* MATH Kurve *f* **II.** *adj* Kurven-; ~ **geometry** Kurvengeometrie *f*

frac·tion ['frækʃᵊn] *n* ❶ (*number*) Bruchzahl *f,* Bruch *m* ❷ *usu sing* (*proportion*) Bruchteil *m;* **a ~ of an inch** eine Spur; **a ~ of a second** ein Bruchteil *m* einer Sekunde; **by a** ~ um Haaresbreite ❸ (*a bit*) **I suggest we shorten the sleeves a** ~ ich schlage vor, wir kürzen die Ärmel ein bisschen ❹ CHEM Fraktion *f*

frac·tion·al ['frækʃᵊnᵊl] *adj inv* minimal

frac·tion·al·ly ['frækʃᵊnᵊli] *adv inv* minimal; **the patient's chances are ~ better** die Chancen der Patientin sind [nur] geringfügig besser

frac·tious ['frækʃəs] *adj* reizbar, grantig SÜDD, ÖSTERR *fam;* ~ **child** quengeliges Kind *fam*

frac·tious·ness ['frækʃəsnəs] *n no pl* Reizbarkeit *f,* Grant *m* SÜDD, ÖSTERR *fam*

frac·ture ['fræk(t)ʃəʳ, AM -ɚ] **I.** *vt* ❶ MED ■**to ~ sth** sich *dat* etw brechen; **to ~ one's leg** sich *dat* das Bein brechen ❷ (*hard material*) ■**to ~ sth** etw brechen ❸ (*fig: destroy*) **to ~ sth** etw auflösen; **to ~ an accord** ein Abkommen brechen **II.** *vi* brechen **III.** *n* ❶ MED Bruch *m,* Fraktur *f fachspr;* **hairline** ~ Haarriss *m;* **a ~ of the skull** ein Schädelbruch *m* ❷ (*crack*) Riss *m*

frac·tured ['fræk(t)ʃəd, AM -tʃɚd] *adj* ❶ *inv* MED gebrochen; ~ **skull** Schädelbruch *m* ❷ (*incorrect*) gebrochen; (*jerky*) holprig; **to speak ~ English** gebrochen Englisch sprechen

frag·ile ['frædʒaɪl, AM -ᵊl] *adj* ❶ (*breakable*) zerbrechlich; (*on packages*) **"~"** „zerbrechlich" ❷ (*unstable*) brüchig; *agreement, peace, relationship* unsicher; **happiness is a ~ thing** das Glück ist eine unsichere Angelegenheit ❸ (*in health*) schwach; **to feel** ~ sich *akk* schwach fühlen; (*fam: after overindulgence*) sich *akk* schlecht fühlen

fra·gil·ity [frə'dʒɪləti, AM -ət̬i] *n no pl* ❶ (*breakableness*) Zerbrechlichkeit *f* ❷ (*weakness*) Brüchigkeit *f;* (*of agreement*) Unsicherheit *f* ❸ (*delicacy*) Zartheit *f,* Fragilität *f geh*

frag·ment I. *n* ['frægmənt] ❶ (*broken piece*) Splitter *m;* **to burst [***or* **fly] [***or* **shatter] into ~s** zerspringen, zersplittern; **to shatter [***or* **smash] sth [in|to ~s** etw in Stücke schlagen ❷ (*incomplete piece*) Brocken *m* ❸ LIT, MUS (*uncompleted work*) Fragment *nt* **II.** *vi* [fræg'mənt, AM 'frægmənt] ❶ (*break into pieces*) [zer]brechen; (*burst*) zerbersten ❷ (*fig: break up*) *relationship* zerbrechen; **the party ~ed while in opposition** die Partei zersplitterte, während sie in der Opposition war **III.** *vt* [fræg'mənt, AM 'frægmənt] ■**to ~ sth** ❶ (*break into pieces*) etw in Stücke brechen ❷ (*fig: break up*) etw aufsplittern; **various trends in modern society have combined to ~ the traditional family unit** verschiedene Tendenzen der modernen Gesellschaft haben zur Auflösung der traditionellen Familieneinheit geführt

frag·men·tary ['frægməntᵊri, AM -teri] *adj* bruchstückhaft, fragmentarisch; **I have only a ~ knowledge of Swedish** ich habe nur sehr rudimentäre Schwedischkenntisse

frag·men·ta·tion [ˌfrægmən'teɪʃᵊn] *n no pl* (*fig*) *of group* Zersplitterung *f*

frag·men·'ta·tion bomb *n* MIL Splitterbombe *f*

frag·ment·ed [fræg'məntɪd, AM 'fræg-] *adj* zersplittert

fra·grance ['freɪgrən(t)s] *n* ❶ (*smell*) Duft *m* ❷ (*perfume*) Parfüm *nt;* (*aftershave*) Rasierwasser *nt*

fra·granced ['freɪgrən(t)st] *adj* parfümiert

'fra·grance-free *adj inv* parfümfrei

fra·grant ['freɪgrənt] *adj* duftend

'fraid [freɪd] (*fam*) = **I'm afraid** *see* **afraid**

frail [freɪl] *adj* ❶ (*of old person*) gebrechlich; (*of voice*) schwach ❷ (*of construction*) schwach ❸ (*fig: not strongly based*) *of system* zerbrechlich; **the evidence against him is too ~ for a successful prosecution** die Beweislage gegen ihn ist zu dürftig für eine erfolgreiche Anklage; ~ **hope** schwache Hoffnung ❹ (*liter: morally weak*) schwach

frail·ty ['freɪlti, AM -t̬i] *n* ❶ *no pl* (*of old person*) Gebrechlichkeit *f* ❷ *no pl of object, structure* Zerbrechlichkeit *f* ❸ *no pl* (*moral weakness*) Schwachheit *f* ❹ (*moral flaw*) Schwäche *f*

frame [freɪm] **I.** *n* ❶ (*of picture*) Bilderrahmen *m;* ■**to be in the** ~ (*fig: be centre of attention*) im Mittelpunkt stehen; (*be under suspicion*) unter Verdacht stehen ❷ (*of door, window*) Rahmen *m* ❸ (*of spectacles*) ■**~s** *pl* Brillengestell *nt* ❹ (*fig a.: support*) Rahmen *m a. fig;* **a ~ of metal poles** ein Metallgestänge *nt;* **climbing** ~ Klettergerüst *nt;* **walking [***or* **Zimmer]** ~ BRIT Laufgestell *nt,* Gehhilfe *f* ❺ (*body*) Körper *m,* Gestalt *f;* **sb's burly/large/slender** ~ jds stämmiger/großer/schlanker Körper ❻ (*of film strip*) Bild *nt* ❼ (*for plants*) Frühbeet *nt;* **cold** ~ Frühbeetkasten *m* ❽ (*for snooker balls*) [dreieckiger] Rahmen ❾ (*of snooker match*) Spiel *nt* ❿ (*liter or dated: nature of person*) Verfassung *f,* Zustand *m* **II.** *vt* ❶ (*put in surround*) ■**to ~ sth** etw einrahmen ❷ (*act as surround*) ■**to ~ sth** etw umrahmen ❸ (*put into words*) ■**to ~ sth** etw formulieren ❹ (*fam: falsely incriminate*) ■**to ~ sb** jdn verleumden

framed [freɪmd] *adj inv* ❶ (*in surround*) gerahmt ❷ (*fam: falsely incriminated*) verleumdet

'frame house *n esp* AM Holzhaus *nt* **frame of 'mind** <*pl* frames-> *n* Stimmung *f,* Verfassung *f;* **I'm not in the right ~ at the moment** ich bin im Moment nicht in der richtigen Stimmung **frame of 'ref·er·ence** <*pl* frames-> *n* Bezugsrahmen *m,* Bezugssystem *nt*

fram·er ['freɪməʳ, AM -ɚ] *n* ❶ *(of pictures)* Rahmer(in) *m(f)* ❷ *(writer)* Verfasser(in) *m(f)*

'frame saw *n* Spannsäge *f* **'frame-up** *n (fam)* abgekartetes Spiel **'frame·work** *n* ❶ *(support)* Gerüst *nt,* Gestell *nt* ❷ *(fig: principle)* Rahmen *m*

franc [fræŋk] *n* Franc *m;* **Swiss ~** Schweizer Franken *m*

France [frɑːn(t)s, AM fræn(t)s] *n no pl* ❶ *(country)* Frankreich *nt* ❷ + *sing/pl vb (French team)* Frankreich; **~ were leading 1-0 at half time** Frankreich führte zur Halbzeit 1-0

fran·chise ['fræn(t)ʃaɪz] *n* Franchise *nt* (**for** für *+akk*)

fran·chisee [ˌfræn(t)ʃaɪ'ziː] *n,* **'fran·chise hold·er** *n* Franchisenehmer(in) *m(f)*

fran·chis·er ['fræn(t)ʃaɪzəʳ, AM -ɚ] *n* Franchisegeber(in) *m(f)*

fran·chis·ing ['fræn(t)ʃaɪzɪŋ] *n no pl* Franchising *nt*

Fran·cis·can [fræn'sɪskən] REL **I.** *n* Franziskaner(in) *m(f)* **II.** *adj inv* Franziskaner-; **~ friar** Franziskanermönch *m*

Fran·co- ['fræŋkəʊ, AM -koʊ] *in compounds* französisch-; **~-German** deutsch-französisch

Fran·co·phile ['fræŋkə(ʊ)faɪl, AM -koʊ-] **I.** *adj* frankophil *geh* **II.** *n* Frankophile(r) *f(m) geh*

Fran·co·phobe ['fræŋkə(ʊ)fəʊb, AM -koʊfoʊb] **I.** *adj* franzosenfeindlich, frankophob *geh* **II.** *n* Frankophobe(r) *f(m) geh*

Fran·co·phone ['fræŋkəʊfəʊn, AM -koʊfoʊn] **I.** *adj* französischsprachig, frankophon *geh* **II.** *n esp* CAN *Person, deren Muttersprache Französisch ist*

frank[1] [fræŋk] *adj* ❶ *(open)* aufrichtig; ■**to be ~** [**with sb**] [**about sth**] ehrlich [zu jdm] [über etw *akk*] sein; **to be ~** [**with you**] ehrlich gesagt ❷ MED *(obvious)* eindeutig

frank[2] [fræŋk] *vt* ■**to ~ sth** ❶ *(cancel stamp)* etw freistempeln ❷ *(mark for postage)* etw frankieren

frank[3] [fræŋk] *n* AM *(fam) short for* **frankfurter** Frankfurter *f*

Frank·en·food ['fræŋkənfuːd] *n* gentechnisch manipulierte Nahrungsmittel *pl*

Frankenstein ['fræŋkənstaɪn] *n,* **Frankenstein's 'mon·ster** *n* Frankenstein *m*

frank·furt·er ['fræŋkfɜːtəʳ, AM -fɜːrt̬ɚ] *n* Frankfurter *f*

frank·in·cense ['fræŋkɪnsen(t)s] *n no pl* Weihrauch *m*

frank·ing ['fræŋkɪŋ] *n* ❶ *no pl (act of applying) to letter, parcel* Frankieren *nt;* **~ machine** Frankiermaschine *f* ❷ *(official mark)* Frankierung *f*

frank·ly ['fræŋkli] *adv* ❶ *(candidly)* offen ❷ *inv* **~** [**speaking**] *(be frank)* ehrlich [*o* offen] gesagt ❸ *inv (in fact)* tatsächlich

frank·ness ['fræŋknəs] *n no pl* Offenheit *f*

fran·tic ['fræntɪk, AM -t̬-] *adj* ❶ *(distracted)* verzweifelt; **to be ~ with rage/worry** verrückt vor Zorn/Sorge sein *fam;* **to drive sb ~** jdn verrückt machen *fam* ❷ *(hurried)* hektisch; **rescuers were engaged in a ~, all-night effort to reach the survivors** die Retter waren die ganz Nacht verzweifelt damit beschäftigt, zu den Überlebenden vorzudringen

fran·ti·cal·ly ['fræntɪkəli, AM -t̬-] *adv* ❶ *(wildly)* wie wild *fam* ❷ *(desperately)* verzweifelt; **to be ~ busy** im Stress sein; **to work ~** hektisch arbeiten

frap·pé ['fræpeɪ, AM fræ'peɪ] *n (iced drink)* Frappee *nt*

frat [fræt] *n* AM *(fam) short for* **fraternity 3** Verbindung *f*

fra·ter·nal [frə'tɜːnəl, AM -'tɜːr-] *adj* ❶ *(brotherly)* brüderlich ❷ *(fig: friendly)* freundschaftlich

fra·ter·nal·ly [frə'tɜːnəli, AM -'tɜːr-] *adv* brüderlich

fra·ter·nity [frə'tɜːnəti, AM -'tɜːrnət̬i] *n* ❶ *no pl (feeling)* Brüderlichkeit *f;* **liberty, equality, ~** Freiheit, Gleichheit, Brüderlichkeit ❷ + *sing/pl vb (group of people)* Vereinigung *f,* Zunft *f hum fam;* **the criminal/legal/medical ~** die Kriminellen *pl*/Juristen *pl*/Ärzteschaft *f* ❸ + *sing/pl vb* AM UNIV *(of male students)* Burschenschaft *f*

frat·er·ni·za·tion [ˌfrætənaɪ'zeɪʃən, AM -ɚnɪ'-] *n no pl (pej)* Verbrüderung *f*

frat·er·nize ['frætənaɪz, AM -t̬ɚr-] *vi* ■**to ~ with sb** sich *akk* mit jdm verbrüdern; **he accused the England team of fraternizing too much with the opposition** er beschuldigte die englische Mannschaft, zu freundschaftlich mit dem Gegner zu sein; **to ~ with the enemy** sich *akk* mit dem Feind verbünden

frat·ri·cid·al ['frætrɪsaɪdəl, AM -trə-] *adj inv* sich *akk* gegenseitig vernichtend; **the civil war is just the latest outbreak of ~ strife in that area** der Bürgerkrieg ist nur der jüngste Ausbruch der inneren Zerrissenheit in diesem Gebiet; **in-party debate was reduced to ~ sniping** die innerparteiliche Debatte reduzierte sich zum Schluss auf Angriffe untereinander

frat·ri·cide ['frætrɪsaɪd, AM -trə-] *n* ❶ *no pl (crime)* Geschwistermord *m; (by brothers)* Brudermord *m; (by sisters)* Schwestermord *m* ❷ *(criminal)* Geschwistermörder(in) *m(f); (killing one's brother)* Brudermörder(in) *m(f); (killing one's sister)* Schwestermörder(in) *m(f)* ❸ MIL *unabsichtliches Vernichten einer eigenen Einheit*

fraud [frɔːd, AM frɑːd] *n* ❶ *no pl (deceit)* Betrug *m* ❷ LAW [arglistige] Täuschung; ■**~s** *pl* Betrügereien *fpl* ❸ *(thing intended to deceive)* Schwindel *m pej fam* ❹ *(deceiver)* Betrüger(in) *m(f)*

'Fraud Squad *n* + *sing/pl vb* BRIT Betrugsdezernat *nt*

fraud·ster ['frɔːdstəʳ, AM 'frɑːdstɚ] *n (fam)* Betrüger(in) *m(f)*

fraudu·lence ['frɔːdjələn(t)s, AM 'frɑːdʒə-] *n no pl* ❶ *(deception)* Betrügerei *f* ❷ *(form: false nature)* Falschheit *f*

fraudu·lent ['frɔːdjələnt, AM 'frɑːdʒə-] *adj* ❶ *(involving fraud)* betrügerisch ❷ *(false)* falsch; **the fall in unemployment is based on a ~ manipulation of statistics** der Rückgang der Arbeitslosenzahlen basiert auf einer arglistigen Manipulation der Statistik

fraudu·lent·ly ['frɔːdjələntli, AM 'frɑːdʒə-] *adv* ❶ *(by fraud)* auf betrügerische [*o* in betrügerischer] Weise ❷ *(intentionally deceptive)* falsch; **he had obtained entrance to the premises ~** er hatte sich den Zugang zum Gebäude erschlichen

fraught [frɔːt, AM frɑːt] *adj* ❶ *pred (full)* **to be ~ with difficulties/problems** voller Schwierigkeiten/Probleme stecken ❷ *(tense)* [an]gespannt; *atmosphere, situation* stressig *fam; person* gestresst *fam*

fray [freɪ] **I.** *vi* ❶ *(come apart)* ausfransen; **to ~ at the edges** sich *akk* abnutzen [*o bes* SÜDD, ÖSTERR abnützen] *a. fig* ❷ *(become strained)* anspannen; **tempers ~ed in the long traffic jam** die Stimmung wurde in dem langen Verkehrsstau gereizt **II.** *n* ■**the ~** die Auseinandersetzung; **to be ready for the ~** *(fig)* kampfbereit sein; **to enter** [*or* **join**] **the ~** sich *akk* einmischen

frayed [freɪd] *adj* ❶ *edges* ausgefranst ❷ *nerves* angespannt; *temper* gereizt

fraz·zle ['fræzl̩] *n no pl (fam)* ❶ *(worn-out condition)* [völlige] Erschöpfung; **a ~ of tangled nerves** ein Nervenbündel *nt fam;* **to wear oneself/sb to a ~** sich/jdn fix und fertig machen *fam* ❷ *(burned thing)* **to burn sth to a ~** etw völlig verkohlen

fraz·zled ['fræzl̩d] *adj (fam)* ❶ *(exhausted)* erschöpft, ausgebrannt ❷ *(burned)* verkohlt; **her back was totally ~ after she fell asleep in the sun** ihr Rücken war völlig verbrannt, nachdem sie in der Sonne eingeschlafen war

freak [friːk] **I.** *n* ❶ *(abnormal thing)* etwas Außergewöhnliches; **a ~ of nature** eine Laune der Natur ❷ *(abnormal person)* Missgeburt *f,* Monstrosität *f fachspr; (fig, hum)* Monster *nt hum* ❸ *(fanatic)* Fanatiker(in) *m(f),* Irre(r) *f(m) fam;* **cleanliness ~** Sauberkeitsfreak *m sl,* Sauberkeitsfanatiker(in) *m(f)* **II.** *n modifier (result, storm)* Ausnahme-; **~ accident** außergewöhnliches Missgeschick **III.** *vi (fam)* ausflippen *fam* **IV.** *vt (fam: scare, alarm)* ■**to ~ sb** jdn durchdrehen [*o* ausflippen] lassen *fam;* **it really ~s me to think that ...** ich könnte ausflippen bei dem Gedanken, dass ... *fam*

◆**freak out** *(fam)* **I.** *vi* ausflippen *fam* **II.** *vt* ■**to ~ out** ○ **sb** jdn ausflippen lassen *fam*

freaked [friːkt] *adj (fam)* total erschrocken *fam*

F

freak·ing ['fri:kɪŋ] *adj attr* AM (*euph fam*) Mist- *fam*
freak·ish ['fri:kɪʃ] *adj* sonderbar; ~ **weather conditions** verrücktes Wetter *fam*
freak·ish·ly ['fri:kɪʃli] *adv* außergewöhnlich
freak·ish·ness ['fri:kɪʃnəs] *n no pl* Absonderlichkeit *f*
'freak show *n* Monstrositätenschau *f*, Monstrositätenkabinett *nt*
freaky ['fri:ki:] *adj* (*fam*) irre *fam*
freck·le ['frekl̩] *n usu pl* Sommersprosse *f*
freck·led ['frekl̩d] *adj* sommersprossig
'freck·le-faced *adj* sommersprossig
freck·ly ['frekl̩i] *adj* sommersprossig
free [fri:] **I.** *adj* ❶ (*not physically impeded*) frei; **she left the court a ~ woman** sie verließ das Gericht als freie Frau; **to break ~ [of [or from] sth]** (*a. fig*) sich *akk* [aus etw *dat*] befreien; **to break [or cut] ~ [of [or from] sb]** (*a. fig*) sich *akk* [von jdm] losreißen *a. fig;* **to go [or walk] ~** straffrei ausgehen; **to roam/run ~** frei herumlaufen; **to set sb/an animal ~** (*a. fig*) jdn/ein Tier freilassen ❷ (*not restricted*) frei; **am I ~ to leave now?** kann ich jetzt gehen?; **did you do this of your own ~ will?** haben Sie das aus freiem Willen getan?; **can I get myself a drink? – feel ~** kann ich mir etwas zu trinken nehmen? – bedienen Sie sich; ~ **choice** freie Wahl; ~ **play** MECH Spielraum *m;* **to allow [or give] one's emotions ~ play [or ~ play to one's emotions]** seinen Gefühlen freien Lauf lassen ❸ POL frei; **it's a ~ country!** das ist ein freies Land!; ~ **elections** freie Wahlen; ~ **press** freie Presse; ~ **speech** Redefreiheit *f* ❹ *pred* (*unaffected*) frei (**of/from** von +*dat*); **to be ~ of [or from] a disease** eine Krankheit losgeworden sein *fam;* ■**to be ~ of sb** jdn los sein *fam* ❺ *inv* (*not attached or entangled*) lose; **when the tide rose, the boat floated ~ of the sandbank** als die Flut einsetzte, kam das Boot von der Sandbank los; **to get/pull sth ~** etw freibekommen/losreißen; **to work [itself/sth] ~** [sich/etw *akk*] lösen ❻ *pred* (*not busy*) *person* **to leave sb ~ to do sth** es jdm ermöglichen, etw zu tun; ■**to be ~ [to do sth]** Zeit haben[, etw zu tun] ❼ *inv* (*not busy*) *of time* frei; **I've got a ~ evening next Monday** ich habe nächsten Montag einen freien Abend ❽ *inv* (*not occupied*) *of object* frei, unbesetzt; **excuse me, is this seat ~?** Entschuldigung, ist dieser Platz frei?; **to leave sth ~** etw freilassen ❾ PHYS (*independent*) frei, nicht gebunden ❿ *inv* (*costing nothing*) gratis; **admission is ~** der Eintritt ist frei; **entrance is ~ for pensioners** Rentner haben freien Eintritt; ~ **of charge** kostenlos; **to be ~ of [or from] customs/tax** zoll-/steuerfrei sein; ~ **ticket** Freikarte *f* ⓫ (*generous*) freigiebig; ■**to be ~ with sth** mit etw *dat* großzügig sein; **to make ~ with sth** mit etw *dat* großzügig umgehen; (*help oneself*) sich *akk* großzügig einer S. *gen* bedienen ⓬ (*inexact*) frei, nicht wörtlich; ~ **translation/version** freie Übersetzung ⓭ (*frank*) offen ▶ PHRASES: **to be as ~ as the <u>air</u> [or a <u>bird</u>]** frei wie ein Vogel sein; **the best things in <u>life</u> are ~** (*saying*) das Beste im Leben ist umsonst; **there's no such thing as a ~ <u>lunch</u>** nichts ist umsonst; ~ **and <u>easy</u>** entspannt, locker **II.** *adv inv* frei, gratis; ~ **of charge** kostenlos; **~, gratis, and for nothing** (*hum*) gratis und umsonst; **for ~** (*fam*) gratis, umsonst **III.** *vt* ❶ (*release*) ■**to ~ sb** *hostage* jdn freilassen; ■**to ~ sb [from sth]** *trapped person* jdn [von [*o* aus] etw *dat*] befreien; ■**to ~ sth [from sth]** *part of the body* etw [von etw *dat*] frei machen; **he tried vainly to ~ his hands from the rope** er versuchte vergebens, seine Hände aus dem Seil zu befreien ❷ (*relieve*) ■**to ~ sb/sth/oneself from [or of] sth** jdn/etw/sich von etw *dat* befreien [*o* frei machen]; **to ~ sb from a contract** jdn aus einem Vertrag entlassen ❸ (*make available*) **to ~ funds/a space** Gelder flüssigmachen/Platz schaffen; ■**to ~ sb to do sth** jdm Freiraum geben, etw zu tun ❹ (*give free movement to*) ■**to ~ sth** *rusty bolt, cog, tap* etw lösen; **we managed to ~ the propeller from the rope** wir konnten den Propeller vom Seil losmachen

◆**free up** *vt* ■**to ~ up** ⟲ **sth** *time* etw freimachen *akk*
-free [fri:] *in compounds* ❶ (*without*) -frei; **hassle-~** problemlos; **lead-~** bleifrei; **meat-~** fleischlos ❷ (*with no extra charge*) -frei; **interest-~** zinsfrei; **post-~** portofrei; **rent-~** mietfrei
free 'agent *n* (*fig*) eigener Herr; **to be a ~** sein eigener Herr sein **free as·so·ci'a·tion** *n no pl* PSYCH freie Assoziation **'free·base** *vi* (*sl*) Koks rauchen *sl* **'free·bas·ing** *n no pl* (*sl*) Rauchen *nt* von Koks *sl*
free·bie ['fri:bi] (*fam*) **I.** *n* Werbegeschenk *nt* **II.** *adj attr, inv* Gratis-
'free·booter *n* Freibeuter(in) *m(f)* **'Free Church** *n* BRIT Freikirche *f* **free col·lec·tive 'bar·gain·ing** *n no pl* Tarifautonomie *f*
free·dom ['fri:dəm] *n* ❶ *no pl* (*at liberty*) Freiheit *f* ❷ *no pl* (*unrestricted*) Freiheit *f*, Unabhängigkeit *f;* **if parents do not allow their children any ~, they will never learn to be independent** wenn Eltern Kindern keine Freiheiten lassen, werden diese nie selbständig werden; ~ **of action/movement** Handlungs-/Bewegungsfreiheit *f;* ~ **of choice** Wahlfreiheit *f;* ~ **of information** freier Informationszugang; ~ **of speech/thought** Rede-/Gedankenfreiheit *f;* ■**[to have] the ~ to do sth** die Freiheit [haben], etw zu tun; (*opportunity*) die Möglichkeit [haben], etw zu tun ❸ *no pl* (*unaffected*) ~ **from persecution** Schutz *m* vor [politischer] Verfolgung *dat* ❹ (*right*) Grundrecht *nt* ❺ (*room for movement*) Bewegungsfreiheit *f* ❻ (*unrestricted use*) freie Verfügung; **to give sb the ~ of the city** jdm die Ehrenbürgerschaft verleihen; **to have the ~ of sb's garden/house** freien Zutritt zu jds Garten/Haus *dat* haben
'free·dom fight·er *n* Freiheitskämpfer(in) *m(f)*
free 'en·ter·prise *n no pl* freies Unternehmertum **'free fall** *n no pl* freier Fall; **to go into ~** FIN (*fig*) ins Bodenlose fallen; **the company's shares have gone into ~** die Aktien des Unternehmens sind abgestürzt **'free·fall·ing** *adj inv* rapide verfallend **free 'fight** *n esp* BRIT (*a. fig*) allgemeine Schlägerei **free 'flight** *n no pl* AEROSP Gleitflug *m* **'free-float·ing** *adj* ungebunden; ~ **anxiety** PSYCH unbegründete Angst; ~ **voter** Wechselwähler(in) *m(f)* **'Free·fone®** ['fri:fəʊn] *n* BRIT gebührenfreie Telefonnummer **'free-for-all** *n* ❶ (*quarrel*) allgemeines Gerangel *fam* ❷ (*uncontrolled situation*) Anarchie *f* **'free-form** *adj* ART in freier Form *nach n;* ~ **skating** Kür *f* **free 'hand** *n no pl* freie Hand; **to give sb/have a ~ [to do sth]** jdm freie Hand lassen/freie Hand haben[, etw zu tun] **'free·hand I.** *adj* Freihand- **II.** *adv* freihändig **free-'hand·ed** *adj* freigebig, großzügig **'free·hold I.** *n* Eigentumsrecht *nt* (*an Grundbesitz*) **II.** *adj inv* Eigentums-; ~ **flat** BRIT Eigentumswohnung *f* **III.** *adv inv* unter Eigentumsrecht **'free·hold·er** *n* Eigentümer(in) *m(f)* **'free house** *n* BRIT *Pub, das an keine Brauerei gebunden ist* **free 'jazz** *n no pl* Free Jazz *m* **free 'kick** *n* SPORTS Freistoß *m*
free·lance ['fri:lɑ:n(t)s, AM -læn(t)s] **I.** *n* Freiberufler(in) *m(f)* **II.** *adj inv* freiberuflich; **to work ~** frei[beruflich] arbeiten **III.** *adv inv* freiberuflich **IV.** *vi* frei[beruflich] arbeiten
free·lanc·er ['fri:lɑ:n(t)səʳ, AM -læn(t)sɚ] *n* Freiberufler(in) *m(f)*
'free·load *vi* (*pej*) schnorren *fam;* ■**to ~ off sb** bei jdm schnorren *fam* **'free·load·er** *vi* (*pej*) Schnorrer(in) *m(f) fam* **'free·load·ing** *n no pl* (*pej*) Schnorren *nt fam* **free 'love** *n* (*dated*) freie Liebe
free·ly ['fri:li] *adv* ❶ (*unrestrictedly*) frei; ~ **available** frei zugänglich ❷ (*without obstruction*) ungehindert ❸ (*frankly*) offen ❹ (*generously*) großzügig ❺ (*willingly*) freiwillig
'free·man *n* ❶ (*hist: not enslaved*) freier Mann ❷ (*honorary citizen*) Ehrenbürger *m* **free 'mar·ket** *n usu sing* ECON freier Markt **free-mar·ket e'cono·my** *n* ECON freie Marktwirtschaft **'Free·ma·son** *n* Freimaurer *m* **'free·ma·son·ry** *n no pl* Zusammengehörigkeitsgefühl *nt* **'Free·ma·son·ry** *n no pl* Freimaurerei *f* **free 'par·don** *n* BRIT Begnadigung *f;* **to grant a ~ to sb** jdn begnadigen **free 'pass** *n* ❶ (*official document*) Sonderausweis *m* ❷ (*for admission*) Freikarte *f;* (*for travel*)

Freifahrkarte *f* **free 'pe·ri·od** *n* Freistunde *f* **'Free·phone** BRIT **I.** *n no pl* gebührenfreie Telefonnummer **II.** *adj attr, inv* gebührenfrei **free 'port** *n* Freihafen *m* **'Free·post®** *n no pl* BRIT gebührenfreie Postsendung **free 'press** *n no pl* freie Presse **free 'radi·cal** *n* CHEM freies Radikal **'free-range** *adj inv* Freiland-; ~ **chicken** Freilandhuhn *nt;* ~ **eggs** Eier *ntpl* aus Freilandhaltung **'free·rid·er** *n* AM *(fam)* Trittbrettfahrer(in) *m(f) pej* **free 'sam·ple** *n* Probepackung *f,* Gratisprobe *f* **'free·sheet** *n* BRIT Gratiszeitung *f,* kostenlose Zeitung

free·sia ['fri:ziːə, AM -ʒiə] *n* BOT Freesie *f*

'free skat·ing *n no pl* Kürlaufen *nt* **free 'speech** *n no pl* Redefreiheit *f;* **right to** ~ Recht *nt* auf freie Meinungsäußerung **free 'spir·it** *n* Freigeist *m* **free-'spok·en** *adj (dated)* offen; ■**to be** ~ offen und ehrlich seine Meinung sagen **free-'stand·ing** *adj inv* ❶ *(not fixed)* freistehend; ~ **bookcase/wardrobe** frei stehender Bücherschrank/freistehende Garderobe ❷ *(independent)* frei, unabhängig; **a** ~ **organization** eine unabhängige Organisation **'free·style I.** *n no pl* ❶ *(swimming style)* Freistil *m,* Freistilschwimmen *nt* ❷ *(swimming race)* Freistilwettschwimmen *nt* ❸ *(style of wrestling)* Freistil *m,* Freistilringen *nt* **II.** *adj attr, inv* Freistil-; ~ **race** Freistilwettkampf *m* **free·'think·er** *n* Freidenker(in) *m(f)* **free·'think·ing** *adj* freidenkerisch **free 'throw** *n* SPORTS Freiwurf *m* **free 'trade** *n no pl* ECON Freihandel *m* **'free-trade** *adj attr, inv* Freihandels-; ~ **agreement/area** Freihandelsabkommen *nt/*-zone *f* **free 'verse** *n no pl* freier Vers **free 'vote** *n* BRIT POL freie Abstimmung *(ohne Fraktionszwang)* **'free·ware** *n no pl* Gratissoftware *f,* Freeware *f* **'free·way** *n* AM, AUS *(motorway)* Autobahn *f* **free 'wheel** *n* Freilaufrad *nt* **'free·wheel** *vi* **to** ~ [**downhill**] im Freilauf [den Hügel hinunter]fahren **'free·wheel·ing** *adj (fam)* unbekümmert, sorglos **free 'will I.** *n no pl* freier Wille; ■**to do sth of one's own** ~ etw aus freien Stücken tun **II.** *adj* freiwillig **'free·wom·an** *n* ❶ *(hist: non-slave)* freie Frau ❷ *(citizen)* ~ **of a city** Ehrenbürgerin *f* einer Stadt **free 'world** *n no pl* ■**the** ~ die freie Welt

freeze [fri:z] **I.** *n* ❶ *(fam: cold weather)* Frost *m;* **big** ~ harter Frost ❷ *(stoppage)* Einfrieren *nt fam;* **a pay/price/wage** ~ [*or* **a** ~ **on pay/prices/wages**] ein Einfrieren *nt* des Gehalts/der Preise/der Löhne *fam* ❸ *(still picture)* Standbild *nt;* *(device on video player)* Standbildfunktion *f* **II.** *vi* <froze, frozen> ❶ *(become solid)* *water* gefrieren; *pipes* einfrieren; *lake* zufrieren; **to** ~ **solid** *water* festfrieren ❷ *(a. fig: get very cold)* [sehr] frieren; **to** ~ **to death** erfrieren ❸ *impers (be below freezing point)* ■**it's freezing** es friert; **it froze three nights in a row** es gab drei Nächte hintereinander Frost ❹ *(store in freezer)* einfrieren ❺ *(be still)* erstarren; ~, **or I'll shoot!** keine Bewegung oder ich schieße! ❻ *(be jammed)* *screw, nail* klemmen **III.** *vt* <froze, frozen> ❶ *(turn to ice)* ■**to** ~ **sth** etw gefrieren lassen ❷ *(preserve)* ■**to** ~ **sth** etw einfrieren ❸ *(make sb stop)* ■**to** ~ **sb** jdn erstarren lassen; **to** ~ **sb with a look/stare** jdn mit einem Blick zum Erstarren bringen ❹ *(on a film)* **to** ~ **an action/image** ein Geschehnis/Bild festhalten; **to** ~ **a film** einen Film anhalten ❺ *(fix at particular level)* **to** ~ **a salary/programme** ein Gehalt/Programm einfrieren *fam* ❻ *(prevent from being used)* **to** ~ **an account** ein Konto einfrieren *fam* ❼ *(anaesthetize)* ■**to** ~ **sth** etw vereisen ►PHRASES: **to** [**be cold enough to**] ~ **the balls off a brass monkey** *(fam!)* so kalt sein, dass es einem die Eier abfriert *derb;* **to make sb's blood** ~ [*or* ~ **sb's blood**] jdm das Blut in den Adern gefrieren lassen *geh*

◆**freeze out** *vt* ■**to** ~ **out** ○ **sb** [**of sth**] jdn [von etw *dat*] ausschließen

◆**freeze over** *vi* zufrieren; *water* frieren; *window* vereisen

◆**freeze up** *vi* ❶ *(block with ice)* *pipes* einfrieren ❷ *(jam)* klemmen

'freeze-dried *adj inv* gefriergetrocknet **'freeze-dry** *vt* ■**to** ~ **sth** etw gefriertrocknen **'freeze-frame** *n* ❶ *(still picture)* Standbild *nt* ❷ *(device on video player)* Standbildfunktion *f* **'freeze-out** *n* Ausschluss *m*

freez·er ['fri:zəʳ, AM -ɚ] *n* Gefrierschrank *m;* **a chest/upright** ~ eine Gefriertruhe/ein Gefrierschrank *m*

'freez·er bag *n* ❶ *(for use in freezer)* Gefrierbeutel *m* ❷ BRIT *(cold bag)* Kühltasche *f* **'freez·er com·part·ment** *n* Gefrierfach *nt* **'freez·er pack** *n* Kühlbeutel *m*

'freeze-up *n* starker Frost

freez·ing ['fri:zɪŋ] **I.** *adj inv (very cold)* frostig; ■**it's** ~ es ist eiskalt; **I'm** ~ mir ist eiskalt **II.** *n no pl* ❶ *(0°C)* Gefrierpunkt *m;* **above** ~ über dem Gefrierpunkt ❷ *(preserving)* Einfrieren *nt*

freez·ing 'cold *adj* eiskalt **'freez·ing com·part·ment** *n* Gefrierfach *nt* **'freez·ing in·struc·tions** *npl* Gefrieranleitung *f* **'freez·ing point** *n* Gefrierpunkt *m* **freez·ing 'rain** *n no pl* gefrorener Regen *m* **'freez·ing works** *n + sing vb* AUS, NZ Kühlhaus *nt*

freight [freɪt] **I.** *n no pl* ❶ *(goods)* Frachtgut *nt* ❷ *(transportation)* Fracht *f;* **air/rail** ~ Luft-/Bahnfracht *f;* **to send sth by** ~ etw als Fracht senden ❸ *(charge)* Frachtgebühr *f* ❹ AM TRANSP *(freight train)* Güterzug *m* **II.** *n modifier (for freight)* Fracht- **III.** *adv inv* als Fracht; **to send sth** ~ etw als Fracht[gut] senden **IV.** *vt usu passive* ❶ *(transport)* ■**to** ~ **sth** etw als Frachtgut befördern ❷ *(fig liter)* ■**to be** ~**ed with sth** mit etw *dat* beladen sein

freight·age ['freɪtɪdʒ] *n* ❶ *no pl (transporting of goods)* Frachtbeförderung *f* ❷ *(goods)* Fracht *f*

'freight car *n* AM Güterwagen *m*

freight·er ['freɪtəʳ, AM -t̬ɚ] *n* ❶ *(ship)* Frachter *m* ❷ *(plane)* Frachtflugzeug *nt*

'Freight·lin·er® *n* BRIT RAIL Containergüterzug *m* **'freight train** *n* AM Güterzug *m* **'freight yard** *n* AM Güterbahnhof *m*

French [fren(t)ʃ] **I.** *adj* ❶ *(of France)* französisch; ~ **people** Franzosen *pl* ❷ *(of language)* Französisch-, französisch; ~ **class** Französischstunde *f;* ~ **grammar/verbs** französische Grammatik/Verben **II.** *n* ❶ *no pl (language)* Französisch *nt;* **excuse my** ~**!** *(hum)* entschuldige meine Ausdrucksweise! ❷ *(people)* ■**the** ~ *pl* die Franzosen

French 'bean *n* BRIT Buschbohne *f,* Gartenbohne *f* **French 'bread** *n no pl* Baguette *nt,* französisches [Stangen]weißbrot **French-bread 'piz·za** *n* überbackenes Baguette **French Ca·'na·dian I.** *n* Frankokanadier(in) *m(f)* **II.** *adj* frankokanadisch **French 'chalk** *n no pl* Schneiderkreide *f* **French 'cuff** *n* FASHION doppelte Manschette **French 'doors** *npl esp* AM Verandatür *f* **French 'dress·ing** *n no pl* ❶ *(salad dressing)* Vinaigrette *f* ❷ AM *(American salad dressing)* American Dressing *nt* **French For·eign 'Le·gion** *n no pl* ■**the** ~ die Fremdenlegion **French fried po·'ta·toes** *npl,* **French 'fries** *npl* Pommes frites *pl* **French 'horn** *n* MUS Waldhorn *nt* **French 'kiss** *n* Zungenkuss *m* **French 'knick·ers** *npl* Culotte *f,* French Knickers *pl* **French 'leave** *n no pl (dated)* **to take** ~ sich *akk* aus dem Staub machen *fam* **French 'let·ter** *n* BRIT, AUS *(old fam)* Pariser *m sl* **French 'loaf** *n* Baguette *nt* **'French·man** *n* Franzose *m* **French 'mani·cure** *n* French Manicure *f* **French 'mus·tard** *n* BRIT französischer Senf **French 'plait** *n* französischer Zopf **French 'pleat** *n Frauenfrisur, bei der die Haare zurückgekämmt und in einer länglichen Rolle aufgesteckt werden* **French 'pol·ish** BRIT, AUS **I.** *n no pl* Schellackpolitur *f* **II.** *vt* ■**to** ~ **sth** etw mit Schellackpolitur behandeln **French 'pol·ish·er** *n* BRIT, AUS Schellackpolierer(in) *m(f)* **French 'roll** *n see* **French pleat French 'seam** *n* Rechts-Links-Naht *f* **'French-speak·ing** *adj inv* französischsprachig **French 'stick** *n* Baguette *nt* **French 'toast** *n no pl* armer Ritter **French 'win·dow** *n usu pl* Verandatür *f* **'French·wom·an** *n* Französin *f*

Frenchy ['fren(t)ʃi] *(usu pej!)* **I.** *adj (fam)* [betont] französisch **II.** *n* ❶ *(fam: sb from France)* Franzmann *m veraltend fam,* Franzose, Französin *m, f* ❷ *(French-Canadian)* Frankokanadier(in) *m(f)* ❸ BRIT *(dated fam: condom)* Pariser *m sl*

fre·net·ic [frə'netɪk, AM -t̬-] *adj* hektisch; ~ **activity** fieberhafte

Aktivität

fre·neti·cal·ly [frəˈnetɪkəli, AM -t̬-] *adv* [wie] wild; **to work ~** fieberhaft arbeiten

frenu·lum <*pl* -la> [ˈfrenjələm] *n* Frenulum *nt fachspr*

fren·zied [ˈfrenzɪd] *adj* ❶ (*frantic*) fieberhaft ❷ (*emotionally wild*) ungestüm; **~ attack** wilder Angriff; **~ barking** wildes Gebell; **the ~ crowd** die aufgebrachte Menge; **~ yell** durchdringender Schrei

fren·zy [ˈfrenzi] *n no pl* Raserei *f*; **they whipped up the crowd into a ~ of excitement** sie brachten die Menge zum Rasen; **in a ~ of frustration, ...** in einem wahren Anfall von Frustration ...; **a ~ of activity** eine fieberhafte Aktivität; **a media ~** ein Medienspektakel *nt*; **jealous ~** Eifersuchtswahn *m*; **to work oneself up into a ~** sich *akk* in eine Raserei [hinein]steigern

fre·quen·cy [ˈfriːkwən(t)si] *n* ❶ *no pl* (*rate*) Häufigkeit *f*; **with increasing ~** immer öfter ❷ *no pl* (*number of occurrences*) häufiges Vorkommen; **the ~ of terrorist attacks seems to have fallen recently** in letzter Zeit scheint es nicht mehr so viele Angriffe von Terroristen gegeben zu haben ❸ RADIO Frequenz *f*; **high/low ~** Hoch-/Niederfrequenz *f*

ˈfre·quen·cy band *n* RADIO Frequenzband *nt* **ˈfre·quen·cy modu·la·tion** *n* RADIO Frequenzmodulation *f*

fre·quent I. *adj* [ˈfriːkwənt] ❶ (*happening often*) häufig ❷ (*regular*) regelmäßig; **I'm not a very ~ attender at club meetings** ich besuche Clubsitzungen nicht sehr regelmäßig; **~ flyer** Vielflieger(in) *m(f)* II. *vt* [frɪˈkwent, AM ˈfriːkwent] **to ~ a place** einen Ort häufig besuchen

fre·quent·er [frɪˈkwentəʳ, AM ˈfriːkwent̬ɚ] *n* häufiger Besucher/häufige Besucherin

fre·quent ˈfly·er *n modifier* Vielflieger-; **unlimited ~ miles** unbegrenzte Flugmeilen für Vielflieger

fre·quent·ly [ˈfriːkwəntli] *adv* häufig

ˈfre·quent-user *n modifier* für Vielnutzer *nach n*

fre·quent ˈuser *n* (*of drugs*) großer Konsument/große Konsumentin; *of train, tunnel, facility* häufiger Benutzer/häufige Benutzerin

fres·co <*pl* -s *or* -es> [ˈfreskəʊ, AM -oʊ] *n* ❶ (*painting*) Fresko *nt* ❷ *no pl* (*technique*) Freskomalerei *f*

fresh [freʃ] *adj* ❶ *attr* (*new*) neu; **there has been ~ fighting between police and demonstrators** es kam zu erneuten Auseinandersetzungen zwischen Polizei und Demonstranten; **we need to get some ~ blood into our department** wir brauchen frisches Blut in unserer Abteilung; **to make a ~ start** einen Neuanfang machen ❷ (*unused*) ungebraucht, neu ❸ (*recent*) frisch; **the paint's still ~** die Farbe ist noch feucht; **the shopkeeper said she was ~ out of soap** die Ladenbesitzerin sagte, Seife sei gerade ausgegangen; **~ snow** Neuschnee *m*; **~ from the factory/oven** fabrik-/ofenfrisch; **to be ~ in sb's mind** jdm noch frisch im Gedächtnis sein; **to be ~ from New York** gerade von New York kommen; **~ off the presses** druckfrisch; **~ from the suppliers** frisch vom Lieferanten; **to be ~ from university** frisch von der Universität kommen ❹ (*not stale*) frisch; **~ bread/fruit** frisches Brot/Obst ❺ *attr* (*not processed*) frisch; **~ fish** frischer Fisch ❻ (*clean and pleasant*) frisch; **to be like a breath of ~ air** (*fig*) erfrischend [anders] sein; **to get a breath of ~ air** frische Luft schnappen; **~ breath/smell** frischer Atem/Duft; **~ taste** erfrischender Geschmack ❼ *usu pred* (*cool, windy*) frisch, kühl; **it will be rather ~ tomorrow morning** es wird morgen früh ziemlich frisch werden ❽ (*strong*) kräftig; **~ breeze** frische Brise ❾ *pred* (*not tired*) ausgeruht; **as ~ as a daisy** putzmunter *fam* ❿ (*healthy-looking*) gesund; *skin* frisch ⓫ (*exciting*) frisch, neu ⓬ (*not salty*) **~ water** Süßwasser *nt* ⓭ *usu pred* (*fam*) **to get ~ with sb** (*be disrespectful*) jdm frech kommen; (*make sexual advances*) jdm gegenüber zudringlich sein ⓮ AM (*sl: Black English*) megacool *sl* ▶ PHRASES: **to be neither fish, flesh nor good ~ meat** BRIT weder Fisch noch Fleisch sein

fresh- [freʃ] *in compounds* frisch-

fresh·en [ˈfreʃən] I. *vt* ❶ (*make more pleasant*) **to ~ a room** einen Raum durchlüften; **to ~ one's lipstick/make-up** den Lippenstift/das Make-up auffrischen [*o* erneuern] ❷ *esp* AM **to ~ sb's drink/glass** jds Getränk/Glas auffüllen II. *vi* frischer werden; *wind* auffrischen

◆**freshen up** I. *vt* ■**to ~ up** ↔ **sth** ❶ (*make cleaner*) etw frisch machen; ■**to ~ oneself up** sich *akk* frisch machen ❷ (*make pleasanter*) etw aufpeppen *fam* ❸ (*fig: make more interesting*) etw beleben II. *vi* sich *akk* frisch machen

fresh·er [ˈfreʃəʳ] *n* BRIT, AUS (*fam*) Studienanfänger(in) *m(f)*; **~'s week** BRIT *erste Woche des neuen Studienjahres, in der die Studienanfänger in das Studentenleben eingeführt werden*

fresh·ly [ˈfreʃli] *adv* ❶ *inv* (*newly*) frisch; **~ baked bread** frisch gebackenes Brot ❷ METEO (*strongly*) kräftig

fresh·man [ˈfreʃmən] AM I. *n* ❶ (*fresher*) Studienanfänger *m* ❷ (*first-year high school student*) Gymnasiast *m* im ersten Jahr ❸ (*beginner*) Neuling *m* II. *n modifier* frischgebacken *hum fam*

i Kultur

Ein **Freshman** ist in den USA ein Schüler der neunten Klasse, ein *Sophomore* ein Schüler der 10. Klasse, ein *Junior* ein Schüler der 11. Klasse und ein *Senior* ein Schüler der 12. Klasse. Das sind die üblichen Bezeichnungen der *High-School*-Jahre, auch wenn die *High School* in vielen Gegenden jetzt erst mit der 10. Klasse beginnt. Diese Begriffe werden außerdem auch für Studenten in den vier *College*-Jahren verwendet.

ˈfresh·man year *n* AM *erstes Jahr an der Universität*

fresh·ness [ˈfreʃnəs] *n no pl* ❶ (*pleasant quality*) Frische *f* ❷ (*newness*) Neuheit *f*

ˈfresh·wa·ter *adj attr, inv* Süßwasser-

fret¹ [fret] I. *vi* <-tt-> sich *dat* Sorgen machen; ■**to ~ about** [*or* **over**] **sth** sich *dat* über etw *akk* Gedanken machen II. *vt* <-tt-> ❶ (*distress*) ■**to ~ sb** jdn beunruhigen; **don't ~ yourself about it** mach dir keine Sorgen darüber; ■**to ~** [**that**] ... (*worry*) sich *akk* sorgen, dass ... ❷ (*wear*) ■**to ~ sth** etw abnutzen; *sea, water* an etw *dat* nagen III. *n esp* BRIT ■**to be in a ~** (*worry*) in Sorge sein, sich *dat* Sorgen machen; (*be upset*) aufgebracht sein; **to get into a ~** sich *akk* aufregen

fret² [fret] *n* MUS Bund *m*

fret³ [fret] *n* ARCHIT, ART gitterartige Verzierung

fret·board [ˈfretbɔːd, AM -bɔːrd] *n* MUS Griffbrett *nt*

fret·ful [ˈfretfəl] *adj* ❶ (*irritable*) quengelig *fam* ❷ (*anxious*) unruhig; **~ voice** besorgte Stimme

fret·ful·ly [ˈfretfəli] *adv* unruhig; **to complain ~** sich *akk* besorgt beklagen

fret·saw [ˈfretsɔː, AM -sɑː] *n* Laubsäge *f*

fret·ted [ˈfretɪd, AM -t̬-] *adj inv* ❶ (*of instrument*) mit Bünden versehen; **~ instrument** Zupfinstrument *nt* ❷ (*of notes*) gezupft ❸ ARCHIT, ART gitterartig verziert

fret·work [ˈfretwɜːk, AM -wɜːrk] *n no pl* (*in wood*) Laubsägearbeit *f*

Freud·ian [ˈfrɔɪdiən] *adj* freudianisch

Freud·ian ˈslip *n* freudscher Versprecher *fam*

FRG [ˌefɑːʳˈdʒiː, AM -ɑːr'-] *n* (*hist*) *abbrev of* **Federal Republic of Germany**: ■**the ~** die BRD

Fri *n abbrev of* **Friday** Fr.

fri·able [ˈfraɪəbl] *adj* (*form*) bröckelig

fri·ar [ˈfraɪəʳ, AM -ɚ] *n* Mönch *m*

fri·ar's ˈbal·sam, fri·ars' ˈbal·sam *n no pl benzoinhaltiges Mittel zum Inhalieren bei Erkältungen*

fri·ary [ˈfraɪəri] *n* Mönchskloster *nt*

fric·as·see [ˌfrɪkəˈsiː] *n* Frikassee *nt*; **chicken/veal ~** Hühner-/

Kalbsfrikassee *nt*

frica·tive ['frɪkətɪv, AM -t̬-] LING **I.** *adj* Reibe-, frikativ *fachspr* **II.** *n* Reibelaut *m,* Frikativ *m fachspr*

fric·tion ['frɪkʃᵊn] *n no pl* ① (*force*) Reibung *f* ② (*disagreement*) Reiberei[en] *f[pl]*

fric·tion·al ['frɪkʃᵊnᵊl] *adj* Reibungs-; ~ **electricity** Reibungselektrizität *f*

'fric·tion tape *n* AM Isolierband *nt*

Fri·day ['fraɪdeɪ] *n* Freitag *m; see also* **Tuesday**

fridge [frɪdʒ] *n* (*fam*) Kühlschrank *m*

fridge-'freez·er *n* (*esp Brit*) kombinierter Kühl- und Gefrierschrank

fried [fraɪd] *adj* ① *inv* (*of food*) gebraten; ~ **chicken** Brathähnchen *nt;* ~ **potatoes** Bratkartoffeln *fpl* ② *pred esp* AM (*fam: exhausted*) ■ **to be** ~ gerädert [*o* fertig] sein *fam*

fried 'egg *n* Spiegelei *nt*

friend [frend] *n* ① Freund(in) *m(f);* **bosom** ~ Busenfreund(in) *m(f);* **childhood** ~ Freund(in) *m(f)* aus der Kindheit; **a** ~ **of the family** [*or* **family** ~] ein Freund *m*/eine Freundin der Familie; **sb's best** ~ jds bester Freund/beste Freundin; **close** ~ enger Freund/enge Freundin; **our feathered/four-footed** ~**s** unsere gefiederten/vierbeinigen Freunde; **to be just good** ~**s** nur gute Freunde sein; **to be a** [**good**] ~ **to sb** jdm ein [guter] Freund/eine [gute] Freundin sein; **sb's old** ~ (*hum*) jds alter Freund/alte Freundin *fam;* **to make** ~**s** [**with sb**] sich *akk* [mit jdm] anfreunden, Freund gewinnen *geh;* **a** ~ **of mine/his/hers/yours** ein Freund *m*/eine Freundin von mir/ihm/ihr/dir; ■ **to be** ~**s** [**with sb**] [mit jdm] befreundet sein ② (*form of address*) mein Freund/meine Freundin; **my honourable** ~ BRIT POL mein Herr Vorredner/meine Frau Vorrednerin; **my right honourable** ~ BRIT POL mein sehr verehrter Herr Kollege Abgeordneter/meine sehr verehrte Frau Kollegin Abgeordnete; **my learned** ~ BRIT LAW mein verehrter Herr Kollege/meine verehrte Frau Kollegin; **my noble** ~ BRIT POL mein verehrter Freund/meine verehrte Freundin ③ (*sympathizer*) Freund(in) *m(f),* Befürworter(in) *m(f);* **she's no** ~ **of the Socialists** sie ist keine Anhängerin der Sozialisten; **to be a** ~ **of a society** unterstützendes Mitglied einer Gesellschaft sein ▶ PHRASES: **to have a** ~ **at court** [*or* **to have** ~**s in high places**] einen einflussreichen Freund [*o* einflussreiche Freunde] haben; **with** ~**s like these, who needs enemies?** wer braucht Feinde, wenn er Freunde wie diese hat?; **a** ~ **in need is a** ~ **indeed** (*prov*) ein Freund in der Not ist ein wahrer Freund; **how to win** ~**s and influence people** (*esp iron*) wie man sich *dat* Freunde und Einfluss verschafft; **what are** ~**s for?** wofür hat man Freunde?; **that's what** ~**s are for** dafür hat man Freunde

Friend [frend] *n* Quäker(in) *m(f);* **the Society of** ~**s** die Gemeinschaft der Quäker [*o* Gesellschaft der Freunde]

friend·less ['frendləs] *adj inv* ohne Freund[e]

friend·li·ness ['frendlɪnəs] *n no pl* Freundlichkeit *f;* **to show** ~ **towards** [*or* **to**] **sb** jdm freundlich gesinnt sein *geh*

friend·ly ['frendli] **I.** *adj* ① (*showing friendship*) freundlich; **to be on** ~ **terms with sb** mit jdm auf freundschaftlichem Fuß stehen; ■ **to be** ~ **towards** [*or* **to**] **sb** zu jdm freundlich sein; ■ **to be** ~ **with sb** mit jdm befreundet sein ② (*of place, atmosphere*) angenehm ③ (*not competitive*) freundschaftlich; ~ **match** Freundschaftsspiel *nt* ④ (*allied*) freundlich gesinnt; ~ **country** befreundetes Land **II.** *n* BRIT SPORTS Freundschaftsspiel *nt*

friend·ly 'fire *n no pl* MIL Beschuss *m* durch die eigene Seite

'friend·ly so·ci·ety *n* BRIT Versicherungskasse *f*

friend·ship ['fren(d)ʃɪp] *n* ① (*relationship*) Freundschaft *f* (**with** mit +*dat*); **close/deep** ~ enge/tiefe Freundschaft; **to strike up a** ~ [**with sb**] [mit jdm] Freundschaft schließen, sich *akk* [mit jdm] anfreunden ② *no pl* (*feeling*) Freundschaftlichkeit *f;* **to hold out the hand of** ~ **to sb** jdm die Freundschaft anbieten; **the ties of** ~ die freundschaftlichen Bande *geh*

fri·er *n see* **fryer**

fries [fraɪz] *npl* AM Pommes frites *pl*

Frie·sian ['fri:ziən] *n* BRIT, AUS, **Fries·land** ['fri:zlənd] *n* SA [holstein-]friesisches Rind

frieze [fri:z] *n* ARCHIT Fries *m*

frig¹ [frɪdʒ] *n* BRIT (*old*) *see* **fridge**

frig² [frɪg] (*vulg, sl*) **I.** *n* (*exclamation*) ■ ~! Wichser! *pej derb* **II.** *vi* <-gg-> ① (*have sex*) vögeln *vulg,* ficken *derb* ② (*masturbate*) *man* sich *dat* einen runterholen *vulg,* wichsen *derb* **III.** *vt* <-gg-> ■ **to** ~ **sb** jdn vögeln *vulg* [*o derb* ficken]

◆ **frig about, frig around** *vi* (*fam!*) herumblödeln *fam*

frig·ate ['frɪgət] *n* MIL, NAUT Fregatte *f*

frig·ging ['frɪgɪŋ] *adj attr, inv* (*fam!*) verdammte(r, s) *fam;* **don't drop the** ~ **thing** lass das verdammte Ding nicht fallen *fam*

fright [fraɪt] *n* ① *no pl* (*feeling*) Angst *f;* **to take** ~ [**at sth**] [vor etw *dat*] Angst bekommen ② *usu sing* (*experience*) Schrecken *m;* **to get a** ~ erschrecken; **to give sb a** ~ jdn erschrecken, jdm einen Schrecken einjagen; **to have the** ~ **of one's life** zu Tode erschrecken, den Schock seines Lebens bekommen *fam* ③ (*dated fam: of appearance*) Vogelscheuche *f;* **to look a** ~ scheußlich [*o* wie eine Vogelscheuche] aussehen *fam*

fright·en ['fraɪtᵊn] **I.** *vt* ■ **to** ~ **sb** jdn erschrecken, jdm Angst machen; **to** ~ **sb to death** jdn zu Tode erschrecken; **to** ~ **the life** [*or* **the** [**living**] **daylights**] **out of sb** jdn furchtbar erschrecken; **to** ~ **sb into silence/submission** jdn zum Schweigen/Aufgeben bringen; ■ **to** ~ **sb out of doing sth** jdn von etw *dat* abschrecken **II.** *vi* erschrecken; **to** [**not**] ~ **easily** [nicht] leicht Angst bekommen

◆ **frighten away** *vt* ① (*scare off*) ■ **to** ~ **away** ↔ **sb/an animal** jdn/ein Tier verscheuchen ② (*deter*) ■ **to** ~ **away** ↔ **sb** jdn abschrecken

◆ **frighten off** *vt* ■ **to** ~ **sb** ↔ **off** [**sth**] jdn [von etw *dat*] abschrecken

fright·ened ['fraɪtᵊnd] *adj* verängstigt; ■ **to be** ~ **of sth/sb** sich *akk* vor etw/jdm fürchten; ■ **to be** ~ **of doing** [*or* **to do**] **sth** Angst [davor] haben, etw zu tun; ■ **to be** ~ [**that**] ... Angst haben, [dass] ...; **to be** ~ **to death** zu Tode erschrocken sein

fright·en·ers ['fraɪtᵊnəz] *npl* BRIT (*fam*) **to put the** ~ **on sb** jdm Angst einjagen

fright·en·ing ['fraɪtᵊnɪŋ] *adj* Furcht erregend, beängstigend

fright·en·ing·ly ['fraɪtᵊnɪŋli] *adv* erschreckend

fright·ful ['fraɪtfᵊl] *adj* ① (*bad*) entsetzlich *a. fam* ② (*extreme*) schrecklich *a. fam,* furchtbar *a. fam;* **to get into** ~ **trouble** furchtbaren Ärger bekommen

fright·ful·ly ['fraɪtfᵊli] *adv* (*fam*) schrecklich *fam;* **that's** ~ **decent of you** das ist furchtbar nett von Ihnen *fam*

frig·id ['frɪdʒɪd] *adj* ① (*of temperature*) eisig, saukalt *fam* ② (*sexually*) frigid[e] ③ (*of manner*) frostig

frig·id·ity [frɪ'dʒɪdəti, AM -t̬-] *n no pl* ① (*of sexuality*) Frigidität *f* ② (*of temperature*) Kälte *f* ③ (*fig: of manner*) Kälte *f,* Frostigkeit *f*

frig·id·ly ['frɪdʒɪdli] *adv* frostig

'Frig·id Zone *n* Polarzone *f*

frill [frɪl] *n* ① (*cloth*) Rüsche *f* ② (*paper*) [Papier]manschette *f* ③ ZOOL Kragen *m* ④ (*fig fam: extras*) ■ ~**s** *pl* Schnickschnack *m fam;* **no** ~**s** ohne Schnickschnack *fam*

frilled [frɪld] *adj* gekräuselt; ~ **skirt** Rüschenrock *m*

frilly ['frɪli] *adj* Rüschen-

fringe [frɪndʒ] **I.** *n* ① (*edging*) Franse *f;* ~ **of bushes/reeds** Busch-/Schilfgürtel *m* ② BRIT, AUS (*hair*) Pony *m* ③ (*of area*) Rand *m;* **on the** ~ **of the wood** am Waldrand ④ + *sing/pl vb* (*fig: of group, activity*) **the radical** ~ **of the party** der radikale Flügel der Partei; **on the** ~**s of society** am Rand der Gesellschaft; **the lunatic** ~ die Extremisten *mpl* ⑤ BRIT ART ■ **the** ~ die Alternativszene; **the Bath Festival F**~ das Alternativfestival von Bath **II.** *vt usu passive* ■ **to** ~ **sth** *area, water* etw umgeben; *cloth* etw umsäumen **III.** *adj inv* ① (*not mainstream*) Rand-; ~ **character** FILM, THEAT Nebenrolle *f;* ~ **medi-**

F

cine BRIT Alternativmedizin *f* ❷ BRIT (*of art*) Alternativ-
fringe 'ben·efit *n* ECON Zusatzleistung *f*
fringed [frɪndʒd] *adj inv* umgrenzt; **handkerchiefs ~ with lace** spitzenumrandete Taschentücher; **to be ~ with flowers/hedges** (*fig*) von Blumen/Hecken umgeben sein
'fringe dwell·er *n* AUS Bewohner(in) *m(f)* eines Armutsviertels (*am Rande einer Stadt*) **fringe 'thea·tre** *n no pl* BRIT Alternativtheater *nt*
frip·pery ['frɪpəri] *n* (*pej*) ❶ *no pl* (*decoration*) Tand *m veraltend;* (*knick-knacks*) Kinkerlitzchen *pl fam* ❷ (*objects*) ■**fripperies** *pl* Firlefanz *m pej fam*
fris·bee® ['frɪzbi] *n* ❶ (*toy*) Frisbee® *nt* ❷ *no pl* (*game*) Frisbeespiel *nt;* **to play ~** Frisbee spielen
fri·sée ['fri:zeɪ, AM fri:'zeɪ] *n no pl* Frisee *m*
frisk [frɪsk] **I.** *vi* ■**to ~ [about]** herumtollen **II.** *vt* ❶ (*search*) ■**to ~ sb** jdn abtasten; ■**to ~ sb for sth** jdn nach etw *dat* durchsuchen ❷ (*move back and forth*) ■**to ~ sth [about]** etw hin- und herbewegen; **the cat ~ed her tail about** die Katze wedelte mit ihrem Schwanz herum; **the pony ~ed its ears** das Pony stellte seine Ohren vor und zurück **III.** *n* ❶ (*body search*) Durchsuchen *nt,* Filzen *nt fam* ❷ (*skip*) [Freuden]sprung *m*
friski·ly ['frɪskɪli] *adv* ausgelassen
friski·ness ['frɪskɪnəs] *n no pl* Ausgelassenheit *f; of young animals* Verspieltheit *f*
frisky ['frɪski] *adj* ❶ (*energetic*) ausgelassen; **~ horse** lebhaftes Pferd ❷ (*fam: sexually playful*) verspielt
fris·son ['fri:sɔ̃:(ŋ), AM fri:'soʊn] *n* Schauer *m*
frit·ta·ta [frɪ'tɑ:tə, AM -ɑ:t̬ə] *n* FOOD Frittate *f*
frit·ter ['frɪtəʳ, AM -t̬ɚ] **I.** *n* Fettgebackenes *nt* (*mit Obst-/Gemüsefüllung*); **apple/corn ~s** ausgebackene Apfelscheiben/überbackener Mais **II.** *vt* ■**to ~ away** ↔ **sth** etw vergeuden; *money* etw verschleudern; **to ~ away the day/time** den Tag/die Zeit vertrödeln *fam*
fritz [frɪts] *n no pl* **to go on the ~** AM (*sl*) den Geist aufgeben *fam*
fri·vol·ity [frɪ'vɒləti, AM -'vɑ:lɪt̬i] *n* ❶ *no pl* (*lack of seriousness*) Frivolität *f* ❷ (*activities*) ■**frivolities** *pl* Banalitäten *fpl*
frivo·lous ['frɪvələs] *adj* ❶ (*pej: silly*) leichtfertig ❷ (*pej: unimportant*) belanglos ❸ (*not serious*) frivol; **I want to spend this money on completely ~ things** ich möchte das Geld für völlig verrückte Dinge ausgeben *fam*
frivo·lous·ly ['frɪvələsli] *adv* leichtfertig
frivo·lous·ness ['frɪvələsnəs] *n no pl* ❶ (*silliness*) Leichtfertigkeit *f* ❷ (*irrelevance*) Bedeutungslosigkeit *f*
frizz [frɪz] **I.** *vt* **to ~ one's/sb's hair** das/jds Haar kräuseln **II.** *vi hair* sich *akk* kräuseln **III.** *n no pl* ❶ (*usu pej: curly state*) Krause *f* ❷ (*curly hairstyle*) Kraushaar *nt,* gekraustes Haar
friz·zle ['frɪzl] **I.** *vt* ■**to ~ sth** etw brutzeln [*o* braten] **II.** *n no pl* Brutzeln *nt*
friz·zled ['frɪzl̩d] *adj* verbraten
friz·zy ['frɪzi] *adj* gekräuselt
fro [frəʊ, AM froʊ] *adv* **to and ~** hin und her
frock [frɒk, AM frɑ:k] *n* (*dated*) Kleid *nt;* **a posh ~** BRIT (*hum*) ein Ausgehkleid *nt*
frock 'coat *n* Gehrock *m*
frog¹ [frɒg, AM frɑ:g] *n* (*animal*) Frosch *m* ▶ PHRASES: **~s and snails and puppy dogs' tails** (*saying*) lauter unangenehme Dinge; **to have a ~ in one's throat** einen Frosch im Hals haben *fam*
frog² [frɒg, AM frɑ:g] *n* (*fastening*) Posamentenverschluss *m*
Frog [frɒg, AM frɑ:g] (*pej!*) **I.** *n* (*fam*) Franzmann *m veraltend fam* **II.** *adj* (*fam*) französisch
frog·ging ['frɒgɪŋ, AM 'frɑ:g-] *n no pl* Posament *nt*
'frog·man *n* Froschmann *m* **'frog·march** *vt* ■**to ~ sb somewhere** jdn irgendwohin [fort]schleppen; **soldiers ~ed several protesters away from the square** Soldaten führten mehrere Demonstranten gewaltsam vom Platz ab **'frog·spawn** *n no pl* Froschlaich *m*
frol·ic ['frɒlɪk, AM 'frɑ:-] **I.** *vi* <-ck-> ❶ (*play*) herumtollen ❷ (*be flirtatious*) [herum]flirten *fam* **II.** *n usu pl* ❶ (*play*) Herumgetolle *nt;* (*fun*) Spaß *m kein pl;* **fun and ~s** Spaß und Vergnügen ❷ (*flirt*) Flirt *m*
frol·ic·some ['frɒlɪksəm, AM 'frɑ:-] *adj* (*dated*) ausgelassen
from [frɒm, frəm, AM frɑ:m, frəm] *prep* ❶ (*off*) von +*dat;* **please get me that letter ~ the table** gib mir bitte den Brief von dem Tisch; (*out of*) aus +*dat;* **he took a handkerchief ~ his pocket** er nahm ein Taschentuch aus seiner Hosentasche; *after vb;* **I'm so happy that the baby eats ~ the table already** ich bin so froh, dass das Baby jetzt schon am Tisch isst ❷ (*as seen from*) von *dat ...* [aus]; **you can see the island ~ here** von hier aus kann man die Insel sehen; (*fig*) **she was talking ~ her own experience of the problem** sie sprach aus eigener Erfahrung mit dem Problem; **~ sb's point of view** aus jds Sicht ❸ *after vb* (*as starting location*) von +*dat;* **the wind comes ~ the north** der Wind kommt von Norden; **a flight leaving ~ the nearest airport** ein Flug vom nächstgelegenen Flughafen; *after n;* **the flight ~ Amsterdam** der Flug von Amsterdam; **the water bubbled out ~ the spring** das Wasser sprudelte aus der Quelle; ■**~ sth to sth** (*between places*) von etw *dat* nach etw *dat;* **my dad goes often ~ Washington to Florida** mein Vater reist oft von Washington nach Florida; (*indicating desultoriness*) von etw *dat* in etw *dat;* **the woman walked ~ room to room** die Frau lief vom einen Raum in den anderen ❹ (*as starting time*) von +*dat,* ab +*dat;* **the price will rise by 3p a litre ~ tomorrow** der Preis steigt ab morgen um 3 Pence pro Liter; **~ the thirteenth century** aus dem dreizehnten Jahrhundert; ■**~ sth to sth** von etw *dat* bis etw *dat;* **the show will run ~ 10 a.m. to 2 p.m.** die Show dauert von 10.00 Uhr bis 14.00 Uhr; **~ start to finish** vom Anfang bis zum Ende; **~ day to day** von Tag zu Tag, täglich; **her strength improved steadily ~ day to day** sie wurden jeden Tag ein bisschen stärker; **~ hour to hour** von Stunde zu Stunde, stündlich; **~ time to time** von Zeit zu Zeit, ab und zu; **~ that day [*or* time] on[wards]** von diesem Tag [an], seitdem; **they were friends ~ that day on** seit diesem Tag sind sie Freunde; **~ now/then on** von da an, seither; **as ~ ...** *esp* BRIT ab ... +*dat;* **as ~ 1 January, a free market will be created** ab dem 1. Januar haben wir einen freien Markt ❺ (*as starting condition*) bei +*dat;* **prices start ~ £2.99** die Preise beginnen bei 2,99 Pfund; ■**~ sth to sth** von etw *dat* auf etw *dat;* **the number has risen ~ 25 to 200 in three years** die Anzahl ist in drei Jahren von 25 auf 200 gestiegen; **she translated into German ~ the Latin text** sie übersetzte aus dem Lateinischen ins Deutsche; **things went ~ bad to worse** die Situation wurde noch schlimmer; **~ strength to strength** immer besser; **she has gone ~ strength to strength** sie eilte von Erfolg zu Erfolg; **tickets will cost ~ $10 to $45** die Karten kosten zwischen $10 und $45; **~ soup to nuts** alles zusammen; **the whole dinner, ~ soup to nuts, costs $55** das ganze Essen mit allem drum und dran kostet $55; **anything ~ geography to history** alles von A bis Z ❻ *after n* (*at distance to*) von +*dat;* **we're about a mile ~ home** wir sind ca. eine Meile von zu Hause entfernt; **a day's walk ~ her camping spot** eine Tageswanderung von ihrem Zeltplatz; ■**~ sth to sth** von etw *dat* zu etw *dat;* **it's about two kilometres ~ the airport to your hotel** der Flughafen ist rund zwei Kilometer vom Hotel entfernt ❼ (*originating in*) ■**~ sth** aus +*dat;* **though ~ working-class parents, he made it to the Fortune 500 list** obwohl er als Arbeiterkind aufwuchs, ist er heute unter den 500 Reichsten der Welt; **my mother is ~ France** meine Mutter stammt aus Frankreich; **I'm ~ New York** ich komme aus New York; **daylight comes ~ the sun** das Tageslicht kommt von der Sonne ❽ *after vb* (*in temporary location*) von +*dat,* aus +*dat;* **he hasn't returned ~ work yet** er ist noch nicht von der Arbeit zurück; **she called him ~ the hotel** sie rief

mich aus dem Hotel an; *after adj;* **they're here fresh ~ the States** sie sind gerade aus den USA angekommen; *after n;* **his return ~ the army was celebrated** seine Rückkehr aus der Armee wurde gefeiert; ■**sb ~ sth** von *+dat;* **they sent someone ~ the local newspaper** sie schickten jemanden von der örtlichen Zeitung ⑨ *after vb* (*as source*) von *+dat;* **can I borrow $10 ~ you?** kann ich mir 10 Dollar von dir leihen?; **the vegetables come ~ an organic farm** das Gemüse kommt von einem Biobauernhof; *after n;* ■**sth ~ sb** [**to sb/sth**] etw von jdm (für jdn/etw); **I wonder who this card is ~** ich frage mich, von wem wohl diese Karte ist; **this is a present ~ me to you** das ist ein Geschenk von mir für dich ⑩ (*made of*) ■**~ sth** aus etw *dat;* **the seats are made ~ leather** die Sitze sind aus Leder; *after n;* **in America, most people buy toys ~ plastic** in Amerika kaufen die meisten Leute Spielzeug aus Plastik ⑪ *after vb* (*removed from*) aus *+dat;* **to extract usable fuel ~ crude oil** verwertbaren Brennstoff aus Rohöl gewinnen; **they took the child ~ its parents** sie nahmen das Kind von seinen Eltern weg; *after adj;* **he knows right ~ wrong** er kann gut und böse unterscheiden; **sth** [**subtracted**] **~ sth** MATH etw minus etw *dat;* **three ~ sixteen is thirteen** sechzehn minus drei ist dreizehn ⑫ (*considering*) aufgrund *+gen,* wegen *+gen;* **to conclude ~ the evidence that** aufgrund des Beweismaterials zu dem Schluss kommen, dass; **to make a conclusion from sth** wegen etw *gen* zu einem Schluss kommen; **information obtained ~ papers and books** Informationen aus Zeitungen und Büchern; **~ looking at the clouds, I would say it's going to rain** wenn ich mir die Wolken so ansehe, würde ich sagen, es wird Regen geben ⑬ *after vb* (*caused by*) an *+dat;* **he died ~ his injuries** er starb an seinen Verletzungen; **she suffers ~ arthritis** sie leidet unter Arthritis; ■**to do sth ~ sth** etw aus etw *dat* tun; **he did it ~ jealousy** er hat es aus Eifersucht getan; ■**to do sth ~ doing sth** etw durch etw *akk* tun; **she made her fortune ~ investing in property** sie hat ihr Vermögen durch Investitionen in Grundstücke gemacht; *after adj;* **to get sick ~ salmonella** sich *akk* mit Salmonellen infizieren; *after n;* **to reduce the risk ~ radiation** das Risiko einer Verstrahlung reduzieren; **they got a lot of happiness ~ hearing the news** sie haben sich über die Neuigkeiten unheimlich gefreut ⑭ *after vb* (*indicating protection*) vor *+dat;* **to guard sb ~ sth** jdn vor etw *dat* schützen; **they insulated their house ~ the cold** sie dämmten ihr Haus gegen die Kälte; *after n;* **they found shelter ~ the storm** sie fanden Schutz vor dem Sturm ⑮ *after vb* (*indicating prevention*) vor *+dat;* **the truth was kept ~ the public** die Wahrheit wurde vor der Öffentlichkeit geheim gehalten; **the bank loan saved her company ~ bankruptcy** das Bankdarlehen rettete die Firma vor der Pleite; **he saved him ~ death** er rettete ihm das Leben; **he has been banned ~ driving for six months** er darf sechs Monate lang nicht Auto fahren; ■**~ doing sth** von etw *dat;* **he boss tried to discourage her ~ looking for a new job** ihr Chef versuchte, sie davon abzubringen, nach einem neuen Job zu suchen ⑯ *after vb* (*indicating distinction*) von *+dat;* **conditions vary ~ one employer to another** die Bedingungen sind von Arbeitgeber zu Arbeitgeber unterschiedlich; **he knows his friends ~ his enemies** er kann seine Freunde von seinen Feinden unterscheiden; *after adj;* **his opinion could hardly be more different ~ mine** unsere Meinungen können kaum noch unterschiedlicher sein ▸ PHRASES: **~ the bottom of one's heart** aus tiefstem Herzen

fro·mage frais [ˌfrɒmɑːʒ'freɪ, AM frəˌmɑːʒ'-] *n no pl* Frischkäse *m*

frond [frɒnd, AM frɑːnd] *n* Wedel *m;* **palm ~** Palmwedel *m*

front [frʌnt] **I.** *n* ① *usu sing* (*forward-facing part*) Vorderseite *f;* **shall I lie on my ~ or my back?** soll ich mich auf den Bauch oder auf den Rücken legen?; **please turn round and face the ~** bitte drehen Sie sich um und schauen Sie nach vorn; **~ of a building** Front *f* eines Gebäudes; **~ of a pullover** Vorderteil *m* eines Pullovers; **to put sth on back to ~** etw verkehrt herum anziehen; ■**from the ~** von vorne; **to lead from the ~** die Spitze anführen ② (*front area*) ■**the ~** der vordere Bereich; **we want seats as near the ~ as possible** wir wollen möglichst weit vorne sitzen; **the ~ of a crowd** die Spitze einer Menge; ■**at the ~** vorn[e]; **she got us seats right at the ~** sie hat uns Sitze in der vordersten Reihe besorgt ③ (*ahead of*) ■**in ~** vorn[e]; **the lady in the row in ~** die Dame in der Reihe vor uns; ■**to be in ~** SPORTS in Führung liegen; ■**in ~ of sth/sb** vor etw/jdm; **in ~ of other people/the children/witnesses** vor anderen Menschen/den Kindern/Zeugen ④ (*book cover*) [vorderer] Buchdeckel; (*first pages*) Anfang *m* ⑤ THEAT (*in the auditorium*) ■**out ~** im Publikum; **to go out ~** vor den Vorhang treten ⑥ (*fam: in advance*) ■**up ~** im Voraus ⑦ (*fig: deception*) Fassade *f oft pej;* **the restaurant is a ~ for a drug-smuggling gang** das Restaurant dient nur als Deckadresse für eine Drogenschmugglerbande; **to put on a bold** [*or* **brave**] **~** kühn [*o* mutig] auftreten ⑧ MIL, METEO, POL Front *f;* **the ~ for the Liberation of Palestine** die palästinensische Befreiungsarmee; ■**the ~** MIL die Front; **a cold/warm ~** METEO eine Kalt-/Warmfront; **a united ~** POL eine geschlossene Front ⑨ (*area of activity*) Front *f;* **on the domestic/work ~** an der Heim-/Arbeitsfront; **on the employment ~** im Beschäftigungsbereich ⑩ *usu sing* (*beside sea*) [Strand]promenade *f;* **the lake/river ~** die Uferpromenade ⑪ *no pl* (*fam: impudence*) Unverschämtheit *f,* Frechheit *f* **II.** *adj inv* ① (*at the front*) vorderste(r, s); **I like sitting in the ~ seats at the cinema** ich sitze gerne auf den vorderen Plätzen im Kino; **~ leg** Vorderbein *nt;* **~ teeth** Schneidezähne *mpl;* **~ wheel** Vorderrad *nt* ② (*concealing*) Deck-; **~ operation** Deckfirma *f* **III.** *vt* ① (*face onto*) ■**to ~ sth** einer S. *dat* gegenüberliegen; **all the apartments ~ the sea** alle Wohnungen gehen zum Meer hinaus ② *usu passive* ARCHIT (*put a facade on*) ■**to be ~ed** verkleidet sein; **to be ~ed with timber** mit Holz verkleidet sein ③ (*be head of*) ■**to ~ sth** einer S. *dat* vorstehen; **to ~ a department** eine Abteilung leiten ④ TV (*be presenter*) ■**to ~ sth** etw moderieren **IV.** *vi* ① (*face*) **the house ~s north** das Haus geht nach Norden [hinaus]; **our cottage ~s onto the village green** unser Häuschen liegt zur Dorfwiese hin ② (*be front man*) ■**to ~ for sth** für etw *akk* den Strohmann spielen

front·age ['frʌntɪdʒ, AM -t̬-] *n* ① (*side of building*) [Vorder]front *f* ② (*direction*) Ausrichtung *f;* **these apartments have a delightful dockside ~** diese Wohnungen liegen wunderbar am Hafen ③ (*land*) Grundstück *nt;* **the accommodation is set in a garden with canal ~** die Unterkunft befindet sich in einem Garten, der zum Kanal hin liegt

'front·age road *n* AM (*service road*) Nebenfahrbahn *f*

front·al ['frʌntəl, AM -t̬-] **I.** *adj attr, inv* Frontal-; **~ assault** [*or* **attack**] Frontalangriff *m;* **~ impact** Frontalzusammenstoß *m;* **~ nudity** völlige Nacktheit; **~ view** Vorderansicht *f* **II.** *n* REL Antependium *nt fachspr,* Frontale *nt*

front·al 'lobe *n* ANAT Stirnlappen *m* **front·al lo·'boto·my** *n* MED Frontotomie *f* **'front·al sys·tem** *n* METEO Frontensystem *nt*

'front bench I. *adj attr, inv* BRIT POL der führenden Fraktionsmitglieder *nach n;* **~ team** politische Führungsmannschaft **II.** *n* BRIT POL vordere Sitzreihe im Unterhaus (*für führende Regierungs- und Oppositionspolitiker*) **front·'bench·er** *n* BRIT POL führender Politiker, führende Politikerin *m, f* **front 'cov·er** *n* Titelseite *f* **front 'door** *n* Vordertür *f; of a house* Haustür *f* **'front-end I.** *adj attr* ① AUTO Vorder- ② COMPUT Frontend- ③ (*fam: of money*) Voraus- **II.** *n* COMPUT Front End *nt fachspr,* Emulator *m fachspr* **front 'gar·den** *n* Vorgarten *m*

fron·tier [frʌn'tɪəʳ, AM -'tɪr] *n* ① (*between countries*) Grenze *f* ② *esp* AM (*outlying areas*) ■**the ~** das Grenzland ③ (*of knowledge*) Neuland *nt kein pl*

'fron·tiers·man *n* Grenzer *m* **'fron·tiers·wom·an** *n* Grenzerin *f*

fron·tis·piece ['frʌntɪspiːs, AM -t̬-] *n* Frontispiz *nt fachspr,* Titelbild *nt*

front 'line *n* ❶ MIL (*combat zone*) Frontlinie *f* ❷ (*fig: position*) vorderste Front; **our undercover agents are in the ~ of the fight against drugs** unsere verdeckten Ermittler kämpfen an vorderster Front gegen Drogen **'front-line** *adj attr, inv* MIL Front- **front-line 'states** *npl Länder, die an Kriegsgebiete grenzen* **front 'load·er** *n* Frontlader *m* **'front man** *n* ❶ (*for illegal organization*) Strohmann *m* ❷ (*presenter*) Moderator *m* ❸ (*of pop group*) Leadsänger *m* **front-of-'house** **I.** *n no pl* THEAT Organisation *f* **II.** *adj attr, inv* Organisations- **front 'page** *n* Titelseite *f*; **to make the ~** auf die Titelseite kommen **'front-page** *adj attr, inv* auf der Titelseite [*o* ersten Seite] *nach n*; **~ story** Titelgeschichte *f* **front 'room** *n esp* BRIT Wohnzimmer *nt* **front-row 'for·ward** *n* (*in rugby*) Stürmer(in) *m(f)* **'front-run·ner** *n* (*a. fig*) Spitzenreiter(in) *m(f)* **front 'seat** *n* ❶ AUTO Vordersitz *m* ❷ (*theatre, cinema seat*) Platz *m* in den ersten Reihen; **to have a ~ [for sth]** (*fig*) [bei etw *dat*] einen Logenplatz haben *fig* **front-wheel 'drive** **I.** *n* Vorderradantrieb *m* **II.** *adj inv* mit Vorderradantrieb *nach n* ❶ (*for illegal organization*) Strohmännin *m* (**for** für +*akk*) ❷ (*presenter*) Moderatorin *f* ❸ (*of pop group*) Leadsängerin *f* **front 'yard** *n* Vorhof *m*; (*planted strip*) Vorgarten *m*

frosh [frɑːʃ] *n* AM (*fam: fresher*) Erstsemester *nt fam*

frost [frɒst, AM frɑːst] **I.** *n* ❶ (*cold period*) Frost *m*; **early/late ~** früher/später Frost ❷ *no pl* (*sub-zero temperature*) Frost *m*; **12/15 degrees of ~** 12/15 Grad minus [*o* unter null]; **ground ~** Bodenfrost *m* ❸ (*hoarfrost*) Raureif *m* ❹ (*of manner*) Frostigkeit *f* **II.** *vt* ❶ (*cover with frost*) ■**to ~ sth** *tree, leaves, bush* etw mit Raureif überziehen ❷ AM (*cover with icing*) ■**to ~ sth** etw glasieren ❸ AM (*of streaks*) **to have one's hair ~ed** sich *dat* blonde Strähnchen machen lassen ❹ *usu passive* (*damage or kill by frost*) ■**to be ~ed** erfroren sein ❺ (*make opaque*) **to ~ glass** Glas mattieren; **~ed glass** Milchglas *nt*

◆**frost over, frost up** *vi* Raureif bilden; **the lawn had ~ed over during the night** auf dem Rasen hatte sich über Nacht Raureif gebildet

'frost·bite *n no pl* Erfrierung *f*; (*chilblain*) Frostbeule *f* **'frost·bit·ten** *adj person, toes, fingers* erfroren **'frost·bound** *adj* [hart] gefroren

frost·ed ['frɒstɪd, AM 'frɑːs-] *adj inv* ❶ (*covered with frost*) mit Raureif bedeckt ❷ AM (*covered with icing*) glasiert ❸ (*opaque*) matt[iert]; **~ glass** Milchglas *nt*

frosti·ly ['frɒstɪli, AM 'frɑːst-] *adv* frostig, eisig

frosti·ness ['frɒstɪnəs, AM 'frɑːst-] *n no pl* ❶ (*of weather*) Eiseskälte *f* ❷ (*unfriendliness*) Frostigkeit *f*; (*of atmosphere*) kühle Atmosphäre

frost·ing ['frɒstɪŋ, AM 'frɑːst-] *n no pl* ❶ (*of surface*) Mattierung *f* ❷ AM (*icing*) Glasur *f*

'frost line *n* AM Frostgrenze *f*

frosty ['frɒsti, AM 'frɑːsti] *adj* ❶ (*very cold*) frostig ❷ (*covered with frost*) vereist ❸ (*unfriendly*) frostig; *atmosphere* kühl

froth [frɒθ, AM frɑːθ] **I.** *n no pl* ❶ (*small bubbles*) Schaum *m* ❷ (*soft mass*) Stoffgebilde *nt* ❸ (*esp pej: light entertainment*) seichte Unterhaltung ▸PHRASES: **to <u>get</u> into a ~** durchdrehen, ausflippen *fam* **II.** *vi* schäumen; **to ~ at the mouth** (*form bubbles*) Schaum vor dem Mund haben; (*fig: be very angry*) vor Wut schäumen **III.** *vt* ■**to ~ sth [up]** etw aufschäumen; **shake the drink before you serve it to ~ it up** das Getränk vor dem Servieren durch Schütteln aufschäumen

frothy ['frɒθi, AM 'frɑː-] *adj* ❶ (*of substance*) schaumig ❷ (*of entertainment*) seicht

frou-frou ['fruːfruː] *n* ❶ (*exaggerated clothing*) Flitter *m pej* ❷ *no pl* (*noise*) Rascheln *nt*, Rauschen *nt*; (*of wood, fire*) Knistern *nt*

frown [fraʊn] **I.** *vi* ❶ (*showing displeasure*) die Stirn runzeln; ■**to ~ at sb/sth** jdn/etw missbilligend ansehen; ■**to ~ on [or upon] sth** etw missbilligen; **that sort of behaviour is definitely ~ed upon in polite society** dieses Benehmen ist in der feinen Gesellschaft absolut verpönt ❷ (*in thought*) nachdenklich die Stirn runzeln; ■**to ~ at sth** etw nachdenklich betrachten **II.** *n* Stirnrunzeln *nt kein pl*; **she threw him a warning ~ as he prepared to scold the child** sie warf ihm einen warnenden Blick zu, als er das Kind ausschimpfen wollte

frows·ty ['fraʊsti] *adj* BRIT (*fam*) stickig, miefig *pej fam*; (*smelly*) muffig *fam*

frowsy, frowzy ['fraʊzi] *adj* BRIT ❶ (*unkempt*) ungepflegt ❷ (*stuffy*) stickig, miefig *pej fam*; (*smelly*) muffig *fam*

fro-yo ['froʊjoʊ] *n short for* **frozen yogurt** Joghurteis *nt*

froze [frəʊz, AM froʊz] *pt of* **freeze**

froz·en [frəʊzᵊn, AM froʊz-] **I.** *pp of* **freeze** **II.** *adj inv* ❶ (*of water*) gefroren ❷ (*of food*) [tief]gefroren ❸ (*fig: of person*) erfroren; **you must be ~ – come inside** dir muss [doch] eiskalt sein – komm rein ❹ (*fig: blocked by bank*) eingefroren *fam*

froz·en 'shoul·der *n no pl* steife Schulter

fruc·ti·fy <-ie-> ['frʌktɪfaɪ, AM -tə-] (*form*) **I.** *vi* Früchte tragen **II.** *vt* ■**to ~ sth** etw befruchten

fruc·tose ['frʌktəʊs, AM -oʊs] *n no pl* Fruchtzucker *m*, Fructose *f fachspr*

fru·gal ['fruːgᵊl] *adj* ❶ (*economical*) sparsam; *lifestyle* genügsam; ■**to be ~** (*live modestly*) bescheiden leben; (*be economical*) sparsam sein (**with** mit +*dat*) ❷ (*of quantity*) karg, frugal; **a ~ portion** eine knapp bemessene Portion

fru·gal·ity [fruː'gæləti, AM -əṭi] *n no pl* Genügsamkeit *f*

fru·gal·ly ['fruːgᵊli] *adv* sparsam; **to live ~** genügsam leben

fruit [fruːt] **I.** *n* ❶ *no pl* (*edible seedcase*) Frucht *f*; (*collectively*) Obst *nt*; **to bear ~** Früchte tragen; ■**to be in ~** reife Früchte tragen; **the cherry tree in our garden is in ~** an dem Kirschbaum in unserem Garten sind die Früchte reif ❷ (*type of fruit*) Frucht *f*; **the ~s of the earth** (*liter*) die Früchte des Feldes *geh* ❸ BOT (*seed-bearing part*) Frucht *f* ❹ (*fig: results*) Ergebnis *nt*, Frucht *f*; **to enjoy the ~s of one's labour** die Früchte seiner Arbeit genießen; **to bear ~** *work* Früchte tragen ❺ (*liter*) **the ~ of the/his loins** die Frucht seiner Lenden *geh*; **the ~ of the/her womb** die Frucht ihres Leibes *geh* ❻ AM, AUS (*pej! sl: homosexual*) Warmer *m pej fam* ❼ (*dated fam: form of address*) **old ~** alter Knabe *oft hum fam* ▸PHRASES: **<u>forbidden</u> ~ [is sweetest]** (*saying*) verbotene Früchte [schmecken am besten] **II.** *vi* [Früchte] tragen; **over the last few years, our apple trees have been ~ing much earlier than usual** in den letzten paar Jahren haben unsere Apfelbäume viel früher als sonst getragen

'fruit bat *n* Flughund *m* **'fruit·cake** *n* ❶ *no pl* Früchtebrot *nt* ❷ (*fam!: eccentric*) Spinner(in) *m(f) pej fam* **fruit 'cock·tail** *n* Früchtecocktail *m* **fruit 'cup** *n* ❶ BRIT (*drink*) [frisch gepresster] Fruchtsaft ❷ AM (*fruit salad*) Früchtebecher *m*

fruit·er·er ['fruːtᵊrəʳ, AM -ṭɚɚ] *n esp* BRIT Obsthändler(in) *m(f)*

'fruit fly *n* Fruchtfliege *f*

fruit·ful ['fruːtfᵊl] *adj* ❶ (*productive*) ertragreich; **~ discussion** fruchtbare Diskussion ❷ (*liter: fertile*) fruchtbar; **be ~ and multiply** seid fruchtbar und mehret euch

fruit·ful·ly ['fruːtfᵊli] *adv* nützlich

fruit·ful·ness ['fruːtfᵊlnəs] *n no pl* ❶ (*productivity*) Ergiebigkeit *f* ❷ (*liter: bearing fruit*) Fruchtbarkeit *f*

fruiti·ness ['fruːtiːnəs, AM -ṭiːnəs] *n no pl* Fruchtigkeit *f*; *of voice* Timbre *nt*

frui·tion [fru'ɪʃᵊn] *n no pl* Verwirklichung *f*; **to come to [or reach] ~** verwirklicht werden

'fruit knife *n* Obstmesser *nt*

fruit·less ['fruːtləs] *adj* fruchtlos

fruit·less·ly ['fruːtləsli] *adv* erfolglos

fruit·less·ness ['fruːtləsnəs] *n no pl* Fruchtlosigkeit *f*; (*fig*) Erfolglosigkeit *f*

'fruit ma·chine *n* BRIT Spielautomat *m*

fruit 'sal·ad *n no pl* Obstsalat *m* **'fruit sug·ar** *n no pl*

❶ (*fructose*) Fruchtzucker *m* ❷ CAN (*fine sugar*) feiner Zucker
'fruit tree *n* Obstbaum *m*
fruity ['fru:ti, AM -ţi] *adj* ❶ (*of taste*) fruchtig ❷ (*of sound, voice*) klangvoll, sonor ❸ (*fam: risqué*) anzüglich; ~ **remarks** schlüpfrige Bemerkungen
frump [frʌmp] *n* (*pej*) Vogelscheuche *f;* **this dress makes me look a total** ~ in diesem Kleid sehe ich absolut unmöglich aus
frump·ish ['frʌmpɪʃ] *adj,* **frumpy** ['frʌmpi] *adj* altmodisch; *woman* unattraktiv
frus·trate [frʌs'treɪt, AM 'frʌstreɪt] *vt* ■**to** ~ **sb** ❶ (*annoy*) jdn frustrieren ❷ (*prevent*) jdn hindern; **in his attempt to speed up operations he was** ~**d by the lack of computing facilities** sein Versuch, die Operationen zu beschleunigen, war wegen der fehlenden Computerausstattung vergebens; ■**to** ~ **sth** etw zunichte machen
frus·trat·ed [frʌs'treɪtɪd, AM 'frʌstreɪţɪd] *adj* ❶ (*annoyed*) frustriert ❷ *attr* (*prevented*) gescheitert ❸ *attr* (*sexually neglected*) unbefriedigt
frus·trat·ing [frʌs'treɪtɪŋ, AM 'frʌstreɪţɪŋ] *adj* frustrierend
frus·tra·tion [frʌs'treɪʃᵊn] *n* ❶ *no pl* (*annoyance*) Frustration *f* ❷ (*feeling*) Frustriertheit *f,* Niedergeschlagenheit *f kein pl;* **she understood the** ~**s he was feeling** sie verstand seine Enttäuschung ❸ *no pl* (*prevention*) Vereitelung *f;* **the** ~ **of desires** die Nichterfüllung von Sehnsüchten
fry [fraɪ] **I.** *npl* junger Fisch ▸ PHRASES: **small** ~ kleine Fische *fam;* (*person*) kleiner Fisch *fam* **II.** *vt* <-ie-> ❶ (*cook*) ■**to** ~ **sth** etw braten ❷ AM (*fam: execute*) ■**to** ~ **sb** jdn auf dem elektrischen Stuhl hinrichten **III.** *vi* <-ie-> ❶ (*cook*) braten ❷ (*fig fam: get sunburnt*) schmoren *fig fam* ❸ AM (*fam: be executed*) auf dem elektrischen Stuhl hingerichtet werden
◆**fry up** *vt* ■**to** ~ **up** ⊂ **sth** etw [auf]braten [*o* in der Pfanne aufwärmen]
fry·er ['fraɪəʳ, AM -ɚ] *n* ❶ (*utensil*) Bratpfanne *f;* **deep-fat** ~ Friteuse *f* ❷ AM (*chicken*) Brathuhn *nt*
fry·ing pan *n* Bratpfanne *f* ▸ PHRASES: **out of the** ~ **into the fire** vom Regen in die Traufe *fam* **'fry-up** *n* BRIT (*fam*) Pfannengericht *nt;* **shall we have a** ~ **of yesterday's leftovers for supper?** sollen wir die Reste von gestern zum Abendessen aufbraten?
FT [ˌef'ti:] *n abbrev of* **Financial Times** Financial Times *f* (*Wirtschaftszeitung*)
ft *n* ❶ *abbrev of* **foot** ft ❷ *pl abbrev of* **feet** ft
f2f-sex *n* (*sl*) *short for* **face-to-face sex** bezeichnet die physische Begegnung zweier Menschen, im Gegensatz zu Cybersex
fuch·sia ['fju:ʃə] **I.** *n* ❶ (*plant*) Fuchsie *f* ❷ *no pl* (*colour*) Fuchsia *nt* **II.** *adj inv* fuchsiafarben
fuck [fʌk] (*vulg, sl*) **I.** *n* ❶ (*act, sexual partner*) Fick *m vulg* ❷ *no pl* (*used as expletive*) **they screamed like** ~ **until someone heard them** sie schrieen wie wild, bis jemand sie hörte; **who gives a** ~ **what they think?** wen interessiert es schon, was sie denken?; **shut the** ~ **up!** halt verdammt noch mal das Maul! *derb, fam;* **for** ~**'s sake!** zum Teufel! *sl;* ■**what/who/why/where the** ~ **...** was/wer/warum/wo zum Teufel ... *fam* **II.** *interj* Scheiße! *derb* **III.** *vt* ❶ (*have sex with*) ■**to** ~ **sb** jdn vögeln *vulg;* **go** ~ **yourself!** verpiss dich! *sl,* schleich dich! *bes* SÜDD, ÖSTERR ❷ (*damn*) ■**to** ~ **sb/sth** jdn/etw verfluchen; ~ **what she says** scheiß doch auf das, was sie sagt; ~ **that idea** scheiß auf diese Idee; ~ **the boss, this is between us** zum Teufel mit dem Chef, das geht nur uns beide was an; [**oh**] ~ **it!** verdammte Scheiße! *derb;* ~ **me!** ich glaub, ich spinne! *sl;* ~ **you!** leck mich am Arsch! *derb* **IV.** *vi* ❶ (*have sex*) ficken *vulg* ❷ (*play mind-games*) ■**to** ~ **with sb** jdn verscheißern [*o* verarschen] *derb*
◆**fuck about, fuck around** (*vulg, sl*) **I.** *vi* herumgammeln *fam* **II.** *vt* ■**to** ~ **sb** ⊂ **about** [*or* **around**] jdn verarschen *derb*
◆**fuck off** (*vulg, sl*) **I.** *vi* sich *akk* verpissen *sl* **II.** *vt* ■**to** ~ **sb off** jdn ankotzen *derb;* **it really** ~**s me off when he says things like that** es kotzt mich echt an, wenn er solche Sachen sagt
◆**fuck over** *vt* AM (*vulg, sl*) ■**to** ~ **sb over** jdn ausnutzen
◆**fuck up** (*vulg, sl*) **I.** *vt* ❶ (*make a mess of*) ■**to** ~ **up** ⊂ **sth** etw versauen *fam* ❷ (*psychologically disturb*) ■**to** ~ **up** ⊂ **sb** jdn fertigmachen *fam;* **she's been really** ~**ed up since her parents' divorce** seit der Scheidung ihrer Eltern ist sie wirklich total fertig **II.** *vi* Scheiß machen *pej derb;* **please don't** ~ **up this time** bau dieses Mal bitte keinen Scheiß *pej derb*
fuck 'all BRIT **I.** *n no pl* (*vulg sl*) ein Dreck *m fam;* **I know sweet** ~ **about this subject** ich weiß einen Scheißdreck von dieser ganzen Sache **II.** *adj attr, inv* (*vulg sl*) **it makes** ~ **difference who tells her** es ist vollkommen scheißegal, wer es ihr sagt; **they've got** ~ **idea what to do** die haben keinen blassen Schimmer, was sie tun sollen *fam*
fucked [fʌkt] *adj pred, inv* (*vulg, sl*) ❶ *esp* BRIT (*kaput*) im Arsch *derb;* **the TV's** ~ der Fernseher ist im Arsch ❷ (*stymied*) aufgeschmissen *fam;* **well, if the last bus has gone, we're** ~**!** wenn der letzte Bus wirklich schon weg ist, dann sind wir ganz schön beschissen dran ❸ (*exhausted*) am Ende *fam;* **we walked fifteen miles and got home totally** ~ wir sind fünfzehn Meilen gelaufen und kamen total erledigt an
fuck·er ['fʌkəʳ, AM -ɚ] *n* (*vulg, sl*) ❶ (*stupid person*) Arsch *m derb* ❷ (*problematic thing*) Dreck *m,* Scheiß *m derb;* **you hold the** ~ **and I'll hit it** du hältst den Scheiß, und ich schlage drauf *pej sl*
'fuck·head *n* (*vulg, sl*) Arsch *m derb*
fuck·ing ['fʌkɪŋ] (*vulg, sl*) **I.** *adj* verdammt *fam;* ~ **hell!** verdammte Scheiße! *derb* **II.** *adv* verdammt *fam;* **he ran** ~ **fast** er rannte verdammt schnell **III.** *n no pl* Ficken *nt vulg* **'fuck-up** *n no pl* (*vulg, sl*) ❶ (*mess*) Scheiße *f pej derb* ❷ (*person*) Tollpatsch *m* **'fuck·wit** *n esp* BRIT (*vulg, sl*) Scheißkerl *m derb*
fud·dle ['fʌdl̩] **I.** *vt* ■**to** ~ **sb** jdn verwirren **II.** *n no pl* ❶ (*fam: confusion*) Verwirrung *f;* **be/get in a** ~ durcheinander sein/durcheinanderkommen ❷ (*intoxication*) *of alcohol* Rausch *m,* Schwips *m*
fud·dled ['fʌdl̩d] *adj* ❶ (*confused*) verwirrt ❷ (*intoxicated*) benebelt, beschwipst
fuddy-duddy ['fʌdiˌdʌdi] (*fam*) **I.** *n* Grufti *m sl* **II.** *adj* altmodisch
fudge [fʌdʒ] **I.** *n* ❶ *no pl* (*sweet*) Fondant *m o nt* ❷ *usu sing* (*pej: compromise*) [fauler] Kompromiss; (*evasion*) Ausweichmanöver *nt* **II.** *vt* (*pej*) ■**to** ~ **sth** ❶ (*deal with evasively*) einer S. *dat* ausweichen; **to** ~ **an issue** einem Thema ausweichen ❷ (*falsify*) etw frisieren *fam* **III.** *vi* (*pej*) ausweichen, sich *akk* drücken *pej*
fuel ['fju:ᵊl, AM *also* fju:l] **I.** *n* ❶ *no pl* (*power source*) Brennstoff *m;* **nuclear** ~ **reprocessing plant** atomare Wiederaufbereitungsanlage ❷ (*petrol*) Benzin *nt;* **leaded/unleaded** ~ verbleites/bleifreies Benzin ❸ (*type of fuel*) Kraftstoff *m,* Treibstoff *m* ❹ *no pl* (*fig: material*) Nahrung *f;* **to add** ~ **to the fire** [*or* **flames**] Öl ins Feuer gießen **II.** *vt* <BRIT -ll- *or* AM *usu* -l-> ❶ *usu passive* (*provide with fuel*) ■**to be** ~**led** [**by sth**] [mit etw *dat*] betrieben werden; **our central heating system is** ~**led by gas** unsere Zentralheizung läuft mit Gas ❷ (*fig: increase*) ■**to** ~ **sth** etw nähren *geh;* **to** ~ **sb's hatred/resentment** jds Hass/Unmut schüren *geh;* **to** ~ **speculation** Spekulationen anheizen
'fuel bill *n* Heizkosten *pl* **'fuel ca·pac·ity** *n no pl* Fassungsvermögen *nt* des Tanks **'fuel con·sump·tion** *n no pl* Brennstoffverbrauch *m;* TRANSP Treibstoffverbrauch *m* **'fuel el·ement** *n* NUCL Brennelement *nt* **'fuel gage** *n* AM, **'fuel gauge** *n* Tankanzeige *f* **'fuel-in·ject·ed** *adj inv* mit Treibstoffeinspritzung *nach n,* Einspritz- **'fuel in·jec·tion** *n no pl* Treibstoffeinspritzung *f* **fuel-in·jec·tion 'en·gine** *n* Einspritzmotor *m* **'fuel oil** *n no pl* Heizöl *nt* **'fuel pump** *n* Kraftstoffpumpe *f* **'fuel rod** *n* NUCL Brennstab *m* **'fuel tank** *n* Treibstofftank *m*
fug [fʌg] *n no pl* BRIT (*pej*) stickige Luft, Mief *m pej sl*
fug·gy ['fʌgi] *adj* BRIT stickig
fu·gi·tive ['fju:dʒətɪv, AM -ţ-] **I.** *n* Flüchtige(r) *f(m);* **a** ~ **from jus-**

F

tice ein flüchtiger Rechtsbrecher/eine flüchtige Rechtsbrecherin; **a ~ from war** ein Kriegsflüchtling *m* **II.** *adj* ① *attr, inv* (*escaping*) flüchtig ② (*liter: fleeting*) vergänglich; **~ impressions** flüchtige Eindrücke

fugue [fju:g] *n* MUS Fuge *f*

ful·crum <*pl* -s *or* -ra> ['fʊlkrəm, *pl* -krə] *n* ① (*of balance*) Drehpunkt *m* ② (*fig: central point*) Angelpunkt *m*

ful·fil <-ll-> [fʊl'fɪl], AM, AUS **ful·fill** *vt* ① (*satisfy*) ■**to ~ sth** etw erfüllen; **to ~ an ambition** ein Ziel erreichen; **to ~ one's potential** sein Potenzial ausschöpfen ② (*carry out*) ■**to ~ sth** einer S. *dat* nachkommen; **to ~ a contract/promise** einen Vertrag/ein Versprechen erfüllen; **to ~ a function/role** eine Funktion/Rolle einnehmen ③ (*make satisfied*) ■**sth ~s sb** etw erfüllt jdn; ■**to ~ oneself** sich *akk* verwirklichen ④ (*make come true*) **to ~ a prophecy** eine Prophezeiung erfüllen

ful·filled [fʊl'fɪld] *adj* ① (*of conditions*) erfüllt ② (*happy*) ausgefüllt; **~ life** erfülltes Leben *geh*

ful·fill·ing [fʊl'fɪlɪŋ] *adj* erfüllend; **a ~ sex life** ein befriedigendes Sexualleben

ful·fill·ment [fʊl'fɪlmənt] AM, AUS, **ful·fil·ment** *n no pl* Erfüllung *f*

full [fʊl] **I.** *adj* ① *usu pred* (*no space*) voll; *cinema, theatre* ausverkauft; **her eyes were ~ of tears** ihre Augen waren voller Tränen; **to be ~ to the brim [with sth]** bis zum Rand [mit etw *dat*] gefüllt sein; **to talk with one's mouth ~** mit vollem Mund sprechen; **to do sth on a ~ stomach** etw mit vollem Magen tun; **to be ~ to bursting [with sth]** [mit etw *dat*] zum Brechen [*o* brechend] voll sein; **they kept packing people in until the hall was ~ to bursting** man hat so lange immer wieder Leute reingelassen, bis die Halle zum Brechen voll war ② *pred* (*having a lot*) **I couldn't speak, my heart was too ~** ich konnte nicht sprechen, denn mir ging das Herz über; **she was ~ of praise for your work** sie war voll des Lobes über deine Arbeit; **he shot her a look ~ of hatred** er warf ihr einen hasserfüllten Blick zu; **to be ~ of surprises** voller Überraschungen sein; **to be ~ of oneself** [*or* **one's own importance**] (*pej fam*) eingebildet sein ③ *pred* (*after eating*) ■**to be ~** satt sein; **to be ~ to the brim** [*or* **to bursting**] platzen *fam* ④ (*omitting nothing*) voll, vollständig; **~ employment** Vollbeschäftigung *f*; **~ explanation** vollständige Erklärung; **the ~ form of a word** die Vollform eines Wortes; **to write one's ~ name and address** den Vor- und Zunamen und die volle Adresse angeben; **to give/write a ~ report** einen vollständigen Bericht geben/schreiben ⑤ (*entire*) voll, vollständig; **he was suspended on ~ pay** er wurde bei vollen Bezügen freigestellt; **they had a furious row outside their house in ~ view of their neighbours** sie hatten eine wilde Auseinandersetzung vor dem Haus, direkt vor den Augen der Nachbarn; **~ fare** voller Fahrpreis; **to be in ~ flow** in voller Fahrt sein; **~ member** Vollmitglied *nt*; **to be under ~ sail** NAUT mit vollen Segeln fahren; **to be in ~ swing** voll im Gang sein ⑥ (*maximum*) voll; **his headlights were on ~** seine Scheinwerfer waren voll aufgeblendet; **[at] ~ blast** [*or* **volume**] mit voller Lautstärke; **to be in ~ cry [after sb/sth]** [jdn/etw] begeistert verfolgen; **[at] ~ speed** [*or* **tilt**] [*or* BRIT **pelt**] mit voller Geschwindigkeit; **~ steam ahead** NAUT Volldampf voraus; **at ~ stretch** völlig durchgestreckt; (*fig*) mit vollen Kräften ⑦ (*busy and active*) ausgefüllt ⑧ *pred* (*preoccupied*) ■**to be ~ of sth** von etw *dat* völlig in Anspruch genommen sein; (*enthusiastic*) von etw *dat* ganz begeistert sein; **did the kids enjoy their day at the beach? – oh yes, they're still ~ of it** haben die Kinder den Tag am Strand genossen? – oh ja, sie sind noch immer ganz begeistert davon ⑨ (*rounded*) voll; **for the ~er figure** für die vollschlanke Figur ⑩ (*wide*) weit geschnitten; **~ skirt** weiter Rock ⑪ (*rich and deep*) voll; **~ voice** sonore Stimme; **~ wine** vollmundiger Wein ▸ PHRASES: **to be ~ of beans** wie ein Sack [voller] Flöhe sein; **the wheel has** [*or* **things have**] **come ~ circle** der Kreis hat sich geschlossen; **to have one's hands ~** alle Hände voll zu tun haben; **to be ~ of the joys of spring** prächtig aufgelegt sein; **to be ~ of the milk of human kindness** vor Freundlichkeit [geradezu] überströmen **II.** *adv inv* ① (*completely*) voll; **to be ~ on/off** *tap* voll auf-/abgedreht sein ② (*directly*) direkt ③ (*very*) sehr; **to know ~ well [that ...]** sehr gut [*o* wohl] wissen, [dass ...] **III.** *n* **in ~** zur Gänze; **to the ~** bis zum Äußersten

'full·back *n* SPORTS ① (*defending player*) Außenverteidiger(in) *m(f)* ② (*near end of the field*) Schlussspieler(in) *m(f)* **full-'blood·ed** *adj* ① (*vigorous*) kraftvoll ② (*wholehearted*) rückhaltlos ③ *attr* (*of descent*) reinrassig **full-'blown** *adj* ① (*developed*) ausgereift; **~ disease** voll ausgebrochene Krankheit ② (*in bloom*) *flower* voll aufgeblüht **full 'board** BRIT **I.** *n no pl* Vollpension *f* **II.** *adj inv* mit Vollpension *nach n* **full-'bodied** *adj* (*of food*) mächtig; (*of sound*) voll; **~ wine** vollmundiger [*o fachspr* körperreicher] Wein **full 'bore** *adv esp* AM mit voller Geschwindigkeit **full-cream 'milk** *n no pl* Vollmilch *f* **full 'dress** *n no pl* MIL Galauniform *f* **'full-dress** *adj* ① MIL Gala-; **~ parade** Galaparade *f* ② *attr* (*fig: formal*) formell

ful·ler's earth [ˌfʊləz'-, AM -əʳz'-] *n no pl* Fullererde *f*, Bleicherde *f*

full 'face PHOT **I.** *adj attr* En-face- *fachspr* **II.** *adv* en face *fachspr*; **she looked at the camera ~** sie sah direkt in die Kamera **'full-faced** *adj* vollgesichtig **full-'fash·ioned** *adj* AM mit Passform *nach n*; **~ stockings** Strümpfe *mpl* mit Passform **full-'fledged** *adj* AM ① (*with feathers*) flügge ② (*developed*) ausgereift ③ (*trained*) ausgebildet **full-'frontal I.** *adj inv* ① *nudity, picture* völlig nackt ② (*extreme*) Frontal-; **a ~ attack against sth** ein Frontalangriff gegen etw *akk* **II.** *n* Nacktfoto *nt* **full-'grown** *adj* ausgewachsen **full 'house** *n* ① THEAT volles [*o* ausverkauftes] Haus ② (*in poker*) Fullhouse *nt* **full-'length I.** *adj inv* ① (*reaching floor*) **~ gown** bodenlanges Abendkleid; **~ mirror** großer Spiegel ② (*not short*) *film, play* abendfüllend; **~ novel** längerer Roman **II.** *adv* **to lie/throw oneself ~ on the floor** sich *akk* der Länge nach auf den Boden legen/werfen **full 'marks** *npl* ① (*in exam*) volle Punktzahl; **to get ~ [for sth]** [für etw *akk*] die volle Punktzahl bekommen ② (*fig: praise*) Anerkennung *f*, Lob *nt*; **~ to her for all her selfless work** alle Achtung für ihren selbstlosen Einsatz **full 'mon·ty** *n* BRIT (*sl*) ■**the ~** das volle Programm *fig* **full 'moon** *n* Vollmond *m* **full nel·son** [-'nelsᵊn] *n* (*in wrestling*) Doppelnelson *m fachspr*

full·ness ['fʊlnəs] *n no pl* ① (*being full*) Völle *f*; **feeling of ~** Völlegefühl *nt*; **to speak out of the ~ of one's heart** aus dem Herzen sprechen ② (*completeness*) Vollständigkeit *f*; **in the ~ of time** zu gegebener Zeit ③ (*roundedness*) Fülle *f* ④ (*looseness*) Weite *f*; *of hair* Volumen *nt*; **~ of a dress** weiter Schnitt eines Kleides ⑤ (*richness*) Vollmundigkeit *f*

full-'on *adj inv account, details* schonungslos **full 'on I.** *adj pred* **to have the heater/radio ~** den Ofen/das Radio voll aufgedreht haben **II.** *adv* **to hit sth ~** etw voll treffen **'full-page** *adj* ganzseitig; **~ advertisement** ganzseitige Anzeige **full-'rigged** *adj* NAUT vollgetakelt **'full-scale** *adj inv* ① (*same size as original*) in Originalgröße *nach n* ② (*all-out*) umfassend; **a ~ war** ein ausgewachsener Krieg **full-ser·vice 'bank** *n* AM Bank *f* mit vollem Service **'full-size(d)** *adj inv* ① (*life-sized*) lebensgroß ② (*of normal size*) normal [groß] **full 'stop** *n* ① BRIT, AUS (*punctuation mark*) Punkt *m* ② (*complete halt*) Stillstand *m*; **to come to a ~** zum Stillstand kommen ③ BRIT (*no more to be said*) Schluss *m fam*; **I'm not going to the party ~** ich gehe nicht auf die Party und damit Schluss **full-text 'search** *n* COMPUT Volltextrecherche *f fachspr* **full-'throat·ed** *adj* lauthals **full 'time** *n* SPORTS Spielende *nt* **'full-time** *inv* **I.** *adj* ① (*not part-time*) Ganztags-, Vollzeit-; **~ job** Vollzeitbeschäftigung *f* ② SPORTS End-; **~ score** Endstand *m* **II.** *adv* ganztags

ful·ly ['fʊli] *adv* ① (*completely*) völlig; **I left, ~ intending to return within the month** ich ging mit der vollen Absicht, während des Monats zurückzukommen; **to be ~ booked** ausgebucht sein ❷ (*in detail*) detailliert ❸ (*of time, amount*) voll; **~ two-thirds of the students were dissatisfied with their courses** ganze zwei Drittel der Studierenden waren mit ihren Seminaren nicht zufrieden; **~ ten hours** volle zehn [*o* zehn volle] Stunden

ful·ly-'fash·ioned *adj* mit Passform *nach n* **ful·ly-'fledged** *adj* Brit, Aus ❶ (*with feathers*) flügge ❷ (*developed*) ausgereift ❸ (*trained*) ausgebildet **'fully-grown** *adj esp* Brit ausgewachsen

ful·mi·nate ['fʊlmɪneɪt] *vi* ■ **to ~ against** [*or* **about**] **sth** über etw *akk* schimpfen, gegen etw *akk* wettern *fam*

ful·mi·na·tion [ˌfʊlmɪ'neɪʃᵊn] *n* Wettern *nt* (**against/about** gegen +*akk*), Schimpfen *nt* (**against/about** über +*akk*)

ful·some ['fʊlsəm] *adj* (*pej*) *praise* überschwänglich; *compliments, flattery* übertrieben; **to receive ~ praise** über den grünen Klee gelobt werden *fam*

ful·some·ly ['fʊlsəmli] *adv* (*pej*) überschwänglich; **to flatter sb ~** jdm übertrieben schmeicheln; **to thank sb ~** sich *akk* überschwänglich bei jdm bedanken

ful·some·ness ['fʊlsəmnəs] *n no pl* (*pej form*) Überschwänglichkeit *f*

fum·ble ['fʌmbl̩] **I.** *vi* ❶ (*manipulate*) ■ **to ~** [**around** [*or* **about**]] **with sth** an etw *dat* [herum]fingern, [ungeschickt] mit etw *dat* [herum]hantieren ❷ (*caress*) ■ **to ~** [**around** [*or* **about**]] [herum]fummeln *fam* ❸ (*feel for*) ■ **to ~ around** [*or* **about**] [herum]tasten; ■ **to ~ for** [*or* **about**] **sth** nach etw *dat* tasten; **~ around** [*or* **about**] **in the dark** im Dunkeln [umher]tappen; **to ~ in one's pockets** in seinen Taschen kramen ❹ (*in speech*) **to ~ for the right phrase/word** [krampfhaft] nach dem passenden Ausdruck/Wort suchen ❺ (*in American football*) den Ball fallen lassen, patzen *fam* **II.** *vt* ❶ (*say wrong*) **to ~ one's lines/a speech** seinen Text/eine Rede stammeln ❷ Sports **to ~ the ball** [*or* **catch**] (*in American football*) den Ball verlieren; **to ~ a play** ein Spiel vermasseln *fam* **III.** *n* Sports [Ballannahme]fehler *m*

'fum·ble fin·gers <*pl* -> *n* Am (*hum fam*) Tollpatsch *m*

fum·bler ['fʌmblər, Am -ɚ] *n* (*pej*) Tölpel *m pej*, Tollpatsch *m*, Stümper(in) *m(f) pej*; ■ **to be a ~** zwei linke Hände haben

fume [fjuːm] *vi* ❶ (*fig: rage*) vor Wut schäumen [*o fam* kochen], auf hundertachtzig sein *sl*; **to fuss** [*or* **fret**] **and ~** sich *akk* unnötig aufregen ❷ (*emit fumes*) Abgase produzieren

'fume hood *n* Chem Abzug *m*

fumes [fjuːmz] *npl* ❶ (*unpleasant gas*) Dämpfe *mpl*; [**car**] **exhaust ~** [Auto]abgase *pl*; **petrol** [*or* Am **gasoline**] **~** Benzindämpfe *pl*; **to breathe poisonous ~** giftige Dämpfe einatmen; **to give off ~** Dämpfe abgeben ❷ (*smoke*) Rauch *m*; **cigar ~** Zigarrenrauch *m*

fu·mi·gate ['fjuːmɪgeɪt] *vt* **to ~ a building/room** ein Gebäude/Zimmer ausräuchern

fu·mi·ga·tion [ˌfjuːmɪ'geɪʃᵊn] *n* ❶ *no pl* (*method*) Ausräuchern *nt* ❷ (*instance*) Ausräucherung *f*

fu·mi·ga·tor ['fjuːmɪgeɪtər, Am -t̬ɚ] *n* Kammerjäger(in) *m(f)*

fun [fʌn] **I.** *n no pl* Spaß *m*; **it was good ~** es hat viel Spaß gemacht; (*funny*) es war sehr lustig [*o* witzig]; **it's no ~ having to work on Saturdays** es ist nicht lustig, samstags arbeiten zu müssen; **that sounds like ~** das klingt gut; **to be full of ~** (*be active*) immer unternehmungslustig sein; (*be mischievous*) nur Dummheiten im Kopf haben; **to do sth for ~** [*or* **the ~ of it**] [*or* **the ~ of the thing**] etw nur [so] zum Spaß [*o* spaßeshalber] [*o fam* aus Jux und Tollerei] machen; **to do sth in ~** etw im [*o* zum] Spaß tun; **I didn't mean what I said; it was only in ~** ich hab's nicht so gemeint; das war doch nur Spaß; **to get a lot of ~ out of** [*or* **from**] **sth** viel Spaß an etw *dat* haben; **children get a lot of ~ out of playing with water** Kindern macht es großen Spaß, mit Wasser zu spielen; **to have** [**a lot of**] **~** [viel] Spaß haben, sich *akk* [gut [*o* köstlich]] amüsieren; **have ~!** viel Spaß!; **have ~ on your vacation!** schöne Ferien!; **to have ~ at sb's expense** sich *akk* auf jds Kosten amüsieren; **to make ~ of** [*or* **poke ~ at**] **sb** sich *akk* über jdn lustig machen; **to put the ~ back into sth** etw [doch noch] retten; **to spoil sb's/the ~** [**of sth**] jdm den/den Spaß [an etw *dat*] verderben; **to take the ~ out of sth** etw verderben; **Rolf broke his leg when we went skiing and that took all the ~ out of it** als wir im Skiurlaub waren, hat sich Rolf das Bein gebrochen, das hat uns den ganzen Spaß verdorben; **like ~!** (*fam*) Pustekuchen! *fam*; **what ~!** super! *fam* ▸ Phrases: **~ and games** das reine Vergnügen; **it's not all ~ and games being/doing sth** (*not easy*) es ist nicht immer einfach, etw zu sein/zu tun; (*not fun*) es ist nicht immer lustig, etw zu sein/zu tun; (*iron*) **~ is ~ and work is work** (*prov*) erst die Arbeit, dann das Vergnügen **II.** *adj attr* (*fam*) ❶ (*enjoyable*) *activity* lustig; **sth is a ~ thing to do** etw macht Spaß; **going camping would be a real ~ thing to do** ich hätte schrecklich Lust, campen zu gehen *fam* ❷ (*entertaining*) *person* lustig, witzig; **she's a real ~ person** (*fam*) sie ist echt witzig *fam*

func·tion ['fʌŋ(k)ʃᵊn] **I.** *n* ❶ (*task*) *of a person* Aufgabe *f*, Pflicht *f*; *of the heart, a tool* Funktion *f*; **in my ~ as mayor** [in meiner Eigenschaft] als Bürgermeister; **to fulfil** [*or* **perform**] **the ~ of sth** zu etw *dat* dienen ❷ *usu sing* (*result*) ■ **to be a ~ of sth** das Resultat einer S. *gen* sein, aus etw *dat* resultieren ❸ Math Funktion *f* ❹ (*ceremony*) Feier *f*; (*social event*) Veranstaltung *f*; **he has a lot of official ~s to attend** er hat viele soziale Verpflichtungen; **social ~** Benefizveranstaltung *f*, Wohltätigkeitsveranstaltung *f* **II.** *vi* funktionieren; **the lungs ~ to supply the body with oxygen** die Lungen versorgen den Körper mit Sauerstoff; **I'm so tired today, I can barely ~** ich bin heute so müde, dass ich zu nichts zu gebrauchen bin; ■ **to ~ as sth** *thing* als etw dienen; *person* als etw fungieren; **while the president has been ill, the vice president has been ~ing as the country's leader** als der Präsident krank war, hat der Vizepräsident die Rolle des Staatsführers übernommen

func·tion·al ['fʌŋ(k)ʃᵊnᵊl] *adj* ❶ (*with purpose*) funktional; ■ **to be ~** einen Zweck erfüllen; **~ shift** Ling Funktionswechsel *m* ❷ (*operational*) funktionstüchtig; ■ **to be ~** funktionieren ❸ Med Funktions-, funktionell; **~ disorder** Funktionsstörung *f*

func·tion·al il·'lit·era·cy *n no pl* funktionaler Analphabetismus **func·tion·al il·'lit·er·ate** *n* funktionaler Analphabet, funktionale Analphabetin *m, f*

func·tion·al·ism ['fʌŋ(k)ʃᵊnᵊlɪzᵊm] *n no pl* Funktionalismus *m*

func·tion·al·ist ['fʌŋ(k)ʃᵊnᵊlɪst] **I.** *n* Funktionalist(in) *m(f)* **II.** *adj* funktionalistisch

func·tion·al·ly ['fʌŋ(k)ʃᵊnᵊli] *adv* funktional; **to be ~ equivalent to sth** dieselbe Funktion wie etw haben

func·tion·ary ['fʌŋ(k)ʃᵊnᵊri, Am -neri] *n* Funktionär(in) *m(f)*; **government/party ~** Regierungs-/Parteifunktionär(in) *m(f)*

'func·tion key *n* Comput Funktionstaste *f* **'func·tion word** *n* Ling Funktionswort *nt*

fund [fʌnd] **I.** *n* ❶ (*stock of money*) Fonds *m*; **disaster ~** Notfonds *m*, Fonds *m* für Notfälle; **investment/trust ~** Investment-/Treuhandfonds *m*; **pension ~** Pensionsfonds *m*, Pensionskasse *f* ❷ (*money*) ■ **~s** *pl* [finanzielle] Mittel, Geldmittel *pl*; **to allocate ~s to sb/sth** jdm/etw Gelder bewilligen; **to be in ~s** *person* gut bei Kasse sein *fam*; *institution* reichlich [Geld]mittel zur Verfügung haben; **to be short of** [*or* **low on**] **~s** über wenig Geld verfügen; **I'm a bit low on ~s** bei mir herrscht Ebbe in der Kasse *fam*; **to disburse ~s to sb/sth** jdm/etw Gelder zuteilen, an jdn/etw Gelder verteilen; **to raise ~s** [**for sth**] [für etw *akk*] Geld [*o* Spenden] sammeln ❸ (*fig: source*) Vorrat *m* (**of** an +*dat*); **a ~ of information/knowledge** eine Fülle von Informationen/Kenntnissen **II.** *vt* ■ **to ~ sth** (*finance*) etw finanzieren; (*invest*) in etw *akk* investieren; **to ~ debts** Fin Schulden fundieren [*o* in langfristige Schulden umwandeln]; **privately ~ed** frei finanziert

fun·da·men·tal [ˌfʌndə'mentᵊl, Am -t̬ᵊl] *adj* grundlegend; ■ **to be ~ to doing sth** für etw *akk* unabdingbar sein; **~ difference**

F

wesentlicher Unterschied; **to be of ~ importance to sth** für etw *akk* von zentraler Bedeutung sein; ~ **need/principle/right** Grundbedürfnis *nt*/-prinzip *nt*/-recht *nt;* ~ **problem** grundsätzliches [*o* grundlegendes] Problem; ~ **question** entscheidende Frage; ~ **tenet** zentraler Lehrsatz

fun·da·men·tal·ism [ˌfʌndəˈmentəlɪzəm, AM -t̬əl-] *n no pl* Fundamentalismus *m*

fun·da·men·tal·ist [ˌfʌndəˈmentəlɪst, AM -t̬əl-] **I.** *n* Fundamentalist(in) *m(f)* **II.** *adj* fundamentalistisch

fun·da·men·tal·ly [ˌfʌndəˈmentəli, AM -t̬əli] *adv* ❶ (*basically*) im Grunde [*o* Prinzip]; **I believe that people are ~ good** ich glaube, dass die Menschen im Grunde gut sind ❷ (*in all important aspects*) grundsätzlich, prinzipiell; **I disagree ~ with what you're saying** ich stimme dem, was du sagst, grundsätzlich nicht zu

fun·da·men·tals [ˌfʌndəˈmentəlz, AM -t̬əlz] *npl* Grundlagen *fpl;* **let's get down to ~** lasst uns zum Wesentlichen [*o* Eigentlichen] kommen

fund·ing [ˈfʌndɪŋ] *n no pl* Finanzierung *f;* **government ~** staatliche Finanzierung; **private ~** Privatfinanzierung *f*

ˈfund-rais·er *n* ❶ (*person*) Spendenbeschaffer(in) *m(f)*, Spendensammler(in) *m(f)* ❷ (*event*) Wohltätigkeitsveranstaltung *f*, Benefizveranstaltung *f* **ˈfund-rais·ing I.** *adj attr, inv* Wohltätigkeits-, Benefiz-; ~ **campaign** Spendenaktion *f;* ~ **event** Wohltätigkeitsveranstaltung *f* **II.** *n no pl* Geldbeschaffung *f*

fu·ner·al [ˈfjuːnərəl] **I.** *n* (*burial*) Begräbnis *nt,* Beerdigung *f;* **to attend a ~** auf eine Beerdigung gehen ▸ PHRASES: **that's sb's ~** (*fam*) [das ist] jds Pech [*o fam* Problem] **II.** *n modifier* (*guests*) Trauer-; ~ **preparations** Beerdigungsvorbereitungen *mpl;* ~ **service** Trauergottesdienst *m*

ˈfu·ner·al di·rec·tor *n* Bestattungsunternehmer(in) *m(f)* **ˈfu·ner·al home** *n* AM (*funeral parlour*) Bestattungsunternehmen *nt* **ˈfu·ner·al march** *n* MUS Trauermarsch *m* **ˈfu·ner·al ora·tion** *n* Trauerrede *f* **ˈfu·ner·al par·lor** AM, **ˈfu·ner·al par·lour** *n* Bestattungsunternehmen *nt* **ˈfu·ner·al pro·ces·sion** *n* Trauerzug *m* **ˈfu·ner·al pyre** *n* Scheiterhaufen *m*

fu·nereal [fjuːˈnɪəriəl, AM -ˈnɪr-] *adj* ❶ *inv* (*of a funeral*) Beerdigungs-, Begräbnis- ❷ (*fig: slow and sad*) gedrückt; *music* getragen; **at a ~ pace** im Schneckentempo

fu·nereal·ly [fjuːˈnɪəriəli, AM -ˈnɪr-] *adv* **don't play this song so ~!** spiel das Lied doch nicht so, als ob du auf einer Beerdigung wärst! *fam*

ˈfun·fair *n* BRIT (*amusement park*) Vergnügungspark *m;* (*fair*) Jahrmarkt *m,* Kirmes *f* NORDD, MITTELD, Kir[ch]tag *m* ÖSTERR

ˈfun-filled *adj* ❶ (*enjoyable*) sehr schön ❷ (*funny*) sehr lustig [*o* unterhaltsam]

fun·gal [ˈfʌŋgəl] *adj inv* Pilz-; ~ **disease** Pilzerkrankung *f,* Pilzkrankheit *f*

fun·gi [ˈfʌŋgaɪ] *n pl of* **fungus**

fun·gi·cide [ˈfʌŋgɪsaɪd, AM ˈfʌndʒ-] *n* Fungizid *nt*

fun·goid [ˈfʌŋgɔɪd] *adj inv* pilzähnlich, pilzartig

fun·gus <*pl* -es *or* -gi> [ˈfʌŋgəs, *pl* -gaɪ] *n* Pilz *m;* BOT, MED Fungus *m fachspr*

ˈfun house *n* AM ≈ Geisterbahn *f,* ≈ Gruselkabinett *nt*

fu·nicu·lar [fjuːˈnɪkjələʳ, AM -juːlɚ] *n,* **fu·nicu·lar ˈrail·way** *n* Seilbahn *f*

funk [fʌŋk] **I.** *n no pl* ❶ AM, AUS (*fam: depression*) Tief *nt fam;* **to be in a [blue] ~** deprimiert [*o fam* down] sein ❷ BRIT (*fam: panic*) Schiss *m fam;* **to be in blue ~** von blanker Panik ergriffen sein, riesigen Schiss haben *fam* ❸ (*music style*) Funk *m* ❹ AM (*pej: bad smell*) Gestank *m* **II.** *vt esp* BRIT **to ~ it** kneifen *fam*

◆**funk up** *vt* ■**to ~ up** ⊂ **sth** *music* etw in Schwung bringen; *clothes* etw aufpeppen *sl*

funky [ˈfʌŋki] *adj* (*sl*) ❶ (*hip*) flippig *sl;* ~ **clothes** abgefahrene [*o* flippige] Klamotten *sl* ❷ (*bluesy*) funkig *sl* ❸ (*pej: odd*) merkwürdig, komisch ❹ AM (*pej: stinking*) ~ **smell** muffiger Geruch; **to smell ~** streng riechen ❺ BRIT (*cowardly*) ■**to be ~** Bammel haben *sl*

ˈfun-lov·ing *adj* lebenslustig

fun·nel [ˈfʌnəl] **I.** *n* ❶ (*tool*) Trichter *m* ❷ (*on train, ship*) Schornstein *m* **II.** *vt* <BRIT -ll- *or* AM *usu* -l-> ❶ (*pour*) **to ~ sth into sth** etw [mit einem Trichter] in etw *akk* einfüllen ❷ (*fig: direct*) ■**to ~ sth to sb** jdm etw zuleiten; **to ~ information/money/weapons to sb** jdn mit Informationen/Geld/Waffen versorgen; ■**to ~ sth on sth** etw auf etw *akk* richten; **to ~ one's attention on sth** sich *akk* [voll und ganz] auf etw *akk* konzentrieren **III.** *vi people* drängen; *liquids* fließen; *gases* strömen; **the wind ~s down these narrow streets** der Wind pfeift durch diese engen Gassen

fun·nel-web ˈspi·der *n* Röhrenspinne *f*

fun·nies [ˈfʌniz] *npl* AM ■**the ~** der Witzteil (*einer Zeitung*)

fun·ni·ly [ˈfʌnɪli] *adv* komisch, merkwürdig, seltsam; ~ **enough** merkwürdigerweise, komischerweise

fun·ny [ˈfʌni] **I.** *adj* ❶ (*amusing*) lustig, witzig, komisch; **breaking your leg isn't ~** es ist nicht lustig, sich das Bein zu brechen; **there seems to be a ~ side to everything** alles scheint auch seine komischen Seiten zu haben; ~ **face** (*hum, approv*) Kleine(r) *f(m) hum fam;* **a ~ joke** ein guter Witz; ■**to be ~** Spaß machen; **are you trying to be ~ with me?** willst du mich auf den Arm nehmen?; **did you mean what you said or were you just being ~?** war das, was du gesagt hast, ernst gemeint oder hast du nur Spaß gemacht?; **very ~!** (*iron*) wirklich komisch! ❷ (*strange*) komisch, merkwürdig, seltsam; **a ~ thing happened to me** mir ist etwas Komisches [*o* Merkwürdiges] passiert; **the television's gone ~** mit dem Fernseher stimmt etwas nicht; **it must be ~ to be famous and have everyone looking at you** es muss ein komisches Gefühl sein, wenn man berühmt ist und einen jeder anstarrt; **to have a ~ feeling that ...** so eine Ahnung haben, dass ...; **to have got ~ ideas** merkwürdige [*o* komische] Ideen haben; **to look ~** komisch aussehen ❸ (*dishonest*) verdächtig; **there's something ~ going on here** hier ist doch was faul *fam;* ~ **business** krumme Sachen *sl;* ~ **tricks** faule Tricks *sl* ❹ (*ill*) **sb feels/goes ~** jdm ist/wird schlecht [*o* übel]; **to be a bit ~ in the head** ein bisschen verrückt [*o* nicht ganz richtig im Kopf] *fam* sein; **to go ~ in the head** verrückt werden ❺ (*fam: unfriendly*) komisch; (*disrespectful*) **don't you try to be ~ with me!** komm mir nicht auf diese Tour! *fam* ▸ PHRASES: ~ **ha-ha or ~ peculiar?** lustig oder merkwürdig?; **she's a very ~ woman – ~ ha-ha or ~ peculiar?** sie ist eine sehr komische Frau – meinst du mit komisch lustig oder merkwürdig? **II.** *adv* (*fam*) komisch, merkwürdig

ˈfun·ny bone *n* (*fam*) Musikantenknochen *m* **ˈfun·ny farm** *n* (*hum fam*) Klapsmühle *f sl,* Irrenhaus *nt fam* **fun·ny ˈmon·ey** *n no pl* Falschgeld *nt*

ˈfun·ny pa·pers *npl* AM ■**the ~** die Witzseiten

ˈfun run *n* Wohltätigkeitslauf *m*

fur [fɜːʳ, AM fɜːr] **I.** *n* ❶ *no pl* (*on animal*) Fell *nt;* ~ **and feather** Haar- und Federwild *nt* ❷ FASHION Pelz *m;* **fake/real~** künstlicher/echter Pelz; **fun ~** Kunstpelz *m* ❸ HUNT ■**~s** Pelztiere *ntpl;* FASHION Pelze *mpl,* Rauchwaren *fpl* ❹ *no pl* (*in pipes, pots*) Kesselstein *m; on tongue* Belag *m* auf der Zunge; **to have ~ on one's tongue** eine belegte Zunge haben ▸ PHRASES: **the ~ flies** die Fetzen fliegen *fam;* **the only reason Mark said that was to make the ~ fly** Mark sagte das nur, um einen Riesenkrach zu provozieren *fam* **II.** *n modifier* (*gloves, hat*) Pelz-; ~ **lining** Pelzbesatz *m* **III.** *vi* <-rr-> ■**to ~ up** *kettle, pipes* verkalken

fur·bish [ˈfɜːbɪʃ, AM ˈfɜːr-] *vt* (*dated*) ■**to ~ sth** ❶ (*polish*) etw polieren [*o* abreiben] ❷ (*renovate*) etw renovieren; *see also* **refurbish**

fur ˈcoat *n* Pelzmantel *m* **ˈfur farm** *n* Pelztierfarm *f*

fu·ri·ous [ˈfjʊəriəs, AM ˈfjʊr-] *adj* ❶ (*angry*) [sehr] wütend; ■**to be ~** toben; ■**to be ~ with** [*or* **at**] **sb** wütend auf jdn sein; ■**to be ~ about** [*or* **at**] **sth** über etw *akk* erzürnt sein *geh,* sich *akk* über etw *akk* aufregen *fam;* **to have a ~ argument** [*or* **quarrel**] [*or* **row**] einen heftigen Streit haben, sich *akk* heftig streiten; **~ outburst** heftiger Gefühlsausbruch; **to be in a ~ temper** sehr gereizt sein [*o* schlechte Laune haben] ❷ (*intense*) *debate, storm* heftig; *wind* stürmisch; **in a ~ effort** mit einer gewaltigen Anstrengung; **at a ~ pace** [*or* **speed**] in rasender Geschwindigkeit; **fast and ~** rasant; **the questions came fast and ~ from the reporters** die Fragen der Reporter kamen Schlag auf Schlag

fu·ri·ous·ly ['fjʊəriəsli, AM 'fjʊr-] *adv* ❶ (*angrily*) wütend; **to quarrel ~** sich *akk* heftig streiten ❷ (*intensely*) heftig, wie wild *fam*

fu·ri·ous·ness ['fjʊəriəsnəs, AM 'fjʊr-] *n no pl* ❶ (*fury*) Wut *f,* Raserei *f fam* ❷ (*intenseness*) *of a storm* Heftigkeit *f*

furl [fɜːl, AM fɜːrl] *vt* **to ~ fabric/a flag/an umbrella** Stoff/eine Flagge/einen Regenschirm einrollen [*o* zusammenrollen]; **to ~ the sails** die Segel einholen

fur-lined 'jack·et *n* Jacke *f* mit Pelzbesatz

fur·long ['fɜːlɒŋ, AM 'fɜːrlɑːŋ] *n* Achtelmeile *f*

fur·lough ['fɜːləʊ, AM 'fɜːrloʊ] MIL **I.** *n* Urlaub *m;* **to be on ~** auf [*o* in] Urlaub sein; **to go on ~** in Urlaub gehen; **to grant sb a ~** jdm Urlaub bewilligen **II.** *vt* AM ■**to ~ sb** jdn beurlauben

fur·nace ['fɜːnɪs, AM 'fɜːr-] *n* ❶ (*in smelting*) Hochofen *m,* Schmelzofen *m* ❷ (*in homes*) [Haupt]heizung *f;* **gas/oil ~** Gas-/Ölheizung *f* ❸ (*fig: hot place*) Backofen *m fig fam*

fur·nish ['fɜːnɪʃ, AM 'fɜːr-] *vt* ❶ (*provide furniture*) ■**to ~ sth** etw einrichten ❷ (*supply*) ■**to ~ sth** etw liefern; ■**to ~ sb with sth** jdn mit etw *dat* versorgen, jdm etw liefern; ■**to be ~ed with sth** mit etw *dat* ausgestattet sein

fur·nished ['fɜːnɪʃt, AM 'fɜːr-] *adj house* eingerichtet; *apartment, flat, room* möbliert; **partly ~** teilmöbliert

fur·nish·ings ['fɜːnɪʃɪŋz, AM 'fɜːr-] *npl* Einrichtung *f*

fur·ni·ture ['fɜːnɪtʃəʳ, AM 'fɜːrnɪtʃɚ] **I.** *n no pl* ❶ (*in a home*) Möbel *ntpl;* **piece** [*or* **item**] **of ~** Möbelstück *nt;* **to be part of the ~** (*fig*) zum Inventar gehören *fig fam;* **to treat sb as part of the ~** jdn behandeln, als gehöre er zur Einrichtung ❷ (*fig: knowledge*) **mental ~** geistiges Rüstzeug **II.** *n modifier* (*store, salesman*) Möbel-

'fur·ni·ture pol·ish *n no pl* Möbelpolitur *f* **'fur·ni·ture re·mov·er** *n* BRIT (*company*) Möbelspedition *f,* Umzugsunternehmen *nt;* (*person*) Möbelpacker(in) *m(f)* **'fur·ni·ture van** *n* Möbelwagen *m*

fu·ror ['fjʊrɔːr] AM, **fu·ro·re** [fjʊ(ə)'rɔːri] *n no pl* ❶ (*excitement*) Wirbel *m* (**over** um +*akk*), Aufregung *f* (**over** über +*akk*); **to cause a ~** für Wirbel [*o* Aufregung] sorgen ❷ (*uproar*) Aufruhr *m*

fur·phy ['fɜːfi] *n* AUS (*sl*) Gerücht *nt*

furred [fɜːd, AM fɜːrd] *adj* MED *tongue* belegt

fur·ri·er ['fʌriəʳ, AM 'fɜːriɚ] *n* ❶ (*fur dealer*) Pelzhändler(in) *m(f)* ❷ (*fur dresser*) Kürschner(in) *m(f)*

fur·row ['fʌrəʊ, AM 'fɜːroʊ] **I.** *n* ❶ (*groove*) Furche *f* ❷ (*wrinkle*) Falte *f;* **with ~s in one's brow** mit gerunzelter Stirn ▶ PHRASES: **to have a hard ~ to plough** es schwer haben; **to plough a lonely ~** allein auf weiter Flur stehen **II.** *vt* ■**to ~ sth** etw pflügen; **to ~ one's brow** die Stirn runzeln [*o* in Falten legen]

fur·rowed ['fʌrəʊd, AM 'fɜːroʊd] *adj* **~ brow** [*or* **forehead**] gerunzelte Stirn

fur·ry ['fɜːri] *adj* ❶ (*short fur*) pelzig; (*long fur*) wollig; **~ tongue** belegte [*o* pelzige] Zunge ❷ (*fuzzy*) Plüsch-; **~ toy** Kuscheltier *nt;* **to be soft and ~** kuschelig weich sein

fur·ther ['fɜːðəʳ, AM 'fɜːrðɚ] **I.** *adj comp of* **far** ❶ (*more distant*) weiter [entfernt], ferner; **at the ~ end of the room** am anderen Ende des Raums ❷ (*additional*) weiter; **~ problems** noch mehr Probleme; **~ use** weitere Verwendung; **I've no ~ use for it** ich kann es nicht mehr gebrauchen; **until ~ notice** bis auf weiteres **II.** *adv comp of* **far** ❶ (*more distant*) weiter; **we didn't get much ~** wir sind nicht viel weiter gekommen; **nothing could be ~ from my mind** nichts liegt mir ferner; **~ back** (*in place*) weiter zurück; (*in time*) früher; **~ on** weiter; **a bit ~ on** [noch] etwas weiter ❷ (*to a greater degree*) weiter, außerdem; **he's a nice person, but I wouldn't go any ~ than that** er ist sehr nett, aber mehr möchte ich nicht sagen [*o* weiter möchte ich nicht gehen]; **this mustn't go any ~** sag es nicht weiter; **~ and ~** [immer] weiter, mehr und mehr; **to go ~ with sth** mit etw *dat* weitermachen; **to take sth ~** mit etw *dat* weitermachen; (*pursue*) *matter* etw vertiefen [*o* weiterverfolgen] ❸ (*more*) [noch] weiter; **I have nothing ~ to say in this matter** ich habe zu dieser Sache nichts mehr zu sagen [*o* hinzuzufügen]; **~ to your letter, ...** BRIT, AUS (*form*) bezugnehmend auf Ihren Brief, ...; **to not go any ~** nicht weitergehen; **we kissed, but we didn't go any ~** wir haben uns geküsst, aber dabei blieb es auch; **to make sth go ~** *food* etw strecken **III.** *vt* (*promote*) ■**to ~ sth** etw fördern; **to ~ a cause** eine Sache voranbringen; **to ~ sb's interests** jds Interessen förderlich sein

fur·ther·ance ['fɜːðərən(t)s, AM 'fɜːrðɚ-] *n no pl* (*form*) Förderung *f*

fur·ther edu·'ca·tion *n no pl* BRIT, AUS (*personal*) Weiterbildung *f;* (*professional*) Fortbildung *f;* **college of ~** ≈ Kolleg *nt* (*zur beruflichen Weiterbildung*)

fur·ther·more [ˌfɜːðə'mɔːʳ, AM 'fɜːrðɚmɔːr] *adv inv* außerdem, ferner

fur·ther·most ['fɜːðəməʊst, AM 'fɜːrðɚmoʊst] *adj attr, inv* fernste(r, s), äußerste(r, s)

fur·thest ['fɜːðɪst, AM 'fɜːr-] **I.** *adj superl of* **far** ❶ (*most distant*) am weitesten entfernte(r, s) ❷ *attr* (*fig: most extreme*) extremste(r, s) **II.** *adv superl of* **far** ❶ (*greatest distance*) am weitesten; **prices have fallen ~ in the South** im Süden sind die Preise am stärksten gefallen; ■**the ~: that's the ~ I can see** weiter [entfernt] erkenne ich nichts mehr; **I wanted to be an actress but the ~ I ever got was selling ice-creams in a theatre** eigentlich wollte ich Schauspielerin werden, aber ich habe es nur bis zur Eisverkäuferin am Theater gebracht ❷ (*to greatest extent*) am weitesten; ■**the ~: that's the ~ I'll go** (*when haggling*) das ist mein letztes Angebot

fur·tive ['fɜːtɪv, AM 'fɜːrt̬-] *adj glance, look* verstohlen; *action* heimlich; *manner* verschlagen; **to have a ~ air** heimlichtuerisch wirken

fur·tive·ly ['fɜːtɪvli, AM 'fɜːrt̬-] *adv* (*secretly*) heimlich; (*slyly*) verschlagen *pej;* **to glance** [*or* **look**] **~** verstohlen blicken

fur·tive·ness ['fɜːtɪvnəs, AM 'fɜːrt̬-] *n no pl* Verstohlenheit *f;* (*secretiveness*) Heimlichkeit *f,* Heimlichtuerei *f pej*

'fur trade *n no pl* Pelzhandel *m,* Fellhandel *m* **'fur trad·er** *n* Pelzhändler(in) *m(f),* Fellhändler(in) *m(f)* **'fur trap·per** *n* Fallensteller(in) *m(f);* (*in North America*) Trapper(in) *m(f)*

fury ['fjʊəri, AM 'fjʊri] *n no pl* ❶ (*rage*) Wut *f,* Rage *f fam;* **fit of ~** Wutanfall *m;* **in a ~** wütend, zornig; **in a cold ~** mit kalter Wut; **to fly into a ~** in Rage kommen *fam;* **like ~** wie verrückt *fam* ❷ (*intensity*) Ungestüm *nt; of a storm* Heftigkeit *f; of passion* Wildheit *f;* **to do sth in a ~** etw ungestüm tun

fuse [fjuːz] **I.** *n* ❶ (*in a house*) Sicherung *f;* **the ~ has blown** [*or* BRIT, AUS **gone**] die Sicherung ist durchgebrannt ❷ (*device*) *of a bomb* Zündvorrichtung *f;* (*string*) Zündschnur *f* ▶ PHRASES: **sb has a short ~** jd wird schnell wütend, [bei] jdm brennen schnell die Sicherungen durch *fam;* **to blow one's ~** ausflippen *sl,* [vor Wut] explodieren *fam;* **to light the ~** das Fass zum Überlaufen bringen *fig* **II.** *vi* ❶ *esp* BRIT (*blow a fuse*) **a hairdryer/toaster ~s** bei einem Föhn/Toaster brennt die Sicherung durch; (*fig: stop working*) *brain* überlastet sein ❷ (*join together*) sich *akk* vereinigen; *metals, sperm with egg* verschmelzen; **to ~ together** miteinander verschmelzen ❸ ECON *companies* sich *akk* zusammenschließen, fusionieren **III.** *vt* ■**to ~ sth** ❶ *esp* BRIT ELEC die Sicherung einer S. *gen* zum Durchbrennen bringen; **the lights have ~d** die Sicherungen der Lampen sind durchgebrannt ❷ (*join together*) etw verbinden; (*with heat*) etw verschmelzen; ■**to ~ sth together** etw [miteinander] verschmelzen ❸ (*install a fuse*) **to ~ a bomb** eine Bombe mit einer Zündvorrichtung versehen

'fuse box *n* Sicherungskasten *m*

fused [fju:zd] *adj inv* ▪ **to be ~** eine Sicherung haben

fu·selage ['fju:zᵊlɑ:ʒ, AM -səl-] *n* [Flugzeug]rumpf *m*

fu·si·lier [ˌfju:zᵊl'ɪəʳ] *n* BRIT (*hist*) Füsilier *m veraltet,* Infanterist(in) *m(f)*

fu·sil·lade [ˌfju:zə'leɪd, AM -sə'lɑ:d] *n* Salve *f a. fig,* Bombardement *nt a. fig;* **~ of bullets** Kugelhagel *m kein pl*

fu·sion ['fju:ʒᵊn] *n* ❶ (*of metals*) Verschmelzung *f kein pl,* Verschmelzen *nt kein pl* ❷ (*fig: combination*) Verbindung *f,* Verschmelzung *f kein pl* (**of** von +*dat*) ❸ ECON *of companies* Zusammenschluss *m,* Fusion *f* ❹ *no pl* PHYS Verschmelzung *f,* Fusion *f;* **nuclear ~** Kernverschmelzung *f,* Kernfusion *f* ❺ MUS Stilmix *m;* (*jazz and rock*) Jazzrock *m*

'fu·sion bomb *n* Wasserstoffbombe *f* **'fu·sion re·ac·tor** *n* Fusionsreaktor *m*

fuss [fʌs] **I.** *n* ❶ (*excitement*) [übertriebene] Aufregung; ▪ **to be in a ~** in heller Aufregung sein ❷ (*attention*) [übertriebener] Aufwand, Getue *nt pej fam;* **it's a lot of ~ about nothing** das ist viel Lärm um nichts; **to make** [*or* **kick up**] [**such**] **a ~** einen Aufstand machen *fam,* sich *akk* anstellen *fam;* **to make a ~ of** [*or* AM **over**] **sb** für jdn einen großen Aufwand betreiben; **to make a ~ about sth** um etw *akk* viel Aufhebens machen; **I don't see what the ~ is about** ich verstehe nicht, was der ganze Zirkus soll *fam* **II.** *vi* (*be nervously active*) [sehr] aufgeregt sein; **please, stop ~ing** hör bitte auf, so einen Wirbel zu machen; ▪ **to ~ at sb** jdm keine Ruhe lassen; ▪ **to ~ over sb/sth** (*treat with excessive attention*) für jdn/etw einen großen Aufwand betreiben; (*overly worry*) sich *dat* übertriebene Sorgen um jdn/etw machen; ▪ **to ~ with sth** [hektisch] an etw *dat* herumhantieren; ▪ **to be ~ed** (*be nervous*) hektisch sein; (*complain*) *baby* unruhig sein; *child* quängeln; *adult* sich *akk* aufregen **III.** *vt* ▪ **to ~ sb** jdn nicht in Ruhe lassen, jdm auf die Nerven gehen *pej fam*

'fuss·budg·et *n esp* AM (*fam*) Nörgler(in) *m(f) pej;* **to be a ~** pedantisch [*o fam* pingelig] sein **'fuss-free** *adj* (*fam*) problemlos, unkompliziert

fussi·ly ['fʌsɪli] *adv* (*pej*) ❶ (*in picky way*) pingelig *pej fam;* (*with criticism*) nörgelig *pej,* mäkelig *pej* ❷ (*with much care*) penibel; *decorate* überladen

fussi·ness ['fʌsɪnəs] *n no pl* ❶ (*pickiness*) Pingeligkeit *f pej fam* ❷ (*decoration*) Überladenheit *f pej* ❸ (*detail*) Übergenauigkeit *f*

'fuss·pot *n* (*fam*) Nörgler(in) *m(f) pej;* **to be a ~** penibel [*o fam* pingelig] sein

fussy ['fʌsi] *adj* ❶ *usu pred* (*pej: about clothes, neatness*) pingelig *pej fam;* (*about people*) [zu] wählerisch; (*about food*) mäkelig *pej,* heikel DIAL, schnäkig DIAL; ▪ **to be ~ about sth** etw sehr genau nehmen; **he's/we're/they're not ~** [**about sth**] (*not demanding*) er ist/wir sind/sie sind [bei etw] nicht wählerisch; BRIT (*indifferent*) ihm/uns/ihnen ist es egal [was/wie ...] ❷ (*pej: overly-decorated*) *curtains, clothing* [zu] verspielt, überladen *pej* ❸ (*overly-detailed*) *writing* ausgeklügelt ❹ (*needing much care*) fisselig DIAL; **~ job** Fisselarbeit *f* DIAL

fus·tian ['fʌstiən, AM -tʃᵊn] **I.** *n* (*cloth*) Barchent *m* **II.** *adj* ❶ (*of fustian cloth*) Barchent- ❷ (*fig, pej: pompous*) pompös *pej,* bombastisch *pej; phrases* groß *pej*

fus·ty ['fʌsti] *adj* (*pej*) ❶ (*musty*) *smell, room* muffig *fam* ❷ (*fig: old-fashioned*) verstaubt *fig, oft pej; people* altmodisch

fu·tile ['fju:taɪl, AM -t̬ᵊl] *adj* ❶ (*in vain*) sinnlos; (*pointless*) nutzlos, zwecklos; **~ attempt** vergeblicher Versuch; **~ effort** vergebliches Bemühen; **to prove ~** vergebens sein ❷ (*unimportant*) unsinnig, überflüssig; *idea, remark* unwichtig

fu·til·ity [ˌfju:'tɪləti, AM -əţi] *n no pl* Sinnlosigkeit *f;* **an exercise in ~** vergebliche Liebesmüh

fu·ton ['fu:tɒn, AM -tɑ:n] *n* Futon *m*

fu·ture ['fju:tʃəʳ, AM -ɚ] **I.** *n usu sing* ❶ (*in time*) Zukunft *f;* **nobody knows what the ~ holds** niemand weiß, was die Zukunft bringt; **to have plans for the ~** Zukunftspläne haben [*o geh* hegen]; **at some point in the ~** irgendwann einmal; **to plan for the ~** Pläne für die Zukunft machen, Zukunftspläne schmieden; ▪ **in** [AM *usu* **the**] **~** in Zukunft; **in the** [**not too**] **distant/near ~** in [nicht allzu] ferner/naher Zukunft ❷ LING **~ tense** Futur *nt;* **to be in the ~ tense** im Futur stehen ❸ (*prospects*) Zukunft *f,* Zukunftsaussichten *fpl;* **she has a great ~ ahead of her** sie hat eine große Zukunft vor sich; **there's no ~ for this company** diese Firma hat keine Zukunft; **there's no ~ for me in this company** in dieser Firma habe ich keine Aussichten; **to not have much of a ~** keine [guten] Zukunftsaussichten haben; **to face an uncertain ~** einer ungewissen Zukunft entgegengehen **II.** *adj attr, inv* zukünftig, kommend, später; **~ delivery** ECON Terminlieferung *f;* **for ~ delivery** für [*o* auf] zukünftige Lieferung; **~ generations** kommende Generationen; **~ husband** zukünftiger Ehemann; **in a ~ life** in einem Leben nach dem Tod; **for ~ reference** zur späteren Verwendung

fu·ture 'per·fect *n no pl* vollendetes Futur, Futur *nt* II **'fu·ture-proof** *adj* zukunftssicher

fu·tures ['fju:tʃəz, AM -ɚz] **I.** *npl* ❶ (*goods*) Terminwaren *fpl* ❷ (*trading*) [Waren]termingeschäfte *ntpl;* **to work in ~** Warentermingeschäfte machen, mit Terminwaren handeln **II.** *n modifier* **~ commodity** Terminware *f;* [**commodity**] **~ market** Terminbörse *f,* Terminmarkt *m;* **~ exchange** Terminbörse *f*

'fu·tures mar·ket *n* Terminbörse *f,* Terminmarkt *m* **'fu·tures trad·er** *n* Warenterminhändler(in) *m(f)*

fu·ture 'tense *n no pl* Futur *nt;* **to be in the ~** im Futur stehen

fu·tur·ism ['fju:tʃᵊrɪzᵊm] *n no pl* Futurismus *m*

fu·tur·ist ['fju:tʃᵊrɪst] **I.** *n* Futurist(in) *m(f)* **II.** *adj* futuristisch

fu·tur·is·tic [ˌfju:tʃə'rɪstɪk] *adj* ❶ (*ultra-modern*) futuristisch ❷ (*fantasy*) Sciencefiction-

fuze *n, vt* AM *see* **fuse**

fuzz [fʌz] *n no pl* ❶ (*fluff*) Fussel[n] *mpl* ❷ (*fluffy hair*) Flaum *m,* feine Härchen; **adolescent ~** [Bart]flaum *m,* erster Bartwuchs; **peach ~** Pfirsichhaut *f* ❸ (*frizzy hair*) Wuschelhaare *ntpl;* (*beard*) Stoppeln *fpl* ❹ (*distorted sound*) Unschärfen *fpl* ❺ BRIT, AM (*dated sl: police*) ▪ **the ~** die Bullen *pl pej sl,* die Polypen *pl pej sl*

'fuzz·ball *n* Staubwolke *f*

fuzzi·ly ['fʌzɪli] *adv* undeutlich, unklar, verschwommen

fuzzi·ness ['fʌzɪnəs] *n no pl* ❶ (*fluffiness*) Flauschigkeit *f* ❷ (*distortion*) *of an image* Unklarheit *f,* Undeutlichkeit *f,* Verschwommenheit *f; of a photograph* Unschärfe *f;* (*fig*) *of thinking* Wirrheit *f*

fuzzy ['fʌzi] **I.** *adj* ❶ (*fluffy*) flaumig; *skin* samtig ❷ (*frizzy*) wuschelig; *beard* stoppelig; (*curly*) lockig; **my hair went ~ in the rain** meine Haare lockten sich im Regen ❸ (*distorted*) *image* unklar, verschwommen; *photograph* unscharf; *sound, reception* schlecht; **my head is so ~** ich bin ganz benommen; **~ memory** verschwommene Erinnerung **II.** *n* ▪ **the fuzzies** *pl* **to give sb the warm fuzzies** (*fam*) jdm das Gefühl von Wärme und Geborgenheit vermitteln

fuzzy-'head·ed *adj usu pred* (*thinking unclearly*) nicht [ganz] klar [*o* wirr] im Kopf; (*from alcohol*) benebelt; **to feel a bit ~** sich *akk* etw angeheitert fühlen **fuzzy 'log·ic** *n no pl* MATH, PHILOS Fuzzylogik *f* **fuzzy 'math** *n no pl* (*fam*) Rechenfehler *m,* faule Zahlen *pl fam*

'F-word *n* (*euph fam*) ▪ **the ~** *euphemistische Abkürzung von 'fuck', ‚Scheiße', um eine vulgäre Ausdrucksweise zu vermeiden*

FX [ˌef'eks] *npl* FILM (*sl*) Special Effects *pl*

Gg

G <*pl* -'s>, **g** <*pl* -'s *or* -s> [dʒiː] *n* ① (*letter*) G *nt*, g *nt;* ~ **for** [*or* AM *a.* **as in**] **George** G für Gustav; *see also* **A 1** ② MUS G *nt*, g *nt;* ~ **flat** Ges *nt*, ges *nt;* ~ **sharp** Gis *nt*, gis *nt;* **key of** ~ G-Schlüssel *m*, Violinschlüssel *m; see also* **A 2**

g [dʒiː] *n* ① <*pl* -> *abbrev of* **gram** g ② <*pl* -'s> PHYS *abbrev of* **gravitational acceleration** g

G [dʒiː] **I.** *n* <*pl* -'s> AM, AUS (*fam*) ≈ Tausender *m fam* **II.** *adj inv* AM FILM *abbrev of* **General-Audience** Familien-, jugendfrei; ~ **movie** jugendfreier Film; **rated** ~ ohne Altersbeschränkung

gab [gæb] **I.** *vi* <-bb-> (*pej fam*) quatschen *pej fam*, schwätzen *pej fam* **II.** *n* (*pej*) Gequassel *nt fam;* **to have the gift of the** ~ (*without interruption*) wie ein Wasserfall reden können; (*persuasive*) überzeugend reden können

gab·ar·dine [ˌgæbəˈdiːn, AM ˈgæbɚdiːn] *n* ① *no pl* (*cloth*) Gabardine *m o f* ② (*coat*) Gabardinemantel *m*

gab·ble [ˈgæbl̩] **I.** *vi* (*slur*) nuscheln *fam*, undeutlich sprechen; (*talk quickly*) quasseln *pej fam; goose* schnattern; **to** ~ **away** (*pej*) [drauflos] quasseln *pej fam;* **to** ~ **away at sb** auf jdn einreden, jdn vollquasseln *fam* **II.** *vt* ■**to** ~ **sth** (*quickly*) etw herunterrasseln; (*indistinctly*) etw nuscheln *fam;* **to** ~ **one's words** die Wörter verschlucken **III.** *n no pl* (*slurred*) Gebrabbel *nt fam;* (*rapid*) Gequassel *nt fam; of geese* Geschnatter *nt*

gab·by [ˈgæbi] *adj* (*fam*) geschwätzig *pej*, schwatzhaft *pej*

gab·er·dine *n see* **gabardine**

ga·ble [ˈgeɪbl̩] *n* Giebel *m*

ga·bled [ˈgeɪbl̩d] *adj* gegiebelt, Giebel-

'gab ses·sion *n* (*fam*) Plauderstündchen *nt*

gad [gæd] (*dated*) **I.** *vi* <-dd-> (*fam*) ■**to** ~ **about** [*or* **around**] sich *akk* herumtreiben **II.** *interj* (*fam*) ■**by** ~**!** bei Gott!

gad·about [ˈgædəbaʊt] *n* (*dated*) Herumtreiber(in) *m(f) fam*

gad·fly [ˈgædflaɪ] *n* ① (*insect*) Stechfliege *f*, Bremse *f* ② (*fig: person*) Nervensäge *f pej fam*

gadg·et [ˈgædʒɪt] *n* [praktisches] Gerät; ■~**s** *pl* [praktische] Gerätschaften

gadg·eteer [ˌgædʒɪˈtɪəʳ, AM -tɪr] *n* Technikfreak *m sl*, jd, der technische Spielereien liebt

gad·get·ry [ˈgædʒɪtri] *n no pl* Gerätschaften *fpl*

Gael·ic [ˈgeɪlɪk, ˈgæl-] **I.** *n* Gälisch *nt*, das Gälische **II.** *adj* gälisch

gaff [gæf] *n* NAUT Gaffel *f;* (*in fishing*) Landungshaken *m* ▸ PHRASES: **to blow the** ~ BRIT (*sl*) nicht dichthalten *fam*, die Klappe nicht halten können *sl;* **to blow the** ~ **on sth** etw ausplaudern *fam;* **to blow the** ~ **on sb** jdn verpfeifen *fam*

gaffe [gæf] *n* Fauxpas *m;* **to make a** ~ einen Fauxpas begehen

gaff·er [ˈgæfəʳ, AM -ɚ] *n* ① BRIT (*fam: foreman*) Vorarbeiter *m;* (*fig*) Boss *m fam*, Chef *m fam* ② FILM, TV ≈ Filmtechniker *m* ③ BRIT (*fam: old man*) Opa *m pej o hum sl*

gag [gæg] **I.** *n* ① (*cloth*) Knebel *m* ② (*joke*) Gag *m*, Witz *m;* **opening** ~**s** Gags *mpl*, um das Publikum aufzuwärmen; **to do** [*or* **pull**] **a** ~ einen Witz reißen; **to do sth for** [*or* AM, AUS **as**] **a** ~ etw [nur] zum Spaß [*o fam* aus Jux] machen **II.** *vt* <-gg-> *usu passive* ■**to** ~ **sb** jdn knebeln; (*fig*) jdm einen Maulkorb verpassen *fig*, jdn mundtot machen **III.** *vi* <-gg-> ■**to** ~ [**on sth**] [an etw *dat* herum]würgen

gaga [ˈgɑːgɑː] *adj pred* ① (*fam: senile*) senil, vertrottelt *fam;* **to go** ~ senil werden ② (*fam: infatuated*) ■**to be** ~ **about** [*or* **over**] **sb/sth** verrückt nach jdm/etw sein; (*enthusiastic*) von jdm/etw hin und weg sein

gage *n, vt* AM *see* **gauge**

gag·ging or·der *n* (*fam*) Nachrichtensperre *f*

gag·gle [ˈgægl̩] *n* (*geese*) ~ **of geese** Gänseherde *f;* (*pej: people*) Horde *f pej*, Schar *f*

'gag or·der *n*, **'gag rule** *n* AM Maulkorberlass *m fam;* **to issue a** ~ einen Maulkorberlass herausgeben *fam*

gai·ety [ˈgeɪəti, AM -əţi] *n* ① *no pl* Fröhlichkeit *f*, Frohsinn *m veraltend;* **forced** ~ gezwungene [*o* gekünstelte] Fröhlichkeit ② *usu pl* (*dated: festivity*) Festlichkeiten *fpl*, Fest *nt;* **to take part in the gaieties** am Fest teilnehmen

gai·ly [ˈgeɪli] *adv* ① (*happily*) fröhlich ② (*brightly*) freundlich, hell; ~ **coloured** farbenfroh

gain [geɪn] **I.** *n* ① (*increase*) Anstieg *m kein pl; in speed* Erhöhung *f kein pl*, Zunahme *f kein pl;* **weight** ~ Gewichtszunahme *f;* **a** ~ **in numbers** ein zahlenmäßiger Zuwachs; **a** ~ **in height** eine Zunahme an Höhe; **a** ~ **in profits/business/productivity** eine Gewinn-/Geschäfts-/Produktivitätssteigerung ② ECON, FIN (*profit*) Gewinn *m;* **net** ~ Nettogewinn *m*, Reingewinn *m;* **pre-tax** ~ Vorsteuergewinn *m* ③ (*achievement*) Gewinn *m kein pl;* (*advantage*) Vorteil *m;* **personal/political** ~ persönlicher/politischer Vorteil; **to do sth for** ~ etw zu seinem eigenen Vorteil tun; (*for money*) etw für Geld tun **II.** *vt* ① (*obtain*) ■**to** ~ **sth** etw bekommen [*o* erlangen]; **to** ~ **access to a person/building** sich *dat* Zugang zu einer Person/einem Gebäude verschaffen; **to** ~ **acceptance/popularity** akzeptiert/populär werden; **to** ~ **confidence** [*or* **self-confidence**] Selbstvertrauen entwickeln; **to** ~ **sb's confidence** jds Vertrauen erhalten; **to** ~ **control of sth** etw unter seine Kontrolle bekommen; **to** ~ **entrance/entry** [**to sth**] sich *dat* den Zutritt [zu etw *dat*] verschaffen; **to** ~ **entree into social circles** Zutritt zu gesellschaftlichen Kreisen erhalten; **to** ~ **experience** Erfahrungen sammeln; **to** ~ **freedom/independence** die Freiheit/Unabhängigkeit erlangen; **to** ~ **ground** (*progress*) *work* [an] Boden gewinnen; *disease* um sich *akk* greifen; *rumours* sich *akk* verbreiten; **to** ~ **ground** [**on sb**] (*catch up*) [im Vergleich zu jdm] aufholen; **to** ~ **an impression** einen Eindruck bekommen; **to** ~ **insight** [**into sth**] einen Einblick [in etw *akk*] bekommen, [etw] verstehen; **to** ~ **knowledge** sein Wissen erweitern, Wissen sammeln; **to** ~ **prestige** an Prestige gewinnen; **to** ~ **recognition** [*or* **respectability**] Anerkennung finden, anerkannt werden; **to** ~ **a reputation for being sth** sich *dat* einen Namen als etw machen; **to** ~ **success** Erfolg haben; **to** ~ **time** Zeit gewinnen; **to** ~ **a victory** einen Sieg erringen; **you've got nothing to lose and everything to** ~ du hast nichts zu verlieren, aber alles zu gewinnen; **what do you hope to** ~ **from the course?** was versprechen Sie sich von diesem Kurs?; **her performance** ~**ed her international fame** durch ihre Leistung erlangte sie internationalen Ruhm; **the party have** ~**ed a lot of support** die Partei ist in der Sympathie der Wähler stark gestiegen ② (*increase*) **to** ~ **altitude** [an] Höhe gewinnen; **to** ~ **confidence/experience/competence** an Sicherheit/Erfahrung/Kompetenz zunehmen; **to** ~ **impetus** [*or* **momentum**] an Schwung [*o* Kraft] gewinnen; **to** ~ **strength** kräftiger werden, an Kraft zunehmen; **to** ~ **velocity** [*or* **speed**] schneller werden; **to** ~ **weight** zunehmen; **my watch has** ~**ed about ten minutes over the last twenty-four hours** meine Uhr geht jetzt innerhalb der letzten 24 Stunden 10 Minuten vor; **the share index** ~**ed ten points** der Aktienindex stieg um 10 Punkte an ③ (*reach*) erreichen; **to** ~ **one's destination** sein Ziel erreichen ▸ PHRASES: **to** ~ **a foothold** Fuß fassen; **to** ~ **the upper hand** die Oberhand gewinnen; **nothing ventured, nothing** ~**ed** (*prov*) wer wagt, gewinnt **III.** *vi* ① (*increase*) zunehmen; *prices, numbers* [an]steigen; *clock, watch* vorgehen; **once she went off the diet she started** ~**ing again** sobald sie mit der Diät aufhörte, nahm sie gleich wieder zu; **the share index** ~**ed by ten points** der Aktienindex stieg um 10 Punkte an; **to** ~ **in numbers** zahlenmäßig ansteigen; **to** ~ **in height** an Höhe gewinnen; **to** ~ **in weight** zunehmen; **to** ~ **in profits/business/productivity** Gewinn/Geschäft/Produktivität steigern ② (*profit*) profitieren; ■**to** ~ **from sth** von etw *dat* profitieren; ■**to** ~ **by doing sth** durch etw *akk* profitieren ③ (*catch up*) ■**to** ~ **on sb** jdn mehr und mehr einholen; **they're ~ing on us** sie kommen immer näher *fam*

gain·er ['geɪnəʳ, AM -ɚ] *n* Gewinner(in) *m(f)*

gain·ful ['geɪnfᵊl] *adj inv* Gewinn bringend; ~ **employment** Erwerbstätigkeit *f*

gain·ful·ly ['geɪnfᵊli] *adv inv* Gewinn bringend; ~ **employed** erwerbstätig; **to keep sb ~ employed** jdn [gegen Bezahlung] beschäftigen

gain·say <-said, -said> [ˌgeɪn'seɪ] *vt* (*form*) ■**to ~ sth** etw abstreiten [*o* leugnen]; **there's no ~ing her brilliance as an actress** ihre brillante schauspielerische Leistung lässt sich nicht leugnen

gait [geɪt] *n* Gang *m kein pl; of a horse* Gangart *f;* **to walk with a clumsy/slow ~** einen schwerfälligen/langsamen Gang haben

gait·er ['geɪtəʳ, AM -ɚ] *n usu pl* Gamasche *f*

gal¹ [gæl] *n* AM (*hum fam: girl*) Mädchen *nt*

gal² <*pl* - *or* -s> *n abbrev of* **gallon**

gala ['gɑːlə, AM 'geɪlə, 'gælə] **I.** *n* ❶ (*social event*) Gala *f* ❷ BRIT (*competition*) Sportfest *nt* **II.** *adj attr, inv* (*festive*) Gala-, [sehr] festlich; ~ **affair/occasion** festliche Angelegenheit/Gelegenheit; ~ **night** Galaabend *m;* ~ **performance** Galavorstellung *f*

ga·lac·tic [gə'læktɪk] *adj inv* galaktisch; **inter-~** intergalaktisch

ga·lah [gə'lɑː] *n* ❶ ORN Rosenkakadu *m* ❷ AUS (*sl: idiot*) Blödmann *m pej sl,* Dummkopf *m pej fam*

gal·axy ['gæləksi] *n* ❶ (*star system*) Galaxie *f* ❷ (*the Milky Way*) ■**the ~** die Milchstraße ❸ (*fig: group*) erlesene Gesellschaft; **the whole ~ of actors and musicians** die ganze Schar prominenter Schauspieler und Musiker

gale [geɪl] *n* Sturm *m;* **~-force wind** Wind *m* mit Sturmstärke; **~s of laughter** stürmisches Gelächter

'gale warn·ing *n* Sturmwarnung *f*

gall¹ [gɔːl] **I.** *n* ❶ (*bile*) Galle *f,* Gallenflüssigkeit *f* ❷ (*something bitter*) Bitternis *f geh,* Bitterkeit *f;* **to be ~ and wormwood for sb** (*liter*) für jdn ausgesprochen bitter sein ❸ (*annoyance*) Ärger *m* ▶ PHRASES: **to have the ~ to do sth** die Frechheit besitzen etw zu tun **II.** *vt* ■**sth ~s sb** etw ist bitter für jdn; **it ~s him to [have to] take orders from a younger colleague** es wurmt ihn, Anweisungen von einem jüngeren Kollegen entgegennehmen zu müssen *fam*

gall² *n* BRIT *abbrev of* **gallon**

gal·lant ['gælənt] **I.** *adj* ❶ (*chivalrous*) charmant, zuvorkommend, galant *veraltend geh* ❷ (*brave*) tapfer; **to make a ~ effort** sich *akk* tapfer [*o* wacker] schlagen *fam* ❸ (*fine*) prächtig; *horse* edel **II.** *n* (*dated liter*) Stutzer *m pej veraltet*

gal·lant·ly ['gæləntli] *adv* ❶ (*with charm*) galant *veraltend geh* ❷ (*bravely*) tapfer ❸ (*politely*) höflich, zuvorkommend ❹ (*finely*) prächtig, stattlich

gal·lant·ry ['gæləntri] *n* ❶ *no pl* (*chivalry*) Zuvorkommenheit *f,* galantes Benehmen ❷ *no pl* (*courage*) Tapferkeit *f* ❸ (*polite deed*) charmante Geste

'gall blad·der *n* Gallenblase *f,* Galle *f*

gal·leon ['gæliən] *n* NAUT (*hist*) Galeone *f*

gal·lery ['gælᵊri] *n* ❶ (*for art*) Galerie *f;* (*for paintings*) Gemäldegalerie *f* ❷ (*balcony*) Balkon *m,* Galerie *f;* (*in church*) Empore *f* ▶ PHRASES: **to play to the ~** sich *akk* in Szene setzen

gal·ley ['gæli] *n* ❶ (*kitchen*) *of a ship* Kombüse *f; of an airplane* Bordküche *f* ❷ (*hist: ship*) Galeere *f* ❸ *usu pl* TYPO **final ~** [Druck]fahne *f*

'gal·ley proof *n* TYPO (*dated*) [Druck]fahne *f* **'gal·ley slave** *n* Galeerensklave *m*

Gal·lic ['gælɪk] *adj* (*hist*) ❶ (*of Gaul*) gallisch; **the ~ Wars** die Gallischen Kriege ❷ (*typically French*) [sehr] französisch

gall·ing ['gɔːlɪŋ] *adj* kränkend, bitter; **the defeat was ~ to his pride** sein Stolz war durch die Niederlage zutiefst verletzt

gal·li·vant ['gælɪvænt, AM -ləv-] *vi* (*fam*) ■**to ~ about** [*or* **around**] sich *akk* herumtreiben *pej*

gal·li·vant·ing ['gælɪvæntɪŋ, AM -ləv-] *n no pl* Herumtreiberei *f pej*

gal·lon ['gælən] *n* Gallone *f;* **imperial/US ~** britische/amerikanische Gallone; ■**~s** (*fig*) Unmengen *fpl fam;* **I drink ~s of milk** ich trinke literweise Milch

gal·lop ['gæləp] **I.** *vi* ❶ (*run fast*) *horse* galoppieren; *rider* galoppieren, im Galopp reiten ❷ (*fig: hurry*) [schnell] laufen, eilen; ■**to ~ into sth** sich *akk* [Hals über Kopf] in etw *akk* stürzen **II.** *vt* (*cause to gallop*) **to ~ a horse** ein Pferd galoppieren lassen **III.** *n usu sing* Galopp *m;* **to break into a ~** in Galopp verfallen; **at a ~** (*fig*) sehr schnell, in einem Wahnsinnstempo *fam*

gal·lop·ing ['gæləpɪŋ] *adj attr, inv* galoppierend; ~ **inflation/tuberculosis** galoppierende Inflation/Schwindsucht

gal·lows ['gæləʊz, AM -loʊz] *n + sing vb* Galgen *m;* **to send sb to the ~** jdn an den Galgen bringen

'gal·lows bird *n* Galgenvogel *m fam* **gal·lows 'hu·mour** *n no pl* Galgenhumor *m* **'gal·lows tree** *n* (*dated*) Galgenbaum *m*

'gall·stone *n* Gallenstein *m*

Gal·lup poll® ['gæləpˌ-] *n* Meinungsumfrage *f*

ga·loot [gə'luːt] *n* (*sl*) Muskelpaket *nt,* Zyklop *m,* Goliath *m*

ga·lore [gə'lɔːʳ, AM -'lɔːr] *adj inv, after n* im Überfluss

ga·loshes [gə'lɒʃɪz, AM -'lɑː-] *npl* (*dated*) Galoschen *fpl;* **rubber ~** Gummigaloschen *fpl*

ga·lumph [gə'lʌm(p)f] *vi* (*fam*) [herum]trampeln *fam*

ga·lumph·ing [gə'lʌm(p)fɪŋ] *adj attr, inv* (*fam*) ungeschickt, trottelig *fam*

gal·va·nize ['gælvənaɪz] *vt* ❶ (*coat with zinc*) ■**to ~ sth** etw galvanisieren ❷ (*fig: spur into action*) ■**to ~ sb** jdn elektrisieren; ■**to ~ sb into doing sth** jdn dazu veranlassen, etw schnell zu tun; **to ~ sb into action** jdn plötzlich aktiv werden lassen, jdm Beine machen *fam*

gal·va·nized ['gælvənaɪzd] *adj inv* galvanisiert

Gam·bia ['gæmbiə] *n* Gambia *nt*

Gam·bian ['gæmbiən] **I.** *adj inv* gambisch **II.** *n* Gambier(in) *m(f)*

gam·bit ['gæmbɪt] *n* ❶ (*in chess*) Gambit *nt* ❷ (*fig: tactic*) Schachzug *m,* Manöver *nt;* **clever ~** geschickter Schachzug; **opening ~** Eröffnungsmanöver *nt* ❸ (*remark*) **conversational** [*or* **opening**] **~** *Satz, mit dem man ein Gespräch anfängt*

gam·ble ['gæmbl̩] **I.** *n usu sing* Risiko *nt,* Wagnis *nt;* **business ~** Geschäftsrisiko *nt;* **to take a ~** etw riskieren [*o* wagen], ein Risiko eingehen **II.** *vi* ❶ (*bet*) [um Geld] spielen, zocken *sl;* **to ~ at cards** um Geld Karten spielen; **to ~ on dogs/horses** auf Hunde/Pferde wetten; **to ~ on the stock market** [*or* **exchange**] an der Börse spekulieren ❷ (*take a risk*) ■**to ~ that ...** sich *akk* darauf verlassen, dass ...; **I'm gambling that he'll forget my promise from last year** ich spekuliere darauf, dass er mein Versprechen vom Vorjahr vergessen wird; ■**to ~ on sth** auf etw *akk* setzen; **we're ~ing on the weather being good for our picnic** wir verlassen uns darauf, dass das Wetter für unser Picknick gut sein wird; ■**to ~ with sth** etw aufs Spiel setzen **III.** *vt* ■**to ~ sth** etw aufs Spiel setzen; **to ~ one's fortune/future/money** sein Vermögen/seine Zukunft/sein Geld aufs Spiel setzen; **to ~ everything on sb/sth** für jdn/etw alles aufs Spiel setzen

◆**gamble away** *vt* ■**to ~ away** ◯ **sth** etw verspielen

gam·bler ['gæmbl̩əʳ, AM -ɚ] *n* Spieler(in) *m(f);* **compulsive ~** Spielsüchtige(r) *f(m),* Spieler(in) *m(f)*

gam·bling ['gæmbl̩ɪŋ] *n no pl* Glücksspiel *nt*

'gam·bling ca·si·no *n* Spielkasino *nt* **'gam·bling czar** *n* AM (*pej*) Spielkasinobesitzer(in) *m(f)* **'gam·bling debt** *n* Spielschulden *fpl* **'gam·bling den** *n* (*pej*) Spielhölle *f pej* **'gam·bling house** *n* Spielkasino *nt* **'gam·bling joint** *n* (*pej*) Spielhölle *f pej*

gam·bol <BRIT -ll- *or* AM *usu* -l-> ['gæmbᵊl] *vi* (*liter*) *animals, children* herumspringen; ■**to ~ about** [*or* **around**] herumtollen; **to ~ through the meadow** über die Wiese springen

game¹ [geɪm] **I.** *n* ❶ (*match*) Spiel *nt;* **let's play a ~ of football/tennis** lass uns Fußball/Tennis spielen; **board ~** Brettspiel *nt;* **a ~ of chance** ein Glücksspiel *nt;* **a ~ of chess** eine Partie Schach; **computer ~** Computerspiel *nt;* **party ~** Gesellschaftsspiel *nt;* **a ~ of skill** (*tactics*) Taktikspiel *nt;* (*nimbleness*) Geschicklichkeitsspiel *nt;* **to win/lose a ~** ein Spiel gewinnen/verlieren; **waiting ~** Hinhaltetaktik *f;* **to play a waiting ~** erst mal abwarten ② (*general play*) *children* Spiel *nt;* **the children were playing a ~ of cops and robbers** die Kinder spielten Räuber und Gendarm ③ SPORTS (*skill level*) **to play a good** [*or* **mean**] **~** ein gutes [*o* beachtliches] Spiel spielen; **to be off one's ~** nicht zu seinem Spiel finden, schlecht spielen; **to be on one's ~** gut in Form sein; **my ~ is a bit off today** ich bin heute nicht in Form ④ (*amusement*) Spiel *nt;* **that's enough fun and ~s!** Schluss jetzt mit den Scherzen!; **to be just a ~ to sb** für jdn nur ein Spiel sein ⑤ (*dishonest plan*) Spiel *nt;* **what's your ~?** was soll das?; **he found out her little ~** er kam ihr auf die Schliche; **to be up to one's old ~s** es mit der alten Masche versuchen; **to play ~s with sb** mit jdm spielen; **to play sb's ~** jds Spiel *nt* mitspielen; **to see through sb's ~** jds Spiel *nt* durchschauen ⑥ ■**~s** *pl* (*organized*) Spiele *ntpl;* BRIT (*at school*) [Schul]sport *m;* **the Olympic ~s** die Olympischen Spiele ▸ PHRASES: **the ~ is not worth the candle** die Mühe lohnt sich nicht; **that's the name of the ~** darum geht es *fam;* **power is the name of the ~ in the business world** in der Geschäftswelt geht es nur um Macht; **two can play at that game** was du kannst, kann ich schon lange; **the ~ is up** das Spiel ist aus; **to beat sb at his own ~** jdn mit seinen eigenen Waffen schlagen; **to give the ~ away** alles verraten; **to make [a] ~ of sb** BRIT sich *akk* über jdn lustig machen; **to play the ~** BRIT (*dated*) sich *akk* an die Spielregeln halten; **to be on the ~** BRIT (*be a prostitute*) auf den Strich gehen; AM (*be a criminal*) seine Finger in unsauberen Geschäften haben **II.** *adj* ① *usu pred* (*fam: willing*) ■**to be ~ [to do sth]** bereit sein[, etw zu tun]; **to be ~ for anything** zu allem bereit sein; **I'm going for a drink – are you ~?** ich gehe was trinken – bist du dabei?; AM (*sl*) **she's a real ~ kid** sie ist zu allem bereit ② (*fam: lame*) lahm, angeknackst *fam* **III.** *vi* (*dated: gamble*) spielen

game² [geɪm] *n no pl* ① (*animal*) Wild *nt;* **big ~** Großwild *nt;* **small ~** kleine Wildtiere ② (*meat*) Wild *nt,* Wildbret *nt geh* ▸ PHRASES: **fair ~** Freiwild *nt*

'game bird *n* ■**~s** *pl* Federwild *nt kein pl* **'Game·boy®** *n* Gameboy® *m* **'game-cock** *n* Kampfhahn *m* **'game·keep·er** *n* Wildhüter(in) *m(f),* Wildheger(in) *m(f)* **'game laws** *npl* Jagdgesetz *nt* **'game li·cence** *n* Jagdschein *m*

game·ly ['geɪmli] *adv* tapfer

'game park *n* Wildpark *m* **'game plan** *n* SPORTS [Spiel]taktik *f,* [Spiel]strategie *f;* ECON Taktik *f,* Strategie *f* **'game·play** *n no pl* Spielablauf *m* **game 'point** *n* (*in tennis*) Satzball *m;* (*in handball*) [entscheidender] Punkt **'game re·serve** *n* Wildschutzgebiet *nt,* Wildreservat *nt* **'game room** *n* Spielzimmer *nt* **'game show** *n* Spielshow *f;* (*quiz show*) Quizsendung *f,* Quizshow *f;* **TV ~** Spielshow *f* [im Fernsehen]; (*quiz show*) Quizsendung *f* **'game show host** *n* TV Moderator(in) *m(f)* einer Spielshow; (*in quiz show*) Moderator(in) *m(f)* einer Quizshow

games·man·ship ['geɪmzmənʃɪp] *n no pl Kunst, mit fraglichen Mitteln zu gewinnen, ohne tatsächlich gegen die Regeln zu verstoßen*

'games port *n* Spieleport *m o nt* **'games teach·er** *n* BRIT Sportlehrer(in) *m(f)*

gam·ete ['gæmi:t] *n* Geschlechtszelle *f,* Gamet *m fachspr*

'game theo·ry *n no pl* MATH Spieltheorie *f fachspr* **'game war·den** *n* Jagdaufseher(in) *m(f)*

gamey ['geɪmi] *adj see* **gamy**

gam·ine [gæ'mi:n] (*approv*) **I.** *n* knabenhafte Frau **II.** *adj* jungenhaft, knabenhaft, androgyn

gam·ing ['geɪmɪŋ] *n no pl* Spielen *nt*

'gam·ing house *n* Spielkasino *nt* **'gam·ing ma·chine** *n* Spielautomat *m* **'gam·ing table** *n* Spieltisch *m*

gam·ma ['gæmə] *n* ① (*in Greek alphabet*) Gamma *nt* ② BRIT SCH (*rare: school mark*) ≈ ‚befriedigend', ≈ Drei *f*

gam·ma 'globu·lin *n no pl* MED Gammaglobulin *nt fachspr* **gam·ma ra·di'a·tion** *n no pl,* **gam·ma 'rays** *npl* Gammastrahlen *mpl*

gam·mon ['gæmən] **I.** *n no pl esp* BRIT ① (*bacon*) leicht geräucherter Schinken; (*ham*) [gekochter] Schinken ② (*dated fam: nonsense*) Quatsch *m pej fam,* Blödsinn *m pej fam* **II.** *interj* BRIT (*dated fam*) **~!** [so'n] Quatsch! *pej fam,* [so'n] Blödsinn! *pej fam*

gam·my ['gæmi] *adj* BRIT (*fam*) lahm

gam·ut ['gæmət] *n* Spektrum *nt;* **the whole ~ of emotions** das ganze Spektrum der Gefühle; **to run the ~ of sth** (*experience the entire range*) die ganze Skala einer S. *gen* durchmachen; *all tasks* alle Stationen einer S. *gen* durchlaufen; *all aspects* alle Facetten einer S. *gen* kennen lernen

gamy ['geɪmi] *adj* **~ taste** Wildgeschmack *m;* **there was a ~ smell** es roch nach Wild

gan·der ['gændəʳ, AM -dɚ] *n* ① (*goose*) Gänserich *m,* Ganter *m* NORDD *fam,* Ganser[t] *m* SÜDD *fam* ② (*fam: look*) **to have** [*or* **take**] **a ~ at sth** einen kurzen Blick auf etw *akk* werfen ▸ PHRASES: **what's sauce** [*or* AM **good**] **for the goose is sauce** [*or* AM **good**] **for the ~** (*prov*) was dem einen recht ist, ist dem anderen billig

G & T [ˌdʒi:ən(d)'ti:] *n abbrev of* **gin and tonic** Gin-Tonic *m*

gang [gæŋ] **I.** *n* (*group*) *of people* Gruppe *f; of criminals* Bande *f; of youths* Gang *f;* (*fam*) *of friends* Clique *f,* Haufen *m fam; of workers, prisoners* Kolonne *f,* Trupp *m;* **the ~'s waiting for us, hurry up** beeil dich, die Jungs warten auf uns *fam;* **chain ~** aneinandergekettete Sträflingskolonne **II.** *vi* ■**to ~ up** sich *akk* zusammentun [*o* zusammenschließen] *fam;* ■**to ~ up against** [*or* **on**] **sb** sich *akk* gegen jdn verbünden

gang-bang ['gæŋ,bæŋ] **I.** *n* (*fam: voluntarily*) *Gruppensex mit einer Frau und mehreren Männern;* (*rape*) Gruppenvergewaltigung *f* **II.** *vt* ■**to ~ sb** jdn zum Opfer einer Gruppenvergewaltigung machen; (*sl*) ■**to be ~ed** *woman* von mehreren Männern überfallen und vergewaltigt werden

gang·er ['gæŋəʳ] *n* BRIT Vorarbeiter *m,* Vormann *m*

gang·land ['gæŋlænd] **I.** *n usu sing* Unterwelt *f kein pl,* Gangstermilieu *nt* **II.** *adj attr, inv* unterweltlich, Unterwelt-; **~ feud** Bandenfehde *f;* **~ killing** Mord *m* im Gangstermilieu; **~ warfare** Bandenkrieg *m*

gan·gling ['gæŋglɪŋ] *adj* schlaksig

gan·glion <*pl* -s *or* -lia> ['gæŋgliən, *pl* -liə] *n* MED ① (*nerve cells*) Nervenknoten *m,* Ganglion *nt fachspr* ② (*cyst*) Überbein *nt* ③ (*fig: centre of activity*) Zentrum *nt*

'gang·plank *n* Landungssteg *m* **gang 'rape** *n* Gruppenvergewaltigung *f*

gan·grene ['gæŋgri:n] *n no pl* ① MED Brand *m,* Gangrän *f fachspr;* **gas ~** Gasbrand *m,* Gasödem *nt,* Gasgangrän *f fachspr* ② (*fig: moral corruption*) Krebsgeschwür *nt fig*

gan·gre·nous ['gæŋgrɪnəs] *adj* ① (*with gangrene*) von Brand befallen, brandig [entzündet] ② *attr* (*fig: corrupt*) [alles] zersetzend

gang·sta *n* (*sl*) ① (*nonconformist person*) Rebell(in) *m(f)* gegen die Normen der [weißen] Gesellschaft ② (*African-American rap star*) Gangsta *f o m*

gang·sta 'rap ['gæŋ(k)stə,-, AM -stɚ-] *n no pl* Gangsta Rap *m sl*

gang·ster ['gæŋ(k)stəʳ, AM -ɚ] *n* Gangster(in) *m(f) pej*

'gang·ster film *n* Gangsterfilm *m*

'gang war *n* Bandenkrieg *m* **gang 'war·fare** *n no pl* Bandenkrieg *m* **'gang·way I.** *n* ① NAUT, AEROSP Gangway *f* ② (*gangplank*) Landungsbrücke *f;* (*ladder*) Fallreep *nt* ③ BRIT (*aisle*) [Durch]gang *m* **II.** *interj* (*fam*) **~!** Platz da! *fam,* Bahn frei! *fam*

gan·ja ['gændʒə, AM 'gɑ:n-] *n no pl* (*sl*) Marihuana *nt,* Gras *nt fam*

gan·net ['gænɪt] *n* ① (*bird*) Tölpel *m* ② BRIT (*fam: person*) Raffzahn *m pej fam,* Gierhals *m pej fam*

gan·try ['gæntri] *n* (*support*) Gerüst *nt*, Montageturm *m;* (*for a crane*) Krangerüst *nt*, Portal *nt; for a rocket* Abschussrampe *f*, Startrampe *f;* RAIL **signal** ~ Signalbrücke *f*

gaol [dʒeɪl] *n* BRIT (*dated*) *see* **jail**

gaol·bird *n* BRIT (*dated*) *see* **jailbird** **gaol·break** *n* BRIT (*dated*) *see* **jailbreak**

gaol·er *n* BRIT (*dated*) *see* **jailer**

gap [gæp] *n* ❶ (*empty space*) Lücke *f;* **to leave some ~s** etwas Platz [frei]lassen ❷ (*fig: something missing*) Lücke *f fig;* (*inconsistency*) Ungereimtheit *f;* **credibility** ~ mangelnde Glaubwürdigkeit; ~ **in knowledge** Wissenslücke *f;* **market** ~ Marktlücke *f;* **to fill a** ~ eine Lücke schließen [*o* füllen] *fig* ❸ (*in time*) Pause *f*, Unterbrechung *f* ❹ (*difference*) Unterschied *m;* (*in attitude*) Kluft *f;* **age** ~ Altersunterschied *m;* **generation** ~ Generationsunterschied *m;* **to bridge/close the** ~ die Kluft überbrücken/überwinden; **he must close the** ~ **between his income and his expenditures** er muss die Lücke zwischen seinem Einkommen und seinen Ausgaben schließen

gape [geɪp] **I.** *vi* ❶ (*stare*) starren, glotzen *pej fam;* ■**to** ~ **at sb/sth** jdn/etw [mit offenem Mund] anstarren; **what are you gaping at, idiot?** was glotzt du denn so, du Idiot? *pej fam* ❷ (*hang open*) offen sein; *door, gate* offen stehen; **Peter's jacket ~d at the seams** die Nähte von Peters Jacke waren aufgeplatzt **II.** *n* Starren *nt*

gap·ing ['geɪpɪŋ] *adj* weit geöffnet; *wound* klaffend; *hole, chasm* gähnend

'gap-toothed *adj* (*with missing teeth*) mit Zahnlücken *nach n;* (*with irregular teeth*) mit schiefen Zähnen *nach n;* (*with spaces between teeth*) mit Lücken zwischen den Zähnen *nach n;* ■**to be** ~ (*with missing teeth*) Zahnlücken haben; (*with irregular teeth*) schiefe Zähne haben; (*with spaces between teeth*) Lücken zwischen den Zähnen haben; ~ **grin** schiefes Lächeln

gar·age ['gærɑːʒ, AM gə'rɑːʒ] **I.** *n* ❶ (*for cars*) Garage *f;* **one-car** ~ einfache Garage; **two-car** ~ Doppelgarage *f* ❷ BRIT, AUS (*petrol station*) Tankstelle *f* ❸ (*repair shop*) [Kfz-]Werkstatt *f* ❹ BRIT (*dealer*) Autohändler(in) *m(f)* **II.** *vt* **to** ~ **a car** ein Auto in die Garage stellen

ga·'rage sale *n privater Flohmarkt in der Garage*

garb (*liter*) **I.** *n no pl* Kleidung *f*, Gewand *nt geh;* **to be dressed in cook's/nun's** ~ als Koch/Nonne gekleidet sein **II.** *vt* ■**to** ~ **oneself** sich *akk* kleiden; ■**to be ~ed in sth** in etw *akk* gekleidet sein

gar·bage ['gɑːbɪdʒ, AM 'gɑːr-] *n no pl* ❶ AM, AUS, CAN (*rubbish*) Müll *m*, Abfall *m;* **to take the** ~ **out** den Müll rausbringen *fam* ❷ (*pej: nonsense*) Blödsinn *m pej fam*, Quatsch *m pej fam*, Müll *m fig, pej fam;* **to talk** ~ Blödsinn reden *pej fam*, [nur] Müll erzählen *pej fam* ❸ AM (*sl: stuff*) Zeug[s] *nt pej fam;* (*junk*) Mist *m pej fam*, Müll *m fig, pej fam;* (*bad literature*) Schund *m pej fam* ▶ PHRASES: ~ **in,** ~ **out** COMPUT Garbage in, Garbage out *sl;* **there's nothing wrong with the software – it's a clear case of** ~ **in,** ~ **out** mit der Software ist alles in Ordnung – wenn der Input Müll ist, taugt auch der Output nichts *fam*

'gar·bage bag *n* AM, AUS, CAN (*dustbin bag*) Müllbeutel *m* **'gar·bage can** *n* AM, CAN (*dustbin*) Mülleimer *m*, Abfalleimer *m* **'gar·bage chute** *n esp* AM, CAN (*rubbish chute*) Müllschlucker *m* **'gar·bage col·lec·tion** *n no pl* AM (*waste collection*) Müllabfuhr *f* **'gar·bage col·lec·tor** *n* AM, CAN (*dustman*) Müllmann *m fam*, Müllwerker *m form* **'gar·bage dis·pos·al** *n*, AM, CAN *a.* **'gar·bage dis·pos·er** *n* (*rubbish disposer*) Müllschlucker *m* **'gar·bage dump** *n* AM, CAN (*rubbish dump*) Mülldeponie *f*, Müllabladeplatz *m* **'gar·bage·man** *n* AM, AUS, CAN (*dustman*) Müllmann *m fam*, Müllwerker *m form* **'gar·bage truck** *n* AM, AUS, CAN (*dustbin lorry*) Müllwagen *m*, Müllauto *nt*

gar·bagy ['gɑːrbɪdʒi] *adj* AM, CAN (*pej: bad*) schlecht, niveaulos; (*messy*) unordentlich; (*dirty*) versifft *sl*

gar·ban·zo [gɑː'bænzəʊ, AM gɑːr'bɑːnzoʊ] *n*, **gar·'ban·zo bean** *n* Kichererbse *f*

gar·ble ['gɑːbl̩, AM 'gɑːr-] *vt* ■**to** ~ **sth** ❶ (*mix up*) etw durcheinanderbringen; *words, message* etw verdrehen; (*distort*) etw verzerren; **the fax seems to have been ~d in transmission** das Fax ist anscheinend nicht richtig übertragen worden ❷ (*misrepresent*) etw verzerrt darstellen [*o pej fam* verdrehen]; **to** ~ **the facts** die Fakten verdrehen *pej fam*

gar·bled ['gɑːbl̩d, AM 'gɑːr-] *adj account, message* verworren; *data* fehlerhaft; *fax* unleserlich

gar·çon ['gɑːsɒn, AM gɑːr'sɒn] *n* Garçon *m veraltet;* ~! Herr Ober! *veraltend*

gar·den ['gɑːdᵊn, AM 'gɑːr-] **I.** *n* ❶ BRIT (*of house*) Garten *m;* **back** ~ Garten *m* hinter dem Haus; **front** ~ Vorgarten *m* ❷ (*planted area*) Garten *m;* **flower/vegetable** ~ Blumen-/Gemüsegarten *m;* **herb** [*or* **kitchen**] ~ Kräutergarten *m;* **to plant a** ~ einen Garten anlegen ❸ (*ornamental grounds*) ■**~s** *pl* Gartenanlage *f*, Park *m*, Gärten *mpl;* **botanical ~s** botanischer Garten; **public ~s** öffentliche Gartenanlage, öffentlicher Park ▶ PHRASES: **to lead sb up the** ~ **path** jdn an der Nase herumführen *fam*, jdn einen Bären aufbinden *fam* **II.** *n modifier* (*furniture, hose, vegetable*) Garten-; ~ **gnome** Gartenzwerg *m;* ~ **plot** Gartenbeet *nt;* ~ **produce** Gartenerzeugnisse *ntpl* **III.** *vi* im Garten arbeiten, gärtnern

gar·den a'part·ment *n* AM (*garden flat*) Souterrainwohnung *f* **'gar·den cen·tre** *n* BRIT, CAN Gartencenter *nt*, Gärtnereimarkt *m* **gar·den 'city** *n* BRIT Gartenstadt *f*

gar·den·er ['gɑːdᵊnəʳ, AM 'gɑːrdᵊnɚ] *n* (*professional*) Gärtner(in) *m(f)*, Gartenarbeiter(in) *m(f);* (*for pleasure*) Gärtner(in) *m(f)*

gar·den 'flat *n* BRIT Souterrainwohnung *f*

gar·denia [gɑː'diːniə, AM gɑːr'-] *n* Gardenie *f*

gar·den·ing ['gɑːdᵊnɪŋ, AM 'gɑːr-] **I.** *n no pl* Gartenarbeit *f*, Gärtnern *nt;* **a book on** ~ ein Buch *nt* über Gartenpflege; **to do** ~ Gartenarbeit machen **II.** *n modifier* Garten-; ~ **tools** Gartengeräte *ntpl*

'gar·den·ing leave *n no pl* BRIT *Beurlaubung bei voller Bezahlung um keinen Überlauf zum Konkurrenten zu gewährleisten*

Gar·den of 'Eden *n* ■**the** ~ der Garten Eden; (*fig*) das Paradies **'gar·den par·ty** *n* [großes] Gartenfest, [große] Gartenparty **'gar·den-va·ri·ety** *adj* AM *attr, inv* alltäglich, banal, gewöhnlich

gar·gan·tuan [gɑː'gæntjuən, AM gɑːr'gæntʃu-] *adj* riesig, gewaltig; ~ **debts** enormer Schuldenberg

gar·gle ['gɑːgl̩, AM 'gɑːr-] **I.** *vi* gurgeln; **to** ~ **with mouthwash/salt water** mit Mund-/Salzwasser gurgeln **II.** *n no pl* ❶ (*act*) Gurgeln *nt* ❷ (*liquid*) Gurgelwasser *nt* ❸ BRIT (*sl: drink*) **to have a** ~ sich *dat* einen [Kleinen] genehmigen *fam*

gar·goyle ['gɑːgɔɪl, AM 'gɑːr-] *n* Wasserspeier *m*

gar·ish ['geərɪʃ, AM 'ger-] *adj* (*pej*) knallig *fam*, knallbunt *fam;* **her make-up looks downright** ~ sie sieht aus, als wäre sie in einen Farbtopf gefallen *fam;* ~ **colours** schreiende [*o* grelle] Farben

gar·ish·ness ['geərɪʃnəs, AM 'ger-] *n no pl* (*pej*) Grellheit *f*

gar·land ['gɑːlənd, AM 'gɑːr-] **I.** *n* Kranz *m; for a Christmas tree* Girlande *f;* ~ **of roses** Rosenkranz *m* ▶ PHRASES: **to win the** ~ (*liter*) einen Preis bekommen, die Palme erringen *geh* **II.** *vt* ■**to** ~ **sb** jdn bekränzen; *with flowers* jdm Blumenkränze umhängen

gar·lic ['gɑːlɪk, AM 'gɑːr-] **I.** *n no pl* Knoblauch *m;* **bulb of** ~ Knoblauchknolle *f;* **clove of** ~ Knoblauchzehe *f* **II.** *n modifier* (*smell, sauce*) Knoblauch-; **to have** ~ **breath** nach Knoblauch riechen

gar·lic 'bread *n no pl* Knoblauchbrot *nt*

gar·licky ['gɑːlɪki, AM 'gɑːr-] *adj* ■**to be** ~ (*smell*) nach Knoblauch riechen; (*taste*) nach Knoblauch schmecken; **he refuses to eat** ~ **food** er isst nichts mit Knoblauch; ~ **sauce/salad**

dressing Soße *f*/Salatdressing *nt* mit Knoblauch
'gar·lic press *n* Knoblauchpresse *f* **gar·lic 'salt** *n* Knoblauchsalz *nt*
gar·ment ['gɑːmənt, AM 'gɑːr-] **I.** *n* Kleidungsstück *nt* **II.** *n modifier* Textil-; ~ **designer** Textildesigner(in) *m(f)*; ~ **industry** Bekleidungsindustrie *f*
'gar·ment bag *n* AM, CAN (*suit bag*) Reisetasche *f*
gar·ner ['gɑːnəʳ, AM 'gɑːrnɚ] *vt* (*liter*) ■**to ~ sth** etw sammeln; **to ~ knowledge** Wissen erwerben
gar·net ['gɑːnɪt, AM 'gɑːr-] **I.** *n* Granat *m* **II.** *n modifier* (*bracelet, earrings, ring*) Granat-; ~ **stone** Granat *m*
gar·nish ['gɑːnɪʃ, AM 'gɑːr-] **I.** *vt* ❶ *food* ■**to ~ sth** etw garnieren; (*fig*) etw ausschmücken ❷ LAW **to ~ sb's earnings/wages** Einkünfte/Löhne von jdm pfänden **II.** *n* <*pl* -es> Garnierung *f*
ga·rotte *n, vt see* **garrotte**
gar·ret ['gærət, AM 'ger-] *n* ARCHIT (*attic*) Dachboden *m*; (*attic room*) Dachkammer *f*, Mansarde *f*
gar·ri·son ['gærɪsᵊn, AM 'gerə-] **I.** *n* Garnison *f* **II.** *n modifier* ❶ (*at the garrison*) ~ **duty** Dienst *m* in der Garnison ❷ (*with a garrison*) ~ **town** Garnisonsstadt *f* **III.** *vt* ■**to be ~ed** in Garnison liegen; **to ~ a place** einen Ort mit einer Garnison belegen
gar·rote [gə'rɑːt] AM, **gar·rotte** [-'rɒt] **I.** *n* Gar[r]otte *f*, Halseisen *nt*, Würgschraube *f* **II.** *vt* ■**to ~ sb** jdn erdrosseln; (*with a garrote*) jdn gar[r]ottieren [*o* durch die Gar[r]otte hinrichten]
gar·ru·lity [gæ'ruːləti, AM ge'ruːləṭi] *n no pl* (*talkativeness*) Schwatzhaftigkeit *f pej*, Redseligkeit *f*; (*wordiness*) Langatmigkeit *f*
gar·ru·lous ['gærᵊləs, AM 'ger-] *adj* (*talkative*) schwatzhaft *pej*, redselig; ■**to be ~** ein Schwätzer/eine Schwätzerin sein *pej*; (*wordy*) langatmig
gar·ru·lous·ly ['gærᵊləsli, AM 'ger-] *adv* (*talkatively*) schwatzhaft *pej*, redselig; (*wordily*) langatmig
gar·ru·lous·ness ['gærᵊləsnəs, AM 'ger-] *n no pl* (*talkativeness*) Schwatzhaftigkeit *f pej*, Redseligkeit *f*; (*wordiness*) Langatmigkeit *f*
gar·ter ['gɑːtəʳ, AM 'gɑːrṭɚ] **I.** *n* ❶ (*band*) Strumpfband *nt*; AM (*suspenders*) Strumpfhalter *m*, Strapse *mpl* ❷ **the Order of the G~** BRIT der Hosenbandorden **II.** *vt* ■**to be ~ed** (*wear a band*) ein Strumpfband tragen; AM (*wear suspenders*) Strapse tragen
'gar·ter belt *n* AM, CAN Hüftgürtel *m*, Strapse *mpl* **'gar·ter snake** *n* AM (*grass snake*) Ringelnatter *f* **'gar·ter stitch** *n* [kraus] rechts gestricktes Muster
gas [gæs] **I.** *n* <*pl* -es *or* -sses> ❶ (*vapour*) Gas *nt* ❷ *no pl* (*fuel*) Gas *nt*; **natural ~** Erdgas *nt*; **to cut off the ~** das Gas abdrehen ❸ *no pl* MED (*fam: anaesthetic*) Lachgas *nt* ❹ *no pl* (*weapon*) [Gift]gas *nt*; **poison ~** Giftgas *nt*; **poison ~ attack** Giftgasangriff *m*; **to use ~** Giftgas einsetzen ❺ *no pl* AM, CAN (*fam: petrol*) Benzin *nt*; **high-octane ~** Super[benzin] *nt*; **leaded/unleaded ~** verbleites/bleifreies Benzin; **to get ~** tanken; **to step on the ~** aufs Gas treten *fam*, Gas geben; (*fig: hurry*) Gas geben *fam* ❻ *no pl* AM MED (*euph fam: flatulence*) Blähungen *fpl* ❼ *esp* AM (*fam: laugh*) **to be a ~** zum Brüllen [*o fam* Schreien] sein *fam* **II.** *n modifier* (*grill, heater, stove*) Gas-, gasbetrieben **III.** *vt* <-ss-> ■**to ~ sb** ❶ (*kill*) jdn vergasen ❷ MED (*sl: make unconscious*) jdn [mit Lachgas] betäuben **IV.** *vi* <-ss-> (*dated fam*) quatschen *fam*
◆**gas up I.** *vt* AM, CAN **to ~ up** ◌ **a car** ein Auto auftanken **II.** *vi* AM, CAN voll tanken
'gas·bag *n* (*pej sl*) Quasselstrippe *f pej fam* **'gas cham·ber** *n* Gaskammer *f* **'gas cook·er** *n* BRIT Gasherd *m*; (*small device*) Gaskocher *m*
gas·eous ['gæsiəs] *adj* gasförmig
'gas field *n* [Erd]gasfeld *nt* **'gas fire** *n* BRIT Gasofen *m* **'gas-fired** *adj inv* gasbetrieben **'gas fit·ter** *n* BRIT Gasinstallateur(in) *m(f)* **'gas fit·tings** *npl* BRIT Gasleitungen *fpl* **'gas fur·nace** *n* Gasofen *m* **'gas gauge** *n* AM, CAN (*petrol gauge*) Benzinuhr *f* **'gas guz·zler** *n* AM, CAN (*fam*) Benzinfresser *m fam*, Benzinschlucker *m fam*
gash [gæʃ] **I.** *n* <*pl* -es> *on the body* tiefe Schnittwunde; *in cloth* Schnitt *m*, Schlitz *m*; *in upholstery* tiefer Schlitz; *in a tree* [klaffende] Spalte; *in the ground* tiefe Kerbe **II.** *vt* ■**to ~ sth** etw aufschlitzen; ■**to ~ sth open** *leg, arm* sich *dat* etw aufreißen; *head, knee, elbow* sich *dat* etw aufschlagen
'gas heat *n* AM, **gas 'heat·ing** *n no pl* [zentrale] Gasheizung **'gas heat·er** *n* AM (*gas fire*) Gasofen *m* **'gas·hold·er** *n* Gascontainer *m*, Gasometer *m veraltend* **'gas jet** *n* Gasdüse *f*
gas·ket ['gæskɪt] *n* Dichtung *f*; **to blow a ~** eine Dichtung platzen lassen; (*fig*) **sb blows a ~** bei jdm brennen die Sicherungen durch *fig fam*, jd wird [sehr] wütend
'gas lamp *n* Gaslampe *f* **'gas·light** *n* ❶ *no pl* (*system*) Gasbeleuchtung *f*, Gaslicht *nt* ❷ (*lamp*) Gaslampe *f*
'gas light·er *n* (*for igniting*) Gasanzünder *m*; *for cigarettes* Gasfeuerzeug *nt* **'gas main** *n* Gas[haupt]leitung *f* **'gas·man** *n* BRIT (*fam*) Gasableser(in) *m(f)*, Gasmann *m fam* **'gas mark** *n* BRIT Stufe *f* (*beim Gasherd*) **'gas mask** *n* Gasmaske *f* **'gas me·ter** *n* Gaszähler *m*, Gasuhr *f*; **to read the ~** den Gaszähler ablesen
gaso·line ['gæsᵊliːn] **I.** *n* AM, CAN (*petrol*) Benzin *nt*; **leaded/lead-free ~** verbleites/bleifreies Benzin **II.** *n modifier* (*tank*) Benzin-; ~ **tax** Kraftstoffsteuer *f*
gas·om·eter [gæs'ɒmɪtəʳ, AM -'ɑːməṭɚ] *n* Gasometer *m veraltend*, [großer] Gasbehälter
'gas oven *n* Gasherd *m*; **to put one's head in a ~ oven** den Gashahn aufdrehen *euph fam*, sich *akk* mit Gas vergiften
gasp [gɑːsp, AM gæsp] **I.** *vi* ❶ (*pant*) keuchen; (*catch one's breath*) tief einatmen, hörbar die Luft einziehen; (*be surprised, shocked, in pain*) ■**sb ~s** jdm stockt der Atem, jdm bleibt die Luft weg *fam*; **to ~ for air** [*or* **breath**] [*or* **oxygen**] nach Luft schnappen; **sb ~s in amazement** [*or* **surprise**] jdm stockt vor Überraschung der Atem; **sb ~s in shock** jdm bleibt vor Schreck die Luft weg *fam* ❷ (*speak breathlessly*) nach Luft ringen ❸ BRIT (*fam: be thirsty*) ■**to be ~ing** durstig sein; (*very*) [fast] verdursten **II.** *vt* ■**to ~ out** ◌ **sth** etw [atemlos] hervorstoßen **III.** *n* hörbares Lufteinziehen, plötzliches Luftholen; **he gave a ~ of amazement** ihm blieb vor Überraschung die Luft weg ▸ PHRASES: **to be at one's last ~** in den letzten Zügen liegen; **to do sth to the last ~** etw bis zum letzten Atemzug tun
'gas ped·al *n* AM, CAN (*accelerator*) Gaspedal *nt*; **to have a heavy foot on the ~** einen Bleifuß haben *fig fam* **'gas pipe** *n* Gasleitung *f* **'gas pump** *n* AM, CAN (*petrol pump*) Zapfsäule *f*; **full-service ~** Zapfsäule *f* mit Bedienung; **self-service ~** Selbstbedienungszapfsäule *f* **'gas ring** *n* BRIT Gaskocher *m* **'gas sta·tion** *n* AM, CAN (*petrol station*) Tankstelle *f* **'gas sta·tion op·era·tor** *n* AM, CAN (*petrol station operator*) Tankwart(in) *m(f)* **'gas stove** *n* Gasherd *m*; (*small device*) Gaskocher *m*
gas·sy ['gæsi] *adj* ❶ (*full of gas*) kohlensäurehaltig ❷ (*dated fam: wordy*) langatmig; (*talkative*) *person* redselig, geschwätzig *pej*; *language* wortreich, langatmig *pej*
'gas tank *n* AM, CAN (*petrol tank*) Benzintank *m*
gas·tric ['gæstrɪk] *adj inv* MED Magen-, gastrisch *fachspr*; ~ **juices** Magensäfte *mpl*; ~ **ulcer** Magengeschwür *nt*; ~ **upset** Magenprobleme *ntpl*
gas·tric 'flu *n* Darmgrippe *f*
gas·tri·tis [gæs'traɪtɪs, AM -ṭəs] *n no pl* MED Magenschleimhautentzündung *f*, Gastritis *f fachspr*
gas·tro·en·teri·tis [ˌgæstrəʊˌentə'raɪtɪs, AM -troʊˌenṭə'raɪṭəs] *n no pl* MED Magen-Darm-Entzündung *f*, Magen-Darm-Katarrh *m fachspr*, Gastroenteritis *f fachspr*
gas·tro·en·ter·olo·gist [ˌgæstrəʊˌentə'rɒlədʒɪst, AM -troʊˌenṭə'rɑː-] *n* MED Gastroenterologe, -in *m, f*
gas·tro·en·ter·ol·ogy [ˌgæstrəʊˌentə'rɒlədʒi, AM -troʊˌenṭə'rɑː-] *n no pl* MED Gastroenterologie *f fachspr*

gas·tro·in·tes·ti·nal [ˌgæstrəʊˌɪntesˈtaɪnᵊl, AM -troʊˌɪnˈtestᵊnᵊl] *adj inv* ANAT, MED Magen-Darm-, gastrointestinal *fachspr;* **to have ~ problems** Magen-Darm-Probleme [*o* Durchfall] haben *euph;* **the ~ tract** der Magen-Darm-Trakt

gas·tro·nome [ˈgæstrənəʊm, AM -noʊm] *n* Feinschmecker(in) *m(f),* Gourmet *m*

gas·tro·nom·ic [ˌgæstrəˈnɒmɪk, AM -ˈnɑː-] *adj* kulinarisch

gas·tro·nomi·cal·ly [ˌgæstrəˈnɒmɪkli, AM -ˈnɑː-] *adv* kulinarisch

gas·trono·my [gæsˈtrɒnəmi, AM -ˈtrɑː-] *n no pl* Gastronomie *f*

gas·tro·scope [ˈgæstrəskəʊp, AM -skoʊp] *n* MED Gastroskop *nt fachspr*

gas·tros·co·py [gæsˈtrɒskəpi, AM ˈtrɑːs-] *n* MED ❶ (*examination*) Gastroskopie *f fachspr;* **to do a ~** eine Gastroskopie machen ❷ *no pl* (*technique*) Gastroskopieren *nt fachspr*

gas 'tur·bine *n* Gasturbine *f* **'gas·works** *n + sing vb* Gaswerk *nt*

-gate *in compounds* AM -skandal, -affäre; **file~** Aktenskandal *m;* **the Iran~** die Iranaffäre

gate [geɪt] **I.** *n* ❶ (*at an entrance*) Tor *nt; at a level-crossing* Schranke *f; at a canal lock* Schleusentor *nt; at an airport* Flugsteig *m,* Gate *nt;* (*of an animal pen*) Gatter *nt;* (*to a garden, courtyard*) Pforte *f;* **safety ~** Sicherheitstür *f* ❷ SPORTS (*for horses*) **starting ~** Startmaschine *f* ❸ (*spectators*) Zuschauerzahl *f* ❹ *no pl* (*money*) Einnahmen *fpl* **II.** *vt usu passive* BRIT ■**to be ~d** (*be confined*) Arrest bekommen; (*hist: at university*) in den Karzer geworfen werden *hist;* (*be under curfew*) Ausgehverbot *nt* bekommen

ga·teau <*pl* -x> [ˈgætəʊ] *n esp* BRIT Torte *f*

'gate·crash (*fam*) **I.** *vt* (*attend uninvited*) **to ~ a meeting/a party** in eine Versammlung/Party reinplatzen *fam;* (*without paying*) ■**to ~ sth** sich *dat* ohne zu bezahlen Eintritt zu etw *dat* verschaffen **II.** *vi* (*attend uninvited*) uneingeladen kommen; (*without paying*) sich *dat* ohne zu bezahlen Eintritt verschaffen **'gate·crash·er** *n* (*fam*) un[ein]geladener Gast

gat·ed com·mu·nity *n Gemeinde mit Schranken am Eingang versehen*

'gate·house *n* Pförtnerhaus *nt* **'gate·keep·er** *n* Pförtner(in) *m(f); at a level-crossing* Schrankenwärter(in) *m(f)* **gate-leg·ged 'ta·ble** *n,* **gate-leg 'ta·ble** *n* Klapptisch *m* (*mit hochklappbaren Seitenteilen*) **'gate mon·ey** *n no pl* BRIT, AUS Einnahmen *fpl* (*aus Eintrittskartenverkäufen*) **'gate·post** *n* Torpfosten *m* ▶ PHRASES: **between you and me and the ~** unter uns [gesagt] **'gate·way** *n* ❶ (*entrance*) Eingangstor *nt,* Toreinfahrt *f;* (*archway*) Torbogen *m* ❷ (*fig: means of access*) Tor *nt;* **the ~ to the North/West** das Tor zum Norden/Westen **'gate·way drug** *n* Einstiegsdroge *f*

gath·er [ˈgæðəʳ, AM -ɚ] **I.** *vt* ❶ (*collect*) ■**to ~ sth** etw sammeln; **we ~ed our things together** wir suchten unsere Sachen zusammen; **to ~ berries/herbs/honey** Beeren/Kräuter/Honig sammeln; **to ~ the crops** die Ernte einbringen; **to ~ flowers** Blumen pflücken; **to ~ information** Informationen sammeln; (*by asking*) Informationen einholen; **to ~ intelligence** sich *dat* [geheime] Informationen beschaffen; **to ~ one's thoughts** seine Gedanken sammeln, nachdenken; (*accumulate*) **to ~ dirt** ein Schmutzfänger sein; **to ~ dust** (*a. fig*) verstauben *a. fig* ❷ (*pull nearer*) **to ~ sb in one's arms** jdn in die Arme nehmen; **she ~ed the blanket around her** sie wickelte sich enger in die Decke ❸ FASHION ■**to ~ sth** etw kräuseln [*o* raffen] ❹ (*increase*) **to ~ courage** seinen Mut zusammennehmen; **to ~ momentum** in Fahrt kommen *fam;* **to ~ speed** schneller werden; **to ~ one's strength** seine Kräfte sammeln ❺ (*understand*) ■**to ~ sth** etw verstehen ❻ (*believe*) ■**to ~ that ...** glauben, dass ...; **Harry's not happy, I ~** (*think*) wie ich die Sache sehe, ist Harry nicht glücklich; (*hear*) wie ich höre, ist Harry nicht glücklich ❼ (*infer*) ■**to ~ from sth that ...** aus etw *dat* schließen, dass ...; (*read*) ■**to ~ sth from sth** etw etw *dat* entnehmen, etw aus etw *dat* ersehen; **I didn't ~ much from his speech** ich konnte seiner Rede nicht viel entnehmen ❽ (*hear*) ■**to ~ that ...** gehört haben, dass ...; (*find out*) ■**to ~ from sb that ...** von jdm erfahren haben, dass ... ▶ PHRASES: **to be ~ed to one's fathers** (*euph liter*) aus diesem Leben abberufen werden *geh* **II.** *vi* ❶ (*come together*) sich *akk* sammeln; *people* sich *akk* versammeln; (*accumulate*) sich *akk* ansammeln; *clouds* sich *akk* zusammenziehen; *a storm* heraufziehen, sich *akk* zusammenbrauen; **we are ~ed here today to ...** wir haben uns heute hier versammelt, um ...; **the clouds of war had been ~ing for several years** schon seit einigen Jahren hatte der Krieg seine dunklen Schatten vorausgeworfen ❷ FASHION **to ~ at the middle/sides** in der Mitte/an den Seiten gerafft sein

◆**gather around** *vi* (*fam*) zusammenkommen, sich *akk* versammeln; ■**to ~ around sb/sth** sich *akk* um jdn/etw [ver]sammeln

◆**gather in** *vt* (*bring to safety*) ■**to ~ in** ↔ **sb/sth** jdn/etw in Sicherheit bringen; (*harvest*) ■**to ~ sth** ↔ **in** etw ernten; **to ~ the crops/the harvest in** das Getreide/die Ernte einbringen

◆**gather round** *esp* BRIT **I.** *vt* ■**to ~ sb round sth** jdn um etw *akk* versammeln **II.** *vi* (*fam*) zusammenkommen, sich *akk* versammeln; ■**to ~ round sth/sb** sich *akk* um jdn/etw versammeln

◆**gather up** *vt* ■**to ~ up** ↔ **sth** etw aufsammeln [*o* zusammensammeln]; **to ~ oneself up to one's full height** sich *akk* zu seiner vollen Größe aufrichten; **to ~ up one's skirt** seinen Rock [hoch]raffen

gath·ered [ˈgæðəd, AM -ɚd] *adj clothing* gekräuselt, gerafft

gath·er·ing [ˈgæðᵊrɪŋ] **I.** *n* Treffen *nt,* Zusammenkunft *f,* Versammlung *f;* **a family ~** ein Familientreffen *nt;* **a social ~** ein gemütliches Beisammensein **II.** *adj attr, inv clouds* heraufziehend; *storm* sich *akk* zusammenbrauend, heraufziehend; *darkness* zunehmend

gath·ers [ˈgæðəz, AM -ɚz] *npl* Kräuseln *fpl,* Kräusel *mpl,* Kräuselfalten *fpl*

ga·tor [ˈgeɪt̬ɚ] *n* AM (*sl*) *short for* **alligator** Alligator *m*

GATT [gæt] *n no pl acr for* **General Agreement on Tariffs and Trade** GATT *nt*

gauche [gəʊʃ, AM goʊʃ] *adj* unbeholfen, linkisch

gau·cho [ˈgaʊtʃəʊ, AM -tʃoʊ] *n* Gaucho *m*

gaudi·ness [ˈgɔːdinəs, AM ˈgɑː-] *n no pl* (*garishness*) Auffälligkeit *f;* (*tastelessness*) Kitschigkeit *f*

gaudy[1] [ˈgɔːdi, AM ˈgɑː-] *adj* (*tasteless*) kitschig; (*too bright*) knallig *fam,* knallbunt *fam;* **~ colours** grelle [*o* schreiende] Farben

gaudy[2] [ˈgɔːdi, AM ˈgɑː-] *n* BRIT *alljährliches offizielles Essen für ehemalige Mitglieder eines College*

gauge [geɪdʒ] **I.** *n* ❶ (*device*) Messgerät *nt;* (*for tools*) [Mess]lehre *f fachspr;* (*for water level*) Pegel *m;* (*for rings*) Ringmaß *nt;* **fuel ~** Benzinuhr *f,* Benzinanzeige *f;* **heat ~** Temperaturanzeige *f;* **pressure ~** Druckmesser *m;* **rain ~** Niederschlagsmesser *m;* **tyre ~** Reifendruckmesser *m* ❷ (*thickness*) *of metal, plastic* Stärke *f; of a wire, tube* Dicke *f;* (*diameter*) *of a gun, bullet* Durchmesser *m,* Kaliber *nt* ❸ RAIL Spurweite *f;* **standard ~** Normalspur *f* [*o* Regelspur *f*]; **narrow ~** Schmalspur *f* ❹ (*fig: measure*) Maßstab *m* (**of** für +*akk*) **II.** *vt* ■**to ~ sth** ❶ (*measure*) etw messen ❷ (*judge, assess*) etw beurteilen [*o* einschätzen]; (*estimate, guess*) etw [ab]schätzen

gaunt [gɔːnt, AM gɑːnt] *adj* ❶ (*thin*) hager, dünn; (*too thin*) abgemagert, dürr; (*from illness*) ausgemergelt; **a ~ face** ein hageres Gesicht ❷ (*desolate*) öde, karg

gaunt·let [ˈgɔːntlət, AM ˈgɑːnt-] *n* Handschuh *m;* TECH Industriehandschuh *m;* MED Schutzhandschuh *m; for armour* Panzerhandschuh *m* ▶ PHRASES: **to run the ~** Spießruten laufen; **to take up/throw down the ~** den Fehdehandschuh aufnehmen/hinwerfen *geh*

gaunt·ness [ˈgɔːntnəs, AM ˈgɑːnt-] *n no pl* (*thinness*) Hagerkeit *f;* (*extreme*) Abgemagertheit *f; from illness* Ausgemergeltsein *nt*

gauze [gɔ:z, AM gɑ:z] **I.** *n no pl* ❶ *a.* MED *(fabric)* Gaze *f;* **cotton/silk** ~ Gaze *f* aus Baumwolle/Seide ❷ CHEM *(wire ~)* Gewebedraht *m* ❸ *(fig: haze)* [leichter] Dunst **II.** *n modifier* ❶ *(fabric)* Gaze-; ~ **pad** Gazetupfer *m;* ~ **scarf** Gazeschal *m* ❷ *(wire)* ~ **screen** [*or* **sieve**] Gazesieb *nt fachspr* **gauze 'ban·dage** *n* Gazeverband *m,* Mullverband *m*

gauzy ['gɔ:zi, AM 'gɑ:zi] *adj (thin)* hauchdünn; *(translucent)* durchscheinend

gave [geɪv] *pt of* **give**

gav·el ['gæv^əl] **I.** *n* Hammer *m* **II.** *vt* ■**to** ~ **down** ○ **sb** jdn zur Ordnung rufen

ga·votte [gə'vɒt, AM -'vɑ:t] *n* Gavotte *f*

Gawd [gɔ:d, AM *also* gɑ:d] *interj (euph fam)* Gott *m;* **oh my** ~**!** oh Gott! *fam*

gawk [gɔ:k, AM gɑ:k] *vi (fam)* glotzen *a. pej fam;* **don't stand there** ~**ing!** glotz nicht so blöd! *fam;* ■**to** ~ **at sb/sth** jdn/etw anstarren [*o fam* anglotzen]

gawky ['gɔ:ki, AM 'gɑ:ki] *adj (lanky)* schlaksig; *(awkward)* linkisch; *(clumsy)* unbeholfen

gawp [gɔ:p] *vi* BRIT *see* **gawk**

gay [geɪ] **I.** *adj* ❶ *(homosexual)* homosexuell, schwul *fam,* gay *sl;* ~ **activist** Mitglied *nt* der Schwulenbewegung, Schwulenrechtler(in) *m(f) sl;* ~ **bar** Schwulenlokal *nt;* ~ **community** Schwulengemeinschaft *f;* ~ **scene** Schwulenszene *f* ❷ *(cheerful)* fröhlich, heiter **II.** *n* Homosexuelle(r) *m,* Schwule(r) *m fam*

gay·dar ['geɪdɑ:^r, AM -dɑ:r] *n Fähigkeit von Homosexuellen, sich gegenseitig zu erkennen*

gay lib·e'ra·tion *n no pl (dated)* Schwulenbewegung *f* **gay 'mar·riage** *n* ❶ *no pl (institution)* Ehe *f* zwischen Schwulen ❷ *(instance)* Schwulenhochzeit *f* **'gay move·ment** *n no pl* Schwulenbewegung *f*

gay·ness ['geɪnəs] *n no pl (fam)* Homosexualität *f*

gay 'pride *n no pl* Stolz *m,* schwul zu sein **gay 'rights** *npl* Schwulenrechte *ntpl* **gay rights 'ac·tiv·ist** *n* Mitglied *nt* der Schwulenbewegung, Schwulenrechtler(in) *m(f) sl*

gaze [geɪz] **I.** *vi* starren; **to** ~ **into the distance/out of the window** ins Leere/aus dem Fenster starren; ■**to** ~ **around oneself** um sich *akk* schauen; ■**to** ~ **at** [*or dated* **on**] **sb/sth** jdn/etw anstarren; *admiringly* jdn/etw anhimmeln **II.** *n* Blick *m;* **reproachful/steady** ~ vorwurfsvoller/unverwandter Blick; **to avert one's** ~ [**from sth/sb**] seinen Blick [von etw/jdm] abwenden; *(fig)* **to be exposed to the public** ~ im Licht der Öffentlichkeit stehen

ga·ze·bo [gə'zi:bəʊ, AM -boʊ] *n* Gartenlaube *f*

ga·zelle [gə'zel] *n* Gazelle *f*

ga·zette [gə'zet] *n* Blatt *nt,* Anzeiger *m;* **the Evening G**~ das Abendblatt, der Abendanzeiger; *(hist)* Gazette *f veraltet o pej*

gaz·et·teer [ˌgæzə'tɪə^r, AM -'tɪr] *n* ❶ *(dictionary)* alphabetisches Ortsverzeichnis *(mit geographischen Angaben)* ❷ *(hist: publisher)* Zeitungsverleger(in) *m(f),* Zeitungsherausgeber(in) *m(f)*

ga·zil·lion [gə'zɪljən] *n (fam)* Abertausend *kein art geh;* **we've heard this opera a** ~ **times** wir haben diese Oper schon x-mal [*o* etliche Male] gehört

gaz·pa·cho [gæs'pætʃəʊ, AM gə'spɑ:tʃoʊ] *n no pl* Gazpacho *m o* ÖSTERR *a. nt*

ga·zump [gə'zʌmp] *vt* BRIT, AUS *(fam)* ■**to** ~ **sb** *jdn beim Hausverkauf übers Ohr hauen, indem man entgegen vorheriger Zusage an einen Höherbietenden verkauft*

ga·zump·ing [gə'zʌmpɪŋ] *n no pl* BRIT, AUS *(fam) betrügerische Praxis beim Hausverkauf*

ga·zun·der [gə'zʌndə^r] *vt* BRIT *(fam)* **to** ~ **the seller** *beim Hauskauf betrügerisch den vereinbarten Preis drücken, indem man kurz vor Vertragsunterzeichnung dem Verkäufer einen niedrigeres Kaufangebot macht*

ga·zun·der·ing [gə'zʌnd^ərɪŋ] *n no pl* BRIT *(fam) betrügerische Praxis beim Hauskauf*

GB *n* <*pl* ->, **Gb** *n abbrev of* **Gigabyte** GByte *nt*

GB [ˌdʒi:'bi:] *n abbrev of* **Great Britain** GB

GBH [ˌdʒi:bi:'eɪtʃ] *n no pl* BRIT LAW *abbrev of* **grievous bodily harm**

GCE [ˌdʒi:si:'i:] *n* BRIT SCH *(dated) abbrev of* **General Certificate of Education** ≈ Mittlere Reife

'G clef *n no pl* G-Schlüssel *m,* Violinschlüssel *m*

i Kultur

Das **GCSE** (**G**eneral **C**ertificate of **S**econdary **E**ducation), das früher *O-level* (*Ordinary level*) hieß, ist die erste Prüfung, die Schüler im Alter von 16 Jahren in England, Wales und Nordirland ablegen. Es ist möglich jeweils nur ein Fach zu wählen, aber die meisten Schüler versuchen die Prüfung in sieben oder acht Fächern abzulegen. In Schottland heißt die erste Prüfung *Standard Grade.*

g'day [gə'deɪ] *interj* AUS *(fam)* Tag *fam,* hi *fam,* hallo *fam*

GDP [ˌdʒi:di:'pi:] *n abbrev of* **gross domestic product** BIP *nt*

GDR [ˌdʒi:di:'ɑ:^r, AM -'ɑ:r] *n (hist) abbrev of* **German Democratic Republic** DDR *f hist*

gear [gɪə^r, AM gɪr] **I.** *n* ❶ *(toothed wheel)* Zahnrad *nt* ❷ *(transmission)* ■~**s** *pl in a car* Übersetzung *f,* Getriebe *nt; on a bicycle* Gangschaltung *f* ❸ *(setting)* Gang *m;* **first/second/third** ~ erster/zweiter/dritter Gang; **high/low** ~ hoher/niedriger Gang; **to be in neutral** ~ im Leerlauf sein, ausgekuppelt sein; **to change** [*or* AM **shift**] ~**s** [von einem Gang in den anderen] schalten; **to shift into high** [*or* **top**] ~ in den höchsten Gang schalten ❹ *no pl (fig: performance)* **to shift into high** ~ auf volle Touren kommen *fam;* **to be in low** ~ nicht in die Gänge kommen *fam;* **to operate in top** ~ optimal funktionieren; **to move** [*or* **step**] **up a** ~ einen Gang zulegen *fam* ❺ *no pl (equipment)* Ausrüstung *f,* Sachen *fpl fam; (clothes)* Kleidung *f,* Sachen *fpl fam; (trendy clothes)* Klamotten *fpl fam;* **riot** ~ Schutz[be]kleidung *f* ❻ *(sl: heroin)* Zeug *nt;* **to do** ~ *(sl)* auf Heroin sein *fam,* Heroin nehmen ▸ PHRASES: **to get one's arse** [*or* AM **ass**] **in** ~ *(fam!)* in die Gänge kommen *fam,* seinen Arsch hochkriegen [*o* bewegen] *derb;* **to be in/out of** ~ im/aus dem Lot sein *fig;* **to change** [*or* AM **shift**] ~**s** *(change the subject)* das Thema wechseln; *(change tactics)* seine Taktik ändern **II.** *vi* ■**to** ~ **down** runterschalten *fam; (fig)* es langsamer angehen lassen *fam*

◆**gear to, gear toward** AM, **gear towards** *vt* ❶ *usu passive (design to suit)* ■**to be** ~**ed to** [*or* **toward**] [*or* **towards**] **sb/sth** auf jdn/etw ausgerichtet sein; **the workshops are** ~**ed towards helping people to become more employable** die Workshops sind darauf zugeschnitten, die Chancen der Teilnehmer auf dem Arbeitsmarkt zu verbessern ❷ *(prepare)* ■**to** ~ **oneself to** [*or* **toward**] [*or* **towards**] **sth** sich *akk* auf etw *akk* einstellen

◆**gear up I.** *vi* ■**to** ~ **up for sth** sich *akk* für etw *akk* bereit machen, sich *akk* auf etw *akk* vorbereiten **II.** *vt* ■**to** ~ **oneself up for sth** sich *akk* auf etw *akk* einstellen [*o* vorbereiten]; **to be all** ~**ed up to do sth** *(fam)* sich *akk* total darauf freuen, etw zu tun *fam*

'gear·box *n* Getriebe *nt*

gear·ing ['gɪərɪŋ, AM 'gɪr-] *n no pl* ❶ TECH *(transmission)* Getriebeabstufung *f,* Übersetzung[sstufe] *f,* Antrieb *m; (system) of gears* Getriebe *nt; of toothed wheels* Verzahnung *f,* Eingriff *m* ❷ BRIT FIN, ECON Verhältnis *nt* zwischen Eigen- und Fremdkapital, Verschuldungsgrad *m;* **high/low** ~ hoher/niedriger Verschuldungsgrad

'gear lev·er *n* BRIT, AUS, **'gear·shift** *n* AM, **'gear stick** *n* Schalthebel *m,* Schaltknüppel *m* **'gear·wheel** *n* Zahnrad *nt*

gecko <*pl* -es *or* -s> ['gekəʊ, AM -koʊ] *n* Gecko *m*

geddit ['gedɪt] *interj* BRIT *(fam)* ~**?** [na,] kapiert? *fam,* hat's geklingelt? *fam*

gee [dʒiː] *interj* AM, CAN (*fam*) Wahnsinn *fam,* Mannomann *fam,* wow *fam*

gee-gee ['dʒiːdʒiː] *n* BRIT (*childspeak*) Hottehü *nt Kindersprache*

geek [giːk] *n esp* AM (*pej fam*) Außenseiter(in) *m(f)*

geese [giːs] *n pl of* **goose**

gee up I. *interj* (*fam*) hü[ah] II. *vt* BRIT (*fam*) ■**to ~ up** ○ **sb** jdn auf Trab bringen *fam*

gee-whiz [ˌdʒiːˈwɪz] I. *interj* AM, AUS, CAN (*dated*) Mensch Meier *fam* II. *adj* AM, AUS (*pej fam*) unkritisch, naiv

gee·zer ['giːzəʳ, AM -ɚ] *n* (*dated fam*) [**old**] ~ Alte(r) *m fam,* Opa *m oft pej o hum fam;* **funny old** ~ schrulliger Alter

Geiger count·er ['gaɪgə,-, AM -ɚ,-] *n* Geigerzähler *m*

G8 I. *n abbrev of* **Group of 8**: ■**the** ~ die G8 II. *n modifier* G8-; ~ **countries** G8-Staaten; ~ **decision** Entscheidung *f* der G8; ~ **meeting** G8-Konferenz *f*

gei·sha ['geɪʃə] *n,* **gei·sha girl** *n* Geisha *f*

gel [dʒel] I. *n* Gel *nt* II. *vi* <-ll-> ❶ (*form a gel*) gelieren, fest werden ❷ (*fig: take form*) Form [*o* Gestalt] annehmen

gela·tin ['dʒelətɪn] *esp* AM, AUS *a.,* **gela·tine** ['dʒelətiːn] *n no pl* Gelatine *f*

ge·lati·nous [dʒəˈlætɪnəs, AM -ˈlætᵊnəs] *adj* gelatinös, gallertartig

geld [geld] *vt* ■**to ~ an animal** ein Tier kastrieren

geld·ing ['geldɪŋ] *n* ❶ (*animal*) kastriertes Tier; (*horse*) Wallach *m hist* ❷ (*man*) Kastrat *m veraltet*

gel·ig·nite ['dʒelɪgnaɪt] *n no pl* Plastiksprengstoff *m*

gem [dʒem] *n* ❶ (*jewel*) Edelstein *m,* Juwel *nt o m* ❷ (*person*) Schatz *m fam,* Engel *m fam;* **you've been an absolute** ~ du bist ein Schatz [*o* Engel] *fam;* ■**to be a ~ of a ...** ein Juwel von einem/einer ... sein; **our Mary is a real ~ of a cleaning woman** unsere Putzfrau Mary ist eine wahre Perle ❸ (*very good thing*) Juwel *nt; painting, antique, book* Meisterwerk *nt;* (*clever remark*) **a ~ [of a remark]** eine schlaue Bemerkung; (*iron*) ein schlauer Spruch *pej, iron fam;* **that joke was a** ~ der Witz war Spitzenklasse *fam;* **a ~ of a car/house** ein klasse Auto/prunkvolles Haus

Gemi·ni ['dʒemɪnaɪ, -niː] *n* ❶ *no art* (*sign of the zodiac*) Zwillinge *pl;* **to be born under** ~ im [Stern]zeichen [der] Zwillinge geboren sein ❷ (*person*) Zwilling *m;* **to be a** ~ [ein] Zwilling sein

'gem·stone *n* Edelstein *m*

gen [dʒen] I. *n no pl* BRIT (*dated sl*) Informationen *fpl;* **to give sb the ~ about** [*or* **on**] **sth** jdn über etw *akk* informieren II. *vi* <-nn-> BRIT (*dated sl*) ■**to ~ up on sth** sich *akk* über etw *akk* informieren

gen·der ['dʒendəʳ, AM -dɚ] I. *n* ❶ (*male, female*) Geschlecht *nt* ❷ LING Genus *nt fachspr,* Geschlecht *nt* II. *n modifier* Geschlechter-; ~ **balance** AM ausgewogenes Verhältnis der Geschlechter; ~ **question** Geschlechterfrage *f;* ~ **role** Geschlechterrolle *f*

'gen·der bend·er *n* (*sl*) Transvestit *m* **'gen·der gap** *n no pl* Geschlechtsunterschied *m* **gen·der-spe·'cif·ic** *adj inv therapy, treatment* geschlechtsspezifisch

gene [dʒiːn] I. *n* Gen *nt;* **defective** ~ beschädigtes [*o* krankhaft verändertes] Gen II. *n modifier* Gen-; ~ **test** Gentest *m*

ge·nea·logi·cal [ˌdʒiːniəˈlɒdʒɪkᵊl, AM -ˈlɑː-] *adj* genealogisch; ~ **chart** [*or* **table**] Ahnentafel *f;* ~ **tree** Stammbaum *m*

ge·nea·logi·cal·ly [ˌdʒiːniəˈlɒdʒɪkᵊli, AM -ˈlɑː-] *adv* genealogisch

ge·ne·alo·gist [ˌdʒiːniˈælədʒɪst] *n* Genealoge, -in *m, f,* Ahnenforscher(in) *m(f)*

ge·neal·ogy [ˌdʒiːniˈælədʒi] *n* ❶ *no pl* (*subject*) Genealogie *f,* Ahnenforschung *f,* Geschlechterforschung *f* ❷ (*chart*) Ahnentafel *f*

'gene bank *n* Genbank *f* **'gene pool** *n* BIOL Genpool *m fachspr*

gen·era ['dʒenᵊrə] *n pl of* **genus**

gen·er·al ['dʒenᵊrᵊl] I. *adj* ❶ (*widespread*) allgemein; *rain* verbreitet; **the confusion was** ~ es herrschte allgemeine Verwirrung; **the ~ feeling** das vorherrschende Gefühl; **a ~ idea** eine verbreitete Vorstellung; ~ **impression** Gesamteindruck *m;* **to be of ~ interest** von allgemeinem Interesse sein; **it is ~ practice to do sth** es ist allgemein üblich, etw zu tun; **the ~ reader** der Durchschnittsleser/die Durchschnittsleserin; **as a ~ rule** in der Regel, im Allgemeinen, normalerweise; **to be in ~ use** allgemein benutzt [*o* gebraucht] werden ❷ (*for everybody*) allgemein, generell; **most of the soldiers lived in ~ quarters** die meisten Soldaten lebten in der Kaserne; **most of the books in this library are available for ~ circulation** die meisten Bücher dieser Bücherei können von jedem ausgeliehen werden; ~ **amnesty** Generalamnestie *f;* ~ **meeting** Vollversammlung *f;* ~ **mobilization** Generalmobilmachung *f;* **for ~ use** für den allgemeinen [*o* normalen] Gebrauch; **to serve the ~ welfare** im öffentlichen Interesse sein ❸ (*unspecific*) allgemein; ~ **American** AM LING die amerikanische Standardsprache; ~ **cargo** Stückgut *nt,* Partiefracht *f fachspr;* ~ **costs** allgemeine Kosten; ~ **semantics** LING allgemeine Semantik ❹ (*wide*) allgemein; **the school gives the children a ~ background** die Schule vermittelt den Kindern einen allgemeinen Hintergrund; ~ **education** Ausbildung *f* in den Standardfächern ❺ (*not detailed*) allgemein; ~ **idea** ungefähre Vorstellung; **to talk in ~ terms** [nur] allgemein gültige Aussagen machen, nichts Spezifisches sagen ❻ *attr* (*main*) General-; ~ **comptroller** Hauptrechnungsprüfer(in) *m(f);* ~ **consulate** Generalkonsulat *nt;* ~ **contractor** Hauptunternehmer(in) *m(f)* ❼ *after n* (*in titles*) **Attorney G~** Generalstaatsanwalt, -anwältin *m, f;* **Consul ~** Generalkonsul(in) *m(f);* **Surgeon G~** AM Gesundheitsminister(in) *m(f)* ❽ **in ~** im Allgemeinen, generell II. *n* MIL General(in) *m(f);* ~ **in the Salvation Army** General(in) *m(f)* der Heilsarmee *f;* **four-star** ~ Viersternegeneral(in) *m(f)*

gen·er·al 'agen·cy *n* Generalagentur *f,* Generalvertretung *f*

gen·er·al 'agent *n* BRIT Generalagent(in) *m(f),* Generalvertreter(in) *m(f),* Handlungsbevollmächtigte(r) *f(m)* **Gen·er·al Agree·ment on Tar·iffs and Trade** allgemeines Zoll- und Handelsabkommen **gen·er·al an·aes·'thet·ic** *n no pl* Vollnarkose *f;* **under ~** unter [Voll]narkose **Gen·er·al As·'sem·bly** *n no pl* UNO-Vollversammlung *f,* Generalversammlung *f* der UNO **gen·er·al de·'liv·ery** *n no pl* AM (*poste restante*) postlagernd **gen·er·al di·'rec·tor** *n* Generaldirektor(in) *m(f)* **gen·er·al 'edi·tor** *n* Hauptherausgeber(in) *m(f)* **gen·er·al e'lec·tion** *n* Parlamentswahlen *fpl* **gen·er·al en·'dorse·ment** *n* FIN Blankogiro *nt fachspr,* Blankoindossament *nt fachspr* **gen·er·al head·'quar·ters** *n + sing/pl vb* Generalhauptquartier *nt* **gen·er·al 'hos·pi·tal** *n* allgemeines Krankenhaus **gen·er·al 'in·ter·est** *n no pl* **to be in the ~** im öffentlichen Interesse sein

gen·er·al·is·si·mo [ˌdʒenᵊrəˈlɪsɪməʊ, AM -əmoʊ] *n* MIL Generalissimus *m fachspr,* oberster Befehlshaber/oberste Befehlshaberin

gen·er·al·ist ['dʒenᵊrᵊlɪst] I. *n* Generalist(in) *m(f),* vielseitiger Mensch II. *adj* universalistisch, generalistisch

gen·er·al·ity [ˌdʒenᵊˈræləti, AM -əṭi] *n* ❶ (*general statement*) Allgemeinheiten *fpl,* allgemeine Aussagen; **to talk in generalities** verallgemeinern; **to talk of generalities** sich *akk* über Allgemeines unterhalten ❷ *no pl* (*vagueness*) Allgemeingültigkeit *f,* Unbestimmtheit *f,* Schwammigkeit *f pej fam* ❸ *no pl* (*form: majority*) ■**the ~** die Mehrheit

gen·er·ali·za·tion [ˌdʒenᵊrᵊlaɪˈzeɪʃᵊn, AM -lɪ'-] *n* ❶ (*instance*) Verallgemeinerung *f;* **to make a sweeping ~** (*esp pej*) voreilige Schlüsse ziehen ❷ *no pl* (*technique*) Abstraktion *f,* Generalisierung *f*

gen·er·al·ize ['dʒenᵊrᵊlaɪz, AM -əlaɪz] I. *vi* verallgemeinern; ■**to ~ about sth** etw verallgemeinern; ■**to ~ from sth** (*make conclusions*) aus etw *dat* allgemeine Schlussfolgerungen ziehen [*o* ableiten]; (*deduce a rule*) von etw *dat* eine Regel ableiten II. *vt usu passive* ❶ (*make a general statement*) ■**to ~ sth** etw verallgemeinern [*o geh* generalisieren] ❷ (*make widespread*) ■ **to ~ sth [to sb]** [jdm] etw allgemein zugänglich machen

gen·er·al·ized ['dʒenᵊrᵊlaɪzd, AM -əlaɪzd] *adj* ❶ (*widespread*) allgemein, [weit]verbreitet ❷ (*widely applicable*) allgemein, universalistisch; (*in education*) allgemein bildend ❸ MED (*in the whole body*) ganzkörperlich; **~ myalgia** Muskelschmerzen *mpl* am ganzen Körper

gen·er·al 'knowl·edge *n no pl* Allgemeinbildung *f,* Allgemeinwissen *nt*

gen·er·al·ly ['dʒenᵊrᵊli] *adv* ❶ (*usually*) normalerweise, im Allgemeinen ❷ (*mostly*) im Allgemeinen, im Großen und Ganzen; **the proposal has received a ~ favourable reaction** der Vorschlag stieß im Großen und Ganzen auf positive Resonanz ❸ (*in a general sense*) allgemein, generell; **~ speaking** im Allgemeinen ❹ (*widely, extensively*) allgemein; **to be ~ available** der Allgemeinheit zugänglich sein; **it is ~ believed that ...** es wird allgemein angenommen, dass ...; **to be ~ known/understood** allgemein bekannt sein; **to be ~ reputed to be sth** allgemein als etw bekannt sein ❺ (*not in detail*) allgemein

gen·er·al 'man·age·ment *n no pl* ❶ (*managers*) Gesamtgeschäftsführung *f,* Gesamtvorstand *m* ❷ (*managing*) allgemeine Verwaltung, Gesamtgeschäftsführung *f* **gen·er·al 'man·ag·er** *n* Generaldirektor(in) *m(f)* **gen·er·al 'part·ner·ship** *n* offene Handelsgesellschaft **Gen·er·al 'Post Of·fice** *n* Hauptpost *f,* Hauptpostamt *nt* **gen·er·al 'prac·tice** *n no pl esp* BRIT, AUS Allgemeinmedizin *f;* **to be in ~** Arzt , Ärztin *m, f* für Allgemeinmedizin sein, praktischer Arzt/praktische Ärztin sein **gen·er·al prac·'ti·tion·er** *n* Arzt, Ärztin *m, f* für Allgemeinmedizin, praktischer Arzt/praktische Ärztin **gen·er·al 'pub·lic** *n no pl* ■ **the ~** die Allgemeinheit, die Öffentlichkeit **'gen·er·al-pur·pose** *adj attr, inv* Allgemein-, Universal-; **~ cleaner** Allzweckreiniger *m;* **~ dictionary** allgemeinsprachliches Wörterbuch; **~ hall** Mehrzweckhalle *f;* **~ spot remover** Universalfleckentferner *m* **gen·er·al 'staff** *n + sing/pl vb* MIL Generalstab *m* **gen·er·al 'store** *n* AM, CAN Gemischtwarenladen *m* **gen·er·al 'strike** *n* Generalstreik *m* **gen·er·al 'view** *n no pl* ■ **the ~** die öffentliche [*o* allgemein verbreitete] Meinung; **I do not subscribe to the ~ that ...** ich schließe mich nicht der allgemein verbreiteten Meinung an, dass ...

gen·er·ate ['dʒenᵊreɪt, AM -əreɪt] *vt* ■ **to ~ sth** ❶ (*bring about*) etw hervorrufen; **to ~ controversy/tension** Kontroversen/Spannungen hervorrufen, zu Kontroversen/Spannungen führen; **to ~ excitement/enthusiasm/interest** Aufregung/Begeisterung/Interesse hervorrufen; **I'm afraid I can't ~ much enthusiasm for the idea** ich fürchte, ich kann für diese Idee nicht sonderlich viel Begeisterung aufbringen ❷ (*create*) etw erzeugen; **to ~ electricity/energy [from sth]** [aus etw *dat*] Strom/Energie erzeugen; **to ~ fumes** Dämpfe entwickeln; **to ~ income** Gewinne erzielen; **to ~ jobs** Arbeitsplätze schaffen ❸ MATH, LING (*form*) etw generieren *fachspr*

'gen·er·at·ing sta·tion *n* Elektrizitätswerk *nt,* Kraftwerk *nt*

gen·era·tion [ˌdʒenə'reɪʃᵊn] **I.** *n* ❶ (*set of people*) Generation *f;* **~ X** Generation *f* X; **future ~s** kommende Generationen; **the next/older/younger ~** die nächste/ältere/jüngere Generation; **from one ~ to the next, down the ~s** von einer Generation zur anderen; **for ~s** seit Generationen ❷ (*developmental stage*) Generation *f;* **the next ~ of computers** die nächste Computergeneration ❸ *no pl* (*production*) Erzeugung *f;* **electricity/energy [*or* power] ~** Strom-/Energieerzeugung *f* **II.** *in compounds* **first-/second-/third-~** der ersten/zweiten/dritten Generation *nach n;* **first- and second-~ immigrants** Einwanderer *pl* [*o* Immigranten *pl*] der ersten und zweiten Generation

gen·e'ra·tion gap *n no pl* ■ **the ~** der Generationskonflikt, der Generationsunterschied; **to bridge [*or* cross] the ~** die Kluft zwischen den Generationen überbrücken **gen·era·tion X** [ˌdʒenəreɪʃᵊn'eks] *n no pl* Generation X *f* **gen·era·tion-Xer** [-'eksəʳ, AM -ɚ] *n* der Generation X Zugehörige(r) *f(m)*

gen·era·tive ['dʒenᵊrətɪv, AM -t̬-] *adj* ❶ BIOL (*form*) generativ *fachspr,* Fortpflanzungs- ❷ LING generativ *fachspr;* **~ grammar** generative Grammatik *fachspr;* **~ linguistics** generative Sprachwissenschaft *fachspr*

gen·era·tor ['dʒenᵊreɪtəʳ, AM -t̬ɚ] *n* ❶ (*dynamo*) Generator *m* ❷ (*form: producer*) Erzeuger(in) *m(f);* **~ of new ideas** Ideenlieferant(in) *m(f);* **~ of income** Einkommensquelle *f*

ge·ner·ic [dʒə'nerɪk] **I.** *adj* ❶ (*general*) artmäßig, gattungsmäßig; **this is only a ~ picture of a bird** dieses Bild ist nur exemplarisch für einen Vogel; **the new types of engine all had a ~ problem** die neuen Motorenmodelle hatten alle die für diese Bauart typischen Probleme; **~ term** Oberbegriff *m;* BIOL Gattungsbegriff *m* ❷ *inv* (*ordinary*) unspezifisch; **the band played fairly ~ heavy rock** die Band spielte recht typischen Heavy Rock ❸ *inv esp* AM, AUS (*not name-brand*) markenlos, No-Name- **II.** *n* ❶ *esp* AUS (*no-name product*) No-Name-Produkt *nt* ❷ PHARM Generikum *nt*

ge·ner·ic 'brand *n,* **ge·ner·ic 'la·bel** *n* ❶ (*no-name product*) No-Name-Produkt *nt* ❷ PHARM Generikum *nt*

gen·er·os·ity [ˌdʒenᵊ'rɒsəti, AM -ət̬i] *n no pl* ❶ (*being giving*) Großzügigkeit *f,* Freigebigkeit *f* ❷ (*kindness*) Großzügigkeit *f*

gen·er·ous ['dʒenᵊrəs] *adj* ❶ (*giving*) großzügig, freigebig; **he is ~ in defeat/victory** er ist ein guter [*o* fairer] Verlierer/fairer Gewinner; **~ contribution** großzügige Spende; **to be ~ with money/talents/time** großzügig [*o* freigebig] mit Geld/Talent/Zeit umgehen; **to have a ~ nature** großzügig sein ❷ (*kind*) wohlwollend, wohlmeinend ❸ (*ample*) großzügig; **a ~ helping [*or* portion]** eine große Portion; **a ~ tip** ein großzügiges Trinkgeld

gen·er·ous·ly ['dʒenᵊrəsli] *adv* ❶ (*kindly*) großzügig[erweise] ❷ (*amply*) großzügig; **to be ~ cut** groß[zügig] geschnitten sein; **to ~ reimburse sb** jdn großzügig entschädigen; **to tip ~** reichlich Trinkgeld geben

gen·esis <*pl* -ses> ['dʒenəsɪs, *pl* -si:z] *n usu sing* (*form: origin*) Ursprung *m;* (*development*) Entstehung *f,* Genese *f fachspr;* (*history*) Entstehungsgeschichte *f*

Gen·esis ['dʒenəsɪs] *n* **[the Book of] ~** die Genesis [*o* Schöpfungsgeschichte]

gene 'thera·py *n usu sing* MED Gentherapie *f fachspr*

ge·net·ic [dʒə'netɪk, AM -t̬-] *adj* genetisch, Erb-; **~ counselling** genetische Beratung; **~ defect** genetischer [*o* erblich bedingter] Defekt; **~ disease** Erbkrankheit *f;* **~ inheritance** genetisches Erbe; **~ susceptibility** genetisch [*o* erblich] bedingte Anfälligkeit

gen·et·ical·ly [dʒə'netɪkᵊli, AM -t̬ɪk-] *adv* genetisch; **~ altered** genetisch verändert; **~ engineered** gentechnisch verändert

gen·eti·cal·ly 'modi·fied *adj inv crop, food, vegetable* genmanipuliert

gen·et·ic 'blue·print *n* genetischer Fingerabdruck **gen·et·ic 'code** *n* genetischer Code **gen·et·ic 'drift** *n no pl* BIOL genetische Abweichung **gen·et·ic 'elite** *n no pl* genetische Elite (*Menschen ohne genetische Defekte oder Erbkrankheiten*) **gen·et·ic en·gi·'neer·ing** *n no pl* Gentechnik *f,* Gentechnologie *f* **gen·et·ic 'fin·ger·print** *n* genetischer Fingerabdruck **gen·et·ic 'fin·ger·print·ing** *n no pl Identifizierung durch die Untersuchung von genetischen Fingerabdrücken* **gen·et·ic in·for·'ma·tion** *n no pl* genetische Information, Erbinformation *f*

gen·eti·cist [dʒə'netɪsɪst, AM -'net̬ə-] *n* Genetiker(in) *m(f)*

gen·et·ics [dʒə'netɪks, AM -'net̬ɪks] *n no pl* Genetik *f,* Vererbungslehre *f*

gen·et·ic 'test *n no pl* Gentest *m* **gen·et·ic 'test·ing** *n no pl* Durchführung *f* von Gentests **gen·et·ic 'trait** *n* erbliches Merkmal; **eye colour is a ~** die Augenfarbe ist erblich bedingt **gen·et·ic 'un·der·class** *n no pl* genetische Unterschicht (*Menschen mit genetischen Defekten*)

Ge·neva Con·ven·tion [ˈdʒəniːvə-] *n* ■**the** ~ die Genfer Konvention

gen·ial [ˈdʒiːniəl] *adj* freundlich; *climate* angenehm

ge·ni·al·ity [ˌdʒiːniˈæləti, AM -ət̬i] *n no pl* Freundlichkeit *f*

gen·ial·ly [ˈdʒiːniəli] *adv* freundlich

ge·nie <*pl* -nii *or* -s> [ˈdʒiːni, *pl* -niaɪ] *n* Geist *m* (*aus einer Flasche oder Lampe*) ▶ PHRASES: **to let the ~ out of the bottle** etw bewirken [*o* auslösen]

geni·tal [ˈdʒenɪtᵊl, AM -ət̬ᵊl] *adj attr, inv* Genital-; ~ **area** Genitalbereich *m;* ~ **herpes** Herpes *m* [im Genitalbereich]; ~ **hygiene** Intimhygiene *f;* ~ **organs** Geschlechtsorgane *ntpl;* ~ **sex** Geschlechtsverkehr *m;* ~ **warts** Feigwarzen *fpl*

geni·ta·lia [ˌdʒenɪˈteɪliə] *npl* (*form*), **geni·tals** [ˈdʒenɪtᵊlz, AM -ət̬ᵊlz] *npl* Geschlechtsorgane *ntpl,* Genitalien *fpl*

geni·tive [ˈdʒenɪtɪv, AM -ət̬ɪv] **I.** *adj inv* ~ **case** Genitiv *m* **II.** *n* Genitiv *m;* **to be in the** ~ im Genitiv stehen

geni·to·uri·nary [ˌdʒenɪtəʊˈ-, AM -ət̬oʊˈ-] *adj inv* ANAT, MED urogenital *fachspr;* ~ **system** Urogenitalsystem *nt fachspr;* ~ **tract** Urogenitaltrakt *m fachspr*

ge·ni·us <*pl* -es *or* -nii> [ˈdʒiːniəs, *pl* niaɪ] *n* ❶ (*person*) Genie *nt;* **to be a ~ with colour/money** ein Genie im Umgang mit Farben/Geld sein, genial mit Farben/Geld umgehen können *fam;* **to be a ~ with words** sich *akk* genial ausdrücken können; **a budding** ~ ein zukünftiges Genie ❷ *no pl* (*intelligence, talent*) Genialität *f;* **a stroke of** ~ eine geniale Idee, ein Geniestreich *m;* **to have a ~ for sth** eine [besondere] Gabe für etw *akk* haben; **she has a ~ for raising money** was das Geldsammeln anbetrifft, ist sie ein echtes Genie; **to show** ~ von Genialität zeugen

geno·cid·al [ˌdʒenəˈsaɪdᵊl] *adj* völkermordähnlich; ■**to be** ~ einem Völkermord gleichen

geno·cide [ˈdʒenəsaɪd] *n no pl* Völkermord *m,* Genozid *m geh;* **to commit ~ [against sb]** Völkermord [an jdm] begehen

ge·nome [ˈdʒiːnəʊm, AM -noʊm] *n* (*spec*) BIOL Genom *nt fachspr*

ge·nom·ic [dʒiːˈnɒmɪk, AM -ˈnɑːmɪk] *adj* genomisch *fachspr,* des Genoms *nach n fachspr,* Erb-; **the ~ information** die Informationen *pl* des Genoms *fachspr,* die Erbinformationen *fpl*

ge·nom·ics [dʒɪˈnɒmɪks, AM -ˈnɑːm-] *n + sing vb* Genforschung *f*

geno·type [ˈdʒenə(ʊ)taɪp, AM -noʊ-] *n* BIOL Genotyp *m fachspr*

gen·re [ˈʒɑ̃ː(n)rə, AM ˈʒɑː(n)rə] **I.** *n* Genre *nt,* Gattung *f* **II.** *adj attr, inv* LIT Genre-

ˈgen·re paint·ing *n* ❶ *no pl* Genremalerei *f* ❷ (*picture*) Genrebild *nt*

gent [dʒent] *n* (*hum fam*) *short for* **gentleman** Gentleman *m;* **city** ~ BRIT Geschäftsmann *m*

gen·teel [dʒenˈtiːl] *adj* vornehm, elegant; ~ **elegance** vornehme Eleganz; ~ **poverty** stolze [*o* vornehme] Armut; ~ **table manners** feine [*o* vornehme] Tischsitten

gen·teel·ly [dʒenˈtiːli] *adv* vornehm, elegant

gen·tian [ˈdʒentiən] **I.** *n* ❶ (*plant*) Enzian *m* ❷ (*liqueur*) Enzian *m* **II.** *n modifier* ~ **bitter** Enzian *m;* ~ **violet** Enzianviolett *nt,* Gentianaviolett *nt*

gen·tile [ˈdʒentaɪl] **I.** *n* Nichtjude, -jüdin *m, f* **II.** *adj inv* nichtjüdisch

gen·til·ity [dʒenˈtɪləti, AM -ət̬i] *n no pl* (*high social class*) hohe gesellschaftliche Stellung; (*superiority*) Vornehmheit *f;* (*politeness*) [erlesene] Höflichkeit

gen·tle [ˈdʒentl̩, AM -t̬-] *adj* ❶ (*tender*) sanft; (*considerate*) behutsam; **to be as ~ as a lamb** sanft wie ein Lamm sein, keiner Fliege was zuleide tun können; ~ **touch** zärtliche [*o* sanfte] Berührung; ~ **words** liebenswürdige Worte; ■**to be ~ with sb** behutsam mit jdm umgehen ❷ (*subtle*) sanft; ~ **hint** zarter Wink; ~ **humour** freundlicher Humor; ~ **persuasion** sanfte Überredung; ~ **reminder** vorsichtige [*o* sanfte] Ermahnung ❸ (*moderate*) sanft; **a ~ breeze** eine sanfte [*o* leichte] Brise; ~ **exercise** nicht allzu anstrengende [*o* leichte] sportliche Betätigung; ~ **motion** sanfte Bewegung; **a ~ slope** ein leichtes Gefälle ❹ (*old: high-born*) adelig, vornehm; **to be of ~ birth** von edler [*o* vornehmer] Herkunft sein; (*liter or hum*) ~ **reader** verehrter Leser/verehrte Leserin

ˈgen·tle·folk *npl* (*dated*) feine [*o* vornehme] Leute

gen·tle·man **I.** *n* ❶ (*polite man*) Gentleman *m;* **a ~ of the old school** ein Kavalier *m* der alten Schule; **a perfect [*or* real]** ~ ein wahrer Gentleman, ein echter Kavalier; **to behave like a** ~ sich *akk* wie ein Kavalier benehmen ❷ (*man*) Herr *m;* **~'s club** Herrenklub *m* ❸ (*to audience*) ■**gentlemen** *pl* meine Herren; ~ **of the jury** meine Herren Geschworenen; **ladies and** ~ meine Damen und Herren ❹ (*dated: of the upper class*) vornehmer Herr **II.** *n modifier* ~ **friend** (*dated*) Bekannte(r) *m fam*

gen·tle·man ˈfarm·er <*pl* gentlemen farmers> *n* Gutsbesitzer *m*

gen·tle·man·ly [ˈdʒentl̩mənli, AM ˈdʒent̬l̩-] *adj* gentlemanlike, ritterlich

gen·tle·man's aˈgree·ment *n* Gentleman's Agreement *nt,* Vereinbarung *f* auf Treu und Glauben **gen·tle·man's ˈgen·tle·man** *n* [Kammer]diener *m*

gen·tle·ness [ˈdʒentl̩nəs] *n no pl* Sanftheit *f;* (*consideration*) Behutsamkeit *f*

ˈgen·tle·wom·an *n* (*dated*) vornehme Frau

gen·tly [ˈdʒentli] *adv* ❶ (*kindly*) sanft; (*considerately*) behutsam; **to break the news ~ to sb** jdm etw schonend [*o* behutsam] beibringen ❷ (*moderately*) sanft; ~ **rolling hills** sanfte Hügel ❸ (*carefully*) vorsichtig; ~ **does it!** BRIT sachte, sachte! *fam;* **take it ~!** BRIT sei vorsichtig!

gen·tri·fi·ca·tion [ˌdʒentrɪfɪˈkeɪʃᵊn] *n no pl* Sanierung *f;* **to undergo** ~ saniert werden

gen·tri·fy <-ie-> [ˈdʒentrɪfaɪ] *vt* **to ~ a [residential] area** eine Wohngegend sanieren

gen·try [ˈdʒentri] *n no pl* BRIT (*dated*) ■**the** ~ die Gentry, der niedere Adel; **landed** ~ niederer Landadel

gents [dʒents] *n* BRIT, AUS (*hum fam: lavatory*) Herrentoilette *f;* **'Gents'** „Herren"

genu·flect [ˈdʒenjʊflekt] *vi* niederknien, einen Kniefall machen; (*fig*) in die Knie gehen *fig*

genu·flec·tion [ˌdʒenjʊˈflekʃᵊn] *n* ❶ (*instance*) Kniefall *m;* (*fig: sign of respect*) Verbeugung *f fig* (**to** vor +*dat*) ❷ *no pl* (*activity*) Niederknien *nt;* **she bent her knees in** ~ sie kniete nieder

genu·ine [ˈdʒenjuɪn] *adj* ❶ (*not fake*) echt; **the ~ article** (*fam*) das Original ❷ (*sincere*) ehrlich; ~ **laughter** natürliches Lachen; ~ **pleasure/repentance** echte Freude/Reue; **in ~ surprise** ehrlich überrascht

genu·ine·ly [ˈdʒenjuɪnli] *adv* ❶ (*truly*) wirklich ❷ (*sincerely*) aufrichtig; **to ~ believe that ...** ernsthaft glauben, dass ...

genu·ine·ness [ˈdʒenjuɪnnəs] *n no pl* ❶ (*authenticity*) Echtheit *f* ❷ (*sincerity*) Aufrichtigkeit *f,* Ernsthaftigkeit *f*

ge·nus <*pl* -nera> [ˈdʒenəs, *pl* -ᵊrə] *n* BIOL Gattung *f*

Gen X [ˌdʒenˈeks] **I.** *n short for* **Generation X** Generation X *f* **II.** *n modifier short for* **Generation X** [aus] der Generation X *nach n* **Gen Y** *n short for* **Generation Y** Generation Y *f,* ≈ die heutige Jugend (*Altersgruppe der etwa zwischen 1975 und 1985 Geborenen*)

geo·cen·tric [ˌdʒiːə(ʊ)ˈsentrɪk, AM -oʊˈ-] *adj* geozentrisch

geo·chem·ist [ˌdʒiːə(ʊ)ˈkemɪst, AM -oʊˈ-] *n* Geochemiker(in) *m(f)*

geo·chem·is·try [ˌdʒiːə(ʊ)ˈkemɪstri, AM -oʊˈ-] *n no pl* Geochemie *f*

geo·des·ic [ˌdʒiːə(ʊ)ˈdesɪk, AM ˌdʒiːəˈ-] *adj* GEOG geodätisch

geo·des·ic ˈdome *n* geodätische Kuppel; (*air hall*) Traglufthalle *f*

geod·esy [dʒiːˈɒdɪsi, AM -ˈɑːdə-] *n no pl* Vermessungswesen *nt,* Geodäsie *f fachspr*

ge·og·ra·pher [dʒiːˈɒgrəfəʳ, AM -ˈɑːgrəfɚ] *n* Geograph(in) *m(f)*

geo·graph·ic(al) [ˌdʒiːə(ʊ)ˈgræfɪk(ᵊl), AM ˌdʒiːəˈ-] *adj* geogra-

phisch
geo·graph·ical·ly [ˌdʒiːə(ʊ)ˈgræfɪkəli, AM ˌdʒiːə-] *adv* geographisch
ge·og·ra·phy [dʒiːˈɒgrəfi, ˈdʒɒg-, AM dʒiˈɑːg-] *n no pl* ❶ (*study*) Erdkunde *f,* Geographie *f;* **human** ~ Humangeographie *f;* **physical/political** ~ Geophysik/-politik *f* ❷ (*layout*) Geographie *f,* geographische Beschaffenheit; ~ **of a building** geographische Ausrichtung eines Gebäudes
'ge·og·ra·phy book *n* Geographiebuch *nt* **'ge·og·ra·phy les·son** *n* Geographiestunde *f* **'ge·og·ra·phy teach·er** *n* Geographielehrer(in) *m(f)*
geo·logi·cal [ˌdʒiːə(ʊ)ˈlɒdʒɪkəl, AM -əˈlɑːdʒ-] *adj* geologisch
geo·logi·cal·ly [ˌdʒiːə(ʊ)ˈlɒdʒɪkəli, AM -əˈlɑːdʒ-] *adv* geologisch
ge·olo·gist [dʒiːˈɒlədʒɪst, AM -ˈɑːlə-] *n* Geologe, -in *m, f*
ge·ol·ogy [dʒiːˈɒlədʒi, AM -ˈɑːlə-] *n no pl* ❶ (*study*) Geologie *f;* **historical/physical** ~ Geogeschichte/-physik *f* ❷ (*features*) geologische Beschaffenheit
'ge·ol·ogy teach·er *n* Geologielehrer(in) *m(f)*
geo·met·ric(al) [ˌdʒiːə(ʊ)ˈmetrɪk(əl), AM ˌdʒiːə-] *adj* geometrisch
geo·met·ri·cal·ly [ˌdʒiːə(ʊ)ˈmetrɪkəli, AM ˌdʒiːə-] *adv* geometrisch; **to arrange sth** ~ etw regelmäßig anordnen
ge·om·etri·cian [ˌdʒiːə(ʊ)meˈtrɪʃən, AM ˌdʒiːəməˈ-] *n* Spezialist(in) *m(f)* für Geometrie, Geometer *m veraltet*
geo·met·ric pro·'gres·sion *n* MATH geometrische Progression [*o* Folge] **geo·met·ric 'se·ries** *n* MATH geometrische Reihe
ge·om·etry [dʒiːˈɒmɪtri, AM dʒiˈɑːm-] *n no pl* ❶ (*field of mathematics*) Geometrie *f;* **the laws of** ~ Gesetze *ntpl* der Geometrie; **Euclidean** ~ euklidische Geometrie ❷ (*layout*) Aufbau *m;* ~ **of a DNA molecule** Aufbau *m* eines DNA-Moleküls
geo·mor·pho·log·ic(al) [ˌdʒiːə(ʊ)ˌmɔːfəˈlɒdʒɪk(əl), AM -oʊˌmɔːrfəˈlɑːdʒ-] *adj* geomorphologisch
geo·mor·pholo·gist [ˌdʒiːə(ʊ)ˌmɔːˈfɒlədʒɪst, AM -oʊˌmɔːrˈfɑːl-] *n* Geomorphologe, -in *m, f*
geo·mor·pholo·gy [ˌdʒiːə(ʊ)ˌmɔːˈfɒlədʒi, AM -oʊˌmɔːrˈfɑːl-] *n no pl* Geomorphologie *f*
geo·physi·cal [ˌdʒiːə(ʊ)ˈfɪzɪkəl, AM -oʊˈ-] *adj* geophysikalisch
geo·physi·cist [ˌdʒiːə(ʊ)ˈfɪzɪsɪst, AM -oʊˈ-] *n* Geophysiker(in) *m(f)*
geo·phys·ics [ˌdʒiːə(ʊ)ˈfɪzɪks, AM -oʊˈ-] *n no pl* Geophysik *f*
geo·po·liti·cal [ˌdʒiːə(ʊ)pəˈlɪtɪkəl, AM -oʊpəˈ-] *adj* geopolitisch
geo·poli·tics [ˌdʒiːə(ʊ)ˈpɒlətɪks, AM -oʊˈpɑːl-] *n* ❶ + *sing vb* (*politics*) Geopolitik *f* ❷ + *sing/pl vb* (*political activity*) Geopolitik *f*
Geor·die [ˈdʒɔːdi] BRIT **I.** *n* ❶ (*person*) *Person aus Tyneside, Nordengland* ❷ *no pl* (*dialect*) *Dialekt in Tyneside um Newcastle* **II.** *adj* Tyneside-; ~ **accent** Tyneside-Akzent *m*

i Kultur

In Großbritannien sind das **George Cross** (**GC**) und die **George Medal** (**GM**) zwei Auszeichnungen, die 1940 eingeführt und nach König George VI. benannt wurden. Die beiden Orden werden Zivilisten für besondere Tapferkeit verliehen.

Geor·gia [ˈdʒɔːdʒə, AM ˈdʒɔːr-] *n* ❶ (*European country*) Georgien *nt* ❷ (*US state*) Georgia *nt*
Geor·gian [ˈdʒɔːdʒən, AM ˈdʒɔːr-] **I.** *adj* ❶ (*style*) georgianisch ❷ (*of Republic*) georgisch ❸ (*of US state*) in/aus/von Georgia **II.** *n* ❶ (*native*) Georgier(in) *m(f);* (*language*) georgische Sprache ❷ (*native of US state*) Einwohner aus Georgia
geo·sta·tion·ary [ˌdʒiːə(ʊ)ˈsteɪʃənəri, AM -oʊˈsteɪʃəneri] *adj,* **geo·syn·chro·nous** [ˌdʒiːə(ʊ)ˈsɪŋkrənəs, AM -oʊˈ-] *adj* geostationär
geo·ther·mal [ˌdʒiːə(ʊ)ˈθɜːməl, AM -oʊˈθɜːr-] *adj* GEOL *fluids* geothermisch
geo·ther·mal 'pow·er *n no pl* geothermische Energie **geo·ther·mal 'pow·er sta·tion** *n* geothermisches Kraftwerk
ge·ra·nium [dʒəˈreɪniəm] *n* Geranie *f,* Pelargonie *f*
ger·bil [ˈdʒɜːbəl, AM ˈdʒɜːr-] *n* Wüstenspringmaus *f*
ger·enuk [ˈgerənʊk] *n* Giraffengazelle *f*
geri·at·ric [ˌdʒeriˈætrɪk] **I.** *adj* ❶ (*for old people*) geriatrisch; ~ **hospital** geriatrische Klinik; ~ **nursing** Altenpflege *f;* ~ **nurse** Altenpfleger(in) *m(f)* ❷ (*pej: decrepit*) altersschwach **II.** *n* alter Mensch
geria·tri·cian [ˌdʒeriəˈtrɪʃən] *n* Facharzt, Fachärztin *m, f* für Geriatrie
geri·at·rics [ˌdʒeriˈætrɪks] *n* + *sing vb* Altersheilkunde *f,* Geriatrie *f fachspr*
germ [dʒɜːm, AM dʒɜːrm] *n* ❶ *usu pl* (*microbe*) Keim *m;* **to spread ~s** Keime verbreiten ❷ BIOL (*gamete*) *see* **germ cell** ❸ (*tiny amount*) Körnchen *nt;* **a ~ of truth** ein Funken *m* Wahrheit ❹ (*rudiment*) **the ~ of an idea** der Ansatz einer Idee
Ger·man [ˈdʒɜːmən, AM ˈdʒɜːr-] **I.** *n* ❶ (*person*) Deutsche(r) *f(m)* ❷ *no pl* (*language*) Deutsch *nt* **II.** *adj* deutsch
ger·mane [dʒəˈmeɪn, AM dʒɚˈ-] *adj* (*form*) relevant *geh* (**to** für +*akk*)
Ger·man·ic [dʒəˈmænɪk, AM dʒɚˈ-] *adj* [indo]germanisch
Ger·man·ic 'lan·guage *n* indogermanische Sprache
ger·ma·nium [dʒəˈmeɪniəm, AM dʒɚˈ-] *n no pl* CHEM Germanium *nt*
Ger·man 'mea·sles *n* + *sing vb* Röteln *pl;* **to catch** [*or* **come down with**] ~ Röteln bekommen; **to be vaccinated against** ~ gegen Röteln geimpft sein **Ger·man 'shep·herd** *n esp* AM (*Alsatian*) Schäferhund *m*
Ger·ma·ny [ˈdʒɜːməni, AM ˈdʒɜːr-] *n* Deutschland
'germ cell *n* BIOL ❶ (*embryonic cell*) Keimzelle *f* ❷ (*gamete*) Geschlechtszelle *f,* Gamet *m fachspr* **'germ-free** *adj* keimfrei, steril; ~ **environment** sterile Umgebung
ger·mi·cid·al [ˌdʒɜːmɪˈsaɪdəl, AM ˌdʒɜːrmə-] *adj* keimtötend
ger·mi·cide [ˌdʒɜːmɪˈsaɪd, AM ˌdʒɜːrmə-] *n* keimtötendes Mittel, Antiseptikum *nt fachspr*
ger·mi·nal [ˈdʒɜːmɪnəl, AM ˈdʒɜːrmə-] *adj* ❶ (*of germs*) Keim-; ~ **properties** bakterielle Eigenschaften ❷ (*rudimentary*) *ideas* rudimentär *geh* ❸ (*creative*) produktiv
ger·mi·nate [ˈdʒɜːmɪneɪt, AM ˈdʒɜːrmə-] **I.** *vi* ❶ BIOL (*start to grow*) keimen ❷ (*start to develop*) *idea* keimen, aufkeimen **II.** *vt* BIOL ■**to ~ sth** etw zum Keimen bringen
ger·mi·na·tion [ˌdʒɜːmɪˈneɪʃən, AM ˌdʒɜːrməˈ-] *n no pl* Keimen *nt*
germ·line en·gi·neer·ing [ˈdʒɜːmlaɪn-, AM ˈdʒɜrm-] *n no pl* (*as science*) Keimbahnmanipulation *f;* (*as therapy*) Keimbahntherapie *f*
germ 'war·fare *n* bakteriologische Kriegsführung, Bakterienkrieg *m*
ger·on·to·logi·cal [ˌdʒerɒntəˈlɒdʒikəl, AM ˌdʒerəntəˈlɑːdʒ-] *adj* gerontologisch; ~ **nursing** Altenpflege *f*
ger·on·tolo·gist [ˌdʒerɒnˈtɒlədʒist, AM ˌdʒerənˈtɑːl-] *n* Gerontologe, -in *m, f*
ger·on·tol·ogy [ˌdʒerɒnˈtɒlədʒi, AM ˌdʒerənˈtɑːl-] *n no pl* Altersforschung *f,* Gerontologie *f fachspr*
ger·ry·man·der [ˈdʒeriˌmændəʳ, AM -ɚ] **I.** *vi* POL die Wahlbezirksgrenzen manipulieren **II.** *vt* ■**to ~ sth** ❶ POL (*manipulate electoral boundaries*) **to ~ election/voting districts** Wahlkreisverschiebungen vornehmen ❷ (*turn to one's advantage*) etw zu seinem Vorteil manipulieren
ger·ry·man·der·ing [ˈdʒeriˌmændərɪŋ, AM -ɚɪŋ] *n no pl* Manipulation *f* von Wahlbezirksgrenzen, Wahlkreisschiebungen *fpl*
ger·und [ˈdʒerənd] *n* LING Gerundium *nt;* **to put a verb in the ~** ein Verb ins Gerundium setzen
ges·so <*pl* -es> [ˈdʒesəʊ, AM -oʊ] *n* ART Gips *m*
ge·stalt [gəˈʃtælt, AM -ˈʃtɑːlt] *n usu sing* PSYCH Gestalt *f*
ge·stalt psy·'chol·ogy *n no pl* Gestaltpsychologie *f* **ge·stalt psycho·'thera·py** *n no pl* Gestalttherapie *f*
Ge·sta·po [gesˈtɑːpəʊ, AM gəˈstɑːpoʊ] *n no pl,* + *sing/pl vb* ■**the ~** die Gestapo
ges·tate [dʒesˈteɪt, AM ˈdʒesteɪt] **I.** *vi* ❶ (*be pregnant*) *animal*

G

trächtig sein, tragen; *human being* schwanger sein ② (*develop*) sich *akk* entwickeln **II.** *vt* ■**to ~ sth** ① (*carry in womb*) **to ~ a baby** ein Kind austragen ② (*develop*) *plan* in sich *dat* reifen lassen

ges·ta·tion [dʒes'teɪʃᵊn] *n no pl* ① (*pregnancy*) *of humans* Schwangerschaft *f; of animals* Trächtigkeit *f* ② (*development*) Reifwerden *nt*

ges·'ta·tion pe·ri·od *n* ① (*period of gestation*) *of humans* Schwangerschaftsperiode *f; of animals* Tragezeit *f* ② (*development*) Reifeprozess *m*

ges·ticu·late [dʒes'tɪkjəleɪt] *vi* (*form*) gestikulieren; **to ~ frantically** [*or* **wildly**] wild gestikulieren

ges·ticu·la·tion [dʒes,tɪkjə'leɪʃᵊn] *n* (*form*) Gestik *f*

ges·ture ['dʒestʃəʳ, AM -tʃɚ] **I.** *n* ① (*body movement*) Handbewegung *f,* Geste *f;* **a ~ of defiance** eine trotzige Geste; **to make a ~** eine Handbewegung machen ② (*act*) Geste *f;* **a ~ of goodwill** eine Geste des guten Willens; **welcoming ~** einladende Geste; **to make a ~ towards sth** einen Beitrag zu etw *dat* leisten **II.** *vi* deuten; **asked where the children were, she ~d vaguely in the direction of the beach** auf die Frage, wo die Kinder seien, deutete sie vage zum Strand hin; **he was gesturing that he needed help** er gab zu verstehen, dass er Hilfe brauchte **III.** *vt* ① (*beckon*) ■**to ~ sb somewhere** jdm irgendwohin winken ② (*instruct*) ■**to ~ sb to do sth** jdm deuten, etw zu tun ③ (*show*) ■**to ~ sth** etw gestikulierend zum Ausdruck bringen

ge·sund·heit [gə'zʊndhaɪt] *interj esp* AM (*fam*) Gesundheit!

get <got, got *or* AM, CAN *usu* gotten> [get] **I.** *vt* ① (*obtain*) ■**to ~ sth** etw erhalten; **we stopped off on the motorway to ~ some breakfast** wir hielten auf der Autobahn an, um zu frühstücken; **to ~ food** Lebensmittel besorgen; **to ~ a glimpse of sb/sth** einen Blick auf jdn/etw erhaschen; **to ~ a moment** einen Augenblick Zeit haben; **to ~ a radio station** einen Sender reinbekommen *fam;* **to ~ time off** frei bekommen; ■**to ~ sth from sb** etw von jdm *dat* bekommen; **where did you ~ your radio from?** woher hast du dein Radio? ② (*receive*) ■**to ~ sth** *news* etw bekommen; ■**to ~ sth from sb** *letter* etw von jdm bekommen; **what mark did he ~ in his exam?** welche Note hat er in der Prüfung bekommen?; **to ~ sth for one's birthday** etw zum Geburtstag bekommen; **to ~ a [telephone] call from sb** von jdm angerufen werden; **to ~ a lot of hassle from sb** mit jdm viel Ärger kriegen *fam* ③ (*experience*) ■**to ~ sth** etw erleben; **we don't ~ much snow in this country** in diesem Land schneit es nicht sehr viel; **I got quite a shock** ich habe einen ganz schönen Schock bekommen! *fam;* **I got quite a surprise** ich war ganz schön überrascht; **to ~ the impression that ...** den Eindruck gewinnen, dass ... ④ (*deliver*) ■**to ~ sth to sb** *letter* jdm etw bringen ⑤ (*fam: contract*) ■**to ~ sth** sich *dat* etw holen *fam;* **if you've already had measles, you can't ~ it again** wenn du schon mal Masern hattest, kannst du sie nicht noch mal bekommen; **to ~ the flu** sich *dat* die Grippe einfangen; **to ~ food poisoning** sich *dat* eine Lebensmittelvergiftung zuziehen ⑥ (*fetch*) ■**to ~ [sb] sth** [*or* **sth for sb**] jdm etw besorgen [*o fam* holen]; **can I ~ you a drink?** möchtest du was trinken?; (*formal*) kann ich Ihnen was zu trinken anbieten?; **could you ~ a newspaper for me, please?** könntest du mir bitte eine Zeitung mitbringen? ⑦ (*come across*) ■**to ~ sth somewhere** irgendwo auf etw *akk* treffen ⑧ (*travel with*) **to ~ a taxi** ein Taxi nehmen; (*catch*) **to ~ one's plane/train** sein Flugzeug/seinen Zug erwischen *fam* ⑨ (*earn*) ■**to ~ sth: she ~s about forty thousand pounds a year** sie verdient ungefähr 40.000 Pfund im Jahr ⑩ (*from selling*) ■**to ~ sth for sth** etw für etw *akk* bekommen; **to ~ money for sth** Geld für etw *akk* bekommen ⑪ (*buy*) ■**to ~ sth** etw kaufen ⑫ (*derive*) **sb ~s a lot of pleasure out of** [*or* **from**] **sth** etw bereitet jdm viel Freude ⑬ (*capture*) ■**to ~ sb/sth** jdn/etw fangen ⑭ (*fam: punish*) ■**to ~ sb [for sth]** jdn [für etw *akk*] kriegen; **I'll ~ you for this/that!** ich kriege dich dafür! ⑮ (*fam: suffer*) **to ~ it** es bekommen, bestraft werden ⑯ (*buttonhole*) ■**to ~ sb to oneself** jdn für sich *akk* haben ⑰ (*fam: answer*) **to ~ the door** die Tür aufmachen; **to ~ the telephone** das Telefon abnehmen, ans Telefon gehen ⑱ AM (*fam: pay for*) ■**to ~ sth** etw bezahlen; **to ~ a meal/drinks** das Essen/die Getränke bezahlen ⑲ + *pp* (*cause to be*) **to ~ sth confused** *names* etw verwechseln; **to ~ sth delivered** sich *dat* etw liefern lassen; **to ~ sth finished** etw fertig machen; **to ~ sth typed** etw tippen lassen; **he got his bag caught in the train doors** seine Tasche verfing sich in der Zugtür; **she got the kids ready for school** sie machte die Kinder für die Schule fertig ⑳ (*induce*) ■**to ~ sb/sth doing sth** jdn/etw zu etw *dat* bringen; **haven't you got the photocopier working yet?** hast du den Kopierer noch nicht zum Laufen gekriegt?; ■**to ~ sb/sth to do sth** jdn/etw dazu bringen, etw zu tun; **to ~ one's computer to work** seinen Computer zum Laufen kriegen ㉑ (*transfer*) ■**to ~ sb/sth somewhere** jdn/etw irgendwohin bringen; **the bed is too wide – we'll never ~ it through the door** das Bett ist zu breit – wir werden es niemals durch die Tür bekommen ㉒ (*hear*) ■**to ~ sth** etw verstehen ㉓ (*understand*) ■**to ~ sth** etw verstehen; **to ~ the meaning** die Bedeutung verstehen; **to ~ the message** es kapieren *fam,* die Botschaft entschlüsseln; **to ~ the picture** (*fam*) kapieren; **~ the picture?** kapiert?, kapische? *fam;* **to ~ sb/sth wrong** jdn/etw falsch verstehen ㉔ (*prepare*) **to ~ a meal** das Essen zubereiten ㉕ (*fam: baffle*) ■**to ~ sb** jdn drankriegen *fam* ㉖ (*amuse*) ■**to ~ sb** jdn amüsieren; **to ~ sb greatly** jdn sehr amüsieren ㉗ (*fam: irk*) ■**to ~ sb** jdm auf die Nerven gehen ㉘ (*fam: sadden*) ■**to ~ sb** jdm unter die Haut gehen ㉙ (*hit*) ■**to ~ sb [in sth]** jdn [bei etw *dat*] erwischen ㉚ *usu imperative* (*fam: look at*) **~ him/her!** sieh dir mal den/die an! ▶ PHRASES: **to ~ it on** (*fam: succeed*) es schaffen; (*fam: fight*) es sich *dat* geben; (*fam!: have sex with*) es machen *euph* **II.** *vi* ① + *n/adj* (*become*) werden; **I'm glad to hear you are ~ting better** freut mich zu hören, dass es dir besser geht; **to ~ angry/tired/worried** böse/müde/traurig werden; **to ~ real** (*sl*) am Boden bleiben *fam;* **to ~ upset** wütend werden; **to ~ used to sth** sich *akk* an etw *akk* gewöhnen ② + *vb* (*become*) **to ~ to be sth** etw werden; **how did you ~ to be a belly dancer?** wie bist du zu einer Bauchtänzerin geworden?; **to ~ to like sth** etw langsam mögen ③ + *pp* (*be*) werden; **the dog got drowned** der Hund ist ertrunken; **this window seems to have got broken** jemand scheint dieses Fenster zerbrochen zu haben; **to ~ married** heiraten ④ (*reach*) ■**to ~ somewhere** irgendwohin kommen; **to ~ home [from somewhere]** [von irgendwo] nach Hause kommen ⑤ (*progress*) **to get nowhere/somewhere [with sth]** es nicht weit/weit [mit etw *dat*] bringen; **we're not ~ting very far with this conversation, are we?** wir kommen nicht weit mit unserer Unterhaltung, nicht wahr? ⑥ (*have opportunity*) ■**to ~ to do sth** die Möglichkeit haben, etw zu tun; **to ~ to see sb** jdn zu Gesicht bekommen ⑦ (*succeed*) ■**to ~ to do sth** schaffen, etw zu tun ⑧ (*must*) ■**to have got to do sth** etw machen müssen ⑨ (*fam: start*) ■**to ~ doing sth** anfangen, etw zu tun; **to ~ going** [*or* **moving**] gehen; **we'd better ~ going or we'll be late** wir sollten besser gehen oder wir verspäten uns ⑩ (*understand*) ■**to ~ with it** sich *akk* informieren; **~ with it, Lara!** setz dich damit auseinander, Lara! ⑪ (*go*) **[go on,] ~!** geh [schon] weg! **III.** *n* BRIT (*pej sl*) *see* **git**

◆**get about** *vi* herumkommen *fam*

◆**get above** *vi* ■**to ~ above oneself** arrogant werden

◆**get across** *vt* ■**to ~ sth** ↻ **across** etw verständlich machen; **to ~ across a message** eine Botschaft rüberbringen *fam*

◆**get after** *vi* ■**to ~ after sb** jdn verfolgen, sich *dat* jdn vorknöpfen *fam*

◆**get ahead** *vi* vorwärtskommen; ■**to ~ ahead in sth** mit etw *dat* Erfolg haben; **to ~ ahead in one's business** mit seinem Geschäft Erfolg haben; ■**to ~ ahead of sb** zu jdm einen Vorsprung gewinnen

◆**get along** *vi* ❶ *see* **get on II. 1, 2** ❷ (*dated: hurry*) weitermachen; **~ along, children – we don't want to be late!** weiter so, Kinder – wir wollen nicht zu spät kommen ❸ BRIT (*dated fam*) **~ along with you!** jetzt hör aber auf!

◆**get around** *vi* ❶ *see* **get round I., II. 1** ❷ *see* **get about**

◆**get at** *vi* ❶ (*fam: suggest*) ■**to ~ at sth** auf etw *akk* hinauswollen *fam* ❷ BRIT, AUS (*fam: criticize*) ■**to ~ at sb** jdn kritisieren ❸ (*assault*) ■**to ~ at sb** jdn angreifen ❹ (*fam: bribe*) ■**to ~ at sb** jdn bestechen [*o fam* schmieren] ❺ (*reach*) ■**to ~ at sth** an etw *akk* rankommen *fam;* **I'll put the cake on a high shelf where he can't ~ at it** ich stelle den Kuchen auf ein hohes Brett, wo er nicht drankommen kann ❻ (*access*) ■**to ~ at sth** Zugriff auf etw *akk* haben ❼ (*discover*) ■**to ~ at sth** etw aufdecken; **to ~ at the truth/the real reason** die Wahrheit/den wahren Grund aufdecken

◆**get away** *vi* ❶ (*leave*) fortkommen; **I'll ~ away from work as soon as I can** ich werde versuchen, so schnell wie möglich von der Arbeit wegzukommen ❷ (*escape*) ■**to ~ away [from sb]** [vor jdm] flüchten; **she got away from her pursuers** sie konnte ihren Verfolgern entrinnen; ■**to ~ away with sth** mit etw *dat* ungestraft davonkommen; **to ~ away with one's life** mit seinem Leben davonkommen ❸ (*dated fam*) **~ away [with you]!** ach, hör auf! ❹ (*evade punishment*) ■**to ~ away with sth** mit etw *dat* davonkommen *fam* ❺ (*succeed*) ■**to ~ away with sth** mit etw *dat* durchkommen; **it is a close-fitting dress but you're slim enough to ~ away with it** das ist ein enges Kleid, aber du bist so schlank, dass du es tragen kannst ▶ PHRASES: **to ~ away with murder** (*fam*) sich *dat* alles erlauben können

◆**get back I.** *vt* ■**to ~ sth ○ back** etw holen **II.** *vi* ❶ (*return*) zurückkommen ❷ (*fam: have revenge*) ■**to ~ back at sb [for sth]** sich *akk* [für etw *akk*] an jdm rächen ❸ (*reassume*) ■**to ~ back into sth** wieder mit etw *dat* beginnen; **after three years off to raise my kids, I'm planning to ~ back into acting** nachdem ich nun drei Jahre damit verbracht habe, meine Kinder groß zu ziehen, möchte ich wieder anfangen zu schauspielern; ■**to ~ back to [doing] sth** zu etw *dat* wieder zurückgehen; **to ~ back to sleep** wieder einschlafen; **to ~ back to work** sich *akk* wieder der Arbeit widmen ❹ (*contact*) ■**to ~ back to sb** sich *akk* wieder bei jdm melden ❺ *object is a quote* (*fam!: be told*) zu hören kriegen *fam,* vorgehalten bekommen; **I keep ~ting back ...** ich kriege immer wieder zu hören ...

◆**get behind** *vi* ❶ (*support*) ■**to ~ behind sb/sth** jdn/etw unterstützen ❷ (*be late*) ■**to ~ behind with sth** mit etw *dat* in Rückstand geraten

◆**get beyond** *vi* ■**to ~ beyond sth** etw überwinden

◆**get by** *vi* ■**to ~ by [on/with sth]** *money* mit etw *dat* auskommen

◆**get down I.** *vt* ❶ (*remove*) ■**to ~ sth down from/off sth** etw von etw *dat* runternehmen ❷ (*disturb*) ■**to ~ sb down** jdn fertigmachen *fam;* **don't let it ~ you down** lass es nicht zu nah an dich heran ❸ (*note*) ■**to ~ down ○ sth** etw niederschreiben ❹ (*swallow*) ■**to ~ sth down** etw runterschlucken *fam;* **your dinner is on the table and you've got ten minutes to ~ it down [you]** (*hum fam*) dein Abendessen steht auf dem Tisch und du hast zehn Minuten Zeit, es runterzuwürgen *fam* **II.** *vi* ❶ (*descend*) ■**to ~ down [from/off sth]** *horse* von etw *dat* herunterkommen; **to ~ down from the table** vom Tisch aufstehen *dat* ❷ (*bend down*) sich runterbeugen; (*kneel down*) niederknien ❸ (*start*) ■**to ~ down to [doing] sth** sich *akk* an etw *akk* machen, mit etw *dat* beginnen; **to ~ down to work** sich *akk* an die Arbeit machen ❹ (*fam: dance*) tanzen gehen; **let's ~ down!** lass uns tanzen gehen!

◆**get in I.** *vt* ❶ (*fam: find time for*) ■**to ~ in ○ sb/sth** jdn/etw reinschieben; (*at the doctor's*) jdn/etw dazwischenschieben ❷ (*say*) ■**to ~ in ○ sth** *suggestion, word* etw einwerfen ❸ (*bring inside*) ■**to ~ in ○ sth** *the washing* etw hereinholen ❹ (*purchase*) ■**to ~ in ○ sth** *food* etw beschaffen; **whose turn is it to ~ in the drinks?** BRIT (*fam*) wer ist mit den Getränken an der Reihe? ❺ (*ask to come*) ■**to ~ in ○ sb** jdn kommen lassen; **to ~ in a specialist** einen Spezialisten hinzuziehen ❻ (*submit*) ■**to ~ in ○ sth** etw absenden; **when do you have to ~ your application in by?** bis wann musst du deine Bewerbung eingereicht haben? **II.** *vi* ❶ (*become elected*) an die Macht kommen ❷ (*enter*) hineingehen ❸ (*arrive*) ankommen ❹ (*return*) ■**to ~ in [from sth]** von etw *dat* zurückkehren; **to ~ in from work** von der Arbeit heimkommen ❺ (*join*) ■**to ~ in on sth** sich *akk* an etw *dat* beteiligen ❻ (*usu pej: be friendly*) ■**to ~ in with sb** mit jdm auskommen ❼ (*fam: take action*) **~ in there!** mach mit!

◆**get into** *vi* ❶ (*enter*) ■**to ~ into sth** *car* in etw *akk* [ein]steigen ❷ (*have interest for*) ■**to ~ into sth** sich *akk* für etw *akk* interessieren ❸ (*affect*) ■**to ~ into sb** in jdn fahren; **what's got into you?** was ist in dich gefahren? ❹ (*become involved*) **to ~ into an argument/a fight** in eine Auseinandersetzung/einen Kampf verwickelt werden

◆**get off I.** *vi* ❶ (*fall asleep*) **to ~ off [to sleep]** einschlafen ❷ (*evade punishment*) davonkommen *fam* ❸ *esp* AM (*have orgasm*) den Höhepunkt erreichen ❹ (*exit*) aussteigen ❺ (*depart*) losfahren ❻ (*stop work*) Schluss machen; **how early can you ~ off this afternoon?** wann kannst du dich diesen Nachmittag frühestens freimachen? ❼ (*fam: yell at*) ■**to ~ off on sth** bei etw *dat* ausflippen *fam* ❽ (*fam!: masturbate*) sich *dat* einen runterholen *sl* **II.** *vt* ❶ (*send to sleep*) **to ~ a baby off [to sleep]** ein Baby in den Schlaf wiegen ❷ (*help evade punishment*) ■**to ~ sb off [sth]** jdn freibekommen, jdm aus etw *dat* raushelfen; **if you've got the money to pay for top lawyers, they can ~ you off almost anything** wenn du das Geld für sehr gute Anwälte hast, dann können sie dir aus fast jeder Sache raushelfen ❸ *esp* AM (*cause orgasm*) ■**to ~ sb off** jdn zum sexuellen Höhepunkt bringen ❹ (*alight*) **to ~ off the bus/train** aus dem Bus/Zug steigen ❺ (*send*) ■**to ~ off ○ sth** *letter* etw versenden ❻ (*remove*) ■**to ~ sth off sth** etw von etw *dat* nehmen; **~ your feet off the settee – they're dirty!** nimm deine Füße von der Couch – sie sind dreckig!; **to ~ one's hands off sth** seine Hände von etw *dat* nehmen; **~ your hands off me!** nimm deine Hände von mir!

◆**get off with** *vi* ❶ (*evade punishment*) ■**to ~ off with sth** mit etw *dat* davonkommen; **she got off with a small fine** sie ist mit einer kleinen Geldstrafe davongekommen ❷ (*escape injury*) ■**to ~ off with sth** mit etw *dat* davonkommen ❸ BRIT (*sl: seduce*) ■**to ~ off with sb** sich *akk* mit jdm einlassen *fam*

◆**get on I.** *vt* **to ~ it on [with sb]** (*sl*) [mit jdm] schlafen, etwas mit jdm haben *euph fam* **II.** *vi* ❶ (*fare*) sich *akk* verstehen; **to ~ on badly/well** sich schlecht/gut verstehen; ■**to ~ on with sb** sich *akk* mit jdm verstehen ❷ *esp* BRIT (*manage*) ■**to ~ on [with sth]** [mit etw *dat*] vorankommen; **how are you ~ting on in your new flat?** wie kommst du in deiner neuen Wohnung voran? ❸ (*start*) ■**to ~ on sth** *project* etw angehen, sich *akk* an etw *akk* heranmachen *fam* ❹ (*continue*) weitermachen; ■**to ~ on with sth** mit etw *dat* weitermachen ❺ BRIT (*succeed*) erfolgreich sein ❻ (*age*) alt werden; **to be ~ting on in years** an Jahren zunehmen ❼ *time* spät werden; **it's ~ting on – we'd better go soon** es wird langsam spät – wir sollten besser bald gehen ❽ (*be nearly*) **there were probably ~ting on to a hundred people there** sie waren wohl schon um die hundert Leute ❾ (*criticize*) ■**to ~ on at sb** auf jdm herumhacken *fam* ❿ (*discuss*) ■**to ~ on to [or onto] sth** auf etw *akk* kommen; **how did we ~ onto this subject?** wie sind wir auf dieses Thema gekommen? ⓫ (*contact*) ■**to ~ on to [or onto] sb [about sth]** sich *akk* mit jdm [wegen einer S.

gen] in Verbindung setzen ⓬ (*find out*) ■ **to ~ on to** [*or* **onto**] **sb** jdm auf die Schliche kommen *fam;* ■ **to ~ on to** [*or* **onto**] **sth** hinter etw *akk* kommen; **to ~ on to sb's plan** hinter jds Plan *m* kommen

◆ **get out I.** *vi* ❶ (*become known*) *news* herauskommen ❷ AM (*in disbelief*) **~ out** [**of here**], **you're lying!** ach komm, du lügst! **II.** *vt* ❶ (*leave*) ■ **to ~ out sth** *house* aus etw *dat* herauskommen ❷ (*issue*) ■ **to ~ out** ◌ **sth** etw herausbringen

◆ **get out of** *vi* ❶ (*leave*) ■ **to ~ out of sth** aus etw *dat* hinauskommen; **if you don't ~ out of here now I'm going to call the police** wenn du nicht sofort von hier verschwindest, rufe ich die Polizei ❷ (*escape*) ■ **to ~ out of sth** aus etw *dat* herauskommen ❸ (*avoid*) ■ **to ~ out of** [**doing**] **sth** sich *akk* [vor etw *dat*] drücken *fam;* **I suspect that her backache was just a way of ~ting out of the housework** ich glaube, dass ihre Rückenschmerzen nur dazu dienen, sich vor der Hausarbeit zu drücken ❹ (*stop*) ■ **to ~ out of sth** sich *dat* etw abgewöhnen ❺ AM **~ out of here!** verschwinde von hier!; *see also* **get out I.2**

◆ **get over I.** *vi* ❶ (*recover from*) ■ **to ~ over sth** über etw *akk* hinwegkommen; **to ~ over an illness/a shock** sich *akk* von einer Krankheit/einem Schock erholen ❷ (*overcome*) **to ~ over a difficulty/one's fear** über eine Schwierigkeit/seine Angst hinwegkommen ❸ (*forget*) ■ **to ~ over sb/sth** über jdn/etw hinwegkommen ❹ (*be shocked*) ■ **sb can't ~ over sth** jd kommt über etw *akk* nicht hinweg; **I can't ~ over the way he behaved at your party** ich komme nicht darüber hinweg, wie er sich auf deiner Party verhalten hat! ❺ (*complete*) ■ **to ~ sth over** [**with**] etw hinter sich *akk* bringen; **I'll be glad to ~ these exams over with** ich freue mich, wenn ich diese Prüfungen hinter mich gebracht habe **II.** *vt* ■ **to ~ sth** ◌ **over** *idea, theory* etw rüberbringen

◆ **get round I.** *vi* ❶ (*spread*) *news* sich *akk* verbreiten ❷ (*do*) ■ **to ~ round to** [**doing**] **sth** es schaffen, etw zu tun **II.** *vt* ❶ (*evade*) ■ **to ~ round sth** *the law* etw umgehen ❷ (*deal with*) ■ **to ~ round sth** *a problem* etw angehen ❸ BRIT (*persuade*) ■ **to ~ sb round to do sth** jdn dazu bringen, etw zu tun

◆ **get through I.** *vi* ❶ (*make oneself understood*) ■ **to ~ through to sb** zu jdm durchdringen; ■ **to ~ through to sb that/how ...** jdm klarmachen, dass/wie ... ❷ (*contact*) ■ **to ~ through to sb** *on the phone* zu jdm durchkommen; **I got through to the wrong department** ich bin mit der falschen Abteilung verbunden worden **II.** *vt* ❶ (*use up*) ■ **to ~ through sth** *coffee, biscuits* etw aufbrauchen ❷ (*finish*) ■ **to ~ through sth** *work* etw erledigen; **I can ~ through a lot more work when I'm on my own** wenn ich alleine bin, schaffe ich mehr Arbeit ❸ (*survive*) ■ **to ~ through sth** *bad times* etw überstehen ❹ (*pass*) **to ~ through a test/an exam** einen Test/eine Prüfung bestehen; **she got through her exams without too much trouble** sie bewältigte ihre Prüfungen ohne viel Aufhebens ❺ (*convey*) ■ **to ~ sth through to sb** *message* jdm etw überbringen; ■ **to ~ it through to sb that ...** jdm klarmachen, dass ...; **I can't seem to ~ it through to you that I love you and I'm not going to leave you!** ich kann dir scheinbar nicht klarmachen, dass ich dich liebe und nicht beabsichtige, dich zu verlassen! ❻ (*help to pass*) **to ~ sb through a test** jdn durch einen Test bringen

◆ **get to I.** *vi* ❶ (*be*) **I wonder where my glasses have got to** ich frage mich, wo meine Brille [geblieben] ist ❷ (*fam: affect*) ■ **to ~ to sb** jdn in Mitleidenschaft ziehen; **the heat was beginning to ~ to me so I went indoors** die Hitze begann mich in Mitleidenschaft zu ziehen, so dass ich reingehen musste ❸ (*reach*) ■ **to ~ to sth** etw erreichen; **it had got to Thursday and she still hadn't received any news** es war bereits Donnerstag und sie hatte noch immer keine Nachricht erhalten; **to ~ to a place** einen Ort erreichen; **to ~ to a top position** eine Spitzenstellung erlangen **II.** *vt* (*fam*) **to ~ oneself to a place** es zu einem Ort schaffen *fam;* **if you can ~ yourself to the station I'll come and pick you up from there** wenn du es bis zum Bahnhof schaffst, dann komme ich und nehme dich ab da mit

◆ **get together I.** *vi* ❶ (*meet*) sich *akk* treffen ❷ (*agree*) ■ **to ~ together on sth** sich auf etw *akk* einigen; **to ~ together on a compromise** sich auf einen Kompromiss einigen **II.** *vt* **to ~ it together** sich *akk* mausern *fam,* es zu etwas bringen; **Tom has really got it together since I last saw him** Tom hat es wirklich zu etwas gebracht, seit ich ihn das letzte Mal gesehen habe

◆ **get up I.** *vt* ❶ (*climb*) ■ **to ~ up sth** *a ladder* etw hinaufsteigen ❷ (*organize*) ■ **to ~ up** ◌ **sth** etw zusammenstellen; **he's ~ting up a small group to go carol-singing for charity** er hat eine kleine Gruppe zusammengestellt zum Weihnachtssingen für einen guten Zweck ❸ (*cause*) **to ~ up** ◌ **the courage to do sth** den Mut aufbringen, etw zu tun ❹ (*fam: dress*) ■ **to ~ up sb** [*or* **to ~ sb/oneself up**] [**as sth**] jdn/sich [als etw *akk*] verkleiden; **to ~ oneself up like a Christmas tree** *esp* BRIT sich *akk* wie ein Christbaum aufputzen *fam;* **she appeared at her niece's wedding got up like a Christmas tree** sie erschien auf der Hochzeit ihrer Nichte geschmückt wie ein Weihnachtsbaum ❺ (*fam: wake*) ■ **to ~ up** ◌ **sb** jdn wecken ❻ (*sl*) *have erection* ■ **to ~ it up** einen hoch kriegen *sl* **II.** *vi* ❶ BRIT *breeze* auffrischen; **the wind is ~ting up** der Wind frischt auf ❷ (*get out of bed*) aufstehen ❸ (*stand up*) sich *akk* erheben; **to ~ up from one's seat** sich von seinem Platz erheben ❹ *tricks, pranks* ■ **to ~ up to sth** etw aushecken *fam*

get-'at-able *adj* (*fam*) zugänglich **'get·away** ['getəweɪ, AM 'geṯ-] *n* (*fam*) ❶ (*escape*) Flucht *f;* **to make a** [*or* **one's**] **~** entwischen *fam* ❷ (*holiday*) Trip *m;* **a family ~** ein Familienausflug **'get·away car** *n* Fluchtauto *nt* **get-rich-'quick scheme** *n* (*fam*) *Programm, das schnellen Reichtum verspricht* **'get-togeth·er** *n* (*fam*) Treffen *nt;* **to have a family ~** ein Familientreffen haben [*o geh* veranstalten] **'get-up** *n* (*fam: outfit*) Kluft *f fam;* **he was in a sort of Mafia ~ with a pin-striped suit and wide tie** er sah aus wie eine Art Mafia-Verschnitt mit Nadelstreifenanzug und breiter Krawatte **get-up-and-'go** *n no pl* (*fam*) Elan *m;* **we need someone with a bit of ~** wir benötigen jemanden, der Schwung in die Sache bringt **get-'well card** *n* Genesungskarte *f*

gey·ser ['gaɪzəʳ, AM -ɚ] *n* ❶ GEOL (*hole*) Geysir *m* ❷ BRIT (*heater*) Durchlauferhitzer *m*

Gha·na ['gɑːnə] *n* Ghana *nt*

ghast·li·ness ['gɑːstlinəs, AM 'gæst-] *n no pl* (*fam*) ❶ (*grisliness*) *of a crime* Grässlichkeit *f* ❷ (*unpleasantness*) Unfreundlichkeit *f;* **I'm so put off by the ~ of this month's weather** dieses grässliche Wetter diesen Monat geht mir auf die Nerven *fam* ❸ (*ugliness*) Hässlichkeit *f*

ghast·ly ['gɑːstli, AM 'gæst-] *adj* ❶ (*fam: frightful*) *report* schrecklich; **a ~ experience** eine fürchterliche Erfahrung ❷ (*fam: unpleasant*) *weather, mistake* grässlich ❸ (*fam: ugly*) scheußlich ❹ (*fam: unwell*) unwohl; **to feel ~** sich *akk* grässlich [*o* scheußlich] fühlen ❺ (*liter: pallid*) **~ white/pale** totenbleich

ghee [giː] *n no pl* Ghee *m o nt* (*reines Butterfett*)

gher·kin ['gɜːkɪn, AM 'gɜːr-] *n* Essiggurke *f*

ghet·to ['getəʊ, AM -ṯoʊ] **I.** *n* <*pl* -s *or* -es> G[h]etto *nt;* **an inner-city/urban ~** ein G[h]etto *nt* in der (Innen-)Stadt **II.** *n modifier* **~ area** G[h]ettobezirk *m*

'ghet·to blast·er *n* (*sl*) Ghettoblaster *m*

ghet·to·ize ['getəʊaɪz, AM -ṯoʊ-] *vt* ■ **to ~ sb** jdn g[h]ettoisieren *geh,* jdn isolieren

ghost [gəʊst, AM goʊst] **I.** *n* ❶ (*spirit*) Geist *m;* **the gardens are said to be haunted by the ~ of a dead child** in den Gärten soll der Geist eines toten Kindes spuken; **to believe in ~s** an Geister glauben; **to exorcize a ~** einen Geist austreiben

❷ *(memory)* quälende Erinnerung; **the ~ of the past** das Gespenst der Vergangenheit ❸ TV Geisterbild *nt* ▶ PHRASES: **not to have** [*or* **stand**] **a** [*or* **the**] **~ of a chance** *(fam)* nicht die geringste Chance haben; **to give up the ~** den Geist aufgeben *hum fam;* **to look as though** [*or* **if**] **one's** [**just**] **seen a ~** so blass aussehen, als ob man einen Geist gesehen hätte **II.** *vt* **his autobiography was ~ed** seine Autobiografie wurde von einem Ghostwriter geschrieben **III.** *vi* ■**to ~ for sb** für jdn als Ghostwriter tätig sein

ghost·li·ness ['gəʊstlinəs, AM 'goʊst-] *n no pl of a voice* Geisterhaftigkeit *f*

ghost·ly ['gəʊstli, AM 'goʊst-] *adj* ❶ *(ghost-like)* geisterhaft; **a ~ figure** eine unheimliche Figur ❷ *(eerie) voice* gespenstisch

'ghost ship *n* Geisterschiff *nt* **'ghost sto·ry** *n* Gespenstergeschichte *f* **'ghost town** *n* Geisterstadt *f* **'ghost train** *n* Geisterbahn *f;* **to go on** [*or* **ride**] **a ~** Geisterbahn fahren **'ghost-write** *vt* **to ~ a book** ein Buch als Ghostwriter schreiben **'ghost-writ·er** *n* Ghostwriter *m;* **to hire a ~** einen Ghostwriter beschäftigen

ghoul [gu:l] *n* ❶ *(spirit)* Ghul *m* ❷ *(pej: morbid person)* Mensch *m* mit schaurigen Gelüsten

ghoul·ish ['gu:lɪʃ] *adj* ❶ *(scary) face, smile* schaurig ❷ *(pej: macabre) delight, humour* makaber *geh*

ghoul·ish·ly ['gu:lɪʃli] *adv* ❶ *(scarily)* schaurig; **to smile ~** ein schauriges Lächeln haben ❷ *(pej: macabre)* makaber

GHQ [ˌdʒi:eɪtʃ'kju:] *n* MIL *abbrev of* **General Headquarters** Hauptquartier *nt;* **to report to ~** im Hauptquartier melden

GI [ˌdʒi:'aɪ] *n (fam)* GI *m*

gi·ant ['dʒaɪənt] **I.** *n* ❶ *(monster)* Riese *m;* **sleeping ~** *(fig)* schlafender Riese ❷ *(big person)* Riese *m,* Hüne *m* ❸ *(leader)* Gigant *m;* **industrial ~s** Industriegiganten ❹ *(celebrity)* Superstar *m* **II.** *adj inv machine* riesig; **she took a ~ bite of my pizza** sie nahm einen riesigen Biss von meiner Pizza; **to walk with ~ steps** mit riesigen Schritten gehen; **to make ~ strides** große Fortschritte machen

gi·ant·ess ['dʒaɪəntes, AM -t̬əs] *n* Riesin *f*

gi·ant 'pan·da *n* Riesenpanda *m* **gi·ant 'red·wood** *n,* **gi·ant se·'quoia** *n* Riesenmammutbaum *m*

gib·ber ['dʒɪbəʳ, AM -ɚ] *vi (esp pej)* stammeln; **to ~ with fear** mit vor Angst zitternder Stimme sprechen

gib·ber·ing ['dʒɪbərɪŋ, AM -bɚɪŋ] *adj (esp pej)* stammelnd; **~ idiot** Volltrottel *m pej fam*

gib·ber·ish ['dʒɪbərɪʃ, AM -ɚɪʃ] *n no pl (pej)* ❶ *(spoken)* Gestammel *nt;* **stop talking ~!** hör auf rumzustammeln! ❷ *(written)* Quatsch *m fam*

gib·bet ['dʒɪbɪt] *n* ❶ *(frame)* Galgen *m* ❷ *(execution)* ■**the ~** Tod *m* durch Erhängen

gib·bon ['gɪbən] *n* ZOOL Gibbon *m*

gibe *n, vi see* **jibe**

gib·lets ['gɪbləts] *npl* Innereien *pl*

GI 'bride *n* Soldatenbraut *f*

gid·di·ly ['gɪdɪli] *adv* impulsiv; *(excitingly)* mit einem Prickeln

gid·di·ness ['gɪdinəs] *n no pl* Schwindelgefühl *nt*

gid·dy ['gɪdi] *adj* ❶ *(dizzy)* schwind(e)lig; **I feel ~** mir ist schwindelig; **that makes me feel ~** davon wird mir schwindelig ❷ *(causing dizziness) heights* Schwindel erregend ❸ *(excited)* ausgelassen; **she was feeling ~ with pleasure** sie war ganz außer sich vor Freude

gift [gɪft] *n* ❶ *(present)* Geschenk *nt;* **a birthday ~** ein Geburtstagsgeschenk *nt;* **to bear ~s** Geschenke mitbringen ❷ *(donation)* Spende *f* ❸ *(giving)* Schenkung *f* ❹ *(fam: bargain)* Geschenk *nt;* **it's/that's a ~!** das ist geschenkt! ❺ *(fam: easy task)* Geschenk *nt;* **that goal was a ~!** das Tor war ja geschenkt! ❻ *(talent)* Talent *nt,* Gabe *f* (**for** für *+akk*); **to have the ~ of gab** AM [*or* BRIT, AUS **the gab**] *(fam)* ein großes Mundwerk haben *fam;* **to have a ~ for languages** sprachbegabt sein ▶ PHRASES: **to be a ~ from the Gods** ein Geschenk *nt* Gottes sein

'gift box *n* Geschenkschachtel *f* **'gift cer·tifi·cate** *n* Geschenkgutschein *m*

gift·ed ['gɪftɪd] *adj* ❶ *(talented)* talentiert; **~ dancer** begnadeter Tänzer/begnadete Tänzerin ❷ *(versatile)* vielseitig talentiert ❸ *(clever)* begabt; **~ child** hoch begabtes Kind

'gift horse *n* ▶ PHRASES: **never look a ~ in the mouth** *(prov)* einem geschenkten Gaul guckt man nicht ins Maul *prov* **'gift shop** *n* Geschenkartikelladen *m* **'gift to·ken** *n,* **'gift vouch·er** *n* Geschenkgutschein *m* **'gift wrap** *n* Geschenkpapier *nt* **'gift-wrap** *vt* ■**to ~ sth** etw als Geschenk verpacken **'gift-wrapped** *adj* als Geschenk verpackt

gig¹ [gɪg] **I.** *n (fam)* Auftritt *m,* Gig *m sl;* **to be** [*or* **get**] **paid per ~** pro Auftritt bezahlt werden; **to do a ~** irgendwo auftreten *fam;* **to have a ~** einen Auftritt haben **II.** *vi* <-gg-> auftreten

gig² [gɪg] *n (hist)* Gig *nt veraltend,* Einspänner *m*

giga·byte ['gɪgəbaɪt] *n* COMPUT Gigabyte *nt*

giga·elec·tron·volt [ˌgɪgəɪ'lektrɒnvəʊlt, AM -trɑ:nvoʊlt] *n* PHYS Gigaelektronenvolt *nt*

giga·hertz ['gi:gəhɜ:ts, AM -hɜ:rts] *n* ELEC Gigahertz *nt*

giga·joule ['gi:gədʒu:l] *n* PHYS Gigajoule *nt*

gi·gan·tic [dʒaɪ'gæntɪk, AM -t̬ɪk] *adj* gigantisch, riesig; **~ bite** Riesenbissen *m*

gi·gan·ti·cal·ly [dʒaɪ'gæntɪkəli, AM -t̬ɪk-] *adv* gigantisch

giga·watt ['gi:gəwɒt, AM -wɑ:t] *n* ELEC Gigawatt *nt*

gig·gle ['gɪgl̩] **I.** *vi* kichern; ■**to ~ at sth** über etw *akk* kichern **II.** *n* ❶ *(laugh)* Gekicher *nt kein pl;* **to have a ~ over sth** sich *akk* über etw *akk* amüsieren ❷ *no pl* BRIT, AUS *(fam: joke)* Spaß *m;* **it was just a ~** das war bloß Spaß; **to do sth for a ~** etw zum Spaß machen ❸ *pl (fam: laughing fit)* **to get/have** [**a fit of**] **the ~s** einen Lachanfall bekommen

gig·gler ['gɪgləʳ, AM -ɚ] *n* Kichermonster *nt hum fam*

gig·gly ['gɪgl̩i] *adj (esp pej)* albern, kicherig *fam;* **to be in a ~ mood** in aufgekratzter Stimmung sein *fam;* **to get** [*or* **go**] **all ~** haltlos zu kichern beginnen

gigo·lo ['dʒɪgələʊ, AM -loʊ] *n (dated)* Gigolo *m veraltend geh*

Gila mon·ster ['hi:lə] *n* ZOOL Gilakrustenechse *f*

gild [gɪld] *vt* ■**to ~ sth** ❶ *(coat)* etw vergolden ❷ *(light up)* etw zum Leuchten bringen; **sunlight ~ed the children's faces** das Sonnenlicht brachte die Gesichter der Kinder zum Strahlen ▶ PHRASES: **to ~ the lily** *(pej)* des Guten zu viel tun

gild·ed ['gɪldɪd] *adj inv* ❶ *(coated)* vergoldet ❷ *(rich)* begütert; **~ youth** Jeunesse dorée *f veraltend geh*

gill¹ [gɪl] *n usu pl* Kieme *f* ▶ PHRASES: **to be** [*or* **look**] **green** [*or* **pale**] **about the ~s** *(hum)* grün im Gesicht sein *fam;* **to be packed** [*or* **full**] **to the ~s** *(fam)* zum Bersten voll sein; **the restaurant was packed to the ~s** das Restaurant war proppenvoll *fam;* **to be stuffed** [*or* **full**] **to the ~s** *(fam)* bis oben hin voll sein *fam;* **to the ~s** *(fam)* bis oben hin

gill² [dʒɪl] *n (measure)* Gill *nt (0,148 l)*

gilt [gɪlt] **I.** *adj inv picture* vergoldet **II.** *n* Vergoldung *f* ▶ PHRASES: **to take the ~ off the gingerbread** BRIT *(fam)* einer Sache den Reiz nehmen

gilt-'edged *adj* mit Goldschnitt versehen **gilt-edged se·'cur·ities** *n,* **gilt-edged 'stocks** *n,* **gilts** *npl* BRIT mündelsichere Staatspapiere

gim·crack ['dʒɪmkræk] *(pej)* **I.** *adj* minderwertig; **~ furniture** Schrott-/Billigmöbel *pl;* **~ architecture** baufällige Architektur **II.** *n* nette Kleinigkeit

gim·let ['gɪmlət] *n* ❶ *(tool)* Schneckenbohrer *m* ❷ AM *(drink) Cocktail aus Gin, Wodka und Limettensaft*

'gim·let-eyed *adj* mit durchdringendem Blick *nach n;* **to give sb a ~ stare** jdn durchdringend anblicken; ■**to be ~** einen durchdringenden Blick haben **gim·let 'eyes** *npl* durchdringender Blick

gim·me ['gɪmi] *(fam)* = **give me** *see* **give**

gim·mick ['gɪmɪk] *n (esp pej)* ❶ *(trick)* Trick *m;* **sales ~** Verkaufstrick *m;* **advertising/promotional ~** Werbetrick *m*

G

❷ (*attraction*) Attraktion *f*

gim·mick·ry ['gɪmɪkri] *n no pl* (*esp pej*) Effekthascherei *f*

gim·micky ['gɪmɪki] *adj* (*esp pej*) marktschreierisch

gimp [gɪmp] I. *n* AM (*fam*) Krüppel *m pej* II. *adj esp* AM (*pej sl: contemptible*) *nomination, role, part, performance* schwach, verkrüppelt *fig*

gin¹ [dʒɪn] *n* ❶ (*drink*) Gin *m* ❷ (*game*) Rommee *nt* mit Zehn

gin² [dʒɪn] *n* ❶ (*trap*) Falle *f* ❷ AGR Entkörnungsmaschine *f*

◆**gin up** *vt* ■**to ~ up** ◌ **sth** (*fam*) etw entwickeln [*o* zu Stande bringen]; **they couldn't ~ up any objections** sie hatten keine Einwände auf Lager

gin and 'ton·ic *n* Gin Tonic *nt*

gin·ger ['dʒɪndʒəʳ, AM -ɚ] I. *n no pl* ❶ (*spice*) Ingwer *m* ❷ (*colour*) gelbliches Braun ❸ (*spirit*) Geist *m*; **he puts some ~ in the book** er möbelt das Buch ein wenig auf ❹ BRIT (*drink*) Gingerale *nt* II. *n modifier biscuits, tea, soup* Ingwer- III. *adj* gelblich braun IV. *vt* (*fam*) ■**to ~ up** ◌ **sth** etw aufpeppen *sl*; **to ~ up a party** eine Party in Schwung bringen

gin·ger 'ale *n* Gingerale *nt* **gin·ger 'beer** *n* Ingwerbier *nt* **gin·ger 'bis·cuit** *n* BRIT, AUS Ingwerkeks *m o* ÖSTERR *a. nt* **'gin·ger·bread** *n no pl* Lebkuchen *m* **'gin·ger·bread man** *n* Lebkuchenfigur *f* **'gin·ger group** *n* BRIT, AUS POL Aktionsgruppe *f* **gin·ger-'haired** *adj* dunkelblond

gin·ger·ly ['dʒɪndʒəli, AM -dʒɚli] *adv* behutsam, vorsichtig

'gin·ger nut *n* BRIT, AUS, *esp* AM **'gin·ger snap** *n* Ingwerkeks *m o* ÖSTERR *a. nt* **gin·ger 'wine** *n* Ingwerwein *m*

gin·gery ['dʒɪndʒəri] *adj* ❶ (*flavoured*) Ingwer-; **~ taste** Geschmack *m* nach Ingwer ❷ (*coloured*) gelblich braun

ging·ham ['gɪŋəm] I. *n no pl* Gingan *m*, Gingham *m* II. *n modifier* Gingham-; **~ dress** Ginghamkleid *nt*

gin·gi·vi·tis [ˌdʒɪndʒɪ'vaɪtɪs, AM -dʒə'vaɪt̬əs] *n no pl* Zahnfleischentzündung *f*, Gingivitis *f fachspr*

gink [gɪŋk] *n* AM (*pej fam*) Alter *m pej sl*

ginned up [ˌdʒɪnd'ʌp] *adj* (*fam*) ■**to get ~** sich *akk* aufregen (**about** über +*akk*)

gi·nor·mous [dʒaɪ'nɔːməs] *adj* BRIT, AUS (*hum fam*) enorm

gin 'rum·my *n* Rommee *nt* mit Zehn

gin·seng ['dʒɪnseŋ] *n no pl* Ginseng *m*

gip·py tum·my [ˌdʒɪpi'-] *n* BRIT (*fam*) **to have [a] ~** Dünnpfiff haben *sl*

gip·sy *n esp* BRIT *see* **gypsy**

gi·raffe <*pl* -s *or* -> [dʒɪ'rɑːf, AM dʒə'ræf] *n* Giraffe *f*

gird <girded *or* girt, girded *or* girt> [gɜːd, AM gɜːrd] *vt* (*old*) ■**to ~ oneself for sth** sich *akk* für etw *akk* rüsten *geh*; **we ~ed ourselves for the fray** (*hum*) wir rüsteten uns zum Kampf
▶ PHRASES: **to ~ [up] one's loins** (*hum*) sich *akk* wappnen *geh*

gird·er ['gɜːdəʳ, AM 'gɜːrdɚ] *n* Träger *m*

gir·dle ['gɜːdl̩, AM 'gɜːrdl̩] (*dated*) I. *n* ❶ (*belt*) Gürtel *m* ❷ (*corset*) Korsett *nt* ❸ (*liter: surround*) Umrahmung *f* II. *vt* (*liter or dated*) ■**to ~ sth** etw umgeben; **the garden was beautifully ~d by apple trees** der Garten war wunderschön mit Apfelbäumen umsäumt *liter*

girl [gɜːl, AM gɜːrl] *n* ❶ (*young woman*) Mädchen *nt* ❷ (*daughter*) Mädchen *nt*, Tochter *f* ❸ (*girlfriend*) **my ~** meine Freundin ❹ *pl* (*group of women*) **mum says she's going out with the ~s tonight** Mama möchte heute Abend mit ihren Freundinnen ausgehen

girl 'Fri·day *n* (*dated*) Allroundsekretärin *f* **'girl·friend** *n* ❶ (*partner*) Freundin *f*; (*woman's female friend*) [Busen-]freundin *f*; (*man's female friend*) Freundin *f*; **to have a steady ~** eine feste Freundin haben ❷ (*sl: Black English: term of address to any female*) Mädchen *nt*, Schwester *f sl*; (*general term of address: used for either men or women, usually in black or gay communities*) Mensch, Mann **Girl 'Guide** *n* BRIT (*dated*) Pfadfinderin *f*

girl·hood ['gɜːlhʊd, AM 'gɜːrl-] *n no pl* (*dated*) Mädchenjahre *pl*

girlie, girly ['gɜːli, AM 'gɜːrli] *adj* mädchenhaft

'girlie maga·zine *n* Zeitschrift *f* mit nackten Mädchen **'girlie pic·ture** *n* Foto *nt* eines nackten Mädchens

girl·ish ['gɜːlɪʃ, AM 'gɜːrl-] *adj* mädchenhaft

girl·ish·ly ['gɜːlɪʃli, AM 'gɜːrl-] *adv* mädchenhaft; **to dress ~** sich *akk* wie ein Mädchen kleiden

girl·ish·ness ['gɜːlɪʃnəs, AM 'gɜːrl-] *n no pl* Mädchenhaftigkeit *f*

girl's 'blouse *n* BRIT (*hum fam*) Feigling *m pej*, Waschlappen *m fam o pej*

Girl 'Scout *n* AM Pfadfinderin *f* **'girl talk** *n no pl* (*fam*) Gespräch *nt* unter Frauen, Frauengespräch *nt*

girly *adj see* **girlie**

giro ['dʒaɪ(ə)rəʊ, AM 'dʒaɪroʊ] *n* ❶ *no pl* (*system*) Postscheckdienst *m*, Giro *nt*; **to transfer sth by ~** etw per Scheck überweisen ❷ <*pl* -s> BRIT (*cheque*) Giroscheck *m*

'giro ac·count *n* Girokonto *nt* **'giro check** AM, **'giro cheque** *n* Giroscheck *m* **'giro sys·tem** *n* Postscheckdienst *m*, Giro *nt* **'giro trans·fer** *n* Giroüberweisung *f*

girt [gɜːt, AM gɜːrt] *pp of* **gird**

girth [gɜːθ, AM gɜːrθ] *n* ❶ (*circumference*) Umfang *m*; **in ~** an Umfang ❷ (*hum: fatness*) Körperumfang *m* ❸ (*saddle strap*) Sattelgurt *m*; **to loosen the ~** den Gurt lösen

gis·mo *n see* **gizmo**

gist [dʒɪst] *n* ■**the ~** ❶ (*essence*) das Wesentliche; **to give sb the ~ [of sth]** jdm eine Zusammenfassung [von etw *dat*] geben; **to read for ~** querlesen ❷ (*main points*) Hauptpunkte *mpl*; **to get the ~ of sth** den Sinn von etw *dat* verstehen; **to give sb the ~** jdm die Hauptpunkte nennen

git [gɪt] *n* BRIT (*pej sl*) Widerling *m pej*; **stupid ~!** ekelhafter Kerl!

gite [ʒiːt] *n* BRIT französisches Ferienhaus; **to take a ~** ein Ferienhaus in Frankreich mieten

gite 'holi·day *n* Urlaub *m* in einem Ferienhaus

give [gɪv] I. *vt* <gave, given> ❶ (*in collocations*) *see* **birth 1, blood I. 1, evidence I. 2 etc.** ❷ (*hand over*) ■**to ~ sb sth** [*or* **sth to sb**] jdm etw geben; **to ~ sb a cold** jdn mit seiner Erkältung anstecken; **to ~ a woman in marriage to sb** eine Frau an jdn verheiraten; **she gave him two sons** sie schenkte ihm zwei Söhne ❸ (*administer*) ■**to ~ sb sth** *medicine* jdm etw geben; **to ~ sb a sedative** jdm ein Beruhigungsmittel geben ❹ (*as present*) ■**to ~ sb sth** [*or* **sth to sb**] jdm etw schenken; (*donate*) jdm etw spenden; **this book was given to me by my best friend** dieses Buch hat mir meine beste Freundin geschenkt; **please ~ generously** wir bitten um großzügige Spenden; **to ~ sb a present** jdm etwas schenken; **to ~ sb sth as a present** jdm etw schenken ❺ (*offer*) ■**to ~ sb sth** jdm etw geben; **to ~ sb an excuse for sth/for doing** [*or* **to do**] **sth** jdm als Entschuldigung für etw *akk* dienen; **to ~ sb food** jdm zu essen geben; **to ~ sb one's seat** jdm seinen Platz anbieten; **to ~ sb something to eat/drink** jdm etwas zu essen/trinken anbieten; **they gave us pork for dinner** zum Abendessen servierten sie Schweinefleisch; **~n the choice** wenn ich die Wahl hätte; *see also* **example 1, strength 12, support II. 2** ❻ (*entrust*) **to ~ one's baby/sth into sb's care** jdm sein Baby/etw anvertrauen; **to ~ sb the power to do sth** jdn dazu bevollmächtigen, etw zu tun ❼ (*sacrifice*) **I'd ~ anything** [*or* **the world**] [*or* **my right arm**] **to be ...** ich würde alles dafür geben [*o* tun], ... zu sein ❽ (*sell, pay*) **to ~ sb sth for £20** jdm etw für 20 Pfund verkaufen; **to ~ sb £20 for sth** jdm für etw *akk* 20 Pfund zahlen; **how much did you ~ for that?** wie viel hast du dafür gezahlt?; **I'll ~ you the camera for £100** für 100 Pfund gehört die Kamera dir! ❾ (*cause*) ■**to ~ sb sth** etw bei jdm hervorrufen; **sth ~s sb a headache** jd bekommt von etw *dat* Kopfschmerzen; (*fig*) etw bereitet jdm Kopfschmerzen; **to ~ sb/sth a bad name** jdn/etw in Verruf bringen; **to ~ sb to understand that ...** jdm zu verstehen geben, dass ...; **the fresh air has ~n us an appetite** die frische Luft hat uns Appetit gemacht; **that will ~ you something to think about!** darüber kannst du ja mal nachdenken!; **what gave you that idea?** wie kommst du denn auf die Idee?;

see also **joy 1, pleasure 1, pain I 1, trouble I 4** ⑩ (*grant*) ■**to ~ sb sth** jdm etw geben; **to ~ sb his/her due** jdm Ehre erweisen; **~ the devil his due** Ehre, wem Ehre gebührt; **to ~ sb encouragement** jdn ermutigen; **to ~ sb permission** [**to do sth**] jdm die Erlaubnis erteilen[, etw zu tun] ⑪ (*carry out*) *see* **call I. 1, kiss[2] I. 1, look I. 1, smile I.** ⑫ (*impart*) **to ~ one's age/name** sein Alter/seinen Namen angeben; **to ~ a decision** *court* ein Urteil fällen; **to ~ sb the news of sth** jdm etw mitteilen; **can you ~ me any details?** können Sie mir irgendwelche Einzelheiten nennen?; **she wouldn't ~ me her opinion** sie wollte mir nicht sagen, was sie denkt; **he couldn't ~ me a reason why ...** er konnte mir auch nicht sagen, warum ...; **~ him my thanks** richten Sie ihm meinen Dank aus; **~ her my regards** [*or* **my best wishes**] grüß' sie schön von mir!; *see also* **advice 1, answer I. 1, information I. 1, notice III. 4, warning 2** etc. ⑬ (*assign*) **to be given full sentence/life imprisonment** die Höchststrafe/lebenslang bekommen; **the teacher gave us no exercises today** der Lehrer hat uns heute nichts aufgegeben ⑭ *usu imperative* (*connect with*) **~ me the police/sales department/Mr. Smith** verbinden Sie mich bitte mit der Polizei/der Verkaufsabteilung/Mr Smith ⑮ (*allow*) ■**to ~ sb sth** *time* jdm etw geben; **just ~ me two more days** geben Sie mir noch zwei Tage extra; **I'll ~ you a day to think it over** ich lasse dir einen Tag Bedenkzeit; **~ yourself time to get over it** lass' dir Zeit, um darüber hinwegzukommen; **~ or take** mehr oder weniger; **he came at six o'clock, ~ or take a few minutes** er kam so gegen sechs ⑯ (*predict*) **to ~ sb/sth three months/five years** *marriage, relationship* jdm/etw drei Monate/fünf Jahre geben ⑰ (*present*) **to ~ a concert** ein Konzert geben; **to ~ a speech/lecture** eine Rede/einen Vortrag halten; **~ us a song, John** sing uns was vor John! ⑱ (*host*) **to ~ a party/reception** eine Party/einen Empfang geben ⑲ (*utter, emit*) **to ~ a bark** bellen; **to ~ a cry/groan** aufschreien/-stöhnen; **to ~ a noise** ein Geräusch von sich *dat* geben; *see also* **laugh I. 1, sigh I.** etc. ⑳ (*like best*) **~ me PONS every time** [*or* **any day**] es geht doch nichts über PONS! ㉑ (*value*) **to not ~ much** [*or* **anything**] **for sth** nicht viel auf etw *akk* geben *fam* ㉒ (*devote*) **to ~ one's life to sth** etw *dat* sein Leben widmen ㉓ (*fam: punish*) **I'll ~ you what for, young lady, coming home at 2 o'clock in the morning!** ich geb' dir gleich was, junge Dame – um zwei Uhr morgens nach Hause zu kommen! ㉔ (*produce*) ■**to ~ sth** *result, number* etw ergeben; **to ~ milk/light** Milch/Licht geben; **to ~ warmth** Wärme spenden ㉕ (*do*) **to ~ sb's hand a squeeze** jdm die Hand drücken; **to ~ sb a** [**dirty/friendly**] **look** jdm einen vernichtenden/freundlichen Blick zuwerfen; **to ~ a shrug** mit den Schultern [*o* Achseln] zucken ㉖ (*admit/grant*) **she's quite brave, I'll ~ you that** das gestehe ich dir zu – Mut hat sie; **I'll ~ you that** das muss man dir lassen ㉗ (*form: prone to*) ■**to be ~n to sth** zu etw *dat* neigen ㉘ (*toast*) **to ~ a toast to sb** auf jdn einen Tost ausbringen; **I ~ you the president** auf den Präsidenten!; (*as speaker*) das Wort hat der Präsident ▸PHRASES: **~ me a** <u>**break**</u>**!** jetzt mach aber mal halblang! *fam;* (*stop*) jetzt hör' aber auf! *fam;* (*don't believe*) das glaubst du doch selbst nicht! *fam;* **I don't ~ a** <u>**damn**</u> *fam* [*or fam!* **a** <u>**shit**</u>] [*or vulg* **a** <u>**fuck**</u>] das ist mir scheißegal! *derb;* **to ~ a** <u>**dog**</u> **a bad name** BRIT (*saying*) alte Geschichten [wieder] aufwärmen; **you just have to ~ it a** <u>**go**</u> du musst es einfach versuchen! *fam;* <u>**don't**</u> **~ me that!** komm mir doch nicht damit! *fam* **II.** *vi* <gave, -n> ① (*donate*) *time, money etc.* ■**to ~ to sth** *charity* für etw *akk* spenden; **to ~ of one's best** sein Bestes geben; **to ~ of one's money/time** sein Geld/seine Zeit opfern; **to ~ generously** großzügig spenden; **to ~ and take** [gegenseitige] Kompromisse machen ② (*bend, yield*) *rope* reißen; *bed* federn; *knees* weich werden; ■**to ~** [**under** [*or* **with**] **sth**] *weight* [unter etw *dat*] nachgeben ③ (*collapse*) *bridge* einstürzen; *seam* platzen; **you can't work so hard all the time, something's bound to ~** du kannst nicht die ganze Zeit so hart arbeiten, sonst wird das irgendwann mal ganz böse ausgehen! *sl* ④ (*be at an end*) ■**sth ~s** *patience* mit etw *dat* ist es vorbei; *nerves, voice* etw versagt ⑤ (*fam: what's happening*) **what ~s?** was gibt's Neues?; **what ~s here?** was ist hier so los? *fam* ⑥ (*tell*) **~!** erzähl' schon! *fam* ▸PHRASES: **it is** <u>**better**</u> [*or* **more** <u>**blessed**</u>] **to ~ than to receive** (*prov*) Geben ist seliger denn Nehmen *prov;* **to ~ as** <u>**good**</u> **as one gets** Gleiches mit Gleichem vergelten **III.** *n no pl* Nachgiebigkeit *f;* (*elasticity*) Elastizität *f;* *of bed* Federung *f;* **to** [**not**] **have much ~** [nicht] sehr nachgeben; (*elastic*) [nicht] sehr elastisch sein

◆**give away** *vt* ① (*offer for free*) ■**to ~ away** ○ **sth** etw verschenken; **to ~ away samples** Gratisproben verteilen ② (*at wedding*) ■**to ~ away** ○ **sb** *father of the bride* jdn zum Altar führen ③ (*fig: lose*) ■**to ~ away** ○ **sth** *victory, penalty* etw verschenken ④ (*reveal, expose*) ■**to ~ away** ○ **sth** *secret, details* etw verraten; **to ~ the game** [*or* **show**] **away** alles verraten; ■**to ~ away** ○ **sb** jdn verraten; ■**to ~ oneself away** sich *akk* verraten

◆**give back** *vt* ■**to ~ back** ○ **sth to sb**, ■**to ~ sb back** ○ **sth** jdm etw zurückgeben [*o* wiedergeben]

◆**give in I.** *vi* ① (*cave to pressure*) nachgeben; ■**to ~ in to sth** etw *dat* nachgeben, sich *akk* etw *dat* beugen; **to ~ in to blackmail** auf Erpressung eingehen; **to ~ in to majority** sich *akk* der Mehrheit beugen; **to ~ in to temptation** der Versuchung erliegen ② (*surrender*) aufgeben **II.** *vt* ① (*hand in*) ■**to ~ in** ○ **sth** *one's homework, keys* etw abgeben; **to ~ in a document** ein Dokument einreichen ② BRIT SPORTS (*rule inside*) **to ~ the ball in** den Ball gut geben

◆**give off** *vt* ■**to ~ off sth** etw abgeben; *smell, smoke* etw ausströmen; **to ~ off heat** Wärme abgeben

◆**give on to, give onto** *vi* ■**to ~ on to** [*or* **onto**] **sth** *doors, steps* auf etw *akk* hinausführen; *window* auf etw *akk* hinausgehen

◆**give out I.** *vi* ① (*run out*) *food, supplies* ausgehen; *energy* zu Ende gehen; **then her patience gave out** dann war es mit ihrer Geduld vorbei ② (*stop working*) *machines* versagen; **my voice gave out** mir versagte die Stimme; **my clutch has ~n out** meine Kupplung funktioniert nicht mehr **II.** *vt* ① (*distribute*) ■**to ~ out** ○ **sth to sb** *food, leaflets* etw an jdn verteilen; *pencils, books* etw an jdn austeilen ② (*announce*) ■**to ~ out** ○ **sth** etw verkünden [*o* bekannt geben] ③ (*pretend*) ■**to ~ oneself out as sth** [*or* **to be sth**] sich *akk* als etw *akk* ausgeben ④ (*emit*) ■**to ~ out sth** *noise* etw von sich *dat* geben ⑤ BRIT SPORTS (*rule out*) **to ~ the ball out** den Ball Aus geben

◆**give over I.** *vt* ① (*set aside*) ■**to be given over to sth** für etw *akk* beansprucht werden; (*devoted*) etw *dat* gewidmet sein/werden; ■**to ~ oneself over to sth** sich *akk* etw ganz hingeben ② (*hand over*) ■**to ~ over** ○ **sth to sb** jdm etw übergeben ③ (*abandon*) ■**to ~ over** ○ **sth to sb** jdm etw überlassen; ■**to ~ over** ○ **sb to sb** jdn jdm ausliefern **II.** *vi* BRIT ① (*fam: stop*) aufhören; [**do**] **~ over!** jetzt hör' doch auf! *fam;* ■**to ~ over doing sth** aufhören, etw zu tun ② (*fam: disbelief*) **they've doubled your salary? ~ over!** sie haben wirklich dein Gehalt verdoppelt?!

◆**give up I.** *vi* aufgeben, resignieren *geh* **II.** *vt* ① (*quit*) ■**to ~ up** ○ **sth** etw aufgeben; ■**to ~ up doing sth** *smoking, drinking* mit etw *dat* aufhören; **to ~ up a habit** eine Gewohnheit ablegen; **his girlfriend has given him up** seine Freundin hat ihn fallen gelassen; **he would have ~n up everything for her** für sie hätte er alles aufgegeben ② (*surrender*) ■**to ~ up** ○ **sth to sb** *place, seat* jdm etw überlassen; *territory* etw an jdn abtreten; **to ~ oneself up** [**to the police**] sich *akk* [der Polizei] stellen ③ (*devote*) ■**to ~ oneself up to sth** sich *akk* etw *dat* hingeben; **after her death he gave himself up to grief** nach ihrem Tod verfiel er dem Schmerz; **to ~ up** ○ **one's life to sth/doing sth** sein Leben etw *dat* verschreiben *geh* ④ (*consider lost*) ■**to ~ sb up** jdn aufgeben *fam;* **to ~ up**

sb/sth as a bad job jdn/etw abschreiben *fam;* **to ~ sb up for dead** jdn für tot halten; **to ~ sb/sth up as lost** jdn/etw verloren glauben

give-and-'take *n no pl* ❶ *(compromise)* Geben und Nehmen *nt* ❷ AM *(debate)* Meinungsaustausch *m;* **to enter into a ~** eine Diskussion beginnen

'give·away I. *n* ❶ *no pl (fam: telltale)* **to be a dead ~** alles verraten ❷ *(freebie)* Werbegeschenk *nt;* **to get a ~** ein Geschenk bekommen **II.** *adj* ❶ *(low)* **~ price** Schleuderpreis *m* ❷ *(free)* kostenlos; **~ newspaper** Gratiszeitung *f*

giv·en ['gɪvᵊn] **I.** *n* gegebene Tatsache; **in his novels, reality and morality are not ~s** in seinen Romanen sind Wirklichkeit und Moralität nicht selbstverständlich; **to take sth as a ~** etw als gegeben annehmen **II.** *adj inv* ❶ *(certain)* gegeben ❷ *(specified)* festgelegt; **the bomb could go off at any ~ time and in any ~ place** die Bombe konnte jederzeit und überall hochgehen ❸ *(tend)* ■**to be ~ to doing sth** gewöhnt sein, etw zu tun; **she was ~ to staying in bed till lunchtime** sie war daran gewöhnt, bis zur Mittagspause im Bett zu bleiben; ■**to be ~ to sth** zu etw *akk* neigen; **to be ~ to anger** sich leicht ärgern **III.** *pp of* **give IV.** *prep* ■**~ sth** angesichts einer S. *gen;* **given his age, he's a remarkably fast runner** für sein Alter läuft er ausgesprochen schnell; **~ the fact that ...** angesichts der Tatsache, dass ...

'giv·en name *n* Vorname *m*

giv·er ['gɪvəʳ, AM -ɚ] *n* Spender(in) *m(f);* **~ of blood/organs** Blut-/Organspender(in) *m(f)*

giz·mo ['gɪzməʊ, AM -moʊ] *n (fam)* Ding *nt fam;* **do you understand how these electronic ~s function?** verstehst du, wie diese elektronischen Dinger funktionieren?

giz·zard ['gɪzəd, AM -ɚd] *n* Muskelmagen *m*

gla·cé ['glæseɪ, AM glæs'eɪ], AM *a.* **gla·céed** [glæs'eɪd] *adj attr, inv* **~ fruit** kandierte Früchte

gla·cial ['gleɪsiəl, AM 'gleɪʃəl] *adj inv* ❶ *(left by glacier)* **~ deposits** glaziale Ablagerungen; **~ lake** Gletschersee *m* ❷ *(freezing)* eisig; **~ wind** eiskalter Wind ❸ *(hostile)* feindlich; **she gave me a ~ stare** sie warf mir einen eisigen Blick zu

'gla·cial epoch *n,* **'gla·cial pe·ri·od** *n* Eiszeit *f*

gla·ci·at·ed ['gleɪsɪeɪtɪd, AM 'gleɪʃɪeɪţɪd] *adj* GEOL ❶ *(covered with glaciers) peak* vergletschert ❷ *(shaped by glaciers) valley* durch Gletscher entstanden

glaci·er ['glæsiəʳ, AM 'gleɪʃɚ] *n* Gletscher *m*

glad <-dd-> [glæd] *adj* ❶ *(happy)* glücklich; **we were ~ about her success** wir freuten uns über ihren Erfolg; **I'd be [only too] ~ to help you** es freut mich, dass ich dir helfen kann; ■**to be ~ for sb** sich *akk* für jdn freuen; ■**to be ~ of sth** über etw *akk* glücklich sein; ■**to be ~ [that] ...** froh sein, dass ... ❷ *(grateful)* dankbar; **~ and relieved** froh und erleichtert

glad·den ['glædᵊn] *vt (form)* ■**to ~ sb** jdn erfreuen; **the news ~ed his heart** die Nachricht stimmte sein Herz froh

glade [gleɪd] *n (esp liter)* Lichtung *f*

'glad eye *n (dated sl)* ▶ PHRASES: **to give sb the ~** jdm schöne Augen machen **'glad hand** *(fam)* **I.** *n* ■**the ~** Einschmeicheln *nt kein pl;* **the politician gave everyone the ~** der Politiker begrüßte jeden äußerst überschwänglich **II.** *vi* sich *akk* einschmeicheln **glad-'hand·ing** *n no pl (fam)* Einschmeicheln *nt*

gladia·tor ['glædieɪtəʳ, AM -ţɚ] *n* Gladiator *m*

gladia·to·rial [,glædiə'tɔːriəl] *adj inv* Gladiatoren-; **~ combat** Gladiatorenkampf *m*

gladio·la ['glædioʊlə] *n esp* AM *(gladiolus)* Gladiole *f*

gladio·li [,glædi'əʊlaɪ] *n pl of* **gladiolus**

gladio·lus <*pl* -es *or* -li> [,glædi'əʊləs, AM -'oʊləs] *n* Gladiole *f*

glad·ly ['glædli] *adv* gerne

glad·ness ['glædnəs] *n no pl* Freude *f;* **to do sth with ~** etw gerne machen

'glad rags *npl (hum)* Sonntagsstaat *m hum;* **to put on one's ~** sich *akk* in Schale werfen *fam* **glad 'tid·ings** *n no pl (old or hum)* **to give sb ~/the ~** jdm gute Nachrichten/die guten Nachrichten überbringen

glam [glæm] *esp* BRIT **I.** *adj (fam) short for* **glamorous** bezaubernd, betörend; **to look ~** bezaubernd aussehen **II.** *n (fam) short for* **glamour** *no pl* Glamour *m* **III.** *vt* ■**to ~ oneself up** sich *akk* zurechtmachen **IV.** *vi* ■**to ~ up** sich *akk* zurechtmachen

glam·or *n no pl* AM *see* **glamour**

glam·or·ize ['glæmᵊʳaɪz, AM -əraɪz] *vt* ■**to ~ sth** etw verherrlichen

glam·or·ous ['glæmᵊrəs] *adj outfit, clothes* glamourös

glam·or·ous·ly ['glæmᵊrəsli] *adv* glamourös

glam·or·ous·ness ['glæmᵊrəsnəs] *n no pl* Glanz *m*

glam·our ['glæməʳ], AM **glam·or** [-ɚ] *n no pl* Zauber *m;* **the ~ of a theatre première** der Glanz einer Theaterpremiere

'glam·our boy *n* Schönling *m,* Beau *m geh* **'glam·our girl** *n* Glamourgirl *nt fam* **glam·our·puss** ['glæməpʊs, AM -mɚ-] *n (dated)* Glamourgirl *nt fam*

glam 'rock *n no pl* Glamrock *m*

glance [glɑːn(t)s, AM glæn(t)s] **I.** *n* Blick *m;* **to take [or cast] a ~ at one's watch** auf die Uhr schauen; **at first ~** auf den ersten Blick; **a meaningful/knowing ~** ein bedeutender/wissender Blick; **to exchange ~s** Blicke austauschen; **to give sth a ~ [or to have a ~ at sth]** etw flüchtig anblicken; **to see at a ~** mit einem Blick erfassen **II.** *vi* ❶ *(look)* **to ~ over [or through] a letter** einen Brief überfliegen; ■**to ~ at sth** *watch* auf etw *akk* schauen; ■**to ~ around [or round] sth** einen Blick in etw *akk* werfen; **to ~ around a room** sich *akk* in einem Zimmer umschauen; ■**to ~ up [from sth]** [von etw *dat*] aufblicken ❷ *(shine)* **the sunshine ~d off her sunglasses and into my eyes** das Sonnenlicht wurde von ihrer Sonnenbrille reflektiert und blendete mich

◆**glance off** *vi* abprallen; **the bullets ~d off the car** die Kugeln prallten vom Auto ab

glanc·ing ['glɑːn(t)sɪŋ, AM 'glæn(t)s-] *adj attr, inv* streifend; **he received a ~ blow on his head** der Schlag streifte ihn am Kopf

gland[1] [glænd] *n* Drüse *f*

gland[2] [glænd] *n* TECH Stopfbüchse *f,* Stopfbuchse *f*

glan·du·lar ['glændjʊləʳ, AM -dʒəlɚ] *adj* Drüsen-; **~ problems** Drüsenprobleme

glan·du·lar 'fe·ver *n no pl* Drüsenfieber *nt* **glan·du·lar se·'cre·tion** *n* Drüsenabsonderung *f*

glare [gleəʳ, AM gler] **I.** *n* ❶ *(stare)* wütender Blick; **to give sb a ~** jdn wütend anfunkeln ❷ *no pl (light)* grelles Licht; **I was dazzled by the ~ of the oncoming headlights** ich wurde durch die entgegenkommenden Scheinwerfer geblendet; **~ of the sun** grelles Sonnenlicht; **to give off ~** Strahlung abgeben ❸ *no pl (public view)* **to be in the [full]/in a ~ of publicity** im [vollen] Scheinwerferlicht der Öffentlichkeit stehen **II.** *vi* ❶ *(stare)* ■**to ~ [at sb]** [jdn an]starren ❷ *(shine)* blenden; **the sun is glaring in my eyes** die Sonne blendet mich in den Augen; **the car lights ~d out** die Autoscheinwerfer blendeten **III.** *vt* **to ~ defiance [at sb/sth]** jdn/etw trotzig anstarren

glar·ing ['gleəʳɪŋ, AM 'gler-] *adj* ❶ *(staring)* **~ eyes** stechender Blick ❷ *(blinding) sun* blendend; *light* grell ❸ *(obvious) mistake, error* eklatant; **~ weakness** krasse Schwäche; **~ injustice** himmelschreiende Ungerechtigkeit

glar·ing·ly ['gleəʳɪŋli, AM 'gler-] *adv* offensichtlich; **that's ~ obvious** das liegt ganz klar auf der Hand

glass [glɑːs, AM glæs] **I.** *n* ❶ *no pl (material)* Glas *nt;* **pane of ~** Glasscheibe *f;* **broken ~** Glasscherben *fpl;* **coloured ~** Buntglas *nt;* **under ~** im Gewächshaus ❷ *(glassware)* Glas *nt,* Glaswaren *pl* ❸ *(receptacle)* Trinkglas *nt;* **straight ~** Glas *nt* ohne Henkel; **to raise one's ~** sein Glas zum Toast erheben ❹ *(drink)* Glas *nt;* **a ~ of water/wine** ein Glas *nt* Wasser/Wein ❺ *pl (spectacles)* **[pair of] ~es** Brille *f* ❻ *(binoculars)* ■**~es** *pl* Fernglas *nt* ❼ *(dated: mirror)* Spiegel *m* ❽ *(dated: barometer)* ■**the ~** das Barometer; **the falling/rising ~** das fallende/steigende Barometer **II.** *n modifier* Glas-; ~ **vase** Glasvase *f* ▶ PHRASES: **people who live in ~ houses shouldn't throw stones** (*prov*) wer im Glashaus sitzt, sollte nicht mit Steinen werfen *prov* **III.** *vt* BRIT (*fam*) ■**to ~ sb** jdn mit Glas schlagen

◆**glass in** *vt* ■**to ~ in** ⇄ **sth** etw verglasen

◆**glass over** *vt* ■**to ~ over** ⇄ **sth** etw einglasen

'glass·blow·er *n* Glasbläser(in) *m(f)* **glass 'ceil·ing** *n* ▶ PHRASES: **to hit a ~** an die Grenzen stoßen **'glass-cut·ter** *n* Glasschneider *m* **glass 'eye** *n* Glasauge *nt* **glass 'fi·bre** *n* ❶ *no pl* (*fibreglass*) Glasfasern *fpl* ❷ (*filament*) Glasfaser *f* **'glass·ful** *n* Glas *nt* voll; **a ~ of orange juice** ein Glas *nt* voll Orangensaft **'glass·house** *n* Gewächshaus *nt* **'glass·ware** *n no pl* Glaswaren *pl* **'glass·works** *n + sing/pl vb* Glasfabrik *f*

glassy ['glɑ:si, AM 'glæsi] *adj* ❶ (*liter: smooth*) *surface* spiegelglatt ❷ (*fixed*) ~ **eyes** glasige Augen

Glas·we·gian [glæz'wi:dʒən, AM glæs'-] **I.** *n* ❶ (*person*) Glasgower(in) *m(f)* ❷ *no pl* (*accent*) Glasgower *m* Dialekt **II.** *adj inv* aus Glasgow *nach n;* ■**to be ~** aus Glasgow kommen

glau·co·ma [glɔ:'kəʊmə, AM glɑ:'koʊ-] *n no pl* grüner Star, Glaukom *nt fachspr;* **to have ~** an grünem Star leiden

glau·cous ['glɔ:kəs, AM 'glɑ:-] *adj* ❶ (*greenish-blue*) blaugrün ❷ BOT mit weißlichem Film überzogen

glaze [gleɪz] **I.** *n of a cake* Glasur *f* **II.** *vt* ❶ (*make shiny*) **to ~ a cake** einen Kuchen glasieren; **to ~ paper** Papier satinieren ❷ (*fit with glass*) **to ~ windows** Fenster verglasen

◆**glaze in** *vt* **to ~ in** ⇄ **windows** Fenster verglasen

◆**glaze over** *vi eyes* glasig werden

glazed [gleɪzd] *adj* ❶ (*shiny*) glänzend; ~ **finish** Glanzappretur *f* ❷ (*fitted with glass*) *doors* verglast ❸ (*dull*) *expression, look* glasig ❹ FOOD (*coated in glazed sugar*) glasiert

glaz·er ['gleɪzəʳ, AM -ɚ] *n* Glasierer(in) *m(f)*

gla·zi·er ['gleɪziəʳ, AM gleɪʒɚ] *n* Glaser(in) *m(f)*

glaz·ing ['gleɪzɪŋ] *n no pl* Verglasung *f*

gleam [gli:m] **I.** *n* ❶ (*light*) Schimmer *m* ❷ (*sign*) Schimmer *m;* ~ **of hope** Hoffnungsschimmer *m;* ~ **of interest/pride** Zeichen *nt* von Interesse/Stolz **II.** *vi light* schimmern; **to ~ with pleasure** vor Freude strahlen

gleam·ing ['gli:mɪŋ] *adj* glänzend, funkelnd

glean [gli:n] *vt* ■**to ~ sth [from sb]** etw [von jdm] in Erfahrung bringen; **from what I was able to ~, the news isn't good** ausgehend von dem, was ich in Erfahrung bringen konnte, sind die Neuigkeiten nicht gut

glean·ings ['gli:nɪŋz] *npl* (*information*) Nachrichten *fpl;* (*fig*) Ausbeute *f*

glee [gli:] *n no pl* Entzücken *nt;* **shouts of ~** Schreie des Entzückens; **to do sth with [*or* in] ~** etw mit Freude machen

'glee club *n* Gesangsverein *m*

glee·ful ['gli:fəl] *adj* ausgelassen; ~ **smile** fröhliches Lächeln

glee·ful·ly ['gli:fəli] *adv* ausgelassen; **to smile ~** ausgelassen lächeln

glen [glen] *n* Schlucht *f*

glib <-bb-> [glɪb] *adj* ❶ (*hypocritical*) *person* heuchlerisch *pej,* aalglatt; **a ~ answer** eine unbedachte Antwort; ■**to be ~** ein Heuchler *m*/eine Heuchlerin sein ❷ (*facile*) *person* zungenfertig; ■**it's ~ to do sth** es ist einfach, etw zu tun; **it's just too ~ to blame crime on unemployment** es ist zu einfach, die Verbrechensrate auf die Arbeitslosigkeit zurückzuführen

glib·ly ['glɪbli] *adv* heuchlerisch *pej; assume, talk* leichtfertig; **to reply ~** vorschnell antworten

glib·ness ['glɪbnəs] *n no pl* Heuchelei *f*

glide [glaɪd] **I.** *vi* ❶ (*move smoothly*) ■**to ~ somewhere** irgendwo hingleiten; **she ~d [gracefully] into the ballroom** sie schwebte [graziös] in den Tanzsaal ❷ (*fly*) gleiten, im Gleitflug fliegen; **to take sb gliding** mit jdm Segelfliegen gehen ❸ (*experience*) **to ~ through life** durch das Leben schreiten **II.** *n* Gleiten *nt kein pl;* **with a ~** mit einer Gleitbewegung

glid·er ['glaɪdəʳ, AM -ɚ] *n* ❶ (*plane*) Segelflugzeug *nt* ❷ AM (*chair*) Hollywoodschaukel *f*

'glid·er pi·lot *n* Segelflieger(in) *m(f)*

glid·ing ['glaɪdɪŋ] *n no pl* Segelfliegen *nt*

'glid·ing club *n* Segelflugverein *m*

glim·mer ['glɪməʳ, AM -ɚ] **I.** *vi* ❶ (*shine*) *light* schimmern ❷ (*show*) schimmern; ■**to ~ through** durchschimmern **II.** *n* ❶ (*light*) Schimmer *m kein pl;* ~ **of light** Lichtschimmer *m* ❷ (*sign*) Schimmer *m kein pl;* ~ **of hope** Hoffnungsschimmer *m;* ~ **of interest** Funken *m* des Interesses; ~ **of light** Lichtschimmer *m*

glim·mer·ing ['glɪmərɪŋ, AM -ɚɪŋ] *n see* **glimmer II.**

glimpse [glɪm(p)s] **I.** *vt* ■**to ~ sb/sth** jdn/etw flüchtig sehen; **signs that the economy is improving are beginning to be ~d** Anzeichen für eine Verbesserung der Wirtschaftslage beginnen sich abzuzeichnen **II.** *n* [kurzer/flüchtiger] Blick; **to catch a ~ of sb** von jdm einen flüchtigen Blick erhaschen; **to catch a ~ of sb's life** einen kurzen Einblick in jds Leben bekommen

glint [glɪnt] **I.** *vi* ❶ (*shine*) *diamond, stream* glitzern ❷ (*sparkle*) *eyes* glitzern; **his eyes ~ed with excitement** seine Augen funkelten vor Begeisterung **II.** *n* (*light*) *of gold, eyes* Glitzern *nt*

glis·san·do [glɪ'sændəʊ, AM -'sɑ:ndoʊ] *n* MUS Glissando *nt fachspr*

glis·ten ['glɪsən] *vi* glitzern, glänzen; **fry the onions in the olive oil until they ~** die Zwiebeln in Olivenöl glasig anbraten; **his eyes ~ed** seine Augen wurden feucht

glitch [glɪtʃ] *n* ❶ (*fam: fault*) Fehler *m;* **computer ~** Computerstörung *f* ❷ (*setback*) Verzögerung *f* ❸ ELEC (*surge*) Spannungsspitze *f*

glit·ter ['glɪtəʳ, AM -t̬ɚ] **I.** *vi* ❶ (*shine*) *diamond* glitzern, strahlen ❷ (*sparkle*) *eyes* funkeln; **his dark eyes ~ed [with anger]** seine dunklen Augen sprühten vor Zorn ▶ PHRASES: **all that ~s is not gold** (*prov*) es ist nicht alles Gold, was glänzt *prov* **II.** *n no pl* ❶ (*sparkling*) *of sea, fireworks* Glitzern *nt; of eyes* Funkeln *nt,* Strahlen *nt* ❷ (*appeal*) Prunk *m* ❸ (*decoration*) Glitter *m*

glit·tera·ti [ˌglɪtə'rɑ:ti:, AM -t̬ɚɑ:t̬i] *npl* ■**the ~** die Reichen und Berühmten

glit·ter·ing ['glɪtərɪŋ, AM -t̬ɚ-] *adj* ❶ (*sparkling*) *skyline* glitzernd ❷ (*impressive*) **a ~ career** eine glanzvolle Karriere ❸ (*appealing*) prächtig

glit·tery ['glɪtəri, AM -t̬əri] *adj* glitzernd

glitz [glɪts] *n no pl* Glanz *m*

glitzy ['glɪtsi] *adj party* glanzvoll; ~ **car** protziges Auto *fam*

gloam·ing ['gləʊmɪŋ] *n no pl* SCOT (*liter*) ■**the ~** die Abenddämmerung

gloat [gləʊt, AM gloʊt] **I.** *vi* ❶ (*boast*) angeben, protzen *fam;* ■**to ~ over [*or* about] sth** mit etw *dat* angeben; ■**to ~ that ...** sich *akk* damit brüsten, dass ... ❷ (*dwell on*) sich hämisch freuen; ■**to ~ over sth** sich *akk* an etw *dat* weiden; **to ~ over sb's misfortune** sich an jds Unglück *nt* weiden *akk* **II.** *n* Schadenfreude *f*

gloat·ing·ly ['gləʊtɪŋli, AM 'gloʊt-] *adv* schadenfroh

glob [glɒb, AM glɑ:b] *n* (*fam*) Klumpen *m,* Patzen *m* ÖSTERR, SÜDD; **a ~ of chewing gum** ein Klumpen *m* Kaugummi; **a ~ of honey/cream** ein Klecks *m* Honig/Sahne *fam*

glob·al ['gləʊbəl, AM 'gloʊ-] *adj* ❶ (*worldwide*) global; ~ **catastrophe** weltweite Katastrophe ❷ (*complete*) umfassend; **to give a ~ picture of sth** ein umfassendes Bild von etw *dat* abgeben

glob·al 'capi·tal·ism *n no pl* globale Marktwirtschaft

glob·al·ism ['gləʊbəlɪzəm, AM 'gloʊ-] *n no pl* Globalismus *m*

glob·al·ist ['gləʊbəlɪst, AM 'gloʊ-] **I.** *n* Globalist(in) *m(f)* **II.** *adj* globalistisch

glob·ali·za·tion [ˌgləʊbəlaɪ'zeɪʃən, AM ˌgloʊbəlɪ'-] *n no pl* Globalisierung *f*

glob·al·ize ['gləʊbəlaɪz, AM 'gloʊbəl-] **I.** *vt* ■**to ~ sth** etw globalisieren; **satellite broadcasting is helping to ~ television** die Satellitenübertragung ermöglicht eine Globalisierung des Fernsehens **II.** *vi* weltweit ausgerichtet sein

glob·al·ly ['gləʊbəli, AM 'gloʊ-] *adv* ❶ (*worldwide*) global ❷ (*generally*) allgemein

glob·al 'search *n* COMPUT allgemeine Suche; **to do a ~** im gesamten Dokument suchen **glob·al 'vil·lage** *n* ■**the ~** das Weltdorf **glob·al 'warm·ing** *n no pl* Erwärmung *f* der Erdatmosphäre; **to limit ~** die Erwärmung der Erdatmosphäre eindämmen

globe [gləʊb, AM gloʊb] *n* ❶ (*Earth*) ■**the ~** die Erde; **to circle the ~** die Welt umreisen ❷ (*map*) Globus *m;* **to spin the ~** den Globus drehen ❸ (*sphere*) Kugel *f;* **glass ~** Glaskugel *f* ❹ AUS (*bulb*) Glühbirne *f*

globe 'ar·ti·choke *n* Artischocke *f* **'globe·trot·ter** *n* Globetrotter(in) *m(f)* **'globe·trot·ting I.** *n no pl* Globetrotten *nt* **II.** *adj attr, inv* weltreisend; **~ business people** Geschäftsreisende *pl*

globu·lar ['glɒbjʊləʳ, AM 'glɑ:bjələ˞] *adj shape* kugelförmig

globu·lar 'clus·ter *n* ASTRON Kugel[stern]haufen *m*

glob·ule ['glɒbju:l, AM 'glɑ:b-] *n* Kügelchen *nt*

glock·en·spiel ['glɒkənʃpi:l, AM 'glɑkənspi:l] *n* MUS Glockenspiel *nt*

gloom [glu:m] **I.** *n no pl* ❶ (*depression*) Hoffnungslosigkeit *f;* **~ and despondency** Resignation *f geh;* **to express one's ~ about sth** seine Niedergeschlagenheit über etw *akk* zum Ausdruck bringen ❷ (*darkness*) Düsterheit *f;* **a figure emerged from the ~ of the corridor** aus dem Dunkel des Flures tauchte eine Figur auf **II.** *vi* ■**to ~ about sth** über etw *akk* resigniert sein

gloomi·ly ['glu:mɪli] *adv* düster

gloomi·ness ['glu:mɪnəs] *n no pl* ❶ (*depression*) Hoffnungslosigkeit *f* ❷ (*darkness*) Düsterheit *f;* **the ~ of the weather is driving me nuts** dieses düstere Wetter treibt mich zum Wahnsinn *fam*

gloomy ['glu:mi] *adj* ❶ (*dismal*) trostlos; **~ thoughts** trübe Gedanken; ■**to be ~ about** [*or* **over**] **sth** für etw *akk* schwarzsehen *fam* ❷ (*dark*) *weather, room* düster; **to turn ~** trüb werden

glop [glɑ:p] *n no pl esp* AM (*pej fam*) [zähe] Masse

glo·ri·fi·ca·tion [ˌglɔ:rɪfɪ'keɪʃən, AM -rəfə'-] *n no pl* ❶ (*honouring*) Lobpreisung *f poet* ❷ (*make more splendid*) Glorifizierung *f,* Verherrlichung *f*

glo·ri·fied ['glɔ:rɪfaɪd, AM -rə-] *adj attr, inv* (*usu pej*) **that bistro is actually just a ~ bar** dieses Bistro ist eigentlich nur eine bessere Bar; **my computer is a kind of ~ typewriter** mein Computer ist nur eine bessere Schreibmaschine

glo·ri·fy <-ie-> ['glɔ:rɪfaɪ, AM -rə-] *vt* ❶ (*make seem better*) ■**to ~ sth** *the past, war* etw verherrlichen [*o* glorifizieren] ❷ (*honour*) ■**to ~ sb** jdn ehren; **a statue was erected to ~ the country's national heroes** zu Ehren der Nationalhelden wurde eine Statue errichtet; **to ~ Allah/God** REL Allah/Gott [lob]preisen

glo·ri·ous ['glɔ:riəs] *adj* ❶ (*honourable, illustrious*) *victory* glorreich; *person* ruhmvoll ❷ (*splendid*) prachtvoll, prächtig; *day, weather* herrlich; (*iron: dreadful*) schön *iron*

glo·ri·ous·ly ['glɔ:riəsli] *adv* ❶ (*honourably*) ruhmvoll, ehrenvoll ❷ (*splendidly*) herrlich, wunderbar

Glo·ri·ous Revo·'lu·tion *n no pl* BRIT HIST ■**the ~** die Glorreiche Revolution

glo·ry ['glɔ:ri] **I.** *n* ❶ *no pl* (*honour*) Ruhm *m;* **in the days of its ~, this city was the world's cultural centre** in ihrer Blütezeit war diese Stadt das kulturelle Zentrum der Welt; **he didn't exactly cover himself in** [*or* **with**] **~** er hat sich nicht gerade mit Ruhm bekleckert *iron fam;* **in a blaze of ~** ruhmvoll, glanzvoll; **to bask** [*or* **bathe**] **in reflected ~** sich *akk* in unverdientem Ruhm sonnen *geh;* **to deserve/get all the ~ for sth** die ganzen Lorbeeren für etw *akk* verdienen/ernten ❷ (*splendour*) Herrlichkeit *f,* Pracht *f;* **the museum houses many of the artistic glories of the ancient world** das Museum beherbergt viele der Kunstschätze des Altertums; **how long will it take to restore the castle to its former ~?** wie lange wird es dauern, der Burg wieder zu ihrer alten Pracht zu verhelfen? ❸ (*attracting honour*) ruhmreiche Tat; (*achievement*) Glanzleistung *f;* **this pupil is the school's ~** dieser Schüler ist der Stolz der Schule; **past glories** vergangene Ruhmestaten; *of soldiers* vergangene Heldentaten ❹ *no pl* REL (*praise*) Ehre *f;* **~ to God in the highest** Ehre sei Gott in der Höhe ❺ *no pl* (*heaven*) Himmel *m,* Himmelreich *nt;* ■**to be in ~** im Himmel sein; **to go to ~** (*euph*) sterben, ins ewige Reich eingehen *euph* ▶ PHRASES: **~ be!** Gott [*o* dem Himmel] sei Dank! **II.** *vi* <-ie-> ■**to ~ in** [**doing**] **sth** etw genießen; **she's always gloried in the fact that she's better qualified than her sister** sie hat sich immer gerühmt, eine bessere Ausbildung zu haben als ihre Schwester; **my sister glories in pointing out my failings** meine Schwester kostet es richtig aus, meine Fehler hervorzuheben; **to ~ in one's success** sich *akk* in seinem Erfolg sonnen [*o* baden]

'glo·ry box *n* AUS, NZ Aussteuertruhe *f* **'glo·ry days** *npl* ruhmreiche Tage **'glo·ry hole** *n* (*fam*) Rumpelkammer *f fam*

gloss[1] [glɒs, AM glɑ:s] **I.** *n no pl* ❶ (*shine*) Glanz *m;* **her hair has a beautiful ~ to it** ihr Haar glänzt wunderschön; **high ~** Hochglanz *m;* **in ~ or matt** *photos* glänzend oder matt; (*fig*) **to put a ~ on sth** etw [besonders] hervorheben; **to take the ~ off sth** einer S. *dat* den Glanz nehmen *geh* ❷ (*paint*) Glanzlack *m* ❸ (*cosmetic*) **lip ~** Lipgloss *nt* **II.** *n modifier* Glanz-; **a ~ finish** ein Glanzanstrich *m;* **~ paint** Glanzlack *m;* **~ photos** Glanzfotos *ntpl*

◆**gloss over** *vt* ■**to ~ over** ◌ **sth** ❶ (*deal with quickly*) etw flüchtig abhandeln ❷ (*conceal*) etw überdecken [*o fam* unter den Teppich kehren]

gloss[2] [glɒs, AM glɑ:s] **I.** *n* <*pl* -es> Anmerkung *f,* [erklärender] Kommentar; LING Glosse *f fachspr* **II.** *vt* ■**to ~ sth** etw kommentieren

glos·sa·ry ['glɒsəri, AM 'glɑ:s-] *n* Glossar *nt*

glossi·ly ['glɒsɪli, AM 'glɑ:s-] *adv* glänzend

glossi·ness ['glɒsɪnəs, AM 'glɑ:s-] *n no pl* Glanz *m*

glossy ['glɒsi, AM 'glɑ:si] **I.** *adj* ❶ (*shiny*) glänzend; **~ brochure** TYPO [Hoch]glanzbroschüre *f;* **~ magazine** BRIT TYPO Hochglanzmagazin *nt;* **~ paper** [Hoch]glanzpapier *nt* ❷ (*a. pej: superficially attractive*) glänzend **II.** *n* ❶ AM, AUS (*picture*) [Hoch]glanzabzug *m* ❷ (*magazine*) Hochglanzmagazin *nt*

'glot·tal stop ['glɒtəl,, AM ˌglɑ:təl'-] *n* LING Knacklaut *m,* Glottisverschlusslaut *m fachspr*

glot·tis <*pl* -es> ['glɒtɪs, AM 'glɑ:t̬ɪs] *n* ANAT Glottis *f*

glove [glʌv] **I.** *n usu pl* Handschuh *m;* **leather/rubber/woollen ~s** Leder-/Gummi-/Wollhandschuhe *mpl;* **a pair of ~s** ein Paar *nt* Handschuhe; **to fit like a ~** wie angegossen passen; **to do sth with the ~s off** (*fig*) etw schonungslos tun; **we need to deal with vandals with the ~s off** wir müssen gegen die Rowdies mit härteren Bandagen vorgehen ▶ PHRASES: **to work hand in ~ with sb** mit jdm Hand in Hand arbeiten **II.** *n modifier* (*department, manufacturer*) Handschuh- **III.** *vt* ❶ AM (*dress in gloves*) **to ~ one's hands** sich *dat* Handschuhe anziehen ❷ SPORTS (*in baseball*) **to ~ the ball** (*catch*) den Ball fangen; (*in cricket*) den Ball abfälschen

'glove box *n* ❶ AUTO Handschuhfach *nt* ❷ TECH Handschuhkasten *m* **'glove com·part·ment** *n* Handschuhfach *nt*

gloved [glʌvd] *adj attr, inv hands* behandschuht; *person* mit Handschuhen *nach n*

'glove pup·pet *n* Handpuppe *f*

glov·er ['glʌvəʳ, AM -ə˞] *n* Handschuhmacher(in) *m(f)*

glow [gləʊ, AM gloʊ] **I.** *n no pl* ❶ (*radiance*) Leuchten *nt; of a lamp, the sun* Scheinen *nt; of a cigarette, the sunset* Glühen *nt;* (*gleam*) *of fire* Schein *m;* (*hot mass*) Glut *f;* (*light*) Licht *nt;* **her cheeks had a healthy ~ after the walk** ihre Wangen hatten eine gesunde Farbe nach dem Spaziergang ❷ (*fig: good feeling*) **there was a ~ about her that radiated happiness** sie strahlte Glück aus; **~ of happiness** Glücksgefühl *nt;* **~ of pride** glühender Stolz *geh;* **~ of satisfaction** tiefe Befriedigung; **to have a healthy ~** ein gesundes Aussehen haben **II.** *vi* ❶ (*illuminate*) leuchten; *fire, light* scheinen ❷ (*be red and hot*) glühen; **the embers ~ed dimly in the grate** die Glut glimmte im Kamin; **her cheeks ~ed with excitement** ihre Wangen glühten vor Aufregung ❸ (*fig: look radiant*) strahlen; **to ~ with health** vor Gesundheit strotzen; **to ~ with pride** vor Stolz schwellen

glow·er ['glaʊəʳ, AM 'glaʊɚ] **I.** *vi* verärgert aussehen; ■**to ~ at sb** jdn zornig anstarren; **large black rain clouds ~ed in the sky** (*fig liter*) große schwarze Regenwolken hingen bedrohlich am Himmel **II.** *n* finsterer Blick; (*angry look*) ärgerlicher Blick

glow·er·ing ['glaʊəʳɪŋ, AM 'glaʊɚ-] **I.** *n no pl* finsterer Blick; (*angry look*) ärgerlicher Blick **II.** *adj attr* finster, düster; (*angry*) verärgert; **to give sb a ~ look** jdm einen düsteren Blick zuwerfen; **the ~ sky** (*fig liter*) der bedrohlich aussehende Himmel

glow·ing ['gləʊɪŋ, AM 'gloʊ-] *adj attr* ❶ (*radiating light*) *candle* leuchtend; *sun* scheinend; *cigarette* glühend ❷ (*red and hot*) *embers, cheeks* glühend ❸ (*radiant*) leuchtend; **to be in ~ health** bei bester Gesundheit sein ❹ (*very positive*) begeistert; **his latest book has received ~ reviews** sein jüngstes Buch hat überschwängliche Kritiken bekommen; **to paint sth in ~ colours** (*fig*) etw in leuchtenden Farben beschreiben; **a ~ letter of recommendation** ein glänzendes Empfehlungsschreiben; **to describe sth in ~ terms** etw in begeisterten Worten beschreiben *geh*

glow·ing·ly ['gləʊɪŋli, AM 'gloʊ-] *adv* begeistert

'glow lamp *n,* **'glow·light** *n* Leuchtstofflampe *f,* Leuchtstoffröhre *f* **'glow-worm** *n* Glühwürmchen *nt*

glu·cose ['glu:kəʊs, AM -koʊs] **I.** *n no pl* Traubenzucker *m,* Glukose *f fachspr* **II.** *n modifier* (*solution, syrup*) Glukose-

glue [glu:] **I.** *n no pl* ❶ (*adhesive*) Klebstoff *m;* **to fix sth with ~** etw kleben; **to mend sth with ~** etw mit Klebstoff reparieren [*o* [wieder zusammen]kleben]; **to sniff ~** Klebstoff schnüffeln *fam;* **to stick to sb like ~** an jdm kleben *fam;* (*more negative*) an jdm wie eine Klette hängen *pej* ❷ (*fig: connecting link*) Bindeglied *nt* **II.** *vt* ❶ (*stick*) ■**to ~ sth** etw kleben; ■**to ~ sth on** etw ankleben; ■**to ~ sth together** etw zusammenkleben ❷ (*fig: close to*) ■**to be ~d to sth** an etw *dat* kleben *fam;* **we were ~d to the television watching the election results come in** wir klebten am Fernseher und verfolgten die eingehenden Wahlergebnisse; **to keep one's eyes ~d to sb/sth** seine Augen auf jdn/etw geheftet haben *geh;* **to be ~d to the spot** wie angewurzelt dastehen

glue 'ear *n no pl* MED seröse Mittelohrentzündung, Otitis media *f fachspr* **'glue-sniff·er** *n* Schnüffler(in) *m(f) fam* **'glue-sniff·ing** *n no pl* Schnüffeln *nt fam* **'glue stick** *n* Klebestift *m*

gluey ['glu:i] *adj* ❶ (*full of glue*) klebrig, verklebt ❷ (*fig, usu pej*) *food* klebrig, zähflüssig

glum <-mm-> [glʌm] *adj* ❶ *person* niedergeschlagen; *look* bedrückt; *expression* mürrisch; *face* bedrückt; **~ thoughts** schwarze Gedanken; **to feel ~ [about sth]** sich *akk* [wegen einer S. *gen*] niedergeschlagen fühlen; ■**to be ~ [about sth]** [wegen einer S. *gen*] niedergeschlagen sein ❷ *place* trist *geh,* trostlos

glum·ly ['glʌmli] *adv* (*in a morose manner*) mürrisch; (*in a depressed manner*) niedergeschlagen; (*in a sad manner*) bedrückt

glum·ness ['glʌmnəs] *n no pl* ❶ (*depression*) Niedergeschlagenheit *f;* (*atmosphere*) gedrückte Stimmung ❷ (*drabness*) Trostlosigkeit *f*

glut [glʌt] **I.** *n* Überangebot *nt;* **~ of graduates** Akademikerschwemme *f fam;* **a ~ on the market** eine Marktschwemme; **an oil ~** eine Ölschwemme **II.** *vt* <-tt-> ❶ (*overstock*) ■**to ~ sth [with sth]** etw [mit etw *dat*] überschwemmen ❷ (*overeat*) ■**to ~ oneself on sth** sich *akk* an etw *dat* satt essen; (*gorge*) sich *akk* mit etw *dat* voll stopfen

glu·ten ['glu:tᵊn] *n no pl* Gluten *nt*

glu·ten-'free *adj* glutenfrei; **to have a ~ diet** sich *akk* glutenfrei ernähren

glu·ti·nous ['glu:tɪnəs, AM -tᵊn-] *adj* klebrig

glut·ton ['glʌtᵊn] *n* ❶ (*pej: overeater*) Vielfraß *m fam,* Fresssack *m pej fam* ❷ (*fig: enthusiast*) Unersättliche(r) *f(m);* **a ~ for books** ein Bücherwurm *m hum;* **a ~ for punishment** ein Masochist *m*/eine Masochistin; **a ~ for work** ein Arbeitswütiger *m*/eine Arbeitswütige *hum*

glut·ton·ous ['glʌtᵊnəs] *adj* ❶ (*eating excessively*) gefräßig, verfressen *sl* ❷ (*fig: greedy*) gierig; *consumption* unersättlich

glut·ton·ous·ly ['glʌtᵊnəsli] *adv* ❶ (*excessively*) gefräßig ❷ (*fig: greedily*) gierig

glut·tony ['glʌtᵊni] *n no pl* Gefräßigkeit *f fam,* Verfressenheit *f sl;* (*deadly sin*) Völlerei *f*

gly·cer·in ['glɪsᵊrɪn] AM, **gly·cer·ine** [-ri:n], **gly·cer·ol** ['glɪsᵊrɒl, AM -rɑ:l] *n no pl* Glyzerin *nt*

gly·col ['glaɪkɒl, AM -kɑ:l] *n no pl* CHEM Glykol *nt*

gm *n abbrev of* **gram** g.

GM [ˌdʒi:'em] **I.** *n* ❶ ECON *abbrev of* **General Manager** Hauptgeschäftsführer(in) *m(f)* ❷ *no pl* AM *abbrev of* **General Motors** GM ❸ BRIT MIL *abbrev of* **George Medal** *Tapferkeitsmedaille* ❹ CHESS *abbrev of* **grandmaster** Großmeister(in) *m(f)* **II.** *adj inv* BRIT SCH *abbrev of* **grant-maintained**

'G-man *n* AM (*fam*) FBI-Mann *m*

G'M-school *n* BRIT SCH *see* **grant-maintained school**

GMT [ˌdʒi:em'ti:] *n no pl abbrev of* **Greenwich Mean Time** WEZ

gnarled [nɑ:ld, AM nɑ:rld] *adj tree, piece of wood* knorrig; *finger, hand* knotig; (*fig*) *person* bucklig

gnash [næʃ] *vt* **to ~ one's teeth** mit den Zähnen knirschen; **to ~ one's teeth about sth** (*fig*) wegen einer S. *gen* murren

gnash·ing ['næʃɪŋ] *n no pl* Knirschen *nt;* **~ of teeth about sth** (*fig*) Zähneknirschen *nt* wegen etw *gen*

gnat [næt] *n* [Stech]mücke *f* ▶ PHRASES: **to strain at a** [*or* **every**] **~** sich *dat* ständig über alles den Kopf zerbrechen

gnaw [nɔ:, AM nɑ:] **I.** *vi* ❶ (*chew*) ■**to ~ on/at sth** an etw *dat* nagen; *person* auf/an etw *dat* kauen ❷ (*fig: deplete*) ■**to ~ away at sth** an etw *akk* zehren [*o fig* nagen]; *corrosion, rust* etw zerfressen ❸ (*fig: bother*) ■**sth ~s at sb** *feeling* etw nagt an jdm, etw quält jdn **II.** *vt* ❶ (*chew*) ■**to ~ sth** an etw *dat* kauen; *animal* an etw *dat* fressen [*o* nagen]; **rats had ~ed their way into a sack of corn** Ratten hatten sich in einen Getreidesack hineingefressen; **to ~ one's fingernails** an seinen Fingernägeln kauen; **to ~ the flesh off the bone** das Fleisch vom Knochen abnagen ❷ *usu passive* (*fig: pursue*) **to be ~ed by doubt/fear/guilt** von Zweifel/Angst/Schuld geplagt sein

gnaw·ing ['nɔ:ɪŋ, AM 'nɑ:-] **I.** *adj attr* nagend; **she had the ~ feeling that she had forgotten something** sie wurde das Gefühl nicht los, etwas vergessen zu haben; **~ doubts** nagende Zweifel; **~ pain** bohrender Schmerz **II.** *n no pl* Nagen *nt; person* Kauen *nt*

gneiss [naɪs] *n no pl* GEOL Gneis *m*

gnoc·chi ['njɒki, AM 'njɑ:ki] *npl* FOOD Gnocchi *pl*

gnome [nəʊm, AM noʊm] *n* ❶ (*dwarf*) Gnom *m,* Zwerg *m;* [**garden**] **~** Gartenzwerg *m* ❷ FIN **the ~s of Zurich** die Zürcher Gnome [*o* Bankiers] *pl* ❸ AM (*fam: boffin*) [technischer] Bastler/[technische] Bastlerin *fam* ❹ LIT Sinnspruch *m,* Gnome *f fachspr*

gno·mic ['nəʊmik, AM 'noʊm-] *adj* LIT gnomisch; **~ utterances** kluge Sprüche *pej fam*

GNP [ˌdʒi:en'pi:] *n no pl abbrev of* **Gross National Product** BSP *nt*

gnu <*pl* - *or* -s> [nu:] *n* Gnu *nt*

go [gəʊ, AM goʊ] **I.** *vi* <goes, went, gone> ❶ (*proceed*) gehen; *vehicle, train* fahren; *plane* fliegen; **don't ~ any closer – that animal is dangerous** geh' nicht näher ran – das Tier ist gefährlich; **the bus ~es from Vaihingen to Sillenbuch** der Bus verkehrt zwischen Vaihingen und Sillenbuch; **a shiver went down my spine** mir fuhr ein Schauer über den Rücken; **you ~ first!** geh du zuerst!; **you ~ next** du bist als Nächste(r) dran!; **hey, I ~ now** he, jetzt bin ich dran! *fam;* **the doll ~es everywhere with him** die Puppe nimmt er überallhin mit; **drive to the end of the road, ~ left, and ...** fahren Sie die Straße bis zum Ende entlang, biegen Sie dann links ab und ...; **~ south till you get to the coast** halte dich südlich, bis du zur Küste kommst; **we have a long way to ~** wir haben noch einen weiten Weg vor uns; **we've completed all of our goals – where do we ~ from here?** wir haben all unsere Ziele erreicht – wie geht es jetzt weiter?; **the train hooted as it went into the tunnel** der Zug pfiff, als er in den Tunnel einfuhr; **who ~es there?** wer da?; (*to dog*) **~ fetch it!** hol'!; ▪**to ~ towards sb/sth** auf jdn/etw zugehen; **to ~ home** nach Hause gehen; **to ~ to hospital/a party/prison/the toilet** ins Krankenhaus/auf eine Party/ins Gefängnis/auf die Toilette gehen; **to ~ across to the pub** rüber in die Kneipe gehen *fam;* **to ~ to sea** zur See gehen *fam;* **to ~ across the street** über die Straße gehen; **to ~ aboard/ashore** an Bord/Land gehen; **to ~ below** nach unten gehen; **to ~ below deck** unter Deck gehen; **to ~ downhill** (*a. fig*) bergab gehen; **to have it far to ~** es weit haben; **to ~ offstage** [von der Bühne] abgehen; **to ~ round** sich *akk* drehen ❷ (*in order to* [*get*]) **could you ~ into the kitchen and get me something to drink, please?** könntest du bitte in die Küche gehen und mir was zu trinken holen?; **would you ~ and get me some things from the supermarket?** würdest du mir ein paar Sachen vom Supermarkt mitbringen?; **I just want to ~ and have a look at that antique shop over there** ich möchte nur schnell einen Blick in das Antiquitätengeschäft da drüben werfen; **would you wait for me while I ~ and fetch my coat?** wartest du kurz auf mich, während ich meinen Mantel hole?; **I'll just ~ and put my shoes on** ich ziehe mir nur schnell die Schuhe an; **~ and wash your hands** geh und wasch deine Hände; **she's gone to meet Brian at the station** sie ist Brian vom Bahnhof abholen gegangen; **to ~ and get some fresh air** frische Luft schnappen gehen; **to ~ to see sb** jdn aufsuchen ❸ (*travel*) reisen; **have you ever gone to Africa before?** warst du schon einmal in Afrika?; **to ~ by bike/car/coach/train** mit dem Fahrrad/Auto/Bus/Zug fahren; **to ~ on a cruise** eine Kreuzfahrt machen; **to ~ on [a] holiday** in Urlaub gehen; **to ~ to Italy** nach Italien fahren; **last year I went to Spain** letztes Jahr war ich in Spanien; **to ~ on a journey** verreisen, eine Reise machen; **to ~ by plane** fliegen; **to ~ on a trip** eine Reise machen; **to ~ abroad** ins Ausland gehen ❹ (*disappear*) *stain, keys* verschwinden; **where have my keys gone?** wo sind meine Schlüssel hin?; **ah, my tummy ache is gone!** ah, meine Bauchschmerzen sind weg!; **I really don't know where all my money ~es** ich weiß auch nicht, wo mein ganzes Geld hinverschwindet!; **half of my salary ~es on rent** die Hälfte meines Gehaltes geht für die Miete drauf; **gone are the days when ...** vorbei sind die Zeiten, wo ...; **here ~es my free weekend ...** das war's dann mit meinem freien Wochenende ...; **all his money ~es on his car** er steckt sein ganzes Geld in sein Auto; **there ~es another one!** und wieder eine/einer weniger!; **hundreds of jobs will ~** das wird Hunderte von Arbeitsplätzen kosten; **the president will have to ~** der Präsident wird seinen Hut nehmen müssen; **that cat will have to ~** die Katze muss verschwinden!; **all hope has gone** jegliche Hoffnung ist geschwunden; **to ~ adrift** NAUT abtreiben, wegtreiben; (*fig*) gestohlen werden; **one of my books has gone adrift from my desk** eines meiner Bücher ist von meinem Schreibtisch verschwunden; **to ~ missing** BRIT, AUS verschwinden ❺ (*leave*) gehen; **we have to ~ now** [*or* **it's time to ~**] wir müssen jetzt gehen; **I must be ~ing** ich muss jetzt allmählich gehen; **has she gone yet?** ist sie noch da?; **the bus has gone** der Bus ist schon weg; (*old*) **be gone!** hinweg mit dir *veraltet;* **to let sth/sb ~, to let ~ of sth/sb** etw/jdn loslassen ❻ (*do*) **to ~ biking/jogging/shopping/swimming etc.** Rad fahren/joggen/einkaufen/schwimmen etc. gehen; **to ~ looking for sb/sth** jdn/etw suchen gehen; **if you ~ telling all my secrets, ...** wenn du hergehst und alle meine Geheimnisse ausplauderst, ...; **don't you dare ~ crying to your mum about this** untersteh dich, deswegen heulend zu deiner Mama zu laufen ❼ (*attend*) **to ~ to church/a concert** in die Kirche/ins Konzert gehen; **to ~ to the cinema** [*or* AM **a movie**] [*or* BRIT *fam* **the pictures**] ins Kino gehen; **to ~ to the doctor** zum Arzt gehen; **to ~ to kindergarten/school/university** in den Kindergarten/in die Schule/auf die Universität gehen; **to ~ on a pilgrimage** auf Pilgerfahrt gehen ❽ (*answer*) **I'll ~** (*phone*) ich geh' ran; (*door*) ich mach' auf ❾ (*dress* [*up*]) ▪**to ~ as sth** *witch, pirate* als etw gehen; **what shall I ~ in?** als was soll ich gehen? ❿ + *adj* (*become*) werden; **the line has gone dead** die Leitung ist tot; **the milk's gone sour** die Milch ist sauer; **the tyre has gone flat** der Reifen ist platt; **my mind suddenly went blank** ich hatte plötzlich wie ein Brett vorm Kopf *sl;* **I always ~ red when I'm embarrassed** ich werde immer rot, wenn mir etwas peinlich ist; **he described the new regulations as bureaucracy gone mad** er bezeichnete die neuen Bestimmungen als Ausgeburt einer wild gewordenen Bürokratie; **I went cold** mir wurde kalt; **she's gone Communist** sie ist jetzt Kommunistin; **he's gone all environmental** er macht jetzt voll auf Öko *fam;* **to ~ bad** *food* schlecht werden; **to ~ bald/grey** kahl/grau werden; **to ~ bankrupt** bankrottgehen; **to ~ haywire** (*out of control*) außer Kontrolle geraten; (*malfunction*) verrückt spielen *fam;* **to ~ public** an die Öffentlichkeit treten; STOCKEX an die Börse gehen; **to ~ to sleep** einschlafen ⓫ + *adj* (*be*) sein; **to ~ hungry** hungern; **to ~ thirsty** dursten; **to ~ unmentioned/unnoticed/unsolved** unerwähnt/unbemerkt/ungelöst bleiben ⓬ (*turn out*) gehen; **how did your party ~?** und, wie war deine Party?; **how's your thesis ~ing?** was macht deine Doktorarbeit?; **how are things ~ing?** und, wie läuft's? *fam;* **if everything ~es well ...** wenn alles gut geht ...; **things have gone well** es ist gut gelaufen; **the way things ~** wie das halt so geht; **the way things are ~ing at the moment ...** so wie es im Moment aussieht ...; **to ~ like a bomb** ein Bombenerfolg sein *fam;* **to ~ according to plan** nach Plan laufen; **to ~ from bad to worse** vom Regen in die Traufe kommen; **to ~ against/for sb** *election* zu jds Ungunsten *pl*/Gunsten *pl* ausgehen; **to ~ wrong** schiefgehen *fam,* schieflaufen *fam* ⓭ (*pass*) vergehen, verstreichen; **time seems to ~ faster as you get older** die Zeit scheint schneller zu vergehen, wenn man älter wird; **only two days to ~ ...** nur noch zwei Tage ...; **one week to ~ till Christmas** noch eine Woche bis Weihnachten; **in days gone by** in längst vergangenen Zeiten; **two exams down, one to ~** zwei Prüfungen sind schon geschafft, jetzt noch eine, dann ist es geschafft!; **I've three years to ~ before I can retire** mir fehlen noch drei Jahre bis zur Rente! ⓮ (*begin*) anfangen; **ready to ~?** bist du bereit?; **one, two, three, ~!** eins, zwei, drei, los!; **we really must get ~ing with these proposals** wir müssen uns jetzt echt an diese Konzepte setzen; **let's ~!** los!; **here ~es!** jetzt geht's los! ⓯ (*fail*) kaputtgehen; *hearing, health, memory* nachlassen; *rope* reißen; **our computer is ~ing** unser Computer gibt seinen Geist auf *hum fam;* **my jeans is gone at the knees** meine Jeans ist an den Knien durchgescheuert; **her mind is ~ing** sie baut geistig ganz schön ab! *fam* ⓰ (*die*) sterben; **she went peacefully in her sleep** sie starb friedlich im Schlaf ⓱ (*belong*) hingehören; **I'll put it away if you tell me**

where it ~es ich räum's weg, wenn du mir sagst, wo es hingehört; **the silverware ~es in the drawer over there** das Silber kommt in die Schublade da drüben; **those tools ~ in the garage** diese Werkzeuge gehören in die Garage; **that is to ~ into my account** das kommt auf mein Konto; **where do you want that to ~?** wo soll das hin?; **that ~es under a different chapter** das gehört in ein anderes Kapitel ⑱ (*be awarded*) ■**to ~ to sb** *prize, house* an jdn gehen; *property* auf jdn übergehen *geh;* **Manchester went to Labour** Manchester ging an Labour ⑲ (*lead*) *road* führen; **where does this trail ~?** wohin führt dieser Pfad? ⑳ (*extend*) gehen; **the meadow ~es all the way down to the road** die Weide erstreckt sich bis hinunter zur Straße; **your idea is good enough, as far as it ~es ...** deine Idee ist so weit ganz gut, ...; **the numbers on the paper ~ from 1 to 10** die Nummern auf dem Blatt gehen von 1 bis 10 ㉑ (*in auction*) gehen; **I'll ~ as high as £200** ich gehe bis zu 200 Pfund ㉒ (*function*) *watch* gehen; *machine* laufen; **our business has been ~ing for twenty years** unser Geschäft läuft seit zwanzig Jahren; **I'm not saying anything as long as the tape recorder is ~ing** ich sage gar nichts, solange das Tonbandgerät läuft; **to ~ slow** ECON einen Bummelstreik machen; *watch* nachgehen; **to get sth ~ing** [*or* **to ~**] [*or* **to make sth ~**] etw in Gang bringen; **to get a party ~ing** eine Party in Fahrt bringen; **to get** [*or* **set**] **sb ~ing** jdn in Fahrt bringen; **to keep ~ing** *person* weitermachen; *car* weiterfahren; **come on! keep ~ing!** ja, weiter! *fam;* **to keep sth ~ing** etw in Gang halten; *factory* in Betrieb halten; **to keep a conversation ~ing** eine Unterhaltung am Laufen halten; **to keep a fire ~ing** ein Feuer am Brennen halten; **that thought kept me ~ing** dieser Gedanke ließ mich durchhalten; **here's some food to keep you ~ing** hier hast du erst mal was zu essen ㉓ (*have recourse*) gehen; **to ~ to court over sth** wegen einer S. *gen* vor Gericht gehen; **to ~ to the police** zur Polizei gehen; **to ~ to war** in den Krieg ziehen ㉔ (*match, be in accordance*) ■**to ~** [**with sth**] [zu etw *dat*] passen; **these two colours don't ~** diese beiden Farben beißen sich; **to ~ against logic** unlogisch sein; **to ~ against one's principles** gegen jds Prinzipien *pl* verstoßen ㉕ (*fit*) **five ~es into ten two times** [*or* **five into ten ~es twice**] fünf geht zweimal in zehn; **do you think all these things will ~ into our little suitcase?** glaubst du, das ganze Zeug wird in unseren kleinen Koffer passen? *fam* ㉖ (*be sold*) weggehen *fam;* **~ing, ~ing, gone!** zum Ersten, zum Zweiten, [und] zum Dritten!; **pocketbooks are ~ing for $10 for the next two days** in den nächsten zwei Tagen sind die Taschenbücher für 10 Dollar zu haben; ■**to ~ to sb** an jdn gehen; **to ~ like hot cakes** weggehen wie warme Semmeln *fam;* **to be ~ing cheap** billig zu haben sein ㉗ (*serve, contribute*) ■**to ~** [**to sth**] [zu etw *dat*] beitragen; **the money will ~ to the victims of the earthquake** das Geld ist für die Erdbebenopfer bestimmt; **this will ~ towards your holiday** das [Geld] ist für deinen Urlaub bestimmt; **your daughter's attitude only ~es to prove how much ...** die Einstellung deiner Tochter zeigt einmal mehr, wie sehr... ㉘ (*move*) machen; **when I ~ like this, my hand hurts** wenn ich so mache, tut meine Hand weh; **~ like this with your hand to show that ...** mach so mit deiner Hand, um zu zeigen, dass ... ㉙ (*sound*) machen; **I think I heard the doorbell ~ just now** ich glaube, es hat gerade geklingelt; **there ~es the bell** es klingelt; **ducks ~ 'quack'** Enten machen „quack"; **with sirens ~ing** *ambulance* mit heulender Sirene ㉚ (*accepted*) **anything ~es** alles ist erlaubt; **that ~es for all of you** das gilt für euch alle! ㉛ (*be told, sung*) gehen; *title, theory* lauten; **I can never remember how that song ~es** ich weiß nie, wie dieses Lied geht; **the story ~es that ...** es heißt, dass ...; **the rumour ~es that ...** es geht das Gerücht, dass ... ㉜ (*compared to*) **as hospitals/things ~** verglichen mit anderen Krankenhäusern/Dingen; **as things ~ today it wasn't that expensive** für heutige Verhältnisse war es gar nicht so teuer ㉝ (*fam: use the toilet*) **I really have to ~** ich muss ganz dringend mal! *fam* ㉞ (*fam: expressing annoyance*) **I've gone and lost my earring** ich habe meinen Ohrring verloren; **you've really gone and done it now!** jetzt hast du aber was Schönes angerichtet! *iron;* (*pej!*) **~ to hell!** geh [*o* scher dich] zum Teufel! *fam* ㉟ AM (*in restaurant*) **do you want that pizza here or to ~?** möchten Sie die Pizza hier essen oder mitnehmen?; AM **I'd like a cheeseburger to ~, please** ich hätte gerne einen Cheeseburger zum Mitnehmen ㊱ (*available*) **is there any beer ~ing?** gibt es Bier?; **I'll have whatever is ~ing** ich nehme das, was gerade da ist ㊲ (*fam: treat*) **to ~ easy on sb** jdn schonend behandeln, jdn glimpflich davonkommen lassen ► PHRASES: **to ~ halves on sth** sich *dat* etw je zur Hälfte teilen; **~ [and] take a running jump!** mach bloß, dass du abhaust! *fam;* **to ~ all out to do sth** alles daransetzen, etw zu tun; **to ~ Dutch** getrennt zahlen; **easy come, easy ~** (*prov*) wie gewonnen, so zerronnen *prov;* **~ [and] get stuffed!** (*fam*) du kannst mich mal! *fam;* **here we ~ again** (*fam*) jetzt geht das wieder los! *fam;* **there you ~** bitte schön!; (*told you so*) sag ich's doch! *fam;* **there he ~es again** (*fam*) jetzt fängt er schon wieder damit an! *fam;* **don't ~ there** (*fam*) lass dich nicht darauf ein; **that ~es without saying** das versteht sich von selbst **II.** *aux vb future tense* ■**to be ~ing to do sth** etw tun werden; **we are ~ing to have a party tomorrow** wir geben morgen eine Party; **he was ~ing to phone me this morning** er wollte mich heute Morgen anrufen; **isn't she ~ing to accept the job after all?** nimmt sie den Job nun doch nicht an? **III.** *vt* <goes, went, gone> ❶ *esp* AM (*travel*) ■**to ~ sth** *a route, a highway* etw nehmen ❷ (*fam: say*) ■**to ~ sth: she ~es to me: I never want to see you again!** sie sagt zu mir: ich will dich nie wieder sehen! ❸ CARDS ■**to ~ sth** etw reizen; **to ~ nap** die höchste Zahl von Stichen ansagen ❹ BRIT (*like*) **to not ~ much on sth** sich *dat* nicht viel aus etw *dat* machen ❺ (*become*) ■**to ~ sth: my mind went a complete blank** ich hatte voll ein Brett vorm Kopf! *fam* ► PHRASES: **to ~ nap** alles auf eine Karte setzen; **to ~ a long way** lange [vor]halten; **sb will ~ a long way** jd wird es weit bringen; **to ~ it alone** etw im Alleingang tun; **to ~ it some** es laufen lassen *fam;* **to ~ it** (*fam*) es toll treiben *fam;* (*move quickly*) ein tolles Tempo drauf haben; (*work hard*) sich *akk* reinknien **IV.** *n* <*pl* -es> ❶ (*turn*) **I'll have a ~ at driving if you're tired** ich kann dich mit dem Fahren ablösen, wenn du müde bist *fam;* **you've had your ~ already!** du warst schon dran!; **hey, it's Ken's ~ now** he, jetzt ist Ken dran; **can I have a ~?** darf ich mal?; **to miss one ~** einmal aussetzen; (*not voluntarily*) einmal übersprungen werden ❷ (*attempt*) Versuch *m;* **have a ~!** versuch' es doch einfach mal! *fam;* **at one ~** auf einen Schlag; (*drink*) in einem Zug *fam;* **all in one ~** alle[s] auf einmal; **at the first ~** auf Anhieb; **to give sth a ~** etw versuchen; **to have a ~ at sb** (*criticize*) jdn runtermachen *fam;* (*attack*) über jdn herfallen; **his boss had a ~ at him about his appearance** sein Chef hat sich ihn wegen seines Äußeren vorgeknöpft *fam;* **members of the public are strongly advised not to have a ~ at this man** die Öffentlichkeit wird eindringlich davor gewarnt, etwas gegen diesen Mann zu unternehmen; **to have a ~ at doing sth** versuchen, etw zu tun; **to have several ~es at sth** für etw *akk* mehrere Anläufe nehmen ❸ *no pl* (*energy*) Antrieb *m,* Elan *m;* **to be full of ~** voller Elan sein ❹ *esp* BRIT (*fam: dose*) Anfall *m;* **she had such a bad ~ of the flu that she took a week off from work** sie hatte so eine schlimme Grippe, dass sie sich eine Woche freinahm ❺ (*fam: lots of activity*) **it's all ~ here** hier ist immer was los *fam;* **it's all ~ and no relaxing on those bus tours** auf diesen Busfahrten wird nur gehetzt und man kommt nie zum Ausruhen *fam;* **I've got two projects on the ~ at the moment** ich habe momentan zwei Projekte gleichzeitig laufen; **to be on the ~** [ständig] auf Trab sein; **I've been on the ~ all day long** ich war den ganzen Tag auf Achse *fam;* **to**

keep sb on the ~ jdn auf Trab halten *fam* ▶ PHRASES: **from the word** ~ von Anfang an; **to be all the** ~ BRIT (*dated fam*) der letzte Schrei sein; **that was a near** ~ das war knapp; **to make a** ~ **of sth** mit etw *dat* Erfolg haben; **she's making a** ~ **of her new antique shop** ihr neues Antiquitätengeschäft ist ein voller Erfolg *fam;* **to be touch and** ~ auf der Kippe stehen *fam;* **it's no** ~ da ist nichts zu machen **V.** *adj pred, inv* [start]klar, in Ordnung; **all systems [are]** ~ alles klar; **all systems** ~**, take-off in t minus 10** alle Systeme zeigen grün, Start in t minus 10

◆**go about I.** *vi* ❶ (*walk around*) herumlaufen *fam,* herumgehen; (*with car*) herumfahren; **to** ~ **about in leather gear** in Lederklamotten herumlaufen *fam;* **to** ~ **about in groups** in Gruppen herumziehen ❷ NAUT wenden ❸ (*be in circulation*) *see* **go around 6** ❹ (*do repeatedly*) *see* **go around 9 II.** *vt* ❶ (*proceed with*) ■**to** ~ **about sth** *problem, task* etw angehen; **how does one** ~ **about it?** wie geht man das am besten an? ❷ (*occupied with*) ■**to** ~ **about sth** etw *dat* nachgehen; **to** ~ **about one's business** seinen Geschäften nachgehen ❸ (*spend time together*) *see* **go around 8**

◆**go after** *vi* ❶ (*follow*) ■**to** ~ **after sb** nach jdm gehen ❷ (*chase*) ■**to** ~ **after sb** sich *akk* an jds Fersen *pl* heften, jdn verfolgen ❸ (*fig: try to get*) ■**to** ~ **after sth** sich *akk* um etw *akk* bemühen; (*have one's eye on*) es auf etw *akk* abgesehen haben *fam; goal* etw verfolgen; ■**to** ~ **after sb** (*for a date*) sich *akk* um jdn bemühen; (*more forcefully*) jdm nachstellen

◆**go against** *vi* ❶ (*be negative for*) ■**to** ~ **against sb/sth** *vote, election* zu jds Ungunsten *pl* ausgehen; **the jury's decision went against the defendant** die Entscheidung der Jury fiel gegen den Angeklagten aus ❷ (*not agree*) ■**to** ~ **against sth: public opinion is** ~**ing against the government on this issue** die Öffentlichkeit ist in dieser Angelegenheit nicht der gleichen Meinung wie die Regierung ❸ (*contradict*) ■**to** ~ **against sth** zu etw *dat* im Widerspruch stehen; **what you're asking me to do** ~**es against everything I believe in** was du da von mir verlangst, geht gegen all das, woran ich glaube ❹ (*disobey*) ■**to** ~ **against sb** sich *akk* jdm widersetzen, jdm zuwiderhandeln *geh;* **he's always** ~**ing against his father's advice** er handelt immer entgegen den Ratschlägen seines Vaters ▶ PHRASES: **to** ~ **against the grain for sb to do sth** jdm gegen den Strich gehen, etw zu tun

◆**go ahead** *vi* ❶ (*go before*) vorgehen; (*in vehicle*) vorausfahren; (*in sports*) sich *akk* an die Spitze setzen; **you** ~ **ahead, I'll catch you up later** geh schon mal vor, ich komm dann später nach *fam;* **even though I was here first, she went ahead of me and got served first** obwohl ich zuerst hier war, hat sie sich vorgedrängt und ist zuerst drangekommen *fam* ❷ (*proceed*) vorangehen; *event* stattfinden; **the music festival is now** ~**ing ahead as planned** das Musikfestival geht nun wie geplant vonstatten; **the building went ahead as soon as the building permit was issued** sobald die Baugenehmigung vorlag, wurde mit dem Bau begonnen; **– of course,** ~ **ahead!** – natürlich, schieß' los! *fam;* ~ **ahead, try it** komm, versuch's doch einfach! *fam;* **in the end I just went ahead and did it myself** am Ende habe ich es einfach selbst gemacht!; ■**to** ~ **ahead with sth** etw durchführen

◆**go along** *vi* ❶ (*move onward*) weitergehen; *vehicle* weiterfahren ❷ (*walk along*) entlanggehen; (*in vehicle*) entlangfahren; **we were** ~**ing along the coast road when ...** wir fuhren die Küstenstraße entlang, als ... ❸ (*at same time*) **she's been marking papers all afternoon, and ticking off the students' names as she** ~**es along** sie hat den ganzen Nachmittag Arbeiten korrigiert und gleichzeitig die Namen der Schüler abgehakt; **I compiled the guest list as I went along** nebenbei habe ich auch noch gleich die Gästeliste erstellt; **a flexible approach allows us to make changes as we** ~ **along** ein flexibler Ansatz ermöglicht es uns, Änderungen direkt während des Vorgangs vorzunehmen ❹ (*accompany*) ■**to** ~ **along with sb** mit jdm mitgehen [*o* mitkommen] ❺ (*belong*) ■**to** ~ **along with sth** zu etw *dat* gehören ❻ (*agree*) ■**to** ~ **along with sth/sb** etw/jdm zustimmen; (*join in*) sich *akk* etw/jdm anschließen; **I'll** ~ **along with your joke as long as ...** ich mach bei deinem Streich mit, solange ... ▶ PHRASES: ~ **along with you!** (*fam*) jetzt hör' aber auf! *fam*

◆**go around** *vi* ❶ (*move around*) ■**to** ~ **around sth: they went around the room** sie liefen im Zimmer herum; **they went around Europe for two months** sie reisten zwei Monate lang durch Europa ❷ (*move in a curve*) ■**to** ~ **around sth** um etw *akk* herumgehen; *vehicle* um etw *akk* herumfahren; (*circumnavigate*) etw umrunden; **to** ~ **around the bend** um die Kurve fahren; **to** ~ **around the block** um den Block laufen; **to** ~ **around the world** eine Weltreise machen ❸ (*visit*) ■**to** ~ **around to sb's** zu jdm [hin]gehen; **I'm just** ~**ing around to Mario's for half an hour** ich gehe nur mal schnell für eine halbe Stunde zu Mario; **to** ~ **around and see sb** bei jdm vorbeischauen *fam* ❹ (*visit successively*) **we've been** ~**ing around the local schools today trying to find out ...** wir haben heute die örtlichen Schulen abgeklappert, um herauszufinden, ... *fam;* **we haven't got enough time to** ~ **around all the exhibits** wir haben nicht genügend Zeit, uns alle Ausstellungsstücke [genau] anzusehen ❺ (*rotate*) sich *akk* drehen; **my head's** ~**ing round and round** mir dreht sich alles ❻ (*be in circulation*) *rumour, illness* [he]rumgehen ❼ (*be enough*) **there won't be enough soup to** ~ **around** die Suppe wird nicht für alle reichen ❽ (*spend time together*) Zeit miteinander verbringen; **I don't want you** ~**ing around with people like that** ich möchte nicht, dass du dich mit solchen Leuten herumtreibst; **she's** ~**ing around with Harry** sie treibt sich mit Harry rum *fam;* **we don't** ~ **around together much these days** wir sehen uns nur noch selten ❾ (*do repeatedly*) ■**to** ~ **around doing sth** etw ständig tun; **I've got a song** ~**ing around in my head** mir geht schon die ganze Zeit ein Lied im Kopf herum ▶ PHRASES: **what** ~**es around, comes around** (*saying*) alles rächt sich früher oder später

◆**go at** *vi* ❶ (*attack*) ■**to** ~ **at sb [with sth]** [mit etw *dat*] auf jdn losgehen *fam;* (*fig: eat ravenously*) ■**to** ~ **at sth** über etw *akk* herfallen ❷ (*work hard*) ■**to** ~ **at sth** sich *akk* an etw *akk* machen *fam,* sich *akk* hinter etw *akk* klemmen; **to** ~ **at it** loslegen; **to** ~ **at sth with determination** etw mit Entschlossenheit angehen

◆**go away** *vi* ❶ (*travel*) weggehen; (*for holiday*) wegfahren; **we're** ~**ing away to France this summer** wir fahren diesen Sommer nach Frankreich ❷ (*leave*) [weg]gehen; ~ **away!** geh' weg! ❸ (*disappear*) verschwinden; **your problems won't just** ~ **away** deine Probleme werden sich nicht einfach so in Luft auflösen

◆**go back** *vi* ❶ (*return*) *also goods* zurückgehen; *school* wieder anfangen; **I have to** ~ **back for my gloves** ich muss nochmal zurück und meine Handschuhe holen; **when are these books due to** ~ **back?** wann muss ich die Bücher wieder abgeben?; ■**to** ~ **back somewhere** irgendwohin zurückkehren; **we want to** ~ **back to Greece someday** wir wollen eines Tages wieder nach Griechenland zurückkehren; **I want to** ~ **back there one day** da will ich irgendwann noch mal hin *fam;* **there's no** ~**ing back now** [*or* **you can't** ~ **back now**] jetzt gibt es kein Zurück mehr; ■**to** ~ **back to sb** zu jdm zurückkehren; ■**to** ~ **back to sth** *former plan* auf etw *akk* zurückgreifen; **to** ~ **back to the beginning** noch mal von vorne anfangen; **to** ~ **back to a subject** auf ein Thema zurückkommen; **to** ~ **back to one's old ways** wieder in seine alten Gewohnheiten fallen; **to** ~ **back to normal** sich wieder normalisieren; *person* wieder normal werden; ■**to** ~ **back to doing sth** wieder mit etw *dat* anfangen ❷ (*move backwards*) zurückgehen; (*from platform*) zurücktreten ❸ (*date back*) **to** ~ **back [to the 18th century]** [bis ins 18. Jahrhundert] zurückgehen [*o* zurückreichen]; **to** ~ **back 300 years** 300 Jahre zurückreichen; **our friendship ~es back a long way** wir sind schon lange befreundet; **our relationship ~es back to when we were at university together** wir sind befreundet, seit wir zusammen auf der Uni waren ❹ (*be set earlier*) **don't forget that the clocks ~ back tonight** vergiss nicht, dass die Uhren heute Nacht zurückgestellt werden ❺ (*not fulfil*) **to ~ back on a deal** ein Geschäft rückgängig machen; **to ~ back on a decision** von einer Entscheidung zurücktreten; **to ~ back on one's promise/word** sein Versprechen/Wort nicht halten ❻ (*look at again*) ■**to ~ back over sth** etw noch einmal durchgehen

◆**go before** *vi* ❶ (*precede*) ■**to ~ before sb: you can ~ before me in the queue** ich lasse Sie vor; ■**to ~ before sth** vor etw *dat* kommen; **A ~es before B in the alphabet** A kommt im Alphabet vor B ❷ (*appear in presence of*) **to ~ before the court/a judge** vor Gericht/einem Richter erscheinen ❸ (*live before*) in früheren Zeiten leben; (*happen before*) früher geschehen

◆**go beyond** *vi* ■**to ~ beyond sth** ❶ (*proceed past*) an etw *dat* vorübergehen; **you have to ~ beyond that row of houses** Sie müssen bis jenseits dieser Häuserreihe fahren ❷ (*exceed*) über etw *akk* hinausgehen; **to ~ beyond the call of duty** über die [normale] Pflichterfüllung hinausgehen; **to ~ beyond sb's capabilities** jds Fähigkeiten *pl* übersteigen; **to ~ beyond sb's wildest dreams** jds kühnste [*o* wildeste] Träume übersteigen

◆**go by** *vi* ❶ (*move past*) vorbeigehen; *vehicle* vorbeifahren ❷ (*of time*) vergehen; **in days gone by** (*form*) in früheren Tagen; **the house was a railway station in days gone by** das Haus war früher einmal eine Bahnstation ❸ AM (*visit*) ■**to ~ by sb** bei jdm vorbeischauen *fam* ❹ (*be guided by* [*when deciding*]) ■**to ~ by sth** nach etw *dat* gehen; **~ing by what they said ...** nach dem, was sie gesagt haben, ...; **that's not much to ~ by** das hilft mir nicht wirklich weiter; **if this is anything to ~ by ...** wenn man danach gehen kann, ...; **to ~ by the book** sich *akk* an die Vorschriften halten; **to ~ by the rules** sich *akk* an die Regeln halten ❺ (*be known by*) **to ~ by the name of MacCopproc** MacCopproc heißen; **when she writes, she ~es by the name of JoAnn Gouvney** als Autorin kennt man sie unter dem Namen JoAnn Gouvney ❻ (*not challenge*) **to let sth ~ by** etw über sich *akk* ergehen lassen ❼ (*not take advantage of*) **to let sth ~ by** *chance, opportunity* sich *dat* etw *akk* entgehen lassen

◆**go down** *vi* ❶ (*move downward*) hinuntergehen; *sun, moon* untergehen; *ship also* sinken; *plane* abstürzen; *boxer* zu Boden gehen; *curtain* fallen; **he went down on his knees and begged for forgiveness** er bat auf Knien um Verzeihung; **the striker went down in the penalty area** der Stürmer kam im Strafraum zu Fall; **to ~ down on all fours** sich *akk* auf alle viere begeben; ■**to ~ down sth** etw hinuntergehen; (*climb down*) etw hinuntersteigen; **to ~ down the pit** MIN Bergmann werden; **to ~ down with a/the ship** mit einem/dem Schiff untergehen ❷ (*decrease*) *swelling* zurückgehen; *attendance, wind* nachlassen; *crime rate, fever, water level* zurückgehen; *prices, taxes, temperature* sinken; *currency* fallen; **one of the tyres on my car has gone down** einer meiner Autoreifen hat Luft verloren ❸ (*decrease in quality*) nachlassen; **this restaurant has really gone down in the last few years** dieses Restaurant hat in den letzten Jahren echt nachgelassen *fam;* **to ~ down in sb's opinion** in jds Ansehen sinken ❹ (*break down*) *computer* ausfallen ❺ (*be defeated*) verlieren; SPORTS *a.* unterliegen; **to ~ down fighting/without a fight** kämpfend/kampflos untergehen; ■**to ~ down to sb** gegen jdn verlieren ❻ (*get ill*) **to ~ down with a cold/the flu** eine Erkältung/die Grippe bekommen ❼ (*move along*) entlanggehen; *vehicle* entlangfahren; **she was ~ing down the road on her bike** sie fuhr auf ihrem Fahrrad die Straße entlang; **to ~ down to the beach** runter zum Strand gehen; **to ~ down a list** eine Liste [von oben nach unten] durchgehen ❽ (*visit quickly*) vorbeigehen; **they went down to the pub for a quick drink** sie gingen noch schnell einen trinken *fam* ❾ (*travel southward*) **are you ~ing down to Florida this year?** fahrt ihr dieses Jahr runter nach Florida? *fam* ❿ (*extend*) hinunterreichen; **the tree's roots ~ down three metres** die Wurzeln des Baumes reichen drei Meter in die Tiefe ⓫ (*be received*) **to ~ down badly/well** [**with sb**] [bei jdm] schlecht/gut ankommen ⓬ (*be recorded*) schriftlich vermerkt werden; **to ~ down in history/the record books** [**as sth**] [als etw] in die Geschichte/Geschichtsbücher eingehen; **to ~ down in writing** schriftlich festgehalten werden ⓭ (*fam*) *food, drink* runtergehen *fam;* **the wine went down easily** der Wein war wirklich lecker! *fam;* **a cup of coffee would ~ down nicely now** eine Tasse Kaffee wäre jetzt genau das Richtige; **a bit of sugar will help the medicine ~ down** mit etwas Zucker kriegst du die Medizin besser runter *fam* ⓮ (*sl: happen*) passieren; **the police had been informed about what was ~ing down, so were ready and waiting** die Polizei war darüber informiert worden, was vorging, daher war sie bereits in Wartestellung ⓯ BRIT (*dated: leave university*) abgehen; (*for vacation*) in die Semesterferien gehen ⓰ (*fam: have oral sex*) ■**to ~ down on sb** es jdm mit dem Mund machen *sl* ⓱ CARDS (*bridge*) den Kontrakt nicht erfüllen

◆**go for** *vi* ❶ (*fetch*) ■**to ~ for sth** etw holen; (*get*) *food etc.* etw besorgen ❷ (*try to achieve*) ■**to ~ for sth** auf etw *akk* aus sein *fam;* (*try to get hold of*) es auf etw *akk* abgesehen haben; **~ for it!** nichts wie ran! *fam;* **he was shown the red card for ~ing for the man** er bekam die rote Karte, weil er gegen den Mann ging; **if I were you I'd ~ for it** ich an deiner Stelle würde zugreifen; **to ~ for broke** aufs Ganze gehen *fam* ❸ (*choose*) ■**to ~ for sth** sich *akk* für etw *akk* entscheiden; **that's the sofa I'd ~ for** ich würde dieses Sofa nehmen ❹ (*attack*) ■**to ~ for sb** [**with sth**] [mit etw *dat*] auf jdn losgehen *fam* ❺ (*be true for*) **what Mary just said ~es for me too** was Mary gerade gesagt hat, gilt auch für mich; **all my pious resolutions went for nothing** aus all meinen frommen Vorsätzen wurde nichts ❻ (*fam: like*) ■**to ~ for sth/sb** auf etw/jdn stehen *fam* ❼ (*believe*) ■**to ~ for sth** etw glauben; **they told me that ... but I don't ~ for that** sie sagten, dass ..., aber das kaufe ich ihnen nicht ab *fam* ❽ (*have as advantage*) **to have sth ~ing for one** etw für einen sprechen haben; **he's got real talent and creative ideas ~ing for him, but ...** für ihn sprechen sein großes Talent und seine kreativen Ideen, aber ...; **this film has absolutely nothing ~ing for it** an diesem Film gibt es absolut nichts Positives ❾ (*do*) **to ~ for a drive** [ein bisschen] rausfahren *fam;* **to ~ for a newspaper** eine Zeitung holen gehen; **to ~ for a ride** (*on a horse*) reiten gehen; (*in a vehicle*) rumfahren *fam;* **to ~ for a sail/swim/walk** segeln/schwimmen/spazieren gehen; **to ~ for a spin** (*fam*) eine Spritztour machen *fam*

◆**go forth** *vi* ❶ (*form, liter: move onward*) weitergehen; **to ~ forth into battle** in die Schlacht ziehen ❷ (*hum: become widespread*) **the word has gone forth that ...** es geht das Gerücht [um], dass ...

◆**go forward** *vi* ❶ (*move toward front*) *traffic etc.* sich *akk* vorwärtsbewegen ❷ (*progress*) vorangehen; **as soon as the loan comes in, construction can ~ forward** sobald der Kredit da ist, können die Bauarbeiten beginnen; **it looks as if we can ~ forward with our project** es sieht so aus, als ob wir mit unserem Projekt weitermachen können ❸ (*be set earlier*) *clocks* vorgestellt werden ❹ (*be proposed*) vorgeschlagen werden; **his name went forward as the new minister of education** er wurde als neuer Bildungsminister vorgeschlagen

◆**go in** *vi* ❶ (*enter*) hineingehen; **it's really cold, why don't we ~ in?** es ist echt kalt, warum gehen wir nicht rein? *fam* ❷ (*fit*) hineinpassen; **it won't ~ in, it's too big** es geht nicht rein, es ist zu groß *fam* ❸ (*go to work*) arbeiten gehen ❹ TECH (*be installed*) installiert [*o* eingebaut] werden ❺ (*go behind cloud*) **when the sun ~es in, it gets pretty chilly** sobald es sich bewölkt, wird's echt frisch ❻ (*fam: be understood*) in den Kopf gehen *fam;* **no matter how many times you tell him something, it just won't ~ in** egal, wie oft du ihm was sagst, es geht einfach nicht in seinen Kopf rein *fam* ❼ (*work together*) ■**to ~ in with sb** sich *akk* mit jdm zusammentun *fam* ❽ (*fam: participate in*) ■**to ~ in for sth** an etw *dat* teilnehmen; **have you ever considered ~ing in for medicine?** hast du jemals daran gedacht, in die Medizin zu gehen?; **I wanted to ~ in for cooking** ich wollte Koch werden; **to ~ in for an exam** eine Prüfung machen ❾ (*fam: enjoy*) ■**to ~ in for sth** etw mögen; **I've never really gone in for classical music** auf klassische Musik stand ich noch nie sonderlich *fam;* **she really ~es in for travelling** sie reist total gerne *fam* ❿ (*fam: indulge in*) ■**to ~ in for sth** auf etw *akk* abfahren *fam*

◆**go into** *vi* ❶ (*start*) ■**to ~ into sth: he went into the election with good chances of beating the incumbent** er ging mit guten Chancen, den Amtsinhaber zu schlagen, in den Wahlkampf; **they went into gales of laughter at his sight** bei seinem Anblick brachen sie in schallendes Gelächter aus; **they were ~ing into this project with very little experience** sie gingen mit nur sehr wenig Erfahrung in dieses Projekt; **the restaurant is ~ing into its second year of business** das Restaurant geht jetzt in sein zweites Geschäftsjahr; **the new trains went into service last month** die neuen Züge wurden letzten Monat in Dienst gestellt; **to ~ into action** in Aktion treten; **to ~ into a coma** ins Koma fallen; **to ~ into effect** in Kraft treten; **to ~ into hiding** sich *akk* verstecken, untertauchen *fam;* **to ~ into hysterics** hysterisch werden; **to ~ into labour** [*or* AM **labor**] [die] Wehen bekommen; **to ~ into mourning** trauern; **to ~ into reverse** in den Rückwärtsgang schalten; **to ~ into a trance** in Trance [ver]fallen ❷ (*begin career in*) **to ~ into journalism** Journalist/Journalistin werden; **to ~ into medicine/politics** in die Medizin/die Politik gehen; **to ~ into service** BRIT (*dated*) [als Dienstbote/Dienstbotin] in Stellung gehen ❸ (*begin producing*) ■**to ~ into sth: after working for us for five years, he went into business for himself** nachdem er fünf Jahre lang für uns gearbeitet hatte, machte er sich selbständig; **to ~ into production** in Produktion gehen ❹ (*examine and discuss*) ■**to ~ into sth** etw erörtern; **I don't want to ~ into that right now** ich möchte jetzt im Moment nicht darauf eingehen; **to ~ into detail** ins Detail gehen ❺ (*be invested in*) ■**to ~ into sth: a considerable amount of money has gone into this exhibition** in dieser Ausstellung steckt eine beträchtliche Menge [an] Geld ❻ (*be used in*) ■**to ~ into sth: butter is supposed to ~ into the cake but you can also use margarine** eigentlich kommt Butter in den Kuchen, aber man kann auch Margarine nehmen ❼ (*join*) ■**to ~ into sth** etw *dat* beitreten; **to ~ into the army** zur Armee gehen; **to ~ into a club/an organization** einem Club/einer Organisation beitreten; **to ~ into hospital/a nursing home** ins Krankenhaus/in ein Pflegeheim gehen ❽ (*crash into*) ■**to ~ into sth** in etw *akk* hineinfahren; *tree, wall* gegen etw *akk* fahren ❾ MATH ■**to ~ into sth: seven won't ~ into three** sieben geht nicht in drei

◆**go off** *vi* ❶ (*leave*) weggehen; THEAT abgehen; **don't ~ off the path** verlassen Sie den Weg nicht; **they went off on their own through the city** sie erkundeten die Stadt auf eigene Faust; **he went off into the blue** er verschwand spurlos ❷ (*stop working*) *light* ausgehen; *electricity* ausfallen; **the TV station usually ~es off at 3 a.m.** der Sender stellt normalerweise um 3 Uhr morgens den Betrieb ein; **to ~ off the air** den Sendebetrieb einstellen ❸ (*ring*) *alarm* losgehen; *alarm clock* klingeln; *bomb* hochgehen; **didn't you hear your alarm clock ~ off this morning?** hast du heute Morgen deinen Wecker nicht gehört?; **his gun went off accidentally** aus seiner Waffe löste sich versehentlich ein Schuss ❹ BRIT, AUS (*decrease in quality*) nachlassen; *food* schlecht werden; *milk* sauer werden; *butter* ranzig werden; *pain* nachlassen ❺ (*happen*) vonstattengehen, verlaufen; **to ~ off badly/smoothly/well** schlecht/reibungslos/gut [ver]laufen ❻ (*fall asleep*) einschlafen; (*into trance*) in Trance [ver]fallen ❼ (*diverge*) abgehen; **pass the road that ~es off to Silver Springs** fahren Sie an der Straße vorbei, die nach Silver Springs abzweigt; **to ~ off the subject** vom Thema abschweifen; **to ~ off at** [*or* **on**] **a tangent** plötzlich [völlig] vom Thema abkommen ❽ (*stop liking*) ■**to ~ off sth/sb** etw/jdn nicht mehr mögen; **I went off him after ...** ich konnte ihn nicht mehr leiden, nachdem ...; **she went off skiing after she broke her leg** sie ist vom Skifahren abgekommen, nachdem sie sich das Bein gebrochen hatte ▶ PHRASES: **to ~ off the deep end** (*fam*) völlig außer sich geraten *fam*

◆**go off with** *vt* ❶ (*leave partner for another*) ■**to ~ off with sb** mit jdm durchbrennen *fam* ❷ (*take away, steal*) ■**to ~ off with sth** sich *akk* mit etw *dat* davonmachen *fam;* **who's gone off with my keys again?** wer hat schon wieder meine Schlüssel mitgenommen?; **someone has gone off with my purse** jemand hat sich mit meinem Geldbeutel davongemacht *fam*

◆**go on** *vi* ❶ (*go further*) weitergehen; *vehicle* weiterfahren; **to ~ on ahead** vorausgehen; *vehicle* vorausfahren ❷ (*extend*) sich *akk* erstrecken; *time* voranschreiten; **the forests seemed to ~ on for ever** die Wälder schienen sich bis in die Unendlichkeit zu erstrecken; **it'll get warmer as the day ~es on** im Laufe des Tages wird es wärmer; **as time went on, their friendship blossomed** im Laufe der Zeit wurde ihre Freundschaft immer tiefer ❸ (*continue*) weitermachen; *fights* anhalten; *negotiations* andauern *fam;* **I can't ~ on** ich kann nicht mehr; **you can't ~ on like that indefinitely** du kannst nicht ewig so weitermachen; **we can't ~ on arguing like this** wir können nicht immerzu so weiter streiten; **how can you ~ on as if nothing has happened?** wie kannst du nur einfach so weitermachen, als sei nichts passiert?; **to ~ on trying** es weiter versuchen; **to ~ on working** weiterarbeiten; **to ~ on and on** kein Ende nehmen [wollen] ❹ (*continue speaking*) weiterreden; (*speak incessantly*) unaufhörlich reden; **sorry, please ~ on** Entschuldigung, bitte fahren Sie fort; **he just ~es on and on** er redet echt wie ein Wasserfall *fam;* **she went on to talk about her time in Africa** sie erzählte weiter von ihrer Zeit in Afrika; **he went on to say that ...** dann sagte er, dass ...; **" ... and then," he went on ...** „... und dann", fuhr er fort ...; ■**to ~ on about sb/sth** stundenlang über jdn/etw reden; **to always ~ on** [**about sth**] andauernd [über etw *akk*] reden ❺ (*criticize*) ■**to ~ on about sb/sth** dauernd über jdn/etw klagen; ■**to ~ on at sb** an jdm herumnörgeln [*o* herummäkeln] *fam* ❻ (*happen*) passieren; **this has been ~ing on for months now** das geht jetzt schon Monate so!; **what on earth's been ~ing on here?** was um alles in der Welt ist denn hier passiert?; **what's ~ing on here?** was geht denn hier vor? ❼ (*move on, proceed*) **I always knew that he would ~ on to a successful career** ich wusste schon immer, dass er es mal zu etwas bringen würde; **she went on to do a Phd** sie strebte einen Doktortitel an; **he went on to become a teacher** später wurde er Lehrer; **what proportion of people who are HIV-positive ~ on to develop AIDS?** bei wie viel Prozent der HIV-Infizierten bricht tatsächlich AIDS aus? ❽ (*start, embark on*) anfangen; **this is the second fishing trip he's gone on this summer** das ist dieses Jahr schon sein zweiter Angelurlaub; **to ~ on** [*or* **onto**] **the attack** den Angriff starten; **to ~ on a diet** auf Diät gehen; **to ~ on the dole** stempeln gehen; **to ~ on an expedition** auf eine Expedition gehen; **to ~ on a half-day week** halbtags arbeiten; **to ~ on** [**a**] **holiday** in Urlaub gehen; **to ~ on honeymoon** auf Hochzeitsreise gehen; **to ~ on a journey** eine Reise machen; **to ~ on the pill** MED die Pille nehmen; **to ~ on strike** in den Streik treten; **to ~ on tour** auf Tournee gehen ⑨ TECH *lights* angehen ⑩ THEAT auftreten; **I don't ~ on until the second act** ich komme erst im zweiten Akt dran ⑪ SPORTS an der Reihe sein ⑫ (*base conclusions on*) ■**to ~ on sth** *evidence* sich *akk* auf etw *akk* stützen; **we haven't got any anything to ~ on yet** wir haben noch keine Anhaltspunkte ⑬ (*fit*) ■**to ~ on** [**sth**]: **these boots won't ~ on over my thick socks** diese Stiefel passen nicht über meine dicken Socken; **this shoe just won't ~ on** ich kriege diesen Schuh einfach nicht an *fam* ⑭ (*belong on*) ■**to ~ on sth** auf etw *akk* gehören; **that vice ~es on the workbench** diese Schraubzwinge gehört auf die Werkbank ⑮ FIN (*be allocated to*) ■**to ~ on sth** *expenses* auf etw *akk* gehen; **all travel expenses ~ on the company account** die Firma übernimmt alle Reisekosten ⑯ (*as encouragement*) **~ on, have another drink** na komm, trink noch einen; **~ on and ask directions** komm, frag nach dem Weg; **~ on!** los, mach schon!; **~ on, tell me!** jetzt sag' schon! *fam* ⑰ (*expressing disbelief*) **what, they eloped? ~ on, you must be kidding!** was, sie sind abgehauen? das ist nicht dein Ernst! *fam* ⑱ (*ride on*) ■**to ~ on the swings** auf die Schaukel gehen ⑲ (*approach*) **my granny is ~ing on** [**for**] **ninety** meine Oma geht auf die neunzig zu; **it's ~ing on** [**for**] **nine o'clock** es geht auf neun zu; **I'm ~ing on** [**for**] **ten!** ich bin [schon] fast zehn!

◆**go on with** *vi* ① (*continue*) ■**to ~ on with sth** etw fortsetzen, mit etw *dat* fortfahren; **please ~ on with your work and don't let us interrupt you** bitte arbeiten Sie einfach weiter und lassen Sie sich durch uns nicht stören ② (*fam: have for the present*) **I have enough work to be ~ing on with** ich habe fürs Erste genug zu tun; **here's a cup of coffee to ~ on with** hier hast du erst einmal einen Kaffee *fam* ▶ PHRASES: **~ on** [BRIT **with** **you**]! ach was, erzähl mir doch nichts! *fam*

◆**go out** *vi* ① (*leave*) [hinaus]gehen; **he went out to pick up some copies** er holt gerade ein paar Kopien ab; **the company sent representatives to colleges to ~ out and recruit graduates** die Firma schickte Vertreter an die Hochschulen, um dort Absolventen zu werben; **to ~ out for a breath of fresh air** frische Luft schnappen gehen; **to ~ out to work** arbeiten gehen; **to ~ out jogging/shopping** joggen/einkaufen gehen; **to ~ out riding** ausreiten ② (*depart*) **they went out to Australia** sie gingen nach Australien; (*emigrate*) auswandern ③ (*enjoy social life*) ausgehen; **to ~ out for a meal** essen gehen ④ (*date*) ■**to ~ out with sb** mit jdm gehen *fam* ⑤ (*be extinguished*) *fire* ausgehen; *light also* ausfallen; **the fire's gone out** das Feuer ist erloschen; **to ~ out like a light** (*fig*) sofort einschlafen ⑥ (*be sent out*) verschickt werden; MEDIA ausgestrahlt werden; (*be issued*) verteilt werden; **the letters went out on Thursday** die Briefe sind am Donnerstag verschickt worden; **word has gone out that ...** es wurde bekannt, dass ... ⑦ (*sympathize*) **our thoughts ~ out to all the people who ...** unsere Gedanken sind bei all denen, die ...; **my heart ~es out to him** ich fühle mit ihm ⑧ (*recede*) *water* zurückgehen; **when the tide ~es out ...** bei Ebbe ... ⑨ *esp* AM (*be spent*) ausgegeben werden; **our money ~es out before we've even got it** unser Geld ist schon weg, bevor wir es überhaupt zu Gesicht bekommen *fam* ⑩ (*become unfashionable*) unmodern werden, aus der Mode kommen; *custom* aussterben ⑪ (*strike*) streiken; **to ~ out on strike** in den Ausstand treten ⑫ BRIT SPORTS (*be eliminated*) ■**to ~ out** [**to sb**] [gegen jdn] ausscheiden ⑬ (*in golf*) **he went out in 36** für die Hinrunde benötigte er 36 Schläge ⑭ CARDS ablegen ⑮ (*end*) *month, year* zu Ende gehen ⑯ POL *government* abgelöst werden ⑰ (*lose consciousness*) das Bewusstsein verlieren ▶ PHRASES: **to ~ all out** sich *akk* ins Zeug legen *fam*

◆**go out of** *vi* ① (*leave*) [hinaus]gehen; **I have to ~ out of town on business** ich muss die Stadt geschäftlich verlassen; ■**to ~ out of sb/sth** (*fig*) jdn/etw verlassen; **all energy has gone out of her since she lost her job** seit sie ihren Job verloren hat, fehlt ihr jeglicher Antrieb; **the magic has gone out of their relationship** der Zauber ihrer Beziehung ist verflogen ② (*close shop*) **to ~ out of business** zumachen *fam* ③ (*become unfashionable*) **to ~ out of fashion** [*or* **style**] aus der Mode kommen ④ (*stop being printed*) **to ~ out of print** nicht mehr aufgelegt werden ▶ PHRASES: **to ~ out of one's way to do sth** sich *akk* für etw *akk* ins Zeug legen *fam*

◆**go over** *vi* ① (*cross*) hinübergehen; (*in vehicle*) hinüberfahren; **to ~ over a border/river/street** eine Grenze/einen Fluss/eine Straße überqueren; **to ~ over the edge of a cliff** über eine Klippe stürzen ② (*visit*) ■**to ~ over to sb** zu jdm rübergehen *fam;* **I'm just ~ing over to the chemist's** ich gehe nur mal schnell in die Apotheke rüber *fam* ③ (*fig: change*) ■**to ~ over to sth** *different party* zu etw *dat* überwechseln; *faith* zu etw *dat* übertreten; *habit* zu etw *dat* übergehen; **most motorists have gone over from leaded to unleaded fuel** die meisten Autofahrer sind von verbleitem auf bleifreies Benzin umgestiegen; **to ~ over to the enemy** zum Feind überlaufen ④ (*be received*) **to ~ over** [**badly/well**] [schlecht/gut] ankommen; **his speech went over like a ton of bricks** seine Rede war ein Flop ⑤ (*examine*) ■**to ~ over sth** *report, lines* etw durchgehen; *flat, car* etw durchsuchen; *problem* sich *dat* etw durch den Kopf gehen lassen; **don't sign anything until you have gone over it thoroughly** unterschreib nichts, bevor du es nicht genauestens durchgesehen hast; ■**to ~ over sb** jdn untersuchen; **to ~ over sth in one's mind** etw in Gedanken durchgehen ⑥ TV, RADIO ■**to ~ over to sb** zu jdm umschalten; **to ~ over to Glasgow** nach Glasgow umschalten ⑦ (*sl: attack brutally*) ■**to ~ over sb with sth** jdn mit etw *dat* zusammenschlagen ⑧ (*exceed*) **to ~ over a budget/limit** ein Budget/eine Grenze überschreiten; **to ~ over a time limit** überziehen ⑨ (*wash*) **to ~ over a room** mal schnell ein Zimmer durchputzen ⑩ (*redraw*) ■**to ~ over sth** etw nachzeichnen; **to ~ over a line** eine Linie nachziehen

◆**go overboard** *vi* ① NAUT über Bord gehen ② (*fig: be excessive*) es übertreiben; **I like red, but this is ~ing overboard** ich mag zwar rot, aber das ist dann doch zu viel

◆**go round** *vi* BRIT *see* **go around**

◆**go through** *vi* ① (*pass in and out of*) durchgehen; *vehicle* durchfahren; ■**to ~ through sth** durch etw *akk* durchlaufen; (*in vehicle*) durch etw *akk* durchfahren; **he went right through the garden** er lief mitten durch den Garten durch; **to ~ through customs/the door** durch den Zoll/die Tür gehen ② (*experience*) ■**to ~ through sth** etw durchmachen; **your daughter won't always be so difficult – she's just ~ing through a stage** Ihre Tochter wird nicht immer so schwierig sein – das ist nur so eine Phase; **to ~ through an operation** MED operiert werden; **to ~ through a bad patch** eine schwere Zeit durchmachen ③ (*review, discuss*) ■**to ~ through sth** *act, issue, checklist* etw durchgehen ④ (*be approved*) *plan* durchgehen; *bill* durchkommen; *business deal* [erfolgreich] abgeschlossen werden; **now that the new legislation/the divorce has gone through, ...** jetzt, da das neue Gesetz/die Scheidung durch ist, ... ⑤ (*use up*) ■**to ~ through sth** etw aufbrauchen; **I went through two hundred quid on my last trip to London** auf meiner letzten Londonreise habe ich zweihundert Pfund ausgegeben; **to ~ through a pair of shoes** ein Paar Schuhe durchlaufen ⑥ (*wear through*) ■**to ~ through** sich *akk* durchscheuern; **my jeans always ~ through at the knees first** meine Jeans wetzt sich immer zuerst an den Knien ab ⑦ (*look through*) ■**to ~ through sth** *essay, piece of work* etw durchsehen ⑧ (*be felt by*) **shock went through him as he heard the news** ihm fuhr der Schock durch alle Glieder, als er die Neuigkeiten erfuhr ⑨ (*carry out*) ■**to ~ through with sth** *programme, threat* etw durchziehen *fam;* ■**to ~ through sth** etw erledigen; **to ~ through a course** einen Kurs absolvieren; **to ~ through the marriage ceremony** sich *akk* trauen lassen; **after the two foreign ministers had gone**

through the formalities ... nachdem die beiden Außenminister die Förmlichkeiten hinter sich gebracht hatten, ...; **he had to ~ through with it now** jetzt gab es kein Zurück mehr für ihn ❿ PUBL **to have gone through several editions** schon durch mehrere Auflagen gegangen sein ⓫ (*be routed through*) **you must ~ through the central operator before you can be connected with the person you are calling** Sie müssen über die zentrale Vermittlung gehen, bevor Sie zu ihrem Gesprächspartner durchgestellt werden können ▸ PHRASES: **to ~ through the mill** viel mitmachen *fam;* **to ~ through the roof** an die Decke gehen *fam*

◆**go together** *vi* ❶ (*harmonize*) zusammenpassen; **do you think that a red wine sauce ~es together with fish?** findest du, dass Rotweinsauce zu Fisch passt?; **coffee and cake ~ together like bees and honey** Kaffee und Kuchen passen wunderbar zueinander ❷ (*date*) miteinander gehen *fam* ❸ (*coincide*) *events* zusammen auftreten

◆**go under** *vi* ❶ (*sink*) untergehen ❷ (*fail*) *person* scheitern; *business* eingehen ❸ (*be known by*) **she went under the name of Cora Whiplash** sie war unter dem Namen Cora Whiplash bekannt; **the campaign ~es under the slogan '... '** die Kampagne läuft unter dem Motto , ... ' ❹ (*move below*) ■**to ~ under sth** unter etw *akk* druntergehen *fam;* **we went under an awning until the rain had abated a little** wir suchten unter einem Vordach Unterschlupf, bis der Regen ein wenig nachgelassen hatte; **they went under the English Channel** sie fuhren unter dem Ärmelkanal durch; **the old road ~es under the railway bridge** die alte Straße führt unter der Eisenbahnbrücke durch ▸ PHRASES: **to ~ under the hammer** unter den Hammer kommen

◆**go up** *vi* ❶ (*move higher*) hinaufgehen; (*onto a ladder*) hinaufsteigen; *curtain* hochgehen; *balloon* aufsteigen; **I was ~ing up the stairs when ...** ich ging gerade die Treppe hinauf, als ... ❷ (*increase*) *prices, interest rates, temperature* steigen; **I can ~ up as far as that, but that's my limit** bis dahin kann ich gehen, aber das ist mein letztes Gebot; **everything is ~ing up** alles wird teurer!; **to ~ up 2%** um 2% steigen ❸ (*approach*) ■**to ~ up to sb/sth** auf jdn/etw zugehen ❹ (*move along*) ■**to ~ up to sth** [bis] zu etw *dat* hingehen; (*in vehicle*) [bis] zu etw *dat* hinfahren; **~ up to the next street light and ...** fahren Sie bis zur nächsten Straßenlaterne und ...; **let's ~ up to the pub and have a drink** lass uns in die Kneipe gehen und was trinken *fam;* **~ing up the river is harder because ...** den Fluss hinaufzufahren ist schwerer, da ... ❺ (*travel northwards*) **to ~ up to Maine/Edinburgh** hoch nach Maine/Edinburgh fahren ❻ (*extend to*) hochreichen, hinaufreichen; (*of time*) bis zu einer bestimmten Zeit gehen; **their property ~es up to the top of that hill** ihr Grundstück reicht bis zu dem Gipfel des Hügels dort hinauf; **the sale ~es up to Sunday** der Ausverkauf geht noch bis zum Sonntag ❼ (*be built*) entstehen; **a new factory is ~ing up on the old airport** beim alten Flughafen entsteht eine neue Fabrik ❽ (*burn up*) hochgehen *fam,* in die Luft gehen; **to ~ up in flames/smoke** in Flammen/Rauch aufgehen; **to ~ up in smoke** (*fig*) sich *akk* in Rauch auflösen ❾ (*be heard*) ertönen; **a shout went up from the crowd as ...** ein Schrei stieg von der Menge auf, als ... ❿ BRIT UNIV (*begin university*) zu studieren anfangen; (*return to university*) nach den Semesterferien wieder weiterstudieren; **he is ~ing up to Oxford this year** er nimmt dieses Jahr sein Studium in Oxford auf ▸ PHRASES: **to ~ up against sb** sich *akk* jdm widersetzen; (*in a fight*) auf jdn losgehen *fam*

◆**go with** *vt* ❶ (*accompany*) ■**to ~ with sb** mit jdm mitgehen, jdn begleiten; **I have to go to town – do you want to ~ with me?** ich muss in die Stadt – möchtest du mitkommen?; ■**to ~ with sth** zu etw *dat* gehören ❷ (*be associated with*) ■**to ~ with sth** mit etw *dat* einhergehen; **to ~ hand in hand with sth** (*fig*) mit etw *dat* Hand in Hand gehen ❸ (*harmonize*) ■**to ~ with sth** zu etw *dat* passen ❹ (*agree with*) ■**to ~ with sth** mit etw *dat* einverstanden sein; **your first proposal was fine, but I can't ~ with you on this one** dein erster Vorschlag war o.k., aber diesem hier kann ich nicht zustimmen ❺ (*follow*) **to ~ with the beat** mit dem Rhythmus mitgehen; **to ~ with the flow** [*or* **tide**] (*fig*) mit dem Strom schwimmen; **to ~ with the majority** sich *akk* der Mehrheit anschließen ❻ (*date*) ■**to ~ with sb** mit jdm gehen *fam;* (*have sex with*) mit jdm schlafen

◆**go without** *vi* ■**to ~ without sth** ohne etw *akk* auskommen; **I'd rather ~ without food than work for him** ich würde lieber auf Essen verzichten als für ihn arbeiten; **to ~ without breakfast** nicht frühstücken; **to have gone without sleep** nicht geschlafen haben; **to have to ~ without sth** ohne etw *akk* auskommen müssen; ■**to ~ without doing sth** darauf verzichten, etw zu tun

goad [gəʊd, AM goʊd] **I.** *n* Stachelstock *m;* (*fig: motivating factor*) Ansporn *m* **II.** *vt* ❶ (*spur*) ■**to ~ sb [to sth]** jdn [zu etw *dat*] antreiben [*o* anspornen]; **to ~ sb's curiosity** jds Neugier wecken ❷ (*tease*) ■**to ~ sb** jdn ärgern; *child* jdn hänseln; **he refused to be ~ed by their insults** er ließ sich von ihren Beleidigungen nicht aus der Ruhe bringen ❸ (*provoke*) ■**to ~ sb into [doing] sth** jdn dazu anstacheln [*o* anspornen], etw zu tun

◆**goad on** *vi usu passive* ■**to ~ sb on** (*urge forward*) jdn antreiben; (*motivate*) jdn anspornen

go-ahead ['gəʊəhed, AM 'goʊ-] **I.** *n no pl* Erlaubnis *f,* Zustimmung *f* (**for** zu +*dat*); **to give/get** [*or* **receive**] **the ~** grünes Licht geben/erhalten **II.** *adj* BRIT, AUS fortschrittlich

goal [gəʊl, AM goʊl] *n* ❶ (*aim*) Ziel *nt;* **to achieve/pursue a ~** ein Ziel erreichen/verfolgen; **to set oneself a ~** sich *dat* ein Ziel setzen ❷ SPORTS (*scoring area*) Tor *nt;* **~ area** Torraum *m;* **to keep ~** das Tor hüten; **to play in ~** BRIT im Tor stehen ❸ SPORTS (*point*) Tor *nt;* **~ difference** Tordifferenz *f;* **penalty ~** Elfmeter *m;* **to score a ~** ein Tor schießen

goalie ['gəʊli, AM 'goʊ-] *n* (*fam*), **'goal·keep·er** *n* Tormann/Torfrau *m/f*

goal 'kick *n* FBALL Abstoß *m* [vom Tor]

goal·less ['gəʊlləs, AM 'goʊ-] *adj inv* torlos; **the match ended in a ~ draw** das Spiel endete null zu null

'goal line *n* Torlinie *f* **'goal·mouth I.** *n* Torraum *m* **II.** *n modifier* unmittelbarer Torbereich; **~ action** Handlung *f* im unmittelbaren Torbereich **goal-'ori·ent·ed** *adj* zielorientiert, ergebnisorientiert **'goal·post** *n* Torpfosten *m* **'goal·scor·er** *n esp* BRIT Torschütze, -in *m, f;* **leading** [*or* **top**] **~** Torschützenkönig(in) *m(f)* **'goal·scor·ing** *esp* BRIT **I.** *n no pl* Torschießen *nt* **II.** *n modifier* Tor-; **~ opportunity** Torchance *f* **'goal·tend·er** *n* AM (*in soccer*) Torwart(in) *m(f);* (*in hockey*) Torhüter(in) *m(f)*

go·an·na [gəʊ'ænə, AM goʊ'-] *n* ZOOL Waran *m*

goat [gəʊt, AM goʊt] *n* ❶ (*animal*) Ziege *f;* **billy ~** Ziegenbock *m;* **mountain ~** Bergziege *f;* **~'s milk** Ziegenmilch *f* ❷ (*pej dated fam: lecher*) [alter] Bock *m pej fam* ❸ ASTROL ■**the G~** der Steinbock ▸ PHRASES: **to separate the sheep from the ~s** die Spreu vom Weizen trennen; **to act** [*or* **play**] **the ~** BRIT (*fam*) herumalbern *fam;* **to get sb's ~** jdn auf die Palme bringen *fam*

goatee [gəʊ'ti:, AM goʊ'-] *n* Spitzbart *m,* Ziegenbart *m*

'goat·herd *n* Ziegenhirte, -in *m, f*

'goat('s) cheese *n no pl* Ziegenkäse *m*

'goat·skin I. *n* Ziegenleder *nt* **II.** *n modifier* (*bag, boots, jacket*) Ziegenleder-

gob [gɒb, AM gɑ:b] **I.** *n* ❶ BRIT, AUS (*sl: mouth*) Maul *nt sl;* **shut your ~!** halt's Maul! *sl;* **to keep one's ~ shut** die Klappe halten *sl* ❷ AM (*fam: lump*) Klumpen *m,* Batzen *m fam* ❸ BRIT, AUS (*lump of spit*) Schleimklumpen *m fam;* (*snot*) Rotz *m fam* ❹ ■**~s** *pl* AM (*sl: many*) Haufen *m fam,* jede Menge *fam;* ■**in ~s** in rauen Mengen *fam* **II.** *vi* <-bb-> BRIT, AUS (*fam*) spucken; ■to ~ at sb jdn anspucken

gob·bet ['gɒbɪt, AM 'gɑ:b-] *n* ❶ (*fam: lump*) Brocken *m;* ~ **of flesh** Fleischbrocken *m* ❷ (*piece of text*) [Text]passage *f*

gob·ble ['gɒbl̩, AM 'gɑ:bl̩] **I.** *n* Kollerlaut *m* **II.** *vi* ❶ (*fam: eat quickly*) schlingen ❷ *turkey* kollern **III.** *vt* ❶ (*fam: eat quickly*) ■**to ~ sth** etw [hinunter]schlingen ❷ AM (*vulg sl: perform oral sex*) ■**to ~ sb** jdm einen blasen *vulg*

◆**gobble down** *vt* (*fam*) ■**to ~ down** ↔ **sth** etw hinunterschlingen

◆**gobble up** *vt* ■**to ~ up** ↔ **sth** ❶ (*eat quickly*) etw verschlingen ❷ ECON (*fig: take over*) etw schlucken *fam;* (*use up*) etw aufbrauchen [*o fam* schlucken]

gob·ble·de·gook, gob·ble·dy·gook ['gɒbl̩di,gu:k, AM 'gɑ:bl̩-] *n no pl* (*pej fam*) Kauderwelsch *nt*

go-between ['gəʊbɪ,twi:n, AM 'goʊbə-] *n* Vermittler(in) *m(f);* (*between lovers*) Liebesbote, -in *m, f;* **to act** [*or* **serve**] **as a ~ for sb** als Vermittler(in) *m(f)* für jdn fungieren

Gobi ['gəʊbi, AM 'goʊbi] *n* **the ~ [Desert]** die Wüste Gobi

gob·let ['gɒblət, AM 'gɑ:b-] *n* Kelch *m*

gob·lin ['gɒblɪn, AM 'gɑ:b-] *n* Kobold *m*

gobo <*pl* -s *or* -es> ['gəʊbəʊ, AM 'goʊboʊ] *n* ❶ (*round a microphone*) Schalltilgungsmittel *nt* ❷ (*round a lens*) Blendenschirm *m*

gobs *npl* AM (*fam*) ■~ **of sth** ein Haufen einer S. *fam gen;* ~ **of money** ein Haufen [*o* haufenweise] Geld *fam*

gob·shite ['gɒbʃaɪt] *n* IRISH (*vulg sl*) Idiot(in) *m(f) pej fam*

gob·smacked ['gɒbsmækt] *adj* BRIT (*fam*) baff *fam,* platt *fam;* ■**to be ~** völlig baff sein

gob·stop·per *n esp* BRIT Dauerlutscher *m* (*mit verschiedenen Farbschichten*)

goby ['gəʊbi, AM 'goʊbi] *n* ZOOL Meergrundel *f*

go-cart *n* AM *see* **go-kart**

god [gɒd, AM gɑ:d] *n* ❶ (*male deity, idol*) Gott *m;* **Greek/Roman ~s** griechische/römische Götter; ~ **of war** Kriegsgott *m* ❷ (*fig: sb idolized*) Gott *m,* Idol *nt;* (*sth idolized*) Heiligtum *nt;* **keeping fit is a good idea, but there's no need to make a ~ of it** sich fit halten ist eine gute Sache, aber man muss ja keine Religion daraus machen; **to be sb's ~** jds großes Vorbild sein

God [gɒd, AM gɑ:d] **I.** *n no pl, no art* Gott *kein art;* **do you believe in ~?** glaubst du an Gott?; ~ **be with you!** Gott sei mit dir!; ~ **bless this house!** Gott segne dieses Haus!; **an act of ~** höhere Gewalt; ~ **Almighty** [*or* **Lord** ~] Gott, der Allmächtige; ~ **the Father,** ~ **the Son and** ~ **the Holy Ghost** Gott Vater, Sohn und Heiliger Geist; ~**'s will** Gottes Wille; **to be with ~** (*euph form*) beim Herrn [*o* Herrgott] sein *euph;* **to be ~'s gift to sb/sth** (*iron, pej*) ein Geschenk Gottes [*o* des Himmels] für jdn/etw sein; **he thinks he's ~'s gift to women** er hält sich für das Beste, was den Frauen passieren konnte; **to play ~** (*pej*) Gott spielen *pej;* **to swear before ~** vor Gott schwören ▶ PHRASES: ~ **helps those who help themselves** (*prov*) hilf dir selbst, so hilft dir Gott *prov* **II.** *interj* (*fam!*) **[oh] [my] ~!,** ~ **Almighty!** oh [mein] Gott!, großer Gott!, Allmächtiger!; ~ **damn them!** Gott verfluche sie! *pej sl;* ~ **damn it!** Gott verdammt! *sl;* ~ **forbid!** Gott bewahre!; ~ **help us!** Gott stehe uns bei!; **where's Bob? – ~ knows!** wo ist Bob? – weiß der Himmel! *fam;* **I did my best, ~ knows!** Gott weiß, dass ich mein Bestes gegeben habe!; **by ~** bei Gott; **dear** [*or* **good**] ~**!** du liebe Güte!; **please ~** gebe Gott; **thank ~[!]** Gott [*o* dem Himmel] sei Dank[!]; ~ **willing** so Gott will; **in ~'s name** in Gottes Namen; **for ~'s sake** um Himmels [*o* Gottes] willen; ~**'s truth** [*or* **as ~ is my witness**] Gott ist mein Zeuge; **honest to ~** ich schwöre [es] bei Gott; **to hope/swear/wish to ~ [that]** ... bei Gott hoffen/schwören/wünschen, dass ...; **I swear to ~ it wasn't me** ich schwöre bei Gott, ich war es nicht

god-'aw·ful *adj* (*fam*) beschissen *sl* **'god·child** *n* Patenkind *nt* **'god·damn,** *esp* AM **'god·dam** (*fam!*) **I.** *adj attr* ❶ *inv* (*pej!: emphasizing annoyance*) gottverdammt *pej sl* ❷ AM (*emphasizing peculiarity*) seltsam; **that is the ~est dog I've ever seen** das ist der merkwürdigste Hund, den ich jemals gesehen habe **II.** *adv* verdammt *fam;* **don't drive so ~ fast!** fahr nicht so verdammt schnell! **III.** *interj* verdammt *fam;* ~**, how much longer will it take?** verdammt [nochmal], wie lange dauert das denn noch? **'god·damned I.** *adj attr* ❶ *inv* (*pej!: emphasizing annoyance*) gottverdammt *pej fam* ❷ (*emphasizing peculiarity*) seltsam; *see also* **goddam I.2 II.** *adv* verdammt *fam;* **don't drive so ~ fast!** fahr nicht so verdammt schnell!

'god·daugh·ter *n* Patentochter *f*

god·dess <*pl* -es> ['gɒdes, AM 'gɑ:dɪs] *n* ❶ (*female deity*) Göttin *f* ❷ (*idolized woman*) Göttin *f,* Gottheit *f;* **screen ~** [Film]diva *f veraltend*

'god·fa·ther *n* ❶ (*male godparent*) Patenonkel *m,* Pate *m* ❷ (*Mafia leader*) Pate *m* **'god-fear·ing** *adj* (*approv*) gottesfürchtig **'god-for·sak·en** *adj attr* (*pej*) *place, land* gottverlassen *pej fam* **'god-giv·en, 'God-giv·en** *adj inv* gottgegeben; **she has a ~ talent as a painter** sie ist eine begnadete Malerin **'god·head, 'God·head** *n no pl* REL ❶ (*state of deity*) Gottheit *f;* (*divinity*) Göttlichkeit *f,* göttliche Natur ❷ (*God*) die heilige Dreifaltigkeit

god·less ['gɒdləs, AM 'gɑ:d-] *adj* gottlos

god·less·ly ['gɒdləsli, AM 'gɑ:d-] *adv* gottlos

god·less·ness ['gɒdləsnəs, AM 'gɑ:d-] *n no pl* Gottlosigkeit *f*

god·like ['gɒdlaɪk, AM 'gɑ:d-] *adj* ❶ (*similar to God*) *person* gottähnlich; *powers* göttlich ❷ (*beautiful*) göttlich

god·li·ness ['gɒdlɪnəs, AM 'gɑ:d-] *n no pl* Frömmigkeit *f,* Gottesfurcht *f* ▶ PHRASES: **cleanliness is next to ~** (*prov*) Reinlichkeit kommt gleich nach Frömmigkeit

god·ly ['gɒdli, AM 'gɑ:d-] *adj* fromm; **to lead** [*or* **live**] **a ~ life** ein frommes [*o* gottesfürchtiges] Leben führen

'god·moth·er *n* Patentante *f,* Patin *f;* **fairy ~** gute Fee *fig*

go·down ['gəʊdaʊn] *n* IND Lagerhaus *nt*

'god·par·ent *n* Pate, -in *m, f*

gods [gɒdz] *npl* BRIT, AUS THEAT (*fam*) ■**the ~** die billigen Plätze *fam*

'god·send *n* (*fam*) Gottesgeschenk *nt;* ■**to be a ~ to sb** ein Geschenk Gottes für jdn sein **'god·slot** *n* BRIT MEDIA (*fam*) religiösen Programmen vorbehaltene Sendezeit **'god·son** *n* Patensohn *m* **'god·squad** *n* (*usu pej fam*) Armee *f* Gottes **'god·wit** ['gɒdwɪt, AM 'gɑ:d-] *n* ORN Uferschnepfe *f*

goer ['gəʊəʳ, AM 'goʊɚ] *n* ❶ (*fam: person or thing that goes*) Geher *m;* **that horse is a good ~** das Pferd läuft gut; **my car's not much of a ~** mein Auto ist nicht besonders schnell ❷ (*fam: worker*) **to be a slow ~** langsam arbeiten ❸ BRIT (*fam: party person*) Partylöwe *m;* (*promiscuous person*) Feger *m sl* ❹ (*viable proposition*) Erfolg *m*

-goer ['gəʊəʳ, AM 'goʊɚ] *in compounds* -besucher(in) *m(f),* -gänger(in) *m(f);* **church[-]~** Kirchgänger(in) *m(f);* **film~** [*or esp* AM **movie-~**] Kinogänger(in) *m(f);* **restaurant-~** Restaurantbesucher(in) *m(f);* **theatre[-]~** Theaterbesucher(in) *m(f)*

goes [gəʊz, AM goʊz] *3rd pers. sing of* **go**

go·fer ['gəʊfəʳ, AM 'goʊfɚ] *n* AM, AUS (*fam*) Botengänger(in) *m(f),* Laufbursche *m fam*

go-get·ter *n* tatkräftige Person, Tatmensch *m*

go-get·ting *adj* tatkräftig, einsatzfreudig

gog·gle ['gɒgl̩, AM 'gɑ:gl̩] **I.** *vi* (*fam*) *person* staunen, starren, glotzen *fam; eyes* weit aufgerissen sein; ■**to ~ at sb/sth** jdn/etw anstarren [*o fam* anglotzen] **II.** *n* ❶ (*wide-eyed stare*) stierer Blick ❷ (*close-fitting glasses*) ■~**s** *pl* [Schutz]brille *f;* **a pair of ~s** eine [Schutz]brille; **safety ~s** Schutzbrille *f;* **ski/swim[ming] ~s** Ski-/Schwimmbrille *f*

'gog·gle-box *n* BRIT (*dated fam*) Glotze *f sl* **gog·gle-'eyed** *adj inv* (*fam*) mit Kulleraugen; **he stared in ~ amazement** vor Erstaunen fielen ihm fast die Augen aus dem Kopf

'go-go danc·er *n* (*dated*) Go-Go-Tänzer(in) *m(f)*

'go-go danc·ing *n no pl* Go-Go *m*

G

go·ing ['gəʊɪŋ, AM 'goʊ-] **I.** *n* ❶ (*act of leaving*) Gehen *nt* ❷ (*departure*) Weggang *m; from job* Ausscheiden *nt* ❸ (*conditions*) Bedingungen *fpl;* **easy/rough** ~ günstige/ungünstige Bedingungen; **to leave** [*or* **go**] **while the** ~ **is good** sich *akk* rechtzeitig absetzen *fam;* **while the** ~ **is good** solange es gut läuft ❹ (*of a racetrack*) Bahn *f* ❺ (*progress*) Fortgang *m,* Vorankommen *nt;* **the** ~ **of the project has been slower than anticipated** das Projekt geht langsamer voran als erwartet; **to be heavy** [*or* **rough**] ~ mühsam sein ▶ PHRASES: **when the** ~ **gets tough, the tough get** ~ was uns nicht umbringt, macht uns nur noch härter **II.** *adj inv* ❶ *pred* (*available*) vorhanden; **do you know if there are any jobs** ~ **around here?** weißt du, ob es hier in der Gegend Arbeit gibt?; **he's the biggest crook** ~ er ist der größte Gauner, den es gibt ❷ *pred* (*in action*) am Laufen, in Gang; **to get/keep sth** ~ etw in Gang bringen/halten ❸ (*current*) aktuell, gegenwärtig; **what's the** ~ **rate for babysitters nowadays?** wie viel zahlt man heutzutage üblicherweise für einen Babysitter? ❹ ECON (*profitable*) ~ **concern** gut gehendes Unternehmen

-go·ing ['gəʊɪŋ, AM 'goʊ-] *in compounds* ❶ (*attending*) -besuch; **movie-~ is enjoying a revival** die Leute gehen wieder häufiger ins Kino; **church-~** Kirchgang *m;* **the church-~ members of the community** die Gemeinde-Mitglieder, die regelmäßig in die Kirche gehen ❷ (*travelling*) **ocean-~ yacht** hochseetaugliche Yacht

go·ing-a'way *adj attr* ~ **clothes/dress** Reisekleidung *f*/-kleid *nt;* ~ **party** Abschiedsparty *f*

'go·ing on *adv,* BRIT *a.* **go·ing 'on for** *adv inv* fast, beinahe; **it was** ~ **midnight when we left the party** es war fast Mitternacht, als wir die Party verließen; **she is 16** ~ **17** sie geht auf die 17 zu

go·ing-'over <*pl* goings-> *n usu sing* ❶ (*beating*) Tracht *f* Prügel; **to get a** ~ eine Tracht Prügel [verpasst] bekommen ❷ (*fig: defeat*) Abreibung *f fam* ❸ (*criticism*) Rüffel *m fam;* **to give sb a good** ~ jdm einen ordentlichen Rüffel verpassen ❹ (*examination*) Untersuchung *f;* **to give sth a thorough** ~ *flat, house* etw gründlich durchsuchen ❺ (*cleaning*) Reinigung *f*

go·ings-'on *npl* ❶ (*unusual events*) Vorfälle *mpl;* **there've been a lot of strange** ~ **in that house recently** in diesem Haus passieren in letzter Zeit viele seltsame Dinge ❷ (*activities*) Verhalten *nt kein pl,* Handlungsweise *f*

goi·ter ['gɔɪt̬ɚ] AM, **goi·tre** [-təʳ] *n no pl* MED Kropf *m*

'go-kart, AM **'go-cart** *n* Gokart *m*

'go-kart·ing, AM **'go-cart·ing** *n no pl* Gokartfahren *nt*

gold [gəʊld, AM goʊld] **I.** *n* ❶ *no pl* (*precious metal*) Gold *nt;* **to pan for** ~ nach Gold schürfen; **to strike** ~ auf Gold stoßen ❷ *no pl* (*golden objects*) Gold *nt;* **to be dripping with** ~ (*pej fam*) mit Gold behängt sein *pej fam* ❸ (*medal*) Goldmedaille *f,* Gold *nt fig* ❹ (*colour*) Gold *nt* ▶ PHRASES: **to have a heart of** ~ ein Herz aus Gold haben; **to be worth one's weight in** ~ sein Gewicht in Gold wert sein; **to be** [**as**] **good as** ~ mustergültig sein; **all that glitters is not** ~ (*prov*) es ist nicht alles Gold was glänzt *prov;* **to go** ~ MUS *album, record* vergoldet werden **II.** *n modifier* (*made of* ~) (*chain, coin, locket, necklace, nugget, ring, wristwatch*) Gold-; (*fig*) ~ **medal** Goldmedaille *f;* ~ **record** goldene Schallplatte **III.** *adj* golden, Gold-; ~ **braid** Goldtresse *f;* ~ **ink** goldene Tinte; ~ **paint** Goldfarbe *f*

'gold brick AM **I.** *n* (*pej fam*) ❶ (*sham*) Mogelpackung *f* ❷ (*lazy person*) Faulenzer(in) *m(f) pej* **II.** *vt* ■**to** ~ **sb** jdn betrügen [*o* hintergehen] **III.** *vi* faulenzen **'gold card** *n* goldene [Kredit]karte, Goldkarte *f* **'gold con·tent** *n no pl* Goldgehalt *m* **gold·crest** *n* ORN Goldhähnchen *nt* **'gold dig·ger** *n* Goldgräber *m;* **she's a classic** ~ (*fig*) sie ist nur auf Geld aus **'gold dig·ging** *n no pl* Goldgraben *nt* **gold 'disc,** AM **gold 'disk** *n* goldene [Schall]platte **'gold dust** *n no pl* Goldstaub *m;* **tickets for the concert are** [**like**] ~ (*fig*) Eintrittskarten für das Konzert sind sehr schwer zu bekommen

gold·en ['gəʊldᵊn, AM 'goʊl-] *adj inv* ❶ (*made of gold*) aus Gold, golden, Gold- ❷ (*concerning gold*) golden; ~ **anniversary** goldene Hochzeit; **the G~ state** der Goldstaat ❸ (*colour*) *hair* golden; ~ **brown** goldbraun ❹ (*fig: very good*) ausgezeichnet; *memories, opportunity* golden; **sb's** ~ **years** (*euph*) jds beste [*o* goldene] Jahre ▶ PHRASES: **silence is** ~ (*prov*) Schweigen ist Gold

'gold·en age *n* goldenes Zeitalter **'gold·en boy** *n* Goldjunge *m fam* **gold·en 'calf** *n* REL ■**the** ~ das Goldene Kalb **gold·en 'eagle** *n* Steinadler *m* **'gold·en·eye** *n* ORN Schellente *f* **Gold·en 'Fleece** *n* LIT ■**the** ~ das Goldene Vlies **'gold·en girl** *n* Goldmädchen *nt fam* **gold·en 'goose** *n* Goldgrube *f fam* **gold·en 'hand·cuffs** *npl* (*fig*) *Vergünstigungen für leitende Angestellte, um diese längerfristig an ein Unternehmen zu binden* **gold·en 'hand·shake** *n* (*fig fam*) großzügige Abfindung **gold·en 'ju·bi·lee** *n esp* BRIT goldenes Jubiläum **gold·en 'mean** *n no pl* goldene Mitte **gold·en 'oldie** *n* (*fam*) ❶ MUS, FILM [Golden] Oldie *m fam* ❷ (*usu hum: person*) alter Fuchs *fam* **gold·en 'ori·ole** *n* ORN Pirol *m* **gold·en 'para·chute** *n* (*fam: payment*) großzügige Abfindung; (*clause*) Abfindungsklausel *f* **gold·en 'pheas·ant** *n* Goldfasan *m* **gold·en 'plov·er** *n* ORN Goldregenpfeifer *m* **gold·en re·'triev·er** *n* Golden Retriever *m* **gold·en 'rice** *n no pl* Golden Rice *m* (*mit Vitamin A angereicherter Reis*) **'gold·en·rod** *n* BOT Goldrute *f* **gold·en 'rule** *n* goldene Regel **gold·en 'syr·up** *n no pl* BRIT, AUS Sirup *m* (*helle Melasse*) **gold·en 'tri·an·gle** *n no pl* ■**the** ~ das goldene Dreieck **gold·en 'wed·ding** *n* goldene Hochzeit **'gold·field** *n* Goldfeld *nt* **'gold·finch** *n* Stieglitz *m,* Distelfink *m* **'gold·fish** *n* Goldfisch *m* **'gold·fish bowl** *n* Goldfischglas *nt* **gold 'foil** *n no pl* Goldfolie *f*

goldi·locks ['gəʊldɪlɒks, AM 'goʊldilɑːks] *n* (*fam*) Goldlöckchen *nt fam*

gold·ish ['gəʊldɪʃ, AM 'goʊl-] *adj* gold-; ~**-brown** goldbraun

gold 'leaf *n no pl* Blattgold *nt* **gold 'med·al** *n* Goldmedaille *f* **'gold·mine** *n* Goldmine *f;* (*fig*) Goldgrube *f fam* **gold 'plate I.** *n* ❶ (*layer of gold*) Vergoldung *f,* Goldauflage *f* ❷ (*objects*) Goldgeschirr *nt* **II.** *vt* ■**to gold-plate sth** etw vergolden **gold-'plat·ed** *adj inv* vergoldet **gold 'plat·ing** *n no pl* ❶ (*layer of gold*) Vergoldung *f,* Goldauflage *f* ❷ (*process*) Vergoldung *f* **'gold re·serve** *n* Goldreserve *f* **'gold rush** *n* Goldrausch *m* **'gold·smith** *n* Goldschmied(in) *m(f)* **'gold stand·ard** *n* Goldwährung *f*

golf [gɒlf, AM gɑːlf] **I.** *n no pl* Golf *nt;* **a round of** ~ eine Runde Golf; **mini**[**ature**] ~ Minigolf *nt* **II.** *n modifier* (*bag, instructor, professional, shoes*) Golf-; ~ **cart** Golfwagen *m* **III.** *vi* golfen, Golf spielen

'golf ball *n* Golfball *m* **golf-ball 'type·writ·er** *n* Kugelkopfschreibmaschine *f* **'golf club** *n* ❶ (*implement*) Golfschläger *m* ❷ (*association, building*) Golfclub *m* **'golf course** *n* Golfplatz *m*

golf·er ['gɒlfəʳ, AM 'gɑːlfɚ] *n* Golfer(in) *m(f),* Golfspieler(in) *m(f)*

golf·ing ['gɒlfɪŋ, AM 'gɑːlf-] **I.** *n no pl* Golfspielen *nt,* Golfen *nt;* **to go** ~ Golfspielen gehen **II.** *adj attr, inv* Golf-; ~ **holiday** Golfurlaub *m*

'golf links *npl* AM Golfplatz *m;* BRIT Golfplatz *m* an der Küste **'golf tour·na·ment** *n* Golfturnier *nt*

Goliath [gə(ʊ)'laɪəθ, AM gə'-] *n* REL (*a. fig*) Goliath *m a. fig;* **a David and** ~ **battle** [*or* **contest**] ein Kampf *m* David gegen Goliath

gol·li·wog, gol·ly·wog ['gɒlɪwɒg] *n* BRIT, AUS (*dated*) Negerpuppe *f*

gol·ly ['gɒli, AM 'gɑːli] *interj* (*dated fam*) Donnerwetter *fam,* Menschenskind *fam;* **by** ~**!** zum Donnerwetter!

go·nad ['gəʊnæd, AM 'goʊ-] *n* ANAT Gonade *f*

gon·do·la ['gɒndᵊlə, AM 'gɑːn-] *n* ❶ AVIAT, NAUT, TRANSP Gondel *f* ❷ AM NAUT flacher Lastkahn ❸ AM RAIL offener Güterwagen

gon·do·lier [ˌgɒndə'lɪəʳ, AM ˌgɑːndə'lɪr] *n* Gondoliere *m*

gone [gɒn, AM gɑːn] I. *pp of* **go** II. *prep* BRIT **it's just gone ten o'clock** es ist kurz nach zehn Uhr **III.** *adj pred, inv* ❶ (*no longer there*) weg *fam;* (*used up*) verbraucht; **one minute they were here, the next they were ~** kaum waren sie da, waren sie auch schon wieder weg ❷ (*dead*) tot; **to be dead and ~** tot und unter der Erde sein *fam;* **to be pretty far ~** beinahe tot sein; **to be too far ~** dem Tode zu nah sein ❸ (*fam: pregnant*) schwanger; **how far ~ is she?** im wievielten Monat ist sie? ❹ (*fam: drunk*) betrunken, zu *sl* ❺ (*fam: infatuated*) ■**to be ~ on sb** auf jdn abfahren *sl*

gon·er [ˈgɒnəʳ, AM ˈgɑːnɚ] *n* (*fam*) ❶ (*be bound to die*) **to be a ~** es nicht mehr lange machen *fam* ❷ (*be in trouble*) **to be a ~** geliefert [*o* dran] sein *sl* ❸ (*be irreparable*) hoffnungslos kaputt sein *fam;* **your bike's a ~, I'm afraid** ich fürchte dein Rad ist endgültig hinüber

gon·fa·lon [ˈgɒnfᵊlən, AM ˈgɑːn-] *n* Banner *nt*

gong [gɒŋ, AM gɑːŋ] *n* ❶ (*instrument*) Gong *m* ❷ BRIT, AUS (*fam: award*) Auszeichnung *f;* **to pick up** [*or* **win**] **a ~** [**for sth**] eine Auszeichnung [für etw *akk*] erhalten ▶ PHRASES: **to be all ~ and no dinner** (*hum*) viel versprechen, aber nichts halten

go·ni·om·eter [ˌgəʊniˈɒmɪtəʳ, AM ˌgoʊniˈɑːmət̬ɚ] *n* MATH Goniometer *m*

gon·na [ˈgᵊnə, AM ˈgɑːnə] *esp* AM (*sl*) *see* **going to: what you ~ do about it?** was willst du dagegen machen?

gon·or·rhea [ˌgɑːnəˈriːə] AM, **gon·or·rhoea** [ˌgɒnəˈ-] *n no pl* Tripper *m,* Gonorrhöe *f fachspr;* **to get/have ~** den Tripper bekommen/haben

gon·zo [ˈgɒnzəʊ, AM ˈgɑːnzoʊ] *adj* AM, AUS ❶ JOURN (*sl*) stark übertrieben ❷ (*fam*) *person* exzentrisch, übertreibend

goo [guː] *n no pl* (*fam*) ❶ (*sticky substance*) Schmiere *f,* klebrige Masse, Papp *m* ❷ (*sentimentality*) Schmalz *m pej fam*

good [gʊd] **I.** *adj* <better, best> ❶ (*of high quality*) gut; **there's nothing like a ~ book** es geht nichts über ein gutes Buch; **she speaks ~ Spanish** sie spricht gut Spanisch; **dogs have a ~ sense of smell** Hunde haben einen guten Geruchssinn; **he's got ~ intuition about such matters** er hat in diesen Dingen ein gutes Gespür; **your reasons make ~ sense but ...** deine Gründe sind durchaus einleuchtend, aber ...; **~ show** [*or* **job**]**!** gut gemacht!; **I need a ~ meal now** jetzt brauche ich was Ordentliches zu essen!; **the child had the ~ sense to ...** das Kind besaß die Geistesgegenwart ...; **he only has one ~ leg** er hat nur ein gesundes Bein; **that's a ~ one** (*iron*) haha, der war gut! *iron;* **~ appetite** gesunder Appetit; **to be a ~ catch** eine gute Partie sein; **a ~ choice/decision** eine gute Wahl/Entscheidung; **~ ears/eyes** gute Ohren/Augen; **to do a ~ job** gute Arbeit leisten; **to be in ~ shape** in guter [körperlicher] Verfassung sein; **~ thinking** gute Idee; **~ timing** gutes Timing; **to be/not be ~ enough** gut/nicht gut genug sein; **that's just not ~ enough!** so geht das nicht!; **if she says so that's ~ enough for me** wenn sie es sagt, reicht mir das; **to be ~ for nothing** zu nichts taugen; **to feel ~** sich *akk* gut fühlen; **I don't feel too ~ today** heute geht's mir nicht besonders *fam* ❷ (*skilled*) gut, begabt; ■**to be ~ at sth** gut in etw *dat* sein; **he's a ~ runner** [*or* **he's ~ at running**] er ist ein guter Läufer; **she's very ~ at learning foreign languages** sie ist sehr sprachbegabt; **he's not very ~ at maths** [*or* AM **in math**] er ist nicht besonders gut in Mathe; **this book is ~ on international export law** dieses Buch ist sehr gut, wenn man etwas über internationale Exportbestimmungen erfahren möchte; **he is particularly ~ on American history** besonders gut kennt er sich in amerikanischer Geschichte aus; ■**to be ~ with sth** *with children* mit etw *dat* gut umgehen können; **to be ~ with one's hands** geschickt mit seinen Händen sein; **to be ~ in bed** gut im Bett sein *fam;* **to be ~ with people** gut mit Leuten umgehen können ❸ (*pleasant*) schön; **that was a really ~ story, Mummy** das war echt eine tolle Geschichte, Mama *fam;* **that was the best party in a long time** das war die beste Party seit langem; **it's ~ to see** [*or* **seeing**] **you after all these years** schön, dich nach all den Jahren wiederzusehen!; **~ morning/evening** guten Morgen/Abend; **~ day** *esp* BRIT, AUS guten Tag; (*dated: said at departure*) guten Tag; **to have a ~ day/evening** einen schönen Tag/Abend haben; **have a ~ day** schönen Tag noch!; **~ news** gute Neuigkeiten; **to have a ~ time** [viel] Spaß haben; **~ weather** schönes Wetter; **to have a ~ one** (*fam*) einen schönen Tag haben ❹ (*appealing to senses*) gut, schön; **after a two-week vacation, they came back with ~ tans** nach zwei Wochen Urlaub kamen sie gut gebräunt zurück; **most dancers have ~ legs** die meisten Tänzer haben schöne Beine; **to look/smell/sound/taste ~** gut aussehen/riechen/klingen/schmecken; **sb looks ~ in sth** *clothes* etw steht jdm; **to have ~ looks, to be ~-looking** gut aussehen ❺ (*favourable*) gut; **he made a very ~ impression at the interview** er hat beim Vorstellungsgespräch einen sehr guten Eindruck gemacht; **there's a ~ chance** [**that**] ... die Chancen stehen gut, dass ...; **we got a ~ deal on our new fridge** wir haben unseren neuen Kühlschrank günstig erstanden; **the play got ~ reviews** [*or* **a ~ press**] das Stück hat gute Kritiken bekommen; **it's a ~ job we didn't go camping last weekend – the weather was awful** zum Glück sind wir letztes Wochenende nicht campen gegangen – das Wetter war schrecklich; **the ~ life** das süße Leben; **~ luck** [**on sth**] viel Glück [bei etw *dat*]; **best of luck on your exams today!** alles Gute für deine Prüfung heute!; **a ~ omen** ein gutes Omen; **to be too much of a ~ thing** zu viel des Guten sein; **you can have too much of a ~ thing** man kann es auch übertreiben; **~ times** gute Zeiten; **to be too ~ to be true** zu schön, um wahr zu sein; **to have** [**got**] **it ~** (*fam*) es gut haben ❻ (*beneficial*) vorteilhaft; ■**to be ~ for sb** gut für jdn sein; **milk is ~ for you** Milch ist gesund; **to be ~ for business/for headaches** gut fürs Geschäft/gegen Kopfschmerzen sein ❼ (*useful*) nützlich, sinnvoll; **we had a ~ discussion on the subject** wir hatten eine klärende Diskussion über die Sache; **it's ~ that you checked the door** gut, dass du die Tür noch einmal überprüft hast ❽ (*on time*) **in ~ time** rechtzeitig; **be patient, you'll hear the result all in ~ time** seien Sie geduldig, Sie erfahren das Ergebnis noch früh genug; **in one's own ~ time** in seinem eigenen Rhythmus ❾ (*appropriate*) **to be a ~ time to do sth** ein guter Zeitpunkt sein, [um] etw zu tun ❿ *inv* (*kind*) freundlich, lieb; **the college has been very ~ about her health problem** die Hochschule zeigte sehr viel Verständnis für ihr gesundheitliches Problem; **it was very ~ of you to help us** es war sehr lieb von dir, uns zu helfen; **he's got a ~ heart** er hat ein gutes Herz; **be so ~ as to ...** sei doch bitte so nett und ...; **would you be ~ enough to ...** wären Sie so nett und ...; **~ deeds/works** gute Taten; **to do a ~ deed** eine gute Tat tun ⓫ (*moral*) gut; **the G~ Book** die [heilige] Bibel; **for a ~ cause** für einen guten Zweck; **to set a ~ example to sb** jdm ein gutes Vorbild sein; **sb's ~ name/reputation** jds guter Name/guter Ruf; **to be** [**as**] **~ as one's word** vertrauenswürdig sein ⓬ (*well-behaved*) gut; **~ dog!** braver Hund!; **be a ~ girl and ...** sei ein liebes Mädchen [*o* sei so lieb] und ...; **OK, I'll be a ~ sport** o.k., ich will mal kein Spielverderber sein; **she's been as ~ as gold all evening** sie hat sich den ganzen Abend über ausgezeichnet benommen; **to be on ~/one's best behaviour** sich *akk* gut benehmen/von seiner besten Seite zeigen; **~ loser** guter Verlierer/gute Verliererin ⓭ *attr, inv* (*thorough*) gut, gründlich; **the house needs a ~ clean**[**ing**] das Haus sollte mal gründlich geputzt werden; **have a ~ think about it** lass es dir noch einmal gut durch den Kopf gehen; **now, now – have a ~ cry** schon gut – wein dich mal so richtig aus; **they have built a ~ case against the suspect** sie haben einen hieb- und stichfesten Fall gegen den Verdächtigen aufgebaut; **we had some ~ fun at the amusement park** wir hatten so richtig viel Spaß im Vergnügungspark; **a ~ beating** eine gründliche Tracht Prügel; **to have a ~ laugh** ordentlich lachen; **to**

G

saying goodbye

saying goodbye	sich verabschieden
Goodbye!	Auf Wiedersehen!
Hope to see you again soon!	Auf ein baldiges Wiedersehen!
Bye! (*fam*)/Cheerio! (*fam*)	Tschüss! (*fam*)/Ciao! (*fam*)
See you!/Take care!/All the best!	Mach's gut! (*fam*)
(OK then,) see you soon/later!	(Also dann,) bis bald!
See you tomorrow!	Bis morgen!
See you around! (*fam*)	Man sieht sich! (*fam*)
Safe journey home!	Gute Heimfahrt!
Look after yourself!/Take care!	Pass auf dich auf! (*fam*)
Have a nice evening!	Einen schönen Abend noch!
saying goodbye on the phone	**sich am Telefon verabschieden**
Goodbye!	Auf Wiederhören! (*form*)
OK then, speak to you again soon!	Also dann, bis bald wieder!
Bye! (*fam*)/Cheerio! (*fam*)	Tschüss! (*fam*)/Ciao! (*fam*)

have a ~ look at sth sich *dat* etw genau ansehen; **a ~ talking to** eine Standpauke ⓮ *pred, inv* (*valid*) gültig; (*not forged*) *banknote* echt; (*usable*) gut; **this car should be ~ for another year or so** dieses Auto hält wohl schon noch ein Jahr oder so; **he gave us a gift certificate ~ for $100** er hat uns einen Geschenkgutschein über 100 Dollar überreicht; **this ticket is only ~ on weekends** dieses Ticket gilt nur an Wochenenden; **my credit card is only ~ for another month** meine Kreditkarte ist nur noch einen Monat gültig ⓯ *attr, inv* (*substantial*) beträchtlich; **we walked a ~ distance today** wir sind heute ein ordentliches Stück gelaufen; **she makes ~ money at her new job** sie verdient in ihrem neuen Job gutes Geld; **it's a ~ half hour's walk to the station from here** von hier bis zum Bahnhof ist es zu Fuß eine gute halbe Stunde; **a ~ deal** jede Menge; **you're looking a ~ deal better now** du siehst jetzt ein gutes Stück besser aus; **to make a ~ profit** einen beträchtlichen Profit machen; **a ~ few/many** eine ganze Menge ⓰ *pred, inv* FOOD (*not rotten*) gut ⓱ *pred, inv* (*able to provide*) gut; **he is always ~ for a laugh** er ist immer gut für einen Witz; **thanks for the loan and don't worry, I'm ~ for it** danke für den Kredit und keine Sorge, ich zahle ihn zurück; **her credit is ~** sie ist kreditwürdig ⓲ (*almost, virtually*) ■**as ~ as ...** so gut wie ...; **our firewood is as ~ as gone** unser Feuerholz ist nahezu aufgebraucht; **to be as ~ as dead/new** so gut wie tot/neu sein; **they as ~ as called me a liar** sie nannten mich praktisch eine Lügnerin! ⓳ *attr, inv* (*to emphasize*) schön; **I need a ~ long holiday** ich brauche mal wieder so einen richtig schönen langen Urlaub!; **what you need is a ~ hot cup of coffee** was du brauchst, ist eine gute Tasse heißen Kaffee; ■**~ and ...: she's really ~ and mad** sie ist so richtig sauer; **I'll do it when I'm ~ and ready, and not one minute before** ich mache es, sobald ich fertig bin und keine Minute früher! ⓴ BRIT (*said to accept order*) **very ~** sehr wohl! *veraltet* ㉑ (*in exclamations*) **~ Lord** [*or* **heavens**]! gütiger Himmel! *geh;* **~ gracious!** ach du liebe Zeit!; **~ grief!** du meine Güte!; **~ egg!** BRIT (*dated*) ausgezeichnet!; (*iron*) **oh, – ~ for you!** oh, schön für dich! *iron* ㉒ *attr, inv* (*said to express affection*) **~ old James!** der gute alte James!; **the ~ old days** die gute alte Zeit ▶ PHRASES: **to have a ~ innings** BRIT ein schönes Leben haben; **for ~ measure** als Draufgabe, obendrein; **~ riddance** Gott sei Dank!; **to make ~ time** gut in der Zeit liegen; **if you can't be ~, be careful** (*prov*) wenn man schon was anstellt, sollte man sich wenigstens nicht [dabei] erwischen lassen; **it's as ~ as it gets** besser wird's nicht mehr; **to give as ~ as one gets** es [jdm] mit gleicher Münze heimzahlen; **to make ~** zu Geld kommen; **to make sth ~** (*repair*) etw reparieren; *mistake* etw wiedergutmachen; (*pay for*) etw wettmachen *fam;* (*do successfully*) etw schaffen; **she's ~ for another few years!** mit ihr muss man noch ein paar Jahre rechnen! **II.** *adv* ❶ *esp* AM DIAL (*fam: well*) gut; **boy, she can sure sing ~, can't she?** Junge, die kann aber gut singen, oder? ❷ (*fam: thoroughly*) gründlich; **to do sth ~ and proper** etw richtig gründlich tun; **well, you've broken the table ~ and proper** na, den Tisch hast du aber so richtig ruiniert! **III.** *n no pl* ❶ (*moral force*) Gute *nt;* **~ and evil** Gut und Böse; **to be up to no ~** nichts Gutes im Schilde führen; **to do ~** Gutes tun; ■**the ~** *pl* die Guten *pl* ❷ (*benefit*) Wohl *nt;* **this medicine will do you a** [*or* **the**] **world of ~** diese Medizin wird Ihnen unglaublich gut tun; **to do more harm than ~** mehr schaden als nützen; **for the ~ of his health** zum Wohle seiner Gesundheit, seiner Gesundheit zuliebe; **for the ~ of the nation** zum Wohle der Nation; **for one's own ~** zu seinem eigenen Besten ❸ (*purpose*) Nutzen *m;* **to be no** [*or* **not to be any**]**/not much ~** nichts/wenig nützen; **that young man is no ~** dieser junge Mann ist ein Taugenichts; **to not do much/any ~** nicht viel/nichts nützen; **even a small donation can do a lot of ~** auch eine kleine Spende kann eine Menge helfen; **that won't do much ~** das wird auch nicht viel nützen; **it's no ~ complaining all day** den ganzen Tag rumzujammern bringt auch nichts! *fam;* **what ~ is sitting alone in your room?** was bringt es, hier alleine in deinem Zimmer zu sitzen?; (*iron*) **a lot of ~ that'll do** [**you**]! das wird [dir] ja viel nützen! *iron* ❹ (*profit*) **we were £7,000 to the ~ when we sold our house** als wir unser Haus verkauften, haben wir einen Gewinn von 7.000 Pfund eingestrichen; (*fig*) **he was two gold medals to the ~ by the end of the day** am Ende des Tages war er um zwei Goldmedaillen reicher ❺ (*ability*) ■**to be no ~ at sth** etw nicht gut können, bei etw *dat* nicht [sonderlich] gut sein ▶ PHRASES: **for ~** [**and all**] für immer [und ewig]

good 'book, Good 'Book *n no pl* ■**the ~** die Bibel

good·bye, AM *a.* **good·by I.** *interj* [gʊ(d)'baɪ] ❶ (*bid adieu*) auf Wiedersehen; **see you tomorrow,** ~! auf Wiedersehen, bis morgen!; **to kiss sb** ~ jdm einen Abschiedskuss geben; **to say** ~ [**to sb**] [jdm] auf Wiedersehen sagen, sich *akk* [von jdm] verabschieden; **to wave** ~ zum Abschied winken ❷ (*fam: said to indicate loss*) [**to say**] ~ **to sth** sich *akk* von etw *dat* verabschieden; **it's cloudy and rainy – I guess we can say** ~ **to the day at the beach** es ist bewölkt und regnerisch – ich glaube wir können unseren Tag am Strand abschreiben; **to kiss sth** ~ etw abschreiben *fam* **II.** *n* [gʊd'baɪ] Abschied *m,* Lebewohl *nt;* **they said a tearful** ~ sie verabschiedeten sich unter Tränen

good 'faith *n no pl* guter Glaube, Gutgläubigkeit *f;* **to do sth in** ~ etw in gutem Glauben [*o* gutgläubig] tun; **contrary to** ~ LAW entgegen den Geboten von Treu und Glauben **good·fel·la** ['gʊdfelə] *n* AM (*sl*) Mafioso *m fam* **'good-for-noth·ing I.** *n* (*pej*) Taugenichts *m pej veraltend,* Nichtsnutz *m pej veraltend* **II.** *adj attr, inv* (*pej*) nichtsnutzig *pej veraltend,* zu nichts zu gebrauchen; ~ **layabout** nichtsnutziger Faulenzer **Good 'Fri·day** *n no art* Karfreitag *m* **good-'heart·ed** *adj* gutherzig **good-'hu·moured** [ˌgʊd'hjuːməd], AM **good-'hu·mored** [-mɚd] *adj* fröhlich; **to have a** ~ **way about one** eine fröhliche Art an sich *dat* haben

good·ish ['gʊdɪʃ] *adj inv* (*fam*) ❶ (*somewhat good*) einigermaßen [*o* recht] gut ❷ (*fairly large*) ziemlich; **it's a** ~ **distance from here** es ist ein ganz schönes Stück von hier

good 'look·er *n* (*dated*) **to be a real** ~ wirklich gut aussehen *fam* **good-'look·ing I.** *adj* <more ~, most ~ *or* better-looking, best-looking> gut aussehend **II.** *n* Hübsche(r) *f(m)* **good 'looks** *npl* gutes Aussehen

good·ly ['gʊdli] *adj attr, inv* (*old*) ansehnlich, stattlich *geh;* **a** ~ **amount of food** eine ordentliche Menge zu essen

good-'na·tured *adj* ❶ (*having pleasant character*) gutmütig ❷ (*not malicious*) *fun, joke* harmlos

good·ness ['gʊdnəs] **I.** *n no pl* ❶ (*moral virtue*) Tugendhaftigkeit *f* ❷ (*kindness*) Freundlichkeit *f,* Güte *f;* **would you have the** ~ **to phone me as soon as they arrive** (*form*) wären Sie bitte so nett, mich anzurufen, sobald sie angekommen sind? ❸ FOOD Wertvolle(s) *nt,* wertvolle Stoffe *pl* ❹ (*said for emphasis*) **for** ~**' sake** du liebe Güte; **honest to** ~ ehrlich *fam;* **to hope/wish to** ~ **that ...** bei Gott hoffen/wünschen, dass ...; ~ **knows** weiß der Himmel *fam;* **thank** ~ Gott sei Dank **II.** *interj* [**my**] ~ [**me**] ach du meine [*o* liebe] Güte, du liebe Zeit; [**my**] ~ **gracious** [**me**] [du] liebe Güte

good·night [ˌgʊd'naɪt] **I.** *n* gute Nacht; **to say** ~ [**to sb**] [jdm] gute Nacht sagen [*o* wünschen] **II.** *n modifier* (*kiss*) Gutenacht-

goodo(h) [ˌgʊd'əʊ] *interj esp* AUS, NZ o.k. *fam,* prima

good 'of·fices *npl* (*form*) Unterstützung *f kein pl*

goods [gʊdz] **I.** *npl* ❶ (*freight*) Fracht *f,* Frachtgut *nt* ❷ (*wares*) Waren *fpl,* Güter *ntpl;* **consumer** ~ Verbrauchsgüter *ntpl,* Konsumgüter *ntpl;* **consumer** ~ **industry** Konsumgüterindustrie *f;* **household/leather** ~ Haushalts-/Lederwaren *pl;* **luxury** ~ Luxusgüter *ntpl;* **sports** ~ Sportartikel *mpl;* **dry** ~ Textilwaren *pl;* **finished** ~ Fertigwaren *pl;* **manufactured** ~ Fertigprodukte *ntpl;* **stolen** ~ Diebesgut *nt;* ~ **and services** Waren und Dienstleistungen ❸ (*personal belongings*) persönliche Habe; ~ **and chattels** (*form*) Hab und Gut *nt* ▶ PHRASES: **sb/sth** <u>**comes**</u> **up with** [*or* <u>**delivers**</u>] [*or* <u>**produces**</u>] **the** ~ jd/etw hält, was er/es verspricht; **to** <u>**get**</u>/<u>**have**</u> **the** ~ **on sb** (*fam*) gegen jdn etw in die Hand bekommen/in der Hand haben **II.** *n modifier* BRIT (*delivery, depot, lorry, train, waggon, station*) Güter-; ~ **traffic** Frachtverkehr *m;* ~ **vehicle** Nutzfahrzeug *nt*

good Sa·mari·tan [-sə'mærɪtᵊn, AM -'merə-] *n* ❶ *no pl* REL ■**the** ~ der barmherzige Samariter ❷ (*fig: helpful person*) barmherziger Samariter **'good-sized** *adj inv* [recht] groß **good-'tem·pered** *adj inv* ❶ (*having an equable nature*) gutmütig ❷ (*reflecting an equable nature*) freundlich; *smile* gutmütig; *discussion* freundschaftlich **'good-time girl** *n* (*fam*) ❶ (*party girl*) Partymaus *f fam* ❷ (*pej: promiscuous woman*) leichtes Mädchen *pej* ❸ (*pej: prostitute*) Prostituierte *f,* Nutte *f pej sl* **good 'turn** *n* Gefallen *m,* guter Dienst; **to do sb a** ~ jdm einen Gefallen erweisen ▶ PHRASES: **one** ~ <u>**deserves**</u> **another** (*prov*) eine Hand wäscht die andere *prov* **'good·will I.** *n no pl* ❶ (*friendly feeling*) guter Wille (**towards** gegenüber +*dat*); **feeling of** ~ Atmosphäre *f* des guten Willens; **to retain sb's** ~ sich *dat* jds Wohlwollen erhalten ❷ AM (*charity organization*) ■**the G**~ der Goodwill ❸ (*willingness to cooperate*) Verständigungsbereitschaft *f;* **a gesture of** ~ eine Geste des guten Willens ❹ (*established reputation*) [guter] Ruf *m;* ECON Goodwill *m* **II.** *n modifier* **a** ~ **gesture** eine Geste des guten Willens; ~ **mission/tour** Goodwillreise *f*/-tour *f* **good 'word** *n* gutes Wort; **to put in a** ~ **for sb** für jdn ein gutes Wort einlegen

goody ['gʊdi] **I.** *n* ❶ (*desirable object*) tolle Sache *fam;* **there's more to life than acquiring goodies** es gibt Wichtigeres im Leben als Vermögenswerte anzuhäufen ❷ FOOD Leckerbissen *m; sweets* Süßigkeit *f* ❸ (*good person*) Gute(r) *f(m);* **a** ~**-two-shoes** (*pej dated*) ein Tugendbold *m iron* **II.** *interj* (*usu childspeak*) klasse *fam,* spitze *fam;* ~ **gumdrops** (*dated*) juhu

'goody-goody I. *adj attr, inv* (*pej*) tugendhaft *iron* **II.** *n* (*pej*) Tugendbold *m iron*

goo·ey ['guːi] *adj* (*fam*) ❶ (*sticky*) klebrig; FOOD *pudding* pampig; *toffees* weich und klebrig; *cake* üppig ❷ (*fig: overly sentimental*) schmalzig *pej fam*

goof [guːf] *esp* AM **I.** *n* (*fam*) ❶ (*mistake*) Patzer *m* ❷ (*silly person*) Idiot *m pej fam,* Trottel *m pej fam* **II.** *vi* (*fam*) sich *dat* einen Schnitzer leisten, Mist bauen *fam* **III.** *vt* (*fam*) ■**to** ~ **on sb** jdn veräppeln *fam*

◆**goof about, goof around** *vi* AM (*fam*) ❶ (*clown around*) herumblödeln *fam* ❷ (*do nothing productive*) herumhängen *sl*

◆**goof off** *vi esp* AM (*fam*) ❶ (*do nothing*) herumlungern *sl,* herumhängen *sl* ❷ (*in school*) schwänzen *fam;* (*at work*) **to** ~ **off on the job** blaumachen *fam*

◆**goof up** *vt* AM (*fam*) ■**to** ~ **up** ⟲ **sth** etw vermasseln *sl*

'goof·ball *n esp* AM (*fam*) Doofmann *m fam,* Blödmann *m fam*

'goof-off *n* AM (*pej fam*) Faulenzer(in) *m(f) pej fam*

goofy ['guːfi] *adj esp* AM (*fam*) doof, blöd; ~ **charm** naiver Charme

goog·ly ['guːgli] *n* (*in cricket*) gedrehter Ball

gook [guːk, AM *also* gʊk] *n esp* AM (*pej sl*) Schlitzauge *nt pej*

gooky ['guːki, 'gʊki] *adj* AM (*slimey*) schleimig; (*sticky*) klebrig

goolies ['guːliz] *npl* BRIT (*fam*) Eier *ntpl derb*

goon [guːn] *n* (*fam*) ❶ (*pej: silly person*) Blödmann *m pej fam,* Blödel *m pej fam* ❷ *esp* AM (*thug*) Schläger *m*

goop [guːp] *n* AM Schmiere *f;* **silicon** ~ klebrige Silikonmasse

goos·an·der [guː'sændəʳ, AM -ɚ] *n* ORN Gänsesäger *m*

goose [guːs] **I.** *n* ❶ <*pl* geese> ORN, FOOD Gans *f;* **Canadian** ~ kanadische Gans ❷ <*pl* -es> (*dated fam: silly person*) [**silly**] ~ [dumme] Gans *pej fam* ▶ PHRASES: [**to send sb on**] **a wild** ~ <u>**chase**</u> jdn auf eine sinnlose Suche schicken; **to kill the** ~ **that lays the golden** <u>**eggs**</u> den Ast absägen, auf dem man sitzt; **what's sauce for the** ~ **is sauce for the** <u>**gander**</u> BRIT, **what's good for the** ~ **is good for the** <u>**gander**</u> AM, **what's good for the** <u>**gander**</u> **is good for the** ~ AM (*prov*) was für den einen gut ist, kann für den anderen nicht schlecht sein; **to** <u>**cook**</u> **sb's** ~ jdm die Suppe versalzen *fam;* **sb's** ~ **is** <u>**cooked**</u> jd ist fällig [*o* dran] *fam;* **to** <u>**cook**</u> **one's** [**own**] ~ sich *akk* selbst in Schwierigkeiten bringen **II.** *vt* (*fam*) ❶ (*poke in the bottom*) ■**to** ~ **sb** jdn kneifen; **to** ~ **sb in the butt** [*or* **rear end**] AM jdn in den Hintern kneifen *fam* ❷ AM (*motivate*) ■**to** ~ **sb** jdn antreiben ❸ AM (*increase*) **to** ~ **up profits** Gewinne steigern **III.** *n modifier* (*egg, farm, feathers, meat*) Gänse-; **a** ~ **egg** AM (*fig fam*) überhaupt nichts

goose 'bar·na·cle *n* Entenmuschel *f*

goose·ber·ry ['gʊzbᵊri, AM 'guːsˌberi] **I.** *n* Stachelbeere *f* ▶ PHRA-

SES: **to play** ~ BRIT (*fig fam*) das fünfte Rad am Wagen sein *fam* **II.** *n modifier* (*jam*) Stachelbeer-
'goose bumps *npl esp* AM, **'goose-flesh** *n no pl* Gänsehaut *f*
'goose·foot <*pl* -s> *n* BOT Gänsefuß *m*
goose·gog ['gʊzgɒg] *n* BRIT (*fam*) Stachelbeere *f*
'goose·grass *n* BOT klebriges Labkraut **'goose·neck** *n* NAUT Lümmel *m;* TECH Schwanenhals *m* **'goose-pim·ples** *npl* Gänsehaut *f kein pl* **'goose-pim·ply** *adj pred, inv* (*fam*) **to get** [*or* **go**] [**all**] ~ eine Gänsehaut kriegen *fam* **'goose·step I.** *vi* <-pp-> im Stechschritt marschieren **II.** *n no pl* Stechschritt *m;* **to do the** ~ im Stechschritt marschieren
goos(e)y ['gu:si] *adj* AUS **to get** [*or* **go**] [**all**] ~ eine Gänsehaut kriegen *fam*
GOP [,dʒi:oʊ'pi:] *n no pl* AM *abbrev of* **Grand Old Party**
go·pher ['gəʊfəʳ, AM 'goʊfɚ] *n* ZOOL ❶ (*rodent*) **pocket** ~ Taschenratte *f* ❷ AM (*fam: ground squirrel*) Ziesel *m* ÖSTERR *meist nt*
Gor·dian knot [,gɔ:diən'-, AM ,gɔ:r-] *n* (*fig*) gordischer Knoten; **to cut the** ~ den gordischen Knoten durchhauen
Gordon Bennett [,gɔ:dᵊm'benɪt] *interj* BRIT (*dated sl*) du meine Güte *fam*
gore¹ [gɔ:ʳ, AM gɔ:r] **I.** *n no pl* Blut *nt;* **to lie in one's own** ~ (*liter*) in seinem eigenen Blut liegen **II.** *vt* ■**to** ~ **sb** jdn aufspießen; **a bullfighter was almost** ~**d to death** ein Stierkämpfer wurde von einem Stier aufgespießt und fast getötet
gore² [gɔ:ʳ, AM gɔ:r] FASHION **I.** *n* Zwickel *m,* [eingenähter] Keil **II.** *vt* ■**to** ~ **sth** einen Keil [*o* Zwickel] einnähen; ~**d skirt** Bahnenrock *m*
gorge [gɔ:dʒ, AM gɔ:rdʒ] **I.** *n* ❶ (*wide ravine*) Schlucht *f* ❷ (*throat*) Schlund *m;* **sb's** ~ **rises** jdm wird schlecht [*o* übel]; (*fig*) jdm dreht es den Magen um *fig fam;* **my** ~ **rose at the reports of how the prisoners had been beaten** es drehte mir den Magen um, als ich las, wie die Gefangenen misshandelt worden waren **II.** *vi* schlemmen, sich *akk* vollessen; ■**to** ~ **on sth** etw verschlingen [*o fam* mampfen] **III.** *vt* ■**to** ~ **oneself on** [*or* **with**] **sth** sich *akk* mit etw *dat* voll stopfen *fam*
gor·geous ['gɔ:dʒəs, AM 'gɔ:r-] *adj* ❶ (*very beautiful*) herrlich, großartig; **the bride looked** ~ die Braut sah zauberhaft aus; **hello, G~!** hallo, du Schöne!; ~ **autumnal colours** prächtige Herbstfarben ❷ (*fig: very pleasurable*) ausgezeichnet, fabelhaft; **that was an absolutely** ~ **meal** das Essen war einfach hervorragend
gor·geous·ly ['gɔ:dʒəsli, AM 'gɔ:r-] *adv* herrlich, großartig; (*beautifully*) hinreißend, prunkvoll; (*colourfully*) [farben]prächtig
gor·geous·ness ['gɔ:dʒəsnəs, AM 'gɔ:r-] *n no pl* Großartigkeit *f,* Pracht *f;* (*beauty*) hinreißende Schönheit; (*colourfulness*) [Farben]pracht *f*
gor·gon ['gɔ:gᵊn, AM 'gɔ:r-] *n* ❶ LIT ■**the G~s** *pl* die Gorgonen ❷ (*fig: frightening woman*) Drachen *m pej sl*
go·ril·la [gə'rɪlə] *n* (*a. fig*) Gorilla *m a. fig*
gorm·less ['gɔ:mləs] *adj* BRIT (*fam*) dämlich *pej fam*
gorse [gɔ:s, AM gɔ:rs] *n no pl* [Stech]ginster *m*
gory ['gɔ:ri] *adj* ❶ (*bloody*) blutig ❷ (*fig: cruel*) *film* blutrünstig ❸ (*fig, hum: explicit, juicy*) peinlich; **come on, I want to know all the** ~ **details about your date** los, erzähl schon, ich will all die intimen Details deines Rendezvous erfahren
gosh [gɒʃ, AM gɑ:ʃ] *interj* (*fam*) Mensch *fam,* Mann *fam*
gos·hawk ['gɒshɔ:k, AM 'gɑ:shɑ:k] *n* ORN [Hühner]habicht *m*
gos·ling ['gɒzlɪŋ, AM 'gɑ:z-] *n* ORN Gänseküken *nt*
go-'slow *n* BRIT Bummelstreik *m*
gos·pel ['gɒspᵊl, AM 'gɑ:s-] *n* ❶ (*New Testament*) ■**the G~** das Evangelium; **the G~ according to Saint Mark** [*or* **St Mark's Gospel**] das Evangelium nach Markus [*o* Markusevangelium]; **to preach/spread the** ~ das Evangelium predigen/verbreiten ❷ (*fig: principle*) Grundsätze *mpl,* Prinzipien *ntpl; of religion* Lehre *f;* **to spread the feminist** ~ sich *akk* für den Feminismus einsetzen ❸ *no pl* (*absolute truth*) absolute [*o* reine] Wahrheit; **to take sth as** ~ etw für bare Münze nehmen ❹ *no pl* (*music*) Gospel *nt*
'gos·pel mu·sic *n no pl* Gospel *m o nt* **'gos·pel sing·er** *n* Gospelsänger(in) *m(f)* **'gos·pel song** *n* Gospelsong *m* **'gos·pel sto·ry** *n* Geschichte *f* vom Leben und Wirken Jesu **gos·pel 'truth** *n no pl* absolute [*o* reine] Wahrheit; **to take sth as** ~ etw für bare Münze nehmen
gos·sa·mer ['gɒsəməʳ, AM 'gɑ:səmɚ] **I.** *n no pl* Spinnfäden *mpl* **II.** *adj attr, inv veil* hauchdünn, hauchzart
gos·sip ['gɒsɪp, AM 'gɑ:səp] **I.** *n* (*usu pej*) ❶ *no pl* (*rumour*) Klatsch *m fam,* Tratsch *m fam,* Gerede *nt;* **idle** ~ (*pej*) leeres Geschwätz *pej fam;* **the latest** ~ der neueste Tratsch *fam;* **to have a** ~ **about sb** über jdn tratschen [*o* klatschen] *fam* ❷ (*pej: person*) Tratschbase *f pej fam,* Klatschmaul *nt pej sl* ❸ (*conversation*) Schwatz *m fam* **II.** *n modifier* Klatsch-; **let's have a good** ~ **session!** AM lass uns mal richtig ausgiebig tratschen *fam* **III.** *vi* ❶ (*chatter*) schwatzen *fam,* plauschen *fam* ❷ (*spread rumours*) tratschen *pej fam,* klatschen *pej fam;* ■**to** ~ **about sb** über jdn tratschen [*o* klatschen]
'gos·sip col·umn *n* Klatschspalte *f pej fam* **gos·sip 'col·umn·ist** *n* Klatschkolumnist(in) *m(f) pej fam* **'gos·sip·mon·ger** *n* (*pej*) Klatschmaul *nt pej fam*
gos·sipy ['gɒsɪpi, AM 'gɑ:səpi] *adj* ❶ (*rumour-spreading*) schwatzhaft *fam;* ~ **person** Klatschmaul *nt fam* ❷ (*containing gossip*) Klatsch-; **she always writes long** ~ **letters** sie schreibt immer höchst ausführliche Briefe; ~ **style** Plauderton *m*
got [gɒt, AM gɑ:t] *pt, pp of* **get**
got·cha ['gɒtʃə, AM 'gɑ:-] *interj* (*fam*) *abbrev of* **I have got you** ❶ (*when seizing sb*) hab dich *fam* ❷ (*said to express understanding*) alles klar *fam*
Goth·ic ['gɒθɪk, AM 'gɑ:-] **I.** *adj* ❶ ARCHIT gotisch ❷ LIT Schauer-; ~ **tale** Schauergeschichte *f* ❸ HIST (*of Goths*) gotisch ❹ *inv* TYPO gotisch; ~ **script** die gotische [*o* altdeutsche] Schrift **II.** *n no pl* ❶ LING Gotisch *nt,* das Gotische ❷ TYPO Gotisch *nt,* die gotische [*o* altdeutsche] Schrift
goth·ic 'nov·el *n* Schauerroman *m*
got·ta ['gɒtə, AM 'gɑ:t̬ə] (*fam*) ❶ = [**have**] **got to** müssen; ■**to** ~ **do sth** etw tun müssen; **I** ~ **go now** ich muss jetzt los *fam;* **I** ~ **go** (*euph*) ich muss mal *fam;* **he's** ~ **be kidding** das kann er nicht ernst meinen ❷ = **have you got a** haste mal *sl;* ~ **minute?** haste [mal] 'ne Minute Zeit? *fam* ▸ PHRASES: **a man's** ~ **do what a man's** ~ **do** ein Mann muss tun, was ein Mann tun muss
got·ten ['gɒtᵊn, AM 'gɑ:-] AM, AUS *pp of* **got**
gouache [gu'ɑ:ʃ] *n* ART Guasch *f,* Gouache *f*
gouge [gaʊdʒ] **I.** *n* ❶ (*chisel*) Meißel *m* ❷ (*indentation*) Rille *f* **II.** *vt* ❶ (*force into*) ■**to** ~ **sth in**[**to**] **sth** etw in etw *akk* hineintreiben; **the meteor had** ~**d a great crater** der Meteor hatte einen riesigen Krater gerissen; **to** ~ **a hole into sth** (*pierce*) ein Loch in etw *akk* hineinstechen; (*drill*) ein Loch in etw *akk* hineinbohren ❷ AM (*fam: overcharge*) ■**to** ~ **sb** jdn betrügen [*o fam* über den Tisch ziehen]
◆**gouge out** *vt* ■**to** ~ **out** ↔ **sth** etw aushöhlen; **to** ~ **out sb's eyes** jdm die Augen ausstechen
gou·lash ['gu:læʃ, AM -lɑ:ʃ] *n no pl* Gulasch *nt*
gourd [gʊəd, AM gɔ:rd] *n* ❶ BOT Kürbis *m* ❷ (*hollow shell*) Kürbisflasche *f* ❸ AM (*fig sl: mind*) **to be off** [*or* **out of**] **one's** ~ den Verstand verloren haben; **are you off your** ~**?** bist du noch zu retten? *fam*
gour·mand ['gʊəmənd, AM 'gʊrmɑ:nd] *n* Schlemmer(in) *m(f),* Gourmand *m*
gour·met ['gʊəmeɪ, AM 'gʊr-] **I.** *n* Feinschmecker(in) *m(f),* Gourmet *m* **II.** *n modifier* (*food counter, meal, recipe, restaurant*) Feinschmecker-, Gourmet-
gout [gaʊt] *n no pl* Gicht *f*
gouty ['gaʊti, AM -t̬-] *adj inv* gichtig
Gov *n* ❶ *abbrev of* **government** ❷ AM *abbrev of* **governor**

gov·ern ['gʌvᵊn, AM -ɚn] **I.** *vt* ❶ POL **to ~ sb/a country** jdn/ein Land regieren ❷ (*be in charge of*) **to ~ an organization** eine Organisation leiten ❸ LAW (*regulate*) ■**to ~ sth** etw regeln; ■**to ~ how/when/what ...** regeln, wie/wann/was ... ❹ *usu passive* (*be determined by*) ■**to be ~ed by sth** durch etw *akk* beeinflusst [*o* bestimmt] werden; **the movement of the tides is ~ed mainly by the moon** der Gezeitenwechsel ist hauptsächlich vom Mond abhängig ❺ LING ■**to ~ sth** *case* etw regieren **II.** *vi* regieren; **to be fit/unfit to ~** regierungsfähig/-unfähig sein

gov·ern·able ['gʌvᵊnəbl̩, AM -vɚn-] *adj* regierbar

gov·er·ness <*pl* -es> ['gʌvᵊnəs, AM -ɚnəs] *n* Gouvernante *f veraltet,* Hauslehrerin *f*

gov·ern·ing ['gʌvᵊnɪŋ, AM -vɚn-] *adj attr, inv government* regierend; *management* leitend; **~ body** Vorstand *m;* **self-~** autonom, mit Selbstregierung *nach n*

gov·ern·ment ['gʌvᵊnmənt, AM -vɚ(n)-] **I.** *n* ❶ (*body*) Regierung *f;* **federal/state ~** Bundes-/Staatsregierung *f;* **local ~** Komunalverwaltung *f;* **military/provisional ~** Militär-/Übergangsregierung *f;* **His/Her Majesty's G~** die Regierung seiner/ihrer königlichen Majestät; **to be in ~** BRIT, AUS an der Regierung sein; **to form a ~** eine Regierung bilden ❷ (*system*) Regierung *f;* **communist/democratic ~** kommunistische/demokratische Regierung ❸ *no pl* (*act*) Regieren *nt;* **the party has no experience of ~** die Partei hat keinerlei Regierungserfahrung **II.** *n modifier* (*buildings, funding, offices, officials, sources, spokesperson*) Regierungs-; **~ agency** Behörde *f;* **~ aid** [*or* **support**] staatliche Unterstützung; **~ bonds** [*or* **loan**]/**paper** Staatsanleihe *f*/-papier *nt;* **~ department** Regierungsstelle *f;* **~ grant** staatlicher Zuschuss, staatliche Beihilfe; **G~ House** BRIT Regierungsgebäude *nt;* **~ intervention** Eingreifen *nt* der Regierung; **~ issue equipment** MIL vom Staat bereitgestellte Ausrüstung; **~ organization** Regierungsorganisation *f;* **~ policy** Regierungspolitik *f;* **~ property** Staatseigentum *nt,* Staatsbesitz *m,* fiskalisches Eigentum; **~ revenue/spending** Staatseinnahmen *fpl*/-ausgaben *fpl;* **~ security** Staatspapier *nt,* staatliches Wertpapier; **~ subsidy** Subvention *f*

gov·ern·men·tal [ˌgʌvᵊn'mentᵊl, AM -vɚ(n)'ment̬ᵊl] *adj inv* ❶ (*by the government*) Regierungs-; **~ decision** Entscheidung *f* auf Regierungsebene; **~ publication** Veröffentlichung *f* der Regierung ❷ (*state*) staatlich

gov·er·nor ['gʌvᵊnəʳ, AM -ɚnɚ] *n* ❶ POL Gouverneur *m* ❷ BRIT ADMIN Vorstand *m,* Direktor(in) *m(f);* **the G~ of the Bank of England** der Präsident der Bank von England; **the ~s of the school** [*or* **the school ~s**] der Schulbeirat; **board of ~s** Vorstand *m; of a bank* Direktorium *nt; of a school* Schulbeirat *m* ❸ BRIT (*fam: one's boss*) Chef(in) *m(f)* ❹ AUTO, MECH Regler *m*

gov·er·nor-'gen·er·al <*pl* governors- *or* -s> *n* Generalgouverneur *m*

gov·er·nor·ship ['gʌvᵊnəʃɪp, AM -vɚnɚ-] *n no pl* ❶ (*office*) Gouverneursamt *nt* ❷ (*period of office*) Amtszeit *f*

govt *n abbrev of* **government**

gown [gaʊn] *n* ❶ FASHION Kleid *nt;* **ball/evening ~** Ball-/Abendkleid *nt* ❷ MED Kittel *m;* **hospital/surgical ~** Krankenhaus-/Operationskittel *m* ❸ UNIV Robe *f,* Talar *m*

gowned [gaʊnd] *adj inv* MED **the doctors and nurses are ~ up ready for the operation** die Ärzte und Schwestern sind für die Operation gekleidet

goy [gɔɪ] *n* (*pej*) Goi *m,* Gojim *f* (*Nichtjude/-jüdin*)

goy·ish ['gɔɪɪʃ] *adj esp* AM (*pej sl*) ❶ (*non-Jewish*) nicht jüdisch ❷ (*fig: not okay*) nicht koscher *fig,* nicht geheuer

GP [ˌdʒiː'piː] *n* MED *abbrev of* **general practitioner**

GPO [ˌdʒiːpiː'əʊ, AM -'oʊ] *n* ❶ BRIT *abbrev of* **General Post Office** ❷ AM PUBL *abbrev of* **Government Printing Office** Staatsdruckerei *f*

GPS [ˌdʒiːpiː'es] *n abbrev of* **Global Positioning System** GPS *nt*

grab [græb] **I.** *n* ❶ (*snatch*) Griff *m;* **to make a ~ at** [*or* **for**] **sth** nach etw *dat* greifen [*o fam* grabschen] ❷ MECH Greifer *m* ▶ PHRASES: **to be up for ~s** zu haben sein **II.** *vt* <-bb-> ❶ (*snatch*) ■**to ~ sth** sich *dat* etw schnappen; **to ~ sth out of sb's hands** jdm etw aus den Händen reißen; ■**to ~ sth** [**away**] **from sb** jdm etw entreißen ❷ (*take hold of*) ■**to ~ sth** [sich *dat*] etw schnappen *fam;* ■**to ~ sb** jdn packen; (*arrest*) jdn festnehmen; (*sl: kidnap*) sich *dat* jdn schnappen *fam;* ■**to ~ hold of sb/sth** jdn/etw festhalten; **he ~bed hold of his child's arm to stop her from running into the road** er packte seine Tochter am Arm, damit sie nicht auf die Straße lief ❸ (*fam: get, acquire*) ■**to ~ sth** sich *dat* etw schnappen *fam;* ■**to ~ sb** sich *dat* jdn greifen *fam;* **can I just ~ you for a minute?** kann ich dich mal für 'ne Minute haben?; (*fam*) **to ~ sb's attention** jds Aufmerksamkeit erregen; **to ~ a bite** [**to eat**] schnell einen Happen essen; **to ~ a chance/an opportunity** eine Chance/eine Gelegenheit wahrnehmen [*o fam* beim Schopf[e] packen]; **to ~ some sleep** [ein wenig] schlafen ❹ (*fam: touch up*) ■**to ~ sb/sth** jdn/etw begrapschen *pej fam* ❺ (*sl: impress*) ■**to ~ sb** jdn beeindrucken; **how does that** [**idea**] **~ you?** wie findest du das?, was hältst du davon? **III.** *vi* <-bb-> ❶ (*snatch*) grapschen; ■**to ~ at sb** jdn begrapschen *pej fam;* ■**to ~ at sth** nach etw *dat* greifen ❷ MECH *brake* [ruckartig] greifen ❸ (*take advantage of*) **to ~ at a chance/an opportunity** eine Chance/eine Gelegenheit wahrnehmen

'grab bag *n* ❶ AM, CAN, AUS (*anonymous gift exchange*) Grabbelsack *m* DIAL; **to do a ~** einen Grabbelsack machen DIAL ❷ AM, CAN, AUS (*lucky dip*) Glücksbeutel *m* (*auf einem Jahrmarkt*) ❸ AUS (*wide variety*) Sammelsurium *nt hum*

grab·by ['græbi] *adj esp* AM (*pej fam*) ❶ (*grasping*) gierig ❷ (*constantly touching*) ■**to be ~** immer alles anfassen müssen; **don't be so ~** fass nicht immer alles an

gra·ben ['grɑːbᵊn] *n* GEOL Graben *m*

'grab han·dle *n* Haltegriff *m* **'grab rail** *n* Haltestange *f* **'grab strap** *n* Halteriemen *m*

grace [greɪs] **I.** *n* ❶ *no pl* (*of movement*) Grazie *f* ❷ *no pl* (*of appearance*) Anmut *f* ❸ (*of behaviour*) Anstand *m kein pl;* **to do sth with** [**a**] **good/bad ~** etw anstandslos/widerwillig tun; **to have the** [**good**] **~ to do sth** den Anstand besitzen, etw zu tun; **social ~s** gesellschaftliche Umgangsformen ❹ *no pl* (*mercy*) Gnade *f;* **to be in a state of ~** REL im Zustand der Gnade Gottes sein; **divine ~** göttliche Gnade; **in the year of ~ 1558** (*form*) im Jahre des Herrn 1558; **by the ~ of God** durch die Gnade Gottes; **there, but for the ~ of God go I/we** (*saying*) das hätte auch mich/uns erwischen können ❺ (*favour*) Gnade *f;* **~ and favour** BRIT (*house, apartment*) *kostenlose Unterbringung, die die Königliche Familie z.B. pensionierten Beamten gewährt;* **to be in sb's good ~s** bei jdm gut angeschrieben sein; **to get into sb's good ~s** jds Gunst erlangen; **to fall from** [**sb's**] **~** [bei jdm] in Ungnade fallen ❻ (*prayer*) Tischgebet *nt;* **to say ~** ein Tischgebet sprechen ❼ *no pl* (*leeway*) Aufschub *m;* **we're supposed to pay the bill this month, but we've been given a month's ~** wir müssten die Rechnung diesen Monat bezahlen, aber sie geben uns noch einen Monat Aufschub ❽ (*Highness*) **Your/His/Her G~** Euer/Seine/Ihre Gnaden *veraltet;* **Your ~** (*duke, duchess*) Eure Hoheit; (*archbishop*) Eure Exzellenz ❾ LIT (*goddesses*) ■**the G~s** die Grazien **II.** *vt* (*form*) ❶ (*honour*) **to ~ sb/sth** [**with one's presence**] jdn/etw [mit seiner Anwesenheit] beehren *geh o hum* ❷ (*adorn*) ■**to ~ sth** etw schmücken [*o geh* zieren]

grace·ful ['greɪsfᵊl] *adj* ❶ (*in movement*) graziös, anmutig ❷ (*in appearance*) elegant ❸ (*in behaviour*) würdevoll

grace·ful·ly ['greɪsfᵊli] *adv* ❶ (*move*) graziös, anmutig ❷ (*behave*) würdevoll; **they are trying to handle their divorce as ~ as possible** sie versuchen, ihre Scheidung mit so viel Anstand wie möglich hinter sich zu bringen

grace·ful·ness ['greɪsfᵊlnəs] *n no pl* ❶ (*of movement*) Grazie *f,*

G

Anmut *f* ❷ (*of behaviour*) Anstand *m*

grace·less ['greɪsləs] *adj* ❶ (*inelegant*) *clothes* ohne jede Eleganz *nach n; gait* plump, schwerfällig ❷ (*impolite*) unhöflich, taktlos

grace·less·ly ['greɪsləsli] *adv* ❶ (*not elegantly*) plump; **to move** ~ sich *akk* schwerfällig bewegen ❷ (*impolitely*) unhöflich, taktlos

grace·less·ness ['greɪsləsnəs] *n no pl* ❶ (*clumsiness*) Plumpheit *f; of movement* Schwerfälligkeit *f* ❷ (*rudeness*) Unhöflichkeit *f*

'grace note *n* MUS Manier *f fachspr* **'grace pe·ri·od** *n* Gnadenfrist *f;* ECON Nachfrist *f;* **to allow a** ~ eine rückzahlungsfreie Zeit gewähren [*o* einräumen]

gra·cious ['greɪʃəs] **I.** *adj* ❶ (*kind*) liebenswürdig, freundlich; **Caroline was very** ~ **to all her guests** Caroline war zu all ihren Gästen sehr zuvorkommend ❷ (*dignified*) würdevoll; **the losing team were** ~ **in their defeat** die geschlagene Mannschaft nahm ihre Niederlage mit Würde hin ❸ (*elegant*) kultiviert; ~ **living** gehobener Lebensstil ❹ (*merciful*) gnädig, gütig **II.** *interj* (*dated*) [**good** [*or* **goodness**]] ~ [**me**] [du] meine Güte [*o* lieber Himmel]

gra·cious·ly ['greɪʃəsli] *adv* ❶ (*kindly*) liebenswürdig, freundlich ❷ (*mercifully*) gütig, gnädig

gra·cious·ness ['greɪʃəsnəs] *n no pl* ❶ (*kindness*) Liebenswürdigkeit *f,* Freundlichkeit *f* ❷ (*mercy*) Güte *f*

grad [græd] *n* (*fam*) *abbrev of* **graduate**

grad·able ['greɪdəbl] *adj inv* LING steigerbar

gra·da·tion [grə'deɪʃᵊn, AM greɪ'-] *n* ❶ (*stage, step*) Abstufung *f* ❷ (*marking*) Skalierung *f* ❸ ART, MUS (*change*) Übergang *m;* **the** ~ **in** [*or* **of**] **tempo/colour** der Tempo-/Farbübergang *m*

grade [greɪd] **I.** *n* ❶ (*rank*) Rang *m;* **the higher** ~**s of staff** die höheren [*o* leitenden] Angestellten ❷ (*of salary*) Gehaltsstufe *f* ❸ SCH (*mark*) Note *f* ❹ AM SCH (*class*) Klasse *m;* **she is in sixth** ~ sie ist in der sechsten Klasse; **to skip a** ~ eine Klasse überspringen ❺ (*of quality*) Qualität *f;* **high/low** ~ hohe/niedrige Qualität ❻ AM (*gradient*) Neigung *f;* [**gentle/steep**] ~ (*upwards*) [geringe/starke] Steigung; (*downwards*) [schwaches/starkes] Gefälle ❼ AGR (*mix-bred animal*) Kreuzung *f* ▶ PHRASES: **to be on the down/up** ~ AM schlechter/besser werden; **things seem to be on the up** ~ es scheint aufwärtszugehen; **to make the** ~ den Anforderungen gerecht werden **II.** *n modifier* **a dozen** ~ **A eggs** ein Dutzend Eier Klasse A **III.** *vt* ❶ SCH, UNIV (*evaluate*) ■**to** ~ **sb/sth** jdn/etw benoten [*o* bewerten]; ■**to** ~ **sth up/down** etw besser/schlechter benoten ❷ (*categorize*) ■**to** ~ **sth** etw einteilen [*o* klassifizieren] ❸ AM TRANSP (*level*) ■**to** ~ **sth** etw einebnen

-grade [greɪd] *in compounds* -gradig; **industrial-~ flooring** industriegenormter Boden; **low-~ fever** niedriges Fieber; **low-~ infection** leichte Infektion; **weapons-~ plutonium** waffentaugliches Plutonium

'grade cross·ing *n* AM [schienengleicher] Bahnübergang

grad·ed ['greɪdɪd] *adj* ❶ *inv* (*calibrated*) genormt ❷ TRANSP geebnet

grade point 'av·er·age *n* AM, AUS SCH Notendurchschnitt *m;* **a 2.0** ~ ein Notendurchschnitt *m* von 2,0

grad·er ['greɪdəʳ, AM -ɚ] *n* Straßenhobel *m*

-grad·er ['greɪdɚ] *in compounds* AM SCH **third-~** Drittklässler(in) *m(f)*

'grade school *n* AM (*elementary school*) Grundschule *f*

gra·di·ent ['greɪdiənt] *n* Neigung *f;* [**gentle/steep**] ~ (*upwards*) [leichte/starke] Steigung; (*downwards*) [schwaches/starkes] Gefälle; **the** ~ **of the road is 1 in 10** die Straße hat ein Gefälle von 10%

i Kultur

Das übliche Notensystem der USA, das **grading system**, verwendet die Buchstaben: A, B, C, D, E und F, wobei das E oft fehlt. Großbritannien verwendet die Buchstaben A bis E. A ist die beste Note, und F (*Fail*) bedeutet durchgefallen. Die Buchstaben können auch mit einem Plus oder Minus versehen werden. Wer eine A+ erhält, hat eine außerordentlich gute Leistung erbracht.

grad·ual ['grædʒuəl] *adj* ❶ (*not sudden*) *decrease, increase* allmählich ❷ (*not steep*) *incline* sanft

grad·ual·ism ['grædʒuəlɪzᵊm] *n no pl* langsame Herangehensweise; (*policy*) Stufenreformpolitik *f*

grad·ual·ly ['grædʒuəli] *adv* ❶ (*not suddenly*) allmählich ❷ (*not steeply*) sanft

gradu·ate I. *n* ['grædʒuət] ❶ UNIV Absolvent(in) *m(f);* **he is a** ~ **in physics** [*or* **a physics** ~] er hat einen [Universitäts]abschluss in Physik; **university** ~ Hochschulabsolvent(in) *m(f)* ❷ AM SCH Schulabgänger(in) *m(f)* **II.** *adj* ['grædʒuət] *attr, inv* ❶ (*relating to people with college degrees*) Graduierten-; ~ **unemployment** Akademikerarbeitslosigkeit *f* ❷ (*postgraduate*) weiterführend; ~ **course** Kurs *m* im höheren Fachsemester; ~ **student** Student(in) *m(f)* mit Universitätsabschluss **III.** *vi* ['grædʒueɪt] ❶ UNIV einen akademischen Grad [*o* Universitätsabschluss] erwerben; **she** ~**d from the University of London** sie hat an der Universität von London ihren Abschluss gemacht; **to** ~ **with honours** seinen Abschluss mit Auszeichnung machen; **to** ~ [**magna/summa**] **cum laude** AM [magna/summa] cum laude abschließen ❷ AM SCH die Abschlussprüfung bestehen; **to** ~ **from high school** das Abitur machen ❸ (*move up*) aufsteigen; **she** ~**d from being a secretary to running her own department** sie ist von einer Sekretärin zur Leiterin ihrer eigenen Abteilung aufgestiegen; ■**to** ~ **on to sth** AM zu etw *dat* übergehen **IV.** *vt* ['grædʒueɪt] ❶ (*calibrate*) ■**to** ~ **sth** *thermometer* etw einteilen [*o* in Grade unterteilen] ❷ AM (*award degree*) ■**to** ~ **sb** jdn graduieren; **the college** ~**s hundreds of students each year** an dieser Hochschule machen jedes Jahr Hunderte ihren Abschluss

gradu·at·ed ['grædʒueɪtɪd, AM -t̬-] *adj inv* FIN gestaffelt; ~ **price** Staffelpreis *m*

'gradu·ate school *n* AM höhere Fachsemester

gradua·tion [ˌgrædʒu'eɪʃᵊn] **I.** *n* ❶ *no pl* SCH, UNIV (*completion of studies*) [Studien]abschluss *m* ❷ (*ceremony*) Abschlussfeier *f* ❸ (*promotion*) Beförderung *f* (**to** zu +*dat*) ❹ (*mark of calibration*) Skala *f,* [Grad]einteilung *f* **II.** *n modifier* SCH, UNIV (*ceremony, day, present, programme, speaker*) Abschluss-

graf·fi·ti [grə'fiːti, AM -t̬i] **I.** *n no pl* Graffiti *nt* **II.** *n modifier* (*artist, damage, work*) Graffiti-

graft [grɑːft, AM græft] **I.** *n* ❶ HORT Setzling *m* ❷ MED Transplantat *nt;* **bone/skin** ~ Knochen-/Hauttransplantat *nt* ❸ *no pl* (*corruption*) Schiebung *f fam,* Mauschelei *f fam* ❹ BRIT (*sl: work*) [**hard**] ~ Schufterei *f fam,* Plackerei *f fam,* Schinderei *f fam* **II.** *vt* ■**to** ~ **sth on** [*or* **onto**] **sth** ❶ HORT etw auf etw *akk* aufpfropfen; ■**to** ~ **sth together** etw miteinander kombinieren ❷ MED etw auf etw *akk* übertragen, verpflanzen ❸ (*fig: add on*) etw zu etw *dat* hinzufügen **III.** *vi* ❶ (*act corruptly*) Amtsmissbrauch treiben ❷ BRIT (*sl: work hard*) schuften *fam;* ■**to** ~ **away** sich *akk* abrackern *fam*

graft·er ['grɑːftəʳ, AM 'græftɚ] *n* ❶ HORT *jd, der auf das Veredeln von Pflanzen spezialisiert ist* ❷ BRIT (*sl: hard worker*) Arbeitstier *nt oft pej fam*

Grail [greɪl] *n* REL, HIST ■**the** ~ der Gral; *see also* **Holy Grail**

grain [greɪn] **I.** *n* ❶ (*particle*) Korn *nt,* Körnchen *nt;* ~ **of salt/sand** Salz-/Sandkorn *nt* ❷ BOT (*kernel*) Korn *nt;* ~ **of barley/corn/rice/wheat** Gersten-/Mais-/Reis-/Weizenkorn *nt* ❸ *no pl* (*cereal*) Getreide *nt* ❹ *no pl* (*texture*) *of wood, marble* Maserung *f; of meat* Faser *f;* **wood** ~ Holzmaserung *f* ❺ (*dated: 0.0648 grams*) Gran *nt;* **a** ~ **of gold/silver** ein Gran Gold/Silber ❻ (*fig: small amount*) **a** ~ **of comfort** ein kleiner Trost; **a** ~ **of common sense** eine Spur gesunden

Menschenverstands; a ~ **of hope** ein Fünkchen Hoffnung; **a ~ of truth** ein Körnchen Wahrheit ⑦ *no pl* PHOT, FILM Korn *nt fachspr* ▶ PHRASES: **to take something with a ~ of salt** etw nicht so wörtlich nehmen; **to go against the ~ for sb** jdm gegen den Strich gehen *fam* **II.** *n modifier* (*exports, harvest, prices, production, storage*) Getreide-; ~ **alcohol** Äthylalkohol *m* **III.** *vt* ■ **to ~ sth** ① (*granulate*) etw mahlen ② (*paint a grain pattern*) etw masern ③ (*texturize*) etw aufrauen [*o fachspr* grainieren] ④ (*remove hair from*) *hide* etw narben

'grain el·eva·tor *n* Getreideheber *m* **'grain sort·er** *n* Getreidesortierer *m*

grainy ['greɪni] *adj* ① FOOD *sauce* klumpig; *meat* sehnig ② PHOT, FILM [grob]körnig ③ *wood* gemasert

gram [græm], BRIT *a.* **gramme** *n* Gramm *nt*

gram·mar ['græməʳ, AM -ɚ] LING **I.** *n* ① *no pl* (*rules*) Grammatik *f;* **to be good/bad ~** grammatikalisch richtig/falsch sein ② (*book*) Grammatik *f* **II.** *n modifier* (*lesson, mistake, rule*) Grammatik-

'gram·mar book *n* Grammatik *f* **'gram·mar check·er** *n* COMPUT Grammatikprüfung *f,* Grammatikprüfprogramm *nt*

gram·mar·ian [grə'meəriən, AM -'meri-] *n* Grammatiker(in) *m(f)*

'gram·mar school *n* ① AM (*elementary school*) Grundschule *f* ② BRIT (*upper level school*) ≈ Gymnasium *nt*

i Kultur

Die ältesten **grammar schools** – ≈ *Gymnasien* in Großbritannien wurden vor vielen Jahrhunderten für den Lateinunterricht gegründet. Um 1950 wurden Schüler nach Bestehen der Prüfung *eleven-plus examination* in **grammar schools** aufgenommen. Nur etwa 20 % der Schüler bestanden diese Prüfung; die Übrigen gingen auf eine *secondary modern school* – ≈ *Realschule.* Die beiden Schularten wurden in den 60er und 70er Jahren als *comprehensive schools* – *Gesamtschulen* neu organisiert.

gram·mati·cal [grə'mætɪkəl, AM -'mæţ-] *adj* ① *inv* (*concerning grammar*) grammati[kali]sch ② (*following language rules*) grammati[kali]sch; **she speaks good ~ French** sie spricht grammatikalisch gutes Französisch

gram·mati·cal·ity [grəˌmætɪ'kæləti, AM -ˌmæţə'kæləţi] *n no pl* LING Grammatikalität *f*

gram·mati·cal·ly [grə'mætɪkəli, AM -'mæţ-] *adj* ① *inv* (*concerning language rules*) grammat[ikal]isch ② (*reflecting correct usage*) grammat[ikal]isch korrekt; **to speak more ~** grammatikalisch richtiger sprechen

Gram·my <*pl* -s *or* -mies> ['græmi] *n,* **Gram·my award** *n* MUS Grammy *m;* **to win a ~** einen Grammy gewinnen [*o* bekommen]

gramo·phone ['græməfəʊn, AM -foʊn] *n* (*hist*) Grammophon *nt hist*

gramps [græmps] *n* AM (*fam: grandfather*) Opa *m fam,* Opi *m fam;* (*fig*) Opa *m hum fam*

gram·pus <*pl* -es> ['græmpəs] *n* ZOOL ① (*round-nosed dolphin*) Rundkopfdelphin *m,* Rissosdelphin *m,* Grampus *m fachspr* ② (*killer whale*) Killerwal *m* ③ (*fig fam*) **to puff like a ~** wie eine Lokomotive schnaufen *fam*

gran [græn] *n* (*fam*) *short for* **grandmother** Oma *f fam,* Omi *f fam*

grana·ry ['grænəri, AM -ɚi] **I.** *n* ① (*silo*) [Getreide]silo *m o nt* ② (*grain region*) Kornkammer *f* **II.** *n modifier* Getreide-; ~ **states** Getreideländer *ntpl*

'grana·ry bread *n no pl* BRIT, **'grana·ry loaf** *n* BRIT Vollkornbrot *nt*

grand [grænd] **I.** *adj* ① (*splendid*) prächtig, großartig; **to make a ~ entrance** einen großen Auftritt haben; **to make ~ gestures** ausladende Gesten machen; **G~ Hotel** Grandhotel *nt;* **in ~ style** in großem Stil ② (*fam: excellent*) großartig; **you've done a ~ job** das hast du großartig gemacht; **we had a ~ time** wir haben uns glänzend amüsiert ③ (*of age*) ~ **old age** hohes Alter; **he lived to the ~ old age of 97** er erreichte das gesegnete Alter von 97 Jahren ④ (*important*) groß, bedeutend; **they think they're very ~** sie halten sich für etwas Besseres; **she's always acting the ~ lady** (*pej*) sie spielt immer die große Dame ⑤ (*large, far-reaching*) ~ **ambitions/ideas** große [*o* hochfliegende] Pläne/Ideen; **on a ~ scale** in großem Rahmen ⑥ (*overall*) ~ **total** Gesamtsumme *f,* Endbetrag *m* **II.** *n* ① <*pl* -> (*fam: one thousand dollars/pounds*) Mille *f fam,* Riese *m fam;* **he earns over 90 ~ a year** er verdient über 90 Mille [*o* Riesen] im Jahr *fam* ② <*pl* -s> (*grand piano*) Flügel *m;* **baby/concert ~** Stutz-/Konzertflügel *m*

gran·dad *n* ① (*grandfather*) Opa *m fam,* Opi *m fam* ② (*pej o hum: old man*) Opa *m pej o hum fam,* Alter *m pej fam* **Grand 'Can·yon** *n* ■ **the ~** der Grand Canyon **'grand·child** *n* Enkelkind *nt* **'grand·dad** *n* (*fam*) *see* **grandad** **'gran(d)·dad·dy** ['grændædi] *n* AM (*fam*) ① (*grandfather*) *see* **grandad 1** ② (*progenitor*) [geistiger] Vater *m* ③ (*fam: very big*) Riesen-; **that's a ~ of a bump on your forehead** das ist ja eine Riesenbeule auf deiner Stirn **'grand·daugh·ter** *n* Enkeltochter *f* **grand 'duch·ess** *n* Großherzogin *f* **grand 'duke** *n* Großherzog *m*

gran·dee [græn'di:] *n* ① (*nobleman*) Grande *m* ② (*fig*) Größe *f;* **the ~s of film and television** die Größen von Film und des Fernsehen

gran·deur ['grændjəʳ, AM -dʒɚ] *n no pl* ① (*splendour*) Größe *f;* *of scenery, music* Erhabenheit *f;* **faded ~** verblasster Glanz ② (*nobility*) Vornehmheit *f;* **delusions of ~** Größenwahn *m pej*

'grand·fa·ther *n* Großvater *m* **'grand·fa·ther clause** *n* AM LAW *eine Vertragsklausel, die sich nur auf zukünftige Gegebenheiten, nicht jedoch auf bereits bestehende bezieht* **grand·fa·ther 'clock** *n* Standuhr *f*

grand 'fi·nal *n* SPORTS Endspiel *nt* **grand fi·'na·le** *n* THEAT großes Finale

gran·dilo·quence [græn'dɪləkwən(t)s] *n* (*esp pej form*) Großsprecherei *f pej*

gran·dilo·quent [græn'dɪləkwənt] *adj* (*usu pej form*) großsprecherisch *pej,* hochtrabend *pej;* ~ **language** schwülstige Sprache

gran·dilo·quent·ly [græn'dɪləkwəntli] *adv* (*usu pej form*) hochtrabend, geschwollen *pej fam*

gran·di·ose ['grændiəʊs, AM -oʊs] *adj* ① (*extremely grand*) *plan* grandios, großartig; *palace* prunkvoll ② (*pej: excessively splendid*) bombastisch *fam*

grand 'jury *n* AM Anklagejury *f* **grand 'lar·ceny** *n no pl* schwerer Diebstahl

grand·ly ['grændli] *adv* ① (*splendidly*) prachtvoll ② (*pej: overimportantly*) prahlerisch *pej,* angeberisch *pej fam* ③ (*in a dignified way*) würdevoll

'grand·ma *n* (*fam*) Oma *f fam,* Omi *f fam* **'grand·mas·ter I.** *n* ① (*chess pro*) Großmeister(in) *m(f)* ② (*head of Free Masons*) Großmeister *m* **II.** *n modifier* [Groß]meister-; ~ **norm** Großmeistervorgabe *f* **'grand·moth·er** *n* Großmutter *f* ▶ PHRASES: **don't teach your ~ to suck eggs** da will das Ei wieder klüger sein als die Henne **grand·moth·er's 'foot·steps** *n* (*game*) eins, zwei, drei - Ochs am Berg

grand·ness ['grændnəs] *n no pl* ① (*splendour*) Pracht *f,* Großartigkeit *f* ② (*importance*) Bedeutung *f* ③ (*pej: self-importance*) Überheblichkeit *f pej* ④ (*nobility*) Würde *f*

grand old 'man *n* großer alter Mann; ■ **[to be] the ~ of sth** der Vater einer S. *gen* sein **Grand Old 'Par·ty** *n no pl* AM ■ **the ~** die Republikanische Partei **grand 'op·era** *n* große Oper **'grand·pa** *n* (*fam*) Opa *m fam,* Opi *f fam* **'grand·par·ent** *n* Großelternteil *m geh,* Großmutter *f,* Großvater *m;* ■ **~s** *pl* Großeltern *pl;* **one's ~s on one's father's/mother's side**

seine Großeltern väterlicher-/mütterlicherseits **grand pi'a·no** *n* [Konzert]flügel *m* **grand prix** <*pl* grands prix> [ˌgrɑ̃(n)'priː, AM ˌgrɑːn'-] *n* SPORTS Grand Prix *m*, großer Preis; **the British G~ P~** der Große Preis von England **grand 'slam** *n* ❶ TENNIS Grand Slam *m;* **to win a ~** einen Grand Slam gewinnen; **to win** [*or* **do**] [*or* **complete**] **the ~** alle Wettbewerbe gewinnen ❷ (*in European rugby*) ■ **to do the ~** die Meisterschaft gewinnen ❸ (*in baseball*) *Homerun mit 3 besetzten Bases* ❹ CARDS Großschlemm *m;* **to make a ~** einen Großschlemm spielen **'grand·son** *n* Enkel[sohn] *m* **'grand·stand I.** *n* [Haupt]tribüne *f* **II.** *n modifier* (*seat, ticket*) Tribünen-; **~ finish** Entscheidung *f* auf den letzten Metern; **~ view** direkter Blick **'grand·stand·ing** *n no pl* AM (*usu pej fam*) Selbstdarstellung *f pej;* **you can stop ~ now** du kannst aufhören eine Schau abzuziehen *fam* **grand 'sum** *n*, **grand 'to·tal** *n* Gesamtsumme *f*, Endbetrag *m* **grand 'tour** *n* ❶ TOURIST, HIST Bildungsreise *f*, Kavaliersreise *f hist* ❷ (*fig, hum: full tour*) komplette Führung; **a ~ of the house** eine Führung durch das ganze Haus

grange [greɪndʒ] *n* Gutshof *m*

gran·ite ['grænɪt] **I.** *n no pl* Granit *m;* **a will of ~** (*fig*) ein unbeugsamer Willen **II.** *n modifier* (*quarry, slab, wall*) Granit-; (*fig*) **~ determination** starke Entschlossenheit; **~ jaw** Kiefer *m* hart wie Granit

gran·nie, gran·ny ['græni] **I.** *n* (*fam*) ❶ (*grandmother*) Oma *f fam*, Omi *f fam* ❷ *see* **granny knot II.** *n modifier* (*shoes*) Oma-; **~ glasses** Omabrille *f*

'gran·ny bond *n* BRIT FIN (*fam*) indexgebundenes Sparzertifikat **'gran·ny flat** *n* Einliegerwohnung *f* **'gran·ny knot** *n* [Alt]weiberknoten *m*

gra·no·la [grə'noʊlə] *n* AM Knuspermüsli *nt;* **~ bar** Müsliriegel *m*

grant [grɑːnt, AM grænt] **I.** *n* ❶ UNIV Stipendium *nt;* **[government]** **~** ≈ Bafög *nt* (*das nicht zurückgezahlt wird*); **research ~** Forschungsstipendium *nt;* **student ~** Stipendium *nt;* **to be** [*or* **live**] **on a ~** ein Stipendium erhalten; (*government grant*) ≈ Bafög erhalten; **to give** [*or* **award**] **sb a ~** jdm ein Stipendium gewähren; (*government grant*) ≈ jdm Bafög bewilligen ❷ (*from authority*) Zuschuss *m oft pl*, Fördermittel *pl;* (*subsidy*) Subvention *f;* **local authority ~** kommunaler Zuschuss; **federal ~** Bundeszuschuss *m*, Bundesbeihilfe *f;* **maternity ~** BRIT Mutterschaftsgeld *nt;* **overseas ~** Entwicklungshilfe *f;* **to apply for** [*or* **claim**] **a ~** einen Zuschuss [*o* Fördermittel] beantragen ❸ LAW (*form*) [urkundliche] Übertragung [*o* Übereignung] **II.** *vt* ❶ (*allow*) ■ **to ~ sb sth** [*or* **sth to sb**] jdm etw gewähren; *money* jdm etw bewilligen; **to ~ sb asylum/access to a lawyer** jdm Asyl/das Recht auf einen Anwalt gewähren; **to ~ sb a pension** jdm eine Pension bewilligen; **to ~ sb permission/a visa** [*or* **to ~ permission/a visa to sb**] jdm eine Erlaubnis/ein Visum erteilen; **to ~ diplomatic recognition to a state** einem Staat diplomatische Anerkennung gewähren ❷ (*transfer legally*) ■ **to ~ sb sth** [*or* **sth to sb**] jdm etw [formell] übertragen; **to ~ sb a pardon** jdn begnadigen, jdm Straferlass gewähren ❸ (*form: consent to fulfil*) ■ **to ~ sb sth** [*or* **sth to sb**] jdm etw zusichern; **to ~ sb a favour** [*or* AM **favor**] jdm eine Gefälligkeit erweisen; **to ~ sb a request** jds Anliegen *nt* stattgeben; **to ~ sb a wish** jdm einen Wunsch gewähren ❹ (*admit to*) ■ **to ~ sth** etw zugeben; **~ed, this task isn't easy** zugegeben, diese Aufgabe ist nicht leicht; **I ~ you, it's a difficult situation** du hast ganz recht, die Situation ist schwierig; **I ~ that it must have been upsetting but ...** die Sache war sicher nicht einfach für Sie, aber... ▶ PHRASES: **~ed** [es sei dir] gewährt *hum;* **to <u>take</u> sth for ~ed** etw für selbstverständlich halten [*o* [einfach] annehmen]; (*not appreciate*) etw als [allzu] selbstverständlich betrachten; **I just took it for ~ed that they were married** ich habe einfach angenommen, dass sie verheiratet sind; **she just took all the work he did for the company for ~ed** sie nahm die ganze Arbeit, die er für den Betrieb leistete, als selbstverständlich hin

grant-'aid·ed *adj* BRIT finanziell gefördert; (*subsidized*) subventioniert

grant·ed ['grɑːntɪd, AM 'grænt̬-] *conj* ■ **~** [**that**] ... angenommen, ...; **~ that the story is true, what are you going to do about it?** nehmen wir einmal an, die Geschichte ist wahr, was werden Sie dann tun?

grant-in-'aid <*pl* grants-> *n* AM Zuschuss *m*, Beihilfe *f;* **to receive a ~** einen Zuschuss [*o* eine Beihilfe] erhalten **grant-main·tained 'school** *n* BRIT staatlich finanzierte Schule

granu·lar ['grænjələʳ, AM -ɚ] **I.** *adj* körnig, gekörnt, granulös *fachspr* **II.** *adv* (*sl*) **to get ~** in Einzelheiten gehen; **to get ~ on sth** sich *dat* etw genau ansehen, etw genau unter die Lupe nehmen

granu·late ['grænjəleɪt] *vt* ■ **to ~ sth** etw granulieren; **to ~ salt/sugar** Salz/Zucker auskristallisieren

granu·lat·ed ['grænjəleɪtɪd, AM -t̬ɪd] *adj inv* ❶ (*in grains*) granuliert, gekörnt; **~ sugar** Kristallzucker *m*, [Zucker]raffinade *f* ❷ (*raised*) *surface of gold* granuliert (*mit aufgelöteten Goldkörnchen verziert*)

granu·la·tion [ˌgrænjə'leɪʃᵊn] *n no pl* MED Granulation *f fachspr*

gran·ule ['grænjuːl] *n* Körnchen *nt;* **a ~ of sugar** ein Zuckerkörnchen *nt;* ■ **~s** *pl* Granulat *nt;* **instant coffee ~s** Kaffeegranulat *nt*

grape [greɪp] **I.** *n* ❶ (*fruit*) [Wein]traube *f*, Weinbeere *f;* **seedless ~s** kernlose Weintrauben; **a bunch of ~s** eine [ganze] Traube ❷ (*hum: wine*) ■ **the ~** der Rebensaft *hum*, der Wein **II.** *n modifier* (*jelly, juice*) Trauben-

'grape·fruit <*pl* - *or* -s> ['greɪpfruːt] **I.** *n* Grapefruit *f*, Pampelmuse *f fam;* (*tree*) Grapefruitbaum *m* **II.** *n modifier* (*juice*) Grapefruit-

'grape-pick·ing *n no pl* Traubenlese *f*, Weinlese *f* **'grape·shot** *n no pl* MIL, HIST Kartätsche *f* **'grape·vine** *n* ❶ (*plant*) Weinstock *m* ❷ (*in aerobics*) Grapevine *m* ▶ PHRASES: **sb <u>hears</u> sth on** [*or* **through**] **the ~** etw kommt jdm zu Ohren; **I heard on the ~ that ...** ich habe munkeln hören, dass ...

graph¹ [grɑːf, AM græf] **I.** *n* MATH Diagramm *nt*, Graph *m;* (*curve*) Kurve *f;* **bar** [*or* **block**] **~** Säulendiagramm *nt;* **temperature ~** Temperaturkurve *f* **II.** *vt* ■ **to ~ sth** etw grafisch darstellen

graph² [grɑːf, AM græf] *n* LING Graph *nt fachspr*

graph·eme ['græfiːm] *n* LING Graphem *nt fachspr*

graph·ic ['græfɪk] *adj* ❶ *inv* (*diagrammatic*) grafisch; **a ~ representation** eine grafische Darstellung ❷ (*vividly descriptive*) anschaulich, plastisch; **to describe sth in ~ detail** etw haarklein [*o* bis ins kleinste Detail] beschreiben ❸ *attr* (*of drawing and printing*) Grafik-; **~ works** [**of an artist**] [Künstler]grafiken *fpl*

graphi·cal ['græfɪkᵊl] *adj inv* grafisch

graphi·cal·ly ['græfɪkᵊli] *adv inv* ❶ (*using a graph*) grafisch ❷ (*vividly*) anschaulich, plastisch

graph·ic 'art·ist *n* Grafiker(in) *m(f)* **graph·ic 'arts** *npl* Grafik *f kein pl*

graph·ic de·'sign *n* Grafikdesign *nt*, Gebrauchsgrafik *f* **graph·ic de·'sign·er** *n* Grafikdesigner(in) *m(f)*, [Gebrauchs]grafiker(in) *m(f)* **graph·ic 'nov·el** *n* Bildergeschichte *f*

graph·ics ['græfɪks] *npl* ❶ (*drawings*) Grafik[en] *f*[*pl*], grafische Darstellung[en]; **computer ~** Computergrafik[en] *f*[*pl*] ❷ + *sing vb* (*presentation*) Grafik *f kein pl*, grafische Gestaltung *kein pl;* **computer ~** Computergrafik *f*

'graph·ics card *n* Grafikkarte *f* **'graph·ics screen** *n* Grafikbildschirm *m*

graph·ite ['græfaɪt] *n no pl* Graphit *m*

graph·olo·gist [græf'ɒlədʒɪst, AM -'ɑːl-] *n* Graphologe, -in *m, f*

graph·ol·ogy [græf'ɒlədʒi, AM -'ɑːl-] *n no pl* Graphologie *f*

'graph pa·per *n* Millimeterpapier *nt*

grap·nel ['græpnᵊl] *n* NAUT ❶ (*multiple hook*) Enterhaken *m fachspr* ❷ (*small anchor*) Draggen *m fachspr*, Dregge *f fachspr*

grap·pa ['græpə, AM -ɑ:pə] *n* Grappa *m o f*

grap·ple ['græpl̩] **I.** *vi* ■**to ~ with sb** mit jdm ringen [*o* kämpfen]; ■**to ~ for sth** um etw *akk* kämpfen; **to ~ with a problem** mit einem Problem zu kämpfen haben **II.** *vt* ■**to ~ sb** jdn fassen

'grap·pling iron *n,* **'grap·pling hook** *n* NAUT Enterhaken *m fachspr*

grasp [grɑ:sp, AM græsp] **I.** *n no pl* ❶ (*grip*) Griff *m;* **he shook my hand with a firm ~** mit festem Händedruck schüttelte er mir die Hand; **I lost my ~ on the suitcase** der Koffer rutschte mir aus der Hand ❷ (*fig: attainability*) Reichweite *f;* **to slip from sb's ~** jdm entgleiten [*o* aus den Händen gleiten]; **to be beyond sb's ~** für jdn unerreichbar sein; **to be within sb's ~** sich *akk* in jds Reichweite *f* befinden, zum Greifen nahe sein; **the presidency at last looked within her ~** die Präsidentschaft schien für sie endlich in greifbare Nähe gerückt ❸ (*fig: understanding*) Verständnis *nt,* Begriffsvermögen *nt;* **to have a good ~ of a subject** ein Fach gut beherrschen; **to lose one's ~ on sth** etw nicht mehr im Griff haben; **to lose one's ~ on reality** den Bezug zur Wirklichkeit verlieren **II.** *vt* ❶ (*take firm hold*) ■**to ~ sth** etw [fest] [er]greifen [*o* fassen] [*o* packen]; **to ~ sb by the arm/hand** jdn am Arm/an der Hand fassen; **to ~ any opportunity to do sth** jede Gelegenheit nutzen, um etw zu tun ❷ (*fig: understand*) ■**to ~ sth** etw begreifen [*o* erfassen]; **the government has failed to ~ the scale of the problem** die Regierung hat das Ausmaß des Problems nicht erkannt ▶ PHRASES: **to ~ the nettle** BRIT, AUS (*become active*) den Stier bei den Hörnern packen *fam;* (*do sth unpleasant*) in den sauren Apfel beißen *fam* **III.** *vi* ❶ (*try to hold*) ■**to ~ at sth** nach etw *dat* greifen ❷ (*fig*) **to ~ at the chance** [*or* **opportunity**] die Chance nutzen, die Gelegenheit beim Schopfe packen ▶ PHRASES: **to ~ at a straw** [*or* **straws**] sich *akk* [wie ein Ertrinkender] an einen Strohhalm klammern

grasp·ing ['grɑ:spɪŋ, AM 'græsp-] *adj* (*fig pej*) habgierig, habsüchtig

grass <*pl* -es> [grɑ:s, AM græs] **I.** *n* ❶ (*genus of plant*) Gras *nt;* **a vase of dried flowers and ~es** eine Vase mit Trockenblumen und Gräsern ❷ *no pl* (*plant*) Gras *nt;* **we put most of the garden down to ~** wir haben den größten Teil des Gartens mit Rasen bepflanzt; **a blade/tuft of ~** ein Grashalm *m*/ Grasbüschel *nt* ❸ *no pl* (*area of grass*) Wiese *f;* (*lawn*) Rasen *m;* **to cut the ~** den Rasen mähen ❹ *no pl* TENNIS Rasen *m;* **to play on ~** auf Rasen spielen ❺ *no pl* (*pasture*) Weideland *nt,* Grasland *nt,* Weide *f;* **to be at ~** *cattle* auf der Weide sein; **to put cattle out to ~** [das] Vieh auf die Weide treiben; **to put an animal out to ~** (*fig*) einem Tier das Gnadenbrot geben; **to put sb out to ~** (*fig*) jdn in Rente schicken [*o* in den Ruhestand versetzen]; **he felt much too young to be put out to ~** er fühlte sich noch viel zu jung, um schon aufs Abstellgleis geschoben zu werden ❻ *no pl* (*sl: marijuana*) Gras *nt sl* ❼ BRIT (*sl: informer*) Spitzel(in) *m(f)* ▶ PHRASES: **to** [**not**] **let the ~ grow under one's feet** etw [nicht] auf die lange Bank schieben; **the ~ is** [**always**] **greener on the other side** [**of the fence**] (*prov*) die Kirschen in Nachbars Garten schmecken immer süßer *prov* **II.** *n modifier* (*path, roof*) Gras-; **~ matting** Grasmatten *fpl;* **~ player** TENNIS Rasenspieler(in) *m(f);* **~ skirt** Bastrock *m;* **~ verges** BRIT Grünstreifen *mpl* **III.** *vt* ■**to ~ sth** etw mit Gras [*o* Rasen] bepflanzen **IV.** *vi* BRIT, AUS (*sl*) singen *sl;* ■**to ~ on sb** jdn verpfeifen *fam*

◆**grass over** *vt* ■**to ~ over** ↻ **sth** etw mit Gras bepflanzen; **to be/become ~ed over** von Gras überwuchert sein/werden

'grass·hop·per *n* Heuschrecke *f,* Grashüpfer *m fam* ▶ PHRASES: **to be knee-high to a ~** ein Dreikäsehoch sein *hum fam*

'grass·land *n* Grasland *nt,* Weideland *nt* **'grass pol·len** *n no pl* Gräserpollen *m* **grass·'roots I.** *npl* (*ordinary people*) Volk *nt kein pl; of a party, organization* Basis *f kein pl* **II.** *adj* Basis-; **~ activity** Arbeit *f* an der Basis; **~ opinion** Volksmeinung *f;* **~ politics** volksnahe Politik **'grass snake** *n* AM Grasnatter *f;* BRIT Ringelnatter *f* **'grass tree** *n* Grasbaum *m* **grass 'wid·ow** *n* Strohwitwe *f* **grass 'wid·ow·er** *n* Strohwitwer *m*

grassy ['grɑ:si, AM 'græsi] *adj* grasbewachsen, mit Gras bewachsen, grasig

grate¹ [greɪt] *n* ❶ (*fireplace*) Kamin *m* ❷ (*grid*) Rost *m*

grate² [greɪt] **I.** *vi* ❶ (*annoy*) *noise* in den Ohren wehtun; **to ~ on sb**[**'s nerves**] jdm auf die Nerven gehen [*o* fallen]; **it's the way he's always talking about himself – it just ~s on me!** die Art, wie er immer nur über sich spricht – ich kann es nicht mehr hören! ❷ (*rasp*) kratzen; **the noise of the chair grating on the stone floor** das Geräusch, wenn der Stuhl über den Steinboden schrammt; **the hinges of the old wooden door ~d** die alte Holztür quietschte in den Angeln; ■**to ~ against one another** gegeneinanderreiben **II.** *vt* ❶ (*grind*) **to ~ one's teeth** mit den Zähnen knirschen ❷ (*shred*) ■**to ~ sth** *cheese, nutmeg* etw reiben; *vegetables* etw raspeln; **to finely/coarsely ~ sth** etw fein/grob reiben

grat·ed ['greɪtɪd, AM -t̬ɪd] *adj* (*finely*) gerieben; (*coarsely*) geraspelt

grate·ful ['greɪtfᵊl] *adj* dankbar; **I would be most ~ if you could send us the forms as soon as possible** ich wäre Ihnen sehr verbunden, wenn Sie uns die Formulare so schnell wie möglich zusenden könnten; **in the end we were ~ to be alive** am Ende waren wir froh, mit dem Leben davongekommen zu sein; **I'm just ~ that I'm not still working for him** ich bin bloß froh, dass ich nicht mehr für ihn arbeiten muss; **he was very ~ to her for all her support** er war ihr für ihre Unterstützung sehr dankbar; ■**to be ~ for sth** für etw *akk* dankbar sein; (*be glad*) über etw *akk* froh sein

grate·ful·ly ['greɪtfᵊli] *adv* dankbar

grate·ful·ness ['greɪtfᵊlnəs] *n no pl* Dankbarkeit *f;* **to show one's ~** seine Dankbarkeit zeigen

grat·er ['greɪtəʳ, AM -t̬ɚ] *n* Reibe *f,* Raspel *f*

grati·fi·ca·tion [ˌgrætɪfɪ'keɪʃᵊn, AM -t̬əfɪ'-] *n* Genugtuung *f; of a wish* Erfüllung *f;* **sexual ~** sexuelle Befriedigung; **with** [**some**] **~** mit [einer gewissen] Genugtuung

grati·fy <-ie-> ['grætɪfaɪ, AM -t̬ə-] *vt* ❶ *usu passive* (*please*) ■**to be gratified at** [*or* **by**] **sth** über etw *akk* [hoch] erfreut sein; **I was gratified to hear that I had been right** mit Genugtuung habe ich gehört, dass ich Recht gehabt hatte; **he was ~ to see how well his students had done** er war mit den guten Ergebnissen seiner Studenten sehr zufrieden ❷ (*satisfy*) ■**to ~ sth** *curiosity, desire, wish* etw befriedigen

grati·fy·ing ['grætɪfaɪɪŋ, AM -t̬ə-] *adj* erfreulich; **it must be ~ to see all your children happy** es muss sehr schön für dich sein, dass alle deine Kinder glücklich sind

grati·fy·ing·ly ['grætɪfaɪɪŋli, AM -t̬ə-] *adv* erfreulich

grat·in ['grætɛ̃(ŋ), AM 'grɑ:tᵊn] *n* Gratin *nt;* **aubergine and tomato au ~** überbackene [*o* gratinierte] Auberginen und Tomaten

'grat·in dish *n* Auflaufform *f*

grat·ing ['greɪtɪŋ, AM -t̬ɪŋ] **I.** *n* Gitter *nt* **II.** *adj* ❶ (*grinding*) knirschend; (*rasping*) kratzend; (*squeaking*) quietschend; **the iron gate dragged on the flagstones, making a ~ noise** das Eisentor schleifte knirschend über die Steinplatten; **a ~ voice** eine raue Stimme [*o* eine Stimme wie ein Reibeisen] *fam* ❷ (*annoying*) nervtötend *fam*

gra·tis ['grɑ:tɪs, AM 'græt̬əs] **I.** *adj pred, inv* gratis **II.** *adv* gratis

grati·tude ['grætɪtju:d, AM -t̬ətu:d, -tju:d] *n no pl* Dankbarkeit *f* (**for** für +*akk*); **as a token of my/our ~** als [ein] Zeichen meiner/unserer Dankbarkeit; **to show/express deep/sincere/everlasting ~** tiefe/aufrichtige/ewige Dankbarkeit zeigen/zum Ausdruck bringen

gra·tui·tous [grə'tju:ɪtəs, AM -'tu:ət̬əs, -'tju:-] *adj* ❶ (*pej: uncalled-for*) grundlos, unberechtigt; (*unnecessary*) überflüssig; **~ bad language** unnötige Kraftausdrücke ❷ (*free of charge*) unentgeltlich, kostenlos

G

gratitude

expressing gratitude	sich bedanken
Thank you!/Thanks!	**Danke!**
Thank you very much!/Many thanks!	**Danke schön!/Vielen Dank!**
Thanks a million!	**Tausend Dank!**
Thanks, that's really kind of you!	**Danke, das ist sehr lieb von dir/Ihnen!**
Thank you very much indeed!	**Vielen herzlichen Dank!**
My sincere thanks. (*form*)	**Ich bedanke mich recht herzlich!**
I'm so grateful to you for looking after my grandmother.	**Ich bin Ihnen so dankbar, dass** Sie sich um meine Großmutter kümmern.

reacting to being thanked	auf Dank reagieren
You're welcome!	**Bitte (schön)!**
My pleasure!	**Gern geschehen!**
Don't mention it!	**Keine Ursache!/Nichts zu danken!**
Please don't mention it!	**Aber bitte, das ist doch nicht der Rede wert!**
Not at all!	**Bitte, bitte!**
It was a pleasure!/The pleasure was mine!	**Aber das war doch selbstverständlich!**
I was happy to do it!	**Das habe ich doch gern getan!**

acknowledging gratefully	dankend anerkennen
Many thanks, you've been a great help.	**Vielen Dank,** du hast mir sehr geholfen.
What would we do without you!	**Wo wären wir ohne dich!**
We wouldn't have managed it without your help.	**Ohne deine Hilfe hätten wir es nicht geschafft.**
You were a great help to us.	**Sie waren uns eine große Hilfe.**
I very much appreciate your commitment.	**Ich weiß** Ihr Engagement **sehr zu schätzen.**

gra·tui·tous·ly [grəˈtjuːɪtəsli, AM -ˈtuːəṭəs-, -ˈtjuː-] *adv* unnötig, grundlos

gra·tui·tous·ness [grəˈtjuːɪtəsnəs, AM -ˈtuːəṭəs-, -ˈtjuː-] *n no pl* Entbehrlichkeit *f;* (*exaggerated use*) unnötige [*o* übertriebene] Verwendung

gra·tu·ity [grəˈtjuːəti, AM -ˈtuːəṭi, -ˈtjuː-] *n* ❶ (*tip*) Trinkgeld *nt* ❷ BRIT (*payment*) Sonderzuwendung *f,* Gratifikation *f geh* ❸ AM (*bribe*) **illegal ~** Bestechungsgeld *nt*

grave¹ [greɪv] *n* Grab *nt;* **mass ~** Massengrab *nt;* **unmarked ~** anonymes Grab; **to go to one's ~** (*liter*) dahinscheiden *geh,* heimgehen *euph geh* ▶ PHRASES: **from the cradle to the ~** ein Leben lang, von der Wiege bis zur Bahre *meist hum;* **to have one foot in the ~** mit einem Bein im Grab stehen; **to take one's secret to the ~** sein Geheimnis mit ins Grab nehmen; **as silent as the ~** mucksmäuschenstill *fam;* (*gloomy*) totenstill; **to dig one's own ~** sich *dat* sein eigenes Grab schaufeln; **to turn in one's ~** sich *akk* im Grabe [her]umdrehen; **that version of Beethoven's Fifth is ghastly, I can hear the poor man turning in his ~** diese Version von Beethovens Fünfter ist entsetzlich, der arme Mann würde sich im Grabe umdrehen; **beyond the ~** (*liter*) über den Tod hinaus; **do you believe there is life beyond the ~?** glaubst du an ein Leben nach dem Tode?; **from beyond the ~** (*liter*) aus dem Jenseits

grave² [greɪv] *adj face, music* ernst; (*seriously bad*) *news* schlimm; (*worrying*) *conditions, symptoms* bedenklich, ernst zu nehmend; **a ~ crisis** eine schwere Krise; **a ~ decision** ein schwerwiegender Entschluss; **a ~ mistake** ein gravierender Fehler; **a ~ risk** ein hohes [*o* großes] Risiko; **a ~ situation** eine ernste Lage

grave accent *n* LING Gravis *m,* Accent grave *m*

ˈgrave-dig·ger *n* Totengräber(in) *m(f)*

grav·el [ˈgrævᵊl] **I.** *n no pl* ❶ (*small stones*) Kies *m;* GEOL Schotter *m;* **coarse ~** Grobkies *m;* **fine ~** Feinkies *m* ❷ MED Harngrieß *m,* Nierengrieß *m* **II.** *n modifier* (*path*) Kies-; **~ drive[way]** mit Kies aufgeschüttete Auffahrt; **~ road** Schotterstraße *f* **III.** *vt* <BRIT -ll- *or* AM *usu* -l-> ❶ (*cover with gravel*) ■**to ~ sth** etw mit Kies [*o* Schotter] bedecken; *path, road* etw schottern ❷ AM (*fam: make angry*) ■**to ~ sb** jdn ärgern; ■**it ~ed him that ...** es fuchste [*o* wurmte] ihn, dass ... *fam*

grav·elled [ˈgrævᵊld], AM **grav·eled** *adj inv* Kies-, mit Kies bedeckt; **~ path** gekiester Weg

grav·el·ly [ˈgrævᵊli] *adj* kiesig; (*stony*) steinig; **~ soil** steiniger Boden; **a ~ voice** (*fig*) eine raue Stimme

ˈgrav·el-pit *n* Kiesgrube *f*

grave·ly [ˈgreɪvli] *adv* ernst; **~ ill** ernstlich [*o* schwer] krank

ˈgrave mound *n* Grabhügel *m*

grav·en [ˈgreɪvᵊn] *adj* (*liter*) eingehauen (**on/in** in +*akk*); **sth is** [*or* **remains**] **~ in** [*or* **on**] **sb's memory** (*fig*) etw gräbt sich *akk* in jds Gedächtnis *nt* ein

grav·en ˈim·age *n* Götzenbild *nt*

ˈgrave rob·ber *n* Grabräuber(in) *m(f)* **ˈgrave·side** *n* **~ speech** Grabrede *f;* **at the ~** am Grab[e] **ˈgrave·stone** *n* Grabstein *m* **ˈgrave·yard** *n* Friedhof *m* **ˈgrave·yard shift** *n* (*fam*) Nachtschicht *f*

gravi·tas [ˈgrævɪtæs] *n no pl* (*form*) Würde *f*

gravi·tate [ˈgrævɪteɪt] *vi* ■**to ~ to[wards] sth/sb** von etw/jdm angezogen werden, sich *akk* zu etw/jdm hingezogen fühlen, zu etw/jdm tendieren; **in their search for work, people are**

gravitating to the cities auf der Suche nach Arbeit zieht es die Menschen in die großen Städte

gravi·ta·tion [ˌgrævɪˈteɪʃᵊn] *n no pl* ❶ *(movement)* ■ **~ to[wards] sth** Bewegung *f* zu etw *dat* hin; *(fig: tendency)* Hinwendung *f* [*o* Tendenz *f*] zu etw *dat;* **the ~ of country people to the cities began in the 1920s** die Abwanderung der Landbevölkerung in die Städte begann in den 20er Jahren; **the last few years has seen a ~ of this age group towards more active sports** in den letzten Jahren hat sich diese Altersgruppe den aktiveren Sportarten zugewendet ❷ *(attracting force)* Schwerkraft *f,* Gravitation *f*

gravi·ta·tion·al [ˌgrævɪˈteɪʃᵊnᵊl] *adj inv* Gravitations-

gravi·ta·tion·al 'field *n* Gravitationsfeld *nt,* Schwerefeld *nt*

gravi·ta·tion·al 'force *n* Gravitationskraft *f,* Schwerkraft *f*

gravi·ta·tion·al 'pull *n no pl* Anziehungskraft *f*

grav·ity [ˈgrævəti, AM -ət̬i] *n no pl* ❶ PHYS Schwerkraft *f,* Gravitation *f;* **the force of ~** die Schwerkraft; **the law of ~** das Gesetz der Schwerkraft ❷ *(seriousness)* Ernst *m; of speech* Ernsthaftigkeit *f*

grav·lax [ˈgrævlæks, AM ˈgrɑːvlɑːks] *n no pl* Gravad Lachs *m,* marinierter Räucherlachs

gra·vure [grəˈvjʊəʳ, AM -ˈvjʊr] *n* ❶ *(etching)* Tiefdruck *m kein pl,* Tiefdruckätzung *f kein pl* ❷ *(picture)* Tiefdruck *m,* Ätzung *f*

gra·vy [ˈgreɪvi] *n no pl* ❶ *(meat juices)* Bratensaft *m;* *(meat sauce)* [Braten]soße *f* ❷ *esp* AM *(fig sl: easy money)* schnell [*o* leicht] verdientes Geld; **to make some ~** 'ne schnelle Mark verdienen *fam*

'gra·vy boat *n* Sauciere *f,* Soßenschüssel *f* **'gra·vy train** *n (sl)* ▸ PHRASES: **to <u>be</u> on the ~** schnelles Geld machen *fam;* **to <u>get</u> on the ~** sich *dat* ein Stück vom Kuchen abschneiden *fam*

gray *adj* AM *see* **grey**

graze¹ [greɪz] **I.** *n* Abschürfung *f,* Schürfwunde *f* **II.** *vt* ■ **to ~ sth** etw streifen; **the bullet just ~d his leg** die Kugel hat sein Bein nur gestreift; **to ~ one's knee/elbow** sich *dat* das Knie/den Ellbogen aufschürfen

graze² [greɪz] **I.** *vi (eat grass) cattle, sheep* grasen, weiden; *(fam: eat)* sich *akk* [so] durchfressen *fam;* **to ~ on sweets** sich *akk* nur von Süßigkeiten ernähren **II.** *vt* **to ~ animals** Tiere weiden [*o* grasen] lassen; **the shepherds ~d their sheep** die Schäfer weideten ihre Schafe; **to ~ a meadow** Weideland abgrasen

'graz·ing land [ˈgreɪzɪŋ-] *n* Weideland *nt kein pl,* Grasland *nt kein pl,* Weide *f*

grease [griːs] **I.** *n* ❶ *(fat)* Fett *nt;* **goose ~** Gänsefett *nt* ❷ *(lubricating oil)* Schmierfett *nt,* Schmiere *f* **II.** *n modifier* **~ mark** [*or* **spot**] Fettfleck *m* **III.** *vt* ■ **to ~ sth** etw [ein]fetten [*o* einschmieren]; MECH, TECH etw schmieren ▸ PHRASES: **like ~d <u>lightning</u>** wie ein geölter Blitz *fam;* **to ~ sb's <u>palm</u>** jdn schmieren *fam*

'grease gun *n* Fettspritze *f,* Fettpresse *f* **'grease mon·key** *n esp* AM *(dated sl)* [ölverschmierter] Mechaniker[lehrling]

'grease·paint *n* THEAT Fettschminke *f* **grease·proof 'pa·per** *n* Pergamentpapier *nt,* Butterbrotpapier *nt*

greas·er [ˈgriːsəʳ, AM -ɚ] *n* ❶ *(motor mechanic)* Kfz-Mechaniker(in) *m(f);* *(on ship)* ungelernter Mechaniker/ungelernte Mechanikerin ❷ *(dated sl: motorcycle fanatic)* Rocker(in) *m(f) fam* ❸ AM *(pej! sl: Hispanic American) abwertende Bezeichnung für Lateinamerikaner, besonders Mexikaner*

greasi·ness [ˈgriːsɪnəs] *n no pl* Fettigkeit *f,* Schmierigkeit *f*

greasy [ˈgriːsi] *adj* ❶ *(covered with grease) hair, skin* fettig; *fingers, objects also* schmierig; *(full of grease) food* fett; *(slippery) floor* glitschig ❷ *(fig pej: effusively polite) person, manner* schmierig *pej*

greasy 'spoon *n (pej fam)* [billige] Fressbude *pej fam*

great [greɪt] **I.** *adj* ❶ *(very big)* groß, riesig; **it gives us ~ pleasure to announce the engagement of our daughter** es ist uns eine große Freude, die Verlobung unserer Tochter bekannt zu geben; **it is with ~ sorrow that I inform you of the death of our director** zu meinem tiefsten Bedauern muss ich Ihnen mitteilen, dass unser Direktor verstorben ist; **I feel ~ sympathy for you** ich fühle von ganzem Herzen mit dir; **a ~ amount** [*or* **quantity**] eine große Menge, sehr viel; **a ~ deal of time/money** eine Menge [*o* sehr viel] Zeit/Geld; **to a ~ extent** im Großen und Ganzen; **a ~ joy** eine große Freude; **the ~ majority of people** die überwiegende Mehrheit der Leute; **a ~ many** [*or* **number of**] **people** sehr viele Menschen; **a ~ sadness** eine tiefe Traurigkeit ❷ *(famous)* groß; *(important)* bedeutend; *(outstanding)* überragend; **the ~est boxer/show** der größte Boxer/die größte Show; **a ~ personality** eine überragende Persönlichkeit ❸ *(wonderful)* großartig, wunderbar; **we had a ~ time at the party** wir haben uns auf der Party großartig amüsiert; **it's ~ to be back home again** es ist richtig schön, wieder zu Hause zu sein; **it was ~ driving over the mountains** es war wunderschön, durch die Berge zu fahren; **~!** *(iron fam)* na prima! *iron fam,* klasse! *iron fam;* **the ~ thing about sth/sb is [that] ...** das Tolle an etw/jdm ist[, dass] ... *fam;* **the ~ thing about my job is the flexitime** was mir an meiner Arbeit besonders gefällt, ist die Gleitzeit; **to be a ~ one for sth** genau der/die Richtige für etw *akk* sein; **he's a ~ one for getting other people to do his work** er hat den Bogen raus, wie er andere Leute dazu kriegt, seine Arbeit zu machen *fam;* ■ **to be ~ at doing sth** *(fam)* etw sehr gut können; **my sister's ~ at playing football** meine Schwester spielt klasse Fußball ❹ *inv (for emphasis)* ausgesprochen; **~ fool** Volltrottel *m fam;* **~ friend** guter Freund/gute Freundin; **as children they were ~ friends** als Kinder waren sie dicke Freunde *fam* ❺ *(very good)* hervorragend, toll *fam;* **she is a ~ organizer** sie kann hervorragend organisieren; **he is a ~ storyteller** er ist ein fantastischer Geschichtenerzähler; **to feel ~** sich *akk* großartig fühlen; **to feel not all that ~** sich *akk* gar nicht gut fühlen ❻ *(enthusiastic)* begeistert; **our kids are ~ party-goers** unsere Kinder sind begeisterte Partygänger ▸ PHRASES: **to be going ~ <u>guns</u>** *(dated fam)* richtig [toll] in Schwung [*o* in Fahrt] sein *fam;* **~ <u>minds</u> think alike[, fools seldom differ]** *(prov, hum)* große Geister denken gleich *prov, hum,* zwei Dumme, ein Gedanke *prov, hum;* **to be no ~ <u>shakes</u>** nicht besonders gut sein; **I'm no ~ shakes as a cook/at cooking** als Koch/im Kochen bin ich nicht gerade ein Meister; **to be the ~est <u>thing</u> since sliced bread** *(prov fam)* genial [*o* großartig] sein; **to not be the ~est <u>thing</u> since sliced bread** *(prov fam)* nicht gerade das Gelbe vom Ei sein *fam* **II.** *adv inv (extremely)* sehr; **~ big** riesengroß; **a ~ big spider** eine dicke, fette Spinne; **a ~ long queue** [*or* AM **line**] eine riesenlange Schlange *fam* **III.** *n (person)* Größe *f;* *(in titles)* **Alexander/Catherine the ~** Alexander der Große/Katharina die Große; **the ~ and the good** die Prominenz; **an all-time ~** ein unvergesslicher Star; **to be an all-time ~** unerreicht sein; **one of the ~s** einer/eine der ganz Großen

'great-aunt *n* Großtante *f* **Great 'Bear** *n* ASTRON Großer Bär

Great 'Brit·ain *n* Großbritannien *nt*

i Kultur

Great Britain – *Großbritannien* besteht aus dem Königreich England, dem Königreich Schottland und dem Fürstentum Wales. (König Edward I. von England annektierte 1282 Wales und gab es 1301 seinem eigenen Sohn als *Prince of Wales.* König James VI. von Schottland erbte 1603 als James I. die englische Krone und 1707 wurden die Parlamente der beiden Königreiche vereint.) Zusammen mit Nordirland bilden diese Länder das *United Kingdom – Vereinigtes Königreich.* Der geografische Begriff *British Isles – Britische Inseln* bezieht sich auf die Hauptinsel Großbritannien, einschließlich Irlands, die Isle of Man, die Hebrides, Orkney, Shetland, die Scilly Isles und die *Channel Islands – Kanalinseln.*

G

'great·coat *n esp* BRIT Überzieher *m,* Paletot *m;* **army** ~ Militärmantel *m* **Great 'Dane** *n* [Deutsche] Dogge **Great De·'pres·sion** *n* HIST *Weltwirtschaftskrise* (*1929*)

Great·er ['greɪtəʳ, AM -t̬ɚ] (*in cities*) ~ **London** Groß-London *nt;* ~ **Manchester** Großraum *m* Manchester; (*county*) [Grafschaft *f*] Greater Manchester *nt;* ~ **New York** Großraum *m* New York **great-'grand·child** *n* Urenkel(in) *m(f)* **great-'grand·daugh·ter** *n* Urenkelin *f* **great-'grand·fa·ther** *n* Urgroßvater *m* **great-'grand·moth·er** *n* Urgroßmutter *f* **great-'grand·son** *n* Urenkel *m* **great-great-'grand·fa·ther** *n* Ururgroßvater *m* **great-great-'grand·moth·er** *n* Ururgroßmutter *f* **Great 'Lakes** *npl* GEOG ■**the** ~ die Großen Seen

great·ly ['greɪtli] *adv* sehr; **to be** ~ **impressed** tief beeindruckt sein; **to improve** ~ große Fortschritte machen; **to** ~ **regret sth** etw zutiefst bedauern

great·ness ['greɪtnəs] *n no pl* Bedeutsamkeit *f,* [große] Bedeutung

great-'un·cle *n* Großonkel *m* **Great Wall of 'Chi·na** *n* ■**the** ~ die Chinesische Mauer **Great 'War** *n* HIST ■**the** ~ der Erste Weltkrieg

grebe [gri:b] *n* ORN Seetaucher *m*

Gre·cian ['gri:ʃᵊn] *adj inv* ❶ (*Greek*) griechisch; *see also* **Greek** ❷ (*of Ancient Greece*) *column, temple* griechisch; (*like Greek statues*) klassisch [griechisch]; ~ **features** klassische Gesichtszüge; **a** ~ **nose/profile** eine klassische Nase/ein klassisches Profil

Greece [gri:s] *n* Griechenland *nt*

greed [gri:d] *n no pl* Gier *f* (**for** nach +*dat*); ~ **for food** Essgier *f,* Gefräßigkeit *f;* ~ **for money** Geldgier *f;* ~ **for power** Machtgier *f,* Machthunger *m*

greedi·ly ['gri:dɪli] *adv* gierig

greedi·ness ['gri:dɪnəs] *n no pl* Gier *f*

greedy ['gri:di] *adj* gierig; (*for money, things*) habgierig *pej,* raffsüchtig *pej;* (*fig*) ■**to be** ~ **for sth** gierig nach etw *dat* sein, nach etw *dat* gieren; ~ **[guzzle-]guts** BRIT, AUS (*esp childspeak fam*) [kleiner] Vielfraß *fam;* ~ **pig** (*fam*) Vielfraß *m pej fam;* ~ **for power** machthungrig; ~ **for success/victory** erfolgs-/siegeshungrig

Greek [gri:k] **I.** *n* ❶ (*person*) Grieche, -in *m, f* ❷ *no pl* (*language*) Griechisch *nt;* **ancient** ~ Altgriechisch *nt;* **modern** ~ Neugriechisch *nt;* **in** ~ auf Griechisch **II.** *adj inv* griechisch; ~ **cuisine** griechische Küche ►PHRASES: **beware** [*or* **fear**] **the** ~**s bearing gifts** (*prov*) Vorsicht vor falschen Freunden *prov,* trau, schau, wem *prov;* **it's all** ~ **to me** das sind alles böhmische Dörfer für mich

Greek 'cross *n* griechisches Kreuz

green [gri:n] **I.** *n* ❶ *no pl* (*colour*) Grün *nt;* **it's not easy being** ~ es ist nicht einfach, grün zu sein; **pale/bottle/lime** ~ Blassgrün/Flaschengrün/Lindgrün *nt* ❷ (*shade of green*) Grünton *m,* Grün *nt;* **to paint sth in** ~**s and blues** etw in Grün- und Blautönen streichen ❸ FOOD ■~**s** *pl* Blattgemüse *nt kein pl,* Grünzeug *nt kein pl fam;* **dandelion/salad** ~**s** Löwenzahn-/Salatblätter *ntpl* ❹ (*member of Green Party*) ■**G**~ Grüne(r) *f(m)* ❺ *no pl* (*area of grass*) Grün *nt,* Grünfläche *f;* SPORTS Rasen *m,* Rasenplatz *m;* (*part of name*) **Sheep's G**~ Sheep's Green; **bowling** ~ *Rasenfläche zum Bowlen;* **cricket** ~ Kricketplatz *m;* **golf** [*or* **putting**] ~ Grün *nt;* **village** ~ Dorfwiese *f,* Dorfanger *m* **II.** *adj* ❶ (*green coloured*) grün; ~ **salad** grüner Salat; **to turn** [*or* **go**] ~ BOT grün werden; (*of traffic lights*) grün werden, auf Grün umspringen; (*feel ill*) grün [*o* blass] werden ❷ (*environmentally conscious*) grün, umweltfreundlich, ökologisch; ~ **campaigners** Umweltschutzaktivisten, -innen *mpl, fpl;* ~ **issues** Umweltschutzfragen *fpl;* ~ **policies** umweltfreundliche [politische] Maßnahmen; ~ **politics** Umwelt[schutz]politik *f* ❸ (*unripe*) grün; ~ **bananas/tomatoes** grüne Bananen/Tomaten; ~ **wood** grünes Holz ❹ (*inexperienced*) unerfahren, grün hinter den Ohren *präd;* (*naive*) naiv ❺ (*covered with plants*) grün, mit Pflanzen bewachsen ❻ (*fig: jealous*) ~ [**with envy**] grün [*o* gelb] vor Neid

'green ban *n* AUS [gewerkschaftliche] Baubeschränkung, [gewerkschaftliches] Bauverbot (*aus Naturschutzgründen*) **green 'beans** *npl* grüne Bohnen **'green belt** *n* Grüngürtel *m* **green 'card** *n* ❶ BRIT (*car insurance document*) [internationale] Grüne [Versicherungs]karte ❷ AM (*residence and work permit*) Aufenthaltserlaubnis *f* mit Arbeitsgenehmigung, Greencard *f* **green con·'sum·er·ism** *n no pl* Konsum *m* von umweltfreundlichen Produkten, umweltbewusstes Konsumverhalten

green·ery ['gri:nᵊri] *n no pl* Grün *nt,* grüne Zweige

'green-eyed *adj* ❶ (*with green eyes*) grünäugig; **to be** ~ grüne Augen haben ❷ (*fig: jealous*) ■**to be** ~ neidisch [*o* missgünstig] sein; **the** ~ **monster** der blasse Neid **green 'fam·ine** *n no pl* Hungersnot *f* trotz grüner Felder (*bei durch Regenmangel oder Krieg bedingtem Ernteausfall*) **'green·field** *adj attr, inv* BRIT ❶ (*not built on*) ~ **land** unerschlossenes Land; ~ **site** unerschlossenes Baugrundstück [*o* Bauland] ❷ (*on newly developed land*) ~ **factory** Fabrik *f* auf der grünen Wiese **'green·finch** *n* Grünfink *m* **green 'fin·gers** *n* BRIT ►PHRASES: **to have** ~**s** einen grünen Daumen haben **'green·fly** <*pl* - *or* -flies> *n esp* BRIT Blattlaus *f;* **to have** ~ *plant* von Blattläusen befallen sein **'green·gage** *n* Reineclaude *f,* Reneklode *f;* ~ **tree** Reneklode *f* **'green·gro·cer** *n esp* BRIT Obst- und Gemüsehändler(in) *m(f);* (*shop*) Obst- und Gemüseladen *m;* **at the** ~**'s** im Obst- und Gemüseladen, beim Obst- und Gemüsehändler **'green·horn** *n* Greenhorn *nt,* Grünschnabel *m;* **as a** ~ **journalist, I made a lot of mistakes** als ich noch ganz neu im Journalismus war, habe ich eine Menge Fehler gemacht **'green·house** *n* Gewächshaus *nt,* Treibhaus *nt* **'green·house ef·fect** *n no pl* ■**the** ~ der Treibhauseffekt **'green·house gas** *n* Treibhausgas *nt*

greenie ['gri:ni] *n* (*pej*) Öko *m oft pej fam*

green·ing ['gri:nɪŋ] *n no pl* ❶ (*environmental awareness*) Steigerung *f* des Umweltbewusstseins ❷ (*introducing plants*) Begrünung *f*

green·ish ['gri:nɪʃ] *adj* grünlich

Green·land ['gri:nlənd] *n* Grönland *nt*

Green·land·er ['gri:nləndəʳ, AM -ɚ] *n* Grönländer(in) *m(f)*

green 'light *n* (*fig fam*) grünes Licht (**to** für +*akk*); **to give sb the** ~ jdm grünes Licht [*o fam* das Okay] geben **green-'light** <-lighted, -lighted> *vt* (*fam*) ■**to** ~ **sth** grünes Licht für etw *akk* geben

green·ness ['gri:nnəs] *n no pl* Grün[e] *nt*

Green 'Pa·per *n* BRIT POL *von der Regierung veröffentlichtes Diskussionspapier über Gesetzesänderungen* **'Green Par·ty** *n + sing/pl vb* die Grünen *pl* **green 'pep·per** *n* grüne Paprikaschote; **stuffed** ~ gefüllte [grüne] Paprikaschote **Green Revo·'lu·tion** *n* Grüne Revolution, Agrarrevolution *f* **green 'sal·ad** *n* grüner Salat **green·stick 'frac·ture** *n* MED Grünholzfraktur *f fachspr* **green·sward** [-swɔ:d, AM -swɔ:rd] *n* (*liter*) Au[e] *f liter,* Wiese *f* **green 'tea** *n* grüner Tee **green 'thumb** *n* AM ►PHRASES: **to have a** ~ einen grünen Daumen haben

Green·wich ['grenɪdʒ] *n* Greenwich *nt* (*Stadtteil Groß-Londons*)

Green·wich 'Mean Time *n* Greenwicher [*o* westeuropäische] Zeit

i Kultur

Das *Royal Observatory – Sternwarte* in Greenwich wurde 1675 erbaut, um genaue Angaben über Positionen der Sterne für die Erstellung von Schifffahrtskarten zu erhalten. Der *Greenwich meridian* wurde aber erst 1884 für die ganze Welt als Längengrad 0° offiziell festgelegt. Die Zeit in den 24 Weltzeitzonen wird deshalb jetzt auf der Basis der Zeit in

Greenwich berechnet, die als **Greenwich Mean Time** (**GMT**) oder *Universal Time* allgemein bekannt ist.

Green·wich 'Vil·lage *n* Greenwich Village *nt* (*Stadtteil New Yorks*)

greet [gri:t] *vt* ❶ (*welcome*) ■ **to ~ sb** jdn [be]grüßen; (*receive*) jdn empfangen; **the porter always ~s me** der Portier grüßt mich immer; **we were ~ed by a wonderful smell of coffee** (*fig*) wir wurden von einem wunderbaren Kaffeeduft empfangen; **to ~ each other [by shaking hands]** sich *akk* [mit Handschlag] begrüßen ❷ (*react*) ■ **to ~ sth with sth** auf etw *akk* mit etw *dat* reagieren; **the unions have ~ed his decision with delight/anger** die Gewerkschaften haben seine Entscheidung sehr begrüßt/mit Zorn aufgenommen; **his speech was ~ed with applause by the audience** er erntete mit seiner Rede einen Applaus vom Publikum ❸ (*fig: be noticeable*) *sight, view* sich *akk* jdm bieten; **a scene of chaos ~ed us** ein chaotischer Anblick bot sich uns dar

greet·ing ['gri:tɪŋ, AM -t̬ɪŋ] *n* Begrüßung *f;* **she smiled at me in ~** sie begrüßte mich mit einem Lächeln; ■ **~s** *pl* Grüße *mpl;* **warm ~s to you all** herzliche Grüße an euch alle; **~s to you, my friends and colleagues** seid gegrüßt, meine Freunde und Kollegen *form o hum;* **birthday ~s** Geburtstagsglückwünsche *mpl;* **to exchange ~s** sich *akk* [gegenseitig] begrüßen

'greet·ing card *n* AM, AUS, **'greet·ings card** *n* BRIT Grußkarte *f*

gre·gari·ous [grɪ'geəriəs, AM -geri-] *adj* ❶ (*liking company*) gesellig ❷ ZOOL (*living in groups*) Herden-; **~ animal** Herdentier *nt;* **sheep and cattle are ~** Schafe und Rinder sind Herdentiere

gre·gari·ous·ly [grɪ'geəriəsli, AM -geri-] *adv* gesellig

gre·gari·ous·ness [grɪ'geəriəsnəs, AM -geri-] *n no pl* ❶ (*love of company*) Geselligkeit *f* ❷ ZOOL (*tendency to group*) Herdentrieb *m*

Gre·go·rian cal·en·dar [grɪˌgɔ:riən'-] *n no pl* gregorianischer Kalender **Gre·go·rian 'chant** *n* gregorianischer Gesang

grem·lin ['gremlɪn] *n* Kobold *m,* kleines Monster; (*fig*) **we must have a ~ in the engine** in der Maschine steckt irgendwo der Wurm drin; **our biggest ~ was rust** gegen den Rost hatten wir am meisten zu kämpfen

gre·nade [grə'neɪd] *n* Granate *f;* **~ attack** Granatenangriff *m;* **hand ~** Handgranate *f*

grena·dier [ˌgrenə'dɪəʳ, AM -'dɪr] *n* HIST Grenadier *m;* ■ **the ~s** [*or* **the G~ Guards**] *pl* BRIT die Grenadiergarde

grena·dine ['grenədi:n] *n no pl* Grenadine *f,* Granatapfelsirup *m*

grew [gru:] *pt of* **grow**

grey [greɪ], AM **gray I.** *n* ❶ *no pl* (*colour*) Grau *nt* ❷ (*shade of grey*) Grauton *m;* **to paint sth in ~s and blues** etw in Grau- und Blautönen streichen ❸ BRIT (*regiment*) ■ **the [Royal Scots] G~s** *pl Schottisches Reiterregiment* ❹ (*white horse*) Grauschimmel *m* **II.** *adj* (*coloured grey*) grau; *face* [asch]grau, fahl; *horse* [weiß]grau; *person* grauhaarig; (*fig*) grau, öde, trostlos; **a ~ day** ein trüber [*o* grauer] Tag; **~ weather** trübes Wetter; **to go** [*or* **turn**] **~** *person* grau werden, ergrauen, graue Haare bekommen

'grey area *n* Grauzone *f* **'grey·beard** *n* Graubart *m* **grey 'emi·nence** *n* graue Eminenz **'grey·hound** *n* Windhund *m* **'grey·hound race** *n* Windhundrennen *nt* **'grey·hound rac·ing** *n no pl* Windhundrennen *nt*

grey·ing ['greɪɪŋ], AM **gray·ing** *adj* ergrauend; ■ **to be ~** ergrauen, grau werden; **~ hair** leicht ergrautes [*o* angegrautes] Haar

grey·ish ['greɪɪʃ], AM **gray·ish** *adj* gräulich

'grey mat·ter *n* (*fam*) **the [old] ~** die grauen Zellen

grey·ness ['greɪnəs], AM **gray·ness** *n no pl* Grau *nt;* (*fig*) Trübheit *f,* Trostlosigkeit *f*

grey 'pound *n* BRIT Finanzkraft *f* der Senioren

grid [grɪd] *n* ❶ (*grating*) Gitter *nt* ❷ (*pattern*) Gitternetz *nt,* Raster *nt* ❸ (*in motor races*) Start[platz] *m* ❹ ELEC Netz *nt*

grid·dle ['grɪdl̩] **I.** *n runde Gusseisenplatte, die zum Backen oder Garen erhitzt wird* **II.** *vt* **to ~ food** *Speisen auf einer runden, heißen Gusseisenplatte zubereiten*

'grid·dle cake *n* ≈ Pfannkuchen *m*

grid·iron ['grɪdaɪən, AM -aɪɚn] *n* ❶ (*metal grid*) [Grill]rost *m* ❷ AM (*American football field*) Footballfeld *nt* ❸ NAUT (*framework*) Balkenrostwerk *nt fachspr,* Kielbank *f fachspr* ❹ THEAT Schnürboden *m fachspr*

'grid·lock ['grɪdlɒk, AM -lɑ:k] *n no pl* ❶ (*traffic jam*) Stau *m;* (*breakdown*) Verkehrskollaps *m,* Zusammenbruch *m* des Verkehrs; **to cause ~** den [gesamten] Verkehr lahmlegen ❷ (*fig: work blockage*) Arbeitshemmnis *nt,* Blockade *f* **'grid·locked** *adj* überlastet; (*at a standstill*) lahmgelegt; (*blocked*) blockiert

'grid ref·er·ence *n* Planquadratangabe *f* **'grid sys·tem** *n* Raster *nt;* **the streets in this city are laid out in a ~** die Straßen dieser Stadt sind rasterförmig angelegt

grief [gri:f] *n no pl* ❶ (*sadness*) tiefe Trauer, Kummer *m,* Leid *nt;* (*pain*) Schmerz *m;* **to cause sb ~** jdm Kummer bereiten ❷ (*trouble*) **good ~!** du liebe Zeit!; **to cause ~** (*fam*) für Ärger sorgen *fam;* **to cause sb ~** (*fam*) jdm Ärger bereiten; **to come to ~** (*fail*) fehlschlagen, scheitern; (*have an accident*) sich *akk* verletzen, zu Schaden kommen; **I came to ~ on an icy patch** ich stürzte unglücklich auf einer vereisten Stelle; **to give sb [a lot of] ~** (*fam*) jdm gegenüber keinen Hehl aus seiner/ihrer Verärgerung machen; **my parents gave me a lot of ~ about my bad marks** meine Eltern haben mir wegen meiner schlechten Noten ganz schön die Leviten gelesen *fam*

'grief-strick·en *adj* untröstlich, voller Trauer *präd;* **a ~ look** ein kummervoller [*o* [tief]trauriger] Blick

griev·ance ['gri:vᵊn(t)s] *n* ❶ (*complaint*) Beschwerde *f,* Klage *f* ❷ (*sense of injustice*) Groll *m kein pl;* **to harbour** [*or* AM **harbor**] [*or* **nurse**] **a ~ against sb** einen Groll gegen jdn hegen

grieve [gri:v] **I.** *vi* (*be sad*) bekümmert sein; (*mourn*) ■ **to ~ for sb** um jdn trauern; ■ **to ~ over sth** über etw *akk* betrübt sein, sich *akk* über etw *akk* grämen *geh* **II.** *vt* ■ **to ~ sb** (*distress*) jdm Kummer bereiten; (*make sad*) jdn traurig machen [*o* stimmen], jdn betrüben; (*annoy*) jdn ärgern [*o* verdrießen]; **it ~ me to see all that money go down the drain** es ärgert mich, zu sehen, wie das ganze Geld zum Fenster hinausgeworfen wird

griev·ous ['gri:vəs] *adj crime* schwer; *injury also* ernst; *error also* schwerwiegend; *news* schlimm, schmerzlich; **~ danger** große Gefahr

griev·ous bodi·ly 'harm *n* LAW schwere Körperverletzung

griev·ous·ly ['gri:vəsli] *adj* ernsthaft, schwer; **we have been ~ hurt by your accusations** Ihre Anschuldigungen haben uns schwer getroffen; **to be ~ mistaken** sich *akk* gewaltig im Irrtum befinden, einem großen Irrtum [unt]erliegen

grif·fin ['grɪfᵊn], **grif·fon** *n* Greif *m*

grift·er ['grɪftɚ] *n* AM (*sl*) kleiner Gauner/kleine Gaunerin, Ganove, -in *m, f pej fam*

grill [grɪl] **I.** *n* (*in cooker*) Grill *m;* (*over charcoal*) [Grill]rost *m; esp* AM (*restaurant*) Grillrestaurant *nt,* Grillroom *m* **II.** *vt* ❶ (*cook*) ■ **to ~ sth** etw grillen ❷ (*fig fam: interrogate*) ■ **to ~ sb about sth** jdn über etw *akk* ausquetschen *fam;* ■ **to be ~ed by sb** von jdm in die Mangel genommen werden *fam*

grille [grɪl] *n* Gitter *nt;* (*of windows*) Fenstergitter *nt;* (*of doors*) Türgitter *nt;* (*speak through*) Sprechgitter *nt*

grill·ing ['grɪlɪŋ] *n* (*fig fam*) strenges Verhör; **to give sb a [good] ~** jdn hart ins Verhör [*o fam* [ordentlich] in die Mangel] nehmen

'grill pan *n* Grillpfanne *f*

grim [grɪm] *adj* ❶ (*forbidding*) *expression, face* grimmig, verbissen; **he was ~-faced as he stared into the camera** mit finsterem Blick starrte er in die Kamera; **~ determination** eiserne Entschlossenheit; **~ humour** [*or* AM **humor**] Galgenhumor *m* ❷ (*very unpleasant*) *situation* schlimm; (*horrible*) *news* entsetzlich, grauenhaft; (*inhospitable*) *landscape* unwirtlich; **they lived in a ~ flat in a high-rise building** sie wohnten in einer trostlosen Wohnung in einem Hochhaus; **we were running out of money and things were looking ~** unser Geld wurde knapp und die Lage sah langsam düster aus; **a ~ outlook** düstere Aussichten; **a ~ picture** ein trostloses Bild; **a ~ reminder** eine bittere [*o* schmerzliche] Erinnerung; **to feel ~** (*fig fam*) sich *akk* miserabel [*o* elend] fühlen ▸ PHRASES: **to hang** [*or* **hold**] **on like ~ death** *dog* sich *akk* festbeißen; *person* verbissen an etw *dat* festhalten

gri·mace [grɪˈmeɪs, AM *esp* ˈgrɪməs] **I.** *n* ❶ (*facial expression*) [verzerrter] Gesichtsausdruck; **to make a ~ of disgust/hatred/pain** ein angewidertes/hasserfülltes/schmerzverzerrtes Gesicht machen ❷ (*exaggerated expression*) Grimasse *f*, Fratze *f*; **to make a ~** eine Grimasse schneiden **II.** *vi* das Gesicht verziehen; **to ~ with pain** das Gesicht vor Schmerz verziehen

grime [graɪm] **I.** *n no pl* (*ingrained dirt*) Schmutz *m*; (*soot*) Ruß *m*; **to be covered with ~** von einer Schmutzschicht überzogen sein **II.** *vt usu passive* **to be ~d with dust** von einer [dicken] Staubschicht überzogen sein; **to be ~d with soot** rußverschmiert sein

grim·ly [ˈgrɪmli] *adv* verbissen, hart; (*threateningly*) grimmig

grim·ness [ˈgrɪmnəs] *n no pl* Verbissenheit *f*, Grimmigkeit *f*; (*unpleasantness*) Trostlosigkeit *f*, Düsterkeit *f*; **the ~ of his voice told me there was something wrong** der grimmige Ton in seiner Stimme sagte mir, dass etwas nicht stimmte

Grim ˈReap·er *n* ■**the ~** der Sensenmann

grimy [ˈgraɪmi] *adj* schmutzig; (*sooty*) rußig, verrußt

grin [grɪn] **I.** *n* Grinsen *nt kein pl* **II.** *vi* grinsen; (*beam*) strahlen; **to ~ impishly at sb** jdn verschmitzt anlachen ▸ PHRASES: **to ~ and bear it** (*accept without complaining*) gute Miene zum bösen Spiel machen; (*suffer pain*) die Zähne zusammenbeißen

grind [graɪnd] **I.** *n* ❶ *no pl* (*crushing sound*) Knirschen *nt*; **the slow ~ of the legal system** (*fig*) die langsamen Mühlen der Justiz ❷ *no pl* (*fam: of work*) Plackerei *f fam*; **the daily ~** der tägliche Trott; **to be a real ~** sehr mühsam sein ❸ (*fam*) Arbeitstier *nt fig fam* ❹ *esp* BRIT (*vulg: have sexual intercourse*) ■**to have a** [**good**] **~** [ordentlich] vögeln *vulg* **II.** *vt* <ground, ground> ❶ (*crush*) ■**to ~ sth** *coffee, pepper* etw mahlen; **freshly ground coffee** frisch gemahlener Kaffee; **to ~ sth** [**in**]**to flour/a powder** etw fein zermahlen; **to ~ meat** AM, AUS Fleisch fein hacken; **to ~ one's teeth** mit den Zähnen knirschen ❷ (*press firmly*) ■**to ~ sth** *cigarette* etw ausdrücken; (*with foot*) etw austreten; **Sara ground her cigarette into the ashtray** Sara drückte ihre Zigarette im Aschenbecher aus ❸ (*sharpen*) ■**to ~ sth** etw schleifen [*o* schärfen] [*o* wetzen] ▸ PHRASES: **to ~ the faces of the poor** BRIT (*fig liter*) die Armen [schändlich] ausbeuten **III.** *vi* <ground, ground> **to ~ to a halt** *car, machine* [quietschend] zum Stehen kommen; *production* stocken; *negotiations* sich *akk* festfahren ▸ PHRASES: **the mills of God ~ slowly** [**but they ~ exceeding small**] (*prov*) Gottes Mühlen mahlen langsam[, aber trefflich fein] *prov*

◆**grind away** *vi* (*fam*) sich *akk* schinden [*o fam* abschuften]; **there are many who ~ away at boring factory jobs** es gibt viele, die sich mit eintöniger Fabrikarbeit herumplagen müssen

◆**grind down** *vt* ❶ (*file*) ■**to ~ down ○ sth** etw abschleifen [*o* abwetzen]; *mill* etw zerkleinern; **to ~ down cereal** Getreide schroten; **to ~ sth down to flour** etw zermahlen ❷ (*wear*) ■**to ~ down ○ sth** etw abtragen ❸ (*mentally wear out*) ■**to ~ down ○ sb** jdn zermürben; (*oppress*) jdn unterdrücken; (*treat cruelly*) jdn schinden [*o* quälen]; **she was ground down by years of abuse** die jahrelangen Misshandlungen hatten sie zermürbt

◆**grind on** *vi* [ewig so] weitergehen, sich *akk* [weiter] hinziehen; **to ~ on and on** genau so weitermachen wie bisher

◆**grind out** *vt* ❶ (*produce continuously*) ■**to ~ out ○ sth** ununterbrochen etw produzieren; **as a museum guide you ~ out the same boring old information every day** als Museumsführer muss man jeden Tag das gleiche Programm abspulen ❷ (*extinguish*) **to ~ out ○ a cigarette** eine Zigarette ausdrücken; (*with foot*) eine Zigarette austreten

◆**grind through** *vi* ■**to ~ through sth** sich *akk* durch etw *akk* [hindurch]arbeiten [*o fam* [hindurch]ackern]

◆**grind up** *vt* ■**to ~ up ○ sth** etw fein zerkleinern

grind·er [ˈgraɪndəʳ, AM -ɚ] *n* ❶ (*mill*) Mühle *f*; **coffee ~** Kaffeemühle *f*; **a hand/electric ~** eine handbetriebene/elektrische Mühle; **spice ~** Gewürzmühle *f* ❷ (*sharpener*) Schleifmaschine *f*; **knife ~** Messerschärfer *m*; **scissor ~** Scherenschleifgerät *nt* ❸ (*dated: man who sharpens things*) Schleifer *m*; **knife/scissor ~** Messerschleifer/Scherenschleifer *m* ❹ AM (*sandwich*) Jumbosandwich *nt*

ˈgrind·er at·tach·ment *n* Mahlvorrichtung *f*, Mahlaufsatz *m*

grind·ing [ˈgraɪndɪŋ] *adj inv noise* knirschend; *hardship* zermürbend ▸ PHRASES: **to come to a ~ halt** [*or* **standstill**] *car, machine* [quietschend] zum Stehen kommen; (*fig*) [endlich] aufhören

grind·stone [ˈgraɪnstəʊn, AM -stoʊn] *n* Schleifstein *m* ▸ PHRASES: **to keep one's nose to the ~** sich *akk* [bei der Arbeit] ranhalten *fam*; **to get back to the ~** sich *akk* wieder an die Arbeit machen

grin·go [ˈgrɪŋgəʊ, AM -goʊ] *n* (*pej*) Gringo *m pej*

grip [grɪp] **I.** *n* ❶ (*hold*) Griff *m kein pl*; **to keep a** [**firm**] **~ on sth** etw festhalten; **he kept a firm ~ on the briefcase** er hielt die Aktentasche fest in der Hand ❷ (*fig: control*) Gewalt *f kein pl*; **rebels have tightened their ~ on the city** die Rebellen haben die Stadt zunehmend in ihrer Gewalt; **to be in the ~ of sth** von etw *dat* betroffen sein; **the whole country was in the ~ of a flu epidemic** das ganze Land wurde von einer Grippeepidemie heimgesucht; **to come to ~s with sth** etw in den Griff bekommen; **to get to ~s with sth** etw [geistig] erfassen können; **to keep a ~ on oneself** sich *akk* im Griff haben; **"get a ~ on yourself!" she said angrily** „jetzt reiß dich aber zusammen!" sagte sie ärgerlich ❸ (*dated: bag*) Reisetasche *f* **II.** *vt* <-pp-> ❶ (*hold firmly*) ■**to ~ sth** etw packen [*o* ergreifen] ❷ (*overwhelm*) ■**to ~ sb** jdn packen; (*interest deeply*) *book, film* jdn fesseln; **he was ~ped by fear** ihn packte die Angst; **to be ~ped by emotion** von Gefühlen ergriffen werden **III.** *vi* <-pp-> greifen; **worn tyres don't ~ very well** abgefahrene Reifen greifen schlecht

gripe [graɪp] (*fam*) **I.** *n* Nörgelei *f pej*, Meckerei *f pej fam*; **if you've got any ~s, don't come to me, go to the boss** wenn du etwas zu meckern hast, komm nicht zu mir, sondern geh gleich zum Chef *fam* **II.** *vi* nörgeln *pej*, meckern *pej fam*, mosern DIAL *pej fam*

ˈgripe wa·ter *n no pl* BRIT *Mittel gegen* [*Drei-Monats-*]*Koliken*

grip·ping [ˈgrɪpɪŋ] *adj* packend, fesselnd

grip·ping·ly [ˈgrɪpɪŋli] *adv* spannend, packend, fesselnd

gris·ly [ˈgrɪzli] *adj* grässlich, grausig, scheußlich

grist [grɪst] *n* ▸ PHRASES: **it's all ~ to the mill** das kann nur nützlich sein [*o* Vorteile bringen]; **I can't pay you very much – never mind, it's all ~ to the mill** ich kann Ihnen nicht viel zahlen – das macht nichts, Kleinvieh macht auch Mist *fam*

gris·tle [ˈgrɪsl̩] *n no pl* Knorpel *m*

gris·tly [ˈgrɪsl̩i] *adj* knorpelig

grit [grɪt] **I.** *n no pl* ❶ (*small stones*) Splitt *m*, Streusand *m* ❷ (*fig: courage*) Schneid *m*, Mumm *m fam*; **he showed true ~** er hat echten Mut bewiesen **II.** *vt* <-tt-> ❶ (*scatter*) ■**to ~ sth** etw streuen ❷ (*press together*) **to ~ one's teeth** die Zähne zusammenbeißen *a. fig*

grits [grɪts] *npl* AM Maisschrot *m kein pl*; (*dish*) Maisgrütze *f kein pl*

grit·ter [ˈgrɪtəʳ] *n* BRIT Streuwagen *m*

grit·ty ['grɪti, AM -t̬i] *adj* ❶ (*like grit*) grob[körnig] ❷ (*full of grit*) sandig ❸ (*brave*) mutig, tapfer; **she showed ~ courage when it came to fighting her illness** sie kämpfte mit verbissenem Mut gegen ihre Krankheit an; **to show ~ determination** fest [*o* wild] entschlossen sein ❹ (*frank*) *article, documentary, report* schonungslos offen

griz·zle ['grɪzl̩] *vi esp* BRIT (*pej fam*) ❶ (*cry*) *baby, small child* quengeln *fam* ❷ (*complain*) sich *akk* beklagen, meckern *pej fam*

griz·zled ['grɪzl̩d] *adj* (*liter: greying*) angegraut; (*grey*) ergraut; *person* grauhaarig

griz·zly ['grɪzli] **I.** *adj esp* BRIT quengelig *fam* **II.** *n* Grislibär *m,* Grizzlybär *m*

'griz·zly bear *n* Grislibär *m,* Grizzlybär *m*

groan [grəʊn, AM groʊn] **I.** *n* Stöhnen *nt kein pl; of floorboards* Ächzen *nt kein pl* **II.** *vi* ❶ (*in pain, despair*) [auf]stöhnen, ächzen; **"not again!" he ~ed** „nicht schon wieder!" stöhnte er; **to ~ in pain** vor Schmerzen [auf]stöhnen; **to ~ inwardly** in sich *akk* hineinseufzen, einen inneren Seufzer ausstoßen ❷ (*make a creaking sound*) *hinges* ächzen; *floorboards also* knarren, knarzen; **the table ~ed under the vast assortment of foods** (*fig*) der Tisch bog sich unter der Last des reichhaltigen Büfetts ❸ (*fam: complain*) stöhnen, klagen; ■**to ~ about sth** sich *akk* über etw *akk* beklagen [*o* beschweren]; **what are you moaning and ~ing about now?** was hast du denn jetzt schon wieder zu jammern?; ■**to ~ beneath** [*or* **under**] **sth** unter etw *akk* zu leiden haben

groat [grəʊt, AM groʊt] *n* HIST *alte englische Silbermünze im Wert von 4 alten Pence*

groats [grəʊts, AM groʊts] *n pl* Getreideschrot *m kein pl;* (*oats*) Haferschrot *m kein pl;* (*cooked as a cereal*) [Hafer]grütze *f kein pl*

gro·cer ['grəʊsəʳ, AM 'groʊsɚ] *n* Lebensmittelhändler(in) *m(f);* (*of a general store*) Gemischtwarenhändler(in) *m(f) veraltend;* **the little ~ on the corner went out of business when the supermarket opened** der kleine Laden an der Ecke musste zumachen, als der Supermarkt eröffnet wurde

gro·ceries ['grəʊsᵊriz, AM 'groʊ-] *npl* Lebensmittel *pl*

gro·cer's <*pl* grocers *or* grocers'> ['grəʊsəz, AM 'groʊsɚz] *n* (*food shop*) Lebensmittelgeschäft *nt;* (*general store*) Gemischtwarenhandlung *m veraltend;* **at the ~'s** beim Lebensmittelhändler

gro·cery ['grəʊsᵊri, AM 'groʊ-] **I.** *n* Lebensmittelgeschäft *nt* **II.** *n modifier* Lebensmittel-; **the ~ business** [*or* **trade**] das Geschäft mit Lebensmitteln, der Lebensmittelhandel; **~ sales** Umsatz *m* bei Lebensmitteln

grog [grɒg, AM grɑːg] *n* Grog *m*

grog·gy ['grɒgi, AM 'grɑːgi] *adj* angeschlagen, groggy *präd fam,* wackelig auf den Beinen *präd*

groin[1] [grɔɪn] *n* ❶ ANAT Leiste *f,* Leistengegend *f;* **a ~ injury** eine Leistenverletzung; **to kick sb in the ~** jdm in die Eier treten *derb* ❷ ARCHIT [Kreuz]grat *m*

groin[2] [grɔɪn] *n* AM (*groyne*) Buhne *f*

grok *n* ■**to ~ sth** etw schnallen

groom [gruːm] **I.** *n* ❶ (*caring for horses*) Pferdepfleger(in) *m(f);* (*young man also*) Stallbursche *m* ❷ (*bridegroom*) Bräutigam *m;* **the bride and ~** Braut und Bräutigam **II.** *vt* ❶ (*clean fur*) ■**to ~ an animal** das Fell eines Tieres pflegen; **he ~s his dog every day** er bürstet seinen Hund jeden Tag; **the apes ~ each other** die Affen lausen sich; **that cat's been washing and ~ing itself for over an hour!** die Katze wäscht sich und putzt sich seit über einer Stunde!; **to ~ a horse** ein Pferd striegeln ❷ (*prepare*) ■**to ~ sb** *politician, singer* jdn aufbauen; ■**to ~ sb for sth** jdn auf etw *akk* vorbereiten; ■**to ~ sb to do sth** jdn darauf vorbereiten, etw zu tun

groomed [gruːmd] *adj inv* ❶ (*well-dressed*) zurechtgemacht, gepflegt; **impeccably/carefully ~** tadellos/sorgfältig zurechtgemacht; **well-~** ordentlich, gepflegt ❷ (*cleaned*) gepflegt; *horse* gestriegelt; *dog* gebürstet

groom·ing ['gruːmɪŋ] *n no pl of people* gepflegtes Äußeres; *of animals* Pflege *f;* **~ salon** [*or* **parlour**] [*or* AM **parlor**] Hundesalon *m*

groove [gruːv] **I.** *n* Rille *f;* TECH Nut *f fachspr;* (*in gramophone record*) Rille *f* ▶ PHRASES: **to be** [*or* **get stuck**] **in a ~** sich *akk* in eingefahrenen Bahnen bewegen, im [gleichen] alten Trott stecken; **to get back into the ~** (*fam*) wieder in Form kommen; **get into the ~!** (*fam*) komm, mach mit!; **things are going well, we're in the ~ now!** (*dated*) alles läuft gut, wir haben freie Bahn! **II.** *vt* ■**to ~ sth** etw furchen; **deep lines ~d her face** tiefe Linien hatten sich in ihr Gesicht eingegraben **III.** *vi* (*dated fam*) Spaß haben, ausgelassen sein; **let's ~** lass uns was losmachen *fam*

grooved [gruːvd] *adj inv* mit Rillen versehen; *column* geriffelt, genutet *fachspr;* **a ~ pattern** ein eingekerbtes Muster

groov·er ['gruːvəʳ, AM -ɚ] *n* (*dated fam*) Musikfreak *m fam;* **movers and ~s** flippige Typen *fam*

groovy ['gruːvi] *adj* (*dated sl*) doll *veraltend fam,* klasse *fam*

grope [grəʊp, AM groʊp] **I.** *n* ❶ (*touch with hands*) Griff *nt,* Tasten *nt kein pl* ❷ (*usu fam: clumsy touch*) Fummeln *nt kein pl fam,* Fummelei *f fam;* (*sexual touch*) Betatschen *nt kein pl,* Befummeln *nt kein pl fam,* Begrapschen *nt kein pl fam;* **she accused him of trying to have a ~** sie warf ihm vor, er habe versucht, sie zu betatschen *fam* **II.** *vi* tasten; ■**to ~ for sth** nach etw *dat* tasten; (*fig*) nach etw *dat* suchen; **to ~ for the right words** nach den richtigen Worten suchen **III.** *vt* ❶ (*search*) **to ~ one's way** sich *dat* tastend seinen Weg suchen ❷ (*fam: touch sexually*) ■**to ~ sb** jdn befummeln [*o* betatschen] *fam;* **to ~ each other** sich *akk* gegenseitig befummeln *fam*

grop·er ['grəʊpəʳ, AM 'groʊpɚ] *n* (*pej fam*) Fummler(in) *m(f) pej fam,* Grapscher(in) *m(f) pej fam*

grop·ing·ly ['grəʊpɪŋli, AM 'groʊp-] *adv* tastend

gross[1] <*pl* - *or* -es> [grəʊs, AM groʊs] *n* (*dated: a group of 144*) Gros *nt;* **by the ~** en gros

gross[2] [grəʊs, AM groʊs] **I.** *adj* ❶ *a.* LAW (*form*) grob; **this child has suffered ~ neglect** dieses Kind ist grob vernachlässigt worden; **I am the victim of ~ injustice** ich bin das Opfer einer großen Ungerechtigkeit; **~ error** grober Fehler; **~ negligence** grobe Fahrlässigkeit ❷ (*very fat*) fett; (*big and ugly*) abstoßend, unansehnlich ❸ *esp* AM (*offensive*) derb, grob; (*revolting*) ekelhaft **II.** *n modifier* (*income, pay, profit*) Brutto-; **~ amount** Bruttobetrag *m;* **~ receipts** Bruttoeinnahmen *fpl;* **~ weight** Bruttogewicht *nt,* Gesamtgewicht *nt,* Rohgewicht *nt* **III.** *vt* FIN ■**to ~ sth** etw brutto einnehmen [*o* verdienen]; **last year I ~ed $52,000** letztes Jahr habe ich $52.000 brutto verdient

◆**gross out I.** *vt esp* AM (*fam*) ■**to ~ out** ↻ **sb** jdn anwidern [*o* abstoßen] **II.** *vi esp* AM (*fam*) angewidert sein, sich *akk* ekeln

gross 'cash flow *n* Bruttocashflow *m kein pl,* Bruttoliquidität *f kein pl* **gross do·mes·tic 'prod·uct** *n* Bruttoinlandsprodukt *nt*

gross·ly ['grəʊsli, AM 'groʊs-] *adv* extrem; **to ~ mistreat an animal** ein Tier brutal [*o* grob] misshandeln; **to be ~ unfair** extrem [*o* äußerst] ungerecht sein

gross na·tion·al 'prod·uct *n* Bruttosozialprodukt *nt*

gross 'ton *n* Bruttoregistertonne *f*

grot [grɒt] *n no pl* BRIT (*sl*) ❶ (*junk*) Gerümpel *nt,* Plunder *m* ❷ (*filth*) Schmutz *m,* Dreck *m*

gro·tesque [grə(ʊ)'tesk, AM groʊ'-] **I.** *n* ART, LIT Groteske *f* **II.** *adj* grotesk, absurd

gro·tesque·ly [grə(ʊ)'teskli, AM groʊ'-] *adv* auf groteske Weise; **~ fat** entsetzlich fett

grot·to <*pl* -es *or* -s> ['grɒtəʊ, AM 'grɑːt̬oʊ] *n* Grotte *f,* Höhle *f*

grot·ty ['grɒti] *adj* BRIT (*fam*) ❶ (*bad quality*) *hotel, room* schäbig; **~ souvenirs** billige Souvenirs ❷ (*in a bad state*) *clothing* gammelig; **~ jeans** abgewetzte Jeans; **to feel ~** sich *akk* mies fühlen ③ (*filthy*) dreckig *fam,* versifft *sl*

grouch [graʊtʃ] **I.** *n* <*pl* -es> ① (*grudge*) Groll *m kein pl;* (*complaint*) Beschwerde *f* ② (*person*) Nörgler(in) *m(f) pej,* Miesepeter *m pej fam,* Grantler *m* ÖSTERR *pej* **II.** *vi* [herum]nörgeln; ■**to ~ about sth/sb** über etw/jdn schimpfen [*o fam* meckern]

grouchi·ness ['graʊtʃɪnəs] *n no pl* schlechte Laune, miese Stimmung *fam*

grouchy ['graʊtʃi] *adj* miesepet[e]rig, griesgrämig, mürrisch, grantig ÖSTERR *pej*

ground¹ [graʊnd] **I.** *n no pl* ① (*Earth's surface*) [Erd]boden *m,* Erde *f;* **sth is thick on the ~** (*fig*) etw gibt es wie Sand am Meer; **to break new ~** (*fig*) einen Durchbruch schaffen; **the airline's latest idea is certainly breaking new ~ in the world of air transport** die neueste Idee der Luftfahrtgesellschaft wird die Welt der Luftfahrt revolutionieren [*o* grundlegend verändern]; **to get sth off the ~** (*fig*) *plan, programme* etw realisieren [*o* in die Tat umsetzen]; **burnt** [*or* AM **burned**] **to the ~** vollständig [*o* bis auf die Grundmauern] niedergebrannt; **to go to ~** *animal* in Deckung gehen; *fox, rabbit* im Bau verschwinden; *person* verschwinden, untertauchen; **he went to ~ in the Hebrides for several months** er tauchte für ein paar Monate auf den Hebriden unter; **razed to the ~** dem Erdboden gleichgemacht; **to run sb/sth to ~** jdn/etw aufstöbern; **to work** [*or* **drive**] [*or* **run**] **oneself into the ~** (*fig*) seine Gesundheit ruinieren, sich *akk* kaputtmachen *fam;* **to work** [*or* **think**] **out from the ~ up** (*fam*) etw komplett [*o* von Grund auf] überarbeiten; **above ~** über der Erde; MIN über Tage; **above ~ lines/pipes** oberirdische Leitungen/Rohre; **below ~** unter der Erde; MIN unter Tage; **on the ~** (*fig*) in der breiten Öffentlichkeit; **their political ideas have a lot of support on the ~** ihre politischen Ziele finden breite Unterstützung ② (*soil*) Boden *m,* Erde *f,* Erdreich *nt* ③ (*area of land*) Gelände *nt,* [ein Stück] Land *nt;* **sb's stamping ~** (*fig*) jds Revier *nt;* **this part of town used to be my old stamping ~** diesen Teil der Stadt habe ich früher unsicher gemacht *hum;* **waste ~** brachliegendes Land; **to gain ~** MIL Boden gewinnen; (*fig*) *idea, politician* stärker werden, [an] Boden gewinnen; **to lose ~** MIL Boden verlieren; (*fig*) *idea, politician* schwächer werden, [an] Boden verlieren; **to make up ~** SPORTS den Abstand verringern, [etwas] aufholen *a. fig;* **to stand one's ~** nicht von der Stelle weichen; MIL die Stellung behaupten; (*fig*) festbleiben, sich *akk* durchsetzen; **to be on one's own ~** (*fig*) sich *akk* auskennen ④ (*facilities for outdoor sports*) Platz *m,* [Spiel]feld *nt;* **cricket ~** Cricketfeld *nt;* **football ~** Fußballplatz *m* ⑤ (*for animals*) **breeding ~** Brutplatz *m,* Brutstätte *f a. fig;* **fishing ~s** Fischgründe *pl,* Fischfanggebiet *nt;* **spawning ~** Laichplatz *m* ⑥ *ship* **to touch ~** auf Grund laufen ⑦ AM ELEC (*earth*) Erde *f,* Masse *f;* **~ wire** Erdungsdraht *m,* Masseleitung *f* ⑧ (*fig: area of discussion*) Gebiet *nt,* Feld *nt;* **to be on common ~** eine gemeinsame Basis haben; **we had soon found some common ~** wir hatten schnell einige Gemeinsamkeiten entdeckt; **to be on dangerous ~** in ein gefährliches Fahrwasser geraten, sich *akk* auf gefährliches Terrain begeben; **to be on familiar** [*or* **on one's own**] **~** sich *akk* auf vertrautem Boden bewegen, sich *akk* in etw *dat* auskennen, in etw *dat* Bescheid wissen; **to be on** [*or* **stick to**] **safe ~** sich *akk* auf sicherem Boden bewegen, auf Nummer Sicher gehen *fam;* **to go over the same ~** sich *akk* wiederholen ⑨ *usu pl* (*reason*) Grund *m,* Ursache *f;* **your fears have no ~ at all** deine Ängste sind absolut unbegründet; **you have no ~s for your accusations** deine Anschuldigungen sind haltlos; **to have ~s to do sth** einen Grund [*o* Anlass] haben, etw zu tun; **to have ~s to believe that ...** Grund zu der Annahme haben, dass ...; **on the ~s that ...** mit der Begründung, dass ...; **an EU national cannot be deported solely on the ~s of his conviction** ein EU-Bürger kann nicht nur aufgrund einer Verurteilung ausgewiesen werden ▸ PHRASES: **to cut the ~ from under sb's feet** jdm den Boden unter den Füßen wegziehen; **to have both one's feet** [**flat**] **on the ~** mit beiden Beinen [fest] auf der Erde stehen, auf dem Boden der Tatsachen bleiben; **to wish the ~ would open up and swallow one** [**whole**] am liebsten im Boden versinken wollen **II.** *vt* ① *usu passive* AVIAT ■**to be ~ed** (*unable to fly*) nicht starten können; (*forbid to fly*) Startverbot [erteilt] bekommen; *people* nicht fliegen dürfen, Flugverbot haben ② (*unable to move*) ■**to be ~ed** *ship* auf Grund laufen ③ *esp* AM, AUS (*fig fam*) ■**to ~ sb** jdm Ausgehverbot [*o* Hausarrest] erteilen ④ *usu passive* ■**to be ~ed in sth** von etw *dat* herrühren, seinen Grund in etw *dat* haben

ground² [graʊnd] **I.** *vt pt of* **grind** **II.** *adj* gemahlen **III.** *n* ■**~s** *pl* [Boden]satz *m kein pl;* **coffee ~s** Kaffeesatz *m*

'ground ball *n* AM SPORTS Bodenball *m* **ground 'beef** *n no pl* AM (*mince*) Rinderhackfleisch *nt* **'ground-break·ing** *adj inv* bahnbrechend, wegweisend **'ground cloth** *n* AM (*groundsheet*) Bodenplane *f* [im Zelt] **'ground con·trol** *n* AVIAT Bodenkontrolle *f* **'ground cov·er** *n no pl* HORT Bodenvegetation *f,* Bodenwuchs *m;* **this is a good ~ plant** diese Pflanze ist gut geeignet für die Bodenbepflanzung **'ground crew** *n* AVIAT Bodenpersonal *nt kein pl,* Bodenbedienstete *pl*

ground·er ['graʊndɚ] *n* AM SPORTS (*fam*) Bodenball *m*

ground 'floor I. *n* Erdgeschoss *nt,* Parterre *nt;* **to live on the ~** Parterre [*o* °im Erdgeschoss] wohnen ▸ PHRASES: **to go** [*or* **get**] **in on the ~** [**of sth**] von Anfang [*o* Beginn] an [bei etw *dat*] dabei sein **II.** *n modifier* (*apartment*) Erdgeschoss-, Parterre-; **~ entrance** Parterreeingang *m;* **~ level** [im] Erdgeschoss *nt*

'ground fog *n no pl* Bodennebel *m* **'ground frost** *n* Bodenfrost *m* **'ground·hog** *n* AM Waldmurmeltier *nt* **'Ground·hog Day** *n* AM Murmeltiertag *m* (*nach der Legende kommt am 2. Februar das Murmeltier aus seiner Winterschlafhöhle. Wenn an diesem Tag die Sonne scheint und es sieht seinen Schatten, soll winterliches Wetter in den nächsten 6 Wochen anhalten.*)

ground·ing ['graʊndɪŋ] *n no pl* Grundlagen *fpl,* Basiswissen *nt;* **to give sb a good ~ in sth** jdm die wesentlichen Grundlagen in etw *dat* vermitteln

ground·less ['graʊndləs] *adj* *worries, fears* unbegründet, grundlos

ground 'lev·el *n* Boden *m kein pl,* Bodenhöhe *f kein pl;* **above ~** über der Erde [*o* dem Boden]; **at ~** am Boden, auf Bodenhöhe **'ground·nut** *n* Erdnuss[pflanze] *f;* **~ oil** *esp* BRIT Erdnussöl *nt* **'ground·out** ['graʊndaʊt] *n* [*für den Schläger verlorener*] *Schlag beim Baseball* **'ground plan** *n* ① (*plan of building*) Grundriss *m* ② *esp* AM (*basic plan*) [Grund]konzept *nt* **'ground rent** *n* BRIT *erbbauzinsähnliches Nutzungsentgelt* **'ground rules** *npl* Grundregeln *fpl*

ground·sel ['graʊn(d)sᵊl] *n* Kreuzkraut *nt*

'ground·sheet *n esp* BRIT Bodenplane *f* **'grounds·keep·er** *n* AM, **'grounds·man** *n* BRIT, AUS Platzwart *m* **'ground speed** *n* AVIAT Geschwindigkeit *f* über Grund **'ground staff** *n no pl,* + *sing/pl vb* ① SPORTS Wartungspersonal *nt* (*für Platzanlagen*) ② AVIAT Bodenpersonal *nt,* Bodenbedienstete *pl* **'ground-sta·tion** *n* RADIO, TV Bodenstation *f* **'ground stroke** *n* TENNIS Grundschlag *m* **'ground·swell** *n no pl* ① NAUT (*heavy sea*) [Grund]dünung *f fachspr* ② (*increase*) Anschwellen *nt,* Anwachsen *nt;* **there is a ~ of opinion against the new rules** es werden immer mehr Stimmen gegen die neuen Richtlinien laut **ground-to-air 'mis·sile** *n* MIL Boden-Luft-Rakete *f* **'ground troops** *npl* MIL Bodentruppen *fpl* **'ground·wa·ter** *n no pl* Grundwasser *nt* **'ground·work** *n no pl* Vorarbeit *f;* (*for further study*) Grundlagenarbeit *f;* **to lay** [*or* **do**] **the ~ for sth** die Vorarbeit für etw *akk* leisten, die Grundlagen [*o* das Fundament] für etw *akk* schaffen

group [gruːp] **I.** *n* ① + *sing/pl vb* (*several together*) Gruppe *f;* (*specially assembled also*) [Personen]kreis *m;* **I'm meeting a ~ of friends for dinner** ich treffe mich mit ein paar Freunden zum Essen; **we'll split the class into ~s of four or five** wir werden die Klasse in Vierer- oder Fünfergruppen aufteilen; ~ **of trees** Baumgruppe *f;* **to get into ~s** sich *akk* in Gruppen zusammentun; **in ~s** in Gruppen, gruppenweise ❷ CHEM *(category)* Gruppe *f* ❸ ECON *(association)* Konzern *m,* Konzernverbund *m,* Unternehmensgruppe *f* ❹ *(musicians)* [Musik]gruppe *f* **II.** *n modifier* Gruppen-, gemeinsam; ~ **photo** Gruppenfoto *nt,* Gruppenaufnahme *f;* ~ **sex** Gruppensex *m;* ~ **work** Gruppenarbeit *f,* Teamarbeit *f* **III.** *vt* ■**to** ~ **sth** etw gruppieren; **the magazines were ~ed according to subject matter** die Zeitschriften waren nach Themenbereichen geordnet; **the books were ~ed by size** die Bücher waren nach der Größe sortiert; ■**to** ~ **sb: I ~ed the children according to age** ich habe die Kinder dem Alter nach in Gruppen eingeteilt **IV.** *vi* sich *akk* gruppieren; **to** ~ **together** sich *akk* zusammentun; **to** ~ **together around sb** sich *akk* um jdn herumstellen [*o* [herum]gruppieren]

'group cap·tain *n* BRIT AVIAT, MIL Oberst *m (der Royal Air Force)* **group dy·'nam·ics** *npl* Gruppendynamik *f kein pl*

groupie ['gru:pi] *n (fam)* Groupie *nt sl*

group·ing ['gru:pɪŋ] *n* Gruppierung *f,* Anordnung *f*

Group of 'Sev·en *n* ❶ POL *(hist: organization)* ■**the** ~ die Siebenergruppe [*o* G7] *hist* ❷ CAN ART *1920 gegründete Gruppe kanadischer Landschaftsmaler* **group 'prac·tice** *n* Gemeinschaftspraxis *f* **group 'thera·py** *n no pl* Gruppentherapie *f* **group 'tick·et** *n* TRANSP Sammelfahrschein *m;* TOURIST Gruppenticket *nt,* Gruppenkarte *f*

grouse[1] [graʊs] **I.** *n* <*pl* -> Raufußhuhn *nt;* **black** ~ Birkhuhn *nt;* **red** ~ [Schottisches] Moorschneehuhn **II.** *n modifier* ~ **season** Jagdzeit *f* für Moorhühner; ~ **shooting** Moorhuhnjagd *f*

grouse[2] [graʊs] *(fam)* **I.** *n* Nörgelei *f pej,* Klage *f;* **his biggest ~ is about ...** er meckert oft und gerne über *+akk ... fam* **II.** *vi* nörgeln, meckern *fam,* mosern DIAL *fam;* **everyone is grousing about the new boss** über den neuen Chef wird nur gemeckert; ■**to** ~ **at sb** jdn anmeckern *pej fam;* ■**to** ~ **to sb** sich *akk* bei jdm beklagen; ■**to** ~ **to sb about sth/sb** sich *akk* bei jdm über etw/jdn auslassen

grous·er ['graʊsəʳ, AM -ɚ] *n (fam)* Meckerer *m pej fam,* Nörgler(in) *m(f) pej*

grout [graʊt] **I.** *n* Mörtel *m* **II.** *vt* ■**to** ~ **sth** etw verfugen [*o* mit Mörtel ausfüllen]

grout·ing ['graʊtɪŋ, AM -t̬ɪŋ] *n no pl* ❶ *(material)* Mörtel *m* ❷ *(act)* Verfugen *nt*

grove [grəʊv, AM groʊv] *n* Wäldchen *nt;* *(orchard)* Hain *m;* *(as street name)* **Ladbroke G~ in London** Ladbroke Grove in London; **olive** ~ Olivenhain *m* ▸ PHRASES: **the ~s of Academe** BRIT *(hum liter)* die akademische Welt

grov·el <BRIT -ll- *or* AM *usu* -l-> ['grɒvᵊl, AM 'grɑ:v-] *vi* ❶ *(behave obsequiously)* ■**to** ~ **[before sb]** [vor jdm] zu Kreuze kriechen, katzbuckeln; **they wrote a ~ling letter of apology** sie schrieben einen unterwürfigen Entschuldigungsbrief; **the dog ~led before his master** der Hund winselte vor seinem Herrn ❷ *(crawl)* kriechen; **I ~led under the sofa** ich kroch unters Sofa; **to** ~ **about in the dirt** im Schmutz [herum]wühlen; **to** ~ **on one's knees** [*or* **on all fours**] auf [den] Knien rutschen, auf allen Vieren kriechen

grow <grew, grown> [grəʊ, AM groʊ] **I.** *vi* ❶ *(increase in size)* wachsen; **haven't you ~n!** bist du aber gewachsen [*o* groß geworden]!; **roses grew up against the wall** Rosen rankten sich an der Wand hoch; **to** ~ **taller** größer werden, wachsen ❷ *(flourish) plants* gedeihen ❸ *(increase)* wachsen, zunehmen, steigen; **football's popularity continues to** ~ Fußball wird immer populärer; **to** ~ **by 2 %** um 2 % wachsen [*o* zunehmen] ❹ *(develop)* sich *akk* [weiter]entwickeln ❺ *(become)* werden; **he is finding it hard to cope with ~ing old** er tut sich mit dem Älterwerden schwer; **she has ~n to hate him** mit der Zeit lernte sie, ihn zu hassen; **to** ~ **wiser** weiser werden; **to** ~ **to like sth** langsam beginnen, etw zu mögen ▸ PHRASES: **to let the grass** ~ **under one's feet** etw [ewig] aufschieben [*o* vor sich *dat* her schieben]; **money doesn't** ~ **on trees** *(prov)* Geld fällt nicht vom Himmel [*o* wächst nicht auf Bäumen] *prov;* **tall oaks from little acorns** ~ *(prov)* große Dinge beginnen im Kleinen **II.** *vt* ■**to** ~ **sth** ❶ *(cultivate)* etw anbauen; **to** ~ **coffee/maize/tomatoes** Kaffee/Mais/Tomaten anbauen; **to** ~ **flowers** Blumen züchten; **to** ~ **one's own fruit/vegetables** selbst Obst/Gemüse anbauen; **to** ~ **sth from seed** etw aus Samen ziehen ❷ *(let grow)* etw wachsen lassen; **to** ~ **a beard/moustache** sich *dat* einen Bart/Schnurrbart wachsen [*o* stehen] lassen; **to** ~ **one's hair** [sich *dat*] die Haare wachsen lassen ❸ *(develop)* etw entwickeln; **the male deer ~s large antlers** dem Hirsch wächst ein mächtiges Geweih; **furry animals** ~ **a thicker coat in winter** Pelztiere bekommen im Winter ein dichteres Fell

◆**grow apart** *vi people* sich *akk* auseinanderleben

◆**grow away** *vi* **to** ~ **away from sb** sich *akk* jdm [allmählich] entfremden

◆**grow into** *vi* ■**to** ~ **into sth** in etw *akk* hineinwachsen; *(fig)* sich *akk* in etw *akk* eingewöhnen; **it may take you a few weeks to** ~ **into the work** es wird einige Wochen dauern, bis Sie sich eingearbeitet haben

◆**grow on** *vi* ■**sth ~s on sb** jd findet [mit der Zeit] Gefallen [*o* Geschmack] an etw *dat;* **the more I visit France, the more it ~s on me** je häufiger ich nach Frankreich fahre, umso besser gefällt es mir

◆**grow out** *vi* ■**to** ~ **out of sth** aus etw *dat* herauswachsen; *(become too adult)* für etw *akk* [schon] zu alt sein; *(change with increasing age)* mit der Zeit seine Einstellung [*o* Haltung] [gegenüber etw *dat*] ändern; **the kids need new shoes, they've ~n out of the old ones** die Kinder brauchen neue Schuhe, sie sind aus den alten herausgewachsen; **our daughter's ~n out of dolls** unsere Tochter ist aus dem Puppenalter heraus; **he wants to join the army when he leaves school, but I hope he'll** ~ **out of it** er will nach der Schule zum Militär, aber ich hoffe, er hat bis dahin seine Einstellung wieder geändert; **to** ~ **out of a habit** eine Angewohnheit ablegen; **you should have ~n out of that habit by now** das solltest du dir inzwischen abgewöhnt haben

◆**grow up** *vi* ❶ *(become adult)* erwachsen werden; **when I** ~ **up I'm going to ...** wenn ich erwachsen bin, werde ich ...; **for goodness' sake** ~ **up!** Menschenskind, wann wirst du endlich erwachsen? *fam;* **my husband's sulking again – I wish he'd** ~ **up** mein Mann schmollt schon wieder – wenn er sich doch einmal wie ein Erwachsener benehmen könnte!; ■**to** ~ **up on sth** mit etw *dat* aufwachsen; **of course I've had porridge – I practically grew up on it** natürlich habe ich Porridge gegessen – ich wurde sozusagen damit aufgezogen; **people of my generation grew up on Enid Blyton books** meine Generation ist mit den Büchern von Enid Blyton groß geworden ❷ *(arise)* entstehen, sich *akk* bilden

grow·er ['grəʊəʳ, AM 'groʊɚ] *n* ❶ *(plant)* **the new varieties of wheat are good ~s even in poor soil** die neuen Weizensorten gedeihen sogar auf minderwertigem Boden gut; **a fast/slow** ~ eine schnell/langsam wachsende Pflanze ❷ *(market gardener)* Erzeuger *m,* [An]bauer *m;* **coffee/tobacco** ~ Kaffee-/Tabakpflanzer(in) *m(f);* **flower** ~ Blumenzüchter(in) *m(f);* **fruit/vegetable** ~ Obst-/Gemüsebauer, -bäuerin *m, f*

grow·ing ['grəʊɪŋ, AM 'groʊ-] **I.** *n no pl* Anbau *m;* **bulb-~** Blumenzwiebelanbau *m;* **cotton-~** Baumwollanbau *m* **II.** *adj attr, inv* ❶ *(developing) boy, girl* heranwachsend *attr,* im Wachstumsalter *präd;* **you don't want to go on a diet – you're a ~ girl** du willst doch wohl keine Diät machen – du bist noch im Wachstum! ❷ *(increasing)* zunehmend, steigend; **there is a ~ awareness of the seriousness of this disease** man wird sich zunehmend der Tragweite dieser Krankheit bewusst ❸ ECON *(expanding) business, industry* wachsend, auf Wachstumskurs *präd*

'grow·ing pains *npl* MED Wachstumsschmerzen *mpl;* *(prob-*

G

lems of adolescence) Pubertätsprobleme *ntpl;* (*initial difficulties*) Anfangsschwierigkeiten *fpl*, Startschwierigkeiten *fpl*

growl [graʊl] **I.** *n of animal* Knurren *nt kein pl; of machine* Brummen *nt kein pl* **II.** *vi* knurren; ■**to ~ at sb** jdn anknurren; ■**to ~ out sth** etw in einem knurrigen Ton sagen

grown [grəʊn, AM groʊn] **I.** *adj* ausgewachsen; (*adult*) erwachsen **II.** *pp of* **grow**

grown-up ['grəʊnʌp, AM 'groʊ-] (*fam*) **I.** *n* Erwachsene(r) *f(m)* **II.** *adj* erwachsen

growth [grəʊθ, AM groʊθ] *n* ❶ *no pl* (*in size*) Wachstum *nt;* **plant ~** Pflanzenwuchs *m*, Pflanzenwachstum *nt;* **to reach full ~** ausgewachsen sein ❷ *no pl* (*increase*) Wachstum *nt*, Zunahme *f*, Anstieg *m;* **rate of ~** Wachstumsrate *f*, Zuwachsrate *f;* **~ industry** Wachstumsindustrie *f* ❸ *no pl* (*development*) Entwicklung *f; of sb's character, intellect* Entfaltung *f;* (*in importance*) Wachstum *nt;* **~ area** Entwicklungsgebiet *nt* ❹ (*of plant*) Trieb *m*, Schössling *m;* **there is new ~ sprouting in spring** im Frühling sprießen neue Triebe ❺ *no pl* (*whiskers*) [wenige Tage alter] Bartwuchs; **to have a three days' ~ on one's chin** einen Drei-Tage-Bart haben ❻ MED Geschwulst *f*, Wucherung *f;* (*cancerous*) Tumor *m*

'growth hor·mone *n* Wachstumshormon *nt* **'growth ring** *n* HORT Jahresring *m* **'growth stock** *n* ECON Wachstumsaktie *f*

groyne [grɔɪn] *n* Buhne *f fachspr*

grub [grʌb] **I.** *n* ❶ (*larva*) Larve *f*, Made *f* ❷ *no pl* (*fam: food*) Fressalien *pl fam*, Futterage *f fam;* **~['s] up!** Essen fassen! *hum fam*, ran an die Futterkrippe! *hum fam;* **pub ~** Kneipenessen *nt fam* **II.** *vi* <-bb-> [herum]stöbern; **to ~ about** [*or* **around**] [**for sth**] [nach etw *dat*] wühlen **III.** *vt* <-bb-> ❶ ■**to ~ up** [*or* **out**] **sth**, ■**to ~ sth up** [*or* **out**] etw ausgraben; **to ~ up roots/tree stumps** Wurzeln/Baumstümpfe ausroden ❷ AM (*fam: cadge*) ■**to ~ sth off** [*or* **from**] **sb** etw bei jdm schnorren *fam*, jdn um etw *akk* anhauen *fam*

grub·ber ['grʌbəʳ, AM -ɚ] *n* ❶ Rodewerkzeug *nt*, Rodehacke *f* ❷ AM (*fam: cadger*) Schnorrer(in) *m(f)*

grub·by ['grʌbi] *adj* (*fam*) *clothing* schmudd[e]lig; *hands* schmutzig; (*not honourable*) schäbig, schmutzig

grudge [grʌdʒ] **I.** *n* Groll *m kein pl;* **to have** [*or* **hold**] [*or* **bear**] **a ~ against sb** einen Groll gegen jdn hegen [*o* auf jdn haben] **II.** *vt* ■**to ~ sth** (*regret*) etw bereuen [*o* bedauern]; **she ~d every hour** ihr tat es um jede Stunde leid; ■**to ~ sb sth** (*be resentful*) jdm etw missgönnen [*o* neiden]; **I don't ~ you your holiday** ich neide dir deinen Urlaub nicht

grudg·ing ['grʌdʒɪŋ] *adj* widerwillig, unwillig

grudg·ing·ly ['grʌdʒɪŋli] *adv* widerwillig, widerstrebend

gru·el [grʊəl, AM 'gru:əl] *n no pl* Haferschleim *m*, Grütze *f*

gru·el·ing *adj* AM *see* **gruelling**

gru·el·ing·ly *adv* AM *see* **gruellingly**

gru·el·ling ['grʊəlɪŋ], AM **gru·el·ing** ['gru:əl-] *adj day, week* aufreibend, zermürbend, mörderisch *fam; journey* strapaziös

gru·el·ling·ly ['grʊəlɪŋli], AM **gru·el·ing·ly** ['gru:əl-] *adv* mörderisch *fam;* **it was a ~ long journey** die lange Reise war äußerst strapaziös

grue·some ['gru:səm] *adj* grausig, schaurig, schauerlich

grue·some·ly ['gru:səmli] *adv* grausig, grauenhaft, schauerlich; **he died very ~** er starb auf grausame Weise

gruff [grʌf] *adj voice* schroff, barsch; **"I'm sorry," he said in a ~ voice** „tut mir leid", sagte er schroff; ■**to be ~ with sb** zu jdm grob sein

gruff·ly ['grʌfli] *adv* barsch, schroff; (*awkwardly*) unbeholfen

gruff·ness ['grʌfnəs] *n no pl* Schroffheit *f*, Barschheit *f*

grum·ble ['grʌmbl] **I.** *n* Gemurre *nt kein pl*, Gemecker *nt kein pl fam* **II.** *vi* murren, meckern *fam; stomach* knurren; **mustn't ~** ich kann nicht klagen; **my stomach's been grumbling all morning** mir knurrt schon den ganzen Morgen der Magen; **a grumbling appendix** eine Blinddarmreizung; ■**to ~ about sth/sb** über etw/jdn schimpfen; **I can't ~ about the service** ich kann mich über den Service nicht beklagen

grum·bler ['grʌmbləʳ, AM -ɚ] *n* Meckerer *m pej fam*, Nörgler(in) *m(f) pej*, Raunzerer(in) *m(f) pej fam*

grump [grʌmp] **I.** *n* (*fam*) Griesgram *m pej*, Murrkopf *m veraltet o pej fam* **II.** *vi* (*fam*) ■**to ~ about sth** über etw *akk* meckern, grantig über etw *akk* sein

grumpi·ly ['grʌmpɪli] *adv* (*fam*) grantig, mürrisch, übellaunig

grumpi·ness ['grʌmpɪnəs] *n no pl* Grantigkeit *f*, Gereiztheit *f*

grumpy ['grʌmpi] *adj* (*fam: bad-tempered*) mürrisch, brummig *fam;* (*temporarily annoyed*) schlecht gelaunt, grantig *fam;* **what are you so ~ about?** was ist denn der Grund für deine schlechte Laune?

grunge [grʌndʒ] *n* ❶ *no pl esp* AM (*dirt*) Dreck *m* ❷ AM (*fam: dirty person*) Drecksack *m fam* ❸ *no pl* MUS, FASHION Grunge *m*

grungy ['grʌndʒi] *adj* AM (*sl*) schmuddelig, im Grunge[-Look] *nach n* (*lässig, bewusst unansehnlich gekleidet*)

grunt [grʌnt] **I.** *n* (*snorting sound*) Grunzen *nt kein pl;* (*groan*) Ächzen *nt kein pl;* **to give a ~** grunzen **II.** *vi* grunzen; (*groan*) ächzen; **to ~ with pain** vor Schmerz aufseufzen

grun·tled ['grʌntəld] *adj* (*hum fam*) froh, vergnügt

Gru·yère ['gru:jeəʳ, AM gru'jer] *n* Gruyère[käse] *m;* (*from Switzerland also*) Greyerzer *m*

gry·phon *n* LIT *see* **griffin**

G7 **I.** *n* (*hist*) *abbrev of* **Group of 7:** ■**the ~** die G7 **II.** *n modifier* G7-; *see also* **G8**

G-spot ['dʒi:spɒt, AM -spɑ:t] *n* G-Punkt *m*

GST [dʒi:es'ti:] *n* CAN *abbrev of* **Goods and Services Tax** Mehrwertsteuer auf Bundesebene *f*

G-string ['dʒi:strɪŋ] *n* ❶ (*string on an instrument*) G-Saite *f* ❷ (*clothing*) String-Tanga *m*

GTI [ˌdʒi:ti:'aɪ] *n* AUTO *abbrev of* **Gran Turismo injection** GTi

guac [gwɑ:k] *n* AM *no pl short for* **guacamole** Guacamole *nt o f*

gua·ca·mo·le [ˌgwɑ:kə'məʊli, AM -'moʊli] *n no pl* Guacamole *nt o f* (*mexikanisches Avocado-Püree*)

gua·no ['gwɑ:nəʊ, AM -noʊ] *n no pl* Guano *m*

guar·an·tee [ˌgærən'ti:, AM *esp* ˌger-] **I.** *n* ❶ (*promise*) Garantie *f*, Zusicherung *f;* **to demand a ~ that ...** eine Garantie [*o* Zusicherung] verlangen, dass ...; **to give sb one's ~** jdm etw garantieren ❷ COMM (*of repair, replacement*) Garantie *f;* **a money-back ~** eine Rückerstattungsgarantie [*o* Rückvergütungsgarantie]; **a two-year ~** eine Garantie auf 2 Jahre; **to come with** [*or* **have**] **a ~** Garantie haben; **to be** [**still**] **under ~** *appliances, gadgets* [noch] Garantie haben; **the radio doesn't work – is it still under ~?** das Radio funktioniert nicht – ist noch Garantie drauf? ❸ (*document*) Garantieschein *m* ❹ (*certainty*) Garantie *f;* (*person, institution*) Garant(in) *m(f);* **his name is a ~ of success** sein Name bürgt für Erfolg; **it's** [*or* **there's**] **no ~ that ...** es gibt keine Garantie dafür, dass ..., es ist nicht sicher, dass ... ❺ (*item given as security*) Garantie *f*, Sicherheit *f* ❻ LAW *see* **guaranty II.** *vt* ■**to ~ sth** ❶ (*promise*) etw garantieren, für etw *akk* bürgen; **we ~ this product to be free from artificial flavourings** wir garantieren, dass dieses Produkt keine künstlichen Aromastoffe enthält; **~d pure wool** garantiert reine Wolle; **~d free from** [*or* **free of**] **sth** garantiert frei von etw *dat;* **~d suitable for sth** garantiert geeignet für etw *akk;* ■**to ~ sb sth** [*or* **sth for sb**] jdm etw garantieren [*o* zusichern]; ■**to ~ that ...** (*make certain*) gewährleisten [*o* sicherstellen], dass ...; **the £50 deposit ~s that people return the boats after the hour has finished** mit dem Pfand von £50 soll sichergestellt werden, dass die Boote nach einer Stunde auch wieder zurückgebracht werden ❷ COMM (*promise to correct faults*) eine Garantie für [*o* auf] etw *akk* geben; **to be ~d for three years** drei Jahre Garantie haben ❸ LAW (*underwrite debt*) für etw *akk* bürgen

guar·an·tor [ˌgærən'tɔ:ʳ, AM ˌgerən'tɔ:r] *n* Garant(in) *m(f);* LAW Bürge, -in *m, f*

guar·an·ty ['gærənti, AM 'gerənti] *n* LAW ❶ (*underwriting of debt*) Bürgschaft *f* ❷ (*as security*) Garantie *f*, Sicherheit *f*

guard [gɑːd, AM gɑːrd] **I.** *n* ❶ (*person*) Wache *f;* (*sentry*) Wach[t]posten *m;* **border** ~ Grenzsoldat(in) *m(f),* Grenzposten *m;* **gate** ~ Wach[t]posten *m;* **prison** ~ AM Gefängniswärter(in) *m(f),* Gefängnisaufseher(in) *m(f);* **security** ~ Sicherheitsbeamte(r) *f(m),* -beamtin *f;* (*man also*) Wachmann *m;* **to be on** [*or* **keep**] [*or* **stand**] ~ Wache halten [*o* stehen]; **to be under** ~ unter Bewachung stehen, bewacht werden; **to keep ~ over sth/sb** etw/jdn bewachen; **to post ~s** Wachen aufstellen ❷ (*defensive stance*) Deckung *f;* **to be on one's ~ [against sth/sb]** (*fig*) [vor etw/jdm] auf der Hut sein, sich *akk* [vor etw/jdm] in Acht nehmen; **to be caught off one's ~** SPORTS [von einem Schlag] unvorbereitet getroffen werden; (*fig*) auf etw *akk* nicht vorbereitet [*o* gefasst] sein; **to drop** [*or* **lower**] **one's ~** SPORTS seine Deckung vernachlässigen; (*fig*) nicht [mehr] wachsam [*o* vorsichtig] [genug] sein; **to get in under sb's ~** SPORTS jds Deckung *f* durchbrechen; (*fig*) jds Verteidigung *f* außer Gefecht setzen; (*get through to sb*) jds Panzer *m* durchdringen; **to let one's ~ slip** SPORTS seine Deckung fallen lassen; (*fig*) alle Vorsicht außer Acht lassen ❸ (*protective device*) Schutz *m,* Schutzvorrichtung *f;* **face~** Gesichtsschutz *m;* **fire~** Kamingitter *nt,* Schutzgitter *nt* ❹ BRIT (*railway official*) Zugbegleiter(in) *m(f);* **chief ~** Zugführer(in) *m(f)* ❺ BRIT MIL (*army regiment*) ■**the G~s** *pl* das Garderegiment, die Garde; **the Grenadier G~s** die Grenadiergarde **II.** *vt* ❶ (*keep watch*) ■**to ~ sth/sb** etw/jdn bewachen; **heavily ~ed** scharf bewacht; (*protect*) ■**to ~ sth/sb against sth/sb** etw/jdn vor etw/jdm [be]schützen ❷ (*keep secret*) ■**to ~ sth** etw für sich *akk* behalten, etw nicht preisgeben; **a jealously** [*or* **closely**] **~ed secret** ein sorgsam gehütetes Geheimnis **III.** *vi* ■**to ~ against sth** sich *akk* vor etw *dat* schützen; **the best way to ~ against financial problems is to avoid getting into debt** man schützt sich am besten vor finanziellen Problemen, indem man Schulden vermeidet

'guard dog *n* Wachhund *m* **'guard duty** *n* Wachdienst *m;* **to be on** [*or* **do**] **~ duty** Wachdienst [*o* Wache] haben, auf Wache sein

guard·ed ['gɑːdɪd, AM 'gɑːrd-] *adj* (*reserved*) zurückhaltend; (*cautious*) vorsichtig

guard·ed·ly ['gɑːdɪdli, AM 'gɑːrd-] *adv* (*reservedly*) zurückhaltend; (*cautiously*) vorsichtig; **to be ~ optimistic** verhaltenen Optimismus zeigen

'guard·house *n* Wache *f,* Wachlokal *nt*

guard·ian ['gɑːdiən, AM 'gɑːrd-] *n* ❶ (*responsible person*) Vormund *m,* Erziehungsberechtigte(r) *f(m)* ❷ (*form: protector*) Hüter(in) *m(f),* Wächter(in) *m(f);* **to be ~ of sth** Hüter(in) einer S. *gen* sein

guard·ian 'an·gel *n* (*a. fig*) Schutzengel *m a. fig*

guard·ian·ship ['gɑːdiənʃɪp, AM 'gɑːrd-] *n no pl* ❶ (*being a guardian*) Vormundschaft *f* ❷ (*form: care*) Obhut *f,* Schutz *m;* **to be in sb's ~** unter jds Obhut *f* [*o* Schutz *m*] stehen

guard of 'hon·or AM, **guard of 'hon·our** *n* + *sing/pl vb* Ehrenwache *f,* Ehrengarde *f* **'guard post** *n* Wachhäuschen *nt* **'guard rail** *n* [Schutz]geländer *nt* **'guard·room** *n* Wachstube *f,* Wachlokal *nt* **'guards·man** *n* Wach[t]posten *m;* BRIT (*in the Guards*) Gardesoldat *m* **'guard's van** *n* BRIT RAIL Schaffnerabteil *nt*

gua·va ['gwɑːvə] *n* ❶ (*tree*) Guave *f,* Guajavabaum *m* ❷ (*fruit*) Gua[ja]ve *f*

gub·bins ['gʌbɪnz] *n* + *sing vb* BRIT (*fam*) ❶ (*stuff*) Krempel *m kein pl fam,* Zeug *nt kein pl fam;* (*rubbish*) Schund *m kein pl fam,* Ramsch *m kein pl fam* ❷ (*gadget*) Ding *nt*

gu·ber·na·to·rial [ˌguːbəˈnəˈtɔːriəl] *adj inv* AM Gouverneurs-

gue(r)·ril·la [gəˈrɪlə] **I.** *n* Guerilla *m,* Guerillakämpfer(in) *m(f)* **II.** *n modifier* (*tactics*) Guerilla-; **~ sniper** Guerillakämpfer(in) *m(f);* **~ warfare** Guerillakrieg *m*

guess [ges] **I.** *n* <*pl* -es> Vermutung *f,* Annahme *f;* (*act of guessing*) Raten *nt kein pl;* **you've got three ~es** dreimal darfst du raten; **a lucky ~** ein Glückstreffer [*o* Zufallstreffer] *m;* **to have** [*or* **hazard**] [*or* **make**] [*or esp* AM **take**] **a ~** raten, schätzen; **to make a wild ~** einfach [wild] drauflosraten [*o* [ins Blaue hinein] tippen] *fam;* **at a ~** grob geschätzt, schätzungsweise; ■**sb's ~ is that ...** jd vermutet [*o* nimmt an], dass ...; **your ~ is as good as mine** da kann ich auch nur raten ▶ PHRASES: **it's anybody's** [*or* **anyone's**] **~** weiß der Himmel *fam* **II.** *vi* ❶ (*conjecture*) [er]raten; **how did you ~?** wie bist du darauf gekommen?; **to ~ right/wrong** richtig/falsch raten; **to keep sb ~ing** jdn auf die Folter spannen; ■**to ~ at sth** etw raten; (*estimate*) etw schätzen; (*suspect*) über etw *akk* Vermutungen anstellen ❷ *esp* AM (*suppose*) denken, meinen; (*suspect*) annehmen, vermuten; **I ~ you're right** du wirst wohl recht haben; **I ~ I'd better go now** ich werde jetzt wohl besser gehen **III.** *vt* ■**to ~ sth** etw raten; **he ~ed her age to be 48** er schätzte sie auf 48; **~ what?** stell dir vor!, rate mal!; **to keep sb ~ing** jdn im Ungewissen [*o* Unklaren] lassen; ■**to ~ that ...** vermuten, dass ...; **I bet you can't ~ how old she is** ich wette, du kommst nicht darauf, wie alt sie ist; **~ where I'm calling from** rate mal, woher ich anrufe

guess·ing game *n* (*a. fig*) Ratespiel *nt a. fig*

guess·ti·mate, gues·ti·mate ['gestɪmət] *n* (*fam*) grobe Schätzung

guess·work ['geswɜːk, AM -wɜːrk] *n no pl* Spekulation *f oft pl;* **it's a matter of ~** darüber kann man nur spekulieren [*o* Vermutungen anstellen]; **this is pure ~** da kann man nur raten, das ist reine Spekulation

guest [gest] **I.** *n* ❶ (*invited person*) Gast *m;* **paying ~** zahlender Gast; (*lodger*) Untermieter(in) *m(f);* **he's been our paying ~ for a long time** er logiert schon lange bei uns; **special ~** besonderer Gast, Stargast *m* ❷ TOURIST Gast *m;* (*in guesthouse*) [Pensions]gast *m,* Pensionär *m* SCHWEIZ; (*hotel customer*) [Hotel]gast *m* ▶ PHRASES: **be my ~** nur zu! *fam* **II.** *vi esp* TV als Gaststar auftreten; **to ~ on an album** als Gaststar an einem Album mitwirken

guest ap·'pear·ance *n* Gastauftritt *m;* **to make a ~** als Gaststar auftreten, einen Gastauftritt haben **'guest beer** *n* BRIT *nicht in der Hausbrauerei gebraute Biersorte zu besonderen Anlässen* **'guest book** *n* Gästebuch *nt* **guest con·'duc·tor** *n* Gastdirigent(in) *m(f)* **'guest·house** ['gesthaʊs] *n* Gästehaus *nt,* Pension *f* **'guest list** *n* Gästeliste *f* **guest of 'hon·or** AM, **guest of 'hon·our** *n* Ehrengast *m* **'guest·room** *n* Gästezimmer *nt* **guest 'speak·er** *n* Gastredner(in) *m(f)* **'guest star** *n* Stargast *m* **guest 'voc·als** *npl* Gastauftritt *m* als Sänger/Sängerin **'guest work·er** *n* Gastarbeiter(in) *m(f)*

guff [gʌf] *n* (*fam*) Quatsch *m fam,* Mumpitz *m fam;* **a load** [*or* **lot**] **of ~** jede Menge [*o* ein Haufen *m*] Unsinn

guf·faw [gʌˈfɔː, AM *esp* -ˈɑː] **I.** *n* schallendes Gelächter; **his story was greeted with ~s** seine Geschichte wurde mit schallendem Gelächter bedacht; **to let out a loud ~** in schallendes Gelächter ausbrechen **II.** *vi* laut[hals] [*o* schallend] lachen

guid·ance ['gaɪdᵊn(t)s] *n no pl* ❶ (*advice*) Beratung *f;* (*direction*) [An]leitung *f,* Führung *f* ❷ (*steering system*) Steuerung *f;* **~ system** (*of rocket*) Lenksystem *nt,* Leitsystem *nt;* (*of missile*) Leitstrahlsystem *nt*

guide [gaɪd] **I.** *n* ❶ (*person*) Führer(in) *m(f);* TOURIST *a.* Fremdenführer(in) *m(f);* **mountain ~** Bergführer(in) *m(f);* **tour ~** Reiseführer(in) *m(f),* Reiseleiter(in) *m(f)* ❷ (*book*) Reiseführer *m;* **a ~ to the British Isles** ein Reiseführer über die Britischen Inseln; **tourist ~** Reiseführer(in) *m(f)* ❸ (*help*) Leitfaden *m,* Richtschnur *f;* **rough ~** grobe Richtschnur ❹ (*indication*) Anhaltspunkt *m* ❺ *esp* BRIT (*girls' association*) ■**the G~s** *pl* die Pfadfinderinnen *fpl* **II.** *vt* ❶ (*show*) ■**to ~ sb** jdn führen; (*show the way*) jdm den Weg zeigen [*o* weisen]; **the shop assistant ~d me to the shelf** die Verkäuferin führte mich zum Regal; ■**to ~ sb through** [*or* BRIT **round**] **sth** jdn durch etw *akk* führen; **the old man ~d us through the maze of alleyways** der alte Mann führte uns durch das Gewirr der Gassen; **the manual will ~ you through the programme**

das Handbuch wird Sie durch das Programm führen ❷ (*instruct*) ■ **to ~ sb** jdn anleiten [*o* unterweisen]; **the computer has a learning programme that will ~ you through it** der Computer hat ein Lernprogramm, das Sie in den Anwendungen unterweisen wird ❸ (*steer*) ■ **to ~ sth** *vehicle* etw führen [*o* lenken] [*o* steuern]; **the plane was ~d in to land** das Flugzeug wurde zur Landung eingewiesen ❹ (*influence*) ■ **to ~ sb** jdn leiten [*o* beeinflussen]; ■ **to ~ sth** etw bestimmen [*o* leiten]; **she had ~d company policy for twenty years** sie hatte zwanzig Jahre lang die Firmenpolitik geprägt; ■ **to be ~d by sth/sb** sich *akk* von etw/jdm leiten lassen; **to be ~d by one's emotions** sich *akk* von seinen Gefühlen leiten lassen

'guide·book *n* Reiseführer *m* **'guide com·pa·ny** *n* BRIT Pfadfinderinnengruppe *f*

guid·ed ['gaɪdɪd] *adj inv* ❶ (*led by a guide*) geführt; **~ tour** Führung *f* ❷ (*automatically steered*) [fern]gelenkt, [fern]gesteuert; **~ missile** Lenkflugkörper *m*, [Fern]lenkwaffe *f*

'guide dog *n* Blindenhund *m* **'guide·line** *n usu pl* Richtlinie *f*; **government ~s** staatliche Richtlinien **'guide-post** *n* Wegweiser *m*

guid·ing hand [ˌgaɪdɪŋ'-] *n* (*fig*) ■ **a ~** eine leitende Hand; **I believe in giving children a ~ from the start** ich denke, Kinder brauchen eine feste Hand, die sie führt; **at school you always had help, at university there will be no ~** in der Schule wurde dir immer geholfen, aber auf der Universität wirst du ganz auf dich gestellt sein **guid·ing 'light** *n* (*fig*) lenkende [*o* inspirierende] Kraft **guid·ing 'prin·ci·ple** *n* Leitmotiv *nt*, [oberste] Maxime **guid·ing 'spir·it** *n* (*fig*) lenkende [*o* inspirierende] Kraft; **John was my ~ during the last two years of school** John hat mir in den letzten zwei Schuljahren mit Rat und Tat zur Seite gestanden

guild [gɪld] *n of merchants* Gilde *f*; *of craftsmen* Zunft *f*; **Writers' ~** Schriftsteller-Verband *m*

guil·der ['gɪldəʳ, AM -ɚ] *n* Gulden *m*

'guild·hall *n* BRIT Rathaus *nt*, Stadthalle *f*; HIST *of merchants* Gildehaus *nt*; *of craftsmen* Zunfthaus *nt*

guile [gaɪl] *n no pl* Tücke *f*, Arglist *f*

guile·ful ['gaɪlfᵊl] *adj* (*form*) arglistig, hinterhältig, tückisch

guile·less ['gaɪlləs] *adj* unschuldsvoll, arglos, unschuldig

guil·lemot ['gɪlɪmɒt, AM -əmɑːt] *n* ORN Lumme *f*; **black ~** Gryllteiste *f*

guil·lo·tine ['gɪlətiːn] *n* ❶ HIST Guillotine *f*, Fallbeil *nt*; **to go to the ~** unter der Guillotine sterben ❷ BRIT, AUS (*paper cutter*) Papierschneidemaschine *f* ❸ BRIT POL Begrenzung *f* der Beratungszeit (*beim Gesetzgebungsverfahren im britischen Unterhaus*)

guilt [gɪlt] *n no pl* Schuld *f*; (*shame for wrongdoing*) Schuldgefühl *nt*; **feelings of ~** Schuldgefühle *ntpl*; **collective ~** Kollektivschuld *f*; **to admit one's ~** seine Schuld zugeben; **to establish sb's ~** jds Schuld *f* beweisen [*o* nachweisen]; **to feel** [*or* **be overcome by**] **~** sich *akk* schuldig fühlen; **~ overcame him and he confessed** er fühlte sich schuldig und gestand

◆**guilt out** *vt* ■ **to get ~ed out** sich sehr schuldig fühlen

'guilt com·plex *n* Schuldkomplex *m*

guilti·ly ['gɪltɪli] *adv* schuldbewusst

guilt·less ['gɪltləs] *adj* schuldlos, unschuldig

'guilt-rid·den *adj inv* von Schuldgefühlen geplagt **'guilt trip** *n* (*fam*) Schuldgefühle *ntpl*; **to lay a** [**heavy**] **~ on sb** jdm [starke] Schuldgefühle einreden **'guilt-trip** *vt* ■ **to ~ sb** jdm Schuldgefühle [*o* ein schlechtes Gewissen] einreden

guilty ['gɪlti] *adj* ❶ (*with guilt*) schuldig; **she felt ~ at having deceived him** sie fühlte sich schuldig, weil sie ihn betrogen hatte; **to have a ~ conscience** ein schlechtes Gewissen [*o* Gewissensbisse] haben; **to feel ~ about sth** ein schlechtes Gewissen [*o* Gewissensbisse] wegen einer S. *gen* haben; **to look ~** schuldbewusst aussehen ❷ LAW (*responsible*) schuldig; **he is ~ of theft** er hat sich des Diebstahls schuldig gemacht; **to plead ~** sich *akk* schuldig bekennen; **he pleaded ~ to the charge of attempted murder** er bekannte sich des versuchten Mordes schuldig; **to plead not ~** sich *akk* nicht schuldig bekennen, die Schuld leugnen; **to prove sb ~** jds Schuld *f* beweisen [*o* nachweisen], jdn [als schuldig] überführen; **until proven ~** bis die Schuld erwiesen ist

guilty 'par·ty *n* Schuldige(r) *f(m)*, schuldige Partei

guinea ['gɪni] *n* BRIT HIST Guinea *f*, Guinee *f* (*21 Schilling*)

Guinea ['gɪni] *n* Guinea *nt*

'guinea fowl *n* Perlhuhn *nt* **'guinea pig** *n* Meerschweinchen *nt*; (*fig*) Versuchskaninchen *nt hum o pej*

guise [gaɪz] *n no pl* ❶ (*appearance*) Gestalt *f*; **the spy went in the ~ of a monk** der Spion ging als Mönch verkleidet; **it was an old idea in new ~** (*fig*) es war eine alte Idee in neuem Gewand ❷ (*pretence*) Vorwand *m*; **under the ~ of friendship** unter dem Deckmantel der Freundschaft; **under the ~ of doing sth** unter dem Vorwand, etw zu tun

gui·tar [gɪ'tɑːʳ, AM -ɑːr] *n* Gitarre *f*; **he sat on the grass, strumming his ~** er saß auf der Wiese und klimperte auf seiner Gitarre; **acoustic/electric ~** akustische/elektrische Gitarre; **to play air ~** Luftgitarre spielen; **to strum/pluck the ~** die Gitarre schlagen/zupfen

gui·tar·ist [gɪ'tɑːrɪst] *n* Gitarrist(in) *m(f)*

gu·lag ['guːlæg, AM -lɑːg] *n no pl* (*Russian jail*) Gulag *m*

gulch [gʌl(t)ʃ] *n* AM (*gully*) Schlucht *f*

gulf [gʌlf] *n* ❶ (*area of sea*) Golf *m*, Meerbusen *m*; **the G~ of Mexico** der Golf von Mexiko ❷ (*Persian Gulf*) ■ **the G~** der [Persische] Golf; **the G~ states** die Golfstaaten *mpl* ❸ (*abyss*) [tiefer] Abgrund; (*chasm*) [tiefe] Kluft *a. fig*; **to bridge a ~** (*fig*) eine Kluft überbrücken [*o* schließen]

'Gulf Stream *n* Golfstrom *m* **Gulf 'War** *n* ❶ (*between Iran-Iraq 1980-88*) [1.] Golfkrieg *m* ❷ (*after invasion of Kuwait 1990*) [2.] Golfkrieg *m* **Gulf War 'syn·drome** *n* Golfkriegssyndrom *nt* (*in der Folge des 2. Golfkrieges bei amerikanischen Soldaten aufgetretenes Krankheitsbild*)

gull[1] [gʌl] *n* Möwe *f*; *see also* **seagull**

gull[2] [gʌl] *vt usu passive* (*fam*) ■ **to ~ sb** jdn übertölpeln; **they were ~ed into believing that it was a bargain buy** man hatte ihnen eingeredet, dass sie ein Schnäppchen machen würden

gul·let ['gʌlɪt] *n* ANAT Speiseröhre *f* ▶ PHRASES: **sth sticks in sb's ~** etw geht jdm gegen den Strich

gul·ley *n see* **gully**

gul·lible ['gʌlɪbl] *adj* leichtgläubig

gul·ly ['gʌli] *n* ❶ (*narrow gorge*) [enge] Schlucht *f* (*mit tief eingeschnittenem Wasserlauf*); **heavy rainfall had cut deep gullies into the side of the hill** starke Regenfälle hatten tiefe Furchen in den Hang gegraben ❷ (*gutter*) Gully *m*, Senkloch *nt*

gulp [gʌlp] **I.** *n* [großer] Schluck; **to get a ~ of air** Luft holen; **to take a ~ of milk/tea** einen [großen] Schluck Milch/Tee nehmen; **to give a ~** aufstoßen; **in one** [*or* **at a**] **~** in einem Zug **II.** *vt* ■ **to ~ sth** etw [hinunter]schlucken; *liquid* etw hinunterstürzen [*o fam* hinunterkippen]; *food* etw verschlingen **III.** *vi* ❶ (*with emotion*) schlucken; **I ~ed with surprise** vor lauter Überraschung musste ich erst einmal schlucken ❷ (*breathe*) tief Luft holen [*o* einatmen]; **to ~ for air** nach Luft schnappen

◆**gulp back** *vt* ■ **to ~ back** ↔ **sth** *emotion* etw hinunterschlucken; **to ~ back a sob** einen Schluchzer unterdrücken; **to ~ back the tears** die Tränen hinunterschlucken

◆**gulp down** *vt* ■ **to ~ down** ↔ **sth** *drink* etw [hastig] hinunterstürzen; *food* etw hinunterschlingen

gum[1] [gʌm] *n* ANAT ■ **~s** *pl* Zahnfleisch *nt kein pl*; **~ shield** BOXING, MED Mundschutz *m*

gum[2] [gʌm] *n* NBRIT (*dated fam*) **by ~!** Teufel noch mal!

gum[3] [gʌm] **I.** *n* ❶ *no pl* (*sticky substance*) Gummi *nt*; BOT Gummi[harz] *nt*; (*on stamps etc.*) Gummierung *f*; (*glue*) Klebstoff *m* ❷ (*sweet*) **bubble ~** Kaugummi *m o nt* (*mit dem man gut Blasen machen kann*); **chewing ~** Kaugummi *m o nt*;

wine/fruit ~ BRIT Fruchtgummi/Weingummi *m o nt* ❸ (*gum tree*) Gummibaum *m* **II.** *vt* <-mm-> ■**to ~ sth** etw kleben; ■**to ~ sth down** etw zukleben **III.** *vi* <-mm-> BOT Harz absondern

◆**gum up** *vt* ■**to ~ up** ↻ **sth** etw verkleben ▶PHRASES: **to ~ up the works** (*stop operation*) [den Ablauf] blockieren; (*interfere*) alles vermasseln

gum 'ara·bic *n no pl* Gummiarabikum *nt*

gum·bo ['gʌmbəʊ, AM -boʊ] *n* ❶ *no pl* (*soup*) *eingedickte Suppe mit Okraschoten, Spezialität aus der Cajun-Küche* ❷ AM (*okra*) Okraschote *f*

'gum·boil *n* MED Zahnfleischabszess *m* **'gum·boot** *n* BRIT, AUS (*dated*) Gummistiefel *m* **'gum·drop** *n* Weingummi *m o nt*

gummed [gʌmd] *adj inv* gummiert

Gum·mi Bear® ['gʌmiber] *n pl* Gummibärchen *nt*

gum·my ['gʌmi] *adj* ❶ (*sticky*) klebrig; (*with glue on*) gummiert ❷ (*without teeth*) zahnlos; **a ~ grin** ein zahnloses Grinsen

gump·tion ['gʌm(p)ʃən] *n no pl* (*fam*) ❶ (*intelligence*) Grips *m* ❷ (*courage*) Schneid *m*, Mumm *m*

'gum·shoe I. *n* ❶ (*dated*) [wasserdichter] Überschuh ❷ AM (*sl: detective*) Schnüffler(in) *m(f) pej fam* **II.** *vi* AM (*sl*) herumschnüffeln *pej fam* **'gum tree** *n* BOT [Australischer] Gummibaum ▶PHRASES: **to be up a ~** BRIT (*dated fam*) in großen Schwierigkeiten stecken, in der Patsche sitzen *fam*

gun [gʌn] **I.** *n* ❶ (*weapon*) [Schuss]waffe *f*, [Feuer]waffe *f*; (*cannon*) Geschütz *nt*, Kanone *f*; (*pistol*) Pistole *f*; (*revolver*) Revolver *m*; (*rifle*) Gewehr *nt*; **like a bullet out of** [*or* **from**] **a ~** blitzschnell; *answer* wie aus der Pistole geschossen; **big ~** Kanone *f*; (*fig*) hohes Tier; **we've got the big ~s coming from head office this afternoon** heute Nachmittag kriegen wir hohen Besuch aus der Geschäftsleitung; **to do sth with ~s blazing** (*fig*) etw mit wilder Entschlossenheit angehen; **to use/carry** [*or* **wear**] **a ~** eine [Schuss]waffe benutzen/tragen ❷ SPORTS Startpistole *f*; **to jump the ~** einen Frühstart verursachen; (*fig*) voreilig handeln; **to wait for the starting ~** auf den Startschuss warten; **at the ~** mit dem Startschuss, beim Start ❸ (*device*) Pistole *f*; **spray ~** Spritzpistole *f* ❹ *esp* AM (*person*) Bewaffnete(r) *f(m)*; **hired ~** bezahlter Killer/bezahlte Killerin, Auftragskiller(in) *m(f)* ▶PHRASES: **to stick to one's ~s** auf seinem Standpunkt beharren, sich *akk* nicht beirren lassen **II.** *vt* <-nn-> AM (*fam*) **to ~ the engine** den Motor hochjagen *fam*, mit dem Bleifuß fahren *fam*; **he ~ned the engine to get there on time** er drückte ganz schön auf die Tube, um noch pünktlich da zu sein **III.** *vi* <-nn-> *vehicle* schießen, jagen

◆**gun down** *vt* ■**to ~ down** ↻ **sb** jdn niederschießen; (*fig*) ■**to ~ down** ↻ **sth** etw niedermachen

◆**gun for** *vi* ❶ (*look for*) ■**to be ~ning for sb** jdn suchen; (*be on sb's trail*) jdn verfolgen; (*cause trouble*) es auf jdn abgesehen haben, jdn auf dem Kieker [*o* ÖSTERR der Schaufel] haben *fam* ❷ SPORTS (*fam: support*) ■**to be ~ning for sth/sb** etw/jdn unterstützen ❸ *esp* SPORTS (*try for*) ■**to be ~ning for sth** etw zu erlangen versuchen, sich *akk* um etw *akk* bemühen, etw anstreben

'gun bar·rel *n of a rifle* Gewehrlauf *m*; *of a pistol* Pistolenlauf *m* **'gun·boat** *n* Kanonenboot *nt*; **~ diplomacy** Kanonenbootdiplomatie *f* **'gun car·riage** *n* MIL [Geschütz]lafette *f* **'gun·fight** *n* Schießerei *f*, Schusswechsel *m* **'gun·fight·er** *n* Revolverheld(in) *m(f)* **'gun·fire** *n* (*gunfight*) Schießerei *f*; (*shots*) Schüsse *pl*; MIL (*cannonfire*) Geschützfeuer *nt*, Artilleriefeuer *nt*

gunge [gʌndʒ] *n no pl* BRIT (*fam*) schmieriges [*o* klebriges] Zeug *fam*, Schmiere *f*

gung-ho [ˌgʌŋ'həʊ, AM -'hoʊ] *adj* (*enthusiastic*) fanatisch, übereifrig; (*adventurous*) draufgängerisch

gunky ['gʌŋki] *adj* (*pej*) pappig, schmierig *pej*

'gun-li·cence, AM **'gun-li·cense** *n* Waffenschein *m* **'gun·man** *n* Bewaffnete(r) *m* **gun·met·al 'grey** *adj inv* dunkelblaugrau

gun·nel ['gʌnəl] *n see* **gunwale**

gun·ner ['gʌnəʳ, AM -ɚ] *n* Artillerist *m*, Kanonier *m*

gun·nery ['gʌnəri, AM -əri] *n no pl* ❶ (*firing of guns*) Schießkunst *f* ❷ (*guns collectively*) [Schuss]waffen *fpl*, [Feuer]waffen *fpl*

'gun·point *n no pl* **at ~** mit vorgehaltener Waffe; **to be held at ~** mit vorgehaltener Waffe bedroht werden **'gun·pow·der** *n no pl* Schießpulver *nt* **Gun·pow·der 'plot** *n* ■**the ~** BRIT HIST die Pulververschwörung (*Verschwörung von katholischen Edelleuten, u. a. Guy Fawkes, um Jakob I. und das Parlament am 5.11.1605 in die Luft zu sprengen*) **'gun-run·ner** *n* Waffenschmuggler(in) *m(f)*, Waffenschieber(in) *m(f)* **'gun-run·ning** *n no pl* Waffenschmuggel *m*, illegaler Waffenhandel **'gun·shot** *n* ❶ (*shot*) Schuss *m*; (*of rifle*) Gewehrschuss *m*; (*of pistol*) Pistolenschuss *m*; (*of revolver*) Revolverschuss *m*; **~ wound** Schusswunde *f*, Schussverletzung *f* ❷ *no pl* (*firing*) [Gewehr]schüsse *mpl* ❸ (*range*) Schussweite *f*; **we came within ~** wir kamen in Schussweite **gun·sling·er** ['gʌnˌslɪŋəʳ, AM -ɚ] *n* (*hist*) Pistolenheld(in) *m(f)*; BRIT (*fig*) Kraftprotz *m fam* **'gun·smith** *n* Büchsenmacher *m* **gun-tot·ing** *adj inv* bewaffnet

gun·wale ['gʌnəl] *n* NAUT Dollbord *nt fachspr* ▶PHRASES: **full** [**up**] **to the ~s** bis oben hin voll *fam*, voll bis zum [*o* an den] Rand

gur·gle ['gɜːgl̩, AM 'gɜːr-] **I.** *n no pl* Glucksen *nt*; *of water* Gurgeln *nt*, Gluckern *nt*; *of stream* Plätschern *nt* **II.** *vi* ❶ (*make noise*) *baby* glucksen; **to ~ with pleasure/with delight** vor Vergnügen/Freude glucksen ❷ (*babble*) *stream* plätschern; *water* gluckern

gur·gler ['gɜːgləʳ] *n* AUS (*fam*) (*drain*) Abfluss *m*, Abflussloch *nt* ▶PHRASES: **sth has gone down the ~** etw ist futsch *fam*, etw ist wie vom Erdboden verschluckt *fig fam*

guru ['gʊruː, AM 'guːruː] *n* Guru *m a. fig*

gush [gʌʃ] **I.** *n no pl* Schwall *m*, [kräftiger] Strahl; (*fig*) Erguss *m*; *of words* Schwall *m*; **she was quite unprepared for the ~ of praise she received** sie war völlig unvorbereitet auf das Lob, das sich über sie ergoss; **a ~ of water** ein Wasserschwall *m* **II.** *vi* ❶ (*flow out*) *liquid* [hervor]strömen, [hervor]sprudeln; (*at high speed*) [hervor]schießen ❷ (*praise*) [übertrieben] schwärmen, lobhudeln *pej fam*; **to ~ to sb about sth** jdm von etw *dat* vorschwärmen; ■**to ~ over sth** über etw *akk* ins Schwärmen geraten **III.** *vt* ■**to ~ sth** (*let out strongly*) etw ausstoßen; **her injured arm ~ed blood** aus ihrem verletzten Arm schoss Blut; (*fig*) **"it was a fairy-tale wedding!" she ~ed** „es war eine Traumhochzeit!" sagte sie schwärmerisch; **to ~ compliments about sth/sb** von etw/jdm [übertrieben] schwärmen

gush·er ['gʌʃəʳ, AM -ɚ] *n* [natürlich sprudelnde] Ölquelle

gushi·ly ['gʌʃɪli] *adv* schöntuerisch *pej fam*; (*enthusiastically*) überschwänglich, schwärmerisch

gush·ing ['gʌʃɪŋ] *adj* schöntuerisch *pej fam*; (*enthusiastic*) überschwänglich, schwärmerisch

gush·ing·ly ['gʌʃɪŋli] *adv* schöntuerisch *pej fam*; (*enthusiastically*) überschwänglich, schwärmerisch

gushy ['gʌʃi] *adj* schöntuerisch *pej fam*; (*enthusiastic*) überschwänglich, schwärmerisch

gus·set ['gʌsɪt] *n* Einsatz *m*, Keil *m*, Zwickel *m*

gust [gʌst] **I.** *n of wind* [Wind]stoß *m*, Bö[e] *f*; (*fig liter*) Anfall *m*, Ausbruch *m*; **a ~ of laughter** ein Lachanfall **II.** *vi wind* böig wehen, stark blasen

gus·ta·tory ['gʌstətəri, AM -tɔːri] *adj inv* (*form*) Geschmacks-

gus·to ['gʌstəʊ, AM -toʊ] *n no pl* ■**with ~** mit Begeisterung [*o* Genuss]

gusty ['gʌsti] *adj* böig, windig, stürmisch

gut [gʌt] **I.** *n* ❶ (*intestine*) Darm[kanal] *m* ❷ (*for instruments, rackets*) Darmsaite *f*; (*for fishing*) Angelsehne *f*; MED Katgut *nt kein pl* ❸ (*sl: abdomen*) Bauch *m*; **my ~s hurt** mein Bauch tut weh; **beer ~** Bierbauch *m* ❹ (*fam: bowels*) ■**~s** *pl* Eingeweide *ntpl*, Gedärme *ntpl* ❺ (*fam: courage*) ■**~s** *pl* Mumm *m kein pl fam*, Courage *f kein pl*; **it takes ~s to admit to so many people that you've made a mistake** man braucht

Mut, um vor so vielen Leuten zuzugeben, dass man einen Fehler gemacht hat ▸PHRASES: **to have sb's ~s for garters** BRIT (*hum fam*) Hackfleisch aus jdm machen *hum fam;* **to bust a ~** [*or* **to work one's ~s out**] (*sl*) sich *akk* abrackern *fam,* sich *dat* den Arsch aufreißen *derb* **II.** *vt* <-tt-> ❶ (*remove the innards*) **to ~ an animal** ein Tier ausnehmen ❷ *usu passive* (*destroy by fire*) ■**to be ~ed** [völlig] ausbrennen; **the whole building was ~ted in the fire** das ganze Gebäude brannte bei dem Feuer aus **III.** *adj attr, inv* (*fam*) gefühlsmäßig, aus dem Bauch heraus *nach n;* **a ~ feeling** ein [instinktives] Gefühl; **~ issue** zentrales Thema, Kernpunkt *m;* **a ~ reaction** eine gefühlsmäßige Reaktion; (*spontaneous*) eine spontane Reaktion

gut·less ['gʌtləs] *adj* (*fam: lacking courage*) feige; (*lacking enthusiasm*) lahm *pej,* schlaff *pej*

gut·sy ['gʌtsi] *adj* ❶ (*brave*) mutig; (*adventurous*) draufgängerisch ❷ (*strong*) *food, drink* kräftig, aromatisch; (*powerful*) *voice* kraftvoll; (*vivid*) lebenssprühend, temperamentvoll

gut·ted ['gʌtɪd] *adj pred* BRIT (*sl*) *person* am Boden zerstört, völlig fertig *fam,* total down *sl*

gut·ter ['gʌtəʳ, AM -t̬ɚ] **I.** *n of road* Rinnstein *m,* Gosse *f;* (*of roof*) Dachrinne *f,* Regenrinne *f;* (*fig*) Gosse *f pej* **II.** *vi candle, flame* flackern; ■**to ~ [out]** [langsam] ausbrennen [*o* verlöschen]

gut·ter·ing ['gʌtᵊrɪŋ] **I.** *n no pl* Abflussrinnen *fpl,* Regenrinnen *fpl* **II.** *adj* flackernd

gut·ter 'jour·nal·ism *n no pl* Sensationsjournalismus *m pej*

gut·ter 'press *n no pl esp* BRIT Sensationspresse *f pej,* Boulevardpresse *f meist pej,* Skandalpresse *f pej*

'gut·ter·snipe *n* (*pej dated*) Straßenkind *nt*

gut·tur·al ['gʌtᵊrᵊl, AM -t̬-] **I.** *adj* (*throaty*) kehlig; LING guttural *fachspr,* Kehl-, Guttural- *fachspr;* **~ sound** Kehllaut *m,* Gutturallaut *m fachspr* **II.** *n* LING Kehllaut *m,* Gutturallaut *m fachspr*

'gut-wrench·ing *adj* herzzerreißend

guv [gʌv] *n* BRIT (*dated sl*) *short for* **guv'nor** Meister *m veraltend fam,* Chef *m fam*

guv'nor ['gʌvnəʳ] *n* BRIT (*dated sl*) Meister *m veraltend fam,* Chef *m fam;* (*father*) Alte(r) *m sl*

guy¹ [gaɪ] *n* (*fam*) ❶ (*man*) Kerl *m,* Typ *m,* Bursche *m;* **fall ~** (*fam: scapegoat*) Sündenbock *m,* Prügelknabe *m;* (*stooge*) Hanswurst *m,* dummer August; **I'm sick of playing the fall ~ for other people** ich bin's leid, für andere meinen Buckel hinzuhalten [*o* den Prügelknaben zu spielen] ❷ *pl esp* AM, AUS (*people*) **hi ~s!** hallo Leute! *fam;* **are you ~s coming to lunch?** kommt ihr [mit] zum Essen? ❸ BRIT (*dated: sb with a strange appearance*) Schießbudenfigur *f;* **he looks a proper ~ in that outfit** in dieser Aufmachung sieht er aus wie eine Schießbudenfigur ❹ BRIT (*effigy of Guy Fawkes*) *Guy Fawkes verkörpernde Puppe, die in der Guy Fawkes Night auf einem Scheiterhaufen verbrannt wird*

guy² [gaɪ] *n,* **'guy rope** *n,* **guy·line** ['gaɪlaɪn] *n* AM Spannseil *nt,* Halteseil *nt;* (*for tent*) Zeltschnur *f*

i Kultur

Guy Fawkes gehörte der katholischen Verschwörung von 1605 an, die als der *Gunpowder Plot – Pulververschwörung* in die Geschichte einging. Die Verschwörer versuchten, die englischen *Houses of Parliament – Parlamentsgebäude* zu sprengen, während König James I. dort mit seinen Ministern tagte. Am 5. November wurde Guy Fawkes dabei ertappt, wie er den Sprengstoff im Keller auslegte. Er wurde daraufhin gefoltert, vor Gericht gestellt und dann gehängt. Dieses Ereignis wird jedes Jahr immer noch in der Nacht vom 5. November, der **Guy Fawkes Night**, mit *bonfire parties – Freudenfeuer* gefeiert, bei denen ein *guy – eine Stoffpuppe* auf einem Scheiterhaufen verbrannt wird.

guz·zle ['gʌzl] **I.** *vt* ■**to ~ sth** (*fam: drink*) etw in sich *akk* hineinkippen *fam;* BRIT (*eat*) etw futtern [*o* in sich *akk* hineinstopfen] *fam* **II.** *vi* schlingen *fam,* stopfen *fam*

guz·zler ['gʌzləʳ, AM -ɚ] *n* (*fam: drinker*) Schluckspecht *m meist hum fam,* Säufer(in) *m(f) fam;* **gas ~** *esp* AM Spritfresser *m fam;* BRIT (*eater*) gieriger Esser/gierige Esserin, Fresssack *m pej fam*

gym [dʒɪm] *n* ❶ *short for* **gymnastics** Turnen *nt kein pl* ❷ *short for* **gymnasium** Turnhalle *f* ❸ AM (*physical education*) *short for* **gymnastics** [Schul]sport *m kein pl*

gym·kha·na [dʒɪm'kɑːnə] *n* SPORTS Gymkhana *nt*

gym·na·sium <*pl* -s *or* -sia> [dʒɪm'neɪziəm, *pl* -ziə] *n* Turnhalle *f,* Sporthalle *f*

gym·nast ['dʒɪmnæst] *n* Turner(in) *m(f)*

gym·nas·tic [dʒɪm'næstɪk] *adj attr* turnerisch, Turn-, gymnastisch

gym·nas·tics [dʒɪm'næstɪks] *npl* Turnen *nt kein pl;* (*fig*) **mental ~** Gehirnakrobatik *f hum*

'gym shoes *npl* Turnschuhe *mpl* **'gym shorts** *npl* Turnhose *f*

'gym·slip ['dʒɪmslɪp] *n* BRIT (*dated*) Trägerrock *m* (*als Schulkleidung*)

gy·nae·co·logi·cal [ˌgaɪnəkə'lɒdʒɪkᵊl], AM, AUS **gy·ne·co·logi·cal** [-'lɑːdʒ-] *adj* gynäkologisch

gy·nae·colo·gist [ˌgaɪnə'kɒlədʒɪst], AM, AUS **gy·ne·colo·gist** [-'kɑːl-] *n* Gynäkologe, -in *m, f,* Frauenarzt, -ärztin *m, f*

gy·nae·col·ogy [ˌgaɪnə'kɒlədʒi], AM, AUS **gy·ne·col·ogy** [-'kɑːl-] *n no pl* Gynäkologie *f*

gy·ne·co·logi·cal *adj* AM, AUS *see* **gynaecological**

gy·ne·colo·gist *n* AM, AUS *see* **gynaecologist**

gyp¹ [dʒɪp] *n no pl* BRIT, AUS (*fam*) **to give sb ~** jdm [arg] zu schaffen machen *fam,* jdn plagen

gyp² [dʒɪp] (*fam*) **I.** *n* Schwindel *m kein pl fam,* Betrug *m kein pl;* **that was a real ~!** das war der reinste Nepp! *fam* **II.** *vt* <-pp-> ■**to ~ sb** jdn austricksen *fam,* jdn anschmieren *fam;* **he ~ped people into buying stuff they didn't like** er quatschte den Leuten Zeug auf, das ihnen gar nicht gefiel *fam*

gyp·py tum·my *n* BRIT *see* **gippy tummy**

gyp·sum ['dʒɪpsəm] *n no pl* Gips *m*

gyp·sy ['dʒɪpsi] **I.** *n* Zigeuner(in) *m(f)* **II.** *n modifier* Zigeuner-; **~ caravan** Zigeunerwagen *m;* **~ encampment** Zigeunerlager *nt*

gy·rate [dʒaɪ(ə)'reɪt, AM 'dʒaɪreɪt] *vi* sich *akk* drehen, kreisen; (*fig: dance*) [aufreizend] tanzen, die Hüften kreisen lassen

gy·ra·tion [dʒaɪ(ə)'reɪʃᵊn, AM dʒaɪ'-] *n* Drehung *f,* Drehbewegung *f,* Kreiselbewegung *f;* **~s on the stock exchange** (*fig*) der Schlingerkurs der Börse

gyro¹ ['dʒaɪroʊ] *n* AM Gyros *nt*

gyro² ['dʒaɪərəʊ] *n* ❶ *short for* **gyrocompass** Kreiselkompass *m* ❷ *short for* **gyroscope** Gyroskop *nt*

gyro·com·pass <*pl* -es> ['dʒaɪ(ə)rəʊˌkʌmpəs, AM 'dʒaɪroʊˌ-] *n* Kreiselkompass *m*

gyro·scope ['dʒaɪ(ə)rəskəʊp, AM 'dʒaɪrəskoʊp] *n* NAUT, AVIAT Gyroskop *nt*

Hh

H <*pl* -'s>, **h** <*pl* 's *or* -s> [eɪtʃ] *n* H *nt,* h *nt;* **~ for Harry** [*or* AM **as in How**] H für Heinrich; *see also* **A 1**

h *n* ❶ *abbrev of* **hour[s]** h; **at 0900 h** um 9h ❷ *abbrev of* **hand[s]** *Stockmaß für Pferde*

H [eɪtʃ] *n abbrev of* **hard** (*on pencil*) H

ha [hɑː] *interj* (*esp hum*) ah

ha·beas cor·pus [ˌheɪbiəsˈkɔːpəs, AM -ˈkɔːr-] *n no pl* LAW **H~ Act** Habeaskorpusakte *f;* **a writ of ~** gerichtliche Anordnung eines Haftprüfungstermins; **to seek a writ of ~** Haftbeschwerde einlegen

hab·er·dash·er [ˈhæbədæʃəʳ, AM -ɚdæʃɚ] *n* ❶ BRIT (*seller of dress-making goods*) Kurzwarenhändler(in) *m(f)* ❷ AM (*dealer in men's fashions*) Herrenausstatter *m*

hab·er·dash·ery [ˈhæbədæʃəri, AM -ɚdæʃɚi] *n* ❶ BRIT (*sewing wares*) Kurzwaren *pl;* (*shop*) Kurzwarenladen *m,* Kurzwarenhandlung *f* ❷ AM (*male clothing*) Herrenmode *f,* Herrenbekleidung *f;* (*shop*) Herrenausstatter *m,* Geschäft *nt* für Herrenmoden

hab·it [ˈhæbɪt] **I.** *n* ❶ (*repeated action*) Gewohnheit *f;* ■**to be in the ~ of doing sth** die Angewohnheit haben, etw zu tun; **I'm really not in the ~ of looking at other people's clothes** für gewöhnlich achte ich nicht auf die Kleidung anderer Leute; **on holidays I'm in the ~ of rising late** im Urlaub pflege ich erst spät aufzustehen; ■**to do sth out of** [*or* **from**] **~** etw aus Gewohnheit tun; ■**to have a** [*or* **the**] **~ of doing sth** die Angewohnheit haben, etw zu tun; **from force of ~** aus [reiner] Gewohnheit; **to do sth by sheer force of ~** etw aus reiner Gewohnheit tun; **~ of mind** Denkweise *f;* **a bad/good ~** eine schlechte/gute [An]gewohnheit; **to break a ~** sich *dat* etw abgewöhnen; **to get into/out of the ~ of sth** sich *dat* etw angewöhnen/abgewöhnen, eine Gewohnheit annehmen/ablegen; **to make a ~ of sth** etw zur Gewohnheit werden lassen, sich *dat* etw zur Gewohnheit machen; **don't make a ~ of smoking!** fangen Sie bloß nicht das Rauchen an!; **to pick up a ~** eine Gewohnheit annehmen *f* ❷ (*fam: drug addiction*) Sucht *f,* Abhängigkeit *f;* **to have a heroin ~** heroinsüchtig sein ❸ (*special clothing*) REL Habit *m o nt,* Ornat *m;* SPORTS **riding ~** Reitkleidung *f* ❹ PSYCH Habit *nt o m* ▸ PHRASES: old **~s die hard** (*prov*) der Mensch ist ein Gewohnheitstier *prov* **II.** *vt* (*form*) ■**to ~ sb** jdn kleiden

hab·it·able [ˈhæbɪtəbl̩, AM -t̬ə-] *adj* bewohnbar

hab·it·ant [æbiːˈtɔ̃] *n* CAN (*hist*) *kanadischer Siedler französischer Herkunft*

habi·tat [ˈhæbɪtæt] *n* Lebensraum *m;* BIOL Habitat *nt fachspr; of plants* Standort *m*

habi·ta·tion [ˌhæbɪˈteɪʃən] *n* ❶ *no pl* (*living in a place*) [Be]wohnen *nt;* **there were no signs of ~ at this place** der Ort sah unbewohnt aus; **fit/unfit for human ~** menschenwürdig/menschenunwürdig ❷ (*form: home*) Wohnstätte *f geh,* Behausung *f pej;* (*shelter*) Unterschlupf *m*

ˈhab·it-form·ing *adj* ■**to be ~** *activity* zur Gewohnheit werden; *drug* süchtig [*o* abhängig] machen; **cocaine is a ~ drug** Kokain ist eine Suchtdroge

ha·bitu·al [həˈbɪtʃuəl] *adj inv* ❶ (*constant*) ständig ❷ (*usual*) gewohnt; **he'll wear his ~ jeans** er wird wie üblich seine Jeans anhaben; **to become ~** zur Gewohnheit werden ❸ (*due to habit*) gewohnheitsmäßig; *of bad habit* notorisch; **~ drinker** notorischer Trinker/notorische Trinkerin *pej;* **~ smoker** Gewohnheitsraucher(in) *m(f) pej*

ha·bitu·al·ly [həˈbɪtʃʊli] *adv* ❶ (*constantly*) ständig ❷ (*regularly*) regelmäßig ❸ (*due to habit*) gewohnheitsmäßig

ha·bitu·ate [həˈbɪtʃueɪt] *vt* (*form*) ■**to ~ sb to sth** jdn an etw *akk* gewöhnen; ■**to ~ sb to doing sth** jdn daran gewöhnen, etw zu tun

ha·bitu·at·ed [həˈbɪtʃueɪtɪd, AM -t̬ɪd] *adj pred* (*form*) ■**to be ~ to sth** etw gewohnt sein; ■**to be ~ to doing sth** [daran] gewohnt sein, etw zu tun; **to become ~** [**to sth**] sich *akk* [an etw *akk*] gewöhnen

ha·bitué [həˈbɪtjueɪ, AM -ˌbɪtʃuˈeɪ] *n* (*form*) regelmäßiger Besucher/regelmäßige Besucherin, Habitué *m* ÖSTERR *geh; of pub* Stammgast *m* (**of** +*gen*)

hack[1] [hæk] **I.** *vt* ❶ (*chop roughly*) ■**to ~ sth** etw hacken; **to ~ sb to death** jdn [mit einem Beil] erschlagen; **to ~ sb/sth to pieces** [*or* **bits**] jdn/etw zerstückeln; **to ~ an article to pieces** [*or* **bits**] (*fig*) einen Artikel verreißen ❷ SPORTS (*kick*) ■**to ~ sb** BRIT jdn [vors [*o* gegen das] Schienbein] treten; **to ~ the ball** dem Ball einen Tritt versetzen ❸ (*clear a way*) **to ~ one's way through** [*or* **out of**] **sth** sich *dat* einen Weg durch etw *akk* [frei]schlagen ❹ COMPUT ■**to ~ sth** in etw *akk* eindringen ❺ *usu neg* AM, AUS (*sl: cope with*) ■**to ~ sth** etw aushalten; **he just can't ~ it to sit in traffic jams every morning** er kann die ewigen Staus am Morgen einfach nicht ausstehen; **to ~ it** es bringen; **he can't ~ it** er bringt's einfach nicht **II.** *vi* ❶ (*chop roughly*) ■**to ~** [**away**] **at sth** auf etw *akk* einhacken; **he ~ed away at the tree trunk with his axe** er hackte mit der Axt auf dem Baumstamm herum; ■**to ~ through sth** *trees* sich *akk* durch etw *akk* schlagen ❷ COMPUT ■**to ~ into sth** in etw *akk* eindringen **III.** *n* ❶ (*kick*) Tritt *m* ❷ BRIT (*wound*) [Ein]schnitt *m,* Wunde *f* ❸ (*cough*) trockener Husten; **smoker's ~** Raucherhusten *m*

hack[2] [hæk] **I.** *n* ❶ (*horse*) Reitpferd *nt;* (*hired horse*) Mietpferd *nt;* (*worn-out horse*) Klepper *m pej;* (*horse-ride*) Ausritt *m* ❷ (*pej o hum fam: writer*) Schreiberling *m pej,* Schmierfink *m pej;* **newspaper ~** Zeitungsschreiber(in) *m(f)* ❸ (*unskilled worker*) Gelegenheitsarbeiter(in) *m(f)* ❹ AM (*fam: taxi*) Taxi *nt;* (*taxi driver*) Taxifahrer(in) *m(f)* ❺ (*pej fam: non-committed person*) Mitläufer(in) *m(f) pej* **II.** *adj attr* (*pej: routine*) mittelmäßig; **~ politician/writer** Mitläufer(in) *m(f)*/Schreiberling *m pej;* **~ work** stumpfsinnige Arbeit *pej* **III.** *vi* BRIT ausreiten

◆**hack about** *vt* (*fig*) ■**to ~ sth** ↻ **about** *wording* etw zerstückeln; **to ~ about a text** einen Text auseinandernehmen [*o fam* zerpflücken]

◆**hack down** *vt* ■**to ~ sth** ↻ **down** etw zerhacken; **he went berserk and started to ~ down people** er drehte durch und fing an Leute niederzumetzeln; **to ~ down a tree** einen Baum fällen

hack into *vt* COMPUT **to ~ into a system** in ein Computersystem eindringen, den Code eines Computersystems knacken

◆**hack off** *vt* ❶ (*cut off*) ■**to ~ sth** ↻ **off** etw abhacken [*o* abschlagen] ❷ *esp* BRIT (*fam: annoy*) ■**to ~ sb** ↻ **off** jdn nerven, jdm auf die Nerven [*o fam* den Keks] gehen

◆**hack out** *vt* ■**to ~ out** ↻ **sth** etw herausschlagen [*o* heraushauen]; **she ~ed her way out of the dense jungle** sie schlug sich den Weg aus dem Dschungel frei

hacked off *adj pred esp* BRIT (*fam*) ❶ (*annoyed*) genervt *fam;* **to be ~ off with** [*or* **about**] **sth/sb** von jdm/etw genervt sein *fam;* **she's really ~ed off with her son for not tidying up his room** sie ist echt sauer auf ihren Sohn, weil er sein Zimmer nicht aufgeräumt hat ❷ (*dejected*) niedergeschlagen; **to be ~ off with** [*or* **about**] **sth** von etw *dat* mitgenommen [*o fam* gestresst] sein

hack·er [ˈhækəʳ, AM -ɚ] *n* COMPUT Hacker(in) *m(f); esp* AM Computerfreak *m*

hackie [ˈhæki] *n* AM (*fam: taxi driver*) Taxifahrer(in) *m(f)*

hack·ing [ˈhækɪŋ] *n* ❶ (*breaking into computers*) Hacken *nt* ❷ BRIT (*horse-riding*) **to go ~** ausreiten, einen Ausritt machen

hack·ing ˈcough *n* trockener Husten **ˈhack·ing jack·et** *n esp* BRIT Reitjacke *f*

hack·les [ˈhækl̩z] *npl* (*animals' hairs*) [aufstellbare] Nackenhaare; **the dog's ~ were up** dem Hund sträubte sich das Fell; (*feathers*) [aufstellbare] Nackenfedern, Nackengefieder *nt;* **to get sb's ~ up, to make sb's ~ rise** jdn wütend machen, jdn in Wut [*o* Rage] bringen, jdn auf die Palme bringen *fam*

hack·ney [ˈhækni] *n* ❶ (*horse*) Pferd *nt,* Gaul *m fam* ❷ (*horse-pulled carriage*) [Pferde]droschke *f* ❸ *esp* BRIT (*taxi*) Taxi *nt*

ˈhack·ney car·riage *n* ❶ (*horse-pulled carriage*) [Pferde]droschke *f* ❷ *esp* BRIT (*form: taxi*) Taxi *nt*

hack·neyed [ˈhæknid] *adj* (*pej*) abgedroschen *pej,* abgenutzt; **~ phrase** stereotype Redensart

ˈhack·saw *n* Bügelsäge *f* **ˈhack·work** *n no pl* (*pej*) ❶ (*banal writing*) Geschmiere *nt pej* ❷ (*uninteresting work*) Routinear-

H

beit *f,* Nullachtfünfzehn-Arbeit *f fam*

had [hæd, həd] **I.** *vt* ❶ *pt, pp of* **have** ❷ *(fam)* **to have ~ it** *(want to stop)* genug haben; *(to be broken)* kaputt [*o fam* hinüber] sein; **I've ~ it for today – I'll do the rest tomorrow** mir reicht's für heute – den Rest erledige ich morgen; **this kettle's ~ it** der Kessel ist hin *fam;* **to have ~ it [up to here] with sb/sth** von jdm/etw die Nase [gestrichen] voll haben *fam* **II.** *adj pred, inv (fam)* ■**to be ~** [he]reingelegt werden; **this is a fake: you've been ~!** die haben dich reingelegt: das hier ist eine Fälschung!

had·dock <*pl* -> ['hædək] *n* Schellfisch *m*

Ha·des ['heɪdi:z] *n no pl, no art* ❶ *(Greek mythology)* Hades *m,* Unterwelt *f* ❷ *(fam: hell)* Hölle *f*

hadj <*pl* -es> *n see* **hajj**

hadn't ['hædᵊnt] = **had not** *see* **have**

had 'up *adj pred, inv* BRIT *(fam)* ■**to be ~ up for sth** wegen einer S. *gen* dran sein *fam;* **she's been ~ up for speeding** sie wurde wegen überhöhter Geschwindigkeit drangekriegt; **to be ~ up in court** vor den Kadi gebracht werden *fam*

haema·tite ['hi:mətaɪt, 'hem-], AM **hema·tite** *n* GEOL Hämatit *m fachspr*

haema·tolo·gist [ˌhi:mə'tɒlədʒɪst], AM **hema·tolo·gist** [-'tɑ:l-] *n* MED Hämatologe, -in *m, f*

haema·tol·ogy [ˌhi:mə'tɒlədʒi], AM **hema·tol·ogy** [-'tɑ:l-] *n no pl* MED Hämatologie *f*

haema·to·ma <*pl* -s *or* -mata> [ˌhi:mə'təʊmə, *pl* -mətə], AM **hema·to·ma** [-'toʊ-] *n* MED Bluterguss *m,* Hämatom *nt fachspr*

haemo·glo·bin [ˌhi:mə(ʊ)'gləʊbɪn], AM **hemo·glo·bin** [-oʊ'gloʊ-] *n no pl* MED Hämoglobin *nt*

haemo·philia [ˌhi:mə'fɪliə], AM **hemo·philia** [-moʊ'-] *n no pl* MED Bluterkrankheit *f,* Hämophilie *f fachspr*

haemo·phili·ac [ˌhi:mə'fɪliæk], AM **hemo·phili·ac** [-moʊ'-] *n* MED Bluter(in) *m(f)*

haem·or·rhage ['hemᵊrɪdʒ], AM **hem·or·rhage** [-ɚɪdʒ] **I.** *n* ❶ MED [starke] Blutung, Hämorrhagie *f fachspr;* **brain ~** Hirnblutung *f* ❷ *(fig: damaging loss)* Ausbluten *nt;* **in 1992 Britain's economy suffered a ~** 1992 blutete Großbritannien wirtschaftlich aus; **~ of investment** drastischer Investitionsrückgang; **~ of talent** Abwanderung *f* von Talenten **II.** *vi* ❶ MED [stark] bluten ❷ *(fig: diminish)* einen großen Verlust erleiden; **the share price began to ~** der Aktienkurs begann stark nachzugeben

haem·or·rhoids ['hemᵊrɔɪdz], AM **hem·or·rhoids** [-ər-] *npl* MED Hämorrhoiden *pl fachspr*

haft [hɑ:ft, AM hæft] *n (handle) of axe* Griff *m; of sword, knife* Heft *nt*

hag [hæg] *n (pej: witch)* Hexe *f; (old woman)* hässliches altes Weib

hag·gard ['hægəd, AM -ɚd] *adj (tired)* abgespannt; *(exhausted)* ausgezehrt; *(worried)* verhärmt; **she had a ~ look on her face** sie sah erschöpft aus

hag·gis ['hægɪs] *n no pl* SCOT FOOD *schottisches Gericht aus in einem Schafsmagen gekochten Schafsinnereien und Haferschrot*

hag·gle ['hægl̩] **I.** *vi* ❶ *(bargain)* ■**to ~ [over** [*or* **about] sth]** [um etw *akk*] feilschen [*o pej* schachern] ❷ *(argue)* ■**to ~ over sth** [sich *akk*] über etw *akk* streiten, [sich *akk*] um etw *akk* rangeln **II.** *n* ❶ *(bargaining)* Gefeilsche *nt pej* ❷ *(wrangle)* Gerangel *nt*

hag·gling ['hæglɪŋ] *n no pl* Feilschen *nt,* Gefeilsche *nt pej*

hagio·graph·ic(al) [ˌhægiə(ʊ)'græfɪk(ᵊl), AM -iə'-] *adj* ❶ REL heiligengeschichtlich, hagiographisch *fachspr* ❷ *(fig, pej form: over-flattering)* schmeichelhaft

hagi·og·ra·phy [ˌhægi'ɒgrəfi, AM -'ɑ:g-] *n* ❶ *no pl (biographies of saints)* Heiligengeschichte *f,* Hagiographie *f fachspr* ❷ LIT *(pej form: over-flattering biography)* zu schmeichelhafte Biographie; **to degenerate** [*or* **turn] into ~** in [einen] Personenkult ausarten

'hag·rid·den *adj* verhärmt; ■**to be ~ by sth** von etw *dat* gepeinigt werden

Hague [heɪg] *n* ■**The ~** Den Haag *kein art;* **The ~ Conventions** die Haager Konventionen; **The ~ Tribunal** der Internationale Gerichtshof

hah [hɑ:] *interj (fam) see* **ha** ah

ha-ha ['hɑ:hɑ:] *n* [eingelassener] Begrenzungszaun

ha ha [hɑ:'hɑ:] *interj (iron)* haha[ha]

hai·ku <*pl* -> ['haɪku:] *n* LIT Haiku *nt*

hail¹ [heɪl] **I.** *vt* ❶ *(greet)* ■**to ~ sb** jdn [be]grüßen ❷ *(form: call)* ■**to ~ sb** jdn rufen; ■**to ~ sth** etw anrufen; **I tried to ~ her from the car window** ich versuchte, sie durch Zurufen aus dem Autofenster auf mich aufmerksam zu machen; **to ~ a taxi** [*or* **cab]** ein Taxi rufen [*o* herbeiwinken] ❸ *(acclaim)* ■**to ~ sb/sth** jdm/etw zujubeln; ■**to ~ sb/sth as sth** jdn/etw als etw bejubeln; **the film was ~ed as a masterpiece in its day** der Film wurde als ein Meisterwerk seiner Zeit gepriesen **II.** *vi (form or hum)* ■**to ~ from sth** von etw *dat* stammen, in etw *dat* beheimatet sein; **this yacht ~s from Brighton** der Heimathafen dieser Yacht ist Brighton; **where do you ~ from?** woher kommen Sie?, wo stammen Sie her? *geh* **III.** *n* ❶ *(greeting)* Gruß *m* ❷ *(earshot)* Rufweite *f;* **out of/within ~** außer/in Rufweite **IV.** *interj (poet or old)* sei/seid gegrüßt *veraltet o hum;* **~ thee Caesar!** heil dir Cäsar!

hail² [heɪl] **I.** *n no pl* Hagel *m;* **a ~ of bullets/stones** ein Kugel-/Steinhagel *m;* **a ~ of insults** ein Schwall *m* von Beschimpfungen **II.** *vi* ■**it's ~ing** *impers* es hagelt

◆**hail down** *vi* ■**to ~ on sb/sth** auf jdn/etw niederprasseln [*o a. fig* niederhageln]

'hail-fel·low *adj,* **hail-fel·low-well-'met** *adj pred (dated or hum)* plumpvertraulich; **Arnold was very sociable in a ~ sort of way** Arnold war einer von diesen geselligen Typen, die sich gerne anbiedern

hail·ing ['heɪlɪŋ] *adj inv* **out of/within ~ distance** *(dated)* außer/in Rufweite; *(fig)* [sehr] nah; **he was born within ~ distance of here** er wurde nur einen Steinwurf weit von hier geboren

Hail 'Mary *n* Ave Maria *nt* **'hail·stone** *n* Hagelkorn *nt* **'hail·storm** *n* Hagelschauer *m*

hair [heəʳ, AM her] *n* ❶ *(single strand)* Haar *nt;* **to lose/win by a ~** *(fig)* ganz knapp verlieren/gewinnen ❷ *no pl (on head)* Haar *nt,* Haare *ntpl; (on body)* Behaarung *f;* **he had lost his ~ by the time he was twenty-five** mit fünfundzwanzig hatte er schon keine Haare mehr; **to have a good** [*or* **fine] head of ~** schönes, volles Haar haben; **to have** [*or* **get] one's ~ cut** sich *dat* die Haare schneiden lassen; **to let one's ~ down** seine Haare aufmachen; **to wash one's ~** sich *dat* die Haare waschen ❸ *(hairstyle)* Frisur *f;* **I like your ~** deine Frisur gefällt mir; **to do sb's/one's ~** jdn/sich *akk* frisieren ❹ *(on plant)* Haar *nt,* Härchen *nt; (on animal)* Haar *nt* ▸PHRASES: **that'll put ~s on your <u>chest</u>** *(hum fam: before drinking)* das zieht dir die Schuhe aus; *(before eating)* das wird dich satt machen; **the ~ of the <u>dog</u>** [ein Schluck] Alkohol, um einen Kater zu vertreiben; **to not see <u>hide</u> nor ~ of sb** jdn nicht zu Gesicht bekommen; **that'll make your ~ <u>curl</u>** davon wirst du groß und stark; **to <u>get</u> in sb's ~** jdm auf den Geist gehen *fam;* **get out of my ~!** lass mich [endlich] in Ruhe!; **to not <u>harm</u>** [*or* **<u>touch</u>] a ~ on sb's head** jdm kein Haar krümmen; **<u>keep</u> your ~ on!** BRIT, AUS *(usu hum fam)* immer mit der Ruhe!, ruhig Blut!; **to <u>let</u> one's ~ down** *(fam)* sich *akk* gehen lassen; **to make sb's ~ <u>stand</u> on end** *(fam)* jdm die Haare zu Berge stehen lassen; **to not <u>turn</u> a ~** nicht mit der Wimper zucken

'hair·band *n* Haarband *nt* **'hair·breadth** *n see* **hair's breadth** **'hair·brush** *n* Haarbürste *f* **'hair·con·di·tion·er** *n* Pflegespülung *f* **'hair·curl·er** *n* Lockenwickler *m* **'hair·cut** *n (cutting)* Haareschneiden *nt; (hairstyle)* Haarschnitt *m,* Frisur *f;* **I need a ~** ich muss mal wieder zum Friseur; **to get** [*or* **have] a ~** sich *dat* die Haare schneiden lassen **'hair·do** *n (esp hum fam)* [kunstvolle] Frisur **'hair·dress·er** *n* Friseur, Friseuse *m, f;* ■**the ~'s** der Friseur[salon]; **to go to the ~'s** zum Friseur gehen **'hair·dress·ing** *n no pl* ❶ (*profession*) Friseurberuf *m;* **have you ever thought of ~ as a career?** hast du jemals daran gedacht, Friseur zu werden? ❷ (*action*) Frisieren *nt* ❸ (*lotion*) Haarwasser *nt* **'hair·dress·ing sa·lon** *n* Friseursalon *m* **'hair-dri·er, 'hair-dry·er** *n* Föhn *m;* (*with hood*) Trockenhaube *f*

-haired ['heəd, AM 'herd] *in compounds with adj* -haarig; **did you see this curly-~ blonde?** hast du die Blonde da mit den Locken gesehen?; **long-/red-~** lang-/rothaarig

'hair fol·li·cle *n* Haarbalg *m* **'hair gel** *n* Haargel *nt* **'hair·grip** *n* BRIT Haarklammer *f*

hair·less ['heələs, AM 'her-] *adj* unbehaart; *person* glatzköpfig; *plant* haarlos

'hair·line *n* ❶ (*edge of hair*) Haaransatz *m;* **receding ~** zurückweichender Haaransatz, Geheimratsecke[n] *f[pl]* ❷ (*thin line*) [dünne] Linie ❸ TYPO Haarstrich *m* **hair·line 'crack** *n in glass, porcelain* Haarriss *m* **hair·line 'frac·ture** *n* MED [Knochen]fissur *f* **'hair loss** *n* Haarausfall *m;* **to suffer ~** unter Haarausfall leiden, Haarausfall haben **'hair lo·tion** *n* Haarwasser *nt* **'hair mousse** *n* Haarfestiger *m* **'hair·net** *n* Haarnetz *nt* **'hair·piece** *n* Haarteil *nt* **'hair·pin** *n* Haarnadel *f* **hair·pin 'bend** *n* BRIT, AUS, **hair·pin 'curve** *n,* **hair·pin 'turn** *n* AM Haarnadelkurve *f* **'hair-rais·ing** *adj* (*fam*) haarsträubend; *experience* furchterregend **'hair re·mov·er** *n* Enthaarungsmittel *nt* **'hair re·stor·er** *n* Haarwuchsmittel *nt* **'hair sa·lon** *n* Friseursalon *m* **'hair's breadth** **I.** *n* Haaresbreite *f;* ■**by a ~** um Haaresbreite; **she came within a ~ of losing her life** um ein Haar hätte sie ihr Leben verloren; **to be within a ~ of disaster/ruin** einer Katastrophe/dem Ruin nahe sein, am Rande einer Katastrophe/des Ruins stehen **II.** *adj attr* haarbreit; **to have a ~ escape** mit knapper Not entkommen [*o* davonkommen]; **~ finish** [äußerst] knapper Endspurt; **~ victory** hauchdünner Sieg **hair 'shirt** *n* REL härenes Gewand *geh;* (*fig*) Büßerhemd *nt* **'hair·slide** *n* BRIT, AUS Haarspange *f* **'hair space** *n* TYPO Haarspatium *nt fachspr* **'hair-split·ter** *n* (*pej*) Haarspalter(in) *m(f),* Pedant(in) *m(f) geh* **'hair-split·ting** (*pej*) **I.** *n* Haarspalterei *f pej* **II.** *adj* haarspalterisch, pedantisch *geh* **'hair·spray** *n* Haarspray *nt* **'hair·style** *n* Frisur *f* **'hair·styl·ist** *n* Friseur, Friseuse *m, f* **'hair ton·ic** *n* Haarwasser *nt* **hair-'trig·ger** **I.** *n* (*on firearm*) Stecher *m* **II.** *adj* (*fam*) *person* launisch, reizbar; *situation* labil; **to have a ~ temper** reizbar sein

hairy ['heəri, AM 'heri] *adj* ❶ (*having much hair*) haarig, stark behaart ❷ (*made of hair*) aus Haar *nach n,* hären *geh* ❸ (*fig fam: dangerous*) haarig *fig; driving* riskant; (*pleasantly risky*) aufregend; **a ~ situation** eine brenzlige Situation

Hai·ti ['heɪti, AM 'heɪṭi] *n* Haiti *nt*

Hai·tian ['heɪʃən] **I.** *n* ❶ (*person*) Haitianer(in) *m(f);* **to be a ~** Haitianer(in) *m(f)* sein ❷ (*language*) Haitianisch *nt* **II.** *adj* haitisch, haitianisch

hajj <*pl* -es> [hædʒ] *n* REL Hadsch *m*

haj·ji <*pl* -s> ['hædʒi] *n* REL Hadschi *m*

hake <*pl* - *or* -s> [heɪk] *n* Seehecht *m,* Hechtdorsch *m*

hal·al [hæl'æl] **I.** *vt* ■**to ~ sth** etw nach islamischem Ritus schlachten **II.** *n* **~ [meat]** Halalfleisch *nt* (*nach islamischem Ritus geschlachtetes Fleisch*)

hal·berd ['hælbəd, AM -bɚd] *n* Hellebarde *f*

hal·cy·on days [ˌhælsiən'] *npl* (*approv liter*) glückliche Tage, [h]alkyonische Tage *liter*

hale [heɪl] *adj inv* (*liter or dated*) gesund, wohlauf *geh; old person* rüstig; **~ and hearty** gesund und munter

half [hɑːf, AM hæf] **I.** *n* <*pl* **halves**> ❶ (*equal part, fifty per cent*) Hälfte *f;* **the northern ~ of the island is subtropical** der Norden der Insel ist subtropisch; ■**in ~** [*or* **into halves**] in zwei Hälften; **a kilo/pound and a ~** eineinhalb [*o* DIAL anderthalb] Kilo/Pfund; **to cut sth into halves** etw halbieren; **to cut in ~** in der Mitte durchschneiden, halbieren; **to divide sth by ~** etw durch zwei teilen; **to fold in ~** zur Mitte falten; **to reduce sth by ~** etw um die Hälfte reduzieren ❷ BRIT (*fam: half pint of beer*) kleines Bier (*entspricht ca. 1/4 Liter*); **a ~ pint of lager** ein kleines Helles ❸ BRIT (*child's ticket*) **two adults and three halves please!** zwei Erwachsene und drei Kinder, bitte! ❹ FBALL (*midfield player*) Läufer(in) *m(f);* **first/second ~** erste/zweite Spielhälfte [*o* Halbzeit] ❺ (*very soon*) **I'll be with you in ~ a second** [*or* BRIT **tick**] ich bin sofort bei dir ❻ (*share cost*) **to go halves [on sth]** (*fam*) sich *dat* die Kosten [für etw *akk*] teilen; **to go halves with sb** mit jdm teilen [*o fam* halbe-halbe machen] ❼ (*treat wholly*) **to not do things by halves** keine halben Sachen machen *fam* ❽ (*fam: the whole*) **you haven't heard the ~ of it yet!** das dicke Ende kommt ja noch!; **that's ~ the fun [of it]** das ist doch gerade der Spaß daran ▶ PHRASES: **a game/meal and a ~** ein Bombenspiel *nt*/ein Bombenessen *nt fam;* **to be too clever by ~** ein Schlaumeier sein; **my other** [*or* **better**] **~** meine zweite [*o* bessere] Hälfte; **how the other ~ lives** (*prov*) wie andere Leute leben **II.** *adj* halbe(r, s) *attr;* **roughly ~ of the class are Spanish** die Klasse besteht ungefähr zur Hälfte aus Spaniern; **~ an apple** ein halber Apfel **III.** *adv* ❶ (*almost*) halb, fast, nahezu, beinahe; **they had been frightened ~ out of their minds** sie wären fast verrückt geworden vor Angst ❷ (*partially, to some extent*) halb, zum Teil; **she was ~ afraid she'd have to make a speech** sie hatte schon fast befürchtet, eine Rede halten zu müssen; **it wasn't ~ as good** das war bei weitem nicht so gut; **~ asleep** halb wach; **to be ~ right** *person* zum Teil Recht haben; *thing* zur Hälfte richtig sein ❸ (*time*) **[at] ~ past nine** [um] halb zehn; (*fam*) **meet me at home at ~ past on the dot, okay?** du bist dann um Punkt halb bei mir, o.k.? *fam* ❹ (*by fifty percent*) ■**~ as ... as ...** halb so ... wie ...; **my little brother is ~ as tall as me** mein kleiner Bruder ist halb so groß wie ich; **he is ~ my weight** er wiegt halb so viel wie ich ❺ (*intensifies negative statement*) **not ~** BRIT (*fam*) unheimlich *fam,* wahnsinnig *fam,* irre *sl;* **he wasn't ~ handsome** er sah unverschämt gut aus *fam;* **she didn't ~ shout at him** sie hat ihn vielleicht angebrüllt; (*affirms positive opinion*) **did you enjoy the film? – not ~!** hat dir der Film gefallen? – und wie! ❻ (*partially, to some extent*) halb; **I was ~ inclined to call you last night but...** ich hätte dich gestern Abend fast angerufen, aber...; **~ cooked** halb gar; **~ empty/full** halb leer/voll; **~ naked** halb nackt ❼ (*fam: most*) der/die/das meiste; **~ of them didn't turn up** die meisten von ihnen sind gar nicht erschienen; **our boss has lost ~ his authority** unser Chef hat seine Autorität zum größten Teil eingebüßt; **if you are ~ the man I think you are, you'll succeed** wenn du auch nur im Entferntesten der Mann bist, für den ich dich halte, dann schaffst du das; **~ [of] the time** die meiste Zeit ▶ PHRASES: **to be ~ the battle** [schon] die halbe Miete sein *fam;* **given ~ a chance** wenn ich/er/sie/etc. die Möglichkeit hätte

half-arsed, AM **half-assed** *adj* (*pej sl*) idiotisch *fam,* bescheuert *sl* **'half·back** *n* FBALL Läufer(in) *m(f);* (*in rugby*) Halbspieler(in) *m(f)* **half-'baked** *adj* (*fig fam*) ❶ (*not well planned*) *idea, plan* unausgereift, unausgegoren ❷ (*not committed*) *person* fade **half-'bind·ing** *n* (*of book*) Halb[leder]band *m* **'half-blood** *n see* **half-breed** **half-'board** *n esp* BRIT Halbpension *f* **'half-boot** *n* Halbstiefel *m* **'half-breed** **I.** *n* ❶ (*pej!: person*) Mischling *m pej,* Halbblut *nt pej* ❷ (*animal*) [Rassen]kreuzung *f;* (*horse*) Halbblut *nt* **II.** *adj* ❶ (*pej!: of mixed parentage*) Mischlings- *pej;* **~ child** Mischlingskind *nt pej* ❷ *animal* **~ dog** Promenadenmischung *f hum;* **~ horse** Halbblut *nt* **'half-broth·er** *n* Halbbruder *m* **'half-caste** (*pej!*) **I.** *n* Mischling *m pej,* Halbblut *nt pej;* AM Mestize, -in *m, f* **II.** *adj* Mischlings- *pej;* AM wie ein Mestize/eine Mestizin *nach n;* **he looks ~** er sieht aus wie ein Mestize **half-'cock** *n* ❶ (*on pistol*) Vorderladerstellung *f* ❷ *esp* AM (*go wrong*) **to go off at ~** *plan* danebengehen; *party* ein Reinfall sein *fam* **half-cocked** *adj* ❶ (*pistol*) in Vorderladerstellung ❷ *esp* AM **to go off ~** (*fail*) *plan*

H

danebengehen; *party* ein Reinfall sein *fam;* (*act prematurely*) *person* voreilig handeln **half-'crown** *n* (*hist*) Halbkronenstück *nt,* Zweieinhalbschillingstück *nt* **half-'cut** *adj* BRIT (*pej sl*) besoffen *sl,* blau *fam* **half-'day** I. *n* halber [Arbeits]tag II. *adj attr* halbtägig **half-'dead** *adj* (*fam*) halb tot *hum* (**with** vor +*dat*) **half-'de·cent** *adj* (*fam*) anständig *fam;* **any ~ sprinter can run 100m in 11 seconds** jeder einigermaßen anständige Läufer kann 100m in 11 Sekunden laufen **'half-doz·en** *n,* **half a 'doz·en** *n* (*fam*) ein halbes Dutzend **half-'emp·ty** *adj* halb leer *attr,* halb leer *präd;* **the event was ~** die Veranstaltung war schlecht besucht **half-'fare** I. *n* ❶ (*price*) halber Fahrpreis ❷ (*ticket*) Fahrkarte *f* zum halben Preis II. *adj* zum halben Preis *nach n* **half-'full** *adj* halb voll **half-'har·dy** *adj* BOT *plants* nicht winterhart **half-'heart·ed** *adj attempt* halbherzig; *manner* lustlos **half-'heart·ed·ly** *adv* halbherzig, halben Herzens; ■**to do sth ~** etw lustlos tun **half-'heart·ed·ness** *n* Halbherzigkeit *f; of manner* Lustlosigkeit *f* **half 'holi·day** *n* halber Urlaubstag **half-'hour** I. *n* halbe Stunde; **in a ~** in einer halben Stunde; **on the ~** jede halbe Stunde, alle dreißig Minuten II. *adj attr* dreißigminütig **half-'hour·ly** I. *adj* halbstündlich; **~ intervals** halbstündliche Pausen II. *adv* jede [*o* alle] halbe Stunde; **the buses to the centre of town are ~** die Busse ins Stadtzentrum fahren jede halbe Stunde **half-'inch** I. *n* halber Zoll II. *vt* BRIT (*rhyming sl: pinch*) ■**to ~ sth** etw klauen *fam* **half-'jok·ing** *adj* halb im Ernst, halb im Spaß; **she was only ~ when she said that ...** mit einem ernsten Unterton sagte sie, dass ... **half-'jok·ing·ly** *adv* halb im Ernst, halb im Spaß **half 'land·ing** *n* Treppenabsatz *m* **'half-length** *n* **~ [portrait]** Brustbild *nt* **'half-life** *n* ❶ PHYS Halbwertszeit *f* ❷ COMM Lebensdauer *f* **'half-light** *n* Halbdunkel *nt,* Dämmerlicht *nt* **half-'mara·thon** *n* Halbmarathonlauf *m* **half-'mast** *n* ❶ (*of flag*) halbmast; ■**at ~** auf halbmast; **to fly a flag at ~** eine Fahne auf halbmast setzen; **to lower to ~** auf halbmast setzen ❷ (*hum: too short*) **trousers at ~** Hochwasserhosen *pl hum* **half-'meas·ure** *n* halbe Sache **half 'moon** *n* ❶ ASTRON (*a. fig*) Halbmond *m;* (*in shape*) halbmondförmig ❷ ANAT [Nagel]möndchen *nt* **'half-moon** *adj* halbmond-; **~ shaped** halbmondförmig **half-moon 'glasses** *npl,* **'half moons** *npl* Halbbrille *f* **'half note** *n esp* AM MUS halbe Note **half-'pay** *n* halber Lohn; *of employees* halbes Gehalt; **he has been suspended on ~** er wurde suspendiert und auf halben Lohn gesetzt

half·pence ['heɪpᵊn(t)s] *n,* **half·pen·ny** ['heɪpeni] *n* (*hist*) halber Penny

half·pen·ny·worth ['heɪpniwəθ] *n* BRIT, **ha'p'orth** ['heɪpəθ] *n* BRIT ❶ (*hist: worth a halfpenny*) **a ~ of sth** etw für einen halben Penny; **he bought a ~ of chocolate** er kaufte sich für einen halben Penny Schokolade ❷ (*fam or dated: small amount*) ein kleines bisschen; **[not] a ~ of difference** BRIT (*fam or dated*) nicht der geringste Unterschied

half-'price I. *adj* ■**at ~** zum halben Preis *nach n;* **these books were ~ in the sale** diese Bücher waren im Schlussverkauf um die Hälfte reduziert II. *adv* zum halben Preis **half-seas-'over** *adj* BRIT (*sl: drunk*) beduselt *fam* **'half-sister** *n* Halbschwester *f* **half-'size** I. *n* Zwischengröße *f,* halbe Größe II. *adj* halb so groß **half-'staff** *n* AM (*half-mast*) halbmast **'half step** *n* AM MUS (*semitone*) Halbton *m* **half-'term** *n Ferien nach ca. der Hälfte eines Trimesters;* ■**at ~** in den Trimesterferien **half-'tim·bered** *adj* Fachwerk-, aus Fachwerk *präd;* **a ~ house** ein Fachwerkhaus *nt* **half-'time** I. *n* ❶ SPORTS Halbzeit *f;* (*break*) Halbzeitpause *f;* **at ~** zur [*o* bei] Halbzeit ❷ (*work*) Kurzarbeit *f;* **to be put on ~** kurzarbeiten müssen II. *n modifier* (*results, score*) Halbzeit- III. *adv* halbtags; **to work ~** halbtags arbeiten **'half-ti·tle** *n* PUBL Schmutztitel *m,* Kurztitel *m* **'half-tone** *n* ❶ (*printing method*) Halbtonverfahren *nt;* (*picture*) Halbtonbild *nt;* **in ~** nach dem Halbtonverfahren erzeugt ❷ AM MUS (*semitone*) Halbton *m* **'half-track** *n* ❶ (*propulsion system*) Halbkettenantrieb *m* ❷ (*vehicle*) Halbkettenfahrzeug *nt* **'half-tracked** *adj* Halbketten-; **~ vehicle** Halbkettenfahrzeug *nt* **'half-truth** *n* Halbwahrheit[en] *f[pl]* **half-'vol·ley** *n* TENNIS Halfvolley *m,* Halbflugball *m*

half·'way I. *adj attr, inv* Mittel-, halb; **at ~ point of the race** nach der Hälfte des Rennens; **by the ~ stage of the final round his lead had fallen to three** in der Mitte der letzten Runde war seine Führung auf drei Punkte zurückgegangen; **~ state** Zwischenstadium *nt* II. *adv inv* in der Mitte; **York is ~ between Edinburgh and London** York liegt auf halber Strecke zwischen Edinburgh und London; **she started feeling sick ~ through dinner** mitten beim Abendessen wurde ihr übel; **~ decent** (*fig fam*) halbwegs anständig *fam;* **he's incapable of producing anything even ~ decent** er bekommt nicht einmal etwas halbwegs Anständiges zustande; **to go ~ towards** (*fig*) den halben Weg entgegengehen; **the management's proposals don't even go ~ towards meeting our demands** die Vorschläge der Geschäftsleitung erfüllen unsere Forderungen nicht einmal halbwegs; **to meet sb ~** (*fig*) jdm [auf halbem Weg] entgegenkommen; **~ down** in der Mitte +*gen;* **the diagram is ~ down page 27** das Diagramm befindet sich auf Seite 27 Mitte; **~ through the year** nach der ersten Jahreshälfte; **~ up** auf halber Höhe; **~ up the mountain she began to feel tired** als sie den Berg zur Hälfte bestiegen hatte, wurde sie langsam müde

half·way 'house *n* ❶ (*inn*) Rasthaus *nt* [auf halbem Weg] ❷ (*compromise*) Kompromiss *m; of thing* Mittelding *nt* ❸ (*rehabilitation centre*) Rehabilitationszentrum *nt;* (*for prisoners*) offene Anstalt **half·way 'line** *n* SPORTS Mittellinie *f* **'half-wit** *n* (*pej*) Dummkopf *m pej,* Schwachkopf *m pej* **half-'wit·ted** *adj* (*pej*) dumm, schwachsinnig *pej* **half-'year** *n* Halbjahr *nt* **half-'year·ly** I. *adj* halbjährlich; **~ report** Halbjahresbericht *m* II. *adv* halbjährlich, jedes [*o fam* alle] halbe Jahr

hali·but <*pl* - *or* -s> ['hælɪbət] *n* Heilbutt *m*

Hali·go·nian [hælɪ'gəʊniən] *n* CAN Bewohner(in) von Halifax und Nova Scotia

hali·to·sis [ˌhælɪ'təʊsɪs, AM -'toʊ-] *n no pl* (*spec*) Mundgeruch *m,* Halitosis *f fachspr*

hall [hɔːl] *n* ❶ (*room by front door*) Korridor *m,* Diele *f,* Flur *m* ❷ (*large public building*) Halle *f;* (*public room*) Saal *m;* **bingo ~** Bingosalon *m,* Spielsalon *m;* **church** [*or* **village**] **~** Gemeindesaal *m,* Gemeindehaus *nt;* **concert ~** Konzerthalle *f;* **music ~s** Varietee *nt;* **school ~** Aula *f;* **town** [*or* AM **city**] **~** Rathaus *nt* ❸ (*large country house*) Herrenhaus *nt,* Herrensitz *m;* **Bramhall H~ is an old mansion** Haus Bramhall ist ein altes Herrenhaus ❹ (*student residence*) [Studenten]wohnheim *nt;* **~ of residence** [Studenten]wohnheim *nt;* **to live in ~[s]** im Wohnheim wohnen ❺ BRIT SCH (*dining room*) Speisesaal *m,* Mensa *f;* (*meal*) [Mensa]essen *nt*

hal·le·lu·jah [ˌhælɪ'luːjə] I. *interj* halleluja; (*hum fam*) Gott sei Dank! *fam* II. *n* Halleluja *nt;* (*fig*) Jubel *m*

hall·mark ['hɔːlmɑːk, AM -mɑːrk] I. *n* ❶ BRIT (*on precious metals*) Feingehaltsstempel *m,* Repunze *f fachspr* ❷ (*distinctive feature*) Kennzeichen *nt; of excellence* Gütesiegel *nt;* **the blast bore all the ~s of a terrorist attack** die Explosion hatte alle Anzeichen eines terroristischen Anschlags; **her ~ in business is her personal involvement with all her clients** beruflich zeichnet sie sich dadurch aus, dass sie sich jedem ihrer Klienten persönlich annimmt II. *vt* ■**to ~ sth** etw stempeln; **to ~ gold** Gold repunzieren *fachspr*

hal·lo *interj esp* BRIT *see* **hello**

hall of 'fame *n esp* AM Ruhmeshalle *f;* (*fig*) Reihe *f* der Berühmtheiten; **to guarantee your presence in the H~ of Fame of sports you need to win more than once** um zu den Berühmtheiten des Sports zu gehören, musst du mehr als einmal gewinnen

hal·loo [hə'luː] I. *interj* ❶ *esp* BRIT HUNT horrido ❷ (*call*) hallo II. *n esp* BRIT HUNT Horrido *nt* III. *vi* hallo rufen IV. *vt esp* BRIT ■**to ~ an animal** *dog* ein Tier [auf etw *akk*] hetzen

hal·low ['hæləʊ, AM -loʊ] *vt* (*form*) ■**to ~ sb/sth** ❶ (*consecrate*) jdn/etw heiligen [*o* weihen] ❷ (*revere*) jdn/etw verehren

hal·lowed ['hæləʊd, AM -loʊd] *adj* ❶ (*approv: venerated*) [als heilig] verehrt; **~ be Thy name** geheiligt werde Dein Name; **~ ground** geweihter Boden ❷ (*fig: respected*) verehrt, gefeiert; **~ names** [alt]ehrwürdige Namen; **~ traditions** geheiligte Traditionen

Hal·low·een [ˌhæləʊ'wi:n, AM -loʊ'-] *n* Halloween *nt*

i Kultur

Halloween ist am 31. Oktober, dem Tag vor *All Saints' Day* oder *All Hallows – Allerheiligen* und wird seit alters her mit Geistern und Hexen in Verbindung gebracht. In Schottland und Irland basteln Kinder *turnip lanterns – Rübenlaternen* und gehen *guising*, d.h. sie gehen in Verkleidung von Haus zu Haus und erhalten für ihr Singen oder Aufsagen von Gedichten Geld. In den USA verkleiden sich Kinder an diesem Abend und gehen mit einem Sack in der Hand von Tür zu Tür. Wenn die Bewohner ihre Haustür aufmachen, rufen sie *Trick or treat!*: man soll ihnen eine *treat – Süßigkeit* geben oder man bekommt einen *trick – Streich* gespielt.

'hall por·ter *n* BRIT Portier *m* **'hall-stand** *n* Flurgarderobe *f*

hal·lu·ci·nate [hə'lu:sɪneɪt] *vi* halluzinieren; (*fig*) Wahnvorstellungen haben

hal·lu·ci·na·tion [həˌlu:sɪ'neɪʃᵊn] *n* no pl ❶ (*act of perceiving*) Halluzinieren *nt* ❷ (*illusion*) Halluzination *f*; (*fig*) Wahnvorstellung *f*

hal·lu·ci·na·tory [hə'lu:sɪnətᵊri, AM -tɔ:ri] *adj* ❶ MED (*inducing hallucinations*) halluzinatorisch, halluzinogen *fachspr*; **LSD is ~** LSD löst Halluzinationen aus; **~ drug** Droge, die Halluzinationen auslöst ❷ (*illusory*) halluzinatorisch; **a ~ fantasy** ein Hirngespinst *nt* ❸ (*resembling a hallucination*) *effect, image* halluzinatorisch

hal·lu·cino·gen [ˌhælu:'sɪnədʒᵊn, AM hə'lu:sɪn-] *n* MED Halluzinogen *nt fachspr*

hal·lu·cino·gen·ic [həˌlu:sɪnə(ʊ)'dʒenɪk, AM -noʊ'-] *adj* MED halluzinogen *fachspr*

hall·way ['hɔ:lweɪ] *n* Korridor *m*, Diele *f*, Flur *m*

halo <*pl* -s *or* -es> ['heɪləʊ, AM -loʊ] **I.** *n* ❶ (*light around head*) Heiligenschein *m a. hum* ❷ (*glory*) Nimbus *m kein pl* ❸ ASTRON (*light circle*) Hof *m*, Halo *m fachspr* ❹ (*circle*) Ring *m*; **~ of light** Lichtkranz *m* **II.** *vt* (*a. fig*) ■**to ~ sb/sth** jdn/etw mit einem Heiligenschein umgeben

halo·gen ['hælədʒen, AM -loʊ-] *n* Halogen *nt* **halo·gen 'bulb** *n* Halogenglühbirne *f* **halo·gen 'hob** *n* BRIT Halogenkochfeld *nt* **halo·gen 'lamp** *n* Halogenlampe *f*

halt¹ [hɒlt, AM hɔ:lt] **I.** *n* no pl ❶ (*stoppage*) Stillstand *m*, Stopp *m*; **to bring sth to a ~** etw zum Stillstand bringen; **to call a ~ [to sth]** [einer S. *dat*] ein Ende machen; **the government has called a ~ to the fighting** die Regierung hat zur Beendigung der Kämpfe aufgerufen; **to come to a ~** zum Stehen kommen; **to grind** [*or* **screech**] **to a ~** quietschend zum Stehen kommen; **to grind to a ~** (*fig*) zum Erliegen kommen *geh*, lahmgelegt werden; **if traffic increases, the city will grind to a ~** wenn der Verkehr zunimmt, kommt die Stadt zum Erliegen ❷ (*interruption*) Unterbrechung *f*; (*break*) Pause *f*, Rast *f*; MIL Halt *m*; **to have a ~** eine Pause einlegen ❸ BRIT RAIL (*small station*) Haltestelle *f* **II.** *vt* ■**to ~ sb/sth** jdn/etw zum Stillstand bringen; **the trial was ~ed when a member of the jury died** durch den Tod eines Jurymitglieds geriet der Prozess ins Stocken; **to ~ a fight** einen Kampf beenden **III.** *vi* ❶ (*stop*) zum Stillstand kommen, anhalten; **production has ~ed at all the company's factories** die Produktion ist in allen Fabriken der Firma zum Erliegen gekommen ❷ (*break*) eine Pause machen, innehalten *geh*; MIL Halt machen **IV.** *interj* halt

halt² [hɒlt, AM hɔ:lt] **I.** *vi* ❶ (*speak hesitatingly*) stocken, holpern ❷ (*hesitate*) zögern; **the politician ~ed between two views** der Politiker schwankte zwischen zwei Ansichten ❸ (*old: limp*) hinken **II.** *adj* (*old*) lahm **III.** *n* (*old*) ■**the ~** die Lahmen

hal·ter ['hɒltəʳ, AM 'hɔ:ltɚ] **I.** *n* ❶ (*for horse*) Halfter *nt*; (*for cattle*) Strick *m* ❷ AM FASHION Nackenband *nt*; (*shirt*) rückenfreies Oberteil (*mit Nackenverschluss*) ❸ (*for hanging*) Strick *m* **II.** *vt* **to ~ a horse** ein Pferd halftern

'hal·ter·neck **I.** *n* BRIT rückenfreies Oberteil (*mit Nackenverschluss*) **II.** *adj* rückenfrei; **a ~ dress** ein rückenfreies Kleid (*mit Nackenverschluss*) **'hal·ter top** *n* AM (*halterneck*) rückenfreies Oberteil (*mit Nackenverschluss*)

halt·ing ['hɒltɪŋ, AM 'hɔ:lt-] *adj* (*hesitant*) zögernd; *of language* holp[e]rig; **~ gait** unsicherer Gang; **~ speech** stockende Redeweise

halt·ing·ly ['hɒltɪŋli, AM 'hɔ:lt-] *adv* zögernd; **to speak ~** stockend sprechen; **to walk ~** unsicher gehen

halve [hɑ:v, AM hæv] **I.** *vt* ■**to ~ sth** ❶ (*cut in two*) etw halbieren ❷ (*lessen by 50 per cent*) um die Hälfte reduzieren; **her jail sentence was ~d after appeal** nach der Berufung wurde ihre Gefängnisstrafe auf die Hälfte verkürzt **II.** *vi* sich *akk* halbieren; **profits nearly ~d to £5m** die Gewinne haben sich um fast die Hälfte auf 5 Millionen Pfund halbiert

halves [hɑ:vz, AM hævz] *n pl of* **half**

hal·yard ['hæljəd, AM -jɚd] *n* NAUT Fall *nt*, Flaggleine *f*

ham [hæm] **I.** *n* ❶ *no pl* (*cured pork meat*) Schinken *m*; **a slice of ~** eine Scheibe Schinken ❷ ANAT *of animal* [Hinter]keule *f*; (*fam*) *of person* [hinterer] Oberschenkel ❸ THEAT (*pej sl: bad actor*) Schmierenkomödiant(in) *m(f)*; (*bad acting*) Schmierentheater *nt* ❹ (*fam: non-professional radio operator*) Amateurfunker(in) *m(f)*; **radio ~** Amateurfunker(in) *m(f)* **II.** *n modifier* ❶ (*made with ham*) Schinken-; **~ sandwich** Schinkenbrot *nt* ❷ (*incompetently acting*) Schmieren-; **~ actor** Schmierenkomödiant(in) *m(f)* **III.** *vt* THEAT, FILM **to ~ it up** übertrieben darstellen, zu dick auftragen *fam*

ham·burg·er ['hæmˌbɜ:gəʳ, AM -ˌbɜ:rgɚ] *n* FOOD ❶ (*cooked*) Hamburger *m* ❷ *no pl* AM (*raw*) Hackfleisch *nt* (*für Hamburger*) **'ham·burg·er stand** *n* Hamburgerstand *m*

ham-'fist·ed *adj esp* BRIT, AUS (*pej*), **ham-'hand·ed** *adj* AM (*pej*) ungeschickt; *action* plump *pej*; **you are far too ~ to become a surgeon!** mit deinen zwei linken Händen kannst du doch kein Chirurg werden!

ham·let ['hæmlət] *n* Weiler *m*

ham·mer ['hæməʳ, AM -ɚ] **I.** *n* ❶ (*tool*) Hammer *m*; **~ and sickle** Hammer und Sichel; **to come** [*or* **go**] **under the ~** versteigert werden, unter den Hammer kommen *fam* ❷ (*part of gun*) [Abzugs]hahn *m* ❸ SPORTS [Wurf]hammer *m*; **[throwing] the ~** das Hammerwerfen ▶ PHRASES: **to go at sth ~ and tongs** (*work hard*) sich *akk* [mächtig] ins Zeug legen *fam*; (*argue*) sich *akk* streiten, dass die Fetzen fliegen *fam* **II.** *vt* ❶ (*hit*) ■**to ~ sth [into sth]** etw [in etw *akk*] einschlagen; (*hit hard*) etw [kräftig] [irgendwohin] schlagen; **the batsman ~ed the ball into the outfield** der Schlagmann schlug den Ball mit Wucht ins Außenfeld; **to ~ a nail [into sth]** einen Nagel [in etw *akk*] einschlagen; **to ~ sth into sb** [*or* **into sb's head**] (*fig*) jdm etw einhämmern [*o* einbläuen] *fam* ❷ (*fam: defeat*) ■**to ~ sb** jdm eine Schlappe beibringen *fam*, jdm haushoch überlegen sein; MIL jdn vernichtend schlagen; **France ~ed Italy 6-1** Frankreich war Italien mit 6:1 haushoch überlegen ❸ BRIT STOCKEX (*sl*) ■**to ~ sb** jdn für zahlungsunfähig erklären ❹ ECON ■**to ~ sth** *price* etw drücken; *business* etw schaden; **share prices have been ~ed by the latest economic statistics** die Aktienpreise wurden durch die jüngsten Wirtschaftsstatistiken nach unten gedrückt; **business has been ~ed by recession** die Rezession schadet dem Geschäft ❺ (*criticize*) ■**to ~ sth [for sth]** etw [wegen einer S. *gen*] verreißen; **to be ~ed by sb**

H

[**for sth**] von jdm [wegen einer S. *gen*] zur Schnecke [*o* SÜDD *sl* Sau] gemacht werden ❻ (*become very drunk*) **to be/get ~ed** [**on sth**] (*fam*) [von etw *dat*] besoffen sein/werden *sl* ▸ PHRASES: **to ~ sth home** einer S. *dat* Nachdruck verleihen, etw mit Nachdruck zu verstehen geben; **the advertising campaign tries to ~ home that smoking is a health risk** die Werbekampagne versucht den Leuten einzubläuen, dass Rauchen gesundheitsgefährdend ist **III.** *vi* hämmern *a. fig;* ■**to ~ at** [*or* **on**] **sth** gegen etw *akk* hämmern

◆**hammer away** *vi* ■**to ~ away at sth** (*work hard*) sich *akk* mit etw *dat* plagen; (*think hard*) sich *dat* über eine S. *akk* den Kopf zerbrechen; **Mark's been ~ing away at his homework all weekend** Mark ist das ganze Wochenende über seinen Hausaufgaben gesessen

◆**hammer down** *vt* ■**to ~ down** ↻ **sth** etw festhämmern; **to ~ down a nail** einen Nagel einschlagen

◆**hammer in** *vt* ■**to ~ sth** ↻ **in** ❶ (*hit*) etw einschlagen [*o* einhämmern]; **he ~ed in the ball** (*fig*) er hämmerte den Ball ins Tor *fam;* **to ~ in a nail** einen Nagel einschlagen ❷ (*fig: urge*) [jdm] etw einhämmern [*o* einbläuen] *fam*

◆**hammer out** *vt* ■**to ~ sth** ↻ **out** ❶ (*shape metal*) etw [glatt] hämmern; **to ~ out a dent** eine Delle ausbeulen ❷ (*find solution*) etw aushandeln; *difficulties* etw bereinigen; **the employers are threatening to abandon procedures that have been ~ed out over the years** die Arbeitgeber drohen damit, von Verfahren Abstand zu nehmen, die über Jahre hinweg mühsam erarbeitet wurden; **to ~ out a plan** einen Plan ausarbeiten; **to ~ out a settlement** einen Vergleich aushandeln ❸ (*fig: play loudly on piano*) *tune* etw hämmern

'ham·mer beam *n* Stichbalken *m* **'ham·mer drill** *n* Schlagbohrmaschine *f* **'ham·mer·head** *n* Hammerhai *m*

ham·mer·ing ['hæmᵊrɪŋ, AM -ɚ-] *n* ❶ (*using hammer*) Hämmern *nt* ❷ SPORTS (*fam: decisive defeat*) Schlappe *f fam;* **you should have seen the ~ I gave her in the second game** du hättest sehen müssen, wie ich sie im zweiten Spiel fertiggemacht habe; **to take a ~** eine Schlappe einstecken [müssen] ❸ (*heavy losses*) schwere Verluste *fpl;* **to suffer/take a ~** schwere Verluste erleiden/hinnehmen müssen ❹ (*criticism*) Beschuss *m fam;* **to take a ~** Federn lassen [müssen] *fam*

'ham·mer throw·ing *n no pl* SPORTS Hammerwerfen *nt* **'ham·mer toe** *n* Hammerzehe *f*, Hammerzeh *m*

ham·mock ['hæmək] *n* Hängematte *f*

ham·my ['hæmi] *adj* ❶ (*of ham*) schinkenartig, Schinken-; **~ taste** Schinkengeschmack *m* ❷ (*pej*) *acting* übertrieben theatralisch, zu dick aufgetragen *fam*

ham·per[1] ['hæmpəʳ, AM -ɚ] *n* ❶ (*large basket*) [Deckel]korb *m;* [**picnic**] **~** Picknickkorb *m* ❷ BRIT, AUS (*basket for presents*) Geschenkkorb *m;* (*for food*) Präsentkorb *m* ❸ AM (*basket for dirty linen*) Wäschekorb *m*

ham·per[2] ['hæmpəʳ, AM -ɚ] *vt* ❶ (*restrict*) ■**to ~ sth** etw verhindern; ■**to ~ sb** jdn hindern ❷ (*limit extent of activity*) ■**to ~ sb** jdn behindern, jdm Schwierigkeiten bereiten; ■**to ~ sth** etw behindern [*o* erschweren] ❸ (*disturb*) ■**to ~ sb** jdn stören

ham·ster ['hæm(p)stəʳ, AM -ɚ] *n* Hamster *m;* **idea ~** (*fig*) Ideenbündel *nt fam*

ham·string ['hæmstrɪŋ] **I.** *n* ANAT Kniesehne *f; of animal* Achillessehne *f;* **strained ~** gezerrte Kniesehne; **to pull a ~** sich *dat* eine Kniesehnenzerrung zuziehen **II.** *vt* <-strung, -strung> *usu passive* ❶ (*cut the tendon*) ■**to ~ sb/an animal** jdm/einem Tier die Knie-/Achillessehne durchschneiden ❷ (*fig: prevent*) ■**to ~ sth** etw lähmen [*o* lahmlegen]; *attempt, plan* etw vereiteln; **to be hamstrung** lahmliegen, lahmgelegt sein; **a lack of funds has hamstrung restoration work on the church** wegen mangelnder Gelder sind die Restaurationsarbeiten an der Kirche lahmgelegt

'ham·string in·ju·ry *n* Kniesehnenverletzung *f*

hand [hænd] **I.** *n* ❶ ANAT Hand *f;* ■**to do sth by ~** (*not by machine*) *work* etw von Hand machen; *product* etw von Hand fertigen; **all these toys are made by ~** das ganze Spielzeug hier ist handgemacht; ■**to put sth into sb's ~s** jdm etw in die Hand geben; ■**to take sth out of sb's hands** jdm etw aus der Hand nehmen; ■**to take sb by the ~** jdn an die [*o* bei der] Hand nehmen; ■**to lead sb by the ~** jdn an der Hand führen; ■**in one's** [**left/right**] **~** in der [linken/rechten] Hand; **get** [*or* **keep**] **your ~s off!** Hände [*o fam* Pfoten] weg!; **~s up!** Hände hoch!; **~s up who wants to come!** Hand hoch, wer kommen will; **he had his ~s in his pockets** er hatte die Hände in den Hosentaschen; **they were just holding ~s** sie hielten doch nur Händchen; **the letter was delivered by ~** der Brief wurde durch einen Boten überbracht; **the student put up her ~** die Schülerin meldete sich; **~ in ~** Hand in Hand; **pen in ~** mit gezücktem Stift; **to get one's ~s dirty** (*a. fig*) sich *dat* die Hände schmutzig machen; **to be good with one's ~s** geschickte Hände haben, manuell geschickt sein; **to have one's ~s full** die Hände voll haben; **to crawl on ~s and knees** auf allen vieren kriechen; **to get down on one's ~s and knees** auf die Knie gehen; **to hold sb's ~** jdm die Hand halten; (*give assistance*) jdn bei der Hand nehmen; **to keep one's ~s off sth** die Finger von etw lassen; ■**to keep one's ~s off sb** die Hände von jdm lassen; **to shake ~s with sb, to shake sb's ~** jdm die Hand schütteln; (*done when introducing*) sich *dat* die Hand geben ❷ (*needing attention*) ■**at ~** vorliegend; **the job at ~** die Arbeit, die zu tun ist; **the problem in ~** das anstehende Problem; **the matter in ~** die vorliegende Angelegenheit ❸ (*at one's disposal*) ■**in ~** bei der Hand, verfügbar; **he had a lot of money in ~** er hatte viel Geld zur Verfügung ❹ (*close, within reach*) ■**at** [*or* **to**] **~** nah, in Reichweite; **to keep sth close at ~** etw in Reichweite haben; **to keep sth ready at ~** etw bereithalten; **to be at ~** zur Verfügung stehen, verfügbar sein; **we want to ensure that help is at ~ for all** wir wollen sicherstellen, dass allen geholfen werden kann; **to have sth to ~** etw zur Verfügung haben; **he uses whatever materials come to ~** er verwendet einfach alle Materialien, die ihm in die Hände kommen; **to have sth on one's ~s** etw an der Hand haben, über etw *akk* verfügen; **she's got a lot of work on her ~s** sie hat wahnsinnig viel zu tun; **he's got a lot of time on his ~s** er hat viel Zeit zur Verfügung; **we've got a problem on our ~s** wir haben ein Problem am Hals ❺ (*at one's service*) ■**on ~** (*available*) bereit, zur Verfügung; **my bank always has an advisor on ~** in meiner Bank steht den Kunden immer ein Berater zur Verfügung ❻ (*responsibility, involvement*) Hand *f;* **it's the ~ of fate** das ist die Hand des Schicksals; ■**at** [*or* **by**] **the ~s of sb/sth** durch jdn/etw; **my life is in your ~s** mein Leben liegt in Ihren Händen; **your life is in your own ~s** Sie haben Ihr Leben selbst in der Hand; **to be in good** [*or* **excellent**] **~s** in guten Händen sein; **to be in safe ~s** in sicheren Händen sein; **to get sb/sth off one's ~s** jdn/etw los sein; **we can relax now that we've got the kids off our ~s** jetzt wo man uns die Kinder abgenommen hat, können wir etwas ausspannen; **to have a ~ in sth** bei etw *dat* seine Hand [*o* die Finger] [mit] im Spiel haben, bei etw *dat* mitmischen; **it is thought that terrorists had a ~ in this explosion** man geht davon aus, dass der Bombenanschlag auf das Konto von Terroristen geht; **to leave sth/sb in sb's ~s** jdm etw überlassen/jdn in jds Obhut lassen; **to put sth into the ~s of sb/sth** jdm/etw etw übergeben [*o* überlassen]; **there's no more we can do except leave it in the solicitor's ~s** jetzt können wir nichts weiter tun als alles dem Anwalt zu überlassen; **my ~s are tied** mir sind die Hände gebunden ❼ (*control, power*) ■**sth is in ~** (*receiving attention, being arranged*) für etw *akk* ist gesorgt; **to be well in ~** gut laufen *fam;* **to have sth well in ~** etw gut im Griff haben; **a firm ~** eine [ge]strenge Hand; **to fall into the wrong ~s** in die falschen Hände geraten [*o* gelangen]; **to be in/out of sb's ~s** unter/außerhalb jds Kontrolle sein; **it's in your ~s now, you deal with it** das liegt jetzt in deiner Hand, du bearbeitest das; **to have everything in** ~ alles unter Kontrolle haben; **to get out of** ~ *situation, matter* außer Kontrolle geraten; *children* nicht mehr zu bändigen sein; **the horse got out of** ~ ich/er, usw. verlor die Kontrolle über das Pferd; **the party got out of hand** die Party ist ausgeartet; **to have sth in** ~ etw unter Kontrolle haben; **to take sb/sth in** ~ sich *dat* jdn/etw vornehmen ❽ (*assistance*) Hilfe *f;* **would you like a** ~ **with that bag?** soll ich Ihnen helfen, die Tasche zu tragen?; **would you like a** ~ **carrying those bags?** soll ich Ihnen beim Tragen der Taschen helfen?; **to give** [*or* **lend**] **sb a** ~ [**with sth**] jdm [bei etw *dat*] helfen [*o* behilflich sein]; **to** [**be able to**] **use a** ~ **with sth** *esp* AM bei etw *dat* Hilfe gebrauchen [können] ❾ (*manual worker*) Arbeiter(in) *m(f),* Kraft *f,* Mann *m;* **how many extra** ~**s will we need?** wie viel Mann mehr als sonst brauchen wir?; (*sailor*) Matrose *m;* **factory** ~ ungelernter Fabrikarbeiter/ungelernte Fabrikarbeiterin ❿ (*skilful person*) Könner(in) *m(f);* [**to be**] **a dab** ~ **at sth** ein Könner/eine Könnerin auf seinem/ihrem Gebiet [sein], ein Geschick *nt* für etw *akk* haben; **he's quite a** ~ **at wallpapering** er ist ziemlich gut beim Tapezieren; **he's a real Russia** ~ er ist ein echter Russlandkenner; **I'm an old** ~ **at ...** ich bin ein alter Hase im/in der ...; **to be good with one's** ~**s** handfertig sein; **to keep one's** ~ **in** (*stay in practice*) in Übung bleiben; **to turn one's** ~ **to sth** sich *akk* an etw *akk* machen; **Jane can turn her** ~ **to just about anything** Jane gelingt einfach alles, was sie anpackt ⓫ (*on clock, watch*) Zeiger *m;* **minute** ~ Minutenzeiger *m;* **the big/little** ~ der große/kleine Zeiger ⓬ CARDS Blatt *nt;* **to deal a** ~ ein Blatt *nt* austeilen; **to show one's** ~ seine Karten [*o* sein Blatt] zeigen; **a** ~ **of poker** eine Runde Poker ⓭ (*horse measurement*) Handbreit *f* ⓮ (*handwriting*) Handschrift *f;* **in sb's** ~ in jds Handschrift; **the note was written in someone else's** ~ jemand anders hatte die Nachricht geschrieben ⓯ (*applause*) **to give sb a big** ~ jdm einen großen Applaus spenden, jdn mit großem Beifall begrüßen ⓰ (*without consideration*) ■**out of** ~ kurzerhand, mir nichts dir nichts *fam;* **they rejected any negotiations out of** ~ sie schlugen jedwelche Verhandlungen kurzerhand aus ▶ PHRASES: **a** **bird** **in the** ~ [**is worth two in the bush**] (*prov*) ein Spatz in der Hand ist besser als die Taube auf dem Dach *prov;* **to be** ~ **in** **glove** [**with sb**] [*or* AM ~ **and** ~] [mit jdm] unter einer Decke stecken *pej;* **to lose/make** **money** ~ **over fist** Geld schnell verlieren/scheffeln; **to live from** ~ **to** **mouth** von der Hand in den Mund leben, sich *akk* gerade so durchschlagen *fam,* gerade so über die Runden kommen *fam;* **to only have one** **pair** **of** ~**s** auch nur zwei Hände haben; **to put** [*or* **dip**] **one's** ~ **in the** **till** in die Kasse greifen, einen Griff in die Kasse tun; **many** ~**s make light** **work** (*prov*) viele Hände machen der Arbeit bald ein Ende *prov;* **to keep a** **firm** ~ **on sth** etw fest im Griff behalten; **at** **first**/**second** ~ aus erster/zweiter Hand; **to have one's** ~**s** **full** jede Menge zu tun haben; **on the** **one** ~ **... on the other** [~] ... einerseits ... andererseits; **with one** ~ **tied** **I could beat you with one** ~ **tied** ich könnte dich mit links schlagen; **to have one's** ~**s** **tied** nichts tun können; **my** ~**s have been tied** mir sind die Hände gebunden; **to** **ask** **for sb's** ~ **in marriage** (*form*) jdn um ihre/seine Hand bitten, jdm einen Heiratsantrag machen; **to** **eat** **out of sb's** ~**s** jdm aus der Hand fressen; **to** **get** **one's** ~**s on sb** jdn zu fassen kriegen *fam,* jdn schnappen *fam;* **to** **go** ~ **in** ~ [**with sth**] Hand in Hand gehen [mit etw *dat*]; **to have** **got** [**sb**] **on one's** ~**s** [mit jdm] zu tun haben; **to** **lay** [*or* **get**] [*or* **put**] **one's** ~**s on sth** etw erwerben [*o* erstehen] [*o fam* kriegen]; **to** **put** **in** ~ *esp* BRIT ausführen; **all hospitals now have disaster plans to put in** ~ allen Krankenhäusern stehen jetzt Katastrophenvorkehrungen zur Verfügung; **to** **wait** **on sb** ~ **and foot** jdn von vorne bis hinten bedienen; **to** **win** ~**s down** spielend [*o* mit links] gewinnen **II.** *vt* ■**to** ~ **sb sth** [*or* **to** ~ **sth to sb**] jdm etw [über]geben [*o* [über]reichen] ▶ PHRASES: **to** ~ **sb a** **line** [*or* **a** **line** **to sb**] (*fam*) jdn anlügen; (*less seriously*) jdn anschwindeln; **you've** **got** **to** ~ **it to sb** man muss es jdm lassen

◆**hand back** *vt* ❶ (*give back*) ■**to** ~ **sth** ⇔ **back** etw zurückgeben; ■**to** ~ **sb sth** ⇔ **back** [*or* **sth back to sb**] jdm etw zurückgeben [*o* wiedergeben] ❷ TV (*return broadcasting to studio*) ■**to** ~ **sb back** [**to sth**] jdn [an etw *akk*] zurückgeben

◆**hand down** *vt* ■**to** ~ **sth** ⇔ **down** ❶ *usu passive* (*pass on*) *skills, heirlooms* etw weitergeben [*o* vererben]; *tradition* etw überliefern; ■**to** ~ **sth down** [*or* **down sth**] **to sb** jdm etw vererben; **to** ~ **sth down from one generation to another** etw von Generation zu Generation [*o* einer Generation zur anderen] weitergeben ❷ *esp* AM LAW (*make decision public*) etw verkünden; **to** ~ **down judgement on sb** das Urteil über jdn verkünden; **to** ~ **down a sentence to sb** eine Strafe über jdn verhängen

◆**hand in** *vt* ■**to** ~ **sth** ⇔ **in** ❶ (*deliver completed task*) etw einreichen; **to** ~ **in one's homework/a report** seine Hausaufgaben/einen Bericht abgeben ❷ (*resign*) **to** ~ **in one's notice/resignation** seine Kündigung/seinen Rücktritt einreichen ❸ (*return*) etw einreichen [*o* vorlegen]; (*give to authority*) etw aushändigen; **they** ~**ed in their weapons to the police** sie händigten ihre Waffen der Polizei aus; **to** ~ **in books** Bücher abgeben

◆**hand on** *vt* ■**to** ~ **sth** ⇔ **on** [**to sb**] ❶ (*pass through family*) [jdm] etw vererben ❷ (*pass on*) etw [an jdn] weitergeben [*o* weiterreichen]

◆**hand out** *vt* ■**to** ~ **sth** ⇔ **out** [**to sb**] ❶ (*distribute*) etw [an jdn] austeilen [*o* verteilen]; **would you** ~ **the cake out?** würdest du den Kuchen austeilen? ❷ (*give*) [jdm] etw geben; **the teacher** ~**ed out our next homework** der Lehrer gab uns unsere nächste Hausaufgabe; **to** ~ **out advice** [**to sb**] [jdm] Rat geben ❸ (*set legal punishment*) etw [über jdn] verhängen; **to** ~ **out a punishment/sentence** eine Strafe/ein Urteil verhängen

◆**hand over** *vt* ❶ (*pass*) ■**to** ~ **over** ⇔ **sth** [**to sb**] [jdm] etw herüber-/hinüberreichen; (*present*) [jdm] etw übergeben [*o geh* überreichen]; **to** ~ **over a cheque** [*or* AM **check**] einen Scheck überreichen ❷ TV, RADIO ■**to** ~ **sb over to sb/sth** (*transfer conversation*) jdn an jdn/etw weitergeben [*o* übergeben]; (*refer to competent person*) jdn an jdn/etw verweisen; (*on the telephone*) jdn mit jdm/etw verbinden; **with that I'll** ~ **you over to Frank in London** damit schalte ich zurück an Frank in London ❸ (*transfer authority, control*) ■**to** ~ **sth over to sb** jdm etw übergeben, etw an jdn abtreten *geh;* ■**to** ~ **sb over** [**to sb**] jdn [an jdn] ausliefern; *person* jdn [jdm] übergeben; **his father** ~**ed him over to the police** sein Vater übergab ihn der Polizei; **to** ~ **oneself over to the police** sich *akk* der Polizei stellen

◆**hand round** *vt* BRIT ■**to** ~ **round** ⇔ **sth** etw herumreichen; **to** ~ **round papers** Prüfungsbögen austeilen

◆**hand up** *vt* ■**to** ~ **up** ⇔ **sth** [**to sb**] [jdm] etw hinaufreichen

'hand·bag *n* Handtasche *f* **'hand bag·gage** *n no pl* Handgepäck *nt* **'hand·ball** *n* ❶ (*kind of sport*) Handball *m* ❷ FBALL Handspiel *nt* **'hand-bar·row** *n* BRIT Schubkarren *m* **'hand·bell** *n* [Hand]glocke *f,* [Hand]schelle *f* **'hand·bill** *n* Handzettel *m,* Flugblatt *nt* **'hand·book** *n* Handbuch *nt;* (*for tourists*) Führer *m;* **student** ~ Vorlesungsverzeichnis *nt* **'hand·brake** *n* Handbremse *f;* **to put on/release the** ~ die Handbremse ziehen/lösen

h. & c. *abbrev of* **hot and cold** [**water**] k.u.w.

'hand·cart *n* Handkarren *m* **'hand·clap** *n* Händeklatschen *nt;* **a brief round of** ~**s** ein kurzer Applaus **'hand·clasp** *n* AM Händedruck *m* **'hand·craft I.** *n* AM (*handicraft*) [Kunst]handwerk *nt kein pl* **II.** *vt* ■**to** ~ **sth** etw kunsthandwerklich herstellen **'hand·crafts** *npl* AUS Kunsthandwerk *nt kein pl* **'hand cream** *n* Handcreme *f*

'hand·cuff ['hæn(d)kʌf] **I.** *vt* ■**to** ~ **sb** jdm Handschellen anlegen; ■**to** ~ **sb to sb/sth** jdn mit Handschellen an jdn/etw fes-

H

seln; (*fig*) jdn [in seiner Freiheit] beschränken; **to be ~ed by a contract** durch einen Vertrag gebunden sein **II.** *n* ■ **~s** *pl* Handschellen *fpl;* **in ~s** in Handschellen

hand-'eye co·or·di·na·tion *n* Sicht-Körper-Koordination *f*

'hand·ful ['hæn(d)fʊl] *n* ❶ (*quantity holdable in hand*) Handvoll *f;* **he threw ~s of snow on her** er bewarf sie händeweise mit Schnee; **a ~ of hair** ein Büschel *nt* Haare ❷ (*small number*) Handvoll *f;* **only a ~ of people turned up for the party** nur wenige Leute kamen zu der Party ❸ *no pl* (*person hard to manage*) Nervensäge *f,* Plage *f;* **she's a bit of a ~** sie ist eine ziemliche Nervensäge ❹ (*iron: a lot*) **quite** [*or* **rather**] **a ~** eine ganze Menge

'hand gre·nade *n* Handgranate *f* **'hand·grip** *n* ❶ (*grasp*) Händedruck *m* ❷ (*handle*) Griff *m* **'hand·gun** *n* Handfeuerwaffe *f* **'hand-held I.** *adj* TECH tragbar; **a ~ camera** eine Handkamera **II.** *n* tragbares Gerät **'hand·hold** *n* SPORTS (*support*) Halt *m kein pl;* (*grip*) Haltegriff *m*

handi·cap ['hændɪkæp] **I.** *n* ❶ SPORTS (*help for weaker player*) Handicap *nt,* Handikap *nt,* [Ausgleichs]vorgabe *f;* (*race*) Vorgaberennen *nt* ❷ (*in golf*) Handicap *nt* ❸ (*disadvantage*) Handikap *nt,* Handicap *nt,* Nachteil *m;* (*restriction*) Einschränkung *f* ❹ (*disability*) Behinderung *f;* **mental/physical ~** geistige/körperliche Behinderung **II.** *vt* <-pp-> (*restrict*) ■ **to ~ sb/sth** jdn/etw beeinträchtigen; ■ **to ~ sth** etw behindern [*o* erschweren]; ■ **to ~ sb/oneself** jdn/sich *akk* behindern; (*disadvantage*) ■ **to ~ sb** jdn benachteiligen

handi·capped ['hændɪkæpt] **I.** *adj* behindert; **~ people** Behinderte *pl;* **mentally/physically ~** geistig/körperlich behindert **II.** *n* ■ **the ~** die Behinderten; **the mentally/physically ~** die geistig/körperlich Behinderten

handi·craft ['hændɪkrɑːft, AM -kræft] **I.** *n esp* AM (*handicrafts*) [Kunst]handwerk *nt kein pl;* (*needlework, knitting*) Handarbeit *f* **II.** *n modifier* handwerklich, Handwerks-; **~ class** Bastelkurs *m;* **~ skills** handwerkliche Fähigkeiten, Handfertigkeit *f*

handi·crafts ['hændɪkrɑːfts, AM -kræfts] *npl* (*industry*) Kunsthandwerk *nt kein pl;* **at the Craft Market you can buy a wide range of ~** auf dem Kunstgewerbemarkt kann man eine Vielzahl kunsthandwerklicher Gegenstände kaufen

handi·ly ['hændɪli] *adv* ❶ (*conveniently*) praktisch, günstig; **the switch for the radio is ~ located next to the steering wheel** der Schalter für das Radio befindet sich leicht erreichbar neben dem Lenkrad ❷ AM (*without difficulty*) mühelos, mit Leichtigkeit

handi·ness ['hændɪnəs] *n* ❶ (*skill*) Geschicklichkeit *f,* Geschick *nt* ❷ (*nearness*) günstige Lage

handi·work ['hændɪwɜːk, AM -wɜːrk] *n no pl* ❶ (*working*) handwerkliches Arbeiten; SCH (*subject*) *for girls* Handarbeiten *nt; for boys* Werken *nt;* **to do ~** handwerklich arbeiten; SCH handarbeiten/werken ❷ (*piece of manual work*) [Hand]arbeit *f;* (*work by a single person*) Werk *nt;* (*approv*) Meisterwerk *nt* ❸ (*fig, iron*) [Mach]werk *nt iron;* **the broken window was John's ~** das kaputte Fenster war Johns Werk

'hand job *n* (*vulg*) **to do a ~** sich/jdm einen runterholen *vulg*

hand·ker·chief ['hæŋkətʃiːf, AM -kɚtʃɪf] *n* Taschentuch *nt*

han·dle ['hændl] **I.** *n* ❶ (*handgrip to move objects*) Griff *m; of pot* Henkel *m; of door* Klinke *f; of handbag* Bügel *m;* **to turn a ~** eine [Tür]klinke hinunterdrücken ❷ (*sl: name with highborn connotations*) [Adels]titel *m* ❸ AM (*on CB radio*) Deckname *m* ▶ PHRASES: **to get a ~ on sth** (*get under control*) etw unter Kontrolle bringen; (*gain understanding of*) einen Zugang zu etw *dat* finden **II.** *vt* ■ **to ~ sth** ❶ (*feel, grasp an object*) etw anfassen; **~ with care, glass!** Vorsicht, Glas! ❷ (*move, transport sth*) etw befördern [*o* transportieren] ❸ (*deal with, direct*) sich *akk* mit etw *dat* befassen; **can you ~ it alone?** schaffst du das alleine? *fam;* **who ~s the marketing in your company?** wer ist in Ihrer Firma für das Marketing zuständig?; **to ~ people** mit Menschen umgehen ❹ (*discuss, write about*) etw behandeln, sich *akk* mit etw *dat* befassen; **this writer ~s the subject of pornography very sensitively** dieser Autor geht sehr behutsam mit dem Thema Pornographie um ❺ *gun, knife* etw handhaben [*o* bedienen]; **have you ever ~d a gun before?** hattest du jemals eine Pistole in der Hand?; **to be able to ~ sth** mit etw *dat* umgehen können ❻ *esp* BRIT (*buy and sell*) mit etw *dat* handeln; **we only ~ cosmetics which have not been tested on animals** wir führen nur Kosmetikartikel, die nicht an Tieren getestet wurden **III.** *vi* + *adv* sich *akk* handhaben lassen; **this car ~s really well** dieser Wagen lässt sich echt gut fahren

'han·dle·bar *n,* **han·dle·bar mous·'tache** *n* Schnäuzer *m,* gezwirbelter Schnauzbart **'han·dle·bars** *npl* Lenkstange *f,* Lenker *m*

han·dler ['hændlə^r, AM -ɚ] *n* ❶ (*dog trainer*) Hundeführer(in) *m(f),* Dresseur(in) *m(f)* ❷ *esp* AM (*counsellor*) Berater(in) *m(f)*

han·dling ['hændlɪŋ] *n no pl* ❶ (*act of touching*) Berühren *nt* ❷ (*treatment*) Handhabung *f* (**of** +*gen*); *of person* Behandlung *f* (**of** +*gen*), Umgang *m* (**of** mit +*dat*); *of a theme* [literarische] Abhandlung; **he made his reputation through his ~ of the Cuban missile crisis** er erwarb sich seinen Ruf durch die erfolgreiche Bewältigung der Kubakrise ❸ (*settlement*) Erledigung *f* (**of** +*gen*) ❹ (*using a machine*) Umgang *m* (**of** mit +*dat*), Handhabung *f* (**of** +*gen*); *of vehicle* Fahrverhalten *nt;* **power steering improves a car's ~** eine Servolenkung erleichtert die Lenkung eines Autos ❺ (*processing of material*) Verarbeitung *f* (**of** +*gen*); (*treating of material*) Bearbeitung *f* (**of** mit +*dat*)

'han·dling charge *n,* **'han·dling fee** *n* Bearbeitungsgebühr *f;* FIN Kontoführungsgebühr *f*

hand·list ['hændlɪst] *n* Leseliste *f,* Aufstellung *f* von Büchern

'hand lug·gage *n no pl* Handgepäck *nt*

hand-'made *adj inv* handgefertigt, handgearbeitet; **this pullover is ~** dieser Pullover ist Handarbeit; **~ paper** handgeschöpftes Papier **'hand·maid** *n,* **'hand·maid·en** *n* ❶ (*liter or hist: servant*) Zofe *f hist,* Magd *f veraltet,* Dienerin *f* ❷ (*fig form: helper*) Handlanger(in) *m(f)* **'hand-me-down I.** *n* abgelegtes Kleidungsstück; **this suit is a ~ from my father** diesen Anzug habe ich von meinem Vater geerbt **II.** *adj attr clothes* abgelegt, geerbt *hum* **hand-'op·er·at·ed** *adj* handbetrieben, von Hand bedient [*o* betätigt] **'hand·out** *n* ❶ (*usu pej: money for needy*) Almosen *nt;* (*goods*) Zuwendung[en] *f*[*pl*]; **cash ~** finanzielle Zuwendung, Geldzuwendung *f;* **government ~** staatliche Unterstützung; (*social benefit payments*) Sozialhilfe *f* ❷ (*leaflet*) Flugblatt *nt;* (*brochure*) Broschüre *f; for reporters* Informationsmaterial *nt; for students* Arbeitsblatt *nt,* Handout *nt;* **press ~** Presseerklärung *f* **'hand·over** *n no pl* Übergabe *f;* **~ of power** Machtübergabe *f* **hand-'picked** *adj fruit* handverlesen, von Hand geerntet; (*fig*) *people* sorgfältig ausgewählt, handverlesen *hum;* **~ candidate** eigener Kandidat/eigene Kandidatin **'hand·rail** *n on stairs* Geländer *nt; on ship* Reling *f* **'hand saw** *n* Handsäge *f,* Fuchsschwanz *m*

hands 'down *adv* ❶ (*very easily*) mühelos, mit links *fam;* **to beat sb ~** jdn mit links schlagen; **to win sth ~** etw mit links gewinnen ❷ *esp* AM (*without doubt*) zweifellos, ganz klar *fam,* zweifelsohne *geh* **'hand·set** *n* TELEC Hörer *m* **'hand·shake** *n* ❶ (*handclasp*) Händeschütteln *nt,* Händedruck *m* ❷ (*compensation*) **golden ~** Abfindung *f* **hands-'off** *adj* ECON interventionsfrei; **a ~ approach to sth** *Befürwortung eines Führungsstils, der unteren Führungskräften große Freiheit lässt;* **as a manager he has a ~ approach** als Geschäftsführer lässt er die Zügel etwas lockerer; **~ management style** passiver Führungsstil

hand·some ['hæn(d)səm] *adj* ❶ (*attractive*) *man* gut aussehend; *woman* attraktiv; **~ face** hübsches Gesicht; **the most ~ man** der bestaussehende Mann ❷ (*impressive*) *object, furniture* schön; *building* imposant ❸ (*approv: larger than expected*) *number* beachtlich, beträchtlich; **a ~ sum** eine stolze [*o* stattliche] Summe ❹ (*approv: generous*) großzügig, nobel *fam;* **a ~ apology** eine mehr als ausreichende Entschuldigung; **a ~ praise** ein dickes Lob; **a ~ present** ein großzügiges Geschenk ►PHRASES: **~ is as ~ does** (*prov*) gut ist, wer Gutes tut *prov,* man soll jdn nicht nach seinem Äußeren beurteilen

hand·some·ly ['hæn(d)səmli] *adv* ❶ (*attractively*) schön ❷ (*generously*) großzügig, reichlich; **to praise sb/sth ~** jdm/etw ein dickes Lob spenden; **to tip ~** ein großzügiges Trinkgeld geben; **to win ~** deutlich gewinnen ❸ (*with good intentions*) nobel *fam;* **to act** [*or* **behave**] **~** sich *akk* anständig verhalten

hands-'on *adj* ❶ ECON (*non-delegating*) interventionistisch, aktiv; **she's very much a ~ manager** sie ist eine Geschäftsführerin, die die Zügel gern fest in der Hand hält ❷ (*practical*) *experience* praktisch **'hand·spring** *n* Handstandüberschlag *m;* **backward/forward ~** Handstandüberschlag rückwärts/vorwärts **'hand·stand** *n* Handstand *m kein pl;* **to do ~s** einen Handstand machen **hand-to-'hand I.** *adj* MIL Mann gegen Mann; **~ combat** [*or* **fighting**] Nahkampf *m* **II.** *adv* Mann gegen Mann **hand-to-'mouth I.** *adj* kümmerlich, ärmlich; **to lead a ~ existence** von der Hand in den Mund leben; **a ~ lifestyle** ein Leben in Armut **II.** *adv* kümmerlich, ärmlich; **to live** [**from**] **~** von der Hand in den Mund leben **'hand tow·el** *n* Handtuch *nt* (*für die Hände*) **'hand truck** *n* AM Sackkarren *m* **'hand·work** *n no pl* Handarbeit *f* **'hand-wring·ing** *n no pl* Händeringen *nt fig;* **this task prompts plenty of earnest ~ among teachers** die Lehrer stehen händeringend vor dieser Aufgabe **'hand·writ·ing** *n no pl* Handschrift *f* **'hand·writ·ing analy·sis** *n no pl* Handschriftendeutung *f,* Graphologie *f fachspr* **'hand·writ·ing ex·pert** *n* Schriftsachverständige(r) *f(m),* Graphologe, -in *m, f fachspr* **'hand·writ·ten** *adj inv* handgeschrieben, handschriftlich

handy ['hændi] *adj* ❶ (*user-friendly*) praktisch, nützlich, geschickt SÜDD; (*easy to handle*) handlich; **a ~ size** eine handliche Größe ❷ (*convenient*) nützlich; **a ~ excuse** eine passende Ausrede; **a ~ hint** ein nützlicher [*o* brauchbarer] Hinweis; **to come in ~** [**for sb/sth**] [jdm/etw] gelegen [*o* gerade recht] kommen ❸ (*conveniently close*) *thing* griffbereit, greifbar; *place* in der Nähe *präd,* leicht erreichbar; ■**to be ~** *thing* griffbereit sein; *place* günstig liegen; **to keep sth ~** etw bereithalten ❹ *pred* (*skilful*) geschickt; ■**to be ~ with sth** mit etw *dat* gut umgehen können; **to be ~ about the house** im Haus vieles selbst erledigen können

'handy·man *n* Mädchen *nt* für alles, Faktotum *nt geh;* (*DIY*) Bastler(in) *m(f),* Heimwerker(in) *m(f)*

hang [hæŋ] **I.** *n no pl* ❶ (*fall*) *of drapery* Fall *m; of clothes* Sitz *m* ❷ (*position*) *of pictures, exhibits* Platzierung *f; of sb's head* [Kopf]haltung *f* ❸ (*fig fam*) **to get the ~ of sth** (*master a skill*) bei etw *dat* den [richtigen] Dreh [*o* Bogen] herausbekommen *fam;* (*understand*) auf den [richtigen] Trichter kommen *fam;* **he managed to get the ~ of philosophy** er kriegte einen Draht zur Philosophie *fam* **II.** *vt* <hung, hung> ❶ (*put on hook, hanger*) ■**to ~ sth** etw aufhängen; ■**to ~ sth** [**up**]**on sth** *clothing on hanger* etw an etw *dat* aufhängen, etw an etw *akk* hängen; **to ~ sth from a hook** etw an einem Haken aufhängen ❷ (*put on wall*) ■**to ~ sth** *painting, etc* etw aufhängen; **the Tate Gallery hung her works** die Tate Gallery stellte ihre Werke aus; **to ~ a door** eine Tür einhängen; **to ~ sth from a nail** etw an einem Nagel aufhängen, etw an einen Nagel hängen; **to ~ wallpaper** [**on a wall**] [eine Wand] tapezieren ❸ (*decorate*) ■**to ~ sth with sth** etw mit etw *dat* behängen ❹ <hung *or* -ed, hung *or* -ed> (*execute*) ■**to ~ sb** jdn [auf]hängen; ■**to ~ oneself** sich *akk* aufhängen [*o* erhängen]; **to ~ sb in effigy** jdn symbolisch aufhängen; **to be hung** [*or* **~ed**], **drawn and quartered** (*hist*) gehängt, gestreckt und gevierteilt werden; **the ~ 'em and flog 'em** BRIT (*pej*) die Befürworter der Todesstrafe ❺ (*let droop*) **to ~ one's head** den Kopf hängen lassen; **to ~ one's head in shame** beschämt den Kopf senken ❻ (*fig: postpone*) **to ~ fire** [es] abwarten [können] ❼ FOOD *meat* etw abhängen [lassen] ►PHRASES: **~ the cost** [*or* **expense**]**!** ganz egal, was es kostet!; **you might as well be ~ed** [*or* **hung**] **for a sheep as for a lamb** *esp* BRIT, AUS (*prov*) wenn schon, denn schon; **I'll be** [*or* **I'm**] **~ed!** da will ich verdammt sein! *fam;* **I'll be ~ed if ...** der Teufel soll mich holen, wenn ... *fam;* **I'm** [*or* **I'll be**] **~ed if I know** das juckt mich nicht die Bohne! *fam;* **~ it** [**all**]! zum Henker [*o* Kuckuck] damit! *fam,* verdammt! *fam* **III.** *vi* ❶ <hung, hung> (*be suspended*) hängen; (*fall*) *clothes* fallen, herunterhängen *pej;* **the curtains ~ in thick folds** die Vorhänge werfen breite Falten; **a heavy gold necklace hung around her neck** eine schwere Goldkette lag um ihren Hals; **to ~ from a hook** an einem Haken hängen; ■**to ~ down** herunterhängen, herabhängen *geh* ❷ <hung, hung> (*bend*) behangen sein; **the branches hung heavy with snow** die Äste hingen voll Schnee ❸ <hanged, hanged> (*die by execution*) hängen; **let sb/sth go ~** (*hum*) jdn/etw abschreiben *fam* ❹ <hung, hung> (*remain in air*) *mist, smoke, smell* hängen, schweben *geh;* **to ~ in the balance** (*fig*) in der Schwebe sein; ■**to ~ above** [*or* **over**] **sb/sth** über jdm/etw hängen [*o geh* schweben] ❺ <hung, hung> (*rely on*) ■**to ~** [**up**]**on sb/sth** von jdm/etw abhängen ❻ <hung, hung> (*listen carefully*) ■**to ~ upon sth** etw *dat* folgen; **to ~ on sb's** [**every**] **word** an jds Lippen *fpl* hängen ❼ <hung, hung> (*keep*) ■**to ~ onto sth** etw behalten ❽ <hung, hung> AM (*fam: expression of negative emotion*) **sb can go ~!** zum Henker [*o* Kuckuck] mit jdm!, jd kann mir [mal] gestohlen bleiben! ❾ <hung, hung> AM (*fam: loll about*) **to ~ at a place** an einem Ort rumhängen [*o* herumlümmeln] *fam,* sich *akk* an einem Ort herumtreiben [*o fam* herumdrücken] ►PHRASES: **to ~ by a hair** [*or* **thread**] an einem [dünnen [*o* seidenen]] Faden hängen; **to ~ in** [BRIT **on**] **there** (*fam*) am Ball [*o* bei der Stange] bleiben *fam*

◆**hang about** *vi* ❶ (*fam: waste time*) herumtrödeln *fam* ❷ (*wait*) warten; BRIT (*stop for a moment*) **~ about, let's just check we've got everything** Moment mal, sehen wir noch mal nach, ob wir alles haben; **to keep sb ~ing about** jdn warten lassen ❸ *esp* BRIT (*fam: pass time*) ■**to ~ about with sb** [ständig] mit jdm zusammenstecken *fam,* sich *akk* mit jdm herumtreiben *pej fam*

◆**hang around** *vi* ❶ (*fam: waste time*) herumtrödeln *fam;* (*loiter*) herumlungern, rumhängen *fam,* rumgammeln *fam* ❷ (*fam: wait*) warten ❸ (*fam: pass time*) ■**to ~ around sb** bei jdm rumhängen *fam;* ■**to ~ around with sb** [ständig] mit jdm zusammenstecken *fam,* sich *akk* mit jdm herumtreiben *fam* ❹ (*fam: get on sb's nerve*) **to ~ around sb's neck** jdn am Hals haben *pej fam*

◆**hang back** *vi* ❶ (*be slow*) sich *akk* zurückhalten; (*hesitate*) zögern; **don't ~ back!** stell dich nicht so an! ❷ (*stay behind*) zurückbleiben, Abstand halten

◆**hang on** *vi* ❶ (*fam: persevere*) durchhalten; **to ~ on by the skin of one's teeth** (*fig*) auf dem Zahnfleisch kriechen *fam* ❷ (*grasp*) ■**to ~ on to sth** sich *akk* an etw *dat* festhalten; (*stronger*) sich *akk* an etw *akk* klammern; **to ~ on tight** sich *akk* gut festhalten; **to ~ on in there** (*fam*) am Ball bleiben *fam,* nicht locker lassen *fam* ❸ (*fam*) ■**to ~ on to sth** (*keep*) etw behalten; (*retain*) etw aufheben ❹ (*wait briefly*) warten; (*on the telephone*) am Apparat bleiben, dranbleiben *fam;* **~ on** [**a minute**] wart mal, einen Augenblick; **~ on!** (*fam*) sofort!, Moment[chen]! *fam* ❺ (*fam: stop for a moment*) anhalten, stehen bleiben

◆**hang out I.** *vt* ■**to ~ sth** ↔ **out** etw heraushängen; **to ~ out a white flag** die weiße Fahne [*o* Flagge] zeigen; **to ~ out the washing** die Wäsche [draußen] aufhängen **II.** *vi* ❶ (*project*) heraushängen ❷ (*sl: loiter*) rumhängen *fam;* (*live*) hausen *pej;* **where does he ~ out these days?** wo treibt er sich zurzeit herum? ►PHRASES: **to let it all ~ out** (*sl*) die Sau rauslassen *sl*

H

◆**hang over** *vt* **there is a big question mark ~ing over the future of the peace negotiations** der weitere Verlauf der Friedensverhandlungen ist in Frage gestellt

◆**hang round** *vi* BRIT *see* **hang around**

◆**hang together** *vi* ❶ (*be logical*) *argument* schlüssig sein; *alibi, statements* keine Widersprüche *pl* aufweisen; *story* zusammenhängend sein ❷ (*remain associated*) zusammenbleiben, beieinanderbleiben

◆**hang up** I. *vi* ❶ (*dangle*) hängen ❷ (*finish phone call*) auflegen, einhängen II. *vt* ❶ (*suspend*) ■**to ~ up** ⊂ **sth** etw aufhängen; **to ~ up curtains** Vorhänge aufhängen [*o fam* aufmachen]; **to ~ up a notice** einen Anschlag machen; **to ~ up the receiver** den Hörer auflegen ❷ (*delay*) ■**to ~ up** ⊂ **sth** etw aufhalten [*o* verzögern] ❸ (*fig fam: retire*) **to ~ sth** ⊂ **up** etw aufgeben [*o* sein lassen]; *job, hobby* etw an den Nagel hängen *fam;* **to ~ up one's football boots/boxing gloves/golf clubs** die Fußballschuhe/Boxhandschuhe/Golfschläger an den Nagel hängen

◆**hang with** *vi* ■**to ~ with sb** (*fam*) bei jdm bleiben *fig*

hang·ar ['hæŋgəʳ, AM -ɚ] *n* AVIAT Hangar *m,* Flugzeughalle *f*

hang·dog ['hæŋdɒg, AM -dɑ:g] *adj attr* (*dejected*) niedergeschlagen; (*feeling guilty*) zerknirscht; **to have a ~ expression** [*or* **look**] **on one's face** ein Gesicht wie vierzehn Tage Regenwetter machen *fam*

hang·er ['hæŋəʳ, AM -ɚ] *n* (*for clothes*) [Kleider]bügel *m;* (*loop*) Aufhänger *m*

hanger-'on <*pl* hangers-> *n* (*pej: follower*) Trabant(in) *m(f) pej;* (*groupie*) Groupie *nt;* ■**the hangers-on** *pl* das Gefolge, der Anhang *kein pl* **'hang-glide** *vi* Drachen fliegen **'hang-glid·er** *n* (*person*) Drachenflieger(in) *m(f);* (*device*) Drachen *m* **'hang-glid·ing** *n no pl* Drachenfliegen *nt*

hang·ing ['hæŋɪŋ] I. *n* ❶ (*decorative fabric*) Behang *m;* (*curtain*) Vorhang *m;* [**wall**] **~s** Wandbehänge *mpl,* Wandteppiche *mpl* ❷ (*act of execution*) Hinrichtung *f* durch den Strang, Erhängen *nt* ❸ *no pl* (*system of execution*) [Er]hängen *nt,* Tod *m* [*o* Hinrichtung *f*] durch den Strang II. *adj* hängend; **the H~ Gardens of Babylon** die Hängenden Gärten von Babylon; **~ judge** (*hist*) *Richter, der häufig Todesurteile fällt;* **~ matter** (*hist*) *Vergehen, das mit Erhängen bestraft wird;* ■**to be ~** aufgehängt sein, hängen

hang·ing 'bas·ket *n* Blumenampel *f* **hang·ing 'bridge** *n* Hängebrücke *f*

hang·ings ['hæŋɪŋz] *npl see* **hanging** Wandbehänge *mpl,* Wandteppiche *mpl*

hang·ing 'val·ley *n* GEOG Hängetal *nt*

'hang·man *n* ❶ (*executioner*) Henker *m* ❷ (*game*) Galgen *m,* Galgenmännchen *nt* **'hang·nail** *n* MED Niednagel *m* **'hang·out** *n* ❶ (*fam: favourite place*) Stammlokal *nt;* **the cafe is a favourite ~ for artists** das Café ist ein beliebter Künstlertreff ❷ (*fam: dwelling*) Bude *f fam* **'hang·over** *n* ❶ (*from drinking*) Kater *m* ❷ (*relic*) Überbleibsel *nt,* Relikt *nt geh;* **to be a ~ from one's schooldays/childhood** in jds Schulzeit/Kindheit begründet sein [*o* liegen] **'hang-up** *n* (*fam: complex*) Komplex *m* (**about** wegen +*gen*); (*quirk*) Tick *m fam;* **he has a terrible ~ about being bald** er hat einen großen Komplex wegen seiner Glatze

hank [hæŋk] *n* Strang *m; of wool* [Woll]faden *m; of hair* Büschel *nt*

hank·er ['hæŋkəʳ, AM -ɚ] *vi* ■**to ~ after** [*or* **for**] **sb/sth** sich *akk* nach jdm/etw sehnen, sich *dat* etw sehnlichst wünschen; **to ~ after the past** der Vergangenheit nachtrauern

hank·er·ing ['hæŋkᵊrɪŋ, AM -ɚɪŋ] *n* Sehnsucht *f kein pl,* Verlangen *nt kein pl;* **to have a ~ for sb/sth** sich *akk* nach jdm/etw sehnen, nach jdm/etw Sehnsucht [*o* Verlangen] haben

hankie ['hæŋki], **hanky** *n* (*fam*) *short for* **handkerchief** Taschentuch *nt*

hanky-panky [ˌhæŋki'pæŋki] *n no pl* (*fam*) ❶ (*love affair*) Techtelmechtel *nt fam* ❷ (*kissing*) Geknutsche *nt kein pl fam;* (*groping*) Gefummel *nt kein pl fam* ❸ (*fiddle*) Mauschelei *f pej,* krumme Geschäfte; **there was some ~ going on in the government** in der Regierung wurde ganz schön gemauschelt

Hano·ver ['hænə(ʊ)vəʳ, AM -noʊvɚ] *n* Hannover *kein art;* **the House of ~** (*hist*) das Haus Hannover

Hano·verian [ˌhænə(ʊ)'vɪəriən, AM -nə'vɪr-] I. *adj* hannoversch II. *n* (*hist*) Hannoveraner(in) *m(f)*

Han·sard ['hæn(t)sɑ:d] *n no pl, no def art* BRIT, AUS Hansard *m* (*britische, kanadische bzw. australische Parlamentsberichte*)

Han·seat·ic [ˌhæn(t)si'ætɪk, AM -'æt̬ɪk] *adj* hanseatisch; **~ town** Hansestadt *f*

Han·seat·ic 'League *n + sing/pl vb* (*hist*) ■**the ~** die Hanse

han·som ['hæn(t)səm] *n,* **'han·som cab** *n* (*hist*) Einspänner *m,* Hansom *m*

Hants [hænts] *n abbrev of* **Hampshire**

Ha·nuk·kah ['hɑ:nəkə] *n* REL Hanukkah *nt*

hap·haz·ard [ˌhæp'hæzəd, AM -ɚd] I. *adj* ❶ (*pej: disorganized*) planlos, unüberlegt; **to do sth in a ~ manner** etw völlig unüberlegt anpacken ❷ (*arbitrary*) zufällig, willkürlich II. *adv* zufällig, willkürlich

hap·haz·ard·ly [ˌhæp'hæzədli, AM -ɚd-] *adv* ❶ (*unmethodically*) planlos, wahllos ❷ (*arbitrarily*) willkürlich, auf gut Glück

hap·less ['hæpləs] *adj attr* (*liter*) unglückselig, glücklos; **a ~ person** ein Pechvogel *m;* **~ victims** die Leidtragenden

hap·less·ly ['hæpləsli] *adv* unglücklich, unglückselig; **he behaved ~ as ever** es ging ihm, wie immer, alles daneben

ha'porth ['heɪpəθ] *n no pl* BRIT (*dated fam*) *abbrev of* **halfpennyworth**: [**not**] **a ~ of difference** nicht der geringste Unterschied

hap·pen ['hæpᵊn] I. *adv inv* NBRIT vielleicht, möglicherweise; **~ it'll rain later** es könnte später regnen II. *vi* ❶ (*occur*) geschehen, passieren *fam; event* stattfinden, sich *akk* ereignen *geh; process* vor sich *dat* gehen, ablaufen *fam;* **don't let that ~ again!** dass das nicht nochmal vorkommt!; **if anything ~s to me ...** falls mir etwas zustoßen sollte, ...; **I can't see this ~ing** ich kann mir das nicht vorstellen; **these things ~** das kann vorkommen; **what's ~ing?** was geht? *fam,* was ist los?; **nothing ever ~s here** hier ist tote Hose *fam;* **it ~ed like this: ...** das war so: ...; **whatever ~s** was auch immer geschieht, wie es auch kommen mag; **it's all ~ing** (*fam*) es ist ganz schön [*o fam* schwer] was los ❷ (*by chance*) ■**to ~ to do sth** zufällig etw tun; **we ~ to know each other** zufällig kennen wir uns; ■**it ~ed** [**that ...**] der Zufall wollte es[, dass ...]; **it just so ~s that ...** wie's der Zufall will, ...; **how does it ~ that you know her?** wie kommt es, dass du sie kennst?; **as it** [*or* **it so**] **~ed ...** wie es sich so traf, ..., zufälligerweise ... ❸ (*liter or dated: come across*) ■**to ~** [**up**]**on sb/sth** jdm/etw zufällig begegnen ❹ (*indicating contradiction*) ■**to ~ to do sth** etw trotzdem tun; **I ~ to think he's right whatever you say** sag was du willst, ich glaube trotzdem, dass er Recht hat ❺ (*actually*) **as it ~s** tatsächlich

◆**happen along, happen by** *vi* AM (*fam: by chance*) zufällig vorbeikommen; (*unexpectedly*) unerwartet vorbeikommen; **we ~ed by your house** wir kamen zufällig an eurem Haus vorbei

◆**happen on,** *liter* **happen upon** *vi* ■**to ~** [**up**]**on sb/sth** zufällig auf jdn/etw stoßen [*o* treffen]

◆**happen past** *vi* AM (*fam*) *see* **happen along**

hap·pen·ing ['hæpᵊnɪŋ] I. *n usu pl* ❶ (*occurrence*) Ereignis *nt;* (*unplanned occurrence*) Vorfall *m;* (*process*) Vorgang *m;* **strange ~s** sonderbare Dinge ❷ ART (*improvised performance*) Happening *nt* II. *adj* (*sl*) angesagt *fam;* **hey, this party's really ~!** hey, hier auf der Fete ist echt was los! *fam*

hap·pen·stance ['hæpᵊnstæn(t)s] *n esp* AM [glücklicher] Zufall; **by ~** durch Zufall

hap·pi·ly ['hæpɪli] *adv* ❶ (*contentedly*) glücklich, zufrieden; (*cheerfully*) fröhlich, vergnügt; **~ married** glücklich verheiratet; **and they all lived ~ ever after** und sie lebten glücklich und zufrieden bis an ihr Lebensende; (*fairytale ending*) und wenn sie nicht gestorben sind, dann leben sie noch heute ② (*willingly*) gern, mit Freuden; **I'll ~ take you to the station** ich fahr' dich gern zum Bahnhof ③ (*luckily*) glücklicherweise, zum Glück; ~ **for the success of the festival, there was a favourable review in the papers** zum Erfolg des Festivals trug bei, dass in der Zeitung ein positiver Bericht darüber stand ④ (*suitably*) glücklich, treffend; **his words were ~ chosen** seine Worte waren gut gewählt

hap·pi·ness ['hæpɪnəs] *n no pl* Glück *nt;* (*contentment*) Zufriedenheit *f;* (*cheerfulness*) Fröhlichkeit *f;* **to wish sb every ~** (*form*) jdm alles Gute wünschen

hap·py ['hæpi] *adj* ① (*pleased*) glücklich; (*contented*) zufrieden; (*cheerful*) fröhlich; **I'm perfectly ~ in my work** ich bin mit meiner Arbeit[sstelle] absolut zufrieden; **a ~ childhood** eine glückliche Kindheit; **the happiest day/days of one's life** der schönste Tag/die beste Zeit in jds Leben *nt;* **to have a ~ expression on one's face** glücklich aussehen; **a ~ lot** ein glückliches Schicksal; **~ marriage** glückliche Ehe; **~ mood** gute Laune; **~ occasion** gelungenes Fest; **in happier times** in glücklicheren Zeiten; ■**to be ~ about sb/sth** *person, arrangement, situation* mit jdm/etw zufrieden sein; ■**to be ~ with sb/sth** *quality, standard* mit jdm/etw zufrieden sein; ■**to be ~ to do sth** sich *akk* freuen, etw zu tun; **you'll be ~ to know that ...** es wird dich freuen, zu hören, dass ...; ■**to be ~ that ...** froh [darüber] sein, dass ... ② (*willing*) ■**to be ~ to do sth** etw gerne tun; (*form*) etw tun können; **the manager will be ~ to see you this afternoon** der Geschäftsführer hat heute Nachmittag Zeit, Sie zu empfangen; **excuse me, can you help me? – I'd be ~ to!** Entschuldigung, können Sie mir helfen? – aber gern!; **to be perfectly ~ to do sth** etw mit größtem Vergnügen tun ③ (*fortunate*) glücklich; **~ accident** glücklicher Zufall ④ (*liter: suitable*) gut gewählt, passend; **a ~ choice of language** eine glückliche Wortwahl; **a ~ phrase** ein treffender Satz; **a ~ thought** eine geniale Idee ⑤ (*fam: drunk*) angeheitert ⑥ *attr, inv* (*in greetings*) **~ birthday** alles Gute zum Geburtstag; **~ Easter** frohe Ostern; **merry Christmas and a ~ New Year** frohe Weihnachten und ein glückliches [*o* gutes] neues Jahr; **many ~ returns [of the day]** herzlichen Glückwunsch zum Geburtstag ▶PHRASES: **[as] ~ as a sandboy** [*or* **a lark**] [*or* BRIT **Larry**] [*or* AM **a clam**] quietschfidel, quietschvergnügt

hap·py-'clap·py *adj* BRIT (*pej fam*) fröhlich und ausgelassen (*in religiösem Zusammenhang*) **hap·py 'day** *n* (*hum: day of wedding*) großer Tag (*Hochzeitstag*) **hap·py 'end·ing** *n* Happyend *nt,* Happy End *nt* **hap·py e'vent** *n* (*hum: birth of a child*) freudiges [*o* frohes] Ereignis **hap·py 'fam·ilies** *n + sing vb* CARDS Quartett *nt* **hap·py-go-'lucky** *adj* sorglos, unbekümmert; **you need to be a bit ~ in this business** für dieses Geschäft brauchst du ein bisschen Gelassenheit; **to be a ~ fellow** [*or* **chap**] ein Leichtfuß sein **'hap·py hour** *n* (*Zeit, gewöhnlich am frühen Abend, in der Getränke in Lokalitäten billiger sind*) **hap·py 'hunt·ing ground** *n* ■**the ~s** *pl* die ewigen Jagdgründe; (*fig: place for finding success*) Paradies *nt* **hap·py 'me·dium** *n* (*approv*) goldene Mitte; **to strike a ~** die goldene Mitte finden **hap·py re·'lease** *n* (*euph: death*) Erlösung *f euph*

ha·ra-ki·ri [ˌhærə'kɪri, AM ˌhɑːr-] *n no pl* Harakiri *nt;* **to commit ~** Harakiri [*o* Selbstmord] begehen

ha·rangue [hə'ræŋ] **I.** *n* Strafpredigt *f,* Tirade *f pej geh* **II.** *vt* ■**to ~ sb** ① (*lecture forcefully*) jdm eine Strafpredigt halten, jdm Vorhaltungen machen; **a drunk in the station was haranguing passers-by** ein Betrunkener im Bahnhof beschimpfte Passanten; ■**to ~ sb into sth** (*forcefully persuade*) jdn zu etw *dat* überreden ② (*nag*) jdm in den Ohren liegen *fam*

har·ass ['hærəs, AM *esp* hə'ræs] *vt* ■**to ~ sb** ① (*intimidate*) jdn schikanieren; (*pester*) jdn ständig belästigen [*o* bedrängen]; **she was sexually ~ed by her neighbour** sie wurde von ihrem Nachbarn sexuell belästigt; **they ~ed him into signing the contract** sie setzten ihm so lange zu, bis er den Vertrag unterschrieb; **to ~ sb with questions** jdn mit Fragen quälen ② (*attack continually*) jdn ständig angreifen

har·assed ['hærəst, AM *esp* hə'ræst] *adj* (*strained by demands*) abgespannt, gestresst *fam;* (*worried*) geplagt, gequält

har·ass·ment ['hærəsmənt, AM *esp* hə'ræs-] *n no pl* ① (*pestering*) Belästigung *f;* (*intimidation*) Schikane *f;* **police ~** Polizeischikane *f;* **sexual ~** sexuelle Belästigung ② MIL (*attack*) [ständiger] Beschuss

har·bin·ger ['hɑːbɪndʒəʳ, AM 'hɑːrbɪndʒɚ] *n* (*liter: person*) [Vor]bote, -in *m, f,* Herold *m liter;* (*signal*) Vorzeichen *nt,* [Vor]bote *m;* **the ~[s] of doom** schlechte Vorzeichen *ntpl;* **to be the ~ of spring/winter** der Vorbote des Frühlings/Winters sein, den Frühling/Winter ankündigen

har·bor ['hɑːrbɚ] AM, **har·bour** ['hɑːbəʳ] **I.** *n* ① (*for ships*) Hafen *m;* **to arrive at** [*or* **in**] ~ im Hafen einlaufen ② (*shelter*) Unterschlupf *m* **II.** *vt* ① (*keep in hiding*) ■**to ~ sb/an animal** jdm/einem Tier Unterschlupf gewähren ② (*cling to ideas*) ■**to ~ sth** etw hegen *geh,* etw haben; **to ~ doubts about sb/sth** Zweifel an jdm/etw hegen; **to ~ feelings of hatred for sb** Hassgefühle gegen jdn hegen; **to ~ a grudge [against sb]** einen Groll [gegen jdn] hegen; **to ~ an illusion** sich *akk* einer Illusion hingeben; **to ~ thoughts of sth** sich *akk* mit dem Gedanken an etw *akk* tragen **III.** *vi* [in einem Hafen] anlegen

'har·bour·mas·ter *n* Hafenmeister(in) *m(f)*

hard [hɑːd, AM hɑːrd] **I.** *adj* ① (*rigid, solid*) hart; **~ cheese** Hartkäse *m;* **[as] ~ as iron** [*or* **a rock**] [*or* **stone**] steinhart; **a ~ and fast rule** eine verbindliche Regel; **the ~ left/right** *esp* BRIT POL die harte Linke/Rechte ② (*difficult, complex*) schwierig; **she had a ~ time [of it]** es war eine schwere Zeit für sie; **it's ~ being a widow** es ist nicht einfach, Witwe zu sein; **if she won't listen, she'll have to learn the ~ way** wer nicht hören will, muss fühlen; **to be ~ to come by** schwierig aufzutreiben sein; **to do sth the ~ way** sich *dat* etw schwer machen; **to find sth ~ to believe** [*or* **swallow**] etw kaum glauben können; **to get ~** [*or* **~er**] schwer [*o* schwerer] werden; **it's ~ to say** es ist schwer zu sagen ③ (*requiring much effort*) anstrengend, mühevoll; **the mountain there is a ~ climb** der Berg dort ist schwer zu besteigen; **a ~ fight** ein harter Kampf *a. fig;* **to give sth a ~ push** etw kräftig anschieben; **to be ~ work** harte Arbeit sein; **to be a ~ worker** fleißig sein ④ (*severe, unpleasant*) hart, unnachgiebig; *tone of voice* schroff, barsch; **she's finding the bad news ~ to take** es fällt ihr schwer, die schlechte Nachricht zu verkraften; **a ~ blow** ein harter Schlag; **a ~ heart** ein hartes Herz; **~ luck** [*or esp* BRIT **lines**] [*or* BRIT *dated fam* **cheese**]! [so ein] Pech!; **that's your ~ luck!** das ist dein Pech!; **to be [as] ~ as nails** knallhart [*o* ein knallharter Typ] sein *fam;* **a ~ taskmaster** ein strenger Arbeitgeber; **to give sb a ~ time** jdm das Leben schwer machen; ■**to be ~ on sb/sth** mit jdm/etw hart ins Gericht gehen ⑤ (*causing harm*) ■**to be ~ on sth** etw stark strapazieren; **I'm very ~ on shoes** ich habe einen extrem hohen Schuhverschleiß ⑥ (*problematic, unfortunate*) hart; ■**to be ~ on sb** hart für jdn sein ⑦ (*extremely cold*) **~ frost/winter** strenger Frost/Winter ⑧ (*demonstrable, solid*) sicher, fest; **~ facts** (*verified*) gesicherte Fakten; (*brutally honest*) nackte Tatsachen; **~ and fast information** [*or* **facts**] zuverlässige Informationen *fpl* ⑨ (*strong*) stark; **~ drinks/drugs** harte Getränke/Drogen; **a ~ drinker** ein starker Trinker/eine starke Trinkerin; **~ drinking** starker Alkoholkonsum; **to be into ~ drugs** harte Drogen nehmen ⑩ (*containing much lime*) **~ water** hartes Wasser ⑪ (*scrutinizing*) **to take a [good] ~ look at sth** sich *dat* etw genau ansehen, etw gründlich betrachten ▶PHRASES: **to drive a ~ bargain** knallhart verhandeln [*o* feilschen]; **to be ~ on sb's heels** jdm dicht auf den Fersen sein **II.** *adv* ① (*solid, rigid*) hart; **boiled ~** hart gekocht; **frozen ~** hart gefroren; (*sth moving*) steif gefroren ② (*vigorously*)

H

fest[e], kräftig; **think ~!** denk mal genau nach!; **to exercise ~** hart trainieren; **to fight ~ [for sth]** (*fig*) [um etw *akk*] hart kämpfen; **to play ~** ausgiebig spielen; **to press/pull ~** kräftig drücken/ziehen; **to study ~** fleißig lernen; **to try ~ to do sth** sich *akk* sehr bemühen [*o fam* ranhalten], etw zu tun; **to work ~** hart arbeiten; ■**to not do sth very ~** etw nicht sehr gründlich tun; ■**to be ~ at it** ganz bei der Sache sein ❸ (*painfully, severely*) schwer; **his parents took the news of his death ~** seine Eltern traf die Nachricht von seinem Tod schwer; **to be ~ pressed** [*or* **pushed**] **to do sth** große [*o* die größte] Mühe haben, etw zu tun ❹ (*closely*) knapp; **to follow ~ [up]on** [*or* **after**] [*or* **behind**] **sb/sth** jdm/etw knapp folgen, jdm/etw dicht auf den Fersen sein ❺ (*heavy, driving*) **it was raining ~** es regnete stark ❻ (*fig: survive usefulness*) **to die ~** [nur] langsam sterben; **the old idea of state ownership of all firms dies ~** die alte Vorstellung von einer Verstaatlichung aller Firmen stirbt einfach nicht aus ▸PHRASES: **old habits die ~** (*saying*) der Mensch ist ein Gewohnheitstier

'hard and fast *adj attr, inv* fest[stehend]; **~ rules** verbindliche [*o* bindende] Regeln **'hard·back** **I.** *adj* PUBL gebunden; **~ edition** gebundene Ausgabe **II.** *n* gebundenes Buch, gebundene Ausgabe; ■**in ~** gebunden **'hard·backed** *adj see* **hardback** **'hard·ball** AM **I.** *n* ❶ (*baseball*) Baseball *m* ❷ (*sl: tough methods*) Kampf *m* mit harten Bandagen, rücksichtsloses [*o* gnadenloses] Vorgehen; **to play ~** mit harten Bandagen kämpfen **II.** *vt* (*sl*) ■**to ~ sb** jdn erpressen **hard-'bit·ten** *adj* abgebrüht *pej fam,* hart gesotten *pej; boss* knallhart *pej* **'hard·board** *n no pl* Hartfaserplatte *f* **hard-'boiled** *adj* ❶ *egg* hart gekocht ❷ (*fig fam: emotionless*) abgebrüht *pej fam,* hart gesotten *pej; boss* knallhart *pej* ❸ (*fig fam: clever*) ausgekocht *pej,* durchtrieben *pej* ❹ (*fig fam: realistic*) sachlich, nüchtern; **he had a ~ approach to the matter** er ging nüchtern an die Sache heran **hard 'by** *prep* (*liter*) [sehr] nahe bei +*dat* **'hard case** *n* ❶ (*criminal person*) schwerer [*o fam* schlimmer] Fall ❷ AUS, NZ (*fam: unreformed person*) hoffnungsloser Fall; (*difficult person*) schwieriger Mensch; **a ~ nonconformist** ein hoffnungsloser Nonkonformist ❸ (*social hardship*) Härtefall *m* **hard 'cash** *n no pl* Bargeld *nt,* Bares *nt fam;* **to pay in ~** bar bezahlen **'hard coal** *n* Anthrazit *m* **hard 'copy** *n* COMPUT Ausdruck *m,* Hartkopie *f;* ■**in ~** als Ausdruck **'hard core** *n* ❶ (*central part*) Kern *m;* (*fig*) *of group* harter Kern ❷ *esp* BRIT (*for road construction*) Schotter *m* **'hard·core** **I.** *adj attr* ❶ (*dedicated*) eingefleischt; **~ fans** der harte Kern der Fans [*o* Fangemeinde] ❷ (*die-hard*) stur, unbelehrbar, unverbesserlich; **a ~ drug user** ein Abhängiger/eine Abhängige von harten Drogen; **she is a ~ drug user** sie nimmt harte Drogen ❸ (*sexually explicit*) hart; **~ pornography** harter Porno **II.** *n* MUS Hardcore *m* **'hard court** *n* TENNIS Hartplatz *m* **'hard·cov·er** AM, AUS **I.** *adj* PUBL gebunden; **~ edition** gebundene Ausgabe **II.** *n* gebundenes Buch, gebundener Band; ■**in ~** gebunden **hard 'cur·ren·cy** *n* harte Währung **'hard disk** *n* COMPUT Festplatte *f* **hard-'done-by** *adj* BRIT, AUS benachteiligt; **to feel ~** sich *akk* benachteiligt fühlen **hard-'drink·ing** *adj attr* stark trinkend; **she is a ~ woman** sie trinkt [viel Alkohol] **'hard drug** *n* harte Droge **hard-'earned** *adj reward, praise* ehrlich [*o* redlich] verdient; *wages, pay* sauer verdient; **~ retirement/holiday** wohlverdienter Ruhestand/Urlaub **hard-'edged** *adj* (*fig*) hart; *style* nüchtern; *painting* klar

hard·en ['hɑːdᵊn, AM 'hɑːrd-] **I.** *vt* ■**to ~ sth** ❶ (*make harder*) etw härten; *arteries* etw verhärten ❷ (*make tougher*) *attitude* etw verhärten; **to ~ one's heart** sein Herz verhärten; **if she could ~ her heart ...** wenn sie weniger sensibel wäre ...; ■**to ~ sb [to sth]** jdn [gegen etw *akk*] abstumpfen *pej,* jdn [gegen etw *akk*] unempfindlich machen; **the terrorists were ~ed to killing** den Terroristen machte das Töten nichts mehr aus ❸ (*make stronger*) *muscles* etw kräftigen; **to ~ one's body** seinen Körper stählen; ■**to ~ sb [to sth]** jdn [gegen etw *akk*] abhärten **II.** *vi* ❶ (*become hard*) sich *akk* verfestigen, hart werden ❷ (*become tough*) sich *akk* verhärten; *attitude* unnachgiebig werden; *face* sich versteinern; **the government has ~ed to the view that ...** die Regierung ist zu der festen Ansicht gelangt, dass ... ❸ ECON *price* sich *akk* festigen

◆**harden off** *vt* ■**to ~ off ○ sth** *plant* etw widerstandsfähig machen

hard·ened ['hɑːdᵊnd, AM 'hɑːrd-] *adj* ❶ (*pej: unreformable*) starrsinnig; *attitude* verhärtet; **~ criminal** Gewohnheitsverbrecher(in) *m(f)* ❷ (*tough*) abgehärtet, abgestumpft *pej,* abgebrüht *pej;* **to become ~ to sth** sich an etw *akk* gewöhnen; **she was ~ to his compliments** sie war für seine Komplimente unempfänglich ❸ (*experienced*) erfahren, versiert *geh*

hard·en·ing ['hɑːdᵊnɪŋ, AM 'hɑːrd-] *n no pl* ❶ (*process of making hard*) Härten *nt* ❷ (*fig: process*) Verhärten *nt;* (*result*) Verhärtung *f* ❸ MED **~ of the arteries** Arterienverkalkung *f*

hard-'fea·tured *adj inv* mit harten Gesichtszügen *nach n,* hart **hard 'feel·ings** *npl* Ressentiments *ntpl geh;* **let's not have any ~** lasst uns einander vertragen; **no ~?** alles klar?; **to bear sb [no] ~** [keine] Vorbehalte [*o* [keinen] Groll] gegen jdn hegen **hard-'fought** *adj* ❶ (*relentless*) hart; **a ~ battle** ein erbitterter [*o* harter] Kampf ❷ (*achieved*) hart erkämpft **hard 'graft** *n* BRIT (*sl*) [ewige] Schufterei *f* **'hard hat** *n* ❶ (*helmet*) [Schutz]helm *m* ❷ (*fam: worker*) Bauarbeiter(in) *m(f)* **hard-'head·ed** *adj* nüchtern, realistisch **hard-'heart·ed** *adj* (*pej*) hartherzig, unbarmherzig; **to be ~ towards sb/sth** jdm/etw gegenüber kalt sein **hard-'hit** *adj* (*fig*) schwer getroffen; ■**to be ~ by sth** von etw *dat* schwer mitgenommen sein, unter etw *dat* sehr zu leiden haben **hard-'hit·ting** *adj article, documentary, report* sehr [*o* äußerst] kritisch, schonungslos

har·di·hood ['hɑːdihʊd, AM 'hɑːrd-] *n* (*courage*) Mut *m,* Kühnheit *f pej;* (*impudence*) Unverfrorenheit *f pej*

har·di·ness ['hɑːdɪnəs, AM 'hɑːrd-] *n no pl* ❶ (*robustness*) Zähigkeit *f,* Ausdauer *f; of plants* Widerstandsfähigkeit *f* ❷ (*boldness*) Kühnheit *f*

hard 'knocks *npl* (*fig*) harte Schläge; **to take ~** harte Schläge einstecken **hard 'la·bor** AM, **hard 'la·bour** *n no pl* Zwangsarbeit *f* **hard 'land·ing** *n* AVIAT harte Landung **hard 'line** *n* POL harte Linie; **to take a hard line on sth** einen harten Kurs gegen etw fahren **'hard-line** *adj attr, inv* POL *belief, plan* kompromisslos; *person* extrem **hard·'lin·er** *n* POL Hardliner *m,* Anhänger(in) *m(f)* eines harten Kurses **hard 'lines** *interj* BRIT (*fam*) Pech gehabt! **hard 'luck** *n* (*fam*) Pech; **that's just your ~!** da hast du eben Pech gehabt! **'hard-luck sto·ry** *n* (*fam*) Mitleid erregende [*o pej* rührselige] Geschichte, Leidensgeschichte *f*

hard·ly ['hɑːdli, AM 'hɑːrd-] *adv inv* ❶ (*scarcely*) kaum; **I can ~ hear you** ich kann dich fast nicht verstehen; **we ~ knew our neighbours** wir kannten unsere Nachbarn nur wenig; **he ~ speaks a word** er sagt so gut wie nichts; **~ anything** kaum etwas, fast nichts; **~ ever** fast nie, so gut wie nie ❷ (*certainly not*) wohl kaum, schwerlich; (*as a reply*) sicher [*o* bestimmt] nicht; **it's ~ my fault!** ich kann ja wohl kaum was dafür!

hard 'mar·gin *n* IRISH befestigter Seitenstreifen, Bankett *nt*

hard·ness ['hɑːdnəs, AM 'hɑːrd-] *n no pl* ❶ (*solidity*) Härte *f* ❷ (*lack of emotion*) Härte *f,* Strenge *f* ❸ (*harshness*) Härte *f,* Heftigkeit *f; of weather* Strenge *f* ❹ (*lime content*) Härte *f;* **the ~ of the water** die Wasserhärte

hard-'nosed *adj* (*realistic*) nüchtern, realistisch; *person* abgebrüht *pej;* (*unwavering*) unnachgiebig, kompromisslos **hard 'nut** *n esp* BRIT (*sl*) Grobian *m* **hard of 'hear·ing** *adj pred* schwerhörig **'hard on** *prep* nahe auf +*dat;* **~ sb's heels** dicht auf jds Fersen **'hard-on** *n* (*vulg*) Ständer *m vulg, sl* **hard 'pal·ate** *n* ANAT harter Gaumen, Palatum *nt fachspr* **hard 'porn** **I.** *n no pl* harter Porno **II.** *n modifier* (*magazine, film*) Hartporno- **hard-'pressed** *adj* ❶ (*in difficulty*) bedrängt, in Schwierigkeiten *präd;* ■**to be ~ to do sth** Mühe [*o* Probleme] haben, etw zu tun ❷ (*overtaxed*) **with work** stark beansprucht **hard 'rock** *n no pl* MUS Hardrock *m,* Hard Rock *m* **hard 'sci·ence** *n* exakte Wissenschaft **hard·scrab·ble** ['hɑːrdˌskræbl̩] *adj attr* beinhart *fig* **hard 'sell** I. *n* aggressive Verkaufsmethoden; **to come on with the ~** aggressive Verkaufsmethoden anwenden II. *adj attr, inv* aggressiv

hard·ship ['hɑːdʃɪp, AM 'hɑːrd-] *n* ① *no pl* (*privation*) Not *f,* Elend *nt,* Entbehrung[en] *f[pl]*; **I'd love to if it's not too much of a ~ for you** gerne, wenn es dir nicht zu viele Unannehmlichkeiten bereitet; **economic ~** wirtschaftliche Notlage; **to live in ~** Not leiden ② (*condition*) Härte *f,* Belastung *f*

'hard·ship fund *n* BRIT, **'hard·ship grant** *n* BRIT Notfonds *m* (*für bedürftige Studenten*)

hard 'shoul·der *n* BRIT befestigter Seitenstreifen, Bankett *nt* **hard·'stand·ing** *n no pl* BRIT asphaltierter Abstellplatz (*für Fahrzeuge*) **'hard stuff** *n* (*fam*) hartes Zeug *fam,* hochprozentiger Alkohol; **a drop of the ~** einen Tropfen vom Hochprozentigen **'hard tack** *n* [Schiffs]zwieback *m* **'hard·top** *n* AUTO Hardtop *nt o m* **hard 'up** *adj* (*fam*) ① (*broke*) knapp bei Kasse *präd fam,* in finanziellen Schwierigkeiten *präd* ② (*lacking*) ■ **to be ~ for sth** etw entbehren; **to be ~ for suggestions** um Vorschläge verlegen sein **'hard·ware** *n no pl* ① (*tools*) Eisenwaren *pl;* (*household items*) Haushaltswaren *pl* ② (*material*) Material *nt,* Ausrüstung *f;* MIL *machinery* Rüstungsmaterial *nt* ③ COMPUT Hardware *f;* **computer ~** Computerhardware *f* ④ (*fam: a gun*) Kanone *f fam* **'hard·ware deal·er** *n* AM Baustoffhändler(in) *m(f);* (*in household goods*) Haushaltswarenhändler(in) *m(f)* **'hard·ware store** *n* AM, AUS Baumarkt *m;* (*for household goods*) Haushaltswarenladen *m* **hard-'wear·ing** *adj* widerstandsfähig; *fabric, shoes* strapazierfähig **hard 'wheat** *n no pl* Hartweizen *m* **'hard-wire** *vt* ■ **to be ~d into sth/sb** mit etw/jdm fest verdrahtet sein *fig;* ■ **to be ~d for sth** *person* für etw *akk* gemacht [*o* wie geschaffen] sein; *machine* für etw *akk* konstruiert sein **'hard-wired** *adj* COMPUT fest verdrahtet **hard-'won** *adj* hart [*o* schwer] erkämpft; *money* hart [*o* schwer] erarbeitet; **~ victory** schwer erkämpfter Sieg **'hard·wood** *n* Hartholz *nt* **hard-'work·ing** *adj* fleißig; ■ **to be ~** hart arbeiten

har·dy ['hɑːdi, AM 'hɑːrdi] *adj* ① (*tough*) zäh, robust; (*toughened*) abgehärtet; **~ breed** zäher Menschenschlag ② BOT winterhart; **~ annual/perennial** einjährige/mehrjährige [winterharte] Pflanze ③ (*courageous*) kühn

hare [heəʳ, AM her] I. *n* ① <*pl* -s *or* -> [Feld]hase *m* ② BRIT (*topic in conversation*) **to start a ~** ein Thema anschneiden ▸ PHRASES: **to run with the ~ and hunt with the <u>hounds</u>** es sich mit niemandem verderben wollen; POL, MIL ein Doppelagent/eine Doppelagentin sein, ein doppeltes Spiel treiben II. *vi esp* BRIT (*fam*) wie ein geölter Blitz laufen *fam;* ■ **to ~ off** davonsausen *fam*

hare and 'hounds *n* (*game*) Schnitzeljagd *f* **'hare·bell** *n* BOT Glockenblume *f* **'hare·brained** *adj person* verrückt, bekloppt *fam; plan* unrealistisch; **~ scheme** verrückter Plan **'hare cours·ing** *n no pl esp* BRIT Hasenjagd *f*

Ha·re Krish·na [ˌhæri'krɪʃnə, AM ˌhɑːri'-] *n* ① (*Hindu sect*) Hare-Krishna-Sekte *f* ② (*fam: member of sect*) Hare-Krishna-Jünger(in) *m(f)*

hare·'lip *n* MED Hasenscharte *f*

har·em ['hɑːriːm, 'herəm, AM 'herəm] *n* (*a. fig, hum*) Harem *m*

hari·cot ['hærɪkəʊ, AM 'herɪkoʊ] *n,* **hari·cot 'bean** *n* Gartenbohne *f*

hark [hɑːk, AM hɑːrk] *vi* (*liter*) horchen *liter;* **~ at him!** hör dir den an!; ■ **~!** horch!/horcht!; ■ **to ~ to sb/sth** jdm/etw lauschen *liter*

◆ **hark back** *vi* ■ **to ~ back to sth** ① (*evoke*) an etw *akk* erinnern, an etw *akk* anklingen; **his latest film ~s back to the early years of cinema** sein jüngster Film spielt in den frühen Jahren des Kinos ② (*originate in*) *tradition* auf etw *akk* zurückgehen ③ (*return to previous topic*) auf etw *akk* zurückkommen, etw wieder aufgreifen

har·le·quin ['hɑːlɪkwɪn, AM 'hɑːr-] *adj* bunt

Har·le·quin ['hɑːlɪkwɪn, AM 'hɑːr-] *n* (*esp hist*) Harlekin *m veraltet;* (*a. fig*) Hanswurst *m,* Kasper *m*

har·lot ['hɑːlət, AM 'hɑːr-] *n* (*old*) Metze *f veraltet,* Dirne *m veraltend,* Hure *f*

harm [hɑːm, AM hɑːrm] I. *n no pl* (*damage*) Schaden *m;* (*injury*) Verletzung *f;* **there's no ~ in asking** Fragen kostet nichts; **there's no ~ in trying** ein Versuch kann nichts schaden; **... never did anyone any ~** es hat noch niemandem geschadet, ...; **to mean no harm** es nicht böse meinen; **that will do more ~ than good** das wird mehr schaden als nützen; **I can see no ~ in going out for a drink on my own** ich kann nichts dabei finden, alleine etwas trinken zu gehen; **what's the ~ in drinking beer every night?** was macht das schon, jeden Abend Bier zu trinken?; **out of ~'s way** in Sicherheit, außer Gefahr; **to stay** [*or* **keep**] **out of ~'s way** der Gefahr *dat* aus dem Weg gehen; **[grievous] bodily ~** [schwere] Körperverletzung; **to come to [no] ~** [nicht] zu Schaden kommen; **to do ~ to sb** jdm Schaden zufügen [*o* schaden]; (*hurt*) jdm eine Verletzung zufügen, jdn verletzen; **this mistake will do his credibility no ~** dieser Fehler wird seiner Glaubwürdigkeit keinen Abbruch tun; **to do ~ to sth** etw *dat* Schaden zufügen [*o* schaden] II. *vt* ■ **to ~ sth** etw *dat* Schaden zufügen [*o* schaden]; ■ **to ~ sb** jdm schaden; (*hurt*) jdn verletzen, jdm etwas antun; **it wouldn't ~ you to see a doctor** (*iron*) es könnte dir nichts schaden, zum Arzt zu gehen; ■ **to be ~ed** Schaden erleiden

harm·ful ['hɑːmfᵊl, AM 'hɑːrm-] *adj* schädlich; *words* verletzend; **smoking is ~ to your health** Rauchen ist gesundheitsgefährdend; **~ effects** schädliche Nebenwirkungen

harm·ful·ness ['hɑːmfᵊlnəs, AM 'hɑːrm-] *n no pl* Schädlichkeit *f*

harm·less ['hɑːmləs, AM 'hɑːrm-] *adj* ① (*not dangerous*) harmlos, ungefährlich; **to render sth ~** etw unschädlich machen; *bomb* etw entschärfen ② (*innocuous*) harmlos; **~ fun** ein harmloser Scherz

harm·less·ly ['hɑːmləsli, AM 'hɑːrm-] *adv* ① (*not detrimentally*) harmlos ② (*innocuously*) harmlos; **to live ~** friedlich leben, niemandem schaden [*o* wehtun]

harm·less·ness ['hɑːmləsnəs, AM 'hɑːrm-] *n no pl* Unschädlichkeit *f; of a person* Harmlosigkeit *f*

har·mon·ic [hɑː'mɒnɪk, AM hɑːr'mɑːn-] I. *adj* MUS, PHYS harmonisch; **~ progression** MATH harmonische Sequenz II. *n* ① MUS Oberton *m* ② PHYS [harmonische] Oberwelle

har·moni·ca [hɑː'mɒnɪkə, AM hɑːr'mɑːn-] *n* Mundharmonika *f*

har·mon·ics [hɑː'mɒnɪks, AM hɑːr'mɑːn-] *n + sing vb* MUS Harmonik *f fachspr*

har·moni·ous [hɑː'məʊniəs, AM hɑːr'moʊn-] *adj* ① (*tuneful*) harmonisch, wohlklingend ② (*fig: pleasing*) *colours* harmonisch; **a ~ blend** eine gelungene Mischung ③ (*fig: friendly*) harmonisch; *relations* ungetrübt; *agreement* glücklich

har·moni·ous·ly [hɑː'məʊniəsli, AM hɑːr'moʊn-] *adv* harmonisch, in Harmonie; **to get on ~** gut miteinander auskommen

har·mo·ni·za·tion [ˌhɑːmənaɪ'zeɪʃᵊn, AM ˌhɑːrmənɪ'-] *n no pl* ① MUS Harmonisierung *f fachspr* ② (*act of harmonizing*) Herstellen *nt* von Harmonie ③ POL (*standardization*) *of a system* Vereinheitlichung *f,* Harmonisierung *f*

har·mo·nize ['hɑːmənaɪz, AM 'hɑːr-] I. *vt* ■ **to ~ sth** ① MUS etw harmonisieren ② (*bring together*) etw in Einklang bringen, etw aufeinander abstimmen; (*make similar*) etw vereinheitlichen II. *vi* ① MUS harmonieren ② (*fig*) ■ **to ~ [with sb/sth]** (*match*) [mit jdm/etw] harmonieren; (*be consistent*) *approach, facts* [mit jdm/etw] übereinstimmen

har·mo·ny ['hɑːməni, AM 'hɑːr-] *n* ① MUS Harmonie *f;* (*science*) Harmonielehre *f;* ■ **in ~** mehrstimmig ② *no pl* (*rapport*) Harmonie *f;* (*concord*) Eintracht *f;* **peace and ~** Friede[n] und Eintracht; **racial ~** harmonisches Verhältnis zwischen den Rassen; **to live in ~** in Eintracht [miteinander] leben; ■ **to be in ~ with sb/sth** mit jdm/etw harmonieren [*o* in Einklang stehen]; **in ~ with nature** im Einklang mit der Natur; **in perfect ~** in vollkommener Harmonie ❸ *no pl* (*symmetry*) Ebenmäßigkeit *f*, Symmetrie *f*

har·ness ['hɑːnɪs, AM 'hɑːr-] **I.** *n* <*pl* -es> ❶ *for animal* Geschirr *nt; for person* Gurtzeug *nt;* **baby** ~ Laufgeschirr *nt;* **parachute** ~ Gurtwerk *nt;* **safety** ~ Sicherheitsgürtel *m;* **in** ~ angeschirrt, aufgezäumt ❷ (*fig: cooperation*) ■**in** ~ gemeinsam; **to work in** ~ **with sb** mit jdm gut zusammenarbeiten [*o* ein gutes Team abgeben] ❸ (*fig: everyday life*) tägliche Routine; **back in** ~ wieder im Alltagstrott **II.** *vt* ❶ (*attach*) ■**to** ~ **an animal** ein Tier anschirren [*o* anspannen]; (*secure*) ■**to** ~ **sb/sth into sth** jdn/etw in etw *dat* anschnallen; **she** ~**ed her child into the babyseat** sie schnallte ihr Kind in den Kindersitz ❷ (*fig: exploit*) ■**to** ~ **sth** etw nutzen; **to** ~ **[the forces of] nature** [sich *dat*] die [Kräfte der] Natur nutzbar machen

harp [hɑːp, AM hɑːrp] **I.** *n* Harfe *f* **II.** *vi* (*esp pej fam*) ■**to** ~ **on** immer dieselbe Leier vorbringen [*o* anbringen] *fam;* ■**to** ~ **on about sth** auf etw *dat* herumreiten *fam,* die ganze Zeit von etw *dat* reden; **don't keep** ~**ing on about it!** hör endlich auf damit!

harp·ist ['hɑːpɪst, AM 'hɑːrp-] *n* Harfenist(in) *m(f),* Harfenspieler(in) *m(f)*

har·poon [ˌhɑː'puːn, AM ˌhɑːr'-] **I.** *n* Harpune *f* **II.** *vt* **to** ~ **a whale** einen Wal harpunieren

har·'poon gun *n* Harpunenkanone *f*

harp·si·chord ['hɑːpsɪkɔːd, AM 'hɑːrpsɪkɔːrd] *n* Cembalo *nt*

har·py ['hɑːpi, AM 'hɑːrpi] *n* ❶ (*Greek mythology*) Harpyie *f* ❷ (*pej: strident woman*) Hyäne *f pej,* Xanthippe *f fig geh,* Keifzange *m pej fam*

'har·py eagle *n* ORN Harpyie *f*

har·ri·dan ['hærɪdᵊn, AM 'her-] *n* (*pej*) Drache *m pej*

har·ried ['hærid, AM 'herid] *adj* geplagt; **to look** ~ [*fam* schwer] mitgenommen aussehen

har·ri·er ['hæriəʳ, AM 'heriɚ] *n* ❶ (*hound*) [Jagd]hund *m* (*für Hasenjagd*) ❷ SPORTS Querfeldeinläufer(in) *m(f)* ❸ ORN Weihe *f*

har·row ['hærəʊ, AM 'heroʊ] **I.** *n* Egge *f* **II.** *vt* ❶ (*plough*) **to** ~ **sth** etw eggen ❷ *usu passive* (*fig*) ■**to** ~ **sb** (*agonize*) jdn quälen [*o* plagen]; (*frighten*) jdn ängstigen

har·rowed ['hærəʊd, AM 'heroʊd] *adj* (*in agony*) gequält; (*frightened*) verängstigt; **[with a]** ~ **expression** [mit] sorgenvolle[r] Miene

har·row·ing ['hærəʊɪŋ, AM 'heroʊ-] *adj* entsetzlich, grauenvoll; **a** ~ **experience** ein qualvolles Erlebnis; **a** ~ **story** eine schreckliche Geschichte

har·rumph [hə'rʌm(p)f] **I.** *vi* (*esp hum fam: clear throat*) sich *akk* räuspern **II.** *vt* ■**to** ~ **sth** etw schnauben [*o* schnaubend sprechen]

har·ry <-ie-> ['hæri, AM heri] *vt* (*form*) ❶ (*plunder*) ■**to** ~ **sb/sth** jdn/etw ausplündern ❷ (*harass*) ■**to** ~ **sb** jdm zusetzen, jdn bedrängen

harsh [hɑːʃ, AM hɑːrʃ] *adj* ❶ (*rough*) rau; ~ **terrain** unwirtliches Gelände; ~ **winter** strenger [*o* harter] Winter ❷ (*disagreeable*) *colours, light* grell; *fabric* kratzig; *sound* schrill; *scream* gellend; ~ **voice** raue Stimme ❸ (*rigorous*) hart, streng; (*critical*) scharf; ~ **condemnation** scharfe Missbilligung; ~ **criticism/words** harte Kritik/Worte; ~ **education** strenge Erziehung; **the** ~ **reality** die harte Realität; ~ **reprisal** gnadenlose Vergeltungsmaßnahme; ~ **sentence** harte Strafe; ■**to be** ~ **on sb** jdn hart anfassen, streng mit jdm sein ❹ (*sharp*) scharf; ~ **contrast** scharfer Kontrast ❺ (*brusque*) *tone of voice* barsch, schroff

harsh·ly ['hɑːʃli, AM 'hɑːrʃ-] *adv* ❶ (*rigorously*) hart, streng; **to criticize sb/sth** ~ jdn/etw scharf kritisieren; **to judge/punish sb** ~ jdn hart verurteilen/bestrafen; **to treat sb** ~ streng mit jdm sein [*o* ins Gericht gehen] ❷ (*brusquely*) schroff, barsch; **she spoke** ~ **to her children** sie redete in einem schroffen Ton mit ihren Kindern

harsh·ness ['hɑːʃnəs, AM 'hɑːrʃ-] *n no pl* ❶ (*roughness*) Rauheit *f; of weather* Härte *f,* Strenge *f; of terrain* Unwirtlichkeit *f* ❷ (*disagreeableness*) *of colours, light* Grelle *f; of fabric* Rauheit *f; of voice* Heiserkeit *f* ❸ (*rigour*) Härte *f,* Strenge *f;* (*criticism*) Schärfe *f* ❹ (*brusqueness*) Schroffheit *f*

hart [hɑːt, AM hɑːrt] *n* Hirsch *m*

harum-scarum [ˌheərəm'skeərəm, AM ˌherəm'skerəm] **I.** *adj pred* unbesonnen, unbedacht **II.** *n* unbedachter Mensch

har·vest ['hɑːvɪst, AM 'hɑːr-] **I.** *n* ❶ (*yield*) Ernte *f; of grapes* Lese *f;* (*process*) Ernten *nt;* (*season*) Erntezeit *f;* **apple** ~ Apfelernte *f;* **a bumper** ~ eine Rekordernte; **to reap the** ~ die Ernte einbringen ❷ (*fig: result*) Ernte *f,* Ertrag *m;* **a rich** ~ **of information** eine Fülle von Informationen; **to reap the** ~ **of sth** (*benefit*) die Ernte einer S. *gen* einfahren; (*suffer*) den Misserfolg einer S. *gen* ernten **II.** *vt* ■**to** ~ **sth** ❶ (*gather*) etw ernten; **to** ~ **fish** Fische fangen; **to** ~ **grapes** Trauben lesen; **to** ~ **timber** Holz schlagen ❷ (*fig: receive*) etw erhalten [*o* ernten] **III.** *vi* die Ernte einbringen

har·vest·er ['hɑːvɪstəʳ, AM 'hɑːrvɪstɚ] *n* ❶ (*dated: reaper*) Erntearbeiter(in) *m(f)* ❷ (*machine*) Erntemaschine *f;* (*for crops*) Mähmaschine *f;* **combined** ~ Mähdrescher *m*

har·vest 'fes·ti·val *n* BRIT Erntedankfest *nt* **har·vest 'home** *n* (*end of harvest*) Ende *nt* der Ernte; BRIT (*festival*) Erntefest *nt* **'har·vest·man** *n* BRIT Weberknecht *m* **har·vest 'moon** *n* Herbstmond *m,* Vollmond *m* (*zur Tagundnachtgleiche im September*)

has [hæz, həz] *3rd pers. sing of* **have**

has-been ['hæzbiːn, AM -bɪn] *n* (*pej fam*) ehemalige Größe; **it's every actor's greatest fear to become a** ~ jeder Schauspieler hat große Angst davor, in Vergessenheit zu geraten; **to be an old** ~ seine Glanzzeit hinter sich *dat* haben

hash¹ [hæʃ] *n* (*fam*) *short for* **hashish** Hasch *nt fam*

hash² [hæʃ] **I.** *n* ❶ FOOD Haschee *nt;* **corned beef** ~ Cornedbeefeintopf *m* ❷ *no pl* (*fam: shambles*) Kuddelmuddel *nt fam,* Durcheinander *nt;* **to make a** ~ **of sth** etw vermasseln [*o pej* verpfuschen] *fam* **II.** *vt* ❶ FOOD ■**to** ~ **sth** etw hacken; *meat* etw haschieren ❷ (*fam: mess up*) ■**to** ~ **sth up** [*or* **to** ~ **up sth**] etw vermasseln [*o pej* verpfuschen] *fam*

◆**hash over** *vt* AM (*fam*) ■**to** ~ **over** ↻ **sth** etw breittreten *fam*

hash 'browns *npl esp* AM Bratkartoffeln *fpl* (*aus klein gewürfelten Kartoffeln*), ≈ Rösti *mpl* SÜDD, SCHWEIZ

hash·ish ['hæʃɪʃ] *n no pl* Haschisch *nt*

Has·id <*pl* -im> ['hæsɪd] *n* Hasid *m* (*Mitglied einer im 18. Jh. gegründeten jüdischen Sekte*)

Has·id·ic [hæs'ɪdɪk] *adj* chassidisch; ~ **Jews** Chassidim *pl*

hasn't ['hæzᵊnt] = **has not** *see* **have**

hasp [hɑːsp, AM hæsp] *n* Verschluss *m;* (*for books*) Schließe *f*

has·sle ['hæsl] **I.** *n* (*fam*) ❶ (*bother*) Mühe *f kein pl,* Theater *nt kein pl fam;* **parking in town is such a** ~ in der Stadt zu parken ist vielleicht ein Aufstand; **it's one of the few bars that women can go in and not get any** ~ das ist eine der wenigen Bars, in die Frauen gehen können, ohne belästigt zu werden; **what's all the** ~ **about?** was soll der ganze Aufstand?; **it is just too much** ~ es ist einfach zu umständlich; **to give sb** ~ (*pester*) jdn schikanieren; (*harass*) jdm Schwierigkeiten machen ❷ (*argument*) Streit *m,* Krach *m fam;* **heavy** ~**s** heftige [*o* DIAL arge] Auseinandersetzungen **II.** *vt* (*fam*) ■**to** ~ **sb** (*pester*) jdn schikanieren [*o* drängen]; (*harass*) jdn bedrängen [*o* unter Druck setzen]; **just don't** ~ **me** lass mich einfach in Ruhe **III.** *vi* streiten

has·sock ['hæsək] *n* ❶ (*cushion*) [Knie]kissen *nt* ❷ (*tuft of grass*) Grasbüschel *nt*

haste [heɪst] *n no pl* (*hurry*) Eile *f;* (*rush*) Hast *f pej;* **to make** ~ sich *akk* beeilen; ■**in** ~ hastig; **in her** ~ **to leave the house she forgot her keys** vor lauter Eile, aus dem Haus zu kommen, ließ sie ihre Schlüssel liegen; **to do sth in** ~ etw in [aller] Eile tun ▶PHRASES: **more** ~ **less speed** (*prov*) eile mit Weile *prov*

has·ten ['heɪsᵊn] **I.** *vt* ■**to ~ sb** jdn drängen; ■**to ~ sth** etw beschleunigen; **to ~ sb's demise** jds Fall *m* beschleunigen **II.** *vi* ❶ (*do fast*) ■**to ~ to do sth** sich *akk* beeilen, etw zu tun; **to ~ to add/say** sich *akk* beeilen hinzuzufügen/zu sagen ❷ (*hurry*) eilen, hasten *pej*

has·ti·ly ['heɪstɪli] *adv* ❶ (*hurriedly*) eilig, hastig *pej* ❷ (*too quickly*) übereilt, überstürzt; (*without thinking*) vorschnell, voreilig; **to ~ add** schnell hinzufügen

has·ti·ness ['heɪstɪnəs] *n no pl* ❶ (*hurry*) Eile *f;* (*rush*) Hastigkeit *f* ❷ (*overhaste*) Übereile *f,* Überstürzung *f;* (*without thought*) Voreiligkeit *f*

has·ty ['heɪsti] *adj* ❶ (*hurried*) eilig, hastig *pej;* (*very quick*) flüchtig; **~ kiss** ein flüchtiger Kuss; **to beat a ~ retreat** (*fam*) sich *akk* schnell aus dem Staub machen, Fersengeld geben ❷ (*rashly*) übereilt, überstürzt; (*badly thought out*) vorschnell, voreilig; **to leap to ~ conclusions** voreilige Schlüsse ziehen; **to make ~ decisions** vorschnelle Entscheidungen treffen

hat [hæt] *n* ❶ (*headgear*) Hut *m;* **fur ~** Pelzmütze *f;* **knitted ~** Strickmütze *f;* **straw ~** Strohhut *m;* **woolly ~** [Woll]mütze *f;* **to put on/take off/wear a ~** einen Hut aufsetzen/abnehmen/tragen ❷ (*fig: particular role*) Rolle *f;* **to wear a ~** eine Rolle spielen ►PHRASES: **at the drop of a ~** auf der Stelle; **to throw** [*or* **toss**] **one's ~ into the ring** die Karten auf den Tisch legen; *esp* AM (*become candidate*) kandidieren; **~s off to sb/sth** Hut ab vor jdm/etw; **to be old ~** ein alter Hut sein; **to draw** [*or* **pick**] **sb out of the ~** jdn zufällig auswählen; **to eat one's ~ if ...** (*fam*) einen Besen fressen, wenn ...; **to keep sth under one's ~** etw für sich *akk* behalten; **to pass the ~** [**a**]**round** den Hut herumgehen lassen, Geld sammeln; **to take one's ~ off to sb** vor jdm den Hut ziehen; **to talk through one's ~** dummes Zeug reden, Blödsinn verzapfen *fam*

'hat·band *n* Hutband *nt* **'hat·box** *n* Hutschachtel *f*

hatch¹ <*pl* -es> [hætʃ] *n* ❶ (*opening*) Durchreiche *f* ❷ NAUT Luke *f;* **cargo ~** Ladeluke *f* ►PHRASES: **down the ~!** runter damit!

hatch² [hætʃ] *vt* ART ■**to ~ sth** etw schraffieren

hatch³ [hætʃ] **I.** *vi* schlüpfen; **the eggs have started to ~** die Küken haben begonnen zu schlüpfen **II.** *vt* ❶ (*incubate*) **to ~ an egg** ein Ei ausbrüten ❷ (*fig: devise*) ■**to ~ sth** etw ausbrüten; *plan, plot* etw aushecken

◆**hatch out** *vi* [aus]schlüpfen; **the eggs ~ed out into grubs** aus den Eiern schlüpften Larven

hatch·back ['hætʃbæk] *n* ❶ (*door*) Hecktür *f,* Heckklappe *f* ❷ (*vehicle*) Wagen *m* mit Hecktür [*o* Heckklappe]

hatch·ery ['hætʃᵊri] *n for poultry* Brutplatz *m,* Brutstätte *f; for fish* Laichplatz *m*

hatch·et ['hætʃɪt] *n* Beil *nt* ►PHRASES: **to bury the ~** das Kriegsbeil begraben *hum;* **to bury the ~ over sth** einen Streit [*o* Zwist] um etw *akk* begraben

'hatch·et·face *n* (*fam*) scharfgeschnittene Gesichtszüge **'hatch·et-faced** *adj inv* (*pej fam*) ■**to be ~** scharfe Gesichtszüge haben [*o geh* aufweisen] **'hatch·et job** *n* (*pej fam: written*) verleumderischer Angriff; (*spoken*) [unfaire] Verbalattacke; **to do a ~ on sb/sth** jdn/etw fertigmachen [*o sl* niedermachen] *fam* **'hatch·et man** *n* (*fam: ruthless person*) *for sabotage, redundancy* Hintermann *m fam; at work* Sparkommissar *m fam, sl,* Krisenmanager *m* (*mit rigorosem Sanierungsprogramm*); (*fam: hit man*) professioneller [*o* gedungener] Killer; (*critic*) Verfasser *m* hetzerischer Artikel; (*slanderer*) Verfasser *m* verleumderischer Artikel

hatch·ing ['hætʃɪŋ] *n no pl* ❶ (*emerge*) *of eggs* Ausbrüten *nt; of young* Schlüpfen *nt;* (*fig*) *of plan, plot* Aushecken *nt,* Ausknobeln *nt fam* ❷ (*parallel marks*) Schraffierung *f,* Schraffur *f*

hatch·ling ['hætʃlɪŋ] *n* Junge *nt*

hatch·way ['hætʃweɪ] *n* (*aperture*) *through wall* Luke *f; through floor* Bodenluke *f; to the rooftop* Dachluke *f;* (*on ship*) *for cargo* [Lade]luke *f*

hate [heɪt] **I.** *n* ❶ *no pl* (*emotion*) Hass *m* (**for/of** auf +*akk*); **feelings of ~** Hassgefühle *ntpl;* **love and ~** Liebe *f* und Hass *m;* **pure ~** blanker Hass; **to feel** [*or* **harbour**] **~ for sb** jdn hassen, jdm gegenüber Hass empfinden; **to give sb a look of ~** jdn hasserfüllt ansehen ❷ *no pl* (*aversion*) Abscheu *m* ❸ (*object of hatred*) **pet ~** Gräuel *nt;* **pot noodles are her pet ~** Instantnudeln sind ihr ein Gräuel; **toads are my pet ~** Kröten kann ich auf den Tod nicht ausstehen **II.** *n modifier* Hass-; **~ crime** Verbrechen *nt* aus Hass; **~ mail** hasserfüllte Briefe *pl;* **~ stuff on the internet** von Hass getriebene Veröffentlichung im Internet **III.** *vt* ❶ (*dislike*) ■**to ~ sb/sth** jdn/etw hassen; (*feel aversion to*) jdn/etw verabscheuen; **to ~ the sight/sound/smell of sth** etw nicht hören/sehen/riechen können; ■**to ~ doing sth** [*or* **to do sth**] etw äußerst ungern tun; (*stronger*) es hassen, etw zu tun; **I ~ to admit/say it, but ...** es fällt mir äußerst schwer, das zuzugeben/sagen zu müssen, aber ...; ■**to ~ sb doing sth** es nicht ausstehen können, wenn jd etw tut; **I ~ him telling me what to do all the time** ich hasse es, wenn er mir immer vorschreibt, was ich tun soll; ■**to ~ sb for doing sth** etw jdm nicht verzeihen können [*o* [*fam* schwer] übel nehmen] ❷ (*politely regret*) ■**to ~ to do sth** etw [nur] äußerst ungern tun; **I ~ to interrupt, but it's time we left** ich störe nur ungern, aber es ist Zeit, aufzubrechen; **I'd ~ you to think that I was being critical** ich möchte auf keinen Fall, dass Sie denken, ich hätte Sie kritisiert ►PHRASES: **to ~ sb's guts** (*fam*) jdn wie die Pest hassen [*o* auf den Tod nicht ausstehen können] *fam;* **sb would ~ to be in sb's shoes** jd möchte nicht in jds Haut *f* stecken **IV.** *vi* hassen, Hass empfinden

'hate cam·paign *n* Hasskampagne *f* **'hate crime** *n* LAW *Verbrechen, das aus* [*Rassen*]*hass oder Vorurteilen begangen wird*

hat·ed ['heɪtɪd, AM -t̬-] *adj* verhasst

hate·ful ['heɪtfᵊl] *adj* (*dated*) ❶ (*filled with hate*) *person* hasserfüllt; (*detesting, spiteful*) gemein, fies *fam* ❷ (*unpleasant*) *action, clothes, comment* abscheulich; *person* unausstehlich; **~ remarks** hässliche [*o* abscheuliche] Bemerkungen

hate·ful·ness ['heɪtfᵊlnəs] *n no pl* ❶ (*emotional nature*) *person* Hasserfülltheit *f* (**towards** gegenüber +*dat*) ❷ (*dated: unpleasantness*) Abscheulichkeit *f* (**towards** gegenüber +*dat*)

'hate group *n* von Hass getriebene Gruppierung **'hate mail** *n no pl* hasserfüllte Briefe **hate·mon·ger** ['heɪtˌmʌŋgəʳ, AM -ˌmɑːŋgɚ] *n* POL Hetzer(in) *m(f),* Aufwiegler(in) *m(f)*

-hat·er ['heɪtəʳ, AM -t̬ɚ] *in compounds* -hasser(in) *m(f);* **to be a man-/woman~** männer-/frauenfeindlich [eingestellt] [*o* ein Männer-/Frauenfeind] sein

'hat·pin *n* Hutnadel *f*

ha·tred ['heɪtrɪd] *n no pl* ❶ (*emotion*) Hass *m* (**of/for** auf +*akk*); **to nurse an irrational ~ of sb/sth** einen unbegründeten Hass gegen jdn/etw hegen; **racial/self-~** Rassen-/Selbsthass *m* ❷ (*aversion*) Abscheu *m* (**of** vor +*dat*)

'hat·stand *n* Garderobenständer *m*

hat·ter ['hætəʳ, AM -t̬ɚ] *n* (*hat-maker*) Hutmacher(in) *m(f)* ►PHRASES: **to be as mad as a ~** total verrückt sein, einen Dachschaden haben *fam*

'hat-trick *n* Hattrick *m;* **to make** [*or* **score**] **a ~** einen Hattrick erzielen; **after two election victories the government has hopes of a ~** nach zwei Wahlsiegen rechnet die Regierung jetzt wohl damit, dass aller guter Dinge drei sind

haugh·ti·ly ['hɔːtɪli, AM 'hɑːt̬-] *adv* (*pej*) *of attitude, manner, personality* überheblich *pej,* arrogant *pej; of person* hochmütig *pej,* hochnäsig *pej; of look, remark* geringschätzig *pej*

haugh·ti·ness ['hɔːtɪnəs, AM 'hɑːt̬-] *n no pl* (*pej*) *of attitude, manner, personality* Überheblichkeit *f pej,* Arroganz *f pej; of person* Hochmut *m pej,* Überheblichkeit *f pej; of look, remark* Geringschätzigkeit *f pej*

haugh·ty ['hɔːti, AM 'hɑːt̬i] *adj* (*pej*) *attitude, manner, personality* überheblich *pej,* arrogant *pej; person* hochmütig *pej,* hochnäsig *pej,* eingebildet *pej; look, remark* geringschätzig *pej*

haul [hɔːl, AM *esp* hɑːl] **I.** *n* ❶ *usu sing* (*drag, pull*) **to give a ~**

H

[kräftig] ziehen; **to give sb a ~ up onto a/the wall** jdn eine/die Mauer hochziehen [*o* hochwuchten] ❷ (*quantity caught*) Ausbeute *f; of fish* Fang *m* (**of** an +*dat*), Ausbeute *f* (**of** von/an +*dat*); **poor ~** ein magerer Fang; *of stolen goods* magere Beute ❸ (*distance covered*) Strecke *f;* TRANSP Transport[weg] *m;* **long ~** Güterfernverkehr *m;* **short ~** Nahtransport *m;* **long-/short-~ flight** Kurzstrecken-/Langstreckenflug *m;* **it was a long ~, but we are finished at last** (*fig*) es hat sich zwar lange hingezogen, aber jetzt sind wir endlich fertig **II.** *vt* ❶ (*pull with effort*) ■**to ~ sb/sth** jdn/etw ziehen; *sb, sth heavy* jdn/etw schleppen; *vehicle* etw [ab]schleppen; **to ~ oneself out of bed** sich *akk* aus dem Bett hieven *fam;* **to ~ a boat out of the water** ein Boot aus dem Wasser ziehen; (*fig fam: bring before authority*) **to ~ sb before the court/a magistrate** jdn vors Gericht/vor einen Richter [*o sl* den Kadi] schleppen ❷ (*transport goods*) ■**to ~ sth** etw befördern [*o* transportieren] ❸ (*make tell*) ■**to ~ sth out of sb** etw aus jdm herausbekommen [*o fam* herausquetschen] ▶ PHRASES: **to ~ ass** AM (*fam!*) die Hufe schwingen *sl,* die Beine in die Hände nehmen *sl* **III.** *vi* zerren, fest[e] [*o* kräftig] ziehen; **to ~ on a rope/the reins** an einem Seil/den Zügeln zerren

◆**haul away I.** *vt* ■**to ~ away** ◌ **sth** *vehicle, big animal* etw wegziehen; (*with more effort*) etw mit aller Kraft ziehen; (*more brutally*) etw wegzerren **II.** *vi* ■**to ~ away on sth** kräftig [*o* mit aller Kraft] an etw *dat* ziehen; (*more brutally*) an etw *dat* zerren

◆**haul in** *vt* (*fam*) ■**to ~ in** ◌ **sb** *suspect* jdn einkassieren *sl,* sich *dat* jdn schnappen *fam*

◆**haul off I.** *vt* ■**to ~ off** ◌ **sb/sth** *sb, sth heavy* jdn/etw wegziehen; (*more brutally*) jdn/etw wegzerren; **to ~ sb off to jail** jdn ins Gefängnis werfen [*o fam, sl* verfrachten] **II.** *vi* AM (*fam*) [zum Schlag] ausholen

◆**haul up** *vt* (*fig fam*) ■**to ~ up** ◌ **sb/sth** jdn/etw hochziehen [*o* hinaufziehen]; (*with more effort*) jdn/etw hochschleppen [*o* hinaufschleppen]; **to ~ sb up before a court** jdn vor Gericht stellen; **to ~ sb up in front of a magistrate** jdn vor den Kadi bringen *sl*

haul·age ['hɔːlɪdʒ, AM *esp* 'hɑːl-] *n no pl* ❶ (*transportation*) Transport *m,* Beförderung *f;* **road ~** Straßentransport *m* ❷ (*transportation costs*) Transportkosten *pl,* Speditionsgebühren *fpl*

'haul·age busi·ness *n,* **'haul·age com·pa·ny** *n* Transportunternehmen *nt,* Spedition[sfirma] *f,* Fuhrunternehmen *nt* **'haul·age con·trac·tor** *n* Transportunternehmer(in) *m(f),* Spediteur(in) *m(f),* Fuhrunternehmer(in) *m(f)* **'haul·age firm** *n* Transportunternehmen *nt,* Spedition[sfirma] *f,* Fuhrunternehmen *nt*

haul·er ['hɑːlɚ] AM, **haul·ier** ['hɔːliəʳ] *n* BRIT, AUS ❶ (*firm*) Frachtführer *m,* Spediteur *m,* Fuhrunternehmer *m* ❷ (*driver*) Fahrer(in) *m(f)*

haunch <*pl* -es> [hɔːn(t)ʃ, AM *esp* hɑːn(t)ʃ] *n* ❶ (*upper leg and buttock*) Hüfte *f;* **to sit** [*or* **squat**] **on one's ~es** in der Hocke sitzen *fam* ❷ (*cut of meat*) Keule *f;* **~ of venison** Rehkeule *f*

haunt [hɔːnt, AM *esp* hɑːnt] **I.** *vt* ❶ (*visit*) ■**to ~ sb** *fear, ghost* jdn verfolgen [*o* heimsuchen]; **a lady in white ~s the stairway** im Treppenaufgang spukt eine Frau in Weiß; ■**to be ~ed by sb/sth** von jdm/etw heimgesucht werden; **that house is ~ed** in diesem Haus spukt es ❷ (*trouble repeatedly*) ■**to ~ sb** *memories, experiences* jdn plagen [*o* quälen] [*o* verfolgen]; *anxiety, memories, nightmares* jdn heimsuchen; **to ~ sb's dreams** in jds Träumen *mpl* herumgeistern ❸ (*frequent*) ■**to ~ sth** *place, pub* etw häufig besuchen [*o* frequentieren], in etw *dat* häufig verkehren *geh;* **I knew he wouldn't ~ such pubs** ich wusste, dass er in solchen Kneipen nicht verkehrt **II.** *n* (*frequented place*) Treffpunkt *m;* (*pub*) Stammlokal *nt,* Stammkneipe *f fam;* **the village is a favourite tourist ~** das Dorf ist ein beliebtes Ausflugsziel für Touristen; **the ~s of one's childhood** die Stätten seiner Kindheit

haunt·ed ['hɔːntɪd, AM 'hɑːnt̬ɪd] *adj* ❶ (*with ghosts*) Spuk-; **I wouldn't go there, it's ~!** ich würde nicht dorthin gehen, dort spukt es!; **~ castle** Spukschloss *nt;* **~ house** Gespensterhaus *nt,* Haus *nt,* in dem es spukt ❷ (*troubled*) **~ look** gehetzter Blick; (*suffering*) **to have ~ eyes** einen gequälten Ausdruck in den Augen haben

haunt·ing ['hɔːntɪŋ, AM 'hɑːnt̬-] **I.** *n no pl* Spuken *nt,* Spukerei *f fam* **II.** *adj* ❶ (*persistently disturbing*) **a ~ doubt** ein nagender Zweifel; **a ~ fear/memory** eine quälende Angst/Erinnerung ❷ (*stirring*) *melody, sound* sehnsuchtsvoll, schwermütig; **to have a ~ beauty** von unvergleichlicher Schönheit sein

haute cou·ture [ˌəʊtkʊ'tjʊəʳ, AM ˌoʊtkuː'tʊr] *n no pl* Haute Couture *f*

haute cui·sine [ˌəʊtkwɪ'ziːn, AM ˌoʊt-] *n no pl* Haute Cuisine *f*

hau·teur [əʊ'tɜːʳ, AM hoʊ'tɜːr] *n no pl* (*pej form, liter*) Hochmut *m pej*

have [hæv, həv] **I.** *aux vb* <has, had, had> ❶ (*indicates perfect tense*) haben; **he has never been to Scotland before** er war noch nie zuvor in Schottland gewesen; **we had been swimming** wir waren schwimmen gewesen; **I've heard that story before** ich hab' diese Geschichte schon einmal gehört; **I wish I'd bought it** ich wünschte, ich hätte es gekauft; **~ we been invited? – yes we ~** sind wir eingeladen worden? – ja, sind wir; **I've passed my test – ~ you? congratulations!** ich habe den Test bestanden – oh, wirklich? herzlichen Glückwunsch!; **they still hadn't had any news** sie hatten immer noch keine Neuigkeiten ❷ (*experience, suffer*) ■**to ~ sth done** etw erleiden [*o* erfahren]; **she had her car stolen last week** man hat ihr letzte Woche das Auto gestohlen; **she had a window smashed** es wurde ihr eine Scheibe eingeschlagen; (*cause to be done*) etw machen [*o fam* tun] lassen; **we ~ the house painted every three years** wir lassen alle drei Jahre das Haus streichen; **to ~ one's hair cut/done/dyed** sich *dat* die Haare schneiden/machen/färben lassen ❸ **had sb known** [**sth**], ... (*form*) hätte jd [das] gewusst, ...; **had I known you were coming, I'd ~ made dinner** wenn ich gewusst hätte, dass ihr kommt, dann hätte ich Abendbrot gemacht **II.** *vt* <has, had, had> ❶ (*own, possess*) ■**to ~** [*or esp* BRIT, AUS **~ got**] **sth** etw haben; **she's got two brothers** sie hat zwei Brüder; **to ~ a car/dog** ein Auto/einen Hund haben; **to ~ a degree/qualification** einen Abschluss/eine Qualifikation haben; **to ~** [**a little**] **French/German** (*dated*) Grundkenntnisse *pl* in Französisch/Deutsch haben; **to ~ a job** einen Arbeitsplatz haben; **to ~ a** [**current**] **driving licence** einen gültigen Führerschein haben ❷ (*suffer*) *illness, symptom* etw haben; **to ~ cancer/polio** Krebs/Polio haben, an Krebs/Polio erkrankt sein *geh;* **to ~ a cold** erkältet sein, eine Erkältung haben; **to ~ a headache/toothache** Kopfschmerzen *pl* [*o fam* Kopfweh *nt*]/Zahnschmerzen *pl* [*o fam* Zahnweh *nt*] haben ❸ (*display*) etw haben [*o form* aufweisen]; **I haven't any sympathy for this troublemaker** ich empfinde keinerlei Mitleid mit diesem Unruhestifter; **at least she had the good sense to turn the gas off** zumindest war sie so schlau, das Gas abzudrehen; **he had the gall to tell me that I was fat!** hat er doch die Frechheit besessen, mir zu sagen, ich sei dick!; **to ~ the decency to do sth** die Anständigkeit besitzen, etw zu tun; **to ~ blue eyes/a big nose** blaue Augen/eine große Nase haben; **to ~ the honesty to do sth** so ehrlich sein, etw zu tun; **to ~ patience/sympathy** Geduld/Mitgefühl haben; *idea, plan, reason, suggestion* etw haben; (*form*) **~ you reason to think he'll refuse?** haben Sie Grund zur Annahme, dass er ablehnen wird?; (*quality of food, wine*) etw haben [*o form* aufweisen]; **this wine has a soft, fruity flavour** dieser Wein schmeckt weich und fruchtig; (*obligation*) ■**to ~ sth to do** etw tun [*o* erledigen] müssen; **I've got several texts to edit before Wednesday** ich muss vor Mittwoch noch einige Texte redigieren ❹ (*engage in activity*) **to ~ a bath** [*or* **wash**]/**shower** (*fam*) ein Bad/eine Dusche nehmen *geh,* baden/

duschen; **to ~ a nap** [*or* **snooze**] ein Schläfchen [*o* Nickerchen] machen; **to ~ a party** eine Fete veranstalten; **to ~ a swim** schwimmen; **to ~ a talk with sb** mit jdm sprechen; (*argue*) sich *akk* mit jdm aussprechen; **to ~ a try** es versuchen; **I'd like to ~ a try** ich würde es gern einmal probieren; **to ~ a walk** spazieren gehen, einen Spaziergang machen ❺ (*eat, drink*) ■**to ~ sth** etw zu sich *dat* nehmen; **I'll ~ the trout, please** ich hätte gern die Forelle; **I haven't had shrimps in ages!** ich habe schon ewig keine Shrimps mehr gegessen!; **~ some more coffee** nimm doch noch etwas Kaffee; **we've got sausages for lunch today** zum Mittagessen gibt es heute Würstchen; **to ~ lunch/dinner** zu Mittag/Abend essen ❻ (*give birth to*) **to ~ a child** ein Kind bekommen; **my mother had three boys before she had me** meine Mutter hat drei Jungen bekommen, bevor ich geboren wurde; **to be having a baby** (*be pregnant*) ein Baby bekommen, schwanger sein ❼ (*receive*) **I've just had a letter from John** ich habe gerade erst einen Brief von John erhalten; **to ~ news of sb** Neuigkeiten von jdm erfahren; (*entertain*) **my mother's having the children to stay next week** die Kinder bleiben nächste Woche bei meiner Mutter; **we had his hamster for weeks** wir haben wochenlang für seinen Hamster gesorgt; **they've got Ian's father staying with them** Ians Vater ist bei ihnen zu Besuch; **to ~ visitors** Besuch haben; **to ~ sb to visit** jdn zu [*o* auf] Besuch haben; **to ~ sb back** (*resume relationship*) jdn wieder [bei sich *dat*] aufnehmen; **they solved their problems, and she had him back** sie haben ihre Probleme gelöst und sie ist wieder mit ihm zusammen; **to let sb ~ sth back** jdm etw zurückgeben ❽ (*prepare*) **to ~ sth ready** etw fertig haben; **to ~ dinner/lunch ready** das Abendessen/Mittagessen fertig haben ❾ (*cause to occur*) ■**to ~ sb/sth do sth** jdn/etw [dazu] veranlassen, etw zu tun; ■**to ~ sb do sth** jdn darum bitten, etw zu tun; **I'll ~ the secretary run you off a copy for you** ich werde von der Sekretärin eine Kopie für Sie anfertigen lassen; **I'll ~ Bob give you a ride home** ich werde Bob bitten, dich nach Hause zu fahren; ■**to ~ sb doing sth** jdn dazu bringen, etw zu tun; **the film soon had us crying** der Film brachte uns schnell zum Weinen; **Guy'll ~ it working in no time** Guy wird es im Handumdrehen zum Laufen bringen ❿ (*undergo experience*) **we're having a wonderful time in Venice** wir verbringen eine wundervolle Zeit in Venedig; **we didn't ~ any difficulty finding the house** wir hatten keinerlei Schwierigkeiten, das Haus zu finden; **she had her car stolen last week** man hat ihr letzte Woche das Auto gestohlen; **~ a nice day/evening!** viel Spaß!; (*said to departing customers*) einen schönen Tag noch!; **to ~ fun/luck** Spaß/Glück haben ⓫ (*obligation*) ■**to ~** [*or* **~ got**] **to do sth** etw tun müssen; **what time ~ we got to be there?** wann müssen wir dort sein?; **do we ~ to finish this today?** müssen wir das heute fertig bekommen?; **I'm not going back there unless I absolutely ~ to** ich gehe nicht dorthin zurück, wenn ich nicht unbedingt muss; **come on now, put your toys away – oh, Dad, do I ~ to?** komm jetzt, leg deine Spielsachen weg – oh, Papa, muss ich wirklich? ⓬ (*fam!: have sex with*) ■**to ~ sb** mit jdm Sex haben; **he asked me how many men I'd had** er fragte mich, wie viele Männer ich gehabt habe ⓭ (*fam: trick*) ■**to ~ sb** jdn auf den Arm nehmen [*o fam* verkohlen] [*o fam* veräppeln] ▶ PHRASES: **to ~ nothing on sb** (*fam: not be as talented*) gegen jdn nicht ankommen, mit jdm nicht mithalten können; **he's a good player, but he's got nothing on his brother** er spielt gut, aber seinem Bruder kann er noch lange nicht das Wasser reichen; (*lack evidence*) nichts gegen jdn in der Hand haben, keine Handhabe gegen jdn haben; **to ~ the time** (*know what the time is*) die Uhrzeit haben, wissen, wie spät [*o* wie viel Uhr] es ist; **~ you got the time?** kannst du mir die Uhrzeit sagen?; (*have enough time*) Zeit haben; **will you ~ time to finish the report today?** reicht es Ihnen, den Bericht heute noch zu Ende zu schreiben?; **to not ~ any** [**of it**] (*fam*) nichts von etw *dat* wissen wollen *fam;* **the girls tried to explain everything but Mrs Jones wasn't having any of it** die Mädchen wollten alles erklären, aber Mrs. Jones wollte nichts davon hören; **to not ~ sth** (*not allow*) etw nicht zulassen; **I won't ~ it!** kommt nicht in Frage [*o fam* in die Tüte]!; (*not believe*) etw nicht glauben wollen, [jdm] etw nicht abnehmen wollen; **I kept telling him you were French, but he wouldn't ~ it** ich habe ihm die ganze Zeit gesagt, dass du Franzose bist, aber er hat es nicht glauben wollen; **to not ~ sth/sb doing sth** nicht erlauben [*o geh* zulassen], dass etw/jd etw tut; **I can't ~ you doing the hoovering in my house, you're my guest!** ich kann doch nicht zulassen, dass du bei mir staubsaugst, du bist schließlich mein Gast!; **to ~ done with sth** mit etw *dat* fertig sein; **to ~ it in for sb** (*fam*) es auf jdn abgesehen haben *fam,* jdn auf dem Kieker haben *sl, fam;* **to ~ it in one** das Zeug[s] zu etw *dat* haben; **her speech was really funny, I didn't think she had it in her!** ihre Rede war echt witzig, ich hätte nicht gedacht, dass sie das Zeug dazu hat!; **to ~ had it** (*fam: be broken*) hinüber sein *fam,* ausgedient haben; **the old vacuum cleaner has had it** der alte Staubsauger hat den Geist aufgegeben; (*be in serious trouble*) geliefert [*o sl* dran] sein *fam;* **if she finds out about what you've done, you've ~ it!** wenn sie herausfindet, was du getan hast, ist der Ofen aus! *fam;* **to ~ had it with sb/sth** (*fam*) von jdm/etw die Nase [gestrichen] voll haben *fam,* jdn/etw satthaben; **I've had it with his childish behaviour!** sein kindisches Benehmen steht mir bis hier oben!; **there's none to be had of sth** etw ist nicht zu bekommen [*o fam* aufzutreiben]; **there's no real Italian cheese to be had round here** man bekommt hier nirgendwo echten italienischen Käse **III.** *n* (*fam*) ■**the ~s** *pl* die gut Betuchten, die Reichen; **the ~s and the ~-nots** die Besitzenden und die Besitzlosen

◆**have against** *vt* **to ~ something against sb/sth** etwas gegen jdn/etw [*geh* einzuwenden] haben; ■**to not ~ anything** [*or* **to ~ nothing**] **against sb/sth** nichts gegen jdn/etw [*geh* einzuwenden] haben

◆**have away** *vt* BRIT (*sl*) *see* **have off**

◆**have in** *vt* ■**to ~ sb in** [**to do sth**] jdn kommen lassen[, um etw zu tun]; **they had some experts in to check the equipment** sie hatten einige Experten kommen lassen, um die Ausrüstung überprüfen zu lassen

◆**have off** *vt* ❶ BRIT, AUS (*vulg sl: have sexual intercourse*) ■**to ~ it off** [**with sb**] es [mit jdm] treiben *vulg* ❷ (*remove*) ■**to ~ sth off** *clothes* etw ausziehen; **let's ~ your jumper off!** runter mit deinem Pulli!

◆**have on** *vt* ❶ (*wear*) ■**to ~ on ⟲ sth** *clothes* etw anhaben [*o geh* tragen]; **I've got my new dress on** ich hab' mein neues Kleid an; **he had nothing on when the doorbell rang** er hatte nichts an, als es an der Tür klingelte ❷ (*carry*) ■**to ~ sth on one** etw bei sich *dat* haben, etw mit sich *dat* führen; **~ you got any money on you?** hast du etwas Geld dabei? ❸ (*possess information*) ■**to ~ sth on sb/sth** *evidence, facts* etw über jdn/etw [in der Hand] haben; **~ we got anything on this organization?** haben wir irgendwelche Informationen über diese Organisation? ❹ BRIT (*fam: trick*) ■**to ~ sb on** jdn auf den Arm nehmen [*o fam* verkohlen] [*o fam* veräppeln]; **we had him on that he had won a free holiday** wir haben ihm weisgemacht, er hätte einen Urlaub gewonnen ❺ (*have made arrangements*) ■**to ~ sth on** etw vorhaben; **~ you got anything on this week?** liegt bei dir diese Woche etwas an?

◆**have out** *vt* ❶ (*fam: have removed*) **he had his wisdom teeth out yesterday** ihm sind gestern die Weisheitszähne gezogen worden; **to ~ one's appendix/tonsils out** sich *dat* den Blinddarm/die Mandeln herausnehmen lassen ❷ (*fam: argue*) ■**to ~ it out** [**with sb**] etw [mit jdm] ausdiskutieren; **to ~ it out with sb once and for all** etw [ein für alle Mal] mit jdm klären; **to ~ the whole thing out** die ganze Sache [vollständig] klären, reinen Tisch machen *fam* ❸ (*take out*) ■**to ~**

sth out *bicycle, boat, car* etw herausholen
◆**have up** *vt* BRIT (*fam*) ■**to be had up for sth** jdn wegen einer S. *dat* drankriegen *fam;* **he was had up for burglary** sie haben ihn wegen Einbruchs drangekriegt

ha·ven ['heɪvᵊn] *n* Zufluchtsort *m,* Zufluchtsstätte *f geh;* **a peaceful ~** ein Hafen *m* der Ruhe; **a safe ~** ein sicherer Hafen [*o* Zufluchtsort]

'have-not *n usu pl* Besitzlose(r) *f(m),* Habenichts *m pej*

haven't ['hævᵊnt] = **have not** *see* **have**

hav·er·sack ['hævəsæk, AM -vɚ-] *n* (*dated*) Brotbeutel *m hist*

hav·oc ['hævək] *n no pl* ❶ (*destruction*) Verwüstung *f,* verheerender Schaden; **the ~ of a fire/storm** die Verwüstungen *fpl* durch ein Feuer/einen Sturm; **to wreak ~ [on sth]** sich *akk* verheerend [auf etw *akk*] auswirken, schlimme Schäden bei etw *dat* anrichten; **the storm wreaked ~ on our garden** der Sturm hat unseren Garten total verwüstet ❷ (*disorder*) [schlimmes] Durcheinander, Chaos *nt;* **to play ~ with sth, to wreak ~ [on sth]** etw völlig durcheinanderbringen; (*stronger*) sich *akk* verheerend auf etw *akk* auswirken; **the pupils wreaked ~ in the classroom** die Schüler haben das Klassenzimmer total auf den Kopf gestellt

haw [hɔː, AM *esp* hɑː] **I.** *interj* (*a. iron*) haha *a. iron* **II.** *vi* ▶ PHRASES: **to hum** [*or* AM **hem**] **and ~** herumdrucksen *fam*

Ha·waii [hə'waɪiː, AM -'wɑːiː] *n no pl* Hawaii *nt*

Ha·wai·ian [hə'waɪən, AM -'wɑːjən] **I.** *n* ❶ (*person*) Hawaiianer(in) *m(f)* ❷ *no pl* (*language*) Hawai[an]isch *nt* **II.** *adj inv* hawai[an]isch

hawk¹ [hɔːk, AM *esp* hɑːk] *n* ❶ (*bird*) Habicht *m;* (*falcon*) Falke *m;* (*fig*) **to have eyes like a ~** Adleraugen *ntpl* haben; **to watch sb like a ~** jdn nicht aus den Augen lassen ❷ POL (*a. fig: supporter of aggression*) Falke *m*

hawk² [hɔːk, AM *esp* hɑːk] *vt* ■**to ~ sth** etw auf der Straße verkaufen; (*door to door*) mit etw *dat* hausieren gehen
◆**hawk about, hawk around** *vt* (*a. fig*) ■**to ~ sth around** [*or* **about**] (*in public*) *gossip, news* mit etw *dat* hausieren gehen

hawk³ [hɔːk, AM *esp* hɑːk] *vi* sich *akk* räuspern
◆**hawk up** *vt* (*sl*) ■**to ~ up** ⊂ **sth** etw aushusten; **to ~ up phlegm** Schleim aushusten

hawk·er ['hɔːkəʳ, AM 'hɑːkɚ] *n* Hausierer(in) *m(f);* (*in the street*) fliegender Händler, Straßenhändler(in) *m(f)*

'hawk-eyed *adj* scharfsichtig *geh;* ■**to be ~** Adleraugen haben

hawk·ish ['hɔːkɪʃ, AM *esp* 'hɑːk-] *adj* POL militant; ■**to be ~** einen harten [außen]politischen Kurs vertreten

hawk·ish·ness ['hɔːkɪʃnəs, AM *esp* 'hɑːk-] *n no pl* POL militante Befürwortung eines harten [außen]politischen Kurses

'hawk moth *n* ZOOL Schwärmer *m*

haws·er ['hɔːzəʳ, AM 'hɑːzɚ] *n* NAUT Trosse *f*

haw·thorn ['hɔːθɔːn, AM 'hɑːθɔːrn] *n no pl* Weißdorn *m;* **pink ~** Rotdorn *m*

Hawthorne ef·fect *n* PSYCH Hawthorne-Effekt *m fachspr*

hay [heɪ] *n no pl* Heu *nt;* **to have a roll** [*or* **tumble**] **in the ~ [with sb]** (*fam*) [mit jdm] ins Heu gehen *fam;* **to make ~** Heu machen, heuen; (*fig*) einen Reibach machen *fam* ▶ PHRASES: **to make ~ while the sun shines** das Eisen schmieden, solange es heiß ist *prov;* **to hit the ~** (*fam*) sich *akk* in die Falle [*o* aufs Ohr] hauen *fam*

'hay·cock *n* Heuhaufen *m* **'hay fe·ver** *n no pl* Heuschnupfen *m;* **to suffer from ~** Heuschnupfen haben **'hay·rick** *n,* **'hay·stack** *n* Heuhaufen *m* ▶ PHRASES: **to be like looking for a needle in a ~** so sein, als suche man eine Nadel im Heuhaufen **'hay·seed** *n* AM (*sl*) Bauer *m a. fig, pej,* Hinterwäldler(in) *m(f) pej,* Landei *nt pej* **'hay·wire** *adj pred* (*fam*) **to go/be ~** verrückt spielen *fam; person* durchdrehen *fam*

haz·ard ['hæzəd, AM -ɚd] **I.** *n* ❶ (*danger*) Gefahr *f;* (*risk*) Risiko *nt;* **fire ~** Brandrisiko *nt;* **health ~** Gefährdung *f* der Gesundheit; **smoking is a severe health ~** Rauchen ist extrem gesundheitsgefährdend; ■**to be a ~ to sb/sth** eine Gefahr für jdn/etw darstellen ❷ *no pl* (*liter: chance*) Zufall *m* **II.** *vt* ■**to ~ sth** ❶ (*risk, venture*) etw wagen [*o* riskieren]; **to ~ a guess** sich *dat* eine Vermutung erlauben, eine Vermutung wagen; **to ~ a suggestion** es wagen, einen Vorschlag zu machen [*o fam* bringen]; **to ~ a try** einen Versuch wagen; ■**to ~ that ...** (*form*) vermuten, dass ... ❷ (*endanger*) etw gefährden [*o* aufs Spiel setzen]

'haz·ard lights *npl* AUTO Warnblinkleuchte *f,* Warnblinkanlage *f*

haz·ard·ous ['hæzədəs, AM -ɚd-] *adj* gefährlich; (*risky*) riskant, gewagt, risikoreich; **to be ~ to one's health** gesundheitsgefährdend sein; **~ journey/occupation** riskante Fahrt/Arbeit; **~ sport** Risikosport *m*

haz·ard·ous·ly ['hæzədəsli, AM -ɚd-] *adv* gefährlich; (*riskily*) riskant, gewagt, risikoreich

haz·ard 'warn·ing lights *npl* AUTO Warnblinkleuchte *f,* Warnblinkanlage *f* **'haz·ard zone** *n* Gefahrenzone *f*

haze [heɪz] **I.** *n* ❶ (*mist*) *of water, fumes* Dunst[schleier] *m,* Nebel *m;* **~ of dust** Staubwolke *f;* **heat ~** Hitzeflimmern *nt* ❷ *usu sing* (*fig: mental vagueness*) Benommenheit *f,* Tran *m fam;* **in an alcoholic ~** vom Alkohol benebelt **II.** *vt* AM ■**to ~ sb** *recruits* jdn schikanieren
◆**haze over** *vi* diesig werden, sich *akk* zuziehen *fam*

ha·zel ['heɪzᵊl] **I.** *adj* haselnussbraun; **~ eyes** haselnussbraune Augen **II.** *n* Hasel[nuss]strauch *m,* Haselbusch *m*

'ha·zel·nut I. *n* Haselnuss *f* **II.** *n modifier* (*liqueur, tree*) Haselnuss-

hazi·ly ['heɪzɪli] *adv* ❶ (*with haze*) diesig, neblig, dunstig; **the sun shone ~** die Sonne schien durch einen Dunstschleier ❷ (*indistinctly*) verschwommen; (*vaguely*) vage

hazi·ness ['heɪzɪnəs] *n no pl* ❶ (*quality of atmosphere*) Diesigkeit *f* ❷ (*vagueness*) Unklarheit *f;* (*confusion*) Benommenheit *f*

hazy ['heɪzi] *adj* ❶ (*with haze*) dunstig, diesig, leicht nebelig ❷ (*confused, unclear*) unklar; (*indistinct*) verschwommen; ■**to be ~ about sth** sich *akk* nur vage an etw *akk* erinnern [können]; **~ memories** vage Erinnerungen

HB [ˌeɪtʃ'biː] **I.** *adj inv abbrev of* **hard black** *pencil lead* HB-; **~ pencil** HB-Bleistift *m* **II.** *n abbrev of* **hard black** *pencil lead* HB

H-bomb ['eɪtʃbɒm, AM -bɑːm] *n abbrev of* **hydrogen bomb** H-Bombe *f*

HDTV [ˌeɪtʃdiːtiː'viː] *n* TV *abbrev of* **high-definition television** HDTV *nt*

he [hiː, hi] **I.** *pron pers* ❶ (*male person*) er; **don't ask Andrew, ~ won't know** Andrew brauchst du nicht zu fragen, er weiß es nicht; **~ married a rich woman** er heiratete eine reiche Frau; **~'s a distinguished-looking man, isn't ~?** er sieht sehr distinguiert aus, nicht wahr? *geh;* (*form*) **hello, is Mr Rodgers there? – yes, this is ~** hallo, ist Mr. Rodgers da? – ja, am Apparat; **who did that? – it was ~!** wer war das? – er [war's]! ❷ (*male animal*) er; **there's your dog Rover – do you think ~'s hungry?** da ist Rover – glaubst du, er hat Hunger? ❸ (*unspecified person*) er/sie/es; **as soon as a baby is born, ~ often begins to take an interest in the world around him** ein Baby hat oft gleich nach der Geburt Interesse an seiner Umwelt; **every child needs to know that ~ is loved** jedes Kind muss wissen, dass es geliebt wird; (*form, liter*) **~ who is silent consents** wer schweigt, stimmt zu ❹ REL (*God*) ■**H~** Er; **I prayed to God and H~ answered my prayer** ich betete zu Gott, und Er antwortete auf mein Gebet ▶ PHRASES: **~ who laughs last, laughs best** [*or* **loudest**] [*or* **longest**] (*prov*) wer zuletzt lacht, lacht am besten **II.** *n usu sing* Er *m;* **is that a ~ or a she?** ist das ein Er oder eine Sie? **III.** *n modifier* (*male*) *animal* Männchen *nt*

head [hed] **I.** *n* ❶ ANAT Kopf *m,* Haupt *nt geh;* **from ~ to foot** [*or* **toe**] von Kopf bis Fuß; **to bow one's ~** den Kopf senken; **to nod one's ~** mit dem Kopf nicken; **to shake one's ~** den Kopf schütteln ❷ *no pl* (*mental capacity*) Kopf *m,* Verstand *m;*

to put ideas into sb's ~ jdm Flausen in den Kopf setzen; **what put that idea into your ~?** wie kommst du denn darauf?; **to need a clear ~ to do sth** einen klaren Kopf brauchen, um etw zu tun; **to have a good ~ for sth** für etw *akk* begabt sein; **she's got a good ~ for figures** sie kann gut mit Zahlen umgehen; **to clear one's ~** einen klaren Kopf bekommen; **to get sb/sth out of one's ~** sich *dat* jdn/etw aus dem Kopf schlagen; **I can't get that man out of my ~** dieser Mann geht mir einfach nicht mehr aus dem Kopf; **to use one's ~** seinen Verstand benutzen ❸ *no pl* (*person unit*) **a** [*or* **per**] **~** pro Kopf [*o fam* Nase]; **dinner cost £20 a head** das Abendessen kommt auf 20 Pfund pro Nase *fam;* (*animal unit*) Stück *nt;* **a hundred ~ of cattle** einhundert Stück Vieh; (*vegetable unit*) Kopf *m; of celery* Staude *f;* **a ~ of broccoli/cauliflower** ein Brokkoli/Blumenkohl; **a ~ of cabbage** ein Kohlkopf *m;* **a ~ of lettuce** ein Salat ❹ *no pl* (*measure of length*) Kopf *m;* **to be a ~ taller than sb** [um] einen Kopf größer sein als jd; **to win by a ~** mit einer Kopflänge Vorsprung gewinnen ❺ *no pl* (*top, front part*) **the ~ of the bed** das Kopfende des Bettes; **at the ~ of the queue** [*or* AM **line**] [ganz] am Anfang der Schlange; **at the ~ of the table** am Kopf[ende] des Tisches ❻ (*blunt end*) *of a nail, pin, screw* Kopf *m;* (*end of tool*) *of a hammer* Haupt *nt,* Kopf *m;* **of a screwdriver** Griff *m;* **the ~ of a match** der Streichholzkopf ❼ (*leader*) Chef(in) *m(f); of a project, department* Leiter(in) *m(f); of Church* Oberhaupt *nt;* **the ~ of the family** das Familienoberhaupt; **a ~ of state** ein Staatsoberhaupt *nt* ❽ *esp* BRIT (*head teacher*) Schulleiter(in) *m(f),* Rektor(in) *m(f)* ❾ *no pl* (*letterhead*) [Brief]kopf *m* ❿ *usu pl* (*coin face*) Kopf *m;* **~s or tails?** Kopf oder Zahl? ⓫ (*beer foam*) Blume *f;* **you have to pour the beer slowly so there isn't too big a ~ on it** man muss das Bier langsam einschenken, damit es nicht zu viel Schaum gibt ⓬ (*water source*) Quelle *f;* **the ~ of a river/stream** ein Fluss-/Bachoberlauf *m* ⓭ (*accumulated amount*) **~ of steam** Dampfdruck *m;* **to build up a ~ of steam** (*fig*) Dampf machen *fam* ⓮ (*of spot on skin*) Pfropf *m;* **the ~ of a boil/a pimple** der Eiterpfropf einer Beule/eines Pickels ⓯ TECH *of a tape recorder, video recorder* Tonkopf *m* ▶ PHRASES: **to have one's ~ buried** [*or* **stuck**] **in a book** in ein Buch versunken sein; **to have one's ~ in the clouds** in höheren Regionen schweben *hum;* **a good** [*or* **thick**] **~ of hair** schönes volles Haar; **to be ~ over heels in love** bis über beide Ohren verliebt sein *fam;* **to fall ~ over heels in love with sb** sich *akk* bis über beide Ohren in jdn verlieben; **to have a/no ~ for heights** BRIT schwindelfrei/nicht schwindelfrei sein; **to put** [*or* **stick**] **one's ~ above the parapet** BRIT sich *akk* weit aus dem Fenster lehnen *fig;* **to bury one's ~ in the sand, to have one's ~ buried in the sand** den Kopf in den Sand stecken; **to have a good ~ on one's shoulders** ein helles [*o* kluges] Köpfchen sein *fam;* **to have an old** [*or* **wise**] **~ on young shoulders** für sein Alter ziemlich erwachsen [*o* reif] sein; **to be ~ and shoulders above sb/sth** jdm/etw haushoch überlegen sein; **to not be able to make ~** [**n**]**or tail of sth** aus etw *dat* nicht schlau [*o* klug] werden, sich *dat* auf etw *akk* keinen Reim machen können; **~s I win, tails you lose** (*saying*) ich gewinne auf jeden Fall; **to beat** [*or* **bang**] [*or* **knock**] **one's ~ against a brick wall** mit dem Kopf durch die Wand wollen; **to keep one's ~ above water** sich *akk* über Wasser halten *fig;* **to keep a cool ~** einen kühlen Kopf bewahren; **to bang** [*or* **knock**] **sb's ~s together** jdm den Kopf zurechtrücken; **to bite** [*or* **snap**] **sb's ~ off** jdm den Kopf abreißen *fig fam,* jdn beschimpfen; **to bring sth to a ~** (*carry sth too far*) etw auf die Spitze treiben; (*force a decision*) etw forcieren [*o* zur Entscheidung bringen]; **to come to a ~** sich *akk* zuspitzen; **to do sth over sb's ~** etw über jds Kopf hinweg tun; **to get** [*or* **put**] **one's ~ down** BRIT (*concentrate*) sich *akk* [ganz auf eine Sache] konzentrieren; (*sleep*) sich *akk* aufs Ohr hauen *fam;* **to get sth into one's ~** etw begreifen; **when will you get it into your thick ~ that ...?** wann geht es endlich in deinen sturen Kopf [*o* kapierst du endlich], dass ...? *fam;* **to give sb ~** (*vulg sl*) jdm einen blasen *vulg,* jdn lecken *vulg;* **to give sb their ~** jdn gewähren lassen, jdm seinen Willen lassen; **to go over sb's ~** über jds Kopf hinweg handeln; **to go to sb's ~** *praise, success* jdm zu Kopf steigen *pej; alcohol, wine* jdm in den [*o* zu] Kopf steigen; **to keep one's ~** einen klaren Kopf bewahren; **to keep one's ~ down** den Kopf einziehen, auf Tauchstation gehen *hum;* **to laugh one's ~ off** sich *akk* halb totlachen *fam;* **to put one's ~s together** die Köpfe zusammenstecken; **~s will roll** Köpfe werden rollen; **to scream** [*or* **shout**] **one's ~ off** sich *dat* die Lunge aus dem Leib schreien; **the dog started barking its ~ off** der Hund begann, wie verrückt zu bellen; **to have one's ~ screwed on** [**right** [*or* **the right way**]] ein patenter Mensch sein; **to have taken sth into one's ~** sich *dat* etw in den Kopf gesetzt haben; **to not be able to get one's ~** [**a**]**round sth** (*fam*) etw nicht kapieren *fam;* **to be in over one's ~** (*fam*) tief im Schlamassel stecken *fam;* **to be off one's ~** (*fam: be crazy, silly*) übergeschnappt [*o* von allen guten Geistern verlassen] sein *fam;* (*stoned*) total zu[gedröhnt] [*o* zugekifft] sein *sl;* **Ben must be off his ~ when he thinks Dad'll give him the money** Ben kann nicht ganz bei Trost sein, wenn er glaubt, Dad würde ihm das Geld geben; **to be** [*or* **go**] **over sb's ~** über jds Horizont *m* gehen **II.** *adj attr, inv* leitende(r, s); **~ cook** Küchenchef(in) *m(f);* **~ office** Zentrale *f;* **~ waiter/waitress** Oberkellner *m*/Oberkellnerin *f* **III.** *vt* ❶ (*be at the front of*) ■**to ~ sth** etw anführen; **the procession was ~ed by the Queen** die Queen ging der Prozession voran ❷ (*be in charge of*) **to ~ a firm/organization** eine Firma/Organisation leiten [*o* führen] ❸ PUBL (*have at the top*) ■**to ~ sth** etw überschreiben [*o* mit einer Überschrift versehen]; **the article wasn't ~ed** der Artikel hatte keine Überschrift ❹ FBALL **to ~ the ball** den Ball köpfen ❺ HORT **to ~ a tree** einen Baum kappen **IV.** *vi* ❶ + *adv* (*proceed in a certain direction*) **to ~ home** sich *akk* auf den Heimweg machen; **to ~ along a path** einen Weg entlanglaufen ❷ HORT *salad* einen Kopf ansetzen ❸ (*go toward*) ■**to ~ for sth** auf dem Weg zu etw *dat* sein; **he ~ed straight for the fridge** er steuerte direkt auf den Kühlschrank zu; **to ~ for the exit** sich *akk* zum Ausgang begeben *geh,* zum Ausgang gehen; **to ~ for disaster** auf eine Katastrophe zusteuern; ■**to ~ into sth** auf etw *akk* zusteuern; **to be ~ing into** [**some**] **rough times** schweren Zeiten entgegengehen

◆**head back** *vi* zurückgehen; *with transport* zurückfahren; **to ~ back to the camp** sich *akk* zum Lager zurückbegeben; **to ~ back home** sich *akk* auf den Heimweg machen

◆**head off I.** *vt* ❶ (*intercept*) ■**to ~ off ↔ sb** sich *akk* jdm in den Weg stellen; (*turn sb aside*) jdn abdrängen ❷ (*fig: avoid*) ■**to ~ off ↔ sth** etw abwenden [*o* verhindern] **II.** *vi* ■**to ~ off to**[**wards**] **sth** sich *akk* zu etw *dat* begeben; **the newlyweds ~ed off to bed** das frisch verheiratete Paar steuerte direkt das Bett an *hum*

◆**head towards** *vi* ■**to ~ towards sth** ❶ (*move*) auf dem Weg zu etw *dat* sein; **she was ~ing towards home** sie war auf dem Heimweg ❷ (*fig: approach*) *crisis, disaster* auf etw *akk* zusteuern; **the country is ~ing towards a period of economic growth** das Land sieht einer Phase wirtschaftlichen Wachstums entgegen; **to be ~ing towards a crisis** sich *akk* einer Krise nähern, auf eine Krise zusteuern

◆**head up** *vt* ■**to ~ up ↔ sth** etw leiten

-head [hed] *in compounds* **coke~** Kokser(in) *m(f);* **pot-~** Kiffer(in) *m(f)*

'head·ache ['hedeɪk] *n* Kopfschmerzen *mpl,* Kopfweh *nt kein pl;* (*fig*) Problem *nt;* **that noise is giving me a ~** von diesem Krach bekomme ich Kopfschmerzen; **a slight/splitting ~** leichte/rasende Kopfschmerzen

'head·achy ['hedeɪki] *adj pred* **to feel ~** leichte Kopfschmerzen verspüren

'head·band *n* Stirnband *nt* **'head·bang·er** *n* (*sl*) Headbanger

H

m **'head·bang·ing** *n no pl* Headbanging *nt* **'head·board** *n* Kopfteil *nt* **head 'boy** *n esp* BRIT Schulsprecher *m* **'head·butt I.** *n* Kopfstoß *m;* **to give sb a ~** jdm einen Stoß mit dem Kopf versetzen **II.** *vt* ■**to ~ sb** jdm einen Kopfstoß versetzen [*o fam* verpassen] **'head·case** *n* (*fam*) Spinner(in) *m(f) fam,* Bekloppte(r) *f(m) pej fam*

'head·cheese *n no pl* AM (*brawn*) Schweinskopfsülze *f* **'head cold** *n* Kopfgrippe *f* **'head count** *n* (*sl*) ❶ (*number of employees*) Kopfzahl *f,* Belegschaft *f,* Zahl *f* der Beschäftigten ❷ (*act of counting*) Abzählen *nt;* **to do a [quick] ~** *of number of people, items* etw [schnell] abzählen; *of calculation* etw [schnell] überschlagen **'head·dress** <*pl* -es> *n* Kopfschmuck *m*

head·ed ['hedɪd] *adj pred, inv* **which way are you ~?** wohin gehst du?; **to be ~ in the wrong direction** auf dem falschen Weg sein; **to be ~ for disaster** (*fig*) auf eine Katastrophe zusteuern; **to be ~ for trouble** (*fig*) sich *akk* in Schwierigkeiten bringen [*o geh* begeben]

head·ed 'note·pa·per *n* Briefpapier *nt* mit [Brief]kopf

head·er ['hedəʳ, AM -ɚ] *n* ❶ (*head bounce*) Kopfball *m* ❷ (*head-first jump*) Kopfsprung *m,* Köpfer *m fam,* Köpper *m* DIAL; **to take a ~ [into the water]** einen Kopfsprung [*o fam* Köpfer] [ins Wasser] machen

head 'first I. *adv inv* kopfüber; **to fall ~ into sth** kopfüber in etw *akk* [hinein]fallen; (*fig*) **to rush** [*or* **go**] **~ into [doing] sth** sich *akk* Hals über Kopf in etw *akk* [hinein]stürzen *fam* [*o geh* begeben], sich *akk* unbesonnen auf etw *akk* einlassen **II.** *adj inv* **~ dive/jump** Kopfsprung *m* **'head·gear** *n no pl* Kopfbedeckung *f;* (*as protection*) Kopfschutz *m;* (*of horses*) Zaum *m kein pl,* Zaumzeug *nt kein pl* **head 'girl** *n esp* BRIT Schulsprecherin *f* **'head·hunt** *vt* (*fam*) ■**to ~ sb** jdn abwerben **'head·hunt·er** *n* ❶ (*warrior*) Kopfjäger *m* ❷ (*fam: personnel specialist*) Abwerber(in) *m(f),* Kopfjäger(in) *m(f) hum, a. pej,* Headhunter(in) *m(f)*

head·ing ['hedɪŋ] *n* ❶ (*title*) Überschrift *f,* Titel *m* ❷ (*division of subject*) Kapitel *nt;* (*keyword*) Stichwort *nt*

'head·lamp *n* Scheinwerfer *m* **'head·land** *n* Landspitze *f*

head·less ['hedləs] *adj inv* kopflos, ohne Kopf *nach n* ▶ PHRASES: **to run around like a ~ chicken** (*hum*) wie ein aufgeregtes [*o* aufgescheuchtes] Huhn hin und her laufen *hum*

'head lice *npl* Läuse *fpl* **'head·light** *n* Scheinwerfer *m;* **to dip** [*or* AM **dim**] **one's ~s** die Scheinwerfer abblenden; **to have one's ~s on** seine [*o* die] Scheinwerfer anhaben ▶ PHRASES: **to look like a deer caught in the ~s** völlig perplex aussehen **'head·line I.** *n* MEDIA Schlagzeile *f;* ■**the ~s** *pl* die wichtigsten Schlagzeilen; **the eight o'clock ~s** das Neueste in den Acht-Uhr-Nachrichten; **to grab** [*or* **hit**] [*or* **make**] **the ~s** Schlagzeilen machen, in die Schlagzeilen kommen **II.** *vt* ■**to ~ sth** ❶ (*provide with headline*) etw mit einer Schlagzeile versehen; ■**to be ~d** *story* [mit der Schlagzeile] überschrieben sein ❷ (*appear as star performer*) etw anführen [*o geh* küren] **head·line 'news** *npl + sing vb* MEDIA ■**the ~** die Kurznachrichten *fpl,* die wichtigsten Nachrichten in Kürze; **to be ~** Schlagzeilen *fpl* machen **'head·long** AM, AUS **I.** *adv inv* ❶ (*with head first*) kopfüber; **to run ~ into sb** geradewegs in jdn hineinlaufen ❷ (*hurriedly, recklessly*) überstürzt; **to rush ~ into sth** sich *akk* Hals über Kopf in etw *akk* stürzen *fam* **II.** *adj attr, inv* ❶ (*with head first*) mit dem Kopf voran *nach n;* **~ dive/jump** Kopfsprung *m* ❷ (*hurried, reckless*) überstürzt; **to make a ~ rush for sth** sich *akk* Hals über Kopf [*o* blindlings] in etw *akk* stürzen **'head louse** *n* Kopflaus *f* **'head·man** *n* [Stammes]führer *m,* Stammesoberhaupt *nt* **head·'mas·ter** *n* Schulleiter *m,* Rektor *m* **head·'mis·tress** *n* Schulleiterin *f,* Rektorin *f* **head of de·'part·ment** <*pl* heads-> *n* SCH Fachbereichsleiter(in) *m(f),* Referatsleiter(in) *m(f);* ECON Abteilungsleiter(in) *m(f)* **head 'of·fice** *n* Zentrale *f,* Hauptverwaltung *f* **head of 'state** <*pl* heads-> *n* Staatsoberhaupt *nt* **head-'on I.** *adj attr, inv* Frontal-; **~ collision** Frontalzusammenstoß *m* **II.** *adv inv* frontal; (*fig*) direkt **'head·phones** *npl* Kopfhörer *m;* **set of ~** Kopfhörer *m* **head·'quar·ters** *npl + sing/pl vb* MIL Hauptquartier *nt;* (*of firms, companies*) Hauptsitz *m,* Hauptgeschäftsstelle *f;* (*of the police*) Polizeidirektion *f* **'head·rest** *n* Kopfstütze *f* **'head re·straint** *n* Kopfstütze *f* **'head·room** *n no pl* lichte Höhe; *for ceiling, roof* Kopfhöhe *f;* (*in cars*) Kopffreiheit *f* **'head·scarf** *n* Kopftuch *nt* **'head·set** *n* Kopfhörer *m*

head·ship ['hedʃɪp] *n* ❶ ADMIN (*position of authority*) oberste Leitung; (*period of post*) Amtszeit *f* als leitende Kraft ❷ *esp* BRIT (*position of headteacher*) Schulleiterposten *m,* [Di]rektorenposten *m;* (*period of post*) Amtszeit *f* als Schulleiter/Schulleiterin [*o* [Di]rektor/[Di]rektorin]

'head·shrink·er *n* ❶ (*tribesman*) Kopfjäger *m* ❷ (*pej fam: psychiatrist*) Seelenklempner(in) *m(f) pej sl* **head 'start** *n* Vorsprung *m;* **to give sb a ~** jdm einen Vorsprung lassen **Head 'Start** *n* AM *Regierungsprogramm der USA zur Förderung unterprivilegierter Kinder* **'head·stone** *n* Grabstein *m* **'head·strong** *adj* eigensinnig, eigenwillig **head 'teach·er** *n esp* BRIT Schulleiter(in) *m(f),* Rektor(in) *m(f)* **head-to-'head** *n,* **head-to-head 'con·test** *n* Kopf-an-Kopf-Rennen *nt* **head-up dis·'play** *n* AVIAT, AUTO Blickfeldanzeige *f,* Headupdisplay *nt fachspr* **head 'wait·er** *n* Oberkellner *m,* Zahlkellner *m* **'head·wa·ter** *n* GEOG Quellgebiet *nt;* ■**~s** *pl* Quellgewässer *ntpl* **'head·way** *n no pl* **to make ~** [gut] vorankommen, Fortschritte machen; **to make ~ in/with sth** bei/mit etw *dat* [gut] vorankommen [*o* Fortschritte machen] **'head·wind** *n* Gegenwind *m;* **stiff** [*or* **strong**] **~** kräftiger Gegenwind **'head·word** *n* LING Stichwort *nt*

heady ['hedi] *adj* (*intoxicating*) berauschend; (*exciting*) aufregend; **in the ~ days of their youth** in den unbeschwerten Tagen ihrer Jugend

heal [hiːl] **I.** *vt* ■**to ~ sb/sth** jdn/etw heilen; **to ~ differences** Differenzen beilegen; **to ~ problems** Probleme lösen **II.** *vi* (*a. fig*) heilen; *wound, injury* [ver]heilen; **his broken heart will take a long time to ~** (*fig*) sein gebrochenes Herz wird lange brauchen, bis es wieder ganz ist

◆**heal over, heal up** *vi external wounds* zuheilen, verheilen

heal·er ['hiːləʳ, AM -ɚ] *n* Heiler(in) *m(f)*

heal·ing ['hiːlɪŋ] **I.** *adj attr experience, process* heilsam, heilend; **~ properties** Heilwirkung *f;* (*stronger*) Heilkräfte *fpl* **II.** *n no pl* Heilung *f;* (*of wounds*) Verheilen *nt;* **gift of ~** Gabe *f* der Heilung; **~ process** Heilungsprozess *m*

health [helθ] *n no pl* ❶ (*bodily wellness*) Gesundheit *f;* **how's your ~ these days?** wie steht's mit deiner Gesundheit?; **your ~!** Prosit!; **for ~ reasons** aus gesundheitlichen Gründen; **for reasons of ill-~** krankheitshalber, krankheitsbedingt; **to be in bad** [*or* **poor**] **~** gesundheitlich in keiner guten Verfassung sein; (*less severe*) kränklich sein, kränkeln; **to suffer from failing ~** gesundheitlich immer weiter abbauen; **to be in good ~** bei guter Gesundheit sein; **to enjoy good ~** sich *akk* bester Gesundheit erfreuen; **to drink to sb's ~** auf jds Gesundheit *f* [*o* Wohl *nt*] trinken; **to look after one's ~** auf seine Gesundheit achten; **to regain one's ~** wieder [ganz] gesund werden; **to restore sb to ~** jdn gesundheitlich wiederherstellen ❷ (*fig: prosperity*) Gesundheit *f,* Wohlergehen *nt*

'health author·ity *n* BRIT Gesundheitsbehörde *f* **'health·care I.** *n no pl* Gesundheitsfürsorge *f,* Gesundheitsversorgung *f* **II.** *n modifier* (*company, costs, plan, policy*) Gesundheits-; **~ worker** in der Gesundheitsfürsorge Beschäftigte(r) *f(m)* **'health·care pro·vid·er** *n* Anbieter *m* von Leistungen der Gesundheitsfürsorge **'health cen·ter** AM, **'health cen·tre** *n* Ärztehaus *nt,* Ärztezentrum *nt* **'health cer·tifi·cate** *n* Gesundheitszeugnis *nt* **'health club** *n* Fitnessclub *m;* **~ facilities** Einrichtungen *fpl* eines Fitnesscenters, Fitnesscenter *nt* **'health farm** *n* Gesundheitsfarm *f* **'health food** *n* Reformkost *f* **'health food shop** *n, esp* AM **'health food store** *n* Naturkostladen *m;* (*more formal*) Reformhaus *nt,* Bioladen *m fam*

health·ful ['helθfəl] *adj* AM gesund

'health haz·ard *n* Gesundheitsrisiko *nt;* **smoking is a ~** Rauchen gefährdet die Gesundheit
healthi·ly ['helθɪli] *adv* gesund; **to eat ~** sich *akk* gesund ernähren
'health in·sur·ance *n no pl* Krankenversicherung *f;* **~ company** Krankenkasse *f* **'health main·te·nance or·gani·za·tion** *n* AM *eine in der Regel vom Arbeitgeber getragene, preisgünstige Krankenversicherung mit begrenzter Ärzteauswahl* **'health re·sort** *n* AM [Bade]kurort *m,* Erholungsort *f* **'Health Ser·vice** *n* BRIT [staatlicher] Gesundheitsdienst, [staatliches] Gesundheitswesen **'health spa** *n* AM (*health farm*) [Bade]kurort *nt* **'health visi·tor** *n* BRIT Krankenpfleger/Krankenpflegerin [*o* Krankenschwester] der Sozialstation
healthy ['helθi] *adj* ❶ (*in good health*) gesund; **a ~ child** ein gesundes Kind; **~ teeth** gesunde Zähne; **fit and ~** fit und gesund; (*promoting good health*) gesundheitsfördernd; **~ appetite/diet/food** gesunder Appetit/gesunde Ernährung/gesundes Essen ❷ FIN (*strong, satisfactory*) gesund; **a ~ profit** ein ordentlicher [*o* ansehnlicher] Gewinn ❸ (*well-balanced*) gesund, vernünftig; (*beneficial*) gesund; **she has a ~ disrespect for authority** sie hat der Obrigkeit gegenüber eine vernünftige gesunde Distanz; **~ attitude towards life** gesunde Lebenseinstellung; [**not**] **a ~ idea** [k]eine vernünftige Idee
heap [hi:p] **I.** *n* ❶ (*untidy pile*) Haufen *m;* **~ of clothes** Kleiderhaufen *m;* **to collapse in a ~** (*fig*) *person, animal* zu Boden sacken ❷ (*fam: large amount*) ▪**a ~** [*or pl* **~s**] **of sth** ein Haufen *m* einer S. *gen;* **a** [**whole**] **~ of trouble** ein Riesenärger *m fam;* **a** [**whole**] **~ of work** jede Menge [*o fam* ein Haufen *m*] Arbeit; *see* **heaps** ▸ PHRASES: **to be at the bottom of the ~** zu den Verlierern zählen; **to be stuck at the bottom of the ~** nicht aus seinen ärmlichen Verhältnissen herauskommen; **to be at the top of the ~** zu den Gewinnern zählen, es [im Leben] geschafft haben **II.** *vt* ▪**to ~ sth** etw aufhäufen [*o* zu einem Haufen zusammentragen]; **she ~ed coals in the grate** sie schaufelte Kohle auf den Rost; ▪**to ~ sth on sth** etw auf etw *akk* häufen; **they ~ed the plates with food** sie häuften bergeweise Essen auf die Teller; ▪**to ~ sth on sb** *gifts* jdn mit etw *dat* überhäufen; (*fig form*) **to ~ criticism on sb** massive Kritik an jdm üben; **to ~ insults on sb** jdm Beleidigungen an den Kopf werfen; **to ~ praise on sb** jdn überschwänglich loben, über jdn voll des Lobes sein *geh*
◆**heap up** *vt* ▪**to ~ up** ⊂ **sth** etw aufhäufen [*o* zu einem Haufen stapeln]
heaped [hi:pt] *adj* BRIT, AM **heap·ing** ['hi:pɪŋ] *adj* gehäuft; **a ~ teaspoonful of sugar** ein gehäufter Teelöffel Zucker
heaps [hi:ps] (*fam*) **I.** *npl* eine [*o* jede] Menge, ein Haufen *m fam;* **have some more cake – there's ~** nimm noch etwas Kuchen – es ist jede Menge da; ▪**~ of sth** jede Menge einer S. *gen;* **there's ~ of food in the fridge** es gibt massig Essen im Kühlschrank; **~ of fun** jede Menge Spaß *fam;* **~ of money** Unmengen *fpl* von Geld **II.** *adv* viel; **~ bigger/better** viel größer/besser
hear <heard, heard> [hɪəʳ, AM hɪr] **I.** *vt* ❶ (*perceive with ears*) ▪**to ~ sth/sb** etw/jdn hören; **speak up, I can't ~ you** sprich lauter, ich kann dich nicht hören; **Jane ~d him go out** Jane hörte, wie er hinausging ❷ (*be told*) ▪**to ~ sth** etw hören [*o* erfahren]; **have you ~d the news that she's pregnant?** weißt du schon das Neueste? sie ist schwanger!; **we haven't heard anything of Jan for months** wir haben seit Monaten nichts von Jan gehört; ▪**to ~ that/what ...** hören, dass/was ...; **have you ~d what's happened?** hast du schon gehört, was passiert ist? ❸ (*listen*) ▪**to ~ sth** sich *dat* etw anhören; (*be there and listen*) etw hören; **I ~d the orchestra play at Carnegie Hall** ich habe das Orchester in der Carnegie Hall spielen hören ❹ (*form: receive*) ▪**to ~ sth** etw anhören; LAW *case* etw verhandeln; **the case will be ~d by the High Court** der Fall wird vor dem Obersten Gericht verhandelt; **Lord, ~ us/our prayers** Herr, erhöre uns/unsere Gebete ▸ PHRASES: **to never ~ the end of sth** sich *dat* etw noch bis zum Sankt-Nimmerleins-Tag anhören müssen *hum;* **to be ~ing things** (*fam*) sich *dat* etwas einbilden; **he's offered to wash the dishes – I must be ~ing things!** er hat mir angeboten, abzuwaschen – was, ich hör' wohl nicht richtig!; **to ~ wedding bells** (*fam*) schon die Hochzeitsglocken läuten hören *iron;* **to be barely** [*or* **hardly**] **able to ~ oneself think** sich *akk* nur schwer konzentrieren können; **to ~ what sb is saying, to ~ sb** *esp* AM (*fam*) verstehen, was jd sagt; **yeah, I ~ what you're saying** ja, ich weiß [schon], was du meinst **II.** *vi* ❶ (*perceive with ears*) hören; **it's a terrible line, I can't ~** die Verbindung ist fürchterlich, ich kann nichts hören; **to ~ very well** sehr gut hören können ❷ (*be told about*) etw hören [*o* erfahren]; **if you haven't ~d by Friday, assume I'm coming** wenn du bis Freitag nichts gehört hast, kannst du davon ausgehen, dass ich komme; **have you ~d about Jane getting married?** hast du schon gehört, dass Jane heiratet?; **to ~ tell** [*or* **say**] **of sth** von etw *dat* erfahren [*o* hören]; ▪**to ~ from sb** von jdm hören; **we haven't ~d from her in ages** wir haben seit Ewigkeiten nichts von ihr gehört; **you'll be ~ing from my solicitor!** Sie werden noch von meinem Anwalt hören! ❸ (*know of*) **to have ~d of sb/sth** von jdm/etw gehört haben; **do you know Derrida? – I've ~d of him** kennen Sie Derrida? – ich habe mal von ihm gehört; **to have never ~d of sb/sth** nie von jdm/etw gehört haben ▸ PHRASES: **sb won't ~ of sth** jd will von etw *dat* nichts hören; **do you ~?** verstehst du/verstehen Sie?, kapiert? *sl;* **~, ~!** ja, genau!, richtig [so]!
◆**hear out** *vt* ▪**to ~ out** ⊂ **sb** jdn ausreden lassen; *narration* jdn zu Ende erzählen lassen
hear·er ['hɪərəʳ, AM 'hɪrɚ] *n* Hörer(in) *m(f)*
hear·ing ['hɪərɪŋ, AM 'hɪr-] *n* ❶ *no pl* (*ability to hear*) Gehör *nt;* **to have excellent ~** ein sehr gutes Gehör haben; **to be hard of ~** schwerhörig sein ❷ *no pl* (*range of ability*) [**with**]**in** [**sb's**] **~** in [jds] Hörweite *f* ❸ (*official examination*) Anhörung *f;* **disciplinary ~** Disziplinarverfahren *nt,* Prozess *m;* **to give sb a fair ~** jdn richtig anhören; LAW jdm einen fairen Prozess machen
'hear·ing aid *n* Hörgerät *nt*
heark·en ['hɑ:kən, AM 'hɑ:r-] *vi* (*old liter*) lauschen, horchen; ▪**to ~ to sth** etw *dat* lauschen
hear·say ['hɪəseɪ, AM 'hɪr-] **I.** *n no pl* Gerüchte *ntpl;* **that's just ~** das sind doch alles nur Gerüchte **II.** *adj inv* **~ evidence** Beweise *mpl*/Zeugenaussagen *fpl,* die auf Hörensagen beruhen
hearse [hɜ:s, AM hɜ:rs] *n* Leichenwagen *m*
heart [hɑ:t, AM hɑ:rt] **I.** *n* ❶ (*bodily organ*) Herz *nt;* **to have a bad** [*or* **weak**] **~** ein schwaches Herz haben ❷ (*emotional centre*) Herz *nt;* **his election campaign won the ~s of the nation** mit seiner Wahlkampagne hat er die Herzen der ganzen Nation erobert; **to be close** [*or* **dear**] [*or* **near**] **to sb's ~** jdm sehr am Herzen liegen; **to have a cold/hard ~** ein kaltes/hartes Herz haben; **to have a good/kind/soft ~** ein gutes/gütiges/weiches Herz haben; **to break sb's ~** jdm das Herz brechen; **losing her broke his ~** sie zu verlieren brach ihm das Herz; **it breaks my ~ to see him so unhappy** es bricht mir das Herz, ihn so unglücklich zu sehen; **sb's ~ leaps** [**with joy**] jds Herz *nt* macht einen Freudensprung, jdm hüpft das Herz im Leib[e] *geh;* **sb's ~ sinks** (*with disappointment, sadness*) jdm wird das Herz schwer; (*with despondency*) jdm rutscht das Herz in die Hose *fam* ❸ *no pl* (*centre*) **she lives right in the ~ of the city** sie wohnt direkt im Herzen der Stadt; **to be at the ~ of sth** der Kernpunkt einer S. *gen* sein; **to get to the ~ of the matter** zum Kern der Sache kommen ❹ FOOD (*firm middle*) *of salad, artichoke* Herz *nt* ❺ (*symbol*) Herz *nt* ❻ (*suit of cards*) ▪**~s** *pl* Herz *nt kein pl;* **the queen/king/jack of ~s** die Herzdame/der Herzkönig/der Herzbube ▸ PHRASES: **sb's ~ misses** [*or* **skips**] **a beat** jdm stockt das Herz;

H

sb's ~ is in their boots BRIT (*fam*) jdm rutscht das Herz in die Hose *fam;* **from the bottom of the/one's ~** aus tiefstem Herzen[sgrund]; **to have a change of ~** sich *akk* anders besinnen; (*to change for the better*) sich *akk* eines Besseren besinnen; **to eat/drink/dance to one's ~'s content** nach Herzenslust essen/trinken/tanzen; **to give sb their ~'s desire** (*liter*) jdm erfüllen, was das Herz begehrt; **to have a ~ of gold** ein herzensguter Mensch sein; **to do one's ~ good** (*dated*) sein Herz erfreuen; **sb's ~ is in their mouth** jdm schlägt das Herz bis zum Hals [hinauf]; **to have one's ~ in the right place** das Herz auf dem rechten Fleck haben; **to wear one's ~ on one's sleeve** aus seinem Herzen keine Mördergrube machen; **to love sb ~ and soul** (*liter*) jdn von ganzem Herzen lieben [*o* lieb haben]; **to put one's ~ and soul into sth** sich *dat* mit Leib und Seele etw *dat* widmen; **to have a ~ of stone** ein Herz aus Stein haben; **you think he deserves that? you're all ~!** (*hum, iron*) du findest, dass er das verdient hat? na, du bist mir ja einer! *fam;* **with all one's ~** von ganzem Herzen; **to die of a broken ~** an gebrochenem Herzen sterben; **to be after sb's own ~** genau nach jds Geschmack *m* sein; **my ~ bleeds for him!** (*hum, iron*) der Ärmste, ich fang' gleich an zu weinen! *hum, iron;* **come on, have a ~!** komm, gib deinem Herz einen Ruck!; **to not have the ~ to do sth** es nicht übers Herz bringen, etw zu tun; **to lose ~** den Mut verlieren; **to set one's ~ on sth** sein [ganzes] Herz an etw *akk* hängen; **to take ~ [from sth]** [aus etw *dat*] neuen Mut schöpfen; **to recite/play sth by ~** etw auswendig aufsagen/spielen; **sb's ~ is not in it** jd ist mit dem Herzen nicht dabei; **in my ~ of ~s** im Grunde meines Herzens **II.** *n modifier* ❶ (*heart-shaped*) **a ~ amulet/necklace** ein herzförmiger Anhänger/ein herzförmiges Halsband ❷ (*of the organ*) Herz-; **to have a ~ condition** herzkrank sein; **~ disease** Herzkrankheit *f;* **~ transplant** Herztransplantation *f*

'heart·ache *n no pl* Kummer *m,* Leid *nt* **'heart at·tack** *n* Herzinfarkt *m;* (*not fatal*) Herzanfall *m,* Herzattacke *f;* (*fatal*) Herzschlag *m;* **I nearly had a ~** (*fig fam: shock*) ich habe fast einen Herzschlag gekriegt *fam;* (*surprise also*) da hat mich fast der Schlag getroffen *fam* **'heart·beat** *n* Herzschlag *m,* Pulsschlag *m* **'heart·break** *n* ❶ *no pl* (*suffering*) Leid *nt,* großer Kummer, Herzeleid *nt geh;* **the ~ he felt when his wife left him was crippling** es brach ihm das Herz, als seine Frau ihn verließ ❷ (*terrible blow*) harter Schlag, [seelische] Katastrophe **'heart·break·er** *n* ❶ (*sad story*) Tragödie *f,* Trauerspiel *nt* ❷ (*handsome man*) Herzensbrecher *m,* Charmeur *m* **'heart·break·ing** *adj* herzzerreißend; **it is ~ for him that he cannot see his children** es bricht ihm das Herz, dass er seine Kinder nicht sehen kann **'heart·bro·ken** *adj* todunglücklich, untröstlich; **if she ever left him he would be ~** es bräche ihm das Herz, wenn sie ihn verlassen würde **'heart·burn** *n no pl* Sodbrennen *nt* **'heart dis·ease** *n* Herzkrankheit *f*

heart·en ['hɑːtᵊn, AM 'hɑːr-] *vt usu passive* ■**to ~ sb** jdn ermutigen; ■**to be ~ed [by sth]** [von etw *dat*] ermutigt sein

heart·en·ing ['hɑːtᵊnɪŋ, AM 'hɑːr-] *adj* ermutigend; **~ news** erfreuliche Nachrichten

'heart fail·ure *n no pl* Herzversagen *nt,* Herzinsuffizienz *f fachspr* **'heart·felt** *adj* (*strongly felt*) tief empfunden; (*sincere*) aufrichtig; **please accept my ~ thanks!** vielen herzlichen Dank!; **~ condolences** [*or* **sympathy**] herzliches [*o* aufrichtiges] Beileid; **~ relief** tiefe Erleichterung

hearth [hɑːθ, AM hɑːrθ] *n* ❶ (*fireplace*) Feuerstelle *f;* (*whole fireplace*) Kamin *m;* (*for cooking*) Herd *m* ❷ (*fig: home*) [heimischer] Herd, Heim *nt;* **to leave ~ and home** Heim und Herd verlassen

'hearth·rug *n* Kaminvorleger *m*

hearti·ly ['hɑːtɪli, AM 'hɑːrt̬-] *adv* ❶ (*enthusiastically*) herzlich; **to applaud ~** begeistert applaudieren; **to eat ~** herzhaft zugreifen ❷ (*extremely*) von Herzen, äußerst; **I'm ~ sick of his complaints** ich habe seine Beschwerden echt satt; **to dislike sb/sth ~** jdn/etw von ganzem Herzen verabscheuen

heart·land ['hɑːtlænd, AM 'hɑːrt-] *n of region* Kerngebiet *nt,* Herz *nt; of support, belief* Hochburg *f,* Zentrum *nt*

heart·less ['hɑːtləs, AM 'hɑːrt-] *adj* herzlos, unbarmherzig

heart·less·ness ['hɑːtləsnəs, AM 'hɑːrt-] *n no pl* Herzlosigkeit *f,* Unbarmherzigkeit *f*

heart-'lung ma·chine *n* Herz-Lungen-Maschine *f* **'heart mur·mur** *n* Herzgeräusch[e] *nt[pl]* **'heart·rend·ing** *adj* herzzerreißend **'heart-search·ing I.** *n no pl* Gewissenserforschung *f,* Selbstprüfung *f* **II.** *adj* nachdenklich; **it was a very ~ time in his life** er dachte in dieser Zeit viel über sich nach **'hearts·ease** *n,* **'heart's-ease** *n* Stiefmütterchen *nt* **'heart-shaped** *adj* herzförmig **'heart·sick** *adj* tief betrübt *geh,* todunglücklich **'heart-stop·ping** *adj* spannend, packend **'heart·strings** *npl* innerste Gefühle; **to pull** [*or* **tug**] [*or* **tear**] **at sb's ~** jdm ans Herz [*o* zu Herzen] gehen, bei jdm auf die Tränendrüse drücken *pej fam* **'heart sur·gery** *n no pl* Herzchirurgie *f* **'heart-throb** *n* (*fam*) Schwarm *m fam* **heart-to-'heart I.** *adj* [ganz] offen; **a ~ talk** ein offenes [*o* ehrliches] Gespräch **II.** *n* [offene] Aussprache; **to have a ~** sich *akk* aussprechen **'heart trans·plant** *n* (*surgery*) Herztransplantation *f fachspr,* Herzverpflanzung *f;* (*organ*) Herztransplantat *nt fachspr;* **to have a ~** sich *akk* einer Herztransplantation unterziehen **'heart trou·ble** *n* Herzbeschwerden *pl* **'heart valve** *n* Herzklappe *f* **'heart-warm·ing** *adj* herzerfreuend; *play, story* herzerwärmend *geh; friendliness, reception* herzlich; **it's ~ to hear of your success** es freut mich sehr für Sie/dich von Ihrem/deinem Erfolg zu hören; **~ news** frohe Nachricht; **to give sb a ~ welcome** jdn herzlich begrüßen, jdm einen herzlichen Empfang bereiten **'heart·wood** *n* Kernholz *nt*

hearty ['hɑːti, AM 'hɑːrt̬i] **I.** *adj* ❶ (*warm*) herzlich; **she has a warm and ~ laugh** sie hat ein warmes und herzliches Lachen; **~ congratulations** herzliche Glückwünsche; **a ~ welcome** ein herzlicher Empfang ❷ (*large*) herzhaft, kräftig; **~ appetite** gesunder Appetit; **~ breakfast** kräftiges [*o* deftiges] Frühstück ❸ (*strong*) kräftig, herzhaft; **he gave me a ~ slap on my back** er schlug mir beherzt auf den Rücken; **hale and ~** gesund und munter ❹ (*unreserved*) uneingeschränkt; **to have a ~ dislike for sb/sth** gegen jdn/etw eine tiefe Abneigung empfinden; **~ support** ungeteilte Unterstützung **II.** *n* (*fam*) Freund(in) *m(f);* **my hearties!** NAUT Jungs!

heat [hiːt] **I.** *n* ❶ *no pl* (*warmth*) Wärme *f;* (*high temperature*) Hitze *f;* (*fig*) *of spices* Schärfe *f;* **the ~ of the day** die heißeste Zeit des Tages; **to cook sth on a high/low ~** etw bei starker/schwacher Hitze kochen ❷ *no pl* (*appliance*) Heizung *f;* **to turn down/up the ~** die Heizung zurückdrehen/aufdrehen ❸ *no pl* PHYS [Körper]wärme *f* ❹ *no pl* (*fig: strong emotion*) Hitze *f,* Erregung *f;* **this topic generated a lot of ~** dieses Thema erhitzte die Gemüter; **in the ~ of the moment** in der Hitze [*o* im Eifer] des Gefechts; **in the ~ of passion** LAW im Affekt; **to take the ~ out of a situation** eine Situation entschärfen; **with ~** erregt; **without ~** gelassen ❺ *no pl* (*fig: peak*) Höhepunkt *m,* Gipfel *m;* **in the ~ of the argument/battle/campaign** auf dem Höhepunkt des Streits/der Schlacht/der Kampagne ❻ *no pl* (*fig: pressure*) Druck *m;* **the ~ is on** es weht ein scharfer Wind; **the ~ is off** die Sache hat sich gelegt; **to put the ~ on** Druck machen *fam;* **to put the ~ on sb** jdn unter Druck setzen; **to take the ~ off sb** jdn entlasten ❼ (*sports race*) Vorlauf *m;* **qualifying ~** Qualifikationsrunde *f* ❽ *no pl* (*readiness to breed*) Brunst *f; of deer* Brunft *f; of dogs, cats* Läufigkeit *f; of horses* Rossen *nt;* ■**on** [*or* AM **in**] **~** brünstig; *deer* brunftig; *cat* rollig; *dog* läufig; *horse* rossig; (*fig vulg*) *woman* scharf *fam,* geil *vulg* ▶ PHRASES: **if you can't stand the ~, get out of the kitchen** (*prov*) wenn es dir zu viel wird, dann lass es lieber sein **II.** *vt* ■**to ~ sth** etw erhitzen [*o* heiß machen]; *food* etw aufwärmen; **to ~ a flat/an apartment** eine Wohnung [be]heizen; **to ~ a house/room** ein Haus/einen Raum heizen; **to ~ a pool** ein Schwimmbecken beheizen **III.** *vi* warm werden, sich *akk* erwärmen; *emotionally* sich *akk* erregen [*o* erhitzen]

◆**heat up I.** *vt* ■**to ~ up** ↔ **sth** etw heiß machen [*o* erhitzen]; *food* etw aufwärmen; (*fig*) *argument, discussion* etw anheizen; **to ~ up a car** AM ein Auto heiß laufen lassen; **to ~ up a room/house** einen Raum/ein Haus [auf]heizen **II.** *vi room* sich *akk* aufwärmen, warm werden; *engine* warm laufen; *fire, oven* heiß werden; (*fig*) *person* in Fahrt kommen; (*fig*) *argument, discussion* sich *akk* erhitzen; (*fig*) *situation* sich *akk* zuspitzen

'heat ca·pac·ity *n* Wärmekapazität *f* **'heat death** *n* Wärmetod *m*

heat·ed ['hi:tɪd, AM -t̬-] *adj* ❶ (*emotional*) hitzig, erregt; *argument, discussion* heftig; **to get ~ about sth** sich *akk* über etw *akk* aufregen [*o geh* erregen] ❷ *inv* (*warm*) erhitzt; *room* geheizt; **~ pool** beheiztes Schwimmbad; **~ seats** beheizte Sitze

heat·ed·ly ['hi:tɪdli, AM -t̬-] *adv* hitzig, erregt; *argue, discuss* heftig; **to deny sth ~** etw vehement abstreiten

heat·er ['hi:təʳ, AM -t̬ɚ] *n* ❶ (*appliance*) [Heiz]ofen *m;* (*radiator*) Heizgerät *nt,* Heizkörper *m;* (*for entire house*) [Zentral]heizung *f;* (*in car*) Heizung *f,* Heizgebläse *nt;* **gas ~** Gasofen *m;* **water ~** Boiler *m;* **electric ~** Heizgerät *nt;* **to turn the ~ on/off** die Heizung anstellen/abstellen ❷ (*sl: gun*) Knarre *f sl,* Kanone *f sl*

'heat ex·chang·er *n* Wärmetauscher *m* **'heat ex·haus·tion** *n no pl* Hitzschlag *m,* Hitzekollaps *m* **'heat flash** *n* Hitzeblitz *m*

heath [hi:θ] *n* ❶ (*land*) Heide *f,* Heideland *nt* ❷ BOT (*erica*) Glockenheide *f,* Erika *f;* (*caluna*) Heidekraut *nt*

'heat haze *n no pl* Hitzeflimmern *nt*

hea·then ['hi:ðᵊn] **I.** *n* ❶ (*old: non-believer*) Heide, -in *m, f;* ■**the ~** *pl* die Heiden *pl* ❷ (*uncivilized person*) unzivilisierter Mensch, Barbar(in) *m(f) pej* **II.** *adj* ❶ (*old: unbelieving*) heidnisch, gottlos *pej* ❷ (*uncivilized*) unzivilisiert, barbarisch *pej*

hea·then·ish ['hi:ðᵊnɪʃ] *adj* heidnisch

hea·then·ism ['hi:ðᵊnɪzᵊm] *n* Heidentum *nt*

heath·er ['heðəʳ, AM -ɚ] *n no pl* BOT (*erica*) Erika *f;* (*caluna*) Heidekraut *nt*

heath·land ['hi:θlənd] *n* Heideland *nt,* Heide *f*

Heath Robinson [-'rɒbɪnsᵊn] *adj inv* BRIT (*hum*) wunderlich, fantastisch *iron;* **a ~ contraption** eine fantastische Maschine

heat·ing ['hi:tɪŋ, AM -t̬-] *n no pl* ❶ (*action*) Heizen *nt; of room, house* [Be]heizen *nt; of substances* Erwärmen *nt,* Erhitzen *nt;* PHYS Erwärmung *f* ❷ (*appliance*) Heizung *f;* **central ~** Zentralheizung *f*

'heat·ing el·ement *n* Heizelement *nt,* Heizeinsatz *m* **'heat·ing en·gi·neer** *n* Heizungsmonteur(in) *m(f),* Heizungsinstallateur(in) *m(f)* **'heat·ing pad** *n* Heizkissen *nt* **'heat·ing sys·tem** *n* (*apparatus*) Heiz[ungs]anlage *f;* (*system*) Heizungssystem *nt*

'heat lamp *n* Heizlampe *f,* Bestrahlungslampe *f* **'heat light·ning** *n no pl* Wetterleuchten *nt* **'heat loss** *n* Wärmeverlust *m* **'heat·proof I.** *adj* hitzebeständig **II.** *vt* ■**to ~ sth** etw hitzebeständig machen **'heat pros·tra·tion** *n no pl* AM (*heat exhaustion*) Hitzschlag *m,* Hitzekollaps *m* **'heat pump** *n* Wärmepumpe *f* **'heat rash** *n* Hitzeausschlag *m,* Hitzebläschen *ntpl* **'heat-re·sist·ant** *adj,* **'heat-re·sist·ing** *adj* hitzebeständig; *ovenware* feuerfest; TECH thermoresistent *fachspr;* **~ glove** feuerfester Handschuh **'heat-seek·ing** *adj inv* MIL wärmesuchend *attr;* **~ missile** wärmesuchende Rakete **'heat shield** *n* (*protection*) Hitzeschild *m,* Wärmeschild *m;* (*insulation*) Wärmeschutz *m* **'heat stroke** *n* Hitzschlag *m kein pl* **'heat-treat·ed** *adj inv* wärmebehandelt; **~ milk** pasteurisierte Milch; **~ steel** vergüteter Stahl **'heat treat·ment** *n* Wärmebehandlung *f;* **~ of milk** Pasteurisierung *f* von Milch; **~ of steel** Vergütung *f* von Stahl **'heat·wave** *n* Hitzewelle *f*

heave [hi:v] **I.** *n* ❶ (*push or pull*) Ruck *m* ❷ (*up and down movement*) Auf und Ab *nt; of sea, chest* Wogen *nt geh; of stomach* Würgen *nt;* TECH Hub *m;* **~ of the sea** Seegang *m;* **the dry ~s** das trockene Würgen ❸ GEOL Verwerfung *f fachspr* ❹ (*fig: great effort*) Anstrengung *f* **II.** *vt* ❶ (*move*) ■**to ~ sth** etw [hoch]hieven [*o* [hoch]heben] [*o fam* wuchten]; **he ~d himself out of his armchair** er hievte sich aus seinem Stuhl; **to ~ sth open** etw aufstemmen ❷ (*utter*) **to ~ a sigh [of relief]** einen Seufzer [der Erleichterung] ausstoßen ❸ (*fam: throw*) ■**to ~ sth at sb** etw [*o* mit etw *dat*] nach jdm werfen [*o fam* schmeißen] ❹ <hove, hove> NAUT ■**to ~ sth** (*cast*) etw werfen; (*haul*) etw hieven; **to ~ anchor** den Anker lichten **III.** *vi* ❶ (*pull, push*) hieven, ziehen ❷ (*move*) sich *akk* heben und senken; *ship* schwanken, stampfen *fachspr; sea, chest* wogen *geh;* **after the race she was covered in sweat, her chest heaving** nach dem Rennen war sie schweißgebadet und sie keuchte heftig ❸ (*vomit*) würgen; *stomach* sich *akk* umdrehen [*o geh* heben] ❹ <hove, hove> NAUT **to ~ in sight** in Sicht kommen

◆**heave to** NAUT **I.** *vi* beidrehen **II.** *vt* ■**to ~ to** ↔ **sth** etw stoppen; **to ~ a boat/ship to** ein Boot/Schiff stoppen

◆**heave up I.** *vi* brechen **II.** *vt* ■**to ~ up** ↔ **sth** etw [heraus]brechen [*o geh* erbrechen]

heave 'ho I. *interj* NAUT (*dated*) hau ruck! **II.** *n* (*hum fam*) **to give sb the [old] ~** (*dismissal*) jdn hinauswerfen [*o fam* an die Luft setzen]; (*reject a friend*) jdm den Laufpass geben *fam,* mit jdm Schluss machen *fam*

heav·en ['hevᵊn] *n* ❶ *no pl* (*not hell*) Himmel *m;* (*fig*) Himmel *m,* Paradies *nt;* **it's ~!** (*fam*) es ist himmlisch! *fam;* **this ice cream is ~** dieses Eis ist ein Gedicht; **to be ~ on earth** (*fig*) der Himmel auf Erden sein; **to be in [seventh] ~** (*fig*) im [siebten] Himmel sein; **to go to ~** in den Himmel kommen; **to be sent from ~** (*fig hum*) vom Himmel geschickt sein ❷ (*poet: sky*) ■**the ~s** *pl* das Firmament *poet,* der Himmel; **the ~s opened** der Himmel öffnete seine Schleusen; **in the ~s** am Firmament [*o* Himmel] ▶PHRASES: **to move ~ and earth to do sth** Himmel und Hölle in Bewegung setzen, um etw zu tun; **what/where/when/who/why in ~'s name ...?** was/wo/wann/wer/warum in Gottes Namen ...?; **for ~s sake!** um Himmels [*o* Gottes] willen!; **good ~s!** großer Gott!, du lieber Himmel!; **to stink to high ~** zum Himmel stinken; **~ forbid!** Gott bewahre!, bloß nicht!; **~ help us!** der Himmel steh uns bei!; **thank ~s!**, **~ be thanked!** Gott [*o* dem Himmel] sei Dank!; **~s above!** du lieber Himmel!; **~ only knows** weiß der Himmel *fam;* **~s no!** um Gottes willen!, bloß nicht!

heav·en·ly ['hevᵊnli] *adj* ❶ *inv* (*divine*) himmlisch, göttlich; **~ peace** himmlischer Frieden ❷ *inv* (*of the sky*) himmlisch, Himmels- ❸ (*fam: pleasure-giving*) himmlisch, paradiesisch, traumhaft

heav·en·ly 'body *n* Himmelskörper *m* **Heav·en·ly 'Fa·ther** *n* Vater *m* im Himmel **heav·en·ly 'host** *n no pl, + sing/pl vb* himmlische Heerscharen

'heav·en-sent *adj inv* vom Himmel gesandt, wie gerufen *präd;* **you're ~!** dich schickt der Himmel!

heav·en·ward(s) ['hevᵊnwəd(z), AM -wɚd(z)] *adv inv* himmelwärts, zum [*o veraltend* gen] Himmel; **to lift [***or* **raise] one's eyes ~** die Augen zum Himmel erheben

heavi·ly ['hevɪli] *adv* ❶ (*to great degree*) stark; **she's ~ involved in the project** sie ist sehr engagiert in dem Projekt; **they rely ~ on his advice** sie verlassen sich total auf seinen Rat; **~ armed/guarded** schwer bewaffnet/bewacht; **~ insured** hoch versichert; **~ populated** dicht besiedelt; **to be ~ into sth** (*fam*) auf etw *akk* voll abfahren *fam;* **to be ~ in debt** stark verschuldet sein; **to drink ~** ein starker Trinker/eine starke Trinkerin sein; **to gamble ~** leidenschaftlich spielen; **to invest ~** groß investieren; **to sleep ~** tief schlafen; **to tax sth ~** hohe Steuern auf etw *akk* erheben ❷ (*with weight*) schwer; *move* schwerfällig; **~ built** kräftig gebaut; **to weigh ~ on sb** (*fig*) schwer auf jdm lasten, jdm sehr zu schaffen machen ❸ (*severely*) schwer; **to rain/snow ~** stark regnen/schneien

H

❹ (*with difficulty*) schwer; **to breathe ~** schwer atmen; **to speak ~** schleppend sprechen

heavi·ness ['hevɪnəs] *n no pl* ❶ (*weight*) Gewicht *nt,* Schwere *f; of movement* Schwerfälligkeit *f* ❷ (*degree*) Schwere *f; of a problem* Ausmaß *nt; of an amount* Höhe *f* ❸ (*seriousness*) *of mood* Bedrücktheit *f,* Niedergeschlagenheit *f; of punishment* Härte *f* ❹ (*liter: sadness*) Niedergeschlagenheit *f;* **~ of heart** schweres Herz

heav·ing ['hi:vɪŋ] *adj* schwankend *attr*

heavy ['hevi] **I.** *adj* ❶ (*weighty*) schwer *a. fig;* **her eyes were ~ with tiredness** vor Müdigkeit fielen ihr fast die Augen zu; **to be ~ with child** (*liter*) schwanger sein, ein Kind unter dem Herzen tragen *liter;* **~ fall** schwerer Sturz; **~ food** schweres [*o* schwer verdauliches] Essen; **to do ~ lifting/carrying** schwere Sachen heben/tragen; **~ machinery** schwere Maschinen; **~ step** schwerer Schritt; **to lie ~ on sb's stomach** jdm schwer im Magen liegen; **~ work** Schwerarbeit *f* ❷ (*intense*) stark; **~ accent** starker Akzent; **~ bleeding** starke Blutung; **to be under ~ fire** MIL unter schwerem Beschuss stehen; **~ frost/gale/snow** starker Frost/Sturm/Schneefall; **~ rain** heftiger [*o* starker] Regen; **~ sea** hohe [*o* stürmische] See ❸ (*excessive*) stark, übermäßig; **the engine is rather ~ on fuel** der Motor verbraucht ziemlich viel Benzin; **~ drinker** starker Trinker/starke Trinkerin; **~ sleep** tiefer Schlaf; **~ smoker** starker Raucher/starke Raucherin ❹ (*severe*) schwer[wiegend]; **the odds were ~ but they decided to go for it anyway** sie entschieden sich, trotz der vielen Widrigkeiten weiterzumachen; **a ~ blow** ein schwerer Schlag *a. fig;* **~ offence** schweres Vergehen ❺ (*abundant*) viel, reichlich; *sum* hoch; **the trees were ~ with fruit** die Bäume trugen viele Früchte; **~ casualties** unzählige Opfer; MIL schwere [*o* hohe] Verluste; **~ crop** reiche Ernte; **~ fine** hohe Geldstrafe; **~ investment** hohe Investitionen *fpl* ❻ (*fig: oppressive*) drückend, lastend; *weather* schwül; **the atmosphere was ~ with menace** es lag Gefahr in der Luft; **~ responsibility** große Verantwortung; **~ silence** lähmende Stille ❼ (*difficult*) schwierig, schwer; **~ breathing** schwerer Atem; **~ going** Schinderei *f,* Plackerei *f fam;* **the book is rather ~ going** das Buch ist schwer zu lesen; **the going was ~** wir kamen nur schwer voran ❽ (*dense*) dicht; (*thick*) dick; **~ beard** dichter Bart; **~ coat** dicker Mantel; **~ clouds** schwere Wolken; **~ schedule** voller [*o* dicht gedrängter] Terminkalender; **~ shoes** feste Schuhe; **~ sky** bedeckter Himmel; **~ traffic** starker [*o* dichter] Verkehr; **~ undergrowth** dichtes Unterholz ❾ (*not delicate*) grob; **~ features** grobe Züge ❿ (*clumsy*) schwerfällig ⓫ (*strict*) streng; ■**to be ~ on sb** streng mit jdm sein; **to play the ~ mother** die gestrenge Mutter spielen ▶ PHRASES: **to do sth with a ~ hand** etw mit eiserner Strenge machen; **with a ~ heart** schweren Herzens; **to make ~ weather of sth** etw unnötig komplizieren **II.** *n* ❶ (*sl: thug*) Schläger[typ] *m sl* ❷ THEAT (*character*) Schurke, -in *m, f;* **to be** [*or* **play**] **the ~ in sth** (*fig fam*) bei etw *dat* die Hauptrolle spielen ❸ BRIT (*fam: newspapers*) ■**the heavies** *pl* die seriösen Zeitungen ❹ *esp* SCOT (*beer*) Starkbier *nt*

heavy 'cream *n no pl* AM Schlagsahne *f* (*mit hohem Fettgehalt*) **heavy-'duty** *adj* ❶ *inv* (*strong*) robust; *clothes* strapazierfähig; **~ machine** Hochleistungsmaschine *f;* **~ vehicle** Schwerlastfahrzeug *nt* ❷ (*fam: intense*) intensiv, heftig; (*abundant*) reichlich, sehr viel; **there was a lot of ~ flirting going on there** die Leute haben dort wie wild miteinander geflirtet; **a real ~ meeting** ein wirklich bedeutsames Treffen; **a ~ problem** ein kniffliges Problem **heavy-'foot·ed** *adj* schwerfällig **heavy 'goods ve·hi·cle** *n* Lastkraftwagen *m* **heavy-'hand·ed** *adj* (*clumsy*) ungeschickt, unbeholfen, schwerfällig; (*without subtlety*) plump **heavy-'hand·ed·ly** *adv* (*clumsily*) ungeschickt, unbeholfen, schwerfällig; (*without subtlety*) plump **heavy-'heart·ed** *adj* bedrückt, niedergeschlagen; **~ sigh** trauriger Seufzer **heavy 'hy·dro·gen** *n no pl* schwerer Wasserstoff **heavy 'in·dus·try** *n no pl* Schwerindustrie *f* **heavy-'lad·en** *adj* (*with weight*) schwer beladen *a. fig;* (*with troubles*) bedrückt, sehr niedergeschlagen **heavy-'lid·ded** *adj inv* schläfrig **heavy 'met·al** **I.** *n* ❶ (*metal*) Schwermetall *nt* ❷ (*music*) Heavymetal *m* **II.** *n modifier* (*music, band*) Heavymetal-, Metal- *fam* **heavy 'pet·ting** *n no pl* heftiges [*o* wildes] Petting **'heavy-set** *adj* mollig, korpulent *geh* **heavy 'type** *n* fette Schrift **heavy 'wa·ter** *n no pl* PHYS schweres Wasser; TECH Schwerwasser *nt*

'heavy·weight **I.** *n* ❶ SPORTS Schwergewicht *nt;* (*person*) Schwergewicht *nt,* Schwergewichtler(in) *m(f)* ❷ (*fig*) Schwergewicht *nt,* Autorität *f,* Größe *f;* **a political/literary ~** ein politisches/literarisches Schwergewicht **II.** *n modifier* SPORTS Schwergewichts-, im Schwergewicht *nach n;* **~ boxer** Schwergewichtler(in) *m(f);* **~ champion** Meister(in) *m(f)* im Schwergewicht **III.** *adj* ❶ *inv* (*weighty*) schwer; **~ cloth/paper** schwerer Stoff/schweres Papier ❷ (*fig: important*) *person* prominent, bedeutend; *problem* gewichtig; **a ~ report** ein ernst zu nehmender Bericht

He·bra·ic [hi:'breɪɪk] *adj inv* hebräisch

He·brew ['hi:bru:] **I.** *n* ❶ (*person*) Hebräer(in) *m(f)* ❷ *no pl* (*language*) Hebräisch *nt* **II.** *adj inv* hebräisch

Heb·ri·des ['hebrɪdi:z] *npl* ■**the ~** die Hebriden *pl;* **the Inner/Outer ~** die Inneren/Äußeren Hebriden

heck [hek] *interj* (*euph sl*) Mist! *sl;* **where the ~ have you been?** wo, zum Teufel, bist du gewesen?; **it's a ~ of a walk from here** es ist ein verdammt langer Weg von hier aus; **oh ~!** zum Kuckuck!; **what the ~!** wen kümmert's!, [scheiß]egal! *sl*

heck·le ['hekl̩] **I.** *vi* dazwischenrufen, Zwischenrufe machen **II.** *vt* ■**to ~ sb** jdn durch Zwischenrufe stören [*o* aus dem Konzept bringen]

heck·ler ['hekl̩əʳ, AM -ɚ] *n* Zwischenrufer(in) *m(f)*

heck·ling ['hekl̩ɪŋ] *n* (*act*) Zwischenrufen *nt;* (*instance*) Zwischenruf *m*

hec·tare ['hekteəʳ, -tɑ:ʳ, AM -ter] *n* Hektar *m o nt*

hec·tic ['hektɪk] **I.** *adj* ❶ (*very fast*) hektisch; **~ pace** hektische Gangart; (*fig*) rasantes Tempo ❷ MED (*hist*) hektisch; **~ fever** hektisches Fieber, Febris hectica *f fachspr;* **~ flush** hektische Röte **II.** *n* (*hist: fever*) hektisches Fieber; (*person*) Schwindsüchtige(r) *f(m)*

hec·to·li·ter ['hektoʊ,li:t̬ɚ] AM, **hec·to·li·tre** [-tə(ʊ),li:təʳ] *n* Hektoliter *m*

hec·tor ['hektəʳ, AM -ɚ] **I.** *vt* ■**to ~ sb** jdn tyrannisieren [*o fam* schikanieren] **II.** *n* Tyrann(in) *m(f)*

hec·tor·ing ['hektᵊrɪŋ, AM -ɚɪŋ] *adj attr* tyrannisch

he'd [hi:d] = **he had/he would** *see* **have/will¹**

hedge [hedʒ] **I.** *n* ❶ (*fence*) *of bushes* Hecke *f* ❷ (*fig: barrier*) Schutzwall *m;* (*protection*) Schutz *m* (**against** vor +*dat*), Absicherung *f* (**against** gegen +*akk*) **II.** *vt* ❶ (*surround*) ■**to ~ sth** *garden, property* etw [mit einer Hecke] umgeben; ■**to ~ sb/sth** (*fig*) jdn/etw einengen, einschränken ❷ ECON (*protect*) ■**to ~ sth** etw absichern ▶ PHRASES: **to ~ one's bets** nicht alles auf eine Karte setzen, auf Nummer sicher gehen *fam* **III.** *vi* ❶ (*avoid action*) ausweichen, kneifen *pej fam;* (*avoid commitment*) sich *akk* nicht festlegen wollen; **stop ~ and give me a straight answer** weich mir nicht dauernd aus und gib mir eine klare Antwort ❷ ECON ■**to ~ against sth** sich *akk* gegen etw *akk* absichern, sich *akk* vor etw *dat* schützen

◆**hedge about, hedge around** *vt* ■**to ~ about/around** ⊂ **sth** etw behindern [*o* erschweren]; (*restrict*) etw einschränken

◆**hedge in** *vt* ❶ (*with bushes*) ■**to ~ in** ⊂ **sth** *garden, property* etw [mit einer Hecke] einfassen [*o* umgeben] ❷ ECON **to ~ in an investment** eine Investition absichern ❸ (*fig: restrict*) ■**to ~ in** ⊂ **sb** jdn behindern [*o* beschränken] [*o* einengen]; ■**to ~ in** ⊂ **sth** etw behindern [*o* erschweren]

◆**hedge off** *vt* ■**to ~ off** ⊂ **sth** *garden, property, house* etw [mit einer Hecke] abgrenzen [*o* abtrennen]

◆**hedge round** *vt* BRIT *see* **hedge about**

'hedge clip·pers *npl* Heckenschere *f;* **set of ~** Heckenschere *f*

'hedge·hog *n* Igel *m* **'hedge-hop** *vi* tief fliegen **'hedge·row** *n* Hecke *f*, Knick *m* NORDD **'hedge spar·row** *n* Heckenbraunelle *f* **'hedge-trim·mer** *n* [a set of] ~s Heckenschneidemaschine *f*, elektrische Heckenschere

he·don·ism ['hi:dᵊnɪzᵊm] *n no pl* Hedonismus *m*

he·don·ist ['hi:dᵊnɪst] *n* Hedonist(in) *m(f)*

he·don·is·tic [ˌhi:dᵊn'ɪstɪk] *adj* hedonistisch

heebie-jeebies [ˌhi:bi'dʒi:biz] *npl* ■**the** ~ Beklemmung *f*, Zustände *mpl fam;* **to get the** ~ Zustände kriegen *fam;* **to give sb the** ~ jdm eine Gänsehaut machen

heed [hi:d] (*form*) **I.** *vt* ■**to** ~ **sth** etw beachten, etw *dat* Beachtung schenken *geh;* **to** ~ **advice** einen Rat befolgen [*o geh* beherzigen]; **to** ~ **a warning** eine Warnung ernst nehmen **II.** *n no pl* Beachtung *f;* **to pay** ~ **to sth, to take** ~ **of sth** etw beherzigen, auf etw *akk* achten

heed·ful ['hi:dfᵊl] *adj* (*form*) achtsam; ■**to be** ~ **of sb/sth** jdn/etw beachten; **to be** ~ **of sb's advice** jds Rat *m* befolgen [*o geh* beherzigen]

heed·less ['hi:dləs] *adj* (*form*) achtlos, unachtsam; ■**to be** ~ **of sth** etw nicht beachten, nicht auf etw *akk* achten; ■~ **of sth** ungeachtet einer S. *gen;* ~ **of dangers** ungeachtet der Gefahren

heed·less·ly ['hi:dləsli] *adv* achtlos, unachtsam

hee-haw ['hi:ˌhɔ:, AM *esp* -ˌhɑ:] **I.** *interj* iah **II.** *n* ❶ (*noise*) Iah *nt;* (*childspeak: donkey*) Esel *m* ❷ (*laugh*) wieherndes Gelächter, Gewieher *nt fam* **III.** *vi* ❶ (*make noise*) iahen ❷ (*laugh*) wiehernd lachen, [vor Lachen] wiehern *fam*

heel¹ [hi:l] **I.** *n* ❶ (*body part*) Ferse *f; of animal* Hinterfuß *m*, Hinterlauf *m; of horse* hinterer Teil des Hufs; **the** ~ **of the hand** der Handballen; ■**to be at sb's** ~**s** (*follow*) jdm [dicht] folgen; (*fig: chase*) jdm auf den Fersen sein ❷ (*of shoe*) Absatz *m;* (*of sock*) Ferse *f;* ■~**s** *pl* hochhackige Schuhe, Stöckelschuhe *mpl;* **to turn on one's** ~ auf dem Absatz kehrtmachen ❸ (*end part*) Anschnitt *m*, Endstück *nt; of bread* [Brot]kanten *m bes* NORDD, Scherz *m* SÜDD, ÖSTERR, Knust *m* DIAL; *of violin bow* Frosch *m; of golf club* Ferse *f* ❹ (*pej dated fam: man*) Scheißkerl *m pej sl;* (*woman*) Miststück *nt pej sl* ► PHRASES: **to show** [**sb**] **a clean pair of** ~**s** (*run away*) jdm die Fersen zeigen, Fersengeld geben; (*leave behind*) jdn abhängen; **to follow close** [*or* **hard**] **on the** ~**s of sth** unmittelbar auf etw *akk* folgen; **to be hard** [*or* **close**] [*or* **hot**] **on sb's** ~**s** jdm dicht auf den Fersen sein; **to be down at** [**the**] ~ *person* heruntergekommen sein; *shoe* abgetreten sein; **to bring sb/an animal to** ~ jdn/ein Tier gefügig machen; **to bring sth to** ~ etw unter Kontrolle bringen; **to come to** ~ *person* sich *akk* fügen, spuren *fam; dog* bei Fuß gehen; **to dig one's** ~**s in** sich *akk* auf die Hinterbeine stellen; **to kick** [*or* **cool**] **one's** ~**s** (*wait*) sich *dat* die Beine in den Bauch stehen; (*do nothing*) Däumchen drehen *fam*, rumhängen *fam;* **to kick up one's** ~**s** auf den Putz hauen *fam;* **to take to one's** ~**s** die Beine in die Hand nehmen *fam*, Fersengeld geben; **under the** ~ **of sb/sth** unter der Herrschaft einer Person/einer S. *gen* **II.** *interj* ■~! bei Fuß! **III.** *vt* ❶ (*in shoe-making*) **to** ~ **a shoe** einen neuen Absatz auf einen Schuh machen ❷ (*in golf*) **to** ~ **a ball** den Ball mit der Ferse schlagen ► PHRASES: **to be well** ~**ed** (*fam*) gut betucht sein **IV.** *vi* FBALL mit dem Absatz kicken; (*in rugby*) einen Ball hakeln [*o* mit dem Absatz spielen]

heel² [hi:l] NAUT **I.** *vi* ■**to** ~ **over** sich *akk* auf die Seite legen, krängen *fachspr;* **to** ~ **hard over** sich *akk* stark auf die Seite legen, stark krängen **II.** *vt* **to** ~ **a boat/ship** ein Boot/Schiff zum Krängen bringen [*o fachspr* krängen lassen] **III.** *n* (*instance*) Seitenneigung *f*, Krängung *f fachspr;* (*angle*) Neigungswinkel *m*

'heel bar *n* Schuh[sofort]reparaturservice *m*, Absatzschnelldienst *m*

heel·er ['hi:ləʳ] *n* AUS Schäferhund *m*

heft [heft] **I.** *vt* ■**to** ~ **sth** etw hochheben (*bes. um das Gewicht festzustellen*) **II.** *n* AM (*weight*) Gewicht *nt*

hefty ['hefti] *adj* ❶ (*strong*) *person* kräftig [gebaut], stämmig; ~ **push** kräftiger Stoß ❷ (*large*) mächtig; **a** ~ **book** ein Wälzer *m;* ~ **workload** hohe Arbeitsbelastung ❸ (*considerable*) deutlich, saftig *fam;* ~ **bonus** beträchtlicher Bonus; ~ **commission** stattliche Provision; ~ **price rise** deutliche Preiserhöhung

He·gelian [hɪ'geɪliən] **I.** *adj inv* hegelianisch **II.** *n* Hegelianer(in) *m(f)*

heg·emon·ic [ˌhegɪ'mɒnɪk, AM ˌhedʒɪ'mɑ:n-] *adj inv* hegemonisch, hegemonial

he·gemo·ny [hɪ'geməni, AM -'dʒem-] *n no pl* Hegemonie *f*

hegi·ra ['hedʒɪrə] *n* (*hist*) Hedschra *f hist;* (*fig liter*) Exodus *m geh*

heif·er ['hefəʳ, AM -ɚ] *n* Färse *f*

heigh-ho [ˌheɪ'həʊ, AM -'hoʊ] *interj* nun ja!, ach ja!

height [haɪt] *n* ❶ (*top to bottom*) Höhe *f; of a person* [Körper]größe *f;* **his** ~ **is about 1.75 metres** er ist ungefähr 1,75 Meter groß; **at chest/eye** ~ in Brust-/Augenhöhe; **to adjust the** ~ **of sth** etw höher/niedriger stellen; **to gain/lose** ~ an Höhe gewinnen/verlieren; **to be 6 metres in** ~ 6 Meter hoch sein ❷ (*high places*) ■~**s** *pl* Höhen *fpl;* **fear of** ~**s** Höhenangst *f;* **to be afraid of** ~**s** nicht schwindelfrei sein ❸ (*rare: hill*) ■~**s** *pl* Hügel *mpl*, Anhöhen *fpl* ❹ (*fig: peak*) Höhepunkt *m;* **this is the** ~ **of pleasure for me** das ist für mich das Höchste der Gefühle; **to be at the** ~ **of one's career** auf dem Höhepunkt seiner Karriere sein; **to be dressed in the** ~ **of fashion** nach der neuesten Mode gekleidet sein; **to be at the** ~ **of one's power** auf dem Gipfel seiner Macht sein; **at the** ~ **of summer** im Hochsommer; **to rise to giddy** [*or* **dizzy**] ~**s** (*fam*) in Schwindel erregende Höhen aufsteigen; **to attain great** ~**s, to scale** ~**s** den Höhepunkt erreichen; *shares, prices* Spitzenwerte erreichen ❺ (*of characteristic*) Höchstmaß *nt*, Maximum *nt;* **the** ~ **of bad manners** [*or* **ill manners**] der Gipfel der Unverschämtheit; **the** ~ **of folly/stupidity** der Gipfel der Torheit/Dummheit; **the** ~ **of kindness/patience** das Äußerste an Güte/Geduld

height·en ['haɪtᵊn] **I.** *vt* ■**to** ~ **sth** ❶ (*raise*) etw höher machen [*o* stellen]; **to** ~ **a mirror/picture** einen Spiegel/ein Bild höher hängen ❷ (*increase*) etw steigern [*o* erhöhen]; *feeling, effect* etw verstärken; **to** ~ **one's awareness** seine Aufmerksamkeit erhöhen; **to** ~ **pleasure/tension** ein Vergnügen/eine Spannung steigern; **to** ~ **sb's suffering** jds Leiden *nt* verschlimmern; **to** ~ **the value of a house/painting** den Wert eines Hauses/Gemäldes erhöhen [*o* steigern] ❸ (*emphasize*) etw betonen [*o* hervorheben]; **to** ~ **one's cheekbones/eyes** seine Backenknochen/Augen betonen [*o* hervorheben] **II.** *vi anger, panic, pleasure* ansteigen, wachsen, zunehmen

Heimlich ma·neu·ver ['haɪmlɪk-] AM, **Heimlich ma·noeu·vre, Heimlich pro·cedure** *n* Heimlich-Handgriff *m*

heinie ['haɪni:] *n* AM (*fam! sl*) Hinterteil *m fam*

hei·nous ['heɪnəs, 'hi:-] *adj* (*form*) abscheulich, grässlich, verabscheuungswürdig *form*

hei·nous·ly ['heɪnəsli, 'hi:-] *adv* auf abscheuliche Weise

heir [eəʳ, AM er] *n* Erbe, -in *m, f;* ~ **to the throne** Thronfolger(in) *m(f)*, Thronerbe, -in *m, f;* **to be** [**the**] ~ **to sb's estate/a fortune** jds Nachlass *m*/ein Vermögen erben; **to be** [**the**] ~ **to problems/a tradition** (*fig*) Probleme/eine Tradition übernehmen

heir ap·'par·ent <*pl* heirs apparent> *n* gesetzlicher [*o* rechtmäßiger] Erbe/gesetzliche [*o* rechtmäßige] Erbin; ~ **to the throne** rechtmäßiger Thronfolger/rechtmäßige Thronfolgerin *a. fig*

heir·ess <*pl* -es> ['eəres, AM 'erɪs] *n* Erbin *f; see also* **heir**

heir·loom ['eəlu:m, AM 'er-] *n* Erbstück *nt;* **family** ~ Familienerbstück *nt*

heist [haɪst] **I.** *n esp* AM (*fam*) bewaffneter Raub[überfall]; **jewelry** ~ Juwelenraub *m* **II.** *vt esp* AM (*fam*) ■**to** ~ **sth** (*steal*) etw rauben; (*rob*) etw ausrauben; **to** ~ **a car** ein Auto ausrauben; **to** ~ **jewels** Juwelen rauben

held [held] *vt, vi pt, pp of* **hold**
Helen ['helən] *n* Helena *f;* ~ **of Troy** die schöne Helena
heli·cal ['helɪkəl] *adj inv* spiralförmig; TECH schneckenförmig, schraubenförmig; ~ **gear** Schrägstirnrad *nt;* ~ **stair** Wendeltreppe *f*
heli·ces ['hi:lɪsi:z] *n pl of* **helix**
heli·cop·ter ['helɪkɒptəʳ, AM -kɑ:ptɚ] **I.** *n* Hubschrauber *m,* Helikopter *m geh* **II.** *n modifier* (*pad, pilot, radio*) Hubschrauber- **III.** *vt* ■**to ~ sb/sth** jdn/etw mit dem Hubschrauber transportieren
heli·cop·ter 'gun·ship *n* Kampfhubschrauber *m*
Heli·go·land ['helɪgə(ʊ)lænd, AM -goʊ-] *n no pl* Helgoland *nt*
helio·cen·tric [ˌhi:liə(ʊ)'sentrɪk, AM -oʊ'-] *adj inv* heliozentrisch
helio·graph [ˌhi:liə(ʊ)'grɑ:f, AM -oʊ'græf] **I.** *n* Heliograph *m* **II.** *vt* ■**to ~ sth** *message* etw per Heliograph übermitteln
helio·trope ['hi:liətrəʊp, AM -troʊp] **I.** *n* ❶ BOT Heliotrop *nt* ❷ (*colour*) Blauviolett *nt* **II.** *adj* ❶ *inv* BOT heliotrop ❷ *colour* blauviolett
helio·trop·ic [ˌhi:liə(ʊ)'trɒpɪk, AM -oʊ'trɑ:p-] *adj inv* phototropisch, heliotropisch *veraltend*
heli·pad ['helɪ-] *n* Hubschrauberlandeplatz *m* **'heli·port** *n* Heliport *m,* Hubschrauberlandeplatz *m* **'heli-ski·ing** *n* Heli-Skiing *nt fachspr* (*Skisportart, bei der der Skifahrer mit einem Hubschrauber auf den Berg geflogen wird*)
he·lium ['hi:liəm] *n no pl* Helium *nt*
he·lix <*pl* -lices> ['hi:lɪks, *pl* -lɪsi:z] *n* ❶ (*spiral*) Spirale *f* ❷ ARCHIT Volute *f fachspr* ❸ BIOL, CHEM Helix *f fachspr*
hell [hel] **I.** *n no pl* ❶ (*not heaven*) Hölle *f;* **to go to ~** in die Hölle kommen, zur Hölle fahren *geh o fig* ❷ (*fig fam*) Hölle *f fam;* **to ~ with it!** ich hab's satt!; **to ~ with you!** du kannst mich mal!; **to not have a chance/hope in ~** nicht die geringste Chance/leiseste Hoffnung haben; **~ on earth** die Hölle auf Erden; **to annoy the ~ out of sb** (*fam*) jdn schrecklich nerven, jdm fürchterlich auf den Keks gehen *fam;* **to be ~** die Hölle sein *fam;* **to be ~ on sb/sth** für jdn/etw die Hölle sein; **to beat** [*or* **knock**] **the ~ out of sb** jdn windelweich prügeln *fam,* jdn grün und blau schlagen *fam;* ■**sth/sb from ~** etw/jd ist die reinste Hölle; **a job/winter from ~** eine höllische Arbeit/ein höllischer Winter; **to frighten** [*or* **scare**] **the ~ out of sb** jdn zu Tode erschrecken; **to go through ~** durch die Hölle gehen; **to have been to ~ and back** durch die Hölle gegangen sein; **to make sb's life ~** jdm das Leben zur Hölle machen; **to raise ~** (*complain*) Krach schlagen *fam;* (*be loud and rowdy*) einen Höllenlärm machen ❸ (*fam: for emphasis*) **he's one ~ of a guy!** er ist echt total in Ordnung!; **they had a ~ of a time** (*negative*) es war die Hölle für sie; (*positive*) sie hatten einen Heidenspaß; **a ~ of a decision** eine verflixt schwere Entscheidung *fam;* **a ~ of a lot** verdammt viel; **a ~ of a performance** eine Superleistung *fam;* **as cold as ~** saukalt *sl;* **as hard as ~** verflucht hart *sl;* **as hot as ~** verdammt heiß *sl;* **to do sth as quickly as ~** etw in einem Höllentempo machen *fam;* **to hope/wish to ~** (*fam*) etw inständig hoffen/wünschen ▶PHRASES: **to go to ~ in a <u>handbasket</u>** AM (*fam*) den Bach runtergehen *fam;* **to run ~ for <u>leather</u>** (*dated fam*) wie der Teufel rennen *fam;* **the <u>road</u> to ~ is paved with good intentions** (*prov*) es gibt nichts Gutes, außer man tut es *prov;* **come ~ or high <u>water</u>** (*fam*) komme, was wolle; **all ~ breaks <u>loose</u>** die Hölle [*o* der Teufel] ist los; **until ~ <u>freezes</u> over** (*dated fam*) bis in alle Ewigkeit; **she'll be waiting until ~ freezes over** da kann sie warten, bis sie schwarz wird; **to <u>give</u> sb ~** (*scold*) jdm die Hölle heißmachen *fam;* (*make life unbearable*) jdm das Leben zur Hölle machen; **<u>go</u> to ~!** (*sl: leave me alone*) scher dich zum Teufel! *sl;* **to <u>have</u> ~ to pay** (*fam*) jede Menge Ärger haben *fam;* **to <u>play</u> ~ with sth** mit etw *dat* Schindluder treiben *fam;* **to do sth <u>for</u> the ~ of it** etw aus reinem Vergnügen [*o* zum Spaß] machen; **<u>from</u> ~** entsetzlich, schrecklich; **we had a weekend from ~** unser Wochenende war eine Katastrophe; **<u>like</u> ~** wie verrückt *fam* **II.** *interj* **what the ~ are you doing?** was zum Teufel machst du da?; **get the ~ out of here, will you?** mach, dass du rauskommst! *fam,* scher dich zum Teufel! *sl;* **oh ~!** Scheiße! *sl,* Mist! *fam;* **~ no!** bloß nicht! ▶PHRASES: **~'s <u>bells</u>** [*or* **<u>teeth</u>**]**!** verdammt nochmal! *sl;* **<u>like</u> ~!** (*sl*) nie im Leben! *sl;* **the ~ you <u>do</u>!** AM (*fam*) einen Dreck tust du! *sl;* **<u>what</u> the ~!** (*sl*) was soll's! *fam*
he'll [hi:l] = **he will/he shall** *see* **will¹/shall**
'hell·bend·er *n* AM Schlammteufel *m* **'hell-bent** *adj pred* fest [*o* wild] entschlossen; **to be ~ on sth** etw um jeden Preis wollen **'hell·cat** *n* (*pej*) Teufelsweib *nt pej*
hel·le·bore ['helɪbɔ:ʳ, AM -bɔ:r] *n* Nieswurz *f*
Hel·len·ic [hel'i:nɪk, AM hə'len-] **I.** *n no pl* Hellenisch *nt,* Griechisch *nt* **II.** *adj inv* hellenisch, griechisch
Hel·len·ist ['helɪnɪst] *n* Hellenist(in) *m(f)*
Hel·len·is·tic [ˌhelɪ'nɪstɪk] *adj inv* hellenistisch
'hell·fire **I.** *n no pl* (*fire in hell*) Höllenfeuer *nt;* (*purgatory*) Fegefeuer *nt* **II.** *n modifier* orthodox, gottesfürchtig; **~ preacher/puritanism** strenggläubiger [*o* orthodoxer] Prediger/Puritanismus **'hell·hole** *n* (*pej fam*) finsteres [*o* scheußliches] Loch **'hell·hound** *n* (*pej*) Höllenhund *m pej,* Teufel *m pej*
hel·lion ['heljən] *n* AM (*pej*) Satansbraten *m pej*
hell·ish ['helɪʃ] **I.** *adj* ❶ *inv* (*of hell*) höllisch, teuflisch ❷ (*fig fam: dreadful*) höllisch *fam,* scheußlich *fam;* **~ cold/heat** mörderische Kälte/Hitze; **a ~ day** ein grässlicher Tag; **a ~ experience** ein schreckliches Erlebnis; **a ~ noise** ein Höllenlärm *m* **II.** *adv* BRIT (*fam*) verdammt *fam,* höllisch *fam*
hell·ish·ly ['helɪʃli] *adv* (*fam*) ❶ (*dreadfully*) höllisch *fam,* scheußlich *fam* ❷ (*extremely*) verdammt *fam,* höllisch *fam;* **~ cold/hot** verdammt kalt/heiß
hel·lo [hel'əʊ, AM -'oʊ] **I.** *n* Hallo *nt;* **a big ~ to all who've come** ein herzliches Willkommen an alle, die gekommen sind; **to give sb a ~** jdn begrüßen; **to say ~ to sb** jdn [be]grüßen; **say ~ to your family** [**from me**] grüß deine Familie [von mir] **II.** *interj* ❶ (*in greeting*) hallo!; (*on phone*) hallo!; (*attracting attention*) hallo! ❷ BRIT (*in surprise*) nanu!, holla! ❸ (*fam: get with it*) Moment mal! *fam*
'hell·rais·er *n* Unruhestifter(in) *m(f),* Randalierer(in) *m(f)*
Hell's 'An·gels *npl* Hell's Angels *pl*
hell·uva ['heləvə] (*fam*) = **hell of a** *see* **hell I.3**
helm¹ [helm] *n* Ruder *nt,* Steuer *nt;* **to be at the ~** am Ruder sein; (*fig*) an der Macht [*o* am Ruder] sein; **to take the ~** das Steuer übernehmen; (*fig*) die Führung [*o* das Ruder] übernehmen
helm² [helm] *n* (*old: helmet*) Helm *m*
hel·met ['helmət] *n* Helm *m;* **bicycle ~** Fahrradhelm *m;* **crash ~** Sturzhelm *m;* **fencing ~** Fechtmaske *f*
hel·met·ed ['helmətɪd, AM -t̬-] *adj inv* behelmt, mit Helm *nach n*
helms·man *n* Steuermann, -frau *m, f*
help [help] **I.** *n no pl* ❶ (*assistance*) Hilfe *f;* (*financial*) Unterstützung *f;* **do you need any ~ with those boxes?** soll ich dir mit diesen Kisten helfen?; **can I be of ~ to you?** kann ich Ihnen irgendwie helfen?; **the victims were beyond ~** den Opfern war nicht mehr zu helfen; **this guy is beyond ~!** dem Typ ist nicht mehr zu helfen!; **if she is caught stealing again, there'll be no ~ for it, I'll have to call the police** wenn man sie noch einmal beim Stehlen erwischt, wird man wohl die Polizei rufen müssen; **to be a big ~ with sth** bei etw *dat* eine große Hilfe sein; **to cry** [*or* **go crying**] **for ~** nach Hilfe schreien; **to give** [*or* **provide**] **~** Hilfe leisten; **to give ~ to sb** jdm helfen; **to run** [*or* **go running**] **for ~** Hilfe suchen; ■**to be of ~ to sth** für etw *akk* hilfreich sein; ■**to be of ~ to sb** für jdn eine Stütze [*o* Hilfe] sein ❷ (*employee*) Aushilfe *f,* Hilfskraft *f;* ■**the ~ + *sing/pl vb*** das Personal; **home ~** [Haushalts]hilfe *f,* Zugehfrau *f bes* SÜDD; **to have** [AM **hired**] **~ come in** eine Haushaltshilfe haben; **to be short of ~** wenig Personal haben **II.** *interj* ■**~!** Hilfe! **III.** *vi* ❶ (*assist*) helfen; **is there any way that I can ~?** kann ich irgendwie behilflich sein? ❷ (*improve situation*) helfen; *medicine also* Abhilfe schaffen **IV.** *vt* ❶ (*as-

sist) ■**to ~ sb** jdm helfen [*o* beistehen]; **~ me!** Hilfe!; **God** [*or* **Heaven**] **~ us!** der Himmel stehe uns bei!; **her knowledge of Swahili ~ed her** ihre Suahelikenntnisse haben ihr genützt; [**how**] **can I ~ you?** was kann ich für Sie tun?; (*in a shop*) kann ich Ihnen behilflich sein?; **nothing can ~ her now** ihr ist nicht mehr zu helfen; **I wonder if you could ~ me ...** vielleicht könnten Sie mir weiterhelfen ...; **so ~ me God** so wahr mir Gott helfe; **could you ~ me with my coat, please?** würden Sie mir bitte in den Mantel helfen?; **to ~ sb down the stairs/into a taxi** jdm die Treppen hinunterhelfen/in ein Taxi helfen; **to ~ sb through their depression/a difficult time** jdm über eine Depression/eine schwierige Zeit hinweghelfen; **to ~ sb with their homework** jdm bei den Hausaufgaben helfen; ■**to ~ sb/sth to do sth** jdm/etw dabei helfen, etw zu tun ② (*improve*) ■**to ~ sth** etw verbessern; **a little make-up would ~ your appearance a lot** mit ein bisschen Make-up würdest du viel besser aussehen; **these drops will ~ your cough** diese Tropfen werden deinen Husten lindern ③ (*contribute*) ■**to ~ sth** zu etw *dat* beitragen; **the drought has ~ed to make this a disastrous year for Somalia** die Dürre war auch ein Grund dafür, dass dies ein katastrophales Jahr für Somalia wurde ④ (*prevent*) **I can't ~ it** [*or* **myself**] ich kann nicht anders; **stop giggling! – I can't ~ it!** hör auf zu kichern! – ich kann nichts dagegen machen!; **he can't ~ his looks** er kann nichts für sein Aussehen; **I can't ~ thinking that she'd be better off without him** ich denke einfach, dass es ihr ohne ihn besser gehen würde; **she couldn't ~ wondering whether the rumour was true** sie konnte nicht umhin, sich zu fragen, ob an dem Gerücht etwas Wahres dran war; **I couldn't ~ staring at the strange man** ich musste den seltsamen Mann einfach anstarren; **will the companies merge? – not if I can ~ it** werden die Unternehmen fusionieren? – nicht wenn ich es verhindern kann; ■**sth can't be ~ed** etw ist nicht zu ändern, etw ist halt so *fam* ⑤ (*take*) ■**to ~ oneself** sich *akk* bedienen; **please ~ yourself** bitte bedienen Sie sich; **he ~ed himself from the sweets tray** er nahm sich etwas aus der Bonbonschale; ■**to ~ oneself to sth** sich *dat* etw nehmen; *thief* sich *akk* an etw *dat* bedienen *fam* ⑥ (*give*) ■**to ~ sb to sth** jdm etw reichen; **shall I ~ you to more wine?** darf ich Ihnen noch etwas Wein nachschenken? ►PHRASES: **God ~s those who ~ themselves** (*prov*) hilf dir selbst, dann hilft dir Gott

◆**help along** *vt* ■**to ~ sb along** jdm helfen, jdm auf die Sprünge helfen; ■**to ~ sth along** etw vorantreiben

◆**help off** *vt* ■**to ~ sb off with sth** jdm helfen, etw auszuziehen; **let me ~ you off with your coat!** warten Sie, ich helfe Ihnen aus dem Mantel!

◆**help on** *vt* ■**to ~ sb on with sth** jdm helfen, etw anzuziehen; **can I ~ you on with your coat?** darf ich Ihnen in den Mantel helfen?

◆**help out** **I.** *vt* ■**to ~ out** ◯ **sb** jdm [aus]helfen, jdn unterstützen **II.** *vi* aushelfen; ■**to ~ out with sth** bei etw *dat* helfen

◆**help up** *vt* ■**to ~ sb up** jdm aufhelfen

'help desk *n* Information *f;* COMPUT Helpdesk *nt fachspr,* Störungsstelle *f*

help·er ['helpəʳ, AM -ɚ] *n* (*person*) Helfer(in) *m(f);* (*assistant*) Gehilfe, -in *m, f;* (*tool*) Hilfsmittel *nt;* **kitchen ~** (*person*) Küchenhilfe *f;* (*tool*) Küchengerät *nt*

help·ful ['helpfᵊl] *adj person* hilfsbereit; *tool, suggestion* hilfreich, nützlich; **to be ~** [**to sb**] [jdm] helfen; **I'm sorry, I was only trying to be ~** es tut mir leid, ich wollte nur helfen

help·ful·ly ['helpfᵊli] *adv* (*ready to help*) hilfsbereit; (*useful*) hilfreich; **the man ~ took her bags** der Mann war so nett und trug ihre Taschen

help·ful·ness ['helpfᵊlnəs] *n no pl of person* Hilfsbereitschaft *f;* (*usefulness*) *of tool, comment* Nützlichkeit *f*

help·ing ['helpɪŋ] **I.** *n of food* Portion *f;* **to take a second** [*or* **another**] **~** sich *dat* noch einmal nehmen [*o fam* auftun] **II.** *adj attr, inv* hilfreich; **to give** [*or* **lend**] **sb a ~ hand** jdm helfen [*o geh* behilflich sein]; **to need a ~ hand** Hilfe gebrauchen

help·less ['helpləs] *adj* (*lacking help*) hilflos; (*weak*) machtlos; **to be ~ with laughter** sich *akk* vor Lachen kaum noch halten können

help·less·ly ['helpləsli] *adv* (*lacking help*) hilflos; (*weakly*) machtlos; **she laughed ~** sie hat sich halb totgelacht; **they were ~ drunk** sie waren völlig betrunken

help·less·ness ['helpləsnəs] *n no pl* (*lack of help*) Hilflosigkeit *f;* (*weakness*) Machtlosigkeit *f*

'help·line *n* (*for emergencies*) Notruf *m;* (*for information*) telefonischer Beratungsdienst **'help·mate** *n* (*spouse*) Gefährte, -in *m, f geh o veraltet;* (*helper*) Gehilfe, -in *m, f veraltend* **'help screen** *n* COMPUT Hilfebildschirm *m*

helter-skelter [ˌheltəˈskeltəʳ, AM -ɚˈskeltɚ] **I.** *adj inv* (*hurried*) hektisch; (*messy*) chaotisch **II.** *adv inv* (*hurriedly*) hastig, Hals über Kopf; (*messily*) chaotisch, durcheinander **III.** *n* ① BRIT (*at funfair*) *spiralförmige Rutsche* ② (*mess*) Durcheinander *nt,* Chaos *nt*

helve [helv] *n* (*handle*) *of a weapon* Heft *nt; of a tool* Griff *m*

hem¹ [hem] **I.** *interj* hm! **II.** *n* Räuspern *nt* **III.** *vi* <-mm-> sich *akk* räuspern; **to ~ and haw** (*fam*) herumdrucksen *fam*

hem² [hem] **I.** *n* Saum *m;* **to let the ~ down** den Saum herauslassen; **to take the ~ up** den Saum aufnehmen **II.** *vt* <-mm-> **to ~ trousers/a skirt/a dress** eine Hose/einen Rock/ein Kleid säumen

◆**hem about** *vt* ■**to ~ about** ◯ **sb/sth** jdn/etw umgeben [*o* einschließen]

◆**hem in** *vt* ① (*surround*) ■**to ~ in** ◯ **sb/sth** jdn/etw umgeben [*o* einschließen] ② (*fig: constrain*) ■**to ~ in** ◯ **sb** jdn einengen; **to feel ~med in** sich *akk* eingeengt fühlen

'he-man *n* (*fam*) Heman *m fam;* **a real ~** ein richtiger Mann

hema·tite *n* AM *see* **haematite**

hema·tolo·gist *n* AM *see* **haematologist**

hema·tol·ogy *n* AM *see* **haematology**

hemi·plegia [ˌhemiˈpliːdʒiə] *n no pl* halbseitige Lähmung, Hemiplegie *f fachspr*

hemi·ple·gic [ˌhemiˈpliːdʒɪk] *adj inv* halbseitig gelähmt

hemi·sphere [ˈhemɪsfɪəʳ, AM -fɪr] *n* ① GEOG, ASTRON *of earth* [Erd]halbkugel *f,* Hemisphäre *f geh;* **northern ~** nördliche Halbkugel [*o geh* Hemisphäre], Nordhalbkugel *f selten;* **southern ~** südliche Halbkugel [*o geh* Hemisphäre], Südhalbkugel *f selten* ② MED *of brain* Gehirnhälfte *f,* Hemisphäre *f fachspr;* **cerebral ~** Gehirnhälfte *f,* Gehirnhemisphäre *f fachspr*

hemi·spher·ic [ˌhemɪˈsferɪk, AM -ˈsfɪr-] *adj inv* ① GEOG hemisphärisch, der Halbkugel [*o geh* Hemisphäre] *nach n;* **the Southern ~ season** die Jahreszeit auf der südlichen Halbkugel ② MED hemisphärisch *fachspr*

hem·line [ˈhemlaɪn] *n* [Kleider]saum *m;* **~s are up/down** die Röcke sind kurz/lang

hem·lock [ˈhemlɒk, AM -lɑːk] *n* ① *no pl* (*plant*) Schierling *m;* (*poison*) Schierlingssaft *m;* **cup of ~** Schierlingsbecher *m* ② (*pine tree*) Schierlingstanne *f,* Hemlocktanne *f*

hemo·glo·bin *n no pl esp* AM *see* **haemoglobin**

hemo·philia *n no pl esp* AM *see* **haemophilia**

hem·or·rhage *vi esp* AM, AUS *see* **haemorrhage**

hem·or·rhoids *npl esp* AM *see* **haemorrhoids**

hemp [hemp] **I.** *n no pl* ① (*plant*) Hanf *m* ② (*fibre*) Hanf *m,* Hanffaser *f* ③ (*drug*) Haschisch *nt,* Cannabis *m sl* **II.** *n modifier* (*cloth, paper, rope*) Hanf-; **~ fibre** Hanffaser *f*

hem·stitch [ˈhemstɪtʃ] **I.** *n* Hohlsaum *m* **II.** *vt* ■**to ~ sth** etw mit Hohlsaum versehen

hen [hen] *n* ① (*chicken*) Henne *f,* Huhn *nt* ② (*female lobster, crab*) Weibchen *nt* ③ (*fam: mother*) Glucke *f pej fam* ④ SCOT (*to a woman*) Hasi *nt fam,* Mausi *nt fam*

hen·bane [ˈhenbeɪn] *n* Bilsenkraut *nt*

hence [hen(t)s] *adv inv* ① *after n* (*from now*) von jetzt an; (*from then*) von da an; **four weeks ~** in vier Wochen

H

② (*therefore*) daher, folglich, also ③ (*old: from here*) von hinnen *veraltet o hum;* **go ~!** hinweg [mit dir]! *veraltet o hum*

hence·forth [ˌhen(t)sˈfɔːθ, AM -ˈfɔːrθ] *adv,* **hence·for·ward** [ˌhen(t)sˈfɔːwəd, AM -ˈfɔːrwɚd] *adv inv* (*form: from this time on*) künftig, von nun an; (*from that time on*) seither, von da an

hench·man [ˈhen(t)ʃmən] *n* (*criminal*) Spießgeselle *m,* Kumpan *m,* Handlanger *m pej;* (*supporter*) Anhänger(in) *m(f)*

ˈhen·coop *n,* **ˈhen·house** *n* Hühnerstall *m*

hen·na [ˈhenə] **I.** *n* ① *no pl* (*shrub*) Hennastrauch *m* ② (*dye*) Henna *f o nt* **II.** *vt* **to ~ one's hair** seine Haare mit Henna färben

ˈhen par·ty *n* BRIT (*fam*) ① (*pej*) Damenkränzchen *nt fam,* Weiberrunde *f pej fam* ② *see* **hen night** **ˈhen·peck I.** *vt* ■**to ~ sb** jdn unter dem Pantoffel haben *fam* **II.** *vi* den Pantoffel schwingen *fam* **ˈhen·pecked** *adj* **~ husband** Pantoffelheld *m fam;* ■**to be ~** unter dem Pantoffel stehen *fam* **ˈhen-run** *n* Hühnerhof *m,* Auslauf *m* [für Hühner]

Henry <*pl* -ries *or* -s> [ˈhenri] *n* Heinrich *m*

ˈhen week·end *n* BRIT *eine das ganze Wochenende dauernde Party, die die Braut vor der Hochzeit für ihre Freundinnen gibt*

he·pat·ic [hɪˈpætɪk, AM -t̬-] *adj inv* Leber-, hepatisch *fachspr;* **~ artery** Leberarterie *f*

hepa·ti·tis [ˌhepəˈtaɪtɪs, AM -t̬-] *n no pl* Leberentzündung *f,* Hepatitis *f fachspr;* **~ A/B** Hepatitis *f* A/B

hep·ta·gon [ˈheptəgᵊn, AM -gɑːn] *n* Siebeneck *nt,* Heptagon *nt fachspr*

hep·tago·nal [hepˈtægᵊnᵊl] *adj inv* siebeneckig, heptagonal *fachspr*

hep·tath·lete [hepˈtæθliːt] *n* Siebenkämpferin(in) *m(f)*

hep·tath·lon [hepˈtæθlɒn, AM -lɑːn] *n* Siebenkampf *m*

her [hɜːʳ, həʳ, AM hɜːr, hɚ] **I.** *pron pers* (*person, animal, ship, country*) sie *in akk,* ihr *in dat;* **why don't you bring ~ to the party?** warum bringst du sie nicht mit zur Party?; **could you give ~ this package?** könntest du ihr dieses Paket geben?; **did you give the letter to ~?** hast du ihr den Brief gegeben?; **she doesn't like it when people look at ~** sie mag es nicht, wenn sie die Leute ansehen; **Jane's on the telephone – oh no, not ~ again!** Jane ist am Telefon – oh nein, nicht die schon wieder!; **it must be ~** das wird sie sein; **he's just as good as ~ at his job** er ist so gut wie sie in seinem Job; **you have more than ~** du hast mehr als sie **II.** *adj poss* ① (*person*) ihr(e, n); (*ship, country, boat, car*) sein(e, n); **she has ~ very own pony** sie hat ein eigenes Pony; **what's ~ name?** wie heißt sie?; **Patricia loves ~ job** Patricia liebt ihren Job; **the boat sank with all ~ crew** das Boot sank mit seiner ganzen Mannschaft ② AM (*old: herself*) **peevishly she flung ~ on her face** mürrisch warf sie sich aufs Gesicht **III.** *n* (*fam*) Sie *f fam;* **is it a him or a ~?** ist es ein Er oder eine Sie?

her·ald [ˈherəld] **I.** *n* ① (*messenger*) Bote, -in *m, f,* Herold *m geh;* (*newspaper*) Bote *m;* **the Times H~** der Times Herald ② (*sign*) Vorbote[n] *m[pl]* ③ (*hist*) Herold *m hist,* fürstlicher Bote und Ausrufer *hist* **II.** *vt* (*form*) ■**to ~ sth** etw ankündigen; **to ~ a new era** eine neue Ära einläuten; **much ~ed** viel gepriesen

her·al·dic [hɪˈrældɪk, AM həˈ-] *adj inv* Wappen-, heraldisch *geh;* **~ shield** Wappenschild *m o nt*

her·ald·ist [ˈherəldɪst] *n* Heraldiker(in) *m(f)*

her·ald·ry [ˈherᵊldri] *n no pl* ① (*science*) Wappenkunde *f,* Heraldik *f geh* ② (*blazon*) Wappen *nt*

herb[1] [hɜːb, AM ɜːrb] **I.** *n* (*for cooking*) [Gewürz]kraut *nt meist pl;* (*for medicine*) [Heil]kraut *nt meist pl;* **dried/fresh ~s** getrocknete/frische Kräuter **II.** *n modifier* (*tea, butter, ointment*) Kräuter-; **~ garden** Kräutergarten *m*

herb[2] *n* AM (*sl*) Idiot(in) *m(f),* Spastiker(in) *m(f) fig, pej sl*

her·ba·ceous [hɜːˈbeɪʃᵊs, AM hɚˈ-] *adj inv* krautartig, krautig

her·ba·ceous ˈbor·der *n* [Stauden]rabatte *f*

herb·age [ˈhɜːbɪdʒ, AM ˈɜːr-] *n* ① (*land for pasture*) Weide *f,* Weideland *nt* ② (*pasture*) Grünpflanzen *fpl;* (*for animals*) Grünfutter *nt*

herb·al [ˈhɜːbᵊl, AM ˈhɜːr-, ˈɜːr-] **I.** *adj inv* Kräuter-, Pflanzen-; **~ remedy** Kräuterheilmittel *nt,* Naturheilmittel *nt;* **~ tea** Kräutertee *m* **II.** *n* Kräuterbuch *nt,* Herbarium *nt geh*

herb·al·ism [ˈhɜːbᵊlɪzᵊm, AM ˈhɜːr-, ˈɜːr-] *n no pl* Kräuterheilkunde *f*

herb·al·ist [ˈhɜːbᵊlɪst, AM ˈhɜːr-, ˈɜːr-] *n* ① MED (*healer*) Kräuterheilkundige(r) *f(m),* Herbalist(in) *m(f) fachspr* ② (*dealer*) Kräutersammler(in) *m(f),* Kräuterhändler(in) *m(f)* ③ (*hist: botanist*) Kräuterkenner(in) *m(f),* Pflanzenkenner(in) *m(f)*

her·bar·ium <*pl* -ia> [hɜːˈbeəriəm, AM hɜːrˈberi-, ˈɜːr-] *n* Herbarium *nt*

herbi·cide [ˈhɜːbɪsaɪd, AM ˈhɜːr-, ˈɜːr-] *n* Unkrautvertilgungsmittel *nt,* Herbizid *nt fachspr*

her·bi·vore [ˈhɜːbɪvɔːʳ, AM ˈhɜːrbɪvɔːr, ˈɜːr-] *n* Pflanzenfresser *m,* Herbivore *m fachspr*

her·bivo·rous [hɜːˈbɪvᵊrəs, AM hɜːrˈbɪvɚ-, ˈɜːr-] *adj inv* Pflanzen fressend *attr,* herbivor *attr fachspr*

herby [ˈhɜːbi, AM ˈɜːrbi] *adj* (*fam*) **to taste ~** nach Kräutern schmecken

her·cu·lean [ˌhɜːkjəˈliːən, AM ˌhɜːrkjuːˈ-] *adj* übermenschlich, herkulisch *geh;* **~ effort** übermenschliche Anstrengung; **~ man** bärenstarker Mann, Herkules *m;* **~ strength** ungeheure Kraft, Riesenkraft *f;* **~ task** Herkulesarbeit *f;* (*fig*) unlösbare Aufgabe

Hercules [ˈhɜːkjəliːz, AM ˈhɜːr-] *n* Herkules *m a. fig*

herd [hɜːd, AM hɜːrd] **I.** *n + sing/pl vb* ① (*group of animals*) Herde *f; of wild animals* Rudel *nt;* **a ~ of cattle** eine Viehherde ② (*pej: group of people*) Herde *f pej,* Masse *f;* **the common ~** die breite Masse; **to follow the ~** der Herde folgen, mit der Herde laufen **II.** *vt* **to ~ animals** (*tend*) Tiere hüten; (*drive*) Tiere treiben **III.** *vi* sich *akk* [zusammen]drängen

◆**herd together I.** *vt* **to ~ together** ⊂ **animals** Tiere zusammentreiben; **to ~ together** ⊂ **people** (*fig*) Menschen zusammenpferchen **II.** *vi* sich *akk* zusammendrängen

◆**herd up** *vt* ■**to ~ up** ⊂ **animals** Tiere [wieder] zusammentreiben

ˈherd in·stinct *n* Herdentrieb *m a. pej* **ˈherds·man** *n* Hirt[e] *m*

ˈherds·wom·an *n* Hirtin *f*

here [hɪəʳ, AM hɪr] **I.** *adv inv* ① (*this place*) hier; (*with movement*) hierher, hierhin; **come ~!** komm [hier]her!; **Smith? – ~!** Smith? – hier!; **Miller ~** (*on telephone*) [hier ist] Miller; **give it ~!** (*fam*) gib mal her! *fam;* **how long are you over ~?** wie lange wirst du hier sein?; **bring it over ~ please** bring es bitte hier herüber; **please sign ~** bitte hier unterschreiben; **John is ~ to answer your questions** John ist da, um Ihre Fragen zu beantworten; **~ you are** [*or* **go**]! (*presenting*) hier, bitte!, bitte schön!; (*finding*) ach, hier [*o* da] bist du; **around ~** ungefähr hier, hier so *fam;* **right ~** genau hier; **~ and there** hier und da, da und dort; **~, there and everywhere** überall; **up/down to ~** bis hierher [*o* hierhin] ② (*for introduction*) hier; **~ is Linda** das hier ist Linda ③ (*show arrival*) da; **~ I am!** hier bin ich!; **~ they are!** da sind sie!; **look, Grandma is ~!** schau, die Oma ist da!; **Christmas is finally ~** endlich ist es Weihnachten; **~ comes the train** da kommt der Zug ④ (*now*) jetzt; **~ goes!** (*fam*) los geht's!, dann mal los!; **~ we go!** jetzt geht's los!; **~ we go again!** jetzt geht das schon wieder los!; **~'s to the future!** (*toast*) auf die Zukunft!; **~'s to you!** auf Ihr/dein Wohl!; **~ and now** [jetzt] sofort; **from ~ on in** *esp* AM ab heute, von jetzt an ► PHRASES: **to have had it up to ~** etw bis hier [*o* bis zum Hals] stehen haben; **to be neither ~ nor there** Nebensache sein, keine Rolle spielen; **~ today and gone tomorrow** (*travelling every day*) heute hier, morgen dort; (*getting and losing money*) wie gewonnen, so zerronnen **II.** *interj* ■**~!** he!; **~, don't cry/worry!** na komm, weine nicht/mach dir keine Sorgen!; **~, let me take a look at it!** komm, lass mich das mal anschauen! **III.** *n* (*form, liter*) **the ~ and now** das Hier und Jetzt [*o* Heute] *geh;* PHILOS, REL das Diesseits

here·about [ˌhɪrəˈbaʊt] AM, **here·abouts** [ˌhɪəʳəˈbaʊts] *adv inv* hier, in dieser Gegend **here·ˈaf·ter** (*form*) **I.** *adv inv* (*in text*) in der Folge *form,* im Folgenden; (*in future*) in Zukunft, künftig; **life** ~ Leben *nt* im Jenseits **II.** *n* Jenseits *nt;* **in the** ~ im Jenseits **ˈhere·by** *adv inv* (*form*) hiermit *form*

he·redi·table [hɪˈredɪtəbl̩, AM həˈredɪţ-] *adj inv* vererbbar; BIOL [ver]erblich

he·redi·tary [hɪˈredɪtᵊri, AM həˈredɪteri] *adj inv* ❶ (*genetic*) angeboren, erblich, Erb-; ~ **characteristics** vererbte Eigenschaften; ~ **disease** angeborene Krankheit, Erbkrankheit *f* ❷ (*inherited*) [ver]erblich; ~ **monarchy** Erbmonarchie *f;* ~ **succession** gesetzliche Erbfolge; ~ **title** vererbbarer Titel ❸ (*from ancestors*) althergebracht; ~ **enemy** Erbfeind(in) *m(f)*

he·redi·tary ˈpeer *n* Erbadlige(r) *f(m)* **he·redi·tary ˈpeer·age** *n + sing/pl vb* Erbadel *m*

he·red·ity [hɪˈredəti, AM həˈredɪ-] *n no pl* (*transmission of characteristics*) Vererbung *f;* (*genetic make-up*) Erbgut *nt,* Erbmasse *f;* (*hereditability*) Erblichkeit *f,* Vererbbarkeit *f;* (*origin*) Herkunft *f*

ˈhere·in *adv inv* (*form*) hierin *geh* **here·in·ˈaf·ter** *adv inv* (*form*) in der Folge *form,* im [Nach]folgenden *form,* nachstehend *form* **here·ˈof** *adv inv* (*form*) hiervon *form,* davon

her·esy [ˈherəsi] *n* ❶ *no pl* REL Ketzerei *f,* Häresie *f fachspr* ❷ REL (*false doctrine*) Irrlehre *f;* (*unorthodox opinion*) Irrglaube *m*

her·etic [ˈherətɪk] *n* Ketzer(in) *m(f),* Häretiker(in) *m(f) fachspr*

he·reti·cal [həˈretɪkᵊl, AM -ţ-] *adj* ketzerisch, häretisch *fachspr*

here·ˈto *adv inv* (*form*) hierzu *form;* **his reply** ~ seine Antwort hierauf [*o* darauf]; **attached** ~ beigefügt; **you will find attached** ~ **the text of the treaty** in der Anlage erhalten Sie den Vertragstext **here·to·ˈfore** *adv inv* (*form*) bisher, bis jetzt **here·u'pon** *adv inv* (*form*) hierauf *form,* darauf[hin] **here·ˈwith** *adv inv* (*form*) anbei *form,* hiermit *form;* **enclosed** ~ beiliegend; **I enclose three documents** ~ als Anlage sende ich drei Dokumente

her·it·able [ˈherɪtəbl̩, AM -ţ-] *adj inv* ❶ LAW *things* erblich; *person* erbfähig ❷ BIOL erblich

her·it·age [ˈherɪtɪʤ, AM -ţ-] *n no pl* Erbe *nt;* MED Erbgut *nt,* Erbanlagen *fpl;* LAW Erbschaft *f,* Erbe *nt;* **cultural** ~ Kulturerbe *nt*

her·maph·ro·dite [hɜːˈmæfrədaɪt, AM hɚˈmæfroʊ-] BIOL **I.** *n* Hermaphrodit *m fachspr,* Zwitter *m;* (*fig*) Zwitterwesen *nt,* Zwitter *m* **II.** *adj inv* hermaphroditisch *fachspr,* zweigeschlechtig; *plant* zwittrig

her·meneu·tics [ˌhɜːmɪˈnjuːtɪks, AM ˌhɜːrməˈnuːţ-] *n + sing vb* Hermeneutik *f*

her·met·ic [hɜːˈmetɪk, AM hɚˈmeţ-] *adj inv* ❶ (*airtight*) hermetisch, luftdicht; (*fig*) hermetisch *geh;* ~ **existence** abgeschiedenes Leben; ~ **seal** luftdichte Versiegelung ❷ (*old: magical*) magisch

her·meti·cal·ly [hɜːˈmetɪkᵊli, AM hɚˈmeţ-] *adv inv* hermetisch; ~ **sealed** luftdicht verschlossen; (*fig*) hermetisch abgeriegelt

her·mit [ˈhɜːmɪt, AM ˈhɜːr-] *n* REL (*a. fig*) Eremit(in) *m(f),* Einsiedler(in) *m(f)*

her·mit·age [ˈhɜːmɪtɪʤ, AM ˈhɜːrmɪţ-] *n* Einsiedelei *f,* Klause *f*

ˈher·mit crab *n* Einsiedlerkrebs *m*

her·nia <*pl* -s *or* -niae> [ˈhɜːniə, AM ˈhɜːr-, *pl* -niiː] *n* MED Bruch *m,* Hernie *f fachspr*

hero <*pl* -es> [ˈhɪərəʊ, AM ˈhɪroʊ] *n* ❶ (*courageous person*) Held *m a. hum;* (*admired person*) Idol *nt;* **to die a** ~**'s death** den Heldentod sterben; **the** ~ **of the hour** der Held des Tages ❷ LIT (*protagonist*) Held(in) *m(f),* Hauptperson *f* ❸ (*mythology*) Heros *m geh* ❹ AM (*sandwich*) *mit Fleisch, Käse und Salat gefülltes Sandwich*

Herod [ˈherəd] *n* Herodes *m*

he·ro·ic [hɪˈrəʊɪk, AM -ˈroʊ-] **I.** *adj* ❶ (*brave*) heldenhaft, heldenmütig, heroisch *geh;* ~ **attempt** kühner Versuch; ~ **deed** Heldentat *f* ❷ *inv* LIT (*epic*) heroisch, Helden-; ~ **age** Heldenzeitalter *nt;* ~ **couplet** Herioc Couplet *nt fachspr;* ~ **epic** Heldenepos *nt;* ~ **verse** heroischer Vers *fachspr* ❸ (*fig: impressive*) erhaben **II.** *n* ■~**s** *pl* ❶ (*language*) hochtrabende Worte ❷ (*pej: action*) Heldentaten *fpl pej*

he·roi·cal·ly [hɪˈrəʊɪkᵊli, AM -ˈroʊ-] *adv* heldenhaft, heldenmütig, heroisch *geh o a. fig;* **to die/fight** ~ heldenhaft sterben/kämpfen

hero·in [ˈherəʊɪn, AM -roʊ-] **I.** *n no pl* Heroin *nt* **II.** *n modifier* (*consumption, dealer, export, use*) Heroin-; ~ **fix** Heroinspritze *f;* ~ **overdose** Überdosis *f* [an] Heroin

ˈhero·in ad·dict *n* Heroinsüchtige(r) *f(m)*

hero·ine [ˈherəʊɪn, AM -roʊ-] *n* ❶ (*courageous person*) Heldin *f,* Heroin *f geh* ❷ (*protagonist*) Hauptdarstellerin *f,* Heldin *f,* Heroin[e] *f fachspr*

hero·ism [ˈherəʊɪzᵊm, AM -roʊ-] *n no pl* (*heroic qualities*) Heldentum *nt,* Heroismus *m geh;* (*courage*) Heldenmut *m;* **act of** ~ heldenhafte Tat

her·on <*pl* -s *or* -> [ˈherᵊn] *n* Reiher *m*

ˈhero wor·ship *n no pl of heroes* Heldenverehrung *f* (**of** +*gen*); *of idols* Schwärmerei *f* (**of** für +*akk*)

ˈhero-wor·ship *vt* ■**to** ~ **sb** *brave person* jdn [als Helden] verehren [*o* vergöttern]; *idol* für jdn schwärmen, jdn anbeten

her·pes [ˈhɜːpiːz, AM ˈhɜːr-] *n no pl* Herpes *m;* **genital** ~ Genitalherpes *m;* ~ **labialis** Lippenherpes *m*

her·ring <*pl* -s *or* -> [ˈherɪŋ] *n* ❶ (*fish*) Hering *m* ❷ *no pl* (*food*) Hering *kein art*

ˈher·ring·bone **I.** *n no pl* ❶ (*pattern*) Fischgratmuster *nt,* Fischgrätenmuster *nt* ❷ SKI Grätenschritt *m* **II.** *n modifier* (*design, pattern*) Fischgräten-; ~ **jacket** Jackett *nt* mit Fischgrätenmuster; ~ **stitch** [Fisch]grätenstich *m;* ~ **teeth** Pfeilverzahnung *f* **ˈher·ring gull** *n* Silbermöwe *f* **ˈher·ring pond** *n no pl* (*hum fam*) großer Teich *hum fam,* Atlantik *m*

hers [hɜːz, AM hɜːrz] *pron pers* (*of person's/animal's*) ihre(r, s); **I'm looking for Sylvia's bag – is that black one** ~**?** ich suche Sylvias Tasche – ist die schwarze ihre?; **we both own BMWs – mine is red and** ~ **is black** wir haben beide einen BMW – meiner ist rot und ihrer ist schwarz; **that's Martha's ball – go get yours and give her** ~ das ist Marthas Ball – hol' dir deinen und gib ihr ihren; **the choice was** ~ sie hatte die Wahl; **Monopoly® is a favourite game of** ~ Monopoly ist eines ihrer Lieblingsspiele; **Patty is a good friend of** ~ Patty ist eine gute Freundin von ihr

her·self [həˈself, AM hɚˈ-] *pron reflexive* ❶ *after vb* sich *in dat o akk;* **she prides** ~ **on her people skills** sie rühmt sich, wie gut sie mit Menschen umgehen kann; **she decided to apply** ~ **to her studies** sie beschloss, sich auf ihre Studien zu konzentrieren; **she enjoyed** ~ **at the party a lot** sie hatte großen Spaß auf der Party; **she found** ~ **utterly lost** sie bemerkte, dass sie sich hoffnungslos verirrt hatte; **I wish she would calm** ~ **down** ich wünschte, sie würde sich beruhigen; **I told her not to blame** ~ ich sagte ihr, dass sie sich keine Vorwürfe machen solle; **she had to defend** ~ sie musste sich verteidigen ❷ *after prep* **she talks to** ~ sie spricht mit sich; **she voted for** ~ **in the election** sie stimmte bei der Wahl für sich selbst; **the little girl kept staring at** ~ **in the mirror** das kleine Mädchen starrte sich im Spiegel an ❸ (*form: her*) sie selbst; **like** ~**, she said, many people had to make a beginning at the bottom** sie sagte, dass viele Menschen, wie sie selbst, von unten beginnen müssten ❹ (*emph: personally*) selbst; **she decorated the cake** ~ sie dekorierte die Torte selbst; **she told me** ~ sie hat es mir selbst erzählt; **she** ~ **admitted that it was wrong** sie gab selbst zu, dass sie Unrecht hatte; **the president of the college** ~ **came to the graduation ceremony** die Präsidentin des College persönlich kam zu der Abschlussfeier; **to see/taste/feel/try sth for** ~ etw selbst sehen/kosten/fühlen/versuchen ❺ (*alone*) **Sally wanted to keep the candy for** ~ Sally wollte die Bonbons für sich behalten; **she's got the whole house to** ~ **now** sie hat

hesitating

hesitating	zögern
I'm not sure.	Ich weiß nicht so recht.
It's still hard to say whether or not I can accept your offer.	Ich kann Ihnen noch nicht sagen, ob ich Ihr Angebot annehmen werde.
I still have to think about it.	Ich muss darüber noch nachdenken.
I'm sorry, I can't accept yet.	Ich kann Ihnen leider noch nicht zusagen.

jetzt das ganze Haus für sich allein; **Marcie behaved ~ very well at Mrs Smith's** Marcie war bei Mrs. Smith sehr brav; **to get ~ dressed/undress ~** sich *akk* selbst anziehen/ausziehen; [**all**] **by ~** ganz alleine ❻ (*normal*) **to be ~** sie selbst sein; **I told her to act naturally and to be ~** ich sagte ihr, dass sie natürlich bleiben und ganz sie selbst sein sollte; **Jane hasn't been ~ recently** Jane ist in letzter Zeit nicht sie selbst; **she didn't look ~ in her new dressy clothes** sie sah in ihren neuen eleganten Kleidern ganz fremd aus

hertz *<pl ->* [hɜ:ts, AM hɜ:rts] *n* Hertz *nt*

Her·ze·go·vina [ˌhɜ:tsəgə(ʊ)'vi:nə, AM ˌhɜ:rtsəgoʊ'-] *n no pl* Herzegowina *f*

Her·ze·go·vi·nian [ˌhɜ:tsəgə(ʊ)'vi:nɪən, AM ˌhɜ:rtsəgoʊ'-] *adj inv* herzegowinisch

he's [hi:z] = **he is/he has** *see* **be/have I., II.**

hesi·tan·cy ['hezɪtᵊn(t)si] *n no pl* ❶ (*instance*) Zögern *nt*, Zaudern *nt* ❷ (*reluctance*) Hemmungen *fpl*; (*indecision*) Unschlüssigkeit *f*

hesi·tant ['hezɪtᵊnt] *adj person* unschlüssig, unentschlossen; *reaction, answer, smile* zögernd, zögerlich; ■**to be ~ to do** [*or* **about doing**] **sth** zögern, etw zu tun; **~ speech** stockende Rede

hesi·tant·ly ['hezɪtᵊntli] *adv act* unentschlossen, zögerlich; *smile* zögernd; *speak* stockend

hesi·tate ['hezɪteɪt] *vi* ❶ (*wait*) zögern, zaudern; (*with doubts*) Bedenken haben; **don't ~ over such trivial matters!** zögere nicht wegen solcher Kleinigkeiten!; **that child ~s at nothing** dieses Kind schreckt vor nichts zurück; **I ~d to ask you** ich hatte Bedenken, dich zu fragen; **don't ~ to call me** ruf mich einfach an ❷ (*falter*) stocken ▸PHRASES: **he who ~s is <u>lost</u>** (*prov*) man muss das Glück beim Schopfe packen

hesi·ta·tion [ˌhezɪ'teɪʃᵊn] *n no pl* (*indecision*) Zögern *nt*, Unentschlossenheit *f*, Unschlüssigkeit *f*; (*reluctance*) Bedenken *ntpl*, Hemmungen *fpl*; **I have no ~ in recommending Ms Shapur for the job** ich kann Frau Shapur ohne weiteres für die Stelle empfehlen; **without ~** (*indecision*) ohne zu zögern, sofort; (*reluctance*) bedenkenlos; **without the least** [*or* **slightest**] **~** (*indecision*) ohne einen Augenblick zu zögern; (*reluctance*) ohne den geringsten Zweifel

Hesse ['hesə] *n no pl* Hessen *nt*

hessian ['hesiən, AM -ʃᵊn] *esp* BRIT **I.** *n no pl* Sackleinen *nt*, Sackleinwand *f* **II.** *adj inv* sackleinen, aus Sackleinen [*o* Sackleinwand] *nach n*

Hes·sian ['hesiən, AM 'heʃᵊn] **I.** *adj inv* hessisch **II.** *n* Hesse, -in *m, f*

'Hes·sian fly *n* Hessenfliege *f*

hetero ['hetᵊrəʊ, AM 'het̬əroʊ] (*fam*) *short for* **heterosexual I.** *adj inv* hetero *sl*, heterosexuell **II.** *n* Hetero *m sl*, Heterosexuelle(r) *f(m)*

hetero·dox ['hetᵊrə(ʊ)dɒks, AM 'het̬ərədɑ:ks] *adj inv* ❶ abweichend; REL andersgläubig, heterodox *fachspr* ❷ (*fam*) unkonventionell, unüblich; **~ opinion** abweichende Meinung

hetero·doxy ['hetᵊrə(ʊ)dɒksi, AM 'het̬ərədɑ:ksi] *n* ❶ REL *of opinion, doctrine* Andersgläubigkeit *f*, Heterodoxie *f fachspr*, Irrlehre *f pej* ❷ *no pl* (*quality*) unkonventioneller Charakter

hetero·geneity [ˌhetᵊrə(ʊ)dʒə'ni:əti, AM ˌhet̬əroʊdʒə'ni:ət̬i] *n no pl* Verschiedenartigkeit *f*, Heterogenität *f geh*

hetero·geneous [ˌhetᵊrə(ʊ)'dʒi:niəs, AM ˌhet̬əroʊ'-] *adj* uneinheitlich, verschiedenartig, heterogen *geh*

hetero·pho·bia [ˌhetᵊrə(ʊ)'fəʊbiə, AM 'het̬əroʊ'foʊ-] *n* (*fam*) Heterophobie *f fachspr* (*krankhafte Angst vor einer Begegnung mit einem Angehörigen des anderen Geschlechts*)

hetero·sex·ism [ˌhetᵊrə(ʊ)'seksɪzᵊm, AM ˌhet̬əroʊ'-] *n no pl* Heterosexismus *m*

hetero·sex·ist [ˌhetᵊrə(ʊ)'seksɪst, AM ˌhet̬əroʊ'-] **I.** *adj* heterosexistisch **II.** *n* Heterosexist(in) *m(f)*

hetero·sex·ual [ˌhetᵊrə(ʊ)'sekʃuᵊl, AM ˌhet̬əroʊ'-] **I.** *adj inv* heterosexuell **II.** *n* Heterosexuelle(r) *f(m)*

hetero·sexu·al·ity [ˌhetᵊrə(ʊ)ˌsekʃu'æləti, AM ˌhet̬əroʊˌsekʃu'ælət̬i] *n no pl* Heterosexualität *f*

hetero·sexual·ly [ˌhetᵊrə(ʊ)'sekʃuᵊli, AM ˌhet̬əroʊ'-] *adv inv* heterosexuell

het up [ˌhet'ʌp, AM ˌhet̬'-] *adj pred* (*fam*) wütend; ■**to get ~ about sth** sich *akk* über etw *akk* [*o* wegen einer S. *gen*] aufregen

heu·ris·tic [hjʊ(ə)'rɪstɪk, AM hjʊ'-] **I.** *adj inv* heuristisch **II.** *n* ❶ (*field of study*) ■**~s** *pl, + sing vb* Heuristik *f kein pl* ❷ (*method*) heuristische Methode

hew <hewed *or* hewn, hewed *or* hewn> [hju:] **I.** *vt* ■**to ~ sth** ❶ (*cut*) *wood* etw hacken; *stone* etw hauen [*o* schlagen]; **to ~ sth to pieces** etw in Stücke hauen; **to be ~ in stone** in Stein gemeißelt sein; **to ~ a tree** einen Baum fällen ❷ (*shape*) *wood* etw schnitzen; *stone* etw behauen **II.** *vi esp* AM ■**to ~ to sth** *party line, rules* sich *akk* an etw *akk* halten

◆**hew down** *vt* **to ~ down a tree** einen Baum fällen [*o* umhauen]

◆**hew off** *vt* ■**to ~ off** ⊂ **sth** etw abhauen [*o* abhacken]

◆**hew out** *vt* ■**to ~ out sth** [*or* **sth out** [**of sth**]] etw [aus etw *dat*] heraushauen; (*fig: achieve*) sich *dat* etw erarbeiten; **to ~ out a statue/memorial/monument** eine Statue/ein Denkmal/ein Grabmal heraushauen

hewn [hju:n] *vt pp of* **hew**

hex [heks] AM, AUS **I.** *n <pl -es>* ❶ (*spell*) Fluch *m*; **to put a ~ on sb/sth** jdn/etw verhexen [*o geh* mit einem Fluch belegen] ❷ (*witch*) Hexe *f* **II.** *vt* ■**to ~ sb/sth** jdn/etw verhexen [*o geh* mit einem Fluch belegen] **III.** *vi* hexen

hexa·gon ['heksəgən, AM -gɑ:n] *n* Sechseck *nt*, Hexagon *nt geh o fachspr*

hex·ago·nal [hek'sægᵊnᵊl] *adv inv* sechseckig, hexagonal *geh o fachspr*

hex·am·eter [hek'sæmɪtəʳ, AM -ət̬ɚ] *n* Hexameter *m fachspr*; **dactylic ~** daktylischer Hexameter

hey [heɪ] *interj* (*fam*) ❶ (*to attract attention*) he! *fam*, hallo! ❷ (*in surprise*) [h]ei! *fam* ❸ AM (*euph: hell*) **but ~** aber gut, nun gut; **what the ~!** (*why not*) was soll's!; (*emphasis*) zum Teufel!

hey·day ['heɪdeɪ] *n usu sing* Glanzzeit *f*, Blütezeit *f*; ■**in sb's ~** zu jds besten Zeiten; **in the ~ of one's career** auf dem Höhepunkt seiner Karriere; **to have had one's ~** seinen Höhepunkt überschritten haben

hey 'pres·to *interj* BRIT, AUS (*fam*) Simsalabim! *fam*, Hokuspokus! *fam*

HGH [ˌeɪtʃdʒiːˈeɪtʃ] *n abbrev of* **human growth hormone** menschliches Wachstumshormon

HGV [ˌeɪtʃdʒiːˈviː] *n* BRIT *abbrev of* **heavy goods vehicle** LKW *m*

hi [haɪ] *interj* hallo!, hi!

hia·tal her·nia [haɪˌeɪtəlˈ-, AM -t̬əlˈ-] *n* Zwerchfellbruch *m*, Hiatushernie *f fachspr*

hia·tus <*pl* -es> [haɪˈeɪtəs, AM -t̬əs] *n* ❶ (*gap*) Lücke *f*; (*interruption*) Unterbrechung *f* ❷ LING Hiat[us] *m fachspr* ❸ MED Spalt *m*, Hiatus *m fachspr*

hia·tus 'her·nia *n* MED *see* **hiatal hernia**

hi·ber·nate [ˈhaɪbəneɪt, AM -bɚ-] *vi* Winterschlaf halten [*o* machen], überwintern

hi·ber·na·tion [ˌhaɪbəˈneɪʃən, AM -bɚˈ-] *n no pl* Winterschlaf *m*; **to go into ~** in den Winterschlaf verfallen

Hi·ber·nian [haɪˈbɜːniən, AM -ˈbɜːr-] **I.** *adj inv* hibernisch, irisch **II.** *n* Hibernier(in) *m(f)*, Ire, -in *m, f*

hi·bis·cus <*pl* - *or* -es> [haɪˈbɪskəs] *n no pl* Hibiskus *m*

hic·cough [ˈhɪkʌp], **hic·cup** **I.** *n* ❶ (*sound*) Schluckauf *f*; **to give a ~** schlucksen *fam*, hicksen DIAL ❷ (*attack*) ■**the ~s** *pl* Schluckauf[anfall] *m kein pl*; **to get/have [an attack of] the ~s** Schluckauf bekommen/haben ❸ (*fam: setback*) Schwierigkeit *f meist pl*; **without any ~** ohne Störungen **II.** *vi* Schluckauf haben, schlucksen *fam*, hicksen DIAL; **I can't stop ~ing** mein Schluckauf hört nicht auf

hick [hɪk] *n* AM, AUS (*pej fam*) Provinzler(in) *m(f) pej fam*, Hinterwäldler(in) *m(f) pej*; (*man*) Bauerntrampel *m pej fam*; (*woman*) Landpomeranze *f pej fam*

hick·ey [ˈhɪki] *n* AM (*fam*) ❶ (*gadget*) Spielzeug *nt fam* ❷ AM (*fam!: love bite*) Knutschfleck *m fam*

hicko·ry [ˈhɪkəri, AM -ɚi] **I.** *n* ❶ (*tree*) Hickory[baum] *m* ❷ *no pl* (*wood*) Hickory[holz] *nt* **II.** *n modifier* (*nut, smoke, tree, wood*) Hickory-; **~ chips** Hickoryfasern *fpl*

hicks·ville [ˈhɪksvɪl] *n no pl* AM (*pej fam*) [Provinz]nest *nt pej fam*, Kaff *nt pej fam*; **to live out in ~** in der tiefsten Provinz [*o fam* in einem Kaff] [*o sl* am Arsch der Welt] leben

hick 'town *n* AM, AUS (*pej fam*) [Bauern]kaff *nt pej fam*, [Provinz]nest *nt pej fam*

hid [hɪd] *vt pt of* **hide**

hid·den [ˈhɪdən] **I.** *vt pp of* **hide** **II.** *adj inv* versteckt, verborgen; **~ agenda** heimliches Motiv; **she has a ~ agenda** sie führt etwas im Schilde; **~ assets** stille Reserven; **~ hand** heimlicher Strippenzieher/heimliche Strippenzieherin; **~ meaning** versteckte Bedeutung; **~ reserves** stille Rücklagen, heimliche Reserven; **~ subsidy** versteckte Subvention; **~ talent** verborgenes Talent; **~ tax** indirekte Steuer; **~ threat** versteckte Drohung

hide[1] [haɪd] *n* (*skin*) *of animal* Haut *f*; (*with fur*) Fell *nt*; (*leather*) Leder *nt*; (*fig hum*) *of person* Haut *f fam*, Fell *nt hum fam*; **calf ~** Kalbsleder *nt*; **to save one's [own] ~** die eigene Haut retten ▶ PHRASES: **neither ~ nor hair** [rein gar] nichts; **I've seen neither ~ nor hair of Katey today** ich habe Katey heute noch gar nicht gesehen; **to have a thick ~** ein dickes Fell haben; **to skin [*or* tan] [*or* whip] sb's ~** jdm das Fell gerben

hide[2] [haɪd] **I.** *n* BRIT, AUS Versteck *nt*; HUNT Ansitz *m fachspr* **II.** *vt* <hid, hidden> ❶ (*keep out of sight*) ■**to ~ sb/sth [from sb/sth]** jdn/etw [vor jdm/etw] verstecken; ■**to ~ sb/sth** *curtain, cloth* jdn/etw verhüllen ❷ (*keep secret*) ■**to ~ sth [from sb]** *emotions, qualities* etw [vor jdm] verbergen; *facts, reasons* etw [vor jdm] verheimlichen; **she's hiding something in her past from me** sie verheimlicht mir etwas aus ihrer Vergangenheit; **to ~ the truth** die Wahrheit verheimlichen; **to have nothing to ~** nichts zu verbergen haben ❸ (*block*) ■**to ~ sth** etw verdecken; **to be hidden from view** nicht zu sehen sein ▶ PHRASES: **to ~ one's head** von der Bildfläche verschwinden *fam*; **don't ~ your light under a bushel** (*prov*) stell dein Licht nicht unter den Scheffel! *prov* **III.** *vi* <hid, hidden> ■**to ~ [from sb/sth]** sich *akk* [vor jdm/etw] verstecken [*o* verbergen]; **you can't ~ from the truth** du musst der Wahrheit ins Auge sehen; **don't try to ~ behind that old excuse!** (*fam*) komm mir nicht wieder mit dieser alten Ausrede! *fam*

◆**hide away** **I.** *vt* ■**to ~ away** ⇄ **sb/sth** jdn/etw verstecken **II.** *vi* sich *akk* verstecken [*o* verbergen]

◆**hide out, hide up** *vi* sich *akk* verstecken [*o* verbergen], sich *akk* versteckt [*o* verborgen] halten; ■**to ~ out from sb/sth** jdm/etw aus dem Weg gehen; **to ~ out [*or* up] in the woods/in an abandoned house** sich *akk* im Wald/in einem verlassenen Haus verstecken

'hide-and-seek *n no pl* Versteckspiel *nt*; **to play ~** Verstecken spielen **'hide·away** *n* (*fam: hiding place*) Versteck *nt a. fig*; (*for partisans, criminals*) Unterschlupf *m*; (*refuge*) Zufluchtsort *m a. fig*, Zuflucht *f a. fig*; (*retreat*) Refugium *nt* **'hide·bound** *adj* borniert *pej*, engstirnig *pej*

hide·ous [ˈhɪdiəs] *adj* ❶ (*ugly*) grässlich, scheußlich; **~ monster** grauenhaftes Ungeheuer; **~ scar** hässliche Narbe ❷ (*terrible*) schrecklich, furchtbar; **that was an absolutely ~ thing to say** das war schlimm, so etwas zu sagen; **~ behaviour** furchtbares Verhalten; **~ crime** abscheuliches Verbrechen

hide·ous·ly [ˈhɪdiəsli] *adv* ❶ (*in ugly manner*) grässlich, scheußlich ❷ (*unpleasantly*) furchtbar, schrecklich; **it's not even ~ expensive** es ist nicht einmal furchtbar teuer; **to act [*or* behave] ~** sich *akk* schrecklich benehmen

hide·ous·ness [ˈhɪdiəsnəs] *n no pl* Scheußlichkeit *f*, Schrecklichkeit *f*

'hide·out *n* Versteck *nt*; **secret ~** Geheimversteck *nt*

hidey-hole, hidy-hole [ˈhaɪdihəʊl] *n* BRIT (*fam*) Versteck *nt*

hid·ing[1] [ˈhaɪdɪŋ] *n usu sing* ❶ (*hum fam: beating*) Tracht *f* Prügel *fam*; **to give sb a good ~** jdm eine ordentliche [*o* gehörige] Tracht Prügel verpassen *fam* ❷ (*fam: defeat*) Schlappe *f fam*; **to get a real ~** eine schwere Schlappe einstecken *fam* ▶ PHRASES: **to be on a ~ to nothing** BRIT (*fam*) kaum Aussicht auf Erfolg haben *iron*; **to be on a ~ to nothing trying to do sth** es wird jdm wohl kaum gelingen, etw zu tun

hid·ing[2] [ˈhaɪdɪŋ] *n no pl* (*concealment*) **to be in ~** sich *akk* versteckt halten; **to come out of ~** aus seinem Versteck hervorkommen *fam*; **to go into ~** sich *akk* verstecken, untertauchen

'hid·ing place *n* Versteck *nt*

hie <-y-, hied, hied> [haɪ] *vt* (*old liter or hum*) ■**to ~ oneself somewhere: I must ~ me to the sales before all the bargains are gone** (*hum*) ich muss schnell noch zum Schlussverkauf, bevor alle Schnäppchen weg sind; **~ thee hither to the stables** (*hum*) eile hinweg zu den Ställen *hum*

hi·er·ar·chi·cal [ˌhaɪ(ə)ˈrɑːkɪkəl, AM ˌhaɪˈrɑːr-] *adj* hierarchisch; **to set sth in ~ order** etw hierarchisch ordnen

hi·er·ar·chi·cal·ly [ˌhaɪ(ə)ˈrɑːkɪkəli, AM ˌhaɪˈrɑːr-] *adv* hierarchisch

hi·er·ar·chy [ˈhaɪ(ə)rɑːki, AM ˈhaɪrɑːr-] *n* ❶ (*system*) Hierarchie *f*, Rangordnung *f*; **rigid ~** strenge Hierarchie ❷ (*heads of organization*) Führung[sspitze] *f*; **the leaders in the party ~** die Parteispitze

hi·ero·glyph [ˈhaɪ(ə)rə(ʊ)glɪf, AM ˈhaɪroʊ-] *n* Hieroglyphe *f*

hi·ero·glyph·ic [ˌhaɪ(ə)rə(ʊ)ˈglɪfɪk, AM ˌhaɪroʊˈ-] *n* ❶ *usu pl* (*symbol*) Hieroglyphe[n] *f[pl]* ❷ ■**~s** *pl* (*fig, hum*) Hieroglyphen *pl hum*

hi·fa·lu·tin [ˌhaɪfəˈluːtɪn] *adj see* **highfalutin**

hi-fi [ˌhaɪˈfaɪ] **I.** *n short for* **high fidelity** Hi-Fi-Anlage *f* **II.** *n modifier short for* **high-fidelity** (*record, sound*) Hi-Fi-; **~ equipment** Hi-Fi-Anlage *f*

higgledy-piggle·dy [ˌhɪgldiˈpɪgldi] (*fam*) **I.** *adj pred* ■**to be ~** wie Kraut und Rüben durcheinander sein *fam* **II.** *adv* wie Kraut und Rüben *fam*; **the books were standing ~ in the**

shelf die Bücher standen kreuz und quer im Regal

high [haɪ] **I.** *adj* ❶ (*altitude*) hoch *präd,* hohe(r, s) *attr;* **he lives on the ~est floor** er wohnt im obersten Stockwerk; **I knew him when he was only so ~** ich kannte ihn schon als kleines Kind; **to fly at a ~ altitude** in großer Höhe fliegen; **to have a ~ ceiling** hohe Räume haben; **thirty centimetres/one metre/two metres ~** dreißig Zentimeter/ein Meter/zwei Meter hoch; **~ cheekbones** hohe Wangenknochen; **to do a ~ dive** einen Kopfsprung aus großer Höhe machen; **the ~ diving board** das oberste Sprungbrett; **to have a ~ forehead** eine hohe Stirn haben; **~ waves** hohe Wellen; **~ wind** starker Wind; **ankle-~** *water* knöcheltief; *grass* knöchelhoch; **knee-~** *water* knietief; *grass* kniehoch; **shoulder/waist-~** schulter-/hüfthoch ❷ (*above average*) hohe(r, s) *attr,* hoch *präd;* **she got very ~ marks** sie bekam sehr gute Noten; **the casualty toll from the explosion was ~** die Explosion forderte viele Opfer; **~ calibre** [*or* AM **caliber**] **gun** großkalibrige Waffe; **of the ~est calibre** [*or* AM **caliber**] (*fig*) hervorragend; **~ level of concentration** hohe Konzentration; **to have ~ hopes** sich *dat* große Hoffnungen machen; **to have ~ hopes for sb** für jdn große Pläne haben; **to have a ~ IQ** einen hohen IQ haben; **a ~-scoring match** ein Match *nt* mit vielen Treffern; **to have a ~ opinion of sb** von jdm eine hohe Meinung haben; **to be full of ~ praise** [**for sb/sth**] [für jdn/etw] voll des Lobes sein; **to pay a ~ price for sth** (*a. fig*) für etw *akk* einen hohen Preis bezahlen *a. fig;* **to have ~ principles** strenge Prinzipien haben; **to drive at ~ speed** mit hoher Geschwindigkeit fahren; **to demand ~ standards from sb/sth** hohe Ansprüche [*o* Anforderungen] an jdn/etw stellen ❸ MED **to suffer from ~ blood-pressure** an hohem Blutdruck leiden; **~ in calories/cholesterol** kalorien-/cholesterinreich; **~ fever** hohes Fieber ❹ (*important*) **safety is ~ on my list of priorities** Sicherheit zählt zu meinen höchsten Prioritäten; **to have sth on the ~est authority** (*esp hum*) etw aus zuverlässiger Quelle wissen; **to hold/resign from ~ office** ein hohes Amt innehaben/niederlegen; **to have friends in ~ places** wichtige Freunde haben; **of ~ rank** hochrangig; **to be ~ and mighty** (*pej*) herablassend sein ❺ (*intoxicated, euphoric*) high *a. fig fam;* **to be ~ on drugs** mit Drogen vollgepumpt sein; **to be** [**as**] **~ as a kite** (*fam*) total high sein *sl* ❻ (*shrill*) **to sing in a ~ key** in einer hohen Tonlage singen; **a ~ note** ein hoher Ton; **a ~ voice** eine schrille Stimme ❼ FASHION **she wore a dress with a ~ neckline** sie trug ein hochgeschlossenes Kleid; **~ heels** Stöckelschuhe *mpl* ❽ *pred* (*gone off*) ■**to be ~** *food* riechen; *game* Hautgout haben ▸ PHRASES: **~ drama** hochdramatisch; **with one's head held ~** hoch erhobenen Hauptes; **to stink to ~ heaven** (*smell awful*) wie die Pest stinken *sl;* (*be very suspicious*) zum Himmel stinken *fig sl;* **come hell or ~ water** um jeden Preis; **come hell or ~ water, I'm going to get this finished by midnight** und wenn die Welt untergeht, bis Mitternacht habe ich das fertig; **sb's stock is ~** jds Aktien stehen gut *fig,* jd steht hoch im Kurs; **~ time** höchste Zeit; **to leave sb ~ and dry** jdn auf dem Trockenen sitzen lassen **II.** *adv* ❶ (*position*) hoch; **you'll have to throw the ball ~** du musst den Ball in die Höhe werfen; **he said he would go as ~ as $500** er meinte, er würde maximal 500 Dollar ausgeben; **to look** [*or* **search**] **for sth ~ and low** das Unterste nach oben kehren *fig;* ■**~ up** hoch oben ❷ (*intensity*) **the sea was running ~** das Meer tobte; **feelings were running ~** (*fig*) die Gemüter erhitzten sich ▸ PHRASES: **to hold one's head ~** stolz sein; **to live ~ on** [*or* **off**] **the hog** fürstlich leben **III.** *n* ❶ (*high*[*est*] *point*) Höchststand *m;* **to reach an all-time** [*or* **a record**] **~** einen historischen Höchststand erreichen ❷ METEO Hoch *nt* ❸ (*exhilaration*) **~s and lows** Höhen und Tiefen *fig;* **to be on a ~** high sein *sl* ❹ (*heaven*) **on ~** im Himmel, in der Höhe *poet;* **God looked down from on ~** Gott blickte vom Himmel herab; (*hum fig fam*) **the orders came from on ~** die Befehle kamen von höchster Stelle

high 'al·tar *n* Hochaltar *m* **'high·ball** *esp* AM **I.** *n* Highball *m* **II.** *vi* (*fam*) ■**to ~ somewhere** irgendwohin rasen *fam* **high 'beams** *npl* AM AUTO (*main beam*) Fernlicht *nt* **'high·born** *adj pred* ■**to be ~** von edler Herkunft sein *geh* **'high·boy** *n* AM (*chest of drawers*) hohe Kommode **'high·brow I.** *adj* (*esp pej*) hochgeistig; **~ assumption** arrogante Ansicht **II.** *n* (*esp pej*) Intellektuelle(r) *f(m)* **'high chair** *n* Hochstuhl *m* **High 'Church I.** *n* High Church *f* (*Richtung der anglikanischen Kirche*) **II.** *adj* High Church-; ■**to be ~** der High Church angehören **'high-class** *adj* erstklassig; *product* hochwertig; **~ restaurant** hervorragendes Restaurant **high com·'mand** *n* MIL (*staff*) Oberkommando *nt;* (*commander-in-chief*) Oberbefehlshaber *m* **high com·'mis·sion** *n* POL Hochkommissariat *nt* **High Com·'mis·sion** *n* POL Hochkommission *f* **high com·'mis·sioner** *n* POL Hochkommissar(in) *m(f)* **'high court** *n* ❶ BRIT (*for civil cases*) oberstes Gericht; ■**the H~** das Oberste Gericht ❷ AM (*Supreme Court*) ■**the ~** der Oberste Gerichtshof **High Court of Aus·'tralia** *n* AUS ■**the ~** der Oberste Gerichtshof von Australien **'high day** *n* BRIT [kirchlicher] Festtag **high defi·ni·tion 'tele·vi·sion** *n no pl* HDTV *nt,* hochauflösendes Fernsehen **high 'den·sity** *adj attr, inv* ❶ COMPUT mit hoher Dichte *nach n;* **~ disk** HD-Diskette *f;* **~ storage** hohe Speicherkapazität ❷ (*closely packed*) kompakt; **~ housing** dicht bebautes Wohngebiet **high 'div·ing board** *n* SPORTS höchstes Sprungbrett **'high-end** *adj* nobel, luxuriös; **~ hotel** Luxushotel *nt;* **~ restaurant** Nobelrestaurant *nt*

high·er ['haɪəʳ, AM -ɚ] **I.** *adj* ❶ *comp of* **high** höher; **to have ~ marks** bessere Noten haben; **to be destined for ~ things** zu Höherem berufen sein ❷ *attr, inv* ZOOL höhere(r, s); **~ animals** höher entwickelte Tiere ❸ *attr, inv* SCH **H~ National Certificate** BRIT *Zertifikat von einer technischen Fachhochschule;* **H~ National Diploma** BRIT *Lehrgangsabschluss an einer technischen Fachhochschule* **II.** *n* SCOT ■**H~** *schottische Hochschulreife;* **to take one's H~s** ≈ sein Abitur machen **III.** *adv* ❶ (*altitude*) **he lives ~ up the hill** er wohnt weiter oben am Berg; **she climbed ~ up the ladder** sie kletterte weiter die Leiter hoch ❷ (*level*) **he now has a position ~ up in administration** er hat jetzt eine höhere Position in der Verwaltung; **this season our team is ~ up in the league** diese Saison steht unsere Mannschaft weiter oben in der Tabelle ▸ PHRASES: **the ~ you climb, the harder you fall** (*prov*) Hochmut kommt vor dem Fall *prov*

high·er de·'gree *n* UNIV *auf den ersten akademischen Grad folgender Universitätsabschluss* **high·er edu·'ca·tion** *n no pl* (*training*) Hochschulbildung *f;* (*system*) Hochschulwesen *nt;* **students in ~** Studenten/Studentinnen *pl;* **to work in ~** im Hochschulwesen [*o* Hochschulbereich] arbeiten **'high·er-up** *n* (*fam*) hohes Tier *fam*

high ex·'plo·sive I. *n* hochexplosiver Sprengstoff **II.** *adj attr* hochexplosiv; **~ bomb** Sprengbombe *f;* **~ device** Sprengvorrichtung *f* **high·fa·lu·tin** *adj* (*fam*) *person* aufgeblasen *pej fam,* hochnäsig *fam; language* geschwollen *pej; theory* hochtrabend **high fi·'del·ity** *n no pl* Highfidelity *f* **high 'fi·nance** *n no pl* Hochfinanz *f* **high-'five** *n* Abklatschen *nt kein pl* **high·'fli·er** *n* Überflieger *m* **high-'flown** *adj* hochtrabend *pej,* geschwollen *pej;* **~ ideas** abgehobene Ideen; **~ phrases** hochgestochene Phrasen *pej fam* **high-'fly·er** *n see* **highflier** **'high-fly·ing** *adj* ❶ (*in high altitude*) **a ~ plane** ein hoch fliegendes Flugzeug ❷ (*fig: ambitious*) aufstrebend; *person* zielstrebig; (*successful*) erfolgreich **high 'fre·quen·cy I.** *n* PHYS Hochfrequenz *f fachspr* **II.** *adj attr, inv* Hochfrequenz- *fachspr* **high 'gear** *n* **to be** [*or* **run**] **in ~** auf Hochtouren laufen *fig;* **to move into ~** voll durchstarten *fig fam* **High 'Ger·man** *n no pl* Hochdeutsch *nt* **'high-gloss** *adj* hochglänzend *attr,* Hochglanz-; **~ paper** Hochglanzpapier *nt;* **~ varnish** Hochglanzlack *m* **'high-grade** *adj* hochwertig; **~ oil** qualitativ hochwertiges Öl; **~ steel** Qualitätsstahl *m* **'high ground** *n* hoch liegendes Gebiet; **there will be snow in ~** in höheren Lagen schneit es; (*fig*) **to claim** [*or* **take**] **the intellectual/moral ~** sich *dat* intellektuell/moralisch überlegen vorkommen **high-'hand·ed** *adj* (*not consulting others*) selbstherrlich; (*arrogant*) überheblich; (*thoughtless*) rücksichtslos; (*overbearing*) herrisch; **~ action** rücksichtsloses Vorgehen; **~ attitude/behaviour** [*or* AM **behavior**] selbstherrliche Einstellung/selbstherrliches Verhalten; **~ treatment** herablassende Behandlung **high-'hand·ed·ness** *n no pl* (*not considering others*) Selbstherrlichkeit *f;* (*arrogance*) Arroganz *f pej,* Überheblichkeit *f;* (*thoughtlessness*) Rücksichtslosigkeit *f;* (*being overbearing*) herrisches Wesen **'high hat** *n* ❶ (*hat*) Zylinder *m* ❷ AM (*fam: person*) hochnäsige Person *pej* ❸ (*cymbals*) Becken *nt* **'high-heel·ed** *adj* hochhackig **high 'heels** *npl* ❶ (*shoes*) hochhackige Schuhe ❷ (*part of a shoe*) hohe Absätze **high 'horse** *n* ▸ PHRASES: **to be on one's ~** auf dem hohen Ross sitzen *fam;* **to get on one's ~** sich *akk* aufs hohe Ross setzen *fam;* **she's always** [*or* **she always gets**] **on her ~ about how the office should be organized** sie predigt ständig, wie das Büro besser zu organisieren wäre *fam* **high-'im·pact** *adj* hochwirksam; **~ aerobics** High-Impact-Aerobic *nt* **'high·jack** *vt see* **hijack 'high jinks** *npl* Ausgelassenheit *f kein pl,* Halligalli *nt fam* **'high jump** *n no pl* Hochsprung *m* ▸ PHRASES: **to be for the ~** BRIT in Teufels Küche kommen *fam* **'high jump·er** *n* Hochspringer(in) *m(f)* **'high kick** *n* Hochwerfen *nt* der Beine

high·land ['haɪlənd] *adj attr, inv* Hochland-, hochländisch **High·land 'clear·ances** *npl* BRIT *Vertreibung der schottischen Pächter von ihren Ländereien im Hochland*

High·land·er ['haɪləndəʳ, AM -ɚ] *n* Highlander *m, jd aus den schottischen Highlands*

High·land 'fling *n* SCOT *schottischer Volkstanz* **High·land 'Games** *npl* SCOT Hochlandspiele *ntpl*

high·lands ['haɪləndz] *npl* Hochland *nt kein pl;* ■**the** [**Scottish**] **H~** die Highlands *pl,* das [schottische] Hochland

'high-lev·el *adj usu attr* ❶ (*important*) auf höchster Ebene *nach n;* **~ negotiations** Verhandlungen *fpl* auf höchster Ebene ❷ (*intense*) **~ crop production** Pflanzung *f* von Hochertragsgetreide ❸ (*high above ground*) hoch gelegen **high-lev·el 'lan·guage** *n* COMPUT [benutzerfreundliche] Computersprache **high-lev·el 'waste** *n no pl* radioaktiver Müll **'high life** *n* exklusives Leben; **to live the ~** in Saus und Braus leben **'high·light I.** *n* ❶ (*most interesting part*) Höhepunkt *m,* Highlight *nt geh* ❷ (*in hair*) ■**~s** *pl* Strähnchen *ntpl,* Highlights *ntpl* **II.** *vt* ❶ (*draw attention to*) ■**to ~ sth** etw hervorheben [*o* unterstreichen]; **to ~ a problem** ein Problem [besonders] herausstreichen ❷ (*make visually prominent*) ■**to ~ sth** etw hervorheben; (*with a highlighter*) etw anstreichen; **to ~ a text** einen Text markieren ❸ (*dye*) **to have one's hair ~ed** sich *dat* Strähnchen machen lassen **'high·light·er** *n* ❶ (*pen*) Textmarker *m* ❷ (*cosmetics*) Highlighter *m*

high·ly ['haɪli] *adv* hoch-; **this was a ~-publicized case** um diesen Fall wurde ein großer Medienrummel veranstaltet *fam;* **~ amusing** ausgesprochen amüsant; **~ contagious** stark ansteckend; **~-educated** hoch gebildet; **~ questionable** äußerst fragwürdig; **~-skilled** hoch qualifiziert; **to speak ~ of someone** von jdm in den höchsten Tönen sprechen; **to think ~ of someone** eine hohe Meinung von jdm haben

'high·ly·col·ored AM, **'high·ly·col·oured** *adj* ❶ (*colourful*) bunt ❷ (*fig: one-sided*) einseitig **high·ly-'paid** *adj* hoch bezahlt; **a ~ job** ein hoch dotierter Job **high·ly-'placed** *adj* **she's very ~ in the organization** sie steht mit an der Spitze der Organisation; **according to a ~ source** wie aus hohen Kreisen verlautet **high·ly-'priced** *adj* teuer **high·ly re·'gard·ed** *adj pred* ■**to be ~** hoch angesehen sein *geh* **high·ly-'sea·soned** *adj* stark gewürzt; (*hot*) scharf **high·ly-'strung** *adj esp* BRIT, AUS nervös; **to be too ~** zu schwache Nerven haben

high-'main·te·nance *adj* viel Aufmerksamkeit erfordernd *attr* **High 'Mass** *n* Hochamt *nt* **high-'mind·ed** *adj* ❶ (*moralizing*) moralisierend *attr pej* ❷ (*intellectual*) intellektuell

high·ness ['haɪnəs] *n* Höhe *f*

High·ness ['haɪnəs] *n* (*form*) Hoheit *f;* **Royal H~** Königliche Hoheit; **Your/Her/His H~** Eure/Ihre/Seine Hoheit

high 'noon *n* ❶ (*twelve noon*) zwölf Uhr mittags ❷ (*most important stage*) Höhepunkt *m;* (*fig*) Zeitpunkt *m* der Abrechnung; ■**it's ~** es ist höchste Zeit *fig* **'high note** *n* Höhepunkt *m;* **he wants to end his career on a ~** er möchte dann aufhören, wenn seine Karriere auf dem Höhepunkt ist **high-'oc·tane** *adj* ❶ AUTO *petrol* mit hoher Oktanzahl *nach n;* ■**to be ~** eine hohe Oktanzahl haben ❷ (*fig*) *politics* [hoch]explosiv *fig,* hyper-dynamisch **high-per·'for·mance** *adj attr* Hochleistungs- **high-'pitched** *adj* ❶ (*steep*) steil ❷ (*shrill*) schrill; (*high*) hoch ❸ (*intense*) **~ battle** heftiger Kampf **'high point** *n* (*best part*) Höhepunkt *m;* (*most enjoyable part*) schönster Augenblick **high-'pow·ered** *adj* ❶ *machine* Hochleistungs-; **~ car/motorbike** starkes Auto/Motorrad; **~ computer system** leistungsstarkes Computersystem ❷ (*influential*) einflussreich; **~ delegation** hochrangige Delegation ❸ (*advanced*) anspruchsvoll **high-'pres·sure I.** *n no pl* METEO Hochdruck *m fachspr;* **a ridge of ~** ein Hochdruckkeil *m fachspr* **II.** *n modifier* ❶ TECH (*pump, steam*) Hochdruck- ❷ ECON **~ sales techniques** aggressive Verkaufstechniken **III.** *vt esp* AM ■**to ~ sb** jdn unter Druck setzen; **stop trying to ~ me into doing something** hör auf, mich mit aller Macht zu etwas überreden zu wollen **high 'priest** *n* REL Hohe Priester *m;* (*fig*) Doyen *m fig* **high 'priest·ess** *n* REL Hohe Priesterin *f;* (*fig*) Doyenne *f fig* **high 'pro·file I.** *n* **to have a ~** gerne im Rampenlicht stehen **II.** *adj* **she's a ~ politician** sie ist eine Politikerin, die im Rampenlicht steht; **a vicar has a ~ job** ein Pfarrer steht durch seinen Job viel in der Öffentlichkeit **high-'rank·ing** *adj attr* hochrangig **high-reso·'lu·tion** *n* COMPUT hohe Auflösung **'high-rise** *n* Hochhaus *nt;* (*very high*) Wolkenkratzer *m* **high-rise 'build·ing** *n,* **high-rise 'flats** *npl* BRIT Hochhaus *nt* **high-'risk** *adj* hochriskant; **to be in a ~ category/group** einer Risikokategorie/-gruppe angehören **'high road** *n* BRIT Hauptstraße *f;* AM (*fig*) **to take the ~** den rechten Weg beschreiten *geh* **high 'roll·er** *n* AM (*fam*) ❶ (*spendthrift*) verschwenderischer Mensch; **she's something of a ~** sie wirft das Geld mit beiden Händen zum Fenster raus *fam* ❷ (*gambler*) Glücksspieler(in) *m(f)* **'high school** *n* BRIT, AUS *Gymnasium oder Oberstufenschule* (*14-18 Jahre*)*;* AM Highschool *f;* **junior ~** Junior Highschool *f* **high 'seas** *npl* hohe See; **on the ~** auf hoher See **high 'sea·son** *n* Hochsaison *f;* **at** [*or* **during**] [*or* **in**] **~** während [*o* in] der Hochsaison **high-se·'cu·rity** *adj attr* Hochsicherheits-; **~ jail** [*or* **prison**] Hochsicherheitsgefängnis *nt;* **~ wing** Hochsicherheitstrakt *m* **high so·'ci·ety** *n* High Society *f* **'high-sound·ing** *adj language* hochtrabend *pej; ideas* abgehoben; *see also* **high-flown 'high-speed** *adj usu attr* Hochgeschwindigkeits-; **~ drill** Schnellstahlbohrer *m;* **~ engine** Hochleistungsmotor *m;* **~ film** hoch empfindlicher Film; **~ printer** Schnelldrucker *m* **high-speed 'train** *n* Hochgeschwindigkeitszug *m* **high-'spir·it·ed** *adj* ausgelassen; **~ horse** temperamentvolles Pferd **high 'spir·its** *npl* Hochstimmung *f kein pl;* **to be in ~** in Hochstimmung sein, gut drauf sein *fam* **'high spot** *n* Höhepunkt *m;* **to hit the ~s** BRIT (*fam*) die Szenetreffs aufsuchen **'high street** *n* BRIT Hauptstraße *f;* (*shopping road*) ■**the ~** die Haupteinkaufsstraße **'high-street** *adj* BRIT **there was a modest rise in ~ spending last month** im letzten Monat ist der Umsatz in den Geschäften der Innenstadt leicht angestiegen; **~ banks** Geschäftsbanken *fpl;* **~ fashion** konventionelle Mode **'high-strung** *adj* AM (*highly-strung*) nervös **high 'sum·mer** *n no pl* Hochsommer *m* **high 'ta·ble** *n* BRIT *dem Lehrpersonal vorbehaltener Esstisch an Schulen und Universitäten* **'high·tail** *esp* AM **I.** *vi* (*fam*) abhauen *fam,* [schnell] verduften *sl;* **we'd better ~ out of here** wir sollten besser von hier verduften *sl* **II.** *vt* (*fam*) **to ~ it** abhauen *sl,* sich *akk* aus dem Staub machen *fam;*

H

to ~ **it out of town** aus der Stadt verschwinden *fam* **high 'tea** *n* BRIT *frühes Abendessen bestehend aus einem gekochten Essen, Brot und Tee* **high-'tech I.** *adj* Hightech-; ~ **product** Hightech-Produkt *nt* **II.** *n no pl see* **high technology** Hightech *nt* **high tech·'nol·ogy** *n no pl* Hightech *nt*, Hochtechnologie *f* **high-'ten·sion** *adj usu attr* Hochspannungs- **'high-test** *adj attr* ❶ (*meeting high standards*) Qualitäts-; ~ **results** Ergebnisse *ntpl* aus der Qualitätskontrolle ❷ (*low boiling point*) ~ **petrol** [*or* AM **gas**] Benzin *nt* mit niedrigem Siedepunkt **high 'tide** *n no pl* Flut *f*; **at** ~ bei Flut; (*fig: most successful point*) Höhepunkt *m* **high 'trea·son** *n no pl* Hochverrat *m* **high 'up** *adj pred* ■**to be** ~ ein hohes Tier sein *fam*, hoch oben in der Hierarchie stehen **high 'volt·age** *n* Hochspannung *f* **high 'wa·ter** *n no pl* Flut *f* **high-'wa·ter mark** *n* Hochwassermarke *f*; (*fig*) Höhepunkt *m*, höchster Stand **'high·way I.** *n* BRIT (*form*) Bundesstraße *f*; AM, AUS Highway *m*; **every** ~ **and byway** jeder Weg und Steg; **coastal** ~ Küstenstraße *f*; **interstate** ~ AM Interstate Highway *m* (*mindestens zwei Staaten verbindende Autobahn*); **to obstruct the** ~ (*form*) die Straße blockieren **II.** *n modifier* (*accident, billboard, user*) Straßen-; ~ **fatalities** Verkehrstote *pl*; ~ **restaurant** Autobahnrestaurant *nt* **High·way 'Code** *n* BRIT Straßenverkehrsordnung *f* **'high·way·man** *n* (*hist*) Straßenräuber *m* **high·way 'rob·bery** *n* ❶ (*hist*) Straßenraub *m* ❷ *no pl* (*overpricing*) **to be** ~ Schröpferei [*o* der reinste Nepp] sein *fam* **'high wire** *n* Hochseil *nt* **'high-wire** *adj attr, inv* Hochseil-; ~ **balancing act** (*a. fig*) Drahtseilakt *m a. fig*

hi·jack ['haɪdʒæk] **I.** *vt* **to** ~ **a plane** ein Flugzeug entführen; (*fig*) **to** ~ **sb's ideas/plans** jds Ideen/Pläne klauen *fam* **II.** *n* Entführung *f*

hi·jack·er ['haɪdʒækəʳ, AM -ɚ] *n* Entführer(in) *m(f)*

hi·jack·ing ['haɪdʒækɪŋ] *n no pl* Entführung *f*

hike [haɪk] **I.** *n* ❶ (*long walk*) Wanderung *f*; (*fam*) **that was quite a** ~ das war ein ganz schöner Marsch [*o* ÖSTERR Hatscher] *fam*; **to go on a** ~ wandern gehen; **to take a** ~ AM (*fam*) abhauen *sl* ❷ AM (*fam: increase*) Erhöhung *f*; ~ **in prices** Preiserhöhung *f* **II.** *vi* wandern **III.** *vt* AM (*fam*) ■**to** ~ **sth** etw erhöhen; **to** ~ **interest rates** die Zinsen [*o* Zinssätze] anheben ◆**hike up** *vt* ❶ (*increase*) ■**to** ~ **up** ◌ **sth** etw erhöhen; **to** ~ **up interest rates** die Zinssätze [*o* Zinsen] anheben ❷ *esp* AM (*lift*) ■**to** ~ **sth** ◌ **up** etw hochheben; *piece of clothes* etw hochziehen; **do you think we'll be able to** ~ **up the piano over that step?** glaubst du wir schaffen es, das Klavier über diese Schwelle zu hieven?; **his shirt was** ~**d up on one side** sein Hemd war auf einer Seite hochgerutscht *fam*

hik·er ['haɪkəʳ, AM -ɚ] *n* Wanderer, -in *m, f*

hik·ing ['haɪkɪŋ] *n no pl* Wandern *nt*; **to go** ~ wandern gehen **'hik·ing boots** *npl* Wanderschuhe *mpl*

hi·lari·ous [hɪ'leəriəs, AM -'ler-] *adj* ❶ (*very amusing*) urkomisch, zum Brüllen *präd fam* ❷ (*boisterous*) ausgelassen; ~ **party** stürmisches Fest

hi·lari·ous·ly [hɪ'leəriəsli, AM -'ler-] *adv* urkomisch; **her new book's** ~ **funny** ihr neues Buch ist zum Schreien *fam*

hi·lar·ity [hɪ'lærəti, AM -'lerət̬i] *n no pl* Ausgelassenheit *f*; **his announcement was greeted with** ~ seine Ankündigung sorgte für große Belustigung; **to cause** ~ Heiterkeit erregen

hill [hɪl] *n* ❶ (*small mountain*) Hügel *m*; (*higher*) Berg *m*; **range of** ~**s** Hügelkette *f*; **on the top of a** ~ [oben] auf einem Hügel; **rolling** ~**s** sanfte Hügel; ■**the** ~**s** *pl* (*higher areas of land*) das Hügelland *kein pl* ❷ (*steep slope*) Steigung *f*; **a steep** ~ eine starke Steigung ▸PHRASES: **sth ain't worth** [*or* **doesn't amount to**] **a** ~ **of beans** AM (*fam*) etw ist keinen Pfifferling wert *fam*; **to be up** ~ **and down dale for sb** BRIT (*dated*) überall nach jdm suchen; **as old as the** ~**s** steinalt; **the jokes she tells are as old as the** ~**s** ihre Witze haben so einen Bart *fam*; **to be over the** ~ (*fam*) mit einem Fuß im Grab stehen

hill·bil·ly ['hɪl,bɪli] *n* AM (*dated or usu pej*) Hinterwäldler(in) *m(f) pej*; (*woman also*) Landpomeranze *f pej*; (*from the Southern US states*) Hillbilly *m pej* **hill·bil·ly 'mu·sic** *n no pl* Hillbillymusik *f* **'hill fort** *n* ARCHEOL befestigte Hügelanlage (*aus der Eisenzeit*) **hill·ock** ['hɪlək] *n* kleiner Hügel **'hill·side** *n* Hang *m* **hill 'start** *n* Anfahren *nt* am Berg; **to do a** ~ am Berg anfahren **'hill sta·tion** *n Erholungsort im* [*kühlen*] *indischen Bergland* **'hill·top I.** *n* Hügelkuppe *f* **II.** *n modifier* (*farm*) auf einem Hügel gelegen *attr* **'hill-walk·ing** *n no pl esp* BRIT Bergwandern *nt*

hilly ['hɪli] *adj* hügelig; ~ **areas** Hügelland *nt*

hilt [hɪlt] *n* ❶ (*handle*) Griff *m*; *of a dagger, sword* Heft *nt* ❷ (*fig: limit*) **the government is already borrowing up to the** ~ die Regierung ist bereits hoch verschuldet; **to be up to the** ~ **in debt** bis über beide Ohren in Schulden stecken *fam*; **to support sb to the** ~ hundertprozentig hinter jdm stehen

him [hɪm, ɪm] *pron object* ❶ (*person*) ihm *in dat*, ihn *in akk*; **why don't you give** ~ **his present?** warum gibst du ihm nicht sein Geschenk?; **don't shout at** ~ schrei ihn nicht an; **toiletries for** ~ **and her** Toilettenartikel für Ihn und Sie; **Bob, give Paul's toy back to** ~ **now!** Bob, gib Paul sofort sein Spielzeug zurück!; **who?** ~**? he's horrible!** wer? der? der ist schrecklich!; **he took the children with** ~ er nahm die Kinder mit; **I could never be as good as** ~ ich könnte nie so gut sein wie er; **you have more than** ~ du hast mehr als er; (*fam*) **is this** ~**, perhaps?** ist er das vielleicht?; **that's** ~ **all right** das ist er in der Tat; (*form*) **to** ~ **who is patient come all good things in their own time** dem, der Geduld hat, wird sich alles Gute erfüllen ❷ (*animal*) ihm *in dat*, ihn *in akk*; **we've just got a new cat, but we haven't thought of a name for** ~ **yet** wir haben einen neuen Kater, aber wir haben noch keinen Namen für ihn ❸ (*unspecified sex*) ihm *in dat*, ihn *in akk*; **man's ability to talk makes** ~ **unlike any other animal** der Mensch unterscheidet sich von den anderen Tieren durch seine Fähigkeit zu sprechen; **if someone is causing us problems, we should get rid of** ~ wenn uns jemand Probleme macht, sollten wir ihn loswerden ❹ REL (*God*) ■**H**~ Ihm *in dat*, Ihn *in akk*; **I pray to H**~ **daily** ich bete jeden Tag zu Ihm ❺ AM (*old: himself*) **in the depths of** ~**, he too didn't want to go** im tiefsten Inneren wollte er auch nicht gehen ▸PHRASES: **everything comes to** ~ **who waits** (*prov*) mit der Zeit werden sich alle Wünsche erfüllen

him·self [hɪm'self] *pron reflexive* ❶ *after vb* sich *in dat o akk*; **he can really excel** ~ **when he ...** er kann wirklich über sich hinauswachsen, wenn er; **Norman was so upset that he cried** ~ **to sleep last night** Norman war so bestürzt, dass er sich letzte Nacht in den Schlaf geweint hat; **he's writing** ~ **letters** er schrieb sich selbst Briefe; **the steward introduced** ~ **as Pete** der Steward stellte sich als Pete vor; **he ought to be ashamed of** ~ er sollte sich schämen ❷ *after prep* **Jack talks to** ~ **when he works** Jack spricht bei der Arbeit mit sich [selbst]; **the little boy kept looking at** ~ **in the mirror** der kleine Junge betrachtete sich die ganze Zeit im Spiegel ❸ (*form: him*) **the whole group, including** ~ die ganze Gruppe, er eingeschlossen ❹ (*emph: personally*) selbst; **did you want to talk to the chairman** ~**?** möchten Sie mit dem Vorsitzenden persönlich sprechen?; **Fred has nobody but** ~ **to blame** Fred ist ganz alleine Schuld; **the president** ~ **promised to attend the ceremony** der Präsident versprach, persönlich an der Zeremonie teilzunehmen; **Thomas** ~ **laid down what we should do** Thomas erklärte uns persönlich, was wir tun sollten; **to see/taste/feel/try sth for** ~ etw selbst sehen/kosten/fühlen/versuchen ❺ (*alone*) **he wanted to keep the candy for** ~ er wollte die Bonbons für sich behalten; **Tim wants a desk all to** ~ Tim möchte einen Schreibtisch ganz für sich; ■[**all**] **by** ~ ganz alleine ❻ (*normal*) **I told him to act naturally and be** ~ ich sagte ihm, dass er natürlich bleiben und ganz er selbst sein sollte; **Hugh hasn't been** ~ **since the accident** seit dem Unfall ist Hugh nicht er selbst;

he finally looked ~ again after seeming so sick for so long nach der langen Krankheit sah er endlich wieder wie er selbst aus ❷ IRISH (*master of the house*) der Herr *geh;* **I'll mention it to ~** ich werde es dem Hausherrn sagen

hind [haɪnd] **I.** *adj attr, inv* hintere(r, s); ~ **leg** Hinterbein *nt; of game* Hinterlauf *m* **II.** *n* <*pl* - *or* -s> Hirschkuh *f*

hin·der ['hɪndəʳ, AM -ɚ] *vt* ■**to ~ sb/sth** jdn/etw behindern; **to ~ progress** den Fortschritt hemmen; ■**to ~ sb from doing sth** jdn davon abhalten [*o* daran hindern], etw zu tun

Hin·di ['hɪndi:] *n no pl* Hindi *nt*

'hind legs *npl* Hinterbeine *ntpl;* **to get** [*or* **stand**] **up on one's ~** (*a. fig, hum*) sich *akk* auf die Hinterbeine stellen *fig, hum fam* ▸ PHRASES: [**to be able**] **to talk the ~ off a donkey** (*fam*) ohne Punkt und Komma reden [können] *fam* **'hind·most** *adj attr esp* BRIT letzte(r, s); **although she was ~ of the walkers, ...** obwohl sie hinter allen anderen Wanderern zurücklag, ... ▸ PHRASES: [**let the**] **devil take the ~** den Letzten beißen die Hunde *prov* **'hind·quar·ters** *npl* ZOOL Hinterteil *nt;* (*of a horse*) Hinterhand *f;* (*of a carcass*) Hinterviertel *nt*

hin·drance ['hɪndrən(t)s] *n* ❶ (*obstruction*) Behinderung *f,* Hindernis *nt;* **I've never considered my disability a ~** ich habe meine Behinderung nie als Einschränkung empfunden; **sb is more of a ~ than a help** jd stört mehr, als dass er/sie hilft; **to allow sb to enter without ~** jdm ungehinderten Zutritt gewähren; ■**to be a ~ to sth** etw behindern ❷ LAW (*o form*) **without let or ~** ungehindert

'hind·sight *n no pl* **but with** [**the benefit of**] **~ I see how naive I was ...** jetzt weiß ich natürlich, wie naiv ich war; **in ~** im Nachhinein

Hin·du [,hɪn'du:, AM 'hɪndu:] **I.** *n* Hindu *m o f* **II.** *adj inv* hinduistisch, Hindu-

Hin·du·ism ['hɪndu:ɪzᵊm] *n no pl* Hinduismus *m*

hinge [hɪndʒ] **I.** *n* Angel *f; of a chest, gate* Scharnier *nt;* **to take the door off its ~s** die Tür aus den Angeln heben **II.** *n modifier* Scharnier-; ~ **joint** Scharniergelenk *nt* **III.** *vi* ❶ (*depend*) ■**to ~** [**up**]**on sb/sth** von jdm/etw abhängen; **the prosecution's case ~d on the evidence of this witness** die Anklage steht und fällt mit der Aussage dieser Zeugin; **the plot of the film ~s on a case of mistaken identity** Aufhänger des Films ist eine Verwechslung ❷ *jaw* ■**to ~ down** nach unten klappen

hinged [hɪndʒd] *adj inv* mit einem Scharnier *nach n;* ■**to be ~** ein Scharnier haben

hint [hɪnt] **I.** *n* ❶ *usu sing* (*trace*) Spur *f;* **white with a ~ of blue** weiß mit einem Hauch von blau; **at the slightest ~ of trouble** beim leisesten Anzeichen von Ärger; **he gave me no ~ that ...** er gab mir nicht den leisesten Wink, ob ... ❷ (*allusion*) Andeutung *f;* **you just can't take a ~, can you?** du kapierst es einfach nicht, oder? *fam;* **ok, I can take a ~** o.k., ich verstehe schon; **it's my birthday next week, ~, ~!** ich habe nächste Woche Geburtstag - so ein dezenter Hinweis ... *fam;* **to drop a ~** eine Andeutung machen ❸ (*advice*) Hinweis *m,* Tipp *m;* **to give sb a ~** jdm einen Hinweis [*o* Tipp] geben; **a handy ~** ein wertvoller Tipp **II.** *vt* ■**to ~ that ...** andeuten, dass ... **III.** *vi* andeuten, durchblicken lassen; ■**to ~ at sth** (*allude to*) auf etw *akk* anspielen; (*indicate*) etw andeuten, auf etw *akk* hindeuten; ■**to ~ to sb that ...** jdm andeuten, dass ...

hinter·land ['hɪntəlænd, AM -tɚ-] *n no pl* (*behind coast or river*) Hinterland *nt;* (*undeveloped land*) Entwicklungsland *nt;* (*fig: unknown*) Zwischenreich *nt*

'hinter·lands *npl* AM Hinterland *nt kein pl*

hip¹ [hɪp] **I.** *n* ANAT Hüfte *f;* **trousers to fit ~s up to 38 inches** Hosen *fpl* mit einer Hüftweite bis 96 cm; **Helen stood with her hands on her ~s** Helen hatte ihre Arme in die Hüften gestemmt; **to dislocate a ~** sich *dat* die Hüfte ausrenken ▸ PHRASES: **to shoot from the ~** (*fam*) aus der Hüfte schießen *fig* **II.** *n modifier* Hüft-; ~ **replacement** künstliche Hüfte

hip² [hɪp] *n* (*rose hip*) Hagebutte *f*

hip³ <-pp-> [hɪp] *adj* (*fam: fashionable*) hip *präd sl,* cool *sl,* total in *präd fam;* ■**to get ~ to sth** etw mitkriegen *fam*

hip⁴ [hɪp] *interj* hipp(, hipp); **~ ~ hooray** [*or* **hurray**]**!** hipp, hipp, hurra!

'hip·bath *n* Sitzbad *nt* **'hip·bone** *n* ANAT Hüftknochen *m* **'hip flask** *n* Flachmann *m* **'hip-hop** *n no pl* Hip-Hop *m* **'hip-hug·gers** *npl* AM Hüfthose[n] *f[pl]* **'hip-hug·ging** *adj* eng anliegend (*an den Hüften*)

hip·pie ['hɪpi] *n* Hippie *m*

hip·po ['hɪpəʊ, AM -oʊ] *n* (*fam*) *short for* **hippopotamus** Nilpferd *nt*

hip 'pock·et *n* Gesäßtasche *f*

Hip·po·crat·ic oath [,hɪpə(ʊ)krætɪk'-, AM -pəkræţɪk'-] *n* MED hippokratischer Eid, Eid *m* des Hippokrates

hip·po·pota·mus <*pl* -es *or* -mi> [,hɪpə'pɒtəməs, AM -'pɑ:ţə-] *n* Nilpferd *nt;* **pygmy ~** Zwergnilpferd *nt*

hip·py ['hɪpi] *n* Hippie *m*

hip·py·ish ['hɪpiɪʃ] *adj* (*fam*) hippiemäßig; **~ atmosphere** lockere Atmosphäre

hip·ster ['hɪpstəʳ, AM -ɚ] *n* ❶ (*fam: person*) cooler Typ *sl* ❷ (*trousers*) ■**~s** *pl* Hüfthose[n] *f[pl]*

hire [haɪəʳ, AM haɪr] **I.** *n no pl esp* BRIT Mieten *nt;* **we've got the ~ of the church hall for the whole evening** wir haben den Gemeindesaal für den ganzen Abend gemietet; **her wedding dress is on ~** ihr Hochzeitskleid ist geliehen; **'for ~'** „zu vermieten"; **this shop has tents for ~ at £10 a week** in diesem Laden kann man für 10 Pfund die Woche Zelte leihen; **there are bikes for ~ at the station** am Bahnhof kann man Fahrräder mieten; **car ~** [*or* **~ car**] **business** BRIT Autoverleih *m,* Autovermietung *f* **II.** *vt* ❶ *esp* BRIT (*rent*) ■**to ~ sth** etw mieten; **to ~ a cab** ein Taxi rufen; **to ~ a dress** ein Kleid ausleihen; **to ~ sth by the hour/day/week** etw stunden-/tage-/wochenweise mieten ❷ *esp* AM (*employ*) ■**to ~ sb** jdn einstellen; **to ~ an attorney** AM einen Rechtsanwalt/eine Rechtsanwältin beauftragen; **to ~ a gunman** einen Killer anheuern; **to ~ more staff** mehr Personal einstellen

◆**hire out** *vt esp* BRIT ■**to ~ sth** ⊂ **out** etw vermieten; *bicycle, clothes* etw verleihen; **how much do you charge for hiring out a bicycle for a week?** wie viel kostet es, ein Fahrrad für eine Woche zu leihen?; **I've decided to go freelance and ~ myself out as a computer programmer** ich habe beschlossen, freiberuflich zu arbeiten und meine Dienste als Computerprogrammierer anzubieten; **to ~ out sth** [*or* **sth out**] **by the hour/day/week** etw stunden-/tage-/wochenweise vermieten

hire and 'fire *n Beschäftigen und Kündigen von Personal nach Bedarf* **'hire car** *n* BRIT Mietwagen *m,* Leihwagen *m*

hired [haɪəd, AM haɪrd] *adj inv* ❶ (*lent*) geliehen; *esp* BRIT (*rented*) gemietet; **~ bicycle** Leihfahrrad *nt;* **~ carnival costumes** geliehene Karnevalskostüme [*o* SÜDD, ÖSTERR Faschingskostüme] ❷ *esp* AM (*employed*) **~ assassin** Auftragskiller(in) *m(f);* **~ hand** Lohnarbeiter(in) *m(f);* **~ help** Haushaltshilfe *f;* **~ man** Helfer *m* für Haus und Garten

hired 'gun *n* Profikiller(in) *m(f)*

hire·ling ['haɪəlɪŋ, AM 'haɪr-] *n* (*pej*) Mietling *m pej;* (*accomplice*) Helfershelfer *m pej*

hire 'pur·chase *n* BRIT Ratenkauf *m,* Teilzahlungskauf *m;* **to buy something on ~** etw auf Raten kaufen **hire 'pur·chase agree·ment** *n* BRIT Teilzahlungsvertrag *m*

hir·ing ['haɪərɪŋ, AM 'haɪr-] *n no pl* ❶ (*employing*) Einstellen *nt* ❷ *esp* BRIT (*renting*) Mieten *nt;* **~ a car is easy these days** ein Auto zu mieten, ist heutzutage einfach

hir·sute ['hɜ:sju:t, AM 'hɜ:rsu:t] *adj* (*liter or hum*) stark behaart

his [hɪz, ɪz] **I.** *pron pers* (*of person, animal, unspecified sex*) seine(r, s); **Mark has left his coat behind – do you know if this is ~?** Mark hat seinen Mantel vergessen – weißt du, ob das seiner ist?; **he took my hand in ~** er nahm meine Hand; **I don't know many John Lennon songs – 'Imagine' was one of ~, wasn't it?** ich kenne nicht viele Lieder von John

H

Lennon – „Imagine" ist von ihm, oder?; **shortsheeting the bed is a favourite trick of ~** die Bettlaken kürzen zählt zu seinen Lieblingsstreichen; **some friends of ~** einige seiner Freunde; **that dog of ~ is so annoying** sein doofer Hund nervt total!; **each recruit receiving clothes should pick ~ up at the laundry department** jeder Rekrut soll seine Kleider in der Wäscherei abholen **II.** *adj poss* (*of person*) sein(e, er, es); **what's ~ name?** wie heißt er?; **James sold ~ business** James verkaufte seine Firma; **he got ~ very own computer for Christmas** er hat zu Weihnachten einen Computer ganz für sich alleine bekommen; **~ and hers towels** Handtücher für sie und ihn

His·pan·ic [hɪ'spænɪk] **I.** *adj inv* hispanisch **II.** *n* Hispano-Amerikaner(in) *m(f)*

His·pani·cist [hɪ'spænɪsɪst] *n*, **His·pan·ist** [hɪ'spænɪst] *n* LING Hispanist(in) *m(f) fachspr*

hiss [hɪs] **I.** *vi* zischen; (*whisper angrily*) fauchen; ■**to ~ at sb** jdn anfauchen **II.** *vt* ❶ (*utter*) ■**to ~ sth** etw fauchen [*o* zischen] ❷ (*disapprove of*) ■**to ~ sb/sth** etw/jdn auszischen **III.** *n* <*pl* -es> Zischen *nt kein pl;* (*on tapes*) Rauschen *nt kein pl*

his·self [hɪz'self] *pron* DIAL (*fam*) *see* **himself**

his·ta·mine ['hɪstəmi:n] *n* MED Histamin *nt fachspr*

his·tol·ogy [hɪ'stɒlədʒi, AM -'tɑ:l-] *n no pl* MED Histologie *f fachspr*

his·to·rian [hɪ'stɔ:riən] *n* Historiker(in) *m(f);* **local ~** ortsansässiger Historiker/ortsansässige Historikerin

his·tor·ic [hɪ'stɒrɪk, AM -'stɔ:r-] *adj* historisch; **a ~ moment in history/time** ein historischer Augenblick

his·tori·cal [hɪ'stɒrɪkəl, AM -'stɔ:r-] *adj* geschichtlich, historisch; **~ accuracy** Geschichtstreue *f;* **~ documents** historische Dokumente; **famous ~ figures** berühmte historische Figuren; **~ novel** historischer Roman

his·tori·cal·ly [hɪ'stɒrɪkəli, AM -'stɔ:r-] *adv* geschichtlich, historisch; **the film doesn't try to be ~ accurate** der Film versucht nicht, geschichtstreu zu sein; **~ [speaking ...]** historisch betrachtet ...

his·tor·ic 'pres·ent *n* LING historisches Präsens *fachspr* **his·tor·ic 'site** *n* historische Stätte

his·tory ['hɪstəri, AM *also* -əi] **I.** *n* ❶ *no pl* (*past events*) Geschichte *f;* (*study also*) Geschichtswissenschaft *f;* **our house has a colourful ~** unser Haus hat eine schillernde Vergangenheit; **the rest is ~** der Rest ist Geschichte [*o* bekannt]; **sb's life ~** jds Lebensgeschichte; **to go down in ~ as sth** als etw in die Geschichte eingehen; **to make ~** Geschichte schreiben ❷ (*fig*) **that's all ~** das gehört alles der Vergangenheit an; **Tina and Charles went out together for five years, but they're ~ now** Tina und Charles waren fünf Jahre ein Paar, aber jetzt sind sie nicht mehr zusammen; (*fam*) **if that bullet had found its mark you'd be ~ by now** wenn diese Kugel ihr Ziel nicht verfehlt hätte, wärst du jetzt mausetot *fam;* **ancient ~** (*fig*) kalter Kaffee *fam* ❸ *usu sing* (*background*) Vorgeschichte *f;* **her family has a ~ of heart problems** Herzprobleme liegen bei ihr in der Familie; **there's a long ~ of industrial disputes at that factory** betriebliche Auseinandersetzungen haben in dieser Fabrik eine lange Tradition **II.** *n modifier* (*book, class*) Geschichts-; **~ question** geschichtliche Frage

his·tri·on·ic [,hɪstri'ɒnɪk, AM -'ɑ:n-] *adj* theatralisch

his·tri·oni·cal·ly [,hɪstri'ɒnɪkəli, AM -'ɑ:n-] *adv* theatralisch

his·tri·on·ics [,hɪstri'ɒnɪks, AM -'ɑ:n-] *npl* theatralisches Getue *pej fam;* **his speech was full of ~ about patriotism** seine Rede war voll von patriotischem Geschwafel *pej fam*

hit [hɪt] **I.** *n* ❶ (*blow*) Schlag *m;* (*verbal blow*) Seitenhieb *m fig;* **few animals survive a ~ from a speeding car** nur wenige Tiere überleben es, wenn sie von einem Auto angefahren werden; **to give sb a ~ [on the head]** jdm einen Schlag [auf den Kopf] versetzen ❷ *esp* AM (*fam: attack* [*and kill*]) **to score a ~** jdn umlegen *fam* ❸ (*be bombed*) **to suffer [***or* **take] a direct ~** direkt getroffen werden; **the hurricane scored a direct ~ on Miami** der Orkan traf Miami mit voller Wucht ❹ (*success*) Hit *m;* **smash ~** Smash-Hit *m;* **his/her greatest ~s** seine/ihre größten Hits; **to be [***or* **make] a [big] ~ with sb** bei jdm gut ankommen; **she's trying to make a ~ with my brother** sie versucht, bei meinem Bruder zu landen *fam* ❺ (*in baseball*) Hit *m;* **to score a ~** einen Punkt machen ❻ (*drugs*) Schuss *m sl* ❼ INET (*visit to a web page*) Besuch *m* einer Webseite ▸PHRASES: **to get a ~ from doing sth** (*sl*) von etw *dat* einen Kick kriegen *fam;* **to take a [big] ~** einen [großen] Verlust hinnehmen [müssen] **II.** *n modifier* (*CD, musical*) Hit-; **~ song** Hit *m;* **his musical was a ~ show** sein Musical war ein Riesenerfolg; **she had a one-~ wonder five years ago** sie hatte vor fünf Jahren einen einzigen Hit **III.** *vt* <-tt-, hit, hit> ❶ (*strike*) ■**to ~ sb/an animal** jdn/ein Tier schlagen; **to ~ sb below the belt** (*fig*) jdm einen Schlag unter der Gürtellinie versetzen *fig fam;* **to ~ sb on [***or* **over] the head** jdn niederschlagen; **to ~ sb in the stomach** jdm einen Schlag in den Magen versetzen; **to ~ sb hard** jdn mit aller Kraft schlagen; **to ~ sb where it hurts** (*fig*) jdn an einer empfindlichen Stelle treffen *fig;* ■**to have been ~** (*by bombs*) getroffen worden sein; **the house was ~ by lightning** in das Haus schlug der Blitz ein ❷ (*touch, press*) **to ~ a button** einen Knopf drücken ❸ (*crash into*) ■**to ~ sth** in etw *akk* hineinkrachen *fam;* **their car ~ a tree** ihr Auto krachte gegen einen Baum *fam;* **she ~ her head on the edge of the table** sie schlug sich den Kopf an der Tischkante an; **the glass ~ the floor** das Glas fiel zu Boden; **to ~ an iceberg** mit einem Eisberg kollidieren; **to ~ a patch of ice** auf Glatteis geraten; **to ~ a reef/a sandbank** auf ein Riff/eine Sandbank auflaufen ❹ (*be shot*) ■**to be ~** getroffen werden; **I've been ~!** mich hat's erwischt! *fam;* **John was ~ in the leg** John wurde am Bein getroffen ❺ SPORTS **to ~ a ball [with a bat]** einen Ball [mit einem Schläger] treffen; **to ~ sb below the belt** jdn unter der Gürtellinie treffen; **to ~ a century** hundert Punkte erzielen; **to ~ a home run** einen Homerun erzielen ❻ (*affect negatively*) ■**to ~ sb** jdn treffen; **to be badly ~ by sth** von etw *dat* hart getroffen werden; **San Francisco was ~ by an earthquake last night** San Francisco wurde letzte Nacht von einem Erdbeben erschüttert ❼ (*fam: arrive at*) ■**to ~ sth: we should ~ the main road after five miles or so** wir müssten in ungefähr fünf Meilen auf die Hauptstraße stoßen; (*go to*) **we ~ the snack bar for something to eat** wir gingen in die Snackbar und kauften und was zu essen; **let's ~ the dance floor** lass uns tanzen!; (*fig*) **my sister ~ forty last week** meine Schwester wurde letzte Woche 40; **news of the explosion ~ the papers in time for the early editions** die Nachricht von der Explosion kam rechtzeitig für die Frühausgabe der Zeitung in die Redaktionen; **to ~ 200 kph** 200 Sachen erreichen *fam;* **to ~ rock bottom [***or* **an all-time low]** einen historischen Tiefstand erreichen ❽ (*encounter*) **to ~ oil** auf Öl stoßen; **to ~ a bad [***or* **sticky] patch** in eine Krise geraten; **to ~ a lot of resistance** auf heftigen Widerstand stoßen; **to ~ the rush hour/a traffic jam** in die Stoßzeit/einen Stau geraten; **to ~ trouble** in Schwierigkeiten geraten ❾ ECON **to ~ the market** auf den Markt kommen ❿ (*occur to sb*) ■**it ~s sb that ...** jdm fällt auf [*o* jd merkt], dass ...; **has it ever ~ you ...?** ist dir schon mal aufgefallen, ... ⓫ (*music*) **to ~ a [wrong] note** einen [falschen] Ton treffen; (*fig*) **to ~ the right note** *speech* den richtigen Ton treffen *fig* ⓬ (*fam: take seriously*) **I've got to ~ the books** ich muss büffeln *fam* ⓭ INET, COMPUT **to ~ an internet page/a web site** eine Webseite besuchen ▸PHRASES: **to ~ the bottle** zur Flasche greifen *fig;* **to ~ the ceiling [***or* **roof]** an die Decke gehen *fig fam;* **to ~ the deck [***or* **dirt]** sich *akk* zu Boden werfen; **~ the deck! someone's coming!** alle Mann 'runter! da kommt jemand!; **to be ~ between the eyes** zwischen den Augen getroffen werden; **to ~ the ground running**

etw voller Begeisterung angehen *fam;* **to ~ the hay** [*or* **sack**] in die Falle gehen *fig fam;* **to ~ the headlines** in die Schlagzeilen kommen; **to ~ home** aufgehen; **the full horror of the war only ~ home when we ...** der volle Wahnsinn des Krieges ging uns erst auf, als ...; **his insults really ~ home!** seine Beleidigungen saßen! *fam;* **to ~ the jackpot** das große Los ziehen; **to ~ the nail on the head** den Nagel auf den Kopf treffen *fig;* **to ~ the road** sich *akk* auf den Weg machen; **to ~ sb for six** Brit jdn hart treffen; **sth really ~s the spot** etw ist genau das Richtige; **to ~ one's stride** seinen Rhythmus finden; **to not know what has ~ one** aus allen Wolken fallen *fam* **IV.** *vi* ❶ (*strike*) ■**to ~ [at sb/sth]** [nach jdm/etw] schlagen; **to ~ hard** kräftig zuschlagen ❷ (*collide*) **two cars ~ on the sharp bend** zwei Autos stießen in der scharfen Kurve zusammen ❸ (*attack*) ■**to ~ at sb** jdn attackieren *fig* ❹ (*take effect*) wirken; **we sat waiting for the alcohol to ~** wir warteten, bis der Alkohol wirkte

◆**hit back** *vi* zurückschlagen; ■**to ~ back at sb** jdm Kontra geben; **to ~ back with missiles** mit Waffengewalt zurückschlagen

◆**hit off** *vt* ■**to ~ it off [with sb]** sich *akk* prächtig [mit jdm] verstehen

◆**hit on** *vi* ❶ (*think of*) **to ~ [up]on a solution** auf eine Lösung kommen; **when we first ~ [up]on the idea, ...** als uns die Idee zum ersten Mal in den Sinn kam,... ❷ Am (*make sexual advances*) ■**to ~ on sb** jdn anmachen *fam* ❸ Am (*attempt to extract* [*money*]) ■**to ~ on sb** jdn anpumpen *fam*

◆**hit out** *vi* ■**to ~ out [at sb]** [auf jdn] einschlagen; **he was ~ting out in all directions** er schlug nach allen Seiten um sich

◆**hit up** *vt* Am (*fam*) **to ~ sb up [for money]** [*or* **to ~ up sb [for money]**] jdn [um Geld] anhauen *fam*

◆**hit upon** *vi* **sb ~s upon an idea** jdm kommt eine Idee; *see also* **hit on 1**

hit-and-'miss *adj* zufällig; **getting to work on time is very much a ~ affair these days** heutzutage pünktlich zur Arbeit zu kommen, ist mehr oder weniger Glückssache; **the exam was all very ~** die Prüfung war ein ziemliches Ratespiel **hit-and-'run I.** *n no pl* auto Fahrerflucht *f;* mil Überraschungsüberfall *m* **II.** *adj* **~ accident** Unfall *m* mit Fahrerflucht; **~ attack** mil Blitzangriff *m;* **~ driver** unfallflüchtiger Fahrer/unfallflüchtige Fahrerin; **~ play** sports *Spieltaktik beim Baseball*

hitch [hɪtʃ] **I.** *n* <*pl* -es> ❶ (*difficulty*) Haken *m,* Schwierigkeit *f;* **but there is a ~** aber die Sache hat einen Haken; **a technical ~** ein technisches Problem; **to go off without a ~** reibungslos ablaufen ❷ (*short pull*) Ruck *m;* **she gave her stockings a quick ~** sie zog schnell ihre Strümpfe hoch ❸ (*knot*) Knoten *m;* naut Stek *m fachspr* **II.** *vt* ❶ (*fasten*) ■**to ~ sth to sth** etw an etw *dat* festmachen; ■**to ~ an animal to sth** ein Tier an etw *dat* festbinden; **to ~ a horse to a cart** ein Pferd vor einen Wagen spannen; **to ~ a trailer to a car** einen Anhänger an einem Auto anhängen ❷ (*fam: hitchhike*) **to ~ a lift** [*or* **ride**] trampen, per Anhalter fahren **III.** *vi* (*fam*) trampen *fam*

◆**hitch up I.** *vt* ❶ (*fasten*) ■**to ~ sth ⊂ up [to sth]** etw [an etw *dat*] festmachen; **to ~ up an animal to a waggon** ein Tier vor einen Wagen spannen; **to ~ a trailer up to a car** einen Anhänger an ein Auto anhängen ❷ (*pull up*) ■**to ~ sth ⊂ up** etw hochziehen; **he ~ed up his trouser leg** er schob das Hosenbein hoch **II.** *vi esp* Brit (*fam*) rüberrutschen *fam;* **go on, ~ up a bit!** los, rutscht mal zusammen! *fam*

hitched [hɪtʃt] *adj* (*fam*) **to get ~** in den Hafen der Ehe einlaufen *hum*

hitch·er ['hɪtʃəʳ, am -ɚ] *n* Anhalter(in) *m(f),* Tramper(in) *m(f)*

'hitch-hike *vi* per Anhalter fahren, trampen *fam*

'hitch-hik·er *n* Anhalter(in) *m(f),* Tramper(in) *m(f) fam*

'hitch-hik·ing *n no pl* Trampen *nt*

hi-tech *n, adj see* **high-tech**

hith·er ['hɪðəʳ, am -ɚ] *adv inv* (*dated form*) hierher; **come-~-look** auffordernder Blick; **~ and thither** hierhin und dorthin

hith·er·to [ˌhɪðə'tuː, am -ɚ'-] *adv inv* (*form*) bisher; **~ unpublished** bisher unveröffentlicht

'hit·list *n* (*a. fig*) Abschussliste *f a. fig* **'hit man** *n* Killer *m* **hit-or-'miss** *adj see* **hit-and-miss** **'hit pa·rade** *n* (*dated*) Hitparade *f veraltend;* **to be at the top of the ~** die Hitparade anführen

hit·ter ['hɪt̬ɚ] *n* Am sports Schlagmann, -frau *m, f;* **leadoff ~** Aufschlagspieler(in) *m(f) fachspr;* **pinch ~** Ersatzspieler(in) *m(f)*

HIV [ˌeɪtʃaɪ'viː] **I.** *n no pl abbrev of* **human immunodeficiency virus** HIV *nt* **II.** *n modifier* (*clinic, test*) Aids-

hive [haɪv] **I.** *n* ❶ (*beehive*) Bienenstock *m;* (*bees*) ■**the ~** + *sing/pl vb* die Bienen *pl* ❷ (*busy place*) Ameisenhaufen *m fig;* **the whole house was a ~ of activity** das ganze Haus glich einem Ameisenhaufen **II.** *vt* **to ~ bees** Bienen in den Stock bringen **III.** *vi* in den Stock einfliegen

◆**hive off** *vt esp* Brit, Aus ❶ (*separate*) ■**to ~ sth ⊂ off** etw ausgliedern; **to ~ work off** Arbeit auslagern ❷ (*denationalize*) **to ~ off a company** einen Betrieb entstaatlichen [*o* privatisieren]

hives [haɪvz] *n* + *sing vb* med Nesselsucht *f kein pl*

HIV-'posi·tive *adj* HIV-positiv

hiya ['haɪjə] *interj* (*fam*) hi *fam*

hmm, h'm [həm] *interj* hm

HMO [ˌeɪtʃem'əʊ, am -'oʊ] *n* Am *abbrev of* **health maintenance organization**

HMS [ˌeɪtʃem'es] *n* Brit *abbrev of* **Her/His Majesty's Ship** H.M.S.; **~ Ark Royal will be sailing at dawn** die H.M.S. Ark Royal läuft im Morgengrauen aus

HMSO [ˌeɪtʃemes'əʊ] *n no pl* Brit *abbrev of* **Her/His Majesty's Stationery Office** *britischer Staatsverlag*

HNC [ˌeɪtʃen'siː] *n* Brit sch *abbrev of* **Higher National Certificate** (*diploma*) Fachhochschulzertifikat (**in** in +*dat*); (*course*) **to do an ~ course** einen Fachhochschulkurs besuchen

HND [ˌeɪtʃen'diː] *n* Brit sch *abbrev of* **Higher National Diploma** (*diploma*) Fachhochschuldiplom *nt* (**in** in +*dat*); (*course*) **to do an ~ course** einen Diplomlehrgang an einer Fachhochschule besuchen

ho [həʊ, am hoʊ] *interj* (*fam: scorn, surprise*) ha; (*attract attention*) he *fam;* (*expressing delight*) **what-~** (*hist*) hoho; naut (*hist*) **land ~!** Land in Sicht!; (*hist*) **heave-~!** hau ruck!; **to give sb the old heave-~** (*sl*) mit jdm Schluss machen

hoa·gie ['hoʊgi] *n* Am *amerikanisches Riesensandwich*

hoar [hɔːʳ, am hɔːr] (*liter*) **I.** *adj* (*dated*) **~-headed** grauhaarig **II.** *n no pl* Reif *m*

hoard [hɔːd, am hɔːrd] **I.** *n* (*of money, food*) Vorrat *m* (**of** an +*dat*); (*treasure*) Schatz *m;* **~ [of weapons]** Waffenlager *nt* **II.** *vt* ■**to ~ sth** etw horten; *food also* etw hamstern **III.** *vi* Vorräte anlegen

◆**hoard away** *vt* ■**to ~ sth ⊂ away** etw horten; *food also* etw hamstern; (*hide*) etw verstecken

◆**hoard up** *vt* ■**to ~ sth ⊂ up** etw horten; *food also* etw hamstern

hoard·er ['hɔːdəʳ, am 'hɔːrdɚ] *n* Sammler(in) *m(f),* Hamsterer *fam;* **Meggie is a terrible ~** Meggie hortet alles

hoard·ing ['hɔːdɪŋ] *n* Brit, Aus ❶ [**advertising**] **~** Plakatwand *f* ❷ (*fence*) Bauzaun *m*

'hoar frost *n no pl* [Rau]reif *m*

hoarse [hɔːs, am hɔːrs] *adj* heiser; **you'll make yourself ~ if you keep shouting like that** du wirst noch ganz heiser werden, wenn du so weiterschreist; **to shout/talk oneself ~** sich *akk* heiser schreien/reden

hoarse·ly ['hɔːsli, am 'hɔːr-] *adv* heiser

hoarse·ness ['hɔːsnəs, am 'hɔːr-] *n no pl* Heiserkeit *f;*

H

I detected a little ~ in her voice ihre Stimme klang etwas heiser

hoary ['hɔːri] *adj* (*liter*) ❶ (*white-haired*) ergraut; (*old*) altehrwürdig *geh* ❷ (*fig: old*) uralt; (*trite*) abgedroschen; ~ **old excuse** lahme Ausrede; ~ **old joke** uralter Witz

hoax [həʊks, AM hoʊks] **I.** *n* (*deception*) Täuschung *f;* (*trick*) Trick *m;* (*joke*) Streich *m;* (*false alarm*) falscher [*o* blinder] Alarm; **bomb** ~ vorgetäuschte Bombendrohung **II.** *adj* vorgetäuscht; ~ **caller** *jd, der telefonisch falschen Alarm auslöst* **III.** *vt* ■**to ~ sb** jdn [he]reinlegen *fam,* jdm einen Bären aufbinden *fam;* **she ~ed him into financing the project** durch falsche Informationen brachte sie ihn dazu, das Projekt zu finanzieren; **the police were ~ed into evacuating the area but there was no bomb** die Polizei wurde in die Irre geführt und evakuierte die Gegend, aber es wurde keine Bombe gefunden; **to ~ sb into believing** [*or* **thinking**] **sth** jdm etw weismachen

hoax·er ['həʊksəʳ, AM 'hoʊksɚ] *n jd, der falschen Alarm auslöst*

hob [hɒb] *n* BRIT Kochfeld *nt;* **ceramic** ~ Ceranfeld *nt*

hob·bit ['hɒbɪt, AM 'hɑːb-] *n* LIT Hobbit *m*

hob·ble ['hɒbl̩, AM 'hɑːbl̩] **I.** *vi* hinken, humpeln; **to ~ around on crutches** mit Krücken herumlaufen **II.** *vt* ❶ (*liter: hinder*) ■**to ~ sth** etw behindern ❷ (*tie legs together*) **to ~ an animal** einem Tier die Beine zusammenbinden **III.** *n* ❶ (*for a horse*) Fußfessel *f* ❷ (*awkward walk*) Hinken *nt kein pl,* Humpeln *nt kein pl;* **by the end of the football match he was reduced to a ~** am Ende des Spiels hinkte er nur noch

hob·by ['hɒbi, AM 'hɑːbi] *n* Hobby *nt*

'hob·by-horse *n* ❶ (*dated: toy*) Steckenpferd *nt* ❷ (*favourite topic*) Steckenpferd *nt*

hob·by·ist ['hɒbiɪst, AM 'hɑːb-] *n esp* AM Amateur(in) *m(f);* **computer ~** Computerfreak *m;* **professionals and ~s** Profis und Amateure

hob·gob·lin [ˌhɒb'gɒblɪn, AM 'hɑːbˌgɑːb-] *n* LIT Kobold *m*

hob·nail *n* Schuhnagel *m*

hob·nailed boot *n* Nagelschuh *m,* genagelter Schuh

hob·nob <-bb-> ['hɒbnɒb, AM 'hɑːbnɑːb] *vi* (*pej fam*) ■**to ~ with sb** mit jdm verkehren; **to ~ with the rich and famous** sich *akk* unter die Reichen und Berühmten mischen

hobo <*pl* -s *or* -es> ['həʊbəʊ, AM 'hoʊboʊ] *n* AM, AUS (*tramp*) Penner(in) *m(f),* Sandler(in) *m(f)* ÖSTERR; (*itinerant worker*) Wanderarbeiter(in) *m(f)*

Hobson's choice [ˌhɒbsᵊnz'-, AM 'hɑːb-] *n* **but it was a case of ~** ich hatte einfach keine andere Wahl *hum*

hock¹ [hɒk, AM hɑːk] *n esp* BRIT (*wine*) *weißer Rheinwein*

hock² [hɒk, AM hɑːk] *n* (*animal joint*) Sprunggelenk *nt;* (*of a horse*) Fesselgelenk *nt;* AM (*meat*) Hachse *f,* Haxe *f* SÜDD, ÖSTERR

hock³ [hɒk, AM hɑːk] **I.** *n* ❶ (*in debt*) **to be in ~** (*fam*) Schulden haben; **to be in ~ to sb** bei jdm in der Kreide stehen [*o* Schulden haben] *fam* ❷ (*pawned*) **to be in ~** (*fam*) verpfändet sein **II.** *vt* (*fam*) ■**to ~ sth** etw verpfänden

hocked [hɒkt, AM hɑːkt] *adj* **to be ~ up to the neck** (*fam*) bis zum Hals in Schulden stecken *fam*

hock·ey ['hɒki, AM 'hɑːki] *n no pl* Hockey *nt*

'hock·ey stick *n* Hockeyschläger *m*

hocus-pocus [ˌhəʊkəs'pəʊkəs, AM ˌhoʊkəs'poʊ-] *n no pl* Hokuspokus *m;* (*evil tricks*) fauler Zauber *fam*

hod [hɒd, AM hɑːd] *n* (*for bricks, mortar*) Tragmulde *f;* (*for coal*) Kohleneimer *m*

hodge·podge *n* AM *see* **hotchpotch**

hoe [həʊ, AM hoʊ] **I.** *n* Hacke *f* **II.** *vt* ■**to ~ sth** etw hacken **III.** *vi* hacken

hoe·down ['hoʊdaʊn] *n* AM ❶ (*dance*) *amerikanischer Volkstanz;* (*party*) *amerikanisches Volkstanzfest* ❷ (*sl: noisy fight*) Keilerei *f,* Rauferei *f;* (*noisy argument*) Krach *m fam;* **to have a ~** sich in die Haare kriegen

hog [hɒg, AM hɑːg] **I.** *n* ❶ AM (*pig*) Schwein *nt;* BRIT (*reared for meat*) Mastschwein *nt* ❷ (*pej fam: greedy person*) Gierschlund *m pej fam* ▶ PHRASES: **to go the whole ~** ganze Sache machen **II.** *vt* <-gg-> (*fam*) ■**to ~ sb/sth** [**all to oneself**] jdn/etw [ganz für sich *akk*] in Beschlag nehmen; **to ~ the bathroom** das Badezimmer mit Beschlag belegen; **to ~ the limelight** (*fig*) im Rampenlicht stehen; **to ~ the road** (*fam*) die ganze Straße [für sich *akk*] beanspruchen

hog·gish ['hɒgɪʃ, AM 'hɑːg-] *adj* (*pej*) [raff]gierig

i Kultur

Hogmanay sagt man in Schottland und Nordengland für *New Year's Eve – Silvester,* den 31. Dezember. Die Schotten sind dafür bekannt, an **Hogmanay** besonders ausgelassen zu feiern. In den letzten Jahren ist es Brauch geworden, dass Tausende von Leuten im Zentrum Edinburghs zusammenkommen. Dort findet dann auf den Straßen eine große Silvesterparty mit Bands und Feuerwerk statt. Das Wort **Hogmanay** stammt aus dem Normannischen *hoginané* und bedeutet ursprünglich etwa „bitte ein Geschenk zum neuen Jahr".

'hogs·head *n* (*barrel*) großes Fass; (*measurement*) *Maßeinheit, entspricht ca. 225 Litern*

'hog-ty·ing *n* AM Fesseln *nt* am ganzen Körper **'hog·wash** *n no pl* (*pej fam*) Quatsch *m pej fam;* **the film was a load of ~** der Film war völliger Schwachsinn *pej fam*

ho-ho(-ho) [ˌhəʊ'həʊ(həʊ), AM ˌhoʊ'hoʊ(hoʊ)] *interj* ha, ha

ho-hum [ˌhəʊ'hʌm, AM ˌhoʊ'-] **I.** *interj* (*boredom or indifference*) tja; (*inability to prevent sth*) na ja **II.** *adj attr, inv* (*fam*) unspektakulär

hoick [hɔɪk] *vt* BRIT (*fam*) **to ~ one's trousers up** sich *dat* die Hose hochziehen

hoi pol·loi [ˌhɔɪpə'lɔɪ] *npl* (*pej, hum fam*) ■**the ~** das gemeine Volk

hoist [hɔɪst] **I.** *vt* (*raise, lift*) ■**to ~ sth** etw hochheben; **he ~ed her onto his shoulders** er hievte sie auf seine Schultern *fam;* **to ~ a flag** eine Flagge hissen; **to ~ the** [*or* **one's**] **flag** (*fig*) Flagge zeigen; NAUT, MIL das Kommando übernehmen; **to be ~ed to safety** mit dem Hubschrauber in Sicherheit gebracht werden; **to ~ the sail**[**s**] die Segel hissen ▶ PHRASES: **we certainly ~ed a few last night** AM wir haben gestern ganz schön gebechert *fam;* **to be ~**[**ed**] **with** [*or* **by**] **one's own petard** mit den eigenen Waffen geschlagen werden **II.** *n* Winde *f*

hoity-toity [ˌhɔɪti'tɔɪti, AM -ţi'tɔɪţi] *adj* (*dated or pej fam*) eingebildet *pej;* **she's gone all ~** sie trägt die Nase ganz schön hoch *fam*

hokey ['hoʊki] *adj* AM *film, story* rührselig; *excuse* abgedroschen; *song, picture* kitschig; **that's ~** das ist Quatsch *pej fam*

ho·key-co·key [ˌhəʊki'kəʊki] *n,* AM **ho·key-po·key** [ˌhoʊki'poʊki] *n* ■**the ~** Hokey-Pokey *m* (*Gruppentanz im Kreis*)

ho·kum ['həʊkəm, AM 'hoʊ-] *n no pl* Quatsch *m pej fam*

hold [həʊld, AM hoʊld] **I.** *n* ❶ (*grasp, grip*) Halt *m kein pl;* **to catch** [*or* **grab**] [*or* **get** [**a**]] [*or* **take** [**a**]] **~ of sb/sth** jdn/etw ergreifen; **grab ~ of my hand and I'll pull you up** nimm meine Hand und ich ziehe dich hoch; **I just managed to grab ~ of Lucy before she fell in the pool** ich konnte Lucy gerade noch schnappen, bevor sie in den Pool fiel *fam;* **to keep ~ of sth** etw festhalten; **sb loses ~ of sth** jdm entgleitet etw; **sb loses ~ of the reins** jdm gleiten die Zügel aus der Hand ❷ (*fig*) **to take ~ of sth** *custom, fashion* auf etw *akk* überschwappen *fam; fire, epidemic, disease* auf etw *akk* übergreifen ❸ (*esp climbing*) Halt *m kein pl;* **it's a difficult mountain to climb as there aren't many ~s** der Berg ist schwierig zu erklettern, weil in der Wand nicht viele Griffe sind; **to lose one's ~** den Halt verlieren ❹ (*wrestling, martial arts*) Griff *m;* **no ~s barred contest** *Wettbewerb, bei dem alle Griffe erlaubt sind;* **to break free from sb's ~** sich *akk* aus jds Griff befreien; **to loosen one's ~ on sb/sth** den Griff an jdm/etw lockern; **to release one's ~ on sb/sth** jdn/etw loslassen ❺ TELEC **to be on ~** in der Warteschleife sein; **to put sb on ~** jdn in die Warteschleife schalten; **his phone is engaged, can I put you on ~?** bei ihm ist besetzt, wollen Sie warten? ❻ (*delay*) **to be on ~** auf Eis liegen *fig;* **to put sth on ~** etw auf Eis legen *fig;* **can we put this discussion on ~ until tomorrow?** können wir diese Diskussion auf morgen verschieben? ❼ (*control, influence*) Kontrolle *f;* **the allies maintained their ~ on the port throughout the war** die Alliierten hielten den Hafen während des gesamten Krieges besetzt; **get ~ of yourself!** reiß dich zusammen! *fam;* **to lose one's ~ on life** mit dem Leben nicht mehr fertigwerden; **to lose one's ~ on reality** den Sinn für die Realität verlieren; **to have a [strong] ~ on** [*or* **over**] **sb** [starken] Einfluss auf jdn haben; **he hasn't got any ~ over** [*or* **on**] **me** er kann mir nichts anhaben ❽ (*fig: everything allowed*) **no ~s barred** ohne jegliches Tabu; **when he argues with his girlfriend there are no ~s barred** wenn er mit seiner Freundin streitet, kennt er kein Pardon ❾ (*fig: find*) **to get ~ of sb/sth** jdn/etw auftreiben *fam;* **I'll get ~ of some crockery for the picnic** ich besorge Geschirr für das Picknick; **I'll get ~ of John if you phone the others** wenn du die anderen anrufst, versuche ich, John zu erreichen; **to get ~ of information** Informationen sammeln ❿ (*understand*) **to get ~ of sth** etw verstehen; **to get ~ of the wrong idea** etw falsch verstehen; **don't get ~ of the wrong idea** versteh mich nicht falsch; **the student already has a good ~ of the subject** der Student weiß bereits recht gut über das Thema Bescheid ⓫ FASHION *of hairspray, mousse* Halt *m kein pl;* **normal/strong/extra strong ~** normaler/starker/extrastarker Halt ⓬ NAUT, AVIAT Frachtraum *m* **II.** *vt* <held, held> ❶ (*grasp, grip*) ■**to ~ sb/sth [tight** [*or* **tightly**]] jdn/etw [fest]halten; **to ~ sb in one's arms** jdn in den Armen halten; **to ~ the door open for sb** jdm die Tür aufhalten; **to ~ a gun** eine Waffe [in der Hand] halten; **to ~ hands** Händchen halten *fam;* **to ~ sb's hand** jds Hand halten; **to ~ sth in one's hand** etw in der Hand halten; **to ~ one's nose** sich *dat* die Nase zuhalten; **to ~ sth in place** etw halten; AUTO **to ~ the road** eine gute Straßenlage haben; **the latest model ~s the road well when cornering** das neueste Modell weist in den Kurven gutes Fahrverhalten auf; **to ~ one's sides with laughter** sich *dat* die Seiten vor Lachen halten, sich *akk* vor Lachen krümmen ❷ (*carry*) ■**to ~ sb/sth** jdn/etw [aus]halten [*o* tragen]; **will the rope ~ my weight?** wird das Seil mein Gewicht aushalten? ❸ (*maintain*) **to ~ one's head high** (*fig*) erhobenen Hauptes dastehen; **to ~ one's peace** (*fig*) den Mund halten *fam;* **to ~ oneself badly** sich *akk* gehen lassen *fam;* **to ~ oneself in readiness** sich *akk* bereithalten; **to ~ oneself upright** sich *akk* gerade halten; **to ~ oneself well** sich *akk* gut halten ❹ (*retain, restrain*) **to ~ sb's attention** [*or* **interest**] jdn fesseln; **to ~ sb [in custody]/hostage/prisoner** jdn in Haft/als Geisel/gefangen halten; **to be able to ~ one's drink** [*or* AM *a.* **liquor**] Alkohol vertragen; **to ~ [on to] the lead** in Führung bleiben; **to ~ sb to ransom** jdn bis zur Zahlung eines Lösegelds gefangen halten ❺ (*keep*) **to ~ one's course** seinen Kurs [beibe]halten *a. fig;* **to ~ course for sth** NAUT, AVIAT auf etw *akk* Kurs nehmen; **to ~ a note** einen Ton halten; **to ~ the prices at an acceptable level** die Preise auf einem vernünftigen Niveau halten; **to ~ one's serve** SPORTS den Aufschlag halten; **sth is ~ing its value** *pictures, antiques* etw behält seinen Wert; **to ~ sb to his/her word** jdn beim Wort nehmen ❻ (*delay, stop*) ■**to ~ sth** etw zurückhalten; **we'll ~ lunch until you get here** wir warten mit dem Essen, bis du hier bist; **will you ~ my calls for the next half hour, please?** können Sie bitte die nächste halbe Stunde niemanden durchstellen?; **she's on the phone at the moment, will you ~ the line?** sie spricht gerade, möchten Sie warten [*o fam* dran bleiben]?; **we'll ~ the front page until we have all the details** wir halten die erste Seite frei, bis wir alle Einzelheiten haben; **~ everything!** (*when sth occurs to sb*) stopp!, warte!; (*when sceptical*) Moment mal *fam;* **~ it [right there]!** stopp!; **ok, ~ it!** PHOT gut, bleib so!; **to ~ sth in abeyance** etw ruhen lassen; **to ~ one's breath** die Luft anhalten; **he said he'd finish the report by tomorrow but I'm not ~ing my breath** (*fig*) er sagte, er würde den Bericht bis morgen fertig machen, aber ich verlasse mich lieber nicht darauf; **to ~ one's fire** MIL das Feuer einstellen, nicht gleich sein ganzes Pulver verschießen *fig fam;* **~ your fire!** nicht schießen!; (*fig*) **stop shouting at me and ~ your fire!** hör auf mich anzubrüllen und reg dich ab! *fam;* **to ~ confiscated goods/a parcel** konfiszierte Waren/ein Paket einbehalten ❼ (*have room for*) ■**to ~ sth** *bottle, glass, box* etw fassen; COMPUT etw speichern; **one bag won't ~ all of the shopping** der Einkauf passt nicht in eine Tüte; **this room ~s 40 people** dieser Raum bietet 40 Personen Platz; **the CD rack ~s 100 CDs** in den CD-Ständer passen 100 CDs; **my brain can't ~ so much information at one time** ich kann mir nicht so viel auf einmal merken; **this hard disk ~s 13 gigabytes** diese Festplatte hat ein Speichervolumen von 13 Gigabyte ❽ (*involve*) ■**to ~ sth for sth** für jdn mit etw *dat* verbunden sein; **fire seems to ~ a fascination for most people** Feuer scheint auf die meisten Menschen eine Faszination auszuüben; **death ~s no fear for her** der Tod macht ihr keine Angst; **sth ~s many disappointments/surprises** etw hält viele Enttäuschungen/Überraschungen bereit

hold·er ['həʊldəʳ, AM 'hoʊldɚ] *n* ❶ (*device*) Halter *m;* **cigarette ~** Zigarettenspitze *f;* **napkin ~** Serviettenhalter *m;* **on a ~** auf einem Halter ❷ (*person*) Besitzer(in) *m(f);* **to be able to fish here you must be a permit-~** um hier angeln zu dürfen, brauchen Sie einen Angelschein; **account ~** Kontoinhaber(in) *m(f);* **office-~** Amtsleiter(in) *m(f);* **passport ~** Passinhaber(in) *m(f);* **record ~** Rekordhalter(in) *m(f);* **~ of shares** Aktionär(in) *m(f)*

hold·ing ['həʊldɪŋ, AM 'hoʊld-] *n* ❶ (*tenure*) Pachtbesitz *m* ❷ *usu pl* (*stocks*) ■**~s** *pl* Anteile *mpl;* **they've got a 30 % ~ in our company** sie sind mit 30 % an unserer Firma beteiligt

'hold·ing com·pa·ny *n* Dachgesellschaft *f,* Holding *f* **'hold·ing ground** *n* NAUT Ankergrund *m* **'hold·ing op·era·tion** *n* Stabilisierungsstrategie *f* **'hold·ing pat·tern** *n* AVIAT Warteschleife *f*

'hold·out *n esp* AM Verweigerer *m* **'hold·over** *n* ❶ AM (*relic*) Überbleibsel *nt* (**from** von +*dat*) ❷ (*temporary*) *jd, der über das Ende seiner Amtsperiode hinaus im Amt bleibt* **'hold-up** *n* ❶ (*crime*) Raubüberfall *m* ❷ (*delay*) Verzögerung *f*

hole [həʊl, AM hoʊl] **I.** *n* ❶ (*hollow*) Loch *nt;* **to dig a ~** ein Loch graben ❷ (*gap*) Loch *nt;* **to need sth like one needs a ~ in the head** etw ist für jemanden so überflüssig wie ein Kropf *fam;* **to cut ~s in sth** Löcher in etw *akk* schneiden; **to make a ~ through a wall** ein Loch in eine Wand brechen ❸ (*in golf*) Loch *nt;* **an 18-~ course** ein Golfplatz *m* mit 18 Löchern; **~-in-one** Hole in One *nt* ❹ (*den*) *of mouse* Loch *nt; of fox, rabbit* Bau *m* ❺ (*fam: place*) Loch *nt fam;* **what a ~ that place was!** war das vielleicht ein übles Loch! ❻ (*fault*) Schwachstelle *f;* **the new proposal has several ~s in it** der neue Vorschlag weist einige Mängel auf; **to pick ~s [in sth]** [etw] kritisieren; **be careful, some people will try to pick ~s in everything you say** pass auf, einige Leute werden versuchen, alles, was du sagst, auseinanderzunehmen; **stop picking ~s all the time** hör auf, ständig das Haar in der Suppe zu suchen ❼ (*fam: difficulty*) **to be in a [bit of a] ~** [ganz schön] in Schwierigkeiten stecken; **to get sb out of a ~** jdm aus der Patsche [*o* Klemme] helfen ❽ *no pl* (*sl: jail*) **to be in the ~** eingelocht sein *fam;* **he was in the ~ for six weeks** er war sechs Wochen im Bau ▶ PHRASES: **the black ~ of Calcutta** die reinste Hölle; **to have a ~** [*or* AM *a.* **~s**] **in one's head** total bescheuert sein *fam;* **money burns ~s** [*or* **a ~**] **in sb's pocket** jd wirft das Geld mit beiden Händen zum Fenster raus; **to be a round peg in a square ~** wie die Faust aufs

Auge passen; **to make a ~ in sb's savings** ein Loch in jds Ersparnisse *pl* reißen; **to be [half a million dollars] in the ~** AM *(fam)* [mit einer halben Million Dollar] in den Miesen sein *fam;* **to blow a ~ in sth** etw über den Haufen werfen **II.** *vt* ❶ MIL *(damage)* ■ **to ~ sth** Löcher in etw *akk* reißen ❷ *(in golf)* **to ~ a ball** einen Ball einlochen **III.** *vi (in golf)* **to ~ in one** einlochen

◆**hole out** *vi (in golf)* einlochen

◆**hole up** *vi (fam)* ■ **to ~ up somewhere** sich *akk* irgendwo verkriechen *fam*

hole-in-the-'wall *n* ❶ AM *(place)* fertiger Laden *fam* ❷ BRIT *(fam: machine)* Geldautomat *m* **'hole punch** *n,* **'hole punch·er** *n* Locher *m*

holi·day ['hɒlədeɪ, AM 'hɑ:l-] **I.** *n* ❶ BRIT, AUS *(vacation)* Urlaub *m,* Ferien *pl;* **to go on an adventure/a sailing/a skiing ~** Abenteuer-/Segel-/Skiurlaub machen; **to be entitled to a certain amount of ~** einen gewissen Urlaubsanspruch haben; **to take three weeks' ~** drei Wochen Urlaub nehmen; **to be [away] on ~** Urlaub haben, in Urlaub sein; **to go for a ~** in Urlaub fahren ❷ *(work-free day)* Feiertag *m;* **high days and ~s** BRIT Festtage und Feiertage; **a public ~** ein Feiertag *m* ▶ PHRASES: **to have a busman's ~** BRIT im Urlaub weiterarbeiten **II.** *vi* BRIT, AUS Urlaub machen; **to ~ in Spain** Urlaub in Spanien machen

'holi·day ad·dress *n* BRIT, AUS ❶ *(temporary)* Urlaubsadresse *f* ❷ *(for information)* Urlaubsinformationsadresse *f* **'holi·day camp** *n* BRIT, AUS Ferienlager *nt* **'holi·day course** *n* BRIT, AUS Ferienkurs *m;* **~ in English** Englisch-Ferienkurs *m* **holi·day des·ti·'na·tion** *n* BRIT, AUS Reiseziel *nt,* Ferienziel *nt;* **to arrive at [or reach] one's ~** sein Ferienziel erreichen **holi·day en·'ti·tle·ment** *n* BRIT, AUS Urlaubsanspruch *m;* **to have a ~ of thirty working days a year** einen Urlaubsanspruch von dreißig Werktagen im Jahr haben **'holi·day flat** *n* BRIT, AUS Ferienwohnung *f;* **to take [or rent] a ~** eine Ferienwohnung mieten **'holi·day house** *n* BRIT, AUS Ferienhaus *nt;* **to take [or rent] a ~** ein Ferienhaus mieten **'holi·day·mak·er** *n* BRIT, AUS Urlauber(in) *m(f)* **holi·day 'mood** *n* ❶ BRIT Urlaubsstimmung *f;* **to be in [a] ~** in Urlaubsstimmung sein ❷ AM Weihnachtsstimmung *f* **'holi·day pack·age** *n* BRIT, AUS Pauschalpaket *nt;* **to book a ~** eine Pauschalreise buchen **'holi·day re·sort** *n* BRIT, AUS Urlaubsort *m*

holi·days ['hɒlədeɪz, AM 'hɑ:l-] *npl* ❶ BRIT, AUS Ferien *pl,* Urlaub *m;* **school ~** Schulferien *pl;* **to be on one's ~** im Urlaub sein ❷ AM Weihnachtszeit *f kein pl*

'holi·day sea·son *n* ❶ BRIT, AUS *(in August)* Urlaubszeit *f;* **during the ~** während der Urlaubszeit ❷ AM *(Christmastime)* Weihnachtszeit *f* **'holi·day snaps** *npl* BRIT, AUS Urlaubsfotos *ntpl*

holier-than-thou [,həʊliəðən'ðaʊ, AM ,hoʊliɚ-] *adj (pej) attitude* selbstgerecht *pej; person* selbstgefällig

holi·ness ['həʊlɪnəs, AM 'hoʊl-] *n no pl* ❶ *(sanctity)* Heiligkeit *f* ❷ *(piety)* Frömmigkeit *f;* **to lead a life of ~** ein frommes Leben führen ❸ *(title)* **His/Your H~** Seine/Eure Heiligkeit

ho·lism ['həʊlɪzəm, AM 'hoʊl-] *n no pl* PHILOS Holismus *m*

ho·lis·tic [hə(ʊ)'lɪstɪk, AM hoʊ'lɪs-] *adj inv* holistisch; **to be ~** ganzheitlich ausgerichtet sein; **~ approach** ganzheitlicher Ansatz

ho·lis·ti·cal·ly [hə(ʊ)'lɪstɪkəli, AM hoʊ'lɪs-] *adv inv* holistisch

ho·lis·tic 'medi·cine *n no pl* ganzheitliche Medizin **ho·lis·tic 'thera·py** *n* ganzheitliche Therapie

Hol·land ['hɒlənd, AM 'hɑ:l-] *n no pl* ❶ *(fam: Netherlands)* Holland *nt* ❷ *(Dutch province)* Holland *nt*

hol·ler[1] ['hɒləʳ, AM 'hɑ:lɚ] **I.** *vi esp* AM *(fam)* ❶ *(scream)* schreien ❷ *(call)* brüllen; **Ma's been ~ing for you!** Mama hat nach dir gerufen! **II.** *vt esp* AM *(fam)* ■ **to ~ sth** etw brüllen **III.** *n esp* AM *(fam)* Schrei *m;* **to let out a ~** einen Schrei ausstoßen

hol·ler[2] ['hɑ:lɚ] *n* AM Tal *nt*

hol·low ['hɒləʊ, AM 'hɑ:loʊ] **I.** *adj* ❶ *(empty)* hohl ❷ *(sunken)* hohl; **~ cheeks** eingefallene Wangen ❸ *(sound)* hohl, dumpf ❹ *(pej: false)* wertlos; **there's a rather ~ ring to her profession of complete contentment** ihre Behauptung, sie sei vollkommen zufrieden, kommt nicht sehr überzeugend rüber *fam;* **~ laughter** ungläubiges Gelächter; **~ promise** leeres Versprechen ❺ *(pej: insignificant)* unbedeutend; **~ victory** schaler Sieg ▶ PHRASES: **to have ~ legs** BRIT *(hum)* wie ein Scheunendrescher fressen *sl;* **to beat sb ~** jdn haushoch schlagen **II.** *n* ❶ *(hole)* Senke *f* ❷ AM *(valley)* Tal *nt* ▶ PHRASES: **to have sb in the ~ of one's hand** jdn [fest] in der Hand haben **III.** *adv* ❶ *(empty)* hohl; **to feel ~ [inside]** sich [*o* hohl] leer *akk* fühlen ❷ *(hungry)* **to feel ~ inside** ein Loch im Bauch haben *fam* ❸ *(sound)* **to sound ~** hohl klingen **IV.** *vt* ■ **to ~ sth** etw aushöhlen

◆**hollow out** *vt* ■ **to ~ out** ⊂ **sth** etw aushöhlen

hol·low-'cheeked *adj* hohlwangig **hol·low-'eyed** *adj* hohläugig

hol·low·ly ['hɒləʊli, AM 'hɑ:loʊ-] *adv* ❶ *(dully)* dumpf ❷ *(falsely)* falsch; **to laugh ~** gekünstelt lachen

hol·low·ness ['hɒləʊnəs, AM 'hɑ:loʊ-] *n no pl* ❶ *(emptiness)* Hohlheit *f;* **the ~ of the tree affords a home to a number of small animals and insects** der ausgehöhlte Baum bietet einer Reihe kleiner Tiere und Insekten eine Heimat ❷ *(falseness)* Falschheit *f;* **the ~ of his promises convinces nobody anymore** seine leeren Versprechungen überzeugen niemanden mehr ❸ *(insignificance)* Bedeutungslosigkeit *f*

hol·ly ['hɒli, AM 'hɑ:li] *n* Stechpalme *f,* Ilex *f o m*

hol·ly·hock ['hɒlihɒk, AM 'hɑ:lihɑ:k] *n* BOT Malve *f*

hol·mium ['həʊlmiəm, AM 'hoʊl-] *n no pl* CHEM Holmium *nt*

holm oak ['həʊm,-, AM 'hoʊ(l)m,-] *n* Steineiche *f*

holo·caust ['hɒləkɔ:st, AM 'hɑ:ləkɑ:st] *n* ❶ *(destruction)* Inferno *nt;* **nuclear ~** nuklearer Holocaust ❷ *(genocide)* Massenvernichtung *f;* ■ **the H~** der Holocaust; **H~ survivor/victim** Überlebende(r) *f(m)*/Opfer *nt* des Holocaust[s]

holo·gram ['hɒləgræm, AM 'hɑ:l-] *n* Hologramm *nt*

holo·graph·ic [,hɒlə'græfɪk, AM ,hɑ:l-] *adj inv* holographisch; **~ picture** holographisches Bild

ho·log·ra·phy [hɒl'ɒgrəfi, AM hoʊ'lɑ:g-] *n no pl* Holographie *f*

hols [hɒlz] *n pl* BRIT *(fam) short for* **holidays** Ferien *pl,* Urlaub *m*

Hol·stein ['hoʊlstaɪn] *n* AM *(Friesian)* Holsteiner *m*

hol·ster ['həʊlstəʳ, AM 'hoʊlstɚ] *n* [Pistolen]halfter *nt o f;* **shoulder ~** Schulterhalfter *nt*

holy ['həʊli, AM 'hoʊli] *adj* ❶ *(sacred)* heilig; **~ scriptures** heilige Schriften ❷ *(devout)* gottesfürchtig ❸ *(fig fam: great)* **to have a ~ fear of sth** furchtbare Angst vor etw *dat* haben; **to be a ~ terror** ein furchtbarer Plagegeist sein ▶ PHRASES: **~ cow [or mackerel] [or smoke] [or fam! shit]!** du heilige Scheiße! *derb;* **to swear by all that is ~ that ...** bei allem schwören, was einem heilig ist, dass ...

Holy 'Bi·ble *n* ■ **the ~** die Bibel **Holy Com·'mun·ion** *n* ❶ *(service)* heilige Kommunion ❷ *(bread and wine)* heiliges Abendmahl **Holy 'Ghost** *n* ■ **the ~** der Heilige Geist **Holy 'Grail** *n* ❶ *(bowl)* ■ **the ~** der Heilige Gral ❷ *(aim)* ■ **the ~ of sb/sth** das ehrgeizigste Ziel einer Person/S. *gen* **holy of 'holies** *n* ❶ *(sanctum)* ■ **the ~** das Allerheiligste ❷ *(hum: special place)* Heiligtum *nt* **holy 'or·ders** *npl* ❶ *(rites) of Catholic church* Priesterweihe *f; of Protestant church* Amtseinsetzung *f;* **to take ~** *(in Protestant church)* ins geistliche Amt eingesetzt werden; *(in Catholic church)* zum Priester geweiht werden ❷ *(ranks)* ■ **the ~** der geistliche Stand; **to be in ~** dem geistlichen Stand angehören **holy 'roll·er** *n* AM *(pej fam)* fanatische(r) Gläubige(r) *f(m) pej* **Holy 'Scrip·ture** *n* ■ **the ~** die Heilige Schrift **Holy 'See** *n* ■ **the ~** der Heilige Stuhl **Holy 'Spir·it** *n* ■ **the ~** der Heilige Geist **Holy 'Trini·ty** *n* ■ **the ~** die Dreieinigkeit **holy 'war** *n* heiliger Krieg **holy 'war·ri·or** *n* Gotteskrieger *m* **holy 'wa·ter** *n no pl* heiliges Wasser; *(in*

Catholic Church) Weihwasser *nt;* **to sprinkle ~** mit Weihwasser besprengen **'Holy Week** *n* Karwoche *f,* Passionswoche *f* **Holy 'Writ** *n* ■**the ~** die Heilige Schrift

hom·age ['hɒmɪdʒ, AM 'hɑ:m-] *n no pl* Huldigung *f* (**to** für +*akk*); **many people came in ~ to the place where ...** viele Menschen kamen voller Ehrerbietung an den Ort, wo ...; **to pay ~ [to sb]** [jdm] seine Ehrerbietung erweisen *veraltet;* **on this occasion we pay ~ to him for his achievements** bei dieser Gelegenheit ehren wir ihn für seine Verdienste

hom·burg ['hɒmbɜ:g, AM 'hɑ:mbɜ:rg] *n* Homburg *m*

home [həʊm, AM hoʊm] **I.** *n* ❶ (*abode*) Zuhause *nt;* **haven't you got a ~ to go to?** (*iron*) hast du kein Zuhause?; **to be not at ~ to sb** für jdn nicht zu sprechen sein; **to come straight from ~** direkt von zu Hause kommen; **to give sb/an animal a ~** jdm/einem Tier ein Zuhause geben; **to leave ~** ausziehen; **to make sth one's ~** *a country* etw zu seinem Zuhause machen; **to make oneself at ~** es sich *dat* gemütlich machen; **to set up ~** sich *dat* eine Wohnung einrichten; **at ~** zu Hause; **a ~ from** [*or* AM, AUS **away from**] **~** ein zweites Zuhause; **in the ~** zu Hause ❷ (*house*) Heim *nt;* **luxury ~** Luxusheim *nt;* **starter ~** erstes eigenes Heim ❸ (*family*) Zuhause *nt;* **to come from a broken ~** aus einem kaputten Zuhause kommen; **happy ~** glückliches Zuhause ❹ (*institute*) Heim *nt;* **old people's ~** Altersheim *nt* ❺ (*origin*) Zuhause *nt; of species, commodity* Heimat *f;* **I've lived in England for so long that it feels like ~ now** ich lebe schon so lange in England, dass es mir so vorkommt, als sei ich hier schon immer zuhause; **at ~ and abroad** im In- und Ausland ▶ PHRASES: **charity begins at ~** (*prov*) man muss zuerst an seine eigene Familie denken; **an Englishman's** [*or* AM **man's**] **~ is his castle** (*prov*) daheim ist der Engländer König (*in England gilt: Trautes Heim, Glück allein*); **~ is where the heart is** (*prov*) zu Hause ist man dort, wo das Herz schlägt; **to eat sb out of house and ~** jdm die Haare vom Kopf fressen *fam;* **there's no place like ~** (*prov*) daheim ist's doch am schönsten; **~ sweet ~** (*saying*) trautes Heim; **to feel** [*or* **be**] **at ~ with sb/sth** sich *akk* bei jdm/etw wohl fühlen **II.** *n modifier* Heim-; **~ game** Heimspiel *nt;* **~ ground** eigener Platz; **the ~ team** die Heimmannschaft **III.** *adv inv* ❶ (*to abode*) zuhause; **hello! I'm ~!** hallo! ich bin wieder da!; **on my way ~** auf dem Nachhauseweg; **to come/go ~** nach Hause kommen/gehen ❷ (*to origin*) Heimat *f;* **to go ~** in seine Heimat zurückgehen; **to send sb ~** jdn zurück in die Heimat schicken ❸ (*understood*) **the danger really came ~ to me when I ...** die Gefahr wurde mir erst richtig bewusst, als ich...; **to bring sth ~ to sb** jdm etw klarmachen; **to drive** [*or* **hammer**] [*or* **ram**] **sth ~** etw unmissverständlich klarmachen; **sth hit** [*or* **went**] **~** *remarks* etw hat gesessen; **to push** [*or* **press**] **~ sth** etw *dat* [besonderen] Nachdruck verleihen ❹ (*to advantage*) **she pressed ~ her attack on his bishop by taking his castle** sie verstärkte den Angriff auf seinen Läufer, indem sie ihm den Turm nahm; **to push ~ an advantage** einen Vorteil ausnutzen ❺ (*to final position*) **be sure to screw the shelf ~ properly** pass auf, dass du das Regal gut festschraubst; **to press sth ~** etw gut festdrücken; **he pushed the bolt ~** er legte den Türriegel vor ▶ PHRASES: **to bring ~ the bacon** die Brötchen verdienen; **until** [*or* **till**] **the cows come ~** bis in alle Ewigkeit; **I could drink this wine till the cows come ~** diesen Wein könnte ich endlos weitertrinken *fam;* **to be ~ and dry** [*or* AUS **hosed**], **to be ~ free** AM seine Schäfchen ins Trockene gebracht haben; **sth is nothing to write ~ about** etw ist nicht gerade umwerfend [*o* haut einen nicht gerade vom Hocker] *fam;* **who's he/she when he's/she's at ~?** (*hum*) ist er/sie vielleicht was Besonderes?; **who's Fiona Fortescue-Smith when she's at ~?** na und wenn schon, wer ist denn diese Fiona Fortescue-Smith? **IV.** *vi* (*fam*) ■**to ~ in on sth** ❶ (*aim for*) sich *akk* auf etw *akk* richten; **the missile ~d in on the ship** die Rakete flog genau auf das Schiff zu ❷ (*focus*) sich *dat* etw herausgreifen

'home ad·dress *n* Heimatadresse *f;* **I need your ~ and your office address** ich brauche Ihre Privatanschrift und Ihre Geschäftsanschrift **'home af·fairs** *n pl* BRIT POL innere Angelegenheiten; **~ correspondent** Korrespondent(in) *m(f)* für Innenpolitik **home-'baked** *adj inv* selbst gebacken **home 'bank·ing** *n no pl* Homebanking *nt* **'home bird** *n* BRIT (*fam*) häuslicher Mensch; (*pej*) Stubenhocker(in) *m(f) pej* **home 'birth** *n* Hausgeburt *f* **'home·body** *n esp* AM häuslicher Mensch; (*pej*) Stubenhocker(in) *m(f) pej;* (*man*) Hausmann *m oft pej;* (*woman*) Heimchen *nt* am Herd *meist pej* **'home·boy** *n esp* AM ❶ (*local male*) Junge *m* aus dem Viertel ❷ (*sl: gang member*) Gangmitglied *nt* **home 'brew** *n* selbst gebrautes Bier **'home-brewed** *adj inv* selbst gebraut **'home buy·er** *n* Hauskäufer(in) *m(f)*

'home·com·ing *n* ❶ (*return*) Heimkehr *f kein pl* ❷ AM (*reunion*) Ehemaligentreffen *nt;* **~ queen** *Schönheitskönigin beim Ehemaligentreffen*

i Kultur

Homecoming ist in den USA ein wichtiges Fest an der High School und an der Universität. An diesem Tag kommt die Footballmannschaft zu einem Heimspiel „nach Hause". Es gibt eine Riesenparty, und eine beliebte Schülerin bzw. Studentin wird zur *homecoming queen* gekürt.

home com·'put·er *n* (*dated*) Heimcomputer *m veraltend* **home 'cook·ing** *n no pl* Hausmannskost *f* **Home 'Coun·ties** *npl* BRIT *an London angrenzende Grafschaften in Südostengland* **home eco·'nom·ics** *n + sing vb* Hauswirtschaft[slehre] *f* **home 'ex·er·cise ma·chine** *n* Heimtrainer *m* **home 'free** *adj pred, inv* AM (*fam*) **to be ~** es geschafft haben **'home front** *n* ■**the ~** ❶ (*civilians*) **soldiers at the front are always pleased to get news from the ~** Soldaten an der Front freuen sich immer über Neuigkeiten von Zuhause ❷ (*hum: at home*) **how are things on the ~?** na, wie läuft's denn so Zuhause? **'home girl** *n* (*sl: Black English*) Gleichgesinnte *f,* gute Freundin (*mit der man auf einer Linie ist*) **home-'grown** *adj inv* aus dem eigenen Garten; **~ vegetables** Gemüse *nt* aus eigenem Anbau **home 'help** *n* BRIT Haushaltshilfe *f* **'home·land** *n* ❶ (*origin*) Heimat *f,* Heimatland *nt* ❷ (*hist: in South Africa*) Homeland *nt*

home·less ['həʊmləs, AM 'hoʊm-] **I.** *adj inv* heimatlos; ■**to be ~** obdachlos sein **II.** *n* **the ~** *pl* die Obdachlosen *pl*

home·less·ness ['həʊmləsnəs, AM 'hoʊm-] *n no pl* Obdachlosigkeit *f*

home·like ['həʊmlaɪk, AM 'hoʊm-] *adj* heimelig

homeli·ness ['həʊmlɪnəs, AM 'hoʊm-] *n no pl* ❶ *esp* BRIT, AUS (*plainness, familiarity*) Vertrautheit *f* ❷ AM, AUS (*pej: ugliness*) Unansehnlichkeit *f*

'home loan *n* Hypothek *f*

home·ly ['həʊmli, AM 'hoʊm-] *adj* ❶ *esp* BRIT, AUS (*plain*) schlicht, aber gemütlich ❷ AM, AUS (*pej: ugly*) unansehnlich, hässlich

home-'made *adj inv* hausgemacht; **~ cake** selbst gebackener Kuchen; **~ jam** selbst gemachte Marmelade **'home·mak·er** *n* Hausmann, -frau *m, f;* **to be the ~** den Haushalt führen **home 'mar·ket** *n* Binnenmarkt *m;* **the book sold better in the ~** das Buch verkaufte sich besser auf dem inländischen Markt **home 'movie** *n* Amateurfilm *m* **home 'num·ber** *n* Privatnummer *f* **'Home Of·fice** *n + sing/pl vb* BRIT ■**the ~** das Innenministerium

homeo·path ['həʊmiə(ʊ)pæθ, AM 'hoʊmioʊ-] *n* Homöopath(in) *m(f)*

homeo·path·ic ['həʊmiə(ʊ)pæθɪk, AM 'hoʊmioʊ-] *adj inv* homöopathisch

homeopa·thy [ˌhəʊmi'ɒpəθi, AM ˌhoʊmi'ɑ:p-] *n no pl* Homöopa-

H

thie *f*

homeo·sta·sis [ˌhəʊmiə(ʊ)ˈsteɪsɪs, AM ˌhoʊmioʊˈ-] *n no pl* physiologisches Gleichgewicht

homeo·stat·ic [ˌhəʊmiə(ʊ)ˈstætɪk, AM ˌhoʊmioʊˈstæt̬ɪk] *adj inv* physiologisch; **to disrupt ~ balance** das physiologische Gleichgewicht stören

ˈhome·own·er *n* Hausbesitzer(in) *m(f)* **ˈhome page** *n* COMPUT Homepage *f* **home ˈphone num·ber** *n* Privatnummer *f* **home ˈplate** *n* AM (*in baseball*) Schlagmal *nt* **home ˈport** *n* Heimathafen *m* **home po·ˈsi·tion** *n* AM SPORTS *im Baseball letztes Laufmal vor dem Ziel*

hom·er [ˈhoʊmɚ] *n* AM (*in baseball*) *Punkt bringender Lauf um alle vier Male beim Baseball*

home ˈrule *n no pl* [politische] Selbstverwaltung **home ˈrun** *n* AM *Punkt bringender Lauf um alle vier Male beim Baseball* **ˈhome·school** *vt esp* AM ■**to ~ sb** jdm Hausunterricht erteilen, jdn zu Hause unterrichten **home·ˈschool·ing** *esp* AM **I.** *n no pl* Unterricht *m* zu Hause **II.** *n modifier* **~ parents** Eltern, die ihre Kinder zu Hause unterrichten [*o* unterrichten lassen] **Home ˈSec·re·tary** *n* BRIT ■**the ~** der Innenminister/die Innenministerin **ˈhome·sick** *adj* **to be** [*or* **feel**] **~** [**for sth**] [nach etw *dat*] Heimweh haben; **to be very ~** schlimmes Heimweh haben **ˈhome·sick·ness** *n no pl* Heimweh *nt;* **to suffer terrible ~** schreckliches Heimweh haben **ˈhome·spun** *adj* hausbacken *pej;* **~ philosophy** eigene Lebensphilosophie; **~ wisdom** Lebensweisheit *f* **home·stead** [ˈhəʊmsted, AM ˈhoʊm-] *n* AUS, NZ *Wohnhaus auf einer Schaf- oder Rinderfarm;* AM (*old*) *Stück Land, das den Siedlern zugewiesen wurde* **home ˈstraight** *n,* **home ˈstretch** *n* Zielgerade *f a. fig;* **to be on the ~** auf der Zielgerade sein *a. fig* **home·ˈtown** *esp* AM **I.** *n* Heimatstadt *f* **II.** *n modifier* heimische(r, s); **~ football team** Fußballmannschaft *f* der Heimatstadt; **~ newspaper** Lokalzeitung *f* **home ˈtruth** *n* bittere Wahrheit; **to tell sb a few ~s** jdm die Augen öffnen **home ˈtu·tor** *n* Privatlehrer(in) *m(f),* Hauslehrer(in) *m(f) veraltend* **home ˈvis·it** *n* Hausbesuch *m;* **to make** [*or* **go on**] **a ~** einen Hausbesuch machen

home·ward [ˈhəʊmwəd, AM ˈhoʊmwɚd] *inv* **I.** *adv* heimwärts, nach Hause; **~ bound journey** Heimreise *f* **II.** *adj* heimwärts; **~ journey** Heimreise *f,* Rückreise *f*

home·wards [ˈhəʊmwədz, AM ˈhoʊmwɚdz] *adv inv* heimwärts; *see also* **homeward I.**

ˈhome·work *n no pl* ❶ (*schoolwork, research*) Hausaufgaben *fpl a. fig;* **have you done your ~?** hast du deine Hausaufgaben gemacht? ❷ (*paid work*) Heimarbeit *f;* **to do ~** Heimarbeit machen **ˈhome·work·er** *n* Heimarbeiter(in) *m(f)* **ˈhome·work·ing** *n no pl* Heimarbeit *f*

homey [ˈhəʊmi, AM ˈhoʊmi] *adj* AM, AUS heimelig

homi·ci·dal [ˌhɒmɪˈsaɪdᵊl, AM ˌhɑːməˈ-] *adj* AM, AUS gemeingefährlich; **~ maniac** gemeingefährlicher Irrer/gemeingefährliche Irre; **to have ~ tendencies** einen Drang zum Töten haben

homi·cide [ˈhɒmɪsaɪd, AM ˈhɑːmə-] AM, AUS **I.** *n* LAW ❶ *no pl* (*murdering*) Mord *m;* **to be found** [**not**] **guilty of ~** des Mordes für [nicht] schuldig befunden werden; **to be convicted of ~** wegen Mordes verurteilt werden ❷ (*death*) Mordfall *m* **II.** *n modifier* LAW **~ case** Mordfall *m;* **~ rate** Mordrate *f;* **~ squad** Mordkommission *f;* **~ victim** Mordopfer *nt*

homi·ly [ˈhɒmɪli, AM ˈhɑːmə-] *n* (*pej*) Moralpredigt *f* (**on** über +*akk*); **to deliver a ~** eine Moralpredigt halten

hom·ing [ˈhəʊmɪŋ, AM ˈhoʊm-] *adj attr, inv* **~ instinct** Heimfindevermögen *nt;* **~ device** Peilsender *m*

ˈhom·ing pi·geon *n* Brieftaube *f*

homi·ny [ˈhɑːmɪni] *n no pl* AM grobes Maismehl

homo [ˈhəʊməʊ, AM ˈhoʊmoʊ] *n* (*pej fam*) Homo *m pej fam*

homoeo·path *n see* **homeopath**

homoeo·path·ic *adj inv see* **homeopathic**

homoeopa·thy *n no pl see* **homeopathy**

homo·erot·ic [ˌhəʊməʊɪˈrɒtɪk, AM ˌhoʊmoʊɪˈrɑːt̬-] *adj images* homoerotisch

homo·genei·ty [ˌhəʊmə(ʊ)dʒəˈniːəti, AM ˌhoʊmoʊdʒəˈniːət̬i] *n no pl* Homogenität *f;* **cultural ~** kulturelle Ähnlichkeit

homo·geneous [ˌhɒməˈdʒiːniəs, AM ˌhoʊmoʊˈ-] *adj* homogen

ho·mog·enize [həˈmɒdʒənaɪz, AM -ˈmɑːdʒ-] *vt* ❶ CHEM **to ~ milk** Milch homogenisieren ❷ (*unify*) ■**to ~ sth** etw homogenisieren; **somehow we have to ~ this bunch of individuals** irgendwie müssen wir diesen Haufen von Einzelkämpfern zusammenbringen

ho·mog·enized [həˈmɒdʒənaɪzd, AM -ˈmɑːdʒ-] *adj inv* CHEM homogenisiert; **~ milk** homogenisierte Milch

ho·mog·enous [həˈmɒdʒənəs, AM -ˈmɑːdʒ-] *adj* homogen

homo·graph [ˈhɒməgrɑːf, AM ˈhɑːməgræf] *n* LING Homograph *nt fachspr*

ˈhomo milk *n no pl* CAN [homogenisierte] Vollmilch *f*

homo·nym [ˈhɒmənɪm, AM ˈhɑːm-] *n* LING Homonym *nt*

homo·pho·bia [ˌhɒməˈfəʊbiə, AM ˌhoʊməˈfoʊ-] *n no pl* Homophobie *f*

homo·pho·bic [ˌhɒməˈfəʊbɪk, AM ˌhoʊməˈfoʊ-] *adj* homophob

homo·phone [ˈhɒməfəʊn, AM ˈhɑːməfoʊn] *n* LING Homophon *nt fachspr*

Homo sa·pi·ens [ˌhəʊməʊˈsæpiənz, AM ˌhoʊmoʊˈseɪp-] *n no pl* Homo sapiens *m*

homo·sex·ual [ˌhəʊmə(ʊ)ˈsekʃuəl, AM ˌhoʊmoʊˈ-] **I.** *adj inv affair, desire* homosexuell **II.** *n* Homosexuelle(r) *f(m)*

homo·sex·ual·ity [ˌhəʊmə(ʊ)ˌsekʃuˈæləti, AM ˌhoʊmoʊˌsekʃuˈæləṱi] *n no pl* Homosexualität *f*

hon[1] [hʌn] *n esp* AM (*fam*) *short for* **honey** Liebling *m,* Baby *nt sl*

hon[2] [ɒn] *adj attr, inv esp* BRIT *abbrev of* **honorary 1** Ehren-

Hon [ɒn] *adj attr, inv abbrev of* **Honourable** geehrt, ehrenhaft

hon·cho [ˈhɒn(t)ʃəʊ, AM ˈhɑːntʃoʊ] *n* (*usu hum fam*) [**head**] **~** Leiter(in) *m(f)*

hone [həʊn, AM hoʊn] **I.** *n* Schleifstein *m,* Wetzstein *m* **II.** *vt* ❶ (*sharpen*) ■**to ~ sth** etw schleifen ❷ (*refine*) ■**to ~ sth** etw verfeinern; **her debating skills were ~d in the students' union** ihre Redekünste bekamen ihren letzten Schliff in der Studentenvereinigung ❸ (*reduce*) ■**to ~ sth to sth** etw zu etw *dat* zusammenschrumpfen lassen

◆**hone down** *vt* ■**to ~ down** ⊂ **sth** etw reduzieren; **to ~ sth down to the bare bones** [*or* **essentials**] etw auf ein Minimum reduzieren

hon·est [ˈɒnɪst, AM ˈɑːn-] *adj* ❶ (*truthful*) ehrlich; **what's your ~ opinion of her work?** jetzt mal ehrlich – was halten Sie von ihrer Arbeit?; ■**to be ~ with oneself** sich *dat* selbst gegenüber ehrlich sein, ehrlich mit sich *dat* selbst sein ❷ (*trusty*) redlich; **he had an ~ face** er hatte ein ehrliches Gesicht ❸ *attr* (*correct*) ehrlich, ordentlich; **to make an ~ living** ein geregeltes Einkommen haben ❹ (*blameless*) *mistake* schuldlos ▶ PHRASES: **to be as ~ as the day** [**is long**] eine ehrliche Haut sein; **~** [**to God**]**!** ehrlich!; **I didn't take the money, ~ I didn't!** ich habe das Geld nicht genommen, ich schwör's!; **to earn** [*or* **turn**] **an ~ penny** [*or* AM **dollar**] ehrliches Geld verdienen; **to make an ~ woman of sb** (*dated or hum*) eine Frau ehelichen *veraltend;* **to be ~** [**with you**], ... um [dir] die Wahrheit zu sagen, ...

hon·est ˈbro·ker *n esp* BRIT Vermittler(in) *m(f)* **hon·est ˈin·jun** [-ˈɪndʒᵊn] *interj* AM (*usu childspeak fam*) **~!** [ganz] ehrlich!; **I didn't do it, ~!** ich habe nichts gemacht, ich schwör's!

hon·est·ly [ˈɒnɪstli, AM ˈɑːn-] **I.** *adv* ❶ (*truthfully*) ehrlich; **I ~ didn't know** ich hatte wirklich keine Ahnung! ❷ (*really*) wirklich; **he couldn't quite ~ tell me whether ...** er konnte mir nicht mit absoluter Sicherheit sagen, ob ... **II.** *interj* ❶ (*promising*) [ganz] ehrlich!; **I'll do it tomorrow, ~ I will** ich mach's morgen, ich versprech's! ❷ (*disapproving*) also ehrlich!

hon·est-to-ˈGod *adj attr, inv* ehrlich **hon·est-to-ˈgood·ness** *adj attr, inv* ehrlich; **he likes ~ home cooking** er mag bodenständige Hausmannskost; an ~ **account** ein wahrheitsgetreuer Bericht

hon·es·ty ['ɒnɪsti, AM 'ɑːn-] *n no pl* Ehrlichkeit *f;* **in all** ~ ganz ehrlich; ■**to have the** ~ **to do sth** so ehrlich sein, etw zu tun ▶PHRASES: ~ **is the best policy** (*prov*) ehrlich währt am längsten *prov*

hon·ey ['hʌni] *n* ❶ *no pl* (*fluid*) Honig *m;* **clover** ~ Kleehonig *m;* **heather** ~ Heidehonig *m;* **runny/set** ~ flüssiger/fester Honig ❷ *esp* AM (*sweet person*) Schatz *m;* (*sl: attractive young woman*) Süße *f,* Baby *nt sl* ❸ *esp* AM (*fam: good thing*) **that's a** ~ **of a dress** das ist ja ein tolles Kleid ❹ (*darling*) Schatz *m;* (*to little child*) Schätzchen *nt* ▶PHRASES: **a land flowing with milk and** ~ ein Land, darin Milch und Honig fließen

'hon·ey·bee *n* [Honig]biene *f* **'hon·ey bun** *n* AM, **'hon·ey bunch** *n* AM Schatz *m,* Schätzchen *nt* **'hon·ey·comb I.** *n* ❶ (*wax*) Bienenwabe *f* ❷ (*food*) Honigwabe *f* ❸ (*complex*) Labyrinth *nt* **II.** *n modifier* wabenförmig; ~ **pattern** Wabenmuster *nt* **'hon·ey·combed** *adj pred* ■**to be** ~ **with sth** von etw *dat* durchzogen sein **'hon·ey·dew** *n* ❶ *no pl* (*on leaf*) Honigtau *m* ❷ (*melon*) Honigmelone *f* **hon·ey·dew 'mel·on** *n* Honigmelone *f* **'hon·ey·eat·er** *n* Honigfresser *m*

hon·eyed ['hʌnid] *adj speech, voice* honigsüß

'hon·ey·moon I. *n* ❶ (*after marriage*) Flitterwochen *pl;* **where are you going on [your]** ~**?** wohin geht eure Hochzeitsreise?; ~ **couple** Flitterwöchner *pl* ❷ *usu sing* (*period*) Schonfrist *f* **II.** *vi* **they are** ~**ing in the Bahamas** sie verbringen ihre Flitterwochen auf den Bahamas **'hon·ey·moon·ers** *npl* Flitterwöchner *pl* **'hon·ey·moon pe·ri·od** *n usu sing* Schonfrist *f*

'hon·ey·pot *n* Honigtopf *m;* **like bees round a** ~ wie Motten ums Licht **'hon·ey·suck·le** *n* Geißblatt *nt* **'hon·ey trap** *n* BRIT ❶ (*attraction*) Attraktion *f* ❷ (*lure*) ≈ Sexfalle *f*

honk [hɒŋk, AM hɑːŋk] **I.** *n* ❶ (*by goose*) Schrei *m* ❷ (*beep*) Hupen *nt* **II.** *vi* ❶ (*cry*) *goose* schreien ❷ (*beep*) hupen; **the sound of the lorry** ~ **woke me up** der hupende Lastwagen weckte mich auf ❸ BRIT (*sl: vomit*) kotzen *sl* **III.** *vt* ❶ (*cry*) ■**to** ~ **sth: the geese** ~**ed a warning as we walked past** die Gänse stießen Warnschreie aus, als wir vorbeigingen ❷ (*beep*) **to** ~ **one's horn** auf die Hupe drücken

◆**honk up** BRIT **I.** *vi* (*sl*) kotzen *sl, derb* **II.** *vt* (*sl*) ■**to** ~ **up sth** etw rauskotzen *sl, derb*

honk·ing ['hɒŋkɪŋ, AM 'hɑːŋk-] *n* ❶ (*crying*) Schreien *nt;* **the** ~ **of geese** der Schrei der Gänse ❷ (*beeping*) Hupen *nt*

honky ['hɑːŋki] *n* AM (*pej sl*) Weiße(r) *f(m)*

honky-tonk ['hɑːŋkitɑːŋk] AM **I.** *n modifier* ❶ (*squalid*) schräg ❷ (*ragtime*) ~ **piano** klimperndes Klavier **II.** *n* Schuppen *m fam*

hon·or *n* AM *see* **honour**

hon·or·able *adj* AM *see* **honourable**

hon·or·able 'dis·charge *n* AM MIL ehrenvoller Abschied

hon·or·ab·ly *adv* AM *see* **honourably**

hono·rar·ium <*pl* -s *or* -ria> [ˌɒnə'reəriəm, AM ˌɑːnə'rer-, *pl* -riə] *n* (*form*) Honorar *nt;* **to pay/receive a** ~ ein Honorar bezahlen/erhalten

hon·or·ary ['ɒnᵊrəri, AM 'ɑːnəreri] *adj attr, inv* ❶ (*unpaid*) ehrenamtlich; ~ **member/president** Ehrenmitglied *nt*/-präsident(in) *m(f)* ❷ UNIV **to award sb an** ~ **degree** [*or* **doctorate**] jdm die Ehrendoktorwürde verleihen

hon·or·if·ic [ˌɒnᵊr'ɪfɪk, AM ˌɑːnə'rɪf-] *adj attr* ehrfürchtig; ~ **form of address** respektvolle Anrede; ~ **title** Ehrentitel *m*

hon·or·is causa [ɒˌnɔːrɪs'kaʊzə, AM hɑˌnɔːrɪs'kɔːzə] *adv inv* **to be awarded a degree** ~ eine Ehrenauszeichnung bekommen

'hon·or roll *n* AM Ehrenrolle *f*

'hon·ors course *n* AM UNIV *Vorlesung für Hochbegabte* **'hon·ors de·gree** *n* AM UNIV Examen *nt* mit Auszeichnung **'hon·ors pro·gram** *n* AM UNIV *Studium für Hochbegabte*

hon·our ['ɒnəʳ], AM **hon·or** ['ɑːnɚ] **I.** *n* ❶ *no pl* (*honesty*) Ehre *f;* **I want to win so that** ~ **is satisfied** ich will gewinnen, damit meine Ehre wiederhergestellt ist *hum;* **the children were on their** ~ **to go to bed at ten o'clock** die Kinder hatten versprochen, um zehn Uhr ins Bett zu gehen; **one's word of** ~ sein Ehrenwort *nt;* **to be/feel [in]** ~ **bound to do sth** es als seine Pflicht ansehen, etw zu tun ❷ *no pl* (*esteem*) **as a mark of** ~ als Zeichen der Ehre; **in the place of** ~ am Ehrenplatz; ■**in** ~ **of sb/sth** zu Ehren einer Person/S. *gen* ❸ *usu sing* (*credit*) **to be** [*or* **bring**] [*or* **do**] **an** ~ **to sb/sth** jdm/etw Ehre machen; **these women were an** ~ **to their country** diese Frauen haben ihrem Land alle Ehre gemacht ❹ (*privilege*) Ehre *f;* ■**to do sb the** ~ **of doing sth** (*form or hum*) jdm die Ehre erweisen, etw zu tun *geh;* **she did me the** ~ **of allowing me to help her with the washing-up** sie war so gnädig, mir zu gestatten, ihr beim Abwasch zu helfen *iron;* ■**to have the** ~ **of doing sth** die Ehre haben, etw zu tun *a. iron* ❺ (*reputation*) guter Ruf; **to stake one's** ~ **on sth** sein Ehrenwort für etw *akk* geben ❻ (*award*) Auszeichnung *f* ❼ *no pl* (*competence*) **to acquit oneself with** ~ sich *akk* durch gute Leistungen auszeichnen ❽ (*title*) **Her H**~ die vorsitzende Richterin; **His H**~ der vorsitzende Richter; **Your H**~ Euer Ehren ❾ (*in golf*) *Recht, den Golfball vom ersten Abschlag zu spielen* ❿ *no pl* (*dated: chastity*) **to defend one's** ~ (*dated*) seine Ehre verteidigen ▶PHRASES: **there's** ~ **among thieves** (*prov*) es gibt auch so etwas wie Ganovenehre; ~ **bright** BRIT (*dated*) ehrlich; **on** [*or* **upon**] **my** ~ bei meiner Ehre **II.** *vt* ❶ (*form: respect*) ■**to** ~ **sb/sth** jdn/etw in Ehren halten; **to be** [*or* **feel**] ~**ed** sich *akk* geehrt fühlen ❷ (*praise*) ■**to** ~ **sb/sth [with sth]** jdn/etw [mit etw *dat*] ehren ❸ (*fulfil*) ■**to** ~ **sth** *order* etw erfüllen ❹ (*grace*) **to** ~ **sth with one's presence** etw mit seiner Gegenwart beehren ❺ FIN (*accept*) ■**to** ~ **sth** etw akzeptieren

hon·our·able ['ɒnᵊrəbl], AM **hon·or·able** ['ɑːnɚ-] *adj* ❶ (*worthy*) ehrenhaft; **an** ~ **agreement** ein ehrenvolles Abkommen; **to have** ~ **intentions** (*dated or hum*) ehrliche Absichten haben; ~ **person** ehrenwerter Mensch; ■**it is** ~ **to do sth** es ist ehrenhaft, etw zu tun ❷ *attr, inv* BRIT (*MP*) **the** ~ **member for Bristol West will now address us** der Herr Abgeordnete für West-Bristol wird nun zu uns sprechen

hon·our·able 'men·tion *n* besondere Ehrung; **to get an** ~ lobend erwähnt werden

hon·our·ably ['ɒnᵊrəbli], AM **hon·or·ably** ['ɑːnɚ-] *adv* ehrenhaft

hon·ours ['ɒnəz], AM **hon·ors** ['ɑːnɚz] *npl* ❶ (*respect*) Ehrerbietung *f geh;* **he was buried with full military** ~ er wurde mit allen militärischen Ehren beigesetzt; **to do the** ~ (*hum*) den Gastgeber/die Gastgeberin spielen; **to receive sb with full** ~ jdn mit allen Ehren empfangen ❷ UNIV (*form*) Examen *nt* mit Auszeichnung ▶PHRASES: ~**s are even** BRIT es herrscht Gleichstand

'hon·ours de·gree *n* BRIT UNIV Examen *nt* mit Auszeichnung **'hon·ours list** *n* BRIT *Liste von Leuten, die öffentlich durch die Monarchin/den Monarchen geehrt werden und einen Titel* (*z.B. MBE, OBE*) *erhalten*

hooch [huːtʃ] *n no pl* AM (*sl*) Fusel *m fam*

hood¹ [hʊd] *n* ❶ (*cap*) Kapuze *f;* **sweatshirt with a** ~ Kapuzensweatshirt *nt* ❷ (*mask*) Maske *f* ❸ (*shield*) Haube *f;* **cooker** ~ Abzugshaube *f;* **pram** [*or* AM **stroller**] ~ Kinderwagenschutzdach *nt* ❹ AM AUTO (*bonnet*) [Motor]haube *f* ❺ BRIT AUTO (*folding top*) Verdeck *nt*

hood² [hʊd] *n esp* AM ❶ (*gangster*) Kriminelle(r) *f(m),* Ganove *m veraltend* ❷ (*thug*) Rowdy *m*

hood³ [hʊd] *n* AM (*sl*) Nachbarschaft *f;* **... although he wasn't from the** ~ ..., obwohl er nicht aus unserem Viertel kam

hood·ed ['hʊdɪd] *adj inv* ❶ *clothing* Kapuzen-; ~ **anorak** Anorak *m* mit Kapuze ❷ (*masked*) maskiert ❸ (*eyes*) **to have** ~ **eyes** Schlupflider haben

hood·lum ['huːdləm, AM *usu* 'hʊd-] *n* ❶ (*gangster*) Kriminelle(r) *f(m),* Ganove *m veraltend* ❷ (*thug*) Rowdy *m*

H

hood·wink ['hʊdwɪŋk] *vt* ■**to ~ sb** jdn hereinlegen; ■**to ~ sb into doing sth** jdn dazu verleiten, etw zu tun; ■**to ~ sb out of sth** jdn um etw *akk* betrügen

hoo·ey ['hu:i] *n no pl* (*fam*) dummes Zeug *fam*, Quatsch *m fam*

hoof [hu:f, AM *esp* hʊf] **I.** *n* <*pl* hooves *or* -s> Huf *m*; **beef was bought on the ~ at the market** das Fleisch wurde auf dem Markt als lebende Ware gekauft ▸ PHRASES: **to do sth on the ~** BRIT etw schlampig machen **II.** *vt* (*fam*) **to ~ it** laufen, zu Fuß gehen

hoo-ha ['hu:hɑ:] *n no pl* (*fam*) Wirbel *m*, Trubel *m*; **what a lot of ~ about nothing!** was für ein Tamtam wegen nichts!; **to cause a lot of ~** viel Wirbel verursachen

hook [hʊk] **I.** *n* ❶ (*bent device*) Haken *m*; **coat ~** Kleiderhaken *m*; **crochet ~** Häkelnadel *f*; **~ and eye** Haken und Öse; **fish ~** Angelhaken *m* ❷ (*in boxing*) Haken *m* ❸ (*in cricket*) *Schlag beim Kricket* ❹ (*telephone cradle*) [Telefon]gabel *f*; **to leave the phone off the ~** den Telefonhörer nicht auflegen ▸ PHRASES: **by ~ or by crook** auf Biegen und Brechen *fam*; **to fall for** [*or* **swallow**] **sth ~, line and sinker** voll auf etw *akk* hereinfallen *fam*; **to be off the ~** aus dem Schneider sein; **to get the ~** AM (*fam*) entlassen werden; **to get one's ~s into** [*or* **on**] **sb** jdn unter Kontrolle haben; **this product has really got its ~s into the American market** dieses Produkt hat auf dem amerikanischen Markt wirklich eingeschlagen; **to get** [*or* **let**] **sb off the ~** jdn herauspauken *fam*; **to give sb the ~** [**for sth**] AM (*fam*) jdn [für etw *akk*] entlassen; **to sling one's ~** BRIT (*fam*) die Hufe schwingen *fam* **II.** *vt* ❶ (*fish*) **to ~ a fish** einen Fisch an die Angel bekommen ❷ (*fasten*) ■**to ~ sth somewhere** etw irgendwo befestigen; ■**to ~ sth to sth** etw an etw *dat* festhaken; **he ~ed the trailer to his car** er hängte den Anhänger an seinem Auto an ❸ (*fetch with hook*) ■**to ~ sth out of sth**: **she ~ed the shoe out of the water** sie angelte den Schuh aus dem Wasser; **the lifeguard ~ed the troublemaker out of the swimming pool** der Rettungsschwimmer fischte den Störenfried aus dem Schwimmbecken ❹ *esp* BRIT (*dated fam: run away*) **to ~ it** wegrennen **III.** *vi* AM (*fam*) auf den Strich gehen

◆**hook up I.** *vt* ❶ (*hang*) ■**to ~ up** ↻ **sth** etw aufhängen ❷ (*connect*) ■**to ~ up** ↻ **sb/sth** [**to sth**] jdn/etw [an etw *dat*] anschließen ❸ (*fasten*) ■**to ~ up** ↻ **sb/sth** etw zumachen; **I can't reach at the back of my dress, can you ~ me up?** ich komme nicht hinten an mein Kleid dran, kannst du mir mal die Haken zumachen? ❹ AM (*fam: supply*) ■**to ~ sb up with sth** jdm etw besorgen **II.** *vi* ■**to ~ up** [**to sth**] sich *akk* [an etw *akk*] anschließen

hook·ah ['hʊkə] *n* Huka *f* (*indische Wasserpfeife*)

hooked [hʊkt] *adj* ❶ (*curved*) hakenförmig; **~ nose** Hakennase *f* ❷ *pred* (*addicted*) abhängig; **to be ~ on drugs** drogenabhängig sein ❸ *pred* (*interested*) ■**to be ~** total begeistert sein *fam*; **he's ~ on the idea of going on a round-the-world trip** er ist völlig besessen von dem Einfall, auf Weltreise zu gehen; ■**to be ~ on sb** total verrückt nach jdm sein *fam*

hook·er ['hʊkəʳ, AM -ɚ] *n* ❶ *esp* AM, AUS (*fam*) Nutte *f fam* ❷ SPORTS Hakler(in) *m(f)*

'hook-nosed *adj* hakennasig; ■**to be ~** eine Hakennase haben

hook-up ['hʊkʌp] *n* ❶ (*link*) Verbindung *f*; **satellite ~** Satellitenverbindung *f* ❷ (*supply*) Anschluss *m* (**to** an +*dat*) ❸ (*meeting*) Treffen *nt* (**with** mit +*dat*)

hooky ['hʊki] *n no pl* AM, AUS (*fam*) **to play ~** die Schule schwänzen

hoo·li·gan ['hu:lɪgᵊn] *n* Hooligan *m*; **football ~** Fußball-Hooligan *m*

hoo·li·gan·ism ['hu:lɪgᵊnɪzᵊm] *n no pl* Rowdytum *nt*; **football** [*or* **soccer**] **~** Ausschreitungen *fpl* von Fußballfans

hoop [hu:p] *n* ❶ (*ring*) Reifen *m* ❷ (*earring*) ringförmiger Ohrring ❸ (*semicircle*) Tor *nt* ▸ PHRASES: **to go through the ~s** sich *dat* ein Bein ausreißen; **to put sb through ~s** [*or* **the ~**[**s**]] jdn durch die Mangel drehen *fam*

hoop 'ear·ring *n* Kreole *f*

hoop·la ['hu:plɑ:] *n* ❶ BRIT, AUS (*game*) Ringewerfen *nt* ❷ AM (*fuss*) Rummel *m*; **media ~** Medienrummel *m* ❸ AM (*nonsense*) Quatsch *m*

hoo·poe ['hu:pu:] *n* Wiedehopf *m*

hoops [hʊps] *n modifier* (*fam*) Basketball-; **~ game** Basketballspiel *nt*

'hoop star *n* (*sl*) Basketballstar *m*

hoop·ster ['hu:pstɚ] *n* (*sl*) Basketballer(in) *m(f)*

hoo·ray [hʊ'reɪ, hə-] *interj, n see* **hurray**

Hoo·ray Henry *n* BRIT (*pej*) *lautstark auftretender junger Angehöriger der Oberschicht*

hoo·roo [hʊ'ru:] **I.** *interj* AUS (*fam*) tschüss! *fam* **II.** *n* AUS (*fam*) **to say one's ~** sich *akk* verabschieden

hoose·gow ['hu:sgaʊ] *n esp* AM (*sl*) Knast *m fam*

hoot [hu:t] **I.** *n* ❶ (*beep*) Hupen *nt kein pl*; **she gave three short ~s** sie drückte dreimal kurz auf die Hupe ❷ (*owl call*) Schrei *m* ❸ (*outburst*) **to give a ~ of laughter** losprusten *fam*; **~ of temper** Wutanfall *m* ▸ PHRASES: **to be a** [**real**] **~** zum Brüllen sein *fam*; **to not give** [*or* **care**] **a ~** [*or* **two ~s**] [**about sth**] sich *akk* keinen Deut um etw *akk* kümmern **II.** *vi* ❶ *car* hupen ❷ *owl* schreien ❸ (*utter*) **to ~ with laughter** in johlendes Gelächter ausbrechen **III.** *vt* **to ~ one's horn** auf die Hupe drücken; **to ~ one's horn at sb** jdn anhupen

◆**hoot down** *vt usu passive* ■**to ~ down** ↻ **sb/sth** jdn/etw niederbrüllen; ■**to ~ sb down** (*boo*) jdn ausbuhen

◆**hoot off** *vt* ■**to ~ off** ↻ **sb** jdn ausbuhen; **to be ~ off the stage** die Bühne verlassen müssen, weil man ausgebuht wird

hoot·er ['hu:təʳ, AM -t̬ɚ] *n* ❶ (*siren*) Sirene *f* ❷ *esp* BRIT, AUS (*dated: nose*) Zinken *m* ❸ AM (*fam!: breasts*) ■**~s** *pl* Titten *fpl sl*

Hoo·ver® ['hu:vəʳ] BRIT, AUS **I.** *n* Staubsauger *m* **II.** *vt* ■**to ~ sth** etw staubsaugen; **to ~ the carpet** den Teppich saugen **III.** *vi* staubsaugen

hooves [hu:vz, AM *esp* hʊvz] *n pl of* **hoof**

hop [hɒp, AM hɑ:p] **I.** *vi* <-pp-> ❶ (*jump*) hüpfen; *hare* hoppeln; **to ~ on one leg** auf einem Bein hüpfen ❷ SPORTS (*triple jump*) springen **II.** *vt* <-pp-> ❶ (*jump*) **to ~ the fence** über den Zaun springen ❷ AM (*fam: board*) ■**to ~ sth**: **they ~ped a plane for Chicago** sie stiegen in ein Flugzeug nach Chicago ❸ BRIT (*fam: run*) **to ~ it** abhauen *fam*, verschwinden *fam* **III.** *n* ❶ (*jump*) Hüpfer *m*, Hopser *m* ❷ (*fam: dance*) Tanz *m*; **local ~** Dorftanz *m* ❸ (*fam: trip*) [**short**] **~** [Katzen]sprung *m* ❹ (*fam: flight stage*) Flugabschnitt *m* ❺ (*vine*) Hopfen *m*; ■**~s** *pl* [Hopfen]dolden *fpl*; *see also* **hops** ❻ AUS, NZ (*fam: beer*) ■**~s** *pl* Bier *nt* ❼ *no pl* AM (*sl: drugs*) Droge *f*; **to be hooked on ~** drogenabhängig sein ▸ PHRASES: **to be on the ~** BRIT (*fam*) auf dem Sprung sein; **to catch sb on the ~** BRIT (*fam*) jdn überrumpeln; **to be kept on the ~** BRIT (*fam*) auf Trab gehalten werden *fam*

◆**hop across** *vi* (*fam*) ❶ (*travel*) ■**to ~ across to a place**: **we ~ped across to London for the weekend** wir waren am Wochenende kurz auf einen Sprung in London ❷ (*visit*) ■**to ~ across to sb** jdn kurz besuchen ❸ (*jump*) ■**to ~ across sth** über etw *akk* springen

◆**hop in** *vi* (*fam*) einsteigen; **~ in, where shall I take you?** spring rein, wohin kann ich dich mitnehmen?

◆**hop into** *vi* ❶ (*fam: board*) ■**to ~ into sth** *car, boat, taxi* in etw *akk* einsteigen ❷ (*jump*) **to ~ into bed** ins Bett hüpfen

◆**hop off** *vi* (*fam*) schnell aussteigen; **he ~ped off the bus at the traffic lights** er sprang an der Ampel aus dem Bus; **to ~ off a bike** vom Fahrrad springen

◆**hop on** *vi* (*fam*) schnell einsteigen; **she ~ped on the train just as the guard blew the whistle** sie sprang just in dem Moment auf den Zug auf, als der Schaffner pfiff

◆**hop out** *vi* ❶ (*fam: leave*) ■**to ~ out** [**of sth**] *a car* schnell aus etw *dat* aussteigen ❷ (*jump out*) **to ~ out of a chair** aus einem Stuhl [auf]springen

◆**hop over** *vi see* **hop across**

hope [həʊp, AM hoʊp] **I.** *n* Hoffnung *f;* **is there any ~ that ...?** besteht da irgendeine Hoffnung, dass ...?; **I don't hold out much ~ of getting a ticket** ich habe nicht sehr viel Hoffnung, dass ich noch eine Karte bekomme; **there is little ~ that ...** es besteht wenig Hoffnung, dass ...; **there is still ~ [that ...]** es besteht immer noch Hoffnung[, dass ...]; **in the ~ that ...** in der Hoffnung, dass ...; **it is my ~ that ...** ich hoffe, dass ...; **glimmer** [*or* **ray**] **of ~** Hoffnungsschimmer *m;* **sb's best/last/only ~** jds größte/letzte/einzige Hoffnung; **to have great** [*or* **high**] **~s** große Hoffnungen haben; **to have no ~** keine Hoffnung haben; **to abandon** [*or* **give up**] **~** die Hoffnung aufgeben; **to be beyond** [*or* **past**] [**all**] **~** [völlig] hoffnungslos sein; **to dash sb's ~s** jds Hoffnungen zerstören; **to give ~** Hoffnung geben; **to live in ~** hoffen; **to pin** [*or* **put**] [**all**] **one's ~s on sb/sth** seine ganze Hoffnung auf jdn/etw setzen; **to raise sb's ~s** jdm Hoffnung machen; **to see ~ for sb/sth** für jdn/etw Hoffnung sehen; ■**in the ~ of doing sth** in der Hoffnung, etw zu tun ▶PHRASES: **to not have a ~ in hell** nicht die geringste Chance haben; **~ springs eternal** (*prov*) und die Hoffnung währet ewiglich *prov;* **some ~, not a ~** schön wär's **II.** *vi* hoffen; **it's good news, I ~** hoffentlich gute Nachrichten; **to ~ for the best** das Beste hoffen; **to ~ against hope** [[**that**] ...] wider alle Vernunft hoffen[, [dass] ...]; **she was hoping against hope** [**that**] ... sie hoffte wider aller Vernunft, dass ...; **to ~ and pray** [**that**] ... hoffen und beten, [dass] ...; ■**to ~ for sth** auf etw *akk* hoffen; ■**to ~** [**that**] ... hoffen, dass ...

'hope chest *n* AM (*trousseau*) Aussteuertruhe *f* **'hoped-for** *adj attr* erhofft

hope·ful ['həʊpfəl, AM 'hoʊp-] **I.** *adj* zuversichtlich; ■**to be ~ of sth** auf etw *akk* hoffen **II.** *n usu pl* viel versprechende Personen; **young ~s** viel versprechende junge Talente

hope·ful·ly ['həʊpfəli, AM 'hoʊp-] *adv* ❶ (*in hope*) hoffnungsvoll ❷ *inv* (*it is hoped*) hoffentlich

hope·less ['həʊpləs, AM 'hoʊp-] *adj* hoffnungslos; **~ effort** verzweifelter Versuch; **to be in a ~ quandary** vollkommen entscheidungsunfähig sein; **~ situation** aussichtslose Situation; **a ~ task** ein sinnloses Unterfangen; ■**to be ~** (*fam*) ein hoffnungsloser Fall sein; **I'm ~ at cooking** wenn es um's Kochen geht, bin ich eine absolute Null; ■**it is ~ to do sth** es ist hoffnungslos, etw zu tun

hope·less·ly ['həʊpləsli, AM 'hoʊp-] *adv* hoffnungslos; **he's ~ in love with her** er hat sich bis über beide Ohren in sie verliebt; **~ lost** hoffnungslos verirrt

hope·less·ness ['həʊpləsnəs, AM 'hoʊp-] *n no pl* Hoffnungslosigkeit *f*

hop·lite ['hɒplaɪt, AM 'hɑːp-] *n* HIST Hoplit *m*

hopped 'up *adj* (*fam*) ■**to be ~ on sth** *drugs* von etw *dat* high sein *fam,* mit etw *dat* voll gedröhnt sein *pej sl*

hop·per ['hɒpəʳ, AM 'hɑːpɚ] *n* TECH Einfülltrichter *m* ▶PHRASES: **to toss sth into the ~** etw in Betracht ziehen

'hop-pick·er *n* Hopfenpflücker(in) *m(f)*

hop·ping ['hɒpɪŋ, AM 'hɑːp-] *adj inv* (*fam*) **to be ~** [**mad**] auf hundertachtzig sein; **to be ~ mad with sb** stinksauer auf jdn sein *fam*

hop·ple ['hɒpl̩, AM 'hɑːpl] **I.** *vt* ■**to ~ a donkey/horse** einem Esel/Pferd eine Fußfessel anlegen **II.** *n* Fußfessel *f*

hop·py ['hɒpi, AM 'hɑːpi] **I.** *n* AM (*sl*) Opiumabhängige(r) *f(m);* **to be a ~** opiumsüchtig sein **II.** *adj* Hopfen-

hops [hɒps, AM hɑːps] *npl* ❶ (*vine*) Hopfen *m* ❷ (*flower*) [Hopfen]dolden *fpl*

hop·scotch ['hɒpskɒtʃ, AM 'hɑːpskɑːtʃ] *n no pl* Himmel und Hölle *nt;* **to play ~** Himmel und Hölle spielen

horde [hɔːd, AM hɔːrd] *n* Horde *f;* **there were ~s of fans waiting outside** draußen wartete eine riesige Fangemeinde; **to come** [*or* **arrive**]**/leave in** [BRIT **their**] **~s** in Massen kommen/gehen

ho·ri·zon [hə'raɪzən] *n* ■**the ~** der Horizont; **to broaden** [*or* **expand**] [*or* **widen**] **one's ~s** (*fig*) seinen Horizont erweitern; **on the ~** am Horizont; **with a long holiday abroad on the ~, she felt great** mit der Aussicht auf einen langen Urlaub fühlte sie sich großartig

ho·ri·zon·tal [ˌhɒrɪ'zɒntəl, AM ˌhɔːrɪ'zɑːn-] **I.** *adj inv* horizontal, waag[e]recht; **~ lines** waag[e]rechte Linien **II.** *n no pl* MATH ■**the ~** die Horizontale [*o* Waag[e]rechte]

ho·ri·zon·tal·ly [ˌhɒrɪ'zɒntəli, AM ˌhɔːrɪ'zɑːn-] *adv inv* horizontal, waag[e]recht

hor·mon·al [hɔː'məʊnəl, AM hɔːr'moʊ-] *adj inv* hormonal, hormonell

hor·mon·al im·'bal·ance *n* hormonelle Schwankung, Hormonschwankung *f*

hor·mone ['hɔːməʊn, AM 'hɔːrmoʊn] *n* Hormon *nt;* **female/male ~s** weibliche/männliche Hormone; **growth ~s** Wachstumshormone *ntpl*

hor·mone re·'place·ment thera·py *n* Hormonbehandlung *f*

horn [hɔːn, AM hɔːrn] **I.** *n* ❶ (*growth*) Horn *nt* ❷ *no pl* (*substance*) Horn *nt* ❸ (*music*) Horn *nt* ❹ (*siren*) Hupe *f;* **to sound** [*or* **blow**] [*or fam* **honk**] **one's ~** auf die Hupe drücken *fam;* **to sound one's ~ at sb** jdn anhupen ▶PHRASES: **to take the bull by the ~s** den Stier bei den Hörnern packen; **to be on the ~s of a dilemma** in einer Zwickmühle stecken; **to draw** [*or* **pull**] **in one's ~s** kürzertreten; **on the ~** AM (*fam*) am Telefon **II.** *vi* AM ■**to ~ in** sich *akk* einmischen; ■**to ~ in on sth** bei etw *dat* mitmischen

horned [hɔːnd, AM hɔːrnd] *adj inv* gehörnt, mit Hörnern *nach n;* **~ cattle** Hornvieh *nt;* **~ lizard** [*or* **toad**] Krötenechse *f;* **~ owl** Ohreule *f*

hor·net ['hɔːnɪt, AM 'hɔːrn-] *n* Hornisse *f*

'hor·net's nest *n* Hornissennest *nt* ▶PHRASES: **to stir up a** [**real**] **~** in ein Wespennest stechen

horni·ness ['hɔːnɪnəs, AM 'hɔːrn-] *n no pl* (*fam*) Geilheit *f*

horn·ist ['hɔːnɪst, AM 'hɔːrn-] *n* MUS Hornist(in) *m(f)*

horn·less ['hɔːnləs, AM 'hɔːrn-] *adj inv* hornlos, ohne Hörner *nach n*

'horn·pipe *n* Hornpipe *f* (*traditioneller englischer Seemannstanz*) **'horn-play·er** *n* Hornist(in) *m(f)* **'horn-rimmed** *adj inv* **~ glasses** Hornbrille *f*

horny ['hɔːni, AM 'hɔːrni] *adj* ❶ (*hard*) hornartig; (*of horn*) aus Horn *nach n* ❷ (*fam: randy*) geil *sl;* **he's a ~ little so-and-so** er ist ein geiler Bock *sl;* **to feel ~** spitz sein *sl*

horo·scope ['hɒrəskəʊp, AM 'hɔːrəskoʊp] *n* Horoskop *nt;* **to read one's/sb's ~** sein/jds Horoskop lesen

hor·ren·dous [hɒr'endəs, AM hɔː'ren-] *adj* ❶ (*bad*) *suffering* schrecklich; **~ conditions** entsetzliche Bedingungen; **a ~ crime** ein grausames Verbrechen; **a ~ tragedy** eine furchtbare Tragödie ❷ (*extreme*) übermäßig; *prices, losses* horrend

hor·ren·dous·ly [hɒr'endəsli, AM hɔː'ren-] *adv* schrecklich; **~ expensive** entsetzlich teuer

hor·ren·dous·ness [hɒr'endəsnəs, AM hɔː'ren-] *n no pl* Abscheulichkeit *f;* **we were appalled by the ~ of the conditions in the refugee camp** wir waren von den entsetzlichen Bedingungen im Flüchtlingslager geschockt

hor·ri·ble ['hɒrəbl̩, AM 'hɔːr-] *adj* ❶ (*shocking*) schrecklich ❷ (*unpleasant*) unerfreulich; **isn't the weather ~ today?** ist das Wetter heute nicht grauenhaft?; **a ~ suspicion** ein schrecklicher Verdacht; ■**it is ~ doing/to do sth** es ist schrecklich, etw zu tun; ■**to be ~ that ...** schrecklich sein, dass ... ❸ (*unkind*) gemein; **don't be so ~** sei nicht so gemein; ■**to be ~ to sb** gemein zu jdm sein

hor·ri·bly ['hɒrəbli, AM 'hɔːr-] *adv* ❶ (*shockingly*) schrecklich; **to go ~ wrong** entsetzlich schiefgehen ❷ (*unkindly*) gemein; **to behave ~** sich *akk* fürchterlich benehmen

hor·rid ['hɒrɪd, AM 'hɔːr-] *adj* (*fam*) ❶ (*shocking*) *nightmare* entsetzlich; **a ~ crime** ein abscheuliches Verbrechen; **a ~ sight** ein fürchterlicher Anblick ❷ (*unpleasant*) grauenhaft; **to be a ~ sight** grauenvoll aussehen ❸ (*unkind*) *child* gemein;

H

■**to be ~ [to sb]** gemein [zu jdm] sein; ■**it is ~ of sb to do sth** es ist gemein von jdm, etw zu tun

hor·rid·ly ['hɒrɪdli, AM 'hɔːr-] *adv* (*fam*) schrecklich; **he always speaks ~ to her** er ist immer so hässlich zu ihr; **stop behaving so ~!** sei nicht immer so ekelhaft!

hor·rid·ness ['hɒrɪdnəs, AM 'hɔːr-] *n no pl* Abscheulichkeit *f*

hor·ri·fic [hɒr'ɪfɪk, AM hɔː'rɪf-] *adj* ❶ (*shocking*) entsetzlich; **a ~ accident/attack/murder** ein schrecklicher Unfall/Angriff/Mord ❷ (*extreme*) *losses, prices* horrend

hor·ri·fi·cal·ly [hɒr'ɪfɪkli, AM hɔː'rɪf-] *adv* ❶ (*shockingly*) entsetzlich; **he was ~ injured** er hatte schreckliche Verletzungen erlitten ❷ (*extremely*) horrend; **~ expensive** unglaublich überteuert

hor·ri·fied ['hɒrɪfaɪd, AM 'hɔːr-] *adj* entsetzt; **I was ~ to hear of his death** ich war von der Nachricht seines Todes völlig geschockt; **to give sb a ~ look** jdm einen entsetzten Blick zuwerfen; **to be ~ at [*or* by] sth** von etw *dat* völlig schockiert sein *fam*

hor·ri·fy <-ie-> ['hɒrɪfaɪ, AM 'hɔːr-] *vt* ■**to ~ sb** jdn entsetzen [*o* schockieren]

hor·ri·fy·ing ['hɒrɪfaɪɪŋ, AM 'hɔːr-] *adj* ❶ (*shocking*) *injuries, incidents* schrecklich; **~ conditions** entsetzliche Bedingungen; ■**it is ~ to do sth** es ist entsetzlich, etw zu tun ❷ (*unpleasant*) grauenhaft

hor·ri·fy·ing·ly ['hɒrɪfaɪɪŋli, AM 'hɔːr-] *adv* entsetzlich

hor·ror ['hɒrəʳ, AM 'hɔːrɚ] *n* ❶ (*feeling*) Entsetzen *nt,* Grauen *nt* (**at** über +*akk*); **to be filled with ~** von Schrecken [*o* Grauen] erfüllt sein; **to be paralysed with ~** vor Entsetzen wie gelähmt sein; **to express one's ~ at a crime** sein Entsetzen über ein Verbrechen zum Ausdruck bringen; **to have a ~ of sth** panische Angst vor etw *dat* haben; **to have a ~ of doing sth** einen Horror davor haben, etw zu tun; **in ~** entsetzt; **to sb's ~** zu jds Entsetzen *nt* ❷ (*fam: brat*) **that child is a little ~!** dieses Kind ist der reinste Horror! ▸PHRASES: [**~ of**] **~s!** ach, du liebes bisschen!

'hor·ror film *n,* **'hor·ror movie** *n* AM Horrorfilm *m*

hor·rors ['hɒrəz, AM 'hɔːrɚz] *npl* ❶ (*horrifying thing*) Schrecken *mpl;* **the ~ of war** die Schrecken des Krieges ❷ (*fear*) Horror *m kein pl;* **to give sb the ~** jdn zu Tode erschrecken *fam*

'hor·ror sto·ry *n* Horrorgeschichte *f* **'hor·ror-strick·en** *adj,* **'hor·ror-struck** *adj* von Entsetzen gepackt; **I was ~ to hear the dreadful news** mich packte das kalte Grausen, als ich die schreckliche Nachricht hörte; **to listen/stand/watch ~** voller Entsetzen zuhören/da[bei]stehen/zusehen; ■**to be ~ at sth** über etw *akk* entsetzt sein

hors d'oeuvre <*pl* - *or* -s> [ˌɔː'dɜːv, AM ˌɔːr'dɜːrv] *n* ❶ BRIT, AUS (*starter*) Hors d'oeuvre *nt* ❷ AM (*canapés*) Appetithäppchen *nt*

horse [hɔːs, AM hɔːrs] **I.** *n* ❶ (*animal*) Pferd *nt;* **~ and carriage** Pferdekutsche *f;* **~ and cart** Pferdefuhrwerk *nt;* **coach and ~s** Postkutsche *f;* **to eat like a ~** fressen wie ein Scheunendrescher *fam;* **to ride a ~** reiten; **to work like a ~** wie ein Pferd arbeiten ❷ *pl* ■**the ~s** *pl* das Pferderennen; **to play the ~s** beim Pferderennen wetten ❸ SPORTS Pferd *nt;* **wooden vaulting ~** hölzernes Pferd ❹ (*helper*) **willing ~** fleißiger Helfer/fleißige Helferin ❺ *no pl* (*sl: heroin*) H *nt* ▸PHRASES: **to put the cart before the ~** das Pferd am Schwanz aufzäumen; **to drive a coach and ~s through sth** BRIT (*violate*) sich *akk* den Teufel um etw *akk* scheren *fam;* (*disprove*) **she drove a coach and ~s through his arguments** sie wischte seine Argumente einfach vom Tisch; **it's a case [*or* question] of ~s for courses** BRIT, AUS dafür gibt es kein Patentrezept; **one has locked the stable door after the ~ has bolted** der Zug ist abgefahren; **never look a gift ~ in the mouth** (*prov*) einem geschenkten Gaul schaut man nicht ins Maul *prov;* **to hear [*or* get] sth [straight] from the ~'s mouth** etw aus erster Hand haben; **you can take [*or* lead] a ~ to water, but you can't make him drink** (*prov*) man kann jdn nicht zu seinem Glück zwingen; **to be a dark ~** BRIT sein Licht unter den Scheffel stellen; **to flog a dead ~** sich *dat* die Mühe sparen können; **you're flogging a dead ~ there** das ist echt vergebliche Liebesmüh' *fam;* **to be on one's high ~** auf dem hohen Ross sitzen; **to get on one's high ~** (*fam*) sich *akk* aufs hohe Ross setzen; **to back the wrong ~** aufs falsche Pferd setzen; **to change [*or* swap] ~s [in] midstream** einen anderen Kurs einschlagen; **to hold one's ~s** (*fam*) die Luft anhalten; **hey! hold your ~s! not so fast!** he, nun mal langsam, nicht so schnell! **II.** *vi* ■**to ~ about [*or* around]** Blödsinn machen, herumblödeln

'horse·back I. *n* **on ~** zu Pferd, hoch zu Ross *poet;* **police on ~** berittene Polizei **II.** *adj attr, inv* **~ riding** Reiten *nt;* **~ rider** Reiter(in) *m(f)* **'horse·box** *n* BRIT, **'horse·car** *n* AM Pferdetransporter *m* **horse 'chest·nut** *n* Rosskastanie *f* **'horse-drawn** *adj inv* von Pferden gezogen; **~ carriage** Pferdekutsche *f;* **~ cart** Pferdefuhrwerk *nt;* **~ vehicle** Pferdegespann *nt* **'horse float** *n* AUS Pferdetransporter *m* **'horse·fly** *n* [Pferde]bremse *f* **'horse·hair I.** *n no pl* Rosshaar *nt* **II.** *n modifier* **~ brush** Rosshaarbürste *f* **'horse laugh** *n* wieherndes Gelächter; **she's got an awful ~** sie wiehert echt wie ein Pferd! *fam* **'horse·man** *n* Reiter *m* **'horse·man·ship** *n no pl* Reitkunst *f* **'horse ma·nure** *n no pl* ❶ (*droppings*) Pferdemist *m,* Pferdeäpfel *mpl* ❷ *esp* AM (*rubbish*) Bockmist *m* **'horse·play** *n no pl* wilde Ausgelassenheit; **I loathe these drunken parties where there's a lot of ~** ich hasse diese Saufgelage, bei denen die Leute total über die Stränge schlagen **'horse·pow·er** *n* <*pl* -> Pferdestärke *f;* **a 10-~ engine** ein Motor *m* mit 10 PS **'horse race** *n* Pferderennen *nt* **'horse rac·ing** *n* Pferderennsport *m;* **to go ~** zum Pferderennen gehen **'horse·rad·ish** *n no pl* Meerrettich *m* **horse's 'ass** *n* AM (*sl*) Arschloch *nt derb;* **to be a real ~** ein richtiges Arschloch sein *derb* **'horse sense** *n no pl* (*fam*) gesunder Menschenverstand; **has he got enough ~ to inform the police?** hat er genug Grips im Hirn, um die Polizei zu rufen? **'horse·shit** *esp* AM **I.** *n no pl* (*fam!*) ❶ (*droppings*) Pferdescheiße *f derb* ❷ (*rubbish*) Scheiße *f derb* **II.** *n modifier* (*fam!*) *excuse* Scheiß- *derb* **'horse·shoe** *n* Hufeisen *nt* **horse·shoe 'bend** *n,* **horse·shoe 'curve** *n* Haarnadelkurve *f* **'horse·shoes** *n + sing vb* AM Hufeisenwerfen *nt* **'horse·trade** *vi* ■**to ~ with sb** mit jdm einen Kuhhandel machen **'horse·trad·ing** *n no pl* (*fig*) Kuhhandel *m* **'horse trail·er** *n* Pferdetransporter *m* **'horse·whip I.** *n* Pferdepeitsche *f* **II.** *vt* <-pp-> ■**to ~ sb** jdn [mit der Pferdepeitsche] auspeitschen **'horse·wom·an** *n* Reiterin *f*

hors(e)y ['hɔːsi, AM 'hɔːrsi] *adj* (*fam*) ❶ (*devoted*) pferdenärrisch ❷ (*pej: ugly*) pferdeähnlich; ■**to be ~** ein Pferdegesicht haben *fam*

hor·ti·cul·tur·al [ˌhɔːtɪ'kʌltʃəʳəl, AM ˌhɔːrt̬ɪ'kʌltʃɚ-] *adj inv* Gartenbau-; **~ show** Gartenbauausstellung *f;* **~ society** Gartenbauverein *m*

hor·ti·cul·tur·al·ist [ˌhɔːtɪ'kʌltʃəʳəlɪst, AM ˌhɔːrt̬ɪ'kʌltʃɚ-] *n* Gartenbauingenieur(in) *m(f)*

hor·ti·cul·ture ['hɔːtɪkʌltʃəʳ, AM 'hɔːrt̬ɪkʌltʃɚ] *n no pl* Gartenbau *m*

hor·ti·cul·tur·ist [ˌhɔːtɪ'kʌltʃəʳrɪst, AM ˌhɔːrt̬ɪ'kʌltʃɚ-] *n see* **horticulturalist**

ho·san·na(h) [hə(ʊ)'zænə, AM hoʊ'-] *interj* Hos[i]anna!

hose [həʊz, AM hoʊz] **I.** *n* ❶ (*tube*) Schlauch *m;* **garden ~** Gartenschlauch *m* ❷ *no pl* FASHION (*hosiery*) Strumpfwaren *pl* **II.** *vt* (*fam*) ■**to ~ sb** jdn vernichtend schlagen [*o fam* in die Tasche stecken]

◆**hose down** *vt* ■**to ~ down** ◯ **sb/sth** jdn/etw [mit einem Schlauch] abspritzen

◆**hose out** *vt* ■**to ~ out** ◯ **sth** etw mit einem Schlauch säubern

'hose·pipe *n* BRIT Schlauch *m;* **~ ban** Spritzverbot *nt* (*durch Wasserknappheit bedingtes Verbot, Wasser zu verschwenden*)

ho·sier ['həʊziəʳ, AM 'hoʊʒɚ] *n* Strumpfwarenhändler(in) *m(f)*

veraltet
ho·siery ['həʊziəri, AM 'hoʊʒəri] *n no pl* Strumpfwaren *pl*
hos·pice ['hɒspɪs, AM 'hɑːs-] *n* Hospiz *nt*
hos·pi·table [hɒs'pɪtəbl̩, AM 'hɑːspɪt̬-] *adj* ❶ *(friendly)* gastfreundlich; ■**to be ~ to[wards] sb** jdn gastfreundlich aufnehmen ❷ *(pleasant)* *conditions* günstig; **~ climate** angenehmes Klima; **~ land** guter Boden
hos·pi·tably [hɒs'pɪtəbli, AM 'hɑːspɪt̬-] *adv* gastfreundlich
hos·pi·tal ['hɒspɪtəl, AM 'hɑːspɪt̬əl] *n* ❶ *(institute)* Krankenhaus *nt*, Spital *nt* SCHWEIZ; **he went to the ~ to see his mother** er ging seine Mutter im Krankenhaus besuchen; **children's ~** Kinderkrankenhaus *nt;* **maternity ~** Geburtsklinik *f;* **general ~** Krankenhaus *nt* ❷ *no pl* *(treatment)* **to be** [*or* **spend time**] **in** [AM **the**] **~** im Krankenhaus sein [*o* liegen]; **to be admitted to ~** ins Krankenhaus eingewiesen werden; **to be discharged from ~** aus dem Krankenhaus entlassen werden; **to go [in]to** [*or* AM **to the**] **~** ins Krankenhaus gehen; **to have to go to ~** ins Krankenhaus müssen
'hos·pi·tal bill *n* Krankenhausrechnung *f* **'hos·pi·tal gown** *n* Krankenhausnachthemd *nt*
hos·pi·tal·ism ['hɒspɪtəlɪzəm, AM 'hɑːspɪt̬-] *n no pl* MED Hospitalismus *m*
hos·pi·tal·ity [ˌhɒspɪ'tæləti, AM ˌhɑːspɪ'tæləti] **I.** *n no pl* ❶ *(welcome)* Gastfreundschaft *f* ❷ *(food)* Bewirtung *f* **II.** *n modifier* **~ coach** kostenloser Zubringerbus; **~ suite** Gästelounge *f;* **~ tent** Partyzelt *nt*
hos·pi·tali·za·tion [ˌhɒspɪtəlaɪ'zeɪʃən, AM ˌhɑːspɪt̬əlɪ'-] *n no pl* ❶ *(admittance)* Krankenhauseinweisung *f* ❷ *(treatment)* Krankenhausaufenthalt *m*
hos·pi·tali·'za·tion in·sur·ance *n no pl* Krankenhauszusatzversicherung *f*
hos·pi·tal·ize ['hɒspɪtəlaɪz, AM 'hɑːspɪt̬əl-] *vt* ❶ *usu passive* *(admit)* ■**to be ~d** ins Krankenhaus eingewiesen werden ❷ *(beat)* ■**to ~ sb** jdn krankenhausreif schlagen
'hos·pi·tal pa·tients *npl* Krankenhauspatienten *pl* **'hos·pi·tal ship** *n* MIL Lazarettschiff *nt* **'hos·pi·tal staff** *n + sing/pl vb* Krankenhauspersonal *nt* **'hos·pi·tal train** *n* MIL Lazarettzug *m*
host¹ [həʊst, AM hoʊst] **I.** *n* ❶ *(party-giver)* Gastgeber(in) *m(f);* **mine ~** BRIT *(dated or hum)* der Herr Wirt *veraltet* ❷ *(event-stager)* Veranstalter(in) *m(f);* **to play ~ to sth** *conference etc* etw ausrichten ❸ *(compère)* Showmaster(in) *m(f);* **he is the ~ of a quiz show on the radio** er moderiert eine Quizsendung im Radio ❹ BIOL Wirt *m* ❺ COMPUT Hauptrechner *m* **II.** *n modifier* **~ family** Gastfamilie *f* **III.** *vt* ■**to ~ sth** ❶ *(stage)* *event* etw ausrichten ❷ *(be compère for)* etw präsentieren; **he ~ed a programme on the radio last night** er hat letzte Nacht eine Radiosendung moderiert
host² [həʊst, AM hoʊst] *n usu sing* ■**a [whole] ~ of ...** jede Menge ... *+dat;* **there's a whole ~ of reasons ...** es gibt eine Vielzahl an Gründen ...
host³ [həʊst, AM hoʊst] *n no pl* REL ■**the ~** [*or* **H~**] die Hostie
hos·tage ['hɒstɪdʒ, AM 'hɑː-] *n* Geisel *f;* **to hold/take sb [as a] ~** jdn als Geisel festhalten/nehmen; **to seize a ~** eine Geisel nehmen ▸ PHRASES: **to create** [*or* **give**] **a ~ to fortune** ein Risiko eingehen
host 'coun·try *n* Gastland *nt;* **the ~ to the Olympics** das Gastgeberland der Olympiade
hos·tel ['hɒstəl, AM 'hɑː-] *n* ❶ TOURIST Herberge *f veraltend,* [billiges] Hotel; **[youth] ~** Jugendherberge *f* ❷ SOCIOL Wohnheim *nt;* BRIT Obdachlosenheim *nt*, Obdachlosenasyl *nt;* **student ~** Studentenwohnheim *nt*
hos·tel·ler ['hɒstələʳ, AM 'hɑːstələr] *n* Heimbewohner(in) *m(f);* *(in youth hostel)* Herbergsgast *m*
hos·tel·ry ['hɒstəlri, AM 'hɑː-] *n* *(dated or hum)* Wirtshaus *nt*
host·ess [həʊstɪs, AM hoʊ-] **I.** *n* <*pl* -es> ❶ *(at home)* Gastgeberin *f* ❷ *(on TV)* Gastgeberin *f;* *(at restaurant)* Wirtin *f;* *(at hotel)* Empfangsdame *f;* *(in nightclub)* Animierdame *f;* *(at exhibition)* Hostess *f;* *(on airplane)* Stewardess *f* ❸ *(euph: prostitute)* Hostess *f euph* **II.** *vt* **to ~ an event** Gastgeberin *f* einer Veranstaltung sein; **to ~ a party** eine Party geben
host 'fami·ly *n* Gastfamilie *f*
hos·tile ['hɒstaɪl, AM 'hɑːstəl] *adj* ❶ *(unfriendly)* *mood, look, person* feindselig; **why is John so ~ to me?** warum verhält sich John mir gegenüber so feindselig? ❷ *(opposed)* ■**to be ~ to sth** etw *dat* abgeneigt sein [*o* ablehnend gegenüberstehen]; **I'm not ~ to the idea of moving house** ich hätte nichts dagegen umzuziehen; **to be ~ to technology** technikfeindlich sein ❸ *(difficult)* hart, widrig; **~ climate** raues Klima; **~ work environment** ungünstige Arbeitsbedingungen ❹ ECON, MIL feindlich; **~ bid** feindliches Übernahmeangebot
hos·tile 'take·over *n* ECON feindliche Übernahme **hos·tile 'wit·ness** *n* LAW feindlicher Zeuge/feindliche Zeugin
hos·til·ity [hɒs'tɪləti, AM hɑː'stɪləti] *n* ❶ *no pl* *(unfriendliness)* Feindseligkeit *f;* **to show ~ to[wards] sb** sich *akk* jdm gegenüber feindselig verhalten ❷ *(aversion)* ablehnende Haltung; **~ to foreigners/technology** Ausländer-/Technikfeindlichkeit *f;* **to show ~ to sth** etwas gegen etw *akk* haben ❸ MIL ■**hostilities** *pl* Feindseligkeiten *fpl;* *(fighting)* Kampfhandlungen *fpl;* **to suspend hostilities** die Kampfhandlungen einstellen
hot [hɒt, AM hɑːt] **I.** *adj* <-tt-> ❶ *(temperature)* heiß; **she was ~** ihr war heiß; **steaming** [*or* **piping**] **~** kochend heiß ❷ *(spicy)* *food* scharf ❸ *(angry)* *argument, words* hitzig; *person* erregt; **to be ~ with rage** vor Wut kochen; **to have a ~ temper** leicht erregbar sein ❹ *(close)* **the gang drove off with the police in ~ pursuit** die Bande fuhr davon mit der Polizei dicht auf den Fersen; **you're getting ~** *(in guessing game)* wärmer; **to be ~ on sb's heels** [*or* **tracks**] [*or* **trail**] jdm dicht auf den Fersen [*o* der Spur] sein ❺ *(fam: good)* **my Spanish is not all that ~** mein Spanisch ist nicht gerade umwerfend *fam;* **he's Hollywood's ~test actor** er ist Hollywoods begehrtester Schauspieler; **I don't feel so ~** mir geht es nicht so besonders *fam;* **to be ~ stuff** absolute Spitze sein *fam;* **to be ~ stuff at doing sth** in etw *dat* ganz groß sein *fam;* **~ tip** heißer Tipp *fam;* ■**to be ~ at sth** in etw *dat* ganz groß sein *fam* ❻ *pred* *(fam: enthusiastic)* ■**to be ~ for** [*or* **on**] **sth** scharf auf etw *akk* sein *fam;* **to be ~ for fashion** einen Modefimmel haben *fam;* **to be ~ on punctuality** übertrieben großen Wert auf Pünktlichkeit legen; **to be ~ for travel/skiing** leidenschaftlich gern reisen/Ski fahren ❼ *(dangerous)* *situation* gefährlich, brenzlig *fam;* *issue, stolen items* heiß *fam;* *criminal* gesucht; **the mafia were making it too ~ for them** die Mafia machte ihnen die Hölle heiß *fam;* **to be too ~ to handle** *issue* ein heißes Eisen sein ❽ *(sl: sexy)* heiß *fam;* **~ romance** leidenschaftliche Liebesaffäre; **to be too ~ to handle** *person* heiß sein *fam* ❾ *(new and exciting)* *music, news, party* heiß *fam;* **the party became ~ and heavy** auf der Party ging es heiß her *fam;* **~ gossip** das Allerneueste ❿ NUCL radioaktiv, heiß *fam;* ELEC stark ▸ PHRASES: **to be so much ~ air** nur heiße Luft sein *fam;* **to get [all] ~ under the collar** vor Wut kochen *fam;* **~ off the presses** druckfrisch; **to be in ~ water** ganz schön in der Tinte sitzen *fam;* **to get into ~ water** in Teufels Küche kommen *fam;* **to be all ~ and bothered** *(angry)* fuchsteufelswild sein; *(worried)* ganz aufgeregt sein; **sb goes ~ and cold** jdn überläuft es heiß und kalt **II.** *vt* <-tt-> **to ~ up a car's engine** hochschalten; **to ~ up a party** eine Party in Schwung bringen; **to ~ up the speed** das Tempo steigern **III.** *vi* <-tt-> ■**to ~ up** *pace* sich *akk* steigern; *situation* sich *akk* verschärfen **IV.** *n* ▸ PHRASES: **to have the ~s for sb** scharf auf jdn sein *sl*
hot-'air bal·loon *n* Heißluftballon *m* **hot-'air gun** *n* Heißluftpistole *f* **'hot·bed** *n* ❶ HORT Mistbeet *nt*, Frühbeet *nt* ❷ *(fig: centre)* **to be a ~ of crime/intrigue/radicalism** eine Brutstätte für Kriminalität/Intrigen/ Radikalismus sein **hot-'blood·ed** *adj* *(easy to anger)* hitzköpfig; *(reckless)* hitzig, draufgängerisch; *(passionate)* heißblütig **'hot-but·ton** *adj attr, inv* AM *(sl)* *issue* heiß umstritten **'hot cake** *n* AM Pfannkuchen *m* ▸ PHRASES: **to sell like ~s** wie warme Semmeln weggehen

H

fam **hot 'choco·late** *n no pl* [heiße] Schokolade, Kakao *m*
hotch·potch ['hɒtʃpɒtʃ, AM 'hɑːtʃpɑːtʃ] *n no pl* Mischmasch *m fam* (**of** aus +*dat*)
hot cross 'bun *n* BRIT *Rosinenbrötchen mit Teigkreuz als Verzierung, das in der Karwoche gegessen wird*
'hot dog I. *n* ❶ (*sausage*) Wiener Würstchen *nt;* (*in a roll*) Hotdog *m* ❷ *esp* AM, AUS (*fig fam: show-off*) Angeber(in) *m(f) fam;* **he was quite the ~ in skiing** er zog beim Skifahren eine ganz schöne Schau ab *fam* ❸ AM, AUS (*fam: dachshund*) Dackel *m* **II.** *interj* AM (*fam*) super *sl,* toll *fam*
'hot·dog *vi* <-gg-> AM ❶ *surfers, skiers* Kunststücke machen ❷ (*boast*) angeben
'hot·dog·ging *adj attr* (*sl*) angeberisch
'hot dog·ging *n no pl* SKI (*sl*) Freistil *m*
'hot dog stand *n* Hotdogstand *m,* Würstchenbude *f,* Würstelbude *f bes* ÖSTERR
ho·tel [hə(ʊ)'tel, AM hoʊ'-] **I.** *n* Hotel *nt* **II.** *n modifier* (*food, room*) Hotel-
ho·tel ac·com·mo·'da·tion *n* ❶ (*room*) Hotelzimmer *nt* ❷ AM ■ **~s** *pl* Hotelunterkunft *f kein pl,* Hotelunterbringung *f kein pl*
ho·tel 'chain *n* Hotelkette *f*
ho·tel·ier [hə(ʊ)'telieɪ, AM hoʊ'təljeɪ] *n* (*owner*) Hotelbesitzer(in) *m(f),* Hotelier *m;* (*manager*) Hoteldirektor(in) *m(f),* Hotelmanager(in) *m(f)*
ho·tel 'in·dus·try *n no pl* Hotelgewerbe *nt,* Hotellerie *f* **ho·'tel·keep·er** *n* Hoteldirektor(in) *m(f)* **ho·tel 'por·ter** *n* Hotelportier *m,* Hoteldiener(in) *m(f)* **ho·tel 'reg·is·ter** *n* Gästebuch *nt,* Fremdenbuch *nt* **ho·tel 'staff** *n + sing/pl vb* Hotelpersonal *nt* **ho·tel 'suite** *n* [Hotel]suite *f*
hot 'fa·vour·ite, AM **hot 'fa·vor·ite** *n* heißer Favorit/heiße Favoritin *fam* **hot 'flash** *n* AM, **hot 'flush** *n* BRIT Hitzewallung *f;* **to suffer from ~es** Hitzewallungen haben, unter fliegender Hitze leiden **hot 'foot** *n usu sing* AM **to give sb a ~** jdm die Schuhe ansengen **'hot·foot I.** *adv inv* eilig; **to run/rush ~** schleunigst rennen/eilen **II.** *vt* (*fam*) **to ~ it home/down the street** schnell nach Hause/die Straße hinunterrennen; **to ~ it to the shops** schnell einkaufen gehen **III.** *vi* eilen; **you'd better ~ home before it gets dark** du machst besser, dass du nach Hause kommst, bevor es dunkel wird *fam* **hot-gos·pel·ler** [-'gɒspələr, AM -'gɑːspələr] *n* (*esp pej fam*) Erweckungsprediger(in) *m(f)* **'hot·head** *n* Hitzkopf *m* **hot·'head·ed** *adj* hitzköpfig, unbeherrscht **hot·'head·ed·ly** *adv* unbeherrscht **hot·'head·ed·ness** *n no pl* hitziges Temperament **'hot·house I.** *n* ❶ (*for plants*) Treibhaus *nt* ❷ (*fig: for development*) fruchtbarer Boden **II.** *n modifier* ❶ HORT (*tomatoes, cucumbers*) Treibhaus- ❷ (*fig: promoting development*) (*atmosphere*) förderlich **hot·house 'chil·dren** *npl* AM überbehütete Kinder **'hot key I.** *n* Hot Key *m fachspr* (*vorprogrammierte Tastenkombination*) **II.** *n modifier* Hot-Key-; **~-combination** Tastenkombination *f* **'hot·line** *n* Hotline *f;* POL heißer Draht; **to set up a ~** eine Hotline einrichten
hot·ly ['hɒtli, AM 'hɑːt-] *adv* **~ contested** heiß umkämpft; **to ~ deny sth** etw heftig bestreiten; **~ disputed** heftig umstritten
hot 'met·al *n no pl* TYPO Bleisatz *m* **'hot pants** *npl* heiße Höschen, Hotpants *pl* **'hot·plate** *n* (*on stove*) Kochplatte *f,* Heizplatte *f;* (*plate-warmer*) Warmhalteplatte *f,* Wärmplatte *f* **'hot·pot** *n* BRIT *Fleischeintopf mit Kartoffeln und Gemüse* **hot po·'ta·to** *n* POL (*fig*) heißes Eisen **'hot·rod** *n* (*fam*) hochfrisiertes Auto *fam* **'hot seat** *n* ❶ (*fig: difficult position*) Schleudersitz *m;* **to be in the ~** (*be under pressure*) unter Druck stehen; (*be in difficulties*) in der Bredouille [*o* in Bedrängnis] sein *fam;* (*be in the spotlight*) im Rampenlicht stehen ❷ LAW elektrischer Stuhl **hot 'shit** *n no pl* AM (*sl*) ■ **to be ~** ein Ass *nt* sein *fam;* **he thinks he's ~** er hält sich für einen tollen Hecht *fam* **'hot·shot** *n esp* AM, AUS (*fam*) Kanone *f fam,* Ass *nt fam* **'hot spot** *n* ❶ (*fam: popular place*) heißer Schuppen *fam* ❷ (*area of conflict*) Krisenherd *m* **'hot spring** *n* heiße Quelle, Thermalquelle *f* **hot 'stuff** *n no pl* ❶ (*fam: skilful*) ■ **to be ~** ein Ass sein *fam* ❷ (*sl: sexy woman*) heiße Braut *sl;* (*sexy man*) heißer Typ *fam* **hot-'tem·pered** *adj* heißblütig **hot 'tick·et** *n* (*sl*) der letzte Schrei *fam* **hot to 'trot** *adj pred, inv* (*fam*) scharf *fam* **'hot tub** *n* Warmwasserbecken *nt* **hot-'wa·ter bot·tle** *n* Wärmflasche *f* **hot wa·ter 'cyl·in·der** *n* BRIT Boiler *m,* Warmwasserbehälter *m* **hot 'wa·ter tank** *n* AM Boiler *m,* Heißwasserspeicher *m,* Warmwasserspeicher *m* **'hot-wire** *vt* **to ~ a car** ein Auto kurzschließen
hou·mous ['huːmʊs, AM 'hʌməs] *n no pl* FOOD *Paste aus Kichererbsen, Sesammus, Knoblauch, Öl und Zitronensaft, die als Vorspeise mit Brot gegessen wird*
hound [haʊnd] **I.** *n* ❶ (*dog*) Hund *m;* (*hunting dog*) Jagdhund *m* ❷ (*fig: person*) **to be an attention ~** immer im Mittelpunkt stehen wollen; **to be a publicity ~** publicitysüchtig sein **II.** *vt* ■ **to ~ sb** jdn jagen [*o* hetzen]; (*in sports*) jdm hinterherjagen
◆**hound out** *vt* ■ **to ~ out** ⊂ **sb** jdn vertreiben [*o* verjagen]
hour [aʊər, AM aʊr] *n* ❶ (*60 minutes*) Stunde *f;* **weather conditions here change from ~ to ~** das Wetter ändert sich hier stündlich; **I'll be there within an ~** ich bin in einer Stunde da; **the gas station is open 24 ~s a day** die Tankstelle hat 24 Stunden am Tag geöffnet; **~ after** [*or* **upon**] **~** Stunde um Stunde; **in an ~**[**'s time**] in einer Stunde; **50/90 kilometres an** [*or* **per**] **~** 50/90 Kilometer pro Stunde; **$15/£10 an ~** 15 Dollar/10 Pfund die Stunde; **to be paid by the ~** pro Stunde bezahlt werden, Stundenlohn bekommen; **to do sth for ~s** etw stundenlang tun ❷ (*on clock*) [volle] Stunde; **the clock struck the ~** die Uhr schlug die volle Stunde; **the train is scheduled to arrive on the ~** der Zug kommt planmäßig zur vollen Stunde an; **ten minutes past/to the ~** zehn Minuten nach/vor [der vollen Stunde]; **every ~ on the ~** jede volle Stunde ❸ (*more general*) Stunde *f geh,* Zeit *f;* **granny spent long ~s talking about her childhood** Oma sprach oft Stunden über ihre Kindheit; **he stays up drinking till all ~s** er trinkt bis früh in den Morgen; **in one's ~ of need** in der Stunde der Not *geh;* **at the agreed ~** zur vereinbarten Zeit; **to keep late ~s** lange aufbleiben; **to keep regular ~s** geregelte Zeiten einhalten; **to work long ~s** lange arbeiten; **at all ~s** zu jeder Tages- und Nachtzeit; **at any ~** jederzeit; **at this ~** in dieser Stunde; **after** [*or* BRIT *a.* **out of**] **~s** nach [*o* außerhalb] der Polizeistunde ❹ (*present time*) **the man of the ~** der Mann der Stunde; **the problem of the ~** das aktuelle Problem ❺ (*for an activity*) **what are the ~s in this office?** wie sind die Arbeitszeiten in diesem Büro?; **business ~s** Geschäftsstunden *pl,* Geschäftszeit *f;* **doctor's ~s** Sprechstunden *fpl;* **lunch ~** Mittagspause *f;* **office ~s** Arbeitszeiten *fpl;* **opening ~s** Öffnungszeiten *fpl* ❻ (*distance*) [Weg]stunde *f;* **it's about 3 ~'s walk from here** von hier sind es etwa 3 Stunden zu Fuß; **an ~ away** eine [Weg]stunde entfernt ❼ AM (*at university*) [**credit**] **~** Stunde *f* ▸ PHRASES: **the eleventh ~** in letzter Minute, fünf vor Zwölf; **the witching ~** die Geisterstunde; **sb's ~ has come** jds [letzte] Stunde ist gekommen [*o* hat geschlagen] *veraltend o hum*
'hour·glass *n* Sanduhr *f,* Stundenglas *nt veraltet* **hour·glass 'fig·ure** *n* kurvenreiche Figur *hum fam* **'hour hand** *n* Stundenzeiger *m*
hour·ly ['aʊəli, AM 'aʊrli] *inv* **I.** *adv* stündlich; (*fig*) ständig **II.** *adj* stündlich; **there's an ~ bus service into town** jede Stunde fährt ein Bus in die Stadt; **~ rate/wage** Stundensatz/-lohn *m*
'hour·ly-paid *adj* stundenweise bezahlt; **~ employee/job** Angestellte(r) *f(m)*/Job *m* auf Stundenlohnbasis
house I. *n* [haʊs] ❶ (*residence*) Haus *nt;* **let's go to John's ~** lass uns zu John gehen; **Sam's playing at Mary's ~** Sam spielt bei Mary; **~ and home** Haus und Hof; **to eat sb out of ~ and home** jdm die Haare vom Kopf fressen *fam;* **to be a mad ~** (*fig*) ein Irrenhaus sein; **to buy/own/rent a ~** ein Haus kaufen/besitzen/mieten; **to keep ~** den Haushalt führen; **to keep to the ~** zu Hause bleiben; **to set up ~** einen eigenen

Hausstand gründen ❷ (*residents*) **you woke the whole ~!** du hast das ganze Haus geweckt! ❸ (*building*) Haus *nt;* **a ~ of prayer/worship** ein Haus *nt* des Gebets/der Andacht ❹ (*business*) Haus *nt;* **the pastries are made in ~** das Gebäck wird hier im Hause hergestellt; **in a gambling casino, the odds always favour the ~** in einem Spielkasino hat immer die Bank die größten Gewinnchancen; **the rules of the ~** die Hausordnung; **publishing ~** Verlag *m;* **on the ~** auf Kosten des Hauses ❺ THEAT Haus *nt;* **to dress the ~** mit Freikarten das Haus füllen; **to play to a full ~** vor vollem Haus spielen; **to set the ~ on fire** das Publikum begeistern ❻ BRIT, AUS (*at boarding school*) Gruppenhaus *nt;* (*at day school*) [Schüler]mannschaft *f* ❼ (*royal family*) **the H~ of Hapsburg/Windsor** das Haus Habsburg/Windsor ❽ + *sing/pl vb* (*legislative body*) Parlament *nt;* (*members collectively*) ■**the H~** das Parlament, die Abgeordneten *pl;* **upper/lower ~** Ober-/Unterhaus *nt* ❾ (*for animal*) **bird ~** Vogelhaus *nt,* Voliere *f;* **dog ~** Hundehütte *f;* (*at zoo*) **insect/monkey/reptile ~** Insekten-/Affen-/Reptilienhaus *nt* ❿ *no pl* (*house music*) House-Musik *f* ⓫ ASTROL Haus *nt* ▸ PHRASES: **~ of cards** Kartenhaus *nt;* **to collapse like a ~ of cards** wie ein Kartenhaus in sich *akk* zusammenfallen; **to get on like a ~ on fire** ausgezeichnet miteinander auskommen; **to set one's ~ in order** seine Angelegenheiten in Ordnung bringen; **like the side of a ~** fett wie eine Tonne *pej;* **a ~ divided cannot stand** (*prov*) man muss zusammenhalten; **it's time this company clean ~ and get some fresh blood into the management** AM es ist an der Zeit, dass diese Firma Ordnung bei sich schafft und frisches Blut in das Management bringt; **to go all around the ~s** umständlich vorgehen **II.** *adj* [haʊs] *attr, inv* ❶ (*kept inside*) **~ cat/dog/pet** Hauskatze *f*/-hund *m*/-tier *nt* ❷ (*of establishment*) Haus-; **~ rules** Hausordnung *f;* **~ red/white wine** Rot-/Weißwein *m* der Hausmarke **III.** *vt* [haʊz] ❶ (*accommodate*) ■**to ~ sb** jdn unterbringen [*o* beherbergen]; *criminal, terrorist* jdm Unterschlupf gewähren; **the jail ~s 300 prisoners** in dem Gefängnis können 300 Gefangene eingesperrt werden ❷ (*contain*) ■**to ~ sth: the museum ~s a famous collection** das Museum beherbergt eine berühmte Sammlung; ■**to be ~d somewhere** irgendwo untergebracht sein ❸ (*encase*) ■**to ~ sth** etw verkleiden

'house ac·count *n* Hauskonto *nt* **'house ar·rest** *n no pl* Hausarrest *m;* **to place sb under ~** jdn unter Hausarrest stellen **'house·boat** *n* Hausboot *nt* **'house·bound** *adj inv person* ans Haus gefesselt **'house·break** <-broke, -broken> *vt* AM (*house-train*) ■**to ~ an animal** ein Tier stubenrein machen **'house·break·er** *n* Einbrecher(in) *m(f)* **'house·break·ing** *n no pl* Einbruch *m* **'house·bro·ken** *adj inv* AM (*house-trained*) *animal* stubenrein **'house·buy·er** *n* Hauskäufer(in) *m(f)* **'house call** *n* Hausbesuch *m* **'house·coat** *n* Hausmantel *m,* Morgenmantel *m,* Morgenrock *m* **'house de·tec·tive** *n* AM Hausdetektiv(in) *m(f)* **'house dress** *n* Hauskleid *nt* **'house·fly** *n* Stubenfliege *f* **'house·ful** *n* **a ~ of antiques/guests** ein [ganzes] Haus voller Antiquitäten/Gäste **'house·guest** *n esp* AM, AUS Gast *m* **'house·hold I.** *n* Haushalt *m* **II.** *n modifier* (*appliance, member*) Haushalts-; (*expense, task, waste*) häuslich; **~ chores** Hausarbeit *f;* **~ items** [*or* **goods**] Hausrat *m* **'house·hold·er** *n* ❶ (*owner*) Hauseigentümer(in) *m(f)* ❷ (*head of household*) Hausherr(in) *m(f)* **house·hold 'god** *n* Hausgott *m* **house·hold 'goods** *npl* BRIT Haushaltswaren *pl* **house·hold 'name** *n* **to be a ~** ein Begriff sein; **to become a ~** zu einem Begriff werden **house·hold 'troops** *npl* Gardetruppen *fpl* **house·hold 'word** *n* geläufiger Begriff **'house-hunt** *vi* nach einem Haus suchen **'house-hunt·ing** *n no pl* Haussuche *f,* Suche *f* nach einem Haus **'house hus·band** *n* Hausmann *m* **'house jour·nal** *n* BRIT, AUS Firmenzeitung *f* **'house·keep** <-kept, -kept> *vi* AM den Haushalt führen **'house·keep·er** *n* ❶ (*in a home*) Haushälter(in) *m(f),* Wirtschafter(in) *m(f);* (*at hotel, hospital*) Reinigungskraft *f* ❷ (*housewife*) Hausfrau *f* **'house·keep·ing** *n* ❶ *no pl* (*act*) Haushalten *nt* ❷ *no pl* (*housekeeping money*) Haushaltsgeld *nt* ❸ (*in hotel, hospital*) Reinigungspersonal *nt* **'house·keep·ing mon·ey** *n no pl* Haushaltsgeld *nt* **'house lights** *npl* THEAT Lichter *ntpl* im Zuschauerraum **'house maga·zine** *n* Firmenzeitung *f* **'house·maid** *n* (*dated*) Hausmädchen *nt* **house·maid's 'knee** *n* [Knie]schleimbeutelentzündung *f* **'house·man** *n* BRIT Assistenzarzt *m* **'house mar·tin** *n* Mehlschwalbe *f* **'house·mas·ter** *n* Erzieher *m;* (*on teaching staff*) Lehrer *m* (*für ein Gruppenhaus zuständiger Lehrer im Internat*) **'house·mate** *n* Mitbewohner(in) *m(f),* Hausgenosse, -in *m, f* **'house·mis·tress** *n* Erzieherin *f;* (*on teaching staff*) Lehrerin *f* (*für ein Gruppenhaus zuständige Lehrerin im Internat*) **'house mu·sic** *n no pl* House *m* **House of 'Com·mons** *n no pl,* + *sing/pl vb* BRIT ■**the ~** das [britische] Unterhaus **house of cor·'rec·tion** <*pl* houses-> *n* AM Besserungsanstalt *f veraltend* **house of de·'ten·tion** <*pl* houses-> *n* Untersuchungsgefängnis *nt* **house of 'God** <*pl* houses-> *n* (*esp liter, form*) Haus *nt* Gottes *liter, geh,* Gotteshaus *nt oft geh* **House of 'Lords** *n no pl,* + *sing/pl vb* BRIT ■**the ~** das [britische] Oberhaus **House of Rep·re·'sen·ta·tives** *n no pl,* + *sing/pl vb* AM, AUS, NZ ■**the ~** das Repräsentantenhaus **'house or·gan** *n* AM (*house journal*) Firmenzeitung *f* **'house par·ty** *n* mehrtägige Einladung **'house phone** *n* Haustelefon *nt* **'house phy·si·cian** *n* Krankenhausarzt, -ärztin *m, f* **'house·plant** *n* Zimmerpflanze *f* **'house·proud** *adj esp* BRIT, AUS ■**to be ~** *sich sehr um sein Zuhause kümmern, weil man sehr großen Wert auf Heimeligkeit etc legt* **'house·room** *n* **to not give ~ to sth** etw nicht einmal geschenkt nehmen **'house-sit** <-tt-, -sat, -sat> *vi* auf ein Haus aufpassen (*solange der Besitzer abwesend ist*) **'house-sitter** *n* **the last ~ we had ...** der Letzte, der auf unser Haus aufgepasst hat, ... **Houses of 'Par·lia·ment** *npl* BRIT ■**the ~** das Parlament (*von Großbritannien*) **'house spar·row** *n* Haussperling *m* **'house style** *n* PUBL hauseigener Stil **'house sur·geon** *n* BRIT Klinikchirurg(in) *m(f),* Anstaltschirurg(in) *m(f)* **house-to-'house I.** *adj usu attr, inv survey* von Haus zu Haus *nach n* **II.** *adv inv* von Haus zu Haus **'house·top** *n* [Haus]dach *nt* **'house-train** *vt* ■**to ~ an animal** ein Tier stubenrein machen **'house-trained** *adj esp* BRIT, AUS stubenrein **'house·wares** *npl* AM (*household goods*) Haushaltswaren *pl* **'house·warm·ing** *n,* **'house-warm·ing par·ty** *n* Einweihungsparty *f* **'house·wife** *n* Hausfrau *f* **'house·wife·ly** *adj attr duties, concerns* hausfraulich, Hausfrauen- **'house·work** *n no pl* Hausarbeit *f*

hous·ing ['haʊzɪŋ] **I.** *n* ❶ *no pl* (*living quarters*) Wohnungen *fpl;* **volunteers have provided ~ for the flood victims** Freiwillige haben Unterkünfte für die Flutopfer bereitgestellt ❷ (*casing*) Gehäuse *nt* ❸ (*in wood*) Rahmen *m* **II.** *adj attr, inv* Wohnungs-; **~ market** Wohnungsmarkt *m*

'hous·ing as·so·cia·tion *n* Wohnungsbaugesellschaft *f,* Gesellschaft *f* für sozialen Wohnungsbau **'hous·ing ben·efit** *n* BRIT Wohngeld *nt kein pl* **'hous·ing de·vel·op·ment** *n* AM, **'hous·ing es·tate** *n* BRIT Wohnsiedlung *f* **'hous·ing proj·ect** *n* Sozialwohnungen *fpl* **'hous·ing short·age** *n* Wohnungsmangel *m kein pl,* Wohnungsnot *f kein pl* **'hous·ing sub·di·vi·sion** *n* AM, AUS (*housing estate*) Wohnsiedlung *f*

hove [həʊv, AM hoʊv] *vi* NAUT *pt, pp of* **heave**

hov·el ['hɒvəl, AM 'hʌv-] *n* armselige Hütte, Bruchbude *f pej fam*

hov·er ['hɒvə^r, AM 'hʌvɚ] *vi* ❶ (*stay in air*) schweben; *hawk also* stehen ❷ (*fig: be near*) **her expression ~ed between joy and disbelief** ihr Gesichtsausdruck schwankte zwischen Freude und Ungläubigkeit; **the patient was ~ing between life and death** der Patient schwebte zwischen Leben und Tod; **inflation is ~ing at 3 percent** die Inflation bewegt sich um 3 Prozent; **to ~ in the background/near a door** sich *akk* im Hintergrund/in der Nähe einer Tür herumdrücken; **to ~ on the brink of disaster** am Rande des Ruins stehen; **to ~ on**

the brink of accepting sth kurz davorstehen, etw zu akzeptieren; ■**to ~ over sb** jdm nicht von der Seite weichen; **stop ~ing over me!** geh endlich weg!; **the waiter ~ed over our table** der Kellner hing ständig an unserem Tisch herum

◆**hover about, hover around** *vi person* herumlungern *fam,* herumhängen *fam;* (*moving*) herumstreichen *fam; helicopter, bird, mosquito* kreisen; ■**to ~ about** [*or* **around**] **sb/sth** um jdn/etw herumschleichen, sich *akk* um jdn/etw herumdrücken *fam*

'hov·er·craft <*pl* - *or* -s> *n* Luftkissenboot *nt,* Hovercraft *nt* **'hov·er mow·er** *n* Luftkissenrasenmäher *m* **'hov·er·port** *n* Anlegestelle *f* für Luftkissenboote [*o* Hovercrafts] **'hov·er·train** *n* Schwebezug *m;* (*magnetic*) Magnetschwebebahn *f*

how [haʊ] **I.** *adv* (1) (*in what manner, way*) wie; **~ is it that you're here?** wieso [*o* warum] bist du da?; **~ do you know the answer?** woher weißt du die Antwort?; **~ do you mean? that I should go now?** wie meinen Sie das, ich sollte jetzt gehen?; **~ do you mean he crashed the car?** wie er hat das Auto kaputtgefahren? *fam;* **just do it any old ~** mach's wie du willst *fam;* **~ come?** wie das?; **to know ~ to cook/fix cars/swim** kochen/Autos reparieren/schwimmen können (2) (*for quantities*) wie; **~ far/long/many** wie weit/lange/viele; **~ much** wie viel; **~ much do you miss your family?** wie sehr vermisst du deine Familie?; **~ much** [*or* **often**] **do you visit Mary?** wie oft besuchst du Mary?; **~ much is it?** wie viel [*o* was] kostet es? (3) (*for emphasis*) **~ I laughed at that movie!** was ich über diesen Film gelacht habe! *fam;* **~ I wish you wouldn't say things like that!** ich wünschte wirklich, du würdest nicht solche Dinge sagen!; **and ~!** und ob [*o* wie]!; **~ about that!** was sagt man dazu!; **~'s that for a classy car** wenn das kein nobles Auto ist!; **~'s that for an excuse** ist das nicht eine klasse Ausrede! *fam;* **~ pretty/strange/terrible!** wie schön/seltsam/schrecklich!; **~ nice of you to stop by!** wie nett von Ihnen vorbeizuschauen! (4) (*about health, comfort*) **~ are you?** wie geht es Ihnen?; **~ are things?** wie geht's [denn so]? *fam;* **~'s life been treating you?** und wie ist es dir so ergangen?; **~ is your mother doing after her surgery?** wie geht's deiner Mutter nach ihrer Operation?; **~ was your flight?** wie war Ihr Flug?; **~'s work?** was macht die Arbeit?; **~'s that?** (*comfortable?*) wie ist das?; (*do you agree?*) passt das?; **~ do you do?** (*meeting sb*) Guten Tag [*o* Abend]! (5) (*inviting*) **~ about a movie?** wie wäre es mit Kino?; **~ would you like to go have a drink?** möchtest du vielleicht etwas trinken gehen?; **~** [*or fam* **~'s**] **about coming over tonight?** wie wär's, willst du heute Abend zu mir kommen?; (*suggesting*) **~ about trying to expand our European market?** sollten wir nicht versuchen, unseren europäischen Markt zu erweitern?; **if your car's broken, ~ about taking the tram** wenn dein Auto kaputt ist, könntest du doch die Straßenbahn nehmen; **John suggested breaking for lunch – ~ about it?** John hat vorgeschlagen, eine Mittagspause zu machen – was meinst du? (6) (*that*) dass; **she explained ~ they had got stuck in traffic** sie erklärte, dass sie im Verkehr stecken geblieben waren **II.** *n usu pl* **the ~s and whys** das Wie und Warum; **the child's ~s and whys seemed endless** die Fragen des Kindes schienen kein Ende nehmen zu wollen; **the ~s and whys of business/cooking/yoga** alles über das Geschäft/das Kochen/Yoga

how-do-you-do [ˌhaʊdjʊ'du:, AM 'haʊdəju:du:] *n* **that was a fine ~!** das war ja eine schöne Bescherung! *iron fam*

how·dy ['haʊdi:] *interj* AM DIAL (*fam*) Tag *fam*

how·ever [haʊ'evəʳ, AM -ɚ] **I.** *adv inv* (1) + *adj* (*to whatever degree*) egal wie *fam;* **~ hungry I am, ...** ich kann so hungrig sein, wie ich will, ...; **~ angry/inexpensive/small** egal wie böse/billig/klein (2) (*showing contradiction*) jedoch; **I love ice cream – ~, I am trying to lose weight, so ...** ich liebe Eis – ich versuche jedoch gerade abzunehmen, daher ... (3) (*by what means*) wie um alles ... *fam;* **~ did you manage to get so dirty?** wie hast du es bloß geschafft, so schmutzig zu werden? **II.** *conj* (1) (*in any way*) wie auch immer; **you can do it ~ you like** du kannst es machen, wie du willst; **~ you do it, ...** wie auch immer du es machst, ... (2) (*nevertheless*) aber, jedoch; **there may, ~, be other reasons** es mag jedoch auch andere Gründe geben

how·itz·er ['haʊɪtsəʳ, AM -sɚ] *n* Haubitze *f*

howl [haʊl] **I.** *n of person, child* Geschrei *nt kein pl,* Gebrüll *nt kein pl; of dog, wolf, wind* Heulen *nt kein pl;* **to give** [*or* **let out**] **a ~ of pain** einen Schmerzensschrei ausstoßen; **~s of protest** Protestgeschrei *nt* **II.** *vi* (1) (*make long sound*) *wolf, dog, wind* heulen; *child* schreien, heulen *fam,* brüllen *fam;* **to ~ in** [*or* **with**] **pain** vor Schmerzen heulen (2) (*fam: laugh*) brüllen *fam*

◆**howl down** *vt* ■**to ~ down** ↻ **sb/sth** jdn/etw niederschreien [*o* niederbrüllen]

howl·er ['haʊləʳ, AM -lɚ] *n* (1) (*mistake*) Schnitzer *m fam;* **to make a ~** einen Schnitzer machen *fam,* sich *dat* einen Schnitzer leisten *fam* (2) (*person*) Schreihals *m fam;* (*dog, wolf*) Heuler *m*

howl·ing ['haʊlɪŋ] **I.** *adj attr* (1) (*great*) riesig *fam;* **a ~ success** ein Riesenerfolg *m* (2) *inv* (*crying*) *baby* schreiend, brüllend *fam; dog, wolf, wind* heulend **II.** *n no pl of a person* Gebrüll *nt,* Geschrei *nt; of a dog* Heulen *nt,* Geheul *nt; of wind* Heulen *nt*

how·so·ever [ˌhaʊsəʊ'evəʳ, AM -soʊ'evɚ] *adv inv* (*liter, form*) wie auch immer; **each of us, ~ rich or poor, has something to contribute** jeder von uns, egal wie reich oder arm, hat etwas beizutragen

how-to ['haʊtu:] **I.** *n* Ratgeber *m* **II.** *adj attr, inv* **~ book** Ratgeber *m,* Anleitung *f;* **~ shows** Ratgebersendungen *fpl*

hp *n abbrev of* **horsepower** PS; **this car has a 4 ~ engine** dieses Auto hat einen Motor mit 4 PS

HP [ˌeɪtʃ'pi:] *n* BRIT (*fam*) *abbrev of* **hire purchase**

HQ [ˌeɪtʃ'kju:] *n abbrev of* **headquarters**

hr *n abbrev of* **hour** Std.

HRH [ˌeɪtʃɑ:ʳ'eɪtʃ] *n abbrev of* **His/Her Royal Highness** S.M./I.M.

HRT [ˌeɪtʃɑ:ʳ'ti:, AM -ɑ:r'-] *n abbrev of* **hormone replacement therapy**

HST [ˌeɪtʃes'ti:] *n* BRIT *abbrev of* **high-speed train**

ht *n abbrev of* **height**

HTML *n no pl* COMPUT *abbrev of* **Hypertext Mark-up Language** HTML *nt*

HTTP *n* COMPUT *abbrev of* **Hypertext Transfer Protocol** HTTP *nt*

hub [hʌb] *n* (1) TECH Nabe *f* (2) (*of airline*) Basis *f* (3) (*fig: centre*) Zentrum *nt,* Mittelpunkt *m,* Angelpunkt *m*

Hubbard squash <*pl* -> [ˌhʌbəd'-, AM -ɚd'-] *n* Squash-Kürbis *m*

hub·bub ['hʌbʌb] *n no pl* (*noise*) Lärm *m;* (*commotion*) Tumult *m*

hub·by ['hʌbi] *n* (*hum fam*) [Ehe]mann *m*

hub·cap ['hʌbkæp] *n* Radkappe *f*

hu·bris ['hju:brɪs] *n no pl* (*form*) Hybris *f geh,* Hochmut *m pej,* Überheblichkeit *f*

huck·le·ber·ry ['hʌklberi] *n* AM (*berry*) amerikanische Heidelbeere; (*bush*) amerikanischer Heidelbeerstrauch

huck·ster ['hʌkstəʳ, AM -stɚ] *n* (1) (*salesman*) penetranter Verkaufsfritze *pej fam* (2) AM (*fam: advertisement writer*) Reklamefritze *m pej fam*

hud·dle ['hʌdl] **I.** *n* (1) (*close group*) [wirrer] Haufen *fam; of people* Gruppe *f;* **to go into a ~** sich *akk* zur Beratung zurückziehen, Kriegsrat halten *hum;* **to stand/talk in a ~** dicht zusammengedrängt stehen/sprechen (2) AM (*in football*) **to make** [*or* **form**] **a ~** die Köpfe zusammenstecken *fam;* **the players discussed strategy in ~** die Spieler steckten die Köpfe zusammen, um eine Strategie auszumachen **II.** *vi* sich *akk* [zusammen]drängen; **several small children were ~d in**

a corner mehrere Kleinkinder kauerten aneinandergedrängt in einer Ecke; **to ~ [a]round a fire** sich *akk* um ein Feuer [zusammen]drängen

◆**huddle down** *vi* sich *akk* niederkauern

◆**huddle together** *vi* sich *akk* zusammenkauern [*o* aneinanderkauern]; **to ~ together for warmth** sich *akk* wärmesuchend aneinanderschmiegen

◆**huddle up** *vi* sich *akk* zusammenkauern; ■**to ~ up against sb/sth** sich *akk* an jdn/etw schmiegen

hue [hjuː] *n* (*colour*) Farbe *f;* (*shade*) Schattierung *f;* (*complexion*) Gesichtsfarbe *f;* (*fig*) **all ~s of political opinion were represented at the meeting** auf der Versammlung waren Vertreter jeder politischen Couleur anwesend *geh* ▶ PHRASES: **~ and cry** (*pej*) Geschrei *nt pej fam,* Gezeter *nt pej*

huff [hʌf] **I.** *vi* ❶ (*breathe*) schnaufen *fam;* **to ~ and puff** schnaufen und keuchen ❷ (*fam: complain*) murren; **to ~ and puff** murren und klagen **II.** *vt* ■**to ~ sth** etw schnauben **III.** *n* (*fam*) **to be in a ~** eingeschnappt sein *fam;* **to get** [*or* **go**] **into a ~** einschnappen *fam;* **to go off** [*or* **leave**] **in a ~** beleidigt abziehen *fam*

huffi·ly [ˈhʌfɪli] *adv* beleidigt

huffy [ˈhʌfi] *adj* ❶ (*easily offended*) empfindlich ❷ (*in a huff*) beleidigt; **to be in a ~ mood** übel gelaunt sein; **to get ~ about sth** etw übel nehmen

hug [hʌg] **I.** *vt* <-gg-> ❶ (*with arms*) ■**to ~ sb** jdn umarmen; **to ~ a belief/an idea** an einem Glauben/einer Idee festhalten; **to ~ one's handbag** seine Handtasche an sich *akk* drücken [*o* pressen]; **to ~ one's knees** seine Knie umklammern; **to ~ oneself for warmth** die Arme verschränken, damit einem warm wird; **to ~ a secret** ein Geheimnis für sich *akk* behalten; (*fig*) **the dress ~ged her body** das Kleid lag eng an ihrem Körper an ❷ (*stay close to*) ■**to ~ sth: the tables and chairs ~ged the walls in the tiny room** die Tische und Stühle füllten den winzigen Raum aus; **to ~ the road/shore** sich *akk* dicht an der Straße/Küste halten ❸ (*congratulate*) ■**to ~ oneself** sich *akk* beglückwünschen **II.** *vi* <-gg-> sich *akk* umarmen **III.** *n* Umarmung *f;* **to give sb a ~** jdn umarmen

huge [hjuːdʒ] *adj* ❶ (*big*) riesig, riesengroß; **~ responsibility** sehr große Verantwortung; **~ success** Riesenerfolg *m* ❷ (*impressive*) gewaltig, ungeheuer; *costs* immens

huge·ly [ˈhjuːdʒli] *adv* ungeheuer

huge·ness [ˈhjuːdʒnəs] *n no pl* (*in size*) Größe *f;* (*in quantity*) [gewaltiges [*o* riesiges]] Ausmaß; *of a sum of money* Höhe *f*

hug·gable [ˈhʌgəbl̩] *adj* (*fam*) *stuffed toy, child* knuddelig

huh [hʌ] *interj* (*fam!: for sth not heard, in puzzlement*) hä? *sl;* (*in anger*) **~! we'll see about that!** hah! das werden wir schon sehen!; (*in disbelief*) **I've given up smoking – ~! I'll believe it when I see it** ich habe das Rauchen aufgehört – haha! das glaube ich erst, wenn ich es sehe; (*confirming question*) **good movie, ~?** guter Film, was?

hula hoop [ˈhuːləhuːp] *n* Hula-Hoop *m o nt,* Hula-[Hoop-]Reifen *m*

hulk [hʌlk] *n* ❶ (*ship*) [Schiffs]rumpf *m;* (*car*) Wrack *nt;* (*building*) Ruine *f* ❷ (*bulky person*) Brocken *m fam;* **Henry's a real ~** Henry ist vielleicht ein Hüne! *fam*

hulk·ing [ˈhʌlkɪŋ] *adj attr, inv* (*bulky*) massig, bullig *fam;* (*clumsy*) ungeschlacht *pej,* plump; **~ great** BRIT monströs

hull [hʌl] **I.** *n* ❶ NAUT [Schiffs]rumpf *m,* Schiffskörper *m* ❷ BOT (*covering of seed*) Schale *f,* Hülle *f,* Hülse *f; of peas* Schote *f; of barley, wheat* Hülse *f,* Spelze *f fachspr;* (*calyx of strawberry*) Stielansatz *m* [mit Blättchen] **II.** *vt* **to ~ beans/peas** Bohnen/Erbsen enthülsen; **to ~ strawberries** Erdbeeren entstielen

hul·la·ba·loo [ˈhʌləbəluː] *n usu sing* (*dated*) ❶ (*noise*) Lärm *m;* **to make a ~** einen Riesenlärm veranstalten *fam* ❷ (*commotion*) Trara *nt fam* (**about/over** um +*akk*)

hul·lo [həˈləʊ] *interj* BRIT *see* **hello**

hum [hʌm] **I.** *vi* <-mm-> ❶ (*make sound*) *engine* brummen; *small machine, camera* surren; *bee* summen; *crowd, audience* murmeln ❷ (*fig: be active*) voller Leben sein; **the pub was ~ming with activity** in der Kneipe ging es hoch her; **to make things ~** die Sache in Schwung [*o fam* zum Laufen] bringen ❸ (*sing*) summen; **to ~ under one's breath** vor sich *akk* hinsummen ❹ BRIT (*smell bad*) stinken *fam* ▶ PHRASES: **to ~ and haw** BRIT, AUS herumdrucksen *fam* **II.** *vt* <-mm-> ■**to ~ sth** etw summen **III.** *n* Summen *nt kein pl; of machinery* Brummen *nt kein pl; of insects* Summen *nt kein pl; of a conversation* Gemurmel *nt kein pl; of a small machine* Surren *nt kein pl;* **I could hear the constant ~ of the traffic outside** von draußen her konnte ich das stetige Brausen des Verkehrs hören

hu·man [ˈhjuːmən] **I.** *n* Mensch *m* **II.** *adj behaviour, skeleton* menschlich; **to form a ~ chain** eine Menschenkette bilden; **to be beyond ~ power** nicht in der Macht des Menschen liegen; **~ relationships/sexuality** die Beziehungen/die Sexualität des Menschen

hu·man ˈbe·ing *n* Mensch *m* **hu·man con·ˈdi·tion** *n no pl* ■**the ~** das Menschliche; **this is part of the ~** da ist ein ganz allgemeines menschliches Problem

hu·mane [hjuːˈmeɪn] *adj* human *geh,* menschlich

hu·mane·ly [hjuːˈmeɪnli] *adv* human *geh*

hu·man ˈer·ror *n no pl* menschliches Versagen

hu·ˈmane so·ci·ety *n* Gesellschaft *f* zur Verhinderung von Grausamkeiten an Tieren

hu·man ˈge·nome proj·ect *n* Projekt *nt* zur Erforschung der menschlichen Gene **hu·man ˈin·ter·est sto·ry** *n* ergreifende Geschichte

hu·man·ism [ˈhjuːmənɪzᵊm] *n* Humanismus *m geh*

hu·man·ist [ˈhjuːmənɪst] *n* Humanist(in) *m(f)*

hu·man·is·tic [ˌhjuːməˈnɪstɪk] *adj* humanistisch

hu·mani·tar·ian [hjuːˌmænɪˈteəriən, AM -əˈteriən] **I.** *n* Menschenfreund(in) *m(f)* **II.** *adj inv* humanitär

hu·mani·tar·ian·ism [hjuːˌmænɪˈteəriənɪzᵊm, AM -əˈteriən-] *n* Humanitarismus *m;* (*personal*) humanitäre Gesinnung

hu·man·ities [hjuːˈmænətiːz, AM -t̬-] *npl* ■**the ~** die Geisteswissenschaften *pl*

hu·man·ity [hjuːˈmænəti, AM -t̬-] *n no pl* ❶ (*people*) die Menschheit; **crimes against ~** Verbrechen *ntpl* gegen die Menschheit ❷ (*quality of being human*) Menschlichkeit *f,* Humanität *f geh;* **to treat sb with ~** jdn human behandeln

hu·mani·za·tion [ˌhjuːmənaɪˈzeɪʃᵊn, AM -nɪˈ-] *n* ❶ *of a prison, politics* Humanisierung *f* ❷ *of a car, an animal* Vermenschlichung *f*

hu·man·ize [ˈhjuːmənaɪz] *vt* ❶ (*make acceptable*) ■**to ~ sth** etw humanisieren ❷ (*give human character*) **to ~ an animal/a car** ein Tier/ein Auto vermenschlichen

hu·man·ˈkind *n no pl* die Menschheit, die Menschen *pl*

hu·man·ly [ˈhjuːmənli] *adv* menschlich; **to do/try everything ~ possible** alles Menschenmögliche tun/versuchen

hu·man ˈna·ture *n no pl* die menschliche Natur

hu·man·oid [ˈhjuːmənɔɪd] **I.** *adj* menschenartig **II.** *n* Menschenart *f;* ■**~s** (*in science fiction*) Menschenartige *pl*

hu·man ˈrace *n no pl* ■**the ~** die menschliche Rasse, die Menschheit **hu·man re·ˈla·tions** *npl* menschliche Beziehungen **hu·man re·ˈsources** *npl* ❶ + *sing vb* (*personnel department*) Personalabteilung *f* ❷ (*staff*) Arbeitskräfte *fpl* **hu·man ˈrights** *npl* Menschenrechte *ntpl* **hu·man ˈser·vices** *npl* + *sing vb* Sozialamt *nt* **hu·man ˈshield** *n* menschliches Schutzschild **ˈhu·man touch** *n no pl* menschliche Wärme; **to have/lack the ~** menschliche Wärme besitzen/vermissen lassen

hum·ble [ˈhʌmbl̩] **I.** *adj* <-r, -st> ❶ (*simple*) einfach; (*modest*) bescheiden; (*hum, iron*) **welcome to my ~ abode** willkommen in meinem bescheidenen Heim *hum;* **~ beginnings** bescheidene Anfänge; **of ~ birth** von niedriger Geburt; **in my ~ opinion** meiner bescheidenen Meinung nach ❷ (*respectful*) demütig, ergeben *geh;* **please accept our ~ apologies for the error** wir bitten ergebenst um Verzeihung für diesen

H

Fehler *geh;* **your ~ servant** (*old*) Ihr ergebenster [*o* untertänigster] Diener *veraltet* **II.** *vt usu passive* ■**to ~ oneself** sich *akk* demütigen [*o* erniedrigen]; ■**to be ~d by sth** durch etw *akk* gedemütigt [*o* erniedrigt] werden; ■**to be ~d by sb** SPORTS von jdm vernichtend geschlagen werden ▶ PHRASES: **to ~ one's heart** seinem Herzen einen Stoß geben

hum·ble·ness ['hʌmb|nəs] *n no pl* (*modesty*) Bescheidenheit *f;* (*simplicity*) Einfachheit *f;* (*meekness*) Demut *f*

hum·ble 'pie *n* ▶ PHRASES: **to eat ~** zu Kreuze kriechen *fam,* klein beigeben

hum·bling ['hʌmblɪŋ] *adj* demütigend

hum·bly ['hʌmbli] *adv* ❶ (*not proudly*) bescheiden; **to dress ~** sich *akk* einfach kleiden ❷ (*submissively*) demütig; **he ~ said that he was sorry** zerknirscht sagte er, dass es ihm leid täte ❸ (*of low status*) **to be ~ born** von niedriger Geburt sein

hum·bug ['hʌmbʌg] *n* ❶ *no pl* (*nonsense*) Humbug *m pej fam,* Unsinn *m;* (*fraud*) Schwindel *m;* **~!** Humbug!; **there is no ~ about him – he says what he thinks** er macht einem nichts vor – er sagt, was er denkt ❷ (*fam: person*) Gauner(in) *m(f),* Halunke *m* ❸ (*sweet*) Pfefferminzbonbon *nt o m*

hum·ding·er [hʌm'dɪŋəʳ, AM -ɚ] *n* (*hum dated: man*) toller Bursche *fam;* (*woman*) Klassefrau *f fam;* (*thing*) Wucht *f fam;* **to be a [real] ~** [absolute] Spitze [*o* große Klasse] sein *fam;* **that was a real ~ of a party** das war echt eine Spitzenparty! *fam*

hum·drum ['hʌmdrʌm] **I.** *adj* (*dull*) langweilig, fade *fam,* fad *bes* SÜDD, ÖSTERR *fam;* (*monotonous*) eintönig **II.** *n no pl* Stumpfsinnigkeit *f*

hu·mec·tant [hju:'mektᵊnt] *n* Befeuchter *m,* Feuchthaltemittel *nt*

hu·mer·us <*pl* -ri> ['hju:mᵊrəs] *n* Oberarmknochen *m*

hu·mid ['hju:mɪd] *adj* feucht, humid *fachspr;* **New York is very hot and ~ in the summer** im Sommer ist es in New York sehr schwül

hu·mi·dex ['hju:mɪdeks] *n no pl* CAN *Skala, die die Temperatur unter Berücksichtigung der Luftfeuchtigkeit angibt*

hu·midi·fi·er [hju:'mɪdɪfaɪəʳ, AM -ɚ] *n* Luftbefeuchter *m*

hu·midi·fy <-ie-> [hju:'mɪdɪfaɪ] *vt* **to ~ the air/a room** die Luft/ein Zimmer befeuchten

hu·mid·ity [hju:'mɪdəti, AM -ət̬i] *n no pl* [Luft]feuchtigkeit *f;* **relative ~** relativer Feuchtigkeitsgehalt

hu·mili·ate [hju:'mɪlieɪt] *vt* ❶ (*humble*) ■**to ~ sb** jdn demütigen [*o* erniedrigen] ❷ (*embarrass*) ■**to ~ sb/oneself** jdn/sich blamieren; **don't ~ me in front of all my friends!** stelle mich nicht vor all meinen Freunden bloß! ❸ SPORTS (*defeat*) ■**to ~ sb** jdn vernichtend schlagen

hu·mili·at·ed [hju:'mɪlieɪtɪd, AM -t̬-] *adj* ❶ (*ashamed*) gedemütigt; **I was so ~ at the way you got drunk at the party** ich habe mich so geschämt dafür, wie du dich auf der Party betrunken hast; **to feel totally ~** sich *akk* völlig gedemütigt fühlen ❷ (*embarrassed*) blamiert

hu·mili·at·ing [hju:'mɪlieɪtɪŋ, AM -t̬-] *adj* (*humbling*) *treatment* erniedrigend; *defeat, experience* demütigend; (*embarrassing*) beschämend

hu·milia·tion [hju:,mɪli'eɪʃᵊn] *n* Demütigung *f,* Erniedrigung *f;* (*embarrassment*) Beschämung *f;* **he couldn't hide his ~ in this matter** er konnte nicht verbergen, dass er sich in dieser Sache zurückgesetzt fühlte; **much to my ~ I must admit my mistake** sehr zu meiner Schande muss ich meinen Fehler eingestehen

hu·mil·ity [hju:'mɪləti, AM -ət̬i] *n no pl* (*submissiveness*) Demut *f;* (*modesty*) Bescheidenheit *f;* **he doesn't have the ~ to admit when he's wrong** er ist zu stolz, zuzugeben, wenn er Unrecht hat

hum·ming·bird ['hʌmɪŋbɜ:d, AM -bɜ:rd] *n* Kolibri *m*

hum·mock ['hʌmək] *n* Hügel *m*

hum·mus ['hʊmʊs, AM 'hʊməs] *n no pl* FOOD *see* **houmous**

hu·mon·gous [hju:'mʌŋgəs] *adj attr* (*fam*) riesig, wahnsinnig groß *fam,* Riesen- *fam*

hu·mor *n* AM *see* **humour**

hu·mor·ist ['hju:mᵊrɪst] *n* Humorist(in) *m(f)*

hu·mor·less *adj* AM *see* **humourless**

hu·mor·ous ['hju:mᵊrəs] *adj person* humorvoll; *book, situation* lustig, komisch; *speech* launig; *idea, thought* witzig; *smile, programme* lustig, heiter; **a rather ~ thing happened to me yesterday** gestern ist mir was Komisches passiert; **there is a ~ side to this issue** diese Sache hat auch ihre komische Seite

hu·mor·ous·ly ['hju:mᵊrəsli] *adv* humorvoll, witzig; **to smile/wink ~** verschmitzt lächeln/zwinkern

hu·mour ['hju:məʳ], AM **hu·mor** [-ɚ] **I.** *n* ❶ *no pl* (*capacity for amusement*) Humor *m;* **his speech was full of ~** seine Rede war voller Witz; **where's the ~ in that?** was ist daran so komisch?; **to have a/no sense of ~** einen/keinen Sinn für Humor haben ❷ (*mood*) Laune *f,* Stimmung *f;* **to be in [a] good/bad ~** gute/schlechte Laune haben, gut/schlecht gelaunt sein; **to be out of ~** schlechte Laune haben, schlecht gelaunt sein ❸ (*body fluid*) Körpersaft *m* **II.** *vt* ■**to ~ sb** jdm seinen Willen lassen; **to ~ sb's demands** jds Forderungen *pl* nachgeben; **to ~ sb's wishes** sich *akk* jds Wünschen *pl* fügen

hu·mour·less ['hju:mələs], AM **hu·mor·less** [-məˡlɪs] *adj* humorlos

hump [hʌmp] **I.** *n* ❶ (*hill*) kleiner Hügel, Buckel *m fam;* (*in street*) Buckel *m fam;* (*at train yard*) Ablaufberg *m* ❷ (*on camel*) Höcker *m;* (*on a person*) Buckel *m* ▶ PHRASES: **sb has got the ~** jd ist sauer *fam;* **to be over the ~** über den Berg sein *fam* **II.** *vt* ❶ (*make round*) **to ~ one's back** einen Buckel machen ❷ (*fam: carry*) ■**to ~ sth** etw schleppen [*o* tragen]; **he ~ed those heavy boxes out of the truck** er hievte diese schweren Boxen aus dem LKW *fam* ❸ (*vulg sl: have sex with*) ■**to ~ sb** jdn bumsen *vulg* **III.** *vi* ❶ (*arch*) den Rücken krumm machen ❷ AM (*fam!: move quickly*) sich *akk* beeilen; **to ~ home** nach Hause eilen

'hump·back *n* ❶ (*person*) Buck[e]lige(r) *f(m)* ❷ (*back*) Buckel *m* ❸ (*whale*) Buckelwal *m*

hump·back 'bridge *n* gewölbte Brücke

'hump·backed *adj* bucklig

hump·backed 'bridge *n* gewölbte Brücke

humph ['hʌmf] *interj* hm

hu·mus¹ ['hju:məs] *n no pl* HORT Humus *m*

hu·mus² ['hʊməs] *n* AM *see* **hummus**

Hun [hʌn] *n* ❶ HIST Hunne, -in *m, f* ❷ (*pej!: German*) Deutsche(r) *f(m),* Boche *m pej fam;* ■**the H~s** die Deutschen

hunch [hʌntʃ] **I.** *n* <*pl* -es> ❶ (*protuberance*) Buckel *m* ❷ (*feeling*) Ahnung *f,* Gefühl *nt;* **his ~es are never wrong** sein Gefühl lässt ihn nie im Stich; **to act [*or* play] on a ~** nach Gefühl handeln; **to follow a ~** einem Gefühl folgen; **to have a ~ that ...** den [leisen] Verdacht [*o* das [leise] Gefühl] haben, dass ...; **I had a ~ that you'd be here** ich hatte schon so eine Ahnung, dass du da sein würdest **II.** *vi* sich *akk* krümmen; **to ~ around the fire** sich *akk* um das Feuer zusammenkauern **III.** *vt* **to ~ one's back** einen Buckel machen; **to ~ one's shoulders** die Schultern hochziehen

'hunch·back *n* ❶ (*rounded back*) Buckel *m* ❷ (*person*) Buckl̈ige(r) *f(m)*

'hunch·backed *adj* buck[e]lig

hunched ['hʌntʃt] *adj* gekrümmt

hun·dred ['hʌndrəd] **I.** *n* ❶ <*pl* -> (*number*) Hundert *f;* **the chances are one in a ~ that he'll live** die Chancen stehen eins zu hundert, dass er überlebt; **sixty out of a ~ agree with the president** sechzig von hundert stimmen dem Präsidenten zu; **I'll bet you a ~ to one my team will win** ich wette hundert zu eins, dass meine Mannschaft gewinnt; **two/three/eight ~** zwei-/drei-/achthundert; **this new car is selling by the ~s** dieses Auto wird zu Hunderten verkauft; **~s and ~s** Hunderte und aber Hunderte; **~s of cars/people/pounds** Hunderte von Autos/Leuten/Pfund ❷ <*pl* -> (*miles, kilometres per hour*) **to drive a ~** hundert [*o fam* mit hundert

Sachen] fahren ❸ <*pl* -> (*years old*) **to be/turn a ~** hundert Jahre alt sein/werden; **to live to be a ~** hundert Jahre alt werden ❹ (*with centuries*) **the eighteen/fifteen/twelve ~s** das achtzehnte/fünfzehnte/zwölfte Jahrhundert **II.** *adj attr, inv* hundert; **we've driven a ~ miles in the last hour** wir sind in der letzten Stunde [ein]hundert Meilen gefahren; **a ~ and one/five/nine** [ein]hundert[und]eins/-fünf/-neun; **~ and first/second/fifth** hundert[und]erste(r, s)/-zweite(r, s)/-fünfte(r, s); **to feel a ~ per cent fit** sich *akk* hundertprozentig fit fühlen; **to work a ~ per cent** hundertprozentig arbeiten; **never in a ~ years** nie im Leben

Hun·dred 'Days *n* HIST ■**the ~** die Hundert Tage **'hun·dred·fold** *adv* hundertfach; **sales have increased a ~** der Verkauf ist um das Hundertfache gestiegen **hun·dreds and 'thou·sands** *npl* BRIT Liebesperlen *fpl*

hun·dredth ['hʌndrədθ] **I.** *n* ❶ (*in line*) Hundertste(r) *f(m)*; **he is now one ~ in world tennis** er steht jetzt an hundertster Stelle auf der Tennisweltrangliste ❷ (*fraction*) Hundertstel *nt* **II.** *adj attr, inv* ❶ (*in series*) hundertste(r, s); **this is the ~ time** dies ist das hundertste Mal; **for the ~ time** zum hundertsten Mal ❷ (*in fraction*) hundertstel

'hun·dred·weight <*pl* - *or* -s> *n* ≈ Zentner *m* **Hun·dred Years 'War** *n no pl* ■**the ~** der Hundertjährige Krieg

hung [hʌŋ] **I.** *pt, pp of* **hang II.** *adj* ❶ *attr* ohne klare Mehrheitsverhältnisse *nach n;* **~ jury** *Jury, die zu keinem Mehrheitsurteil kommt;* **~ parliament** Parlament *nt* ohne klare Mehrheitsverhältnisse ❷ *pred* (*fam!: penis size*) **he's really ~** er ist wirklich gut ausgestattet *fam*

Hun·gar·ian [hʌŋ'geəriən, AM -'geriən] **I.** *n* ❶ (*person*) Ungar(in) *m(f)* ❷ *no pl* (*language*) Ungarisch *nt* **II.** *adj inv* ungarisch

Hun·ga·ry ['hʌŋgəri] *n no pl* Ungarn *nt*

hun·ger ['hʌŋgəʳ, AM -gɚ] **I.** *n no pl* ❶ (*from no food*) Hunger *m;* **my stomach is rumbling with ~** mir knurrt vor lauter Hunger schon der Magen; **to die of ~** verhungern; **to never have known ~** nie erfahren haben, was Hunger bedeutet ❷ (*fig: desire*) Hunger *m,* Verlangen *nt;* **Kate has no ~ for adventure** Kate ist nicht abenteuerlustig; **~ for knowledge** Wissensdurst *m* **II.** *vi* ■**to ~ after** [*or* **for**] **sth** nach etw *dat* hungern *geh*

'hun·ger march *n* Hungermarsch *m* **'hun·ger pangs** *npl* [quälender] Hunger **'hun·ger strike** *n* Hungerstreik *m;* **to go on a ~** in [einen] Hungerstreik treten **'hun·ger strik·er** *n* Hungerstreikende(r) *f(m)*

hung-'over *adj* ■**to be ~** verkatert sein *fam*

hun·gri·ly ['hʌŋgrɪli] *adv* ❶ (*with hunger*) hungrig ❷ (*fig: with desire*) hungrig *geh,* gierig

hun·gry ['hʌŋgri] *adj* ❶ (*for food*) hungrig; **~ times** magere Zeiten; **to go ~** hungern; ■**to be ~** Hunger haben ❷ (*fig: wanting badly*) ■**to be ~ for sth** gierig [*o* hungrig] nach etw *dat* sein; **~ for adventure/love/power** abenteuer-/liebes-/machthungrig; **to be ~ for companionship/fame** sich *akk* nach Gesellschaft/Ruhm sehnen; **~ for knowledge** wissensdurstig; **to be ~ for news** sehnsüchtig auf Nachricht warten

hung 'up *adj pred* (*sl*) ❶ (*addicted*) ■**to be ~ about** [*or* **on**] **sb** noch immer verliebt [*o fam* total verknallt] in jdn sein; **to be ~ on alcohol/drugs** nicht von Alkohol/Drogen loskommen ❷ (*have complex*) **to be ~ about one's age/looks** wegen seines Alters/Aussehens Komplexe haben ❸ (*neurotic*) **to be ~ on cleanliness** einen Sauberkeitsfimmel haben *fam;* **to be ~ on perfection** perfektionistisch sein; **to be ~ about privacy** eigenbrötlerisch sein; **to be ~ about washing one's hands** sich *dat* ständig die Hände waschen müssen

hunk [hʌŋk] *n* ❶ (*piece*) Stück *nt;* **~ of bread/cheese/meat** Stück *nt* Brot/Käse/Fleisch ❷ (*approv fam: man*) **a ~ of a man** ein Bild *nt* von einem Mann *fam*

hunk·er down [ˌhʌŋkəʳ, AM -kɚ-] *vi* sich *akk* hocken; (*fig*) sich *akk* auf den Hosenboden setzen *fam*

hunky ['hʌŋki] *adj* (*approv fam*) *man* sexy *fam,* scharf *fam*

hunky dory [-'dɔːri] *adj pred, inv* (*fam*) bestens *fam,* prima *fam;* **everything is ~** es ist alles in bester Ordnung

hunt [hʌnt] **I.** *n* ❶ (*chase*) Jagd *f;* **the ~ is on** die Jagd hat begonnen; **to go on a ~** auf die Jagd gehen ❷ (*search*) Suche *f;* **the ~ is on for a successor to Sir James Gordon** man sieht sich bereits nach einem geeigneten Nachfolger für Sir James Gordon um; **to be on the ~ for sb** auf der Suche nach jdm sein; **to be on the ~ for a murderer** nach einem Mörder fahnden; **to have a ~ for sth/sb** hinter etw/jdm her sein ❸ (*group of hunters*) Jagdgesellschaft *f* ❹ (*hunting ground*) Jagdrevier *nt* **II.** *vt* ❶ (*chase to kill*) ■**to ~ sth** etw jagen; **to ~ a horse/hounds** mit einem Pferd/mit Hunden auf die Jagd gehen ❷ (*search for*) ■**to ~ sb/sth** Jagd auf jdn/etw machen *fam;* **the police are ~ing the terrorists** die Polizei fahndet nach den Terroristen; **~ the thimble** *Suchspiel der Kinder, bei dem ein im Raum verstecktes Objekt über ‚heiß' und ‚kalt' gefunden werden muss* **III.** *vi* ❶ (*chase to kill*) jagen ❷ (*search*) suchen; **to ~ [high and low] for sth** [überall/fieberhaft] nach etw *dat* suchen; ■**to ~ through sth** etw durchsuchen

◆**hunt about, hunt around** *vt* ■**to ~ about ○ sb/sth** überall nach jdm/etw suchen

◆**hunt down** *vt* ■**to ~ down ○ sb** jdn zur Strecke bringen; **to ~ down an animal** ein Tier erlegen; **to ~ down a killer** einen Mörder zur Strecke bringen

◆**hunt out** *vt* ■**to ~ out ○ sth** etw heraussuchen; *facts* etw herausfinden

◆**hunt up** *vt* ■**to ~ up ○ sb** jdn ausfindig machen [*o* aufspüren]; ■**to ~ up ○ sth** *facts* etw ausfindig machen; **he spends ages in the library, ~ing up references** er verbringt ewige Zeiten in der Bibliothek, um an passende Informationen zu kommen

hunt·ed ['hʌntɪd, AM -t̬-] *adj* ❶ (*chased*) gejagt ❷ (*fig: frightened*) gehetzt; **to have a ~ look** gehetzt aussehen

hunt·er ['hʌntəʳ, AM -t̬ɚ] *n* ❶ (*person*) Jäger(in) *m(f)* ❷ (*horse*) Jagdpferd *nt* ❸ (*dog*) Jagdhund *m* ❹ ASTRON ■**the H~** Orion *m*

hunt·ing ['hʌntɪŋ, AM -t̬-] *n no pl* ❶ (*sport*) Jagen *nt,* Jagd *f;* **to go ~** auf die Jagd gehen ❷ (*search*) Suche *f,* Suchaktion *f;* **after a lot of ~ I finally found my glasses** nach endlosem Herumsuchen habe ich meine Brille schließlich gefunden ❸ (*bell ringing*) Wechselläuten *nt* (*Reihenfolge, in der verschiedene Glocken angeschlagen werden*)

'hunt·ing dog *n* Jagdhund *m* **'hunt·ing ex·pedi·tion** *n* Jagdausflug *m* **'hunt·ing ground** *n* ❶ (*place to hunt*) Jagdgebiet *nt,* Jagdrevier *nt* ❷ (*fig: place to look*) Jagdrevier *nt;* **this market is a wonderful ~ for bargain hunters** dieser Markt ist die reinste Fundgrube für Schnäppchenjäger **'hunt·ing li·cence** *n* Jagdschein *m* **'hunt·ing lodge** *n* Jagdhütte *f* **'hunt·ing ri·fle** *n* Jagdgewehr *nt,* Büchse *f* **'hunt·ing sea·son** *n* Jagdzeit *f*

hunt·ress ['hʌntrɪs] *n* Jägerin *f*

'hunt sabo·teur *n* [militanter] Jagdgegner/[militante] Jagdgegnerin **'hunts·man** *n* ❶ (*hunter*) Jäger *m* (*meist beritten*) ❷ (*keeper of dogs*) Rüdemann *m* (*Hundebetreuer bei der Jagd*) **'hunts·wom·an** *n* Jägerin *f* (*meist beritten*)

hur·dle ['hɜːdl̩, AM 'hɜːrdl̩] **I.** *n* ❶ SPORTS ■**~s** *pl* (*for people*) Hürdenlauf *m;* (*horseracing*) Hürdenrennen *nt,* Hindernisrennen *nt;* **the American won the 400 metres ~s** der Amerikaner siegte über 400 Meter Hürden ❷ (*fig: obstacle*) Hürde *f,* Hindernis *nt;* **to fall at the first ~** [bereits] an der ersten Hürde scheitern; **to overcome a ~** eine Hürde nehmen *fig* ❸ (*fence*) Hürde *f;* **to clear/take a ~** eine Hürde überspringen/nehmen **II.** *vi* Hürdenlauf machen **III.** *vt* ■**to ~ sth** etw überspringen, über etw *akk* springen

hur·dler ['hɜːdləʳ, AM 'hɜːrdlɚ] *n* Hürdenläufer(in) *m(f)*

'hur·dle race *n of people* Hürdenlauf *m; of horses* Hürdenrennen *nt*

hurdy gurdy ['hɜːdiˌgɜːdi, AM 'hɜːrdiˌgɜːrdi] *n* Drehorgel *f,* Leierkasten *m fam*

hurl [hɜːl, AM hɜːrl] *vt* ① (*throw*) ■**to ~ sth** etw schleudern; **he ~ed the book across the room** er pfefferte das Buch quer durchs Zimmer *fam;* **the dog ~ed itself at the attackers** der Hund stürzte sich auf die Angreifer; ■**to ~ sth about** [*or* **around**] etw umherwerfen [*o* [herum]schleudern] ② (*fig*) ■**to ~ oneself at sb** sich *akk* jdm an den Hals werfen; **to ~ oneself into one's work** sich *akk* in die Arbeit stürzen; **she ~ed herself from the roof** sie stürzte sich *akk* vom Dach; **to ~ abuse/insults at sb** jdm Beschimpfungen/Beleidigungen an den Kopf werfen

hurl·ing [ˈhɜːlɪŋ, AM ˈhɜːrl-] *n* SPORTS *dem Hockey ähnliches irisches Nationalspiel*

hurly-burly [ˈhɜːliˌbɜːli, AM ˈhɜːrliˌbɜːrli] *n* Rummel *m,* Trubel *m;* **the ~ of city life** der Großstadtrummel

hur·rah [həˈrɑː], **hur·ray** [həˈreɪ] **I.** *interj* hurra; **~ for the Queen/King!** ein Hoch der Königin/dem König! **II.** *n* **last ~** Schwanengesang *m geh,* letztes Werk

hur·ri·cane [ˈhʌrɪkən, AM ˈhɜːrɪkeɪn] *n* Orkan *m;* (*tropical*) Hurrikan *m;* **~ force wind** orkanartiger Wind; **to be hit by a ~** von einem Orkan heimgesucht werden

ˈhur·ri·cane in·sur·ance *n* Versicherung *f* gegen Sturmschäden **ˈhur·ri·cane lamp** *n* Sturmlaterne *f* **ˈhur·ri·cane sea·son** *n Jahreszeit mit hoher Hurrikan-/ Wirbelsturmwahrscheinlichkeit* **ˈhur·ri·cane warn·ing** *n* Orkanwarnung *f*

hur·ried [ˈhʌrid, AM ˈhɜːr-] *adj meal, goodbye* hastig; *departure* überstürzt; *essay* hastig geschrieben; *wedding* übereilt

hur·ried·ly [ˈhʌridli, AM ˈhɜːr-] *adv* eilig, hastig, schleunig; **a ~ arranged press conference** eine flugs anberaumte [*o* hastig einberufene] Pressekonferenz; **a ~ arranged wedding** eine in sehr kurzer Zeit eilig arrangierte Hochzeit

hur·ry [ˈhʌri, AM ˈhɜːri] **I.** *n no pl* Eile *f,* Hast *f;* **what's [all] the ~?** wozu die Eile?; **I'm in no ~ to leave home** ich habe vorläufig noch nicht vor, auszuziehen; **I need that money in a ~** ich brauche das Geld sofort; **he won't do that again in a ~** das wird er so schnell nicht mehr machen; **there's no [great] ~** es hat keine Eile [*o* eilt nicht]; **in my ~ to leave on time I left my keys behind** in der Hektik des Aufbruchs habe ich meine Schlüssel liegen gelassen; **to not forget sth in a ~** etw so bald [*o* schnell] nicht vergessen; **to leave in a ~** hastig [*o* überstürzt] aufbrechen **II.** *vi* <-ie-> sich *akk* beeilen; **there's no need to ~** lassen Sie sich ruhig Zeit **III.** *vt* <-ie-> ■**to ~ sb** jdn hetzen [*o fam* scheuchen]; **I hate to ~ you, but ...** ich will ja nicht drängen, aber ...; **I won't be hurried into making a snap decision** ich lass' mich nicht dazu drängen, etwas zu entscheiden, ohne dass ich vorher darüber nachgedacht habe; **he was hurried to hospital** er wurde eilig ins Krankenhaus geschafft

◆**hurry on I.** *vi* weitereilen **II.** *vt* ■**to ~ on ↔ sb** jdn antreiben; ■**to ~ on ↔ sth** etw vorantreiben

◆**hurry up I.** *vi* sich *akk* beeilen; **~ up!** beeil dich! **II.** *vt* ■**to ~ up ↔ sb** jdn zur Eile antreiben; ■**to ~ up ↔ sth** *sale* etw beschleunigen [*o* vorantreiben]

hurt [hɜːt, AM hɜːrt] **I.** *vi* <hurt, hurt> ① (*painful*) wehtun, schmerzen; **tell me where it ~s** sag' mir, wo es wehtut; **that ~s!** (*a. fig*) aua! *fam* ② (*do harm*) schaden; **one more drink won't ~** ein Gläschen mehr macht den Kohl auch nicht mehr fett *fam;* (*fig*) **it never ~s to check the flight departure time before you go to the airport** es kann nie schaden, die Abflugszeit nochmals zu überprüfen, bevor man zum Flughafen fährt **II.** *vt* <hurt, hurt> ① (*a. fig: cause pain*) ■**to ~ sb** jdm wehtun, jdn verletzen; **she was ~ by his refusal to apologize** dass er sich absolut nicht entschuldigen wollte, hat sie gekränkt; ■**to ~ sth** sich *dat* etw wehtun; ■**sth ~s sb** *ear, head* etw tut jdm weh, etw schmerzt jdn; **her ear ~s** [*or* **is ~ing**] **her** ihr Ohr tut ihr weh; ■**to ~ oneself** sich *akk* verletzen ② (*harm*) ■**to ~ sb/sth** jdm/etw schaden; **it wouldn't ~ you to do the ironing for once** es würde dir nichts schaden, wenn du auch mal bügeln würdest; **many businesses are being ~ by the high interest rates** die hohen Zinssätze schaden vielen Branchen; **to ~ sb's feelings/pride** jds Gefühle *pl*/Stolz *m* verletzen **III.** *adj* (*in pain*) verletzt, verwundet; (*distressed*) verletzt, gekränkt **IV.** *n* (*pain*) Schmerz *m;* (*injury*) Verletzung *f;* (*offence*) Kränkung *f*

hurt·ful [ˈhɜːtfᵊl, AM ˈhɜːrt-] *adj* verletzend; (*physically*) schädlich; **that was a very ~ remark!** diese Bemerkung tat sehr weh!

hurt·ful·ly [ˈhɜrtfᵊli, AM ˈhɜːrt-] *adv* verletzend

hurt·ful·ness [ˈhɜːtfᵊlnəs, AM ˈhɜːrt-] *n no pl* verletzende Wirkung

hur·tle [ˈhɜːtl̩, AM ˈhɜːrtl̩] **I.** *vi* rasen, sausen, schießen; **the boy came hurtling round the corner** der Junge kam um die Ecke geschossen *fam* **II.** *vt* ■**to ~ sb/sth against sth** jdn/etw gegen etw *akk* schleudern

hus·band [ˈhʌzbən(d)] **I.** *n* Ehemann *m,* Gatte *m geh;* **that's my ~** das ist mein Mann; **~ and wife** Mann und Frau **II.** *vt* ■**to ~ sth** mit etw *dat* haushalten; **to ~ one's strength** seine Kräfte gezielt einsetzen

hus·band·ry [ˈhʌzbəndri] *n no pl* ① (*management*) Wirtschaften *nt;* **bad ~** schlechtes Wirtschaften; **good ~** sparsames Haushalten ② AGR Landwirtschaft *f,* [Boden]bewirtschaftung *f;* **animal ~** Viehhaltung *f*

hush [hʌʃ] **I.** *n no pl* Stille *f,* Schweigen *nt;* **a ~ descended** [*or* **fell**] **over the crowd** die Menge verstummte plötzlich; **deathly ~** Totenstille *f;* **expectant ~** erwartungsvolle Stille; **to drop one's voice to a ~** seine Stimme immer mehr senken **II.** *interj* ■**~!** pst! **III.** *vi* still sein; (*become quiet*) verstummen; *wind* sich legen **IV.** *vt* ■**to ~ sb** jdn zum Schweigen bringen; (*soothe*) jdn beruhigen; **~ your tongue!** sei still!

◆**hush up** *vt* (*pej*) ■**to ~ sth ↔ up** etw vertuschen

hushed [hʌʃt] *adj people* schweigend; *voices* gedämpft; **to speak in ~ tones** mit gedämpfter Stimme sprechen

hush-ˈhush *adj* (*fam*) [streng] geheim **ˈhush mon·ey** *n* (*fam*) Schweigegeld *nt*

husk [hʌsk] **I.** *n* ① (*outer covering*) Schale *f,* Hülse *f;* AM *of maize* Hüllblatt *nt,* Lieschen *pl fachspr* ② (*fig: person*) Mumie *f* **II.** *vt* ■**to ~ sth** *corn, rice, wheat* etw schälen

husky¹ [ˈhʌski] *adj* ① (*low*) rau; **a ~ voice** eine raue [*o* rauchige] Stimme; **his voice became ~ with anger** seine Stimme klang vor Wut ganz heiser ② (*strong*) kräftig [gebaut], stämmig

husky² [ˈhʌski] *n* (*dog*) Husky *m,* Schlittenhund *m*

hus·sy [ˈhʌsi] *n* (*pej*) ① (*sexually immoral woman*) leichtes Mädchen *pej fam* ② (*girl*) Göre *f bes* NORDD; **a wanton little ~** ein rotzfreches Flittchen *pej fam*

hus·tings [ˈhʌstɪŋz] *npl* Wahlkampf *m;* **to do well at the ~** sich *akk* im Wahlkampf gut schlagen

hus·tle [ˈhʌsl̩] **I.** *vt* ① (*jostle*) ■**to ~ sb somewhere** jdn schnell irgendwohin bringen; **the other boys ~d him along the street** die anderen Jungen trieben ihn die Straße hinunter ② (*coerce*) ■**to ~ sb into doing sth** jdn [be]drängen, etw zu tun; ■**to ~ sth** *esp* AM (*fam*) etw [hartnäckig] erkämpfen; **to ~ money** auf krummen Wegen Geld beschaffen **II.** *vi* ① (*push through*) sich *akk* durchdrängen, vorstoßen; **the centre forward ~d into the penalty area** die Sturmspitze drang in den Strafraum vor; **to ~ through a crowd** sich *dat* seinen Weg durch eine Menschenmenge bahnen ② (*fam: work quickly*) sich *akk* ins Zeug legen *fam,* unter Hochdruck arbeiten; **to ~ for business** sich *akk* fürs Geschäft abstrampeln *fam* ③ AM (*fam: be prostitute*) auf den Strich [*o sl* anschaffen] gehen *fam* **III.** *n* Gedränge *nt;* **~ and bustle** geschäftiges Treiben

◆**hustle up** *vt* (*fam*) ■**to ~ up ↔ sb** jdn auftreiben

hus·tler [ˈhʌsləʳ, AM -lɚ] *n* ① *esp* AM (*dishonest*) Betrüger(in) *m(f),* Schwindler(in) *m(f)* ② AM (*male prostitute*) Strichjunge *m,* Stricher *m;* (*female*) Strichmädchen *f*

hut [hʌt] *n* Hütte *f*

hutch [hʌtʃ] *n* ❶ (*cage*) Käfig *m;* (*for rabbits*) Stall *m* ❷ (*pej: hut*) Hütte *f pej,* Kaluppe *f* DIAL, Chaluppe *f* ÖSTERR ❸ (*cabinet*) kleiner [Geschirr]schrank
hya·cinth ['haɪəsɪn(t)θ] *n* Hyazinthe *f*
hy·aena [haɪ'i:nə] *n* Hyäne *f*
hy·brid ['haɪbrɪd] *n* ❶ BOT Kreuzung *f,* Hybride *m o f fachspr* ❷ LING hybride Bildung ❸ (*fig: something mixed*) Mischform *f* ❹ (*pej: person*) Mischling *m*
hy·brid·ize ['haɪbrɪdaɪz] *vt* ■**to ~ sth** ❶ BOT etw kreuzen ❷ LING etw hybridisieren *fachspr* ❸ (*fig*) etw mischen
hy·dra ['haɪdrə] *n* ❶ (*in mythology*) ■**H~** Hydra *f* ❷ ASTRON ■**H~** Hydra *f* ❸ (*fig: recurring problem*) ■**to be a ~** wie der Kopf einer Hydra sein
hy·dran·gea [haɪ'dreɪndʒə] *n* BOT Hortensie *f,* Hydrangea *f fachspr*
hy·drant ['haɪdrᵊnt] *n* Hydrant *m*
hy·drate ['haɪdreɪt] *n* CHEM Hydrat *nt*
hy·drau·lic [haɪ'drɔ:lɪk, AM -'drɑ:-] *adj inv* hydraulisch
hy·drau·lic 'brake *n* hydraulische Bremse **hy·drau·lic en·gi·'neer·ing** *n* Wasserbau *m* **hy·drau·lic 'press** *n* hydraulische Presse
hy·drau·lics [haɪ'drɔ:lɪks, AM -'drɑ:-] *n + sing vb* Hydraulik *f*
hy·dro ['haɪdroʊ] *n* CAN (*electricity*) Strom *m;* (*service*) Stromanbieter; **~ bill** Stromrechnung *f*
hydro·car·bon [,haɪdrə(ʊ)'kɑ:bən, AM -droʊ'kɑ:r-] **I.** *n* Kohlenwasserstoff *m* **II.** *n modifier* (*gas, compound*) Kohlenwasserstoff-
hydro·chlo·ric acid [,haɪdrə(ʊ)klɒrɪk'æsɪd, AM -droʊklɔ:r-] *n no pl* Salzsäure *f*
hydro·cor·ti·sone [,haɪdrə(ʊ)'kɔ:tɪzəʊn, AM -droʊ'kɔ:rt̬əzoʊn] *n no pl* Hydrokortison *nt*
hydro·elec·tric [,haɪdrəʊɪ'lektrɪk, AM -droʊ-] *adj* hydroelektrisch; **~ power station** Wasserkraftwerk *nt*
hydro·elec·tric·ity [,haɪdrəʊɪlek'trɪsɪti, AM -droʊɪlek'trɪsɪt̬i] *n* Hydroelektrizität *f*
hydro·foil ['haɪdrə(ʊ)fɔɪl, AM -droʊ-] *n* Tragflächenboot *nt,* Tragflügelboot *nt*
hydro·gen ['haɪdrədʒən] *n no pl* Wasserstoff *m,* Hydrogenium *nt fachspr*
'hydro·gen bomb *n* Wasserstoffbombe *f* **hydro·gen 'per·ox·ide** *n* Wasserstoffperoxid *nt* **hydro·gen 'sul·phide** *n* Schwefelwasserstoff *m*
hy·droly·sis [haɪ'drɒləsɪs, AM -'drɑ:lɪ-] *n* CHEM Hydrolyse *f*
hydro·pho·bia [haɪdrə(ʊ)'fəʊbiə, AM -droʊ'foʊ-] *n* ❶ *no pl* (*fear of water*) krankhafte Wasserscheu, Hydrophobie *f fachspr* ❷ (*dated: rabies*) Tollwut *f*
hydro·plane ['haɪdrə(ʊ)pleɪn, AM -droʊ-] *n* ❶ AM (*motorboat*) Gleitboot *nt* ❷ (*seaplane*) Wasserflugzeug *nt* ❸ (*of a submarine*) Tiefenruder *nt*
hydro·pon·ics [,haɪdrə(ʊ)'pɒnɪks, AM -droʊ'pɑ:-] *n + sing vb* BOT Hydrokultur *f,* Hydroponik *f fachspr*
hydro·pow·er ['haɪdrə(ʊ)paʊəʳ, AM -droʊpaʊɚ] *n no pl* Wasserkraft *f*
hydro·thera·py [,haɪdrə(ʊ)'θerəpi, AM -droʊ'-] **I.** *n no pl* Wasserbehandlung *f,* Hydrotherapie *f fachspr* **II.** *adj* hydrotherapeutisch
hy·ena [haɪ'i:nə] *n* Hyäne *f*
hy·giene ['haɪdʒi:n] *n no pl* Hygiene *f;* **feminine ~** Monatshygiene *f;* **personal ~** Körperpflege *f*
hy·gien·ic [haɪ'dʒi:nɪk, AM ,haɪdʒɪ'enɪk] *adj* hygienisch
hy·gien·ist [haɪ'dʒi:nɪst] *n* Hygieniker(in) *m(f)*
hy·grom·eter [haɪ'grɒmɪtəʳ, AM -'grɑ:mət̬ɚ] *n* METEO Feuchtigkeitsmesser *m,* Hygrometer *nt fachspr*
hy·gro·scope ['haɪgrə(ʊ)skəʊp, AM -groʊskoʊp] *n* METEO Feuchtigkeitsanzeiger *m,* Hygroskop *nt fachspr*
hy·ing ['haɪɪŋ] *pp of* **hie**
hy·men ['haɪmən] *n* Jungfernhäutchen *nt,* Hymen *nt o m fachspr*
hymn [hɪm] *n* ❶ REL Kirchenlied *nt* ❷ (*praise*) Hymne *f,* Loblied *nt;* **to sing a ~ to sth** eine Hymne auf etw *akk* singen
hym·nal ['hɪmnᵊl] *n,* **hymn·book** ['hɪmbʊk] *n* Gesangbuch *nt*
hype [haɪp] **I.** *n no pl* Publicity *f;* (*deception*) Werbemasche *f,* Reklameaufwand *m;* **media ~** Medienrummel *m* **II.** *vt* ■**to ~ sth** etw [in den Medien] hochjubeln, viel Wirbel um etw *akk* machen *fam*
◆**hype up** *vt* **to ~ up a product** ein Produkt marktschreierisch anpreisen; **they ~d up the film simply because Saul Pullman was starring in it** um den Film wurde viel Rummel gemacht, bloß weil Saul Pullman darin mitspielt
hyped up [,haɪpt'-] *adj* (*fam*) überdreht, aufgedreht, aufgeputscht *fam;* ■**to get ~ about sth** sich *akk* über etw *akk* aufregen; (*excited*) wegen einer S. *gen* aus dem Häuschen geraten; ■**to be ~ for sth** [ganz] heiß auf etw *akk* sein *fam*
hyper- *in compounds* (*energetic, aware, expensive*) über-/Über-, hyper-/Hyper- *fachspr;* **to be ~-ambitious** übertrieben ehrgeizig sein
hy·per ['haɪpəʳ, AM -ɚ] *adj* (*fam*) aufgedreht, hyper *sl;* **to go ~** ausrasten *fam,* durchdrehen *fam*
hyper·ac·tive [,haɪpəʳ'æktɪv, AM -pɚ-] *adj* hyperaktiv
hyper·bo·la [haɪ'pɜ:bᵊlə, AM -'pɜ:r-] *n* MATH Hyperbel *f*
hyper·bo·le [haɪ'pɜ:bᵊli, AM -'pɜ:r-] *n no pl* LIT Hyperbel *f*
hyper·bol·ic [haɪpə'bɒlɪk, AM -pɚ'bɑ:-] *adj inv* LIT hyperbolisch; **~ phrase** überzogene Formulierung
hyper·'criti·cal *adj* übertrieben kritisch, hyperkritisch *geh*
hyper·in·'fla·tion *n no pl* ECON Hyperinflation *f fachspr*
hyper·ki·net·ic [,haɪpəkɪ'netɪk, AM -pɚkɪ'net̬ɪk] *adj inv* hyperkinetisch *fachspr,* hyperaktiv; (*fig: overly active*) überaktiv
'hyper·mar·ket *n* Verbrauchermarkt *m,* Großmarkt *m*
hyper·re·'al·ity *n* Hyperrealität *f geh,* Überwirklichkeit *f*
hyper·'sen·si·tive *adj inv* überempfindlich; **he's ~ about his height** wenn es um seine Größe geht, versteht er echt keinen Spaß *fam;* ■**to be ~ to sth** auf etw *akk* überempfindlich reagieren **hyper·'sen·si·tize** *vt* ■**to ~ sb to sth** jdn gegen etw *akk* [hyper]sensibilisieren **hyper·'ten·sion** *n no pl* MED erhöhter Blutdruck, Hypertonie *f fachspr* **'hyper·text** *n no pl* COMPUT Hypertext *m fachspr* **hyper·'ven·ti·late** *vi* ❶ MED hyperventilieren ❷ (*fig sl*) ■**to ~ about** [*or* **over**] **sth** (*get upset*) sich *akk* wahnsinnig über etw *akk* aufregen *fam,* auf etw *akk* total überreagieren *fam* **hyper·ven·ti·'la·tion** *n no pl* MED Hyperventilation *f*
hy·phen ['haɪfᵊn] *n* (*between words*) Bindestrich *m;* (*at end of line*) Trennstrich *m*
hy·phen·ate ['haɪfᵊneɪt, AM -fən-] *vt* ■**to ~ sth** etw mit Bindestrich schreiben
hy·phen·at·ed ['haɪfᵊneɪtɪd, AM -fəneɪt̬ɪd] *adj* ■**sth is ~** etw schreibt man mit Bindestrich
hy·phena·tion [,haɪfᵊ'neɪʃᵊn] *n* [Silben]trennung *f;* (*between words*) Schreibung *f* mit Bindestrich
hyp·no·sis [hɪp'nəʊsɪs, AM -'noʊ-] *n no pl* Hypnose *f;* ■**to be under ~** sich *akk* in Hypnose befinden, unter Hypnose stehen
hyp·no·thera·pist [,hɪpnə(ʊ)'θerəpɪst, AM -noʊ'-] *n* Hypnotherapeut(in) *m(f) fachspr*
hyp·no·thera·py [,hɪpnə(ʊ)'θerəpi, AM -'noʊ-] *n no pl* MED Hypnotherapie *f*
hyp·not·ic [hɪp'nɒtɪk, AM -'nɑ:t̬ɪk] **I.** *adj* ❶ (*causing hypnosis*) hypnotisierend; (*referring to hypnosis*) hypnotisch; **~ state** Zustand *m* der Hypnose; **to have a ~ effect on sb** (*fig*) auf jdn einschläfernd wirken ❷ (*fascinating*) *eyes, voice, music* betörend, hypnotisierend **II.** *n* ❶ (*drug*) Schlafmittel *nt,* Hypnotikum *nt fachspr* ❷ (*person*) [potentielles] Hypnoseopfer
hyp·no·tism ['hɪpnətɪzᵊm] *n* Hypnotik *f,* Hypnotismus *m*
hyp·no·tist ['hɪpnətɪst] *n* Hypnotiseur *m,* Hypnotisiererin *f*
hyp·no·tize ['hɪpnətaɪz] *vt* ■**to ~ sb** jdn in Hypnose versetzen [*o a. fig* hypnotisieren]
hypo·al·ler·gen·ic [,haɪpə(ʊ),ælə'dʒenɪk, AM -poʊ,ælɚ-] *adj* hypoallergen *fachspr*

hypo·chon·dria [ˌhaɪpə(ʊ)'kɒndriə, AM -poʊ'kɑ:n-] *n no pl* Hypochondrie *f*
hypo·chon·dri·ac [ˌhaɪpə(ʊ)'kɒndriæk, AM -poʊ'kɑ:n-] **I.** *n* Hypochonder(in) *m(f)* **II.** *adj* hypochondrisch
hypo·chon·dria·cal [ˌhaɪpə(ʊ)kɒn'draɪəkəl, AM -poʊkɑ:n'-] *adj* hypochondrisch
hy·poc·ri·sy [hɪ'pɒkrəsi, AM -pɑ:-] *n no pl* Heuchelei *f*, Scheinheiligkeit *f*
hypo·crite ['hɪpəkrɪt] *n* Heuchler(in) *m(f)*, Scheinheilige(r) *f(m)*, Pharisäer *m*
hypo·criti·cal [ˌhɪpəʊ'krɪtɪkəl, AM -əkrɪṭ-] *adj* geheuchelt, heuchlerisch, scheinheilig
hypo·der·mic [ˌhaɪpə(ʊ)'dɜ:mɪk, AM -poʊ'dɜ:r-] *adj inv* subkutan *fachspr*
hypo·der·mic 'nee·dle *n* Subkutannadel *f*
hypo·gly·cae·mia [ˌhaɪpə(ʊ)glaɪ'si:miə], AM **hypo·gly·ce·mia** [-poʊ-] *n no pl* MED Unterzuckerung *f*, Hypoglykämie *f fachspr*
hypo·gly·cae·mic [ˌhaɪpə(ʊ)glaɪ'si:mɪk], AM **hypo·gly·ce·mic** [-poʊ-] *adj inv* MED mit niedrigem Blutzuckerspiegel *nach n*, hypoglykämisch *fachspr*
hypo·gly·ce·mia *n* AM *see* **hypoglycaemia**
hypo·gly·ce·mic *n* AM *see* **hypoglycaemic**
hy·pote·nuse [haɪ'pɒtənju:z, AM -'pɑ:tənu:s] *n* MATH Hypotenuse *f*
hypo·ther·mia [ˌhaɪpə(ʊ)θɜ:miə, AM -poʊθɜ:r-] *n no pl* Unterkühlung *f*, Hypothermie *f fachspr*
hy·poth·esis <*pl* -ses> [haɪ'pɒθəsɪs, AM -'pɑ:θə-] *n* Hypothese *f*, Annahme *f*
hy·poth·esize [haɪ'pɒθəsaɪz, AM -'pɑ:θə-] **I.** *vt* ■**to** ~ **sth** eine Hypothese/Hypothesen *pl* über etw *akk* aufstellen *geh*, etw annehmen **II.** *vi* ■**to** ~ **about sth** über etw *akk* mutmaßen [*o* spekulieren]
hypo·theti·cal [ˌhaɪpə(ʊ)'θetɪkəl, AM -poʊ'θeṭ-] *adj* hypothetisch, spekulativ
hys·ter·ec·to·my [ˌhɪstə'rektəmi] *n* MED Hysterektomie *f fachspr*, Totaloperation *f*
hys·te·ria [hɪ'stɪəriə, AM -steri-] *n no pl* ❶ PSYCH Hysterie *f* ❷ (*excitement*) Hysterie *f*; **she was close to** ~ sie stand kurz vor einem hysterischen Anfall
hys·ter·ic [hɪ'sterɪk] **I.** *adj* hysterisch **II.** *n* Hysteriker(in) *m(f)*
hys·teri·cal [hɪ'sterɪkəl] *adj* ❶ (*emotional*) hysterisch ❷ (*fam: hilarious*) ausgelassen heiter
hys·teri·cal·ly [hɪ'sterɪkəli] *adv* ❶ (*emotionally*) hysterisch ❷ (*fam: hilariously*) **to be** ~ **funny** zum Schießen sein *fam*
hys·ter·ics [hɪ'sterɪks] *npl* hysterischer Anfall; **to be in** ~ (*be excited*) hysterisch sein, einen hysterischen Anfall haben; (*fam: laugh uncontrollably*) sich *akk* totlachen *fam;* **to have/go into** ~ einen hysterischen Anfall haben/bekommen
Hz *n abbrev of* **hertz** Hz

I i

I <*pl* 's>, **i** <*pl* 's *or* -s> [aɪ] *n* ❶ (*letter*) I *nt*, i *nt;* ~ **for Isaac** [*or* AM **as in Item**] I für Ida; *see also* **A 1** ❷ (*Roman numeral*) I *nt*, i *nt* ▶ PHRASES: **to dot the** ~**'s and cross the t's** peinlich genau sein
I [aɪ] **I.** *pron personal* (*first person*) ich; **am** ~ **to blame if he's late?** bin ich vielleicht schuld, dass er zu spät kommt?; **look at me when** ~**'m talking to you** schau mich an, wenn ich mit dir spreche; **accept me for what** ~ **am** nimm mich so, wie ich bin; **hello, is Mr Rodgers there? – yes, this is** ~ hallo, ist Mr. Rodgers da? – ja, am Apparat; **did you do that? – yes, it was** ~**!** hast du das gemacht? – ja, das war ich; ~ **for one ...** ich meinerseits ...; ~ **for one think ...** ich für meine Person finde ... **II.** *n* PHILOS (*the ego*) ■**the** ~ das Ich
IA *n abbrev of* **Iowa**
iam·bic [aɪ'æmbɪk] *adj* jambisch **iam·bic pen·'tam·eter** *n* fünffüßiger Jambus
iam·bus <*pl* -es *or* -bi> [aɪ'æmbəs, *pl* -bi:] *n* LIT Jambus *m*
Iberian [aɪ'bɪəriən, AM -'bɪri-] **I.** *n* ❶ (*person*) Iberer(in) *m(f)* ❷ (*language*) Iberisch *nt* **II.** *adj inv* iberisch
Iberian Pen·'in·su·la *n* ■**the** ~ die iberische Halbinsel
ibex <*pl* -es> ['aɪbeks] *n* Steinbock *m*
ibid [ɪ'bɪd] *adv*, **ibidem** [ɪ'bɪdem] *adv inv* LIT ib., ibd.
ibu·pro·fen [ˌaɪbju:'prəʊfen, AM -'proʊfən] *n no pl* Ibuprofen *nt fachspr*
IC *n abbrev of* **integrated circuit**
ice [aɪs] **I.** *n no pl* ❶ (*frozen water*) Eis *nt;* (*ice cubes*) Eis *nt*, Eiswürfel *m;* **my hands are like** ~ meine Hände sind eiskalt ❷ BRIT (*ice cream*) Eis *nt*, Eiscreme *f* ❸ AM (*fam*) Diamant[en] *m[pl]* ▶ PHRASES: **to be treading** [*or* **skating**] **on thin** ~ sich *akk* auf dünnem Eis bewegen; **to break the** ~ das Eis zum Schmelzen bringen; **sth cuts no** ~ **with sb** etw lässt jdn ziemlich kalt; **to put sth on** ~ etw auf Eis legen **II.** *vt* ❶ FOOD ■**to** ~ **sth** etw glasieren [*o* mit einer Glasur überziehen] ❷ SPORTS **to** ~ **the puck** den Puck glatt ans andere Ende schlagen
◆**ice over** *vi* ■**to be** ~**d over** *road* vereist sein; *lake* zugefroren sein
◆**ice up** *vi pipes* einfrieren; *windscreen* zufrieren
'Ice Age *n* Eiszeit *f* **'ice-axe** *n* Eispickel *m* **'ice·berg** *n* Eisberg *m* **ice·berg 'let·tuce** *n* Eisbergsalat *m* **'ice block** *n* AUS, NZ Eis *nt* am Stiel **ice-'blue** *adj* eisblau **'ice·bound** *adj ship* eingefroren; *harbour* zugefroren **'ice-box** *n* ❶ BRIT (*freezer*) Eisfach *nt* ❷ AM (*fridge*) Eisschrank *m*, Kühlschrank *m* **'ice-break·er** *n* ❶ (*ship*) Eisbrecher *m* ❷ (*to break tension*) *Spiele zur Auflockerung der Atmosphäre* **'ice cap** *n* Eiskappe *f* (*an den Polen*) **ice-'cold** *n* eiskalt **ice 'cream** *n* Eiscreme *f*, Eis *nt* **ice cream 'cone** *n* Hörnchen *nt*, Eistüte *f* **ice-'cream mak·er** *n* Eismaschine *f* **ice-'cream par·lour** *n* Eisdiele *f* **ice-cream 'soda** *n Eisbecher mit verschiedenen Zutaten* (*Eiscreme, Sirup, Soda*) **ice-'cream van** *n* Eiswagen *m* **'ice cube** *n* Eiswürfel *m*
iced [aɪst] *adj inv* ❶ (*frozen*) eisgekühlt ❷ (*covered with icing*) glasiert, mit einer Glasur überzogen
iced 'cof·fee *n* Eiskaffee *m* **iced 'tea** *n* Eistee *m*
'ice floe *n* Eisscholle *f* **'ice hock·ey** *n* Eishockey *nt*
Ice·land ['aɪslənd] *n* Island *nt*
Ice·land·er ['aɪsləndəʳ, AM -ɚ] *n* Isländer(in) *m(f)*
Ice·land·ic [aɪs'lændɪk] **I.** *n* Isländisch *nt* **II.** *adj* isländisch
ice 'lol·ly *n* BRIT Eis *nt* am Stiel **'ice-maid·en** *n* Eisklotz *m fig*, frigide Frau **'ice·mak·er** *n* Eisspender *m* (*Gefriervorrichtung am Kühlschrank, die Eiswürfel bereitet*) **'ice pack** *n* ❶ (*for swelling*) Eisbeutel *m* ❷ (*sea ice*) Packeis *nt* **'ice pick** *n* Eispickel *m* **'ice rink** *n* Schlittschuhbahn *f*, Eisbahn *f* **'ice sheet** *n* Eisschicht *f* **'ice skate** *n* Schlittschuh *m* **'ice-skate** *vi* Schlittschuh laufen, eislaufen **'ice-skat·ing** *n no pl* Schlittschuhlaufen *nt*, Eislaufen *nt* **'ice wa·ter** *n* Eiswasser *nt*
ich·thy·ol·ogy [ˌɪkθi'ɒlədʒi, AM 'ɑ:lə-] *n* ZOOL Fischkunde *f*, Ichthyologie *f fachspr*
ici·cle ['aɪsɪkl] *n* Eiszapfen *m*
ici·ly ['aɪsɪli] *adv* ❶ *blow* eisig, frostig ❷ (*fig*) eiskalt, eisig; **she looked** ~ **at him** sie warf ihm einen eisigen Blick zu
ic·ing ['aɪsɪŋ] *n* ❶ FOOD Zuckerguss *m* ❷ AVIAT Vereisung *f* ▶ PHRASES: **to be the** ~ **on the cake** (*pej: unnecessary*) [bloß] schmückendes Beiwerk sein; (*approv: unexpected extra*) das Sahnehäubchen sein *fam*
'ic·ing sug·ar *n* Puderzucker *m*
ick [ɪk] AM **I.** *interj* igitt!, ih! **II.** *n* Schlonz *m* DIAL *sl*
icky ['ɪki] *adj* (*fam*) ❶ (*unpleasant*) eklig *fam;* **to feel** ~ sich *akk* beschissen fühlen *sl* ❷ (*sweet, sticky*) schlonzig DIAL *sl*

③ (*sentimental*) kitschig; **the plot of the film was decidedly ~** die Handlung des Films war der reine Kitsch

icon ['aɪkɒn, AM -kɑ:n] *n* ① (*painting*) Ikone *f* ② (*star*) Idol *nt*, Ikone *f*; **the skyscraper is an American ~** der Wolkenkratzer ist ein Sinnbild Amerikas ③ COMPUT Ikon *nt*

icon·ic [aɪ'kɒnɪk, AM -'kɑ:nɪk] *adj* ikonenhaft

icono·clasm [aɪ'kɒnə(ʊ)klæzəm, AM -kɑ:nə-] *n no pl* Ikonoklasmus *m fachspr*, Bildersturm *m a. fig*

icono·clast [aɪ'kɒnə(ʊ)klæst, AM -kɑ:nə-] *n* ① (*form: critic of beliefs*) Bilderstürmer *m fig* ② REL (*hist*) Ikonoklast *m fachspr*, Bilderstürmer(in) *m(f)*

icono·clast·ic [aɪˌkɒnə(ʊ)'klæstɪk, AM -ˌkɑ:nə'-] *adj* ikonoklastisch *geh*, bilderstürmerisch *fig*

ico·nog·ra·phy [aɪkə'nɒgrəfi, AM -'nɑ:grə-] *n no pl* REL Ikonographie *f*

icy ['aɪsi] *adj* ① (*full of ice*) *road* vereist; (*very cold*) eisig [kalt]; **~ conditions** (*on road*) Glatteis *nt*; **~ patches** stellenweise Glätte ② (*unfriendly*) frostig, eisig

id [ɪd] *n* PSYCH Es *nt*

I'd [aɪd] = **I would, I had** *see* **would, have I., II.**

I.D. [ˌaɪ'di:] *n no pl abbrev of* **identification**: **sorry, I don't have an ~ on me** ich habe leider keinen Ausweis dabei

I.'D. brace·let *n* (*jewellery*) Namenskettchen *nt*; (*for baby*) Namensband *nt* **I.'D. card** *n* [Personal]ausweis *m*

idea [aɪ'dɪə, -'di:ə, AM -'di:ə] *n* ① (*notion*) Vorstellung *f*; **what an ~!** (*iron*) du hast Vorstellungen!; **the [very] ~ of it!** (*dated*) allein die Vorstellung!; **that gives me an ~, we could ...** da kommt mir [gerade] ein Gedanke – wir könnten...; **whatever gave you that ~?** wie kommst du denn [bloß] darauf?; **whose bright ~ was that?** (*iron*) wessen Geistesblitz war das denn? *iron*; **the ~ never entered my head** der Gedanke ist mir nie in den Sinn gekommen; **he's got the ~ into his head that he's getting a bike for his birthday** er bildet sich doch glatt ein, dass er zum Geburtstag ein Fahrrad bekommt; **don't you start [*or* go] getting any ~s about a new carpet!** den Gedanken an einen neuen Teppich kannst du gleich vergessen!; **to put an ~ into sb's head** jdm Flausen in den Kopf setzen, jdn auf dumme Gedanken bringen ② (*purpose*) Absicht *f*, Zweck *m*; **what's the big ~?** (*fam*) wozu soll das gut sein?; **the ~ behind all this ...** das Ganze soll dazu dienen, ...; **you're getting the ~ now** allmählich kommst du dahinter; **the ~ was to meet at the pub** eigentlich wollten wir uns in der Kneipe treffen; **what's the ~ of keeping us all waiting?** was denken Sie sich eigentlich dabei, uns alle warten zu lassen? ③ (*suggestion, plan*) Idee *f*, Einfall *m*; **what a great ~!** was für eine glänzende Idee!; **I don't think it's a good ~ to ...** ich halte es für keine gute Idee, ...; **to bubble with good ~s** vor guten Einfällen nur so übersprudeln; **to give sb the ~ of doing sth** jdn auf die Idee [*o* den Gedanken] bringen, etw zu tun; **to toy with the ~ of doing sth** mit der Idee spielen, etw zu tun ④ (*knowledge*) Begriff *m*; **to not have the slightest [*or* faintest] ~** nicht die leiseste Ahnung [*o fam* den blassesten Schimmer] haben; **to give sb an ~ of sth** jdm eine [ungefähre] Vorstellung von etw *dat* geben; **to have an ~ of sth** eine Vorstellung von etw *dat* haben; **I've got a pretty good ~ why they left early** ich kann mir denken, warum sie so früh gegangen sind; **have you any ~ of what you're asking me to do?** weißt du eigentlich, um was du mich da bittest?; **to have no ~** keine Ahnung haben; **to have no ~ that ...** keine Ahnung [davon] haben, dass ... ⑤ (*conception*) Ansicht *f*, Auffassung *f*; **his ~ of a good evening is loads of booze** unter einem gelungenen Abend versteht er jede Menge Alkohol; ■**to not be sb's ~ of sth** nicht jds Vorstellung *f* von etw *dat* entsprechen; **this is not my ~ of fun** das verstehe ich nicht unter Spaß!

ideal [aɪ'dɪəl, -'di:əl, AM -'di:əl] **I.** *adj inv* ideal; **he is the ~ man for the job** er ist genau der Richtige für diesen Job; **~ weight** Idealgewicht *nt*; **in an ~ world** in einer Idealwelt; (*fig*) im Idealfall **II.** *n no pl* ① (*model of perfection*) Idealvorstellung *f*, Ideal *nt* ② (*principle*) Ideal *nt*; **to share the same ~s** die gleichen Ideale vertreten

ideal·ism [aɪ'dɪəlɪzəm, AM -'di:əl-] *n no pl a.* PHILOS Idealismus *m*

ideal·ist [aɪ'dɪəlɪst, AM -'di:əl-] *n* Idealist(in) *m(f)*

ideal·is·tic [ˌaɪdɪə'lɪstɪk, AM -di:ə'-] *adj* idealistisch

ideal·is·ti·cal·ly [ˌaɪdɪə'lɪstɪkli, AM -di:ə'-] *adv* idealistisch

ideali·za·tion [aɪˌdɪəlaɪ'zeɪʃən, AM -ˌdi:ələ-] *n* Idealisierung *f*, idealisierte Darstellung

ideal·ize [aɪ'dɪəlaɪz, AM -'di:ə-] *vt* ■**to ~ sb/sth** jdn/etw idealisieren

ideal·ized [aɪ'dɪəlaɪzd, AM -'di:ə-] *adj* idealisiert

ideal·ly [aɪ'dɪəli, AM -'di:ə-] *adv inv* ① (*best scenario*) idealerweise; **~, I'd like to live in the country** am liebsten würde ich auf dem Land wohnen ② (*perfectly*) genau richtig; **our guest house is ~ located for ...** unser Gästehaus ist idealer Ausgangspunkt für ...; **as a couple, they're ~ matched** die beiden sind echt geschaffen für einander

idée fixe <*pl* idées fixes> [ˌi:deɪ'fi:ks] *n* fixe Idee

iden·ti·cal [aɪ'dentɪkəl, AM -t̬ə-] *adj* identisch; ■**to be ~ to sth** mit etw *dat* identisch sein [*o* völlig übereinstimmen]

iden·ti·cal·ly [aɪ'dentɪkəli, AM -t̬ə-] *adv inv* identisch

iden·ti·cal 'twins *n* eineiige Zwillinge

iden·ti·fi·able [aɪˌdentɪ'faɪəbl̩, AM -t̬ə'-] *adj* erkennbar; *substance* nachweisbar

iden·ti·fi·ca·tion [aɪˌdentɪfɪ'keɪʃən, AM -t̬ə-] *n no pl* ① (*determination of identity*) *of a dead person, criminal* Identifizierung *f*; *of a problem, aims* Identifikation *f*; (*of a virus, plant*) Bestimmung *f* ② (*papers*) Ausweispapiere *pl*; **she had no ~ on her** sie konnte sich nicht ausweisen ③ (*sympathy*) Identifikation *f* (**with** mit +*dat*) ④ (*association*) Parteinahme *f*; **the politician's ~ with communism will not endear him to the voters** mit seinem Eintreten für den Kommunismus wird der Politiker bei den Wählern auf wenig Gegenliebe stoßen

iden·ti·fi·'ca·tion pa·pers *npl* Ausweispapiere *pl*

iden·ti·fy <-ie-> [aɪ'dentɪfaɪ, AM -t̬ə-] **I.** *vt* ① (*recognize*) ■**to ~ sb/sth** jdn/etw identifizieren ② (*establish identity*) ■**to ~ sb** jds Identität *f* feststellen; **the judge ordered that the child in this case should not be identified** der Richter entschied, den Namen des Kindes in diesem Fall nicht bekannt zu geben ③ (*associate*) ■**to ~ sb with sb/sth** jdn mit jdm/etw assoziieren [*o* in Verbindung bringen]; ■**to ~ oneself with sth** sich *akk* mit etw *dat* identifizieren **II.** *vi* ■**to ~ with sb** sich *akk* mit jdm identifizieren; ■**to be identified with sth** mit etw *dat* in Verbindung gebracht werden

iden·ti·kit® [aɪ'dentɪkɪt] **I.** *n* BRIT, AUS Phantombild *nt* **II.** *adj* ① (*made with identikit*) Phantom-; **~ picture** Phantombild *nt* ② (*pej: copied*) abgekupfert, nachgemacht, unoriginell

iden·ti·ty [aɪ'dentɪti, AM -t̬ət̬i] *n* ① (*who sb is*) Identität *f*; **you can use your driving licence as proof of ~** Sie können sich über Ihren Führerschein ausweisen; **but obviously it was a case of mistaken ~** doch offensichtlich handelte es sich [nur] um eine Verwechslung; **loss of ~** Identitätsverlust *m*; **to give sb a sense of ~** jdm das Gefühl einer eigenen Identität vermitteln ② (*identicalness*) Übereinstimmung *f*; **~ of interest** Interessengleichheit *f*

i'den·ti·ty card *n* [Personal]ausweis *m* **i'den·ti·ty cri·sis** *n* Identitätskrise *f* **i'den·ti·ty pa·rade** *n* BRIT Gegenüberstellung *f* (*bei der Polizei*)

ideo·gram ['ɪdɪə(ʊ)græm, AM -oʊ-] *n*, **ideo·graph** ['ɪdɪə(ʊ)grɑ:f, AM -oʊgræf] *n* LING Ideogramm *nt fachspr*

ideo·logi·cal [ˌaɪdiə(ʊ)'lɒdʒɪkəl, AM -lɑ:dʒɪ-] *adj* ideologisch

ideo·logi·cal·ly [ˌaɪdiə(ʊ)'lɒdʒɪkəli, AM -lɑ:dʒɪ-] *adv* ideologisch

ideolo·gist [ˌaɪdi'ɒlədʒɪst, AM -'ɑ:lə-] *n* Ideologe, -in *m, f*

ideo·logue ['aɪdiə(ʊ)lɒg, AM -əlɔ:g] *n* Ideologe, -in *m, f*

ideol·ogy [ˌaɪdi'ɒlədʒi, AM -'ɑ:lə-] *n* Ideologie *f*, Weltanschauung *f*

idio·cy ['ɪdiəsi] *n* (*foolishness*) Idiotie *f*, Schwachsinn *m*; (*act*)

Dummheit *f*

idiom [ˈɪdiəm] *n* LING ① (*phrase*) [idiomatische] Redewendung ② (*language*) Idiom *nt*, Sprache *f*; (*dialect*) Dialekt *m*, Mundart *f*

idio·mat·ic [ˌɪdiə(ʊ)ˈmætɪk, AM -əˈmæt̬-] *adj* idiomatisch

idio·syn·cra·sy [ˌɪdiə(ʊ)ˈsɪŋkrəsi, AM -oʊˈsɪn-] *n* ① (*peculiarity*) Eigenart *f*, Eigenheit *f* ② LING Idiosynkrasie *f*

idio·syn·crat·ic [ˌɪdiə(ʊ)sɪŋˈkrætɪk, AM -oʊsɪnˈkræt̬-] *adj* ① (*typical*) charakteristisch, typisch ② LING idiosynkratisch

idi·ot [ˈɪdiət] *n* ① (*pej*) Idiot *m pej*; **you stupid ~!** du blöder Idiot!; **that ~ sister of mine** meine dämliche Schwester; **I feel like a real ~** ich komme mir wie ein völliger Idiot vor ② (*old*) Idiot(in) *m(f)*, Schwachsinnige(r) *f(m)*

ˈidi·ot box *n* AM (*sl*) Glotze *f fam*

idi·ot·ic [ˌɪdiˈɒtɪk, AM -ˈɑːt̬ɪk] *adj* idiotisch; **how ~ of him to forget the map!** wie dumm von ihm, den Stadtplan zu vergessen!; **an ~ idea** eine hirnverbrannte Idee

idi·oti·cal·ly [ˌɪdiˈɒtɪkəli, AM -ˈɑːt̬ɪk-] *adv* idiotischerweise, blödsinnigerweise

idi·ot sa·vant <*pl* idiots savants *or* idiot savants> [ˌiːdiəʊsævˈɑ̃ː, AM ˌiːdiːoʊsævɑːn(t)] *n* Idiot Savant *m fachspr* (*geistig Zurückgebliebener, der auf einem bestimmten Gebiet außerordentliche Fähigkeiten hat*)

idle [ˈaɪdl] **I.** *adj* ① (*lazy*) faul, träge ② (*not working*) *people* ohne Beschäftigung *nach n*, untätig; *moment* müßig; *machines* außer Betrieb *präd*; **in my ~ moments I dream of sun-kissed beaches** in Zeiten der Muße träume ich von sonnenverwöhnten Stränden; **his bike lay ~ most of the time** sein Fahrrad stand die meiste Zeit unbenutzt herum; **the ~ rich** die reichen Müßiggänger; **to lie ~** *factory* stillstehen, stillliegen ③ (*pointless, unfounded*) **~ boast** bloße Angeberei; **~ chatter** hohles Geschwätz; **~ fear** unbegründete Angst; **~ rumours** reine Gerüchte; **~ speculation** reine Spekulation; **~ threat** leere Drohung ④ FIN unproduktiv; **~ capital** totes Kapital; **money lying ~** nicht angelegtes [*o* nicht arbeitendes] Geld; **to sit ~** brachliegen **II.** *vi* ① (*do nothing*) faulenzen, auf der faulen Haut liegen *fam*; ■**to ~ about** [*or* **around**] herumtrödeln *fam*, faulenzen ② (*engine*) leer laufen, im Leerlauf laufen
◆**idle away** *vi* **to ~ away [the] time** die Zeit vertrödeln *fam*

idle·ness [ˈaɪdlnəs] *n no pl* Müßiggang *m*; (*not doing anything*) Untätigkeit *f*

idler [ˈaɪdləʳ, AM -ɚ] *n* ① (*person*) Faulenzer *m*, Müßiggänger(in) *m(f)* ② TECH (*wheel*) leer laufendes Getriebeteil; (*pulley*) Laufrad *nt* (*am Flaschenzug*)

idling speed [ˈaɪdlɪŋ,-] *n* Leerlaufdrehzahl *f*

idly [ˈaɪdli] *adv* ① (*not doing anything*) untätig; **to stand ~ by** untätig dabeistehen ② (*lazily*) faul, träge

idol [ˈaɪdəl] *n* ① (*model*) Idol *nt*; ■**to be sb's ~** jds Idol *nt* [*o* großes Vorbild] sein ② REL Götzenidol *nt*, Götzenbild *nt*

idola·trous [aɪˈdɒlətrəs, AM -ˈdɑːlə-] *adj* REL götzendienerisch, Götzen-

idola·try [aɪˈdɒlətri, AM -ˈdɑːlə-] *n no pl* Götzenanbetung *f*, Götzenverehrung *f*; (*fig*) Vergötterung *f*

idol·ize [ˈaɪdəlaɪz] *vt* ■**to ~ sb/sth** jdn/etw vergöttern [*o* abgöttisch verehren]

idyll [ˈɪdəl, AM ˈaɪdəl] *n* ① (*blissful time*) Idyll *nt* ② LIT Idylle *f*

idyl·lic [ɪˈdɪlɪk, AM aɪ-] *adj* idyllisch

idyl·li·cal·ly [ɪˈdɪlɪkli, AM aɪ-] *adv* idyllisch

i.e. [ˌaɪˈiː] *n abbrev of* **id est** d.h.

if [ɪf] **I.** *conj* ① (*in case*) wenn, falls; **even ~ …** selbst [dann], wenn …; **I'll buy the rights to that Beatles song even ~ it costs me a fortune** ich kaufe die Rechte an diesem Beatles-song und wenn es mich ein Vermögen kosten sollte; ■**~ …, then …** wenn …, dann …; **~ A equals B and B equals C, then A equals C** wenn A gleich B und B gleich C, dann ist A gleich C; **please don't talk to me as ~ I were an idiot** rede bitte nicht mit mir, als ob ich ein Idiot wäre ② (*in exclamation*) **~ I had only known!** hätte ich es nur gewusst! ③ (*whether*) ob ④ (*although*) wenn auch; **that's a comfortable ~ old-fashioned sofa** das Sofa ist [zwar] altmodisch, dafür aber bequem ▶PHRASES: **~ anyone/anything/anywhere** wenn überhaupt; **turn the music down? it needs to be louder ~ anything!** die Musik leiser stellen? wenn schon gehört sie lauter gestellt!; **barely/hardly/rarely … ~ at all** kaum …, wenn überhaupt; **~ ever** wenn [überhaupt] je[mals]; **~ we ever got along, it was during our courtship** falls wir je miteinander ausgekommen sind, dann in der Verlobungszeit; **little/few ~ any** wenn [überhaupt], dann wenig/wenige, wenig/wenige …, wenn überhaupt; **the desert gets little ~ any rain** über der Wüste regnet es allenfalls wenig; **… ~ not … …,** wenn nicht [sogar] …; **~ only to do sth you should get a job, ~ only to stop you from being bored at home** du solltest dir eine Arbeit suchen, und sei es auch nur als Mittel gegen die Langeweile zu Hause; **~ only for … let's take a break, ~ only for a minute** machen wir eine Pause, und sei's auch nur für eine Minute **II.** *n* Wenn *nt*; **there's a big ~ hanging over the project** über diesem Projekt steht noch ein großes Fragezeichen ▶PHRASES: **no ~s and** [*or* **or**] **buts** kein Wenn und Aber *fam*

if·fy [ˈɪfi] *adj* (*fam*) ungewiss, unsicher, fraglich

ig·loo [ˈɪgluː] *n* Iglu *m o nt*

ig·ne·ous [ˈɪgniəs] *adj inv* vulkanisch, Eruptiv- *fachspr*

ig·nite [ɪgˈnaɪt] **I.** *vi* sich entzünden, Feuer fangen; ELEC zünden **II.** *vt* (*form*) ■**to ~ sth** etw anzünden [*o* anstecken]; (*fig: set in motion*) etw entfachen; **that murder was the spark which ~d the explosion of rioting** dieser Mord war der Funke ins Pulverfass, der die Krawalle erst richtig anfachte

ig·ni·tion [ɪgˈnɪʃən] *n* ① AUTO Zündung *f*; **he put the key in the ~** er steckte den Schlüssel ins Zündschloss; AEROSP **we have ~** wir haben gezündet; **to switch** [*or* **turn**] **the ~ on** die Zündung betätigen ② *no pl* (*form: igniting*) Entzünden *nt*

ig·ˈni·tion coil *n* MECH Zündspule *f* **ig·ˈni·tion key** *n* MECH Zündschlüssel *m*

ig·no·ble [ɪgˈnəʊbl, AM -ˈnoʊ-] *adj* (*liter*) schändlich, unehrenhaft

ig·no·bly [ɪgˈnəʊbli, AM -ˈnoʊ-] *adv* (*liter*) unehrenhaft, schändlich

ig·no·mini·ous [ˌɪgnə(ʊ)ˈmɪniəs, AM -ˈnəˈ-] *adj* (*liter*) schmachvoll, schändlich; (*humiliating*) entwürdigend; **~ behaviour** schändliches Verhalten; **~ defeat** schmähliche Niederlage

ig·no·mini·ous·ly [ˌɪgnə(ʊ)ˈmɪniəsli, AM -nəˈ-] *adv* (*liter*) schmachvoll, schändlich; (*humiliatingly*) entwürdigend

ig·no·miny [ˈɪgnəmɪni] *n no pl* Schmach *f*, Schande *f*

ig·no·ra·mus [ˌɪgnəˈreɪməs] *n* (*form or hum*) Ignorant(in) *m(f)*, Nichtskönner(in) *m(f)*

ig·no·rance [ˈɪgnərən(t)s] *n no pl* (*unawareness*) Ignoranz *f*, Unwissenheit *f* (**about** über +*akk*); **to be left** [*or* **kept**] **in ~ of sth** über etw *akk* im Unklaren gelassen werden ▶PHRASES: **~ is bliss** selig sind die Unwissenden; **we could tell Mary, but ~ is bliss** wir könnten es Mary erzählen, aber was sie nicht weiß, macht sie nicht heiß *fam*

ig·no·rant [ˈɪgnərənt] *adj* unwissend, ungebildet; ■**to be ~ about sth** sich *akk* in etw *dat* nicht auskennen; ■**to be ~ of sth** von etw *dat* keine Ahnung haben *fam*

ig·nore [ɪgˈnɔːʳ, AM ˈnɔːr] *vt* ■**to ~ sb/sth** jdn/etw ignorieren [*o* nicht beachten]; **I can't ~ the fact that he lied to me** ich kann nicht einfach so darüber hinwegsehen, dass er mich belogen hat; ■**to ~ sb** (*on purpose*) jdn übergehen; **to ~ a remark** eine Bemerkung überhören

igua·na [ɪˈgwɑːnə] *n* Leguan *m*

ikon *n see* **icon**

ilk [ɪlk] *n no pl* (*pej liter*) **people of that ~** solche Leute; **I can't stand game show hosts and others of their ~** ich kann TV-Moderatoren und solche Typen einfach nicht ausstehen

I'll [aɪl] = **I will** *see* **will**

ill [ɪl] **I.** *adj inv* ① (*sick*) krank; **I feel ~** mir ist gar nicht gut;

ignorance

expressing a lack of knowledge	Nichtwissen ausdrücken
I don't know (either).	**Das weiß ich (auch) nicht.**
Don't know./Dunno. (*fam*)	**Weiß nicht.** (*fam*)
No idea!	**Keine Ahnung!**
I haven't the foggiest (*fam*)**/faintest (idea).**	**Hab keinen blassen Schimmer.** (*fam*)
I'm afraid I don't know anything about that.	**Ich kenne mich da leider nicht aus.**
That I don't know.	**Da kenne ich mich nicht aus.**
You've got me there.	**Da bin ich überfragt.**
How should I know?	**Woher soll ich das wissen?**
That's new to me.	**Darüber weiß ich nicht Bescheid.**
I have no knowledge of the exact number.	Die genaue Anzahl **entzieht sich meiner Kenntnis.** (*form*)

she's making herself ~ with worry sie macht sich vor lauter Sorgen noch ganz krank; **to be critically ~** in Lebensgefahr schweben; **to fall** [*or* **be taken**] **~** krank werden, erkranken; ■**to be ~ with sth** an etw *dat* erkrankt sein; **my sister is ~ with a cold** meine Schwester hat eine Erkältung ❷ (*bad*) schlecht, übel; (*harmful*) schädlich; (*unfavourable*) unerfreulich, schlecht; **he doesn't bear you any ~ will** er trägt dir nichts nach; **no ~ feeling?** du bist mir doch nicht böse?; **no ~ feeling!** Schwamm drüber!; **to suffer no ~ effects** keine negativen Auswirkungen verspüren; **~ fortune** Pech *nt,* unglückliche Fügung; **~ health** angegriffene [*o* schlechte] Gesundheit; **an ~ omen** ein schlechtes [*o* böses] Omen ❸ AM (*sl*) megacool *sl,* spitzenmäßig *fam;* ■**to be ~** Spitze sein *fam* ▶PHRASES: **it's an ~ wind that blows nobody any good** (*prov*) es gibt nichts, das nicht zu irgendetwas gut wäre **II.** *adv inv* (*form or dated: badly*) schlecht, nachteilig; **they lost a lot of money at a time when they could ~ afford it** ausgerechnet als sie es sich kaum leisten konnten, verloren sie eine Menge Geld; (*form or hum*) **it ~ behaves you to criticize me** es steht dir wirklich nicht zu, mich zu kritisieren; **to bode** [*or* **augur**] **~** nichts Gutes verheißen, ein schlechtes Zeichen sein; **to speak ~ of sb** schlecht über jdn [*o* von jdm] sprechen; **don't speak ~ of the dead!** die Toten soll man ruhen lassen! **III.** *n* ❶ (*problems*) ■**~s** *pl* Missstände *mpl,* Übel *nt* ❷ (*people*) ■**the ~** *pl* Kranke *pl;* **a day centre for the mentally ~** ein Tageszentrum für psychisch Kranke

ill-ad·'vised *adj* unklug; ■**to be ~ to do sth** schlecht beraten sein, etw zu tun **ill-as·'sort·ed** *adj esp* BRIT, AUS [kunter]bunt zusammengewürfelt (*ohne dass es besonders gut zusammenpasst*) **ill at 'ease** *adj* unbehaglich; **to feel ~ with sb** sich *akk* in jds Gegenwart *f* unbehaglich fühlen **ill-'bred** *adj* schlecht erzogen, ungezogen **ill-'breed·ing** *n* schlechte Erziehung **ill-con·'ceived** *adj* schlecht durchdacht **ill-dis·'posed** *adj* übel gesinnt; ■**to be ~ towards sb/sth** jdm/etw ablehnend gegenüberstehen [*o* nicht wohlgesonnen sein]

il·legal [ɪ'li:gəl] **I.** *adj* ungesetzlich, rechtswidrig, illegal **II.** *n esp* AM (*fam*) Illegale(r) *f(m)*

il·legal 'im·mi·grant *n* illegaler Einwanderer/illegale Einwanderin

il·legal·ity [ˌɪli:'gæləti, AM -t̬i] *n* Illegalität *f,* Ungesetzlichkeit *f,* Gesetzwidrigkeit *f;* SPORTS Regelwidrigkeit *f*

il·legal·ly [ɪ'li:gəli] *adv* ungesetzlich, illegal; **he was convicted of ~ importing cigarettes** er wurde wegen illegaler Einfuhr von Zigaretten verurteilt; **to park ~** widerrechtlich [*o fam* falsch] parken

il·leg·ible [ɪ'ledʒəbl] *adj* unleserlich

il·legi·bly [ɪ'ledʒəbli] *adv* unleserlich

il·le·giti·ma·cy [ˌɪlɪ'dʒɪtəməsi, AM -'dʒɪt̬-] *n no pl* ❶ (*having unmarried parents*) Unehelichkeit *f* ❷ (*against the law*) Unrechtmäßigkeit *f,* Unzulässigkeit *f; of a government* Ungesetzlichkeit *f*

il·le·giti·mate [ˌɪlɪ'dʒɪtəmət, AM -'dʒɪt̬-] *adj inv* ❶ (*child*) unehelich, nichtehelich *fachspr* ❷ (*unauthorized*) unrechtmäßig, unzulässig

ill-e'quipped *adj* schlecht ausgestattet; ■**to be ~ to do sth** (*lack of equipment*) für etw *akk* nicht die nötigen Mittel haben; (*lack of ability*) nicht über die notwendigen Kenntnisse verfügen, um etw tun zu können **ill-'fat·ed** *adj person* vom Unglück [*o* Pech] verfolgt; **the ~ expedition left at dawn** die unselige Expedition brach in der Morgendämmerung auf **ill-'fa·voured,** AM **ill-'fa·vored** *adj* unerfreulich, unschön **ill-'fit·ting** *adj clothes, shoes, dentures* schlecht sitzend *attr* **ill-'got·ten** *adj attr* unrechtmäßig erworben ▶PHRASES: **~ gains never prosper** (*prov*) unrecht Gut gedeiht nicht

il·lib·er·al [ɪ'lɪbərəl] *adj* (*form*) ❶ (*repressive*) illiberal *geh,* unterdrückerisch ❷ (*narrow-minded*) engstirnig, intolerant

il·lic·it [ɪ'lɪsɪt] *adj* [gesetzlich] verboten; **~ sale of liquor** Schwarzverkauf *m* von Alkohol; **~ trade** Schwarzhandel *m*

il·lic·it·ly [ɪ'lɪsɪtli] *adv* verbotenerweise, illegalerweise

il·lim·it·able [ɪ'lɪmɪtəbl̩, AM -t̬ə-] *adj* grenzenlos, unbegrenzt; *sky* endlos; *ocean* unendlich

ill-in·'formed *adj* ❶ (*wrongly informed*) falsch informiert [*o* unterrichtet] ❷ (*ignorant*) schlecht [*o* unzureichend] informiert; **~ criticism** *Kritik, die jeglicher Sachkenntnis entbehrt;* **an ~ speech** *eine Rede, die von Unkenntnis geprägt ist*

il·lit·era·cy [ɪ'lɪtərəsi, AM -lɪt̬-] *n no pl* Analphabetentum *nt,* Analphabetismus *m*

il·'lit·era·cy rate *n* Zahl *f* der Analphabeten

il·lit·er·ate [ɪ'lɪtərət, AM -lɪt̬-] **I.** *n* Analphabet(in) *m(f)* **II.** *adj* des Lesens und Schreibens nicht kundig *präd,* analphabetisch; (*fig, pej*) ungebildet, unkultiviert; **many people are computer-~** viele Leute können nicht mit einem Computer umgehen

ill-'man·nered *adj* mit schlechtem Benehmen *nach n,* unhöflich; **an ~ child** ein ungezogenes Kind **ill-'na·tured** *adj* boshaft, bösartig

ill·ness ['ɪlnəs] *n* Krankheit *f,* Erkrankung *f*

il·logi·cal [ɪ'lɒdʒɪkəl, AM -'lɑ:-] *adj* unlogisch

il·logi·cal·ity [ɪˌlɒdʒɪ'kæləti, AM -ˌlɑ:dʒɪ'kæləţi] *n no pl* Unlogik *f,* Mangel *m* an Logik

il·logi·cal·ly [ɪ'lɒdʒɪkəli, AM -'lɑ:dʒ-] *adv* unlogisch, ohne [jede] Logik *präd*

ill-'omened *adj* unheilvoll; **everything about their engagement was ~** ihre Verlobung stand unter einem Unglücksstern **ill-'starred** *adj* unglücklich, vom Pech verfolgt; **the tourist party had been ~ from the beginning** die Reisegesellschaft stand von Anfang an unter keinem guten Stern **ill-'tem·pered**

adj (*at times*) schlecht gelaunt; (*by nature*) mürrisch, übellaunig **ill-'timed** *adj* [zeitlich] ungünstig, ungelegen **ill-'treat** *vt* ■**to ~ sb** jdn misshandeln **ill-'treat·ment** *n* Misshandlung *f*, schlechte Behandlung

il·lu·mi·nate [ɪ'lu:mɪneɪt] *vt* ■**to ~ sth** etw erhellen; (*spotlight*) etw beleuchten [*o* anstrahlen]; (*fig*) etw erläutern [*o* [genauer] beleuchten]; **~d letters** kolorierte Buchstaben (*etwa die prachtvoll ausgemalten Initialen alter Codices*)

il·lu·mi·nat·ing [ɪ'lu:mɪneɪtɪŋ, AM -ţ-] *adj* (*form*) aufschlussreich

il·lu·mi·na·tion [ɪˌlu:mɪ'neɪʃən] *n* ❶ *no pl* (*form: light*) Beleuchtung *f*, Lichtquelle *f* ❷ *no pl* (*in books*) Buchmalerei *f*, Illumination *f fachspr* ❸ BRIT (*decorative lights*) ■**~s** *pl* Festbeleuchtung *f*

il·lu·sion [ɪ'lu:ʒən] *n* (*misleading appearance*) Trugbild *nt*, Illusion *f*; (*false impression*) Täuschung *f*, Illusion *f*; **to create the ~ of sth** die Illusion [*o* den [trügerischen] Eindruck] erwecken, dass ...; **to have** [*or* **be under**] **no ~s** [**about sth**] sich *dat* keine Illusionen [über etw *akk*] machen; **to labour under the ~ that ...** sich *akk* der Illusion hingeben, dass ..., sich *dat* einbilden, dass ...

il·lu·sion·ist [ɪ'lu:ʒənɪst] *n* Illusionist(in) *m(f)*, Zauberkünstler(in) *m(f)*

il·lu·sive [ɪ'lu:sɪv] *adj*, **il·lu·sory** [ɪ'lu:səri] *adj* ❶ (*deceptive*) illusorisch, trügerisch ❷ (*imaginary*) imaginär

il·lus·trate ['ɪləstreɪt] *vt* ■**to ~ sth** ❶ (*add pictures to*) etw illustrieren [*o* bebildern]; **he ~d his talk with a selection of slides** er veranschaulichte seinen Vortrag durch diverse Dias ❷ (*fig: show more clearly*) etw aufzeigen

il·lus·trat·ed ['ɪləstreɪtɪd, AM -ţ-] *adj* illustriert, bebildert

il·lus·tra·tion [ˌɪlə'streɪʃən] *n* ❶ (*drawing*) Illustration *f*, Abbildung *f* ❷ (*fig: example*) Beispiel *nt*; **by way of ~** zur Veranschaulichung

il·lus·tra·tive ['ɪləstrətɪv, AM ɪ'lʌstrəţɪv] *adj* (*form*) erläuternd, verdeutlichend, beispielhaft; ■**to be ~ of sth** beispielhaft [*o* bezeichnend] für etw *akk* sein

il·lus·tra·tor ['ɪləstreɪtəʳ, AM -ţɚ] *n* Illustrator(in) *m(f)*

il·lus·tri·ous [ɪ'lʌstri:əs] *adj* (*form*) *person* berühmt, illustere(r, s) *attr geh*; **~ deed** glanzvolle Tat

ill-'will *n* böswillige Gesinnung, Feindseligkeit *f*; **to bear sb ~, to feel ~ for sb** einen Groll auf jdn haben [*o* gegen jdn hegen]

I'm [aɪm] = **I am** *see* **be**

im·age ['ɪmɪdʒ] **I.** *n* ❶ (*likeness*) Ebenbild *nt*, Abbild *nt*; **to be the living** [*or fam* **spitting**] **~ of sb** jdm wie aus dem Gesicht geschnitten sein ❷ (*picture*) Bild *nt*, Bildnis *nt*; (*sculpture*) Skulptur *f* ❸ (*mental picture*) Vorstellung *f*, Bild *nt* ❹ (*reputation*) Image *nt*, Ruf *m* ❺ LIT Metapher *f*, Bild *nt* **II.** *vt* ■**to ~ sth** sich *dat* etw vorstellen, etw imaginieren *geh*

'im·age·mak·er *n* Imagemacher(in) *m(f)*

im·age·ry ['ɪmɪdʒəri] *n no pl* LIT Metaphorik *f*, Bildersprache *f*

im·agi·nable [ɪ'mædʒɪnəbl] *adj* vorstellbar, erdenklich, denkbar; **in all ~ subjects** in allen erdenklichen Fächern

im·agi·nary [ɪ'mædʒɪnəri, AM -dʒəneri] *adj* imaginär, eingebildet

im·agi·nary 'num·ber *n* MATH imaginäre Zahl

im·agi·na·tion [ɪˌmædʒɪ'neɪʃən] *n* Fantasie *f*, Vorstellungskraft *f*; **this is all** [**in**] **your ~!** das bildest du dir alles nur ein!; **use your ~!** lassen Sie doch mal Ihre Fantasie spielen!; **lack of ~** Fantasielosigkeit *f*; **not by any stretch of the ~** beim besten Willen [*o* bei aller Liebe] nicht; **to catch sb's ~** jdn fesseln [*o* in seinen Bann ziehen]; **to leave nothing to the ~** für die Fantasie keinen Platz [mehr] lassen

im·agi·na·tive [ɪ'mædʒɪnətɪv, AM -ţ-] *adj* fantasievoll, einfallsreich

im·agi·na·tive·ly [ɪ'mædʒɪnətɪvli, AM -ţ-] *adv* fantasievoll, einfallsreich

im·ag·ine [ɪ'mædʒɪn] *vt* ❶ (*form mental image*) ■**to ~ sb/sth** sich *dat* jdn/etw vorstellen; **you can just ~ how I felt** Sie können sich bestimmt ausmalen, wie ich mich gefühlt habe; ■**to ~ oneself doing sth** sich *dat* vorstellen, etw zu tun ❷ (*suppose*) ■**to ~ sth** sich *dat* etw denken; **I ~ her father couldn't come** ich gehe davon aus, dass ihr Vater nicht kommen konnte; **I cannot ~ what you mean** ich weiß wirklich nicht, was du meinst; **I can't ~ how this could happen** ich kann mir nicht erklären, wie das passieren konnte ❸ (*be under the illusion*) ■**to ~ sth** etw glauben; **don't ~ that you'll get a car for your birthday** glaub ja nicht, dass du zum Geburtstag ein Auto bekommst! ▶PHRASES: **to be imagining things** sich *dat* [ständig] etwas einbilden; **~ that!** stell dir das mal vor!

im·agi·neer·ing [ɪˌmædʒɪ'nɪərɪŋ, AM -'nɪrɪŋ] **I.** *n* Ausdenken und Durchführen *nt* **II.** *adj attr group, research* planend und durchführend; **~ team** für die Planung und Umsetzung verantwortliches Team

imam [ɪ'mɑ:m] *n* ❶ (*Islamic leader*) Imam *m*, Gelehrter *m* des Islams ❷ (*prayer leader*) Imam *m*, Vorbeter *m* in der Moschee

IMAX® ['aɪmæks] *n* IMAX® *nt*

im·bal·ance [ɪm'bælən(t)s] *n* Ungleichgewicht *nt*, Missverhältnis *nt*; **trade ~** ECON [Außen]handelsungleichgewicht *nt*, [Außen]handelsdefizit *nt*

im·becile ['ɪmbəsi:l, AM -sɪl] **I.** *n* ❶ (*stupid person*) Dummkopf *m pej*, Schwachkopf *m pej*, Idiot *m pej fam*; **to behave like an ~** sich *akk* wie ein Vollidiot benehmen *pej fam* ❷ MED [mittelgradig] Schwachsinnige(r) *f(m)* **II.** *adj* ❶ (*stupid*) schwachsinnig *pej fam*, idiotisch *pej fam*, blöd ❷ MED imbezil *fachspr*, mittelgradig schwachsinnig

im·becil·ic [ˌɪmbə'sɪlɪk] *adj see* **imbecile II. 1**

im·bed <-dd-> *vt* AM *see* **embed**

im·bibe [ɪm'baɪb] **I.** *vt* ❶ (*form: drink*) ■**to ~ sth** etw einsaugen, etw [in sich *akk* hin]einschlürfen; **to ~ beer/wine** (*hum*) sich *akk* an Bier/Wein gütlich tun ❷ (*fig: absorb*) ■**to ~ sth** etw übernehmen [*o* sich *dat* zu eigen machen]; **to ~ propaganda/a philosophy** Propaganda/eine Weltanschauung [in sich *akk*] aufsaugen **II.** *vi* (*form or hum*) sich *dat* einen genehmigen *fam o hum*; **he tends to ~ too freely** er neigt dazu, zu tief ins Glas zu schauen

im·bro·glio [ɪm'brəʊliəʊ, AM -'broʊlioʊ] *n* (*liter*) Hexenkessel *m*

im·bue [ɪm'bju:] *vt usu passive* ❶ (*inspire*) ■**to ~ sb with sth** jdn mit etw *dat* erfüllen, jdm etw einflößen *fig* ❷ (*form: soak*) ■**to ~ sth** etw benetzen [*o* durchtränken]; (*dye*) etw [ein]färben

IMF [ˌaɪem'ef] *n no pl abbrev of* **International Monetary Fund**: ■**the ~** der IWF

imi·tate ['ɪmɪteɪt] *vt* ■**to ~ sth/sb** etw/jdn imitieren [*o* nachahmen]; **to ~ a style** einen Stil kopieren

imi·ta·tion [ˌɪmɪ'teɪʃən] **I.** *n* ❶ *no pl* (*mimicry*) Nachahmung *f*, Imitation *f* ❷ (*act of imitating*) Nachahmen *nt*, Imitieren *nt*; **to do an ~ of sb/sth** jdn/etw nachmachen [*o* imitieren] ❸ (*copy*) Kopie *f*; **to be a cheap/pale ~** eine billige/schlechte Kopie sein **II.** *n modifier* (*leather, silk*) Kunst-; (*pearl, gold, silver*) unecht, künstlich; **~ diamonds** unechte Diamanten *mpl*; **~ fur** Pelzimitation *f*

imi·ta·tive ['ɪmɪtətɪv, AM -teɪţɪv] *adj* ❶ (*esp pej: copying*) imitierend *meist pej*; **he's an ~ artist** er ist ein Künstler, der andere kopiert; **an ~ call** Lockruf *m* (*der Jäger*) ❷ (*onomatopoeic*) lautmalerisch

imi·ta·tor ['ɪmɪteɪtəʳ, AM -teɪţɚ] *n* Nachahmer(in) *m(f)*; **of voices** Imitator(in) *m(f)*

im·macu·late [ɪ'mækjələt] *adj* (*approv: neat*) makellos; (*flawless*) perfekt, makellos; *garden* säuberlich gepflegt; **an ~ performance** eine Bilderbuchvorstellung

Im·macu·late Con·'cep·tion *n no pl* REL ■**the ~** die Unbefleckte Empfängnis

im·macu·late·ly [ɪ'mækjələtli] *adv* (*neatly*) sehr ordentlich, säuberlich; (*flawlessly*) perfekt, makellos

im·ma·nence ['ɪmənən(t)s] *n no pl* PHILOS Immanenz *f fachspr*

im·ma·nent ['ɪmənənt] *adj* innewohnend, innerlich vorhanden; PHILOS immanent *fachspr*; ■**to be ~ in sth** etw *dat* zu eigen [*o* *fachspr* inhärent] sein *geh*

im·ma·terial [ˌɪmə'tɪəriəl, AM -'tɪriəl] *adj inv* ❶ (*not important*) unwesentlich, unwichtig; **that's ~** das spielt keine Rolle ❷ (*not physical*) immateriell

im·ma·ture [ˌɪmə'tjʊəʳ,, AM -'tʃʊr-, 'tʊr] *adj* ❶ (*pej: not mature*) unreif; (*childish*) kindisch *meist pej* ❷ (*not developed*) unreif; (*sexually*) nicht geschlechtsreif; **an ~ fruit** eine unreife Frucht; **an ~ plan** ein unausgereifter Plan; **an ~ wine** ein junger Wein

im·ma·tur·ity [ˌɪmə'tjʊərəti, AM -'tʃʊrəṭi, -'tʊrəṭi] *n no pl* Unreife *f*

im·meas·ur·able [ɪ'meʒᵊrəbl̩] *adj inv* (*limitless*) grenzenlos, unermesslich; (*great*) *influence* riesig; **an ~ advantage** ein Riesenvorteil *m;* **to have an ~ effect** einen gewaltigen Einfluss haben

im·meas·ur·ably [ɪ'meʒᵊrəbli] *adv inv* unendlich, unermesslich, enorm; **to be ~ better/greater/simpler** unvergleichlich [viel] besser/größer/einfacher sein

im·media·cy [ɪ'mi:diəsi] *n no pl* Unmittelbarkeit *f; of a problem* Aktualität *f;* (*relevance*) Relevanz *f,* Bedeutung *f;* (*nearness*) Nähe *f;* **the article gave a real sense of ~ to the civil war** der Artikel ließ den Bürgerkrieg hautnah erscheinen

im·medi·ate [ɪ'mi:diət] *adj* ❶ (*without delay*) umgehend, sofortig *attr,* prompt; **to take ~ action/effect** augenblicklich handeln/wirken; **~ consequences** unmittelbare Konsequenzen ❷ *attr* (*close*) unmittelbar; **in the ~ area/vicinity** in der unmittelbaren Umgebung/Nachbarschaft; **sb's ~ boss/superior** jds unmittelbarer [*o* direkter] Chef/Vorgesetzter; **sb's ~ family** jds nächste Angehörige; **sb's ~ friends** jds engste Freunde; **in ~ future** in nächster Zukunft ❸ (*direct*) direkt; **~ cause** unmittelbarer Grund; **an ~ result** ein sofortiges Ergebnis ❹ (*current*) augenblicklich, unmittelbar; **~ concerns/problems/needs** dringende Anliegen/Probleme/Bedürfnisse

im·medi·ate·ly [ɪ'mi:diətli] **I.** *adv* ❶ (*at once*) sofort, gleich; **~ after she'd gone, the boys started to mess about** sie war kaum gegangen, als die Jungen auch schon anfingen, alles in Unordnung zu bringen ❷ (*closely*) direkt, unmittelbar; **he stood ~ behind me** er stand direkt hinter mir; **was the president ~ involved in the scandal?** war der Präsident unmittelbar in den Skandal verwickelt? **II.** *conj* BRIT sobald

im·medi·ate·ness [ɪ'mi:diətnəs] *n no pl see* **immediacy**

im·memo·rial [ˌɪmɪ'mɔ:riəl] *adj inv* (*liter*) uralt; **from** [*or* **since**] **time ~** seit Urzeiten, von alters her *geh*

im·mense [ɪ'men(t)s] *adj inv* riesig, enorm; **an ~ amount of money** eine riesige [*o* enorme] Menge Geld; **an ~ amount of time** eine Ewigkeit; **to be of ~ importance** immens [*o* überaus] wichtig sein

im·mense·ly [ɪ'men(t)sli] *adv inv* extrem, ungeheuer

im·men·si·ty [ɪ'men(t)səti, AM -səṭi] *n* ❶ *no pl* (*largeness*) Größe *f* ❷ *usu pl* (*boundlessness*) Endlosigkeit *f kein pl;* **the immensities of space** die Weiten *fpl* des Weltraums

im·merse [ɪ'mɜ:s, AM ɪ'mɜ:rs] *vt* ❶ (*dunk*) ■**to ~ sth** etw eintauchen; **~ the shells in boiling water for two minutes** geben Sie die Muscheln für zwei Minuten in kochendes Wasser ❷ (*become absorbed in*) ■**to ~ oneself in sth** sich *akk* in etw *akk* vertiefen; **to be ~d in a book/one's thoughts/one's work** in ein Buch/in Gedanken/in seine Arbeit vertieft sein ❸ (*baptize*) ■**to ~ sb** jdn untertauchen (*als Taufhandlung*)

im·mer·sion [ɪ'mɜ:ʃᵊn, -ʒᵊn, AM ɪ'mɜ:r-] *n* ❶ (*dunking*) Eintauchen *nt,* Untertauchen *nt;* (*baptizing*) Ganztaufe *f* ❷ *no pl* (*absorption*) Vertiefung *f fig* ❸ *no pl esp* AM (*teaching method*) *Unterrichtsmethode, bei der ausschließlich die zu erlernende Sprache verwendet wird*

im·'mer·sion course *n Sprachkurs, in dem ausschließlich die zu erlernende Sprache verwendet wird* **im·'mer·sion heat·er** *n* Tauchsieder *m*

im·mi·grant ['ɪmɪgrənt] **I.** *n* Einwanderer(in) *m(f),* Immigrant(in) *m(f)* **II.** *n modifier* (*numbers, vote, neighbourhood, worker*) Immigranten-, Einwanderer-; **~ family** Einwandererfamilie *f,* Immigrantenfamilie *f;* **the ~ population** die Einwanderer *pl*

im·mi·grate ['ɪmɪgreɪt] *vi* einwandern, immigrieren; **the whole family ~d to America** die ganze Familie wanderte nach Amerika aus

im·mi·gra·tion [ˌɪmɪ'greɪʃᵊn] *n no pl* ❶ (*action*) Einwanderung *f,* Immigration *f* ❷ (*immigration control*) Grenzkontrolle *f* ❸ AM (*immigration control*) ■**~s** *pl* ≈ Grenzschutz *m* (*an Flughäfen*); **~s and customs** Bereich *m* der Personen- und Zollkontrolle (*auf Flughäfen*)

im·mi·'gra·tion con·trol *n* Grenzkontrolle *f* (*zur Vermeidung illegaler Einwanderung*) **im·mi·'gra·tion coun·try** *n* Einwanderungsland *nt* **im·mi·'gra·tion laws** *npl* Einwanderungsgesetze *ntpl* **im·mi·'gra·tion of·fic·er** *n* Beamte(r) *f(m),* Beamtin der Einwanderungsbehörde; (*at the border*) Grenzbeamte(r) *f(m)*

im·mi·nence ['ɪmɪnən(t)s] *n no pl* Bevorstehen *nt;* **each of them reacted to the ~ of death in a different way** jeder von ihnen reagierte anders auf den bevorstehenden Tod; **the ~ of an attack** der drohende Angriff

im·mi·nent ['ɪmɪnənt] *adj* bevorstehend *attr;* **~ danger** drohende Gefahr

im·mo·bile [ɪ'məʊbaɪl, AM ɪ'moʊbᵊl] *adj* ❶ (*motionless*) *stand* unbeweglich, bewegungslos; *sit* regungslos; (*unable to move*) unbeweglich ❷ *pred* (*fig fam: not have transportation*) **to be ~** nicht motorisiert sein; **to be rendered ~** zum Stillstand gebracht werden; **without public transport, the whole city would be rendered ~** ohne öffentliche Verkehrsmittel wäre die ganze Stadt lahm gelegt

im·mo·bil·ity [ˌɪməʊ'bɪləti, AM ˌɪmoʊ'bɪləṭi] *n no pl* (*motionlessness*) Bewegungslosigkeit *f,* Unbewegtheit *f;* (*of building, object*) Unbeweglichkeit *f;* (*because of damage*) Bewegungsunfähigkeit *f*

im·mo·bi·li·za·tion [ɪˌməʊbᵊlaɪ'zeɪʃᵊn, AM -ˌmoʊbəlɪ'-] *n no pl* Unbeweglichmachen *nt,* Stilllegung *f*

im·mo·bi·lize [ɪ'məʊbᵊlaɪz, AM -'moʊ-] *vt* ❶ (*prevent from functioning*) ■**to ~ sth** etw lahmlegen; **to ~ an army** eine Armee außer Gefecht setzen; **to ~ a car/machine** einen Wagen/eine Maschine betriebsuntauglich machen; (*render motionless*) ■**to ~ sb** jdn bewegungsunfähig machen; **his indecision/fear ~d him** seine Unentschlossenheit/Angst lähmte ihn ❷ (*set in cast*) **my leg was ~d in a plaster cast** mein Bein wurde mit einem Gipsverband ruhig gestellt

im·mo·bi·liz·er [ɪ'məʊbᵊlaɪzəʳ, AM -'moʊbᵊlaɪzɚ] *n* AUTO Wegfahrsperre *f*

im·mo·der·ate [ɪ'mɒdᵊrət, AM -'mɑ:dɚ-] *adj* maßlos; **~ demands** übertriebene Forderungen; **~ drinking** übermäßiger Alkoholkonsum

im·mo·der·ate·ly [ɪ'mɒdᵊrətli, AM -'mɑ:dɚ-] *adv* maßlos; **to drink ~** exzessiv trinken; **to laugh ~** übertrieben [*o* aufdringlich] lachen

im·mod·est [ɪ'mɒdɪst, AM ɪ'mɑ:d-] *adj* (*pej*) ❶ (*conceited*) eingebildet *pej,* überheblich ❷ (*indecent*) *clothing* unanständig

im·mod·est·ly [ɪ'mɒdɪstli, AM ɪ'mɑ:d-] *adv* (*pej*) ❶ (*conceitedly*) eingebildet *pej,* überheblich, unbescheiden ❷ (*indecently*) unanständig; *dress* freizügig

im·mod·es·ty [ɪ'mɒdəsti, AM ɪ'mɑ:də-] *n no pl* (*pej*) ❶ (*conceit*) Überheblichkeit *f* ❷ (*indecency*) Ungehörigkeit *f,* Unschicklichkeit *f*

im·mo·late ['ɪməʊleɪt, AM 'ɪməleɪt] *vt* REL (*form: sacrifice*) ■**to ~ an animal** ein Tier [rituell] opfern [*o* schlachten]; (*fig*) ■**to ~ sth to sb** jdm etw *akk* [auf]opfern

im·mo·la·tion [ˌɪmə(ʊ)'leɪʃᵊn, AM ˌɪmə'-] *n no pl* REL (*form*) [rituelles] Opfer

im·mor·al [ɪ'mɒrᵊl, AM ɪ'mɔ:r-] *adj* unmoralisch

im·mor·al 'earn·ings *npl* LAW Einnahmen *pl* aus der Prostitution

im·mo·ral·ity [ˌɪmə'ræləti, AM -mɔ:'ræləṭi] *n* ❶ *no pl* (*character-*

istic) Unmoral *f,* Sittenlosigkeit *f* ❷ (*act*) Sittenverstoß *m;* **to commit immoralities** unanständige Dinge tun

im·mor·al·ly [ɪ'mɒrəli, AM -'mɔ:r-] *adv* unmoralisch, unanständig

im·mor·tal [ɪ'mɔ:təl, AM ɪ'mɔ:rt̬əl] **I.** *adj inv* ❶ (*undying*) *person, soul* unsterblich; ~ **life** ewiges Leben ❷ (*unforgettable*) *of literature* unvergesslich **II.** *n* ❶ (*in myths*) Unsterbliche(r) *f(m);* ■**the ~s** *pl* die Unsterblichen ❷ (*famous person*) unvergessene Persönlichkeit

im·mor·tal·ity [ˌɪmɔ:'tæləti, AM -mɔ:r'tælət̬i] *n no pl* ❶ REL Unsterblichkeit *f* ❷ (*undying fame*) Unsterblichkeit *f,* ewiger Ruhm

im·mor·tal·ize [ɪ'mɔ:təlaɪz, AM ɪ'mɔ:rt̬əl-] *vt* ■**to ~ sb** (*in a film/book*) jdn verewigen; **to be ~d in history for sth** wegen einer S. *gen* in die Geschichte eingehen

im·mov·able [ɪ'mu:vəbl̩] **I.** *adj inv* ❶ (*stationary*) unbeweglich ❷ (*unchanging*) fest, unerschütterlich; ~ **belief/opinion** fester Glaube/feste Überzeugung; ~ **opposition** starre Ablehnung **II.** *n* LAW ■**~s** Immobilien *fpl,* Liegenschaften *fpl*

im·mune [ɪ'mju:n] *adj pred* ❶ MED immun (**to** gegen +*akk*) ❷ (*fig: not vulnerable*) immun; **the press had criticised her so often that she became ~** die Presse hatte sie so oft kritisiert, dass alles an ihr abprallte; **to be ~ to charm/criticism/flattery** für Reize/Kritik/Schmeichelei unempfänglich sein ❸ POL, LAW (*exempt*) immun; **to be ~** Immunität genießen; **to be ~ from the law** außerhalb des Gesetzes stehen ❹ (*fig: safe from*) sicher (**from** vor +*dat*)

im·'mune re·sponse *n* MED Immunreaktion *f* **im·'mune sys·tem** *n* Immunsystem *nt*

im·mu·nity [ɪ'mju:nəti, AM -nət̬i] *n no pl* ❶ MED Immunität *f;* **the vaccination gives you ~ for up to six months** der Impfschutz hält bis zu sechs Monaten an; ~ **against** [*or* **to**] **a disease** Immunität *f* gegen eine Krankheit ❷ (*fig: lack of vulnerability*) Unempfindlichkeit *f;* ~ **to criticism/flattery** Unzugänglichkeit *f* für Kritik/Schmeichelei ❸ LAW Immunität *f;* ~ **from prosecution** Straffreiheit *f;* **diplomatic ~** diplomatische Immunität; **to have ~** Immunität genießen

im·mu·ni·za·tion [ˌɪmjənaɪ'zeɪʃən, AM -jənɪ'-] *n* MED Immunisierung *f*

im·mu·nize ['ɪmjənaɪz] *vt* MED ■**to ~ sb** jdn immunisieren

im·mu·no- [ˌɪmjənə(ʊ)', AM -noʊ'] *in compounds* MED Immun-

im·mu·no·de·fi·cien·cy [ˌɪmjənə(ʊ)dɪ'fɪʃən(t)si, AM -noʊ-] *n* MED Immunschwäche *f*

im·mu·no·logi·cal [ˌɪmjənə(ʊ)'lɒdʒɪkəl, AM ˌɪmjənoʊ'lɑ:dʒɪ-] *adj* MED immunologisch *fachspr*

im·mu·nolo·gist [ˌɪmjə'nɒlədʒɪst, AM -'nɑ:lə-] *n* MED Immunologe, -in *m, f fachspr*

im·mu·nol·ogy [ˌɪmjə'nɒlədʒi, AM -'nɑ:lə-] *n no pl* MED Immunologie *f fachspr,* Immunitätsforschung *f*

im·mu·no·sup·pres·sion [ˌɪmjənə(ʊ)sə'preʃən, AM -noʊsə'] *n no pl* MED Immun[o]suppression *f fachspr*

im·mu·no·thera·py [ˌɪmjənə(ʊ)'θerəpi, AM -noʊ'-] *n no pl* Immuntherapie *f fachspr*

im·mure [ɪ'mjʊər, AM ɪ'mjʊr] *vt* (*liter, form*) ■**to ~ sb** jdn einkerkern *geh*

im·mured [ɪ'mjʊərd, AM ɪ'mjʊrd] *adj inv* (*liter, form*) eingekerkert *geh*

im·mu·ta·bil·ity [ɪˌmju:tə'bɪləti, AM ɪˌmju:t̬ə'bɪlət̬i] *n no pl* (*unchangeable nature*) Unveränderlichkeit *f,* Unwandelbarkeit *f geh;* (*eternal nature*) Unvergänglichkeit *f*

im·mu·table [ɪ'mju:təbl̩, AM -t̬əbl̩] *adj inv* (*unchangeable*) unveränderlich, unwandelbar *geh;* (*ever-lasting*) unvergänglich

imp [ɪmp] *n* ❶ (*sprite*) Kobold *m* ❷ (*child*) Racker *m fam,* Göre *f* NORDD *oft pej*

im·pact I. *n* ['ɪmpækt] *no pl* ❶ (*contact*) Aufprall *m;* **on ~** beim Aufprall; (*force*) Wucht *f;* **the ~ of a crash** die Wucht eines Zusammenstoßes; (*of a bullet/meteor*) Einschlag *m;* **on ~** beim Einschlag ❷ (*fig: effect*) Auswirkung[en] *f[pl],* Einfluss *m;* **to have** [*or* **make**] **an ~ on sth** Auswirkungen *fpl* auf etw *akk* haben; **to have an ~ on sb** einen Effekt bei jdm bewirken, Eindruck *m* bei jdm machen **II.** *vt* [ɪm'pækt] *esp* AM, AUS ■**to ~ sb/sth** jdn/etw beeinflussen, Auswirkungen auf jdn/etw haben **III.** *vi* [ɪm'pækt] ❶ (*hit ground*) aufschlagen ❷ *esp* AM, AUS (*have effect*) ■**to ~ on sb/sth** jdn/etw beeinflussen, Auswirkungen auf jdn/etw haben

im·pact·ed [ɪm'pæktɪd] *adj* ❶ *inv* MED *tooth, bone* impaktiert *fachspr,* eingeklemmt ❷ *esp* AM, AUS (*affected*) betroffen

im·pair [ɪm'peər, AM -'per] *vt* ■**to ~ sth** (*disrupt*) etw behindern; **to ~ sb's ability to concentrate/walk/work** jds Konzentrations-/Geh-/Arbeitsfähigkeit beeinträchtigen; (*damage*) etw *dat* schaden, etw schädigen; **to ~ sb's health** jds Gesundheit schaden; **to ~ sb's hearing** jds Gehör schädigen

im·paired [ɪm'peərd, AM -'perd] *adj* geschädigt; ~ **hearing/vision** Hör-/Sehbehinderung *f*

im·pair·ment [ɪm'peəmənt, AM -'per-] *n* ❶ *no pl* (*damage*) Schädigung *f* ❷ (*disability*) Behinderung *f;* **hearing ~** Hörschaden *m*

im·pale [ɪm'peɪl] *vt usu passive* ■**to ~ sb/sth** jdn/etw aufspießen (**on** auf +*dat*); ■**to ~ sb** (*hist*) jdn pfählen

im·pal·pable [ɪm'pælpəbl̩] *adj* (*liter*) undeutlich, ungreifbar; **an ~ change** eine kaum merkliche Veränderung

im·pan·el *vt see* **empanel**

im·part [ɪm'pɑ:t, AM -'pɑ:rt] *vt* ■**to ~ sth** [**to sb/sth**] ❶ (*communicate*) *information, knowledge, wisdom* [jdm/etw] etw vermitteln ❷ (*bestow*) [jdm/etw] etw verleihen [*o* [mit]geben]

im·par·tial [ɪm'pɑ:ʃəl, AM -'pɑ:r-] *adj* unparteiisch, unvoreingenommen

im·par·tial·ity [ɪmˌpɑ:ʃi'æləti, AM -ˌpɑ:r-] *n no pl* Objektivität *f,* Unvoreingenommenheit *f*

im·pass·able [ɪm'pɑ:səbl̩, AM -'pæsə-] *adj inv* (*blocking vehicles*) unpassierbar; (*fig: blocking negotiations*) unüberwindlich

im·passe ['æmpɑ:s, AM 'ɪmpæs] *n* ❶ (*closed path*) Sackgasse *f* ❷ (*fig: deadlock*) Sackgasse *f fig;* **to reach an ~** in eine Sackgasse geraten *fig,* sich *akk* festfahren *fig*

im·pas·sioned [ɪm'pæʃənd] *adj* leidenschaftlich; **an ~ plea** ein sehr emotionaler Appell; ~ **rhetoric** flammende Rhetorik

im·pas·sive [ɪm'pæsɪv] *adj* (*not showing emotion*) ausdruckslos; (*not sympathizing*) unbeteiligt, gleichgültig

im·pas·sive·ly [ɪm'pæsɪvli] *adv* (*without showing emotion*) ausdruckslos; (*without sympathy*) unbeeindruckt, gleichgültig

im·pas·siv·ity [ɪmpæs'ɪvəti, AM -ət̬i] *n no pl* (*expressionlessness*) Ausdruckslosigkeit *f;* (*lack of sympathy*) Gleichgültigkeit *f;* **with ~** ohne Gefühlsregung

im·pa·tience [ɪm'peɪʃən(t)s] *n no pl* ❶ (*eagerness for change*) Ungeduld *f* ❷ (*intolerance*) Unduldsamkeit *f;* **his ~ with customers had cost him business** seine mangelnde Bereitschaft auf Kunden einzugehen, hatte ihn sein Geschäft gekostet

im·pa·tient [ɪm'peɪʃənt] *adj* ungeduldig (**with** gegenüber +*dat*); **I'm ~ for the weekend!** ich wünschte, wir hätten schon Wochenende!; **to be ~ to do sth** etw kaum erwarten können; (*intolerant*) intolerant (**of** gegenüber +*dat*)

im·pa·tient·ly [ɪm'peɪʃəntli] *adv* (*eagerly*) ungeduldig; (*intolerantly*) ungehalten, unwillig

im·peach [ɪm'pi:tʃ] *vt* ❶ POL, LAW (*charge*) ■**to ~ sb for sth** jdn wegen einer S. *gen* anklagen; **to ~ an official/the president** einen Amtsträger/den Präsidenten wegen Amtsmissbrauchs anklagen ❷ (*call into question*) ■**to ~ sth** etw anzweifeln [*o* in Frage stellen]

im·peach·able [ɪm'pi:tʃəbl̩] *adj inv* POL, LAW ■**to be ~** eine Anklage rechtfertigen; **an ~ offence** ein strafwürdiges Vergehen (*eines öffentlichen Amtsträgers*)

im·peach·ment [ɪm'pi:tʃmənt] *n* POL, LAW Amtsenthebungsverfahren *nt*

im·'peach·ment pro·ceed·ings *npl* POL, LAW Verfahren *nt* zur Amtsenthebung

im·pec·cable [ɪm'pekəbl̩] *adj inv* makellos, einwandfrei; **to have ~ manners** tadellose Manieren haben; **~ performance** perfekte Vorstellung; **an ~ reputation** ein untadeliger Ruf; **to have ~ taste** einen sicheren [*o* ausgesuchten] Geschmack haben

im·pec·cably [ɪm'pekəbli] *adv inv* makellos, perfekt

im·pecu·ni·ous [ˌɪmpɪ'kju:niəs] *adj* (*form*) mittellos

im·pede [ɪm'pi:d] *vt* ■**to ~ sb** jdn behindern; ■**to ~ sth** *movement, progress* etw behindern [*o* erschweren]; **lack of government funding will ~ progress in cancer research** das Ausbleiben öffentlicher Gelder wird die Krebsforschung zurückwerfen

im·pedi·ment [ɪm'pedɪmənt] *n* ❶ (*hindrance*) Hindernis *nt;* ■**an ~ to sth** ein Hindernis *nt* für etw *akk;* **an ~ to progress/success** ein Stolperstein *m* auf dem Weg zum Fortschritt/Erfolg ❷ MED Behinderung *f;* **to have a speech ~** einen Sprachfehler haben

im·pedi·men·ta [ɪmˌpedɪ'mentə] *npl* (*cumbersome articles*) [überflüssiges] Gepäck, Ballast *m;* (*equipment*) Ausrüstung *f*

im·pel <-ll-> [ɪm'pel] *vt* ■**to ~ sb** (*drive*) jdn [an]treiben; (*force*) jdn nötigen; **I wonder what ~s him to exercise so much** was bringt ihn bloß dazu, so viel zu trainieren?

im·pelled [ɪm'peld] *adj pred, inv* **to feel ~ to do sth** sich *akk* genötigt sehen [*o* verpflichtet fühlen], etw zu tun

im·pend·ing [ɪm'pendɪŋ] *adj attr, inv* (*imminent*) bevorstehend; (*menacing*) drohend; **~ disaster** drohende Katastrophe

im·pen·etrabil·ity [ɪmˌpenɪtrə'bɪləti, AM -ət̬i] *n no pl* ❶ (*inaccessibility*) Unzugänglichkeit *f; of a fortress* Uneinnehmbarkeit *f; of a group* Exklusivität *f* ❷ (*incomprehensibility*) Unverständlichkeit *f,* Rätselhaftigkeit *f*

im·pen·etrable [ɪm'penɪtrəbl̩] *adj* ❶ (*blocking entrance*) unüberwindlich; (*dense*) undurchdringlich; (*exclusive*) exklusiv; **~ barrier/enemy line/wall** unüberwindliche Grenze/Feindeslinie/Mauer; **~ fog** dichter Nebel; **an ~ forest** ein undurchdringlicher Wald ❷ (*fig: incomprehensible*) unverständlich, rätselhaft

im·pen·etrably [ɪm'penɪtrəbli] *adv* ❶ (*densely*) undurchdringlich; (*impassably*) unüberwindlich; **~ thick fog** undurchdringlich dichter Nebel ❷ (*fig: incomprehensibly*) unverständlich, rätselhaft

im·peni·tent [ɪm'penɪtᵊnt] *adj* (*form*) uneinsichtig; ■**to be ~** keine Reue zeigen

im·pera·tive [ɪm'perətɪv, AM -t̬ɪv] **I.** *adj* ❶ (*essential*) unbedingt [*o* dringend] erforderlich; **it is ~ that ...** es ist zwingend erforderlich, dass ...; **it's ~ to act now** es muss unverzüglich gehandelt werden ❷ (*commanding*) gebieterisch, herrisch; **his ~ manner often turns people off** sein Befehlston schreckt die Leute oftmals ab ❸ *inv* LING imperativisch *fachspr;* **the ~ form** der Imperativ **II.** *n* ❶ (*necessity*) [Sach]zwang *m;* (*obligation*) Verpflichtung *f;* PHILOS Imperativ *m;* (*factor*) Erfordernis *f;* **strict loyalty is an ~ if you want to work for this company** absolute Loyalität ist Voraussetzung, wenn Sie für diese Firma arbeiten wollen; **financial ~s** finanzielle Zwänge; **a moral ~** eine moralische Verpflichtung ❷ *no pl* LING ■**the ~** der Imperativ, die Befehlsform; **to be in the ~** im Imperativ stehen

im·per·cep·tible [ˌɪmpə'septəbl̩, AM ˌɪpɚ'-] *adj* unmerklich

im·per·cep·tibly [ˌɪmpə'septəbli, AM ˌɪpɚ'-] *adv* unmerklich

im·per·fect [ɪm'pɜ:fɪkt, AM -'pɜ:r-] **I.** *adj* (*flawed*) fehlerhaft; (*incomplete*) unvollkommen; (*not sufficient*) unzureichend; **though my understanding of the situation was ~, ...** trotz meines mangelnden Verständnisses der Lage ...; **an ~ world** eine unvollkommene Welt **II.** *n no pl* LING ■**the ~** das Imperfekt, die einfache Vergangenheit; **to be in the ~** im Imperfekt stehen

im·per·fec·tion [ˌɪmpə'fekʃᵊn, AM -pɜ:r'-] *n* ❶ (*flaw*) Fehler *m,* Mangel *m,* Unzulänglichkeit[en] *f[pl]* ❷ *no pl* (*faultiness*) Unvollkommenheit *f,* Fehlerhaftigkeit *f*

im·per·fect·ly [ɪm'pɜ:fɪktli, AM -'pɜ:r-] *adv* (*in a flawed way*) fehlerhaft; (*not finished*) unvollkommen; (*not sufficiently*) unzureichend; **to understand sth ~** etw [nur] unzureichend verstehen

im·per·fect 'tense *n no pl* LING ■**the ~** das Imperfekt, die einfache Vergangenheit; **to be in the ~** im Imperfekt stehen

im·perial [ɪm'pɪəriəl, AM -'pɪr-] *adj inv* ❶ (*of an empire*) Reichs-, imperial *geh;* (*of an emperor*) kaiserlich, Kaiser-; (*imperialistic*) imperialistisch *oft pej;* **~ ambitions** Großmachtstreben *nt;* **I~ China/Rome** China/Rom *nt* der Kaiserzeit ❷ (*grand*) prächtig, üppig ❸ (*of British Empire*) Empire-, des Empires *nach n* ❹ (*measure*) britisch; **~ gallon** britische Gallone (*4,55 Liter*); **the ~ system** das britische System der Maße und Gewichte

im·peri·al·ism [ɪm'pɪəriəlɪzᵊm, AM -'pɪr-] *n no pl* Imperialismus *m meist pej;* **economic ~** Wirtschaftsimperialismus *m*

im·peri·al·ist [ɪm'pɪəriəlɪst, AM -'pɪri-] **I.** *n* (*usu pej*) Imperialist(in) *m(f) meist pej* **II.** *adj* imperialistisch

im·peri·al·is·tic [ɪm'pɪəriəlɪstɪk, AM -'pɪri-] *adj* (*usu pej*) imperialistisch *meist pej*

im·per·il <BRIT, AUS -ll- *or* AM *usu* -l-> [ɪm'perᵊl] *vt* ■**to ~ sth** etw gefährden

im·peri·ous [ɪm'pɪəriəs, AM -'pɪri-] *adj* herrisch

im·peri·ous·ly [ɪm'pɪəriəsli, AM -'pɪri-] *adv* herrisch

im·peri·ous·ness [ɪm'pɪəriəsnəs, AM -'pɪri-] *n no pl* herrische Art

im·per·ish·able [ɪm'perɪʃəbl̩] **I.** *adj beauty* unvergänglich; *food* unverderblich, haltbar **II.** *n* ■**~s** *pl* haltbare Lebensmittel *ntpl,* Dauerwaren *fpl*

im·per·ma·nence [ɪm'pɜ:mənən(t)s, AM -'pɜ:r-] *n no pl* Unbeständigkeit *f*

im·per·ma·nent [ɪm'pɜ:mənənt, AM -'pɜ:r-] *adj* (*transitory*) unbeständig; (*temporary*) zeitlich begrenzt

im·per·meabil·ity [ɪmˌpɜ:miə'bɪləti, AM -ˌpɜ:rmiəbɪlət̬i] *n no pl* Undurchlässigkeit *f,* Impermeabilität *f fachspr*

im·per·meable [ɪm'pɜ:miəbl̩, AM -'pɜ:r-] *adj inv* undurchlässig, impermeabel *fachspr;* **~ membrane** impermeable Membran *fachspr;* **~ to water** wasserundurchlässig

im·per·mis·sible [ˌɪmpə'mɪsəbl̩, AM -pɚ'-] *adj inv* (*forbidden*) *by law* unzulässig; *by society* ungehörig

im·per·son·al [ɪm'pɜ:sᵊnᵊl, AM -'pɜ:r-] *adj* ❶ (*without warmth*) unpersönlich; (*anonymous*) anonym ❷ LING unpersönlich; **~ pronoun/verb** unpersönliches Pronomen/Verb

im·per·son·ate [ɪm'pɜ:sᵊneɪt, AM -'pɜ:r-] *vt* ■**to ~ sb** (*take off*) jdn imitieren; (*pretend to be*) vorgeben, jd zu sein, sich *akk* als jdn ausgeben

im·per·sona·tion [ɪmˌpɜ:sᵊn'eɪʃᵊn, AM -ˌpɜ:r-] *n* ❶ (*instance*) Imitation *f;* **to do an ~ of sb** (*take off*) jdn imitieren; (*pretend to be*) sich *akk* als jdn ausgeben ❷ *no pl* (*activity*) Imitieren *nt,* Nachahmen *nt*

im·per·sona·tor [ɪm'pɜ:sᵊneɪtəʳ, AM -'pɜ:rsᵊneɪt̬ɚ] *n* Imitator(in) *m(f)*

im·per·ti·nence [ɪm'pɜ:tɪnən(t)s, AM -'pɜ:rt̬ᵊn-] *n* ❶ *no pl* (*disrespect*) Unverschämtheit *f,* Frechheit *f;* **what ~!** was für eine Unverschämtheit! ❷ (*remark*) Unverschämtheit *f,* Frechheit *f*

im·per·ti·nent [ɪm'pɜ:tɪnənt, AM -'pɜ:rt̬ᵊn-] *adj* ❶ (*disrespectful*) unverschämt ❷ (*irrelevant*) nebensächlich, unerheblich; ■**to be ~ to sth** nichts zu etw *dat* beitragen

im·per·ti·nent·ly [ɪm'pɜ:tɪnəntli, AM -'pɜ:rt̬ᵊn-] *adv* unverschämt, frech

im·per·turb·abil·ity [ˌɪmpəˌtɜ:bə'bɪləti, AM -'pɚˌtɜ:rbə'bɪlət̬i] *n no pl* Unerschütterlichkeit *f,* Gleichmut *m;* **nothing can ruffle her ~** nichts kann sie aus der Ruhe bringen

im·per·turb·able [ˌɪmpə'tɜ:bəbl̩, AM -pɚ'tɜ:r-] *adj* (*form*) unerschütterlich, gelassen; **she is quite ~** sie hat die Ruhe weg

im·per·turb·ably [ˌɪmpə'tɜ:bəbli, AM -pɚ'tɜ:r-] *adv* (*form*) ruhig, gelassen

im·per·vi·ous [ɪm'pɜ:viəs, AM -'pɜ:r-] *adj* ❶ *inv* (*resistant*) undurchlässig; **~ to fire/heat** feuer-/hitzebeständig; **~ to**

water wasserdicht ❷ (*fig: not affected*) gleichgültig, unempfindlich, immun (**to** gegenüber +*dat*)

im·peti·go [ˌɪmpɪˈtaɪgəʊ, AM -pəˈtiːgoʊ] *n no pl* MED Eiterflechte *f*, Impetigo *f fachspr*

im·petu·os·ity [ɪmˌpetjuˈɒsəti, AM -ˌpetʃuˈɑːsət̬i] *n no pl* (*form*) Impulsivität *f*, Unbesonnenheit *f*

im·petu·ous [ɪmˈpetʃuəs] *adj person* impulsiv; *nature* hitzig; *decision, remark* unüberlegt

im·petu·ous·ly [ɪmˈpetʃuəsli] *adv* unvermittelt, ohne zu überlegen; **to buy sth ~** etw spontan kaufen

im·petu·ous·ness [ɪmˈpetʃuəsnəs] *n no pl* Impulsivität *f*; **what ~!** wie unüberlegt!

im·petus [ˈɪmpɪtəs, AM -t̬əs] *n no pl* ❶ (*push*) Anstoß *m*; (*driving force*) Antrieb *m*; **to give a fresh ~ to a struggling business** ein schleppendes Geschäft wieder ankurbeln; **commercial ~** wirtschaftlicher Anreiz ❷ (*momentum*) Schwung *m*

im·pi·ety [ɪmˈpaɪəti, AM -ət̬i] *n* ❶ *no pl* (*irreverence*) Gottlosigkeit *f*, Pietätlosigkeit *f*; (*blasphemy*) Gotteslästerung *f* ❷ (*act*) gottlose Handlung, Frevel *m*

im·pinge [ɪmˈpɪndʒ] *vi* (*form*) ■**to ~ on** [*or* **upon**] **sb/sth** (*affect*) sich *akk* [negativ] auf jdn/etw auswirken, [negative] Auswirkungen auf jdn/etw haben; (*restrict*) jdn/etw einschränken

im·pi·ous [ˈɪmpiːəs, ɪmˈpaɪəs] *adj* (*irreverent*) pietätlos; (*blasphemous*) gotteslästerlich

im·pi·ous·ly [ˈɪmpiːəsli, ɪmˈpaɪəs-] *adv* (*irreverently*) pietätlos; (*blasphemously*) gotteslästerlich

im·pi·ous·ness [ˈɪmpiːəsnəs, ɪmˈpaɪəs-] *n no pl see* **impiety**

imp·ish [ˈɪmpɪʃ] *adj* (*mischievous*) *child* lausbubenhaft; *look, grin* verschmitzt; *remark* frech; **~ trick** frecher Streich

imp·ish·ly [ˈɪmpɪʃli] *adv* (*mischievously*) lausbubenhaft; *smile, look* verschmitzt; (*cheekily*) frech

imp·ish·ness [ˈɪmpɪʃnəs] *n no pl* (*mischievousness*) Lausbubenhaftigkeit *f*; (*boisterousness*) [kindlicher] Übermut; (*cheekiness*) Ungezogenheit *f*, Unartigkeit *f*

im·plac·able [ɪmˈplækəbl̩] *adj* (*irreconcilable*) unversöhnlich; (*relentless*) unnachlässig; **~ enemy/opponent** unerbittlicher Feind/Gegner; **~ thirst for adventure** unersättliche Lust auf Abenteuer; **~ thirst for justice** rastloser Gerechtigkeitsdrang; **~ thirst for knowledge** unstillbarer Wissensdurst

im·plac·ably [ɪmˈplækəbli] *adv* (*without compromise*) unnachgiebig, unerbittlich; (*relentlessly*) unermüdlich

im·plant I. *n* [ˈɪmplɑːnt, AM -plænt] Implantat *nt*; **a breast ~** ein Brustimplantat *nt* II. *vt* [ɪmˈplɑːnt, AM -ˈplænt] ❶ (*add surgically*) ■**to ~ sth** etw einpflanzen [*o fachspr* implantieren] ❷ (*fig: put in mind*) **to ~ ideas/worries in sb** [*or* **sb with ideas/worries**] jdm Ideen/Ängste einreden

im·plau·sibil·ity [ɪmˌplɔːzəˈbɪləti, AM -ˌplɑːzəˈbɪlət̬i] *n no pl* Unglaubwürdigkeit *f*; *excuse* Fadenscheinigkeit *f*

im·plaus·ible [ɪmˈplɔːzəbl̩, AM -ˈplɑː-] *adj* unglaubwürdig; **an ~ lie** eine wenig glaubhafte Lüge

im·plaus·ibly [ɪmˈplɔːzəbli, AM -ˈplɑː-] *adv* unglaubwürdig; **to be ~ stupid** unglaublich dumm sein

im·ple·ment I. *n* [ˈɪmplɪmənt] (*utensil*) Gerät *nt*; (*tool*) Werkzeug *nt*, [Gebrauchs]gegenstand *m* II. *vt* [ˈɪmplɪment] ■**to ~ sth** etw einführen [*o* umsetzen]; **to ~ a plan** ein Vorhaben in die Tat umsetzen; **to ~ a reform** eine Reform einführen

im·ple·men·ta·tion [ˌɪmplɪmenˈteɪʃən] *n no pl of measures, policies* Einführung *f*, Umsetzung *f*

im·pli·cate [ˈɪmplɪkeɪt] *vt* ❶ (*involve*[*d*]) ■**to ~ sb in sth** jdn mit etw *dat* in Verbindung bringen; **to be ~d in a crime/scandal** in ein Verbrechen/einen Skandal verwickelt sein ❷ (*imply*) ■**to ~ sth** etw andeuten; **she waved her hand and ~d that he should come over to her** sie winkte mit der Hand und gab ihm zu verstehen, dass er zu ihr kommen sollte ❸ (*affect*) ■**to ~ sth** etw zur Folge haben

im·pli·ca·tion [ˌɪmplɪˈkeɪʃən] *n* ❶ (*involvement*) Verwicklung *f* ❷ *no pl* (*hinting at*) Implikation *f geh*; **the ~ is that ...** daraus kann man schließen, dass ..., das impliziert, dass ...; **by ~** indirekt, implizit ❸ *usu pl* (*effect*) Auswirkung[en] *f*[*pl*], Folge[n] *f*[*pl*]; ■**the ~s for sb/sth** die Auswirkungen *fpl* für jdn/etw; **I'm not sure what the ~s are for us** ich bin mir nicht sicher, was das für uns bedeutet; **what are the ~s of the new law** wie wird sich das neue Gesetz auswirken?

im·plic·it [ɪmˈplɪsɪt] *adj* ❶ (*suggested*) implizit, indirekt; **~ criticism** indirekte Kritik ❷ *pred* (*connected*) ■**to be ~ in sth** mit etw *dat* verbunden sein ❸ *attr, inv* (*total*) unbedingt, bedingungslos, anstandslos; **~ confidence** unbedingtes Vertrauen; **~ faith/obedience** vorbehaltloser [*o* bedingungsloser] Glaube/Gehorsam

im·plic·it·ly [ɪmˈplɪsɪtli] *adv* ❶ (*indirectly*) implizit, indirekt ❷ (*completely*) völlig, bedingungslos

im·plied [ɪmˈplaɪd] *adj inv* indirekt, implizit; **~ criticism** indirekte Kritik

im·plode [ɪmˈpləʊd, AM -ˈploʊd] *vi* (*cave in*) implodieren; (*fig*) zusammenbrechen

im·plore [ɪmˈplɔːʳ, AM -ˈplɔːr] *vt* ■**to ~ sb** jdn anflehen [*o* beschwören]

im·plor·ing [ɪmˈplɔːʳɪŋ, AM -ˈplɔːr-] *adj* flehend, beschwörend; **~ look** [*or* **glance**] flehender Blick; **in an ~ tone of voice** mit flehender Stimme

im·plor·ing·ly [ɪmˈplɔːʳɪŋli, AM -ˈplɔːr-] *adv* flehentlich; **to beg sb ~** jdn inständig bitten [*o* beschwören] [*o* anflehen]; **to glance at sb ~** jdn flehentlich ansehen

im·plo·sion [ɪmˈpləʊʒən, AM -ˈploʊ-] *n no pl* Implosion *f fachspr*; (*fig*) Zusammenbruch *m*, Auseinanderbrechen *nt*

im·ply <-ie-> [ɪmˈplaɪ] *vt* ■**to ~ sth** (*suggest*) etw andeuten; (*as consequence*) etw erfordern [*o* voraussetzen]; **are you ~ing that ...?** wollen Sie damit andeuten, dass ...?; **what [exactly] are you ~ing?!** was willst du eigentlich damit sagen?!; **getting married implies a commitment for life** mit der Heirat geht man eine lebenslange Verpflichtung ein

im·po·lite [ˌɪmpəˈlaɪt, AM -pəˈ-] *adj* (*without manners*) unhöflich; (*obnoxious*) frech, unverschämt

im·po·lite·ly [ˌɪmpəˈlaɪtli, AM -pəˈ-] *adv* (*without manners*) unhöflich; (*obnoxiously*) frech, unverschämt

im·po·lite·ness [ˌɪmpəˈlaɪtnəs, AM -pəˈ-] *n no pl* (*lack of manners*) Unhöflichkeit *f*; (*obnoxiousness*) Unverschämtheit *f*; **such ~!** wie unhöflich!, was für eine Unverschämtheit!

im·poli·tic [ɪmˈpɒlətɪk, AM -ˈpɑːlə-] *adj* undiplomatisch, ungeschickt

im·pon·der·able [ɪmˈpɒndərəbl̩, AM -ˈpɑːn-] I. *adj inv question, theory* unergründbar; *impact, effect* nicht einschätzbar, unwägbar II. *n usu pl* Unwägbarkeit[en] *f*[*pl*]; ■**~s** *pl* Imponderabilien *fpl geh*

im·port I. *vt* [ɪmˈpɔːt, AM -ˈpɔːrt] ❶ (*bring in*) ■**to ~ sth [from sth]** *products* etw [aus etw *dat*] importieren [*o* einführen]; *ideas, customs* etw [von etw *dat*] übernehmen ❷ COMPUT ■**to ~ sth** etw importieren ❸ (*form: signify*) ■**to ~ sth** etw bedeuten [*o* besagen] II. *vi* [ɪmˈpɔːt, AM -ˈpɔːrt] importieren, Importhandel treiben (**from** aus +*dat*) III. *n* [ˈɪmpɔːt, AM -pɔːrt] ❶ (*good*) Importware *f*, Import *m*; **luxury ~** Luxusimport *m*; **foreign ~s** Auslandsimporte *mpl* ❷ *no pl* (*activity*) Import *m*, Importieren *nt* ❸ *no pl* (*form: significance*) Bedeutung *f*

im·por·tance [ɪmˈpɔːtən(t)s, AM -ˈpɔːr-] *n no pl* Bedeutung *f*, Wichtigkeit *f*; **a matter of considerable ~** eine Sache von großer Wichtigkeit; **to be full of one's own ~** sich *akk* selbst für sehr wichtig halten; **to be of little ~** von geringer Bedeutung sein, kaum Rolle spielen; **to attach ~ to sth/doing sth** etw *dat* Bedeutung beimessen, auf etw *akk* Wert legen

im·por·tant [ɪmˈpɔːtənt, AM -ˈpɔːr-] *adj* ❶ (*significant*) wichtig, wesentlich; **her career is more ~ to her than I am** ihre Karriere bedeutet ihr mehr als ich; **it's pretty, but, most ~, it costs less** es ist hübsch und ist vor allen Dingen billiger; **the ~ thing is ...** das Wichtigste [*o* die Hauptsache] ist ... ❷ (*influential*) bedeutend, einflussreich; **stop trying to look/act ~** tu doch nicht so wichtig; **to be an ~ figure in art/history/politics** eine bedeutende Größe in der Kunstszene/Geschichte/Politik sein

im·por·tant·ly [ɪm'pɔːtᵊntli, AM -'pɔːr-] *adv* wichtig, wesentlich; (*pej: self-importantly*) wichtigtuerisch

im·por·ta·tion [ˌɪmpɔː'teɪʃᵊn, AM -pɔːr'-] *n no pl* ECON Import *m*, Importieren *nt*

'im·port duty *n* [Import]zoll *m*, Einfuhrzoll *m*

im·port·er ['ɪmpɔːtəʳ, AM -pɔːrt̬ɚ] *n* (*company*) Importeur *m*; (*person*) Importeur(in) *m(f)*; (*country*) Importnation *f*

'im·port li·cence BRIT, **'im·port li·cense** *n* AM Einfuhrgenehmigung *f* **'im·port tar·iff** *n* [Import]zoll *m*; *see also* **import duty**

im·por·tu·nate [ɪm'pɔːtjʊnət, AM -'pɔːrtʃənɪt] *adj* (*form*) hartnäckig; (*annoyingly*) aufdringlich *pej*

im·por·tune [ˌɪmpə'tjuːn, AM -pɔːr'tuːn, -'tjuːn] *vt* (*form*) ■ **to ~ sb** ❶ (*request insistently*) jdn bedrängen [*o* behelligen] ❷ (*proposition*) jdm Sex für Geld bieten

im·pose [ɪm'pəʊz, AM -'poʊz] **I.** *vt* (*implement*) ■ **to ~ sth** etw durchsetzen; (*order*) etw verhängen [*o* erlassen]; **to ~ a fine/military rule** eine Geldstrafe/das Kriegsrecht verhängen; **to ~ a law** ein Gesetz verfügen; **to ~ taxes on** [*or* **upon**] **sb** jdm Steuern auferlegen; **to ~ taxes on sth** Steuern auf etw *akk* erheben, etw mit Steuern belegen **II.** *vi* ■ **to ~ on** [*or* **upon**] **sb** sich *akk* jdm aufdrängen; **I don't want to ~ on you** ich möchte euch nicht zur Last fallen

im·pos·ing [ɪm'pəʊzɪŋ, AM -'poʊz-] *adj* beeindruckend, imposant; *person* stattlich

im·po·si·tion [ˌɪmpə'zɪʃᵊn] *n* ❶ *no pl* (*implementation*) Einführen *nt*, Einführung *f*; *of penalties/sanctions* Verhängen *nt*, Verhängung *f* ❷ (*inconvenience*) Belastung *f*; (*annoyance*) Aufdringlichkeit *f*; **would it be an ~ if I spent the night here?** würde ich dir sehr zur Last fallen, wenn ich über Nacht da bliebe?

im·pos·sibil·ity [ɪmˌpɒsə'bɪləti, AM -ˌpɑːsə'bɪlət̬i] *n* ❶ (*thing*) Ding *nt* der Unmöglichkeit; **it's an ~** das ist unmöglich [*o* ein Ding der Unmöglichkeit] ❷ *no pl* (*quality*) Unmöglichkeit *f*

im·pos·sible [ɪm'pɒsəbl̩, AM -'pɑːsə-] **I.** *adj inv* ❶ (*not possible*) unmöglich; **that's ~!** das ist unmöglich!; **he made it ~ for me to say no** er machte es mir unmöglich, nein zu sagen; ■ **it is ~ that ...** es ist unmöglich, dass ...; **it is/seems ~ to do sth** es ist/scheint unmöglich, etw zu tun; **it seems ~ that I could have walked by and not noticed her** es kann doch wohl nicht sein, dass ich vorbeiging, ohne sie zu bemerken ❷ (*not resolvable*) ausweglos; **~ situation** ausweglose Situation ❸ (*difficult*) *person* unerträglich, unmöglich *pej fam* **II.** *n* ■ **the ~** *no pl* das Unmögliche; **to ask the ~** Unmögliches verlangen; **to do the ~** das Unmögliche möglich machen

im·pos·sibly [ɪm'pɒsəbli, AM -'pɑːsə-] *adv inv* unglaublich, unvorstellbar

im·post·er, im·post·or [ɪm'pɒstəʳ, AM -'pɑːstɚ] *n* Hochstapler(in) *m(f)*

im·pos·ture [ɪm'pɒstjəʳ, AM -'pɑːstʃɚ] *n* ❶ *no pl* (*activity*) Hochstapelei *f* ❷ (*instance*) Betrug *m*

im·po·tence ['ɪmpətən(t)s, AM -t̬ən(t)s] *n no pl* ❶ (*powerlessness*) Hilflosigkeit *f*, Machtlosigkeit *f*, Ohnmacht *f* ❷ (*sexual*) Impotenz *f*

im·po·tent ['ɪmpətənt, AM -t̬ənt] *adj* ❶ (*powerless*) hilflos, machtlos, ohnmächtig ❷ *inv* (*sexually*) impotent

im·pound [ɪm'paʊnd] *vt* **to ~ a car/documents/goods** einen Wagen/Dokumente/Waren beschlagnahmen; **to ~ a cat/dog** eine Katze/einen Hund [von Amts wegen] einsperren

im·pov·er·ish [ɪm'pɒvᵊrɪʃ, AM -'pɑːvɚ-] *vt* ❶ (*make poor*) ■ **to ~ sb** jdn arm machen ❷ (*fig: deplete*) **to ~ the soil** den Boden auslaugen

im·pov·er·ished [ɪm'pɒvᵊrɪʃt, AM -'pɑːvɚ-] *adj* ❶ (*poor*) arm, verarmt ❷ (*fig: depleted*) **an ~ culture/language** eine verarmte Kultur/Sprache

im·pov·er·ish·ment [ɪm'pɒvᵊrɪʃmənt, AM -'pɑːvɚ-] *n no pl* ❶ (*becoming poor*) Verarmung *f*; **it was sad to see the ~ of a once prosperous area** es war traurig zu sehen, wie eine ehemals wohlhabende Gegend heruntergekommen ist ❷ (*fig: depletion*) Verarmung *f fig*; **the ~ of the mind/spirit** die geistige Verarmung

im·prac·ti·cable [ɪm'præktɪkəbl̩] *adj* (*unfeasible*) undurchführbar, nicht praktikabel; (*inaccessible*) ungangbar, unbefahrbar

im·prac·ti·cal [ɪm'præktɪkᵊl] *adj* (*not practical*) unpraktisch; (*unfit*) untauglich; (*unrealistic*) theoretisch, unausführbar, nicht anwendbar

im·prac·ti·cal·ity [ɪmˌpræktɪ'kæləti, AM -ət̬i] *n no pl* (*unsuitableness*) Untauglichkeit *f*; (*unfeasibility*) Unmöglichkeit *f*; (*lack of practical talents*) unpraktische Art; **his ~ drives me mad!** mit seinen zwei linken Händen macht er mich noch wahnsinnig!

im·prac·ti·cal·ly [ɪm'præktɪkᵊli] *adv* (*unsuitably*) unpraktisch; (*theoretically*) theoretisch, realitätsfern

im·pre·cate ['ɪmprɪkeɪt] *vt* (*form*) ■ **to ~ sth upon sb** jdm etw [Schlimmes] wünschen

im·pre·ca·tion [ˌɪmprɪ'keɪʃᵊn] *n* (*form*) Fluch *m*, Verwünschung *f*; **to mutter ~s at sb** Verwünschungen gegen jdn ausstoßen, jdn verfluchen

im·pre·cise [ˌɪmprɪ'saɪs] *adj* unpräzise, ungenau

im·pre·ci·sion [ˌɪmprɪ'sɪʒᵊn] *n no pl* Ungenauigkeit *f*; *of language* Nachlässigkeit *f*

im·preg·nable [ɪm'pregnəbl̩] *adj* ❶ (*not invadable*) uneinnehmbar ❷ BRIT, AUS (*fig: undefeatable*) unschlagbar; **an ~ argument** ein unschlagbares Argument

im·preg·nate ['ɪmpregneɪt, AM ɪm'pregneɪt] *vt* ❶ *usu passive* (*saturate*) ■ **to ~ sth** etw imprägnieren ❷ *usu passive* (*make pregnant, fertilize*) **to ~ an animal** ein Tier befruchten; **to ~ an egg** ein Ei befruchten ❸ (*fig: inspire*) **to ~ sb with courage/fear** jdn mit Mut/Angst erfüllen

im·pre·sa·rio [ˌɪmprɪ'sɑːriəʊ, AM -prə'sɑːrioʊ] *n* Impresario *m*; *for artists* Agent(in) *m(f)*

im·press [ɪm'pres] **I.** *vt* ❶ (*evoke admiration*) ■ **to ~ sb** jdn beeindrucken, jdm imponieren; ■ **to be ~ed** [**by sb/sth**] [von jdm/etw] beeindruckt sein; ■ **to be ~ed with sb/sth** von jdm/etw beeindruckt sein; **it never fails to ~ me how elegant the people look in Paris** ich bin immer aufs Neue von der Eleganz der Bewohner von Paris angetan ❷ (*make realize*) ■ **to ~ sth on** [*or* **upon**] **sb** jdn von etw *dat* überzeugen, jdm etw einprägen; **to ~ sth on** [*or* **upon**] **one's memory** [*or* **mind**] sich *dat* etw einprägen ❸ (*stamp*) ■ **to ~ sth** etw [auf]drucken **II.** *vi* Eindruck machen, imponieren; **to fail to ~** keinen [guten] Eindruck machen

im·pres·sion [ɪm'preʃᵊn] *n* ❶ (*general opinion*) Eindruck *m*; **to be under** [*or* **of**] **the ~ that ...** den Eindruck haben, dass ...; **I was under the mistaken ~ that they were married** ich habe irrtümlich angenommen, dass sie verheiratet seien; **to have/get the ~ that ...** den Eindruck haben/bekommen, dass ... ❷ (*feeling*) Eindruck *m*; **to create** [*or* **give**] **an ~ of elegance/power/tranquillity** einen Eindruck von Eleganz/Macht/Ruhe und Frieden vermitteln [*o* hervorrufen]; **to create** [*or* **give**] [*or* **make**] **a bad/good ~** einen schlechten/guten Eindruck machen; **to make an ~ on sb** auf jdn Eindruck machen, jdn beeindrucken ❸ (*imitation*) Imitation *f*; **to do an ~ of sb/sth** jdn/etw imitieren [*o* nachahmen]; (*drawing*) Zeichnung *f* ❹ (*imprint*) Abdruck *m*; (*on skin*) Druckstelle *f* ❺ *usu sing* (*in publishing*) unveränderte Neuauflage

im·pres·sion·able [ɪm'preʃᵊnəbl̩] *adj* [leicht] beeinflussbar, manipulierbar *pej*; **to be at an ~ age** in einem Alter sein, in dem man leicht zu beeinflussen ist

im·pres·sion·ism [ɪm'preʃᵊnɪzᵊm] *n no pl* Impressionismus *m*

im·pres·sion·ist [ɪm'preʃᵊnɪst] **I.** *n* ❶ LIT, MUS, ART Impressionist(in) *m(f)* ❷ (*imitator*) Imitator(in) *m(f)* **II.** *adj inv* impressionistisch

im·pres·sion·is·tic [ɪm'preʃᵊnɪstɪk] *adj* impressionistisch

im·pres·sive [ɪmˈpresɪv] *adj* beeindruckend

im·pres·sive·ly [ɪmˈpresɪvli] *adv* beeindruckend

im·pri·ma·tur [ˌɪmprɪˈmeɪtəʳ, AM -prɪmˈɑːtɚ] *n* (*form: official approval*) Genehmigung *f*; REL (*licence to print*) Imprimatur *nt o* ÖSTERR *a. f fachspr*

im·print I. *vt* [ɪmˈprɪnt] *usu passive* ❶ (*mark by pressing*) **to ~ coins/leather** Münzen/Leder prägen; **to ~ a seal on wax** ein Siegel auf Wachs drücken ❷ (*print*) **to ~ sth on cloth/paper** etw auf Stoff/Papier drucken; **to ~ sth on sb's mind** [*or* **memory**] (*fig*) jdm etw einprägen; **that look of pure grief would be ~ed on her mind forever** dieser Anblick tiefster Trauer sollte ihr für immer im Gedächtnis haften ❸ ZOOL (*bond to*) ■**to ~ an animal on/to sb** ein Tier auf jdn prägen **II.** *n* [ˈɪmprɪnt] ❶ (*mark*) Abdruck *m; coin, leather* Prägung *f*; *paper, cloth* [Auf]druck *m*; (*fig*) Spuren *fpl;* **war has left its ~ on the faces of the people** der Krieg hat die Gesichter der Menschen gezeichnet ❷ (*in publishing*) Impressum *nt*

im·print·ing [ɪmˈprɪntɪŋ] *n no pl* ZOOL Prägung *f*

im·pris·on [ɪmˈprɪzᵊn] *vt usu passive* ■**to ~ sb** (*put in prison*) jdn inhaftieren; (*sentence to prison*) jdn zu einer Gefängnisstrafe verurteilen; **she felt ~ed in her own house** (*fig*) sie fühlte sich in ihrem eigenen Haus als Gefangene; **to ~ sb for life** jdn zu einer lebenslangen Haft verurteilen

im·pris·on·ment [ɪmˈprɪzᵊnmənt] *n no pl* Gefängnisstrafe *f*, Haft *f*; *esp in war* Gefangenschaft *f*; **a term** [*or* **sentence**] **of ~** Haft *f*

im·prob·abil·ity [ɪmˌprɒbəˈbɪləti, AM -ˌprɑːbəˈbɪləţi] *n no pl* Unwahrscheinlichkeit *f*

im·prob·able [ɪmˈprɒbəbḷ, AM -ˈprɑːb-] *adj* unwahrscheinlich; **it is highly ~ that ...** es ist höchst [*o* äußerst] unwahrscheinlich, dass ...; **an ~ excuse/story** eine unglaubhafte Entschuldigung/Geschichte; **an ~ name** ein kurioser Name

im·prob·ably [ɪmˈprɒbəbli, AM -ˈprɑːb-] *adv* unwahrscheinlich, unglaublich

im·promp·tu [ɪmˈprɒm(p)tjuː, AM -ˈprɑːm(p)tuː] *adj inv* spontan

im·prop·er [ɪmˈprɒpəʳ, AM -ˈprɑːpɚ] *adj* ❶ (*not correct*) unrichtig, falsch; (*showing bad judgement*) fälschlich ❷ (*inappropriate*) *clothing, actions* unpassend, nicht korrekt; (*indecent*) unanständig; **~ conduct** unschickliches Benehmen [*o* Verhalten]; **to make ~ suggestions to sb** (*a. iron*) jdm einen unsittlichen Antrag machen ❸ (*dishonest*) **~ use** Veruntreuung *f*, Zweckentfremdung *f* (**of** von +*dat*)

im·prop·er ˈfrac·tion *n* MATH unechter Bruch

im·prop·er·ly [ɪmˈprɒpəʳli, AM -ˈprɑːpɚ-] *adv* ❶ (*incorrectly*) nicht richtig; **to apply sth ~** etw unsachgemäß anwenden ❷ (*inappropriately*) unangemessen; **to be dressed ~** unpassend angezogen sein; (*indecently*) unanständig ❸ (*dishonestly*) auf unlautere [*o* unehrliche] Weise

im·pro·pri·ety [ˌɪmprəˈpraɪəti, AM -əţi] *n* ❶ *usu pl* (*improper doings*) Betrügerei[en] *f*[*pl*], Betrug *m kein pl;* **alleged improprieties** angeblicher Betrug ❷ *no pl* (*indecency*) Unanständigkeit *f*; (*wrong use*) Unrichtigkeit *f*, falscher Gebrauch; (*unsuitableness*) Ungeeignetheit *f*, Untauglichkeit *f*

im·prove [ɪmˈpruːv] **I.** *vt* ■**to ~ sth** etw verbessern; ■**to ~ oneself** an sich *dat* arbeiten, sich *akk* verbessern **II.** *vi* besser werden, sich *akk* verbessern; **I hope the weather ~s** ich hoffe, es gibt besseres Wetter; ■**to ~ on** [*or* **upon**] **sth** etw [noch] verbessern; **you can't ~ on that!** da ist keine Steigerung mehr möglich!; **to ~ with age** mit dem Alter immer besser werden; **to ~ in French/mathematics** sich *akk* in Französisch/in Mathematik verbessern; **to ~ with practice** mit der Übung immer besser werden; **to ~ dramatically** sich *akk* entscheidend [*o* erheblich] verbessern

im·prove·ment [ɪmˈpruːvmənt] *n* ❶ (*instance*) Verbesserung *f*; **the last year has seen a slight ~ in the economy** im letzten Jahr hat sich die Wirtschaftslage leicht verbessert; **to be an ~ on the former design/the old house/the previous manager** im Vergleich zum früheren Entwurf/zum alten Haus/zum vorigen Geschäftsführer eine Verbesserung darstellen ❷ *no pl* (*activity*) Verbesserung *f*; *of illness* Besserung *f*; **room for ~** Steigerungsmöglichkeiten *fpl* ❸ (*repair or addition*) Verbesserungsmaßnahme *f*; [**home**] **~s** Renovierungsarbeiten *fpl* (*Ausbau- und Modernisierungsarbeiten an/in Wohnung/Haus*)

im·provi·dence [ɪmˈprɒvɪdᵊn(t)s, AM -ˈprɑːvə-] *n no pl* (*form*) mangelnde Voraussicht, Unbedachtsamkeit *f*

im·provi·dent [ɪmˈprɒvɪdᵊnt, AM -ˈprɑːvə-] *adj* (*form: without foresight*) unbedacht, unbesonnen; (*careless*) unvorsichtig

im·provi·sa·tion [ˌɪmprəvaɪˈzeɪʃᵊn, AM ɪmˌprɑːvɪˈ-] *n* Improvisation *f*

im·pro·vise [ˈɪmprəvaɪz] **I.** *vt* ■**to ~ sth** etw improvisieren; **to ~ a speech** aus dem Stegreif eine Rede halten **II.** *vi* improvisieren

im·pro·vised [ˈɪmprəvaɪzd] *adj inv* improvisiert

im·pru·dence [ɪmˈpruːdᵊn(t)s] *n no pl* Unüberlegtheit *f*, Unbesonnenheit *f*, Leichtsinn *m*

im·pru·dent [ɪmˈpruːdᵊnt] *adj* unbesonnen, leichtsinnig

im·pu·dence [ˈɪmpjədᵊn(t)s] *n no pl* Unverschämtheit *f*, Dreistigkeit *f*; **to have the ~ to do sth** die Frechheit haben [*o* besitzen], etw zu tun

im·pu·dent [ˈɪmpjədᵊnt] *adj* unverschämt

im·pugn [ɪmˈpjuːn] *vt* (*form*) ■**to ~ sth** etw bestreiten, etw anfechten; *testimony, motives* etw bezweifeln [*o* in Zweifel ziehen]; **his reputation had been ~ed** sein guter Ruf war ruiniert

im·pulse [ˈɪmpʌls] *n* ❶ (*urge*) Impuls *m;* **to do sth on [an] ~** etw aus einem Impuls heraus tun; **to have a [sudden] ~ to do sth** plötzlich den Drang verspüren, etw zu tun; **he couldn't resist the ~ to buy the computer game** er konnte dem Drang nicht widerstehen, das Computerspiel zu kaufen ❷ ELEC (*of energy*) Impuls *m;* **an infra-red ~** ein Infrarotimpuls *m;* **a nerve ~** ein Nervenimpuls *m* ❸ (*motive*) Antrieb *m*, treibende Kraft

ˈim·pulse buy *n* kurz entschlossener Kauf, Spontankauf *m* **ˈim·pulse buy·ing** *n no pl* Spontankaufen *nt;* **to encourage ~** zu Spontankäufen verleiten **ˈim·pulse pur·chase** *n* Spontankauf *m*

im·pul·sion [ɪmˈpʌlʃᵊn] *n* ❶ (*urge*) Impuls *m;* (*compulsion*) Drang *m; see also* **impulse** ❷ (*motive*) Antrieb *m*, treibende Kraft; *see also* **impulse**

im·pul·sive [ɪmˈpʌlsɪv] *adj* impulsiv; (*spontaneous*) spontan

im·pul·sive·ly [ɪmˈpʌlsɪvli] *adv* impulsiv; (*spontaneously*) spontan; **to act ~** impulsiv [*o* spontan] handeln

im·pun·ity [ɪmˈpjuːnəti, AM -əţi] *n no pl* Straflosigkeit *f*; LAW Straffreiheit *f*; **to do sth with ~** etw ungestraft tun

im·pure [ɪmˈpjʊəʳ, AM -ˈpjʊr] *adj* ❶ (*unclean*) unrein, unsauber; (*contaminated*) *drinking water* verunreinigt; *drugs* gestreckt; *medication* nicht rein ❷ (*liter: not chaste*) unrein *veraltet*, unkeusch *veraltet;* **~ thoughts** unreine Gedanken

im·pur·ity [ɪmˈpjʊərəti, AM -ˈpjʊrəţi] *n* ❶ *no pl* (*quality*) Verunreinigung *f*, Verschmutzung *f* ❷ (*element*) Verunreinigung *f*, Verschmutzung *f* ❸ *no pl* (*liter: of thought*) Unreinheit *f veraltet*

im·put·able [ɪmˈpjuːtəbḷ] *adj* (*form*) ■**to be ~ to sth** etw *dat* zugeschrieben werden können; **that could be ~ to her lack of knowledge of the subject matter** das könnte an ihrem mangelnden Fachwissen auf diesem Gebiet liegen

im·pu·ta·tion [ˌɪmpjʊˈteɪʃᵊn] *n* (*form*) Behauptung *f*, Unterstellung *f pej*

im·pute [ɪmˈpjuːt] *vt* ■**to ~ sth to sb** jdm etw unterstellen

in [ɪn] **I.** *prep* ❶ (*enclosed in*) in +*dat;* **the butter is ~ the fridge** die Butter ist im Kühlschrank; **they live ~ a cottage** sie wohnen in einer Hütte; **to be ~ bed** im Bett sein; **to ride ~ a car** [im] Auto fahren; **he likes swimming ~ lakes** er schwimmt gerne in Seen; **it was covered ~ dirt** es war mit Schmutz überzogen; **to lie ~ the sun** in der Sonne baden [*o* liegen]; **to find information ~ the internet** Informationen im

Internet finden; **she has over $100,000 ~ a savings account** sie hat über $100.000 auf einem Sparkonto; **I've got a pain ~ my back** ich habe Schmerzen im Rücken; **~ sb's head** in jds Kopf; **I never know what's going on ~ her head** ich weiß nie, was in ihrem Kopf vorgeht; **to be ~ hospital** im Krankenhaus sein; **to be ~ and out of sth** immer wieder in etw *dat* sein; **she's been ~ and out of hospitals ever since the accident** sie war seit dem Unfall immer wieder im Krankenhaus ② (*surrounded by*) in *+dat;* **there are several gangs ~ my neighbourhood** in meiner Umgebung gab es mehrere Gangs; **down below ~ the valley** unten im Tal; **I got stuck ~ a traffic jam** ich bin in einen Stau gekommen; **to stand ~ the road** auf der Straße sehen; **the ducks swam ~ the pond** die Enten schwammen im Teich; **I live ~ New York** ich lebe in New York; **to look at oneself ~ the mirror** sich *akk* im Spiegel betrachten; **~ the middle of sth** in der Mitte von etw *dat* ③ (*visible through*) in *+dat;* **~ the window** im Fenster; **the lady stood ~ the doorway** die Frau stand im Eingang ④ *after vb* (*into*) in *+dat;* **to get ~ the car** ins Auto steigen; **I just put too much milk ~ my coffee** ich habe zu viel Milch in meinen Kaffee getan; **they decided to invest their savings ~ stocks** sie entschieden sich dazu, ihre Ersparnisse in Aktien anzulegen; **to invest ~ the future** in die Zukunft investieren ⑤ AM (*at*) auf *+dat;* **is Erika still ~ school?** ist Erika noch auf der Schule?; **Boris is ~ college** Boris ist auf dem College ⑥ (*as part of*) in *+dat;* **who's the woman ~ that painting?** wer ist die Frau auf diesem Bild?; **he was singer ~ a band** er war Sänger in einer Band; **over 20 horses were ~ the race** an dem Rennen nahmen 20 Pferde teil; **he looked for her face ~ the crowd** er suchte ihre Gesicht in der Menge; **these themes can often be found ~ Schiller** diese Themen kommen bei Schiller oft vor; **what do you look for ~ a relationship?** was erwartest du in einer Beziehung?; **you're with us ~ our thoughts** wir denken an dich ⑦ (*involved with*) ■ **~ sth** in etw *dat;* **she works ~ publishing** sie arbeitet bei einem Verlag; **they enlisted ~ the army for two years** sie verpflichteten sich für zwei Jahre als Soldaten; **a degree ~ sth** ein Abschluss in etw *dat;* **~ search of sb/sth** auf der Suche nach jdm/etw ⑧ (*dressed*) in *+dat;* **the man [dressed] ~ the grey suit** der Mann in dem grauen Anzug; **you look nice ~ green** grün steht dir; **~ the nude** nackt; **to sunbathe ~ the nude** nackt sonnenbaden ⑨ (*expressed as*) *oil paint, watercolour* mit *+dat;* **cheques should be written ~ ink** Schecks sollten mit Tinte ausgefüllt werden; *French, English* auf *+dat;* **they spoke ~ Russian the whole time** sie sprachen die ganze Zeit auf Russisch; **can you give me that offer ~ writing?** können Sie mir dieses Angebot schriftlich geben?; **~ a small voice** mit leiser Stimme; **~ all honesty** in aller Aufrichtigkeit; **to tell sb sth ~ all seriousness** jdm etw in vollem Ernst sagen; **to pay ~ dollars** mit [*o* in] Dollar zahlen; **to write ~ short simple sentences** in kurzen einfachen Sätzen schreiben; **to swear ~ an oath** einen Eid schwören; **she told me ~ a promise that she would wait for me** sie hat mir versprochen, auf mich zu warten; **to say sth ~ a nutshell** etw in aller Kürze sagen; **~ conclusion** schließlich, zum Schluss; **he always talks ~ a whisper** er spricht immer sehr leise; **to speak to sb ~ a normal tone of voice** sich *akk* mit jdm normal unterhalten; **to listen to music ~ stereo** Musik stereo hören; **Mozart's Piano Concerto ~ E flat** Mozarts Klavierkonzert in E-Moll; **~ fact** tatsächlich, in Wirklichkeit; **~ the form of sth** in Form von *dat;* **~ the form of a request** in Form einer Anfrage ⑩ (*during*) am *+dat,* in *+dat;* **~ the morning/evening** am Morgen/Abend; **did you hear the thunder ~ the night?** hast du heute Nacht den Donner gehört?; **~ the autumn/spring** im Herbst/Frühling; **we're going to Italy ~ April** wir fahren im April nach Italien; **~ the late 60s** in den späten Sechzigern; **they met ~ 1885** sie trafen sich 1885; **she hasn't heard from him ~ six months** sie hat seit sechs Monaten nichts mehr von ihm gehört; **I haven't done that ~ a long time** ich habe das lange Zeit nicht mehr gemacht; **to be with the Lord ~ eternity** bei Gott im Himmel sein; **~ the aftermath of the earthquake** in der Zeit nach dem Erdbeben ⑪ (*at later time*) in *+dat;* **dinner will be ready ~ ten minutes** das Essen ist in zehn Minuten fertig; **~ the end** am Ende, schließlich ⑫ (*no later than*) in *+dat;* **~ two weeks: we need that contract signed ~ two days** der Vertrag muss in zwei Tagen unterzeichnet sein; **they completed the journey ~ record time** sie haben die Reise in einer Rekordzeit beendet ⑬ (*at distance of*) nach *+dat;* **the house should be coming up ~ about one mile** das Haus müsste nach einer Meile auftauchen ⑭ (*expressing state, condition*) in *+dat;* **~ anger** im Zorn; **~ horror** voller Entsetzen; **to live ~ luxury** im Luxus leben; **~ the secret** im Geheimen, heimlich; **~ private** vertraulich; **she was ~ stress at the moment** sie war gerade im Stress; **he left ~ a hurry** sie ging in aller Eile davon; **to be ~ doubt** zweifeln; **to get ~ trouble** Schwierigkeiten bekommen; **he cried out ~ pain** er schrie vor Schmerzen; **she was ~ a good mood that day** ihre Stimmung an diesem Tag war gut; **he always drinks ~ excess** er trinkt immer zu viel; **to be ~ no doubt** nicht an etw *dat* zweifeln; **to fall ~ love [with sb]** sich *akk* [in jdn] verlieben; **to come ~ question** in Frage gestellt werden; **~ a state of sth** in einem Zustand von etw *dat;* **~ a state of panic** in Panik; **everything is ~ a state of chaos** alles ist in einem chaotischen Zustand; **~ his excitement** in seiner Begeisterung ⑮ (*as result of*) **~ exchange** als Ersatz, dafür; **~ response to** als Antwort auf *+akk;* **~ reply [*or* answer] to** als Reaktion [*o* Antwort] auf *+akk;* **~ refusing to work abroad, she missed a good job** weil sie sich weigerte, im Ausland zu arbeiten, entging ihr ein guter Job; **~ doing so** dabei, damit; **~ that ...** (*form*) insofern als; **I was fortunate ~ that I had friends** ich hatte Glück, weil ich Freunde hatte ⑯ (*arranged as*) in *+dat;* **then we sat down ~ a circle** wir setzten uns in einem Kreis hin; **get together ~ groups of four!** bildet Vierergruppen!; **sometimes customers buy books ~ twos** manchmal kaufen Kunden Bücher doppelt; **slice the potatoes ~ two beforehand!** schneiden Sie die Kartoffel vorher einmal durch!; **to die ~ their thousands** zu Tausenden sterben; **he ripped up the note ~ pieces** er zerriss den Notizzettel in kleine Fetzen; **~ total** insgesamt ⑰ (*comparing amounts*) pro *+dat;* **six pence ~ the pound** sechs Pennys pro Pfund; **one ~ ten people** jeder zehnte; **she has a one ~ three chance** ihre Chancen stehen eins zu drei; **there's nothing [*or* not much] [*or* very little] ~ it** da ist kein großer Unterschied ⑱ (*characteristic*) **he is deaf ~ his left ear** er hört auf dem linken Ohr nichts; **to be equal ~ weight** gleich viel wiegen; **he's about six foot ~ height** er ist ca. zwei Meter groß; **dark ~ colour** dunkelfarbig; **difference ~ quality** Qualitätsunterschied *m;* **it's not ~ his nature** es liegt nicht in seiner Natur; **~ every respect** in jeder Hinsicht; ■ **~ sb** mit jdm; **~ Kim, he's got a very good friend as well as a lover** mit Kim hat er eine sehr gute Freundin und Liebhaberin; **it isn't ~ sb to do sth** jd ist nicht zu etw *dat* in der Lage; **it's not ~ me to lie** ich kann nicht lügen; **to not have it ~ one to do sth** nicht in der Lage sein, etw zu tun ⑲ (*approximately*) in *+dat;* **to be ~ one's forties** in den Vierzigern sein; **temperatures tomorrow will be ~ the mid-twenties** die Temperaturen bewegen sich um 25 Grad ⑳ *after vb* (*concerning*) **to assist a doctor ~ an operation** einem Arzt bei einer Operation assistieren; **the whole family shared ~ his success** die ganze Familie nahm Anteil an seinem Erfolg; **don't interfere ~ my business unasked!** mische dich nicht ungefragt in meine Angelegenheiten ein!; **she's interested ~ photography** sie interessiert sich für Fotografie; *after n;* **we have confidence ~ you** wir vertrauen dir; **she had no say ~ the decision** sie hatte keinen Einfluss auf die Entscheidung; **a change ~ sth** eine Änderung in etw *dat;*

she underwent a change ~ style sie hat ihren Stil geändert ㉑ (*substitution of*) ■ **~ sth** anstatt etw *+dat;* **he came to the party ~ his friend's place** er kam anstatt seinem Freund auf die Party; **~ God's/heaven's name** um Gottes/Himmels willen; **~ lieu of sth** anstelle von, anstatt ▶ PHRASES: **to put one's foot ~ one's mouth** [*or* **it**] ins Fettnäpfchen treten; **to follow ~ sb's footsteps** in jds Fußstapfen treten; **~ hell** (*fam*) überhaupt; **~ line** übereinstimmend; **they tried to keep their children ~ line** sie versuchten, die Kinder bei der Stange zu halten; **to put sb ~ their place** jdn in seine Schranken weisen; **to leave sth ~ one's wake** etw zur Folge haben; **~ stereo** gleichzeitig; **~ all** insgesamt; **there were 10 of us ~ all** wir waren zu zehnt; **all ~ all** alles in allem; **all ~ all it's been a good year** insgesamt gesehen war es ein gutes Jahr **II.** *adv inv* ① (*into sth and [t]hither*) herein; **come ~!** herein!; **the sea was freezing, but ~ she went** das Meer war eiskalt, doch sie kannte nichts und ging hinein ② (*there*) da; (*at home*) zu Hause; **is David ~?** ist David da?; **to have a quiet evening ~** einen ruhigen Abend zu Hause verbringen ③ (*at arrival point*) **to be due ~** fällig sein; **the train is due ~ any moment now** der Zug müsste jetzt jeden Moment [an]kommen; (*towards land*) landeinwärts; **the tide comes ~ very quickly here** die Flut kommt hier sehr rasch herein; **we stood on the harbour for a while watching the ship come ~** wir standen eine Zeitlang am Hafen und beobachteten das einlaufende Schiff ④ (*inside*) nach innen; **could you bring the clothes ~?** könntest du die Wäsche 'reinholen?; **I didn't hear you come ~** ich habe dich nicht [ins Haus] kommen hören; **the farmer brought the harvest ~** der Bauer brachte die Ernte ein; **the roof of their house caved ~** das Dach ihres Hauses fiel in sich zusammen ⑤ (*submitted*) **to get** [*or* **hand**] **sth ~** etw abgeben [*o* einreichen]; **when does your essay have to be ~?** wann musst du deinen Essay abgeben? ⑥ SPORTS (*within bounds*) **the ball was definitely ~!** der Ball war keineswegs im Aus!; **to be ~** *player* am Ball sein ⑦ (*take part*) **to go ~ for sth** an etw *dat* teilnehmen; **I never went ~ for collecting stamps** mit Briefmarken sammeln habe ich mich nie abgegeben ▶ PHRASES: **day ~, day out** tagein, tagaus; **~ between** dazwischen; **to be ~ for sth** sich *akk* auf etw *akk* gefasst machen müssen; **to be ~ for it** sich *akk* auf etw *akk* gefasst machen können; **to be ~ on sth** über etw *akk* Bescheid wissen; **to be ~ with sb** mit jdm zusammen sein; **to get ~ with sb** sich *akk* bei jdm lieb Kind machen *fam;* **to let sb ~ on sth** jdm etw verraten **III.** *adj* ① (*leading in*) einwärts; **the door ~ opens inwards** die Tür hinein geht nach innen auf; **~ basket** Behälter *m* für eingehende Postsendungen ② (*in fashion*) in; ■ **to be ~** in [*o fam* hipp] sein; **to be the ~ place to dance/dine** als Tanzlokal/Restaurant in sein *fam* ③ *pred* (*with favourable status*) **he's ~ with the boss at the moment** zurzeit ist er beim Chef gut angeschrieben; **she just says those things to get ~ with the teacher** die sagt so was doch bloß, um sich beim Lehrer lieb Kind zu machen ④ *pred* (*in season*) reif; **pumpkins are ~!** Kürbisse jetzt frisch! **IV.** *n* (*connection*) Kontakt[e] *m[pl]*; **he wants to get involved with that group but doesn't have an ~** er würde gern mit dieser Gruppe in Kontakt kommen, aber bis jetzt fehlt ihm die Eintrittskarte ▶ PHRASES: **the ~s and outs of sth** jedes kleine Detail einer S. *gen;* **to understand the ~s and outs of sth** etw hundertprozentig verstehen

in·abil·ity [ˌɪnəˈbɪləti, AM -ət̬i] *n no pl* Unfähigkeit *f,* Unvermögen *nt*

in ab·sen·tia [ˌɪnæbˈsentiə, AM -ˈsen(t)ʃə] *adv inv* in Abwesenheit; LAW in absentia *fachspr*

in·ac·ces·sibil·ity [ˌɪnəksesəˈbɪləti, AM -ət̬i] *n no pl physical* Unzugänglichkeit *f; mental* Unverständlichkeit *f*

in·ac·ces·sible [ˌɪnəkˈsesəbl̩] *adj* ① (*hard to enter*) unzugänglich; (*hard to understand*) unverständlich ② *pred* (*hard to relate to*) distanziert, unnahbar; **they found him cold and ~** sie fanden ihn kalt und abweisend; ■ **to be ~ to sb** sich *akk* jdm schwer erschließen; **why is opera so ~ to so many people?** warum tun sich so viele Leute so schwer mit der Oper?

in·ac·cu·ra·cy [ɪnˈækjərəsi, AM -jɚə-] *n* ① (*fact*) Ungenauigkeit *f;* **inaccuracies in bookkeeping** Fehler in der Buchführung ② *no pl* (*quality*) Ungenauigkeit *f*

in·ac·cu·rate [ɪnˈækjərət, AM -jɚət] *adj* (*inexact*) ungenau; (*wrong*) falsch, fehlerhaft; **to be highly** [*or* **wildly**] **~** in höchstem Maße ungenau sein; **this is a highly ~ presentation of the facts** die Fakten werden hier völlig verdreht

in·ac·cu·rate·ly [ɪnˈækjərətli, AM -jɚət-] *adv inv* (*inexactly*) ungenau; (*incorrectly*) falsch

in·ac·tion [ɪnˈækʃᵊn] *n no pl* Untätigkeit *f,* Passivität *f*

in·ac·tive [ɪnˈæktɪv] *adj* untätig, inaktiv, passiv; **the explosive remains ~ until set off by heat** der Sprengstoff wird erst durch Hitze gezündet; **an ~ volcano** ein inaktiver Vulkan

in·ac·tiv·ity [ˌɪnækˈtɪvəti, AM -ət̬i] *n no pl* Untätigkeit *f,* Inaktivität *f*

in·ad·equa·cy [ɪnˈædɪkwəsi] *n* ① (*trait*) Unzulänglichkeit[en] *f[pl]* ② *no pl* (*quality*) Unzulänglichkeit *f;* **feelings of ~** Minderwertigkeitsgefühle *pl*

in·ad·equate [ɪnˈædɪkwət] *adj* unangemessen, unzureichend; **he is wholly ~ to the demands of the job** er genügt den beruflichen Anforderungen in keinster Weise; **woefully ~** völlig unzulänglich; **to feel ~** Minderwertigkeitsgefühle haben

in·ad·equate·ly [ɪnˈædɪkwətli] *adv* unzureichend, nicht ausreichend

in·admis·si·ble [ˌɪnədˈmɪsəbl̩] *adj inv* unzulässig; **~ evidence** unzulässiger Beweis

in·ad·ver·tence [ˌɪnədˈvɜːtᵊn(t)s, AM -ˈvɜːr-] *n no pl* (*carelessness*) Unachtsamkeit *f;* (*error*) Versehen *nt;* **it was a case of ~** es war schlicht ein Versehen

in·ad·ver·tent [ˌɪnədˈvɜːtᵊnt, AM -ˈvɜːr-] *adj* (*careless*) unachtsam; (*erroneous*) versehentlich; **I'm sure it was ~** ich bin sicher, dass das ein Versehen war

in·ad·ver·tent·ly [ˌɪnədˈvɜːtᵊntli, AM -ˈvɜːr-] *adv* (*carelessly*) unachtsam; (*erroneously*) versehentlich

in·ad·vis·able [ˌɪnədˈvaɪzəbl̩] *adj* nicht empfehlenswert [*o* ratsam]

in·al·ien·able [ɪˈneɪliənəbl̩] *adj inv* (*form*) unveräußerlich *geh;* **~ rights** unveräußerliche Rechte *geh*

in·amo·ra·ta [ɪˌnæməˈrɑːtə, AM -t̬ə] *n* (*liter*) Liebste *f veraltet;* (*hum a.*) Angebetete *f meist hum,* Liebste *f iron*

in·amo·ra·to [ɪˌnæməˈrɑːtəʊ, AM -t̬oʊ] *n* (*liter*) Liebster *m veraltet;* (*hum a.*) Angebeteter *f meist hum,* Romeo *m iron*

in·ane [ɪˈneɪn] *adj* (*pej*) *story, TV show* belanglos, geistlos; *question, comment, remark* dämlich *pej*

in·ane·ly [ɪˈneɪnli] *adv* (*pej*) geistlos, albern *pej*

in·ani·mate [ɪˈnænɪmət] *adj inv* (*not living*) leblos, unbelebt, unbeseelt *geh* ·; **an ~ object** ein [toter] Gegenstand; (*not moving*) bewegungslos

ina·ni·tion [ˌɪnəˈnɪʃᵊn] *n no pl* MED Entkräftung *f,* Auszehrung *f*

in·an·ity [ɪˈnænəti, AM -t̬i] *n* (*pej*) ① (*lack of substance*) Belanglosigkeit *f,* Trivialität *f pej* ② *no pl* (*silliness*) Albernheit *f*

in·ap·pli·cable [ˌɪnəˈplɪkəbl̩, AM ɪˈnæp-] *adj inv* unanwendbar; *answer, question* unzutreffend, nicht zutreffend

in·ap·pro·pri·ate [ˌɪnəˈprəʊpriət, AM -ˈproʊ-] *adj* (*not of use*) ungeeignet; **~ measures** ungeeignete Maßnahmen; (*inconvenient*) ungelegen; *time* unpassend; (*out of place*) unangebracht, unangemessen

in·ap·pro·pri·ate·ly [ˌɪnəˈprəʊpriətli, AM -ˈproʊ-] *adv* unpassend, unangemessen

in·ap·pro·pri·ate·ness [ˌɪnəˈprəʊpriətnəs, AM -ˈproʊ-] *n no pl* (*uselessness*) Untauglichkeit *f;* (*inconvenience*) Ungelegenheit *f;* (*impropriety*) Unangebrachtheit *f*

in·apt [ɪˈnæpt] *adj* (*form*) ① (*not suitable*) ungeeignet ② (*not skilful*) ungeschickt

in·ap·ti·tude [ɪˈnæptɪtjuːd, AM -tətuːd, -tjuːd] *n no pl (form)* Unvermögen *f*

in·ar·ticu·la·cy [ˌɪnɑːˈtɪkjələsi, AM -ɑːrˈ-] *n no pl (handicap)* mangelnde Wortgewandtheit; *(performance)* Gestammel *nt pej; (inability to speak)* Sprachlosigkeit *f*

in·ar·ticu·late [ˌɪnɑːˈtɪkjələt, AM -ɑːrˈ-] *adj* ❶ *(unable to express oneself)* ■**to be ~** unfähig sein, sich *akk* auszudrücken; **she was ~ with rage/shame** die Wut/Scham verschlug ihr die Sprache ❷ *inv (not expressed)* **an ~ fear/worry** eine unausgesprochene Angst/Sorge ❸ *(unclear)* undeutlich, unverständlich; *speech* zusammenhangslos

in·ar·ticu·late·ly [ˌɪnɑːˈtɪkjələtli, AM -ɑːrˈ-] *adv* undeutlich, unklar

in·ar·ticu·late·ness [ˌɪnɑːˈtɪkjələtnəs, AM -ɑːrˈ-] *n no pl see* **inarticulacy**

in·ar·tis·tic [ˌɪnɑːˈtɪstɪk, AM -ɑːrˈ-] *adj* unkünstlerisch, amusisch

in·as·much as *conj (form)* ❶ *(to the extent that)* insofern [als]; **~ you are their commanding officer, ...** im Rahmen Ihrer Befehlsgewalt als Offizier ... ❷ *(because)* da [ja], weil; **~ Wednesday is a national holiday, banks and most businesses will be closed** wegen des staatlichen Feiertags bleiben am Mittwoch die Banken und die meisten Geschäfte geschlossen

in·at·ten·tion [ˌɪnəˈten(t)ʃᵊn] *n no pl (distractedness)* Unaufmerksamkeit *f; (negligence)* Achtlosigkeit *f,* Gleichgültigkeit *f*

in·at·ten·tive [ˌɪnəˈtentɪv, AM -t̬ɪv] *adj (distracted)* unaufmerksam; *(careless)* achtlos, gleichgültig

in·at·ten·tive·ly [ˌɪnəˈtentɪvli, AM -t̬ɪv-] *adv* unkonzentriert; **to do sth ~** *work, lessons* bei etw *dat* nicht bei der Sache sein

in·audibil·ity [ɪˌnɔːdəˈbɪləti, AM -ɑːdɪˈbɪlət̬i] *n no pl* Unhörbarkeit *f*

in·audible [ɪˈnɔːdəbl̩, AM *esp* ɪˈnɑː-] *adj* unhörbar

in·audibly [ɪˈnɔːdəbli, AM *esp* ɪˈnɑː-] *adv* unhörbar

in·augu·ral [ɪˈnɔːgjərᵊl, AM ɪˈnɑːgjʊrᵊl] *adj attr, inv* ❶ *(consecration)* Einweihungs-; *(opening)* Eröffnungs- ❷ *esp* AM POL *(at start of term)* Antritts-; **~ address** Antrittsrede *f*

in·augu·rate [ɪˈnɔːgjəreɪt, AM ɪˈnɑːgjʊ-] *vt* ❶ *(start)* **to ~ an era** eine neue Ära einläuten [*o* einleiten]; **to ~ a policy** eine Politik [neu] einführen; *(open up)* ■**to ~ sth** *new building* etw [neu] eröffnen ❷ *(induct into office)* ■**to ~ sb** jdn in sein Amt einführen; **to ~ the president** *esp* AM den Präsidenten [feierlich] in sein Amt einführen

in·augu·ra·tion [ɪˌnɔːgjəˈreɪʃᵊn, AM ɪˌnɑːgjʊˈ-] *n* ❶ *no pl (starting) of museum, library* Eröffnung *f; of monument, stadium* Einweihung *f; of era, policy* Einführung *f,* Beginn *m* ❷ *(induction)* Amtseinführung *f*

in·augu·ˈra·tion cer·emo·ny *n* Amtseinführungszeremonie *f*

In·augu·ˈra·tion Day *n* POL *Tag der Amtseinführung des Präsidenten der Vereinigten Staaten, am 20. Januar nach den Präsidentschaftswahlen*

in·aus·pi·cious [ˌɪnɔːˈspɪʃəs, AM *esp* ˌɪnɑːˈ-] *adj (form)* ungünstig, glücklos; **her cinematic debut was ~** ihr Kinodebüt stand unter einem schlechten Stern

in·aus·pi·cious·ly [ˌɪnɔːˈspɪʃəsli, AM *esp* ˌɪnɑːˈ-] *adv (form)* ungünstig; **he began rather ~** er hatte einen unglücklichen Start

in be·tween [] *prep* ❶ *(in middle of)* zwischen *+dat* ❷ *(at intervals in)* zwischen *+dat*

in-be·tween I. *adj attr, inv* Zwischen-, Übergangs-; **~ phase** [*or* **stage**] Übergangsphase *f* **II.** *n (often hum)* Zwischending *nt*

in·board [ˌɪnˈbɔːd, AM -ˈbɔːrd] **I.** *adj (towards inside)* einwärts, nach innen; *(inside)* innen, auf der Innenseite *nach n; (inside vehicle)* im Innenraum *nach n;* NAUT innenbords; **~ engine** Innenbordmotor *m* **II.** *adv* einwärts, [nach] innen; **an aerial was mounted ~** eine Antenne wurde innenseitig angebracht

in·born [ˌɪnˈbɔːn, AM -ˈbɔːrn] *adj inv personality trait* angeboren; *physical trait* vererbt

in·bound [ˈɪnˌbaʊnd] *adj inv* hereinkommend *attr; airplanes* ankommend; *ships* einfahrend; **the city's ~ traffic** der Verkehr in Richtung Innenstadt

in·bounds [ˌɪnˈbaʊndz] *adj inv* SPORTS auf dem Spielfeld; **the ball was still ~** der Ball war noch nicht im Aus

in·bred [ˌɪnˈbred, AM ˈɪnbred] *adj inv* ❶ *(from inbreeding)* durch Inzucht erzeugt [*o* hervorgerufen] ❷ *(inherent)* angeboren; *charm, talent* naturgegeben

in·breed·ing [ˌɪnˈbriːdɪŋ, AM ˈɪnbriːd-] *n no pl* Inzucht *f*

in·built [ˌɪnˈbɪlt] *adj inv* BRIT eingebaut; *in people, animals* angeboren

Inc. *adj after n, inv* ECON *abbrev of* **incorporated**

in·cal·cu·lable [ɪnˈkælkjələbl̩] *adj* ❶ *inv (very high)* unabsehbar, unkalkulierbar; *costs* unüberschaubar ❷ *(inestimable)* nicht zu ermessen *präd,* unvorstellbar; **of ~ value** von unschätzbarem Wert ❸ *(unpredictable) person* unberechenbar

in·cal·cu·labIy [ɪnˈkælkjələbli] *adv (beyond imagination)* unvorstellbar; *(unpredictably)* unberechenbar

in ˈcam·era *adv inv* LAW unter Ausschluss der Öffentlichkeit; **to hold a trial ~** ein Verfahren unter Ausschluss der Öffentlichkeit abhalten

in·can·des·cence [ˌɪnkænˈdesᵊn(t)s] *n no pl* Leuchten *nt; from heat* Glühen *nt; (fig)* Strahlen *nt fig*

in·can·des·cent [ˌɪnkænˈdesᵊnt] *adj* ❶ *inv (lit up)* [weiß]glühend *attr,* leuchtend hell; **~ light bulb** Glühbirne *f* ❷ *(fig: aglow)* strahlend; **her beauty had an ~ quality to it** sie war von strahlender Schönheit; **to be ~ at sth** wegen einer S. *gen* vor Wut platzen *fam* ❸ *(brilliant)* glanzvoll; **an ~ performance** eine glänzende Vorstellung

in·cant [ɪnˈkænt] *vt* **to ~ psalms/words** Psalmen/Worte rezitieren [*o pej* herunterleiern]; **to ~ spells** Beschwörungen murmeln

in·can·ta·tion [ˌɪnkænˈteɪʃᵊn] *n* ❶ *no pl (activity)* Beschwörung *f,* [magischer] Sprechgesang ❷ *(spell)* Zauberspruch *m,* magische Formel

in·ca·pabil·ity [ɪnˌkeɪpəˈbɪləti, AM -ət̬i] *n no pl* Unfähigkeit *f,* Unvermögen *nt*

in·ca·pable [ɪnˈkeɪpəbl̩] *adj (incompetent)* unfähig, ungeeignet; *(unable)* ■**to be ~ of doing sth** unfähig sein, etw zu tun; **he is ~ of such dishonesty** er ist zu einer solchen Unehrlichkeit gar nicht fähig

in·ca·paci·tate [ˌɪnkəˈpæsɪteɪt] *vt* ■**to ~ sb** jdn außer Gefecht setzen [*o* handlungsunfähig machen]

in·ca·paci·tat·ing [ˌɪnkəˈpæsɪteɪtɪŋ, AM -t̬ɪŋ] *adj attr, inv* hinderlich, lähmend

in·ca·pac·ity [ˌɪnkəˈpæsəti, AM -ət̬i] *n no pl* Unfähigkeit *f;* **~ for love** Liebesunfähigkeit *f*

in·car·cer·ate [ɪnˈkɑːsᵊreɪt, AM -ˈkɑːrsə-] *vt* ■**to ~ sb** jdn einkerkern *liter;* ■**to be ~d in sth** in etw *dat* eingesperrt [*o* gefangen] sein

in·car·cera·tion [ɪnˌkɑːsᵊrˈeɪʃᵊn, AM -ˌkɑːrsərˈ-] *n no pl* Einkerkerung *f liter*

in·car·nate I. *adj* [ɪnˈkɑːnət, AM -ˈkɑːr-] *after n, inv* personifiziert; **the devil ~** der personifizierte Teufel; **evil ~** das personifizierte Böse; **God ~** der menschgewordene Gott **II.** *vt* [ˈɪnkɑːneɪt, AM ɪnˈkɑːr-] *(form)* ❶ *(embody)* ■**to ~ sth** etw verkörpern, die Verkörperung einer S. *gen* sein ❷ *(make concrete)* ■**to ~ sth** etw wiedergeben, etw beinhalten ❸ REL *(become human)* **God ~d Himself in the person of Jesus** Gott selber nahm in der Person Jesu Menschengestalt an

in·car·na·tion [ˌɪnkɑːˈneɪʃᵊn, AM -kɑːrˈ-] *n* ❶ *no pl (human form)* Inkarnation *f geh,* Verkörperung *f;* **to be the ~ of beauty/grace** die Schönheit/Anmut selbst sein; **to be the ~ of evil** die Inkarnation [*o* leibhaftige Verkörperung] des Bösen darstellen ❷ *(lifetime)* Inkarnation *f;* **another/a previous ~** ein anderes/früheres Leben ❸ *(realization)* Bearbeitung *f* ❹ REL **the I~** die Inkarnation

in·cau·tious [ɪnˈkɔːʃəs, AM *esp* -ˈkɑː-] *adj* unvorsichtig, unüberlegt

in·cau·tious·ly [ɪnˈkɔːʃəsli, AM *esp* -ˈkɑː-] *adv* unvorsichtig, unüberlegt

in·cen·di·ary [ɪn'sendiəri, AM -dieri] **I.** *adj* ❶ *attr, inv* (*causing fire*) Brand-; ~ **bomb** Brandbombe *f;* ~ **device** Brandsatz *m* ❷ (*fig: causing argument*) aufstachelnd *attr,* aufrührerisch; **an ~ remark** eine anstachelnde Bemerkung; ~ **speech** Brandrede *f* ❸ AM (*spicy*) sehr [*o* extra] scharf **II.** *n* ❶ (*bomb*) Brandbombe *f;* (*device*) Brandmittel *nt* ❷ (*form: arsonist*) Brandstifter(in) *m(f),* Feuerteufel *m fig* ❸ (*old: rabble-rouser*) Aufwiegler(in) *m(f)*

in·cense¹ ['ɪnsen(t)s] *n no pl* ❶ (*substance*) Räuchermittel *nt;* (*in church*) Weihrauch *m;* **stick of ~** Räucherstäbchen *nt* ❷ (*smoke*) wohlriechender Rauch; (*in church*) Weihrauch *m*

in·cense² [ɪn'sen(t)s] *vt* ■**to ~ sb** jdn empören [*o* aufbringen]; **to be ~d by** [*or* **at**] **sb/sth** über jdn/etw erbost [*o* aufgebracht] sein; ■**to ~ sth** etw aufstacheln; **the judgement ~d public opinion** das Urteil empörte die Öffentlichkeit

in·censed [ɪn'sen(t)st] *adj pred* empört, wütend

in·cen·tive [ɪn'sentɪv, AM -t̬ɪv] **I.** *n* (*motivation*) Anreiz *m,* Ansporn *m;* **tax ~s** steuerliche Anreize; **financial ~s** finanzielle Anreize; **to provide an ~ to do sth** einen Anreiz schaffen, etw zu tun **II.** *adj attr, inv* Vorteile bringend; ~ **bonus** Bonus *m,* Prämie *f;* ~ **discount** Treuerabatt *m;* ~ **offer** Gratisangebot *nt,* Werbegeschenk *nt;* ~ **price** Kennenlernpreis *m,* Schnupperpreis *m*

in·'cen·tive scheme *n* System *nt* von Kauf- und Leistungsanreizen, Prämiensystem *nt*

in·cep·tion [ɪn'sepʃən] *n no pl* Anfang *m,* Beginn *m;* (*of a company*) Gründung *f*

in·cer·ti·tude [ɪn'sɜːtɪtjuːd, AM -'sɜːrtɪtuːd] *n* Unsicherheit *f,* Ungewissheit *f*

in·ces·sant [ɪn'sesənt] *adj inv* ununterbrochen, pausenlos; ~ **chatter** unentwegtes Geplapper

in·ces·sant·ly [ɪn'sesəntli] *adv inv* ununterbrochen, pausenlos, stetsfort SCHWEIZ; **to talk ~** ununterbrochen reden

in·cest ['ɪnsest] *n no pl* Inzest *m,* Blutschande *f*

in·ces·tu·ous [ɪn'sestjuəs, AM -tʃu-] *adj* inzestuös; **an ~ relationship** eine inzestuöse Beziehung

in·ces·tu·ous·ly [ɪn'sestjuəsli, AM -tʃu-] *adv* inzestuös; **to be ~ involved** Inzest treiben

in·ces·tu·ous·ness [ɪn'sestjuəsnəs, AM -tʃu-] *n no pl* inzestuöser Charakter

inch [ɪn(t)ʃ] **I.** *n* <*pl* -es> ❶ (*measurement*) Zoll *m* (*2,54 cm*) ❷ (*person's measurement*) ■**~es** *pl* Körpergröße *f,* Statur *f* ❸ (*small distance*) Zollbreit *m,* Zentimeter *m fig;* **just an ~/just ~es** ganz knapp; **to avoid** [*or* **miss**] **sb/sth by ~es** jdn/etw [nur] um Haaresbreite verfehlen; **to do sth by an ~: we won the game by an ~** wir haben das Spiel gerade mal eben gewonnen ❹ (*all*) **every ~** jeder Zentimeter; **Caroline knows every ~ of London** Caroline kennt London wie ihre Westentasche; **she's every ~ a lady** sie ist eine Dame vom Scheitel bis zur Sohle ▶ PHRASES: **within an ~ of one's life** um Haaresbreite am Tod vorbei; **if you give someone an ~ and they'll take a mile** (*prov*) wenn man jemandem den kleinen Finger reicht, will er gleich die ganze Hand *prov;* **not to budge** [*or* **give**] [*or* **move**] **an ~** stur bleiben, nicht nachgeben; **to do sth by ~es** etw ganz allmählich tun; **to search sth ~ by ~** etw zentimetergenau absuchen **II.** *vi* sich *akk* [ganz] langsam bewegen; **we were ~ing along in a traffic jam** wir steckten im Stau und kamen nur im Schritttempo voran **III.** *vt* **to ~ sth across the room/towards the wall** etw [ganz] vorsichtig durch das Zimmer/gegen die Wand bewegen

in·cho·ate [ɪn'kəʊeɪt, AM -'koʊ-] *adj* (*form, liter*) [noch] im Anfangsstadium befindlich, unausgereift

in·ci·dence ['ɪn(t)sɪdən(t)s] *n* Auftreten *nt,* Vorkommen *nt;* **there is a higher ~ of ...** es gibt mehr ...; **an increased ~ of cancer** ein Anstieg der Krebsrate

in·ci·dent ['ɪn(t)sɪdənt] *n* ❶ (*occurrence*) [Vor]fall *m,* Zwischenfall *m,* Ereignis *nt;* **an isolated ~** ein Einzelfall *m;* **a minor ~** eine Bagatelle; **a shooting ~** eine Schießerei ❷ (*story*) Begebenheit *f,* Geschehen *nt*

in·ci·den·tal [ˌɪn(t)sɪ'dentəl, AM -t̬əl] *adj* ❶ (*related*) begleitend *attr,* verbunden; ■**to be ~ to sth** mit etw *dat* einhergehen; **expenses ~ to travel** bei Reisen anfallende Kosten; (*secondary*) nebensächlich, zweitrangig; **these points are true but ~ to the main problem** diese Punkte sind zwar zutreffend aber für das eigentliche Problem ohne Belang; ~ **expenses** Nebenkosten *pl* ❷ (*by chance*) zufällig; (*in passing*) beiläufig; ~ **question/remark** beiläufige Frage/Bemerkung

in·ci·den·tal·ly [ˌɪn(t)sɪ'dentəli] *adv inv* ❶ (*by the way*) übrigens, apropos ❷ (*in passing*) nebenbei, beiläufig; (*accidentally*) zufällig, durch Zufall

in·ci·den·tal 'mu·sic *n* Begleitmusik *f* (*in einem Film, Theaterstück*)

in·ci·den·tals [ˌɪn(t)sɪ'dentəlz, AM -t̬əls] *npl* Nebenkosten *pl*

in·cin·er·ate [ɪn'sɪnəreɪt, AM -əreɪt] *vt* ■**to ~ sth** etw verbrennen [*o* einäschern]; **to ~ rubbish** [*or* AM **garbage**]**/waste** Müll/Abfall verbrennen

in·cin·era·tion [ɪnˌsɪnər'eɪʃən, AM -ə'reɪ-] *n no pl* Verbrennung *f,* Einäscherung *f*

in·cin·era·tor [ɪn'sɪnəreɪtəʳ, AM -əreɪt̬ɚ] *n* Verbrennungsanlage *f; for waste* Müllverbrennungsanlage *f; for bodies* [Verbrennungs]ofen *m*

in·cipi·ent [ɪn'sɪpiənt] *adj* (*form*) beginnend *attr,* im Entstehen begriffen *präd;* **at an ~ stage** im Anfangsstadium

in·cise [ɪn'saɪz] *vt* (*form*) ■**to ~ sth** etw einritzen; *into wood* etw einschnitzen; *into metal, stone* etw eingravieren; **to ~ a wound** eine Wunde aufschneiden

in·ci·sion [ɪn'sɪʒən] *n* MED [Ein]schnitt *m*

in·ci·sive [ɪn'saɪsɪv] *adj* (*clear*) *description* klar, prägnant; (*penetrating*) *remark* analysierend *attr,* schlüssig; (*clear-thinking*) *person* scharfsinnig; ~ **mind** [messer]scharfer Verstand

in·ci·sive·ly [ɪn'saɪsɪvli] *adv* (*clearly*) klar, prägnant; (*penetratingly*) scharfsinnig

in·ci·sive·ness [ɪn'saɪsɪvnəs] *n no pl* (*clarity*) Klarheit *f,* Deutlichkeit *f;* (*penetrating quality*) Scharfsinnigkeit *f*

in·ci·sor [ɪn'saɪzəʳ, AM -ɚ] *n* ANAT Schneidezahn *m*

in·cite [ɪn'saɪt] *vt* (*pej*) ■**to ~ sb** jdn aufstacheln [*o* aufhetzen]; ■**to ~ sb to sth** jdn zu etw *dat* anstiften; **to ~ mutiny/a revolt/a riot** eine Meuterei/einen Aufstand/einen Krawall anzetteln

in·cite·ment [ɪn'saɪtmənt] *n no pl* Anstiftung *f,* Aufstachelung *f;* ~ **of racial hatred** Aufwiegelung *f* zum Rassenhass

in·ci·vil·ity [ˌɪnsɪ'vɪləti, AM -t̬i] *n* ❶ *no pl* (*form: impoliteness*) Unhöflichkeit *f* ❷ (*disregard*) Respektlosigkeit *f*

incl I. *adj inv abbrev of* **inclusive** inkl. **II.** *prep abbrev of* **inclusive** inkl.

in·clem·en·cy [ɪn'klemən(t)si] *n* (*harshness*) *of weather* Rauheit *f kein pl; of punishment* Härte *f*

in·clem·ent [ɪn'klemənt] *adj* (*form*) *weather* rau; *judge* unnachsichtig, gnadenlos

in·cli·na·tion [ˌɪnklɪ'neɪʃən] *n* ❶ (*tendency*) Neigung *f,* Hang *m kein pl;* **to have an ~ to do sth** dazu neigen, etw zu tun; **his first ~ was to accept the invitation but later he reconsidered** er war zunächst geneigt, die Einladung anzunehmen, aber später besann er sich anders; (*desire*) Lust *f;* **I've no ~ to follow my mother into accountancy** ich habe keine Lust, wie meine Mutter Buchhalterin zu werden ❷ *no pl* (*preference*) [besondere] Neigung ❸ (*slope*) Neigung *f,* Schräge *f;* **a light** [*or* **gentle**]**/steep** [*or* **sharp**] **~** ein sanfter/steiler Abhang; *of head* Neigen *nt*

in·cline I. *vi* [ɪn'klaɪn] ❶ (*tend*) ■**to ~ towards sth** zu etw *dat* tendieren [*o* neigen] ❷ (*lean*) sich *akk* neigen **II.** *vt* [ɪn'klaɪn] ❶ (*form: make tend*) ■**to ~ sb to do sth** dazu neigen, etw zu tun; **this ~s me to feel pessimistic about an early solution** das lässt mich einer frühen Lösung eher pessimistisch entgegensehen ❷ (*bend*) **to ~ one's head** seinen Kopf neigen **III.** *n* ['ɪnklaɪn] (*slope*) Schräge *f*, Neigung *f*; *of a hill/mountain* [Ab]hang *m*

in·clined [ɪn'klaɪnd] *adj* ❶ *pred* (*with tendency*) geneigt, bereit; ■**to be ~ to do sth** dazu bereit sein, etw zu tun; **she's more ~ than most people to help out** sie ist hilfsbereiter als die meisten Leute; **to be ~ to agree/disagree** eher zustimmen/nicht zustimmen; **to be mathematically/politically ~** eine Anlage für Mathematik/Politik haben ❷ PHYS (*not even*) **~ plane** schiefe Ebene

in·close *vt see* **enclose**

in·clude [ɪn'klu:d] *vt* (*contain*) ■**to ~ sth** etw beinhalten; (*add*) etw beifügen; **the bill ~s service** die Rechnung ist inklusive Bedienung; **your responsibilities will ~ making appointments** zu Ihren Pflichten wird auch gehören, Termine zu vereinbaren; **to ~ sth with letter** etw [in einem Brief] beilegen; ■**to be ~d in sth** in etw *akk* eingeschlossen sein; **do you think I'm ~d in the invitation?** glaubst du, die Einladung schließt mich mit ein?; **to be ~d in a bill** in einer Rechnung enthalten sein; ■**to ~ sb/sth in sth** jdn/etw in etw *akk* einbeziehen

◆**include out** *vt* (*hum sl*) ■**to ~ sb out** mit jdm nicht rechnen *fam*; **you can ~ me out!** mit mir braucht ihr nicht zu rechnen!

in·clud·ed [ɪn'klu:dɪd] *adj after n, inv* inklusive *nach n*, mitgerechnet *nach n*

in·clud·ing [ɪn'klu:dɪŋ] *prep* einschließlich *+gen*; **there'll be ten of us ~ you and me** wir werden zu zehnt sein, einschließlich dir und mir; **up to and ~** bis einschließlich

in·clu·sion [ɪn'klu:ʒᵊn] *n no pl* Einbeziehung *f*, Aufnahme *f*

in·clu·sive [ɪn'klu:sɪv] *adj inv* ❶ (*containing*) einschließlich, inklusive; **all our prices are ~ of VAT** alle unsere Preise sind inklusive Mehrwertsteuer; **all-~** alles inklusive *nach n*; **all-~ rate** Pauschale *f* ❷ *after n* (*including limits*) [bis] einschließlich; **from the 20th to the 31st of May ~** vom 20. bis zum 31. Mai einschließlich ❸ (*involving all*) [all]umfassend

in·cog·ni·to [ˌɪnkɒg'ni:təʊ, AM -kɑ:g'ni:t̬oʊ] **I.** *n* Inkognito *nt* **II.** *adv inv* inkognito

in·co·her·ence [ˌɪnkə(ʊ)'hɪərᵊn(t)s, AM -koʊ'hɪr-] *n no pl* (*inconsistency*) Zusammenhanglosigkeit *f*; *of policy* Ungereimtheit *f*; **I think his ~ was due to his being drunk** ich glaube, er redete so zusammenhanglos [daher], weil er betrunken war

in·co·her·ent [ˌɪnkə(ʊ)'hɪərᵊnt, AM -koʊ'hɪr-] *adj* zusammenhanglos, unzusammenhängend, inkohärent *fachspr*; **sb is ~** jd redet wirr

in·co·her·ent·ly [ˌɪnkə(ʊ)'hɪərᵊntli, AM -koʊ'hɪr-] *adv* zusammenhanglos, unzusammenhängend

in·come ['ɪŋkʌm, AM *esp* 'ɪn-] *n* Einkommen *nt*; *of a company* Einnahmen *fpl*; **government ~** Regierungseinnahmen *fpl*; **people on low ~s** Menschen mit niedrigem Einkommen

'in·come group *n* Einkommensklasse *f* **'in·come sup·port** *n no pl* BRIT ≈ Sozialhilfe *f*; **to be on ~** ≈ Sozialhilfe bekommen **'in·come tax** *n* Einkommensteuer *f*; **flat ~** Einkommensteuer *f* ohne Progression; **graduated ~** gestaffelte Einkommensteuer, Einkommensteuer *f* mit Progression; **to do one's ~** seine Einkommensteuererklärung machen; **to lower/raise ~** die Einkommensteuer senken/erhöhen **'in·come tax brack·et** *n* Einkommensteuergruppe *f* **'in·come tax re·turn** *n* Einkommensteuererklärung *f*

in·com·ing [ˌɪŋ'kʌmɪŋ, AM *esp* ˌɪn'-] *adj attr, inv* (*in arrival*) ankommend; **~ call** [eingehender] Anruf; **~ flight** ankommendes Flugzeug; **~ freshman** AM *Studienanfänger an einer amerikanischen Hochschule*; **~ missile** anfliegende Rakete; **~ tide** [ansteigende] Flut; (*immigrating*) ins Land kommend, zuwandernd; (*recently elected*) neu [gewählt]

in·com·ings [ˌɪŋ'kʌmɪŋz, AM *esp* ˌɪn'-] *npl* Einkommen *nt*; *of a company* Einnahmen *fpl*

in·com·men·su·rate [ˌɪnkə'men(t)ʃᵊrət, AM -'men(t)sɚ-] *adj pred* ❶ (*out of proportion*) unangemessen; ■**to be ~ to** [*or* **with**] **sth** zu einer S. *dat* in keinem Verhältnis stehen ❷ (*not compatible*) unvergleichbar; **A and B are ~** A und B haben nichts miteinander gemeinsam ❸ MATH inkommensurabel *fachspr*

in·com·mo·di·ous [ˌɪnkə'məʊdiəs, AM -'moʊ-] *adj* (*form*) unbequem

in·com·mu·ni·ca·do [ˌɪnkəˌmju:nɪ'kɑ:dəʊ, AM -doʊ] **I.** *adj pred, inv* (*form*) nicht erreichbar **II.** *adv inv* isoliert; **to be held ~** in Isolationshaft sein

in·com·pa·rable [ɪn'kɒmpᵊrəbl̩, AM -'kɑ:m-] *adj inv* (*different*) unvergleichbar; (*superior*) unvergleichlich, unnachahmlich

in·com·pa·rably [ɪn'kɒmpᵊrəbli, AM -'kɑ:m-] *adv* (*relatively*) *healthier* ungleich; *better* unvergleichlich; (*superlatively*) einmalig

in·com·pat·ibil·ity [ˌɪnkəmˌpætə'bɪləti, AM -ˌpæt̬ə'bɪlət̬i] *n no pl* Unvereinbarkeit *f*; *of computers* Inkompatibilität *f fachspr*; **~ of blood** Unverträglichkeit *f* der Blutgruppen, Blutgruppeninkompatibilität *f fachspr*; **to divorce on grounds of ~** sich *akk* wegen Unvereinbarkeit der Charaktere scheiden lassen

in·com·pat·ible [ˌɪnkəm'pætəbl̩, AM -'pæt̬-] *adj* unvereinbar; ■**to be ~** *persons* nicht zusammenpassen; ■**to be ~ with sth** mit etw *dat* unvereinbar sein; *machinery* inkompatibel; *blood type* unverträglich; *colours* nicht kombinierbar

in·com·pe·tence [ɪn'kɒmpɪtᵊn(t)s, AM -'kɑ:mpət̬-], **in·com·pe·ten·cy** [ɪn'kɒmpɪtᵊn(t)si, AM -'kɑ:mpət̬-] *n no pl* Inkompetenz *f*

in·com·pe·tent [ɪn'kɒmpɪtᵊnt, AM -'kɑ:mpət̬ənt] **I.** *adj* ❶ (*incapable*) inkompetent; ■**to be ~ for sth** für etw *akk* ungeeignet [*o* nicht geeignet] sein ❷ LAW unzuständig; **mentally ~** unzurechnungsfähig **II.** *n* (*pej*) Dilettant(in) *m(f) pej*; **a bunch of ~s** ein Haufen Dilettanten [*o* Nichtskönner] *pej fam*; **a bumbling ~** ein unorganisierter Dilettant/eine unorganisierte Dilettantin *pej*

in·com·pe·tent·ly [ɪn'kɒmpɪtᵊntli, AM -'kɑ:mpət̬ənt-] *adv* (*pej*) inkompetent, stümperhaft *pej*

in·com·plete [ˌɪnkəm'pli:t] **I.** *adj inv form, application, collection* unvollständig; *construction, project* unfertig **II.** *n* AM SCH, UNIV **‚incomplete'** *Zeugnisvermerk, der besagt, dass ein Kurs noch nachträglich zu absolvieren ist*

in·com·plete·ly [ˌɪnkəm'pli:tli] *adv* unvollständig

in·com·plete·ness [ˌɪnkəm'pli:tnəs] *n no pl* Unvollständigkeit *f*

in·com·pre·hen·sibil·ity [ɪnˌkɒmprɪˌhen(t)sə'bɪləti, AM -ˌkɑ:m-prɪˌhen(t)sə'bɪlət̬i] *n no pl* Unverständlichkeit *f*

in·com·pre·hen·sible [ɪnˌkɒmprɪ'hen(t)səbl̩, AM -ˌkɑ:m-] *adj* unverständlich; *act, event* unbegreiflich, unfassbar; **it's ~ to me why …** es ist mir unbegreiflich, warum …; **utterly ~** völlig unverständlich

in·com·pre·hen·sibly [ɪnˌkɒmprɪ'hen(t)səbli, AM -ˌkɑ:m-] *adv* unverständlicherweise, unbegreiflicherweise

in·com·pre·hen·sion [ɪnˌkɒmprɪ'hen(t)ʃᵊn, AM -ˌkɑ:m-] *n no pl* Unverständnis *nt*, Verständnislosigkeit *f*; **total** [*or* **utter**] **~** völliges Unverständnis

in·con·ceiv·able [ˌɪnkən'si:vəbl̩] *adj inv* unvorstellbar, undenkbar; **to be almost** [*or* **virtually**] **~** undenkbar [*o* kaum vorstellbar] sein; ■**it is ~ that …** es ist unvorstellbar, dass …; ■**it is not ~ that …** es ist denkbar, dass …

in·con·ceiv·ably [ˌɪnkən'si:vəbli] *adv* unvorstellbar, undenkbar

in·con·clu·sive [ˌɪnkən'klu:sɪv] *adj argument* nicht [*o* wenig] überzeugend; *results, test* ergebnislos; **~ evidence** unzureichende Beweismittel

in·con·clu·sive·ly [ˌɪnkən'klu:sɪvli] *adv argue* nicht [*o* wenig] überzeugend; *test, result* ergebnislos

in·con·gru·ity [ˌɪnkɒŋ'gru:əti, AM -kən'gru:ət̬i] *n* ❶ *no pl* (*form: quality*) Missverhältnis *nt* ❷ (*instance*) Widerspruch *m*, Ungereimtheit *f*

in·con·gru·ous [ɪn'kɒŋgruəs, AM -'kɑ:ŋ-] *adj* (*not appropriate*) unpassend; **I think it ~ that …** ich finde es unpassend, dass …; (*not consistent*) widersprüchlich, unvereinbar

in·con·sequence [ɪn'kɒn(t)sɪkwən(t)s, AM -'kɑ:n-] *n no pl* (*in*

I

logic) Inkonsequenz *f;* (*in relevance*) Irrelevanz *f*

in·con·sequent [ɪnˈkɒn(t)sɪkwənt, AM -ˈkɑːn-] *adj* (*illogical*) unlogisch; (*irrelevant*) unwesentlich

in·con·sequen·tial [ɪnˌkɒn(t)sɪˈkwen(t)ʃəl, AM -ˌkɑːn-] *adj* (*illogical*) unlogisch; (*unimportant*) unbedeutend; (*irrelevant*) unwesentlich

in·con·sequen·tial·ly [ɪnˌkɒn(t)sɪˈkwen(t)ʃəli, AM -ˌkɑːn-] *adv* (*trivially*) unbedeutend, unwichtig; (*illogically*) unlogisch

in·con·sid·er·able [ˌɪnkənˈsɪdərəbl̩] *adj* unerheblich, unbeträchtlich; **a not ~ amount** [*or* **sum**] eine nicht unbeträchtliche Summe

in·con·sid·er·ate [ˌɪnkənˈsɪdərət] *adj* (*disregarding*) rücksichtslos; ■**to be ~ to** [*or* **towards**] **sb** jdm gegenüber rücksichtslos sein; (*insensitive*) gedankenlos, unsensibel; **an ~ remark** eine taktlose Bemerkung

in·con·sid·er·ate·ly [ˌɪnkənˈsɪdərətli] *adv* rücksichtslos

in·con·sid·er·ate·ness [ˌɪnkənˈsɪdərətnəs] *n,* **in·con·sid·era·tion** [ˌɪnkənˌsɪdəˈreɪʃən] *n no pl* Rücksichtslosigkeit *f;* ■**~ towards sb** Rücksichtslosigkeit gegenüber jdm

in·con·sist·en·cy [ˌɪnkənˈsɪstən(t)si] *n* ❶ (*contradiction*) Unvereinbarkeit *f,* Widerspruch *m;* (*in a text*) Unstimmigkeit *f* ❷ *no pl* (*inconstancy*) Unbeständigkeit *f,* Veränderlichkeit *f*

in·con·sist·ent [ˌɪnkənˈsɪstənt] *adj* ❶ (*lacking agreement*) widersprüchlich, inkonsequent; **her argument is very ~** ihre Argumentation ist völlig widersprüchlich; ■**to be ~ with sth** im Widerspruch zu etw *dat* stehen ❷ (*unsteady*) unbeständig, unstet

in·con·sist·ent·ly [ˌɪnkənˈsɪstəntli] *adv* ❶ (*contradictorily*) widersprüchlich ❷ (*not steadily*) unbeständig, unregelmäßig

in·con·sol·able [ˌɪnkənˈsəʊləbl̩, AM -ˈsoʊl-] *adj inv* untröstlich

in·con·sol·ably [ˌɪnkənˈsəʊləbli, AM -ˈsoʊl-] *adv inv* untröstlich; **the child was crying ~** das Kind weinte und ließ sich gar nicht beruhigen

in·con·spicu·ous [ˌɪnkənˈspɪkjuəs] *adj* unauffällig; **highly ~** sehr unauffällig; **to try to look ~** versuchen, nicht aufzufallen

in·con·spicu·ous·ly [ˌɪnkənˈspɪkjuəsli] *adv* unauffällig

in·con·stan·cy [ɪnˈkɒn(t)stən(t)si, AM -ˈkɑːn-] *n no pl* (*esp liter, form*) ❶ (*tendency to change*) Unbeständigkeit *f,* Veränderlichkeit *f;* (*unpredictably*) Unberechenbarkeit *f* ❷ (*unfaithfulness*) Treulosigkeit *f*

in·con·stant [ɪnˈkɒn(t)stənt, AM -ˈkɑːn-] *adj* ❶ (*changing*) unbeständig, wechselhaft; (*unpredictably*) unberechenbar ❷ (*unfaithful*) treulos

in·con·test·able [ˌɪnkənˈtestəbl̩] *adj inv* unbestreitbar; **~ evidence** unwiderlegbare Beweise; **~ fact** unumstößliche Tatsache

in·con·test·ably [ˌɪnkənˈtestəbli] *adv inv* (*form*) unbestreitbar, zweifellos

in·con·ti·nence [ɪnˈkɒntɪnən(t)s, AM -ˈkɑːntənən(t)s] *n no pl* MED Inkontinenz *f*

in·ˈcon·ti·nence pad *n* MED [Windel]einlage *f* (*bei Inkontinenz*)

in·con·ti·nent [ɪnˈkɒntɪnənt, AM -ˈkɑːntənənt] *adj* ❶ MED inkontinent; **doubly ~** urin- und stuhlinkontinent ❷ (*fig form: uncontrollable*) unbeherrscht, haltlos; **~ temper** Unbeherrschtheit *f*

in·con·tro·vert·ible [ˌɪnˌkɒntrəˈvɜːtəbl̩, AM -ˌkɑːntrəˈvɜːrt̬-] *adj inv* (*form*) unwiderlegbar, unbestreitbar; **it is ~ that ...** es steht zweifelsfrei fest, dass ...; **~ proof** [*or* **evidence**] unwiderlegbarer Beweis; **an ~ fact** eine unstreitige Tatsache

in·con·tro·vert·ibly [ˌɪnˌkɒntrəˈvɜːtəbli, AM -ˌkɑːntrəˈvɜːrt̬-] *adv inv* (*form*) zweifellos, fraglos

in·con·ven·ience [ˌɪnkənˈviːniən(t)s] **I.** *n* ❶ *no pl* (*trouble*) Unannehmlichkeit[en] *f*[*pl*]; **we apologize for any ~ caused by the late arrival of the train** für eventuelle Unannehmlichkeiten durch die Zugverspätung bitten wir um Entschuldigung; **to go to a great deal of ~ for sb** für jdn viel auf sich *akk* nehmen; **he went to a great deal of ~ to help** er hat keine Mühen gescheut zu helfen; **to cause sb ~** jdm Unannehmlichkeiten bereiten ❷ (*troublesome thing*) Unannehmlichkeit *f,* lästige Sache **II.** *vt* ■**to ~ sb** jdm Unannehmlichkeiten bereiten; **would it ~ you to pick something up for me?** würde es dir etwas ausmachen, für mich etwas abzuholen?; ■**to ~ oneself** sich *akk* [um andere] bemühen; **don't ~ yourselves for us – we'll be fine** machen Sie sich keine Umstände – wir kommen zurecht

in·con·ven·ient [ˌɪnkənˈviːniənt, AM *also* -njənt] *adj time* ungelegen; *things, doings* beschwerlich, lästig; *place* ungünstig [gelegen]

in·con·ven·ient·ly [ˌɪnkənˈviːniəntli] *adv* unpassenderweise; **to be ~ located** [*or* **placed**] [*or* **situated**] ungünstig liegen [*o* gelegen sein]

in·cor·po·rate [ɪnˈkɔːpəreɪt, AM -ˈkɔːrpər-] *vt* ❶ (*integrate*) ■**to ~ sth** etw einfügen [*o* einbeziehen]; *company, region* etw eingliedern [*o* angliedern]; *food* etw [hin]zugeben [*o* unterheben]; **try to ~ these ideas into your work** versuche, diese Gedanken in deiner Arbeit aufzunehmen; **suggestions from the survey have been ~d into the final design** Vorschläge aus dem Gutachten sind in die Schlussfassung mit eingegangen; **to ~ a city into a county** eine Stadt in einen Verwaltungsbezirk eingemeinden ❷ (*contain*) ■**to ~ sth** etw enthalten [*o* beinhalten] ❸ LAW, ECON (*form corporation*) **to ~ a company** eine Firma [als Kapitalgesellschaft] eintragen

in·cor·po·rat·ed [ɪnˈkɔːpəreɪtɪd, AM -ˈkɔːrpər-] *adj inv* ❶ (*integrated*) **an ~ city/town** *eine als Gebietskörperschaft anerkannte rechtlich selbständige Stadt/Gemeinde* ❷ LAW, ECON [als Kapitalgesellschaft] eingetragen

in·cor·po·ra·tion [ɪnˌkɔːpərˈeɪʃən, AM -ˌkɔːrpəˈreɪ-] *n no pl* ❶ (*integration*) Einfügung *f,* Eingliederung *f,* Einbeziehung *f; region* Eingemeindung *f; food* Zugabe *f,* Beigabe *f* ❷ LAW, ECON Eintragung *f* [als Kapitalgesellschaft], Gründung *f;* **the ~ of a company** die Umwandlung einer Firma in eine Kapitalgesellschaft

in·cor·po·real [ˌɪnkɔːˈpɔːriəl, AM -kɔːrˈ-] *adj inv* körperlos, wesenlos *geh;* **an ~ being** [*or* **presence**] ein übernatürliches Wesen

in·cor·rect [ˌɪnˈkərekt, AM -kəˈrekt] *adj* ❶ (*not true*) falsch, unrichtig; **an ~ answer** eine falsche Antwort; **an ~ calculation** eine fehlerhafte Berechnung; **an ~ diagnosis** eine unkorrekte Diagnose; **to prove** [**to be**] **~** sich *akk* als falsch herausstellen ❷ (*improper*) unkorrekt; *behaviour* unangebracht

in·cor·rect·ly [ˌɪnˈkərektli, AM -kəˈrekt-] *adv* (*wrongly*) fälschlicherweise; **to assume** [*or* **think**] **sth ~** etw fälschlicherweise annehmen; (*inappropriately*) unpassend; *behave* ungehörig; **to tip ~** nicht das richtige Trinkgeld geben

in·cor·ri·gible [ɪnˈkɒrɪdʒəbl̩, AM -ˈkɔːrədʒ-] *adj inv* (*esp hum*) unverbesserlich

in·cor·ri·gibly [ɪnˈkɒrɪdʒəbli, AM -ˈkɔːrədʒ-] *adv inv* unverbesserlich

in·cor·rupt·ibil·ity [ˌɪnkəˌrʌptəˈbɪləti, AM -t̬i] *n no pl* (*lack of corruption*) Unbestechlichkeit *f;* (*virtuousness*) Integrität *f*

in·cor·rupt·ible [ˌɪnkəˈrʌptəbl̩] *adj inv* ❶ (*not corrupt*) unbestechlich; (*virtuous*) integer ❷ (*not breaking down*) dauerhaft, haltbar

in·cor·rupt·ibly [ˌɪnkəˈrʌptəbli] *adv inv* (*not corrupt*) unbestechlich; (*virtuous*) geradlinig, pflichtgetreu

in·cor·rup·tion [ˌɪnkəˈrʌpʃən] *n no pl* (*integrity*) Unbestechlichkeit *f;* (*virtue*) Unverdorbenheit *f*

in·crease I. *vi* [ɪnˈkriːs] *prices, taxes, interest rates* [an]steigen; *pain, troubles, worries* stärker werden, zunehmen; **to ~ dramatically** [*or* **drastically**] dramatisch [*o* drastisch] [an]steigen; *population, wealth* anwachsen; **to ~ tenfold/threefold** sich *akk* verzehnfachen/verdreifachen **II.** *vt* [ɪnˈkriːs] ■**to ~ sth** (*make more*) etw erhöhen; (*make stronger*) etw verstärken; (*make larger*) etw vergrößern; **gently ~ the heat** die Hitze langsam erhöhen **III.** *n* [ˈɪnkriːs] Anstieg *m,* Zunahme *f;* **the ~ in the number of unemployed** der Anstieg der Arbeitslosenzahlen; **an ~ in production** eine Steigerung der Produktion;

the ~ in violence die zunehmende Gewalt; **the ~ in pollution** die zunehmende Umweltverschmutzung; **price ~** Preisanstieg *m;* **tax ~** Steuererhöhung *f;* **to be on the ~** ansteigen; *in numbers* [mehr und] [*o* [immer]] mehr werden; *in size* [immer] größer werden

in·creased [ɪnˈkriːst] *adj attr, inv* erhöht, [an]gestiegen; **~ homelessness/unemployment** gestiegene Obdach-/Arbeitslosigkeit; **~ salary** gestiegener Lohn; **~ security** erhöhte Sicherheit[svorkehrungen]; **~ taxes** erhöhte Steuern; **~ traffic** gestiegenes Verkehrsaufkommen

in·creas·ing [ɪnˈkriːsɪŋ] *adj inv* steigend, zunehmend; **~ efforts** verstärkte Anstrengungen; **~ prices** steigende Preise

in·creas·ing·ly [ɪnˈkriːsɪŋli] *adv inv* zunehmend; **she became ~ dismayed** sie wurde immer verzweifelter; **their argument became ~ bitter** ihr Streit wurde immer erbitterter

in·cred·ible [ɪnˈkredɪbl̩] *adj* ❶ (*unbelievable*) unglaublich; ■**it is ~ that ...** es ist unglaublich [*o* kaum zu glauben], dass ... ❷ (*fam: very good*) fantastisch *fam*

in·cred·ibly [ɪnˈkredɪbli] *adv* ❶ (*strangely*) erstaunlicherweise; (*surprisingly*) überraschenderweise ❷ + *adj* (*very*) unglaublich

in·cre·du·lity [ˌɪnkrəˈdjuːləti, AM -ˈduːlət̬i, -djuː] *n no pl* (*disbelief*) [ungläubiges] Staunen; (*bewilderment*) Fassungslosigkeit *f;* **to give sb a look of ~** jdn fassungslos ansehen; **to feel a sense of ~** erstaunt sein; (*be bewildered*) fassungslos sein; **to greet sth with ~** etw mit Verwunderung aufnehmen

in·credu·lous [ɪnˈkredjələs, AM -ˈkredʒʊ-] *adj* (*disbelieving*) ungläubig; (*bewildered*) fassungslos; **an ~ look** ein erstaunter Blick; **an ~ smile** ein skeptisches Lächeln; **they were ~ when they heard the news** sie konnten die Neuigkeiten nicht glauben

in·credu·lous·ly [ɪnˈkredjələsli, AM -ˈkredʒʊ-] *adv* (*disbelievingly*) ungläubig; (*aghast*) fassungslos

in·cre·ment [ˈɪnkrəmənt] *n* ❶ (*increase*) Anwachsen *nt,* Erhöhung *f; of earnings* Mehreinnahme[n] *f*[*pl*]; **salary ~** Gehaltserhöhung *f* ❷ (*division*) Stufe *f;* **by ~s** stufenweise; *on a scale* [Grad]einteilung *f*

in·cre·men·tal [ˌɪnkrəˈmentəl, AM -t̬əl] *adj inv* stufenweise, schrittweise

in·cre·men·tal·ly [ˌɪnkrəˈmentəli, AM -t̬əli] *adv inv* stufenweise, schrittweise

in·crimi·nate [ɪnˈkrɪmɪneɪt] *vt* ■**to ~ sb** jdn beschuldigen [*o* belasten]; ■**to ~ oneself** sich *akk* selbst belasten; **to ~ a company/organization** [schwere] Vorwürfe gegen eine Firma/Organisation erheben

in·crimi·nat·ing [ɪnˈkrɪmɪneɪtɪŋ, AM -t̬ɪŋ] *adj* belastend; **~ evidence** belastendes Beweismaterial

in·crimi·na·tion [ɪnˌkrɪmɪˈneɪʃən] *n no pl* Beschuldigung *f;* **self-~** Selbstbezichtigung *f*

in·crus·ta·tion [ˌɪnkrʌsˈteɪʃən] *n* Verkrustung *f,* Krustenbildung *f;* GEOL Inkrustation *f fachspr*

in·cu·bate [ˈɪŋkjʊbeɪt] **I.** *vt* ❶ (*brood*) **to ~ an egg** (*keep warm*) ein Ei [be]brüten; (*hatch*) [ein Ei] ausbrüten; **to ~ bacteria/cells** Bakterien/Zellen heranzüchten ❷ (*fig: think up*) **to ~ an idea/a plan** eine Idee/einen Plan ausbrüten ❸ (*fall ill*) **to ~ a disease** eine Krankheit entwickeln [*o fam* ausbrüten] **II.** *vi* (*develop*) *egg* bebrütet werden; *idea, plan* reifen

in·cu·ba·tion [ˌɪŋkjʊˈbeɪʃən] *n no pl* ❶ ZOOL (*egg keeping*) [Be]brüten *nt; for hatching* Ausbrüten *nt* ❷ (*time period*) *for eggs* Brut[zeit] *f; for diseases* Inkubation[szeit] *f*

in·cuˈba·tion pe·ri·od *n* (*in egg*) Brut[zeit] *f;* (*for plan*) Planungsphase *f,* Vorbereitungszeit *f;* (*for disease*) Inkubationszeit *f*

in·cu·ba·tor [ˈɪŋkjʊbeɪtəʳ, AM -t̬ɚ] *n* (*for eggs*) Brutapparat *m;* (*for babies*) Brutkasten *m,* Inkubator *m fachspr*

in·cu·bus <*pl* -es *or* -bi> [ˈɪŋkjʊbəs, *pl* -baɪ] *n* ❶ (*demon*) Alp *m* ❷ (*fig: oppressive thing*) Alptraum *m*

in·cul·cate [ˈɪnkʌlkeɪt] *vt* ■**to ~ sth on** [*or* **in**] **sb** jdm etw einschärfen; ■**to ~ sb with sth** jdm etw beibringen

in·cul·ca·tion [ˌɪnkʌlˈkeɪʃən] *n no pl* Einimpfen *nt fig*

in·cum·ben·cy [ɪnˈkʌmbən(t)si] *n* Amtszeit *f*

in·cum·bent [ɪnˈkʌmbənt] **I.** *adj* ❶ *attr, inv* (*in office*) amtierend ❷ *pred, inv* (*form: obligatory*) erforderlich, notwendig; ■**it is ~ on** [*or* **upon**] **sb to do sth** es obliegt jdm, etw zu tun *geh* **II.** *n* Amtsinhaber(in) *m(f)*

in·cur <-rr-> [ɪnˈkɜːʳ, AM -ˈkɜːr] *vt* ■**to ~ sth** ❶ FIN, ECON etw hinnehmen müssen; **to ~ costs** Kosten haben; **to ~ debt** Schulden machen; **expenses ~red** entstandene Kosten; **to ~ losses** Verluste erleiden ❷ (*bring upon oneself*) etw hervorrufen; **to ~ the anger** [*or* **wrath**] **of sb** jds Zorn auf sich *akk* ziehen, jdn verärgern; **to ~ the blame for sth** den Tadel für etw *akk* einstecken

in·cur·able [ɪnˈkjʊərəbl̩, AM -ˈkjʊr-] *adj inv* unheilbar; **an ~ habit** eine nicht ablegbare Angewohnheit; **an ~ illness** eine unheilbare Krankheit; (*fig*) unverbesserlich

in·cur·ably [ɪnˈkjʊərəbli, AM -ˈkjʊr-] *adv inv* unheilbar; **to be ~ ill** unheilbar krank sein; (*fig*) unverbesserlich

in·cu·ri·ous [ɪnˈkjʊəriəs, AM -ˈkjʊr-] *adj* gleichgültig, desinteressiert; ■**to be ~ about sth** einer S. *dat* gegenüber gleichgültig sein

in·cur·sion [ɪnˈkɜːʃən, AM -ˈkɜːrʒ-, -rʃ-] *n* [feindlicher] Einfall, Eindringen *nt kein pl;* **to make an ~ into an area/a country** in ein Gebiet/Land eindringen

in·debt·ed [ɪnˈdetɪd, AM -t̬ɪd] *adj pred* ❶ (*obliged*) [zu Dank] verpflichtet; ■**to be ~ to sb for sth** jdm für etw *akk* dankbar sein ❷ (*having debt*) verschuldet; **to be deeply** [*or* **heavily**] **~** hoch verschuldet sein, [tief] in den roten Zahlen stehen *fam*

in·debt·ed·ness [ɪnˈdetɪdnəs, AM -t̬ɪd-] *n no pl* ❶ (*personal*) Verpflichtung *f,* Dankesschuld *f* ❷ (*financial*) Verschuldung *f*

in·de·cen·cy [ɪnˈdiːsən(t)si] *n no pl* ❶ (*impropriety*) Ungehörigkeit *f,* Unschicklichkeit *f* ❷ (*lewdness*) Anstößigkeit *f,* Unanständigkeit *f* ❸ (*sexual assault*) sexueller Übergriff; ■**~ against sb** sexueller Übergriff auf jdn

in·de·cent [ɪnˈdiːsənt] *adj* ❶ (*improper*) ungehörig; (*unseemly*) unschicklich; (*inappropriate*) unangemessen; **with ~ haste** mit ungebührlicher Eile ❷ (*lewd*) unanständig, unmoralisch; **an ~ proposal** [*or* **suggestion**] ein unsittlicher Antrag

in·de·cent as·ˈsault *n* LAW sexueller Übergriff **in·de·cent ex·ˈpo·sure** *n no pl* LAW Erregung *f* öffentlichen Ärgernisses (*durch exhibitionistische Handlungen*)

in·de·cent·ly [ɪnˈdiːsəntli] *adv* ❶ (*improper*) ungehörig; (*inappropriate*) unangemessen ❷ (*lewdly*) unanständig

in·de·ci·pher·able [ˌɪndɪˈsaɪfərəbl̩] *adj inv* (*impossible to read*) unlesbar; (*of handwriting*) kaum zu entziffern; (*impossible to understand*) unverständlich

in·de·ci·sion [ˌɪndɪˈsɪʒən] *n no pl* Unschlüssigkeit *f,* Unentschlossenheit *f*

in·de·ci·sive [ˌɪndɪˈsaɪsɪv] *adj* ❶ (*wishy-washy*) unentschlossen; *person* nicht entscheidungsfreudig ❷ (*not conclusive*) unschlüssig, mehrdeutig; **~ results** keine eindeutigen Ergebnisse ❸ (*not decisive*) nicht entscheidend [*o* ausschlaggebend]

in·de·ci·sive·ly [ˌɪndɪˈsaɪsɪvli] *adv* unentschlossen

in·de·ci·sive·ness [ˌɪndɪˈsaɪsɪvnəs] *n no pl* Unschlüssigkeit *f,* Unentschlossenheit *f; see also* **indecision**

in·de·clin·able [ˌɪndɪˈklaɪnəbl̩] *adj* LING undeklinierbar, indeklinabel *fachspr*

in·deco·rous [ɪnˈdekərəs] *adj* (*form: improper*) unangemessen; (*undignified*) unwürdig, schamlos

in·deco·rous·ly [ɪnˈdekərəsli] *adv* (*form: improperly*) unangemessen; (*undignified*) unwürdig, schamlos

in·deed [ɪnˈdiːd] **I.** *adv inv* ❶ (*for emphasis*) in der Tat, wirklich; **this is bad news ~!** das sind allerdings schlechte Nachrichten!; (*actually*) tatsächlich; **the limited evidence suggests that errors may ~ be occurring** das eingeschränkte Beweismaterial lässt darauf schließen, dass tatsächlich Fehler

I

auftreten; **many people are very poor** ~ viele Menschen sind wirklich sehr arm; **thank you very much** ~**!** vielen herzlichen Dank!; **very disappointed/happy** ~ *esp* BRIT wirklich enttäuscht/glücklich ❷ (*affirmation*) allerdings; **is this your dog? – it is** ~ ist das Ihr Hund? – allerdings; **yes, I did** ~ **say that** ja, das habe ich allerdings gesagt ❸ (*for strengthening*) ja; **he was too proud, too arrogant** ~ er war zu stolz, ja, zu arrogant **II.** *interj* [ja,] wirklich, ach, wirklich *oft iron;* **I saw you in the newspaper** – ~**?** ich habe Sie in der Zeitung gesehen – sagen Sie bloß!; **when will we get a pay rise? – when** ~**?** wann bekommen wir eine Gehaltserhöhung? – ja, wann wohl?

in·de·fati·gable [ˌɪndɪˈfætɪgəbl̩, AM -fæt̬-] *adj inv* unermüdlich

in·de·fati·gably [ˌɪndɪˈfætɪgəbli, AM -fæt̬-] *adv inv* unermüdlich

in·de·fen·sible [ˌɪndɪˈfen(t)səbl̩] *adj* ❶ (*not justifiable*) *actions* unentschuldbar; (*not convincing*) *opinions, arguments* unhaltbar; (*not acceptable*) untragbar, inakzeptabel; ~ **behaviour** unmögliches Benehmen; **morally** ~ moralisch inakzeptabel [*o* nicht vertretbar] ❷ MIL nicht zu halten *präd*

in·de·fen·sibly [ˌɪndɪˈfen(t)səbli] *adv* (*unjustifiably*) unentschuldbar; (*unconvincingly*) unhaltbar; (*unacceptably*) inakzeptabel

in·de·fin·able [ˌɪndɪˈfaɪnəbl̩] *adj* undefinierbar, unbestimmt

in·de·fin·ably [ˌɪndɪˈfaɪnəbli] *adv* undefinierbar, unbestimmt

in·defi·nite [ɪnˈdefɪnət, AM -ənət] *adj* ❶ *inv* (*unknown*) unbestimmt; **an** ~ **number of chairs/guests/people** eine unbestimmte Zahl von Stühlen/Gästen/Leuten; **for an** ~ **period** für eine [*o* auf] unbestimmte Zeit ❷ (*vague*) unklar; *answer* nicht eindeutig; *date, time* [noch] nicht festgelegt, offen; *plans, ideas* vage

in·defi·nite 'ar·ti·cle *n* unbestimmter Artikel

in·defi·nite·ly [ɪnˈdefɪnətli, AM -ənət-] *adv* ❶ *inv* (*for unknown time*) auf unbestimmte Zeit; **to suspend** [*or* **postpone**] **sth** [*or* **to put sth off**] ~ etw auf unbestimmte Zeit verschieben ❷ (*vaguely*) vage

in·del·ible [ɪnˈdeləbl̩] *adj inv* ❶ (*staining*) unlöschbar; *colours, stains* unlöslich; ~ **ink** unlöschbare Tinte; ~ **mark** unlöslicher Fleck ❷ (*fig: permanent*) unauslöschlich; **to make an** ~ **mark** etw *dat* seinen Stempel aufdrücken; **an** ~ **memory** eine unvergessliche Erinnerung

in·del·ibly [ɪnˈdeləbli] *adv inv* unlöschbar; (*fig*) unauslöschlich *geh,* bleibend; **to be printed** [*or* **logged**] ~ **in sb's memory** jdm unauslöschlich im Gedächtnis eingeprägt sein

in·deli·ca·cy [ɪnˈdelɪkəsi] *n no pl* (*lack of sensitivity*) Unsensibilität *f,* mangelnde Feinfühligkeit; (*lack of politeness*) Unhöflichkeit *f;* (*lack of tact*) Taktlosigkeit *f*

in·deli·cate [ɪnˈdelɪkət] *adj* (*not sensitive*) unsensibel, nicht feinfühlig *präd;* (*not polite*) unhöflich; (*tactless*) taktlos; **an** ~ **sense of humour** ein derber Sinn für Humor

in·dem·ni·fy <-ie-> [ɪnˈdemnɪfaɪ] *vt* ❶ (*insure*) ■**to** ~ **sth/sb** etw/jdn versichern; (*secure*) ■**to** ~ **sb** jdn [gegen Ansprüche] sichern ❷ (*compensate*) ■**to** ~ **sb** jdn entschädigen [*o fachspr* schadlos halten]

in·dem·ni·ty [ɪnˈdemnəti, AM -ət̬i] *n* (*form*) ❶ *no pl* (*insurance*) Versicherung *f;* (*protection*) Versicherungsschutz *m* ❷ (*compensation in case of responsibility*) Schaden[s]ersatz *m;* (*compensation without sb responsible*) Entschädigung *f;* **to pay** ~ Schadensersatz leisten, eine Entschädigung bezahlen; *after war* Kriegsentschädigung *f*

in·dent I. *vi* [ɪnˈdent] ❶ TYPO (*make a space*) einrücken, einziehen ❷ BRIT, AUS ECON (*request goods*) anfordern, ordern **II.** *vt* [ɪnˈdent] ❶ TYPO **to** ~ **a line/paragraph** eine Zeile/einen Absatz einrücken ❷ (*make depression*) ■**to** ~ **sth** etw eindrücken; *metal* etw einbeulen **III.** *n* [ˈɪndent] ❶ TYPO Einzug *m* ❷ BRIT, AUS ECON (*request*) Auftrag *m,* Order *f;* **to make an** ~ **for sth** für etw *akk* eine Order erteilen

in·den·ta·tion [ˌɪndenˈteɪʃən] *n* ❶ TYPO Einzug *m* ❷ (*depression*) Vertiefung *f; in cheek, head* Kerbe *f; in car, metal* Beule *f; in rock, coastline* Einbuchtung *f;* (*cut*) [Ein]schnitt *m*

in·den·ture [ɪnˈdentʃəʳ, AM -ɚ] **I.** *vt* ■**to** ~ **sb** ❶ (*train*) jdn [als Lehrling] ausbilden, jdn in die Lehre nehmen ❷ (*hire*) jdn einstellen **II.** *n* ❶ (*trainee's contract*) Lehrvertrag *m,* Ausbildungsvertrag *m* ❷ (*copied contract*) in mehrfacher Ausführung angefertigter Vertrag ❸ (*hist: colonial contract*) *Vertrag über eine zeitlich begrenzte Leibeigenschaft eines besitzlosen Auswanderers, dem dafür sein Grundherr in der neuen Welt die Schiffspassage bezahlte*

in·den·tured [ɪnˈdentʃəʳd, AM -ɚd] *adj pred, inv* **to be** ~ **to sb** (*for training*) bei jdm [als Lehrling] angestellt sein [*o* in der Lehre sein]; **an** ~ **servant** (*hist*) *besitzloser Auswanderer, der einem Grundherrn in der neuen Welt vertraglich zu jahrelangem Dienst verpflichtet war, da dieser ihm die Passage bezahlt hatte*

in·de·pend·ence [ˌɪndɪˈpendən(t)s] *n no pl* ❶ (*autonomy*) Unabhängigkeit *f;* **to achieve** ~ **from sth** POL seine Unabhängigkeit von etw *dat* erlangen; **to win** [*or* **gain**] ~ **from sth** die Unabhängigkeit von etw *dat* erreichen ❷ (*without influence*) Unabhängigkeit *f;* (*impartiality*) Unparteilichkeit *f* ❸ (*self-reliance*) Selbständigkeit *f*

In·de·'pend·ence Day *n* AM *amerikanischer Unabhängigkeitstag*

in·de·pend·ent [ˌɪndɪˈpendənt] **I.** *adj* ❶ *inv* (*autonomous, self-governing*) unabhängig; **to become** ~ **from sth** von etw *dat* unabhängig werden, seine Unabhängigkeit von etw *dat* erlangen ❷ (*uninfluenced*) unabhängig (**of** von +*dat*); (*impartial*) unparteiisch; ~ **financial adviser** unabhängiger Finanzberater/unabhängige Finanzberaterin; ~ **enquiry** [*or* AM *usu* **inquiry**] unabhängige Untersuchung ❸ (*unassisted*) selbständig; **to have** ~ **means** private Mittel [*o* ein Privateinkommen] haben; ~ **traveller** [*or* AM *usu* **traveler**] Individualreisende(r) *f(m);* **to be financially** ~ finanziell unabhängig sein ❹ (*separate, unconnected*) unabhängig; **... quite** ~ **of each other ...** ganz unabhängig voneinander; ~ **statements** voneinander unabhängige Aussagen; ~ **witnesses** Zeugen, die nichts miteinander zu tun haben ❺ AUTO [**fully**] ~ **suspension** Einzelradaufhängung *f* ❻ LING ~ **clause** Hauptsatz *m,* übergeordneter Satz **II.** *n* POL Unabhängige(r) *f(m),* Parteilose(r) *f(m)*

in·de·pend·ent·ly [ˌɪndɪˈpendəntli] *adv* ❶ (*separately*) unabhängig; ■**to do sth** ~ **of sb/sth** etw unabhängig von jdm/etw tun; (*not prompted by others*) etw von sich *dat* aus tun ❷ (*self-reliantly*) selbständig, ohne fremde Hilfe; **to think** ~ selbständig denken ❸ (*regardless*) ■~ **of sth** unabhängig von etw *dat;* ~ **of that concern, I believe that ...** aber ganz unabhängig davon meine ich, dass ...

in·de·pend·ent 'means *npl* privates [*o* eigenes] Einkommen, Privateinkommen *nt;* **to have** ~ über ein eigenes Einkommen verfügen **in·de·pend·ent-'mind·ed** *adj* selbständig, unabhängig; **a guide book for the** ~ **traveller** ein Reiseführer für den Individualreisenden; ■**to be** ~ eine eigene Meinung haben **in·de·pend·ent 'school** *n* BRIT Schule *f* in nichtstaatlicher Trägerschaft **In·de·pend·ent 'Tele·vi·sion** *n no art, no pl* BRIT ❶ (*commercial television*) *englisches Privatfernsehen* ❷ (*independent broadcaster*) private Fernsehanstalt

in-depth [ˌɪnˈdepθ] *adj attr* gründlich; ~ **investigation** eingehende Untersuchung; ~ **report** detaillierter Bericht

in·de·scrib·able [ˌɪndɪˈskraɪbəbl̩] *adj* ❶ (*good*) unbeschreiblich; **the food was** ~ das Essen war traumhaft ❷ (*bad*) unbeschreiblich, fürchterlich; **to live in** ~ **squalor** in entsetzlichen Verhältnissen leben

in·de·scrib·ably [ˌɪndɪˈskraɪbəbli] *adv* ❶ (*good*) unbeschreiblich; ~ **beautiful** sagenhaft schön ❷ (*bad*) unbeschreiblich, entsetzlich *fam*

in·de·struct·ibil·ity [ˌɪndɪˌstrʌktəˈbɪləti, AM -ət̬i] *n no pl* Unzerstörbarkeit *f; of product, toy* Unverwüstlichkeit *f*

in·de·struct·ible [ˌɪndɪˈstrʌktəbl̩] *adj* unzerstörbar; ~ **toy** unverwüstliches Spielzeug; ~ **waste products** nichtabbaubare Abfallprodukte

in·de·ter·mi·nable [ˌɪndɪˈtɜːmɪnəbl̩, AM -ˈtɜːr-] *adj* ❶ (*unidentifiable, unascertainable*) unbestimmbar, undefinierbar, nicht zu bestimmen [*o* definieren] *präd* ❷ (*irresolvable*) *dispute, issue* nicht zu klärend *attr*, nicht zu klären *präd*

in·de·ter·mi·na·cy [ˌɪndɪˈtɜːmɪnəsi, AM -ˈtɜːr-] *n no pl* Unbestimmtheit *f*; *of definition* Vagheit *f*

in·de·ter·mi·nate [ˌɪndɪˈtɜːmɪnət, AM -ˈtɜːr-] *adj* ❶ (*uncounted, immeasurable*) unbestimmt ❷ (*vague*) unklar, vage; ~ **colour** [*or* AM **color**] (*not distinct*) unbestimmbare Farbe; **to take an ~ stance** keinen klaren Standpunkt beziehen; ~ **noise** undefinierbares Geräusch; ~ **period of time** ungewisse Zeitspanne

in·dex [ˈɪndeks, *pl* -dɪsiːz] **I.** *n* ❶ <*pl* -es> (*alphabetical list*) *in book* Index *m*; **look it up in the ~** schlag's doch im Verzeichnis nach; *of sources* Quellenverzeichnis *nt*; *in library* Katalog *m*; (*register, list*) Register *nt*, Verzeichnis *nt*; ~ **by author/keyword/subject-matter/title** [*or* **of authors/keywords/subject-matters/titles**] Autoren-/Stichwort-/Themen-/Titelverzeichnis *nt*; **card ~** Kartei *f*; (*in library*) Kartothek *f*, Katalog *m*; ~ **of authors/keywords/subject-matters/titles** Autoren-/Stichwort-/Themen-/Titelkatalog *m* [*o* -verzeichnis *nt*]; **computer ~** [elektronisches] Datenverzeichnis; **catalogued on a computer ~** elektronisch erfasst ❷ <*pl* -dices *or* -es> ECON Index *m fachspr*, Indexzahl *f fachspr*; **the cost-of-living ~** der Lebenshaltungskostenindex; **the Dow Jones I~** der Dow-Jones-Index *fachspr*; **FTSE 100 I~** [britischer] Aktienindex, FTSE 100 Index *m fachspr*; **price/wage ~** Preis-/Lohnkostenindex *m* ❸ <*pl* -dices *or* -es> (*indicator, measure*) Hinweis *m* (**of** auf +*akk*), Anzeichen *nt* (**of** für +*akk*); **to be a reliable ~ of sth** ein verlässliches Anzeichen für etw *akk* sein, zuverlässig Aufschluss über etw *akk* geben ❹ *no pl* REL (*hist*) ■**the I~** *of prohibited books* der Index ❺ <*pl* -dices> MATH Index *m fachspr* **II.** *vt* ❶ (*create index*) ■**to ~ sth** *in book* etw mit einem Verzeichnis [*o* Register] versehen; *in library* etw katalogisieren; *on computer* ein elektronisches Datenverzeichnis erstellen, etw elektronisch erfassen ❷ (*record in index*) ■**to ~ sth** *in book* etw in ein Verzeichnis [*o* Register] aufnehmen; *in library* etw in einen Katalog aufnehmen; *on computer* etw in ein elektronisches Datenverzeichnis aufnehmen; **to ~ sth by author/keyword/ subject-matter/title** etw mit einem Autoren-/Stichwort-/Themen-/Titelverzeichnis versehen ❸ *usu passive* ECON (*link to*) **to be ~ed to** [*or* **in line with**] **sth** an etw *akk* gekoppelt [*o fachspr* indexiert] sein; **wages have been ~ed to inflation** die Lohntarife sind an die Inflation gekoppelt; ~**ed pension** dynamische Rente

in·dex·ation [ˌɪndekˈseɪʃᵊn] *n no pl* ECON Indexierung *f fachspr* (**of** +*gen*)

'in·dex card *n* Karteikarte *f*

in·dexed [ˈɪndekst] *adj* AM, AUS ECON indexiert *fachspr*, indexgebunden *fachspr*; ■**to be ~ to sth** an etw *akk* gekoppelt [*o fachspr* indexiert] sein

'in·dex fin·ger *n* Zeigefinger *m* **in·dex-'linked** *adj* BRIT ECON indexgebunden *fachspr*, indexiert *fachspr*; ~ **pension** dynamische Rente **In·dex of Lead·ing Eco·nom·ic 'In·di·ca·tors** *n* AM ECON ■**the ~** der Index der führenden Wirtschaftsindikatoren **'in·dex print** *n* Fotoindex *m*

In·dia [ˈɪndiə] *n no pl* Indien *nt*

In·dia 'ink *n* AM, AUS, CAN Tusche *f*

In·dian [ˈɪndiən] **I.** *adj* ❶ (*of Indian sub-continent*) indisch ❷ (*often pej: of native Americans*) indianisch, Indianer- **II.** *n* ❶ (*of Indian descent*) Inder(in) *m(f)* ❷ (*often pej: native American*) Indianer(in) *m(f)*; **American/Canadian ~s** amerikanische/kanadische Indianer; **to play cowboys and ~s** [Cowboy und] Indianer spielen

In·dian 'club *n* Keule *f* **In·dian 'corn** *n no pl* AM Mais *m* **In·dian 'file** *n esp* AM (*single file*) **in ~** im Gänsemarsch **In·dian 'ink** *n* Tusche *f* **In·dian 'Ocean** *n* ■**the ~** der Indische Ozean **In·dian 'sum·mer** *n* ❶ (*in autumn*) Altweibersommer *m*, [warme] Nachsommertage ❷ (*fig: in one's life*) zweiter Frühling *fig*

In·dia 'pa·per *n no pl* Dünndruckpapier *nt* **In·dia 'rub·ber** *n* (*dated: rubber*) [Radier]gummi *m*, Kautschuk *m*

in·di·cate [ˈɪndɪkeɪt] **I.** *vt* ❶ (*show*) ■**to ~ sth** etw zeigen; *apparatus, device, gauge* etw anzeigen; ~**d in red/bold** rot/fett eingezeichnet [*o* gekennzeichnet] ❷ (*strongly imply*) auf etw *akk* hindeuten [*o* schließen lassen], etw erkennen lassen; **initial results ~ that ...** die ersten Hochrechnungen deuten darauf hin, dass ...; **to ~ one's displeasure at sth** sein Missfallen über etw *akk* zum Ausdruck bringen [*o* geben] ❸ (*point to*) ■**to ~ sb/sth** auf jdn/etw hindeuten [*o* hinweisen]; **he ~d his girlfriend with a nod of his head** nickend zeigte er auf seine Freundin ❹ *usu passive* MED (*suggest as suitable*) ■**to be ~d** indiziert sein *fachspr*; (*fig, hum fam*) angebracht [*o sl* angezeigt] [*o sl* angesagt] sein *hum*; **I think a cool drink is ~d!** ich glaube, jetzt ist erst einmal ein kühles Getränk angesagt! ❺ (*state briefly*) ■**to ~** [**to sb**] **that ...** [jdm] zu verstehen geben, dass ...; ■**to ~ sth** (*in writing, on form*) etw angeben; **to ~ ingredients** Inhaltsstoffe aufführen **II.** *vi* BRIT blinken, den Blinker setzen; **to ~ left/right** links/rechts blinken

in·di·ca·tion [ˌɪndɪˈkeɪʃᵊn] *n* ❶ (*evidence, sign*) [An]zeichen *nt* (**of** für +*akk*), Hinweis *m* (**of** auf +*akk*); **the ~ from the trade figures is to reduce stock by at least 30%** die Außenhandelsdaten legen nahe, die Bestände um mindestens 30% zu reduzieren; **an ~ of willingness to do sth** ein Zeichen *nt* der Bereitschaft, etw zu tun; **to give a clear/no ~ of sth** etw klar/nicht erkennen lassen; **he hasn't given any ~ of his plans** er hat nichts von seinen Plänen verlauten lassen; **he gave no ~ of having seen his daughter** nichts wies darauf hin, dass er seine Tochter gesehen hatte; **early ~s** erste Anzeichen; **there is every/no ~ that ...** alles/nichts weist [*o* deutet] darauf hin, dass ...; **there was little ~ that the protesters would leave peacefully** es schien höchst unwahrscheinlich, dass die Demonstranten friedlich abziehen würden ❷ (*reading*) *on gauge, meter* Anzeige *f* ❸ MED Indikation *f fachspr*; **heavy bleeding is an ~ of hysterectomy** bei starken Blutungen ist eine Hysterektomie indiziert

in·dica·tive [ɪnˈdɪkətɪv, AM -t̬ɪv] **I.** *adj* ❶ (*suggestive*) hinweisend *attr*; **there are ~ signs that the economy may be improving** es weist einiges auf einen Konjunkturaufschwung hin; ■**to be ~ of sth** etw erkennen lassen, auf etw *akk* schließen lassen ❷ LING (*not subjunctive*) indikativisch *fachspr*; ~ **sentence** Indikativsatz *m fachspr* **II.** *n* LING Indikativ *m fachspr*

in·di·ca·tor [ˈɪndɪkeɪtəʳ, AM -t̬ɚ] **I.** *n* ❶ (*evidence*) Indikator *m fachspr*; *of fact, trend* deutlicher Hinweis; **an ~ of an inflation/economic upswing** ein Indikator *m* für eine Inflation/einen Konjunkturaufschwung ❷ BRIT (*turning light*) Blinker *m*, [Fahrt]richtungsanzeiger *m bes* SCHWEIZ ❸ MECH (*gauge, meter*) Anzeige *f*, Anzeiger *m*; (*needle*) Zeiger *m*; **speed ~** Geschwindigkeitsmesser *m* ❹ BRIT (*information board*) *at airport, station* Anzeigetafel *f* **II.** *n modifier* ~ **light** BRIT Kontrolllicht *nt*

in·di·ces [ˈɪndɪsiːz] *n pl of* **index I. 2, 3, 5**

in·dict [ɪnˈdaɪt] *vt* ■**to ~ sb** jdn anklagen [*o* beschuldigen], gegen jdn Anklage erheben; **to ~ sb on drug charges/for kidnapping** gegen jdn Anklage wegen Drogendelikte/auf Entführung erheben; **to ~ sb for murder** jdn unter Mordanklage stellen

in·dict·able [ɪnˈdaɪtəbl̩, AM -t̬-] *adj inv* ❶ (*liable to prosecution*) strafbar; ~ **offence** strafbare Handlung ❷ (*chargeable*) *person* strafrechtlich verfolgbar

in·dict·ment [ɪnˈdaɪtmənt] *n* ❶ LAW (*statement of accusation*) Anklage[erhebung] *f*; (*bill*) Anklageschrift *f*; **an ~ for conspiracy/on charges of attempted murder** eine Anklage wegen Verschwörung/wegen versuchten Mordes; **to quash an ~** eine Anklage verwerfen ❷ (*fig: reason for blame*) Anzeichen *nt* (**of** für *+akk*), Hinweis *m* (**of** auf *+akk*); **to be a damning ~ of sth** ein Armutszeugnis für etw *akk* sein; **a damning ~ of education policy** eine vernichtende Anklage gegen die Bildungspolitik

in·die ['ɪndi] *adj inv short for* **independent** *film, industry, music* Indie-

in·dif·fer·ence [ɪn'dɪfᵊrən(t)s] *n no pl* Gleichgültigkeit *f*, Indifferenz *f geh* (**to[wards]** gegenüber *+dat*)

in·dif·fer·ent [ɪn'dɪfᵊrənt] *adj* ❶ (*not interested*) gleichgültig; ▪**to be ~ to sth/sb** etw/jdm gegenüber gleichgültig sein, kein[erlei] Interesse an jdm/etw haben; **she seems completely ~ to him** er scheint ihr völlig gleichgültig zu sein; (*unmoved*) ungerührt (**to** von *+dat*) ❷ (*of poor quality*) [mittel]mäßig; **to play an ~ game** [nur] ein [mittel]mäßiges Spiel abliefern

in·dif·fer·ent·ly [ɪn'dɪfᵊrəntli] *adv* ❶ (*without interest*) gleichgültig, indifferent *geh;* **to behave ~ towards sb** sich *akk* jdm gegenüber gleichgültig verhalten; (*unmoved*) ungerührt ❷ (*not well*) [mittel]mäßig

in·di·gence ['ɪndɪdʒən(t)s] *n no pl* (*form*) Armut *f*, Bedürftigkeit *f*

in·dig·enous [ɪn'dɪdʒɪnəs] *adj inv* [ein]heimisch; **the ~ flora and fauna** die heimische Tier- und Pflanzenwelt; **~ people** Einheimische *pl;* **to be ~ to Europe** *plants, animals, etc* in Europa heimisch [*o* beheimatet] sein

in·di·gent ['ɪndɪdʒənt] *adj* (*form*) arm, bedürftig

in·di·gest·ibil·ity [ˌɪndɪˌdʒestə'bɪləti, AM -əţi] *n no pl* ❶ (*physically*) Unverdaulichkeit *f;* (*bad quality*) Ungenießbarkeit *f* ❷ (*fig: mentally*) Schwerverdaulichkeit *f fig; of report, statistics* Unverständlichkeit *f*

in·di·gest·ible [ˌɪndɪ'dʒestəbl̩] *adj* ❶ (*food*) schwer verdaulich; (*bad, off*) ungenießbar ❷ (*fig: information etc*) schwer verdaulich [*o* verständlich]

in·diges·tion [ˌɪndɪ'dʒestʃᵊn] *n no pl* ❶ (*after meal*) Magenverstimmung *f;* **to get** [*or* **give oneself**] **~** eine Magenverstimmung bekommen; **to suffer from ~** eine Magenverstimmung haben, an einer Magenverstimmung leiden *geh* ❷ (*chronic disorder*) Verdauungsstörung[en] *f[pl]*, Indigestion *f fachspr*

in·dig·nant [ɪn'dɪgnənt] *adj* empört, entrüstet, aufgebracht, ungehalten *geh* (**at/about** über *+akk*); **to become ~** sich *akk* entrüsten [*o* aufregen] [*o* empören], ungehalten werden *geh;* ▪**to be/feel ~** empört [*o* entrüstet] [*o geh* ungehalten] sein

in·dig·nant·ly [ɪn'dɪgnəntli] *adv* empört, entrüstet, aufgebracht, ungehalten *geh*

in·dig·na·tion [ˌɪndɪg'neɪʃᵊn] *n no pl* Entrüstung *f*, Empörung *f*, Ärger *m*, Unwille *m geh* (**at/about** über *+akk*); **righteous ~** gerechtfertigte Empörung

in·dig·nity [ɪn'dɪgnəti, AM -əţi] *n* Demütigung *f;* (*sth humiliating also*) Erniedrigung *f;* **they were subjected to various indignities throughout the voyage** auf ihrer Reise wurden sie äußerst demütigend behandelt

in·di·go ['ɪndɪgəʊ, AM -oʊ] **I.** *n* ❶ *no pl* (*blue dye*) Indigo *m o nt* ❷ (*blue*) Indigo[blau] *nt* **II.** *adj inv* ~ [**blue**] indigoblau

in·di·rect [ˌɪndɪ'rekt] *adj* ❶ (*not straight*) indirekt; **better take an ~ route through the suburbs** fahr lieber einen [kleinen] Umweg über die Vororte; **~ flight** Flug *m* mit Zwischenstopp ❷ (*not intended*) *benefits, consequences* mittelbar; **~ evidence** indirekter Beweis ❸ (*not done directly*) **by ~ means** auf Umwegen *fig* ❹ (*avoiding direct mention*) indirekt; **~ attack/remark** Anspielung *f*

in·di·rect 'costs *npl* FIN indirekte Kosten **in·di·rect 'dis·course** *n no pl* AM LING indirekte Rede; **to use ~** die indirekte Rede benutzen **in·di·rect 'light·ing** *n no pl* indirekte Beleuchtung

in·di·rect·ly [ˌɪndɪ'rektli] *adv* indirekt, auf Umwegen; **he was acting ~ on my behalf** er handelte gemäß meiner indirekten Vollmacht

in·di·rect 'ob·ject *n* LING indirektes Objekt, Dativobjekt *nt* **in·di·rect 'speech** *n no pl* LING indirekte Rede; **to use ~** die indirekte Rede benutzen **in·di·rect 'tax** *n* FIN (*money*) indirekte Steuer; (*system of taxation*) indirekte Besteuerung **in·di·rect tax'a·tion** *n no pl* FIN indirekte Besteuerung

in·dis·cern·ible [ˌɪndɪ'sɜːnəbl̩, AM -'sɜːr-] *adj* (*impossible to detect*) nicht wahrnehmbar; **an ~ change** eine unmerkliche Veränderung; **an almost ~ difference** ein kaum wahrnehmbarer Unterschied; (*not visible*) nicht erkennbar

in·dis·ci·pline [ɪn'dɪsəplɪn] *n no pl* (*form*) Disziplinlosigkeit *f*, Undiszipliniertheit *f*

in·dis·creet [ˌɪndɪ'skriːt] *adj* (*careless*) indiskret; (*tactless*) taktlos (**about** in Bezug auf *+akk*)

in·dis·creet·ly [ˌɪndɪ'skriːtli] *adv* (*carelessly*) indiskret; (*tactlessly*) taktlos

in·dis·cre·tion [ˌɪndɪ'skreʃᵊn] *n* ❶ *no pl* (*carelessness*) Indiskretion *f;* (*tactlessness*) Taktlosigkeit *f* ❷ (*indiscreet act*) Indiskretion *f;* (*thoughtless act*) unüberlegte Handlung; [**sexual**] **~[s]** Affäre[n] *f[pl]*, Techtelmechtel *nt[pl] fam;* **youthful ~s** [kleine] Jugendsünden

in·dis·crimi·nate [ˌɪndɪ'skrɪmɪnət] *adj* ❶ (*unthinking*) unüberlegt, unbedacht; (*uncritical*) unkritisch; **the ~ use of fertilizers will cause major damages to the environment** der willkürliche Einsatz von Düngemitteln wird große Umweltschäden anrichten ❷ (*random*) wahllos, willkürlich; **the terrorists have made ~ attacks on civilians** die Terroristen verübten blinde Attacken auf Zivilisten; ▪**to be ~ in sth** bei etw *dat* keine Unterschiede machen

in·dis·crimi·nate·ly [ˌɪndɪ'skrɪmɪnətli] *adv* ❶ (*without careful thought*) unüberlegt; (*uncritically*) unkritisch ❷ (*at random*) wahllos, willkürlich; (*not discriminating*) unterschiedslos, ohne [irgendwelche] Unterschiede zu machen

in·dis·pen·sabil·ity [ˌɪndɪˌspen(t)sə'bɪləti, AM -əţi] *n no pl* Unentbehrlichkeit *f* (**to** für *+akk*)

in·dis·pen·sable [ˌɪndɪ'spen(t)səbl̩] *adj* unentbehrlich; ▪**to be ~** [**for** [*or* **to**] **sb/sth**] [für jdn/etw] unentbehrlich sein; **to make oneself ~ to sb** sich *akk* [bei jdm [*o* für jdn]] unentbehrlich machen

in·dis·posed [ˌɪndɪ'spəʊzd, AM -'spoʊzd] *adj pred, inv* (*form*) ❶ (*slightly ill*) unpässlich; *artist, singer* indisponiert *geh;* (*euph: slightly unwell*) **I'm afraid my wife won't be attending this evening, she is ~** leider kann meine Frau am heutigen Abend nicht erscheinen, sie ist leicht indisponiert *hum, euph* ❷ (*unwilling*) ▪**to be/feel ~ to do sth** nicht gewillt [*o geh a. hum* geneigt] sein, etw zu tun

in·dis·po·si·tion [ˌɪndɪspə'zɪʃᵊn] *n* (*form*) ❶ *usu sing* (*a. euph: illness*) Unpässlichkeit *f*, Indisponiertheit *f kein pl geh* ❷ *no pl* (*disinclination*) Abgeneigtheit *f* (**to** gegenüber *+dat*), Widerwille *m* (**to** gegenüber *+dat*); **their ~ to cooperate has made things very difficult** ihre mangelnde Bereitschaft zur Kooperation hat uns das Leben recht schwer gemacht

in·dis·put·able [ˌɪndɪ'spjuːtəbl̩, AM -ţ-] *adj inv* unbestreitbar; **to present ~ evidence** einen unanfechtbaren Beweis erbringen; **~ skill/talent** unbestrittene Fähigkeit/unbestrittenes Talent; ▪**it is ~ that ...** es ist unbestritten [*o* unstreitig], dass ...

in·dis·put·ably [ˌɪndɪ'spjuːtəbli, AM -ţ-] *adv inv* unbestreitbar, unbestritten

in·dis·sol·ubil·ity [ˌɪndɪˌsɒljə'bɪləti, AM -ˌsɑːljə'bɪləţi] *n no pl* ❶ (*unseverable*) Unauflöslichkeit *f; of friendship* Unzerbrechlichkeit *f* ❷ (*not dissolving*) *of a substance* Unlöslichkeit *f*, Unauflösbarkeit *f*

in·dis·sol·uble [ˌɪndɪ'sɒljəbl̩, AM -'sɑːl-] *adj inv* ❶ CHEM *substances* unlöslich, unauflösbar ❷ (*fig*) unauflöslich, unauflösbar; *friendship* unzerbrechlich

in·dis·sol·ubly [ˌɪndɪ'sɒljəbli, AM -'sɑːl-] *adv inv* CHEM unlöslich; (*fig*) unauflöslich

in·dis·tinct [ˌɪndɪ'stɪŋ(k)t] *adj* ❶ (*poorly defined*) undeutlich, nicht genau bestimmbar; (*blurred*) verschwommen ❷ (*not clear*) unklar; *memory, recollection* verschwommen, dunkel;

~ **smell** undefinierbarer Geruch

in·dis·tinct·ly [ˌɪndɪˈstɪŋ(k)tli] *adv* (*with poor definition*) undeutlich; (*out of focus*) verschwommen; (*unclearly*) unklar; **to speak ~** undeutlich sprechen

in·dis·tin·guish·able [ˌɪndɪˈstɪŋgwɪʃəbl̩] *adj inv* (*impossible to differentiate*) ununterscheidbar, nicht unterscheidbar; (*not perceptible*) nicht wahrnehmbar [*o* erkennbar]; **the difference here is almost ~** der Unterschied ist hier kaum feststellbar; ▪**to be ~ from sth** von etw *dat* nicht zu unterscheiden sein

in·di·vid·ual [ˌɪndɪˈvɪdʒuəl] **I.** *n* ❶ (*single person*) Einzelperson *f*, Einzelne(r) *f(m)*, Individuum *nt geh* ❷ (*approv: distinctive person*) [selbständige] Persönlichkeit **II.** *adj* ❶ *attr, inv* (*separate*) einzeln; **to receive ~ attention** individuell betreut werden; **~ case** Einzelfall *m* ❷ (*particular*) individuell; **~ needs** individuelle Bedürfnisse, Bedürfnisse *ntpl* des/der Einzelnen ❸ (*distinctive, original*) eigen, eigentümlich; **she has an ~ style** sie hat ihren ganz eigenen Stil

in·di·vidu·al·ism [ˌɪndɪˈvɪdʒuəlɪzᵊm] *n no pl* Individualismus *m*

in·di·vidu·al·ist [ˌɪndɪˈvɪdʒuəlɪst] *n* Individualist(in) *m(f)*

in·di·vidu·al·is·tic [ˌɪndɪˌvɪdʒuəlˈɪstɪk] *adj* individualistisch *geh*

in·di·vidu·al·is·ti·cal·ly [ˌɪndɪˌvɪdʒuəlˈɪstɪkli] *adv* individualistisch *geh*

in·di·vidu·al·ity [ˌɪndɪˌvɪdʒuˈæləti, AM -ət̬i] *n* ❶ *no pl* (*distinctiveness, originality*) Individualität *f* ❷ *no pl* (*separate existence*) individuelle Existenz ❸ (*characteristics, tastes*) ▪**individualities** *pl* Eigenarten *fpl;* (*distinct tastes*) Geschmäcker *mpl;* **for all sorts of individualities** für jeden Geschmack

in·di·vidu·al·ize [ˌɪndɪˈvɪdʒuəlaɪz] *vt* ▪**to ~ sth** ❶ (*adapt*) etw nach individuellen Bedürfnissen ausrichten [*o* gestalten]; **we have to ~ our service** wir müssen unseren Service stärker an individuellen Kundenbedürfnissen orientieren ❷ (*make distinctive*) etw individuell[er] gestalten, etw *dat* eine individuelle[re] [*o* persönliche[re]] [*o* eigene] Note verleihen [*o* geben]

in·di·vidu·al·ized [ˌɪndɪˈvɪdʒuəlaɪzd] *adj attr* ❶ (*for the individual*) individuell; **~ attention/treatment** Einzelbetreuung *f*/-behandlung *f;* **~ medical care** persönliche ärztliche Betreuung; **~ holidays** Individualreisen *fpl* ❷ (*of product*) individuell gestaltet

in·di·vid·ual·ly [ˌɪndɪˈvɪdʒuəli] *adv* ❶ *inv* (*as single entities*) einzeln; **to be working ~ on sth** für sich *akk* an etw *dat* arbeiten ❷ (*in distinctive way*) individuell; (*distinctly*) eigen[tümlich]; **she always thinks very ~** sie hat ihre ganz eigene Denkweise

in·di·vis·ibil·ity [ˌɪndɪˌvɪzəˈbɪləti, AM -ət̬i] *n no pl* Unteilbarkeit *f*

in·di·vis·ible [ˌɪndɪˈvɪzəbl̩] *adj inv* unteilbar

in·di·vis·ibly [ˌɪndɪˈvɪzəbli] *adv inv* unteilbar; **~ attached to one another/sth** untrennbar miteinander/mit etw *dat* verbunden

Indo·chi·na [ˌɪndəʊˈtʃaɪnə, AM -doʊˈ-] *n* (*dated*) Indochina *nt*

in·doc·tri·nate [ɪnˈdɒktrɪneɪt, AM -ˈdɑːk-] *vt* ▪**to ~ sb** jdn indoktrinieren *geh o pej* (**in/with** mit +*dat*)

in·doc·tri·na·tion [ɪnˌdɒktrɪˈneɪʃᵊn, AM -ˌdɑːk-] *n no pl* (*instruction*) Indoktrination *f geh o pej;* (*process*) Indoktrinierung *f geh o pej*

Indo-Euro·pean [ˌɪndə(ʊ)ˌ-, AM -doʊˌ-] LING **I.** *adj inv* indoeuropäisch, indogermanisch **II.** *n* ❶ (*proto-language*) Indoeuropäisch *nt*, Indogermanisch *nt* ❷ (*person*) Indoeuropäer(in) *m(f)*, Indogermane, -in *m, f*

in·do·lence [ˈɪndᵊlən(t)s] *n no pl* (*laziness*) Trägheit *f;* (*desinterestedness*) Gleichgültigkeit *f*, Indolenz *f geh*

in·do·lent [ˈɪndᵊlənt] *adj* (*pej: lazy*) träge; (*without interest*) gleichgültig, indolent *geh*

in·do·lent·ly [ˈɪndᵊləntli] *adv* (*lazily*) träge; (*without interest*) gleichgültig, indolent *geh*

in·domi·table [ɪnˈdɒmɪtəbl̩, AM -ˈdɑːmət̬ə-] *adj* (*approv*) unbezähmbar; **she is ~ in her fight for justice** sie setzt sich unerschütterlich für Gerechtigkeit ein; **~ courage** unerschütterlicher Mut; **~ spirit** unbeugsamer Geist; **~ strength of character** unbezwingbare Charakterstärke; **~ will** eiserner [*o* unbändiger] Wille

in·domi·tably [ɪnˈdɒmɪtəbli, AM -ˈdɑːmət̬ə-] *adv* (*approv*) unbezähmbar; (*undefatigably*) unerschütterlich

In·do·nesia [ˌɪndə(ʊ)ˈniːʒə, AM -dəˈ-] *n* Indonesien *nt*

In·do·nesian [ˌɪndə(ʊ)ˈniːʒən, AM -dəˈ-] **I.** *adj* indonesisch; **~ batik** indonesische(r) Batik **II.** *n* ❶ (*person*) Indonesier(in) *m(f)* ❷ (*language*) Indonesisch *nt*

in·door [ˌɪnˈdɔːʳ, AM -ˈdɔːr] *adj attr, inv* ❶ (*situated inside*) Innen-; **~ plant** Zimmerpflanze *f;* **we'll have to do ~ activities with the children today** wir müssen mit den Kindern im Haus spielen; SPORTS Hallen-; **he's the international ~ champion** er ist der internationale Hallenmeister; **~ racetrack** Hallenrennbahn *f* ❷ (*for use inside*) Haus-, für zu Hause *nach n;* **~ plumbing** Wasseranschluss *m* im Haus; **~ shoes** Hausschuhe *mpl;* SPORTS Hallen-, für die Halle *nach n;* **~ trainers** Hallenturnschuhe *mpl*

in·door 'pool *n* Hallen[schwimm]bad *nt*

in·doors [ˌɪnˈdɔːz, AM -ˈdɔːrz] *adv inv* (*into a building*) hinein, herein, nach drinnen; (*within building, house*) drinnen; (*within house*) im Haus; **come ~, it's cold outside** komm herein, es ist kalt draußen

in·door 'sport *n* Hallensport *m kein pl;* (*individually*) Hallensportart *f*

in·du·bi·table [ɪnˈdjuːbɪtəbl̩, AM -ˈduːbɪt̬ə-, -ˈdjuː-] *adj inv* (*form*) unzweifelhaft; **~ evidence** ein zweifelsfreier Beweis

in·du·bi·tably [ɪnˈdjuːbɪtəbli, AM -ˈduːbɪt̬ə-, -ˈdjuː-] *adv inv* (*form*) zweifellos, zweifelsohne

in·duce [ɪnˈdjuːs, AM *esp* -ˈduːs] *vt* ❶ (*persuade*) ▪**to ~ sb to do sth** jdn dazu bringen [*o geh* bewegen], etw zu tun; **nothing could ~ me to do a bungee-jump!** nicht um alles in der Welt würde ich Bungee springen! ❷ (*cause*) ▪**to ~ sth** etw hervorrufen [*o* bewirken]; **these pills ~ drowsiness** diese Tabletten machen schläfrig ❸ (*cause birth*) ▪**to ~ sth** *abortion, birth, labour* etw einleiten; **twins are often ~d** Zwillingsgeburten werden häufig künstlich eingeleitet; **to ~ a pregnant woman** [**to give birth**] bei einer Schwangeren die Geburt künstlich einleiten ❹ ELEC, PHYS ▪**to ~ sth** etw induzieren *fachspr;* **to ~ a[n] [electrical] current** Strom induzieren

in·duce·ment [ɪnˈdjuːsmənt, AM *esp* -ˈduːs-] *n* (*a. euph*) Anreiz *m*, Ansporn *m*, Antrieb *m;* (*verbal*) Überredung *f;* **financial ~s** finanzielle Anreize

in·duct [ɪnˈdʌkt] *vt usu passive* (*form*) ❶ (*install in office*) **to be ~ed into office** in ein Amt eingesetzt werden ❷ (*initiate*) ▪**to be ~ed into sth** in etw *akk* eingeführt werden; **to ~ sb into an approach/a belief** jdn an einen Ansatz/Glauben heranführen; **he was ~ed into certain rituals** er wurde in bestimmte Rituale eingeweiht ❸ AM MIL (*conscript*) **to be ~ed** [**into the army**] eingezogen werden

in·duc·tion [ɪnˈdʌkʃᵊn] **I.** *n* ❶ (*into office, post*) [Amts]einführung *f*, [Amts]einsetzung *f;* (*into organization*) ▪**~ into sth** Aufnahme *f* in etw *akk;* **~ into the military** AM MIL Einberufung *f* [zum Wehrdienst [*o* Militärdienst]] ❷ (*initiation*) Einführung *f;* **an ~ to a method/system** eine Einführung in eine Methode/ein System ❸ *no pl* PHILOS Induktion *f fachspr;* **process of ~** Induktionsprozess *m* ❹ MED (*act of causing*) *of abortion, birth, labour* Einleitung *f; of sleep* Herbeiführen *nt* ❺ *no pl* ELEC, PHYS, TECH Induktion *f fachspr;* TECH *a.* Ansaugung *f* **II.** *n modifier* ❶ (*of initiation*) (*ceremony*) Einführungs- ❷ ELEC (*heating, loop*) Induktions- *fachspr*

in·'duc·tion coil *n* ELEC Induktionsspule *f fachspr*

in·'duc·tion course *n* Einführungskurs *m*

in·duc·tive [ɪnˈdʌktɪv] *adj inv* ELEC, MATH, PHILOS induktiv *fachspr;* **~ current** Induktionsstrom *m;* **~ reasoning** induktive Argumentation

in·duc·tive·ly [ɪnˈdʌktɪvli, AM -t̬ɪv-] *adv inv* ELEC, MATH, PHILOS induktiv *fachspr*

in·dulge [ɪnˈdʌldʒ] **I.** *vt* ❶ (*allow pleasure*) ▪**to ~ sth** etw *dat* nachgeben; **to ~ one's passion [for sth]** leidenschaftlich gern etw tun, seiner Leidenschaft *dat* [für etw *akk*] frönen *a. hum;* **to ~ sb's every wish** jdm jeden Wunsch erfüllen; **he ~d her every whim** er gab jeder ihrer Launen nach ❷ *(spoil)* ■**to ~ sb [with sth]** jdn [mit etw *dat*] verwöhnen; **to ~ a child** ein Kind verhätscheln; ■**to ~ oneself with sth** *champagne, food, pleasurable activity* sich *akk* an etw *dat* gütlich tun *geh o a. hum,* etw [in verschwenderischer Fülle] genießen ❸ *(form: permit speech)* ■**to ~ sb** jdn gewähren lassen; **if you would ~ me for a moment, ...** wenn Sie mir noch für einen Moment Ihre Aufmerksamkeit schenken, ... **II.** *vi* ❶ *(euph: drink alcohol)* trinken, sich *dat* einen genehmigen *fam o euph;* *(too much)* einen über den Durst trinken *fam o euph;* **he used to ~ heavily [in drink]** er war früher dem Alkohol schwer zugetan ❷ *(in undesirable activity)* ■**to ~ in sth** in etw *dat* schwelgen, etw *dat* frönen; **to ~ in fantasies** sich *akk* Fantasien hingeben *geh;* **to ~ in gossip** sich *akk* dem Tratsch [*o* Klatsch] hingeben; **to ~ in nostalgia** in nostalgischen Erinnerungen schwelgen

in·dul·gence [ɪnˈdʌldʒən(t)s] *n* ❶ *(treat, pleasure)* Luxus *m;* *food, drink, activity* Genuss *m* ❷ *no pl (leniency)* Nachsichtigkeit *f* (**of** gegenüber *+dat*); *(softness)* Nachgiebigkeit *f* (**of** gegenüber *+dat*); **she treats her son's laziness with ~** sie kommt der Faulheit ihres Sohnes mit Nachsicht entgegen ❸ *no pl (in food, drink, pleasure)* Frönen *nt;* **his ~ in casual affairs is unfortunate** leider frönt er allzu gerne seinen Affären; **~ in drink/food/etc** übermäßiges [*o* unmäßiges] Essen/Trinken/etc; **gross ~, over-~** übermäßiger Genuss; *in rich food* Völlerei *f; in alcohol* übermäßiger Alkoholgenuss *f;* **self-~** [ausschweifendes [*o* übermäßiges]] Genießen ❹ REL *(hist: Catholic doctrine)* Ablass *m;* **to sell ~s** Ablasshandel treiben *hist*

in·dul·gent [ɪnˈdʌldʒənt] *adj* ❶ *(lenient)* nachgiebig, nachsichtig; ■**to be ~ [towards** [*or* **to**] **sb/sth]** [jdm/etw gegenüber] [sehr] nachgiebig [*o* nachsichtig] sein; **~ parents** [zu] nachgiebige [*o* nachsichtige] Eltern ❷ *(tolerant)* nachsichtig, milde; **sb's ~ attitude toward sth** jds tolerante Einstellung gegenüber etw *dat*

in·dul·gent·ly [ɪnˈdʌldʒəntli] *adv* nachsichtig

in·dus·trial [ɪnˈdʌstriəl] **I.** *adj* ❶ *(of production of goods)* industriell; **~ expansion** industrielle Expansion; **~ output** Industrieproduktion *f;* *(of training, development)* betrieblich ❷ *(for use in manufacturing)* Industrie-; **~ equipment/tools** Industriewerkzeug[e] *nt[pl];* **for ~ use** für die industrielle [*o* gewerbliche] Nutzung ❸ *(having industry)* Industrie-; **~ area/region** Industriegebiet *nt* **II.** *n* STOCKEX ■**~s** *pl* Industrieaktien *fpl,* Industriepapiere *ntpl*

in·dus·trial ˈac·tion *n no pl* BRIT *(working to rule)* Arbeitskampfmaßnahmen *fpl,* gewerkschaftliche Kampfmaßnahme; *(strike)* Streik *m;* **to take ~** in den Ausstand treten **in·dus·trial ar·chae·ˈol·ogy** *n no pl* Industriearchäologie *f* **in·dus·trial ˈback·ground** *n* Berufserfahrung *f* im Industriebereich; **to have an ~** in der Industrie tätig gewesen sein **in·dus·trial ˈcity** *n* Industriestadt *f* **in·dus·trial ˈcoun·try** *n* Industrieland *nt* **in·dus·trial di'·sease** *n* Berufskrankheit *f* **in·dus·trial dis·ˈpute** *n* Streik *m,* [tarifpolitische] Auseinandersetzungen *fpl* zwischen Arbeitgebern und Arbeitnehmern **in·dus·trial ˈes·pio·nage** *n no pl* Industriespionage *f* **in·dus·trial es·ˈtate** *n* BRIT Industriegebiet *nt*

in·dus·tri·al·ism [ɪnˈdʌstriəlɪzᵊm] *n no pl* Industrialismus *m*

in·dus·tri·al·ist [ɪnˈdʌstriəlɪst] *n* Industrielle(r) *f(m)*

in·dus·tri·ali·za·tion [ɪnˌdʌstriəlaɪˈzeɪʃᵊn, AM -lɪˈ-] *n no pl* Industrialisierung *f*

in·dus·tri·al·ize [ɪnˈdʌstriəlaɪz] **I.** *vi country, state* zum Industriestaat [*o* Industrieland] werden; *area* Industrie ansiedeln; *business* industrielle Produktionsmethoden einführen **II.** *vt* ■**to ~ sth** etw industrialisieren; *area* Industrie ansiedeln; *business* industrielle Produktionsmethoden einführen

in·dus·tri·al·ized [ɪnˈdʌstriəlaɪzd] *adj area, country, nation* industrialisiert

in·dus·trial ˈland·scape *n* Industrielandschaft *f*

in·dus·tri·al·ly [ɪnˈdʌstriəli] *adv* industriell; **an ~ advanced nation** eine hoch entwickelte Industrienation; **to develop ~** eine eigene Industrie aufbauen

in·dus·trial ˈmedi·cine *n* Arbeitsmedizin *f* **in·dus·trial ˈna·tion** *n* Industrienation *f* **in·dus·trial ˈpark** *n* AM, AUS *(industrial estate)* Industriegebiet *nt* **in·dus·trial re·ˈla·tions** *npl* Arbeitgeber-Arbeitnehmer-Beziehungen *fpl,* Industrial Relations *pl fachspr* **In·dus·trial Revo·ˈlu·tion** *n* HIST ■**the ~** die Industrielle Revolution **in·dus·trial tri·ˈbu·nal** *n* BRIT Arbeitsgericht *nt*

in·dus·tri·ous [ɪnˈdʌstriəs] *adj (hard-working)* fleißig, arbeitsam *veraltend;* *(busy)* eifrig, emsig

in·dus·tri·ous·ly [ɪnˈdʌstriəsli] *adv (hard-working)* fleißig; *(busily)* eifrig, emsig; **to work ~** fleißig arbeiten

in·dus·tri·ous·ness [ɪnˈdʌstriəsnəs] *n no pl (diligence)* Fleiß *m;* *(being busy)* Eifrigkeit *f,* Emsigkeit *f*

in·dus·try [ˈɪndəstri] *n* ❶ *no pl (manufacturing)* Industrie *f;* **captain of ~** Industriekapitän *m fam;* **people from local business and ~** örtliche Geschäftsleute und Industrievertreter; **[leaders of] trade and ~** [führende Vertreter/führende Vertreterinnen aus] Industrie und Handel; **heavy/light ~** Schwer-/Leichtindustrie *f* ❷ *(type of trade)* Branche *f,* Produktionszweig *m;* **the banking ~** das Bankgewerbe; **the communications ~** die Kommunikationsbranche; **the computer/electricity ~** die Computer-/Elektrizitätsindustrie; **the tourist ~** die Touristik[branche] ❸ *no pl (form: diligence)* Fleiß *m;* *(quality of being busy)* Emsigkeit *f;* **sometimes the office is a hive of ~** manchmal herrscht im Büro ein emsiges Treiben wie in einem Bienenstock

in·dus·try ˈlead·er *n* Industrieführer *m* **ˈin·dus·try·wide I.** *adj inv* branchenweit; **an ~ practice** eine branchenübliche Praxis **II.** *adv inv* branchenweit; **to develop ~** branchenweit entwickeln

in·ebri·ate I. *vt* [ɪˈni:brieɪt] *(form)* ■**to ~ sb** jdn betrunken machen **II.** *n* [ɪˈni:briət] *(dated form)* Trinker(in) *m(f)*

in·ebri·at·ed [ɪˈni:brieɪtɪd, AM -t̬ɪd] *adj (form)* betrunken; **to be in an ~ condition** unter [starkem] Alkoholeinfluss stehen *form;* **in an ~ state** im betrunkenen [*o* in betrunkenem] Zustand

in·ebria·tion [ɪˌni:briˈeɪʃᵊn] *n no pl (form)* Trunkenheit *f form;* **to be in a state of total ~** sich *akk* im Zustand völliger Trunkenheit befinden *form*

in·ed·ibil·ity [ɪˌnedɪˈbɪləti, AM -ət̬i] *n no pl* Ungenießbarkeit *f*

in·ed·ible [ɪˈnedɪbl̩, AM *esp* ɪnˈed-] *adj* ❶ *(unsuitable as food)* nicht essbar, nicht zum Verzehr geeignet ❷ *(pej: extremely unpalatable)* ungenießbar *pej*

in·edu·cable [ɪˈnedjəkəbl̩, AM ɪnˈedʒʊ-] *adj* schwer erziehbar; *(due to a mental handicap)* lernbehindert

in·ef·fable [ɪˈnefəbl̩, AM *esp* ɪnˈef-] *adj (form)* unsagbar, unaussprechlich, unsäglich *geh*

in·ef·fec·tive [ˌɪnɪˈfektɪv] *adj measure* unwirksam; *person* untauglich, ineffektiv *geh;* **as a teacher he was fairly ~** als Lehrer war er eher ungeeignet; **~ attempt** erfolgloser Versuch; **~ method/system** ineffiziente Methode/ineffizientes System

in·ef·fec·tive·ly [ˌɪnɪˈfektɪvli] *adv of measure* unwirksam; *of person* ineffektiv *geh;* **to attempt ~ to do sth** erfolglos versuchen, etw zu tun

in·ef·fec·tual [ˌɪnɪˈfektʃuᵊl] *adj* ineffektiv *geh;* **he's been totally ~ at restoring order to the country** er hat es nicht geschafft, dem Land zu Ordnung zu verhelfen; **~ efforts** fruchtlose Bemühungen; **an ~ leader** eine unfähige Führungskraft; **to be ~ as sth** in etw *dat* versagen

in·ef·fi·cien·cy [ˌɪnɪˈfɪʃᵊn(t)si] *n no pl of system, method* Ineffizienz *f geh; of person* Unfähigkeit *f,* Inkompetenz *f; of measure* Unwirksamkeit *f; of attempt* Erfolglosigkeit *f*

in·ef·fi·cient [ˌɪnɪˈfɪʃᵊnt] *adj* ❶ (*dissatisfactory*) *organization, person* unfähig, inkompetent; *system* ineffizient; (*not productive*) unwirtschaftlich; **grossly** ~ extrem ineffizient; ■**to be** ~ **at doing sth** etw nicht beherrschen [*o* schaffen] ❷ (*wasteful*) unrationell; ~ **machine/methods of production** leistungsschwache Maschine/Produktionsmethoden

in·ef·fi·cient·ly [ˌɪnɪˈfɪʃᵊntli] *adv* (*not productively*) ineffizient *geh;* (*wastefully*) unrationell

in·elas·tic [ˌɪnɪˈlæstɪk, AM -niːˈ-] *adj* ❶ *material, substance* unelastisch ❷ (*fig: unchanging*) inflexibel, nicht flexibel; (*not permitting change*) starr

in·el·egance [ɪˈnelɪgən(t)s, AM *esp* ˌɪnˈel-] *n no pl of appearance* Mangel *m* an Eleganz, mangelnde Eleganz; *of speech, style* Ungeschliffenheit *f pej; of reply, gesture* Plumpheit *f*

in·el·egant [ɪˈnelɪgənt, AM *esp* ˌɪnˈel-] *adj* ❶ (*unattractive*) unelegant, wenig elegant; *surroundings, appearance* ohne [jeden] Schick *nach n; speech* holprig; **his new flat is totally** ~ seine neue Wohnung hat absolut keinen Schick ❷ (*unrefined*) ungeschliffen; *gesture, movement* plump

in·eli·gibil·ity [ɪˌnelɪdʒəˈbɪləti, AM -əṱi] *n no pl* ❶ (*for funds, benefits*) Nichtberechtigtsein *nt;* (*for election*) Nichtwählbarkeit *f* (**for** als +*nom*); ~ **for jury service** Nichtwählbarkeit *f* als Jurymitglied ❷ (*unsuitability*) Untauglichkeit *f,* mangelnde Eignung; ~ **for the army** Militäruntauglichkeit *f*

in·eli·gible [ɪˈnelɪdʒəbl̩, AM *esp* ˌɪnˈel-] *adj inv* ❶ (*for funds, benefits*) nicht berechtigt (**for** zu +*dat*); (*for office*) nicht wählbar (**for** in +*akk*); **they have become** ~ **to receive state aid** sie haben ihre Berechtigung auf Sozialhilfe verloren ❷ (*not fit*) ■**to be** ~ **for sth** *in character* für etw *akk* nicht geeignet sein; *physically* für etw *akk* untauglich sein; **to be** ~ **for the team** nicht teamtauglich sein; **to be** ~ **for military service** wehruntauglich sein

in·eluc·table [ˌɪnɪˈlʌktəbl̩] *adj* (*merciless*) unbarmherzig; (*relentless*) unausweichlich

in·ept [ɪˈnept, AM *esp* ˌɪnˈept] *adj* (*clumsy*) unbeholfen; (*unskilled*) ungeschickt; **his** ~ **handling of the crisis** sein unfähiges Krisenmanagement; ■**to be** ~ **at sth** (*clumsy*) in etw *dat* unbeholfen sein; (*unskilled*) in etw *dat* ungeschickt sein; **he's totally** ~ **at standing up for himself** er ist nicht fähig, sich zu behaupten; ~ **comment** unangebrachter Kommentar; ~ **leadership** unfähige Führung; ~ **performance** stümperhafte Leistung; ~ **remark** unpassende Bemerkung; **to be socially** ~ nicht [gut] mit anderen [Menschen] umgehen können

in·ep·ti·tude [ɪˈneptɪtjuːd, AM ˌɪnˈeptɪtuːd, ɪˈn-, -tjuːd] *n* (*inability*) Unfähigkeit *f;* (*clumsiness*) Ungeschicktheit *f; of leadership* Unfähigkeit *f; of performance* Stümperhaftigkeit *f; of remark, reply* Unangebrachtheit *f,* Unangemessenheit *f;* **political** ~ politische Unfähigkeit; **social** ~ mangelnde Umgangsfähigkeit mit anderen [Menschen]; **sb's** ~ **in doing sth** jds Unvermögen etw zu tun

in·equal·ity [ˌɪnɪˈkwɒləti, AM -ˈkwɑːləṱi] *n* ❶ *no pl* (*quality*) Ungleichheit *f;* **political/social** ~ politisch/sozial bedingte Ungleichheit; **racial** ~ rassenbedingte [*o* rassenspezifische] Ungleichheit; **sexual** ~ Ungleichheit *f* der Geschlechter, geschlechtsspezifische Ungleichheit ❷ (*instance*) Unterschied *m,* Ungleichheit *f;* **there remain major inequalities of opportunity in the workplace** es herrscht immer noch enorme Chancenungleichheit am Arbeitsplatz

in·equi·table [ɪˈnekwɪtəbl̩, AM ˌɪnˈekwəṱə-] *adj* (*form*) ungerecht

in·equi·ty [ɪˈnekwəti, AM ˌɪnˈekwəṱi] *n* (*form*) Ungerechtigkeit *f*

in·eradi·cable [ˌɪnɪˈrædɪkəbl̩] *adj inv* (*form*) ~ **disease/prejudice** unausrottbare Krankheit/unausrottbares Vorurteil; ~ **hatred** ohnmächtiger Hass; ~ **impression** unauslöschlicher Eindruck; ~ **mistake** unabänderlicher [*o* unwiderruflicher] Fehler; ~ **state** unabänderlicher Zustand

in·ert [ɪnˈɜːt, AM ˌɪnˈɜːrt] *adj* ❶ (*not moving*) unbeweglich, reglos ❷ (*fig, pej: sluggish, slow*) träge; (*lacking vigour*) kraftlos, schlaff *fam;* **an** ~ **political system** ein politisches System, dem es an Dynamik fehlt ❸ CHEM inert *fachspr,* inaktiv; ~ **gas** Edelgas *nt*

in·er·tia [ɪˈnɜːʃə, AM ˌɪnˈɜːr-] *n no pl* ❶ (*inactivity*) Unbeweglichkeit *f,* Reglosigkeit *f* ❷ (*lack of will, vigour*) Trägheit *f;* **the company is stifled by bureaucratic** ~ die Bürokratie ist ein Hemmschuh für die Firma ❸ PHYS Trägheit *f*

in·er·tia reel 'seat belt *n* AUTO Automatikgurt *m* **i'n·er·tia sell·ing** *n no pl* BRIT ECON Trägheitsverkauf *m,* unaufgeforderter Versandkauf

in·es·cap·able [ˌɪnɪˈskeɪpəbl̩] *adj inv* (*unavoidable*) *fact, etc* unausweichlich, unvermeidlich; ~ **conclusion** zwangsläufige Schlussfolgerung; ~ **disaster** unabwendbares Unglück; ~ **fate** unentrinnbares Schicksal; (*undeniable*) unleugbar, unbestreitbar; ~ **fact** unleugbare Tatsache; ~ **truth** unbestreitbare Wahrheit

in·es·cap·ably [ˌɪnɪˈskeɪpəbli] *adv inv* (*unavoidably*) unausweichlich, unvermeidlich, unabwendbar; (*undeniably*) unbestreitbar

in·es·sen·tial [ˌɪnɪˈsen(t)ʃᵊl] **I.** *adj inv* nebensächlich, unwesentlich, unwichtig **II.** *n usu pl* Nebensächlichkeit *f;* **I regard telephones and televisions as** ~**s** für mich sind Telefon und Fernseher etwas Unwesentliches

in·es·ti·mable [ɪˈnestɪməbl̩, AM *esp* ˌɪnˈes-] *adj* unschätzbar; **to be of** ~ **value** von unschätzbarem Wert sein

in·es·ti·mably [ɪˈnestɪməbli, AM *esp* ˌɪnˈes-] *adv* unschätzbar

in·evi·tabil·ity [ɪˌnevɪtəˈbɪləti, AM ˌɪnˌevɪṱəˈbɪləṱi] *n no pl* Unvermeidlichkeit *f*

in·evi·table [ɪˈnevɪtəbl̩, AM ˌɪnˈevɪṱə-] **I.** *adj inv* ❶ (*certain to happen*) unvermeidlich; **it seems almost** ~ **that they'll discover the error** es kann gar nicht ausbleiben, dass ihnen der Fehler auffallen wird; **an** ~ **conclusion/result** eine zwangsläufige Schlussfolgerung/ein zwangsläufiges Ergebnis; **an** ~ **consequence/defeat/situation** eine unabwendbare Folge/Niederlage/Lage ❷ (*pej: boringly predictable*) unvermeidlich *pej* **II.** *n no pl* ■**the** ~ das Unvermeidbare [*o* Unabänderliche] *a. iron;* **of course, the** ~ **happened!** wie konnte es anders sein, das Unvermeidbare geschah auch wirklich!; **to accept the** ~ sich *akk* in das Unabänderliche [*o* sein Schicksal] fügen

in·evi·tably [ɪˈnevɪtəbli, AM ˌɪnˈevɪṱə-] *adv inv* unweigerlich, zwangsläufig

in·ex·act [ˌɪnɪgˈzækt] *adj* ❶ (*uncertain*) ungenau, inexakt *geh;* **an** ~ **science** eine nicht genau beweisbare Wissenschaft ❷ (*euph: inaccurate*) ungenau; **I'm afraid your calculations are a little** ~ leider stimmen Ihre Berechnungen nicht ganz

in·ex·cus·able [ˌɪnɪkˈskjuːzəbl̩] *adj* unverzeihlich, unentschuldbar; **it is** ~ **that such young children were left alone** es ist unverzeihlich, solch kleine Kinder unbeaufsichtigt gelassen zu haben; **to be** [**morally**] ~ [moralisch] nicht zu entschuldigen sein

in·ex·cus·ably [ˌɪnɪkˈskjuːzəbli] *adv* unverzeihlich, unentschuldbar

in·ex·haust·ible [ˌɪnɪgˈzɔːstəbl̩, AM *esp* -ˈzɑːst-] *adj* unerschöpflich; **her energy seemed** ~ sie schien eine unendliche Energie zu besitzen; **an** ~ **supply of sth** ein unerschöpflicher Vorrat an etw *dat*

in·exo·rabil·ity [ɪˌneksᵊrəˈbɪləti, AM ˌɪnˌeksɚəˈbɪləṱi] *n no pl* (*form*) Unerbittlichkeit *f,* Erbarmungslosigkeit *f*

in·exo·rable [ɪˈneksᵊrəbl̩, AM ˌɪnˈek-] *adj inv* (*form*) ❶ (*cannot be stopped*) unaufhaltsam; **the progress of the disease was** ~ das Fortschreiten der Krankheit war nicht aufzuhalten ❷ (*relentless*) *person* unerbittlich, erbarmungslos; **Rebecca was** ~ **in her demands** Rebecca beharrte unerbittlich auf ihren Forderungen; **to be** ~ **in one's criticism** [**of sb/sth**] unerbittlich [an jdm/etw] Kritik üben

in·exo·rably [ɪˈneksᵊrəbli, AM ˌɪnˈek-] *adv inv* (*form*) ❶ (*unstoppably*) unaufhaltsam; **to lead** ~ **to** [*or* **towards**] **sth** unausweichlich zu etw *dat* führen ❷ (*relentlessly*) unerbittlich, erbarmungslos

in·ex·pe·di·en·cy [ˌɪnɪk'spi:diən(t)si] *n no pl* (*form: unsuitability*) Ungeeignetheit *f,* Unzweckmäßigkeit *f;* (*inadvisability*) Unklugheit *f,* Unratsamkeit *f*

in·ex·pe·di·ent [ˌɪnɪk'spi:diənt] *adj* (*form: not practical, suitable*) ungeeignet, unzweckmäßig; (*not advisable*) nicht ratsam, unratsam, unklug; **it would be ~ to approve of the decision** es wäre unklug, die Entscheidung zu befürworten

in·ex·pen·sive [ˌɪnɪk'spen(t)sɪv] *adj* ❶ (*reasonably priced*) preisgünstig; **to be relatively ~** nicht allzu teuer sein ❷ (*euph: cheap*) billig

in·ex·pe·ri·ence [ˌɪnɪk'spɪəriən(t)s, AM -'spɪr-] *n no pl* Unerfahrenheit *f,* Mangel *m* an Erfahrung; **~ in sth** mangelnde Erfahrung auf einem Gebiet

in·ex·pe·ri·enced [ˌɪnɪk'spɪəriən(t)st, AM -'spɪr-] *adj* unerfahren; ■**to be ~ in sth** keine Erfahrung mit etw *dat* haben, mit etw *dat* nicht vertraut sein; *in skill* in etw *dat* nicht versiert sein; **she's ~ in marketing** sie hat keine Erfahrung im Bereich Marketing; ■**to be ~ with sth** sich *akk* mit etw *dat* nicht auskennen, keine Erfahrung mit etw *dat* haben; **to be ~ with fire arms/young children** keine Erfahrung haben [*o* ungeübt sein] im Umgang mit Schusswaffen/kleinen Kindern

in·ex·pert [ɪ'nekspɜ:t, AM ˌɪn'ekspɜ:rt] *adj* (*unskilled*) laienhaft, ungeübt; **~ attempt** stümperhafter Versuch; **to the ~ eye** für das ungeschulte Auge; **~ handling** unsachgemäße Handhabung; **~ treatment** unfachmännische Behandlung; ■**to be ~ in** [*or* **at**] **sth** bei etw *dat* unbedarft sein; *attempt* etw stümperhaft angehen *fam; situation* etw unsachgemäß handhaben; *treatment* etw unfachmännisch handhaben; ■**to be ~ at doing sth** keine Übung darin haben, etw zu tun

in·ex·pert·ly [ɪ'nekspɜ:tli, AM ˌɪn'ekspɜ:r-] *adv* (*without skill*) laienhaft, unsachgemäß; (*unprofessionally*) unfachmännisch

in·ex·pli·cable [ˌɪnɪk'splɪkəbl̩, AM ˌɪn'ekspl-] **I.** *adj inv* unerklärlich **II.** *n no pl* ■**the ~** das Unerklärliche

in·ex·pli·cably [ˌɪnɪk'splɪkəbli, AM ˌɪn'ekspl-] *adv* unerklärlich; (*sentence adverb*) unerklärlicherweise; **the computer started ~ deleting data** der Computer fing an, ohne ersehbaren Grund Daten zu löschen

in·ex·press·ible [ˌɪnɪk'spresəbl̩] *adj inv* unbeschreiblich; **sth is ~ in words** etw ist nicht in Worte zu fassen, etw lässt sich nicht mit Worten beschreiben

in·ex·press·ibly [ˌɪnɪk'spresəbli] *adv inv* unbeschreiblich

in·ex·pres·sive [ˌɪnɪk'spresɪv] *adj face* ausdruckslos; *reply, response, words* nichts sagend; *style* fad[e], ohne Ausdruckskraft *nach n*

in·ex·tin·guish·able [ˌɪnɪk'stɪŋgwɪʃəbl̩] *adj inv* ❶ (*unstoppable burning*) *candle, flame, fire* unlöschbar ❷ (*fig: ineradicable*) beständig; **~ courage** unbezwingbarer Mut; **~ faith/hope/love** unerschütterlicher Glaube/unerschütterliche Hoffnung/Liebe; **~ memory** unauslöschliche Erinnerung

in ex·tre·mis [ˌɪnɪk'stri:mɪs] *adv inv* (*form*) ❶ (*in emergency*) im äußersten Notfall ❷ MED (*about to die*) in extremis *nach n fachspr;* **to be ~** im Sterben liegen

in·ex·tri·cable [ˌɪnɪk'strɪkəbl̩] *adj* ❶ (*impossible to disentangle*) unentwirrbar, verwickelt; (*inseparable*) unlösbar ❷ (*inescapable*) *difficulty, situation* unentrinnbar

in·ex·tri·cably [ˌɪnɪk'strɪkəbli] *adv* ❶ (*inseparably*) untrennbar; **~ linked with sth** untrennbar mit etw *dat* verbunden sein ❷ (*inescapably*) unentrinnbar

in·fal·libil·ity [ɪnˌfælə'bɪləti, AM -əṭi] *n no pl* Unfehlbarkeit *f;* **papal ~** REL die Unfehlbarkeit [*o fachspr* Infallibilität] des Papstes

in·fal·lible [ɪn'fæləbl̩] *adj inv* ❶ (*reliable*) unfehlbar; REL *a.* infallibel *fachspr;* **~ memory for detail/facts** lückenloses Gedächtnis für Einzelheiten/Fakten ❷ (*always effective*) unfehlbar, todsicher *sl;* **an ~ remedy** [*or* **cure**] ein zuverlässig [*o* [*sl* tod]sicher] wirkendes Mittel

in·fal·libly [ɪn'fæləbli] *adv inv* ❶ (*without failing*) fehlerfrei, einwandfrei ❷ (*always*) immer

in·fa·mous ['ɪnfəməs] *adj* ❶ (*notorious*) *criminal etc* berüchtigt; **to have an ~ reputation** [äußerst] verrufen sein; ■**to be ~ for doing sth** berüchtigt dafür sein, etw zu tun ❷ (*abominable*) *lie etc* infam *pej; person* niederträchtig *pej; act etc* schändlich *pej geh*

in·fa·my ['ɪnfəmi] *n* ❶ *no pl* (*notoriety*) Verrufenheit *f;* **to earn one's ~** (*form*) [zu Recht] in Verruf geraten ❷ (*shocking act*) Niederträchtigkeit *f pej,* Gemeinheit *f pej,* Infamie *f pej geh*

in·fan·cy ['ɪnfən(t)si] *n* ❶ (*early childhood*) frühe[ste] Kindheit; **in ~** im Kleinkindalter, in der frühe[ste]n Kindheit ❷ (*fig: early stage of development*) Anfangsphase *f;* **to be in its ~** in den Kinderschuhen stecken *fig,* noch ganz am Anfang stehen

in·fant ['ɪnfənt] **I.** *n* ❶ (*baby*) Säugling *m;* **newborn ~** Neugeborenes *nt* ❷ BRIT, AUS (*child between 4 and 7*) Kleinkind *nt,* Kind *nt* im Kindergartenalter ❸ BRIT, AUS SCH ■**the I~s** *pl* die erste und zweite Grundschulklasse **II.** *n modifier* **~ daughter** kleines Töchterchen; **~ prodigy** Wunderkind *nt;* BRIT, AUS **~ class** SCH erste Grundschulklasse; **~ school** die erste und zweite Grundschulklasse; **~ teacher** Grundschullehrer(in) *m(f)*

in·fant 'for·mu·la *n usu no pl* AM, AUS Säuglingsnahrung *f*

in·fan·ti·cide [ɪn'fæntɪsaɪd, AM -ṭə-] *n no pl* Kindestötung *f fachspr,* Kindesmord *m*

in·fan·tile ['ɪnfəntaɪl] *adj* (*pej*) infantil *geh o pej,* kindisch *meist pej*

in·fant mor·'tal·ity *n no pl* Säuglingssterblichkeit *f*

in·fan·try ['ɪnfəntri] **I.** *n no pl* ■**the ~** + *sing/pl vb* die Infanterie; **heavy/light ~** schwere/leichte Infanterie; **to be in the ~** bei der Infanterie sein **II.** *n modifier* (*brigade, corps, regiment, unit*) Infanterie-

'in·fant·ry·man *n* Infanterist *m*

in·fatu·at·ed [ɪn'fætjueɪtɪd, AM -tʃueɪṭɪd] *adj with sb* vernarrt, verknallt *fam,* verschossen *fam* (**with** in +*akk*); **she's become ~ with her brother's friend** sie hat sich in den Freund ihres Bruders verknallt; ■**to be ~ with sth** in etw *akk* vernarrt sein

in·fat·ua·tion [ɪnˌfætju'eɪʃᵊn, AM -ˌfætʃu'-] *n* ❶ *no pl* (*quality*) *with person, thing* Vernarrtheit *f; with person* Verliebtheit *f* (**with** in +*akk*) ❷ (*instance*) [große] Schwäche; **it's just an ~, he'll get over it** er hat sich da in etwas verrannt, er wird schon drüber wegkommen

in·fea·sible [ɪn'fi:zəbl̩] *adj inv* nicht realisierbar [*o* durchführbar] [*o fam* machbar]

in·fect [ɪn'fekt] *vt* ■**to ~ sb/sth** [**with sth**] ❶ (*contaminate*) *with disease, virus, etc* jdn/etw [mit etw *dat*] infizieren [*o* anstecken]; ■**to ~ sth with sth** COMPUT *with computer virus* etw mit etw *dat* infizieren ❷ (*fig, pej: pass on sth undesirable*) jdn/etw [mit etw *dat*] infizieren *fig;* **hysteria about AIDS ~ed the media** die Aidshysterie griff auf die Medien über ❸ (*fig, approv: pass on sth desirable*) jdn/etw [mit etw *dat*] anstecken; **she ~ed everyone with her cheerfulness** ihr Frohsinn war ansteckend *fig*

in·fect·ed [ɪn'fektɪd] *adj inv* infiziert; *cut, wound esp* entzündet; **the wound became ~** die Wunde hat sich infiziert; ■**to be ~ with sth** mit etw *dat* infiziert sein

in·fec·tion [ɪn'fekʃᵊn] *n* ❶ *no pl, no art* (*contamination*) Infektion *f,* Ansteckung *f;* **risk of ~** Infektionsgefahr *f,* Ansteckungsgefahr *f* ❷ (*instance*) Infektion *f;* **source of** [**an**] **~** Infektionsherd *m;* **throat/ear ~, ~ of the throat/ear** Hals-/Mittelohrentzündung *f*

in·fec·tious [ɪn'fekʃəs] *adj* ❶ *inv* (*transmissable*) ansteckend, infektiös *fachspr;* **~ disease** Infektionskrankheit *f,* ansteckende Krankheit ❷ (*fig: likely to influence*) ansteckend *fig;* **~ laugh** ansteckendes Lachen

in·fec·tious·ness [ɪn'fekʃəsnəs] *n no pl* Ansteckungsgefahr *f,* Infektionsgefahr *f;* **the ~ of sb's enthusiasm/laughter** (*fig*) jds ansteckender [*o* mitreißender] Enthusiasmus/ansteckendes Lachen

in·fe·lici·tous [ˌɪnfə'lɪsɪtəs, AM -ṭəs] *adj* (*pej form: inappro-*

priate) unangebracht, unpassend; (*hum: unfortunate*) unglücklich, ungeschickt

in·fe·lic·ity [ˌɪnfəˈlɪsəti, AM -əṭi] *n* (*form*) ❶ (*a. hum: inappropriateness*) Ungeschicktheit *f; of reply, remark* Unpassendheit *f;* **verbal infelicities** ungeschickte Formulierungen ❷ *no pl* (*unhappiness, misfortune*) Unglückseligkeit *f,* Misslichkeit *f*

in·fer <-rr-> [ɪnˈfɜːʳ, AM -ˈfɜːr] *vt* ■**to ~ sth** (*come to conclusion*) etw schließen [*o* [schluss]folgern]; ■**to ~ sth from sth** etw aus etw *dat* schließen [*o* [schluss]folgern]; (*imply*) etw andeuten

in·fer·ence [ɪnˈfᵊrᵊn(t)s] *n* (*form*) ❶ *usu sing* (*conclusion*) Schlussfolgerung *f,* Schluss *m;* **to draw the ~ that ...** die Schlussfolgerung [*o* den Schluss] ziehen, dass ...; **she said she'd think about it, the ~ being that ...** sie meinte, sie würde es sich überlegen; daraus war zu schließen, dass ... ❷ *no pl* (*process of inferring*) [Schluss]folgern *nt;* **by ~** folglich

in·fe·ri·or [ɪnˈfɪəriəʳ, AM -ˈfɪriɚ] **I.** *adj* ❶ (*of lesser quality*) *system, thing* minderwertig; *mind* unterlegen; ■**to be ~ to sth** *in quality* von minderer Qualität als etw sein; **intellectually/morally ~** geistig/moralisch unterlegen ❷ (*lower*) *in rank* [rang]niedriger, untergeordnet; *in status* untergeordnet; **socially ~** sozial niedrig gestellt; ■**to be ~ to sb/sth** jdm/etw untergeordnet sein; **to feel ~ to sb** sich *akk* jdm [gegenüber] unterlegen fühlen; **~ court** LAW untergeordnetes Gericht ❸ TYPO **~ letters/numbers** tief stehende Buchstaben/Ziffer **II.** *n* ■**~s** *pl in rank* Untergebene *pl;* **intellectual/social ~s** sozial/geistig niedriger gestellte Personen

in·fe·ri·or·ity [ɪnˌfɪəriˈɒrəti, AM -ˌfɪriˈɔːrəṭi] *n no pl* ❶ (*lower quality*) Minderwertigkeit *f; of workmanship* schlechte Qualität; **his latest novel's ~ to his earlier work** die mindere Qualität des letzten Romans gegenüber seinen früheren Werken; **a strong sense of ~** ein starkes Minderwertigkeitsgefühl ❷ (*lower status, rank*) Unterlegenheit *f*

in·fe·ri·ˈor·ity com·plex *n* Minderwertigkeitskomplex *m*

in·fer·nal [ɪnˈfɜːnᵊl, AM -ˈfɜːr-] *adj* ❶ *inv* REL (*liter: of hell*) höllisch, Höllen-; **the ~ regions/world** die Unterwelt/Hölle ❷ (*dreadful*) höllisch, teuflisch, infernalisch *geh* ❸ *attr* (*dated fam: annoying, detestable*) grässlich *fam,* abscheulich *fam;* **what an ~ noise!** was für ein höllischer Lärm!; **~ weather** hundserbärmliches Wetter *fam*

in·fer·no [ɪnˈfɜːnəʊ, AM -ˈfɜːrnoʊ] *n* ❶ (*fire*) flammendes Inferno, Flammenmeer *nt* ❷ (*liter: place like hell*) Inferno *nt geh;* **the ~ of war** das Inferno des Krieges; **Dante's I~** das dantesche Inferno

in·fer·tile [ɪnˈfɜːtaɪl, AM -ˈfɜːrṭᵊl] **I.** *adj inv* ❶ *person, animal* unfruchtbar, infertil *fachspr* ❷ *land* unfruchtbar **II.** *n* ■**the ~** *pl* zeugungsunfähige Personen

in·fer·til·ity [ˌɪnfəˈtɪləti, AM -fɚˈtɪləṭi] *n no pl* ❶ *of person, animal* Unfruchtbarkeit *f,* Infertilität *f fachspr;* **male ~** Zeugungsunfähigkeit *f* des Mannes ❷ *of land* Unfruchtbarkeit *f*

in·fer·ˈtil·ity clin·ic *n Klinik oder Abteilung einer Klinik zur Behandlung zeugungsunfähiger Paare*

in·fest [ɪnˈfest] *vt* ■**to ~ sth** etw befallen; **~ed with rats/cockroaches** von Ratten/Kakerlaken befallen; (*fig: haunt*) etw heimsuchen; **the town is currently ~ed with world cup fever** die Stadt befindet sich derzeit im Weltmeisterschaftstaumel

in·fes·ta·tion [ˌɪnfesˈteɪʃᵊn] *n* ❶ *no pl* (*state*) Verseuchung *f,* Plage *f fam o pej;* **~ with cockroaches/parasites** Verseuchung *f* durch Kakerlaken/Parasiten; **cases of human ~ with this parasite** der Befall des Menschen durch diesen Parasiten ❷ (*instance*) Befall *m,* Plage *f fam o pej;* **~ of cockroaches/lice** Befall *m* durch Kakerlaken/Läuse; **~ of pests** Schädlingsbefall *m;* **~ of rats** Rattenplage *f*

in·fi·del [ˈɪnfɪdᵊl, AM -fədel] *n no pl* (*hist or pej*) Ungläubige(r) *f(m);* ■**the ~** *pl* die Ungläubigen

in·fi·del·ity [ˌɪnfɪˈdeləti, AM -fəˈdeləṭi] *n* ❶ *no pl* (*unfaithfulness*) Verrat *m* (**to** gegenüber/an +*dat*); (*sexual*) Untreue *f* (**to** an +*dat*); **~ to the cause** Verrat *m* an der Sache ❷ (*sexual peccadillos*) ■**infidelities** *pl* Seitensprünge *mpl*

in·field [ˈɪnfiːld] *n* (*in baseball, cricket*) Innenfeld *nt;* (*players*) [Spieler *mpl* im] Innenfeld *nt*

in·field·er [ˈɪnfiːldəʳ, AM -ɚ] *n* SPORTS Spieler *m* im Innenfeld

in·fight·ing [ˈɪnfaɪtɪŋ] *n no pl* interner Machtkämpfe; **~ among [the] party leaders** Machtkämpfe *mpl* zwischen [den] Parteibossen; **political ~** parteiinterner Machtkampf

in·fil·trate [ˈɪnfɪltreɪt, AM *esp* ɪnˈfɪl-] **I.** *vt* ■**to ~ sth** ❶ (*secretly penetrate*) *military units, organization* etw unterwandern [*o fachspr* infiltrieren]; *building, enemy lines* in etw *akk* eindringen; ■**to ~ sb into sth** *agent, spy* jdn in etw *akk* einschleusen ❷ (*influence thinking*) *of idea, theory* etw durchdringen; **these new ideas have begun to ~ government** diese neuartigen Ideen haben sich unbemerkt bis auf Regierungsebene ausgebreitet ❸ CHEM, PHYS (*permeate*) etw durchdringen; *of liquid* in etw *akk* durchsickern **II.** *vi* CHEM, PHYS ■**to ~ into sth** *gas, liquid* in etw *akk* eindringen; *liquid also* in etw *akk* einsickern; ■**to ~ through sth** etw durchdringen; *liquid* durch etw *akk* sickern

in·fil·tra·tion [ˌɪnfɪlˈtreɪʃᵊn] *n no pl* ❶ (*penetration by stealth*) Unterwanderung *f;* MIL Infiltration *f fachspr* ❷ (*influence on thinking*) starke Einflussnahme ❸ CHEM, PHYS (*penetration*) Infiltration *f fachspr; of gas, liquid* Eindringen *nt; of liquid also* Einsickern *nt*

in·fil·tra·tor [ˈɪnfɪltreɪtəʳ, AM -ṭɚ] *n a.* MIL Eindringling *m*

in·fi·nite [ˈɪnfɪnət] **I.** *adj inv* ❶ (*unlimited*) unendlich; **God, in His ~ mercy, ...** Gott, in seiner unendlichen [*o* unermesslichen] Güte, ...; **~ space** unbegrenzter Raum ❷ (*very great*) grenzenlos, gewaltig; **the authorities, in their ~ wisdom, decided to ...** (*iron*) in ihrer grenzenlosen Weisheit entschied die Behörde ... *iron;* **to take ~ care** ungeheuer vorsichtig sein; **~ choice** unendlich große Auswahl; **~ pains/variety** ungeheure Schmerzen/Vielfalt; **with ~ patience** mit unendlicher Geduld ❸ MATH (*unending*) unendlich **II.** *n* ❶ REL der Unendliche; ■**the I~** Gott *m* ❷ (*space or quality*) ■**the ~** die Unendlichkeit, der unendliche Raum

in·fi·nite·ly [ˈɪnfɪnətli] *adv inv* ❶ (*extremely*) unendlich; **~ small** winzig klein ❷ (*very much*) unendlich viel; **~ better/worse** unendlich viel besser/schlechter

in·fini·tesi·mal [ˌɪnfɪnɪˈtesɪmᵊl, AM *also* -ˈtez-] *adj* (*form*) winzig, unendlich klein; MATH infinitesimal *fachspr*

in·fini·tesi·mal ˈcal·cu·lus *n* MATH Infinitesimalrechnung *f fachspr*

in·fini·tesi·mal·ly [ˌɪnfɪnɪˈtesɪmᵊli, AM *also* -ˈtez-] *adv* (*form*) **~ better/bigger/smaller/worse** [nur ganz] geringfügig [*o fam* minimal] besser/größer/kleiner/schlechter; **~ small** winzig [*o* verschwindend] klein

in·fini·tive [ɪnˈfɪnɪtɪv, AM -ṭɪv] **I.** *n* LING Infinitiv *m;* **to be in the ~** im Infinitiv stehen **II.** *adj attr, inv* Infinitiv-; **~ form** Grundform *f,* Infinitiv *m*

in·fin·ity [ɪnˈfɪnəti, AM -əṭi] *n* ❶ *no pl* MATH ■**~** (*unreachable point*) das Unendliche; ■**to ~** [bis] ins Unendliche ❷ *no pl* (*state, sth immeasurable*) Unendlichkeit *f;* **into ~** [bis] in die Unendlichkeit; **the mountain range stretched away into ~** der Bergzug erstreckte sich unendlich weit ❸ (*huge amount*) gewaltige Menge (**of** an +*dat*); **an ~ of combinations/problems** unendlich viele Kombinationsmöglichkeiten/Probleme

in·firm [ɪnˈfɜːm, AM -ˈfɜːrm] **I.** *adj* ❶ (*ill*) schwach, gebrechlich; **old and ~** alt und gebrechlich ❷ (*form: weak*) schwach; **to be of ~ mind** geistig nicht im Vollbesitz seiner Kräfte sein **II.** *n* ■**the ~** *pl* die Kranken und Pflegebedürftigen; **the mentally ~** die Geistesschwachen

in·fir·mary [ɪnˈfɜːmᵊri, AM -ˈfɜːrm-] *n* ❶ (*dated: hospital*) Krankenhaus *nt* ❷ AM (*sick room*) Krankenzimmer *nt;* (*in prison*) Krankenstation *f*

in·fir·mity [ɪnˈfɜːməti, AM -ˈfɜːrm-] *n* (*form*) ❶ *no pl* (*state*) Schwäche *f,* Gebrechlichkeit *f* ❷ (*illness*) Gebrechen *nt geh,* Krankheit *f;* **infirmities of old age** Altersgebrechen *ntpl*

▶ PHRASES: ~ **of purpose** Willensschwäche *f*

in fla·gran·te de·lic·to [ɪnflə,grænteɪdɪ'lɪktəʊ, AM -,grɑːnteɪ-dɪ'lɪktoʊ] *adv* in flagranti, auf frischer Tat; **to catch sb ~** jdn in flagranti [*o* auf frischer Tat] ertappen

in·flame [ɪn'fleɪm] *vt* ❶ (*stir up*) ■**to ~ sth** etw entfachen [*o* entflammen]; **to ~ emotions** [*or* **feelings**] Gefühle entfachen ❷ (*make angry*) ■**to ~ sb** jdn aufbringen; (*stronger*) jdn erzürnen; **to ~ sb with anger** [*or* **fury**] jdn in Wut versetzen [*o* in Rage bringen]; **to ~ sb with desire/passion** jdn mit Verlangen/Leidenschaft erfüllen

in·flamed [ɪn'fleɪmd] *adj* ❶ (*red and swollen*) *body part* entzündet; **to become ~** sich *akk* entzünden ❷ *pred* (*provoked*) **~ with anger** wutentbrannt, wutentflammt *geh;* **~ with desire/passion** von Verlangen/Leidenschaft entflammt

in·flam·mable [ɪn'flæməbl̩] *adj* ❶ (*burning easily*) feuergefährlich, [leicht] entzündbar [*o* entflammbar] ❷ (*fig: volatile*) *temperament* explosiv; **a highly ~ situation/topic** eine höchst brisante Situation/ein höchst brisantes Thema

in·flam·ma·tion [,ɪnflə'meɪʃᵊn] *n* Entzündung *f;* **~ of the ear/eye** Ohren-/Augenentzündung *f;* **~ of the toe** entzündlicher [*o* entzündeter] Zeh

in·flam·ma·tory [ɪn'flæmətᵊri, AM -tɔːri] *adj* ❶ MED entzündlich, Entzündungs- ❷ (*provoking*) hetzerisch; POL aufrührerisch; **to use ~ language** hetzerisch reden; **to make ~ remarks** hetzerische Kommentare abgeben *fam*

in·flat·able [ɪn'fleɪtəbl̩, AM -t̬-] **I.** *adj inv* aufblasbar; **~ boat** Schlauchboot *nt;* **~ doll/pillow** [aufblasbare] Gummipuppe/aufblasbares Kissen *fam;* **~ mattress** Luftmatratze *f* **II.** *n esp* BRIT Schlauchboot *nt*

in·flate [ɪn'fleɪt] **I.** *vt* ■**to ~ sth** ❶ (*fill with air*) etw aufblasen; (*with pump*) etw aufpumpen ❷ (*exaggerate*) etw aufblähen *fig, pej;* **they rather ~d their part in the rescue** sie stellten ihre Rolle bei der Rettungsaktion ziemlich übertrieben dar ❸ ECON (*make bigger*) *value, prices etc* etw in die Höhe treiben; **to ~ the currency** die Währung inflationieren *fachspr* **II.** *vi hot air balloon, etc* sich *akk* mit Luft füllen

in·flat·ed [ɪn'fleɪtɪd, AM -t̬ɪd] *adj inv* ❶ (*filled with air*) aufgeblasen ❷ (*pej: exaggerated*) aufgebläht *fig, pej,* übertrieben, überzogen *fam;* **to have an ~ opinion of oneself** ein übersteigertes Selbstwertgefühl haben; **to have an ~ idea of sth** eine übertriebene Vorstellung von etw *dat* besitzen ❸ ECON (*higher*) überhöht; **~ currency/prices** inflationäre Währung/Preise; **~ income/salary** überhöhtes Einkommen/Gehalt ❹ (*pej form: bombastic*) schwülstig *pej,* geschwollen *pej*

in·fla·tion [ɪn'fleɪʃᵊn] *n no pl* ❶ ECON Inflation *f* ❷ (*with air*) Aufblasen *nt;* (*with pump*) Aufpumpen *nt*

in·fla·tion·ary [ɪn'fleɪʃᵊnᵊri, AM -eri] *adj* FIN inflationär, Inflations-; **~ policies** Inflationspolitik *f*

in·fla·tion·ary 'spi·ral *n* FIN Inflationsspirale *f fachspr,* Lohn-Preis-Spirale *f*

in·'fla·tion-proof *adj* FIN inflationssicher

in·flect [ɪn'flekt] *vt* ❶ LING ■**to ~ sth** etw beugen [*o fachspr* flektieren] ❷ (*modulate*) **to ~ one's voice** seine Stimme modulieren

in·flect·ed [ɪn'flektɪd, AM -tɪd] *adj* LING flektiert *fachspr;* **~ language** flektierende Sprache *fachspr*

in·flec·tion [ɪn'flekʃᵊn] *n* ❶ LING (*change in form*) Flexion *f fachspr,* Beugung *f* ❷ (*affixes*) Flexionsform *f fachspr* ❸ (*modulation of tone*) Modulation *f fachspr,* Veränderung *f* des Tonfalls

in·flex·ibil·ity [ɪn,fleksə'bɪləti, AM -əţi] *n no pl* ❶ (*rigidity*) Starrheit *f,* Inflexibilität *f geh;* **the ~ of his moral code** die Unbeugsamkeit seines Moralbegriffs ❷ (*usu pej: stubbornness*) Sturheit *f* ❸ (*stiffness*) Steifheit *f*

in·flex·ible [ɪn'fleksəbl̩] *adj* (*usu pej*) ❶ (*fixed, unchanging*) starr, inflexibel *geh;* **the law is ~ on this point** das Gesetz ist in diesem Punkt nicht beugbar; **to adopt an ~ position** auf seinem [festen] Standpunkt beharren; **~ rules** starre Regeln ❷ (*not adaptable*) unbeugsam, stur *pej;* **to be ~ in one's opinion** nicht von seiner Meinung abgehen; **~ worker** inflexible Arbeitskraft ❸ (*stiff*) *limb* steif

in·flex·ibly [ɪn'fleksəbli] *adv* starr, inflexibel *geh*

in·flex·ion *n esp* BRIT LING *see* **inflection**

in·flict [ɪn'flɪkt] *vt* ❶ (*impose*) ■**to ~ sth on sb** *pain, suffering torture, violence* jdm etw zufügen; **to ~ a fine/punishment on sb** jdm eine Bußstrafe/Bestrafung [*o* Strafe] auferlegen; **to ~ one's opinion/views on sb** jdm seine Meinung/Ansichten aufzwingen [*o fam* aufdrücken]; ■**to ~ sth on oneself** (*hum*) sich *dat* selbst etw zufügen ❷ (*usu hum*) **to ~ oneself/one's company on sb** sich *akk* jdm aufdrängen; **would you mind if I ~ed myself on you for a moment?** dürfte ich Sie wohl für einen Moment belästigen? *hum, iron*

in·flic·tion [ɪn'flɪkʃᵊn] *n no pl of suffering* Zufügen *nt; of torture also* Quälen *nt; of punishment, sentence* Verhängen *nt; of fine* Auferlegen *nt*

'in-flight *adj attr, inv* Bord-, während des Fluges *nach n;* **~ [customer] catering/service** Bordverpflegung *f*/-service *m;* **~ refuelling** Auftanken *nt* während des Flugs

in·flow ['ɪnfləʊ, AM -floʊ] **I.** *n no pl* ❶ (*arrival*) Zustrom *m;* **~ of capital** Kapitalzufluss *m;* **~ of foreign exchange** Deviseneingänge *mpl;* **~ of goods** Wareneingänge *mpl;* **~ of immigrants** Einwandererzustrom *m* ❷ (*supply*) **~ of air/fuel** Luft-/Benzinzufuhr *f* **II.** *adj attr, inv* AUTO **~ pipe** Ansaugrohr *nt*

in·flu·ence ['ɪnfluən(t)s] **I.** *n* ❶ (*sth that affects*) Einfluss *m;* **to be an ~ on sb/sth** [einen] Einfluss auf jdn/etw ausüben, jdn/etw beeinflussen; **Helen's a good ~ on him** Helen hat einen guten Einfluss auf ihn; **to fall under the ~ of sb** (*usu pej*) unter jds Einfluss geraten *meist pej;* (*stronger*) in jds Bann geraten *meist pej;* **to have an ~ on sb/sth** [einen] Einfluss auf jdn/etw haben; *of weather* Auswirkungen *fpl* auf jdn/etw haben ❷ *no pl* (*power to affect*) Einfluss *m* (**on** auf +*akk*); **to be/fall under sb's ~** (*usu pej*) unter jds Einfluss stehen/geraten *meist pej;* **to enjoy ~** einflussreich sein; **to exert** [*or* **use**] **one's ~** seinen [ganzen] Einfluss geltend machen ▶ PHRASES: **to be under the ~** (*form or hum*) betrunken sein; **she was charged with driving under the ~** sie wurde wegen Trunkenheit am Steuer belangt **II.** *vt* ■**to ~ sb/sth** jdn/etw beeinflussen; **what ~d you to choose a career in nursing?** was hat dich dazu veranlasst, Krankenschwester zu werden?; **to be easily ~d** leicht zu beeinflussen [*o* beeinflussbar] sein

in·flu·en·tial [,ɪnflu'en(t)ʃᵊl] *adj* einflussreich; **she was ~ in setting up the self-help group** sie hat die Gründung der Selbsthilfegruppe [mit]beeinflusst

in·flu·en·za [,ɪnflu'enzə] (*form*) **I.** *n no pl* Grippe *f,* Influenza *f geh o veraltend* **II.** *n modifier* (*epidemic, patient, virus*) Grippe-

in·flux ['ɪnflʌks] *n no pl of tourists, etc* Zustrom *m* (**of** an +*dat*); **~ of refugees** Flüchtlingsstrom *m; of capital, etc* Zufuhr *f* (**of** an +*dat*)

info ['ɪnfəʊ, AM -oʊ] *n* (*fam*) *short for* **information** Information *f,* Info *f fam*

info·mer·cial [,ɪnfə(ʊ)'mɜːʃᵊl, AM -foʊ'mɜːr-] *n* TV, MEDIA Infomercial *nt fachspr* (*als Informationssendung getarntes Werbevideo*)

in·form [ɪn'fɔːm, AM -'fɔːrm] **I.** *vt* ❶ (*give information*) ■**to ~ sb** jdn informieren; **to ~ the police** die Polizei benachrichtigen [*o* verständigen]; ■**to ~ sb about** [*or* **of**] **sth** jdn über etw *akk* informieren [*o* in Kenntnis setzen] [*o* unterrichten]; **why wasn't I ~ed about this earlier?** warum hat man mir das nicht früher mitgeteilt?; **we regret to have to ~ you that ...** wir bedauern, Ihnen mitteilen zu müssen, dass ... ❷ *usu passive* (*guide*) ■**to be ~ed by sth** geprägt sein von etw *dat;* **the debate on censorship is ~ed by the right to freedom of speech** die Debatte zur Zensur steht im Zeichen des Rechts auf freie Meinungsäußerung **II.** *vi* ■**to ~ against** [*or* **on**] **sb** jdn anzeigen [*o geh, form* denunzieren]

in·for·mal [ɪnˈfɔːməl, AM -ˈfɔːrm-] *adj* ❶ (*not formal, casual*) informell; **'hi' is a rather ~ way of greeting people** ‚hi' ist eine recht lockere Weise, jdn zu begrüßen; **to take an ~ approach to sth** etw zwanglos angehen; **~ atmosphere/party** zwanglose [*o* ungezwungene] Atmosphäre/Party; **~ clothing/manner** legere Kleidung/Art ❷ (*not official*) *meeting* inoffiziell ❸ (*approachable, not stiff*) *person* ungezwungen

in·for·mal·ity [ˌɪnfɔːˈmæləti, AM -fɔːrˈmælət̬i] *n no pl* ❶ (*casual quality*) Ungezwungenheit *f,* Zwanglosigkeit *f* ❷ (*unofficial character*) inoffizieller Charakter ❸ (*approachability*) *of person* Ungezwungenheit *f*

in·for·mal·ly [ɪnˈfɔːməli, AM -ˈfɔːrm-] *adv* ❶ (*not formally*) informell; (*casually*) zwanglos, ungezwungen; **to dine ~** gemütlich essen; **to dress ~** sich *akk* leger kleiden ❷ (*not officially*) inoffiziell

in·form·ant [ɪnˈfɔːmənt, AM -ˈfɔːr-] *n* Informant(in) *m(f);* **a reliable ~** ein zuverlässiger Informant; **to be told sth by a reliable ~** etw aus zuverlässiger Quelle erfahren

in·for·mat·ics [ˌɪnfəˈmætɪks, AM -fɚˈmæt̬-] *n + sing vb* Informatik *f kein pl*

in·for·ma·tion [ˌɪnfəˈmeɪʃən, AM -fɚ-] **I.** *n* ❶ *no pl* (*data*) Information *f;* **do you have any ~ about train times?** können Sie mir Auskunft über die Abfahrtszeiten geben?; **for further ~, please contact your local library** für weitere Informationen setzen Sie sich bitte mit Ihrer Bibliothek in Verbindung; **a bit** [*or* **piece**] **of ~** eine Information; **a vital piece of ~** eine sehr wichtige Information; **to be a mine of ~** viel wissen; **a lot of/a little ~** viele/wenige Informationen; **to give sb ~ about sb/sth** jdm über jdn/etw Informationen geben; **to have ~ that ...** Informationen haben, dass ...; **to move ~** Informationen übertragen; (*from the internet*) Informationen aus dem Internet übertragen; **for your ~** als Information; (*annoyed*) damit Sie es wissen ❷ (*enquiry desk*) Information *f;* **you can buy a museum guide at ~** Sie können einen Museumsführer an der Information kaufen ❸ AM (*telephone operator*) Auskunft *f* ❹ LAW (*form: official charge*) Anklage *f;* **to lay an ~ against sb** jdn anklagen **II.** *n modifier* (*pack, service, sheet*) Informations-; COMPUT Daten-; **~ exchange** Informationsaustausch *m;* **~ management** Datenmanagement *nt;* **~ system** Informationssystem *nt*

in·for·'ma·tion age *n* Informationszeitalter *nt;* ■**the I~** *no pl* COMPUT das Informationszeitalter

in·for·ma·tion·al [ˌɪnfəˈmeɪʃənəl, AM -fɚ-] *adj* Informations-, informationell *geh;* **~ content** Informationsgehalt *m*

in·for·'ma·tion-based *adj attr, inv* informationsgestützt, informationsorientiert **in·for·'ma·tion bu·reau** *n* Auskunftsbüro *nt* **in·for·'ma·tion class** *n soziale Schicht, die das Internet als Informationsquelle nutzt* **in·for·'ma·tion con·tent** *n no pl* COMPUT Informationsgehalt *m,* Informationsinhalt *m* **in·for·'ma·tion desk** *n* die Information **in·for·'ma·tion gath·er·ing** *n no pl* Datenerhebung *f* **in·for·ma·tion 'over·load** *n no pl* Informationsüberfluss *m* **in·for·ma·tion re·'triev·al I.** *n no pl* COMPUT Wiederauffinden *nt* von Informationen; COMPUT Informationsabruf *m,* Informationswiedergewinnung *f* **II.** *n modifier* **~ system** Informationsaufrufsystem *nt* **in·for·'ma·tion sci·ence** *n usu pl* Informatik *f kein pl* **in·for·ma·tion 'stor·age** *n no pl* COMPUT Datenspeicherung *f* **in·for·ma·tion 'super·high·way** *n* COMPUT ■**the ~** die Datenautobahn, das Internet **in·for·ma·tion tech·'nol·ogy** *n no pl* Informationstechnologie *f*

in·forma·tive [ɪnˈfɔːmətɪv, AM -ˈfɔːrmət̬-] *adj* (*approv*) informativ

in·formed [ɪnˈfɔːmd, AM -ˈfɔːr-] *adj* [gut] informiert; **to make an ~ guess** etw [aufgrund von Informationen] vermuten; **an ~ opinion** eine fundierte Meinung; **to be well-~** gut informiert sein; **to keep sb ~** jdn auf dem Laufenden halten

in·form·er [ɪnˈfɔːməʳ, AM -ˈfɔːrmɚ] *n* Informant(in) *m(f);* **to turn ~** die Mittäter verraten

info·tain·ment [ˌɪnfə(ʊ)ˈteɪnmənt, AM ˈɪnfoʊteɪ-] *n no pl* (*esp pej*) Infotainment *nt*

in·frac·tion [ɪnˈfrækʃən] *n* LAW (*form*) Verstoß *m* (**of** gegen +*akk*); **~ of a law** Gesetzesübertretung *f,* Gesetzesverstoß *m;* **this is an ~ of the law** das verstößt gegen das Gesetz; **~ of a rule** Regelverletzung *f; esp* SPORTS Regelverstoß *m*

in·fra dig [ˌɪnfrəˈdɪg] *adj pred* (*dated or hum*) ■**to be ~** [**for sb**] unter jds Würde sein; **they think it's a bit ~ to do your own housework** sie sind sich für Hausarbeit zu fein

infra·red [ˌɪnfrəˈred] *adj inv* infrarot; **~ radiation** Infrarotstrahlung *f*

infra·struc·ture [ˈɪnfrəˌstrʌktʃəʳ, AM -ɚ] *n* Infrastruktur *f*

in·fre·quen·cy [ɪnˈfriːkwən(t)si] *n no pl* Seltenheit *f*

in·fre·quent [ɪnˈfriːkwənt] *adj* selten

in·fre·quent·ly [ɪnˈfriːkwəntli] *adv* selten

in·fringe [ɪnˈfrɪnʤ] **I.** *vt* ■**to ~ sth** etw verletzen, gegen etw *akk* verstoßen; **to ~ a law** gegen ein Gesetz verstoßen, ein Gesetz übertreten; **to ~ sb's rights** jds Rechte verletzen [*o* missachten] **II.** *vi* ■**to ~ on** [*or* **upon**] **sth** *privacy, rights* etw verletzen; *area* in etw *akk* eindringen; *territory* auf etw *akk* übergreifen

in·fringe·ment [ɪnˈfrɪnʤmənt] *n* ❶ (*action*) Verstoß *m;* (*breach*) *of law* Gesetzesübertretung *f,* Gesetzesverstoß *m; of rules* Regelverletzung *f; esp* SPORTS Regelverstoß *m;* **an ~ of copyright** ein Verstoß gegen das Urheberrecht ❷ *no pl* (*violation*) Übertretung *f*

in·furi·ate [ɪnˈfjʊərieɪt, AM -ˈfjʊr-] *vt* ■**to ~ sb** jdn wütend machen [*o* ärgern]

in·furi·at·ing [ɪnˈfjʊərieɪtɪŋ, AM -ˈfjʊrieɪt̬-] *adj* ärgerlich; **an ~ person** eine Person, die einen zur Raserei bringen kann; **he's never more ~ than when ...** er geht mir am meisten auf den Geist, wenn ...

in·furi·at·ing·ly [ɪnˈfjʊərieɪtɪŋli, AM -ˈfjʊrieɪt̬-] *adv* ärgerlich[erweise]; **she was so ~ casual about the whole thing** sie ging so aufreizend gelassen über die ganze Sache hinweg

in·fuse [ɪnˈfjuːz] **I.** *vt* ❶ (*fill*) ■**to ~ sb/sth with sth** jdn/etw mit etw *dat* erfüllen; **to ~ sb with courage** jdm Mut machen; **to ~ sb with energy** jdm Energie geben; ■**to ~ sth into sb/sth** jdm/etw etw einflößen; **the arrival of a group of friends ~d life into the weekend** die Ankunft einer Gruppe von Freunden brachte Leben in das Wochenende ❷ (*form: steep in liquid*) ■**to ~ sth** *tea, herbs* etw aufgießen **II.** *vi* ziehen

in·fu·sion [ɪnˈfjuːʒən] *n* ❶ (*input*) Einbringen *nt;* ECON Infusion *f fachspr,* Input *m fachspr;* **we need an ~ of new ideas in this company** wir brauchen neue Ideen in dieser Firma; **an ~ of money** eine Geldspritze *f fam* ❷ (*brew*) Aufguss *m;* **~ of herbs, herbal ~** Kräutertee *m;* **~ of tea** Tee *m* ❸ *no pl* (*brewing*) Aufgießen *nt,* Aufguss *m* ❹ MED Infusion *f*

in·gen·ious [ɪnˈʤiːniəs, AM -njəs] *adj person* ideenreich, kreativ; *idea, method, plan* ausgeklügelt, raffiniert, genial; *device, machine* raffiniert

in·gen·ious·ly [ɪnˈʤiːniəsli, AM -njəs] *adv* ausgeklügelt, genial, raffiniert

in·gé·nue [ˈɛ̃(n)ʒeɪnjuː, AM ˈænʒənuː] *n* gutgläubiges junges Mädchen; THEAT jugendliche Naive

in·genu·ity [ˌɪnʤɪˈnjuːəti, AM -ət̬i] *n no pl of a person* Ideenreichtum *m,* Einfallsreichtum *m; of an idea/a plan/a solution* Genialität *f; of machine/device* Raffiniertheit *f;* **to use one's ~** seinen Einfallsreichtum nutzen

in·genu·ous [ɪnˈʤenjuəs] *adj* (*form*) ❶ (*naive*) naiv ❷ (*openly honest*) offen, ehrlich

in·genu·ous·ly [ɪnˈʤenjuəsli] *adv* (*form*) ❶ (*naively*) naiv ❷ (*openly*) offen, ehrlich

in·gest [ɪnˈʤest] *vt* (*form*) ■**to ~ sth** ❶ MED etw einnehmen ❷ (*fig*) *facts, information* etw verschlingen *fig*

in·ges·tion [ɪnˈʤestʃən] *n no pl* MED (*form*) Aufnahme *f,* Ingestion *f fachspr*

ingle·nook ['ɪŋglnʊk] *n esp* BRIT ARCHIT Kaminecke *f;* ~ **fireplace** Kamin *m* mit Sitzecke
in·glo·ri·ous [ɪn'glɔ:riəs] *adj* unrühmlich; *defeat* schmählich
in·glo·ri·ous·ly [ɪn'glɔ:riəsli] *adv* schmählich
in·going ['ɪn,gəʊɪŋ, AM -'goʊ-] *adj attr, inv* eingehend; *occupant, office holder* neu
in·got ['ɪŋgət] *n* Ingot *m fachspr;* (*of gold, silver*) Barren *m*
in·grained [ɪn'greɪnd] *adj* ❶ (*embedded*) fest sitzend *attr;* **to be ~ with dirt** stark verschmutzt sein ❷ (*fig: deep-seated*) tief sitzend *attr,* fest verankert; **some habits are very deeply ~** einige Angewohnheiten sitzen sehr tief
in·grate ['ɪngreɪt] *n* (*pej liter*) **to be an ~** undankbar sein
in·gra·ti·ate [ɪn'greɪʃieɪt] *vt no passive* (*usu pej*) ■**to ~ oneself** [**with sb**] sich *akk* [bei jdm] einschmeicheln
in·gra·ti·at·ing [ɪn'greɪʃieɪtɪŋ, AM -ţ-] *adj* (*usu pej*) schmeichlerisch
in·grati·tude [ɪn'grætɪtju:d, AM -ţətu:d] *n no pl* Undankbarkeit *f*
in·gre·di·ent [ɪn'gri:diənt] *n* ❶ (*in recipe*) Zutat *f* ❷ (*component*) Bestandteil *m;* **trust is an essential ~ in a successful marriage** Vertrauen ist eine wichtige Voraussetzung für eine erfolgreiche Ehe; **this has all the ~s of a really successful novel** dieser Roman hat alles, um ein großer Erfolg zu werden
in·gress <*pl* -es> ['ɪngres] *n* (*form*) ❶ *no pl* (*entering*) Eintritt *m;* **right of ~** Zutritt *m* ❷ (*entrance*) Eingang *m*
'in-group ['ɪngru:p] *n* (*usu pej fam*) angesagte Clique; **to be in with the ~** in der angesagten Clique sein
in·grow·ing [ɪn'grəʊɪŋ, AM 'ɪngroʊ-] *adj,* **in·grown** [ɪn'grəʊn, AM 'ɪngroʊn] *adj usu attr, inv* eingewachsen; **an ~ toenail** ein eingewachsener Fußnagel
in·gui·nal *adj* inguinal *fachspr,* Leisten-
in·hab·it [ɪn'hæbɪt] *vt* ■**to ~ sth** etw bewohnen
in·hab·it·able [ɪn'hæbɪtəbl̩, AM -ţ-] *adj* bewohnbar
in·hab·it·ant [ɪn'hæbɪtᵊnt] *n of region* Einwohner(in) *m(f); of building* Bewohner(in) *m(f)*
in·hal·ant [ɪn'heɪlənt] *n* MED Inhalat *nt*
in·ha·la·tion [,ɪn(h)ə'leɪʃᵊn] *n* ❶ *no pl* (*breathing in*) Einatmen *nt;* (*by smoker*) Inhalieren *nt;* (*of poison*) Rauchvergiftung *f* ❷ (*intake of breath*) Atemzug *m; of smoke* Zug *m; of vapours* Einatmen *nt kein pl*
in·ha·la·tor [,ɪn(h)ə'leɪtəʳ, AM -ţɚ] *n* Inhalationsapparat *m,* Inhalator *m*
in·hale [ɪn'heɪl] **I.** *vt* ■**to ~ sth** etw einatmen; *smoker* etw inhalieren **II.** *vi* einatmen; *smoker* inhalieren
in·hal·er [ɪn'heɪləʳ, AM -ɚ] *n* Inhalationsapparat *m,* Inhalator *m*
in·har·mo·ni·ous [,ɪnhɑ:'məʊniəs, AM -hɑ:r'moʊ-] *adj* ❶ (*not friendly*) gespannt, problematisch ❷ MUS unharmonisch ❸ (*form: not blending well*) unharmonisch
in·here [ɪn'hɪəʳ, AM -'hɪr] *vi* (*liter*) ■**to ~ in sb/sth** jdm/etw innewohnen *geh*
in·her·ent [ɪn'herᵊnt, AM *esp* -'hɪr-] *adj* innewohnend *attr;* PHILOS inhärent *geh;* **he has an ~ distrust of emotional commitment** er hat ein tiefsitzendes Misstrauen gegenüber gefühlsmäßigen Bindungen; ■**to be ~ in sth** etw *dat* eigen sein; **there are dangers ~ in almost every sport** fast jeder Sport bringt Gefahren mit sich
in·her·ent·ly [ɪn'herᵊntli, AM *esp* -'hɪr-] *adv* von Natur aus
in·her·it [ɪn'herɪt] **I.** *vt* ■**to ~ sth** [**from sb**] etw [von jdm] erben; (*fig*) etw [von jdm] übernehmen **II.** *vi* erben
in·her·it·able [ɪn'herɪtəbl̩, AM -ţ-] *adj inv* ❶ (*transmissible*) vererbbar; ~ **characteristics** vererbbare Merkmale ❷ LAW (*able to inherit*) erbfähig
in·her·it·ance [ɪn'herɪtᵊn(t)s] *n* ❶ (*legacy*) Erbe *nt kein pl* (**from** von +*dat*); **to come into one's ~** (*form*) sein Erbe antreten, etw erben; **a cultural/literary ~** (*fig*) ein kulturelles/literarisches Erbe ❷ *no pl* (*inheriting*) *of money, property* Erben *nt; of characteristics* Vererben *nt;* **my collection was formed partly by ~** meine Sammlung besteht zum Teil aus Erbstücken
in·'her·it·ance tax *n* Erbschaft[s]steuer *f*
in·her·it·ed [ɪn'herɪtɪd, AM -ţ-] *adj attr* **an ~ disease** eine Erbkrankheit
in·heri·tor [ɪn'herɪtəʳ, AM -ţɚ] *n* (*a. fig*) Erbe, -in *m, f*
in·hib·it [ɪn'hɪbɪt] *vt* ❶ (*restrict*) ■**to ~ sth** etw hindern [*o* stören] ❷ (*deter*) ■**to ~ sb** jdn hemmen; **fear of failure is an ~ing factor for many people** Versagensangst verursacht vielen Menschen Hemmungen; ■**to ~ sb from doing sth** jdn daran hindern, etw zu tun
in·hib·it·ed [ɪn'hɪbɪtɪd, AM -ţ-] *adj* ❶ (*self-conscious*) gehemmt; **to be/feel ~** Hemmungen haben ❷ (*repressed*) ■**to be ~** verklemmt sein *fam*
in·hi·bi·tion [,ɪn(h)ɪ'bɪʃᵊn] *n* ❶ *usu pl* (*self-consciousness*) Hemmung *f;* **to have ~s** [**about doing sth**] Hemmungen haben[, etw zu tun]; **to lose one's ~s** alle Hemmungen verlieren ❷ *no pl* (*inhibiting*) Einschränken *nt;* (*prevention*) Verhindern *nt*
in·hos·pi·table [,ɪnhɒs'pɪtəbl̩, AM ɪn'hɑ:spɪţ-] *adj* ❶ (*unwelcoming*) ungastlich ❷ (*unpleasant*) unwirtlich
in-'house [,ɪn'haʊs] **I.** *adj attr, inv* hauseigen **II.** *adv inv* intern, im Hause
in·hu·man [ɪn'hju:mən] *adj* ❶ (*pej: cruel*) unmenschlich ❷ (*non-human*) unmenschlich; (*superhuman*) übermenschlich
in·hu·mane [,ɪnhju:'meɪn] *adj* inhuman; (*barbaric*) barbarisch
in·hu·man·ity [,ɪnhju:'mænəti, AM -əţi] *n no pl* Grausamkeit *f;* (*barbaric cruelty*) Barbarei *f;* **man's ~ to man** die menschliche Grausamkeit
in·imi·cal [ɪ'nɪmɪkᵊl] *adj* (*form*) ❶ (*harmful*) nachteilig; ■**to be ~ to sth** etw *dat* abträglich sein *geh;* **that is ~ to free speech** das ist ein Angriff auf die Redefreiheit ❷ (*hostile*) feindselig, feindlich; ■**to be ~ to sth/sb** etw/jdm feindlich gesonnen sein
in·imi·table [ɪ'nɪmɪtəbl̩, AM -ţ-] *adj* unnachahmlich
in·iqui·tous [ɪ'nɪkwɪtəs, AM -ţ-] *adj* (*form*) ungeheuerlich, skandalös
in·iquity [ɪ'nɪkwɪti, AM -ţ-] *n* ❶ *no pl* (*wickedness*) Bosheit *f;* (*unfairness*) Ungerechtigkeit *f;* (*sinfulness*) Verderbtheit *f geh;* **a den of ~** (*pej dated*) ein Sündenpfuhl *m veraltend o oft hum* ❷ (*wicked act*) Untat *f,* Missetat *f veraltend geh;* (*act of unfairness*) Ungerechtigkeit *f;* (*sin*) Sünde *f*
ini·tial [ɪ'nɪʃᵊl] **I.** *adj attr, inv* anfänglich, erste(r, s); **my ~ surprise was soon replaced by delight** meine anfängliche Überraschung wandelte sich schnell in Freude; ~ **reports say that ...** ersten Meldungen zufolge ...; **an ~ letter** ein erster Brief; **in the ~ phases** [*or* **stages**] in der Anfangsphase **II.** *n* Initiale *f;* **what does the ~, X, in your name stand for?** wofür steht das X in deinem Namen?; **to mark** [*or* **sign**] **a page with one's ~s** seine Initialen unter eine Seite setzen **III.** *vt* <BRIT -ll- *or* AM *usu* -l-> ■**to ~ sth** seine Initialen unter etw *akk* setzen
ini·tial·ize [ɪ'nɪʃᵊlaɪz] *vt* COMPUT ■**to ~ sth** etw initialisieren
ini·tial·ly [ɪ'nɪʃᵊli] *adv inv* anfangs, zu Anfang, zunächst
ini·ti·ate I. *vt* [ɪ'nɪʃieɪt] ❶ (*start*) ■**to ~ sth** etw initiieren [*o* in die Wege leiten]; **to ~ proceedings against sb** LAW rechtliche Schritte gegen jdn einleiten ❷ (*teach*) ■**to ~ sb into sth** jdn in etw *akk* einweihen ❸ (*admit to group*) ■**to ~ sb** [**into sth**] jdn [in etw *akk*] einführen; (*make official member*) jdn [in etw *akk*] [feierlich] aufnehmen **II.** *n* [ɪ'nɪʃiət] (*in a club, organization*) neues Mitglied; (*in a spiritual community*) Eingeweihte(r) *f(m)*
ini·tia·tion [ɪ,nɪʃi'eɪʃᵊn] *n* ❶ *no pl* (*start*) Einleitung *f;* **the ~ of talks** die Eröffnung der Gespräche ❷ (*introduction*) Einführung *f* (**into** in +*akk*); (*as a member*) Aufnahme *f* (**into** in +*akk*); (*in tribal societies*) Initiation *f* (**into** in +*akk*)
ini·ti'a·tion cer·emo·ny *n* [feierliche] Aufnahmezeremonie; (*rite*) Initiationsritus *m*
ini·tia·tive [ɪ'nɪʃətɪv, AM -ţ-] *n* ❶ *no pl* (*approv: enterprise*)

[Eigen]initiative *f;* **to show** ~ Eigeninitiative zeigen; **to use one's** ~ eigenständig handeln; **to take the** ~ **[in sth]** [in etw *dat*] die Initiative ergreifen ❷ *no pl* (*power to act*) Initiative *f;* **to have the** ~ **in sth** in etw *dat* die Oberhand haben; **to lose the** ~ die Handlungsfähigkeit einbüßen ❸ (*action*) Initiative *f*

in·ject [ɪn'dʒekt] *vt* ❶ MED ■**to** ~ **sth [into sth]** etw [in etw *akk*] spritzen [*o geh* injizieren]; ■**to** ~ **sb/oneself** jdn/sich spritzen; ■**to** ~ **sb/oneself with sth** jdm/sich etw spritzen; ■**to** ~ **sb against sth** BRIT, AUS jdn gegen etw *akk* impfen ❷ (*fig: introduce*) ■**to** ~ **sth into sth** etw in etw *akk* [hinein]bringen; **to** ~ **cash** [*or* **money**] **into a project** einem Projekt Geld zuschießen *fam,* Geld in ein Projekt pumpen *fam* ❸ TECH ■**to** ~ **sth** etw einspritzen; **to** ~ **gas** Gas einblasen *fachspr* ❹ AEROSP **to** ~ **a spacecraft into an orbit** ein Raumfahrzeug in eine Umlaufbahn schießen

in·jec·tion [ɪn'dʒekʃᵊn] *n* ❶ MED Injektion *f,* Spritze *f;* **an insulin/a pain-killing** ~ eine Insulin-/Schmerzspritze; **a flu/tetanus** ~ BRIT, AUS eine Grippe-/Tetanusspritze; **to give sb an** ~ [BRIT, AUS **against sth**] jdm eine Spritze [gegen etw *akk*] geben; **to give sth by** ~ etw spritzen ❷ (*addition*) **an** ~ **of cash** [*or* **funds**] [*or* **money**] eine Geldspritze *fam;* **an** ~ **of enthusiasm/new life/optimism** ein Schuss Enthusiasmus/neues Leben/Optimismus ❸ TECH Einspritzung *f; of gas* Einblasen *nt*

in·'jec·tion mold·ing AM, **in·'jec·tion mould·ing** *n no pl* Spritzguss *m*

'in-joke ['ɪnˌdʒəʊk, AM -ˌdʒoʊk] *n* (*fam*) Insiderwitz *m fam*

in·ju·di·cious [ˌɪndʒuː'dɪʃəs] *adj* (*form*) unklug; (*ill-considered*) unüberlegt

in·junc·tion [ɪn'dʒʌŋ(k)ʃᵊn] *n* ❶ LAW Anordnung *f,* [gerichtliche [*o* richterliche]] Verfügung; **temporary** ~ einstweilige Verfügung; **to issue an** ~ eine Verfügung erlassen; **to seek an** ~ versuchen, eine Verfügung zu erwirken ❷ (*instruction*) Ermahnung *f*

in·jure ['ɪndʒəʳ, AM -ɚ] *vt* ❶ (*wound*) ■**to** ~ **sb/oneself** jdn/sich verletzen; **to** ~ **one's back/leg** sich *dat* den Rücken/das Bein verletzen ❷ (*damage*) ■**to** ~ **sth** etw *dat* schaden; **to** ~ **one's health** seiner Gesundheit schaden

in·jured ['ɪndʒəd, AM -ɚd] **I.** *adj* ❶ (*wounded*) verletzt; **badly** [*or* **seriously**]/**slightly** ~ schwer/leicht verletzt ❷ (*offended*) verletzt, gekränkt; ~ **pride** verletzter Stolz ❸ LAW (*wronged*) **the** ~ **party** der/die Geschädigte **II.** *n* ■**the** ~ *pl* die Verletzten *pl*

in·ju·ri·ous [ɪn'dʒʊəriəs, AM -'dʒʊr-] *adj* ❶ (*form: harmful*) schädlich; **to be** ~ **to one's health** gesundheitsschädlich sein ❷ (*form: insulting*) verletzend *attr,* beleidigend *attr*

in·ju·ry ['ɪndʒᵊri] *n* ❶ (*wound*) Verletzung *f;* **a back/knee** ~ eine Rücken-/Knieverletzung; **an** ~ **to the foot/head** eine Fuß-/Kopfverletzung; **to do oneself an** ~ BRIT, AUS (*hum*) sich *akk* verletzen [*o fam* weh tun]; **to receive** [*or* **sustain**] **an** ~ verletzt werden ❷ *no pl* (*wounding*) Verletzung *f*

'in·ju·ry time *n no pl* BRIT, AUS Nachspielzeit *f*

in·jus·tice [ɪn'dʒʌstɪs] *n* Ungerechtigkeit *f;* **to do sb an** ~ jdm unrecht tun

ink [ɪŋk] **I.** *n* ❶ *no pl* (*for writing*) Tinte *f;* ART Tusche *f;* (*for stamp-pad*) Farbe *f;* TYPO Druckfarbe *f;* (*for newspapers*) Druckerschwärze *f;* **the** ~ **was barely dry on the peace agreement when ...** der Friedensvertrag war gerade erst unterzeichnet worden, als ...; **bottle of** ~ Tintenfass *nt;* **to write in** ~ mit Tinte schreiben; **to be as black as** ~ pechschwarz sein ❷ BIOL (*from octopus*) Tinte *f* **II.** *vt* ■**to** ~ **sth** ❶ TYPO etw einfärben ❷ ECON etw unterschreiben [*o* unterzeichnen]

◆**ink in** *vt* ■**to** ~ **in** ↻ **sth** etw mit Tusche [*o* Tinte] ausmalen

◆**ink out** *vt* ■**to** ~ **sth** ↻ **out** etw mit Tinte übermalen

'ink-blot test *n* PSYCH Rorschachtest *m* **'ink bot·tle** *n* Tintenfass *nt* **'ink car·tridge** *n* Tintenpatrone *f* **'ink jet** *n* Tintenstrahl *m,* Farbstrahl *m* **ink-jet 'print·er** *n* Tintenstrahldrucker *m*

ink·ling ['ɪŋklɪŋ] *n* ❶ (*suspicion*) Ahnung *f;* **sb has an** ~ **of sth** jd ahnt etw; **she didn't have even the slightest** ~ **of the truth** sie ahnte noch nicht mal das kleinste bisschen; **he must have had some** ~ **of what was happening** er muss doch irgendwas davon geahnt haben; **to have an** ~ **that ...** ahnen, dass ... ❷ (*hint*) Hinweis *m;* **to give sb an** ~ jdm einen Hinweis geben

'ink-pad *n* Stempelkissen *nt* **'ink·stain** *n* Tintenfleck *m;* (*on paper*) Tintenklecks *m* **'ink·stand** *n* Schreibtischgarnitur *f* **'ink·well** *n* [in das Pult eingelassenes] Tintenfass

inky ['ɪŋki] *adj* ❶ (*covered with ink*) tintenbefleckt ❷ (*very dark*) pechschwarz; ~ **blackness** tiefste Schwärze

in·laid [ɪn'leɪd, AM 'ɪnleɪd] **I.** *adj inv* mit Intarsien *nach n;* ~ **work** Einlegearbeit *f,* Intarsienarbeit *f;* ~ **gold/ivory/wood** Einlegearbeiten aus Gold/Elfenbein/Holz **II.** *vt pt, pp of* **inlay**

in·land I. *adj* ['ɪnlənd] *usu attr, inv* ❶ (*not coastal*) *sea, shipping* Binnen-; *town, village* im Landesinneren *nach n* ❷ *esp* BRIT ADMIN, ECON (*domestic*) inländisch, Inland[s]-; ~ **flight** Inlandsflug *m;* ~ **haulage/trade** Binnentransport *m*/-handel *m;* ~ **postage rates** Inlandsporto *nt* **II.** *adv* ['ɪnlænd] (*direction*) ins Landesinnere; (*place*) im Landesinneren

In·land 'Rev·enue *n* BRIT, NZ ■**the** ~ ≈ das Finanzamt

in-laws ['ɪnlɔːz, AM *esp* -lɑːz] *npl* Schwiegereltern *pl*

in·lay I. *n* ['ɪnleɪ] ❶ *no pl* (*embedded pattern*) Intarsie[n] *f*[*pl*] *fachspr,* Einlegearbeit[en] *f*[*pl*] ❷ MED (*for tooth*) Inlay *nt* **II.** *vt* <-laid, -laid> [ɪn'leɪ] *usu passive* ■**to** ~ **sth [with sth]** etw [mit etw *dat*] einlegen

in·let ['ɪnlet] *n* ❶ GEOG [schmale] Bucht; (*of sea*) Meeresarm *m* ❷ TECH (*part of machine*) Einlass[kanal] *m;* (*pipe*) Zuleitungsrohr *nt,* Zuleitung *f*

in-line 'skate *n usu pl* Inline-Skate *m meist pl,* Inliner *m meist pl*

in-line 'skat·ing *n no pl* Inlineskaten *nt,* Inlineskating *nt*

in loco pa·ren·tis [ɪnˌləʊkəʊpə'rentɪs, AM -ˌloʊkoʊpə'ren̬t-] **I.** *adj pred, inv* (*form*) an Elternstatt *nach n,* an Stelle eines Elternteils; ■**to be** ~ die Aufsichtspflicht haben **II.** *adv inv* (*form*) an Elternstatt, in Vertretung der Eltern; **teachers work** ~ Lehrer haben eine Aufsichtspflicht

in·mate ['ɪnmeɪt] *n* ❶ (*of institution*) Insasse, -in *m, f;* **prison** ~ Gefängnisinsasse, -in *m, f* ❷ (*old form: resident*) Bewohner(in) *m(f)*

in·most ['ɪnmə(ʊ)st, AM -moʊst] *adj* (*liter*) ❶ (*furthest in*) innerste(r, s) ❷ (*most secret*) geheimste(r, s), intimste(r, s); *see also* **innermost**

inn [ɪn] *n* Gasthaus *nt*

in·nards ['ɪnədz, AM -ɚdz] *npl* (*fam*) ❶ ANAT (*entrails*) Eingeweide *pl;* FOOD Innereien *pl* ❷ (*of machine*) Innere *nt kein pl*

in·nate [ɪ'neɪt] *adj* natürlich, angeboren

in·nate·ly [ɪ'neɪtli] *adv* von Natur aus

in·ner ['ɪnəʳ, AM -ɚ] *adj inv, usu attr* ❶ (*interior*) Innen-, innere(r, s) *attr;* **in the** ~ **London area** in der Londoner Innenstadt; ~ **ear** Innenohr *nt* ❷ (*emotional*) innere(r, s) *attr,* tief; **he struggled to hide his** ~ **turmoil** er versuchte, den Aufruhr in seinem Inneren zu verbergen; ~ **feelings** tiefste Gefühle; ~ **life** Innenleben *nt;* ~ **strength** innere Kraft

in·ner 'cir·cle *n* engster Kreis **in·ner 'city** *n* Innenstadt *f,* [Stadt]zentrum *nt,* City *f fam* **'in·ner-city** *adj* Innenstadt-, in der Innenstadt *nach n;* ~ **area** Innenstadtgebiet *nt;* ~ **school** Schule *f* im Innenstadtgebiet **in·ner 'man** *n* ❶ (*soul*) ■**the** ~ das Innere (*eines Menschen*) ❷ (*hum: stomach*) Magen *m*

in·ner·most ['ɪnəmə(ʊ)st, AM -ɚmoʊst] *adj attr, inv* ❶ (*furthest in*) innerste(r, s); **the** ~ **circle of presidential advisers** der engste Kreis der Berater des Präsidenten ❷ (*most secret*) geheimste(r, s), intimste(r, s); **in his** ~ **being ...** im tiefsten Inneren seines Herzens ...; **sb's** ~ **feelings/thoughts** jds geheimste [*o* intimste] Gefühle/Gedanken

in·ner 'sanc·tum *n* (*dated or hum*) Heiligtum *nt hum,* heilige Hallen *pl hum* **in·ner 'sole** *n* Einlegesohle *f;* (*in-built part*) Innensohle *f* **'in·ner tube** *n* Schlauch *m* **in·ner 'wom·an** *n* ❶ (*soul*) ■**the** ~ das Innere (*einer Frau*) ❷ (*hum: stomach*)

I

Magen *m*

in·ning ['ɪnɪŋ] *n* SPORTS ❶ AM (*in baseball*) Inning *nt;* **the top/ bottom of an** ~ die erste/zweite Halbzeit eines Inning ❷ BRIT ■ ~**s** + *sing vb* (*in cricket*) Durchgang *m,* Innings *nt fachspr* ❸ BRIT **to have a good** ~**s** lange leben

innit ['ɪnɪt] *esp* BRIT (*sl*) = **isn't it** *see* **be**

'inn·keep·er *n* (*old*) Gastwirt(in) *m(f)*

in·no·cence ['ɪnəsᵊn(t)s] *n no pl* ❶ (*of crime*) Unschuld *f;* **to plead** [*or* **protest**] **one's** ~ seine Unschuld beteuern ❷ (*naivety*) Unschuld *f,* Arglosigkeit *f;* **in all** ~ ganz unschuldig; **to lose one's** ~ seine Naivität verlieren ❸ (*dated form: virginity*) Unschuld *f*

in·no·cent ['ɪnəsᵊnt] **I.** *adj* ❶ (*not guilty*) unschuldig; ■ **to be** ~ **of sth** an etw *dat* unschuldig sein; **she is** ~ **of the crime** sie hat die Tat nicht begangen, sie ist unschuldig ❷ (*approv: artless*) unschuldig, arglos ❸ (*uninvolved*) unschuldig, unbeteiligt; **an** ~ **bystander** ein unbeteiligter Passant/eine unbeteiligte Passantin; **an** ~ **victim** ein unschuldiges Opfer ❹ (*intending no harm*) unschuldig; **an** ~ **mistake** ein unbeabsichtigter Fehler ❺ (*harmless*) harmlos; **an** ~ **substance** ein harmloser Stoff **II.** *n* **to be an** ~ naiv [*o* unbedarft] sein; **to come** [*or* AM **play**] **the** ~ **with sb** (*fam*) jdm den Unschuldigen/die Unschuldige spielen *fam*

in·no·cent·ly ['ɪnəsᵊntli] *adv* ❶ (*not maliciously*) arglos ❷ (*not criminally*) ohne böse Absicht; **he had obtained the stolen television** ~ er hatte den gestohlenen Fernseher in gutem Glauben gekauft

in·nocu·ous [ɪ'nɒkjuəs, AM ɪ'nɑːk-] *adj* harmlos

in·nocu·ous·ly [ɪ'nɒkjuəsli, AM ɪ'nɑːk-] *adv* [ganz] harmlos

in·nocu·ous·ness [ɪ'nɒkjuəsnəs, AM ɪ'nɑːk-] *n no pl* (*form*) Harmlosigkeit *f*

in·no·vate ['ɪnə(ʊ)veɪt, AM -nəv-] *vi* ❶ (*introduce sth new*) Neuerungen einführen, innovieren *fachspr;* (*be creative*) kreativ sein ❷ (*make changes*) sich *akk* erneuern [*o* ändern]

in·no·va·tion [ˌɪnə(ʊ)'veɪʃᵊn, AM -nə'-] *n* ❶ (*new thing*) Neuerung *f,* Reform *f;* (*new product*) Innovation *f* ❷ *no pl* (*creating new things*) [Ver]änderung *f*

in·no·va·tive ['ɪnə(ʊ)veɪtɪv, AM -nəv-] *adj* ❶ (*original*) innovativ ❷ (*having new ideas*) kreativ

in·no·va·tor ['ɪnə(ʊ)veɪtəʳ, AM -nəveɪṭɚ] *n* Erneuerer, Erneuerin *m, f*

in·no·va·tory ['ɪnə(ʊ)veɪtᵊri, AM 'ɪnəvətɔːri] *adj* ❶ (*original*) innovativ ❷ (*having new ideas*) kreativ

Inns of 'Court *npl* BRIT LAW ❶ (*legal societies*) *die vier in London ansässigen britischen Anwaltsverbände* ❷ (*buildings*) *die Gebäude der Anwaltsverbände*

in·nu·en·do <*pl* -s *or* -es> [ˌɪnju'endəʊ, AM -doʊ] *n* ❶ (*insinuation*) Anspielung *f* (**about** auf +*akk*), Andeutung *f* (**about** über +*akk*); **to make an** ~ [**about sth**] auf etw *akk* anspielen ❷ (*suggestive remark*) Zweideutigkeit *f;* **sexual** ~**s** sexuelle Anspielungen [*o* Zweideutigkeiten] ❸ *no pl* (*suggestive quality*) Andeutungen *fpl*

in·nu·mer·able [ɪ'njuːmᵊrəbl̩, AM *esp* ɪ'nuː-] *adj inv* unzählig, zahllos

in·nu·mera·cy [ɪ'njuːmᵊrəsi, AM *esp* -'nuː-] *n no pl esp* BRIT Unfähigkeit *f* im Rechnen

in·nu·mer·ate [ɪ'njuːmᵊrət, AM *esp* -'nuː-] *adj esp* BRIT ■ **to be** ~ nicht rechnen können; ~ **school leavers** Schulabgänger, die nicht rechnen können

in·ocu·late [ɪ'nɒkjəleɪt, AM -'nɑːk-] *vt* ■ **to** ~ **sb** [**against sth**] jdn [gegen etw *akk*] impfen

in·ocu·la·tion [ɪˌnɒkjə'leɪʃᵊn, AM -ˌnɑːk-] *n* Impfung *f*

in·of·fen·sive [ɪnə'fen(t)sɪv] *adj* ❶ (*not causing offence*) *behaviour, person, remark* unauffällig, harmlos ❷ (*not unpleasant*) *pattern, design* unaufdringlich

in·op·er·able [ɪ'nɒpᵊrəbl̩, AM ˌɪn'ɑːpɚ-] *adj* ❶ *inv* MED (*not treatable*) inoperabel; ~ **cancer/tumour** [*or* AM **tumor**] nicht operierbarer Krebs/Tumor ❷ (*unable to function*) nicht funktionsfähig; (*not practicable*) undurchführbar; ■ **to be** ~ nicht funktionieren [können]; *proposal, suggestion* nicht praktikabel [*o* durchführbar] sein

in·op·era·tive [ɪ'nɒpᵊrətɪv, AM ˌɪn'ɑːpɚəṭ-] *adj inv* (*form*) ❶ (*not in effect*) ungültig; **to be/become** ~ *rule, regulation* außer Kraft sein/treten ❷ (*not working*) nicht funktionsfähig; ■ **to be** ~ nicht funktionieren

in·op·por·tune [ɪ'nɒpətjuːn, AM ɪnˌɑːpɚ'tuːn, -tjuːn] *adj* ❶ (*inconvenient*) ungünstig; **their visit was somewhat** ~ ihr Besuch kam irgendwie ungelegen; **an** ~ **moment** ein ungünstiger Zeitpunkt ❷ (*unsuitable*) *remark* unpassend

in·op·por·tune·ly [ɪ'nɒpətjuːnli, AM ɪnˌɑːpɚ'tuː-, -tjuː-] *adv* ❶ (*inconveniently*) ungünstig; **to arrive** ~ ungelegen kommen ❷ (*unsuitably*) unpassend

in·or·di·nate [ɪ'nɔːdɪnət, AM ˌɪn'ɔːrdᵊnɪt] *adj* (*pej form*) ungeheure(r, s) *attr,* ungeheuerlich; **we've spent an** ~ **amount of time/energy on this project** wir haben ungeheuer viel Zeit/ Energie auf dieses Projekt verwendet

in·or·di·nate·ly [ɪ'nɔːdɪnətli, AM ˌɪn'ɔːrdᵊnɪt-] *adv* (*pej form*) ungeheuer, unmäßig; **to be** ~ **fond of sth** in etw *akk* vernarrt sein

in·or·gan·ic [ˌɪnɔː'gænɪk, AM -ɔːr'-] *adj inv* CHEM anorganisch

in·or·gan·ic 'chem·is·try *n no pl* anorganische Chemie

'in-pa·tient *n* stationärer Patient/stationäre Patientin

in·put ['ɪnpʊt] **I.** *n* ❶ *no pl* (*resource put in*) Beitrag *m;* **power** ~ Energiezufuhr *f;* (*of work*) [Arbeits]aufwand *m;* (*of ideas, suggestions*) Beitrag *m;* **I didn't have much** ~ **into the project** ich habe nicht viel zu dem Projekt beigetragen ❷ COMPUT, ELEC (*component*) Anschluss *m,* Eingang *m* ❸ *no pl* COMPUT (*ingoing information*) Input *m;* (*the typing in*) Eingabe *f* **II.** *n modifier* COMPUT (*buffer, file, port*) Eingabe-; ~ **device** COMPUT Eingabegerät *nt;* (*scanner also*) Einlesegerät *nt* **III.** *vt* <-tt-, put, put> COMPUT ■ **to** ~ **sth** (*store in computer*) etw eingeben; (*with a scanner*) etw einscannen

in·quest ['ɪŋkwest, AM 'ɪn-] *n* gerichtliche Untersuchung [der Todesursache]; **to hold an** ~ [**into sth**] [etw] gerichtlich untersuchen; ECON (*fig*) Untersuchung *f;* **to hold an** ~ [**into sth**] eine Untersuchung [einer S. *gen*] durchführen

in·quire *vt, vi esp* AM *see* **enquire**

in·quiry *n esp* AM *see* **enquiry**

in·qui·si·tion [ˌɪŋkwɪ'zɪʃᵊn, AM ˌɪn-] *n* ❶ (*pej: unfriendly questioning*) Verhör *nt;* **to subject sb to an** ~ jdn einem Verhör unterziehen, jdn verhören ❷ HIST ■ **the I~** die Inquisition; **the Spanish I~** die spanische Inquisition

in·quisi·tive [ɪn'kwɪzətɪv, AM -ṭ-] *adj* ❶ (*eager to know*) wissbegierig; (*curious*) neugierig; *look, face* fragend *attr; child* fragelustig; ■ **to be** ~ **about sth/sb** viel über etw/jdn wissen wollen ❷ (*pej: prying*) *person* neugierig

in·quisi·tive·ly [ɪn'kwɪzətɪvli, AM -ṭ-] *adv* ❶ (*enquiringly*) wissbegierig; (*curiously*) neugierig ❷ (*pej: intrusively*) neugierig; **she peered** ~ **into the drawers** sie schnüffelte in den Schubladen herum

in·quisi·tive·ness [ɪn'kwɪzətɪvnəs, AM -ṭ-] *n no pl* ❶ (*thirst for knowledge*) Wissbegier[de] *f,* Wissensdurst *m;* (*curiosity*) Neugier *f* ❷ (*pej: nosiness*) Neugier[de] *f*

in·quisi·tor [ɪn'kwɪzɪtəʳ, AM -ṭɚ] *n* ❶ (*pej: insistent questioner*) unbestechlicher Fragensteller/unbestechliche Fragenstellerin ❷ HIST ■ **I~** Inquisitor *m*

in·quisi·to·rial [ɪnˌkwɪzɪ'tɔːriəl] *adj* ❶ (*pej: unpleasantly prying*) aufdringlich, inquisitorisch *geh* ❷ LAW (*form*) ~ **legal system** *Rechtssystem, in dem die Richter aktiv in die Untersuchung eingreifen*

in·quor·ate [ˌɪn'kwɔːreɪt] *adj inv* BRIT nicht beschlussfähig

in·road ['ɪnrəʊd, AM -roʊd] *n usu pl* ❶ (*reduce noticeably*) **to make** ~**s into** [*or* **on**] **sth** *money, savings* tiefe Löcher in etw *akk* reißen; *object, pile* sich *akk* an etw *dat* vergreifen *fam;* **someone has been making** ~**s into the chocolate cake** jemand hat sich am Schokoladenkuchen vergriffen; **the Green**

Party failed to make significant ~s on the Labour vote die Grünen konnten der Labour-Partei keine wesentlichen Stimmenverluste zufügen ❷ (*make progress*) **to make ~s** [**into sth**] [bei [*o* mit] etw *dat*] weiterkommen [*o* Fortschritte machen] ❸ (*raid*) **to make ~s** [**into sth**] [in etw *akk*] vorstoßen; **to make ~s on sth** in etw *akk* einfallen

in·rush [ˈɪnrʌʃ] *n usu sing of water* Einbruch *m; of people* Zustrom *m*

ins *abbrev of* **inches** *see* **inch**

in·sa·lu·bri·ous [ˌɪnsəˈluːbriəs] *adj* (*form: unwholesome*) schädlich; (*unhealthy*) ungesund, der Gesundheit abträglich *geh;* (*dirty*) verschmutzt; **an ~ climate** ein ungesundes Klima

ins and outs *n* ■**the ~ of sth** die Details einer S. *gen;* **to know the ~ of sth** etw in- und auswendig kennen; **to understand the ~ of sth** etw bis ins Kleinste verstehen

in·sane [ɪnˈseɪn] **I.** *adj* ❶ PSYCH geistesgestört, geisteskrank, wahnsinnig; **clinically ~** geistesgestört; **to be/go ~** wahnsinnig sein/werden; **a fit of ~ jealousy** ein Anfall krankhafter Eifersucht ❷ (*fam: crazy*) verrückt, wahnsinnig **II.** *n* (*dated*) ■**the ~** *pl* die Geisteskranken *pl*

in·sane·ly [ɪnˈseɪnli] *adv* wahnsinnig; **~ jealous** krankhaft eifersüchtig

in·sani·tary [ɪnˈsænɪtᵊri, AM -teri] *adj* unhygienisch

in·san·ity [ɪnˈsænəti, AM -ət̬i] *n no pl* ❶ PSYCH Wahnsinn *m,* Geisteskrankheit *f;* **by reason of ~** LAW wegen Unzurechnungsfähigkeit; **to plead** [**temporary**] **~** auf [vorübergehende] Unzurechnungsfähigkeit plädieren ❷ (*fam: stupidity*) Wahnsinn *m,* Irrsinn *m*

in·sa·tiable [ɪnˈseɪʃəbl̩] *adj appetite, demand, thirst* unstillbar; *person* unersättlich; **Bob is simply ~!** Bob ist einfach nicht satt zu bekommen!

in·scribe [ɪnˈskraɪb] *vt* ❶ (*form: write*) ■**to ~ sth** [**in/on sth**] etw [in/auf etw *akk*] schreiben; (*cut into metal*) etw [in/auf etw *akk*] eingravieren; (*cut into stone*) etw [in/auf etw *akk*] einmeißeln; **the wall was ~d with the names of the dead** auf der Mauer standen die Namen der Toten ❷ (*dedicate*) ■**to ~ sth to sb** jdm etw widmen

in·scrip·tion [ɪnˈskrɪpʃᵊn] *n* ❶ (*inscribed words*) Inschrift *f* ❷ (*in book*) Widmung *f*

in·scru·tabil·ity [ɪnˌskruːtəˈbɪləti, AM -t̬əˈbɪlət̬i] *n no pl of an expression, a look, a smile* Undurchdringlichkeit *f; of a person* Undurchschaubarkeit *f*

in·scru·table [ɪnˈskruːtəbl̩, AM -t̬ə-] *adj expression, look, smile* undurchdringlich; *person* undurchschaubar

in·scru·tably [ɪnˈskruːtəbli, AM -t̬ə-] *adv* undurchdringlich; **to smile ~** unergründlich lächeln

in·seam [ˈɪnsiːm] *n* AM (*inside leg*) Schrittlänge *f*

in·sect [ˈɪnsekt] **I.** *n* Insekt *nt* **II.** *n modifier* Insekten-; **~ bite** Insektenstich *m;* **~ pest** AGR Insektenbefall *m*

ˈin·sect·eat·er *n* Insektenfresser *m*

in·sec·ti·cide [ɪnˈsektɪsaɪd] *n* Insektenvernichtungsmittel *nt,* Insektizid *nt form;* **to spray sth with ~** etw mit Insektenvernichtungsmittel besprühen

in·sec·ti·vore [ɪnˈsektɪvɔːʳ, AM -vɔːr] *n* (*animal*) Insektenfresser *m;* (*plant*) fleischfressende Pflanze

in·sec·tivo·rous [ˌɪnsekˈtɪvᵊrəs] *adj* insektenfressend *attr;* **to be ~** ein Insektenfresser sein

ˈin·sect re·pel·lent *n* Insektenschutzmittel *nt*

in·se·cure [ˌɪnsɪˈkjʊəʳ, AM -ˈkjʊr] *adj* ❶ (*lacking confidence*) unsicher; **to feel ~ about sth** sich *akk* in etw *dat* nicht sicher fühlen; (*stronger*) an etw *dat* zweifeln ❷ (*precarious*) instabil, unsicher; **an ~ future** eine unsichere Zukunft ❸ (*not fixed securely*) nicht fest, nicht sicher; (*unsafe*) unstabil

in·se·cure·ly [ˌɪnsɪˈkjʊəli, AM -ˈkjʊr-] *adv* ❶ (*not confidently*) unsicher ❷ (*precariously*) ungesichert ❸ (*not tightly*) nicht sicher; **the boxes were ~ fastened** die Kisten waren nicht ausreichend befestigt

in·se·cu·rity [ˌɪnsɪˈkjʊərəti, AM -ˈkjʊrət̬i] *n no pl* ❶ (*lack of confidence*) Unsicherheit *f;* **a sense of ~** eine innere Unsicherheit ❷ (*precariousness*) Instabilität *f,* Unsicherheit *f*

in·semi·nate [ɪnˈsemɪneɪt] *vt* ■**to ~ an animal** ein Tier besamen [*o* befruchten] [*o fachspr* inseminieren]; **to ~ a woman** (*form*) eine Frau [künstlich] befruchten [*o fachspr* inseminieren]

in·semi·na·tion [ɪnˌsemɪˈneɪʃᵊn] *n no pl* Befruchtung *f,* Insemination *f fachspr; of animals* Besamung *f;* **artificial ~** künstliche Befruchtung

in·sen·sibil·ity [ɪnˌsen(t)səˈbɪləti, AM -ət̬i] *n no pl* (*form*) ❶ (*unconsciousness*) Bewusstlosigkeit *f;* **to be in a state of drunken/drugged ~** bis zur Bewusstlosigkeit betrunken/mit Drogen vollgepumpt sein ❷ (*pej: lack of feeling*) Gefühllosigkeit *f* ❸ (*lack of appreciation*) Unempfänglichkeit *f* (**to** für +*akk*)

in·sen·sible [ɪnˈsen(t)səbl̩] *adj* (*form*) ❶ *inv* (*unconscious*) bewusstlos ❷ (*physically*) gefühllos; (*not feeling pain*) [schmerz]unempfindlich ❸ *pred* (*indifferent*) unempfänglich (**to** für +*akk*); (*unfeeling*) gefühllos ❹ *pred* (*unaware*) ■**to be ~ of sth** sich *dat* einer S. *gen* nicht bewusst sein ❺ (*imperceptible*) unmerklich

in·sen·si·tive [ɪnˈsen(t)sətɪv, AM -t̬-] *adj* ❶ (*pej: uncaring*) *person* gefühllos; *remark* taktlos, unsensibel; **it was a bit ~ of Fiona** es war schon ein bisschen taktlos von Fiona ❷ (*pej: unappreciative*) gleichgültig; ■**to be ~ to sth** etw *dat* gegenüber gleichgültig sein ❸ *usu pred* (*physically*) unempfindlich; ■**to be ~ to sth** etw *dat* gegenüber unempfindlich sein

in·sen·si·tiv·ity [ɪnˌsen(t)səˈtɪvəti, AM -ət̬i] *n no pl* ❶ (*pej: lack of sympathy*) Gefühllosigkeit *f* (**to/towards** gegenüber +*dat*) ❷ (*lack of reaction*) Unempfindlichkeit *f* (**to** gegenüber +*dat*)

in·sepa·rable [ɪnˈsepᵊrəbl̩] *adj* ❶ (*emotionally*) unzertrennlich ❷ (*physically*) untrennbar [miteinander verbunden] ❸ LING untrennbar

in·sepa·rably [ɪnˈsepᵊrəbli] *adv* untrennbar

in·sert I. *vt* [ɪnˈsɜːt, AM -ˈsɜːrt] ■**to ~ sth** [**into** [*or* **in**] **sth**] ❶ (*put into*) etw [in etw *akk*] [hinein]stecken; *coins* etw [in etw *akk*] einwerfen; **~ the key into the lock** stecken Sie den Schlüssel ins Schloss ❷ (*into text*) etw [in etw *dat*] ergänzen, etw [in etw *akk*] einfügen; (*on form*) etw [in etw *dat*] eintragen **II.** *n* [ˈɪnsɜːt, AM -sɜːrt] ❶ (*extra pages*) Werbebeilage[n] *f*[*pl*] ❷ (*in shoe*) Einlage *f;* (*in clothing*) Einsatz *m*

in·ser·tion [ɪnˈsɜːʃᵊn, AM -ˈsɜːr-] *n* ❶ *no pl* (*act of inserting*) Einlegen *nt,* Einbringen *nt form,* Einsetzen *nt;* (*into a slot*) Einführen *nt; of coins* Einwurf *m;* (*into text*) Ergänzung *f* ❷ (*sth inserted*) Einfügung *f,* Zusatz *m* ❸ (*in newspaper*) Erscheinen *nt;* **this advertisement will cost you $50 for each ~** diese Anzeige kostet für jedes Mal, das sie geschaltet wird, $50

ˈin-ser·vice *adj attr* **~ course** [*or* **training**] [innerbetriebliche] Fortbildung; **~ seminar** Fortbildungsseminar *nt* **in-ˈser·vice day** *n esp* BRIT Fortbildungstag *m*

in·set I. *n* [ˈɪnset] ❶ (*inserted thing*) Einsatz *m* ❷ (*in map*) Nebenkarte *f;* (*in picture*) Nebenbild *nt* ❸ TYPO (*added page*) Einlage *f,* Beilage *f* **II.** *vt* <-set *or* -setted, -set *or* -setted> [ˌɪnˈset, AM ɪnˈ-] ■**to ~ sth** [**into** [*or* **in**] **sth**] ❶ (*insert*) etw [in etw *akk*] einsetzen; **a gold necklace ~ with rubies** eine Goldkette mit eingelassenen Rubinen ❷ TYPO etw [in etw *akk*] einfügen

in·shore [ˌɪnˈʃɔːʳ, AM -ˈʃɔːr] **I.** *adj* Küsten-, in Küstennähe *nach n;* **~ waters** Küstengewässer *pl* **II.** *adv* auf die Küste zu, in Richtung Küste

in·side [ˌɪnˈsaɪd] **I.** *n* ❶ *no pl* (*interior*) Innere *nt;* **shall I clean the ~ of the car?** soll ich das Auto innen putzen?; **from the ~** von innen ❷ (*inner surface*) *of hand, door etc* Innenseite *f;* (*inner lane*) Innenspur *f;* SPORTS Innenbahn *f;* **he overtook me on the ~** er hat mich auf der Innenspur überholt ❸ (*within an organization*) Innere *nt;* **someone on the ~** ein Insider ❹ (*internal organs*) ■**~s** *pl* (*fam*) Innereien *pl* ❺ (*mind*) ■**on the ~** innerlich; **who knows what she was feeling on the ~** wer weiß wie es in ihr aussah ❻ (*inside information*) **to have**

the ~ on sth vertrauliche Information[en] *akk* über etw [*o* Insiderinformation[en]] haben **II.** *adv inv* ❶ (*in the interior*) innen ❷ (*indoors*) innen; (*direction*) hinein; (*into the house*) ins Haus ❸ (*fig: within oneself*) im Inneren; **deep** ~ tief im Inneren ❹ (*sl: in prison*) hinter Gittern *fam;* **her husband's** ~ **for armed robbery** ihr Mann sitzt wegen bewaffnetem Raubüberfall *fam* **III.** *adj attr, inv* ❶ (*inner*) Innen-, innere(r, s); **the** ~ **front/back cover** die vordere/hintere Innenseite des Umschlags ❷ (*indoor*) Innen-; ~ **toilets** Innentoiletten *fpl* **IV.** *prep* ■ ~ **sth** (*direction*) in etw *akk* [hinein]; (*location*) in etw *dat;* **he finished it** ~ **of two hours** er war in weniger als zwei Stunden damit fertig; **to be** ~ **the record** unter der Rekordzeit liegen

in·side in·for·'ma·tion *n no pl* vertrauliche Information[en], Insiderinformation[en] *f[pl]* **'in·side job** *n* **the police think it's an** ~ die Polizei glaubt, dass einer der Angestellten für das Verbrechen verantwortlich ist **in·side 'lane** *n* (*on road*) Innenspur *f;* (*on racetrack*) Innenbahn *f* **in·side 'leg** *n* BRIT Schrittlänge *f* **in·side 'out I.** *adj* verkehrt herum; **your pullover's** ~ du hast deinen Pullover verkehrt rum an *fam* **II.** *adv* verkehrt herum; **to have/put sth on** ~ etw verkehrt herum anhaben/anziehen ▸PHRASES: **to know sth** ~ etw bis ins kleinste Detail kennen; **to turn sth** ~ etw auf den Kopf stellen *fam;* **the police turned the house** ~ **but didn't find anything** die Polizei hat das ganze Haus auf den Kopf gestellt, konnte aber nichts finden **in·side 'pock·et** *n* Innentasche *f*

in·sid·er [ɪn'saɪdəʳ, AM -ɚ] *n* Insider(in) *m(f)*

in·sid·er 'deal·ing *n,* **in·sid·er 'trad·ing** *n* Insiderhandel *m kein pl,* Insidergeschäft *nt*

in·side 'story *n* Insidestory *f* **in·side 'track** *n* **to be on** [*or* **to have**] **the** ~ im Vorteil sein

in·sidi·ous [ɪn'sɪdiəs] *adj* heimtückisch, schleichend *attr;* ~ **disease/problem** heimtückische Krankheit/kniffliges Problem

in·sidi·ous·ly [ɪn'sɪdiəsli] *adv* heimtückisch, schleichend *attr*

in·sight ['ɪnsaɪt] *n* ❶ (*perception*) Einsicht *f,* Einblick *m* (**into** in +*akk*); **to gain an** ~ **into sth/sb** jdn/etw verstehen lernen; **to give sb** [*or* **provide sb with**] **an** ~ **into sth** jdm einen Einblick in etw geben [*o* vermitteln] ❷ *no pl* (*perceptiveness*) Verständnis *nt;* **the actor brought psychological** ~ **to his roles** der Schauspieler gestaltete seine Rollen mit großem Einfühlungsvermögen; **to have** ~ **into sth** etw verstehen; (*sympathetically*) sich *akk* in etw *akk* einfühlen können; **to gain** ~ **into sth** etw verstehen lernen; (*sympathetically*) sich *akk* in etw *akk* einfühlen

in·sight·ful ['ɪnsaɪtfᵊl, AM 'ɪn,saɪt-] *adj* (*approv*) einfühlsam, verständnisvoll; (*intelligent*) scharfsinnig

in·sig·nia <*pl* - *or* -s> [ɪn'sɪgniə] *n* Insigne *nt*

in·sig·nifi·cance [,ɪnsɪg'nɪfɪkᵊn(t)s] *n no pl* Unwichtigkeit *f,* Belanglosigkeit *f;* **to fade** [*or* **pale**] **into** ~ verblassen *geh,* bedeutungslos werden

in·sig·nifi·cant [,ɪnsɪg'nɪfɪkᵊnt] *adj* ❶ (*trifling*) unbedeutend; **an** ~ **amount** ein unbedeutender Betrag ❷ (*trivial*) belanglos, unwichtig, trivial ❸ (*undistinguished*) unbedeutend; **an** ~ **functionary** ein kleiner Angestellter

in·sin·cere [,ɪnsɪn'sɪəʳ, AM -'sɪr] *adj* unaufrichtig, unehrlich; *person* falsch; *smile, praise* unecht; *flattery* heuchlerisch

in·sin·cere·ly [,ɪnsɪn'sɪəli, AM -'sɪr-] *adv* unaufrichtig; (*smile, praise*) unecht; (*flatter*) heuchlerisch

in·sin·cer·ity [,ɪnsɪn'serəti, AM -əṱi] *n no pl* Unaufrichtigkeit *f,* Unehrlichkeit *f;* (*artificiality*) Falschheit *f*

in·sinu·ate [ɪn'sɪnjueɪt] *vt* ❶ (*imply*) ■**to** ~ **sth** etw andeuten; **are you insinuating that I'm losing my nerve?** willst du damit sagen, dass ich die Nerven verliere? ❷ (*form, liter: slide*) ■**to** ~ **sth into sth** etw vorsichtig in etw *akk* schieben; **he** ~**d his fingers into the narrow opening** er schob seine Finger vorsichtig in die schmale Öffnung ❸ (*pej form: worm one's way*) ■**to** ~ **oneself into sth** sich *akk* in etw *akk* [ein]schleichen

in·sinu·at·ing [ɪn'sɪnjueɪtɪŋ, AM -ṱ-] *adj* (*implying sth unpleasant*) boshaft, provozierend; (*implying sth salacious*) zweideutig

in·sin·ua·tion [ɪn,sɪnju'eɪʃᵊn] *n* Unterstellung *f,* Andeutung *f*

in·sip·id [ɪn'sɪpɪd] *adj* (*pej*) ❶ (*dull*) stumpfsinnig, langweilig ❷ (*bland*) fade, ohne Geschmack *nach n*

in·sip·id·ity [,ɪnsɪ'pɪdəti, AM -əṱi] *n no pl* ❶ (*dullness*) Stumpfsinnigkeit *f,* Langweiligkeit *f* ❷ (*blandness*) Fadheit *f*

in·sip·id·ly [ɪn'sɪpɪdli] *adv* (*pej*) ❶ (*dully*) stumpfsinnig, langweilig ❷ (*blandly*) fade, ohne Geschmack

in·sip·id·ness [ɪn'sɪpɪdnəs] *n see* **insipidity**

in·sist [ɪn'sɪst] **I.** *vi* ❶ (*demand*) bestehen (**on/upon** auf +*dat*); **please go first, I** ~**!** geh bitte vor, ich bestehe darauf!; **all right, if you** ~ also gut, wenn du darauf bestehst; **she** ~**ed on seeing her lawyer** sie bestand darauf, ihren Anwalt zu sprechen ❷ (*continue annoyingly*) ■**to** ~ **on** [*or* **upon**] **doing sth** sich *akk* nicht von etw *dat* abbringen lassen; **she will** ~ **on parking right in front of our garage door** sie parkt einfach immer stur vor unserer Garagentür ❸ (*maintain forcefully*) ■**to** ~ **on** [*or* **upon**] **sth** auf etw *dat* beharren **II.** *vt* ❶ (*state forcefully*) ■**to** ~ **that ...** fest behaupten, dass ...; **Greg still** ~**s he did nothing wrong** Greg behauptet immer noch fest, dass er nichts Falsches getan hat; **"but I've already paid what I owe", she** ~**ed** „aber ich habe doch schon gezahlt", sagte sie bestimmt ❷ (*demand forcefully*) ■**to** ~ **that ...** darauf bestehen, dass ...

in·sist·ence [ɪn'sɪstᵊn(t)s] *n no pl* Bestehen *nt,* Beharren *nt* (**on** auf +*akk*); **at her father's** ~**, ...** auf das Bestehen ihres Vaters hin ...

in·sist·ent [ɪn'sɪstᵊnt] *adj* ❶ *usu pred* (*determined*) beharrlich, hartnäckig; ■**to be** ~ [**that ...**] darauf bestehen, [dass ...] ❷ (*forceful*) *appeals, demands* nachdrücklich ❸ (*repeated*) wiederholt, ständig

in·sist·ent·ly [ɪn'sɪstᵊntli] *adv* ❶ (*forcefully*) nachdrücklich, eindringlich ❷ (*repeatedly*) wiederholt

in situ [,ɪn'sɪtju:, AM -'saɪtu:] *adv inv* (*form*) in situ *geh*

in·so·far as [,ɪnsə(ʊ)'fɑ:ræz, AM -sə'-] *adv inv* (*form*) soweit

in·sole ['ɪnsəʊl, AM -soʊl] *n* Einlegesohle *f;* (*part of shoe*) Innensohle *f*

in·so·lence ['ɪn(t)sᵊlən(t)s] *n no pl* Unverschämtheit *f,* Frechheit *f*

in·so·lent ['ɪn(t)sᵊlənt] *adj* unverschämt, frech

in·so·lent·ly ['ɪn(t)sᵊləntli] *adv* unverschämt, frech

in·sol·ubil·ity [ɪn,sɒljə'bɪləti, AM -,sɑ:ljə'bɪləṱi] *n no pl* ❶ *of a problem, dilemma* Unlösbarkeit *f* ❷ *of a substance* Unlöslichkeit *f*

in·sol·uble [ɪn'sɒljəbḷ, AM -'sɑ:l-] *adj inv* ❶ *puzzle, problem* unlösbar, ausweglos ❷ *minerals, substances* nicht löslich; ~ **in water** nicht in Wasser löslich

in·solv·able [ɪn'sɒlvəbḷ, AM -'sɑ:l-] *adj* AM, AUS unlösbar, ausweglos

in·sol·ven·cy [ɪn'sɒlvᵊn(t)si, AM -'sɑ:l-] *n no pl* Zahlungsunfähigkeit *f,* Insolvenz *f fachspr*

in·sol·vent [ɪn'sɒlvᵊnt, AM -'sɑ:l-] **I.** *adj inv* zahlungsunfähig, insolvent *fachspr* **II.** *n* **to be an** ~ zahlungsunfähig [*o fachspr* insolvent] sein

in·som·nia [ɪn'sɒmniə, AM -'sɑ:m-] *n no pl* Schlaflosigkeit *f*

in·som·ni·ac [ɪn'sɒmniæk, AM -'sɑ:m-] *n* **to be an** ~ an Schlaflosigkeit leiden

in·somuch [,ɪnsə(ʊ)'mʌtʃ, AM -soʊ'-] *adv* insofern

in·sou·ci·ance [ɪn'su:siən(t)s, AM *esp* -ʃən(t)s] *n no pl* (*liter*) Unbekümmertheit *f,* Sorglosigkeit *f*

in·sou·ci·ant [ɪn'su:siənt, AM *esp* -ʃənt] *adj* (*liter*) unbekümmert, sorglos

in·spect [ɪn'spekt] *vt* ❶ (*examine carefully*) ■**to** ~ **sth** etw untersuchen; **to** ~ **sth for damage** etw auf Schäden hin untersuchen ❷ (*examine officially*) ■**to** ~ **sth** etw kontrollieren; **to**

~ **the books** die Bücher prüfen ❸ MIL **to ~ the troops** die Truppen inspizieren

in·spec·tion [ɪnˈspekʃᵊn] *n* ❶ *(examination)* [Über]prüfung *f;* **on closer ~** bei genauerer [Über]prüfung; **to carry out** [*or* **make**] **an ~** etw [über]prüfen; **to carry out an ~ of sth** etw einer Überprüfung unterziehen ❷ *(by officials)* Kontrolle *f* ❸ *(of troops)* Inspektion *f*

in·spec·tor [ɪnˈspektəʳ, AM -ɚ] *n* ❶ *(person who inspects)* Inspektor(in) *m(f);* **government ~** Aufsichtsbeamte(r) *m,* Aufsichtsbeamte [*o* -in] *f;* **school ~, ~ of schools** BRIT Schulrat, -rätin *m, f;* **tax ~** Steuerprüfer(in) *m(f);* **ticket ~** [Fahrkarten]kontrolleur(in) *m(f)* ❷ *(police rank)* Inspektor(in) *m(f)*

in·spec·tor·ate [ɪnˈspektᵊrət] *n* Aufsichtsbehörde *f,* Kontrollgremium *nt*

in·spi·ra·tion [ˌɪn(t)spᵊrˈeɪʃᵊn, AM -spəˈreɪ-] *n* ❶ *no pl (creative stimulation)* Inspiration *f;* **to provide the ~ for sth** als Inspiration für etw *akk* dienen; **to lack ~** fantasielos sein; **divine ~** REL göttliche Eingebung ❷ *(sth inspiring)* Inspiration *f;* **her work is an ~ to us all** ihre Arbeit ist uns allen ein Beispiel ❸ *(good idea)* Einfall *m,* Idee *f;* **I've had an ~!** ich hab' eine super Idee! *fam* ❹ MED *(form: inhalation)* Einatmen *nt kein pl,* Inspiration *f kein pl fachspr*

in·spi·ra·tion·al [ˌɪn(t)spᵊrˈeɪʃᵊnəl, AM -spəˈreɪ-] *adj* inspirierend, begeisternd *attr*

in·spire [ɪnˈspaɪəʳ, AM -ˈspaɪr] *vt* ❶ *(stimulate creatively)* ■**to ~ sb/sth** jdn/etw inspirieren; **what ~d you to write this poem?** was hat dich dazu inspiriert, dieses Gedicht zu schreiben? ❷ *(arouse)* ■**to ~ sth** [**in sb**] *fear, hope, optimism* etw [bei [*o* in] jdm] hervorrufen [*o* wecken], [jdn] mit etw *dat* erfüllen; ■**to ~ sb with sth: they don't ~ me with confidence** sie wirken nicht Vertrauen erweckend auf mich; **their example ~d us to set up our own software company** ihr Beispiel hat uns dazu ermutigt, unsere eigene Softwarefirma zu gründen ❸ *(lead to)* ■**to ~ sth** zu etw *dat* führen ❹ MED *(form: inhale)* ■**to ~ sth** etw einatmen

in·spired [ɪnˈspaɪəd, AM -ɚd] *adj* ❶ *(stimulated) poet, athlete* inspiriert ❷ *(approv: excellent)* großartig, ausgezeichnet, genial ❸ *(motivated)* **a politically ~ strike** ein politisch motivierter Streik; **a Communist ~ coup** ein Coup nach kommunistischem Vorbild

in·spir·ing [ɪnˈspaɪərɪŋ, AM -ˈspaɪr-] *adj* inspirierend, [sehr] anregend

in·sta·bil·ity [ˌɪnstəˈbɪləti, AM -əṭi] *n no pl* ❶ *of building, structure* Instabilität *f; (political, economic)* Instabilität *f,* Unsicherheit *f* ❷ PSYCH *of person* Labilität *f*

in·stal <-ll-> [ɪnˈstɔːl], AM *usu* **in·stall** *vt* ❶ TECH *(put in position)* ■**to ~ sth** *machinery* etw aufstellen; *heating, plumbing* etw installieren; *bathroom, kitchen* etw einbauen; *electrical wiring, pipes* etw verlegen; *telephone, washing machine* etw anschließen; **to ~ a carpet** [*or* **carpeting**] AM, AUS einen Teppich verlegen ❷ COMPUT ■**to ~ sth** *program, software* etw installieren ❸ *(ceremonially)* ■**to ~ sb** jdn einsetzen; **to ~ sb as archbishop/mayor** jdn als Erzbischof/Bürgermeister in sein Amt einführen ❹ *(position)* **to ~ sb/oneself at a desk** jdm einen Schreibtisch zuweisen/sich einen Schreibtisch aussuchen; **he seems to have ~ed himself in your spare room for good** er bleibt jetzt anscheinend für immer in deinem Gästezimmer wohnen

in·stal·la·tion [ˌɪnstəˈleɪʃᵊn] *n* ❶ *no pl* TECH *of machinery* Aufstellen *nt; of an appliance, heating, plumbing* Installation *f; of kitchen, bathroom* Einbau *m; of electrical wiring, pipes* Verlegung *f; of telephone, washing machine* Anschluss *m;* AM, AUS *of carpet* Verlegen *nt* ❷ *(facility)* Anlage *f;* **military ~** militärische Anlage ❸ *(in office)* Amtseinsetzung *f kein pl,* Amtseinführung *f* ❹ ART *(sculpture)* Installation *f*

in·'stall·ment plan *n* AM ECON *(hire purchase)* Ratenzahlung *f,* Teilzahlung *f*

in·stal·ment [ɪnˈstɔːlmənt], AM *usu* **in·stall·ment** *n* ❶ *(part)* Folge *f* ❷ ECON, FIN Rate *f;* **payable in monthly ~s** in Monatsraten zahlbar; **to pay for sth by ~s** etw in Raten [ab]bezahlen

in·stance [ˈɪn(t)stən(t)s] **I.** *n* ❶ *(particular case)* Fall *m;* **there have been several ~s of planes taking off without adequate safety checks** es ist schon öfters vorgekommen, dass Flugzeuge ohne die entsprechenden Sicherheitschecks gestartet sind; **in this** [*or* **the present**] **~** in diesem Fall ❷ *(example)* **for ~** zum Beispiel ❸ *(form: in argumentation)* **in the first ~** *(at first)* zunächst, zuerst; *(in the first place)* von vorne herein; **in the second ~** *(in the second place)* zum zweiten ❹ *(form: urging)* Drängen *nt kein pl; (request)* Ersuchen *nt kein pl; (order)* Befehl *m* **II.** *vt (form)* ■**to ~ sth** etw anführen

in·stant [ˈɪn(t)stənt] **I.** *n* ❶ *(moment)* Moment *m,* Augenblick *m;* **in an ~, the whole situation had changed** von einem Augenblick zum anderen hatte sich die ganze Lage geändert; **the next ~** im nächsten Moment [*o* Augenblick]; **at the same ~** im selben Augenblick [*o* Moment]; **for an ~** für einen Moment [*o* Augenblick]; **she didn't believe him for an ~** sie glaubte ihm keine Sekunde lang; **this ~** sofort; **stop that noise this ~!** hör' sofort mit dem Lärm auf! *fam* ❷ *(as soon as)* ■**the ~** sobald; **I tried phoning her the ~ I got home** sobald ich nach Hause kam, versuchte ich sie anzurufen ❸ *no pl (fam: instant coffee)* Pulverkaffee *m* **II.** *adj inv* ❶ *(immediate)* sofortige(r, s) *attr;* **the effect was ~** der Effekt stellte sich sofort ein; **the film was an ~ success** der Film war sofort ein Erfolg; **~ access to sth** sofortiger Zugriff auf etw *akk;* **this sort of account offers you ~ access to your money** mit diesem Konto haben Sie jederzeit Zugang zu ihrem Geld; **to take ~ effect** sofort wirken ❷ FOOD *(in bags)* Tüten-; *(in tins)* Dosen-; **~ coffee** Pulverkaffee *m;* **~ soup** *(in bags)* Tütensuppe *f; (in tins)* Dosensuppe *f* ❸ *attr (liter: urgent)* dringend; **their ~ needs are food and water** sie brauchen jetzt als Erstes etwas zu essen und Wasser

in·stan·ta·neous [ˌɪn(t)stənˈteɪniəs] *adj inv effect, reaction* unmittelbar; **death was ~** der Tod trat sofort ein

in·stan·ta·neous·ly [ˌɪn(t)stənˈteɪniəsli] *adv inv* sofort, unmittelbar

in·stant·ly [ˈɪn(t)stəntli] *adv inv* sofort

In·stant 'Mes·sage *n* Onlinenachricht *f (Instant Message Service eines Internetproviders, der Online-Chatten ermöglicht)*

in·stant 're·play *n* TV Wiederholung *f*

in·stead [ɪnˈsted] **I.** *adv inv* stattdessen; **I couldn't go, so my sister went ~** ich konnte nicht gehen, also ist stattdessen meine Schwester gegangen **II.** *prep* ■**~ of sth/sb** [an]statt einer S./einer Person *gen,* an jds Stelle/an Stelle einer S. *gen;* **Sue volunteered to go ~ of Jean** Sue bot sich an, an Jeans Stelle zu gehen; ■**~ of doing sth** [an]statt etw zu tun; **~ of sitting here, why don't you go out and play!** warum gehst du nicht draußen spielen, [an]statt hier zu sitzen

in·step [ˈɪnstep] *n* ❶ *(of foot)* Spann *m* ❷ *(of shoe)* Blatt *nt; (of stocking)* Strumpfteil über dem Spann

in·sti·gate [ˈɪn(t)stɪgeɪt] *vt* ■**to ~ sth** ❶ *(initiate)* etw einleiten [*o geh* initiieren]; **she is threatening to ~ criminal proceedings** sie droht damit, ein Strafverfahren anzustrengen; **to ~ new laws** eine Gesetzesinitiative starten ❷ *(pej: incite) revolt, strike* etw anzetteln

in·sti·ga·tion [ˌɪn(t)stɪˈgeɪʃᵊn] *n no pl (form)* Anregung *f* (**of** zu +*dat*); *(incitement)* Anstiftung *f* (**of** zu +*dat*); **to do sth at the ~ of sb** [*or* **at sb's ~**] etw auf jds Initiative [*o* Betreiben] hin tun

in·sti·ga·tor [ˈɪn(t)stɪgeɪtəʳ, AM -ṭɚ] *n* Initiator(in) *m(f); (inciter)* Anstifter(in) *m(f)*

in·stil <-ll-> [ɪnˈstɪl], AM *usu* **in·still** *vt* ■**to ~ sth into sb** *a feeling* jdm etw einflößen; *knowledge* jdm etw beibringen

in·stinct [ˈɪn(t)stɪŋ(k)t] *n* ❶ *(natural response)* Instinkt *m;* **her first ~ was to shout** ihr erster Impuls war zu schreien; **her business ~s usually warn her when trouble is brewing** ihr Geschäftssinn warnt sie normalerweise vor sich zusammenbrauenden Schwierigkeiten; **to have an ~ for sth** einen Riecher für etw *akk* haben *fam;* **Bob seems to have an ~ for knowing which products will sell** Bob scheint instinktiv zu wissen, welche Produkte sich verkaufen werden; **the ~ for self-preservation** der Selbsterhaltungstrieb ❷ *no pl* (*innate behaviour*) Instinkt *m;* **to do sth by** [*or* **on**] **~** etw instinktiv tun

in·stinc·tive [ɪnˈstɪŋ(k)tɪv] *adj* instinktiv; (*innate*) natürlich, angeboren; **I have an ~ distrust of authority** ich habe ein tiefsitzendes Misstrauen gegenüber Autoritäten

in·stinc·tive·ly [ɪnˈstɪŋ(k)tɪvli] *adv* instinktiv

in·sti·tute [ˈɪn(t)stɪtjuːt, AM *esp* -tuːt] **I.** *n* Institut *nt;* (*of higher education*) Hochschule *f* **II.** *vt* ■**to ~ sth** ❶ (*establish*) *system, reform* etw einführen ❷ (*initiate*) *steps, measures* etw einleiten; *legal action* etw anstrengen

in·sti·tu·tion [ˌɪn(t)stɪˈtjuːʃᵊn, AM *esp* -ˈtuː-] *n* ❶ *no pl* (*establishment*) Einführung *f* ❷ (*esp pej: building*) Heim *nt,* Anstalt *f;* **correctional ~** Erziehungsanstalt *f,* Besserungsanstalt *f veraltend* ❸ (*practice*) Institution *f;* **the ~ of marriage** die Institution der Ehe; (*fig fam*) **Mrs Daly's an ~, she's been here 40 years** Mrs Daly ist eine Institution, sie ist schon seit 40 Jahren hier ❹ (*organization*) Einrichtung *f,* Institution *f*

in·sti·tu·tion·al [ˌɪn(t)stɪˈtjuːʃᵊnᵊl, AM *esp* -ˈtuː-] *adj* ❶ (*pej*) Anstalts-, Heim-; **~ care** Anstaltsfürsorge *f;* **~ food** Anstalts-/Heimessen *nt* ❷ (*organizational*) institutionell; (*established*) institutionalisiert, etabliert ❸ ECON (*relating to an organization*) **~ advertising** Prestigewerbung *f,* institutionelle Werbung *fachspr;* **~ buyer** institutioneller Anleger, Kapitalsammelstelle *f fachspr;* **~ buying** Effektenverkauf *m* in Kapitalsammelstelle *fachspr*

in·sti·tu·tion·al·ize [ˌɪn(t)stɪˈtjuːʃᵊnəlaɪz, AM *esp* -ˈtuː-] *vt* ❶ (*place in care*) ■**to ~ sb** jdn in ein Heim einweisen ❷ (*make into custom*) ■**to ~ sth** etw institutionalisieren *geh*

in·sti·tu·tion·al·ized [ˌɪn(t)stɪˈtjuːʃᵊnəlaɪzd, AM *esp* -ˈtuː-] *adj* ❶ *pred* (*dependent*) unselbständig; **to become ~** durch Heimaufenthalt/Strafvollzug unselbständig werden; MED Hospitalismus bekommen *geh* ❷ (*established*) institutionalisiert *geh*

in·struct [ɪnˈstrʌkt] *vt* ❶ (*teach*) ■**to ~ sb in sth** jdm etw beibringen; **to ~ the jury** LAW die Geschworenen belehren (**on** über +*akk*) ❷ (*order*) ■**to ~ sb** [**to do sth**] jdn anweisen[etw zu tun] ❸ BRIT, AUS LAW **to ~ a solicitor/counsel** einen Anwalt beauftragen

in·struc·tion [ɪnˈstrʌkʃᵊn] *n* ❶ *usu pl* (*order*) Anweisung *f,* Instruktion *f;* **I was acting on the ~s of a superior officer** ich habe auf Anweisung eines ranghöheren Offiziers gehandelt; **to have ~s** [*or* **sb's ~s are**] **to do sth** jd ist angewiesen worden, etw zu tun; **to carry out sb's ~s** jds Anweisungen [be]folgen; **to give sb ~s** jdm Anweisungen geben ❷ *no pl* (*teaching*) Unterweisung *f;* **to give sb ~ in sth** jdm etw beibringen [*o* vermitteln]; **the course gives you basic ~ in car repairs** der Kurs vermittelt Grundkenntnisse darüber, wie man ein Auto repariert ❸ (*directions*) ■**~s** *pl* Anweisung *f,* Instruktionen *fpl;* **~s for use** Gebrauchsanweisung *f*

in·ˈstruc·tion book *n of a computer* Handbuch *nt; of a machine/device* Gebrauchsanweisung *f* **in·ˈstruc·tion leaf·let** *n* Informationsblatt *nt;* (*for use*) Gebrauchsanweisung *f* **in·ˈstruc·tion manu·al** *n of a computer* Handbuch *nt; of a machine/device* Gebrauchsanweisung *f*

in·struc·tive [ɪnˈstrʌktɪv] *adj* (*approv*) instruktiv, lehrreich, aufschlussreich

in·struc·tor [ɪnˈstrʌktəʳ, AM -ɚ] *n* ❶ (*teacher*) Lehrer(in) *m(f);* **driving/ski ~** Fahr-/Skilehrer(in) *m(f)* ❷ AM (*at university*) Dozent(in) *m(f)*

in·struc·tress <*pl* -es> [ɪnˈstrʌktrəs] *n* (*dated*) Lehrerin *f*

in·stru·ment [ˈɪnstrəmənt] *n* ❶ MUS Instrument *nt* ❷ (*tool, measuring device*) Instrument *nt;* **a blunt ~** ein schwerer, stumpfer Gegenstand; **surgical ~s** chirurgische Instrumente ❸ (*means*) Mittel *nt;* **he saw the theatre as an ~ of change** er sah das Theater als Mittel, Veränderung zu bewirken ❹ LAW (*form: document*) Urkunde *f*

in·stru·men·tal [ˌɪn(t)strəˈmentᵊl, AM -t̬-] **I.** *adj* ❶ *inv* MUS instrumental ❷ (*influential*) dienlich, förderlich; **he was ~ in bringing about much needed reforms** er war maßgeblich daran beteiligt, längst überfällige Reformen in Gang zu setzen **II.** *n* Instrumentalstück *nt,* Instrumental *nt*

in·stru·men·tal·ist [ˌɪn(t)strəˈmentᵊlɪst, AM -t̬-] *n* Instrumentalist(in) *m(f)*

in·stru·men·ta·tion [ˌɪn(t)strəmenˈteɪʃᵊn] *n* ❶ *no pl* MUS (*arrangement*) Instrumentation *f fachspr,* Arrangement *nt* ❷ MUS (*instruments*) Instrumentation *f fachspr,* Instrumentierung *f fachspr* ❸ *no pl* TECH (*instruments collectively*) Instrumente *ntpl*

ˈin·stru·ment board *n,* **ˈin·stru·ment pan·el** *n* AUTO Armaturenbrett *nt;* AVIAT, NAUT Instrumententafel *f*

in·sub·or·din·ate [ˌɪnsəˈbɔːdᵊnət, AM -ˈbɔːrdᵊnɪt] *adj* ungehorsam, aufsässig; **~ behaviour** [*or* AM **behavior**] Widersetzlichkeit *f;* MIL Ungehorsam *m*

in·sub·or·di·na·tion [ˌɪnsəˌbɔːdɪˈneɪʃᵊn, AM -ˈbɔːr-] *n no pl* Widersetzlichkeit *f;* MIL Ungehorsam *m*

in·sub·stan·tial [ˌɪnsəbˈstæn(t)ʃᵊl] *adj* ❶ (*unconvincing*) *argument, evidence* wenig überzeugend, fadenscheinig; **an ~ plot/meal** eine dürftige Handlung/Mahlzeit ❷ (*small*) *meal* [sehr] klein, winzig ❸ (*form: not real*) unbegründet, gegenstandslos

in·suf·fer·able [ɪnˈsʌfᵊrəbl̩] *adj* (*pej*) unerträglich; ■**to be ~** nicht auszuhalten [*o* zu ertragen] sein; *person* unausstehlich

in·suf·fer·ably [ɪnˈsʌfᵊrəbli] *adv* (*pej*) unerträglich

in·suf·fi·cien·cy [ˌɪnsəˈfɪʃᵊn(t)si] *n no pl* ❶ (*inadequacy*) Knappheit *f,* Mangel *m* (**of** an +*dat*) ❷ MED Insuffizienz *f fachspr*

in·suf·fi·cient [ˌɪnsəˈfɪʃᵊnt] *adj inv* ungenügend, zu wenig *präd,* unzureichend; **the means available are ~** die zur Verfügung stehenden Mittel sind unzureichend; **to release sb because of ~ evidence** jdn aus Mangel an Beweisen freilassen

in·suf·fi·cient·ly [ˌɪnsəˈfɪʃᵊntli] *adv inv* ungenügend, unzureichend, unzulänglich

in·su·lar [ˈɪn(t)sjələʳ, AM -səlɚ, -sjə-] *adj* ❶ (*pej: parochial*) provinziell ❷ GEOG Insel-, insular *attr geh*

in·su·lar·ity [ˌɪn(t)sjəˈlærəti, AM -səˈlerət̬i, -sjə-] *n no pl* (*pej*) Provinzialität *f*

in·su·late [ˈɪn(t)sjəleɪt, AM -(t)sə-] *vt* ❶ (*protect*) ■**to ~ sth** ELEC etw isolieren; *roof, room* etw isolieren; **you can ~ a house against heat loss** man kann ein Haus wärmeisolieren ❷ (*fig: shield*) ■**to ~ sb/sth** [**from sth**] jdn/etw [vor etw *dat*] [be]schützen [*o* abschirmen]

in·su·lat·ing [ˈɪn(t)sjəleɪtɪŋ, AM -səleɪt̬-] *adj layer, material* Isolier-

ˈin·su·lat·ing tape *n* Isolierband *nt*

in·su·la·tion [ˌɪn(t)sjəˈleɪʃᵊn, AM -səˈ-] *n no pl* ❶ (*material, action*) Isolierung *f* ❷ (*fig: protection*) Schutz *m*

in·su·la·tor [ˈɪn(t)sjəleɪtəʳ, AM -səleɪt̬ɚ] *n* Isolator *m*

in·su·lin [ˈɪn(t)sjəlɪn, AM -sə-] **I.** *n no pl* Insulin *nt;* **to be ~-dependent** auf Insulin angewiesen sein **II.** *n modifier* (*injection, level*) Insulin-

in·sult I. *vt* [ɪnˈsʌlt] ■**to ~ sb** jdn beleidigen; **to feel/be ~ed** beleidigt [*o* gekränkt] sein; **to ~ sb's intelligence/taste** jds Intelligenz/Geschmack beleidigen **II.** *n* [ˈɪnsʌlt] ❶ (*offensive remark*) Beleidigung *f;* **to hurl ~s at sb** jdn mit Beleidigungen überschütten ❷ (*affront*) **to be an ~ to sb/sth** für jdn/etw eine Beleidigung sein; **an ~ to sb's intelligence** jds Intelligenz beleidigen ▸ PHRASES: **to add ~ to injury** um dem Ganzen die Krone aufzusetzen

in·sult·ing [ɪnˈsʌltɪŋ] *adj* beleidigend

in·sult·ing·ly [ɪnˈsʌltɪŋli] *adv* beleidigend; **the questions were ~ easy** die Fragen waren lächerlich einfach

in·su·per·able [ɪnˈsuːpᵊrəbl̩] *adj* (*form*) unüberwindlich

in·su·per·ably [ɪnˈsuːpᵊrəbli] *adv* (*form*) unüberwindlich; **the work proved to be ~ difficult** es stellte sich heraus, dass die Arbeit nicht zu schaffen war

in·sup·port·able [ˌɪnsəˈpɔːtəbl̩, AM -ˈpɔːrt̬-] *adj* unerträglich

in·sur·ance [ɪnˈʃʊərᵊn(t)s, AM -ˈʃʊr-] **I.** *n* ① *no pl* (*financial protection*) Versicherung *f;* **our ~ doesn't cover household items** unsere Versicherung deckt Hausrat nicht ab; **health/liability/life ~** Kranken-/Haftpflicht-/Lebensversicherung *f;* **household goods ~** Hausratsversicherung *f;* **to have ~ [against sth]** [gegen etw *akk*] versichert sein; **to take out ~ [against sth]** sich *akk* [gegen etw *akk*] versichern, eine Versicherung [gegen etw *akk*] abschließen ② *no pl* (*payout*) Versicherungssumme *f* ③ *no pl* (*premium*) [Versicherungs]prämie *f,* Versicherungsbeitrag *m* ④ *no pl* (*profession*) Versicherungswesen *nt;* **she works in ~** sie arbeitet bei einer Versicherung ⑤ (*protective measure*) Absicherung *f* **II.** *n modifier* (*payment, salesman, scheme*) Versicherungs-; **~ adjustor** Schadenssachverständiger *m;* **~ business** Versicherungsgeschäft *nt*

in·ˈsur·ance bro·ker *n* Versicherungsmakler(in) *m(f)* **in·ˈsur·ance claim** *n* Schadensanspruch *m* **in·ˈsur·ance com·pa·ny** *n* Versicherung[sgesellschaft] *f* **in·ˈsur·ance poli·cy** *n* ① (*contract*) Versicherungspolice *f* ② (*fig: alternative*) **as an ~** sicherheitshalber, zur Sicherheit **in·ˈsur·ance pre·mium** *n* [Versicherungs]prämie *f,* Versicherungsbeitrag *m*

in·sure [ɪnˈʃʊəʳ, AM -ˈʃʊr] **I.** *vt* ■**to ~ sth/sb/oneself [against sth]** etw/jdn/sich selbst [gegen etw *akk*] versichern; **she has ~d her face for £5 million** sie hat ihr Gesicht für £5 Millionen versichern lassen **II.** *vi* ① (*protect oneself*) ■**to ~ against sth** sich *akk* gegen etw *akk* absichern, sich *akk* vor etw *dat* schützen ② (*take insurance*) sich *akk* versichern (**with** bei +*dat*)

in·sured [ɪnˈʃʊəd, AM -ˈʃʊrd] **I.** *adj* ■**to be ~** *object, person* versichert sein; **I'm not ~ to drive his car** ich bin nicht in seine Kfz-Versicherung mit eingeschlossen; **~ value** Versicherungswert *m,* versicherter Wert **II.** *n* LAW ■**the ~** der/die Versicherte, der Versicherungsnehmer/die Versicherungsnehmerin

in·sur·er [ɪnˈʃʊərəʳ, AM -ˈʃʊrɚ] *n* ① (*agent*) Versicherungsvertreter(in) *m(f)* ② *esp pl* (*company*) Versicherung[sgesellschaft] *f,* Versicherer *m,* Versicherungsgeber *m fachspr*

in·sur·gen·cy [ɪnˈsɜːdʒᵊn(t)si, AM -ˈsɜːr-] *n no pl* Unruhen *fpl,* Aufstand *m meist pl*

in·sur·gent [ɪnˈsɜːdʒᵊnt, AM -ˈsɜːr-] **I.** *n* ① (*rebel*) Aufständische(r) *f(m),* Aufrührer(in) *m(f)* ② AM POL *Parteimitglied, das sich der Parteidisziplin nicht beugt* **II.** *adj attr, inv* aufständisch

in·sur·mount·able [ˌɪnsəˈmaʊntəbl̩, AM -sɚˈmaʊnt̬-] *adj inv* unüberwindlich; **an ~ obstacle** ein unüberwindliches Hindernis

in·sur·rec·tion [ˌɪnsᵊrˈekʃᵊn, AM -səˈrek-] *n* Aufstand *m;* **to crush an ~** einen Aufstand niederschlagen

in·tact [ɪnˈtækt] *adj usu pred* ① (*physically*) intakt, unversehrt ② (*fig: morally*) unversehrt; **it's difficult to emerge from such a scandal with your reputation still ~** nach einem solchen Skandal ist es schwer, sich einen guten Ruf zu bewahren

in·take [ˈɪnteɪk] **I.** *n* ① (*act*) *of drink, food, vitamins* Aufnahme *f;* **~ of breath** Luftholen *nt,* Atmen *nt;* **I heard a sharp ~ of breath behind me** ich hörte, wie hinter mir jemand erschreckt laut Luft holte; **~ of food** Nahrungsaufnahme *f* ② (*amount*) Aufnahme *f,* aufgenommene Menge; **alcohol ~** Alkoholkonsum *m;* **~ of calories** Kalorienzufuhr *f;* **daily ~** *of vitamins, minerals* Tageszufuhr *f,* aufgenommene Kalorienmenge; **to reduce one's meat ~** weniger Fleisch essen ③ (*number of people*) Aufnahmequote *f;* MIL Rekrutierung *f;* **the first ~ of girls by the grammar school was in 1950** im Jahr 1950 wurden an dem Gymnasium zum ersten Mal Mädchen zugelassen; **~ of immigrants** Immigrantenaufnahme *f;* **~ of students** Zulassung[szahl] *f* von Studenten/Studentinnen ④ MECH, TECH Einlassöffnung *f,* Einlass *m;* **air ~** Luftzufuhr *f* **II.** *adj inv* Ansaug-, Saug-

ˈin·take class *n* Anfängerklasse *f*

in·tan·gible [ɪnˈtændʒəbl̩] **I.** *adj* nicht greifbar; *fear, feeling, longings* unbestimmbar **II.** *n* das Unbestimmte [*o* Undefinierbare]; (*personal quality*) Eigenschaft *f*

in·tan·gible ˈas·set *n* FIN immaterielles Vermögen, immaterielle Anlagewerte

in·tan·gibly [ɪnˈtændʒəbli] *adv* vage, unbestimmt

in·te·ger [ˈɪntɪdʒəʳ, AM -dʒɚ] *n* MATH ganze Zahl

in·te·gral [ˈɪntɪgrəl, AM -t̬ə-] **I.** *adj* ① (*central, essential*) wesentlich; **schools are ~ to the local community** Schulen sind für die Gemeinde von grundlegender Bedeutung; **~ part** wesentlicher Bestandteil; **he's an ~ part of the team** er ist ein für unser Team unverzichtbares Mitglied ② (*whole*) vollständig ③ (*built-in*) eingebaut; **the prison has no ~ sanitation** in dem Gefängnis gibt es keine Klos in den Zellen ④ MATH Integral-; **~ calculus** Integralrechnung *f;* **~ equation** Integralgleichung *f* **II.** *n* MATH Integral *nt*

in·te·grate [ˈɪntɪgreɪt, AM -t̬ə-] **I.** *vt* ■**to ~ sb/sth/oneself into sth** jdn/etw/sich in etw *akk* integrieren; ■**to ~ sth with sth** etw [auf etw *akk*] abstimmen; **the town's modern architecture is very well ~d with the old** der moderne Baustil fügt sich gut in das alte Stadtbild ein **II.** *vi* sich *akk* integrieren [*o* einfügen]; AM SCH (*hist*) *Schulen für Schwarze zugänglich machen*

in·te·grat·ed [ˈɪntɪgreɪtɪd, AM -t̬əgreɪt̬ɪd] *adj plan, piece of work* einheitlich; ■**to be ~ into sth** *ethnic community, person* in etw *akk* integriert sein; **~ school** AM (*hist*) Schule *f* ohne Rassentrennung; **~ transport system** vernetzte Verkehrsbetriebe

in·te·grat·ed ˈcir·cuit *n* ELEC integrierter Schaltkreis **in·te·grat·ed ser·vices di·gi·tal ˈnet·work** *n* TELEC Dienste integrierendes digitales [Nachrichten]netz, ISDN *nt*

in·te·gra·tion [ˌɪntɪˈgreɪʃᵊn, AM -əˈ-] *n no pl* ① (*cultural assimilation*) Integration *f,* Integrierung *f;* **~ of disabled people** Eingliederung *f* von Behinderten; **racial ~** Rassenintegration *f* ② (*unification, fusion*) Zusammenschluss *m,* Zusammenschließen *nt;* (*combination*) Kombination *f* ③ PHYS, PSYCH Integration *f fachspr*

in·teg·rity [ɪnˈtegrəti, AM -t̬i] *n no pl* ① (*moral uprightness*) Integrität *f;* **he was keen to preserve his ~ as an actor** er wollte seiner Linie als Schauspieler treu bleiben; **man/woman of ~** unbescholtener Mann/unbescholtene Frau ② (*form: unity, wholeness*) Einheit[lichkeit] *f;* **structural ~ of a novel** Geschlossenheit *f* eines Romans; **to uphold territorial ~** die territoriale Integrität schützen

in·tel·lect [ˈɪntᵊlekt, AM -t̬əlekt] *n* ① *no pl* (*faculty*) Verstand *m,* Intellekt *m;* **a man/woman of keen ~** ein Mann/eine Frau mit scharfem Verstand; **sb's powers of ~** jds intellektuelle Fähigkeiten ② (*person*) großer Denker/große Denkerin

in·tel·lec·tual [ˌɪntᵊlˈektjuəl, AM -t̬ᵊlˈektʃu-] **I.** *n* Intellektuelle(r) *f(m)* **II.** *adj activity, climate, interests* intellektuell, geistig; **that doesn't provide much ~ stimulation** dabei ist man geistig nicht gerade gefordert; **~ capacity** intellektuelle Fähigkeiten; **~ curiosity** Wissensdurst *m;* **~ pursuits** geistige Beschäftigung, Kopfarbeit *f;* **~ snob** intellektueller Snob; **to read something ~** etwas Anspruchsvolles lesen

in·tel·lec·tu·al·ism [ˌɪntᵊlˈektjuəlɪzᵊm, AM -t̬ᵊlˈektʃu-] *n no pl* (*usu pej*) Intellektualismus *m*

in·tel·lec·tu·al·ize [ˌɪntᵊlˈektjuəlaɪz, AM -t̬ᵊlˈektʃuəl-] *vi* intellektualisieren *geh;* **he ~d everything I said** er ging immer alles, was ich sagte, völlig intellektuell an

in·tel·lec·tu·al·ly [ˌɪntᵊlˈektjuəli, AM -t̬ᵊlˈektʃu-] *adv* intellektuell, geistig; **~ demanding** geistig anspruchsvoll

in·tel·lec·tual ˈprop·er·ty *n no pl* LAW geistiges Eigentum

in·tel·li·gence [ɪnˈtelɪdʒᵊn(t)s] **I.** *n no pl* ① (*brain power*) Intelligenz *f;* **if he hasn't got the ~ to put on a coat, ...** wenn er so dumm ist, keinen Mantel anzuziehen, dann...; **the ~ of sb's**

writing jds intelligenter Schreibstil ❷ + *sing/pl vb* (*department*) Nachrichtendienst *m,* Geheimdienst *m;* **economic** ~ Wirtschaftsspionage *f;* **military** ~ militärischer Geheimdienst ❸ + *sing/pl vb* (*inside information*) [nachrichtendienstliche] Informationen; **they received** ~ **that ...** sie erhielten vom Geheimdienst die Nachricht, dass...; **according to our latest** ~ unseren letzten Meldungen zufolge **II.** *n modifier* (*department, service*) Nachrichten-; **the** ~ **community** die Geheimdienste *mpl;* ~ **report/source** Geheimdienstbericht *m/* -quelle *f*

in·'tel·li·gence agen·cy *n* Nachrichtendienst *m,* Geheimdienst *m* **in·'tel·li·gence agent** *n* Geheimagent(in) *m(f),* Spion(in) *m(f)* **in·'tel·li·gence de·part·ment** *n* Nachrichtendienst *m,* Geheimdienst *m* **in·'tel·li·gence of·fic·er** *n* Nachrichtenoffizier *m* **in·'tel·li·gence quo·tient** *n* Intelligenzquotient *m* **in·'tel·li·gence ser·vice** *n* Nachrichtendienst *m,* Geheimdienst *m* **in·'tel·li·gence test** *n* Intelligenztest *m*

in·tel·li·gent [ɪn'telɪdʒənt] *adj* klug, intelligent; (*hum, iron*) **that was** ~ **of you** das war ja sehr intelligent von dir *iron, hum;* ~ **beings** intelligente Lebewesen; ~ **guess** kluge Schätzung

in·tel·li·gent 'agent *n* intelligentes Programm

in·tel·li·gent·ly [ɪn'telɪdʒəntli] *adv* intelligent, klug

in·tel·li·gent·sia [ɪn͵telɪ'dʒentsiə] *n* + *sing/pl vb* ■**the** ~ die Intelligenzia *form,* die Intelligenz, die Intellektuellen *pl*

in·tel·li·gibil·ity [ɪn͵telɪdʒə'bɪləti, AM -əṱi] *n no pl* Verständlichkeit *f*

in·tel·li·gible [ɪn'telɪdʒəbl̩] *adj* verständlich; **he was so drunk that he was hardly** ~ er war so betrunken, dass man ihn kaum noch verstehen konnte; ~ **handwriting** leserliche Handschrift; **hardly** ~ schwer verständlich

in·tel·li·gibly [ɪn'telɪdʒəbli] *adv speak, write* deutlich, verständlich

in·tem·per·ance [ɪn'tempərən(t)s] *n no pl* Maßlosigkeit *f,* Unmäßigkeit *f;* (*addiction to alcohol*) Trunksucht *f*

in·tem·per·ate [ɪn'tempərət, AM -prɪt] *adj* (*pej*) maßlos, unmäßig; *behaviour* zügellos; *action* unangemessen; ~ **climate** extremes Klima; ~ **haste** übertriebene Eile; ~ **language** extremistische Ausdrucksweise; ~ **rage** unbändige Wut; (*addicted to alcohol*) trunksüchtig

in·tem·per·ate·ly [ɪn'tempərətli, AM -prɪtli] *adv* maßlos, unmäßig; **to act** ~ unbeherrscht handeln; **to behave** ~ zügellos sein

in·tend [ɪn'tend] *vt* ❶ (*plan*) ■**to** ~ **sth** etw beabsichtigen [*o* planen]; **that wasn't what I had** ~**ed at all** das hatte ich nun wirklich nicht beabsichtigt; **to** ~ **no harm** nichts Böses wollen; ■**to** ~ **doing** [*or* **to do**] **sth** beabsichtigen [*o* planen], etw zu tun, etw vorhaben; **I had** ~**ed leaving the party before midnight** eigentlich hatte ich die Party vor Mitternacht verlassen wollen; **what do you** ~ **to do about it?** was willst du in der Sache unternehmen?; **I fully** ~ **to see this project through** ich bin fest entschlossen dieses Projekt zu Ende zu bringen; ■**to** ~ **sb to do sth** wollen, dass jd etw tut; **I don't think she** ~**ed me to hear the remark** ich glaube nicht, dass ich die Bemerkung hören sollte ❷ (*express, intimate*) ■**to be** ~**ed** beabsichtigt sein; **I don't think there was any** ~**ed insult in the remark** ich denke nicht, dass man Sie beleidigen wollte; **it was** ~**ed as a compliment, honestly!** es sollte ein Kompliment sein, ehrlich!; **no disrespect** ~**ed** [das] war nicht böse gemeint ❸ *usu passive* (*earmark, destine*) ■**to be** ~**ed for sth** für etw *akk* gedacht [*o* vorgesehen] sein; **the party is really** ~**ed for new students** die Party findet in erster Linie für die neuen Studenten statt; **the bicycle paths are** ~**ed to make cycling safer** die Radwege sollen das Radfahren sicherer machen

in·tend·ed [ɪn'tendɪd] **I.** *adj* vorgesehen, beabsichtigt; ~ **effect** beabsichtigte Wirkung; ~ **target** anvisiertes Ziel; ~ **victim** LAW geplantes Opfer **II.** *n usu sing* (*dated or hum*) Zukünftige(r) *f(m) veraltet o hum*

in·tense [ɪn'ten(t)s] *adj* ❶ (*concentrated, forceful*) intensiv, stark; ~ **ardour** heftige Leidenschaft; ~ **cold** bittere Kälte; ~ **desire** glühendes [*o* brennendes] Verlangen; ~ **disappointment** herbe Enttäuschung; ~ **excitement** große Aufregung; ~ **feeling** tiefes [*o* starkes] Gefühl; ~ **friendship** tiefe Freundschaft; ~ **hatred** rasender Hass; ~ **heat** glühende Hitze; ~ **love** leidenschaftliche [*o* glühende] Liebe; ~ **pain** heftiger Schmerz; **to be under** ~ **pressure** unter immensem Druck stehen; **to come under** ~ **pressure** unter immensen Druck geraten; ~ **wind** starker Wind ❷ (*demanding, serious*) ernst; **he can get very** ~ **about the question of Northern Ireland** wenn es um die Nord-Irland-Frage geht, kann er ganz schön anstrengend werden

in·tense·ly [ɪn'ten(t)sli] *adv* ❶ (*extremely*) äußerst, ausgesprochen; **to be** ~ **dull** unglaublich langweilig sein; ~ **hot** extrem heiß; **to hate sb** ~ jdn zutiefst hassen; **to love sb** ~ jdn abgöttisch lieben ❷ (*strong emotion*) intensiv; **he spoke so** ~ **that ...** er sprach mit solchem Nachdruck, dass ...

in·ten·si·fi·ca·tion [ɪn͵ten(t)sɪfɪ'keɪʃən] *n no pl* Verstärkung *f,* Intensivierung *f;* ~ **of the fighting** Eskalierung *f* der Kämpfe

in·ten·si·fi·er [ɪn'ten(t)sɪfaɪəʳ, AM -faɪɚ] *n* LING Verstärkungswort *nt;* (*verb*) Intensivum *nt fachspr*

in·ten·si·fy <-ie-> [ɪn'ten(t)sɪfaɪ] **I.** *vt* ■**to** ~ **sth** etw intensivieren; **to** ~ **a conflict** einen Konflikt verschärfen; **to** ~ **sb's fears** jds Ängste verstärken; **to** ~ **the pressure** den Druck erhöhen **II.** *vi heat* stärker werden; *fears, competition, pain also* zunehmen

in·ten·sity [ɪn'ten(t)səti, AM -səṱi] *n no pl* Stärke *f; of feelings* Intensität *f; of explosion, anger* Heftigkeit *f;* ~ **of light** Lichtstärke *f*

in·ten·sive [ɪn'ten(t)sɪv] *adj* intensiv, stark; ~ **analysis** gründliche Analyse; ~ **bombardment** heftiger Beschuss; ~ **course** Intensivkurs *m;* **to come under** ~ **fire** unter heftigen Beschuss geraten; ~ **study** gründliche [*o* intensive] Studie

in·ten·sive 'care *n no pl* MED Intensivpflege *f;* **to be in** ~ auf der Intensivstation sein [*o* liegen] **in·ten·sive-'care unit** *n* MED Intensivstation *f* **in·ten·sive 'farm·ing** *n no pl* Intensivanbau *m,* intensive Landwirtschaft **in·ten·sive 'live·stock farm·ing** *n no pl* Intensivtierhaltung *f*

in·tent [ɪn'tent] **I.** *n* Absicht *f,* Vorsatz *m;* **the** ~ **of that law is to enable people to get divorced with less difficulty** mit dem Gesetz sollen Ehescheidungen erleichtert werden; **he was picked up by the police for loitering with** ~ LAW (*form*) die Polizei griff ihn wegen auffälligen Verhaltens auf; **to** [*or* **for**] **all** ~**s and purposes** im Grunde; ■**with** ~ **to do sth** mit dem Vorsatz, etw zu tun; **with good** ~ in guter Absicht **II.** *adj* ❶ *pred* (*absorbed*) aufmerksam, konzentriert; ~ **look** forschender Blick; ■**to be** ~ **on sth** sich *akk* auf etw *akk* konzentrieren; **John was** ~ **on his maths homework** John war völlig in seine Mathematikaufgaben versenkt ❷ *pred* (*determined*) ■**to be** ~ **on sth** auf etw *akk* versessen sein; ■**to be** ~ **on doing sth** fest entschlossen sein, etw zu tun; **he seems** ~ **on riling everyone in the room** er scheint es darauf anzulegen, jeden im Zimmer auf die Palme zu bringen

in·ten·tion [ɪn'ten(t)ʃən] *n* ❶ (*purpose*) Absicht *f,* Vorhaben *nt;* **I still don't know what his** ~**s are** ich weiß noch immer nicht, was er genau vorhat; **it wasn't my** ~ **to exclude you** ich wollte Sie nicht ausschließen; **to be full of good** ~**s** voller guter Vorsätze sein; **to have every** ~ **of doing sth** die feste Absicht haben, etw zu tun; **to have no** ~ **of doing sth** nicht die Absicht haben, etw zu tun ❷ (*fam: marriage plans*) ■~**s** *pl* Heiratsabsichten *fpl*

in·ten·tion·al [ɪn'ten(t)ʃənəl] *adj* absichtlich, vorsätzlich; **sorry, it wasn't** ~ tut mir leid, das war keine Absicht

in·ten·tion·al·ly [ɪn'ten(t)ʃənəli] *adv* absichtlich, mit Absicht

in·tent·ly [ɪn'tentli] *adv* aufmerksam, gespannt, konzentriert; **he observed the teacher** ~ er beobachtete den Lehrer genau

in·ter <-rr-> [ɪn'tɜːʳ, AM -'ṱɜːr] *vt* (*form*) ■**to** ~ **sb** jdn bestatten [*o* beisetzen]

intent

enquiring about intent	nach Absicht fragen
What are you trying to achieve by that?	Was bezwecken Sie damit?
What's the point of all this?	Was hat das alles für einen Sinn?
What are you trying to say?	Auf was wollen Sie da hinaus?
What do you actually mean by that?	Was wollen Sie damit eigentlich sagen?
expressing intent	**Absicht ausdrücken**
I'm **going** to wallpaper the living room this month.	Ich **habe vor,** diesen Monat noch das Wohnzimmer zu tapezieren.
I'm **planning** a trip to Italy next year.	**Ich habe** für nächstes Jahr eine Reise nach Italien **geplant.**
I **intend** to institute proceedings against the company.	**Ich beabsichtige,** eine Klage gegen die Firma zu erheben.
The mousse au chocolat **has rather caught my eye.**	**Ich habe** als Dessert eine Mousse au Chocolat **ins Auge gefasst.**
I've set my mind on getting a pilot's licence.	**Ich habe mir fest vorgenommen,** den Pilotenschein zu machen.
She set her heart on a holiday in Italy.	**Sie hat sich** einen Urlaub in Italien **in den Kopf gesetzt.**
expressing lack of intent	**Absichtslosigkeit ausdrücken**
I didn't mean to do that.	Das war nicht meine Absicht.
I'm not interested in telling you what you should or should not do.	**Ich habe nicht die Absicht,** dir irgendwelche Vorschriften zu machen.
That's the last thing I want to do.	Das liegt mir völlig fern.
I am not after your money.	**Ich habe es nicht auf** Ihr Geld **abgesehen.**

inter·act [ˌɪntəʳˈækt, AM -t̬ɚˈ-] *vi* aufeinander einwirken, sich *akk* gegenseitig beeinflussen; PSYCH interagieren; **buildings which will ~ with the user** Gebäude, die auf die Bewohner abgestimmt sind

inter·ac·tion [ˌɪntəʳˈækʃᵊn, AM -t̬ɚ-] *n* Wechselwirkung *f; of groups, people* Interaktion *f;* **human-computer ~** Interaktion *f* zwischen Mensch und Computer; **~ between two languages** Wechselwirkung *f* zwischen zwei Sprachen; **non-verbal ~** nonverbale Interaktion [*o* Kommunikation]

inter·ac·tive [ˌɪntəʳˈæktɪv, AM -t̬ɚ-] *adj a.* COMPUT interaktiv

inter·ac·tive·ly [ˌɪntəʳˈæktɪvli, AM -t̬ɚ-] *adv* interaktiv

inter·agen·cy [ˌɪntəʳˈeɪdʒən(t)si, AM -t̬ɚˈ-] *adj inv* **~ cooperation** Kooperation *f* zwischen verschiedenen Agenturen

in·ter alia [ˌɪntəʳˈeɪliə, AM -t̬ɚˈɑːliə] *adv inv* (*form*) unter anderem

inter·breed <-bred, -bred> [ˌɪntəˈbriːd, AM -t̬ɚˈ-] **I.** *vt* ■**to ~ an animal with another animal** *cattle, sheep* ein Tier mit einem anderen Tier kreuzen **II.** *vi* sich *akk* kreuzen

inter·breed·ing [ˌɪntəˈbriːdɪŋ, AM -t̬ɚˈ-] *n no pl* Kreuzung *f,* Kreuzen *nt*

inter·cede [ˌɪntəˈsiːd, AM -t̬ɚˈ-] *vi* ■**to ~** [**with sb on behalf of sb**] sich *akk* [bei jdm für jdn] einsetzen; **to ~ in an argument** in einem Streit vermitteln

inter·cept [ˌɪntəˈsept, AM -t̬ɚˈ-] *vt* ■**to ~ sb/sth** *person, message, illegal goods* jdn/etw abfangen; **~ a call** eine Fangschaltung legen; **to ~ a pass** SPORTS einen Pass abfangen

inter·cep·tion [ˌɪntəˈsepʃᵊn, AM -t̬ɚˈ-] *n* Abfangen *nt;* **cannabis ~s account for 90% of drug seizures at customs** von den am Zoll beschlagnahmten Drogen entfallen 90% auf Cannabis; **~ of calls** Abhören *nt* von Anrufen

inter·cep·tor [ˌɪntəˈseptəʳ, AM -t̬ɚˈseptɚ] *n* MIL Abfangjäger *m*

inter·ces·sion [ˌɪntəˈseʃᵊn, AM -t̬ɚˈ-] *n* Fürsprache *f,* Vermittlung *f;* **prayer of ~** Fürbitte *f*

inter·change I. *n* [ˈɪntətʃeɪndʒ, AM -t̬ɚ-] ❶ (*form*) Austausch *m;* **~ of ideas** Gedankenaustausch *m* ❷ (*road*) [Autobahn]kreuz *nt* ❸ (*station*) Umsteigebahnhof *m* **II.** *vt* [ˌɪntəˈtʃeɪndʒ, AM -t̬ɚˈ-] ■**to ~ sth** *ideas, information* etw austauschen **III.** *vi* [ˌɪntəˈtʃeɪndʒ, AM -t̬ɚˈtʃeɪndʒ] [aus]wechseln

inter·change·able [ˌɪntəˈtʃeɪndʒəbl̩, AM -t̬ɚˈ-] *adj* austauschbar, auswechselbar; *word* synonym; **~ word** Synonym *nt*

inter·change·ably [ˌɪntəˈtʃeɪndʒəbli, AM -t̬ɚˈ-] *adv* austauschbar, auswechselbar

inter·city [ˌɪntəˈsɪti, AM -t̬ɚˈsɪti] **I.** *n* Intercity *m* **II.** *adj attr, inv service, train* Intercity- *m*

inter·col·legi·ate [ˌɪntəkəˈliːdʒət, AM -t̬ɚkəˈliːdʒɪt] *adj* zwischen Colleges *nach n;* **~ championships** Meisterschaften *fpl* der Colleges

inter·com [ˈɪntəkɒm, AM -t̬ɚkɑːm] *n* [Gegen]sprechanlage *f;* **to speak over** [*or* **through**] **the ~** über die Sprechanlage reden

inter·com·mu·ni·cate [ˌɪntəkəˈmjuːnɪkeɪt, AM -t̬ɚ-] *vi* miteinander in Verbindung stehen, zueinander Kontakt haben; *rooms* miteinander verbunden sein

inter·con·nect [ˌɪntəkəˈnekt, AM -t̬ɚ-] **I.** *vt* ■**to ~ sb/sth with sb/sth** jdn/etw mit jdm/etw verbinden; **this system ~s all the computers in the building** durch dieses System sind alle Computer in dem Gebäude vernetzt; **to ~ loudspeakers** Lautsprecher zusammenschalten **II.** *vi* miteinander in Zusammenhang stehen; **poverty and homelessness are ~ed** Armut und Obdachlosigkeit sind miteinander verknüpft

inter·con·nec·tion [ˌɪntəkəˈnekʃᵊn, AM -t̬ɚ-] *n* Verbindung *f; of loudspeakers* Zusammenschaltung *f; of computers* Vernetzung *f;* **~ of cultures** Kulturaustausch *m*

inter·con·ti·nen·tal [ˌɪntəˌkɒntɪˈnentᵊl, AM -t̬ɚˌkɑːntəˈ-] *adj inv* interkontinental; **~ ballistic missile** Interkontinentalrakete *f;* **~ flight** Interkontinentalflug *m*

inter·course [ˈɪntəkɔːs, AM -t̬ɚkɔːrs] *n no pl* ❶ (*sex*) [Geschlechts]verkehr *m;* **sexual ~** Geschlechtsverkehr *m* ❷ (*form: communication*) Umgang *m,* Verkehr *m;* **social ~**

gesellschaftlicher Umgang

inter·cut [ˌɪntəˈkʌt, AM -t̬ɚ-] *vi* **to ~ between two or more scenes** zwei oder mehrere Szenen zusammenschneiden

inter·de·nomi·na·tion·al [ˌɪntədɪˌnɒmɪˈneɪʃənəl, AM -t̬ɚdɪˌnɑːməˈ-] *adj* interkonfessionell

inter·de·part·ment·al [ˌɪntəˌdiːpɑːtˈmentəl, AM -t̬ɚˌdiːpɑːrtˈment̬əl] *adj* zwischen den Abteilungen *nach n;* **an ~ committee** ein aus Angehörigen verschiedener Fachbereiche zusammengesetzter Ausschuss

inter·de·pend·ence [ˌɪntədɪpendən(t)s, AM -t̬ɚdiːˈ-] *n no pl* gegenseitige Abhängigkeit, Interdependenz *f geh;* **economic ~** wirtschaftliche Interdependenz

inter·de·pend·ent [ˌɪntədɪpendənt, AM -t̬ɚdiːˈ-] *adj* voneinander abhängig, interdependent *geh*

inter·dict (*form*) **I.** *vt* [ˌɪntəˈdɪkt, -daɪt, AM -t̬ɚ-] ❶ LAW ■**to ~ sth** jdm etw untersagen [*o* verbieten]; **he has been ~ed from consuming alcohol** Alkoholgenuss wurde ihm untersagt ❷ *esp* AM MIL **to ~ a pass/supplies** einen Weg/die Versorgung abschneiden; **to ~ a route** eine Route unterbrechen; **the armed forces tried to ~ the movement of narcotics** die Streitkräfte versuchten den Drogenhandel zum Stillstand zu bringen **II.** *n* [ˈɪntədɪkt, daɪt, AM -t̬ɚdɪkt] LAW Verbot *nt;* **papal ~** päpstliches Verbot, Interdikt *nt*

inter·dic·tory [ˌɪnt̬ɚˈdɪktəri] *adj* AM **~ fire** Sperrfeuer *nt*

inter·dis·ci·plin·ary [ˌɪntəˈdɪsɪplɪnəri, AM -t̬ɚˈdɪsəplɪneri] *adj inv* fachübergreifend, interdisziplinär

in·ter·est [ˈɪntrəst, AM -trɪst] **I.** *n* ❶ (*concern, curiosity*) Interesse *nt;* (*hobby*) Hobby *nt;* **she looked about her with ~** sie sah sich interessiert um; **just out of ~** (*fam*) nur interessehalber; **vested ~** eigennütziges Interesse, Eigennutz *m;* **to have** [*or* **take**] **an ~ in sth** an etw *dat* Interesse haben, sich *akk* für etw *akk* interessieren; **to lose ~ in sb/sth** das Interesse an jdm/etw verlieren; **to pursue one's own ~s** seinen eigenen Interessen nachgehen, seine eigenen Interessen verfolgen; **to show an ~ in sth** an etw *dat* Interesse zeigen; **to take no further ~ in sth** das Interesse an etw *dat* verloren haben, kein Interesse mehr für etw *akk* zeigen; ■**sth is in sb's ~** etw liegt in jds Interesse ❷ (*profit, advantage*) ■**~s** *pl* Interessen *pl,* Belange *pl;* **in the ~s of safety, please do not smoke** aus Sicherheitsgründen Rauchen verboten; **I'm only acting in your best ~s** ich tue das nur zu deinem Besten; **Jane is acting in the ~s of her daughter** Jane vertritt die Interessen ihrer Tochter; **in the ~s of humanity** zum Wohle der Menschheit; **to look after the ~s of sb** jds Interessen wahrnehmen ❸ *no pl* (*importance*) Interesse *nt,* Reiz *m;* **buildings of historical ~** historisch interessante Gebäude; **to be of ~ to sb** für jdn von Interesse sein; **to hold ~ for sb** jdn interessieren ❹ *no pl* FIN Zinsen *mpl;* **at 5% ~** zu 5% Zinsen; **what is the ~ on a loan these days?** wie viel Zinsen zahlt man heutzutage für einen Kredit?; **rate of ~** [*or* **~ rate**] Zinssatz *m;* **to earn/pay ~** Zinsen einbringen/zahlen; **he earns ~ on his money** sein Geld bringt ihm Zinsen [ein]; **to return sb's kindness with ~** (*fig*) jds Freundlichkeit um ein Vielfaches erwidern; **to pay sb back with ~** (*fig*) es jdm doppelt [*o* gründlich] heimzahlen ❺ (*involvement*) Beteiligung *f;* **the ~s of the company include steel and chemicals** das Unternehmen ist auch in den Bereichen Stahl und Chemie aktiv; **a legal ~ in a company** ein gesetzlicher Anteil an einer Firma; **powerful business ~s** einflussreiche Kreise aus der Geschäftswelt; **foreign ~** ausländische Interessengruppen; **the landed ~**[**s**] die Großgrundbesitzer *mpl* **II.** *vt* ■**to ~ sb** [**in sth**] jdn [für etw *akk*] interessieren, bei jdm Interesse [für etw *akk*] wecken; **may I ~ you in this encyclopaedia?** darf ich Ihnen diese Enzyklopädie vorstellen?; **don't suppose I can ~ you in a quick drink before lunch, can I?** kann ich dich vor dem Mittagessen vielleicht noch zu einem kurzen Drink überreden?; ■**to ~ oneself in sth/sb** sich *akk* für etw/jdn interessieren

'in·ter·est charges *npl* FIN Zinsbelastung *f,* Sollzinsen *mpl*

in·ter·est·ed [ˈɪntrəstɪd, AM -trɪst-] *adj* ❶ (*concerned*) interessiert; **I'm going for a drink, are you ~?** ich geh noch was trinken – hättest du auch Lust?; **I'm selling my stereo, are you ~?** ich möchte meine Anlage verkaufen, hätten Sie Interesse?; **I'd be ~ to know more about it** ich würde gerne mehr darüber erfahren; **are you ~ in a game of tennis?** hast du Lust, mit mir Tennis zu spielen?; **sorry, I'm not ~** tut mir leid, kein Interesse; **to be ~ in sth/sb** sich *akk* für etw/jdn interessieren; **to be ~ in doing sth** daran interessiert sein, etw zu tun; **to get sb ~ in sth** jdn für etw *akk* interessieren ❷ (*involved*) beteiligt; **she was an ~ party in the matter** sie war in der Sache befangen; **~ witness** befangener Zeuge/befangene Zeugin

in·ter·est-'free *adj* FIN zinslos, unverzinslich; **~ credit** unverzinsliches Darlehen **'in·ter·est group** *n* Interessengruppe *f*

in·ter·est·ing [ˈɪntrəstɪŋ, AM -trɪst-] *adj* interessant; **the ~ thing about it is ...** das Interessante daran ist, ...; **that's an ~-looking hat** der Hut sieht ja interessant aus *iron, euph;* **to be in an ~ condition** (*euph old*) in anderen Umständen sein *euph;* **to have ~ things to say** etwas zu sagen haben

in·ter·est·ing·ly [ˈɪntrəstɪŋli, AM ˈɪntrɪst-] *adv* interessant, interessanterweise; **~ enough ...** interessanterweise ...

'in·ter·est rate *n* Zinssatz *m;* **to raise/lower the ~** den Zinssatz anheben/senken

inter·face I. *n* [ˈɪntəfeɪs, AM -t̬ɚ-] Schnittstelle *f;* COMPUT, TECH *a.* Interface *nt;* **his job is to be an ~ between the departments** er soll die Kontakte zwischen den Abteilungen koordinieren; **network ~** COMPUT Netzwerkschnittstelle *f;* **user ~** COMPUT Benutzerschnittstelle *f* **II.** *vi* [ˌɪntəˈfeɪs, AM ˈɪnt̬ɚfeɪs] ■**to ~ with sth** mit jdm in Verbindung treten, sich *akk* mit jdm kurzschließen **III.** *vt* [ˈɪntəfeɪs, AM -t̬ɚ-] COMPUT, TECH ■**to ~ sth** etw koppeln

inter·fere [ˌɪntəˈfɪəʳ, AM -t̬ɚˈfɪr] *vi* ❶ (*meddle*) ■**to ~** [**in sth**] sich *akk* [in etw *akk*] einmischen; **she tried not to ~ in her children's lives** sie versuchte, sich aus den Angelegenheiten ihrer Kinder herauszuhalten; **to ~ in sb's affairs** sich *akk* in jds Angelegenheiten einmischen ❷ (*disturb*) ■**to ~ with sb/sth** jdn/etw stören; **even a low level of noise ~s with my concentration** ich kann mich schon bei der geringsten Geräuschkulisse nicht mehr konzentrieren; **somebody has been interfering with my papers again** jemand hat sich wieder an meinen Papieren zu schaffen gemacht ❸ RADIO, TECH (*hamper signals*) ■**to ~ with sth** etw überlagern [*o* stören] ❹ BRIT (*euph: molest sexually*) ■**to ~ with sb** jdn sexuell missbrauchen; **he was sent to prison for interfering with little boys** er kam ins Gefängnis, weil er sich an kleinen Jungen vergangen hatte; **the body has been ~d with** die Leiche zeigt Spuren eines Sittlichkeitsverbrechens ❺ (*strike against*) ■**to ~ with one another** aneinanderstoßen

inter·fer·ence [ˌɪntəˈfɪərən(t)s, AM -t̬ɚˈfɪrən(t)s] *n no pl* ❶ (*meddling*) Einmischung *f;* **the government's ~ in the strike has been widely criticized** dass die Regierung sich in den Streik eingemischt hat, wurde von vielen kritisiert; **free from ~** ohne Beeinträchtigung ❷ RADIO, TECH Störung *f,* Überlagerung *f,* Interferenz *f;* **there was some ~ on the television** der Bildschirm wurde gestört

inter·fer·ing [ˌɪntəˈfɪərɪŋ, AM -t̬ɚˈfɪr-] *adj attr* (*pej*) sich *akk* einmischend *attr;* **her ~ neighbours** ihre Nachbarn, die sich in alles einmischen

inter·fer·on [ˌɪntəˈfɪərɒn, AM -t̬ɚˈfɪrɑːn] *n* BIOL Interferon *nt*

inter·ga·lac·tic [ˌɪntəgəˈlæktɪk, AM -t̬ɚ-] *adj attr, inv* intergalaktisch

in·ter·im [ˈɪntərɪm, AM -t̬ɚ-] **I.** *n* ❶ *no pl* (*meantime*) Zwischenzeit *f;* **in the ~** in der Zwischenzeit ❷ STOCKEX ■**~s** *pl* Abschlagsdividende *f* **II.** *adj attr, inv* einstweilig, vorläufig; **~ government** Übergangsregierung *f,* Interimsregierung *f;* **~ measure** Übergangsmaßnahme *f;* **~ report** Zwischenbericht *m*

in·ter·im 'divi·dend *n* FIN Abschlagsdividende *f*

in·te·ri·or [ɪn'tɪəriəʳ, AM -'tɪriə˞] **I.** *adj attr, inv* ❶ (*inside*) *of door, wall* Innen-; ~ **light/space** Innenbeleuchtung *f*/-raum *m* ❷ (*country*) Inlands-, Binnen-; **the ~ regions of the country** die Gebiete im Landesinneren **II.** *n* ❶ (*inside*) Innere *nt;* **the ~ of the house has to be ripped out** im Innenbereich des Hauses muss alles herausgerissen werden; **the ~ of the country** das Landesinnere ❷ POL ■**the I~** das Innere; ~ **minister** Innenminister(in) *m(f);* **the ministry** [*or* AM **department**] **of the ~** das Innenministerium; **the U.S. I~ Department** das Amerikanische Innenministerium

in·te·ri·or deco·'ra·tion *n* Innenausstattung *f* **in·te·ri·or 'deco·ra·tor** *n* Innenausstatter(in) *m(f)* **in·te·ri·or de·'sign** *n* Innenarchitektur *f* **in·te·ri·or de·'sign·er** *n* Innenarchitekt(in) *m(f)* **in·te·ri·or 'mono·logue** *n* LIT innerer Monolog

inter·ject [ˌɪntə'dʒekt, AM -t̬ə˞'-] **I.** *vt* ■**to ~ sth** *comments, remarks, words* etw einwerfen **II.** *vi* dazwischenreden, unterbrechen

inter·jec·tion [ˌɪntə'dʒekʃən, AM -t̬ə˞'-] *n* ❶ (*interruption*) Einwurf *m,* Zwischenbemerkung *f;* **~s from the audience** Zwischenrufe *mpl* aus dem Publikum ❷ LING Interjektion *f*

inter·lace [ˌɪntə'leɪs, AM -t̬ə˞'-] **I.** *vt* ■**to ~ sth** etw kombinieren; **in her book she ~s historical events with her own childhood memories** in ihrem Buch vermischen sich historische Ereignisse mit ihren eigenen Kindheitserinnerungen **II.** *vi* sich *akk* ineinander verflechten

inter·li·brary 'loan *n* Fernleihe *f;* **to get a book on ~** ein Buch über Fernleihe bekommen

inter·link [ˌɪntə'lɪŋk, AM -t̬ə˞'-] **I.** *vt* ■**to ~ sth** etw miteinander verbinden [*o* verknüpfen] **II.** *vi* miteinander verbunden [*o* verknüpft] sein

inter·linked [ˌɪntə'lɪŋkt, AM -t̬ə˞'-] *adj* [miteinander] verknüpft [*o* verbunden]; ■**to be ~ with sth** mit etw *dat* verbunden sein, mit etw *dat* zusammenhängen

inter·link·ing [ˌɪntə'lɪŋkɪŋ, AM -t̬ə˞'-] *adj inv* Zwischen-, Verbindungs-

inter·lock [ˌɪntə'lɒk, AM -t̬ə˞'lɑːk] **I.** *vt* ■**to ~ sth** ❶ (*fit together*) etw zusammenstecken; *two subjects, themes* etw verknüpfen; **to ~ one's fingers** die Hände verschränken ❷ (*interdependent*) etw miteinander verflechten; ■**to be ~ed with sth** *economies* mit etw *dat* eng verzahnt sein **II.** *vi tooth, cog* ineinandergreifen

inter·lock·ing [ˌɪntə'lɒkɪŋ, AM -t̬ə˞'lɑːkɪŋ] *adj inv* [ineinander] verflochten, [miteinander] verwoben; *teeth, fingers* ineinandergreifend; ~ **directorate** Überkreuzverflechtung *f;* ~ **interests** Interessenverflechtung *f*

inter·locu·tor [ˌɪntə'lɒkjətəʳ, AM -t̬ə˞'lɑːkjət̬ə˞] *n* (*form*) Gesprächspartner(in) *m(f);* (*on behalf of sb else*) Sprecher(in) *m(f)*

inter·lop·er ['ɪntəˌləʊpəʳ, AM 'ɪnt̬ə˞ˌloʊpə˞] *n* (*pej*) Eindringling *m*

inter·lude ['ɪntəluːd, AM -t̬ə˞luːd] *n* ❶ (*interval*) Periode *f,* Abschnitt *m;* (*between acts of play*) Pause *f;* **lunch-time ~** Mittagspause *f* ❷ (*entertainment*) Zwischenspiel *nt,* Intermezzo *nt,* Interludium *nt fachspr;* **musical ~** musikalisches Zwischenspiel

inter·mar·riage [ˌɪntə'mærɪdʒ, AM -t̬ə˞'mer-] *n no pl* (*between groups*) Mischehe *f;* (*between relatives*) Verwandtenehe *f*

inter·mar·ry <-ie-> [ˌɪntə'mæri, AM 'ɪnt̬ə˞'meri] *vi* eine Mischehe schließen; **the immigrants have intermarried with the natives** die Immigranten haben sich durch Mischehen mit den Eingeborenen vermischt; **brothers and sisters are not allowed to ~** eine Heirat zwischen Geschwistern ist verboten

inter·medi·ary [ˌɪntə'miːdiəri, AM -t̬ə˞'miːdieri] **I.** *n* Vermittler(in) *m(f);* ■**through an ~** über einen Mittelsmann [*o* Vermittler] **II.** *adj inv* vermittelnd; ~ **role** Vermittlerrolle *f;* ~ **stage** Zwischenstadium *nt*

inter·medi·ate [ˌɪntə'miːdiət, AM -t̬ə˞'-] **I.** *adj inv* ❶ (*level*) mittel; (*between two things*) Zwischen-; ~ **stage** Zwischenstadium *nt;* ~ **stopover** Zwischenstopp *m;* ~ **target** mittelfristiges Ziel; ■**to be ~ between sth** sich *akk* zwischen etw *dat* befinden ❷ (*level of skill*) Mittel-; ~ **course** Kurs *m* für fortgeschrittene Anfänger/Anfängerinnen; ~ **students** fortgeschrittene Anfänger/Anfängerinnen **II.** *n* fortgeschrittener Anfänger/fortgeschrittene Anfängerin **III.** *vi* vermitteln

inter·'medi·ate-range *adj* Mittelstrecken-; ~ **weaponry** Mittelstreckenwaffen *fpl;* ~ **missile** [*or* **rocket**] Mittelstreckenrakete *f* **inter·'medi·ate school** *n* AM *die unteren Klassen der High-School*

in·ter·ment [ɪn'tɜːmənt, AM -'tɜːr-] *n* Beerdigung *f,* Bestattung *f*

inter·mez·zi [ˌɪntə'metsi, AM -t̬ə˞'-] *n pl of* **intermezzo**

inter·mez·zo <*pl* -s *or* -zi> [ˌɪntə'metsəʊ, AM -t̬ə˞'metsoʊ, *pl* -tsi] *n* Intermezzo *nt,* Zwischenspiel *nt*

in·ter·mi·nable [ɪn'tɜːmɪnəbl̩, AM -'tɜːr-] *adj* (*pej*) endlos, nicht enden wollend *attr pej*

in·ter·mi·nably [ɪn'tɜːmɪnəbli, AM -'tɜːr-] *adv* (*pej*) endlos, ewig; ~ **long** endlos lang

inter·min·gle [ˌɪntə'mɪŋgl̩, AM -t̬ə˞'-] **I.** *vi* ■**to ~ [with sth]** sich *akk* [mit etw *dat*] vermischen **II.** *vt usu passive* ■**to be ~d** vermischt sein; *ethnic groups* sich vermischen; **fact and fiction are ~d throughout the book** Phantasie und Wirklichkeit gehen in dem Buch ständig durcheinander

inter·mis·sion [ˌɪntə'mɪʃən, AM -t̬ə˞'-] *n* Pause *f,* Unterbrechung *f;* FILM, THEAT Pause *f;* **after/during ~** nach/während der Pause; **without ~** pausenlos

inter·mit·tent [ˌɪntə'mɪtənt, AM -t̬ə˞'-] *adj* periodisch, intermittierend *geh;* **there will be ~ rain in the south** im Süden wird es mit kurzen Unterbrechungen regnen; **she made ~ movie appearances** sie hatte ab und zu eine Rolle in einem Kinofilm; ~ **light** Blinklicht *nt;* ~ **volcano** zeitweise aktiver Vulkan

inter·mit·tent·ly [ˌɪntə'mɪtəntli, AM -t̬ə˞'-] *adv* periodisch, intermittierend *geh;* **hot water was only available ~** es gab nur zeitweise heißes Wasser

in·tern I. *vt* [ɪn'tɜːn, AM -'tɜːrn] POL, MIL ■**to ~ sb** jdn internieren [*o* gefangen nehmen] **II.** *vi* [ɪn'tɜːn, AM -'tɜːrn] *esp* AM ein Praktikum absolvieren **III.** *n* ['ɪntɜːn, AM -tɜːrn] *esp* AM Praktikant(in) *m(f);* **hospital ~** Assistenzarzt, -ärztin *m, f;* **summer ~** Ferienpraktikant(in) *m(f)*

in·ter·nal [ɪn'tɜːnəl, AM -'tɜːr-] *adj inv* innere(r, s); (*within a company*) innerbetrieblich; (*within a country*) Binnen-; ~ **affairs/bleeding** innere Angelegenheiten/Blutungen; ~ **borders** Binnengrenzen *fpl;* ~ **investigation/memo** interne Nachforschungen/Mitteilung; ~ **trade** Binnenhandel *m;* **for ~ use only** vertraulich

in·ter·nal com·'bus·tion en·gine *n* Verbrennungsmotor *m*

in·ter·nali·za·tion [ɪnˌtɜːnəlɪ'zeɪʃən, AM -ˌtɜːr-] *n no pl* PSYCH Verinnerlichung *f,* Internalisierung *f fachspr*

in·ter·nal·ize [ɪn'tɜːnəlaɪz, AM -'tɜːr-] *vt* ■**to ~ sth** etw verinnerlichen [*o fachspr* internalisieren]

in·ter·nal·ly [ɪn'tɜːnəli, AM -'tɜːr-] *adv inv* innerlich; **not to be taken ~** nur zur äußeren Anwendung; **to develop sth ~** (*within company*) etw betriebsintern entwickeln

in·ter·nal 'medi·cine *n* AM Innere Medizin **In·ter·nal 'Rev·enue Ser·vice** *n* AM Finanzamt *nt*

inter·na·tion·al [ˌɪntə'næʃənəl, AM -t̬ə˞'-] **I.** *adj* international; ~ **banking** internationales Bankwesen; ~ **call** Auslandsgespräch *nt;* ~ **flight** Auslandsflug *m;* **on the/an ~ level** auf internationaler Ebene; ~ **trade** Welthandel *m;* ~ **waters** internationale Gewässer **II.** *n* ❶ BRIT SPORTS (*player*) Nationalspieler(in) *m(f);* (*match*) Länderspiel *nt* ❷ (*communist organization*) ■**I~** Internationale *f;* **the First/Second etc. I~** die Erste/Zweite etc. Internationale

inter·na·tion·al af·'fairs *npl* internationale Angelegenheiten **inter·na·tion·al com·'mu·nity** *n* Völkergemeinschaft *f* **Inter·na·tion·al Court of 'Jus·tice** *n* Internationaler Gerichtshof **Inter·na·tion·al 'Date Line** *n* Datumsgrenze *f*

Inter·na·tion·ale [ˌɪntəˌnæʃəˈnɑːl, AM -t̬ɚˌnæʃəˈnæl] *n* Internationale *f*

inter·na·tion·al·ism [ˌɪntəˈnæʃənəlɪzəm, AM -t̬ɚˈ-] *n no pl* Internationalismus *m fachspr*

inter·na·tion·al·ist [ˌɪntəˈnæʃənəlɪst, AM -t̬ɚˈ-] *n* Internationalist(in) *m(f) fachspr;* (*law specialist*) Völkerrechtler(in) *m(f)*

inter·na·tion·ali·za·tion [ˌɪntəˌnæʃənəlaɪˈzeɪʃən, AM -t̬ɚˌnæʃənəlɪˈ-] *n no pl* Internationalisierung *f*

inter·na·tion·al·ize [ˌɪntəˈnæʃənəlaɪz, AM -t̬ɚˈ-] *vt* ■**to ~ sth** etw internationalisieren; **we need to ~ the response to the problem** wir müssen das Problem auf internationaler Ebene anpacken

inter·na·tion·al ˈlaw *n* Völkerrecht *nt*

inter·na·tion·al·ly [ˌɪntəˈnæʃənəli, AM -t̬ɚˈ-] *adv inv* international, weltweit

Inter·na·tion·al ˈMon·etary Fund *n* Internationaler Währungsfonds **Inter·na·tion·al Oˈlym·pic Com·mit·tee** *n* Internationales Olympisches Komitee **Inter·na·tion·al Pho·net·ic ˈAl·pha·bet** *n* Internationales Phonetisches Alphabet **Inter·na·tion·al ˈStand·ards Or·gani·za·tion** *n,* **ISO** *n* Internationaler Normenausschuss

inter·naut [ˈɪntənɔːt, AM -t̬ɚ-] *n* Internetsurfer(in) *m(f)*

inter·necine [ˌɪntəˈniːsaɪn, AM -t̬ɚˈniːsɪn] *adj inv* (*form*) [für beide Seiten] vernichtend *attr;* **torn by ~ strife** von vernichtenden internen Kämpfen zerrissen; **~ feuds** interne Fehden; **~ struggle** mörderischer Kampf; **~ war** [*or* **warfare**] gegenseitiger Vernichtungskrieg

in·ternee [ˌɪntɜːˈni, AM -tɜːr-] *n* Internierte(r) *f(m)*

Inter·net [ˈɪntənet, AM -t̬ɚ-] **I.** *n* Internet *nt;* **to browse** [*or* **cruise**] **the ~** im [*o* durchs] Internet surfen; **on the ~** im Internet **II.** *n modifier* (*advertising, company, access*) Internet-; **~ cafe** Internet-Cafe *nt;* **the ~ community** die Internetgemeinde; **~ pioneer** Pionier(in) *m(f)* des Internets; **~ provider** Internet-Anbieter *m,* Internet-Provider *m;* **~ surfing** Surfen *nt* im Internet; **~ surfer** Internet-Surfer(in) *m(f)*

Inter·net di·ˈrec·tory *n* Webverzeichnis *nt* **Inter·net-en·ˈabled** [-ˈeɪbl̩d] *adj* internetfähig **Inter·net Ho·ˈtel** *n* BRIT Colocation Provider *m fachspr,* Serverhousing *nt fachspr* (*Rechenzentrum, das unter strengen Sicherheitsvorkehrungen gegen Miete Server beheimatet*) **Inter·net ˈre·tail·er** *n* Internethändler *m,* Internetvertriebsunternehmen *nt*

in·tern·ist [ˈintɜrnɪst] *n* AM Internist(in) *m(f),* Facharzt, Fachärztin *m, f* für innere Medizin

in·tern·ment [ɪnˈtɜːnmənt, AM -ˈtɜːrn-] *n no pl* Internierung *f;* **~ without trial** Inhaftierung *f* ohne Prozess

in·ˈtern·ment camp *n* Internierungslager *nt*

in·tern·ship [ˈɪntɜːrnʃɪp] *n* AM Praktikum *nt;* MED Medizinalpraktikum *nt;* **summer ~** Ferienpraktikum *nt*

inter-of·fice [ˌɪnt̬ɚˈɑːfɪs] *adj attr, inv* AM innerbetrieblich; **~ memo** innerbetriebliche Mitteilung

inter·pel·la·tion [ɪnˌtɜːpəˈleɪʃən, AM ˌɪnt̬ɚpə-] *n* POL Interpellation *f fachspr*

inter·per·son·al [ˌɪntəˈpɜːsənəl, AM -t̬ɚˈpɜːr-] *adj inv* zwischenmenschlich; **~ relationships** zwischenmenschliche Beziehungen; **~ skills** soziale Kompetenz; **~ training** Praxis *f* im Umgang mit Menschen

inter·plane·tary [ˌɪntəˈplænɪtəri, AM -t̬ɚˈplænəteri] *adj attr, inv* interplanetarisch

inter·play [ˈɪntəpleɪ, AM -t̬ɚ-] *n no pl of forces, factors* Zusammenspiel *nt* (**of** von +*dat*), Wechselwirkung *f* (**between** zwischen +*dat*)

Inter·pol [ˈɪntəpɒl, AM -t̬ɚpɑːl] *n no art* Interpol *f*

in·ter·po·late [ɪnˈtɜːpəleɪt, AM -ˈtɜːr-] *vt* (*form*) ■**to ~ sth** etw einfügen; (*allow to influence*) *opinion etc* etw einfließen lassen; ■**to ~** [**that**] ... einwerfen, dass ...; **to ~ a remark** etw einwerfen

in·ter·po·la·tion [ɪnˌtɜːpəˈleɪʃən, AM -ˌtɜːr-] *n* (*form*) ❶ (*remark*) Einwurf *m;* (*adding words*) Einwerfen *nt;* (*in text*) Einfügung *f,* Interpolation *f fachspr* ❷ *no pl* (*insertion*) Eindringen *nt;* (*influence*) Einflussnahme *f*

inter·pose [ˌɪntəˈpəʊz, AM -t̬ɚˈpoʊz] **I.** *vt* (*form*) ❶ (*insert*) ■**to ~ sth** etw dazwischenbringen; ■**to ~ oneself between sb** sich *akk* zwischen jdn stellen ❷ (*esp liter: interrupt*) ■**to ~ sth** etw einwerfen; ■**to ~ that ...** einwerfen, dass ...; **..., he ~d ...,** warf er ein **II.** *vi* eingreifen, sich *akk* einschalten

inter·po·si·tion [ˌɪntəpəˈzɪʃən, AM -t̬ɚ-] *n* (*form: active intervention*) Eingreifen *nt;* (*order to intervene*) Einschalten *nt*

in·ter·pret [ɪnˈtɜːprɪt, AM -ˈtɜːrprət] **I.** *vt* ■**to ~ sth** ❶ (*explain*) etw deuten [*o* interpretieren]; (*understand, take as meaning*) etw auslegen; **the X-ray was ~ed as showing no breakages** auf dem Röntgenbild waren keine Brüche zu erkennen; **to ~ a dream/the facts** einen Traum/die Fakten deuten; **to ~ a law** ein Gesetz auslegen; **~ a poem** ein Gedicht vortragen; **to ~ a text** einen Text interpretieren ❷ (*perform*) etw wiedergeben; **the plays need to be ~ed in a modern style** die Stücke müssen zeitgemäß inszeniert werden; **to ~ a role** eine Rolle auslegen ❸ (*translate*) etw dolmetschen **II.** *vi* dolmetschen

in·ter·pre·ta·tion [ɪnˌtɜːprɪˈteɪʃən, AM -ˌtɜːrprəˈ-] *n* ❶ (*explanation*) Interpretation *f; of rules etc* Auslegung *f; of dream* Deutung *f;* **literal ~** wörtliche Auslegung; **to be open to ~** Interpretationssache sein; **to put an ~ on sth** etw deuten; **he put quite a different ~ on their motives** er hatte eine ganz andere Sicht ihrer Beweggründe ❷ THEAT, LIT Interpretation *f*

in·ter·pre·ta·tive [ɪnˈtɜːprɪtətɪv, AM -ˈtɜːrprəteɪt̬ɪv] *adj* (*form*) erklärend, interpretierend; **~ attempt** Erklärungsversuch *m*

in·ter·pret·er [ɪnˈtɜːprɪtəʳ, AM -ˈtɜːrprət̬ɚ] *n* ❶ LIT, THEAT Interpret(in) *m(f)* ❷ (*oral translator*) Dolmetscher(in) *m(f);* **to speak through an ~** sich *akk* über einen Dolmetscher verständigen ❸ COMPUT Interpretierer *m fachspr,* Interpreter *m fachspr*

in·ter·pret·ing [ɪnˈtɜːprɪtɪŋ, AM -ˈtɜːrprət̬-] *n no pl* Dolmetschen *nt*

in·ter·pre·tive [ɪnˈtɜːprɪtɪv, AM -ˈtɜːrprət̬ɪv] *adj* erklärend, interpretierend; *see also* **interpretative**

inter·ra·cial [ˌɪntəˈreɪʃəl, AM -t̬ɚˈ-] *adj inv* zwischen verschiedenen Rassen *nach n;* **~ hatred and violence** Hass *m* und Gewalt zwischen den Rassen; **~ marriage** gemischtrassige Ehe[schließung]

Inter-Rail® [ˌɪntəˈreɪl, AM -t̬ɚˈ-] **I.** *n* Interrail *nt;* **to travel Europe by ~** per Interrail durch Europa reisen **II.** *vi* Interrail machen; **to go ~ing** Interrail machen

inter·reg·na [ˌɪntəˈregnə, AM -t̬ɚˈ-] *n pl of* **interregnum**

inter·reg·num <*pl* -s *or* -na> [ˌɪntəˈregnəm, AM -t̬ɚˈ-, *pl* -nə] *n* POL (*form*) Interregnum *nt fachspr;* **after a brief ~, a new president was installed** nach einer kurzen Übergangszeit wurde ein neuer Präsident gewählt

inter·re·late [ˌɪntərɪˈleɪt, AM -t̬ɚrɪˈ-] **I.** *vi* zueinander in Beziehung stehen, miteinander zusammenhängen **II.** *vt* ■**to ~ sth** etw verbinden

inter·re·lat·ed [ˌɪntərɪˈleɪtɪd, AM -t̬ɚrɪˈ-] *adj inv* in einer Wechselbeziehung stehend *attr,* zusammenhängend *attr;* **~ problems** miteinander zusammenhängende Probleme; ■**to be ~ with sth** mit etw *dat* zusammenhängen

inter·re·la·tion [ˌɪntərɪˈleɪʃən, AM -t̬ɚrɪˈ-] *n,* **inter·re·la·tion·ship** [ˌɪntərɪˈleɪʃənʃɪp, AM -t̬ɚrɪˈ-] *n* Wechselbeziehung *f,* Zusammenhang *m*

in·ter·ro·gate [ɪnˈterəgeɪt] *vt* ❶ (*cross-question*) ■**to ~ sb** jdn verhören [*o* vernehmen] ❷ (*obtain data*) **to ~ a computer database** Daten abfragen

in·ter·ro·ga·tion [ɪnˌterəˈgeɪʃən] *n* Verhör *nt,* Vernehmung *f;* **to take sb for ~** jdn verhören [*o* vernehmen]

in·ter·ro·ˈga·tion mark *n,* **in·ter·ro·ˈga·tion point** *n* Fragezeichen *nt*

in·ter·ro·ga·tive [ˌɪntəˈrɒgətɪv, AM -t̬əˈrɑːgət̬ɪv] **I.** *n* LING Interrogativ *nt fachspr;* ■**the ~** das Interrogativum *fachspr* **II.** *adj* ❶ (*liter: questioning*) fragend *attr;* **the ~ expression on her**

interrupting

interrupting someone	jemanden unterbrechen
Sorry for interrupting, …	Entschuldigen Sie bitte, dass ich Sie unterbreche, …
If I may interrupt you for a moment …	Wenn ich Sie einmal kurz unterbrechen dürfte: …
indicating that you wish to continue speaking	**anzeigen, dass man weitersprechen will**
Just a moment, I haven't finished.	Augenblick, ich bin noch nicht fertig.
Will you please let me finish?	Lassen Sie mich bitte ausreden?
Would you mind letting me finish?	Könnten Sie mich bitte ausreden lassen?
Please don't interrupt (me)!	Lassen Sie mich bitte ausreden!
Please let me finish my point.	Lassen Sie mich bitte diesen Punkt noch zu Ende führen.
asking to speak	**ums Wort bitten**
May I comment on that?	Darf ich dazu etwas sagen?
If I may add to that …	Wenn ich dazu noch etwas sagen dürfte: …

face ihr fragender Gesichtsausdruck ❷ (*word type*) interrogativ *fachspr,* Frage-; ~ **pronoun** Interrogativpronomen *nt fachspr,* Frage[für]wort *nt*

in·ter·ro·ga·tor [ɪn'terəgeɪtəʳ, AM -'terəgeɪt̬ɚ] *n* Vernehmungsbeamte(r) *m,* Vernehmungsbeamte [*o* -in] *f;* **his/their** ~ die Person, die ihn/sie verhörte

in·ter·roga·tory [ˌɪntə'rɒgətᵊri, AM -t̬ɚ'rɑːgət̬ɔːri] *adj inv* fragend *attr*

in·ter·rupt [ˌɪntə'rʌpt, AM -t̬ɚ'-] **I.** *vt* ■**to** ~ **sb/sth** jdn/etw unterbrechen; (*rudely*) jdm ins Wort fallen; **will you stop ~ing me!** unterbrich mich nicht dauernd!; **the doorbell ~ed his thoughts** das Klingeln an der Tür riss ihn aus seinen Gedanken **II.** *vi* unterbrechen, stören; SPORTS **~ed by rain** wegen der Regenfälle unterbrochen

in·ter·rupt·er [ˌɪntə'rʌptəʳ, AM -t̬ɚ'rʌptɚ] *n a.* ELEC Unterbrecher *m*

in·ter·rup·tion [ˌɪntə'rʌpʃᵊn, AM -t̬ɚ'-] *n* Unterbrechung *f;* **there was almost no ~ to his rise to the top** bei seinem Aufstieg an die Spitze hatte er kaum Hindernisse zu überwinden; **blocked arteries cause ~s in the blood supply** durch verstopfte Arterien wird die Blutversorgung gestört; **without** ~ ohne Unterbrechung

inter·scho·las·tic [ˌɪnt̬ɚskə'læstɪk] *adj attr, inv* AM zwischen mehreren Schulen *nach n,* Schulen übergreifend

inter·sect [ˌɪntə'sekt, AM -t̬ɚ'-] **I.** *vt* ❶ (*divide*) ■**to** ~ **sth** etw durchziehen; **to** ~ **a line** MATH eine Linie schneiden ❷ TRANSP ■**to be ~ed by sth** *roads* etw kreuzen **II.** *vi* sich *akk* schneiden; **the bus routes ~ with the railway network** die Buslinien sind an das Schienennetz angebunden; **~ing roads** [Straßen]kreuzungen *fpl*

inter·sec·tion [ˌɪntə'sekʃᵊn, AM 'ɪnt̬ɚˌsekʃᵊn] *n* ❶ (*crossing of lines*) Schnittpunkt *m* ❷ AM, AUS (*junction*) [Straßen]kreuzung *f*

inter·sperse [ˌɪntə'spɜːs, AM -t̬ɚ'spɜːrs] *vt* ■**to** ~ **sth with sth** etw in etw *akk* einstreuen; **periods of bright sunshine ~d with showers** sonnige Abschnitte mit vereinzelten Regenschauern; **to be ~d throughout the text** über den ganzen Text verteilt sein

inter·state [ˌɪnt̬ɚ'steɪt] AM **I.** *adj attr, inv* zwischenstaatlich, zwischen einzelnen Staaten bestehend *attr;* ~ **banking** *Betreiben von Bankfilialen in mehreren Bundesstaaten der USA;* ~ **commerce** *Wirtschaftsverkehr zwischen den Einzelstaaten der USA;* ~ **highway** Bundesautobahn *f;* ~ **trade** zwischenstaatlicher Wirtschaftsverkehr [*o* Handel] **II.** *n* [Bundes]autobahn *f*

inter·state 'high·way *n* AM [Bundes]autobahn *f*

inter·stel·lar [ˌɪntə'steləʳ, AM -t̬ɚ'stelɚ] *adj attr, inv* ASTRON interstellar *fachspr*

in·ter·stice [ɪn'tɜːstɪs, AM -'tɜːr-] *n usu pl* (*form*) Zwischenraum *m,* Spalt *m;* (*between bricks*) Fuge *f;* (*in wall*) Riss *m*

inter·tex·tu·al·ity [ˌɪntəˌtekstjuː'ælɪti, AM -t̬ɚˌtekstʃuː'-] *n* LIT Intertextualität *f fachspr*

inter·twine [ˌɪntə'twaɪn, AM -t̬ɚ'-] **I.** *vt usu passive* ■**to be ~d with sth** [miteinander] verflochten [*o* verschlungen] sein; *story lines, plots, destinies* miteinander verknüpft sein **II.** *vi branches* sich [ineinander] verschlingen

inter·ur·ban [ˌɪnt̬ɚ'ɜːrbᵊn] AM **I.** *adj* (*inter-city*) zwischen [den] Städten *nach n,* Städte verbindend; ~ **connection** Städteverbindung *f;* ~ **railroad** Intercity[zug]verkehr *m;* ~ **travel** Überlandverkehr *m* **II.** *n* Überlandbahn *f*

in·ter·val ['ɪntəvᵊl, AM -t̬ɚ-] *n* ❶ (*in space, time*) Abstand *m,* Zwischenraum *m,* Intervall *nt geh;* **to do sth at 15-second/five-minute ~s** etw alle 15 Sekunden/fünf Minuten tun; **at regular ~s** in regelmäßigen Abständen ❷ METEO Abschnitt *m;* **with sunny ~s** mit sonnigen Abschnitten ❸ THEAT, MUS Pause *f;* MUS Intervall *nt*

inter·vene [ˌɪntə'viːn, AM -t̬ɚ'-] *vi* ❶ (*get involved*) einschreiten, intervenieren *geh;* ■**to** ~ **in sth** in etw *akk* eingreifen; **to** ~ **on sb's behalf** sich *akk* für jdn einsetzen; **to** ~ **in a dispute** bei einem Streit einschreiten; **to** ~ **militarily** militärisch intervenieren ❷ (*interrupt verbally*) sich *akk* einmischen; **'but it's true,' he ~d** „es stimmt aber", unterbrach er ❸ (*come to pass*) dazwischenkommen; **winter ~d and …** dann kam der Winter und …

inter·ven·ing [ˌɪntə'viːnɪŋ, AM -t̬ɚ'-] *adj attr, inv* dazwischenliegend *attr;* **in the** ~ **period** in der Zwischenzeit

inter·ven·tion [ˌɪntə'ven(t)ʃᵊn, AM -t̬ɚ'-] *n* Eingreifen *nt,* Intervention *f geh;* **military** ~ militärische Intervention; ~ **in the internal affairs of a country** Einmischung *f* in die inneren Angelegenheiten eines Landes

inter·ven·tion·ism [ˌɪntə'ven(t)ʃᵊnɪzᵊm, AM -t̬ɚ'-] *n no pl* POL Interventionismus *m fachspr*

inter·ven·tion·ist [ˌɪntə'ventʃᵊnɪst, AM -t̬ɚ'-] POL **I.** *adj inv* interventionistisch *fachspr* **II.** *n* Interventionist(in) *m(f) fachspr*

inter·view ['ɪntəvjuː, AM -t̬ɚ-] **I.** *n* ❶ (*for job*) Vorstellungsgespräch *nt;* **to have a job** ~ [*or* **an** ~ **for a job**] ein Vorstellungsgespräch haben ❷ (*with the media*) Interview *nt* (**with** mit +*dat*); **radio/television** ~ Radio-/Fernsehinterview *nt;* **to**

give an ~ ein Interview geben ❸ (*formal talk*) Unterredung *f*, Gespräch *nt;* (*with police*) Aussage *f;* **telephone** ~ Telefonbefragung *f* **II.** *vt* ■**to** ~ **sb** (*for job*) mit jdm ein Vorstellungsgespräch führen; **to be** ~**ed for a job** ein Vorstellungsgespräch haben; (*by reporter*) jdn interviewen; **to** ~ **sb on TV** ein Fernsehinterview mit jdm führen; *esp* BRIT (*by police*) jdn befragen; **to** ~ **a suspect** einen Verdächtigen vernehmen **III.** *vi* (*for job*) ein Vorstellungsgespräch führen; *celebrity* ein Interview geben; **to** ~ **well/badly** bei einem Vorstellungsgespräch gut/schlecht abschneiden

inter·viewee [ˌɪntəvju'iː, AM -t̬ə-] *n* Interviewte(r) *f(m);* (*by police*) Befragte(r) *f(m);* **job** ~ Kandidat(in) *m(f)*

inter·view·er ['ɪntəvjuːəʳ, AM -t̬ɚ-] *n* (*reporter*) Interviewer(in) *m(f);* (*in job interview*) Leiter(in) *m(f)* des Vorstellungsgesprächs; **market research** ~ Marktforscher(in) *m(f)*

inter·weave <-wove, -woven> [ˌɪntə'wiːv, AM -t̬ɚ'-] **I.** *vt* ■**to** ~ **sth** etw [miteinander] verweben; (*fig*) etw [miteinander] vermischen [*o* vermengen]; ■**to** ~ **sth with sth** *threads* etw mit etw *dat* verweben; (*fig*) etw mit etw *dat* vermischen **II.** *vi* *branches* sich *akk* verschlingen

in·tes·tate [ɪn'testeɪt] *adj usu pred, inv* LAW ■**to be** ~ kein Testament besitzen; **to die** ~ ohne Hinterlassung eines Testaments sterben

in·tes·tin·al [ɪn'testɪnəl] *adj inv* MED Darm-, intestinal *fachspr;* ~ **flora** Darmflora *f*

in·tes·tin·al 'for·ti·tude *n* AM (*approv*) innere Stärke

in·tes·tine [ɪn'testɪn] *n usu pl* MED Darm *m,* Gedärme *ntpl,* Eingeweide *nt[pl]*

in·ti·fa·deh [ˌɪntɪ'fɑːdə] *n* Intifada *f* (*palästinensischer Widerstand in den von Israel besetzten Gebieten*)

in·ti·ma·cy ['ɪntɪməsi, AM -t̬ə-] *n* ❶ *no pl* (*closeness, familiarity*) Intimität *f,* Vertrautheit *f;* (*euph: sexual*) Intimitäten *fpl;* ~ **between teachers and pupils** eine [zu] enge Beziehung zwischen Lehrern und Schülern ❷ (*remarks*) ■**intimacies** *pl* Intimitäten *fpl,* Vertraulichkeiten *fpl* ❸ (*knowledge*) Vertrautheit *f*

in·ti·mate¹ ['ɪntɪmət, AM -t̬əmət] **I.** *adj* ❶ (*close*) eng, vertraut; ~ **atmosphere** gemütliche Atmosphäre; **sb's** ~ **circle of friends** jds engster Freundeskreis; ~ **friend** enger Freund/enge Freundin; ~ **searches** [*or* **body search**] Leibesvisitation *f;* **to be on** ~ **terms with sb** zu jdm ein enges Verhältnis haben; (*euph: sexual*) intim; **he got a bit too** ~ **with my wife** seine Vertraulichkeiten mit meiner Frau gingen etwas zu weit; ~ **relationship** intime Beziehung; ■**to be** ~ **with sb** mit jdm intim sein ❷ (*very detailed*) gründlich, genau; **she has an** ~ **knowledge of Tuscany** sie kennt die Toskana wie ihre Westentasche; **to have an** ~ **understanding of sth** ein umfassendes Wissen über etw *akk* haben ❸ (*private, personal*) **sb's** ~ **involvement in sth** jds starkes persönliches Engagement für etw *akk;* ~ **details** intime Einzelheiten **II.** *n* Vertraute(r) *f(m),* enger Freund/enge Freundin

in·ti·mate² ['ɪntɪmeɪt, AM -t̬ə-] *vt* ■**to** ~ **sth** etw andeuten [*o* zu verstehen geben]; **to** ~ **one's feelings** seine Gefühle verraten; ■**to** ~ **[that]** ... andeuten [*o* zu verstehen geben, dass ...], dass ...

in·ti·mate·ly ['ɪntɪmətli, AM -t̬ə-] *adv* (*confidentially*) vertraulich; (*thoroughly*) gründlich, genau; **to be** ~ **acquainted with sb** mit jdm gut bekannt sein; **to be** ~ **connected to sth** mit etw *dat* eng verknüpft sein; **to be** ~ **involved in sth** maßgeblich an etw *dat* beteiligt sein; **to speak** ~ in einem vertraulichen Ton sprechen

in·ti·ma·tion [ˌɪntɪ'meɪʃən, AM -t̬ə'-] *n* Anzeichen *nt,* Andeutung *f;* **the pains were for him** ~**s of mortality** durch die Schmerzen wurde ihm klar, dass auch er einmal sterben würde; ■**to be an** ~ **of sth** ein Anzeichen für etw *akk* sein

in·timi·date [ɪn'tɪmɪdeɪt] *vt* ■**to** ~ **sb** jdn einschüchtern; **I felt somewhat** ~**d by the amount of work** bei diesem Arbeitspensum wurde mir doch etwas bange; ■**to** ~ **sb into doing sth** jdn unter Druck setzen etw zu tun

in·timi·dat·ing [ɪn'tɪmɪdeɪtɪŋ, AM -deɪt̬ɪŋ] *adj* beängstigend, bedrohlich; ~ **array of weapons** beeindruckendes Waffenarsenal; ~ **manner** einschüchternde Art

in·timi·da·tion [ɪnˌtɪmɪ'deɪʃən] *n no pl* Einschüchterung *f;* **there, the** ~ **of witnesses is a fact of life** dort gehört es zum Alltag, dass Zeugen eingeschüchtert werden

into ['ɪntə, -tu] *prep* ❶ (*movement to inside*) in +*akk;* **let's go** ~ **town** lass uns in die Stadt gehen; **put the jar back** ~ **the cupboard** stell' das Glas zurück in den Schrank; **to retreat** ~ **one's self** sich *akk* in sich *akk* selbst zurückziehen; **to put sth** ~ **place** etw auf/an seinen Platz stellen/legen ❷ (*movement toward*) in +*akk;* **to run** [*or* **bump**] ~ **sb/sth: guess who I bumped** ~ **the other day** rate mal, wem ich kürzlich über den Weg gelaufen bin; **I ran** ~ **one today by chance so I bought it** ich habe heute zufällig eines gesehen und da habe ich es gekauft; **she looked** ~ **the mirror** sie sah in den Spiegel ❸ (*through time of*) in +*akk;* **sometimes we work late** ~ **the evening** manchmal arbeiten wir bis spät in den Abend; **production should continue** ~ **2010** die Produktion sollte bis ins Jahr 2010 andauern ❹ (*fam: interested in*) **to be** ~ **sth/sb** an etw/jdm interessiert sein; **I'm** ~ **photography** ich interessiere mich für Fotografie; **she's really** ~ **her new job** sie geht völlig in ihrer neuen Arbeit auf; **what sort of music are you** ~**?** auf welche Art von Musik stehst du? ❺ (*involved in*) in +*akk;* **I'll look** ~ **the matter as soon as possible** ich kümmere mich sobald als möglich um die Angelegenheit; **don't delve** ~ **other people's problems unasked** misch' dich nicht ungebeten in anderer Leute Probleme ein; **he got** ~ **some trouble** er bekam einige Schwierigkeiten; **I've gotten** ~ **a difficult situation** ich bin in eine schwierige Situation geraten; **they decided to go** ~ **teaching** sie beschlossen in den Lehrberuf zu gehen ❻ (*forced change to*) zu +*dat;* **they tried to talk their father** ~ **buying them bikes** sie versuchten ihren Vater dazu zu überreden, ihnen Fahrräder zu kaufen; **the dog frightened her** ~ **running away** der Hund machte ihr solche Angst, dass sie wegrannte ❼ (*transition to*) in +*akk;* **her novels have been translated** ~ **nineteen languages** ihre Romane sind in neunzehn Sprachen übersetzt worden; **caterpillars metamorphose** ~ **butterflies** Raupen verwandeln sich in Schmetterlinge ❽ (*fam: yell at*) **to lay** [*or* **tear**] ~ **sb for sth** jdn wegen etw *dat* anschreien ❾ (*begin*) **to burst** ~ **sth: the crowd burst** ~ **screams** die Menge brach in Geschrei aus; **she burst** ~ **tears** sie brach in Tränen aus ❿ FASHION (*wear*) **to get** ~ **sth: I can't get** ~ **these trousers anymore** ich komme nicht mehr in diese Hose rein ⓫ FOOD, MATH (*make smaller*) **chop it** ~ **small cubes** schneide es in kleine Würfel; **two goes** ~ **five two and a half times** die Zwei geht zweieinhalb Mal in die Fünf

in·tol·er·able [ɪn'tɒlərəbl̩, AM -'tɑːlɚ-] *adj* unerträglich; **an** ~ **place to live in** ein Ort, an dem das Leben unerträglich ist

in·tol·er·ably [ɪn'tɒlərəbli, AM -'tɑːlɚ-] *adv* unerträglich

in·tol·er·ance [ɪn'tɒlərən(t)s, AM -'tɑːlɚ-] *n no pl* ❶ (*narrow-mindedness*) Intoleranz *f* (**of** gegenüber +*dat*) ❷ (*non-compatibility*) Überempfindlichkeit *f;* MED Intoleranz *f* (**of** gegenüber +*dat*); ~ **of alcohol** Alkoholunverträglichkeit *f*

in·tol·er·ant [ɪn'tɒlərənt, AM -'tɑːlɚ-] *adj* ❶ (*narrow-minded*) intolerant; **to be** ~ **of different opinions** abweichenden Meinungen gegenüber intolerant sein ❷ MED überempfindlich (**of** gegenüber +*dat*); **to be** ~ **of alcohol** keinen Alkohol vertragen

in·tol·er·ant·ly [ɪn'tɒlərəntli, AM -'tɑːlɚ-] *adv* intolerant

in·to·na·tion [ˌɪntə(ʊ)'neɪʃən, AM -toʊ'-] **I.** *n usu sing* ❶ LING Intonation *f fachspr,* Satzmelodie *f;* **to speak with a French** ~ mit französischem Tonfall sprechen ❷ MUS Intonation *f* **II.** *adj attr, inv* Intonations-; ~ **pattern** Intonationsmuster *f*

in·tone [ɪn'təʊn, AM -'toʊn] *vt* ■**to** ~ **sth** etw intonieren *fachspr;* **to** ~ **the liturgy** die Liturgie psalmodieren

in toto [ɪn'təʊtəʊ, AM -'toʊtoʊ] *adv inv* (*form*) im Ganzen, in

Toto *geh*

in·toxi·cant [ɪnˈtɒksɪkᵊnt, AM -ˈtɑːk-] *n* Rauschmittel *nt*

in·toxi·cate [ɪnˈtɒksɪkeɪt, AM -ˈtɑːk-] **I.** *vi* eine berauschende Wirkung haben, berauschen *a. fig* **II.** *vt* ■**to ~ sb** ❶ (*cause drunkenness*) jdn betrunken machen; (*fig*) **the idea ~d him** die Idee begeisterte ihn ❷ (*poison*) jdn vergiften

in·toxi·cat·ed [ɪnˈtɒksɪkeɪtɪd, AM -ˈtɑːk-] *adj* ❶ (*by alcohol*) betrunken, alkoholisiert; **she was charged with driving while ~** sie wurde wegen Alkohols am Steuer angeklagt; ■**to be ~ by sth** von etw *dat* betrunken sein *a. fig* ❷ (*fig: elated*) berauscht, begeistert

in·toxi·cat·ing [ɪnˈtɒksɪkeɪtɪŋ, AM -ˈtɑːksɪkeɪt̬-] *adj* berauschend *a. fig;* **~ drink** berauschendes Getränk

in·toxi·cat·ing·ly [ɪnˈtɒksɪkeɪtɪŋli, AM -ˈtɑːksɪkeɪt̬-] *adv* ansteckend, berauschend

in·toxi·ca·tion [ɪnˌtɒksɪˈkeɪʃᵊn, AM -ˌtɑːk-] *n no pl* ❶ (*from alcohol, excitement*) Rausch *m;* **in a state of ~** im Rausch, in betrunkenem Zustand; **~ of success** Euphorie *f* des Erfolgs ❷ MED Vergiftung *f,* Intoxikation *f fachspr*

in·trac·tabil·ity [ɪnˌtræktəˈbɪləti, AM -ət̬i] *n no pl* Hartnäckigkeit *f,* Unnachgiebigkeit *f; of a conflict* Ausweglosigkeit *f; of a person* Sturheit *f*

in·trac·table [ɪnˈtræktəbl̩] *adj* unbeugsam; *problem, partygoer* hartnäckig; *pupil* widerspenstig; *situation* verfahren

in·trac·tably [ɪnˈtræktəbli] *adv* ausweglos, unlösbar

intra·cu·ta·neous [ˌɪntrækjuːˈteɪniəs] *adj* MED in der Haut [gelegen], intrakutan *fachspr;* **~ injection** intrakutane Injektion, Injektion *f* in die Haut

intra·mu·ral [ˌɪntrəˈmjʊərᵊl, AM -ˈmjʊr-] *adj inv* innerhalb der Universität *nach n,* universitätsintern; **~ contest** inneruniversitärer Wettstreit

intra·mus·cu·lar [ˌɪntrəˈmʌskjələʳ, AM -lɚ] *adj* MED intramuskulär; **~ injection** Injektion *f* in den Muskel

Intra·net [ˌɪntrəˈnet] *n* COMPUT Intranet *nt*

in·tran·si·gence [ɪnˈtræn(t)sɪdʒᵊn(t)s, AM -ˈtræn(t)sə-] *n no pl* (*form*) Unnachgiebigkeit *f*

in·tran·si·gent [ɪnˈtræn(t)sɪdʒᵊnt, AM -sə-] *adj* (*form*) *attitude* unnachgiebig; **~ position** unversöhnliche Position

in·tran·si·gent·ly [ɪnˈtræn(t)sɪdʒᵊntli, AM -sə-] *adv* (*form*) unnachgiebig

in·tran·si·tive [ɪnˈtræn(t)sətɪv, AM -t̬ɪv] LING **I.** *adj inv* intransitiv; **~ verb** intransitives Verb **II.** *n* Intransitivum *nt fachspr,* intransitives Verb

in·tran·si·tive·ly [ɪnˈtræn(t)sətɪvli, AM -t̬ɪvli] *adv inv* LING intransitiv

intra·uter·ine [ˌɪntrəˈjuːtᵊraɪn, AM -t̬ɚɪn] *adj inv* MED intrauterin

intra·uter·ine de·ˈvice *n* MED Intrauterinpessar *nt*

intra·ve·nous [ˌɪntrəˈviːnəs] *adj inv* MED intravenös; **~ feeding** intravenöse Ernährung

intra·ve·nous·ly [ˌɪntrəˈviːnəsli] *adv inv* intravenös

in-tray [ˈɪntreɪ] *n* Ablage *f* für Eingänge

in·trep·id [ɪnˈtrepɪd] *adj* unerschrocken, furchtlos

in·trep·id·ly [ɪnˈtrepɪdli] *adv* unerschrocken, kühn

in·tri·ca·cy [ˈɪntrɪkəsi] *n* ❶ *no pl* (*complexity*) Kompliziertheit *f;* **to increase the ~ of sth** etw noch komplizierter machen ❷ (*elaborateness*) ■**intricacies** *pl* Feinheiten *fpl*

in·tri·cate [ˈɪntrɪkət] *adj* kompliziert, komplex; **~ plot** verschlungene Handlung; **~ question** verzwickte Frage

in·tri·cate·ly [ˈɪntrɪkətli] *adv* kompliziert

in·trigue **I.** *vt* [ɪnˈtriːg] ■**to ~ sb** (*fascinate*) jdn faszinieren; (*arouse curiosity*) jdn neugierig machen; **it always ~s me how ...** es gibt mir immer wieder Rätsel auf, wie ...; ■**to be ~d by sth** von etw *dat* fasziniert sein **II.** *vi* [ɪnˈtriːg] intrigieren **III.** *n* [ˈɪntriːg] Intrige *f* (**against** gegen +*akk*); **political ~s** politische Machenschaften [*o* Intrigen]

in·tri·guing [ɪnˈtriːgɪŋ] *adj* faszinierend, interessant

in·tri·guing·ly [ɪnˈtriːgɪŋli] *adv* faszinierend, interessant; **~, ...** interessanterweise ...

in·trin·sic [ɪnˈtrɪn(t)sɪk] *adj* innewohnend, immanent *geh;* **~ part** wesentlicher [*o* essenzieller] Bestandteil; **~ value** innerer Wert

in·trin·si·cal·ly [ɪnˈtrɪn(t)sɪkli] *adv* an sich; **there's nothing ~ wrong with your idea** an sich ist deine Idee nicht schlecht

in·tro [ɪntrə(ʊ), AM ɪntroʊ] *n short for* **introduction** ❶ MUS (*fam*) Intro *nt fachspr* ❷ (*present guests*) Vorstellung *f;* **to do the ~s** Leute einander vorstellen

intro·duce [ˌɪntrəˈdjuːs, AM -ˈduːs] *vt* ❶ (*acquaint*) ■**to ~ sb [to sb]** jdn [jdm] vorstellen; **I'd like to ~ my son Mark** ich möchte meinen Sohn Mark vorstellen; **have you two been ~d?** hat man euch beide schon bekannt gemacht?; **I don't think we've been ~d yet** ich glaube, wir kennen uns noch nicht; **let** [*or* **allow**] **me ~ myself** darf ich mich vorstellen?; (*arouse interest*) **when were you first ~d to sailing?** wann hast du mit dem Segeln angefangen? ❷ (*bring in*) ■**to ~ sth** *fashion, reform, subject* etw einführen; **you should try introducing a few jokes into your next speech** du solltest in deine nächste Rede ein paar Witze einbauen; **the tube is ~d into the abdomen** MED die Röhre wird in den Unterleib eingeführt; **to ~ a bill** ein Gesetz einbringen; **to ~ controls on prizes/wages** Preis-/Lohnkontrollen einführen; **to ~ an era** eine Ära einleiten ❸ (*announce*) ■**to ~ sth** etw vorstellen; MUS etw einleiten; **to ~ a programme** ein Programm ankündigen

intro·duc·tion [ˌɪntrəˈdʌkʃᵊn] *n* ❶ (*first contact*) Vorstellung *f,* Bekanntmachen *nt;* **my next guest needs no ~** meinen nächsten Gast brauche ich nicht vorstellen; **his textbook would serve as an ~ to this subject** sein Lehrbuch soll in diese Materie einführen; **sb's ~ to smoking/alcohol** jds erste Bekanntschaft mit dem Rauchen/Alkohol; **to do** [*or* **make**] **the ~s** Leute einander vorstellen; **she performed the ~s** sie machte alle miteinander bekannt ❷ (*establishment*) Einführung *f;* **~ into the market** Markteinführung *f* ❸ MED (*insertion*) Einführen *nt* ❹ (*preface*) Einleitung *f,* Vorwort *nt;* MUS Einleitung *f*

intro·duc·tory [ˌɪntrəˈdʌktᵊri] *adj inv* ❶ (*preliminary*) vorbereitend, einleitend; **~ chapter** Einleitung *f;* **~ remarks** einleitende Worte ❷ (*inaugural/starting*) einführend; **~ fee/price** Einführungsgebühr *f*/-preis *m*

intro·ˈduc·tory course *n* Einführungskurs *m* **intro·duc·tory ˈof·fer** *n* Einführungsangebot *nt*

intro·spec·tion [ˌɪntrə(ʊ)ˈspekʃᵊn, AM -troʊˈ-] *n no pl* Selbstbeobachtung *f,* Introspektion *f geh*

intro·spec·tive [ˌɪntrə(ʊ)ˈspektɪv, AM -troʊˈ-] *adj* verinnerlicht, nach innen gerichtet, introspektiv *geh;* **to be in an ~ mood** gerade mit sich selbst beschäftigt sein

intro·spec·tive·ly [ˌɪntrə(ʊ)ˈspektɪvli, AM -troʊˈ-] *adv* introspektiv *geh,* nach innen gerichtet

intro·ver·sion [ˌɪntrə(ʊ)ˈvɜːʃᵊn, AM -troʊˈvɜːr-] *n no pl* Introvertiertheit *f,* Introversion *f fachspr*

intro·vert [ˌɪntrə(ʊ)ˈvɜːt, AM -troʊˈvɜːrt] *n* introvertierter Mensch

intro·vert·ed [ˌɪntrə(ʊ)ˈvɜːtɪd, AM -troʊˈvɜːrt̬ɪd] *adj* introvertiert

in·trude [ɪnˈtruːd] **I.** *vi* ❶ (*meddle*) stören; ■**to ~ into sth** sich *akk* in etw *akk* einmischen ❷ (*unwelcome presence*) **am I ~?** störe ich gerade?; ■**to ~ into sth** in etw *akk* eindringen; **inefficiency has ~d into every area** in allen Bereichen breitete sich Ineffizienz aus; **to ~ on sb's grief** jdn in seiner Trauer stören; ■**to ~ on sb's privacy** in jds Privatsphäre eindringen; **to ~ on sb's thoughts** jdn bei seinen Gedanken stören **II.** *vt* ■**to ~ sth** etw einbringen; ■**to ~ oneself upon sb** sich *akk* jdm aufdrängen

in·trud·er [ɪnˈtruːdəʳ, AM -ɚ] *n* (*unwelcome visitor*) Eindringling *m;* (*thief*) Einbrecher(in) *m(f)*

in·tru·sion [ɪnˈtruːʒᵊn] *n* (*interruption*) Störung *f;* (*encroachment*) Verletzung *f;* GEOL Intrusion *f fachspr;* MIL Einmarsch *m;* **~ into sb's personal affairs** Eingriff *m* in jds Privatleben; **increased state ~** zunehmende Einmischung durch den

I

Staat; **to be a welcome** ~ eine willkommene Unterbrechung darstellen

in·tru·sive [ɪnˈtruːsɪv] *adj* (*pej*) *person, question* aufdringlich *pej;* GEOL intrusiv *fachspr*

in·tu·it [ɪnˈtjuːɪt, AM -ˈtuː-] *vt* ■**to** ~ **sth** etw intuitiv erfassen; ■**to** ~ **that ...** intuitiv wissen, dass ...

in·tui·tion [ˌɪntjuˈɪʃᵊn, AM -tuˈ-] *n* Intuition *f;* **my own** ~ **is that ...** aus dem Bauch heraus würde ich sagen, dass ...; **I just had an** ~ **that ...** ich hatte einfach die Eingebung, dass ...; **to base one's judgement on** ~ intuitiv entscheiden; ■~**s** *pl* [Vor]ahnungen *fpl*

in·tui·tive [ɪnˈtjuːɪtɪv, AM -ˈtuːɪt̬-] *adj* intuitiv; ~ **approach** gefühlsmäßiger [*o* intuitiver] Ansatz; ~ **grasp** instinktives Verständnis

in·tui·tive·ly [ɪnˈtjuːɪtɪvli, AM -ˈtuːɪt̬ɪvli] *adv* intuitiv, gefühlsmäßig

Inu·it <*pl* -s *or* -> [ˈɪnuɪt] *n* Inuit *pl*

in·un·date [ˈɪnʌndeɪt, AM -ən-] *vt* ■**to** ~ **sth** etw überschwemmen [*o* überfluten]; (*fig*) ■**to be** ~**d with sth** mit etw *dat* überschwemmt werden; **we're** ~**d with work at the moment** zurzeit ersticken wir fast in Arbeit

in·un·da·tion [ˌɪnʌnˈdeɪʃᵊn, AM -ənˈ-] *n no pl* (*form*) Überschwemmung *f,* Überflutung *f;* (*with work*) Überhäufung *f*

in·ure [ɪˈnjʊəʳ, AM -ˈnjʊr] (*form*) **I.** *vi* LAW in Kraft treten **II.** *vt* ■**to** ~ **sb to sth** jdn an etw *akk* gewöhnen; ■**to** ~ **sb to** [*or* **against**] **sth** jdn gegen etw *akk* abhärten; ■**to be** ~**d to sth** gegen etw *akk* abgehärtet sein; **they became** ~**d to the hardships** sie gewöhnten sich an die Entbehrungen

in ut·ero [ɪnˈjuːtᵊrəʊ, AM -t̬əroʊ] *adv inv* intrauterin *fachspr*

in·vade [ɪnˈveɪd] **I.** *vt* ❶ (*occupy*) **to** ~ **a country** in ein Land einmarschieren; **the squatters** ~**d the house** die Hausbesetzer drangen in das Gebäude ein; **invading bacteria** MED eindringende Bakterien ❷ (*fig: violate*) **to** ~ **the peace** den Frieden verletzen; **to** ~ **sb's privacy** jds Privatsphäre verletzen **II.** *vi* einfallen, einmarschieren

in·vad·er [ɪnˈveɪdəʳ, AM -ɚ] *n* MIL Angreifer(in) *m(f),* Invasor *m fachspr;* (*fig: unwelcome presence*) Eindringling *m*

in·va·lid¹ [ˈɪnvəlɪd] **I.** *n* (*requiring long-term care*) Invalide(r) *m(f);* **to treat sb like an** ~ jdn wie einen Schwerbehinderten behandeln **II.** *adj* invalide, körperbehindert; ~ **chair** Rollstuhl *m;* **sb's** ~ **mother** jds gebrechliche Mutter **III.** *vt* ❶ (*injure*) ■**to** ~ **sb** jdn zum Invaliden machen ❷ *usu passive* BRIT **to be** ~**ed out of the army** wegen Dienstuntauglichkeit aus dem Militärdienst entlassen werden

in·va·lid² [ɪnˈvælɪd] *adj inv* (*not legally binding*) ungültig, unwirksam; **legally** ~ rechtsunwirksam; (*unsound*) nicht stichhaltig [*o* triftig]; *theory* nicht begründet; **technically** ~ technisch nicht zulässig

in·vali·date [ɪnˈvælɪdeɪt] *vt* ■**to** ~ **sth** etw unwirksam machen; LAW etw für nichtig erklären; **to** ~ **an argument** ein Argument widerlegen; **to** ~ **a ballot** eine Wahl für ungültig erklären; **to** ~ **criticisms** Kritik entkräften; **to** ~ **a decision** eine Entscheidung außer Kraft setzen; **to** ~ **a judgement** ein Urteil aufheben; **to** ~ **results** Ergebnisse annullieren; **to** ~ **a theory** eine Theorie entkräftigen

in·vali·da·tion [ɪnˌvælɪˈdeɪʃᵊn] *n no pl* (*nullification*) Ungültigkeitserklärung *f;* (*not legally binding*) Nichtigkeitsurteil *f;* ~ **of a decision** Aufhebung *f* einer Entscheidung; ~ **of a verdict** Außerkraftsetzung *f* [*o* Aufhebung *f*] eines Urteils; ~ **of results** Annullierung *f* von Ergebnissen

in·va·lid·ism [ˈɪnvəlɪdɪzᵊm] *n no pl* AM MED Invalidität *f*

in·va·lid·ity [ˌɪnvəˈlɪdəti, AM -ət̬i] *n* ❶ (*bedridden/convalescent*) Invalidität *f* ❷ (*unsound argument*) [Rechts]ungültigkeit *f* ❸ (*not legally binding*) ~ **of a contract** Nichtigkeit *f* eines Vertrags; ~ **of a piece of evidence** Unzulässigkeit *f* eines Beweismittels; ~ **of a theory** mangelnde Schlüssigkeit einer Theorie

in·va·ˈlid·ity al·low·ance *n* BRIT Pflegegeld *nt* **in·va·ˈlid·ity ben·efit** *n* BRIT Leistung *f* bei Invalidität **in·va·ˈlid·ity pen·sion** *n* BRIT Frührente *f* [wegen Arbeitsunfähigkeit], Invalidenrente *f* SCHWEIZ *veraltet*

in·val·id·ly [ɪnˈvælɪdli] *adv inv* fälschlich; LAW nicht ordnungsgemäß

in·valu·able [ɪnˈvæljuəbl] *adj inv advice, help* unbezahlbar; ~ **source of information** unverzichtbare Informationsquelle; **to prove** ~ **to sb** sich *akk* für jdn als außerordentlich wertvoll erweisen; ■**to be** ~ **to sb** für jdn von unschätzbarem Wert sein

in·vari·able [ɪnˈveəriəbl̩, AM -ˈveri-] **I.** *adj inv* unveränderlich, gleichbleibend; **the menu is** ~ die Speisekarte ändert sich nie; ~ **bad luck** ständiges Pech **II.** *n* ❶ LING *Substantiv, bei dem Singular und Plural gleich sind* ❷ MATH Konstante *f*

in·vari·ably [ɪnˈveəriəbli, AM -ˈveri-] *adv inv* ausnahmslos, immer

in·va·sion [ɪnˈveɪʒᵊn] *n* ❶ MIL Invasion *f,* Eindringen *nt;* ~ **by enemy forces** Einmarsch *m* von feindlichen Truppen; ~ **of a territory** Einfall *m* in ein Gebiet ❷ (*interference*) Eindringen *nt kein pl;* ECON (*expansion*) Ausbreitung *f;* ~ **of privacy** Eingriff *m* in die Intimsphäre

in·va·sive [ɪnˈveɪsɪv, AM -zɪv] *adj* MIL Invasions-; (*intrusive*) aufdringlich *pej;* BOT wuchernd; MED invasiv, Invasiv-

in·vec·tive [ɪnˈvektɪv] *n no pl* (*form*) Beschimpfungen *fpl,* Schmähungen *fpl geh;* **a stream** [*or* **torrent**] **of** ~ ein Schwall von Beschimpfungen

in·veigh [ɪnˈveɪ] *vt* (*form*) ■**to** ~ **against sb/sth** sich *akk* über jdn/etw empören; **to** ~ **against immigrants** gegen Immigranten hetzen; **to** ~ **against the press** über die Presse herziehen

in·vei·gle [ɪnˈveɪgl] *vt* (*form*) ■**to** ~ **sb** jdn verlocken [*o geh* verleiten] (**into** zu +*dat*); ■**to** ~ **sb into doing sth** jdn verlocken [*o geh* verleiten], etw zu tun

in·vent [ɪnˈvent] *vt* ■**to** ~ **sth** ❶ (*create*) etw erfinden ❷ (*usu pej: fabricate*) etw erdichten, sich *dat* etw ausdenken; **to** ~ **an excuse** sich *dat* eine Ausrede ausdenken

in·ven·tion [ɪnˈven(t)ʃᵊn] *n* ❶ (*creation*) Erfindung *f* ❷ *no pl* (*creativity*) [schöpferische] Fantasie, Einfallsreichtum *m;* **power**[**s**] **of** ~ Erfindungsgabe *f* ❸ (*usu pej: fabrication*) Erfindung *f,* Märchen *nt;* **pure** ~ reine Erfindung

in·ven·tive [ɪnˈventɪv] *adj* (*approv*) *novel, design* erfinderisch, einfallsreich; *powers, skills* schöpferisch; ~ **design** originelles Design; ~ **illustration** fantasievolle Illustration; ~ **mind** erfinderischer [*o* schöpferischer] Geist, findiger Kopf *fam;* ~ **person** einfallsreicher Mensch; ~ **radio play** geistreiches Hörspiel

in·ven·tive·ly [ɪnˈventɪvli] *adv* (*approv*) kreativ *geh,* fantasievoll; ~ **written article** geistreich geschriebener Artikel; ~ **designed pavilion** fantasievoll gestalteter Pavillon; ~ **analysed problem** kreativ analysiertes Problem

in·ven·tive·ness [ɪnˈventɪvnəs] *n no pl* Erfindungsgabe *f,* Einfallsreichtum *m*

in·ven·tor [ɪnˈventəʳ, AM -ɚ] *n* Erfinder(in) *m(f)*

in·ven·tory [ˈɪnvᵊntri, AM -tɔːri] **I.** *n* ❶ ECON (*catalogue*) Inventar *nt,* Bestandsliste *f,* Lagerverzeichnis *nt fachspr;* **to draw up** [*or* **take**] **an** ~ eine Bestandsliste aufstellen, Bestand [*o* Inventar] aufnehmen ❷ AM ECON (*stock*) [Lager]bestand *m,* [Waren]bestand *m,* Bestände *mpl fachspr;* **our** ~ **of used cars is the best** wir haben das beste Angebot an Gebrauchtwagen ❸ ECON (*stock counting*) Inventur *f,* Bestandsaufnahme *f fachspr;* **to take** ~ Inventur machen **II.** *n modifier* Bestands-; ~ **audit** Bestandsprüfung *f;* ~ **card** Bestandskarte *f,* Lagerkarte *f;* ~ **item/number** Inventarposten *m*/-nummer *f;* ~ **level** Lagerbestand *m;* ~ **liquidation** Lagerabbau *m;* ~ **period** Inventarfrist *f;* ~ **register** Inventurbuch *nt;* ~ **shrinkage** Bestandsverlust *m;* ~ **turnover** Lagerumschlag *m;* ~ **valuation** Inventurbewertung *f;* ~ **variation** Inventurabweichung *f*

in·verse [ɪnˈvɜːs, AM -ˈvɜːrs] **I.** *adj attr, inv* umgekehrt, entgegengesetzt; ~ **function** MATH Umkehrfunktion *f,* inverse Funktion *fachspr;* ~ **order** umgekehrte Reihenfolge; **to be in** ~ **proportion** [*or* **relation**] **to sth** im umgekehrten Verhältnis zu etw *dat* stehen, umgekehrt proportional zu etw *dat* sein; ~ **ratio** umgekehrtes Verhältnis **II.** *n no pl* Umkehrung *f*, Gegenteil *nt*

in·verse·ly [ɪnˈvɜːsli, AM -ˈvɜːr-] *adv* umgekehrt; **to be ~ proportional** [*or* **related**] **to sth** umgekehrt proportional zu etw *dat* sein

in·ver·sion [ɪnˈvɜːʃən, AM -ˈvɜːrʒən] *n no pl* (*form*) Umkehrung *f*; LING, MATH, MUS Inversion *f fachspr*; ~ **of the facts** Verdrehung *f* der Tatsachen

in·vert [ɪnˈvɜːt, AM -ˈvɜːrt] *vt* (*form*) ■**to ~ sth** etw umkehren [*o* umdrehen]; **to ~ the order** die Reihenfolge umkehren

in·ver·te·brate [ɪnˈvɜːtɪbreɪt, AM -ˈvɜːrṱəbrɪt] **I.** *n* ❶ ZOOL (*animal*) wirbelloses Tier, Invertebrat *m fachspr* ❷ (*fig: person*) charakterloser Mensch, ein Mensch *m* ohne Rückgrat **II.** *adj* ❶ ZOOL (*with no backbone*) wirbellos ❷ (*fig, pej: weak*) charakterlos, rückgratlos

in·vert·ed 'com·ma *n* BRIT Anführungszeichen *nt*; **single/double ~s** einfache/doppelte Anführungszeichen; **in ~s** in Anführungszeichen **in·vert·ed 'snob** *n esp* BRIT Snob *m* im Proletariergewand **in·vert·ed 'snob·bery** *n esp* BRIT Snobismus *m* im Proletariergewand *pej*

in·vest [ɪnˈvest] **I.** *vt* ❶ FIN (*put to use*) ■**to ~ sth** etw investieren; **to ~ money** Geld anlegen; **to ~ time and effort in sth** Zeit und Mühe in etw *akk* investieren ❷ (*form: install*) ■**to ~ sb** jdn [in Amt und Würden] einsetzen *form* ❸ (*form: furnish*) **to ~ sb with an order** jdm einen Orden verleihen *form*; **to ~ sb with** [**full**] **authority** [*or* **powers**] jdn bevollmächtigen [*o* mit Vollmacht ausstatten] *form*; **to ~ sth with importance** etw *dat* Bedeutung verleihen; **to ~ sb with rights** jdm Rechte übertragen *form* **II.** *vi* ■**to ~ in sth** [sein Geld] in etw *akk* investieren; **to ~ in a new washing machine** sich *dat* eine neue Waschmaschine zulegen

in·ves·ti·gate [ɪnˈvestɪgeɪt] *vt* ■**to ~ sth** etw untersuchen [*o* [über]prüfen]; **police are investigating allegations of corruption** die Polizei geht Korruptionsvorwürfen nach; **to ~ a case** LAW einen Fall untersuchen, in einem Fall ermitteln; **to ~ connections/methods** Zusammenhänge/Methoden erforschen; **to ~ a crime** ein Verbrechen untersuchen; **to ~ a subject** ein Thema untersuchen [*o geh* recherchieren]

in·ves·ti·ga·tion [ɪnˌvestɪˈgeɪʃən] *n* Untersuchung *f*; *of an affair* [Über]prüfung *f*; (*by police*) Ermittlung *f*; (*looking for sth*) Nachforschung *f*; **the ~ concluded that ...** die Nachforschungen ergaben, dass ...; **currently the two drivers are under ~** gegen die beiden Fahrer wird derzeit ermittelt; **to be subject to** [*or* **under**] **~** untersucht [*o* überprüft] [*o geh* recherchiert] werden; **full** [*or* **thorough**] **~** umfassende Nachforschungen, gründliche Recherchen *geh*; **to carry out** [*or* **conduct**] **~s** Untersuchungen durchführen; **to make an ~** eine Prüfung vornehmen

in·ves·ti·ga·tive [ɪnˈvestɪgətɪv, AM -geɪṱɪv] *adj* Forschungs-, Untersuchungs-, Ermittlungs-; **to take an ~ approach** durch Entdeckungen lernen; **~ authority** Untersuchungsbehörde *f*, Ermittlungsbehörde *f*; **~ committee** Untersuchungsausschuss *m*, Ermittlungsausschuss *m*; **~ magistrate** Untersuchungsrichter(in) *m(f)*, Ermittlungsrichter(in) *m(f)*; **~ powers** Untersuchungsvollmachten *fpl*; **~ report** Untersuchungsbericht *m*; **~ results** Untersuchungsergebnisse *ntpl*, Forschungsergebnisse *ntpl*, Ermittlungsergebnisse *ntpl*; **~ scientist** Forschungswissenschaftler(in) *m(f)*; **~ surgery** MED explorativer Eingriff *fachspr*

in·ves·ti·ga·tive 'jour·nal·ism *n no pl* Enthüllungsjournalismus *m* **in·ves·ti·ga·tive 'jour·nal·ist** *n* Enthüllungsjournalist(in) *m(f)*

in·ves·ti·ga·tor [ɪnˈvestɪgeɪtəʳ, AM -ṱɚ] *n* (*form*) Ermittler(in) *m(f) form*; (*in pending proceedings*) Untersuchungsführer(in) *m(f)*, Untersuchungsbeamte(r) *m*, Untersuchungsbeamte [*o* -in] *f*, Ermittlungsbeamte(r) *m*, Ermittlungsbeamte [*o* -in] *f form*; (*in patent law*) Prüfer(in) *m(f) form*

in·ves·ti·ga·tory [ɪnˈvestɪgətəri, AM -tɔːri] *adj* (*form*) Ermittlungs-, Untersuchungs-

in·ves·ti·ture [ɪnˈvestɪtʃəʳ] *n* BRIT (*form*) [feierliche] Amtseinführung [*o* Einsetzung] *form*; **his ~ as Prince of Wales** seine Einsetzung in das Amt des Prince of Wales

in·vest·ment [ɪnˈves(t)mənt] **I.** *n* ❶ (*act of investing*) Investierung *f* ❷ FIN (*instance of investing*) Investition *f*, [Kapital]anlage *f*, [Vermögens]anlage *f fachspr*; **the company has made sizeable ~s in recent years** das Unternehmen hat in den letzten Jahren erhebliche Investitionen getätigt; ■**~s** *pl* Wertpapiere *ntpl fachspr*; **future ~** Zukunftsinvestition *f*; **to be a good ~** eine gute Kapitalanlage sein; **long-term ~s** langfristige Anlagen ❸ FIN (*share*) Einlage *f*, Beteiligung *f fachspr* **II.** *n modifier* Anlage-, Investitions-, Investment-; **~ account** Anlagekonto *nt*; **~ adviser** Anlageberater(in) *m(f)*; **~ capital** Investitionskapital *nt*; **~ certificate** Investmentzertifikat *nt*; **~ company** Investmentgesellschaft *f*, Kapitalanlagegesellschaft *f*; **~ financing** Investitionsfinanzierung *f*; **~ income** Kapitalerträge *mpl*; **~ policy/project** Investitionspolitik *f*/-vorhaben *nt*; **~ portfolio** Wertpapierbestand *m*; **~ rating/value** Anlagebewertung *f*/-wert *m*; **~ securities** Anlagepapiere *ntpl*

in·'vest·ment bank *n* FIN Investitionsbank *f*, Emissionsbank *f fachspr* **in·'vest·ment bank·er** *n* FIN Bankier *m* im Investmentgeschäft *fachspr* **in·'vest·ment bank·ing** *n no pl* FIN Investmentgeschäft *nt*, Bankgeschäft *nt* in Anlagewerten, Emissionsgeschäft *nt fachspr* **in·'vest·ment fund** *n* FIN Investmentfonds *m*, Anlagefonds *m fachspr* **in·'vest·ment trust** *n* FIN Investmentgesellschaft *f*, Kapitalanlagegesellschaft *f fachspr*

in·ves·tor [ɪnˈvestəʳ, AM -ɚ] *n* FIN [Kapital]anleger(in) *m(f)*, Investor(in) *m(f) fachspr*; **private ~** Privatanleger(in) *m(f)*; **small ~s** Kleinanleger(innen) *mpl(fpl)*

in·vet·er·ate [ɪnˈvetərət, AM -ṱɚət] *adj attr* (*usu pej*) *custom, prejudice* tief verankert; **~ bachelor** eingefleischter Junggeselle; **~ drinker** Gewohnheitstrinker(in) *m(f)*; **~ hatred** tief verwurzelter Hass; **~ optimist** unverbesserlicher Optimist/unverbesserliche Optimistin; *disease, prejudice* hartnäckig; **an ~ evil** ein hartnäckiges Übel

in·vidi·ous [ɪnˈvɪdiəs] *adj* ❶ (*unpleasant*) unerfreulich, unersprießlich *veraltend*; **he considered his promotion to be an ~ honour** er betrachtete seine Beförderung als zweifelhafte Ehre; **~ incident** unangenehmer [*o* unerfreulicher] Vorfall; **~ negotiations** unerfreuliche Verhandlungen; **to be in an ~ position** in einer unangenehmen [*o* unerfreulichen] Lage sein; **~ task** undankbare Aufgabe ❷ (*discriminatory*) ungerecht, unfair; **~ comparison** unpassender Vergleich ❸ (*offensive*) gehässig, boshaft; **~ remark** gehässige [*o* boshafte] Bemerkung

in·vidi·ous·ly [ɪnˈvɪdiəsli] *adv* ❶ (*unpleasantly*) unerfreulich ❷ (*discriminatorily*) unpassend; **his comparisons were drawn ~** er wählte sehr unpassende Vergleiche ❸ (*offensively*) gehässig, boshaft; **~ worded** boshaft formuliert

in·vid·ious·ness [ɪnˈvɪdiəsnəs] *n no pl* ❶ (*unpleasantness*) Unerfreulichkeit *f*; **the ~ of a situation** das Unerfreuliche [*o* Unangenehme] an einer Situation ❷ (*unfairness*) Ungerechtigkeit *f*, Unangemessenheit *f* ❸ (*offensiveness*) Gehässigkeit *f*, Boshaftigkeit *f*

in·vigi·late [ɪnˈvɪdʒəleɪt] *vt* BRIT, AUS SCH, UNIV **to ~ an examination** die Aufsicht bei einer Prüfung führen

in·vigi·la·tor [ɪnˈvɪdʒəleɪtəʳ] *n* BRIT, AUS SCH, UNIV Aufsicht *f*, Aufsichtsführende(r) *f(m)*

in·vig·or·ate [ɪnˈvɪgəreɪt, AM -gər-] *vt* ■**to ~ sb/sth** ❶ (*make stronger*) jdn/etw stärken [*o* kräftigen]; **to ~ the body** den Körper stärken; **to ~ the muscles/heart** die Muskeln/das Herz kräftigen ❷ (*fig: stimulate*) jdn/etw beleben [*o* erfrischen] *fig*; **a cup of coffee will ~ you** eine Tasse Kaffee wird Sie beleben; **she managed to ~ the sleepy class** es gelang ihr, die müde Klasse aufzumuntern; **to ~ the economy** die Wirtschaft beleben [*o* ankurbeln]; **to ~ sb's imagination** jds Fantasie anregen

in·vig·or·at·ing [ɪnˈvɪgəreɪtɪŋ, AM -gəreɪṱ-] *adj* (*approv*)

I

inviting

inviting	einladen
Do come and visit (me), I'd be delighted.	**Besuch mich doch,** ich würde mich sehr freuen.
I'm having a party next Saturday. **Will you come?**	Nächsten Samstag lasse ich eine Party steigen. **Kommst du auch?** (*fam*)
Would you like to join us? (*going out*)	**Kommen Sie doch auch mit.**
Would you like to join us? (*at table*)	**Setzen Sie sich doch zu uns.**
May I take you out for a working lunch/dinner?	**Darf ich Sie zu** einem Arbeitsessen **einladen?**
I'd like to invite you round (*at home*) for dinner.	**Ich würde Sie gern** zum Abendessen **zu mir nach Hause einladen.**
I'd like to invite you out (*in a restaurant*) for dinner.	**Ich würde Sie gern** zum Abendessen **in ein Restaurant einladen.**

❶ (*strengthening*) *medicine, sleep* stärkend; *climate, drink, food* kräftigend ❷ (*fig: stimulating*) belebend, erfrischend, anregend; ~ **conversation** anregende Unterhaltung; ~ **drink** belebendes Getränk; ~ **walk** erfrischender Spaziergang

in·vin·cibil·ity [ɪnˌvɪn(t)səˈbɪləti, AM -əṭi] *n no pl* ❶ (*imperviousness to defeat*) *of an army, team* Unbesiegbarkeit *f*, Unbezwingbarkeit *f*, Unüberwindlichkeit *f*, Unschlagbarkeit *f* ❷ (*insuperability*) *of difficulties, obstacles* Unüberwindlichkeit *f* ❸ (*absoluteness*) *of beliefs, will* Unerschütterlichkeit *f* ❹ (*unavoidability*) Unabänderlichkeit *f*

in·vin·cible [ɪnˈvɪn(t)səbl̩] *adj* ❶ (*impossible to defeat*) *army, team* unbesiegbar, unbezwingbar, unschlagbar; **to look** [*or* **seem**] ~ unbesiegbar [*o* unschlagbar] erscheinen ❷ (*impossible to overcome*) unüberwindlich; ~ **aversion/difficulties** unüberwindliche Abneigung/Schwierigkeiten ❸ (*absolute*) unerschütterlich; ~ **belief** unerschütterlicher Glaube; ~ **will** unerschütterlicher [*o* eiserner] Wille ❹ (*unavoidable*) unabänderlich; ~ **ignorance** unabänderliche Unwissenheit

in·vin·cibly [ɪnˈvɪn(t)səbli] *adv* ❶ (*extremely*) unschlagbar ❷ (*insuperably*) unüberwindlich ❸ (*firmly*) unerschütterlich

in·vio·labil·ity [ɪnˌvaɪələˈbɪləti, AM -əṭi] *n no pl* (*form*) ❶ (*unassailableness*) *of frontiers, rights* Unverletzlichkeit *f form; of principles, rights* Unantastbarkeit *f form* ❷ (*incorruptibility*) *of loyalty, secrecy* Unverbrüchlichkeit *f form; of conscience* Unbestechlichkeit *f*

in·vio·lable [ɪnˈvaɪələbl̩] *adj* (*form*) ❶ (*unassailable*) unverletzlich, unantastbar *form;* ~ **border** unverletzliche Grenze; ~ **rights** unverletzliche [*o* unantastbare] Rechte ❷ (*incorruptible*) *loyalty, secrecy* unverbrüchlich *form; conscience* unbestechlich

in·vio·late [ɪnˈvaɪələt] *adj pred, inv* (*fig form*) ❶ (*intact*) *culture, landscape* unversehrt; **the tomb lay ~ for centuries** das Grab blieb jahrhundertelang unangetastet ❷ (*unbroken*) *agreement, treaty* ungebrochen *form;* **to keep an oath** ~ einen Eid nicht brechen ❸ (*undisturbed*) *peace, quietude* ungestört

in·vis·ibil·ity [ɪnˌvɪzəˈbɪləti, AM -əṭi] *n no pl* ❶ (*to the eye*) Unsichtbarkeit *f* ❷ (*hiddenness*) Verborgenheit *f;* **the ~ of white-collar crime** die Anonymität der Wirtschaftskriminalität ❸ (*inconspicuousness*) Undeutlichkeit *f*, Unauffälligkeit *f;* **the letters were small to the point of** ~ die Buchstaben waren nahezu unleserlich klein; **the social ~ of middle-aged women** die unauffällige gesellschaftliche Rolle der Frau mittleren Alters ❹ ECON, FIN (*intangibility*) *of a transaction* Unsichtbarkeit *f fachspr*

in·vis·ible [ɪnˈvɪzəbl̩] *adj inv* ❶ (*to the eye*) unsichtbar; ~ **to the naked eye** mit bloßem Auge nicht zu erkennen ❷ *usu attr* (*hidden*) verborgen, nicht sichtbar; ~ **mending** Kunststopfen *nt* ❸ (*inconspicuous*) *contour, shape* undeutlich; *appearance* unauffällig, unscheinbar ❹ ECON, FIN (*intangible*) *transactions* unsichtbar *fachspr*

in·vis·ible ˈex·ports *npl* ECON unsichtbare Ausfuhren [*o* Exporte] *fachspr* **in·vis·ible ˈink** *n no pl* Geheimtinte *f;* **in** ~ mit Geheimtinte geschrieben

in·vis·ibles *npl esp* BRIT ECON unsichtbare Ein- und Ausfuhren *fachspr*

in·vis·ibly [ɪnˈvɪzəbli] *adv inv* ❶ (*indiscernibly*) unsichtbar; **the repairs had been done almost** ~ von den Ausbesserungen war fast nichts zu sehen ❷ (*concealedly*) im Verborgenen; **the animals were observing us ~ from the jungle** die Tiere beobachteten uns im Verborgenen vom Dschungel aus

in·vi·ta·tion [ˌɪnvɪˈteɪʃᵊn] *n* ❶ (*request to attend*) Einladung *f* (**to** zu +*dat*); ~ **to tea** Einladung *f* zum Tee; **to have an open** [*or* **a standing**] ~ jederzeit willkommen sein; **you have an open ~ to visit us** unser Haus steht Ihnen jederzeit offen; **to accept/decline** [*or* **turn down**] **an** ~ eine Einladung annehmen/ablehnen; **to receive an** ~ eine Einladung erhalten; **by ~** [**only**] [nur] für geladene Gäste ❷ (*incitement*) Aufforderung *f* (**to** zu +*dat*); **leaving your house unlocked is an open ~ to burglars** ein unverschlossenes Haus ist eine Aufforderung an jeden Einbrecher ❸ (*opportunity*) Gelegenheit *f* ❹ ECON (*offer*) Ausschreibung *f fachspr*

in·vi·ta·tion·al [ˌɪnvɪˈteɪʃᵊnᵊl] AM **I.** *adj* ❶ (*provided on request*) ~ **article** auf Anfrage geschriebener Artikel; ~ **exhibit** auf Anfrage überlassenes Exponat ❷ (*exclusive*) Gast-, für geladene Gäste *nach n;* ~ **art opening** Vernissage *f* für geladene Gäste; ~ **basketball tournament** Basketball-Gastturnier *nt;* ~ **track meet** Leichtathletik-Gastveranstaltung *f* **II.** *n* Gastspiel *nt*

in·vite I. *n* [ˈɪnvaɪt] (*fam*) Einladung *f* (**to** zu +*dat*) **II.** *vt* [ɪnˈvaɪt] ❶ (*ask to attend*) ■**to ~ sb** jdn einladen; **I've ~d company for tonight** ich habe für heute Abend Gäste eingeladen; **before an ~d audience** vor geladenen Gästen; **to ~ sb to dinner** jdn zum Essen einladen; **to ~ sb for talks** jdn zu Gesprächen einladen; ■**to ~ oneself** sich *akk* selbst einladen ❷ (*a. form: request*) ■**to ~ sb to do sth** jdn auffordern [*o* bitten] [*o geh* ersuchen], etw zu tun; **to ~ donations** um Spenden ersuchen *geh* ❸ ECON (*solicit offer*) **to ~ applications** Stellen ausschreiben; **to ~ a bid** ein Angebot ausschreiben; **to ~ offers** zu Angeboten auffordern ❹ (*fig: provide opportunity*) ■**to ~ sth** etw herausfordern, [leicht] zu etw *dat* führen; **to ~ accidents** zu Unfällen führen; **to ~ criticism/protest** Kritik/Protest herausfordern; **to ~ a danger** eine Gefahr herausfordern [*o liter* heraufbeschwören]; **to ~ trouble** Unannehmlichkeiten hervorrufen ❺ (*fig: attract*) ■**to ~ sb to do sth** jdn verleiten [*o* [ver]locken], etw zu tun

◆**invite in** *vt* ■**to ~ in ↔ sb** jdn hereinbitten; **he ~d me in for a nightcap** er bat mich auf einen Schlummertrunk herein

◆**invite out** *vt* ■**to ~ sb ◯ out [for sth]** jdn [zu etw *dat*] einladen

◆**invite over**, BRIT *a.* **invite round** *vt* **to ~ sb over** [*or* **round**] **to tea** jdn zum Tee einladen

in·vit·ing [ɪnˈvaɪtɪŋ, AM -ṭ-] *adj* ❶ (*attractive*) *sight, weather* einladend; *appearance, fashion* ansprechend ❷ (*tempting*) *idea, prospect* verlockend; *gesture, smile* einladend; **~ look** einladender Blick; **an ~ offer** ein verlockendes Angebot

in·vit·ing·ly [ɪnˈvaɪtɪŋli, AM -ṭ-] *adv* einladend, verlockend; **an ~ good offer** ein verlockend gutes Angebot; **an ~ blue sky** ein einladend blauer Himmel

in vi·tro [ɪnˈviːtrəʊ, AM -oʊ] *inv* **I.** *adj* BIOL, SCI, ZOOL künstlich, In-vitro- *fachspr;* **~ experiments** Laborversuche *mpl* **II.** *adv* künstlich, in vitro *fachspr*

in vi·tro fer·ti·li·ˈza·tion *n no pl* MED künstliche Befruchtung, In-vitro-Fertilisation *f fachspr*

in·vo·ca·tion [ˌɪnvə(ʊ)ˈkeɪʃᵊn, AM -vəˈ-] *n* ❶ (*form: supplication*) Anrufung *f;* **~ of** [*or* **to**] **the gods/Muses** Anrufung *f* der Götter/Musen ❷ REL (*prayer*) Bittgebet *nt fachspr* ❸ (*calling forth*) Beschwörung *f;* **the ~ of memories** die Beschwörung von Erinnerungen; **~ of spirits** Geisterbeschwörung *f* ❹ (*petition*) Erflehung *f,* flehentliche Bitte; **~ of help** flehentliche Bitte um Hilfe ❺ (*appeal*) Appell *m;* **~ of moral support** Appell *m* um moralische Unterstützung ❻ *no pl* (*reference*) Berufung *f;* **~ of obscure rules** eine Berufung auf unklare Bestimmungen

in·voice [ˈɪnvɔɪs] **I.** *vt* ECON ■**to ~ sb** jdm eine Rechnung ausstellen; **all the parts need to be ~d** alle Teile müssen berechnet werden; ■**to ~ sb for sth** [*or* **sth to sb**] jdm etw in Rechnung stellen **II.** *n* ECON [Waren]rechnung *f,* Faktura *f fachspr* (**for** für +*akk*); **within thirty days of ~** innerhalb von dreißig Tagen nach Rechnungserhalt; **payable against ~** zahlbar bei Rechnungserhalt; **to make out an ~ of sth** eine Rechnung über etw *akk* ausstellen; **to submit an ~** eine Rechnung vorlegen [*o* einreichen]; **as per ~** laut Rechnung [*o fachspr* Faktura]

in·voke [ɪnˈvəʊk, AM -ˈvoʊk] *vt* (*form*) ❶ (*call on*) **to ~ God's name** Gottes Namen anrufen ❷ (*call forth*) **to ~ memories** Erinnerungen [herauf]beschwören ❸ (*petition*) **to ~ God's blessing** Gottes Segen erflehen ❹ (*appeal to*) ■**to ~ sth** an etw *akk* appellieren; (*refer to*) sich *akk* auf etw *akk* berufen; **to ~ allegiance/morality** an die Treuepflicht/Moral appellieren

in·vol·un·tari·ly [ɪnˈvɒləntᵊrᵊli, AM -ˈvɑːlənter-] *adv inv* ❶ (*not by own choice*) unfreiwillig, gezwungenermaßen ❷ (*unintentionally*) unbeabsichtigt, unabsichtlich; **he ~ glanced again at his watch** wieder schaute er ungewollt auf die Uhr; **to cry/laugh ~** unwillkürlich [*o* ungewollt] weinen/lachen ❸ MED (*automatically*) unwillkürlich; **to blink ~** unwillkürlich blinzeln

in·vol·un·tary [ɪnˈvɒləntᵊri, AM -ˈvɑːlənteri] *adj inv* ❶ (*not by own choice*) unfreiwillig, gezwungen, erzwungen; **~ kindness** gezwungene Freundlichkeit; **~ loyalty** erzwungene Loyalität; **~ measure** unfreiwillige Maßnahme; **~ servitude** unfreiwillige Knechtschaft ❷ (*unintentional*) unabsichtlich, unbeabsichtigt; **~ criticism** unbeabsichtigte Kritik; **~ manslaughter** LAW fahrlässige Tötung *fachspr;* **~ movement** ungewollte Bewegung ❸ MED (*automatic*) unwillkürlich; **~ muscle contraction** unwillkürliche Muskelkontraktion *fachspr*

in·volve [ɪnˈvɒlv, AM -ˈvɑːlv] *vt* ❶ (*concern, affect*) ■**to ~ sth/sb** etw/jdn betreffen; **criminal law ~s acts which are considered harmful to society as a whole** das Strafrecht beschäftigt sich mit Handlungen, die die ganze Gesellschaft beeinträchtigen; **the accident ~d two cars** an dem Unfall waren zwei Personenwagen beteiligt; **the crime ~d two underage schoolgirls** in das Verbrechen waren zwei minderjährige Schulmädchen verwickelt; ■**to ~ sb with sth** sich *akk* für etw *akk* engagieren ❷ (*include, incorporate*) ■**to ~ sb/sth in sth** jdn/etw in etw *akk* verwickeln [*o* hineinziehen]; **to ~ sb in negotiations** jdn an Verhandlungen beteiligen; ■**to ~ sb in doing sth** jdn an etw *dat* beteiligen; **the four men were all ~d in carrying out the murders** alle vier Männer waren an der Ausführung des Mordes beteiligt ❸ (*entail, necessitate*) ■**to ~ sth** etw mit sich *dat* bringen, etw zur Folge haben; **the operation ~s putting a small tube into your heart** während der Operation wird ein kleines Röhrchen in das Herz eingeführt ❹ *usu pass* ■**to be ~d in sth** (*be engrossed, pre-occupied*) von etw *dat* gefesselt sein; (*working in field*) mit etw *dat* zu tun haben; **he's become very ~d in a local church** er engagiert sich sehr in der örtlichen Gemeinde

in·volved [ɪnˈvɒlvd, AM -ˈvɑːl-] *adj* ❶ (*intricate*) kompliziert; *story* verwickelt, verworren; *style* komplex; **an ~ affair** eine verwickelte [*o* verworrene] Angelegenheit; **an ~ issue** ein komplexer Sachverhalt; **an ~ poem** ein schwer verständliches Gedicht; **an ~ sentence structure** ein komplizierter Satzbau ❷ *after n* (*implicated*) beteiligt; **the modifications ~** die einbegriffenen Abänderungen; **the persons ~** die Beteiligten; (*affected*) betroffen; **the company ~** das betroffene Unternehmen ❸ (*committed*) engagiert, interessiert; **the peace demonstration attracted many ~ citizens** die Friedensdemonstration rief viele engagierte Bürger auf den Plan

in·volve·ment [ɪnˈvɒlvmənt, AM -ˈvɑːl-] *n* ❶ (*intricacy*) Verworrenheit *f,* Kompliziertheit *f;* (*complexity*) Komplexität *f* ❷ (*participation*) Beteiligung *f* (**in** an +*dat*), Verwicklung *f* (**in** in +*akk*), Verstrickung *f* (**in** in +*akk*) ❸ (*affection*) Betroffensein *nt* ❹ (*relationship*) Verhältnis *nt,* Affäre *f;* **to have an ~ with sb** mit jdm ein Verhältnis haben ❺ (*commitment*) Engagement *nt,* Interessiertsein *nt*

in·vul·ner·abil·ity [ɪnˌvʌlnᵊrəˈbɪləti, AM -nɚəˈbɪləṭi] *n no pl* ❶ (*a. fig: immunity to damage*) Unverwundbarkeit *f,* Unverletzbarkeit *f a. fig* ❷ (*fig: unassailability*) *of a position* Unangreifbarkeit *f; of a right* Unverletzlichkeit *f,* Unantastbarkeit *f* ❸ (*fig: strength*) *of an argument* Unwiderlegbarkeit *f; of a fortification* Uneinnehmbarkeit *f; of a position, theory* Unanfechtbarkeit *f*

in·vul·ner·able [ɪnˈvʌlnᵊrəbl̩, AM -nɚ-] *adj inv* ❶ (*a. fig: immune to damage*) unverwundbar, unverletzbar *fig;* ■**to be ~ to sth** gegen etw *akk* gefeit sein ❷ (*fig: unassailable*) *position* unangreifbar; *right* unverletzlich, unantastbar ❸ (*fig: strong*) *argument* unwiderlegbar; *fortification* uneinnehmbar; *position, theory* unanfechtbar

in·ward [ˈɪnwəd, AM -wɚd] **I.** *adj inv* ❶ (*in-going*) nach innen gehend [*o* gerichtet]; **~ spot** nach innen gehender [*o* gerichteter] Strahler ❷ (*incoming*) Eingangs-, eingehend; **~ calls/enquiries** [*or* AM **inquiries**] eingehende Anrufe/Anfragen; *mail* eintreffend ❸ NAUT (*inbound*) Heim-; **~ passage** Heimfahrt *f,* Heimreise *f* ❹ ECON (*import*) Eingangs-, Einfuhr- *fachspr;* **~ customs clearance** Eingangszollabfertigung *f;* **~ duty** Eingangszoll *m,* Einfuhrzoll *m;* **~ trade** Einfuhrhandel *m* ❺ (*usu fig: internal*) innere(r, s), innerlich; **~ laughter** innerliches Lachen; **~ life** Innenleben *nt,* Seelenleben *nt;* **~ parts** ANAT innere Organe *fachspr;* **~ peace** innerer Frieden; **~ room** innen gelegener Raum ❻ (*fig: intimate*) vertraut; **to be ~ with art** mit Kunst vertraut sein **II.** *adv* einwärts, nach innen; **~ bound road** stadteinwärts führende Straße; **to be directed ~** einwärts [*o* nach innen] gerichtet sein; **to slope ~** (*crater, hole*) nach innen abfallen; **to turn ~** (*fig*) in sich *akk* gehen; **to turn one's thoughts ~** (*fig*) seine Gedanken auf sein Inneres richten

ˈin·ward-look·ing *adj* introvertiert, in sich *akk* gekehrt

in·ward·ly [ˈɪnwədli, AM -wɚd-] *adv* ❶ (*fig: towards the inside*) nach innen; **to look** [*or* **see**] **~** in sein Inneres schauen ❷ (*usu fig: internally*) innerlich, im Innern; **to be ~ calm** innerlich ruhig sein; **to bleed ~** innere Blutungen haben ❸ (*fig: privately*) im Stillen, insgeheim; **~, he disliked her lifestyle** insgeheim mochte er ihren Lebensstil nicht ❹ (*fig: softly*) leise; **to say sth ~** sich *akk* leise äußern

in·ward·ness [ˈɪnwədnəs, AM -wɚd-] *n no pl* ❶ *of a body's*

I

organ Lage *f* ❷ (*fig: depth*) Innerlichkeit *f; of emotions* Innigkeit *f; of a thought* gedankliche [*o* geistige] Tiefe ❸ (*fig: essence*) innerste Natur; (*significance*) wahre Bedeutung; (*intimacy*) Vertrautheit *f*

in·wards ['ɪnwədz, AM -wɚdz] *adv inv* ❶ (*towards the inside*) einwärts, nach innen ❷ (*spiritually*) im Innern

in-word ['ɪn,wɜ:d, AM -,wɜ:rd] *n* Modewort *nt*

in-yer-face (*sl*), **in-your-face** [,ɪnjə'feɪs, AM -jɚ'-] *adj* (*fam*) ❶ (*defiant*) frech; ~ **lie** rotzfreche Lüge *sl* ❷ (*irritating*) *look, smile* herausfordernd, provozierend ❸ (*confrontational*) auf offene Konfrontation angelegt *nach n;* ~ **allegation** äußerst provozierende Behauptung

in-your-face *adj attr* (*fam*) aggressiv, provokativ

IOC [,aɪəʊ'si:, AM -oʊ'-] *n abbrev of* **International Olympic Committee** IOC *nt*

iodine ['aɪədi:n, AM -daɪn] *n no pl* CHEM, MED Jod *nt;* **tincture of** ~ MED Jodtinktur *f*

iodized ['aɪədaɪzd] *adj* CHEM jodiert *fachspr,* mit Jod versetzt [*o* behandelt]; ~ **food** jodierte Lebensmittel

iodized 'salt *n* Jodsalz *nt*

ion ['aɪən] *n* PHYS Ion *nt*

Ion·ic [aɪ'ɒnɪk, AM -'ɑ:n-] *adj* ARCHIT ionisch

ioni·za·tion [,aɪənaɪ'zeɪʃən, AM -nɪ'-] *n* PHYS Ionisation *f,* Ionisierung *f*

ion·ize ['aɪənaɪz] *vt* PHYS ■**to** ~ **sth** etw ionisieren

ion·ized ['aɪənaɪzd] *adj* PHYS ionisiert; ~ **atom** ionisiertes Atom

ion·iz·er ['aɪənaɪzəʳ, AM -ɚ] *n* PHYS Ionisator *m*

iono·sphere [aɪ'ɒnəsfɪəʳ, AM -'ɑ:nəsfɪr] *n no pl* AEROSP, ASTRON Ionosphäre *f*

iono·spher·ic [aɪ,ɒnə'sferɪk, AM -,ɑ:nə'sfɪr-] *adj inv* AEROSP, ASTRON ionosphärisch; ~ **region** ionosphärische Schicht

iota [aɪ'əʊtə, AM -'oʊţə] *n no pl, usu neg* Jota *nt;* **not an** [*or* **one**] ~ nicht ein Jota, kein bisschen; **we won't change our policies one** ~ wir werden keinen Millimeter von unserem politischen Kurs abweichen; **there is not an** ~ **of truth in that** daran ist kein Jota wahr; **not to be able to produce an** ~ **of proof** nicht den kleinsten Beweis vorbringen können

IOU [,aɪəʊ'ju:, AM -oʊ'-] *n* ECON (*fam*) *abbrev of* **I owe you** Schuldschein *m*

IPA [,aɪpi:'eɪ] *n abbrev of* **International Phonetic Alphabet** internationales phonetisches Alphabet

IPO [,aɪpi:'əʊ, AM -'oʊ] **I.** *n abbrev of* **initial public offering** FIN erste öffentliche Zeichnungsaufforderung; STOCKEX Erstemission *f* **II.** *n modifier* Erstemissions-

ipso fac·to [,ɪpsəʊ'fæktəʊ, AM -soʊ'fæktoʊ] *adv inv* LAW durch die Tat selbst, eo ipso

IQ [,aɪ'kju:] *n abbrev of* **intelligence quotient** Intelligenzquotient *m;* ~**-test** IQ-Test *m*

IRA [,aɪɑ:'reɪ, AM -ɑ:r'eɪ] *n* ❶ *no pl abbrev of* **Irish Republican Army** IRA *f* ❷ AM FIN *abbrev of* **Individual Retirement Account** [steuerbegünstigte] Altersvorsorge

Iran [ɪ'rɑ:n, AM ɪ'ræn] *n* Iran *m*

Iran·gate [ɪ'rɑ:n,geɪt, AM ɪ'ræn,-] *n* POL Irangate *nt,* Irangate-Affäre *f* (*auf das Jahr 1986 zurückgehender US-amerikanischer Waffenlieferungsskandal*)

Ira·nian [ɪ'reɪniən] **I.** *n* Iraner(in) *m(f)* **II.** *adj* iranisch

Iraq [ɪ'rɑ:k] *n* Irak *m*

Ira·qi [ɪ'rɑ:ki] **I.** *n* Iraker(in) *m(f)* **II.** *adj* irakisch

iras·cibil·ity [ɪ,ræsə'bɪləti, AM -əţi] *n no pl* (*form*) Reizbarkeit *f,* Jähzorn *m*

iras·cible [ɪ'ræsəbl] *adj* (*form*) aufbrausend *geh,* reizbar, jähzornig

iras·cibly [ɪ'ræsəbli] *adv* (*form*) aufbrausend *geh,* jähzornig, heftig; **to react** ~ heftig reagieren

irate [aɪ'reɪt] *adj* (*form*) wütend, zornig; ~ **phone calls from customers** erzürnte Telefonanrufe von Kunden

ire [aɪəʳ, AM aɪr] *n no pl* (*liter*) Zorn *m,* Wut *f;* **to raise** [*or* **arouse**] **sb's** ~ jds Zorn erregen

Ire·land ['aɪələnd, AM 'aɪr-] *n* Irland *nt*

iri·des·cence [,ɪrɪ'desən(t)s] *n no pl* Schillern *nt* [in allen Regenbogenfarben], Regenbogenfarbenspiel *nt,* Irisieren *nt*

iri·des·cent [,ɪrɪ'desənt] *adj* schillernd [in allen Regenbogenfarben], regenbogenfarben, irisierend

irid·ium [ɪ'rɪdiəm] *n no pl* CHEM Iridium *nt*

iris <*pl* -es> ['aɪ(ə)rɪs, AM 'aɪrɪs] *n* ❶ BOT (*flower*) Schwertlilie *f,* Iris *f* ❷ ANAT (*diaphragm*) Regenbogenhaut *f,* Iris *f*

Irish ['aɪ(ə)rɪʃ, AM 'aɪrɪʃ] **I.** *adj* irisch **II.** *n pl* ■**the** ~ die Iren *pl*

Irish A'meri·can *n* irischstämmiger Amerikaner/irischstämmige Amerikanerin **Irish 'cof·fee** *n no pl* Irishcoffee *m* (*Kaffee mit Schlagsahne und einem Schuss Whiskey*) **'Irish·man** *n* Ire *m*

i Kultur

Die **Irish Republic** oder **Republic of Ireland** – *Republik Irland* ist die unabhängige Republik Irlands. Sie erstreckt sich über die gesamte irische Insel mit Ausnahme von *Ulster – Nordirland* im Nordosten, das zum *United Kingdom – Vereinigten Königreich* gehört. Durch den *Anglo-Irish Treaty – anglo-irisches Abkommen* von 1921 erhielt Irland, wie auch Kanada und Australien, den Status eines *dominion – Herrschaftsgebiet* innerhalb des Commonwealth als der *Irish Free State.* Die Republik zog sich 1949 aus dem Commonwealth zurück und schloss sich 1973 der Europäischen Gemeinschaft an. Das Staatsoberhaupt ist der für sieben Jahre gewählte *President.*

Irish 'stew *n no pl* Irishstew *nt* (*gekochtes Hammelfleisch mit Weißkraut und Kartoffeln*) **'Irish·wom·an** *n* Irin *f*

irk [ɜ:k, AM ɜ:rk] *vt* ■**to** ~ **sb** jdn ärgern [*o liter* verdrießen]; **it** ~**ed her to wait in line** ihr war das Schlangestehen lästig

irk·some ['ɜ:ksəm, AM 'ɜ:rk-] *adj* (*form*) ärgerlich, lästig; ~ **incident** ärgerlicher Vorfall; ~ **task** lästige Aufgabe

iron ['aɪən, AM -ɚn] **I.** *n* ❶ *no pl* CHEM (*element*) Eisen *nt;* **rich in** ~ reich an Eisen; (*as medical preparation*) Eisen[präparat] *nt;* (*metal*) Eisen *nt* ❷ (*fig*) **the I~ Lady** (*M. Thatcher*) die eiserne Lady; **will of** ~ eiserne Wille ❸ (*appliance*) [Bügel]eisen *nt;* **steam** ~ Dampfbügeleisen *nt* ❹ (*branding instrument*) Brandeisen *nt* ❺ SPORTS (*club*) Golfschläger *m* ❻ (*shoe*) [Huf]eisen *nt* ❼ (*ring*) Steigbügel *m* ❽ (*weapon*) Eisen *nt,* Schwert *nt;* **to fall to the** ~ durch das Eisen fallen; **to put to the** ~ mit dem Eisen erschlagen ▸ PHRASES: **to have** [*or* **keep**] [**too**] **many/other** ~**s in the fire** [zu] viele/andere Eisen im Feuer haben; **to have an** ~ **fist** [*or* **hand**] **in a velvet glove** freundlich im Ton, aber hart in der Sache sein; **to rule with a rod of** ~ mit eiserner Faust regieren; **strike while the** ~ **is hot** (*prov*) das Eisen schmieden, solange es heiß ist *prov* **II.** *n modifier* (*bar, mine, railing*) Eisen- **III.** *adj* ❶ (*fig: strict*) eisern; ~ **determination** [*or* **will**] eiserner [*o* stählerner] Wille; ~ **discipline** eiserne Disziplin; **to keep a country in an** ~ **grip** ein Land eisern im Griff halten; **to rule with an** ~ **hand** [*or* **fist**] mit eiserner Faust regieren; ~ **negotiator** eisenharter Unterhändler/eisenharte Unterhändlerin ❷ (*fig: strong*) ~ **constitution** eiserne Gesundheit **IV.** *vt* ■**to** ~ **sth** etw bügeln; **to** ~ **the laundry** die Wäsche bügeln **V.** *vi* bügeln; **cotton and silk** ~ **well** Baumwolle und Seide lassen sich gut bügeln

◆**iron out** *vt* ■**to** ~ **sth** ○ **out** ❶ (*press*) **to** ~ **out a creased banknote** einen zerknitterten Geldschein glätten; **to** ~ **out the collar of a shirt** einen Hemdkragen ausbügeln; **to** ~ **out a crease** eine Falte glatt bügeln [*o* ausbügeln] ❷ (*a. fig: remove*) **to** ~ **out difficulties** Schwierigkeiten aus der Welt schaffen; **to** ~ **out conflicting interests** Interessengegensätze ausgleichen; **to** ~ **out an awkward matter** eine unangenehme Sache ausbügeln [*o* bereinigen]; **to** ~ **out misunderstandings** Missverständnisse beseitigen; **to** ~ **out wrinkles** Falten glätten

'Iron Age I. *n* Eisenzeit *f* **II.** *n modifier* eisenzeitlich; ~ **settlement** Siedlung *f* aus der Eisenzeit **'iron·bark** *n* AUS Eukalyptusbaum *m* **'iron-clad** *adj* ❶ NAUT (*armoured*) gepanzert; ~ **cruiser** Panzerkreuzer *m;* ~ **naval vessel** gepanzertes Kriegsschiff; (*fig: unbreakable*) hieb- und stichfest; ~ **argument** hieb- und stichfestes Argument ❷ (*fig: rigorous*) streng; ~ **controls/provisions** strenge Kontrollen/Bestimmungen; ~ **oath** heiliger Eid [*o* Schwur] ❸ (*fig: rigid*) starr; ~ **rules** starre Regeln ❹ (*fig: resolute*) unbeugsam, eisern; ~ **defence** Verteidigung *f* bis zum Letzten; ~ **patriot** unbeugsamer Patriot/unbeugsame Patriotin; ~ **proponent** eiserner Verfechter/eiserne Verfechterin **Iron 'Cross** *n* MIL (*hist*) Eisernes Kreuz *hist* **iron 'cur·tain I.** *n* ❶ POL (*hist: boundary*) ■**I~** Eiserner Vorhang *m hist* ❷ (*fig: barrier*) Abschottung *f,* Schranke *f* **II.** *n modifier* ~ **countries** Länder *ntpl* hinter dem Eisernen Vorhang; ~ **mentality** Abschottungsmentalität *f*

iron·ic [aɪ(ə)'rɒnɪk, AM aɪ'rɑːn-] *adj* ❶ (*sarcastic*) *remark, smile* ironisch, [leicht] spöttisch; *commentator, critic* ironisch, [leicht] spottend ❷ (*unexpected*) ironisch; **it was ~ that he should meet her there** es hatte etwas Ironisches, dass er sie dort treffen sollte

ironi·cal·ly [aɪ(ə)'rɒnɪkəli, AM aɪ'rɑːn-] *adv* ironisch; ~, ... ironischerweise ...; **to answer/remark/smile** ~ ironisch antworten/bemerken/lächeln

iron·ing ['aɪənɪŋ, AM -ɚn-] *n no pl* ❶ (*pressing*) Bügeln *nt* ❷ (*laundry*) Bügelwäsche *f;* **to put the ~ in a basket** die Bügelwäsche in einen Korb legen; **to do the ~** Wäsche bügeln

'iron·ing board *n* Bügelbrett *nt*

iron 'lung *n* MED eiserne Lunge **'iron man** *n* ❶ (*athlete*) eisenharter [Ausdauer]athlet; (*worker*) unermüdlicher Arbeiter, Arbeitstier *nt fam o hum;* (*in a mine*) Eisenhüttenarbeiter *m;* (*in tracklaying*) Schienenarbeiter *m,* Schienenleger *m* ❷ (*machine*) [Stahl]roboter *m* ❸ AM (*sl: money*) Silberdollar *m* **'Iron·man** *n* ❶ SPORTS (*athlete*) Ironman *m,* Ironman-Triathlet *m* ❷ SPORTS (*competition*) Ironman *m,* Ironman-Triathlon *nt o m*

iron·mon·ger ['aɪən,mʌŋgəʳ] *n* BRIT ❶ (*person*) Eisenwarenhändler(in) *m(f),* Haushaltswarenhändler(in) *m(f)* ❷ (*shop*) ■**~'s** Eisen- und Haushaltswarenhandlung *f* **iron·mon·gery** ['aɪən,mʌŋgəri] *n no pl* BRIT ❶ (*goods*) Eisenwaren *pl,* Haushaltswaren *pl* ❷ (*premises*) Eisenwarenhandlung *f,* Haushaltswarenhandlung *f* **iron 'ore** *n* Eisenerz *nt* **'iron ra·tion** *n* (*dated*) eiserne Ration

irons ['aɪənz, AM -ɚnz] *npl* Hand- und Fußschellen *fpl;* **to be clapped** [*or* **put**] **in ~** in Ketten [*o liter* Eisen] gelegt werden

'Iron·wom·an *n* ❶ SPORTS (*athlete*) Ironwoman *f,* Ironwoman-Triathletin *f* ❷ SPORTS (*competition*) Ironwoman *m,* Ironwoman-Triathlon *nt o m* **'iron·work** *n no pl* ❶ (*dressed iron*) Eisenwerk *nt,* schmiedeeiserne Verzierung ❷ (*part*) Eisenkonstruktion *f* ❸ (*goods*) Eisenzeug *nt,* Eisenbeschläge *mpl* **'iron·works** *n + sing/pl vb* Eisenhütte *f,* Eisenhüttenwerk *nt*

iro·ny ['aɪ(ə)rəni, AM 'aɪrəni] *n no pl* Ironie *f;* **the ~ was that ...** das Ironische war, dass ...; **the ~ of a remark** die in einer Bemerkung liegende Ironie; ~ **of fate** Ironie *f* des Schicksals; **one of life's little ironies** eine kleine Ironie des Schicksals; **heavy with ~** voller Ironie; **tragic ~** tragische Ironie

ir·ra·di·ate [ɪ'reɪdieɪt, AM ɪr'eɪ-] *vt* ■**to ~ sth** ❶ (*illuminate*) *sunlight* etw bestrahlen [*o* bescheinen]; *moonlight* etw erleuchten; *candle, lightning* etw erhellen; *spotlight, streetlight* etw beleuchten; **the castle was dimly ~d** das Schloss war schwach erleuchtet; **a romantically ~d lake** ein romantisch erleuchteter See; **to ~ an affair** (*fig*) Licht in eine Sache bringen ❷ MED, PHYS (*treat*) etw bestrahlen

ir·ra·di·at·ed [ɪ'reɪdieɪtɪd, AM ɪr'eɪdieɪt̬-] *adj* bestrahlt, strahlungsbehandelt; ~ **food** bestrahlte Lebensmittel

ir·ra·dia·tion [ɪ,reɪdi'eɪʃən] *n no pl* ❶ MED, PHYS (*treatment*) Bestrahlung *f;* ~ **of food** Lebensmittelbestrahlung *f* ❷ MED (*spread*) *of pain* Ausstrahlung *f*

ir·ra·tion·al [ɪ'ræʃənəl] *adj* ❶ (*unreasonable*) *action, behaviour* irrational; (*not sensible*) unvernünftig, vernunftwidrig; ~ **decision/measure** unvernünftige Entscheidung/Maßnahme; ~ **suggestion** unsinniger Vorschlag ❷ (*illogical*) *arguments, reasons* irrational, absurd ❸ ZOOL (*of lower animals*) vernunftlos, nicht vernunftbegabt

ir·ra·tion·al·ism [ɪ'ræʃənəlɪzəm] *n* ❶ PHILOS (*reliance on faith*) Irrationalismus *m* ❷ (*lack of logic*) Irrationalität *f*

ir·ra·tion·al·ity [ɪ,ræʃən'æləti, AM -ət̬i] *n no pl* ❶ (*absence of reason*) Vernunftlosigkeit *f* ❷ (*lack of reason*) Irrationalität *f;* (*lack of good sense*) Vernunftwidrigkeit *f,* Unvernünftigkeit *f;* *of fear, belief* Unsinnigkeit *f* ❸ (*lack of logic*) *of arguments, reasons* Irrationalität *f,* Absurdität *f*

ir·ra·tion·al·ly [ɪ'ræʃənəli] *adv* ❶ (*without reason*) irrational; (*not sensible*) unvernünftig, vernunftwidrig; **to act ~** irrational handeln; **to behave ~** sich *akk* unvernünftig [*o* irrational] verhalten ❷ (*without logic*) irrational; **to argue ~** irrational argumentieren

ir·ra·tion·al 'num·ber *n* MATH irrationale Zahl

ir·rec·on·cil·able [,ɪrekən'saɪləbl] *adj inv* ❶ (*diametrically opposed*) *ideas, views* unvereinbar; ~ **accounts/facts** sich *akk* völlig widersprechende Berichte/Tatsachen; ~ **differences of opinion** unüberbrückbare Meinungsgegensätze; ■**to be ~ with sth** mit etw *dat* nicht vereinbar sein ❷ (*implacably opposed*) *enemies, factions* unversöhnlich; **their positions are ~** sie sind unversöhnliche Meinungsgegner

ir·rec·on·cil·ably [,ɪrekən'saɪləbli] *adv inv* unvereinbar; ~ **opposed camps** sich *dat* unversöhnlich gegenüberstehende Lager; ~ **different views** unvereinbar weit auseinanderliegende Auffassungen

ir·re·cov·er·able [,ɪrɪ'kʌvərəbl̩, AM -vɚ-] *adj inv* ❶ (*irreparable*) *damage, loss* unersetzbar, unersetzlich, nicht wiedergutzumachend; ~ **health** nicht wiederherstellbare Gesundheit; ~ **injury** nicht ausheilbare Verletzung ❷ (*irretrievable*) *crew, ship* unrettbar [verloren]; *treasure, paradise* unwiederbringlich [verloren]; ~ **loss** unwiederbringlicher Verlust; ~ **debts** ECON nicht eintreibbare [*o* beitreibbare] Forderungen *fachspr*

ir·re·cov·er·ably [,ɪrɪ'kʌvərəbli, AM -vɚ-] *adv inv* ❶ (*irreparably*) **to be ~ damaged** nicht behebbare Schäden aufweisen; **to be ~ injured** nicht ausheilbare Verletzungen haben ❷ (*irretrievably*) **to be ~ lost** unwiederbringlich [*o* endgültig] verloren sein

ir·re·deem·able [,ɪrɪ'diːməbl̩] *adj inv* (*form*) ❶ (*irretrievable*) *crew, ship* unrettbar [verloren]; *treasure* unwiederbringlich [verloren] ❷ (*irremediable*) ~ **case** hoffnungsloser Fall; ~ **drinker** unverbesserlicher Trinker/unverbesserliche Trinkerin ❸ (*absolute*) *despair, gloom* völlig, absolut; ~ **stupidity** reine Dummheit ❹ ECON, FIN (*not terminable*) ~ **annuity** nicht ablösbare Rente *fachspr;* ~ **debt** nicht tilgbare Schuld *fachspr;* ~ **bond** untilgbare [*o* unkündbare] Schuldverschreibung *fachspr;* ~ **paper money** nicht einlösbares Papiergeld *fachspr*

ir·re·deem·ably [,ɪrɪ'diːməbli] *adv inv* (*form*) ❶ (*irretrievably*) unwiederbringlich, unrettbar; ~ **lost** unwiederbringlich verloren ❷ (*irremediably*) unverbesserlich, hoffnungslos, rettungslos ❸ (*absolutely*) völlig, absolut; **he was ~ incompetent** er war absolut inkompetent

ir·re·den·tism [,ɪrɪ'dentɪzəm] *n* HIST, POL Irredentismus *m fachspr*

ir·re·den·tist [,ɪrɪ'dentɪst] *n* HIST, POL Irredentist(in) *m(f) fachspr*

ir·re·duc·ible [,ɪrɪ'djuːsəbl̩, AM *esp* -'duː-] *adj inv* (*form*) ❶ (*undiminishable*) nicht [weiter] reduzierbar, äußerst klein [*o* gering]; ~ **minimum** absolute Mindestmenge ❷ (*impossible to simplify*) nicht [weiter] zu vereinfachend; ~ **formula** nicht weiter zu vereinfachende [*o* zerlegbare] Formel; ~ **cultural idiosyncrasy** nicht weiter auszudifferenzierende kulturelle Eigenart ❸ PHILOS, MATH (*underivable*) irreduzibel, unableitbar ❹ MED (*irreplaceable*) irreponibel *fachspr*

ir·re·duc·ibly [,ɪrɪ'djuːsəbli, AM *esp* -'duː-] *adv inv* (*form*) äußerst klein [*o* gering], absolut minimal; **the centre was ~ staffed**

die Zentrale war äußerst minimal besetzt; ~ **small quantities** äußerst kleine Mengen

ir·refu·table [ˌɪrɪ'fju:təbḷ, AM *esp* ɪ'refjət̬ə-] *adj inv* (*form*) ❶ (*undisprovable*) *argument, proof* unwiderlegbar; ~ **evidence** unwiderlegbarer Beweis ❷ (*uncontestable*) unbestreitbar; ~ **fact/logic** unbestreitbare Tatsache/Logik

ir·refu·tably [ˌɪrɪ'fju:təbli, AM *esp* ɪ'refjət̬ə-] *adv inv* (*form*) ❶ (*undisprovably*) unwiderlegbar; ~ **proven** unwiderlegbar [*o* eindeutig] bewiesen ❷ (*uncontestably*) unbestreitbar, unzweifelhaft; **it's become ~ clear that ...** es ist unzweifelhaft deutlich geworden, dass ...; ~ **factual report** unbestreitbar den Tatsachen entsprechender Bericht

ir·regu·lar [ɪ'regjələʳ, AM -ɚ] **I.** *adj* ❶ (*unsymmetrical*) *arrangement, pattern* unregelmäßig, ungleichmäßig, uneinheitlich; ~ **shape** ungleichförmige Gestalt; ~ **surface/terrain** unebene Oberfläche/unebenes Gelände; ~ **teeth** unregelmäßige Zähne; ~ **verbs** unregelmäßige Verben ❷ (*intermittent*) unregelmäßig, ungleichmäßig; **at ~ intervals** in unregelmäßigen Abständen; ~ **meals/payments** unregelmäßige Mahlzeiten/Zahlungen; ~ **pulse** [*or* **heartbeat**] unregelmäßiger [*o* ungleichmäßiger] Herzschlag; ▪**to be** ~ AM, AUS MED (*fam*) unregelmäßigen Stuhlgang haben ❸ (*form: failing to accord*) *behaviour, conduct* regelwidrig, ordnungswidrig, vorschriftswidrig *form; document* nicht ordnungsmäßig *form;* ~ **action** ungesetzliche Aktion; ~ **banknote** ungültige Banknote; ~ **economy** amtlich nicht erfasste Wirtschaft, Schattenwirtschaft *f fig;* ~ **habits** ungeregelte Lebensweise; ~ **method** unsystematische Methodik; ~ **proceedings** an Formfehlern leidendes Verfahren; ~ **shirt** Hemd *nt* mit Fabrikationsfehlern; (*peculiar*) *customs, practices* sonderbar, eigenartig, absonderlich; **most** ~ höchst sonderbar; (*improper*) ungehörig, ungebührlich; ~ **behaviour** [*or* AM **behavior**] ungebührliches Benehmen; ~ **dealings** zwielichtige Geschäfte; ~ **private life** ausschweifendes Privatleben ❹ MIL (*unofficial*) irregulär; ~ **soldiers** Partisanen, -innen *mpl, fpl,* Freischärler(innen) *mpl(fpl);* ~ **troops** irreguläre Truppen **II.** *n* MIL Partisan(in) *m(f),* Freischärler(in) *m(f)*

ir·regu·lar·ity [ɪˌregjə'lærəti, AM -'lerət̬i] *n* ❶ (*form: lack of symmetry*) *of an arrangement* Unregelmäßigkeit *f,* Ungleichmäßigkeit *f; of prices* Uneinheitlichkeit *f; of a surface, terrain* Unebenheit *f;* **the ~ of the coastline** der unregelmäßige Verlauf der Küstenlinie ❷ (*intermittence*) *of intervals* Unregelmäßigkeit *f,* Ungleichmäßigkeit *f* ❸ (*form: lack of accordance*) *of behaviour, conduct* Regelwidrigkeit *f,* Ordnungswidrigkeit *f; of an action* Ungesetzlichkeit *f form;* **currency** ~ Devisenvergehen *nt,* Verstoß *m* gegen die Devisenbestimmungen *form;* ~ **in the procedure** Verfahrensfehler *m;* **to commit irregularities** sich *dat* Unregelmäßigkeiten zuschulden kommen lassen; **to uncover irregularities** Unregelmäßigkeiten aufdecken ❹ (*peculiarity*) *of customs, practices* Eigenartigkeit *f,* Absonderlichkeit *f;* (*impropriety*) *of behaviour* Ungehörigkeit *f,* Ungebührlichkeit *f;* ~ **of dealings** Zwielichtigkeit *f* von Geschäften

ir·regu·lar·ly [ɪ'regjələli, AM -ɚli] *adv* ❶ (*unsymmetrically*) unregelmäßig; (*shaped*) ungleichmäßig, uneinheitlich; **the chairs were ~ spaced around the room** die Stühle waren ungleichmäßig im ganzen Raum verteilt; **the garden was laid out ~** der Garten war uneben angelegt; **prices marked ~** uneinheitlich ausgezeichnete Preise; **teeth shaped ~** unregelmäßig geformte Zähne ❷ (*intermittently*) ungleichmäßig, unregelmäßig; **payments were made ~** Zahlungen wurden unregelmäßig geleistet; **to meet ~** sich *akk* ab und an treffen

ir·rel·evance [ɪ'reləvᵊn(t)s, AM ɪr'el-] *n,* **ir·rel·evan·cy** [ɪ'reləvᵊn(t)si, AM ɪr'el-] *n* (*form*) Unerheblichkeit *f,* Unwesentlichkeit *f; of details* Bedeutungslosigkeit *f,* Irrelevanz *f form;* **to be an ~** unwesentlich [*o* ohne Belang] sein; **sympathy is an ~ – we need practical help** Anteilnahme ist nicht das Wesentliche – was wir brauchen, ist praktische Unterstützung; **to fade into ~** immer bedeutungsloser werden

ir·rel·evant [ɪ'reləvᵊnt, AM ɪr'el-] *adj* belanglos, unerheblich, irrelevant; **making a large profit is ~ to us** es kommt uns nicht darauf an, einen hohen Gewinn zu erzielen; **don't be ~** schweifen Sie nicht vom Thema ab; **an ~ question** eine nicht zur Sache gehörende Frage; **to be largely ~ to sth** für etw *akk* weitgehend unerheblich [*o* ohne Bedeutung] sein

ir·rel·evant·ly [ɪ'reləvᵊntli, AM ɪr'el-] *adv* **to ramble on ~** sich *akk* in Nebensächlichkeiten verlieren; **to speak ~** belangloses Zeug reden

ir·re·li·gious [ˌɪrɪ'lɪdʒəs] *adj* ❶ (*not practicing*) religionslos; (*unbelieving*) ungläubig; (*indifferent to religion*) areligiös ❷ (*impious*) gottlos; ~ **heathen** gottloser Heide/gottlose Heidin ❸ (*anti-religious*) religionsfeindlich; ~ **statements** religionsfeindliche Äußerungen

ir·re·medi·able [ˌɪrɪ'mi:diəbḷ] *adj inv* (*form*) nicht behebbar [*o* wiedergutzumachend]; ~ **damage** nicht zu behebender [*o* wiedergutzumachender] Schaden; ~ **defects of character** nicht zu beseitigende Charakterfehler; ~ **error** nicht ungeschehen zu machender Irrtum; ~ **flaw** nicht behebbarer Mangel [*o* Fehler]; ~ **loss** nicht wettzumachender [*o* wiedergutzumachender] Verlust *fam*

ir·re·mov·able [ˌɪrɪ'mu:vəbḷ] *adj inv* ❶ (*not displaceable*) nicht wegzubewegend; ~ **boulder** nicht von der Stelle zu bewegender Felsen; ~ **boundary stone** nicht verrückbarer Grenzstein; ~ **obstacle** nicht wegzuräumendes [*o* zu beseitigendes] Hindernis ❷ (*a. fig: inflexible*) unbeweglich ❸ (*permanent*) *judge* unabsetzbar; *officer* unkündbar, auf Lebenszeit ernannt

ir·repa·rable [ɪ'repᵊrəbḷ] *adj inv* irreparabel, nicht wiedergutzumachend; ~ **damage** nicht wiedergutzumachender Schaden; ~ **loss** unersetzlicher Verlust

ir·repa·rably [ɪ'repᵊrəbli] *adv inv* irreparabel; **the ship has been ~ damaged** der an dem Schiff entstandene Schaden ist nicht behebbar; **his reputation was ~ damaged** sein Ruf war irreparabel geschädigt

ir·re·place·able [ˌɪrɪ'pleɪsəbḷ] *adj inv* unersetzlich, unersetzbar; ~ **resources** nicht erneuerbare Ressourcen; ~ **vase** unersetzliche Vase

ir·re·press·ible [ˌɪrɪ'presəbḷ] *adj* ❶ (*usu approv: unrestrainable*) *curiosity, desire* unbezähmbar; *anger, joy* unbändig; **she's been ~ all morning** sie ist schon den ganzen Morgen nicht zu bändigen; ~ **conflict** (*uncontrollable*) nicht zu verdrängender Konflikt; ~ **exuberance** helle Begeisterung; ~ **spirits** ausgelassene Stimmung; ~ **urge** unbezähmbarer Drang ❷ (*impossible to discourage*) unverwüstlich, unerschütterlich; **she's an ~ chatterbox** sie plappert unentwegt; ~ **optimist** unerschütterlicher Optimist/unerschütterliche Optimistin; ~ **pacifist** nicht unterzukriegender Pazifist/unterzukriegende Pazifistin; ~ **sense of humour** [*or* AM **humor**] unverwüstlicher Sinn für Humor

ir·re·press·ibly [ˌɪrɪ'presəbli] *adv* ❶ (*usu approv: without restraint*) unbändig; **to be ~ happy** sich *akk* unbändig freuen ❷ (*without being discouraged*) unerschütterlich, unentwegt; ~ **optimistic** unerschütterlich optimistisch

ir·re·proach·able [ˌɪrɪ'prəʊtʃəbḷ, AM -'proʊ-] *adj inv* (*form*) *behaviour, character* untadelig, tadellos *form;* ~ **quality** tadellose Qualität; *behaviour, quality* einwandfrei; ~ **conduct** LAW einwandfreie Führung; ~ **past** makellose Vergangenheit

ir·re·proach·ably [ˌɪrɪ'prəʊtʃəbli, AM -'proʊ-] *adv inv* (*form*) untadelig *form,* einwandfrei; **to behave ~** sich *akk* einwandfrei benehmen [*o form* untadelig führen]

ir·re·sist·ible [ˌɪrɪ'zɪstəbḷ] *adj* ❶ (*powerful*) unwiderstehlich; ~ **argument** schlagendes [*o* überzeugendes] Argument; ~ **impulse/urge** unwiderstehlicher Impuls/Drang ❷ (*lovable*) *appearance* äußerst [*o* ungemein] anziehend; *personality* überaus einnehmend [*o* gewinnend] ❸ (*enticing*) äußerst [*o* ungemein] verführerisch; ~ **necklace** äußerst verlockendes Halsband

ir·re·sist·ibly [ˌɪrɪ'zɪstəbli] *adv* unwiderstehlich; **to be**

attracted ~ unwiderstehlich angezogen werden; **to argue** ~ schlagende [*o* überzeugende] Argumente vorbringen; **to refute sth** ~ etw überzeugend widerlegen

ir·reso·lute [ɪˈrezəluːt] *adj (pej form)* ❶ *(doubtful)* unentschlossen, unschlüssig *geh;* **to be** ~ unentschlossen sein, schwanken; **to adopt an** ~ **attitude** eine unschlüssige [*o* schwankende] Haltung einnehmen; ~ **reply** unklare Antwort ❷ *(lacking determination)* entschlusslos, entscheidungsschwach

ir·reso·lute·ly [ɪˈrezəluːtli] *adv (pej form)* unentschlossen, unschlüssig *geh;* **to reply** ~ unklar antworten

ir·reso·lu·tion [ɪˌrezəlˈuːʃən] *n no pl (pej form)* ❶ *(doubtfulness)* Unentschlossenheit *f,* Unschlüssigkeit *f geh* ❷ *(lack of determination)* Entschlusslosigkeit *f,* Entscheidungsschwäche *f*

ir·re·spec·tive [ˌɪrɪˈspektɪv] *adv inv (form)* ■ ~ **of sth** ohne Rücksicht auf etw *akk,* ungeachtet einer S. *gen;* **candidates are assessed on merit,** ~ **of colour** Bewerber werden nach Leistung beurteilt, ungeachtet ihrer Hautfarbe; ~ **of age/the cost** altersunabhängig/kostenunabhängig; ~ **of the consequences** ungeachtet der Folgen; ~ **of what ...** unabhängig davon, was ...; ~ **of whether ...** ohne Rücksicht darauf, ob ...

ir·re·spon·sibil·ity [ˌɪrɪˌspɒn(t)səˈbɪləti, AM -ˌspɑːn(t)səˈbɪləṭi] *n no pl* ❶ *(pej: lack of consideration) of actions* Unverantwortlichkeit *f; of persons* Verantwortungslosigkeit *f;* **an act of gross** ~ eine grob unverantwortliche Handlung ❷ LAW *(inadequacy)* Unzurechnungsfähigkeit *f;* **criminal** ~ Strafunmündigkeit *f*

ir·re·spon·sible [ˌɪrɪˈspɒn(t)səbl̩, AM -ˈspɑː-] *adj* ❶ *(pej: lacking consideration) action* unverantwortlich; *person* verantwortungslos ❷ *(form: unaccountable) body, state* nicht verantwortlich ❸ LAW *(inadequate)* unzurechnungsfähig; **financially** ~ finanziell nicht verantwortlich

ir·re·spon·sibly [ˌɪrɪˈspɒn(t)səbli, AM -ˈspɑː-] *adv (pej)* verantwortungslos, unverantwortlich; **to act** ~ unverantwortlich handeln; **to behave** ~ sich *akk* verantwortungslos verhalten

ir·re·triev·able [ˌɪrɪˈtriːvəbl̩] *adj inv* ❶ *(irreparable) loss* unersetzlich, unersetzbar ❷ *(irremediable)* irreparabel; ~ **mistake** nicht mehr zu behebender [*o* korrigierender] Fehler; ~ **situation** nicht mehr zu ändernde Situation; LAW unheilbare Zerrüttung der Ehe ❸ *(irrecoverable) crew, ship* unrettbar [verloren]; *treasure* unwiederbringlich [verloren]; ~ **loss** unwiederbringlicher [*o* endgültiger] Verlust ❹ COMPUT **sth is** ~ *information, file* etw kann nicht mehr abgerufen werden

ir·re·triev·ably [ˌɪrɪˈtriːvəbli] *adv inv* unwiederbringlich, endgültig; **their marriage had broken down** ~ ihre Ehe war unheilbar zerrüttet; **the local ecosystem will be** ~ **damaged** das lokale Ökosystem wird bleibend geschädigt; ~ **lost** unwiederbringlich [*o* endgültig] verloren

ir·rev·er·ence [ɪˈrevərən(t)s] *n no pl* Respektlosigkeit *f; (in religious matters)* Pietätlosigkeit *f geh;* **an act of** ~ eine Respektlosigkeit; *(in religious matters)* eine Pietätlosigkeit

ir·rev·er·ent [ɪˈrevərənt] *adj* unehrerbietig, respektlos; *(in religious matters)* pietätlos *geh;* **the programme takes an** ~ **look at the medical profession** die Sendung nimmt die Ärzteschaft respektlos ins Visier; ~ **comment** respektloser Kommentar; ~ **humour** [*or* AM **humor**] pietätloser Humor

ir·rev·er·ent·ly [ɪˈrevərəntli] *adv* unehrerbietig, respektlos; *(in religious matters)* pietätlos; **to behave** ~ sich *akk* unehrerbietig benehmen *geh*

ir·re·vers·ible [ˌɪrɪˈvɜːsəbl̩, AM -ˈvɜːr-] *adj inv* ❶ *(impossible to change back) development, process* nicht umkehrbar, irreversibel; ~ **damage** irreversibler Schaden; ~ **decision** unwiderrufliche Entscheidung; ~ **facial injury** MED irreversible Gesichtsverletzung ❷ CHEM, TECH *engine* in einer Richtung laufend; *chemical synthesis* in einer Richtung verlaufend ❸ *(impossible to turn) cover, cushion* nicht doppelseitig wendbar

ir·re·vers·ibly [ˌɪrɪˈvɜːsəbli, AM -ˈvɜːr-] *adv inv* unwiderruflich, irreversibel; **the computer has impacted** ~ **on our society** der Computer hat unwiderruflich Einzug in unsere Gesellschaft gehalten; ~ **damaged** für immer geschädigt

ir·revo·cable [ɪˈrevəkəbl̩] *adj inv* unwiderruflich, endgültig, unumstößlich; ~ **decision** unwiderrufliche [*o* endgültige] Entscheidung; ~ **decree** endgültiger Erlass; ~ **promise** festes Versprechen

ir·revo·cably [ɪˈrevəkəbli] *adv inv* unwiderruflich, endgültig, unumstößlich; ~ **determined** fest entschlossen

ir·ri·gate [ˈɪrɪgeɪt] *vt* ■ **to** ~ **sth** ❶ *(supply water)* etw bewässern; **to** ~ **land** Land bewässern ❷ MED *(wash)* **to** ~ **a wound** eine Wunde ausspülen

ir·ri·ga·tion [ˌɪrɪˈgeɪʃən] **I.** *n no pl* ❶ *(water supply) of land* Bewässerung *f; of crops* Berieselung *f;* **overhead** ~ Beregnung *f* ❷ MED *(washing)* Spülung *f;* **colonic** ~ Dickdarmspülung *f;* **gastric** ~ Magenspülung *f* **II.** *n modifier (plan, scheme, works)* Bewässerungs-

ir·ri·tabil·ity [ˌɪrɪtəˈbɪləti, AM -ṭəˈbɪləṭi] *n no pl (pej)* Reizbarkeit *f,* Gereiztheit *f;* MED *of an organ, tissue* Reizbarkeit *f,* [Über]empfindlichkeit *f,* Irritabilität *f fachspr*

ir·ri·table [ˈɪrɪtəbl̩, AM -ṭ-] *adj (pej)* reizbar, gereizt; MED *organ, tissue* reizbar, [über]empfindlich, irritabel *fachspr;* ~ **heart** überempfindliches Herz; ~ **to the touch** [sehr] berührungsempfindlich

ir·ri·table ˈbow·el *n,* **ir·ri·table ˈbow·el syn·drome** *n* MED Darmreizung *f,* Reizkolon *m*

ir·ri·tably [ˈɪrɪtəbli, AM -ṭ-] *adv* gereizt, erregt, empfindlich; **to react** ~ gereizt [*o* empfindlich] reagieren

ir·ri·tant [ˈɪrɪtənt, AM -ṭənt] *n* ❶ CHEM, MED *(substance)* Reizstoff *m,* Reizmittel *nt;* MIL Reizkampfstoff *m* ❷ *(annoyance)* Ärgernis *nt;* **the noise of traffic is an** ~ **to us** uns geht der Verkehrslärm auf die Nerven

ir·ri·tate [ˈɪrɪteɪt] *vt* ❶ *(pej: provoke)* ■ **to** ~ **sb** jdn [ver]ärgern [*o* reizen]; **to be intensely** ~**d** äußerst ungehalten [*o* verärgert] sein; **to feel** ~**d at sth** sich *akk* über etw *akk* ärgern ❷ MED *(pej: inflame)* **to** ~ **skin** Hautreizungen hervorrufen

ir·ri·tat·ing [ˈɪrɪteɪtɪŋ, AM -ṭ-] *adj (pej)* ärgerlich, lästig; ~ **affair/incident** ärgerliche Sache/ärgerlicher Vorfall; ~ **behaviour** [*or* AM **behavior**] irritierendes Verhalten; ~ **conflicts** unangenehme Konflikte; ~ **indifference** aufreizende Gleichgültigkeit; ~ **problems/questions** lästige Probleme/Fragen

ir·ri·tat·ing·ly [ˈɪrɪteɪtɪŋli, AM -ṭ-] *adv (pej)* ärgerlicherweise; ~ **blasé** [*or* **smug**] aufreizend blasiert; ~ **slow** unerträglich langsam

ir·ri·ta·tion [ˌɪrɪˈteɪʃən] *n* ❶ *(annoyance)* Ärger *m,* Verärgerung *f;* ■ **to be an** ~ **to sb** jdn [ver]ärgern [*o geh* irritieren]; **to cause** ~ Ärger erregen, Verärgerung hervorrufen ❷ *(nuisance)* Ärgernis *nt;* **minor** ~ kleineres Ärgernis ❸ MED *(inflammation)* Reizung *f;* ~ **of the eye** Augenreizung *f;* **skin** ~ Hautreizung *f;* **to cause** ~ eine Reizung hervorrufen

IRS [ˌaɪɑːrˈes] *n* AM *abbrev of* **Internal Revenue Service** Finanzamt *nt*

is [ɪz, z] *aux vb 3rd pers sing of* **be**

ISBN [ˌaɪesbiːˈen] *n* PUBL *abbrev of* **International Standard Book Number** ISBN-Nummer *f*

ISDN [ˌaɪesdiːˈen] *n* TELEC *abbrev of* **integrated services digital network** ISDN

Is·lam [ˈɪzlɑːm] *n no art, no pl* Islam *m*

Is·lam·ic [ɪzˈlɑːmɪk] *adj inv* REL *(hist)* islamisch; ~ **calendar** islamischer Kalender; ~ **law** islamisches Recht

is·land [ˈaɪlənd] *n* ❶ *(a. fig: in the sea)* Insel *f;* ~ **of calm** *(fig)* Insel *f* der Ruhe ❷ *(on street)* Verkehrsinsel *f* ▶ PHRASES: **no man is an** ~ *(prov)* niemand ist alleine auf der Welt

is·land·er [ˈaɪləndəʳ, AM -ɚ] *n* Inselbewohner(in) *m(f),* Insulaner(in) *m(f);* **the Falkland** ~**s** die Bewohner(innen) *mpl(fpl)* der Falklandinseln

ˈis·land-hop·ping *n* TOURIST Inselhüpfen *nt (dabei werden nacheinander mehrere Inseln eines Archipels besucht)*

isle, Isle [aɪl] *n (esp form, poet)* [kleine] Insel, Eiland *nt poet;*

I~ **of Man** die Insel Man; **the British I~s** die Britischen Inseln

i Kultur

Die **Isle of Man** – *Insel Man* gehört nicht zum *United Kingdom – Vereinigten Königreich.* Sie ist ein Schutzgebiet der Krone und hat als Oberhaupt einen *Lieutenant Governor – Vizegouverneur.* In der Eisenzeit wurde sie von den Kelten besiedelt und das keltische *Manx* wurde bis Mitte des 19. Jhs. überall auf der Insel gesprochen. Sie hat ihr eigenes Parlament (*Tynwald*), gibt ihre eigenen Geldscheine und Münzen heraus und erhebt unabhängig Steuern, so dass sie wie die *Channel Islands – Kanalinseln* ein *tax haven – Steuerparadies* ist.

is·let ['aɪlət, AM -lɪt] *n* (*liter*) Inselchen *nt,* winziges Eiland *liter*

ism [ɪzᵊm] *n* (*esp pej fam*) Ismus *m pej,* bloße [*o* reine] Theorie; **we'll talk peace with anybody whatever their ~s are** wir diskutieren mit jedem über Frieden, welche Ismen er auch vertreten mag

isn't [ɪzᵊnt] = **is not** *see* **be**

ISO [ˌaɪes'əʊ, AM -'oʊ] *n abbrev of* **International Standards Organisation** ISO *f*

iso·bar ['aɪsə(ʊ)bɑːʳ, AM -soʊbɑːr] *n* METEO Isobare *f*

iso·late ['aɪsəleɪt] *vt* ❶ (*set apart*) ■**to ~ sb/sth [from sb/sth]** jdn/etw [von jdm/etw] trennen [*o* isolieren]; **it is impossible to ~ political responsibility from moral responsibility** politische Verantwortung lässt sich nicht von moralischer Verantwortung trennen; ■**to ~ oneself [from sb/sth]** sich *akk* [von jdm/etw] absondern [*o fam* abkapseln] ❷ CHEM, ELEC (*separate*) **to ~ sth from the electric circuit** etw vom Stromkreis trennen; **to ~ a substance** eine Substanz isolieren ❸ (*identify*) **to ~ a problem** ein Problem gesondert betrachten

iso·lat·ed ['aɪsəleɪtɪd, AM -t̬-] *adj* ❶ (*outlying*) abgelegen, abseitsgelegen; (*detached*) *building, house* allein [*o* frei] stehend; **~ hotel** abgelegenes Hotel ❷ (*solitary*) einsam [gelegen], abgeschieden *geh;* **~ pawn** einsamer Bauer; **~ village** abgeschiedenes Dorf ❸ (*excluded*) *country* isoliert; **diplomatically/politically ~** diplomatisch/politisch isoliert ❹ (*lonely*) einsam, vereinsamt; **to feel ~** sich *akk* einsam fühlen ❺ (*single*) vereinzelt, einzeln; **there have been a few ~ instances of racial problems** es traten einige vereinzelte Rassenprobleme auf; **in ~ cases** in Einzelfällen; **~ phenomenon** Einzelphänomen *nt*

iso·la·tion [ˌaɪsᵊl'eɪʃᵊn] **I.** *n no pl* ❶ (*separation*) Isolation *f,* Isolierung *f,* Absonderung *f,* Trennung *f;* **~ from moisture/noise** Isolierung *f* gegen Feuchtigkeit/Schall; **to keep a patient in complete ~** einen Patienten/eine Patientin vollständig isolieren; **to keep a prisoner in ~** eine(n) Strafgefangene(n) in Einzelhaft verwahren ❷ (*remoteness*) *of a hotel, lake* Abgelegenheit *f* ❸ (*solitariness*) *of a village* Einsamkeit *f,* einsame Lage, Abgeschiedenheit *f geh* ❹ (*exclusion*) *of a country* Isolation *f* ❺ (*loneliness*) Isolation *f,* Vereinsamung *f,* Vereinzelung *f* **II.** *n modifier* (*block, cell*) Isolations-; (*resistor, switch*) Trenn-

iso·'la·tion hos·pi·tal *n* Infektionskrankenhaus *nt*

iso·la·tion·ism [ˌaɪsᵊl'eɪʃᵊnɪzᵊm] *n no pl* POL, HIST Isolationismus *m*

iso·la·tion·ist [ˌaɪsᵊl'eɪʃᵊnɪst] POL, HIST **I.** *adj* isolationistisch **II.** *n* Isolationist(in) *m(f)*

iso·'la·tion ward *n* Isolierstation *f*

iso·mer ['aɪsəməʳ, AM -soʊmɚ] *n* CHEM, NUCL Isomer(e) *nt*

iso·met·ric [ˌaɪsə(ʊ)'metrɪk, AM -soʊ'-] *adj* ❶ CHEM (*equiangular*) *crystals, rocks* isometrisch ❷ TECH (*to scale*) *drawing, map* längentreu, isometrisch ❸ MED (*with equal refraction*) *eyes* gleichsichtig, isometrisch, isometrop *fachspr* ❹ ANAT, MED (*strengthening muscles*) isometrisch *fachspr;* **~ exercises/relaxation** isometrische Übungen/Entspannung ❺ LIT (*with equal lines*) *stanza, strophe* gleich lang, isometrisch *fachspr*

isos·celes tri·an·gle [aɪˌsɒsᵊliːz'-, AM -ˌsɑːs-] *n* MATH gleichschenkliges Dreieck

iso·therm ['aɪsə(ʊ)θɜːm, AM -soʊθɜːrm] *n* METEO, PHYS Isotherme *f*

iso·ton·ic [ˌaɪsə'tɒnɪk, AM -'tɑːn-] *adj* PHYS isotonisch

iso·tope ['aɪsətəʊp, AM -toʊp] *n* CHEM Isotop *nt*

Is·ra·el ['ɪzreɪ(ə)l, AM -riəl] *n* Israel *nt*

Is·rae·li [ɪz'reɪli] **I.** *n* Israeli *m o f* **II.** *adj* israelisch

Is·rael·ite ['ɪzriəlaɪt] *n* Israelit(in) *m(f)*

is·su·ance ['ɪʃuᵊn(t)s] *n* (*form*) [Her]ausgabe *f,* Ausstellung *f form;* **~ of a document** Ausstellung *f* einer Urkunde; **~ of a law** Erlass *m* eines Gesetzes; **~ of a licence** [*or* AM **license**] Erteilung *f* einer Lizenz; **~ of material** Materialausgabe *f;* **~ of an order** Erteilung *f* eines Befehls; **~ of securities** STOCKEX Ausgabe *f* von Wertpapieren, Effektenemission *f fachspr;* **~ of shares** [*or* **stocks**] Aktienausgabe *f*

is·sue ['ɪʃuː] **I.** *n* ❶ (*topic*) [Streit]frage *f,* Angelegenheit *f,* Thema *nt,* Problem *nt;* **she has changed her mind on many ~s** sie hat ihre Einstellung in vielen Punkten geändert; **family ~s** Familienangelegenheiten *fpl;* **the point at ~** der strittige Punkt; **side ~** Nebensache *f;* **the ~ at stake** der springende Punkt; **a burning ~** eine brennende Frage; **environmental ~** Umweltproblem *nt;* **ethical ~** ethische Frage; **the real ~s** die Kernprobleme *ntpl;* **to address an ~** ein Thema ansprechen; **to avoid an ~** einem Thema ausweichen; **to confuse an ~** um etw *akk* herumreden; **to make an ~ of sth** etw aufbauschen; **to take ~ with sb [over sth]** (*form*) sich *akk* mit jdm auf eine Diskussion [über etw *akk*] einlassen; **at ~** strittig ❷ (*of publication*) Ausgabe *f,* Nummer *f;* (*making available*) *of loan* Auflegung *f; of cheque* Ausstellung *f;* FIN, STOCKEX *of banknotes, shares, stamps* Ausgabe *f; of shares also* Emission *f;* **latest ~** aktuelle Ausgabe; **new ~** Neuemission *f* ❸ (*old: offspring*) Nachkommenschaft *f,* Nachkommen *mpl,* Abkömmlinge *mpl* **II.** *vt* ■**to ~ sth** (*put out*) etw ausstellen; (*make public*) etw veröffentlichen; **to ~ an arrest warrant** AM einen Haftbefehl erlassen; **to ~ banknotes** Banknoten *fpl* in Umlauf bringen; **to ~ a blast against sth** etw angreifen; **to ~ bonds** FIN Obligationen ausgeben; **to ~ a call for sth** zu etw *dat* aufrufen; **to ~ a communique** ein Kommuniqué herausgeben; **to ~ an invitation** eine Einladung aussprechen; **to ~ a newsletter** ein Rundschreiben veröffentlichen; **to ~ a passport** einen Pass ausstellen; **to ~ a patent** ein Patent erteilen; **to ~ a statement** eine Stellungnahme abgeben; **to ~ an ultimatum** ein Ultimatum stellen; ■**to ~ sb with sth** jdn mit etw *dat* ausstatten; (*distribute*) etw an jdn austeilen **III.** *vi* (*form*) *water* herausströmen; *smoke* hervorquellen; ■**to ~ from sth** (*be born out of*) aus etw *dat* entspringen, von etw *dat* abstammen; (*come out of*) aus etw *dat* herauskommen

isth·mus ['ɪsməs] *n* ❶ GEOG (*strip*) Landenge *f,* Isthmus *m fachspr* ❷ ANAT, ZOOL (*passage*) Verengung *f,* Isthmus *m fachspr*

IT [ˌaɪ'tiː] *n no pl* COMPUT *abbrev of* **Information Technology** IT *f,* Informationstechnologie *f*

it [ɪt] *pron* ❶ (*thing*) es; **see my car over there? – ~'s brand new** siehst du mein Auto da drüben? – es ist brandneu; **fear grows – ~ obsesses you – you can't ignore ~** die Angst wächst – sie umfängt dich – du kannst sie nicht ignorieren; **the computer hasn't broken down, has ~?** der Computer ist nicht kaputt, oder?; **a room with two beds in ~** ein Raum mit zwei Betten darin; (*of unspecified sex*) er, sie, es; **she was holding the baby, cradling ~ and smiling into its face** sie hielt das Baby, wiegte es und lächelte es an ❷ (*activity*) es; **have you gone windsurfing before? ~'s a lot of fun** warst du schon früher Windsurfen? es macht großen Spaß; **stop ~ – you're hurting me** hör auf [damit] – du tust mir weh; **to be at ~** an etw *dat* sein; **that prank caller is at ~ again** ich habe heute mehrere seltsame Anrufe bekommen – ich glaube, dieser Juxanrufer hat wieder angefangen; **we heard some terrible music coming from the Smith's – I guess Mr Smith is at ~ again with the drums** wir hörten grauenhafte Musik von den Smiths kommen – ich glaube, Mr. Smith ist wieder an den Trommeln ❸ (*in time phrases: time, past dates*) es; (*day, date*) heute; **~'s three o'clock** es ist drei Uhr; **what time is ~?** wie spät ist es?; **~ was Wednesday before I remembered that my birthday had been that Monday** es war Mittwoch, bevor ich daran dachte, dass am Montag mein Geburtstag gewesen war; **~'s the fifth of March** heute ist der fünfte März; **what day/date is ~?** welcher Tag/welches Datum ist heute? ❹ (*in weather phrases*) es; **~ rained all day** es regnete den ganzen Tag; **~'s cold – take a jacket** es ist kalt – nimm eine Jacke mit; **~ gets dark so early these days** es wird jetzt so früh finster ❺ (*in distance phrases*) es; **how far is ~ to New Orleans?** wie weit ist es bis New Orleans?; **~'s 10 miles until we're home** bis nach Hause sind es 10 Meilen; **~'s just 15 minutes before we'll be there** wir sind in nur 15 Minuten da; **~'s a day's walk to get to the town from the farm** die Stadt liegt einen Tagesmarsch von dem Bauernhaus entfernt ❻ *subject* (*referring to later part of sentence*) es; ■ **~ is ... to do sth:** **~ isn't easy to find a cheap flat** es ist nicht leicht, eine billige Wohnung zu finden; **~'s common to have that problem** dieses Problem ist weit verbreitet; ■ **~ is ... doing sth:** **~'s no use knocking, she can't hear you** Klopfen hat keinen Sinn, sie hört dich nicht; **~'s pointless trying to talk to them when they're in that mood** es ist sinnlos, mit ihnen zu sprechen zu versuchen, wenn sie in dieser Stimmung sind; **~'s nice having breakfast out on the balcony** es ist angenehm, am Balkon zu frühstücken; ■ **~ is ... [that] ...:** **~'s unlikely that she will arrive on time** es ist unwahrscheinlich, dass sie rechtzeitig kommt; **~'s true I don't like Sarah** es stimmt, ich mag Sarah nicht; **~'s important that you should see a doctor** du solltest unbedingt zu einem Arzt gehen; **~'s a shame I can't come** es ist schade, dass ich nicht kommen kann; ■ **~ is ... +** *wh- word* **~'s interesting how often she talks to him** es ist interessant, wie oft sie mit ihm spricht; *object;* **to find ~ ... doing/to do sth** es ... finden, etw zu tun; **I find ~ difficult having two jobs** ich finde es schwierig, zwei Jobs zu haben; **I found ~ impossible to get to sleep last night** ich konnte letzte Nacht einfach nicht einschlafen; **to like ~ ... when ...** es mögen ... wenn ...; **I like ~ in the autumn when the weather is crisp and bright** ich mag den Herbst, wenn das Wetter frisch und klar ist; **to think ~ ... that ...** es ... finden, dass ...; **he thought ~ strange that she refused to talk to him** er fand es seltsam, dass sie sich weigerte, mit ihm zu sprechen ❼ (*form: in passive sentences with verbs of opinion, attitude*) man; ■ **~ is ... that ...:** **~ is thought that he tried to contact his family on Friday** man nimmt an, dass er am Freitag versuchte, seine Familie zu kontaktieren; **~ is said that she has left the country** es heißt, dass sie das Land verlassen hat ❽ (*emph*) ■ **~ is ... who/that ...[, not ...]:** **~ was Paul who came here in September, not Bob** Paul kam im September, nicht Bob; **~ was in Paris where we met, not in Marseilles** wir trafen uns in Paris, nicht in Marseilles ❾ (*situation*) es; **~ appears that we have lost** mir scheint, wir haben verloren; **~ looks unlikely that we shall get the order** es ist unwahrscheinlich, dass wir den Auftrag bekommen; **~ sounds an absolutely awful situation** das klingt nach einer schrecklichen Situation; **~ takes [me] an hour to get dressed in the morning** ich brauche morgens eine Stunde, um mich anzuziehen; **if you wait ~ out, ...** wenn du nur lange genug wartest, ...; **if ~'s convenient** wenn es Ihnen/dir passt; **they made a mess of ~** sie versauten es *sl;* **we had a hard time of ~ during the drought** während der Dürre hatten wir es schwer ❿ (*right thing*) es; **that's absolutely ~ – what a great find!** das ist genau das – ein toller Fund!; **that's ~!** das ist es!; **to think one is ~** sich *akk* für den Größten/die Größte halten ⓫ (*trouble*) **to be in for ~** Probleme haben; **to get ~** Probleme kriegen; **that's not ~** das ist es nicht; **do you think there was a short circuit? – no, that's not ~** glaubst du, es war ein Kurzschluss? – nein, das ist es nicht ⓬ (*the end*) **that's** [*or* **this is**] **~** das war's; **this is ~, I'm going** das war's, ich gehe ⓭ (*player*) **to be ~** dran sein; **so, John's ~ first** John ist als erster dran ⓮ (*fam: sex*) es; **to do ~** es treiben ▸ PHRASES: **go for ~!** hopp auf!; (*encouragement*) **go for ~, girl!** du schaffst es, Mädchen!; **to have ~ in for sb** es auf jdn abgesehen haben; **this is ~** jetzt geht's los; **to run for ~** davonlaufen; **use ~ or lose ~** (*prov*) wer rastet, der rostet; **that's** [*or* **this is**] **~** das ist der Punkt

Ital·ian [ɪˈtæliən, AM -jən] **I.** *n* ❶ (*native*) Italiener(in) *m(f)* ❷ (*language*) Italienisch *nt* **II.** *adj* italienisch

ital·ic [ɪˈtælɪk] *adj* TYPO kursiv; **~ type** Kursivschrift *f*

ital·ic·ize [ɪˈtælɪsaɪz] *vt* TYPO **to ~ a passage** eine Passage kursiv drucken

ital·ics [ɪˈtælɪks] *npl* TYPO Kursivschrift *f,* Kursivdruck *m;* **printed in ~** kursiv gedruckt

Italo-Ameri·can [ɪˌtæləʊəˈmerɪkən, AM -loʊəˈ-] *n* Italo-Amerikaner(in) *m(f)*

Italo·phile [ɪˈtæləʊfaɪl, AM -loʊ-] *n* Italienbewunderer, -bewunderin *m, f*

Ita·ly [ˈɪtəli, AM -t̬ə-] *n* Italien *nt*

itch [ɪtʃ] **I.** *n* <*pl* -es> ❶ (*irritation*) Jucken *nt,* Juckreiz *m;* **to have got an ~** einen Juckreiz haben; **I've got an ~ on my back** es juckt mich am Rücken ❷ MED (*irritation*) Hautjucken *nt,* Pruritus *m fachspr;* ■ **the ~** die Krätze [*o fachspr* Skabies] ❸ (*fig fam: desire*) **to have an ~ for sth** wild [*o* scharf] auf etw *akk* sein *sl* **II.** *vi* ❶ (*prickle*) jucken; **my nose is ~ing** mir [*o* mich] juckt die Nase; **he was ~ing all over** es juckte ihn überall ❷ (*fig fam: desire*) ■ **to be ~ing** [*or* **to ~**] **to do sth** ganz wild [*o fam* scharf] darauf sein, etw zu tun *fam;* **he was ~ing to hear the results** er war ganz wild auf die Ergebnisse; **she was ~ing to clip him round the ear** es juckte ihr in den Fingern, ihm eine runterzuhauen *fig fam;* ■ **to ~ for sth** ganz wild [*o fam* scharf] auf etw *akk* sein *fam;* **to be ~ing for trouble/a fight** auf Ärger/Streit aus sein

itch·ing [ˈɪtʃɪŋ] *n no pl* Jucken *nt,* Juckreiz *m*

itch·ing 'palm *n see* **itchy palm**

itchy [ˈɪtʃi] *adj* ❶ (*rough*) *sweater etc* kratzend, kratzig; **~ wool** kratzende Wolle ❷ (*causing sensation*) juckend; **I've got an ~ scalp** meine Kopfhaut juckt; **the dust made me feel ~ all over** der Staub löste bei mir einen Juckreiz am ganzen Körper aus; **to have ~ fingers** (*fig*) lange Finger machen *fig;* **~ rash** juckender Ausschlag

itchy 'feet *npl* (*fig fam*) **to have ~** es irgendwo nicht mehr aushalten; (*want to travel*) den Reisetrieb haben; (*want new job*) sich *akk* nach einer anderen Stelle sehnen **itchy 'palm** *n* (*fig, pej dated*) **to have an ~** gern die Hand aufhalten *fam*

it'd [ˈɪtəd, AM -t̬-] = **it would/had** *see* **would, have I., II.**

item [ˈaɪtəm, AM -t̬-] *n* ❶ (*single thing*) Punkt *m;* (*in catalogue*) Artikel *m;* (*in account book*) Posten *m;* **~ on the agenda** Tagesordnungspunkt *m;* **~ of the budget** ECON [Haushalts]titel *m;* **~ of clothing** Kleidungsstück *nt;* **~ in a contract** Ziffer *f* [*o* [Unter]absatz *m*] in einem Vertrag; **~ of furniture** Einrichtungsgegenstand *m,* Möbelstück *nt;* **~ in a list** Posten *m* auf einer Liste; **luxury ~** Luxusartikel *m;* **~ of mail** Postsendung *f;* **~ of news, news ~** Pressenotiz *f,* Zeitungsnotiz *f;* **fast-selling ~** gut gehender Artikel; **down to the last ~** bis ins letzte Detail; **to buy miscellaneous ~s** verschiedene Dinge [*o* Sachen] kaufen; **to give relevant ~s** wichtige Details [*o* Einzelheiten] nennen; **~ by ~** Punkt *m* für Punkt; **bread, milk, and other food ~s** Brot, Milch und andere Lebensmittel; **the restaurant has a menu of about fifty ~s** die Speisekarte des Restaurants umfasst rund fünfzig Gerichte; **we'll check**

various ~s in the tender wir prüfen verschiedene Einzelheiten der Ausschreibung ❷ (*object of interest*) Frage *f*, Anliegen *nt*, Gegenstand *m*; **an ~ of great importance** ein wichtiges Anliegen; **an ~ of political interest** ein Gegenstand *m* des politischen Interesses ❸ (*topic*) Thema *m*; (*on agenda*) Punkt *m*; **the index lists all ~s covered** in dem Verzeichnis sind alle behandelten Themen aufgeführt ❹ (*fig fam: couple*) Zweierkiste *f*, Beziehungskiste *f fam*; **are you two an ~, or just friends?** habt ihr beiden etwas miteinander, oder seid ihr nur Freunde?

item·ize ['aɪtəmaɪz, AM -ţ-] *vt* (*form*) ■**to ~ sth** etw näher angeben [*o form* einzeln aufführen]; **to ~ an account** [*or* **a bill**] eine Rechnung spezifizieren; **I asked the telephone company to ~ my phone bill** ich bat die Telefongesellschaft, mir eine detaillierte Telefonrechnung auszustellen; **to ~ costs** Kosten aufgliedern; **to ~ the stock** den Bestand auflisten

item·ized bill *n* Einzelrechnung *f*, spezifizierte Rechnung **item·ized 'list** *n* Einzelaufstellung *f*

it·er·ate ['ɪtᵊreɪt, AM 'ɪţər-] *vt* (*form*) ■**to ~ sth** etw wiederholen; **to ~ a complaint** eine Beschwerde erneut vorbringen *form*

it·era·tion [ˌɪtᵊr'eɪʃᵊn, AM ˌɪţə'reɪ-] *n* (*form*) Wiederholung *f*

'It girl *n* BRIT Glamourgirl *nt*, Sternchen *nt fig*, Debütantin *f*

itin·er·ant [aɪ'tɪnᵊrᵊnt, AM -nə-] **I.** *n* ❶ (*unsettled person*) Vagabund(in) *m(f)* ❷ (*migrant worker*) Wanderarbeiter(in) *m(f)*, Saisonarbeiter(in) *m(f)*; (*traveller*) beruflich Reisender/beruflich Reisende, ambulanter Händler/ambulante Händlerin, Wandergewerbetreibende(r) *f(m)*; (*as a minstrel*) Fahrende(r) *f(m) hist* **II.** *adj* ❶ (*vagabond*) umherwandernd, umherziehend, fahrend *hist* ❷ (*migrant*) Wander-, Saison-; **~ labourer** [*or* AM *usu* **worker**] Wanderarbeiter(in) *m(f)* ❸ (*travelling*) reisend, Wander-, fahrend *hist*; **~ judge** LAW, HIST fahrender Richter *hist*; **~ merchant** reisender Händler/reisende Händlerin, Wandergewerbetreibende(r) *f(m)*

itin·er·ary [aɪ'tɪnᵊrᵊri, AM -nəreri] *n* ❶ (*course*) Reiseroute *f*, Reiseweg *m* ❷ (*outline*) Reiseplan *m* ❸ (*account*) Reisebericht *m* ❹ (*book*) [Reise]führer *m*

it'll ['ɪtᵊl, AM 'ɪţ-] = **it will/it shall** *see* **will¹**, **shall**

ITN [ˌaɪti:'en] *n no pl* BRIT *abbrev of* **Independent Television News** *britischer Fernsehsender*

its [ɪts] *pron poss* sein(e)

it's [ɪts] = **it is/it has** *see* **be/have I., II.**

it·self [ɪt'self] *pron reflexive* ❶ *after vb* sich [selbst] +*dat o akk*; **the cat is hiding ~** die Katze versteckt sich; **this rocket destroys ~** diese Rakete zerstört sich selbst; **his horse hurt ~** sein Pferd hat sich verletzt ❷ *after prep* sich [selbst] +*dat o akk*; **the animal has to fend for ~ – it doesn't get fed at home** das Tier muss für sich selbst sorgen – es wird zu Hause nicht gefüttert ❸ (*specifically*) ■**sth ~** etw selbst; **the shop ~ started 15 years ago** der Geschäft selbst öffnete vor 15 Jahren; **to be sth ~** etw in Person sein; **Mrs Vincent was punctuality ~** Mrs. Vincent war die Pünktlichkeit in Person ❹ (*alone*) **to keep sth to ~** etw geheim halten; [**all**] **by ~** [ganz] allein ►PHRASES: **in ~** selbst; **the plan wasn't illegal in ~** der Plan selbst war nicht illegal; **creativity in ~ is not enough to make a successful company** Kreativität alleine genügt nicht, um eine erfolgreiche Firma aufzubauen

it·sy-bit·sy [ˌɪtsi'bɪtsi] (*hum*), *esp* AM, AUS **it·ty-bit·ty** [ˌɪti'bɪti, AM ˌɪţi'bɪţi] *adj* (*also childspeak hum fam*) klitzeklein *hum fam*

ITV [ˌaɪti:'vi:] *n no pl, no art* BRIT *abbrev of* **Independent Television**

IUD [ˌaɪju:'di:] *n* MED *abbrev of* **intra-uterine device** Intrauterinpessar *nt*

IV [ˌaɪ'vi:] *adj* MED *abbrev of* **intravenous** intravenös; **~ drug users** sich *akk* intravenös spritzende Drogensüchtige; **~ injection** intravenöse Injektion

I've [aɪv] = **I have** *see* **have I., II.**

IVF [ˌaɪvi:'ef] *n* MED *abbrev of* **in vitro fertilisation** IVF *f*

ivied ['aɪvid] *adj* (*liter*) efeuumrankt *liter*, mit Efeu bewachsen

ivo·ry ['aɪvᵊri] **I.** *n* ❶ *no pl* (*substance*) Elfenbein *nt* ❷ (*tusk*) Stoßzahn *m* ❸ (*article*) Elfenbeinarbeit *f*, Elfenbeinschnitzerei *f* ❹ *pl* (*hum fam: piano*) ■**the ivories** die Tasten *fpl*, der Klimperkasten *hum fam*; **to tickle** [*or* **tingle**] **the ivories** ein bisschen auf dem Klavier herumklimpern ►PHRASES: **to show one's ivories** (*dated sl*) die Zähne zeigen *fam* **II.** *n modifier* elfenbeinern, Elfenbein-; **~ carving** Elfenbeinschnitzerei *f*; **~ trade** Elfenbeinhandel *m* **III.** *adj* elfenbeinfarben

'Ivo·ry Coast *n* Elfenbeinküste *f* **ivo·ry 'tow·er I.** *n* (*fig, pej form*) ❶ (*remote place*) weltabgeschiedener [*o* weltabgewandter] Ort, Elfenbeinturm *m* ❷ (*aloofness*) Weltabgeschiedenheit *f*, Weltabgewandtheit *f*, Weltfremdheit *f*; **to live in an ~** im Elfenbeinturm leben [*o* sitzen] **II.** *adj* weltfremd, weltabgewandt, weltabgeschieden

ivy ['aɪvi] *n* Efeu *m*; **variegated ivies** bunter Efeu

'Ivy League I. *n* Eliteuniversitäten *fpl* der Ivy League (im Nordosten der USA) **II.** *n modifier* der Ivy League angehörende Eliteuniversitäten

J j

J <*pl* -'s>, **j** <*pl* 's *or* -s> [dʒeɪ] *n* J *nt*, j *nt*; **~ for Jack** [*or* AM **as in Jig**] J für Julius

jab [dʒæb] **I.** *n* ❶ (*poke*) Stoß *m*, Schubs *m fam*; **to give sb a** [**sharp**] **~** jdm einen [kräftigen] Stoß [*o fam* Schubs] versetzen ❷ BOXING Jab *m fachspr*, Gerade *f*; **a left/right ~** eine linke/rechte Gerade ❸ BRIT, AUS (*fam: injection*) Spritze *f*; **what ~s do I need for Egypt?** welche Impfungen brauche ich für Ägypten? ❹ (*a. fig: sharp sensation*) Stich *m a. fig* **II.** *vt* <-bb-> ❶ (*poke or prick*) ■**to ~ sb** [**with sth**] jdn [mit etw *dat*] stechen [*o fam* pik[s]en]; ■**to ~ sth at sb/sth** etw gegen jdn/etw stoßen; **to ~ a finger at sb/sth** auf jdn/etw mit dem Finger tippen; ■**to ~ sth in[to] sth** etw in etw *akk* hineinstechen; **the doctor ~bed the needle in[to] my arm** der Arzt verpasste mir eine Spritze in den Arm *fam* ❷ (*kick*) schießen; **he ~bed the ball wide of the goal** er schlug den Ball weit vom Tor ab **III.** *vi* <-bb-> ❶ (*poke*) schlagen; BOXING eine [kurze] Gerade schlagen; ■**to ~ at sb** auf jdn einschlagen; BOXING jdm eine [kurze] Gerade verpassen *fam* ❷ (*thrust at*) ■**to ~ at sb/sth** [**with sth**] [mit etw *dat*] auf jdn/etw einstechen; **he ~bed at the paragraph with his pencil** er tippte mit dem Bleistift auf den Paragraphen

jab·ber ['dʒæbəʳ, AM -ɚ] (*pej*) **I.** *n no pl* Geplapper *nt pej fam*, Geschnatter *nt pej fam* **II.** *vi* plappern, quasseln; ■**to ~ about sth** über etw *akk* quasseln *fam* **III.** *vt* (*blurt out*) ■**to ~ out** ↔ **sth** etw daherplappern *fam*; **he ~ed out something about an accident** er quasselte etwas von einem Unfall daher *fam*

◆**jabber away** *vi* (*pej*) [drauflos]quasseln *pej fam*

jab·ber·er ['dʒæbᵊrəʳ, AM -ɚɚ] *n* (*pej*) Dummschwätzer *m pej fam*

jab·ber·ing ['dʒæbᵊrɪŋ, AM -ɚɪŋ] *n see* **jabber I**

jack [dʒæk] *n* ❶ (*tool*) Hebevorrichtung *f*; AUTO Wagenheber *m* ❷ CARDS Bube *m*; **the ~ of clubs/hearts** der Kreuz-/Herzbube ❸ SPORTS (*bowls or boules*) Zielkugel *f* ❹ (*money*) **to not receive** [*or* **get**] **~** (*sl*) keinen Pfennig sehen *fig fam*

◆**jack around** *vt* (*fam*) ■**to ~ sb around** jdn an der Nase herumführen *fam*

◆**jack in** *vt* BRIT (*fam*) ■**to ~ in** ↔ **sth** *job* etw hinschmeißen *fam* [*o sl* stecken]; **I'm going to ~ it in – I'm really tired** ich geb's auf – ich habe es echt satt

◆**jack off** *vi esp* AM (*vulg*) es sich *dat* besorgen *vulg*, sich *dat*

einen runterholen *vulg*
◆**jack up** I. *vt* ■**to ~ up ⊂ sth** ❶ (*raise a heavy object*) etw hoch heben; **to ~ up a car** ein Auto aufbocken ❷ (*fig fam: raise*) etw erhöhen; **to ~ up the prices/the rent** die Preise/die Miete in die Höhe treiben II. *vi* (*sl*) fixen *fam,* drücken *fam*
Jack [dʒæk] *n* ▶ PHRASES: **~ the Lad** BRIT (*fam*) Prahlhans *m fam;* **every man ~** (*fam*) jedermann; **hit the road, ~** (*fam*) zieh Leine! *fam,* hau ab! *fam;* **before you can [*or* could] say ~ Robinson** im Handumdrehen *fam,* in null Komma nichts *fam;* **you don't know ~ [shit]** (*fam!*) du hast doch keinen blassen Dunst! *fam;* **I'm all right ~** AM (*fam*) das kann mich überhaupt nicht jucken [*o* lässt mich völlig kalt] *fam*
jack·al ['dʒækɔːl, AM -kəl] *n* ❶ (*animal*) Schakal *m* ❷ (*fig, pej: self-seeking person*) Handlanger(in) *m(f) pej,* Helfershelfer(in) *m(f) pej*
jacka·roo [ˌdʒækəˈruː] *n* AUS (*fam*) Neuling *m,* Lehrling *m* (*auf einer Schaf- oder Rinderfarm*)
jack·ass ['dʒækæs] *n* ❶ (*donkey*) Esel *m* ❷ (*fam: idiot*) Esel *m pej fam,* Trottel *m pej fam,* Depp *m* SÜDD, ÖSTERR, SCHWEIZ *pej fam* ❸ AUS ORN (*dated: kookaburra*) Rieseneisvogel *m,* Lachender Hans
jack·boot ['dʒækbuːt] *n* Schaftstiefel *m* ▶ PHRASES: **to live under the ~** unter einem harten Regime leben
jack·boot·ed ['dʒækbuːtɪd] *adj* ■**to be ~** Schaftstiefel tragen
jack·daw ['dʒækdɔː, AM -dɑː] *n* Dohle *f*
jack·et ['dʒækɪt] *n* ❶ FASHION Jacke *f* ❷ (*of a book*) **[dust] ~** Schutzumschlag *m* ❸ AM, AUS MUS [Schall]plattenhülle *f* **jack·et po·'ta·to** *n* Folienkartoffel *f,* Ofenkartoffel *f*
Jack 'Frost *n* (*childspeak*) Väterchen *nt* Frost *hum* **'jack·ham·mer** *n* AM, AUS Presslufthammer *m* **'jack-in-the-box** *n* Schachtelmännchen *nt;* (*fig*) Hampelmann *m* **'jack·knife** I. *n* ❶ (*knife*) Klappmesser *nt,* [großes] Taschenmesser ❷ SPORTS Hechtsprung *m,* gehechteter Kopfsprung II. *vi* ❶ (*fold together*) [wie ein Taschenmesser] zusammenklappen; **the truck ~d on the icy road** der Lastwagen stellte sich auf der vereisten Straße quer ❷ SPORTS hechten, einen Hechtsprung [*o* gehechteten Kopfsprung] machen **jack·knife 'dive** *n* Hechtbeuge *f,* Hechtsprung *m* **jack-of-'all-trades** <*pl* jacks-> *n* ❶ (*handyman*) Mädchen *nt* für alles *hum;* ■**to be a ~** alle anfallenden Arbeiten erledigen ❷ (*able to do many jobs*) Alleskönner(in) *m(f)* ▶ PHRASES: **a ~, master of none** ein Hansdampf *m* in allen Gassen **jack-o'-'lan·tern** *n* AM Kürbislaterne *f* **'jack plug** *n* BRIT ELEC Bananenstecker *m* **'jack·pot** *n* Jackpot *m,* Hauptgewinn *m;* **to hit [*or* win] the ~** den Jackpot knacken *fam,* den Hauptgewinn ziehen ▶ PHRASES: **to hit the ~** (*fig fam: have luck*) das große Los ziehen; (*have success*) einen Bombenerfolg haben *fam* **'jack·rab·bit** *n* ZOOL Eselhase *m*
Jack Rus·sell ['dʒækˌrʌsəl] *n* Jack-Russell-Terrier *m*
jacks [dʒæks] *n + sing vb esp* AM *Kinderspiel, bei dem man einen Ball in die Luft werfen und vor dem Auffangen mit derselben Hand so viele Gegenstände wie möglich aufheben muss*
Jaco·bean [ˌdʒækə(ʊ)ˈbiːən, AM -kəˈ-] *adj inv* aus der Zeit Jakobs I. *nach n;* **~ furniture** Möbel *pl* im Stil der Zeit Jakobs I.
ja·cuz·zi®, **Ja·cuz·zi**® [dʒəˈkuːzi] *n* Whirlpool *m*
jade [dʒeɪd] I. *n* ❶ *no pl* (*precious green stone*) Jade *m o f* ❷ (*colour*) Jadegrün *nt* ❸ *modifier* (*made of jade*) (*brooch, earrings*) Jade-, aus Jade *nach n* II. *adj* jadegrün
jad·ed ['dʒeɪdɪd] *adj* ❶ (*exhausted*) erschöpft ❷ (*dulled*) übersättigt; **perhaps some caviar can tempt your ~ palate** vielleicht kann etwas Kaviar deinen verwöhnten Gaumen kitzeln; ■**to be ~ with sth** einer S. *gen* müde [*o* überdrüssig] sein
jag [dʒæg] I. *n* Zacke *f,* Spitze *f* II. *vt* ■**to ~ sth** etw auszacken
Jag [dʒæg] *n* AUTO (*fam*) *short for* **Jaguar**® Jag *m*
jag·ged ['dʒægɪd] *adj* gezackt; *coastline, rocks* zerklüftet; *cut, tear* ausgefranst; **~ nerves** (*fig*) angeschlagene Nerven
jag·ged·ly ['dʒægɪdli] *adv* gezackt
jag·gery ['dʒægəri] *n no pl* Jagre[s]zucker *m*
jag·gy ['dʒægi] *adj* gezackt, zackig
jagu·ar ['dʒægjuəʳ, AM -wɑːr] *n* Jaguar *m*
jail [dʒeɪl] I. *n* Gefängnis *nt;* **to break out of ~** aus dem Gefängnis ausbrechen; **to go to ~** ins Gefängnis kommen, eingesperrt werden; **"go directly to ~"** (*Monopoly*) „gehen Sie direkt in das Gefängnis"; **to put sb in [*or* send sb to] ~** jdn ins Gefängnis bringen; **to be released from ~** aus dem Gefängnis entlassen werden; **to be in ~ [for sth]** [wegen einer S. *gen*] im Gefängnis sitzen II. *vt* ■**to ~ sb** jdn einsperren [*o* inhaftieren]; **to ~ sb for three months** jdn für drei Monate einsperren; **she was ~ed for life** sie wurde zu lebenslänglicher Haft verurteilt
'jail·bird *n* (*fam*) Knastbruder *m fam* **'jail·break** *n* Gefängnisausbruch *m;* **to attempt a ~** einen Ausbruchsversuch unternehmen; **to do a ~** (*fam*) aus dem Gefängnis ausbrechen **'jail·break·er** *n* Ausbrecher(in) *m(f)*
jail·er ['dʒeɪləʳ, AM -ɚ] *n* Gefängnisaufseher(in) *m(f),* Gefängniswärter(in) *m(f)*
'jail·house *n esp* AM Gefängnis *nt*
jail·or *n see* **jailer**
'jail sen·tence *n,* **'jail term** *n* Gefängnisstrafe *f;* **to receive a ~** zu einer Gefängnisstrafe verurteilt werden; **to serve a ~** eine Gefängnisstrafe absitzen *fam*
ja·lopy [dʒəˈlɒpi, AM -ˈlɑːpi] *n* (*hum fam*) [Klapper]kiste *f hum fam*
jam¹ [dʒæm] *n* Marmelade *f* ▶ PHRASES: **~ today** BRIT die sofortige Erfüllung eines Wunsches; **~ tomorrow** BRIT leere Versprechungen; **as children we were always being promised ~ tomorrow** als Kinder hat man uns immer leere Versprechungen gemacht; **you want ~ on it, too, do you?** BRIT (*hum*) du kriegst wohl nie den Hals voll? *fam*
jam² [dʒæm] I. *n* ❶ (*fam: awkward situation*) Patsche *f fam,* Klemme *f fam,* missliche Lage; **to be in [a bit of] a ~** [ziemlich] in der Klemme sitzen *fam;* **to get into [a bit of] a ~** in eine [ziemlich] dumme Situation geraten ❷ *no pl* (*obstruction*) *of people* Gedränge *nt,* Andrang *m;* **[traffic] ~** Stau *m* ❸ MUS Jamsession *f;* **let's have a ~** lasst uns improvisieren II. *vt* <-mm-> ❶ (*block*) ■**to ~ sth** etw verklemmen [*o* blockieren]; *switchboard* etw überlasten; **listeners ~med the radio station's switchboard with calls** sämtliche Leitungen der Sendezentrale waren durch Höreranrufe blockiert; **to ~ sth open** etw aufdrücken [*o* aufstemmen] ❷ (*cram inside*) ■**to ~ sth into sth** etw in etw *akk* [hinein]zwängen [*o fam* [hinein]quetschen]; **he ~med the bags into the boot of the car** er stopfte die Tüten in den Kofferraum ❸ RADIO (*make unintelligible*) **to ~ a broadcast** eine Übertragung stören III. *vi* <-mm-> ❶ (*become stuck*) sich *akk* verklemmen; *brakes* blockieren; **the rifle ~med** das Gewehr hatte eine Ladehemmung; **the key ~med in the lock** der Schlüssel steckte im Schlüsselloch fest; **the door ~med behind me and I was locked out** die Tür fiel hinter mir ins Schloss und ich war ausgesperrt ❷ (*play music*) [frei] improvisieren, jammen
◆**jam on** *vt* ❶ (*put on firmly*) ■**to ~ sth ⊂ on** etw fest aufsetzen; **she ~med her hat back on her head** sie setzte sich den Hut wieder fest auf den Kopf ❷ (*apply suddenly*) **to ~ on the brakes** voll auf die Bremse steigen [*o* treten], eine Vollbremsung machen
◆**jam up** *vt* ❶ (*fix in position*) ■**to ~ sth up [against sth]** etw dicht gegen etw *akk* rücken [*o* an etw *akk* heranrücken]; **she ~med the ladder up against the windowsill** sie stellte die Leiter von unten gegen das Fenstersims ❷ (*block up*) ■**to ~ up ⊂ sth** etw blockieren; **to ~ up a pipe** ein Rohr verstopfen; **the bicycle gears had been ~med up with dirt** Dreck hatte die Fahrradgänge völlig blockiert
Ja·mai·ca [dʒəˈmeɪkə] *n* Jamaika *nt*
Ja·mai·can [dʒəˈmeɪkən] I. *n* ❶ (*person*) Jamaikaner(in) *m(f)* ❷ (*language*) Jamaikanisch *nt* II. *adj* jamaikanisch; **~ rum** Jamaikarum *m*

jamb(e) [dʒæm(b)] *n* ARCHIT [Tür]pfosten *m,* [Fenster]pfosten *m*
jam·bo·ree [ˌdʒæmbᵊrˈiː, AM -bəˈriː] *n* ❶ (*large social gathering*) großes Fest, tolle Party *fam* ❷ (*Scouts' or Guides' rally*) Pfadfindertreffen *nt* ❸ (*pej: political gathering*) Politparty *f fam*
'jam jar *n* ❶ (*container*) Marmeladenglas *nt* ❷ BRIT (*rhyming sl: car*) Blechkiste *f fam*
jammed [dʒæmd] *adj* verklemmt; **the drawer is ~** die Schublade hat sich verklemmt; ■**to be ~ up** *motorway* verstopft sein; *gun* eine Ladehemmung haben; *switchboard* überlastet sein; **the traffic was ~ up for miles** der Verkehr staute sich kilometerlang
jam·my [ˈdʒæmi] *adj* ❶ (*covered with jam*) marmelade[n]verschmiert, marmelade[n]verklebt; **~ fingermarks** Marmeladenabdrücke *mpl* ❷ BRIT (*fam: unfairly lucky*) Glücks-; **~ bastard** [*or* **beggar**] [*or* **devil**] (*fam!*) [gott]verdammter Glückspilz *sl;* **what a ~ shot!** was für ein Glückstreffer! ❸ BRIT (*fam: very easy*) kinderleicht *fam*
'jam-packed *adj* (*fam*) *bus, shop* proppenvoll *fam,* gerammelt [*o* brechend] voll *fam; bag, box* randvoll; *suitcase* voll gestopft; **the streets were ~ with tourists** in den Straßen wimmelte es von Touristen **jam 'roll** *n* AUS Biskuitrolle *f* **jam 'sand·wich** *n* BRIT ❶ (*bread and jam*) zusammengelegtes Marmeladenbrot ❷ (*cake*) *mit Marmelade gefüllte Biskuittorte* **'jam ses·sion** *n* (*fam*) Jamsession *f,* Jazzimprovisation *f;* **to have a ~** eine Jamsession abhalten, frei improvisieren
Jan. *n abbrev of* **January** Jan.
Jane Doe [ˌdʒeɪnˈdoʊ] *n no art, no pl* AM Frau Mustermann; AM LAW Frau X *f*
jan·gle [ˈdʒæŋgl̩] **I.** *vt* ❶ (*rattle*) ■**to ~ sth** [mit etw *dat*] klirren; **to ~ bells** Glocken bimmeln lassen; **to ~ coins** mit Münzen klimpern; **to ~ keys** mit Schlüsseln rasseln ❷ (*fig: upset*) **to ~ sb's nerves** jdm auf die Nerven gehen [*o fam* den Nerv töten], jds Nervenkostüm *nt* strapazieren *fam* **II.** *vi* klirren; *bells* bimmeln **III.** *n see* **jangling**
jan·gled [ˈdʒæŋgl̩d] *adj* **~ nerves** angegriffene [*o* überreizte] Nerven; **he got ~ nerves from the baby's incessant crying** das ständige Schreien des Babys ging ihm an die Nerven
jan·gling [ˈdʒæŋgl̩ɪŋ] *n no pl of bells* Bimmeln *nt; of keys* Klirren *nt,* Rasseln *nt; of a telephone* Klingeln *nt*
jani·tor [ˈdʒænɪtəʳ, AM -t̬ɚ] *n esp* AM, SCOT Hausmeister(in) *m(f),* Hauswart *m* DIAL **jani·to·rial ser·vice** [ˌdʒænɪˌtɔːriəlˈ-] *n* AM (*caretaking service*) Hausmeisterdienst *m*
Janu·ary [ˈdʒænjuᵊri, AM -jueri] *n* Januar *m,* Jänner *m* ÖSTERR, SÜDD, SCHWEIZ; *see also* **February**
Jap [dʒæp] (*pej!*) **I.** *n* (*sl*) *short for* **Japanese** Japs *m pej sl* **II.** *adj* (*sl*) *short for* **Japanese** Japsen- *pej sl*
ja·pan [dʒəˈpæn] **I.** *n no pl* Japanlack *m* **II.** *vt* <-nn-> ■**to ~ sth** etw mit Japanlack überziehen; **~ned shoes** Lackschuhe *mpl*
Ja·pan [dʒəˈpæn] *n* Japan *nt*
Japa·nese [ˌdʒæpᵊnˈiːz] **I.** *n* <*pl* -> ❶ (*person*) Japaner(in) *m(f)* ❷ (*language*) Japanisch *nt* **II.** *adj* japanisch
jape [dʒeɪp] (*dated*) **I.** *n* Streich *m;* **jolly ~s** Dummejungenstreiche *mpl* **II.** *vi* scherzen
jar¹ [dʒɑːʳ, AM dʒɑːr] *n* ❶ (*of glass*) Glas[gefäß] *nt;* (*of clay, without handle*) Topf *m;* (*of clay, with handle*) Krug *m;* (*of metal*) Topf *m* ❷ BRIT (*fam: glass of beer*) Bierchen *nt fam;* **to have a ~** ein Bierchen trinken *fam;* **to have a fair few ~s** so einiges wegkippen *fam*
jar² [dʒɑːʳ, AM dʒɑːr] **I.** *vt* <-rr-> ❶ (*strike*) ■**to ~ sb/sth against** [*or* **on**] **sth** jdn/etw gegen etw *akk* schleudern; **the train stopped suddenly, ~ring me against the door** der Zug hielt plötzlich an, dabei wurde ich gegen die Tür geschleudert ❷ (*influence unpleasantly*) ■**to ~ sth** etw verletzen; **a screech of brakes ~red the silence** das Kreischen von Bremsen zerriss die Stille; **to ~ the eye** dem Auge wehtun; **the harsh colours ~red the eye** die grellen Farben taten den Augen weh ❸ (*send a shock through*) ■**to ~ sth** etw erschüttern [*o* durchrütteln] **II.** *vi* <-rr-> ❶ (*cause unpleasant feelings*) ■**to ~ on sb** jdm auf den Nerv [*o* die Nerven] gehen *fam* ❷ (*make an unpleasant sound*) kreischen, quietschen; **to ~ on the ears** in den Ohren wehtun, die Ohren beleidigen **III.** *n* ❶ (*sudden unpleasant shake*) Ruck *m* ❷ (*shock*) Erschütterung *f,* Schock *m;* **to give sb a ~** jdm einen Schock versetzen
jar·ful [ˈdʒɑːfʊl, AM ˈdʒɑːr-] *n* Topf *m,* Glas *nt;* **a whole ~ of jam** ein ganzes Glas Marmelade; **two ~s of jam** zwei Gläser Marmelade
jar·gon [ˈdʒɑːgən, AM ˈdʒɑːr-] *n no pl* [Fach]jargon *m,* Kauderwelsch *nt pej*
jar·ring [ˈdʒɑːˈrɪŋ, AM ˈdʒɑːr-] *adj* ❶ (*unpleasant*) *colours* grell; *scream* schrill; *sounds* misstönend; **~ experience** bittere [*o* unangenehme] Erfahrung ❷ (*unharmonious*) nicht miteinander im Einklang *präd;* **red and purple are ~ colours** Rot und Lila beißen sich; **~ points of view** auseinandergehende [*o geh* divergierende] Meinungen
jas·mine [ˈdʒæzmɪn] *n no pl* Jasmin *m*
jas·per [ˈdʒæspəʳ, AM -ɚ] *n no pl* MIN Jaspis *m*
jaun·dice [ˈdʒɔːndɪs, AM *esp* ˈdʒɑːn-] *n no pl* Gelbsucht *f*
jaun·diced [ˈdʒɔːndɪst, AM *esp* ˈdʒɑːn-] *adj* ❶ (*affected with jaundice*) gelbsüchtig ❷ (*form: bitter*) verbittert; *view* zynisch; **to look on sth with a ~ eye** etw *dat* gegenüber misstrauisch sein
jaunt [dʒɔːnt, AM *esp* dʒɑːnt] **I.** *n* Ausflug *m,* Trip *m fam;* **to go on** [*or* **for**] **a ~** einen Ausflug [*o fam* eine Spritztour] machen **II.** *vi* einen Ausflug machen
jaun·ti·ly [ˈdʒɔːntɪli, AM ˈdʒɑːnt-] *adv* munter, unbeschwert
jaun·ti·ness [ˈdʒɔːndtɪnəs, AM ˈdʒɑːnt-] *n no pl of spirit* Unbeschwertheit *f; of manner* Munterkeit *f,* Fröhlichkeit *f;* **the ~ of his step was something to watch** sein schwungvoller [*o* beschwingter] Gang war sehenswert
jaun·ty [ˈdʒɔːnti, AM ˈdʒɑːnti] *adj* flott; *grin* fröhlich; *step* schwungvoll, beschwingt; **his hat was at a ~ angle** er hatte seinen Hut keck aufgesetzt; **the TV adaptation has nothing of the ~ freshness of the original play** die Fernsehbearbeitung hat nichts von der Spritzigkeit des Originalstücks
jave·lin [ˈdʒævᵊlɪn] *n* ❶ (*light spear*) Speer *m;* **throwing the ~** Speerwerfen *nt* ❷ (*athletic event*) Speerwerfen *nt,* Speerwurf *m;* **in the ~** im [*o* beim] Speerwerfen
jaw [dʒɔː, AM *esp* dʒɑː] **I.** *n* ❶ (*body part*) Kiefer *m;* **lower/upper ~** Unter-/Oberkiefer *m;* **sb's ~ drops in amazement** (*fig*) jdm fällt [vor Staunen] der Unterkiefer herunter *fam* ❷ (*large mouth and teeth*) ■**~s** *pl* Maul *nt,* Schlund *m a. fig,* Rachen *m a. fig;* **to be snatched from the ~s of death** den Klauen des Todes [*o* dem sicheren Tod] entrissen werden; **to be snatched from the ~s of defeat** der sicheren Niederlage entgehen ❸ (*chat*) Schwatz *m fam;* **to have a** [**good**] **~** sich *akk* [gut] unterhalten, ein [ausgiebiges] Schwätzchen halten *fam* ❹ TECH [Klemm]backe *f* **II.** *vi* (*pej fam*) quasseln *oft pej fam,* quatschen *fam;* ■**to ~ away** [**to sb**] [mit jdm] quatschen [*o* quasseln] *fam;* ■**to ~ with sb** mit jdm quatschen *fam*
'jaw bone *n* Kieferknochen *m* **'jaw·bon·ing** *n no pl* AM (*sl*) Stimmungsmache *f;* **she accused the committee of excessive ~ over the issue of trade talks with Europe** sie beschuldigte das Komitee, in der Frage der Handelsgespräche mit Europa, massiv Stimmungsmache zu betreiben **'jaw·break·er** *n* ❶ *esp* AM, AUS FOOD großes, rundes, steinhartes Bonbon ❷ (*fam: tongue-twister*) Zungenbrecher *m fam*
jaw·ing match [ˈdʒɔːɪŋ-, AM ˈdʒɑː-] *n* (*hum*) Schlammschlacht *f fig, pej,* Schlagabtausch *m,* Wortgefecht *nt*
'jaw·line *n usu sing* Kieferpartie *f*
jay [dʒeɪ] *n* Eichelhäher *m*
'jay·walk *vi* eine Straße unachtsam überqueren; AM eine Straße regelwidrig überqueren **'jay·walk·er** *n* unachtsamer Fußgänger/unachtsame Fußgängerin **'jay·walk·ing** *n no pl* unachtsames Überqueren einer Straße
jazz [dʒæz] **I.** *n no pl* ❶ (*music*) Jazz *m* ❷ AM (*pej sl: nonsense*) Blödsinn *m pej fam,* Quatsch *m pej fam,* Stuss *m pej*

fam; **what's all this ~ about your leaving?** was höre ich da für einen Quatsch, du willst gehen?; **a line** [*or* **lot**] **of ~** eine Menge Stuss *pej fam;* **I asked him where he'd been, but he just gave me a line of ~** ich fragte ihn, wo er gewesen sei, aber er erzählte mir nur eine Menge Stuss ▶ PHRASES: **and all that ~** (*pej fam*) und all der Kram *pej fam,* und all so was *pej fam* **II.** *n modifier* (*band, music*) Jazz-; ~ **club** Jazzkeller *m* **III.** *vt* AM (*sl*) ■**to ~ sb** jdn für dumm verkaufen, jdm einen Bären aufbinden

◆**jazz up** *vt* (*fam*) ■**to ~ sth** ○ **up** ❶ (*adapt for jazz*) etw verjazzen ❷ (*fig: brighten or enliven*) etw aufpeppen [*o* aufmotzen] *fam;* **to ~ up food with spices** Essen mit Gewürzen verfeinern

jazzed *adj person* aufgeregt, aufgedreht; ■**to be ~** [ziemlich] durch den Wind sein *fam*

jazzed-'up *adj* verjazzt

jazzy ['dʒæzi] *adj* ❶ (*of or like jazz*) Jazz-, jazzartig ❷ (*approv fam: bright and colourful*) *colours* knallig *fam; piece of clothing* poppig *fam; wallpaper* auffällig gemustert

JCB® [ˌdʒeɪsiː'biː] *n* BRIT [Erdräum]bagger *m*

J-cloth® ['dʒeɪklɒθ] *n* Wischtuch *nt,* Staubtuch *nt*

jeal·ous ['dʒeləs] *adj* ❶ (*resentful*) eifersüchtig (**of** auf +*akk*); ~ **rage** rasende Eifersucht; **he stabbed his wife in a ~ rage** er erstach seine Frau in rasender Eifersucht; **to feel/get ~** eifersüchtig sein/werden ❷ (*envious*) neidisch, missgünstig; **to feel/get ~** neidisch sein/werden; ■**to be ~ of sb** auf jdn neidisch sein; ■**to be ~ of sb's sth** jdn um etw *akk* beneiden, jdm etw missgönnen *geh* ❸ (*fiercely protective*) [sehr] besorgt; **to keep a ~ watch over sb/sth** ein wachsames Auge auf jdn/etw haben; ■**to be ~ of sth** auf etw *akk* [eifrig] bedacht sein, um etw *akk* [sehr] besorgt sein; **she was ~ of her independence and didn't want to get married** sie war sehr auf ihre Unabhängigkeit bedacht und wollte sich nicht verheiraten

jeal·ous·ly ['dʒeləsli] *adv* ❶ (*resentfully*) eifersüchtig ❷ (*enviously*) neidisch ❸ (*extremely*) äußerst; **to be ~ protective of sth** ein sehr wachsames Auge auf etw *akk* haben ❹ (*carefully*) sorgsam; **a ~ guarded secret** ein streng gehütetes Geheimnis

jeal·ousy ['dʒeləsi] *n* ❶ (*resentment*) Eifersucht *f;* **to do sth in a fit of ~** etw in einem Anfall von Eifersucht tun; **petty jealousies** kleine Eifersüchteleien; **to be consumed by** [*or* **eaten up with**] **~** sich *akk* vor Eifersucht verzehren *geh* ❷ *no pl* (*envy*) Neid *m;* **to be consumed by** [*or* **eaten up with**] **~** von Neid zerfressen werden

jeans [dʒiːnz] *npl* Jeans[hose] *f;* **a pair of ~** eine Jeans[hose]

jeep [dʒiːp] *n* Jeep *m,* Geländewagen *m*

jee·pers cree·pers ['dʒiːpəz'kriːpəz, AM -ɚz'kriːpɚz] *interj esp* AM (*dated or hum sl*) Mensch [Maier]! *hum fam,* Donnerwetter! *hum fam,* Manometer! *hum fam*

jeer [dʒɪəʳ, AM dʒɪr] **I.** *vt* ■**to ~ sb** jdn ausbuhen *fam* **II.** *vi* (*comment*) spotten, höhnen *geh;* (*laugh*) höhnisch lachen; (*boo*) buhen; ■**to ~ at sb** über jdn spotten, jdn verhöhnen *geh;* **to ~ at a speaker** einen Redner ausbuhen **III.** *n* höhnische [*o* spöttische] Bemerkung; **boos and ~s** Buhrufe *mpl*

jeer·ing ['dʒɪəʳɪŋ, AM 'dʒɪr-] **I.** *n no pl* (*yell*) Johlen *nt,* Gejohle *nt;* (*remark*) Verhöhnung *f* **II.** *adj audience* johlend *attr; laughter, shouts* höhnisch, spöttisch

jeez [dʒiːz] *interj* AM (*sl*) du meine Güte! *fam*

Je·ho·vah [dʒə'həʊvə, AM -'hoʊ-] *n no art, no pl* Jehova *m,* Jahve *m*

Je·ho·vah's 'Wit·ness *n* Zeuge, -in *m, f* Jehovas

je·june [dʒɪ'dʒuːn] *adj* (*pej form: uninteresting*) fade, langweilig; (*naive*) naiv; *discussion* geistlos

Jekyll and Hyde [ˌdʒekᵊlənd'haɪd] **I.** *n* (*form*) gespaltene Persönlichkeit; **he's become something of a ~ since he started drinking** seit er angefangen hat zu trinken, ist es, als ob er zwei völlig verschiedene Persönlichkeiten hätte **II.** *n modifier* (*personality*) Jekyll-und-Hyde-

jell *vi see* **gel**

jel·lied ['dʒelid] *adj inv* in Aspik [*o* Gelee] eingelegt; ~ **eels** Aal *m* in Gelee [*o* Aspik]

jel·lo®, **Jell-O**® ['dʒeləʊ, AM -oʊ] *n no pl* AM Wackelpudding *m fam,* Götterspeise *f*

jel·ly ['dʒeli] *n* ❶ (*substance*) Gelee *nt,* Gallert *nt,* Gallerte *f;* **his knees turned to ~** (*fig*) er bekam weiche Knie ❷ BRIT, AUS ~ [**mould**] (*dessert*) Wackelpudding *m fam,* Götterspeise *f;* (*meat in gelatine*) Sülze *f;* **raspberry ~** [**mould**] Himbeergrütze *f* ❸ AM (*jam*) Gelee *m o nt* ▶ PHRASES: **to beat sb to a ~** *esp* BRIT jdn windelweich schlagen *fam*

'jel·ly baby *n* BRIT Fruchtgummi *nt* (*in Form eines Babys*) **'jel·ly bean** *n* [bohnenförmiges] Geleebonbon **jel·ly 'dough·nut** *n* AM *mit Marmelade gefüllter Berliner Pfannkuchen* **'jel·ly·fish** *n* ❶ (*sea animal*) Qualle *f,* Meduse *f* ❷ *esp* AM (*pej fam: weak, cowardly person*) Waschlappen *m pej fam,* Feigling *m pej* **'jel·ly roll** *n* AM (*Swiss roll*) Biskuitrolle *f*

jem·my ['dʒemi] BRIT, AUS **I.** *n* Brecheisen *nt,* Stemmeisen *nt* **II.** *vt* <-ie-> ■**to ~ open** ○ **sth** etw aufbrechen

je ne sais quoi [ˌʒənəseɪ'kwɑː] *n no pl* **a certain ~** das gewisse Etwas; **he has this ~ which makes him very popular with women** er hat dieses gewisse Etwas, mit dem er bei den Frauen sehr gut ankommt

jen·ny ['dʒeni] *n* ❶ (*female donkey or ass*) Eselin *f* ❷ (*locomotive crane*) Laufkran *m*

jeop·ard·ize ['dʒepədaɪz, AM -pɚ-] *vt* ■**to ~ sth** etw gefährden; **to ~ one's career/future** seine Karriere/Zukunft aufs Spiel setzen; ■**to be ~d** in Gefahr sein

jeop·ardy ['dʒepədi, AM -pɚ-] *n no pl* ❶ (*danger*) Gefahr *f;* **to put sb/sth in ~** jdn/etw in Gefahr bringen; ■**to be in ~** in Gefahr [*o* bedroht] sein ❷ LAW **to put sb in ~ for an offence** jdn wegen einer Sache vor Gericht stellen

jerk [dʒɜːk, AM dʒɜːrk] **I.** *n* ❶ (*sudden sharp movement*) Ruck *m;* (*pull*) Zug *m; twist* Dreh *m;* **with a ~ of his thumb, he drew my attention to the notice** mit einer Daumenbewegung machte er mich auf die Mitteilung aufmerksam ❷ *esp* AM (*pej sl: a stupid person*) Blödmann *m pej fam,* Trottel *m pej fam,* Depp *m* SÜDD *pej fam;* **to feel** [**like** AM] **such a ~** sich *dat* wie ein [*o* der letzte] Trottel vorkommen *fam* ❸ (*weightlifting*) Stoß *m* **II.** *vi* zucken; **to ~ upwards** hochschnellen; **to ~ to a halt** abrupt zum Stillstand kommen, ruckartig anhalten **III.** *vt* ❶ (*move sharply*) ■**to ~ sb/sth** jdn/etw mit einem Ruck ziehen; **the policeman ~ed the prisoner to his feet** der Polizist zerrte den Gefangenen hoch; **"why has she come?" he asked, ~ing his head towards the woman** „warum ist sie gekommen?" fragte er und machte eine ruckartige Kopfbewegung zu der Frau hin; (*fig*) ■**to ~ sb out of sth** jdn aus etw *dat* reißen ❷ (*weightlifting*) ■**to ~ sth** etw stoßen

◆**jerk off** *vi* (*vulg*) wichsen *vulg*

◆**jerk out** **I.** *vt* **to ~ out words** Worte hervorstoßen **II.** *vi words* hervorbrechen; **'stop! she's got a gun!' his words ~ed out** „halt! sie ist bewaffnet!" stieß er hervor

jerki·ly ['dʒɜːkɪli, AM 'dʒɜːrk-] *adv* ruckartig

jer·kin ['dʒɜːkɪn, AM 'dʒɜːrk-] *n* ärmellose Jacke; (*hist*) [Leder]Wams *nt hist*

jerki·ness ['dʒɜːkɪnəs, AM 'dʒɜːrk-] *n no pl* Ruckartigkeit *f*

'jerk-off *n* AM (*sl*) Blödmann *m fam* **'jerk·wa·ter** *adj* AM (*fam*) unbedeutend; ~ **town** Provinznest *nt fam,* Kaff *nt fam*

jerky ['dʒɜːki, AM 'dʒɜːr-] **I.** *adj movement* ruckartig, zuckend *attr; speech* abgehackt, unzusammenhängend *attr;* ~ **style** [**of writing**] abgehackter Stil **II.** *n no pl* AM luftgetrocknetes Fleisch

jero·bo·am [ˌdʒerə'bəʊəm, AM -'boʊ-] *n* Riesenweinflasche *f*

jer·ri·can *n see* **jerrycan**

jer·ry-built *adj attr* (*pej*) schlampig gebaut *pej fam* **jer·ry·can** *n* Kanister *m*

jer·sey ['dʒɜːzi, AM 'dʒɜːr-] **I.** *n* ❶ (*garment*) Pullover *m* ❷ (*sports team shirt*) Trikot *nt* ❸ *no pl* (*cloth*) Jersey *m* ❹ (*type of cow*) ■**J~** Jerseyrind *nt* **II.** *n modifier* (*dress*) Jersey-

Je·ru·sa·lem ar·ti·choke [dʒəˌruːsᵊləm'] *n* Jerusalemartischocke *f*, Topinambur *m*

jest [dʒest] **I.** *n* (*form*) ❶ (*utterance*) Scherz *m*, Witz *m* ❷ (*mood*) Spaß *m*; **to do/say** [*or* **speak**] **sth in** ~ etw im Spaß tun/sagen ▸ PHRASES: **there's many a true word spoken in** ~ (*prov*) im Spaß wird viel Wahres gesagt **II.** *vi* (*form*) spaßen, scherzen; ■**to** ~ **about sth** sich *akk* über etw *akk* lustig machen; ■**to** ~ **with sb** mit jdm Späße treiben

jest·er ['dʒestəʳ, AM -ɚ] *n* HIST Spaßmacher *m*; **court** ~ Hofnarr *m hist*

jest·ing ['dʒestɪŋ] **I.** *n* Scherzen *nt*, Gewitzel *nt pej* **II.** *adj* scherzhaft; **his** ~ **remarks were not appreciated** seine Witzeleien waren nicht willkommen

Jesu·it ['dʒezjuɪt] **I.** *n* Jesuit *m* **II.** *adj* jesuitisch, Jesuiten-

Jesu·iti·cal [ˌdʒezju'ɪtɪkᵊl] *adj* ❶ (*of or concerning Jesuits*) Jesuiten-, jesuitisch ❷ (*pej!: dissembling or equivocating*) verschlagen *pej*

Jesus, Jesus Christ [ˌdʒiːzəs'kraɪst] **I.** *n no art, no pl* Jesus *m* **II.** *interj* (*pej sl*) Herrgott [noch mal]! *fam*, Mensch! *fam*
Jesus Murphy [-'mɜːfi, AM -'mɜːrfi] *interj* AM (*euph fam*) na so was! *fam*

jet[1] [dʒet] **I.** *n* ❶ AVIAT [Düsen]jet *m*, Düsenflugzeug *nt* ❷ (*thin stream*) Strahl *m*; ~ **of air/gas** [dünner] Luft-/Gasstrahl; ~ **of flame** Stichflamme *f* ❸ (*nozzle*) Düse *f* **II.** *vi* <-tt-> mit einem Jet fliegen, jetten *fam*; ■**to** ~ **in** mit einem Jet kommen; ■**to** ~ **off** mit einem Jet fliegen [*o* düsen *fam*]

jet[2] [dʒet] **I.** *n no pl* Gagat *m*, Jett *m o nt*, Pechkohle *f* **II.** *n modifier* (*earrings*) Gagat-

jet 'air·lin·er *n* Düsenverkehrsflugzeug *nt* **'jet-black** *adj inv* pechschwarz, tiefschwarz **jet 'en·gine** *n* Düsentriebwerk *nt* **jet 'fight·er** *n* Düsenjäger *m* **'jet·foil** *n* Tragflügelboot *nt* **'jet·foil ser·vice** *n* Fährbetrieb *m* mit Tragflügelbooten **'jet fuel** *n no pl* Kerosin *nt* **'jet lag** *n no pl* Jetlag *m*; **to get/have** ~ einen Jetlag bekommen/haben; **to suffer from** ~ einen Jetlag haben, an Jetlag[beschwerden] leiden **'jet-lag·ged** *adj* ■**to be** ~ einen Jetlag haben, an Jetlag[beschwerden] leiden; **I've just got back from Hong Kong so I'm feeling totally** ~ ich bin gerade aus Hongkong zurückgekommen, deshalb ist meine innere Uhr noch ganz durcheinander **'jet·lin·er** *n* Düsenverkehrsflugzeug *nt* **'jet plane** *n* Düsenflugzeug *nt* **jet-pro·'pelled** *adj* mit Düsenantrieb *nach n*; ■**to be** ~ einen Düsenantrieb haben **jet pro·'pul·sion** *n no pl* Düsenantrieb *m*, Strahlantrieb *m*

jet·sam ['dʒetsəm] *n no pl see* **flotsam**

'jet set *n no pl* (*fam*) Jetset *m*; **to be part of the** ~ zum Jetset gehören; **to become part of the** ~ in den Jetset aufgenommen werden **'jet-set·ter** *n* (*fam*) Mitglied *nt* des Jetset **'jet-set·ting** (*fam*) **I.** *n no pl* Jetsetten *nt fam* **II.** *adj* Jetset- **'Jet Ski®** *n* Wassermotorrad *nt* **'jet-ski** *vi* [mit einem] Wassermotorrad fahren **'jet stream** *n* METEO Strahlstrom *m*

jet·ti·son ['dʒetɪsᵊn, AM 'dʒet̬-] *vt* ❶ (*discard, abandon*) ■**to** ~ **sb** jdn fallen lassen, sich *akk* von jdm trennen *euph*; **to** ~ **an employee** einen Angestellten entlassen; ■**to** ~ **sth** etw aufgeben [*o* über Bord werfen]; **to** ~ **a plan** einen Plan verwerfen; ■**to** ~ **sth** [**for sth**] etw [zugunsten einer S. *gen*] aufgeben ❷ (*drop*) ■**to** ~ **sth** *from a ship* etw über Bord werfen; *from a plane* etw abwerfen

jet·ty ['dʒeti, AM -t̬i] *n* ❶ (*landing stage*) Pier *m*, Anlegesteg *m* ❷ (*breakwater*) Mole *f*

'jet·way® *n* Gangway *f*

Jew [dʒuː] *n* Jude, Jüdin *m, f*

jew·el ['dʒuːəl] *n* ❶ (*precious stone*) Edelstein *m*, Juwel *m o nt*; [**to be**] **set with** ~**s** mit Juwelen besetzt [sein] ❷ (*sth beautiful or valuable*) Kostbarkeit *f*, Kleinod *nt geh* ❸ (*watch part*) Stein *m* ❹ (*dated: very kind*) **to be a** [**real**] ~ ein [echter] Schatz sein *fam* ▸ PHRASES: **the** ~ **in the crown** das Glanzstück [*o* Prunkstück]

'je·wel box *n*, **'je·wel case** *n* ❶ (*for jewellery*) Schmuckschatulle *f*, Schmuckkästchen *nt* ❷ COMPUT Jewelbox *f fachspr* (*Kunststoffbehälter für eine CD-ROM*)

je·wel·led ['dʒuːəld], AM **je·wel·ed** *adj* mit Juwelen besetzt

je·wel·ler ['dʒuːələʳ], AM **je·wel·er** ['dʒuːələʳ] *n* Juwelier(in) *m(f)*; ■**at the** ~**'s** beim Juwelier/bei der Juwelierin; ~**'s shop** Juweliergeschäft *nt*, Juwelierladen *m*

je·wel·lery ['dʒuːəlri] *n no pl* Schmuck *m*

'je·wel·lery box *n*, **'je·wel·lery case** *n* Schmuckschatulle *f*, Schmuckkästchen *nt*

'je·wel·ry *n* AM *see* **jewellery**

'je·wel·ry store *n* AM (*jeweller's shop*) Juweliergeschäft *nt*

Jew·ess <*pl* -es> ['dʒuːəs, AM -ɪs] *n* (*pej!*) Jüdin *f*

'jew·fish *n* Judenfisch *m*

Jew·ish ['dʒuːɪʃ] *adj inv* jüdisch

Jew·ish·ness ['dʒuːɪʃnəs] *n no pl* Judentum *nt*, Judesein *nt*

Jew·ry ['dʒʊəri, AM 'dʒuː-] *n no art, no pl* (*form*) die Juden *pl*, das Judentum

Jew's 'harp *n* Maultrommel *f*

Jeye cloth *n see* **J-cloth®**

Jezebel ['dʒezəbel] *n* (*pej*) Jezabel *f*, unmoralische Frau

jib[1] [dʒɪb] *n* NAUT Klüver *m*

jib[2] [dʒɪb] *n* TECH Ausleger[arm] *m*

jib[3] <-bb-> [dʒɪb] *vi* ❶ (*be reluctant*) ■**to** ~ **at doing sth** sich *akk* weigern [*o* [dagegen] sträuben], etw zu tun ❷ (*stop suddenly*) ■**to** ~ **at sth** *horse* vor etw *dat* scheuen

jibe [dʒaɪb] **I.** *n* Stichelei *f*, verletzende Bemerkung; **to indulge in** ~**s at other people's expense** sich *akk* auf Kosten anderer lustig machen **II.** *vi* ❶ (*insult, mock*) ■**to** ~ **at sth** über etw *akk* spötteln ❷ AM, AUS (*fam: correspond*) ■**to** ~ **with sth** mit etw *dat* übereinstimmen [*o geh* konform gehen]

jif·fy ['dʒɪfi] *n no pl* (*fam*) Augenblick *m*, Moment *m*; **in a** ~ in einer Sekunde, gleich, sofort; **I won't be a** ~**!** ich bin gleich wieder da!

'Jif·fy bag® *n* gepolsterte Versandtasche

jig [dʒɪg] **I.** *vt* <-gg-> ■**to** ~ **sb/sth** jdn/etw schütteln; **she** ~**ged the baby up and down on her knee** sie ließ das Baby auf ihren Knien reiten **II.** *vi* <-gg-> ❶ (*move around*) **to** ~ **about** herumhopsen *fam*; **to** ~ **up and down** herumspringen ❷ (*dance a jig*) eine Gigue tanzen **III.** *n* ❶ (*dance*) Gigue *f* ❷ (*music*) Gigue *f*; **to play a** ~ eine Gigue spielen ❸ TECH (*device*) Einspannvorrichtung *f* ▸ PHRASES: **the** ~ **is up!** AM das Spiel ist aus!

jig·ger ['dʒɪgəʳ, AM -ɚ] **I.** *n* ❶ (*container*) Messbecher *m* für Alkohol ❷ AM (*measure*) *45 ml* **II.** *vt* AM ■**to** ~ **sth** etw fälschen

jig·gered ['dʒɪgəd, AM -ɚd] *adj inv* BRIT, AUS (*dated fam*) erschöpft; **to be completely** ~ fix und fertig sein *fam*; **to feel completely** ~ sich *akk* total kaputt fühlen *fam* ▸ PHRASES: **well, I'll be** ~**!** BRIT (*dated fam*) da bin ich aber platt! *fam*

jiggery-pokery [ˌdʒɪgᵊri'pəʊkᵊri, AM -'poʊ-] *n no pl* (*dated fam*) Gemauschel *nt pej fam*, Schmu *m pej fam*; **I think there's been some** ~ **going on in the finance department** ich glaube, in der Finanzabteilung sind so einige krumme Sachen gelaufen *fam*

jig·gle ['dʒɪgl̩] **I.** *vt* ■**to** ~ **sth** mit etw *dat* wackeln; **stop jiggling your leg – it's making me nervous** zappel nicht so mit den Beinen – das macht mich ganz nervös; **if the door won't open, try jiggling the key in the lock** wenn sich die Tür nicht öffnen lässt, versuch's mal damit, dass du den Schlüssel im Schloss hin und her bewegst; ■**to** ~ **sth about** etw schütteln; **he** ~**d some loose coins about in his pocket** er klapperte mit ein paar losen Münzen in seiner Tasche **II.** *vi* wippen, hüpfen; **his eyebrows** ~**d up and down in amusement** amüsiert zuckte er mit den Augenbrauen **III.** *n* Rütteln *nt*; *of a limb* Zucken *nt*, Zappeln *nt*

'jig·saw *n* ❶ (*mechanical*) Laubsäge *f*; (*electric*) Stichsäge *f* ❷ (*puzzle*) Puzzle[spiel] *nt* **'jig·saw puz·zle** *n* Puzzle[spiel] *nt*; (*fig*) Puzzle *nt*; **the police are trying to piece together**

the ~ of how the dead man spent his last hours die Polizei versucht, die einzelnen Informationen darüber, wie der Tote seine letzten Stunden verbracht hat, zu einem Puzzle zusammenzufügen

ji·had [dʒɪ'hɑːd] *n* ❶ REL (*Islamic holy war*) Dschihad *m,* Jihad *m,* Heiliger Krieg ❷ (*fig fam: obsessive struggle*) Glaubenskrieg *m fig*

jilla·roo [ˌdʒɪlə'ruː] *n* AUS *Frau, die die Arbeiten auf einer Schaf- oder Rinderfarm erlernt*

jilt [dʒɪlt] *vt* ■**to ~ sb [for sb]** jdn [wegen jdm] sitzen lassen

jilt·ed ['dʒɪltɪd] *adj inv boyfriend, girlfriend* sitzen gelassen; **~ lover** verschmähter Liebhaber/verschmähte Liebhaberin

Jim Crow ['dʒɪmˌkrəʊ] *n no art, no pl* AM (*pej dated*) Rassendiskriminierung *f* **Jim Crow 'laws** *npl no art* AM (*pej dated*) Rassengesetze *ntpl* (*zur Diskriminierung der Schwarzen in den USA*) **Jim Crow 'school** *n* AM (*pej dated*) Schule *f* für Schwarze

jim-dan·dy [ˌdʒɪm'dændi] AM **I.** *n* (*dated or hum fam*) Wucht *f fam,* Knüller *m fam* **II.** *adj* (*dated or hum fam*) toll *fam,* prima *fam,* klasse *fam*

jim·jams ['dʒɪmdʒæmz] *npl* ❶ BRIT (*fam: pyjamas*) Schlafanzug *m* ❷ (*fam*) ■**the ~** (*alcohol-induced trembling*) Säuferwahnsinn *m;* (*fit of nerves*) Muffensausen *nt fam*

jim·my *n, vt* AM *see* **jemmy**

jin·gle ['dʒɪŋgl] **I.** *vt* **to ~ bells** Glöckchen klingeln [*o* bimmeln] lassen; **to ~ coins** mit Münzen klimpern; **to ~ keys** mit Schlüsseln klirren [*o* rasseln] **II.** *vi bells* klingeln, bimmeln; *coins* klimpern; *keys* klirren **III.** *n* ❶ *no pl* (*metallic ringing*) *of bells* Klingeln *nt,* Bimmeln *nt; of coins* Klimpern *nt; of keys* Klirren *nt* ❷ (*in advertisements*) Jingle *m,* Werbesong *m*

jin·go·ism ['dʒɪŋgəʊɪzᵊm, AM -goʊ-] *n no pl* (*pej*) Chauvinismus *m pej,* Hurrapatriotismus *m pej*

jin·go·ist ['dʒɪŋgəʊɪst, AM -goʊ-] *n* (*pej*) Hurrapatriot(in) *m(f) pej,* Chauvinist(in) *m(f) pej*

jin·go·is·tic [ˌdʒɪŋgəʊ'ɪstɪk, AM -goʊ'-] *adj* (*pej*) hurrapatriotisch *pej,* chauvinistisch *pej*

jinks [dʒɪŋks] *npl* **high ~** Highlife *nt fam,* Remmidemmi *nt fam;* **there were high ~ at the party** auf der Fete ging es hoch her

jinx [dʒɪŋks] **I.** *n no pl* Unglück *nt;* **there's a ~ on this computer** mit diesem Computer ist es wie verhext; **to break the ~** den Bann durchbrechen, den Fluch beseitigen; **to put a ~ on sb/sth** jdn/etw verhexen [*o geh* mit einem Fluch belegen] **II.** *vt* ■**to ~ sb/sth** jdn/etw verhexen [*o geh* mit einem Fluch belegen]

jinxed [dʒɪŋkst] *adj* verhext; **I must be ~ – whenever I touch a glass, it breaks** auf mir muss ein Fluch lasten – jedes Mal wenn ich ein Glas anfasse, zerbricht es

jit·ney ['dʒɪtni] *n* AM billiger Bus

jit·ter·bug ['dʒɪtəbʌg, AM -t̬ɚ-] **I.** *n* ❶ (*dance*) Jitterbug *m* ❷ (*dated fam: nervous person*) Nervenbündel *nt fam* **II.** *vi* <-gg-> Jitterbug tanzen

jit·ters ['dʒɪtəz, AM -t̬ɚz] *npl* (*fam*) Nervosität *f kein pl,* Bammel *m kein pl fam; of an actor* Lampenfieber *nt;* **the collapse of the company has caused ~ in the financial markets** die Pleite der Firma hat zu Nervosität auf den Finanzmärkten geführt; ■**the ~** das große Zittern *fam,* Muffensausen *nt fam;* **to get the ~** Muffensausen kriegen *fam;* **to give sb the ~** jdn ganz nervös [*o fam* rappelig] machen

jit·tery ['dʒɪtᵊri, AM 'dʒɪt̬ɚi] *adj* (*fam*) nervös; **to feel/get [all] ~** [ganz] nervös [*o fam* rappelig] sein/werden

jiu-jit·su *n no pl* AUS *see* **jujitsu**

jive [dʒaɪv] **I.** *n no pl* ❶ (*dance*) Jive *m;* (*music*) Swingmusik *f;* **to do the ~** Jive tanzen ❷ AM (*sl: dishonest talk*) Gewäsch *nt fam,* leeres Gerede; **a bunch of ~** ein Haufen *m* Mist *fam* **II.** *vi* Jive tanzen; ■**to ~ to sth** auf etw *akk* Jive tanzen **III.** *vt* AM (*sl*) ■**to ~ sb** jdn belügen [*o fam* für dumm verkaufen]

Jnr *adj after n, inv* BRIT, AUS *abbrev of* **junior** jun., jr.

job [dʒɒb, AM dʒɑːb] *n* ❶ (*employment*) Arbeit *f,* Stelle *f;* **full-time/part-time ~** Vollzeit-/Teilzeitstelle *f;* **steady ~** fester Arbeitsplatz; **to apply for a ~** sich *akk* um eine Stelle bewerben; **to do a ~** eine Arbeit ausführen; **to get a ~ [as sth]** eine Stelle [als etw] bekommen; **to give up one's ~** kündigen; **to hold down a [regular] ~** eine [feste] Arbeit[sstelle] haben; **on the ~** während [*o* bei] der Arbeit; **to be out of a ~** auf der Straße sitzen *fam* ❷ (*piece of work*) Tätigkeit *f,* Arbeit *f* ❸ (*fam: work*) **[to be] just the man/woman for the ~** genau der Richtige/die Richtige dafür [sein]; **to make a good [*or* splendid] ~ of doing sth** hervorragende Arbeit bei etw *dat* leisten; **to do the ~** den Zweck erfüllen, hinhauen *fam;* **this bag should do the ~** diese Tasche müsste ausreichen ❹ *no pl* (*duty, responsibility*) Aufgabe *f;* **~ in hand** momentane Aufgabe ❺ *no pl* (*problem, difficult activity*) Schwierigkeit *f;* **to have a ~ doing sth** Schwierigkeiten [damit] haben, etw zu tun ❻ (*fam: example of a kind*) **my car's that red sports ~** mein Wagen ist dieser rote Flitzer da ❼ (*sl: crime*) Ding *nt;* **to do [*or* pull] a ~** ein Ding drehen ▶ PHRASES: **to be just the ~** (*fam*) genau das Richtige sein; **to do a ~ on sb** jdn reinlegen *fam*

'job ad·ver·tise·ment *n* Stellenanzeige *f* **'job analy·sis** *n* Arbeitsplatzanalyse *f*

job·ber ['dʒɒbəʳ, AM 'dʒɑːbɚ] *n* ❶ BRIT (*hist: in stocks*) Jobber *m,* Wertpapiergroßhändler(in) *m(f)* (*an Londoner Börse*) ❷ AM (*wholesaler*) Großhändler(in) *m(f)*

job·bing ['dʒɒbɪŋ, AM 'dʒɑːb-] **I.** *adj attr, inv* Gelegenheits-; **~ gardener** Gelegenheitsgärtner(in) *m(f),* Aushilfsgärtner(in) *m(f);* **~ journalist** freier Journalist/freie Journalistin; **~ printer** Akzidenzdrucker *m* **II.** *n no pl* Verrichten *nt* von Gelegenheitsarbeiten, Jobben *nt fam*

'job cen·tre *n* BRIT Arbeitsamt *nt* **'job coun·sel·lor** *n* Arbeitsberater(in) *m(f)* **'job crea·tion** *n no pl* Arbeitsbeschaffung *f* **'job crea·tion scheme** *n* BRIT, AUS Arbeitsbeschaffungsprogramm *nt* **'job cuts** *npl* Stellenabbau *m kein pl,* Arbeitsplatzabbau *m kein pl* **'job de·scrip·tion** *n* Stellenbeschreibung *f,* Tätigkeitsbeschreibung *f* **'job evalu·ation** *n* BRIT Arbeitsplatzbewertung *f* **'job hunt** *n* (*fam*) Stellensuche *f,* Stellenjagd *f fam;* **to be on the ~** einen Job suchen *fam,* auf Stellensuche sein **'job-hunt** *vi* (*fam*) Arbeit suchen **'job-hunt·ing** *n no pl* (*fam*) Stellenjagd *f fam,* Stellensuche *f* **'job inter·view** *n* Bewerbungsgespräch *nt,* Vorstellungsgespräch *nt*

job·less ['dʒɒbləs, AM 'dʒɑːb-] **I.** *adj inv* arbeitslos **II.** *n esp* BRIT ■**the ~** *pl* die Arbeitslosen *pl*

'job·less fig·ures *npl esp* BRIT Arbeitslosenzahlen *fpl*

job·less·ness ['dʒɒbləsnəs, AM 'dʒɑːb-] *n no pl* Arbeitslosigkeit *f*

'job·less to·tal *n esp* BRIT Gesamtzahl *f* der Arbeitslosen

'job losses *npl* Stellenabbau *m kein pl;* **the closure of the factory will result in heavy ~** durch die Schließung der Fabrik werden sehr viele Arbeitsplätze verloren gehen **job 'lot** *n* [Waren]posten *m;* **I bought a ~ of children's books which were being sold off cheaply** ich habe eine ganze Sammlung Kinderbücher gekauft, die verramscht wurden **'job mar·ket** *n* Arbeitsmarkt *m* **'job sat·is·fac·tion** *n no pl* Zufriedenheit *f* mit der eigenen Tätigkeit; **many people are more interested in ~ than in earning large amounts of money** vielen Menschen ist es wichtiger, mit ihrer Arbeit zufrieden zu sein, als viel Geld zu verdienen **'job se·cu·rity** *n no pl* Arbeitsplatzsicherheit *f* **'job·share** BRIT **I.** *n* Arbeitsplatzteilung *f* **II.** *vi* sich *dat* einen Arbeitsplatz teilen **'job shar·ing** *n no pl* BRIT Arbeitsplatzteilung *f,* Jobsharing *nt* **'jobs·worth** *n* BRIT (*fam*) Aktenschieber(in) *m(f) pej* **'job ti·tle** *n* Berufsbezeichnung *f*

jock [dʒɑːk] *n* AM (*pej fam*) Sportfanatiker(in) *m(f) pej*

Jock [dʒɒk] *n* BRIT (*sl*) Schotte *m*

jock·ey ['dʒɒki, AM 'dʒɑːki] **I.** *n* Jockey *m* **II.** *vi* **the major oil companies were ~ing to appear environmentally concerned** die großen Ölkonzerne rangelten darum, als jeweils besonders umweltbewusst dazustehen; ■**to ~ for sth** um etw *akk* konkurrieren; **to ~ for position** versuchen, sich *akk* in eine gute Position vorzuschieben **III.** *vt* ■**to ~ sb into doing sth** jdn dazu drängen, etw zu tun

jocks [dʒɒks] *npl* Aus *(fam)* kurze Unterhose, Boxershorts *pl*

'jock·strap *n* Suspensorium *nt*

jo·cose [dʒə(ʊ)'kəʊs, AM dʒoʊ'koʊs] *adj (form, liter)* scherzhaft, launig; *manner* witzig, humorvoll

jo·cose·ly [dʒə(ʊ)'kəʊsli, AM dʒoʊ'koʊs-] *adv (form, liter)* scherzhaft, launig

jocu·lar ['dʒɒkjələʳ, AM 'dʒɑːkjələ˞] *adj (form)* lustig; *comment* witzig; *person* heiter; **in a ~ fashion** im Spaß; **to be in a ~ mood** zu Scherzen aufgelegt sein; **in a ~ vein** in launiger Stimmung

jocu·lar·ity [ˌdʒɒkjə'lærəti, AM ˌdʒɑːkjə'lærət̬i] *n no pl (form) of a comment* Witzigkeit *f*, Scherzhaftigkeit *f; of a person* Heiterkeit *f*

jocu·lar·ly ['dʒɒkjələli, AM 'dʒɑːkjələ˞-] *adv (form)* scherzhaft, im Scherz

joc·und ['dʒɒkənd, AM 'dʒɑːk-] *adj (liter)* fröhlich, heiter, lustig

jodh·purs ['dʒɒdpəz, AM 'dʒɑːdpɚs] *npl* Reithose *f;* **a pair of ~** eine Reithose

joe [dʒəʊ, AM dʒoʊ] *n* **a cup of ~** *esp* AM *(fam)* eine Tasse Kaffee

Joe Bloggs [ˌdʒəʊ'blɒgz] *n no art, no pl* BRIT *(fam)* Otto Normalverbraucher *m fam* **Joe Blow** [ˌdʒoʊ'bloʊ] *n no pl, no art* AM, AUS *(fam)* ❶ *(average, typical man)* Otto Normalverbraucher *m fam* ❷ *(man whose name is unknown)* Herr X *m* **'Joe job** *n* CAN *(menial, monotonous task)* Hilfsarbeiterjob *m* **Joe 'Pub·lic** *n no pl, no art* BRIT *(fam)* der kleine Mann *fam*

joey ['dʒəʊi] *n* AUS *(fam)* Kängurujunge(s) *nt*

jog [dʒɒg, AM dʒɑːg] **I.** *n* ❶ *no pl (run)* Dauerlauf *m;* **to go for a ~** joggen gehen *fam* ❷ *usu sing (push, knock)* Stoß *m*, Schubs *m fam;* **to give sth a ~** etw *dat* einen Schubs geben *fam* ▶ PHRASES: **to give sb's memory a ~** jds Gedächtnis *nt* nachhelfen, jds Erinnerung *f* auf die Sprünge helfen *fam* **II.** *vi* <-gg-> einen Dauerlauf machen, joggen **III.** *vt* <-gg-> ■**to ~ sb/sth** jdn/etw [an]stoßen [*o fam* schubsen]; **to ~ sb's elbow** jdn anrempeln *fam* ▶ PHRASES: **to ~ sb's memory** jds Gedächtnis *nt* nachhelfen, jds Erinnerung *f* auf die Sprünge helfen *fam*

◆**jog along** *vi* ❶ *(fam: advance slowly) person* dahintrotten; *vehicle* dahinzuckeln ❷ *(continue in a routine manner)* [so] dahinwursteln *fam;* **they argue continually but somehow their marriage ~s along** sie streiten sich andauernd, aber mit ihrer Ehe geht es doch immer irgendwie weiter

jog·ger ['dʒɒgəʳ, AM 'dʒɑːgɚ] *n* Jogger(in) *m(f)*

jog·ging ['dʒɒgɪŋ, AM 'dʒɑːg-] *n no pl* Joggen *nt*, Jogging *nt;* **to go [out] ~** joggen gehen

'jog·ging gear *n no pl* Joggingkleidung *f* **'jog·ging suit** *n* Jogginganzug *m*

jog·gle ['dʒɒgl̩, AM 'dʒɑːgl̩] **I.** *vt (move jerkily)* ■**to ~ sth** etw [leicht] rütteln [*o* schütteln]; **to ~ a baby about** [*or* **around**] ein Baby hin und her wiegen **II.** *n* [leichtes] Schütteln [*o* Rütteln]; **to give sth a ~** etw [leicht] schütteln

'jog·trot *n* ❶ *(slow regular trot)* Trott *m;* **to move at a ~** trotten ❷ *(fig, pej: monotonous progression)* Trott *m pej*

'jog-trot *vi* trotten

john [dʒɑːn] *n* ❶ AM, AUS *(fam: toilet)* Klo *nt fam* ❷ AM *(sl: prostitute's client)* Freier *m fam*

John Bull [ˌdʒɒn'bʊl] *n no art, no pl* BRIT *(dated fam)* John Bull *m (Figur, die den typischen Engländer oder England repräsentiert)* **John Doe** [ˌdʒɑːn'doʊ] *n no art, no pl* AM ❶ LAW Herr X; **the pop group is bringing a lawsuit against ~ Corporation** die Popgruppe verklagt die Gesellschaft X ❷ *(average man)* Durchschnittsmann *m*, Otto Normalverbraucher *m fam* **John Dory** <*pl* -ries *or* -> [ˌdʒɒn'dɔːri, AM ˌdʒɑːn'-] *n* ZOOL Heringskönig *m* **John Hancock** [ˌdʒɑːn'hænkɑːk] *n* AM *(sl)*, **John Henry** [ˌdʒɑːn'henri] *n* AM *(sl)* **put your ~ here** mach deinen Friedrich Wilhelm hier *fam*

john·nie, john·ny ['dʒɒni] *n* BRIT *(sl)* [**rubber**] ~ Pariser *m sl*

john·ny-come-'late·ly <*pl* -s *or* johnnies-> *n (pej)* Neuling *m pej*

John Q 'Pub·lic *n no art, no pl* AM *(fam)* Otto Normalverbraucher *m fam*, der kleine Mann *fam*

joie de vi·vre [ˌʒwɑːdə'viːvr(ə)] *n no pl (form)* Lebensfreude *f*, Lebenslust *f*

join [dʒɔɪn] **I.** *vt* ❶ *(connect)* ■**to ~ sth [to sth]** etw [mit etw *dat*] verbinden [*o* zusammenbringen] [*o* zusammenfügen]; *battery* etw [an etw *dat*] anschließen; *(add)* etw [an etw *akk*] anfügen; **the River Neckar ~s the Rhine at Mannheim** der Neckar mündet bei Mannheim in den Rhein ein; **to ~ forces with sb** sich *akk* mit jdm zusammentun; **to ~ hands** sich *dat* die Hände geben [*o form* reichen] ❷ *(come into sb's company)* ■**to ~ sb** sich *akk* zu jdm gesellen, jdm Gesellschaft *f* leisten; **would you like to ~ us for supper?** möchtest du mit uns zu Abend essen?; **do you mind if I join you?** darf ich mich zu Ihnen setzen?; **she travelled to Rome by herself and was ~ed by her husband a week later** sie reiste alleine nach Rom, und eine Woche später kam ihr Mann nach ❸ *(become a member, employee of)* ■**to ~ sth** etw *dat* beitreten, in etw *akk* eintreten; *club, party* bei etw *dat* Mitglied werden; **to ~ the army** Soldat werden; **to ~ the ranks of the unemployed** sich *akk* in das Heer der Arbeitslosen einreihen ❹ *(become temporarily involved in)* ■**to ~ sth** bei etw *dat* mitmachen; **let's go and ~ the dancing** lass uns mittanzen; **to ~ the line** AM [*or* BRIT **queue**] sich *akk* in die Schlange stellen [*o geh* einreihen] ❺ *(support)* ■**to ~ sb in [doing] sth** jdm bei [*o* in] [der Ausführung] einer S. *gen* zur Seite stehen, sich *akk* jdm [bei der Ausführung einer S. *gen*] anschließen; **I'm sure everyone will ~ me in wishing you a very happy birthday** es schließen sich sicher alle meinen Glückwünschen zu Ihrem Geburtstag an ❻ *(get on board)* **to ~ a plane/train** in ein Flugzeug/einen Zug zusteigen ▶ PHRASES: **~ the club!** willkommen im Club! **II.** *vi* ❶ *(connect)* ■**to ~ [with sth]** sich *akk* [mit etw *dat*] verbinden; ■**to ~ with sb in doing sth** sich *akk* mit jdm *dat* zusammenschließen [*o fam* zusammentun], [um] etw zu tun; **the police have ~ed with the drugs squad in trying to catch major traffickers** die Polizei hat sich mit der Drogenfahndung zusammengetan, um die Großdealer zu schnappen ❷ *(become a member)* beitreten, Mitglied werden ❸ *(marry)* **to ~ [together] in marriage** [*or form* **holy matrimony**] sich *akk* ehelich [miteinander] verbinden *geh*, in den heiligen Bund der Ehe *f* treten *geh* **III.** *n* Verbindung[sstelle] *f*, Fuge *f*

◆**join in** *vi* teilnehmen, mitmachen; *(in a game)* mitspielen; *(sing along)* mitsingen; **they began to sing and all the voices ~ed in** sie begannen zu singen und alle Stimmen fielen ein; ■**to ~ in with sth** in etw *akk* einstimmen; ■**to ~ in sth** sich *akk* an etw *dat* beteiligen, bei etw *dat* mitmachen; **to ~ in the applause** mitapplaudieren; **to ~ in the fun** auch Spaß haben

◆**join up I.** *vi* ❶ BRIT, AUS MIL Soldat werden, zum Militär gehen, einrücken *fam* ❷ *(connect)* sich *akk* verbinden; *cells* miteinander verschmelzen; *streets* aufeinandertreffen, zusammenlaufen ❸ *(meet again)* ■**to ~ up for sth** sich *akk* zu etw *dat* zusammentun; **let's ~ up later for a drink** lasst uns später zusammen noch einen trinken gehen ❹ *(go somewhere together)* ■**to ~ up with sb** sich *akk* mit jdm zusammentun ❺ *(get together with)* ■**to ~ up with sb/sth** sich *akk* mit jdm/etw zusammenschließen **II.** *vt* ■**to ~ up ↔ sth** etw [miteinander] verbinden; *parts* etw zusammenfügen

joined-up [dʒɔɪnd'ʌp] *adj esp* BRIT zusammenhängend *attr;* **~ writing** Schreibschrift *f*

join·er ['dʒɔɪnəʳ, AM -ɚ] *n* ❶ *(skilled worker)* Tischler(in) *m(f)*, Schreiner(in) *m(f)* ❷ *(fam: activity-oriented person)* geselliger Typ

join·ery ['dʒɔɪnəri, AM -ɚi] *n no pl (product)* Tischlerarbeit *f;* *(craft)* Tischlerhandwerk *nt* **'join·ery work** *n* Tischlerarbeit *f*

joint [dʒɔɪnt] **I.** *adj inv* gemeinsam; **the research project is**

the work of a ~ French-Italian team das Forschungsprojekt ist die Gemeinschaftsarbeit eines französisch-italienischen Teams; ~ **undertaking** Gemeinschaftsunternehmen *nt;* ~ **winners** SPORTS zwei Sieger/Siegerinnen; **to come ~ second** mit jdm zusammen den zweiten Platz belegen **II.** *n* ❶ *(connection)* Verbindungsstelle *f,* Anschluss *m,* Fuge *f;* [**soldering**] ~ Lötstelle *f* ❷ ANAT Gelenk *nt;* **to put sth out of ~** etw ausrenken [*o* verrenken]; **I've put my shoulder out of ~** ich habe mir die Schulter verrenkt ❸ *(meat)* Braten *m;* ~ **of beef/lamb** Rinder-/Lammbraten *m;* **chicken ~s** Hähnchenteile *mpl* ❹ *(fam: cheap bar, restaurant)* Laden *m fam,* Bude *f fam,* Spelunke *f fam;* *(gambling den)* Spielhölle *f* ❺ *(cannabis cigarette)* Joint *m sl* ▸ PHRASES: **the ~ is jumpin'** in dem Laden [*o* der Bude] ist schwer was los *fam,* hier tanzt der Bär *fam;* **to put sth out of ~** etw außer Betrieb setzen; **to be out of ~** aus den Fugen [*o* dem Gleichgewicht] sein

joint ac·'count *n* Gemeinschaftskonto *nt* **Joint Chiefs of 'Staff** *npl* AM ■**the ~** die vereinten Generalstabschefs *(die Oberkommandeure der Streitkräfte der USA)* **joint com·'mit·tee** *n* gemischter Ausschuss **joint 'cus·to·dy** *n no pl* gemeinsames Sorgerecht **joint 'debt·or** *n* Mitschuldner(in) *m(f)*

joint·ed ['dʒɔɪntɪd, AM -t̬ɪd] *adj inv* ❶ *(having joints)* gegliedert, mit Gelenken versehen; ~ **puppet** Gliederpuppe *f;* **double ~** extrem gelenkig ❷ *(united)* verbunden

joint 'ef·forts *npl* gemeinsame Anstrengungen **joint-'fund·ed** *adj* AUS gemeinsam finanziert **joint 'hon·ours** *n modifier* BRIT ~ [**degree**] *„Honours Degree" in zwei Fächern*

joint·ly ['dʒɔɪntli] *adv inv* gemeinsam

'joint·ly fund·ed *adj* BRIT gemeinsam finanziert

joint 'own·er *n* Miteigentümer(in) *m(f); of a company* Mitinhaber(in) *m(f),* Teilhaber(in) *m(f)* **joint 'prop·er·ty** *n* gemeinschaftliches Eigentum **joint reso·'lu·tion** *n* AM gemeinsamer Beschluss **joint 'stock** *n no pl* FIN Aktienkapital *nt* **joint-stock 'com·pa·ny** *n* BRIT Aktiengesellschaft *f* **joint 'ven·ture** *n* Joint Venture *nt,* Gemeinschaftsunternehmen *nt*

joist [dʒɔɪst] *n* ARCHIT [Profil]träger *m,* [Quer]balken *m*

jo·jo·ba [hə'həʊbə, AM hə'hoʊ-] *n no pl* Jojoba *f*

jo·'jo·ba oil *n* Jojobaöl *nt*

joke [dʒəʊk, AM dʒoʊk] **I.** *n* ❶ *(action)* Spaß *m;* *(trick)* Streich *m;* *(amusing story)* Witz *m;* **dirty ~** Zote *f;* **to crack/tell ~s** Witze reißen *fam*/erzählen; **to get a ~** einen Witz verstehen [*o fam* kapieren]; **to get** [*or* **go**] **beyond a ~** nicht mehr witzig [*o* lustig] [*o* komisch] sein; **to make a ~ of sth** *(ridicule)* etw ins Lächerliche ziehen; *(laugh off)* **they made a ~ of it, but it was obvious they were offended** sie lachten darüber, aber es war offensichtlich, dass sie beleidigt waren; **to play a ~ on sb** jdm einen Streich spielen; **to not be able to take a ~** keinen Spaß vertragen [*o* verstehen]; **to do sth for a ~** etw zum [*o* aus] Spaß tun; **the ~ was on me** der Spaß ging auf meine Kosten ❷ *(fam: sth very easy)* Kinderspiel *nt,* Witz *m fam,* Klacks *m fam;* **to be no ~** kein Kinderspiel [*o* keine Kleinigkeit] sein ❸ *(fam: ridiculous thing or person)* Witz *m fam;* **what a ~!** das soll wohl ein Witz sein! *fam,* da lachen ja die Hühner! *fam* **II.** *vi* scherzen, witzeln; ■**to be joking** Spaß machen; **don't worry, I was only joking when I said I'd go without you** keine Bange, ich hab doch nur zum Spaß gesagt, dass ich ohne dich gehe; **you must be** [*or* **you've got to be**] **joking!** das meinst du doch nicht im Ernst!, das soll wohl ein Witz sein!; ■**to ~ about sth** sich *akk* über etw *akk* lustig machen; ■**to ~ that ...** scherzen, dass ...

jok·er ['dʒəʊkəʳ, AM 'dʒoʊkɚ] *n* ❶ *(one who jokes)* Spaßvogel *m,* Witzbold *m* ❷ *(fam: annoying person)* Kerl *m fam,* Typ *m fam* ❸ CARDS Joker *m* ▸ PHRASES: **to be the ~ in the pack** der Situation eine überraschende Wendung geben können

jok·ey ['dʒəʊki, AM 'dʒoʊki] *adj (fam)* witzig

jok·ing ['dʒəʊkɪŋ, AM 'dʒoʊk-] **I.** *adj* scherzhaft **II.** *n no pl* Scherzen *nt;* ~ **apart** [*or* **aside**] Spaß [*o* Scherz] beiseite; ~ **apart, what do you really think of your new job?** jetzt mal ganz im Ernst, was hältst du wirklich von deinem neuen Job?

jok·ing·ly ['dʒəʊkɪŋli, AM 'dʒoʊk-] *adv* im Scherz

joky *adj (fam) see* **jokey**

jol·li·fi·ca·tion [,dʒɒlɪfɪ'keɪʃən, AM ,dʒɑ:lə-] *n (fam)* ❶ *no pl (merrymaking)* Festlichkeit *f;* *(boozy party)* feuchtfröhliches Fest ❷ *(celebratory activities)* ■**~s** *pl* [Festtags]trubel *m kein pl*

jol·lity ['dʒɒləti, AM 'dʒɑ:lət̬i] *n no pl* Fröhlichkeit *f,* Lustigkeit *f*

jol·ly ['dʒɒli, AM 'dʒɑ:li] **I.** *adj* ❶ *(happy)* fröhlich, lustig, vergnügt ❷ *(enjoyable or cheerful)* lustig; *evening* nett; *room* freundlich **II.** *adv* BRIT *(fam)* sehr, mächtig *fam,* riesig *fam;* **just tell her to ~ well hurry up** sag ihr, sie soll sich endlich mal beeilen; **I ~ well hope so!** das will ich doch hoffen!; ~ **expensive** ganz schön teuer; ~ **good** bombig *fam,* prima *fam,* hervorragend; ~ **good show** *(dated)* prima Arbeit!, gut gemacht! **III.** *vt* ■**to ~ sb along** ❶ *(humour)* jdn bei Laune halten *fam* ❷ *(encourage)* jdn ermutigen [*o* aufmuntern]

◆**jolly up** *vt* ■**to ~ up** ↻ **sth** etw aufpeppen *fam*

jol·ly 'hock·ey sticks *n modifier* BRIT *(hum) bezeichnet Frauentyp der höheren Gesellschaft mit Privatschulhintergrund, der sich überall einmischt und damit anderen auf die Nerven fällt;* **are you coming to Fiona's party tonight? – I don't think so, her last party was full of her awful ~ type friends** kommst du heute Abend zu Fionas Party? – ich denke nicht: Auf ihrer letzten Party hat es nur so von ihren tussihaften Freundinnen gewimmelt **Jol·ly 'Rog·er** *n* Totenkopfflagge *f*

jolt [dʒəʊlt, AM dʒoʊlt] **I.** *n* ❶ *(sudden jerk)* Stoß *m,* Ruck *m,* Erschütterung *f;* **she felt every ~ of the wheels** sie spürte jeden Stoß der Räder; **the bus stopped with a ~** der Bus hielt mit einem Ruck ❷ *(shock)* Schock *m,* Schlag *m;* **government hopes received a sharp ~ with the latest unemployment figures** die Hoffnungen der Regierung erlitten angesichts der jüngsten Arbeitslosenzahlen einen empfindlichen Dämpfer; **his self-confidence took a sudden ~** sein Selbstvertrauen wurde plötzlich erschüttert; **to wake up with a ~** aus dem Schlaf hochschrecken **II.** *vt* ❶ *(jerk)* ■**to ~ sb** jdn durchrütteln [*o* durchschütteln]; **the train stopped unexpectedly and we were ~ed forwards** der Zug hielt unerwartet und wir wurden nach vorne geschleudert; **I was ~ed awake by a sudden pain** ich wurde von einem plötzlichen Schmerz aus dem Schlaf gerissen ❷ *(fig: shake)* ■**to ~ sth** *relationship* etw erschüttern; **to ~ sb's conscience** jds Gewissen *nt* wachrütteln ❸ *(fig: shock)* ■**to ~ sb** jdm einen Schock versetzen; **to ~ sb into action** jdn [durch drastische Maßnahmen] zum Handeln veranlassen; **to ~ sb out of his/her lethargy** jdn aus seiner/ihrer Lethargie reißen **III.** *vi vehicle* holpern, rumpeln; **the truck ~ed along the rough track** der Laster rumpelte den holprigen Weg entlang

josh [dʒɒʃ, AM dʒɑ:ʃ] *(fam)* **I.** *vt* ■**to ~ sb** [**about sth**] jdn [wegen einer S. *gen*] aufziehen [*o fam* hochnehmen] **II.** *vi* Spaß machen, scherzen; **I was just ~ing when I said I'd lost the car keys** ich habe nur Spaß gemacht, als ich gesagt habe, dass ich die Autoschlüssel verloren hätte

joss stick ['dʒɒs-, AM 'dʒɑ:s-] *n* Räucherstäbchen *nt*

jos·tle ['dʒɒsl̩, AM 'dʒɑ:sl̩] **I.** *vt* ■**to ~ sb** jdn anrempeln [*o fam* schubsen]; FBALL jdn rempeln; *(fig)* ■**to ~ sb off sth** jdn von etw *dat* verdrängen **II.** *vi* ❶ *(push)* [sich *akk*] drängen [*o fam* drängeln]; **crowds of people ~d at the main entrance to the concert hall** Scharen von Menschen drängelten sich am Haupteingang zur Konzerthalle ❷ *(compete)* ■**to ~ for sth** *business, influence* um etw *akk* wetteifern [*o* konkurrieren] [*o pej fam* rangeln]

jos·tling ['dʒɒsl̩ɪŋ, AM 'dʒɑ:sl̩-] **I.** *n no pl* ❶ *(pushing)* Gedränge *nt,* Drängelei *f,* Rempelei *f* ❷ *(competition)* Gerangel *nt pej fam* (**for** um +*akk*) **II.** *adj* ❶ *(pushing)* sich *akk* drängelnd *attr;* *(pushy)* *crowd* aufdringlich *pej* ❷ *(closely grouped)* dicht gedrängt

jot [dʒɒt, AM dʒɑ:t] **I.** *n no pl* ▸ PHRASES: **not a ~ of good** keinerlei

[*o* nicht der geringste] Wert [*o* Nutzen]; **your apology won't do a ~ of good now** deine Entschuldigung nützt jetzt auch nichts mehr; **every ~ and tittle** (*dated fam*) jedes kleinste bisschen; **not a ~ of truth** nicht ein Körnchen Wahrheit; **there's not a ~ of truth in what she's saying** von dem, was sie sagt, ist kein einziges Wörtchen wahr; **to not give a ~ about sb/sth** sich *akk* nicht den Teufel um jdn/etw scheren *fam* **II.** *vt* <-tt-> ■**to ~ sth** etw notieren [*o* schnell hinschreiben]
◆**jot down** *vt* ■**to ~ sth** ↻ **down** etw notieren [*o* schnell aufschreiben]

jot·ter ['dʒɒtəʳ] *n* BRIT, AUS, **jot·ter pad** *n* BRIT, AUS Notizblock *m*, Notizbuch *nt*

jot·tings ['dʒɒtɪŋz, AM 'dʒɑːt̬-] *npl* Notizen *fpl*

joule [dʒuːl] *n* PHYS Joule *nt*

joun·cy ['jaʊn(t)si] *adj music* lebhaft

jour·nal ['dʒɜːnəl, AM 'dʒɜːr-] *n* ❶ (*periodical*) Zeitschrift *f;* (*newspaper*) Zeitung *f;* **medical ~** medizinische Fachzeitschrift, Ärzteblatt *nt;* **quarterly ~** Vierteljahresschrift *f* ❷ (*diary*) Tagebuch *nt;* NAUT Logbuch *nt*, Schiffstagebuch *nt;* ECON Journal *nt*, Geschäftstagebuch *nt;* **to keep a ~** Tagebuch führen

jour·nal·ese [ˌdʒɜːnəl'iːz, AM ˌdʒɜːr-] *n no pl* (*pej*) Pressejargon *m pej*, Zeitungsstil *m pej*

jour·nal·ism ['dʒɜːnəlɪzəm, AM 'dʒɜːr-] *n no pl* Journalismus *m*

jour·nal·ist ['dʒɜːnəlɪst, AM 'dʒɜːr-] *n* Journalist(in) *m(f);* **freelance ~** freier Journalist/freie Journalistin

jour·nal·is·tic [ˌdʒɜːnəl'ɪstɪk, AM ˌdʒɜːr-] *adj* journalistisch

jour·nal·ling ['dʒɜːnəlɪŋ, AM 'dʒɜːr-] *n no pl* Führen *nt* eines Tagebuches

jour·ney ['dʒɜːni, AM 'dʒɜːrni] **I.** *n* Reise *f;* **have a safe ~!** gute Reise!; **car/train ~** Auto-/Zugfahrt *f;* **~ of self-discovery** Selbsterfahrungstrip *m fam;* **~ time** Fahrzeit *f;* **a two-hour train ~** eine zweistündige Zugfahrt; **to set out on a ~** zu einer Reise aufbrechen **II.** *vi* (*esp liter*) reisen; **they ~ed into the desert on camels** sie zogen auf Kamelen in die Wüste; **to ~ south** in den [*o liter* gen] Süden reisen

'jour·ney·man I. *n* ❶ (*experienced workman*) Fachmann *m* ❷ (*qualified workman*) Geselle *m* **II.** *n modifier* -geselle; **~ carpenter** Tischlergeselle *m;* **~ professional** erfahrener Profi *fam;* **~ tennis player** routinierter Tennisspieler

joust [dʒaʊst] **I.** *vi* ❶ (*engage in a joust*) einen Turnierzweikampf austragen ❷ (*compete*) ■**to ~ for sth** um etw *akk* streiten [*o* konkurrieren] **II.** *n* Turnierzweikampf *m*, Tjost *f o m*

Jove [dʒəʊv, AM dʒoʊv] *n* Jupiter *m* ▸PHRASES: **by ~!** (*dated*) Donnerwetter!, potz Blitz! *veraltet*

jo·vial ['dʒəʊviəl, AM 'dʒoʊ-] *adj* ❶ (*friendly*) *person* freundlich; *welcome* herzlich ❷ (*joyous*) *mood* heiter, lustig; *chat, evening* nett

jo·vi·al·ity [ˌdʒəʊvi'æləti, AM ˌdʒoʊvi'æləṭi] *n no pl* ❶ (*friendliness*) Freundlichkeit *f*, Herzlichkeit *f* ❷ (*joyousness*) Fröhlichkeit *f*, Heiterkeit *f*

jo·vi·al·ly ['dʒəʊviəli, AM 'dʒoʊ-] *adv* freundlich, herzlich

jowl [dʒaʊl] *n* ❶ (*jaw*) Unterkiefer *m* ❷ *usu pl* (*hanging flesh*) Kinnbacke *f;* **heavy ~s** Hängebacken *fpl*

jowly ['dʒaʊli] *adj* ■**to be ~** Hängebacken haben

joy [dʒɔɪ] *n* ❶ (*gladness*) Freude *f*, Vergnügen *nt;* **one of the ~s of the job** einer der erfreulichen Aspekte dieses Berufs; **the ~s of living in the country** die Freuden des Landlebens; **her singing is a ~ to listen to** ihrem Gesang zuzuhören ist ein Genuss; **in spring the garden is a ~ to behold** im Frühjahr ist der Garten eine wahre Augenweide; **to be filled with ~** voller Freude sein; **to be full of the ~s of spring** bestens aufgelegt [*o* in bester Stimmung] sein; **to be a [great] ~ to sb** jdm [große] Freude bereiten; **to give sb ~** jdm Freude bereiten; **to jump for ~** einen Freudensprung machen; **to shout for** [*or* **with**] **~** einen Freudenschrei ausstoßen; **to weep for** [*or* **with**] **~** vor Freude weinen ❷ (*liter: expression of gladness*) Fröhlichkeit *f* ❸ *no pl* BRIT (*fam: success*) Erfolg *m;* **did you have any ~ finding the book you wanted?** ist es dir gelungen, das Buch zu finden, das du wolltest?; **I thought I might ask Josh to lend me some money – you won't get much ~ from him** ich habe gedacht, ich könnte Josh bitten, mir etwas Geld zu borgen – du wirst nicht viel Glück bei ihm haben

joy·ful ['dʒɔɪfəl] *adj face, person* froh, fröhlich; *event, news* freudig; **to feel ~ about** [*or* **over**] **sth** sich *akk* über etw *akk* freuen

joy·ful·ly ['dʒɔɪfəli] *adv* fröhlich, vergnügt; **we ~ announce the birth of our son** wir freuen uns, die Geburt unseres Sohnes bekannt zu geben; **to welcome sb ~** jdn freudig begrüßen

joy·ful·ness ['dʒɔɪfəlnəs] *n no pl* Fröhlichkeit *f*, Heiterkeit *f;* **her ~ at his return was obvious** ihre Freude über seine Rückkehr war offenkundig

joy·less ['dʒɔɪləs] *adj childhood, time* freudlos; *expression, occasion, news* traurig; **~ marriage** unglückliche Ehe

joy·less·ly ['dʒɔɪləsli] *adv* traurig

joy·less·ness ['dʒɔɪləsnəs] *n no pl of a period, life* Freudlosigkeit *f; of a person* Traurigkeit *f*

joy·ous ['dʒɔɪəs] *adj* (*liter*) *event, news* freudig, erfreulich; *person, voice* fröhlich

joy·ous·ly ['dʒɔɪəsli] *adv* (*liter*) freudig, froh; **to be ~ happy** überglücklich sein

joy·ous·ness ['dʒɔɪəsnəs] *n no pl* (*liter*) Freude *f*

'joy·ride *n* [waghalsige] Spritztour (*in einem gestohlenen Auto*) **'joy·rid·er** *n jd, der eine waghalsige Spritztour in einem gestohlenen Auto unternimmt* **'joy·rid·ing** *n no pl in einem gestohlenen Wagen waghalsige Spritztouren unternehmen* **'joy·stick** *n* AVIAT Steuerknüppel *m;* COMPUT Joystick *m*

JP *n abbrev of* **Justice of the Peace**

Jr *adj after n, inv esp* AM *short for* **junior** jun., jr.

ju·bi·lant ['dʒuːbɪlənt] *adj* glücklich; *crowd* jubelnd *attr; expression, voice* triumphierend *attr; face* freudestrahlend *attr;* **~ cheers** Jubelgeschrei *nt;* **to be ~ at sb's failure** über jds Misserfolg *m* frohlocken *geh;* **~ shouts** Jubelrufe *mpl;* ■**to be ~ over sth** über etw *akk* jubeln

ju·bi·lant·ly ['dʒuːbɪləntli] *adv* jubelnd, triumphierend; **he looked at her ~** er sah sie freudestrahlend an

ju·bi·la·tion [ˌdʒuːbɪ'leɪʃən] *n no pl* Jubel *m*

ju·bi·lee ['dʒuːbɪliː] *n* Jubiläum *nt;* **silver ~** fünfundzwanzigjähriges Jubiläum

Ju·da·ic [dʒuː'deɪɪk] *adj inv* jüdisch

Ju·da·ism ['dʒuːdeɪɪzəm] *n no pl* Judaismus *m*, Judentum *nt*

Judas ['dʒuːdəs] *n* ❶ (*traitor*) Judas *m*, Verräter(in) *m(f)* ❷ REL Judas *m*

jud·der ['dʒʌdəʳ] BRIT, AUS **I.** *vi* [heftig] wackeln, ruckeln; **the train ~ed to a halt** der Zug ruckte und blieb stehen **II.** *n no pl* Ruckeln *nt;* **the car gave a sudden ~, then stopped dead** das Auto machte einen Ruck und blieb dann schlagartig stehen

judge [dʒʌdʒ] **I.** *n* ❶ LAW Richter(in) *m(f)* ❷ (*at a competition*) Preisrichter(in) *m(f);* SPORTS (*in boxing, gymnastics, wrestling*) Punktrichter(in) *m(f);* (*in athletics, swimming*) Kampfrichter(in) *m(f)*, Schiedsrichter(in) *m(f)* ❸ (*expert*) *of literature, music, wine* Kenner(in) *m(f);* **let me be the ~ of that** das überlassen Sie am besten meinem Urteil; **to be no ~ of art** kein Kunstkenner sein; **to be a good/bad ~ of character** ein guter/schlechter Menschenkenner sein; **to be [not] a good ~ of sth** etw [nicht] gut beurteilen können **II.** *vi* ❶ (*decide*) urteilen; **it's too soon to ~** für ein Urteil ist es noch zu früh; **you shouldn't ~ by** [*or* **on**] **appearances alone** man sollte nicht nur nach dem Äußeren gehen; **~ing by** [*or* **from**] **his comments, he seems to have been misinformed** seinen Äußerungen nach zu urteilen, ist er falsch informiert worden ❷ (*estimate*) schätzen; **I'd ~ that it'll take us five years to cover our costs** ich schätze mal, dass wir fünf Jahre brauchen werden, um unsere Unkosten zu decken **III.** *vt* ❶ (*decide*) ■**to ~ sb/sth** jdn/etw beurteilen [*o* einschätzen]; **everyone present ~d the meeting [to have been] a success** jeder, der anwesend war, wertete das Treffen als Erfolg; **she ~d it better**

not to tell him about the damage to the car sie hielt es für besser, ihm nichts von dem Schaden am Auto zu erzählen; **you can ~ for yourself how angry I was** Sie können sich vorstellen, wie zornig ich war ② (*estimate*) ■ **to ~ sth** etw schätzen; **to ~ a distance** eine Entfernung [ab]schätzen ③ (*pick a winner*) ■ **to ~ sth** etw als Kampfrichter [*o* Preisrichter] bewerten, bei etw *dat* Kampfrichter [*o* Preisrichter] sein ④ (*rank*) ■ **to ~ sb/sth** jdn/etw beurteilen [*o* einstufen]; **our salespeople are ~d on** [*or* **according to**] **how many cars they sell** unsere Verkäufer werden nach der Anzahl der Autos, die sie verkaufen, eingestuft ▶ PHRASES: **you can't ~ a book by its cover** (*saying*) man kann eine Sache nicht nach dem äußeren Anschein beurteilen

judg(e)·ment ['dʒʌdʒmənt] *n* ① LAW Urteil *nt*, gerichtliche Entscheidung; **to await ~** auf das Urteil warten; **to pass ~ [on sb]** (*a. fig*) ein Urteil [über jdn] fällen *a. fig*; **to reserve ~** die Urteilsverkündung aussetzen; **to reverse a ~** ein Urteil aufheben; **to sit in ~ on a case** Richter/Richterin in einem Fall sein; **to sit in ~ on sb** über jdn zu Gericht sitzen; **to sit in ~ over sb** (*fig*) mit jdm ins Gericht gehen ② (*opinion*) Urteil *nt*, Ansicht *f*, Meinung *f*; **error of ~** Fehleinschätzung *f*; **a question of ~** eine Frage des Standpunkts; **value ~** Werturteil *nt*; **against one's better ~** wider besseres Wissen; **to make a subjective ~ about sth** über etw *akk* subjektive Urteile fällen ③ (*discernment*) Urteilsfähigkeit *f*, Urteilsvermögen *nt*; **to show impaired/poor/sound ~** ein eingeschränktes/schwaches/gesundes Urteilsvermögen besitzen ④ REL Strafe *f* Gottes

judg(e)·men·tal [dʒʌdʒ'mentᵊl, AM -t̬ᵊl] *adj* (*pej*) [vorschnell] wertend [*o* urteilend] *attr*; ■ **to be ~ about sb** ein [vorschnelles] Urteil über jdn fällen

judg(e)·men·tal·ly [dʒʌdʒ'mentᵊli, AM -t̬ᵊli] *adv* vorschnell urteilend; **he tends to deal ~ with others** er neigt im Umgang mit anderen zu vorschnellen Urteilen

'Judg(e)·ment Day *n* REL das Jüngste Gericht

ju·di·ca·ture ['dʒu:dɪkətʃəʳ, AM -ɚ] *n no pl* ① LAW (*system*) Justiz *f*, Gerichtswesen *nt* ② + *sing/pl vb* (*the judges*) ■ **the ~** die Richterschaft

ju·di·cial [dʒu:'dɪʃᵊl] *adj inv* gerichtlich; AM Normenkontrolle *f* (*Prüfung der Gesetze auf ihre Verfassungsmäßigkeit*); **~ authorities/murder/reform** Justizbehörden *fpl*/-mord *m*/-reform *f*; **~ discretion** richterliches Ermessen; **~ proceedings/system** Gerichtsverfahren *nt*/-wesen *nt*; **~ review** gerichtliche Überprüfung (*der Vorinstanzentscheidung*)

ju·di·cial·ly [dʒu:'dɪʃᵊli] *adv* gerichtlich

ju·di·ci·ary [dʒu:'dɪʃᵊri, AM -ieri] *n* + *pl/sing vb* ■ **the ~** (*people*) der Richterstand; (*system*) das Gerichtswesen

ju·di·cious [dʒu:'dɪʃəs] *adj choice, person* klug; *decision* wohl überlegt

ju·di·cious·ly [dʒu:'dɪʃəsli] *adv* klug

judo ['dʒu:dəʊ, AM -doʊ] *n no pl* Judo *nt*

jug [dʒʌg] **I.** *n* ① (*container*) Kanne *f*, Krug *m*; **a ~ of milk** eine Kanne Milch ② *no pl* (*dated sl: prison*) Kittchen *nt fam*, Knast *m fam*; **to end up in ~** im Knast landen **II.** *vt* <-gg-> ■ **to ~ sth** etw schmoren

jug·ful ['dʒʌgfʊl] *n* Kanne *f*, Krug *m*; **a ~ of water** ein Krug *m* Wasser

jug·ger·naut ['dʒʌgənɔ:t, AM -ɚnɑ:t] *n* ① (*heavy lorry*) Schwerlastwagen *m*, Lastzug *m*, Brummi *m fam*; NAUT Großkampfschiff *nt* ② (*pej: overwhelming force*) verheerende [*o* vernichtende] Gewalt, Moloch *m geh*; **the ~ of bureaucracy/war** der Moloch Bürokratie/Krieg ③ (*overpowering institution*) Gigant *m*; **a ~ of economy/industry** ein Wirtschafts-/Industriegigant *m*

jug·gle ['dʒʌgḷ] **I.** *vt* ■ **to ~ sth** ① (*toss and catch*) mit etw *dat* jonglieren; (*fig*) **it is quite hard to ~ children and a career** es ist ziemlich schwierig, Familie und Beruf unter einen Hut zu bringen ② (*fig, pej: manipulate*) etw manipulieren *pej*; **to ~ facts** Tatsachen verdrehen; **to ~ figures** Zahlen frisieren *pej fam* **II.** *vi* ① (*fig, pej: manipulate*) ■ **to ~ with sth** *facts, information* etw manipulieren *pej*; **to ~ with figures** mit Zahlen jonglieren *pej* ② (*pej: fumble*) ■ **to ~ with sth** mit etw *dat* jonglieren [*o* herumspielen] *pej*

jug·gler ['dʒʌgḷəʳ, AM -ɚ] *n* Jongleur(in) *m(f)*

jug·gling ['dʒʌgḷɪŋ] *n no pl* ① (*tossing and catching*) Jonglieren *nt* ② (*fig, pej: manipulation*) Manipulieren *nt pej*

'jug·gling act *n* ① (*circus act*) Jonglierakt *m* ② (*fig: task management*) Balanceakt *m* **'jug·gling balls** *npl* Jonglierbälle *mpl*

Ju·go·slav ['ju:gə(ʊ)slɑ:v, AM -goʊ-] **I.** *adj* jugoslawisch **II.** *n* Jugoslawe, -in *m, f*

Ju·go·sla·via [ˌju:gə(ʊ)'slɑ:viə, AM -goʊ'-] *n* Jugoslawien *nt*

jugu·lar ['dʒʌgjələʳ, AM -ɚ] *n*, **jugu·lar 'vein** *n* Drosselvene *f fachspr*, Jugularvene *f fachspr* ▶ PHRASES: **to go for the ~** (*fig*) an die Gurgel springen *fam*; **he went for the ~** er sprang ihm an die Gurgel

juice [dʒu:s] *n* ① *no pl* (*of fruit, vegetable*) Saft *m*; **lemon ~** Zitronensaft *m* ② (*liquid in meat*) ■ **~s** *pl* [Braten]saft *m kein pl* ③ (*natural fluid*) ■ **~s** *pl* Körpersäfte *mpl*; **digestive/gastric ~s** Verdauungs-/Magensaft *m* ④ AM (*sl: influence, power*) Einfluss *m*, Macht *f*; **to have [all] the ~** das [absolute] Sagen haben *fam* ⑤ (*fig: energy*) **creative ~s** kreative Kräfte; **to get the creative ~s flowing** schöpferisch tätig [*o* kreativ] werden ⑥ (*sl: electricity*) Saft *m sl*; (*petrol*) Sprit *m fam*

'juice ex·trac·tor *n* Entsafter *m*

juic·er ['dʒu:səʳ, AM -ɚ] *n* ① (*appliance*) Saftpresse *f* ② AM (*pej sl: drinker*) Säufer(in) *m(f) pej sl* ③ AM (*sl: in theatre*) Beleuchter(in) *m(f)*

juici·ness ['dʒu:sɪnəs] *n no pl* Saftigkeit *f*

juicy ['dʒu:si] *adj* ① (*succulent*) saftig ② (*fam: bountiful*) saftig *fam*; *profit* lukrativ, fett *fam* ③ (*fam: interesting*) interessant; *role, task* reizvoll ④ (*fam: suggestive*) *joke, story* schlüpfrig, anstößig; *details, scandal* pikant

jujit·su [dʒu:'dʒɪtsu:] *n no pl* Jiu-Jitsu *nt*, Jujutsu *nt*

juke·box ['dʒu:kbɒks, AM -bɑ:ks] *n* Musikautomat *m*, Musikbox *f*, Jukebox *f sl*; **to put a song on the ~** einen Titel aus der Jukebox wählen

Jul. *n abbrev of* **July** Juli

ju·lep ['dʒu:lɪp, AM -ləp] *n* Julep *m o nt* (*alkoholisches Eisgetränk, oft mit Pfefferminze*)

ju·li·enne [ˌdʒu:li'en] *vt* **to ~ vegetables** Gemüse in schmale Streifen [*o fachspr* Julienne] schneiden

July [dʒʊ'laɪ] *n* Juli *m*; *see also* **February**

jum·ble ['dʒʌmbḷ] **I.** *n no pl* ① (*a. fig: chaos*) Durcheinander *nt a. fig*, Wirrwarr *m a. fig*; *of clothes, papers* Haufen *m* ② BRIT (*unwanted articles*) Ramsch *m fam* **II.** *vt* ■ **to ~ sth** etw in Unordnung bringen; *figures* etw durcheinanderbringen; **don't ~ your clothes like that** wirf deine Kleidungsstücke nicht einfach so auf einen Haufen; **the events of the last few weeks are all ~d in my mind** die Ereignisse der letzten Wochen sind in meiner Erinnerung alle durcheinandergeraten

◆**jumble up** *vt* ■ **to ~ up** ⊂ **sth** ① (*produce chaos*) etw durcheinanderwerfen ② (*mingle*) etw bunt zusammenmischen [*o* zusammenwürfeln]; **I suggest jumbling up the prizes so that nobody will know what they are getting** ich schlage vor, die Preise durchzumischen, damit niemand weiß, was er bekommt

'jum·ble sale *n* BRIT Flohmarkt *m*; (*for charity*) Wohltätigkeitsbasar *m*

jum·bo ['dʒʌmbəʊ, AM -boʊ] **I.** *adj attr* Riesen-; **washing powder works out cheaper if you buy the ~ size** Waschpulver kommt billiger, wenn man die Großpackung kauft **II.** *n* (*fam*) Koloss *m*; AVIAT Jumbo *m fam* **jum·bo 'jet** *n* Jumbojet *m*

jump [dʒʌmp] **I.** *n* ① (*leap*) Sprung *m*, Satz *m*; SPORTS Hoch-/Weitsprung *m*; **parachute ~** Fallschirmabsprung *m*; **to make** [*or* **take**] **a ~** einen Sprung [*o* Satz] machen ② (*fig: rise*) Sprung *m*; *of prices, temperatures, value* [sprunghafter]

J

Anstieg; *of profits* [sprunghafte] Steigerung; **the ~ from the junior to the senior team was too much for him** der Sprung von der Jugend- in die Erwachsenenmannschaft war zu viel für ihn ❸ (*hurdle*) Hindernis *nt* ❹ (*step*) Schritt *m;* (*head-start*) Vorsprung *m;* **to be one ~ ahead of one's competitors** der Konkurrenz einen Schritt [*o* eine Nasenlänge] voraus sein; **to have** [*or* **get**] **the ~ on sb** AM jdm gegenüber im Vorteil sein ❺ (*sudden start*) [nervöse] Zuckung; **I woke up with a ~** ich fuhr aus dem Schlaf hoch; **to give a ~** zusammenfahren, zusammenzucken **II.** *vi* ❶ (*leap*) springen; AM (*sl*) bumsen *derb;* **to ~ into bed with sb** (*fig*) mit jdm ins Bett springen; **to ~ to sb's defence** (*fig*) jdm zur Seite springen; **to ~ to one's feet** plötzlich aufstehen, aufspringen; **to ~ up and down** herumspringen, herumhüpfen ❷ (*suddenly start*) einen Satz machen; **to make sb ~** jdn erschrecken [*o* aufschrecken]; **oh, you made me ~!** huch, hast du mich vielleicht erschreckt! ❸ BRIT, AUS (*fig*) **to ~ up and down** [**about sth**] (*fam: be annoyed*) sich *akk* maßlos [wegen einer S. *gen*] aufregen; **to ~ on** [*or* **all over**] **sb** (*pej: criticize*) jdn [aus nichtigem Anlass] abkanzeln [*o fam* heruntermachen] ❹ (*increase suddenly*) sprunghaft ansteigen, in die Höhe schnellen; **to ~ by 70%** einen Sprung um 70 % machen; **to ~ from £50 to £70** von 50 auf 70 Pfund in die Höhe schnellen ❺ (*skip*) *film, narration* [zeitlich] springen; **the film keeps ~ing back to when she was a child** der Film springt immer wieder in ihre Kindheit zurück ► PHRASES: **to ~ to conclusions** voreilige [*o* vorschnelle] Schlüsse ziehen; **to ~ for joy** einen Freudensprung machen; *heart* vor Freude hüpfen; **go** [**and**] **~ in the lake!** (*pej fam*) geh [*o fam* scher dich] zum Teufel! *pej;* **to ~ out of one's skin** zu Tode erschrecken *fam;* **to ~ down sb's throat** (*pej: address*) jdn [heftig] anfahren [*o pej* anblaffen] *fam;* (*answer*) jdm über den Mund fahren *pej fam;* **to be really ~ing** (*approv fam*) schwer was los sein *sl* **III.** *vt* ❶ (*leap over*) ■**to ~ sth** etw überspringen, über etw *akk* springen; **the horse ~ed a clear round** das Pferd hat alle Hindernisse fehlerfrei übersprungen; **to ~ the rails** [*or* **track**] aus den Schienen springen, entgleisen ❷ *esp* AM (*attack suddenly*) ■**to ~ sb** über jdn herfallen, jdn überfallen ❸ (*skip*) ■**to ~ sth** *line, page, stage* etw überspringen ❹ (*disregard*) ■**to ~ sth** etw missachten; **to ~ bail** AM LAW (*fam*) die Kaution sausen lassen [und sich *akk* verdrücken] *fam;* **to ~ the** [**traffic**] **lights** [*or* **a light**] eine Ampel überfahren *fam;* **to ~ a/the queue** BRIT, AUS sich *akk* vordrängeln; (*fig*) aus der Reihe tanzen ► PHRASES: **to ~ the gun** vorpreschen *pej,* überstürzt handeln; SPORTS einen Fehlstart verursachen; **to ~ ship** *politician, unionist* das sinkende Schiff verlassen; NAUT *sailor* sich *akk* [unter Bruch des Heuervertrags] absetzen; *passenger* vorzeitig von Bord gehen; **to ~ to it** sich *akk* ranhalten *fam,* hinnemachen *sl*

◆**jump at** *vi* ❶ (*attack*) ■**to ~ at sb** auf jdn losgehen, jdn anspringen ❷ (*take eagerly*) ■**to ~ at sth** *idea, suggestion* sofort auf etw *akk* anspringen; *offer* bei etw *dat* zuschlagen *fam,* sich *akk* auf etw *akk* stürzen *fam;* **to ~ at the chance** [*or* **opportunity**] **of doing sth** die Gelegenheit beim Schopfe packen, etw zu tun

◆**jump in** *vi* ❶ (*leap in*) hineinspringen; **~ in, I'll take you there** steig ein, ich fahre dich hin; ■**to ~ in sth** *car, water* in etw *akk* [hinein]springen ❷ (*interrupt*) dazwischenreden

◆**jump out** *vi* ❶ (*get out*) ■**to ~ out of sth** *car, window* aus etw *dat* springen; **to ~ out of bed** aus dem Bett springen ❷ (*fig: be noticeable*) ■**to ~ out at sb** jdm sofort auffallen [*o* ins Auge springen]

◆**jump up** *vi* aufspringen, hochspringen

'jump cut *n* Jump-Cut *m,* Vorgriff *m*

jumped-up [ˌdʒʌm(p)t'ʌp] *adj* BRIT (*pej fam*) aufgeblasen *pej,* hochnäsig *pej*

jump·er [ˌdʒʌmpəʳ, AM -ɚ] *n* ❶ (*person*) Springer(in) *m(f);* (*horse*) Springpferd *nt* ❷ BRIT, AUS (*pullover*) Pullover *m,* Pulli *m fam* ❸ AM, AUS (*pinafore*) Trägerkleid *nt,* ärmelloses Kleid

jump·ing 'jack *n* ❶ (*firework*) Knallfrosch *m* ❷ (*toy figure*) Hampelmann *m* ❸ (*rhyming sl: snooker*) schwarze Kugel ❹ SPORTS Hampelmann *m* **jump·ing-'off place** *n,* **jump·ing-'off point** *n* Ausgangspunkt *m,* Ausgangsbasis *f,* Sprungbrett *nt fig*

'jump jet *n* AVIAT Senkrechtstarter *m* **'jump leads** *npl* BRIT Starthilfekabel *nt,* Überbrückungskabel *nt* **'jump seat** *n* AM Klappsitz *m,* Notsitz *m* **'jump·suit** *n* Overall *m*

jumpy ['dʒʌmpi] *adj* (*fam*) ❶ (*nervous*) nervös, unruhig; **I'm rather ~ about travelling on the metro late at night** der Gedanke, spät abends U-Bahn zu fahren, beunruhigt mich ziemlich ❷ (*easily frightened*) schreckhaft ❸ (*jerky*) *movement* ruckartig ❹ (*unsteady*) *market* unsicher ❺ (*digressive*) *style* sprunghaft

Jun. *n abbrev of* **June** Juni

junc·tion ['dʒʌŋkʃᵊn] *n* (*road*) Kreuzung *f;* (*motorway*) Anschlussstelle *f,* Autobahnkreuz *nt;* [**railway**] **~** [Eisenbahn]knotenpunkt *m*

'junc·tion box *n* ELEC Verteilerkasten *m,* Abzweigdose *f,* Anschlussdose *f*

junc·ture ['dʒʌŋ(k)(t)ʃəʳ, AM -tʃɚ] *n no pl* (*form*) [kritischer] Zeitpunkt [*o* Moment]; **at this ~** zum jetzigen Zeitpunkt; **we are at an important ~ in the negotiations** wir sind in den Verhandlungen an einem sehr entscheidenden Punkt angelangt

June [dʒuːn] *n* Juni *m; see also* **February**

Jung·ian ['jʊŋiən] *adj* PSYCH Jungsche((r, s)) *attr;* **in ~ theory** nach der Jungschen Theorie

jun·gle ['dʒʌŋgl] *n* ❶ (*tropical forest*) Dschungel *m,* Urwald *m* ❷ (*fig: confused mass*) Gewirr *nt,* Dschungel *m,* Dickicht *nt;* **concrete ~** Großstadtdschungel *m;* **the law of the ~** das Gesetz des Dschungels ► PHRASES: **it's a ~ out there** das Leben ist ein Kampf

jun·gle 'gym *n* AM, AUS Klettergerüst *nt* **'jun·gle juice** *n* [selbst gebrauter] Fusel *fam*

jun·ior ['dʒuːniəʳ, AM -njɚ] **I.** *adj* ❶ *inv* (*younger*) junior *nach n;* **James Dawson, J~** James Dawson junior ❷ *attr, inv* SPORTS Junioren-, Jugend- ❸ *attr, inv* SCH **~ college** AM Juniorencollege *nt,* Vorbereitungscollege *nt* (*die beiden ersten Studienjahre umfassende Einrichtung*); **~ common room** BRIT studentischer Gemeinschaftsraum; **~ school** BRIT Grundschule *f;* **~ high school** AM Aufbauschule *f* (*umfasst in der Regel die Klassenstufen 7–9*) ❹ (*low rank*) untergeordnet; **I'm too ~ to apply for this job** ich habe eine zu niedrige Position inne, um mich für diese Stelle bewerben zu können; **~ barrister** BRIT angehender Kronanwalt/angehende Kronanwältin, Kronanwaltspraktikant(in) *m(f);* **~ officer/soldier** rangniederer Offizier/Soldat; **~ partner** Juniorpartner(in) *m(f)* **II.** *n* ❶ *no pl esp* AM (*son*) Sohn *m,* Junior *m hum;* **I've asked Mom to take care of J~** ich habe Mama gebeten, auf den Jungen [*o* unseren Sohn] aufzupassen ❷ (*younger*) Jüngere(r) *f(m);* **he's two years my ~** er ist zwei Jahre jünger als ich ❸ (*low-ranking person*) unterer Angestellter/untere Angestellte; **office ~** Bürogehilfe, -in *m, f* ❹ BRIT SCH Grundschüler(in) *m(f)* ❺ BRIT SCH ■**the ~s** *pl* Grundschule *f kein pl;* **to move up to the J~s** in die Grundschule kommen ❻ AM UNIV Student(in) *m(f)* im vorletzten Studienjahr

ju·ni·per ['dʒuːnɪpəʳ, AM -ɚ] *n* Wacholder *m,* Juniperus *m fachspr*

junk¹ [dʒʌŋk] **I.** *n* ❶ *no pl* (*worthless stuff*) Plunder *m pej fam,* Ramsch *m pej fam,* Krempel *m pej fam;* (*fig, pej*) Schrott *m pej fam,* Mist *m pej fam;* (*literature*) Schund *m pej fam* ❷ (*sl: heroin*) Stoff *m sl* **II.** *vt* (*fam*) ■**to ~ sth** etw wegwerfen [*o fam* wegschmeißen]

junk² [dʒʌŋk] *n* NAUT Dschunke *f*

junk 'bond *adj inv* Junkbond *m* (*niedrig eingestuftes Wertpapier mit hohen Ertragschancen bei erhöhtem Risiko*)

jun·ket ['dʒʌŋkɪt] *n* ❶ (*pej*) Vergnügungsreise [*o* [so genannte] Dienstreise] auf Staatskosten ❷ FOOD *Süßspeise aus mit Lab*

eingedickter Milch
junk 'food *n* Schnellgerichte *ntpl;* (*pej*) ungesundes Essen, Fraß *m pej fam* **'junk heap** *n* Müllhaufen *m*
junkie ['dʒʌŋki] *n* (*sl*) Junkie *m sl,* Fixer(in) *m(f) fam,* Rauschgiftsüchtige(r) *f(m);* **coffee** ~ (*hum*) Kaffeetante *f hum;* **fitness** ~ (*hum*) Fitnessfreak *m hum*
junk 'mail *n no pl* Post *f* für den Papierkorb, Wurfsendungen *fpl,* Reklame *f* **'junk room** *n* Rumpelkammer *f fam* **'junk shop** *n* Trödelladen *m fam*
junky *n see* **junkie**
'junk·yard *n* Schrottplatz *m*
jun·ta ['dʒʌntə, AM 'hʊn-] *n + sing/pl vb* Junta *f;* **military** ~ Militärjunta *f*
Ju·pi·ter ['dʒu:pɪtəʳ, AM -ɚ] *n no art* Jupiter *m*
ju·ridi·cal [dʒʊ(ə)'rɪdɪkəl, AM dʒʊ'-] *adj* ❶ (*of law*) Rechts-, juristisch, juridisch ÖSTERR; ~ **person** juristische Person ❷ (*of court*) Gerichts-; ~ **days** Gerichtstage *mpl,* Verhandlungstage *mpl;* ~ **power** richterliche Gewalt
ju·ris·dic·tion [ˌdʒʊərɪs'dɪkʃən, AM ˌdʒʊrɪs'-] *n no pl* Jurisdiktion *f geh,* Gerichtsbarkeit *f,* Zuständigkeit *f;* **to be beyond** [*or* **outside**] **the** ~ **of a court** nicht in den Zuständigkeitsbereich eines Gerichts fallen; **to be under** [*or* **within**] **the** ~ **of a court** unter die Zuständigkeit eines Gerichts fallen, der Zuständigkeit eines Gerichts unterliegen; **to have** [**no**] ~ **in** [*or* **over**] **sth** für etw *akk* [nicht] zuständig sein
ju·ris·pru·dence [ˌdʒʊərɪs'pru:d(ə)n(t)s, AM ˌdʒʊrɪs'-] *n no pl* LAW Jurisprudenz *f geh,* Rechtswissenschaft *f;* **comparative** ~ vergleichende Rechtswissenschaft; **medical** ~ Gerichtsmedizin *f*
ju·rist ['dʒʊərɪst, AM 'dʒʊrɪst] *n* Jurist(in) *m(f),* Rechtswissenschaftler(in) *m(f)*
ju·ror ['dʒʊərəʳ, AM 'dʒʊrɚ] *n* Preisrichter(in) *m(f);* LAW Geschworene(r) *f(m)*
jury ['dʒʊəri, AM 'dʒʊri] *n + sing/pl vb* ❶ LAW ■**the** ~ die Geschworenen *pl;* **member of the** ~ Geschworene(r) *f(m);* **to be** [*or* **serve**] [*or* **sit**] **on a** ~ auf der Geschworenenbank sitzen, Geschworene *f*/Geschworener *m* sein ❷ (*competition*) Jury *f,* Preisgericht *nt;* SPORTS Kampfgericht *nt* ▶ PHRASES: **the** ~ **is still out** das letzte Wort ist noch nicht gesprochen
'jury·man *n* Geschworener *m* **jury-rigged** [-rɪgd] *adj esp* AM improvisiert, behelfsmäßig zusammengeschustert *pej* **'jury·wom·an** *n* Geschworene *f*
just I. *adv* [dʒʌst, dʒəst] *inv* ❶ (*very soon*) gleich; **we're** ~ **about to leave** wir wollen gleich los; **I was** ~ **going to phone you** ich wollte dich eben anrufen; (*very recently*) gerade [eben], soeben; **they've** ~ **gone out this minute** sie sind eben vor einer Minute gegangen; **who was at the door** ~ **now?** wer war gerade eben an der Tür?; (*now*) gerade; (*at the same time*) gerade in dem Augenblick, genau in dem Moment; **it's very hectic** ~ **now** es ist im Augenblick gerade sehr hektisch; ■**to be** ~ **doing sth** gerade dabei sein, etw zu tun, etw gerade tun; **I'm** ~ **coming!** ich komme schon!; ~ **a minute** [*or* **moment**] [*or* **second**] einen Augenblick [*o* Moment], bitte; (*as an interruption*) [einen] Moment [mal]; ~ **a minute – I've nearly finished** nur einen Moment noch – ich bin fast fertig ❷ (*exactly*) genau; **that's** ~ **what I was going to say** genau das wollte ich gerade sagen; **it's** ~ **like you to forget your purse** es sieht dir ganz ähnlich, dass du deinen Geldbeutel vergisst; **...** ~ **as I expected ...**, genau so, wie ich es erwartet hatte; **the twins look** ~ **like each other** die Zwillinge sehen sich zum Verwechseln ähnlich; ~ **then** gerade in diesem Augenblick; ~ **so** absolut perfekt ❸ (*only*) nur; **she lives** ~ **down the road** sie wohnt nur ein Stück weit die Straße runter; **why don't you like him? – I** ~ **don't!** warum magst du ihn nicht? – nur so!; **she's** ~ **a baby/a few weeks old** sie ist noch ein Baby/erst ein paar Wochen alt; (*simply*) einfach, *fam* bloß, nur; **we'll** ~ **have to wait and see** wir müssen einfach abwarten; **I** ~ **wanted to ask you if ...** ich wollte bloß fragen, ob ...; ~ **in case ...** nur für den Fall, dass ...; ~ **for fun** [*or* **kicks**] [*or* **a laugh**] nur [so] zum Spaß, einfach aus Jux *fam;* [**not**] ~ **anybody** [nicht] einfach irgendjemand ❹ (*barely*) gerade noch; **I could only** ~ **hear her** ich konnte sie so gerade noch hören; **the stone** ~ **missed me** der Stein ist ganz knapp an mir vorbeigeflogen; **it's** ~ **possible that ...** es ist nicht ganz ausgeschlossen, dass ...; **it might** ~ **possibly help if ...** es wäre eventuell hilfreich, wenn ...; ~ **in time** gerade noch rechtzeitig ❺ (*absolutely*) einfach, wirklich; ~ **dreadful/wonderful** einfach furchtbar/wundervoll ❻ (*as well*) ~ **as** genauso, geradeso, ebenso; **I might** ~ **as well go now** ich könnte jetzt genauso gut gehen; **it's** ~ **as well you stayed at home** es ist nur gut, dass du zu Hause geblieben bist; **come** ~ **as you are** kommen Sie, wie Sie sind; ~ **as I thought!** genauso habe ich es mir gedacht!; ~ **as many ... as ...** genau so viele ... wie ... ❼ (*with imperatives*) ~ **you dare!** untersteh dich!; ~ **listen!** hör mal!; ~ **shut up!** halt mal den Mund!; ~ **taste this!** das musst du unbedingt mal probieren! *a. pej;* ~ **think!** denk mal!; ~ **try!** versuch's doch mal!; ~ **watch it!** pass bloß auf!, nimm dich ja in Acht! ▶ PHRASES: **that's** ~ **my luck** so etwas kann wirklich nur mir passieren; **it's** ~ **one of those things** (*saying*) so etwas passiert eben [*o* kommt schon mal vor]; **isn't it** ~**?** (*fam*) und ob! *fam,* und wie! *fam;* ~ **like that** einfach so, [so] mir nichts, dir nichts *fam* **II.** *adj* [dʒʌst] gerecht, berechtigt, gerechtfertigt; ~ **anger/indignation** berechtigter Zorn/gerechtfertigte Entrüstung; **to have** ~ **cause to do sth** einen triftigen [*o* guten] Grund haben, etw zu tun; **to be** ~ **reward for sth** ein gerechter Ausgleich für etw *akk* sein ▶ PHRASES: **to get one's** ~ **deserts** das bekommen, was man verdient hat **III.** *n* [dʒʌst] ■**the** ~ *pl* die Gerechten
jus·tice ['dʒʌstɪs] *n* ❶ (*fairness*) Gerechtigkeit *f;* **to do** ~ Gerechtigkeit üben; ~ **has been done** [*or* **served**] der Gerechtigkeit wurde Genüge getan; **to do sb** ~ jdm Gerechtigkeit widerfahren lassen; **to do him** ~**, he couldn't have foreseen this problem** gerechterweise muss man sagen, dass er dieses Problem unmöglich vorausgesehen haben kann; **you didn't do yourself** ~ **in the exams** du hättest in den Prüfungen mehr leisten können; **to do sth** ~ etw *dat* gerecht werden; **this photo doesn't do her beauty** ~ dieses Foto bringt ihre Schönheit nicht richtig zur Geltung; **they did** ~ **to the wine** sie genossen den Wein in vollen Zügen ❷ (*administration of the law*) Justiz *f;* **a miscarriage of** ~ ein Justizirrtum *m;* **to bring sb to** ~ jdn vor Gericht bringen; **to obstruct** [**the course of**] ~ die Justiz behindern ❸ (*judge*) Richter(in) *m(f);* **Supreme Court** ~ Richter(in) *m(f)* am Obersten Bundesgericht; **Mr** ~ **Ellis** Richter Ellis
Jus·tice of the 'Peace *n* Friedensrichter(in) *m(f)*
jus·ti·fi·able ['dʒʌstɪfaɪəbl, AM -təfaɪ-] *adj* zu rechtfertigen *präd,* berechtigt; ~ **homicide** LAW entschuldbare Tötung
jus·ti·fi·ably ['dʒʌstɪfaɪəbli, AM -təfaɪ-] *adv* zu Recht, berechtigterweise
jus·ti·fi·ca·tion [ˌdʒʌstɪfɪ'keɪʃən, AM -təfɪ'-] *n no pl* Rechtfertigung *f;* **to provide** ~ **for** [*or* **of**] **sth** Gründe für etw *akk* geltend machen; **we expect you to provide a** ~ **for your actions** wir erwarten von Ihnen eine plausible Erklärung für Ihr Verhalten; **to say sth with some** ~ etw nicht ganz ohne Berechtigung sagen
jus·ti·fied ['dʒʌstɪfaɪd, AM -təfaɪd] *adj* gerechtfertigt, berechtigt; **I think you were quite** ~ **in complaining** ich glaube, du hast dich völlig zu Recht beschwert
jus·ti·fy <-ie-> ['dʒʌstɪfaɪ, AM -təfaɪ] *vt* ■**to** ~ **sth** etw rechtfertigen; **these measures need to be justified first** diese Maßnahmen müssen erst begründet werden; **are these measures really justified?** sind diese Maßnahmen wirklich gerechtfertigt?; **that does not** ~ **him being late** das entschuldigt nicht, dass er zu spät gekommen ist; **to** ~ **sb's faith in sb** jds Vertrauen *nt* in jdn rechtfertigen; ■**to** ~ **oneself** [**for sth**] sich *akk* [für etw *akk*] rechtfertigen; ■**to** ~ **oneself to sb** sich *akk* jdm gegenüber rechtfertigen

just·ly ['dʒʌstli] *adv* berechtigterweise, zu Recht; **to be ~ proud of sth** zu Recht auf etw *akk* stolz sein; **to act ~** gerecht handeln
just·ness ['dʒʌstnəs] *n no pl* Gerechtigkeit *f*
jut <-tt-> [dʒʌt] **I.** *vi* vorstehen, herausragen; **to ~ into the sky** in den Himmel ragen **II.** *vt* ■**to ~ sth** etw vorschieben; **he ~ted his chin defiantly** trotzig schob er sein Kinn vor
◆**jut out I.** *vi* herausragen, hervorstehen; *chin* vorspringen; ■**to ~ out into sth** in etw *akk* hineinragen; ■**to ~ out of sth** aus etw *dat* herausragen **II.** *vt* ■**to ~ out** ⊂ **sth** etw vorschieben
jute [dʒu:t] *n no pl* Jute *f*
jut·ting ['dʒʌtɪŋ, AM -t̬ɪŋ] *adj attr* herausragend *attr; eyebrows* hervortretend *attr; chin* vorspringend *attr*
ju·venile ['dʒu:vənaɪl, AM -vənəl] **I.** *adj* ❶ (*youth*) Jugend-, jugendlich; **~ court** Jugendgericht *nt;* **~ crime** Jugenddelikt *nt,* Jugendsache *f;* **~ delinquency** Jugendkriminalität *f;* **~ delinquent** [*or* **offender**] jugendlicher Straftäter/jugendliche Straftäterin; **to play the ~ lead** die jugendliche Hauptrolle spielen ❷ (*pej: childish*) kindisch *pej,* infantil *pej* **II.** *n* Jugendliche(r) *f(m)*
jux·ta·pose [ˌdʒʌkstə'pəʊz, AM 'dʒʌkstəpoʊz] *vt* ■**to ~ sth** etw nebeneinanderstellen; *ideas* etw einander gegenüberstellen, etw gegeneinanderhalten; ■**to ~ sth with** [*or* **to**] **sth** etw neben etw *akk* stellen; **he ~d photos with oil paintings** er hängte Fotografien neben Ölgemälden auf; **the poem ~d pain to pleasure** das Gedicht stellte die Freude dem Schmerz gegenüber
jux·ta·po·si·tion [ˌdʒʌkstəpə'zɪʃən] *n no pl* Nebeneinanderstellung *f;* **placing the two designs in ~ with each other highlights their differences** wenn man die beiden Entwürfe nebeneinanderlegt, werden die Unterschiede zwischen ihnen deutlich

Kk

K <*pl* 's>, **k** <*pl* -'s *or* -s> [keɪ] *n* K *nt,* k *nt;* **~ for** [*or* AM *a.* **as in**] **King** K für Kaufmann; *see also* **A 1**
K¹ <*pl* -> *n* ❶ *abbrev of* **kilobyte** KB; **256~ of memory** 256 KB Arbeitsspeicher ❷ *after n abbrev of* **kelvin** K
K² <*pl* -> *n* BRIT, AUS (*fam*) 1000 Pfund; AM 1000 Dollar; **£20~** 20.000 Pfund
ka·bu·ki [kə'bu:ki] *n no pl* THEAT Kabuki *nt*
Kafka·esque [ˌkæfkə'esk, AM ˌkɑ:f-] *adj* kafkaesk *geh*
kaf·tan *n see* **caftan**
ka·goul(e) *n see* **cagoul(e)**
kail [keɪl] *n no pl see* **kale**
Ka·lash·ni·kov [kə'læʃnɪkɒf, AM -'lɑ:ʃnɪkɑ:f] *n* Kalaschnikow *f*
kale [keɪl] *n no pl* [Grün]kohl *m*
ka·lei·do·scope [kə'laɪdəskəʊp, AM -skoʊp] *n* ❶ (*toy*) Kaleidoskop *nt* ❷ (*fig: changing pattern*) Kaleidoskop *nt geh,* bunte Folge
ka·lei·do·scop·ic [kəˌlaɪdə'skɒpɪk, AM -skɑ:pɪk] *adj* kaleidoskopisch *geh,* in buntem Wechsel aufeinanderfolgend *attr*
ka·lei·do·scopi·cal·ly [kəˌlaɪdə'skɒpɪkli, AM -skɑ:p-] *adv* kaleidoskopisch *geh,* in buntem Wechsel
ka·mi·ka·ze [ˌkæmɪ'kɑ:zi, AM ˌkɑ:mə'-] *adj attr* Kamikaze-; **~ pilot** Kamikazeflieger *m*
Kam·pu·chea [ˌkæmpʊ'tʃi:ə, AM -pu:'-] *n* (*hist*) Kamputschea *nt hist*
Kam·pu·chean [ˌkæmpʊ'tʃi:ən, AM -pu:'-] (*hist*) **I.** *adj* kamputscheanisch *hist* **II.** *n* Kamputscheaner(in) *m(f) hist*
kan·ga·roo <*pl* -s *or* -> [ˌkæŋgər'u:, AM -gə'ru:] *n* Känguru *nt*
kan·ga·roo 'court *n* Femegericht *nt,* selbst ernanntes Gericht
kao·lin ['keɪəlɪn] *n no pl* Kaolin *m o nt fachspr,* Porzellanerde *f*
ka·pok ['keɪpɒk, AM -pɑ:k] *n no pl* Kapok *m*
Kaposi's sar·co·ma [kəˌpəʊzizsɑ:'kəʊmə, AM -'poʊzizsɑ:r'koʊmə] *n* MED Kaposi-Sarkom *nt*
ka·put [kə'pʊt, AM *also* -'pu:t] *adj inv, pred* (*fam*) kaputt *präd fam,* hin[über] *präd fam;* **I guess the dishwasher is ~** ich glaube, der Geschirrspüler ist hin *fam;* **to go ~** kaputtgehen *fam*
ka·rao·ke [ˌkæri'əʊki, AM ˌkeri'oʊki] *n no pl* Karaoke *nt*
kar·at *n* AM *see* **carat**
ka·ra·te [kə'rɑ:ti, AM kæ'rɑ:t̬i] *n no pl* Karate *nt*
kar·ma ['kɑ:mə, AM 'kɑ:r-] *n no pl* ❶ REL Karma[n] *nt;* (*fig*) Schicksal *nt* ❷ (*fig fam: vibes*) Schwingungen *fpl*
kar·mic ['kɑ:mɪk, AM 'kɑ:r-] *adj* karmisch *geh*
kart·ing ['kɑ:tɪŋ, AM 'kɑ:rt̬-] *n* Gokartfahren *nt*
kay·ak ['kaɪæk] *n* Kajak *m o selten a. nt*
ka·zoo [kə'zu:] *n* MUS Kazoo *nt*
KB *n abbrev of* **kilobyte** KB
KC [ˌkeɪ'si:] *n* BRIT *abbrev of* **King's Counsel**
ke·bab [kɪ'bæb, AM -'bɑ:b] *n* Kebab *m*
ked·geree [ˌkedʒər'i:, AM 'kedʒəri:] *n* Kedgeree *nt* (*mit Curry gewürztes Frühstücksgericht aus Reis, Fisch und hartgekochten Eiern*)
keel [ki:l] **I.** *n* NAUT Kiel *m;* (*liter*) Schiff *nt* ▸ PHRASES: **to be back on an even ~** *person* wieder obenauf sein; *matter* wieder im Lot sein **II.** *vi* ■**to ~ over** ❶ NAUT kentern ❷ (*fam: swoon*) umfallen *fam,* umkippen *fam;* **to ~ over in a dead faint** in eine tiefe Ohnmacht fallen
keel·haul ['ki:lhɔ:l, AM -hɑ:l] *vt* (*fam*) ■**to ~ sb** jdn kielholen; (*fig fam*) jdn zusammenstauchen *fam*
keen¹ [ki:n] *adj* ❶ (*enthusiastic*) begeistert, leidenschaftlich; **~ hunter** begeisterter Jäger/begeisterte Jägerin; ■**to be ~ on doing sth** etw mit Begeisterung [*o* leidenschaftlich gern] tun; ■**to be ~ to do sth** etw unbedingt tun wollen; **they were ~ for their children to go to the best schools** sie wollten unbedingt, dass ihre Kinder die besten Schulen besuchen; ■**to be ~ on sb** auf jdn scharf sein *sl;* **to be ~ on football/horror movies/jazz** auf Fußball/Horrorfilme/Jazz versessen sein ❷ (*perceptive*) *eye* scharf; *ear* fein; **~ eyesight** [*or* **vision**] scharfe Augen; **~ mind** scharfer Verstand; **~ sense of hearing** feines Gehör ❸ (*extreme*) *pain* heftig, stark; **~ competition** scharfe Konkurrenz; **to have a ~ desire for sth** ein heftiges Verlangen nach etw *dat* spüren; **~ interest** lebhaftes Interesse ❹ (*sharp*) *blade* scharf; *wind* beißend, schneidend; *noise, voice* schrill ❺ *pred* AM (*dated: very good*) toll *fam;* **peachy ~** (*a. iron*) prima *a. iron;* **how are you doing? – peachy ~! I've just gotten fired** wie geht's dir denn so? – fantastisch, ich bin gerade gefeuert worden ❻ BRIT (*low*) *prices* günstig ▸ PHRASES: **to be as ~ as mustard [on sth]** BRIT (*dated fam*) Feuer und Flamme [für etw *akk*] sein *fam,* ganz versessen [*o* erpicht] [auf etw *akk*] sein *fam*
keen² [ki:n] **I.** *n* Totenklage *f* **II.** *vi* die Totenklage halten, wehklagen; ■**to ~ for sb** jdn betrauern
keen·er ['ki:nər] *n* CAN (*pej fam*) Schleimer *m*
keen·ly ['ki:nli] *adv* ❶ (*strongly*) stark; **to feel sth ~** etw sehr intensiv empfinden ❷ (*extremely*) ungemein, brennend; **to be ~ interested in sth** sich *akk* brennend für etw *akk* interessieren ❸ (*attentively*) genau, streng
keen·ness ['ki:nnəs] *n no pl* ❶ (*enthusiasm*) Begeisterung *f* (**for** für *+akk*) ❷ (*eagerness*) starkes [*o* lebhaftes] Interesse; (*desire*) starker Wunsch ❸ (*a. fig: sharpness*) Schärfe *f a. fig*
keep [ki:p] **I.** *n* ❶ *no pl* (*livelihood*) [Lebens]unterhalt *m;* **not to be worth one's ~** sein Geld nicht wert sein; **to earn one's ~** [sich *dat*] seinen Lebensunterhalt verdienen ❷ (*main tower of castle*) Bergfried *m;* (*dungeon*) Burgverlies *nt* **II.** *vt* <kept, kept> ❶ (*hold onto*) ■**to ~ sth** etw behalten [*o* aufheben]; **to**

~ **bills/receipts** Rechnungen/Quittungen aufheben; **to ~ the change** das Wechselgeld behalten; **to ~ one's sanity** sich *akk* geistig gesund halten ❷ (*have in particular place*) ■**to ~ sth** etw [bereit] stehen haben; **he ~s a glass of water next to his bed** er hat immer ein Glas Wasser neben seinem Bett stehen ❸ (*store*) ■**to ~ sth** *medicine, money* etw aufbewahren; **where do you ~ your cups?** wo sind die Tassen? ❹ (*run*) **to ~ a shop** ein Geschäft führen ❺ (*sell*) **to ~ sth** *shop* etw führen [*o* verkaufen] ❻ (*detain*) ■**to ~ sb** jdn aufhalten; **to ~ sb waiting** jdn warten lassen ❼ (*prevent*) ■**to ~ sb from doing sth** jdn davon abhalten, etw zu tun ❽ (*maintain*) **you have to ~ your dog on a chain** Hunde müssen an der Leine bleiben; **to ~ sb/sth under control** jdn/etw unter Kontrolle halten; **to ~ count of sth** etw mitzählen; **I'll ~ count of how many times you jump** ich zähle, wie oft du springst; **to ~ one's eyes fixed on sb/sth** den Blick auf jdn/etw geheftet halten; **to ~ sth in one's head** etw im Kopf behalten; **to ~ house** den Haushalt führen; **to ~ sb in line** dafür sorgen, dass jd sich *akk* an die Ordnung hält; **to ~ sb/sth in mind** jdn/etw im Gedächtnis behalten; **to ~ a mistress** sich *dat* eine Geliebte halten; **to ~ one's mouth shut** [*or* **closed**] den Mund halten; **to ~ sb under observation** jdn beobachten lassen; **to ~ oneself to oneself** für sich *akk* [allein] bleiben, [die] Gesellschaft [anderer] meiden; **to ~ track of sb/sth** jdn/etw im Auge behalten; **~ track of how many people have entered reception** merken Sie sich, wie viele Leute die Eingangshalle betreten haben; **I don't ~ track of the cats we've had any more** ich weiß gar nicht mehr, wie viele Katzen wir schon gehabt haben; **to ~ sb awake** jdn wach halten [*o* nicht einschlafen lassen]; **to ~ sth closed/open** etw geschlossen/geöffnet lassen; **to ~ sb/sth warm** jdn/etw warm halten ❾ (*care for*) **to ~ children** Kinder betreuen ❿ (*own*) ■**to ~ animals** Tiere halten ⓫ (*guard*) ■**to ~ sth** etw bewachen; **to ~ goal** im Tor stehen, das Tor hüten; **to ~ watch** Wache halten ⓬ (*not reveal*) ■**to ~ sth from sb** jdm etw *akk* vorenthalten [*o* verschweigen]; ■**to ~ sth to oneself** etw für sich *akk* behalten ⓭ (*stick to*) **to ~ an appointment/a treaty** einen Termin/einen Vertrag einhalten; **to ~ the faith** fest im Glauben [*o* glaubensstark] sein; **~ the faith!** AM nur Mut!, Kopf hoch!; **he's really nervous about the presentation but I told him to ~ the faith** er ist wirklich aufgeregt wegen der Moderation, aber ich habe ihm gesagt, er solle zuversichtlich sein; **to ~ the law/the Ten Commandments** das Gesetz/die Zehn Gebote befolgen; **to ~ an oath/a promise** einen Schwur/ein Versprechen halten; **to ~ the Sabbath** den Sabbat heiligen; **to ~ a tradition** eine Tradition wahren ⓮ (*make records*) **to ~ the books** die Bücher führen; **to ~ a diary** [*or* **journal**] ein Tagebuch führen; **to ~ a log** [*or* **record**] **of sth** über etw *akk* Buch führen; **to ~ the minutes** [das] Protokoll führen; **to ~ score** SPORTS die Punkte anschreiben ⓯ (*provide for*) ■**to ~ sb/sth** jdn/etw unterhalten [*o* versorgen]; **to ~ sb in cigarettes/money** jdn mit Zigaretten/Geld versorgen; **the news will ~ her in gossip for some time to come** aufgrund dieser Meldung wird man noch einige Zeit über sie tratschen *fam* ▸ PHRASES: **to ~ one's balance** [*or* **feet**] das Gleichgewicht halten; **to ~ an eye out for sth** nach etw *dat* Ausschau halten; **to ~ one's hand in sth** bei etw *dat* die Hand [weiterhin] im Spiel haben [*o fam* [nach wie vor] mitmischen]; **to ~ a secret** ein Geheimnis hüten [*o* bewahren]; **to ~ time** *watch* richtig [*o* genau] gehen; MUS Takt halten **III.** *vi* <kept, kept> ❶ (*stay fresh*) *food* sich *akk* halten ❷ (*wait*) Zeit haben; **that gruesome story can ~ until we've finished eating, John** diese Schauergeschichte hat Zeit bis nach dem Essen, John; **your questions can ~ until later** deine Fragen können noch warten ❸ (*stay*) bleiben; **to ~ to one's bed** im Bett bleiben; **she's ill and has to ~ to her bed** sie ist krank und muss das Bett hüten; **to ~ in line** sich *akk* an die Ordnung halten; **to ~ in step with sb** mit jdm Schritt halten; **to ~ awake/healthy** wach/gesund bleiben; **to ~ cool** einen kühlen Kopf [*o* die Ruhe] bewahren; **to ~ [to the] left/right** sich *akk* [mehr] links/rechts halten; **to ~ quiet** still sein ❹ (*continue*) ■**to ~ doing sth** etw weiter tun; **don't stop, ~ walking** bleib nicht stehen, geh weiter; **he ~s trying to distract me** er versucht ständig, mich abzulenken; **don't ~ asking silly questions** stell nicht immer so dumme Fragen; ■**to ~ at sth** mit etw *dat* weitermachen, an etw *dat* dranbleiben *fam* ❺ (*stop oneself*) ■**to ~ from doing sth** etw unterlassen, sich *dat* etw verkneifen *fam;* **though the show was disgusting, he couldn't ~ from looking** obwohl die Show abscheulich war, musste er sie sich einfach ansehen; **how will I ever ~ from smoking?** wie kann ich jemals mit dem Rauchen aufhören? ❻ (*adhere to*) ■**to ~ to sth** an etw *dat* festhalten; (*not digress*) bei etw *dat* bleiben; **to ~ to an agreement/a promise** sich *akk* an eine Vereinbarung/ein Versprechen halten; **to ~ to a schedule** einen Zeitplan einhalten; **to ~ to a/the subject** [*or* **topic**] bei einem/beim Thema bleiben ▸ PHRASES: **how are you ~ing?** BRIT wie geht's dir so?

◆**keep abreast** *vi* ■**to ~ abreast of sth** mit etw *dat* Schritt halten

◆**keep away I.** *vi* ■**to ~ away [from sb/sth]** sich *akk* [von jdm/etw] fernhalten; **I want you to ~ away and never come back to this house again** ich will, dass du dich hier bei diesem Haus nie wieder blicken lässt *fam;* **I just can't seem to ~ away from chocolate** (*hum*) irgendwie kann ich Schokolade einfach nicht widerstehen *fam* **II.** *vt* ■**to ~ sb/sth away** jdn/etw fernhalten; **she wanted me to ~ him away** sie wollte, dass ich ihn ihr vom Leib halte; **~ your medications away from your children** bewahren Sie Ihre Medikamente für Ihre Kinder unzugänglich auf

◆**keep back I.** *vi* zurückbleiben; (*stay at distance*) Abstand halten; **~ back from that vicious dog, children** bleibt von diesem bösartigen Hund weg, Kinder **II.** *vt* ❶ (*hold away*) ■**to ~ back ↔ sb/sth** jdn/etw zurückhalten; **security guards kept the fans back from the rock stars** Sicherheitskräfte hielten die Fans von den Rockstars fern ❷ (*retain*) ■**to ~ back ↔ sth** etw verschweigen ❸ (*prevent advance*) ■**to ~ back ↔ sb** jdn aufhalten; **the slower students were ~ing the more intelligent ones back** die langsameren Schüler behinderten das Vorankommen der intelligenteren; ■**to ~ sb back from doing sth** jdn daran hindern, etw zu tun

◆**keep down I.** *vi* unten bleiben, sich *akk* ducken **II.** *vt* ❶ (*suppress*) ■**to ~ down ↔ sb/sth** jdn/etw unterdrücken [*o fam* kleinhalten] ❷ (*not vomit*) ■**to ~ down ↔ sth** *food* etw bei sich *dat* behalten ▸ PHRASES: **you can't ~ a good man down** der Tüchtige lässt sich nicht unterkriegen

◆**keep in I.** *vt* ❶ (*detain*) ■**to ~ in ↔ sb** jdn dabehalten; (*a pupil*) jdn nachsitzen lassen; (*at home*) jdn nicht aus dem Haus [gehen] lassen ❷ (*not reveal*) **to ~ in one's anger/emotions/tears** seinen Zorn/seine Gefühle/seine Tränen zurückhalten; **to ~ in one's wishes** seine Wünsche für sich *akk* behalten **II.** *vi* ■**to ~ in with sb** mit jdm auf gutem Fuß stehen, sich *akk* gut mit jdm stellen

◆**keep off I.** *vi* wegbleiben; **'Wet cement, ~ off!'** „Frischer Zement, nicht betreten!"; **this is my private stuff, so ~ off!** das sind meine Privatsachen, also Finger weg!; **to ~ off alcohol/cigarettes/gambling** Alkohol/Zigaretten/das Glücksspiel meiden *geh,* das Trinken/Rauchen/Spielen lassen; **to ~ off a subject** ein Thema vermeiden **II.** *vt* ❶ (*hold away*) ■**to ~ off ↔ sb/sth** jdn/etw fernhalten; ■**to ~ sb/sth off sth** jdn/etw von etw *dat* fernhalten; **to ~ one's hands off sb/sth** die Hände von jdm/etw lassen; **to ~ one's mind off sth** sich *akk* von etw *dat* ablenken ❷ (*protect from*) ■**to ~ off ↔ sth** etw abhalten, vor etw *dat* schützen; **I hope my coat will ~ the rain off** hoffentlich ist mein Mantel regendicht

◆**keep on I.** *vi* ❶ (*continue*) ■**to ~ on doing sth** etw weiter[hin] tun; **I ~ on thinking I've seen her somewhere** es

K

will mir nicht aus dem Kopf, dass ich sie irgendwo schon einmal gesehen habe ❷ (*pester*) ■ **to ~ on sb** jdm keine Ruhe lassen, jdn nerven *fam;* ■ **to ~ on at sb** jdn nicht in Ruhe lassen, jdm [ständig] in den Ohren liegen *fam;* ~ **on at him about the lawn and he'll eventually mow it** sprich ihn immer wieder auf den Rasen an, dann wird er ihn am Ende schon mähen **II.** *vt* ■ **to ~ on ↔ sth** *clothes* etw anbehalten [*o fam* anlassen] ▸ PHRASES: ~ **your shirt** [*or* **hair**] [*or* **pants**] **on** immer mit der Ruhe *fam,* nur ruhig Blut *fam*

◆**keep out** *vi* draußen bleiben; **'Keep Out'** „Zutritt verboten"; ■ **to ~ out of sth** etw nicht betreten; (*fig*) sich *akk* aus etw *dat* heraushalten; **you better ~ out of my room!** du kommst besser nicht in mein Zimmer!; **to ~ out of sb's business** sich *akk* nicht in jds Angelegenheiten einmischen; **to ~ out of trouble** Ärger vermeiden; **he tried to ~ out of trouble and get his work done** er versuchte, sich keinen Ärger einzuhandeln und seine Arbeit zu erledigen; ~ **out of trouble, Johnny, do you hear me?** stell nichts an, Johnny, hörst du?

◆**keep together I.** *vi* ❶ (*stay in a group*) zusammenbleiben; (*remain loyal*) zusammenhalten ❷ MUS Takt halten **II.** *vt* ■ **to ~ sth together** etw zusammenhalten

◆**keep up I.** *vt* ❶ (*hold up*) ■ **to ~ up ↔ sth** etw hoch halten; **he wears suspenders to ~ his pants up** er hat Hosenträger an, damit seine Hose nicht rutscht; **these poles ~ the tent up** diese Stangen halten das Zelt aufrecht ❷ (*hold awake*) ■ **to ~ up ↔ sb** jdn wach halten ❸ (*continue doing*) ■ **to ~ up ↔ sth** etw fortführen [*o* beibehalten] [*o* weiterhin tun]; ~ **it up!** [nur] weiter so!; **I was quite keen to ~ up my French** ich wollte unbedingt mit meinem Französisch in Übung bleiben; **to ~ up appearances** den Schein wahren [*o* aufrechterhalten]; **to ~ up a conversation** ein Gespräch in Gang halten **II.** *vi* ❶ (*continue*) *noise, rain* andauern, anhalten; *courage, fear, strength* bestehen bleiben; **their love has kept up during bad as well as good times** ihre Liebe hat gute wie schlechte Zeiten überdauert ❷ (*not fall behind*) ■ **to ~ up with sb/sth** mit jdm/etw mithalten [*o* Schritt halten] ❸ (*stay in touch*) ■ **to ~ up with sb** mit jdm in Verbindung [*o* Kontakt] bleiben ▸ PHRASES: **to ~ up with the Joneses** mit den anderen gleichziehen wollen

keep·er ['kiːpəʳ, AM -ɚ] *n* ❶ (*person in charge*) *of a shop* Inhaber(in) *m(f); of a prison* Aufseher(in) *m(f),* Wärter(in) *m(f); of a zoo* Wärter(in) *m(f); of a museum* Kustos *m; of an estate, house* Verwalter(in) *m(f); of a park* Wächter(in) *m(f); of keys* Verwahrer(in) *m(f);* **am I my brother's ~?** soll ich meines Bruders Hüter sein? ❷ (*fam: sth longlasting*) **to be a good ~** lange haltbar sein; **potatoes are good ~s** Kartoffeln halten sich gut ❸ (*sth worth keeping*) ■ **to be a ~** es wert sein, aufgehoben zu werden; **we're going to do an inventory and see which items don't sell and which ones are ~s** wir wollen Inventur machen, um zu sehen, welche Artikel nicht gehen und welche im Sortiment bleiben sollen; **I'm willing to sell some of my stock but my blue chips are ~s** ich bin bereit, einige meiner Aktien zu verkaufen, aber von meinen Spitzenpapieren trenne ich mich nicht ❹ AM [geangelter] Fisch normaler Größe (*wird nicht wieder ins Wasser geworfen*) ❺ (*iron bar*) Schieber *m* ❻ (*on earring*) Stecker *m* ❼ (*guard ring*) Schutzring *m*

keep-'fit *n no pl* ❶ BRIT, AUS (*exercising*) Fitnesstraining *nt* ❷ AM (*physical fitness*) Fitness *f*

keep·ing ['kiːpɪŋ] *n no pl* ❶ (*guarding*) Verwahrung *f;* (*care*) Obhut *f;* **to leave sb/sth in sb's ~** jdn/etw in jds Obhut lassen ❷ (*maintenance*) **the ~ of the law** das Hüten des Gesetzes ❸ (*obeying*) Einhalten *nt,* Befolgen *nt;* **in ~ with an agreement** im Einklang mit [*o* entsprechend] einer Vereinbarung

keep·net ['kiːpnet] *n* Fisch[er]netz *nt*

keeps [kiːps] *npl* (*fam*) ■ **for ~** für immer; **can I have this doll for ~?** darf ich die Puppe behalten?; **let's tie the knot for ~, Marcia!** lass uns den Bund fürs Leben schließen, Marcia!; **sb plays for ~** jdm ist es ernst

keep·sake ['kiːpseɪk] *n* Andenken *nt;* **to give sb sth as a ~** jdm etw zum Andenken schenken

kef [kef] *n* ❶ (*state*) Rauschzustand *m,* Dröhnung *f sl* ❷ (*drug*) Kif *m sl*

keg [keg] *n* kleines Fass, Fässchen *nt*

'keg beer *n no pl* Fassbier *nt*

Keg·el ex·er·cise ['keɪgl̩-] *n* Kegelübung *f,* Beckenbodenübung *f*

keg·ger ['kegɚ] *n,* **'keg par·ty** *n* AM (*fam*) [Fass]bierparty *f*

keis·ter ['kiːstɚ] *n* AM ❶ (*sl: buttocks*) Hintern *m fam,* Arsch *m derb* ❷ (*old: suitcase*) [Hand]koffer *m; of a salesman* Musterkoffer *m;* (*handbag*) Handtasche *f;* (*chest*) Kiste *f*

keks [keks] *n* BRIT (*sl: trousers*) Hose *f;* **a pair of ~** eine Hose; (*underpants*) Unterhose *f*

kelch <*pl* -es> [keltʃ] *n* AM (*pej! sl*) Bleichgesicht *nt pej* (*von amerikanischen Schwarzen für Weiße bzw. hellhäutige Schwarze verwendetes Schimpfwort*)

ke·loid ['kiːlɔɪd] *n* MED Wulstnarbe *f,* Keloid *nt fachspr*

kelp [kelp] *n no pl* Seetang *m*

kel·pie ['kelpi] *n* ❶ SCOT (*spirit*) Wassergeist *m,* Nix *m* ❷ AUS (*breed of dog*) Kelpie *m*

keltch *n see* **kelch**

kel·vin ['kelvɪn] *n* Kelvin *nt*

'Kelvin scale *n* Kelvinskala *f*

kemp [kemp] *n no pl of furry animals* Grannenhaar *nt; of dogs* Stichelhaar *nt*

ken [ken] **I.** *n no pl* (*dated*) Gesichtskreis *m,* [geistiger] Horizont; **to be beyond sb's ~** über jds Horizont gehen, sich *akk* jds Kenntnis entziehen *geh* **II.** *vt* <-nn-> SCOT, NBRIT ■ **to ~ sb/sth** jdn/etw kennen [*o* verstehen]

ken·nel ['kenᵊl] **I.** *n* ❶ (*dog house*) Hundehütte *f;* (*dog boarding*) Hundepension *f* ❷ (*dog breeder*) Hundezüchter(in) *m(f)* ❸ (*fig: shelter*) [armselige] Hütte, Loch *nt fam* **II.** *vt* <BRIT -ll- *or* AM *usu* -l-> **to ~ a dog** einen Hund in Pflege geben

ken·nels ['kenᵊlz] *n + sing/pl vb* ■ **the ~** die Hundepension

ke·no·sis [kɪ'nəʊsɪs, AM -'noʊ-] *n no pl* REL Kenose *f fachspr,* Selbstentäußerung *f* Christi

kent *vt* SCOT, NBRIT *pt, pp of* **ken**

Ken·ya ['kenjə] *n* Kenia *nt*

Ken·yan ['kenjən] **I.** *n* Kenianer(in) *m(f)* **II.** *adj* kenianisch

Kepler's Laws [ˌkepləz'-, AM -lɚz'-] *npl* keplersche Gesetze

kept [kept] **I.** *vt, vi pt, pp of* **keep II.** *adj attr, inv* ausgehalten; **he is a ~ man** er lässt sich aushalten; ~ **woman** Mätresse *f*

kera·tin ['kerətɪn, AM -t̬ɪn] *n no pl* Hornstoff *m,* Keratin *nt fachspr*

kera·ti·tis [ˌkerə'taɪtɪs, AM -t̬ɪs] *n no pl* Hornhautentzündung *f* (*des Auges*), Keratitis *f fachspr*

kerb [kɜːb] *n* BRIT, AUS Randstein *m*

'kerb crawl·er *n* BRIT Freier *m* beim Autostrich *sl* **'kerb crawl·ing** *n no pl* BRIT Autostrich *m sl* **'kerb drill** *n* BRIT Verkehrserziehung *f* **'kerb·side** *n* BRIT Straßenrand *m* **kerb·side 'stand** *n* BRIT Straßenstand *m* **'kerb·stone** *n* BRIT Randstein *m*

ker·chief ['kɜːtʃɪf, AM 'kɜːr-] *n for head* [Hals]tuch *nt,* [Kopf]tuch *nt;* (*handkerchief*) Taschentuch *nt*

ker·fuf·fle [kə'fʌfl̩, AM kɚ'-] *n no pl esp* BRIT (*sl*) Wirbel *m,* Aufruhr *m,* Tumult *m*

kern [kɜːn] **I.** *n* TYPO Unterschnitt *m,* Einkerbung *f* **II.** *vt* **to ~ a letter** einen Buchstaben unterschneiden [*o* an der Unterseite abschneiden]; **to ~ a type** eine Drucktype einkerben [*o* markieren]

ker·nel ['kɜːnᵊl, AM 'kɜːr-] *n* ❶ (*fruit centre*) Kern *m;* (*cereal centre*) Getreidekorn *nt;* **maize/wheat ~** Mais-/Weizenkorn *nt* ❷ (*essential part*) Kern *m fig;* **a ~ of truth** ein Körnchen *nt* Wahrheit

kero·sene ['kerəsiːn] **I.** *n no pl esp* AM, AUS (*paraffin*) Petroleum *nt;* PHARM Paraffin *nt;* (*for jet engines*) Kerosin *nt* **II.** *n*

modifier (*burner, lamp, lantern*) Petroleum-
kes·trel ['kestrᵊl] *n* Turmfalke *m*
keta·mine ['ki:təmi:n] *n no pl* PHARM Ketamin *nt*
ketch <*pl* -es> [ketʃ] *n* Ketsch *f fachspr*, Zweimaster *m*
ketch·up ['ketʃʌp] *n no pl* Ketschup *m o nt*
ket·tle ['ketl̩, AM -t̬l̩] *n* ❶ (*to boil water*) [Tee]kessel *m*, [Wasser]kessel *m*; (*cauldron*) [großer] Kessel; **to put the ~ on** Wasser aufsetzen ❷ (*kettledrum*) [Kessel]pauke *f* ▶ PHRASES: **to be a different** [*or* **another**] **~ of fish** etwas ganz anderes sein; **a pretty** [*or* **fine**] **~ of fish** eine schöne Bescherung *iron fam*; **to be the pot calling the ~ black** ein Fall sein, bei dem ein Esel den anderen Langohr schimpft
'ket·tle·drum *n* [Kessel]pauke *f*
key¹ [ki:] *n* [Korallen]riff *nt*, Korallenbank *f*; **the Florida ~s** die Florida Keys
key² [ki:] **I.** *n* ❶ (*for a lock*) Schlüssel *m* ❷ (*button*) *of a computer, piano* Taste *f*; *of a flute* Klappe *f*; **to hit** [*or* **strike**] [*or* **press**] **a ~** eine Taste drücken ❸ *no pl* (*essential point*) Schlüssel *m fig*; **the ~ to confidence is liking yourself** um Selbstvertrauen haben zu können, muss man sich selbst mögen; **the ~ to a mystery** der Schlüssel zu einem Geheimnis ❹ (*to symbols*) Zeichenschlüssel *m*, Zeichenerklärung *f*, Legende *f*; (*for solutions*) Lösungsschlüssel *m* ❺ MUS Tonart *f*; **change of ~** Tonartwechsel *m*; **in the ~ of C major** in C-Dur; **to sing in/off ~** richtig/falsch singen **II.** *n modifier* (*factor, figure, industry, role*) Schlüssel-; **~ contribution/ingredient** Hauptbeitrag *m*/-zutat *f*; **~ currency** Leitwährung *f*; **~ decision** wesentliche Entscheidung; **~ point** springender Punkt; **~ witness** Hauptzeuge, -zeugin *m, f*, Kronzeuge, -zeugin *m, f* **III.** *vt* ❶ (*type*) ■**to ~ sth** etw eingeben [*o* eintasten]; **to ~ data into a computer** Daten in einen Computer eingeben ❷ (*aimed at*) ■**to ~ sth to sb/sth** etw auf jdn/etw abstimmen
◆**key in** *vt* ■**to ~ in** ⊂ **sth** etw eingeben [*o* eintasten]
◆**key into** *vi* (*fig*) ■**to ~ into sth** etw mitkriegen; (*get involved*) bei etw *dat* mitmischen *fam*, sich *akk* in etw *akk* einschalten
◆**key up** *vt* ■**to ~ up** ⊂ **sb** jdn aufregen; **to be ~ed up for sth** auf etw *akk* eingestimmt sein; **the rowdies were ~ed up for a fight** die Rowdys waren in Kampfstimmung; **to be all ~ed up** völlig überdreht [*o* ganz aufgedreht] sein *fam*
'key·board I. *n* ❶ (*of a computer*) Tastatur *f*; (*of a piano*) Klaviatur *f*; (*of an organ*) Manual *nt* ❷ (*musical instrument*) Keyboard *nt* **II.** *vt* ■**to ~ sth** etw tippen [*o* eingeben] **III.** *vi* tippen
'key·board·er *n* Datentypist(in) *m(f)* **key·board 'in·stru·ment** *n* Tasteninstrument *nt* **'key·board·ist** *n* Keyboarder(in) *m(f)*, Keyboardspieler(in) *m(f)* **'key·board op·era·tor** *n* Datentypist(in) *m(f)* **'key card** *n* [elektronische] Schlüsselkarte **'key·hole** *n* Schlüsselloch *nt* **key·hole 'sur·gery** *n* endoskopische [*o* minimal-invasive] Chirurgie; **to do** [*or* **perform**] **~** einen minimal-invasiven Eingriff vornehmen
key·less 'en·try sys·tem *n* Zentralverriegelung *f* mit Funkfernbedienung
'key mon·ey *n no pl* Abstandsgeld *nt* **'key·note** *n* Hauptthema *nt*; *of a speech* Grundgedanke *m*, Tenor *m*; AM Parteilinie *f* **'key·note ad·dress** *n*, **'key·note speech** *n* programmatische Rede, Grundsatzreferat *nt* **'key·not·er** *n* Hauptredner(in) *m(f)* **'key·pad** *n* Tastenfeld *nt* **'key·punch** *n* AM, AUS Locher *m* (*für Lochkarten*) **'key ring** *n* Schlüsselring *m* **'key sig·na·ture** *n* MUS Vorzeichen *nt* **'key·stone** *n* ❶ ARCHIT (*centre stone*) Schlussstein *m* ❷ (*fig: crucial part*) Grundpfeiler *m fig* **'key·stroke** *n* [Schreibmaschinen]anschlag *m* **'key·word** *n* ❶ (*cipher*) Schlüssel *m fig*, Code *m fachspr* ❷ (*important word*) Schlüsselwort *nt*, Stichwort *nt* ❸ (*for identifying*) Passwort *nt*, Kennwort *nt*
kg *n abbrev of* **kilogram** kg
kha·ki ['kɑ:ki, AM 'kæki] **I.** *n* ❶ *no pl* (*cloth*) Khaki[stoff] *m* ❷ (*pants*) ■**~s** Khakihose *f* **II.** *adj* khakifarben
khan [kɑ:n] *n* Khan *m*
kHz *n abbrev of* **kilohertz** kHz
kib·ble ['kɪbl̩] *n* AM Trockenfutter *nt*
kib·butz [kɪ'bʊts] *n* Kibbuz *m*
kib·itz ['kɪbɪts] *vi* AM DIAL ❶ CARDS kiebitzen ❷ (*chat*) ■**to ~ with sb** mit jdm quatschen *fam* ❸ (*fam: advise*) ungebetene Ratschläge erteilen
kib·itz·er ['kɪbɪtsɚ] *n esp* AM (*fam*) *jd, der ungebeten Ratschläge erteilt*
ki·bosh ['kaɪbɒʃ, AM -bɑ:ʃ] *n* ▶ PHRASES: **to put the ~ on sth** (*sl*) etw zunichte machen [*o fam* vermasseln]
kick [kɪk] **I.** *n* ❶ (*with foot*) [Fuß]tritt *m*, Stoß *m*; (*in sports*) Schuss *m*; *of a horse* Tritt *m*; **that horse has quite a ~ when nervous** dieses Pferd kann ganz schön ausschlagen, wenn es nervös ist; **to need a ~ up the arse** [*or* **backside**] [*or* **pants**] einen [kräftigen] Tritt in den Hintern nötig haben *fam*; **to take a ~ at a ball** einen Ball treten [*o fam* kicken]; **a ~ in the teeth** ein Schlag *m* ins Gesicht *fig*; **to give sth a ~** gegen etw *akk* treten; **to take a ~ at sb/sth** jdm/etw einen [Fuß]tritt versetzen ❷ (*exciting feeling*) Nervenkitzel *m*, Kick *m fam*; **to do sth for ~s** etw wegen des Nervenkitzels tun; **he gets a ~ out of that** das macht ihm einen Riesenspaß; **she gets her ~s by bungee jumping** sie holt sich ihren Kick beim Bungeespringen *fam*; **to have a ~** eine berauschende Wirkung haben; **watch out for the fruit punch, it's got a real ~** sei mit dem Früchtepunsch vorsichtig, der hat es in sich; **the cocktail doesn't have much ~** der Cocktail ist nicht sehr stark ❸ (*trendy interest*) Fimmel *m fam*, Tick *m fam*; **health food/fitness ~** Reformkost-/Fitnesstick *m*; **he's on a religious ~** er ist [gerade] auf dem religiösen Trip *fam* ❹ (*complaint*) **to have a ~ about sth** an etw *dat* etwas auszusetzen haben ❺ (*gun jerk*) Rückstoß *m* **II.** *vt* ❶ (*hit with foot*) ■**to ~ sb/sth** jdn/etw [mit dem Fuß] treten; **to ~ a ball** einen Ball schießen [*o fam* kicken]; **to ~ a goal** BRIT ein Tor schießen; **to ~ oneself** (*fig*) sich *akk* in den Hintern beißen *fig fam* ❷ (*put*) **to ~ sth into high gear** etw auf Hochtouren bringen; **to ~ sth up a notch** (*stereo*) etw ein wenig lauter stellen; (*ride*) etw ein wenig beschleunigen ❸ (*get rid of*) **to ~ an accent** einen Akzent ablegen; **to ~ drinking/smoking** das Trinken/Rauchen aufgeben; **to ~ drugs** von Drogen runterkommen *fam*; **to ~ a habit** eine Gewohnheit aufgeben; **she used to be a heavy smoker but she ~ed the habit last year** sie war eine starke Raucherin, aber letztes Jahr hat sie damit aufgehört ▶ PHRASES: **to ~ sb's ass** AM (*fam!*) jdm eine Abreibung verpassen *fam*; **to ~ some ass** AM (*fam!*) Terror machen *fam*; **to ~ ass** AM (*fam!*) haushoch gewinnen; **to ~ the bucket** (*fam*) abkratzen *sl*, ins Gras beißen *fam*; **to be ~ing one's heels** BRIT ungeduldig warten; **to ~ sth into touch** etw auf einen späteren Zeitpunkt verschieben; **to ~ sb when he/she is down** jdm den Rest geben *fam*; **to be ~ed upstairs** durch Beförderung kaltgestellt werden *fam* **III.** *vi* ❶ (*with foot*) treten; *horse* ausschlagen; (*in a dance*) das Bein hochwerfen; ■**to ~ at sb/sth** nach jdm/etw treten ❷ *esp* AM (*complain*) meckern *fam*; ■**to ~ about sth** über etw *akk* meckern *fam*, an etw *dat* herummeckern *fam*; **to ~ against sb** sich *akk* gegen jdn auflehnen, gegen jdn aufmucken *fam* ▶ PHRASES: **to ~ against the pricks** widerborstig sein, wider den Stachel löcken *geh*; **to be alive** [*or* **about**] **and ~ing** (*fam*) gesund und munter [*o* quicklebendig] sein; (*fig*) **traditional jazz is still alive and ~ing** der klassische Jazz ist immer noch quicklebendig; **to ~ and scream about sth** sich *akk* heftig und lautstark über etw *akk* beschweren
◆**kick about, kick around I.** *vi* (*fam*) [he]rumliegen *fam* **II.** *vt* ❶ (*with foot*) ■**to ~ sth around** [*or* **about**] etw [in der Gegend] herumkicken *fam* ❷ (*consider*) **to ~ an idea around** (*fam*) einen Gedanken hin und her bewegen, eine Idee [ausführlich] bekakeln *fam* ❸ (*mistreat*) ■**to ~ sb around** [*or* **about**] jdn herumstoßen *fam*; ■**to ~ sth around** [*or* **about**]

K

etw herumliegen lassen *fam*

◆**kick back** I. *vt* ■**to ~ back** ↻ **sth** etw zurücktreten; **to ~ the ball back** den Ball zurückschießen; **to ~ back the blanket** die Bettdecke wegschieben, sich *akk* aufdecken; **to ~ money back to sb** (*fam*) sich *akk* mit Geld *dat* bei jdm revanchieren, jdm etw zurückgeben II. *vi* ❶ AM (*fam: relax*) sich *akk* entspannt zurücklehnen, relaxen *fam* ❷ (*gun*) einen Rückstoß haben

◆**kick down** *vt* **to ~ a door down** eine Tür eintreten

◆**kick in** I. *vt* ❶ (*with foot*) **to ~ a door/a window in** eine Tür/ein Fenster eintreten ❷ *esp* AM (*contribute*) ■**to ~ sth** ↻ **in** etw dazugeben [*o fam* beisteuern]; **when you buy a table and four chairs, we'll ~ in an extra chair for free** wenn Sie einen Tisch mit vier Stühlen kaufen, geben wir Ihnen einen weiteren Stuhl umsonst dazu II. *vi* ❶ (*start*) *approach, drug, measure, method* wirken, Wirkung zeigen; **the drug began to ~ in** das Mittel begann anzuschlagen; *device, system* anspringen, sich *akk* einschalten; *maturity* sich *akk* einstellen ❷ (*to contribute*) ■**to ~ in for sth** einen Beitrag zu etw *dat* leisten, sich *akk* an etw *dat* beteiligen; **if we all ~ in we can buy a microwave** wenn wir alle zusammenlegen, dann können wir eine Mikrowelle kaufen

◆**kick into** *vi* (*fam*) ■**sth ~s into sth else** etw geht in etw *akk* über

◆**kick off** I. *vi* beginnen, anfangen; FBALL anstoßen, anspielen; **to ~ off with a bang** mit einem Knalleffekt beginnen II. *vt* ■**to ~ off** ↻ **sth** etw beginnen; **to ~ off a discussion** eine Diskussion eröffnen; **Terry ~ed off the party with a toast** Terry ließ die Party mit einem Trinkspruch beginnen

◆**kick out** I. *vt* ■**to ~ out** ↻ **sb/sth** jdn/etw hinauswerfen [*o fam* hinausschmeißen] II. *vi* ■**to ~ out against sb/sth** sich *akk* gegen jdn/etw heftig zur Wehr setzen [*o* mit Händen und Füßen gegen jdn/etw wehren]

◆**kick over** *vt* ■**to ~ over** ↻ **sb/sth** jdn/etw umrempeln *fam* ▶PHRASES: **to ~ over the traces** (*be disrespectful*) über die Stränge schlagen *fam*

◆**kick round** *vt, vi* BRIT *see* **kick around**

◆**kick up** *vi* **to ~ up dust** (*a. fig*) Staub aufwirbeln *a. fig* ▶PHRASES: **to ~ up a fuss** [*or* **stink**] einen Wirbel machen *fam;* **to ~ up one's heels** auf den Putz [*o* die Pauke] hauen *fam*

'kick·about *n* BRIT (*fam*) Kicken *nt fam;* **to have a ~** [herum]kicken *fam,* Fußball spielen **'kick-ass** *adj attr* AM (*fam!*) super *sl,* tolle(r, s) *fam,* Wahnsinns- *fam;* **that was a ~ party you threw** das war eine Wahnsinnsparty, die du da gegeben hast; **that is one ~ car you've got there** das Auto, das du da hast, ist echt Spitze *fam* **'kick·back** *n* ❶ (*money*) Schmiergeld *nt* ❷ (*reaction*) [heftige] Reaktion; **to feel the ~ from sth** die Auswirkungen einer S. *gen* spüren **'kick·ball** *n no pl* AM Kickball *m* (*Ballspiel mit dem Fuß, aber nach Baseballregeln*) **'kick·board** *n* AM Schwimmbrett *nt* **'kick·board** *n,* **'kick·board scoot·er** *n* Kickboard *nt,* Kickboard-Roller *m* **'kick·box** I. *vi* kickboxen II. *vt* **to ~ one's way** sich *dat* seinen Weg freiboxen **'kick-box·ing** *n no pl* Kickboxen *nt* **'kick-butt** *adj* AM (*fam*) [knall]hart **'kick·down** *n* BRIT AUTO Kickdown *m*

kick·er ['kɪkəʳ, AM -ɚ] *n* ❶ SPORTS Fußballspieler(in) *m(f),* Kicker(in) *m(f) fam* ❷ AM (*fig: rebel*) Querulant(in) *m(f)*

'kick-off *n* FBALL Anstoß *m* **'kick·stand** *n* Fahrradständer *m* **'kick-start** I. *n* ❶ (*on motorcycle*) Kickstarter *m* ❷ (*motivating force*) Auftrieb *m,* neuer Schwung; **a dynamic, young manager would be just the ~ this company needs** ein junger, dynamischer Manager wäre genau die treibende Kraft, die dieses Unternehmen braucht II. *vt* ■**to ~ sth** etw starten; **to ~ a motorcycle** ein Motorrad kickstarten; **to ~ a process** einen Prozess in Gang bringen **'kick-start·er** *n* Kickstarter *m* **'kick turn** *n* SKI Spitzkehre *f*

kid [kɪd] I. *n* ❶ (*child*) Kind *nt;* AM, AUS (*young person*) Jugendliche(r) *f(m);* (*male*) Bursche *m,* Junge *m;* (*female*) Mädchen *nt;* **hey ~, what are you doing there?** he, Kleiner, was machst du denn da? *fam;* **~ brother/sister** *esp* AM Brüderchen *nt*/Schwesterchen *nt,* kleiner Bruder/kleine Schwester; **to act like a ~** sich *akk* wie ein [kleines] Kind benehmen; **to be just/still a ~** nur/noch ein Kind sein ❷ (*young goat*) Zicklein *nt,* junge Ziege ❸ *no pl* (*goat leather*) Ziegenleder *nt,* Kid *nt* II. *vi* <-dd-> (*fam*) Spaß machen; **just ~ding!** war nur Spaß! [*o* nicht ernst gemeint!]; **no ~ding?** [ganz] im Ernst?, ohne Scherz? III. *vt* (*fam*) ■**to ~ sb** jdn verulken [*o* veralbern] [*o* aufziehen] *fam;* **you're ~ding me!** das ist doch nicht dein Ernst!; ■**to ~ oneself** sich *dat* etwas vormachen; **don't ~ yourself about your boss – he can be ruthless** lass dich von deinem Chef nicht täuschen – er kann rücksichtslos sein

kid·die ['kɪdi] I. *n* (*fam*) Kleine(r) *f(m) fam,* Kind *nt,* Kindchen *nt oft iron* II. *adj attr, inv bike, car, seat* Kinder-; **~ kitchen** Puppenküche *f,* Spielzeugküche *f*

kid·do ['kɪdəʊ, AM -doʊ] *n* Kleine(r) *f(m) fam*

kid·dy *n, adj see* **kiddie**

kid 'gloves *npl* Glacéhandschuhe *mpl* ▶PHRASES: **to treat** [*or* **handle**] **sb with ~** jdn mit Glacéhandschuhen [*o* Samthandschuhen] anfassen **kid 'glove treat·ment** *n* Fingerspitzengefühl *nt;* **he expects ~ since he considers himself so fragile** er erwartet, mit Glacéhandschuhen angefasst zu werden, weil er sich für so zerbrechlich hält; **this problem requires ~** dieses Problem erfordert Fingerspitzengefühl

kid·nap ['kɪdnæp] I. *vt* <-pp-> ■**to ~ sb** jdn entführen [*o* kidnappen] II. *n no pl* Entführung *f,* Kidnapping *nt;* LAW Menschenraub *m*

kid·nap·per ['kɪdnæpəʳ, AM -ɚ] *n* Entführer(in) *m(f),* Kidnapper(in) *m(f)*

kid·nap·ping ['kɪdnæpɪŋ] *n* Entführung *f,* Kidnapping *nt;* LAW Menschenraub *m*

kid·ney ['kɪdni] *n* ❶ ANAT Niere *f* ❷ FOOD Niere *f;* **steak and ~ pie** Rindfleisch-Nieren-Pastete *f* ❸ (*temperament*) Schlag *m fam;* **to be of a different/the same ~** von unterschiedlichem/vom gleichen Schlag sein

kid·ney 'bean *n usu pl* (*any kind of edible bean*) Gartenbohne *f;* (*red bean*) Kidneybohne *f* **'kid·ney dish** *n* Nierenschale *f* **'kid·ney do·nor** *n* Nierenspender(in) *m(f)* **'kid·ney fail·ure** *n no pl* Nierenversagen *nt* **'kid·ney ma·chine** *n* künstliche Niere **'kid·ney punch** *n* Schlag *m* in die Nierengegend **'kid·ney-shaped** *adj inv* nierenförmig **'kid·ney stone** *n* Nierenstein *m* **'kid·ney trans·plant** *n* Nierentransplantation *f*

ki·dol·ogy [kɪ'dɒlədʒi] *n no pl* (*fam*) Bluffen *nt*

'kid('s) stuff *n* AM (*usu pej*) Kinderkram *m fam;* **a two-mile race is just ~** ein Zweimeilenrennen ist doch ein Kinderspiel

kif [kɪf] *n* ❶ (*state*) Rauschzustand *m,* Dröhnung *f sl* ❷ (*drug*) Kif *m sl*

kike [kaɪk] *n* AM (*pej!*) Jude, Jüdin *m, f*

kill [kɪl] I. *n no pl* ❶ (*act*) Töten *nt kein pl;* **to fly down for the ~** *bird* herabstoßen, um die Beute zu schlagen; **to make a ~** *animal* eine Beute schlagen ❷ HUNT (*prey*) [Jagd]beute *f kein pl* ▶PHRASES: **to be in at the ~** bei der Endabrechnung dabei sein *fam;* **to go** [*or* **move**] **in for the ~** zum Todesstoß ansetzen [*o* entscheidenden Schlag ausholen] II. *vi* ❶ (*end life*) *criminal* töten; *disease* tödlich sein; **to ~ in cold blood** kaltblütig töten ❷ (*fig fam: hurt*) unheimlich schmerzen [*o* wehtun] ▶PHRASES: **to be dressed to ~** todschick angezogen sein III. *vt* ❶ (*cause to die*) ■**to ~ sb/oneself** jdn/sich *akk* umbringen *a. fig;* **smoking and drinking are going to ~ him some day** Alkohol und Zigaretten werden ihn eines Tages noch umbringen; **the frost ~ed my vegetable garden** der Frost hat das Gemüse in meinem Garten erfrieren lassen; **to ~ sb by beating/strangling** jdn erschlagen/erwürgen; **to ~ sb with poison** jdn vergiften; **to ~ a bee/fly** einer Biene/Fliege den Garaus machen [*o* totschlagen]; **to be ~ed in action** [im Kampf] fallen ❷ (*destroy*) ■**to ~ sth** etw zerstören; **to ~ sb's chances of sth** jds Aussichten auf etw *akk* zunichte machen; **to ~ sb's dreams/hopes** jds Träume/Hoffnungen zerstören;

to ~ the environment die Umwelt zerstören; to ~ a file (*delete*) eine Akte vernichten; COMPUT eine Datei löschen; to ~ a friendship/marriage eine Freundschaft/Ehe zerstören [*o geh* zerrütten]; to ~ the smell/sound/taste of sth einer S. *gen* den Geruch/das Geräusch/den Geschmack [völlig] nehmen ❸ (*ruin*) ■to ~ sth *fun, joke* etw [gründlich] verderben; ■to ~ sth for sb jdm den Spaß an etw *dat* [völlig] verderben [*o fam* vermiesen]; to ~ a surprise eine Überraschung kaputtmachen ❹ (*stop*) to ~ a bill eine Gesetzesvorlage zu Fall bringen [*o fam* abschmettern]; to ~ pain Schmerz[en] stillen; to ~ a plan/project einen Plan/ein Projekt fallen lassen; to ~ a column/line/scene (*not print*) eine Kolumne/Zeile/Szene herausnehmen; to ~ the engine/lights/TV (*turn off*) den Motor/das Licht/den Fernseher ausmachen ❺ (*fam: consume*) ■to ~ sth etw vernichten; *food* etw aufessen [*o fam* verdrücken] [*o fam* verputzen]; *beverage* etw austrinken [*o fam* leer machen]; to ~ a bottle of whiskey eine Flasche Whiskey köpfen *fam* ❻ (*make laugh*) ■to ~ sb jdn dazu bringen, sich *akk* totzulachen; that story ~ed me diese Geschichte fand ich zum Totlachen; to ~ oneself with laughter sich *akk* totlachen ❼ (*fam: cause pain*) ■to ~ sb jdn umbringen *fig;* my shoes are ~ing me meine Schuhe bringen mich noch mal um *fam;* it wouldn't ~ you to apologize eine Entschuldigung würde dich nicht gleich umbringen; to ~ sb with kindness jdn mit seiner Güte fast umbringen [*o* erdrücken] ❽ (*tire out*) jdn völlig erschlagen *fam* [*o fam* fertigmachen]; that walk ~ed me dieser Spaziergang hat mich völlig fertiggemacht; (*overwhelm*) to ~ oneself doing sth (*fam: work hard*) sich *akk* mit etw *dat* umbringen, sich *dat* mit etw *dat* ein Bein ausreißen *fam* ❾ (*hit hard*) to ~ the ball einen Wahnsinnsball spielen [*o* Wahnsinnsschuss loslassen] *fam*
▸ PHRASES: to ~ two birds with one stone (*prov*) zwei Fliegen mit einer Klappe schlagen *prov;* to ~ the fatted calf ein üppiges Willkommensessen geben; to ~ the goose that lays the golden egg das Huhn schlachten, das goldene Eier legt; to ~ time (*spend time*) sich *dat* die Zeit vertreiben; (*waste time*) die Zeit totschlagen

◆**kill off** *vt* ■to ~ off ⊂ sth ❶ (*destroy*) *disease, species* etw ausrotten; to ~ off pests Schädlinge vernichten ❷ *esp* AM (*fig: finish*) to ~ off a bottle eine Flasche leeren; to ~ off a pack eine Packung leer machen

kill·er ['kɪlə^r, AM -ɚ] **I.** *n* ❶ (*person*) Mörder(in) *m(f);* (*thing*) Todesursache *f;* heart disease is the number-one ~ of American men bei amerikanischen Männern stehen Herzkrankheiten an erster Stelle der Todesursachen ❷ (*agent*) Vertilgungsmittel *nt;* weed ~ Unkrautvertilgungsmittel *nt* ❸ (*fam: difficult thing*) ■to be a ~ ein harter Brocken sein *fam* ❹ (*good joke*) ■to be a ~ zum Totlachen sein *fam;* the ~ AM (*funniest part*) das Tollste *a. iron fam,* die Krönung *fig, a. iron,* der Hammer *fig fam* **II.** *n modifier* AM (*sl*) *product* Killer- *sl,* unschlagbar **III.** *adj* ❶ *attr, inv* (*deadly*) *flu, virus* tödlich; *heat, hurricane, wave* mörderisch ❷ *inv* AM, AUS (*fam: excellent*) *car, job, party* Wahnsinns- *fam,* toll *fam;* my weekend was ~ mein Wochenende war super *fam*

'kill·er cell *n* Killerzelle *f* **kill·er di's·ease** *n* tödliche Krankheit **'kill·er in·stinct** *n* ❶ (*in animals*) Tötungsinstinkt *m* ❷ (*mean streak*) to have the ~ bereit sein, über Leichen zu gehen **'kill·er whale** *n* Schwertwal *m,* Killerwal *m fam*

kill·ing ['kɪlɪŋ] **I.** *n* ❶ (*act*) Tötung *f,* Töten *nt;* (*case*) Mord[fall] *m* ❷ (*fam or fig: lots of money*) to make a ~ einen Mordsgewinn [*o* ein Riesengeschäft] machen *fam* **II.** *adj attr, inv* ❶ (*causing death*) tödlich ❷ (*fig: difficult*) mörderisch *fam* ❸ (*funny*) urkomisch, zum Totlachen

kill·joy ['kɪldʒɔɪ] *n* Spaßverderber(in) *m(f),* Spielverderber(in) *m(f),* Miesmacher(in) *m(f) fam*

kiln [kɪln, kɪl] *n* (*for bricks*) [Brenn]ofen *m;* FOOD [Trocken]ofen *m,* Darre *f*

kilo ['kiːləʊ, AM 'kɪloʊ] *n* Kilo *nt*

kilo·byte ['kɪləbaɪt, AM -lə-] *n* Kilobyte *nt*

kilo·cy·cle ['kɪləˌsaɪkl̩, AM -loʊˌ-] *n* (*dated*) Kilohertz *nt*

kilo·gram ['kɪləgræm], BRIT *a.* **kilo·gramme** [-lə(ʊ)-] *n* Kilogramm *nt*

kilo·hertz ['kɪlə(ʊ)hɜːts, AM -ləherts] *n* Kilohertz *nt*

kilo·joule ['kɪlə(ʊ)dʒuːl, AM -lə-] *n* Kilojoule *nt*

kilo·me·ter [kɪ'lɑːmət̬ɚ] AM, **kilo·me·tre** [kɪ'lɒmɪtə^r, 'kɪlə(ʊ)miːtə^r] *n* Kilometer *m*

kilo·volt ['kɪlə(ʊ)vəʊlt, AM -ləvoʊlt] *n* Kilovolt *nt*

kilo·watt ['kɪlə(ʊ)wɒt, AM -ləwɑːt] *n* Kilowatt *nt*

kilo·watt 'hour *n* Kilowattstunde *f*

kilt [kɪlt] *n* Kilt *m,* Schottenrock *m*

i Kultur

Der **kilt** oder *Highland dress* eines Schotten stammt aus dem 16. Jh. und bestand damals aus einem einzigen Stück Stoff. Im 17. Jh. wurden daraus zwei getrennte Kleidungsstücke: der *kilt – Schottenrock* und das *plaid – Umhangtuch aus Wolle.* Aus dieser Zeit stammt auch der *sporran – ein Beutel, der am Gürtel hängt.* Erst im 18. Jh. wurden die unterschiedlichen *tartans – Schottenmuster* für einzelne Familien oder Clans entworfen. Zu besonderen Anlässen, wie Hochzeiten, tragen viele Männer auch heute noch einen **kilt**.

kil·ter ['kɪltə^r, AM -tɚ] *n* to be out of ~ aus dem Gleichgewicht sein; my brain seems to be out of ~ mit meinem Kopf scheint etwas nicht zu stimmen

ki·mo·no [kɪ'məʊnəʊ, AM kə'moʊnə, -noʊ] *n* Kimono *m*

kin [kɪn] *n + pl vb* (*dated*) [Bluts]verwandte *pl,* Verwandtschaft *f,* Familie *f;* the next of ~ die nächsten Verwandten [*o* Angehörigen]

kind[1] [kaɪnd] *adj* ❶ (*generous, helpful*) nett, freundlich, liebenswürdig; thank you for giving me your seat, that was very ~ of you vielen Dank, dass Sie mir Ihren Platz überlassen haben, das war sehr nett von Ihnen; (*in a letter*) with ~ regards mit freundlichen Grüßen; ■to be ~ to sb nett [*o* freundlich] zu jdm sein; he is ~ to animals er ist gut zu Tieren ❷ (*gentle*) ■to be ~ to sb/sth jdn/etw schonen; this shampoo is ~ to your hair dieses Shampoo pflegt dein Haar auf schonende Weise; the years have been ~ to her die Zeit hat es gut mit ihr gemeint; soft lighting is ~ to your face gedämpftes Licht ist vorteilhaft für dein Gesicht

kind[2] [kaɪnd] **I.** *n* ❶ (*group*) Art *f,* Sorte *f;* I don't usually like that ~ of film normalerweise mag ich solche Filme nicht; he's not that ~ of person so einer ist der nicht *fam;* this car was the first of its ~ in the world dieses Auto war weltweit das erste seiner Art; all ~s of animals/cars/people alle möglichen Tiere/Autos/Menschen; to claim/hear/say nothing of the ~ nichts dergleichen behaupten/hören/sagen; to stick with one's ~ unter sich *dat* bleiben; to be one of a ~ einzigartig sein; his/her ~ (*pej*) so jemand [wie er/sie] *a. pej;* my mom always warned me about that ~ vor so jemandem hat mich meine Mutter immer gewarnt; don't even talk to their ~ mit solchen Leuten sollst du nicht einmal sprechen ❷ (*limited*) ... of a ~ so etwas wie ...; I guess you could call this success of a ~ man könnte das, glaube ich, als so etwas wie einen Erfolg bezeichnen ❸ *no pl* (*similar way*) ■to do sth in ~ etw mit [*o* in] gleicher Münze zurückzahlen; I answered him in ~ ich antwortete ihm im gleichen Ton; if he cheats me, I shall take my revenge in ~ wenn er mich betrügt, werde ich mich in gleicher Weise an ihm rächen; nothing of the ~ nichts dergleichen; mom, can I go to the movies tonight? – nothing of the ~ darf ich heute Abend ins Kino, Mami? – kommt nicht in Frage; has your daughter ever stolen before? – no she's done nothing of the ~ hat Ihre Tochter jemals gestohlen? – nein, so etwas hat sie noch nie gemacht; **to pay sb in** ~ jdn in Naturalien [*o* Sachleistungen] bezahlen ❹ (*character*) ■**in** ~ im Wesen, vom Typ her; **they were brothers but quite different in** ~ sie waren Brüder, aber in ihrem Wesen ganz verschieden; **Betty, Sally and Joan are three of a** ~ Betty, Sally und Joan sind alle drei vom gleichen Schlag; ■**to be true to** ~ in typischer Weise reagieren; **when I told him I passed my class, he was true to** ~ **asking if the exams had been that easy** das war mal wieder typisch er, als ich ihm erzählte, dass ich mein Examen bestanden hätte, fragte er mich, ob die Prüfungen so leicht gewesen seien **II.** *adv* ■~ **of** irgendwie; **I** ~ **of hoped you would help me** ich hatte irgendwie gehofft, du würdest mir helfen; **are you excited? – yea,** ~ **of** bist du aufgeregt? – ja, irgendwie schon

kinda ['kaɪndə] *inv* (*fam*) *see* **kind of** irgendwie [schon]

kin·der·gar·ten ['kɪndə,gɑːtᵊn, AM -dɚ,gɑːr-] *n* ❶ *esp* BRIT (*nursery school*) Kindergarten *m* ❷ *no pl esp* AM SCH Vorschule *f*

kind-'heart·ed *adj* gütig, gutherzig

kin·dle ['kɪndl̩] *vt* **to** ~ **a fire** ein Feuer anzünden [*o geh* entzünden]; **to** ~ **sb's desire** (*fig*) jds Begierde *f* entfachen *geh;* **to** ~ **sb's imagination** jds Fantasie wecken

kin·dling ['kɪndlɪŋ] *n no pl* Anmachholz *nt,* Anzündholz *nt*

kind·ly ['kaɪndli] **I.** *adj person* freundlich, liebenswürdig; *smile, voice* sanft; **she's a** ~ **soul** sie ist eine gute Seele **II.** *adv* ❶ (*in a kind manner*) gütig, freundlich; **to not take** ~ **to sb/sth** sich *akk* nicht mit jdm/etw anfreunden können ❷ (*please*) freundlicherweise, liebenswürdigerweise; **you are** ~ **requested to leave the building** sie werden freundlich[st] gebeten, das Gebäude zu verlassen

kind·ness ['kaɪndnəs] *n* <*pl* -es> ❶ *no pl* (*attitude*) Freundlichkeit *f,* Liebenswürdigkeit *f;* **an act of** ~ eine Gefälligkeit; **he offered to help her as an act of** ~ er bot ihr aus Gefälligkeit seine Hilfe an; **to treat sb with** ~ freundlich zu jdm sein; **to show sb** ~ jdm Gutes tun [*o geh* erweisen]; ■**out of** ~ aus Gefälligkeit ❷ (*act*) Gefälligkeit *f*

kin·dred ['kɪndrəd] **I.** *n + pl vb* (*dated*) Verwandtschaft *f,* Verwandte *pl* **II.** *adj* ❶ (*related*) *people* [bluts]verwandt; *languages* verwandt; **Italian and French are** ~ **languages** Italienisch und Französisch sind miteinander verwandte Sprachen ❷ (*similar*) gleichartig, ähnlich

kin·dred 'soul *n,* **kin·dred 'spir·it** *n* Geistesverwandte(r) *f(m),* Gleichgesinnte(r) *f(m),* verwandte Seele

ki·net·ic [kɪ'netɪk, AM -ţ-] *adj inv* kinetisch; ~ **energy** kinetische Energie

ki·net·ics [kɪ'netɪks, AM -ţ-] *n + sing vb* Lehre *f* von den Bewegungen, Kinetik *f fachspr*

kin·folk ['kɪnfoʊk] *n + pl vb* AM Verwandtschaft *f,* Verwandte *pl*

king [kɪŋ] *n* ❶ (*male ruler*) König *m;* **to be the** ~ **of the castle** [der] Herr im Hause sein, das Sagen haben *fam;* ~ **of the jungle** König *m* des Dschungels; **to be fit for a** ~ höchsten Ansprüchen genügen *geh;* **this meal is fit for a** ~ dieses Essen ist einfach köstlich; **to live like a** ~ fürstlich leben ❷ REL (*Christ*) ■**K**~ Gott *m;* **K**~ **of K**~**s** der König der Könige ❸ CARDS, CHESS König *m*

'king·cup *n* BRIT Sumpfdotterblume *f*

king·dom ['kɪŋdəm] *n* ❶ (*country*) Königreich *nt* ❷ (*area of control*) Reich *nt;* **the** ~ **of God** [*or* **Heaven**] das Reich Gottes ❸ (*area of activity*) Welt *f;* **the** ~ **of the theatre** die Welt des Theaters ❹ (*domain*) **animal/plant** ~ Tier-/Pflanzenreich *nt* ▸ PHRASES: **to blow** [*or* **blast**] **sb/sth to** ~ **come** jdn/etw ins Jenseits befördern *fam;* **until** [*or* **till**] ~ **come** bis in alle Ewigkeit

'king·fish·er *n* Eisvogel *m*

king·ly ['kɪŋli] *adj* königlich, majestätisch

'king·mak·er *n* Königsmacher *m* **'king·pin** *n* ❶ (*main bolt*) Achsschenkelbolzen *m,* Königszapfen *m* ❷ (*fig: important person*) Hauptperson *f;* **he was the** ~ **of the Democratic organization in Chicago** er war der wichtigste Mann in der Organisation der Demokraten von Chicago **king 'prawn** *n* [Riesen]garnele *f* **King's 'Bench** *n* BRIT *Kammer des Obersten Gerichtshofs* **King's 'Coun·sel** *n* BRIT Kronanwalt, -anwältin *m, f* **King's 'Eng·lish** *n* die englische Hochsprache, reines Englisch **King's 'evi·dence** *n* BRIT Kronzeuge, -in *m, f;* **to turn** ~ als Kronzeuge, -in *m, f* auftreten **'king·side I.** *n no pl* CHESS Königsflügel *m* **II.** *adj attr, inv* CHESS auf dem Königsflügel *nach n* **'king-size(d)** *adj inv* extragroß **king-size(d) 'bed** *n* extragroßes Bett, Kingsize-Bett *nt* **king-size(d) ciga·'rette** *n* überlange Zigarette, Kingsize-Zigarette *f* **king-size(d) 'sheet** *n* extragroßes Laken **king's 'ran·som** *n* Vermögen *nt,* Stange *f* Geld *fam*

kink [kɪŋk] *n* ❶ (*twist*) *in hair* Welle *f; in a pipe* Knick *m; in a rope* Knoten *m;* NAUT Kink *f fachspr* ❷ AM, AUS (*sore muscle*) [Muskel]krampf *m,* [Muskel]zerrung *f* ❸ (*problem*) Haken *m fam;* **to iron out** [**a few**] ~**s** [ein paar] Mängel ausbügeln *fam* ❹ (*habit*) Tick *m fam,* Fimmel *m fam,* Spleen *m fam;* **everyone's got their** ~**s** jeder hat so seinen Tick

kinky ['kɪŋki] *adj* ❶ (*tightly curled*) *hair* wirr, kraus ❷ (*unusual*) spleenig, ausgefallen, irre *fam;* ~ **sex** Sex *m* der anderen Art

kins·folk ['kɪnzfəʊk, AM -foʊk] *n + pl vb* Verwandtschaft *f,* Verwandte *pl*

kin·ship ['kɪnʃɪp] *n* ❶ *no pl* (*family*) [Bluts]verwandtschaft *f;* **you can see the** ~ **between my brother and I** zwischen meinem Bruder und mir kann man eine Familienähnlichkeit feststellen ❷ (*connection*) Verwandtschaft *f fig;* **to feel a** ~ **with sb** sich *akk* jdm verbunden fühlen; **there is a certain** ~ **between desire and violence** Begierde und Gewalt gehören irgendwie zusammen

kins·man ['kɪnzmən] *n* Verwandte(r) *m* **kins·wom·an** ['kɪnzwʊmən] *n* Verwandte *f*

ki·osk ['kiːɒsk, AM -ɑːsk] *n* ❶ (*stand*) Kiosk *m,* [Verkaufs]stand *m* ❷ BRIT (*phone booth*) Telefonzelle *f*

kip [kɪp] BRIT, AUS **I.** *n no pl* (*fam*) Schläfchen *nt,* Nickerchen *nt fam;* **to get** [*or* **have**] **some** ~ sich *akk* mal eben aufs Ohr hauen *fam* **II.** *vi* <-pp-> (*fam*) ein Schläfchen halten [*o fam* Nickerchen machen]

◆**kip down** *vi* BRIT (*fam*) sich *akk* hinhauen *fam;* **to** ~ **down on an easy chair** sich *akk* in einen Sessel hauen *fam*

kip·per ['kɪpəʳ, AM -ɚ] *n* Räucherhering *m,* Bückling *m*

kir [kɪəʳ, AM kɪr] *n* Kir *m*

kirk [kɜːk] *n* SCOT Kirche *f;* **the K**~ die [presbyterianische] schottische Staatskirche

kirsch [kɪəʃ, AM kɪrʃ] *n* Kirsch *m,* Kirschwasser *nt*

kis·met ['kɪzmet] *n no pl* Kismet *nt* (*gottergeben hinzunehmendes Schicksal im Islam*)

kiss[1] *abbrev of* **keep it simple, stupid** mach es nicht zu kompliziert; **your arguments may be correct but if you forget** ~**, no one will listen to them** deine Argumente sind vielleicht gut, aber wenn du es zu kompliziert machst, wird dir keiner zuhören

kiss[2] [kɪs] **I.** *n* <*pl* -es> ❶ (*with lips*) Kuss *m;* ~ **on the hand** Handkuss *m;* **French** ~ Zungenkuss *m;* **love and** ~**es** (*in a letter*) alles Liebe; **to blow** [*or* **throw**] **sb a** ~ jdm eine Kusshand zuwerfen; **to give sb a** ~ jdn küssen, jdm einen Kuss geben ❷ (*in billiards*) leichte Berührung **II.** *vi* [sich *akk*] küssen; **to** ~ **and make up** sich *akk* mit einem Kuss versöhnen; **to** ~ **and tell** mit intimen Enthüllungen an die Öffentlichkeit gehen **III.** *vt* ❶ (*with lips*) ■**to** ~ **sb/sth** jdn/etw küssen; **to** ~ **sb on the cheek/lips** jdn auf die Wange/den Mund küssen; **to** ~ **sb on the hand** jdm die Hand küssen; **to** ~ **sb goodbye/goodnight** jdm einen Abschieds-/Gutenachtkuss geben; (*fig*) **they can** ~ **their chances of winning the cup goodbye** ihre Aussichten, den Cup zu gewinnen, können sie vergessen *fam;* **to** ~ **a knee better** (*childspeak*) ein Knie mit einem Küsschen wieder heil machen ❷ (*in billiards*) **to** ~ **the ball** die Kugel leicht berühren ▸ PHRASES: ~ **my** AM **ass** [*or* BRIT **arse**] (*sl*) du kannst mich mal! *fam;* **to** ~ **sb's ass** *esp* AM (*fam!*) vor jdm katzbuckeln, jdm in den Arsch kriechen *derb*

◆**kiss away** *vt* ■**to ~ away** ◌ **sth** etw wegküssen; **to ~ tears away** Tränen wegküssen
◆**kiss off I.** *vi* AM ❶ (*sl: go away*) abhauen *sl,* sich *akk* verziehen *fam;* **~ off!** hau ab! *sl* ❷ (*die*) abkratzen *sl; animal* eingehen **II.** *vt* ■**to ~ sb off** jdn mit einem Kuss verabschieden
kissa·gram ['kɪsəgræm] *n* mit Küsschen überbrachter Glückwunsch
kiss-and-'tell *adj attr, inv* **~ book** Enthüllungsbuch *nt;* **~ interview** *Interview, bei dem Intimes ausgeplaudert wird*
kiss-ass ['kɪsæs] AM **I.** *n* (*fam!*) Speichellecker(in) *m(f) fam,* Arschkriecher(in) *m(f) derb* **II.** *adj attr, inv* (*fam!*) speichelleckerisch *fam,* arschkriecherisch *derb* **'kiss curl** *n* Tolle *f,* Schmachtlocke *f fam*
kiss·er ['kɪsəʳ, AM -ɚ] *n* ❶ (*person*) **to be a lousy ~** miserabel küssen ❷ (*sl: jaw*) Fresse *f derb,* Maul *nt derb;* **to give sb one in the ~** jdm eine aufs Maul geben *derb*
kiss·ing dis·ease *n no pl* (*sl*) Pfeiffer-Drüsenfieber *nt,* Studentenkrankheit *f fam,* Mononukleose *f fachspr*
kiss of 'death *n* (*fam*) Todesstoß *m fig,* Ende *nt;* ■**to be the ~ for sth** für etw *akk* das Ende bedeuten **'kiss-off** *n* AM (*fam*) Laufpass *m fam;* **to give sb the ~** (*lover*) jdm den Laufpass geben; (*employee*) jdn feuern *fam,* jdm seine Papiere geben *fam* **kiss of 'life** *n esp* BRIT (*fam*) Mund-zu-Mund-Beatmung *f;* **to give sb the ~** bei jdm eine Mund-zu-Mund-Beatmung durchführen
kisso·gram *n see* **kissagram**
kit [kɪt] **I.** *n* ❶ (*set*) Ausrüstung *f;* (*for a model*) Bausatz *m,* Bastelsatz *m;* **first aid ~** Verbandskasten *m;* **tool ~** Werkzeugkasten *m* ❷ (*outfit*) Ausrüstung *f,* Ausstattung *f* ❸ *esp* BRIT (*uniform*) Montur *f;* (*sl: clothes*) Klamotten *pl sl,* Sachen *pl fam;* **to get one's ~ off** seine Klamotten ausziehen *sl* **II.** *vt* <-tt-> *usu passive esp* BRIT ■**to ~ out sb** [*or* **to ~ sb out**] jdn ausrüsten [*o* ausstatten]
'kit bag *n* Kleidersack *m,* Seesack *m*
kitch·en ['kɪtʃɪn] **I.** *n* ❶ (*room*) Küche *f;* (*appliances*) Küche *f,* Küchenausstattung *f* ❷ (*cuisine*) Küche *f;* **the French ~** die französische Küche **II.** *n modifier* ❶ (*of kitchen*) (*curtains, floor, window*) Küchen-; **~ counter** [Küchen]anrichte *f* ❷ (*basic*) **~ Latin** Küchenlatein *nt iron;* **~ Spanish** rudimentäres Spanisch
kitch·en 'cabi·net *n* ❶ (*for storage*) Küchenschrank *m* ❷ (*advisors*) Küchenkabinett *nt hum geh*
kitch·en·ette [ˌkɪtʃɪ'net] *n* Kochnische *f,* Kleinküche *f*
'kitch·en foil *n no pl* (*plastic*) Frischhaltefolie *f;* (*aluminium*) Alufolie *f* **kitch·en 'gar·den** *n* Gemüsegarten *m,* Nutzgarten *m* **'kitch·en knife** *n* Küchenmesser *nt* **kitch·en 'pa·per** *n no pl* Küchenpapier *nt,* Küchentuch *nt* **kitch·en 'range** *n esp* AM, **kitch·en 'stove** *n* [Küchen]herd *m,* [Koch]herd *m* **'kitch·en roll** *n no pl* Rolle *f* Küchenpapier **kitch·en 'scis·sors** *npl* Küchenschere *f,* Haushaltsschere *f* **kitch·en 'sink** *n* Spüle *f* ▸PHRASES: **everything but** [*or* **except**] **the ~** aller nur mögliche Krempel *fam,* alles, was nicht niet- und nagelfest ist *fam* **'kitch·en-sink** *adj attr, inv* BRIT, AUS *play* sozialkritisch **kitch·en 'ta·ble** *n* Küchentisch *m* **kitch·en 'tow·el** *n* ❶ *no pl* Küchenpapier *nt,* Küchentuch *nt* ❷ AM (*tea towel*) Geschirrtuch *nt* **kitch·en 'unit** *n* Küchenelement *nt* (*einer Einbauküche*) **'kitch·en·ware** *n no pl* Küchengeschirr *nt,* Küchengeräte *ntpl*
kite [kaɪt] *n* Drachen *m;* **to fly a ~** einen Drachen steigen lassen ▸PHRASES: **to be as high as a ~** (*drunk*) sternhagelvoll sein *fam;* (*high*) völlig zugedröhnt sein *sl;* **go fly a ~!** (*fam*) mach eine Fliege! *sl,* zieh Leine! *fam*
'kite-fly·ing *n no pl* ❶ (*action*) Steigenlassen *nt* eines Drachens ❷ (*testing*) Sondierung *f* **'Kite·mark** *n* BRIT [amtliches] Qualitätssiegel [*o* Gütezeichen]
kith [kɪθ] *n* (*esp old*) Verwandte *pl;* **~ and kin** Kind und Kegel
kitsch [kɪtʃ] **I.** *n no pl* (*pej*) Kitsch *m pej* **II.** *adj* kitschig
kitschy ['kɪtʃi] *adj* (*pej*) kitschig *pej*
kit·ten ['kɪtᵊn] **I.** *n* (*young animal*) Junge(s) *nt;* (*cat*) Kätzchen *nt,* junge Katze ▸PHRASES: **to have ~s** ausrasten *fam,* ausflippen *sl,* Zustände kriegen *fam;* **to have ~s about sth** wegen einer S. *gen* ausrasten [*o* ausflippen] *fam* **II.** *vi* [Junge] werfen, Junge bekommen
kit·ten·ish ['kɪtᵊnɪʃ] *adj* (*dated*) *child* verspielt; *woman* kokett
kit·ten·ish·ly ['kɪtᵊnɪʃli] *adv* (*dated*) kokett
kit·ty ['kɪti, AM -t̬i] *n* ❶ (*childspeak: kitten or cat*) Miezekatze *f Kindersprache;* (*call*) Miez ❷ (*money*) gemeinsame Kasse; (*in games*) [Spiel]kasse *f*
'kit·ty-cor·ner *adv inv* AM schräg gegenüber; **there's a construction site ~ from our house** schräg gegenüber unserem Haus ist eine Baustelle
kiwi ['kiːwiː] *n* ❶ (*bird*) Kiwi *m* ❷ (*fruit*) Kiwi *f* ❸ (*fig fam: New Zealander*) Neuseeländer(in) *m(f)*
'kiwi fruit *n* Kiwi *f*
KKK [ˌkeɪkeɪ'keɪ] *n abbrev of* **Ku Klux Klan**
klax·on® ['klæksᵊn] *n* Hupe *f*
Kleen·ex® ['kliːneks] *n* Tempo[taschentuch]® *nt,* Papiertaschentuch *nt*
klep·to·ma·nia [ˌkleptə(ʊ)'meɪniə, AM -toʊ'-] *n no pl* Kleptomanie *f*
klep·to·ma·ni·ac [ˌkleptə(ʊ)'meɪniæk, AM -toʊ'-] *n* Kleptomane, -in *m, f*
klieg light ['kliːg-] *n starke Bogenlampe, mit der früher Filmstudios beleuchtet wurden;* (*fig*) **~s are shining on the city** die Stadt steht momentan im Rampenlicht; **to become a ~** (*fig*) zu einem hellen Stern werden *fig*
klutz <*pl* -es> [klʌts] *n esp* AM (*fam*) Trottel *m fam,* Tollpatsch *m fam*
km *n abbrev of* **kilometre** km
knack [næk] *n no pl* ❶ (*trick*) Trick *m,* Dreh *m fam,* Kniff *m;* **there's a ~ to getting this lock to open** es gibt einen Dreh, wie man dieses Schloss aufkriegt *fam;* **to get the ~ of sth** herausfinden, wie etw geht *fam;* **to have the ~ of it** den Bogen raushaben *fam;* **to lose the ~ of sth** etw nicht mehr zustande bringen [*o fam* hinkriegen]; **due to arthritis, he lost the ~ of playing the guitar** wegen Arthritis kann er nicht mehr Gitarre spielen ❷ (*talent*) Geschick *nt;* **to have a ~ for sth** ein Talent [*o fam* Händchen] für etw *akk* haben; (*iron*) **she has the ~ of putting her foot in her mouth** sie hat ein Talent, ins Fettnäpfchen zu treten
knack·er ['nækəʳ, AM -ɚ] *n* ❶ (*of old animals*) Abdecker *m* ❷ (*salvager*) Abbruchunternehmer *m* ❸ (*fam!: testicles*) ■**~s** *pl* Eier *ntpl derb* ❹ DIAL (*dated: harnessmaker*) Geschirrmacher *m*
knack·ered ['nækəd] *adj pred* BRIT, AUS (*fam*) kaputt *fam,* geschlaucht *fam,* [fix und] fertig *fam*
knack·er·ing ['nækᵊrɪŋ] *adj attr* BRIT (*fam*) anstrengend
'knack·er's yard *n* Abdeckerei *f* ▸PHRASES: **to end up in the ~** (*fam*) Bankrott machen
knap·sack ['næpsæk] *n* Rucksack *m;* MIL Tornister *m*
knave [neɪv] *n* ❶ (*old: man*) Schurke *m,* Halunke *m* ❷ CARDS Bube *m*
knead [niːd] *vt* **to ~ clay/wax** Ton/Wachs formen; **to ~ dough** Teig kneten; **to ~ sb's muscles** jds Muskeln [ordentlich] durchkneten [*o* massieren]
knee [niː] **I.** *n* ❶ (*on leg*) Knie *nt;* **on one's hands and ~s** auf Händen und Füßen [*o fam* allen vieren]; **to get down on one's ~s** niederknien; **to put sb across** [*or* **over**] **one's ~** jdn übers Knie legen *fam;* **to put** [*or* **sit**] **sb on one's ~** jdn auf den Schoß nehmen; **on your ~s!** auf die Knie! ❷ (*in trousers*) Knie[stück] *nt* ▸PHRASES: **to be/go weak at the ~s** weiche Knie haben/bekommen; **to bring** [*or* **force**] **sb to their ~s** jdn in [*o* auf] die Knie zwingen *geh;* **to learn sth at sb's ~** etw in frühester Kindheit von jdm lernen **II.** *n modifier* (*injury, support*) Knie-; **~ socks** Kniestrümpfe *mpl* **III.** *vt* ■**to ~ sb** jdn mit dem Knie stoßen

K

'knee bend *n* Kniebeuge *f;* **to do ~s** Kniebeugen machen **'knee breeches** *npl* Knie[bund]hose *f* **'knee·cap I.** *n* ❶ *(patella)* Kniescheibe *f* ❷ *(covering)* Knieschützer *m* **II.** *vt* <-pp-> ■**to ~ sb** jdm die Kniescheibe zerschießen **'knee-capping** *n* Zerschießen *nt* der Kniescheibe **knee-'deep** *adj inv* knietief; **the water was only ~** das Wasser reichte mir nur bis zum Knie; ■**to be ~ in sth** knietief [*o* bis zu den Knien] in etw *dat* stecken *a. fig* **knee-'high I.** *n* AM ■**~s** *pl* Kniestrümpfe *mpl* **II.** *adj inv* kniehoch; **~ grass** kniehohes Gras; **my nephew is only about ~** mein Neffe geht mir gerade mal bis zum Knie *fam* ▸ PHRASES: **to be ~ to a grasshopper** AM *(hum fam)* ein Dreikäsehoch sein *hum fam;* **I've loved music ever since I was ~ to a grasshopper** Musik habe ich schon von klein auf geliebt **'knee-jerk I.** *n* Knie[sehnen]reflex *m,* Patellar[sehnen]reflex *m fachspr* **II.** *n modifier (pej) reaction* automatisch *pej;* AM *person* ideenlos, geistlos; **some ~ kids went and vandalized the police station** einige hirnlose Jugendliche gingen hin und verwüsteten die Polizeiwache *fam* **'knee joint** *n* ANAT Kniegelenk *nt;* TECH Kniehebel *m*

kneel <knelt *or esp* AM kneeled, knelt *or esp* AM kneeled> [ni:l] *vi* knien; ■**to ~ before sb** vor jdm niederknien
◆**kneel down** *vi* sich *akk* hinknien, hinknien, niederknien

'knee-length *adj inv dress* knielang; *socks* kniehoch **'knee-slap·per** *n* AM *(fam or a. iron)* irrer Witz *fam o a. iron* **'knees-up** *n* BRIT *(dated fam)* [ausgelassene] Tanzparty

knell [nel] *n* Totenglocke *f,* Grabgeläut *nt*

knelt [nelt] *pt of* **kneel**

knew [nju:, AM *esp* nu:] *pt of* **know**

knick·er·bock·er ['nɪkə,bɒkəʳ, AM -ɚ,bɑ:kɚ] *n* ❶ *(short trousers)* ■**~s** *pl* Knickerbocker[s] *pl,* weite Kniehose ❷ AM *(knickers)* ■**~s** *pl* [Damen]schlüpfer *m* ❸ *(New Yorker)* Knickerbocker *m*

knick·er·bock·er 'glo·ry *n* BRIT Eisbecher *m* mit Früchten und Wackelpeter

knick·ers ['nɪkəʳz, AM -ɚz] **I.** *npl* ❶ BRIT *(underwear)* [Damen]schlüpfer *m* ❷ AM *(knickerbockers)* Knickerbocker[s] *pl* ▸ PHRASES: **to get one's ~ in a twist** BRIT, AUS *(hum fam: get angry)* sich *akk* aufregen *fam;* *(get worried)* den Kopf [*o* die Nerven] verlieren; *(get confused)* nichts auf die Reihe kriegen *fam* **II.** *interj* BRIT *(sl)* Blödsinn! *fam,* Quatsch! *fam*

knick-knack ['nɪknæk] *n usu pl (fam)* Schnickschnack *m,* Nippes *pl*

knife [naɪf] **I.** *n* <*pl* knives> Messer *nt;* **to pull** [*or* **draw**] **a ~** [**on sb**] ein Messer [gegen jdn] ziehen; **to wield** [*or* **brandish**] **a ~** ein Messer schwingen ▸ PHRASES: **you could** [**have**] **cut the air with a ~** die Stimmung war zum Zerreißen gespannt; **to get** [*or* **have**] **your ~ into sb** jdm übelwollen, es auf jdn abgesehen haben, jdn gefressen haben *fam;* **to put** [*or* **stick**] **the ~ into sb** jdm in den Rücken fallen; **before you could say ~** ehe man sich's versah; **we opened the door and before you could say ~, the dog shot out into the open** wir öffneten die Tür, da schoss der Hund auch schon ins Freie; **to turn** [*or* **twist**] **the ~** [**in the wound**] Salz in die Wunde streuen; **the knives are out for him** BRIT, AUS *(fam)* die Messer sind schon für ihn gewetzt; **to go under the ~** MED unters Messer kommen *fam* **II.** *vt* ■**to ~ sb** jdn mit dem Messer angreifen, auf jdn einstechen

'knife-blade *n* Messerklinge *f,* Messerschneide *f* **'knife-edge I.** *n* Messerschneide *f;* **to exist on a financial ~** am Rande des finanziellen Ruins existieren; **to be on a ~** *(fig)* auf Messers Schneide stehen **II.** *adj attr, inv* ❶ *(narrow)* messerscharf; **~ ridge** schmaler Grat ❷ *(fig: uncertain) situation* gefährlich, brenzlig *fam* **'knife-point** *n no pl* ■**at ~** mit einem Messer bedroht, mit vorgehaltenem Messer **'knife sharp·en·er** *n* Messerschleifer(in) *m(f)*

knif·ing ['naɪfɪŋ] *n* Messerstecherei *f*

knight [naɪt] **I.** *n* ❶ *(title)* Ritter *m* ❷ *(hist: soldier)* Ritter *m,* Edelmann *m* ❸ CHESS Springer *m* ▸ PHRASES: [**a**] **~ in shining armour** [ein] Ritter ohne Furcht und Tadel **II.** *vt* ■**to ~ sb** jdn zum Ritter schlagen

knight-er·rant <*pl* knights-> [,naɪt'erᵊnt] *n* fahrender Ritter

knight·hood ['naɪthʊd] *n* Ritterstand *m;* **to give sb a ~** [*or* **to bestow a ~ on sb**] jdn in den Ritterstand erheben *geh*

i Kultur

In Großbritannien werden Leute, die sich mit außerordentlichen Leistungen um das Land verdient gemacht haben, in den **knighthood** – *Adelsstand* erhoben und erhalten den Titel *Sir* vor ihrem Namen, z.B. *Sir John Smith* (Anrede: „Sir John"). Die Frau eines *Sir* hat den Titel *Lady,* z.B. *Lady Smith* (und man würde sie auch so anreden). Zusammen hießen sie *Sir John and Lady Smith.* Seit 1917 ist es auch für eine Frau möglich, den Titel *Dame* für Verdienste um das Land zu erhalten; z.B. *Dame Mary Smith* (Anrede: „Dame Mary").

knight·ly ['naɪtli] *adj (liter)* ritterlich

knit [nɪt] **I.** *n* ❶ *(stitch)* Strickart *f* ❷ *(clothing)* ■**~s** *pl* Stricksachen *pl,* Gestrickte(s) *nt kein pl* **II.** *vi* <knitted *or* knit, knitted *or* AM *a.* knit> ❶ *(with yarn)* stricken; *(do basic stitch)* eine rechte Masche stricken; **~ two, then purl one** zwei rechts, eins links ❷ *(mend) broken bone* zusammenwachsen, verheilen **III.** *vt* <knitted *or* knit, knitted *or* AM *a.* knit> ❶ *(with yarn)* **to ~ a sweater** einen Pullover stricken; ■**to ~ sb sth** jdm etw stricken ❷ *(join)* ■**to ~ sth** etw [miteinander] verknüpfen [*o* verbinden] ▸ PHRASES: **to ~ one's brows** die Augenbrauen zusammenziehen [*o* Stirn runzeln]
◆**knit together I.** *vi* ❶ *(combine)* sich *akk* zusammenfügen [*o* miteinander verbinden]; **all the factors seem to be ~ting together** alle Faktoren scheinen zusammenzuhängen ❷ *(mend) broken bone* zusammenwachsen, heilen **II.** *vt* ■**to ~ together** ↔ **sth** ❶ *(by knitting)* etw zusammenstricken ❷ *(fig: join)* etw miteinander verbinden [*o* verknüpfen]
◆**knit up I.** *vt esp* BRIT, AUS ■**to ~ up** ↔ **sth** etw [zusammen]stricken **II.** *vi esp* BRIT, AUS **to ~ up easily** *wool* sich *akk* leicht stricken lassen

knit·ted ['nɪtɪd, AM -t̬ɪd] *adj inv* ❶ *(with yarn)* gestrickt, Strick-; **hand-~ sweater** handgestrickter Pullover ❷ *(frowning)* **~ brows** gerunzelte Stirn

knit·ter ['nɪtəʳ, AM -t̬ɚ] *n* Stricker(in) *m(f)*

knit·ting ['nɪtɪŋ, AM -t̬ɪŋ] *n no pl* ❶ *(action)* Stricken *nt* ❷ *(product)* Gestrickte(s) *nt;* *(unfinished)* Strickarbeit *f,* Strickzeug *nt*

'knit·ting-nee·dle *n* Stricknadel *f* **'knit·ting-yarn** *n* Strickgarn *nt* **'knit·wear** *n no pl* Stricksachen *pl,* Strickkleidung *f*

knob [nɒb, AM nɑ:b] *n* ❶ *(handle) of a cane, door* Knauf *m,* Griff *m; of a bedhead* rundes Teil; *(dial)* Knopf *m;* **to turn** [*or* **twiddle**] **a ~** an einem Knopf drehen ❷ *(on a tree)* Knoten *m,* Verdickung *f,* Knorren *m* ❸ *(small amount)* Klümpchen *nt,* Stückchen *nt;* **a ~ of sugar** ein Stückchen *nt* Zucker ❹ *esp* AM *(hill)* Kuppe *f,* Anhöhe *f* ❺ *(vulg, sl: penis)* Schwanz *m vulg* ▸ PHRASES: **with** [**brass**] **~s on** BRIT und wie!; **and the same to you with ~s on!** BRIT *(dated)* danke gleichfalls! *iron*

knob·bly ['nɒbḷi] *adj* BRIT, **knob·by** ['nɑ:bi] *adj* AM knubbelig; *tree, wood* astreich, ästig; **~ knees** Knubbelknie *ntpl;* *(rhyming sl)* Schlüssel *mpl*

knock [nɒk, AM nɑ:k] **I.** *n* ❶ *(sound)* Klopfen *nt;* **'~ ~'** „klopf, klopf"; **to give a ~ at** [*or* **on**] **the door** an der Tür klopfen; **there was a ~ on the door** es hat [an der Tür] geklopft ❷ *(blow)* Schlag *m,* Stoß *m;* **he received a nasty ~ on the head** er bekam einen bösen Schlag auf den Kopf; **the school of hard ~s** eine harte Schule; **to have learned everything in the school of hard ~s** [im Leben] durch eine harte Schule gegangen sein; **to take a ~** *(fam)* einen [Schicksals]schlag erleiden; *confidence* einen Knacks bekommen *fam;* **to be able to**

take a lot of ~s viel einstecken können *fam* **II.** *vi* ❶ (*hit*) klopfen; **a rope ~ed against the side of the ship** ein Seil schlug gegen die Schiffswand; **to ~ at the door/on the window** an die Tür/ans Fenster klopfen ❷ TECH *engine, pipes* klopfen ❸ (*be approaching*) **to be ~ing on 40/50/60** auf die 40/50/60 zugehen ▶ PHRASES: **sb's knees are ~ing** jdm schlottern die Knie; **~ on wood** AM, AUS dreimal auf Holz klopfen **III.** *vt* ❶ (*hit*) ■**to ~ sth** gegen etw *akk* stoßen; ■**to ~ sb** jdm einen Schlag versetzen; (*less hard*) jdm einen Stoß versetzen; **he ~ed my arm** er stieß gegen meinen Arm; **to ~ a hole/nail into the wall** ein Loch/einen Nagel in die Wand schlagen; **to ~ sb to the ground** jdn zu Boden werfen; **to ~ sb unconscious** [*or* **senseless**] jdn bewusstlos schlagen ❷ (*drive*) ■**to ~ sth out of sb** jdm etw austreiben; **to ~ some of the arrogance out of sb** jdn von seinem hohen Ross herunterholen; **to ~ the bottom out of sth** etw zusammenbrechen lassen; **to ~ some** [*or* **a bit of**] **sense into sb** jdn zur Vernunft bringen ❸ (*fam: criticize*) ■**to ~ sb/sth** jdn/etw schlechtmachen *fam*; **don't ~ it till you've tried it** mach es nicht schon runter, bevor du es überhaupt ausprobiert hast *fam* ▶ PHRASES: **to ~ sth on the head** BRIT, AUS (*stop sth*) etw *dat* ein Ende bereiten [*o fam* abblasen]; (*complete sth*) etw zu Ende bringen; **to ~ an idea/plan on the head** BRIT, AUS einen Gedanken/Plan verwerfen; **to ~ sb sideways** [*or* BRIT *a.* **for six**] jdn umhauen *sl*; **to ~ [the] spots off sb/sth** BRIT jdn/etw in den Schatten stellen [*o fam* in die Tasche stecken]; SPORTS jdn/etw um Längen schlagen; **to ~ 'em dead** AM (*fam*) jdn von den Sitzen reißen *fam*, es jdm zeigen *fam*; **okay, son, go and ~ 'em dead!** also los, Junge, geh und zeig's ihnen! *fam*

◆**knock about, knock around I.** *vi* (*fam*) ❶ (*be present*) *person* [he]rumhängen *fam*, [he]rumgammeln *pej fam*; *object, thing* [he]rumliegen *fam*; ■**to ~ about** [*or* **around**] **with sb** *esp* BRIT sich *akk* mit jdm [he]rumtreiben *fam*; **to ~ around in town** sich *akk* in der Stadt [he]rumtreiben *fam* ❷ (*travel aimlessly*) umherziehen, [he]rumziehen *fam* ❸ BRIT (*have a sexual relationship*) ■**to ~ about** [*or* **around**] **with sb** es mit jdm treiben *euph fam* **II.** *vt* ❶ (*hit*) ■**to ~ sb about** [*or* **around**] jdn verprügeln ❷ (*play casually*) **to ~ a ball about** [*or* **around**] einen Ball hin- und herspielen; TENNIS ein paar Bälle schlagen

◆**knock back** *vt* (*fam*) ❶ (*drink quickly*) ■**to ~ sth ↻ back** etw hinunterkippen *fam*; *liquor* sich *dat* etw hinter die Binde kippen *sl*; **to ~ a beer back** ein Bier zischen *fam* ❷ BRIT, AUS (*cost a lot*) ■**to ~ sb back** jdn eine [hübsche] Stange Geld kosten *fam*; **how much did that ~ you back?** wie viel musstest du dafür hinlegen? *fam*; **to ~ sb back a few thousand** jdn ein paar Tausender kosten *fam*

◆**knock down** *vt* ❶ (*cause to fall*) ■**to ~ sb/sth ↻ down** jdn/etw umstoßen; (*with a car, motorbike, etc.*) jdn/etw umfahren ❷ (*demolish*) ■**to ~ sth ↻ down** etw niederreißen [*o* abreißen]; **to ~ down every argument** (*fig*) jedes Argument zerpflücken ❸ (*reduce*) ■**to ~ sth ↻ down** *price* etw herunterhandeln; ■**to ~ sb ↻ down to sth** jdn [bis] auf etw *akk* herunterhandeln; **to ~ down the price to less than $100** den Preis auf unter 100 Dollar herunterhandeln ❹ (*sell at auction*) ■**to ~ sth ↻ down** etw versteigern; ■**to ~ sth ↻ down to sb** jdm etw zuschlagen; **to be ~ed down for £30/at over £3 million** für 30 Pfund/mehr als 3 Millionen Pfund versteigert werden

◆**knock off I.** *vt* ❶ (*cause to fall off*) ■**to ~ sth/sb ↻ off** etw/jdn hinunterstoßen; **a low branch ~ed her off her horse** ein tief hängender Ast riss sie vom Pferd; **to ~ sb's block off** (*fam*) jdm eins überbraten [*o* auf die Hörner geben] *fam*; **to ~ sb off their pedestal** jdn von seinem Sockel stoßen ❷ (*reduce a price*) ■**to ~ sth ↻ off** etw [im Preis] herabsetzen; **the manager ~ed £25 off** der Abteilungsleiter ließ 25 Pfund nach; **I'll buy it if you ~ off $15** ich kaufe es, wenn Sie mit dem Preis [um] 15 Dollar runtergehen ❸ BRIT (*sl: steal*) ■**to ~ sth ↻ off** etw klauen [*o* mitgehen lassen] *fam*; **to ~ off banks** Banken ausräumen *fam* ❹ (*fam: murder*) ■**to ~ sb ↻ off** jdn umlegen [*o* kaltmachen] *sl* ❺ (*produce*) ■**to ~ sth ↻ off** (*quickly*) etw schnell erledigen; (*easily*) etw mit links machen [*o* aus dem Ärmel schütteln] *fam*; *manuscript, novel, report, story* etw runterschreiben *pej fam*; (*on a typewriter*) etw runterhauen *pej fam* ❻ (*stop*) ■**to ~ off ↻ sth** mit etw *dat* aufhören; **~ it off!** jetzt reicht's aber! ❼ BRIT (*dated vulg: have sex with*) ■**to ~ off ↻ sb** jdn vögeln *vulg* ❽ (*fam: defeat*) ■**to ~ off ↻ sb** jdn schlagen [*o fam* absägen] **II.** *vi* aufhören, Schluss machen; **let's ~ off for today** lass uns für heute Schluss machen; **to ~ off for lunch** Mittag machen; **to ~ off work** Feierabend machen

◆**knock out** *vt* ❶ (*render unconscious*) ■**to ~ sb ↻ out** jdn bewusstlos werden lassen; (*exhaust*) jdn [völlig] schaffen *fam* [*o* außer Gefecht setzen]; BOXING jdn k.o. schlagen; (*cause to sleep*) jdn schlafen lassen; **she hit her head and ~ed herself out** sie stieß sich den Kopf und verlor das Bewusstsein; **if you carry on like this, you'll ~ yourself out** wenn du so weitermachst, machst du dich [damit] selbst kaputt ❷ (*forcibly remove*) ■**to ~ sth ↻ out** etw herausschlagen; (*remove contents*) etw herausklopfen; *pipe* etw ausklopfen; **to ~ out two teeth** sich *dat* zwei Zähne ausschlagen ❸ (*eliminate*) ■**to ~ sth/sb ↻ out** etw/jdn ausschalten; **enemy aircraft have ~ed out 25 tanks** feindliche Flugzeuge haben 25 Panzer zerstört; **to be ~ed out of a competition** aus einem Wettkampf ausscheiden; **to be ~ed out of the running** aus dem Rennen sein; (*render useless*) ■**to ~ out sth** etw außer Funktion setzen ❹ (*produce quickly*) ■**to ~ sth ↻ out** etw hastig entwerfen; *draft, manuscript, story also* etw runterschreiben *pej fam*; (*on a typewriter*) etw runterhauen *pej fam* ❺ (*fam: astonish and delight*) ■**to ~ sb ↻ out** jdn umhauen [*o* vom Hocker reißen] *fam*; **in that dress she'll ~ him out** in diesem Kleid wird sie ihn [einfach] umhauen

◆**knock over** *vt* ■**to ~ sth/sb ↻ over** etw/jdn umstoßen [*o* umwerfen]; (*with a bike, car*) etw/jdn umfahren; **you could have ~ed me over with a feather when I heard the news** (*fig*) ich war völlig von den Socken, als ich von den Neuigkeiten hörte

◆**knock together** *vt* ■**to ~ sth ↻ together** etw zusammenschustern *pej fam*; *a piece of furniture, shed, shelves, etc.* etw zusammenzimmern *fam*; **to ~ together an article** einen Artikel zusammenschreiben *pej fam*; **to ~ together something to eat** auf die Schnelle etwas Essbares zaubern

◆**knock up I.** *vt* ❶ (*make quickly*) ■**to ~ sth ↻ up** etw zusammenschustern *pej fam* ❷ BRIT, AUS (*fam: awaken*) ■**to ~ sb ↻ up** jdn aus dem Schlaf trommeln ❸ *esp* AM (*sl: impregnate*) ■**to ~ sb ↻ up** jdm ein Kind machen; **to get ~ed up** sich schwängern [*o derb* anbuffen] lassen **II.** *vi* TENNIS ein paar Bälle schlagen; (*before a match starts*) sich *akk* einschlagen [*o* warm spielen]

'knock·about *adj attr, inv* THEAT, FILM Klamauk-; *comedy, humour* burlesk **'knock·down** *adj attr, inv* ❶ (*very cheap*) supergünstig *sl*; **~ price** Spottpreis *m fam*, Schleuderpreis *m fam*; (*at auction*) Mindestpreis *m* ❷ (*physically violent*) niederschmetternd; **a ~ argument** ein schlagendes Argument; **~ blow** BOXING Niederschlag *m fachspr*, K.-o.-Schlag *m*; **a ~ fight** eine handfeste Auseinandersetzung ❸ (*easily dismantled*) zerlegbar

knock·er ['nɒkəʳ, AM 'nɑːkɚ] *n* ❶ (*at door*) Türklopfer *m* ❷ (*fault-finder*) Krittler(in) *m(f)*, Nörgler(in) *m(f)*

knock·ers ['nɒkəz, AM 'nɑːkɚz] *npl* (*fam!, sl: breasts*) Vorbau *m hum sl*; **big ~** dicke Titten *derb*; **look at the ~ on her!** sieh dir diese Titten an! *derb*

'knock·ing copy *n no pl* ECON herabsetzende Werbung **knock·ing-'off time** *n no pl* Feierabend *m*, Arbeitsschluss *m*; **it's ~!** Feierabend! **'knock·ing-shop** *n* BRIT (*fam*) Puff *m fam*

knock-'kneed *adj* X-beinig; ■**to be ~** X-Beine haben **'knock-off** *n* (*fam*) [billige] Kopie, [billiges] Imitat **'knock-on ef·fect** *n*

BRIT Folgewirkung *f;* **to have a ~ on sth** sich *akk* mittelbar auf etw *akk* auswirken **'knock·out I.** *n* ❶ BRIT, AUS (*tournament*) Ausscheidungs[wett]kampf *m* ❷ BOXING Knock-out *m,* K.o. *m;* **to win sth by a ~** etw durch K.o. gewinnen ❸ (*attractive person*) Knaller *m fam,* Wucht *f fam* **II.** *adj* ❶ BRIT, AUS (*elimination*) Ausscheidungs-; **~ competition** Ausscheidungskampf *m* ❷ BOXING **~ blow** Knock-out-Schlag *m fachspr,* K.-o.-Schlag *m,* Niederschlag *m fachspr;* (*fig*) Tiefschlag *m;* **to deal sb's hopes a ~ blow** jds Hoffnungen *fpl* zunichte machen; **~ drops** (*dated fam*) K.-o.-Tropfen *pl fam* ❸ (*attractive*) umwerfend *fam* **'knock-up** *n usu sing* BRIT Einspielen *nt,* Warmspielen *nt*

knoll [nəʊl, AM noʊl] *n* Anhöhe *f*

knot¹ [nɒt, AM nɑːt] **I.** *n* ❶ (*tied join*) Knoten *m;* **to make/tie a ~** einen Knoten machen/binden; **to untie a ~** einen Knoten lösen ❷ (*chignon*) [Haar]knoten *m* ❸ (*small group*) Knäuel *m o nt* ❹ (*woody mass*) Ast *m* ▸ PHRASES: **sb's stomach is in ~s** jds Magen *m* krampft sich zusammen; **to tie the ~** (*fam*) heiraten, den Bund der Ehe schließen *geh* **II.** *vt* <-tt-> ■**to ~ sth** etw knoten; **to ~ a tie** eine Krawatte binden; ■**to ~ sth together** etw zusammenknoten [*o* zusammenbinden] **III.** *vi* <-tt-> *muscles* sich *akk* verspannen; *stomach* sich *akk* zusammenkrampfen

knot² [nɒt, AM nɑːt] *n* NAUT Knoten *m*

knot·ted ['nɒtɪd, AM 'nɑːt̬-] *adj inv* verknotet ▸ PHRASES: **get ~!** BRIT (*fam!*) rutsch mir den Buckel runter! *fam,* du kannst mich mal! *euph sl;* (*go away*) verzieh dich! *fam*

knot·ty ['nɒti, AM 'nɑːt̬i] *adj* ❶ (*full of knots*) *wood* astig, astreich; *branch, finger, stick* knotig; *hair* voller Knoten *nach n, präd;* (*tousled*) zerzaust ❷ (*difficult*) kompliziert, verzwickt *fam*

knout [naʊt] *n* Knute *f,* Peitsche *f*

know [nəʊ, AM noʊ] **I.** *vt* <knew, known> ❶ (*have information/knowledge*) ■**to ~ sth** etw wissen; *facts, results* etw kennen; **she ~s all the names of them** sie kennt all ihre Namen; **does anyone ~ the answer?** weiß jemand die Antwort?; **do you ~ ...?** weißt du/wissen Sie ...?; **do you ~ the time/where the post office is?** können Sie mir bitte sagen, wie spät es ist/wo die Post ist?; **do you ~ the words to this song?** kennst du den Text von diesem Lied?; **he really ~s particle physics** in Teilchenphysik kennt er sich wirklich gut aus; **I ~ no fear** ich habe vor nichts Angst; **I ~ what I am talking about** ich weiß, wovon ich rede; **how was I to ~ it'd be snowing in June!** wer ahnt denn schon, dass es im Juni schneien würde!; **that's worth ~ing** das ist gut zu wissen; **that might be worth ~ing** das wäre gut zu wissen; **that's what I like to ~ too** das würde ich auch gerne wissen!; **– don't I ~ it!** – wem sagst du das!; **before you ~ where you are** ehe man sich versieht; **for all I ~** soweit ich weiß; **they might have even cancelled the project for all I ~** vielleicht haben sie das Projekt ja sogar ganz eingestellt – weiß man's! *fam;* **I knew it!** wusste ich's doch! *fam;* **... and you ~ it ...** und das weißt du auch; (*fam*) **you ~ something** [*or* **what?**]? weißt du was? *fam;* **... I ~ what ...** ich weiß was; **but she's not to ~** aber sie soll nichts davon erfahren; **God ~s I've done my best** ich habe weiß Gott mein Bestes gegeben; (*fam*) **God only ~s what'll happen next!** weiß der Himmel, was als Nächstes passiert! *sl;* ■**to ~** [**that**]**/if/how/what/when/why ...** wissen, dass/ob/wie/was/wann/warum ...; ■**to ~ sb/sth to be/do sth** wissen, dass jd/etw etw ist/tut; **the police ~ him to be a cocaine dealer** die Polizei weiß, dass er mit Kokain handelt; ■**to ~ how to do sth** wissen, wie man etw macht; **to ~ how to drive a car** Auto fahren können; ■**to ~ sth about sth/sb** etw über etw/jdn wissen; **to ~ the alphabet/English** das Alphabet/Englisch können; **do you ~ any Norwegian?** können Sie ein bisschen Norwegisch?; **to ~ sth by heart** etw auswendig können; **to ~ what one is doing** wissen, was man tut; **to let sb ~ sth** jdn etw wissen lassen ❷ (*be certain*) ■**to not ~ whether ...** sich *dat* nicht sicher sein, ob ...; **to not ~ which way to turn** nicht wissen, was man machen soll; **to not ~ whether to laugh or cry** nicht wissen, ob man lachen oder weinen soll; **to ~ for a fact that ...** ganz sicher wissen, dass ... ❸ (*be acquainted with*) ■**to ~ sb** jdn kennen; **~ing Sarah** [*or* **if I ~ Sarah**], **she'll have done a good job** so wie ich Sarah kenne, hat sie ihre Sache bestimmt gut gemacht; **we've ~n each other for years now** wir kennen uns schon seit Jahren; **she ~s Paris well** sie kennt sich in Paris gut aus; **surely you ~ me better than that!** du solltest mich eigentlich besser kennen!; **you ~ what it's like** du weißt ja, wie das [so] ist; **we all knew her as a kind and understanding colleague** uns allen war sie als liebenswerte und einfühlsame Kollegin bekannt; **I'm sure you all ~ the new officer by reputation** sicherlich haben Sie alle schon mal von dem neuen Offizier gehört; **to ~ sth like the back of one's hand** etw wie seine eigene Westentasche kennen *fam;* **to ~ sb by name/by sight/personally** jdn dem Namen nach/vom Sehen/persönlich kennen; **to get to ~ sb** jdn kennen lernen; **to get to ~ sth** *methods* etw lernen; *faults* etw herausfinden; **to get to ~ each other** sich *akk* kennen lernen; **to** [**not**] **~ sb to speak to** jdn [nicht] näher kennen ❹ (*have understanding*) ■**to ~ sth** etw verstehen; **do you ~ what I mean?** verstehst du, was ich meine?; **if you ~ what I mean** wenn du verstehst, was ich meine ❺ (*experience*) **I've never ~n anything like this** so etwas habe ich noch nicht erlebt; **I've never ~n her** [**to**] **cry** ich habe sie noch nie weinen sehen ❻ (*recognize*) ■**to ~ sb/sth** jdn/etw erkennen; **I ~ a goodbye when I hear one** ich hab' schon verstanden, dass du dich von mir trennen willst! *fam;* **I ~ a good thing when I see it** ich merke gleich, wenn was gut ist; **we all ~ him as 'Curly'** wir alle kennen ihn als „Curly"; **this is the end of world as we ~ it** das ist das Ende der Welt, so wie wir sie kennen; **these chocolate bars are ~n as something else in the US** diese Schokoladenriegel laufen in den USA unter einem anderen Namen; **I knew her for a liar the minute I saw her** ich habe vom ersten Augenblick an gewusst, dass sie eine Lügnerin ist; ■**to ~ sb/sth by sth** jdn/etw an etw *dat* erkennen; **to ~ sb by his/her voice/walk** jdn an seiner Stimme/seinem Gang erkennen; **sb wouldn't ~ sth if he/she bumped into it** [*or* **if he/she fell over it**] [*or* **if it hit him/her in the face**] jd würde etw nicht mal erkennen, wenn es vor ihm/ihr stehen würde ❼ (*be able to differentiate*) ■**to ~ sth/sb from sth/sb** etw/jdn von etw/jdm unterscheiden können; **Andrea wouldn't ~ a greyhound from a collie** Andrea kann einen Windhund nicht von einem Collie unterscheiden; **you wouldn't ~ him from his brother** man kann ihn und seinen Bruder nicht unterscheiden!; **don't worry, she wouldn't ~ the difference** keine Angst, sie wird den Unterschied [gar] nicht merken; **to ~ right from wrong** Gut und Böse unterscheiden können ❽ *passive* (*well-known*) ■**to be ~n for sth** für etw *akk* bekannt sein; ■**it is ~n that ...** es ist bekannt, dass ...; **to make sth ~n** etw bekannt machen; **she's never been ~n to laugh at his jokes** sie hat bekanntlich noch nie über seine Witze gelacht; **this substance is ~n to cause skin problems** es ist bekannt, dass diese Substanz Hautirritationen hervorruft; **this substance has been ~n to cause skin problems** diese Substanz hat in einzelnen Fällen zu Hautirritationen geführt; **Terry is also ~n as 'The Muscleman'** Terry kennt man auch unter dem Namen „der Muskelmann" ▸ PHRASES: **to not ~ sb from Adam** keinen blassen Schimmer haben, wer jd ist *fam;* **to ~ all the answers** immer alles besser wissen *pej;* (*have real knowledge*) sich *akk* auskennen; **to ~ no bounds** keine Grenzen kennen; **to not ~ one end of sth from the other** keine Ahnung von etw *dat* haben *fam;* **to ~ one's own mind** wissen, was man will; **to ~ one's place** wissen, wo man steht; **to ~ the ropes** sich *akk* auskennen; **to ~ sb** [**in the biblical sense**] (*hum*) mit jdm eine Nummer geschoben haben *sl;* **to ~ the score** wissen, was gespielt wird; **to ~ which side one's bread is buttered on** wissen, wo was zu holen ist *fam;* **to ~ one's stuff** [*or* BRIT *a.* **onions**] sein Geschäft [*o* Handwerk] verstehen; **to ~ a thing or two** (*pej fam: be sexually experienced*) sich *akk* [mit Männern/Frauen] auskennen; **to ~ a thing or two about sth** (*know from experience*) sich *akk* mit etw *dat* auskennen; **to ~ what's what** wissen, wo's langgeht *fam;* **what do you ~!** was weißt du denn schon?; *esp* AM (*fam: surprise*) wer hätte das gedacht!; **to not ~ what hit one** nicht wissen, wie einem geschieht; **to not ~ where to put oneself** BRIT am liebsten in den Boden versinken *fam;* **not if I ~ it** nicht mit mir! **II.** *vi* <knew, known> ❶ (*have knowledge*) [Bescheid] wissen; **ask Kate, she's sure to ~** frag Kate, sie weiß es bestimmt; **I think she ~s** ich glaube, sie weiß Bescheid; **where did he go? – I wouldn't** [*or* **don't**] **~, I was not to ~ until years later** das sollte ich erst Jahre später erfahren, wo ist er hingegangen? – keine Ahnung; **are you going to university? – I don't ~ yet** willst du studieren? – ich weiß [es] noch nicht; **you never ~** man kann nie wissen; **as** [*or* **so**] **far as I ~** so viel [*o* weit] ich weiß; **how am I to ~?** woher soll ich das wissen?; **who ~s?** wer weiß?; **how should I ~?** wie soll ich das wissen?; **I ~!** jetzt weiß ich!; **Mummy ~s best what to do** Mutti weiß am besten, was zu tun ist; **she didn't want to ~** sie wollte nichts davon wissen; **just let me ~ ok?** sag' mir einfach Bescheid, o.k.? ❷ (*fam: understand*) begreifen; **"I don't ~," he said, "why can't you ever be on time?"** „ich begreife das einfach nicht", sagte er, „warum kannst du nie pünktlich sein?" ❸ (*said to agree with sb*) **I ~** ich weiß; **the weather's been so good lately – I ~, isn't it wonderful!** das Wetter war in letzter Zeit wirklich schön – ja, herrlich, nicht wahr? ❹ (*fam: for emphasis*) **she's such a fool, don't you ~!** sie ist so unglaublich dumm! ❺ (*conversation filler*) **give him the red box, you ~, the one with the ....** gib ihm die rote Kiste, du weißt schon, die mit den ...; **he's so boring and, you ~, sort of spooky** er ist so langweilig und, na ja, irgendwie unheimlich; **he asked me, you ~** weißt du, er hat mich halt gefragt ► PHRASES: **you ought to ~ better** du solltest es eigentlich besser wissen; **I ~ better than to go out in this weather** ich werde mich hüten, bei dem Wetter rauszugehen *fam;* **she's old enough to ~ better than to run out into the traffic** sie ist alt genug, um zu wissen, dass man nicht einfach auf die Straße läuft; **he said he loved me but I ~ better** er sagte, dass er mich liebt, aber ich weiß, dass es nicht stimmt; **to not ~ any better** es nicht anders kennen **III.** *n no pl* **to be in the ~ [about sth]** [über etw *akk*] im Bilde sein [*o* Bescheid wissen]

◆**know about** *vi* ■**to ~ about sth/sb** von etw/jdm wissen; **did you ~ about the burglary?** hast du von dem Einbruch gehört?; **I don't ~ about the others but I'm staying here** ich weiß nicht, was die anderen machen, aber ich [für meinen Teil] bleibe hier; **I don't ~ about you but I'm starving** ich weiß ja nicht, wie es dir geht, aber ich verhungere gleich!; **I ~ about that** ich weiß [schon] Bescheid!; (*have real knowledge*) da kenne ich mich aus!; **yep, I ~ about that** ja, das weiß ich; **I don't ~ about that** na, ich weiß nicht; (*really not knowing*) davon weiß ich nichts; **oh, I didn't ~ about it** oh, das habe ich [gar] nicht gewusst; **she's not to ~ about it** sie soll nichts davon erfahren!; **I ~ about Mary but who else is coming?** ich weiß, dass Mary kommt, aber wer noch?; **well I don't ~ about beautiful but she certainly is nice** na ja, ob sie schön ist, weiß ich nicht, aber nett ist sie auf jeden Fall!; **my grandad ~s all there is to ~ about fishing** mein Opa weiß wirklich alles übers Fischen; **I don't ~ anything about computers** von Computern verstehe ich gar nichts; **not much is ~n about it** darüber weiß man nicht viel; **to not ~ the first thing about sth** keine Ahnung von etw *dat* haben; **to not ~ the first thing about sb** nichts über jdn wissen

◆**know of** *vi* ■**to ~ of sb/sth** jdn/etw kennen; (*been informed*) von jdm/etw gehört haben; **do you ~ of a good doctor?** kennst du einen guten Arzt?; **I ~ of them but I've never actually met them** ich habe zwar schon von ihnen gehört, aber sie noch nie wirklich getroffen; **... – not that I ~ of ...** – nicht, dass ich wüsste; **to get to ~ of all the facts** über alle Fakten informiert werden

know·able [ˈnəʊəbl̩, AM ˈnoʊ-] *adj* [mit dem Verstand] erkennbar [*o* erfassbar]

'know-all *n* (*pej fam*) Besserwisser(in) *m(f) pej,* Neunmalkluge(r) *f(m) iron* **'know-how** *n no pl* Know-how *nt,* [praktische] Sachkenntnis; **to have ~ about sth** das [notwendige] Fachwissen für etw *akk* besitzen

know·ing [ˈnəʊɪŋ, AM ˈnoʊ-] **I.** *adj* wissend *attr; look, smile* viel sagend **II.** *n no pl* Wissen *nt*

know·ing·ly [ˈnəʊɪŋli, AM ˈnoʊ-] *adv* ❶ (*meaningfully*) viel sagend ❷ (*with full awareness*) wissentlich, bewusst

know-it-all [ˈnoʊɪt̬ɔːl] *n* AM Besserwisser(in) *m(f) pej,* Neunmalkluge(r) *f(m) iron*

knowl·edge [ˈnɒlɪdʒ, AM ˈnɑːl-] *n no pl* ❶ (*body of learning*) Kenntnisse *pl* (**of** in +*dat*); **she has a good working ~ of Apple software** sie besitzt nützliche, praktische Fähigkeiten im Umgang mit Apple Software; **~ of French** Französischkenntnisse *pl;* **limited ~** begrenztes Wissen; **to have** [**no/some**] **~ of sth** [keine/gewisse] Kenntnisse über etw *akk* besitzen; **to have a thorough ~ of sth** ein fundiertes Wissen in etw *dat* besitzen ❷ (*acquired information*) Wissen *nt,* Kenntnis *f;* **I have absolutely no ~ about his private life** ich weiß nicht das Geringste über sein Privatleben; **to my ~** soweit ich weiß, meines Wissens *geh;* **to be common ~** allgemein bekannt sein ❸ (*awareness*) Wissen *nt;* **to deny all ~** [**of sth**] jegliche Kenntnis [über etw *akk*] abstreiten; **to be safe in the ~ that ...** mit Bestimmtheit wissen, dass ...; **it has been brought to our ~ that ...** wir haben davon Kenntnis erhalten, dass ...; ■**to do sth without sb's ~** etw ohne jds Wissen *nt* tun ❹ (*form: sexual contact*) **carnal ~** Geschlechtsverkehr *m;* **to have carnal ~ of sb** mit jdm Geschlechtsverkehr haben *form*

knowl·edg(e)·able [ˈnɒlɪdʒəbl̩, AM ˈnɑːl-] *adj* (*well informed*) sachkundig, kenntnisreich; (*experienced*) bewandert; **his answer to my question was very ~** seine Antwort auf meine Frage zeugte von großer Sachkenntnis *geh;* ■**to be ~ about sth** sehr bewandert in etw *dat* sein

knowl·edg(e)·ably [ˈnɒlɪdʒəbli, AM ˈnɑːl-] *adv* sachkundig

known [nəʊn, AM noʊn] **I.** *vt, vi pp of* **know II.** *adj* ❶ (*publicly recognized*) bekannt; **~ criminals** bekannte Kriminelle; **it is a little/well ~ fact that ...** es ist nur wenigen/allgemein bekannt, dass ... ❷ (*understood*) bekannt; **no ~ reason** kein erkennbarer Grund ❸ (*tell publicly*) **to make sth ~** [*or* **to make ~ sth**] etw bekannt [*o geh* publik] machen; **to make oneself ~ to sb** sich *akk* jdm vorstellen

knuck·le [ˈnʌkl] **I.** *n* ❶ ANAT [Finger]knöchel *m;* **with bare ~s** mit bloßen Fäusten; **to crack one's ~s** mit den Fingern knacken ❷ (*cut of meat*) Hachse *f,* Haxe *f* SÜDD; **~ of pork** Schweinshaxe *f* SÜDD ❸ AM (*knuckleduster*) ■**~s** *pl* Schlagring *m* ► PHRASES: **to be near the ~** BRIT (*fam*) sich *akk* hart an der Grenze bewegen; *joke* ziemlich gewagt sein **II.** *vi* ❶ (*start working hard*) ■**to ~ down** sich *akk* dahinterklemmen [*o fam* reinknien]; (*hurry up*) sich *akk* ranhalten *fam;* **to ~ down to one's work** sich *akk* hinter die Arbeit klemmen *fam* ❷ (*submit*) ■**to ~ under** sich *akk* fügen, klein beigeben *fam;* **they ~d under to the demands of the trade unions** sie gaben den Forderungen der Gewerkschaften nach

'knuck·le·dust·er *n* ❶ *esp* BRIT (*weapon*) Schlagring *m* ❷ BRIT (*fam: ring*) auffälliger Ring; **just look at his ~s!** sieh dir nur mal die Klunker an, die er trägt! *fam* **'knuck·le·head** *n esp* AM (*pej dated fam*) Blödmann *m pej derb,* Blödian *m pej fam;* (*woman*) dumme Gans *pej fam;* **you ~!** du Armleuchter! *pej sl*

K

KO [ˌkeɪ'əʊ, AM -'oʊ] **I.** *n abbrev of* **knockout** K.o. *m;* **to win with a ~ in the third round** in der dritten Runde durch K.o. gewinnen **II.** *vt* <KO'd, KO'd> *abbrev of* **knock out:** ■**to ~ sb** jdn k.o. schlagen; *(fig)* jdn außer Gefecht setzen *fam*

koa·la [kəʊ'ɑːlə, AM koʊ'-] *n,* **koa·la bear** *n* Koala[bär] *m*

koan ['kəʊɑːn, AM 'koʊ-] *n* Koan *nt*

kohl [kəʊl, AM koʊl] **I.** *n no pl* Kajal *nt* **II.** *n modifier* Kajal-; ~ **pencil** Kajalstift *m*

kohl·ra·bi [ˌkəʊl'rɑːbi, AM ˌkoʊl'-] *n* Kohlrabi *m*

Ko·mo·do drag·on [kəˌməʊdəʊ'-, AM -ˌmoʊdoʊ'-] *n* Komodo-Waran *m*

kook [kuːk] *n esp* AM *(fam)* Ausgeflippte(r) *f(m) fam,* Spinner(in) *m(f) pej fam;* **to be a real ~** echt ausgeflippt sein *sl*

kooka·bur·ra ['kʊkəˌbʌrə, AM -ˌbɜːrə] *n* ORN Lachender Hans

kooki·ness ['kuːkɪnəs] *n no pl esp* AM *(fam)* Ausgeflipptsein *nt fam,* Verrücktheit *f*

kooky ['kuːki] *adj esp* AM *(usu approv fam)* ausgeflippt *sl,* abgedreht *sl*

koori ['kʊəri, AM 'kʊri] *n Ureinwohner/Ureinwohnerin Australiens*

Ko·ran [kɒr'ɑːn, AM kə'ræn] *n no pl* REL ■**the ~** der Koran

Ko·rea [kə'riːə] *n no pl, no art* Korea *nt;* **North/South ~** Nord-/Südkorea *nt*

Ko·rean [kə'riːᵊn] **I.** *adj inv* ❶ *(relating to Korea)* koreanisch ❷ *(citizen)* koreanisch **II.** *n* ❶ *(inhabitant)* Koreaner(in) *m(f)* ❷ LING Koreanisch *nt*

kor·ma ['kɔːmə, AM 'kɔːr-] *n no pl indisches Currygericht mit Fleisch, Fisch oder Gemüse in heller Soße*

ko·sher ['kəʊʃəʳ, AM 'koʊʃɚ] *adj* ❶ *inv* REL koscher; **to keep ~** [weiterhin] koscher leben ❷ *(fig, hum fam: legitimate)* koscher, in Ordnung *präd*

kow·tow [ˌkaʊtaʊ, AM ˌkoʊ-] *vi (fam)* ■**to ~ to sb** vor jdm dienern [*o fam* katzbuckeln], einen Kotau vor jdm machen *geh*

kph *abbrev of* **kilometres per hour** km/h

Krem·lin ['kremlɪn] *n no pl* ■**the ~** der Kreml; + *sing/pl vb (fig: Russian government)* der Kreml; **~-watcher** Kreml-Beobachter(in) *m(f)*

krill [krɪl] *n no pl* ZOOL Krill *m*

Krish·na ['krɪʃnə] *n no pl, no art* REL Krishna

Kris Krin·gle [ˌkrɪs'krɪŋgl] *n no pl, no art* AM *(Father Christmas)* Weihnachtsmann *m,* [Sankt] Nikolaus *m*

kryp·ton ['krɪptɒn, AM -tɑːn] *n no pl* CHEM Krypton *nt*

ku·dos ['kjuːdɒs, AM 'kuːdoʊz] *npl* Ansehen *nt kein pl,* Prestige *nt kein pl geh;* **to get** [*or* **receive**] **~ for sth** durch etw *akk* zu Ansehen kommen

Ku Klux Klan [ˌkuːklʌks'klæn] *n no pl,* + *sing/pl vb* ■**the ~** der Ku-Klux-Klan

ku·lak ['kuːlæk, AM kuː'lɑːk] *n* HIST Kulak *m,* Großbauer, -bäuerin *m, f*

kum·quat ['kʌmkwɒt, AM -kwɑːt] *n* Kumquat[orange] *f*

kung fu [ˌkʊŋ'fuː, AM ˌkʌŋ'-] *n no pl* Kung-Fu *nt*

Kurd [kɜːd, AM kɜːrd] *n* Kurde, -in *m, f*

Kurd·ish ['kɜːdɪʃ, AM 'kɜːr-] **I.** *adj inv* kurdisch **II.** *n no pl* LING Kurdisch *nt*

Kur·di·stan [ˌkɜːdɪ'stɑːn, AM ˌkɜːrdɪ'stæn] *n no pl, no art* Kurdistan *nt*

Ku·wait [kuː'weɪt] *n no pl, no art* Kuwait *nt*

Ku·wai·ti [kuː'weɪti, AM -t̬-] **I.** *adj inv* kuwaitisch **II.** *n* ❶ *(inhabitant of Kuwait)* Kuwaiter(in) *m(f)* ❷ LING Kuwaitisch *nt*

kvetch [kvetʃ] **I.** *n esp* AM *(fam)* Querulant(in) *m(f) pej,* Nörgler(in) *m(f) pej* **II.** *n modifier esp* AM *(fam)* Nörgel-, Querulanten-; ~ **sessions** Hetztiraden *fpl pej*

kvetch·ing ['kvetʃɪŋ] *adj attr, inv esp* AM *(fam)* nörgelnd, meckernd

kW <*pl* -> *n abbrev of* **kilowatt** kW

K-Y jel·ly® [ˌkeɪwaɪ'dʒeli] *n no pl* BRIT MED Gleitmittel *nt*

L

L <*pl* -'s>, **l** <*pl* 's *or* -s> [el] *n* ❶ *(letter)* L *nt,* l *nt;* **~ for Lucy** [*or* AM **as in Love**] L für Ludwig; *see also* **A 1.** ❷ *(Roman numeral)* L *nt,* l *nt*

l [el] **I.** *n* ❶ <*pl* -> *abbrev of* **litre** l ❷ <*pl* ll> TYPO *abbrev of* **line** Z.; **~ 15 on p 20** Z. 15 auf S. 20 ❸ *no pl abbrev of* **left** l. **II.** *adj inv abbrev of* **left** l., L **III.** *adv inv abbrev of* **left** l.

L *n* ❶ *abbrev of* **lake** ❷ FASHION *abbrev of* **Large** L ❸ BRIT AUTO *abbrev of* **learner** *großes L, das man an seinem Auto anbringt, um anzuzeigen, dass hier ein(e) Fahrschüler(in), der/die noch keinen Führerschein hat, in Begleitung eines Führerscheininhabers fährt*

laa·ger ['lɑːgəʳ, AM -ɚ] *n esp* SA *(hist: safe place)* Zufluchtsort *m;* *(camp)* Lagerplatz *m;* *(surrounded by waggons)* Wagenburg *f hist*

lab [læb] **I.** *n short for* **laboratory** Labor *nt* **II.** *n modifier* Labor-; **~ assistant** Laborant(in) *m(f);* **~ coat** Laborkittel *m*

Lab [læb] *adj* BRIT POL *short for* **Labour** Labour *kein art,* Labour Party *f*

la·bel ['leɪbᵊl] **I.** *n* ❶ *(on bottles)* Etikett *nt,* Label *nt;* *(in clothes)* Schild[chen] *nt;* **address ~** *(tied on)* Adressenanhänger *m;* *(sticker)* Adressenaufkleber *m* ❷ *(brand name)* Marke *f;* **designer ~** Markenname *m;* **record ~** Schallplattenlabel *nt;* *(company)* Plattenfirma *f;* **own-~** BRIT Hausmarke *f;* **the pasta is marketed under the supermarket's own ~** die Nudeln werden unter der supermarkteigenen Marke vertrieben ❸ *(set description)* Bezeichnung *f,* Etikett *nt pej* **II.** *vt* <BRIT -ll- *or* AM *usu* -l-> ❶ *(affix labels)* ■**to ~ sth** etw etikettieren; *(mark)* etw kennzeichnen; *(write on)* etw beschriften; **to be ~led 'apple and blackberry'** die Aufschrift ‚Apfel und Brombeere' tragen; **to be clearly ~led** deutlich gekennzeichnet sein ❷ *(categorize)* ■**to ~ sb** jdn etikettieren; **to be ~led as a criminal** als Krimineller/Kriminelle abgestempelt werden

la·bel·ing AM, **la·bel·ling** ['leɪbᵊlɪŋ] *n no pl* Etikettierung *f;* *(marking)* Kennzeichnung *f;* *(with a price)* Auszeichnung *f*

la·bia ['leɪbiə] *npl* ANAT Labia *pl fachspr,* Schamlippen *fpl*

la·bor *n* AM *see* **labour**

La·bor ['leɪbəʳ, AM -ɚ] *n* POL ❶ AM *see* **Labour** ❷ AUS *(Australian political party)* Labour Party *f* *(in Australien)*

la·bora·tory [lə'bɒrətᵊri, AM 'læbrətɔːri] **I.** *n* Labor[atorium] *nt* **II.** *n modifier* Labor-; **under ~ conditions** unter Laborbedingungen; **to be [still] at the ~ stage** sich *akk* [noch] im Versuchsstadium befinden

'La·bour Par·ty *n no pl* BRIT POL ■**the ~** die Labour Party

la·'bora·tory as·sis·tant *n* Laborant(in) *m(f)*

La·bor Day *n no pl* AM, CAN Tag *m* der Arbeit

i Kultur

Labor Day, der amerikanische Tag der Arbeit, wird nicht am 1. Mai, sondern am ersten Montag im September gefeiert und ist schon seit 1894 ein Nationalfeiertag.

la·bored *adj* AM *see* **laboured**

la·bor·er *n* AM *see* **labourer**

la·bo·ri·ous [lə'bɔːriəs] *adj* ❶ *(onerous)* mühsam, mühselig, mühevoll ❷ *(usu pej: strained)* umständlich; **to make a ~ business out of sth** etw auf sehr umständliche Weise erledigen; **~ style** schwerfälliger Stil

la·bo·ri·ous·ly [lə'bɔːriəsli] *adv* mühsam, mühevoll

la·bo·ri·ous·ness [lə'bɔːriəsnəs] *n no pl* ❶ *(painstaking difficulty)* Mühseligkeit *f,* Mühsamkeit *f* ❷ *(usu pej: plodding quality) of prose, style* Schwerfälligkeit *f,* Umständlichkeit *f*

la·bour ['leɪbəʳ], AM **la·bor** [-ɚ] **I.** *n* ❶ *(work)* Arbeit *f;* **are you**

tired after your ~s? bist du müde nach den ganzen Anstrengungen?; **division of ~** Arbeitsteilung *f;* **to enjoy the fruits of one's ~** die Früchte seiner Arbeit genießen; **to be a ~ of love** aus Liebe zur Sache geschehen; **manual ~** körperliche Arbeit ❷ *no pl* ECON (*workers*) Arbeitskräfte *pl;* **skilled ~** ausgebildete Arbeitskräfte, Facharbeiter(innen) *mpl(fpl);* **semi-skilled ~** angelernte Arbeitskräfte; **unskilled ~** ungelernte Arbeitskräfte, Hilfsarbeiter(innen) *mpl(fpl)* ❸ *no pl* (*childbirth*) Wehen *fpl;* ■**to be in ~** in den Wehen liegen; **to have a long ~** eine schwierige Geburt haben; **to go into ~** Wehen bekommen; **she went into ~ at twelve o'clock last night** um zwölf Uhr letzte Nacht setzten bei ihr die Wehen ein; **to induce ~** die Wehen einleiten **II.** *n modifier* ECON Arbeits-; **~ legislation** arbeitsrechtliche Vorschriften; **~ unrest** Arbeiterunruhen; **~ legislation** arbeitsrechtliche Vorschriften **III.** *vi* ❶ (*do physical work*) arbeiten; **to do ~ing work** körperlich arbeiten ❷ (*work hard*) sich *akk* abmühen; ■**to ~ on sth** hart an etw *dat* arbeiten; ■**to ~ to do sth** sich *akk* bemühen, etw zu tun; **she has ~ed for years to improve medical care** sie hat sich seit Jahren intensiv dafür eingesetzt, die medizinische Versorgung zu verbessern ❸ (*do sth with effort*) ■**to ~** sich *akk* [ab]quälen; **he ~ed up the hill** er quälte sich den Berg hoch; ■**to ~ on** [*or* **over**] **sth** sich *akk* mit etw *dat* abplagen [*o fam* abrackern] ❹ (*be burdened*) **to ~ under a delusion/an illusion** sich *akk* einer Täuschung/Illusion hingeben; **to ~ under a misapprehension** einem Irrtum erliegen **IV.** *vt* **to ~ a point** einen Punkt breittreten *fam*

La·bour ['leɪbər] BRIT **I.** *n no pl* POL Labour Party *f;* **to vote ~** Labour wählen **II.** *n modifier* POL (Labour-); **~ candidate** Labourkandidat(in) *m(f)*

'la·bour camp *n* Arbeitslager *nt* **'la·bour cost** *n* (*cost of actual work*) Arbeitskosten *pl;* (*cost of wages*) Arbeitslöhne *mpl* **'La·bour Day** *n no pl* BRIT Tag *m* der Arbeit (*staatlicher Feiertag in Großbritannien am 1. Mai*) **'la·bour dis·putes** *n* Arbeitskampf *m*

la·boured ['leɪbəd], AM **la·bored** [-ɚd] *adj style, writing* schwerfällig, umständlich; MED schwer; **her breathing was ~** sie atmete schwer

la·bour·er ['leɪbərər], AM **la·bor·er** [-ɚɚ] *n* [ungelernter] Arbeiter/[ungelernte] Arbeiterin, Hilfsarbeiter(in) *m(f)*

'La·bour Ex·change *n* BRIT ECON (*dated*) Arbeitsamt *nt* **'la·bour force** *n + sing/pl vb* (*working population*) Arbeiterschaft *f;* (*a company's employees*) Belegschaft *f* **la·bour-in·'ten·sive** *adj* arbeitsintensiv

La·bour·ite ['leɪbəraɪt] *n* BRIT Anhänger(in) *m(f)* der Labour Party

'la·bour mar·ket *n* Arbeitsmarkt *m* **'la·bour move·ment** *n* POL Arbeiterbewegung *f* **'la·bour pains** *npl* MED Wehen *pl;* **the ~ are getting pretty close together** die Wehen treten in immer kürzeren Abständen auf **'La·bour Par·ty** *n no pl* BRIT POL ■**the ~** die Labour Party **'la·bour re·la·tions** *npl* Beziehungen *pl* zwischen den Tarifparteien, Arbeitgeber-Arbeitnehmerverhältnis *nt* **'la·bour-sav·ing** *adj* arbeitssparend **'la·bour short·age** *n* Mangel *m* an Arbeitskräften, Arbeitskräftemangel *m* **'la·bour trou·bles** *npl* Arbeiterunruhen *pl* **'la·bour ward** *n* Kreißsaal *m*

Lab·ra·dor ['læbrədɔːr, AM -dɔːr] *n,* **Lab·ra·dor re·'triev·er** *n* Labrador[hund] *m*

la·bur·num [lə'bɜːnəm, AM -'bɜːr-] *n* BOT Goldregen *m*

laby·rinth ['læbərɪn(t)θ, AM -bɚ-] *n* Labyrinth *nt,* Irrgarten *m;* (*fig liter*) Verwicklung *f;* **the ~ of love** die Irrwege *mpl* der Liebe *liter*

laby·rin·thine [,læbə'rɪn(t)θaɪn, AM -θɪn] *adj* (*liter*) ❶ (*like a labyrinth*) labyrinthisch, labyrinthartig ❷ (*confusing*) verwickelt, verwirrend

lace [leɪs] **I.** *n* ❶ *no pl* (*decorative cloth*) Spitze *f;* (*decorative edging*) Spitzenborte *f;* **bobbin ~** Klöppelspitze *f;* **Brussels ~** Brüsseler Spitze *f* ❷ (*cord*) Band *nt;* **shoe ~s** Schnürsenkel *mpl bes* NORDD, MITTELD, Schuhbänder *pl* DIAL; **your shoe ~s are undone** deine Schnürsenkel sind offen, du hast den Schuhlotter SCHWEIZ; **to do up** [*or* **tie**] [*or* BRIT **tie up**] **one's ~s** die Schuhe zubinden **II.** *n modifier* Spitzen- **III.** *vt* ❶ (*fasten*) **to ~ a corset** ein Korsett zuschnüren; **to ~ shoes** Schuhe *mpl* zubinden ❷ (*add alcohol*) ■**to ~ sth** einen Schuss [Alkohol] in etw *akk* geben; **this coffee's been ~d with brandy** in dem Kaffee ist ein Schuss Brandy

◆**lace up** *vt* **to ~ up one's boots/shoes** die Stiefel/Schuhe zuschnüren

Lac·edae·mo·nian [,læsədɪ'məʊniən, AM -'moʊ-] *adj* spartanisch

lac·er·ate ['læsəreɪt, AM -sər-] *vt* ❶ (*cut and tear*) ■**to ~ sth** etw aufreißen; **the man's face was severely ~d** der Mann hatte schwere Gesichtsverletzungen; **the dog's attack had ~d Bill's arm** der Angriff des Hundes hatte schwere Bisswunden an Bills Arm hinterlassen ❷ (*form: cause extreme pain*) **to ~ sb's feelings** jds Gefühle *ntpl* zutiefst verletzen

lac·er·at·ing ['læsəreɪtɪŋ, AM -səreɪţ-] *adj* [zutiefst] verletzend

lac·era·tion [,læsər'eɪʃən, AM -ə'reɪ-] *n* ❶ *no pl* (*tearing*) Verletzung *f* ❷ (*instance of tearing*) Fleischwunde *f;* (*by tearing*) Risswunde *f;* (*by cutting*) Schnittwunde *f;* (*by biting*) Bisswunde *f*

'lace-up *adj attr, inv* Schnür-, zum Schnüren *nach n;* **~ boots** Schnürstiefel *mpl* **'lace-ups** *npl* Schnürschuhe *mpl* **'lace·work** *n no pl* Spitzenarbeit *f*

lach·ry·mal ['lækrɪməl] *adj inv* ANAT Tränen-; **~ duct** Tränengang *m;* **~ gland** Tränendrüse *f*

lach·ry·mose ['lækrɪməʊs, AM -moʊs] *adj* (*form, liter*) ❶ (*tearful*) weinerlich ❷ (*inducing melancholy*) rührselig

lack [læk] **I.** *n no pl* Mangel *m* (**of** an +*dat*); **if he fails it won't be through ~ of effort** wenn er scheitert, dann nicht, weil er sich nicht bemüht hätte; **~ of confidence/judgement** mangelndes Selbstvertrauen/Urteilsvermögen; **~ of funds** fehlende Geldmittel; **~ of money/supplies** Geld-/Vorratsmangel *m;* **~ of sleep/time** Schlaf-/Zeitmangel *m* **II.** *vt* ■**to ~ sth** etw nicht haben; **what we ~ in this house is ...** was uns in diesem Haus fehlt, ist ...; **to ~ the energy to do sth** nicht die Energie haben, etw zu tun; **I ~ the energy that's required for this job** mir fehlt die notwendige Kraft für diesen Job

lacka·dai·si·cal [,lækə'deɪzɪkəl] *adj* desinteressiert *geh,* lustlos

lacka·dai·si·cal·ly [,lækə'deɪzɪkəli] *adv* lustlos, desinteressiert

lack·ey ['læki] *n* ❶ (*pej: servile person*) Speichellecker(in) *m(f) pej,* Lakai *m pej;* **a capitalist ~** ein Lakai *m* des Kapitalismus *pej* ❷ (*hist: servant*) Lakai *m,* [livrierter] Diener

lack·ing ['lækɪŋ] *adj pred* ❶ (*without*) ■**to be ~ in sth** an etw *dat* mangeln; **he is totally ~ in charm** er besitzt kein bisschen Charme; **enthusiasm has been sadly ~ these past months** in den letzten Monaten hat jeglicher Enthusiasmus gefehlt ❷ (*fam: mentally subnormal*) unterbelichtet *sl,* beschränkt *sl*

lack·lust·er ['læk,lʌstɚ] AM, **lack·lust·re** [-ər] *adj* ❶ (*lacking vitality*) langweilig ❷ (*dull*) trüb[e], glanzlos

la·con·ic [lə'kɒnɪk, AM -'kɑːn-] *adj* ❶ (*very terse*) lakonisch ❷ (*taciturn*) wortkarg, wenig beredsam

la·coni·cal·ly [lə'kɒnɪkəli, AM -'kɑːn-] *adv* lakonisch

lac·quer ['lækər, AM -ɚ] **I.** *n* ❶ (*protective coating*) Lack *m* ❷ BRIT (*dated*) **hair ~** Haarspray *nt* **II.** *vt* ■**to ~ sth** etw lackieren

la·crosse [lə'krɒs, AM -'krɑːs] *n no pl* SPORTS Lacrosse *nt*

lac·tate [læk'teɪt, AM 'lækteɪt] *vi* BIOL laktieren *fachspr,* Milch absondern

lac·ta·tion [læk'teɪʃən] *n no pl* BIOL Laktation *f fachspr*

lac·tic acid [,læktɪk'-] *n no pl* CHEM Milchsäure *f*

lac·tose ['læktəʊs, AM -toʊs] *n no pl* CHEM Laktose *f,* Milchzucker *m*

la·cu·na <*pl* -s *or* -nae> [lə'kjuːnə, *pl* -niː] *n* (*form*) ❶ LING Lakune *f fachspr,* Textlücke *f* ❷ ANAT Lakune *f fachspr,* Ausbuchtung *f*

L

lacy ['leɪsi] *adj* ❶ (*decorated with lace*) Spitzen- *f* ❷ (*like lace*) spitzenartig; ~ **pattern** filigranes Muster

lad [læd] *n* ❶ BRIT, SCOT (*boy*) Junge *m;* **a local** ~ ein Hiesiger *m fam;* **the Prime Minister is a local** ~ der Premierminister ist von hier; **a young** ~ ein junger Bursche *veraltet;* (*dated*) **good evening,** ~**s and lasses** guten Abend, Jungs und Mädels *fam o veraltend* ❷ BRIT, SCOT (*a man's male friends*) ■**the** ~**s** die Kumpels *pl fam;* **come on,** ~**s, let's get this finished!** kommt, Jungs, lasst uns das hier zu Ende bringen! ❸ BRIT, SCOT (*fam*) **to be a bit of a** ~ (*successful with women*) ein ziemlicher Draufgänger sein ❹ BRIT (*stable worker*) [Stall]bursche *m*

lad·der ['lædəʳ, AM -ɚ] **I.** *n* ❶ (*device for climbing*) Leiter *f;* **it's unlucky to walk under a** ~ es bringt Pech, unter einer Leiter durchzugehen; **to be up a** ~ auf einer Leiter stehen; **to go up a** ~ auf eine Leiter steigen ❷ (*hierarchy*) [Stufen]leiter *f;* **those who are further up the company** ~ die in den oberen Etagen; **to climb the social** ~ gesellschaftlich aufsteigen; **to move up the** ~ die Stufenleiter [des Erfolgs] hochklettern; (*in a company*) beruflich aufsteigen ❸ BRIT, AUS (*in stocking*) Laufmasche *f* **II.** *vt* BRIT, AUS **to** ~ **tights** eine Laufmasche in eine Strumpfhose machen; **I've** ~**ed my tights** ich habe mir eine Laufmasche geholt **III.** *vi* BRIT, AUS *stockings, tights* eine Laufmasche bekommen; **those thin tights** ~ **easily** diese dünnen Strumpfhosen reißen schnell

'lad·der tour·na·ment *n* Ranglistenturnier *nt*

lad·die ['lædi] *n* SCOT (*fam*) Junge *m,* Jungchen *nt fam;* **hey,** ~**!** hey, Junge!; **a wee** ~ ein kleiner Junge

lad·dish ['lædɪʃ] *adj* BRIT (*pej*) jungenhaft

lad·dish·ness ['lædɪʃnəs] *n no pl* BRIT (*pej*) Jungenhaftigkeit *f*

lad·en ['leɪdᵊn] *adj* beladen; ■**to be** ~ **with sth** mit etw *dat* beladen sein; **the table was** ~ **with food** der Tisch war überreichlich gedeckt; ~ **with presents for everyone** voll gepackt mit Geschenken für alle; **heavily** ~ **clouds** (*fig*) dicke, schwere Wolken

lad·ette [læd'et] *n* BRIT (*fam*) *freches, selbstbewusstes Mädchen*

la-di-da *adj* (*pej*) *see* **lah-di-dah**

ladies ['leɪdi:z] *npl + sing vb esp* BRIT ■**the** ~ die Damentoilette

'ladies' fin·gers *npl* BRIT (*dated*) Okra *f,* Gombofrucht *f*

'ladies' man *n usu sing* (*dated*) Frauenheld *m;* **to be a bit of a** ~ auf Frauen [anziehend] wirken **'ladies' room** *n esp* AM Damentoilette *f*

lad·ing ['leɪdɪŋ] *n* NAUT Ladung *f;* **bill of** ~ Konnossement *nt fachspr,* [See]frachtbrief *m*

la·dle ['leɪdḷ] **I.** *n* [Schöpf]kelle *f,* Schöpflöffel *m;* **soup** ~ Suppenkelle *f* **II.** *vt* **to** ~ **out the soup** die Suppe austeilen; (*fig*) **doctors** ~**d out antibiotics to patients in those days** früher haben die Ärzte den Patienten ziemlich großzügig Antibiotika verschrieben

la dol·ce vita [lɑ:ˌdɒltʃeɪ'vi:tə, AM -ˌdoʊl-] *n no pl* Dolce Vita *nt o f,* das süße Leben

lady ['leɪdi] *n* ❶ (*woman*) Frau *f;* **she's a very attractive** ~ sie ist eine sehr attraktive Frau; **say thank you to the** ~**, Joe** sag danke zu der Frau, Joe; **a** ~ **doctor** eine Ärztin; **cleaning** ~ Putzfrau *f,* Reinemachefrau *f;* **old/young** ~ alte/junge Dame ❷ (*woman with social status*) Dame *f;* **that's no** ~ **– that's my wife** (*hum*) das ist keine Dame – das ist meine Frau *hum;* **the** ~ **of the house** (*dated form*) die Dame des Hauses; **a real** ~ eine echte Lady; **to be a real little** ~ (*dated*) eine richtige kleine Lady sein; (*grown-up*) eine [richtige] junge Dame sein ❸ (*form: polite address*) **excuse me ladies, can I have your attention, please?** entschuldigen Sie, meine Damen, wenn ich um Ihre Aufmerksamkeit bitten dürfte?; **ladies and gentlemen!** meine [sehr verehrten] Damen und Herren! ❹ AM (*sl*) Lady *f;* **hey,** ~**, what's the rush?** hey, Lady, warum so eilig? *sl*

Lady ['leɪdi] *n* ❶ (*title*) Lady *kein art;* ~ **Diana Spencer** Lady Diana Spencer; **my** ~ Mylady ❷ REL **Our** ~ Unsere Liebe Frau, die Jungfrau Maria

'lady·bird *n* BRIT, AUS Marienkäfer *m* **Lady 'Boun·ti·ful** *n* (*dated or pej, a. iron*) gute Fee *iron;* **to act the** ~ sich *akk* als [die] gute Fee aufführen *a. iron* **'lady·bug** *n* AM (*ladybird*) Marienkäfer *m* **'Lady chap·el** *n* Marienkapelle *f* **'lady·fin·ger** *n* ❶ AUS (*fruit*) Okra *f,* Gombofrucht *f* ❷ AM (*cake*) Löffelbiskuit *m o nt* **lady-in-'wait·ing** <*pl* ladies-> *n* Hofdame *f* **'lady-kill·er** *n* (*dated*) Herzensbrecher *m,* Ladykiller *m hum* **'lady·like** *adj* (*dated*) damenhaft, ladylike *präd* **Lady 'Luck** *n no pl* Fortuna *kein art* **Lady 'Muck** *n no pl* BRIT (*pej fam*) die feine Dame **'lady's fin·ger** *n* AUS *see* **ladyfinger** **'lady·ship** *n* ❶ (*form: form of address*) **her/your** ~ Ihre/Eure Ladyschaft ❷ (*pej, iron: pretentious woman*) die gnädige Frau *iron* **'lady's slip·per** *n* BOT Frauenschuh *m*

lag¹ [læg] **I.** *n* ❶ (*lapse*) Rückstand *m;* (*falling behind*) Zurückbleiben *nt kein pl;* **time** ~ Zeitdifferenz *f,* Zeitabstand *m;* (*delay*) Verzögerung *f* ❷ BRIT, AUS (*sl: habitual convict*) Knastbruder *m fam,* Knacki *m sl;* **old** ~ alter Knastbruder *fam* **II.** *vi* <-gg-> zurückbleiben; **sales are** ~**ging** der Verkauf läuft schleppend; ■**to** ~ **behind** [**sb/sth**] [hinter jdm/etw] zurückbleiben; **to** ~ **one step behind the competition** der Konkurrenz hinterherhinken **III.** *vt* <-gg-> AUS (*sl*) ■**to** ~ **sb** jdn einbuchten *sl*

lag² <-gg-> [læg] *vt* ■**to** ~ **sth** etw isolieren

la·ger ['lɑgəʳ, AM -ɚ] *n* ❶ *no pl* (*beer*) Lagerbier *nt* ❷ (*a portion of lager*) [helles] Bier; **a glass of** ~ ein Helles *nt;* **they ordered three** ~**s** sie bestellten drei Helle

'la·ger lout *n* BRIT (*fam*) betrunkener Rowdy *pej*

lag·gard ['lægəd, AM -ɚd] *n* Nachzügler(in) *m(f);* (*dawdler*) Trödler(in) *m(f) pej fam,* Bummelant(in) *m(f) pej fam*

lag·ging ['lægɪŋ] *n* Isolierung *f;* **a thick layer of** ~ eine dicke Isolierschicht

la·goon [lə'gu:n] *n* Lagune *f*

lah-di-dah [ˌlɑ:dɪ'dɑ:, AM -di:'-] *adj* (*pej dated*) affektiert, geziert, gekünstelt

laid [leɪd] *pt, pp of* **lay**

laid-'back *adj* (*fam: relaxed*) locker; (*calm*) gelassen

lain [leɪn] *pp of* **lie**

lair [leəʳ, AM ler] *n* ❶ HUNT Lager *nt fachspr; of a fox* Bau *m; of small animals* Schlupfwinkel *m* ❷ (*hiding place*) Unterschlupf *m,* Schlupfwinkel *m oft pej*

laird [leəd] *n* SCOT Gutsherr *m,* Gutsbesitzer *m*

lais·sez-faire [ˌleɪseɪ'feəʳ, AM ˌleser'fer] POL **I.** *n no pl* Laissez-faire *nt geh* **II.** *n modifier* Laissez-faire- *geh*

la·ity ['leɪəti, AM *also* -əṭi] *n no pl, + sing/pl vb* REL ■**the** ~ die Laien *mpl*

lake [leɪk] *n* ❶ (*body of fresh water*) See *m;* **the L~ District** BRIT der Lake District (*Seengebiet im Nordwesten Englands*)*;* **the Lady of the L~** LIT die Herrin vom See (*Fee in der Artus-Legende*)*;* **the Great L~s** AM die Großen Seen (*zwischen den USA und Kanada*) ❷ BRIT ECON (*fig, pej: surplus stores*) [flüssiger] Lagerbestand

'lake dwell·ing *n* HIST Pfahlbau *m* **'lake·side** *adj attr, inv* am See *nach n*

la-la land ['lɑ:lɑ:lænd] *n no pl* AM (*fam*) ■**to be out in** ~ verrückt sein [*o fam* spielen] *fam,* völlig gaga sein *fam;* **to enter** ~ verrückt werden *fam,* durchdrehen *fam*

lam [læm] **I.** *n* AM (*sl*) **to be on the** ~ gesucht werden, auf der Flucht sein; **she is on the** ~ **from her husband** ihr Mann ist hinter ihr her [*o* verfolgt sie]; **to take it on the** ~ türmen *fam,* die Fliege machen *fam* **II.** *vt* <-mm-> (*fam*) ■**to** ~ **sb** jdn vermöbeln *oft hum sl* [*o fam* verdreschen]; ~ **him on the head!** gib ihm eins auf die Birne! *fam* **III.** *vi* <-mm-> ■**to** ~ **into sb** (*attack brutally*) auf jdn eindreschen *fam;* (*attack verbally*) jdn zur Schnecke machen *fam*

lama ['lɑ:mə] *n* REL Lama *m*

La·ma·ism ['lɑ:məɪzᵊm] *n no pl* REL Lamaismus *m*

lamb [læm] **I.** *n* ❶ (*young sheep*) Lamm *nt;* (*fig*) Schatz *m fam*

2 *no pl* FOOD (*meat*) Lamm[fleisch] *nt;* **roast of ~** Lammbraten *m* ▸ PHRASES: **to go like a ~ to the slaughter** sich *akk* wie ein Lamm zur Schlachtbank führen lassen *geh* **II.** *n modifier* (*bones, meat*) Lamm-; **~ chop** Lammkotelett *nt* **III.** *vi* lammen, ein Lamm werfen

lam·ba·da [læm'bɑːdə] *n* (*dance*) Lambada *f o m*

lam·bast(e) [læm'bæst] *vt* ■**to ~ sb** jdn heftig kritisieren [*o fam* fertigmachen]; **his novel was well and truly ~ed by the critics** sein Roman wurde von den Kritikern wahrhaft in der Luft zerrissen

lam·bent ['læmbənt] *adj* (*liter*) 1 (*shining softly*) [sanft] leuchtend; **in the ~ glow of the candles** im Schimmer des Kerzenlichts 2 (*witty*) **~ wit** (*lightly brilliant*) sprühender Witz

lamb·ing sea·son *n* Lammungszeit *f*

lamb·like *adj* sanftmütig, lammfromm **Lamb of 'God** *n* REL Lamm *nt* Gottes **'lamb·skin I.** *n* Lammfell *nt* **II.** *n modifier* Lammfell- **lamb's 'let·tuce** *n no pl* Feldsalat *m* **'lambs·wool I.** *n no pl* Lammwolle *f,* Lambswool *f fachspr* **II.** *n modifier* (*clothing, pullover, scarf*) Lambswool-

lame [leɪm] *adj* 1 (*crippled*) lahm; **to go ~** lahm werden 2 (*weak*) lahm *pej fam;* **a ~ argument** ein schwaches Argument; **a ~ excuse** eine lahme Ausrede *pej fam* ▸ PHRASES: **to help a ~ dog over a stile** *esp* BRIT einem Bedürftigen/einer Bedürftigen unter die Arme greifen; **Sam's always helping ~ dogs over stiles** Sam ist immer da, wenn jemand Hilfe braucht

lamé ['lɑːmeɪ, AM læm'eɪ] FASHION **I.** *n no pl* Lamé *m* **II.** *n modifier* Lamé- **'lame-brain** *n* AM (*pej fam*) Blödian *m pej fam,* Armleuchter *m pej sl,* Schwachkopf *m pej* **'lame-brained** *adj* AM (*pej fam*) unterbelichtet *sl,* duss[e]lig *fam; idea, plan, suggestion* schwachsinnig *fam* **lame 'duck** *n* 1 (*fam: ineffective person*) Niete *f fam,* Loser(in) *m(f) sl* 2 AM POL *nicht wiedergewählte(r), aber noch amtierende(r) Politiker(in)* 3 BRIT ECON unrentable Firma **'lame-duck** [ˌleɪm'dʌk] *adj attr government, management* ineffektiv

lame·ly ['leɪmli] *adv* lahm *fam;* **to walk ~** hinken

lame·ness ['leɪmnəs] *n no pl* 1 (*crippled condition*) Lähmung *f* 2 (*weakness*) Lahmheit *f,* Schwäche *f*

la·ment [lə'ment] **I.** *n* MUS, LIT Klagelied *nt,* Klagegesang *m* (**for** über +*akk*) **II.** *vt* (*a. iron*) ■**to ~ sth** über etw *akk* klagen, etw beklagen *geh;* ■**to ~ sb** um jdn trauern; **the late ~ed Frank Giotto** der kürzlich verstorbene Frank Giotto **III.** *vi* ■**to ~ over sth** etw beklagen *geh*

la·men·table [lə'mentəbl̩, AM -t̬-] *adj* beklagenswert, bedauerlich; *piece of work* erbärmlich, jämmerlich schlecht

la·men·tably [lə'mentəbli, AM -t̬-] *adv* beklagenswert, erbärmlich

la·men·ta·tion [ˌlæmen'teɪʃən, AM -ən'-] *n* 1 (*regrets*) Wehklage *f geh* 2 *no pl* (*act of mourning*) [Weh]klagen *nt geh;* (*act of wailing*) Jammern *nt;* **voices were raised in ~** die Stimmen erhoben sich zu einem Wehklagen *geh* 3 REL (*bible*) [**the book of**] **L~s** + *sing vb* die Klagelieder *pl* Jeremias

lami·nate I. *n* ['læmɪnət, AM -nɪt] Laminat *nt,* Schichtpressstoff *m;* **~ glass** Verbundglas *nt;* **~ plastic** ≈ Resopal® *nt;* **~ wood** Sperrholz *nt* **II.** *vt* ['læmɪneɪt] ■**to ~ sth** etw beschichten [*o fachspr* laminieren] **III.** *adj* ['læmɪnət, AM -nɪt] *attr, inv* laminiert *fachspr,* beschichtet

lami·nat·ed ['læmɪneɪtɪd, AM -t̬-] *adj inv* geschichtet, lamelliert *fachspr;* (*covered with plastic*) beschichtet, laminiert *fachspr;* **~ glass** Verbundglas *nt;* **~ plastic** ≈ Resopal® *nt;* **~ wood** Sperrholz *nt*

lam·ing·ton ['læmɪŋtən] *n* AUS *Biskuitkuchen mit Schokoladenüberzug und Kokosnuss*

lamp [læmp] *n* Lampe *f;* **bedside ~** Nachttischlampe *f;* **street ~** Straßenlaterne *f;* **infrared ~** Infrarotlampe *f*

'lamp·light *n no pl* Lampenlicht *nt;* **to do sth by ~** etw bei Lampenlicht tun **'lamp light·er** *n* (*hist*) Laternenanzünder *m*

lam·poon [læm'puːn] **I.** *n* Spottschrift *f,* Schmähschrift *f* **II.** *vt* ■**to ~ sth/sb** etw/jdn verspotten [*o geh* verhöhnen]

'lamp·post *n* Laternenpfahl *m*

lam·prey ['læmpri] *n* ZOOL Neunauge *nt,* Lamprete *f;* **freshwater ~** Süßwasserneunauge *nt*

'lamp·shade *n* Lampenschirm *m* **'lamp·stand** *n* Lampenfuß *m*

LAN [læn] *n* COMPUT *abbrev of* **local area network** LAN *nt*

lance [lɑːn(t)s, AM læn(t)s] **I.** *n* MIL (*dated*) Lanze *f* **II.** *vt* MED ■**to ~ sth** etw aufschneiden

lance 'cor·po·ral *n* BRIT, AUS MIL Obergefreite(r) *m*

lanc·er ['lɑːn(t)səʳ, AM 'læn(t)sɚ] *n* MIL (*hist*) Lanzenreiter *m;* ■**the ~s** (*regiment*) die Lancer *pl*

lan·cet ['lɑːn(t)sɪt, AM 'læn-] *n* MED Lanzette *f*

'lan·cet arch *n* ARCHIT Lanzettbogen *m* **lan·cet 'win·dow** *n* ARCHIT Lanzettfenster *nt,* Spitzbogenfenster *nt*

land [lænd] **I.** *n* 1 *no pl* (*not water*) [Fest]land *nt;* **to have dry ~ under one's feet** festen Boden unter den Füßen haben; ■**by ~** auf dem Landweg; **to travel by ~** über Land fahren/reisen; ■**on ~** an Land 2 (*area of ground*) Grundstück *nt;* ■**sb's ~s** jds Ländereien *pl;* **building ~** Bauland *nt;* **farm ~** landwirtschaftliches Nutzland, Ackerland *nt;* **state ~[s]** AM staatlicher Grundbesitz; **waste ~** Brachland *nt,* Ödland *nt;* **private ~** Privatbesitz *m* 3 *no pl* AGR (*earth*) Land *nt;* (*sort*) Boden *m;* **arable ~** anbaufähiges Land; (*in agricultural use*) Ackerland *nt;* **back to the ~** zurück aufs Land; **to live off the ~** von selbsterwirtschafteten Produkten leben; **to work [on] the ~** das Land bebauen 4 (*nation*) Land *nt,* Nation *f* 5 AM (*euph: Lord*) **for ~'s sake** um Gottes Willen ▸ PHRASES: **to be in the ~ of the living** (*hum*) unter den Lebenden sein [*o geh* weilen] *hum;* **the L~ of the Midnight Sun** das Land der Mitternachtssonne; **a ~ of** [*or* **flowing with**] **milk and honey** ein Land, wo Milch und Honig fließt; **to be in the L~ of Nod** BRIT (*dated*) im Land der Träume sein; **the L~ of the Rising Sun** das Land der aufgehenden Sonne; **to see how the ~ lies** die Lage sondieren [*o fam* peilen] **II.** *n modifier* **~ agent** BRIT Grundstücksmakler(in) *m(f);* **~ crab** Landkrabbe *f;* MIL (*attack, force, manoeuvre*) Land-; **~-based** landgestützt **III.** *vi* 1 (*come down to earth*) landen; **to ~ at 10.00 a.m./on the moon** um 10 Uhr [vormittags]/auf dem Mond landen; **to come in to ~** zur Landung ansetzen 2 (*arrive by boat*) an Land gehen, anlegen, anlanden 3 (*end up*) landen; SPORTS landen, aufkommen; **to ~ on a square** (*in games*) auf einem Feld landen; **to ~ on one's feet** auf den Füßen landen; (*have luck*) [wieder] auf die Füße fallen; **to ~ on the floor/ground** auf dem Boden landen 4 (*arrive*) landen *fam,* ankommen; *a blow, a punch* sitzen; **if his punch had ~ed ...** wenn sein Schlag getroffen hätte ... **IV.** *vt* 1 (*bring onto land*) **to ~ an aircraft/a plane** ein Flugzeug landen; **to ~ a boat** ein Boot an Land ziehen; **to ~ a plane on water** ein Flugzeug wassern, mit einem Flugzeug auf dem Wasser landen 2 (*unload*) ■**to ~ sth** etw an Land bringen; **to ~ a cargo** eine Ladung löschen; **to ~ fish [at the port]** Fisch anlanden; **to ~ passengers** Passagiere von Bord [gehen] lassen; **to ~ troops** Truppen anlanden 3 (*obtain*) ■**to ~ sth** *contract, offer, job* etw an Land ziehen *fam;* **to ~ a fish** einen Fisch an Land ziehen 4 (*burden*) ■**to ~ sb with sth** jdm etw aufhalsen *fam;* **I've been ~ed with the job of sorting out his mistakes** mir hat man es aufgehalst, seine Fehler auszubügeln *fam;* ■**to be ~ed with sb** jdn auf dem Hals haben *fam* 5 (*place*) ■**to ~ sb in sth** jdn in etw *akk* bringen; **it ~ed some of the protesters in jail** es brachte einige der Demonstranten ins Gefängnis; **to ~ sb in serious trouble** jdn in ernsthafte Schwierigkeiten bringen ▸ PHRASES: **to ~ sb/oneself in hot** [*or* **deep**] **water** jdn/sich *akk* selbst in große Schwierigkeiten bringen

◆**land up** *vi* (*fam*) 1 (*reach unplanned goal*) ■**to ~ up somewhere** irgendwo landen *fam;* **we never expected to ~ up in Athens** wir hatten nie damit gerechnet, in Athen zu landen *fam* 2 (*reach unpleasant situation*) enden; **to ~ up**

L

jobless and penniless ohne Arbeit und einen Pfennig Geld enden; ■**to ~ up doing sth** schließlich etw tun
'land-based *adj inv* MIL landgestützt
land·ed ['lændɪd] *adj attr, inv* **the ~ class** + *sing/pl vb* die Großgrundbesitzer *pl;* **~ family** + *sing/pl vb* Familie *f* mit Grundbesitz; **the ~ gentry** + *sing/pl vb* der Landadel
'land·fall *n* NAUT (*first land reached*) Landungsort *m;* (*sighting*) Sichten *nt* von Land; **to make ~** Land erreichen **'land·fill I.** *n* ❶ *no pl* (*waste disposal*) Geländeanfüllung *f* (*mit Müll*), Bodenanfüllung *f* ❷ (*site*) Deponiegelände *nt* ❸ *no pl* (*waste*) Müll *m;* **to use sth as ~** etw zur Geländeanfüllung [*o* Bodenanfüllung] nutzen **II.** *n modifier* **~ site** Deponiegelände *nt*
'land forces *npl* MIL Landstreitkräfte *pl* **'land·hold·er** *n* Landbesitzer(in) *m(f),* Grundbesitzer(in) *m(f);* (*tenant*) Pächter(in) *m(f)* **'land·hold·ing** *n* Landbesitz *m kein pl,* Grundbesitz *m kein pl*
land·ing ['lændɪŋ] *n* ❶ (*staircase space*) Treppenabsatz *m;* **to be/stand on the ~** auf dem Treppenabsatz stehen ❷ (*aircraft touchdown*) Landung *f;* **crash ~** Bruchlandung *f;* **bumpy/smooth ~** holprige/weiche Landung; **to make a ~** landen; **to make an emergency ~** notlanden ❸ (*nautical landfall*) Landung *f* ❹ SPORTS (*coming to rest*) Landung *f*
'land·ing card *n* Einreiseformular *nt* **'land·ing craft** *n* MIL Landungsboot *nt* **'land·ing field** *n* Landeplatz *m* **'land·ing gear** *n* AVIAT Fahrgestell *nt;* **to lower the ~** das Fahrgestell ausfahren **'land·ing lights** *npl* Landebahnbeleuchtung *f kein pl* **'land·ing net** *n* Kescher *m* **'land·ing stage** *n* Landungssteg *m,* Landungsbrücke *f* **'land·ing strip** *n* Landebahn *f*
'land·lady *n* ❶ (*house owner*) Hausbesitzerin *f;* (*renting out houses*) Vermieterin *f;* (*renting out flats also*) Hauswirtin *f* ❷ (*of pub or hotel*) [Gast]wirtin *f* ❸ (*of a boarding house*) Pensionswirtin *f,* Zimmerwirtin *f*
land·less ['lændləs] *adj inv* ohne Landbesitz *nach n,* landlos
'land·locked *adj inv* von Land umgeben [*o* umschlossen]; **~ country** Binnenstaat *m* **'land·lord** *n* ❶ (*house owner*) Hausbesitzer *m;* (*renting out housing*) Vermieter *m;* (*renting out flats also*) Hauswirt *m* ❷ (*of pub or hotel*) [Gast]wirt *m* ❸ (*of boarding house*) Pensionswirt *m,* Zimmerwirt *m* **land·lub·ber** *n* (*dated sl*) Landratte *f oft hum fam* **'land·mark** *n* ❶ (*point of recognition*) Erkennungszeichen *nt* ❷ (*noted site*) Wahrzeichen *nt* ❸ (*important event*) Meilenstein *m geh,* Markstein *m;* **a ~ in the history of the computer** ein Meilenstein *m* in der Geschichte des Computers *geh* **'land·mark case** *n,* **'land·mark de·ci·sion** *n* LAW grundlegender Fall **'land·marked** *adj inv* AM (*listed*) unter Denkmalschutz stehend *attr,* denkmalgeschützt; **~ building** denkmalgeschütztes Gebäude **'land·mass** *n* Landmasse *f* **'land·mine** *n* MIL Landmine *f* **'land of·fice** AM **I.** *n* (*old*) Grundbuchamt *nt,* Liegenschaftsamt *nt* **II.** *adj attr, inv* (*fam*) **to do a ~ business** ein Bombengeschäft machen *fam* **'land·own·er** *n* Grundbesitzer(in) *m(f)* **'land·own·ing** *adj attr, inv* mit Grundbesitz *nach n;* **~ family** Familie *f* mit Grundbesitz **'land-poor** *adj* AM *sich im Besitz von Land befinden und gleichzeitig über mangelndes Umlaufvermögen verfügen* **'land re·form** *n* Bodenreform *f* **'land route** *n* Landweg *m* **'Land Rov·er®** *n* Landrover® *m*
'land·scape I. *n* ❶ (*country scenery*) Landschaft *f;* **urban ~** Stadtlandschaft *f* ❷ (*painting*) Landschaft *f,* Landschaftsgemälde *nt;* **I prefer ~s to portraits** mir gefallen Landschaftsbilder besser als Porträts **II.** *adj attr, inv* ❶ (*relating to landscapes*) Landschafts-; **~ painter** Landschaftsmaler(in) *m(f)* ❷ TYPO (*printing format*) **in ~ format** im Querformat **III.** *vt* ■**to ~ sth** etw [landschafts]gärtnerisch gestalten **land·scape 'archi·tect** *n* Landschaftsarchitekt(in) *m(f)* **land·scape 'archi·tec·ture** *n no pl* Landschaftsgärtnerei *f* **land·scape 'gar·den·er** *n* Landschaftsgärtner(in) *m(f)* **land·scape 'gar·den·ing** *n no pl* Landschaftsgärtnerei *f* **'land·scap·er** *n* AM Landschaftsarchitekt(in) *m(f)*
'land·slide I. *n* ❶ (*of earth, rock*) Erdrutsch *m* ❷ (*majority*) Erdrutsch[wahl]sieg *m;* **a Liberal ~** ein überwältigender Sieg der Liberalen; **to win by a ~** mit einer überwältigenden Mehrheit siegen **II.** *adj attr, inv* **~ victory** Erdrutsch[wahl]sieg *m,* überwältigender Sieg **'land·slip** *n* NBRIT GEOG Erdrutsch *m* **'land tax** *n* Grundsteuer *f* **'land ten·ure** *n no pl* Landpacht *f,* Grundstückspacht *f* **'land use I.** *n no pl* GEOG (*local*) Flächennutzung *f;* (*national*) Bodennutzung *f* **II.** *n modifier* (*data, map, survey*) Flächennutzungs-/Bodennutzungs- **'land-use plan·ning** *n no pl,* **'land-use poli·cy** *n* Flächennutzungsplanung *f* **land·ward I.** *adj* land[ein]wärts [gelegen]; **the ~ side** die Landseite **II.** *adv* land[ein]wärts; **to head ~** in Richtung Land fahren
lane [leɪn] *n* ❶ (*narrow road*) Gasse *f,* enge Straße; **I live at the end of Church L~** ich wohne am Ende der Church Lane; **country ~** schmale Landstraße; **a winding ~** ein gewundener Weg ❷ (*marked strip*) [Fahr]spur *f,* Fahrbahn *f;* SPORTS Bahn *f;* **in ~s 4 and 6** auf den Bahnen 4 und 6; **bus ~** Busspur *f;* **cycle ~** Fahrradweg *m;* **in the fast/middle ~** auf der Überholspur/mittleren Spur; **HOV** [*or* **high-occupancy vehicle**] **~** *esp* AM Sonderspur *f* für stark besetzte Autos; **to run on the inside/outside ~** auf der Innen-/Außenbahn laufen; **the northbound ~** die Spur nach Norden; **in the slow ~** (*in Britain*) auf der linken Spur; (*on the continent*) auf der rechten Spur; **to change ~s** die Spur wechseln ❸ (*air route*) Flugroute *f;* (*sea route*) **shipping ~** Schifffahrtsweg *m*
lan·guage ['læŋgwɪdʒ] *n* ❶ (*of nation*) Sprache *f;* **she speaks four ~s fluently** sie spricht vier Sprachen fließend; **artificial ~** Kunstsprache *f;* **the English/German ~** die englische/deutsche Sprache, Englisch/Deutsch *nt;* **a foreign ~** eine Fremdsprache; **sb's native ~** jds Muttersprache ❷ *no pl* (*words*) Sprache *f;* (*style of expression*) Ausdrucksweise *f,* Sprache *f;* **her ~ was absolutely appalling!** ihre Sprache war wirklich schockierend!; **~, Robert!** wie sprichst du denn, Robert!; **bad ~** Schimpfwörter *ntpl;* **formal/spoken/written ~** gehobene/gesprochene/geschriebene Sprache; **to mind one's ~** aufpassen, was man sagt ❸ (*of specialist group*) Fachsprache *f;* **legal ~** Rechtssprache *f;* **technical ~** Fachsprache *f;* (*individual expressions*) Fachausdrücke *mpl* ❹ COMPUT [**computer programming**] **~** Programmiersprache *f* ▸ PHRASES: **to speak** [*or* **talk**] **the same ~** die gleiche Sprache sprechen *fig*
'lan·guage ac·qui·si·tion *n no pl* Spracherwerb *m* **'lan·guage course** *n* Sprachkurs *m* **'lan·guage lab** *n* (*fam*) *short for* **language laboratory** Sprachlabor *nt* **'lan·guage la·bora·tory** *n* Sprachlabor *nt* **'lan·guage learn·ing** *n no pl* Erlernen *nt* von Fremdsprachen
lan·guid ['læŋgwɪd] *adj* (*liter*) ❶ (*without energy*) träge, matt; **a ~ wave of the hand** eine lässige Handbewegung ❷ (*unenthusiastic*) gelangweilt
lan·guid·ly ['læŋgwɪdli] *adv* ❶ (*limply*) träge ❷ (*unenthusiastically*) gelangweilt
lan·guish ['læŋgwɪʃ] *vi* ❶ (*remain*) schmachten *geh;* **the ruling party is ~ing in third place in the opinion polls** die Regierungspartei liegt bei den Meinungsumfragen [weit] abgeschlagen auf dem dritten Platz; **to ~ in jail** im Gefängnis schmoren *fam;* **to ~ in obscurity** in der Bedeutungslosigkeit dahindümpeln *fam;* **to ~ in poverty** in Armut darben *geh* ❷ (*grow weak*) verkümmern; **the project ~ed and was soon abandoned** das Projekt wurde vernachlässigt und schlief bald ein ❸ (*liter: long*) ■**to ~ for sth** sich *akk* nach etw *dat* sehnen
lan·guish·ing ['læŋgwɪʃɪŋ] *adj* schmachtend *oft iron,* sehnsuchtsvoll *geh;* **~ look** schmachtender Blick *oft iron;* **~ sigh** sehnsüchtiger Seufzer, sehnsuchtsvolles Seufzen *geh*
lan·guor ['læŋgəʳ, AM -ɚ] *n no pl* (*liter: pleasant*) wohlige Müdigkeit, Schläfrigkeit *f;* (*unpleasant*) Mattigkeit *f;* **the ~ of a siesta on a hot summer afternoon** die träge Stille während einer Siesta an einem heißen Sommernachmittag
lan·guor·ous ['læŋgərəs] *adj* (*liter*) *afternoon* träge; *feeling*

wohlig; *look* verführerisch; *music* getragen

lan·guor·ous·ly [ˈlæŋɡərəsli] *adv* wohlig; **to speak** ~ mit schläfriger Stimme sprechen

lank [læŋk] *adj* ❶ (*hanging limply*) *hair* strähnig ❷ (*tall and thin*) *person* hager

lanky [ˈlæŋki] *adj* hoch aufgeschossen, schlaksig *sl*

lano·lin(e) [ˈlænᵊlɪn, AM -əlɪn] *n no pl* Lanolin *nt*

lan·tern [ˈlæntən, AM -t̬ɚn] *n* ❶ (*light*) Laterne *f;* **Chinese** ~ Lampion *m;* **paper** ~ Papierlaterne *f* ❷ ARCHIT Laterne *f*

lan·tern jaw *n* eingefallene Wangen; **to have a** ~ hohlwangig sein

ˈlan·tern-jawed *adj* hohlwangig

lan·yard [ˈlænjəd, AM -ɚd] *n* ❶ (*short cord*) Kordel *f;* (*for gun*) Abzugsleine *f* ❷ NAUT Taljereep *nt*

Lao [laʊ] *n, adj see* **Laotian**

Laos [ˈleɪɒs, AM laʊs] *n* Laos *nt*

Lao·tian [leɪˈaʊʃᵊn, AM -ˈoʊ-] **I.** *adj* laotisch **II.** *n* ❶ (*person*) Laote, -in *m, f* ❷ (*language*) Laotisch *nt kein pl*

lap¹ [læp] *n* (*also of dress*) Schoß *m;* **to sit on sb's** ~ auf jds Schoß sitzen; **to dump** [*or* **drop**] [*or* **deposit**] **sth in sb's** ~ (*fig*) etw bei jdm abladen *fig* ▶ PHRASES: **in the** ~ **of the gods** BRIT in Gottes Hand; **to live in the** ~ **of luxury** ein Luxusleben führen; **to drop** [*or* **fall**] **into sb's** ~ jdm in den Schoß fallen *fig*

lap² [læp] **I.** *n* ❶ SPORTS Runde *f;* ~ **of honour** Ehrenrunde *f;* **to do** [*or* **take**] **a** ~ [**of honour**] BRIT eine Ehrenrunde drehen; **on the last** ~ in der letzten Runde ❷ (*fig: stage*) Etappe *f;* **the next** ~ **of journey took us from Singapore to Bangkok** die nächste Etappe unserer Reise führte uns von Singapur nach Bangkok; **to be on the last** ~ [**of sth**] kurz vor dem Ziel [einer S. *gen*] stehen **II.** *vt* <-pp-> ❶ (*overtake*) ■ **to** ~ **sb** jdn überrunden ❷ *usu passive* (*liter: wrap*) ■ **to be** ~**ped in sth** in etw *akk* gehüllt sein; **to be** ~**ped in luxury** in Luxus gebettet sein *geh* **III.** *vi* ❶ (*in car racing*) eine Runde drehen; **he is currently** ~**ping in 4 minutes 52 seconds** seine Rundenzeit beträgt derzeit 4 Minuten 52 Sekunden ❷ (*project*) ■ **to** ~ **over sth** über etw *akk* hängen; **these tiles** ~ **over the ones below** die obere Dachziegelreihe überlappt die untere

lap³ [læp] **I.** *vt* ■ **to** ~ **sth** ❶ (*drink*) etw lecken [*o* SÜDD, ÖSTERR schlecken] ❷ (*hit gently*) *waves* [sanft] gegen etw *akk* schlagen **II.** *vi* ■ **to** ~ **against sth** *waves* [sanft] gegen etw *akk* schlagen

◆ **lap up** *vt* ■ **to** ~ **sth** ↻ **up** ❶ (*drink*) etw [auf]lecken [*o* SÜDD, ÖSTERR [auf]schlecken] ❷ (*fig fam: accept eagerly*) etw [gierig] aufsaugen *fig;* **shoppers have been** ~**ping up the bargains since Monday** seit Montag stürzen sich die Einkäufer auf die Sonderangebote; **he** ~**ped up the praise** er sonnte sich im Lob, das Lob ging ihm runter wie Öl *fam*

ˈlap belt *n* Beckengurt *m* **ˈlap dance** *n* Lap-dance *m* **ˈlap danc·er** *n* Lap-dancer *m* **ˈlap danc·ing** *n* Lap-dancing *nt kein pl* **ˈlap·dog** *n* ❶ (*small dog*) Schoßhündchen *nt* ❷ (*fig: person*) Marionette *f fig,* Spielball *m fig;* **he's just her** ~ er steht ganz einfach unter ihrem Pantoffel *fam*

la·pel [ləˈpel] *n* Revers *nt,* Kragenaufschlag *m;* **to grab sb by the** ~**s** jdn am Kragen packen

la·ˈpel badge *n* BRIT Namensschild *nt*

la·pis lazu·li [ˌlæpɪsˈlæzjʊli, AM -zəli] *n* ❶ (*gemstone*) Lapislazuli *m* ❷ (*colour*) Ultramarin *nt kein pl; of eyes* tiefes Blau

Lap·land [ˈlæplænd] *n* Lappland *nt*

Lap·land·er [ˈlæplændəʳ, AM -ɚ] *n* Lappländer(in) *m(f)*

Lapp [læp] **I.** *n* ❶ (*person*) Lappe, -in *m, f pej* ❷ *no pl* (*language*) Lappländisch *nt* **II.** *adj* lappländisch

Lapp·ish [ˈlæpɪʃ] **I.** *n* Sami *nt kein pl* **II.** *adj* lappländisch

lapse [læps] **I.** *n* ❶ (*mistake*) Versehen *nt,* [kleiner] Fehler, Lapsus *m geh;* (*moral*) Ausrutscher *m fam,* Fehltritt *m;* ~ **of attention/concentration** Aufmerksamkeits-/Konzentrationsmangel *m;* ~ **of judgement** Fehleinschätzung *f;* ~ **of memory** Gedächtnislücke *f* ❷ *no pl* (*of time*) Zeitspanne *f,* Zeitraum *m;* **after a** ~ **of a few days/hours** nach Verstreichen einiger Tage/Stunden **II.** *vi* ❶ (*fail*) *attention, concentration* abschweifen; *quality, standard* nachlassen, sich *akk* verschlechtern; **to** ~ **into bad habits** schlechte Angewohnheiten annehmen; **to** ~ **into crime** in die Kriminalität abrutschen; **to** ~ **back into old habits** in alte Angewohnheiten zurückverfallen ❷ (*end*) ablaufen; *contract also* erlöschen; *subscription* auslaufen ❸ (*pass into*) ■ **to** ~ **into sth** in etw *akk* verfallen; (*revert to*) ■ **to** ~ [**back**] **into sth** in etw *akk* zurückfallen; **to** ~ **into a coma/unconsciousness** ins Koma/in Ohnmacht fallen; **to** ~ **into one's native dialect** in seinen Dialekt verfallen; **to** ~ **into silence** in Schweigen verfallen; **the meeting** ~**d into silence** Schweigen senkte sich über die Versammlung ❹ (*cease membership*) austreten

lapsed [læpst] *adj attr, inv* ❶ (*no longer involved*) ~ **Catholic** abtrünniger Katholik/abtrünnige Katholikin, vom Glauben abgefallener Katholik/abgefallene Katholikin; **a** ~ **member** ein ehemaliges Mitglied ❷ (*discontinued*) *policy, subscription* abgelaufen

ˈlap·top *n,* **lap·top com·ˈput·er** *n* Laptop *m*

lap·wing [ˈlæpwɪŋ] *n* Kiebitz *m; see also* **peewit 1**

lar·cenous [ˈlɑːsᵊnəs, AM ˈlɑːrsə-] *adj esp* AM diebisch; ~ **activities** Diebstähle *mpl;* ~ **misuse** Veruntreuung *f,* Unterschlagung *f*

lar·ceny [ˈlɑːsᵊni, AM ˈlɑːrsəni] *n esp* AM JUR ❶ *no pl* (*crime*) Stehlen *nt,* Diebstahl *m* ❷ (*act*) Diebstahl *m*

larch <*pl* -es> [lɑːtʃ, AM lɑːrtʃ] *n* Lärche *f;* (*wood also*) Lärchenholz *nt kein pl*

lard [lɑːd, AM lɑːrd] **I.** *n no pl* Schweinefett *nt,* Schweineschmalz *nt;* **rendered** ~ **with cracklings** ausgelassenes Schmalz mit Grieben [*o* ÖSTERR Grammeln] **II.** *vt* ■ **to** ~ **sth** etw spicken *a. fig;* **her speech was** ~**ed with literary quotations** (*fig*) ihre Rede war mit literarischen Zitaten gespickt

lar·der [ˈlɑːdəʳ, AM ˈlɑːrdɚ] *n* Speisekammer *f;* **to stock up one's** ~ Lebensmittel hamstern

large [lɑːdʒ, AM lɑːrdʒ] **I.** *adj* ❶ (*in size*) groß; **the jacket needs to be a size** ~**r** die Jacke ist eine Nummer zu klein; **the world's** ~**st computer manufacturer** der weltgrößte Computerhersteller ❷ (*in quantity, extent*) groß, beträchtlich; **the attendance at the meeting was** ~**r than expected** die Versammlung war besser besucht als erwartet; **there was a** ~**r than expected fall in unemployment** die Arbeitslosenrate sank stärker als erwartet; **a** ~ **amount of work** viel Arbeit; **a** ~ **number of people/things** viele Menschen/Dinge; **the** ~**st ever** der/die/das bisher Größte [*o* Umfangreichste] [*o* Umfassendste] ❸ (*hum o euph: fat*) wohlbeleibt, korpulent *geh;* ~ **lady** mollige Frau *euph* ▶ PHRASES: **as** ~ **as life** in voller Lebensgröße; ~**r than life** überlebensgroß; (*fig*) *persons* aufgeschlossen; **by and** ~ im Großen und Ganzen **II.** *n* ❶ (*not caught*) ■ **to be at** ~ auf freiem Fuß sein ❷ (*in general*) ■ **at** ~ im Allgemeinen; **this issue needs to be debated by society at** ~ diese Frage muss in der breiten Öffentlichkeit diskutiert werden; **the country/world at** ~ das gesamte Land/die ganze Welt ❸ AM **ambassador at** ~ Sonderbotschafter(in) *m(f)*

large-ˈheart·ed *adj* großherzig *geh* **large in·ˈtes·tine** *n* Dickdarm *m*

large·ly [ˈlɑːdʒli, AM ˈlɑːrdʒ-] *adv* größtenteils, zum größten Teil, weitgehend

large-ˈmind·ed *adj* aufgeschlossen, tolerant

large·ness [ˈlɑːdʒnəs, AM ˈlɑːrdʒ-] *n no pl* ❶ (*size*) Größe *f;* (*extensiveness*) Umfang *m,* Ausmaß *nt* ❷ (*generosity*) Großzügigkeit *f*

ˈlarge-scale *adj esp attr* ❶ (*extensive*) umfangreich, weitreichend; **a** ~ **commercial enterprise/project** ein Großunternehmen *nt*/-projekt *nt;* ~ **manufacturer/producer** Großerzeuger *m*/-produzent *m* ❷ (*made large*) in großem Maßstab *nach n;* **a** ~ **map** eine Karte mit großem Maßstab; **a** ~ **model** eine Nachbildung in großem Maßstab

lar·gess(e) [lɑːˈʒes, AM lɑːrˈdʒes] *n no pl* Freigebigkeit *f,* Großzügigkeit *f*

larg·ish [ˈlɑːdʒɪʃ, AM ˈlɑːrdʒ-] *adj inv* ziemlich groß

lar·go [ˈlɑːgəʊ, AM ˈlɑːrgoʊ] MUS **I.** *adv* largo **II.** *adj* largo **III.** *n* Largo *nt*

lari·at [ˈlæriət, AM ˈler-] *n* Lasso *nt*

lark¹ [lɑːk, AM lɑːrk] *n* Lerche *f* ▶ PHRASES: **to get** [*or* **be**] **up with the** ~ mit den Hühnern aufstehen *hum*

lark² [lɑːk, AM lɑːrk] **I.** *n* ❶ *esp* BRIT (*fam: joke*) Spaß *m*, Ulk *m*; **for a** ~ aus Jux *fam*; **what a** ~**!** [*or* **what** ~**s!**] was für ein Spaß! ❷ BRIT (*pej fam: business*) Sache *f*, Zeug *nt fam*; **I've had enough of this commuting** ~ ich hab' genug von dieser ewigen Pendelei *fam* ▶ PHRASES: **blow** [*or* **bugger**] [*or* **sod**] [*or* **stuff**] **this for a** ~**!** BRIT (*fam!*) ich hab' die Schnauze [*o* Nase] [gestrichen] voll! *fam* **II.** *vi* (*fam*) ■**to** ~ **about** [*or* **around**] herumalbern, herumblödeln *fam*

lark·spur [ˈlɑːkspɜːʳ, AM ˈlɑːrkspɜːr] *n* Rittersporn *m*

lar·ri·kin [ˈlærɪkɪn] *n* AUS (*fam*) Lausbub *m meist euph fam*

Larry [ˈlæri] *n* ▶ PHRASES: **to be as happy as** ~ NZ vollkommen glücklich und zufrieden sein

lar·va <*pl* -vae> [ˈlɑːvə, AM ˈlɑːr-, *pl* -viː] *n* Larve *f*

lar·val [ˈlɑːvᵊl, AM ˈlɑːr-] *adj attr, inv* larval *fachspr*, Larven-; ~ **stage** larvales Stadium *fachspr*

lar·yn·geal [ləˈrɪndʒiəl] *adj inv* ❶ ANAT, MED Kehlkopf-, Larynx- *fachspr* ❷ LING kehlig; ~ **sound** kehliger Laut

la·ryn·ges [lærˈɪndʒiːz, AM ləˈrɪn-] *n pl of* **larynx**

lar·yn·gi·tis [ˌlærɪnˈdʒaɪtɪs, AM ˌlerɪnˈgaɪt̬-] *n no pl* Kehlkopfentzündung *f*, Laryngitis *f fachspr*

lar·ynx <*pl* -es *or* -ynges> [ˈlærɪŋks, *pl* lærˈɪndʒiːz, AM ˈler-, *pl* lerˈɪndʒiːz] *n* Kehlkopf *m*, Larynx *m fachspr*

la·sa·gna [ləˈzænjə], AM, AUS *a.* **la·sa·gne** [-ˈzɑːn-] *n* Lasagne *f*; (*pasta also*) Lasagneblätter *ntpl*; **meat/vegetable** ~ Fleisch-/Gemüselasagne *f*

las·civi·ous [ləˈsɪviəs] *adj* lüstern *geh*

las·civi·ous·ly [ləˈsɪviəsli] *adv* lüstern *geh*

las·civi·ous·ness [ləˈsɪviəsnəs] *n no pl* Lüsternheit *f*, Geilheit *f oft pej*

la·ser [ˈleɪzəʳ, AM -ɚ] *n* Laser *m*

ˈla·ser beam *n* Laserstrahl *m* **ˈla·ser disc** *n* Laserplatte *f* **ˈla·ser-guid·ed** *adj usu attr* lasergesteuert **ˈla·ser print·er** *n* Laserdrucker *m* **ˈla·ser print·ing** *n* Laserdruck *m* **ˈla·ser show** *n* Lasershow *f* **ˈla·ser treat·ment** *n* Laserbehandlung *f*

lash¹ <*pl* -es> [læʃ] *n* [Augen]wimper *f*

lash² [læʃ] **I.** *n* <*pl* -es> ❶ (*whip*) Peitsche *f*; (*flexible part*) Peitschenriemen *m*; ■**the** ~ Peitschenhiebe *mpl*, die Peitsche; **he could only make them work under threat of the** ~ er konnte sie nur zum Arbeiten bringen, indem er ihnen Peitschenhiebe androhte ❷ (*stroke of whip*) Peitschenhieb *m* ❸ (*fig: criticism*) scharfe [*o* herbe] Kritik; **to feel the** ~ **of sb's tongue** jds scharfe Zunge zu spüren bekommen; **to come under the** ~ Hiebe bekommen *fig*, herbe Kritik ernten ❹ (*sudden movement*) Peitschen *nt*, Hieb *m*; **with a powerful** ~ **of its tail, the fish jumped out of the net** der Fisch befreite sich mit einem kräftigen Schwanzschlag aus dem Netz **II.** *vt* ❶ (*whip*) ■**to** ~ **sb** [**with sth**] jdn [mit etw *dat*] auspeitschen ❷ (*strike violently*) ■**to** ~ **sth** gegen etw *akk* schlagen; **rain** ~**ed the windowpanes** der Regen prasselte gegen die Fensterscheiben; **storms** ~**ed the southern coast of Britain** Stürme fegten über die Südküste Großbritanniens hinweg ❸ (*strongly criticize*) ■**to** ~ **sb** heftige Kritik an jdm üben ❹ (*move violently*) **to** ~ **its tail** *animal* mit dem Schwanz schlagen ❺ (*tie*) ■**to** ~ **sb/sth to sth** jdn/etw an etw *dat* [fest]binden [*o* anbinden]; **to** ~ **two things together** zwei Dinge zusammenbinden **III.** *vi* ❶ (*strike*) ■**to** ~ **at sth** gegen etw *akk* schlagen; (*fig*) *rain, wave* gegen etw *akk* peitschen; ■**to** ~ **at sb** [**with sth**] auf jdn [mit etw *dat*] einschlagen ❷ (*move violently*) schlagen

◆**lash about, lash around** *vi* [wild] um sich *akk* schlagen

◆**lash down I.** *vt* ■**to** ~ **down** ◌ **sth** etw festbinden **II.** *vi* *rain* niederprasseln

◆**lash into** *vt* **to** ~ **sb into a frenzy** jdm [so richtig] einheizen *fam*; **to** ~ **sb into a fury** jdn aufpeitschen; **to** ~ **oneself into a fury** sich *akk* in einen Wutanfall hineinsteigern

◆**lash out I.** *vi* ❶ (*attack physically*) ■**to** ~ **out at sb** [**with sth**] [mit etw *dat*] auf jdn einschlagen ❷ (*attack verbally*) ■**to** ~ **out at sb** jdn scharf kritisieren, über jdn herfallen *fig fam*, auf jdn losgehen *fig fam*; (*criticize severely*) ■**to** ~ **out against sb** jdn heftig attackieren; ■**to** ~ **out against sth** gegen etw *akk* wettern *fam* ❸ BRIT, AUS (*fam: spend freely*) sich *dat* etw leisten; **we usually live quite cheaply, but we do** ~ **out occasionally** meist leben wir recht bescheiden, doch ab und zu leisten wir uns doch was; ■**to** ~ **out on sth** sich *dat* etw gönnen **II.** *vt* BRIT, AUS **to** ~ **out £500/$40** £500/$40 springen lassen *fam*; **he** ~**ed out £5000 on** [*or* **for**] **his daughter's wedding** er legte £5000 für die Hochzeit seiner Tochter auf den Tisch *fam*

lash·ing [ˈlæʃɪŋ] *n* ❶ (*whipping*) Peitschenhieb *m*; **to get a** ~ gepeitscht werden; **to give sb a** ~ jdn auspeitschen; **to give sb a tongue** ~ (*fig*) jdm ordentlich die Meinung sagen *fam*, jdm mal sagen, was Sache ist *fam*; **to give sb a verbal** ~ jdm eine verbale Ohrfeige verpassen ❷ BRIT (*hum dated: a lot*) ■~**s** *pl* reichlich; ~**s of cream** Berge von Schlagsahne [*o* ÖSTERR Schlagobers]; ~**s of drink** jede Menge zu trinken ❸ *usu pl* (*cord*) [Befestigungs]seil *nt*

lass <*pl* -es> [læs] *n esp* NBRIT, SCOT, **las·sie** [ˈlæsi] *n esp* NBRIT, SCOT ❶ (*fam: girl, young woman*) Mädchen *nt*; (*daughter*) Tochter *f*; (*sweetheart*) Mädchen *nt fam* ❷ (*fam: form of address*) Schatzi *nt a. pej fam*

las·si·tude [ˈlæsɪtjuːd, AM *esp* -tuːd] *n no pl* (*form*) Energielosigkeit *f*

las·so [læsˈuː, AM ˈlæsoʊ] **I.** *n* <*pl* -s *or* -es> Lasso *nt* **II.** *vt* ■**to** ~ **sb/an animal** jdn/ein Tier mit einem Lasso einfangen

last¹ [lɑːst, AM læst] *n* Leisten *m* ▶ PHRASES: **the cobbler should stick to his** ~ (*prov*) Schuster, bleib bei deinem Leisten *prov*

last² [lɑːst, AM læst] **I.** *adj inv* ❶ (*lowest in order, rank*) letzte(r, s); **the Mets will surely finish the season in** ~ **place** die Mets werden am Ende der Saison sicher Tabellenletzte sein; ■**to be** [*or* **come**] ~ (*in series*) als Letzte(r) *f(m)* kommen; (*in race, competition*) Letzte(r) *f(m)* werden; **to be** ~ **but one** [*or* **next to** ~] [*or* **second** [**to**] ~] Vorletzte(r) *f(m)* sein; **to be** ~ **but three/four** [*or* **third/fourth from** ~] Dritte(r) *f(m)*/Vierte(r) *f(m)* von hinten sein ❷ *attr* (*after all others*) ■**the** ~ **...** der/die/das letzte ...; **our house is the** ~ **one on the left before the traffic lights** unser Haus ist das Letzte links vor der Ampel; **do you mind if I have the** ~ **chocolate?** macht es dir was aus, wenn ich die letzte Schokolade esse?; **they caught the** ~ **bus** sie nahmen den letzten Bus; **to the** ~ **man** bis auf den letzten Mann; ~ **thing at night** am Abend vor dem Schlafengehen; **down to the** ~ **sth** bis auf der/die/das letzte; **he has calculated the costs down to the** ~ **penny** er hat die Kosten bis auf den letzten Penny berechnet; [**down**] **to the** ~ **detail** bis ins kleinste Detail; **it was all planned down to the** [**very**] ~ **detail** es war bis ins kleinste Detail geplant; **to be the** ~ **one to do sth** etw als Letzte(r) tun; **she was the** ~ **one to arrive** sie kam als Letzte an ❸ *attr* (*final*) letzte(r, s); **I'll give you one** ~ **chance** ich gebe dir eine letzte Chance; **this is the** ~ **time I do him a favour** das ist das letzte Mal, dass ich ihm einen Gefallen tue; **that's my** ~ **word on the subject** das ist mein letztes Wort zu diesem Thema; **as a** [*or* BRIT *a.* **in the**] ~ **resort** im äußersten Notfall; **British police are supposed to use guns only as a** ~ **resort** die britische Polizei soll die Waffen nur im äußersten Notfall einsetzen; **to have the** ~ **word** das letzte Wort haben ❹ *attr* (*most recent*) letzte(r, s), vorigere(r, s); **when was the** ~ **time you had a cigarette?** wann hast du zum letzten Mal eine Zigarette geraucht?; **they haven't yet replied to my** ~ **letter** sie haben auf meinen letzten Brief noch nicht geantwortet; **these** ~ **five years have**

been very difficult for him diese letzten fünf Jahre waren sehr hart für ihn; **where were you ~ Sunday?** wo warst du letzten Sonntag?; **their ~ album** ihr letztes Album; **~ month/week/year** letzten Monat/letzte Woche/letztes Jahr; **they got married ~ November** sie heirateten letzten November; (*previous night*) **did you hear the storm ~ night?** hast du letzte Nacht den Sturm gehört?; (*yesterday evening*) **did you see the news on TV ~ night?** hast du gestern Abend die Nachrichten im Fernsehen gesehen?; **the week/year before ~** vorletzte Woche/vorletztes Jahr; (*form*) **your letter of Sunday ~** Ihr Brief von letztem Sonntag ❺ *attr* (*only remaining*) letzte(r, s); **I'm down to my ~ 50p** ich habe nur noch 50 Pence; **it's our ~ hope** das ist unsere letzte Hoffnung ❻ *attr* (*most unlikely*) ■**the ~ sb/sth** der/die/das Letzte; **she was the ~ person I expected to see** sie habe ich am allerwenigsten erwartet, mit ihr hätte ich am wenigsten gerechnet; **the ~ thing I wanted was to make you unhappy** das Letzte, was ich wollte, war, dich unglücklich zu machen; **he's the ~ person I want to see at the moment** er ist der Letzte, den ich im Moment sehen möchte; **the ~ thing sb needs** das Letzte, was jd braucht, jdm gerade noch fehlen; **the ~ thing she needed was a husband** was ihr gerade noch fehlte war ein Ehemann ▸PHRASES: **to have the ~ laugh** am längeren Ast sitzen; **the ~ laugh is on sb** jd hat den längeren Atem *fam;* **sth is on its ~ legs** (*fam*) etw gibt bald den Geist auf *fam,* etw fällt bald auseinander; **the foundry business was on its ~ legs** das Gießereigeschäft pfiff aus dem letzten Loch *sl;* **sb is on their ~ legs** (*fam: very tired*) jd ist fix und fertig *fam,* jd pfeift auf [*o* aus] dem letzten Loch *sl;* **we'd been out walking all day and I was on my ~ legs when we reached the hotel** wir wanderten den ganzen Tag, und ich war fix und fertig, als wir das Hotel erreichten; (*near to death*) jd macht es nicht mehr lange *fam;* **it looks as though her grandfather's on his ~ legs** es sieht so aus, als ob ihr Großvater es nicht mehr lange machen würde *fam;* **to do sth at the ~ minute** [*or* **moment**] etw in letzter Minute [*o fam* auf den letzten Drücker] tun; **at the ~ moment he changed his mind** im letzten Moment änderte er seine Meinung; **to leave sth till the ~ minute** [*or* [**possible**] **moment**] etw bis zur letzten Minute liegen lassen, mit etw *dat* bis zur letzten Minute warten; **he always leaves important decisions to the ~ possible moment** er schiebt wichtige Entscheidungen immer bis zum letzten Moment hinaus; **to wait till the ~ minute** [**to do sth**] [mit etw *dat*] bis zur letzten Minute warten; **to be the ~ straw** zu viel sein, das Fass zum Überlaufen bringen; **his affair was the ~ straw** seine Affäre brachte das Fass zum Überlaufen; **it's the ~ straw that breaks the camel's back** der Tropfen, der das Fass zum Überlaufen bringt; **to be the ~ word in sth** der letzte Schrei in etw *dat* sein; **digital audio is the ~ word in sound reproduction** digitales Radio ist der letzte Schrei in der Klangwiedergabe **II.** *adv inv* ❶ (*most recently*) zuletzt; **I ~ saw him three weeks ago** das letzte Mal sah ich ihn vor drei Wochen; **when did you have a cigarette ~** [*or* **~ have a cigarette**]? wann hast du das letzte Mal geraucht? ❷ (*after the others*) als Letzte(r, s); **the horse came in ~** das Pferd kam als Letzter ins Ziel; **to keep** [*or* **save**] **sth until ~** etw bis zum Schluss aufheben; **to leave sth/sb until ~** etw/jdn für den Schluss aufheben; **to wait until ~** bis zum Schluss warten ❸ (*lastly*) zuletzt, zum Schluss; **~, and most important ...** der letzte und wichtigste Punkt ...; **and ~, I'd like to thank you all for coming** und zum Schluss möchte ich Ihnen allen dafür danken, dass Sie gekommen sind; **~ but not** [*or* **by no means**] **least** nicht zu vergessen, nicht zuletzt ▸PHRASES: **at** [**long**] **~** zu guter Letzt, endlich; **I've finished my essay at ~** ich habe endlich meinen Essay fertig **III.** *n* <*pl* -> ❶ (*last person, thing*) ■**the ~** der/die/das Letzte; **she was the ~ of the great educational reformers** sie war die Letzte der großen Schulreformer; **the ~ but one** *esp* BRIT, AUS [*or* AM **the next to ~**] der/die/das Vorletzte; **I'm almost finished – this is the ~ but one box to empty** ich bin fast fertig – das ist die vorletzte Kiste, die ich ausräumen muss; ■**to be the ~ to do sth** als Letzte(r) *f(m)* etw tun; **why are you always the ~ to arrive?** warum kommst du immer als Letzter?; **why am I always the ~ to be told?** warum erfahre ich immer alles als Letzte/Letzter? ❷ (*previous one*) ■**the ~** der/die/das Vorige; **each new painting she does is better than the ~** jedes neue Bild, das sie malt, ist besser als das vorherige; **the ~ we heard of her, ...** als wir das letzte Mal von ihr hörten, ...; **the ~ we saw of her, ...** als wir sie das letzte Mal sahen, ... ❸ (*remainder*) ■**the ~** der letzte Rest; **that was the ~ of the real coffee** das war der letzte Rest Bohnenkaffee; **the ~ of the ice cream/strawberries** der letzte Rest Eis/Erdbeeren ❹ *usu sing* SPORTS (*last position*) letzter Platz; **Lion Cavern came from ~ in a slowly run race** Lion Cavern kam in einem langsamen Rennen von der letzten Stelle ❺ BOXING ■**the ~** die letzte Runde ❻ (*fam: end*) **the dying embers sparked their ~** die Funken verglühten; **you haven't heard the ~ of this!** das letzte Wort ist hier noch nicht gesprochen!; **we'll never hear the ~ of it if they win** wenn sie gewinnen, müssen wir uns das endlos anhören; **to see the ~ of sth** (*fam*) etw nie wiedersehen; **to the ~** (*form: until the end*) bis zum [bitteren] Ende *fam,* bis zuletzt; **I think my policy is right, and I'll defend it to the ~** ich glaube, meine Vorgangsweise ist richtig, und ich werde sie bis zuletzt verteidigen; **she is patriotic to the ~** sie ist eingefleischte Patriotin; **to breathe one's ~** den letzten Atemzug tun

last[3] [lɑːst, AM læst] **I.** *vi* ❶ (*go on for*) [an]dauern; **it was only a short trip, but very enjoyable while it ~ed** die Reise war zwar nur kurz, aber insgesamt sehr angenehm; **to ~ [for] a month/week** einen Monat/eine Woche dauern; **the rain is expected to ~ all weekend** der Regen soll das gesamte Wochenende anhalten ❷ (*endure*) halten; *enthusiasm, intentions* anhalten; **this is too good to ~** das ist zu gut, um wahr zu sein; **it's the only battery we've got, so make it ~** wir habe nur diese eine Batterie – verwende sie also sparsam; **her previous secretary only ~ed a month** ihre vorige Sekretärin blieb nur einen Monat; **you won't ~ long in this job if ...** du wirst diesen Job nicht lange behalten, wenn ...; **he wouldn't ~ five minutes in the army!** er würde keine fünf Minuten beim Militär überstehen!; **built to ~** für die Ewigkeit gebaut **II.** *vt* ■**to ~ sb** *supplies etc* [aus]reichen; *car, machine* halten; **we've only got enough supplies to ~ us a week** unsere Vorräte werden nur eine Woche reichen; **to ~ five years** fünf Jahre halten; **to ~ [sb] a lifetime** ein Leben lang halten; **if you look after your teeth they will ~ you a lifetime** wenn du deine Zähne gut pflegst, wirst du sie dein Leben lang behalten
◆**last out** *vi* ❶ (*survive*) durchhalten; **how long can they ~ out without food?** wie lange können sie ohne Nahrungsmittel überleben?; **many are too weak to ~ out the winter** viele sind zu schwach, um den Winter zu überleben; **do you think you can ~ out without going to the toilet until we get home?** glaubst du, dass du es noch aushältst, bis wir zu Hause sind?; (*continue to function*) halten ❷ *esp* BRIT, AUS (*be sufficient*) durchkommen; **try and make the cornflakes ~ out till I go shopping again** die Cornflakes sollten reichen, bis ich nochmal einkaufen gehe; **we've got enough petrol to ~ us out till we get to a garage** wir haben genug Benzin bis zur nächsten Tankstelle; **make sure you get in enough beer to ~ out the evening** kaufe genug Bier für den ganzen Abend

last 'call *n* AM (*last orders*) *letzte Bestellung kurz vor der Schließung eines Pubs;* **to call ~** die letzte Runde ausrufen

'last-ditch *adj attr* [aller]letzte(r, s); **a ~ attempt** [*or* **effort**] ein letzter [verzweifelter] Versuch **'last-gasp** *adj attr* (*fam*) in letzter Minute *nach n*

last·ing ['lɑːstɪŋ, AM 'læst-] *adj* dauerhaft, andauernd; **~ damage** dauerhafter Schaden; **a ~ effect** eine dauerhafte Wirkung;

L

the tablets make you feel better for a while but the effect isn't ~ durch die Tabletten fühlen Sie sich eine Zeitlang besser, aber die Wirkung hält nicht an; **a ~ impression** ein nachhaltiger Eindruck; **a ~ peace** ein dauerhafter Friede[n]

last·ly ['lɑːstli, AM 'læst-] *adv* schließlich

last-'min·ute *adj* in letzter Minute *nach n;* ~ **booking** Last-Minute-Buchung *f;* ~ **decision** Entscheidung *f* in letzter Minute

'last name *n* Nachname *m,* Familienname *m* **last 'or·ders** *n* BRIT *letzte Bestellung kurz vor der Schließung eines Pubs;* **to call** ~ die letzte Runde ausrufen **last 'post** *n* BRIT ■**the** ~ der Zapfenstreich **last 'rites** *n* REL ■**the** ~ die Letzte Ölung **Last 'Sup·per** *n* REL ■**the** ~ das Letzte Abendmahl **last 'will** *n* letzter Wille; ~ **and testament** letztwillige Verfügung, letzter Wille, Testament *nt*

lat [læt] *n abbrev of* **latitude**

latch [lætʃ] **I.** *n* Riegel *m;* **on the** ~ *door* eingeklinkt **II.** *vi* ❶ *esp* BRIT (*fam: understand*) ■**to** ~ **on [to sth]** [etw] kapieren *fam;* **they didn't immediately ~ on to what was happening** sie begriffen nicht sofort, was geschah ❷ (*fam: attach oneself to*) ■**to** ~ **on to sb/sth** sich *akk* an jdn/etw hängen; **she ~ed onto me** sie hing sich wie eine Klette an mich; **the antibodies work by ~ing onto proteins** die Antikörper wirken, indem sie sich an die Proteine hängen ❸ (*fam: take up*) ■**to** ~ **onto sth** an etw *dat* Gefallen finden ❹ SPORTS (*fam: take advantage of*) ■**to** ~ **onto sth** *pass, ball* etw übernehmen

'latch·key *n* Schlüssel *m,* Haustorschlüssel *m* **'latch·key child** *n* Schlüsselkind *nt*

late [leɪt] **I.** *adj* ❶ (*behind time*) [zu] spät, verspätet; **my bus/train was** ~ mein Bus/Zug hatte Verspätung; **sorry I'm** ~ tut mir leid, dass ich zu spät komme; **a ~ arrival** verspätete Ankunft; ■**to be ~ for sth** zu etw *dat* zu spät kommen ❷ (*in the day*) spät; **it's getting** ~ es wird spät; **is it too ~ to phone Jean?** kann man Jean um diese Uhrzeit noch anrufen?; **a ~ breakfast/lunch** ein spätes Frühstück/Mittagessen; **in the ~ morning/afternoon** am späten Vormittag/Nachmittag; ~ **news/train** Spätnachrichten *pl*/-zug *m;* **to keep ~ hours** lange offen halten ❸ *attr* (*towards end*) spät; **she made some ~ changes to the team** sie veränderte das Team noch nachträglich; **the ~ nineteenth century** das ausgehende [*o* späte] 19. Jahrhundert; ~ **October** Ende Oktober; ~ **summer/autumn** [*or* AM *a.* **fall**] Spätsommer *m*/-herbst *m;* **a ~ work by Brahms** ein spätes Stück von Brahms; **to be in one's ~ twenties/thirties** Ende zwanzig/dreißig sein ❹ *attr* (*deceased*) verstorben ❺ (*recent*) jüngste(r, s); **the ~ developments** die jüngsten Entwicklungen; **the ~ news** die neuesten Nachrichten **II.** *adv* ❶ (*after usual time*) spät; **the train arrived** ~ der Zug hatte Verspätung; **sorry, I'm running a bit ~ today** tut mir leid, ich bin heute etwas spät dran; **the rescuers arrived too ~ to save him** die Helfer kamen zu spät, um ihn zu retten ❷ (*at advanced time*) zu fortgeschrittener [*o* vorgerückter] Stunde; ~ **in the day/at night** am Spätnachmittag/späten Abend; ~ **in life** in fortgeschrittenem Alter; **he got his driver's licence ~ in life** er machte erst sehr spät den Führerschein; **to stay up** ~ lange aufbleiben; **to work** ~ Überstunden machen ❸ (*recently*) **as ~ as** noch; **they were using horses on this farm as ~ as the 1980s** auf dieser Farm arbeiteten sie bis in die achtziger Jahre mit Pferden; **of** ~ in letzter Zeit ❹ (*form: formerly*) ■~ **of** bis vor kurzem; **Dr. Averly, ~ of Newcastle General Hospital, ...** Herr Dr. Averly, der vor kurzem noch am Allgemeinen Krankenhaus von Newcastle tätig war, ... ▶ PHRASES: **it's rather ~ in the day to do sth** der Zug für etw *akk* ist schon beinahe abgefahren *fam,* es ist für etw *akk* beinahe schon zu spät

late- [leɪt] *in compounds* spät-

late 'bloom·er *n* AM, AUS (*late developer*) Spätzünder *m fig, hum fam* **'late·com·er** *n* Nachzügler(in) *m(f),* Zuspätkommende(r) *f(m)* **late de·'vel·op·er** *n* BRIT Spätzünder *m fig, hum fam*

late·ly ['leɪtli] *adv* ❶ (*recently*) kürzlich, in letzter Zeit ❷ (*short time ago*) kürzlich, vor kurzer Zeit; **until** ~ bis vor kurzem; **Dr. Averly, ~ of Newcastle General Hospital,** Herr Dr. Averly, der vor kurzem noch am Allgemeinen Krankenhaus von Newcastle tätig war, ...

late-mod·el 'car *n* neues Automodell

la·ten·cy ['leɪtᵊn(t)si] *n* Latenz *f geh;* ~ **period** Latenzzeit *f*

late·ness ['leɪtnəs] *n no pl* ❶ (*being delayed*) Verspätung *f;* **he made no apology for his** ~ er entschuldigte sich nicht dafür, dass er zu spät kam ❷ (*of time*) **the ~ of the hour meant that there were few buses running** da es schon sehr spät war, fuhren kaum noch Busse

'late-night *adj attr, inv* Spät-; ~**-night movie/TV show** Spätfilm *m*/-show *f;* ~ **shopping** *esp* BRIT Einkaufen *nt* am späten Abend

la·tent ['leɪtᵊnt] *adj inv* ❶ (*hidden*) verborgen; ~ **talent** verborgenes Talent ❷ SCI latent; ~ **heat** latente Wärme, Umwandlungswärme *f;* ~ **phase of a disease** latente Phase [*o* Latenzzeit *f*] einer Krankheit

lat·er ['leɪtəʳ, AM -ɚ] **I.** *adj comp of* **late** ❶ *attr* (*at future time*) *date, time* später; **the date on this copy of the will is ~ than the one on your copy** diese Kopie des Testaments ist später datiert als deine; **an earlier and a ~ version of the same text** eine ältere und eine neuere Version desselben Texts; **until a ~ date** auf später; **to postpone sth to a ~ date/time** etw auf einen späteren Tag/Zeitpunkt verschieben; **in ~ life** später im Leben; **at a ~ time** zu einem späteren Zeitpunkt ❷ *pred* (*less punctual*) später; **she is ~ than usual** sie ist später dran als gewöhnlich *fam* **II.** *adv comp of* **late** ❶ (*at later time*) später, anschließend; **I'll come back ~ when you're not so busy** ich komme später nochmals, wenn du mehr Zeit hast; **no ~ than nine o'clock** nicht nach neun Uhr; ~ **in the month/year** später im Monat/Jahr; **to postpone sth until** ~ etw auf später verschieben; **see you ~!, call you ~!** (*on phone*), **talk to you** ~ bis später!; ~ **on** später *fam;* **what are you doing ~ on this evening?** was machst du heute Abend noch? ❷ (*afterwards*) später, danach; **the man was first seen in the supermarket and ~ in the bank** der Mann wurde zuerst im Supermarkt und dann in der Bank gesehen

lat·er·al ['lætᵊrᵊl, AM -t̬ɚᵊl] *adj esp attr* seitlich, Seiten-, Neben-; ~ **forces** Fliehkraft *f;* ~ **thinking** unorthodoxes Denken

lat·er·al·ly ['lætᵊrᵊli, AM -t̬ɚ-] *adv* seitlich; **to think** ~ unorthodox denken

lat·est ['leɪtɪst, AM -t̬-] **I.** *adj superl of* **late** (*most recent*) ■**the ~ ...** der/die/das jüngste [*o* letzte] ...; **and now let's catch up with the ~ news** kommen wir nun zu den aktuellen Meldungen; **her ~ movie** ihr neuester Film; **the ~ craze** [*or* **fashion**] der letzte Schrei *fam* **II.** *n* **this is just the ~ of several crises to affect the department** das ist nur die letzte von mehreren Krisen, die die Abteilung schüttelten; **have you heard the ~?** hast du schon das Neueste gehört?; **the fashion show will introduce the ~ in evening wear with top models** bei der Modeschau werden die neuesten Modelle der Abendbekleidung von Top-Models präsentiert; (*most recent info*) **what's the ~ on that story?** wie lauten die neuesten Entwicklungen in dieser Geschichte?; ■**the ~ about sb** das Neueste über jdn **III.** *adv* **at the [very] ~** bis [aller]spätestens; **by Friday at the ~** bis spätestens Freitag; **we should arrive by 12 at the very ~** wir sollten bis allerspätestens um 12 Uhr dort sein

late-term a'bor·tion *n* Abtreibung *f* in fortgeschrittenem Stadium der Schwangerschaft

la·tex ['leɪteks] *n no pl* Latex *m*

la·tex 'paint *n* Latexfarbe *f*

lath [læθ] *n* Latte *f;* (*thin strip of wood*) Leiste *f*

lathe [leɪð] *n* Drehbank *f*

'lathe op·era·tor *n* Dreher(in) *m(f)*

lath·er ['lɑːðəʳ, AM 'læðɚ] **I.** *n no pl* ❶ (*soap bubbles*) [Seifen]schaum *m* ❷ (*sweat*) Schweiß *m;* (*on horses*) Schaum *m*

▶ PHRASES: **to be in a ~** aufgeregt [*o fam* [völlig] überdreht] sein; **to get [oneself] into a ~** sich *akk* aufregen; **don't get yourself into a ~!** reg dich nicht [so] auf! **II.** *vi* schäumen **III.** *vt* ■**to ~ oneself/sb** sich/jdn einseifen

lath·ery ['lɑːðəri, AM 'læðɚi] *adj* schaumig; **this shaving soap isn't very ~** dieser Rasierschaum schäumt nicht besonders stark

Lat·in ['lætɪn, AM -tən] **I.** *n* ❶ *no pl* (*language*) Latein *nt* ❷ (*Latin American*) Latino, Latina *m, f;* (*European*) Romane, -in *m, f* **II.** *adj* ❶ LING lateinisch ❷ (*of Latin origin*) Latein-; **~ alphabet** lateinisches Alphabet; **~ America** Lateinamerika *nt*

La·ti·na [lə'tiːnə] *n* AM Latina *f*

La·ti·no [lə'tiːnoʊ] *n* AM Latino *m*

lati·tude ['lætɪtjuːd, AM -t̬ətuːd, -tjuːd] *n* ❶ (*geographical*) Breite *f,* Breitengrad *m;* **the village lies just south of ~ 51 degrees 10 minutes North** der Ort liegt knapp südlich einer nördlichen Breite von 51 Grad 10 Minuten; **in these ~s** in diesen Breiten [*o* dieser Gegend] [*o* diesen Gegenden] ❷ (*form: freedom*) Freiheit *f;* **to show a certain/considerable degree of ~** einen gewissen/beträchtlichen Spielraum einräumen

lati·tu·di·nal [ˌlætɪ'tjuːdɪnəl, AM -t̬ə'tuː-, -tjuː-] *adj inv* Breiten-; **a ~ miscalculation** eine Fehlberechnung des Breitengrads

la·trine [lə'triːn] *n* Latrine *f*

lat·te ['lɑːteɪ] *n* Milchkaffee *m,* [Café] latte *m*

lat·ter ['lætəʳ, AM -t̬ɚ] **I.** *adj attr* ❶ (*second of two*) zweite(r, s); **the ~ option/suggestion** die zweite Möglichkeit/der zweite Vorschlag ❷ (*near the end*) spätere(r, s); **in the ~ part of the year** in der zweiten Jahreshälfte **II.** *pron* ■**the ~** der/die/das Letztere; **I was offered a red car or a blue one and chose the ~** mir wurde ein rotes und ein blaues Auto angeboten und ich wählte letzteres

'lat·ter-day *adj attr* neuzeitlich, modern; **she sees herself as a ~ Florence Nightingale** sie hält sich für eine moderne Version der Florence Nightingale **Lat·ter-day 'Saint** *n* Mormone, -in *m, f,* Heilige(r) *f(m)* der Letzten Tage

lat·ter·ly ['lætəli, AM -t̬ɚ-] *adv* in letzter Zeit, neuerdings

lat·tice ['lætɪs, AM -t̬-] **I.** *n* Gitter[werk] *nt* **II.** *n modifier* **~ basket** geflochtener Korb; **~ screen** Spalierwand *f,* Spalier *nt;* **~ window** bleiverglastes Fenster

'lat·tice·work *n no pl* Gitter[werk] *nt*

Lat·via ['lætviə] *n* Lettland *nt*

Lat·vian ['lætviən] **I.** *n* ❶ (*person*) Lette, -in *m, f* ❷ (*language*) Lettisch *nt kein pl* **II.** *adj* lettisch

laud [lɔːd, AM *esp* lɑːd] *vt* (*form*) ■**to ~ sb/sth** jdn/etw preisen *geh*

laud·able ['lɔːdəbl̩, AM *esp* 'lɑːd-] *adj* (*form*) lobenswert, löblich *geh*

laud·ably ['lɔːdəbli, AM *esp* 'lɑːd-] *adv* (*form*) vorbildlich

lau·da·num ['lɔːdənəm, AM *esp* 'lɑːd-] *n no pl* Laudanum *nt*

lauda·tory ['lɔːdətəri, AM 'lɑːdətɔːri] *adj* (*form*) Lob-, lobend

laugh [lɑːf, AM læf] **I.** *n* ❶ (*sound*) Lachen *nt kein pl;* **to get [or raise] a ~** Gelächter hervorrufen; **to give a ~** [kurz] loslachen ❷ (*fam: amusing activity*) Spaß *m;* (*amusing person*) Stimmungsmacher(in) *m(f),* Pausenclown *m fam;* **she's a good ~** sie bringt Stimmung in die Bude *fam;* **to do sth for a ~ [or for ~s]** etw [nur] aus [*o* zum] Spaß tun **II.** *vi* ❶ (*express amusement*) lachen; **to ~ like a drain** BRIT sich *akk* vor Lachen biegen [*o* krümmen]; **to ~ aloud [or out loud]** in lautes Gelächter ausbrechen; **to ~ till one cries** Tränen lachen; **to make sb ~** jdn zum Lachen bringen; (*fam*) **his threats make me ~** über seine Drohungen kann ich [doch] nur lachen; **you pay? don't make me ~** du bezahlst? dass ich nicht lache!; ■**to ~ at sb/sth** über jdn/etw lachen ❷ (*fig fam: scorn*) ■**to ~ at sb/sth** sich *akk* über jdn/etw lustig machen; ■**to ~ at sb** (*find funny*) über jdn lachen; (*find ridiculous*) jdn auslachen ▶ PHRASES: **to ~ sth out of court** etw als lächerlich abtun, über etw *akk* mit einem Lachen hinweggehen; **to ~ in sb's face** jdn auslachen; **to ~ one's head off** (*fam*) sich *akk* totlachen *fam;* (*show disbelief*) **what a ludicrous story – I ~ed my head off** was für eine haarsträubende Geschichte – das kann doch nicht wahr sein; **no ~ing matter** nicht zum Lachen, ganz und gar nicht komisch; **sb will be ~ing on the other side of his/her face [or AM a. out of the other side of his/her mouth]** jdm wird das Lachen schon noch vergehen; **to ~ up one's sleeve at sb** sich *akk* über jdn hinter seinem Rücken lustig machen; **to ~ all the way to the bank** (*fam*) das Geschäft seines Lebens machen, den [ganz] großen Coup landen *fam;* **he who ~s last ~s longest [or AM best]** (*prov*) wer zuletzt lacht, lacht am besten *prov;* **to be ~ing** (*fam*) **if the loan is approved, you'll be ~ing** wenn du das Darlehen bekommst, dann geht es dir aber gut; **you've got to ~ [otherwise you'd cry]** (*fam*) Humor ist, wenn man trotzdem lacht! *prov*

◆**laugh off** *vt* ■**to ~ off** ⊂ **sth** etw mit einem Lachen abtun

laugh·able ['lɑːfəbl̩, AM 'læf-] *adj* lächerlich *pej,* lachhaft *pej*

laugh·ing gas *n no pl* Lachgas *nt*

laugh·ing·ly ['lɑːfɪŋli, AM 'læf-] *adv* (*with a laugh*) lachend; (*unsuitably*) lächerlicherweise

'laugh·ing stock *n* ■**to be a ~** die Zielscheibe des Spotts sein; **the team is the ~ of the league** das Team ist zum Gespött der Liga geworden; **to make oneself a ~** sich *akk* lächerlich machen

laugh·ter ['lɑːftəʳ, AM 'læftɚ] *n no pl* Gelächter *nt,* Lachen *nt;* **we couldn't control our ~** wir konnten uns das Lachen nicht verbeißen; **to roar with ~** vor Lachen brüllen ▶ PHRASES: **~ is the best medicine** (*prov*) Lachen ist die beste Medizin *prov*

launch [lɔːn(t)ʃ, AM *esp* lɑːn(t)ʃ] **I.** *n* ❶ (*introductory event*) Präsentation *f* ❷ (*boat*) Barkasse *f* ❸ (*of boat*) Stapellauf *m;* (*of rocket, spacecraft*) Start *m* **II.** *vt* ❶ (*send out*) *boat* zu Wasser lassen; *ship* vom Stapel lassen; *balloon* steigen lassen; *missile, torpedo* abschießen; *rocket, spacecraft* starten; *satellite* in den Weltraum schießen ❷ (*begin something*) ■**to ~ sth** etw beginnen, mit etw *dat* beginnen; **to ~ an [counter]attack** zum [Gegen]angriff übergehen; **to ~ a campaign** eine Kampagne starten; **to ~ an inquiry/investigation** Untersuchungen [*o* Nachforschungen]/Ermittlungen anstellen; **to ~ an invasion** [in ein Land] einfallen; **to ~ a new show** eine neue Show starten [*o* ins Programm [auf]nehmen] ❸ (*hurl*) ■**to ~ oneself at sb** sich *akk* auf jdn stürzen

◆**launch into** *vi* ■**to ~ into sth** sich *akk* [begeistert] in etw *akk* stürzen *fig;* **she ~ed into a new career as a writer** sie stürzte sich in die Schriftstellerei; **to ~ into a verbal attack** eine Schimpfkanonade loslassen; **to ~ into a passionate speech** zu einer leidenschaftlichen Rede anheben *geh*

◆**launch out** *vi* anfangen, beginnen; **to ~ out by oneself** sich *akk* selbständig machen

launch·er ['lɔːn(t)ʃəʳ, AM 'lɑːn(t)ʃɚ] *n* **rocket ~** Raketenabschussrampe *f*

'launch·ing pad *n,* **'launch pad** *n* ❶ (*starting area*) Abschussrampe *f,* Startrampe *f* ❷ (*fig: starting point*) Anfang *m,* Beginn *m* **'launch par·ty** *n* Präsentation *f;* (*for book*) Buchpremiere *f;* (*film, theatre*) Premierenfeier *f* **'launch ve·hi·cle** *n* AEROSP Trägerrakete *f* **'launch win·dow** *n* AEROSP Startfenster *nt*

laun·der ['lɔːndəʳ, AM 'lɑːndɚ] **I.** *vt* ■**to ~ sth** ❶ (*wash*) etw waschen [und bügeln] ❷ (*fig: disguise origin*) etw weißwaschen *fam;* **to ~ money** Geld waschen *sl* **II.** *vi* (*form*) sich *akk* waschen lassen; **these sheets ~ well without shrinking** diese Laken lassen sich gut waschen und gehen nicht ein

laun·d(e)rette [ˌlɔːndər'et, AM ˌlɑːndə'ret] *n,* **laun·dro·mat®** ['lɔːndroʊmæt] *n* AM, AUS Waschsalon *m*

laun·dry ['lɔːndri, AM *esp* 'lɑːn-] *n* ❶ *no pl* (*dirty clothes*) Schmutzwäsche *f;* **to do the ~** Wäsche waschen ❷ *no pl* (*washed clothes*) frische Wäsche ❸ (*place*) Wäscherei *f*

'laun·dry bag *n* Wäschesack *m* **'laun·dry bas·ket** *n,* AM *a.* **'laun·dry ham·per** *n* Wäschekorb *m* **'laun·dry list** *n* Wäscheliste *f* **'laun·dry mark** *n* Etikett *nt* **'laun·dry room** *n* Waschküche *f* **'laun·dry ser·vice** *n* ❶ (*facility*) Wäscheser-

L

vice *m* ❷ (*business*) Wäscherei *f*, Waschsalon *m*

lau·reate [ˈlɔːriət, AM -ɪt] *n* ❶ (*distinguished person*) Preisträger(in) *m(f)*; **Nobel** ~ Nobelpreisträger(in) *m(f)* ❷ (*poet laureate*) Poeta laureatus *m*, Hofdichter *m*

lau·rel [ˈlɒrəl, AM ˈlɔːr-] *n* ❶ (*tree*) Lorbeer[baum] *m* ❷ *pl* (*fig*) ■ **~s** Lorbeeren *pl fig* ▸ PHRASES: **to have to look to one's ~s** sich *akk* nicht auf seinen Lorbeeren ausruhen dürfen; **to rest on one's ~s** sich *akk* auf seinen Lorbeeren ausruhen

ˈlau·rel wreath *n* Lorbeerkranz *m*

lav [læv] *n* BRIT (*fam*) *short for* **lavatory** Klo *nt fam*

lava [ˈlɑːvə] *n no pl* Lava *f*; (*cooled also*) Lavagestein *nt*

ˈlava flow *n* Lavastrom *m* **ˈlava lamp** *n* Lavalampe *f*

lava·to·rial [ˌlævəˈtɔːriəl] *adj esp* BRIT Toiletten-; **the style of the new offices can only be described as ~** die neuen Büros erinnern in ihrem Stil sehr stark an eine Toilette; **~ humour** BRIT (*pej*) Latrinenwitze *mpl pej*

lava·tory [ˈlævətəri, AM -tɔːri] *n usu* BRIT Toilette *f*; **public ~** öffentliche Toilette; **to go to the ~** auf die Toilette gehen

ˈlava·tory pan *n* BRIT (*dated*) Bettschüssel *f* **ˈlava·tory pa·per** *n no pl esp* BRIT (*dated*) Toilettenpapier *nt*, Klopapier *nt fam* **ˈlava·tory seat** *n esp* BRIT Toilettensitz *m*

lav·en·der [ˈlævəndəʳ, AM -ɚ] **I.** *n no pl* (*plant, colour*) Lavendel *m* **II.** *adj* lavendelfarben

ˈlav·en·der bag *n* Lavendelsäckchen *nt* **ˈlav·en·der wa·ter** *n no pl* Lavendelwasser *nt*

lav·ish [ˈlævɪʃ] **I.** *adj* ❶ (*sumptuous*) *meal* üppig; *banquet, reception* großartig; **the wedding reception was a really ~ affair** das Hochzeitsmahl war wirklich aufwendig ❷ (*generous*) großzügig, verschwenderisch; **to be ~ with one's hospitality** ausgesprochen gastfreundlich sein; **~ praise** überschwängliches Lob; **to be ~ with one's praise** nicht mit Lob geizen; **~ promises** großartige Versprechungen **II.** *vt* ■ **to ~ sth on sb** jdn mit etw *dat* überhäufen [*o* überschütten]; **to ~ much effort on sth** viel Mühe in etw *akk* stecken; **to ~ much time on sb/sth** jdm/etw viel Zeit widmen

lav·ish·ly [ˈlævɪʃli] *adv* ❶ (*sumptuously*) üppig, prächtig; **~ furnished** luxuriös eingerichtet ❷ (*generously*) großzügig

lav·ish·ness [ˈlævɪʃnəs] *n no pl* ❶ (*sumptuousness*) Üppigkeit *f* ❷ (*generosity*) Großzügigkeit *f*

law [lɔː, AM *esp* lɑː] *n* ❶ (*rule*) Gesetz *nt*; **many doctors want to see a ~ banning all tobacco advertising** viele Ärzte fordern ein Verbot jeglicher Tabakwerbung; **the ~s governing the importation of animals ...** die Gesetze zur Einführung von Tieren ...; **his word is ~** sein Wort ist Gesetz; **there is a ~ against driving on the wrong side of the road** es ist verboten, auf der falschen Straßenseite zu fahren; **the first ~ of politics is ...** das oberste Gesetz in der Politik lautet ... ❷ *no pl* (*legal system*) Recht *nt*; **to take the ~ into one's own hands** Selbstjustiz betreiben; **~ and order** Recht und Ordnung, Law and Order *fam*; **to be against the ~** illegal [*o* gegen das Gesetz] sein; **to be above the ~** über dem Gesetz stehen; **to break/obey the ~** das Gesetz brechen/befolgen; **to remain within the ~** sich *akk* im Rahmen des Gesetzes bewegen ❸ *no pl* (*police*) ■ **the ~** die Polizei; **to get the ~ on sb** (*fam*) jdm die Polizei auf den Hals hetzen *fam* ❹ (*scientific principle*) [Natur]gesetz *nt*; **~ of averages** Gesetz *nt* der Serie; **the ~ of supply and demand** das Gesetz von Angebot und Nachfrage ❺ *no pl* (*at university*) Jura *kein art*, Jus *nt*; **to study ~** Jura studieren ▸ PHRASES: **the ~ of the jungle** das Gesetz des Stärkeren; **there's one ~ for the rich and another for the poor** (*saying*) wer Geld hat, [der] hat auch das Gesetz auf seiner Seite; **to go to ~** vor Gericht gehen; **sb is a ~ unto oneself** jd lebt nach seinen eigenen Gesetzen

ˈlaw-abid·ing *adj* gesetzestreu **ˈlaw·break·er** *n* Gesetzesbrecher(in) *m(f)* **ˈlaw court** *n* Gericht *nt* **ˈlaw en·force·ment** *n no pl esp* AM **in most countries ~ is in the hands of the police** in den meisten Ländern ist es Aufgabe der Polizei, für die Einhaltung der Gesetze zu sorgen **ˈlaw en·force·ment of·fic·er** *n esp* AM Polizeibeamte(r) *m*, Polizeibeamte [*o* -in] *f*

law·ful [ˈlɔːfəl, AM *esp* ˈlɑː-] *adj* (*form*) gesetzlich; **~ heir/owner** gesetzmäßiger Erbe/Besitzer/gesetzmäßige Erbin/Besitzerin

law·ful·ly [ˈlɔːfəli, AM *esp* ˈlɑː-] *adv* (*form*) rechtmäßig

law·ful·ness [ˈlɔːfəlnəs, AM *esp* ˈlɑː-] *n no pl* (*form*) Rechtsgültigkeit *f*

ˈlaw·giv·er *n* Gesetzgeber *m*

law·less [ˈlɔːləs, AM *esp* ˈlɑː-] *adj* ❶ (*without laws*) gesetzlos; **a ~ country** ein Land *nt* ohne Gesetzgebung ❷ (*illegal*) gesetzwidrig

law·less·ness [ˈlɔːləsnəs, AM *esp* ˈlɑː-] *n no pl* Gesetzlosigkeit *f*

ˈLaw Lords *npl* BRIT Lordrichter *mpl* **ˈlaw·mak·er** *n* Gesetzgeber *m*

lawn¹ [lɔːn, AM *esp* lɑːn] *n* Rasen *m*

lawn² [lɔːn, AM *esp* lɑːn] *n no pl* (*cotton*) Batist *m*; (*linen*) Linon *m*

ˈlawn bowl·ing *n no pl* AM Bowls *nt* (*Ballspiel, ähnlich Boccia*) **ˈlawn·mow·er** *n* Rasenmäher *m* **ˈlawn par·ty** *n* AM Gartenfest *nt*, Gartenparty *f* **lawn ˈten·nis** *n no pl* (*form*) Rasentennis *nt*

law·ren·cium [ləˈren(t)siəm, AM lɔːˈ-] *n no pl* Lawrencium *nt*

ˈlaw school *n esp* AM juristische [*o* ÖSTERR juridische] Fakultät **ˈlaw stu·dent** *n* Jurastudent(in) *m(f)*, Jusstudent(in) *m(f)* ÖSTERR, SCHWEIZ **ˈlaw·suit** *n* Klage *f*, Prozess *m*; **to bring** [*or esp* AM **file**] **a ~ against sb** gegen jdn Klage erheben [*o* einen Prozess anstrengen]

law·yer [ˈlɔɪəʳ, AM ˈlɑːjɚ, ˈlɔɪ-] *n* ❶ (*attorney*) Rechtsanwalt, -anwältin *m, f* ❷ BRIT (*fam: student*) Jurastudent(in) *m(f)*, Jusstudent(in) *m(f)* ÖSTERR, SCHWEIZ

lax [læks] *adj* ❶ (*lacking care*) lasch, lax *oft pej*; **~ discipline** mangelnde Disziplin; **~ security** mangelnde Sicherheitsvorkehrungen; ■ **to be ~ in doing sth** bei etw *dat* lax sein *oft pej*, bei etw *dat* nachlässig vorgehen ❷ (*lenient*) locker, lasch; **the rules are ~ here** die Vorschriften sind hier nicht besonders streng

laxa·tive [ˈlæksətɪv, AM -t̬ɪv] **I.** *n* Abführmittel *nt*, Laxativ *nt fachspr* **II.** *adj attr* abführend, laxativ *fachspr*

lax·ity [ˈlæksəti, AM -ət̬i] *n no pl* Laschheit *f*, Laxheit *f*, Nachlässigkeit *f*

lax·ly [ˈlæksli] *adv* lasch, lax *oft pej*, nachlässig

lax·ness [ˈlæksnəs] *n no pl* Laschheit *f*, Laxheit *f*, Nachlässigkeit *f*

lay¹ [leɪ] *adj attr, inv* ❶ (*not professional*) laienhaft; **to the ~ mind** für den Laien; **in ~ terms** laienhaft ❷ (*not clergy*) weltlich, Laien-; **~ preacher** Laienprediger *m*

lay² [leɪ] *pt of* **lie**

lay³ [leɪ] **I.** *n* ❶ (*general appearance*) Lage *f*; **the ~ of the land** (*fig*) die Lage; **to ascertain** [*or* **spy out**] **the ~ of the land** die Lage sondieren ❷ (*layer*) Lage *f*, Schicht *f* ❸ (*fam!: sexual intercourse*) Nummer *f derb*; **to be an easy ~** leicht zu haben sein *fam*; **to be a good ~** gut im Bett sein *fam* ❹ (*period for producing eggs*) Legezeit *f*; ■ **to be in ~** Legezeit haben **II.** *vt* <laid, laid> ❶ (*spread*) ■ **to ~ sth on** [*or* **over**] **sth** etw auf etw *akk* legen [*o* über etw *akk* breiten]; **she laid newspaper over the floor** sie deckte den Fußboden mit Zeitungen ab ❷ (*place*) ■ **to ~ sth somewhere** etw irgendwohin legen; **he laid his arm along the back of the sofa** er legte seinen Arm auf den Sofarücken; **~ your coats on the bed** legt eure Mäntel auf dem Bett ab; **to ~ the blame on sb** (*fig*) jdn für etw *akk* verantwortlich machen; **to ~ emphasis** [*or* **stress**] **on sth** etw betonen ❸ (*put down*) ■ **to ~ sth** etw verlegen; **to ~ bricks** mauern; **to ~ a cable/carpet** ein Kabel/einen Teppich verlegen; **to ~ the foundations of a building** das Fundament für ein Gebäude legen; **to ~ the foundations** [*or* **basis**] **for sth** (*fig*) das Fundament zu etw *dat* legen; **to ~ plaster** Verputz auftragen ❹ (*prepare*) ■ **to ~ sth** etw herrichten; *bomb, fire* etw legen; *the table* decken; **to ~ plans** Pläne schmieden; **to ~ a trail** eine Spur legen; **to ~ a trap** [**for sb**] [jdm] eine Falle stellen

❺ (*render*) **to ~ sth bare** [*or* **flat**] etw offenlegen; **to ~ sb bare** [*or* **flat**] jdn bloßstellen; **to ~ sb low** BOXING (*dated*) jdn außer Gefecht setzen; **to ~ sb/sth open to an attack/to criticism** jdn/etw einem Angriff/der Kritik aussetzen; **to ~ sb/sth open to ridicule** jdn/etw der Lächerlichkeit preisgeben; **to ~ waste the land** das Land verwüsten ❻ (*deposit*) **to ~ an egg** ein Ei legen ❼ (*wager*) ■**to ~ sth** etw setzen [*o* verwetten]; **to ~ an amount on sth** einen Geldbetrag auf etw *akk* setzen; **to ~ a bet on sth** auf etw *akk* wetten; **to ~ sb ten to one that ...** mit jdm zehn zu eins darum wetten, dass ...; **to ~ one's life/shirt on sth** sein Leben/letztes Hemd auf etw *akk* verwetten ❽ (*present*) ■**to ~ sth before sb** jdm etw vorlegen, etw vor jdn bringen; **to ~ one's case before sb/sth** jdm/etw sein Anliegen unterbreiten ❾ (*assert*) **to ~ a charge against sb** gegen jdn Anklage erheben; **to ~ claim to sth** auf etw *akk* Anspruch erheben ❿ CARDS **to ~ an ace/a queen** ein Ass/eine Königin legen ⓫ *usu pass* (*vulg: have sexual intercourse*) ■**to ~ sb** jdn umlegen *sl* [*o derb* aufs Kreuz legen]; **to get laid** flachgelegt werden *sl* ▸ PHRASES: **to ~ sth at sb's door** *esp* BRIT, AUS jdn für etw *akk* verantwortlich machen; **to ~ sb's fears to rest** jds Ängste zerstreuen; **to ~** [**so much as**] **a finger** [*or* **hand**] **on sb** jdn [auch nur] berühren; **to ~ a ghost** einen [bösen] Geist beschwören [*o* bannen]; **to ~ the ghosts of the past** Vergangenheitsbewältigung betreiben; **to ~ hands on sb** Hand an jdn legen; **to ~ one's hands on sth** einer S. *gen* habhaft werden *geh;* **I'll see if I can ~ my hands on a copy for you** ich schau mal, ob ich eine Kopie für dich ergattern kann *fam;* **to ~ sth on the line** etw riskieren [*o* aufs Spiel setzen]; **to ~ it on the line for sb** (*fam*) es jdm klipp und klar sagen *fam;* **to ~ sb to rest** (*euph*) jdn zur letzten Ruhe betten *euph geh;* **to ~ sth to rest** *fears, suspicions* etw beschwichtigen; **to ~ sth on the table** (*present for discussion*) etw auf den Tisch [*o fam* aufs Tapet] bringen; AM (*suspend discussion of*) etw aufschieben; **to ~ it** [*or* **sth**] **on** [**a bit thick** [*or* **with a trowel**]] etwas übertreiben [*o fam* zu dick auftragen] **III.** *vi* <laid, laid> *hen* [Eier] legen

◆**lay about** *vi* ❶ (*strike out wildly*) ■**to ~ about oneself** wild um sich *akk* schlagen ❷ (*fig: be indiscriminately critical*) zu einem Rundumschlag ausholen

◆**lay aside** *vt* ■**to ~ aside** ↔ **sth** ❶ (*put away*) etw beiseitelegen ❷ (*fig: stop*) *project, work* etw auf Eis legen *fam* ❸ (*fig: forget*) etw beilegen; **to ~ aside one's differences** seine Differenzen beilegen ❹ (*save*) etw beiseitelegen [*o* auf die Seite legen]; **to ~ aside money** Geld beiseitelegen [*o* sparen] ❺ (*reserve for future use*) [sich *dat*] etw aufsparen, etw zurückbehalten

◆**lay back** *vt* ■**to ~ back** ↔ **sth** etw zurücklegen; **to ~ back one's ears** *animal* die Ohren anlegen

◆**lay by** *vt* ❶ (*save up*) ■**to ~ by** ↔ **sth** etw beiseitelegen, etw auf die Seite legen, etw sparen ❷ AM (*grow a last crop on*) **to ~ by a field** ein Feld ein letztes Mal bestellen

◆**lay down** *vt* ❶ (*place on a surface*) ■**to ~ down** ↔ **sth** etw hinlegen (**on** auf +*akk*) ❷ (*relinquish*) **to ~ down one's arms** [*or* **weapons**] die Waffen niederlegen ❸ (*decide on*) ■**to ~ down** ↔ **sth** etw festlegen; (*establish*) etw aufstellen; **to ~ down a time-limit** eine Frist setzen; ■**it is laid down that ...** es steht geschrieben, dass ... ▸ PHRASES: **to ~ down one's arms** sich *akk* ergeben; **to ~ down the law** [**about sth**] (*fam*) [über etw *akk*] Vorschriften machen; **to ~ down one's life for sb/sth** sein Leben für jdn/etw geben; **now I ~ me down to sleep** (*fam*) müde bin ich, geh' zur Ruh'

◆**lay in** *vt* ■**to ~ in** ↔ **sth** einen Vorrat an etw *dat* anlegen; *food* etw einlagern

◆**lay into** *vi* ❶ (*fam*) ■**to ~ into sb** (*assault*) jdn angreifen; (*shout at, criticize*) jdn zur Schnecke machen *fam* ❷ (*eat heartily*) ■**to ~ into sth** etw verschlingen

◆**lay off I.** *vt* ■**to ~ off** ↔ **sb** jdm kündigen, jdn hinauswerfen *fam* **II.** *vi* aufhören; **just ~ off a bit, ok?** gib mal ein bisschen Ruhe, okay? *fam;* ■**to ~ off sth** mit etw *dat* aufhören, die Finger von etw *dat* lassen *fam;* **to ~ off smoking** das Rauchen aufgeben; ■**to ~ off sb** jdn in Ruhe lassen *fam*

◆**lay on** *vt* ❶ (*make available*) ■**to ~ on** ↔ **sth** für etw *akk* sorgen; **the firm laid on a chauffeur-drive car to take us to the airport** die Firma setzte ein Auto mit Chauffeur ein, um uns zum Flughafen zu bringen; **you don't need to bring anything to drink, it's all laid on** du brauchst nichts zu trinken mitbringen, es ist für alles gesorgt ❷ (*install*) **to ~ on electricity** Strom anschließen ❸ AM (*sl: berate*) **to ~ it on sb** jdn zur Schnecke machen *fam* ❹ (*fam: impose*) ■**to ~ sth on sb** jdm etw aufbürden; **sorry to ~ this on you, but somebody has to check the accounts** tut mir leid, dass ich dir das aufhalse, aber irgendjemand muss die Konten überprüfen *fam;* **to ~ a tax on sth** etw mit einer Steuer belegen

◆**lay out** *vt* ❶ (*arrange*) ■**to ~ out sth** etw planen; **to ~ out a campaign** eine Kampagne organisieren ❷ (*spread out*) ■**to ~ out** ↔ **sth** *map* etw ausbreiten (**on** auf +*dat*); **Henry was ~ing out the breakfast things** Henry deckte den Frühstückstisch ❸ *usu pass* (*design*) ■**to be laid out** angeordnet sein; *garden* angelegt [*o* gestaltet] sein; **the town was laid out in a grid pattern** die Stadt war gitterförmig angelegt ❹ (*prepare for burial*) ■**to ~ sb out** jdn aufbahren; **to be laid out in state** aufgebahrt sein ❺ (*fam: render unconscious*) ■**to ~ sb out** jdn bewusstlos schlagen; **to ~ sb out cold** jdn kaltmachen *sl* ❻ (*fam: spend lots of money*) **to ~ out £300/$500 on sth** für etw *akk* £300/$500 hinblättern *fam* ❼ AM (*explain*) ■**to ~ sth out** [**for sb**] [jdm] etw erklären

◆**lay up** *vt usu pass* (*fam*) **to be laid up** [**in bed**] bettlägerig sein; **to be laid up** [**in bed**] **with flu** mit einer Grippe darniederliegen *geh* ▸ PHRASES: **to ~ up trouble** [**for oneself**] sich *akk* in Schwierigkeiten bringen

'lay·about *n* (*pej fam*) Faulenzer(in) *m(f) pej,* Nichtstuer(in) *m(f)* **'lay·away** *n no pl* AM **to buy/put sth on ~** etw auf Anzahlung kaufen/sich *dat* etw zurücklegen lassen *akk;* **to have sth on ~** etw anzahlen **'lay broth·er** *n* Laienbruder *m* **'lay-by** *n* ❶ BRIT (*on road*) Rastplatz *m* ❷ *no pl* AUS (*form of purchasing*) Ratenkauf *m;* **to buy/put sth on ~** etw auf Anzahlung kaufen/sich *dat* etw zurücklegen lassen *akk* ❸ AUS (*purchased item*) angezahlter Gegenstand

lay·er ['leɪəʳ, AM -ɚ] **I.** *n* ❶ (*of substance*) Schicht *f;* **her dress has ruffled ~s at the bottom** ihr Kleid hat am Saum Volants; **ozone ~** Ozonschicht *f;* **a ~ of oil** eine Ölschicht; ■**~s** *pl* (*in hair*) Stufen *fpl* ❷ (*fig: level*) *of bureaucracy* Stufe *f;* (*in an organization*) *administrative* Ebene *f* ❸ (*laying hen*) Legehenne *f* ❹ HORT Ableger *m* **II.** *vt* ❶ (*arrange into layers*) ■**to ~ sth** [**with sth**] etw [abwechselnd mit etw *dat*] in Schichten anordnen; **~ the potatoes with the onions** schichten Sie die Kartoffeln mit den Zwiebeln auf ❷ (*cut into layers*) **to ~ sb's hair** jds Haar stufig schneiden ❸ HORT **to ~ a plant** eine Pflanze durch Ableger vermehren

'lay·er cake *n* Schichttorte *f*

lay·ered ['leɪəd, AM -ɚd] *adj inv* Stufen-, Schicht-

-lay·ered ['leɪəd, AM -ɚd] *in compounds* (*five-, two-, many-, multi-*) -schichtig

lay·er·ing ['leɪərɪŋ, AM -ɚ-] *n no pl* ❶ (*of substance*) Übereinanderlegen *nt;* GEOL Schichtung *f* ❷ HORT Stecklingsvermehrung *f*

lay·ette [leɪ'et] *n* (*dated*) Babyausstattung *f*

lay·ing on of hands *n no pl* Handauflegen *nt*

'lay·man *n* ❶ (*non-specialist*) Laie *m;* **the ~'s guide to home repairs** der Leitfaden für den Laienheimwerker ❷ (*sb not ordained*) Laienbruder *m* **'lay-off** *n* ❶ (*from work*) *temporary* vorübergehende Entlassung; *permanent* Entlassung *f* ❷ SPORTS (*due to injury*) [verletzungsbedingte] Pause; **to take a ~** [eine] [verletzungsbedingte] Pause machen **'lay·out** *n* ❶ (*plan*) *of building, house* Raumaufteilung *f; of road, of town* Plan *m* ❷ (*of written material*) Layout *nt* ❸ *no pl* (*arrangement*) Anordnen *nt;* **he does the ~ for our local newspaper** er ist für die Aufmachung der Lokalzeitung zuständig **'lay·over** *n*

L

AM (*stopover*) Aufenthalt *m;* (*of plane*) Zwischenlandung *f*
'lay·per·son *n* ① (*non-specialist*) Laie, -in *m, f,* Nichtfachmann, -frau *m, f* ② (*not clergy*) Laie, -in *m, f* **'lay sis·ter** *n* Laienschwester *f* **'lay·wom·an** *n* Laiin *f*
laze [leɪz] *vi* faulenzen
◆**laze about, laze around** *vi* [herum]faulenzen *fam*
◆**laze away** *vi* **to ~ away the day** den [ganzen] Tag vertrödeln *pej fam*
lazi·ly ['leɪzɪli] *adv* ① (*not willing to work*) faul ② (*leisurely*) ruhig, träge; **palm trees swayed ~ in the soft breeze** die Palmen wiegten sich sanft in der Brise
lazi·ness ['leɪzɪnəs] *n no pl* Faulheit *f*
lazy ['leɪzi] *adj* ① (*pej: unwilling to work*) faul; (*lacking pep*) träge ② (*approv: relaxed*) müßig *geh;* **I had a wonderful ~ weekend** ich hatte ein herrliches, erholsames Wochenende; **a ~ drawl** eine langsame, schleppende Stimme
'lazy·bones <*pl* -> *n* (*pej fam*) Faulpelz *m pej fam* **lazy 'eye** *n Auge mit Sehschwäche, das weniger belastet wird und daher zunehmend an Sehkraft verliert* **lazy 'lock·ing** *n* AUTO *Schließsystem, bei dem automatisch mit Abschließen der Autotür auch die Fenster geschlossen werden* **lazy 'Su·san** *n* drehbares Tablett
lb <*pl* - *or* -s> *n abbrev of* **pound** Pfd.
lbw [ˌelbiːˈdʌbljuː] BRIT **I.** *adj inv* (*in cricket*) *abbrev of* **leg before wicket: the ~ decision went against him** es hieß, sein vor dem Tor stehendes Bein sei getroffen worden **II.** *n* (*in cricket*) *abbrev of* **leg before wicket: Ambrose has many ~s to his name** Ambrose kann viele Würfe gegen ein vor dem Tor stehendes Bein verzeichnen
LC [ˌel'siː] *n abbrev of* **Library of Congress** *Nationalbibliothek der Vereinigten Staaten*
LCBO [elsiːbiː'oʊ] *n* CAN *abbrev of* **Liquor Control Board of Ontario** *von der Provinzregierung Ontario geführte Ladenkette, die alkoholische Getränke verkauft*
LCD [ˌelsiː'diː] **I.** *n abbrev of* **liquid crystal display** LCD *nt* **II.** *n modifier abbrev of* **liquid crystal display** LCD-; **~ screen** LCD-[Bild]schirm *m*
L-driv·er ['elˌdraɪvəʳ] *n* BRIT ≈ Fahrschüler(in) *m(f)*
leach [liːtʃ] *vt* ■**to ~ sth** *soil, land* etw auslaugen; **rain water ~es heavy metals out of the dump site** Regenwasser schwemmt Schwermetalle vom Müllplatz weg
lead¹ [led] **I.** *n* ① *no pl* (*metal*) Blei *nt;* **to be as heavy as ~** schwer wie Blei sein; **to contain ~** bleihaltig sein ② (*pencil filling*) Mine *f* ③ *no pl* (*graphite*) Graphit *m* ④ *no pl* (*bullets*) Blei *nt veraltet,* Kugeln *fpl;* **hand over the money or I'll fill you full of ~!** Geld her oder ich werd' dich mit Blei vollpumpen! *sl* ⑤ BRIT (*strips of lead*) ■**~s** *pl* (*in windows*) Bleifassung *f;* (*on roofs*) Bleiplatten *fpl* ⑥ NAUT Lot *nt fachspr* ▸PHRASES: **to have ~ in one's pencil** ein steifes Rohr haben *sl, vulg;* **to get the ~ out** sich *akk* beeilen; **to swing the ~** BRIT (*fam: pretend to be sick*) krankfeiern *fam;* (*pretend to be incapable of work*) sich *akk* drücken *fam* **II.** *n modifier* (*bullet, crystal, pipe, weight*) Blei- ▸PHRASES: **to go down like a ~ balloon** überhaupt nicht ankommen *fam*
lead² [liːd] **I.** *n* ① THEAT, FILM Hauptrolle *f;* **to get/play the ~ [in sth]** [in etw *dat*] die Hauptrolle bekommen/spielen ② *usu sing* (*guiding, example*) Beispiel *nt;* **to follow sb's ~** jds Beispiel folgen ③ *usu sing* (*guiding in dance*) Führung *f kein pl;* **to give a strong ~** gut führen; **to follow sb's ~** sich *akk* von jdm führen lassen ④ *no pl* (*front position*) Führung *f;* ■**to be in the ~** führend sein; SPORTS in Führung liegen; **to go [*or* move] into the ~** die Führung übernehmen; SPORTS sich *akk* an die Spitze setzen; **to have/hold/take [over] the ~** die Führung haben/verteidigen/übernehmen; **to lose one's ~** die Führung verlieren ⑤ (*position in advance*) Vorsprung *m* ⑥ (*clue*) Hinweis *m;* **to get a ~ on sth** einen Hinweis auf etw *akk* bekommen ⑦ (*connecting wire*) Kabel *nt* ⑧ BRIT, AUS (*rope for pet*) Leine *f;* ■**to be on a ~** angeleint sein; **to keep an animal on a ~** ein Tier an der Leine halten; **to let an animal off the ~** ein Tier von der Leine [*o* frei laufen] lassen; **to be [let] off the ~** (*fig, hum*) sturmfreie Bude haben *fam* **II.** *vt* <led, led> ① (*be in charge of*) ■**to ~ sb/sth** jdn/etw führen; **she led the party to victory** sie führte die Partei zum Sieg; **to ~ a delegation/an expedition** eine Delegation/eine Expedition leiten; **to ~ a discussion/an inquiry** eine Diskussion/Ermittlungen leiten; **to ~ sb in prayer** jdm vorbeten ② (*guide*) ■**to ~ sb/sth** jdn/etw führen; ■**to ~ sb into/over/through sth** jdn in/über/durch etw *akk* führen; ■**to ~ sb to sth** jdn zu etw *dat* führen; **to ~ sb astray** jdn auf Abwege führen ③ (*go in advance*) **to ~ the way** vorangehen; **to ~ the way in sth** (*fig*) bei etw *dat* an der Spitze stehen ④ (*cause to have*) **to ~ sb [in]to problems** jdn in Schwierigkeiten bringen ⑤ (*pej: cause to do*) ■**to ~ sb to do sth** jdn dazu verleiten, etw zu tun; **to ~ sb to believe that ...** jdn glauben lassen, dass ... ⑥ ECON, SPORTS (*be ahead of*) ■**to ~ sb** jdn anführen; **to ~ the field/the pack** das Feld/die Gruppe anführen; **to ~ the world** weltweit führend sein ⑦ (*spend*) **to ~ a life of luxury** ein Leben im Luxus führen; **to ~ a cat-and-dog life** wie Hund und Katze leben; **to ~ a charmed life** (*be very lucky in life*) ein glückliches Leben führen; (*be guarded from above*) einen Schutzengel haben; **to ~ a hectic/quiet life** ein hektisches/ruhiges Leben führen; **the life she ~s is very relaxed** sie führt ein sehr bequemes Leben ▸PHRASES: **to ~ sb a merry dance** (*fam*) sein Spiel mit jdm treiben; **to ~ sb up [*or* down] the garden path** (*fam*) jdn an der Nase herumführen [*o* hinters Licht führen]; **to ~ sb by the nose** (*fam*) jdn unter seiner Fuchtel haben *fam* **III.** *vi* <led, led> ① (*be in charge*) die Leitung innehaben ② (*be guide*) vorangehen; **where she ~s, others will follow** sie ist eine starke Führungspersönlichkeit; **to ~ from the front** (*fig*) den Ton angeben ③ (*guide woman dancer*) führen ④ (*be directed towards*) ■**to ~ somewhere** irgendwohin führen; **the track ~s across the fields** der Pfad führt über die Felder; **this passage ~s into the servants' quarters** dieser Gang führt zu den Wohnräumen der Bediensteten; **the door ~s onto a wide shady terrace** die Tür geht auf eine große, schattige Terrasse hinaus ⑤ (*implicate*) ■**to ~ to sth** auf etw *akk* hinweisen; **everything ~s to this conclusion** alles legt diese Schlussfolgerung nahe ⑥ (*cause to develop, happen*) ■**to ~ to sth** zu etw *dat* führen; **this is bound to ~ to trouble** das muss zwangsläufig zu Schwierigkeiten führen; **all this talk is ~ing nowhere** all dieses Gerede führt zu [*o fam* bringt] nichts; **where's it all going to ~?** wo soll das alles noch hinführen? ⑦ (*be in the lead*) führen; SPORTS in Führung liegen; **to ~ by 10 points** mit 10 Punkten in Führung liegen ▸PHRASES: **to ~ with one's chin** (*fam*) das Schicksal herausfordern; **all roads ~ to Rome** (*saying*) alle Wege führen nach Rom *prov*
◆**lead in** *vt* ■**to ~ in ◌ sth** etw einleiten
◆**lead off I.** *vt* ① (*initiate*) ■**to ~ off ◌ sth [with sth]** etw [mit etw *dat*] eröffnen; **to ~ off a dance** einen Tanz eröffnen ② (*take away*) ■**to ~ sb off** jdn wegführen; **to ~ a prisoner off** einen Häftling abführen **II.** *vi* ① (*perform first*) beginnen, den Anfang machen ② (*go off*) ■**to ~ off sth** *road* von etw *dat* wegführen
◆**lead on I.** *vi* vorangehen; **to ~ on in a car** mit einem Auto voranfahren ▸PHRASES: **~ on, Macduff!** (*prov, hum*) nach dir! **II.** *vt* (*pej*) ■**to ~ sb on** ① (*deceive*) jdm etw vormachen ② (*raise false hopes, sexually*) jdn verführen ③ (*encourage to do bad things*) ■**to ~ sb on** jdn anstiften
◆**lead up** *vi* ① (*slowly introduce*) ■**to ~ up to sth** zu etw *dat* hinführen; **it looks as if they're ~ing up to some major policy announcement** es sieht so aus, als ob sie auf eine wichtige Ankündigung in Bezug auf die Firmenpolitik hinauswollten; **what's this all ~ing up to?** was soll das Ganze? ② (*precede*) ■**to ~ up to sth** etw *dat* vorangehen; **which are the events that led up to this situation?** welche Ereignisse

gingen dieser Situation voraus?; **we barely saw him in the time ~ing up to his departure** in der Zeit vor seiner Abreise sahen wir ihn kaum

lead·ed ['ledɪd] **I.** *adj inv* ❶ (*of fuel*) verbleit; ~ **fuel/petrol** verbleiter Treibstoff/verbleites Benzin ❷ (*of windows*) bleiverglast **II.** *n no pl* verbleites Benzin; **could you fill up with ~, please?** können Sie bitte mit verbleitem Benzin voll tanken?

lead·ed 'light *n*, **lead·ed 'win·dow** *n* bleiverglastes Fenster

lead·en ['ledᵊn] *adj* ❶ (*of colour*) bleiern, bleifarben; ~ **sky** bleierner Himmel ❷ (*heavy*) bleischwer, bleiern; ~ **limbs** bleischwere Glieder; (*fig*) **a ~ attempt to answer the question** ein müder Versuch, die Frage zu beantworten *fig;* **a ~ expression** ein starrer Gesichtsausdruck

lead·er ['li:dəʳ, AM -ɚ] *n* ❶ (*head*) Leiter(in) *m(f)*, Führer(in) *m(f);* **he's a ~ of men** er ist eine Führernatur; ~ **of the gang/pack** Bandenführer(in) *m(f)*, Bandenchef(in) *m(f);* ~ **of the students** Studentenführer(in) *m(f)* ❷ (*first in competition*) Erste(r) *f(m)* ❸ (*most successful*) Führende(r) *f(m);* **market ~** Marktführer *m* ❹ BRIT MUS (*of orchestra*) erster Geiger/erste Geigerin ❺ AM MUS (*conductor*) Dirigent(in) *m(f)* ❻ BRIT (*editorial*) Leitartikel *m* ❼ BRIT (*in government*) **the L~ of the House** der Führer/die Führerin des Hauses ❽ FILM, TECH Startband *nt*

lead·er·ship ['li:dəʃɪp, AM -dɚ-] **I.** *n no pl* ❶ (*action of leading*) Führung *f;* **sb's style of ~** jds Führungsstil; **effective/poor/strong ~** effektive/schwache/starke Führung; **to lack/show ~** Führungskraft vermissen lassen/von Führungsqualität zeugen ❷ (*position*) Leitung *f*, Führung *f*, Führerschaft *f;* **market ~** Marktführung *f;* ■**to be under sb's ~** unter jds Leitung stehen; ■**the ~** (*top position*) die Spitze; (*control position*) die Leitung ❸ + *sing/pl vb* (*people in charge*) ■**the ~** die Leitung; **the ~ of the expedition** die Expeditionsleiter(innen) *mpl(fpl);* **we need a change of ~!** wir brauchen ein Wechsel an der Führungsspitze! **II.** *n modifier* (*qualities, seminar*) Führungs-

lead-foot·ed *adj* AM (*fam*) ❶ (*slow*) schwerfällig ❷ *driver* rasant *fam* **lead-free** *adj* bleifrei; ~ **paint** bleifreie Farbe; ~ **petrol** [*or* AM **gasoline**] bleifreies Benzin

lead guitar *n* ❶ (*guitar*) Leadgitarre *f* ❷ (*guitar player*) Leadgitarrist(in) *m(f)* **lead-in** *n* Einführung *f*, Einleitung *f* (**to** in +*akk*); TV, RADIO Erkennungsmelodie *f* (**to** zu +*dat*)

leading¹ ['li:dɪŋ] **I.** *adj attr* führend; **one of the town's ~ citizens** einer der angesehensten Bürger der Stadt; **to be a ~ contender for sth** einer der führenden Anwärter auf etw *akk* sein **II.** *n* ❶ *no pl* (*guidance*) Führung *f* ❷ (*promptings*) ■**~s** *pl* Führen *nt kein pl;* **she followed the ~s of her heart** sie folgte der Stimme ihres Herzens

leading² ['ledɪŋ] *n no pl* BRIT ❶ (*of roof*) Verbleiung *f* ❷ (*of windows*) Bleifassung *f*

lead·ing ac·tor *n* Hauptdarsteller *m* **lead·ing 'ac·tress** *n* Hauptdarstellerin *f* **lead·ing 'ar·ti·cle** *n* BRIT Leitartikel *m* **lead·ing 'edge I.** *n* ❶ (*of wing/blade*) Flügelvorderkante *f* ❷ *no pl* (*of development*) ■**to be at the ~** [**of sth**] auf dem neuestem Stand [einer S. *gen*] sein **II.** *n modifier* TECH, COMPUT (*research, technology*) Spitzen-, Hightech- **lead·ing 'hand** *n* AUS Vorarbeiter(in) *m(f)* **lead·ing 'lady** *n* Hauptdarstellerin *f;* **who will take the role of his ~ in the play?** wer wird seine Partnerin in dem Stück sein? **lead·ing 'light** *n* (*fam*) führende Persönlichkeit; ■**to be a ~ in sth** bei [*o* in] etw *dat* eine maßgebliche Person sein **lead·ing 'man** *n* Hauptdarsteller *m;* **who plays her ~ in the film?** wer spielt ihren Partner in dem Film? **lead·ing 'part** *n* Hauptrolle *f* **lead·ing 'ques·tion** *n* Suggestivfrage *f* **'lead·ing rein** *n* Leitzügel *m* **lead·ing 'role** *n* Hauptrolle *f;* **to get/play a/the ~** [**in sth**] [in etw *dat*] eine/die Hauptrolle bekommen/spielen; **to play a ~ in sth** (*fig*) wesentlich zu etw *dat* beitragen **'lead·ing sea·man** *n* NAUT *Rang zwischen Vollmatrose und Fähnrich zur See*

lead pen·cil *n* Bleistift *m* **'lead-poi·son·ing** *n no pl* Bleivergiftung *f*

lead sing·er *n* Leadsänger(in) *m(f)* **lead 'sto·ry** *n* JOURN Aufmacher *m* **'lead time** *n* (*in production*) Vorlaufzeit *f;* (*for completion*) Realisierungszeit *f* **'lead-up** *n* ❶ (*that which precedes*) Einleitung *f* (**to** zu +*dat*) ❷ (*time preceding*) Vorfeld *nt fig;* **in the ~ to the revolution, ...** in den Vorjahren der Revolution ...

leaf <*pl* **leaves**> [li:f, *pl* li:vz] **I.** *n* ❶ (*part of plant*) Blatt *nt;* **dead ~** verwelktes Blatt; **to put out leaves** sprießen *geh* ❷ *no pl* (*complete foliage*) Laub *nt;* **to be in/come into ~** Blätter haben/bekommen ❸ (*dated: of paper*) Blatt *nt;* ~ **of paper** Blatt *nt* Papier; **she turned the leaves of the book slowly** sie blätterte die Seiten des Buchs langsam um ❹ (*part of table*) Klappe *f;* (*for extending table*) Ausziehplatte *f;* **to pull out/put in a/the ~** eine/die Ausziehplatte herausnehmen/einsetzen ▶ PHRASES: **to take a ~ from** [*or* **out of**] **sb's book** sich *dat* an jdm ein Beispiel nehmen; **to shake like a ~** wie Espenlaub zittern **II.** *vi* ❶ (*of book, periodical*) ■**to ~ through sth** etw durchblättern ❷ HORT sprießen *geh*

leaf 'green *n no pl* Blattgrün *nt*, Laubgrün *nt*

leaf·less ['li:fləs] *adj* kahl

leaf·less·ness ['li:fləsnəs] *n no pl* Kahlheit *f*

leaf·let ['li:flət] **I.** *n* (*for advertising*) Prospekt *m* ÖSTERR *a. nt;* (*for instructions*) Merkblatt *nt;* (*for political use*) Flugblatt *nt;* (*brochure*) Broschüre *f;* **advertising ~** Werbezettel *m* **II.** *vi* (*in street*) auf der Straße Prospekte/Flugblätter/Broschüren verteilen; (*by mail*) per Post Werbematerial/Broschüren verschicken **III.** *vt* <-t-> ■**to ~ somewhere** irgendwo Handzettel verteilen; (*by mail*) Handzettel irgendwohin verschicken; (*for advertising*) irgendwo Werbematerial verteilen; (*for political use*) irgendwo Flugblätter verteilen; (*for instruction*) irgendwo Merkblätter verteilen; **to ~ potential customers** potenziellen Kunde eine Werbesendung zukommen lassen; **to ~ a car** an einem Auto einen Werbezettel anbringen

'leaf mold AM, **'leaf mould** *n no pl* ❶ (*compost*) [Laub]kompost *m* ❷ (*disease*) Schimmelpilzbelag *m*, [*auf dem Blattwerk*]

leafy ['li:fi] *adj* ❶ (*of place*) belaubt ❷ HORT Blatt-, blattartig; ~ **vegetables** Blattgemüse *nt sing*

league [li:g] **I.** *n* ❶ (*group*) Bund *m;* **the Ivy L~** die Eliteuniversitäten *pl* der USA, [*an der Ostküste*]; **the L~ of Nations** der Völkerbund; **the Arab/Hanseatic L~** die Arabische Liga/die Hanse ❷ (*esp pej: agreement to cooperate*) ■**to be in ~ with sb** mit jdm gemeinsame Sache machen [*o fam* unter einer Decke stecken] ❸ (*in competitive sport*) Liga *f;* **to be bottom/top of the ~** den Tabellenschluss bilden/Tabellenführer sein; **the ~ championship** die Ligameisterschaft; **football ~** Fußballliga *f;* **to win the ~** die Meisterschaft gewinnen ❹ (*fig: class*) Klasse *f;* **to be in a different ~** in einer anderen Klasse sein; **this hotel is in a different ~ altogether from other ones** dieses Hotel fällt in eine ganz andere Kategorie als die anderen; **to be/not be in the same ~ as sb/sth** [nicht] das gleiche Format wie jd/etw haben; ■**to be out of sb's ~** (*too expensive*) jds Verhältnisse übersteigen; (*too good*) jdn [weit] überragen; **she's a really classy girl, a bit out of his ~ if you ask me** sie ist ein echt klasse Mädchen, viel zu schade für ihn, wenn du mich fragst *fam* ▶ PHRASES: **the big ~** die Spitzenliga **II.** *n modifier* (*club, event, game, match, player, team*) Liga- **'league stand·ings** *npl* AM, **'league ta·ble** *n* BRIT Tabelle *f;* **to be at the bottom/top of the ~** am Tabellenende/an der Tabellenspitze stehen; (*fig*) das Schlusslicht bilden *fam*/an der Spitze stehen

leak [li:k] **I.** *n* (*crack, hole*) Leck *nt;* **a gas ~** eine undichte Stelle in der Gasleitung; **to spring a ~** Leck schlagen; **a security ~** (*fig*) eine undichte Stellen im Sicherheitsbereich ▶ PHRASES: **to take** [*or* BRIT, AUS *a.* **have**] **a ~** (*fam!*) pinkeln [*o sl* schiffen] gehen *sl* **II.** *vi* (*of container, surface*) undicht sein; *boat, ship* lecken; *bucket, hose* undicht sein; *tap* tropfen; *tire* Luft verlieren; *pen* klecksen, patzen ÖSTERR; **our roof ~s every time it**

L

rains Wasser sickert durch das Dach, jedes Mal wenn es regnet; **my old hiking shoes** ~ meine alten Wanderschuhe sind wasserdurchlässig; ■**to** ~ **somewhere** *liquid* irgendwohin auslaufen; *gas* irgendwohin ausströmen; **the turpentine's** ~**ed everywhere** überall ist Terpentin ausgelaufen; **to** ~ **like a sieve** völlig undicht sein **III.** *vt* ■**to** ~ **sth** ❶ (*of container, surface*) etw verlieren; *gas, liquid* etw austreten lassen; **the car** ~**ed oil all over the drive** das Auto verlor Öl über die ganze Einfahrt ❷ (*fig*) *confidential information* etw durchsickern lassen; ■**to** ~ **sth to sb** jdm etw zuspielen

◆**leak out** *vi* ❶ (*of gas, liquid*) auslaufen; ■**to** ~ **out of sth** aus etw *dat* austreten; *gas* aus etw *dat* ausströmen; *liquid* aus etw *dat* auslaufen ❷ (*fig*) *confidential information* durchsickern

leak·age ['li:kɪdʒ] *n* ❶ *no pl* (*leaking*) *of gas* Ausströmen *nt; of liquid* Auslaufen *nt; of water* Versickern *nt* ❷ (*leak*) Leck *nt;* (*in a pipe*) undichte Stelle ❸ *no pl* (*fig: of secret information*) Durchsickern *nt*

leaked [li:kt] *adj attr* ❶ *gas* ausströmend; *liquid* auslaufend ❷ (*fig*) *confidential information* durchgesickert

leak·ing ['li:kɪŋ] *adj attr* undicht

leaky ['li:ki] *adj* leck

lean¹ [li:n] **I.** *adj* ❶ *animal* mager; *person* schlank, schmal ❷ *meat* mager ❸ (*of period of time*) mager, dürftig ❹ (*approv: of organization*) schlank *fig;* (*efficient*) effizient; ~ **company** schlanke Firma ❺ (*of fuel*) mager **II.** *n no pl* Magere *nt,* mageres Fleisch

lean² [li:n] **I.** *vi* <leant *or* AM *usu* leaned, leant *or* AM *usu* leaned> ❶ (*incline*) sich *akk* beugen; (*prop*) sich *akk* lehnen; **she** ~**ed back in her chair** sie lehnte sich im Sessel zurück; **to** ~ **to the left/right** sich *akk* nach links/rechts lehnen; ■**to** ~ **against sth** sich *akk* an [*o* gegen] etw *akk* lehnen; ■**to** ~ **forward** sich *akk* nach vorne lehnen; ■**to** ~ **on sb/sth** sich *akk* an jdn/etw [an]lehnen; **to** ~ **out of a window** sich *akk* aus einem Fenster [hinaus]lehnen ❷ (*fig: opinion*) neigen; **I** ~ **towards the view that ...** ich neige zur Ansicht, dass ...; **some of his family** ~ **towards communism** einige seiner Familienangehörigen tendieren zum Kommunismus; **to** ~ **to the left/right** nach links/rechts tendieren **II.** *vt* <leant *or* AM *usu* leaned, leant *or* AM *usu* leaned> ■**to** ~ **sth against/on sth** etw an [*o* gegen]/auf etw *akk* lehnen

◆**lean on** *vi* (*fig*) ❶ (*pressurize*) ■**to** ~ **on sb** jdn unter Druck setzen [*o fam* beknien]; **he** ~**t on me so hard, I had to agree to it** er setzte mich so sehr unter Druck, dass ich zustimmen musste ❷ (*rely*) ■**to** ~ **on sb/sth** sich *akk* auf jdn/etw verlassen

◆**lean over** *vi* ■**to** ~ **over sb/sth** sich *akk* über jdn/etw beugen [*o* lehnen]; ■**to** ~ **over to sb** sich *akk* zu jdm rüberbeugen *fam* ▶ PHRASES: **to** ~ **over <u>backwards</u> to do sth** sich *dat* für etw *akk* ein Bein ausreißen *fam*

lean-burn 'en·gine *n* Magermotor *m*

lean·ing ['li:nɪŋ] *n esp pl* Neigung *f geh* (**for/towards** zu +*dat*); **political** ~**s** politische Tendenzen [*o geh* Neigungen]

Lean·ing Tow·er of 'Pisa *n* Schiefer Turm von Pisa

leant [lent] *vt, vi pt, pp of* **lean**

'lean-to **I.** *n* ❶ (*building extension*) Anbau *m* ❷ AM, AUS (*camping shelter*) Schuppen *m,* [*mit Pultdach*] **II.** *n modifier* (*garage, shed, shelter*) Anbau-

leap [li:p] **I.** *n* ❶ (*jump*) Sprung *m;* (*bigger*) Satz *m;* **to make** [*or* **take**] **a** ~ einen Sprung/Satz machen ❷ (*fig: increase*) Sprung *m fig* (**in** bei +*dat*) ❸ (*fig: change*) **a** ~ **of faith/imagination** ein Sinneswandel *m*/Gedankensprung *m;* **it takes quite a** ~ **of the imagination to believe that ...** es bedarf einer ziemlichen Anstrengung, zu glauben, dass ... ▶ PHRASES: **by** [*or* **in**] ~**s and <u>bounds</u>** sprunghaft; **to come on in** ~**s and <u>bounds</u>** sich *akk* sprunghaft verbessern; **a** ~ **in the <u>dark</u>** ein Sprung *m* ins Ungewisse **II.** *vi* <leapt *or* AM *esp* leaped, leapt *or* AM *esp* leaped> ❶ (*jump*) springen; **the wolf** ~**t at his throat** der Wolf sprang ihm an die Kehle; ■**to** ~ **forward** nach vorne springen; **to** ~ **high** in die Höhe springen; ■**to** ~ **across sth** über etw *akk* springen; ■**to** ~ **from sth** von etw *dat* springen; ■**to** ~ **on sb/sth** sich *akk* auf jdn/etw stürzen; ■**to** ~ **over sth** über etw *akk* springen ❷ (*rush*) ■**to** ~ **to do sth** einen Satz machen, um etw zu tun; **the girl** ~**t to hold the door open** das Mädchen sprang herbei, um die Tür aufzuhalten; **to** ~ **to sb's defence** (*fig*) zu jds Verteidigung eilen ❸ (*fig: be enthusiastic*) **to** ~ **at the chance to do sth** die Chance ergreifen, etw zu tun *fig;* **to** ~ **at** [*or* **on**] **an idea/a suggestion** eine Idee/einen Vorschlag begeistert aufnehmen; **to** ~ **with joy** vor Freude einen Luftsprung machen ▶ PHRASES: **sth** ~**s to the <u>eye</u>** etw springt ins Auge; **sb's <u>heart</u>** ~**s** jds Herz schlägt höher; **to** ~ **to <u>mind</u>** in den Sinn kommen **III.** *vt* <leapt *or* AM *usu* leaped, leapt *or* AM *usu* leaped> ■**to** ~ **sth** über etw *akk* springen; (*get over in a jump*) etw überspringen

◆**leap out** *vi* ❶ (*jump out*) herausspringen; (*from behind sth*) hervorspringen; ■**to** ~ **out of sth** aus etw *dat* herausspringen; ■**to** ~ **out at sb** sich *akk* auf jdn stürzen ❷ (*fig: grab attention*) ■**to** ~ **out at sb** jdm ins Auge springen

◆**leap up** *vi* ❶ (*jump up*) aufspringen ❷ (*fig: increase*) in die Höhe schießen; **the children had** ~**t up since I last saw them** die Kinder waren [ganz schön] gewachsen, seit ich sie das letzte Mal gesehen hatte

'leap·frog **I.** *n no pl* Bockspringen *nt;* **to play a game of** ~ Bockspringen spielen **II.** *vt* <-gg-> ■**to** ~ **sb/sth** ❶ (*vault*) über jdn/etw einen Bocksprung machen ❷ (*go around*) jdn/etw umgehen; (*fig: skip*) jdn/etw überspringen; **she** ~**ged several levels in her rush up the promotion ladder** sie übersprang mehrere Ebenen bei ihrem Aufstieg auf der Karriereleiter **III.** *vi* <-gg-> ❶ (*vault*) ■**to** ~ **over sb/sth** über jdn/etw einen Bocksprung machen ❷ (*fig: jump over*) ■**to** ~ **somewhere** irgendwohin springen; **the team has** ~**ged from third to first place** die Mannschaft ist vom dritten auf den ersten Platz [vor]gesprungen

leapt [lept] *vt, vi pt, pp of* **leap**

'leap year *n* Schaltjahr *nt*

learn [lɜ:n, AM lɜ:rn] **I.** *vt* <learnt *or* AM *usu* learned, learnt *or* AM *usu* learned> ❶ (*acquire knowledge, skill*) ■**to** ~ **sth** etw lernen; **we'll** ~ **to get along without him** wir werden lernen, ohne ihn zurechtzukommen; **my sister has** ~**t to swim** meine Schwester hat schwimmen gelernt; **the pupils** ~**t what to do when ...** die Schüler lernten, was sie zu tun haben, wenn ...; **you'll** ~ **what to do when we get there** du wirst erfahren, was zu tun ist, wenn wir dort ankommen; **has mankind** ~**t what the consequences of war are?** hat die Menschheit begriffen, was die Folgen von Krieg bedeuten?; **to** ~ **to live with sth** mit etw *dat* zu leben lernen; ■**to** ~ **how to do sth** lernen, wie man etw tut; ■**to** ~ **that ...** lernen, dass ...; **I later** ~**t that the message had never arrived** ich erfuhr später, dass die Nachricht niemals angekommen war ❷ (*hum hist: teach*) ■**to** ~ **sb** jdn lehren; **that'll** ~ **you!** das wird dir eine Lehre sein! ▶ PHRASES: **to** ~ **sth by <u>heart</u>** etw auswendig lernen; **to** ~ **one's <u>lesson</u>** seine Lektion lernen; **to** ~ **sth the hard <u>way</u>** etw auf die harte Tour lernen *fam* **II.** *vi* <learnt *or* AM *usu* learned, learnt *or* AM *usu* learned> ❶ (*master*) lernen; ■**to** ~ **about sb/sth** etwas über jdn/etw lernen; **to** ~ **by experience** aus Erfahrung lernen; **to** ~ **by** [*or* **from**] **one's mistakes** aus seinen Fehlern lernen; **some people never** ~**!** manche lernens nie! ❷ (*become aware of*) ■**to** ~ **about** [*or* **of**] **sth** von etw *dat* erfahren

learned¹ [lɜ:nd, AM lɜ:rnd] *adj* angelernt; ~ **behaviour** angelerntes Verhalten

learned² ['lɜ:nɪd, AM 'lɜ:rn-] *adj* (*form*) gelehrt; **my** ~ **colleague** mein verehrter Herr Kollege/meine verehrte Frau Kollegin; **my** ~ **friend** BRIT LAW mein geschätzter Herr Kollege/meine geschätzte Frau Kollegin; (*hum*) mein verehrter Freund/meine verehrte Freundin

learn·ed 'jour·nal *n* Fachzeitschrift *f*

learn·er ['lɜːnəʳ, AM 'lɜːrnɚ] *n* ❶ (*one who's learning, training*) Lernende(r) *f(m)*; (*beginner*) Anfänger(in) *m(f)*; (*pupil*) Schüler(in) *m(f)*; **a language course for intermediate ~s** ein Sprachkurs für fortgeschrittene Anfänger; **advanced ~s** Fortgeschrittene *pl*; **to be a quick ~** schnell lernen ❷ BRIT (*learner driver*) Fahrschüler(in) *m(f)*

learn·er 'driv·er *n* BRIT Fahrschüler(in) *m(f)*

learn·ing ['lɜːnɪŋ, AM 'lɜːr-] *n no pl* ❶ (*acquisition of knowledge*) Lernen *nt* ❷ (*education*) Bildung *f*; (*extensive knowledge*) Gelehrsamkeit *f*; **he is a man of great ~** er ist ein bedeutender Gelehrter

'learn·ing curve *n* Lernkurve *f*; **to be on a steep ~** sehr viel dazulernen **'learn·ing dif·fi·cul·ties** *npl* Lernschwierigkeiten *pl*; **school for children with ~** Schule *f* für lernschwache Kinder; **specific ~** spezifische Lernschwierigkeiten **'learn·ing dis·abil·ity** *n* Lernstörung *f*; (*more severe*) Lernbehinderung *f* **'learn·ing dis·abled** *adj* lerngestört; (*more severe*) lernbehindert

learnt [lɜːnt, AM lɜːrt] *vt, vi pt, pp of* **learn**

lease [liːs] **I.** *vt* ■**to ~ sth** ❶ (*let on long-term basis*) *flat, house* etw vermieten; *land, property* etw verpachten; *equipment, vehicle* etw vermieten [*o* verleihen]; ■**to ~ sb sth** jdm etw *akk* vermieten; ■**to ~ sth to sb** etw an jdn vermieten ❷ (*rent long-term*) *flat, house* etw mieten; *land, property* etw pachten; *equipment, vehicle* etw leasen **II.** *n of flat, house* Mietvertrag *m*; *of land, property* Pachtvertrag *m*; *of equipment, vehicle* Leasingvertrag *m*; **a ~ expires** [*or* **runs out**] ein Mietvertrag läuft aus; **to take out a ~** einen Mietvertrag abschließen ▸ PHRASES: **to give sth a new ~ on life** etw zu neuem Leben erwecken, etw *dat* eine zweite Chance geben

'lease·back I. *n of flat, house* Rückvermietung *f*; *of land, property* Rückverpachtung *f* **II.** *n modifier* (*agreement, conditions, contract, deal*) Rückmiet-, Rückverpachtungs- **'lease·hold I.** *n* ❶ *no pl* (*having property*) Pachtbesitz *m*; **to have sth on ~** etw gepachtet haben [*o* in [*o* zur] Pacht haben]; **to hold the/a ~** Pachtbesitz haben ❷ (*leased property*) Pachtgrundstück *nt* **II.** *n modifier* (*land, property*) Pacht- **'lease·hold·er** *n of land* Pächter(in) *m(f)*; *of flat, house* Mieter(in) *m(f)*; *of equipment, vehicle* Leasingnehmer(in) *m(f)*

leash [liːʃ] **I.** *n* ❶ (*lead*) Leine *f*; ■**to be on a ~** an einer Leine sein; **pets must be on a ~** Haustiere müssen angeleint sein; **to be kept on a ~** an einer Leine geführt werden; **to strain at the ~** an der Leine zerren ❷ (*fig: restraint*) *on emotions, feelings* Zügel *m fig*; **to give sb a long ~** jdm viel Freiheit geben; **to strain at the ~** vor Ungeduld platzen *fam* **II.** *vt* ❶ (*lead with leash*) **to ~ a dog** einen Hund anleinen ❷ (*fig: restrain*) ■**to ~ sth** *emotions, feelings* etw zügeln

'leash law *n* AM Gesetz, das das Anleinen von Hunden vorschreibt

leas·ing ['liːsɪŋ] *n no pl* ❶ (*let on long-term basis*) *of land* Verpachten *nt*; *of flat, house* Vermieten *nt*; (*of cars, equipment*) Leasing *nt* ❷ (*rent long-term*) *of land* Pachten *nt*; *of flat, house* Mieten *nt*; *of cars, equipment* Leasen *nt*

'leas·ing com·pa·ny *n* Leasingfirma *f*

least [liːst] **I.** *adv inv* am wenigsten; **disaster struck when we ~ expected it** das Unglück schlug zu, als wir es am wenigsten erwarteten; **the ~ likely of the four to win** von den vier diejenige mit den geringsten Gewinnchancen; **the ~ little thing** die kleinste Kleinigkeit; **~ of all** am allerwenigsten; **no one believed her, ~ of all the police** niemand glaubte ihr, schon gar nicht die Polizei ▸ PHRASES: **~ said, soonest mended** (*prov*) vieles Reden lässt alte Wunden nur schwer heilen *fig* **II.** *adj det* ❶ (*tiniest amount*) geringste(r, s); **of all our trainees, she has the ~ ability** von all unseren Auszubildenden ist sie am unfähigsten; ■**at ~** (*minimum*) mindestens, wenigstens; (*if nothing else*) wenigstens, zumindest; **he's lost all his money but at ~ he's still got his house** er hat sein ganzes Geld verloren, aber wenigstens sein Haus hat er noch; **the line of ~ resistance** der Weg des geringsten Widerstandes ❷ BIOL Zwerg-

least·ways ['liːstweɪz] *adv inv* (*fam*) zumindest, wenigstens

leath·er ['leðəʳ, AM -ɚ] **I.** *n* ❶ *no pl* (*material*) Leder *nt* ❷ (*clothing*) ■**~s** *pl* Leder[be]kleidung *f* ❸ (*for polishing*) Lederlappen *m* **II.** *n modifier* (*belt, binding, gloves, handbag, jacket, shoes, strap*) Leder-

'leath·er·back *n*, **leath·er·back 'tur·tle** *n* Lederschildkröte *f*

leath·er·ette® [ˌleðəʳ'et, AM -ə'ret] **I.** *n no pl* Kunstleder *nt* **II.** *n modifier* (*belt, handbag, seat, suitcase*) Kunstleder-

'leath·er·neck *n* AM (*sl: US Marine*) Ledernacken *m fam*

leath·ery ['leðəri, AM -ɚi] *adj* ❶ (*tough, thick*) ledrig, lederartig ❷ (*pej*) *meat, pastry* zäh ❸ *hands, skin* ledern

leave [liːv] **I.** *n no pl* ❶ (*departure*) Abreise *f* ❷ (*farewell*) Abschied *m*; **to take [one's] ~ [of sb]** sich *akk* [von jdm] verabschieden ❸ (*permission, consent*) Erlaubnis *f*; **to ask sb's ~** jdn um Erlaubnis bitten; **to get/have sb's ~ [to do sth]** jds Erlaubnis bekommen/haben[, etw zu tun]; ■**with/without sb's ~** mit/ohne jds Erlaubnis; **absence without ~** unerlaubtes Fernbleiben; **without so much as a by your ~** (*iron*) ohne auch nur im Mindesten um Erlaubnis zu fragen ❹ (*vacation time*) Urlaub *m*; **maternity ~** Mutterschaftsurlaub *m*; **sick ~** Genesungsurlaub *m*; **annual ~** Jahresurlaub *m*; **to be/go on ~** in Urlaub sein/gehen; **to be on ~ for sth** für etw *akk* beurlaubt sein; **to get ~ to do sth** freibekommen, um etw zu tun ▸ PHRASES: **to have taken [complete] ~ of one's senses** [völlig] übergeschnappt sein *fam*; **have you taken ~ of your senses? that's a very dangerous animal!** bist du noch bei Trost? das ist ein sehr gefährliches Tier! *fam*; **to do sth by one's own ~** (*dated*) etw tun, ohne überhaupt zu fragen **II.** *vt* <left, left> ❶ (*depart from*) ■**to ~ sth** *place* etw verlassen; **the train ~s the station in five minutes** der Zug fährt in fünf Minuten vom Bahnhof ab; **he left them and came over to speak with us** er ließ sie stehen und kam herüber, um mit uns zu sprechen ❷ (*go away permanently*) **to ~ home** von zu Hause weggehen [*o* fortgehen]; **to ~ one's husband/wife** seinen Ehemann/seine Ehefrau verlassen; **to ~ a job** eine Stelle aufgeben; **to ~ school/university** die Schule/Universität beenden; **to ~ work** aufhören zu arbeiten ❸ (*not take away with*) ■**to ~ sth** etw zurücklassen; **I'll ~ my winter coat – I won't need it** ich lasse meinen Wintermantel da – ich werde ihn nicht brauchen; **to ~ a message/note [for sb]** [jdm] eine Nachricht/ein paar Zeilen hinterlassen; ■**to ~ sb/sth with sb** jdn/etw bei jdm lassen ❹ (*forget to take*) ■**to ~ sth** etw vergessen ❺ (*let traces remain*) **to ~ footprints/stains** Fußabdrücke/Flecken hinterlassen; **the incident left a feeling of resentment** der Vorfall hinterließ einen unangenehmen Nachgeschmack ❻ (*cause to remain*) ■**to ~ sth** etw übrig bleiben lassen; **five from twelve ~s seven** zwölf weniger fünf macht sieben; ■**to ~ sb sth** [*or* **to ~ sth for sb**] jdm etw übriglassen; **if you take two, then that ~s me three** wenn du zwei nimmst, bleiben drei für mich übrig; **we were left with five pieces that we couldn't fit into the jigsaw** uns blieben am Ende fünf Teile übrig, die wir nicht in das Puzzle einfügen konnten ❼ (*cause to remain in a certain state*) **to ~ sb/an animal alone** jdn/ein Tier alleine lassen; **to ~ sb better/worse off** jdn in einer besseren/schlechteren Situation zurücklassen; **to be left homeless** obdachlos sein; **to ~ sth on/open** etw eingeschaltet/offen lassen; ■**to ~ sb/sth doing sth**: **I left the children watching television** ich ließ die Kinder vor dem Fernseher zurück; **he left the engine running** er ließ den Motor laufen ❽ (*not change*) ■**to ~ sth** etw lassen; **~ that, I'll take care of it later** lass das, ich kümmere mich später darum ❾ (*not eat*) ■**to ~ sth** etw übrig lassen ❿ (*bequeath*) ■**to ~ sth** etw hinterlassen; **to ~ sb sth in one's will** jdm etw testamentarisch vermachen ⓫ (*be survived by*) ■**to ~ sb** jdn hinterlassen; **he ~s a wife and two young children**

L

er hinterlässt eine Frau und zwei kleine Kinder ⓬ (*put off doing*) ■**to ~ sth** etw lassen; **I'll ~ the rest of the work for tomorrow** ich hebe mir den Rest der Arbeit für morgen auf; **don't ~ it too late!** schieb es nicht zu lange auf!; **you've left it too late to apply again** du hast damit zu lange gewartet, um dich nochmal bewerben zu können; **do you always ~ doing things till the very last possible minute?** schiebst du immer alles bis zur allerletzten Minute auf? ⓭ (*not discuss further*) **to ~ a question/subject** eine Frage/ein Thema lassen; **let's ~ it at that** lassen wir es dabei bewenden ⓮ (*assign*) ■**to ~ sth to sb** *decision* jdm etw überlassen; **I left making the important decisions to Martha** ich überließ es Martha, die wichtigen Entscheidungen zu treffen; ■**to ~ sb to do sth: I left her to make the decision** ich ließ sie die Entscheidung treffen; ■**to ~ it to sb [to do sth]** es jdm überlassen[, etw zu tun] ▶PHRASES: **to ~ sth up in the air** etw offenlassen; **to ~ sb holding the baby** [*or* AM **bag**] (*fam*) jdn die Suppe auslöffeln lassen *fam;* **to ~ nothing/sth to chance** nichts/etw dem Zufall überlassen; **to ~ sb out in the cold** jdn ignorieren; **everyone else had been invited, only he had been left out in the cold** alle anderen waren eingeladen worden, nur ihn hatte man übergangen; **the new taxation system ~s single mothers out in the cold** das neue Steuersystem lässt alleinerziehende Mütter im Regen stehen; **to ~ sb to their own devices** jdn sich *dat* selbst überlassen; **to ~ the door open to sth** etw begünstigen; **this will ~ the door open to domestic companies to compete for international business** dies wird es inländischen Firmen erleichtern, um das internationale Geschäft zu konkurrieren; **to ~ go** [*or* **hold**] **of sb/sth** jdn/etw loslassen; **to ~ a lot to be desired** viel zu wünschen übrig lassen; **to ~ sb in the lurch** jdn im Stich [*o fam* hängen] lassen; **to ~ sb on the sidelines, to ~ sb standing** jdn ausstechen; **to ~ no stone unturned** nichts unversucht lassen; **to ~ a bad** [*or* **sour**] [*or* **unpleasant**] **taste [in one's mouth]** einen unangenehmen Nachgeschmack hinterlassen *fig;* **to ~ sb alone** jdn in Ruhe lassen; **~ well [enough] alone!** lass die Finger davon!; **to ~ sb cold** jdn kaltlassen; **to ~ oneself wide open** sich *dat* eine Blöße geben; **to ~ sb be** jdn in Ruhe lassen; **just ~ it be** lass es gut sein; **~ it to sb to do sth** du kannst darauf zählen, dass jd etw tut; **~ it to John to forget the keys!** natürlich hat John wieder die Schlüssel vergessen! **III.** *vi* <left, left> [weg]gehen; *vehicle* abfahren; *plane* abfliegen; **our train is leaving in five minutes** unser Zug fährt in fünf Minuten ab; **we are leaving for Paris** wir fahren nach Paris

◆**leave aside** *vt* ■**to ~ aside** ⊂ **sth** etw beiseitelassen

◆**leave behind** *vt* ❶ (*not take along*) ■**to ~ behind** ⊂ **sb/sth** jdn/etw zurücklassen; **hurry up or you'll get left behind!** beeil dich oder du bleibst hier! ❷ (*leave traces*) ■**to ~ behind** ⊂ **sth** etw hinterlassen; **we've left all that behind us** all das liegt hinter uns; **to ~ behind a chaos/a mess** ein Chaos/Unordnung hinterlassen; **to ~ behind a mystery** ein Rätsel aufgeben ❸ (*fig: no longer participate in*) ■**to ~ sth** ⊂ **behind** etw hinter sich *dat* lassen ❹ (*progress beyond*) ■**to be left behind** den Anschluss verpassen

◆**leave off I.** *vt* ❶ (*omit*) ■**to ~ sb/sth off** jdn/etw auslassen; **to leave sb/sb's name off a list** jdn/jds Namen nicht in eine Liste aufnehmen ❷ (*not put on*) **to ~ a lid off sth** keinen Deckel auf etw *akk* geben, etw offen lassen ❸ (*not wear*) **to ~ one's coat off** seinen Mantel nicht anziehen ❹ (*not turn on*) **to ~ the radio off** das Radio aus[gestellt] lassen **II.** *vi* (*fam*) ❶ (*stop*) aufhören; ■**to ~ off sth** mit etw *dat* aufhören; ■**to ~ off doing sth** (*dated*) aufhören, etw zu tun; ■**to ~ off sb** jdn in Ruhe lassen *fam* ❷ (*dated: stop bothering*) Ruhe geben *fam;* **hey, ~ off! I hate people touching my hair** he, lass das! ich mag es nicht, wenn Leute meine Haare anfassen *fam*

◆**leave out** *vt* ❶ (*omit*) ■**to ~ out** ⊂ **sth** etw auslassen; *chance, opportunity* etw auslassen [*o* verpassen]; *facts, scenes* etw weglassen; **she left the almonds out of the cake** sie gab keine Mandeln in den Kuchen ❷ (*exclude*) ■**to ~ out** ⊂ **sb** jdn ausschließen ▶PHRASES: **~ it out!** BRIT (*sl: desist*) hör auf!; (*that can't be true*) ist nicht wahr! *fam*

◆**leave over** *vt usu pass* ■**to be left over [from sth]** [von etw *dat*] übrig geblieben sein; **this is a tradition left over from pre-Christian times** das ist ein Brauch, der noch aus vorchristlicher Zeit stammt

-leaved [li:vd] *in compounds* -blättrig

'leave en·ti·tle·ment *n no pl* BRIT, AUS Urlaubsanspruch *m*

leav·en ['lev^ə^n] **I.** *vt usu pass* ❶ (*make rise*) **to ~ bread/dough** Brot/Teig gehen lassen; **this dough is ~ed with yeast** dieser Teig enthält Hefe ❷ (*fig: lighten*) ■**to be ~ed by** [*or* **with**] **sth** mit etw *dat* aufgelockert werden **II.** *n no pl* ❶ (*rising agent*) Gärmittel *nt* ❷ (*dough*) Sauerteig *m* ❸ (*fig, esp approv: influence*) Auflockerung *f;* (*cheering up*) Aufheiterung *f*

leav·ened ['lev^ə^nd] *adj inv* **~ bread** gesäuertes Brot

leave of 'ab·sence *n no pl* Freistellung *f*

leaves [li:vz] *n pl of* **leaf**

'leave-tak·ing *n no pl* Abschied *m*

leav·ing ['li:vɪŋ] *n* ❶ *no pl* (*departure*) Abreise *f* ❷ (*things*) ■**~s** *pl* Überbleibsel *ntpl fam* ❸ (*food*) ■**~s** *pl* Reste *mpl*

'leav·ing par·ty *n* Abschiedsparty *f*

lech [letʃ] **I.** *n* ❶ (*pej fam: person*) Wüstling *m pej* ❷ (*desire*) Begierde *f,* Verlangen *nt geh* **II.** *vi* ■**to ~ after sb** jdm nachstellen

lech·er ['letʃəʳ, AM -ɚ] *n* (*pej*) Wüstling *m pej*

lech·er·ous ['letʃ^ə^rəs, AM -ərəs] *adj* (*pej: interested in sex*) geil *oft pej;* (*filled with desire*) lüstern

lech·ery ['letʃ^ə^ri, AM -əri] *n no pl* (*pej: interest in sex*) Geilheit *f oft pej;* (*desire*) Lüsternheit *f*

leci·thin ['lesɪθɪn] *n no pl* CHEM Lezithin *nt*

lec·tern ['lektən, AM -tɚn] *n* [Redner]pult *nt;* REL Lektionar *nt fachspr*

lec·tor ['lektɔ:ʳ, AM -tɚ] *n* ❶ REL Lektor(in) *m(f),* Vorleser(in) *m(f)* ❷ UNIV Lektor(in) *m(f)*

lec·ture ['lektʃəʳ, AM -ɚ] **I.** *n* ❶ (*formal speech*) Vortrag *m* (**on/about** über +*akk*); **he gave a ~ to the Women's Institute about pollution** er hielt einen Vortrag über Umweltverschmutzung vor dem Frauenverein; **~ circuit** Vortragsreiseroute *f;* UNIV Vorlesung *f* (**on** über +*akk*) ❷ (*pej: criticism*) Standpauke *f fam;* **to give sb a ~ on sth** (*reproach*) jdm über etw *akk* Vorhaltungen machen; (*advise*) jdm einen Vortrag über etw *akk* halten *fam* **II.** *vi* ❶ UNIV eine Vorlesung halten; ■**to ~ in/on sth** eine Vorlesung/Vorlesungen über etw *akk* halten; **he ~s on applied linguistics** er liest über Angewandte Linguistik ❷ (*pej: criticize*) ■**to ~ [about sth]** [über etw *akk*] belehren **III.** *vt* ■**to ~ sb on sth** ❶ (*give speech*) jdm über etw *akk* einen Vortrag halten; UNIV vor jdm über etw *akk* eine Vorlesung halten ❷ (*criticize*) jdm wegen einer S. *gen* eine Standpauke halten *fam;* (*advise*) jdm über etw *akk* einen Vortrag halten *fam*

lec·tur·er ['lektʃ^ə^rəʳ, AM -ɚɚ] *n* ❶ (*speaker*) Redner(in) *m(f)* ❷ (*at university*) Dozent(in) *m(f);* (*without tenure*) Lehrbeauftragte(r) *f(m)*

'lec·ture room *n* UNIV Hörsaal *m*

lec·ture·ship ['lektʃəʃɪp, AM -tʃɚ-] *n* Dozentur *f;* **to have a ~ in sth** eine Dozentenstelle für etw *akk* haben

'lec·ture thea·tre *n* Hörsaal *m* **'lec·ture tour** *n* Vortragsreise *f*

led [led] *pt, pp of* **lead**

LED [ˌeli:'di:] *n see* **light-emitting diode** LED

LE'D dis·play *n* LED-Anzeige *f*

ledge [ledʒ] *n* Sims *m o nt;* (*in rocks*) Felsvorsprung *m;* **window ~** Fenstersims *m o nt*

ledg·er ['ledʒəʳ, AM -ɚ] *n* ❶ FIN Hauptbuch *nt* ❷ (*for angling*) Angelleine *f,* [*mit festliegendem Köder*]; **~ tackle** Grundangel *f*

'ledg·er line *n* MUS Hilfslinie *f*

lee [liː] **I.** *n no pl* Windschatten *m;* GEOG, NAUT Lee *f o nt fachspr;* **in the ~ of the boulders** im Windschatten der Felsbrocken **II.** *n modifier* (*side, slopes*) windgeschützt; GEOG, NAUT Lee- *fachspr*

leech <*pl* -es> [liːtʃ] **I.** *n* ① (*worm*) Blutegel *m* ② (*fig: clingy person*) Klette *f fig, pej;* **to cling to sb like a ~** an jdm wie eine Klette hängen ③ (*pej: person who uses others*) Blutsauger(in) *m(f) pej* **II.** *vi* ■**to ~ on** [*or* **off**] **sb/sth** (*rely on*) von jdm/etw abhängen; (*exploit*) bei jdm/etw schmarotzen *pej*

leek [liːk] *n* Lauch *m*

leer [lɪəʳ, AM lɪr] (*pej*) **I.** *vi* ■**to ~ at sb** jdm anzügliche Blicke zuwerfen **II.** *n* anzügliches Grinsen

leer·ing [ˈlɪərɪŋ, AM ˈlɪr-] *adj attr* (*pej*) anzüglich

leery [ˈlɪəri, AM ˈlɪri] *adj pred* (*fam*) misstrauisch; ■**to be ~ of sb/sth** jdm/etw misstrauisch gegenüberstehen

lees [liːz] *npl* ■**the ~** der Bodensatz; (*fig*) der Sumpf *fig* ▶ PHRASES: **to drink life to the ~** das Leben in vollen Zügen genießen

lee·ward [ˈliːwəd, AM -wɚd] **I.** *adj inv* windgeschützt; GEOG, NAUT Lee- *fachspr* **II.** *adv inv* auf der windabgewandten Seite; GEOG, NAUT leewärts *fachspr*

lee·way [ˈliːweɪ] *n no pl* Spielraum *m;* **to give sb ~** jdm Spielraum einräumen; **to be left ~ to do sth** Spielraum haben, um etw zu tun; **to make up ~** Liegengebliebenes aufarbeiten

left¹ [left] *pt, pp of* **leave**

left² [left] **I.** *n* ① *no pl* (*direction*) **from ~ to right** von links nach rechts; **to approach from the ~** sich *akk* von links nähern; **to move/turn to the ~** nach links rücken/abbiegen ② (*left turn*) **to make** [*or* **take**] [*or fam* **hang**] **a ~** [nach] links abbiegen ③ (*street on the left*) **the first/second/third ~** die erste/zweite/dritte Straße links ④ *no pl* (*left side*) ■**the ~** die linke Seite; **my sister is third from the ~** meine Schwester ist die Dritte von links; ■**on/to the ~** links; ■**on/to sb's ~** zu jds Linken, links von jdm; **the speakers are sitting on my ~** die Redner sitzen links von mir ⑤ SPORTS linke [Spielfeld]seite; **this team always attacks from the ~** diese Mannschaft greift immer von links an ⑥ MIL linker Flügel; **attacks from the enemy's ~** Angriffe vom linken Flügel des Feindes ⑦ *no pl* (*political grouping*) ■**the ~** die Linke; **party on the ~** Linkspartei *f;* **the loony ~** (*pej*) die radikale Linke ⑧ (*fam: left-handed punch*) Linke *f* **II.** *adj* ① *inv* (*position, direction*) linke(r, s); **~ leg** linkes Bein ② (*political direction*) linke(r, s), linksgerichtet; **the ~ wing of the party** der linke Flügel der Partei ▶ PHRASES: **to have two ~ feet** zwei linke Füße haben *fam;* **to marry with the ~ hand** eine Ehe zur linken Hand schließen **III.** *adv inv* (*direction*) nach links; (*side*) links; **to keep/turn ~** sich *akk* links halten/links abbiegen ▶ PHRASES: **~, right and centre** überall; **on the ship people were throwing up ~, right and centre** auf dem Schiff übergaben sich die Leute überall

left 'back *n* linker Abwehrspieler [*o* Verteidiger]/linke Abwehrspielerin [*o* Verteidigerin] **left 'field** *n* (*baseball area*) ■**the ~** das linke Spielfeld ▶ PHRASES: **to be out in ~** AM völlig falschliegen *fam* **'left-hand** *adj attr* ① (*on sb's left side*) linke(r, s); **~ side** linke Seite ② SPORTS **~ catch/shot/volley** mit links gefangener Ball/ausgeführter Schuss/ausgeführter Volley ③ (*in road*) **~ bend** Linkskurve *f* **left-hand 'drive** *n* ① *no pl* (*steering system*) Linkssteuerung *f* ② (*car*) *Auto, bei dem sich das Steuer auf der linken Seite befindet* **left-'hand·ed** **I.** *adj* ① (*of person*) linkshändig; **she is ~** sie ist Linkshänderin; **~ person** Linkshänder(in) *m(f)* ② *attr* (*for left hand use*) Linkshänder-; **~ scissors** Schere *f* für Linkshänder/Linkhänderinnen ③ (*turning to left*) *racetrack* linksläufig; *screw* linksdrehend; BIOL linksgedreht ④ (*fig: of emotions*) pervers; (*sadistic*) sadistisch **II.** *adv* linkshändig; **do you write ~ or right-handed?** schreibst du mit der linken oder [der] rechten Hand? **left-hand·ed 'com·pli·ment** *n* zweifelhaftes Kompliment **left-'hand·er** *n* ① (*person*) Linkshänder(in) *m(f)* ② (*curve in road*) Linkskurve *f* ③ (*hit*) Schlag *m* mit der Linken; SPORTS Linke *f*

leftie [ˈlefti] (*fam*) **I.** *n* ① (*person*) Linkshänder(in) *m(f)* ② (*a. pej: in politics*) Linke(r) *f(m)* **II.** *adj* (*a. pej: of politics*) linke(r, s); **~ views** linke Ansichten

left·ish [ˈleftɪʃ] *adj* POL linke(r, s), linksliberal

left·ism [ˈleftɪzᵊm] *n no pl* (*a. pej*) Linksorientierung *f;* **her comments exhibit a certain ~** ihre Bemerkungen zeigen eine gewisse Linkstendenz

left·ist [ˈleftɪst] (*a. pej*) **I.** *adj* (*in politics*) linke(r, s), linksorientiert; **~ hero/martyr** Held(in) *m(f)*/Märtyrer(in) *m(f)* der Linken **II.** *n* (*in politics*) Linke(r) *f(m)*

left-'lug·gage *n,* **left-'lug·gage of·fice** *n* BRIT Gepäckaufbewahrung *f* **left 'out** *adj pred* (*not included*) ausgelassen; (*deliberately excluded*) ausgeschlossen; **to feel ~** sich *akk* ausgeschlossen fühlen **'left·over** *adj attr, inv* übrig[geblieben] **'left·overs** *npl* ① (*food*) Reste *mpl* ② (*parts remaining*) Überreste *mpl,* Überbleibsel *ntpl fam* **left·ward** **I.** *adj* nach links gerichtet; (*fig*) **this ~ leap to a nanny state is a mistake** dieser Ruck nach links hin zu einem Fürsorgestaat ist ein Fehler **II.** *adv see* **leftwards** **left·wards** *adv* nach links; (*fig*) **he accused the party leadership of moving ~** er beschuldigte die Parteiführung, sich [zunehmend] nach links zu orientieren **left 'wing** *n + sing/pl vb* ■**the ~** ① (*in politics*) die Linke; **the ~ of the party** der linke Parteiflügel ② MIL, SPORTS der linke Flügel **left-'wing** *adj* linksgerichtet, links *präd;* **~ views** linke Ansichten **left-'wing·er** *n* Linke(r) *f(m)*

lefty *n, adj* (*pej*) *see* **leftie**

leg [leg] **I.** *n* ① (*limb*) Bein *nt;* **she ran home as fast as her ~s would carry her** sie rannte nach Hause so schnell sie ihre Füße trugen; **~ brace** Beinstütze *f;* **to break a/one's ~** sich *dat* ein/das Bein brechen; **to show** [**a lot of**] **~** [viel] Bein zeigen ② (*meat*) Keule *f,* Schlegel *m* SÜDD, ÖSTERR ③ (*clothing part*) [Hosen]bein *nt* ④ (*support*) Bein *nt;* **chair/table ~** Stuhl-/Tischbein *nt* ⑤ (*segment*) Etappe *f;* (*round*) Runde *f;* **the last ~ of the race** die letzte Teilstrecke des Rennens; **the first/second ~ of sth** der erste/zweite Abschnitt einer S. *gen* ⑥ AM (*fam*) **to have ~s** (*remain popular*) langfristig halten, klappen *fam;* **to lack ~s** (*fam*) sich *akk* nicht halten können; (*sth new*) sich *akk* nicht durchsetzen können ▶ PHRASES: **to have one's tail between one's ~s** den Schwanz eingezogen haben; **to get up on one's hind ~s** (*rise*) sich *akk* erheben; (*defend oneself*) sich *akk* auf die Hinterbeine stellen *fam;* **to have hollow ~s** ein Loch im Bauch haben *fam;* **to be on one's last ~s** auf dem letzten Loch pfeifen *fam,* sich kaum noch auf den Beinen halten; **I need a new car, my old one is on its last ~s** ich brauch' ein neues Auto, mein altes macht's nicht mehr lange *fam;* **break a ~!** Hals- und Beinbruch!; **to find one's ~s** sich *akk* zurechtfinden; **to get one's ~ over** BRIT (*fam!*) bumsen *sl;* **to give sb a ~ up** (*fam: help to climb*) jdm hinaufhelfen; (*fig: help sb*) jdm unter die Arme greifen *fam;* **to have a ~ up on sb** AM jdm gegenüber einen Vorteil haben; **to pull sb's ~** jdn aufziehen [*o fam* auf den Arm nehmen] *fam;* **to not have** [*or* **be without**] **a ~ to stand on** einen schweren Stand haben *fam* **II.** *vt* <-gg-> ▶ PHRASES: **to ~ it** (*fam: go on foot*) zu Fuß gehen; (*walk in a hurry*) eilen; **we are late, we really need to ~ it** wir sind spät dran, wir müssen uns wirklich beeilen **III.** *n modifier* (*injury, support*) Bein-

lega·cy [ˈlegəsi] *n* ① LAW Vermächtnis *nt,* Erbe *nt,* Erbschaft *f;* **to leave sb a ~** jdm ein Erbe hinterlassen [*o* vermachen] ② (*fig: heritage*) Erbe *nt,* Vermächtnis *nt fig;* **~ of culture** Kulturerbe *nt;* **a rich ~ of literature** ein reiches literarisches Erbe ③ (*consequence*) Auswirkung *f*

le·gal [ˈliːgᵊl] *adj* ① (*permissible by law*) legal; **is abortion ~ in your country?** ist Abtreibung in Ihrem Land gesetzlich zulässig? ② (*required by law*) gesetzlich [vorgeschrieben]; **~ obligation/requirement** gesetzliche Verpflichtung/Erfordernis ③ (*according to the law*) rechtmäßig; **he adopted the boy as his ~ son** er adoptierte den Jungen als seinen rechtmäßigen

Sohn; **to be of ~ age** volljährig sein ❹ (*concerning the law*) rechtlich; **to take ~ action** [*or* **do ~ battle**] **against sb** rechtliche Schritte gegen jdn unternehmen; **~ constraints** rechtliche Einschränkungen; **to make ~ history** Rechtsgeschichte schreiben; **to have/seek ~ redress** rechtliche Wiedergutmachung erhalten/verlangen; **~ system** Rechtssystem *nt* ❺ (*of courts*) gerichtlich; (*of lawyers*) juristisch; **~ advice** Rechtsberatung *f;* **~ counsel** Rechtsbeistand *m,* Rechtsberater(in) *m(f);* **~ fee** Anwaltshonorar *nt;* **~ malpractice** Verletzung *f* des juristischen [Berufs]kodexes; **~ profession** (*job*) Anwaltsberuf *m;* (*lawyers as a whole*) Anwaltschaft *f*

le·gal 'aid *n no pl* [unentgeltlicher] Rechtsbeistand; **to get/have a right to ~** ein [An]recht auf [unentgeltlichen] Rechtsbeistand erhalten/haben; **to be granted ~** [unentgeltlichen] Rechtsbeistand gewährt bekommen **le·gal 'bea·gle** *n* (*fam*), **le·gal 'eagle** *n* (*fam*) Rechtsverdreher(in) *m(f) hum fam*

le·gal·ese [ˌliːgəlˈiːz] *n no pl* (*pej fam*) Juristensprache *f,* Juristenjargon *m oft pej*

le·gal 'holi·day *n* AM gesetzlicher Feiertag

le·gal·ism [ˈliːgəlɪzəm] *n no pl* Juristenjargon *m*

le·gal·is·tic [ˌliːgəlˈɪstɪk] *adj* (*pej*) legalistisch *pej geh;* **a highly ~ interpretation of the law** eine Auslegung, die sich stur an den Buchstaben des Gesetzes orientiert *pej fam*

le·gal·is·ti·cal·ly [ˌliːgəlˈɪstɪkli] *adv* (*pej*) legalistisch *pej geh*

le·gal·ity [liːˈgæləti, AM -ət̬i] *n* ❶ *no pl* (*lawfulness*) Legalität *f,* Gesetzmäßigkeit *f;* **the report is not clear on the ~ of this** der Bericht gibt keine eindeutige Auskunft darüber, ob dies gesetzlich zulässig sei ❷ (*laws*) ■**legalities** *pl* gesetzliche Bestimmungen

le·gali·za·tion [ˌliːgəlaɪˈzeɪʃən, AM -lɪˈ-] *n no pl* Legalisierung *f geh*

le·gal·ize [ˈliːgəlaɪz] *vt* ■**to ~ sth** etw legalisieren *geh*

le·gal·ly [ˈliːgəli] *adv* ❶ (*permissible by law*) legal; **are the children ~ allowed in the pub?** ist es legal, dass die Kinder in der Kneipe sind? ❷ (*required by law*) **~ obliged/required** gesetzlich verpflichtet/vorgeschrieben ❸ (*according to the law*) rechtmäßig; **~ protected animals** gesetzlich geschützte Tiere ❹ (*concerning the law*) rechtlich; **you are dealing with politically and ~ sensitive material** du befasst dich [da] mit politisch und rechtlich gesehen brisantem Material

le·gal 'per·son *n* LAW Rechtsperson *f fachspr* **le·gal sepa·'ra·tion** *n* (*of married couple*) gesetzliche Trennung; (*of child and parent*) gesetzliche Regelung des Sorgerechts **le·gal 'ten·der** *n no pl* gesetzliches Zahlungsmittel

leg·ate [ˈlegət, AM -ɪt] *n* ❶ HIST (*of Roman province*) Legat *m* ❷ (*clergy member*) päpstlicher Gesandter, Legat *m*

lega·tee [ˌlegəˈtiː] *n* LAW (*spec*) Vermächtnisnehmer(in) *m(f),* Legatar(in) *m(f) fachspr*

le·ga·tion [lɪˈgeɪʃən] *n* ❶ (*group*) Gesandtschaft *f* ❷ *no pl* (*sending of representative*) Entsendung *f geh* ❸ (*building*) Gesandtschaftsgebäude *nt*

leg be·fore 'wick·et I. *adv* **to be out ~** aus sein, weil das vor dem Tor stehende Bein von einem Wurf getroffen wurde II. *adj inv* von einem Wurf am Bein, das vor dem Tor steht, getroffen III. *n* Wurf *m* gegen ein vor dem Tor stehendes Bein

leg·end [ˈledʒənd] I. *n* ❶ (*old story*) Sage *f;* (*about saint*) Legende *f* ❷ *no pl* (*body of stories*) Sagenschatz *m;* (*of saints*) Legendensammlung *f;* **~ has it that ...** es heißt, dass ... ❸ (*famous person*) Legende *f fig,* legendäre Gestalt ❹ (*on coin, diagram, map, picture*) Legende *f* II. *adj pred* ■**to be ~** Legende sein *fig*

leg·end·ary [ˈledʒəndəri, AM -deri] *adj* ❶ *inv* (*mythical*) sagenhaft; (*in legend*) legendär ❷ (*extremely famous*) legendär; ■**to be ~ for sth** für etw *akk* berühmt sein

leg·er·demain [ˌle(d)ʒədəˈmeɪn, AM -ɚdəˈ-] *n no pl* ❶ (*of conjuring*) Kniff *m* ❷ (*pej: deception*) Schwindelei *f pej*

legged [ˈlegɪd, legd] *adj inv* -beinig; **bow/six-~** säbel- *fam*/sechsbeinig

leg·gings [ˈlegɪŋz] *npl* ❶ (*tight-fitting*) Leggings *pl* ❷ (*for protection*) Überhose *f;* (*for child*) Gamaschenhose *f*

leg·gy [ˈlegi] *adj* ❶ (*of woman*) langbeinig, mit langen Beinen *nach n* ❷ (*of young animal, child*) staksig ❸ (*of plant*) vergeilt *fachspr,* verspillert *fachspr*

leg·ible [ˈledʒəbl] *adj* lesbar

leg·ibly [ˈledʒəbli] *adv* leserlich

le·gion [ˈliːdʒən] I. *n* ❶ + *sing vb* HIST Legion *f* ❷ + *sing vb* (*soldiers*) Armee *f;* **the American/[Royal] British L~** *Verband der amerikanischen/britischen Kriegsteilnehmer des ersten Weltkriegs;* **the [Foreign] L~** die Fremdenlegion ❸ (*a large number*) ■**~s** *pl* Legionen *fpl,* Scharen *fpl;* **~s of fans** unzählige Fans; **~s of supporters** zahllose Anhänger(innen) *mpl(fpl)* II. *adj pred, inv* (*form*) unzählig, zahllos; **his fans are ~** er hat unzählige Fans

le·gion·ary [ˈliːdʒənəri, AM -eri] I. *n* HIST Legionar *m* II. *adj* Legions-

le·gion·naire [ˌliːdʒəˈneəʳ, AM -ˈner] *n* (*Roman soldier*) Legionar *m;* (*member of foreign legion*) [Fremden]legionär *m;* (*of American, British Legion*) *Mitglied des amerikanischen/britischen Kriegsveteranenverbands des ersten Weltkriegs*

Le·gion·'naires' dis·ease *n no pl* Legionärskrankheit *f*

leg·is·late [ˈledʒɪsleɪt] I. *vi* ein Gesetz erlassen; ■**to ~ against sth** ein Gesetz gegen etw *akk* erlassen, etw gesetzlich verbieten; (*fig*) **you can't ~ for everything** [*or* **every situation**] man kann sich nicht gegen alles absichern II. *vt* ■**to ~ sth** etw gesetzlich regeln

leg·is·la·tion [ˌledʒɪˈsleɪʃən] *n no pl* ❶ (*laws*) Gesetze *ntpl;* **a piece of ~** (*law*) ein Gesetz *nt;* (*proposed law*) ein Gesetzentwurf *m,* eine Gesetzesvorlage; **~ against** [*or* **to prohibit**] **smoking in public places** Gesetze, die das Rauchen in der Öffentlichkeit verbieten; **to introduce/pass ~** ein Gesetz einbringen/verabschieden; **the government has promised to introduce ~ to limit fuel emissions from cars** die Regierung hat versprochen, die Abgasemission von Kraftfahrzeugen durch neue gesetzliche Bestimmungen zu begrenzen ❷ (*lawmaking*) Gesetzgebung *f,* Legislatur *f form*

leg·is·la·tive [ˈledʒɪslətɪv, AM -leɪt̬ɪv] *adj esp attr* gesetzgebend, legislativ *form;* **~ power** gesetzgebende Gewalt, Legislative *f form*

leg·is·la·tive as·'sem·bly *n* gesetzgebende Versammlung **leg·is·la·tive 'coun·cil** *n* AUS, IND gesetzgebender Rat

leg·is·la·tor [ˈledʒɪsleɪtəʳ, AM -t̬ɚ] *n* Gesetzgeber *m*

leg·is·la·ture [ˈledʒɪslətʃəʳ, AM -leɪtʃɚ] *n* Legislative *f;* **member of the ~** Mitglied *nt* des Parlaments, Parlamentsmitglied *nt*

le·git [ləˈdʒɪt] *adj pred* (*fam*) *short for* **legitimate** sauber *fam,* okay *präd fam;* **to go ~** legal werden; *person* auf den rechten Weg kommen

le·giti·ma·cy [lɪˈdʒɪtəməsi, AM ləˈdʒɪt̬ə-] *n no pl* ❶ (*rightness*) Rechtmäßigkeit *f,* Legitimität *f form* ❷ (*of birth*) Ehelichkeit *f*

le·giti·mate I. *adj* [lɪˈdʒɪtəmət, AM ləˈdʒɪt̬ə-] ❶ (*legal*) rechtmäßig, legitim *geh;* **I'm not sure his business is entirely ~** ich habe meine Bedenken, ob seine Geschäfte ganz sauber sind *fam;* **a ~ government** eine gesetzmäßige Regierung ❷ (*reasonable*) *excuse, reason* gerechtfertigt; *complaint, grievance* begründet; **this is a ~ question** das ist eine berechtigte Frage ❸ (*born in wedlock*) **a ~ child** ein eheliches Kind II. *vt* [lɪˈdʒɪtəmeɪt, AM ləˈdʒɪt̬ə-] ❶ (*make legal*) ■**to ~ sth** etw für rechtsgültig erklären [*o* etw legitimieren] *geh* ❷ (*make acceptable*) ■**to ~ sth** etw anerkennen [*o geh* legitimieren] ❸ (*change status of birth*) **to ~ a child** ein Kind rechtlich anerkennen

le·giti·mate·ly [lɪˈdʒɪtəmətli, AM ləˈdʒɪt̬ə-] *adv* ❶ (*legally*) legal, rechtmäßig; **she was ~ entitled to succeed to the throne** sie war von Gesetz wegen berechtigt, den Thron zu besteigen; **to enter a country ~** legal in ein Land einreisen ❷ (*justifiably*) gerechtfertigterweise, zu Recht

le·giti·m(a·t)ize [lɪˈdʒɪtəm(ət)aɪz, AM ləˈdʒɪt̬-] *vt* ■**to ~ sth** ❶ (*make legal*) etw legitimieren *geh,* etw für rechtsgültig erklären ❷ (*make acceptable*) etw legitimieren *geh*, etw rechtfertigen ❸ (*change status of birth*) **to ~ a child** ein Kind rechtlich anerkennen

leg·less ['legləs] *adj* ❶ (*without legs*) beinamputiert, ohne Beine *nach n* ❷ *pred* Brit (*sl: extremely drunk*) [völlig] blau *fam*, sturzbesoffen *fam*, sternhagelvoll *fam*

'leg·man *n* ❶ Journ Reporter(in) *m(f)* ❷ (*running errands*) Bote *m*, Laufbursche *m veraltend o a. pej*

Lego® ['legəʊ, Am -oʊ] **I.** *n no pl* Lego® *nt* **II.** *n modifier* (*car, house, truck*) Lego-

'leg-pull *n* (*fam*) Fopperei *f* **'leg-pull·er** *n* (*fam*) Scherzbold *m fam*, Witzbold *m fam* **'leg-pull·ing** *n no pl* (*fam*) Foppen *nt* **'leg·room** *n no pl* Beinfreiheit *f*

leg·ume ['legju:m, Am *also* lɪ'gju:m] *n* Bot Hülsenfrucht *f*

le·gu·mi·nous [lɪ'gju:mɪnəs, Am lə'-] *adj* Bot Hülsenfrucht-; **~ plants** Hülsenfrüchtler *mpl*, Leguminosen *fpl fachspr*

'leg·warm·er *n* Legwarmer *m*, Wadenstrumpf *m* **'leg·work** *n no pl* (*fam*) Lauferei *f fam*, [Herum]rennerei *f fam*; **to do the ~ for sb** jdm die Kleinarbeit abnehmen

lei·sure ['leʒəʳ, Am 'li:ʒɚ, 'leʒɚ] **I.** *n no pl* Freizeit *f*; **a gentleman/lady of ~** (*esp hum*) ein Lebemann/eine Lebedame *meist pej*; **to lead a life of ~** ein müßiges Leben führen, sich *akk* dem süßen Nichtstun hingeben ▸ Phrases: **at** [**one's**] **~** in aller Ruhe; **feel free to answer my letter at your ~** nehmen Sie sich ruhig Zeit für die Beantwortung meines Schreibens; **call me at your ~** rufen Sie mich an, wenn es Ihnen gelegen ist **II.** *n modifier* (*clothes*) Freizeit-; **~ activities** Hobbys *ntpl*, Freizeitaktivitäten *fpl*; **~ facilities** Freizeiteinrichtungen *fpl*; **~ hours/time** Freizeit *f*

'lei·sure cen·tre *n* Brit, **'lei·sure com·plex** *n* Brit Freizeitcenter *nt*

lei·sured ['leʒəd, Am 'li:ʒɚd, 'leʒɚd] *adj* (*form*) ❶ (*having much leisure*) müßig *geh*; **the ~ class**[**es**] die feinen Leute, die gehobene Gesellschaft ❷ (*leisurely*) gemächlich, geruhsam *geh*

lei·sure·ly ['leʒəli, Am 'li:ʒɚ-, 'leʒ-] **I.** *adj* ruhig, geruhsam; **at a ~ pace** gemessenen Schrittes *geh*; **a ~ picnic/breakfast** ein gemütliches Picknick/Frühstück **II.** *adv* gemächlich

'lei·sure·wear *n no pl* Freizeit[be]kleidung *f*

leit·mo·tif ['laɪtmə(ʊ),ti:f, Am -moʊ,-] *n* (*spec*), **leit·mo·tiv** *n* (*spec*) Leitmotiv *nt fachspr*

lem·ming ['lemɪŋ] *n* Zool Lemming *m*; **to rush like ~s to do sth** scharenweise etw tun; **people rushed like ~s to buy the shares** die Leute stürzten sich wie die Ameisen auf die Aktien

lem·on ['lemən] **I.** *n* ❶ (*fruit*) Zitrone *f*; **a slice of ~** eine Zitronenscheibe ❷ *no pl* Brit (*drink*) Zitronenlimonade *f*; **some hot ~ and honey** eine heiße Zitrone mit Honig ❸ *no pl* (*colour*) Zitronengelb *nt* ❹ Brit, Aus (*sl: fool*) Blödmann *m fam*; **to feel** [**like**] **a ~** sich *dat* wie ein Idiot vorkommen *fam*; **to look** [**like**] **a ~** wie ein Idiot aussehen *pej fam* ❺ (*fam: thing not working well*) Zitrone *f fam*, Niete *f*; Am (*problem car*) Montagsauto *nt* ▸ Phrases: **to squeeze sb like a ~** (*fam*) jdn wie eine Zitrone ausquetschen *fam* **II.** *adj* ~ [**yellow**] zitronengelb

lem·on·ade [,lemə'neɪd] *n* Brit, Aus Limonade *f*; Am Zitronenlimonade *f*

lem·on 'balm *n* Bot Zitronenmelisse *f* **lem·on 'but·ter** *n* Aus, **lem·on 'cheese** *n* Brit, **lem·on 'curd** *n no pl Creme aus Eiern, Butter und Zitronensaft, die als Brotaufstrich oder für Kuchen verwendet werden kann* **'lem·on grass** *n no pl* Zitronengras *nt* **'lem·on law** *n* Am (*fam*) Produkthaftungsgesetz *nt form* **'lem·on peel** *n*, **'lem·on rind** *n* Zitronenschale *f* **lem·on 'sole** *n* Rotzunge *f* **lem·on 'squash** *n* Brit, Aus ❶ *no pl* (*concentrate*) Zitronensirup *m* ❷ (*drink*) Zitronensaftgetränk *nt* **'lem·on squeez·er** *n* Zitronenpresse *f* **lem·on ver·'be·na** [-vɜ:'bi:nə, Am -vɚ'-] *n no pl* Bot Zitronenstrauch *m*

le·mur ['li:məʳ, Am -ɚ] *n* Zool Lemur *m*, Maki *m*

lend <lent, lent> [lend] **I.** *vt* ❶ (*loan*) ■**to ~** [**sb**] **sth** [*or* **sth** [**to sb**]] [jdm] etw leihen; **the bank agreed to ~ him £5000** die Bank gewährte ihm einen Kredit in Höhe von £5000; **to ~ money** [**to sb**] [jdm] Geld leihen ❷ (*impart*) ■**to ~ sth to sb/sth** jdm/etw etw verleihen; **flowers all around the room ~ the place a cheerful look** durch die vielen Blumen wirkt der Raum freundlich; **photographs ~ some credibility to his story** durch die Fotos wird seine Geschichte glaubwürdiger; **to ~ charm to sth** etw *dat* Zauber verleihen; **to ~ charm to sb** jdn elegant aussehen [*o* wirken] lassen; **to ~ colour** [*or* Am **color**] **to sth** etw *dat* Farbe geben; **to ~ dignity to sb** jdm Würde verleihen; **to ~ weight to an argument** ein Argument verstärken, einem Argument [noch] mehr Gewicht verleihen; **to ~ support to a view** einen Eindruck verstärken ❸ (*adapt*) ■**to ~ oneself** sich *akk* anpassen; **he stiffly lent himself to her embraces** steif ließ er ihre Umarmungen über sich ergehen ❹ (*be suitable*) ■**to ~ itself** sich *akk* für etw *akk* eignen; **the computer ~s itself to many different uses** der Computer ist vielseitig einsetzbar ▸ Phrases: **to ~ an ear** zuhören; **to ~ an ear to sb/sth** jdm/etw zuhören [*o geh* Gehör schenken]; **to ~ a hand** helfen; **to ~ sb a hand** [*or* **a hand to sb**] jdm zur Hand gehen; **to ~ one's name to sth** seinen [guten] Namen für etw *akk* hergeben; **to ~ wings to sb/sth** jdm/etw Flügel verleihen *geh* **II.** *vi* ■**to ~ to sb** jdm Geld leihen; *bank* jdm Kredit gewähren

◆**lend out** *vt* ■**to ~ out** ↔ **sth** etw ausleihen [*o* verleihen]

lend·er ['lendəʳ, Am -ɚ] *n* Verleiher(in) *m(f)*; (*money lender*) Kreditgeber(in) *m(f)*

lend·ing ['lendɪŋ] *n no pl* Leihen *nt*

'lend·ing bank *n* kreditierende Bank **'lend·ing coun·try** *n* Gläubigerland *nt*

'lend·ing li·brary *n* Leihbibliothek *f* **'lend·ing poli·cy** *n* Kreditpolitik *f* **'lend·ing rate** *n* Darlehenszinssatz *m*, Kreditzins[satz] *m*

length ['leŋ(k)θ] *n* ❶ *no pl* (*measurement*) Länge *f*; **this elastic cord will stretch to twice its normal ~** dieses Elastikband lässt sich bis zur doppelten Länge dehnen; **she planted rose bushes along the whole ~ of the garden fence** sie pflanzte Rosensträucher entlang dem gesamten Gartenzaun; **to be 2 metres in ~** ein Länge von 2 Metern haben, 2 Meter lang sein ❷ (*piece*) Stück *nt*; **a ~ of cloth/wallpaper** eine Bahn Stoff/Tapete; **a ~ of pipe** ein Rohrstück *nt*; **a ~ of ribbon/string** ein Stück *nt* Band/Bindfaden ❸ (*winning distance*) Länge *f* [Vorsprung]; **the Cambridge boat won by two ~s** die Mannschaft von Cambridge gewann mit zwei Bootslängen Vorsprung; **to be 2 ~s ahead of sb/sth** 2 Längen Vorsprung auf jdn/etw haben; **to win a horse race by 4 ~s** ein Rennen mit 4 Pferdelängen Vorsprung gewinnen ❹ (*in swimming pool*) Bahn *f* ❺ *no pl* (*duration*) Dauer *f*; **what's the ~ of tonight's performance?** wie lange dauert die heutige Vorstellung?; **the ~ of an article/a book/a film** die Länge eines Artikels/Buchs/Films; **a speech of some ~** eine längere Rede; [**for**] **any ~ of time** [für] längere Zeit; **at ~** (*finally*) nach langer Zeit, schließlich; (*in detail*) ausführlich, detailliert; **she described her trip to Thailand at ~** sie schilderte ihre Thailandreise in allen Einzelheiten; **at great ~** in aller Ausführlichkeit, in epischer Breite *iron* ❻ Ling Länge *f*; **vowel ~** Vokallänge *f*, Länge *f* eines Vokals ▸ Phrases: **the ~ and breadth** kreuz und quer; **he travelled the ~ and breadth of Europe** er ist kreuz und quer durch Europa gereist; **to go to any ~s** vor nichts zurückschrecken; **to go to great ~s** sich *dat* alle Mühe geben

length·en ['leŋ(k)θən] **I.** *vt* ■**to ~ sth** etw verlängern; *clothes* etw länger machen; **I'll have to ~ this skirt** bei diesem Rock muss ich den Saum herauslassen; ■**to be ~ed** *vowels* gedehnt werden **II.** *vi* [immer] länger werden; **the minutes ~ed into hours** aus Minuten wurden Stunden

length·en·ing ['leŋ(k)θənɪŋ] *adj inv* länger werdend *attr*; **at ~ intervals** in [immer] größeren Abständen; **~ shadows** länger werdende Schatten

length·ways ['leŋ(k)θweɪz], **length·wise** ['leŋ(k)θwaɪz] **I.** *adv inv* der Länge nach **II.** *adj inv* Längs-

lengthy ['leŋ(k)θi] *adj* ❶ (*lasting a long time*) [ziemlich] lange; ~ **applause** anhaltender [*o* nicht enden wollender] Beifall; ~ **delay** beträchtliche Verspätung; **after a ~ wait** nach langem Warten ❷ (*tedious*) *treatment* langwierig; *explanation* umständlich, weitschweifig; **because there were so many ~ speeches ...** da sich die Reden oft in die Länge zogen, ...

le·ni·ence ['liːniən(t)s] *n*, **le·ni·en·cy** ['liːniən(t)si] *n no pl* Nachsicht *f*, Milde *f*

le·ni·ent ['liːniənt] *adj* nachsichtig, milde; **they say that judges are too ~ with terrorists** sie sagen, dass die Richter zu gnädig mit Terroristen umgehen; ~ **judge** milder Richter/milde Richterin; ~ **punishment/sentence** milde Strafe/mildes Urteil; **to take a ~ view of sth** etw nachsichtig beurteilen

le·ni·ent·ly ['liːniəntli] *adv* nachsichtig, milde

Len·in·ism ['lenɪnɪzᵊm] *n no pl* Leninismus *m*

Len·in·ist ['lenɪnɪst] **I.** *n* Leninist(in) *m(f)* **II.** *adj inv* leninistisch

lens <*pl* -es> [lenz] *n* ❶ (*optical instrument*) Linse *f*; (*in camera, telescope also*) Objektiv *nt*; (*in glasses*) Glas *nt*; [**contact**] ~ Kontaktlinse *f*; **fish-eye** ~ Fischauge *nt*; **zoom** ~ Zoom *nt* ❷ (*part of eye*) Linse *f*

lent [lent] *vt, vi pt, pp of* **lend**

Lent [lent] *n no pl, no art* Fastenzeit *f*

len·til ['lentᵊl, AM -t̬ᵊl] *n* Linse *f*

Leo ['liːəʊ, AM -oʊ] *n* ASTRON, ASTROL ❶ *no art* Löwe *m*; **to be born under ~** im Zeichen des Löwen geboren sein ❷ (*person*) Löwe *m*; **she is a ~** sie ist Löwe

leo·nine ['liːə(ʊ)naɪn, AM -ən-] *adj* (*form*) löwenartig, Löwen-; ~ **hair** [*or* **mane**] Löwenmähne *f*; ~ **head** Löwenhaupt *nt geh*

leop·ard ['lepəd, AM -ɚd] *n* Leopard(in) *m(f)* ▸ PHRASES: **a ~ can't change its <u>spots</u>** (*prov*) die Katze lässt das Mausen nicht *prov*

'leop·ard skin *n* Leopardenfell *nt*

leo·tard ['liːətɑːd, AM -tɑːrd] *n* Trikot *nt*; (*for gymnastics also*) Turnanzug *m*

lep·er ['lepəʳ, AM -ɚ] *n* MED Leprakranke(r) *f(m)*, Aussätzige(r) *f(m)* *a. fig*; **to be shunned like a ~** wie ein Aussätziger/eine Aussätzige behandelt werden

'lep·er colo·ny *n* Leprakolonie *f*, Leprosorium *nt fachspr*

lepi·dop·ter·ous [ˌlepɪ'dɒptᵊrəs, AM -'dɑːp-] *adj* ZOOL Schmetterlings-

lep·re·chaun ['leprəkɔːn, AM -kɑːn] *n* Kobold *m*

lep·ro·sy ['leprəsi] *n no pl* Lepra *f*; **to contract/go down with ~** an [der] Lepra erkranken

lep·rous ['leprəs] *adj* leprakrank, aussätzig, leprös *fachspr*; ~ **patient** Leprapatient(in) *m(f)*

les [lez] *n* (*sl*) *short for* **lesbian** Lesbe *f*

les·bian ['lezbiən] **I.** *n* Lesbierin *f*, Lesbe *f* **II.** *adj inv* lesbisch

les·bian·ism ['lezbiənɪzᵊm] *n no pl* lesbische Liebe, Lesbianismus *m geh*

les·bo ['lezbəʊ] *n* AM (*pej! fam*) *short for* **lesbian** Lesbe *f*

lèse-maj·es·té, lese-maj·es·ty [ˌleɪz'mæ(d)ʒəsteɪ, AM ˌliːzˌmæʒes'teɪ] *n no pl* ❶ (*treason*) Hochverrat *m* ❷ (*insult*) Majestätsbeleidigung *f veraltet o iron*

le·sion ['liːʒᵊn] *n* Verletzung *f*, Läsion *f fachspr*; **brain ~s can be caused by bacterial infections** Gehirnschädigungen können durch bakterielle Infektionen verursacht werden; **~s to back and thighs** Rücken- und Oberschenkelverletzungen *fpl*

less [les] **I.** *adv comp of* **little** ❶ (*to a smaller extent*) weniger; **you should work more and talk ~** du solltest mehr arbeiten und weniger reden; **getting out of bed in summer is ~ difficult than in winter** im Sommer fällt das Aufstehen leichter als im Winter; **I think of him ~ as a colleague and more as a friend** ich betrachte ihn eher als Freund denn als Kollegen; ~ **of your cheek!** sei nicht so frech!; **he listened ~ to the answer than to Kate's voice** er hörte weniger auf die Antwort als auf Kates Stimme; **the ~ ... the better** je weniger ..., umso besser; **the ~ said about this unpleasant business the better** je weniger über diese unerfreuliche Sache geredet wird, umso besser; **much** [*or* **far**] [*or* **a lot**] ~ **complicated** viel einfacher; ~ **expensive/happy/sad** billiger/unglücklicher/glücklicher; **the more ..., the ~ ...** je mehr ..., desto weniger ...; **the more she hears about the place, the ~ she wants to go there** je mehr sie über den Ort erfährt, umso weniger will sie hin; **no ~ a/an ...: that this is a positive stereotype makes it no ~ a stereotype** das das ein positives Vorurteil ist, ändert nichts daran, dass es ein Vorurteil ist; ~ **and ~** immer weniger; **she phones me ~ and ~** sie ruft mich immer weniger an; **his uncle is ~ and ~ able to look after himself** sein Onkel kann immer weniger für sich sorgen ❷ (*not the least bit*) ■ ~ **than ...** kein bisschen ...; ~ **than accurate/fair/just/happy** nicht gerade genau/fair/gerecht/glücklich; **it is little ~ than disgraceful that he refused to keep his promises** es ist mehr als schändlich, dass er seine Versprechen nicht eingehalten hat ▸ PHRASES: **in ~ than no <u>time</u>** (*hum fam*) im Nu *fam*, in null Komma nichts *fam*; **we'll have the pizzas delivered in ~ than no time** wir liefern die Pizzas in null Komma nichts; **you stir the ingredients together, pop it in the oven and in ~ than no time, it's ready** mischen Sie die Zutaten, schieben Sie die Masse in den Ofen und schon ist es fertig; **<u>much</u>** [*or* **<u>still</u>**] ~ **...** (*form*) geschweige denn ..., viel weniger ...; **at the age of fourteen I had never even been on a train, much ~ an aircraft** mit 14 war ich noch nie mit dem Zug gefahren, geschweige denn geflogen; **what woman would consider a date with him, much ~ a marriage?** welche Frau würde mit ihm ausgehen, geschweige denn, ihn heiraten; **<u>no</u>** ~ (*a. iron*) niemand geringerer; **who should arrive at the party but the Prime Minister, no ~!** und wer war wohl auch auf der Party? der Premierminister, höchstpersönlich!; **Peter cooked dinner – fillet steak and champagne, no ~** Peter kochte das Abendessen – Filetsteak und Champagner, nur das Beste; **<u>no</u> ~ ... than ...** kein geringerer/kein geringeres/keine geringere ... als ...; **no ~ an occasion than their twenty-fifth wedding anniversary** kein geringerer Anlass als ihr 25. Hochzeitstag **II.** *adj* ❶ *comp of* **little** (*smaller amount of*) weniger; **I had ~ money than I thought** ich hatte weniger Geld als ich dachte; **I eat ~ chocolate and fewer biscuits than I used to** ich esse weniger Schokolade und Kekse als früher; **the ~ time spent here, the better** je weniger Zeit man hier verbringt, umso besser ❷ *non-standard* (*fewer*) weniger; **the trees have produced ~ apples this year** die Bäume tragen heute weniger Äpfel; **short hair presented ~ problems than long hair** kurzes Haar verursachte weniger Probleme als langes ❸ (*old: lower in rank, less important*) jünger; ■ **... the L~** der Jüngere; **James the L~** Jakobus der Jüngere **III.** *pron indef* ❶ (*smaller amount*) weniger; **she is aged 40 or ~** sie ist 40 oder jünger; **he only has $10 but she has even ~!** er hat nur $10, sie noch weniger; **I've been trying to eat ~** ich versuche, weniger zu essen; **a little/lot ~** etwas/viel weniger; **that's too much – could I have a little ~?** das ist zu viel – könnte ich etwas weniger haben?; ■ **to be/do ~ of sth: I've been seeing ~ of her lately** ich sehe sie in letzter Zeit weniger; ~ **of a problem** ein geringeres Problem; **storage is ~ of a problem than it used to be** die Lagerung ist heute ein kleineres Problem als früher; ■ ~ **than ...** weniger als ...; **we had walked ~ than three kilometres when Robert said he wanted to rest** wir hatten noch keine drei Kilometer hinter uns, als Robert eine Pause machen wollte; **ready in ~ than an hour** in weniger als einer Stunde fertig ❷ *non-standard* (*fewer*) weniger; **he doesn't have many enemies but she has even ~** er hat nicht viele Feinde, sie noch viel weniger; ■ ~ **than ...** weniger als ...; **a population of ~ than 200,000** weniger als 200.000 Menschen ▸ PHRASES: **to be <u>little</u> ~ than sth** fast schon etw sein; **it was little ~ than**

disgraceful es war fast schon eine Schande; **his speech was so full of bad jokes and misinformation that it was little ~ than an embarrassment** seine Rede war so voll mit schlechten Scherzen und falscher Information, dass es fast schon peinlich war; **<u>no</u> ~ than ...** nicht weniger als ..., bestimmt ...; **no ~ than 1000 guests/people were at the party** es waren nicht weniger als [*o* bestimmt] 1000 Gäste/Leute auf der Party **IV.** *prep* ■ **~ sth** minus [*o* abzüglich] einer S. *gen;* **the total of £30, ~ the £5 deposit you've paid** insgesamt macht es £30, abzüglich der £5 Anzahlung, die Sie geleistet haben; **£900,000 ~ tax** £900.000 brutto

les·see [les'iː] *n* Pächter(in) *m(f); of a house, flat* Mieter(in) *m(f)*

less·en ['lesᵊn] **I.** *vi* schwächer [*o* geringer] werden; *fever* zurückgehen, sinken; *pain* nachlassen; **the rain eventually ~ed to a soft mist** der Regen ging schließlich in ein leichtes Nieseln über **II.** *vt* ■ **to ~ sth** etw verringern; **eating properly can ~ the risk of heart disease** mit einer vernünftigen Ernährung kann das Risiko einer Herzerkrankung gesenkt werden; **a massage can ~ tension in the back** eine Massage hilft, Rückenverspannungen zu lösen; **to ~ sb's achievements** jds Leistungen *pl* herabsetzen

less·er ['lesəʳ, AM -ɚ] *adj attr, inv* ① (*smaller in amount*) geringer; **to a ~ degree** [*or* **extent**] in geringerem Maße; **the ~ of two evils** das kleinere Übel ② (*lower*) *work of art, artist* unbedeutender; **a ~ man might have given up** ein Geringerer hätte wahrscheinlich aufgegeben *liter;* **the ~ aristocracy** der niedrige Adel

less·er-'known *adj inv* unbekannter, weniger bekannt

les·son ['lesᵊn] *n* ① (*teaching period*) Stunde *f;* **driving ~** Fahrstunde *f;* ■ **~s** *pl* Unterricht *m kein pl;* **to take acting/guitar ~s** Schauspiel-/Gitarrenunterricht nehmen; **English ~s** Englischunterricht *m;* **science ~s** Unterricht *m* in naturwissenschaftlichen Fächern ② (*from experience*) Lehre *f,* Lektion *f;* **there is a ~ for all parents in this child's tragic death** aus dem tragischen Tod dieses Kindes sollten alle Eltern eine Lehre ziehen; **to draw** [*or* **learn**] **a ~ from sth** aus etw *dat* lernen [*o* eine Lehre ziehen]; **to teach sb a ~** jdm eine Lektion erteilen; **I hope that's taught you a ~!** ich hoffe, das war dir eine Lehre! ③ (*exercise in book*) Lektion *f* ④ REL (*in Anglican church*) [Bibel]text *m;* **to read the ~** aus der Bibel lesen

les·sor [les'ɔːʳ, AM 'lesɔːr] *n* Verpächter(in) *m(f); of a flat, house* Vermieter(in) *m(f)*

lest [lest] *conj* (*liter*) ① (*for fear that*) damit ... nicht ..., aus Furcht, dass ...; **~ we forget** wir mögen nicht vergessen *form* ② (*in case*) falls, für den Fall, dass ...; **~ you think the film is too violent, ...** wenn du Angst hast, dass in dem Film zu viel Gewalt vorkommt, ... ③ (*old: that*) dass; **to be afraid/anxious/worried ~ ...** Angst haben/fürchten/sich *akk* sorgen, dass ...; **she was afraid ~ he should come too late to save her** sie hatte Angst, er würde zu ihrer Rettung zu spät kommen

let¹ [let] *n* SPORTS Netzball *m* ▶ PHRASES: **without ~ or <u>hindrance</u>** JUR ungehindert

let² [let] **I.** *n esp* BRIT Vermietung *f;* **to sign a five-year ~** einen Mietvertrag für fünf Jahre unterschreiben **II.** *vt* <-tt-, let, let> ① (*give permission*) ■ **to ~ sb do sth** jdn etw tun lassen, jdm erlauben, etw zu tun; **she wanted to go but her parents wouldn't ~ her** sie wollte gehen, aber ihre Eltern ließen sie nicht *fam;* **I'm ~ting you stay up late just this once** dieses eine Mal darfst du länger aufbleiben ② (*allow*) ■ **to ~ sb/sth do sth** jdn/etw etw tun lassen; **don't ~ it worry you** mach dir [darüber mal] keine Sorgen *fam;* **~ me first ask you ...** lassen Sie mich zuerst fragen, ... *form;* **to ~ one's hair grow** sich *dat* das Haar [lang] wachsen lassen; **to ~ one's shoes dry** seine Schuhe trocknen lassen; **to ~ sb alone** [*or fam* **sb be**] jdn in Ruhe [*o* Frieden] lassen; **~ him be!** lass ihn in Ruhe!, lass ihn gehen! ÖSTERR, SÜDD *fam;* **to ~ sth alone** [*or fam* **sth be**] (*not touch*) etw nicht angreifen; (*not talk about*) nicht über etw *akk* sprechen; **to ~ [it] fall** [*or* **drop**] [*or* **slip**] **that ...** (*mention unintentionally*) versehentlich sagen, dass ...; (*mention as if unintentionally*) [nebenbei] die Bemerkung fallen lassen, dass ...; **to ~ sb know sth** jdn etw wissen lassen, jdm Bescheid geben *fam;* **~ us know when you get there** geben Sie uns Bescheid, wenn Sie dort ankommen; **~ me know if you need any help** sage [es] mir, wenn ich dir behilflich sein kann; **to ~ it be known that ...** alle wissen lassen, dass ..., deutlich machen [*o* klarmachen], dass ...; **to ~ sth pass** [*or* **go**] etw durchgehen lassen ③ (*in suggestions*) **~'s go out to dinner** lass uns Essen gehen, gehen wir essen!; **don't ~ us argue** lass uns nicht streiten; **~'s face it!** sehen wir den Tatsachen ins Auge!; **~'s say he didn't think it was funny** sagen wir einfach, er fand es nicht lustig; **~ us consider all the possibilities** wollen wir einmal alle Möglichkeiten ins Auge fassen ④ (*filler while thinking*) **~'s see, ~ me see** Moment, also; **~ me think** lassen Sie mich [mal] nachdenken ⑤ (*expressing defiance*) ■ **~ sb do sth** soll [doch] jd etw tun; **~ them do what they like** sollen doch sie machen, was sie wollen; **~ it rain** von mir aus kann es ruhig regnen; **if he needs money, ~ him earn it** wenn er Geld braucht, dann soll er doch arbeiten; **~ there be no doubt about it!** das möchte ich [doch] einmal klarstellen! ⑥ REL (*giving a command*) **~ there be light** es werde Licht; **~ us pray** lasset uns beten ⑦ (*making a threat*) **just ~ me hear you say such a thing again and you'll be sorry!** sag so etwas noch einmal und du wirst es [bitter] bereuen; **don't ~ me catch you in here again!** dass ich dich hier nicht noch einmal erwische! ⑧ MATH **~ a = 4** [es] sei a gleich 4; **if we ~ the angle x = 70° ...** wenn der Winkel x gleich 70° ist, ... ⑨ *esp* BRIT, AUS (*rent out*) **to ~ a house/flat/room** ein Haus/eine Wohnung/einen Raum vermieten; **"to ~"** „zu vermieten" ▶ PHRASES: **to ~ one's <u>hair</u> down** sich *akk* gehen lassen, die Sau rauslassen *sl;* **~ <u>alone</u> ...** geschweige denn ...; **to ~ it all <u>hang</u> out** (*dated sl*) mal so richtig einen drauf machen *sl,* über die Stränge schlagen *fam;* **to ~ sb <u>have</u> it** es jdm mal [ordentlich] geben *fam;* **to ~ sth <u>lie</u>** etw nicht beachten [*o* ignorieren]; **to ~ a matter lie for some time** eine Angelegenheit eine Zeit lang ruhen lassen; **to ~ <u>fly</u>** [*or* **<u>rip</u>**] ausflippen *sl;* **to ~ [it] <u>rip</u>** (*do sth to extremes*) alle Register ziehen, es [mal] krachen lassen *sl;* (*drive very fast*) es laufen lassen *fam*

◆**let down I.** *vt* ① (*disappoint*) ■ **to ~ down** ○ **sb** jdn enttäuschen; (*fail*) jdn im Stich lassen ② (*lower slowly*) ■ **to ~ down** ○ **sth** etw herunterlassen ③ BRIT, AUS (*deflate*) **to ~ down a tyre** die Luft aus einem Reifen lassen ④ (*make longer*) ■ **to ~ down** ○ **sth** *clothes* etw länger machen; **to ~ down a hem** einen Saum auslassen ▶ PHRASES: **to ~ the <u>side</u> down** BRIT, AUS jdn/sich bloßstellen [*o* blamieren] **II.** *vi* AVIAT heruntergehen

◆**let go I.** *vt* ① (*release from one's grip*) ■ **to ~ go of sb/sth** [*or* **sb/sth go**] jdn/etw loslassen [*o* SÜDD, ÖSTERR auslassen]; **~ go of my hand, you're hurting me!** lass meine Hand los [*o* SÜDD, ÖSTERR aus], du tust mir weh! ② (*release from captivity*) ■ **to ~ sb/sth go** jdn freilassen [*o fam* laufen lassen] ③ (*change behaviour*) ■ **to ~ oneself go** (*give way to enthusiasm*) aus sich *dat* herausgehen; (*develop bad habits*) sich *akk* gehen lassen **II.** *vi* ■ **to ~ go [of sb/sth]** [jdn/etw] loslassen *a. fig*

◆**let in** *vt* ① (*allow to enter*) ■ **to ~ in** ○ **sb** jdn hereinlassen; **I've got a key, so I can ~ myself in** ich habe einen Schlüssel, so dass ich reinkommen kann ② (*allow to know*) ■ **to ~ sb in on sth** jdn in etw *akk* einweihen; **shall I ~ you in on a little secret?** soll ich dir ein kleines Geheimnis anvertrauen? ③ (*not keep out*) ■ **to ~ in** ○ **sth** etw durchlassen; **these shoes ~ in the rain** diese Schuhe sind nicht wasserdicht; **to ~ in some air** frische Luft hereinlassen ④ (*get involved in*) ■ **to ~ oneself/sb in for sth** sich/jdm etw einhandeln *fam;* **what have we ~ ourselves in for?** worauf haben wir uns da nur eingelassen?

letters

forms of address in letters	Anrede in Briefen
Dear Anne,/**Dear** Bill,	**Liebe** Anne,/**Lieber** Bill,
Hello, ...!/Hi, ...!	**Hallo, ...!/Hi, ...!**
Dear Mrs ...,/Dear Mr ...,	**Sehr geehrte Frau ...,/Sehr geehrter Herr ...,**
Dear Sir or Madam, (*form*)	**Sehr geehrte Damen und Herren,** (*form*)
ending a letter	**Schlussformeln in Briefen**
All the best!	**Alles Gute!**
With love from ..., (*fam*)/**Love, ...** (*fam*)	**Herzliche/Liebe Grüße** (*fam*)
Best wishes,/Kind regards,	**Viele Grüße**
Yours,	**Mit den besten Grüßen**
Yours sincerely,	**Mit freundlichen Grüßen**
Yours faithfully, (*form*)	**Hochachtungsvoll** (*form*)

◆**let into** *vt* ❶ (*allow to enter*) **to ~ sb into a building/house** jdn in ein Gebäude/Haus lassen ❷ (*allow to know*) **to ~ sb into a secret** jdn in ein Geheimnis einweihen, jdm ein Geheimnis anvertrauen ❸ *usu passive* (*build into*) ■**to be ~ into sth** in etw *akk* eingesetzt [*o* eingelassen] sein; **a safe ~ into the wall** ein [eingebauter] Safe, ein Wandsafe *m*

◆**let off** *vt* ❶ (*not punish*) ■**to ~ off** ◌ **sb** jdn laufen [*o* davonkommen] lassen *fam;* **you won't be ~ off so lightly the next time** das nächste Mal wirst du nicht so glimpflich davonkommen; **to ~ sb off with a fine/warning** jdn mit einer Geldstrafe/Verwarnung davonkommen lassen ❷ (*excuse*) ■**to ~ sb off sth** jdm etw erlassen; **his boss ~ him off work for the day** sein Chef hat ihm den Tag freigegeben ❸ (*fire*) ■**to ~ off** ◌ **sth** etw abfeuern; **to ~ off a bomb/fireworks** eine Bombe/Feuerwerkskörper zünden; **to ~ off a gun** ein Gewehr abfeuern; **to ~ off a shot/volley** einen Schuss/eine Salve abgeben ▶ PHRASES: **to ~ off steam** (*fam*) Dampf ablassen *fam*

◆**let on** *vi* (*fam*) ❶ (*reveal secret*) verraten; **John knows more than he ~s on** John weiß mehr, als er sagt; ■**to ~ on that ...** (*divulge*) ausplaudern, dass ...; (*show*) sich *dat* anmerken lassen, dass ... ❷ (*pretend*) ■**to ~ on that ...** vorgeben, dass ...; **he ~ on that he didn't hear me** er tat so, als würde er mich nicht hören

◆**let out I.** *vt* ❶ (*release*) ■**to ~ sb/sth** ◌ **out** jdn/etw herauslassen; **I'll ~ myself out** ich finde selbst hinaus; **he ~ the water out of the bathtub** er ließ das Wasser [aus der Badewanne] ablaufen; **to ~ animals out** Tiere freilassen ❷ (*emit*) ■**to ~ out** ◌ **sth** *scream, shriek, yell* etw ausstoßen; **to ~ out a belch** rülpsen *fam;* **to ~ out a burp** aufstoßen, rülpsen *fam; baby* ein Bäuerchen *nt* machen; **to ~ out a guffaw** in schallendes Gelächter ausbrechen; **to ~ out a roar** aufschreien; *engine* aufheulen; **to ~ out a squeal** aufkreischen; **to ~ out a whoop** laut aufschreien, aufjuchzen ❸ FASHION (*make wider*) **to ~ out a dress** ein Kleid weiter machen; **to ~ out a seam** einen Saum auslassen ❹ (*divulge*) ■**to ~ out** ◌ **sth** etw verraten [*o fam* ausplaudern] ❺ *esp* BRIT (*rent out*) ■**to ~ out** ◌ **sth** etw vermieten ❻ (*fam: excuse*) ■**to ~ out** ◌ **sb** jdm als Entschuldigung dienen; **that ~s me out** das entschuldigt mich; **a cold ~ me out of going hiking with Sam** meine Erkältung war eine gute Ausrede, nicht mit Sam wandern zu gehen **II.** *vi* AM enden

◆**let through** *vt* ■**to ~ through** ◌ **sb/sth** jdn/etw durchlassen

◆**let up** *vi* ❶ (*decrease*) aufhören; *rain also* nachlassen; *fog, weather* aufklaren ❷ (*release*) locker lassen; **to ~ up on the accelerator** den Fuß vom Gas nehmen ❸ (*desist*) aufgeben; ■**to ~ up on sb** jdn in Ruhe [*o* Frieden] lassen; ■**to ~ up on sth** mit etw *dat* aufhören

'let-down *n usu sing* (*fam*) Enttäuschung *f*

le·thal ['li:θəl] *adj* ❶ (*causing death*) tödlich; **to deal sb/sth a ~ blow** jdm/etw den Todesstoß versetzen *a. fig;* **~ injection** Todesspritze *f;* **~ poison/weapon** tödliches Gift/tödliche Waffe ❷ (*fam: very dangerous*) tödlich; **this knife looks pretty ~** dieses Messer sieht ziemlich gefährlich aus; **the vodka in Russia is absolutely ~** der Wodka in Russland ist absolut tödlich ❸ (*fam: strong and determined*) eisenhart, unerbittlich

le·thal·ly ['li:θəli] *adv* **to be ~ effective** tödlich wirken *a. fig,* eine tödliche Wirkung haben *a. fig*

le·thar·gic [lə'θɑ:dʒɪk, AM lɪ'θɑ:r-] *adj* ❶ (*lacking energy*) lethargisch *geh,* träge ❷ (*apathetic*) lustlos, teilnahmslos

leth·ar·gy ['leθədʒi, AM -ədʒi] *n no pl* ❶ (*lacking energy*) Lethargie *f geh,* Trägheit *f;* (*apathy*) Teilnahmslosigkeit *f* ❷ MED Schlafsucht *f,* Lethargie *f fachspr*

'let-off *n* (*fam*) Glücksfall *nt*

let 'rip *vi* (*sl: flatulate*) sich *akk* gehen lassen

let·ter ['letəʳ, AM -t̬ɚ] *n* ❶ (*message*) Brief *m,* Schreiben *nt;* **a business/love ~** ein Geschäfts-/Liebesbrief *m;* **L~s to the Editor** JOURN Leserbriefe *mpl;* **a ~ from/to a friend** ein Brief *m* von einem/an einen Freund; **to inform sb by ~** jdn schriftlich verständigen ❷ (*of alphabet*) Buchstabe *m;* **to have a lot of ~s after one's name** viele Titel haben; **three-~ word** Wort *nt* mit drei Buchstaben; **four-~ word** Schimpfwort *nt;* **in large ~s** in Großbuchstaben; **in small ~s** in Kleinbuchstaben ▶ PHRASES: **to keep to** [*or* **follow**] **the ~ of the law** nach dem Buchstaben des Gesetzes handeln; **to the ~** buchstabengetreu, genau nach Vorschrift

'let·ter bomb *n* Briefbombe *f* **'let·ter·box** *n esp* BRIT, AUS Briefkasten *m,* Postkasten *m* **'let·ter car·ri·er** *n* AM (*postman*) Postbote, -in *m, f,* Briefträger(in) *m(f)* **'let·ter·head** *n* ❶ (*at top of letter*) Briefkopf *m* ❷ *no pl* (*paper*) Geschäfts-/Firmenbriefpapier *nt*

let·ter·ing ['letərɪŋ, AM -t̬ɚ-] *n no pl* Beschriftung *f*

let·ter of 'cred·it *n* FIN, ECON Kreditbrief *m;* (*export*) Akkreditiv *nt*

'let·ter-open·er *n esp* AM Brieföffner *m* **let·ter-'per·fect** *adj inv* AM THEAT (*word-perfect*) sicher im Text *präd;* ■**to be ~** den Text perfekt beherrschen **'let·ter-qual·ity** *adj inv script* korrespondenzfähig; *printout* in Briefqualität *nach n* **let·ter-qual·ity 'print·er** *n* Standarddrucker *m*

let·ting ['letɪŋ] *n* BRIT ❶ *no pl* (*renting out*) Vermieten *nt,* Vermietung *f* ❷ (*let property*) vermietetes Objekt; (*property to let*) zu vermietendes Objekt

let·tuce ['letɪs, AM -t̬-] **I.** *n* ❶ *no pl* BOT Lattich *m* ❷ (*cultivated plant*) Gartensalat *m,* Blattsalat *m;* (*with firm head*) Kopfsalat *m;* (*longer and looser*) Bindesalat *m;* (*small plants*) Schnitt-/Pflücksalat *m;* **greenhouse** ~ Treibhaussalat *m;* **a head of** ~ ein Salatkopf *m* **II.** *n modifier* (*garnish, patch*) Salat-; **bacon, ~ and tomato sandwich** Sandwich *nt* mit Schinken, Salatblättern und Tomate; ~ **salad** grüner Salat

let·up ['letʌp, AM -t̬-] *n no pl* Nachlassen *nt;* (*stoppage*) Aufhören *nt;* **there has been no ~ in the bombardment overnight** die Bombardierung wurde auch über Nacht nicht ausgesetzt

leu·co·cyte ['lju:kə(ʊ)saɪt, AM 'lu:koʊ-] *n* MED Leukozyt[en] *m[pl]* *fachspr,* weißes Blutkörperchen; ~ **count** Leukozytenzählung *f*

leu·cot·omy [lju:'kɒtəmi, AM lu:'kɑ:t̬-] *n* MED Leukotomie *f fachspr,* Lobotomie *f fachspr*

leu·kae·mia [lju:'ki:miə], AM **leu·ke·mia** [lu:'-] *n* Leukämie *f,* Blutkrebs *m*

leu·ko·cyte *n see* **leucocyte**

LEV [ˌeli:'vi:] *abbrev of* **Low-Emission Vehicle I.** *n* schadstoffreduziertes Fahrzeug **II.** *n modifier* ~ **standard** Schadstoffverordnung *f*

lev·el ['levᵊl] **I.** *adj* ❶ (*horizontal*) horizontal, waagrecht; (*flat*) eben; **the picture isn't** ~ das Bild hängt nicht gerade; ~ **ground** ebenes Gelände ❷ *pred* (*at same height*) ■ ~ **with sth** auf gleicher Höhe mit etw *dat;* **the unions are fighting to keep wages ~ with inflation** (*fig*) die Gewerkschaften kämpfen um die Angleichung der Löhne und Gehälter an die Inflationsrate ❸ *pred esp* BRIT, AUS (*in race*) gleichauf; (*in competition*) punktegleich; **the scores were ~ at half time** zur Halbzeit stand es unentschieden; **the two students are about ~ in ability** die beiden Studenten sind etwa gleich gut; **to draw ~ with sb/sth** mit jdm/etw gleichziehen, jdn/etw einholen ❹ *attr* (*flat with brim*) gestrichen [voll]; **a ~ cupful of flour** eine Tasse [voll] Mehl; **a ~ spoonful of sugar** ein gestrichener Löffel Zucker ❺ (*calm*) ruhig; **to keep a ~ head** einen kühlen [*o* klaren] Kopf bewahren; **to give sb a ~ look** jdn mit festem Blick ansehen; **in a ~ tone** ohne die Stimme zu heben; **in a ~ voice** mit fester Stimme ▶ PHRASES: **to do one's ~ best** sein Möglichstes [*o* alles Menschenmögliche] tun; **to start on a ~ playing field** gleiche [Start]bedingungen [*o* Voraussetzungen] haben **II.** *n* ❶ (*height*) Niveau *nt,* Höhe *f;* **at eye ~** in Augenhöhe; **oil ~** AUTO Ölstand *m;* **above sea ~** über dem Meeresspiegel; **water ~** Pegelstand *m,* Wasserstand *m* ❷ (*storey*) Stockwerk *nt;* **ground ~** Erdgeschoss *nt;* **at** [*or* **on**] **~ four** im vierten Stock ❸ (*amount*) Ausmaß *nt;* **inflation is going to rise 2% from its present ~** die Inflationsrate wird [gegenüber dem derzeitigen Stand] um 2% steigen; **~ of alcohol abuse** Ausmaß *nt* des Alkoholmissbrauchs; **low-/high-~ radiation** niedrige/hohe Strahlung; **sugar ~ in the blood** Blutzuckerspiegel *m* ❹ *no pl* (*in hierarchy*) Ebene *f;* **at government[al] ~** auf Regierungsebene; **at a higher/lower ~** auf höherer/niedrigerer Ebene; **at the local/national/regional ~** auf kommunaler/nationaler/regionaler Ebene ❺ (*degree of proficiency*) Niveau *nt;* (*of quality*) Qualitätsstandard *m;* **your explanation must be at a ~ that the children can understand** du musst es so erklären, dass die Kinder dich verstehen; **advanced/intermediate ~** fortgeschrittenes/mittleres Niveau; (*school*) Ober-/Mittelstufe *f;* **to reach a high ~** ein hohes Niveau erreichen; **intellectual ~** geistiges Niveau; **to bring sth down to sb's ~** etw auf jds Niveau *nt* bringen; **to take sth to a higher ~** etw verbessern [*o* auf ein höheres Niveau bringen] ❻ (*quality of meaning*) Ebene *f;* **at a deeper/on another ~** auf einer tieferen Ebene/nach einer anderen Lesart; **on a serious ~** ernsthaft ❼ (*standard of behaviour*) **to sink to sb's ~** sich *akk* auf jds Niveau *nt* hinabbegeben; **I would never sink to the ~ of taking bribes** ich würde nie so tief sinken und mich bestechen lassen ❽ BRIT (*level ground*) **on the ~** ebenerdig ❾ *esp* AM (*spirit level*) Wasserwaage *f* ▶ PHRASES: **to be on a ~ [with sb/sth]** BRIT, AUS (*at same height*) [mit jdm/etw] auf derselben Höhe sein; (*in same position*) gleich gut sein [wie jd/etw]; **to be on the ~** ehrlich [*o* aufrichtig] sein; **this offer is on the ~** dies ist ein faires Angebot; **to find your own ~** (*fam*) seinen Platz in der Welt finden *fam* **III.** *vt* <BRIT -ll- *or* AM *usu* -l-> ❶ (*make flat*) ■ **to ~ sth** *ground* etw ebnen [*o* planieren]; (*demolish completely*) etw dem Erdboden gleichmachen; **to ~ wood** Holz schmirgeln ❷ (*make equal*) **to ~ the score** den Ausgleich erzielen ❸ (*point*) **to ~ the pistol/rifle at sb** die Pistole/das Gewehr auf jdn richten; **to ~ accusations/charges/criticism against** [*or* **at**] **sb** (*fig*) jdn anschuldigen/beschuldigen/kritisieren

◆ **level off, level out I.** *vi* ❶ (*fly horizontally*) *pilot* das Flugzeug abfangen; *plane* sich *akk* fangen; (*after rising*) horizontal fliegen; **the aircraft ~led off at 10,000 feet** das Flugzeug erreichte seine Flughöhe bei 3300 m ❷ (*end rise or fall*) sich *akk* einpendeln ❸ (*cease to slope*) *path, road* flach [*o* eben] werden **II.** *vt* ■ **to ~ sth** ↻ **off** [*or* **out**] etw planieren [*o* einebnen]; (*fig*) etw ausgleichen

◆ **level up I.** *vt* ■ **to ~ up** ↻ **sth** etw ausgleichen **II.** *vi* AM gestehen; ■ **to ~ up with sb about sth** jdm etw gestehen

◆ **level with** *vi esp* AM (*fam*) ■ **to ~ with sb** ehrlich [*o* aufrichtig] zu jdm sein; **I'll ~ with you** ich will ganz offen zu Ihnen sein

lev·el 'cross·ing *n* BRIT, AUS Bahnübergang *m*

lev·el·er *n* AM *see* **leveller**

lev·el-'head·ed *adj* ❶ (*sensible*) vernünftig; **a ~ and practical book** ein übersichtliches und praktisches Buch ❷ (*calm*) ausgeglichen, ruhig

lev·el-'head·ed·ness *n no pl* Ruhe und Gelassenheit *f,* Besonnenheit *f*

lev·el·ing AM *see* **levelling**

lev·el·ler ['levᵊləʳ], AM **lev·el·er** [-ɚ] *n no pl* (*liter*) Gleichmacher *m meist pej;* **death is the supreme ~** im Tod sind [wir] alle gleich *geh;* **disease is a great ~** die Krankheit trifft Reiche und Arme [gleichermaßen]; **poverty is a great ~** in der Armut sind alle gleich

lev·el·ling ['levᵊlɪŋ], AM **lev·el·ing I.** *adj* ausgleichend *attr;* **to have a ~ effect** eine ausgleichende Wirkung haben; ~ **process** Ausgleichsprozess *m* **II.** *n no pl* Ausgleich *m*

lev·el·ly ['levᵊli] *adv* ruhig; **he eyed the accused ~ for a moment** er blickte dem Angeklagten einen Augenblick lang fest in die Augen

lev·el peg·ging *n esp* BRIT, AUS **to be** [**on**] ~ tabellengleich [*o* punktgleich] sein

lev·er ['li:vəʳ, AM 'levɚ, 'li:vɚ] **I.** *n* ❶ TECH Hebel *m;* (*for heavy objects*) Brechstange *f;* **the brake ~ on a bicycle** BRIT die Handbremse an einem Fahrrad ❷ (*fig: threat*) Druckmittel *nt* **II.** *vt* ❶ (*lift with a lever*) ■ **to ~ sth up** etw aufstemmen ❷ (*move with effort*) ■ **to ~ oneself** [**up**] sich *akk* hochstemmen; **he ~ed himself** [**up**] **out of the armchair** er hievte sich aus dem Sessel [hoch] ❸ (*fig: exert pressure*) ■ **to ~ sth from sb** etw aus jdm herauspressen **III.** *vi* **to ~ at sth with a crowbar** etw *akk* mit einer Brechstange bearbeiten

lev·er·age ['li:vᵊrɪdʒ, AM 'levɚ-, 'li:vɚ-] *n no pl* ❶ TECH Hebelkraft *f* ❷ (*fig: influence*) Einfluss *m;* **to bring ~ to bear on sb** [*or* **to exert ~ on sb**] Druck *m* auf jdn ausüben ❸ FIN Hebelwirkung *f*

lev·er·aged 'buy·out *n* FIN *mit Hilfe von Krediten finanzierter Kauf eines Unternehmens*

'lev·er arch file *n* BRIT Leitz-Ordner® *m*

le·via·than, Le·via·than [lɪ'vaɪəθᵊn] *n* ❶ (*liter: giant thing*) Gigant *m,* Riese *m;* **an economic ~** ein Wirtschaftsriese, eine Wirtschaftsmacht ❷ (*biblical monster*) Leviathan *m*

Levi's® ['li:vaɪz] *npl* Levis® *f,* Jeans *f*

levi·tate ['levɪteɪt] **I.** *vi* schweben **II.** *vt* ■**to ~ sth/sb** jdn/etw schweben lassen [*o fachspr* levitieren]

levi·ta·tion [ˌlevɪ'teɪʃᵊn] *n no pl* freies Schweben, Levitation *f fachspr*

lev·ity ['levəti, AM -əṭi] *n no pl* Ungezwungenheit *f,* Leichtigkeit *f;* **he tried to introduce a note of ~** er versuchte die Atmosphäre etwas aufzulockern

levy ['levi] **I.** *n* Steuer *f,* Abgaben *fpl;* **to impose a ~ on sth** eine Steuer auf etw *akk* erheben, etw mit einer Steuer belegen **II.** *vt* <-ie-> ■**to ~ sth** etw erheben; **to ~ customs tariffs on sth** für etw *akk* Zollgebühren erheben; **to ~ a fine on sb** jdm eine Geldstrafe auferlegen; **to ~ goods** Güter beschlagnahmen [*o* einziehen]; **to ~ a tax** eine Steuer erheben; **to ~ [a] tax on sth** etw besteuern [*o* mit einer Steuer belegen]

lewd [lju:d, AM lu:d] *adj* ❶ (*indecent*) unanständig; *ballad, comments* anzüglich; *behaviour* anstößig; *gesture* obszön; **~ joke** unanständiger [*o* schmutziger] Witz; **~ speech** Anzüglichkeiten *fpl* ❷ (*lecherous*) lüstern

lewd·ly ['lju:dli, AM 'lu:d-] *adv* anzüglich

lewd·ness ['lju:dnəs, AM 'lu:d-] *n no pl* unzüchtiges Verhalten *f*

lexi·cal ['leksɪkᵊl] *adj inv* lexikalisch

lexi·cog·ra·pher [ˌleksɪ'kɒgrəfəʳ, AM -'kɑ:grəfɚ] *n* Lexikograph(in) *m(f)*

lexi·cog·ra·phy [ˌleksɪ'kɒgrəfi, AM -'kɑ:g-] *n no pl* Lexikographie *f*

lexi·col·ogy [ˌleksɪ'kɒlədʒi, AM -'kɑ:l-] *n no pl* Lexikologie *f*

lexi·con ['leksɪkən, AM *also* -kɑ:n] *n* ❶ (*vocabulary*) Wortschatz *m,* Lexikon *nt fachspr* ❷ (*dictionary*) Wörterbuch *nt,* Lexikon *nt fam*

lex·is ['leksɪs] *n no pl* LING Lexik *f fachspr*

ley line ['leɪˌ-] *n* Kraftlinie *f,* Leyline *f fachspr*

lia·bil·ity [ˌlaɪə'bɪləti, AM -əṭi] *n* ❶ *no pl* (*financial responsibility*) Haftung *f;* **he denies any ~ for the costs of the court case** er weigert sich strikt, die Kosten des Verfahrens zu tragen; **limited ~ company** BRIT Gesellschaft *f* mit beschränkter Haftung, GmbH *f* ❷ FIN ■**liabilities** *pl* Verbindlichkeiten *fpl;* **assets and liabilities** Aktiva und Passiva *fachspr;* **to not be able to meet one's liabilities** seinen Zahlungsverpflichtungen nicht nachkommen können ❸ (*handicap*) Belastung *f;* **he's more a ~ than a help** er ist eher eine Last als eine Stütze

lia·'bil·ity in·sur·ance *n no pl* AM (*third party insurance*) Haftpflichtversicherung *f*

lia·ble ['laɪəbl̩] *adj* ❶ (*likely*) ■**to be ~ to do sth** Gefahr laufen, etw zu tun; **there's been so little rain, the forest is ~ to go up in flames at any moment** es hat so wenig geregnet, dass leicht ein Waldbrand entstehen kann; **they're ~ to sack you if you complain about your salary** sie werden dich feuern, wenn du dich wegen deines Gehalts beschwerst; **if you carry on like this, I'm ~ to lose my temper** wenn du so weitermachst, werde ich noch die Geduld verlieren ❷ (*prone*) ■**to be ~ to sth** anfällig für etw *akk* sein; **the road is ~ to subsidence** die Straße droht abzusinken; **she seems rather ~ to accidents, that girl** dieses Mädchen scheint ziemlich unfallgefährdet zu sein; **to be ~ to asthma/colds** für Asthma/Erkältungen anfällig sein; **to be ~ to flooding** überschwemmungsgefährdet sein ❸ JUR haftbar; ■**to be ~ for sth** für etw *akk* haftbar sein; **to be ~ for the costs of the trial** für die Verfahrenskosten aufkommen müssen; **to hold sb ~ [for sth]** jdn [für etw *akk*] zur Verantwortung ziehen; **to be ~ to a fine** einer Geldstrafe unterliegen; **to be ~ to tax** steuerpflichtig sein

li·aise [li'eɪz] *vi* ■**to ~ with sb/sth** ❶ (*establish contact*) eine Verbindung zu jdm/etw herstellen [*o* aufbauen], sich *akk* mit jdm/etw in Verbindung setzen; (*be go-between*) als Verbindungsstelle [*o* Kontaktstelle] zu jdm/etw fungieren; **his job is to ~ with other organizations** er soll den Kontakt zu den anderen Organisationen pflegen ❷ (*work together*) mit jdm/etw zusammenarbeiten

liai·son [li'eɪzᵊn, AM 'li:əzɑ:n] *n* ❶ *no pl* (*contacts*) Verbindung *f;* **there is a lack of ~ between the various government departments** zwischen den verschiedenen Ministerien besteht ein Kommunikationsmangel; **I work in close ~ with my opposite number in the USA** ich arbeite eng mit meinem Pendant in den USA zusammen ❷ AM (*person*) Verbindungsmann, -frau *m, f,* Kontaktperson *f;* **she serves as the ~ between the company and the research centers** sie vermittelt zwischen der Firma und den Forschungsinstituten ❸ (*sexual affair*) Verhältnis *nt,* Liaison *f veraltend geh* ❹ LING, FOOD Liaison *f fachspr*

li'ai·son of·fic·er *n* Verbindungsmann, -frau *m, f,* V-Mann *m fam,* Kontaktperson *f*

liar ['laɪəʳ, AM -ɚ] *n* Lügner(in) *m(f)*

lib [lɪb] *n no pl* (*dated fam*) *short for* **liberation** Befreiungsbewegung *f*

Lib [lɪb] *n* BRIT *short for* **Liberal** Liberale(r) *f(m)*

li·ba·tion [laɪ'beɪʃᵊn] *n* ❶ HIST, REL Libation *f,* Trankopfer *nt;* **to make** [*or* **pour**] **a ~** ein Trankopfer darbringen *geh* ❷ (*hum: drink*) Trunk *m geh o hum;* **would you care for a ~?** wie wäre es mit einem Schlückchen?

lib·ber ['lɪbəʳ, AM -ɚ] *n* (*fam*) Anhänger(in) *m(f)* [*o* Mitglied *nt*] einer Befreiungsbewegung

Lib Dem [ˌlɪb'dem] *n* BRIT (*fam*) *short for* **Liberal Democrat** Liberaldemokrat(in) *m(f)*

li·bel ['laɪbᵊl] JUR **I.** *n* ❶ *no pl* (*crime*) Verleumdung *f;* **an action for ~** eine Verleumdungsklage; **to sue sb for ~** jdn wegen Verleumdung verklagen ❷ (*defamatory statement*) [schriftliche] Verleumdung; **the whole story was a vicious ~ on my character** die ganze Geschichte war eine gemeine Verleumdung und sollte meinen Ruf ruinieren **II.** *vt* <BRIT -ll- *or* AM *usu* -l-> ■**to ~ sb** jdn verleumden

'li·bel case *n* LAW Verleumdungsfall *m* **'li·bel laws** *npl* Verleumdungsparagraph[en] *m[pl]*

li·bel·lous ['laɪbᵊləs], AM **li·bel·ous** *adj* verleumderisch; **to make ~ accusations against sb** gegen jdn verleumderische Anschuldigungen erheben

lib·er·al ['lɪbᵊrᵊl] **I.** *adj* ❶ (*tolerant*) liberal; *attitude, church, person also* tolerant, aufgeschlossen; **~ education** Allgemeinbildung *f;* **L~ Judaism** Liberales Judentum; **~ thought** [*or* **view**] liberale Ansichten ❷ (*progressive*) liberal, fortschrittlich; **the ~ wing of a party** der linke Parteiflügel ❸ ECON liberal ❹ (*generous*) großzügig; **a ~ allowance/donation/support** eine großzügige Beihilfe/Spende/Unterstützung; **a ~ amount of mayonnaise** reichlich Majonäse; **a ~ portion** eine große Portion; **a ~ serving of cream** eine große Portion Sahne [*o* ÖSTERR Obers]; **a ~ supply** ein großer Vorrat; ■**to be ~ with sth** mit etw *dat* großzügig sein ❺ (*not exact*) **a ~ interpretation of a law** eine freie Auslegung eines Gesetzes **II.** *n* Liberale(r) *f(m)*

Lib·er·al ['lɪbᵊrᵊl] **I.** *n* CAN, AUS (*hist*) Liberale(r) *f(m)* **II.** *adj* liberal; **the ~ candidate** der Kandidat/die Kandidatin der Liberalen [Partei]; **the ~ manifesto** das Manifest der Liberalen [Partei]; **the ~ vote** die Wählerschaft [*o* Stimmen] der Liberalen [Partei]

lib·er·al 'arts *esp* AM **I.** *n* ■**the ~** *pl* die Geisteswissenschaften; **a degree in the ~** ein Abschluss *m* in Geisteswissenschaften **II.** *n modifier* (*professor, college*) geisteswissenschaftlich; **a ~ course/degree** ein Kurs *m*/Abschluss *m* in Geisteswissenschaften; **~ student** Student *m*/Studentin *f* der Geisteswissenschaften **Lib·er·al 'Demo·crat** BRIT **I.** *n* ■**the ~s** *pl* die Liberaldemokraten *mpl* **II.** *adj* liberaldemokratisch; **the ~ Party** die Liberaldemokratische Partei

lib·er·al·ism ['lɪbᵊrᵊlɪzᵊm] *n no pl* Liberalismus *m*

lib·er·al·ity [ˌlɪbᵊr'æləti, AM -ə'ræləṭi] *n no pl* ❶ (*generosity*) Großzügigkeit *f,* Freigebigkeit *f* ❷ (*liberal nature*) Toleranz *f,* Aufgeschlossenheit *f*

lib·er·ali·za·tion [ˌlɪbᵊrᵊlaɪ'zeɪʃᵊn, AM -lɪ'-] *n* Liberalisierung *f;* **the**

~ **of the economy/of society** die Liberalisierung der Wirtschaft/der Gesellschaft

lib·er·al·ize [ˈlɪbᵊrᵊlaɪz] *vt* ■**to ~ sth** etw liberalisieren

lib·er·al·ly [ˈlɪbᵊrᵊli] *adv* großzügig, reichlich; **to give/donate ~** großzügig geben/spenden; **to tip ~** ein großzügiges Trinkgeld geben

ˈLib·er·al Par·ty *n* POL ❶ BRIT HIST Liberale Partei; *see also* **Lib-Lab** ❷ *(Aus, Can)* **the ~ of Australia/Canada** die Liberale Partei von Australien/Kanada

lib·er·ate [ˈlɪbᵊreɪt, AM -ər-] *vt* ❶ *(free)* ■**to ~ sb/sth** jdn/etw befreien; ■**to ~ oneself from sth/sb** sich *akk* von etw/jdm befreien [*o* lösen] *a. fig;* **to ~ a country/slaves** ein Land/Sklaven befreien ❷ *(fig, hum fam: steal)* ■**to ~ sth** etw verschwinden [*o fam* mitgehen] lassen

lib·er·at·ed [ˈlɪbᵊreɪtɪd, AM -əreɪt̬-] *adj* ❶ *(emancipated)* emanzipiert ❷ *(free)* frei; **~ zone** befreite Zone

lib·era·tion [ˌlɪbᵊrˈeɪʃᵊn, AM -əˈreɪ-] *n no pl* Befreiung *f* (**from** von *+dat*)

lib·eˈra·tion or·gani·za·tion *n* Befreiungsbewegung *f;* **animal ~** ≈ Tierschutzverein *m* **lib·era·tion the·ˈol·ogy** *n* Befreiungstheologie *f*

lib·era·tor [ˈlɪbᵊreɪtəʳ, AM -əreɪt̬ɚ] *n* Befreier(in) *m(f)*

lib·er·tar·ian [ˌlɪbəˈteəriən, AM -ɚˈteri-] **I.** *n* Freidenker(in) *m(f),* Libertin *m geh;* **civil ~s** *Anhänger einer liberal orientierten Staatsauffassung* **II.** *adj* liberal[istisch]

lib·er·tine [ˈlɪbətiːn, AM -ɚtiːn] *n (pej)* Libertin *m veraltet geh,* Casanova *m pej fam*

lib·er·ty [ˈlɪbəti, AM -ɚt̬i] *n* ❶ *no pl (freedom)* Freiheit *f;* **~ of action/conscience/speech** Handlungs-/Gewissens-/Redefreiheit *f;* **to be at ~** frei [*o* auf freiem Fuß[e]] sein; **to be at ~ to do sth** etw tun können; **are you at ~ to reveal any names?** dürfen Sie Namen nennen?; **you are at ~ to refuse medical treatment** es steht Ihnen frei, eine medizinische Behandlung abzulehnen; **to give sb their ~** jdm die Freiheit schenken ❷ *(incorrect behaviour)* **it's [a bit of] a ~** es ist [ein bisschen] unverschämt; **what a ~!** das ist ja unerhört!; **to take liberties with sb** sich *dat* bei jdm Freiheiten herausnehmen; **she slapped his face for taking liberties** sie gab ihm eine Ohrfeige dafür, dass er sich zu viel herausgenommen hatte; **to take liberties with sth** etw [zu] frei handhaben; **her translation takes liberties with the original text** ihre Übersetzung ist allerdings sehr frei; **to take the ~ of doing sth** sich *dat* die Freiheit nehmen, etw zu tun; **I took the ~ of borrowing your bicycle** ich habe mir erlaubt, dein Fahrrad auszuleihen ❸ *(form: legal rights)* ■**liberties** *pl* Grundrechte *ntpl,* Bürgerrechte *ntpl*

li·bidi·nous [lɪˈbɪdɪnəs, AM ləˈbɪdᵊn-] *adj (form)* triebhaft, libidinös *fachspr;* **~ behaviour** triebhaftes Verhalten

li·bi·do [lɪˈbiːdəʊ, AM -oʊ] *n* Libido *f fachspr,* [Sexual]trieb *m;* **increased ~** gesteigerte Libido

Lib-Lab [ˈlɪbˌlæb] *adj* BRIT HIST *short for* **Liberal and Labour** Liberale Partei; **~ pact** *Parteibündnis zwischen den Liberalen und der Labourpartei in den 70er Jahren*

Li·bra [ˈliːbrə] *n* ASTRON, ASTROL ❶ *no art* Waage *f;* **to be born under ~** im Zeichen der Waage geboren sein ❷ *(person)* Waage *f;* **she is a ~** sie ist Waage

Li·bran [ˈliːbrən] **I.** *n* **to be a ~** Waage sein **II.** *adj* Waage-

li·brar·ian [laɪˈbreəriən, AM -ˈbrer-] *n* Bibliothekar(in) *m(f)*

li·brary [ˈlaɪbrᵊri, AM -breri] **I.** *n* ❶ *(public)* Bibliothek *f,* Bücherei *f;* **public ~** Leihbücherei *f;* **record ~** Musikbücherei *f;* **university ~** Universitätsbibliothek *f* ❷ *(private)* Bibliothek *f* ❸ *(serial publication)* Gesamtausgabe *f,* Reihe *f* **II.** *n modifier (program, software, visit)* Bibliotheks-; *(from public library)* Bücherei-; **~ book** Leihbuch *nt;* **~ ticket** Leseausweis *m,* Lesekarte *f*

ˈli·brary foot·age *n no pl* FILM, TV Archivmaterial *nt* **ˈli·brary school** *n* Bibliotheksschule *f* **ˈli·brary sci·ence** *n no pl* Bibliothekswesen *nt*

li·bret·tist [lɪˈbretɪst, AM -bret̬-] *n* Librettist(in) *m(f)*

li·bret·to [lɪˈbretəʊ, AM -t̬oʊ] *n* Libretto *nt*

lice [laɪs] *n pl of* **louse**

li·cence [ˈlaɪsᵊn(t)s], AM **li·cense** *n* ❶ *(permit)* Genehmigung *f,* Erlaubnis *f; (formal permission)* Lizenz *f,* Konzession *f;* **dog ~** Hundemarke *f;* **he didn't pay his dog ~** er hat die Hundesteuer nicht bezahlt; **driving** [*or* AM **driver's**] **~** Führerschein *m;* **~ fee** Lizenz[gebühr] *f;* BRIT TV Rundfunk- und Fernsehgebühren *fpl;* **gun ~** Waffenschein *m;* **TV ~** BRIT Rundfunkanmeldung *f;* **to apply for a ~** eine Lizenz beantragen; **to lose one's ~** seine Lizenz verlieren; **if you get caught drinking and driving you can lose your ~** wenn man betrunken am Steuer geschnappt wird, kann man den Führerschein verlieren; **to obtain a ~** eine Lizenz erhalten; **under ~** in Lizenz ❷ *no pl (form: freedom)* Freiheit *f;* **artistic ~** künstlerische Freiheit; **to allow sb ~** jdm Freiheiten gestatten; **to give sb/sth ~ to do sth** jdm/etw gestatten, etw zu tun; **under the reorganization plans, your department would be given increased ~ to plan** im Zuge der geplanten Umstrukturierung bekäme Ihre Abteilung größeren Planungsfreiraum; **to have ~ to do sth** die Freiheit haben, etw zu tun ▸ PHRASES: **to be a ~ to print money** *esp* BRIT eine wahre Goldgrube sein

ˈli·cence num·ber *n* Kfz-Kennzeichen *nt,* Autokennzeichen *nt*

li·cense [ˈlaɪsᵊn(t)s] **I.** *n* AM *see* **licence II.** *vt* ■**to ~ sb to do sth** jdm die Lizenz erteilen, etw zu tun; ■**to be ~d to do sth** berechtigt sein, etw zu tun; **James Bond was '~d to kill'** James Bond hatte die „Lizenz zum Töten"

li·censed [ˈlaɪsᵊn(t)st] *adj inv* ❶ *(with official approval)* lizensiert, zugelassen; **~ pilot** zugelassener Pilot/zugelassene Pilotin ❷ BRIT *(serving alcohol)* **a ~ restaurant** ein Restaurant *nt* mit Schankerlaubnis

li·censed prac·ti·cal ˈnurse *n* AM Hilfskrankenschwester *f,* Hilfskrankenpfleger *m*

li·cen·see [ˌlaɪsᵊn(t)ˈsiː] *n (form)* Lizenznehmer(in) *m(f);* **~ of a pub/bistro/restaurant** BRIT Inhaber(in) *m(f)* eines Pubs/Bistros/Restaurants [mit Schankerlaubnis]; **the ~ of the local pub** der Wirt/die Wirtin der hiesigen Gaststätte

ˈli·cense plate *n* AM *(number plate)* Nummernschild *nt,* polizeiliches [*o* amtliches] Kennzeichen

li·cens·er [ˈlaɪsᵊn(t)səʳ, AM -ɚ] *n* Lizenzgeber(in) *m(f)*

li·cens·ing [ˈlaɪsᵊn(t)sɪŋ] *n no pl* Lizenzvergabe *f;* **vehicle ~ centre** BRIT Kfz-Zulassungsstelle *f*

ˈli·cens·ing hours *npl* BRIT Ausschankzeiten *fpl* **ˈli·cens·ing laws** *npl* BRIT Schankgesetze *ntpl*

li·cen·sor *n see* **licenser**

li·cen·ti·ate [laɪˈsen(t)ʃiət, AM -ʃɪt] *n* ❶ *(degree)* Lizentiat *nt* ❷ *(person)* Lizentiat(in) *m(f)*

li·cen·tious [laɪˈsen(t)ʃəs] *adj* [sexuell] ausschweifend, promiskuitiv *pej geh*

li·cen·tious·ly [laɪˈsen(t)ʃəsli] *adv* [sexuell] ausschweifend, promiscuös *pej geh*

li·cen·tious·ness [laɪˈsen(t)ʃəsnəs] *n no pl* Unmoral *f,* Lasterhaftigkeit *f*

li·chen [ˈlaɪkən] *n usu sing* BIOL, BOT Flechte *f*

lic·it [ˈlɪsɪt] *adj* gesetzlich, erlaubt

lick [lɪk] **I.** *n* ❶ *(with tongue)* Lecken *nt kein pl,* Schlecken *nt kein pl;* **can I have a ~ of your ice cream?** lässt du mich mal an deinem Eis schlecken? ❷ *(small quantity)* ■**a ~ of** ein wenig; **the living room could do with a ~ of paint** das Wohnzimmer könnte etwas Farbe vertragen ❸ MUS *(in jazz)* Lick *m* ❹ *(fam: speed)* **to be going at a hell of a ~** einen [Affen]zahn draufhaben *sl;* **at [quite a** [*or* **a good**]] **~** ziemlich schnell, mit einem ziemlichen Zahn *fam* ▸ PHRASES: **a [cat's] ~ and a promise** BRIT *(fam)* eine Katzenwäsche *fam* **II.** *vt* ❶ *(with tongue)* ■**to ~ sth** etw lecken [*o* schlecken]; **to ~ an ice cream cone/lollipop** an einem Eis/Lutscher schlecken; **to ~ the plate** den Teller ablecken; **to ~ a stamp** eine Briefmarke [mit der Zunge] befeuchten ❷ *(touch)* etw belecken;

L

flames were ~ing the curtains die Flammen züngelten an den Vorhängen hoch; **the waves were already ~ing the bottom step** die Wellen schlugen bereits an die unterste Stufe ❸ *esp* AM (*fam: defeat*) ■**to ~ sb** es jdm [aber mal so richtig] zeigen *fam*, jdn [doch glatt] in die Tasche stecken *fam;* **all right Joe, I know when I'm ~ed** also gut, Joe, ich gebe mich geschlagen ❹ (*solve*) ■**to ~ sth** [*or* **to have got sth ~ed**] etw im Griff haben; **together we can ~ this** gemeinsam kriegen wir das schon hin *fam;* **to have got the problem ~ed** das Problem geknackt haben *fam* ❺ (*fam: thrash*) ■**to ~ sb** jdn verprügeln ▸PHRASES: **to ~ sb's arse** [*or* AM **ass**] (*vulg*) jdm in den Arsch kriechen *vulg*, ein Arschkriecher sein *vulg;* **to ~ sb's boots** [*or* **shoes**] jdm in den Hintern kriechen [*o* die Stiefel lecken] *pej fam;* **to ~ one's lips** sich *dat* [schon] die Lippen lecken; **to ~ one's wounds** seine Wunden lecken **III.** *vi* ■**to ~ at sth** *flames, waves* an etw *dat* lecken

◆**lick up** *vt* ■**to ~ sth** ↔ **up** etw auflecken [*o* aufschlecken]

lickety-split [ˌlɪkəti'-, AM -t̬i'-] *adv* (*fam*) blitzschnell; **I want that job done ~, okay?** das wird jetzt ruckzuck erledigt, klar? *fam;* **the car drove by ~** das Auto schoss wie der Blitz vorbei

lick·ing ['lɪkɪŋ] *n* ❶ (*fam: beating*) **to give sb a ~** jdm eine Tracht Prügel verpassen *fam* ❷ (*defeat*) **to give sb a ~** jdn haushoch schlagen

lico·rice *n no pl esp* AM *see* **liquorice**

lid [lɪd] *n* ❶ (*covering*) Deckel *m* ❷ (*eyelid*) Lid *nt* ▸PHRASES: **to blow** [*or* **take**] **the ~ off sth** etw ans Licht bringen; **to keep** [*or* **put**] **the ~ on sth** etw unter Verschluss halten; **we'll have to keep the ~ on these findings about pollution** unsere Entdeckungen über die Umweltverschmutzung dürfen auf keinen Fall herauskommen; **to put a ~ on sth** mit etw *dat* Schluss machen [*o* aufhören]; *esp* AM **it's time to put a ~ on all the talk** jetzt sollte endlich einmal Schluss sein mit dem Gerede; **put a ~ on it!** (*fam*) jetzt hör doch mal auf [damit]!; **to put the** [**tin**] **~ on sth** BRIT, AUS etw *dat* die Krone aufsetzen

lido ['li:dəʊ] *n* BRIT ❶ (*dated: swimming pool*) Freibad *nt*, Schwimmbad *nt* ❷ (*section of beach*) Strand *m*, Lido *m*

lie[1] [laɪ] **I.** *vi* <-y-> lügen; ■**to ~ about sth** *intentions, plans* falsche Angaben über etw *akk* machen; **I used to ~ about my age** ich habe immer ein falsches Alter angegeben; ■**to ~ about sb** über jdn die Unwahrheit erzählen; ■**to ~ to sb** jdn belügen ▸PHRASES: **to ~ through one's teeth** wie gedruckt lügen *fam* **II.** *vt* <-y-> **to ~ one's way somewhere** sich *akk* irgendwohin hineinschmuggeln; ■**to ~ one's way** [*or* **oneself**] **out of sth** sich *akk* aus etw *dat* herausreden **III.** *n* Lüge *f;* **to be a pack** [*or* BRIT **tissue**] **of ~s** erstunken und erlogen sein *fam;* **to be an outright ~** glatt gelogen sein *fam;* **to give the ~ to sb/sth** jdn/etw Lügen strafen; **to tell ~s** Lügen erzählen; **don't tell me ~s!** lüg mich nicht an!; **her name is Paula, no, I tell a ~ – it's Pauline** ihr Name ist Paula – nein, Moment, bevor ich etwas Falsches sage – sie heißt Pauline

lie[2] [laɪ] **I.** *n* ❶ (*position*) Lage *f* ❷ *no pl esp* BRIT, AUS Aussehen *nt* **II.** *vi* <-y-, lay, lain> ❶ (*be horizontal*) *body* liegen; **to ~ on one's back/in bed/on the ground** auf dem Rücken/im Bett/auf dem Boden liegen; **to ~ in state** aufgebahrt sein [*o* liegen]; **to ~ awake/quietly/still** wach/ruhig/still liegen; **to ~ flat** flach liegen [bleiben] ❷ (*be*) liegen; **snow lay thickly over the fields** auf den Feldern lag eine dicke Schneeschicht; **to ~ off the coast** [*or* **shore**] *boat, ship, yacht* vor der Küste liegen; **to ~ to the east/north of sth** im Osten/Norden [*o* östlich/nördlich] von etw *dat* [*o* einer S. *gen*] liegen; **to ~ on the route to ...** auf dem Weg nach ... liegen; *school, work* auf dem Weg zu ... liegen; **to ~ in ruins** in Trümmern liegen; **to ~ in wait** auf der Lauer liegen; **to ~ empty** *house, flat* leer stehen; **to ~ fallow** AGR, HORT brachliegen ❸ (*be buried*) ruhen; **here ~s the body of ...** hier ruht ... ❹ (*be responsible*) ■**to ~ with sb/sth** bei jdm/etw liegen ❺ (*be found*) ■**to ~ in sth** an etw *dat* liegen; *solution* bei etw *dat* liegen; **where do your interests ~?** wo liegen deine Interessen?; **the cause of the argument ~s in the stubbornness on both sides** die Ursache des Streits waren in der Sturheit beider Seiten zu suchen ❻ BRIT SPORTS **to ~ bottom of/third in the table** Tabellenletzter/-dritter sein ▸PHRASES: **to see how the land ~s** sehen, wie die Zeichen stehen; **to ~ heavily on one's stomach** jdm schwer im Magen liegen *fam;* **to ~ doggo** BRIT sich *akk* still verhalten; **to ~ low** (*escape search*) untergetaucht sein; (*avoid being noticed*) sich *akk* versteckt halten

◆**lie about, lie around** *vi* ❶ (*be situated*) herumliegen *fam;* **to leave sth lying about** etw herumliegen lassen *fam* ❷ (*be lazy*) herumlümmeln *fam*, herumgammeln *fam*

◆**lie ahead** *vi* bevorstehen; ■**to ~ ahead of sb** vor jdm liegen

◆**lie back** *vi* sich *akk* zurücklegen [*o* auf den Rücken legen]

◆**lie behind** *vi* ❶ (*be cause of*) ■**to ~ behind sth** etw *dat* zugrunde liegen ❷ (*be past*) ■**to ~ behind sb** hinter jdm liegen; **forget what ~s behind** vergiss die Vergangenheit

◆**lie down** *vi* sich *akk* hinlegen ▸PHRASES: **to ~ down on the job** *esp* AM, AUS (*pej*) schlampen *pej fam*, schlampig arbeiten *pej fam;* **to take sth lying down** etw [stillschweigend] hinnehmen

◆**lie in** *vi* BRIT (*fam*) im Bett bleiben

◆**lie round** *vi* BRIT *see* **lie about**

◆**lie up** *vi esp* BRIT sich *akk* verbergen [*o* verstecken]

lied <*pl* -er> [li:d] *n* MUS Lied *nt*

lied·er re·cit·al [ˌli:dərɪ'saɪtəl, AM -ərɪ'saɪt̬-] *n* MUS Liederabend *m*

'lie de·tec·tor *n* Lügendetektor *m* **'lie de·tec·tor test** *n* Lügendetektortest *m* **'lie-down** *n* BRIT (*fam*) Schläfchen *nt*, Nickerchen *nt fam* **'lie-in** *n* BRIT (*fam*) **to have a ~** im Bett bleiben

lieu [lju:, AM lu:] *n no pl* **in ~ of sth** an Stelle [*o* [an]statt] einer S. *gen*

Lieut *n attr abbrev of* **Lieutenant** Lt.

lieu·ten·ant [lef'tenənt, AM lu:'-] *n* ❶ (*deputy*) Stellvertreter(in) *m(f)*, rechte Hand *fig* ❷ MIL Leutnant *m* ❸ AM LAW ≈ Polizeihauptwachtmeister(in) *m(f)*

lieu·ten·ant 'colo·nel *n* MIL Oberstleutnant *m* **lieu·ten·ant com·'man·der** *n* NAUT Fregattenkapitän *m* **lieu·ten·ant 'gen·er·al** *n* MIL Generalleutnant *m* **lieu·ten·ant 'gov·er·nor** *n* POL Vizegouverneur *m*

life <*pl* lives> [laɪf, *pl* laɪvz] **I.** *n* ❶ *no pl* (*quality*) Leben *nt;* **~ is a precious gift** das Leben ist ein wertvolles Gut; **there are no signs of ~ on the planet** auf dem Planeten gibt es keinen Hinweis auf Leben ❷ *no pl* (*living things collectively*) Leben *nt;* **animal ~** Tierwelt *f;* **plant ~** Pflanzenwelt *f;* **insect ~** Welt *f* der Insekten, Insekten *ntpl;* **intelligent/sentient ~** intelligentes/empfindendes Leben ❸ *no pl* (*human/animal existence*) Leben *nt;* **I love ~** ich liebe das Leben; **cats are supposed to have nine lives** man sagt, Katzen haben neun Leben; **to give sb an outlook on ~** jdm eine Lebenseinstellung vermitteln; **to be one/another of ~'s great mysteries** (*hum*) eines/ein weiteres der großen Geheimnisse des Lebens sein ❹ *no pl* (*circumstances*) Leben *nt;* **family ~** Familienleben *nt;* **love ~** Liebesleben *nt;* **private ~** Privatleben *nt;* **sex ~** Sexualleben *nt;* **working ~** Arbeitsleben *nt* ❺ *no pl* (*energy*) Lebendigkeit *f;* **come on, show a little ~!** los, jetzt zeig' mal ein bisschen Temperament! *fam;* **put more ~ into your voice** bringen Sie etwas mehr Timbre in die Stimme; **to be full of ~** voller Leben sein *fig*, vor Leben [nur so] sprühen *fam* ❻ (*state of existence*) Leben *nt;* (*person*) Menschenleben *nt;* **she hung on for dear ~** sie klammerte sich fest, als hinge ihr Leben davon ab; **run for your ~!** renn um dein Leben!; **it's a matter of ~ and death!** es geht um Leben und Tod!; **to lose one's ~** ums Leben kommen; **how many lives were lost in the fire?** wie viele Menschenleben hat der Brand gekostet?; **to save a ~** ein Menschenleben retten; **a ~ and death issue** eine Frage, die über Leben und Tod entscheiden kann ❼ (*manner of living*) Leben *nt;* **I left home at 16 to see ~** ich ging mit 16 von zu Hause fort, um etwas vom Leben und von der Welt zu sehen; **teaching has been her** ~ der Lehrberuf war ihr Leben; **a dull/exciting** ~ ein langweiliges/aufregendes Leben; **to make** [*or* **start**] **a new** ~ ein neues Leben anfangen [*o* beginnen] ❽ (*biography*) Biografie *f,* Lebensbeschreibung *f* ❾ (*earthly existence*) Leben *nt;* **in a previous** ~ in einem früheren Leben; **to believe in** ~ **after death** an ein Leben nach dem Tod[e] glauben; **to depart this** ~ (*euph form*) verscheiden *euph geh* ❿ (*time from birth to death*) Leben *nt;* **I believe marriage is for** ~ ich finde, eine Ehe sollte für das ganze Leben geschlossen werden; **he's behind bars for** ~ er sitzt lebenslänglich [hinter Gittern] *fam;* **she only wants two things in** ~ sie wünscht sich nur zwei Dinge im Leben; **who's the man in your** ~ **now?** [und] wer ist der neue Mann in deinem Leben?; **a job for** ~ eine Stelle auf Lebenszeit; **to want sth out of** [*or* **in**] ~ etw vom Leben erwarten ⓫ (*duration*) *of device, battery* Lebensdauer *f; of an institution* Bestehen *nt kein pl;* **during the** ~ **of the present parliament** während der jetzigen Legislaturperiode [des Parlaments] ⓬ *no pl* (*fam: prison sentence*) lebenslänglich; **the judge jailed him for** ~ der Richter verurteilte ihn zu einer lebenslänglichen Haftstrafe; **to be doing/get** ~ lebenslänglich sitzen *fam*/bekommen ⓭ *no pl* ART **to draw** [*or* **sketch**] **sb/sth from** ~ jdn/etw nach einem Modell zeichnen/skizzieren; **taken from the** ~ nach einem Modell ▸PHRASES: ~**'s a bitch** (*sl*) das Leben kann manchmal schon verdammt hart sein! *fam;* **to take one's** ~ **in one's hands** (*fam*) Kopf und Kragen riskieren *fam;* **to be the** ~ [BRIT **and soul**] **of the/any party** der [strahlende] Mittelpunkt der/jeder Party sein; **to lead** [*or* **live**] **the** ~ **of Riley** (*dated fam*) leben wie Gott in Frankreich; ~**'s rich tapestry** die Sonnen- und Schattenseiten des Lebens; **one's** ~ [*or* ~**'s**] **work** jds Lebenswerk *nt;* **the good** ~ das süße Leben, la dolce vita; **it's a hard** ~**!** (*iron fam*) das Leben ist eins der härtesten *fam;* **larger than** ~ *car, house* riesig, riesengroß; *person* energiegeladen und charismatisch; **how's** ~ [**treating you**]? (*fam*) wie geht's [denn so]? *fam;* **to bring sth to** ~ etw lebendiger machen; **to come to** ~ lebendig werden; (*fig*) zum Leben erwachen; **to frighten** [*or* **scare**] **the** ~ **out of sb** jdn furchtbar/zu Tode erschrecken; **to get a** ~ aufwachen *fig,* auf den Boden der Tatsachen zurückkommen *fig;* **get a** ~**!** komm endlich auf den Boden der Tatsachen zurück!; **to give** [*or* **lay down**] **one's** ~ **for sb/sth** sein Leben für jdn/etw geben; **to lose one's** ~ sein Leben lassen [*o* verlieren]; **to roar** [*or* **thunder**] **into** ~ mit aufheulendem Motor losfahren/starten; **to save sb's** ~ jdm das Leben retten; **to save one's own** ~ sein/das eigene Leben retten; **to be set** [**up**] **for** ~ für den Rest des Lebens ausgesorgt haben; **to take sb's** *form* ~ jdn töten/umbringen; **to take one's own** ~ sich *dat* [selbst] das Leben nehmen; **for the** ~ **of me** (*fam*) um alles in der Welt *fam;* **not for the** ~ **of me** nicht um alles in der Welt; **not on your** ~**!** (*fam*) nie im Leben! *fam;* **to be sb to the** ~ (*dated*) jdm wie aus dem Gesicht geschnitten sein; **that's** ~**!** [das ist] Schicksal! *fam,* so ist das Leben [eben]!; **this is the** ~ [**for me**]! so lässt sich's leben! *fam,* Mensch, ist das ein Leben! *fam* **II.** *n modifier* ~ **drawing**/[**drawing**] **class** Aktzeichnung *f*/Aktzeichnen *nt* (*Kunststunde, in der nach Modell gemalt wird*)

'life-af·firm·ing *adj* lebensbejahend **life-and-'death** *adj* **a** ~ **issue** eine Überlebensfrage; **a** ~ **situation** eine lebensbedrohliche Situation; ~ **struggle** Überlebenskampf *m* [*o* Kampf *m* auf Leben und Tod] **'life an·nu·ity** *n* Leibrente *f,* Lebensrente *f* **'life as·sur·ance** *n no pl* BRIT Lebensversicherung *f* **'life·belt** *n* BRIT Rettungsring *m* **'life·blood** *n no pl* (*liter, poet*) Herzblut *nt liter;* (*fig: crucial factor*) Motor *m fig,* das A und O; ■ **to be the** ~ **of sth** der Lebensnerv einer S. *gen* sein **'life·boat** *n* Rettungsboot *nt;* **to launch a** ~ ein Rettungsboot zu Wasser lassen **'life·buoy** *n* Rettungsboje *f* **'life coach** *n* Lebensberater(in) *m(f),* psychologischer Berater/psychologische Beraterin **'life cy·cle** *n* Lebenszyklus *m;* (*fig*) Lebensdauer *f kein pl* **'life ex·pec·tan·cy** *n* Lebenserwartung *f* **'life form** *n* Lebewesen *f;* **intelligent** ~**s** intelligentes Leben **'life-giv·ing** *adj* (*sustaining life*) lebensspendend *geh,* lebensnotwendig; (*revitalizing*) belebend **'life·guard** *n* (*in baths*) Bademeister(in) *m(f);* (*on beach*) Rettungsschwimmer(in) *m(f)* **life 'his·tory** *n* Lebensgeschichte *f* **life im·'pris·on·ment** *n no pl* lebenslängliche Freiheitsstrafe; **to get** ~ lebenslänglich bekommen **'life in·sur·ance** *n no pl* Lebensversicherung *f;* **to buy/have** ~ eine Lebensversicherung abschließen/haben **'life in·sur·ance poli·cy** *n* Lebensversicherungspolice *f* **'life jack·et** *n* Schwimmweste *f*

life·less ['laɪfləs] *adj* ❶ (*inanimate*) *body* leblos, tot; *planet* unbelebt, ohne Leben *nach n;* **the offices are still empty and** ~ die Büros stehen immer noch leer, alles ist wie ausgestorben ❷ (*dull*) *game, story* langweilig, fad[e]; *person* teilnahmslos; ~ **hair** stumpfes [*o* glanzloses] Haar; **a** ~ **performance** eine lahme Vorstellung *fam*

'life·like *adj* lebensecht; *imitation also* naturgetreu **'life·line** *n* ❶ (*life-saving rope*) Rettungsleine *f;* **to throw sb a** ~ [*or* **a** ~ **to sb**] jdm eine Rettungsleine zuwerfen; (*fig*) jdm einen Rettungsanker zuwerfen *fig* ❷ (*used by diver*) Signalleine *f* ❸ (*fig: essential thing*) [lebenswichtige] Verbindung, Nabelschnur *f fig;* **the financial** ~ der Geldhahn ❹ *no pl* BRIT TELEC ≈ Telefonseelsorge *f* ❺ (*in palmistry*) Lebenslinie *f* **'life·long** *adj attr, inv* lebenslang **life 'mem·ber** *n* Mitglied *nt* auf Lebenszeit **life 'peer** *n* BRIT Peer *m* auf Lebenszeit **life 'peer·age** *n* BRIT Peerswürde *f* auf Lebenszeit **'life pre·serv·er** *n* ❶ BRIT (*stick*) Totschläger *m* ❷ AM (*life jacket*) Schwimmweste *f;* (*lifebuoy*) Rettungsboje *m;* (*lifebelt*) Rettungsring *m*

lif·er ['laɪfəʳ, AM -ɚ] *n* (*sl*) ❶ (*fam: prisoner*) Lebenslängliche(r) *f(m) fam* ❷ AM (*career person*) Berufssoldat(in) *m(f)*

'life raft *n* Rettungsfloß *nt;* (*rubber dinghy*) Schlauchboot *nt;* **to launch** [*or* **lower**] **a** ~ ein Rettungsfloß zu Wasser lassen **'life·sav·er** *n* ❶ (*fam: thing*) die Rettung *fig;* **that cup of coffee was a real** ~ die Tasse Kaffee war die Rettung! *fam;* (*person*) [Lebens]retter(in) *m(f) fig;* **you're a real** ~ du bist mein rettender Engel! ❷ AUS, NZ (*on beach*) Rettungsschwimmer(in) *m(f);* (*in baths*) Bademeister(in) *m(f)* **'Life·sav·er®** *n* AM *ringförmiges* [*Frucht*]*bonbon* **'life-sav·ing** *n no pl* Rettungsschwimmen *nt* **'life-sav·ing class** *n* Unterricht *m* im Rettungsschwimmen; ~ **certificate** Rettungsschwimmabzeichen *nt* **life 'sav·ings** *npl* Erspartes *nt kein pl,* Rücklage *f* **life 'sci·ences** *npl* Biowissenschaften *pl* **'life sen·tence** *n* lebenslängliche Freiheitsstrafe; **to get** [*or* **receive**] **a** ~ lebenslänglich bekommen **'life-size(d)** *adj* in Lebensgröße *nach n,* lebensgroß **'life·span** *n* Lebenserwartung *f kein pl; of thing* Lebensdauer *f kein pl; of a project* Laufzeit *f;* **average** ~ durchschnittliche Lebenserwartung **'life sto·ry** *n* Lebensgeschichte *f* **'life·style** *n* Lebensstil *m* **'life sup·port** *n no pl* MED (*fam*) **to be on** ~ an [lebenserhaltenden] Apparaten hängen *fam* **'life sup·port sys·tem** *n* MED ❶ (*machine*) lebenserhaltender Apparat; **to be on a** ~ an [lebenserhaltende] Apparate angeschlossen sein ❷ (*biological network*) Lebenserhaltungssystem *nt* **'life-threat·en·ing** *adj disease, illness* lebensbedrohend; **a** ~ **situation** eine lebensgefährliche [*o* lebensbedrohliche] Situation **'life·time I.** *n usu sing* ❶ (*time one is alive*) Lebenszeit *f;* **to devote** [**half**] **a** ~ **to sth/sb** etw/jdm sein [halbes] Leben widmen; **in one's** ~ im Laufe seines Lebens; **that probably won't happen in my** ~ das werde ich wahrscheinlich nicht [mehr mit]erleben; **once in a** ~ einmal im Leben ❷ (*time sth exists*) Lebensdauer *f kein pl* ❸ (*fam: long time*) **it seems like a** ~ es kommt mir vor wie eine Ewigkeit; **to last a** ~ *watch, machines* ein Leben lang halten; *memories, good luck* das ganze Leben [lang] andauern ▸PHRASES: **the chance of a** ~ eine einmalige Chance, die Chance des Lebens **II.** *n modifier* lebenslang, auf Lebenszeit *nach n;* ~ **guarantee** Garantie *f* auf Lebenszeit; **a** ~ [*or* ~**'s**] **supply of coffee** ein Riesenpaket *m* Kaffee [, das für den Rest des Lebens reicht]

lift [lɪft] **I.** *n* ❶ BRIT (*elevator*) Lift *m,* Aufzug *m,* Fahrstuhl *m;* **to**

L

take the ~ den Aufzug nehmen, mit dem Aufzug fahren ❷ (*for skiers*) Skilift *m*, Sessellift *m* ❸ *no pl* (*fam: support*) **a bra that gives a bit of** ~ ein BH, der etwas stützt; (*heel*) **shoes with a bit of** ~ Schuhe mit etwas höheren Absätzen ❹ (*act of lifting*) [Hoch]heben *nt kein pl; of the head* stolze Kopfhaltung; **a tiny** ~ **will put this in the right place** wenn du es ein klein wenig anhebst, können wir es an die richtige Stelle rücken ❺ (*increase*) Anstieg *m kein pl;* (*increase in amount*) Erhöhung *f* [eines Betrags]; *of a person's voice* Heben *nt* der Stimme ❻ (*fam: plagiarizing*) *of ideas* Klauen *nt kein pl fam; of texts* Abkupfern *nt kein pl fam* ❼ *no pl* MECH Hubkraft *f;* AVIAT Auftrieb *m* ❽ (*weight*) [Hoch]heben *nt kein pl* ❾ (*ride*) Mitfahrgelegenheit *f;* **to give a** ~ **to sb** [*or* **to give sb a** ~] jdn [im Auto] mitnehmen; **I'll give you a** ~ **to the station** ich kann Sie bis zum Bahnhof mitnehmen; **to hitch** [*or* **thumb**] **a** ~ trampen, per Anhalter fahren ❿ *no pl* (*fig: positive feeling*) **to give sb a** ~ jdn aufmuntern; *prospects* jdm Auftrieb geben; *drugs* jdn aufputschen **II.** *vt* ❶ (*raise*) ■**to** ~ **sb/sth** jdn/etw [hoch]heben; (*slightly*) jdn/etw anheben; **she** ~**ed the cigarette** [**up**] **to her lips** sie führte die Zigarette an die Lippen; SPORTS ~ **the weight into the starting position** bring das Gewicht in die Ausgangsposition; ■**to** ~ **sb/sth out of sth** jdn/etw aus etw *dat* [heraus]heben; **when will our country ever be** ~**ed out of this state of economic depression?** (*fig*) wann wird es mit der Wirtschaft unseres Landes wohl jemals wieder aufwärtsgehen? ❷ (*direct upward*) **to** ~ **one's eyes** die Augen aufschlagen; **to** ~ **one's head** den Kopf heben; **to** ~ **one's eyes** [*or* **face**] **from sth** von etw *dat* aufsehen [*o* aufblicken]; **to** ~ **one's head from sth** den Kopf von etw *dat* heben ❸ (*make louder*) **to** ~ **one's voice** lauter sprechen, die Stimme heben; **to** ~ **one's voice to sb** (*yell at*) jdn anschreien; (*argue with*) die Stimme gegen jdn erheben *geh* ❹ (*increase*) ■**to** ~ **an amount/prices/rates** einen Betrag/Preise/Sätze erhöhen ❺ (*airlift*) ■**to** ~ **sth somewhere** etw irgendwohin fliegen; **to** ~ **supplies/troops** den Nachschub/Truppen auf dem Luftweg transportieren ❻ *usu pass* (*in surgery*) **to have one's face/breasts** ~**ed** sich *dat* das Gesicht liften/die Brust straffen lassen ❼ (*dig up*) ■**to** ~ **sth** etw ausgraben; **to** ~ **potatoes** Kartoffeln ernten, DIAL ausmachen ❽ (*improve in rank*) ■**to** ~ **sb/a team** jdn/ein Team befördern ❾ (*win*) **to** ~ **an event/a prize** einen Wettkampf/einen Preis gewinnen ❿ (*make more interesting*) ■**to** ~ **sth** etw interessanter gestalten [*o fam* aufpeppen] ⓫ (*elevate*) **to** ~ **sb's confidence** jds Vertrauen stärken; **to** ~ **sb's spirits** jds Stimmung heben ⓬ (*end*) **to** ~ **a ban/restrictions** ein Verbot/Einschränkungen aufheben ⓭ (*fam: steal*) ■**to** ~ **sth** etw klauen *fam* [*o fam* mitgehen lassen] ⓮ (*fam: plagiarize*) ■**to** ~ **sth** *essay, song* etw abschreiben [*o fig fam* klauen] ⓯ (*arrest*) ■**to** ~ **sb** jdn schnappen *fam* ⓰ (*take*) **to** ~ **fingerprints from sth** etw auf Fingerabdrücke untersuchen **III.** *vi* ❶ (*be raised*) sich *akk* heben ❷ (*disperse*) *cloud, fog* sich *akk* auflösen ❸ (*become happier*) *mood* sich *akk* heben

◆**lift down** *vt* BRIT, AUS ■**to** ~ **down** ⊂ **sb/sth** jdn/etw herunterheben

◆**lift off** *vi* ❶ (*leave the earth*) abheben ❷ (*come off*) sich *akk* hochheben lassen; **the top of the stool** ~**s off** der Sitz des Stuhls ist abnehmbar

◆**lift up** *vt* ■**to** ~ **up** ⊂ **sb/sth** jdn/etw hochheben; **to** ~ **up a lid** einen Deckel hochklappen ▶ PHRASES: **to** ~ **up one's head** den Kopf hoch tragen; **to** ~ **up one's voice** *in praise* die Stimme erheben

'lift-off ['lɪftɒf, AM -ɑːf] *n* AEROSP Start *m*, Abheben *nt kein pl;* **we have** ~ der Start ist erfolgt

liga·ment ['lɪgəmənt] *n* ANAT Band *nt*, Ligament *nt fachspr;* **to tear a** ~ sich *dat* einen Bänderriss zuziehen

liga·ture ['lɪgətʃəʳ, AM -ɚ] **I.** *n* ❶ (*bandage*) Binde *f;* MED Abbindungsschnur *f*, Ligaturfaden *m fachspr* ❷ MUS Ligatur *f fachspr* ❸ TYPO (*character*) Ligatur *f;* (*stroke*) [Feder-/Pinsel]strich *m* ❹ (*bond*) Band *nt* ❺ (*act of binding*) Abbinden *nt kein pl* **II.** *vt* etw abbinden

light[1] [laɪt] **I.** *n* ❶ *no pl* Licht *nt;* **is there enough** ~ **to take a picture?** ist es hell genug, um ein Bild zu machen?; **artificial/natural** ~ künstliches/natürliches Licht; **the** ~ **of the sun** das Sonnenlicht; **by candlelight** bei[m] Kerzenschein; **by the** ~ **of the moon** bei Mondlicht ❷ (*light-giving thing*) Licht *nt;* (*lamp*) Lampe *f;* **as the** ~**s went ...** als die Lichter ausgingen, ...; **to put** [*or* **switch**] [*or* **turn**] **the** ~ **on/off** das Licht einschalten/ausschalten [*o fam* anmachen/ausmachen] ❸ *no pl* (*daylight*) [Tages]licht *nt;* **at** [**the**] **first** ~ bei Tagesanbruch ❹ (*for decoration*) ■~**s** *pl* **Christmas** ~**s** Weihnachtsbeleuchtung *f* ❺ *usu pl* (*traffic light*) Ampel *f* ❻ (*sparkle*) *in sb's eyes* Funkeln *nt kein pl* ❼ (*perspective*) Aspekt *m;* **try to look at it in a new** ~ versuch' es doch mal, aus einer anderen Perspektive zu sehen; **she started to see him in a new** ~ sie sah ihn plötzlich in einem ganz neuen Licht ❽ *no pl* (*enlightenment*) Erleuchtung *f;* **I saw the** ~**!** mir ging ein Licht auf! *fam* ❾ (*spiritual illumination*) Erleuchtung *f* ❿ (*person's abilities*) ■~**s** *pl* [geistige] Fähigkeiten; **to do sth according to one's** ~**s** etw nach bestem Wissen und Gewissen tun ⓫ (*bright part*) Licht *nt;* ~ **and shadow** Licht und Schatten ⓬ *no pl* (*fire*) Feuer *nt;* (*flame*) [Kerzen]flamme *f;* **have you got a** ~**, please?** Entschuldigung, haben Sie [vielleicht] Feuer?; **to catch** ~ Feuer fangen; **to set** ~ **to sth** BRIT etw anzünden ⓭ (*window*) Fenster *nt;* (*window division*) Oberlicht *nt;* (*pane of glass*) Fensterscheibe *f* ⓮ (*person*) Leuchte *f fam;* **leading** ~ (*best at something*) großes Licht, Leuchte *f fam;* (*leader*) Nummer eins *f;* **a shining** ~ eine große Leuchte *fam*, ein großes Licht *fam* ▶ PHRASES: **the** ~ **at the end of the tunnel** das Licht am Ende des Tunnels *fig;* **to be the** ~ **of sb's life** (*hum*) die Sonne jds Lebens sein; **in a bad/good** ~ in einem schlechten/guten Licht; **to be** [*or* **go**] **out like a** ~ (*fam: fall asleep*) sofort weg sein *fam;* (*faint*) umkippen *fam;* **to bring sth to** ~ etw ans Licht bringen; **to cast** [*or* **shed**] [*or* **throw**] ~ **on sth** etw beleuchten, Licht *nt* in etw *akk* bringen; **to come to** ~ ans Licht kommen; **in the** ~ **of sth** [*or* AM *usu* **in** ~ **of sth**] angesichts einer S. *gen*, im Lichte einer S. *gen liter* **II.** *adj* ❶ (*bright*) hell; **it's slowly getting** ~ es wird allmählich hell ❷ (*pale*) hell; *stronger* blass- **III.** *vt* <lit *or* lighted, lit *or* lighted> ❶ (*illuminate*) ■**to** ~ **sth** etw erhellen; *stage* etw beleuchten; **his investigations lit the way for many other scientists** seine Forschungen waren wegweisend für viele andere Wissenschaftler ❷ (*turn on*) **to** ~ **an electric light** das Licht einschalten [*o fam* anknipsen] ❸ (*guide with light*) ■**to** ~ **sb** jdm leuchten ❹ (*ignite*) **to** ~ **a candle/match** eine Kerze/ein Streichholz anzünden; **to** ~ **a fire** ein Feuer anzünden [*o fam* anmachen]; **to** ~ **a cigarette/pipe** sich *dat* eine Zigarette/Pfeife anzünden [*o fam* anstecken] **IV.** *vi* <lit *or* lighted, lit *or* lighted> ❶ (*burn*) brennen ❷ (*fig: become animated*) *eyes, etc.* aufleuchten *fig;* **her face lit with pleasure** sie strahlte vor Freude über das ganze Gesicht

◆**light out** *vi* ■**to** ~ **out for somewhere** irgendwohin abhauen *fam*

◆**light up I.** *vt* ❶ (*illuminate*) ■**to** ~ **up** ⊂ **sth** *hall, room* etw erhellen; *street* beleuchten; **fireworks lit up the sky** das Feuerwerk erleuchtete den Himmel ❷ (*start smoking*) **to** ~ **up a cigar/cigarette/pipe** eine Zigarre/Zigarette/Pfeife anzünden ❸ (*make animated*) **to** ~ **up** ⊂ **sb's eyes** jds Augen aufleuchten lassen; **to** ~ **up** ⊂ **sb's face** jds Gesicht erhellen **II.** *vi* ❶ (*become illuminated*) aufleuchten; **the lights on the tree lit up** die Lichter am Baum gingen an ❷ (*start smoking*) sich *dat* eine [Zigarette] anstecken *fam* ❸ (*become animated*) *eyes* aufleuchten *fig; face* strahlen; **her face lit up with pleasure** sie strahlte vor Freude übers ganze Gesicht

light[2] [laɪt] **I.** *adj* ❶ (*not heavy*) leicht; **to be as** ~ **as a feather** federleicht [*o* leicht wie eine Feder] sein ❷ (*deficient in weight*) zu leicht; **this sack of rice seems about 2 kilos** ~

ich habe den Eindruck, dieser Sack Reis wiegt 2 Kilo zu wenig; **to give sb ~ weight** jdm zu wenig abwiegen ❸ (*not sturdily built*) leicht; ~ **clothes** leichte Kleidung ❹ (*for small loads*) Klein-; ~ **aircraft/lorry** Kleinflugzeug *nt*/-lastwagen *m*; ~ **railway** Kleinbahn *f* ❺ MIL ~ **infantry** leichte Infanterie ❻ (*not fully loaded*) *aircraft/ship/vehicle* nicht voll beladen ❼ (*of food and drink*) leicht; (*low in fat*) fettarm; **a ~ diet** eine fettarme Diät; ~ **food** leichtes Essen; **a ~ meal** eine leichte Mahlzeit; ~ **pastry** lockerer Teig; ~ **wine** leichter Wein ❽ (*porous*) ~ **soil** lockeres Erdreich ❾ CHEM leicht; ~ **isotope** leichtes Isotop ❿ (*low in intensity*) **the traffic was quite ~** es gab kaum Verkehr; **it's only ~ rain** es nieselt nur; ~ **breeze** leichte Brise ⓫ (*easily disturbed*) ~ **sleep** leichter Schlaf; **to be a ~ sleeper** einen leichten Schlaf haben ⓬ (*easily done*) nachsichtig, mild; ~ **sentence** mildes Urteil; ~ **housework** leichte Hausarbeit ⓭ (*gentle*) leicht; *kiss* zart; (*soft*) *touch* sanft; **to have a ~ touch** MUS einen weichen Anschlag haben ⓮ (*graceful*) ~ **building** elegantes Gebäude; ~ **figure** anmutige Gestalt ⓯ (*not bold*) ~ **type** eine schlanke Schrifttype ⓰ (*not serious*) leicht *attr*; ~ **entertainment** leichte Unterhaltung; ~ **opera** Operette *f*; ~ **reading** Unterhaltungslektüre *f*; ~ **tone** Plauderton *m* ⓱ (*cheerful*) frohgemut *poet*; **with a ~ heart** leichten Herzens ⓲ (*old: unchaste*) leicht; **a ~ girl** ein leichtes Mädchen *veraltend* ▶PHRASES: **to be ~ on one's feet** leichtfüßig sein; **to be a bit ~ in one's loafers** AM (*pej!*) etwas weibische Züge haben *pej*; **to make ~ work of sth** mit etw *dat* spielend fertigwerden; **to be ~ on sth** es an etw *dat* fehlen lassen; **to make ~ of sth** etw bagatellisieren [*o fam* herunterspielen] **II.** *adv* ❶ (*with little luggage*) **to travel ~** mit leichtem Gepäck reisen ❷ (*with no severe consequences*) **to get off ~** glimpflich [*o fam* mit einem blauen Auge] davonkommen

◆**light into** *vi* AM (*fam*) ■**to ~ into sb** über jdn herfallen *fam*

◆**light on** *vi* ■**to ~ on sth** etw entdecken, auf etw *akk* stoßen; **his eyes lit on a piece of paper** sein Blick fiel auf ein Stück Papier

◆**light out** *vi* AM (*fam*) ❶ (*leave hurriedly*) verduften *fam*, abhauen *fam*, die Flucht ergreifen ❷ (*chase*) ■**to ~ out after sb/sth** hinter jdm/etw herrennen

◆**light upon** *vi see* **light on**

'light bulb *n* Glühbirne *f*; **to change a ~** eine Glühbirne [aus]wechseln; **to screw in/unscrew a ~** eine Glühbirne eindrehen/herausdrehen **light 'cream** *n* AM, AUS fettarme Sahne

light·ed ['laɪtɪd, AM -t̬-] *adj attr, inv* brennend; **a ~ candle** eine brennende Kerze; **a ~ match** ein angezündetes [*o* brennendes] Streichholz; **a ~ torch** eine angeschaltete [*o* brennende] Taschenlampe

light·en¹ ['laɪtᵊn] **I.** *vt* ■**to ~ sth** ❶ (*make less heavy*) etw leichter machen; **to ~ a ship** ein Schiff leichtern ❷ (*fig: make easier to bear*) etw erleichtern; **he wanted to ~ some of his responsibility** er wollte einen Teil seiner Verantwortung abgeben; **to ~ sb's burden** [*or* **load**] jdm etw abnehmen; **to ~ sb's workload** jdm ein wenig Arbeit abnehmen ❸ (*fig: make less serious*) etw aufheitern; *situation* etw auflockern; **to ~ sb's mood** jds Stimmung heben, jdn heiterer stimmen **II.** *vi* ❶ (*become less heavy or severe*) leichter werden ❷ (*fig: cheer up*) bessere Laune bekommen; **his heart ~ed** ihm wurde leichter ums Herz; **he felt his spirits** [*or* **mood**] **~ a little** seine Stimmung wurde langsam etwas besser

light·en² ['laɪtᵊn] **I.** *vi* heller werden, sich *akk* aufhellen **II.** *vt* **to ~ one's hair** sich *dat* die Haare heller färben [*o* aufhellen]

◆**lighten up** *vi* AM, AUS sich *akk* nicht [mehr] so ärgern; **~ up, would you?** mach' bitte nicht so ein Gesicht

light·er¹ ['laɪtəʳ, AM -t̬ɚ] *n* Feuerzeug *nt*

light·er² ['laɪtəʳ, AM -t̬ɚ] *n* NAUT Leichter *m*

'light·er fluid *n* Feuerzeugflüssigkeit *f* **'light·er fuel** *n esp* BRIT Feuerzeugbenzin *nt* **'light·er sock·et** *n* AUTO Halterung *f* des Zigarettenanzünders **light·er-than-'air** *adj attr* AVIAT leichter als Luft *nach n*

light-'fin·gered *adj* ❶ (*thievish*) langfing[e]rig *oft hum* ❷ (*dexterous*) geschickt **light-'foot·ed** *adj* leichtfüßig **'light globe** *n* AUS Glühbirne *f* **light-'head·ed** *adj* (*faint*) benommen; (*dizzy*) schwind[e]lig; (*ebullient*) aufgekratzt *fam* **light-'heart·ed** *adj* (*carefree*) sorglos, unbeschwert; (*happy*) heiter, fröhlich; **to take a ~ look at sth** etw mit einem Augenzwinkern betrachten **light 'heavy·weight** *n* ❶ *no pl* (*weight*) Halbschwergewicht *nt* ❷ (*boxer*) Halbschwergewichtler(in) *m(f)* **'light·house** *n* Leuchtturm *m* **'light·house keep·er** *n* Leuchtturmwärter(in) *m(f)* **light 'in·dus·try** *n no pl* Leichtindustrie *f*, Konsumgüterindustrie *f*

light·ing ['laɪtɪŋ, AM -t̬-] *n no pl* Beleuchtung *f*; (*equipment*) Beleuchtungsanlage *f*; **bad/good/low ~** schlechte/gute/schwache Beleuchtung

'light·ing de·'sign·er *n* Beleuchtungstechniker(in) *m(f)* **light·ing-'up time** *n* BRIT *Zeit, wenn das Licht am Auto angemacht werden muss*

light·ly ['laɪtli] *adv* ❶ (*not seriously*) leichtfertig; **accusations like these are not made ~** solche Anschuldigungen erhebt man nicht so einfach; **she said this ~** sie sagte das so ganz leichthin; **not to take sth ~** etw nicht leichtnehmen [*o* auf die leichte Schulter nehmen] ❷ (*gently*) leicht; (*not much*) wenig; **I tapped ~ on the door** ich klopfte leise [*o* sacht[e]] an [die Tür]; **dust the cake ~ with icing-sugar** bestreuen Sie den Kuchen ganz fein mit Puderzucker; **to pat/tap sb ~** jdn leicht tätscheln ❸ (*not deeply*) leicht; **to doze ~** [nur so] ein wenig vor sich hindösen; **to sleep ~** einen leichten Schlaf haben ❹ (*slightly*) leicht; **~ cooked vegetables** Gemüse, das nur ganz kurz gegart wird; **~ cooked popcorn** Puffmais *m* mit etwas Butter ❺ LAW (*without much punishment*) mild; **to get off ~** glimpflich davonkommen; **to be let off ~** nachsichtig behandelt werden

'light me·ter *n* PHOT Belichtungsmesser *m* **light 'mid·dle·weight** *n* BOXING ❶ (*weight*) Leichtmittelgewicht *nt* ❷ (*boxer*) Leichtmittelgewichtler(in) *m(f)*

light·ness¹ ['laɪtnəs] *n no pl* Helligkeit *f*

light·ness² ['laɪtnəs] *n no pl* ❶ (*lack of heaviness*) Leichtheit *f* ❷ (*gracefulness*) Leichtigkeit *f*, Behändigkeit *f* ❸ (*lack of seriousness*) Leichtigkeit *f* ❹ (*cheerfulness*) Heiterkeit *f*, Unbeschwertheit *f*

light·ning ['laɪtnɪŋ] METEO **I.** *n no pl* Blitz *m*; **a flash of ~** ein Blitz *m*; **thunder and ~** Blitz und Donner; **to be quick as ~** schnell wie der Blitz [*o* blitzschnell] sein *fam*; **to be struck by ~** vom Blitz getroffen werden ▶PHRASES: **~ never strikes twice in the same place** (*prov*) der Blitz schlägt nicht zweimal an derselben Stelle ein *prov* **II.** *adj attr* **to do sth with** [*or* **at**] **~ speed** etw in Windeseile machen; **~ quick** schnell wie der Blitz, blitzschnell

'light·ning bug *n* AM Leuchtkäfer *m*, Glühwürmchen *nt* **'light·ning con·duc·tor** *n* BRIT, **'light·ning rod** *n* AM Blitzableiter *m a. fig* **'light·ning strike** *n* BRIT, AUS Blitzstreik *m*, spontaner Streik

'light pen *n* ❶ COMPUT Lichtstift *m* ❷ (*for reading bar codes*) Codeleser *m* **'light-pol·lut·ed** *adj city* lichtverschmutzt (*so hell erleuchtet, dass man den Sternenhimmel nicht sehen kann*) **'light pol·lu·tion** *n no pl Beeinträchtigung der Sicht des Nachthimmels, beispielsweise für Astronomen, wegen zu starker künstlicher Beleuchtung* **'light·proof** *adj* lichtbeständig **light 'rail·way** *n* RAIL Kleinbahn *f*

lights [laɪts] *n pl* Lunge *f* (*von Schlachttieren*) ▶PHRASES: **to scare the** [**liver and**] **~s out of sb** jdn zu Tode erschrecken

'light·ship *n* NAUT Feuerschiff *nt* **'light show** *n* Lightshow *f*, Lasershow *f* **lights-'out** *n no pl* Nachtruhe *f*

'light·weight I. *n* ❶ *no pl* SPORTS Leichtgewicht *nt* ❷ (*boxer*) Leichtgewichtler(in) *m(f)* ❸ (*lightly build person*) Leichtgewicht *nt fam*; (*pej: lacking endurance*) Schwächling *m fam*, Schlappschwanz *m fam*; (*pej: lightly built thing*) Klappergestell

L

nt fam o pej ④ (*pej, fig: unimportant person*) Leichtgewicht *nt fig;* **in literary circles he has been dismissed as a ~** in literarischen Kreisen nimmt man ihn nicht für voll **II.** *n modifier* SPORTS Leichtgewichts-, im Leichtgewicht *nach n;* **~ boxer** Leichtgewichtler(in) *m(f);* **~ champion** Meister(in) *m(f)* im Leichtgewicht **III.** *adj* ① (*weighing little*) leicht ② (*trivial*) trivial ③ (*pej, fig: unimportant*) bedeutungslos; **a ~ politician** [nur] ein kleiner Politiker/eine kleine Politikerin

'light year *n* ① ASTRON Lichtjahr *nt* ② (*fam: long distance*) ■ **~s** *pl* **to be** [*or* **seem**] **~s away** Lichtjahre entfernt sein/scheinen; **to be** [*or* **seem**] **~s ahead** Lichtjahre voraus sein/scheinen

lig·ne·ous ['lɪgniəs] *adj* hölzern, holzartig

lig·nite ['lɪgnaɪt] *n no pl* (*spec*) Braunkohle *f*

lik·able *adj* AM, AUS *see* **likeable**

like¹ [laɪk] **I.** *prep* ① (*similar to*) wie; **he looks ~ his brother** er sieht seinem Bruder ähnlich; **you're acting ~ a complete idiot!** du benimmst dich wie ein Vollidiot!; **she smokes ~ a chimney** sie raucht wie ein Schlot *fig;* **it feels ~ ages since we last spoke** ich habe das Gefühl, wir haben schon ewig nicht mehr miteinander gesprochen; **she is very ~ her mother in looks** im Aussehen ähnelt sie sehr ihrer Mutter; **~ most people** wie die meisten Leute; **what colour did you want? – is it anything ~ this?** welche Farbe wollten Sie? – ungefähr wie diese hier?; **he's been looking for someone ~ her** er hat so jemanden wie sie gesucht; **she looked nothing ~ Audrey Hepburn** sie sah überhaupt nicht wie Audrey Hepburn aus; **there were nothing ~ enough people** dort waren viel zu wenig Leute; **there's nothing ~ a good cup of coffee** es geht doch nichts über eine gute Tasse Kaffee; **he's nothing ~ as fat as his father** er ist noch lange nicht so dick wie sein Vater; **what was your holiday ~?** wie war dein Urlaub?; **what does it taste ~?** wie schmeckt es?; **or something ~ that** oder etwas in der Richtung; **what's it ~ to be a fisherman?** wie ist das Leben als Fischer?; **~ father, ~ son** wie der Vater, so der Sohn; **to grow big ~ one's father** so groß wie sein Vater werden; **just/exactly/a lot ~ sb/sth** genau wie jd/etw; **that's just ~ him!** das sieht ihm ähnlich!; **you've already got a shirt that's just ~ it?** du hast genau dasselbe Hemd schon einmal?; ■ **to be ~ sb/sth** wie jd/etw sein; **he's ~ his brother to look at** er sieht wie sein Bruder aus ② *after n* (*such as*) wie; **natural materials ~ cotton and wool** Naturmaterialien wie Baumwolle oder Schafwolle; **why are you talking about me ~ that?** warum sprichst du so mit mir? ③ (*normal for*) ■ **to be ~/not be ~ sb to do sth: that's just ~ Patricia to turn up half an hour late to her own party!** das sieht Patricia wieder ähnlich, zu ihrer eigenen Party eine halbe Stunde zu spät zu kommen! ▸ PHRASES: **it looks ~ rain/snow** es sieht nach Regen/Schnee aus; **to do sth ~ crazy** [*or* **mad**] etw wie verrückt tun; **she's working ~ crazy** sie arbeitet wie verrückt; **no, it's more ~ cheese** nein, es ist eher wie Käse; **that's more ~ it!** das ist schon besser!; **~ anything** (*fam*) wie verrückt *fam* **II.** *conj* (*fam*) ① (*the same as*) wie; **~ I said** wie ich schon sagte; ■ **just ~ ...** genau[so] wie; **you laugh just ~ your brother does** du lachst genau wie dein Bruder ② (*as if*) als ob; **it sounds to me ~ you ought to change jobs** das hört sich für mich so an, als solltest du den Job wechseln; **you look ~ you've just got out of bed** du siehst aus, als wärst du gerade aufgestanden; **it looks ~ it's going to rain** es sieht nach Regen aus; (*fam*) **she acts ~ she's stupid** sie benimmt sich wie eine Verrückte; **he spoke ~ he was foreign** er sprach als wäre er ein Ausländer **III.** *n* so jemand; (*thing*) so etwas; **I have not seen his ~ for many years** [so] jemanden wie ihn habe ich schon seit vielen Jahren nicht mehr gesehen; **have you ever seen the ~** hast du so was schon gesehen?; **I don't like smokers and their ~** ich kann Raucher und dergleichen nicht leiden; (*fam*) **you'll never be able to go out with the ~s of him!** mit so einem wie ihm wirst du nie ausgehen! **IV.** *adj* ① *attr* (*similar*) ähnlich; **in ~ manner** auf gleiche Weise, gleichermaßen; **to be of** [**a**] **~ mind** gleicher Meinung sein ② *pred* (*bearing resemblance*) ähnlich; *statue, picture* naturgetreu ▸ PHRASES: **to be ~** [*or* **as ~ as**] **two peas in a pod** sich *dat* wie ein Ei dem anderen gleichen **V.** *adv inv* (*sl*) ① (*somehow*) irgendwie; **if there's nothing you can do to change the situation, it's ~ – why bother?** also, warum sich aufregen, wenn man die Situation sowieso nicht ändern kann? *fam* ② (*more or less*) -ähnlich ③ (*think*) sagen [*o* meinen], ...; **everybody called her Annie and my mom was ~, it's Anne** alle sagten zu ihr Annie, aber meine Mutter sagte, sie heißt Anne ④ (*sl: be*) ■ **to be ~ ...: he was ~, totally off his rocker and I told him so** er war wie völlig neben der Kappe, und ich hab's ihm auch gesagt ▸ PHRASES: **to do sth** [**as**] **~ as not** etw sehr wahrscheinlich tun

like² [laɪk] **I.** *vt* ① (*find enjoyable*) ■ **to ~ sb/sth** jdn/etw mögen; **how do you ~ my new shoes?** wie gefallen dir meine neuen Schuhe?; ■ **to ~ doing** [*or* **to do**] **sth** etw gern machen [*o* tun]; **I ~ it when a book is so good that you can't put it down** ich hab's gern [*o* mag es], wenn ein Buch so gut ist, dass man es gar nicht mehr aus der Hand legen kann; (*iron: find unpleasant*) etw [wirklich] gernhaben; **I ~ the way he just assumes we'll listen to him when he doesn't take in a word anyone else says!** das hab' ich ja vielleicht gern! – wir sollen ihm zuhören, aber was andere sagen, das geht ihm zum einen Ohr rein und zum anderen wieder raus *iron fam;* (*iron*) **I ~ that!** na, das hab' ich gern! *iron* ② (*want*) ■ **to ~ sth** etw wollen; ■ **sb would** [*or* **should**] **~ sth** jd hätte [*o* möchte] gern[e] etw; **I should really ~ to see you again** ich möchte dich wirklich gern[e] wiedersehen; **I'd ~ to go to Moscow for my holidays** ich würde gern[e] nach Moskau in Urlaub fahren; **I'd ~ one of the round loaves, please** (*form*) ich hätte gern[e] eines von den runden Broten, bitte; **I'd ~ you to send this for me first class, please** (*form*) könnten Sie das bitte als Sonderzustellung für mich verschicken?; **I would ~ the whole lot finished by the weekend** (*form*) ich hätte das Ganze gern[e] bis zum Wochenende fertig; **would you ~ a drink?** (*form*) möchten Sie etwas trinken?; **would you ~ to join us for dinner tonight?** (*form*) möchten Sie heute Abend mit uns essen?; **would you ~ me to take you in the car?** (*form*) kann ich Sie ein Stück mitnehmen?; **I'd ~ to see him bring up children and go to work at the same time** ich möchte wirklich [ein]mal sehen, wie er das machen würde – die Kinder großziehen und dann auch noch zur Arbeit gehen; **you can drink a pint in two seconds? I'd ~ to see that!** du kannst einen halben Liter in zwei Sekunden austrinken? na, das möchte ich [doch mal] sehen! ③ (*prefer*) mögen; **he ~s his steak rare** er isst sein Steak gern englisch; **how do you ~ your tea?** wie magst du deinen Tee?, wie trinken Sie Ihren Tee?; **she ~s her men big** sie mag [lieber] große Männer ④ (*feel about*) gefallen; **how would you ~ to have a big boy pull your hair and push you over?** wie würde es dir denn gefallen, wenn ein großer Junge dich am Haar ziehen und umstoßen würde? **II.** *vi* mögen; **we can leave now if you ~** wir können jetzt gehen, wenn du möchtest; **as you ~** wie Sie wollen [*o* möchten]; **if you ~** wenn Sie wollen [*o* möchten]; **I'm not sure if I have the confidence, the nerve if you ~, to apply for the job** ich bin mir nicht sicher, ob ich das Selbstvertrauen oder die Nerven - wenn Sie so wollen - habe, um mich um die Stelle zu bewerben **III.** *n* ■ **~s** *pl* Neigungen *fpl;* **sb's ~s and dislikes** jds Vorlieben [*o* Neigungen] und Abneigungen

-like [laɪk] *in compounds* -haft, -ähnlich; **the paper criticized the animal-~ behaviour of the football fans** die Zeitung kritisierte, die Fußballfans hätten sich wie Tiere benommen; **ball-~** kugelförmig, kugelig; **child~** kindlich; **cotton-~** baumwollartig; **life~** lebensecht; **tube-~** röhrenartig

like·able ['laɪkəbl] *adj* liebenswert, nett

like·li·hood ['laɪklihʊd] *n no pl* Wahrscheinlichkeit *f;* **there's every ~ that ...** aller Wahrscheinlichkeit nach ...; **there is a great/poor ~ that ...** es ist sehr wahrscheinlich/unwahrscheinlich, dass..., es besteht eine große/geringe Wahrscheinlichkeit, dass ...; **in all ~** in aller Wahrscheinlichkeit, aller Wahrscheinlichkeit nach

like·ly ['laɪkli] **I.** *adj* <-ier, -iest *or* more ~, most ~> wahrscheinlich; **what's the ~ outcome of this whole business?** und was wird bei dieser ganzen Angelegenheit vermutlich herauskommen?; **do remind me because I'm ~ to forget** erinnere mich bitte unbedingt daran, sonst vergesse ich es wahrscheinlich; **to be quite/very ~** ziemlich/sehr wahrscheinlich sein; **it's quite ~ that we'll be in Spain this time next year** mit ziemlicher Sicherheit werden wir nächstes Jahr um diese Zeit in Spanien sein ► PHRASES: **[that's] a ~ story!** (*iron fam*) wer's glaubt, wird selig! *iron fam;* **not ~!** (*fam*) [alles,] nur das nicht! **II.** *adv* <more ~, most ~> **most/very ~** höchstwahrscheinlich/sehr wahrscheinlich; **as ~ as not** höchstwahrscheinlich; **as ~ as not she'll end up in court over this problem** diese Sache wird sie nochmal vor Gericht bringen; **I'll ~ not go to the dance** AM (*fam*) ich gehe wahrscheinlich nicht zum Tanzen

like-'mind·ed *adj* gleich gesinnt

lik·en ['laɪkᵊn] *vt* ■**to ~ sb/sth to sb/sth** jdn/etw mit jdm/etw vergleichen; **the internet is ~ed to a contagious disease** das Internet ist wie eine ansteckende Krankheit

like·ness <*pl* -es> ['laɪknəs] *n* ❶ (*resemblance*) Ähnlichkeit *f* (**to** mit +*dat*); **there's a definite family ~ around the eyes** um die Augen herum sehen sich alle aus der Familie ähnlich; **to bear a ~ to sb** jdm ähnlich sehen [*o* ähneln] ❷ (*semblance*) Gestalt *f;* **the god took on the ~ of a swan** der Gott nahm die Gestalt eines Schwanes an; **in God's ~** in Gestalt [eines] Gottes ❸ (*portrait*) Abbild *nt;* (*painting*) Bild *nt;* **he makes very good ~es of the people he draws** er trifft die Personen, die er zeichnet, sehr gut

like·wise ['laɪkwaɪz] *adv inv* ebenfalls, gleichfalls, ebenso; **water these plants twice a week, and ~ the ones in the bedroom** gießen Sie diese Pflanzen zweimal pro Woche und auch die im Schlafzimmer; (*fam*) **I haven't got time to spend hours preparing one dish! – ~** ich habe keine Zeit, stundenlang ein einziges Gericht zuzubereiten! – ich auch nicht; **to do ~** es ebenso [*o* genauso] machen

lik·ing ['laɪkɪŋ] *n no pl* Vorliebe *f;* (*for person*) Zuneigung *f;* **he's taken an instant ~ to her** er hat sie auf Anhieb gemocht; **to develop a ~ for sb** immer mehr Gefallen an jdm finden; **to develop/have a ~ for sth** eine Vorliebe für etw *akk* entwickeln/haben ► PHRASES: **to be to sb's ~** (*form*) jdm zusagen; **for one's ~** für jds Geschmack; **it's too sweet for my ~** es ist mir zu süß

li·lac ['laɪlək] **I.** *n* ❶ (*bush*) Flieder *m* ❷ *no pl* (*colour*) Lila *nt* **II.** *adj* lila, fliederfarben

Lil·li·pu·tian [ˌlɪlɪ'pjuːʃᵊn, AM -lə'-] **I.** *adj* (*esp hum*) sehr klein, winzig **II.** *n* Liliputaner(in) *m(f)*

lilo® ['laɪləʊ] *n* BRIT Luftmatratze *f*

lilt [lɪlt] **I.** *n* ❶ *of the voice* singender Tonfall; **he's got that lovely Irish ~ in his voice** er spricht mit diesem netten leicht singenden Tonfall der Iren ❷ (*rhythm*) munterer Rhythmus ❸ (*song*) fröhliches Lied **II.** *vt, vi* trällern

lilt·ing ['lɪltɪŋ] *adj accent* singend; *melody, tune* beschwingt, fröhlich

lily ['lɪli] *n* ❶ (*plant*) Lilie *f;* **water~** Seerose *f,* Wasserlilie *f* ❷ (*heraldic fleur-de-lis*) [Wappen]lilie *f*

'lily-livered *adj* (*liter*) hasenfüßig *pej, iron fam,* feig[e]; **~ boy/girl** Hasenfuß *m* **lily of the 'val·ley** *n* Maiglöckchen *nt* **'lily pad** *n* Seerosenblatt *nt* **'lily-white** *adj* ❶ (*liter: white*) lilienweiß *poet,* blütenweiß, schneeweiß ❷ (*fig: faultless*) astrein *fam* ❸ AM (*pej sl: referring to white people*) **a ~ suburb** ein nur von Weißen bewohnter Vorort

lima bean *n* ❶ (*seed*) Bohnenkeim *m* ❷ (*plant*) Limabohne *f*

limb[1] [lɪm] *n* ❶ ANAT Glied *nt;* ■**~s** Gliedmaßen *pl,* Extremitäten *pl;* **the lower ~s** die unteren Extremitäten [*o* Gliedmaßen]; **to rest one's tired ~s** seine müden Glieder [*o fam* Knochen] ausruhen ❷ BOT Ast *m* ❸ GEOG Ausläufer *m* ❹ *of a cross* Balken *m* ❺ (*in archery*) Balken *m* ❻ LING Satzglied *nt* ► PHRASES: **with life and ~** mit heiler Haut; **to risk life and ~ [to do sth]** Kopf und Kragen riskieren [um etw zu tun] *fam;* **to be out on a ~** [ganz] allein dastehen; **with those ideas he is quite out on a ~** mit diesen Ideen steht er so ziemlich allein auf weiter Flur; **to go out on a ~ to do sth** sich *akk* in eine prekäre Lage bringen, um etw zu tun; **to tear sb ~ from ~** jdm sämtliche Glieder einzeln ausreißen

limb[2] [lɪm] *n* ❶ ASTRON (*edge*) Rand *m* ❷ BOT (*blade*) Spreite *f*

lim·ber[1] ['lɪmbəʳ, AM -ɚ] **I.** *adj* <-er, -est *or* more ~, most ~> ❶ (*supple*) *movements* geschmeidig ❷ (*flexible*) *body* gelenkig, biegsam **II.** *vi* ■**to ~ up** sich *akk* warm machen **III.** *vt* ■**to ~ sth** etw lockern; **I need to ~ my fingers before playing the piano** vor dem Klavierspiel muss ich zuerst Lockerungsübungen für meine Finger machen

lim·ber[2] ['lɪmbəʳ, AM -ɚ] **I.** *n* MIL, HIST Protze *f,* Protzwagen *m* **II.** *vt* **to ~ a gun** eine Kanone aufstellen

lim·bo[1] ['lɪmbəʊ, AM -boʊ] *n no pl* ❶ REL Vorhölle *f,* Limbus *m fachspr* ❷ (*waiting state*) Schwebezustand *m;* **to be in ~** *plan, project* in der Schwebe sein; *person* in der Luft hängen *fam* ❸ (*state of neglect*) Abstellgleis *nt fig;* **to leave [*or* keep] sb in ~** jdn in der Luft hängen lassen

lim·bo[2] ['lɪmbəʊ, AM -boʊ] **I.** *n* ■**the ~** der Limbo; **to do the ~** Limbo tanzen **II.** *vi* Limbo tanzen

lime[1] [laɪm] **I.** *n no pl* Kalk *m;* **bird~** Vogelleim *m* **II.** *vt* etw kalken; **to ~ soil** den Boden mit Kalk düngen

lime[2] [laɪm] **I.** *n* ❶ (*fruit*) Limone[lle] *f,* Limette *f;* (*tree*) Limonenbaum *m* ❷ *no pl* (*drink*) Limettensaft *m;* **lager and ~** Bier *nt* mit Limettensirup **II.** *n modifier* FOOD (*candy, drink*) Limetten-

lime[3] [laɪm] *n* Linde *f,* Lindenbaum *m*

lime 'cor·dial *n no pl* Limettensirup *m* **lime 'green** *n* Lindgrün *nt* **lime-'green** *adj* lindgrün **'lime juice** *n no pl* Limettensaft *m* **'lime·light** *n no pl* ■**the ~** das Rampenlicht; **to be in the ~** im Rampenlicht stehen

lim·er·ick ['lɪmᵊrɪk, AM -ɚɪk] *n* Limerick *m*

'lime·scale *n no pl* BRIT Kalkablagerungen *fpl* **'lime·stone** *n no pl* Kalkstein *m* **'lime tree** *n* ❶ (*citrus tree*) Limettenbaum *m* ❷ (*linden*) Linde *f,* Lindenbaum *m;* **avenue of ~s** Lindenallee *f*

Lim·ey ['laɪmi] *n* AM, AUS (*esp pej dated sl*) Engländer(in) *m(f)*

lim·it ['lɪmɪt] **I.** *n* ❶ (*utmost point*) [Höchst]grenze *f,* Limit *nt;* **how many may I take? – there's no ~, take as many as you want** wie viele darf ich nehmen? – das ist egal, nimm' so viele du willst; **what's the ~ on how many bottles of wine you can bring through customs?** wie viele Flaschen Wein darf man maximal zollfrei einführen?; **there's no ~ to her ambition** ihr Ehrgeiz kennt keine Grenzen [*o* ist grenzenlos]; **to impose [*or* set] ~s** Grenzen setzen; **to put [*or* set] a ~ on sth** etw begrenzen [*o* beschränken]; **to overstep the ~** zu weit gehen; **to reach the ~ of one's patience** mit seiner Geduld am Ende sein ❷ (*boundary*) Grenze *f;* **city ~s** Stadtgrenzen *f* ❸ (*of a person*) Grenze[n] *f[pl]*; **that's my ~!** mehr schaffe ich nicht!; **I won't have anymore – I know my ~!** danke, das reicht, mehr vertrage ich nicht!; ■**~s** *pl* **to know no ~s** keine Grenzen kennen; **to know one's ~s** seine Grenzen kennen; **to reach one's ~** an seine Grenze[n] kommen ❹ (*restriction*) Beschränkung *f;* **age ~** Altersgrenze *f;* **weight ~** Gewichtsbeschränkung *f;* **spending ~s** Ausgabenlimit *nt* ❺ (*speed*) [zulässige] Höchstgeschwindigkeit; **to drive [*or* go] the ~** sich *akk* an die Geschwindigkeitsbegrenzung halten; **to drive [*or* go] above [*or* over] the ~** die Geschwindigkeitsbegrenzung überschreiten ❻ (*blood alcohol level*) Promillegrenze *f;* **to be above** [*or* **over**]/**below the** ~ über/unter der Promillegrenze liegen ❼ MATH (*value*) Grenzwert *m* ▶ PHRASES: **to be the** ~ die Höhe [*o* der Gipfel] sein; **to be off** ~**s** [**to sb**] *esp* AM [für jdn] gesperrt sein; **off** ~**s** AM Zutritt verboten; **within** ~**s** in Grenzen; **without** ~**s** ohne Grenzen, schrankenlos **II.** *vt* ❶ (*reduce*) ■**to** ~ **sth** etw einschränken; **to** ~ **the amount of food** die Nahrungsmenge reduzieren ❷ (*restrict*) ■**to** ~ **oneself to sth** sich *akk* auf etw *akk* beschränken; ■**to** ~ **sth to sth** etw auf etw *akk* begrenzen; **I've been asked to** ~ **my speech to ten minutes maximum** man hat mich gebeten, meine Rede auf maximal zehn Minuten zu beschränken; ■**to** ~ **sb** jdn einschränken; **having so little money to spend on an apartment does** ~ **you** wenn man nur so wenig für eine Wohnung ausgeben kann, hat man keine große Wahl

limi·ta·tion [ˌlɪmɪˈteɪʃᵊn] *n* ❶ *no pl* (*restriction*) Begrenzung *f,* Beschränkung *f;* **the** ~ **of pollution is of major concern in this community** es ist eines der Hauptanliegen der Gemeinde, die Umweltverschmutzung so gering wie möglich zu halten ❷ *usu pl* (*pej: shortcomings*) Grenzen *fpl;* **despite her** ~**s as an actress, she was a great entertainer** trotz ihrer begrenzten schauspielerischen Fähigkeiten, war sie als Entertainerin Spitze; **to have one's** ~**s** seine Grenzen haben; **living in this flat is all right, but it has it's** ~**s** diese Wohnung ist schon in Ordnung, aber manches fehlt einem doch; **to know one's** ~**s** seine Grenzen kennen ❸ *no pl* (*action*) Begrenzung *f* ❹ LAW Verjährung *f;* [**to fall within**] **the statute of** ~**s** [unter] das Gesetz über Verjährung [*o* die Verjährungsfrist] [fallen]

lim·it·ed [ˈlɪmɪtɪd, AM -t̬-] *adj* ❶ (*restricted*) *choice, intelligence* begrenzt; **she's had very** ~ **movement in her legs since the accident** seit dem Unfall kann sie ihre Beine nur sehr eingeschränkt bewegen; **they're only doing the play for a very** ~ **season** sie führen das Stück nur für kurze Zeit auf ❷ (*having limits*) begrenzt; ■**to be** ~ **to sth** auf etw *akk* begrenzt sein ❸ BRIT ■**L**~ *after n company* mit beschränkter Haftung *nach n;* **Smith and Jones L**~ Smith and Jones GmbH

lim·it·ed 'com·pa·ny *n* BRIT Gesellschaft *f* mit beschränkter Haftung, GmbH *f* **lim·it·ed e'di·tion** *n* limitierte Auflage

lim·it·ing [ˈlɪmɪtɪŋ, AM -t̬-] *adj* einschränkend *attr,* begrenzend *attr*

lim·it·less [ˈlɪmɪtləs] *adj inv* grenzenlos, uneingeschränkt

limn [lɪm] *vt* (*liter*) ■**to** ~ **sth** etw beschreiben [*o* schildern]

limo [ˈlɪməʊ, AM -moʊ] *n* (*fam*) *short for* **limousine** [Luxus]limousine *f*

lim·ou·sine [ˌlɪməˈziːn] *n* ❶ (*car*) [Luxus]limousine *f* ❷ AM, AUS (*van*) Kleinbus *m*

limp¹ [lɪmp] **I.** *vi* hinken, humpeln; (*fig*) mit Müh und Not [*o* nur schleppend] vorankommen; **the damaged yacht** ~**ed back to the port** die beschädigte Yacht schleppte sich in den Hafen zurück; **his speech just** ~**ed along** seine Rede schleppte sich so dahin **II.** *n no pl* Hinken *nt,* Humpeln *nt;* **to walk with a** ~ hinken

limp² [lɪmp] *adj* ❶ (*not stiff*) schlaff; *cloth, material* weich; *leaves, flowers* welk; *voice* matt, müde ❷ LIT **a** ~ **book** ein Taschenbuch ❸ (*weak*) schlapp, kraftlos; **this effort left him** ~ nach dieser Anstrengung war er völlig erledigt *fam;* **he let his body go** ~ er entspannte alle Muskeln; ~ **efforts** halbherzige Bemühungen; **to have a** ~ **handshake** einen laschen Händedruck haben; **a** ~ **response** eine schwache Reaktion; **to hang** ~ schlaff herunterhängen

lim·pet [ˈlɪmpɪt] *n* ❶ (*mollusc*) Napfschnecke *f;* **to cling to sb like a** ~ wie eine Klette an jdm hängen, sich *akk* wie eine Klette an jdn hängen ❷ AM (*limpet mine*) Haftmine *f*

'lim·pet mine *n* BRIT, AUS Haftmine *f*

lim·pid [ˈlɪmpɪd] *adj* (*liter*) *eyes, water* klar; ~ **writing** klarer Stil; ~ **music** melodische Musik

lim·pid·ly [ˈlɪmpɪdli] *adv* klar; **she expressed her thoughts** ~ sie brachte ihre Gedanken klar zum Ausdruck; (*melodiously*) melodisch

limp·ly [ˈlɪmpli] *adv* ❶ (*not stiffly*) schlaff, lasch; **he shook her hand** ~ er gab ihr lasch die Hand ❷ (*weakly*) schlapp, kraftlos; **"...," he conceded** ~ „...", sagte er mit matter Stimme

limp·ness [ˈlɪmpnəs] *n no pl* ❶ (*lack of stiffness*) Schlaffheit *f,* Laschheit *f;* **he hated the** ~ **of Roy's handshake** er hasste Roys laschen Händedruck ❷ (*lack of energy*) Schlappheit *f,* Kraftlosigkeit *f; of response* Mattheit *f*

limp-wrist·ed *adj* (*pej*) ❶ (*effeminate*) tuntig *pej fam,* tuntenhaft *pej fam* ❷ (*feeble*) matt, lasch

limy [ˈlaɪmi] *adj* kalkhaltig

lin·ac [ˈlɪnæk] *n short for* **linear accelerator** Linearbeschleuniger *m*

linch·pin [ˈlɪn(t)ʃpɪn] **I.** *n* ❶ (*pin*) Achsnagel *m,* Lünse *f* ❷ (*essential part*) Stütze *f,* das A und O *fam;* **the dollar is the** ~ **of the system of international payments** das gesamte internationale Zahlungssystem stützt sich auf den Dollar **II.** *n modifier* **California was the** ~ **state in the last presidential elections** bei den letzten Präsidentschaftswahlen entschied sich letztlich alles in Kalifornien

linc·tus [ˈlɪŋktəs] *n no pl* BRIT Hustensaft *m*

lin·den [ˈlɪndən] *n esp* AM Linde *f*

line¹ [laɪn] **I.** *n* ❶ (*mark*) Linie *f;* **dividing** ~ Trennungslinie *f;* **straight** ~ gerade Linie; **to draw a** ~ eine Linie ziehen ❷ SPORTS Linie *f* ❸ MATH **straight** ~ Gerade *f* ❹ (*wrinkle*) Falte *f* ❺ (*contour*) Linie *f* ❻ MUS Tonfolge *f* ❼ (*equator*) ■**the L**~ die Linie, der Äquator ❽ (*boundary*) Grenze *f,* Grenzlinie *f;* **tree** [*or* **timber**] ~ Baumgrenze *f;* **the thin** ~ **between love and hate** der schmale Grat zwischen Liebe und Hass; **to cross the** ~ die Grenze überschreiten *fig,* zu weit gehen ❾ (*cord*) Leine *f;* (*string*) Schnur *f;* [**clothes**] ~ Wäscheleine *f;* [**fishing**] ~ Angelschnur *f* ❿ TELEC [Telefon]leitung *f;* (*connection to network*) Anschluss *m;* ~**s will be open from eight o'clock** die Leitungen werden ab acht Uhr frei[geschaltet] sein; **can you get me a** ~ **to New York?** können Sie mir bitte eine Verbindung nach New York geben?; **the** ~ **is engaged/busy** die Leitung ist besetzt; **please hold the** ~**!** bitte bleiben Sie am Apparat!; **get off the** ~**!** geh aus der Leitung!; **bad** ~ schlechte Verbindung; **to be/stay on the** ~ am Apparat sein/bleiben; **to come** [*or* **go**] **on** ~ ans Netz gehen; COMPUT online gehen ⓫ (*set of tracks*) Gleis *nt;* (*specific train route*) Strecke *f;* **the end of the** ~ die Endstation; **to be at** [*or* **reach**] **the end of the** ~ (*fig*) am Ende sein *fam* ⓬ (*transporting company*) **rail** ~ Eisenbahnlinie *f;* **shipping** ~ Schifffahrtslinie *f;* (*company*) Reederei *f* ⓭ (*row of words, also in poem*) Zeile *f;* **to drop sb a** ~ jdm ein paar Zeilen schreiben; **to read between the** ~**s** (*fig*) zwischen den Zeilen lesen ⓮ (*for actor*) ■~**s** *pl* Text *m;* **to forget/learn one's** ~**s** seinen Text lernen/vergessen ⓯ (*information*) Hinweis *m;* **to get a** ~ **on sb/sth** etwas über jdn/etw herausfinden; **to give sb a** ~ **about sth** jdm einen Hinweis auf etw *akk* geben; **to give sb a** ~ **on sb** jdm Informationen über jdn besorgen ⓰ (*false account, talk*) **he keeps giving me that** ~ **about his computer not working properly** er kommt mir immer wieder mit dem Spruch, dass sein Computer nicht richtig funktioniere; **I've heard that** ~ **before** die Platte kenne ich schon in- und auswendig! *fam* ⓱ BRIT (*punishment*) ■~**s** *pl* Strafarbeit *f;* **she got 100** ~**s for swearing at her teacher** da sie ihren Lehrer beschimpft hatte, musste sie zur Strafe 100 Mal ... schreiben ⓲ (*row of things/people*) Reihe *f;* **to be first in** ~ an erster Stelle stehen; (*fig*) ganz vorne dabei sein; **to be next in** ~ als Nächster/Nächste dran sein; **to be in a** ~ in einer Reihe stehen; **the cans on the shelf were in a** ~ die Büchsen waren im Regal aufgereiht; **to be in** ~ **for sth** mit etw *dat* an der Reihe sein; **to come** [*or* **fall**] **into** ~ sich *akk* in einer Reihe aufstellen; *single person* sich *akk* einreihen; **to form a** ~ sich *akk* in einer Reihe aufstellen; **to get into** ~ sich *akk* hintereinander aufstellen; (*next to each other*) sich *akk* in einer Reihe aufstellen; **to**

move into ~ sich *akk* einreihen ⑲ *(succession)* Linie *f;* **I want to have children to prevent the family ~ dying out** ich möchte Kinder, damit die Familie nicht ausstirbt; **this institute has had a long ~ of prestigious physicists working here** dieses Institut kann auf eine lange Tradition angesehener Physiker zurückblicken; **he is the latest in a long ~ of Nobel Prize winners to come from that country** er ist der jüngste einer ganzen Reihe von Nobelpreisträgern aus diesem Land ⑳ *esp* AM *(queue)* Schlange *f;* **to get in ~** sich *akk* anstellen; **to stand in ~** anstehen ㉑ *(product type)* Sortiment *nt;* FASHION Kollektion *f;* **they are thinking about a new ~ of vehicles** sie denken über eine neue Kraftfahrzeugserie nach; BRIT, AUS **they do an excellent ~ in TVs and videos** sie stellen erstklassige Fernseher und Videogeräte her; **spring/summer/fall/winter ~** Frühjahrs-/Sommer-/Herbst-/Winterkollektion *f;* **to have a good ~ in** [*or* AM **of**] **sth** *(fig)* einen großen Vorrat an etw *dat* haben ㉒ *(area of activity)* Gebiet *nt;* **football's never really been my ~** mit Fußball konnte ich noch nie besonders viel anfangen; **what's your ~?** was machen Sie beruflich?; **~ of business** Branche *f;* **~ of research** Forschungsgebiet *nt;* **~ of work** Arbeitsgebiet *nt;* **to be in sb's ~** jdm liegen ㉓ *(course)* **~ of argument** Argumentation *f;* **to be in the ~ of duty** zu jds Pflichten *pl* gehören; **~ of reasoning** Gedankengang *m;* **to take a strong ~ with sb** jdm gegenüber sehr bestimmt auftreten; **to take a strong ~ with sth** gegen etw *akk* energisch vorgehen; **they did not reveal their ~ of inquiry** sie teilten nicht mit, in welcher Richtung sie ermittelten; **what ~ shall we take?** wie sollen wir vorgehen? ㉔ *(direction)* ■**along the ~s of ...: she said something along the ~s that he would lose his job if he didn't work harder** sie sagte irgendetwas in der Richtung davon, dass er seine Stelle verlieren würde, wenn er nicht härter arbeiten würde; **my sister works in publishing and I'm hoping to do something along the same ~s** meine Schwester arbeitet im Verlagswesen und ich würde gerne etwas Ähnliches tun; **to try a new ~ of approach to sth** versuchen, etw anders anzugehen; **the ~ of least resistance** der Weg des geringsten Widerstandes; **~ of vision** Blickrichtung *f;* **to be on the right ~s** auf dem richtigen Weg sein; **do you think his approach to the problem is on the right ~s?** glauben Sie, dass er das Problem richtig angeht? ㉕ *(policy)* Linie *f;* **party ~** Parteilinie *f;* **to bring sb/sth into ~** [**with sth**] jdn/etw auf gleiche Linie [wie etw *akk*] bringen; **to fall into ~ with sth** mit etw *dat* konform gehen; **to keep sb in ~** dafür sorgen, dass jd nicht aus der Reihe tanzt; **to move into ~** sich *akk* anpassen; **to step out of ~** aus der Reihe tanzen ㉖ MIL *(of defence)* Linie *f;* **~ of battle** Kampflinie *f;* **behind enemy ~s** hinter den feindlichen Stellungen; **front ~** Front *f* ㉗ *(quantity of cocaine)* Linie *f fam;* **to do a ~ of cocaine** [*or* **coke**], **to do ~s** koksen *fam* ▸ PHRASES: **all along the ~** auf der ganzen Linie; **right down the ~** *esp* AM voll und ganz; **to bring sb into ~** jdn in seine Schranken weisen; **to lay it on the ~** die Karten offen auf den Tisch legen; **to put sth on the ~** etw aufs Spiel setzen; **it was stepping out of ~ to tell him that** es stand dir nicht zu, ihm das zu sagen; **in/out of ~ with sb/sth** mit jdm/etw im/nicht im Einklang; **to be on the ~** auf dem Spiel stehen **II.** *vt* ① *(mark)* ■**to ~ sth** *paper* etw linieren; **her face was ~d with agony** ihr Gesicht war von tiefem Schmerz gezeichnet ② *(stand at intervals)* **to ~ the streets** die Straßen säumen *geh;* **the streets were ~d with cheering people** jubelnde Menschenmengen säumten die Straßen

◆**line up I.** *vt* ① *(put in row)* ■**to ~ up** ◯ **sth** etw in einer Reihe aufstellen; **shall I ~ up this picture with the other ones?** soll ich dieses Bild in einer Höhe mit den anderen aufhängen?; ■**to ~ up** ◯ **sb** jdn antreten lassen ② *(organize)* ■**to ~ up** ◯ **sth** etw auf die Beine stellen *fam;* **have you got anything exciting ~d up for the weekend?** hast du am Wochenende irgendwas Spannendes vor?; **have you got anyone ~d up to do the catering?** haben Sie jemanden für das Catering engagiert?; **have you got anything ~d up for today?** haben Sie heute schon was vor?; **I've got a nice little surprise ~d up for you!** ich habe noch eine nette kleine Überraschung für dich!; **to ~ up a meeting** ein Treffen arrangieren; **to ~ up a mortgage** eine Hypothek auftreiben **II.** *vi* ① *(stand in row)* sich *akk* [in einer Reihe] aufstellen; **to ~ up along the wall** sich *akk* an der Wand entlang aufstellen; MIL, SPORTS antreten ② AM *(wait)* sich *akk* anstellen; ■**to ~ up behind sb** sich *akk* hinter jdm anstellen

line² [laɪn] *vt* ① *(cover)* ■**to ~ sth** *clothing* etw füttern; *drawers* etw von innen auslegen; *pipes* etw auskleiden ② *(fam: fill)* **to ~ one's pockets** [*or* **purse**] [**with sth**] sich *dat* die Taschen [mit etw *dat*] füllen; **to ~ shelves** Regale füllen; **to ~ one's stomach** sich *dat* den Magen vollschlagen *fam*

lin·eage [ˈlɪniɪdʒ] *n* Abstammung *f;* **to be of ancient ~** einem alten [Adels]geschlecht angehören; **to be of noble ~** [von] adliger Herkunft sein; **to be of royal ~** von königlichem Geblüt sein *geh;* **to trace one's ~** seine Abstammung erforschen [*o* zurückverfolgen]

lin·eal [ˈlɪniəl] *adj inv descent* direkt

lin·eal·ly [ˈlɪniəli] *adv inv* direkt; **to be ~ descended from sb** in direkter Linie [*o* direkt] von jdm abstammen

linea·ment [ˈlɪniəmənt] *n* ① *usu pl* *(dated liter)* ■**~s** *pl* Gesichtszüge; **his distress was visible in the ~s of his face** seine Sorgen standen ihm deutlich ins Gesicht geschrieben ② GEOL Lineament *nt*

lin·ear [ˈlɪniəʳ, AM -ɚ] *adj* ① *(relating to lines)* Linien-; **~ diagram** Liniendiagramm *nt* ② *(relating to length)* Längen-; **~ measurement** Längenmaß *nt;* **~ metre** Längenmeter *m* ③ *(sequential)* geradlinig; **to break ~ thinking habits** eingefahrene Denkstrukturen durchbrechen; **a ~ narrative** eine chronologische Erzählung [*o* Schilderung]

lin·ear ac·ˈcel·era·tor *n* PHYS Linearbeschleuniger *m* **lin·ear eˈqua·tion** *n* MATH lineare Gleichung **lin·ear ˈfunc·tion** *n* MATH lineare Funktion

ˈline·back·er *n* AM FBALL ≈ Verteidiger *m*

lined [laɪnd] *adj* ① *paper* liniiert, liniert ÖSTERR ② *(wrinkled)* *face, hand, skin* faltig; **sb's ~ brow** jds Stirnfalten ③ *curtains, garment* gefüttert

ˈline danc·ing *n Country-Western Tanz ohne Tanzpartner oder Tanzpartnerin* **ˈline draw·ing** *n* [Strich]zeichnung *f* **ˈline edi·tor** *n* Zeileneditor *m* **ˈline·feed** *n* ① *no pl* TYPO Papiervorschub *m;* **to do a ~** das Papier einziehen ② COMPUT Zeilenvorschub *m* **ˈline item** *n* AM FIN Rechnungsposten *m* **line-item ˈveto** *n* AM POL Haushaltsveto *nt* **ˈline judge** *n* TENNIS Linienrichter(in) *m(f)*

lin·en [ˈlɪnɪn] **I.** *n no pl* Leinen *nt;* **bed ~** Bettwäsche *f;* **table ~** Tischwäsche *f* ▸ PHRASES: **to wash one's dirty ~ in public** *(fig)* [in aller Öffentlichkeit] schmutzige Wäsche waschen *fig* **II.** *n modifier* *(dress, shirt, sheet)* Leinen-

ˈlin·en bas·ket *n* Wäschekorb *m* **ˈlin·en clos·et** *n,* **ˈlin·en cup·board** *n* Wäscheschrank *m*

ˈline-out [ˈlaɪnaʊt] BRIT **I.** *n* *(in rugby)* Gasse *f* **II.** *n modifier* **to win ~ ball** *den ersten Ball nach dem erneuten Anpfiff in Händen halten*

lin·er [ˈlaɪnəʳ, AM -ɚ] *n* ① *(lining)* Einsatz *m;* [**dust**]**bin** [*or* AM **garbage can**] **~** Müllsack *m* ② NAUT Passagierschiff *nt,* Liniendampfer *m;* **ocean ~** Ozeandampfer *m*

-liner [ˈlaɪnəʳ, AM -ɚ] *in compounds* LIT **four ~** Vierzeiler *m*

ˈlin·er notes *npl* MUS *(in CD)* Begleitheft *nt*

ˈlines·man *n* SPORTS Linienrichter *m* **ˈline spac·ing** *n no pl* Zeilenabstand *m* **ˈlines·wom·an** *n* SPORTS Linienrichterin *f* **ˈline-up** *n* ① *of performers* Besetzung *f;* **a star-studded ~ of guests** eine Starbesetzung an Gästen ② SPORTS [Mannschafts]aufstellung *f;* AM *(in baseball)* Schlagreihenfolge *f,* Lineup *f fachspr* ③ *esp* AM LAW Gegenüberstellung *f;* **police ~** polizeiliche Gegenüberstellung ④ AM, CAN Schlange *f*

L

lin·ger ['lɪŋgəʳ, AM -ɚ] *vi* ❶ (*remain*) **to ~ in a room** sich *akk* in einem Raum aufhalten [*o geh* verweilen]; **after the play, we ~ed in the bar** nach dem Stück blieben wir noch eine ganze Weile in der Bar sitzen; **the smell ~ed in the kitchen for days** der Geruch hing tagelang in der Küche; **to ~ in the memory** im Gedächtnis bleiben ❷ (*persist*) anhalten, bleiben; **sb's influence ~s** jds Einfluss ist immer noch spürbar

◆**linger on** *vi* ❶ (*before dying*) dahinsiechen *geh* ❷ (*persist*) *illness* sich hinziehen; *customs* fortleben

◆**linger over** *vi* **to ~ over memories** [alten] Erinnerungen nachhängen

lin·gerie ['lɛ̃(n)ʒəri, AM ˌlɑːnʒə'reɪ, -ri] *n no pl* [Damen]unterwäsche *f*

lin·ger·ing ['lɪŋgərɪŋ, AM -gɚ-] *adj attr* ❶ (*lasting*) verbleibend; **I still have ~ doubts** ich habe noch immer so meine Zweifel; **~ fears** [fort]bestehende Ängste; **~ regrets** nachhaltiges Bedauern; **~ suspicion** [zurück]bleibender Verdacht ❷ (*long*) lang, ausgedehnt; **a ~ death** ein schleichender Tod; **a ~ illness** eine langwierige Krankheit; **a ~ kiss** ein inniger Kuss

lin·ger·ing·ly ['lɪŋgərɪŋli, AM -gɚ-] *adv smile* sehnsüchtig, sehnsuchtsvoll

lin·go <*pl* -s *or* -es> ['lɪŋgəʊ, AM -goʊ] *n* (*fam*) ❶ (*foreign language*) Sprache *f* ❷ (*jargon*) Jargon *m;* (*specialist jargon*) Kauderwelsch *nt pej*

lin·gua fran·ca <*pl* -s> [ˌlɪŋgwə'fræŋkə] *n* ❶ (*language*) Verkehrssprache *f,* Lingua Franca *f geh;* (*official language*) Amtssprache *f* ❷ (*fig: means of communication*) gemeinsame Sprache; **movies are the ~ of the 20th century** Filme sind das allen gemeinsame Kommunikationsmedium des 20. Jahrhunderts

lin·guist ['lɪŋgwɪst] *n* ❶ LING Linguist(in) *m(f),* Sprachwissenschaftler(in) *m(f)* ❷ (*sb who speaks languages*) Sprachkundige(r) *f(m);* **I'm no ~** ich bin nicht sprachbegabt

lin·guis·tic [lɪŋ'gwɪstɪk] *adj inv* sprachlich; *science* linguistisch, sprachwissenschaftlich; **~ community** Sprachgemeinschaft *f;* **~ development** Sprachentwicklung *f;* **a ~ lapse** ein sprachlicher Fehler

lin·guis·ti·cal·ly [lɪŋ'gwɪstɪkli] *adv* sprachlich; *science* linguistisch, sprachwissenschaftlich

lin·guis·tic 'com·pe·tence *n* linguistische Kompetenz

lin·guis·tics [lɪŋ'gwɪstɪks] **I.** *n + sing vb, n* Sprachwissenschaft *f,* Linguistik *f fachspr* **II.** *n modifier* **~ department** Fachbereich *m* Linguistik, Institut *nt* für Sprachwissenschaft [*o* Linguistik]

lin·guis·tic 'sci·ence *n no pl* Sprachwissenschaft *f,* Linguistik *f fachspr*

lini·ment ['lɪnɪmənt] *n no pl* MED Einreibemittel *nt,* Liniment *nt fachspr*

lin·ing ['laɪnɪŋ] **I.** *n* ❶ (*fabric*) Futter *nt,* Futterstoff *m; of a coat, jacket* Innenfutter *nt; of a dress, skirt* Unterrock *m,* Unterkleid *nt* ❷ *of stomach* Magenschleimhaut *f; of digestive tract* Darmschleimhaut *f; of brake* Bremsbelag *m* **II.** *n modifier* (*material*) Futter-; **~ paper** Schrankpapier *nt*

link [lɪŋk] **I.** *n* ❶ (*connection*) Verbindung *f* (**between** zwischen +*dat*); (*between people, nations*) Beziehung *f* (**between** zwischen +*dat*); **military/economic ~s** Beziehungen auf militärischer/wirtschaftlicher Ebene; **sporting ~s** Beziehungen im Bereich des Sports; **to sever ~s** die Beziehungen abbrechen ❷ RADIO, TELEC Verbindung *f;* INET, COMPUT Link *m fachspr;* **a computer ~** eine Computervernetzung, ein Computerlink *m;* **a radio/satellite/telephone ~** eine Funk-/Satelliten-/Telefonverbindung; **a ~ to the outside world** eine Verbindung zur Außenwelt ❸ TRANSP **rail ~** Bahnverbindung *f,* Zugverbindung *f* ❹ *of a chain* [Ketten]glied *nt;* **a ~ in a chain [of events]** (*fig*) ein Glied in der Kette [der Ereignisse] ▶ PHRASES: **a chain is as strong as its weakest ~** (*prov*) eine Gruppe ist nur so stark wie ihr schwächstes Mitglied; **to be the weak ~ [in a chain]** das schwächste Glied [in einer Kette] sein **II.** *vt* ❶ (*connect*) ■**to ~ sth** etw verbinden; **the level of any new tax should be ~ed to an individual's ability to pay** die Höhe einer neuen Besteuerung soll der Zahlungsfähigkeit des Einzelnen angepasst sein; **to be ~ed** in Verbindung stehen; **the explosions are not thought to be ~ed in any way** man geht davon aus, dass die Explosionen nichts miteinander zu tun hatten ❷ (*clasp*) **to ~ arms** sich *akk* unterhaken; **to ~ hands** sich *akk* an den Händen fassen **III.** *vi* (*connect*) sich *akk* zusammenfügen lassen; **their stories did ~ but ...** ihre Darstellungen passten zusammen, doch...

◆**link together** *vt* ■**to ~ together** ⊂ **sth** etw miteinander verbinden

◆**link up I.** *vt* **to ~ up** ⊂ **people** Leute zusammenbringen; ■**to ~ sth** ⊂ **up** etw miteinander verbinden; **to ~ up a computer** einen Computer an das Netz anschließen **II.** *vi* ❶ (*connect*) sich *akk* zusammenschließen; **a lot of Asian companies want to ~ up with Western businesses** viele asiatische Firmen wollen Geschäftsverbindungen mit westlichen Unternehmen aufnehmen ❷ (*meet*) zusammenkommen; ■**to ~ up with sb** jdn treffen

link·age ['lɪŋkɪdʒ] *n* ❶ (*system of links*) [Verbindungs]system *nt;* **a complex ~ of underground tunnels** ein komplexes unterirdisches Tunnelsystem ❷ POL (*of issues, events*) Verknüpfung *f* (**between** zwischen +*dat*); **there ought to be ~s between economic support and democratic reform** eine wirtschaftliche Unterstützung sollte an demokratische Reformen gekoppelt sein

link·ing verb *n* LING Kopula *f*

'link·man *n* BRIT ❶ RADIO, TV Moderator *m* ❷ SPORTS Mittelfeldspieler *m*

links [lɪŋks] *npl* ❶ (*golf course*) Golfplatz *m* ❷ SCOT GEOG (*area near seashore*) Dünen *fpl,* Sandhügel *mpl*

'link-up ['lɪŋkʌp] *n* Verbindung *f* (**between** zwischen +*dat*); **satellite ~** Satellitenverbindung *f;* **a live satellite ~** eine Liveübertragung via [*o* über] Satellit; **business ~** Geschäftsbeziehung *f;* **the ~ of two spacecrafts** das Kopplungsmanöver zwischen zwei Raumschiffen

link·wom·an *n* BRIT ❶ RADIO, TV Moderatorin *f* ❷ SPORTS Mittelfeldspielerin *f*

lin·net ['lɪnɪt] *n* ORN [Blut]hänfling *m*

lino ['laɪnəʊ] *n no pl* BRIT (*fam*) *short for* **linoleum** Linoleum *nt*

li·no·leum [lɪ'nəʊliəm, AM -'noʊ-] *n no pl* Linoleum *nt*

Li·no·type® ['laɪnəʊtaɪp, AM -nətaɪp] *n,* **Li·no·type ma·chine** *n* TYPO (*hist*) Linotype® *f,* [Zeilen]setzmaschine *f*

lin·seed ['lɪnsiːd] *n no pl* Leinsamen *m*

lin·seed 'oil *n no pl* Leinöl *nt*

lint [lɪnt] *n no pl* ❶ BRIT MED Mull *m,* Scharpie *f veraltet* ❷ *esp* AM (*fluff*) Fussel *f,* Fluse *f* NORDD

lin·tel ['lɪntəl, AM -t̬əl] *n* ARCHIT Sturz *m; of a door* Türsturz *m; of a window* Fenstersturz *m*

lion ['laɪən] *n* ❶ ZOOL Löwe *m;* **to be as brave as a ~** mutig wie ein Löwe sein; **to have the courage of a ~** den Mut eines Löwen besitzen ❷ ASTROL ■**the L~** [der] Löwe ❸ (*celebrity*) Berühmtheit *f,* prominente Persönlichkeit; **a literary ~** ein bedeutender [*o* großer] Schriftsteller; **a jazz ~** ein großer Jazzmusiker; **a social ~** ein Salonlöwe ▶ PHRASES: **the ~'s den** die Höhle des Löwen; **to walk [*or* march] into the ~'s den** sich *akk* in die Höhle des Löwen begeben; **the ~'s share** der Löwenanteil; **to throw sb to the ~s** jdn den Löwen zum Fraß vorwerfen

li·on·ess <*pl* -es> ['laɪənes] *n* ZOOL Löwin *f*

lion-'heart·ed *adj* (*liter*) unerschrocken, furchtlos

li·oni·za·tion [ˌlaɪənaɪ'zeɪʃən, AM -nɪ'-] *n no pl* Heldenkult *m;* **he couldn't handle his ~ by New York society** er kam nicht damit klar, dass er von der New Yorker Gesellschaft zum Helden hochstilisiert wurde

li·on·ize ['laɪənaɪz] *vt* ■**to ~ sb** jdn zum Helden machen, jdn feiern

'lion tam·er *n* Löwenbändiger(in) *m(f)*
lip [lɪp] **I.** *n* ❶ ANAT Lippe *f;* **to kiss sb on the ~s** jdn auf den Mund küssen ❷ *(rim)* Rand *m; of a pitcher, jug* Schnabel *m* ❸ *no pl (fam: cheek)* Frechheiten *fpl,* Unverschämtheiten *fpl;* **don't give me any of that ~** spar dir deine Unverschämtheiten ▶ PHRASES: **to bite one's ~** sich *dat* etw verbeißen; **I wanted to talk back to him, but instead I bit my ~** mir lag schon eine Entgegnung auf der Zunge, aber ich habe sie mir dann doch verkniffen; **to button one's ~, to keep one's ~ buttoned** *(fam!)* den Mund halten *fam;* **to hang on sb's ~s** *(poet)* an jds Lippen hängen; **my ~s are sealed** meine Lippen sind versiegelt; **to keep a stiff upper ~** Haltung bewahren; **to be on everyone's** [*or* **everybody's**] **~s** in aller Munde sein **II.** *vt* <-pp-> **to ~ a hole** *(in golf)* *der Golfball bleibt am Rande des Loches liegen*
'lip balm *n* Lippenpflege *f* **'lip·gloss** *n no pl* FASHION Lipgloss *m*
li·pid ['lɪpɪd] *n* ■ **~s** *pl* CHEM Lipide *pl*
'lip·lin·er *n* [Lippen]konturenstift *m*
lipo·suc·tion ['lɪpə(ʊ),sʌkʃᵊn, AM -poʊ,-] *n no pl* Fettabsaugen *nt,* Liposuktion *f fachspr*
lip·py ['lɪpi] **I.** *adj esp* AM *(fam)* unverschämt, frech **II.** *n no pl (fam)* Lippenstift *m*
'lip-read <-read, -read> **I.** *vi* von den Lippen [*o* vom Mund] ablesen **II.** *vt* ■ **to ~ sb** jdm von den Lippen ablesen; **to ~ words** Worte von den Lippen ablesen **'lip-read·ing** *n no pl* Lippenlesen *nt;* **is ~ difficult?** ist es schwierig, jemandem [die Worte] von den Lippen abzulesen? **'lip salve** *n no pl* BRIT MED ❶ *(cream)* Lippencreme *f,* Lippenpflege *f* ❷ *(stick)* Labello® *m,* Lippenpomade *f* **'lip ser·vice** *n no pl (pej)* Lippenbekenntnis *nt;* **to pay** [*or* **give**] **~ to sth** ein Lippenbekenntnis zu etw *dat* ablegen **'lip-smack·ing** *adj (fam)* köstlich, gustiös ÖSTERR **'lip·stick** *n no pl* Lippenstift *m;* **to smudge one's ~** seinen Lippenstift verschmieren; **to wear/put on ~** Lippenstift benutzen/auflegen [*o* auftragen] **'lip-sync(h)** ['lɪpsɪŋk] **I.** *vt* MUS, FILM ■ **to ~ sth** etw synchronisieren; *singer* etw Play-back singen; *musician* etw Play-back spielen **II.** *vi* MUS, FILM synchronisieren; MUS Play-back singen **III.** *n no pl* Synchronisieren *nt; (musician)* Play-back-Singen *nt* **'lip-sync(h)ing** ['lɪp,sɪŋkɪŋ] *n no pl* FILM Synchronisation *f;* MUS Play-back *nt*
liq·ue·fy <-ie-> ['lɪkwɪfaɪ] **I.** *vt* ■ **to ~ sth** ❶ CHEM etw verflüssigen ❷ FIN **to ~ assets** Vermögenswerte verfügbar machen **II.** *vi* CHEM sich *akk* verflüssigen
li·queur [lɪ'kjʊəʳ, AM -'kɜːr] **I.** *n* Likör *m* **II.** *n modifier* **~ glass** Likörglas *nt*
liq·uid ['lɪkwɪd] **I.** *adj* ❶ *(water-like)* flüssig; **~ soap** Seifenlotion *f,* Seifenemulsion *f;* **~ bleach/detergent** Flüssigbleichmittel/-waschmittel *nt* ❷ *(translucent)* **~ eyes** glänzende Augen; **~ lustre** schimmernder Glanz ❸ *attr* CHEM **~ hydrogen/oxygen** verflüssigter Wasserstoff/Sauerstoff; **~ measure** Flüssigkeitsmaß *nt* ❹ *(harmonious)* **~ sound** wohltönender Klang; **~ song** einschmeichelndes Lied ❺ *inv* FIN [frei] verfügbar, flüssig; **~ assets** Barvermögen *nt* **II.** *n* Flüssigkeit *f;* ■ **~s: drink plenty of ~s** du musst viel Flüssigkeit zu dir nehmen; **I'm on ~s** ich darf nur Flüssiges zu mir nehmen
liq·ui·date ['lɪkwɪdeɪt] **I.** *vt* ❶ ECON **to ~ a company/firm** ein Unternehmen auflösen [*o fachspr* liquidieren] ❷ FIN **to ~ assets** Mittel verfügbar machen [*o fam* flüssigmachen]; **to ~ debts** Schulden tilgen ❸ *(kill)* ■ **to ~ sb** jdn liquidieren *geh* **II.** *vi* ECON liquidieren
liq·ui·da·tion [,lɪkwɪ'deɪʃᵊn] *n* ❶ FIN *of a company/firm* Auflösung *f,* Liquidierung *f fachspr;* **to go into ~** in Liquidation gehen; *of debts* Tilgung *f* ❷ *(killing)* Liquidierung *f geh*
liq·ui·da·tor ['lɪkwɪdeɪtəʳ, AM -t̬ɚ] *n* FIN Abwickler(in) *m(f),* Liquidator(in) *m(f) fachspr*
liq·uid 'con·so·nant *n* LING Fließlaut *m,* Liquida *f fachspr* **liq·uid 'cour·age** *n no pl* AM *(Dutch courage)* **to help oneself to ~** sich *dat* Mut antrinken **liq·uid crys·tal dis·'play** *n* Flüssigkristallanzeige *f*
liq·uid·ity [lɪ'kwɪdəti, AM -ət̬i] *n no pl* ❶ CHEM Flüssigkeit *f* ❷ FIN Zahlungsfähigkeit *f,* Liquidität *f fachspr;* **to have a ~ problem** ein Liquiditätsproblem haben *geh*
liq·uid·ize ['lɪkwɪdaɪz] *vt* **to ~ food** Nahrungsmittel pürieren; **to ~ an egg** ein Ei [ver]quirlen
liq·uid·iz·er ['lɪkwɪdaɪzəʳ, AM -ɚ] *n* Mixgerät *nt,* Mixer *m fam*
liq·uid 'lunch *n (hum fam)* *Alkohol statt Mittagessen* **Liq·uid 'Pa·per®** *n no pl* Korrekturflüssigkeit *f,* Tipp-Ex® *nt*
liq·ui·fy *vi, vt see* **liquefy**
liq·uor ['lɪkəʳ, AM -ɚ] **I.** *n no pl* AM, AUS Spirituosen *pl,* Alkohol *m;* **he can't hold his ~** er verträgt keinen Alkohol; **hard ~** Schnaps *m;* **to drink hard ~** Hochprozentiges trinken **II.** *vi* AM *(fam)* ■ **to ~ up** sich *akk* besaufen [*o* volllaufen lassen] *sl* **III.** *vt* AM *(fam)* ■ **to ~ sb up** jdn betrunken machen
liq·uo·rice ['lɪkᵊrɪs], AM **lico·rice** [-ɚɪʃ] **I.** *n no pl* ❶ FOOD Lakritze *f* ❷ *(plant)* Süßholz *nt* **II.** *n modifier* Lakritz-; **~ allsorts** Lakritzkonfekt *nt*
'liq·uor li·cense *n* AM Ausschankgenehmigung *f,* Ausschankerlaubnis *f kein pl* **'liq·uor store** *n* AM, CAN Wein- und Spirituosenhandlung *f* **'liq·uor tax** *n* AM Alkoholsteuer *f*
lira <*pl* lire> ['lɪərə, AM 'lɪrə] *n* Lira *f;* **ten Italian ~** zehn italienische Lire
lisle [laɪl], **lisle thread I.** *n no pl* FASHION Florgarn *nt* **II.** *n modifier* **~ stockings** Baumwollstrümpfe *mpl*
lisp [lɪsp] **I.** *n no pl* Lispeln *nt;* **sb with a ~** ein lispelnder Mensch; **to have** [*or* **speak with**] **a ~** lispeln **II.** *vi* lispeln **III.** *vt* ■ **to ~ sth** etw lispeln
LISP [lɪsp] *n* COMPUT *abbrev of* **list processor language** LISP
lis·som(e) ['lɪsəm] *adj (liter) person* graziös, gewandt; *animal* geschmeidig
list¹ [lɪst] **I.** *n* Liste *f;* **birthday ~** [Geburtstags]wunschliste *f;* **~ of names** Namensliste *f; (in books)* Namensverzeichnis *nt,* Namensregister *nt;* **~ of numbers** Zahlenreihe *f,* Zahlenkolonne *f;* **~ of prices** Preisliste *f,* Preisverzeichnis *nt;* **check ~** Checkliste *f;* **shopping ~** Einkaufszettel *m;* **~ of stocks** STOCKEX Kurszettel *m;* **The Stock Exchange Daily Official L~** BRIT Amtliches Kursblatt; **waiting ~** Warteliste *f;* **to be on a ~** auf einer Liste stehen; **to make a ~** eine Liste aufstellen [*o* machen]; **to put sb/sth on a ~** jdn/etw auf eine Liste setzen; **to take sb/sth off a ~** jdn/etw von einer Liste streichen ▶ PHRASES: **to have a ~ as long as one's arm** eine ellenlange Liste haben *fam;* **to be at the bottom/top of sb's ~** auf jds Liste ganz unten/oben stehen *fam* **II.** *vt* ■ **to ~ sth** etw auflisten; **all ingredients must be ~ed on the packaging** auf der Verpackung müssen alle Zutaten aufgeführt werden; **how many soldiers are still ~ed as missing in action?** wie viele Soldaten werden noch immer als vermisst geführt?; **to ~ sth in alphabetical/numerical order** etw in alphabetischer/numerischer Reihenfolge auflisten; **to be ~ed in the phone book** im Telefonbuch stehen; **to be ~ed on the Stock Exchange** an der Börse notiert sein **III.** *vi* **to ~** [*or* **be ~ed**] **at $700/£15** $700/£15 kosten
list² [lɪst] NAUT **I.** *vi* Schlagseite haben, krängen *fachspr;* **to ~ to port/starboard** Schlagseite nach Backbord/Steuerbord haben; **to ~ badly** schwere Schlagseite haben **II.** *n* Schlagseite *f,* Krängung *f fachspr*
list·ed ['lɪstɪd] *adj inv* ❶ STOCKEX an der Börse zugelassen; **~ securities** an der Börse zugelassene [*o* notierte] Wertpapiere ❷ BRIT ARCHIT **~ building** unter Denkmalschutz stehendes Gebäude ❸ AM, AUS TELEC **a ~ telephone number** eine aufgeführte Telefonnummer
list·en ['lɪsᵊn] **I.** *vi* ❶ *(pay attention)* zuhören; ■ **to ~ to sb/sth** jdm/etw zuhören; **~ to this!** hör dir das an! *fam;* **to ~ carefully** [ganz] genau zuhören; **to ~ hard** genau hinhören; **to ~ to music** Musik hören; **to ~ to the news/radio** Nachrichten/Radio hören; **to ~ to reason** auf die Stimme der Vernunft hören ❷ *(pay heed)* zuhören; **you just don't ~** du hörst einfach nicht zu *fam;* **don't ~ to them** hör nicht auf sie ❸ *(at-*

L

tempt to hear) **will you ~ [out] for the phone?** könntest du bitte aufpassen, ob das Telefon klingelt? ▶PHRASES: **to ~ with half an ear** mit halbem Ohr hinhören **II.** *interj* hör mal!; ~, **we really need to ...** [jetzt] hör mal, wir müssen ... **III.** *n no pl* **to have a ~ [to sth]** [bei etw *dat*] genau hinhören; **have a ~ to this!** hör dir das an!; **let Daryl have a ~ too** lass Daryl auch mal hören

◆**listen in** *vi* (*secretly*) mithören; (*without participating*) mitanhören; (*to radio*) hören; **to ~ in on a telephone conversation** ein Telefongespräch heimlich abhören; **to ~ in on a conference call** ein über Telefon abgehaltenes Konferenzgespräch mitanhören; **to ~ in to a radio show** eine Talkshow im Radio anhören

list·en·er ['lɪsᵊnəʳ, AM -ɚ] *n* ❶ (*in a conversation*) Zuhörer(in) *m(f)*; **to be a good ~** gut zuhören können ❷ (*to lecture, concert*) Hörer(in) *m(f)*; (*to radio*) [Radio]hörer(in) *m(f)*

list·en·ing ['lɪsᵊnɪŋ] *n* MUS **easy ~** Unterhaltungsmusik *f*, U-Musik *f*

'list·en·ing de·vice *n* Abhörgerät *nt;* (*in room also*) [Abhör]wanze *nt;* **to plant a ~ somewhere** irgendwo ein Abhörgerät anbringen **'list·en·ing post** *n* MIL Horchposten *m*

lis·teria [lɪ'stɪəriə, AM -'stɪr-] *n no pl* MED Listeria *f*

lis·terio·sis [lɪˌstɪəri'əʊsɪs, AM -ˌstɪri'oʊ-] *n no pl* MED Listeriose *f*

list·ing ['lɪstɪŋ] *n* ❶ (*inventory*) Auflistung *f*, Verzeichnis *nt* ❷ (*entry in inventory*) Eintrag *m*, Eintragung *f* ❸ MEDIA ■ **~s** *pl* (*entertainment*) Veranstaltungskalender *m;* **television ~s** Fernsehprogramm *nt*

'list·ings maga·zine *n* Zeitschrift *f* mit Veranstaltungsverzeichnis

list·less ['lɪs(t)ləs] *adj* ❶ (*lacking energy*) *person* teilnahmslos; (*fig*) *economy* stagnierend ❷ (*lacking enthusiasm*) lustlos; *performance* ohne Schwung *nach n*, schlaff

list·less·ly ['lɪs(t)ləsli] *adv* teilnahmslos, lustlos

list·less·ness ['lɪs(t)ləsnəs] *n no pl* Teilnahmslosigkeit *f*, Lustlosigkeit *f;* MED Apathie *f*

'list price *n* **[manufacturer's] ~** Listenpreis *m* [des Herstellers]

'list·serve *n* Seriendruck-Manager *m fachspr*

lit[1] [lɪt] *vi, vt pt, pp of* **light**

lit[2] [lɪt] (*fam*) **I.** *n no pl short for* **literature** Literatur *f* **II.** *adj inv short for* **literary** literarisch

lita·ny ['lɪtᵊni] *n* REL Litanei *f a. fig;* **a ~ of complaints** eine Litanei von Beschwerden

li·tchi *n* FOOD *see* **lychee**

lit crit *n no pl* (*fam*) *short for* **literary criticism** Literaturkritik *f*

lite [laɪt] **I.** *adj inv* AM FOOD (*light*) **~ beer** kalorienarmes Bier **II.** *n* AM AUTO (*small car*) Kleinwagen *m*

li·ter *n* AM *see* **litre**

lit·era·cy ['lɪtᵊrəsi, AM -t̬ɚə-] **I.** *n no pl* Lese- und Schreibfähigkeit *f;* **computer ~** Computerkenntnisse *pl;* **economic ~** Wirtschaftskenntnisse *pl* **II.** *n modifier* **~ level** Quote der Menschen, die Lesen und Schreiben können; **the ~ level is low in that country** dieses Land hat eine hohe Analphabetenquote

lit·er·al ['lɪtᵊrᵊl, AM -t̬ɚ-] **I.** *adj* ❶ (*not figurative*) wörtlich; **~ meaning/sense** eigentliche Bedeutung; **to take sth in the ~ sense of the word** etw wörtlich nehmen ❷ (*word-for-word*) **~ translation/transcript** wörtliche Übersetzung/Abschrift ❸ (*not exaggerated*) buchstäblich, im wahrsten Sinne des Wortes *präd;* **the ~ truth** die reine Wahrheit ❹ (*fam: for emphasis*) **fifteen years of ~ hell** fünfzehn Jahre lang die reinste Hölle; **a ~ avalanche of mail** eine wahre Flut von Zusendungen ❺ LING **~ mnemonics** Gedächtnisstützen *fpl*, Eselsbrücken *fpl fam;* **~ error** BRIT TYPO Schreib-/Tipp-/Druckfehler *m* **II.** *n* BRIT TYPO Schreib-/Tipp-/Druckfehler *m*

lit·er·al·ly ['lɪtᵊrᵊli, AM -t̬ɚ-] *adv* ❶ (*in a literal manner*) [wort]wörtlich, Wort für Wort; **to take sth ~** etw wörtlich nehmen; **to translate ~** wörtlich übersetzen ❷ (*actually*) buchstäblich, wirklich; **quite ~** in der Tat; **~ speaking** ungelogen ❸ *inv* (*fig fam: for emphasis*) wirklich, tatsächlich, echt *fam;* **there were ~ a million tourists in the village over the weekend** übers Wochenende kamen sage und schreibe eine Million Touristen ins Dorf

lit·er·al-'mind·ed *adj* nüchtern, prosaisch *geh;* ■ **to be ~** nüchtern denken

lit·er·ary ['lɪtᵊrᵊri, AM -t̬əreri] *adj* ❶ *attr* (*of literature*) *criticism, prize* Literatur-; *language, style* literarisch; **a ~ career** eine Schriftstellerkarriere; **a ~ celebrity** eine Berühmtheit auf literarischem Gebiet; **~ event** literarisches Ereignis; **~ hoax** Zeitungs[ente] *f;* **~ society** Literaturzirkel *m;* **~ supplement** Literaturbeilage *f;* **the ~ world** literarische Kreise ❷ (*sb knowledgeable*) **~ man** Literaturkenner *m;* **~ woman** Literaturkennerin *f*

lit·er·ary 'agent *n* Literaturagent(in) *m(f)* **lit·er·ary 'crit·ic** *n* Literaturkritiker(in) *m(f)* **lit·er·ary 'criti·cism** *n no pl* Literaturkritik *f* **lit·er·ary ex·'ecu·tor** *n* Nachlassverwalter(in) *m(f)* [in literarischen Angelegenheiten]; **to appoint sb [as] one's ~** jdn zum Nachlassverwalter in literarischen Angelegenheiten bestimmen **lit·er·ary his·'to·rian** *n* Literaturhistoriker(in) *m(f)*

lit·er·ate ['lɪtᵊrət, AM -t̬ɚ-] **I.** *adj* ❶ (*able to read and write*) ■ **to be ~** lesen und schreiben können; **the ~ proportion of the population** der Anteil der alphabetisierten Bevölkerung ❷ (*well-educated*) gebildet; **to be computer ~** sich *akk* mit Computern auskennen; **to be economically/financially/politically ~** auf dem Gebiet der Wirtschaft/Finanzen/Politik bewandert sein **II.** *n* (*literate person*) *jd, der Schreiben und Lesen kann;* (*well educated*) *jd, der gebildet ist*

lit·era·ti [ˌlɪtᵊr'ɑːtiː, AM -t̬ə'rɑːt̬iː] *npl* Literaten *pl*, Gelehrte *pl*

lit·era·ture ['lɪtrətʃəʳ, AM -t̬ɚətʃɚ] **I.** *n no pl* ❶ (*written works*) Literatur *f;* **American/English ~** amerikanische/englische Literatur; **nineteenth-century ~** die Literatur des 19. Jahrhunderts; **a work of ~** ein literarisches Werk ❷ (*specialist texts*) Fachliteratur *f* (**on/about** über +*akk*); **scientific ~** naturwissenschaftliche Fachliteratur ❸ (*printed matter*) Informationsmaterial *nt;* **have you got any ~ about these washing machines?** haben Sie irgendwelche Unterlagen zu diesen Waschmaschinen? *f* **II.** *n modifier* (*course, student*) Literatur-

lithe [laɪð] *adj* gelenkig, geschmeidig

lithe·ly ['laɪðli] *adv* geschmeidig, gelenkig

lithe·some ['laɪðsəm] *adj* (*old*) *see* **lithe**

lith·ium ['lɪθiəm] *n no pl* CHEM Lithium *nt*

litho·graph ['lɪθə(ʊ)grɑːf, AM -əgræf] **I.** *n* Steindruck *m*, Lithographie *f fachspr* **II.** *vt* ■ **to ~ sth** etw lithographieren

litho·graph·ic [ˌlɪθə(ʊ)'græfɪk, AM -oʊ'-] *adj inv* lithographisch; **~ print** Steindruck *m;* **~ printing plate** Steindruckplatte *f*

li·thog·ra·phy [lɪ'θɒgrəfi, AM -'θɑːg-] *n no pl* Steindruck *m*, Lithographie *f fachspr*

Lithua·nia [ˌlɪθju'eɪniə, AM -θu'-] *n* Litauen *nt*

Lithua·nian [ˌlɪθju'eɪniən, AM -θu'-] **I.** *n* ❶ (*person*) Litauer(in) *m(f)* ❷ *no pl* (*language*) Litauisch *nt* **II.** *adj inv* litauisch; **she is ~** sie ist Litauerin

liti·gant ['lɪtɪgənt, AM -t̬-] *n* LAW prozessführende Partei

liti·gate ['lɪtɪgeɪt, AM -t̬-] LAW **I.** *vi* prozessieren, einen Prozess führen **II.** *vt* ■ **to ~ sth** um etw *akk* prozessieren [*o* einen Prozess wegen etw *gen* führen]

liti·ga·tion [ˌlɪtɪ'geɪʃᵊn, AM -t̬-] *n no pl* LAW Prozess *m*, Rechtsstreit *m;* **to go to ~** einen Prozess anstrengen *geh*

liti·ga·tor ['lɪtɪgeɪtəʳ, AM 'lɪt̬ɪgeɪt̬ɚ] *n* LAW Prozessanwalt, -anwältin *m, f*

li·ti·gious [lɪ'tɪdʒəs] *adj* LAW prozessfreudig *iron*, prozesssüchtig *pej*

li·ti·gious·ness [lɪ'tɪdʒəsnəs] *n no pl* LAW Prozessfreudigkeit *f iron*, Prozesssucht *f*

lit·mus ['lɪtməs] *n no pl* CHEM Lackmus *m o nt*

'lit·mus pa·per *n no pl* Lackmuspapier *nt* **'lit·mus test** *n*

① CHEM Lackmustest *m* ② (*fig fam: decisive indication*) entscheidendes [An]zeichen (**of** für +*akk*)

li·to·tes [laɪ'təʊti:z, AM 'laɪtəti:z] *n* Litotes *f*

li·tre ['li:təʳ], AM **li·ter** [-t̬ɚ] **I.** *n* Liter *m o nt;* **6-~ engine** 6-Liter Maschine; **two ~s** [**of milk/beer**] zwei Liter [Milch/Bier]; **per ~** pro Liter **II.** *n modifier* (*bottle, size*) Liter-

LittD *abbrev of* **Doctor of Literature** promovierter Literaturwissenschaftler/promovierte Literaturwissenschaftlerin

lit·ter ['lɪtəʳ, AM -t̬ɚ] **I.** *n* ① *no pl* (*rubbish*) Müll *m,* Abfall *m* ② *no pl* (*disorder*) Unordnung *f,* Durcheinander *nt* ③ + *sing/pl vb* ZOOL Wurf *m;* **a ~ of kittens** ein Wurf kleiner Kätzchen; **Martha's cat's just had a ~ of four kittens** Marthas Katze hat gerade vier Junge geworfen; **the pick of the ~** der Beste aus dem Wurf; (*fig*) der Hauptgewinn *fig* ④ *no pl* (*for animals*) Streu *f,* Stroh *nt;* **cat ~** Katzenstreu *f* ⑤ (*vehicle*) Sänfte *f;* MED Tragbahre *f,* Trage *f* **II.** *vt* ① (*make untidy*) ■**to ~ sth: dirty clothes ~ed the floor** dreckige Wäsche lag über den Boden verstreut ② *usu passive* (*fig: fill*) ■**to be ~ed with sth** mit etw *dat* übersät sein; **the beaches were positively ~ed with tourists** die Strände waren regelrecht mit Touristen überfüllt

'lit·ter bin *n esp* BRIT, AUS Abfalleimer *m,* Abfalltonne *f* **'lit·ter box** *n* AM Katzenklo *nt* **'lit·ter bug** *n,* **'lit·ter lout** *n* BRIT (*fam*) Schmutzfink *m fam,* Dreckspatz *m fam* **'lit·ter col·lec·tion** *n* Müllabfuhr *f* **'lit·ter tray** *n* Katzenklo *nt*

lit·tle ['lɪtl̩, AM -t̬-] **I.** *adj* ① (*small*) klein; **a ~ old man** ein kleiner alter Mann; (*for emphasis*) richtige(r, s), kleine(r, s); **my sister is a ~ monster** meine Schwester ist ein richtiges kleines Monster; **the ~ ones** die Kleinen *pl* ② (*young*) klein; **~ boy/girl** kleiner Sohn/kleine Tochter; **the ~ one** (*fam*) der/die Kleine; **the ~st ones** (*fam*) die Kleinsten; (*younger*) **~ brother/sister** kleiner Bruder/kleine Schwester ③ *attr, inv* (*short in distance*) kurz; **a ~ way** ein kurzer Weg; (*short in duration*) wenig, bisschen; **it still takes a ~ while** es dauert noch ein bisschen ④ *attr, inv* (*unimportant*) klein; **every ~ detail** jede Kleinigkeit; **to make ~ of sth** wenig Aufhebens von etw *dat* machen; **to have a ~ word with sb** ein Wörtchen mit jdm reden *fam;* **a ~ problem** (*iron*) ein kleines Problem ▶ PHRASES: **a ~ <u>bird</u> told me** [**sth**] der Mann im Ohr hat mir [etw] [zu]geflüstert *fam* **II.** *adv* ① (*somewhat*) ■**a ~** ein wenig; **she reminds me a ~ of my ex-girlfriend** sie erinnert mich ein bisschen an meine Exfreundin ② (*hardly*) wenig; **~ did she know that ...** sie hatte ja keine Ahnung davon, dass ...; **I agreed to go, ~ though I wanted to** ich habe zugesagt, obwohl ich eigentlich überhaupt keine Lust darauf hatte; **to be ~ less than** [*or* **short of**] **sth** sich *akk* kaum von etw *dat* unterscheiden; **her behaviour is ~ short of indecent** ihr Verhalten ist fast schon unanständig; **~ more than an hour ago** vor kaum einer Stunde; **to ~ expect sth** etw nicht erwarten; **to ~ imagine that ...** sich *dat* nicht vorstellen, dass ...; **it matters ~** [**to sb**] **that/what ...** [jdm] macht es wenig aus, dass/was ...; **to ~ suppose/think** [**that**] ... nicht annehmen/denken, [dass] ...; **to ~ understand sth** etw kaum verstehen **III.** *pron sing* ① (*small quantity*) ■**a ~** ein wenig; **would you like some mashed potatoes? – yes, a ~ please** möchtest du Kartoffelpüree? – ja, ein wenig, bitte; **help yourself to more wine – I will have a ~, thank you** schenk dir noch Wein nach – ich nehme mir noch ein wenig, danke; ■**a ~ of sth** ein wenig von etw *dat;* **I could only hear a ~ of what they were saying** ich konnte ein wenig von dem hören, was sie sagten ② (*not much*) wenig; **he said ~ about his personal life at the therapy session** in der Therapie sagte er wenig über sein Privatleben; **as ~ as possible** möglichst wenig; **he's always trying to get away with doing as ~ as possible at work** er versucht immer, in der Arbeit mit möglichst geringem Aufwand durchzukommen; **so ~** so wenig; **the rouble is worth so ~ these days** der Rubel ist heute so wenig wert; **to do ~** [**or nothing**] wenig [bis nichts] tun; **there is ~ sb can do** jd kann wenig machen; **there is ~ the doctor can do for him now – we just have to wait and see** der Arzt kann jetzt wenig für ihn machen – wir müssen abwarten; [**very**] **~ of sth** [sehr] wenig von etw *dat;* **unfortunately, ~ of the artist's work has survived** leider ist sehr wenig von dem Werk des Künstlers erhalten geblieben; **the** [*or* **what**] **~ ...** das wenige ...; **they didn't have much but they always shared what ~ they had** sie hatten nicht viel, aber sie teilten immer das wenige, das sie hatten; **the ~ sb does sth** das bisschen, das jd macht; **the ~ she smoked still seemed to affect her health negatively** sie rauchte nur sehr wenig, aber auch das bisschen schien ihre Gesundheit anzugreifen ③ (*short distance*) ■**a ~** ein wenig; **let's walk a ~ after dinner to digest** lass uns nach dem Essen einen kurzen Verdauungsspaziergang machen ④ (*short time*) ■**a ~** ein wenig [Zeit]; **after all the turmoil at home, she needed to get away for a ~ to be by herself** nach dem Chaos zu Hause brauchte sie ein wenig Abstand und Zeit für sich; **Ms Perez is on the phone right now – would you mind waiting a ~?** Ms. Perez telefoniert gerade – möchten Sie ein wenig warten?; **it's a ~ after six** es ist kurz nach sechs ▶ PHRASES: **<u>precious</u> ~** herzlich wenig; **to <u>make</u>** [**very**] **~ of sth** (*to not understand*) [sehr] wenig mit etw *dat* anfangen können; (*to belittle*) etw herunterspielen; **don't make ~ of my problems – they may not seem important to you but they affect my life greatly** spiele meine Probleme nicht herunter – vielleicht erscheinen sie dir nicht wichtig, aber sie beeinflussen mein Leben sehr stark; **they made ~ of their royal connection** sie spielten ihre Verbindungen zur königlichen Familie herunter

Lit·tle 'Bear *n* BRIT, **Lit·tle 'Dip·per** *n* AM ASTRON Kleiner Bär [*o* Wagen] **lit·tle 'fin·ger** *n* ANAT kleiner Finger **lit·tle 'fish** *n* ein kleiner Fisch *fig* **'lit·tle folk** *n + pl vb esp* IRISH ■**the ~** die Elfen *pl* **lit·tle green 'man** *n* (*fam*) kleines grünes Männchen **lit·tle-'known** *adj* kaum bekannt; **a ~ outsider** ein wenig bekannter Außenseiter **'Lit·tle League** *n no pl* AM *Bezeichnung für die Baseballliga für Kinder zwischen 8 und 12 Jahren*

lit·tle·ness ['lɪtl̩nəs, AM -t̬l̩-] *n no pl* ① (*smallness*) Kleinheit *f,* geringe Größe ② (*triviality*) Geringfügigkeit *f;* **the ~ of the administrative problem** die Bedeutungslosigkeit des Verwaltungsproblems

'lit·tle people *n + pl vb* ■**the ~** die Elfen *pl* **Lit·tle 'Rhody** *n* AM (*fam*) *Bezeichnung für Rhode Island* **lit·tle 'some·thing** *n* ① FOOD ein Betthupferl *nt* SÜDD, ÖSTERR, ein Bettmümpfeli *nt* SCHWEIZ ② (*present*) eine Kleinigkeit **lit·tle 'toe** *n* ANAT kleiner Zeh **lit·tle 'wom·an** *n* (*pej! o hum fam*) ■**the ~** das Frauchen *fam*

lit·to·ral ['lɪtᵊrᵊl, AM 'lɪt̬-] *adj* ① (*near the shore*) litoral; **~ currents** Küstenströmungen *fpl,* Litoralströmungen *fpl fachspr* ② ECOL **~ zone** (*between water marks*) Gezeitenbereich *m*

li·tur·gi·cal [lɪ'tɜ:dʒɪkᵊl, AM -'tɜ:r-] *adj inv* liturgisch

lit·ur·gy ['lɪtɜ:dʒi, AM 'lɪt̬ɚ-] *n* Liturgie *f*

liv·able *adj see* **liveable**

live¹ [laɪv] **I.** *adj inv* ① *attr* (*living*) lebend; **a real ~ grizzly bear** ein echter Grizzlybär; **~ animals** echte Tiere ② MUS, RADIO, TV live; **~ audience** Live-Publikum *nt;* **~ broadcast** Liveübertragung *f,* Livesendung *f;* **~ coverage** aktuelle Berichtserstattung, Berichterstattung vor Ort; **~ entertainment** Liveunterhaltung *f,* Liveshow *f;* **~ performance** Liveauftritt *m;* **~ recording** Liveaufzeichnung *f* ③ ELEC geladen; **~ wire** Hochspannungskabel *nt* ④ (*unexploded*) scharf; **~ ammunition** scharfe Munition ⑤ (*burning*) glühend; **~ coals** glühende Kohlen ⑥ (*not obsolete*) **~ issue** aktuelle Frage **II.** *adv inv* MUS, RADIO, TV live, direkt; **to broadcast ~** direkt [*o* live] übertragen; **to cover sth ~** von etw *dat* live berichten; **to perform ~** live auftreten

live² [lɪv] **I.** *vi* ① (*be alive*) leben; **lichens have been living for at least 9,000 years** Flechten gibt es seit mindestens 9 000 Jahren; **to ~ to** [**be**] **a ripe** [**old**] **age** ein hohes Alter erreichen

❷ *(spend life)* leben; **... they ~d happily ever after ...** und wenn sie nicht gestorben sind, dann leben sie noch heute; **to ~ in fear** in Angst leben; **to make life worth living** das Leben lebenswert machen; **to ~ in luxury** in Luxus leben; **to ~ above** [*or* **beyond**] **one's means** über seine Verhältnisse leben; **to ~ within one's means** entsprechend seinen Möglichkeiten leben; **to ~ in plenty** ein Leben im Überfluss führen, im Überfluss leben; **to ~ by one's principles** seinen Prinzipien treu bleiben; **to ~ in squalor** [*or* **dire need**] in ärmlichen Verhältnissen leben; **to ~ alone/dangerously** alleine/gefährlich leben; **to ~ high** gut leben ❸ *(subsist)* leben; **the family ~s by hunting and farming** die Familie lebt vom Jagen und von der Landwirtschaft; **she ~s on fruit alone** sie ernährt sich nur von Obst ❹ *(be remembered)* weiterleben; **to ~ in sb's memory** in jds Erinnerung weiterleben ❺ *(have interesting life)* **if you haven't seen Venice, you haven't ~d** Venedig sehen und sterben; **to ~ a little** [*or* **a bit**] das Leben genießen ❻ *(reside)* wohnen; **where do you ~?** wo wohnst du?; **to ~ in the country/in town** auf dem Land/in der Stadt wohnen; **to ~ next door** nebenan wohnen; **to ~ next door to sb** neben jdm wohnen ▸ PHRASES: **to ~ to fight another day** es überstehen, überleben; **we ~d to tell the tale** wir haben's überlebt *fam;* **to ~ by one's wits** sich *akk* durchschlagen; **you** [*or* **we**] **~ and learn** man lernt nie aus; **to ~ and let ~** leben und leben lassen; **to ~ to regret sth** etw noch bereuen werden; **long ~!** lang lebe!; **long ~ the king/queen!** lang lebe der König/die Königin! **II.** *vt* **to ~ [one's] life to the full** das Leben in vollen Zügen genießen; **to ~ one's own life** sein eigenes Leben leben; **to ~ a life of luxury** ein luxuriöses [*o* extravagantes] Leben führen ▸ PHRASES: **to ~ a lie** mit einer Lebenslüge leben; **to ~ and breathe sth** mit Leib und Seele für etw *akk* sein; **to ~ it up** sich *akk* ausleben [*o* austoben], die Puppen tanzen lassen *fig fam*

◆**live down** *vt* ■**to ~ down** ⊂ **sth** über etw *akk* hinwegkommen; *mistakes* über etw *akk* Gras wachsen lassen; **you'll never ~ it down** das wird dir ewig anhängen

◆**live for** *vi* ■**to ~ for sth** für etw *akk* leben; **there is nothing left to ~ for** es gibt nichts [mehr], wofür es sich zu leben lohnt

◆**live in** *vi* [mit] im selben Haus wohnen

◆**live off,** AM *a.* **live off of** *vi* ❶ *(depend on)* ■**to ~ off sb** auf jds Kosten *pl* leben ❷ *(support oneself)* ■**to ~ off sth** *inheritance* von etw *dat* leben ❸ *(subsist on)* ■**to ~ off sth** von etw *dat* leben, sich *akk* von etw *dat* ernähren

◆**live on** *vi* ❶ *(continue)* weiterleben; *tradition* fortbestehen; **to ~ on in the memory** in Erinnerung bleiben ❷ *(support oneself)* ■**to ~ on sth** von etw *dat* leben; **his wage won't be enough to ~ on** er verdient nicht genug, um davon zu leben ❸ *(eat only)* ■**to ~ on sth** von etw *dat* leben, sich *akk* von etw *dat* ernähren

◆**live out I.** *vt* **to ~ out one's destiny** [*or* **fate**] sich *akk* mit seinem Schicksal abfinden, sich *akk* in sein Schicksal ergeben; **to ~ one's dreams/fantasies** seine [Wunsch]träume/Vorstellungen verwirklichen, sich *dat* seinen Traum erfüllen; **to ~ out one's life/one's days** sein Leben/seine Tage verbringen **II.** *vi* BRIT außerhalb des Hauses [*o* nicht im selben Haus] wohnen; **other students ~d out in rented accommodation in the town** andere Studenten wohnten in gemieteten Zimmern oder Wohnungen in der Stadt

◆**live through** *vi* ■**to ~ through sth** etw überstehen; **he ~d through back pain until the age of fifty** er litt bis zu seinem fünfzigsten Lebensjahr an Rückenschmerzen; **he ~d through the war** er hat den Krieg durchgemacht

◆**live together** *vi* zusammenleben; *(in same flat)* zusammenwohnen

◆**live up to** *vi* **to ~ up to sb's expectations** jds Erwartungen *pl* gerecht werden; **to ~ up to one's principles** an seinen Prinzipien festhalten; **to ~ up to a standard/one's reputation** einer Anforderung/seinem Ruf gerecht werden; **to ~ up to a promise** ein Versprechen erfüllen; **to ~ up to an earlier success** an einen früheren Erfolg anknüpfen

◆**live with** *vi* ❶ *(cohabiting)* **to ~ with each other** zusammenleben ❷ *(tolerate)* ■**to ~ with sth** mit etw *dat* leben [müssen], sich *akk* mit etw *dat* abfinden

live·able [ˈlɪvəbl] *adj* ❶ *(habitable)* wohnlich; *apartment/room* wohnlich; *climate* angenehm ❷ *(worth living)* lebenswert; **to make life more ~** das Leben lebenswerter machen ❸ *(fam: companionable)* **to be ~ with** gesellig [*o* umgänglich] sein; **Henry really isn't ~ with!** mit Henry kommt man wirklich nicht aus!

live ˈbait *n (fish)* Köderfisch *m;* *(worm)* Köderwurm *m*

lived in *adj pred, inv,* **lived-in** *adj attr, inv* behaglich, gemütlich; **to have a ~ look** wohnlich aussehen

ˈlive-in *adj attr, inv* ❶ *(cohabiting)* **she has a ~ boyfriend** sie lebt mit ihrem Freund zusammen ❷ *(resident)* **a ~ nanny** ein Kindermädchen, das [mit] im Haus lebt

live·li·hood [ˈlaɪvlihʊd] *n* Lebensunterhalt *m;* **to earn one's ~** seinen Lebensunterhalt verdienen; **they earn their ~ from farming** sie leben von der Landwirtschaft; **to lose one's ~** seine Existenzgrundlage verlieren; **to have a means of ~** seinen Lebensunterhalt bestreiten können; **their ~s very much depend on the rain** ihre Existenz hängt sehr stark davon ab, ob es genug regnet

live·li·ness [ˈlaɪvlinəs] *n no pl of a story* Lebendigkeit *f; of a child, person* Lebhaftigkeit *f,* Aufgewecktheit *f*

live·long [ˈlɪvlɒŋ, AM -lɑːŋ] *adj (liter)* **all the ~ day** den lieben langen Tag

live·ly [ˈlaɪvli] *adj* ❶ *(full of energy) city, child, street* lebhaft, lebendig; *child, eyes, tune* munter; **look ~!** ein bisschen mehr Schwung, bitte!; **they had a ~ time** bei ihnen war etwas los; **~ atmosphere** lebhafte Stimmung; **~ manner** lebhafte Art; **~ nature** aufgewecktes Wesen; **~ place** ein Ort, an dem immer etwas los ist ❷ *(bright) colour* hell; *(pej)* grell *pej* ❸ *(lifelike)* lebendig, anschaulich; **~ description** anschauliche Beschreibung ❹ *(enduring) tradition* lebendig ❺ *(brisk)* rege; **~ business** reger Geschäftsverkehr; **~ pace** flottes Tempo ❻ *(stimulating) discussion, style* lebhaft; **~ conversation** lebhaftes [*o* angeregtes] Gespräch; **~ imagination** rege Fantasie; **a ~ mind** ein wacher Verstand; **to take a ~ interest in sth** ein reges Interesse an etw *dat* haben ❼ *esp* BRIT *(iron: difficult or exciting)* **to make sth ~ for sb** etw für jdn schwierig machen ❽ NAUT bewegt

liv·en [ˈlaɪvᵊn] **I.** *vt* ■**to ~ up** ⊂ **sth** etw beleben, Leben in etw *akk* bringen; **to ~ up an event** mehr Pep in eine Veranstaltung bringen; **to ~ up a room** ein Zimmer etwas aufpeppen *fam;* **to ~ up a party** mehr Schwung in eine Party bringen; ■**to ~ up** ⊂ **sb** jdn aufmuntern **II.** *vi person* aufleben; *party, sports match* in Schwung kommen; **things ~ up in our community in summer** in unserer Siedlung ist im Sommer richtig was los *fam*

liv·er[1] [ˈlɪvəʳ, AM -ɚ] **I.** *n* FOOD, ANAT Leber *f;* **chicken/calf's/goose ~** Hühner-/Kalbs-/Gänseleber *f* **II.** *n modifier* MED **~ transplant** Lebertransplantation *f;* **~ scan** Ultraschallaufnahme der Leber

liv·er[2] [ˈlɪvəʳ, AM -ɚ] *n* **a clean ~** ein solider Mensch; **a fast ~** ein Lebemann *m*

ˈliv·er com·plaint *n* Leberschaden *m*

liv·er·ied [ˈlɪvᵊrid, AM -ɚid] *adj* livriert

liv·er·ish [ˈlɪvᵊrɪʃ, AM -ɚɪʃ] *adj* ❶ *(dated: ill)* leberkrank; ■**to be ~** leberkrank sein ❷ *(hum: peevish)* mürrisch, launisch, übellaunig

ˈliv·er paste *n,* **ˈliv·er pâté** *n* Leberpastete *f*

Liv·er·pud·lian [ˌlɪvəˈpʌdliən, AM -ɚˈ-] **I.** *n* ❶ *(person)* Liverpooler(in) *m(f)* ❷ *no pl (dialect)* Liverpooler Dialekt **II.** *adj inv* Liverpooler; **~ accent** Liverpooler Akzent **ˈliv·er sau·sage** *n no pl* FOOD Leberwurst *f* **ˈliv·er spot** *n* Leberfleck *m* **liv·er·wurst** [ˈlɪvəwɜːst, AM -ɚwɜːrst] *n* AM, AUS Leberwurst *f*

liv·ery [ˈlɪvᵊri] *n* ❶ FASHION Livree *f* ❷ BRIT (*design*) Firmenfarben *pl* ❸ ZOOL *Unterstellung [von Pferden] in einem Mietstall;* **we have three horses at ~** wir haben drei Pferde in Futter und Pflege stehen
ˈliv·ery sta·ble *n*, **ˈliv·ery yard** *n* Mietstall *m*
lives [laɪvz] *n pl of* **life**
ˈlive·stock I. *n no pl* Vieh *nt* **II.** *n modifier* (*breeder, breeding*) Vieh-; **~ fair** Viehmarkt *m* **ˈlive wire** *n* (*fam*) Energiebündel *nt*
liv·id [ˈlɪvɪd] *adj* ❶ (*fam: furious*) wütend, fuchtig *fam;* **to be ~** zornig sein; **absolutely** [*or* **simply**] **~** fuchsteufelswild *fam* ❷ (*discoloured*) aschgrau, blaugrau; **a ~ bruise** ein blauer Fleck
liv·ing [ˈlɪvɪŋ] **I.** *n* ❶ *usu sing* (*livelihood*) Lebensunterhalt *m;* **you can make a good ~ in sales** von der Arbeit als Vertreter kann man prima leben; **is he really able to make a ~ as a translator?** kann er von der Übersetzerei wirklich leben?; **to do sth for a ~** mit etw *dat* seinen Lebensunterhalt verdienen; **what do you do for a ~?** womit verdienen Sie Ihren Lebensunterhalt?; **to work for a ~** für seinen Lebensunterhalt arbeiten ❷ BRIT REL (*dated*) Pfründe *f* ❸ *no pl* (*lifestyle*) Lebensart *f*, Lebensstil *m;* **standard of ~** Lebensstandard *m;* **fast ~** ein ausschweifendes Leben; **a good ~** ein Leben im Wohlstand; **we are rather fond of good ~** wir leben ganz gerne [so] richtig gut; **gracious ~** ein vornehmer Lebensstil; **loose ~** ein lockerer Lebenswandel; **country ~** Landleben *nt* ❹ *pl* ■**the ~** (*people*) die Lebenden *pl;* **to be in the land of the ~** (*poet*) unter den Lebenden weilen *liter* **II.** *adj inv* ❶ (*alive*) lebend *attr;* **we didn't see a ~ soul on the streets** wir sahen draußen auf der Straße keine Menschenseele; **do you have any ~ grandparents?** hast du Großeltern, die noch leben?; **are any of your grandparents ~?** lebt von deinen Großeltern noch jemand?; **~ creatures** Lebewesen *ntpl* ❷ (*exact*) **to be the ~ image** [*or* **likeness**] **of sb** jdm wie aus dem Gesicht geschnitten sein; **to be the ~ embodiment of Jesus** die leibhaftige Verkörperung Jesu Christi sein ❸ (*still used*) lebendig; **a ~ language** eine lebende Sprache; **a ~ tradition** eine [noch heute] lebendige Tradition ▸ PHRASES: **to scare the ~ daylights out of sb** jdn zu Tode erschrecken; **to be in** [*or* **within**] **~ memory** [noch] in [lebendiger] Erinnerung sein; **to be** [**the**] **~ proof that ...** der lebende Beweis dafür sein, dass ...
ˈliv·ing con·di·tions *n* Lebensbedingungen *pl* **ˈliv·ing quar·ters** *npl* Wohnbereich *m;* MIL Quartier *nt;* **the soldiers' ~** die Stube **ˈliv·ing room** *n* Wohnzimmer *nt* **liv·ing room ˈsuite** *n* AM Wohnzimmergarnitur *f* **ˈliv·ing space** *n no pl* (*for personal accommodation*) Wohnraum *m;* (*for a nation*) Lebensraum *m* **liv·ing ˈwage** *n no pl* Existenzminimum *nt* **liv·ing ˈwill** *n* LAW *Willenserklärung eines Patienten, die seine medizinische Behandlung festlegt*
liz·ard [ˈlɪzəd, AM -ɚd] **I.** *n* ZOOL Eidechse *f*, Echse *f* **II.** *n modifier* (*jacket, pocketbook*) aus Eidechsenleder *nach n*
'll = will, shall *see* **will¹**, **shall**
lla·ma [ˈlɑːmə] *n* Lama *nt*
LLB [ˌelelˈbiː] *n* UNIV *abbrev of* **Bachelor of Laws** Bakkalaureus *m* der Rechte
LLD [ˌelelˈdiː] *n* UNIV *abbrev of* **Doctor of Laws** Dr. jur.
LLM [ˌelelˈem] *n* UNIV *abbrev of* **Master of Laws** Magister *m* der Rechte
LMT [ˌelemˈtiː] *n abbrev of* **Local Mean Time** Ortszeit *f*
lo [ləʊ, AM loʊ] *interj* (*liter or old or hum*) siehe *liter o veraltet;* **~ and behold** (*hum*) und siehe da *hum*
load [ləʊd, AM loʊd] **I.** *n* ❶ (*amount carried*) Ladung *f;* **the maximum ~ for this elevator is eight persons** der Aufzug hat eine Tragkraft von maximal acht Personen; **with a full ~ of passengers** mit Passagieren [voll] besetzt ❷ (*burden*) Last *f;* **a heavy/light ~** ein hohes/niedriges Arbeitspensum; **I've got a heavy teaching ~ this term** in diesem Semester habe ich eine hohe Stundenzahl; **to lighten the ~** das Arbeitspensum verringern; **to spread the ~** die Verantwortung teilen; **~ of debt** Schuldenlast *f;* (*of grief*) Last *f* ❸ (*fam: lots*) **a ~ of people turned up at the party** zur Party kamen jede Menge Leute *fam;* **what a ~ of rubbish!** was für ein ausgemachter Blödsinn! *fam;* **a ~ of cars** eine [*o* jede] Menge Autos *fam;* **a ~ of washing** Wäscheberg *m;* **a ~ of work** ein Riesenberg an Arbeit ❹ (*fam: plenty*) ■**~s** jede Menge *fam*, massenhaft *fam;* **you need ~s of patience to look after children** man braucht unglaublich viel Geduld, um Kinder zu beaufsichtigen ▸ PHRASES: **get a ~ of this!** (*sl*) hör dir das an!; **get a ~ of this new car!** jetzt schau' dir doch mal dieses neue Auto an!; **to take a ~ off** [**one's feet**] AM sich *akk* erst mal setzen *fam;* **that takes a ~ off my mind!** da fällt mir aber ein Stein vom Herzen! **II.** *adv* ■**~s** *pl* (*sl*) tausendmal *fam;* **this book is ~s better than his last one** dieses Buch ist um Klassen besser als sein letztes *fam* **III.** *vt* ❶ (*fill*) ■**to ~ sth** etw laden; **to ~ a container** einen Container beladen; **to ~ the dishwasher** die Spülmaschine einräumen; **to ~ the washing machine** die Waschmaschine füllen ❷ (*fig: burden*) aufladen; **my boss has ~ed me with work** mein Chef hat mich mit unheimlich viel Arbeit eingedeckt; **~ed with grief** gramgebeugt; **~ed with worries** sorgenbeladen; **to ~ sb with responsibilities** jdm sehr viel Verantwortung aufladen ❸ (*supply excessively*) ■**to ~ sb/sth with sth** jdn/etw mit etw *dat* überhäufen [*o* überschütten] ❹ (*fill*) laden; **to ~ a cannon** eine Kanone laden; **to ~ bullets** [**into a weapon**] Patronen [nach]laden; (*insert*) einlegen; **to ~ a cassette/film** eine Kassette/einen Film einlegen; **to ~ a program onto a computer** ein Programm auf einem Computer installieren ❺ (*bias*) **to ~ a roulette wheel** das Roulette präparieren ▸ PHRASES: **to ~ the dice** mit falschen Karten spielen *fig;* **to ~ the dice in favour of sb/sth** für jdn/etw eingenommen sein; **to ~ the dice against sb/sth** gegen jdn/etw voreingenommen sein **IV.** *vi* [ver]laden
◆**load down** *vt* ■**to ~ sth ↔ down** etw schwer beladen; ■**to ~ sb down** jdm zu viel aufbürden, jdn überlasten *fig;* **you're ~ed down with shopping** du bist ja richtig schwer bepackt mit Einkaufstüten
◆**load up I.** *vt* **to ~ up a container** einen Container beladen; **let's ~ up the car and then we can go** lass uns schnell die Sachen ins Auto laden, dann können wir gehen **II.** *vi* beladen, aufladen
load·ed [ˈləʊdɪd, AM ˈloʊd-] *adj* ❶ (*carrying sth*) beladen ❷ (*with ammunition*) geladen ❸ (*having excess*) ■**to be ~ with sth** mit etw *dat* überladen sein; **to be ~ with calories** eine Kalorienbombe sein ❹ *pred* (*fam: rich*) steinreich *fam*, stinkreich *sl;* **he must be ~!** er muss ja regelrecht im Geld schwimmen! ❺ *pred esp* AM (*sl: drunk*) besoffen *fam;* **what a party – everyone was ~!** was für eine Party – die hatten alle ganz schön einen in der Krone! *fam* ❻ AM AUTO (*with all the extras*) voll ausgestattet; **the car is fully ~!** das Fahrzeug ist mit allen Extras ausgestattet! ❼ (*biased*) **to be ~ in favour of sb/sth** für jdn/etw eingenommen sein; **~ dice** falsches [*o fam* abgekartetes] Spiel; **to play with ~ dice** (*fig*) mit gezinkten Karten spielen *fig;* (*full of implication*) **emotionally ~** emotional aufgeladen; **~ question** Fangfrage *f;* **a ~ statement** *eine Feststellung, die aus Voreingenommenheit getroffen wurde*
load·ing bay *n*, **load·ing dock** *n* Ladezone *f*, Verladeplatz *m*
ˈload line *n* NAUT Kiellinie *f*
load·star *n see* **lodestar**
load·stone *n see* **lodestone**
loaf¹ <*pl* loaves> [ləʊf, AM loʊf] *n* ❶ (*bread*) Brot *nt;* (*unsliced*) Brotlaib *m* ❷ (*bread-shaped food*) Kasten-; **fruit ~** englischer Früchtekuchen; **nut ~** Nusskuchen *m* ▸ PHRASES: **half a ~ is better than none** [*or* **no bread**] (*prov*) etwas ist besser als gar nichts
loaf² [ləʊf, AM loʊf] *vi* faulenzen, rumhängen *fam;* **to ~ about** [*or* **around**] [*or* **round**] herumgammeln *fam*, herumhängen *fam*
loaf·er [ˈləʊfəʳ, AM ˈloʊfɚ] *n* ❶ (*person*) Faulenzer(in) *m(f) pej,*

L

Nichtstuer *m* ❷ FASHION ■ ~® [leichter] Halbschuh; **penny ~s** geflochtene Halbschuhe
'loaf sug·ar *n* Zuckerhut *m*
loam [ləʊm, AM loʊm] *n no pl* ❶ (*soil*) Lehmerde *f*, Lehmboden *m* ❷ (*for making bricks*) Lehm *m*
loamy ['ləʊmi, AM 'loʊmi] *adj* lehmig; ~ **soil** Lehmerde *f*, Lehmboden *m*
loan [ləʊn, AM loʊn] **I.** *n* ❶ (*money*) Darlehen *nt*, Kredit *m;* **a $50,000** ~ ein Darlehen über $50,000; **an unsecured** ~ ein ungesicherter Kredit; **to take out a** ~ ein Darlehen aufnehmen; **to get a** ~ ein Darlehen [*o* einen Kredit] bekommen ❷ (*act*) Ausleihe *f kein pl*, Verleihen *nt kein pl;* **a permanent** ~ eine Dauerleihgabe; **to be on** ~ verliehen sein; **the exhibit is on** ~ **from another museum** das Ausstellungsstück ist die Leihgabe eines anderen Museums; **to be on long-term/short-term** ~ langfristig/kurzfristig ausgeliehen sein **II.** *n modifier* ~ **conditions** Kreditbedingungen *fpl*, Darlehensbedingungen *fpl* **III.** *vt* ■ **to** ~ **sb sth** [*or* **sth to sb**] jdm etw leihen
'loan shark *n* (*pej fam*) Kredithai *m pej fam* **'loan trans·la·tion** *n* LING Lehnübersetzung *f* **'loan·word** *n* LING Lehnwort *nt*
loath [ləʊθ, AM loʊθ] *adj pred* (*form*) ■ **to be** ~ **to do sth** etw ungern [*o* widerwillig] tun
loathe [ləʊð, AM loʊð] **I.** *adj* AM *see* **loath II.** *vt* ■ **to** ~ **sth** etw nicht ausstehen [*o* leiden] können; **I** ~ **doing housework** Hausarbeit ist mir zuwider; ■ **to** ~ **sb** jdn verabscheuen; **the two brothers** ~ **each other** die beiden Brüder hassen sich
loath·ing ['ləʊðɪŋ, AM 'loʊð-] *n no pl* (*hate*) Abscheu *m;* (*hatred*) Hass *m;* **fear and** ~ Angst und Abscheu; **deep** ~ tiefe Abscheu; **to fill sb with** ~ jdn mit Ekel erfüllen; **to have a** ~ **for** [*or* **of**] **sb/sth** jdn/etw verabscheuen
loath·some ['ləʊðsəm, AM 'loʊð-] *adj* abscheulich; *suggestion, action* abstoßend; **war is a** ~ **business** Krieg ist etwas ganz Abscheuliches; **spiders are** ~ **little creatures** Spinnen sind eklige kleine Geschöpfe
loath·some·ness ['ləʊðsəmnəs, AM 'loʊð-] *n no pl* Abscheulichkeit *f*, Widerlichkeit *f*, Ekelhaftigkeit *f*
loaves [ləʊvz, AM loʊvz] *n pl of* **loaf**
lob [lɒb, AM lɑ:b] **I.** *vt* <-bb-> ❶ (*hit*) ■ **to** ~ **sth** etw lobben; **to** ~ **a ball** im Lob spielen, lobben; (*throw*) **to** ~ **a grenade** eine Granate in hohem Bogen werfen ❷ (*in soccer*) **to** ~ **an opponent** gegen jdn im Lob spielen; (*in tennis*) **to** ~ **an opponent** dem Gegner den Ball von unten her zuspielen **II.** *n* ❶ (*ball*) Lob *m* ❷ (*stroke*) Lobspiel *nt kein pl*
lob·by ['lɒbi, AM 'lɑ:bi] **I.** *n* ❶ ARCHIT Eingangshalle *f*, Vorhalle *f;* **hotel/theatre** ~ Hotel-/Theaterfoyer *nt* ❷ BRIT POL Lobby *f* ❸ POL Lobby *f*, Interessengruppe *f;* **the anti-abortion** ~ die Lobby der Abtreibungsgegner **II.** *vi* <-ie-> ■ **to** ~ **for/against sth** seinen Einfluss [mittels eines Interessensverbandes] für etw *akk*/gegen etw *akk* geltend machen; **local residents lobbied to have the factory shut down** die Anwohner schlossen sich zusammen und forderten die Stilllegung der Fabrik **III.** *vt* <-ie-> ■ **to** ~ **sb/sth** [**to do sth**] jdn/etw beeinflussen [etw zu tun]; **they have been ~ing Congress to change the legislation** sie haben auf den Kongress Einfluss genommen, um die Gesetze zu ändern
'lob·by cor·re·spond·ent *n* BRIT POL politischer Korrespondent/politische Korrespondentin
lob·by·er ['lɒbiəʳ, AM 'lɑ:biɚ] *n see* **lobbyist**
lob·by·ing ['lɒbiɪŋ, AM 'lɑ:b-] *n Beeinflussung von Abgeordneten durch Lobbys*
lob·by·ist ['lɒbiɪst, AM 'lɑ:b-] *n* POL Lobbyist(in) *m(f)*
lobe [ləʊb, AM loʊb] *n* Lappen *m; of brain* Gehirnlappen *m; of liver* Leberlappen *m; of ear* Ohrläppchen *nt*
lobed [ləʊbd, AM loʊbd] *adj inv* gelappt, lappig
lo·belia [lə(ʊ)'bi:liə, AM loʊ'bi:ljə] *n* BOT Lobelie *f*
lo·boto·my [lə(ʊ)'bɒtəmi, AM loʊ'bɑ:ṭ-] *n* MED Lobotomie *m*, Leukotomie *f*
lob·ster ['lɒbstəʳ, AM 'lɑ:bstɚ] **I.** *n* ❶ ZOOL Hummer *m* ❷ *no pl* FOOD Hummer *m*, Hummerfleisch *nt* **II.** *n modifier* (*soup, salad*) Hummer-
'lob·ster pot *n* Hummerfangkorb *m*
lo·cal ['ləʊkᵊl, AM 'loʊ-] **I.** *adj* ❶ (*neighbourhood*) hiesig, örtlich; ~ **accent/dialect/custom** hiesiger Akzent/Dialekt/Brauch; ~ **celebrity** örtliche Berühmtheit; **the** ~ **gentry** BRIT (*dated*) der ortsansässige [*o* hiesige] Adel; ~ **hero** Lokalmatador *m;* ~ **jurisdiction** regionale Gerichtsbarkeit; **a** ~ **legend** eine hiesige Legende; ~ **official** Kommunalbeamte(r) *m*, Kommunalbeamte [*o* -in] *f;* **the** ~ **police** die örtliche Polizei; ~ **politics** Kommunalpolitik *f;* ~ **radio station** Lokalsender *m;* ~ **television station** Regionalfernsehen *nt;* ~ **branch** Filiale *f; of a bank, shop* Zweigstelle *f*, Zweigniederlassung *f* ❷ MED lokale Infektion; ~ **pain** lokaler Schmerz; ~ **swelling** lokale Schwellung **II.** *n* ❶ *usu pl* (*inhabitant*) Ortsansässige(r) *f(m)*, Einheimische(r) *f(m)* ❷ BRIT (*fam: pub*) Stammlokal *nt*, Stammkneipe *f fam*, Dorfkrug *m* NORDD ❸ (*bus*) Bus *m;* (*in the inner city*) Stadtbus *m;* (*in the immediate locality*) Nahverkehrsbus *m;* (*train*) Nahverkehrszug *m* ❹ AM (*trade union*) örtliches Gewerkschaftsbüro; **she's a member of union** ~ **1103** sie ist ein Mitglied des Gewerkschaftsbüros Nummer 1103
lo·cal an·aes·'thet·ic *n* MED örtliche Betäubung, Lokalanästhesie *f fachspr* **lo·cal area 'net·work** *n* COMPUT lokales [Rechner]netz **lo·cal au'thor·ity** *n* BRIT *of community* Gemeindeverwaltung *f*, Kommunalverwaltung *f; of city* Stadtverwaltung *f*, städtische Behörden **'lo·cal call** *n* Ortsgespräch *nt* **lo·cal 'col·our** *n no pl* Lokalkolorit *nt* **lo·cal 'coun·cil·lor** *n* Gemeinderat, -rätin *m, f*, [Kommunal]stadtrat, -rätin *m, f* **lo·cal 'der·by** *n* BRIT Lokalderby *nt*
lo·cale [lə(ʊ)'kɑ:l, AM loʊ'kæl] *n* Örtlichkeit *f;* LIT Schauplatz *m*
lo·cal e'lec·tion *n* Kommunalwahl *f* **lo·cal 'gov·ern·ment** *n of towns* Stadtverwaltung *f; of counties* Bezirksverwaltung *f;* **grant from** ~ Zuschüsse der Stadt
lo·cal·ity [lə(ʊ)'kæləti, AM loʊ'kæləṭi] *n* Gegend *f;* **there are several shops in the** ~ im Ort gibt es mehrere Läden
lo·cali·za·tion [ˌləʊkᵊlaɪ'zeɪʃᵊn, AM ˌloʊkᵊlɪ'-] *n no pl* Lokalisation *f*, Lokalisierung *f geh*
lo·cal·ize ['ləʊkᵊlaɪz, AM 'loʊ-] *vt* ■ **to** ~ **sth** ❶ (*restrict*) etw lokalisieren *geh;* **to** ~ **pain** den Schmerz lokalisieren ❷ (*pinpoint*) etw lokalisieren *geh;* **to** ~ **a fault in sth** herausfinden, wo ein Fehler in etw *dat* liegt ❸ (*give local characteristics*) etw örtlich genau definieren; **this user interface needs to be ~d** es muss definiert werden, wo genau diese Benutzerschnittstelle liegen soll
lo·cal·ly ['ləʊkᵊli, AM 'loʊ-] *adv inv* am [*o* vor] Ort; **fruit and vegetables are grown** ~ Obst und Gemüse werden hier in dieser Gegend angebaut; ~ **produced** vor Ort hergestellt [*o* produziert]
lo·cal 'news *n + sing vb* Lokalnachrichten *pl* **lo·cal 'news·pa·per** *n* Lokalblatt *nt*, Lokalzeitung *f* **'lo·cal time** *n* Ortszeit *f* **lo·cal 'traf·fic** *n no pl* Nahverkehr *m* **lo·cal 'train** *n* Nahverkehrszug *m*
lo·cate [lə(ʊ)'keɪt, AM 'loʊ-] **I.** *vt* ❶ (*find*) ■ **to** ~ **sth** etw ausfindig machen, *geh* lokalisieren; *plane, sunken ship* etw orten ❷ (*situate*) ■ **to** ~ **sth** etw bauen [*o* errichten]; **our office is ~d at the end of the road** unser Büro befindet sich am Ende der Straße; **many power stations are ~d on coastal land** viele Kraftwerke liegen in Küstengebieten; **to be centrally ~d** zentral liegen [*o* gelegen sein] **II.** *vi* AM sich *akk* niederlassen; **the company hopes to** ~ **in its new offices by June** die Firma hofft, ihre neuen Büroräume bis spätestens Juni beziehen zu können
lo·ca·tion [lə(ʊ)'keɪʃᵊn, AM loʊ'-] *n* ❶ (*place*) Lage *f; company* Standort *m;* **we're trying to find a good** ~ **for our party** wir werden versuchen, einen günstigen Ort für unsere Party ausfindig zu machen; **convenient** ~ günstige Lage; *of a company, building* günstiger Standort ❷ FILM Drehort *m;* **this latest**

movie was filmed in three different ~**s** dieser letzte Film wurde an drei verschiedenen Drehorten gedreht; **this film was shot entirely on** ~ der Film wurde direkt vor Ort gedreht; **to be on** ~ bei Außenaufnahmen sein ③ *no pl* (*act*) Positionsbestimmung *f,* Ortung *f geh; of tumour* Lokalisierung *f;* **this makes the** ~ **of the airfield quite easy** dadurch lässt sich der Flughafen sehr leicht orten

loca·tive [ˈlɒkətɪv, AM ˈlɑːkət̬-] LING **I.** *adj attr, inv* **the** ~ **case** der Lokativ **II.** *n* ■**the** ~ der Lokativ

loc. cit. [ˌlɒkˈsɪt, AM ˌlɑːkˈ-] *abbrev of* **loco citato** l.c. *geh,* a.a.O.

loch [lɒk, *Scot* lɒx] *n* SCOT ① (*lake*) See *m* ② (*fjord*) Meeresarm *m*

loci [ˈləʊsaɪ, -kaɪ, -kiː, AM ˈloʊ-] *n pl of* **locus**

lock[1] [lɒk, AM lɑːk] **I.** *n* ① (*fastening device*) Schloss *nt;* **combination** ~ Kombinationsschloss *nt;* **bicycle** ~ Fahrradschloss *nt;* **steering** ~ Lenkradschloss *nt* ② NAUT Staustufe *f,* Schleuse *f* ③ (*in wrestling*) Fesselgriff *m;* **to hold sb in a body** ~ jdn fest umklammert halten ④ *no pl* BRIT, AUS AUTO Wendekreis *m* ⑤ AM (*fam*) ■**to be a** ~ feststehen; **she's a** ~ **for promotion this year** es ist völlig sicher, dass sie dieses Jahr befördert wird ▶ PHRASES: ~**, stock and barrel** ganz und gar; **we're moving our things** ~**, stock and barrel to another city** wir ziehen mit Sack und Pack in eine andere Stadt; **he rejected my idea** ~**, stock and barrel** er hat meine Idee in Bausch und Bogen verworfen; **to be under** ~ **and key** hinter Schloss und Riegel sitzen *fam;* **to have a** ~ **on sth** AM (*fam*) etw fest in der Hand haben *fig;* **they have had a** ~ **on the market for years** sie kontrollieren den Markt schon seit Jahren **II.** *vt* ① (*fasten*) ■**to** ~ **sth** etw abschließen; **he** ~**ed the confidential documents in his filing cabinet** er schloss die vertraulichen Dokumente in den Aktenschrank; **to** ~ **a suitcase** einen Koffer verschließen; **to** ~ **a building** ein Gebäude zuschließen [*o* SÜDD, ÖSTERR zusperren] ② *usu passive* (*entangle*) sich *akk* verhaken; **I'm afraid our ship is** ~**ed in ice** ich fürchte, unser Schiff steckt im Eis fest; **to** ~ **one's hands behind sb's neck** jds Hals umklammern; **to be** ~**ed in an embrace** sich *akk* eng umschlungen halten; **to be** ~**ed in a struggle** sich *akk* umklammert halten; **to be** ~**ed in discussions** in Diskussionen verwickelt werden **III.** *vi* ① (*become secured*) schließen ② (*become fixed*) binden; **our gazes** ~**ed** wir konnten den Blick nicht mehr voneinander [ab]wenden ③ NAUT eine Schleuse passieren

◆**lock away** *vt* ① (*secure*) ■**to** ~ **away** ↻ **sth** etw wegschließen; **to** ~ **away money** Geld wegschließen ② (*for peace and quiet*) ■**to** ~ **oneself away** [**in one's office**] sich *akk* [in seinem Büro] einschließen; ■**to** ~ **away** ↻ **sb** jdn einsperren *fam;* **he should be** ~**ed away for a long time** (*in prison*) er sollte für lange Zeit hinter Gitter kommen; (*in mental institution*) er sollte für lange Zeit in eine geschlossene Anstalt kommen

◆**lock on** *vi* MIL **to** ~ **on to a target** ein genaues Ziel ausmachen

◆**lock out** *vt* ■**to** ~ **sb/oneself out** jdn/sich aussperren

◆**lock up I.** *vt* ① (*shut, secure*) ■**to** ~ **up** ↻ **sth** etw abschließen; **to** ~ **up a building** ein Gebäude abschließen; **to** ~ **up documents** Dokumente wegschließen; **to** ~ **up money** Geld wegschließen ② (*put in custody*) ■**to** ~ **up** ↻ **sb** LAW jdn einsperren *fam;* MED jdn in eine geschlossene Anstalt bringen; ■**to** ~ **oneself up** sich *akk* einschließen ▶ PHRASES: **to** ~ **sb up and throw away the key** jdn für immer und ewig einsperren *fam* **II.** *vi* abschließen, zuschließen

lock[2] [lɒk, AM lɑːk] *n* ① (*curl*) [Haar]locke *f* ② (*poet: hair*) ■~**s** *pl* Haar *nt kein pl;* **long, flowing** ~**s** langes, wallendes Haar *geh*

lock·able [ˈlɒkəbl̩, AM ˈlɑːk-] *adj inv* verschließbar

lock·down [ˈlɑːkdaʊn] *n* Ausgangssperre *f*

lock·er [ˈlɒkəʳ, AM ˈlɑːkɚ] *n* Schließfach *nt;* MIL Spind *m*

ˈlock·er room *n* Umkleideraum [mit Schließfächern] *m*

ˈlock·er-room *adj attr* unanständig, anstößig; ~ **joke** schlüpfriger [*o pej* schmutziger] Witz; ~ **humour** schmutziger Humor; ~ **talk** anstößige Unterhaltung; ~ **mentality** schlüpfrige Art

lock·et [ˈlɒkɪt, AM ˈlɑːk-] *n* Medaillon *nt*

ˈlock·jaw *n no pl* MED (*dated fam*) Wundstarrkrampf *m* **ˈlock keep·er** *n* Schleusenwärter(in) *m(f)* **ˈlock·out** *n* (*esp pej*) Aussperrung *f* **ˈlock·smith** *n* Schlosser(in) *m(f)* **ˈlock·step I.** *n no pl* ① MIL **to march in** ~ im Gleichschritt marschieren; **to move in** ~ (*fig*) sich *akk* gleich entwickeln; (*fig*) **the two currencies seem to be moving in** ~ **with each other** die beiden Währungen scheinen sich im Gleichmaß zu entwickeln ② AM (*pattern*) Muster *nt;* **to break the** ~ das Blatt wenden *fig* **II.** *adv* **to march** ~ im Gleichschritt marschieren **ˈlock-up** *n* ① (*jail*) Gefängnis *nt,* Knast *m sl;* (*for drunks*) Ausnüchterungszelle *f* ② *esp* BRIT (*garage*) [angemietete] Garage ③ *no pl* AUTO Blockierung *f*

loco[1] [ˈləʊkəʊ, AM ˈloʊkoʊ] *n* (*fam*) *short for* **locomotive** Lok *f*

loco[2] [ˈləʊkəʊ, AM ˈloʊkoʊ] *adj pred esp* AM (*sl*) ① (*crazy*) verrückt, bekloppt *fam;* **to go** ~ [**over sb/sth**] verrückt [nach jdm/etw] sein ② MED verrückt, geistig verwirrt

lo·co·mo·tion [ˌləʊkəˈməʊʃən, AM ˌloʊkəˈmoʊ-] *n no pl* Fortbewegung *f*

lo·co·mo·tive [ˌləʊkəˈməʊtɪv, AM ˌloʊkəˈmoʊt̬-] **I.** *n* Lokomotive *f;* **diesel** ~ Diesellokomotive *f;* **steam** ~ Dampflokomotive *f* **II.** *adj attr, inv* Fortbewegungs-; ~ **force** Fortbewegungskraft *f*

lo·cum *n,* **lo·cum te·nens** <*pl* -tenentes> [ˌləʊkəmˈtenenz, AM ˌloʊkəmˈtiː-, *pl* -tɪˈnentiːz] *n esp* BRIT, AUS (*spec*) Vertreter(in) *m(f),* Vertretung *f* (*eines Arztes oder Geistlichen*)

lo·cus <*pl* -ci> [ˈləʊkəs, AM ˈloʊ-, *pl* -saɪ] *n* ① (*form: location*) Zentrale *f,* Hauptstelle *f;* ~ **of decision-making** Entscheidungszentrale *f;* ~ **of power** Schaltstelle *f* der Macht ② MATH geometrischer Ort ③ BIOL Genort *m*

lo·cust [ˈləʊkəst, AM ˈloʊ-] *n* ZOOL Heuschrecke *f;* **plague of** ~**s** Heuschreckenplage *f;* **swarm of** ~**s** Heuschreckenschwarm *m*

ˈlo·cust bean *n* Schote *f* (*insbesondere des Johannisbrotbaumes*) **ˈlo·cust tree** *n* BIOL (*carob tree*) Johannisbrotbaum *m;* (*acacia*) Robinie *f* **ˈlo·cust years** *npl* BRIT Jahre *ntpl* der Armut, Hungerjahre *ntpl;* (*difficult times*) harte Jahre

lo·cu·tion [lə(ʊ)ˈkjuːʃən, AM loʊˈ-] *n* ① *no pl* (*style of speech*) Ausdrucksweise *f,* Lokution *f fachspr;* **impeccable** ~ tadellose Ausdrucksweise ② (*expression*) Redensart *f,* Ausdruck *m*

lode [ləʊd, AM loʊd] *n* MIN Ader *f;* **a** ~ **of silver** eine Silberader

ˈlode·star *n usu sing* ① (*star*) Leitstern *m;* (*Pole Star*) Polarstern *m* ② (*guiding principle*) Leitbild *nt,* Leitstern *m* **ˈlode·stone** *n* ① *no pl* (*magnetite*) Magnetit *m,* Magneteisenstein *m* ② (*fig poet: attractor*) [Publikums]magnet *m*

lodge [lɒdʒ, AM lɑːdʒ] **I.** *n* ① (*house*) Hütte *f;* **gardener's** ~ Gartenschuppen *m;* **gatekeeper's** ~ Pförtnerhaus *nt* ② (*in a resort*) Lodge *f;* **ski** ~ Skihütte *f* ③ (*small house*) **hunting** [*or* **shooting**] ~ Jagdhütte *f;* **fishing** ~ Fischerhütte *f* ④ BRIT (*porter's quarters*) Pförtnerloge *f,* Pförtnerhaus *nt* ⑤ (*meeting place*) Loge *f; see also* **Masonic** ⑥ ZOOL (*beaver's lair*) [Biber]bau *m* ⑦ AM (*Indian dwelling*) Wigwam *m,* Indianerzelt *nt* **II.** *vt* ① (*present formally*) **to** ~ **an appeal/objection** LAW Berufung/Widerspruch einlegen; **to** ~ **a complaint** Beschwerde einlegen; **to** ~ **a protest** Protest erheben ② *esp* BRIT, AUS (*form: store*) ■**to** ~ **sth with sb/sth** etw bei jdm/etw hinterlegen; **to** ~ **money with a bank** Geld bei einer Bank deponieren; **to** ~ **valuables with sb/sth** Wertgegenstände bei jdm/etw hinterlegen ③ (*make fixed*) ■**to** ~ **sth** etw hineinstoßen ④ (*give sleeping quarters to*) ■**to** ~ **sb** jdn [bei sich *dat*] unterbringen **III.** *vi* ① (*become fixed*) stecken bleiben; **a fish bone had** ~**d in her throat** ihr war eine Gräte im Hals stecken geblieben ② (*form: reside*) logieren *geh,* [zur Miete] wohnen; ■**to** ~ **with sb** bei jdm [zur Untermiete] wohnen

lodg·er [ˈlɒdʒəʳ, AM ˈlɑːdʒɚ] *n* Untermieter(in) *m(f);* **gentleman** ~ AM (*dated*) möblierter Herr *veraltet;* **to take in** ~**s** Zimmer

L

[unter]vermieten
lodg·ing ['lɒdʒɪŋ, AM 'lɑːdʒ-] *n* ❶ *no pl* (*form: accommodation*) Unterkunft *f;* **board and** ~ Kost und Logis *f,* Unterkunft und Verpflegung *f;* **to find a night's** ~ ein Nachtquartier finden ❷ *esp* BRIT (*dated fam: rented room*) ■~**s** *pl* möbliertes Zimmer; **to take** ~**s** sich *dat* ein möbliertes Zimmer nehmen
'lodg·ing house *n* Pension *f*
loess ['ləʊes, AM 'loʊ-] *n no pl* GEOL Löss *m*
lo-fi ['ləʊ,faɪ, AM 'loʊ-] *adj existence, lifestyle, music* einfach, schlicht, ohne viel Technik *nach n*
loft [lɒft, AM lɑːft] **I.** *n* ❶ (*attic*) [Dach]boden *m,* Speicher *m,* Estrich *m* SCHWEIZ; (*for living*) Dachwohnung *f,* Loft *m;* **hay** ~ Heuboden *m* ❷ (*gallery in church*) **organ/choir** ~ Empore *f* (*für die Orgel/den* [*Kirchen*]*chor*) ❸ (*apartment*) **converted** ~ [zum Wohnraum] ausgebautes Dachgeschoss; **warehouse** ~ obere Etage eines Lagerhauses ❹ (*pigeon house*) Taubenschlag *m* **II.** *vt* **to** ~ **a ball** einen Ball hochschlagen; **to** ~ **a ball over sb** einen Ball über jdn hinwegschlagen
lofti·ly ['lɒftɪli, AM 'lɑːft-] *adv* stolz, hochmütig; **she** ~ **dismissed all my suggestions** voller Überheblichkeit schlug sie all meine Vorschläge in den Wind
lofti·ness ['lɒftɪnəs, AM 'lɑːft-] *n no pl* ❶ (*tallness*) Höhe *f* ❷ (*nobility*) Erhabenheit *f;* **the** ~ **of sb's ideals** jds hehre Ideale *geh* ❸ (*pej: haughtiness*) Hochmut *m,* Hochmütigkeit *f*
lofty ['lɒfti, AM 'lɑːfti] *adj* (*form*) ❶ (*liter: soaring*) hoch [aufragend], hochragend; ~ **heights** schwindelnde Höhen; **a man of** ~ **stature** ein Mann von hohem Wuchs; ~ **peaks** hoch aufragende Gipfel ❷ (*noble*) erhaben; ~ **aims** hoch gesteckte Ziele; ~ **ambitions** hochfliegende Ambitionen; ~ **ideals** hohe [*o* hehre] Ideale *a. iron* ❸ (*pej: haughty*) hochmütig, überheblich; **to take a** ~ **tone with sb** jdm gegenüber einen überheblichen Ton anschlagen
log¹ [lɒg, AM lɑːg] **I.** *n* (*fam*) *short for* **logarithm** Logarithmus *m* **II.** *n modifier* ~ **tables** Logarithmentafel *f*
log² [lɒg, AM lɑːg] **I.** *n* ❶ (*branch*) [gefällter] Baumstamm; (*tree trunk*) [Holz]klotz *m,* [Holz]block *m;* (*for firewood*) [Holz]scheit *nt;* **open** ~ **fire** offenes Holzfeuer ❷ NAUT Log *nt* ❸ (*record*) NAUT Logbuch *nt;* AVIAT Bordbuch *nt;* **to enter sth on** [*or* **in**] **the** ~ etw ins Logbuch eintragen ❹ (*systematic record*) Aufzeichnungen *fpl;* **attendance** ~ Anwesenheitsliste *f;* **police** ~ Polizeibericht *m;* **to keep a detailed** ~ genau Buch führen ► PHRASES: **to sleep like a** ~ (*fam*) wie ein Murmeltier schlafen *fam* **II.** *vt* <-gg-> ❶ (*enter into record*) ■**to** ~ **sth** etw aufzeichnen; **to** ~ **phone calls** [Telefon]anrufe registrieren; **to** ~ **complaints** [den Eingang von] Beschwerden registrieren; **to** ~ **a decline in income** einen Einkommensrückgang verzeichnen; **to** ~ **an incident** ein Ereignis protokollieren [*o* festhalten] ❷ (*achieve*) **to** ~ [**up**] **a distance** eine Strecke zurücklegen; **to** ~ [**up**] **a speed** eine Geschwindigkeit erreichen ❸ (*attain*) **to** ~ **an amount of time** eine [bestimmte] Zeit hinter sich *dat* haben [*o* absolvieren] ❹ AGR **to** ~ **a forest** einen Wald abholzen; **to** ~ **trees** Bäume fällen **III.** *vi* <-gg-> Bäume fällen
◆**log in** *vi* COMPUT sich *akk* einloggen [*o* anmelden]
◆**log off** *vi* COMPUT sich *akk* ausloggen [*o* abmelden]
◆**log on** *vi* COMPUT **to** ~ **on** [**to sth**] sich *akk* [in etw *akk*] einloggen, sich *akk* [bei etw *dat*] anmelden
◆**log out** *vi* COMPUT sich *akk* ausloggen [*o* abmelden]
lo·gan·ber·ry ['ləʊgᵊnbᵊri, AM 'loʊgᵊn,beri] *n* FOOD ❶ (*fruit*) Loganbeere *f* ❷ (*plant*) Loganbeerstrauch *m*
loga·rithm ['lɒgᵊrɪðᵊm, AM 'lɑːgə-] **I.** *n* Logarithmus *m* **II.** *n modifier* ~ **table** Logarithmentafel *f*
loga·rith·mic [,lɒgᵊ'rɪðmɪk, AM ,lɑːgə'rɪθ-] *adj inv* logarithmisch
loga·rith·mi·cal·ly [,lɒgᵊ'rɪðmɪkᵊli, AM ,lɑːgə'rɪθ-] *adv inv* logarithmisch
'log book *n* ❶ NAUT Logbuch *nt;* AVIAT Bordbuch *nt* ❷ BRIT AUTO Kraftfahrzeugbrief *m,* Kfz-Brief *m* **log 'cab·in** *n* Blockhütte *f,* Blockhaus *nt*
loge [ləʊʒ, AM loʊʒ] *n* THEAT Loge *f*
log·ger ['lɒgəʳ, AM 'lɑːgɚ] *n* Holzfäller(in) *m(f)*
log·ger·heads ['lɒgəhedz, AM 'lɑːgɚ-] *npl* ■**to be at** ~ [**with sb**] [mit jdm] im Streit liegen [*o* auf Kriegsfuß stehen] *fam*
log·ging ['lɒgɪŋ, AM 'lɑːg-] **I.** *n no pl Holzfällen und Abtransport des Holzes zur Sägemühle* **II.** *n modifier* Abholzungs-; ~ **company** Holz verarbeitendes Unternehmen; ~ **operation** Abholzung *f*
log·ic ['lɒdʒɪk, AM 'lɑːdʒ-] *n no pl* ❶ (*chain of reasoning*) Logik *f;* **he cannot refuse to acknowledge the force of** ~ er kann sich der zwingenden Logik nicht widersetzen; **that's just** ~ das ist einfach logisch; **deductive** ~ logische Schlussfolgerung; **flawed** ~ unlogischer Gedankengang; **internal** ~ innere Logik; **to defy** ~ gegen jede Logik verstoßen; **to follow sb's** ~ jds Logik *f* [*o* Gedankengang *m*] folgen ❷ (*formal thinking*) Logik *f;* **formal** ~ die formale Logik ❸ (*justification*) Vernunft *f;* **there's no** ~ **in the decision** die Entscheidung ist wider alle Vernunft ❹ COMPUT, ELEC Logik *f*
logi·cal ['lɒdʒɪkᵊl, AM 'lɑːdʒ-] *adj* ❶ *inv* (*according to laws of logic*) logisch; ~ **impossibility** *etwas, das nach dem Gesetz der Logik unmöglich ist* ❷ (*correctly reasoned*) vernünftig; ~ **argument** vernünftiges Argument ❸ (*to be expected*) **it was the** ~ **thing to do** es war das Vernünftigste, was man tun konnte; **a** ~ **conclusion** ein logischer Schluss; **a** ~ **progression** eine logische Progression; **a** ~ **reaction** eine Reaktion, die zu erwarten war ❹ (*capable of clear thinking*) **I was incapable of** ~ **thought** ich konnte keinen klaren Gedanken fassen; **to have a** ~ **mind** logisch denken können; **a** ~ **thinker** ein logisch denkender Mensch
logi·cal·ly ['lɒdʒɪkli, AM 'lɑːdʒ-] *adv* ❶ (*in a logical manner*) logisch; **to argue** ~ logisch argumentieren ❷ *inv* (*according to logical premises*) nach logischen Prinzipien
'log·ic cir·cuit *n* AM, AUS, **'log·ic de·vice** *n* BRIT ELEC Logikschaltkreis *m,* logischer Schaltkreis
lo·gi·cian [lɒdʒ'ɪʃᵊn, AM loʊ'dʒɪ-] *n* (*person studying logic*) Logiker(in) *m(f);* (*person skilled in logic*) logisch denkender Mensch
lo·gis·tic(**al**) [lə'dʒɪstɪk(ᵊl), AM *also* loʊ'-] *adj inv* logistisch; ~ **support** logistische Unterstützung
lo·gis·ti·cal·ly [lə'dʒɪstɪkli, AM *also* loʊ'-] *adv inv* logistisch [gesehen]
lo·gis·tics [lə'dʒɪstɪks, AM *also* loʊ'-] *n + sing/pl vb* Logistik *f*
'log·jam *n* ❶ (*mass of logs*) Anstauung *f* von Floßholz ❷ (*deadlock*) Stillstand *m,* toter Punkt; **to break a** ~ wieder aus einer Sackgasse herauskommen
logo ['ləʊgəʊ, AM 'loʊgoʊ] *n* Firmenzeichen *nt,* Logo *m o nt*
log·or·rhet·ic [,lɒgə(ʊ)'retɪk, AM ,lɑːgoʊ'-] *adj* (*logorrhoeic*) mit Worten um sich *akk* werfend *attr*
'log·roll·ing *n no pl* AM ❶ POL (*fam*) Schiebung *f,* Kuhhandel *m fam* ❷ (*sport*) *sportlicher Wettkampf mit dem Ziel, sich gegenseitig von im Wasser treibenden Baumstämmen zu stoßen*
logy ['loʊːgi] *adj pred* AM (*fam*) fix und fertig *fam*
loin [lɔɪn] **I.** *n* ❶ *usu pl* ANAT Lende *f* ❷ (*liter, poet: sexual organs*) ■~**s** *pl* Lenden *fpl liter* ❸ FOOD Lende *f,* Lendenstück *nt* ► PHRASES: **the fruit of one's** ~**s** (*poet or hum*) die Frucht seiner Lenden *poet o hum* **II.** *n modifier* Lenden-; ~ **chops** Lendchen *ntpl;* ~ **steak** Lendensteak *nt*
'loin·cloth *n* Lendenschurz *m*
loi·ter ['lɔɪtəʳ, AM -t̬ɚ] *vi* ❶ (*hang about idly*) **to** ~ **about** herumhängen *sl;* (*pej*) herumlungern *fam,* sich *akk* herumtreiben *fam;* **to** ~ **with intent** BRIT LAW (*dated*) sich auffällig verhalten ❷ (*travel lazily*) [herum]trödeln, bummeln
loi·ter·er ['lɔɪtᵊrəʳ, AM -t̬ɚɚ] *n* Herumtreiber(in) *m(f) fam*
loi·ter·ing ['lɔɪtᵊrɪŋ, AM -t̬ɚ-] *n no pl* Herumstehen *nt,* Herumlungern *nt fam;* **the sign read 'No L~!'** auf dem Schild stand ‚Unerlaubter Aufenthalt verboten!'; ~ **with intent** LAW Herumlungern *nt* mit kriminellen Absichten

Lolita [lɒl'i:tə, AM loʊ'li:t̬ə] **I.** *n* (*young girl*) Kindfrau *f*, Lolita *f* **II.** *n modifier* Lolita-; **a ~ figure** eine typische Lolita[figur]
loll [lɒl, AM lɑ:l] **I.** *vi* (*be lazy*) lümmeln; (*sit lazily*) faul dasitzen; (*lie lazily*) faul daliegen; (*stand lazily*) faul herumstehen; ■**to ~ about** [*or* [a]**round**] herumlümmeln, herumhängen **II.** *vt* **to ~ out one's tongue** die Zunge herausstrecken
lol·li·pop ['lɒlipɒp, AM 'lɑ:lipɑ:p] *n* FOOD Lutscher *m*, Lolli *m fam*, ÖSTERR *a.* Schlecker *m*, Schleckstängel *m* SCHWEIZ
'lol·li·pop lady *n* BRIT, AUS (*fam*) ≈ Schülerlotsin *f* **'lol·li·pop man** *n* BRIT, AUS (*fam*) ≈ Schülerlotse *m* **'lol·li·pop wom·an** *n* BRIT, AUS (*fam*) ≈ Schülerlotsin *f*
lol·lop ['lɒləp, AM 'lɑ:l-] *vi* (*fam*) trotten, zotteln; *rabbit* hoppeln
lol·ly ['lɒli] *n* ❶ BRIT, AUS FOOD (*lollipop*) Lolli *m fam*, Lutscher *m*; **ice ~** Eis *nt* am Stiel ❷ AUS, NZ (*boiled sweet*) Süßigkeit *f*, süße Nachspeise ❸ *no pl* BRIT (*dated sl: money*) Piepen *pl sl*, Mäuse *pl sl*

i Kultur

London Eye ist der umgangssprachliche Name für das *Millennium Wheel – Riesenrad*, das von *British Airways*, der britischen Fluggesellschaft, am Südufer der Themse in London errichtet wurde, um den Jahreswechsel 1999/2000 zu feiern. Es besitzt 32 getrennte Abteile, die einen während einer 30-minütigen Fahrt in 135 m Höhe bringen. Von oben kann man dann fast 40 km weit sehen. Im Riesenrad können bis zu 800 Fahrgäste mitfahren.

lone [ləʊn, AM loʊn] *adj attr, inv* ❶ (*solitary*) einsam; **~ outsider** Einzelgänger(in) *m(f)*; (*isolated*) Außenseiter(in) *m(f)*; **to be a ~ voice** mit seiner Meinung allein dastehen ❷ (*uninhabited*) **a ~ place** ein unbewohnter Ort ❸ (*unmarried*) allein stehend; **~ father/parent** allein erziehender Vater/Elternteil; **~ mother** allein erziehende Mutter ►PHRASES: **to play a ~ hand** einen Alleingang unternehmen; **he prefers to play a ~ hand** er regelt die Sache lieber im Alleingang
lone·li·ness ['ləʊnlɪnəs, AM 'loʊn-] *n no pl* Einsamkeit *f*
lone·ly <-ier, -iest *or* more ~, most ~> ['ləʊnli, AM 'loʊn-] *adj* ❶ (*unhappy*) einsam; **to feel ~** sich *akk* einsam [*o* allein] fühlen *fam* ❷ (*solitary*) einsam ❸ (*unfrequented*) abgeschieden, abgelegen; **a ~ street** stille [*o* einsame] Straße; **~ valley** abgeschiedenes [*o* einsames] Tal
'lone·ly heart I. *n* einsamer Mensch **II.** *n modifier* **~s club** Klub *m* der einsamen Herzen; **~s column** Spalte *f* für Kontaktanzeigen
lon·er ['ləʊnəʳ, AM 'loʊnɚ] *n* (*usu pej*) Einzelgänger(in) *m(f)*
lone·some ['ləʊnsəm, AM 'loʊn-] *adj* ❶ *esp* AM (*unhappy*) einsam; **to feel ~** sich *akk* einsam [*o* allein] fühlen ❷ (*unfrequented*) verlassen, abgelegen ❸ (*causing lonely feeling*) einsam ►PHRASES: **by** [*or* **on**] **one's ~** *esp* AM (*fam*) ganz allein; **I was just sitting here all by my ~** ich saß hier einsam und allein
lone·some·ness ['ləʊnsəmnəs, AM 'loʊn-] *n no pl* Einsamkeit *f*
Lone Star 'State *n no pl* AM ■**the ~** Texas *nt* **lone 'wolf** *n* (*fig*) einsamer Wolf, Einzelgänger *m*
long¹ [lɒŋ, AM lɑ:ŋ] **I.** *adj* ❶ (*in space*) lang; (*covering great distance*) weit; (*elongated*) lang, länglich; (*fam: tall*) groß, lang *fam*; **the rods are 20 cm ~** die Stäbe sind 20 cm lang; **we're still a ~ way from the station** wir sind noch weit vom Bahnhof entfernt; **as ~ as one's arm** (*fig*) ellenlang; **there was a list of complaints as ~ as your arm** es gab eine ellenlange Liste von Beschwerden; **~ journey** weite Reise; **to have come a ~ way** einen weiten Weg zurückgelegt haben, von weit her gekommen sein; **to go a ~ way** (*fig*) es weit [*o* zu etwas] bringen; **to go a ~ way toward[s] sth** (*fig*) eine große Hilfe bei etw *dat* sein; **to have a ~ way to go** (*fig*) [noch] einen weiten Weg vor sich *dat* haben ❷ (*in time*) lang; (*tedious*) lang, langwierig *pej*; **we go back a ~ way** wir kennen uns schon seit ewigen Zeiten; **each session is an hour ~** jede Sitzung dauert eine Stunde; **to draw a ~ breath** tief Luft holen; **~ career** [jahre]lange Karriere; **a ~ day** ein langer [und anstrengender] Tag; **~ friendship** langjährige Freundschaft; **a ~ memory** ein gutes Gedächtnis; **to have a ~ memory for sth** etw nicht so schnell vergessen; **~ service** jahrelanger Dienst; **a ~ time** eine lange Zeit; **it was a ~ time before I received a reply** es dauerte lange, bis ich [eine] Antwort bekam; **to be a ~ while since ...** [schon] eine Weile her sein, seit ...; **to work ~ hours** einen langen Arbeitstag haben ❸ (*in extent*) lang; **the report is 20 pages ~** der Bericht ist 20 Seiten lang; **a ~ book** ein dickes Buch; **a ~ list** eine lange Liste ❹ *pred* (*fam*) ■**to be ~ on sth** etw reichlich haben; **to be ~ on charm** jede Menge Charme besitzen; **to be ~ on wit** sehr geistreich sein ❺ LING **a ~ vowel** ein langer Vokal ❻ (*having low probability*) **~ chance** geringe Chance; **~ odds** geringe [Gewinn]chancen ❼ FIN **a ~ security/shares** eine Versicherung/Aktien *fpl* mit langer Laufzeit ►PHRASES: **the ~ arm of the law** der lange Arm des Gesetzes; [**not**] **by a ~ chalk** bei weitem [nicht]; **in the ~ run** langfristig gesehen, auf lange Sicht [gesehen]; **~ time, no see** (*prov fam*) lange nicht gesehen *fam*; **to be ~ in the tooth** nicht mehr der Jüngste sein; **to be ~ in the tooth to do sth** zu alt sein, [um] etw zu tun; **to take the ~ view** [**of sth**] [etw] auf lange Sicht betrachten **II.** *n* ❶ (*long period*) eine lange Zeit; **have you been waiting for ~?** wartest du schon lange?; **to take ~** [**to do sth**] lange brauchen[, um etw zu tun]; **it won't take ~** es wird nicht lange dauern; **take as ~ as you like** lass dir Zeit ❷ (*in Morse code*) lang; **one short and three ~s** einmal kurz und dreimal lang ►PHRASES: **the ~ and the short of sth** kurz gesagt; **before** [**very** [*or* **too**]] **~** schon [sehr] bald **III.** *adv* ❶ (*for a long time*) lang[e]; **have you been waiting ~?** wartest du schon lange?; **how ~ have you lived here?** wie lange haben Sie hier gewohnt?; **the authorities have ~ known that ...** (*form*) den Behörden war seit langem bekannt, dass ...; **~ live the king!** lang lebe der König!; **to be ~** lange brauchen; **I won't be ~** (*before finishing*) ich bin gleich fertig; (*before appearing*) ich bin gleich da; **don't be ~** beeil dich! ❷ (*at a distant time*) lange; **~ ago** vor langer Zeit; **~ after/before ...** lange nachdem/bevor ... ❸ (*after implied point of time*) lange; **I can't wait any ~er to open my presents!** ich kann es gar nicht [mehr] erwarten, endlich meine Geschenke auszupacken! ❹ (*throughout*) **all day/night/summer ~** den ganzen Tag/die ganze Nacht/den ganzen Sommer [lang] ►PHRASES: **to be not ~ for this world** (*dated*) nicht mehr lange zu leben haben, mit einem Fuß/Bein im Grabe sein *fam*; **as** [*or* **so**] **~ as ...** so lange ...; (*provided that*) sofern ..., vorausgesetzt, dass ...; **so ~** (*dated*) tschüs, bis dann
long² [lɒŋ, AM lɑ:ŋ] *vi* sich *akk* sehnen; ■**to ~ for sth** sich *akk* nach etw *dat* sehnen; ■**to ~ to do sth** sich *akk* danach sehnen, etw zu tun
long³ *n* GEOG *abbrev of* **longitude** Länge *f*
'long·board *n* AM langes Surfbrett **'long·boat** *n* NAUT Großboot *nt*, großes Beiboot (*eines Segelschiffes*) **long-'dis·tance I.** *adj attr, inv* ❶ (*between distant places*) Fern-, Weit-; **~ bus** [Fern]reisebus *m*, Überlandbus *m*; **~** [**phone**] **call** Ferngespräch *nt*; **~ flight** Langstreckenflug *m*; **~ lorry** Fernlastwagen *m*; **~ lorry driver** Fernfahrer(in) *m(f)*; **~ negotiations** Verhandlungen *fpl* über große Distanzen hinweg; **~ relationship** *Beziehung zwischen zwei weit voneinander entfernt wohnenden Partnern*; **~ traffic** Fernverkehr *m*; **~ train** Fernreisezug *m* ❷ SPORTS Langstrecken-; **~ race** Langstreckenlauf *m*; **~ runner** Langstreckenläufer(in) *m(f)* **II.** *adv inv* **to phone ~** ein Ferngespräch führen; **to travel ~** eine Fernreise machen **long-dis·tance edu·'ca·tion** *n no pl* Fernstudium *nt*; (*in compulsory education*) Fernerziehung *f* (*in sehr dünn besiedelten Gebieten*) **long di·'vi·sion** *n no pl* schriftliche Division (*wobei alle Zwischenergebnisse notiert werden*) **long-**

'drawn *adj*, **long-drawn-'out** *adj attr* in die Länge gezogen, langwierig; ~ **speech** langatmige Rede; ~ **negotiations** langwierige Verhandlungen **long 'dress** *n* langes Kleid **'long drink** *n* Longdrink *m*

longed-for *adj attr* lang ersehnt

long-e's·tab·lished *adj* ■**to be** ~ [schon] seit langem bestehen; **we have a ~ policy ...** es ist bei uns seit langem die Regel ...

lon·gev·ity [lɒn'dʒevəti, AM lɑːn'dʒevət̬i] *n no pl* Langlebigkeit *f*

long 'face *n* **to make** [*or* **pull**] [*or* **put on**] **a** ~ (*fig*) ein langes Gesicht machen *fam* **'long·hair** *n* ❶ (*hippie*) Langhaarige(r) *f(m)* (*als Ausdruck der Weltanschauung*) ❷ ZOOL Langhaarkatze *f* **'long-haired** <longer-, longest-> *adj* langhaarig; *animals* Langhaar- **'long·hand** *n no pl* Langschrift *f*, Schreibschrift *f*; **to write sth in** ~ etw mit der Hand schreiben **long 'haul I.** *n* ❶ (*long distance*) Langstreckentransport *m* ❷ (*prolonged effort*) Anstrengung *f* über eine lange Zeit hinweg; **this matter is probably going to be a ~** diese Angelegenheit wird wahrscheinlich unermüdliche Anstrengungen erfordern ❸ *esp* AM (*long time*) **to be in sth for the ~** sich *akk* langfristig für etw *akk* engagieren; **over the ~** auf lange Sicht **II.** *n modifier* ~ **flight** Langstreckenflug *m*

long·ing ['lɒŋɪŋ, AM 'lɑːŋ-] **I.** *n* Sehnsucht *f*, Verlangen *nt* (**for** nach +*dat*) **II.** *adj attr* (*showing desire*) sehnsüchtig, sehnsuchtsvoll, voller Verlangen; **a ~ heart** ein Herz *nt* voller Sehnsucht

long·ing·ly ['lɒŋɪŋli, AM 'lɑːŋ-] *adv* sehnsüchtig, voll[er] Sehnsucht [*o* Verlangen]

long·ish ['lɒŋɪʃ, AM 'lɑːŋ-] *adj inv* (*fam*) ziemlich lang

lon·gi·tude ['lɒndʒɪtjuːd, AM 'lɑːndʒətuːd, -tjuːd] *n* GEOG Länge *f*; ~ **20 degrees east, latitude 30 degrees north** 20 Grad östlicher Länge, 30 Grad nördlicher Breite; **lines of ~** Längengrade *mpl*

lon·gi·tu·di·nal [ˌlɒndʒɪ'tjuːdɪnəl, AM ˌlɑːndʒə'tuːd-, -tjuːd] *adj inv* ❶ (*lengthwise*) Längs-; ~ **extent** längenmäßige Ausdehnung; ~ **muscles** Längsmuskulatur *f*; **to take ~ readings** die Längengrade ablesen; ~ **stripes** Längsstreifen *mpl* ❷ GEOG Längen-, Longitudinal-; ~ **position** Längenposition *f*

'long johns *npl* (*fam*) lange Unterhose **'long jump** *n* SPORTS ❶ (*sports discipline*) ■**the ~** *no pl* der Weitsprung ❷ (*action*) ■**~s** *pl* Weitsprünge *mpl* **long-'last·ing** *adj* [lang] anhaltend *attr*, von langer Dauer; **I think their happiness will be ~** ich denke, ihr Glück wird von [langer] Dauer sein; ~ **beauty** unvergängliche Schönheit; ~ **popularity** anhaltende Popularität **'long-life** *adj inv* ❶ (*specially treated*) haltbar; ~ **milk** H-Milch *f*, haltbare Milch ❷ (*specially made*) langlebig, mit langer Lebensdauer; ~ **light bulbs** Glühbirnen *fpl* mit langer Brenndauer **long-'lived** <longer-, longest-> *adj* langlebig; **a ~ family** *Familie, deren Mitglieder in der Regel ein hohes Alter erreichen;* **a ~ feud** eine [seit langem] bestehende Fehde **'long-lost** *adj attr, inv* lang verloren geglaubt *attr; person* lang vermisst geglaubt **long-'play·ing** *adj attr, inv* Langspiel-; ~ **record** Langspielplatte *f* **long-'range** *adj* ❶ (*in distance*) Langstrecken-; ~ **bomber** Langstreckenbomber *m;* ~ **missile** Langstreckenrakete *f* ❷ (*long-term*) langfristig; ~ **policy** Langzeitpolitik *f*; ~ **forecast** langfristige Wettervorhersage **long-'run·ning** <longer-, longest-> *adj* lang anhaltend [*o* andauernd] *attr;* **a ~ feud** eine endlose Fehde *liter;* ~ **film** Dauerbrenner *m* **'long·shore·man** *n* AM NAUT Hafenarbeiter *m*, Docker *m* **'long shot** *n* ■**to be a ~** ziemlich aussichtslos sein; **she always bets on ~s** sie setzt immer auf Außenseiter; [**not**] **by a ~** (*fam*) bei weitem [*o* längst] [nicht]; **his second film wasn't as good as his first, not by a ~** sein zweiter Film war längst nicht so gut wie sein erster **long-'sight·ed** *adj* ❶ (*having long sight*) weitsichtig ❷ *esp* AM (*fig: having foresight*) vorausschauend, weitblickend; ■**to be ~** Weitsicht besitzen **long-'stand·ing** *adj* seit langem bestehend; ~ **argument** seit langem anhaltende Diskussion; ~ **friendship/relationship** langjährige Freundschaft/Beziehung; ~ **quarrel** ein lang währender Streit **long-'stemmed** *adj* ~ **rose** langstielige Rose **long-'suf·fer·ing** *adj* langmütig, duldsam *veraltend* **'long suit** *n* ❶ CARDS lange Reihe ❷ (*skill*) [besondere] Stärke **'long-term** *adj attr* langfristig; ~ **care** Langzeitbehandlung *f*; ~ **draft** Wechsel *m* mit langer Laufzeit; ~ **effects/plans** langfristige Auswirkungen/Pläne; ~ **loan** langfristiges Darlehen; ~ **memory** Langzeitgedächtnis *nt;* ~ **strategy** Langzeitstrategie *f*; **the ~ unemployed** die Langzeitarbeitslosen *pl* **'long-term-care** *n modifier* (*unit, hospital, policy*) Langzeitpflege- **'long-time** *adj attr* Langzeit-; **a ~ companion** ein alter [*o* langjähriger] Freund **long 'ton** *n* [englische] Tonne (*1016,05 kg*)

lon·gueurs [lɔ̃ː(ŋ)'gɜːz, AM -'gɜːrz] *npl* (*liter*) ❶ (*tedious passage*) langweilige Stellen [*o* Passagen], Längen *fpl* ❷ (*tedious time*) uninteressante Phase

long 'vac *n* BRIT, AUS (*fam*), **long va·'ca·tion** *n* BRIT, AUS UNIV lange [Semester]ferien, Sommerferien *pl;* LAW Sommerpause *f* **'long wave I.** *n* RADIO Langwelle *f* **II.** *n modifier* Langwellen-; ~ **radio** Langwellenradio *nt;* ~ **transmitter** Langwellensender *m* **'long·ways** *adv inv* der Länge nach, längs **long week·'end** *n* langes [*o* verlängertes] Wochenende **long-'wind·ed** *adj* langatmig, weitschweifig **'long·wise** *adv* AM, AUS der Länge nach, längs

loo [luː] BRIT, AUS **I.** *n* (*fam*) Klo *nt fam;* **guest ~** Gästeklo *nt fam;* **ladies' ~s** Damenklo *nt fam;* **to need** [*or* **have**] **to go to the ~** aufs Klo [gehen] müssen *fam* **II.** *n modifier* ~ **cleaner** Toilettenreiniger(in) *m(f);* ~ **paper** Klopapier *nt;* ~ **roll** Rolle *f* Klopapier *fam*

loo·fah ['luːfə] *n* ❶ (*sponge*) Luffaschwamm *m* ❷ (*plant*) Luffa *f*

look [lʊk] **I.** *n* ❶ (*glance*) Blick *m;* **to get** [*or* **take**] **a closer ~ at sb/sth** jdn/etw etwas genauer unter die Lupe nehmen; **to get a good ~ at sb/sth** jdn/etw genau sehen [*o* erkennen] können; **an angry/a quick ~** ein verärgerter/kurzer Blick; **to give sb a ~** (*glance*) jdn ansehen; (*glimpse*) jdm einen Blick zuwerfen; **she gave him a ~ of real dislike** sie sah ihn voller Abneigung an ❷ (*facial expression*) [Gesichts]ausdruck *m;* **a funny ~** ein komischer Gesichtsausdruck ❸ (*examination*) Betrachtung *f*; **to have a ~ at sth** sich *dat* etw ansehen; **to have a ~ for sb/sth** nach jdm/etw suchen; **to take a** [**good** [*or* **long**],] **hard ~ at sb/sth** jdn/etw [lang und] prüfend ansehen ❹ (*appearance*) Aussehen *nt;* **I don't like the ~ of that fence** der Anblick des Zauns stört mich; **I don't like the ~ and feel of it** [also], das gefällt mir ganz und gar nicht; **by the ~[s] of things** [*or* **it**] [so] wie es aussieht, [so] wie die Dinge liegen; **to have the ~ of sb/sth** wie jd/etw aussehen ❺ (*person's appearance*) ■**~s** *pl* Aussehen *nt kein pl;* **he started to lose his ~s** er verlor allmählich sein gutes Aussehen; **good ~s** gutes Aussehen; **to not like sb's ~s** nicht mögen, wie jd aussieht ❻ (*style*) Look *m* ▶ PHRASES: **if ~s could kill** wenn Blicke töten könnten **II.** *interj* pass mal auf!; ~, **I've already told you that ...** hör mal, ich habe dir doch schon gesagt, dass ...; ~ **here!** sieh dir das an! **III.** *vi* ❶ (*use one's sight*) sehen, blicken *geh*, schauen; **can I help you, madam? – no, thank you, I'm just ~ing** kann ich Ihnen behilflich sein? – nein, danke, ich seh mich nur um; ~ **over there!** sieh [*o fam* schau] mal dort!; ~ **at all this rubbish!** sieh dir nur den ganzen Müll an!; **he's not much to ~ at** er sieht nicht besonders gut aus; ■**to ~ away from sth** den Blick von etw *dat* abwenden, von etw *dat* wegschauen; ■**to ~ up at sb/sth** zu jdm/etw hinaufschauen; ■**to ~ up from sth** von etw *dat* aufsehen; **to ~ the other way** wegsehen, wegschauen *fam;* **to ~ through a window** aus einem Fenster sehen ❷ (*search*) suchen; *in encyclopaedia* nachschlagen; **to keep ~ing** weitersuchen ❸ + *adj o n* (*appear*) aussehen; **that dress ~s nice on you** das Kleid steht dir gut; **you ~ nice in that dress** du siehst gut aus in dem Kleid; **it ~s very unlikely that ...** es scheint sehr unwahrscheinlich, dass ...; **to ~ one's age** seinem Alter entsprechend aussehen, so alt aussehen, wie man tatsächlich ist; **I think he ~s his age** ich finde, man sieht ihm sein Alter an; **to ~ one's best** besonders schön aussehen; **to ~ bad/good/tired** schlecht/gut/müde aussehen; **to ~ bleak/rosy** *future* düster/rosig aussehen; **to ~ like sb/sth** (*resemble*) jdm/etw ähnlich sehen [*o* ähneln]; ■ **to ~ [like [***or* **to be]] sb/sth** wie jd/etw aussehen; **he ~ed like a friendly sort of person** er schien ein netter Mensch zu sein; **it ~s like rain** es sieht nach Regen aus; **it ~s like September for the wedding** wie es aussieht, wird die Hochzeit im September stattfinden; **to ~ as if [***or* **though] ...** so aussehen, als [ob] ... ❹ (*pay attention to*) **oh, ~!** schau [*o* sieh] [doch] mal!; **to ~ how/what/where ...** aufpassen, wie/was/wo ...; **~ where you're going!** pass auf, wo du hintrittst!; **~ what you're doing!** pass [doch] auf, was du machst! ❺ (*face a direction*) hinausgehen; **the windows ~ onto the lake** die Fenster gehen auf den See [hinaus]; **to ~ north/east** nach Norden/Osten [hinaus]gehen ▸ PHRASES: **~ alive [***or* **lively] [***or* **sharp]!** BRIT (*fam*) mach schnell!, beeil dich!; **to make sb ~ small** jdn schlecht dastehen [*o* aussehen] lassen; **~ before you leap** (*prov*) erst wägen, dann wagen *prov* **IV.** *vt* **to ~ sb in the eye/face** jdm in die Augen/ins Gesicht sehen ▸ PHRASES: **to ~ daggers at sb** jdn mit Blicken durchbohren; **don't ~ a gift horse in the mouth** (*prov*) einem geschenkten Gaul schaut man nicht ins Maul *prov*

◆**look after** *vi* ❶ (*take care of*) ■ **to ~ after sb/sth** sich *akk* um jdn/etw kümmern; ■ **to ~ after oneself** für sich *akk* selbst sorgen, allein zurechtkommen; **to ~ after one's interests** seine [eigenen] Interessen wahrnehmen; **to ~ after number one** (*pej*) zuerst an sich *akk* [selbst] denken; **to ~ after one's own** für seine eigenen Leute sorgen ❷ (*keep eye on*) ■ **to ~ after sth** sich *akk* um etw *akk* kümmern; **will you be so kind and ~ after my luggage?** wären Sie so freundlich, auf mein Gepäck aufzupassen?; **to ~ after sb's children** auf jds Kinder aufpassen

◆**look ahead** *vi* vorausschauen

◆**look around** *vi see* **look round**

◆**look at** *vi* ■ **to ~ at sth** ❶ (*fig: regard*) etw betrachten [*o* sehen]; **he ~s at things differently than you do** er sieht die Dinge anders als du; **to ~ at sth from sb's point of view** etw aus jds Perspektive *f* betrachten ❷ (*examine*) etw prüfen, sich *dat* etw ansehen; **we'll have a mechanic ~ at the brakes** wir lassen die Bremsen von einem Mechaniker nachsehen; **you haven't ~ed at all the evidence** du hast noch nicht das ganze Beweismaterial durchgesehen

◆**look back** *vi* ❶ (*turn to see*) sich *akk* umsehen, zurückblicken ❷ (*remember*) ■ **to ~ back [on [***or* **over] [***or* **at] sth]** auf etw *akk* zurückblicken, an etw *akk* zurückdenken ❸ (*continue with success*) aufstreben; **to never ~ back** immer neue Erfolge verzeichnen [können]; **she never ~ed back after that first exhibition** nach jener ersten Ausstellung ging es für sie immer bergauf

◆**look down** *vi* ■ **to ~ down [up]on sb/sth** auf jdn/etw herabsehen [*o* herunterschauen]; **to ~ down a list** eine Liste von oben bis unten durchgehen ▸ PHRASES: **to ~ down one's nose at sb/sth** auf jdn/etw herabsehen [*o* herabblicken] *fam*

◆**look for** *vi* ■ **to ~ for sb/sth** ❶ (*seek*) nach jdm/etw suchen; **to ~ for a job** Arbeit suchen; **to ~ for trouble** (*consciously*) Streit suchen; (*not consciously*) sich *dat* Ärger einhandeln *fam* ❷ (*anticipate*) jdn/etw erwarten

◆**look forward** *vi* ■ **to ~ forward to sth** sich *akk* auf etw *akk* freuen; **I ~ forward to hearing from you** ich hoffe, bald von Ihnen zu hören

◆**look in** *vi* vorbeischauen *fam*, vorbeikommen *fam;* ■ **to ~ in on sb** bei jdm vorbeischauen; **I may ~ in for a few minutes if I have time** wenn ich Zeit habe, komme ich vielleicht für ein paar Minuten vorbei

◆**look into** *vi* ■ **to ~ into sth** etw untersuchen *geh* [*o fam* unter die Lupe nehmen]; *claim, reasons* etw [nach]prüfen; **to ~ into a complaint** eine Beschwerde [über]prüfen

◆**look on** *vi* ❶ (*watch*) zusehen, zuschauen *fam* ❷ (*regard*) ■ **to ~ on sb as sth** jdn als etw betrachten; **I've always ~ed on her as a friend** ich habe sie immer als [meine] Freundin betrachtet; **to ~ on sth with disquiet/favour** etw mit Unbehagen/Wohlwollen betrachten; **to ~ kindly on sth** etw *dat* wohlgesinnt sein, etw wohlwollend aufnehmen ▸ PHRASES: **to ~ on the bright side [of sth]** die positiven Seiten [einer S. *gen*] sehen

◆**look out I.** *vi* ❶ (*be careful*) aufpassen; **~ out, for heaven's sake** pass um Himmels willen auf; ■ **to ~ out for sb/sth** vor jdm/etw auf der Hut sein, sich *akk* vor jdm/etw in Acht nehmen; **to ~ out for oneself [***or* **one's own interests]** seine eigenen Interessen wahrnehmen; **he's always been good at ~ing out for himself** er hat schon immer dafür gesorgt, dass er [nur ja] nicht zu kurz kommt; **to ~ out for number one** zuerst an sich *akk* [selbst] denken ❷ (*face a particular direction*) ■ **to ~ out on [***or* **over] sth** auf etw *akk* hinausgehen, einen Ausblick auf etw *akk* gewähren *geh* **II.** *vt* BRIT ■ **to ~ out ↔ sth** etw heraussuchen; ■ **to ~ out ↔ sb** jdn aussuchen [*o fam* ausgucken]

◆**look over** *vt* ❶ (*inspect*) **to ~ over a property** ein Grundstück [*o* eine Immobilie] inspizieren ❷ (*examine briefly*) ■ **to ~ over ↔ sth** *letter* etw überfliegen; ■ **to ~ over ↔ sb** jdn mustern, sich *dat* jdn ansehen; **to ~ over a document** ein Dokument durchsehen

◆**look round** *vi* BRIT, AUS ❶ (*look in a direction*) sich *akk* umsehen [*o fam* umschauen] ❷ (*search*) ■ **to ~ round for sb/sth** sich *akk* nach jdm/etw umsehen, nach jdm/etw suchen ❸ (*inspect*) ■ **to ~ round sth** sich *dat* etw ansehen; **to ~ round a house** ein Haus besichtigen

◆**look through** *vi* ❶ (*peruse*) ■ **to ~ through sth** etw durchsehen; **would you quickly ~ through these figures for me?** würden Sie eben mal diese Zahlen für mich durchgehen?; **let me ~ through the timetable** lassen Sie mich kurz mal einen Blick auf den Fahrplan werfen; **to ~ through an article** einen Artikel [kurz] überfliegen; **to ~ through a magazine** eine Illustrierte durchblättern ❷ (*understand*) ■ **to ~ through sth** etw durchschauen; **to ~ through a pretence/pretender** einen Vorwand/Heuchler durchschauen ❸ (*ignore*) ■ **to ~ [straight] through sb** durch jdn hindurchsehen, jdn ignorieren

◆**look to** *vi* ❶ (*consider*) ■ **to ~ to sth** sich *akk* um etw *akk* kümmern, sich *akk* mit etw *dat* befassen; **to ~ to one's laurels** (*fig*) sich *akk* behaupten; **to ~ to one's motives** seine Motive [genau] prüfen ❷ (*rely on*) ■ **to ~ to sb** auf jdn bauen [*o* setzen]; **we're ~ing to Jim for guidance on this matter** wir erhoffen uns von Jim Rat in dieser Angelegenheit; **the school is ~ing to its new head to improve its image** die Schule erhofft sich vom neuen Direktor eine Aufbesserung ihres Image ❸ (*expect*) ■ **to ~ to do sth** erwarten [*o* damit rechnen], etw zu tun ❹ (*regard with anticipation*) **to ~ to the future** in die Zukunft blicken [*o* schauen]

◆**look towards** *vi* ■ **to ~ towards sth** etw anstreben

◆**look up I.** *vi* besser werden; *figures, prices* steigen; **I hope things will start to ~ up in the New Year** ich hoffe, dass es im neuen Jahr wieder aufwärtsgeht **II.** *vt* ❶ (*fam: contact*) ■ **to ~ up ↔ sb** bei jdm vorbeischauen *fam;* **~ me up when you're in LA** komm mal bei mir vorbei, wenn du in L.A. bist ❷ (*search for*) ■ **to ~ up ↔ sth** *in a dictionary, encyclopaedia* etw nachschlagen; **to ~ up a telephone number** eine Telefonnummer heraussuchen

◆**look upon** *vi see* **look on 2**

◆**look up to** *vi* ■ **to ~ up to sb** zu jdm aufsehen, jdn bewundern

Look *n no pl* ■ **the L~** der böse Blick

'look·alike I. *n* Doppelgänger(in) *m(f)* **II.** *n modifier* **~ dresses** gleiche Kleider; **~ shoes** gleiche Schuhe

look·er ['lʊkəʳ, AM -ɚ] *n* (*fam*) **to be a ~** gut aussehen, attraktiv sein

look·er-'on <*pl* lookers-> *n* Zuschauer(in) *m(f)*

'look-in ['lʊkɪn] *n no pl* BRIT, AUS (*fam*) Chance *f;* **to get a ~** eine Chance bekommen

'look·ing glass *n* Spiegel *m*

look·ist ['lʊkɪst] *n* jd, der nur nach dem Äußeren geht

'look·out ['lʊkaʊt] *n* ❶ (*observation post*) Beobachtungsposten *m,* Beobachtungsstand *m* ❷ (*person*) Wache *f,* Beobachtungsposten *m* ❸ *esp* BRIT (*fam: outlook*) Aussichten *fpl;* **it's a poor ~ for workers in these industries** für die Arbeiter in diesen Industriezweigen sieht es schlecht aus ❹ BRIT (*fam: problem*) **to be one's [own] ~** [doch] sein [eigenes] Problem sein; **it's your own ~ if you aren't properly insured** das ist dein Problem, wenn du nicht ausreichend versichert bist ❺ (*be alert for*) **to keep a** [*or* **be on the**] **~ [for sb/sth]** [nach jdm/etw] Ausschau [*o* die Augen offen] halten; (*keep searching for*) auf der Suche [nach jdm/etw] sein **'look-over** *n* kurze Prüfung **'look-see** ['lʊksi:] *n* (*fam*) **to have** [*or* **take**] **a ~** [kurz mal] nachsehen, nachschauen

loom¹ [lu:m] *n* Webstuhl *m*

loom² [lu:m] **I.** *vi* ❶ (*come into view*) [drohend] auftauchen [*o* ins Blickfeld rücken] ❷ (*be ominously near*) sich *akk* drohend abzeichnen, drohend näher rücken; *storm* heraufziehen, sich *akk* zusammenbrauen *a. fig; difficulties* sich *akk* auftürmen; **to ~ on the horizon** drohend am Horizont heraufziehen *a. fig;* **to ~ large** eine große Rolle spielen; **how to pay the month's bills began to ~ very large in their mind** sie mussten ständig daran denken, wie sie die monatlichen Rechnungen bezahlen sollten **II.** *n* **the ~ of the land** das Auftauchen des Landes [am Horizont]

◆**loom ahead** *vi* sich *akk* drohend abzeichnen; *storm* heraufziehen; **we could probably manage to pay off the mortgage if our daughter's medical expenses weren't ~ing ahead** wir könnten die Hypothek wahrscheinlich abbezahlen, wenn uns die Behandlungskosten für unsere Tochter nicht noch bevorstehen würden

◆**loom up** *vi* [drohend] sichtbar werden; **the rocky cliffs of the Cape ~ed up out of nowhere** die felsigen Klippen des Kaps tauchten drohend aus dem Nichts auf; **the massive walls of the fortress ~ed up against the sky** die massiven Mauern der Festung ragten drohend gen Himmel *geh*

loon¹ [lu:n] *n* (*fam: silly person*) Irre(r) *f(m) fam,* Bekloppte(r) *f(m) fam*

loon² [lu:n] *n* ZOOL Seetaucher *m*

loonie ['lu:ni] *n* CAN (*fam*) *Ein-Dollar-Münze*

looni·ness ['lu:nɪnəs] *n no pl* Blödheit *f,* Idiotie *f*

loony ['lu:ni] (*fam*) **I.** *n* ❶ (*mad person*) Irre(r) *f(m) fam,* Bekloppte(r) *f(m) fam* ❷ CAN *see* **loonie II.** *adj* verrückt

'loony bin *n* (*sl*) Klapsmühle *f fam*

loop [lu:p] **I.** *n* ❶ (*shape*) Schleife *f; of a string, wire* Schlinge *f; of a river* Schleife *f;* **belt ~s** Gürtelschlaufen *fpl* ❷ AVIAT Looping *m* ❸ (*in skating*) Schleife *f* ❹ (*contraceptive*) Spirale *f* ❺ *of tape, film* Schleife *f* ❻ ELEC Schleife *f,* Regelkreis *m* ❼ COMPUT [Programm]schleife *f* ▶PHRASES: **to knock** [*or* **throw**] **sb for a ~** (*fam*) jdn fertigmachen *fam* **II.** *vt* ❶ (*form into loop*) **~ the rope over the bar** schling das Seil um die Stange; **he ~ed his arms around her body** er schlang seine Arme um sie; **to ~ thread** [mit einem Faden] eine Schlinge machen ❷ AVIAT **to ~ an airplane** einen Looping machen [*o* drehen]; **to ~ the loop** einen Looping fliegen **III.** *vi* ❶ (*form a loop*) eine Schleife machen; *road, stream* sich *akk* schlängeln; **the road ~s round the farm buildings** die Straße führt in einem Bogen um die landwirtschaftlichen Gebäude ❷ AVIAT einen Looping drehen

'loop·hole ['lu:phəʊl, AM -hoʊl] **I.** *n* ❶ LAW Gesetzeslücke *f,* Schlupfloch *nt;* **to exploit a ~** eine Gesetzeslücke nutzen; **to find a ~ [in a law]** eine Lücke [in einem Gesetz] finden ❷ (*slit*) Schießscharte *f* **II.** *vt* **to ~ a wall** eine Scharte in einer Wand anbringen

loopy ['lu:pi] *adj* ❶ (*fam: stupid*) irre *fam,* verrückt *fam;* **to act ~** sich *akk* wie ein Verrückter/eine Verrückte aufführen; **to go ~** durchdrehen *sl* ❷ (*full of loops*) **a ~ signature** eine schwungvolle Unterschrift [voller Schleifen]

loose [lu:s] **I.** *adj* ❶ (*not tight*) locker; **~ cash/coins** Kleingeld *nt;* **~ connection** Wackelkontakt *m;* **~ sheets of paper** lose Blätter Papier; **~ skin** schlaffe Haut; **to hang ~** lose herabhängen; **to work itself ~** sich *akk* lockern; *sth glued* sich *akk* lösen ❷ (*untied*) **~ hair** offenes Haar; **her hair was hanging ~** sie trug ihr Haar offen ❸ (*not confined*) frei; **to be ~** *criminal* frei herumlaufen; **to get** [*or* **break**] **~** *person, dog* sich *akk* losreißen; **to let** [*or* **set**] **an animal ~** ein Tier loslassen, einem Tier freien Lauf lassen; **a bunch of idiots was let ~ on a nuclear power station** sie haben so ein paar Idioten auf dem Gelände eines Atomkraftwerks völlig frei herumlaufen lassen; **to let a dog ~ on sb** einen Hund auf jdn loslassen ❹ (*not exact*) ungefähr *attr;* (*not strict*) lose; **~ adaptation** freie Bearbeitung; **~ discipline** mangelhafte Disziplin; **~ translation** freie Übersetzung ❺ (*not compact*) **~ weave** grobmaschiges Gewebe ❻ (*diarrhoea*) **~ bowels** [*or* **~ bowel movement**] Durchfall *m;* **to be ~** [*or form* **to suffer from ~ bowels**] Durchfall haben, an Durchfall leiden *form* ❼ *clothing* weit, locker; **a ~ fit** eine lockere Passform; **I'll take the jacket with the ~est fit** ich nehme das Jackett, das am lockersten und angenehmsten sitzt ❽ (*relaxed*) **~ stride** lockere [*o* entspannte] Gangart ❾ (*indiscreet*) **~ talk** Getratsch[e] *nt,* Geschwätz *nt;* **~ tongue** loses Mundwerk *fam* ❿ (*pej dated or hum: immoral*) lose *veraltend,* locker; **~ living** lockerer Lebenswandel; **~ morals** lockere Moral; **~ woman** Frau *f* mit lockerem Lebenswandel, loses Mädchen *veraltet* ⓫ SPORTS **~ play** *Spiel, bei dem die Spieler über das ganze Spielfeld verteilt sind* ⓬ (*in cricket*) **~ bowling** ungenauer Wurf; **~ play** unvorsichtiges [*o* unachtsames] Spiel ▶PHRASES: **to hang** [*or* **stay**] **~** AM (*sl*) cool [*o* locker] bleiben *sl;* **to let ~ sth** [*or* **to let sth ~**] etw loslassen; **the allies let ~ an intensive artillery bombardment** die Alliierten begannen mit intensivem Artilleriebeschuss; **he let ~ a shriek of delight** er ließ einen Freudenschrei los **II.** *n no pl* LAW **to be on the ~** frei herumlaufen **III.** *vt* ❶ (*set free*) ■**to ~ sth** etw freilassen [*o* loslassen]; **~ the dogs!** lass die Hunde los!; **the minister ~d a tirade against the opposition leader** (*liter*) der Minister ließ eine Schimpfkanonade gegen den Oppositionsführer los ❷ (*untie*) **to ~ a knot/rope** einen Knoten/ein Seil lösen ❸ (*relax*) **to ~ one's hold** [*or* **grip**] loslassen; **she never ~d her hold on her conviction** sie gab ihre Überzeugung niemals auf

◆**loose off** *vt esp* AM **to ~ off an arrow** einen Pfeil abschießen; **to ~ off a gun/shot** einen Schuss abgeben/abfeuern

loose 'can·non *n* (*person*) *eine* [*tickende*] *Zeitbombe, ein unberechenbarer Risikofaktor* **loose 'change** *n no pl* loses Münzgeld, Kleingeld *nt* **loose 'cov·ers** *npl* Überzüge *mpl,* Schonbezüge *mpl* **loose 'end** *n usu pl* (*unfinished detail*) [noch] unerledigte Kleinigkeiten, [noch] zu klärende Detailfragen; **to tie up ~s** offene Fragen klären ▶PHRASES: **to be at a ~** [*or* AM **at ~s**] nicht wissen, was man mit sich *dat* anfangen soll **loose-'fit·ting** <looser-, loosest-> *adj* weit, locker; **~ jacket** weite Jacke **'loose-leaf** *adj attr, inv* Loseblatt-; **~ binder** Ringbuch *nt,* Schnellhefter *m;* **~ edition** Loseblattausgabe *f;* **~ notebook** Notizbuch *nt* mit Ringbucheinlage **loose-lipped** [-lɪpt] *adj* mit lockerer Zunge *nach n*

loose·ly ['lu:sli] *adv* ❶ (*not tightly*) lose, locker; **~ wrapped** lose eingewickelt; **to hang ~** schlaff herunterhängen ❷ (*not exactly*) ungefähr; **~ speaking** grob gesagt; **~ translated** frei übersetzt ❸ (*not strictly*) locker, zwanglos ❹ (*not closely*) lose; **~ connected** lose [miteinander] verbunden; **~ related** entfernt verwandt

loos·en ['lu:sᵊn] **I.** *vt* ❶ (*make less tight*) **to ~ one's belt** seinen

Gürtel weiter schnallen [*o* weitermachen]; **to ~ one's collar** seinen [Hemd]kragen aufmachen [*o* aufknöpfen]; **to ~ one's tie** seine Krawatte lockern ② (*make more lax*) **to ~ a policy/the rules** politische Maßnahmen/die Regeln lockern ③ (*relax*) **to ~ one's grip** seinen Griff lockern; **to ~ muscles** Muskeln lockern ④ (*make weaker*) **to ~ ties** Verbindungen lockern; **to ~ a relationship** eine Beziehung [langsam] lösen ▶ PHRASES: **to ~ sb's tongue** jdm die Zunge lösen **II.** *vi* sich *akk* lockern, locker werden; **the dictator's grip on the country has not ~ed** der Diktator hat das Land immer noch fest in der Hand

◆**loosen up I.** *vi* ① (*warm up*) sich *akk* auflockern ② (*become relaxed*) auftauen, entspannter werden **II.** *vt* ① (*make relaxed*) ■**to ~ sb up** jdn auflockern ② (*relax*) **to ~ up one's muscles** die Muskeln lockern; ■**to ~ oneself up** sich *akk* locker machen

loose·ness ['lu:snəs] *n no pl* ① (*not tightness*) Lockerheit *f* ② (*inexactitude*) Ungenauigkeit *f,* Vagheit *f* ③ (*laxity*) Lockerheit *f; of morals* Laxheit *f*

loosey-goosey [ˌlu:si'gu:si] *adj* AM (*sl*) locker flockig *fam*

loot [lu:t] **I.** *n no pl* ① MIL Kriegsbeute *f* ② (*plunder*) [Diebes]beute *f* ③ (*hum fam: money*) Kies *m fam,* Zaster *m fam;* (*valued objects*) Geschenke *ntpl* **II.** *vt* ① (*plunder*) **to ~ sth** etw [aus]plündern ② (*steal*) **to ~ goods** Waren stehlen **III.** *vi* plündern

loot·er ['lu:təʳ, AM -t̬ɚ] *n* Plünderer, Plünderin *m, f*

loot·ing ['lu:tɪŋ, AM -t̬-] *n no pl* Plünderei *f;* **widespread ~** allgemeine Plünderei

lop[1] <-pp-> [lɒp, AM lɑ:p] *vi* AM ① (*droop*) schlaff herunterhängen; **his belly ~s over the top of his pants** sein Bauch hängt ihm über die Hose ② (*move in droopy manner*) *drunkard* torkeln

lop[2] [lɒp, AM lɑ:p] **I.** *n no pl* abgehackte Äste/Zweige **II.** *vt* <-pp-> ① (*to prune*) **to ~ a tree** einen Baum stutzen [*o* beschneiden] ② (*eliminate*) ■**to ~ sth** etw streichen; *budget* etw kürzen

◆**lop off** *vt* ① (*chop off*) **to ~ off a branch** einen Ast abhacken; **to ~ off sb's head** jdm den Kopf abschlagen ② (*remove*) ■**to ~ sth** ↻ **off** *budget* etw kürzen; (*reduce*) etw verkürzen; **he ~ped off three seconds from the world record!** er hat den Weltrekord um drei Sekunden unterboten

lope [ləʊp, AM loʊp] **I.** *vi* in großen Sätzen springen; *hare* hoppeln **II.** *n* Davonspringen *nt kein pl,* Davonhoppeln *nt kein pl*

'lop-eared *adj inv* mit Hängeohren [*o* Schlappohren] **'lop-ears** *npl* Hängeohren *pl,* Schlappohren *pl* **lop·'sid·ed** *adj* schief, ungleich; (*fig*) einseitig; **~ vote** eindeutiges [*o* klares] Wahlergebnis

lo·qua·cious [lə(ʊ)'kweɪʃəs, AM loʊ'-] *adj* (*form*) redselig, geschwätzig *fam;* ■**to be ~ about sth** etw ausführlich wiedergeben

lo·qua·cious·ly [lə(ʊ)'kweɪʃəsli, AM loʊ'-] *adv* redselig; **to answer a question ~** eine Frage weitschweifig beantworten

lord [lɔ:d, AM lɔ:rd] *n* ① (*nobleman*) Lord *m* ② (*ruler*) **~ of the manor** Gutsherr *m;* (*pej*) Herr *m* im Haus; **to act like the ~ of the manor** sich *akk* als Herr im Haus aufspielen ③ (*fam: powerful man*) Herr *m;* **drug ~** Drogenbaron *m;* **my ~ and master** (*hum, iron*) mein Herr und Meister *hum iron*

Lord [lɔ:d, AM lɔ:rd] **I.** *n* ① BRIT (*title*) **~ Longford** Lord Longford; **my ~** Mylord, Euer Lordschaft ② BRIT POL ■**the ~s** + *sing/pl vb* das Oberhaus ③ *no pl* REL Herr *m;* **the ~ be with you** der Herr sei mit euch; **praise the ~!** lobet den Herrn!; **~, hear our prayer** Herr, erhöre unsere Gebete; **the ~ God** [Gott] der Herr; **in the year of our ~** im Jahre des Herrn; **~ knows** (*fam*) weiß der Himmel *fam* **II.** *interj* **good** [*or* **oh**] **~!** [ach,] du lieber Himmel!; **~, it's hot in here!** ach, du großer Gott, ist das heiß hier drinnen! **III.** *vt* ■**to ~ it over sb** jdn herumkommandieren

Lord 'Chan·cel·lor *n* BRIT Lordkanzler *m* **Lord Chief 'Jus·tice** *n* BRIT Lordoberrichter *m* **Lord 'Jus·tice** *n* BRIT Lordrichter *m*

lord·ly ['lɔ:dli, AM 'lɔ:r-] *adj* ① (*suitable for lord*) herrschaftlich, fürstlich; **a ~ title** ein Adelstitel *m* ② (*imperious*) hochmütig, anmaßend; **to put on ~ airs** [*or* **manners**] ein arrogantes Verhalten an den Tag legen

Lord 'May·or *n* BRIT Oberbürgermeister(in) *m(f)*

i Kultur

Lord Mayor ist der Titel für den Bürgermeister der *City of London.* Sein Amt ist nicht mit dem des *Mayor of London* zu verwechseln. Ersterer ist nur für die City zuständig, der zweite für das ganze Stadtgebiet von Greater London. Die Aufgaben des *Lord Mayor* sind hauptsächlich zeremonieller und weniger politischer Natur. Der *Lord Mayor of London* wird durch die *Common Hall– Versammlung von Vertretern der Zünfte der Stadt* für ein Jahr gewählt. Er wird am *Lord Mayor's Day,* am zweiten Freitag im November, in der *Guildhall* vereidigt. Die Prozession, die ihn dorthin begleitet, ist als die *Lord Mayor's Show* bekannt.

lor·do·sis [lɔ:'dəʊsɪs, AM lɔ:r'doʊ-] *n* MED Wirbelsäulenverkrümmung *f* nach vorne, Lordose *f fachspr*

Lord 'Pro·vost *n* SCOT Bürgermeister(in) *m(f)*

lord·ship ['lɔ:dʃɪp, AM 'lɔ:r-] *n* (*form*) ① *no pl* (*dominion*) Herrschaft *f;* **to have/win** [**the**] **~ over sth** die Herrschaft über etw *akk* besitzen/gewinnen ② BRIT (*form of address*) Lordschaft *f;* **His/Your L~** Seine/Euer Lordschaft; (*bishop*) Seine/Eure Exzellenz; *judge* Seine/Euer Ehren [*o* Gnaden]

Lord's 'Prayer *n no pl* Vaterunser *nt* **Lords 'spiri·tu·al** *npl* BRIT [*Erz*]*bischöfe im britischen Oberhaus* **Lord's 'Sup·per** *n no pl* [heiliges] Abendmahl

lordy ['lɔ:di, AM 'lɔ:rdi] *interj* Herr im Himmel! *fam,* Himmel [noch mal]! *fam*

lore [lɔ:ʳ, AM lɔ:r] *n no pl* [überliefertes] Wissen; **gypsy ~** Zigeunerweisheit *f;* **common ~** [alte] Volksweisheit *f*

lor·gnette [lɔ:'njet, AM lɔ:r'-] *n* Lorgnette *f*

lori·keet ['lɒrɪki:t, AM 'lɔ:rɪ-] *n* ZOOL [kleiner] Lori

lor·ry ['lɒri] **I.** *n* BRIT TRANSP Last[kraft]wagen *m,* Lkw *m,* Laster *m fam* **II.** *n modifier* **~ driver** Lastwagenfahrer(in) *m(f),* Lkw-Fahrer(in) *m(f)*

lose <lost, lost> [lu:z] **I.** *vt* ① (*cease to have*) ■**to ~ sth** etw verlieren; **to ~ altitude/ground/speed** an Höhe/Boden/Geschwindigkeit verlieren; **to ~ one's appetite/balance** den Appetit/das Gleichgewicht verlieren; **to ~ blood** Blut verlieren; **to ~ one's breath** außer Atem kommen; **to ~ one's command/control of** [*or* **over**] **sb/sth** das Kommando/die Kontrolle über jdn/etw verlieren; **to ~ consciousness/courage** das Bewusstsein/den Mut verlieren; **to ~ favour with sb** jds Gunst *f* verlieren; **to ~ interest in sb/sth** das Interesse an jdm/etw verlieren; **to ~ the upper hand** die Oberhand verlieren; **to ~ one's job** seinen Arbeitsplatz verlieren; **to ~ the lead** die Führung abgeben [müssen]; **to ~ money** Geld verlieren; **to ~ popularity** an Popularität einbüßen; **to ~ trade** Geschäftseinbußen erleiden; **to ~ weight** an Gewicht verlieren, abnehmen ② (*euph: by death*) **to ~ a friend/relative** einen Freund/Verwandten verlieren; **to ~ one's life** sein Leben verlieren ③ (*miscarry*) **to ~ a baby** ein Kind [*o* Baby] verlieren ④ *usu passive* (*bring to ruin*) **to ~ a plane/ship** ein Flugzeug/Schiff verlieren ⑤ (*waste*) **to ~ an opportunity** eine Gelegenheit versäumen; **to ~ time** Zeit verschwenden; **to ~ no time in doing sth** etw sofort [*o* unverzüglich] tun ⑥ (*run slower by*) **to ~ time** *watch, clock* nachgehen ⑦ (*become unable to find*) **to ~ the path/route** vom Weg/von der Route abkommen; **to ~ one's** [*or* **the**] **way** sich *akk* verirren [*o* verlaufen] ⑧ AM (*fam: get rid of*) ■**to ~ sb/sth** jdn/etw abschütteln; *pursuer, car* jdn/etw abhängen ❾ (*confuse*) ■**to ~ sb** jdn in die Irre führen [*o* irreführen] ❿ (*not win*) ■**to ~ sth** etw verlieren; **to ~ an argument** in einer Diskussion unterliegen; **to ~ a battle/game** eine Schlacht/ein Spiel verlieren ⓫ (*cause loss of*) ■**to ~ sb sth** jdn etw kosten [*o* um etw *akk* bringen]; **his negligence lost him his job** seine Nachlässigkeit kostete ihn seinen Job ▸PHRASES: **to ~ the day [for sb]** [jdn] um den Sieg bringen; **to ~ face** das Gesicht verlieren; **to ~ ground** an Boden verlieren; **to ~ one's head/nerve/temper** den Kopf/die Nerven/die Beherrschung verlieren; **to ~ heart** den Mut verlieren; **to ~ one's heart [to sb]** sein Herz [an jdn] verlieren; **to lose one's marbles** [*or* **mind**] (*hum*) nicht mehr alle Tassen im Schrank haben *hum fam;* **to have nothing/something to ~** nichts/etwas zu verlieren haben; **to ~ one's rag [about** [*or* **over**] **sth]** [über etw *akk*] in Wut geraten; **to ~ one's shirt [on sth]** (*fam*) sein letztes Hemd [bei etw *dat*] verlieren *fam;* **to ~ sight of sth** etw aus den Augen verlieren; **to ~ sleep over** [*or* **about**] **sth** sich *dat* wegen einer S. *gen* Sorgen machen, wegen einer S. *gen* kein Auge zutun können; **to ~ touch [with sb]** den Kontakt [zu jdm] verlieren; **to ~ touch [with sth]** [über etw *akk*] nicht mehr auf dem Laufenden sein; **to ~ track [of sth]** (*be unable to follow*) [etw *dat*] [geistig] nicht folgen können; (*be unable to remember*) **I've lost track of the number of times he's asked me for money** ich weiß schon gar nicht mehr, wie oft er mich um Geld gebeten hat; **to ~ oneself** [*or* **be lost**] **in sth** sich *akk* in etw *dat* verlieren; **to ~ oneself in thought** [völlig] gedankenverloren dastehen/dasitzen; **to ~ it** durchdrehen *fam;* **I almost lost it** ich bin fast verrückt geworden [*o* durchgedreht] **II.** *vi* ❶ (*be defeated*) ■**to ~ [to sb/sth]** [gegen jdn/etw] verlieren ❷ FIN ein Verlustgeschäft sein [*o* darstellen]; **I bet that movie will ~ big at the box office** ich wette, dieser Film wird ein Riesenflop werden

◆**lose out** *vi* ❶ (*be deprived*) schlecht wegkommen *fam,* ins Hintertreffen geraten; ■**to ~ out in** [*or* **on**] **sth** bei etw *dat* den Kürzeren ziehen *fam* ❷ (*be beaten*) ■**to ~ out to sb/sth** jdm/etw unterliegen, gegen jdn/etw verlieren

los·er ['lu:zəʳ, AM -ɚ] *n* ❶ (*defeated person*) Verlierer(in) *m(f),* Loser *m sl;* **good ~** guter Verlierer/gute Verliererin; **bad ~** schlechter Verlierer/schlechte Verliererin; **to back a ~** auf einen Verlierer setzen ❷ (*person at disadvantage*) Verlierer *m* ❸ (*fam: habitually unsuccessful person*) Verlierer[typ] *m,* Pechvogel *m;* **a born ~** (*pej*) ein geborener Verlierer

los·ing ['lu:zɪŋ] *adj attr* Verlierer-; **~ team** Verlierermannschaft *f*

los·ing 'bat·tle *n* **to fight a ~** einen aussichtslosen Kampf führen **'los·ing streak** *n* Pechsträhne *f*

loss <*pl* -es> [lɒs, AM lɑ:s] *n* ❶ (*instance of losing*) Verlust *m;* **job ~es** Wegfall *m* von Arbeitsplätzen; **~ of life** Verluste *mpl* an Menschenleben; **the plane crashed with serious ~ of life** der Flugzeugabsturz forderte zahlreiche Menschenleben; **~ of memory** Gedächtnisverlust *m;* **to get over the ~ of sb** jds Verlust verwinden ❷ *no pl* (*grief*) Verlust *m;* **a sense of ~** ein Gefühl *nt* des Verlustes ❸ ECON Verlust *m,* Einbuße *f;* **pre-tax ~es** Verlust *m* vor Steuern; **to cut one's ~es** Schadensbegrenzung betreiben *geh;* **to run** [*or* **operate**] **at a ~** mit Verlust arbeiten ❹ (*sb/sth lost*) Verlust *m;* **she will be a great ~ to the university when she retires** es wird ein großer Verlust für die Universität sein, wenn sie in Rente geht ▸PHRASES: **to be at a ~** nicht mehr weiterwissen; **to be at a ~ for answers/words** um Antworten/Worte verlegen sein

'loss ad·just·er *n* Schadenssachbearbeiter(in) *m(f),* Schadensregulierer(in) *m(f)*

loss·age ['lɒsɪdʒ, AM 'lɑ:s-] *n no pl* Verluste *mpl*

'loss lead·er *n* Lockvogelangebot *nt,* Lockartikel *m* **'loss-mak·ing** *adj inv* **~ business** Verlustbetrieb *m,* defizitärer Betrieb *geh;* ■**to be ~** mit Verlust arbeiten

lost [lɒst, AM lɑ:st] **I.** *pt, pp of* **lose II.** *adj inv* ❶ (*unable to find way*) ■**to be ~** sich *akk* verirrt haben; **to get ~** sich *akk* verirren; (*on foot*) sich *akk* verlaufen haben; (*using vehicle*) sich *akk* verfahren haben ❷ (*no longer to be found*) **~ articles** abhandengekommene Artikel; **to get ~** verschwinden; **sometimes things get ~ mysteriously** manchmal verschwinden Dinge auf mysteriöse Weise ❸ *pred* (*helpless*) **to feel ~** sich *akk* verloren fühlen; ■**to be ~** (*not understand*) nicht mitkommen *fam,* nichts [*o fam* Bahnhof] verstehen; ■**to be ~ without sb/sth** ohne jdn/etw verloren sein ❹ (*preoccupied*) **to be ~ in contemplation** [*or* **thought**] [völlig] in Gedanken versunken sein; **to be ~ to the world** alles um sich *akk* herum vergessen haben ❺ (*wasted*) verpasst; **~ opportunity** verpasste Gelegenheit; **~ time** verschwendete Zeit; **~ youth** vertane Jugend ❻ (*perished, destroyed*) **~ soldiers** gefallene Soldaten; **~ planes/ships/tanks** zerstörte Flugzeuge/Schiffe/Panzer ❼ (*not won*) **~ battle/contest** verlorener Kampf/Wettkampf; **~ election** verlorene Wahl ▸PHRASES: **to be ~ on sb** nicht verstanden [*o* geschätzt] werden; **financial discussions are ~ on me** für Diskussionen über finanzielle Dinge habe ich einfach keinen Sinn; **get ~!** (*fam!: go away!*) verzieh dich! *fam,* hau ab! *sl;* (*no way!*) vergiss es! *fam,* kommt gar nicht in Frage! *fam*

lost-and-'found *n* AM, **lost-and-'found of·fice** *n* AM Fundbüro *nt* **lost 'cause** *n* aussichtslose Sache **lost gen·e'ra·tion** *n + sing/pl vb* verlorene Generation **lost 'prop·er·ty I.** *n no pl* ❶ (*articles*) Fundsachen *fpl* ❷ BRIT, AUS (*office*) Fundbüro *nt* **II.** *n modifier* **~ office** BRIT, AUS Fundbüro *nt* **lost 'soul** *n* verlorene Seele

lot [lɒt, AM lɑ:t] **I.** *pron* ❶ (*much, many*) ■**a ~** viel; **we haven't got a ~** wir besitzen nicht viel; **a ~ of people** viele [*o* eine Menge] Leute; **a ~ of rain** viel Regen; **to do a ~ of travelling** viel reisen; **a fat ~ [of good]** (*iron*) wahnsinnig viel *iron,* herzlich wenig; **a fat ~ of good it'll do you** (*iron*) das wird dir gar nichts nützen; **to have a ~ going for oneself** viel haben, was für einen spricht; ■**~s [of sth]** *+ sing/pl vb* viel [*o* jede Menge] [etw] *fam;* **there's ~s to do here** es gibt hier jede Menge zu tun *fam;* **~s of children** viele Kinder ❷ (*everything*) ■**the ~** alles; **the thieves stole paintings, jewellery, the ~** die Diebe haben Gemälde gestohlen, Juwelen, einfach alles; **the whole ~** alles zusammen, das Ganze **II.** *adv* (*fam*) ■**a ~** [*or* **~s**] viel; **thanks a ~!** vielen Dank!; **your sister looks a ~ like you** deine Schwester sieht dir sehr ähnlich; **we go on holidays a ~** wir machen oft Urlaub; **to feel a ~** [*or* **~s**] **better** sich *akk* viel besser fühlen **III.** *n* ❶ *+ sing/pl vb* BRIT, AUS (*group*) Trupp *m fam;* **another ~ of visitors will be here this afternoon** heute Nachmittag kommt ein neuer Schwung Besucher; BRIT (*usu pej fam: group of people*) Haufen *m fam;* **you're an ignorant ~** ihr seid ein ungebildetes Pack *fam;* **are you ~ coming to lunch?** kommt ihr alle zum Essen?; **a bad ~** ein Taugenichts *m;* **they are a bad ~** sie sind ein übles Pack; **my ~** meine Leute *fam* ❷ (*in an auction*) Stück *nt* ❸ (*chance*) **to choose [sb/sth] by ~** [jdn/etw] durch Losentscheid bestimmen [*o* auslosen]; **to draw** [*or* **cast**] **~s** Lose ziehen; *no pl* (*choice*) Wahl *f;* **I hope the ~ falls on me** ich hoffe, dass die Wahl auf mich fällt ❹ *no pl* (*fate*) Los *nt geh;* **to throw in one's ~ with sb** sich *akk* mit jdm zusammentun ❺ *esp* AM, AUS (*land*) Stück *nt* Land, Parzelle *f;* **building ~** Bauplatz *m;* **parking ~** Parkplatz *m;* **back ~** hinteres Grundstück; **vacant ~** unbebautes Grundstück **IV.** *vt* <-tt-> ■**to ~ sth** etw [für eine Auktion in einzelne Stücke] aufteilen

loth *adj see* **loath**

lo·tion ['ləʊʃᵊn, AM 'loʊ-] *n no pl* Lotion *f;* **aftershave ~** Aftershavelotion *f;* **suntan ~** Sonnenöl *nt*

lot·tery ['lɒtᵊri, AM 'lɑ:t̬ɚi] **I.** *n* Lotterie *f,* Lotteriespiel *nt* **II.** *n modifier* **~ number** Losnummer *f;* **~ ticket** Lotterielos *nt*

lo·tus <*pl* -es> ['ləʊtəs, AM 'loʊt̬-] *n* BOT Lotos *m,* Lotosblume *f*

'lo·tus-eater *n* Lotosesser(in) *m(f);* (*fig*) Träumer(in) *m(f)* **'lo·tus land** *n no pl* Paradies *nt* auf Erden; (*fig*) Ort *m* des süßen Nichtstuns, ≈ Schlaraffenland *nt* **'lo·tus life** *n no pl* **to live a ~**

sein Leben im Müßiggang verbringen **'lo·tus po·si·tion** *n,* **'lo·tus pos·ture** *n no pl* Lotossitz *m*

loud [laʊd] **I.** *adj* ❶ (*audible*) laut, geräuschvoll; ~ **music** laute Musik ❷ (*pej: insistent*) [aufdringlich] laut; ~ **complaints/protests** laut[stark]e Beschwerden/Proteste; **to be ~ in one's condemnation of sth** etw aufs Schärfste verurteilen; **to be ~ in one's praises of sth** etw in den höchsten Tönen loben ❸ (*pej: garish*) auffällig; *colours* schrill, grell, schreiend; ~ **and obnoxious** schrill und schräg *fam* **II.** *adv* laut; **to speak** [*or* **talk**] ~ laut sprechen; ~ **and clear** laut und deutlich; **out** ~ laut; **this novel made me laugh out** ~ als ich den Roman las, musste ich lauthals loslachen

loud·hail·er *n* BRIT, AUS Megaphon *nt*

loud·ly ['laʊdli] *adv* ❶ (*audibly*) laut; **to speak/talk** ~ laut sprechen/reden ❷ (*pej: insistently*) **to complain** ~ sich *akk* lautstark [*o* lauthals] beschweren ❸ (*pej: garishly*) auffällig, grell, schrill; **to dress** ~ sich *akk* auffällig anziehen

'loud·mouth *n* (*fam*) Großmaul *nt fam*

loud·ness ['laʊdnəs] *n no pl* ❶ (*measurement*) Lautstärke *f* ❷ (*quality*) Lautstärke *f,* Lautheit *f*

loud·'speak·er *n* Lautsprecher *m*

lough [lɒk, *Irish* lɒx] *n* IRISH See *m;* (*arm of sea*) Meeresarm *m*

lounge [laʊndʒ] **I.** *n* ❶ (*public room*) Lounge *f,* Gesellschaftsraum *m; of a hotel* Hotelhalle *f;* **departure** ~ Abflughalle *f,* Warteraum *m* ❷ BRIT (*sitting room*) Wohnzimmer *nt* ❸ BRIT (*period of lounging*) Faulenzen *nt* **II.** *n modifier* (*sl*) (*culture, scene*) Nobelbar-, Lounge- *sl* **III.** *vi* (*lie*) [faul] herumliegen; (*sit*) [faul] herumsitzen; (*stand*) [faul] herumstehen

◆**lounge about, lounge around** *vi* (*lie*) [faul] herumliegen; (*sit*) [faul] herumsitzen; (*stand*) [faul] herumstehen; **I wish you'd stop lounging about!** ich wünschte, du würdest nicht bloß herumstehen und Maulaffen feilhalten! *fam*

'lounge bar *n* BRIT *der vornehmere Teil eines Pubs mit eigener Bar* **'lounge chair** *n* Klubsessel *m,* [bequemer] Polstersessel **'lounge liz·ard** *n* (*fam*) Salonlöwe *m*

loung·er ['laʊndʒəʳ, AM -ɚ] *n* ❶ (*chair*) Lehnstuhl *m,* Sessel *m;* **sun** ~ Sonnenliege *f* ❷ (*person*) Nichtstuer(in) *m(f),* Müßiggänger(in) *m(f)*

'lounge room *n* AUS Wohnzimmer *nt* **'lounge suit** *n* BRIT Straßenanzug *m*

loupe [lu:p] *n* Lupe *f* (*von Juwelieren und Uhrmachern*)

lour ['laʊəʳ, AM laʊr] **I.** *vi* ❶ (*frown*) düster [*o* finster] dreinblicken; ■**to** ~ **at sb/sth** jdn/etw mit finsterer [*o* düsterer] Miene ansehen ❷ (*appear threatening*) *sky* sich *akk* verfinstern **II.** *n* finsterer Gesichtsausdruck, düstere Miene

louse I. *n* [laʊs] ❶ <*pl* lice> (*parasite*) Laus *f* ❷ <*pl* -s> (*fam: person*) Filzlaus *f pej fam,* miese Type *pej fam,* mieser Typ *pej fam* **II.** *vt* [laʊz, AM laʊs] (*fam*) ■**to** ~ **up** ⇄ **sth** etw vermasseln *fam* [*o sl* in den Sand setzen]

lousy ['laʊzi] *adj* ❶ (*fam: bad*) lausig *fam,* [hunds]miserabel *sl,* beschissen *derb;* ~ **weather** Hundewetter *nt fam* ❷ (*meagre*) lausig *fam,* mick[e]rig *fam,* popelig *fam;* **a** ~ **£10!** lausige 10 Pfund! ❸ *pred* (*ill*) **to feel** ~ sich *akk* hundeelend [*o* mies] fühlen *fam* ❹ (*infested with lice*) verlaust ❺ (*fam: teeming*) ■**to be** ~ **with sth** etw bis zum Abwinken haben *sl;* **this office is** ~ **with idiots** in diesem Büro wimmelt es nur so von Idioten *fam*

lout [laʊt] *n* (*fam*) Flegel *m,* Rüpel *m;* **lager** ~**s** BRIT (*pej*) Trunkenbolde *mpl fam,* Saufköpfe *mpl derb;* **clumsy** ~ Tölpel *m fam,* Tollpatsch *m fam*

lout·ish ['laʊtɪʃ, AM -t̬-] *adj* (*fam*) pöbelhaft, rüpelhaft

lout·ish·ness ['laʊtɪʃnəs, AM 'laʊt̬-] *n no pl* (*pej*) Pöbelhaftigkeit *f,* Rüpelhaftigkeit *f*

lou·ver ['lu:vɚ] AM, **lou·vre** [-əʳ] *n* BRIT, AUS Jalousie *f;* (*slat*) Lamelle *f* [einer Jalousie]

lou·vred ['lu:vəd, AM -ɚd] *adj inv* Jalousie-, Lamellen-; ~ **door** Lamellentür *f;* ~ **window** Fenster *nt* mit Fensterläden

lov·able ['lʌvəbl̩] *adj* liebenswert

lov·age ['lʌvɪdʒ] *n* BOT Liebstöckel *nt o m*

love [lʌv] **I.** *n* ❶ *no pl* (*romantic feeling*) Liebe *f;* (*fondness*) Vorliebe *f;* ■**to be in** ~ **with sb** in jdn verliebt sein; **all my** ~**, Richard** (*in letter*) alles Liebe, Richard; **there is no** ~ **lost between the two** die beiden können einander nicht ausstehen; **it's a pity you have so little** ~ **for your job** es ist schade, dass dir deine Arbeit so wenig Spaß macht; **a childlike** ~ kindliche Liebe; ~ **at first sight** Liebe *f* auf den ersten Blick; **to be head over heels in** ~ bis über beide Ohren verliebt sein; **to fall in** ~ **with sb** sich *akk* in jdn verlieben; **to give** [*or* **send**] **sb one's** ~ jdm Grüße bestellen, jdn grüßen lassen; **send my** ~ **to her!** grüße Sie von mir!; **to make** ~ **to sb** (*have sex*) jdn lieben, mit jdm schlafen; (*old: woo*) jdn umwerben, jdm den Hof machen *veraltend;* **to marry sb for** ~ jdn aus Liebe heiraten; **to show sb lots of** ~ jdm viel Liebe geben ❷ (*interest*) Leidenschaft *f;* (*with activities*) Liebe *f;* **she has a great** ~ **of music** sie liebt die Musik sehr; ■**to do sth for the** ~ **of it** etw aus Spaß [*o* zum Vergnügen] machen; ~ **of adventure** Abenteuerlust *f;* ~ **of animals** Tierliebe *f;* ~ **of books** Liebe *f* zu Büchern; ~ **of one's country** Vaterlandsliebe *f;* ~ **of learning** Freude *f* [*o* Spaß *m*] am Lernen ❸ *no pl esp* BRIT (*fam: darling*) Liebling *m fam,* Schatz *m fam;* **the** ~ **of his/her life** die [größte] Liebe seines/ihres Lebens ❹ *no pl* TENNIS null; **forty-**~ vierzig null ►PHRASES: **for the** ~ **of God!** um Gottes willen!; **for the** ~ **of Mike!** BRIT (*fam*) um Himmels willen!; **not for** ~ [**n**]**or money** um nichts in der Welt; **all's fair in** ~ **and war** (*prov*) in der Liebe und im Krieg ist alles erlaubt; ~ **is blind** (*prov*) Liebe macht blind; **to do sth for** ~ (*for free*) etw umsonst machen; (*as a loving person*) etw aus Liebe machen **II.** *vt* (*be in love*) ■**to** ~ **sb/sth** jdn/etw lieben; (*greatly like*) jdn/etw sehr [*o* gerne] mögen; **I** ~ **reading** ich lese sehr gerne; **I would** ~ **a cup of tea** ich würde gerne eine Tasse Tee trinken; ~ **it or hate it, ...** ob es dir passt oder nicht, ...; **I'd** ~ **to see you again** ich würde dich sehr gern wiedersehen; **I would** ~ **you to come to dinner tonight** es würde mich sehr freuen, wenn Sie heute zum Abendessen kämen; **to** ~ **sb dearly** [*or* **deeply**]**/passionately** jdn von ganzem Herzen/leidenschaftlich lieben; **to feel** ~**d** sich *akk* geliebt fühlen ►PHRASES: ~ **me,** ~ **my dog** (*prov*) man muss mich so nehmen, wie ich bin **III.** *vi* AM lieben, verliebt sein; ■**to** ~ **for sb to do sth** gern wollen, dass jd etw tut; **I would** ~ **for you to come to dinner tonight** ich würde mich freuen, wenn du heute zum Abendessen kämst

love·able ['lʌvəbl] *adj* liebenswert; **that's a** ~ **little teddy-bear, isn't it?** das ist aber ein süßer kleiner Teddybär!

'love af·fair *n* [Liebes]affäre *f;* **a secret** ~ ein geheimes Liebesabenteuer; **to have a** ~ **with chocolate/computer/football** (*fig*) eine Schwäche für Schokolade/Computer/Fußball haben

'love·bird *n* ❶ ORN Unzertrennliche(r) *f(m)* ❷ (*fig, hum*) ■~**s** *pl* Turteltauben *fpl hum fam* **'love bite** *n* Knutschfleck *m fam* **'love bun·nies** *npl* (*fam*) Turteltauben *fpl* **'love child** *n* (*euph dated*) Kind *nt* der Liebe *euph veraltend,* uneheliches Kind **loved ones** *npl* **dear** ~**!** meine Lieben! **'love game** *n* TENNIS Zu-null-Spiel *nt;* **to play a** ~ zu null spielen; **to win/lose a** ~ ein Spiel zu null gewinnen/verlieren **'love han·dles** *npl esp* AM (*hum fam*) Rettungsring *m hum fam* **love-'hate re·la·tion·ship** *n* Hassliebe *f*

love·less ['lʌvləs] *adj* (*unloving*) lieblos; (*unloved*) *childhood, marriage* ohne Liebe *nach n*

'love let·ter *n* Liebesbrief *m* **'love life** *n* Liebesleben *nt kein pl*

love·li·ness ['lʌvlɪnəs] *n no pl* Schönheit *f;* **we have to take advantage of the** ~ **of this fall weather** wir müssen dieses herrliche Herbstwetter ausnutzen; **to have a radiant** ~ strahlend schön sein

love·lorn ['lʌvlɔ:n, AM -lɔ:rn] *adj* (*liter*) liebeskrank; ~ **poem/song** romantisches Gedicht/Lied; **to be** ~ sich *akk* vor Liebeskummer verzehren *geh*

love·ly ['lʌvli] **I.** *adj* ❶ (*beautiful*) schön, hübsch; ~ **house** wunderschönes Haus; **to look ~** reizend [*o* bezaubernd] aussehen; **you look absolutely ~ this evening, my darling** Schatz, du siehst heute Abend einfach hinreißend aus ❷ (*fam: pleasant*) wunderbar, herrlich; **how ~ to see you!** wie schön, dich zu sehen!; **a ~ present** ein tolles Geschenk; **~ view** wunderbare Aussicht; **~ weather** herrliches Wetter; **to be ~ and cool/warm/quiet** schön kühl/warm/ruhig sein ❸ (*charming*) nett, liebenswürdig; **~ person** liebenswürdiger Mensch; **~ visit** netter Besuch **II.** *n* Schönheit *f*, schöne Frau

'love-mak·ing *n no pl* ❶ (*sexual intercourse*) [körperliche] Liebe, Liebesakt *m geh;* **to be good at ~** in der Liebeskunst erfahren sein *geh,* gut im Bett sein *fam;* **he's very good at ~** er ist ein sehr guter Liebhaber ❷ (*dated: wooing*) Liebeswerben *nt liter o veraltend* **'love match** *n* Liebesheirat *f* **'love nest** *n* Liebesnest *nt* **'love po·tion** *n* Liebestrank *m*

lov·er ['lʌvəʳ, AM -ɚ] *n* ❶ (*person in love*) Liebende(r) *f(m);* ■ **the ~s** *pl* die Liebenden *pl* ❷ (*sexual partner*) Liebhaber(in) *m(f),* Geliebte(r) *f(m) meist pej;* ■ **~s** *pl* Liebespaar *nt sing;* **he was her live-in ~ for three years** er hat drei Jahre lang mit ihr zusammengelebt; **to be/become ~s** ein Liebespaar sein/werden; **they were ~s for three years** sie waren drei Jahre lang zusammen; **to take a ~** sich *dat* einen Liebhaber/eine Geliebte nehmen ❸ (*enthusiast*) Liebhaber(in) *m(f),* Freund(in) *m(f)* (**of** von *+dat*); **book ~** Bücherfreund(in) *m(f);* **nature/opera ~** Natur-/Opernliebhaber(in) *m(f);* **sports ~** Sportfan *m*

'love seat *n* Zweiersofa *nt* **'love set** *n* TENNIS Zu-Null-Spiel *nt* **'love·sick** *adj* liebeskrank; **to be ~** Liebeskummer haben **'love song** *n* Liebeslied *nt* **'love sto·ry** *n* Liebesgeschichte *f* **'love-struck** *adj* liebestoll, schmachtend *iron;* **to be a ~ fool** bis über beide Ohren verliebt [*o fam* total verknallt] sein **'love tri·an·gle** *n* Dreiecksverhältnis *nt,* Dreiecksgeschichte *f fam*

lov·ey ['lʌvi] *n* BRIT (*fam*) Liebling *m,* Schatz *m fam*

lov·ey-dov·ey *adj* hoffnungslos verliebt, total verknallt *fam;* **~ couples** schmusende Liebespärchen

lov·ing ['lʌvɪŋ] *adj* (*feeling love*) liebend; (*showing love*) liebevoll; **the letter was signed 'your ~ father'** der Brief war unterschrieben mit ‚dein dich liebender Vater [*o* in Liebe dein Vater]'; **~ care** liebevolle Fürsorge; **a ~ child** ein liebes Kind **'lov·ing cup** *n* Pokal *m* **lov·ing 'kind·ness** *n* Gutherzigkeit *f,* Güte *f*

lov·ing·ly ['lʌvɪŋli] *adv* liebevoll, zärtlich

low¹ [ləʊ, AM loʊ] **I.** *adj* ❶ (*in height*) niedrig; **at a ~ altitude** in geringer Höhe; **~ heels** flache [*o* niedrige] Absätze; **~ neckline** tiefer Ausschnitt; **~ slope** flacher Abhang; **the dress has a ~ waist** das Kleid hat eine tief angesetzte Taille ❷ (*in number*) gering, wenig; **~ attendance** geringe Besucherzahl; **~ blood pressure** niedriger Blutdruck; **~ calibre** kleines Kaliber; **people of [a] ~ calibre** (*fig*) Leute mit wenig Format; **to be ~ in calories/cholesterol** kalorien-/cholesterinarm sein; **to be ~ in funds** wenig Geld haben, knapp bei Kasse sein *fam;* **to keep sth ~** etw niedrig halten ❸ (*depleted*) knapp; **~ stocks** geringe Vorräte; **to be** [*or* **get**] [*or* **run**] **~** zur Neige gehen, knapp werden; **we were getting ~ on supplies** unsere Vorräte waren fast erschöpft; **the batteries are running ~** die Batterien sind fast leer; **the bulb was ~** die Glühbirne brannte nur noch schwach ❹ (*not loud*) leise; **~ groaning** verhaltenes Stöhnen; **in a ~ voice** mit leiser [*o* gedämpfter] Stimme ❺ (*not high-pitched*) *voice* tief; **~ pitch** tiefe Stimmlage ❻ (*not intense*) niedrig; *light* gedämpft; **on a ~ burner** [*or* **flame**] auf kleiner Flamme; **~ frequency** Niederfrequenz *f;* **~ heat** schwache Hitze; **roast the chicken at ~ heat** braten Sie das Hähnchen bei niedriger Hitze ❼ (*not good*) **~ morale** schlechte Moral; **to have a ~ opinion of sb** von jdm nicht viel halten; **~ quality** minderwertige Qualität; **to hold sth in ~ regard** etw gering schätzen; **~ self-esteem** geringe Selbstachtung; **~ standards** (*in technics*) schlechter [*o* niedriger] Standard; (*in tests, etc*) niedriges Niveau; **~ visibility** schlechte Sicht ❽ (*not important*) niedrig, gering; **to be a ~ priority** nicht so wichtig sein ❾ (*unfair, mean*) gemein; **~ trick** gemeiner Trick; **to get ~** gemein [*o* niederträchtig] sein; **how ~ can you get?** wie tief willst du noch sinken? ❿ (*sad*) **in ~ spirits** niedergeschlagen, in gedrückter Stimmung; **to feel ~** niedergeschlagen [*o* deprimiert] sein ⓫ LING *vowel* offen **II.** *adv* ❶ (*in height*) niedrig; **to be cut ~** *dress, blouse* tief ausgeschnitten sein; **to fly ~** tief fliegen ❷ (*to a low level*) tief; **to turn the music ~er** die Musik leiser stellen; **turn the oven on ~** stell den Ofen auf kleine Hitze ❸ (*cheap*) billig; **to buy ~** billig [*o* günstig] einkaufen ❹ (*not loudly*) leise; **to speak ~** leise sprechen ❺ (*not high-pitched*) tief; **to sing ~** tief [*o* mit tiefer Stimme] singen **III.** *n* ❶ (*low level*) Tiefstand *m,* Tiefpunkt *m;* **to be at a ~** auf einem Tiefpunkt sein; **to hit** [*or* **reach**] **a ~** an einen Tiefpunkt gelangen ❷ METEO Tief *nt;* **expected ~s near 0° C today** die Tiefstwerte liegen heute vermutlich bei 0°C; **record ~** Rekordtief *nt* ❸ AUTO erster Gang; **put the car in ~** legen Sie den ersten Gang ein ❹ AM (*fig: person*) ■ **to be in ~** schlapp sein *fam* ▸ PHRASES: **to be the lowest of the ~** ein ganz gemeiner Typ sein *fam*

low² [ləʊ, AM loʊ] **I.** *n* Muhen *nt* **II.** *vi cow* muhen

low-'al·co·hol *adj* alkoholarm **low 'blow** *n* Tiefschlag *m a. fig* **'low·born** *adj* von niedriger Geburt *nach n, präd geh o veraltet* **'low·boy** *n* AM niedrige Kommode **low-'bred** *adj* (*common*) gewöhnlich, ordinär *pej;* (*without manners*) unzivilisiert, ohne Manieren *nach n* **'low·brow** (*esp pej*) **I.** *adj book, film* geistig anspruchslos, seicht; *person* einfach, schlicht **II.** *n* Ungebildete(r) *f(m),* Banause *m pej,* Prolet(in) *m(f) pej fam* **low-cal** ['ləʊkæl, AM 'loʊ-] *adj* (*fam*), **low-'calo·rie** *adj* kalorienarm; **~ chocolate** kalorienreduzierte Schokolade **Low 'Church** *n* Low-Church *f* (*puritanisch-protestantische Richtung in der Anglikanischen Kirche*) **low-'class** *adj quality* drittklassig; (*socially*) Unterschichts-, aus der Unterschicht *nach n* **low 'com·edy** *n* ❶ *no pl* (*genre*) Schwank *m oft pej* ❷ (*show*) Comedy-Show *f* **'low-cost** *adj* billig, preiswert **'Low Coun·tries** *npl* HIST ■ **the ~** *pl* die Niederlande *pl* (*die heutigen Beneluxstaaten*) **'low-cut** *adj dress* tief ausgeschnitten, mit tiefem Ausschnitt *nach n* **'low-down** *adj* (*fam*) mies *fam,* fies *fam,* gemein; **~ people** Gesindel *nt* **'low·down** *n no pl* (*fam*) ■ **the ~** ausführliche Informationen; **to give sb the ~ [on sb/sth]** jdn ausführlich [über jdn/etw] informieren; **to get the ~ on sth** über etw *akk* aufgeklärt werden **'low-end** *adj attr, inv* billig, preisgünstig **low-'en·er·gy** *adj* ECOL energiesparend; ELEC, PHYS energiearm; FOOD kalorienarm; **~ house** Niedrigenergiehaus *nt;* **~ light bulb** Energiesparlampe *f*

low·er¹ ['ləʊəʳ, AM 'loʊɚ] **I.** *adj inv* ❶ (*less high*) niedriger; (*situated below*) untere(r, s), Unter- hinab; **in the ~ back** im unteren Rücken; **~ deck** *of a coach* unteres Deck; *of a ship* Unterdeck *nt;* **~ floor** untere Etage; **~ jaw** Unterkiefer *m;* **~ lip** Unterlippe *f;* **the ~ reaches of the ocean** die tieferen Regionen des Ozeans; **the L~ Rhine** GEOG der Niederrhein ❷ (*less in hierarchy*) *status, rank* niedere(r, s), untere(r, s); *animal* niedere(r, s) **II.** *vt* ❶ (*move downward*) ■ **to ~ sth** etw herunterlassen; ■ **to ~ oneself: she ~ed herself into a chair** sie ließ sich auf einem Stuhl nieder; **the miners ~ed themselves into the tunnel** die Bergleute ließen sich in den Stollen hinunter; **to ~ one's arm/hands** den Arm/die Hände senken; **to ~ one's eyes** die Augen niederschlagen, den Blick senken; **to ~ one's head** den Kopf senken; **to ~ a flag/the sails** eine Fahne/die Segel einholen; **to ~ the hem** den Saum herauslassen; **to ~ the landing gear** das Fahrgestell ausfahren; **to ~ a lifeboat** NAUT ein Rettungsboot zu Wasser lassen [*o* aussetzen]; **to ~ the periscope** das Periskop einfahren ❷ (*decrease*) ■ **to ~ sth** etw verringern [*o* senken]; **his crude jokes ~ed the tone of the evening** seine derben Witze drückten das Niveau des Abends; **to ~ one's expectations/sights** seine Erwartungen/Ansprüche zurückschrauben; **to ~ one's guard** seine Deckung vernachlässigen; **to ~ the heat** die Temperatur zurückdrehen; **to ~ interest rates** die Zinssätze senken; **to ~ prices/taxes** die Preise/Steuern senken; **to ~ the quality** die Qualität mindern; **to ~ one's voice** seine Stimme senken; **to ~ one's standards** seine Anforderungen zurückschrauben ❸ (*demean*) ■**to ~ oneself** sich *akk* erniedrigen; ■**to ~ oneself to do sth** sich *akk* herablassen, etw zu tun; **I wouldn't ~ myself to respond to his insults** ich würde mich nicht auf sein Niveau begeben und auf seine Beleidigungen antworten; **I'd never have expected him to ~ himself by stealing** ich hätte nie gedacht, dass er so tief sinken könnte und stehlen würde **III.** *vi* sinken; *voice* leiser werden

low·er² [laʊəʳ, AM laʊr] *vi person* ein finsteres Gesicht machen; *light* dunkler werden; *sky* sich *akk* verfinstern; ■**to ~ at sb** jdn finster ansehen

Low·er 'Austria *n* Niederösterreich *nt* **low·er case 'let·ter** *n* Kleinbuchstabe *m* **low·er 'class I.** *adj pred* (*second best*) zweitklassig; (*of the lower class*) aus der Unterschicht *nach n* **II.** *n* ■**the ~es** *pl* die unteren Schichten **low·er-'class** *adj attr* Unterschicht-; *family, worker* aus der Unterschicht *nach n* **Low·er 'House** *n* Unterhaus *nt*

low·er·ing¹ ['ləʊəʳrɪŋ, AM 'loʊ-] *n no pl* Senkung *f*, Reduzierung *f*; **~ of prices** Preissenkung *f*; **~ of standards** Herabsetzung *f* von [Qualitäts]normen; **~ of trade barriers** Abbau *m* von Handelsschranken

low·er·ing² ['laʊəʳrɪŋ, AM 'laʊrɪŋ] *adj* (*liter*) finster; **~ skies** verhangener Himmel

'low·er·most *adj* zuunterst **low·er 're·gions** *n* Unterwelt *f* **Low·er 'Saxo·ny** *n* Niedersachsen *nt* **low·er 'world** *n* Unterwelt *f*

low·est com·mon de·'nomi·na·tor *n* MATH kleinster gemeinsamer Nenner; (*fig*) [kleinster] gemeinsamer Nenner *fig*, Minimalkonsens *m*; **TV programmes are often directed towards the ~** das Fernsehprogramm orientiert sich häufig am Geschmack der großen Mehrheit

low-'fat *adj* fettarm **'low-fly·ing** *adj* tieffliegend; **~ aircraft** Tiefflieger *m* **low 'fre·quen·cy** *n* Niederfrequenz *f* **Low 'Ger·man** *n* Platt[deutsch] *nt*, Niederdeutsch *nt fachspr* **'low-grade** *adj* ❶ (*low quality*) minderwertig, von minderer Qualität *nach n geh*; **~ steel** Stahl minderer Güte ❷ (*of small degree*) **~ fever** leichtes Fieber; **~ official** kleiner Beamter/kleine Beamtin *meist pej* **low-hang·ing 'fruit** *n no pl* (*sl: in meeting-rooms*) niedrig hängende Frucht *fig*, etw, was leicht zu haben ist **low-'im·pact** *adj attr* ❶ *exercise* wenig aussagekräftig ❷ ECOL schadstoffreduziert, wenig belastend *präd*; **~ farming** schonende Landwirtschaft **low-'in·come** *adj* einkommensschwach *attr*, mit geringem Einkommen *nach n* **'low·jack** *n no pl* ▶ PHRASES: **to <u>have</u> a ~ on sb** AM (*fam*) alles über jdn wissen **low-'key** *adj* unauffällig, zurückhaltend; **the wedding will be a ~ affair** die Hochzeitsfeier wird keine große Sache werden; **~ colour** matte [*o* gedämpfte] Farbe; **a ~ debate/discussion** eine gemäßigte Debatte/Diskussion; **~ painting/photo** düsteres Bild/Foto; **to keep sth ~** vermeiden, dass etw Aufsehen erregt; **to take a ~ approach to sth** etw ganz gelassen angehen **low·land** ['ləʊlənd, AM 'loʊ-] **I.** *n* ❶ *no pl* (*low-lying land*) Flachland *nt*, Tiefland *nt* ❷ (*area*) ■**the ~s** *pl* das Tiefland; **the ~s of Scotland** das schottische Tiefland, die Lowlands *pl* **II.** *n modifier* (*area, farm, region*) Tiefland-, Flachland-; **~ farming** Tieflandbewirtschaftung *f* **low·land·er** ['ləʊləndəʳ, AM 'loʊləndɚ] *n* Flachländer(in) *m(f)*; **L~** Bewohner(in) *m(f)* des schottischen Tieflands **'low-lev·el** *adj* ❶ (*not high*) tief; **~ flight** Tiefflug *m* ❷ (*of low status*) niedrig, auf unterer Ebene *nach n*; (*unimportant*) nebensächlich, unbedeutend; **~ infection** leichte Infektion; **~ job** niedrige Position; **~ official** kleiner Beamter/kleine Beamtin *meist pej* ❸ COMPUT niedere(r, s); **~ [programming] language** niedere [*o* maschinennahe] Programmiersprache **low-lev·el ra·di'a·tion** *n no pl* Strahlung *f* mit niedriger Aktivität, Niedrigstrahlung *f* **'low life** *n* (*sl*) Pack *nt pej fam*; **you ~ scum!** du dreckiges Schwein! *pej derb* **'low·light** *n* ❶ (*fam: lowpoint*) Tiefpunkt *m* ❷ (*dyed hair*) ■**~s** *pl* dunkle Strähnchen **low-'load·er** *n* Tieflader *m*

low·ly ['ləʊli, AM 'loʊ-] *adj* ❶ (*ordinary*) einfach; *status* niedrig; **I'm just a ~ caretaker** ich bin nur ein einfacher Hausmeister ❷ (*modest*) bescheiden ❸ BIOL *organism, animal* niedere(r, s)

low-'ly·ing *adj* tiefliegend, tiefgelegen; **~ land** Tiefland *nt* **low-'main·te·nance** *adj* pflegeleicht, wenig arbeitsintensiv **Low 'Mass** *n* REL Stille Messe **low-'mind·ed** *adj* primitiv *pej*, gewöhnlich **'low-neck·ed** *adj* tief ausgeschnitten; **~ dress** Kleid *nt* mit tiefem Ausschnitt

low·ness ['ləʊnəs, AM 'loʊ-] *n no pl* ❶ (*in height*) Niedrigkeit *f*; *of the neckline* Tiefe *f* ❷ (*low-pitch*) *of note* Tiefe *f*; *of voice* Gedämpftheit *f*; **the ~ of his voice is unusual for a man** für einen Mann hat er eine ungewöhnlich leise Stimme ❸ (*shortage*) *of supplies* Knappheit *f* ❹ (*meanness*) Niederträchtigkeit *f*, Gemeinheit *f* ❺ (*depression*) Niedergeschlagenheit *f*

low-'paid I. *adj* schlecht bezahlt; **~ worker** Billiglohnarbeiter(in) *m(f)* **II.** *n* ■**the ~** *pl* die unteren Einkommensgruppen **low-'pitched** *adj voice, note* tief **low 'pres·sure** *n* ❶ PHYS Niederdruck *m*; METEO Tiefdruck *m*; **area of ~** Tiefdruckgebiet *nt* ❷ (*no stress*) **he can only perform in conditions of ~** er kann nur arbeiten, wenn er nicht unter Druck steht **low-'pres·sure** *adj inv* ❶ (*not stressful*) stressfrei, unbeschwert; **~ job** ruhiger Job ❷ (*not aggressive*) unaufdringlich, dezent; **~ sales** zurückhaltende Verkaufsmethode **low-'priced** *adj* [preis]günstig, preiswert **low 'pro·file** *n* Zurückhaltung *f*; **to keep a ~** sich *akk* zurückhalten; (*fig*) sich *akk* bedeckt halten, im Hintergrund bleiben **low-'pro·file** *adj* zurückhaltend **low re·'lief** *n* Flachrelief *nt* **'low-rise** *adj attr, inv* niedrig; **~ building** [*or* **construction**] Flachbau *m* **'low sea·son** *n* Nebensaison *f* **low-'spir·it·ed** *adj* niedergeschlagen, [nieder]gedrückt; **the dance turned out to be a ~ affair** bei der Tanzveranstaltung herrschte eine gedrückte Stimmung **'Low Sun·day** *n* REL Weißer Sonntag **low-'tech** *adj* [technisch] einfach, Lowtech-; **~ machinery** Maschinen *fpl* mit einfacher Technik **low-'ten·sion** *adj attr, inv* ELEC Niederspannungs- **low 'tide** *n*, **low 'wa·ter** *n no pl* Niedrigwasser *nt*; *of sea* Ebbe *f*; **at ~** bei Ebbe **low-'wa·ter mark** *n* Niedrigwassergrenze *f*; (*fig*) Tiefpunkt *m*; **to reach an all-time ~** einen historischen Tiefstand erreichen **low-'yield** *adj* FIN niedrigverzinslich

lox¹ [lɒks, AM lɑːks] *n no pl short for* **liquid oxygen** Flüssigsauerstoff *m*

lox² [lɑːks] *n* AM (*smoked salmon*) Räucherlachs *m*

loy·al [lɔɪəl, AM 'lɔɪəl] *adj* treu; (*correct*) loyal; ■**to be ~ to sb/sth** jdm/etw treu sein; (*behave correctly*) sich *akk* jdm/etw gegenüber loyal verhalten; **to be ~ to one's beliefs** seinem Glauben treu sein; **to be ~ to one's government** regierungstreu sein

loy·al·ist ['lɔɪəlɪst] **I.** *n* ❶ (*government supporter*) Loyalist(in) *m(f)*; **government ~** Regierungstreue(r) *f(m)* ❷ BRIT, IRISH (*Unionist*) ■**L~** *Befürworter der politischen Union zwischen GB und Nordirland* **II.** *adj attr, inv* loyal[istisch] *geh*, regierungstreu; **~ troops** regierungstreue Truppen

loy·al·ly ['lɔɪəli] *adv* treu; (*correctly*) loyal

loy·al 'toast *n* BRIT Toast *m* auf den König/die Königin

loy·al·ty ['lɔɪəlti, AM -t̬i] *n* ❶ *no pl* (*faithfulness*) Treue *f* (**to** zu +*dat*); (*correctness*) Loyalität *f* (**to** gegenüber +*dat*); **~ discount** [*or* **rebate**] Treuerabatt *m*; **product ~** Produkttreue *f*; **to question sb's ~** an jds Loyalität zweifeln; **to take the oath of ~** den Treueid schwören ❷ (*feelings*) ■**loyalties** *pl* Loyalitätsgefühle *ntpl*; **my loyalties to my family come before my loyalties to my work** ich fühle mich meiner Familie mehr verpflichtet als meiner Arbeit; **I'm having to cope with divided loyalties** ich befinde mich in einem Loyalitätskonflikt

'loy·al·ty card *n* Kundenkarte *f*

loz·enge ['lɒzɪndʒ, AM 'lɑːzəndʒ] *n* ❶ MATH Raute *f*, Rhombus *m* ❷ MED Pastille *f*; **cough ~** Hustenbonbon *nt*, Hustenpastille *f*;

fruit ~ Fruchtbonbon *nt;* **throat** ~ Halsbonbon *nt*

LP [ˌel'pi:] *n abbrev of* **long-playing record** LP *f*

L-plate ['elpleɪt] *n* BRIT, AUS *Schild mit dem Buchstaben L am Auto eines Fahrschülers;* **to get the ~s off** die Führerscheinprüfung bestehen

LPN [ˌelpi:'en] *n* AM *abbrev of* **licensed practical nurse**

LSD [ˌeles'di:] **I.** *n no pl abbrev of* **lysergic acid diethylamide** LSD *nt;* **to trip on ~** einen LSD-Trip schmeißen [*o* werfen] *sl* **II.** *n modifier* (*dealer, dose, prices*) LSD-; **~ high** LSD-Rausch *m;* **~ trip** LSD-Trip *m*

Lt. *n abbrev of* **lieutenant** Lt. *m*

Ltd. *adj inv, after n abbrev of* **limited** GmbH *f*

lube [lu:b] AM, AUS **I.** *n no pl* (*fam*) Schmiere *f fam,* Schmieröl *nt* **II.** *vt* (*fam*) **to ~ a motor** einen Motor ölen [*o* schmieren]

'lube job *n* AM (*fam*) Schmierdienst *m,* Ölservice *m;* **to do a ~ on a car** ein Auto [nach]schmieren

lub·ri·cant ['lu:brɪkənt] **I.** *n* TECH Schmiermittel *nt,* Schmierstoff *m;* MED, TECH Gleitmittel *nt* **II.** *n modifier* Schmier-; **~ oil** Schmieröl *nt*

lu·bri·cate ['lu:brɪkeɪt] *vt* ❶ (*grease*) ■**to ~ sth** etw schmieren [*o* fetten]; **to ~ an engine** eine Maschine abschmieren; **to ~ a hinge** ein Scharnier einfetten ❷ (*make slippery*) ■**to ~ sth** etw [ein]ölen [*o* einschmieren]; **~d condom** Kondom *nt* mit Gleitmittel ▶ PHRASES: **to ~ sb's tongue** jdm die Zunge lösen

lu·bri·ca·tion [ˌlu:brɪ'keɪʃᵊn] **I.** *n no pl* Schmieren *nt,* Fetten *nt;* **my bike chain needs some ~** meine Fahrradkette muss gefettet werden **II.** *n modifier* (*fitting, system*) Schmier-

lu·bri·ca·tor ['lu:brɪkeɪtəʳ, AM -t̬ɚ] *n* TECH ❶ (*substance*) Abschmierfett *nt* ❷ (*device*) Abschmiervorrichtung *f,* Schmiergerät *nt*

lu·bri·cious [lu:'brɪʃəs] *adj* ❶ TECH schmierfähig; MED gleitfähig ❷ (*fig form: obscene*) schlüpfrig; **~ conduct** unanständiges Verhalten

lu·bri·cious·ly [lu:'brɪʃəsli] *adv* (*fig form*) schlüpfrig; **to act ~** sich *akk* unanständig benehmen

lu·bri·cious·ness [lu:'brɪʃəsnəs] *n no pl* (*form*) Schlüpfrigkeit *f,* Unanständigkeit *f*

lu·cern(e) [lu:'sɜ:n, AM -'sɜrn] *n no pl esp* BRIT BOT Luzerne *f*

Lu·cerne [lu:'sɜ:n, AM -'sɜrn] *n* Luzern *nt;* **Lake ~** Vierwaldstätter See *m*

lu·cid ['lu:sɪd] *adj* ❶ (*unambiguous*) klar; (*easy to understand*) einleuchtend, verständlich; **he writes in a very ~ manner** er hat einen sehr klaren Stil; **a ~ account** eine präzise Darstellung ❷ (*clear-thinking*) klar; **in a ~ moment** [*or* **interval**] in einem klaren Moment

lu·cid·ity [lu:'sɪdəti, AM -t̬i] *n no pl* ❶ (*in writing, speech*) Klarheit *f;* **~ of explanation** Anschaulichkeit *f* einer Erklärung ❷ *of perception* [geistige] Klarheit

lu·cid·ly ['lu:sɪdli] *adv* ❶ (*understandably*) klar, einleuchtend; **to explain sth ~** etw verständlich [*o* anschaulich] erklären; **to speak ~** verständlich reden ❷ (*with mental clarity*) klar

lu·cid·ness ['lu:sɪdnəs] *n no pl* ❶ (*in writing, speech*) Klarheit *f,* Verständlichkeit *f* ❷ *of perception* [geistige] Klarheit

Lu·ci·fer ['lu:sɪfəʳ, AM -səfɚ] *n* Luzifer *m;* **to be as proud as ~** so stolz wie eine Rose sein

Lu·cite® ['lu:saɪt] *n* AM Plexiglas® *nt*

luck [lʌk] **I.** *n no pl* ❶ (*fortune*) Glück *nt;* **it's the ~ of the draw** das ist eben Glücksache; **our ~ was in** BRIT, **~ was with us** wir hatten Glück; **my ~ was in yesterday** gestern war mein Glückstag; **~ was on our side** das Glück war auf unserer Seite; **as ~ would have it** wie es der Zufall wollte; **just my ~!** Pech gehabt!; **it was just her ~ to arrive two minutes too late** typisch für sie, dass sie zwei Minuten zu spät kam; **no such ~!** (*fam*) schön wär's! *fam;* **I was rather hoping it would rain today but no such ~** ich hatte gehofft, es würde heute regnen, aber es sollte nicht sein; **some people have all the ~** manche Menschen haben einfach immer Glück; **a stroke of ~** ein Glücksfall *m;* **bad ~ [on sb]** Pech *nt* [für jdn]; **it's bad ~ to do sth** es bringt Unglück, etw zu tun; **bad** [*or* **hard**] [*or* **tough**] [*or* **rotten**] **~!** so ein Pech [aber auch]! *fam;* **to be just [a matter of] ~** reine Glückssache sein; **to be in/out of ~** Glück/kein Glück haben; **do you have any bananas today? – you're in ~** haben Sie heute Bananen? – Sie haben Glück; **to be down on one's ~** vom Pech verfolgt sein; **not to believe one's ~** sein Glück kaum fassen können; **to bring sb good/bad ~** jdm Glück/Unglück bringen; **to have [good] ~/bad ~** Glück/Pech haben; **the only kind of ~ I've been having lately is bad ~** in der letzten Zeit hatte ich immer nur Pech; **to try one's ~ at sth** sein Glück in etw *dat* versuchen; **by ~** durch Glück [*o* Zufall]; **that was more by ~ than judgement** das war mehr Glück als Verstand; **for [good] ~** als Glücksbringer; **with [any** [*or* **a bit of**]] **~** mit ein bisschen Glück ❷ (*success*) Erfolg *m;* **any ~ with booking your flight?** hat es mit der Buchung deines Fluges geklappt?; **better ~ next time!** vielleicht [klappt es] beim nächsten Mal!; **good ~ for your exams, John!** viel Glück [*o* Erfolg] bei deiner Prüfung, John!; **good ~ to him!** (*iron*) na dann viel Glück! *iron;* **to have ~ [with] doing sth** bei etw *dat* Erfolg haben; **to wish sb good** [*or* **the best of**] **~ in** [*or* **with**] **sth** jdm für etw *akk* viel Glück [*o* Erfolg] wünschen; **with no ~** ohne Erfolg, erfolglos **II.** *vi* AM (*fam*) ■**to ~ into sth** durch Glück an etw *akk* kommen, etw durch Zufall ergattern *fam*

◆**luck out** *vi* AM (*fam*) Schwein haben *fam*

lucki·ly ['lʌkɪli] *adv* glücklicherweise; **~ for them** zu ihrem Glück

luck·less ['lʌkləs] *adj* (*unfortunate*) glücklos; (*unsuccessful*) erfolglos

lucky ['lʌki] *adj* ❶ (*fortunate*) glücklich; **you ~ thing!** (*fam*) du Glückliche(r)!, du Glückspilz!; **~ her!** die Glückliche!; **you're getting married? who's the ~ man/woman?** du heiratest? wer ist denn der/die Glückliche?; **you are ~ in having such a beautiful house** du kannst dich glücklich schätzen, so ein wunderbares Haus zu besitzen; **we'll be ~ if ...** wir können von Glück sagen, wenn ...; **you had a ~ escape!** da hast du ja noch mal Glück gehabt!; **she's ~ to be alive** sie hat Glück, dass sie noch lebt; **it is ~ that they came home** zum Glück sind sie nach Hause gekommen; **she's going to ask for a salary increase – she'll be ~!** sie will um eine Gehaltserhöhung bitten – na dann viel Glück!; **can you lend me £100? – you'll be ~!** kannst du mir £100 leihen? – so siehst du [mir] aus!; **did your husband give you those earrings? – I should be so ~!** hat dir dein Mann die Ohrringe geschenkt? – schön wär's! *fam;* **a ~ find** ein glücklicher Fund; **to be ~ at games/in love** Glück im Spiel/in der Liebe haben; **to be born ~** ein Glückskind sein; **to count oneself ~** sich *akk* glücklich schätzen; **to get ~** (*fam*) Glück haben; (*meet sb*) jdn kennen lernen; (*hum: have sex*) sich *dat* näherkommen *euph* ❷ (*bringing fortune*) glückbringend, Glücks-; **what a ~ break!** Glück gehabt!; **~ buy** günstiger Kauf; **~ day** Glückstag *m;* **~ number** Glückszahl *f;* **to make a ~ guess** einen Zufallstreffer landen

lucky 'charm *n* Glücksbringer *m,* Talisman *m* **lucky 'dip** *n* BRIT, AUS ≈ Glückstopf *m;* (*fig*) Glücksspiel *nt*

luc·ra·tive ['lu:krətɪv, AM -t̬ɪv] *adj* einträglich, lukrativ *geh*

luc·ra·tive·ly ['lukrətɪvli, AM -t̬ɪv-] *adv* gewinnbringend, lukrativ *geh*

luc·ra·tive·ness ['lu:krətɪvnəs, AM -t̬ɪv-] *n no pl* Einträglichkeit *f,* Lukrativität *f geh*

luc·re ['lu:kəʳ, AM -kɚ] *n no pl* (*pej dated*) Mammon *m pej,* Geld *nt;* **[filthy] ~** [schnöder] Mammon *hum o pej;* **he will do anything for ~** für Geld tut er alles

Lud·dite ['lʌdaɪt] *n* ❶ (*hist*) Maschinenstürmer *m hist,* Luddit *m hist* ❷ (*usu pej: anti-technology*) Technikfeind(in) *m(f)*

lu·di·crous ['lu:dɪkrəs] *adj* (*ridiculous*) lächerlich, lachhaft *pej;* (*absurd*) absurd, grotesk; **a ~ idea** eine abstruse [*o* haarsträubende] Idee; **~ prices** haarsträubende Preise; **to look ~** lächerlich aussehen

lu·di·crous·ly ['lu:dɪkrəsli] *adv* (*ridiculously*) lächerlich; (*absurdly*) absurd, haarsträubend; ~ **expensive** unglaublich teuer

lu·di·crous·ness ['lu:dɪkrəsnəs] *n no pl* Lächerlichkeit *f,* Lachhaftigkeit *f,* Absurdität *f*

ludo ['lu:dəʊ] *n* BRIT Mensch-ärgere-dich-nicht[-Spiel] *nt*

luff [lʌf] NAUT **I.** *n* Vorliek *nt fachspr* **II.** *vt* **to ~ a ship** ein Schiff luven [*o* luvwärts drehen] *fachspr* **III.** *vi* anluven *fachspr*

lug¹ [lʌg] **I.** *vt* <-gg-> (*fam*) ■**to ~ sth** (*carry*) etw schleppen; (*pull*) etw zerren; ■**to ~ sb along** jdn mitschleppen; ■**to ~ sth along** [*or* **around**] etw herumschleppen; ■**to ~ sth away** etw wegschleppen **II.** *n* AM (*fam*) Schatz *m,* Liebling *m*

lug² [lʌg] *n* ❶ BRIT, AUS (*hum sl: ear*) Löffel *m meist pl hum fam; see also* **lughole** ❷ (*protrusion*) Halterung *f,* Haltevorrichtung *f;* (*handle*) Henkel *m* ❸ AM (*sl: bore*) Schafskopf *m pej fam,* Blödmann *m pej fam*

luge [lu:ʒ] **I.** *n* (*sled*) Schlitten *m;* SPORTS Rodelschlitten *m* **II.** *vi* Schlitten fahren, rodeln

lug·gage ['lʌgɪdʒ] *n no pl* [Reise]gepäck *nt;* **a piece of ~** ein Gepäckstück *nt;* **carry-on** [*or* **hand**] **~** Handgepäck *nt;* **emotional ~** (*fig*) emotionale Last; **to carry psychological ~** psychische Schwierigkeiten haben

'lug·gage car·ri·er *n* Gepäckträger(in) *m(f)* **'lug·gage com·part·ment** *n* (*in a car*) Kofferraum *m;* (*in a train*) Gepäckabteil *nt;* (*in a plane*) Gepäckraum *m* **'lug·gage la·bel** *n* BRIT, AUS Kofferanhänger *m* **'lug·gage lock·er** *n* (*in stations*) [Gepäck]schließfach *nt;* (*in buses*) Gepäckfach *nt* **'lug·gage rack** *n esp* BRIT Gepäckablage *f,* Gepäcknetz *nt; of a bicycle* Gepäckträger *m* **'lug·gage tag** *n* AM (*luggage label*) Kofferanhänger *m* **'lug·gage trol·ley** *n* Kofferkuli *m* **'lug·gage van** *n* BRIT, AUS RAIL Gepäckwagen *m,* Packwagen *m*

lug·ger ['lʌgəʳ, AM -ɚ] *n* NAUT Logger *m*

'lug·hole *n* BRIT (*hum sl*) Löffel *m meist pl hum fam;* **you'll get a clip round the ~** du kriegst gleich ein paar hinter die Löffel; **to pin back one's ~s** die Löffel aufsperren [*o* spitzen] *fam*

'lug nut *n* Radmutter *f* **'lug·sail** *n* Loggersegel *nt,* Sturmsegel *nt*

lu·gu·bri·ous [lu'gu:briəs, AM lə'-] *adj* schwermütig, traurig; **~ expression/look** wehmütiger [*o* kummervoller] Gesichtsausdruck/Blick; ~ *music* wehmütige [*o* melancholische] Musik

lu·gu·bri·ous·ly [lu'gu:briəsli, AM lə'-] *adv* trübselig, schwermütig, kummervoll; **to speak ~** traurig reden

lu·gu·bri·ous·ness [lu'gu:briəsnəs, AM lə'-] *n no pl* Schwermütigkeit *f,* Wehmut *f,* Trübseligkeit *f*

'lug·worm *n* Köderwurm *m* **'lug wrench** *n* Radmutternschlüssel *m*

Luke [lu:k] *n* Lukas *m;* **St ~** der heilige Lukas

luke·warm *adj inv* ❶ (*tepid*) lau[warm]; **~ to the touch** handwarm ❷ (*fig: not enthusiastic*) mäßig, halbherzig; **~ applause** mäßiger Applaus; **to be ~ about an idea** von einer Idee nur mäßig begeistert sein

lull [lʌl] **I.** *vt* ❶ (*soothe*) **to ~ sb to sleep** jdn in den Schlaf lullen; **to ~ a baby to sleep** ein Baby in den Schlaf wiegen ❷ (*trick*) ■**to ~ sb** jdn einlullen *fig;* **to ~ sb into a false sense of security** jdn in trügerischer Sicherheit wiegen ❸ (*dispel*) ■**to ~ sth** *suspicions, fears* etw zerstreuen **II.** *vi* sich *akk* legen *fig; storm* nachlassen; *sea* sich *akk* beruhigen **III.** *n* [Ruhe]pause *f;* ECON Flaute *f;* **there was a ~ in the storm** der Sturm ließ für einen Moment lang nach; **a ~ in consumer demand** Konsumflaute *f;* **~ in the conversation** Gesprächspause *f;* **~ in fighting** Kampfpause *f;* **the ~ before the storm** (*fig*) die Ruhe vor dem Sturm *fig*

lulla·by ['lʌləbaɪ] *n* Schlaflied *nt,* Wiegenlied *nt*

lulu ['lu:lu:] *n* AM, AUS (*sl*) ■**to be a ~** ❶ (*bad*) der Hammer sein *fam* ❷ (*good*) [aller]erste Sahne sein *fam*

lum·ba·go [lʌm'beɪgəʊ, AM -goʊ] *n no pl* Hexenschuss *m,* Lumbago *f fachspr;* **to have** [a] **~** einen Hexenschuss haben

lum·bar ['lʌmbəʳ, AM -bɑ:r] *adj attr, inv* MED Lenden-, lumbal *fachspr;* **~ region** Lendenbereich *m;* **~ vertebra** Lendenwirbel *m*

lum·ber¹ ['lʌmbəʳ, AM -bɚ] *vi person* schwerfällig gehen, trotten; *tank* rollen; *cart, waggon* [dahin]rumpeln; *animal* trotten; *bear* [behäbig] tapsen

lum·ber² ['lʌmbəʳ, AM -bɚ] **I.** *n no pl* ❶ *esp* BRIT (*junk*) Kram *m pej fam,* Krempel *m pej fam* ❷ *esp* AM, AUS (*timber*) Bauholz *nt,* Nutzholz *nt;* **~ industry** Holzindustrie *f* **II.** *vt* BRIT, AUS (*fam*) ■**to ~ sth with sth** etw mit etw *dat* vollstopfen; ■**to ~ sb with sth** jdm etw aufhalsen; **as usual, I got ~ed** wie immer wurde mir die ganze Arbeit aufgebrummt; **I'm always ~ed with doing the laundry** das Wäschewaschen bleibt immer an mir hängen; **to ~ one's mind with sth** sich *akk* mit etw *dat* belasten **III.** *vi* Holz fällen

lum·ber·er ['lʌmbᵊrəʳ, AM -bɚɚ] *n,* **lum·ber·jack** ['lʌmbədʒæk, AM -bɚ-] *n* Holzfäller(in) *m(f),* Holzarbeiter(in) *m(f)*

lum·ber·ing¹ ['lʌmbᵊrɪŋ] *adj attr, inv person* plump; *gait* schwerfällig, trampelnd; *cart, waggon* rumpelnd; *tank* klobig; *animal* trampelnd; *bear* tapsig

lum·ber·ing² ['lʌmbᵊrɪŋ] *n no pl esp* AM Holzfällen *nt,* Abholzen *nt;* **~ business** [*or* **firm**] Holzunternehmen *nt*

'lum·ber jack·et *n* Lumberjack *m,* Holzfällerjacke *f* **'lum·ber·man** *n* (*logger*) Holzfäller *m;* (*dealer*) Holzhändler *m* **'lum·ber mill** *n* Sägewerk *nt,* Sägemühle *f* **'lum·ber room** *n* BRIT Abstellkammer *f,* Rumpelkammer *f fam*

lum·ber·some ['lʌmbəsəm, AM -bɚ-] *adj thing* unhandlich; *person* unbeholfen

'lum·ber trade *n no pl esp* AM Holzhandel *m* **'lum·ber·yard** *n esp* AM Holzlager *nt,* Holzplatz *m*

lu·mi·nary ['lu:mɪnᵊri, AM 'lu:məneri] *n* ❶ (*liter: in sky*) Himmelskörper *m* ❷ (*fig: in an industry*) Koryphäe *f geh,* Kapazität *f fig;* (*in film, theatre*) Berühmtheit *f,* Star *m*

lu·mi·nes·cence [ˌlu:mɪ'nesᵊn(t)s, AM ˌlu:mə'-] *n no pl* Leuchten *nt;* PHYS Lumineszenz *f fachspr*

lu·mi·nes·cent [ˌlu:mɪ'nesᵊnt, AM ˌlu:mə'-] *adj* leuchtend, glänzend; PHYS, ELEC lumineszierend *fachspr*

lu·mi·nos·ity [ˌlu:mɪ'nɒsəti, AM ˌlu:mə'nɑ:səṭi] *n no pl* ❶ (*brightness*) Helligkeit *f; of a lamp* Leuchtkraft *f;* PHYS Lichtstärke *f* ❷ (*fig*) *of artist* Brillanz *f,* Genialität *f*

lu·mi·nous ['lu:mɪnəs, AM 'lu:mə-] *adj* ❶ (*bright*) leuchtend *a. fig,* strahlend *a. fig;* **her eyes were ~ with merriment** ihre Augen strahlten vor Glück ❷ (*phosphorescent*) phosphoreszierend, Leucht-; **~ hand** Leuchtzeiger *m;* **~ paint** Leuchtfarbe *f* ❸ (*brilliant*) genial, brillant, glänzend *fig*

lu·mi·nous·ly ['lu:mɪnəsli, AM 'lu:mə-] *adv* ❶ (*with light*) hell ❷ (*brilliantly*) *speak, write* genial, brillant, glänzend *fig*

lum·me ['lʌmi] *interj* BRIT (*fam*) ■**~!** ach Gott!

lum·mox <*pl* -es> ['lʌməks] *n esp* AM (*fam*) Tollpatsch *m fam,* Trampel *m pej fam*

lump [lʌmp] **I.** *n* ❶ (*chunk*) Klumpen *m;* **this sauce has got ~s in it** in der Sauce schwimmen Klümpchen; **~ coal** Grobkohle *f,* Stückkohle *f;* **~ of ice** Eisbrocken *m;* **three ~s of sugar** drei Stück Zucker; **~ of wood** Holzklotz *m* ❷ (*sl: heap*) Haufen *m fam* ❸ MED (*swelling*) Beule *f,* Schwellung *f;* (*in breast*) Knoten *m;* (*inside body*) Geschwulst *f,* Geschwür *nt* ❹ (*fam: person*) Brocken *m fam,* Trampel *m o nt pej fam,* Koloss *m a. hum fam;* **what a great ~ you are!** was bist du doch für ein Fettkloss! ❺ (*money*) Menge *f,* Masse *f;* **to pay in a ~** alles auf einmal bezahlen ▶ PHRASES: **to have a ~ in one's throat** einen Kloß im Hals haben *fig;* **to bring a ~ to sb's throat** jdm die Kehle zuschnüren *fig;* **taken in the ~** im Großen und Ganzen, alles in allem; **to take one's ~s** AM (*fam*) die Konsequenzen tragen **II.** *vt* ❶ (*combine*) ■**~ sth with sth** etw mit etw *dat* zusammentun *fam;* ■**to ~ sb with sb else** (*judge together*) jdn mit jdm in einen Topf werfen *fig fam;* (*put in one group*) jdn mit jdm zusammenstecken *fam;* **to ~ costs** Kosten zusammenlegen ❷ (*sl: endure*) **to ~ it** sich *akk* damit abfinden, etw hinnehmen [*o fam* schlucken]; **you'll just have to like it or ~ it** damit musst du dich eben abfinden; **if Tom doesn't like it, he can ~ it** wenn Tom das nicht passt, hat er eben Pech gehabt **III.** *vi* FOOD *flour, sauce* klumpen, Klumpen bilden

◆**lump together** *vt* ❶ (*put together*) ■**to ~ together** ◯ **sth** etw zusammenfassen; **you can ~ your expenses together** Sie können ihre Ausgaben zusammenrechnen; **to ~ books together** Bücher zusammenstellen; **to ~ money together** Geld zusammenlegen ❷ (*judge together*) ■**to ~ together** ◯ **sb/sth** jdn/etw in einen Topf werfen *fig*

lump·en ['lʌmpən] *adj* (*fam: awkward*) *person* plump, grobschlächtig; (*stupid*) doof *pej fam,* dumm *pej*

'lump fish *n* Seehase *m*

lump·ish ['lʌmpɪʃ] *adj* (*awkward*) *person* grobschlächtig, plump; (*stupid*) doof *pej fam,* dumpf *pej;* **~ movement** schwerfällige Bewegung

lump 'pay·ment *n* Einmalzahlung *f* **lump 'sug·ar** *n no pl* Würfelzucker *m* **lump 'sum** *n,* **lump sum 'pay·ment** *n* (*paid at once*) Einmalzahlung *f;* (*for several items*) Pauschale *f,* Pauschalbetrag *m;* **to receive a ~** eine Pauschale erhalten; **to pay sth in a ~** etw pauschal bezahlen

lumpy ['lʌmpi] *adj liquid* klumpig; *figure* plump, massig; *person* pummelig; **the custard is very ~** der Pudding ist voller Klümpchen; **~ pillow/mattress** Kopfkissen *nt*/Matratze *f* mit klumpiger Füllung; **~ sea** unruhige See; **~ surface** unebene Oberfläche

lu·na·cy ['lu:nəsi] *n no pl* ❶ (*dated: mental condition*) Wahnsinn *m pej;* MED Geistesstörung *f;* LAW [geistige] Unzurechnungsfähigkeit ❷ (*foolishness*) *of action, statement* Wahnsinn *m fam,* Irrsinn *m fam;* **sheer** [*or* **utter**] **~** heller [*o* reiner] Wahnsinn

lu·nar ['lu:nəʳ, AM -nɚ] *adj attr, inv* Mond-, lunar *fachspr;* **~ cycle** Mondzyklus *m;* **~ landscape** Mondlandschaft *f a. fig;* **~ orbit** Mondumlaufbahn *f;* **~ rock** Mondgestein *nt*

lu·nar e'clipse *n* Mondfinsternis *f* **lu·nar 'mod·ule** *n* Mond[lande]fähre *f,* Mondlandeeinheit *f* **lu·nar 'month** *n* Mondmonat *m* **lu·nar 'year** *n* Mondjahr *nt*

lu·na·tic ['lu:nətɪk] **I.** *n* ❶ (*dated: mentally ill person*) Irre(r) *f(m) pej derb,* Idiot(in) *m(f) pej derb;* MED Geistesgestörte(r) *f(m);* LAW [geistig] Unzurechnungsfähige(r) *f(m)* ❷ (*crazy person*) Verrückte(r) *f(m) fam,* Irre(r) *f(m) fam,* Wahnsinnige(r) *f(m) fam* **II.** *adj* verrückt *fam o pej,* wahnsinnig *fam o pej;* MED geistesgestört; LAW [geistig] unzurechnungsfähig

'lu·na·tic asy·lum *n* (*hist*) Irrenanstalt *f pej veraltend fam,* Irrenhaus *nt pej veraltend fam* **lu·na·tic 'fringe** *n* (*pej*) Extremisten *mpl,* Fanatiker *mpl;* ■**to be on the ~** Extremist/Extremistin sein

lunch [lʌn(t)ʃ] **I.** *n* <*pl* -es> ❶ (*mid-day meal*) Mittagessen *nt;* **what's for ~?** was gibt's zu Mittag?; **buffet ~** kaltes Buffet; **business** [*or* AM **power**] **~** (*sl*) Arbeitsessen *nt,* Geschäftsessen *nt;* **to do ~** (*fam*) miteinander zu Mittag essen; **to go out to** [*or* **for**] **~** zum Mittagessen gehen, auswärts zu Mittag essen; **to have** [*or* **eat**] **~** zu Mittag essen; **to have an early ~** früh zu Mittag essen; **to have** [*or* **hold**] **a ~** ein Essen geben ❷ (*mid-day break*) Mittagspause *f;* **what time do you want to have ~?** wann möchtest du Mittag machen?; **to be out to** [*or* **for**] **~** in der Mittagspause [*o* zu Tisch] sein ❸ (*light meal*) Imbiss *m* ▸ PHRASES: **there's no such thing as a free ~** (*prov*) es wird einem nichts geschenkt; **to be out to ~** *esp* AM (*fam*) nicht ganz richtig im Kopf sein *fam* **II.** *vi* zu Mittag essen, lunchen; ■**to ~ with sb** mit jdm zu Mittag essen; ■**to ~ on sth** etw zu Mittag essen

'lunch·box *n* ❶ (*box*) Brot[zeit]dose *f,* Lunchbox *f* ❷ (*sl: male genitalia*) Gehänge *nt derb;* **kick to the ~** Tritt *m* in die Eier *derb* **'lunch break** *n* Mittagspause *f*

lunch·eon ['lʌn(t)ʃən] *n* (*form*) Mittagessen *nt,* Lunch *nt*

lunch·eon·ette [,lʌn(t)ʃə'net] *n* AM ≈ Imbissstube *f,* ≈ Snackbar *f*

'lunch·eon meat *n* Frühstücksfleisch *nt* **'lunch·eon vouch·er** *n* BRIT Essensmarke *f*

'lunch hour *n* Mittagspause *f* **'lunch meat** *n* AM Frühstücksfleisch *nt* **'lunch par·ty** *n Mittagessen mit kleiner Party* **'lunch room** *n* AM (*snack bar*) Imbissstube *f;* (*at school*) Speisesaal *m;* (*at university*) Mensa *f;* (*at work*) Kantine *f* **'lunch·stop** *n* Lunchbar *f* **'lunch·time I.** *n* (*midday*) Mittagszeit *f;* (*lunchbreak*) Mittagspause *f;* **Sunday ~s are special in our family** das sonntägliche Mittagessen ist in unserer Familie etwas Besonderes; **yesterday ~** BRIT gestern in der Mittagspause; **at ~** mittags; **he'll arrive at ~** er wird gegen Mittag ankommen **II.** *n modifier* (*concert, edition*) Mittags-

lung [lʌŋ] *n* Lungenflügel *m;* ■**the ~s** *pl* die Lunge; **the ~s of the Earth** (*fig*) die grüne Lunge der Erde; **to have a good** [*or* **healthy**] **pair of ~s** eine gute Lunge haben *hum* ▸ PHRASES: **to shout at the top of one's ~s** sich *dat* die Lunge aus dem Leib schreien

'lung can·cer *n no pl* Lungenkrebs *m*

lunge [lʌndʒ] **I.** *n* (*sudden jump forwards*) Satz *m* nach vorn; (*in fencing*) Ausfall *m;* **to make a ~ at sb/sth** sich *akk* auf jdn/etw stürzen **II.** *vi* ■**to ~ at** [*or* **toward**[**s**]] **sb** sich *akk* auf jdn stürzen, auf jdn losgehen; ■**to ~ forward** einen Satz nach vorne machen; (*in fencing*) einen Ausfall machen

◆**lunge out** *vi* ■**to ~ out at sb** sich *akk* auf jdn stürzen

'lung pow·er *n* Stimmgewalt *f*

lu·nu·la <*pl* -lae> ['lu:njələ, AM -njʊ-] *n* ❶ ANAT (*of fingernail*) Nagelmöndchen *nt,* Lunula *f fachspr* ❷ (*ornament*) Lunula *f fachspr*

lu·pin(**e**) ['lu:pɪn] *n* Lupine *f*

lu·pine ['lu:paɪn] *adj* wölfisch

lurch[1] [lɜ:tʃ, AM lɜ:rtʃ] *n* **to leave sb in the ~** jdn im Stich lassen [*o fam* hängen lassen]

lurch[2] [lɜ:tʃ, AM lɜ:rtʃ] **I.** *n* <*pl* -es> Ruck *m a. fig; of ship* Schlingern *nt; of person* Torkeln *nt,* Taumeln *nt; of train* Ruckeln *nt;* **the party's ~ to the left** der Linksruck der Partei; **to give a ~** einen [plötzlichen] Ruck machen; **with a ~** mit einem Ruck **II.** *vi crowd, person* torkeln, schwanken; *car, ship* schlingern; *train* ruckeln; ■**to ~ away from sth** von etw *dat* abrücken [*o* Abstand nehmen]; **the car ~ed to a sudden halt** das Auto kam ruckartig zum Stehen; **the train ~ed forward** der Zug fuhr mit einem Ruck an; (*fig*) **she ~es from one bad relationship to another** sie schlittert von einer Katastrophenbeziehung in die nächste; **the speaker kept ~ing from one topic to another** der Sprecher sprang dauernd von einem Thema zum nächsten

lure [lʊəʳ, AM lʊr] **I.** *vt* ■**to ~ sb/sth** jdn/etw [an]locken [*o* ködern]; ■**to ~ sb away from sth** jdn von etw *dat* weglocken [*o* fortlocken]; **to ~ sb/an animal into a trap** jdn/ein Tier in eine Falle locken; ■**to ~ sb/an animal out from sth** jdn/ein Tier aus etw *dat* hervorlocken **II.** *n* ❶ *no pl* (*fig: power of attraction*) Verlockung *f,* Reiz *m;* **the ~ of easy money** der Reiz des schnellen Geldes; **the ~ of the wild** der Ruf der Wildnis ❷ (*decoy*) Köder *m a. fig;* HUNT Lockvogel *m a. fig*

Lu·rex® ['ljʊəreks, AM 'lʊr-] **I.** *n no pl* Lurex® *nt* **II.** *n modifier* (*skirt, top, trousers*) Lurex-, aus Lurex *nach n*

lur·gy ['lɜ:gi] *n* BRIT, AUS (*hum fam*) Zipperlein *nt hum fam,* Wehwehchen *nt hum*

lu·rid ['ljʊərɪd, AM 'lʊr-] *adj* ❶ (*glaring*) grell [leuchtend], intensiv; *colours* schreiend, grell *fig;* **~ sunset** dunkelroter Sonnenuntergang ❷ (*sensational*) reißerisch *pej,* sensationslüstern *pej; cover, article* reißerisch aufgemacht *pej;* (*terrible*) grässlich, widerlich; **~ details** schmutzige Einzelheiten; **to describe sth in ~ detail** etw drastisch schildern; **~ language** reißerische Sprache

lu·rid·ly ['ljʊərɪdli, AM 'lʊr-] *adv* ❶ (*glaringly*) grell, intensiv ❷ (*horrifyingly*) grässlich, schaurig; (*gaudily*) reißerisch, sensationslüstern; **a ~ written description** eine reißerisch aufgemachte Schilderung

lu·rid·ness ['ljʊərɪdnəs, AM 'lʊr-] *n no pl* ❶ (*intensity*) Grellheit *f*, Intensität *f* ❷ (*gaudiness*) *of language* Blutrünstigkeit *f*; *of tale* Schaurigkeit *f*; *of details* ekelhafte Darstellung; **the ~ of their language** ihre reißerische Sprache

lurk [lɜːk, AM lɜːrk] *vi* auf der Lauer liegen, lauern *a. fig*; (*fig*) ■**to ~ behind sth** hinter etw *dat* stecken; **to ~ beneath the surface** (*fig*) unter der Oberfläche schlummern; **to ~ in the bushes/the dark** sich *akk* im Gebüsch/in der Dunkelheit verborgen halten

◆**lurk about, lurk around** *vi* herumschleichen

lurk·ing ['lɜːkɪŋ, AM 'lɜːr-] *adj attr, inv* lauernd; *person, object* versteckt, verborgen; *fear* unterschwellig; *doubt, suspicion* heimlich; **~ error** versteckter Fehler

lus·cious ['lʌʃəs] *adj* ❶ (*sweet*) *taste, smell* [herrlich] süß; *fruit* saftig [süß]; *cake, wine* köstlich, delikat; *colour* satt, intensiv ❷ (*fam: voluptuous*) sinnlich; *girl* knackig *sl*, appetitlich *fam*; **~ curves** üppige Kurven; **~ lips** volle Lippen; **to look ~** zum Anbeißen aussehen *fam* ❸ (*growing vigorously*) üppig; **~ landscape** blühende Landschaft

lus·cious·ly ['lʌʃəsli] *adv taste* köstlich; (*voluptuously*) sinnlich, erotisch; **~ dressed** verführerisch gekleidet; **~ juicy** herrlich saftig

lus·cious·ness ['lʌʃəsnəs] *n no pl of food* Köstlichkeit *f*; *of fruit* Saftigkeit *f*, Süße *f*; *of colour* Sattheit *f*, Intensität *f*; *of a woman* Sexappeal *m*, erotische Ausstrahlung; *of lips* Sinnlichkeit *f*; *of a vegetation* Üppigkeit *f*

lush [lʌʃ] **I.** *adj* ❶ *grass* saftig [grün]; *growth, vegetation* üppig ❷ (*luxurious*) *car, hotel* luxuriös; (*voluptuous*) *colour* satt, intensiv; *woman* sinnlich; **~ salary** dickes [*o* saftiges] Gehalt *fam* **II.** *n* <*pl* -es> AM (*sl*) Säufer(in) *m(f) fam*, Trinker(in) *m(f)*

lush·ly ['lʌʃli] *adv* ❶ *grow* üppig ❷ *furnished, decorated* luxuriös

lush·ness ['lʌʃnəs] *n no pl* ❶ *of grass, meadows* Saftigkeit *f*; *of growth* Üppigkeit *f* ❷ (*luxury*) *of furniture* Pracht *f*; (*voluptuousness*) Üppigkeit *f*; *of woman* Sinnlichkeit *f*

lust [lʌst] **I.** *n* ❶ (*sexual drive*) Lust *f*, Geilheit *f fam*, Sinneslust *f geh* (**for** nach +*dat*); **he looked at her with ~** er sah sie lüstern an; **the ~s of the flesh** die fleischlichen Begierden [*o* Lüste] *geh*; **to satisfy one's ~** seine Lust befriedigen ❷ (*desire*) Begierde *f* (**for** nach +*dat*); (*greed*) Gier *f* (**for** nach +*dat*); **~ for life** Lebenslust *f*, Lebenshunger *m*; **~ for money/power** Geld-/Machtgier *f*; **~ for revenge** Rachegelüste *ntpl geh* **II.** *vi* ■**to ~ after** [*or* **for**] **sb** jdn begehren *geh o hum*; ■**to ~ after** [*or* **for**] **sth** gierig nach [*o* auf] etw *dat* sein; **to ~ after possessions/power** leidenschaftlich nach Besitz/Macht streben

lus·ter *n no pl* AM *see* **lustre**

lus·ter·less *adj* AM *see* **lustreless**

lust·ful ['lʌstfʊl] *adj* lüstern *geh*

lust·ful·ly ['lʌstfʊli] *adv* lüstern *geh*

lust·ful·ness ['lʌstfʊlnəs] *n no pl* Begierde *f geh*

lusti·ly ['lʌstɪli] *adv* kräftig, lebhaft; **to cry/shout ~** aus vollem Hals[e] schreien/rufen; **to laugh ~** lauthals [*o* herzhaft] lachen; **to sing ~** aus voller Kehle singen; **to work ~** dynamisch [*o* schwungvoll] arbeiten

lusti·ness ['lʌstɪnəs] *n no pl* Kräftigkeit *f*, Lebhaftigkeit *f*

lus·tre ['lʌstəʳ], AM **lus·ter** [-tɚ] *n* ❶ *no pl* (*shine*) Glanz *m*, Schimmer *m*; **rich ~** strahlender Glanz ❷ *no pl* (*fig: grandeur*) Glanz *m fig*; **to add ~ to sth** etw *dat* Glanz verleihen ❸ (*pendant*) Lüster *m*; (*chandelier*) Kronleuchter *m*, Lüster *m veraltend*

lus·tre·less ['lʌstələs], AM **lus·ter·less** [-tɚləs] *adj* glanzlos, ohne Glanz *nach n*; *hair* stumpf; *smile* matt

lus·trous ['lʌstrəs] *adj* glänzend, strahlend; *hair* glänzend, schimmernd; *smile* strahlend

lus·trous·ly ['lʌstrəsli] *adv* glänzend, strahlend; **your hair shines ~** deine Haare haben einen schimmernden Glanz

lusty ['lʌsti] *adj* (*strong and healthy*) *person* gesund [und munter]; *man* stark; *appetite* herzhaft; (*energetic*) *children* lebhaft; *worker* tüchtig, zupackend *attr*; *cry* kräftig, laut; *kick, punch* kräftig, hart; *voice* kräftig

lu·tan·ist ['luːtᵊnɪst] *n see* **lutenist**

lute [luːt] *n* Laute *f*

lu·ten·ist ['luːtᵊnɪst] *n* Lautenspieler(in) *m(f)*, Lautenist(in) *m(f) fachspr*

Lu·ther·an ['luːθᵊrᵊn] REL **I.** *n* Lutheraner(in) *m(f)* **II.** *adj inv* lutherisch

luv [lʌv] *n* BRIT, AUS Liebling *m*, Schatz *m fam*

luv·vie ['lʌvi] *n* BRIT (*hum*), **luv·vy** *n* BRIT (*hum*) Möchtegernschauspieler(in) *m(f) pej*

lux <*pl* -> [lʌks] *n* PHYS Lux *nt*

luxe [lʌks, luːks] *n modifier kitchen* Nobel-; *packaging* Edel-, Luxus-

Lux·em·bourg ['lʌksᵊmbɜːg, AM -bɜːrg] *n* Luxemburg *nt*

Lux·em·bourg·er ['lʌksᵊmbɜːgəʳ, AM -bɜːrgɚ] *n* Luxemburger(in) *m(f)*

Lux·em·bourg·ish ['lʌksᵊmbɜːgɪʃ, AM -bɜːrg-] **I.** *n* Letzeburgesch *nt* **II.** *adj* letzeburgesch

luxu·ri·ance [lʌg'ʒʊəriən(t)s, AM -'ʒʊri-] *n no pl* Überfluss *m*, Reichtum *m*; *of vegetation* Üppigkeit *f*; *of hair* Fülle *f*; **the ~ of his style of writing sets him apart from other writers** mit seinem überschwänglichen Schreibstil hebt er sich von anderen Autoren ab

luxu·ri·ant [lʌg'ʒʊəriənt, AM -'ʒʊri-] *adj* (*abundant*) üppig; (*adorned*) prunkvoll; **~ hair** volles Haar; **~ harvest** [ertrag]reiche Ernte; **~ imagination** blühende Phantasie; **~ style of writing** blumiger [Schreib]stil

luxu·ri·ant·ly [lʌg'ʒʊəriəntli, AM -'ʒʊri-] *adv* üppig

luxu·ri·ate [lʌg'ʒʊərieɪt, AM -'ʒʊri-] *vi* sich *akk* aalen; **the plants are ~ing** die Pflanzen gedeihen prächtig; **to ~ on the couch** sich genüsslich auf der Couch räkeln

luxu·ri·ous [lʌg'ʒʊəriəs, AM -'ʒʊri-] *adj* ❶ (*with luxuries*) luxuriös, Luxus-; **~ hotel** Luxushotel *nt* ❷ (*self-indulgent*) genüsslich, genießerisch; (*decadent*) genusssüchtig, verschwenderisch; **to live a ~ life** verschwenderisch leben, ein luxuriöses Leben führen

luxu·ri·ous·ly [lʌg'ʒʊəriəsli, AM -'ʒʊri-] *adv* ❶ (*with luxuries*) luxuriös; **to furnish sth ~** etw prunkvoll ausstatten; **to live ~** auf großem Fuß leben ❷ (*self-indulgently*) genüsslich, genießerisch

luxu·ry ['lʌkʃᵊri, AM -ʃɚi] **I.** *n* ❶ *no pl* (*self-indulgence*) Luxus *m*, Überfluss *m*; **to live** [*or* **lead**] **a life of ~** ein Luxusleben führen; **to live in ~** im Luxus leben ❷ (*luxurious item*) Luxus[artikel] *m*; ■**luxuries** *pl* Luxus *m kein pl*; **champagne is a real ~** Champagner ist der reinste Luxus; **to buy oneself little luxuries** sich *dat* ein bisschen Luxus leisten **II.** *n modifier* (*car, flat, holiday*) Luxus-; **~ hotel** Luxushotel *nt*

'luxu·ry cruise *n* Kreuzfahrt *f*; **to go on a ~** eine Kreuzfahrt machen **'luxu·ry goods** *n*, **'luxu·ry items** *npl* Luxusgüter *pl*, Luxusartikel *mpl*

LV *n* BRIT *abbrev of* **luncheon voucher**

LW *n* RADIO *abbrev of* **long wave** LW

ly·chee [ˌlaɪ'tʃiː, AM 'liːtʃiː] *n* Litschi *f*

lych·gate ['lɪtʃgeɪt] *n* überdachtes Friedhofstor

Ly·cra® ['laɪkrə] **I.** *n no pl* Lycra® *nt* **II.** *n modifier* (*leggings, shirt*) Lycra-, aus Lycra *nach n*; **~ fibre** Lycrafaser *f*; **~ bodysuit** [Gymnastik]anzug *m* aus Lycra

lye [laɪ] *n no pl* Lauge *f*

ly·ing[1] ['laɪɪŋ] *vi present participle of* **lie**

ly·ing[2] ['laɪɪŋ] **I.** *adj attr, inv* verlogen, lügnerisch; **~ toad** BRIT (*fam*) Lügenbold *m fam* **II.** *n no pl* Lügen *nt*; **that would be ~** das wäre gelogen

ly·ing-'in [ˌlaɪɪŋ'ɪn] *n* (*old*) Wochenbett *nt veraltend*

Lyme dis·ease ['laɪm-] *n* MED Lyme-Krankheit *f*, Lyme-Borreliose *f fachspr*

lymph [lɪmf] *n no pl* Lymphe *f,* Gewebsflüssigkeit *f*

lym·phat·ic [lɪmˈfætɪk, AM -ˈfæţ-] **I.** *adj inv* lymphatisch *fachspr,* Lymph[o]-; ~ **vessel** Lymphgefäß *nt* **II.** *n* Lymphgefäß *nt*

lym·ˈphat·ic sys·tem *n* Lymphsystem *nt*

ˈlymph gland *n,* **ˈlymph node** *n* Lymphknoten *m,* Lymphdrüse *f*

lym·pho·cyte [ˈlɪm(p)fə(ʊ)saɪt] *n* Lymphozyt *m*

ˈlymph ves·sel *n* Lymphgefäß *nt*

lynch [lɪn(t)ʃ] *vt* ■**to ~ sb** jdn lynchen

lynch·ing [ˈlɪn(t)ʃɪŋ] *n* Lynchen *nt*

ˈlynch law *n* Lynchjustiz *f* **ˈlynch mob** *n aufgebrachte Menschenmenge, die jdn lynchen will* **lynch·pin** *n see* **linchpin**

lynx <*pl* -es *or* -> [lɪŋks] *n* Luchs *m*

ˈlynx-eyed *adj* **to be ~** Augen wie ein Luchs haben

lyre [laɪəʳ, AM laɪr] *n* Lyra *f geh,* Leier *f*

ˈlyre·bird *n* Leierschwanz *m*

lyr·ic [ˈlɪrɪk] **I.** *adj inv* lyrisch; ~ **poet** Lyriker(in) *m(f);* ~ **poetry** Lyrik *f,* lyrische Dichtung **II.** *n* ① (*poem*) lyrisches Gedicht ② (*words for song*) ■**~s** *pl* [Lied]text *m*

lyri·cal [ˈlɪrɪkᵊl] *adj* ① *poetry* lyrisch ② (*emotional*) gefühlvoll, schwärmerisch; **to wax ~ about sth** über etw *akk* ins Schwärmen geraten

lyri·cal·ly [ˈlɪrɪkᵊli] *adv* ① (*poetically*) lyrisch ② (*emotionally*) gefühlvoll, schwärmerisch

lyri·cism [ˈlɪrɪsɪzᵊm] *n* ① *no pl* LIT, MUS Lyrik *f;* (*passage*) Lyrismus *m fachspr* ② (*sentiment*) Gefühlsregung *f,* Schwärmerei *f*

lyri·cist [ˈlɪrɪsɪst] *n* ① (*writer of texts*) Texter(in) *m(f)* ② (*poet*) Lyriker(in) *m(f)*

Mm

M <*pl* -'s>, **m** <*pl* -'s *or* -s> [em] *n* ① (*letter*) M *nt,* m *nt;* ~ **for Mary** [*or* AM **as in Mike**] M für Martha; *see also* **A 1** ② (*Roman numeral*) M *nt,* m *nt*

M I. *adj* FASHION *abbrev of* **medium** M **II.** *n* [em] BRIT *abbrev of* **motorway** ≈ A *f;* **the ~4 from London to Bristol** die M4 von London nach Bristol

m I. *n* <*pl* -> ① *abbrev of* **metre** m ② *abbrev of* **mile** ③ *abbrev of* **million** Mill., Mio. ④ *abbrev of* **minute** Min. **II.** *adj* ① *abbrev of* **male** männl. ② *abbrev of* **masculine** m ③ *abbrev of* **married** verh.

MA [ˌemˈeɪ] *n abbrev of* **Master of Arts** ≈ M.A. *m;* **to be** [*or* **have**] **an ~ in sth** den Magister in etw *dat* haben; **to study for** [*or* **do**] **an ~ in sth** den Magister in etw *dat* machen; **John Smith, MA** John Smith, M.A.

ma [mɑː] *n* ① (*fam: mother*) Mama *f fam,* Mutti *f fam* ② *esp* AM (*title*) **M~ Johnson** Mama Johnson

ma'am¹ [mæm] *n short for* **madam** gnädige Frau *form*

ma'am² [mɑːm] *n* BRIT Majestät *f*

mac [mæk] *n esp* BRIT (*fam*) *short for* **macintosh** Regenmantel *m*

Mac¹ [mæk] *n* ① (*Scotsman*) Schotte *m* ② AM (*fam*) Kollege *m hum fam,* Kumpel *m fam;* **hallo, ~!** hallo, Alter! *fam*

Mac² [mæk] *n* COMPUT (*fam*) *short for* **Macintosh®** Mac *m fam*

ma·ca·bre [məˈkɑːbr(ə), AM -brə] *adj* makaber

mac·ad·am [məˈkædəm] *n* Splitt *m,* Schotter *m,* Makadam *m o nt fachspr*

mac·ad·am·ize [məˈkædəmaɪz] *vt* **to ~ a road** eine Straße schottern [*o fachspr* makadamisieren]

mac·ad·am ˈroad *n* Schotterstraße *f*

ma·caque [məˈkɑːk] *n* ZOOL Makak *m*

maca·ro·ni [ˌmækəˈrəʊni, AM -ˈroʊ-] *n no pl* Makkaroni *pl*

maca·ro·ni and ˈcheese *n,* **maca·ro·ni ˈcheese** *n* Käsemakkaroni *pl*

maca·roon [ˌmækəˈruːn] *n* Makrone *f*

ma·caw [məˈkɔː, AM -kɑː] *n* ORN Ara *m*

Mace® [meɪs] **I.** *n no pl* ≈ Tränengas *nt,* chemische Keule *fam* **II.** *vt* ■**to ~ sb** jdn mit Tränengas besprühen

mace¹ [meɪs] *n* ① BRIT (*staff*) Amtsstab *m* ② (*hist: weapon*) Keule *f;* (*with spikes*) Morgenstern *m*

mace² [meɪs] *n no pl* Mazis *m,* Mazisblüte *f,* Muskatblüte *f*

ˈmace bear·er *n* BRIT Träger(in) *m(f)* des Amtsstabes

Mac·edo·nia [ˌmæsɪˈdəʊniə, AM -əˈdoʊ-] *n* Makedonien *nt,* Mazedonien *nt*

Mac·edo·nian [ˌmæsɪˈdəʊniən, AM -əˈdoʊ-] **I.** *n* Makedonier(in) *m(f),* Mazedonier(in) *m(f)* **II.** *adj* makedonisch, mazedonisch

mac·er·ate [ˈmæsəreɪt] **I.** *vt* ■**to ~ sth** etw aufweichen [*o* einweichen]; **fruits ~d in wine** in Wein eingelegte Früchte **II.** *vi* aufweichen, einweichen

Mach [mæk, AM mɑːk] *n no pl* AEROSP, PHYS Mach *nt;* **at ~ one** mit [einer Geschwindigkeit von] 1 Mach

ma·chete [məˈ(t)ʃeti, AM -ţi] *n* Machete *f,* Buschmesser *nt*

Machia·vel·lian [ˌmækiəˈveliən] **I.** *adj* machiavellistisch **II.** *n* Machiavellist(in) *m(f)*

machi·na·tions [ˌmækɪˈneɪʃᵊnz, AM -əˈ-] *npl* Machenschaften *pl pej,* Intrigen *fpl*

ma·chine [məˈʃiːn] **I.** *n* ① (*mechanical device*) Maschine *f,* Apparat *m;* (*answering machine*) Anrufbeantworter *m;* (*washing machine*) Waschmaschine *f;* (*vending machine*) Automat *m;* (*fig: person*) Maschine *f fig;* **by ~** maschinell ② (*approv fam: bicycle*) [Fahr]rad *nt;* (*automobile, motorcycle, plane*) Maschine *f fam* ③ (*powerful group*) Apparat *m fig,* Maschinerie *f kein pl;* **party/propaganda ~** Partei-/Propagandaapparat *m* **II.** *vt* ■**to ~ sth** (*produce*) etw maschinell herstellen [*o* produzieren]; (*treat*) etw maschinell bearbeiten; (*print*) etw [maschinell] drucken; (*cut metal*) etw abspanen; **to ~ the hem** den Saum [mit der Nähmaschine] umnähen

ma·ˈchine age *n* Maschinenzeitalter *nt* **ma·ˈchine code** *n no pl* (*computer language*) Maschinensprache *f;* (*instruction code*) Maschinenkode *m* **ma·ˈchine gun I.** *n* Maschinengewehr *nt,* MG *nt fam* **II.** *n modifier* (*ammunition, fire, handle*) Maschinengewehr-, MG- **ma·ˈchine-gun** *vt* ■**to ~ sb** (*shoot at*) mit einem Maschinengewehr auf jdn schießen; (*kill*) jdn mit einem Maschinengewehr erschießen **ma·ˈchine language** *n* COMPUT Maschinensprache *f,* Rechnersprache *f* **ma·ˈchine-made** *adj inv* maschinell hergestellt **ma·chine-ˈread·able** *adj inv* COMPUT (*by device*) maschinenlesbar; (*by computer*) computerlesbar

ma·chin·ery [məˈʃiːnᵊri] *n no pl* ① (*machines*) Maschinen *fpl,* technische Geräte *pl,* Maschinerie *f* ② (*mechanism*) Mechanismus *m;* (*fig: system*) Apparat *m fig,* Maschinerie *f*

ma·ˈchine shop *n* (*for production*) Produktionshalle *f;* (*for repairing*) Maschinen[werk]halle *f* **ma·ˈchine time** *n no pl* (*operation time*) Betriebszeit *f;* (*computer time*) Rechenzeit *f;* (*machine run time*) Maschinenlaufzeit *f* **ma·ˈchine tool** *n* Werkzeugmaschine *f* **ma·chine trans·ˈla·tion** *n no pl* COMPUT maschinelle Übersetzung **ma·chine-ˈwash·able** *adj pred, inv* maschinenwaschbar, [wasch]maschinenfest

ma·chin·ist [məˈʃiːnɪst] *n* ① (*operator*) Maschinist(in) *m(f); of a sewing machine* Maschinennäher(in) *m(f)* ② (*builder, repairer*) Maschinenbauer(in) *m(f),* Maschinenschlosser(in) *m(f)*

ma·chis·mo [məˈkɪzməʊ, AM mɑːˈtʃiːzmoʊ] *n no pl* (*pej*) Machismo *m pej geh*

ˈMach num·ber *n* Machzahl *f*

ma·cho [ˈmætʃəʊ, AM ˈmɑːtʃoʊ] **I.** *adj* (*pej fam*) machohaft *fam o pej,* Macho-; ~ **man** Macho *m fam o pej;* ~ **talk** Macho-Gerede *nt fam o pej;* **he's too ~ to admit that** dafür ist er ein viel zu großer Macho, als dass er das zugeben würde **II.** *n* Macho *m pej*

mac·in·tosh *n* BRIT *see* **mackintosh**
mack [mæk] *n* BRIT (*fam*) *short for* **mackintosh** Regenmantel *m*
macke·rel <*pl* -s *or* -> ['mækərəl] *n* Makrele *f*
mack·in·tosh ['mækɪntɒʃ] *n* BRIT Regenmantel *m,* Kleppermantel® *m*
mac·ra·mé [mə'krɑːmeɪ, AM 'mækrəmeɪ] **I.** *n no pl* Makramee *nt* **II.** *n modifier* (*bag, plant hanger, sweater*) Makramee-, aus Makramee *nach n*
macro ['mækrəʊ, AM -kroʊ] *n* COMPUT Makro *nt*
macro- ['mækrəʊ, AM -kroʊ] *in compounds* makro-, Makro-
macro·bi·ot·ic [ˌmækrə(ʊ)baɪ'ɒtɪk, AM -kroʊ'baɪ'ɑːt̬ɪk] *adj inv* makrobiotisch
macro·bi·ot·ics [ˌmækrə(ʊ)baɪ'ɒtɪks, AM -kroʊ'baɪ'ɑːt̬ɪks] *n + sing vb* makrobiotische Kost
macro·cosm ['mækrə(ʊ)ˌkɒzəm, AM -kroʊˌkɑː-] *n* ❶ *no pl* (*the universe*) ■**the** ~ der Makrokosmos, das Weltall, das Universum ❷ (*complex entity*) Makrokosmos *m a. fig*
macro·eco·nom·ics [ˌmækrə(ʊ)iːkə'nɒmɪks, AM -kroʊekəˌnɑː-] *n + sing vb* Makroökonomie *f*
macro·mol·ecule [ˌmækrə(ʊ)'mɒlɪkjuːl, AM -kroʊˌmɑː-] *n* Makromolekül *nt*
mac·ron ['mækrɒn, AM 'meɪkrɑːn] *n* Längezeichen *nt*
macro·scop·ic [ˌmækrə(ʊ)'skɒpɪk, AM -kroʊ'skɑː-] *adj* makroskopisch
mad <-dd> [mæd] *adj* ❶ *esp* BRIT (*fam: insane*) wahnsinnig, geisteskrank, verrückt, durchgeknallt *fam;* **she has a ~ look on her face** sie hat einen irren Blick; **to go ~** den Verstand verlieren, verrückt [*o* wahnsinnig] werden; **to drive sb ~** jdn in den Wahnsinn treiben, jdn um den Verstand bringen, jdn verrückt [*o* wahnsinnig] machen ❷ *esp* BRIT (*fig fam: foolish*) verrückt; **I must have been ~** ich war wohl nicht ganz bei Verstand; [**stark**] **raving** [*or* **staring**] **~** total [*o* völlig] verrückt *fam* ❸ *inv* (*frantic*) wahnsinnig *fam;* **I'm in a ~ rush** ich hab's wahnsinnig eilig; **to get into a ~ panic** in wilde Panik geraten; **like ~** wie ein Verrückter/eine Verrückte, wie verrückt; **to be ~ with anxiety** [*or* **fear**] wahnsinnige Angst haben; **to be ~ with worry** sich *dat* wahnsinnige Sorgen machen; **to be ~ with joy/relief** außer sich *dat* vor Freude/Erleichterung sein ❹ (*fam: enthusiastic*) verrückt *fam;* ■**to be ~ about** [*or* **on**] **sb/sth** nach jdm/etw [*o* auf jdn/etw] verrückt sein; **she is ~ about children** sie ist ganz versessen auf Kinder; **to be ~ keen on sb/sth** (*fam*) versessen [*o fam* scharf] auf jdn/etw sein; **to do sth like ~** etw wie ein Verrückter/eine Verrückte tun ❺ AM (*fam: angry*) böse, wütend, sauer *fam;* ■**to be ~ at** [*or* **with**] **sb** auf jdn böse [*o fam* sauer] sein; **he's ~ as hell at you** er ist stinksauer auf dich *fam;* ■**to be ~ about** [*or* **at**] **sth** über etw *akk* wütend [*o fam* sauer] sein; **to drive** [*or* **make**] **sb ~** jdn rasend machen *fam* ❻ (*rabid*) tollwütig; **~ dog** tollwütiger Hund; (*fig*) Verrückte(r) *f(m),* Durchgedrehte(r) *f(m) fam* ❼ AM (*sl*) mega- *sl;* **~ cool** megacool *sl;* **~ fun** megafun *sl;* **~ stupid** saublöd *fam* ▶ PHRASES: **to be** [**as**] **~ as a hatter** [*or* **March hare**] total verrückt [*o* bescheuert] sein *fam*
Mada·gas·can [ˌmædə'gæskən] **I.** *adj* madegassisch **II.** *n* Madegasse, -in *m, f*
Mada·gas·car [ˌmædə'gæskəʳ, AM -kɚ] *n* Madagaskar *nt*
mad·am ['mædəm] *n* ❶ *no pl* (*form of address*) gnädige Frau *veraltet;* (*in titles*) **M~ President** Frau Präsidentin; **Dear M~, ...** (*in letter*) Sehr geehrte gnädige Frau, ... ❷ (*pej fam: girl*) Prinzesschen *nt iron, pej* ❸ *of brothel* Puffmutter *f derb,* Bordellwirtin *f*
mad·cap ['mædkæp] **I.** *adj attr* (*dated: impulsive*) verrückt, wild; (*rash*) unbedacht; **~ antics** übermütige Streiche; **~ idea** ausgeflippte Idee *fam;* **~ joke** origineller Witz; **~ prank** frecher Streich; **~ scheme** aberwitziger Plan **II.** *n* (*eccentric person*) Ausgeflippte(r) *f(m) fam,* verrückter Kerl; (*impulsive person*) Heißsporn *m,* impulsiver Mensch
mad 'cow dis·ease *n* Rinderwahnsinn *m,* BSE *nt*
mad·den ['mædən] *vt* ■**to ~ sb** (*drive crazy*) jdn um den Verstand bringen, jdn verrückt [*o* wahnsinnig] machen *fam;* (*anger*) jdn maßlos ärgern, jdn auf die Palme bringen *fam*
mad·dened ['mædənd] *adj pred, inv* **~ by** [*or* **with**] **grief** halb wahnsinnig vor Kummer
mad·den·ing ['mædənɪŋ] *adj* äußerst ärgerlich; **her absent-mindedness is ~ at times** ihre Zerstreutheit ist manchmal zum Verrücktwerden; **~ habit** nervende Angewohnheit; **a ~ pain** ein unerträglicher Schmerz; **to do sth with a ~ slowness/recklessness** etw mit einer provozierenden Langsamkeit/Rücksichtslosigkeit tun
mad·den·ing·ly ['mædənɪŋli] *adv* unerträglich, zum Verzweifeln; **~ stupid** unglaublich dumm
mad·der ['mædəʳ, AM -ɚ] *n* ❶ BOT Krapp *m,* Färberröte *f* ❷ (*dye*) Krappfarbstoff *m*
made [meɪd] **I.** *pp, pt of* **make II.** *adj* **to have** [**got**] **it ~** es geschafft haben *fam;* **a ~ man** ein gemachter Mann
Ma·dei·ra [mə'dɪərə, AM -'dɪrə] *n* ❶ *no pl* GEOG Madeira *nt* ❷ (*wine*) Madeira[wein] *m* ❸ (*cake*) **~** [**cake**] ≈ Sandkuchen *m*
mad·eleine ['mædəlen] *n* Madeleine *f* (*kleiner in einer Papiermanschette gebackener Rührkuchen*)
made-to-'meas·ure *adj inv* maßgeschneidert, nach Maß [an]gefertigt; **~ suit** Maßanzug *m* **made to 'or·der** *adj pred, inv,* **made-to-'or·der** *adj attr, inv* maßgefertigt, nach Maß *nach n;* ECON kundenspezifisch **made-'up** *adj* ❶ (*imaginary*) [frei] erfunden, ausgedacht ❷ (*wearing make-up*) geschminkt; **she was heavily ~** sie war stark geschminkt ❸ (*prepared*) fertig, Fertig-; **~ clothes** Konfektionskleidung *f;* **~ products** Fertigprodukte *pl* ❹ *road* befestigt
'mad·house *n* ❶ (*pej fam or dated: mental hospital*) Irrenanstalt *nt hist o pej fam* ❷ (*pej fam: chaotic place*) Irrenhaus *nt fig, pej fam,* Tollhaus *nt fig, pej*
mad·ly ['mædli] *adv* ❶ (*insanely*) wie verrückt [*o* wild]; **she screamed ~** sie schrie wie verrückt ❷ (*fam: frantically*) wie ein Verrückter/eine Verrückte *fam;* **to behave ~** sich *akk* unmöglich aufführen [*o* benehmen] ❸ (*fam: very much*) wahnsinnig *fam;* **~ jealous** wahnsinnig eifersüchtig; **~ in love** bis über beide Ohren verliebt
'mad·man *n* ❶ (*dated: insane*) Irrer *m fam,* Geisteskranker *m* ❷ (*pej: frantic*) Verrückter *m fam,* Wahnsinniger *m fam,* Ausgeflippter *m sl;* **to run like a ~** wie ein Verrückter rennen; **to drive like a ~** wie ein Irrer fahren
mad·ness ['mædnəs] *n no pl* ❶ (*insanity*) Wahnsinn *m,* Geisteskrankheit *f geh* ❷ (*folly*) Wahnsinn *m fam,* Verrücktheit *f;* **sheer ~** blanker [*o* heller] Wahnsinn ❸ (*chaos*) Chaos *nt;* **there was ~ in grocery stores** in den Lebensmittelläden war die Hölle los; **it's absolute ~ in here** das hier ist ein richtiger Hexenkessel
Ma·don·na [mə'dɒnə, AM 'dɑːnə] *n* ❶ REL (*name*) Madonna *f* ❷ ART (*picture*) Madonnenbild *nt;* (*statue*) Madonnenfigur *f;* ■**the ~** die Madonna
mad·ri·gal ['mædrɪgəl] *n* Madrigal *nt*
'mad·wom·an *n* ❶ (*insane*) Irre *f derb,* Geisteskranke *f* ❷ (*pej: frantic*) Verrückte *f fam,* Wahnsinnige *f fam,* Ausgeflippte *f sl; see also* **madman**
mael·strom ['meɪlstrɒm, AM -strəm] *n* METEO, NAUT Mahlstrom *m,* Malstrom *m;* (*fig*) Sog *m fig,* Strudel *m fig*
maes·tri ['maɪstri] *n* MUS *pl of* **maestro**
maes·tro <*pl* -tri> ['maɪstrəʊ, AM --stroʊ, *pl* -stri] *n* MUS (*a. hum*) Maestro *m a. hum,* Meister *m a. iron*
ma·fia ['mæfiə, AM 'mɑː-] *n + sing/pl vb* ■**the M~** die Mafia; **the Russian ~** die Russenmafia; **the art/literary/software ~** die Kunstmafia/Literaturmafia/Software-Mafia
ma·fio·si [ˌmæfi'əʊsi, AM ˌmɑːfi'oʊsi] *n pl of* **mafioso**
ma·fio·so <*pl* -si *or* -s> [ˌmæfi'əʊsəʊ, AM ˌmɑːfi'oʊsoʊ, *pl* -si] *n* Mafioso *m*
mag [mæg] *n* (*fam*) *short for* **magazine** Blatt *nt fam*

maga·zine [ˌmægə'ziːn, AM 'mægəziːn] *n* ❶ (*publication*) Zeitschrift *f,* Magazin *nt;* **to subscribe to a ~** eine Zeitschrift abonnieren ❷ (*gun part*) Magazin *nt* ❸ MIL (*depot*) Depot *nt;* HIST Magazin *nt*

'maga·zine pro·gramme *n* Fernsehmagazin *nt* **maga·'zine rack** *n* Zeitschriftenständer *m*

ma·gen·ta [mə'dʒentə] *adj inv* magentarot

mag·got ['mægət] *n* Made *f*

mag·goty ['mægəti, AM -ət̬i] *adj* madig; **~ carcass** von Maden zerfressener Leichnam

Magi ['meɪdʒaɪ] *npl* ■**the ~** die Weisen aus dem Morgenland, die Heiligen Drei Könige

mag·ic ['mædʒɪk] **I.** *n no pl* ❶ (*sorcery*) Magie *f,* Zauber *m;* **like** [*or* **as if by**] **~** wie von Zauberhand; **to work like ~** (*fig*) wie am Schnürchen klappen [*o* laufen] *fam* ❷ (*tricks*) Zaubertrick[s] *m*[*pl*], Zauberkunststück[e] *nt*[*pl*]; **to do ~** zaubern, Zaubertricks vorführen; **to make sth disappear by ~** etw wegzaubern ❸ (*extraordinariness*) Zauber *m; of a name* magischer Klang; **his music hasn't lost any of its ~** seine Musik hat ihren Zauber nicht verloren ❹ (*effects*) Magie *f* **II.** *adj inv* ❶ (*supernatural*) magisch, Zauber-; **they had no ~ solution** sie konnten keine Lösung aus dem Ärmel zaubern; **how did you get the computer to work again? – I guess I've got the ~ touch** wie hast du den Computer wieder hingekriegt? – ich glaube, ich habe einfach eine Begabung für so was; **~ formula** Zauberformel *f* ❷ (*extraordinary*) *moment* zauberhaft, wundervoll; *powers* magisch **III.** *interj* BRIT (*dated form*) großartig, zauberhaft; **you're having a party? ~!** du machst eine Party? toll! **IV.** *vt* ■**to ~ sb/sth away** [*or* **to ~ away sb/sth**] jdn/etw wegzaubern

magi·cal ['mædʒɪkᵊl] *adj* ❶ *inv* (*magic*) magisch, Zauber-; **his effect on children is ~** er wirkt magisch auf Kinder; **~ powers** Zauberkräfte *fpl* ❷ (*extraordinary*) *moment* zauberhaft, wundervoll; *powers* magisch; **her smile has some sort of ~ quality** ihr Lächeln kann verzaubern

magi·cal·ly ['mædʒɪkli] *adv* ❶ *inv* (*by magic*) wie von [*o* durch] Zauberhand, wie durch ein Wunder ❷ (*extraordinarily*) wundervoll, zauberhaft

mag·ic 'bul·let *n* (*fam: medication*) Wunderwaffe *f* **mag·ic 'car·pet** *n* fliegender Teppich **mag·ic 'cir·cle** *n* (*fig: in politics*) privilegierter Kreis; (*of magicians*) Gilde *f* der Zauberkünstler **mag·ic 'eye** *n* magisches Auge

ma·gi·cian [mə'dʒɪʃᵊn] *n* Zauberer/Zauberin *m/f,* Magier(in) *m(f);* (*on stage*) Zauberkünstler(in) *m(f)*

Mag·ic 'Mark·er® *n* Filzstift *m* **mag·ic 'mush·room** *n* (*hallucinogenic mushroom*) Magic Mushroom *m* **mag·ic 'spell** *n* Zauber *m kein pl;* **to put** [*or* **cast**] **a ~ on sb** jdn verzaubern, jdn mit einem Zauber belegen *geh* **mag·ic 'square** *n* MATH magisches Quadrat **mag·ic 'trick** *n* Zaubertrick *m;* **to perform a ~** ein Zauberkunststück vorführen **mag·ic 'wand** *n* Zauberstab *m;* (*fig*) **we have no ~ to fix this battered economy** wir haben keine Patentlösung, um diese zerrüttete Wirtschaft wieder in Ordnung zu bringen **mag·ic 'word** *n* Zauberwort *nt,* Zauberspruch *m;* (*fig*) **what's the ~? – please!** wie heißt das kleine Zauberwort? – bitte!; **to say the ~** das Zauberwort sagen

mag·is·te·rial [ˌmædʒɪ'stɪəriəl, AM -'stɪr-] *adj* (*form*) ❶ (*authoritative*) maßgebend, richtungweisend, autoritativ *geh;* **a ~ study** eine richtungweisende Studie ❷ (*pej: domineering*) *tone, manner* herrisch, autoritär ❸ *inv* (*of a magistrate*) *office, robes* richterlich

mag·is·tra·cy ['mædʒɪstrəsi] *n* ❶ (*office*) Amt *nt* des Friedensrichters *hist* ❷ + *sing/pl vb* (*magistrates*) ■**the ~** die Friedensrichter *mpl hist*

mag·is·trate ['mædʒɪstreɪt] *n* Friedensrichter(in) *m(f) hist,* Schiedsmann *m hist;* **to appear before a ~** vor einem Schiedsgericht erscheinen

'mag·is·trates' bench *n* Amtsgericht *f;* **to appoint sb to the ~** jdn zum Friedensrichter/zur Friedensrichterin ernennen **'mag·is·trates' court** *n* Schiedsgericht *nt hist,* Friedensgericht *nt hist;* **to appear at ~** vor dem Schiedsgericht erscheinen

mag·lev ['mæglev] *n no pl short for* **magnetic levitation** magnetisches Schweben

mag·lev 'train *n* Magnet[schwebe]bahn *f*

mag·ma ['mægmə] *n no pl* GEOL Magma *nt*

Mag·na Car·ta [ˌmægnə'kɑːtə, AM -'kɑːrt̬ə] *n no pl* (*hist*) ■**the ~** die Magna Charta

mag·na cum lau·de [ˌmægnɑːkʊm'laʊdeɪ] *adv inv* AM UNIV magna cum laude, sehr gut

mag·na·nim·ity [ˌmægnə'nɪməti, AM -næn'ɪmət̬i] *n no pl* Großzügigkeit *f,* Großmut *f geh;* **to treat sb with ~** jdn großmütig behandeln

mag·nani·mous [mæg'nænɪməs, AM -nəməs] *adj* großmütig *geh,* hochherzig *geh;* **~ generosity** überwältigende Großzügigkeit

mag·nani·mous·ly [mæg'nænɪməsli, AM -əməs-] *adv* großzügig, großmütig *geh*

mag·nate ['mægneɪt] *n* Magnat *m;* **shipping ~** großer Reeder/große Reederin; **industrial ~** Industriemagnat *m*

mag·ne·sia [mæg'niːʃə, AM -ʒə] *n no pl* Magnesia *nt,* Magnesiumoxid *nt*

mag·ne·sium [mæg'niːziəm] **I.** *n no pl* Magnesium *nt* **II.** *n modifier* (*flare, fire*) Magnesium-; **~ light** Magnesiumlicht *nt*

mag·net ['mægnət] *n* Magnet *m;* **to be attracted/repelled by a ~** von einem Magneten angezogen/abgestoßen werden; (*fig*) Magnet *m,* Anziehungspunkt *m;* **the US still acts as a ~ for seekers of fame and fortune** noch immer gilt die USA als ein Magnet für Leute auf der Suche nach Ruhm und Reichtum; **to be a ~ for tourists/criminals/business** Touristen/Kriminelle/Geschäfte anziehen

mag·net·ic [mæg'netɪk, AM -t̬-] *adj inv* ❶ *iron, steel* magnetisch; **~ strip** Magnetstreifen *m* ❷ (*fig*) attraktiv, ansprechend; *effect, attraction* unwiderstehlich; *smile, charms* anziehend; **to have a ~ personality** eine große Ausstrahlung haben

mag·net·ic 'com·pass *n* Magnetkompass *m,* Bussole *f* **mag·net·ic 'disk** *n* Magnetplatte *f* **mag·net·ic 'field** *n* Magnetfeld *nt,* magnetisches Feld; **to place sth in a ~** etw in ein magnetisches Feld einbringen **mag·net·ic 'head** *n* TECH Magnetkopf *m* **mag·net·ic levi·'ta·tion** *n no pl* magnetisches Schweben, Magnetschwebetechnik *f* **mag·net·ic 'mine** *n* Magnetmine *f* **mag·net·ic 'north** *n no pl* nördlicher Magnetpol, antarktischer [geo]magnetischer Pol **mag·net·ic 'pole** *n* Magnetpol *m,* magnetischer Pol **mag·net·ic 'reso·nance im·ag·ing** *n no pl* MED magnetische Resonanzspektroskopie **mag·net·ic 'south** *n no pl* südlicher Magnetpol, arktischer [geo]magnetischer Pol **mag·net·ic 'storm** *n* [erd]magnetischer Sturm **mag·net·ic 'tape** *n no pl* Magnetband *nt*

mag·net·ism ['mægnətɪzᵊm] *n no pl* ❶ (*phenomenon*) Magnetismus *m;* (*charge*) magnetische Kräfte ❷ (*fig*) *of a person* Ausstrahlung *f;* **he's got this animal ~ about him that women find irresistible** er hat diese animalische Anziehungskraft, die Frauen unwiderstehlich finden

mag·net·ize ['mægnətaɪz] **I.** *vt* ❶ PHYS ■**to ~ sth** etw magnetisieren ❷ (*fig: fascinate*) ■**to ~ sb** jdn faszinieren [*o* anziehen] **II.** *vi* magnetisch werden

mag·ne·to [mæg'niːtoʊ, AM -t̬oʊ] *n* TECH, AUTO Magnetzünder *m*

'mag·net school *n* AM SCH *besonders geförderte Schule, um den Wohnbezirk aufzuwerten*

mag·ni·fi·ca·tion [ˌmægnɪfɪ'keɪʃᵊn] *n no pl* Vergrößerung *f;* **these lenses have x10 ~** diese Linsen haben zehnfache Vergrößerung; **high/low ~** starke/geringe Vergrößerung

mag·nifi·cence [mæg'nɪfɪsᵊn(t)s] *n no pl* Großartigkeit *f,* Größe *f;* **His/Her/Your M~** Seine/Ihre Magnifizenz

mag·nifi·cent [mæg'nɪfɪsᵊnt] *adj house, wine, concert* wunderbar, großartig; *food, buffet* hervorragend, ausgezeichnet; **to**

look ~ wunderschön aussehen

mag·nifi·cent·ly [mæg'nɪfɪsᵊntli] *adv* (*well*) hervorragend; (*surprisingly well*) bewundernswert, beeindruckend; **your children are** ~ **well-behaved** deine Kinder sind außergewöhnlich gut erzogen; **she seems to be coping** ~ sie hält sich hervorragend

mag·ni·fy <-ie-> ['mægnɪfaɪ] *vt* ❶ (*make bigger*) ■**to** ~ **sth** etw vergrößern; (*make worse*) etw verschlimmern [*o* verschlechtern]; **to** ~ **sb's defects/weaknesses** jds Fehler *mpl/* Schwächen *fpl* aufbauschen; **to** ~ **a situation** eine Situation verschärfen ❷ REL (*praise*) **to** ~ **the Lord** den Herrn lobpreisen *geh*

'mag·ni·fy·ing glass *n* Lupe *f*

mag·ni·tude ['mægnɪtju:d, AM *esp* -tu:d] *n* ❶ (*size*) Größe *f; of a project, a loss* Ausmaß *nt; of an earthquake* Stärke *f; of a problem* Tragweite *f* ❷ *no pl* (*importance*) Bedeutung *f* ❸ *of a star* Größenklasse *f*

mag·no·lia [mæg'nəʊliə, AM -'noʊljə] *n* Magnolie *f*

mag·num ['mægnəm] *n* ❶ (*bottle*) Magnum *f* (*Bezeichnung für die Flaschengröße 1,6 l*) ❷ (*gun*) Magnum *f*

mag·num opus <*pl* -es *or* magna opera> [ˌmægnəm'əʊpəs, AM -oʊpəs, *pl* ˌmægnə'ɒpərə, AM 'ɑ:pərə] *n* Meisterwerk *nt;* **the** ~ **of one's career** das Meisterstück seiner Karriere

mag·pie ['mægpaɪ] *n* ❶ (*bird*) Elster *f* ❷ (*fig: collector*) fanatischer Sammler/fanatische Sammlerin

ma·ha·ra·ja(h) [ˌmɑ:(h)ə'rɑ:dʒə, AM -hə'-] *n* (*hist*) Maharadscha *m hist*

ma·ha·ra·ni [ˌmɑ:(h)ə'rɑ:ni, AM -hə'-] *n* (*hist*) Maharani *f*

Ma·ha·ri·shi [ˌmɑ:(h)ə'ri:ʃi, AM -hə'-] *n* Maharischi *m*

mah-jong(g) [ˌmɑ:'dʒɒŋ, AM -'dʒɔ:ŋ] **I.** *n no pl* Ma[h]-Jongg *nt* **II.** *n modifier* (*set*) Ma[h]-Jongg-; ~ **tile** Ma[h]-Jongg-Kachel *f*

ma·hoga·ny [mə'hɒgᵊni, AM -'hɑ:g-] **I.** *n* ❶ (*tree*) Mahagonibaum *m* ❷ *no pl* (*wood*) Mahagoni *nt,* Mahagoniholz *nt* **II.** *n modifier* (*cabinet, woodwork*) Mahagoni-; ~ **desk** Mahagonischreibtisch *m*

maid [meɪd] *n* ❶ (*servant*) Dienstmädchen *nt;* (*in a hotel*) Zimmermädchen *nt* ❷ (*poet or old: girl*) Maid *f poet o veraltet,* Mägdelein *nt poet o veraltet;* (*unmarried woman*) Mädchen *nt,* Mägdelein *nt poet o veraltet*

maid·en ['meɪdᵊn] **I.** *n* ❶ (*liter or old*) Jungfer *f veraltet* ❷ BRIT (*in cricket*) *eine Runde ohne Läufe* **II.** *adj attr, inv* ❶ (*unmarried*) ~ **aunt** unverheiratete Tante ❷ (*first*) Jungfern-; ~ **flight** Jungfernflug *m;* ~ **voyage** Jungfernfahrt *f* ❸ (*fruiting tree*) Jung-

'maid·en·hair *n,* **maid·en·hair 'fern** *n* Frauenfarn *m* **'maid·en·head** *n* ❶ Jungfräulichkeit *f* ❷ (*liter or old*) Jungfernhäutchen *nt* **'maid·en name** *n* Mädchenname *m* **maid·en 'over** *n* BRIT (*in cricket*) *eine Runde ohne Läufe* **maid·en 'speech** *n* Jungfernrede *f*

maid of 'hon·or <*pl* maids-> *n* AM [erste] Brautjungfer **'maid·serv·ant** *n* Hausangestellte *f,* Hausmädchen *nt veraltend* **'maid ser·vice** *n no pl* Zimmerservice *m;* **in the hotel I had daily** ~ im Hotel kam das Zimmermädchen jeden Tag

mail¹ [meɪl] **I.** *n no pl* Post *f;* **did you get any** ~ **today?** hast du heute Post bekommen?; **today's/this morning's** ~ die Post von heute; **to answer** ~ die Post beantworten; **to be in the** ~ in der Post sein; **to come in the** ~ mit der Post kommen; **to contact sb by** ~ jdn anschreiben; **to read** ~ die Post lesen; **to send sth through the** ~ etw mit der Post [ver]schicken **II.** *vt* **to** ~ **a letter/package** (*at post office*) einen Brief/ein Paket aufgeben; (*in mail box*) einen Brief/ein Paket einwerfen; ■**to** ~ **sth to sb** [*or* **to** ~ **sb sth**] jdm etw [mit der Post] schicken

mail² [meɪl] *n no pl* ❶ (*armour*) Rüstung *f,* Panzer *m;* **chain** ~ Kettenpanzer *m* ❷ *of an animal* Panzer *m*

'mail·bag *n* Postsack *m;* (*fig*) **since the controversial programme the BBC's** ~ **has been bulging** seit der umstrittenen Sendung quillt der Briefkasten der BBC über **'mail bomb** *n* Briefbombe *f* **'mail·box** *n* AM Briefkasten *m,* Postkasten *m bes* NORDD **'mail car·ri·er** *n* AM Briefträger(in) *m(f),* Postbote, -in *m, f* **'mail drop** *n* AM Briefeinwurf *m form,* Briefschlitz *m* **'mail fraud** *n no pl* Postbetrug *m* **Mail·gram®** ['meɪlgræm] *n* AM *eine durch Telefon oder Telex gesendete Nachricht, die in gedruckter Form übermittelt wird*

mail·ing ['meɪlɪŋ] *n* Rundschreiben *nt*

'mail·ing list *n* Adressenliste *f,* Adressenverzeichnis *nt;* **to be on a** ~ auf einer Adressenliste stehen; **to be put on a** ~ in eine Kartei aufgenommen werden **'mail·ing tube** *n* Paketrolle *f*

'mail·man *n* AM Briefträger(in) *m(f),* Postbote, -in *m, f* **'mail or·der I.** *n* Mailorder *f,* [Direkt]versand *m;* (*by catalogue*) Katalogbestellung *f;* **I often buy clothes by** ~ ich kaufe meine Kleider oft per Katalog **II.** *n modifier* (*clothing, service*) Versand-; ~ **business** Versandhandel *m;* ~ **products** Versandprodukte *ntpl* **'mail-or·der cata·log** AM, **'mail-or·der cata·logue** *n* [Versand]katalog *m* **'mail-or·der firm** *n,* **'mail-or·der house** *n* Versandhaus *nt* **'mail·shot** *n esp* BRIT Hauswurfsendung *f* **'mail slot** *n* AM (*opening*) Brief[kasten]schlitz *m;* (*mail box*) Briefkasten *m* **'mail sort·er** *n* Postsortierer(in) *m(f)* **'mail train** *n* Postzug *m* **'mail truck** *n* AM, **'mail van** *n* BRIT (*on roads*) Postauto *nt;* (*on rail*) Postwagen *m*

maim [meɪm] **I.** *vt* ❶ (*injure*) ■**to** ~ **sb** (*mutilate*) jdn verstümmeln; (*cripple*) jdn zum Krüppel machen; **many children have been** ~**ed for life by these bombs** viele Kinder haben durch diese Bomben bleibende Verletzungen davongetragen ❷ (*fam: ruin*) ■**to** ~ **sth** etw ruinieren **II.** *vi* **they accused their enemies of killing,** ~**ing and laying waste** sie beschuldigten ihre Feinde des Tötens, Verstümmelns und Verwüstens

main [meɪn] **I.** *n* ❶ TECH (*pipe*) Hauptleitung *f;* (*cable*) Hauptkabel *nt;* (*switch*) Hauptschalter *m;* **sewage** ~ Kanalisation *f;* **water** ~ Wasserhauptleitung *f;* (*of a house*) Haupthahn *m* ❷ BRIT ELEC, TECH (*supply network*) ■**the** ~**s** *pl* das Versorgungsnetz; (*for electricity*) das [Strom]netz; **switch off the electricity at the** ~**s before starting work** vor Arbeitsbeginn die Stromversorgung am Hauptschalter ausschalten; **to be on the** ~**s** an das Stromnetz angeschlossen sein ❸ *no pl* (*the open sea*) ■**the** ~ das offene Meer, die hohe See ▸ PHRASES: <u>in</u> **the** ~ im Allgemeinen, im Prinzip **II.** *n modifier* BRIT ■~**s** Haupt-; **they bought a house with no** ~**s supply** sie haben ein Haus gekauft, das nicht ans Stromnetz angeschlossen ist; ~**s electricity** Hauptstromschalter *m;* **they have been lacking** ~**s electricity for three weeks now** sie sind seit drei Wochen ohne Strom **III.** *adj attr, inv* Haupt-; ~ **cable** Hauptkabel *nt;* ~ **character** Hauptperson *f,* Hauptfigur *f;* ~ **concern** wichtigstes Anliegen; ~ **entrance** [*or* **door**] Haupteingang *m;* **by** ~ **force** mit roher Gewalt; ~ **idea** Grundidee *f;* ~ **reason** Hauptgrund *m;* ~ **thing** Hauptsache *f*

main 'beam *n* ❶ (*in building*) Hauptträger *m* ❷ (*on car*) Fernlicht *nt* **main 'clause** *n* Hauptsatz *m* **'main course** *n* FOOD Hauptgericht *nt,* Hauptgang *m* **'main deck** *n* Hauptdeck *nt* **main 'dish** *n* FOOD Hauptgericht *nt;* **favourite** ~ Lieblingsgericht *nt* **main 'drag** *n* AM, AUS (*fam*) Haupt[einkaufs]straße *f* **'main·frame** *n* COMPUT Hauptrechner *m* **'main·land I.** *n no pl* ■**the** ~ das Festland **II.** *adj attr, inv* ~ **Britain** die britische Hauptinsel; ~ **China** chinesisches Festland, China *nt;* ~ **Europe** europäisches Festland; **she is planning to hitch-hike through** ~ **Europe** sie möchte durch Europa trampen **'main·land·er** *n* Festlandbewohner(in) *m(f)* **main 'line** *n* RAIL Hauptstrecke *f,* Hauptverbindung *f* **'main·line** (*fam*) **I.** *vt* **to** ~ **heroin** Heroin spritzen, fixen *sl* **II.** *vi* fixen *sl* **main-line 'sta·tion** *n* RAIL Bahnhof *m* an der Hauptstrecke **main-line 'train** *n* RAIL Schnellzug *m*

main·ly ['meɪnli] *adv inv* hauptsächlich, in erster Linie; **the climate is** ~ **wet** das Klima ist vorwiegend feucht; **the trains** ~ **arrive on time** die Züge sind meistens pünktlich

main 'of·fice *n* Hauptverwaltung *f* **main 'road** *n* Hauptstraße *f* **'main·sail** *n* Hauptsegel *nt,* Großsegel *nt* **'main·spring** *n*

M

❶ (*in clock, watch*) Triebfeder *f* ❷ (*fig: motivating factor*) **the ~ of sb's success** die Triebfeder jds Erfolges **'main·stay** *n of a boat* Hauptstag *m,* Großstag *m;* (*fig*) *of an economy* Stütze *f;* **the BBC World Service was our ~ while travelling abroad** der BBC World Service war unsere Stütze während unserer Auslandreise **'main·stream I.** *n no pl* ■**the ~** (*society, lifestyle*) der Mainstream; (*way of thinking*) die Hauptrichtung; **to enter the ~ of life/politics** am alltäglichen Leben/politischen Alltag[sgeschäft] teilnehmen **II.** *adj inv* Mainstream-; *book, film, music* kommerziell; **this party was not a part of ~ Austria until the last election** diese Partei war bis zur letzten Wahl nicht Teil des österreichischen Mainstreams **III.** *vt* ■**to ~ sb** jdn integrieren **'main street** *n* AM (*high street*) Hauptstraße *f*

main·tain [meɪn'teɪn] *vt* ❶ (*keep*) ■**to ~ sth** etw [bei]behalten; **to ~ a blockade** eine Blockade aufrechterhalten; **to ~ one's cool/poise** (*fam*) cool/gelassen bleiben *sl;* **to ~ course** den Kurs [beibe]halten; **to ~ one's dignity/sanity** seine Würde/geistige Gesundheit bewahren; **to ~ law and order/the status quo** Gesetz und Ordnung/den Status quo aufrechterhalten; **to ~ the lead** in Führung bleiben; **to ~ close links** [*or* **ties**] [*or* **contact**] in engem Kontakt bleiben, engen Kontakt [aufrechter]halten; **to ~ a position** eine Stellung behalten, eine Position verteidigen; **to ~ high/low prices** die Preise hoch/niedrig halten; **to ~ a low profile** sich *akk* zurückhalten; **to ~ silence** Stillschweigen bewahren ❷ (*in good condition*) etw instand halten, etw warten; **a large country house costs a lot to ~** ein großes Landhaus ist im Unterhalt sehr teuer; **to ~ a garden** einen Garten pflegen ❸ (*provide for*) **to ~ a child/family** ein Kind/eine Familie unterhalten ❹ (*claim*) ■**to ~ sth** etw behaupten; **he ~ed that he had never seen the woman before** er behauptete, dass er die Frau nie zuvor gesehen hatte; **to ~ one's innocence** seine Unschuld beteuern ❺ (*support*) **to ~ a statement/theory** eine Behauptung/Theorie vertreten

main·te·nance ['meɪntᵊnən(t)s] **I.** *n no pl* ❶ *of relations, of peace* Beibehaltung *f,* Wahrung *f;* **we will ensure the ~ of proper living standards** wir werden einen angemessenen Lebensstandard aufrechterhalten ❷ *of a car, a garden* Pflege *f; of a building, a monument, a road* Instandhaltung *f; of a machine* Wartung *f* ❸ (*in hotel, factory*) Wartungsabteilung *f* ❹ (*maintenance costs*) Unterhaltung *f;* **what's the ~ on that car?** wie viel kostet die Unterhaltung dieses Autos? ❺ (*alimony*) Unterhalt *m,* Alimente *pl* **II.** *adj attr, inv* Wartungs-, Instandhaltungs-; **~ check** [Routine]inspektion *f,* Wartung *f;* **~ costs** Instandhaltungskosten *pl*

'main·te·nance con·tract *n* Wartungsvertrag *m* **'main·te·nance crew** *n + sing/pl vb* Wartungsmannschaft *f* **'main·te·nance man** *n* Wartungsmonteur *m* **'main·te·nance or·der** *n* BRIT, AUS LAW *gerichtliche Aufforderung, der Unterhaltspflicht nachzukommen;* **he continued to ignore the ~** er zahlte weiterhin keinen Unterhalt **main 'thorough·fare** *n* CAN (*main road*) Haupt[verkehrs]straße *f* **main 'verb** *n* LING Hauptverb *nt*

mai·so(n)·nette [ˌmeɪzᵊn'et] *n* BRIT Maiso[n]nette *f*

mai·tre d' <*pl* -s> [ˌmeɪtrə'diː, AM *also* -t̬ə˞-] *n,* **mai·tre d'ho·tel** <*pl* maitres d'hotel> [ˌmeɪtrədəʊ'tel, AM -doʊ'-] *n* Oberkellner(in) *m(f)*

maize [meɪz] *n no pl esp* BRIT Mais *m*

'maize flour *n no pl esp* BRIT Maismehl *nt*

Maj *n abbrev of* **Major**

ma·jes·tic [mə'dʒestɪk] *adj* majestätisch, erhaben; *proportions* stattlich; *movement* gemessen; *music, march* getragen

ma·jes·ti·cal·ly [mə'dʒestɪkli] *adv* majestätisch

maj·es·ty ['mædʒəsti] *n* ❶ *no pl* (*beauty*) *of a sunset* Herrlichkeit *f; of a person* Würde *f; of music* Erhabenheit *f,* Anmut *f* ❷ (*royal title*) [**Her/His/Your**] **M~** [Ihre/Seine/Eure] Majestät

ma·jor ['meɪdʒəʳ, AM -ə˞] **I.** *adj inv* ❶ *attr* (*important*) bedeutend, wichtig; **a ~ contribution** ein bedeutender [*o* wichtiger] Beitrag; **a ~ event** ein bedeutendes Ereignis; (*main*) Haupt-; **~ artery** Hauptschlagader *f;* **a ~ cause** ein Hauptgrund *m;* (*large*) groß; **your car is going to need a ~ overhaul** ihr Auto muss von Grund auf überholt werden; **a ~ catastrophe** eine große Katastrophe; **the ~ disaster of the decade** die größte Katastrophe des Jahrzehnts; **to be a ~ influence** großen Einfluss haben; **a ~ problem** ein großes Problem ❷ *attr* (*serious*) **a ~ crime** ein schweres Verbrechen; **to have ~ depression** eine starke Depression haben; **a ~ illness** eine schwerwiegende Krankheit; **to undergo ~ surgery** sich *akk* einer größeren Operation unterziehen; **it's quite a ~ operation** es ist eine ziemlich komplizierte Operation ❸ (*in music*) Dur *nt;* **in C ~** in C-Dur ❹ *after n* BRIT (*dated: the older*) **Smythe ~** Smythe der Ältere **II.** *n* ❶ MIL (*officer rank*) Major(in) *m(f)* ❷ AM, AUS UNIV (*primary subject*) Hauptfach *nt;* **she was a philosophy ~** sie hat Philosophie im Hauptfach studiert; **to have a ~ in literature/history/math** Literatur/Geschichte/Mathematik als Hauptfach haben ❸ (*in music*) Dur *nt* **III.** *vi* UNIV **to ~ in German studies/physics/biology** Deutsch/Physik/Biologie als Hauptfach studieren

Ma·jor·ca [mə'jɔːkə, AM -'jɔːr-] *n no pl* Mallorca *nt*

ma·jor-domo [ˌmeɪdʒə'dəʊməʊ, AM -ə˞'doʊmoʊ] *n* ❶ (*butler*) Butler *m;* (*for king, duke*) Haushofmeister *m,* Majordomus *m hist* ❷ AM (*at hotel*) Empfangschef(in) *m(f)*

ma·jor·ette [ˌmeɪdʒᵊr'et] *n* Majorette *f*

ma·jor 'gen·er·al *n* Generalmajor(in) *m(f)*

ma·jor·ity [mə'dʒɒrəti, AM -'dʒɔːrət̬i] **I.** *n* ❶ *+ sing/pl vb* (*greater part*) Mehrheit *f;* **in a democracy, the ~ wins** in einer Demokratie gewinnt die Mehrheit; **I spent the ~ of the afternoon reading** ich verbrachte die meiste Zeit des Nachmittags mit Lesen; **raising kids takes up the ~ of my energy** das Aufziehen meiner Kinder verbraucht meine ganze Energie; **in the ~ of cases** in der Mehrzahl der Fälle; **a large ~ of people** eine große Mehrheit; **the ~ of the votes** die Stimmenmehrheit; **to be a** [*or* **in the**] **~** in der Mehrheit sein ❷ POL (*winning margin*) [Stimmen]mehrheit *f;* **they passed the bill with a ~ of 15** sie verabschiedeten das Gesetz mit einer Mehrheit von 15 Stimmen; **a narrow/large ~** eine dünne/überwältigende Mehrheit; **a two-thirds ~** eine Zweidrittelmehrheit ❸ *no pl* (*full legal age*) Volljährigkeit *f,* Mündigkeit *f;* **what is the age of ~ in this country?** wann gilt man in diesem Land als volljährig?; **to reach one's ~** volljährig werden **II.** *adj attr, inv* POL Mehrheits-; **~ whip** Mehrheitsfraktionszwang *m*

ma·jor·ity 'rule *n* Mehrheitsprinzip *nt,* Mehrheitssystem *nt* **ma·jor·ity 'ver·dict** *n* BRIT Mehrheitsurteil *nt*

'Ma·jor League AM **I.** *n* SPORTS Oberliga *f* (*im Baseball*) **II.** *adj attr, inv* Oberliga-; **~ baseball** Oberligabaseball *nt*

ma·jor·ly ['meɪdʒəli, AM -ə˞li] *adv inv* (*sl*) wahnsinnig *fam;* **I am ~ hung-over – I drank way too much last night** ich habe einen wahnsinnigen Kater – ich habe letzte Nacht viel zu viel getrunken; **to be ~ in trouble** in größten Schwierigkeiten stecken *fam*

ma·jor 'plan·et *n* großer Planet

make [meɪk] **I.** *n* ❶ ECON (*brand*) Marke *f;* **what is the ~, model and year of your car?** welche Marke, Modell und welches Baujahr hat dein Auto?; **the newer ~s of computer are much more user-friendly** die neuen Computergenerationen sind viel benutzerfreundlicher ❷ (*search*) **to be on the ~** *for sex* sexhungrig sein; *for money* geldgierig sein; *for power* machthungrig sein; *for profit* profitgierig sein; *for career* karriesüchtig sein; **to put the ~ on sb** AM (*sl*) versuchen, jdn ins Bett zu kriegen *fam* **II.** *vt* <made, made> ❶ (*produce*) ■**to ~ sth** etw machen; *company, factory* etw herstellen; **the pot is made to withstand high temperatures** der Topf ist so beschaffen, dass er hohen Temperaturen widerstehen kann; **'made in Taiwan'** ‚in Taiwan hergestellt'; **this sweater is**

made of wool dieser Pullover ist aus Wolle; **God made the world in 7 days** Gott erschuf die Erde in 7 Tagen; **to ~ bread** Brot backen; **to ~ clothes** Kleider nähen; **to ~ coffee/soup/supper** Kaffee/Suppe/das Abendessen kochen; **to ~ a copy of sth** etw kopieren; **to ~ a movie** [*or* **film**] einen Film drehen; **to ~ peace** Frieden stiften; **to ~ a picture** (*fam*) ein Foto machen; **to ~ a recording of sth** etw aufnehmen; **to ~ a snowman** einen Schneemann bauen; **to ~ steel/a pot** Stahl/einen Topf herstellen; **to ~ time** sich *dat* [die] Zeit nehmen; **to show what one's [really] made of** zeigen, was in einem steckt; ■**to ~ sb sth** [*or* **sth for sb**] etw für jdn machen; **he made us some coffee** er machte uns Kaffee; ■**to be made for sth** für etw *akk* geschaffen sein; **the doll wasn't made for banging around** die Puppe ist nicht dazu gedacht, herumgeschleudert zu werden; **these two were made for each other** die zwei sind wie geschaffen füreinander; **to ~ like sb/sth** (*fam*) jdn/etw imitieren [*o* nachmachen] ❷ (*become*) ■**to ~ sth** etw werden; **I don't think he will ever ~ a good lawyer** ich glaube, aus ihm wird nie ein guter Rechtsanwalt [werden]; **she'll ~ a great mother** sie wird eine tolle Mutter abgeben; (*be*) etw sein; **to ~ a good answer/excuse** eine gute Antwort/Entschuldigung sein; **to ~ a wonderful combination** eine wunderbare Kombination sein; **to ~ a match** gut zusammenpassen; **to ~ fascinating reading** faszinierend zu lesen sein; (*form*) etw bilden; **let's ~ a circle** lasst uns einen Kreis bilden ❸ (*cause*) **to ~ noise/a scene/trouble** Lärm/eine Szene/Ärger machen; **the wind is making my eyes water** durch den Wind fangen meine Augen an zu tränen; **what made you change your mind?** wodurch hast du deine Meinung geändert?; **stories like that ~ you think again** Geschichten wie diese bringen dich zum Nachdenken; **you ~ things sound so bad** du machst alles so schlecht; **the dark colours ~ the room look smaller** die dunklen Farben lassen das Zimmer kleiner wirken; ■**to ~ sb do sth** jdn dazu bringen [*o geh* veranlassen], etw zu tun; **what made you move here?** was brachte dich dazu, hierher zu ziehen?; **to ~ sb laugh** jdn zum Lachen bringen; **to ~ oneself look ridiculous** sich *akk* lächerlich machen; **to ~ sb suffer** jdn leiden lassen ❹ (*force*) ■**to ~ sb do sth** jdn zwingen, etw zu tun; **go to your room! – no, and you can't ~ me!** geh auf dein Zimmer! – nein, mich kann keiner zwingen ❺ + *adj* (*cause to be*) **the good weather made Spain so popular** das schöne Wetter hat Spanien so populär gemacht; **to ~ sth easy** etw leicht machen; **to ~ oneself heard** sich *dat* Gehör verschaffen; **to ~ oneself known to sb** sich *akk* jdm vorstellen, sich *akk* mit jdm bekannt machen; **to ~ sth public** etw veröffentlichen; **to ~ oneself understood** sich *akk* verständlich machen ❻ (*transform to*) **the recycled paper will be made into cardboard** das Recyclingpapier wird zu Karton weiterverarbeitet; **this experience will ~ you into a better person** diese Erfahrung wird aus dir einen besseren Menschen machen; **I'll have a steak – no, ~ that chicken** ich nehme ein Steak – ach nein, ändern Sie das und bringen Sie ein Hühnchen; **to ~ the best of a situation** das Beste aus einer Situation machen ❼ (*perform*) ■**to ~ sth** etw machen; **they made about 20 miles a day on foot** sie legten etwa 20 Meilen am Tag zu Fuß zurück; **he made a plausible case for returning home early** er überzeugte uns, dass es sinnvoll sei, früh nach Hause zu gehen; **to ~ an appointment** einen Termin vereinbaren; **to ~ a bargain** ein Schnäppchen schlagen; **to ~ a call** anrufen; **to ~ a case for sth** etw vertreten; **to ~ a deal** einen Handel schließen; **to ~ a decision** eine Entscheidung fällen [*o* treffen]; **to ~ a donation** eine Spende vornehmen; **to ~ a face** ein Gesicht ziehen *fam;* **to ~ a move** (*in game*) einen Zug machen; (*in business, personal life*) etwas unternehmen; (*of body*) sich *akk* bewegen; **to ~ a promise** ein Versprechen geben, etw versprechen; **to ~ reservations** reservieren; **to ~ small talk** Konversation betreiben; **to ~ a speech/presentation** eine Rede/Präsentation halten; **to ~ a start** anfangen; **to ~ good time doing sth** bei etw *dat* schnell vorankommen; **to ~ a withdrawal from a bank** Geld bei einer Bank abheben ❽ (*amount to*) ■**to ~ sth** *with numbers* etw ergeben; **five plus five ~s ten** fünf und fünf ist zehn; **if I buy this one, that'll ~ it 30** wenn ich diesen hier kaufe, dann macht das zusammen 30; **today's earthquake ~s five since January** mit dem heutigen Erdbeben sind es fünf seit Januar; **this ~s the third time my car has broken down** das ist nun das dritte Mal, dass mein Auto eine Panne hat ❾ (*earn, get*) **to ~ enemies** sich *dat* Feinde machen; **to ~ a fortune** sein Glück machen; **to ~ friends** Freundschaften schließen; **to ~ a killing** einen Riesengewinn machen; **to ~ a living** seinen Lebensunterhalt verdienen; **to ~ money** Geld verdienen; **to ~ a name for oneself** sich *dat* einen Namen machen; **to ~ profits/losses** Gewinn/Verlust machen ❿ (*appoint*) ■**to ~ sb president/advisor/ambassador** jdn zum Präsidenten/Berater/Botschafter ernennen ⓫ (*consider important*) **she ~s a lot of politeness** sie legt viel Wert auf Höflichkeit; **don't ~ too much of his grumpiness** gib nicht viel auf seine mürrische Art; **to ~ much of sb** (*appreciate*) viel von jdm halten; (*praise*) jdn über den grünen Klee loben ⓬ (*estimate*) **how much do you ~ the total?** was hast du als Summe errechnet?; **I ~ the answer [to be] 105.6** ich habe als Lösung 105,6 herausbekommen; **what do you ~ the time?** was glaubst du, wie viel Uhr es ist? ⓭ (*fam: get to, reach*) ■**to ~ sth** etw schaffen; **could you ~ a meeting at 8 a.m.?** schaffst du ein Treffen um 8 Uhr morgens?; **I barely made it to the meeting** ich habe es gerade noch zur Versammlung geschafft; **we made it to the top of the mountain!** wir schafften es bis zur Bergspitze!; **the fire made the front page** das Feuer kam auf die Titelseite; **to ~ the bus/one's train/one's plane** den Bus/seinen Zug/sein Flugzeug erreichen; **to ~ port** Meldung an den Hafen machen; **to ~ the big time** (*fam*) groß einsteigen *fam;* **to ~ it to the top** Karriere machen, es schaffen; **to ~ it** es schaffen; **the patient may not ~ it through the night** der Patient wird wahrscheinlich die Nacht nicht überstehen; (*achieve*) **he made captain/sergeant/manager** AM er schaffte es zum Kapitän/Feldwebel/Manager; **to ~ the finals/regionals** das Finale/die Bezirksklasse schaffen; **to ~ the grade** es schaffen *fam;* **to ~ a team** SPORTS sich *akk* für ein Team qualifizieren ⓮ (*make perfect*) **those curtains really ~ the living room** diese Vorhänge verschönen das Wohnzimmer ungemein; **this film has ~ his career** der Film machte ihn berühmt; **that made my day!** das hat mir den Tag gerettet!; **you've got it made!** du hast ausgesorgt! ⓯ (*understand*) **I can't ~ anything of this philosophy text** ich verstehe diesen Philosophietext nicht; **to ~ head or tail of sth** aus etw *dat* schlau werden; **I'd love to read his letter but I can't ~ head or tail of his writing** ich würde liebend gerne seinen Brief lesen, aber ich werde aus seiner Schrift nicht schlau; **to ~ sense of an action/a word/an argument** den Sinn einer Aktion/eines Wortes/eines Arguments verstehen; (*think*) **what do you ~ of his speech?** was hältst du von seiner Rede?; **we don't ~ much of him** wir halten nicht viel von ihm ⓰ (*have sex*) **to ~ love** sich *akk* lieben, miteinander schlafen; ■**to ~ sb** AM, AUS (*sl*) mit jdm ins Bett gehen *fam;* **he tried to ~ her** er hat versucht, sie ins Bett zu kriegen *fam;* **to ~ it with sb** (*fam!*) mit jdm ins Bett steigen *fam* ▶ PHRASES: **to ~ a <u>beeline</u>** [*or* **<u>dash</u>**] **for sth/sb** schnurstracks auf etw/jdn zugehen *fam;* **to ~ a <u>day</u>/an <u>evening</u> of it** den ganzen Tag/die ganze Nacht bleiben; **let's ~ a night of it** die Nacht ist noch jung; **to ~ a <u>go</u> of it** es schaffen, in etw *dat* Erfolg haben; **made in <u>heaven</u>** perfekt; **to be made of <u>money</u>** Geld wie Heu haben; **to ~ <u>sail</u>** NAUT in See stechen; **to ~ <u>sense</u>** Sinn ergeben [*o fam* machen]; **to ~ or <u>break</u> sth/sb** das Schicksal von etw/jdm in der Hand haben; **to ~ <u>something</u> of it** (*fam*) Ärger machen; **do you want to ~ something of it?** suchst du Ärger? **III.** *vi* <made, made> ❶ (*chase*) ■**to ~ after sb** jdm

M

hinterherjagen; *police* jdn verfolgen ❷ (*head for*) ■**to ~ for sth** auf etw *akk* zugehen; (*by car or bus*) auf etw *akk* zufahren; **the kids made for the woods to hide** die Kinder rannten auf den Wald zu, um sich zu verstecken; *esp* BRIT **we made towards the motorway** wir fuhren Richtung Autobahn; **to ~ towards the door/pub/car** auf die Tür/den Pub/das Auto zugehen ❸ (*be*) ■**to ~ for sth** etw sein; (*result in*) etw ergeben; **faster computers ~ for a more efficient system** schnellere Computer führen zu leistungsfähigeren Systemen; **Kant ~s for hard reading** Kant ist schwer zu lesen ❹ AM (*dated sl: hand over*) ■**to ~ with the money/jewels** Geld/Juwelen [über]geben; **~ with the money bags, baby!** her mit dem Geld, Baby! ❺ (*be about to*) **to ~ to leave/eat dinner/start a fight** sich *akk* anschicken, zu gehen/Abend zu essen/einen Streit anzufangen ❻ (*pretend*) **to ~ as if to do sth** aussehen, als ob man etw tun wolle; **he made as if to speak** es sah aus, als wolle er sprechen; **to ~ like ...** AM so tun, als ob ...; **the boy made like he was sick so he wouldn't have to go to school** der Junge tat so, als ob er krank wäre, damit er nicht zur Schule musste ►PHRASES: **to ~ do [with sth]** mit etw *dat* auskommen [*o* hinkommen]; **can you ~ do with a fiver?** reicht dir ein Fünfpfundschein?

◆**make away** *vi* (*fam*) ❶ (*leave*) verschwinden, abhauen *fam* ❷ (*kill*) ■**to ~ away with sb** jdn um die Ecke bringen *fam* ❸ (*steal*) ■**to ~ away with sth** sich *akk* mit etw *dat* davonmachen; **how much money did the bank robbers ~ away with?** mit wie viel Geld haben sich die Bankräuber aus dem Staub gemacht? *fam*

◆**make off** *vi* (*fam*) verschwinden, abhauen *fam;* ■**to ~ off with sth** etw mitgehen lassen *fam*

◆**make out I.** *vi* (*fam*) ❶ (*manage*) *person* zurechtkommen; *business* sich *akk* [positiv] entwickeln; **how are you making out with John?** wie kommst du mit John zurecht? ❷ (*have sex*) rummachen *sl;* ■**to ~ out with sb** *esp* AM mit jdm rummachen *sl* **II.** *vt* ❶ (*write out*) ■**to ~ out ○ sth** etw ausschreiben; **to ~ out a bill** eine Rechnung zusammenstellen [*o* aufstellen]; **to ~ out a cheque** einen Scheck ausstellen; **to ~ out the schedule** den Dienstplan erstellen; **~ out a will** ein Testament schreiben ❷ BRIT, AUS (*argue*) **to ~ out a case for sth** für etw *akk* argumentieren, etw vertreten ❸ (*see*) ■**to ~ out ○ sth** *writing, numbers* etw entziffern; *distant object* etw ausmachen; (*hear*) etw verstehen; (*understand*) **she's so strange – I can't ~ her out at all** sie ist so seltsam – ich werde ganz und gar nicht schlau aus ihr; **I just can't ~ out this maths problem** ich komme einfach nicht hinter dieses mathematische Problem; **nobody can ~ out why you were attacked** keiner kann verstehen, warum du angegriffen wurdest ❹ (*fam: claim*) ■**to ~ sb/sth out to be sth** jdn/etw als etw *akk* hinstellen; **the British weather is not as bad as it is made out [to be]** das britische Wetter ist nicht so schlecht, wie es immer heißt; **stop making out that you're better than us** hör auf, dich immer als etwas Besseres hinzustellen; **she made out that she was sleeping** sie tat so, als ob sie schlafen würde; **he made himself out to be a millionaire** er gab vor, ein Millionär zu sein

◆**make over** *vt* ❶ LAW (*transfer ownership*) **to ~ over a house/a business/land to sb** [*or* **to ~ a house/a business/land over to sb**] jdm ein Haus/ein Geschäft/Land überschreiben ❷ *esp* AM (*redo*) ■**to ~ over ○ sth** etw umändern; **it's an old church that has been made over into an old people's home** es ist eine alte Kirche, die in ein Altersheim umgewandelt wurde; **to ~ over a manuscript** ein Manuskript überarbeiten

◆**make up I.** *vt* ❶ (*invent*) **stop making up the rules as you go along – it's not fair!** hör auf, dir deine eigenen Regeln zu machen – das ist nicht fair!; **to ~ up a story/a reason/a lie/an excuse** [*or* **to ~ a story/a reason/a lie/an excuse up**] eine Geschichte/einen Grund/eine Lüge/eine Entschuldigung erfinden [*o* ausdenken] ❷ (*prepare*) ■**to ~ up ○ sth** etw fertig machen; **to ~ up a bed** das Bett machen; **to ~ up a fire** BRIT, AUS Feuer machen; **to ~ up a list** eine Liste erstellen; **to ~ up a page/book/newspaper** JOURN das Layout einer Seite/für ein Buch/für eine Zeitung machen; **to ~ up a room** ein Zimmer herrichten ❸ (*produce*) **to ~ up curtains/a dress** [*or* **to ~ curtains/a dress up**] Vorhänge/ein Kleid machen ❹ (*compensate*) **if you can save half the money, we'll ~ up the difference** wenn du die Hälfte sparen kannst, bezahlen wir die Differenz; **to ~ up a deficit** ein Defizit ausgleichen; **to ~ up money owed** geschuldetes Geld zurückzahlen; **to ~ up a number** BRIT eine Zahl voll machen; **we'll invite Geoff and Sarah to ~ the number up to ten** wir laden Geoff und Sarah ein, um die Zehn voll zu machen; **to ~ up time** Zeit wieder gutmachen; *train* Zeit wieder herausfahren; **to ~ up work** AM, AUS Arbeitsstunden nachholen; **to ~ it up to sb [for sth]** jdn [für etw *akk*] entschädigen, jdm etw wiedergutmachen ❺ (*comprise*) ■**to ~ up ○ sth** etw ausmachen; **the book is made up of a number of different articles** das Buch besteht aus vielen verschiedenen Artikeln ❻ (*decide*) **to ~ up one's mind** sich *akk* entscheiden [*o* entschließen] ❼ (*reconcile*) **to ~ it up with sb** sich *akk* [wieder] mit jdm vertragen, sich *akk* mit jdm versöhnen **II.** *vi* ❶ (*be reconciled, forgive*) sich *akk* versöhnen, sich *akk* wieder vertragen; **kiss and ~ up** küsst euch und vertragt euch wieder ❷ (*compensate*) ■**to ~ up for sth** für etw *akk* entschädigen; **no amount of money can ~ up for a child's death** kein Geld der Welt kann den Tod eines Kindes aufwiegen; **to ~ up for lost time** verlorene Zeit wieder aufholen ❸ AUS, BRIT (*flatter*) ■**to ~ up to sb** sich *akk* bei jdm lieb Kind machen *fam,* jdm in den Arsch kriechen *derb* ❹ (*comprise*) ■**to ~ up sth** etw ausmachen; **foreigners ~ up about 20% of the student population** Ausländer machen 20 % der Studentenschaft aus

'make-be·lieve I. *n no pl* Fantasie *f,* Illusion *f;* **this ideal is just ~** dieses Ideal ist nur Fantasie; **a world of ~** eine Fantasiewelt **II.** *adj inv* Fantasie-, imaginär; **a ~ world** eine Fantasiewelt **III.** *vi* <made-, made-> ■**to ~ [that] ...** sich *dat* vorstellen, dass ... **make-'do** *adj attr, inv* improvisiert **make-or-'break** *adj inv* kritisch; *decision* entscheidend; ■**to be ~ for sb** entscheidend für jdn sein **'make·over** *n* Veränderung *f*

mak·er ['meɪkəʳ, AM -ɚ] *n* ❶ (*manufacturer*) Hersteller(in) *m(f),* Produzent(in) *m(f);* **~ of a film** (*director*) Filmemacher(in) *m(f);* (*producer*) Produzent(in) *m(f)* ❷ *esp* BRIT ■**~s** *pl* Hersteller(in) *m(f),* Produzent(in) *m(f)* ❸ (*God*) ■**one's M~** sein Schöpfer *m;* **to meet one's M~** (*die*) seinem Schöpfer gegenübertreten

'make·ready *n no pl* PUBL Zurichtung *f* **'make·shift I.** *adj* Not-, behelfsmäßig; **~ camps** [*or* **quarters**] Übergangslager *ntpl* **II.** *n* [Not]behelf *m,* Übergangslösung *f* **'make-up** *n* ❶ *no pl* (*cosmetics*) Make-up *nt;* **to put on ~** sich *akk* schminken, Make-up auflegen; **to wear ~** Make-up tragen ❷ *of a group, a population* Zusammensetzung *f* ❸ (*character*) Persönlichkeit *f,* Veranlagung *f;* **genetic ~** genetische Veranlagung; **psychological ~** Psyche *f* ❹ (*in printing*) Umbruch *m; layout* Aufmachung *f* ❺ AM (*exam*) Nachholprüfung *f* **'make-up art·ist** *n* Maskenbildner(in) *m(f),* Visagist(in) *m(f)* **'make-up bag** *n* Kosmetiktasche *f* **'make-up kit** *n* Schminkset *nt* **'make-up mir·ror** *n* Schminkspiegel *m* **'make·weight** *n* (*fig*) Ballast *m,* [überflüssiges] Anhängsel; (*person*) Lückenbüßer(in) *m(f)* **'make-work** *n no pl* unproduktive Tätigkeit

mak·ing ['meɪkɪŋ] *n* ❶ *no pl* (*production*) Herstellung *f;* **the ~ of the cake will take a good hour** den Kuchen zu machen dauert eine gute Stunde; **her problems with that child are of her own ~** ihre Probleme mit diesem Kind hat sie selbst verschuldet; **to be in the ~** im Entstehen sein; **the book was several years in the ~** es dauerte mehrere Jahre, das Buch zu schreiben ❷ *no pl* (*development*) **five years in the army will be the ~ of him!** fünf Jahre in der Armee werden ihn zum Mann machen; **he was obviously a chef in the ~** es war klar, dass er später ein Koch werden würde; (*success*) **it was the ~ of her** das hat sie zu dem gemacht, was sie [heute] ist; **to be an engineer in the ~** ein angehender Ingenieur/eine angehende Ingenieurin sein ❸ (*qualities/ingredients*) ■ **~s** *pl* Anlagen *fpl;* **she has the ~s of a great violinist** sie hat das Zeug zu einer großartigen Geigerin; **the plan has all the ~s of a disaster** in diesem Plan ist das Scheitern schon vorprogrammiert ❹ (*fam: earnings*) ■ **~s** *pl* Gewinne *mpl*

mala·chite ['mæləkaɪt] *n no pl* Malachit *m*

mal·ad·just·ed [ˌmælə'dʒʌstɪd] *adj* PSYCH verhaltensauffällig, verhaltensgestört

mal·ad·just·ment [ˌmælə'dʒʌs(t)mənt] *n no pl* PSYCH Verhaltensauffälligkeit *f,* Verhaltensstörung *f*

mal·ad·min·is·tra·tion [ˌmælədˌmɪnɪ'streɪʃən, AM -ə'-] *n no pl* (*form*) schlechte [*o* ineffiziente] Verwaltung

mala·droit [ˌmælə'drɔɪt] *adj* unbeholfen

mala·droit·ly [ˌmælə'drɔɪtli] *adv* unbeholfen

mala·droit·ness [ˌmælə'drɔɪtnəs] *n no pl* Unbeholfenheit *f*

mala·dy ['mælədi] *n* Krankheit *f,* Leiden *nt;* (*fig: problem*) Leiden *nt,* Problem *nt;* **social ~** gesellschaftliches Übel

ma·laise [mə'leɪz] *n no pl* Unbehagen *nt;* **they were discussing the roots of the current economic ~** sie diskutierten über die Wurzeln des gegenwärtig wirtschaftlichen Missstandes

mala·prop·ism ['mæləprɒpɪzəm, AM -prɑːp-] *n* LING Malapropismus *m*

ma·laria [mə'leəriə, AM -'ler-] *n no pl* Malaria *f;* **to have ~** an Malaria erkrankt sein

ma·lar·key [mə'lɑːki, AM -'lɑːr-] *n no pl* (*dated fam*) Blödsinn *m fam,* Firlefanz *m veraltend fam*

Ma·la·wi [mə'lɑːwi] *n no pl* Malawi *nt*

Ma·la·wian [mə'lɑːwiən] **I.** *n* Malawier(in) *m(f)* **II.** *adj inv* malawisch

Ma·lay [mə'leɪ, AM *also* 'meɪleɪ] *n* ❶ (*person*) Malaie, Malaiin *m, f* ❷ *no pl* (*language*) Malaiisch *nt*

Ma·lay·sia [mə'leɪziə, AM -ʒə] *n no pl* Malaysia *nt*

Ma·lay·sian [mə'leɪziən, AM -ʒən] **I.** *n* Malaysier(in) *m(f)* **II.** *adj inv* malaysisch

mal·con·tent ['mælkənˌtent] *n* (*pej*) Querulant(in) *m(f) pej geh,* Nörgler(in) *m(f) pej*

Mal·dives ['mɔːldiːvz, AM 'mældaɪvz] *npl* ■ **the ~** die Malediven

Mal·div·ian [mɔːl'diːviən, AM mæl'daɪv-] **I.** *n* ❶ (*person*) Malediver(in) *m(f)* ❷ *no pl* (*language*) Maledivisch *nt* **II.** *adj inv* maledivisch

male [meɪl] **I.** *adj inv* ❶ (*masculine*) männlich; **what percentage of the adult ~ population is unemployed?** wie hoch ist der Prozentsatz der arbeitslosen männlichen Bevölkerung?; **~ choir** Männerchor *m;* **~ crocodile** Krokodilmännchen *nt;* **~-dominated** von Männern dominiert ❷ TECH (*of a projecting part*) **~ fitting** Bolzen *m;* **~ plug** Stecker *m;* **~ screw** Schraube *f* **II.** *n* (*person*) Mann *m;* (*animal*) Männchen *nt*

male 'bond·ing *n no pl* (*esp hum*) Männergemeinschaft *f,* Männerfreundschaft *f* **male 'chau·vin·ism** *n no pl* [männlicher] Chauvinismus **male 'chau·vin·ist** *n* (*pej*), **male chau·vin·ist 'pig** *n* (*pej*) Chauvinist *m pej,* Chauvi *m fam,* Macho *m fam,* Chauvinistenschwein *nt pej derb*

male·dic·tion [ˌmælɪ'dɪkʃən, AM -ə'-] *n* Fluch *m,* Verwünschung *f;* **to utter a ~ against sb** jdn verfluchen

male-'domi·nat·ed *adj* von Männern beherrscht

male·fac·tor ['mælɪfæktəʳ, AM -ɚ] *n* (*form, liter*) Übeltäter(in) *m(f)*

male 'meno·pause *n no pl* (*esp hum*) [männliche] Midlifecrisis

male·ness ['meɪlnəs] *n no pl* Männlichkeit *f*

male 'nurse *n* Krankenpfleger *m* **male 'or·gan** *n* Männlichkeit *f,* [männliches] Glied **male 'pros·ti·tute** *n* Stricher *m sl,* Strichjunge *m sl*

ma·levo·lence [mə'levələn(t)s] *n no pl* (*evil quality*) Bosheit *f,* Heimtücke *f,* Niedertracht *f liter;* (*spitefulness*) Gehässigkeit *f*

ma·levo·lent [mə'levələnt] *adj* (*liter: evil*) bösartig, heimtückisch; (*spiteful*) gehässig, hasserfüllt; **to have a ~ attitude towards sth** einen Hass auf etw *akk* haben; **~ fraud** arglistige Täuschung; **a ~ witch** eine böse Hexe

ma·levo·lent·ly [mə'levələntli] *adv* (*evil*) boshaft, heimtückisch; (*spitefully*) gehässig, hasserfüllt

mal·fea·sance [mæl'fiːzən(t)s] *n no pl* LAW Gesetzesübertretung *f;* (*in office*) Amtsmissbrauch *m,* Amtsvergehen *nt*

mal·for·ma·tion [ˌmælfɔː'meɪʃən, AM -fɔːr'-] *n* MED Missbildung *f*

mal·formed [ˌmæl'fɔːmd, AM -'fɔːrmd] *adj inv* MED missgebildet

mal·func·tion [ˌmæl'fʌŋ(k)ʃən] **I.** *vi* (*not work properly*) nicht funktionieren; (*stop working*) ausfallen; *liver, kidney* nicht richtig arbeiten; *social system* versagen; **what do you think caused the air bag to ~?** warum, glaubst du, hat der Airbag nicht funktioniert? **II.** *n* Ausfall *m; of liver, kidney* Funktionsstörung *f; of social system* Versagen *nt;* **the pilot reported a ~ in the aircraft's navigation system** der Pilot berichtete über einen Defekt im Navigationssystem des Flugzeuges

Mali ['mɑːli] *n no pl* Mali *nt*

Ma·lian ['mɑːliən] **I.** *n* Malier(in) *m(f)* **II.** *adj inv* malisch

mal·ice ['mælɪs] *n no pl* Bösartigkeit *f,* Boshaftigkeit *f;* **with ~ aforethought** LAW vorsätzlich; **to bear ~/no ~ to[wards] sb** [*or* **to bear sb ~/no ~**] jdm etwas/nichts Böses wollen

ma·li·cious [mə'lɪʃəs] *adj* boshaft, niederträchtig; **~ [telephone] calls** Drohanrufe *mpl;* **~ gossip** böswilliges Gerede; **~ look** hasserfüllter Blick; **~ mischief** böse Streiche; **~ wounding** LAW böswillige Körperverletzung

ma·li·cious·ly [mə'lɪʃəsli] *adv* boshaft, niederträchtig

ma·lign [mə'laɪn] **I.** *adj* (*form*) verderblich *geh,* schädlich; (*evil*) unheilvoll *geh;* **~ spirits** böse Geister **II.** *vt* ■ **to ~ sb** jdn verleumden; **to ~ sb's character** jdm Übles nachsagen

ma·lig·nan·cy [mə'lɪgnən(t)si] *n* ❶ *no pl* MED (*cancerousness*) Bösartigkeit *f,* Malignität *f fachspr* ❷ *no pl* (*fig: evil intent*) Bösartigkeit *f,* Boshaftigkeit *f,* Gemeinheit *f;* (*evil thing*) Übel *nt*

ma·lig·nant [mə'lɪgnənt] *adj* ❶ MED *growth, tumour* bösartig, maligne *fachspr* ❷ (*fig: evil*) boshaft, bösartig, gemein; **a ~ little bastard** ein fieses kleines Arschloch *derb;* **~ pleasure** hämisches Vergnügen

ma·lig·nant·ly [mə'lɪgnəntli] *adv* bösartig

ma·lig·nity [mə'lɪgnəti, AM -əṭi] *n no pl* (*form*) Bösartigkeit *f;* MED Malignität *f fachspr*

ma·lin·ger [mə'lɪŋgəʳ, AM -ɚ] *vi* simulieren, sich *akk* krank stellen

ma·lin·ger·er [mə'lɪŋgərəʳ, AM -ɚɚ] *n* Simulant(in) *m(f)*

mall [mɔːl] *n* (*covered row of shops*) [große] Einkaufspassage; (*indoor shopping centre*) [überdachtes] Einkaufszentrum

mal·lard <*pl* -s *or* -> ['mælɑːd, AM -ɚd] *n* Stockente *f*

mal·le·abil·ity [ˌmæliə'bɪləti, AM -əṭi] *n no pl of metal* Formbarkeit *f; of clay* Geschmeidigkeit *f;* (*fig*) *of a person* Gefügigkeit *f*

mal·le·able ['mæliəbl] *adj metal* formbar; *clay* geschmeidig; (*fig*) *person* gefügig

mal·lee ['mæli] *n* Fieberheilbaum *m*

mal·let ['mælɪt] *n* (*hammer*) [Holz]hammer *m;* (*in croquet*) Krockethammer *m;* (*in polo*) Poloschläger *m*

mall·ing ['mɔːlɪŋ] *n no pl* AM **to go ~** im Einkaufszentrum rumhängen *fam*

mal·low ['mæləʊ, AM -loʊ] *n* Malve *f*

malm·sey ['mɑːmzi] *n no pl* Malvasier[wein] *m*

mal·nour·ished [ˌmæl'nʌrɪʃt, AM -'nɜːr-] *adj* unterernährt

mal·nu·tri·tion [ˌmælnjuː'trɪʃən, AM -nuː'-] *n no pl* Unterernährung *f*

mal·odor·ous [ˌmæl'əʊdərəs, AM -'oʊdɚ-] *adj* (*form*) ❶ (*smelling bad*) übel riechend ❷ (*pej: offensive*) widerlich, verabscheuenswürdig *geh*

mal·prac·tice [ˌmæl'præktɪs] *n no pl* (*faulty work*) Berufsvergehen *nt;* (*criminal misconduct*) [berufliches] Vergehen; *of civil*

M

servants Amtsvergehen *nt,* Amtsmissbrauch *m;* **medical ~** ärztlicher Kunstfehler

mal·'prac·tice suit *n* Kunstfehlerprozess *m*

malt [mɔːlt] **I.** *n no pl* ❶ (*grain*) Malz *nt* ❷ (*whisky*) Maltwhisky *m* ❸ AM (*malted milk*) Malzmilch *f* **II.** *vt* **to ~ barley** Gerste mälzen

Mal·ta ['mɔːltə] *n no pl* Malta *nt*

> **i Kultur**
>
> Die **Republic of Malta** – *Republik Malta,* die von 1814 bis 1947 britische Kronkolonie und Flottenstützpunkt war, ist in den letzten Jahren als ein *English language learning centre – Sprachzentrum für Englisch* bekannt geworden. Dort belegen vor allem Jugendliche aus ganz Europa an renommierten Schulen Englischkurse.

malt·ed ['mɔːltɪd] *n,* **malt·ed 'milk** *n no pl* Malzmilch *f*

Mal·tese [ˌmɔːl'tiːz] **I.** *adj inv* maltesisch; **The ~ Falcon** der Malteser Falken **II.** *n* ❶ (*person*) Malteser(in) *m(f)* ❷ *no pl* (*language*) Maltesisch *nt,* das Maltesische

Mal·tese 'cross *n* Malteserkreuz *nt*

malt 'ex·tract *n no pl* Malzextrakt *m* **malt 'liq·uor** *n no pl* AM *gemälztes alkoholisches Getränk, amerikanisches Starkbier*

mal·treat [ˌmæl'triːt] *vt usu passive* ■**to ~ sb/sth** jdn/etw misshandeln

mal·treat·ment [ˌmæl'triːtmənt] *n no pl* Misshandlung *f*

malt 'whis·ky *n* Maltwhisky *m*

mam [mæm] *n* BRIT, DIAL (*childspeak*) Mama *f,* Mammi *f*

mama¹ [mə'mɑː] *n* BRIT (*childspeak dated*) Mutti *f*

mama² ['mɑːmə] *n* ❶ AM (*childspeak*) Mutti *f* ❷ AM (*sl: attractive female*) Puppe *f sl;* **there's a good-looking ~** da ist 'ne scharfe Braut *sl*

'mama's boy *n* AM (*pej*) Muttersöhnchen *nt pej*

mam·ba ['mæmbə, AM 'mɑːm-] *n* ZOOL Mamba *f;* **black ~** schwarze Mamba

mam·mal ['mæməl] *n* Säugetier *nt,* Säuger *m;* **the zebra is my daughter's favourite ~** das Zebra ist das Lieblingstier meiner Tochter

mam·ma·lian [mæm'eɪliən] *adj inv* Säugetier-; **the ~ evolution** die Evolution der Säugetiere

mam·ma·ry ['mæməri] *adj inv* MED Brust-, Mamma- *fachspr*

'mam·ma·ry gland *n* Milchdrüse *f*

mam·mo·gram ['mæməgræm] *n,* **mam·mo·graph** ['mæmə(ʊ)grɑːf, AM -məgræf] *n* Röntgenbild *nt* der weiblichen Brust; **middle-aged women should have regular ~s** Frauen im mittleren Alter sollten regelmäßig eine Mammographie vornehmen lassen

mam·mog·ra·phy [mæm'ɒgrəfi, AM mə'mɑːg-] *n no pl* Mammographie *f*

Mam·mon ['mæmən] *n no pl* REL [schnöder] Mammon *oft iron*

mam·moth ['mæməθ] **I.** *n* Mammut *nt* **II.** *adj* (*fig*) Mammut-, riesig; **~ proportions** kolossales Ausmaß

mam·my ['mæmi] *n* ❶ AM DIAL, IRISH (*childspeak*) Mami *f* ❷ AM (*dated or pej!*) *schwarzes [Kinder]mädchen in den USA*

man [mæn] **I.** *n* <*pl* men> ❶ (*male human*) Mann *m;* **~ overboard!** Mann über Bord!; **act like** [*or* **be**] **a ~!** sei ein Mann!; **what a ~!** (*in appreciation*) was für ein Mann!; (*iron*) dieser Mann!; **he is a ~ of his word** er steht zu seinem Wort; **the expedition was made up of 100 officers and men** die Expedition bestand aus 100 Offizieren und einfachen Soldaten; **to be a ~ of action** ein Mann der Tat sein; **~'s bicycle** Herrenfahrrad *nt;* **men's clothing/shoes/gloves** Herrenkleidung *m* /-schuhe *mpl* /-handschuhe *mpl;* **a family ~** Familienvater *m;* **a ~ of God** Mann *m* Gottes; **a ladies' ~** Charmeur *m,* Frauenheld *m;* **to be a ~ of letters** *writer* Schriftsteller *m,* Literat *m; scholar* Gelehrter *m;* **a ~-to-~ talk** ein Gespräch *nt* unter Männern; **~ and wife** (*dated*) Mann und Weib *veraltet;* **to be a ~ of the world** ein Mann von Welt sein; **dirty old ~** fieser alter Kerl, alte Drecksau *pej;* **to make a ~ [out] of sb** einen Mann aus jdm machen; **to take sth like a ~** etw wie ein Mann ertragen ❷ (*fam: form of address*) Junge *m;* **give me that, ~** gib das her, Mann; **this is my old ~, George** das ist mein alter Junge, George; **my good ~** mein lieber Mann ❸ (*old: male servant*) Diener *m* ❹ (*fam: boyfriend*) Typ *m sl* ❺ *no pl* (*mankind*) der Mensch, die Menschheit; **this is one of the most dangerous substances known to ~** dies ist eine der gefährlichsten Substanzen, die man kennt ❻ (*person*) Mensch *m;* **all men are equal** alle Menschen sind gleich; **our ~ in Washington** unser Mann in Washington; **she's the right/wrong ~ for the job** sie ist die Richtige/Falsche für diesen Job; **he's not a gambling/drinking ~** er ist kein großer Spieler/Trinker; **every ~ for himself** jeder für sich; **the ~ in the street** der kleine Mann; **the inner ~** das Innere; **the odd ~ out** der Außenseiter; **as one ~** wie ein Mann; **as one ~, the delegates made for the exit** geschlossen gingen die Delegierten hinaus; **sb's right-hand ~** jds rechte Hand ❼ (*in games*) [Spiel]figur *f* ❽ AM (*sl*) ■**the ~** (*the boss*) der Boss; (*white people*) die Weißen *pl;* (*the police*) die Bullen *pl*
▶ PHRASES: **to have done sth ~ and boy** (*hum dated*) das ganze Leben lang etw tun; **~ proposes, God disposes** (*prov*) der Mensch denkt, Gott lenkt *prov;* **to be ~ enough for sth** für etw *akk* Manns genug sein; **you can't keep a good ~ down** (*prov*) der Tüchtige lässt sich *akk* nicht unterkriegen; **to be one's own ~** sein eigener Herr sein; **to talk [as] ~ to ~** offen sprechen; **to a ~** bis auf den letzten Mann **II.** *interj* (*fam: to emphasize*) Mensch *fam,* Mann *fam;* (*in enthusiasm*) Manometer *fam;* (*in anger*) Mann *fam,* Menno *fam;* **~, we had a good time!** Mann, haben wir uns amüsiert! **III.** *vt* <-nn-> ■**to ~ sth** *phone, gun* etw bedienen; *fortress* etw besetzen; **~ the pumps!** alle Mann an die Pumpen!; **to ~ a ship** ein Schiff bemannen

man about 'town <*pl* men-> *n* **to be a ~** in den angesagten Kreisen verkehren, überall mit von der Partie sein; **she will only date you if you are a ~** sie wird nur mit dir ausgehen, wenn du in den In-Kreisen verkehrst

mana·cle ['mænəkl̩] **I.** *n* ■**~s** *pl* Handschellen *fpl,* Ketten *fpl* **II.** *vt* ■**to ~ sb** jdn in Ketten legen [*o* [mit Ketten] fesseln]; **his arm was ~d to a ring on the wall** sein Arm war an einem Ring in der Wand angekettet

man·age ['mænɪdʒ] **I.** *vt* ❶ ECON (*be in charge of*) ■**to ~ sth** *company, business, department* etw leiten [*o* führen]; ■**to ~ sb** *film star, pop group, team* jdn managen; **some people think television ~s the news instead of just reporting it** manche Leute glauben, dass das Fernsehen die Nachrichten manipuliert, anstatt nur zu berichten; **to ~ money/property** Geld/Eigentum verwalten; **to ~ one's time** sich *dat* seine Zeit richtig einteilen ❷ (*control*) ■**to ~ sb** mit jdm zurechtkommen [*o* fertigwerden]; ■**to ~ sth** mit etw *dat* zurechtkommen [*o* umgehen können]; **to ~ sth with ease/difficulty** etw mit Leichtigkeit/Schwierigkeiten bewältigen ❸ (*accomplish*) ■**to ~ sth** etw bewältigen [*o fam* schaffen]; **I'm so full, I can't ~ any more** ich bin so satt, ich kann nicht mehr essen; **she can't ~ more than $350 per month rent** sie kann sich nicht mehr als $ 350 Miete pro Monat leisten; **can you ~ 8 o'clock?** 8 Uhr, ginge das?; **to ~ a smile/laugh** ein Lächeln/Lachen hinbekommen **II.** *vi* ❶ (*succeed*) es schaffen, zurechtkommen; **I can't ~ on my own** ich schaffe es nicht allein; **we'll ~!** wir kommen schon zurecht!; **how can you ~ without a car?** wie kommst du ohne Auto zurecht?; **somehow he ~d to calm down** irgendwie schaffte er es, sich zu beruhigen; **only he could ~ to be so dumb** nur er konnte so dumm sein ❷ (*get by*) ■**to ~ on sth** mit etw *dat* auskommen; **they had to ~ on a small salary** sie mussten mit einem kleinen Gehalt auskommen

man·age·able ['mænɪdʒəbl̩] *adj* ❶ (*doable*) ■**to be ~** *job* leicht zu bewältigen sein; **~ task** überschaubare Aufgabe ❷ (*controllable*) ■**to be ~** kontrollierbar [*o* beherrschbar] sein; *problem* sich *akk* bewältigen lassen; *car* leicht zu handhaben sein; **the baby-sitter found the children perfectly ~** der Babysitter kam gut mit den Kindern zurecht; **~ hair** leicht zu frisierendes Haar ❸ (*feasible*) erreichbar; ■**to be ~** machbar [*o* zu schaffen] sein; **~ deadline** realistischer Termin ❹ (*easy to carry*) **~ bag** handliche Tasche

man·aged-care ['mænɪdʒdkeər, AM -ker] *adj attr, inv* AM *organization, policy* Kosten sparende Präventivmedizin forcierend (*mit Bezug auf Krankenversicherungen im US-amerikanischen Gesundheitssystem*)

man·age·ment ['mænɪdʒmənt] **I.** *n* ❶ *no pl of business* Management *nt,* [Geschäfts]führung *f,* [Unternehmens]leitung *f* ❷ + *sing/pl vb* (*managers*) [Unternehmens]leitung *f,* Management *nt; of hospital, theatre* Direktion *f;* **junior ~** untere Führungsebene; (*trainees*) Führungsnachwuchs *m;* **middle ~** mittlere Führungsebene; **senior ~** oberste Führungsebene, Vorstand *m* ❸ *no pl* (*handling*) Umgang *m* (**of** mit +*dat*); *of finances* Verwalten *nt;* **crisis ~** Krisenmanagement *nt* **II.** *n modifier* ECON **~ skills** Führungsqualitäten *fpl;* **~ trainee** Managementtrainee *m o f;* **~ training** Managementtraining *nt*

man·age·ment 'buy-out *n* Managementbuyout *nt* (*Übernahme einer Firma durch die leitenden Direktoren*) **man·age·ment-by-ob·'jec·tive** *adj attr, inv* zielorientiert (*mit Bezug auf einen Managementstil*) **man·age·ment con·'sult·ant** *n* Unternehmensberater(in) *m(f)* **'man·age·ment studies** *n* + *sing/pl vb* Betriebswirtschaft[slehre] *f* **'man·age·ment team** *n* + *sing/pl vb* Führungsgruppe *f,* Führungsspitze *f*

man·ag·er ['mænɪdʒəʳ, AM -ɚ] *n* ❶ (*business executive*) Geschäftsführer(in) *m(f),* Leiter(in) *m(f);* (*in big business*) Manager(in) *m(f);* (*of hotel, restaurant, shop*) Geschäftsführer(in) *m(f);* (*of department*) Abteilungsleiter(in) *m(f);* (*of cinema, theatre*) Leiter(in) *m(f),* Direktor(in) *m(f);* **bank ~** Filialleiter(in) *m(f)* einer Bank; **branch ~** Filialleiter(in) *m(f);* **junior/middle/senior ~** Manager(in) *m(f)* auf der unteren/mittleren/oberen Führungsebene; **production ~** Produktionsleiter(in) *m(f);* **sales ~** Verkaufsleiter(in) *m(f)* ❷ SPORTS (*coach*) [Chef]trainer(in) *m(f);* **the England ~** der englische Nationaltrainer/die englische Nationaltrainerin ❸ (*of band, boxer*) Manager(in) *m(f);* (*of a sports team*) Trainer *m*

man·ag·er·ess <*pl* -es> [ˌmænɪdʒəʳ'es, AM 'mænɪdʒəres] *n* (*dated*) Geschäftsführerin *f* (*in einem Laden oder Café*)

mana·gerial [ˌmænə'dʒɪəriəl, AM -'dʒɪr-] *adj inv* Manager-; **~ conference/meeting** Konferenz *f*/Meeting *nt* der Unternehmensführung; **at ~ level** auf Führungsebene; **~ position** Führungsposten *m;* **~ responsibilities** Führungsverantwortung *f;* **~ skills** Führungsqualitäten *fpl*

man·ag·ing di·'rec·tor *n* [Haupt]geschäftsführer(in) *m(f)* **man·ag·ing 'edi·tor** *n* Verlagsdirektor(in) *m(f)* **man·ag·ing 'own·er** *n* geschäftsführender Inhaber/geschäftsführende Inhaberin **man·ag·ing 'part·ner** *n* geschäftsführender Gesellschafter/geschäftsführende Gesellschafterin

ma·ña·na [mæn'jɑːnə, AM mə'n-] **I.** *adv* demnächst, bald **II.** *n* Morgen *nt,* ferne Zukunft

man-at-'arms *n* (*hist*) Soldat *m;* (*esp in medieval times*) Kavallerist *m,* berittener Krieger

Man·cu·nian [mæŋ'kjuːniən, AM mæn'-] **I.** *n* Einwohner(in) *m(f)* der Stadt Manchester **II.** *adj inv* aus Manchester

man·da·la ['mændələ, AM 'mʌn-] *n modifier* Mandala-

man·da·rin ['mændərɪn, AM -ɚɪn] *n* ❶ (*fruit*) Mandarine *f* ❷ (*hist: Chinese official*) Mandarin *m* ❸ (*esp pej: bureaucrat*) Bürokrat(in) *m(f)*

Man·da·rin ['mændərɪn, AM -ɚɪn] *n no pl* LING Mandarin *nt,* chinesische Hochsprache

man·da·rin 'or·ange *n* Mandarine *f*

man·date **I.** *n* ['mændeɪt] ❶ *usu sing* (*authority*) Mandat *nt;* (*command*) Verfügung *f;* **electoral ~** Wählerauftrag *m* ❷ (*territory*) Mandat[sgebiet] *nt* **II.** *vt* [mæn'deɪt, AM '-] ■**to ~ sth** (*order*) etw anordnen; (*authorize*) ein Mandat für etw *akk* erteilen; **to ~ a territory to a country** ein Gebiet der Verwaltung eines Landes unterstellen; ■**to ~ sb to do sth** (*order*) jdn beauftragen [*o* jdm den Auftrag erteilen], etw zu tun; (*authorize*) jdm ein Mandat erteilen, etw zu tun

man·da·tory ['mændətəri, AM -tɔːri] *adj inv* ❶ (*required by law*) gesetzlich vorgeschrieben; **to make sth ~** etw gesetzlich vorschreiben ❷ (*obligatory*) obligatorisch; **to be ~ for sb** jds Pflicht sein

man·di·ble ['mændɪbl̩] *n of an insect* Mandibel *f fachspr,* [Ober]kiefer *m; of a bird* Unterschnabel *m; of a mammal, fish* Mandibula *f fachspr,* Unterkiefer *m*

man·do·lin [ˌmændəl'ɪn], **man·do·line** *n* [ˌmændəl'iːn] ❶ MUS Mandoline *f* ❷ (*vegetable slicer*) Gemüseschneider *m*

man·drake ['mændreɪk] *n* Mandragora *f;* **~ root** Alraunwurzel *f*

man·drill ['mændrɪl] *n* ZOOL Mandrill *m*

mane [meɪn] *n* Mähne *f a. fig*

'man-eat·er *n* ❶ (*animal*) *Tier, das Menschen tötet* ❷ (*fig, hum fam: woman*) männermordender Vamp *hum fam*

'man-eat·ing *adj inv* ❶ *animal* Menschen fressend ❷ (*fig*) *woman* männermordend *hum*

ma·neu·ver *n, vi, vt* AM *see* **manoeuvre**

ma·neu·ver·abil·ity *n* AM *see* **manoeuvrability**

ma·neu·ver·able *adj* AM *see* **manoeuvrable**

ma·neu·ver·ing *n* AM *see* **manoeuvring**

man 'Fri·day *n* treuer Diener, Mädchen *nt* für alles *hum fam*

man·ful ['mænfəl] *adj* mannhaft *veraltend,* mutig, beherzt; **to mount a ~ defence of sb** jdn heldenhaft verteidigen

man·ful·ly ['mænfəli] *adv* mannhaft *veraltend,* mutig, beherzt

man·ga·nese ['mæŋgəniːz] *n no pl* Mangan *nt*

mange [meɪndʒ] *n no pl* Räude *f*

man·gel ['mæŋgəl] *n,* **man·gel-wur·zel** ['mæŋgəlˌwɜːzəl, AM -ˌwɜːr-] *n* Runkelrübe *f,* Futterrübe *f*

man·ger ['meɪndʒəʳ, AM -ɚ] *n* (*old*) Futtertrog *m;* (*in bible*) Krippe *f*

mange·tout [ˌmɑ̃(n)ʒ'tuː] *n* BRIT Zuckererbse *f*

man·gle¹ ['mæŋgl̩] *vt* ■**to ~ sth** ❶ *usu passive* (*crush*) etw zerstören; ■**to be ~d** *limbs* verstümmelt werden; *clothes* zerrissen werden; *car, metal* zerdrückt werden; **all that remains of the car crash is a pile of ~d metal** alles, was nach dem Unfall noch übrig ist, ist ein Haufen Schrott ❷ (*fig: ruin*) etw verstümmeln [*o* entstellen] *fig*

man·gle² ['mæŋgl̩] *n* ❶ BRIT (*hist: wringer*) [Wäsche]mangel *f* ❷ AM (*ironing machine*) [Heiß]mangel *f*

man·go <*pl* -s *or* -es> ['mæŋgəʊ, AM -goʊ] *n* Mango *f*

man·go 'chut·ney *n* Mango Chutney *nt* (*Speisebeilage bestehend aus Mangos, Gewürzen und Zucker*)

man·grove ['mæŋgrəʊv, AM 'mæŋgroʊv] *n* Mangrovenbaum *m*

'man·grove swamp *n* Mangrove *f*

man·gy ['meɪndʒi] *adj* ❶ (*suffering from mange*) räudig ❷ (*fam: shabby*) schäbig *pej*

man·han·dle ['mænˌhændl̩, AM 'mænhæn-] *vt* ❶ (*handle roughly*) ■**to ~ sb** jdn grob behandeln ❷ (*heave*) ■**to ~ sth** etw [hoch]heben, etw stemmen; (*haul*) etw [hoch]hieven

man·hat·tan [mæn'hætən] *n* (*cocktail*) Manhattan *m*

'man·hole *n* Einstieg *m,* Einstiegsöffnung *f;* (*shaft*) Einstiegsschacht *m; of a container, tank* Mannloch *nt* **'man·hole cov·er** *n* Einstiegsverschluss *m; of a canal* Kanaldeckel *m; of a shaft* Schachtdeckel *m; of a container, tank* Mannlochdeckel *m*

man·hood ['mænhʊd] *n no pl* ❶ (*adulthood*) Mannesalter *nt veraltend,* Erwachsenenalter *nt* (*eines Mannes*) ❷ (*manliness*) Männlichkeit *f;* **to prove one's ~** seine Männlichkeit unter Beweis stellen ❸ (*poet: male population*) Männer *mpl* ❹ (*euph o hum: male genitals*) Männlichkeit *f euph*

'man-hour *n* Arbeitsstunde *f* **'man·hunt** *n* [Ring]fahndung *f;*

M

(*after a criminal*) Verbrecherjagd *f;* **to launch a ~** mit einer Ringfahndung beginnen
ma·nia ['meɪniə] *n* ❶ (*pej: obsessive enthusiasm*) Manie *f,* Fimmel *m fam,* Besessenheit *f;* **religious ~** religiöser Wahn; **to have a ~ for sth** von etw *dat* besessen sein ❷ *no pl* MED (*obsessive state*) Wahn[sinn] *m;* (*state of excessive activity*) Manie *f;* **persecution ~** Verfolgungswahn *m*
ma·ni·ac ['meɪniæk] *n* ❶ (*fam: crazy person*) Verrückte(r) *f(m) fam,* Wahnsinnige(r) *f(m),* Irre(r) *f(m) fam;* **to drive like a ~** wie ein Verrückter/eine Verrückte fahren; **to work like a ~** wie verrückt arbeiten ❷ (*fan*) Fan *m;* **football ~** Fußballnarr, -närrin *m, f,* Fußballfanatiker(in) *m(f)* ❸ MED (*old*) Manie *f veraltet*
ma·nia·cal [mə'naɪəkᵊl] *adj* ❶ (*crazy*) wahnsinnig, verrückt, irrsinnig; **~ behaviour** [*or* AM **behavior**] abnormes Verhalten; **a ~ laugh** ein irres Lachen; **a ~ scream** ein wilder Schrei ❷ (*fam: very enthusiastic*) frenetisch *geh,* fanatisch
man·ic ['mænɪk] *adj* erregt, manisch; (*hum: highly energetic*) wild
man·ic de·'pres·sion *n no pl* manische Depression **man·ic de·'pres·sive** **I.** *n* Manisch-Depressive(r) *f(m);* ■**to be a ~** manisch-depressiv sein **II.** *adj* manisch-depressiv **man·ic psy·'cho·sis** *n* manische Psychose
mani·cure ['mænɪkjʊəʳ, AM -kjʊr] **I.** *n* Maniküre *f,* Handpflege *f;* **to have a ~** sich *akk* maniküren lassen **II.** *vt* **to ~ one's hands/nails** sich *dat* die Hände/Nägel maniküren
mani·cured ['mænɪkjʊəd, AM -kjʊrd] *adj inv* ❶ *of fingers* manikürt; **well-~ hands** gepflegte [*o* manikürte] Hände ❷ (*extremely neat*) [sehr] gepflegt; **a perfectly ~ lawn** ein makelloser Rasen
'mani·cure scis·sors *n* Maniküreschere *f,* Nagelschere *f* **'mani·cure set** *n* Maniküreset *nt,* Maniküreetui *nt*
mani·cur·ist ['mænɪkjʊərɪst, AM -kjʊr-] *n* Handpflegerin *f*
mani·fest ['mænɪfest] **I.** *adj* offenkundig, deutlich erkennbar, manifest *geh* **II.** *vt* ■**to ~ sth** etw zeigen; **the illness ~ed itself as ...** die Krankheit äußerte sich durch ...; **to ~ symptoms of sth** Anzeichen einer S. *gen* aufweisen [*o* zeigen] **III.** *n* TRANSP ❶ (*cargo list*) [Ladungs]manifest *nt,* Frachtliste *f* ❷ (*list of passengers*) Passagierliste *f;* (*list of railway waggons*) Wagenladeschein *m*
mani·fes·ta·tion [ˌmænɪfes'teɪʃᵊn] *n* ❶ (*sign*) Zeichen *nt* (**of** für +*akk*) ❷ *no pl* (*displaying*) Zeigen *nt;* (*voicing*) Bekundung *f geh;* MED Manifestation *f fachspr* ❸ *usu pl* (*form*) Manifestation *f,* Erscheinungsform *f*
mani·fest·ly ['mænɪfestli] *adv* offenkundig, offensichtlich
mani·fes·to <*pl* -s *or* -es> [ˌmænɪ'festəʊ, AM -toʊ] *n* Manifest *nt;* **election ~** Wahlprogramm *nt*
mani·fold ['mænɪfəʊld, AM -foʊld] **I.** *adj* (*liter*) vielfältig, vielseitig, mannigfaltig *geh* **II.** *n* TECH Verteilerrohr *nt;* AUTO [**exhaust**] **~** [Abgas]krümmer *m;* [**inlet** [*or* **intake**]] **~** [Ansaug]krümmer *m*
mani·kin ['mænɪkɪn] *n* ❶ (*model*) Gliederpuppe *f;* MED anatomisches Modell ❷ (*dwarf*) Zwerg *m,* Knirps *m fam*
ma·nil(·l)a [mə'nɪlə] *n no pl* Manilapapier *nt,* Packpapier *nt*
ma·nil(·l)a 'en·velope *n* Briefumschlag *m* aus Manilapapier **ma·nil(·l)a 'pa·per** *n no pl* Manilapapier *nt,* Packpapier *nt*
mani·oc ['mæniɒk, AM -ɑːk] *n* ❶ (*cassava*) Maniok *m* ❷ (*flour*) Mandioka *f*
ma·nipu·late [mə'nɪpjəleɪt] *vt* ❶ (*esp pej: manage cleverly*) ■**to ~ sb/sth** geschickt mit jdm/etw umgehen; (*influence*) jdn/etw beeinflussen, jdn/etw manipulieren; **to ~ figures/the statistics** geschickt mit Zahlen/der Statistik jonglieren; (*falsify*) Zahlen/die Statistik verfälschen [*o fam* verdrehen] ❷ (*with hands*) ■**to ~ sth** etw handhaben; (*adjust*) etw einstellen; **to ~ a machine** eine Maschine bedienen ❸ MED **to ~ sb's bones** jds Knochen einrenken; **to ~ sb's muscles** jds Muskeln massieren ❹ COMPUT ■**to ~ sth** etw bearbeiten
ma·nipu·la·tion [məˌnɪpjə'leɪʃᵊn] *n* ❶ (*esp pej: clever management*) Manipulation *f;* (*falsification*) Verfälschung *f* ❷ (*handling*) Handgriff *m;* (*adjustment*) Einstellung *f* (**of** an +*dat*); *no pl* Umgang *m* (**of** mit +*dat*), Handhabung *f* ❸ MED chiropraktische Behandlung; *of bones* Einrenken *nt kein pl* ❹ COMPUT (*by person*) Bearbeiten *nt kein pl,* Bearbeitung *f*
ma·nipu·la·tive [mə'nɪpjələtɪv, AM -leɪt̬ɪv] *adj* (*esp pej*) manipulativ
ma·nipu·la·tor [mə'nɪpjəleɪtəʳ, AM -t̬ɚ] *n* (*esp pej*) Manipulator(in) *m(f),* Manipulant(in) *m(f)*
man·kind [mæn'kaɪnd] *n no pl* Menschheit *f*
manky ['mæŋki] *adj* BRIT (*fam: dirty*) dreckig *fam;* (*worn-out*) abgenutzt, alt
man·li·ness ['mænlɪnəs] *n no pl* (*approv*) Männlichkeit *f*
man·ly ['mænli] *adj* (*approv*) männlich
man-'made *adj* künstlich; **~ fibres** künstliche Fasern *fpl,* Kunstfasern *fpl*
man·na ['mænə] *n no pl* ❶ (*food from heaven*) Manna *nt,* Himmelsbrot *nt;* **~ from heaven** (*fig*) ein wahrer Segen ❷ (*healing food or drink*) Labsal *nt o* ÖSTERR *a. f*
manned [mænd] *adj* AEROSP bemannt
man·ne·quin ['mænɪkɪn] *n* ❶ (*in shop window*) Schaufensterpuppe *f;* ART Modell *nt* ❷ (*dated: fashion model*) Mannequin *nt*
man·ner ['mænəʳ, AM -ɚ] *n no pl* ❶ (*way*) Weise *f,* Art *f;* **in a ~ of speaking** sozusagen; **in the normal ~** auf dem üblichen Weg; **in an unusual ~** auf ungewöhnliche Weise; **to be in the ~ of Hitchcock** ganz in der Tradition von Hitchcock stehen ❷ *no pl* (*behaviour to others*) Betragen *nt,* Verhalten *nt;* **his cold ~** seine kalte Art ❸ (*polite behaviour*) ■**~s** *pl* Manieren *pl;* **it's bad ~s to ...** es gehört sich nicht, ...; **it's only good ~s to ...** es gehört sich einfach, ...; **you've got no ~s!** du hast einfach keine Manieren!; **to mind one's ~s** sich *akk* benehmen; **to teach sb ~s** jdm Manieren beibringen ❹ (*form: type*) Typ *m,* Art *f;* (*old*) **what ~ of man is he?** was für ein Mensch ist er eigentlich?; **all ~ of ...** alle möglichen Arten von ... ► PHRASES: **not by any ~ of means** (*dated*) überhaupt nicht, keineswegs; **to do sth as if to the ~ born** etw tun, als ob man sein Leben lang nichts anderes getan hätte
man·nered ['mænəd, AM -ɚd] *adj* (*pej*) ❶ (*affected*) affektiert ❷ (*in art*) gekünstelt, manieriert *geh*
man·ner·ism ['mænᵊrɪzᵊm, AM -nɚ-] *n* Eigenart *f*
Man·ner·ism ['mænᵊrɪzᵊm, AM -nɚ-] *n no pl* Manierismus *m*
Man·ner·ist ['mænᵊrɪst, AM -nɚ-] *n* Manierist(in) *m(f)*
man·ni·kin *n see* **manikin**
man·nish ['mænɪʃ] *adj* (*esp pej: of a woman*) männlich, maskulin
man·nish·ly ['mænɪʃli] *adv* (*esp pej: of a woman*) männlich, maskulin
man·nish·ness ['mænɪʃnəs] *n no pl* (*esp pej: of a woman*) Männlichkeit *f*
ma·noeu·vrabil·ity [məˌnuːvᵊrə'bɪləti], AM **ma·neu·ver·abil·ity** [-ət̬i] *n no pl* Beweglichkeit *f,* Manövrierfähigkeit *f*
ma·noeu·vrable [mə'nuːvᵊrəbl̩], AM **ma·neu·ver·able** *adj* beweglich; *ship, vessel* manövrierfähig
ma·noeu·vre [mə'nuːvəʳ], AM **ma·neu·ver** [-ɚ] **I.** *n* ❶ *usu pl* (*military exercise*) Manöver *nt;* **army ~s** Truppenübungen *fpl;* **on ~s** im Manöver ❷ (*planned move*) Manöver *nt,* Operation *f;* (*fig*) Schachzug *m* ❸ *no pl* **to not allow sb much room for ~** jdm keinen großen Spielraum lassen; **to have room** [*or* **scope**] **for ~** Spielraum haben **II.** *vt* ❶ (*move*) ■**to ~ sth somewhere** etw irgendwohin manövrieren; **to ~ a trolley** einen Einkaufswagen lenken ❷ (*pressure sb*) ■**to ~ sb into sth** jdn [durch geschickte Manöver] zu etw *dat* bringen; **to ~ sb into a compromise** jdn geschickt zu einem Kompromiss zwingen; **they ~d her into resigning** sie brachten sie dazu zurückzutreten **III.** *vi* ❶ (*move*) manövrieren; **this car ~s well at high speed** dieses Auto lässt sich bei hoher Geschwindigkeit gut fahren; **room to ~** Spielraum *m* ❷ (*scheme*) taktie-

ren ③ MIL (*hold exercises*) Manöver abhalten

ma·noeu·vring [məˈnuːvərɪŋ], AM **ma·neu·ver·ing** [-ɚɪŋ] *n* Manöver *nt;* (*dishonest step*) Winkelzug *m meist pl*

man-of-war *n* Kriegsschiff *nt*

ma·nom·eter [məˈnɒmɪtəʳ, AM -ˈnɑːmət̬ɚ] *n* Manometer *nt fachspr,* Druckmesser *m*

man·or [ˈmænəʳ, AM -ɚ] *n* ① (*country house*) Landsitz *m,* Herrenhaus *nt* ② BRIT HIST (*territory*) [Land]gut *nt,* Lehnsgut *nt;* **lord of the ~** Gutsherr *m* ③ *usu sing* BRIT (*sl: area around police station*) Polizeirevier *nt*

ˈman·or house *n* Herrenhaus *nt*

ˈman·pow·er *n no pl* Arbeitskräfte *fpl;* **lack of ~** Arbeitskräftemangel *m;* **skilled ~** gelernte Arbeitskräfte, Facharbeitskräfte *fpl*

man·qué [ˈmɑ̃(ŋ)keɪ, AM mɑnˈkeɪ] *adj inv, after n* (*form*) gescheitert, verkannt; **an artist ~** ein verkannter [*o* gescheiterter] Künstler/eine verkannte [*o* gescheiterte] Künstlerin; **my brother is a barber ~** an meinem Bruder ist ein Friseur verloren gegangen

man·sard [ˈmæn(t)sɑːd, AM -sɑːrd] *n,* **man·sard ˈroof** *n* Mansard[en]dach *nt*

manse [mæn(t)s] *n* SCOT Pfarrhaus *nt*

ˈman·serv·ant <*pl* menservants> *n* (*old*) Diener *m*

man·sion [ˈmæn(t)ʃən] *n* herrschaftliches Wohnhaus, Villa *f;* (*of ancient family*) Herrenhaus *nt*

ˈman-sized *n* riesig, Riesen-; **a ~ portion** eine Riesenportion; **a ~ steak** ein riesiges Steak **man·slaugh·ter** *n no pl* Totschlag *m;* **to charge sb with ~** jdn des Totschlags anklagen

man·tel [ˈmæntəl] *n* (*old*), **man·tel·piece** [ˈmæntəlpiːs] *n* Kaminsims *m o nt*

man·tis [ˈmæntɪs] *n* Fangheuschrecke *f;* [**praying**] **~** Gottesanbeterin *f*

man·tle [ˈmæntl̩] *n* ① *no pl* (*form: position*) Amt *nt,* Posten *m,* Position *f;* **she has been asked to assume the ~ of managing director** man hat ihr eine Stelle als Geschäftsführerin angeboten; **to take on the ~ of power** die Macht übernehmen ② (*usu liter: covering*) Decke *f,* Schicht *f;* **a ~ of snow** eine Schneedecke; **to be cloaked in a ~ of sth** von etw *dat* umhüllt [*o* eingehüllt] sein ③ *of a planet* Mantel *m fachspr* ④ FASHION (*hist*) Überwurf *m,* Umhang *m*

man·tle·piece [ˈmæntl̩piːs] *n* Kaminsims *m o nt*

man to ˈman *adv* von Mann zu Mann

ˈman-to-man *adj* von Mann zu Mann; **a ~ talk** ein Gespräch *nt* von Mann zu Mann

man·tra [ˈmæntrə] *n* ① (*for meditation*) Mantra *nt* ② (*catchphrase*) Parole *f,* Slogan *m*

manu·al [ˈmænjuəl] **I.** *adj* ① (*done with hands*) manuell, Hand-; **~ alphabet** Alphabet *nt* der Fingersprache; **~ dexterity** handwerkliches Geschick, Handfertigkeit *f;* **~ labour** [*or* AM **labor**] [*or* **work**] körperliche Arbeit; (*craftsmanship*) Handarbeit *f;* **to be a ~ labourer** [*or* AM **laborer**] [*or* **worker**] körperlich arbeiten; (*as a crafts[wo]man*) handwerklich arbeiten; **~ typewriter** mechanische Schreibmaschine ② (*hand-operated*) manuell, Hand-; **to switch the controls to ~** auf Handsteuerung [*o* manuelle Steuerung] umschalten; **~ choke** AUTO manueller Choke; **a car with ~ gearbox** AUTO ein Auto *nt* mit Schaltgetriebe; **~ transmission** AUTO Schaltgetriebe *nt* **II.** *n* ① (*book*) Handbuch *nt;* **~ of instructions** Bedienungsanleitung *f,* Gebrauchsanweisung *f;* **training ~** Lehrbuch *nt* ② AUTO (*vehicle*) Auto *nt* mit Gangschaltung ③ MUS (*organ keyboard*) Manual *nt*

manu·al·ly [ˈmænjuəli] *adv* manuell, mit der [*o* von] Hand

manu·fac·ture [ˌmænjəˈfæktʃəʳ, AM -ɚ] **I.** *vt* ■**to ~ sth** ① (*produce commercially*) etw herstellen; **~d goods** Fertigerzeugnisse *ntpl* ② (*fabricate*) etw erfinden; **to ~ an excuse** eine Ausrede erfinden **II.** *n no pl* Herstellung *f,* Erzeugung *f,* Fabrikation *f form;* **a vehicle of French/Italian ~** ein Wagen *m* aus französischer/italienischer Herstellung

manu·fac·tur·er [ˌmænjəˈfæktʃərəʳ, AM -ɚɚ] *n* Hersteller *m,* Erzeuger *m;* **the ~'s** [*or* **~s'**] **label** das Etikett; **direct from the ~s** direkt vom Hersteller; **to send sth back to the ~[s]** etw an den Hersteller zurücksenden

manu·fac·tur·ing [ˌmænjəˈfæktʃərɪŋ, AM -ɚ-] **I.** *adj* Herstellungs-, Produktions-; **~ centre** [*or* AM **center**] Industriezentrum *nt;* **~ costs** Herstellungskosten *pl;* (*of a film*) Produktionskosten *pl;* **~ firm** Hersteller *m,* Herstellerfirma *f;* **~ industry** verarbeitende Industrie **II.** *n no pl* Fertigung *f*

ma·nure [məˈnjʊəʳ, AM -nʊr] **I.** *n no pl* Dung *m* **II.** *vt* ■**to ~ sth** etw düngen (*mit Mist*)

manu·script [ˈmænjəskrɪpt] *n* ① (*author's script*) Manuskript *nt;* (*of a famous person*) Autograph *nt fachspr* ② (*handwritten text*) Manuskript *nt,* Handschrift *f*

Manx [mæŋks] **I.** *adj inv* (*of Isle of Man*) der Insel Man **II.** *n no art, no pl* LING Sprache *f* der Insel Man

Manx ˈcat *n* Man[x]katze *f* (*stummelschwänzige Katze*) **ˈManx·man** *n* Bewohner *m* der Insel Man **ˈManx·wom·an** *n* Bewohnerin *f* der Insel Man

many [ˈmeni] **I.** *pron* (*a great number*) viele; **he has loved ~ but married none** er hat viele geliebt, aber keine geheiratet; **too ~** zu viele; **~ is the ...** (*hum*) viele ...; **~ is the hour I've spent by the telephone just waiting in case he should call** ich habe viele Stunden am Telefon verbracht und auf seinen Anruf gewartet; **~ is the man who's come out of her office trembling** viele Männer sind zitternd aus ihrem Büro gekommen; **as ~** genauso viele; **ten people died in the tornado in the South and as ~ in the flood in the Midwest** zehn Menschen starben bei dem Tornado im Süden und genauso viele bei der Flut im Mittleren Westen; **as ~ again** nochmals so viele; **there are already twelve bottles of wine, so if I buy as ~ again, we'll have enough** hier sind bereits zwölf Flaschen Wein, wenn ich nochmals so viele kaufe, haben wir genug; **as ~ as ...** so viele wie ...; **as ~ as 6,000 people may have been infected with the disease** bereits 6.000 Menschen können mit der Krankheit infiziert sein; **as ~ as we invited came to the party** zu der Party kamen so viele Leute, wie wir eingeladen hatten; ■**~ of sb/sth** viele von jd/etw; **the solution to ~ of our problems** die Lösung zu vielen von unseren Problemen; **a good** [*or* **great**] **~ of sb/sth** eine hübsche Zahl von jd/etw; **a good ~ of us** viele von uns; ■**~ a/an ...** manch ein ...; **~ a man has been destroyed by booze** viele Menschen gingen am Alkohol zugrunde; **~ a time** oft ▸PHRASES: **there's ~ a slip between** [*or* **twixt**] **cup and lip** (*prov*) zwischen Theorie und Praxis liegen oft Welten; **to have one too ~** einen sitzen haben **II.** *n* (*the majority*) ■**the ~** *pl* die Mehrheit *sing;* **although blacks in South Africa were the ~, they were repressed by the whites there** zwar waren die Schwarzen in Südafrika in der Mehrheit, doch wurden sie von den Weißen unterdrückt; **music for the ~** Musik für die breite Masse

many-ˈsid·ed *adj* vielseitig; (*complex*) vielschichtig

Mao·ism [ˈmaʊɪzəm] *n no pl* Maoismus *m*

Mao·ist [ˈmaʊɪst] **I.** *n* Maoist(in) *m(f)* **II.** *adj* maoistisch

Mao·ri [ˈmaʊ(ə)ri, AM ˈmaʊri] **I.** *n* Maori *m o f* **II.** *adj inv* Maori-, maorisch

map [mæp] **I.** *n* ① GEOG [Land]karte *f;* **~ of Paris** Stadtplan *m* von Paris; **road ~** Straßenkarte *f;* **~ of the world** Weltkarte *f;* **large-scale ~** großmaßstäbige Karte, Karte *f* mit großem Maßstab ② (*simple diagram*) Plan *m,* Zeichnung *f;* **I'll draw you a ~ to show you how to get there** ich zeichne dir auf, wie du hinkommen kannst ③ (*giving specialized information*) [thematische] Karte; **meteorological ~** Wetterkarte *f;* **rainfall ~** Niederschlagskarte *f;* **statistical ~** statistische Übersichtskarte ④ (*of stars*) Sternkarte *f;* **celestial ~** Himmelskarte *f* ▸PHRASES: **to put sth/sb on the ~** etw/jdn bekannt machen; **to wipe** [*or* **blow**] **sth off the ~** etw ausradieren [*o* auslöschen] *fig* **II.** *vt* <-pp-> ■**to ~ sth** eine Karte von etw *dat* machen, etw

M

kartographieren *fachspr*
◆**map out** *vt* ■**to ~ out** ↻ **sth** etw genau festlegen; **to ~ out a course/plan/strategy** eine Richtung/einen Plan/eine Strategie festlegen; **his future is all ~ped out for him** seine ganze Zukunft ist bereits fest vorgeplant; **to ~ out a route** eine Route planen [*o* ausarbeiten]
ma·ple [ˈmeɪpl] *n* ❶ (*tree*) Ahorn *m* ❷ *no pl* (*wood*) Ahorn *m*, Ahornholz *nt*
ma·ple ˈbut·ter *n no pl* Ahorn-Brotaufstrich *m*, Ahornbutter *f*
ˈma·ple leaf *n* Ahornblatt *nt* **ma·ple ˈsug·ar** *n no pl* Ahornzucker *m* **ma·ple ˈsyr·up** *n no pl* Ahornsirup *m* **ˈma·ple tree** *n* Ahorn *m*
ˈmap mak·er *n* Kartograph(in) *m(f) fachspr*, Kartenzeichner(in) *m(f)* **ˈmap read·ing** *n* Kartenlesen *nt kein pl*
mar <-rr-> [mɑːʳ, AM mɑːr] *vt* ■**to ~ sth** etw stören; **to ~ the beauty of sth** etw verunstalten; **to ~ sb's enjoyment** jds Freude trüben
Mar *n abbrev of* **March**
ma·racas [məˈrækəz, AM -ˈrɑː-] *npl* MUS Maraca *f*, Rassel *f*
mara·schi·no [ˌmærəˈʃiːnəʊ, AM ˌmerəˈʃiːnoʊ] *n no pl* Maraschino[likör] *m*
mara·schi·no ˈcher·ry *n* Maraschinokirsche *f*
mara·thon [ˈmærəθᵊn, AM ˈmerəθɑːn] **I.** *n* ❶ (*race*) Marathon[lauf] *m*; **to run** [*or* **do**] **a ~** einen Marathon [mit]laufen ❷ (*fig: very long event*) Marathon *nt fam*; **dance ~** Tanzmarathon *nt*; **piano ~** Klavierspielmarathon *nt* **II.** *n modifier* (*event, session*) Marathon-, Dauer-; **~ negotiations** Verhandlungsmarathon *nt*; **~ speech** endlose Rede
ˈmara·thon run·ner *n* Marathonläufer(in) *m(f)*
ma·raud [məˈrɔːd, AM *esp* -ˈrɑːd] **I.** *vi* plündern **II.** *vt* ■**to ~ sth** etw [aus]plündern
ma·raud·er [məˈrɔːdəʳ, AM -ˈrɑːdɚ] *n* ❶ (*raider*) Plünderer(in) *m(f)* ❷ (*animal*) Räuber *m*
ma·raud·ing [məˈrɔːdɪŋ, AM *esp* -ˈrɑːd-] *adj attr, inv* plündernd; *animal* auf Raubzug *nach n*
mar·ble [ˈmɑːbl̩, AM ˈmɑːr-] **I.** *n* ❶ *no pl* (*stone*) Marmor *m* ❷ (*for games*) Murmel *f*; [**game of**] **~s** Murmelspiel *nt*; **to play** [*or* **shoot**] **~s** [mit] Murmeln spielen ▶ PHRASES: **to have all one's ~s** (*fam*) bei [klarem] Verstand sein; **to lose one's ~s** (*fam*) den Verstand verlieren, verrückt werden *fam* **II.** *n modifier* (*floor, wall*) Marmor-, marmorn; **~ tablet** Marmortafel *f*; **~ top** Marmorplatte *f* **III.** *vt* ■**to ~ sth** etw marmorieren
ˈmar·ble cake *n* Marmorkuchen *m*
mar·bled [ˈmɑːbl̩d, AM ˈmɑːr-] *adj inv* marmoriert; **~** [**with fat**] *meat* durchwachsen
march [mɑːtʃ, AM mɑːrtʃ] **I.** *n* <*pl* -es> ❶ MIL Marsch *m*; **a 20 km ~** ein Marsch *m* über 20 km; (*fig*) **it is impossible to stop the forward ~ of progress** es ist unmöglich, den Fortschritt aufzuhalten; **to be on the ~** auf dem Marsch sein, marschieren; **to be within a day's ~** einen Tagesmarsch entfernt sein ❷ MUS Marsch *m*; **funeral ~** Trauermarsch *m*; **Mendelssohn's Wedding M~** Mendelssohns Hochzeitsmarsch *m* ❸ (*demonstration*) Demonstration *f*; **a protest ~** ein Protestmarsch *m*; **to go on a ~** demonstrieren gehen **II.** *vi* ❶ (*walk in step*) marschieren; **quick ~!** im Laufschritt, marsch!; **the French army ~ed on Vienna** die französische Armee marschierte auf Wien zu ❷ (*walk quickly*) marschieren *fam* ❸ (*demonstrate*) marschieren; **to ~ through a city** [demonstrierend] durch eine Stadt ziehen **III.** *vt* ❶ (*walk in step*) **to ~ 12 miles** 12 Meilen marschieren ❷ (*force to walk*) ■**to ~ sb off** jdn wegbringen [*o* wegführen]; *police* jdn abführen; **to ~ sb into/out of the room** jdn in das Zimmer/aus dem Zimmer führen
March <*pl* -es> [mɑːtʃ, AM mɑːrtʃ] *n* März *m*; *see also* **February**
march·er [ˈmɑːtʃəʳ, AM ˈmɑːrtʃɚ] *n* Demonstrant(in) *m(f)*
march·ing band *n* Marschkapelle *f* **ˈmarch·ing or·ders** *n* Marschbefehl *m*; **to get** [*or* **receive**] **one's ~** (*fam: job, flat*) die Kündigung bekommen; (*relationship*) den Laufpass bekommen *fam*; **to give sb their ~** (*fam: job, flat*) jdm kündigen; (*relationship*) jdm den Laufpass geben *fam* **ˈmarch·ing song** *n* Marschlied *nt*
mar·chion·ess <*pl* -es> [ˌmɑːʃᵊnˈes, AM ˈmɑːrʃᵊnɪs] *n* Marquise *f*
ˈmarch-past *n* Vorbeimarsch *m*, Parade *f*
Mar·di Gras [ˌmɑːdiˈgrɑː, AM ˈmɑːrdiˌ-] *n* ≈ Karneval *m*

i Kultur

Mardi Gras ist das amerikanische Äquivalent zu Karneval oder Fasching. Dieses Fest geht zurück auf die französischen Kolonisten in New Orleans (im späteren Staat Louisiana). Obwohl die meisten Leute heutzutage **Mardi Gras** mit New Orleans in Verbindung bringen, wird es auch in Biloxi/Mississippi und Mobile/Alabama gefeiert. In New Orleans feiern die *krewes – Karnevalsvereine* während der Saison viele Partys und Bälle und veranstalten am Faschingsdienstag einen Umzug.

mare [meəʳ, AM mer] *n* Stute *f*
ˈmare's nest *n* Schwindel *m*, Windei *nt fam*
mar·ga·rine [ˌmɑːdʒəˈriːn, AM ˈmɑːrdʒɚɪn] *n no pl* Margarine *f*
mar·ga·ri·ta [ˌmɑːgᵊrˈiːtə, AM -gəˈriːt̬ə] *n* (*cocktail*) Margarita *m*
marge [mɑːdʒ] *n* BRIT (*fam*) *short for* **margarine** Margarine *f*
mar·gin [ˈmɑːdʒɪn, AM ˈmɑːr-] *n* ❶ (*outer edge*) Rand *m*; TYPO [Seiten]Rand *m*; **on the ~s of society** am Rand[e] der Gesellschaft; **to write sth in the ~** TYPO etw an den Rand schreiben ❷ (*amount*) Differenz *f*, Abstand *m*; **to win by a wide** [*or* **large**]/**narrow** [*or* **small**] **~** mit einem großen/knappen Vorsprung [*o* Abstand] gewinnen ❸ (*provision*) Spielraum *m*; SCI Streubereich *m*; **a ~ of** [*or* **for**] **error** eine Fehlerspanne; **safety ~** [*or* **~ for safety**] Sicherheitsspielraum *m*; (*distance*) Sicherheitsabstand *m*; SCI, TECH Sicherheitskoeffizient *m*, Sicherheitsfaktor *m*; (*fig*) Pufferzone *f* ❹ ECON [**profit**] **~** Gewinnspanne *f*, Verdienstspanne *f*; **narrow** [*or* **tight**] **~** geringe [*o* knappe] Gewinnspanne
◆**margin up** *vi* (*fam*) ■**to ~ up on sth** *stocks* etw aufstocken
mar·gin·al [ˈmɑːdʒɪnᵊl, AM ˈmɑːr-] **I.** *adj* ❶ (*slight*) geringfügig; **to be of ~ importance** relativ unbedeutend sein; **a ~ improvement** eine geringfügige Verbesserung; **to be of ~ interest** [nur] von geringem Interesse sein ❷ (*insignificant*) nebensächlich, unwesentlich ❸ BRIT, AUS POL **~ constituency/seat** mit knapper Mehrheit gewonnener Wahlkreis/Parlamentssitz ❹ (*in margin*) **~ notes** Randnotizen *fpl* ❺ (*on borderline*) Rand-; **a ~ existence** eine Existenz am Rande der Gesellschaft; **a ~ product** ein wenig gefragtes Produkt ❻ PSYCH **~ behaviour** deviantes Verhalten **II.** *n* BRIT, AUS POL knapp gewonnener Wahlkreis
mar·gi·na·lia [ˌmɑːdʒɪˈneɪliə, AM ˌmɑːr-] *npl* Marginalien *fpl*
mar·gin·ali·za·tion [ˌmɑːdʒɪnᵊlaɪˈzeɪʃᵊn, AM ˌmɑːrdʒɪnᵊlɪˈ-] *n no pl* Ausgrenzung *f*, Marginalisierung *f geh*
mar·gin·al·ize [ˈmɑːdʒɪnᵊlaɪz, AM ˈmɑːr-] *vt* ■**to ~ sb/sth** jdn/etw an den Rand drängen [*o geh* marginalisieren]
mar·gin·al ˈland *n* Brachland *nt*
mar·gin·al·ly [ˈmɑːdʒɪnᵊli, AM ˈmɑːr-] *adv* etwas, geringfügig; **~ better** etwas besser
ˈmar·gin re·lease *n* Randlöser *m*
mari·gold [ˈmærɪgəʊld, AM ˈmerɪgoʊld] *n* Studentenblume *f*
ma·ri·hua·na, ma·ri·jua·na [ˌmærɪˈwɑːnə, AM ˌmerɪˈ-] **I.** *n no pl* Marihuana *nt* **II.** *n modifier* (*cigarette, pipe*) Marihuana-
ma·ri·na [məˈriːnə] *n* Jachthafen *m*
mari·nade [ˌmærɪˈneɪd, AM *esp* ˌmerɪˈ-] *n* FOOD Marinade *f*
mari·nate [ˈmærɪneɪt, AM *esp* ˈmer-] *vt* FOOD ■**to ~ sth** etw marinieren [*o* einlegen]
ma·rine [məˈriːn] **I.** *adj attr, inv* ❶ (*of sea*) Meeres-, See- ❷ (*of*

shipping) Schiffs- ❸ (*naval*) Marine- **II.** *n* Marinesoldat(in) *m(f)*, Marineinfanterist *m*; ■**the ~s** [*or* **M~s**] die Marineinfanterie ►PHRASES: **tell that to the ~s!** das kannst du deiner Großmutter erzählen!

Ma·rine [mə'ri:n] *n* AM Marinesoldat(in) *m(f)*; (*soldier in US Marine Corps*) Marine *m o f*

ma·rine bi·'olo·gist *n* Meeresbiologe, -in *m, f* **Ma·'rine Corps** *n* Marineinfanteriekorps *nt* **ma·rine en·gi·'neer** *n* Schiffbauingenieur(in) *m(f)* **ma·rine en·gi·'neer·ing** *n no pl* Schiffsmaschinenbau *m*

mari·ner ['mærɪnəʳ, AM 'merɪnɚ] *n* (*old liter*) Seemann *m*

mari·ner's 'com·pass *n* Seekompass *m*

mari·on·ette [,mæriə'net, AM ,mer-] *n* Marionette *f*

mari·tal ['mærɪtᵊl, AM 'merɪt̬ᵊl] *adj inv* ehelich, Ehe-; **~ bliss** Eheglück *nt*; **~ infidelity** Untreue *f* in der Ehe; **~ problems** Eheprobleme *nt pl*

mari·tal 'aid *n* (*euph*) Sexspielzeug *nt* **mari·tal 'rape** *n* Vergewaltigung *f* in der Ehe **mari·tal 'sta·tus** *n* Familienstand *m*

mari·time ['mærɪtaɪm, AM *esp* 'mer-] *adj inv* ❶ (*form: of sea*) Meer[es]-, See-; (*of ships*) Schifffahrts-; **~ museum** Schifffahrtsmuseum *nt*; **~ nation** Seefahrernation *f*; **~ power** Seemacht *f*; **~ trade** Seehandel *m* ❷ (*near coast*) Küsten-; **~ province** Küstenregion *f*

mari·time 'cli·mate *n* maritimes Klima **mari·time 'law** *n* Seerecht *nt*

mar·jo·ram ['mɑ:dʒᵊrəm, AM 'mɑ:rdʒɚ-] *n no pl* Majoran *m*

mark¹ [mɑ:k, AM mɑ:rk] **I.** *n* ❶ (*spot, stain*) Fleck *m*; (*scratch*) Kratzer *m*; (*on a person*) Mal *nt*; (*when burnt*) Brandmal *nt*; **dirt ~s** Schmutzflecken *mpl*; **paint ~s** Farbflecken *mpl*; **to leave a ~ [on sth]** [auf etw *dat*] bleibende Flecken hinterlassen; **his fingers had left ~s all over the table** auf dem Tisch waren überall seine Fingerabdrücke zu sehen ❷ (*identifying feature*) Zeichen *nt*, Merkmal *nt*; *on fur* Zeichnung *f*; **it's the ~ of a gentleman to ...** es zeichnet einen Gentleman aus, dass er ...; **the crime bears all the ~s of a planned murder** alle Anzeichen weisen auf einen geplanten Mord hin; **to be sb's/sth's distinguishing ~[s]** jdn/etw auszeichnen ❸ (*sign*) Zeichen *nt*; **a ~ of appreciation/respect** ein Zeichen *nt* der Wertschätzung/des Respekts ❹ (*written sign*) Markierung *f*; (*signature*) Kreuz *nt* (*bei Analphabeten: statt einer Unterschrift*); **to make one's ~ [on sth]** sein Kreuz [unter etw *akk*] setzen ❺ SCH Note *f*, Zensur *f*; **what ~ did you get for biology?** was hast du in Biologie bekommen?; **no ~s for guessing who did this** es ist nicht schwer zu erraten, wer das gemacht hat; **to get bad/good ~s for sth** schlechte/gute Noten für etw *akk* bekommen; **to get full ~s [for sth]** BRIT, AUS die Bestnote [für etw *akk*] erhalten ❻ *no pl* (*required standard*) Marke *f*, Norm *f*, Standard *m*; **to be up to the ~** den Anforderungen [*o* Erwartungen] entsprechen; **to not feel up to the ~** nicht ganz auf der Höhe sein *fam* ❼ (*point*) Markierung *f*, Marke *f*; **sales have already passed the million ~** die Verkaufszahlen haben die Millionenmarke überschritten; **to be over the halfway ~** über die Hälfte geschafft haben ❽ (*fig: target*) Ziel *nt*; **to be an easy ~** AM *person* eine leichte Beute sein; **to be wide of the ~** das Ziel um Längen verfehlen; **to hit the ~** [genau] ins Schwarze treffen ❾ (*in race*) Start *m*; (*starting block*) Startblock *m*; (*starting line*) Startlinie *f*; **on your ~s, get set, go!** auf die Plätze, fertig, los! ❿ (*version of car*) Modell *nt* ►PHRASES: **to be quick/slow off the ~** (*understand*) schnell/schwer von Begriff sein *fam*; (*take action*) [blitz]schnell/langsam reagieren; **sb/sth leaves its/one's ~ on sb/sth** jd/etw hinterlässt seine Spuren bei jdm/etw; **she left her ~ on the company** sie hat den Betrieb sehr geprägt; **to make one's ~** auffallen **II.** *vt* ❶ (*make stain*) ■**to ~ sth** etw schmutzig machen ❷ (*indicate*) ■**to ~ sth** etw markieren; *with label* etw beschriften; **the bottle was ~ed 'poison'** die Flasche trug die Aufschrift ‚Gift' ❸ (*identify*) ■**to ~ sb/sth** jdn/etw kennzeichnen; **to ~ the beginning/end of sth** den Anfang/das Ende einer S. *gen* markieren; **to ~ a departure from sth** eine Abweichung von etw *dat* bedeuten; **to ~ a turning point** einen Wendepunkt darstellen ❹ (*commemorate*) ■**to ~ sth** an etw *akk* erinnern; **to ~ the 10th anniversary** aus Anlass des zehnten Jahrestages; **to ~ the occasion** zur Feier des Tages ❺ SCH ■**to ~ sth** etw zensieren ❻ (*clearly identify*) ■**to ~ sb/sth as sb/sth** jdn/etw als jdn/etw kennzeichnen [*o* auszeichnen]; **your clothes ~ you as a man of good taste** Ihre Kleider zeigen, dass Sie einen Mann von gutem Geschmack sind ❼ *usu passive* AM (*destine*) ■**to be ~ed as/for sth** zu etw *dat*/für etw *akk* bestimmt sein ❽ SPORTS, FBALL (*shadow*) ■**to ~ sb** jdn decken ►PHRASES: **to ~ time** (*in a parade*) auf der Stelle marschieren; (*fig: not move forward*) die Zeit überbrücken; **[you] ~ my words!** du wirst noch an mich denken! **III.** *vi* ❶ (*get dirty*) schmutzig werden ❷ SCH Noten geben

◆**mark down** *vt* ❶ (*reduce price*) ■**to ~ down** ◌ **sth** etw heruntersetzen [*o* herabsetzen]; **to ~ down shares** Aktien abwerten ❷ (*give lower grade*) ■**to ~ down** ◌ **sb** jdm eine schlechtere Note geben [*o* herunterkorrigieren] ❸ (*jot down*) ■**to ~ down** ◌ **sth** etw notieren ❹ (*fig: assess*) ■**to ~ sb** ◌ **down as sth** jdn als etw einschätzen

◆**mark off** *vt* ❶ (*separate off*) ■**to ~ off** ◌ **sth** etw abgrenzen ❷ (*cross off*) ■**to ~ off** ◌ **sb/sth** jdn/etw [aus [*o* von] einer Liste] streichen, jdn/etw abhaken

◆**mark out** *vt* ❶ (*outline*) ■**to ~ out** ◌ **sth** etw abstecken [*o* markieren]; **to ~ out the course/playing area** die Strecke/das Spielfeld abstecken ❷ BRIT, AUS (*clearly distinguish*) ■**to ~ out** ◌ **sb/sth** jdn/etw auszeichnen; ■**to ~ out** ◌ **sb/sth [from sb/sth]** jdn/etw [von jdm/etw] unterscheiden, jdn/etw [vor jdm/etw] auszeichnen; ■**to ~ out** ◌ **sb/sth as sth** jdn/etw als etw *akk* kennzeichnen ❸ *usu pass* BRIT, AUS (*destine*) ■**to be ~ed out as/for sth** zu etw *dat*/für etw *akk* bestimmt sein

◆**mark up** *vt* ■**to ~ up** ◌ **sth** ❶ (*increase price*) etw heraufsetzen; **to ~ up shares** Aktien aufwerten ❷ (*annotate*) etw mit Bemerkungen versehen; (*correct*) etw korrigieren

mark² <*pl* -s *or* -> [mɑ:k, AM mɑ:rk] *n* (*hist*) *short for* **Deutschmark** Mark *f*

'mark·down ['mɑ:kdaʊn, AM 'mɑ:rk-] *n* ECON ❶ (*price reduction*) Preissenkung *f*; STOCKEX Kursabschlag *m*; **a 10 % ~ on all books** ein Preisnachlass von 10 % auf alle Bücher; **the shares suffered a ~ to 69p** die Aktien fielen auf 69 Pence ❷ (*reduced item*) Sonderangebot *nt*; **~ rack** Ständer *m* mit Sonderangeboten, Grabbeltisch *m* DIAL

marked [mɑ:kt, AM mɑ:rkt] *adj* ❶ (*clear*) deutlich, ausgeprägt; (*striking*) auffallend, markant; **a ~ characteristic** ein herausstechendes Merkmal; **in ~ contrast to sth** im krassen Gegensatz zu etw *dat*; **a ~ improvement** eine deutliche [*o* spürbare] Verbesserung; **a ~ limp** ein auffälliges Hinken ❷ (*with distinguishing marks*) markiert, gekennzeichnet; **~ cards** gezinkte Karten; **~ money** [*or* **notes**] [*or* AM **bills**] gekennzeichnete [Geld]scheine ❸ (*under threat*) gebrandmarkt; **to be a ~ man/woman** auf der schwarzen Liste stehen *fam*

mark·ed·ly ['mɑ:kɪdli, AM 'mɑ:rk-] *adv* deutlich; **to be ~ different** sich deutlich unterscheiden

mark·er ['mɑ:kəʳ, AM 'mɑ:rkɚ] *n* ❶ (*sign or symbol*) [Kenn]zeichen *nt*, Marke *f*; **to put down a ~** (*fig: show one's intentions*) ein Zeichen setzen; (*be a hallmark*) einen Meilenstein darstellen *geh* ❷ SCH (*of work, exam*) Korrektor(in) *m(f)* ❸ (*felt-tipped pen*) Filzstift *m*

'mark·er pen *n* [dicker] Filzstift

mar·ket ['mɑ:kɪt, AM 'mɑ:r-] **I.** *n* ❶ (*place*) Markt *m*; ■**at the ~** auf dem Markt ❷ (*demand*) Markt *m*; **buyer's ~** Käufermarkt *m*; **seller's ~** Verkäufermarkt *m* ❸ (*trade*) Handel *m kein pl*, Markt *m*; **the coffee ~** der Kaffeemarkt; **housing ~** Wohnungsmarkt *m*; **job ~** Stellenmarkt *m*; **stock ~** Börse *f*; **the open ~** der freie Markt; **to be in the ~ for sth** an etw *dat*

M

interessiert sein; **to put sth on the** ~ etw auf den Markt bringen; **to put a house on the** ~ ein Haus zum Verkauf anbieten; **on the** ~ auf dem Markt **II.** *n modifier* Markt-; ~ **segment** Marktsegment *nt;* ~ **value** Marktwert *m* **III.** *vt* ■**to** ~ **sth** (*sell*) etw vermarkten [*o* verkaufen]; (*put on market*) etw auf den Markt bringen

mar·ket·abil·ity [ˌmɑːkɪtəˈbɪləti, AM ˌmɑːrɪt̬əˈbɪlət̬i] *n no pl* Absetzbarkeit *f,* Marktfähigkeit *f*

mar·ket·able [ˈmɑːkɪtəbl̩, AM ˈmɑːrkɪt̬-] *adj* absetzbar, marktfähig; ~ **commodities** marktgängige Waren

ˈmar·ket·build·ing *n no pl* Marktaufbau *m* **ˈmar·ket day** *n esp* BRIT Markttag *m* **mar·ket eˈcono·my** *n* Marktwirtschaft *f kein pl*

mar·ke·teer [ˌmɑːkɪˈtɪəʳ, AM ˌmɑːrkəˈtɪr] *n* **black** ~ Schwarzhändler(in) *m(f);* **free** ~ Anhänger(in) *m(f)* der freien Marktwirtschaft

mar·ket·er [ˈmɑːkɪtəʳ, AM ˈmɑːrkɪt̬ɚ] *n* Marketingleiter(in) *m(f),* Werbekampagnegestalter(in) *m(f)*

mar·ket ˈforces *npl* Marktkräfte *pl* **mar·ket ˈgap** *n* Marktlücke *f* **mar·ket ˈgar·den** *n* BRIT, AUS [kleiner] Gemüseanbaubetrieb **mar·ket ˈgar·den·er** *n* BRIT, AUS Gemüseanbauer(in) *m(f)* **mar·ket ˈgar·den·ing** *n no pl* BRIT, AUS Gemüseanbau *m* (*in kleinem Rahmen*)

mar·ket·ing [ˈmɑːkɪtɪŋ, AM ˈmɑːrkɪt̬-] *n no pl* ❶ (*selling*) Marketing *nt,* Vermarktung *f* ❷ AM (*shopping*) Einkaufen *nt;* **to go** ~ einkaufen [gehen]

ˈmar·ket·ing de·part·ment *n* Marketingabteilung *f* **ˈmar·ket·ing tech·nique** *n* Verkaufstechnik *f*

mar·ket ˈlead·er *n* Marktführer *m* **ˈmar·ket·place** *n* ❶ (*place*) Marktplatz *m* ❷ (*commercial environment*) Markt *m,* Marktlandschaft *f* **mar·ket re·ˈsearch I.** *n no pl* Marktforschung *f;* **to do** [**some**] ~ Marktforschung betreiben **II.** *n modifier* Marktforschungs-; ~ **company** Marktforschungsunternehmen *nt;* ~ **survey** Marktuntersuchung *f* **mar·ket re·ˈsearch·er** *n* Marktforscher(in) *m(f)* **mar·ket ˈshare** *n* Marktanteil *m* **ˈmar·ket town** *n* BRIT Marktort *m,* Marktstädtchen *nt fam* **ˈmar·ket trad·er** *n* Markthändler(in) *m(f);* (*woman*) Marktfrau *f*

mark·ing [ˈmɑːkɪŋ, AM ˈmɑːr-] *n* ❶ (*identifying marks*) ■**~s** *pl* Markierungen *fpl,* Kennzeichnungen *fpl; on animals* Zeichnung *f kein pl;* **a cat with black and white ~s** eine schwarzweiß gefleckte Katze ❷ *no pl* SCH (*work*) Korrigieren *nt;* (*scripts*) Korrekturen *fpl*

ˈmark·ing ink *n* Wäschetinte *f*

marks·man [ˈmɑːksmən, AM ˈmɑːr-] *n* Schütze *m;* **police** ~ Scharfschütze *m*

marks·man·ship [ˈmɑːksmənʃɪp, AM ˈmɑːr-] *n no pl* Treffsicherheit *f*

marks·wom·an [ˈmɑːksˌwʊmən, AM ˈmɑːr-] *n* Schützin *f;* **police** ~ Scharfschützin *f*

mark·up [ˈmɑːkʌp, AM ˈmɑːrk-] *n* AM POL *abschließende Sitzung bei der Erörterung einer Gesetzesvorlage*

ˈmark-up *n* [Kalkulations]aufschlag *m* **ˈmark·up price** *n* Verkaufspreis *m*

mar·ma·lade [ˈmɑːməleɪd, AM ˈmɑːr-] *n no pl* Marmelade *f* (*aus Zitrusfrüchten*); (*from oranges*) Orangenmarmelade *f;* **thick-cut/thin-cut** ~ Marmelade *f* mit dick/dünn geschnittenen Fruchtstückchen

mar·ma·lade ˈcat *n* BRIT orangefarbene Katze

mar·mo·set [ˈmɑːməzet, AM ˈmɑːr-] *n* Krallenaffe *m*

ma·roon[1] [məˈruːn] **I.** *n no pl* Kastanienbraun *nt,* Rötlichbraun *nt* **II.** *adj* kastanienbraun, rötlichbraun

ma·roon[2] [məˈruːn] *vt* (*abandon*) ■**to** ~ **sb** jdn aussetzen; **many people were ~ed in their cars by the blizzard** viele Menschen wurden von dem Schneesturm in ihren Autos eingeschlossen

ma·rooned [məˈruːnd] *adj* ■**to be** ~ [von der Außenwelt] abgeschnitten sein; (*be trapped*) eingeschlossen sein; **a** ~ **holiday-maker** ein gestrandeter Urlauber/eine gestrandete Urlauberin

marque [mɑːk, AM mɑːrk] *n* AUTO Marke *f,* Fabrikat *nt*

mar·quee [mɑːˈkiː, AM mɑːrˈ-] *n* ❶ BRIT, AUS (*tent*) Festzelt *nt* ❷ AM (*door canopy*) Vordach *nt,* Schirmdach *nt*

mar·quess <*pl* -es> [ˈmɑːkɪs, AM ˈmɑːr-] *n* Marquis *m*

mar·que·try [ˈmɑːkɪtri, AM ˈmɑːr-] *n no pl* Intarsie[n] *f[pl],* Einlegearbeit[en] *f[pl],* Marketerie *f meist pl*

mar·quis [ˈmɑːkwɪs, mɑːˈkiː, AM ˈmɑːr-, mɑːrˈkiː] *n* Marquis *m*

mar·quise [mɑːˈkiːz, AM mɑːr-] *n modifier* ~ **ring** Ring *m* mit spitzbogig oval eingefassten Steinen

mar·riage [ˈmærɪdʒ, AM *esp* ˈmer-] *n* ❶ (*wedding*) Heirat *f;* (*at the church*) Trauung *f,* Eheschließung *f form;* ~ **ceremony** Trauungszeremonie *f* ❷ (*relationship*) Ehe *f* (**to** mit +*dat*); **I would call it a** ~ **made in heaven** (*esp hum*) ich glaube, diese Ehe wurde im Himmel geschlossen; **she has two daughters by her first** ~ sie hat zwei Töchter aus erster Ehe; **after the break-up of her** ~ **...** nachdem ihre Ehe gescheitert war, ...; **an arranged** ~ eine arrangierte Ehe; **to have a happy** ~ eine glückliche Ehe führen ❸ *no pl* (*state*) Ehe *f;* **in Denmark it is possible for people of the same gender to have a** ~ in Dänemark können auch gleichgeschlechtliche Paare heiraten; ~ **into a family/the nobility** Einheirat *f* in eine Familie/den Adelsstand; **same-sex** ~ gleichgeschlechtliche Ehe; **state of** ~ Ehestand *m;* **related by** ~ miteinander verschwägert ❹ (*fig: fusion*) Verbindung *f;* (*of companies*) Zusammenschluss *m,* Fusion *f*

mar·riage·able [ˈmærɪdʒəbl̩, AM *esp* ˈmer-] *adj* heiratsfähig; **of** ~ **age** im heiratsfähigen Alter

ˈmar·riage bro·ker *n* Heiratsvermittler(in) *m(f)* **ˈmar·riage bu·reau** *n esp* BRIT Eheanbahnungsinstitut *nt,* Heiratsvermittlung *f* **ˈmar·riage cer·emo·ny** *n* Trauung *f,* Eheschließung *f form* **ˈmar·riage cer·tifi·cate** *n* Heiratsurkunde *f,* Trauschein *m* **ˈmar·riage con·tract** *n* Ehevertrag *m* **mar·riage ˈcoun·sel·ing** *n* AM (*marriage guidance*) Eheberatung *f* **mar·riage ˈcoun·sel·or** *n* AM Eheberater(in) *m(f)* **mar·riage ˈguid·ance** *n* BRIT, AUS Eheberatung *f* **mar·riage ˈguid·ance coun·sel·lor** *n* BRIT Eheberater(in) *m(f)* **ˈmar·riage li·cence** *n* Ehegenehmigung *f,* Heiratserlaubnis *f* **ˈmar·riage li·cense** *n* AM Trauschein *m* **ˈmar·riage lines** *npl* BRIT (*dated fam*) Trauschein *m* **mar·riage of con·ˈveni·ence** *n* ❶ (*between people*) Vernunftehe *f;* (*not consummated*) Scheinehe *f* ❷ (*fig: between business associates*) Vernunftehe *f fig* **ˈmar·riage rate** *n* Zahl *f* der Eheschließungen **ˈmar·riage ser·vice** *n* kirchliche Trauung **ˈmar·riage set·tle·ment** *n* Ehevertrag *m,* Ehevereinbarung *f* **ˈmar·riage vow** *n usu pl* Ehegelöbnis *nt geh,* Ehegelübde *nt geh*

mar·ried [ˈmærid, AM *esp* ˈmer-] **I.** *adj inv* ❶ (*in wedlock*) verheiratet; **she is** ~ **with two children** sie ist verheiratet und hat zwei Kinder; ~ **couple** Ehepaar *nt;* ~ **life** Eheleben *nt;* **to be a** ~ **man/woman** verheiratet sein; **to have an affair with a** ~ **man/woman** eine Affäre mit einem verheirateten Mann/einer verheirateten Frau haben; ~ **name** Ehename *m;* **to get** ~ [**to sb**] [jdn] heiraten ❷ (*fig: very involved*) ■**to be** ~ **to sth** mit etw *dat* verheiratet sein *fig* **II.** *n usu pl* **young ~s** Jungverheiratete *pl,* Jungvermählte *pl*

mar·row [ˈmærəʊ, AM ˈmeroʊ] *n* ❶ BRIT, AUS (*vegetable*) Markkürbis *m* ❷ *no pl* (*of bone*) [Knochen]mark *nt;* **to be chilled to the** ~ *esp* BRIT (*fig*) völlig durchgefroren sein; **to be frightened** [*or* **thrilled**] **to the** ~ *esp* BRIT (*fig*) zu Tode erschrocken sein; **to be shocked to the** ~ *esp* BRIT (*fig*) bis ins Mark erschüttert sein

ˈmar·row bone *n* Markknochen *m* **ˈmar·row·fat** *n,* **mar·row·fat ˈpea** *n* Markerbse *f*

mar·ry [ˈmæri, AM *esp* ˈmer-] **I.** *vt* ❶ (*wed*) ■**to** ~ **sb** jdn heiraten ❷ (*officiate at ceremony*) ■**to** ~ **sb** jdn trauen [*o* verheiraten] ❸ (*marry off*) ■**to** ~ **sb** [**to sb**] jdn [mit jdm] verheiraten ❹ (*fig: combine*) ■**to** ~ **sth** [**to/with sth**] etw [mit etw *dat*] verbinden ▸ PHRASES: **to** ~ **money** reich heiraten **II.** *vi* heiraten;

I didn't think she was the ~ing kind ich hätte nicht gedacht, dass sie mal heiraten würde; **to ~ above oneself** [*or* **one's class**] in eine höhere Gesellschaftsschicht einheiraten; ■**to ~ beneath oneself** nicht standesgemäß heiraten; **to ~ beneath one's station** (*old*) unter seinem Stand heiraten; **to ~ into a wealthy family** in eine reiche Familie einheiraten

◆**marry off** *vt* ■**to ~ off** ↔ **sb** [**to sb**] jdn [mit jdm] verheiraten; **to ~ off a girl** ein Mädchen unter die Haube bringen *veraltet*

◆**marry out** *vi* (*old*) jdn mit einer anderen Konfession heiraten

◆**marry up** **I.** *vt* ■**to ~ up** ↔ **sth** [passend] zusammenfügen [*o* verbinden]; **let us ~ up the two lists** lass uns die beiden Listen abgleichen **II.** *vi* zusammenpassen

Mars [mɑːz, AM mɑːrz] *n no pl, no art* Mars *m*

marsh <*pl* -es> [mɑːʃ, AM mɑːrʃ] *n* Sumpf *m,* Sumpfland *nt;* ■**the ~es** *pl* das Moor

mar·shal [ˈmɑːʃəl, AM ˈmɑːr-] **I.** *n* ① (*official at event*) Ordner(in) *m(f);* SPORTS Platzwärter(in) *m(f)* ② AM (*parade leader*) Leiter(in) *m(f)* eines Festumzugs ③ AM (*federal agent*) Gerichtsdiener(in) *m(f);* (*police officer*) Polizeipräsident(in) *m(f),* Polizeidirektor(in) *m(f);* (*fire officer*) Branddirektor(in) *m(f)* ④ MIL (*army officer*) Marschall *m;* ~ **of the Royal Air Force** BRIT Marschall *m* der Königlichen Luftwaffe **II.** *vt* <BRIT -ll- *or* AM *usu* -l-> ■**to ~ sth** ① (*bring together*) **to ~ one's forces** MIL die Streitkräfte zusammenziehen; (*fig*) seine Kräfte mobilisieren; **to ~ supporters** Anhänger mobilisieren; **to ~ troops** Truppen zusammenziehen ② (*organize*) etw ordnen; **to ~ one's ideas** seine Ideen strukturieren

mar·shal·ling-yard [ˈmɑːʃəlɪŋˌjɑːd] *n* Rangierbahnhof *m*

ˈmarsh gas *n no pl* Sumpfgas *nt* **ˈmarsh·land** *n* Sumpfland *nt,* Marschland *nt* **marsh·mal·low** [ˌmɑːʃˈmæləʊ, AM ˈmɑːrʃmeloʊ] *n* ① (*food*) Marshmallow *nt* ② AM (*fig: weak person*) Versager(in) *m(f),* Weichling *m pej,* Weichei *nt pej sl*

marshy [ˈmɑːʃi, AM ˈmɑːr-] *adj* sumpfig, morastig

mar·su·pial [mɑːˈsuːpiəl, AM mɑːrˈ-] *n* Beuteltier *nt*

mart [mɑːt, AM mɑːrt] *n esp* AM, IRISH Markt *m*

mar·ten [ˈmɑːtɪn, AM ˈmɑːrtən] *n* Marder *m*

mar·tial [ˈmɑːʃəl, AM ˈmɑːr-] *adj inv* kriegerisch, Kriegs-; ~ **air** Militärmusikstück *nt;* ~ **music** Militärmusik *f*

mar·tial ˈarts **I.** *npl* SPORTS Kampfsport *m kein pl,* Kampfsportarten *fpl* **II.** *n modifier* (*class, teacher*) Kampfsport-; ~ **film** Kung-Fu-Film *m* **mar·tial ˈlaw** *n no pl* Kriegsrecht *nt;* **to declare** [**a state of**] ~ das Kriegsrecht ausrufen; **to impose ~ on sb/sth** das Kriegsrecht über jdn/etw verhängen

Mar·tian [ˈmɑːʃən, AM ˈmɑːr-] **I.** *adj inv* Mars- **II.** *n* Marsmensch *m;* **they stared at me as if I were a ~** sie starrten mich an, als käme ich vom Mars

mar·tin [ˈmɑːtɪn, AM ˈmɑːrtən] *n* Mauerschwalbe *f,* Hausschwalbe *f*

mar·ti·net [ˌmɑːtɪˈnet, AM ˌmɑːrtənˈet] *n* (*form*) ① (*very strict person*) Zuchtmeister *m veraltet* ② (*military disciplinarian*) [strenger] Regimentsführer

mar·ti·ni [mɑːˈtiːniː] *n* AM (*cocktail*) Martini *m;* **dry ~** trockener Martini

Mar·ti·ni® [mɑːˈtiːniː, AM mɑːrˈ-] *n no pl* Martini *m*

mar·tyr [ˈmɑːtəʳ, AM ˈmɑːrt̬ɚ] **I.** *n* Märtyrer(in) *m(f);* **to be a ~ to arthritis** (*fig*) fürchterlich unter Arthritis leiden; **to die a ~** den Märtyrertod sterben; **to make a ~ of oneself** (*fig*) sich *akk* zum Märtyrer/zur Märtyrerin stilisieren *geh;* **to make a ~ of sb** jdn zum Märtyrer/zur Märtyrerin machen **II.** *vt usu pass* ■**to be ~ed** [**for sth**] [für etw *akk*] [den Märtyrertod] sterben

mar·tyr·dom [ˈmɑːtədəm, AM ˈmɑːrt̬ɚ-] *n no pl* (*being a martyr*) Märtyrertum *nt;* (*suffering*) Martyrium *nt a. fig;* (*death*) Märtyrertod *m;* **the ~ of St Thomas** der Märtyrertod des Heiligen Thomas; **to suffer ~** den Märtyrertod erleiden

mar·tyred [ˈmɑːtəd, AM ˈmɑːrt̬ɚd] *adj* ① (*killed for beliefs*) ■**to be ~** wegen seiner Überzeugungen umgebracht werden; **a ~ civil rights activist** ein Märtyrer/eine Märtyrerin für die Menschenrechte; ~ **saint** christlicher Märtyrer/christliche Märtyrerin ② (*showing suffering*) gequält

mar·vel [ˈmɑːvəl, AM ˈmɑːr-] **I.** *n* (*wonderful thing*) Wunder *nt;* **it's a ~ to me how ...** es ist mir ein Rätsel, wie ... **II.** *vi* <BRIT -ll- *or* AM *usu* -l-> ■**to ~ at sb/sth** (*wonder*) sich *akk* über jdn/etw wundern; (*admire*) jdn/etw bewundern; ■**to ~ that ...** sich *akk* wundern, dass ..., staunen, dass ...; **"isn't it just amazing", she ~led** „ist das nicht wunderbar", schwärmte sie

mar·vel·lous [ˈmɑːvələs, AM ˈmɑːr-] *adj* wunderbar, wundervoll, großartig; **to feel ~** sich *akk* großartig fühlen

mar·vel·lous·ly [ˈmɑːvələsli, AM ˈmɑːr-] *adv* wunderbar, wundervoll, großartig; **to get on ~** sich *akk* großartig verstehen

mar·vel·ous *adj* AM *see* **marvellous**

mar·vel·ous·ly *adv* AM *see* **marvellously**

Marx·ism [ˈmɑːksɪzəm, AM ˈmɑːr-] *n no pl* Marxismus *m*

Marx·ism-Len·in·ism [ˌmɑːksɪzəmˈlenɪnɪzəm, AM ˌmɑːr-] *n no pl* Marxismus-Leninismus *m*

Marx·ist [ˈmɑːksɪst, AM ˈmɑːr-] **I.** *n* Marxist(in) *m(f)* **II.** *adj inv* marxistisch

Marx·ist-Len·in·ist [ˌmɑːksɪstˈlenɪnɪst, AM ˌmɑːr-] **I.** *n* Marxist-Leninist(in) *m(f)* **II.** *adj* marxistisch-leninistisch

mar·zi·pan [ˈmɑːzɪpæn, AM ˈmɑːr-] *n no pl* Marzipan *nt o m*

masc *adj inv abbrev of* **masculine**

mas·cara [məˈskɑːrə, AM mæsˈkerə] *n no pl* Wimperntusche *f;* **your ~ is running** deine Wimperntusche verläuft; **to smudge one's ~** seine Wimperntusche verschmieren [*o* verwischen]

mas·car·aed [məˈskɑːrəd, AM mæsˈker-] *adj* getuscht

mas·cot [ˈmæskɒt, AM -skɑːt] *n* Maskottchen *nt;* **lucky ~** Glücksbringer *m*

mas·cu·line [ˈmæskjəlɪn] *adj* ① (*male*) männlich, maskulin ② *inv* LING männlich, maskulin; ~ **ending/form** männliche [*o* maskuline] Endung/Form; ~ **gender** männliches Geschlecht ③ (*in poetry*) ~ **rhyme** männlicher [*o* stumpfer] Reim

mas·cu·lin·ity [ˌmæskjəˈlɪnəti, AM -ət̬i] *n no pl* Männlichkeit *f*

mash [mæʃ] **I.** *n* ① *no pl* BRIT (*fam: from potatoes*) Kartoffelbrei *m,* Püree *nt* ② (*mixture*) Brei *m;* (*animal food*) Mischfutter *nt,* Futterbrei *m;* (*brewing*) Maische *f* **II.** *vt* ■**to ~ sth** etw zerdrücken [*o* [zer]stampfen]; **to ~ potatoes** Kartoffeln [zer]stampfen

◆**mash up** *vt* ■**to ~ up** ↔ **sth** ① (*crush after cooking*) etw zerdrücken ② *esp* AM (*fig: damage*) etw zerstören; (*crush*) etw zerdrücken; **his face was badly ~ed up in the accident** sein Gesicht wurde bei dem Unfall schwer verletzt

mashed [mæʃt] *adj* ① (*crushed*) zerdrückt; ~ **potatoes** Kartoffelbrei *m* ② (*sl: on drugs*) stoned *sl,* high *fam*

ˈmashed-up *adj* zusammengedrückt, zerdrückt

mash·er [ˈmæʃəʳ, AM -ɚ] *n* Stampfer *m,* Quetsche *f;* **potato ~** Kartoffelstampfer *m*

mask [mɑːsk, AM mæsk] **I.** *n* ① (*for face*) Maske *f;* **to wear a ~** eine Maske tragen ② (*fig: pretence*) Maske *f,* Fassade *f;* **the ~ slipped** die Maske fiel; **to put on a ~ of normality** die Fassade der Normalität aufrechterhalten; **a ~ of politeness** eine vordergründige Höflichkeit **II.** *vt* ■**to ~ sth** etw verbergen [*o* verstecken]; ■**to ~ sth up with sth** etw mit etw *dat* verdecken

◆**mask out** *vt* PHOT, TYPO ■**to ~ out** ↔ **sth** etw retuschieren

masked [mɑːskt, AM mæskt] *adj inv* maskiert, vermummt

masked ˈball *n* Maskenball *m*

mask·ing tape *n no pl* Abdeckband *nt*

maso·chism [ˈmæsəkɪzəm] *n no pl* Masochismus *m*

maso·chist [ˈmæsəkɪst] *n* Masochist(in) *m(f)*

maso·chis·tic [ˌmæsəˈkɪstɪk] *adj* ① (*sexual*) masochistisch ② (*fam: over-stoical*) masochistisch, selbstquälerisch

ma·son [ˈmeɪsən] *n* ① (*stonemason*) Steinmetz(in) *m(f)* ② AM (*bricklayer*) Maurer(in) *m(f)*

Ma·son [ˈmeɪsən] *n* Freimaurer *m*

Mason-Dixon Line [ˌmeɪsənˈdɪksənˌlaɪn] *n no pl* Mason-Dixon-

Grenze *f* (*Grenze zwischen Maryland und Pennsylvanien, die die Nord- und Südstaaten der USA trennt*)

Ma·son·ic [mə'sɒnɪk, AM -'sɑ:n-] *adj inv* Freimaurer-, freimaurerisch; ~ **Lodge** (*place*) Freimaurerloge *f;* (*members*) Mitglieder *ntpl* einer [Freimaurer]loge, [Freimaurer]loge *f*

Ma·son·ic 'lodge *n* Freimaurerloge *f* **Ma·son·ic 'or·der** *n* Bruderschaft *f* der Freimaurer

'mason jar *n esp* AM Einmachglas *nt*

ma·son·ry ['meɪsənri] *n no pl* ❶ (*bricks*) Mauerwerk *nt* ❷ (*work*) Maurerhandwerk *nt*

Ma·son·ry ['meɪsənri] *n no pl* ❶ (*principles*) Freimaurerei *f,* Freimaurertum *nt* ❷ (*Freemasons*) Freimaurer *mpl*

masque [mɑ:sk, AM mæsk] *n* (*liter*) Maskenspiel *nt*

mas·quer·ade [,mæskər'eɪd, AM -kə'reɪd] **I.** *n* Maskerade *f* **II.** *vi* ■**to** ~ **as sb/sth** sich *akk* als jdn/etw ausgeben

mass [mæs] **I.** *n* ❶ *usu sing* (*formless quantity*) Masse *f;* ~ **es of warm air** warme Luftmassen; **a** ~ **of dough** ein Teigklumpen *m;* **a** ~ **of rubble** ein Haufen *m* Schutt ❷ *usu sing* (*large quantity*) Menge *f;* **a** ~ **of contradictions** eine Reihe von Widersprüchen; **the** ~ **of the people** die breite Masse; **the** ~ **of the population** die Mehrzahl der Bevölkerung ❸ *no pl* PHYS Masse *f* **II.** *n modifier* (*murder, suicide*) Massen-; ~ **hysteria** Massenhysterie *f;* ~ **starvation** große Hungersnot **III.** *vi crowd* sich *akk* ansammeln; *troops* aufmarschieren

Mass [mæs] *n* ❶ REL Messe *f,* Messfeier *f;* **to celebrate a** ~ eine Messe feiern ❷ MUS Messe *f*

mas·sa·cre ['mæsəkə^r, AM -ɚ] **I.** *n* ❶ (*killing*) Massaker *nt,* Blutbad *nt,* Gemetzel *nt* ❷ (*fig: defeat*) [verheerende] Niederlage, Desaster *nt* **II.** *vt* ❶ (*kill*) ■**to** ~ **sb** jdn massakrieren [*o* niedermetzeln] ❷ (*fig: defeat*) ■**to** ~ **sb** jdn vernichtend schlagen; (*hum*) jdn auseinandernehmen *fig sl;* **England were** ~**d 5-0 by France** England erlitt eine verheerende Niederlage von 5-0 gegen Frankreich ❸ (*fig, hum: perform badly*) ■**to** ~ **sth** etw verderben [*o fam* vermasseln]

mas·sage ['mæsɑ:(d)ʒ, AM mə's-] **I.** *n* ❶ *no pl* (*for body*) Massage *f,* Massieren *nt;* **water** ~ Unterwassermassage *f* ❷ (*treatment session*) Massage *f;* **to give sb a** ~ jdn massieren; **to have a** ~ eine Massage bekommen, sich *akk* massieren lassen **II.** *vt* ❶ (*rub*) ■**to** ~ **sb** jdn massieren; **to** ~ **cream/oil into the skin** Creme/Öl einmassieren; **to** ~ **sb's ego** (*fig*) jdm schmeicheln ❷ (*fig: alter*) **to** ~ **the figures/statistics** die Zahlen/die Statistik manipulieren [*o fam* frisieren]

'mas·sage mitt *n esp* BRIT Massagehandschuh *m* **'mas·sage oil** *n* Massageöl *nt* **'mas·sage par·lour,** AM **'mas·sage par·lor** *n* ❶ (*for treatment*) Massagepraxis *f;* (*one room*) Massageraum *m* ❷ (*for sex*) Massagesalon *m euph,* Bordell *nt* **'mas·sage thera·pist** *n* Massagetherapeut(in) *m(f)*

massed [mæst] *adj* dicht gedrängt; ~ **banks of fern** eine dicht mit Farn bewachsene Böschung; ~ **ranks of tourists** eine Unmenge [an] [*o* Unmengen von] Touristen; **the lake with its** ~ **flamingos** der See mit seinen dicht an dicht stehenden Flamingos

mas·seur [mæs'ɜ:^r, AM mæ'sɜ:r] *n* Masseur *m*

mas·seuse [mæs'ɜ:z, AM mæ's-] *n* Masseurin *f*

mas·sif [mæs'i:f] *n* [Gebirgs]massiv *nt*

mas·sive ['mæsɪv] *adj* riesig, enorm; **if the drought continues, deaths will occur on a** ~ **scale** wenn die Dürre anhält, werden die Todesfälle massiv ansteigen; ~ **amounts of money** riesige [*o* enorme] Geldsummen; **a** ~ **heart attack/stroke** ein schwerer Herzinfarkt/Schlaganfall

mas·sive·ly ['mæsɪvli] *adv* äußerst, enorm

mas·sive·ness ['mæsɪvnəs] *n no pl* enorme Größe, gewaltiges Ausmaß; **the** ~ **of the problem** die Schwere des Problems; **physical** ~ Wuchtigkeit *f*

mass 'mail·ing *n* AM, AUS (*mailshot*) Versand *m* von Massensendungen zu Werbezwecken **mass 'mar·ket** *n* Massenmarkt *m;* **our exclusive designs are not intended for the** ~ unsere exklusiven Designs sind nicht für die breite Masse gedacht **mass-'mar·ket** *adj attr, inv* Massen-; ~ **goods** Massenware *f;* ~ **product** Massenprodukt *nt* **mass 'me·dia** *n* + *sing/pl vb* ■**the** ~ die Massenmedien *pl* **mass-'me·dia** *adj attr, inv* **a** ~ **campaign** eine Kampagne der [*o* in den] Massenmedien, eine Medienkampagne **mass 'meet·ing** *n* Massenversammlung *f;* (*at an event*) Massenveranstaltung *f* **mass 'mur·der** *n* Massenmord *m* **mass 'mur·der·er** *n* Massenmörder(in) *m(f)* **mass-pro·'duce** *vt* ■**to** ~ **sth** etw serienmäßig [*o* in Massenproduktion] herstellen **mass pro·'duc·tion** *n* Massenproduktion *f* **mass 'tour·ism** *n no pl* Massentourismus *m* **mass un·em·'ploy·ment** *n no pl* Massenarbeitslosigkeit *f*

mast[1] [mɑ:st, AM mæst] *n* ❶ NAUT [Schiffs]mast *m* ❷ (*flag pole*) [Fahnen]mast *m,* [Fahnen]stange *f;* **at half** ~ auf halbmast ❸ RADIO, TV Sendeturm *m*

mast[2] [mɑ:st, AM mæst] *n no pl* (*food for wild pigs*) Mast *f*

mas·tec·to·my [mæs'tektəmi, AM *esp* mə'st-] *n* Brustamputation *f,* Mastektomie *f fachspr*

-mast·ed ['mɑ:stɪd, AM 'mæst-] *in compounds* NAUT **a three/four-**~ **ship** ein Dreimaster/Viermaster *m*

mas·ter ['mɑ:stə^r, AM 'mæstɚ] **I.** *n* ❶ (*of a slave, servant*) Herr *m;* (*of a dog*) Herrchen *nt;* **yes,** ~ ja, Herr; **to show sb who's** ~ jdm zeigen, wer hier das Sagen hat; **to be** ~ **of one's fate** sein Schicksal in der Hand haben; **to be** ~ **of the situation** Herr der Lage sein, die Situation unter Kontrolle haben ❷ (*expert*) Meister(in) *m(f);* **he was a** ~ **of disguise** er war ein Verwandlungskünstler; **he is widely acknowledged as the** ~ **of the spy novel** er ist allgemein als der Meister des Spionageromans bekannt ❸ (*specialist instructor*) Lehrer *m;* BRIT (*male schoolteacher*) Lehrer *m;* **dancing** ~ Tanzlehrer *m;* **fencing** ~ Fechtmeister *m;* **singing** ~ Gesangslehrer *m* ❹ BRIT NAUT (*ship's captain*) Kapitän *m* (*eines Handelsschiffes*) ❺ (*dated: title for young boy*) *Anrede für einen Jungen oder Jugendlichen, heute noch bei Adressen auf Briefen* ❻ (*dated: man of the house*) ■**the** ~ der Hausherr; **to show sb who's** ~ jdm zeigen, wer [hier] der Herr im Hause ist *fam* ❼ (*master copy*) Original *nt* ▶ PHRASES: **no man can serve two** ~**s** (*prov*) man kann nicht zwei Herren [zugleich] dienen *prov;* **to be one's own** ~ sein eigener Herr sein **II.** *n modifier* ~ **builder** Baumeister(in) *m(f);* ~ **chef** Meisterkoch, -köchin *m, f;* ~ **craftsman** Handwerksmeister(in) *m(f);* ~ **locksmith** Schmiedehandwerksmeister(in) *m(f),* Schmied(in) *m(f)* **III.** *vt* ■**to** ~ **sth** ❶ (*cope with*) etw meistern; **to** ~ **one's fear of flying** seine Flugangst überwinden ❷ (*become proficient*) etw beherrschen; **she** ~**ed the art of interviewing people** sie beherrschte die Kunst, ein gutes Interview zu führen

-mas·ter ['mɑ:stə^r, AM 'mæstɚ] *in compounds* NAUT **a three/four-**~ ein Dreimaster/Viermaster *m*

mas·ter-at-'arms <*pl* masters-> *n* Schiffsoffizier *m* mit Polizeigewalt **mas·ter 'bed·room** *n* großes Schlafzimmer **'Mas·ter·card**® *n* Mastercard® *f* **'mas·ter class** *n* Meisterklasse *f* **'mas·ter copy** *n* Original *nt*

mas·ter·ful ['mɑ:stəfəl, AM 'mæstɚ-] *adj* ❶ (*authoritative*) bestimmend, dominant; **I like a man to be** ~ ich mag es, wenn ein Mann bestimmt ist ❷ (*skilful*) meisterhaft, meisterlich

mas·ter·ful·ly ['mɑ:stəfəli, AM 'mæstɚ-] *adv* ❶ (*with authority*) bestimmend, dominant ❷ (*skilfully*) meisterhaft, gekonnt

'mas·ter key *n* Hauptschlüssel *m,* Generalschlüssel *m*

mas·ter·ly ['mɑ:stəli, AM 'mæstɚli] *adj* meisterhaft, Meister-

'mas·ter·mind I. *n* führender Kopf; **he was the** ~ **behind a series of daring bank raids** er steckte hinter einer Reihe von gewagten Banküberfällen **II.** *vt* ■**to** ~ **sth** etw federführend leiten; **she** ~**ed the takeover bid** das Übernahmeangebot war von ihr geplant worden **Mas·ter of 'Arts** *n* ❶ (*degree*) ≈ Magister Artium *m;* **to take** [*or* **do**] **a** ~ einen Magisterabschluss machen ❷ (*person*) Magister *m* **Mas·ter of 'Cer·emo·nies** *n* ❶ (*at celebration*) Zeremonienmeister *m,* Conférencier *m* ❷ TV Showmaster(in) *m(f)* **Mas·ter of Edu·'ca·tion** *n* Magister *m* der Erziehungswissenschaft **Mas·ter of Phi·'loso·phy** *n* ≈ Magister Artium *m* **Mas·ter of 'Sci·ence** ■**to be a** ~ ≈ ein Diplom *nt* in einer Naturwissenschaft haben **'mas·ter·piece** *n* Meisterwerk *nt,* Meisterstück *nt;* **a** ~ **of modern engineering** ein Meisterwerk *nt* der modernen Technik; **calling a seven-hour wait 'a slight delay' was a** ~ **of understatement** sieben Stunden als „kleine Verspätung" zu bezeichnen, war wirklich der Gipfel der Verharmlosung **'mas·ter plan** *n* Grundplan *m,* Gesamtplan *m* **'mas·ter race** *n* Herrenrasse *f*

Mas·ter's ['mɑːstəz, AM 'mæstɚz] *n,* **Mas·ter's de·gree** *n* ≈ Magister *m;* **to take** [*or* **do**] **one's** ~ ≈ seinen Magister machen

i Kultur

In Großbritannien ist ein **Master's degree** in der Regel ein akademischer Grad, der nach Abschluss des Studiums für eine *dissertation – wissenschaftliche Arbeit* verliehen wird. Einige dieser degrees sind: *MA* (*Master of Arts*), *MSc* (*Master of Science*), *MLitt* (*Master of Letters*) und *MPhil* (*Master of Philosophy*). In Schottland ist ein *MA* ein erster akademischer Grad.

mas·ter 'ser·geant *n* Stabsfeldwebel *m,* Hauptfeldwebel *m* **'mas·ter·stroke** *n* Glanzstück *nt,* Meisterstück *nt* **'mas·ter switch** *n* Hauptschalter *m* **'mas·ter·work** *n* Meisterwerk *nt,* Meisterstück *nt*

mas·tery ['mɑːstᵊri, AM 'mæstɚi] *n no pl* ❶ (*domination*) Herrschaft *f;* **they struggled for** [**the**] ~ **over the oil-rich southern provinces** sie kämpften um die Macht in den ölreichen südlichen Provinzen ❷ (*expertise*) Meisterschaft *f* (**of** in +*dat*); **she played with some** ~ sie spielte meisterhaft; **she showed her complete** ~ **of the subtleties of the language** sie zeigte, dass sie die Feinheiten der Sprache meisterhaft beherrschte

mast·head ['mɑːsthed, AM 'mæst-] *n* ❶ (*top of mast*) Mastspitze *f,* Mars *m fachspr* ❷ (*title headline*) Titel *m;* AM (*newspaper publishing details*) Impressum *nt,* Druckvermerk *m*

mas·ti·cate ['mæstɪkeɪt] *vt* (*form*) ■**to** ~ **sth** etw [zer]kauen

mas·ti·ca·tion [ˌmæstɪ'keɪʃᵊn] *n no pl* (*form*) [Zer]kauen *nt*

mas·tiff ['mæstɪf] *n* englische Dogge

mas·ti·tis [mæs'taɪtɪs, AM -t̬ɪs] *n no pl* Brustdrüsenentzündung *f,* Mastitis *f fachspr*

mas·to·don ['mæstədɒn, AM -dɑːn] *n* ZOOL Mastodon *nt*

mas·tur·bate ['mæstəbeɪt, AM -stɚ-] **I.** *vi* masturbieren **II.** *vt* ■**to** ~ **sb** jdn durch Masturbation befriedigen

mas·tur·ba·tion [ˌmæstə'beɪʃᵊn, AM -stɚ'-] *n no pl* Masturbation *f;* **mutual** ~ gegenseitige Masturbation

mas·tur·ba·tory [ˌmæstə'beɪtᵊri, AM 'mæstɚbətɔːri] *adj inv* Masturbations-, masturbierend

mat [mæt] **I.** *n* ❶ (*for floor*) Matte *f;* **bath** ~ Badematte *f;* **kitchen** ~ Küchenteppich *m;* (*for furniture*) Untersetzer *m;* (*decorative* ~) Deckchen *nt;* **beer** ~ Bierdeckel *m;* **place** [*or* **table**] ~ Set *nt* ❷ (*thick layer*) **a** ~ **of hair** dichtes Haar; (*on the head*) eine Mähne *fam;* **a** ~ **weeds** ein dichter Grasbewuchs ▶ PHRASES: **to be on the** ~ in Schwierigkeiten sein **II.** *vt* <-tt-> *usu passive* ■**to be** ~**ted with sth** mit etw *dat* bedeckt sein; **his hair was** ~**ted with blood** sein Haar war blutverschmiert

mata·dor ['mætədɔːʳ, AM -t̬ədɔːr] *n* Matador(in) *m(f)*

match¹ <*pl* -es> [mætʃ] *n* Streichholz *nt;* **a box of** ~**es** eine Schachtel Streichhölzer; **to put a** ~ **to sth** etw anzünden (*mit einem Streichholz*); **to strike a** ~ ein Streichholz anzünden

match² [mætʃ] **I.** *n* ❶ SPORTS Spiel *nt;* CHESS Partie *f;* ■**a** ~ **with** [*or* **against**] **sb** ein Spiel mit jdm [*o* gegen jdn]; **boxing** ~ Boxkampf *m;* **cricket** ~ Kricketmatch *nt;* **football** ~ Fußballspiel *nt;* **tennis** ~ Tennismatch *nt,* Tennisspiel *nt;* **to lose/win a** ~ ein Spiel verlieren/gewinnen; **to play in a** ~ mitspielen ❷ *usu sing* (*matching thing*) ■**to be a good** ~ gut zusammenpassen; **the new tablecloth is a perfect** ~ **for the carpet** die neue Tischdecke passt gut zum Teppich ❸ (*other one of pair*) Gegenstück *nt* ❹ *usu sing* (*equal*) ebenbürtiger Gegner/ebenbürtige Gegnerin; **to be a good** ~ **for sb** ein ebenbürtiger Gegner/eine ebenbürtige Gegnerin für jdn sein; **to be more than a** ~ **for sb/sth** jdm/etw [haushoch] überlegen sein; **to be no** ~ **for sb/sth** sich *akk* mit jdm/etw nicht messen können, jdm/etw nicht gewachsen sein; **to meet one's** ~ seinen Meister finden ❺ (*marriage*) Ehe *f;* (*couple*) Paar *nt;* (*dated: person*) Partie *f;* **theirs is a** ~ **made in heaven** sie sind wie für einander geschaffen; **they are a perfect** ~ die beiden sind ein Traumpaar; **to be a good** ~ **for sb** eine gute Partie für jdn sein; **to make a good** ~ (*be good prospect*) eine gute Partie sein; (*find good partner*) eine gute Partie machen ▶ PHRASES: **to have a <u>shouting</u>** [*or* BRIT **<u>slanging</u>**] ~ sich *akk* gegenseitig anschreien [*o* lautstark streiten] **II.** *vi* (*harmonize*) zusammenpassen; (*make a pair*) zusammengehören; **a red dress with red accessories to** ~ ein rotes Kleid mit dazu passenden roten Accessoires **III.** *vt* ❶ (*go together with*) ■**to** ~ **sth** zu etw *dat* passen; **does this shirt** ~ **these trousers?** passt das Hemd zu der Hose?; **to be ill-**~**ed** schlecht aufeinander abgestimmt sein, nicht zusammenpassen; **to be well-**~**ed** [gut] zusammenpassen; **an ill-**~**ed/a well-**~**ed couple** ein Paar, das nicht/gut zueinander passt ❷ (*find matching thing*) ■**to** ~ **sth** [**with** [*or* **to**] **sth**] etw [auf etw *akk*] abstimmen; **I'm trying to** ~ **this wallpaper with the curtains** ich versuche eine Tapete zu finden, die zu den Gardinen passt; **I'm trying to** ~ **the names on the list with the faces in the photograph** ich versuche, die Namen auf dieser Liste den Gesichtern auf dem Foto zuzuordnen; **our aim is to** ~ **the applicant to the job** unser Ziel ist es, den passenden Kandidaten für diese Stelle zu finden; **to** ~ **colours** [*or* AM **colors**] Farben aufeinander abstimmen ❸ (*equal*) ■**to** ~ **sb/sth** jdm/etw gleichkommen; **you can't** ~ **Jones and Son for quality** was die Qualität angeht, sind Jones and Son unerreicht; **it would be difficult to** ~ **the service this airline gives its customers** es wäre schwierig, dem [hervorragenden] Service dieser Fluggesellschaft Konkurrenz zu machen ❹ *usu passive* (*in contest*) ■**to be** ~**ed against sb** gegen jdn antreten; **to be ill-**~**ed** nicht gleichwertig [*o* keine ebenbürtigen Gegner] sein; **to be well-**~**ed** gleichwertig [*o* ebenbürtige Gegner] sein ❺ (*correspond to*) ■**to** ~ **sth** etw *dat* entsprechen, zu etw *dat* passen; **he** ~**es the description the victim gave us** die Beschreibung des Opfers trifft auf ihn zu ❻ (*compare*) ■**to** ~ **sth** [**against sth**] etw [mit etw *dat*] vergleichen, etw [an etw *dat*] messen

◆**match up I.** *vi* ❶ (*make coherent sense*) Sinn ergeben ❷ (*be correctly aligned*) aufeinander abgestimmt sein ❸ (*meet the standard*) ■**to** ~ **up to sth** an etw *akk* heranreichen, etw *dat* entsprechen; **to** ~ **up to sb's expectations** jds Erwartungen entsprechen [*o* erfüllen] **II.** *vt* ❶ (*pair up*) ■**to** ~ **up** ⊂ **sb** [**with sb**] jdn [mit jdm] zusammenbringen; (*find connection*) ■**to** ~ **up** ⊂ **sb with sth** jdm etw zuordnen ❷ (*find matching thing*) ■**to** ~ **sth** ⊂ **up** zusammengehörige [*o* passende] Gegenstände finden; ■**to** ~ **sth up with sth** zu etw *dat* das passende Gegenstück finden; **she is trying to** ~ **up her evening dress with some suitable accessories** sie versucht, ihr Abendkleid mit passenden Accessoires zu ergänzen; **to** ~ **up socks** die zusammengehörigen Socken finden

'match·box *n* Streichholzschachtel *f* **match-'fit** *adj* SPORTS [voll] einsatzfähig, fit **match-'fit·ness** *n no pl* SPORTS **to show a lack of** ~ nicht ganz fit [*o* voll einsatzfähig] sein *fam*

match·ing ['mætʃɪŋ] *adj inv, attr* [zusammen]passend; **a** ~ **pair** ein Paar, das zusammenpasst [*o* zusammengehört]; **a** ~ **pair of socks** ein passendes Paar Socken

M

match·less ['mætʃləs] *adv inv* unvergleichlich, einzigartig, beispiellos
'match·mak·er *n* (*marriage broker*) Heiratsvermittler(in) *m(f);* (*pairer-up*) Kuppler(in) *m(f) pej* **'match·mak·ing** *n no pl* Kuppeln *nt;* **she tried to do a bit of ~ by introducing Paul to Lucy** sie versuchte ein bisschen zu kuppeln, indem sie Paul und Lucy miteinander bekannt machte **'match play** *n no pl* Lochspiel *nt* (*Golfspiel, bei dem die Zahl der gewonnenen Löcher über den Sieg entscheidet*) **match 'point** *n* TENNIS Matchball *m;* **she is now on ~** sie hat Aufschlag zum Matchball **'match·stick I.** *n* Streichholz *nt;* **to have legs like ~s** sehr dünne Beine [*o fam* Beine wie Stricknadeln] haben **II.** *n modifier* **~ arms** sehr dünne Arme; **~ man** [*or* **figure**] Strichmännchen *nt fam* **'match·wood** *n no pl* Kleinholz *nt;* **to be smashed** [*or* **reduced**] **to ~** vollkommen zerstört werden, zu Kleinholz gemacht werden *fam*
mate¹ [meɪt] **I.** *n* ❶ BRIT, AUS (*friend*) Freund(in) *m(f),* Kumpel *m fam;* **she's my best ~** sie ist meine beste Freundin ❷ BRIT, AUS (*fam: form of address*) Kumpel *m fam;* **what's the time, ~?** hey du, wie spät ist es denn? *fam* ❸ (*sexual partner*) Partner(in) *m(f);* BIOL Sexualpartner(in) *m(f)* ❹ *esp* BRIT, AUS (*assistant*) Gehilfe, -in *m, f;* **driver's ~** Beifahrer(in) *m(f)* ❺ (*fig: one of a pair*) Gegenstück *nt* ❻ (*ship's officer*) Schiffsoffizier *m;* **first/second ~** Erster/Zweiter Offizier **II.** *vi* ❶ BIOL *animals* sich *akk* paaren (**with** mit +*dat*) ❷ (*join or connect mechanically*) ■**to ~ to sth** sich *akk* an etw *akk* ankuppeln **III.** *vt* **to ~ two animals** zwei Tiere miteinander paaren
mate² [meɪt] **I.** *n* CHESS [Schach]matt *nt* **II.** *vt* ■**to ~ sb** jdn [schach]matt setzen
ma·ter ['meɪtəʳ] *n* BRIT (*dated or hum*) ■**the ~** die Mutter
ma·terial [mə'tɪəriəl, AM -'tɪr-] **I.** *n* ❶ (*substance*) Material *nt a. fig;* **building ~** Baumaterial *nt;* **raw ~** Rohmaterial *nt;* (*hum, fig sl*) **to be mate ~** *of a person* ein brauchbarer [Ehe]partner/eine brauchbare [Ehe]partnerin sein; **to be officer ~** das Zeug zu einem Offizier haben; **to be university ~** das Zeug zum Studieren haben ❷ *no pl* (*cloth*) Stoff *m* ❸ (*type of cloth*) Stoffart *f* ❹ *no pl* (*information*) [Informations]material *nt,* Unterlagen *pl* ❺ (*equipment*) ■**~s** *pl* Material *nt;* **writing ~s** Schreibzeug *nt* **II.** *adj inv* ❶ (*physical*) materiell; **~ damage** Sachschaden *m;* **the ~ world** die materielle Welt ❷ (*important*) wesentlich, wichtig; ■**to be ~ to sth** für etw *akk* relevant sein
ma·teri·al·ism [mə'tɪəriəlɪzᵊm, AM -'tɪr-] *n no pl* Materialismus *m*
ma·teri·al·ist [mə'tɪəriəlɪst, AM -'tɪr-] *n* Materialist(in) *m(f)*
ma·teri·al·is·tic [məˌtɪəriə'lɪstɪk, AM -ˌtɪr-] *adj* materialistisch
ma·teri·ali·za·tion [məˌtɪəriəlaɪ'zeɪʃᵊn, AM -ˌtɪriəlɪ'-] *n no pl* ❶ (*becoming material*) Materialisation *f* ❷ (*becoming fact*) Verwirklichung *f*
ma·teri·al·ize [mə'tɪəriəlaɪz, AM -'tɪr-] *vi* ❶ (*become fact*) *hope, dream* sich *akk* verwirklichen, in Erfüllung gehen; *plan, promise* in die Tat umgesetzt werden ❷ (*take physical form*) erscheinen; **in the scene the ghost of Aunt Amy ~s** in der Szene erscheint der Geist von Tante Amy ❸ (*appear suddenly*) [plötzlich] auftauchen; **the lorry seemed to ~ out of nowhere** der Laster schien [plötzlich] aus dem Nichts aufzutauchen; **I was thinking you would never ~** (*hum*) ich dachte schon, du würdest gar nicht mehr hier erscheinen
ma·teri·al·ly [mə'tɪəriəli, AM -'tɪr-] *adv* ❶ (*regarding possessions*) materiell ❷ (*significantly*) wesentlich
ma·terial 'wit·ness *n* ❶ BRIT (*witness of fact*) Tatzeuge, -in *m, f* ❷ AM (*connected with case*) unentbehrlicher Zeuge/unentbehrliche Zeugin, Hauptzeuge, -in *m, f*
ma·ter·nal [mə'tɜːnᵊl, AM -'tɜːr-] *adj* ❶ (*motherly*) mütterlich, Mutter-; **a ~ smile** ein mütterliches Lächeln; **she is very ~ towards her staff** sie hat ein mütterliches Verhältnis zu ihren Angestellten ❷ (*of mother's family*) mütterlicherseits *nach n;* **my ~ grandmother/uncle** meine Großmutter/mein Onkel mütterlicherseits
ma·ter·nal·ly [mə'tɜːnᵊli, AM -'tɜːr-] *adv* ❶ (*in a motherly way*) mütterlich ❷ (*through mother's family*) mütterlicherseits
ma·ter·nity [mə'tɜːnəti, AM -'tɜːrnət̬i] *n no pl* Mutterschaft *f*
ma·'ter·nity clin·ic *n* Entbindungsklinik *f* **ma·'ter·nity clothes** *npl* Umstandskleidung *f kein pl,* Umstandsmode *f kein pl* **ma·'ter·nity dress** *n* Umstandskleid *nt* **ma·'ter·nity hos·pi·tal** *n* Entbindungsklinik *f* **ma·'ter·nity leave** *n no pl* Mutterschaftsurlaub *m* **ma·'ter·nity ward** *n* Entbindungsstation *f*
matey ['meɪti] BRIT, AUS **I.** *adj* (*fam*) ■**to be ~** sich *akk* gut verstehen, gute [*o* dicke] Kumpels sein *fam;* **the kids have become very ~** die Kinder sind dicke Freunde geworden *fam* **II.** *n* (*fam*) Kumpel *m fam*
matey·ness ['meɪtɪnəs] *n no pl* BRIT, AUS (*fam*) Kumpelhaftigkeit *f*
math [mæθ] *n* AM (*fam*) *short for* **mathematics** Mathe *f fam*
math·emati·cal [ˌmæθᵊm'ætɪkᵊl, AM -ə'mæt̬ɪ-] *adj inv* mathematisch; **to have a ~ mind** eine Begabung für Mathematik haben, mathematisch begabt sein
math·emati·cal·ly [ˌmæθᵊm'ætɪkᵊli, AM -ə'mæt̬ɪ-] *adv* mathematisch; **~ impossible/possible** rechnerisch unmöglich/möglich; **to be ~ minded** mathematisch begabt sein
math·ema·ti·cian [ˌmæθᵊmə'tɪʃᵊn, AM -θə-] *n* Mathematiker(in) *m(f)*
math·emat·ics [mæθᵊm'ætɪks, AM -θə'mæt̬-] *n + sing vb* Mathematik *f*
maths [mæθs] *n + sing vb* BRIT, AUS (*fam*) *short for* **mathematics** Mathe *f fam*
mati·née ['mætɪneɪ, AM ˌmætᵊn'eɪ], **mati·nee** *n* Matinee *f;* (*afternoon performance*) Frühvorstellung *f*
'mati·née coat *n* BRIT, **'mati·née jack·et** *n* BRIT [Baby]jäckchen *nt*
'mati·née idol *n* (*dated*) Leinwandheld *m* (*in den 30er und 40er Jahren*)
mati·ness *n see* **mateyness**
mat·ing ['meɪtɪŋ, AM -t̬-] *n* ZOOL Paarung *f*
'mat·ing sea·son *n* Paarungszeit *f*
mat·ins ['mætɪnz, AM -tᵊnz] *n + sing vb* (*in Catholic Church*) Matutin *f;* (*in Anglican Church*) Frühandacht *f,* Morgenandacht *f*
ma·tri·arch ['meɪtriɑːk, AM -ɑːrk] *n* Matriarchin *f*
ma·tri·arch·al [ˌmeɪtri'ɑːkᵊl, AM -'ɑːrk-] *adj* matriarchalisch
ma·tri·ar·chy ['meɪtriɑːki, AM -ɑːrki] *n* ❶ *no pl* (*rule*) Mutterherrschaft *f,* Matriarchat *nt* ❷ (*society*) Matriarchat *nt*
ma·tric [mə'trɪk] *n* BRIT (*dated fam*) *short for* **matriculation** ≈ Abitur *nt*
ma·tri·ces ['meɪtrɪsiːz] *n pl of* **matrix**
mat·ri·cide ['mætrɪsaɪd] *n* Muttermord *m*
ma·tricu·late [mə'trɪkjəleɪt] *vi* ❶ (*enter university*) sich *akk* immatrikulieren [*o* einschreiben] ❷ SA (*pass exams*) ≈ das Abitur machen
ma·tricu·la·tion [məˌtrɪkjə'leɪʃᵊn] *n* ❶ (*at university*) Immatrikulation *f* ❷ SA (*school qualification*) ≈ Abitur *nt*
mat·ri·mo·nial [ˌmætrɪ'məʊniəl, AM -'moʊ-] *adj inv* (*form*) Ehe-, ehelich; **~ difficulties** Eheprobleme *ntpl*
mat·ri·mo·ny ['mætrɪməni, AM -rəmoʊ-] *n no pl* Ehe *f;* **to be joined in holy ~** in den heiligen Stand der Ehe treten *form*
ma·trix <*pl* -es *or* -ices> ['meɪtrɪks, *pl* -ɪsiːz] *n* ❶ (*mould*) Matrize *f,* Gießform *f* ❷ (*rectangular arrangement*) Matrix *f* ❸ (*form: conditions*) Rahmen *m,* Grundlage *f;* **cultural ~** kultureller Hintergrund; **Europe is remaking itself within the ~ of the European Union** Europa erneuert sich auf den Grundlagen der Europäischen Union
'ma·trix print·er *n* Matrixdrucker *m*
ma·tron ['meɪtrᵊn] *n* ❶ (*dated: senior nurse*) Oberin *f,* Oberschwester *f;* (*at school*) Hausmutter *f* ❷ *esp* AM (*in prison*) Gefängnisaufseherin *f* ❸ (*fig, hum: middle-aged woman*) Matrone *f meist pej*

ma·tron·ly ['meɪtrᵊnli] *adj* (*esp hum*) matronenhaft *meist pej;* **a ~ figure** eine gesetzte Figur

matt [mæt], AM **matte** *adj* matt

mat·ted ['mætɪd, AM -t̬-] *adj* verflochten; **~ hair** verfilztes Haar

mat·ter ['mætəʳ, AM -t̬ɚ] **I.** *n* ❶ (*affair*) Angelegenheit *f,* Sache *f;* (*question*) Frage *f;* (*subject*) Thema *nt;* **it'll be no easy ~ getting them to pay up on time** es wird nicht einfach werden, sie dazu zu bringen, pünktlich zu bezahlen; **it's simply a ~ of following the recipe/ learning the rules** man muss einfach nur das Rezept befolgen/die Regeln erlernen; **the shop says it's a ~ for the manufacturers** das Geschäft sagt, das sei Sache des Herstellers; **this is a ~ for the police** das sollte man der Polizei übergeben; **it's no laughing ~** das ist nicht zum Lachen; **it's a ~ of life and** [*or* **or**] **death** es geht um Leben und Tod; **the truth** [*or* **fact**] **of the ~ is that she was asked to resign** in Wirklichkeit wurde ihr nahegelegt zurückzutreten; **as a ~ of course** selbstverständlich; **as a ~ of fact** übrigens, im Übrigen; **have you got his address? – as a ~ of fact, I have** hast du seine Adresse? – ja, natürlich habe ich sie; **family ~s** Familienangelegenheiten *fpl;* **the ~ in** [*or* AM **at**] **hand** die Angelegenheit, um die es geht; **money ~s** Geldangelegenheiten *fpl;* **a ~ of opinion** Ansichtssache *f;* **a ~ of record** eine Tatsache; **it's a ~ of record that ...** es ist allgemein bekannt, dass ...; **that's another ~** das ist etwas anderes; **that's another ~ altogether** [*or* **quite another ~**] das ist [wieder] etwas völlig [*o* ganz] anderes; **a personal ~** eine persönliche Angelegenheit [*o* Sache]; **to let the ~ drop** etwas auf sich beruhen lassen; (*in a conversation*) das Thema fallen lassen ❷ (*amount*) **in a ~ of minutes/seconds** in einigen Minuten/Sekunden; **in a ~ of minutes/seconds he was by her side** es dauerte nur Minuten/Sekunden bis er bei ihr war; **it's only a ~ of a few dollars** es geht nur um ein paar Dollars ❸ (*the situation*) ■ **~s** *pl* die Situation [*o* Lage]; **that's how ~s stand at the moment** so sieht es im Moment aus; **to help ~s/make ~s worse** die Lage verbessern/verschlimmern; **to make ~s worse, it then started to rain heavily** zu allem Überfluss fing es auch noch an, in Strömen zu regnen; **to take ~s into one's own hands** die Sache [*o* die Dinge] selbst in die Hand nehmen ❹ (*problem*) **no ~** das macht nichts, [das ist] kein Problem; **is anything the ~?** stimmt etwas nicht? *fam;* **there's nothing the ~** es ist alles in Ordnung; **what's the ~ with you?** was ist los mit dir?; **what's the ~ with asking for a pay rise?** was ist so schlimm daran, um eine Gehaltserhöhung zu bitten? ❺ *no pl* (*material*) Materie *f;* **printed ~** Gedrucktes *nt;* **reading ~** Lesestoff *m;* **the subject ~ of the book** das Thema des Buches ▶ PHRASES: **not to mince ~** kein Blatt vor den Mund nehmen; **no ~ what** was auch [immer] passiert; **we've got to get to the airport on time, no ~ what** wir müssen pünktlich zum Flughafen kommen, egal wie; **no ~ what/when/who ...** gleichgültig [*o fam* egal], was/wann/wer ...; **for that ~** übrigens, im Übrigen **II.** *vi* von Bedeutung sein; **what ~s now is that ...** worauf es jetzt ankommt, ist, dass ...; **that's the only thing that ~s** das ist das Einzige, was zählt; **it really ~s to me** das bedeutet mir wirklich etwas, das ist wirklich wichtig für mich; ■ **it ~s that ...** es macht etwas aus, dass ...; ■ **it doesn't ~** (*not important*) das ist nicht wichtig; **I've spilt something on the carpet – it doesn't ~** ich habe etwas auf dem Teppich verschüttet – das macht nichts; **would you rather go on Wednesday or Thursday – it doesn't ~** möchten Sie lieber am Mittwoch oder am Donnerstag fahren – das ist mir egal; ■ **it doesn't ~ if/that ...** es macht nichts [*o fam* ist egal], wenn/dass ...; **it doesn't ~ how long your hair is as long as it's tidy** es spielt keine Rolle, wie lang deine Haare sind, solange sie gepflegt sind

mat·ter-of-fact *adj* ❶ (*emotionless*) sachlich, nüchtern ❷ (*straightforward*) geradeheraus *präd,* direkt

mat·ter-of-factly *adv* ❶ (*without emotion*) sachlich, nüchtern ❷ (*straightforwardly*) direkt, unverblümt, geradeheraus

mat·ter-of-fact·ness *n no pl* ❶ (*lack of emotion*) Sachlichkeit *f* ❷ (*straightforwardness*) Direktheit *f*

mat·ting ['mætɪŋ, AM -t̬-] *n no pl* ❶ (*floor covering*) Matten *fpl;* **coconut/straw ~** Kokos-/Strohmatten *fpl* ❷ (*tangling*) Verflechten *nt;* (*of wool*) Verfilzen *nt*

mat·tock ['mætək, AM -t̬-] *n* [Breit]hacke *f*

mat·tress <*pl* -es> ['mætrəs] *n* Matratze *f*

matu·ra·tion [ˌmætjᵊr'eɪʃᵊn, AM -tʃə'reɪ-] *n no pl* Reifung *f,* Heranreifen *nt*

ma·ture [mə'tjʊəʳ, AM -'tʃʊr] **I.** *adj* ❶ (*adult*) erwachsen; *animal* ausgewachsen; (*like an adult*) reif; (*euph: middle-aged*) nicht mehr ganz jung; **a gentleman of ~ years** ein Mann im besten Alter *euph;* **to be ~ beyond one's years** für sein Alter schon sehr reif sein ❷ (*ripe*) reif; *wine* ausgereift ❸ FIN (*payable*) fällig, zahlbar ❹ (*form: careful*) **after ~ reflection** nach reiflicher Überlegung **II.** *vi* ❶ (*physically*) erwachsen werden, heranreifen; (*mentally and emotionally*) sich *akk* weiterentwickeln, reifer werden ❷ (*ripen*) [heran]reifen; **sherry is left in large casks to ~** Sherry wird in großen Fässern gelagert, damit er sein volles Aroma entwickeln kann ❸ FIN (*become payable*) fällig werden ❹ (*develop fully*) *idea, plan* ausreifen **III.** *vt* ❶ FOOD ■ **to ~ sth** etw reifen lassen; **the wine has been ~d in oak vats** der Wein ist in Eichenfässern gereift ❷ (*make more adult*) ■ **to ~ sb** jdn erwachsener [*o* reifer] werden lassen

ma·ture-age 'stu·dent *n* AUS älterer Student/ältere Studentin

ma·ture·ly [məˌtjʊəʳli, AM -'tʃʊrli] *adv* (*esp approv*) vernünftig

ma·ture 'stu·dent *n* älterer Student/ältere Studentin

ma·tur·ity [məˌtjʊərəti, AM -'tʃʊrət̬i] *n no pl* ❶ (*adulthood*) Erwachsensein *nt;* (*wisdom*) Reife *f;* *of animals* Ausgewachsensein *nt;* **she seems to have ~ beyond her years** für ihr Alter wirkt sie schon sehr erwachsen; **to reach ~** (*of person*) erwachsen werden; (*of animal*) ausgewachsen sein ❷ (*developed form*) Reife *f,* Vollendung *f;* **to come to ~** zur Entfaltung kommen ❸ (*ripeness*) Reife *f* ❹ FIN Fälligkeit *f;* **to reach ~** fällig werden

maud·lin ['mɔːdlɪn, AM 'mɑːd-] *adj* [weinerlich] sentimental, rührselig; **he drank until he was quite ~** er trank, bis er vor Selbstmitleid zerfloss

maul [mɔːl, AM *esp* mɑːl] *vt* ❶ (*wound*) ■ **to ~ sb/sth** jdn/etw verletzen; (*attack*) jdn anfallen ❷ (*pej*) ■ **to ~ sb/sth** (*touch*) jdn/etw betatschen [*o* begrapschen] *fam;* (*treat roughly*) jdn/etw malträtieren [*o fam* übel zurichten] ❸ (*criticize*) ■ **to ~ sb** jdn heruntermachen *fam;* ■ **to ~ sth** etw verreißen *fam*
◆ **maul about, maul around** *vt* ■ **to ~ sb about** [*or* **around**] jdn malträtieren; ■ **to ~ sth about** [*or* **around**] etw beschädigen

maul·ing ['mɔːlɪŋ, AM *esp* 'mɑːl-] *n* Verriss *m;* **to get a ~ from sb** von jdm verrissen werden *fam*

maun·der ['mɔːndəʳ, AM 'mɑːndɚ] *vi* ■ **to ~ on about sth** über etw *akk* [endlos] reden

Maun·dy mon·ey [ˌmɔːndi'-] *n no pl* BRIT *für diesen Anlass geprägte Münzen, die von der Königin beim Gründonnerstagsgottesdienst in der Westminster Kathedrale verteilt werden*

Maun·dy 'Thurs·day *n* BRIT Gründonnerstag *m*

i Kultur

Maundy Thursday ist der Gründonnerstag in der *Holy Week – Karwoche.* An diesem Tag verteilt der Monarch in Großbritannien das *Maundy money* an ausgewählte arme Leute, wobei sich die Anzahl nach dem Alter des Monarchen richtet. Jeder erhält ein Set von speziell dafür geprägten Silbermünzen.

Mau·ri·ta·nia [ˌmɒrɪ'teɪniə, AM ˌmɔːr-] *n* Mauretanien *nt*

Mau·ri·ta·nian [ˌmɒrɪ'teɪniən, AM ˌmɔːr-] **I.** *n* Mauretanier(in)

M

m(f) **II.** *adj* mauretanisch
Mau·ri·tian [məˈrɪʃən, AM mɔːˈrɪʃiən] **I.** *n* Mauritier(in) *m(f)* **II.** *adj* mauritisch; **her mother is** ~ ihre Mutter ist Mauritierin
mau·so·leum [ˌmɔːsəˈliːəm, AM ˌmɑː-] *n* Mausoleum *nt*
mauve [məʊv, AM moʊv] **I.** *n* Mauve *nt* **II.** *adj inv* mauve, malvenfarbig
ma·ven [ˈmeɪvən] *n* AM *(fam)* Kenner(in) *m(f)*, Experte, -in *m, f*
mav·er·ick [ˈmævərɪk, AM -ɚɪk] *n* ❶ *(unorthodox independent person)* Einzelgänger(in) *m(f)*, Alleingänger(in) *m(f)*; **she is widely regarded as a political** ~ sie wird allgemein als politischer Freigeist gesehen ❷ AM ZOOL Vieh *nt* ohne Brandzeichen
maw [mɔː, AM *esp* mɑː] *n* Maul *nt*, Rachen *m a. fig*
mawk·ish [ˈmɔːkɪʃ, AM *esp* ˈmɑːk-] *adj* rührselig, sentimental
mawk·ish·ly [ˈmɔːkɪʃli, AM *esp* ˈmɑːk-] *adv* rührselig, sentimental
mawk·ish·ness [ˈmɔːkɪʃnəs, AM *esp* ˈmɑːk-] *n no pl* Rührseligkeit *f*, Sentimentalität *f*
max [mæks] **I.** *n (fam) short for* **maximum** max. **II.** *adv (fam)* **it'll cost you £40** ~ das wird Sie maximal £40 kosten
max [mæks] *vt* AM *(fam)* ■**to** ~ **out** ○ **sth** etw ausschöpfen [*o fam* [bis zum Limit] ausreizen]; **we've** ~**ed out all our credit cards** wir haben all unsere Kreditkarten ausgeschöpft
maxi [ˈmæksi] *n (dated fam: coat)* Maxi *m*, Maximantel *m*; *(dress)* Maxi[kleid] *nt*
max·im [ˈmæksɪm] *n* Maxime *f*
maxi·ma [ˈmæksɪmə] *n pl of* **maximum**
maxi·mal [ˈmæksɪməl] *adj inv* maximal
maxi·mi·za·tion [ˌmæksɪmaɪˈzeɪʃən, AM -mɪˈ-] *n* Maximierung *f*
max·im·ize [ˈmæksɪmaɪz] *vt* ■**to** ~ **sth** etw maximieren
maxi·mum [ˈmæksɪməm] **I.** *adj attr, inv* maximal, Höchst-, Maximal-; ~ **depth/height** maximale Tiefe/Höhe; ~ **temperature** Höchsttemperatur *f*; **this car has a** ~ **speed of 160 kmh** dieses Auto hat eine Höchstgeschwindigkeit von 160 km/h **II.** *n* <*pl* -ima *or* -s> [-ɪmə] Maximum *nt*; **we can handle a** ~ **of 50 cases a day** wir können maximal 50 Fälle am Tag bearbeiten; **that's the** ~ das ist das Maximum; **she intends to exploit this opportunity to the** ~ sie hat vor, diese Möglichkeit bestmöglich zu nutzen **III.** *adv* maximal; **it'll take us 2 days** ~ dafür werden wir maximal 2 Tage brauchen
maxi·mum se·ˈcu·rity pris·on *n* Hochsicherheitsgefängnis *nt*
maxi·mum se·ˈcu·rity wing *n* Hochsicherheitstrakt *m*
may[1] <*3rd pers. sing* may, might, might> [meɪ] *aux vb* ❶ *(indicating possibility)* können; **I** ~ **see you at the party later** vielleicht sehe ich dich später bei der Party; **are you going to Neil's party? – I** ~**, I don't know yet** gehst du zu Neils Party? – vielleicht, ich weiß es noch nicht; **there** ~ **be side effects from the new drug** diese Arznei kann Nebenwirkungen haben; **you** ~ **well get lost here** es kann gut sein, dass du dich hier verirrst; **what time will we arrive? – you** ~ **well ask!** wann werden wir denn ankommen? – das ist eine gute Frage!; **if George is going to be that late we** ~ **as well start dinner without him** wenn George so spät dran ist, können wir auch genauso gut schon ohne ihn mit dem Essen anfangen; **I** ~ **be overreacting to the letter but I think we should let the police see it** mag sein, dass ich den Brief überbewerte, aber ich glaube, wir sollten ihn der Polizei zeigen; **that's as** ~ **be** *esp* BRIT das mag schon sein; **be that as it** ~ wie dem auch [immer] sei ❷ *(be allowed)* dürfen, können; ~ **I ask you a question?** darf ich Ihnen [mal] eine Frage stellen? ❸ *(expressing wish)* mögen; ~ **she rest in peace** möge sie in Frieden ruhen *form*
may[2] [meɪ] *n no pl* Weißdornblüte *f*, Hagedornblüte *f*
May [meɪ] *n* ❶ *(month)* Mai *m*; *see also* **February** ❷ *(poet, liter: prime)* ■**one's** ~ die Blüte seiner Jahre ▸PHRASES: **cast not a cloud till** ~ **be out** BRIT *(prov)* eine Schwalbe macht noch keinen Sommer *prov*
may·be [ˈmeɪbi] **I.** *adv* ❶ *(perhaps)* vielleicht, möglicherweise; ~ **we should start again** vielleicht sollten wir noch mal anfangen ❷ *(approximately)* circa, ungefähr **II.** *n* Vielleicht *nt*; **to be a definite** ~ [sehr] wahrscheinlich sein
ˈMay bug *n* Maikäfer *m* **ˈMay bush** *n* Weißdorn *m*, Hagedorn *m* **ˈMay Day** *n* der Erste Mai, Maifeiertag *m* **ˈmay·day** *n* Mayday *kein art (internationaler Notruf)*; **the pilot sent out a** ~ der Pilot gab einen Notruf über Funk durch; ~**!** ~**!** Mayday! Mayday! **ˈmay·flow·er** *n* ❶ *(flower blooming in May)* Maiblume *f* ❷ AM *(trailing arbutus)* Primelstrauch *m* **ˈmay·fly** *n* Eintagsfliege *f*
may·hem [ˈmeɪhem] *n no pl* Chaos *nt*; **to create** [*or* **cause**] ~ Chaos hervorrufen [*o* verursachen]
mayo [ˈmeɪəʊ, AM -oʊ] *n (fam) short for* **mayonnaise** Mayo *f fam*
may·on·naise [ˈmeɪəˈneɪz] *n* Mayonnaise *f*
mayor [ˈmeəʳ, AM ˈmeɪɚ] *n* Bürgermeister(in) *m(f)*
mayor·al [ˈmeərəl, AM ˈmeɪɔːr-] *adj inv* bürgermeisterlich, Bürgermeister-
mayor·al·ty [ˈmeərəlti, AM ˈmeɪɚ-] *n* ❶ *(term of office)* Amtszeit *f* des Bürgermeisters ❷ *(position)* Bürgermeisteramt *nt*
mayor·ess <*pl* -es> [ˌmeəˈres, AM ˈmeɪɚɪs] *n esp* BRIT ❶ *(woman mayor)* Bürgermeisterin *f* ❷ *(mayor's wife)* Frau *f* des Bürgermeisters
ˈmay·pole *n* Maibaum *m*
may've [ˈmeɪəv] *(fam)* = **may have** *see* **may**[1]
maze [meɪz] *n* Labyrinth *nt a. fig*, Irrgarten *m a. fig*; **we got lost in the** ~ **of small alleys** wir verliefen uns im dem Gewirr der kleinen Gässchen
MB [ˌemˈbiː] *n* BRIT *abbrev of* **Bachelor of Medicine** ≈ zweites medizinisches Staatsexamen
MBA [ˌembiːˈeɪ] *n abbrev of* **Master of Business Administration** *graduierter Betriebswirt*
MC [ˌemˈsiː] *n abbrev of* **Master of Ceremonies**
McCarthy·ism [məˈkɑːθiɪzəm, AM -ˈkɑːrθ-] *n* McCarthyismus *m (politische Hetzkampagnen nach dem Muster des amerikanischen Senators Joseph Raimond McCarthy (1909 - 1957), der in den 1950er Jahren in den USA eine antikommunistische Verfolgungswelle auslöste)*
McCarthy·ist [məˈkɑːθiɪst, AM -ˈkɑːrθ-] *adj*, **McCarthy·ite** [məˈkɑːθiaɪt, AM -ˈkɑːrθ-] *adj* in McCarthy-Manier
McCoy [məˈkɔɪ] *n (fam)* **the real** ~ das Original [*o* Richtige]
McJob [məkˈdʒɑːb] *n (sl)* Gelegenheitsjob *m fam*
McMan·sion [məkˈmænʃən] *n (sl)* geschmackloses [großes] neugebautes Wohnhaus
M-com·merce [ˈemkɒmɜːs, AM -kɑːmɜrs] *n no pl abbrev of* **mobile commerce** M-Commerce *m o nt fachspr (Nutzung des Internetmarktes via Handy)*
mcp [ˌemsiːˈpiː] *n (fam) abbrev of* **male chauvinist pig**
MD [ˌemˈdi] *n* AM, AUS *abbrev of* **Doctor of Medicine** Dr. med.
ME [ˌemˈiː] *n* MED *abbrev of* **myalgic encephalomyelitis** myalgische Enzephalomyelitis *fachspr*
me [miː, mɪ] *pron object* ❶ *(1st person singular)* mir *in dat*, mich *in akk*; **please will you pass** ~ **that book** reich mir bitte das Buch; **do you understand** ~**?** verstehst du mich?; **why are you looking at** ~**?** warum siehst du mich an?; **wait for** ~**!** warte auf mich!; **between you and** ~ unter uns [gesagt]; **this is just between you and** ~ das bleibt unter uns; **hey, it's** ~ hallo, ich bin's; **it wasn't** ~ **who offered to go, it was him** ich wollte nicht gehen, er wollte; **hi, is Karen there? – yea, it's** ~**, who's this?** hi, ist Karen da? – ja, am Apparat, wer spricht?; **hi, it's** ~ hallo, ich bin's; **... as/than** ~ ... wie/als ich; **she's just as good as** ~ **at her job** sie ist so gut wie ich in ihrem Job; **you have more than** ~ du hast mehr als ich ❷ AM *(fam: myself)* mir *in dat*, mich *in akk*; **I've got** ~ **a job** ich habe einen Job gefunden ▸PHRASES: **goodness** ~**!** du lieber Himmel!; ~ **Tarzan, you Jane** *(from the Tarzan films)* ich Tarzan, du Jane; **dear** ~**!** du liebe Güte!; **silly** ~**!** bin ich dumm!; ~ **and mine** meine Verwandten

mead[1] [miːd] *n* Met *m*
mead[2] [miːd] *n* (*poet*) Aue *f poet,* Wiese *f*
mead·ow [ˈmedəʊ, AM -oʊ] *n* Wiese *f*
mead·ow ˈbrown *n* Augenfalter *m* **ˈmead·ow·land** *n no pl* Weideland *nt* **mead·ow ˈpip·it** *n* Wiesenpieper *m* **mead·ow ˈrue** *n* Wiesenraute *f*
mea·gre [ˈmiːɡ-əʳ], AM **mea·ger** [ˈmiːɡɚ] *adj* mager, dürftig, kärglich
meal[1] [miːl] *n* Mahlzeit *f,* Essen *nt;* **we like to have a hot ~ in the evening** wir essen abends gerne warm; **M~s on Wheels** Essen *nt* auf Rädern; **a heavy/light ~** ein schweres/leichtes Essen; **to go out for a ~** essen gehen ▶ PHRASES: **to make a ~ of sth** (*put in too much effort*) einen großen Aufwand für etw *akk* betreiben, eine große Sache aus etw *dat* machen; (*make a problem*) etw aufbauschen; **the press will make a ~ of this story** das ist ein gefundenes Fressen für die Presse *fam*
meal[2] [miːl] *n* [grobes] Mehl
ˈmeal tick·et *n* ❶ *esp* AM, AUS (*voucher*) Essensmarke *f* ❷ (*fig: means of living*) Einnahmequelle *f;* **I don't enjoy the job, but it's my ~** ich mag meinen Job nicht, aber man muss eben seine Brötchen verdienen ❸ (*fig: partner with money*) Ernährer(in) *m(f)* **ˈmeal·time** *n* Essenszeit *f;* **set ~s** feste Essenszeiten
mealy [ˈmiːli] *adj* mehlig
ˈmealy bug *n* Schildlaus *f* **mealy-ˈmouthed** *adj* (*pej*) ausweichend; **~ excuses** fadenscheinige Ausreden; **~ expressions** schönfärberische Ausdrücke; **the politician was ~** die Politikerin redete um den heißen Brei herum *fam*
mean[1] [miːn] *adj* ❶ *esp* BRIT (*miserly*) geizig, knauserig, kleinlich; ■**to be ~ with sth** mit etw *dat* geizen ❷ (*unkind*) gemein, fies *fam;* **I felt a bit ~** ich kam mir ein bisschen schäbig vor; ■**to be ~ to sb** gemein zu jdm sein; **to have a ~ streak** eine gemeine Ader haben ❸ AM (*vicious*) aggressiv; (*dangerous*) gefährlich; **~ dog** bissiger Hund ❹ (*run-down*) heruntergekommen, schäbig *pej* ❺ (*bad*) schlecht; **he's no ~ cook** er ist kein schlechter Koch; **no ~ feat** eine Meisterleistung ❻ AM (*sl: good*) super *fam,* toll *fam,* geil *sl;* **he plays a ~ guitar** er spielt supergeil Gitarre *sl* ❼ (*form: small*) gering; **it should be clear even to the ~est understanding** das sollte auch dem Unbedarftesten klar sein
mean[2] <meant, meant> [miːn] *vt* ■**to ~ sth** ❶ (*signify*) *word, symbol* etw bedeuten; **that sign ~s 'no parking'** das Schild bedeutet ‚Parken verboten'; **does that name ~ anything to you?** sagt dir der Name etwas? ❷ (*intend to convey*) *person* etw meinen; **do you remember Jane Carter? – you ~ the woman we met in Scotland?** erinnerst du dich an Jane Carter? – meinst du die Frau, die wir in Schottland getroffen haben?; **what do you ~?** was willst du damit sagen?; **what do you ~, it was my fault?** soll das etwa heißen, es war mein Fehler?; **what do you ~ by arriving so late?** was denkst du dir eigentlich dabei, so spät zu kommen?; **now I see what you ~** jetzt weiß ich, was du meinst ❸ (*be sincere*) etw ernst meinen; **I ~ what I say** ich meine das [tod]ernst; **he said a lot of things he didn't really ~** er sagte eine Menge Dinge, die er nicht so gemeint hat ❹ (*intend*) etw wollen; **he didn't ~ any harm** er wollte nichts Böses; **I ~t it as a present for Joanna** ich hatte es als Geschenk für Joanna gedacht; ■**to ~ to do sth** etw tun wollen; **I really didn't ~ to offend you** ich wollte dich wirklich nicht kränken; ■**to be ~t to do sth** etw tun sollen; **you're ~t to fill in a tax form every year** Sie müssen jedes Jahr eine Steuererklärung machen; ■**to ~ sb** [*or* AM **for sb**] **to do sth** wollen, dass jd etw tut; **they didn't ~** [**for**] **her to read the letter** sie wollten nicht, dass sie den Brief las; ■**to be ~t as sth** als etw gemeint [*o* gedacht] sein; ■**to be ~t for sb** für jdn gedacht [*o* bestimmt] sein; **to be ~t for each other** füreinander bestimmt sein; ■**to be ~t to be sth** (*intended to represent*) etw sein [*o* darstellen] sollen; (*intended as*) etw sein sollen, als etw gemeint sein; **it's ~t to be Donald** das soll Donald sein; **it was ~t to be a surprise** das sollte eine Überraschung sein ❺ (*result in*) etw bedeuten [*o fam* heißen]; **lower costs ~ lower prices** niedrigere Kosten bedeuten niedrigere Preise; **this ~s war** das ist eine Kriegserklärung; **does this ~ we'll have to cancel our holiday?** heißt das, dass wir unseren Urlaub absagen müssen? ❻ (*have significance*) etw bedeuten; **it was just a kiss, it didn't ~ anything** es war nur ein Kuss, das hatte nichts zu bedeuten; **to ~ a lot/nothing/something to sb** jdm viel/nichts/etwas bedeuten ▶ PHRASES: **to ~ business** es ernst meinen; **to ~ mischief** Böses im Schilde führen; **to ~ well** es gut meinen; **I ~ to say** [also,] ich muss schon sagen
mean[3] [miːn] **I.** *n* (*average*) Mittel *nt;* (*average value*) Mittelwert *m;* (*fig*) Mittelweg *m* **II.** *adj inv* durchschnittlich
me·ander [miˈændəʳ, AM -ɚ] **I.** *n* Windung *f,* Krümmung *f,* Mäander *m fachspr* **II.** *vi* ❶ (*flow in curves*) sich *akk* schlängeln [*o* winden], mäandern *fachspr* ❷ (*wander*) [umher]schlendern ❸ (*digress*) abschweifen
me·ander·ing [miˈændᵊrɪŋ, AM -ɚɪŋ] **I.** *adj* ❶ (*flowing in curves*) gewunden, mäandrisch *fachspr* ❷ (*rambling*) abschweifend **II.** *n* ■**~s** *pl* Gefasel *nt kein pl*
meanie [ˈmiːni] *n* (*fam*) ❶ *esp* BRIT (*miserly person*) Geizhals *m* ❷ (*unkind person*) Blödian *m fam;* **to be a ~** gemein sein
mean·ing [ˈmiːnɪŋ] *n* ❶ (*sense*) Bedeutung *f;* **a deeper/hidden ~** ein tieferer/verborgener Sinn; **the ~ of life** der Sinn des Lebens; **to give sth a whole new ~** (*esp hum*) etw in einem ganz neuen Licht erscheinen lassen; **if you take** [*or* **get**] **my ~** wenn du verstehst, was ich meine; **what is the ~ of this?** was soll das heißen? [*o* bedeuten]; **it was impossible to misunderstand his ~** es war unmöglich, ihn misszuverstehen; **I think I made my ~ perfectly clear** ich glaube, ich habe mich deutlich ausgedrückt ❷ (*importance*) Bedeutung *f,* Sinn *m;* **the full ~ of his enquiry only became apparent later** was seine Nachforschungen wirklich erbrachten, wurde erst später in seiner ganzen Tragweite sichtbar; **to have ~ for sb** jdm etwas bedeuten; **without you, life has no ~ for me** ohne dich hat das Leben keinen Sinn für mich
mean·ing·ful [ˈmiːnɪŋfᵊl] *adj* ❶ (*important*) bedeutsam, wichtig; **she seems to find it difficult to form a ~ relationship** sie hat Schwierigkeiten, sich auf eine tiefer gehende Beziehung einzulassen ❷ (*implying something*) bedeutungsvoll, viel sagend; **a ~ glance** ein viel sagender Blick
mean·ing·ful·ly [ˈmiːnɪŋfᵊli] *adv* bedeutsam, viel sagend
mean·ing·ful·ness [ˈmiːnɪŋfᵊlnəs] *n no pl* Bedeutsamkeit *f*
mean·ing·less [ˈmiːnɪŋləs] *n* (*without importance*) bedeutungslos; (*nonsensical*) sinnlos; (*empty*) nichts sagend
mean·ing·less·ness [ˈmiːnɪŋləsnəs] *n no pl* Bedeutungslosigkeit *f,* Sinnlosigkeit *f*
ˈmean-look·ing *adj* ■**to be ~** aggressiv [*o* böse] aussehen [*o* wirken]; (*dangerous*) gefährlich aussehen; **he was a ~ guy** er war ein gefährlich aussehender Typ
mean·ly [ˈmiːnli] *adv* ❶ *esp* BRIT (*ungenerously*) kleinlich, knauserig ❷ (*unkindly*) gemein
mean·ness [ˈmiːnnəs] *n no pl* ❶ *esp* BRIT (*lack of generosity*) Kleinlichkeit *f,* Geiz *m* ❷ (*unkindness*) Gemeinheit *f,* Gehässigkeit *f*
means <*pl* -> [miːnz] *n* ❶ (*method*) Weg *m;* **ways and ~** Mittel und Wege; **to try by all** [**possible**] **~ to do sth** auf jede erdenkliche Art und Weise versuchen, etw zu erreichen; (*possibility*) Möglichkeit *f;* **there is no ~ of tracing the debt at all** es gibt nicht die geringste Möglichkeit, die Schulden zurückzuverfolgen; (*device*) Mittel *nt;* **~ of communication** Kommunikationsmittel *nt;* **~ of expression** Ausdrucksmittel *nt;* **~ of transport** Transportmittel *nt;* **~ of support** Einkommen *nt;* **to use all** [*or* **every**] **~ at one's disposal** alle verfügbaren Mittel nutzen ❷ (*income*) ■**~** *pl* Geldmittel *nt pl;* **a person of ~** ein vermögender Mensch; **private ~** Privatvermögen *nt,* private Mittel; **to be without ~** (*form*) kein Geld haben, pleite sein *fam;* **to have the ~ to do sth** die [nötigen]

M

Mittel [*o* das [nötige] Geld] haben, etw zu tun; **to live beyond one's ~** über seine Verhältnisse leben; **to live within one's ~** im Rahmen seiner finanziellen Möglichkeiten leben ▶ PHRASES: **a ~ to an end** ein Mittel zum Zweck; **the end justifies the ~** (*prov*) der Zweck heiligt die Mittel; **by ~ of sth** durch etw *akk*, mit etw *dat*, mit Hilfe einer S. *gen*; **they communicate by ~ of sign language** sie kommunizieren durch Zeichensprache; **they made their escape by ~ of a rope ladder** sie entkamen mit [Hilfe] einer Strickleiter; **by all ~** (*form*) unbedingt; (*of course*) selbstverständlich; **by no ~** [*or* **not by any ~**] keineswegs, auf keinen Fall; **it's by no ~ certain** das ist keineswegs sicher

'means test *n* FIN (*of income*) Einkommensüberprüfung *f*; (*of property*) Ermittlung *f* der Vermögensverhältnisse; BRIT (*for social benefit*) Bedürftigkeitsprüfung *f*

'means-test *vt* ■**to ~ sb** (*income*) jds Einkommen überprüfen; (*property*) jds Vermögen überprüfen; BRIT (*for social benefit*) jds Bedürftigkeit prüfen

meant [ment] *pt, pp of* **mean**

'mean·time *n* **for the ~** vorerst; **in the ~** inzwischen, in der Zwischenzeit

mean·while [ˌmiːn'(h)waɪl, AM 'miːn-] *adv* inzwischen, unterdessen, mittlerweile

meany *n* (*fam*) *see* **meanie**

mea·sles ['miːz|z] *n + sing vb* Masern *pl*

mea·sli·ness ['miːzlɪnəs] *n no pl* Geringfügigkeit *f*

mea·sly ['miːzli] *adj* (*pej*) mickrig, schäbig, pop[e]lig *fam*; **all she earns is a ~ $2.50 an hour** sie verdient gerade mal mickrige $2,50 in der Stunde

meas·ur·able ['meʒᵊrəbl̩] *adj inv* messbar; *perceptible* nachweisbar, erkennbar, merklich

meas·ur·ably ['meʒᵊrəbli] *adv inv* wesentlich, deutlich

meas·ure ['meʒəʳ, AM -ɚ] **I.** *n* ❶ (*unit*) Maß *nt*, Maßeinheit *f*; **a ~ of capacity** ein Hohlmaß *nt*; **a ~ of length** ein Längenmaß *nt*; **he poured himself a generous ~ of whiskey** er schenkte sich einen großen Whisky ein ❷ (*fig: degree*) Maß *nt*, Grad *m*; **there was a large ~ of agreement between us** zwischen uns gab es ein hohes Maß an Übereinstimmung; **there was some ~ of truth in what he said** an dem, was er sagte, war etwas Wahres dran; **in large ~** in hohem Maß, zum großen Teil; **in some ~** gewissermaßen, in gewisser Beziehung ❸ (*measuring instrument*) Messgerät *nt*; (*ruler, yardstick*) Messstab *m*; (*container*) Messbecher *m*, Messglas *nt* ❹ (*indicator*) Maßstab *m*; **examinations are not always the best ~ of students' progress** Prüfungen sind nicht immer ein zuverlässiger Indikator für die Fortschritte der Schüler; **to be a ~ of sb's popularity** ein Maßstab für jds Popularität sein ❺ *usu pl* (*action*) Maßnahme *f*; **the ~s we have taken are designed to prevent such accidents occurring in future** die Maßnahmen, die wir ergriffen haben, sollen solche Unfälle in Zukunft verhindern ❻ POL (*bill*) gesetzliche Maßnahme, Bestimmung *f*, Verfügung *f* ❼ LIT (*metre*) Versmaß *nt*, Metrum *nt* ❽ AM MUS *see* **bar** Takt *m* ▶ PHRASES: **there are no half ~s with me** ich mache keine halben Sachen; **for good ~** (*in addition*) zusätzlich, noch dazu; (*to ensure success*) sicherheitshalber; **to get** [*or* **take**] **the ~ of sb/sth** (*assess*) jdn/etw einschätzen [*o* kennen lernen]; (*understand*) jdn/etw verstehen; **beyond ~** über die [*o* alle] Maßen **II.** *vt* ■**to ~ sth** etw [ab]messen; **to ~ sb for a dress/suit** jds Maße für ein Kleid/einen Anzug nehmen; **to ~ sth in centimetres/pounds** etw in Zentimetern/Pfund messen; **delays ~d by weeks are frustrating** wochenlange Verspätungen sind frustrierend; **to ~ sb's heart rate** jds Puls messen; **to ~ a room** ein Zimmer ausmessen ▶ PHRASES: **to ~ one's length** [**on the ground**] auf die Schnauze fallen *sl* **III.** *vi* messen; **the box ~s 10cm by 10cm by 12cm** der Karton misst 10 mal 10 mal 12 cm

◆**measure against** *vt* ■**to ~ sth against sth** etw an etw *dat* messen, etw mit etw *dat* vergleichen

◆**measure off** *vt* **to ~ off fabric** Stoff abmessen

◆**measure out** *vt* ■**to ~ out** ⊂ **sth** ❶ (*take measured amount*) etw abmessen ❷ (*discover size*) etw ausmessen

◆**measure up I.** *vt* ■**to ~ sb** ⊂ **up** jdn einschätzen **II.** *vi* ❶ (*be same size*) zusammenpassen ❷ (*reach standard*) den Ansprüchen genügen; ■**to ~ up to sth** an etw *akk* heranreichen [*o* herankommen]; **to ~ up to a standard** einem Standard genügen [*o* entsprechen]; **to ~ up to a standard/sb's expectations** jds Ansprüchen genügen, jds Erwartungen erfüllen

meas·ured ['meʒəd, AM -ɚd] *adj* gemäßigt; *voice, tone* bedächtig; *response* wohl überlegt; *pace* gemäßigt; *tread* gemessen; **she walked down the hall with ~ steps** sie ging gemessenen Schrittes den Gang entlang

meas·ure·ment ['meʒəmənt, AM -ɚ-] *n* ❶ (*size*) ■**sb's ~s** *pl* jds Maße, jds Größe; **chest ~** Brustumfang *m*; **waist ~** Hüftumfang *m*; **to take sb's ~s** bei jdm Maß nehmen ❷ *no pl* (*measuring*) Messung *f*, Messen *nt*

meas·ur·ing cup *n esp* AM, AUS (*measuring jug*) Messbecher *m* **'meas·ur·ing cyl·in·der** *n* Messzylinder *m* **'meas·ur·ing equip·ment** *n no pl* Messgerät[e] *nt*[*pl*] **'meas·ur·ing jug** *n* BRIT Messbecher *m* **'meas·ur·ing spoon** *n* Messlöffel *m*

meat [miːt] **I.** *n* ❶ *no pl* Fleisch *nt*; **~ and two veg** *Fleisch mit zwei Gemüsebeilagen*; **the cafe serves the usual ~ and two veg** das Café bietet die übliche gutbürgerliche Küche an ❷ (*type*) Fleischsorte *f*; **they have ~ and sausages on offer** sie bieten Fleisch- und Wurstwaren an ❸ *no pl esp* AM (*edible part*) Fleisch *nt*; *of nut* Kern *m* ❹ *no pl* (*fig: subject matter*) Substanz *f* ▶ PHRASES: **to be ~ and drink to sb** BRIT jds Leben[selixier] sein; **one man's ~ is another man's poison** (*prov*) des einen Freud, des anderen Leid *prov*; **to treat sb like a piece of ~** jdn wie ein Stück Vieh behandeln; **to be easy ~** (*fam*) leichte Beute sein **II.** *n modifier* Fleisch-; **~ counter** Fleischtheke *f*; **~ sauce** Bratensoße *f*

meat and po·'ta·toes *n* AM (*fig fam*) Kern *m*; **the ~ of this publisher is still printed books** sein Hauptgeschäft macht dieser Verlag immer noch mit Printbüchern **meat-and-po·'ta·toes** *adj inv* AM (*fig fam*) grundlegend **'meat·ball** *n* Hackfleischbällchen *nt*, Fleischklößchen *nt* **'meat cleav·er** *n* Fleischerbeil *nt*, Fleischermesser *nt* **'meat grind·er** *n* AM Fleischwolf *m* **'meat hook** *n* Fleischerhaken *m*

meati·ness ['miːtɪnəs, AM -t̬-] *n no pl* ❶ (*meat content*) Fleischgehalt *m*; (*meat flavour*) Fleischgeschmack *m* ❷ (*fig: substantiality*) Substanz *f*, Markigkeit *f*

'meat knife *n* Fleischmesser *nt* **'meat loaf** *n* Hackbraten *m* **meat 'pasty** *n* BRIT, **meat 'pie** *n* Fleischpastete *f* **'meat prod·ucts** *npl* Fleischwaren *f pl*, Fleischprodukte *nt pl*

meaty ['miːti, AM -t̬i] *adj* ❶ (*with meat on*) fleischig; (*like meat*) fleischartig, Fleisch-; **the soup has a ~ flavour** die Suppe schmeckt nach Fleisch ❷ (*fig: substantial*) gehaltvoll, aussagekräftig; **a ~ book** ein voluminöses Buch, ein dicker Schmöker *fam*

mec·ca ['mekə], **Mec·ca** *n* ❶ REL ■**M~** Mekka *nt* ❷ (*centre of attraction*) Mekka *nt fig*, Anziehungspunkt *m*

me·chan·ic [mɪ'kænɪk] *n* Mechaniker(in) *m(f)*

me·chani·cal [mɪ'kænɪkᵊl] *adj inv* ❶ *machines* mechanisch, Maschinen-; (*technical*) technisch; (*by machine*) maschinell; **~ failure** Maschinenversagen *nt*; **~ problem** technisches Problem; **~ reliability** technische Zuverlässigkeit ❷ (*machine-like*) mechanisch, automatisch

me·chani·cal en·gi·'neer *n* Maschinenbauer(in) *m(f)*; (*engineer*) Maschinenbauingenieur(in) *m(f)* **me·chani·cal en·gi·'neer·ing** *n no pl* Maschinenbau *m*

me·chani·cal·ly [mɪ'kænɪkᵊli] *adv* ❶ (*by machine*) maschinell ❷ (*without thinking*) mechanisch

me·chani·cal 'pen·cil *n* AM (*propelling pencil*) Drehbleistift *m*

me·chan·ics [mɪ'kænɪks] *n* ❶ *+ sing vb* AUTO, TECH Technik *f*, Mechanik *f* ❷ *+ pl vb* (*fam: practicalities*) Mechanismus *m*;

■**the ~ of sth** die technische Seite einer S. *gen;* **he knows a lot about the ~ of running a school** er weiß sehr gut, wie eine Schule funktioniert

mecha·nism ['mekənɪzᵊm] *n* ❶ *(working parts)* Mechanismus *m* ❷ *(method)* Mechanismus *m,* Methode *f;* **defence** [*or* AM **defense**] ~ Abwehrmechanismus *m;* **comedy can serve as a ~ for releasing tension** Komik kann eine Strategie sein, um Spannungen abzubauen

mecha·nis·tic [ˌmekə'nɪstɪk] *adj* PHILOS mechanistisch

mecha·nis·ti·cal·ly [ˌmekə'nɪstɪkli] *adv* PHILOS mechanistisch

mecha·ni·za·tion [ˌmekənaɪ'zeɪʃᵊn, AM -nɪ'-] *n* Mechanisierung *f*

mecha·nize ['mekənaɪz] *vt* ■**to ~ sth** etw mechanisieren; **to ~ troops** Truppen motorisieren

med I. *n abbrev of* **medicine** II. *adj* ❶ *(fam) abbrev of* **medical** ❷ *abbrev of* **medieval** ma. ❸ *abbrev of* **medium**

Med [med] *n (fam) short for* **Mediterranean sea** Mittelmeer *nt*

M.Ed [ˌem'ed] *n abbrev of* **Master of Education**

med·al ['medᵊl] *n* [Ehren]medaille *f,* Orden *m,* Auszeichnung *f;* SPORTS Medaille *f;* ~ **for bravery** Tapferkeitsmedaille *f;* **commemorative ~** Gedenkmünze *f;* **to be awarded a ~** eine Auszeichnung [verliehen] bekommen; **to win a ~** eine Medaille gewinnen

med·al·ist *n esp* AM, AUS *see* **medallist**

me·dal·lion [mɪ'dæliən, AM mə'dæljən] *n* Medaillon *nt*

me·'dal·lion man *n* BRIT *(pej fam)* Goldkettchentyp *m fam*

med·al·list ['medᵊlɪst], AM **med·al·ist** *n* Medaillengewinner(in) *m(f);* **gold ~** Goldmedaillengewinner(in) *m(f)*

med·dle ['medl̩] *vi* sich *akk* einmischen; ■**to ~ in sth** sich *akk* in etw *akk* einmischen; ■**to ~ with sth** sich *akk* mit etw *dat* abgeben; ■**to ~ with sb** sich *akk* mit jdm anlegen

med·dler ['medl̩əʳ, AM -ɚ] *n* **to be a ~** sich *akk* in fremde Angelegenheiten einmischen *fam;* **she's a real ~** sie mischt sich in alles ein

med·dle·some ['medl̩səm] *adj* **to be ~** sich *akk* in alles einmischen; *(annoying)* aufdringlich sein

med·dling ['medl̩ɪŋ] I. *n no pl* Einmischung *f* II. *adj (curious)* neugierig; *(annoying)* aufdringlich

me·dia ['miːdiə] I. *n* ❶ *pl of* **medium** ❷ + *sing/pl vb (the press)* ■**the ~** die Medien *pl;* **the news ~** TV, RADIO Nachrichtensender *m; (magazines)* Nachrichtenmagazin *nt; (newspaper)* [aktuelle] Zeitung; **in the ~** in den Medien II. *n modifier* ~ **coverage** Berichterstattung *f;* **a ~ event** ein Medienereignis *nt;* ~ **hype** Medienrummel *m;* ~ **studies** ≈ Kommunikationswissenschaft *f;* **her new novel got a lot of ~ attention** um ihren neuen Roman gab es einen großen Medienrummel

me·dia 'cir·cus *n* Medienzirkus *m*

me·di·aeval *adj see* **medieval**

me·dia·gen·ic [ˌmiːdɪə'dʒenɪk] *adj* AM telegen

me·dian ['miːdiən] I. *adj inv* mittlere, Mittel-, durchschnittlich II. *n* AM, AUS *(central reservation)* Mittelstreifen *m*

me·dian 'strip *n* AM, AUS *(central reservation)* Mittelstreifen *m*

me·di·ate ['miːdieɪt] I. *vi* vermitteln; **she had to ~ between them** sie musste zwischen ihnen vermitteln II. *vt* ■**to ~ sth** etw aushandeln; **to ~ a settlement** LAW eine Vereinbarung aushandeln

me·dia·tion [ˌmiːdi'eɪʃᵊn] *n no pl* Vermittlung *f,* Mediation *f fachspr*

me·dia·tor ['miːdieɪtəʳ, AM -t̬ɚ] *n* Vermittler(in) *m(f),* Mediator(in) *m(f) fachspr*

me·dia·tory ['miːdieɪtᵊri, AM -'tɔːri] *adj* vermittelnd, Vermittler-

med·ic ['medɪk] *n (fam)* ❶ *(doctor)* Doktor *m fam,* Medizinmann *m hum fam,* Medikus *m hum geh* ❷ *(student)* Medizinerin) *m(f)* ❸ AM MIL, NAUT Sanitäter(in) *m(f)*

Med·ic·aid ['medɪkeɪd] *n no pl* AM *Gesundheitsfürsorgeprogramm in den USA für einkommensschwache Gruppen*

medi·cal ['medɪkᵊl] I. *adj inv facilities, research* medizinisch; *advice, care, treatment* ärztlich; ~ **attention** ärztliche Behandlung; ~ **bill** Arztrechnung *f;* ~ **staff** Angestellte *mpl o fpl* im Gesundheitswesen II. *n (fam)* ärztliche Untersuchung; **to have a ~** sich *akk* ärztlich untersuchen lassen

'medi·cal cen·ter AM, **'medi·cal cen·tre** *n* medizinisches Zentrum **medi·cal cer·'tifi·cate** *n* ärztliches Attest **medi·cal ex·ami·'na·tion** *n* ärztliche Untersuchung **medi·cal 'his·tory** *n* Krankengeschichte *f* **medi·cal ju·ris·'pru·dence** *n* Gerichtsmedizin *f*

medi·cal·ly ['medɪkᵊli] *adv inv* medizinisch; **to be ~ [un]fit for work** gesundheitlich [nicht] in der Lage sein, zu arbeiten

medi·cal 'of·fic·er *n* BRIT Amtsarzt, -ärztin *m, f* **medi·cal prac·'ti·tion·er** *n* praktischer Arzt/praktische Ärztin **'medi·cal pro·fes·sion** *n no pl* ■**the ~** ❶ *(doctors)* die Ärzteschaft ❷ *(practice of medicine)* der Arztberuf **medi·cal 'rec·ord** *n* Krankenblatt *nt* **'medi·cal school** *n* medizinische Fakultät **medi·cal 'stu·dent** *n* Medizinstudent(in) *m(f)*

me·dica·ment [mɪ'dɪkəmənt, 'mədɪ-] *n* Medikament *nt*

Medi·care ['medɪkeəʳ, AM -ker] *n* ❶ AM *(for elderly)* staatliche Gesundheitsfürsorge [für Senioren] ❷ AUS, CAN *(for all)* staatliche Gesundheitsfürsorge

medi·cate ['medɪkeɪt] *vt* ❶ *usu pass (treat with drug)* ■**to be ~d** medikamentös behandelt werden ❷ *(rare: impregnate)* ■**to ~ sth [with sth]** etw [mit etw *dat*] versetzen

medi·cat·ed ['medɪkeɪtɪd, AM -t̬-] *adj inv* medizinisch; ~ **gauze** imprägnierter Mull; ~ **shampoo** medizinisches Shampoo

medi·ca·tion [ˌmedɪ'keɪʃᵊn] *n* MED ❶ *no pl (course of drugs)* Medikamente *ntpl;* **to be on** [*or* **taking**] ~ **for sth** Medikamente gegen etw *akk* [ein]nehmen ❷ *(drug)* Medikament *nt;* **he was taken off the ~** das Medikament wurde bei ihm abgesetzt ❸ *no pl (treatment)* medikamentöse Behandlung, Medikation *f fachspr*

me·dici·nal [mə'dɪsɪnᵊl] I. *adj inv* medizinisch; ~ **drug** Medikament *nt;* ~ **herbs** Heilkräuter *ntpl;* ~ **properties** Heilkräfte *fpl* II. *n* Heilmittel *nt*

me·dici·nal·ly [mə'dɪsɪnᵊli] *adv inv* medizinisch; **to be used ~** in der Medizin Anwendung finden

medi·cine ['medsᵊn, AM -dɪsən] *n* ❶ *no pl (for illness)* Medizin *f,* Medikamente *ntpl;* **to take [one's] ~** [seine] Medizin einnehmen ❷ *(substance)* Medikament *nt;* **cough ~** Hustenmittel *nt* ❸ *no pl (medical science)* Medizin *f;* **herbal/natural ~** Kräuter-/Naturheilkunde *f;* **preventive ~** Vorsorgemedizin *f;* **to practise** [*or* AM **practice**] ~ den Arztberuf ausüben ❹ *(fig: remedy)* Heilmittel *nt fig* ▸ PHRASES: **to get a dose** [*or* **taste**] **of one's own ~** es mit gleicher Münze heimgezahlt bekommen; **to take one's ~** in den sauren Apfel beißen *fam*

'medi·cine ball *n* Medizinball *m* **'medi·cine chest** *n* Arzneischrank *m,* Hausapotheke *f* **'medi·cine man** *n* ❶ *(tribal healer)* Medizinmann *m* ❷ *(hum fam: doctor)* Medizinmann *m hum fam*

medi·co ['medɪkəʊ, AM -koʊ] *n (dated fam)* Medikus *m hum geh*

me·di·eval [ˌmedi'iːvᵊl, AM ˌmiːdi'-] *adj inv* ❶ *(from Middle Ages)* mittelalterlich ❷ *(pej fam: old-fashioned)* vorsintflutlich *pej fam*

me·dio·cre [ˌmiːdi'əʊkəʳ, AM -'oʊkɚ] *adj inv* mittelmäßig, zweitklassig, zweitrangig

me·di·oc·rity [ˌmiːdi'ɒkrəti, AM -'ɑːkrət̬i] *n* ❶ *no pl (state)* Mittelmäßigkeit *f,* Zweitklassigkeit *f* ❷ *(person)* Null *f pej*

medi·tate ['medɪteɪt] I. *vi* ❶ *(think deeply)* ■**to ~ on** [*or* **upon**] **sth** über etw *akk* nachdenken ❷ *(as spiritual exercise)* meditieren II. *vt (form: plan)* ■**to ~ sth** etw planen; *(consider)* an etw *akk* denken, etw erwägen; **to ~ revenge** auf Rache sinnen [*o fam* aus sein]

medi·ta·tion [ˌmedɪ'teɪʃᵊn] *n* ❶ *no pl (spiritual exercise)* Meditation *f;* **to practise** [*or* AM **practice**] ~ meditieren ❷ *no pl (serious thought)* Nachdenken *nt,* Überlegen *nt* (**on** über +*akk*); **to be deep in ~** ganz in Gedanken versunken sein ❸ *(reflections)* ■**~s** *pl* Überlegungen *fpl;* **loath as I am to**

M

disturb your ~s, but ... es tut mir wirklich leid, dich aus deinen Gedanken reißen zu müssen, aber ... ❹ (*discourse*) Betrachtung[en] *f[pl]* (**on** über +*akk*)

medi·ta·tive ['medɪtətɪv, AM -teɪt̬ɪv] *adj* nachdenklich; (*spiritual*) meditativ

Medi·ter·ra·nean [,medɪtᵊr'eɪniən, AM -tə'reɪ-] **I.** *n* Mittelmeer *nt* **II.** *adj inv climate* mediterran; ~ **cooking** Mittelmeerküche *f;* ~ **looks** südländisches Aussehen

me·dium ['mi:diəm] **I.** *adj inv* ❶ (*average*) durchschnittlich, mittel; **of ~ height** von mittlerer Größe ❷ FOOD (*degree of doneness*) *steak* medium, halb durch **II.** *n* <*pl* -s *or* -dia> ❶ (*means*) Medium *nt,* Mittel *nt;* PUBL, TV Medium *nt;* **advertising ~** Werbeträger *m;* **a ~ for** [*or* **of**] **communication** ein Kommunikationsmittel *nt;* **through the ~ of dance/radio** durch das Medium des Tanzes/des Radios; **print ~** Printmedium *nt* ❷ (*art material*) Medium *nt* ❸ <*pl* -s> (*spiritualist*) Medium *nt* ❹ (*nutritive substance*) Träger *m;* **culture ~** künstlicher Nährboden ▶PHRASES: **to find** [*or* **strike**] **a happy ~** die goldene Mitte finden

me·dium-'dry *adj inv wine* halbtrocken **me·dium-'fine** *adj inv* mittel[fein]; ~ [**ballpoint**] **pen** mittelfeiner Kugelschreiber **me·dium 'fre·quen·cy** *n* RADIO Mittelfrequenz *f* **me·dium-'length** *adj inv* halblang **me·dium-'range** *adj* Mittelstrecken-; ~ **aircraft/fighter/missile** Mittelstreckenflugzeug *nt/*-abfangjäger *m/*-rakete *f* **me·dium-'rare** *adj inv* FOOD englisch; ~ **steak** englisches Steak **me·dium-'size(d)** *adj inv* mittelgroß **me·dium 'term** *n* **the ~ will see ...** mittelfristig gesehen ...; **growth over the ~** mittelfristiges Wachstum; **in the ~** mittelfristig **'me·dium-term** *adj* mittelfristig **'me·dium wave** *n esp* BRIT RADIO Mittelwelle *f* **me·dium-'well** *adj inv steak* durchgebraten

med·ley ['medli] *n* ❶ (*mixture*) Gemisch *nt;* **vegetable ~** gemischtes Gemüse ❷ (*of tunes*) Medley *nt* ❸ (*swimming race*) Lagenstaffel *f*

meds [medz] *n* (*fam*) *short for* **medication** Medikamente *ntpl*

meek [mi:k] **I.** *adj* ❶ (*gentle*) sanftmütig ❷ (*pej: submissive*) unterwürfig *pej;* ~ **compliance** blinde Ergebenheit ▶PHRASES: **as ~ as a lamb** so sanft wie ein Lamm **II.** *n* REL ■**the ~** die Sanftmütigen

meek·ly ['mi:kli] *adv* ❶ (*gently*) sanftmütig ❷ (*pej: submissively*) unterwürfig *pej*

meek·ness ['mi:knəs] *n no pl* ❶ (*gentleness*) Sanftmütigkeit *f* ❷ (*pej: submissiveness*) Unterwürfigkeit *f pej*

meet [mi:t] **I.** *n* ❶ (*sporting event*) Sportveranstaltung *f* ❷ BRIT (*fox hunt*) Jagdtreffen *nt* (*zur Fuchsjagd*) **II.** *vt* <met, met> ❶ (*by chance*) ■**to ~ sb** jdn treffen; **I met her in the street** ich bin ihr auf der Straße begegnet; **I happened to ~ him** ich habe ihn zufällig getroffen; **our car met another car on the narrow road** auf der engen Straße kam unserem Auto ein anderes entgegen; **to ~ sb face to face** jdm persönlich begegnen ❷ (*by arrangement*) ■**to ~ sb** sich *akk* mit jdm treffen; ~ **me in front of the library at five** warte um fünf vor der Bibliothek auf mich; **I arranged to ~ her on Thursday** ich verabredete mich mit ihr für Donnerstag ❸ (*collect*) ■**to ~ sb** jdn abholen; **I went to the airport to ~ my brother** ich fuhr zum Flughafen, um meinen Bruder abzuholen; **a bus ~s every train** zu jedem Zug gibt es einen Anschlussbus ❹ (*make acquaintance of*) ■**to ~ sb** jdn kennen lernen; **I'd like you to ~ my best friend Betty** ich möchte dir meine beste Freundin Betty vorstellen; **Frank, ~ Dorothy** Frank, darf ich dir Dorothy vorstellen?; [**it's**] **a pleasure to ~ you** sehr erfreut, Sie kennen zu lernen; **I've never met anyone quite like her** ich habe noch nie so jemanden wie sie getroffen ❺ (*come into contact*) ■**to ~ sth** auf etw *akk* treffen; **his eyes met hers** ihre Blicke trafen sich; **I met his gaze** ich hielt seinem Blick stand; **it's where Front Street ~s Queen Street** es ist da, wo die Front Street auf die Queen Street stößt; **where the mountains ~ the sea** wo das Meer an die Berge heranreicht; **to ~ sb's glance** jds Blick erwidern ❻ (*fulfil*) ■**to ~ sth** etw erfüllen; **to ~ the cost of sth** die Kosten für etw *akk* übernehmen; **to ~ a deadline** einen Termin einhalten; **to ~** [**the**] **demand** die Nachfrage befriedigen; **to ~ an obligation** einer Verpflichtung nachkommen ❼ (*deal with*) ■**to ~ sth** etw *dat* entgegentreten; **they had to ~ the threat posed by the Austrians** sie mussten auf die Bedrohung durch die Österreicher reagieren; **to ~ a challenge** sich *akk* einer Herausforderung stellen; **to ~ objections** Einwände widerlegen ❽ (*experience*) ■**to ~ sth** mit etw *dat* konfrontiert sein; **these are the kind of difficulties you ~ on the road to success** dies sind die Schwierigkeiten, die dir auf dem Weg zum Erfolg begegnen; **the troops met stiff opposition** die Truppen stießen auf starke Gegenwehr ❾ (*fight*) ■**to ~ sb** SPORTS auf jdn treffen, gegen jdn antreten; MIL gegen jdn kämpfen; **to ~ an enemy in battle** einem Feind in der Schlacht begegnen ▶PHRASES: **to ~ one's death** den Tod finden; **to make ends ~** über die Runden kommen; **there's more to this than ~s the eye** es steckt mehr dahinter, als es den Anschein hat; **to go to ~ one's maker** das Zeitliche segnen; **to ~ one's match** seinen Meister finden; **to ~ one's Waterloo** BRIT sein Waterloo erleben; **to ~ sb halfway** jdm auf halbem Weg entgegenkommen; **to ~ danger head on** sich *dat* der Gefahr stellen **III.** *vi* <met, met> ❶ (*by chance*) sich *dat* begegnen; **we met in the street** wir sind uns auf der Straße begegnet ❷ (*by arrangement*) sich *akk* treffen; **to ~ for a drink/for lunch** sich *akk* auf einen Drink/zum Mittagessen treffen ❸ (*get acquainted*) sich *akk* kennen lernen; **no, we haven't met** nein, wir kennen uns noch nicht; **I've mistrusted him from the day we met** ich habe ihm vom ersten Tag [unserer Bekanntschaft] an misstraut ❹ (*congregate*) zusammenkommen; **Congress will ~ next week** der Kongress wird nächsten Monat tagen; **the children's club ~s every Thursday afternoon** der Kinderclub trifft sich jeden Donnerstagnachmittag; **the committee is ~ing to discuss the issue tomorrow** der Ausschuss tritt morgen zusammen, um über die Frage zu beraten ❺ SPORTS aufeinandertreffen, gegeneinander antreten ❻ (*join*) zusammentreffen; *roads, lines* zusammenlaufen; *counties, states* aneinandergrenzen; **the curtains don't ~** die Vorhänge gehen nicht zusammen; **their hands met under the table** ihre Hände begegneten sich unter dem Tisch; **our eyes met** unsere Blicke trafen sich; **their lips met in a passionate kiss** ihre Lippen trafen sich zu einem leidenschaftlichen Kiss

◆**meet up** *vi* ❶ (*get together*) sich *akk* treffen; ■**to ~ up with sb** jdn treffen ❷ (*join*) zusammenkommen, zusammentreffen; ■**to ~ up with sth** *road* auf etw *akk* stoßen

◆**meet with I.** *vi* ❶ *esp* AM (*have meeting*) ■**to ~ with sb** jdn treffen ❷ (*experience*) ■**to ~ with sth** *problems* auf etw *akk* stoßen; **to ~ with an accident** einen Unfall haben; **to ~ with approval** Beifall finden; **to ~ with failure** einen Misserfolg erleiden; **to ~ with success** Erfolg haben **II.** *vt* ❶ (*respond to*) ■**to be met with sth: the announcement was met with loud applause** die Ankündigung wurde mit lautem Beifall aufgenommen ❷ (*match*) **to ~ force with force** auf Gewalt mit Gewalt reagieren

meet·ing ['mi:tɪŋ, AM -t̬-] *n* ❶ (*organized gathering*) Versammlung *f,* Sitzung *f;* **business ~** geschäftliche Besprechung; **to attend a ~** an einer Versammlung teilnehmen; **to call a ~** eine Versammlung einberufen; **to have a ~ with sb** eine Besprechung mit jdm haben; **to hold a ~** eine Sitzung abhalten ❷ (*coming together*) Treffen *nt;* **chance ~** zufälliges Treffen ❸ SPORTS Veranstaltung *f,* [sportliche] Begegnung ❹ (*assembly for worship*) Versammlung *f* (*bei den Quäkern*) ▶PHRASES: **a ~ of minds** völlige Übereinstimmung

'meet·ing house *n* Andachtshaus *nt* (*der Quäker*) **'meet·ing point** *n* ❶ (*point of contact*) Schnittpunkt *m* ❷ (*public space*) Treffpunkt *m*

mega ['megə] *adj inv* ❶ (*fam: huge*) Riesen- *fam,* Mega- *fam;*

~ **trend** Megatrend *m fam* ② (*fam: excellent*) super *fam*
mega- ['megə] *in compounds* (*fam*) ① + *adj* mega- *fam;* ~ **cool** megacool *sl,* geil *sl;* ~ **famous/hot** total berühmt/heiß *sl;* ~ **rich** schwerreich *fam;* ~ **wild** total verrückt *fam* ② + *n* (*large and great*) (*hit, star*) Mega-; ~ **deal** Riesengeschäft *nt,* Bombengeschäft *nt fam;* ~ **film** Wahnsinnsfilm *m fam;* ~ **production** gigantische Produktion
'mega·brand *n* Megamarke *f,* Marktführer *m,* bekannte Marke **'mega·bucks** *npl* (*fam*) Schweinegeld *nt kein pl sl;* **to earn** ~ ein Schweinegeld verdienen *sl* **'mega·byte** *n* Megabyte *nt* **'mega·hertz** *n* Megahertz *nt*
mega·lith ['megəlɪθ] *n* Megalith *m*
mega·lith·ic [ˌmegə'lɪθɪk] *adj inv* megalithisch
mega·lo·ma·nia [ˌmegələ(ʊ)'meɪniə, AM -loʊ'-] *n no pl* ① PSYCH Größenwahn *m,* Megalomanie *f fachspr* ② (*lust for power*) Größenwahn *m pej*
mega·lo·ma·ni·ac [ˌmegələ(ʊ)'meɪniæk, AM -loʊ'-] **I.** *n* ① PSYCH Größenwahnsinnige(r) *f(m),* Megalomane, -in *m, f fachspr* ② (*power-hungry person*) Größenwahnsinnige(r) *f(m) pej* **II.** *adj attr, inv* größenwahnsinnig *pej*
mega·lo·ma·ni·ac·al [ˌmegələ(ʊ)mə'naɪəkəl, AM -loʊmə'-] *adj* größenwahnsinnig *pej*
mega·lopo·lis [ˌmegəlɒpəlɪs, AM -'ɑːpə-] *n* [riesige] Metropole
'mega·mer·ger *n* Fusion *f* der Unternehmensriesen **'mega·phone** *n* Megaphon *nt* **'mega·pix·el** *n* Megapixel *nt fachspr* **'mega·star** *n* Megastar *m* **'mega·store** *n* Megastore *m* **'mega·ton** *n* Megatonne *f* **'mega·watt** *n* Megawatt *nt*
-meis·ter ['maɪstə'] *n* (*fam*) -meister *m,* -profi *m;* **gossip**~ Meister(in) *m(f)* des Klatschs, Klatschtante *f fam;* **movie**~ Filmprofi *m*
mel·an·cho·lia [ˌmelən'kəʊliə, AM -'koʊl-] *n no pl* ① (*form: gloomy sadness*) Schwermut *f* ② (*dated: mental illness*) Melancholie *f*
mel·an·chol·ic [ˌmelən'kɒlɪk, AM -'kɑːl-] *adj* melancholisch
mel·an·choly ['melənkəli, AM -kɑːli] **I.** *n no pl* Melancholie *f,* Schwermut *f* **II.** *adj* melancholisch, schwermütig; ~ **day** trüber Tag *fig*
mé·lange [meɪ'lɑ̃(n)ʒ, AM -'lɑ̃ʒ] *n usu sing* (*form*) Mischung *f*
mela·no·ma [ˌmelə'nəʊmə, AM -'noʊ-] *n* Melanom *nt;* **malignant** ~ bösartiges [*o fachspr* malignes] Melanom
mela·to·nin [ˌmelə'təʊnɪn, AM -'toʊ-] *n no pl* Melatonin *nt fachspr*
meld [meld] *vt* AM ■**to** ~ **sth** etw mischen [*o* kombinieren]; ■**to** ~ **sth into sth** etw zu etw *dat* kombinieren
me·lee ['meleɪ, AM 'meɪ-] *n usu sing* ① (*confused fight*) Handgemenge *nt* ② (*muddle*) Gedränge *nt;* ~ **of people** Menschenmenge *f*
mel·lif·lu·ous [mɪ'lɪfluəs, AM mə'-] *adj* (*form*) honigsüß *fig;* ~ **voice** angenehme Stimme
mel·low ['meləʊ, AM -oʊ] **I.** *adj* <-er, -est *or* more ~, most ~> ① (*relaxed*) *person* locker *fam,* heiter, umgänglich; ~ **mood** heitere Stimmung ② (*fam: slightly drunk*) angeheitert ③ (*not harsh*) sanft; *colour* dezent; *light* gedämpft ④ FOOD (*smooth*) *flavour* mild; *wine* lieblich **II.** *vi* ① (*become more easy-going*) umgänglicher werden ② *esp* AM (*fam: relax*) **to** ~ **out** sich *akk* entspannen ③ (*become softer*) *colours* weicher werden; *flavour* milder werden **III.** *vt* ① (*make more easy-going*) ■**to** ~ **sb** jdn umgänglicher [*o* abgeklärter] machen; **age has** ~**ed her** im Alter ist sie abgeklärter geworden ② (*make softer*) ■**to** ~ **sth** etw abschwächen; **evening sunlight** ~**ed the harsh white facade** die Abendsonne ließ die grellweiße Fassade sanfter erscheinen
me·lod·ic [mə'lɒdɪk, AM -'lɑːd-] *adj* melodisch
me·lo·dious [mə'ləʊdiəs, AM -'loʊ-] *adj* (*form*) melodiös *geh,* wohlklingend *geh*
melo·dra·ma ['melə(ʊ)ˌdrɑːmə, AM -loʊ'-] *n* ① THEAT Melodrama *nt* ② (*fig: overemotional reaction*) Melodram *nt fam,* melodramatisches Getue *pej fam*
melo·dra·mat·ic [ˌmelə(ʊ)drə'mætɪk, AM -loʊdrə'mæt̬-] *adj* melodramatisch
melo·dra·mati·cal·ly [ˌmelə(ʊ)drə'mætɪkəli, AM -loʊdrə'mæt̬-] *adv* melodramatisch
melo·dy ['melədi] *n* Melodie *f*
mel·on ['melən] *n* Melone *f*
melt [melt] **I.** *n* ① (*thaw*) Schneeschmelze *f* ② AM FOOD *Sandwich mit geschmolzenem Käse* **II.** *vi* ① (*turn into liquid*) schmelzen; **to** ~ **in the mouth** auf der Zunge zergehen ② (*fig: become tender*) dahinschmelzen *fig;* **he only has to look at her and she** ~**s** er braucht sie nur anzusehen, und schon schmilzt sie dahin ③ (*fig*) ■**to** ~ **into sth** (*change gradually*) in etw *akk* übergehen; (*disappear*) sich *akk* in etw *dat* auflösen; **to** ~ **into the background** sich *akk* in den Hintergrund zurückziehen **III.** *vt* ① (*make liquid*) ■**to** ~ **sth** etw schmelzen; **the sun** ~**ed the snow** der Schnee schmolz in der Sonne ② (*fig: make tender*) **to** ~ **sb** [*or* **sb's heart**] jdn erweichen; **that smile** ~**ed me** dieses Lächeln hat mich herumgekriegt *fam*
◆**melt away** *vi* ① (*thaw*) schmelzen ② (*fig: disappear*) dahinschmelzen *fig,* dahinschwinden; *anger* verfliegen ③ (*disperse*) *crowd* sich *akk* zerstreuen
◆**melt down** *vt* ■**to** ~ **down** ↔ **sth** etw schmelzen
'melt·down *n* ① TECH [Ein]schmelzen *nt;* (*in nuclear power station*) Durchbrennen *nt* ② (*fig fam: collapse*) Zusammenbruch *m fig*
melt·ed ['meltɪd] **I.** *vi, vt pt, pp of* **melt II.** *adj attr, inv* geschmolzen; ~ **butter** zerlassene Butter
melt·ing ['meltɪŋ] *adj inv* rührend; ~ **look** entwaffnender Blick
'melt·ing point *n* Schmelzpunkt *m* **'melt·ing pot** *n* (*fig*) Schmelztiegel *m fig;* **cultural** ~ Schmelztiegel *m* der Kulturen; **to throw** [*or* **put**] **sth into the** ~ etw von Grund auf ändern
'melt wa·ter *n no pl* Schmelzwasser *nt*
mem·ber ['membə', AM -ɚ] **I.** *n* ① (*of group*) Angehörige(r) *f(m); of a club, party* Mitglied *nt;* **committee/team** ~ Komitee-/Teammitglied *nt;* ~ **of the family** Familienmitglied *nt;* ~ **of staff** (*employee*) Mitarbeiter(in) *m(f);* SCH Angehörige(r) *f(m)* des Lehrkörpers *form* ② BRIT (*Member of Parliament*) ■**M**~ Parlamentsmitglied *nt,* Abgeordnete(r) *f(m)* ③ (*dated form: limb*) Gliedmaße *f meist pl,* Glied *nt* ④ (*dated fam: penis*) Glied *nt* **II.** *n modifier* (*nation, organization, state*) Mitglieds-
Mem·ber of 'Par·lia·ment *n* Parlamentsmitglied *nt,* Abgeordnete(r) *f(m)* **Mem·ber of the Euro·pean 'Par·lia·ment** *n* Abgeordnete(r) *f(m)* [*o* Mitglied *nt*] des Europaparlaments
mem·ber·ship ['membəʃɪp, AM -bɚ-] *n* ① (*people*) ■**the** ~ + *sing/pl vb* die Mitglieder *pl* ② (*number of people*) Mitgliederzahl *f* ③ *no pl* (*being member*) Mitgliedschaft *f;* **to apply for** ~ **of** [*or* AM **in**] **a club** die Aufnahme in einen Club beantragen; **to resign one's** ~ **of sth** aus etw *dat* austreten; **to take out** ~ [**of** [*or* AM **in**] **a club**] [einem Club] beitreten ④ (*fee*) Mitgliedsbeitrag *m;* **annual** ~ [**fee**] Jahresbeitrag *m*
'mem·ber·ship card *n* Mitgliedsausweis *m*
mem·brane ['membreɪn] *n* Membran *f,* Häutchen *nt; of a cell* Zellmembran *f*
me·men·to <*pl* -s *or* -es> [mɪ'mentəʊ, AM mə'mentoʊ] *n* Andenken *nt* (**of** an +*akk*)
me·men·to mori [mɪˌmentəʊ'mɒri, AM məˌmentoʊ'mɔːriː] *n* Memento mori *nt*
memo[1] ['meməʊ, AM 'memoʊ] *n short for* **memorandum** Memo *nt;* **to send** [**out**] **a** ~ [**to sb**] [jdm] ein Memo [*o* eine Mitteilung] schicken
memo[2] ['meməʊ, AM 'memoʊ] *vt* ■**to** ~ **sb** jdm ein Memo [*o* eine Mitteilung] schicken
mem·oir ['memwɑː', AM -wɑːr] *n* ① (*personal account*) Erinnerungen *fpl;* **to write a** ~ [**of sth**] seine Erinnerungen [an etw *akk*] niederschreiben ② *pl* (*autobiography*) ■~**s** [*or* AM ~] Memoiren *pl;* **to write one's** ~**s** [*or* AM ~] seine Memoiren

schreiben
'memo pad *n* Notizblock *m*
memo·ra·bilia [ˌmemᵊrəˈbɪliə] *npl* Souvenirs *ntpl,* Memorabilien *pl veraltend geh*
memo·rable [ˈmemᵊrəbl̩] *adj* denkwürdig; *evening, line, tune* unvergesslich; **a ~ achievement** eine beeindruckende Leistung
memo·rably [ˈmemᵊrəbli] *adv* nachhaltig; (*unforgettably*) auf unvergessliche Weise
memo·ran·da [ˌmemᵊrˈændə, AM -əˈræn-] *n pl of* **memorandum**
memo·ran·dum <*pl* -s *or* -da> [ˌmemᵊrˈændəm, AM -əˈræn-, *pl* -də] *n* ❶ (*form: message*) Mitteilung *f* ❷ (*document*) Memorandum *nt* ❸ LAW (*informal legal agreement*) Vereinbarung *f;* **~ of understanding** Absichtserklärung *f*
me·mo·rial [məˈmɔːriəl] *n* Denkmal *nt;* MIL Ehrenmal *nt*
Me·'mo·rial Day *n* AM Volkstrauertag *m*

i Kultur

Der **Memorial Day** ist der letzte Montag im Mai und ist fast überall in den USA (außer in ein paar Südstaaten) ein gesetzlicher Feiertag. An diesem Tag gedenkt man der Gefallenen aller US-Kriege.

me·mo·rial 'plaque *n* Gedenktafel *f* **me·'mo·rial ser·vice** *n* Gedenkgottesdienst *m*
memo·rize [ˈmemᵊraɪz, AM -mər-] *vt* ■**to ~ sth** sich *dat* etw einprägen; **to ~ a poem/song** ein Gedicht/Lied auswendig lernen
memo·ry [ˈmemᵊri, AM -mɚi] *n* ❶ *no pl* (*ability to remember*) Gedächtnis *nt* (**for** für +*akk*); **if my ~ serves me correctly** [*or* **right**] wenn mein Gedächtnis mich nicht täuscht; **to have a ~ like an elephant** ein Elefantengedächtnis haben; **loss of ~** Gedächtnisschwund *m;* **to have a good ~ for names/numbers** ein gutes Namen-/Zahlengedächtnis haben; **a bad/good/photographic ~** ein schlechtes/gutes/fotografisches Gedächtnis; **impaired ~** Gedächtnisschwäche *f;* **within living/sb's ~** soweit man/jd zurückdenken kann; **this is still within my ~** daran kann ich mich noch erinnern; **to commit sth to ~** sich *dat* etw einprägen; **to have no ~ of sth** (*form*) sich *akk* nicht an etw *akk* erinnern; **to recite sth from ~** etw aus dem Gedächtnis rezitieren; **to search one's ~** versuchen, sich *akk* zu erinnern ❷ *no pl* (*remembrance*) Andenken *nt;* **in ~ of sb/sth** zum Gedenken an jdn/etw ❸ (*remembered event*) Erinnerung *f* (**of** an +*akk*); **to bring back memories** Erinnerungen wachrufen ❹ *no pl* COMPUT (*stored data*) Speicher *m;* **~-hogging** (*fam*) Speicher fressend *attr fam*
'memo·ry bank *n* ❶ COMPUT (*memory store*) Speicherbank *f* ❷ (*human memory*) Gedächtnis *nt;* **collective ~** kollektives Gedächtnis **memo·ry 'lane** *n no pl* ▸ PHRASES: **to take a stroll** [*or* **trip**] [*or* **walk**] **down ~** in Erinnerungen schwelgen *geh*
'memo·ry span *n* PSYCH Gedächtnisspanne *f*
men [men] *n pl of* **man**
men·ace [ˈmenɪs, AM -nəs] **I.** *n* ❶ (*threat*) Drohung *f;* **to demand [sth] with ~s** [etw] unter Anwendung von Drohungen verlangen ❷ (*danger*) Bedrohung *f;* **public ~** öffentliche Gefahr ❸ (*annoying person*) Nervensäge *f fam;* ■**to be a ~ to sb** eine Plage für jdn sein **II.** *vt* (*form*) ■**to ~ sb/sth** jdn/etw bedrohen
men·ac·ing [ˈmenɪsɪŋ, AM -nəs-] *adj attr* drohend
men·ac·ing·ly [ˈmenɪsɪŋli, AM -nəs-] *adv* drohend
me·nage *n* (*form*), **mé·nage** [menˈɑːʒ, AM meɪˈ-] *n* (*form*) Haushalt *m*
mé·nage à trois [menˌɑːʒɑːˈtrwɑː, AM meɪˌ-] *n* (*relationship*) Dreiecksbeziehung *f;* AM (*fam: sex*) flotter Dreier *fam*
me·nag·erie [məˌnædʒᵊri, AM -ɚi] *n* Menagerie *f*
mend [mend] **I.** *n* (*repair*) Flickstelle *f* ▸ PHRASES: **to be on the ~** (*fam*) auf dem Weg der Besserung sein **II.** *vt* ■**to ~ sth** ❶ (*repair*) etw reparieren; *torn clothes* etw ausbessern [*o* flicken]; *broken object* etw kleben; **to ~ socks** Socken stopfen ❷ (*fig: improve*) etw verbessern; **to ~ a situation** eine Situation in Ordnung bringen ▸ PHRASES: **to ~ fences** (*prov*) Unstimmigkeiten ausräumen, das Kriegsbeil begraben *fig fam;* **to ~ one's ways** sich *akk* bessern **III.** *vi* gesund werden *a. fig; bone* heilen
men·da·cious [menˈdeɪʃᵊs] *adj* (*form*) verlogen
men·dac·ity [menˈdæsəti, AM -əṭi] *n no pl* (*form*) Verlogenheit *f*
Mendel's Laws [ˈmendᵊzˌlɔːz, AM -ˌlɑːz] *n* die mendelschen Gesetze
men·di·cant [ˈmendɪkənt] **I.** *n* (*form*) ❶ (*beggar*) Bettler(in) *m(f)* ❷ (*monk*) Bettelmönch *m* **II.** *adj inv* (*form*) ❶ (*begging*) bettelnd *attr* ❷ (*rejecting possessions*) Bettel-; **~ order** Bettelorden *m*
mend·ing [ˈmendɪŋ] *n no pl* Flickarbeit *f*
'mend·ing kit *n* Flickzeug *nt* (*bes für Fahrräder*)
men·folk [ˈmenfəʊk, AM -foʊk] *npl* (*dated*) Mannsvolk *nt hum fam,* Männer *mpl;* **the ~ from the family** die Männer [*o* männlichen Mitglieder] der Familie
me·nial [ˈmiːniəl] *adj* niedrig; **~ work** Hilfsarbeit *f;* **~ tasks** niedere Tätigkeiten
men·in·gi·tis [ˌmenɪnˈdʒaɪtɪs, AM -ṭ-] *n no pl* Gehirnhautentzündung *f,* Meningitis *f fachspr*
meno·pau·sal [ˌmenə(ʊ)ˈpɔːzᵊl, AM ˌmenəˈpɑː-] *adj inv* klimakterisch *fachspr;* **~ women** Frauen *fpl* in den Wechseljahren
meno·pause [ˈmenə(ʊ)pɔːz, AM ˈmenəpɑːz] *n no pl* Wechseljahre *pl,* Menopause *f fachspr,* Klimakterium *nt fachspr*
'men's move·ment *n modifier* Männerbewegung *f* **'men's room** *n esp* AM Herrentoilette *f;* **to go to the ~** auf die [Herren]toilette gehen
men·strual [ˈmen(t)strʊəl] *adj inv* (*form*) Menstruations-; **~ cycle** Menstruationszyklus *m*/-periode; **~ period** Periode *f;* **~ pain** [*or* **cramps**] Menstruationsschmerzen *mpl*
men·stru·ate [ˈmen(t)strueɪt] *vi* menstruieren *geh*
men·strua·tion [ˌmen(t)struˈeɪʃᵊn] *n no pl* Menstruation *f geh,* Periode *f,* [Monats]regel *f*
'mens·wear *n no pl* ❶ (*men's clothing*) Herrenbekleidung *f* ❷ (*part of shop*) **~ [department]** Herrenabteilung *f*
men·tal [ˈmentᵊl, AM *also* -ṭ-] *adj inv* ❶ (*of the mind*) geistig, mental; **~ acrobatics** Gedankenakrobatik *f;* **~ image** [*or* **picture**] geistiges Bild; **~ powers** Geisteskräfte *fpl,* mentale Kräfte; **~ process** Denkprozess *m;* **to have ~ reservations [about sb/sth]** [wegen einer Person/einer S. *gen*] Bedenken haben; **~ retardation** geistige Behinderung ❷ (*psychological*) psychisch, seelisch; **to suffer a [complete** [*or* **total**]] **~ collapse** [*or* **breakdown**] einen [völligen] Nervenzusammenbruch erleiden; **~ cruelty** seelische Grausamkeit; **~ illness** Geisteskrankheit *f;* **~ state** seelische Verfassung ❸ (*fam: crazy*) verrückt *fam,* übergeschnappt *fam;* ■**to be ~ about sth** nach etw *dat* verrückt sein *fam*
men·tal 'age *n* Intelligenzalter *nt;* **he has a ~ of six** er ist geistig auf dem Stand eines Sechsjährigen **men·tal a'rith·me·tic** *n no pl* Kopfrechnen *nt* **men·tal 'block** *n* geistige Blockierung
men·tal 'han·di·cap *n* (*esp pej dated*) geistige Behinderung
'men·tal hos·pi·tal *n* Nervenheilanstalt *f veraltend,* Nervenklinik *f,* psychiatrische Klinik; **to end up in a ~** (*fam*) in der Klapsmühle landen *fam*
men·tal·ity [menˈtæləti, AM -əṭi] *n* Mentalität *f;* **to develop a siege ~** sich *akk* zunehmend bedroht fühlen; **to have a positive ~ about sth** zu etw *dat* eine positive Einstellung haben
men·tal·ly [ˈmentᵊli, AM *also* -ṭ-] *adv inv* ❶ (*psychologically*) psychisch; **~ deranged/stable** psychisch gestört/stabil ❷ (*intellectually*) geistig; **~ defective** (*pej*) geistesgestört *fam;* **~ handicapped** geistig behindert
men·thol [ˈmen(t)θɒl, AM -θɔːl] *n no pl* Menthol *nt*
men·tho·la·ted [ˈmen(t)θᵊleɪtɪd, AM -ṭɪd] *adj inv* Menthol-;

~ **lozenge** Mentholbonbon *nt*
men·tion ['men(t)ʃᵊn] **I.** *n* ❶ *(reference)* Erwähnung *f;* **no ~ was made of sb/sth** jd/etw wurde nicht erwähnt; **to get a ~** erwähnt werden ❷ *(honour)* lobende Erwähnung; **to receive** [*or* **get**] **a** [**special**] **~** lobend erwähnt werden **II.** *vt* ■**to ~ sb/sth** jdn/etw erwähnen; **don't ~ it!** gern geschehen!, das ist doch nicht der Rede wert!; **I'll ~ it to Jane** ich werde es Jane sagen; **did she happen to ~ whether she would be coming?** hat sie zufällig gesagt, ob sie kommt?; ■**to ~ that ...** erwähnen, dass ...; **not to ~ ...** ganz zu schweigen von ...
men·to ['mentəʊ, AM -toʊ] *n* *(Jamaican dance or song)* Mento *m*
menu ['menju:] *n* ❶ *(in restaurant)* Speisekarte *f* ❷ COMPUT Menü *nt*
'menu bar *n* COMPUT Menüleiste *f* **'menu-driv·en** *adj* COMPUT menügesteuert
meow *n, vi* AM *see* **miaow**
MEP [ˌemi:'pi:] *n* BRIT *abbrev of* **Member of the European Parliament**
Meph·is·to·phe·lean [ˌmefɪstə'fi:liən] *adj inv* mephistophelisch *geh,* teuflisch
Mephistopheles [ˌmefɪ'stɒfɪli:z, AM -ə'stɑ:fə-] *n no art* LIT Mephisto, Mephistopheles
mer·can·tile ['mɜ:kᵊntaɪl, AM 'mɜ:r-] *adj inv* *(form)* kaufmännisch, Handels-
mer·can·tile ma·'rine *n* *(dated)* Handelsmarine *f*
mer·ce·nary ['mɜ:sᵊnᵊri, AM 'mɜ:rsəneri] **I.** *n* ❶ *(soldier)* Söldner *m* ❷ *(pej: mercenary person)* Gewinnsüchtige(r) *f(m) pej* **II.** *adj* ❶ *(pej: motivated by gain)* gewinnsüchtig, geldgierig ❷ MIL Söldner-; **~ soldier** Söldner *m*
mer·chan·dise ECON **I.** *n* ['mɜ:tʃᵊndaɪs, AM 'mɜ:r-] *no pl* Handelsware *f* **II.** *vt* ['mɜ:tʃᵊndaɪz, AM 'mɜ:r-] ■**to ~ sth** etw vermarkten
mer·chan·dis·ing ['mɜ:tʃᵊndaɪzɪŋ, AM 'mɜ:r-] *n no pl* ❶ *(marketing)* Merchandising *nt,* Vermarktung *f* ❷ *(promotional goods)* Werbematerial *nt;* *(products)* Lizenzware *f*
'mer·chan·dis·ing rights *npl* Vermarktungsrechte *ntpl*
mer·chant ['mɜ:tʃᵊnt, AM 'mɜ:r-] *n* ❶ *(trader)* Händler(in) *m(f),* Kaufmann, -frau *m, f* ❷ *esp* BRIT *(fam: person)* **~ of doom** [*or* **gloom**] Schwarzseher(in) *m(f),* Unke *f pej fam;* **speed ~** Raser(in) *m(f) fam*
mer·chant 'bank *n* Handelsbank *f* **'mer·chant·man** *n* Handelsschiff *nt* **mer·chant ma·'rine** *n* AM, **mer·chant 'navy** *n* BRIT Handelsmarine *f* **mer·chant 'sea·man** *n* Matrose *m* der Handelsmarine **'mer·chant ship** *n* Handelsschiff *nt* **mer·chant 'ship·ping** *n* Handelsmarine *f*
mer·ci·ful ['mɜ:sɪfᵊl, AM 'mɜ:r-] *adj* ❶ *(forgiving)* gnädig ❷ *(fortunate)* **her death came as a ~ release** der Tod war für sie eine Erlösung; **it was a ~ relief from the constant noise** es war eine Erlösung von dem ständigen Lärm
mer·ci·ful·ly ['mɜ:sɪfᵊli, AM 'mɜ:r-] *adv* *(approv)* ❶ *(compassionately)* gnädig; **to treat sb ~** jdn nachsichtig behandeln ❷ *(fortunately)* zum Glück, glücklicherweise
mer·ci·less ['mɜ:sɪləs, AM 'mɜ:r-] *adj* ❶ *(showing no mercy)* gnadenlos, mitleidlos ❷ *(relentless)* unnachgiebig
mer·ci·less·ly ['mɜ:sɪləsli, AM 'mɜ:r-] *adv* gnadenlos, erbarmungslos
mer·cu·rial [mɜ:'kjʊəriəl, AM mɜ:r'kjʊr-] *adj* Quecksilber-; *(fig)* launisch; **~ mood** unbeständige Laune; **~ personality** launischer Charakter
mer·cury ['mɜ:kjᵊri, AM 'mɜ:rkjə-] *n no pl* ❶ *(metal)* Quecksilber *nt* ❷ *(dated fam: temperature)* Quecksilbersäule *f*
Mer·cury ['mɜ:kjᵊri, AM 'mɜ:rkjə-] *n no art, no pl* Merkur *m*
mer·cy ['mɜ:si, AM 'mɜ:r-] *n* ❶ *no pl* *(compassion)* Mitleid *nt,* Erbarmen *nt;* *(forgiveness)* Gnade *f;* **to beg for ~** um Gnade bitten; **to have ~ on sb** mit jdm Erbarmen haben; **Lord have ~ upon us** Herr, erbarme dich unser; **to show** [**no**] **~** [kein] Erbarmen haben; **to throw oneself upon sb's ~** sich *akk* jdm auf Gedeih und Verderb ausliefern ❷ *(blessing)* Segen *m,* Glück *nt;* **it is a ~ that no-one was killed in the accident** es ist ein großes Glück, dass bei dem Unfall niemand getötet wurde ►PHRASES: **to be at the ~ of sb** [*or* **at sb's ~**] jdm auf Gnade oder Ungnade [*o* Gedeih und Verderb] ausgeliefert sein
'mer·cy kil·ling *n* Sterbehilfe *f* **'mer·cy mis·sion** *n* Hilfsmission *f*
mere [mɪəʳ, AM mɪr] *adj inv* nur, nichts als; **he was a ~ boy when he died** er war noch ein Junge, als er starb; **a ~ detail** nur ein Detail
mere·ly ['mɪəli, AM 'mɪr-] *adv inv* nur, bloß *fam;* **I ~ said I was tired** ich habe [doch] nur gesagt, dass ich müde bin; ■**not ~ ... but** nicht nur ... sondern [auch]
mer·est ['mɪərɪst, AM 'mɪr-] *adj inv* geringste(r, s); **at the ~ mention of politics she launches into a tirade** man braucht das Thema Politik nur zu streifen und schon fängt sie an loszuschimpfen
mer·etri·cious [ˌmerɪ'trɪʃəs, AM -ə'-] *adj* *(form)* ❶ *(false)* trügerisch, unwirklich ❷ *(pretentious)* *lifestyle* protzig
merge [mɜ:dʒ, AM mɜ:rdʒ] **I.** *vi* ❶ *(join)* zusammenkommen; *roads* zusammenlaufen ❷ ECON *companies, organizations* fusionieren ❸ *(fuse)* verschmelzen; ■**to ~ with sth** mit etw *dat* verschmelzen; ■**to ~ into sth** mit etw *dat* verschmelzen; **to ~ into the landscape/surroundings** sich *akk* in die Landschaft/Umgebung einfügen; ■**to ~ into each other** ineinander übergehen **II.** *vt* **to ~ two classes** SCH zwei Klassen zusammenlegen; **to ~ two companies/organizations** zwei Firmen/Organisationen zusammenschließen
mer·ger ['mɜ:dʒəʳ, AM 'mɜ:rdʒɚ] *n* ECON Fusion *f*
me·rid·ian [mə'rɪdiən] *n* ❶ GEOG *(line of longitude)* Meridian *m,* Längenkreis *m* ❷ *(in body)* Meridian *m*
me·ringue [mə'ræŋ] *n* Baiser *nt,* Meringe *f,* Meringue *f* SCHWEIZ
me·ri·no [mə'ri:nəʊ, AM -noʊ] **I.** *n* ❶ *(sheep)* Merinoschaf *nt* ❷ *no pl* *(material)* Merinowolle *f* **II.** *n modifier* *(hat, socks, sweater, yarn)* Merino-
mer·it ['merɪt] **I.** *n* ❶ *no pl* *(worthiness)* Verdienst *nt;* **the film has little artistic ~** der Film ist künstlerisch nicht besonders wertvoll; **she won her promotion on ~** sie ist auf Grund ihrer Leistung befördert worden; **to judge sb on his/her own ~** jdn nach seinem/ihrem Verdienst beurteilen ❷ *(good quality)* gute Eigenschaft, Vorzug *m* ❸ *(intrinsic nature)* ■**~s** *pl* sachlicher Gehalt; ■**on the ~s** LAW in der Sache selbst; ■**on its own ~s** für sich *akk* betrachtet; **to consider a case on its own ~s** eine Sache gesondert behandeln; **considered purely on its own ~s ...** für sich *akk* genommen ...; **to judge sth on its own ~s** etw für sich *akk* genommen beurteilen ❹ *(advantage)* Vorteil *m;* **the ~s of not smoking** die Vorteile des Nichtrauchens **II.** *vt* ■**to ~ sth** etw verdienen, einer S. *gen* würdig sein; **this plan ~s careful attention** dieser Plan verdient volle Aufmerksamkeit
meri·toc·ra·cy [ˌmerɪ'tɒkrəsi, AM -ə'tɑ:k-] *n* Leistungsgesellschaft *f*
meri·to·ri·ous [ˌmerɪ'tɔ:riəs, AM -ə'-] *adj* *(form)* verdienstvoll
mer·maid ['mɜ:meɪd, AM 'mɜ:r-] *n* Seejungfrau *f*
mer·man ['mɜ:mæn, AM 'mɜ:r-] *n* Wassergeist *m*
mer·ri·ly ['merᵊli] *adv* *(fam)* fröhlich, vergnügt *a. iron*
mer·ri·ment ['merimənt] *n no pl* ❶ *(laughter and joy)* Fröhlichkeit *f;* **sounds of ~** fröhliches Gelächter ❷ *(amusement)* Heiterkeit *f;* **to be a source of ~** zu Heiterkeit Anlass geben
mer·ry ['meri] *adj* ❶ *(happy)* fröhlich; **M~ Christmas** Frohe [*o* Fröhliche] Weihnachten ❷ BRIT *(fam: slightly drunk)* angesäuselt *fam* ►PHRASES: **to lead sb a ~ chase** AM jdn an der Nase herumführen; **to go one's ~ way** seiner Wege gehen; **to make ~** feiern
'mer·ry-go-round *n* ❶ *(fairground ride)* Karussell *nt* ❷ *(fig: bustling activities)* Hoch-Zeit *f* **'mer·ry-mak·ing** *n no pl* *(liter)* ausgelassene Stimmung
mes·ca·lin(e) ['meskᵊlɪn] *n no pl* Meskalin *nt*
Mes·dames [meɪ'dæm, AM -'dɑ:m] *npl Plural von Madame/*

M

Mrs; ~ **Fisher and Brown** Frau Fisher und Frau Brown, Mrs Fisher und Mrs Brown
mesh [meʃ] **I.** *n no pl* Geflecht *nt;* **wire** ~ Drahtgeflecht *nt* **II.** *vi* ❶ *(join) gears* ineinandergreifen ❷ *(fig: mix)* sich *akk* mischen **III.** *vt* **to** ~ **gears** Zahnräder in Eingriff bringen
mes·mer·ic [mezˈmerɪk] *adj* mesmerisch *geh;* *(fig)* faszinierend
mes·mer·ism [ˈmezmᵊrɪzᵊm] *n (dated)* Hypnotisieren *nt*
mes·mer·ize [ˈmezmᵊraɪz] *vt* ■**to** ~ **sb** jdn mesmerisieren *geh;* *(fig)* jdn faszinieren
mes·mer·iz·ing [ˈmezmᵊraɪzɪŋ] *adj* mesmerisierend *geh;* *(fig)* faszinierend
Meso·lith·ic [ˌmesəʊˈlɪθɪk, AM ˌmezoʊˈ-] *adj inv* mittelsteinzeitlich, mesolithisch *fachspr;* **the** ~ **Age** die Mittelsteinzeit, das Mesolithikum *fachspr*
meso·morph [ˈmesəʊmɔːf, AM ˈmezoʊmɔːrf] *n* mesomorpher Mensch *fachspr,* Mensch *m* mit athletischem Körperbau
meso·morph·ic [ˈmesəʊmɔːfɪk, AM ˈmezoʊmɔːr-] *adj* mesomorph[isch]
me·son [ˈmiːzɒn, AM ˈmezɑːn] *n* PHYS Meson *nt meist pl,* Mesotron *nt meist pl veraltend*
mess [mes] **I.** *n* <*pl* -es> ❶ *usu sing (untidy state)* Unordnung *f,* Durcheinander *nt;* *(dirty state)* Schweinerei *f;* **her desk was a** ~ **of books and paper** ihr Schreibtisch war ein einziges Durcheinander von Büchern und Blättern; **tidy up this** ~**!** räum diesen Saustall auf! *fam;* **you look a complete** ~**!** du siehst ja schlimm aus!; **to make a** ~ **in the bathroom/kitchen** *(not tidy)* das Bad/die Küche in Unordnung bringen; *(dirty)* im Bad/in der Küche eine Schweinerei machen; **to be in a** ~ in Unordnung [*o* unordentlich] sein ❷ *usu sing (disorganized state)* Chaos *nt;* ■**to be a** ~ chaotisch sein; *person also* ein Chaot/eine Chaotin sein; **to be in a** ~ sich *akk* in einem schlimmen Zustand befinden; **to get oneself into a [bit of a]** ~ sich *akk* in Schwierigkeiten bringen; **to sort out the** ~ das Chaos ordnen, Ordnung in das Chaos bringen ❸ *usu sing (dirt)* Dreck *m;* **to make a** ~ **on sth** etw schmutzig machen ❹ *(animal excrement)* Häufchen *nt euph* ❺ *(officer's eating hall)* Messe *f* ▶ PHRASES: **to make a** ~ **of sth** *(make untidy)* etw in Unordnung bringen; *(bungle)* etw verpfuschen **II.** *vt (fam)* ■**to** ~ **sth** etw in Unordnung bringen [*o* durcheinanderbringen *fam*] **III.** *vi (excrete)* [ein Häufchen *nt*] machen ▶ PHRASES: **no** ~**ing!** keine faulen Ausreden!
◆**mess about, mess around I.** *vi* ❶ *(play the fool)* herumblödeln *fam* ❷ *(waste time)* herumspielen ❸ *(tinker)* ■**to** ~ **about with sth** an etw *dat* herumspielen [*o fam* herumpfuschen] ❹ *(be unfaithful)* ■**to** ~ **about with sb** sich *akk* mit jdm einlassen ❺ AM *(make fool of)* ■**to** ~ **around with sb** jdn verarschen *derb* **II.** *vt* ■**to** ~ **sb about** [*or* **around**] jdn schikanieren
◆**mess up** *vt (fam)* ❶ *(botch up)* ■**to** ~ **up** ↔ **sth** etw verpfuschen *fam;* **to** ~ **up a plan** einen Plan vermasseln *fam* ❷ *(make untidy)* ■**to** ~ **up** ↔ **sth** etw in Unordnung bringen ❸ *(fam: make uptight)* ■**to** ~ **up** ↔ **sb** jdn verkorksen *fam*
◆**mess with** *vi* ❶ *(get involved with)* ■**to** ~ **with sb** sich *akk* mit jdm einlassen; *(cause trouble to)* jdn schlecht behandeln; **don't** ~ **with me!** verarsch mich bloß nicht! *derb* ❷ *(play with)* ■**to** ~ **with sth** mit etw *dat* herumspielen [*o* leichtfertig umgehen]; *(tamper)* an etw *dat* herumspielen ❸ *(fam: muddle)* ■**to** ~ **with sth/sb** etw/jdn durcheinanderbringen; **to** ~ **with sb's plans** jds Pläne durchkreuzen
mes·sage [ˈmesɪdʒ] *n* ❶ *(communication)* Nachricht *f,* Botschaft *f;* **are there any** ~**s for me?** hat jemand eine Nachricht für mich hinterlassen?; **to deliver a** ~ **[to sb]** [jdm] eine Nachricht überbringen; *(tell)* [jdm] etw ausrichten; **to get/leave a** ~ eine Nachricht erhalten/hinterlassen; ~ **received and understood** verstanden; **to send sb a** ~ [*or* **a** ~ **to sb**] jdm eine Nachricht schicken; **James sent a** ~ **to meet him at the hotel** James ließ uns ausrichten, dass wir ihn im Hotel treffen sollten; **to send sb a** ~ **that ...** *(fig)* jdm signalisieren [*o* zu verstehen geben], dass ...; **to stay on** ~ POL, COMM beim Thema bleiben ❷ *(theme)* Message *f fam;* **to get one's** ~ **across** seine Message rüberbringen *fam* ❸ SCOT, IRISH *(errand)* Botengang *m* ▶ PHRASES: **to get the** ~ *(fam)* verstehen, kapieren *fam*
'mes·sage board *n* schwarzes Brett
mes·sag·ing *n no pl* Kommunikation *f* per E-mail, Mailing *nt sl*
messed-'up *adj (sl)* verkorkst *fam*
mes·sen·ger [ˈmesɪndʒəʳ, AM -ɚ] *n* Bote, -in *m, f* ▶ PHRASES: **don't shoot the** ~ *esp* BRIT *(saying)* mach den Boten nicht für die schlechte Nachricht verantwortlich
'mes·sen·ger boy *n* Botenjunge *m,* Laufbursche *m pej*
'mess hall *n* AM MIL *(mess)* Messe *f*
mes·si·ah [məˈsaɪə] *n usu sing* ❶ *(redeemer)* ■**M**~ Messias *m,* Erlöser *m* ❷ *(fig: leader)* Befreier *m*
mes·si·an·ic [ˌmesiˈænɪk] *adj inv (form)* messianisch *geh;* **with** ~ **fervour** [*or* AM **fervor**] [*or* **zeal**] mit messianischem Eifer
messi·ly [ˈmesɪli] *adv* ❶ *(sloppily)* nachlässig; **to do a job** ~ unordentlich arbeiten; **to eat** ~ sich *akk* beim Essen bekleckern ❷ *(unpleasantly)* unerfreulich
'mess kit *n* MIL Essgeschirr *nt kein pl*
Messrs *n pl of* **Mr** Herren *mpl*
'mess-up *n (fam)* Durcheinander *nt;* **to make a** ~ **of sth** etw durcheinanderbringen
messy [ˈmesi] *adj* ❶ *(untidy)* unordentlich; *person* schlampig ❷ *(dirty)* schmutzig, dreckig ❸ *(unpleasant)* unerfreulich; **a** ~ **divorce** eine Scheidung in Unfrieden
met¹ [met] *vt, vi pt of* **meet**
met² [met] *adj* BRIT *(fam) short for* **meteorological** meteorologisch
Met [met] *n* ❶ BRIT ■**the** ~ *short for* **Metropolitan Police** ❷ AM *short for* **Metropolitan Opera Company** Met *f* ❸ AM *short for* **Metropolitan Museum of Art**
meta·bol·ic [ˌmetəˈbɒlɪk, AM ˌmet̬əˈbɑːl-] *adj inv* metabolisch *fachspr,* Stoffwechsel-; ~ **pathway** Stoffwechselweg *m;* **to stimulate one's** ~ **rate** seinen Stoffwechsel anregen
me·tabo·lism [məˈtæbᵊlɪzᵊm] *n* Stoffwechsel *m,* Metabolismus *m fachspr*
meta·fic·tion [ˌmetəˈfɪkʃᵊn, AM ˌmet̬əˈ-] *n no pl* Roman *m* über die Entstehung eines Romans
meta·fic·tion·al [ˌmetəˈfɪkʃᵊnᵊl, AM ˌmet̬əˈ-] *adj inv* ~ **novel** Roman *m* über die Entstehung eines Romans
met·al [ˈmetᵊl, AM -t̬ᵊl] **I.** *n* ❶ *(material)* Metall *nt;* **precious** ~ Edelmetall *nt* ❷ BRIT RAIL *(form)* ■~**s** Schienen *fpl* **II.** *adj inv* aus Metall *nach n*
meta·lan·guage [ˌmetəlˈæŋgwɪdʒ, AM -t̬-] *n* Metasprache *f*
'met·al de·tec·tor *n* Metalldetektor *m* **'met·al fa·tigue** *n no pl* Metallermüdung *f*
met·alled [ˈmetᵊld] *adj inv* BRIT Schotter-; ~ **road** Schotterstraße *f*
me·tal·lic [məˈtælɪk] *adj* ❶ *(like metal)* metallisch; ~ **paint** Metalleffektlack *m* ❷ *(containing metal)* metallhaltig; ~ **alloy** Metalllegierung *f*
met·al·lur·gi·cal [ˌmetᵊlˈɜːdʒɪkᵊl, AM -t̬ᵊlˈɜːrdʒ-] *adj inv* metallurgisch; ~ **engineering/industry** Hüttenwesen *nt*/-industrie *f*
met·al·lur·gist [metˈælədʒɪst, AM ˈmet̬ᵊlɜːrdʒ-] *n* Metallurg(in) *m(f)*
met·al·lur·gy [metˈælədʒi, AM ˈmet̬ᵊlɜːr-] *n no pl* Metallurgie *f*
'met·al·work *n no pl* ❶ *(craft)* Metallarbeit *f* ❷ *(objects)* Metallarbeiten *fpl* ❸ *(metal parts)* Metallteile *ntpl,* metallene Teile
'met·al·work·er *n* Metallarbeiter(in) *m(f)*
meta·mor·phose [ˌmetəˈmɔːfəʊz, AM -t̬əˈmɔːrfoʊz] *vi (form)* ■**to** ~ **[into sth]** sich *akk* [in etw *akk*] verwandeln
meta·mor·pho·ses [ˌmetəˈmɔːfəsiːz, AM -t̬əˈmɔːr-] *n pl of* **metamorphosis**
meta·mor·pho·sis <*pl* -phoses> [ˌmetəˈmɔːfəsɪs, AM -t̬əˈmɔːr-, *pl* -fəsiːz] *n* Metamorphose *f geh,* Verwandlung *f*

meta·phor ['metəfər, AM 'met̬əfɔ:r] *n* ❶ (*figure of speech*) Metapher *f* (**for** für +*akk*) ❷ *no pl* (*figurative language*) bildhafte [*o* metaphorische] Sprache
meta·phor·ic(al) [ˌmetə'fɒrɪk(əl), AM -t̬ə'fɔ:r-] *adj* metaphorisch
meta·phori·cal·ly [ˌmetə'fɒrɪkəli, AM -t̬ə'fɔ:r-] *adv* metaphorisch; ~ **speaking** bildlich gesprochen; **to use sth** ~ etw metaphorisch gebrauchen
meta·physi·cal [ˌmetə'fɪzɪkəl, AM -t̬ə'-] *adj* metaphysisch
meta·phys·ics [ˌmetə'fɪzɪks, AM -t̬ə'-] *n no pl, + sing vb* Metaphysik *f*
me·ta·sta·sis <*pl* -stases> [met'æstəsɪs, AM mə'tæs-, *pl* -stæsi:z] *n* Metastase *f*
mete [mi:t] *vt* ■**to** ~ **out** ⊂ **sth** [**to sb**] [jdm] etw auferlegen; **to** ~ **out punishment to sb** jdn bestrafen; (*physical*) jdn züchtigen
me·teor ['mi:tiər, AM -t̬iɚ] *n* Meteor *m;* ~ **shower** Meteorregen *m*
me·teor·ic [ˌmi:ti'ɒrɪk, AM -t̬i'ɔ:r-] *adj inv* ❶ ASTRON Meteor-, meteorisch ❷ (*fig: rapid*) kometenhaft; ~ **rise** [**to fame**] kometenhafter Aufstieg [zu Ruhm]
me·teor·ite ['mi:tiəraɪt, AM -t̬iə-] *n* Meteorit *m*
me·teoro·logi·cal [ˌmi:tiərə'lɒdʒɪkəl, AM -t̬iɚə'lɑ:dʒ-] *adj inv* meteorologisch
Me·teoro·'logi·cal Of·fice *n* BRIT Wetteramt *nt*
me·teor·olo·gist [ˌmi:tiə'rɒlədʒɪst, AM -t̬iə'rɑ:l-] *n* Meteorologe, -in *m, f*
me·teor·ol·ogy [ˌmi:tiə'rɒlədʒi, AM -t̬iə'rɑ:l-] *n no pl* Meteorologie *f*
me·ter¹ ['mi:tər, AM -t̬ɚ] *n* Messuhr *f,* Zähler *m;* [**parking**] ~ Parkuhr *f;* [**taxi**] ~ Taxameter *nt o m;* **to read a/the** ~ einen/den Zähler ablesen
me·ter² *n* AM *see* **metre**
meth [meθ] **I.** *n no pl short for* **methamphetamine** Methamphetamin *nt fachspr* **II.** *n modifier* Methamphetamin-; ~ **cases** Fälle *mpl* von Methamphetaminvergiftung
metha·done ['meθədəʊn, AM -doʊn] *n no pl* Methadon *nt*
meth·am·pheta·mine [ˌmeθæm'fetəmi:n, AM -t̬-] *n no pl* Methamphetamin *nt fachspr*
me·thane ['mi:θeɪn, AM 'meθ-] *n* Methan *nt*
metha·nol ['meθənɒl, AM -nɑ:l] *n no pl* Methanol *nt*
me·thinks [mɪ'θɪŋks] *vi* (*old or hum*) mich dünkt *veraltet o hum*
metho ['meθəʊ] *n* AUS, NZ (*sl*) ❶ *short for* **methylated spirit** Brennspiritus *m,* Fusel *m fam* ❷ *short for* **methylated spirit drinker** *jd* (*oft ein Obdachloser*), *der Brennspiritus trinkt* (, *weil er billiger als Alkohol ist*)
meth·od ['meθəd] *n* ❶ (*way of doing sth*) Methode *f,* Art und Weise *f;* TECH Verfahren *nt;* ~ **of persuasion** Überzeugungstaktik *f;* **teaching** ~ Lehrmethode *f;* ~ **of transport** Fortbewegungsart *f* ❷ *no pl* (*order*) System *nt* ▶ PHRASES: **there is** ~ **in** [*or* AM **to**] **sb's madness** jds Wahnsinn hat Methode
'meth·od-act *vi* sich *akk* völlig mit seiner Rolle identifizieren
'meth·od act·ing *n no pl eine Schauspieltechnik, die auf Theorien von Stanislawski beruht und von Lee Strasberg entwickelt wurde*
me·thodi·cal [mə'θɒdɪkəl, AM -'θɑ:d-] *adj* ❶ (*ordered*) methodisch, systematisch ❷ (*careful*) sorgfältig
me·thodi·cal·ly [mə'θɒdɪkəli, AM -'θɑ:d-] *adv* methodisch, mit System
Meth·od·ism ['meθədɪzəm] *n no pl* Methodismus *m*
Meth·od·ist ['meθədɪst] **I.** *n* Methodist(in) *m(f)* **II.** *adj* methodistisch; ~ **church** Methodistenkirche *f*
meth·odo·logi·cal [ˌmeθədəl'ɒdʒɪkəl, AM -'ɑ:dʒ-] *adj inv* methodologisch
meth·od·ol·ogy [ˌmeθə'dɒlədʒi, AM -'dɑ:l-] *n* ❶ *no pl* (*theory of methods*) Methodenlehre *f,* Methodologie *f geh* ❷ (*system*) Methodik *f*
meths [meθs] *n* BRIT (*fam*) *short for* **methylated spirits** Brennspiritus *m*
Methuselah [mə'θju:zələ, AM -'θu:-] *n no art* (*hum*) Methusalem *kein art hum;* **as old as** ~ so alt wie Methusalem
me·thyl al·co·hol [ˌmeθəl'ælkəhɒl, AM -əhɑ:l] *n* Methanol *nt*
meth·yl·at·ed ['meθəleɪtɪd, AM -θɪleɪt̬-] *adj* methyliert
meth·yl·at·ed 'spir·its *n no pl* ❶ (*cleaning product*) denaturierter Alkohol ❷ (*fuel*) Brennspiritus *m*
me·ticu·lous [mə'tɪkjələs] *adj* (*approv*) peinlich genau, akribisch *geh;* ~ **care** höchste Sorgfalt; ~ **detail** kleinstes Detail
me·ticu·lous·ly [mə'tɪkjələsli] *adv* (*approv*) bis ins kleinste Detail, akribisch *geh*
me·ticu·lous·ness [mə'tɪkjələsnəs] *n no pl* (*approv*) peinliche Genauigkeit, Akribie *f geh*
me·ti·er, mé·ti·er ['meɪtieɪ, AM meɪ'tjeɪ] *n* Metier *nt geh,* [Spezial]gebiet *nt*
Mé·tis ['meɪti:] *n* CAN Mischling indianischer und französischer Abstammung
'Met Of·fice *n* BRIT *short for* **Meteorological Office** Wetteramt *nt*
me·tre ['mi:tər], AM **me·ter** [-t̬ɚ] *n* ❶ (*unit of measurement*) Meter *m;* **the 100/200/400/1500** ~**s** der 100-/200-/400-/1500-Meter-Lauf; **cubic/square** ~ Kubik-/Quadratmeter *m* ❷ (*poetic rhythm*) Metrum *nt fachspr,* Versmaß *nt*
met·ric ['metrɪk] *adj inv* metrisch; ~ **system** metrisches System
met·ri·cal ['metrɪkəl] *adj* ❶ (*of measurement*) metrisch; ~ **measurement** metrisches Maß ❷ (*composed in metre*) metrisch; ~ **verse** metrischer Vers
met·ri·ca·tion [ˌmetrɪ'keɪʃən] *n* Umstellung *f* auf das metrische System
met·ric 'ton *n* metrische Tonne
met·ro ['metrəʊ, AM -troʊ] *n no pl esp* CAN U-Bahn *f;* (*in Paris*) Metro *f*
met·ro·nome ['metrənəʊm, AM -noʊm] *n* Metronom *nt geh,* Taktmesser *m*
met·ropo·lis [mə'trɒpəlɪs, AM -'trɑ:pəl-] *n* (*form*) ❶ (*large city*) Metropole *f geh,* Weltstadt *f* ❷ (*chief city*) Hauptstadt *f*
met·ro·poli·tan [ˌmetrə'pɒlɪtən, AM -'pɑ:lə-] *adj* ❶ (*of large city*) weltstädtisch ❷ (*of chief city*) hauptstädtisch
met·ro·poli·tan 'coun·ty *n* BRIT *Bezirksregierung in England, die sich auf sechs Großstadtgebiete bezieht* **Met·ro·poli·tan Po·'lice** *n no pl* BRIT ■**the** ~ die Londoner Polizei
met·tle ['metl̩, AM 'met̬l̩] *n no pl* (*form*) ❶ (*inner strength*) Durchhaltevermögen *nt;* **a test of sb's** [**political**] ~ eine Probe für jds [politisches] Stehvermögen; **to prove/show one's** ~ beweisen/zeigen, was in einem steckt ❷ (*best form*) Höchstform *f;* **to be on one's** ~ in Höchstform sein; **to put someone off their** ~ jdn aus dem Konzept bringen
met·tle·some ['metl̩səm, AM 'met̬l̩-] *adj* energiegeladen
mew [mju:] **I.** *n* Miauen *nt* **II.** *vi* miauen
mews [mju:z] *npl* BRIT *Straße oder kleiner Platz, in dem sich früher Stallungen befanden, die jetzt zu Wohnhäusern umgebaut sind*
Mexi·can ['meksɪkən] **I.** *n* ❶ (*person*) Mexikaner(in) *m(f)* ❷ LING Nahuatl *nt* **II.** *adj* mexikanisch
Mexi·can 'stand off *n* AUS Pattsituation *f* **Mexi·can 'wave** *n* BRIT Welle *f fig* (*Zuschauerreaktion bei Sportveranstaltungen*)
Mexi·co ['meksɪkəʊ, AM -koʊ] *n* Mexiko *nt*
mez·za·nine ['metsəni:n, AM 'mez-] *n* ❶ ARCHIT Mezzanin *m o nt fachspr,* Zwischengeschoss *nt* ❷ AM THEAT erster Rang
mez·zo so·pra·no [ˌmetsəʊsə'prɑ:nəʊ, AM -soʊsə'prænoʊ] *n* ❶ (*voice*) Mezzosopran *m* ❷ (*singer*) Mezzosopranistin *f*
mg *n* <*pl* -> *abbrev of* **milligram** mg
MHz *n* <*pl* -> *abbrev of* **megahertz** MHz
MI5 [ˌemaɪ'faɪv] *n no art* BRIT *abbrev of* **military intelligence, section 5** MI 5 (*britischer Spionageabwehrdienst*)
MI6 [ˌemaɪ'sɪks] *n no art* BRIT *abbrev of* **military intelligence, section 6** MI 6 (*britischer Geheimdienst*)
miaow [ˌmi:'aʊ, AM mi'-] **I.** *n* Miauen *nt* **II.** *vi* miauen

mi·as·ma [mɪˈæzmə, AM maɪˈ-] *n* ❶ *(fog)* Miasma *nt geh;* ~ **of pollution** Smog *m* ❷ *(fig: state)* Sumpf *m fig*

mic [maɪk] *n* AM *(fam) abbrev of* **microphone** Mikro *nt fam*

mica [ˈmaɪkə] *n no pl* Glimmererde *f,* Muskovit *m fachspr*

mice [maɪs] *n pl of* **mouse**

Mich·ael·mas [ˈmɪkᵊlməs] *n* Michael[i]stag *m* *(29. September)*

mick *n (pej! sl),* **Mick** [mɪk] *n (pej! sl)* Ire, -in *m, f*

mickey [ˈmɪki] *n* BRIT, AUS *(fam)* **to take the ~ out of sb** jdn aufziehen *fam,* sich *akk* über jdn lustig machen; **you're taking the ~ now, aren't you?** du willst mich wohl auf den Arm nehmen, was?

Mickey *n (sl),* **Mickey Finn** [ˌmɪkiˈfɪn] *n (sl) mit Drogen versetztes Getränk;* **to slip sb a ~** jdm was in sein Getränk tun

ˈMickey Mouse *adj attr (pej fam)* Scherz- *fam;* ~ **company** Amateurfirma *f pej;* ~ **computer** Spielzeugcomputer *m pej;* **a ~ job** ein Witz *m* von einem Job *pej fam*

micro [ˈmaɪkrə(ʊ), AM -roʊ] *n (fam) short for* **microcomputer** Mikrocomputer *m*

micro- [ˈmaɪkrə(ʊ), AM -roʊ] *in compounds* mikro-; ~**car** Kleinwagen *m;* ~**portion** Miniportion *f;* ~**room** winziges Zimmer

mi·crobe [ˈmaɪkrəʊb, AM -roʊb] *n* Mikrobe *f*

micro·bio·ˈlogi·cal *adj inv* mikrobiologisch **micro·bi·ˈolo·gist** *n* Mikrobiologe, -in *m, f* **micro·bi·ˈol·ogy** *n no pl* Mikrobiologie *f* **ˈmicro·brew** *n* Bier *nt* aus einer kleinen Brauerei **ˈmicro·chip** *n* Mikrochip *m* **ˈmicro·cir·cuit** *n* ELEC Mikroschaltung *f* **ˈmicro·cli·mate** *n* Mikroklima *nt* **ˈmicro·com·put·er** *n* Mikrocomputer *m* **micro·cosm** *n* Mikrokosmos *m* **ˈmicro·cred·it** *n* FIN Mikrokredit *m,* Kleinkredit *m* **ˈmicro·dot** *n* ❶ *(photograph)* Mikrobild *nt* ❷ *(drug)* LSD-Tablette *f* **micro·eco·ˈnom·ics** *n + sing vb* Mikroökonomie *f* **micro·elec·ˈtron·ics** *n + sing vb* Mikroelektronik *f* **ˈmicro·fiche** *n* Mikrofiche *nt o m* **micro·fiche ˈread·er** *n* Mikrofichelesegerät *nt* **ˈmicro·film** *n* Mikrofilm *m* **micro·film ˈread·er** *n* Mikrofilmlesegerät *nt* **ˈmicro·gram** *n* Mikrogramm *nt* **ˈmicro·light, ˈmicro·lite** *n* Ultraleichtflugzeug *nt* **ˈmicro·loan** *n* FIN Mikrokredit *m,* Kleinkredit *m*

mi·crom·eter [maɪˈkrɒmɪtəʳ, AM -ˈkrɑːmɪt̬ɚ] *n (measuring device)* Mikrometer *nt*

micro·me·tre [ˈmaɪkrəʊˌmiːtəʳ], AM **micro·me·ter** [-kroʊˌmiːt̬ɚ] *n* Mikrometer *m*

ˈmicro·mini *n* FASHION Supermini *m*

mi·cron [ˈmaɪkrɒn, AM -krɑːn] *n (dated)* Mikrometer *m*

micro-ˈor·gan·ism [ˌmaɪkrəʊˈɔːgᵊnɪzᵊm] *n* Mikroorganismus *m* **ˈmicro·phone** *n* Mikrofon *nt;* **to speak into a ~** in ein Mikrofon sprechen **ˈmicro·pro·cess** *vt* ■**to ~ sth** etw mit dem Computer entwerfen **ˈmicro·pro·ces·sor** *n* Mikroprozessor *m* **ˈmicro·radio sta·tion** *n* Funkamateursender *m*

micro·scope [ˈmaɪkrəskəʊp, AM -skoʊp] *n* Mikroskop *nt;* **to examine/look at sth under a ~** etw unter einem Mikroskop untersuchen/betrachten; **to put sth under the ~** *(fig)* etw unter die Lupe nehmen *fig*

micro·scop·ic [ˌmaɪkrəˈskɒpɪk, AM -ˈskɑːp-] *adj* ❶ *(fam: tiny)* winzig, mikroskopisch klein *hum;* **to look at sth in ~ detail** etw haargenau prüfen *fam* ❷ *(visible with microscope) algae, creature* mikroskopisch klein ❸ *(using microscope) analysis, examination* mikroskopisch

micro·scopi·cal·ly [ˌmaɪkrəˈskɒpɪkᵊli, AM -ˈskɑːp-] *adv* ❶ *(fam: extremely)* winzig; ~ **small** winzig klein ❷ *(in detail)* genauestens ❸ *(under microscope)* mikroskopisch; ~ **visible** nur unter dem Mikroskop sichtbar

mi·cros·co·py [maɪˈkrɒskəpi, AM -ˈkrɑːs-] *n no pl* Mikroskopie *f* **ˈmicro·sec·ond** *n* Mikrosekunde *f* **ˈmicro·sur·gery** *n no pl* Mikrochirurgie *f*

micro·wav·able *adj esp* AM, AUS *see* **microwaveable**

ˈmicro·wave I. *n* ❶ *(oven)* Mikrowellenherd *m,* Mikrowelle *f;* **to put sth in the ~** etw in die Mikrowelle stellen ❷ *(wave)* Mikrowelle *f* **II.** *vt* ■**to ~ sth** etw in der Mikrowelle erwärmen

micro·wave·able [ˈmaɪkrə(ʊ)weɪvəbl̩, AM -kroʊ-] *adj inv* ❶ *(cookable)* in der Mikrowelle erwärmbar ❷ *(usable)* mikrowellenbeständig

mid [mɪd] *prep (liter) see* **amid(st)**

mid- [mɪd] *in compounds (with months)* **in ~-April/August/December** Mitte April/August/Dezember; **the ~-thirties/fifties/nineties** Mitte der dreißiger/fünfziger/neunziger Jahre; **he's in his ~thirties** er ist Mitte dreißig; **they're predicting temperatures in the ~-twenties** sie haben Temperaturen um 25 Grad vorausgesagt

mid·ˈair [ˌmɪdˈeəʳ, AM -ˈer] **I.** *n no pl* **in ~** *(in air)* in der Luft; *(in airplane)* während des Fluges; **to catch sth [in] ~** etw aus der Luft schnappen **II.** *adj attr, inv* in der Luft *nach n;* **a ~ collision** eine Kollision in der Luft; ~ **refuelling** [*or* AM *usu* **refueling**] Luftbetankung *f*

Midas touch [ˈmaɪdəs,-] *n no pl* **to have the** [*or* **a**] ~ alles zu Gold machen können, eine glückliche Hand haben

ˈmid·brain *n* Mittelhirn *nt* **mid-con·ver·ˈsa·tion** *adv inv* mitten im Gespräch **mid·ˈday I.** *n no pl* Mittag *m;* **at ~** mittags, um die Mittagszeit **II.** *n modifier (break, meal, sun)* mittäglich, Mittags-

mid·dle [ˈmɪdl̩] **I.** *n* ❶ *(centre)* Mitte *f; of fruit, nuts* Innere[s] *nt; (centre part) of book, film, story* Mittelteil *m;* **the ~ of the earth** das Erdinnere ❷ *(in time, space)* mitten; **in the ~ of the road/room/table** mitten auf der Straße/im Zimmer/auf dem Tisch; **in the ~ of the afternoon/morning** mitten am Nachmittag/Morgen; **in the ~ of the night** mitten in der Nacht; **in the ~ of nowhere** *(fig)* am Ende der Welt, mitten im Nirgendwo; **in the ~ of summer/March** mitten im Sommer/März; **in the ~ of 1985/the century** Mitte 1985/des Jahrhunderts; **to be in one's ~ forties/sixties** in den Mittvierzigern/-sechzigern sein; *(busy with)* **to be in the ~ of eating/cooking/writing a letter** mitten dabei sein zu essen/kochen/einen Brief zu schreiben; **to be in the ~ of an argument/a project** mitten in einer Diskussion/einem Projekt sein ❸ *(fam: waist)* Taille *f;* **to be large/small around the ~** breit/schmal um die Taille sein; *(belly)* Bauch *m* ❹ *(between things)* Mitte *f;* **she parts her hair in** [*or* **down**] **the ~** sie trägt einen Mittelscheitel; **cut the piece of cake in the ~!** schneide das Stück Kuchen in der Mitte durch!; **to divide** [*or* **split**] **sth** [**right**] **down the ~** etw halbieren; **let's split the cost right down the ~!** lass uns die Kosten teilen!; **the issue of a single European currency divided the country down the ~** das Problem einer einheitlichen europäischen Währung spaltete das Land **II.** *adj attr, inv* mittlere(r, s) ▶PHRASES: **to steer the ~ course, to take the ~ path** [*or* **way**] den Mittelweg gehen [*o* wählen]

mid·dle ˈage *n no pl* mittleres Alter; **to be of ~** mittleren Alters sein; **to have reached ~** ein mittleres Alter erreicht haben; **in ~** *after n* mittleren Alters **mid·dle-ˈaged** *adj inv* mittleren Alters *nach n* **Mid·dle ˈAges** *n* ■**the ~** *pl* das Mittelalter; **to still be living in the ~** *(fig)* noch im Mittelalter leben **mid·dle-age ˈspread** *n no pl (hum fam)* Fülligkeit *f,* Altersspeck *m fam* **Mid·dle Aˈmeri·ca** *n* ❶ *(sector of society)* [konservative] amerikanische Mittelschicht ❷ *(Latin America)* Mittelamerika *nt,* Zentralamerika *nt* ❸ *(in USA)* Mittelwesten *m* **Mid·dle Aˈmeri·can I.** *adj* amerikanisch konservativ **II.** *n* konservativer Amerikaner/konservative Amerikanerin **ˈmid·dle·brow** *(pej)* **I.** *adj* für den [geistigen] Durchschnittsmenschen **II.** *n* [geistiger] Durchschnittsmensch **Mid·dle ˈC** *n* MUS eingestrichenes C **mid·dle ˈclass** *n* ❶ *(with average income)* Mittelstand *m;* **lower/upper ~** unterer/gehobener Mittelstand ❷ *(as a whole)* ■**the ~** [*or* **the ~es**] die Mittelschicht, der Mittelstand **mid·dle-ˈclass** *adj* Mittelstands-, mittelständisch; *(pej)* spießig *pej* **mid·dle ˈdis·tance** *n* ❶ ART ■**the ~** der Mittelgrund ❷ SPORTS Mittelstrecke *f,* Mittelstreckenlauf *m* **mid·dle-dis·tance ˈrun·ner** *n* Mittelstreckenläufer(in) *m(f)* **mid·dle ˈear** *n* Mittelohr *nt;* **infection of the ~** Mittelohrentzündung *f* **Mid·dle 'East** *n* ■**the** ~ der Nahe Osten **Mid·dle 'East·ern** *adj* Nahost-, nahöstlich **Mid·dle 'Eng·land** *n* die [konservative] englische Mittelschicht **Mid·dle 'Eng·lish** *n* LING Mittelenglisch *nt* **mid·dle 'fin·ger** *n* Mittelfinger *m;* **to give** [*or* **show**] **sb the** ~ jdm den Mittelfinger [*o sl* Stinkefinger] zeigen **mid·dle 'ground** *n* ① ART ■**the** ~ der Mittelgrund ② (*fig: compromise*) Kompromiss *m* **Mid·dle High 'Ger·man** *n* LING Mittelhochdeutsch *nt* **mid·dle-'in·come** *adj attr person, family* mit mittlerem Einkommen *nach n;* **the** ~ **bracket** die mittlere Einkommensstufe **Mid·dle Low 'Ger·man** *n* LING Mittelniederdeutsch *nt* **'mid·dle·man** *n* ① ECON (*person*) Zwischenhändler(in) *m(f);* (*wholesaler*) ■**the** ~ der Zwischenhandel ② (*in disagreement*) Mittelsmann *m;* **to play the** ~ den Mittelsmann spielen **mid·dle 'man·age·ment** *n no pl* mittlere Unternehmensführung **mid·dle 'man·ag·er** *n* mittlere Führungskraft **mid·dle 'name** *n* zweiter Vorname; **service is our** ~ (*fig*) wir sind der Service in Person **mid·dle-of-the-'road** *adj* ① (*moderate*) *opinions, views* gemäßigt ② (*pej: boring*) *film, music* mittelmäßig, anspruchslos **mid·dle-'rank·ing** *adj attr, inv* von mittlerem Rang *nach n;* ~ **manager** mittlere Führungskraft; **to be a** ~ **minister** einen mittleren Ministerposten innehaben; ~ **officer** MIL Offizier *m* mittleren Ranges **'mid·dle school** *n* BRIT *Übergangsschule für Schüler im Alter von 9-13 Jahren;* AM *Übergangsschule für Schüler im Alter von 12 und 13 Jahren* **'mid·dle-sized** *adj* mittelgroß **'mid·dle·weight** *n* SPORTS ① *no pl* (*category*) Mittelgewicht *nt* ② (*boxer*) Mittelgewichtler(in) *m(f);* **to fight as a** ~ im Mittelgewicht boxen **mid·dle·weight 'cham·pi·on** *n* Meister(in) *m(f)* im Mittelgewicht **Mid·dle 'West** *n no pl* AM ■**the** ~ der Mittelwesten

mid·dling ['mɪdlɪŋ] *adj inv* (*fam*) ① (*average*) mittlere(r, s); **to be of** ~ **height/weight** mittlerer Größe/mittleren Gewichts sein; (*moderate*) gemäßigt ② (*not very good*) mittelmäßig; **fair to** ~ gut bis mittelmäßig ③ (*person's health*) einigermaßen; **how are you? – oh,** ~ wie geht es dir? – ach, so lala

Middx *n abbrev of* **Middlesex**

mid·dy ['mɪdi] *n* AUS (*sl: amount*) *durchschnittliche Biermenge, die von Ort zu Ort variieren kann;* (*beer glass*) *Glas, das diese Menge Bier enthält*

'Mid·east ['mɪdiːst] *n* AM (*Middle East*) ■**the** ~ der Nahe [*o* Mittlere] Osten

'mid·field ['mɪdfiːld] *n* ① (*area on sports field*) Mittelfeld *nt;* [**to play**] **in** ~ im Mittelfeld [spielen] ② (*team members*) Mittelfeld *nt*

'mid·field·er ['mɪdˌfiːldəʳ, AM -ɚ] *n* Mittelfeldspieler(in) *m(f)*

Mid·gard ['mɪdgɑːd, AM -gɑːrd] *n* (*mythology*) Midgard *m*

midge [mɪdʒ] *n* ① (*insect*) [kleine] Mücke ② (*fam: nickname*) der/die Kleine

midg·et ['mɪdʒɪt] **I.** *n* (*dwarf*) Liliputaner(in) *m(f);* (*child*) Knirps *m fam,* Zwerg *m hum* **II.** *adj attr, inv* (*small*) winzige(r, s), Mini-; ~ **submarine** Mini-U-Boot *nt;* CAN (*for children*) ~ **sports** Kindersport *m*

midi ['mɪdi] *n* ① (*clothing in general*) Midi *nt* ② (*skirt*) Midi *m*

'midi·bus ['mɪdibʌs] *n* AM mittelgroßer Bus

mid·'iron [ˌmɪd'aɪən, AM -ɚn] *n* SPORTS (*golf club*) mittleres Eisen

MIDI 'sys·tem [ˌmɪdi'sɪstəm] *n short for* **musical instrument digital interface system** Midi-Anlage *f*

mid·land ['mɪdlənd] *adj attr, inv* Mittel-

Mid·lands ['mɪdləndz] BRIT **I.** *n* ■**the** ~ *pl* Mittelengland *nt kein pl* **II.** *adj inv, attr* mittelenglisch

mid-life 'cri·sis *n* Midlifecrisis *f,* Midlife-Crisis *f;* **to go through a** ~ eine Midlife-Crisis durchmachen **mid-'mar·ket** *adj* in der mittleren Preisklasse *nach n* **mid-month ac·'counts** *npl* ECON Medioabrechnungen *fpl fachspr* **mid·'mor·ning I.** *n* später Vormittag; **during** [*or* **in**] **the** ~ am späten Vormittag; **until** ~ bis zum späten Vormittag **II.** *n modifier* (*appointment, cup of coffee, snack, TV programme*) am späten Vormittag *nach n* **III.** *adv inv* am späteren Vormittag **'mid·night I.** *n no pl* Mitternacht *f;* **at** ~ um Mitternacht **II.** *n modifier* (*call, film, snack, walk*) Mitternachts-, mitternächtliche(r, s); ~ **feast** BRIT Mitternachtsimbiss *m* **mid·night 'blue I.** *n* Nachtblau *nt* **II.** *adj* nachtblau **mid·night 'sun** *n* Mitternachtssonne *f* **'mid·point** *n usu sing* Mittelpunkt *m;* MATH Mittelwert *m* **mid-'range** *adj inv* mittlere(r, s); ~ **price/quality** mittlere Preis-/Qualitätsklasse

mid·riff ['mɪdrɪf] *n,* AM *a.* **'mid·sec·tion** *n* Taille *f*

mid-'sen·tence *adv* (*fam*) mitten im Satz

mid·ship·man ['mɪdˌʃɪpmən] *n* BRIT (*officer*) Leutnant *m* zur See; AM (*cadet*) Seeoffiziersanwärter *m*

mid·ships ['mɪdʃɪps] *adv* mittschiffs

'mid-size(d) *adj inv* mittelgroß

midst [mɪdst] **I.** *n no pl* (*presence*) **he was lost in their** ~ er kam sich unter ihnen verloren vor; **I am honoured to be in your** ~ **this evening** ich bin geehrt, heute Abend in eurer Mitte zu sein; (*in middle of*) **in the** ~ **of a forest** mitten im Wald; **in the** ~ **of a rainstorm** während es gerade heftig regnete; **in the** ~ **of chaos/a crisis** mitten im Chaos/in einer Krise; **in the** ~ **of sb's troubles** zu allem Unglück von jdm; (*busy with*) **to be in the** ~ **of an discussion/meeting** gerade mitten in einer Diskussion/Sitzung sein **II.** *prep* (*old liter*) *see* **amid(st)**

mid·'stream I. *n no pl* ■**in** ~ in der Flussmitte; (*fig*) auf halber Strecke, mittendrin **II.** *adv inv* in der Flussmitte; (*fig*) mittendrin; **to interrupt sb** ~ jdm ins Wort fallen **mid·'sum·mer I.** *n no pl* Hochsommer *m* **II.** *n modifier* (*heat, holiday, sun*) Sommer- ►PHRASES: ~ <u>**madness**</u> heller Wahnsinn *fam* **Mid·sum·mer('s) 'Day** *n* Johannistag *m* **mid·'term I.** *n* ① *no pl* (*midpoint*) *of political office* Halbzeit *f* der Amtsperiode; *of school year* Schulhalbjahr *nt; of pregnancy* Hälfte *f* der Schwangerschaftszeit; UNIV *of semester* Semesterhälfte *f; of trimester* Trimesterhälfte *f* ② AM (*midterm exams*) ■~**s** *pl* Halbjahresprüfungen *fpl* **II.** *adj inv* ~ **elections** Zwischenwahlen *fpl;* ~ **resignation** vorzeitiger Rücktritt; ~ **exams** UNIV *Prüfungen in der Mitte eines Schuljahres/Semesters* **mid·'town** *n* AM *Geschäftsviertel in amerikanischen Großstädten* **mid·way I.** *adv* [ˌmɪd'weɪ] *inv* auf halbem Weg; **this fruit has a unique taste** ~ **between a pear and an apple** diese Frucht hat einen einzigartigen Geschmack, halb Birne und halb Apfel; ~ **through the film the projector broke** mitten im Film ging der Projektor kaputt **II.** *adj* [ˌmɪd'weɪ] *attr, inv* auf halbem Weg **III.** *n* ['mɪdweɪ] AM *Mittelweg einer Ausstellung oder eines Jahrmarktes, an dem sich die Hauptattraktionen befinden* **mid·'week I.** *n no pl* Wochenmitte *f;* **by** ~ bis Mitte der Woche **II.** *n modifier* (*deadline, meeting, sale, update*) Mitte der Woche *nach n* **III.** *adv* mitten in der Woche; **I'll be home** ~ Mitte der Woche bin ich wieder zu Hause **Mid·'west** *n no pl* AM ■**the** ~ der Mittelwesten

mid·wife ['mɪdwaɪf] *n* Hebamme *f*

mid·wife·ry [mɪd'waɪfᵊri, AM -ɚi] *n no pl* Geburtshilfe *f*

mid·'win·ter I. *n no pl* Mitte *f* des Winters; (*winter solstice*) Wintersonnenwende *f* **II.** *adj attr, inv* mittwinterlich

mien [miːn] *n* (*liter*) Miene *f,* Gebaren *nt liter*

miff [mɪf] *n* (*fam*) kleine Auseinandersetzung, Reiberei *f fam* (**over** über +*akk*)

miffed [mɪft] *adj pred* (*fam*) verstimmt, verärgert; **she was** ~ **that ...** sie ärgerte sich darüber, dass ...; **to get** ~ **at sth** sich *akk* über etw *akk* ärgern

mif·fy ['mɪfi] *adj* (*easily offended*) schnell verärgert, leicht eingeschnappt *fam;* (*easily irritated*) reizbar

might¹ [maɪt] **I.** *pt of* **may II.** *aux vb* ① (*expressing possibility*) **that old bridge** ~ **be dangerous** die alte Brücke könnte gefährlich sein; **I** ~ **go to the cinema tonight** vielleicht gehe ich heute Abend ins Kino; (*could*) **someone phoned at six, it** ~ **have been him** um sechs rief jemand an, das könnte er gewesen sein; (*will be able to*) **he is closing his door so that he** ~ **have a little peace and quiet** er schließt seine Tür,

M

damit er etwas Ruhe hat; **let's not answer the phone so that we ~ talk undisturbed** lass uns nicht ans Telefon gehen, damit wir ungestört reden können; (*expressing probability*) **if he keeps studying so hard he ~ even get a first in his final exams** wenn er weiterhin so eifrig lernt, könnte er sogar der Beste bei den Abschlussprüfungen werden ❷ (*conceding a fact*) **the village ~ be in the middle of nowhere but I like such places** das Dorf kann ruhig mitten im Nirgendwo sein, ich mag solche Orte; **Leeds ~ be an excellent team, but ...** Leeds mag eine hervorragende Mannschaft sein, aber ... ❸ *esp* BRIT (*form: polite form of may*) ~ **I ...?** dürfte ich [vielleicht] ...?; ~ **I ask a question?** dürfte ich eine Frage stellen?; **how ~ I help you?** wie kann ich Ihnen behilflich sein?; (*when offended*) ~ **I ask what you think you're doing in my seat?** könnten Sie mir vielleicht sagen, was sie auf meinem Sitz zu suchen haben?; **and who ~ you be?** und was glaubst du wohl, wer du bist? ❹ (*form: making a suggestion*) ~ **I** [*or form* **one**] **make a suggestion?** dürfte ich vielleicht einen Vorschlag machen?; **I thought you ~ like to join me for dinner** ich dachte, du hättest vielleicht Lust, mit mir zu Abend zu essen; (*unenthusiastically*) **she ~ as well tell the truth – they'll find it out anyway** sie könnte ebenso gut die Wahrheit sagen – sie werden es ohnehin herausfinden ❺ (*in reproach*) **you ~ have at least made an effort** du hättest zumindest einen Versuch machen können; **you ~ have told me about the job!** du hättest mir eigentlich von dem Job erzählen müssen!; **I ~ have known that you'd lie to me** ich hätte es eigentlich wissen müssen, dass du mich anlügen würdest

might² [maɪt] *n no pl* ❶ (*authority*) Macht *f* ❷ (*strength*) Kraft *f;* MIL Stärke *f;* **with ~ and main** aus Leibeskräften; **with all one's ~** mit aller Kraft ▸ PHRASES: ~ **is right** (*saying*) Macht geht vor Recht

'might-have-beens *npl* (*fam*) verpasste Gelegenheiten

mighti·ly ['maɪtɪli, AM -t̬-] *adv* ❶ (*with effort*) mit aller Kraft [*o* Macht]; (*fig: majestically, imposingly*) gewaltig; **to fight** [*or* **struggle**] ~ erbittert kämpfen ❷ (*fam: extremely*) überaus, sehr; **they were ~ drunk** sie waren mächtig betrunken; **we have improved ~** wir haben uns stark verbessert

mightn't ['maɪtᵊnt] = **might not** *see* **might¹**

might've ['maɪtəv] = **might have** *see* **might¹**

mighty ['maɪti, AM -t̬-] **I.** *adj* ❶ (*powerful*) *river, dinosaur* gewaltig; *king, country* mächtig; *warrior, giant* stark; (*using strength*) *punch, kick, blow, heave* kraftvoll ❷ (*large in number*) *army, fleet* gewaltig **II.** *adv* AM (*fam*) sehr; **that was ~ nice of you** das war wirklich nett von dir

mi·graine ['miːgreɪn, AM 'maɪ-] *n* Migräne *f;* ■ **~s** *pl* Migräneanfälle *mpl*

mi·grant ['maɪgrᵊnt] **I.** *n* ❶ (*person*) Zuwanderer, Zuwanderin *m, f;* (*for work*) Gastarbeiter(in) *m(f)*, Wanderarbeiter(in) *m(f)* ❷ (*bird*) Zugvogel *m* **II.** *adj inv* ~ **birds** Zugvögel *mpl;* ~ **worker** Wanderarbeiter(in) *m(f);* (*in EU*) Gastarbeiter(in) *m(f)*

mi·grate [maɪ'greɪt, AM 'maɪgreɪt] *vi* ❶ (*change habitat*) wandern, umherziehen; **to ~ to the north/south** *birds* nach Norden/Süden ziehen ❷ (*move*) *populations, customers* abwandern; *cells, chemicals* gelangen (**into** in +*akk*)

mi·gra·tion [maɪ'greɪʃᵊn] *n* ❶ (*change of habitat*) Wanderung *f*, Migration *f fachspr; of birds* Zug *m; of fish* Wanderung *f* ❷ (*for work*) *people* Abwanderung *f;* (*permanent*) Umzug *m*

mi·gra·tory ['maɪgrətᵊri, AM -tɔːri] *adj inv* ❶ *animals* Wander-, Migrations- *fachspr;* ~ **bird** Zugvogel *m* ❷ (*of behaviour*) Wander-; ~ **instinct** Wandertrieb *m;* ~ **patterns** Migrationsverhalten *nt*

mih·rab ['miːrɑːb] *n* REL Mihrab *m*

mike [maɪk] *n* (*fam*) *short for* **microphone** Mikro *nt fam*

miked [maɪkt] *adj attr* mit einem Mikro/mit Mikros ausgestattet, [mit Mikrofonen] verkabelt; **our ~ colleagues** unsere Kollegen, die mit uns über Mikrofon verbunden sind

mil [mɪl] *n abbrev of* **millilitre** ml

mil·age *n see* **mileage**

mild [maɪld] **I.** *adj* ❶ (*gentle*) *person* sanft; **to be of a ~ disposition** [*or* **manner**] ein sanftes Wesen haben; ~ **soap/laundry detergent** schonende Seife/schonendes Waschmittel; (*not severe*) leicht; *criticism* schwach; ~ **penalty** [*or* **punishment**] milde Strafe; ~ **reproach** leiser Vorwurf; **with ~ shock/surprise** leicht geschockt/überrascht ❷ MED (*not strong*) leicht, schwach; ~ **drug** schwaches Medikament; (*not serious*) *fever, infection* leicht; **a ~ case of pneumonia/the flu/measles** ein leichter Fall von Lungenentzündung/Grippe/Masern ❸ *cheese, sauce, whiskey* mild; *cigarette* leicht ❹ *weather, climate* mild; ~ **breeze** sanfte Brise **II.** *n no pl* BRIT *mild schmeckendes, dunkles Bier*

mil·dew ['mɪldjuː, AM *esp* -duː] **I.** *n no pl* Schimmel *m;* (*on plants*) Mehltau *m* **II.** *vi* schimmeln; (*plants*) von Mehltau befallen sein

mil·dewed ['mɪldjuːd, AM *esp* -duːd] *adj inv* verschimmelt; BOT von Mehltau befallen

mild·ly ['maɪldli] *adv* ❶ (*gently*) leicht; *speak, mention, smile* sanft; *clean, disinfect* schonend; **to work ~** schonende Wirkung haben; (*not severely*) milde; **to punish sb ~** jdn milde bestrafen ❷ (*slightly*) *surprised, worried, annoyed* leicht ❸ (*as an understatement*) **to put it ~** um es [mal] milde auszudrücken, gelinde gesagt; **she got very annoyed, and that's putting it ~** sie wurde sehr ärgerlich und das ist noch milde ausgedrückt

mild-'man·nered *adj* sanftmütig

mild·ness ['maɪldnəs] *n no pl* ❶ *of person* Sanftmut *f;* ~ **of character** Sanftmütigkeit *f*, sanftes Wesen ❷ *of criticism, punishment, soap* Milde *f;* MED *of disease, symptoms* Leichtigkeit *f* ❸ *of cheese, beer* Milde *f* ❹ *of weather, breeze* Milde *f*

mile [maɪl] *n* ❶ (*distance*) Meile *f;* **we could see for ~s and ~s** wir konnten meilenweit sehen; **a nautical** [*or* **sea**] ~ eine Seemeile; **to be ~s away** (*fig*) meilenweit [*o* sehr weit] entfernt sein; **to be ~ from anywhere** [*or* **nowhere**] völlig abgeschieden sein; **to miss sth by a ~** etw meilenweit verfehlen ❷ (*fig fam: far from*) **to be ~s from apologizing/accepting a deal** meilenweit von einer Entschuldigung/einem Geschäftsabschluss entfernt sein; **to be ~s from the truth** weit von der Wahrheit entfernt sein; **to be better by ~s** [*or* **~s better**] bei weitem [*o* um Längen] besser sein; **to be a ~ off** meilenweit danebentreffen ❸ (*fig fam: daydreaming*) **to be ~s away** meilenweit weg [*o* ganz woanders] sein ▸ PHRASES: **a ~ a <u>minute</u>** (*fam*) rasend schnell; **to go the <u>extra</u> ~** einen draufsetzen; **to <u>run</u> a ~** sich *akk* aus dem Staub machen, das Weite suchen; **to <u>see</u>** [*or* **<u>tell</u>**] [*or* **<u>spot</u>**] **sth a ~ off** etw drei Meilen gegen den Wind riechen; **to <u>stick</u>/<u>stand out</u> a ~** sehr auffallen [*o* auffällig sein]

mile·age ['maɪlɪʤ] *n no pl* ❶ (*petrol efficiency*) Kraftstoffverbrauch *m;* **he gets bad/good ~ from his car** sein Auto verbraucht viel/wenig Kraftstoff ❷ (*distance travelled*) Meilenstand *m;* **what's the ~ of your car by now?** wie viel hat dein Auto mittlerweile auf dem Tacho?; **unlimited ~** unbegrenzte Meilenanzahl ▸ PHRASES: **sth has <u>no</u> ~ [in it]** (*fam*) etw bringt nichts

'mile·age al·low·ance *n* Meilengeld *nt*, ≈ Kilometergeld *nt*

mil(e)·om·eter [maɪ'lɒmɪtəʳ] *n* BRIT, AUS AUTO Meilenzähler *m*, ≈ Kilometerzähler *m*

'mile·post *n* Meilenpfosten *m;* (*fig*) Meilenstein *m fig* **miles per 'hour** *n* Meilen *fpl* [*o* ≈ Kilometer] in der [*o* pro] Stunde **'mile·stone** *n* (*a. fig*) Meilenstein *m a. fig* **'mile-wide** *adj inv* **a ~ smile** ein Grinsen von Ohr zu Ohr

mi·lieu <*pl* -s *or* -x> ['miːljɜː, AM miːl'jɜː] *n* Milieu *nt*

mili·tan·cy ['mɪlɪtᵊn(t)si, AM -tən-] *n no pl* Militanz *f*

mili·tant ['mɪlɪtᵊnt, AM -tənt] **I.** *adj* militant **II.** *n* Kämpfer(in) *m(f);* POL militantes Mitglied

mili·tant·ly ['mɪlɪtᵊntli, AM -tənt-] *adv* militant

mili·tari·ly ['mɪlɪterɪli] *adv inv* militärisch; **to intervene ~** militärisch eingreifen

mili·tar·ism ['mɪlɪtᵊrɪzᵊm, AM -tɚ-] *n no pl* Militarismus *m;* (*when overly aggressive*) Kriegstreiberei *f*

mili·tar·ist ['mɪlɪtᵊrɪst, AM -tɚ-] *n* Militarist(in) *m(f)*

mili·tar·is·tic [ˌmɪlɪtᵊr'ɪstɪk, AM -tə'rɪs-] *adj* militaristisch

mili·ta·rize ['mɪlɪtᵊraɪz, AM -tər-] *vt* ■**to ~ sth** etw militarisieren

mili·tary ['mɪlɪtri, AM -teri] **I.** *n pl* ■**the ~** das Militär **II.** *n modifier* (*intervention, manoeuvres, operation, presence, power, spokesman*) Militär-, militärisch; **~ casualties** Kriegsopfer *ntpl;* **~ insignia** Militärabzeichen *ntpl;* **~ law** Militärstrafrecht *nt;* **~ march** MUS Militärmarsch *m;* (*fig*) (*attitude, discipline, order, precision, style*) militärisch, streng

mili·tary a'cad·emy *n* ❶ (*for cadets*) Militärakademie *f* ❷ AM (*for pupils*) *sehr strenge Privatschule* **mili·tary ad·'vis·er** *n* Militärberater(in) *m(f)* **mili·tary al·'li·ance** *n* Militärbündnis *nt* **mili·tary 'band** *n* Militärkapelle *f* **mili·tary 'base** *n* Militärbasis *f,* Militärstützpunkt *m* **mili·tary 'camp** *n* Militärlager *nt* **mili·tary 'forces** *npl* Streitkräfte *pl* **mili·tary 'gov·ern·ment** *n* Militärregierung *f* **mili·tary 'hon·ours** *npl* militärische Ehren **mili·tary-in·dus·trial 'com·plex** *n* militärisch-industrieller Komplex **mili·tary 'law** *n no pl* Militärstrafrecht *nt* **mili·tary po·'lice** *npl* ■**the ~** die Militärpolizei **mili·tary po·'lice·man** *n* Militärpolizist(in) *m(f)* **mili·tary 'sci·ence** *n no pl* Militärwissenschaft *f* **mili·tary 'ser·vice** *n no pl* Militärdienst *m,* Wehrdienst *m;* **to do ~** Militärdienst [*o* Wehrdienst] ableisten **mili·tary 'trib·une** *n* LAW Militärgericht *nt*

mili·tate ['mɪlɪteɪt] *vi* (*form*) ❶ (*oppose*) **to ~ against an argument/one's parents** gegen ein Argument/seine Eltern ankämpfen ❷ (*prevent*) ■**to ~ against sth** (*oppose*) sich *akk* gegen etw *akk* aussprechen; (*fig: discourage*) gegen etw *akk* sprechen

mi·li·tia [mɪ'lɪʃə] *n* Miliz *f,* Bürgerwehr *f*

mi·'li·tia·man *n* Milizionär *m* **mi·'li·tia·wom·an** *n* Milizionärin *f*

milk [mɪlk] **I.** *n no pl* ❶ (*product of lactation*) Milch *f;* (*breast-milk*) Muttermilch *f;* (*in coconuts*) Kokosmilch *f;* **goat's/sheep's/cow's ~** Ziegen-/Schafs-/Kuhmilch *f;* **to be in ~** Milch absondern ❷ (*drink*) Milch *f;* **chocolate-flavoured** [*or* AM **-flavored**] **~** Schokoladenmilch *f;* **full fat** [*or* AM **whole**] **~** Vollmilch *f;* **long-life ~** haltbare Milch, H-Milch *f;* **semi-skimmed/skimmed ~** teilentrahmte/entrahmte Milch ▸ PHRASES: **the land of ~ and honey** das Land, wo Milch und Honig fließt; **there's no use crying over spilt** [AM **spilled**] **~** (*saying*) was passiert ist, ist passiert; **the ~ of human kindness** die Milch der frommen Denk[ungs]art *liter* **II.** *n modifier* (*bottle, carton, product, production, processing*) Milch- **III.** *vt* ❶ (*get milk*) **to ~ a cow/goat/sheep** eine Kuh/Ziege/ein Schaf melken ❷ (*fig: exploit*) ■**to ~ sb/sth** jdn/etw melken [*o* ausbeuten] [*o* schröpfen] *fig fam;* ■**to ~ sb/sth of sth** jdn/etw um etw *akk* erleichtern; **the press ~ed them dry of all the information they could give** die Presseleute zogen ihnen alle Informationen aus der Nase, die sie nur geben konnten; **to ~ a story** JOURN eine Story ausschlachten

milk and 'wa·ter *adj pred, inv,* **milk-and-'wa·ter** *adj attr, inv* saft- und kraftlos **'milk bar** *n* ❶ (*snack bar*) Milchbar *f* ❷ AUS (*shop*) Milchladen *m* **milk 'choco·late** *n no pl* Milchschokolade *f* **'milk cow** *n* Milchkuh *f* **'milk float** *n* BRIT Milchwagen *m* **'milk-glass** *n no pl* Milchglas *nt*

milk·ing ma·chine *n* Melkmaschine *f* **'milk·ing stool** *n* Melkschemel *m*

'milk loaf *n* BRIT *Brot, dessen Teig mit Milch angerührt ist* **'milk·maid** *n* (*dated*) Milchmädchen *nt* **'milk·man** *n* Milchmann *m* **milk of Mag·'ne·sia**® *n no pl* PHARM Magnesiamilch *f* **'milk pow·der** *n no pl* Milchpulver *nt* **milk 'pud·ding** *n no pl* BRIT Milchspeise *f* **'milk round** *n* BRIT (*fam*) *Besuche, die Vertreter von Firmen britischen Universitäten abstatten, um den Studenten Orientierungshilfe bei der Berufswahl zu geben* **'milk run** *n* tägliche Runde **'milk shake** *n* Milchshake *m,* Milchmixgetränk *nt;* **strawberry ~** Erdbeermilchshake *m* **'milk·sop** *n* (*pej*) Schlappschwanz *m pej fam* **milk 'sug·ar** *n no pl* Milchzucker *m,* Lactose *f fachspr* **'milk tooth** *n* Milchzahn *m* **'milk truck** *n* AM (*milk float*) Milchwagen *m* **milk 'white** *n* Milchweiß *nt* **'milk-white** *adj* milchweiß, milchigweiß **milk·wort** ['mɪlkwɜːt, AM -wɜːrt] *n* Kreuzblume *f*

milky ['mɪlki] *adj* ❶ (*with milk*) mit Milch *nach n;* **~ coffee/tea** Milchkaffee/-tee *m* ❷ (*not clear*) *glass, water* milchig; **~ skin** sanfte Haut; **~ eyes** trübe Augen

Milky 'Way *n no pl* ■**the ~** die Milchstraße

mill [mɪl] **I.** *n* ❶ (*building*) Mühle *f* ❷ (*machine*) Mühle *f;* **coffee/pepper ~** Kaffee-/Pfeffermühle *f* ❸ (*factory*) Fabrik *f;* **cotton ~** Baumwollspinnerei *f;* **steel ~** Stahlfabrik *f,* Stahlwerk *nt;* **woollen** [*or* AM **woolen**] **~** Wollspinnerei *f* ▸ PHRASES: **to put sb through the ~** jdn in die Mangel nehmen *sl;* **to go through the ~** viel durchmachen müssen **II.** *vt* ❶ (*grind*) ■**to ~ sth** *grain* etw mahlen ❷ (*shape or cut metal*) **to ~ metal** Metall walzen; (*with milling machine*) Metall fräsen; **to ~ a coin** eine Münze rändeln

◆**mill about, mill around, mill round** *vi* BRIT umherlaufen; **the crowd ~ed around the square** die Menge schob sich über den Platz

mil·len·nia [mɪ'leniə] *n pl of* **millennium**

mil·len·nial [mɪ'leniəl] **I.** *adj inv* tausendjährig; **~ anniversary** tausendjähriges Jubiläum; **~ celebrations** Tausendjahrfeiern *fpl* **II.** *n* ■**~s** *pl demographische Bezeichnung für die Generation von Kindern, die zwischen 1974 und 1995 geboren sind*

mil·len·nium <*pl* -s *or* -nia> [mɪ'leniəm, *pl* -niə] **I.** *n* ❶ (*1000 years*) Jahrtausend *nt,* Millennium *nt geh;* **the new ~** das neue Jahrtausend ❷ (*anniversary*) Jahrtausendfeier *f* ❸ REL (*reign of Christ*) Tausendjähriges Reich **II.** *n modifier* Millenniums-; **the ~ bug** COMPUT das Jahrtausendproblem (*Virus, der bei der Jahrtausendwende Störungen verursacht*); **~ hype** Millenniumsspektakel *nt,* Millenniumsrummel *m*

Mil·len·nium 'Wheel *n no pl* BRIT ■**the ~** das Millennium-Riesenrad

mil·le·pede ['mɪlɪpiːd] *n* Tausendfüßler *m*

mil·ler ['mɪləʳ, AM -ɚ] *n* (*dated*) Müller(in) *m(f)*

mil·let ['mɪlɪt] *n no pl* Hirse *f*

mil·li·am·pere [ˌmɪlɪ'æmpeəʳ, AM -pɪr] *n* ELEC Milliampere *nt*

mil·li·ard [ˌmɪli'ɑːd] *n* BRIT (*dated*) Milliarde *f*

mil·li·bar ['mɪlibɑːʳ, AM -bɑːr] *n* METEO Millibar *nt*

mil·li·gram AM, **mil·li·gramme** ['mɪlɪgræm] *n* Milligramm *nt*

mil·li·li·ter ['mɪlɪˌliːt̬ɚ] AM, **mil·li·li·tre** [-təʳ] *n* Milliliter *m*

mil·li·me·ter ['mɪlɪˌmiːt̬ɚ] AM, **mil·li·metre** [-təʳ] *n* Millimeter *m*

mil·li·ner ['mɪlɪnəʳ, AM -ɚ] *n* (*dated*) ❶ (*hat maker*) Hutmacher(in) *m(f),* Putzmacher(in) *m(f) veraltet* ❷ (*hat seller*) Hutverkäufer(in) *m(f)*

mil·li·nery ['mɪlɪnᵊri, AM -neri] *n* (*dated*) ❶ *no pl* (*industry*) Hutmacherhandwerk *nt,* Putzmacherhandwerk *nt veraltet* ❷ (*shop*) Hutladen *m,* Hutgeschäft *nt*

mil·ling ma·chine *n* Fräse *f,* Fräsmaschine *f*

mil·lion ['mɪljən] *n* ❶ (*1,000,000*) Million *f;* **a ~ pounds** eine Million Pfund; **eight ~** [**people**] acht Millionen [Menschen]; **half a ~** eine halbe Million ❷ (*fam: countless number*) **I've already heard that story a ~ times** diese Geschichte habe ich schon tausendmal gehört; **you're going to make ~s on this deal** du wirst Millionen an diesem Handel verdienen; **~s of people/houses/trees** Unmengen von Menschen/Häusern/Bäumen; **~s and ~s of years ago** vor Millionen und Abermillionen von Jahren ▸ PHRASES: **to feel/look like a ~ dollars** [*or* AM **bucks**] sich *akk* pudelwohl fühlen/aussehen, als ob man sich *akk* pudelwohl fühlt *fam;* **sb is one in a ~** jd ist etwas ganz Besonderes; **for the ~s** für die Masse

mil·lion·aire [ˌmɪljə'neəʳ, AM -ner] *n* Millionär *m*

mil·lion·air·ess <*pl* -es> [ˌmɪljəneə'res, AM -jə'nerɪs] *n* Millionärin *f*

mil·lionth ['mɪljən(t)θ] **I.** *adj inv* millionste(r, s); [**for**] **the ~ time** (*fig*) zum [hundert]tausendsten Mal **II.** *n* Millionstel *nt;* **a ~ of a second** eine millionstel Sekunde

mil·li·pede ['mɪlɪpi:d] *n* Tausendfüßler *m*

mil·li·sec·ond ['mɪlɪˌsekənd] *n* Millisekunde *f;* **in ~s** (*fig*) in null Komma nichts *fam;* **for ~s** für einen kurzen Moment

'mill·pond *n* ❶ (*at a mill*) Mühlteich *m* ❷ (*calm water*) ruhiges Gewässer **'mill race** *n* Mühlbach *m* **'mill·stone** *n* Mühlstein *m;* **to be** [**like**] **a ~ around sb's neck** jdm wie ein Klotz am Bein sein **'mill stream** *n* Mühlbach *f* **'mill wheel** *n* Mühlrad *nt* **'mill·wright** *n* Mühlenbauer(in) *m(f)*

mi·lom·eter *n* BRIT *see* **mileometer**

mime [maɪm] **I.** *n* ❶ *no pl* (*technique*) Pantomime *f;* **to be enacted in ~** pantomimisch dargestellt werden ❷ THEAT (*actor*) Pantomime, -in *m, f;* (*performance*) Pantomime *f; by ordinary person* Nachahmung *f* **II.** *vi* **to ~ to a song** zu einem Lied die Lippen bewegen **III.** *vt* ■**to ~ sth** THEAT etw pantomimisch darstellen; (*mimic*) etw mimen

'mime art·ist *n* Pantomime, -in *m, f*

mimeo·graph ['mɪmiə(ʊ)grɑ:f, AM -miəgræf] (*dated*) **I.** *n* ❶ (*machine*) Vervielfältigungsapparat *m* ❷ (*copy*) Vervielfältigung *f* **II.** *vt* **to ~ a document/letter/work sheet** ein Dokument/einen Brief/ein Arbeitsblatt vervielfältigen

mi·met·ic [mɪ'metɪk, AM -t̬-] *adj inv* pantomimisch

mi·meti·cal·ly [mɪ'metɪkli, AM -t̬-] *adv inv* pantomimisch; **to enact sth ~** etw pantomimisch darstellen

mim·ic ['mɪmɪk] **I.** *vt* <-ck-> ❶ (*imitate*) ■**to ~ sb/sth** jdn/etw nachahmen; (*when teasing*) jdn/etw nachäffen *pej* ❷ (*be similar*) ■**to ~ sth** *plant, animal* etw nachahmen; *drug, disease* etw *dat* ähneln [*o* gleichen] **II.** *n* Imitator(in) *m(f)*

mim·ic·ry ['mɪmɪkri] *n* ❶ *no pl* Nachahmung *f;* (*by plant, animal*) Mimikry *f fachspr;* (*by disease, drug*) Ähnlichkeit *f;* **a talent for ~** ein Talent dafür, andere nachzuahmen ❷ (*instance*) Nachahmung *f*

mi·mo·sa [mɪ'məʊzə, AM -'moʊsə, -zə] *n* Mimose *f*

min I. *n* ❶ *abbrev of* **minimum** min. ❷ *abbrev of* **minute** min; **in a ~** (*fam*) gleich **II.** *adj abbrev of* **minimum** min.

mina·ret [ˌmɪnə'ret] *n* Minarett *nt*

mina·tory ['mɪnətᵊri, AM -tɔ:ri] *adj attr* (*form*) drohend; **~ behaviour** [*or* AM **behavior**] Drohverhalten *nt*

mince [mɪn(t)s] **I.** *vt* FOOD ■**to ~ sth** *meat* etw hacken; (*in grinder*) etw durch den Fleischwolf drehen; *garlic, onions* etw klein schneiden ▶ PHRASES: **to not ~ matters** nichts beschönigen; **to not ~** [**one's**] **words** kein Blatt vor den Mund nehmen **II.** *vi* trippeln, tänzeln **III.** *n no pl* BRIT, AUS Hackfleisch *nt*

minced [mɪn(t)st] *adj inv lamb, beef* gehackt; *garlic, onions* klein geschnitten; **~ meat** Hackfleisch *nt*

'mince·meat ['mɪn(t)smi:t] *n no pl* BRIT *süße Gebäckfüllung aus Dörrobst und Sirup* ▶ PHRASES: **to make ~ of sb** (*fam: physically*) aus jdm Hackfleisch machen *fam;* (*verbally*) jdn zur Schnecke machen *fam* **mince·meat 'pie** *n* AM, **mince 'pie** *n* BRIT *Kuchen mit Füllung aus Dörrobst und Sirup*

minc·er ['mɪn(t)səʳ, AM -ɚ] *n* Fleischwolf *m*

minc·ing ['mɪn(t)sɪŋ] *adj* ❶ (*not to the point*) ausweichend, indirekt ❷ (*affected*) **~ walk** trippelnder Gang; **~ steps** Trippelschritte *mpl*

mind [maɪnd] **I.** *n* ❶ (*brain, intellect*) Geist *m,* Verstand *m;* **she's one of the greatest ~s of today** sie ist einer der größten Köpfe unserer Zeit; **it's a question of ~ over matter** das ist eine reine Willensfrage; **he's got the ~ of a four-year-old!** er hat den Verstand eines Vierjährigen!; **it was a triumph of ~ over matter** hier war der Wille stärker; **in one's ~ eyes** vor seinem geistigen Auge; **frame of ~** seelische Verfassung; **a fine ~** ein großer Geist; **to have a good ~** einen klaren Verstand haben; **to have a logical ~** logisch denken können; **to the Victorian ~** nach der viktorianischen Denkweise; **to use one's ~** seinen Verstand gebrauchen ❷ (*sanity*) Verstand *m;* **to be in one's right ~** noch ganz richtig im Kopf sein; **to be out of one's ~** den Verstand verloren haben; **to drive sb out of his/her ~** jdn wahnsinnig machen; **to lose** [*or* **go out of**] **one's ~** den Verstand verlieren ❸ (*thoughts*) Gedanken *mpl;* **the idea never entered my ~** auf diesen Gedanken wäre ich gar nicht gekommen; **it went out of my ~** ich hab's vergessen; **you put that out of your ~!** das kannst du dir aus dem Kopf schlagen!; **I can't get that song out of my ~** das Lied will mir einfach nicht mehr aus dem Kopf gehen!; **sorry, my ~ is on other things** tut mir leid, ich bin mit den Gedanken ganz woanders; **to be on one's ~** einen beschäftigen; **you're always on my ~** ich denke die ganze Zeit an dich; **what's on your ~?** woran denkst du?; **what's on your ~!** woran du nur wieder denkst!; **to be in the back of sb's ~** in jds Hinterkopf sein; **to bear** [*or* **keep**] **sth in ~** etw nicht vergessen; **bearing in ~ that ...** angesichts der Tatsache, dass ...; **to bring** [*or* **call**] **sth to ~** (*remember*) sich *akk* etw in Erinnerung rufen; (*remind*) an etw *akk* erinnern; **to come** [*or* **spring**] **to sb's ~** jdm einfallen; **to have sb/sth in ~** an jdn/etw denken; **did you have anything special in ~?** dachten Sie an etwas Bestimmtes?; **to have a lot of things on one's ~** viele Sorgen haben; **to keep one's ~ on sth** *one's work* sich *akk* auf etw *akk* konzentrieren; **sth puts sb in ~ of sth** *esp* BRIT etw erinnert jdn an etw *akk;* **to put sb out of one's ~** jdn aus seinem Gedächtnis streichen; **to read sb's ~** jds Gedanken lesen; **to set one's ~ to do sth** sich *akk* auf etw *akk* konzentrieren; **to take sb's ~ off sth** jdn auf andere Gedanken bringen [*o* von etw *dat* ablenken] ❹ (*intention*) **nothing could be further from my ~ than ...** nichts läge mir ferner als ...; **to have in ~ to do sth** vorhaben, etw zu tun; **to know one's** [**own**] **~** wissen, was man will; **to make up one's ~** sich *akk* entscheiden; **my ~ is made up!** ich habe einen Entschluss gefasst!; **to set one's ~ on sth** sich *dat* etw in den Kopf setzen ❺ *usu sing* (*opinion*) Meinung *f,* Ansicht *f;* **to my ~ ...** meiner Meinung nach ...; **to give sb a piece of one's ~** jdm seine Meinung sagen; **to be of the same ~** der gleichen Meinung [*o* derselben Ansicht] sein; **I'm of the same ~ as you** ich bin deiner Meinung; **to be in** [*or* **of**] **two ~s about sth** sich *dat* über etw *akk* nicht im Klaren sein; **to change one's ~** es sich *dat* anders überlegen; **to have a ~ of one's own** seinen eigenen Kopf haben ❻ (*inclination*) **to have half a** [**good**] **~ to ...** gute Lust haben, ...; **to be of a ~ to do sth** (*form*) geneigt sein, etw zu tun ▶ PHRASES: **to be bored out of one's ~** sich *akk* zu Tode langweilen; **great ~s think alike** ah, ich sehe, wir verstehen uns! **II.** *vt* ❶ (*be careful of*) ■**to ~ sth** auf etw *akk* aufpassen; **~ your head** [*or* **~ that you don't bang your head**] pass auf, dass du dir nicht den Kopf stößt; **~ your head** Vorsicht mit dem Kopf!; **here, ~, he said when she trod on his foot** passen Sie doch auf, sagte er, als sie ihm auf den Fuß trat; **~ the step!** Vorsicht Stufe!; **~ how you go** pass doch auf!; (*as farewell*) pass auf dich auf!; **~ your language!** (*dated*) pass auf, was du sagst! ❷ (*care about*) ■**to ~ sb** sich *akk* um jdn kümmern; **don't ~ me** kümmere dich nicht um mich; **don't ~ what she says** kümmere dich nicht darum, was sie sagt; **and never ~ the expense** und vergiss jetzt einfach mal die Kosten; **never ~ them – what about me?** was kümmern mich die – was ist mit mir?; **never ~ her!** vergiss sie doch einfach!; **never ~ how you got there ...** ist doch egal, wie du da hinkamst, ...; **~ your own business!** kümmere dich um deine eigenen Angelegenheiten!; **I don't ~ the heat** die Hitze macht mir nichts aus!; **I don't ~ what she does** es ist mir egal, was sie macht! ❸ (*make certain*) ■**to ~ that ...** denk daran, dass ...; **~ you close the door when you leave** vergiss nicht, die Tür zuzumachen, wenn du gehst; **~ you get this done before she gets home** sieh zu, dass du damit fertig wirst, bevor sie nach Hause kommt ❹ (*look after*) ■**to ~ sb/sth** auf jdn/etw aufpassen; (*fig*) **I'm ~ing the shop** ich kümmere mich hier um den Laden *fam* ❺ (*fam: object*) ■**to not ~ sth** nichts gegen etw *akk* [einzuwenden] haben; **would you ~ hold-**

ing this for me? würden Sie das [kurz] für mich halten?; **do you ~ my asking you a question?** darf ich Ihnen eine Frage stellen?; **do you ~ calling me a taxi?** würde es dir was ausmachen, mir ein Taxi zu rufen?; **do you ~ my smoking?** stört es Sie, wenn ich rauche?; **I don't ~ her** ich habe nichts gegen sie; **I wouldn't ~ a new car/a cup of tea** gegen ein neues Auto/eine Tasse Tee hätte ich nichts einzuwenden! ▶ PHRASES: **to ~ one's p's and q's** sich *akk* gut benehmen; **~ you** allerdings; **~ you, I'd love to have a cup of tea!** also, gegen eine Tasse Tee hätte ich jetzt nichts einzuwenden!; **~ you, she did try** immerhin hat sie es versucht! **III.** *vi* ❶ *(care)* sich *dat* etwas daraus machen; **I don't ~** das ist mir egal; **sometime I wish he ~ed a little more** manchmal wünsche ich mir, dass es ihm ein bisschen mehr ausmachen würde; **never ~!** [ist doch] egal!; **never ~, I'll do it myself!** vergiss es, ich mach's selbst!; **never ~, one day ...** mach dir nichts draus – eines Tages ...; **never ~ about that mistake** vergiss den Fehler einfach!; **never ~ about that now** vergiss das jetzt mal; **never ~ about her – what about you?** jetzt vergiss sie doch mal – was ist mit dir?; **never you ~!** jetzt kümmere dich mal nicht drum! ❷ *(object)* etwas dagegenhaben; **do you ~ if I ...?** stört es Sie, wenn ich ...?; **do you ~!** *(don't!)* ich muss doch sehr bitten!; *(may I?)* darf ich?; **nobody will ~** das wird niemanden stören; **if you don't ~ ...** wenn du nichts dagegenhast, ...; **if you don't ~ me saying so, ...** ich hoffe, es macht dir nichts aus, dass ich dir das jetzt sage, aber ...; **I don't ~ if I do** ich hätte nichts dagegen ▶ PHRASES: **never ~ ...** geschweige denn ...

◆ **mind out** *vi* BRIT aufpassen; **~ out!** Vorsicht!

'mind-al·ter·ing *adj experience, drug* bewusstseinsverändernd **'mind-bend·ing** *adj (fam) puzzle* knifflig **'mind bent** *n no pl* Überzeugung *f*, Bewusstsein *nt* **'mind-blow·ing** *adj (sl)* irre *fam* **'mind-bog·gling** *adj (fam)* irrsinnig *fam*, verrückt **'mind can·dy** *n* AM *(sl)* seichte Unterhaltung **'mind con·trol** *n no pl* Gehirnwäsche *f*

mind·ed ['maɪndɪd] *adj pred* ❶ *(inclined)* **if you are so ~, ...** wenn dir der Sinn danach steht, ...; **to be mathematically/scientifically ~** eine mathematische/wissenschaftliche Neigung haben ❷ *(enthusiastic)* begeistert; **she's very car ~** sie ist ein absoluter Autonarr; **to be romantically ~** romantisch veranlagt sein

mind·er ['maɪndəʳ, AM -ɚ] *n* ❶ *esp* BRIT *(care-taker)* Aufpasser(in) *m(f)* ❷ *(bodyguard)* Leibwächter(in) *m(f)*

'mind-ex·pand·ing *adj* bewusstseinserweiternd

mind·ful ['maɪn(d)fᵊl] *adj pred* ❶ *(be concerned about)* **to be ~ of sb's feelings/condition** jds Gefühle/Zustand berücksichtigen [*o* bedenken]; **ever ~ of her comfort, ...** stets auf ihr Wohl bedacht, ...; **to be ever ~ of sb** stets für jdn Sorge tragen ❷ *(have understanding)* **to be ~ of the disadvantages/problems/risks** sich *dat* der Nachteile/Probleme/Risiken bewusst sein; **to be ~ of one's responsibilities** sich *dat* seiner Verantwortung bewusst sein

'mind games *npl* psychologische Spielchen; **to play ~ with sb** jdn verunsichern

mind·less ['maɪn(d)ləs] *adj* ❶ *(pointless)* sinnlos; **~ gossip** sinnloser Klatsch; **~ violence/jealousy** blinde Gewalt/Eifersucht ❷ *(not intellectual) job, talk, work* geistlos, stupide *pej geh; music, lyrics* anspruchslos; **what's this ~ rubbish you're watching?** was für einen Schund schaust du dir da an? ❸ *(heedless)* hirnlos, ohne Verstand

mind·less·ly ['maɪn(d)ləsli] *adv* gedankenlos, ohne zu überlegen

mind·less·ness ['maɪn(d)ləsnəs] *n no pl* ❶ *(without consideration)* Gedankenlosigkeit *f* ❷ *(without a reason) of violence, destruction* Sinnlosigkeit *f*

'mind-numb·ing *adj* langweilig **'mind-numb·ing·ly** *adv* **~ boring** furchtbar langweilig **'mind read·er** *n* Gedankenleser(in) *m(f)* **'mind·set** *n* Denkart *f*, Mentalität *f*; **a Victorian/medieval/1960s ~** eine Denkweise wie in der viktorianischen Zeit/im Mittelalter/in den Sechzigern haben; **to be of a different/the same ~** eine unterschiedliche/die gleiche Denkart haben

mine¹ [maɪn] *pron poss* ❶ *(belonging to me)* meine(r, s); **your skin is lighter than ~** deine Haut ist heller als meine; **you go your way and I'll go ~** du gehst deinen Weg und ich den meinigen; **she's an old friend of ~** sie ist eine alte Freundin von mir ❷ *determiner (old: my)* meine(r, s); **~ eyes/host** meine Augen/mein Gastgeber

mine² [maɪn] **I.** *n* ❶ *(excavation)* Bergwerk *nt; (fig: valuable source)* Fundgrube *f*; **a diamond/copper ~** eine Diamanten-/Kupfermine; **a coal ~** eine Kohlengrube, Kohlenzeche; **to work in [*or* down] the ~s** unter Tage arbeiten ❷ MIL *(explosive)* Mine *f*; **to clear an area of ~s** ein Minenfeld räumen; **to plant [*or* lay] ~s** Minen legen **II.** *vt* ❶ *(obtain resources)* **to ~ coal/iron/diamonds** Kohle/Eisen/Diamanten abbauen [*o* fördern]; **to ~ gold** Gold schürfen ❷ *(plant mines)* **to ~ an area** ein Gebiet verminen ▶ PHRASES: **to ~ a rich seam [*or* vein] of sth** sich *dat* etw zunutze machen **III.** *vi* **to ~ for coal/diamonds/silver/gold** nach Kohle/Diamanten/Silber/Gold graben

'mine-de·tec·tor *n* Minensuchgerät *nt* **'mine·field** *n* Minenfeld *nt; (fig)* gefährliches Terrain **'mine·hunt·er** *n* NAUT Minensucher(in) *m(f)* **'mine·lay·er** *n* NAUT Minenleger(in) *m(f)*

min·er ['maɪnəʳ, AM -ɚ] *n* Bergarbeiter(in) *m(f)*

min·er·al ['mɪnᵊrᵊl] **I.** *n* ❶ *(inorganic substance)* Mineral *nt* ❷ *(when obtained by mining)* [Gruben]erz *nt*, Mineral *nt* ❸ *(in nutrition)* Mineral *nt*; **vitamins and ~s** Vitamine und Mineralien **II.** *n modifier* **~ deposits** Erzlagerstätten *fpl*; **~ resources** Bodenschätze *pl*; **~ wealth** Reichtum *m* an Bodenschätzen; MED *(supplement, intake, level)* Mineralstoff-; **~ deficiency** Mineralstoffmangel *m*

min·er·al 'jel·ly *n no pl* Vaselin *nt* **min·er·al 'king·dom** *n no pl* Mineralreich *nt*

min·er·al·ogi·cal [ˌmɪnᵊrə'lɒdʒɪkᵊl, AM -'lɑːdʒ-] *adj* mineralogisch

min·er·alo·gist [ˌmɪnᵊr'ælədʒɪst, AM -ə'rɑːl-] *n* Mineraloge, -in *m, f*

min·er·al·ogy [ˌmɪnᵊr'ælədʒi, AM -ə'rɑːl-] *n no pl* Mineralogie *f*

'min·er·al oil *n* Mineralöl *nt* **'min·er·al rights** *npl* Schürfrechte *pl*

min·er·als ['mɪnᵊrᵊlz] *npl* BRIT *(dated) kohlensäurehaltige Limonadengetränke*

min·er·al 'spring *n* Mineralquelle *f* **'min·er·al wa·ter** *n no pl* Mineralwasser *nt*; **carbonated/still ~** kohlensäurehaltiges/stilles Mineralwasser

min·er's 'right *n* AUS Abbaulizenz *f*, Schürflizenz *f* **'mine shaft** *n* [Minen]schacht *m*

min·estro·ne [ˌmɪnɪ'strəʊni, AM -'stroʊ-] *n*, **min·estro·ne soup** *n no pl* Minestrone *f*

'mine·sweep·er *n* NAUT *(fam)* Minenräumer *m*

min·gle ['mɪŋgl] **I.** *vt usu passive* ■**to ~ sth and sth** etw mit etw *dat* mischen; **excitement at starting a new job is always ~ed with a certain amount of fear** Aufregung beim Beginn in einem neuen Job ist immer mit einer gewissen Portion Angst vermischt **II.** *vi* ❶ *(socialize)* sich *akk* untereinander vermischen; **to ~ with the guests** sich *akk* unter die Gäste mischen ❷ *(mix)* sich *akk* vermischen

min·gy ['mɪndʒi] *adj esp* BRIT *(fam)* ❶ *(stingy) person* knaus[e]rig *fam*, knick[e]rig *fam* ❷ *(too small)* lumpig *fam*, mick[e]rig *fam*; **a ~ amount/portion** ein mickeriger Betrag/eine mickerige Portion

mini- ['mɪni] *in compounds (library, shop, doll's house)* Mini-

Mini ['mɪni] *n* AUTO, TRANSP *(small car)* Mini *m*

mini ['mɪni] *n (fam) short for* **miniskirt** Minirock *m*

minia·ture ['mɪnətʃəʳ, AM -niətʃɚ] **I.** *adj attr, inv* Miniatur-; **~ camera** Miniaturkamera *f* **II.** *n* ❶ *(painting)* Miniatur *f* ❷ *(bottle)* Miniflasche *f* ❸ *(model)* Miniatur *f*

minia·ture 'golf *n no pl* Minigolf *nt* **minia·ture 'poo·dle** *n*

Zwergpudel *m* **minia·ture 'rail·way** *n* Liliputbahn *f* **minia·ture 'sub·ma·rine** *n* Mini-U-Boot *nt*

minia·turi·za·tion [ˌmɪnətʃəraɪ'zeɪʃən, AM -niətʃəɪ'-] *n no pl of computers, mobile phones* Miniaturisierung *f*

minia·tur·ized ['mɪnətʃəraɪzd, AM -niətʃə-] *adj inv* in klein; *computer, mobile phone* miniaturisiert; ~ **version** Miniaturausgabe *f*

'mini·bar *n* Minibar *f* **'mini·bus** *n* Kleinbus *m* **'mini·cab** *n* BRIT Kleintaxi *nt* **'mini·cam** *n* MEDIA *kleine Videokamera* **'mini·com·put·er** *n* Minicomputer *m* **'mini·disc** *n* ❶ COMPUT Miniplatte *f* ❷ *(for recording)* Mini Disk® *f* **'mini·golf** *n* Minigolf *nt*

min·im ['mɪnɪm] *n* BRIT, AUS MUS halbe Note

mini·ma ['mɪnɪmə] *n (spec) pl of* **minimum**

mini·mal ['mɪnɪməl] *adj inv* minimal, Mindest-; **with ~ effort** mit möglichst wenig Anstrengung

mini·mal·ism ['mɪnɪməlɪzəm] *n no pl* ART, LIT Minimalismus *m*

mini·mal·ist ['mɪnɪməlɪst] ART, LIT **I.** *adj inv* minimalistisch **II.** *n* Minimalist(in) *m(f)*

mini·mal·ly ['mɪnɪməli] *adv inv* minimal; **the story was only ~ covered in the papers** die Geschichte wurde in den Zeitungen nur am Rande erwähnt

mini·mi·za·tion [ˌmɪnɪmaɪ'zeɪʃən, AM -mɪ'-] *n no pl* Minimierung *f*

mini·mize ['mɪnɪmaɪz] *vt* ❶ *(reduce)* ■**to ~ sth** etw auf ein Minimum [*o* Mindestmaß] beschränken, etw minimieren ❷ *(underestimate)* ■**to ~ sth** etw schlechtmachen; **to ~ sb's feelings/concerns/anger** jds Gefühle/Sorgen/Ärger herunterspielen; *(belittle)* ■**to ~ sb** jdn herabsetzen

mini·mum ['mɪnɪməm] **I.** *n* <*pl* -s *or* -ima> Minimum *nt;* **a ~ of 3 hours** mindestens 3 Stunden; **a ~ of effort/time/risk** ein Minimum an Aufwand/Zeit/Risiko; **to keep sth to a ~** etw so niedrig wie möglich halten; **to reduce sth to a ~** etw auf ein Minimum reduzieren **II.** *adj inv* ❶ *(lowest possible)* Mindest-; ~ **requirements** Mindestanforderungen *fpl* ❷ *(very low)* Minimal-, minimal; ~ **weight** Minimalgewicht *nt*

mini·mum se·'cu·rity pris·on *n Gefängnis, dessen Insassen relativ viel Freiheit haben* **mini·mum 'wage** *n* Mindestlohn *m*

min·ing ['maɪnɪŋ] **I.** *n no pl* Bergbau *m* **II.** *adj attr, inv* Bergbau-, Bergwerks-

'min·ing en·gi·neer *n* Bergbauingenieur(in) *m(f)* **'min·ing in·dus·try** *n* Bergbauindustrie *f* **'min·ing town** *n* Bergarbeiterstadt *f*

min·ion ['mɪnjən] *n (pej)* Speichellecker(in) *m(f) pej*

'mini·pill *n* Minipille *f*

mi·nis·cule ['mɪnɪskju:l] *adj* winzig

'mini·se·ries *n* TV Kurzserie *f,* Miniserie *f* **'mini·skirt** *n* Minirock *m*

min·is·ter ['mɪnɪstəʳ, AM -ə] **I.** *n* ❶ *(in government)* Minister(in) *m(f);* **Cabinet ~** Kabinettsminister(in) *m(f);* **defence ~** Verteidigungsminister(in) *m(f)* ❷ *(diplomat)* Gesandte(r) *f(m),* Vertreter(in) *m(f)* ❸ *(protestant priest)* Pfarrer(in) *m(f)* **II.** *vi* ❶ REL ■**to ~ to sb/sth** *pastor, priest* für jdn/etw sorgen ❷ *(be of service)* ■**to ~ to sb** jdm zu Diensten sein; *(take care of)* **to ~ to sb's needs** [*or* **wants**] sich *akk* um jdn kümmern ▶ PHRASES: **sb's ~ing angel** jds guter Engel

min·is·terial [ˌmɪnɪ'stɪəriəl, AM -'stɪr-] *adj inv* Minister-, Ministerial-, ministeriell; ~ **post** Ministerposten *m;* ~ **responsibilities** Aufgaben eines Ministers

Min·is·ter of 'State *n* BRIT ≈ Staatssekretär(in) *m(f)* **Min·is·ter of the 'Crown** *n* BRIT Kabinettsminister(in) *m(f)* **Min·is·ter with·out Port·'fo·lio** *n* BRIT Minister(in) *m(f)* ohne Portefeuille [*o* Geschäftsbereich]

mini·stra·tions [ˌmɪnɪ'streɪʃənz] *npl (liter or hum)* liebevolle Fürsorge

min·is·try ['mɪnɪstri] *n* ❶ *(in government)* Ministerium *nt;* ~ **of agriculture/defence/transport** Landwirtschafts-/Verteidigungs-/Verkehrsministerium *nt* ❷ POL *(period of government)* Amtszeit *f* ❸ *no pl (priesthood)* ■**the ~** das Priestertum, der geistliche Stand; **to go into the ~** Priester werden; *(spiritual work) of a priest* priesterliche Pflichten ❹ *(tenure as pastor)* geistliches Amt ❺ *(care)* Sendungsbewusstsein *nt*

'mini·sys·tem *n* MUS Ministereoanlage *f* **'mini·van** *n* Minivan *m*

mink [mɪŋk] **I.** *n* ❶ *no pl (animal)* Nerz *m; (fur)* Pelz *m* ❷ *(coat)* Nerz[mantel] *m* **II.** *n modifier (coat, collar, lining, stole)* Nerz-

Minn *n abbrev of* **Minnesota**

min·now ['mɪnəʊ, AM -noʊ] *n* ❶ *(fish)* Elritze *f* ❷ *(fig)* kleiner Fisch *fig fam*

Mi·no·an [mɪ'nəʊən, AM -'noʊ-] **I.** *adj* minoisch **II.** *n* ❶ *(person)* Minoer(in) *m(f)* ❷ *(language)* Minoisch *nt* ❸ *(script)* Minoisch *nt*

mi·nor ['maɪnəʳ, AM -ə] **I.** *adj* ❶ *(small) detail, problem, criticism* nebensächlich; *character, plot* unbedeutend; *crime, violation* geringfügig; *improvement, repair* unwichtig; *accident, incident* leicht; *interest, hobby* klein; ~ **road** Nebenstraße *f;* ~ **alteration/tiff** kleine Veränderung/Meinungsverschiedenheit; **to be of ~ importance** von geringer Bedeutung sein; ~ **offence** [*or* AM **offense**] leichtes Vergehen ❷ *(low-ranking) official, supervisor* untergeordnet; *(not important)* unbedeutend; **a ~ author/composer/poet** ein unbedeutender Schriftsteller/Komponist/Poet; ~ **part** [*or* **role**] Nebenrolle *f; (fig)* untergeordnete Rolle ❸ MED *(not serious)* leicht; ~ **injury** leichte Verletzung; ~ **operation** kleiner Eingriff ❹ *inv* MUS Moll-; ~ **chord** Mollakkord *m;* ~ **key** Molltonart *f;* **a ~ note** ein Ton in Moll; **to end on a ~ note** *(fig)* mit einer traurigen Note enden; ~ **scale** Molltonleiter *f* ❺ *after n* BRIT SCH *(for younger brother)* junior; **Smith ~** Smith junior **II.** *n* ❶ *(underage person)* Minderjährige(r) *f(m)* ❷ MUS Moll *nt* ❸ SPORTS *(minor leagues)* ■**the ~s** *pl* niedrige Klassen ❹ UNIV *(secondary study)* Nebenfach *m;* **he has a literature major with a ~ in linguistics** er studiert Literatur im Hauptfach mit Linguistik im Nebenfach **III.** *vi* UNIV **to ~ in biology/linguistics/math** Biologie/Linguistik/Mathematik im Nebenfach studieren

Mi·nor·ca [mɪ'nɔ:kə, AM -'nɔ:r-] *n* Menorca *nt*

mi·nor·ity [maɪ'nɒrəti, AM -'nɔ:rət̬i] **I.** *n* ❶ *(the smaller number)* Minderheit *f,* Minorität *f geh;* **in a ~ of cases** in wenigen Fällen; **a ~ of people** eine Minderheit; **to be in the ~** in der Minderheit sein; **to be a ~ of one** eine einsame Ausnahme darstellen ❷ *(racial/ethnic group)* Minderheit *f* **II.** *n modifier (interests, party, protection, rights, vote)* Minderheiten-

mi·nor·ity 'gov·ern·ment *n* POL Minderheitsregierung *f* **mi·nor·ity 'group** *n* Minderheit *f,* Minorität *f geh*

'mi·nor league *n* AM untere Klasse **mi·nor 'or·ders** *npl* REL niedere Ränge [*o* Weihen] **mi·nor 'plan·et** *n* kleiner Planet **mi·nor 'prem·ise** *n* PHILOS Untersatz *m* **mi·nor 'proph·et** *n* REL kleiner Prophet **'mi·nor term** *n* PHILOS Unterbegriff *m*

Minotaur ['maɪnətɔ:ʳ, AM 'mɪnətɔ:r] *n* Minotaurus *m*

min·ster ['mɪnstəʳ, AM -ə] *n* Münster *nt*

min·strel ['mɪn(t)strəl] *n (hist: entertainer)* Spielmann *m; (singer)* Minnesänger *m*

'min·strel show *n* AM *(dated) Tanz- und Musikshow mit schwarz geschminkten Darstellern*

mint[1] [mɪnt] **I.** *n* ❶ *(coin factory)* Münzanstalt *f,* Prägeanstalt *f;* ~ **of ideas** *(fig)* Ideenschmiede *f* ❷ *(fig fam: lots of money)* **to make/cost a ~** einen Haufen Geld machen/kosten *fam;* **to be worth a ~** Gold wert [*o* unbezahlbar] sein **II.** *vt* **to ~ money/a coin** Geld/eine Münze prägen; **to ~ gold/silver** Gold/Silber münzen; **to ~ a stamp** eine Briefmarke drucken; **to ~ a phrase** *(fig)* einen Satz prägen **III.** *adj attr, inv (fig)* nagelneu *fam;* ~ **coin** neu geprägte Münze; **a ~ copy** ein druckfrisches Exemplar; ~ **stamp** ungestempelte Briefmarke; **in ~ condition** in tadellosem Zustand

mint[2] [mɪnt] **I.** *n* ❶ *no pl (herb)* Minze *f* ❷ *(sweet)* Pfefferminz[bonbon] *nt* **II.** *n modifier* (*chocolate, flavouring, leaf*) Pfefferminz-

'mint-fla·vored AM, **'mint-fla·voured** *adj* mit Pfefferminzgeschmack *nach n* **mint 'green** *adj* minzgrün **mint 'jel·ly** *n no pl* AM Minzgelee *nt* **mint 'ju·lep** *n* AM *Cocktail aus Whiskey, Zucker, gestoßenem Eis und Minze* **mint 'sauce** *n no pl* Minzsoße *f* **mint 'tea** *n* Pfefferminztee *m*

minu·et [ˌmɪnju'et] *n* Menuett *nt*

mi·nus ['maɪnəs] **I.** *prep* MATH minus; **what is 57 ~ 39?** was ist 57 minus 39? **II.** *n* <*pl* -es> ❶ (*minus sign*) Minus[zeichen] *nt* ❷ (*disadvantage*) Minus *nt,* Manko *nt;* **to be in the ~** FIN im Minus sein **III.** *adj attr, inv* ❶ (*disadvantage*) **~ point** Minuspunkt *m* ❷ (*number*) minus; **two ~ one equals one** MATH zwei minus eins gleich eins; **~ ten Celsius** minus zehn Grad Celsius; **to be in ~ figures** im Minus sein; *account also* überzogen sein ❸ *after n* SCH (*in grading*) **a B ~** eine Zwei minus

mi·nus·cule ['mɪnəskju:l, AM -nɪ-] **I.** *n* Kleinbuchstabe *m* **II.** *adj* winzig

'mi·nus fac·tor *n* Minus *nt,* Manko *nt,* Nachteil *m* **'mi·nus sign** *n* Minuszeichen *nt*

min·ute[1] ['mɪnɪt] **I.** *n* ❶ (*sixty seconds*) Minute *f;* **it's 12:00 on** [*or* **to**] **the ~** es ist genau [*o* Punkt] 12:00 Uhr; **this ~** sofort ❷ (*short time*) Moment *m,* Minute *f;* **wait here, I'll only be a ~!** warte hier, ich bin gleich so weit!; [**wait**] **just a ~!** [*or* **wait a ~!**] (*for delay*) einen Moment noch!; (*in disbelief*) Moment mal!; **wait a ~ – did you just say ...** Moment mal – hast du gerade gesagt, dass ...; (*when objecting*) **wait a ~ – that's my bike you're taking!** warte mal – das ist mein Fahrrad, das du da nimmst! ❸ (*soon*) **Mr Smith will be here any ~ now** Herr Smith wird jeden Augenblick hier sein; **at any ~** jede Minute; **in a ~, in a few ~s** gleich, sofort ❹ (*specific point in time*) Minute *f;* **tell me the ~ that he arrives** sag mir sofort Bescheid, wenn er kommt!; **I disliked him the ~ I saw him!** er war mir vom ersten Augenblick an unsympathisch; **to do sth at the last ~** etw in letzter Minute tun; **at the ~** (*now*) im Moment [*o* Augenblick]; (*presently in general*) zurzeit **II.** *adj attr, inv* Instant-; **~ soup** Instantsuppe *f*

min·ute[2] [maɪ'nju:t, AM *esp* -'nu:t] *adj* ❶ (*small*) winzig; **in ~ detail** bis ins kleinste Detail; **a ~ resemblance/similarity** eine entfernte Ähnlichkeit ❷ (*meticulous*) minuziös

'min·ute hand *n* Minutenzeiger *m*

mi·nute·ly [maɪ'nju:tli, AM *esp* -'nu:t-] *adv* minuziös, bis ins kleinste Detail; **to describe sth ~** etw ausführlich beschreiben

'min·ute·man *n* AM (*hist*) *ein auf Abruf bereitstehender Freiwilliger im Unabhängigkeitskrieg*

min·utes ['mɪnɪts] *npl* Protokoll *nt;* **to do/take the ~** Protokoll führen; **to read out the ~** das Protokoll verlesen

min·ute 'steak *n* Minutensteak *nt*

mi·nu·tiae [maɪ'nju:ʃiaɪ, AM mɪ'nu:-] *npl* nebensächliche Details; **the ~ of everyday life** die kleinen alltäglichen Dinge

minx [mɪŋks] *n* (*usu hum dated*) *woman* [kleines] Biest *fam*

Mio·cene ['maɪə(ʊ)si:n, AM -oʊ-] **I.** *n* GEOL Miozän *nt fachspr* **II.** *adj* GEOL miozän *fachspr*

mira·cle ['mɪrəkl] *n* (*supernatural event*) Wunder *nt;* (*fig: surprising occurrence*) Wunder *nt;* **it's a ~ that ...** es ist ein Wunder, dass ...; **it would be a ~ if ...** es wäre ein Wunder, wenn ...; **a ~ of perfection/tidiness/engineering** ein Wunder an Perfektion/Sauberkeit/Technik; **to be a ~ of smallness** unglaublich klein sein; **to perform** [*or* **work**] **a ~** ein Wunder vollbringen; **don't expect me to work ~s** erwarte keine Wunder von mir; **by some ~** wie durch ein Wunder

'mira·cle cure *n* Wunderheilung *f;* (*fig*) Wundermittel *nt* **'mira·cle drug** *n* Wunderheilmittel *nt* **'mira·cle play** *n* THEAT (*hist*) Mirakelspiel *nt fachspr*

mi·racu·lous [mɪ'rækjələs] *adj* wunderbar; **a ~ event** ein Wunder, etwas Wunderbares; **to make a ~ recovery** wie durch ein Wunder genesen

mi·racu·lous·ly [mɪ'rækjələsli] *adv* wunderbarerweise, wie durch ein Wunder

mi·rage ['mɪrɑ:ʒ, AM mɪ'rɑ:ʒ] *n* Luftspiegelung *f,* Fata Morgana *f;* (*fig*) Trugbild *nt,* Illusion *f*

mire [maɪəʳ, AM maɪr] *n* ❶ (*swamp*) Sumpf *m,* Sumpfgebiet *nt* ❷ *no pl* (*mud*) Morast *m,* Schlamm *m* ❸ (*fig: confusing situation*) Dickicht *nt,* Morast *m fig;* (*unpleasant situation*) Sumpf *m fig;* **to be deep in the ~** tief in der Patsche [*o* Tinte] sitzen *fam*

mir·ror ['mɪrəʳ, AM -ɚ] **I.** *n* ❶ (*looking-glass*) Spiegel *m* ❷ (*fig: reflection*) Spiegelbild *nt fig;* **this film is a ~ of modern society** dieser Film spiegelt die moderne Gesellschaft wider ▸ PHRASES: **to hold a ~ to society** der Gesellschaft einen Spiegel vorhalten **II.** *vt* ■**to ~ sth** etw widerspiegeln

mir·ror 'fin·ish *n* Hochglanz *m* **'mir·ror glass** *n no pl* Spiegelglas *nt* **mir·ror 'im·age** *n* Spiegelbild *nt* **'mir·ror writ·ing** *n no pl* Spiegelschrift *f*

mirth [mɜ:θ, AM mɜ:rθ] *n no pl* (*merriment*) Fröhlichkeit *f;* (*laughter*) Heiterkeit *f;* **to be a source of** [**considerable**] **~** [große] Heiterkeit hervorrufen

mirth·ful ['mɜ:θfəl, AM 'mɜ:rθ-] *adj* fröhlich; **~ mood** heitere Stimmung

mirth·less ['mɜ:θləs, AM 'mɜ:rθ-] *adj* freudlos; **~ eyes** trauriger Blick; **~ childhood** unglückliche Kindheit

miry ['maɪ(ə)ri] *adj* sumpfig; (*fig*) *writing* wirr

mis·ad·dress [ˌmɪsə'dres] *vt* ❶ (*wrongly address*) **to ~ a letter/package** einen Brief/ein Paket falsch adressieren ❷ (*call by wrong title*) ■**to ~ sb** jdn falsch anreden [*o* ansprechen]

mis·ad·ven·ture [ˌmɪsəd'ventʃəʳ, AM -ɚ] *n* ❶ (*form, liter: unlucky event*) Missgeschick *nt* ❷ *no pl* (*bad luck*) Pech *nt;* **due to ~** unglücklicherweise ❸ BRIT LAW (*unintentional act*) **death by ~** Tod durch Unfall; **homicide by ~** fahrlässige Tötung

mis·align [ˌmɪsə'laɪn] *vt* TECH ■**to ~ sth** etw falsch [*o* schlecht] ausrichten

mis·align·ment [ˌmɪsə'laɪnmənt] *n no pl* falsche Ausrichtung; TECH (*of wheels*) Fluchtungsfehler *m;* **spine ~** Wirbelsäulenverkrümmung *f*

mis·al·li·ance [ˌmɪsə'laɪən(t)s] *n* Mesalliance *f geh*

mis·an·thrope ['mɪsənθrəʊp, AM -ənθroʊp] *n* (*hater*) Menschenfeind(in) *m(f),* Misanthrop(in) *m(f) geh;* (*loner*) Einzelgänger(in) *m(f)*

mis·an·throp·ic [ˌmɪsən'θrɒpɪk, AM -sən'θrɑ:p-] *adj* menschenfeindlich, misanthropisch *geh*

mis·an·thro·pist [mɪ'sænθrəpɪst] *n* Menschenfeind(in) *m(f),* Misanthrop(in) *m(f) geh*

mis·an·thro·py [mɪ'sænθrəpi] *n no pl* Menschenhass *m,* Misanthropie *f geh*

mis·ap·pli·ca·tion [ˌmɪsæplɪ'keɪʃən] *n* Missbrauch *m;* **~ of knowledge** Missbrauch von Wissen; **~ of funds** (*misuse*) Fehlleitung *f* von Kapital; (*embezzlement*) Veruntreuung *f* von Geldern

mis·ap·ply <-ie-> [ˌmɪsə'plaɪ] *vt* ■**to ~ sth** etw missbrauchen; **to ~ knowledge** Wissen missbrauchen; **to ~ funds** Kapital fehlleiten; (*embezzle*) Gelder veruntreuen

mis·ap·pre·hend [ˌmɪsæprɪ'hend] *vt* ■**to ~ sb/sth** jdn/etw missverstehen

mis·ap·pre·hen·sion [ˌmɪsæprɪ'hen(t)ʃən] *n* Missverständnis *nt;* **he was under the ~ that ...** er ging fälschlicherweise davon aus, dass ...

mis·ap·pro·pri·ate [ˌmɪsə'prəʊprieɪt, AM -'proʊ-] *vt* **to ~ funds/money/sb's savings** Kapital/Geld/jds Ersparnisse veruntreuen

mis·ap·pro·pria·tion [ˌmɪsəˌprəʊpri'eɪʃən, AM -ˌproʊ-] *n no pl of money* Unterschlagung *f,* Veruntreuung *f*

mis·be·got·ten [ˌmɪsbɪ'gɒtən, AM -'gɑ:-] *adj attr* ❶ (*disreputable*) missraten; **~ son** missratener Sohn ❷ (*badly planned*) schlecht konzipiert; **~ plan** schlecht konzipierter Plan ❸ (*liter: illegitimate*) unehelich

mis·be·have [ˌmɪsbɪˈheɪv] *vi* ❶ (*behave badly*) *adult* sich *akk* schlecht benehmen [*o* unanständig]; *child* ungezogen sein; (*malfunction*) *machine* nicht richtig funktionieren ❷ (*be dishonest*) krumme Geschäfte machen *fam*

mis·be·hav·ior [ˌmɪsbɪˈheɪvjɚ] AM, **mis·be·hav·iour** [-jəʳ] *n no pl by adult* schlechtes Benehmen; *by child* Ungezogenheit *f*; **sexual** ~ sexuelles Fehlverhalten

mis·cal·cu·late [ˌmɪsˈkælkjəleɪt] *vt* ■**to ~ sth** ❶ (*in math*) etw falsch berechnen ❷ (*misjudge*) etw falsch einschätzen

mis·cal·cu·la·tion [ˌmɪsˌkælkjəˈleɪʃᵊn] *n* ❶ (*in math*) Fehlkalkulation *f* ❷ (*in planning*) Fehleinschätzung *m*; **to make a ~ in sth** etw falsch einschätzen

mis·car·riage [mɪˈskærɪdʒ, AM ˈmɪsˌker-] *n* Fehlgeburt *f*

mis·car·riage of ˈjus·tice <*pl* miscarriages-> *n* Justizirrtum *m*

mis·car·ry <-ie-> [mɪˈskæri, AM ˈmɪsˌkeri] *vi* ❶ (*in pregnancy*) eine Fehlgeburt haben ❷ (*fig: fail*) *plan, project* scheitern

mis·cast [mɪˈskɑːst, AM -ˈskæst] **I.** *vt* <-cast, -cast> *usu passive* ■**to ~ sb** jdn falsch besetzen; **to ~ a play/film** ein Theaterstück/einen Film fehlbesetzen **II.** *adj* **to feel ~ in one's life** sich *akk* im Leben nicht zurechtfinden; **to feel ~ in one's role** sich in seiner Rolle nicht wohl fühlen

mis·cel·la·neous [ˌmɪsᵊlˈeɪniəs] *adj inv* verschiedene(r, s), diverse(r, s); *collection, crowd* bunt; *articles, short stories, poems, writings* vermischt, verschiedenerlei; ~ **expenditure** sonstige Ausgaben

mis·cel·la·ny [mɪˈseləni, AM ˈmɪsəleɪni] *n* ❶ (*mixture*) Auswahl *f*, [An]sammlung *f* (**of** von +*dat*) ❷ (*book*) Sammelband *m*, Auswahl *f*

mis·chance [mɪsˈtʃɑːn(t)s, AM -ˈtʃæn-] *n* (*form*) ❶ *no pl* (*bad luck*) Pech *nt*; **sheer ~** reines Pech ❷ (*unlucky event*) Zwischenfall *m*; **by some ~** durch einen unglücklichen Umstand

mis·chief [ˈmɪstʃɪf] *n* ❶ *no pl* (*troublesome behaviour*) Unfug *m*; **to get** [*or* **be**] **up to ~** Unfug anstellen wollen; **to be full of ~** nur Unfug im Kopf haben; **his eyes were full of ~** ihm schaute der Schalk aus den Augen; **to get** [**oneself**] **into ~** Dummheiten machen; **to keep sb out of ~** jdn davon abhalten, Dummheiten zu machen ❷ *no pl* (*problems*) **to make ~ between sb** jdm Unannehmlichkeiten bereiten; **to mean ~** Unfrieden stiften wollen ❸ BRIT (*fam: injury*) **to do oneself a ~** sich *akk* verletzen

ˈmis·chief-mak·er *n* Unruhestifter(in) *m(f)*

ˈmis·chief-mak·ing *n no pl* Unruhestiften *nt*

mis·chie·vous [ˈmɪstʃɪvəs, AM -tʃə-] *adj* ❶ (*naughty*) immer zu Streichen aufgelegt; ~ **antics** Streiche *mpl*; ~ **child** Schlingel *m*; ~ **grin** spitzbübisches [*o* verschmitztes] Grinsen ❷ (*malicious*) boshaft; ~ **rumours** [*or* AM **rumors**] bösartige Gerüchte

mis·chie·vous·ly [ˈmɪstʃɪvəsli, AM -tʃə-] *adv* ❶ (*playfully bad*) schelmisch, spitzbübisch, verschmitzt ❷ (*in a nasty manner*) boshaft, böswillig

mis·chie·vous·ness [ˈmɪstʃɪvəsnəs, AM -tʃə-] *n no pl* ❶ (*naughtiness*) Ungezogenheit *f* ❷ (*maliciousness*) Boshaftigkeit *f*

mis·com·mu·ni·ca·tion [ˌmɪskəˌmjuːnɪˈkeɪʃᵊn] *n no pl* Fehlkommunikation *f*, mangelhafte [*o* unzureichende] Kommunikation (**between** zwischen +*dat*)

mis·con·ceive [ˌmɪskənˈsiːv] *vt* ■**to ~ sth** ❶ (*form: misunderstand*) etw falsch verstehen [*o* auffassen], eine falsche Vorstellung von etw *dat* haben; **to ~ one's part/task** seine Rolle/Aufgabe falsch verstehen [*o* auffassen] ❷ (*misjudge*) etw falsch einschätzen [*o* missdeuten] [*o* verkennen]; **to ~ a problem** ein Problem falsch einschätzen [*o* verkennen]; **to ~ a purpose/situation** eine Absicht/Situation missdeuten ❸ (*design poorly*) etw schlecht konzipieren [*o* durchdenken]

mis·con·ceived [ˌmɪskənˈsiːvd] *adj* ❶ (*misunderstood*) falsch verstanden; ~ **notion** falsche Vorstellung ❷ (*ill-judged*) falsch eingeschätzt, missdeutet, verkannt; ~ **cause/situation** missdeutete Ursache/Situation; ~ **crisis/effect** falsch eingeschätzte Krise/Wirkung; ~ **problem** verkanntes Problem ❸ (*ill-designed*) schlecht konzipiert [*o* durchdacht]; ~ **attempt/plan** schlecht durchdachter Versuch/Plan; ~ **investment/planning** Fehlinvestition *f*/-planung *f*

mis·con·cep·tion [ˌmɪskənˈsepʃᵊn] *n* falsche Vorstellung [*o* Auffassung] (**about** von +*dat*), falsche [*o* irrige] Annahme, Irrglaube *m*; **a popular** [*or* **common**] ~ ein verbreiteter Irrglaube

mis·con·duct **I.** *n* [ˌmɪˈskɒndʌkt, AM -ˈskɑːn-] *no pl* ❶ (*bad behaviour*) schlechtes Benehmen, unkorrektes Verhalten; **professional ~** standeswidriges Verhalten; **sexual ~** sexuelle Verfehlung, sexueller Fehltritt; LAW Ehebruch *m*; MIL schlechte Führung; ~ **in office** Verfehlung *f* im Amt, Amtsvergehen *nt* ❷ (*poor organization*) schlechte Verwaltung [*o* Geschäftsführung]; ~ **of financial affairs** unzulängliche Finanzverwaltung **II.** *vt* [ˌmɪskənˈdʌkt] ❶ (*behave badly*) ■**to ~ oneself** sich *akk* schlecht benehmen [*o* betragen] ❷ (*organize badly*) ■**to ~ sth** etw schlecht führen [*o* verwalten]

mis·con·struc·tion [ˌmɪskənˈstrʌkʃᵊn] *n* (*form*) Missdeutung *f*, Missverständnis *nt*, falsche Auslegung; **to be open to ~** leicht misszuverstehen sein

mis·con·strue [ˌmɪskənˈstruː] *vt* ■**to ~ sth** etw missdeuten [*o* missverstehen] [*o* falsch auslegen]; **you have ~d my meaning** du hast mich falsch verstanden; **to ~ sth as sth** etw fälschlicherweise als etw auslegen

mis·copy <-ie-> [ˌmɪsˈkɒpi, AM -ˈkɑːpi] *vt* ■**to ~ sth** etw falsch abschreiben

mis·count **I.** *n* [ˈmɪskaʊnt] falsche Zählung [*o* Berechnung]; POL *of votes* falsche Auszählung **II.** *vi* [mɪˈskaʊnt] sich *akk* verzählen [*o* verrechnen] **III.** *vt* [mɪˈskaʊnt] ■**to ~ sth** etw falsch [ab]zählen [*o* berechnen]; **to ~ votes** POL Stimmen falsch auszählen

mis·creant [ˈmɪskriənt] **I.** *n* (*form*) Übeltäter(in) *m(f) geh*, Schurke *m*, Bösewicht *m* **II.** *adj* (*form*) ❶ (*base*) gemein, verdorben, niederträchtig *geh* ❷ REL (*infidel*) ketzerisch, abtrünnig *geh*, häretisch *fachspr*, treulos; ~ **husband** treuloser Ehemann

mis·deal **I.** *n* [ˈmɪsdiːl] falsches Geben [*o* Austeilen] (*beim Kartenspiel*) **II.** *vt* <-dealt, -dealt> [mɪsˈdiːl] **to ~ cards** die Karten falsch austeilen **III.** *vi* <-dealt, -dealt> [mɪsˈdiːl] falsch geben, sich *akk* vergeben

mis·deed [mɪsˈdiːd] *n* (*form*) Missetat *f geh o veraltend*, Untat *f geh*

mis·de·mean·or [ˌmɪsdɪˈmiːnɚ] AM, **mis·de·mean·our** [-əʳ] *n* ❶ (*minor bad action*) [leichtes] Vergehen, [leichter] Verstoß, [geringfügige] Verfehlung ❷ AM LAW geringfügiges Vergehen, Bagatelldelikt *nt*

mis·di·ag·nose [mɪsˈdaɪəgnəʊz, AM ˌmɪsdaɪəgˈnoʊs] *vt* ■**to ~ sth** ❶ MED etw falsch diagnostizieren ❷ (*wrongly assess*) etw falsch einschätzen

mis·di·ag·no·sis [ˌmɪsdaɪəgˈnəʊsɪs, AM -ˈnoʊ-] *n* ❶ MED Fehldiagnose *f* ❷ (*wrong assessment*) Fehleinschätzung *f*

mis·dial <BRIT -ll- *or* AM *usu* -l-> [mɪsˈdaɪl] **I.** *vt* **to ~ the number** die falsche Nummer wählen **II.** *vi* sich *akk* verwählen

mis·di·rect [ˌmɪsdɪˈrekt, AM -dəˈ-] *vt* ❶ (*send in wrong direction*) ■**to ~ sb/sth** jdn/etw in die falsche Richtung schicken, jdn/etw fehlleiten; **to ~ a letter** einen Brief falsch adressieren; **to ~ luggage/a shipment** Gepäck/eine Sendung fehlleiten; **to ~ a child** (*fig*) ein Kind [erzieherisch] fehlleiten [*o* irreleiten] ❷ (*aim wrongly*) ■**to ~ sth** etw in die falsche Richtung lenken; **to ~ a free kick** FBALL einen Freistoß verschießen [*o* vergeben] ❸ *usu passive* (*fig: misapply*) ■**to be ~ed** *energies, resources* falsch eingesetzt [*o* vergeudet] werden; *criticism, praise, remark* unangebracht [*o* unangemessen] [*o* fehl am Platz] sein ❹ LAW (*instruct wrongly*) ■**to ~ sb** jdn falsch unterrichten [*o* belehren]; **to ~ a jury** Geschworene falsch belehren

mis·di·rec·tion [ˌmɪsdɪˈrekʃᵊn, AM -dəˈ-] *n no pl* ❶ (*of a letter, parcel*) Fehlleitung *f*, falsche Adressierung ❷ LAW (*false* *instruction*) falsche Unterrichtung; *of a jury* unrichtige [Rechts]belehrung ❸ (*inappropriate use*) *of energies, funds* falscher Einsatz, Vergeudung *f; of criticism, praise, remark* Unangemessenheit *f; of efforts* falsche Zielsetzung

mi·ser ['maɪzər, AM -ɚ] *n* Geizhals *m,* Geizkragen *m*

mis·er·able ['mɪzərəbl̩, AM -zɚ-] *adj* ❶ (*unhappy*) unglücklich, elend; **to feel** ~ sich *akk* elend fühlen; **to look** ~ elend aussehen; **a** ~ **life** ein elendes Leben; **a** ~ **time** eine schreckliche [*o* fürchterliche] Zeit; **to make life** ~ **[for sb]** [jdm] das Leben unerträglich [*o* zur Qual] machen ❷ *attr* (*bad-tempered*) griesgrämig, miesepet[e]rig *fam;* (*repulsive*) unausstehlich, widerlich, fies *fam;* (*fam: as insult*) mies *fam,* Mist- *fam;* ~ **little bastard** (*sl*) gemeiner Mistkerl *fam;* ~ **old creep** *esp* BRIT (*sl*) mieser alter Sack *derb;* ~ **old git** alter Miesepeter ❸ (*very unpleasant*) schauderhaft, grässlich, elend; ~ **hovel** [*or* AM *a.* **shack**] elende Bruchbude; ~ **weather** schauderhaftes [*o* grässliches] Wetter ❹ (*inadequate*) armselig, dürftig; **a** ~ **£20** lumpige 20 Pfund; **to live in** ~ **conditions** in armseligen Verhältnissen leben; ~ **salary** armseliges [*o fam* mieses] Gehalt ❺ *attr* (*wretched*) miserabel, erbärmlich, jämmerlich, kläglich; **a** ~ **concert** ein miserables Konzert; **a** ~ **result** ein erbärmliches Ergebnis; **to be a** ~ **failure** ein kompletter Misserfolg sein ❻ AUS, NZ (*stingy*) geizig, knauserig

mis·er·ably ['mɪzərəbli, AM -zɚ-] *adv* ❶ (*unhappily*) traurig, niedergeschlagen; **to sob** ~ jämmerlich schluchzen ❷ (*extremely*) schrecklich, furchtbar; **to be** ~ **cold/hot** furchtbar kalt/heiß sein; **to be** ~ **unhappy** schrecklich traurig sein; **to be** ~ **unlucky** ein Riesenpech haben ❸ (*utterly*) jämmerlich, kläglich; **to fail** ~ jämmerlich [*o* kläglich] versagen

mis·eri·cord [mɪ'zerɪkɔːd, AM -kɔːrd] *n* REL Stütze *f* (*am Chorgestühl*), Miserikordie *f fachspr*

mi·ser·li·ness ['maɪzəlɪnəs, AM -zɚ-] *n* Geiz *m*

mi·ser·ly ['maɪzəli, AM -zɚ-] *adj* geizig

mis·ery ['mɪzəri, AM -ɚi] *n* ❶ *no pl* (*suffering*) Elend *nt,* Not *f;* **to live in** ~ im Elend [*o* in Not] leben ❷ *no pl* (*unhappiness*) Jammer *m;* **a picture of** ~ ein Bild des Jammers ❸ (*strain*) ■ **miseries** *pl* Qualen *fpl,* Strapazen *fpl* ❹ BRIT (*fam: miserable person*) ■ **to be a** ~ ein Trauerkloß *fam* [*o fam* Miesepeter] sein ▶ PHRASES: **to make sb's life a** ~ jdm das Leben zur Qual [*o* Hölle] machen; **to put an animal out of its** ~ ein Tier von seinen Leiden erlösen; **to put sb out of his/her** ~ (*hum*) jdn nicht länger auf die Folter spannen *fam*

'mis·ery-guts *n* BRIT (*fam*) Miesepeter *m fam*

mis·field [mɪs'fiːld] *vt esp* BRIT SPORTS **to** ~ **the ball** *in rugby, cricket* den Ball nicht richtig annehmen

mis·fire I. *vi* [mɪs'faɪər, AM ɚ] *weapon* versagen; *engine* fehlzünden, aussetzen; (*fig*) *plan* schiefgehen, danebengehen, misslingen II. *n* [mɪs'faɪər, AM 'mɪsfaɪɚ] (*of gun*) Ladehemmung *f;* (*of engine*) Fehlzündung *f,* Aussetzer *m fam*

mis·fit ['mɪsfɪt] *n* Außenseiter(in) *m(f),* Eigenbrötler(in) *m(f);* **a social** ~ ein gesellschaftlicher Außenseiter/eine gesellschaftliche Außenseiterin

mis·for·tune [mɪs'fɔːtʃuːn, AM -'fɔːrtʃən] *n* ❶ *no pl* (*bad luck*) Pech *nt,* Unglück *nt;* **I had the** [*or* **it was my**] ~ **...** ich hatte das Pech ...; **to suffer** ~ viel Unglück haben, vom Unglück verfolgt sein ❷ (*mishap*) Missgeschick *nt kein pl,* unglücklicher Umstand

mis·giv·ing [mɪs'gɪvɪŋ] *n* ❶ (*doubt*) Befürchtung *f,* Bedenken *nt meist pl* (**about** wegen +*gen*/hinsichtlich +*gen*); **to express** ~**s** Befürchtungen [*o* Bedenken] äußern ❷ *no pl* ungutes Gefühl; **a certain amount of** ~ ein etwas ungutes Gefühl; **to be filled with** ~ böse [*o* dunkle] Ahnungen haben

mis·gov·ern [mɪs'gʌvən, AM -ɚn] *vt* ■ **to** ~ **sb/sth** jdn/etw schlecht regieren; **to** ~ **affairs of state** die Staatsgeschäfte schlecht führen [*o* leiten]

mis·gov·ern·ment [mɪs'gʌvənmənt, AM -ɚn-] *n no pl* schlechte Regierung [*o* Führung] [*o* Leitung]

mis·guid·ed [mɪs'gaɪdɪd] *adj attempt, measure* unsinnig; *effort, policy* verfehlt; *enthusiasm, idealism, zeal* falsch, unangebracht; *people* fehlgeleitet, irregeleitet; ~ **idea** irrige [*o* falsche] Vorstellung; **to be** ~ **in sth** mit etw falschliegen

mis·guid·ed·ly [mɪs'gaɪdɪdli] *adv* irrtümlich, unsinnigerweise

mis·han·dle [mɪs'hændl̩] *vt* ❶ (*mismanage*) ■ **to** ~ **sb/sth** jdn/etw falsch [*o* schlecht] behandeln; **to** ~ **an affair** eine Angelegenheit falsch behandeln [*o* anpacken]; **to** ~ **a business** ein Geschäft schlecht führen [*o* leiten]; **to** ~ **an estate** ein Gut schlecht verwalten [*o* bewirtschaften]; **to** ~ **an investigation** bei einer Untersuchung [grobe] Fehler machen [*o* falsch vorgehen]; **to** ~ **a situation** mit einer Situation falsch umgehen ❷ (*handle roughly*) ■ **to** ~ **sb/sth** jdn/etw misshandeln [*o* grob behandeln]

mis·han·dling [mɪs'hændlɪŋ] *n no pl* ❶ (*mismanagement*) falsche Behandlung, schlechte Handhabung [*o* Durchführung]; ~ **of a situation** falscher Umgang mit einer Situation ❷ (*rough treatment*) Misshandlung *f,* grobe Behandlung

mis·hap ['mɪshæp] *n* Unglück *nt,* Unfall *m,* Panne *f;* **little Timmy just had a** ~ dem kleinen Timmy ist gerade ein Malheur passiert; **a series of** ~**s** eine Unglücks-/Pannenserie; **without [further]** ~ ohne [weiteren] Zwischenfall

mis·hear [mɪs'hɪər, AM -'hɪr] I. *vt* <-heard, -heard> ■ **to** ~ **sth** etw falsch hören [*o* [akustisch] falsch verstehen] II. *vi* <-heard, -heard> sich *akk* verhören

mis·hit <-hit, -hit> [mɪs'hɪt] *vt* SPORTS Fehlschlag *m;* **to** ~ **the ball** *in baseball, cricket* den Ball nicht richtig treffen; **to** ~ **a drive/match ball/volley** *in tennis* einen Drive/Matchball/Volley verschlagen

mish·mash ['mɪʃmæʃ] *n* Mischmasch *m fam,* Durcheinander *nt* (**of** von +*dat*)

mis·in·form [ˌmɪsɪn'fɔːm, AM -'fɔːrm] *vt* ■ **to** ~ **sb [about sth]** jdn [über etw *akk*] falsch informieren [*o* unterrichten]

mis·in·for·ma·tion [ˌmɪsɪnfə'meɪʃən, AM -fɚ-] *n no pl* falsche Information, Fehlinformation[en] *f[pl];* (*in newspaper, on radio*) Falschmeldung *f* (**about** über +*akk*)

mis·in·ter·pret [ˌmɪsɪn'tɜːprɪt, AM -'tɜːr-] *vt* ■ **to** ~ **sth** etw missverstehen; *evidence, statement, text* etw falsch interpretieren [*o* auslegen]; *behaviour, gesture, remark* etw falsch deuten [*o* missdeuten]

mis·in·ter·pre·ta·tion [ˌmɪsɪnˌtɜːprɪ'teɪʃən, AM -ˌtɜːr-] *n* Missverständnis *nt,* Fehlinterpretation *f;* **open to** ~ missverständlich [*o* unterschiedlich] auslegbar

mis·judge [mɪs'dʒʌdʒ] I. *vt* ■ **to** ~ **sb/sth** *applicant, prospects, situation* jdn/etw falsch einschätzen [*o* beurteilen] [*o* bewerten]; *amount, distance, weight* etw falsch schätzen II. *vi* sich *akk* verschätzen

mis·judg(e)·ment [mɪs'dʒʌdʒmənt] *n* ❶ *no pl* (*wrong assessment*) *of a candidate, crisis* falsche Einschätzung [*o* Beurteilung]; *of damage, size, sum* falsche Schätzung ❷ (*wrong decision*) Fehlentscheidung *f,* Fehlurteil *nt*

mis·lay <-laid, -laid> [mɪ'sleɪ] *vt* ■ **to** ~ **sth** etw verlegen

mis·lead <-led, -led> [mɪ'sliːd] *vt* ■ **to** ~ **sb** ❶ (*deceive*) jdn täuschen [*o* irreführen]; ■ **to** ~ **sb about sth** jdn über etw *akk* täuschen; **I was misled by what I had read about her in the newspapers** aus dem, was ich über sie in den Zeitungen gelesen hatte, ergab sich mir ein falsches Bild ❷ (*lead astray*) jdn verführen [*o* verleiten]; ■ **to** ~ **sb into [doing] sth** jdn zu etw *dat* verleiten [*o* verführen]; **to let oneself be misled** sich *akk* verleiten lassen

mis·lead·ing [mɪ'sliːdɪŋ] *adj* irreführend

mis·lead·ing·ly [mɪ'sliːdɪŋli] *adv* irreführenderweise

mis·man·age [ˌmɪs'mænɪdʒ] *vt* ■ **to** ~ **sth** mit etw *dat* falsch umgehen; *business* etw schlecht führen [*o* leiten]; *an estate, finances* etw schlecht verwalten, etw herunterwirtschaften; **to** ~ **negotiations** Verhandlungen schlecht leiten

mis·man·age·ment [ˌmɪs'mænɪdʒmənt] *n* schlechte Verwaltung [*o* Führung] [*o* Leitung], Misswirtschaft *f;* ~ **of the economy** schlechte [*o* verfehlte] Wirtschaftspolitik

M

mis·match I. *n* <*pl* -es> ['mɪsmætʃ] ❶ (*unsuitable pairing*) *of beverages, clothes, texts* unpassende Zusammenstellung; *of animals, people* ungleiche Paarung; **to be a ~** nicht zusammenpassen ❷ (*lack of correspondence*) fehlende Übereinstimmung, Missverhältnis *nt*, Ungleichgewicht *nt* (**between** zwischen +*dat*) II. *vt* [mɪ'smætʃ] *usu passive* ■**to be ~ed** ❶ (*be incompatible*) *clothes, colours, instruments* nicht zusammenpassen; *people* nicht zueinander passen ❷ SPORTS *opponents* ungleich [gepaart] sein

mis·name [mɪs'neɪm] *vt* ❶ (*call wrongly*) ■**to ~ sth** etw falsch benennen, etw *dat* einen falschen Namen [*o* eine falsche Bezeichnung] geben; **to ~ a flower/an instrument** eine Blume/ein Instrument falsch benennen; **to ~ a measure/policy** einer Maßnahme/Politik eine falsche Bezeichnung geben ❷ (*call inappropriately*) ■**to ~ sb/sth sb/sth** jdn/etw unzutreffend [*o* zu Unrecht] als jdn/etw bezeichnen

mis·no·mer [mɪ'snəʊməʳ, AM -'snoʊmɚ] *n* ❶ (*wrong name*) falscher Name, falsche Bezeichnung; LAW *in a document* falsche Benennung [*o* Bezeichnung] ❷ (*inappropriate name*) unzutreffender [*o* unpassender] Name, unzutreffende [*o* unpassende] Bezeichnung

miso ['miːsəʊ, AM -soʊ] *n no pl* Miso *nt* (*aus fermentierten Sojabohnen bestehende Paste japanischer Herkunft*)

mi·sogy·nist [mɪ'sɒdʒᵊnɪst, AM -'sɑːdʒ-] I. *n* Misogyn *m fachspr*, Frauenfeind *m* II. *adj* misogyn *fachspr*, frauenfeindlich

mi·sogy·nis·tic [mɪˌsɒdʒᵊn'ɪstɪk, AM -ˌsɑːdʒɪ'nɪs-] *adj* misogyn *fachspr*, frauenfeindlich

mi·sogy·ny [mɪ'sɒdʒɪni, AM -'sɑːdʒ-] *n* Misogynie *f fachspr*, Frauenfeindlichkeit *f*

mis·place [mɪ'spleɪs] *vt* ■**to ~ sth** etw verlegen

mis·placed [mɪ'spleɪst] *adj* ❶ (*fig: misdirected*) unangebracht; **to be ~** fehl am Platz[e] sein ❷ (*incorrectly positioned*) *comma, decimal point, semicolon* falsch gesetzt

mis·print ['mɪsprɪnt] *n* Druckfehler *m*

mis·pro·nounce [ˌmɪsprə'naʊn(t)s] *vt* ■**to ~ sth** etw falsch aussprechen

mis·pro·nun·cia·tion [ˌmɪsprəˌnʌn(t)si'eɪʃᵊn] *n* ❶ *no pl* (*incorrectness*) falsche [*o* fehlerhafte] Aussprache ❷ (*mistake*) Aussprachefehler *m*

mis·quo·ta·tion [ˌmɪskwəʊ'teɪʃᵊn, AM -kwoʊ'-] *n* ❶ *no pl* (*quoting incorrectly*) falsches [*o* unrichtiges] Zitieren ❷ (*incorrect quotation*) falsch [*o* unrichtig] wiedergegebenes Zitat

mis·quote [mɪ'skwəʊt, AM -oʊt] I. *vt* ■**to ~ sb/sth** jdn/etw falsch [*o* unrichtig] zitieren [*o* wiedergeben] II. *n* ❶ (*incorrect quoting*) falsches [*o* unrichtiges] Zitieren ❷ (*incorrectly worded quotation*) falsch [*o* unrichtig] wiedergegebenes Zitat

mis·read <-read, -read> [mɪs'riːd] *vt* ■**to ~ sth** ❶ (*read incorrectly*) *word, text* etw falsch [*o* nicht richtig] lesen; **to ~ an 'a' as an 'o'** ein ‚a' fälschlich als ‚o' lesen ❷ (*fig: misinterpret*) *instruction, signal* etw falsch verstehen [*o* missverstehen] [*o* missdeuten]

mis·read·ing [mɪs'riːdɪŋ] *n* ❶ (*reading mistake*) Lesefehler *m* ❷ *no pl* (*incorrect reading*) falsches [*o* fehlerhaftes] Lesen ❸ *no pl* (*misunderstanding*) Missverständnis *nt*, Missdeutung *f*

mis·re·port [ˌmɪsrɪ'pɔːt, AM -'pɔːrt] *vt* ■**to ~ sth** etw falsch berichten [*o* wiedergeben]

mis·rep·re·sent [ˌmɪsreprɪ'zent] *vt* ■**to ~ sth** etw falsch [*o* unrichtig] darstellen; ■**to ~ sb as sb/sth** jdn als jd/etw hinstellen; **to ~ facts** Tatsachen entstellen [*o* verdrehen]; LAW falsche Tatsachen vorspiegeln

mis·rep·re·sen·ta·tion [ˌmɪsreprɪzen'teɪʃᵊn] *n* ❶ (*false account*) falsche [*o* unrichtige] Darstellung; LAW falsche Angabe [*o* Darstellung]; **a ~ of facts** LAW eine Vorspiegelung falscher Tatsachen; **a ~ of the truth** eine Entstellung [*o* Verdrehung] der Wahrheit ❷ *no pl* (*false representation*) falsche [*o* unrichtige] Wiedergabe

mis·rule [mɪs'ruːl] *n* ❶ (*bad government*) schlechte [*o* unfähige] Regierung ❷ (*mismanagement*) Misswirtschaft *f* ❸ (*disorder*) Unordnung *f* ❹ (*lawlessness*) Gesetzlosigkeit *f*

miss¹ [mɪs] *n* ❶ (*young unmarried woman*) Fräulein *nt veraltend* ❷ (*form of address for waitress*) [gnädiges] Fräulein *veraltend*, Bedienung *f* ❸ (*title*) ■**M~** Fräulein *nt veraltend*, Miss *f*; **M~ Smith** Fräulein [*o* Miss] Smith; **M~ America** Miss Amerika ❹ BRIT ([*unmarried*] *teacher*) ■**M~** *in address* Frau Lehrerin *veraltet* ❺ (*dated or hum: young lady*) junges Ding *veraltend o hum* ❻ BRIT (*pej: naughty girl*) freches Ding *veraltend o pej*

miss² [mɪs] I. *n* <*pl* -es> ❶ (*failure*) Fehlschlag *m*, Misserfolg *m*; SPORTS Fehltreffer *m*, Fehlschuss *m*, Fehlwurf *m*; AUTO Fehlzündung *f*; MED Fehlgeburt *f*; **I've never had a car accident, but I've had a few near ~es** ich hatte noch nie einen Unfall, aber ein paar Beinahezusammenstöße ❷ (*skip*) **to give sth a ~** BRIT, AUS (*fam*) *dance, dessert* etw auslassen; (*avoid*) *meeting, practice* etw sausen lassen *fam* ▶ PHRASES: **a ~ is as good as a <u>mile</u>** (*prov*) knapp vorbei ist auch daneben *prov* II. *vi* ❶ (*not hit*) nicht treffen, danebengehen ❷ (*be unsuccessful*) missglücken, fehlschlagen ❸ AUTO (*fam*) *motor* aussetzen III. *vt* ❶ (*not hit*) ■**to ~ sth** etw nicht treffen [*o* verfehlen]; **to ~ the target** das Ziel verfehlen ❷ (*be too late for*) ■**to ~ sth** *bus, train* etw versäumen [*o* verpassen]; **to ~ a deadline** einen Termin nicht [ein]halten ❸ (*not be present for*) ■**to ~ sth** etw versäumen [*o* verpassen] ❹ (*not take advantage*) ■**to ~ sth** *opportunity* etw verpassen; **his new film is too good to ~** seinen neuen Film darf man sich einfach nicht entgehen lassen; **you didn't ~ much** du hast nicht viel verpasst ❺ (*avoid*) ■**to ~ sth** etw vermeiden [*o* umgehen]; **I narrowly ~ed being run over** ich wäre fast überfahren worden ❻ (*not see*) ■**to ~ sb/sth** jdn/etw übersehen; **he's over there, you can't ~ him** er ist da drüben, du kannst ihn gar nicht übersehen ❼ (*not hear: deliberately*) ■**to ~ sth** etw überhören ❽ (*not perceive*) ■**to ~ sth** etw nicht bemerken; (*approv*) **Susan doesn't ~ much** Susan entgeht einfach nichts ❾ (*not have*) ■**to ~ sth** etw nicht haben [*o* tun]; **I've ~ed my period** ich habe meine Tage nicht bekommen *fam*; **I've decided to ~ breakfast** ich habe beschlossen, nicht zu frühstücken ❿ (*regret absence*) ■**to ~ sb/sth** jdn/etw vermissen; **I ~ having you here to talk to** du fehlst mir hier zum Reden ⓫ (*notice loss*) ■**to ~ sth** etw vermissen ▶ PHRASES: **to ~ the <u>boat</u>** (*fam: not take advantage*) den Anschluss verpassen; (*fail to understand*) etw nicht mitbekommen *fam*; **to ~ the <u>bus</u>** (*fam*) den Anschluss verpassen; **to ~ the <u>mark</u>** das Ziel [*o* den Zweck] verfehlen; **to ~ the <u>point</u>** nicht verstehen, worum es geht; **to not ~ a <u>trick</u>** [*or* **any <u>tricks</u>**] (*fam*) alle Register ziehen; (*notice*) **she never ~es a trick** ihr entgeht nichts

◆**miss out** I. *vt* ■**to ~ out** ⟲ **sb/sth** ❶ (*omit by accident*) *comma, patient, word* jdn/etw vergessen [*o* übersehen] ❷ (*overlook deliberately*) jdn/etw [absichtlich] übersehen; *letter, line, verse* etw auslassen [*o* weglassen] II. *vi* zu kurz kommen; **don't ~ – get involved!** lass dir das nicht entgehen – mach mit!; ■**to ~ out on sth** *opportunity* sich *dat* etw entgehen lassen

mis·sal ['mɪsᵊl] *n* Messbuch *nt*, Missal[e] *nt fachspr*

mis·shap·en [mɪs'ʃeɪpᵊn] *adj* ❶ (*out of shape*) unförmig ❷ ANAT (*malformed*) missgestaltet, missgebildet

mis·sile ['mɪsaɪl, AM -sᵊl] *n* ❶ MIL (*explosive weapon*) Flugkörper *m*, Rakete *f*; **ballistic ~** ballistischer Flugkörper; **guided ~** Lenkflugkörper *m*; **long-range/medium-range ~** Langstrecken-/Mittelstreckenrakete *f*; **surface-to-air/surface-to-surface ~** Boden-Luft-/Boden-Boden-Rakete *f* ❷ MIL (*fired object*) [Raketen]geschoss *nt*, Projektil *nt* ❸ (*thrown object*) Wurfgeschoss *nt*

'mis·sile base *n* Raketenabschussbasis *f*, Raketenstützpunkt *m*

mis·sile de·'fence sys·tem *n* Raketenabwehrsystem *nt*

'mis·sile launch·er *n* [Raketen]abschussrampe *f*; (*vehicle*) Raketenwerfer *m*

mis·sing ['mɪsɪŋ] *adj inv* ❶ (*disappeared*) *thing* verschwunden; *person* vermisst; (*not there*) fehlend; **to be ~** fehlen; **there's a knife ~ from this drawer** aus dieser Schublade fehlt ein Messer; **when did you notice that the money was ~ from your account?** wann haben Sie bemerkt, dass das Geld nicht mehr auf Ihrem Konto war?; **to go ~** BRIT, AUS *money, person* verschwinden; **to report sb/sth ~** jdn/etw als vermisst melden ❷ MIL (*absent*) vermisst, verschollen; **~ in action** [nach Kampfeinsatz] vermisst; **to be listed as ~** als vermisst gemeldet sein; **~ presumed killed** [*or* **dead**] vermisst, wahrscheinlich gefallen

mis·sing 'link *n* ❶ (*in evolution*) unbekannte Zwischenstufe; ■**the ~** das fehlende Glied [zwischen Mensch und Affe]; (*in investigation*) fehlendes Beweisstück ❷ (*connector*) Bindeglied *nt* (**between** zwischen +*dat*) **mis·sing 'per·son** *n* Vermisste(r) *f(m)*; ■**M~ P~s** Vermisstenabteilung *f* (*bei der Polizei*)

mis·sion ['mɪʃᵊn] *n* ❶ (*task*) Auftrag *m,* Einsatz *m,* Mission *f;* **combat ~** Kampfeinsatz *m;* **peace ~** Friedensmission *f;* **rescue ~** Rettungsmission *f,* Rettungseinsatz *m;* **~ accomplished** Mission beendet, [Einsatz]auftrag ausgeführt ❷ (*goal*) Ziel *nt;* **~ in life** Lebensaufgabe *f,* Lebenszweck *m;* **a person with a ~** ein Mensch *m* mit einem Ziel ❸ (*group sent*) Gesandtschaft *f,* Delegation *f* ❹ (*church activity*) Mission *f;* **foreign/home ~** äußere/innere Mission; (*building*) Missionsstation *f* ❺ (*commercial centre*) Mission *f;* **trade ~** Handelsmission *f* ❻ (*diplomatic building*) Mission *f* ❼ (*space project*) [Raumflug]mission *f*

mis·sion·ary ['mɪʃᵊnᵊri, AM -neri] **I.** *n* Missionar(in) *m(f)* **II.** *n modifier* (*freedom, school, work*) Missions-; **~ zeal** missionarischer Eifer

'mis·sion·ary po·si·tion *n* Missionarsstellung *f*

mis·sion con·'trol *n* Bodenkontrolle *f,* Bodenkontrollzentrum *nt* **mis·sion 'count-down** *n* Countdown *m* vor einem Raumflug **'mis·sion state·ment** *n* ❶ COMM *of a company* Firmensteckbrief *m* ❷ ECON *of an organization* Aufgabenbeschreibung *f,* Aufgabenprofil *nt* ❸ POL Absichtserklärung *f*

mis·sis ['mɪsɪz] *n* ❶ (*hum sl: wife*) ■**the ~** die bessere Hälfte [*o* Gnädigste] *hum fam,* die Alte *pej sl* ❷ DIAL (*sl: woman*) gnä' Frau *fam* ❸ AM (*dated: lady of the house*) Dame *f* des Hauses, Hausherrin *f*

mis·sive ['mɪsɪv] *n* (*form*) Sendschreiben *nt geh o veraltet,* Missiv *nt fachspr;* (*hum*) ellenlanger Brief *hum*

mis·spell <-spelt *or* AM -spelled, -spelt *or* AM -spelled> [mɪs'spel] *vt* ■**to ~ sth** ❶ (*spell wrongly*) etw falsch buchstabieren ❷ (*write wrongly*) etw falsch schreiben

mis·spell·ing [mɪs'spelɪŋ] *n* ❶ (*spelling mistake*) Rechtschreibfehler *m* ❷ *no pl* (*wrong spelling*) falsches Buchstabieren ❸ (*wrong writing*) falsche Schreibung

mis·spend <-spent, -spent> [mɪs'spend] *vt* ■**to ~ sth** etw verschwenden [*o* vergeuden]; **to ~ one's money** sein Geld verschwenden; **to ~ one's time** seine Zeit vergeuden

mis·spent [mɪs'spent] *adj* verschwendet, vergeudet; **~ money** verschwendetes Geld; **a ~ youth** eine vergeudete Jugend

mis·state [mɪs'steɪt] *vt* ■**to ~ sth** etw falsch angeben [*o* darstellen]

mis·state·ment [mɪs'steɪtmənt] *n* falsche Angabe [*o* Darstellung]

mis·sus *n see* **missis**

mist [mɪst] **I.** *n* ❶ *no pl* (*light fog*) [leichter] Nebel, Dunst *m;* **to be shrouded in ~** in Nebel gehüllt sein ❷ (*blur*) Schleier *m;* **~ of tears** Tränenschleier *m* ❸ (*condensation*) Beschlag *m;* **there was a ~ on the windows** die Fenster waren beschlagen; (*vapour*) Hauch *m* **II.** *vi glass, tiles* [sich *akk*] beschlagen, anlaufen; *eyes* sich *akk* verschleiern, feucht werden; *vision* sich *akk* trüben

◆**mist over** *vi* ❶ (*with condensation*) *glass, tiles* [sich *akk*] beschlagen, anlaufen ❷ (*with tears*) *eyes* sich *akk* verschleiern, feucht werden

◆**mist up I.** *vi glass, tiles* [sich *akk*] beschlagen, anlaufen **II.** *vt* ■**to ~ up** ↻ **sth** *vision* etw trüben

mis·tak·able [mɪ'steɪkəbl] *adj usu pred* verwechselbar, leicht zu verwechseln; **she's easily ~ for my sister** sie wird leicht für meine Schwester gehalten

mis·take [mɪ'steɪk] **I.** *n* Fehler *m,* Irrtum *m,* Versehen *nt;* **there must be some ~** da kann etwas nicht stimmen; **he's a strange bloke, and no ~** er ist wirklich ein seltsamer Kerl; **careless ~** Flüchtigkeitsfehler *m;* **fatal/terrible ~** verhängnisvoller/schrecklicher Irrtum; **silly ~** dummer Fehler; **spelling ~** Rechtschreibfehler *m;* **typing ~** Tippfehler *m;* **to learn from one's ~s** aus seinen Fehlern lernen; **to make a ~** einen Fehler machen, sich *akk* irren; **to repeat past ~s** alte Fehler wiederholen; **by ~** aus Versehen, versehentlich; **my ~** meine Schuld ▸ PHRASES: **make no ~ about it!** täusche dich da mal nicht!; **she has a very reserved manner but, make no ~ about it, she can assert herself** sie hat zwar eine sehr zurückhaltende Art, aber sie kann sich sehr wohl durchsetzen **II.** *vt* <-took, -taken> ■**to ~ sth** etw falsch verstehen; **she may have mistaken the date** vielleicht hat sie sich im Datum geirrt; **you can't ~ their house – it's got a bright yellow front door** ihr könnt ihr Haus nicht verfehlen – es hat eine hellgelbe Eingangstür; ■**to ~ sb/sth for sb/sth** jdn/etw mit jdm/etw verwechseln; **sorry, I mistook you for an acquaintance of mine** Entschuldigung, ich hielt Sie für einen meiner Bekannten; **there's no mistaking a painting by Picasso** ein Gemälde von Picasso ist unverwechselbar

mis·tak·en [mɪ'steɪkᵊn] **I.** *pp of* **mistake II.** *adj* irrtümlich, falsch; ■**to be ~** [**about sb/sth**] sich *akk* [in jdm/etw] irren; **~ accusation** falsche Beschuldigung; **~ announcement/arrest** irrtümliche Bekanntgabe/Verhaftung; **~ belief** Irrglaube *m;* **~ identity** Personenverwechslung *f;* **~ policy** verfehlte Politik; **to be very much ~** sich *akk* sehr täuschen; **unless I'm very much ~ ...** wenn mich nicht alles täuscht ...

mis·tak·en·ly [mɪ'steɪkᵊnli] *adv* irrtümlich[erweise], fälschlich[erweise]; **to believe ~** irrtümlich annehmen

Mis·ter ['mɪstəʳ, AM -ɚ] *n* ❶ (*Mr*) [mein] Herr *m* ❷ (*a. iron, pej fam: form of address*) Meister *m,* Chef *m a. iron, pej fam;* **hey, ~!** he, Sie da! *fam;* **listen up, ~!** hör mal zu, mein Freund! ❸ (*a. iron, pej fam: prefixed title*) **~ Big** der große Chef; **~ Charlie** der weiße Mann, die Weißen *pl;* **~ Know-it-all** der Alleskönner *pej* [*o pej sl* Klugscheißer]

misti·ly ['mɪstɪli] *adv* ❶ (*blurredly*) undeutlich, verschwommen ❷ (*vaguely*) nebelhaft ❸ (*full of emotions*) zu Tränen gerührt, mit feuchten Augen; **she waved him ~ goodbye** mit Tränen in den Augen winkte sie ihm zum Abschied

mis·time [mɪs'taɪm] *vt* ❶ (*misjudge timing*) ■**to ~ sth** etw zeitlich falsch berechnen [*o* zu einem falschen [*o* unpassenden] Zeitpunkt tun]; SPORTS etw schlecht timen *fam;* **he ~d his candidacy** er hat zu einem unpassenden Zeitpunkt kandidiert ❷ (*state time wrongly*) ■**to ~ sth** etw falsch datieren

misti·ness ['mɪstɪnəs] *n* ❶ (*light fogginess*) Nebel *m,* Dunst *m* ❷ (*emotion*) Rührung *f,* Ergriffenheit *f* ❸ (*blurredness*) Verschwommenheit *f,* Undeutlichkeit *f;* **the ~ in sb's eyes** jds verschleierter Blick; *with tears* der Tränenschleier [vor jds Augen]

mis·tle·thrush ['mɪsl̩ˌθrʌʃ] *n* ORN Misteldrossel *f*

mis·tle·toe ['mɪsl̩təʊ, AM -toʊ] *n* Mistel *f,* Mistelzweig *m;* **to kiss sb under the ~** jdn unter dem Mistelzweig küssen, *Sitte, nach der man denjenigen, mit dem man unter einem Mistelzweig steht, küssen soll*

mis·took [mɪ'stʊk] *pt of* **mistake**

mis·tral ['mɪstrᵊl, AM mɪ'strɑːl] *n* ■**the ~** der Mistral

mis·trans·late [ˌmɪstræn'sleɪt, AM ˌmɪs'træns-] *vt* ■**to ~ sth** etw falsch übersetzen

mis·trans·la·tion [ˌmɪstræn'sleɪʃᵊn] *n* falsche Übersetzung, Übersetzungsfehler *m*

M

mis·treat [mɪs'tri:t] *vt* ■**to ~ sb/an animal** jdn/ein Tier misshandeln [*o* schlecht behandeln]

mis·treat·ment [mɪs'tri:tmənt] *n* Misshandlung *f*, schlechte Behandlung

mis·tress <*pl* -es> ['mɪstrəs, AM -rɪs] *n* ❶ (*sexual partner*) Geliebte *f*; *of a nobleman* Mätresse *f*; **to take a ~** sich *dat* eine Geliebte nehmen ❷ (*woman in charge*) Herrin *f*, Gebieterin *f*, Meisterin *f*; ■**the ~** (*dated*) die Herrin; **the ~ of the house** die Frau des Hauses ❸ BRIT (*schoolteacher*) Lehrerin *f*; **German ~** Deutschlehrerin *f* ❹ (*dog owner*) Frauchen *nt*

mis·trial [mɪ'straɪl, AM ˌmɪs'traɪl] *n* ❶ (*misconducted trial*) fehlerhaftes Gerichtsverfahren ❷ AM (*inconclusive trial*) Gerichtsverfahren *nt* ohne Urteilsspruch

mis·trust [mɪ'strʌst, AM ˌmɪs'trʌst] **I.** *n no pl* Misstrauen *nt*, Argwohn *m*; **to have a ~ of sb/sth** Misstrauen gegenüber jdm/etw [*o* Argwohn gegen jdn/etw] hegen **II.** *vt* ■**to ~ sb** jdm misstrauen [*o* nicht trauen]

mis·trust·ful [mɪ'strʌstfəl, AM ˌmɪs'trʌst-] *adj* misstrauisch, argwöhnisch; ■**to be ~ of sb/sth** misstrauisch gegenüber jdm/etw [*o* argwöhnisch gegen jdn/etw] sein

mis·trust·ful·ly [mɪ'strʌstfəli, AM ˌmɪs'trʌst-] *adv* misstrauisch, argwöhnisch

misty ['mɪsti] *adj* ❶ (*slightly foggy*) [leicht] neblig, dunstig ❷ (*blurred*) undeutlich, verschwommen; **~ eyes** verschleierte Augen ❸ (*vague*) nebelhaft

misty-'eyed *adj* mit [tränen]verschleiertem Blick *nach n*; **to be/go ~-eyed** [tränen]verschleierte [*o* feuchte] Augen haben/bekommen

mis·under·stand <-stood, -stood> [ˌmɪsʌndə'stænd, AM -dɚ'-] **I.** *vt* ■**to ~ sb/sth** jdn/etw missverstehen [*o* falsch verstehen]; **she misunderstood what you said** sie hat dich missverstanden; **to ~ the nature of a problem** nicht verstehen, worum es eigentlich geht **II.** *vi* sich *akk* irren

mis·under·stand·ing [ˌmɪsʌndə'stændɪŋ, AM -dɚ'-] *n* ❶ (*misinterpretation*) Missverständnis *nt*; **there must be some ~** hier muss ein Missverständnis vorliegen; **~ of a situation** Verkennung *f* einer Situation ❷ (*quarrel*) Meinungsverschiedenheit *f*, Differenz *f*; **to have a ~ with sb** eine Meinungsverschiedenheit mit jdm haben

mis·use **I.** *n* [ˌmɪs'ju:s] ❶ *no pl* (*wrong use*) *of funds, position* Missbrauch *m*, missbräuchliche Verwendung, falscher Gebrauch [*o* Umgang]; **~ of authority** LAW Amtsmissbrauch *m*; **~ of power** Machtmissbrauch *m*; **~ of tax receipts** missbräuchliche Verwendung von Steuereinnahmen; *of machinery* falsche Bedienung [*o* Handhabung] ❷ (*excessive consumption*) übermäßiger Gebrauch [*o* Konsum]; **~ of alcohol** Alkoholmissbrauch *m* **II.** *vt* [ˌmɪs'ju:z] ■**to ~ sth** ❶ (*use wrongly*) *funds, position* etw missbrauchen [*o* missbräuchlich verwenden] [*o* falsch gebrauchen] ❷ (*handle wrongly*) *machinery* etw falsch bedienen ❸ (*consume to excess*) etw im Übermaß gebrauchen [*o* konsumieren]

mite [maɪt] **I.** *n* ❶ (*insect*) Milbe *f*; **dust ~s** [Haus]staubmilben *pl* ❷ *esp* BRIT (*fam: small creature*) *child* Wurm *m*, Würmchen *nt fam*; **poor little ~** armes Würmchen; *girl* kleines Ding *fam* ❸ (*dated: very small amount*) Bisschen *nt* **II.** *adv* ■**a ~** ein bisschen [*o* wenig]; **a ~ selfish** ein bisschen egoistisch

mi·ter *n* AM *see* **mitre**

miti·gate ['mɪtɪgeɪt, AM -ţ-] *vt* (*form*) ■**to ~ sth** *misery, pain* etw lindern; *anger, harmful effects* etw mildern; **to ~ the loss** ECON den Schaden mindern [*o* Verlust verringern]; **to ~ a sentence** LAW eine Strafe mildern [*o* herabsetzen]

miti·gat·ing ['mɪtɪgeɪtɪŋ, AM -ţɪgeɪţ-] *adj inv* (*form*) lindernd, mildernd; **to allow ~ circumstances** LAW mildernde Umstände zubilligen

miti·ga·tion [ˌmɪtɪ'geɪʃən, AM ţ-] *n no pl* Linderung *f*, Milderung *f*; LAW **a plea in ~ [of a sentence]** ein Gesuch um Milderung [einer Strafe]; **to say sth in ~ of sth** etw als mildernden Umstand [*o* Grund] für etw *akk* anführen

mi·to·sis [maɪ'təʊsɪs, AM -'toʊ-] *n no pl* Mitose *f fachspr*

mi·tral valve ['maɪtrəlˌvælv] *n* ANAT Mitralklappe *f fachspr*

mi·tre[1] ['maɪtəʳ], AM **mi·ter** [-ţɚ] *n* Mitra *f*, Bischofsmütze *f*

mi·tre[2] ['maɪtəʳ], AM **mi·ter** [-ţɚ] **I.** *n* Gehrung *f*, Gehrungsschnitt *m*, Gehrungsfläche *f* **II.** *vt* ■**to ~ sth** etw auf Gehrung schneiden [*o* verbinden] [*o* gehren]

'mi·tre block *n* geschnittenes Gehrungsholz, Gehrungsschmiege *f* **'mi·tre joint** *n* Gehrverbindung *f*, Gehrstoß *m*

mitt [mɪt] *n abbrev of* **mitten** ❶ (*fingerless glove*) Fausthandschuh *m*, Fäustling *m*; **dust/oven ~** Wisch-/Backofenhandschuh *m* ❷ (*woman's dress glove*) Spitzenhandschuh *m* ❸ SPORTS (*in baseball*) Fanghandschuh *m*; (*in boxing*) Boxhandschuh *m* ❹ (*sl: hand*) Flosse *f hum fam*, Pfote *f fam*, Pranke *f hum fam*

mit·ten ['mɪtən] *n* Fausthandschuh *m*, Fäustling *m*

mix [mɪks] **I.** *n* ❶ (*combination*) Mischung *f*; **a ~ of people** eine bunt zusammengesetzte [*o* gemischte] Gruppe ❷ (*premixed ingredients*) Fertigmischung *f*; **bread ~** Brotbackmischung *f*; **cement ~** Zementmischung *f*; **sauce ~** Fertigsauce *f* ❸ MUS Potpourri *nt fachspr* **II.** *vi* ❶ (*combine*) sich *akk* mischen [lassen]; **oil doesn't ~ with water** Öl mischt sich nicht mit Wasser; (*go together*) zusammenpassen ❷ (*make contact with people*) unter Leute gehen; *host* sich *akk* unter die Gäste mischen; **to ~ easily** kontaktfreudig [*o* gesellig] sein; **to ~ well** gut mit anderen auskommen, umgänglich sein ▸PHRASES: **oil and water do not ~** (*saying*) [ein Gegensatz] wie Feuer und Wasser sein **III.** *vt* ❶ (*blend ingredients*) ■**to ~ sth** etw [miteinander] [ver]mischen; **to ~ a dough** einen Teig anrühren; **to ~ a drink** ein Getränk [*o* einen Drink] mixen; **to ~ ingredients** Zutaten miteinander verrühren; **to ~ paint** Farbe mischen; **to ~ spices into a sauce** Gewürze in eine Sauce rühren; **to ~ a dough with cocoa** Kakao unter einen Teig mischen ❷ (*combine*) **to ~ love with toughness** Liebe und Strenge miteinander verbinden; **to ~ grape and grain** *esp* BRIT [Alkoholika] durcheinander trinken; **to ~ one's metaphors** nicht zusammenpassende bildliche Ausdrücke kombinieren ❸ FILM, MUS ■**to ~ sth** *sound tracks* etw mischen ▸PHRASES: **to ~ business with** [*or* **and**] **pleasure** (*saying*) das Angenehme mit dem Nützlichen verbinden; **to ~ it** [**with sb**] (*fam*) sich *akk* [mit jdm] prügeln

◆**mix in** **I.** *vi* sich *akk* einfügen [*o* eingliedern] **II.** *vt* ■**to ~ in** ○ **sth** etw untermischen [*o* untermengen]

◆**mix up** *vt* ❶ (*mistake for another*) ■**to ~ up** ○ **sb/sth** jdn/etw verwechseln; ■**to ~ up** ○ **sb/sth with sb/sth** jdn/etw mit jdm/etw verwechseln ❷ (*put in wrong order*) ■**to ~ up** ○ **sth** etw durcheinanderbringen [*o* in Unordnung bringen] ❸ (*bewilder*) ■**to ~ up** ○ **sb** jdn durcheinanderbringen [*o* konfus machen] ❹ (*combine ingredients*) ■**to ~ up** ○ **sth** etw vermischen, verrühren; **to ~ up dough** Teig anrühren; **to ~ up oil with vinegar** Öl mit Essig mischen ❺ *usu passive* (*be involved with*) ■**to be ~ed up in sth** in etw *akk* verwickelt sein; ■**to get ~ed up in sth** in etw *akk* verwickelt werden; (*usu pej: associate with*) ■**to be ~ed up with sb** mit jdm Umgang haben [*o* verkehren]; ■**to get ~ed up with sb** sich *akk* mit jdm einlassen ▸PHRASES: **to ~ it up with sb** AM (*sl: fight*) sich *akk* mit jdm prügeln; (*quarrel*) mit jdm aneinandergeraten

◆**mix with** *vi* (*associate with*) ■**to ~ with sb** mit jdm verkehren [*o* Umgang haben]

mixed [mɪkst] *adj inv* ❶ (*mingled*) gemischt; **~ salad/vegetables** gemischter Salat/gemischtes Gemüse; **children of ~ race** gemischtrassige Kinder ❷ (*for both sexes*) gemischt; **~ bathing** gemischtes Baden; **~ company** (*dated*) gemischte Gesellschaft ❸ (*positive and negative*) gemischt, unterschiedlich; **~ blessing** kein reiner Segen; **~ feelings** gemischte Gefühle

mixed-a'bil·ity *adj inv* SCH mit gemischtem Leistungsprofil [*o* unterschiedlicher Leistungsstärke] *nach n*; **~ class** Klasse *f* mit

gemischtem Leistungsprofil; ~ **teaching** gemeinsamer Unterricht für Lerngruppen unterschiedlicher Leistungsstärke
mixed 'bag *n no pl* ■**a** ~ eine bunte Mischung; **a** ~ **bag of people** alle möglichen Leute **mixed 'dou·bles** *npl* SPORTS gemischtes Doppel **mixed 'drink** *n* AM Mixgetränk *nt,* Cocktail *m* **mixed e'cono·my** *n* gemischte Wirtschaftsform **mixed 'farm·ing** *n* Landwirtschaft *f* mit Ackerbau und Viehzucht **mixed 'grill** *n* gemischte Grillplatte **mixed 'mar·riage** *n* Mischehe *f* **mixed-'me·dia** *adj attr* Multimedia-, multimedial *geh* **mixed 'meta·phor** *n* Bildbruch *m,* Katachrese *f fachspr*
mixed-'up *adj* ❶ (*confused*) durcheinander, verwirrt, konfus ❷ (*emotionally unstable*) [emotional] instabil [*o* labil]; ~ **kid** gestörtes Kind
mix·er ['mɪksəʳ, AM -ɚ] *n* ❶ (*machine*) Mixer *m,* Mixgerät *nt;* **hand** ~ Handmixer *m,* Handmixgerät *nt* ❷ (*friendly person*) umgänglicher [*o* kontaktfreudiger] Mensch; **to be a good** ~ ein guter Gesellschafter/eine gute Gesellschafterin sein ❸ (*drink*) ~ [**drink**] Mixgetränk *nt*
'mix·er fau·cet *n* AM, **'mix·er tap** *n* Mischhahn *m*
mix·ture ['mɪkstʃəʳ, AM -ɚ] *n* ❶ (*combination*) Mischung *f; of ingredients* Gemisch *nt* ❷ (*mixed fluid substance*) Mischung *f,* Mixtur *f;* **cough** ~ Hustensaft *m;* AUTO Gemisch *nt;* **petrol-air** ~ Kraftstoff-Luft-Gemisch *nt* ❸ *no pl* (*act of mixing*) Mischen *nt,* Vermengen *nt;* (*state after mixing*) Gemisch *nt,* Gemenge *nt*
'mix-up *n* ❶ (*confused state*) Durcheinander *nt,* Verwirrung *f;* **there seems to have been a bit of a** ~ **with your reservation** mit Ihrer Reservierung muss einiges durcheinandergegangen sein ❷ AM (*fight*) Prügelei *f,* Schlägerei *f*
miz·zle¹ ['mɪzl̩] **I.** *n no pl esp* AM Nieselregen *m,* Sprühregen *m* **II.** *vi* nieseln
miz·zle² ['mɪzl̩] *vi* BRIT (*dated sl*) sich *akk* verdünnisieren *fam*
miz·zly ['mɪzl̩i] *adj esp* AM Niesel-
Mk *n abbrev of* **mark**
ml <*pl* - *or* mls> *n abbrev of* **millilitre** ml
mm *n abbrev of* **millimetre** mm
MMS [ˌemem'es] *n abbrev of* **multimedia messaging service** MMS *f*
mne·mon·ic [nɪ'mɒnɪk, AM -'mɑːn-] *n,* **mne·mon·ic de·vice** *n* Gedächtnishilfe *f,* Gedächtnisstütze *f*
mo¹ *n* AM *abbrev of* **month**
mo² [məʊ, AM moʊ] *n* (*fam*) *short for* **moment** Moment *m;* **wait a** ~**!** Moment mal!; **I'll be with you in half a** ~ ein Momentchen noch, dann bin ich bei Ihnen
MO [ˌem'əʊ, AM -'oʊ] *n* ❶ *abbrev of* **Medical Officer** Stabsarzt/Stabsärztin *m, f* ❷ *esp* AM *abbrev of* **money order**
moan [məʊn, AM moʊn] **I.** *n* ❶ (*groan*) Stöhnen *nt;* **the** ~**s of an injured person** das Stöhnen einer verletzten Person; **the** ~**s of the planks** das Ächzen der Planken; **the** ~**s of the wind** das Heulen des Windes ❷ (*complaint*) Klage *f,* Beschwerde *f;* ■**to have a** ~ **about sth** Klage [*o* Beschwerde] über etw *akk* führen **II.** *vi* ❶ (*groan*) stöhnen; *wind* heulen; **to** ~ **with pain** vor Schmerzen stöhnen ❷ (*complain*) klagen, sich *akk* beschweren; ■**to** ~ **about sth** über etw *akk* jammern, sich *akk* über etw *akk* beklagen; ■**to** ~ **at sb** jdm etw vorjammern; ■**to** ~ **that ...** darüber jammern [*o* sich *akk* darüber beklagen], dass ...
moan·er ['məʊnəʳ, AM 'moʊnɚ] *n* Nörgler(in) *m(f)*
moan·ing ['məʊnɪŋ, AM 'moʊn-] *n* ❶ (*sound*) Stöhnen *nt,* Heulen *nt,* Ächzen *nt* ❷ (*complaining*) Nörgelei *f,* Quengelei *f fam*
moan·ing 'minnie *n* BRIT (*fam*) Quengler(in) *m(f)*
moat [məʊt, AM moʊt] *n* Wassergraben *m,* Burggraben *m*
moat·ed ['məʊtɪd, AM 'moʊt̬-] *adj castle* mit einem Wassergraben [*o* Burggraben] umgeben
mob [mɒb, AM mɑːb] **I.** *n* + *sing/pl vb* ❶ (*usu pej: crowd*) Mob *m pej,* [Menschen]menge *f;* **angry** ~ aufgebrachte Menge; **a lynch** ~ ein lynchender Mob; **a** ~ **of angry fans** eine Horde [*o* ein Haufen] wütender Fans; **a** ~ **of protesters** eine protestierende Menschenmenge ❷ POL (*pej: the common people*) ■**the** ~ die breite [*o* große] Masse; (*the lowest classes*) der Mob, der Pöbel, das Gesindel ❸ (*criminal gang*) Verbrecherbande *f,* Gang *f* ❹ BRIT (*sl: group*) Bande *f,* Sippschaft *f* ❺ (*fig, hum: children*) Schar *f,* Meute *f hum* ❻ AUS (*herd*) Herde *f;* **a** ~ **of sheep** eine Schafherde **II.** *n modifier* Massen-; ~ **appeal** Massenwirkung *f;* ~ **instinct** Herdentrieb *m;* ~ **law** Lynchjustiz *f;* ~ **mentality** Mentalität *f* der großen Masse; ~ **orator** Volksredner(in) *m(f);* ~ **rule/violence** Herrschaft *f*/Gewalt *f* der Straße **III.** *vt* <-bb-> ❶ (*surround*) ■**to** ~ **sb** jdn umringen; ■**to be** ~**bed** umringt sein/werden ❷ AM (*crowd around*) ■**to** ~ **sth** *courtroom, entrance* etw umlagern; (*crowd into*) *fairground, park* in etw *akk* strömen; (*charge*) *public building* etw stürmen; ■**to be** ~**bed** umlagert werden
Mob [mɑːb] *n* AM ■**the** ~ die Mafia, das organisierte Verbrechen
mob·bing [mɒbɪŋ, AM mɑːbɪŋ] *n* AM Mobbing *nt*
mo·bile¹ ['məʊbaɪl, AM 'moʊbəl] **I.** *adj* ❶ (*able to move*) beweglich ❷ (*flexible*) beweglich, wendig; ~ **mind** beweglicher Verstand ❸ (*able to change*) mobil, flexibel; **professionally** ~ beruflich mobil; **socially** ~ gesellschaftlich mobil; ~ **labour** [*or* AM **labor**] flexible Arbeitskräfte ❹ (*changeable*) lebendig, lebhaft, wechselhaft; ~ **expression/features** lebhafter Gesichtsausdruck/lebhafte Gesichtszüge; ~ **mood** rasch wechselnde Stimmung ❺ (*in a vehicle*) mobil, fahrbar; ■**to be** ~ motorisiert sein; ~ **canteen** Kantine *f* auf Rädern; ~ **laboratory** mobiles Labor; ~ **station** mobile Funkstation **II.** *n* Mobiltelefon *nt,* Handy *nt*
mo·bile² ['məʊbaɪl, AM 'moʊbiːl] *n* ART Mobile *nt*
mo·bile 'home *n* Wohnwagen *m* **mo·bile 'li·brary** *n* Fahrbücherei *f,* mobile Bücherei **mo·bile 'phone** *n esp* BRIT Mobiltelefon *nt,* Handy *nt* **mo·bile 'shop** *n* Verkaufswagen *m*
mo·bil·ity [mə(ʊ)'bɪləti, AM moʊ'bɪlət̬i] *n no pl* ❶ (*ability to move*) *of the body* Beweglichkeit *f,* Mobilität *f;* ~ **of the arm/knee** Beweglichkeit *f* des Arms/Knies ❷ (*ability to move*) *in status* Mobilität *f;* **social** [*or* AM, AUS *usu* **upward**] ~ [gesellschaftliche] Mobilität; **horizontal/vertical** ~ horizontale/vertikale Mobilität *fachspr*
mo·bili·za·tion [ˌməʊbɪlaɪ'zeɪʃən, AM ˌmoʊbəlɪ'-] *n* ❶ (*for war*) Mobilmachung *f,* Mobilisierung *f* ❷ (*organization*) Mobilisierung *f,* Aktivierung *f,* Aufbietung *f* ❸ (*use*) [Groß]einsatz *m*
mo·bi·lize ['məʊbɪlaɪz, AM 'moʊbəl-] **I.** *vt* ❶ (*prepare for war*) **to** ~ **the army/the militia/one's troops** die Armee/die Miliz/seine Truppen mobil machen [*o* mobilisieren] ❷ (*organize*) ■**to** ~ **sb/sth** *supporters, support* jdn/etw aktivieren [*o* mobilisieren]; **to** ~ **one's energy** [all] seine Kräfte mobilisieren [*o* aufbieten] ❸ (*put to use*) einsetzen; **to** ~ **helicopters/snowploughs** Hubschrauber/Schneepflüge zum Einsatz bringen ❹ COMM (*convert*) **to** ~ **capital** Kapital flüssigmachen **II.** *vi* MIL mobilmachen
Möbius strip [ˌməʊbiəs'strɪp, AM ˌmeɪb-] *n* MATH Möbiusband *nt*
mob·ster ['mɒbstəʳ, AM 'mɑːbstɚ] *n esp* AM Gangster *m*
moc·ca·sin ['mɒkəsɪn, AM 'mɑːkəsən] *n* Mokassin *m*
mo·cha ['mɒkə, AM 'moʊ-] **I.** *n no pl* Mokka *m* **II.** *n modifier* (*cake, ice cream, icing*) Mokka-
mock [mɒk, AM mɑːk] **I.** *adj inv* ❶ (*not real*) nachgemacht, Schein-; ~ **baroque** Pseudobarock *m o nt;* ~ **battle** Scheingefecht *nt;* ~ **facade** Kulisse *f;* ~ **fear** gespielte Angst; ~ **horror/sympathy** gespieltes Entsetzen/Mitleid; ~ **interview** gestelltes Interview; ~ **leather** Lederimitat *nt;* ~ **turtle soup** Mockturtlesuppe *f,* falsche Schildkrötensuppe (*aus Kalbfleisch hergestellt*) ❷ (*practice*) Probe-, simuliert; ~ **exam** Probeexamen *nt* **II.** *n* BRIT (*fam*) Probeexamen *nt* **III.** *vi* spotten, höhnen; ■**to** ~ **at sb** sich *akk* über jdn lustig machen, jdn verspotten [*o* verhöhnen] **IV.** *vt* ❶ (*ridicule*) ■**to** ~ **sth** etw lächerlich machen [*o* verspotten] [*o* verhöhnen]; (*ridicule by imitation*) ■**to** ~ **sb/sth** jdn/etw nachmachen ❷ (*fig: frustrate*) ■**to** ~ **sth** *hopes* etw enttäuschen

◆**mock up** *vt* ■**to ~ up** ↻ **sth** etw [im Modell] nachbilden
mock·er ['mɒkəʳ, AM 'mɑːkɚ] *n* Spötter(in) *m(f)* ▶PHRASES: **to put the ~s on sth** BRIT *(fam)* etw vermasseln *fam*
mock·ery ['mɒkəri, AM 'mɑːkɚi] *n no pl* ❶ *(ridicule)* Spott *m*, Hohn *m* ❷ *(travesty)* Farce *f*; **a ~ of an interview/a trial** ein jeder Beschreibung spottendes Interview/Gerichtsverfahren ▶PHRASES: **to make a ~ of sb/sth** jdn/etw zum Gespött machen
mock·ing ['mɒkɪŋ, AM 'mɑːk-] *adj laugh, laughter* spöttisch, höhnisch
'mock·ing·bird *n* ORN Spottdrossel *f*
mock·ing·ly ['mɒkɪŋli, AM 'mɑːk-] *adv* spöttisch, höhnisch
mock-Tu·dor [-'tjuːdəʳ, AM -'tuːdɚ] ARCHIT **I.** *n* Pseudotudorstil *m* **II.** *adj inv architecture, house* im Pseudotudorstil *nach n* **mock 'tur·tle·neck** *n* AM Rollkragenpullover *m* **'mock-up** *n* Attrappe *f*, originalgetreue Nachbildung
Mod [mɒd] *n* BRIT Mod *m (modischer, Motorroller fahrender Jugendlicher in den 60er Jahren)*
MoD [ˌeməʊ'diː] *n* BRIT *abbrev of* **Ministry of Defence** Verteidigungsministerium *nt*
mod·al ['məʊdəl, AM 'moʊ-] *adj inv* Modal-; **~ verb** Modalverb *nt*
mod con [ˌmɒd'kɒn] *n* BRIT, AUS *(dated) short for* **modern convenience** moderner Komfort
mode [məʊd, AM moʊd] *n* ❶ *(way)* Art *f*, Weise *f*, Methode *f*; **~ of action/life** Wirkungs-/Lebensweise *f*; **~ of observation** Beobachtungsmethode *f*, Beobachtungsverfahren *nt*; **~ of operation/transport** Betriebs-/Beförderungsart *f*; **~ of payment** Zahlungsweise *f*, Zahlungsmodus *m* ❷ *(type) heat* [Erscheinungs]form *f* ❸ COMPUT, TECH *(operation)* Betriebsart *f*, Modus *m*; **computer ~** Computermodus *m*, Rechnermodus *m*; **conversation ~** Dialogbetrieb *m*; **graphic[s] ~** Grafikmodus *m*; **automatic ~** Automatikbetrieb *m* ❹ LING Aussageweise *f*, Modus *m fachspr* ❺ *no pl (dated form: fashion)* Mode *f*; **to be all the ~** die neueste Mode sein; **in ~** modern, in Mode
mod·el ['mɒdəl, AM 'mɑːd-] **I.** *n* ❶ *(representation)* Modell *nt*; **a clay/wax ~** ein Ton-/Wachsmodell *nt*; **a mathematical/statistical ~** ein mathematisches/statistisches Modell; COMPUT [schematische] Darstellung, Nachbildung *f*, Simulation *f*; **computer ~** Computerdarstellung *f*, Computersimulation *f* ❷ *(example)* Modell *nt*, Vorbild *nt*; **on the ~ of sth** nach dem Vorbild einer S. ❸ *(perfect example)* Muster *nt*; **a ~ of fairness/self-control** ein Muster an Fairness/Selbstbeherrschung; **to be the very ~ of sth** *(fig)* der Inbegriff von etw *dat* sein ❹ *(mannequin)* Model *nt*, Mannequin *nt*; **male ~** Dressman *m*; **photographic ~** Fotomodell *nt* ❺ *(for painter)* Modell *nt*; **nude ~** Aktmodell *nt*; **to work as a painter's ~** einem Maler Modell stehen ❻ *(clothing creation)* Modell *nt*; **a Dior ~** ein Modellkleid von Dior ❼ *(version)* Modell *nt* **II.** *n modifier* ❶ *(aircraft, car, train)* Modell- ❷ *(exemplary) (husband, wife, student, teacher)* Muster- **III.** *vt* <-ll-> ❶ *(make figure)* ■**to ~ sth** etw modellieren [*o* nachbilden]; **to ~ clay/wax** Ton/Wachs modellieren; **to ~ sth in clay** etw in Ton nachbilden ❷ *(on computer)* ■**to ~ sth** etw [schematisch] darstellen, nachbilden, simulieren ❸ *(show clothes)* ■**to ~ sth** etw vorführen
◆**model on** *vt* ■**to ~ sth on sth** etw nach dem Vorbild einer S. *gen* formen [*o* gestalten]; *(imitate)* etw etw *dat* nachempfinden; ■**to ~ oneself on sb** sich *dat* jdn zum Vorbild nehmen, sich *akk* nach jds Vorbild richten
'mod·el mak·er *n* Modellbauer(in) *m(f)*
mo·dem ['məʊdəm, AM 'moʊ-] *n* Modem *nt*
mod·er·ate **I.** *adj* ['mɒdərət, AM 'mɑːdɚ-] ❶ *(neither large nor small) amount, quantity, size* mittlere(r, s); *improvement, increase* leicht, nicht allzu groß; *price, speed* angemessen, normal; **~ income** durchschnittliches Einkommen ❷ *(not excessive)* mäßig, gemäßigt; *drinker, eater* mäßig, maßvoll; **~ climate** gemäßigtes Klima; **~ sentence** LAW milde Strafe ❸ POL gemäßigt; **~ views** gemäßigte Ansichten ❹ *(reasonable)* angemessen, vernünftig; **~ demands** angemessene Forderungen **II.** *n* ['mɒdərət, AM 'mɑːdɚ-] POL Gemäßigte(r) *f(m)* **III.** *vt* ['mɒdəreɪt, AM 'mɑːdə-] ❶ *(make less extreme)* ■**to ~ sth** etw mäßigen; **to ~ one's voice** seine Stimme senken [*o* dämpfen]; **to have a moderating influence on sb/sth** einen mäßigenden Einfluss auf jdn/etw haben ❷ *(oversee)* ■**to ~ sth** etw moderieren; **to ~ a discussion** eine Diskussion leiten; **to ~ an examination** den Vorsitz in einer Prüfung führen **IV.** *vi* ['mɒdəreɪt, AM 'mɑːdə-] sich *akk* mäßigen; *fever, wind* nachlassen
mod·er·ate·ly ['mɒdərətli, AM 'mɑːdɚ-] *adv* mäßig; **to eat/drink/smoke ~** mäßig essen/trinken/rauchen; **~ gifted** mäßig begabt; **~ pleased/successful** einigermaßen zufrieden/erfolgreich; **~ priced** preisgünstig
mod·era·tion [ˌmɒdər'eɪʃən, AM ˌmɑːdə'reɪ-] *n no pl* ❶ *(restraint)* Mäßigung *f*; **in ~** in Maßen; **to show ~** Maß halten ❷ *(making moderate) demands* Abschwächung *f*; *sentence* Milderung *f*; *voice* Senkung *f*
mod·era·tor ['mɒdəreɪtəʳ, AM 'mɑːdəreɪt̬ɚ] *n* ❶ *(mediator)* Vermittler(in) *m(f)* ❷ AM *(of discussion)* Moderator(in) *m(f)*, Diskussionsleiter(in) *m(f)* ❸ BRIT SCH Prüfungsvorsitzende(r) *f(m)* ❹ SCOT *(presiding minister)* Vorsitzende(r) *f(m)*
mod·ern ['mɒdən, AM 'mɑːdɚn] *adj* ❶ *(contemporary)* modern; **~ methods/technology** moderne Methoden/Technologie ❷ *(not ancient or medieval)* modern, neuzeitlich; **~ art** moderne Kunst; **~ Greek** LING Neugriechisch *nt*; **~ Europe** Europa *nt* der Neuzeit; **~ times** Neuzeit *f*, Moderne *f*; **the ~ world** die heutige Welt
mod·ern 'dance *n* Modern Dance *m* **'mod·ern-day** *adj attr, inv* modern, zeitgenössisch
mod·ern·ism ['mɒdənɪzəm, AM 'mɑːdɚn-] *n* ❶ *no pl (tendencies)* Modernismus *m*, moderner Geschmack ❷ *no pl (ideas) in art, literature* Modernismus *m*, die Moderne ❸ *no pl* REL *(movement)* Modernismus *m fachspr (liberale, wissenschaftlich-kritische Reformbewegung in der katholischen Kirche)* ❹ *(expression)* Modernismus *m*
mod·ern·ist ['mɒdənɪst, AM 'mɑːdɚn-] **I.** *n* Modernist(in) *m(f)* **II.** *adj* modernistisch
mod·ern·is·tic [ˌmɒdən'ɪstɪk, AM ˌmɑːdɚ'nɪs-] *adj* modernistisch
mo·der·nity [mɒd'ɜːnəti, AM mɑː'dɜːrnət̬i] *n* Modernität *f*, Moderne *f*; **to give in to ~** mit der [heutigen] Zeit gehen, sich *akk* dem modernen Leben anpassen
mod·erni·za·tion [ˌmɒdənaɪ'zeɪʃən, AM ˌmɑːdɚnɪ'-] *n no pl* Modernisierung *f*
mod·ern·ize ['mɒdənaɪz, AM 'mɑːdɚ-] **I.** *vt* ■**to ~ sth** etw modernisieren **II.** *vi* modern werden, sich *akk* der modernen Zeit anpassen
mod·ern·iz·er ['mɒdənaɪzəʳ, AM 'mɑːdɚnaɪzɚ] *n* Modernisierer(in) *m(f)*
mod·ern 'jazz *n no pl* Modern Jazz *m* **mod·ern 'lan·guages** **I.** *npl* neuere Sprachen; **to study** [*or* **take**] **~** UNIV neuere Sprachen [*o* Neuphilologie] studieren [*o* belegen] **II.** *n modifier (course, degree)* neusprachlich, neuphilologisch *fachspr*; **~ student** Neusprachler(in) *m(f)*, Neuphilologe, -in *m, f fachspr*
mod·est ['mɒdɪst, AM 'mɑːd-] *adj* ❶ *(not boastful)* bescheiden, zurückhaltend; **she's very ~ about her achievements** sie prahlt nicht mit ihren Erfolgen ❷ *(fairly small) improvement, income, increase* bescheiden, mäßig ❸ *(not elaborate) furniture, house* einfach ❹ *(chaste)* sittsam *veraltend*, dezent
mod·est·ly ['mɒdɪstli, AM 'mɑːd-] *adv* ❶ *(approv: without boastfulness)* bescheiden, zurückhaltend ❷ *(chastely)* sittsam *veraltend*, dezent; **to dress ~** sich *akk* dezent kleiden ❸ *(not expensively)* **~ priced** preisgünstig
mod·es·ty ['mɒdɪsti, AM 'mɑːd-] *n (approv)* ❶ *(without boastfulness)* Bescheidenheit *f*, Zurückhaltung *f*; **in all ~** in aller Bescheidenheit ❷ *(chasteness)* Anstand *m*, Sittsamkeit *f*
modi·cum ['mɒdɪkəm, AM 'mɑːd-] *n no pl* ■**a ~** ein bisschen [*o*

wenig]; **a ~ of common sense** ein Minimum an gesundem Menschenverstand; **a ~ of decency** eine Spur von Anstand; **a ~ of hope** ein Funke Hoffnung; **a ~ of truth** ein Körnchen Wahrheit

modi·fi·able ['mɒdɪfaɪəbl̩, AM 'mɑːd-] *adj* modifizierbar, [ab]änderbar

modi·fi·ca·tion [ˌmɒdɪfɪ'keɪʃᵊn, AM ˌmɑːd-] *n* ❶ (*change*) Modifikation *f*, [Ab]änderung *f*; **to make a few ~s to sth** einige Änderungen an etw *dat* vornehmen ❷ *no pl* (*alteration*) *of an engine* Modifikation *f*, Änderung *f* ❸ BIOL nichterbliche Änderung, Modifikation *f fachspr* ❹ LING (*phonetics*) lautliche Veränderung, Umlautung *f*; **~ of a vowel** Umlautung *f* eines Vokals ❺ LING (*grammar*) nähere Bestimmung

modi·fied A'meri·can plan *n* AM (*half board*) Halbpension *f*; **to be on the ~** Halbpension haben *fam*

modi·fi·er ['mɒdɪfaɪəʳ, AM 'mɑːdɪfaɪɚ] *n* LING näher bestimmendes Wort; (*as an adjective*) Beiwort *nt*; (*as an adverb*) Umstandswort *nt*

modi·fy <-ie-> ['mɒdɪfaɪ, AM 'mɑːd-] *vt* ❶ (*change*) ■**to ~ sth** etw [ver]ändern [*o* modifizieren]; **to ~ one's behaviour** [*or* AM **behavior**] sein Verhalten ändern ❷ (*alter*) *engine* etw modifizieren [*o* [ver]ändern] ❸ LING ■**to ~ sth** etw lautlich verändern [*o* umlauten] [*o* näher bestimmen]; **to ~ a vowel** einen Vokal umlauten

mod·ish ['məʊdɪʃ, AM 'moʊ-] *adj* (*form*) modisch, modern

mod·ish·ly ['məʊdɪʃli, AM 'moʊ-] *adv* (*form*) modisch, modern

modu·lar ['mɒdjələʳ, AM 'mɑːdʒəlɚ] *adj inv* modular, Modul-, Baukasten-; **~ concept** Baukastenprinzip *nt*; **~ construction/design** Modulbauweise *f*; **~ degree course** UNIV *aus verschiedenen, unterschiedlich kombinierbaren Kursen bestehender Studiengang*; **~ system** UNIV Kursmodulsystem *nt*

modu·late ['mɒdjəleɪt, AM 'mɑːdʒ-] **I.** *vt* ❶ (*adapt*) ■**to ~ sth** etw anpassen [*o* abstimmen] [*o* regulieren]; **to ~ a mechanism** einen Mechanismus regulieren; **to ~ a policy** eine Politik abstimmen [*o* [den Gegebenheiten] anpassen]; **to ~ one's tone** (*a. fig*) in einem anderen Ton sprechen, einen anderen Ton anschlagen *a. fig*; **to ~ one's voice** seine Stimme verändern ❷ (*soften*) ■**to ~ sth** *noise, voice* etw dämpfen; *effect, impression* etw abschwächen ❸ ELEC, RADIO (*mix signals*) ■**to ~ sth** etw modulieren [*o* aussteuern] **II.** *vi* MUS [die Tonart] wechseln, modulieren *fachspr*

modu·la·tion [ˌmɒdjə'leɪʃᵊn, AM ˌmɑːdʒ-] *n* ❶ (*adaptation*) Anpassung *f*, Abstimmung *f*, Veränderung *f* ❷ ELEC, RADIO Modulation *f*, Aussteuerung *f*; **~ amplifier** Modulationsverstärker *m*, Modulationsstufe *f*; **~ frequency** Modulationsfrequenz *f* ❸ MUS [Tonart]wechsel *m*, Modulation *f fachspr*

mod·ule ['mɒdjuːl, AM 'mɑːdʒuːl] *n* ❶ (*unit*) Modul *nt*, Baustein *m*, Baueinheit *f* ❷ (*part of course*) Einheit *f*, Element *nt*; **teaching ~** Unterrichtseinheit *f* ❸ AEROSP (*independent vehicle*) Modul *nt*; **lunar ~** Mondlandefähre *f*

mo·dus op·eran·di [ˌməʊdəsˌɒpə'rændiː, AM ˌmoʊdəsˌoʊpə'rɑːndi] *n no pl* (*form*) Arbeitsweise *f*, Modus operandi *m geh* **mo·dus vi·ven·di** [ˌməʊdəsvɪ'vendiː, AM ˌmoʊdəsviː'-] *n no pl* (*form*) Lebensweise *f*, Modus vivendi *m geh*

mog·gie *n* BRIT, AUS (*fam*), **mog·gy** ['mɒgi] *n* BRIT, AUS (*fam*) Mieze[katze] *f fam*

mo·gul ['məʊgᵊl, AM 'moʊgʌl] *n* ❶ (*powerful person*) Mogul *m*; (*fig*) hohes Tier *fig, pej*; **financial ~** Finanzmogul *m*; **industrial ~** Industriemagnat *m*; **party/trade union ~** Partei-/Gewerkschaftsbonze *m* ❷ (*mound*) *on a ski slope* Buckel *m*

mo·hair ['məʊheəʳ, AM 'moʊher] *n* Mohair *m*

Mo·ham·med·an [mə(ʊ)'hæmɪdᵊn, AM moʊ'-] **I.** *n* (*dated*) Mohammedaner(in) *m(f)* **II.** *adj inv* (*dated*) mohammedanisch

Mo·hic·an [məʊ'hiːkᵊn, AM moʊ'-] **I.** *n* (*person*) Mohikaner(in) *m(f)* **II.** *adj* ❶ (*language*) mohikanisch ❷ BRIT **~ hairstyle** Irokesenschnitt *m*

moi [mwɑː] *pron* (*hum fam*) ich; **you made a complete idiot of yourself at the party – who? ~?** du hast dich auf der Party zum Vollidioten gemacht – wer? ich etwa?; **sarcastic? ~?** sarkastisch? ich?

moi·ré ['mɔɪreɪ] *n no pl* Moiré *nt o m*

moist [mɔɪst] *adj* feucht; **~ cake** saftiger Kuchen

mois·ten ['mɔɪsᵊn] **I.** *vt* ■**to ~ sth** etw anfeuchten [*o geh* benetzen] **II.** *vi* feucht werden

moist·ness ['mɔɪstnəs] *n no pl* Feuchte *f*, Feuchtigkeit *f*; (*of a cake*) Saftigkeit *f*

mois·ture ['mɔɪstʃəʳ, AM -ɚ] *n* Feuchtigkeit *f*

mois·tur·ize ['mɔɪstʃᵊraɪz, AM -tʃər-] *vt* ■**to ~ sth** etw befeuchten; **to ~ one's skin** seine Haut mit Feuchtigkeitscreme einreiben

mois·tur·iz·er ['mɔɪstʃᵊraɪzəʳ, AM -tʃəraɪzɚ] *n* Feuchtigkeitscreme *f*

'mois·tur·iz·ing cream *n* Feuchtigkeitscreme *f* **'mois·tur·iz·ing lo·tion** *n* Feuchtigkeitslotion *f*

mo·lar[1] ['məʊləʳ, AM 'moʊlɚ] *n* ❶ ANAT (*tooth*) Backenzahn *m*, Molar *m fachspr* ❷ ZOOL Mahlzahn *m*

mo·lar[2] ['məʊləʳ, AM 'moʊlɚ] *adj inv* CHEM, PHYS Molar-, Mol-, stoffmengenbezogen; **~ concentration** molare Konzentration, Stoffmengenkonzentration *f*; **~ weight** Mol[ar]gewicht *nt*, molare Masse

mo·las·ses [mə(ʊ)'læsɪz, AM mə'-] *n no pl* Melasse *f*, Zuckersirup *m*

mold *n, vi* AM *see* **mould**

mold·er *vi* AM *see* **moulder**

mold·ing *n* AM *see* **moulding**

moldy *adj* AM *see* **mouldy**

mole[1] [məʊl, AM moʊl] *n* ❶ (*animal*) Maulwurf *m* ❷ (*fam: spy*) Maulwurf *m fam*

mole[2] [məʊl, AM moʊl] *n* [kleines] Muttermal, Leberfleck *m*

mole[3] [məʊl, AM moʊl] *n* Mole *f*

mo·lecu·lar [mə(ʊ)'lekjələʳ, AM mə'lekjəlɚ] *adj inv* molekular, Molekular-

mo·lecu·lar 'farm·ing *n no pl* Molecular Farming *nt fachspr*, gentechnische Manipulation von Pflanzen (*zur Herstellung von Pharmaprodukten*)

mol·ecule ['mɒlɪkjuːl, AM 'mɑːl-] *n* Molekül *nt*

mole·hill ['məʊlhɪl, AM 'moʊl-] *n* Maulwurfshügel *m* **mole·skin** ['məʊlskɪn, AM 'moʊl-] *n* ❶ (*skin of a mole*) Maulwurfsfell *nt* ❷ (*fabric*) Maulwurfsfell *nt*, Moleskin *m o nt fachspr* (*dichtes Baumwollgewebe*)

mo·lest [mə(ʊ)'lest, AM mə'-] *vt* ■**to ~ sb** ❶ (*annoy*) jdn belästigen ❷ (*harass*) jdn quälen [*o* peinigen] [*o* schikanieren] ❸ (*attack sexually*) jdn [sexuell] belästigen

mo·les·ta·tion [ˌməʊles'teɪʃᵊn, AM ˌmoʊ-] *n no pl* ❶ (*annoyance*) Störung *f*, Belästigung *f* ❷ (*harassment*) Quälerei *f*, Peinigung *f*, Schikane *f* ❸ (*sexual assault*) [sexuelle] Belästigung; **child ~** Kindesmissbrauch *m*

mo·lest·er [mə(ʊ)'lestəʳ, AM mə'lestɚ] *n* ❶ (*troublesome person*) lästige Person ❷ (*harasser*) Peiniger(in) *m(f)*, Schikaneur *m geh* ❸ (*sexual offender*) ≈ Sittenstrolch *m*; **child ~** Kinderschänder *m*

moll [mɒl, AM mɑːl] *n* (*sl*) ❶ (*female companion of criminal*) Gangsterbraut *f sl*; **gun ~** Gangsterliebchen *nt fam* ❷ (*pej: woman*) Puppe *f sl* ❸ AUS (*female companion*) Braut *f fam*; (*companion of motorcyclists*) Motorradbraut *f*

mol·li·fy <-ie-> ['mɒlɪfaɪ, AM 'mɑːlə-] *vt* ❶ (*pacify*) ■**to ~ sb** jdn besänftigen [*o* beschwichtigen] ❷ (*rare: soften*) ■**to ~ sth** etw weich [*o* geschmeidig] machen ❸ (*reduce*) ■**to ~ sth** *demands* etw mäßigen; *anger, pique* etw mildern

mol·lusc ['mɒləsk], AM **mol·lusk** ['mɑːl-] *n* Molluske *f*, Weichtier *nt*

mol·ly·cod·dle ['mɒliˌkɒdl̩, AM 'mɑːliˌkɑː-] *vt* (*pej fam*) ■**to ~ sb** jdn verwöhnen [*o fam* verhätscheln]

Molotov cock·tail [ˌmɒlətɒf'kɒkteɪl, AM ˌmɑːlɪtɔːf'kɑːk-] *n* Molotowcocktail *m*

M

molt *n, vt, vi* AM *see* **moult**
mol·ten ['məʊltᵊn, AM 'moʊ-] *adj inv* geschmolzen; ~ **cheese** geschmolzener Käse; ~ **bath** TECH Schmelze *f,* Schmelzbad *nt;* ~ **metal** geschmolzenes Metall
mo·lyb·de·num [mə'lɪbdənəm] *n no pl* Molybdän *nt fachspr*
mom [mɑːm] *n* AM (*mum*) Mama *f*
mom-and-'pop *adj inv* AM ~ **business** Familienunternehmen *nt;* ■**to be** ~ ein Familienbetrieb sein; **the Regent is strictly** ~ das Regent ist ein reiner Familienbetrieb
mo·ment ['məʊmənt, AM 'moʊ-] *n* ❶ (*very short time*) Moment *m,* Augenblick *m;* **just a** ~, **please** nur einen Augenblick, bitte; **this will only take a** ~ das dauert nur einen Augenblick; ■**the** ~ [**that**] ... [in dem Augenblick], als ...; **the phone rang the** ~ **she came home** das Telefon klingelte in dem Augenblick, als sie nach Hause kam; **not a** ~ **too soon** keine Sekunde zu früh, gerade noch rechtzeitig; **not for a** [*or* **one**] ~ keinen Augenblick [*o* Moment] [lang], nicht einen Augenblick [*o* Moment]; **not for the** ~ im Augenblick nicht; **at any** ~ jeden Augenblick [*o* Moment]; **in a** ~ gleich, sofort ❷ (*specific time*) Zeitpunkt *m;* **a** ~ **in time** ein historischer Augenblick; **the** ~ **of truth** die Stunde der Wahrheit; ■**at** [*or* **for**] **the** ~ im Augenblick, momentan; **at the** [**exact/precise**] ~ **when ...** [genau] in dem Augenblick [*o* Moment], als ...; **at the last** ~ im letzten Augenblick [*o* Moment]; **to leave sth till** [*or* **to**] **the last** ~ etw bis zum Schluss [*o* letzten Moment] aufschieben; **the right** ~ der richtige Zeitpunkt; **to choose one's** ~ den richtigen Zeitpunkt wählen ❸ *no pl* (*importance*) Wichtigkeit *f,* Bedeutung *f,* Tragweite *f;* **of great** ~ von großer Bedeutung ▶ PHRASES: **to have one's** ~**s** [auch] seine guten Augenblicke haben; **for all that, we had our** ~**s** trotz alledem haben wir auch schöne Zeiten erlebt
mo·men·tari·ly ['məʊməntᵊrᵊli, AM ˌmoʊmən'ter-] *adv* ❶ (*briefly*) kurz, eine Weile; **to pause** ~ kurz innehalten ❷ (*for some time*) momentan, vorübergehend, eine Zeit lang ❸ (*instantly*) augenblicklich, sogleich *geh* ❹ AM (*very soon*) gleich, in wenigen Augenblicken ❺ (*at any moment*) jederzeit, jeden Augenblick [*o* Moment]
mo·men·tary ['məʊməntᵊri, AM 'moʊmənteri] *adj inv* ❶ (*brief*) kurz; **a** ~ **glimpse** ein kurzer Blick ❷ (*transitory*) momentan, vorübergehend; **a** ~ **annoyance** eine vorübergehende Störung ❸ (*impending*) jederzeit möglich; **they lived in fear of** ~ **annihilation** sie lebten dauernd in der Angst vor ihrer Vernichtung ❹ (*constant*) ständig
mo·men·tous [mə(ʊ)'mentəs, AM moʊ'menţəs] *adj* bedeutsam, weitreichend, folgenschwer; ~ **change** bedeutsame Veränderung, grundlegender Wandel; ~ **day** bedeutender [*o* entscheidender] Tag; ~ **decision** weitreichende [*o* [ge]wichtige] Entscheidung, folgenschwerer Beschluss
mo·men·tous·ly [mə(ʊ)'mentəsli, AM moʊ'menţ-] *adv* weitreichend, grundlegend, entscheidend
mo·men·tous·ness [mə(ʊ)'mentəsnəs, AM moʊ'menţ-] *n no pl* Bedeutsamkeit *f,* [Ge]wichtigkeit *f,* Bedeutung *f,* Tragweite *f*
mo·men·tum [mə(ʊ)'mentəm, AM moʊ'menţ-] *n no pl* ❶ (*force*) Schwung *m,* bewegende Kraft, Wucht *f;* **to gain** [*or* **gather**] ~ in Schwung [*o* Fahrt] kommen, sich *akk* beschleunigen; **to give** ~ **to sth** etw in Schwung [*o* Fahrt] bringen [*o* beschleunigen]; **to lose** ~ an Schwung [*o* Fahrt] verlieren, sich *akk* verlangsamen ❷ PHYS Moment *nt,* Bewegungsgröße *f,* Impuls *m fachspr;* **once in motion, the flywheel keeps going under its own** ~ sobald sich das Schwungrad dreht, bleibt es durch den eigenen Drehimpuls in Bewegung; **the law of conservation of** ~ Impuls[erhaltungs]satz *m*
mom·ma ['mɑːmə] *n* AM (*childspeak*) Mama *f Kindersprache*
mom·my ['mɑːmi] *n* AM (*childspeak*) Mama *f,* Mami *f Kindersprache*
'mom·my hack·er *n* AM (*sl*) *Mutter, die aus Sorge um die Internet-Aktivitäten ihres Kindes dessen PC kontrolliert*
Mon *n abbrev of* **Monday** Mo
mon·arch ['mɒnək, AM 'mɑːnɚk] *n* Monarch(in) *m(f),* Herrscher(in) *m(f)*
mo·nar·chic(al) [mɒn'ɑːkɪk(ᵊl), AM mə'nɑːrk-] *adj inv* ❶ (*of a monarch*[*y*]) monarchisch, königlich; ~ **gesture** königliche Geste; ~ **government** monarchische Regierung; ~ **power** [*or* **rule**] Königsherrschaft *f,* monarchische Gewalt; ~ **system** monarchisches System ❷ (*of monarchism*) monarchistisch; ~ **circles** monarchistische Kreise; ~ **movement** monarchistische Bewegung
mon·arch·ism ['mɒnəkɪzᵊm, AM 'mɑːnɚk-] *n no pl* Monarchismus *m*
mon·arch·ist ['mɒnəkɪst, AM 'mɑːnɚ-] *n* Monarchist(in) *m(f)*
mon·ar·chy ['mɒnəki, AM 'mɑːnɚ-] *n* Monarchie *f;* **absolute** ~ absolute Monarchie, Alleinherrschaft *f;* **constitutional/limited** ~ konstitutionelle Monarchie; **hereditary** ~ Erbmonarchie *f*
mon·as·tery ['mɒnəstᵊri, AM 'mɑːnəsteri] *n* [Mönchs]kloster *nt*
mo·nas·tic [mə'næstɪk] *adj* ❶ (*concerning monks*) *life, obligations* mönchisch, Mönchs-; ~ **order** Mönchsorden *m;* ~ **rule of life** mönchische Lebensregel; ~ **vows** Mönchsgelübde *ntpl* ❷ (*concerning monasteries*) *architecture, community, system* klösterlich, Kloster-; ~ **community** klösterliche Gemeinschaft; ~ **library** Klosterbibliothek *f* ❸ (*austere*) asketisch, enthaltsam, streng ❹ (*secluded*) zurückgezogen, abgeschieden
mo·nas·ti·cism [mə'næstɪsɪzᵊm] *n no pl* Mönchstum *nt*
Mon·day ['mʌndeɪ] *n* Montag *m; see also* **Tuesday**
Mon·day·itis [ˌmʌndeɪ'aɪtɪs] *n* AUS Montagskrankheit *f*
Mon·day 'morn·ing feel·ing *n* (*fam*) montagmorgendliche Muffeligkeit **Mon·day-morn·ing 'quar·ter·back** *n* AM (*fam*) alter Besserwisser/alte Besserwisserin; **I don't want to be a** ~ **but ...** ich will ja kein alter Besserwisser sein, aber ...
mon·etar·ism ['mʌnɪtᵊrɪzᵊm, AM 'mɑːnə-] *n no pl* ECON Monetarismus *m fachspr*
mon·etar·ist ['mʌnɪtᵊrɪst, AM 'mɑːnə-] **I.** *n* ECON Monetarist(in) *m(f) fachspr* **II.** *adj* monetaristisch *fachspr*
mon·etary ['mʌnɪtᵊri, AM 'mɑːnəteri] *adj inv* ECON Geld-, monetär *fachspr,* Währungs-, Münz-; ~ **convention** Münzkonvention *f;* ~ **instability/integration** monetäre Instabilität/Integration; ~ **law** Münzgesetz *nt;* ~ **policy** Währungspolitik *f,* Geldpolitik *f,* Kreditpolitik *f;* ~ **reserves** Währungsreserven *fpl;* ~ **system** Währungssystem *nt;* ~ **union** Währungsunion *f;* ~ **unit** Währungseinheit *f*
mon·ey ['mʌni] *n no pl* ❶ (*cash*) Geld *nt;* **hard** ~ AM POL Wahlkampfspenden *fpl;* **soft** ~ AM Parteispenden *fpl;* **to get one's** ~**'s worth** etw für sein Geld bekommen; **to pay good** ~ **for sth** teures [*o* ein gutes Stück] Geld für etw *akk* zahlen; **to be short of** ~ knapp an Geld [*o fam* bei Kasse] sein; ~ **is tight** [*or* **short**] das Geld ist knapp; ~ **well spent** gut angelegtes Geld; **there is** ~ **in sth** etw ist lukrativ [*o* gewinnbringend]; **to change** ~ Geld wechseln; **to cost** ~ Geld kosten; **to earn** ~ Geld verdienen; **to have** ~ Geld haben, reich sein; **to make** ~ gut verdienen, [viel] Geld machen *fam;* **her investments haven't made as much** ~ **this year** ihre Investitionen haben dieses Jahr nicht so viel Geld eingebracht; **to put** ~ **into sth** Geld in etw *akk* stecken *fam,* in etw *akk* investieren; **to put one's** ~ **on sb/sth** (*a. fig*) auf jdn/etw setzen [*o* wetten]; **to raise** ~ [**for sth**] Geld [für etw *akk*] aufbringen [*o* beschaffen] [*o* aufnehmen]; **to save** ~ Geld sparen; **to spend** ~ Geld ausgeben ❷ (*fam: pay*) Bezahlung *f,* Verdienst *m,* Geld *nt;* **didn't like the work but the** ~ **was good** die Arbeit gefiel mir nicht, aber die Bezahlung war gut; **what's the** ~ **like in your new job?** wie ist so dein Verdienst bei deiner neuen Stelle?; **they earn good** ~ **in that company** bei dieser Firma verdient man gutes Geld; **hard-earned** ~ schwer [*o fam* sauer] verdientes Geld ❸ (*expressing indifference*) **could Tom be a thief? could he be a gentleman?** – ~ ob Tom wohl ein Dieb ist? oder ein Gentleman? – diese Frage muss sich jeder selbst beantworten; **today's debate about nuclear power sta-**

tions, the environment and jobs was once again a matter of '~' die heutige Debatte über Atomkraftwerke, die Umwelt und Arbeitsplätze verlief wieder einmal so, dass sich jeder selbst seinen Reim darauf machen konnte ▸ PHRASES: **you pays your ~ and [you] takes your choice** (*saying*) das bleibt jedem selbst überlassen; **~ is the root of all evil** (*prov*) Geiz ist die Wurzel allen Übels *prov;* **~ for jam** [*or* **old rope**] BRIT leicht verdientes Geld; **to put one's ~ where one's mouth is** seinen Willen in die Tat umsetzen; **~ doesn't grow on trees** (*prov*) Geld wächst nicht einfach nach; **to be in the ~** in [*o* im] Geld schwimmen; **if our horse wins, we'll be in the ~** wenn unser Pferd gewinnt, sind wir gemachte Leute; **to have ~ to burn** Geld wie Heu haben; **to be [not] made of ~** [k]ein Krösus [*o* Goldesel] sein; **to marry ~** um des Geldes willen heiraten, eine Geldehe eingehen; **~ talks** (*prov*) Geld regiert die Welt *prov;* **for my ~ ...** (*fam*) wenn es nach mir geht ... *fam*

mon·ey-back gua·ran·'tee *n* Geld-zurück-Garantie *f* **'mon·ey·bags** *n* <*pl* -> (*hum, pej fam*) Geldsack *m fam* **'mon·ey·belt** *n* Geldgürtel *m* **'mon·ey·box** *n* BRIT Sparbüchse *f,* Spardose *f; for collection* Sammelbüchse *f* **'mon·ey-chang·er** *n* ① (*person*) [Geld]wechsler(in) *m(f)* ② (*device*) tragbarer Münzwechsler

mon·eyed ['mʌnid] *adj* (*form*) vermögend, begütert *geh,* wohlhabend

'mon·ey-grub·ber *n* (*pej*) geldgieriger [*o* raffgieriger] Mensch, Raffke *m pej fam* **'mon·ey-grub·bing** (*pej*) **I.** *n* Geldgier *f,* Raffgier *f* **II.** *adj* geldgierig, raffgierig **'mon·ey-lend·er** *n* [gewerbsmäßiger] Geldverleiher/[gewerbsmäßige] Geldverleiherin, Geldgeber(in) *m(f)* **'mon·ey-mak·er** *n* ① (*person*) erfolgreicher Geschäftsmann/erfolgreiche Geschäftsfrau ② (*profitable business*) gewinnbringendes [*o* einträgliches] Geschäft, Bombengeschäft *nt fam* ③ (*profitable product*) Kassenschlager *m fam,* Verkaufsschlager *m fam,* Renner *m fam* **'mon·ey-mak·ing I.** *adj* einträglich, gewinnbringend **II.** *n* Gelderwerb *m* **'mon·ey mar·ket** *n* Geldmarkt *m* **mon·ey-'mind·ed** *adj* ① (*clever financially*) geschäftstüchtig ② (*pej: too concerned with money*) auf Geld fixiert; **he's very ~, and is always asking how much you paid for things** er sieht sehr aufs Geld und fragt einen immer, wie viel man für etwas bezahlt hat **'mon·ey or·der** *n esp* AM, AUS Postanweisung *f,* Zahlungsanweisung *f* **'mon·ey-spin·ner** *n* BRIT ① (*profitable business*) gewinnbringendes [*o* einträgliches] Geschäft, Bombengeschäft *nt fam* ② (*profitable product*) Kassenschlager *m fam,* Verkaufsschlager *m fam,* Renner *m fam* **'mon·ey sup·ply** *n* FIN Geldmenge *f,* Geldangebot *nt* [am Geldmarkt]; ECON Geldversorgung *f* [der Wirtschaft] **mon·ey sup·ply con·'trol** *n* ECON Geldmengensteuerung *f*

mon·gol ['mɒŋgəl, AM 'mɑːŋ-] *n* MED (*dated or pej!*) Mongoloide(r) *f(m) pej*

Mon·gol ['mɒŋgəl, AM 'mɑːŋ-] **I.** *n* ① (*person*) Mongole, -in *m, f;* MED (*dated or pej!*) Mongoloide(r) *f(m) pej* ② *no pl* (*language*) Mongolisch *nt,* das Mongolische **II.** *adj* mongolisch

Mon·go·lia [mɒŋ'gəʊliə, AM mɑːŋ'goʊ-] *n* Mongolei *f*

Mon·go·lian [mɒŋ'gəʊliən, AM mɑːŋ'goʊ-] **I.** *adj* mongolisch **II.** *n* ① (*person*) Mongole, -in *m, f* ② (*language*) Mongolisch *nt,* das Mongolische

mon·gol·ism ['mɒŋgəlɪzəm, AM 'mɑːŋ-] *n no pl* MED (*dated or pej!*) Mongolismus *m pej*

mon·gol·oid ['mɒŋgəlɔɪd, AM 'mɑːŋ-] *n* (*dated or pej!*) Mongoloide(r) *f(m) pej*

Mon·gol·oid ['mɒŋgəlɔɪd, AM 'mɑːŋ-] *adj* (*dated*) mongolisch; MED (*dated or pej!*) mongoloid *pej*

mon·goose <*pl* -s> ['mɒŋguːs, AM 'mɑːŋ-] *n* Mungo *m*

mon·grel ['mʌŋgrəl, AM 'mɑːŋ-] **I.** *n* ① BOT, ZOOL (*result of crossing*) Bastard *m oft pej,* Hybride *m fachspr,* Kreuzung *f* ② (*esp pej: dog breed*) Köter *m,* Töle *f* NORDD, Promenadenmischung *f hum o pej;* **~ puppy** Mischlingswelpe *m* ③ (*person*) Mischling *m oft pej,* Mischung *f a. pej;* (*cross between things*) Zwischending *nt* **II.** *adj* Bastard-, Misch-, hybrid *fachspr;* **~ race** Mischrasse *f;* **~ species** Kreuzung *f*

mon·i(c)k·er ['mɒnɪkəʳ, AM 'mɑːnɪkɚ] *n* (*sl*) [Spitz]name *m*

moni·tor ['mɒnɪtəʳ, AM 'mɑːnɪt̬ɚ] **I.** *n* ① (*screen*) Bildschirm *m,* Monitor *m;* **colour ~** [*or* AM **color**] Farbbildschirm *m,* Farbmonitor *m;* **on the ~** auf dem Bildschirm [*o* Monitor] ② POL (*observer*) Beobachter(in) *m(f)* ③ (*device*) Anzeigegerät *nt,* Überwachungsgerät *nt,* Kontrollschirm *m,* Monitor *m* ④ SCH (*dated: in school*) Klassenordner(in) *m(f) veraltend,* Aufsichtsschüler(in) *m(f) veraltend* ⑤ ZOOL (*lizard*) Waran *m* **II.** *vt* ① (*check*) ■**to ~ sb** jdn beobachten; ■**to ~ sth** etw kontrollieren [*o* überprüfen] [*o* beobachten]; **they were supposed to ~ the elections** POL sie sollten die Wahlen beobachten; **to ~ sb's blood sugar/cholesterol level** jds Blutzucker/Cholesterinspiegel kontrollieren; **to ~ brake power/tyre** [*or* AM **tire**] **wear** die Bremskraft/Reifenabnutzung überprüfen ② RADIO, TELEC, TV (*view/listen in on*) ■**to ~ sth** *device, person* etw abhören [*o* mithören] [*o* verfolgen]; **to ~ a [radio] broadcast** eine [Radio]sendung verfolgen; **to ~ a circuit** sich *akk* in eine Leitung einschalten; **to ~ communications/telephone traffic** Gespräche/den Telefonverkehr abhören [*o* mithören]; **to ~ a TV channel** ein Fernsehprogramm verfolgen ③ (*maintain quality*) ■**to ~ sth** *person* etw überwachen; **to ~ education standards** [die Einhaltung von] Ausbildungsstandards [*o* Ausbildungsanforderungen] überwachen; RADIO, TV *device* etw überwachen; **to ~ radio/TV reception** den Radio-/Fernsehempfang überwachen; **~ed frequency** Überwachungsfrequenz *f fachspr;* **~ing picture** Kontrollbild *nt fachspr;* **~ing station** Überwachungsstation *f fachspr* ④ (*keep under surveillance*) ■**to ~ sb/sth** *person* jdn/etw überwachen; **to ~ sb's eating habits/movements** jds Essgewohnheiten/Bewegungen überwachen; ■**to ~ sth** *device* etw überwachen; **to ~ fuel consumption/sb's heart rate** den Benzinverbrauch/jds Herzfrequenz überwachen

monk [mʌŋk] *n* Mönch *m*

mon·key ['mʌŋki] **I.** *n* ① (*animal*) [langschwänziger] Affe ② (*fam: mischievous child*) Racker *m,* Schlingel *m* ③ ARCHIT, TECH (*device*) Rammbär *m fachspr,* Rammklotz *m,* Ramme *f* ④ BRIT (*dated sl: £500*) 500 Pfund ▸ PHRASES: **to have a ~ on one's back** (*sl: burdensome problem*) etw auf dem Buckel haben *fam;* (*drug addiction*) an der Nadel hängen *fam;* (*enduring habit*) eine Manie haben *fam;* **I'll be a ~'s uncle** (*dated sl*) mich laust der Affe *fam;* **I don't give a ~'s [what] ...** BRIT (*sl*) es interessiert mich einen Dreck [was] ... *fam;* **to make a ~ out of sb** jdn zum Affen [*o* Narren] halten **II.** *vt* AM ■**to ~ sb/sth** jdn/etw nachäffen **III.** *vi* (*fam*) ① (*waste time*) ■**to ~ about** [*or* **around**] **with sb** mit jdm seine Zeit verschwenden, sich *akk* mit jdm aufhalten; (*waste sb's time*) jdm die Zeit stehlen, jdn aufhalten ② (*pej: play*) ■**to ~ about** [*or* **around**] **with sth** mit etw *dat* herumspielen [*o* herumfummeln] *pej fam;* ■**to ~ about** [*or* **around**] **with sb** (*play sexually*) mit jdm herummachen *fam*

'mon·key busi·ness *n no pl* ① (*silliness*) Blödsinn *m,* Unfug *m* ② (*trickery*) krumme Touren, faule Tricks **'mon·key nut** *n* BRIT Erdnuss *f* **'mon·key puz·zle tree** *n* BOT Araukarie *f fachspr,* Brasilkiefer *f,* Chilefichte *f* **'mon·key·shines** *npl* AM (*fam: monkey tricks*) Faxen *fpl fam,* dumme Streiche, Unfug *m kein pl* **'mon·key suit** *n* (*fam*) ① (*full-dress suit*) Smoking *m,* Gesellschaftsanzug *m;* **to put on one's ~** sich *akk* in Schale werfen *fam* ② (*uniform*) Uniform *f* **'mon·key tricks** *npl* BRIT (*fam*) Faxen *fpl fam,* dumme Streiche, Unfug *m kein pl;* **have you been up to your ~ again?** hast du wieder etwas angestellt? **'mon·key wrench** *n esp* AM Universal[schrauben]schlüssel *m,* verstellbarer Schraubenschlüssel, Rollgabelschlüssel *m fachspr,* Engländer *m; see also* **adjustable spanner** ▸ PHRASES: **to throw a ~ into sth** etw störend beeinflussen [*o* sabotieren]

mono[1] ['mɒnəʊ, AM 'mɑːnoʊ] **I.** *n no pl* MUS Mono *nt;* **to**

M

record/reproduce in ~ in Mono [*o* mono] aufnehmen/wiedergeben **II.** *adj inv* Mono-

mono² ['mɑ:noʊ] *n* AM *short for* **mononucleosis** (*fam*) [Pfeiffer-]Drüsenfieber *nt*

mono- ['mɒnəʊ, AM 'mɑ:noʊ] *in compounds* ein-, mono-

mono·chro·mat·ic [ˌmɒnəkrə(ʊ)'mætɪk, AM ˌmɑ:nəkroʊ'mæt̬-] *adj inv* einfarbig, monochrom; PHYS monochromatisch *fachspr*

mono·chrome ['mɒnəkrəʊm, AM 'mɑ:nəkroʊm] *adj inv* ❶ PHOT (*black and white*) Schwarzweiß- *fachspr;* ~ **film** Schwarzweißfilm *m* ❷ (*using one colour*) einfarbig, monochrom; **the park at this time of the year is a** ~ **brown** der Park ist zu dieser Jahreszeit ein einziges Braun ❸ (*fig: unexciting*) eintönig, einförmig, gleichförmig

mono·chrome dis·'play *n* COMPUT Schwarzweißanzeige *f,* Schwarzweißdisplay *nt*

mono·chron·ic [ˌmɒnə(ʊ)'krɒnɪk, AM ˌmɑ:nə'krɑ:nɪk] *adj* linear arbeitend; ~ **personality** [*or* **type**] *Persönlichkeitstyp, der lieber eins nach dem anderen als mehrere Dinge gleichzeitig tut*

mono·cle ['mɒnəkl̩, AM 'mɑ:n-] *n* (*hist*) Monokel *nt hist,* Einglas *nt hist*

mo·noga·mous [mə'nɒgəməs, AM -'nɑ:g-] *adj* monogam *fachspr,* einehig

mo·noga·my [mə'nɒgəmi, AM -'nɑ:g-] *n no pl* ❶ (*in marriage*) Einehe *f,* Monogamie *f fachspr* ❷ (*having one sexual partner*) *in animals, man* Monogamie *f fachspr,* Einehe *f*

mono·gram ['mɒnəgræm, AM 'mɑ:n-] *n* Monogramm *nt fachspr*

mono·grammed ['mɒnəgræmd, AM 'mɑ:n-] *adj inv* mit Monogramm *nach n*

mono·graph ['mɒnəgrɑ:f, AM 'mɑ:nəgræf] *n* Monographie *f fachspr,* Einzeldarstellung *f*

mono·lin·gual [ˌmɒnə(ʊ)'lɪŋgwəl, AM ˌmɑ:nə'-] *adj* einsprachig

mono·lith ['mɒnə(ʊ)lɪθ, AM 'mɑ:nə'-] *n* ❶ ARCHEOL (*single block*) Monolith *m fachspr,* Bildwerk *nt* [*o* Säule *f*] aus einem einzigen Steinblock ❷ (*fig: sth huge*) Koloss *m fig; building* monumentales Gebäude *fig; organization* gigantische Organisation *fig* ❸ (*fig: sth unchangeable*) *movement, party, society* Monolith *m,* starrer Block *pej*

mono·lith·ic ['mɒnə(ʊ)lɪθɪk, AM 'mɑ:nə'-] *adj* ❶ ARCHEOL monolithisch *fachspr,* aus einem einzigen Steinblock bestehend *attr* ❷ (*fig: huge*) *building, structure* monumental; *organization* gigantisch ❸ (*pej: unchangeable*) monolithisch, starr; **a** ~ **organization** eine starre Organisation; **a** ~ **society** eine erstarrte Gesellschaft

mono·log ['mɒnəlɒg], AM *a.* **mono·logue** ['mɑ:nəlɑ:g] *n* ❶ (*long speech*) Monolog *m pej* (**on** über +*akk*) ❷ THEAT Monolog *m*

mono·ma·nia·cal [ˌmɒnəʊmə'naɪəkəl, AM ˌmɑ:noʊ-] *adj* monomanisch *fachspr,* unter Zwangsvorstellungen leidend

mono·nuc·leo·sis [ˌmɑ:noʊˌnu:kli'oʊsɪs] *n no pl* AM MED (*glandular fever*) [Pfeiffer-]Drüsenfieber *nt,* [infektiöse] Mononukleose *fachspr*

mono·phon·ic [ˌmɒnə(ʊ)'fɒnɪk, AM ˌmɑ:noʊ'fɑ:n-] *adj inv* (*form*) monophon *geh*

mono·plane ['mɒnə(ʊ)pleɪn, AM 'mɑ:nə-] *n* AVIAT Eindecker *m*

mo·nopo·lis·tic [məˌnɒpəl'ɪstɪk, AM -ˌnɑ:pə'l-] *adj* (*usu pej*) monopolistisch

mo·nopo·li·za·tion [məˌnɒpəlaɪ'zeɪʃən, AM -ˌnɑ:pəlɪ'-] *n* ❶ ECON Monopolisierung *f* ❷ (*of conversation*) alleinige Führung ❸ (*of sb's time*) alleinige Beanspruchung; **he is an expert on the** ~ **of his parent's time** er versteht es geschickt, die Zeit seiner Eltern ganz für sich zu beanspruchen

mo·nopo·lize [mə'nɒpəlaɪz, AM -'nɑ:pə-] *vt* ❶ ECON (*control*) ▪**to** ~ **sth** etw monopolisieren [*o* allein beherrschen]; **to** ~ **the market** den Markt beherrschen ❷ (*keep for oneself*) ▪**to** ~ **sb/sth** jdn/etw ganz für sich *akk* beanspruchen, jdn/etw mit Beschlag belegen; **to** ~ **the conversation** das Gespräch an sich reißen

mo·nopo·ly [mə'nɒpəli, AM -'nɑ:p-] *n* ❶ ECON (*control*) Monopol *nt,* Ausschließlichkeitsrecht *nt,* Alleinverkaufsrecht *nt,* Alleinherstellungsrecht *nt;* **to have a** ~ **on the market** eine marktbeherrschende Stellung [*o* Monopolstellung] haben ❷ (*exclusive possession*) Monopol *nt,* alleiniges Recht; ▪**to have a** [*or* **the**] ~ **of** [*or* **on**] **sth** ein [*o* das] Monopol auf etw *akk* haben; ~ **of learning** Bildungsmonopol *nt;* **he does not have a** ~ **on good looks** er hat das gute Aussehen nicht gepachtet

Mo·nopo·ly® [mə'nɒpəli, AM -'nɑ:p-] *n* Monopoly® *nt*

Mo·'nopo·ly mon·ey *n* Spielgeld *nt*

mono·rail ['mɒnə(ʊ)reɪl, AM 'mɑ:nə-] *n* Einschienenbahn *f*

mono·so·dium glu·ta·mate [ˌmɒnə(ʊ)səʊdiəm'glu:təmeɪt, AM ˌmɑ:noʊsoʊdiəm'glu:t̬ə-] *n no pl* CHEM [Mono]natriumglutamat *nt,* Glutamat *nt*

mono·syl·lab·ic [ˌmɒnə(ʊ)sɪ'læbɪk, AM ˌmɑ:nə-] *adj* ❶ LING einsilbig, monosyllabisch *fachspr* ❷ (*pej: taciturn*) einsilbig, wortkarg, kurz angebunden, wenig gesprächig; ~ **reply** einsilbige Antwort

mono·syl·labi·cal·ly [ˌmɒnə(ʊ)sɪ'læbɪkli, AM ˌmɑ:nə-] *adv* einsilbig

mono·syl·la·ble ['mɒnə(ʊ)ˌsɪləbl̩, AM 'mɑ:nə-] *n* LING Einsilber *m,* einsilbiges Wort, Monosyllabum *nt fachspr;* **she usually replies in** ~**s** sie gibt normalerweise einsilbige Antworten

mono·the·ism ['mɒnə(ʊ)θiɪzəm, AM 'mɑ:noʊˌθi:-] *n no pl* REL Monotheismus *m*

mono·the·is·tic [ˌmɒnə(ʊ)θi'ɪstɪk, AM ˌmɑ:noʊ-] *adj inv* REL monotheistisch

mono·tone ['mɒnətəʊn, AM 'mɑ:nətoʊn] *n no pl* ❶ (*tone*) gleich bleibende Stimmlage [*o* Tonhöhe], monotoner Klang ❷ (*single tone*) gleich bleibender Ton; **to speak in a** ~ monoton [*o* mit gleich bleibender Stimme] sprechen ❸ (*delivery*) monotone Rezitation, monotoner Vortrag [*o* Gesang] ❹ (*fig: sameness*) Monotonie *f,* Eintönigkeit *f*

mo·noto·nous [mə'nɒtənəs, AM -'nɑ:t-] *adj* eintönig, monoton; ~ **work** eintönige [*o* stumpfsinnige] Arbeit

mo·noto·ny [mə'nɒtəni, AM -'nɑ:t-] *n no pl* Monotonie *f,* Eintönigkeit *f,* Einförmigkeit *f,* ewiges [*o* stumpfes] Einerlei; **to relieve** [*or* **break**] **the** ~ die Eintönigkeit auflockern [*o* durchbrechen], Abwechslung [in etw *akk*] bringen

mono·type ['mɒnə(ʊ)taɪp, AM 'mɑ:noʊ-] *n* ❶ TYPO (*single print*) einzelner Abdruck; (*single type*) Einzelbuchstabe *m,* Monotype *f fachspr* ❷ BIOL (*type*) einzige Art (*einer Gattung*)

mo·no·xide [məˌnɒksaɪd, AM -ˌnɑ:k-] *n* Monoxid *nt fachspr*

Monroe doc·trine [mənˌrəʊ'-, AM -ˌroʊ'-] *n* Monroedoktrin *f* (*Grundsatz der gegenseitigen Nichteinmischung: „Amerika den Amerikanern"*)

mon·sig·nor, Mon·sig·nor [mɒn'si:njər, AM mɑ:n'si:njɚ] *n no pl* ❶ (*priest's title*) Monsignore *m* ❷ (*form of address*) Monsignore *m*

mon·soon [mɒn'su:n, AM mɑ:n'-] **I.** *n* ❶ (*wind*) Monsun *m fachspr;* ▪~**s** Monsunwinde *mpl* ❷ (*season of heavy rain*) ▪**the** ~[**s**] der Monsun *kein pl fachspr,* die Regenzeit *kein pl;* **the** ~**s are late this year** die Regenzeit setzt dieses Jahr spät ein **II.** *n modifier* (*forest, rain, region*) Monsun-

mons pu·bis <*pl* **montes pubis**> [mɒnz'pju:bɪs, AM mɑ:nz-] *n* Venusberg *m,* Venushügel *m*

mon·ster ['mɒn(t)stər, AM 'mɑ:n(t)stɚ] **I.** *n* ❶ (*imaginary creature*) Monster *nt,* Ungeheuer *nt;* **the Loch Ness** ~ das Ungeheuer von Loch Ness; **a** ~ **from outer space** ein Weltraummonster *nt* ❷ (*unpleasant person*) Scheusal *nt,* Ungeheuer *nt a. hum,* Monster *nt;* (*inhuman person*) Unmensch *m;* **a little** ~ (*a. hum*) *child* ein kleines Monster [*o* Ungeheuer] ❸ (*fam: huge thing*) Ungetüm *nt,* Monstrum *nt,* Koloss *m,* Mordsding *nt fam;* **a** ~ **of a fish/truck** ein Ungetüm *nt* von Fisch/Lastwagen **II.** *adj attr, inv* (*fam: huge*) ungeheuer, riesig, Mords- *fam;* ~ **meeting** Mammutsitzung *f;* ~ **tree** Riesenbaum *m,* Mordsbaum *m fam*

'mon·ster truck I. *n* Monster Truck *m* (*Pick-up mit gewaltigen*

Rädern) **II.** *n modifier* ~ **rally** Monster-Truck-Rallye *f* *(Rallye, in der Pick-ups mit gewaltigen Rädern Autos überrollen und niedermachen)*

mon·stros·ity [mɒnˈstrɒsəti, AM mɑːnˈstrɑːsət̬i] *n* ❶ *(awfulness)* Scheußlichkeit *f*, Abscheulichkeit *f*; *(outrageousness)* Ungeheuerlichkeit *f*, Monstrosität *f*; *(hugeness)* Riesengröße *f*, Unförmigkeit *f* ❷ *(huge thing)* Ungetüm *nt*, Monstrum *nt*, Koloss *m*; **the new office building is a real** ~ das neue Bürogebäude ist ein richtiges Monstrum

mon·strous [ˈmɒn(t)strəs, AM ˈmɑːn-] *adj* ❶ *(huge)* riesig, unförmig, monströs ❷ *(monsterlike)* monsterartig, monsterhaft; **ET is strange and other-worldly without being** ~ ET ist fremdartig und aus einer anderen Welt, aber nicht monsterhaft ❸ *(outrageous)* ungeheuerlich; ~ **lie** ungeheuerliche [*o fam* faustdicke] Lüge ❹ *(awful)* grässlich, scheußlich, widerwärtig; ~ **cruelty** abscheuliche Grausamkeit

mon·strous·ly [ˈmɒn(t)strəsli, AM ˈmɑːn-] *adv* außerordentlich, ungeheuer

mon·tage [mɒnˈtɑːʒ, AM ˈmɑːnt-] *n* ❶ *(composition)* Montage *f*; ~ **of images** Bildmontage *f*; ~ **of photos** Fotomontage *f* ❷ ART Collage *f fachspr*; FILM Montage *f fachspr*; ~ **sequence** Bildfolge *f*

Montezuma's re·venge [ˌmɒntɪzuːməzrɪˈvenʤ, AM ˌmɑːnt̬ə-] *n* *(sl)* Dünnpfiff *m fam*, Dünnschiss *m derb*, Montezumas Rache *f hum* *(ursprünglich auf Touristen in Mexiko gemünzt)*

month [mʌn(t)θ] *n* Monat *m*; **a six-~-old baby** ein sechs Monate altes Baby; **to take a two ~ holiday** zwei Monate Urlaub nehmen; **a ~'s notice** eine einmonatige Kündigungsfrist; **to be three ~s old** drei Monate alt sein ▶ PHRASES: **to be flavour** [*or* AM **flavor**] **of the** ~ BRIT, AM *(fam)* [zurzeit] Thema [*o* die] Nummer eins [*o* der Hit] sein *fam*; **mergers are flavour of the** ~ Fusionen sind zurzeit Thema Nummer eins; **chatting is flavour of the** ~ Chatten ist momentan der Hit; **Andy is certainly flavour of the ~ with his boss** Andy ist im Moment bestimmt die Nummer eins bei seinem Chef; **after I broke her Chinese vase, I wasn't exactly flavour of the ~ in that household** *(iron)* nachdem ich ihre chinesische Vase zerbrochen hatte, war ich in diesem Haus nicht mehr unbedingt der Hit *sl*; **a ~ of Sundays** eine Ewigkeit; **we hadn't taken a holiday in a ~ of Sundays** wir hatten schon ewig keinen Urlaub mehr gemacht; **it's her** [*or* **that**] **time of the** ~ *(euph)* sie hat ihre Tage *euph fam*

month·ly [ˈmʌn(t)θli] **I.** *adj inv* monatlich, Monats-; ~ **function** monatliche Veranstaltung; ~ **income** Monatseinkommen *nt*; ~ **instalments** Monatsraten *fpl* **II.** *adv* monatlich, einmal im Monat **III.** *n* ❶ *(monthly magazine)* Monatsschrift *f*, monatlich erscheinende Zeitschrift ❷ *esp* BRIT *(euph fam: menses)* ■**monthlies** *pl* Tage *mpl euph fam*, Regel *f kein pl*; **it's her monthlies** sie hat ihre Tage

mon·ty [ˈmɒnti] *n no pl* BRIT *(fam)* **the full** ~ alles, das Ganze; **to do the full** ~ voll zur Sache [*o* in die Vollen] gehen *fam*; *(fulfil all expectations)* alle Erwartungen erfüllen; **what did you have in mind, a patch-up job or the full ~?** was wolltest du, kleckern oder klotzen? *fam*; **you'd expect to be charged more if they're going to do the full** ~ es wird wohl teurer werden, wenn sie das volle Programm bringen *fam*; **as usual, the band did the full** ~ wie immer drehte die Band voll auf *fam*

monu·ment [ˈmɒnjəmənt, AM ˈmɑːn-] *n* ❶ *(fig: memorial)* Zeugnis *nt*, Mahnmal *nt fig* (**of/to** für +*akk*); **the new school timetable is a ~ to the efficiency of the administrative staff** der neue Stundenplan ist ein Zeugnis für die Effizienz der Schulverwaltung; **the annual arts festival is a ~ to her vision and hard work** das alljährliche Kunstfestival zeugt von ihrer Weitsicht und Mühe; **the newly discovered mass graves are a ~ to the cruelty of man** die unlängst entdeckten Massengräber sind ein Mahnmal für menschliche Grausamkeit; **to leave ~s of destruction** Zeugnisse der Zerstörung hinterlassen ❷ *(historical structure)* Denkmal *nt*, Monument *nt*; **historic** ~ Baudenkmal *nt*, historisch bedeutendes Bauwerk; *(hist: tomb)* Grabmal *nt*, Ehrenmal *nt*

monu·men·tal [ˌmɒnjəˈmentᵊl, AM ˌmɑːnjəment̬-] *adj* ❶ *(tremendous)* gewaltig, kolossal, eindrucksvoll; ~ **achievement** [*or* **feat**] eindrucksvolle Leistung; ~ **blunder** kolossaler Irrtum, ungeheurer Fehler; ~ **effort** gewaltige Anstrengung; ~ **waste of time** ungeheure Zeitverschwendung; ~ **victory** historisch bedeutsamer Sieg ❷ ART *(large-scale)* monumental; ~ **facade/painting** monumentale Fassade/monumentales Gemälde; ~ **statuary** Monumentalstatuen *fpl*, Monumentalplastiken *fpl* ❸ *(on monuments)* Gedenk-, Denkmal-; ~ **inscription** Gedenkinschrift *f*, Denkmalinschrift *f*; *(on tombs)* Grabinschrift *f* ❹ *(built as monuments)* als Denkmal errichtet [*o* Gedenkstätte]; ~ **temple** als Gedenkstätte errichteter Tempel

monu·men·tal·ly [ˌmɒnjəˈmentᵊli, AM ˌmɑːnjəment̬-] *adv* gewaltig, ungeheuer, monumental

monu·men·tal ˈma·son *n* Steinmetz *m*

moo [muː] **I.** *n* Muhen *nt kein pl* **II.** *interj* muh **III.** *vi* muhen

mooch [muːtʃ] **I.** *n no pl* BRIT *(fam)* Bummeln *nt fam*, Schlendern *nt*; **to go for a** ~ eine Runde drehen *fam* **II.** *vi* BRIT *(fam)* bummeln *fam*, schlendern; ■**to ~ about** [*or* **around**] *(pej)* herumschlappen, herumhängen *pej fam*; **they've got nothing better to do than ~ around the town centre** sie haben nichts Besseres zu tun, als im Stadtzentrum herumzuschlappen; **stop ~ing about in your room and do something useful!** hör auf, in deinem Zimmer herumzuhängen und mach dich nützlich! **III.** *vt* AM *(sl)* ■**to ~ sth** [**from** [*or* **off**] **sb**] ❶ *(scrounge)* *small amount, item* [bei jdm] etw mitgehen lassen *fam* [*o fam* einsacken] ❷ *(sponge)* *cigarettes, meal* etw [von jdm] schnorren *fam*

mood¹ [muːd] *n* Laune *f*, Stimmung *f*; ■**to be in no ~ to do sth** *(form)* keine Anstalten machen, etw zu tun; **in a bad/good** ~ in schlechter/guter Stimmung, gut/schlecht gelaunt; **the public** ~ die allgemeine Stimmung; **to be in a talkative** ~ zum Erzählen aufgelegt [*o* gesprächig] sein; **sb is in one of his/her ~s** jd hat wieder einmal seine/ihre Launen; ■**not to be in the ~ to do sth** zu etw *dat* keine Lust haben [*o* nicht aufgelegt sein]; **as the ~ takes sb** wie es jdm einfällt [*o* in den Sinn kommt]; **he'll cooperate or not, as the ~ takes him** mal ist er kooperativ, mal nicht, je nach Lust und Laune

mood² [muːd] *n* LING Aussageweise *f*, Modus *m fachspr*; **subjunctive** ~ Konjunktiv *m*; *see also* **mode**

moodi·ly [ˈmuːdɪli] *adv* ❶ *(sullenly)* missmutig, missgestimmt, verdrossen; *(in a bad temper)* übel [*o* schlecht] gelaunt; *(gloomily)* trübsinnig ❷ PSYCH *(temperamentally)* launisch, launenhaft, sprunghaft, unausgeglichen

moodi·ness [ˈmuːdɪnəs] *n no pl* ❶ *(sullenness)* Missmut *m*, Verdrossenheit *f*; *(bad-temperedness)* Übellaunigkeit *f*, schlechte Laune; *(gloominess)* Trübsinn *m*, Trübsinnigkeit *f* ❷ PSYCH *(capriciousness)* Launenhaftigkeit *f*, Sprunghaftigkeit *f*, Unausgeglichenheit *f*

ˈmood swing *n* Stimmungsumschwung *m*

moody [ˈmuːdi] **I.** *adj* ❶ *(sullen)* missmutig, missgestimmt, verdrossen; *(bad-tempered)* übel [*o* schlecht] gelaunt ❷ *(temperamental)* launisch, launenhaft, sprunghaft, unausgeglichen **II.** *n* BRIT *(fam)* Launen *fpl*, Launenhaftigkeit *f kein pl*; **to stand sb's ~s** jds Launen ertragen

moo·la(h) [ˈmuːlə] *n no pl* *(sl)* Knete *f fig fam*, Kohle *f fig fam*

moon [muːn] **I.** *n no pl* ❶ ASTRON Mond *m*; **the man in the** ~ der Mann im Mond; **full** ~ Vollmond *m*; **half** ~ Halbmond *m*; **new** ~ Neumond *m*; **the ~ rises** der Mond geht auf; **the ~ wanes** der Mond nimmt ab; **the ~ waxes** der Mond nimmt zu ❷ *(dated: lunar month)* Mond *m*; **many ~s ago** vor vielen Monden *poet o veraltet* ▶ PHRASES: **to be over the ~ about** [*or* **with**] **sth** über etw *akk* überglücklich sein; **to promise sb the** ~ jdm das Blaue vom Himmel [herunter] versprechen **II.** *vt* *(sl)* ■**to ~ sb** jdm den blanken [*o* nackten] Hintern [in der Öffentlichkeit] zeigen *fam* (*diese Praxis kam in den USA in den fünfziger Jahren auf und lässt sich auf eine beleidigende Geste bei den Maoris zurückführen*) **III.** *vi* ❶ (*sl: expose one's buttocks*) den blanken [*o* nackten] Hintern [öffentlich] zur Schau stellen *fam;* ■**to ~ [at sb]** [jdm] seinen nackten Hintern zeigen *hum* ❷ (*remember nostalgically*) ■**to ~ about sth** etw *dat* nachträumen; ■**to ~ over sb/sth** von jdm/etw träumen; **to ~ into sb's eyes** jdm verträumt in die Augen schauen ❸ (*pej: spend time*) ■**to ~ away ○ sth** *afternoon, morning, time* etw vertrödeln [*o* verträumen]

◆**moon about, moon around** *vi* herumlungern *pej,* [ziellos [*o* lustlos]] herumlaufen

'moon·beam *n* Mondstrahl *m* **'moon·boots** *npl* Moonboots *mpl* (*dicke Synthetik-Winterstiefel*) **'moon·calf** *n* Mondkalb *nt*

Moonie ['mu:ni] *n* Mitglied *nt* der Mun-Sekte

moon·ing ['mu:nɪŋ] *n no pl* (*sl*) [öffentliche] Zurschaustellung des Hinterteils *fam*

'moon·light I. *n no pl* ❶ (*moonshine*) Mondlicht *nt* ❷ (*fam: liquor*) schwarzgebrannter Alkohol ▶PHRASES: **to not be all ~ and roses** nicht immer eitel Sonnenschein sein **II.** *vi* <-lighted> (*fam*) ❶ (*work at a second job*) schwarzarbeiten *fam,* einen Nebenjob haben *fam* ❷ (*traffic in liquor*) Schwarzhandel mit Alkohol betreiben, schwarzgebrannten Alkohol verkaufen (*eine aus der Zeit der Prohibition in den USA bekannte Praxis*) **moon·light 'flit** *n* BRIT (*fam*) Verduften *nt* bei Nacht und Nebel *fam;* **to do a ~** bei Nacht und Nebel verduften *fam* **'moon·light·ing** *n no pl* (*fam*) ❶ (*working at a second job*) Schwarzarbeit *f,* Nebenerwerb *m* ❷ (*trafficking in liquor*) Schwarzhandel *m* mit Alkohol, Verkauf *m* von schwarzgebranntem Alkohol **'moon·lit** *adj inv* ❶ *attr* (*lighted*) mondhell; **~ meadow** mondhelle Wiese; **~ room** Zimmer *nt* im Mondlicht ❷ *pred esp* BRIT (*fam: intoxicated*) beschwipst *fam* **'moon·roof** *n* Schiebedach *nt* **'moon·scape** *n* Mondlandschaft *f fig* **'moon·shine** *n no pl* ❶ (*moonlight*) Mondschein *m* ❷ (*fam: liquor*) schwarzgebrannter Alkohol ❸ (*fam: nonsense*) Blödsinn *m,* Schwachsinn *m fam,* Humbug *m* **'moon·stone** *n* GEOL Mondstein *m fachspr* **'moon·struck** *adj* ❶ (*deranged*) mondsüchtig, verwirrt ❷ (*silly*) verrückt ❸ (*romantic*) verträumt, träumerisch, versonnen *geh*

moony ['mu:ni] *adj* ❶ (*of the moon*) Mond- ❷ (*like the moon*) mondförmig ❸ (*romantic*) träumerisch, verträumt ❹ (*silly*) verrückt ❺ *esp* BRIT (*sl: tipsy*) beschwipst *fam*

moor¹ [mɔ:ʳ, AM mʊr] *n* Heideland *nt,* Ödland *nt,* [Hoch]moor *nt*

moor² [mɔ:ʳ, AM mʊr] **I.** *vt* NAUT ■**to ~ sth** *boat, tanker* etw vertäuen [*o* festmachen] *fachspr;* **to ~ sth to a bollard/buoy** etw an einem Poller/einer Boje [*o* [See]tonne] festmachen *fachspr* **II.** *vi* festmachen *fachspr*

Moor [mɔ:ʳ, AM mʊr] *n* HIST Maure, -in *m, f*

moor·hen ['mɔ:hen, AM 'mʊr-] *n* [weibliches] Moorhuhn, [Gemeines] Teichhuhn

moor·ing ['mɔ:rɪŋ, AM 'mʊr-] *n* NAUT ❶ (*berth*) Anlegeplatz *m,* Liegeplatz *m* ❷ (*ropes*) ■**~s** *pl* Vertäuung *f fachspr*

Moor·ish ['mʊərɪʃ, AM 'mʊr-] *adj inv* maurisch; **the ~ conquest** die Eroberung Spaniens durch die Mauren

moor·land ['mɔ:lənd, AM 'mʊr-] **I.** *n esp* BRIT Moorland *nt,* Sumpfland *nt;* **heather ~** Heidemoor *nt,* Heideland *nt* **II.** *n modifier* (*fowl, scenery*) Moor-; **~ bird** Schottisches Moorhuhn; **~ habitat** Lebensraum *m* [*o* Standort *m*] Moor

moose <*pl* -> [mu:s] *n* Elch *m*

moot [mu:t] **I.** *n* ❶ BRIT (*hist: assembly*) [beratende] Volksversammlung ❷ (*old: debate*) Erörterung *f,* Diskussion *f,* Debatte *f* ❸ BRIT LAW (*argument*) *in Inns of Court* Diskussion *f* eines hypothetischen Rechtsfalls (*Bestandteil der anwaltlichen Ausbildung*) **II.** *n modifier* ❶ LAW (*for argument*) Schein-; **~ court** Scheingericht *nt* ❷ (*hist: for assembling*) (*hall, hill*) Versammlungs- **III.** *adj inv* ❶ (*open to debate*) strittig; **~ case** Streitfall *m;* **~ point** strittiger Punkt, Streitfrage *f* ❷ (*usu pej: academic*) rein akademisch [*o* theoretisch]; **~ question** rein akademische Frage ❸ LAW (*hypothetical*) angenommen, hypothetisch; **~ case** hypothetischer [Rechts]fall **IV.** *vt* ■**to ~ sth** ❶ (*form: present*) *issue, subject* etw aufwerfen [*o* anschneiden] *geh;* **to ~ a point** einen Punkt zur Sprache bringen; **to ~ a project** ein Projekt zur Diskussion stellen; ■**to be ~ed** angesprochen [*o* ins Gespräch gebracht] werden; **it has been ~ed that the conference should be postponed for six months** die Rede kam darauf, die Konferenz um ein halbes Jahr zu verschieben; **he was ~ed as a possible successor** er wurde als möglicher Nachfolger ins Gespräch gebracht ❷ (*discuss*) etw erörtern, [über] etw [*akk*] diskutieren [*o* debattieren] ❸ (*usu pej: theorize*) *case, project* etw zu einer rein theoretischen [*o* akademischen] Angelegenheit machen

mop [mɒp, AM mɑ:p] **I.** *n* ❶ (*for cleaning*) Mopp *m,* Wischer *m,* Wischlappen *m;* **dish ~** BRIT Schwammtuch *nt;* **floor ~** Schrubber *m* ❷ *no pl* (*wiping*) **to give sth a ~** *floor* etw mit einem Mopp reinigen [*o* moppen] ❸ (*mass of hair*) [dickes] Haarbüschel; **she tied back her unruly ~ with a large ribbon** sie hielt ihr widerspenstiges Wuschelhaar hinten mit einem großen Band zusammen; AM (*sl: hairdo*) Frisur *f* **II.** *vt* <-pp-> ❶ (*clean with mop*) ■**to ~ sth** *floor* etw feucht [*o* mit einem Mopp] wischen ❷ (*wipe*) **to ~ one's face/forehead** sich *dat* den Schweiß vom Gesicht/von der Stirn wischen ▶PHRASES: **to ~ the floor with sb** (*fam*) jdn fertigmachen [*o* erledigen] *fam,* mit jdm Schlitten fahren *fig fam;* **the coach intended to ~ the floor with his team** der Trainer wollte mit seiner Mannschaft Schlitten fahren; **we ~ped the floor with the new team** wir haben die neue Mannschaft vom Platz gefegt *fam*

◆**mop up I.** *vt* ■**to ~ up ○ sth** ❶ (*remove*) *spilt milk, water* etw aufwischen ❷ (*fam: use up*) etw aufbrauchen; **the repair bill ~ped up all my spare cash** die Reparaturrechnung hat meine ganze Barschaft verschlungen ❸ (*deal with*) etw [vollends] erledigen [*o* zu Ende bringen]; **they ~ped up the rest of the business and went on a holiday** sie erledigten die restlichen Aufgaben und machten Urlaub ❹ (*clear*) *area, towns* etw säubern [*o* durchkämmen [und vom Feind säubern]]; ■**to ~ up sb** MIL *scattered combatants* jdn völlig aufreiben; **the army is ~ping up the remnants of the guerrilla force** die Armee ist dabei, die noch übrigen Guerillakämpfer völlig aufzureiben **II.** *vi* ❶ (*clean up*) sauber machen ❷ (*fig fam*) aufräumen, Aufräumungsarbeiten durchführen

mope [məʊp, AM moʊp] *vi* Trübsal blasen, dumpf vor sich *akk* hinbrüten, sich *akk* in Selbstmitleid ergehen *pej*

◆**mope about, mope around** *vi* trübsinnig herumschleichen

mo·ped ['məʊped, AM 'moʊ-] *n* Moped *nt*

mo·poke ['məʊpəʊk] *n* ❶ AUS ZOOL (*frogmouth*) [Riesen]schwalm *m fachspr;* (*owl*) Kuckuckskauz *m fachspr* ❷ AUS (*fam*) Dummkopf *m pej,* Trottel *m pej*

mop·pet ['mɒpɪt, AM 'mɑ:-] *n* ❶ (*dated: doll*) Stoffpuppe *f* ❷ (*fam: child*) Fratz *m* SÜDD O ÖSTERR; (*boy*) [Hosen]matz *m;* (*girl*) Püppchen *nt;* **curly-haired ~** kleiner Lockenkopf

mop·ping-'up op·era·tion *n* POL, MIL Säuberungsaktion *f*

mo·raine [mɒr'eɪn, AM mə'r-] *n* GEOL Moräne *f fachspr,* Moränenschutt *m*

mor·al ['mɒrᵊl, AM 'mɔ:r-] **I.** *adj* ❶ (*ethical*) moralisch, ethisch, sittlich; **~ code** Sittenkodex *m;* **~ cowardice** Mangel *m* an Zivilcourage [*o* Rückgrat]; **~ duty/obligation** moralische Pflicht/Verpflichtung; **on ~ grounds** aus moralischen Gründen; **~ issue** ethische Frage; **~ judgement** moralisches Urteil; **~ law** Moralgesetz *nt,* Sittengesetz *nt;* **~ leadership** geistige Führung; **~ scruples** moralische Bedenken; **~ values** sittliche Werte ❷ (*virtuous*) *person* moralisch, anständig, tugendhaft *veraltend,* sittsam *veraltend* ▶PHRASES: **to claim the ~ high ground** sich *dat* einen Anstrich von höherer Moral geben **II.** *n* ❶ (*of story*) Moral *f,* Lehre *f,* Nutzanwendung *f;* **the ~ of the**

story is ... die Geschichte lehrt ... [*o* Moral der Geschichte ist ...] ❷ (*standards of behaviour*) ■ **~s** *pl* Moralvorstellungen *fpl*, moralische Grundsätze; **a person of loose ~s** jd mit lockerem Lebenswandel; **private/public ~s** (*pej dated*) private/öffentliche Moralvorstellungen; **to have no ~s** keine Moralbegriffe [*o* kein moralisches Empfinden] haben

mor·al 'cer·tain·ty *n no pl* hohe Wahrscheinlichkeit; **it is a ~ that the robbery was carried out by the accused** aller Wahrscheinlichkeit nach wurde der Raubüberfall von dem Angeklagten begangen

mo·rale [mə'rɑːl, AM -'ræl] *n no pl* Moral *f*, Stimmung *f*; **a team's ~** der Kampfgeist einer Mannschaft; **~ is high/low** die Stimmung ist gut/schlecht; **to raise** [*or* **boost**] **sb's ~** jds Moral heben

mor·al 'fi·ber AM, **mor·al 'fi·bre** *n no pl* moralische Festigkeit [*o* Stärke] **mor·al 'haz·ard** *n no pl unbesonnenes Vorgehen, weil keine negativen Konsequenzen drohen*

mor·al·ist ['mɒrəlɪst, AM 'mɔːr-] *n* Moralist(in) *m(f)*; **a stern ~** ein strenger Moralist/eine strenge Moralistin

mor·al·is·tic [ˌmɒrəl'ɪstɪk, AM 'mɔːr-] *adj* (*usu pej*) moralistisch

mo·ral·ity [mə'ræləti, AM mɔː'rælət̬i] *n* ❶ *no pl* (*moral principles*) moralische [*o* ethische] Grundsätze, Moral *f*, Ethik *f*; **a question of ~** eine Frage der Moral [*o* Ethik]; **to question sb's ~** jds moralische [*o* ethische] Grundsätze in Frage stellen ❷ (*moral system*) Sittenlehre *f*, Moralphilosophie *f*, Ethik *f*; **a bourgeois ~** eine bürgerliche Ethik ❸ (*conformity*) Sittlichkeit *f*; PHILOS Moralität *f fachspr* ❹ (*conduct*) Sittlichkeit *f*, sittliche Gesinnung ❺ *no pl* (*justifiability*) moralisches Recht, moralische Berechtigung; **they question the ~ of forcing poor people to pay for their medical treatment** sie bezweifeln, dass es moralisch gerechtfertigt ist, Arme die Kosten ihrer medizinischen Versorgung tragen zu lassen ❻ LIT, THEAT (*hist: play*) Moralität *f hist*

mo·'ral·ity play *n* LIT, THEAT (*hist*) Moralität *f hist*

mor·al·ize ['mɒrəlaɪz, AM 'mɔːr-] *vi* moralisieren; ■ **to ~ on** [*or* **about**] **sth** über etw *akk* Moral predigen

mor·al·ly ['mɒrəli, AM 'mɔːr-] *adv* ❶ (*ethically*) moralisch, ethisch, sittlich; **~ right/superior/wrong** moralisch richtig/überlegen/falsch ❷ (*virtuously*) [moralisch] einwandfrei [*o* untadelig], anständig

mor·al ma·'jor·ity *n* moralische Mehrheit (*mehrheitlich traditionelle Moralvorstellungen vertretende Gruppe - der Begriff etablierte sich unter der Regierung Reagan*) **Mor·al Ma·'jor·ity** *n no pl* Moralische Mehrheit (*rechtsgerichtete konservativistische politisch-religiöse Sammelbewegung - ein Zusammenschluss fundamentalistischer Protestanten, konservativer Katholiken und Juden*) **mor·al phi·'loso·phy** *n no pl* Moralphilosophie *f*, Ethik *f*

mor·al sup·'port *n no pl* moralische Unterstützung **mor·al 'vic·tory** *n* moralischer Sieg

mo·rass [mə'ræs] *n usu sing* ❶ (*bog*) Morast *m*, Sumpf *m* ❷ (*fig: complex situation*) Wirrwarr *m*, schwierige [*o* unübersichtliche] Lage; **to be caught in a ~ of debt** tief in Schulden stecken; **~ of rules and regulations** Paragraphendickicht *nt*

mora·to·ria [ˌmɒrə'tɔːriə, AM ˌmɔːr-] *n pl of* **moratorium**

mora·to·rium <*pl* -s *or* -ria> [ˌmɒrə'tɔːriəm, AM ˌmɔːr-, *pl* -riə] *n* ❶ (*suspension*) befristete Einstellung [*o* Aussetzung] (**on** +*gen*); **a ~ on the testing of nuclear weapons** eine befristete Einstellung der Atomwaffentests; **a five-year ~ on whale fishing** ein auf fünf Jahre befristetes Walfangverbot ❷ (*period of waiting*) Wartefrist *f*, Wartezeit *f* (**on** für +*akk*); **a three-month ~ on applications** eine dreimonatige Wartefrist für Anträge ❸ COMM (*period of delay*) Moratorium *nt*, Stundung *f*, [Zahlungs]aufschub *m*; **they stipulated a ~ of two weeks** man vereinbarte einen zweiwöchigen Zahlungsaufschub

mor·bid ['mɔːbɪd, AM 'mɔːr-] *adj* ❶ (*unhealthy*) morbid, krankhaft; **~ curiosity/obsession** krankhafte Neugier/Besessenheit; **~ imagination/interest** morbide Fantasie/morbides Interesse; (*gruesome*) makaber; **~ delight/fascination** makab[e]res Vergnügen/makab[e]re Faszination ❷ MED (*of disease*) pathologisch *fachspr*; **~ anatomy** pathologische Anatomie, Pathologie *f fachspr*; (*induced by disease*) krank, kränklich, erkrankt, krankhaft [verändert], morbid *fachspr*; **~ body** kranker [*o* kränklicher] Körper; **~ organ** krankhaft verändertes [*o* erkranktes] Organ; **~ state** krankhafter [*o* morbider] Zustand; (*productive of disease*) krankheitserregend, pathogen *fachspr*; **~ substance** krankheitserregende Substanz

mor·bid·ity [mɔː'bɪdəti, AM mɔːr'bɪdət̬i] *n no pl* ❶ (*unhealthiness*) *of imagination, mind* Krankhaftigkeit *f*, Morbidität *f* ❷ MED (*diseased state*) *of a body, an organ* Erkrankung *f*, Krankheit *f*; (*incidence of disease*) *in a community, group* Zahl *f* der Erkrankungen, Krankheitsfälle *mpl*, Morbidität *f fachspr*; *in a workforce* Krankenstand *m*; **~ rate** Erkrankungsziffer *f*, Morbiditätsrate *f fachspr*

mor·bid·ly ['mɔːbɪdli, AM 'mɔːr-] *adv* krankhaft

mor·dant ['mɔːdənt, AM 'mɔːr-] **I.** *adj* ❶ (*fig form: cutting*) beißend, bissig *fig*, sarkastisch; **~ criticism/manner** bissige Kritik/Art; **~ remark** bissige [*o* sarkastische] Bemerkung; **~ ridicule** beißender Spott ❷ (*keen*) scharf *fig*; **~ analysis/wit** scharfe Analyse/scharfer Verstand ❸ (*pungent*) brennend *fig*; **~ pain** brennender Schmerz ❹ CHEM (*caustic*) *in dyeing* beizend, Beiz-; *in etching* ätzend, Ätz-, kaustisch *fachspr* **II.** *n* CHEM *in dyeing* Beize *f*, Beizmittel *nt*; *in etching* Ätzmittel *nt*, Kaustikum *nt fachspr* **III.** *n modifier* (*colour*) Beiz-; **~ dye** Beizenfarbstoff *m*; **~ printing** Beizendruck *m*

mor·dant·ly ['mɔːdəntli, AM 'mɔːr-] *adv* (*form*) beißend, scharf, sarkastisch

more [mɔːr, AM mɔːr] **I.** *adj comp of* **many** mehr; **do you want ~ food?** willst du mehr zu essen haben; **I helped myself to ~ tea** ich schenkte mir Tee nach; **we drank ~ wine** wir tranken weiterhin Wein; **two ~ days until Christmas** noch zwei Tage, dann ist Weihnachten da; **we can't take on any ~ patients** wir können keine weiteren Patienten mehr übernehmen; **why are there no ~ seats left?** warum sind keine Plätze mehr frei?; **no ~ wine for you!** du kriegst keinen Wein mehr!; **just one ~ thing before I go** nur noch eins, bevor ich gehe; **~ people live here than in the all of the rest of the country** hier leben mehr Menschen als im ganzen Rest des Landes; **I'd be ~ than happy to oblige** es wäre mir ein Vergnügen; **~ and ~ snow** immer mehr Schnee ► PHRASES: **[the] ~ fool you** BRIT (*pej fam*) du bist ja blöd *fam* **II.** *pron* mehr; **tell me ~** erzähl' mir mehr; **the ~ the better** je mehr desto besser; **do come to the picnic – the ~ the merrier** komm doch zum Picknick – je mehr wir sind, desto lustiger wird es; **the ~ he insisted he was innocent, the less they seemed to believe him** je mehr er betonte, dass er unschuldig war, desto weniger schienen sie ihm zu glauben; **the ~ he drank, the ~ violent he became** je mehr er trank, desto gewalttätiger wurde er; **all the ~ ...** umso mehr; **she's now all the ~ determined to succeed** sie ist mehr denn je entschlossen, Erfolg zu haben; **that's all the ~ reason not to give in** das ist umso mehr Grund, nicht nachzugeben; **no ~** nichts weiter; **there was no ~ to be said about it** dazu gibt es nichts mehr zu sagen; **can I have some ~?** kann ich noch was haben?; **any ~?** noch etwas?; **is there any ~?** ist noch etwas übrig?; **she's ~ of a poet than a musician** sie ist eher Dichterin als Musikerin; **the noise was ~ than I could bear** ich hielt den Lärm nicht aus **III.** *adv inv* ❶ (*forming comparatives*) *wird im Deutschen durch Komparativ ausgedrückt*; **let's find a ~ sensible way of doing it** wir sollten eine vernünftigere Lösung finden; **play that last section ~ passionately** spiele den letzten Teil leidenschaftlicher; **you couldn't be ~ wrong** falscher könntest du nicht liegen; **~ comfortable/important/uncertain** bequemer/wichtiger/ungewisser; **for them enthusiasm is ~ important than talent** für sie ist Begeisterung wichtiger als Talent; **~ easily/rapidly/thoroughly** einfacher/schnel-

M

ler/gründlicher; ~ **importantly** wichtiger noch; **he finished the job and, ~ importantly, he finished it on time** er wurde mit der Arbeit fertig, wichtiger noch, er wurde rechtzeitig fertig; **far** [*or* **much**] ~ **... than ...: this task is far ~ difficult than the last one** diese Aufgabe ist viel schwerer als die letzte ❷ (*to a greater extent*) mehr; **she asked if she could see him** ~ sie fragte, ob sie ihn öfter sehen könne; **you should listen ~ and talk less** du solltest besser zuhören und weniger sprechen; **sb couldn't agree/disagree** ~ (*form*) ganz/überhaupt nicht jds Meinung sein; **I couldn't agree/disagree with you ~, Professor** ich bin ganz/überhaupt nicht Ihrer Meinung, Herr Professor; ~ **and ~ ...** immer ...; **it's becoming ~ and ~ likely that she'll resign** es wird immer wahrscheinlicher, dass sie zurücktritt; **vacancies were becoming ~ and ~ rare** es gab immer weniger freie Plätze; **... or ~** mindestens ...; **each diamond was worth £10,000 or ~** jeder Diamant war mindestens £10.000 wert; ~ **than ...** (*greater number*) über ..., mehr als ...; ~ **than 20,000 demonstrators crowded into the square** über 20.000 Demonstranten füllten den Platz; (*very*) äußerst; **we'll be ~ than happy to help** wir helfen sehr gerne; ~ **than a little ...** (*form*) ausgesprochen; **I was ~ than a little surprised to see her** ich war ausgesprochen überrascht, sie zu sehen; **to do sth ~ than sb/sth: they like classical music ~ than pop** ihnen gefällt klassische Musik besser als Pop; **in his experience females liked chocolate ~ than males** seiner Erfahrung nach schmeckt Frauen Schokolade besser als Männern; **no ~ than ...** höchstens ...; **it's no ~ than an inch long** das ist höchstens ein Inch lang ❸ (*in addition*) noch, außerdem; **one or two things** ~ noch ein paar Dinge; **I just need one or two things ~ before I can start cooking** ich brauche nur noch ein paar Dinge, bevor ich zu kochen anfangen kann; **once/twice/three times** ~ noch einmal/zweimal/dreimal; **can you play the song through once/twice ~, please?** kannst du das Lied noch einmal/zweimal durchspielen, bitte?; **repeat once** ~ noch einmal wiederholen; **to not do sth any** ~ etw nicht mehr machen; **I don't do yoga any** ~ ich mache nicht mehr Yoga; **no** ~ nie wieder; **mention his name no ~ to me** sag seinen Namen vor mir nie wieder; **and** [**what's**] ~ überdies; **he was rich, and ~, he was handsome** er war reich und sah zudem gut aus ❹ *with verb inversion* (*neither*) auch nicht; **I had no complaints and no ~ did Tom** ich hatte keine Beschwerden und Tom auch nicht ❺ (*longer*) **to be no** ~ *thing, times* vorüber sein; **the good old days are no** ~ die guten alten Zeiten sind vorüber; *person* gestorben sein; **we're mourning poor Thomas, for he is no** ~ wir trauern um Thomas, der nicht mehr unter uns weilt; **not ... any** ~ nicht mehr; **I don't love you any** ~ ich liebe dich nicht mehr ❻ (*rather*) eher; **it's not so much a philosophy, ~ a way of life** es ist weniger eine Philosophie als eine Lebensart; ■ **~ ... than ...** vielmehr; **it was ~ a snack than a meal** das war eher ein Snack als eine Mahlzeit; ~ **dead than alive** mehr tot als lebendig ▸ PHRASES: ~ **or less** mehr oder weniger; **the project was ~ or less a success** das Projekt war mehr oder weniger erfolgreich; **they are ~ or less a waste of time** das war mehr oder weniger verlorene Zeit; (*approximately*) ungefähr; **it's 500 kilos, ~ or less** das sind ungefähr 500 Kilo; ~ **or less symmetrical** in etwa symmetrisch; ~ **often than not** meistens; **they're at home ~ often than not on a Saturday afternoon** sie sind am Samstagnachmittag meistens zu Hause; **that's ~ like it** (*fam*) so ist es gut; **for this exercise don't bend your legs too far – that's ~ like it** beuge die Beine bei dieser Übung nicht zu stark – so ist's gut

mor(e)·ish ['mɔːrɪʃ] *adj* BRIT, AUS (*approv fam*) ■ **to be** ~ [lecker sein und einfach] nach mehr schmecken

mo·rel·lo [mə'reləʊ, AM -loʊ] *n* Morelle *f*, schwarze Sauerweichsel

more·over [mɔːʳ'əʊvəʳ, AM mɔːr'oʊvɚ] *adv inv* (*form*) überdies, zudem, ferner *geh*

mo·res ['mɔːreɪz] *npl* ❶ SOCIOL (*ways*) Sitten *fpl*, Gebräuche *mpl*, Gepflogenheiten *fpl*, Konventionen *fpl fachspr*, [traditionelle] Lebensweise; **social** ~ gesellschaftliche Konventionen; **middle-class/working-class** ~ Lebensweise *f* der Mittel-/Arbeiterklasse ❷ LAW (*practices*) gute Sitten; [**transaction**] **contra bonus** ~ gegen die guten Sitten [verstoßendes Rechtsgeschäft]

morgue [mɔːg, AM mɔːrg] *n esp* AM, AUS ❶ (*mortuary*) Leichenhalle *f*, Leichen[schau]haus *nt* ❷ (*storage place*) *of a library, newspaper* Archiv *nt*; (*files*) *of a library, newspaper* [Akten]ablage *f* ❸ (*fig, pej: boring place*) sterbenslangweiliger Ort; **I'm fed up with this place – it's a** ~ mir reicht es mit diesem Ort – er ist sterbenslangweilig

mori·bund ['mɒrɪbʌnd, AM 'mɔːr-] *adj* (*form*) ❶ (*near death*) *person* dem Tode geweiht *geh*; MED sterbend *attr*, im Sterben liegend *attr*, moribund *fachspr* ❷ (*near extinction*) *custom, species* im Aussterben begriffen; *civilization, nation, people* dem Untergang geweiht *geh* ❸ (*fig, pej: inactive*) wie tot *nach n fig*; **the city centre is usually ~ in the evening** die Innenstadt ist normalerweise am Abend wie ausgestorben ❹ (*fig, pej: stagnant*) verbraucht, erstarrt *fig*; ~ **political party** verbrauchte [*o* erstarrte] politische Partei; ~ **state** Erstarrung *f fig* ❺ (*fig, pej: dormant*) brachliegend *fig*; ~ **interest** brachliegendes Interesse

Mor·mon ['mɔːmən, AM 'mɔːr-] **I.** *n* Mormone, -in *m, f* **II.** *adj* mormonisch, Mormonen-; ~ **Church** mormonische Kirche, Kirche *f* Jesu Christi der Heiligen der letzten Tage

morn [mɔːn, AM mɔːrn] *n* (*poet*) Morgen *m*

morn·ing ['mɔːnɪŋ, AM 'mɔːrn-] **I.** *n* Morgen *m*, Vormittag *m*; **three ~s a week** drei Vormittage die Woche; **all** ~ den ganzen Vormittag; **at four in the** ~ um vier Uhr früh; [**from**] ~ **till night** von morgens bis abends [*o* früh bis spät]; **in the** ~ morgens, am Morgen, am Vormittag; **she only works in the** ~ sie arbeitet nur vormittags; **tomorrow** ~ morgen Vormittag; **yesterday** ~ gestern Morgen; **the ~ after** (*on the next morning*) am nächsten Morgen; (*the next morning*) der Morgen danach; (*euph: after excessive drinking*) Kater *m euph, fig*; (*fig, pej: moment of realization*) Katzenjammer *m fig*; **on Saturday** ~ [am] Samstagmorgen [*o* früh]; **I hate Monday ~s** ich hasse Montagvormittage ▸ PHRASES: **to do sth ~, noon and night** (*pej: throughout a day*) etw den ganzen Tag lang tun; (*all the time*) etw ständig [*o* in einem fort] [*o* Tag und Nacht] tun; **our neighbour's baby cries, ~, noon and night** das Baby unseres Nachbarn schreit in einem fort **II.** *n modifier* (*edition, flight*) Morgen-, Früh-, Vormittags-; ~ **appointment** Vormittagstermin *m*; ~ **light** Morgenlicht *nt* **III.** *interj* (*fam*) Morgen! *fam*; **good ~!** guten Morgen!

morn·ing-'af·ter pill *n* ■ **the** ~ die Pille danach [*o fachspr* Postkoitalpille] **'morn·ing coat** *n* Cut[away] *m fachspr*, abgerundet geschnittener Herrenschoßrock **morn·ing 'dress** *n no pl* ❶ (*dress*) [einfaches] Hauskleid ❷ (*formal wear*) Gesellschaftsanzug *m*, Besuchsanzug *m*, Konferenzanzug *m*, Stresemann *m fachspr* (*Anzug für festliche und offizielle Gelegenheiten, insbesondere Hochzeiten*) **morn·ing 'news·pa·per** *n*, **morn·ing 'pa·per** *n* Morgenzeitung *f*, Morgenblatt *nt* **Morn·ing 'Prayer** *n* Morgenandacht *f*, Frühgottesdienst *m* (*in der anglikanischen und protestantischen Kirche*), Frühmesse *f* (*in der römisch-katholischen Kirche*)

morn·ings ['mɔːnɪŋz, AM 'mɔːrn-] *adv esp* AM (*fam*) morgens, vormittags

'morn·ing sick·ness *n no pl* morgendliche Übelkeit, morgendliches Erbrechen **morn·ing 'star** *n* ❶ ASTRON (*planet*) Morgenstern *m* ❷ HIST (*weapon*) Morgenstern *m fachspr* ❸ BOT (*plant*) Mentzelie *f fachspr* **'morn·ing suit** *n* (*morning dress*) Gesellschaftsanzug *m*, Besuchsanzug *m*, Konferenzanzug *m*, Stresemann *m fachspr*

Mo·roc·can [mə'rɒkən, AM -'rɑːk-] **I.** *n* Marokkaner(in) *m(f)*

II. *adj* marokkanisch

mo·roc·co [məˈrɒkəʊ, AM -ˈrɑːkoʊ] *n* feines Ziegenleder, Saffian *m fachspr;* ~ **leather** Saffianleder *nt*

Mo·roc·co [məˈrɒkəʊ, AM -ˈrɑːkoʊ] *n* Marokko *nt*

mor·on [ˈmɔːrɒn, AM ˈmɔːrɑːn] *n* ❶ MED *(feebleminded person)* Geistesschwache(r) *f(m),* Schwachsinnige(r) *f(m),* Debile(r) *f(m) fachspr,* Imbezile(r) *f(m) fachspr* ❷ *(pej fam: stupid person)* Trottel *m,* Dummkopf *m,* Schwachkopf *m pej fam*

mo·ron·ic [mɔːˈrɒnɪk, AM -ˈrɑːn-] *adj* ❶ MED *(feebleminded)* geistesschwach, schwachsinnig, debil *fachspr,* imbezil *fachspr* ❷ *(pej fam)* dumm, blöde, schwachköpfig, beschränkt *pej fam;* **a** ~ **grin** ein blödes Grinsen

mo·rose [məˈrəʊs, AM -ˈroʊs] *adj* mürrisch, verdrießlich, griesgrämig; ~ **expression** finstere [*o* verdrossene] Miene

mo·rose·ly [məˈrəʊsli, AM -ˈroʊs-] *adv* mürrisch, griesgrämig, verdrossen

mo·rose·ness [məˈrəʊsnəs, AM -ˈroʊs-] *n* Verdrießlichkeit *f*

morph [mɔːf, AM mɔːrf] **I.** *vi* *(fam)* ■**to** ~ **into sth** sich *akk* in etw *akk* verwandeln, die Gestalt einer S. *gen* annehmen **II.** *vt* ■**to** ~ **oneself** sich *akk* ändern

mor·pheme [ˈmɔːfiːm, AM ˈmɔːr-] *n* LING Morphem *nt*

mor·phia [ˈmɔːfiə, AM ˈmɔːr-] *n* *(dated),* **mor·phine** [ˈmɔːfiːn, AM ˈmɔːr-] *n* Morphium *nt,* Morphin *nt fachspr*

ˈmor·phine ad·dic·tion *n* Morphiumsucht *f,* Morphinabhängigkeit *f*

morph·ing [ˈmɔːfɪŋ, AM ˈmɔːr-] *n* COMPUT Bildumwandlung *f fachspr*

mor·pho·logi·cal [ˌmɔːfəˈlɒdʒɪkəl, AM ˌmɔːrfəˈlɑː-] *adj inv* BIOL, GEOL, LING morphologisch *fachspr,* der Form [*o* Gestalt] nach *nach n*

mor·phol·ogy [ˌmɔːˈfɒlədʒi, AM ˌmɔːrˈfɑː-] *n* BIOL, GEOL, LING Morphologie *f fachspr,* Formenlehre *f,* Gestaltlehre *f*

mor·ris dance [ˈmɒrɪs,-], **mor·ris danc·ing** *n* BRIT Moriskentanz *m*

i Kultur

Morris dancing gibt es in Großbritannien schon sehr lange, aber die Ursprünge sind unbekannt. Der Name stammt von *Moorish – maurisch.* Der Tanz hat vor allem am *May Day – 1. Mai* und an *Whitsuntide – Pfingsten* Bedeutung. Die *Morris dancers* sind meist Gruppen weiß gekleideter Männer, einige von ihnen tragen Glöckchen um ihre Waden und jeder hält entweder einen Stock, ein Taschentuch oder einen Kranz in der Hand. Der Tanz ist sehr schwungvoll, es wird viel gestampft, gehüpft und gesprungen.

Morse [mɔːs, AM mɔːrs] *n,* **Morse ˈcode** *n no pl* Morsezeichen *ntpl,* Morsealphabet *nt*

mor·sel [ˈmɔːsəl, AM ˈmɔːrs-] *n* ❶ *(of food)* Bissen *m,* Happen *m,* Stückchen *nt,* Bröckchen *nt;* **a** ~ **of bread** ein Stückchen *nt* [*o* Bröckchen *nt*] Brot ❷ *(tasty dish)* Leckerbissen *m* ❸ *(pleasing person)* reizende Person ❹ *(fig: small bit)* ■**a** ~ ein bisschen, etwas; **a** ~ **of hope** eine schwache Hoffnung; **not even a** ~ **of hope** nicht einmal ein Funke *m* [*o* Fünkchen *nt*] Hoffnung; **a** ~ **of luck** ein Quäntchen *nt* Glück; **I have a** ~ **of news for you** ich habe eine kleine Neuigkeit für dich; **they should have at least a** ~ **of decency** sie sollten wenigstens einen Funken Anstand besitzen

mor·tal [ˈmɔːtəl, AM ˈmɔːrt̬-] **I.** *adj inv* ❶ *(subject to death)* sterblich; ~ **being** sterbliches Wesen ❷ *(human)* menschlich, Menschen-; ~ **life** menschliches Leben, Menschenleben *nt;* ~ **longing/morals** menschliche Sehnsucht/Moralvorstellungen ❸ *(temporal)* irdisch, vergänglich; ~ **life** irdisches Leben [*o* Dasein]; **human life is** ~ das menschliche Dasein ist vergänglich ❹ *(fatal)* tödlich; ~ **disease/wound** tödliche Krankheit/Verletzung ❺ *(implacable)* Tod-, tödlich, erbittert; ~ **enemy** Todfeind(in) *m(f);* ~ **hatred** tödlicher Hass; ~ **hostility** erbitterte Feindschaft ❻ *(extreme)* Todes-, höchste(r, s); ~ **danger/fear** Todesgefahr *f*/Todesangst *f;* **to be** [*or* **live**] **in** ~ **fear** sich *akk* zu Tode ängstigen [*o* fürchten]; **to be in a** ~ **hurry** in höchster Eile sein **II.** *n* *(liter)* Sterbliche(r) *f(m);* **ordinary** [*or* **lesser**] [*or* **mere**] ~ *(hum)* Normalsterbliche(r) *f(m) hum*

mor·tal ˈcom·bat *n no pl* Kampf *m* auf Leben und Tod, erbitterter Kampf; **to be locked in** ~ *(fig)* miteinander auf Leben und Tod kämpfen

mor·tal·ity [mɔːˈtæləti, AM mɔːrˈtæləti] *n no pl* ❶ *(condition)* Sterblichkeit *f* ❷ *(character)* Vergänglichkeit *f* ❸ *(humanity)* [sterbliche] Menschheit ❹ *(frequency)* Sterblichkeit *f;* **infant** ~ Säuglingssterblichkeit *f*

mor·ˈtal·ity rate *n* MED Sterblichkeit *f,* Sterbeziffer *f,* Mortalität[srate] *f fachspr*

mor·tal·ly [ˈmɔːtəli, AM ˈmɔːrt̬-] *adv* ❶ *(fatally)* tödlich; ~ **wounded** tödlich verletzt [*o* verwundet] ❷ *(fig: intensely)* zutiefst, tödlich *fig;* ~ **offended** [*or* **wounded**] zutiefst gekränkt, tödlich beleidigt; ~ **scared** zu Tode erschrocken

mor·tal re·ˈmains *npl* sterbliche Überreste **mor·tal ˈsin** *n* Todsünde *f*

mor·tar [ˈmɔːtəʳ, AM ˈmɔːrt̬ɚ] **I.** *n* ❶ *no pl* ARCHIT, TECH *(mixture)* Mörtel *m,* Speis *m;* ~ **of cement** Zementmörtel *m;* ~ **of plaster** Gipsmörtel *m,* Stuck *m;* **to beat up** [*or* **puddle**] **the** ~ Mörtel anmachen [*o* anrühren] ❷ CHEM *(bowl)* Mörser *m,* Reibschale *f;* ~ **and pestle** Mörser *m* und Stößel *m* ❸ MIL *(cannon)* Mörser *m,* Granatwerfer *m fachspr,* Minenwerfer *m fachspr* ▸ PHRASES: **bricks and** ~ *(structure)* Gebäude *nt*[*pl*], Bauwerk[e] *nt*[*pl*]; *(property)* Immobilie[n] *f*[*pl*] **II.** *n modifier* *(fire, shelling)* Granat-; ~ **attack** Granatbeschuss *m;* ~ **shell** Mörsergranate *f*

ˈmor·tar·board *n* ❶ ARCHIT, TECH *(board)* Mörtelmischtisch *m* ❷ UNIV *(cap)* [quadratisches] Barett

mort·gage [ˈmɔːgɪdʒ, AM ˈmɔːr-] **I.** *n* COMM, LAW ❶ *(conveyance of property)* Verpfändung *f fachspr* ❷ *(deed)* [Hypotheken]pfandbrief *m,* Hypothekenurkunde *f,* Verpfändungsurkunde *f fachspr* ❸ *(rights involved)* [Grund]pfandrecht *nt* ❹ *(amount)* Hypothek *f fachspr;* **to pay the** ~ [*or* **repay** [**the**] ~ **monies**] COMM, LAW die Hypothek abtragen [*o* zurückzahlen]; **to pay off** [*or* **redeem**] **a** ~ eine Hypothek ablösen [*o* tilgen]; **to raise** [*or* **take out**] **a** ~ [**on sth**] eine Hypothek [auf etw *akk*] aufnehmen *fachspr* **II.** *n modifier* COMM, LAW *(creditor, debt, interest)* Hypotheken-; ~ **claim** Hypothekenforderung *f;* ~ **rate** Hypothekenzinssatz *m,* Hypothekenzinsfuß *m fachspr* **III.** *vt* ■**to** ~ **sth** etw hypothekarisch belasten; **to be** ~**d up to the hilt** bis über den Hals [*o* die Ohren] in Hypothekenschulden stecken

mort·ga·gee [ˌmɔːgɪˈdʒiː, AM ˌmɔːr-] *n* Hypothekengläubiger(in) *m(f),* Pfandgläubiger(in) *m(f)*

mor·tice *n see* **mortise**

mor·ti·cian [mɔːrˈtɪʃən] *n* AM *(undertaker)* Leichenbestatter(in) *m(f)*

mor·ti·fi·ca·tion [ˌmɔːtɪfɪˈkeɪʃən, AM ˌmɔːrt̬ə-] *n no pl* *(form)* ❶ *(humiliation)* Kränkung *f,* Demütigung *f,* Schmach *f geh;* **to feel great** ~ **at sth** etw als große Schmach empfinden ❷ *(shame)* Beschämung *f,* Scham *f* ❸ *(cause of embarrassment)* Ärger *m,* Verdruss *m geh* ❹ MED *(local death)* Gewebstod *m,* Nekrose *f fachspr,* Brand *m,* Gangrän *f fachspr* ❺ REL *(asceticism)* Kasteiung *f fachspr,* Abtötung *f;* ~ **of the flesh** REL Selbstkasteiung *f,* Kasteiung *f* des Fleisches *fachspr;* ~ **of passions** Abtötung *f* von Begierden

mor·ti·fy <-ie-> [ˈmɔːtɪfaɪ, AM ˈmɔːrt̬ə-] **I.** *vt* ❶ *usu passive* ■**to be mortified** *(be humiliated)* gedemütigt [*o* gekränkt] [*o* verletzt] sein; *(be ashamed)* sich *akk* schämen, beschämt sein *geh;* *(be embarrassed)* sich *akk* ärgern, Verdruss empfinden *geh* ❷ REL *(discipline)* ■**to** ~ **sth** etw kasteien *fachspr,* etw abtöten; **to** ~ **the flesh** sich *akk* [*o* das Fleisch] kasteien; **to** ~ **passions** Begierden abtöten ❸ MED *(form: cause local death)*

■ **to ~ sth** *tissue* etw absterben lassen [*o* brandig machen] **II.** *vi* MED (*form*) *of tissue* absterben, brandig werden

mor·ti·fy·ing ['mɔːtɪfaɪɪŋ, AM 'mɔːrt̬ə-] *adj* demütigend, beschämend

mor·tise ['mɔːtɪs, AM 'mɔːrt̬-] **I.** *n* TECH (*hole*) *in carpentry* Zapfenloch *nt,* Stemmloch *nt fachspr;* **~ [and tenon] joint** Zapfenverbindung *f,* Zapf-Schlitz-Verbindung *f fachspr;* (*cut*) *in carpentry* Nut *f,* Schlitz *m,* Einschnitt *m fachspr* **II.** *vt* TECH ■ **to [tenon and] ~ sth** *pieces of wood* etw verzapfen

'mor·tise lock *n* [Ein]steckschloss *nt,* Blindschloss *nt,* Einstemmschloss *nt*

mor·tu·ary ['mɔːtʃuəri, AM 'mɔːrtʃueri] *n* Leichenhalle *f,* Leichen[schau]haus *nt*

mo·sa·ic [mə(ʊ)'zeɪɪk, AM moʊ'-] *n* Mosaik *nt*

mo·sey ['məʊzi, AM 'moʊ-] *vi* ❶ (*move leisurely*) schlendern, bummeln; **to ~ about** [*or* **along**] umherschlendern ❷ AM (*fam: leave quickly*) abhauen *fam,* sich *akk* aus dem Staub machen *fam* ❸ AM (*move quickly*) **to ~ over to sb's place** auf einen Sprung bei jdm vorbeikommen *fam*

mosh [mɒʃ, AM mɑːʃ] *vi* (*dance*) moshen

'mosh pit *n* Tanzfläche *f* zum Moshen

Mos·lem *adj, n see* **Muslim**

mosque [mɒsk, AM mɑːsk] *n* Moschee *f*

mos·qui·to <*pl* -es *or* -s> [mɒs'kiːtəʊ, AM mə'skiːt̬oʊ] *n* Stechmücke *f,* Moskito *m*

mos·'qui·to bite *n* Mückenstich *m,* Moskitostich *m* **mos·'qui·to boat** *n* AM MIL [ungepanzertes] Torpedoschnellboot [*o* Sprengboot] **mos·'qui·to net** *n* Moskitonetz *nt* **mos·'qui·to re·pel·lent** *n* Mückenspray *nt*

moss <*pl* -es> [mɒs, AM mɑːs] *n* ❶ (*plant*) Moos *nt;* **covered with ~** moosbedeckt, bemoost; **different ~es** unterschiedliche Moosarten ❷ BRIT, SCOT (*bog*) ■ **the ~es** das [Torf]moor *kein pl,* die Sümpfe *mpl*

mos·sie ['mɒsi] *n* BRIT, AUS (*fam*) Mücke *f*

mossy ['mɒsi, AM 'mɑːsi] *adj* ❶ (*overgrown with moss*) moosig, bemoost, moosbedeckt; **~ stone** moosbedeckter Stein ❷ (*resembling moss*) moos-, moosartig; **~ green** moosgrün; **~ softness** moosartige Weichheit

most [məʊst, AM moʊst] **I.** *pron* ❶ (*largest quantity*) ■ **the ~** am meisten; **what's the ~ you've ever won at cards?** was war das meiste, das du beim Kartenspielen gewonnen hast?; **when she shared the food out, John got the ~** als sie das Essen verteilte, bekam John am meisten; **they had the ~ to lose** sie hatten am meisten zu verlieren; **at the [very] ~** [aller]höchstens; **she's 50 at the very ~** sie ist allerhöchstens 50; ■ **~ of sb/sth** die meisten; **in this school, ~ of the children are from the Chinese community** in dieser Schule sind die meisten Kinder chinesischer Abstammung; **~ of the things I forget are unimportant anyway** die meisten Dinge, die ich vergesse, sind sowieso unwichtig; **I spent ~ of the winter on the coast** ich verbrachte einen Großteil des Winters an der Küste ❷ *pl* (*the majority*) die Mehrheit; **~ are in favour of tax reform** die Mehrheit befürwortet die Steuerreform ❸ (*best*) ■ **the ~** höchstens; **the ~ I can do is try** ich kann nicht mehr tun als es versuchen; **the ~ they can expect is a 4% pay increase** sie können höchstens eine 4-prozentige Gehaltserhöhung erwarten; **to get the ~ out of life** das meiste aus dem Leben machen; **to be the ~** (*sl*) der/die Größte sein; **he's the ~ – I wish he were interested in me** er ist so toll – ich wünschte, er würde sich für mich interessieren; **to make the ~ of sth** das Beste aus etw *dat* machen; **it's a lovely day – we must make the ~ of it** was für ein schöner Tag – wir müssen ihn nutzen; **to make the ~ of one's opportunities** das Beste aus seinen Chancen machen; (*represent at its best*) etw hervorstreichen; **how to make the ~ of your features** so unterstreichen Sie Ihre Züge richtig **II.** *adj det* ❶ (*greatest in amount, degree*) am meisten; **which of you earns the ~ money?** wer von euch verdient am meisten Geld?; **they've had the ~ success** sie hatten größten Erfolg ❷ (*majority of, nearly all*) die meisten; **I don't eat meat, but I like ~ types of fish** ich esse kein Fleisch, aber ich mag die meisten Fischsorten; **we like ~ students** wir mögen die meisten Studenten; **for the ~ part** für gewöhnlich; **the older members, for the ~ part, shun him** die älteren Mitglieder meiden ihn für gewöhnlich **III.** *adv inv* ❶ (*forming superlative*) *im Deutschen durch Superlativ ausgedrückt;* **that's what I'm ~ afraid of** davor habe ich die meiste Angst; **Joanne is the ~ intelligent person I know** Joanne ist der intelligenteste Mensch, den ich kenne; **the ~ intelligent animal** das intelligenteste Tier; **~ easily/rapidly/thoroughly** am leichtesten/schnellsten/gründlichsten; **sandy plains where fire tends to spread ~ quickly** sandige Ebenen, auf denen sich das Feuer besonders rasch ausbreitet; **~ important/unfortunate** wichtigste(r, s)/unglücklichste(r, s); **the ~ important event of my life** das wichtigste Ereignis in meinem Leben ❷ (*form: extremely*) höchst, äußerst, überaus *geh;* **it was a ~ unfortunate accident** es war ein äußerst bedauerlicher Unfall; **it's ~ kind of you to help me** es ist überaus freundlich von Ihnen, dass Sie mir helfen; **their situation was ~ embarrassing** ihre Lage war höchst unangenehm; **he told me a ~ interesting story** er erzählte mir eine sehr interessante Geschichte; **it was a ~ unusual car** es war ein ganz ungewöhnliches Auto; **it was a ~ beautiful morning** es war ein besonders schöner Morgen; **~ certainly** ganz bestimmt [*o* gewiss], mit absoluter Sicherheit; **~ likely** höchstwahrscheinlich; **that's ~ probably correct** das ist höchstwahrscheinlich richtig; **~ unlikely** höchst unwahrscheinlich ❸ (*to the greatest extent*) am meisten; **what annoyed me ~ ...** was mich am meisten gestört hat ...; **the things he ~ enjoyed** die Dinge, die ihm am besten gefielen; **at ~** höchstens; **we've got enough rations for a week at ~** die Rationen reichen höchstens für eine Woche; **~ of all** am allermeisten; **I like the blue one ~ of all** der/die/das Blaue gefällt mir am besten; **~ of all, I hope that ...** ganz besonders hoffe ich, dass ...; **she likes broccoli and carrots but likes green beans ~ of all** sie mag Broccoli und Karotten, ganz besonders aber grüne Bohnen; **what she wanted ~ of all** was sie am meisten wollte ❹ AM (*fam: almost*) beinah[e], fast; **they watch TV ~ every evening** sie sehen beinah jeden Abend fern; **~ everyone understood** fast jeder verstand

most·ly ['məʊs(t)li, AM 'moʊ-] *adv inv* ❶ (*usually*) meistens ❷ (*in the main*) größtenteils, im Wesentlichen; **the work is ~ done** die Arbeit ist größtenteils getan ❸ (*chiefly*) hauptsächlich, in der Hauptsache

mot [məʊ, AM moʊ] *n* geistreiche [*o* witzige] Bemerkung, Bonmot *nt*

MOT¹ [ˌeməʊ'tiː] *n* BRIT (*fam*) *abbrev of* **Ministry of Transport** Verkehrsministerium *nt*

MOT² [ˌeməʊ'tiː] **I.** *n* **~ [test]** TÜV *m;* **has your car had its ~ yet?** war dein Auto schon beim TÜV?; **~ [certificate]** TÜV-Bescheinigung *f* **II.** *vt* <MOT'd, MOT'd> *usu passive* (*fam*) **to ~ a car** ein Auto zum TÜV bringen; **my car will be ~'d tomorrow** mein Auto kommt morgen zum TÜV **III.** *adj* TÜV-geprüft

mote [məʊt, AM moʊt] *n* ❶ (*particle*) Stäubchen *nt,* Staubkorn *nt* ❷ (*fig: fault*) kleiner Fehler, kleine Macke; **the ~ in sb's eye** (*biblical*) der Splitter im Auge des anderen *fig*

mo·tel [məʊ'tel, AM moʊ'-] *n* Motel *nt*

moth [mɒθ, AM mɑːθ] *n* Motte *f,* Nachtfalter *m*

'moth·ball I. *n* Mottenkugel *f* **II.** *vt usu passive* ■ **to ~ sth** ❶ (*put in disuse*) *clothes, machinery, ships* etw einmotten; *coal pit, factory* etw stilllegen ❷ (*fig: postpone*) etw beiseiteschieben [*o fig* auf Eis legen] **'moth-eat·en** *adj* ❶ (*eaten into*) mottenzerfressen, von Motten zerfressen ❷ (*outmoded*) *ideas, methods, theories* verstaubt, antiquiert ❸ (*decayed*) *equipment, facilities* heruntergekommen

moth·er ['mʌðəʳ, AM -ɚ] **I.** *n* ❶ (*female parent*) Mutter *f* ❷ AM (*fam!: motherfucker*) Scheißkerl *m sl;* (*thing*) Scheiß- *vulg, sl;* **that was a ~ of an exam!** das war eine Scheißprüfung! *vulg, sl; see* **motherfucker** ▸PHRASES: **the ~ of all ...** der/die/das allergrößte ...; (*the most extreme: worst*) der/die/das Schlimmste aller *gen* ...; (*best*) herausragend; **the ~ of all battles** die Mutter aller Schlachten; **the ~ of all mystery novels** der Kriminalroman schlechthin [*o* überhaupt]; **the ~ of all storms** der Sturm der Stürme **II.** *n modifier* (*animal, church, ship*) Mutter-; **~ hen** Henne *f* **III.** *vt* ■**to ~ sb** jdn bemuttern

Moth·er ['mʌðəʳ, AM -ɚ] *n no pl* REL ❶ (*nun*) Oberin *f* ❷ (*form of address*) Mutter *f* [Oberin]

moth·er·board *n* COMPUT Grundplatine *f,* Hauptplatine *f fachspr* **moth·er 'coun·try** *n* ❶ (*country of origin*) Mutterland *nt,* Herkunftsland *nt* ❷ (*home country*) Vaterland *nt,* Heimatland *nt* **'moth·er· fig·ure** *n* Mutterfigur *f* **'moth·er·fuck·er** *n* AM (*vulg, sl*) ❶ (*person*) Scheißkerl *m sl* ❷ (*thing*) Scheiß- *vulg, sl;* **that was a ~ of an exam!** das war eine Scheißprüfung! *vulg, sl*

moth·er·hood ['mʌðəhʊd, AM -ðɚ-] *n no pl* Mutterschaft *f*

'Moth·er·ing Sun·day *n* BRIT (*form*) Muttertag *m*

'moth·er-in-law <*pl* mothers- *or* -s> *n* Schwiegermutter *f* **'moth·er·land** *n no pl* ❶ (*native country*) Heimatland *nt,* Vaterland *nt* ❷ (*country of ancestors*) Mutterland *nt,* Herkunftsland *nt*

moth·er·ly ['mʌðəli, AM -ɚli] *adj* (*usu approv*) mütterlich; **~ love** Mutterliebe *f*

Moth·er 'Na·ture *n* (*a. hum*) Mutter Natur **moth·er-of-'pearl** *n* Perlmutt *nt* **'Moth·er's Day** *n* Muttertag *m* **moth·er su·'peri·or** *n no pl* Mutter *f* Oberin **moth·er-to-'be** <*pl* mothers-> *n* werdende Mutter **'moth·er tongue** *n* Muttersprache *f*

'moth·proof *adj inv* mottenecht, mottenfest; **~ clothing/wool** mottenfeste Kleidung/Wolle

mo·tif [məʊ'tiːf, AM moʊ'-] *n* ❶ (*design*) Motiv *nt* ❷ LIT, MUS (*theme*) [Leit]motiv *nt fachspr* ❸ (*fig: feature*) Leitgedanke *m*

mo·tile ['məʊtaɪl, AM *esp* 'moʊt̬əl] *adj* BIOL *cells, microbes, spores* [frei] beweglich

mo·til·ity [məʊ'tɪləti, AM moʊ'tɪlət̬i] *n no pl* BIOL *of cells, microbes, spores* Beweglichkeit *f,* Motilität *f fachspr*

mo·tion ['məʊʃən, AM 'moʊ-] **I.** *n* ❶ *no pl* (*movement*) *of things* Bewegung *f,* Gang *m;* **in slow ~** in Zeitlupe; **to put** [*or* **set**] **sth in ~** etw in Gang bringen [*o* Bewegung setzen]; *of people* Fortbewegung *f,* Körperbewegung *f,* Gang *m* ❷ (*gesture*) Bewegung *f,* Zeichen *nt;* **~ of the hand/head** Hand-/Kopfbewegung *f,* Zeichen *nt* mit der Hand/dem Kopf ❸ POL (*proposal*) Antrag *m fachspr;* **to defeat a ~** einen Antrag ablehnen [*o* zu Fall bringen] *fachspr;* **to pass** [*or* **carry**] **a ~** einen Antrag annehmen [*o* durchbringen] *fachspr;* **to propose** [*or* BRIT **table**] **a ~** einen Antrag stellen [*o* einbringen] *fachspr* ❹ BRIT, AUS (*dated: excretion*) Stuhl[gang] *m fachspr* ▸PHRASES: **to set the wheels in ~** die Sache in Gang bringen; **to go through the ~s** [**of doing sth**] (*pretend*) [etw] zum Schein machen, so tun, als ob man [etw] macht; **they went through the ~s of fighting** sie kämpften nur zum Schein; (*do routinely*) [etw] der Form halber [*o* pro forma] [*o* ganz mechanisch] machen; **he went through the ~s of welcoming our guests but then left the room immediately** der Form halber begrüßte er unsere Gäste, verließ dann aber sofort den Raum **II.** *vt* ■**to ~ sb away/forward** jdn wegwinken/nach vorn winken; ■**to ~ sb aside/in** jdn zur Seite winken/hereinwinken; ■**to ~ sb to do sth** jdn durch einen Wink auffordern [*o geh* jdm bedeuten], etw zu tun; **she ~ed us to sit down** sie bedeutete uns, Platz zu nehmen **III.** *vi* ■**to ~ to sb to do sth** jdn durch einen Wink auffordern [*o geh* jdm bedeuten], etw zu tun

mo·tion·less ['məʊʃənləs, AM 'moʊ-] *adj inv* bewegungslos, reg[ungs]los, unbeweglich

mo·tion 'pic·ture *n* AM [Spiel]film *m* **'mo·tion-pic·ture** *adj* AM Film-; **~ industry** Filmindustrie *f* **'mo·tion sick·ness** *n no pl* MED Bewegungskrankheit *f,* Reisekrankheit *f,* Kinetose *f fachspr*

mo·ti·vate ['məʊtɪveɪt, AM 'moʊt̬ə-] *vt* ❶ (*provide with motive*) ■**to ~ sb** jds Verhalten [*o* Handlungsweise] begründen; **what ~s Derek is pure greed** was Dereks Verhalten zugrunde liegt, ist reine Gier; **they are ~d by a desire to help people** ihre Handlungsweise wird von dem Wunsch bestimmt, anderen zu helfen; ■**to ~ sth** *behaviour, decision* etw begründen, etw *dat* als Beweggrund dienen, für etw *akk* innerer Anlass sein; **what ~d their sudden change of heart?** was war der innere Anlass für ihren plötzlichen Sinneswandel?; **I don't quite understand what ~s the actions of such people** ich kann die Beweggründe für die Handlungsweise dieser Leute nicht ganz nachvollziehen ❷ (*arouse interest*) ■**to ~ sb** jdn anregen [*o* anspornen] [*o* motivieren]; ■**to ~ sb to do sth** jdn dazu bewegen [*o* veranlassen], etw zu tun; **they ~d the children to learn more** sie bewegten die Kinder dazu weiterzulernen; **my biology teacher ~d me to go for a career in medicine** meine Biologielehrerin motivierte mich zu einer medizinischen Laufbahn; **motivating force** treibende Kraft

mo·ti·vat·ed ['məʊtɪveɪtɪd, AM 'moʊt̬əveɪt̬ɪd] *adj inv* ❶ (*caused*) begründet; **economically/politically ~** wirtschaftlich/politisch begründet ❷ (*eager*) motiviert; ■**to be ~ to do sth** zu etw *dat* motiviert sein; **highly ~** hoch motiviert

mo·ti·va·tion [ˌməʊtɪ'veɪʃən, AM ˌmoʊt̬ə'-] *n* ❶ (*reason*) Begründung *f,* Veranlassung *f* (**for** für +*akk*) ❷ *no pl* (*drive*) Antrieb *m,* Motivation *f;* **to lack ~** nicht genügend motiviert [*o* antriebsschwach] sein; **Pat has no ~ to succeed** Pat fehlt der Wille zum Erfolg

mo·ti·va·tion·al 'speak·er *n* Motivational Speaker *m* (*Vortragsredner, der es versteht, sein Publikum für ein bestimmtes Thema zu motivieren*)

mo·tive ['məʊtɪv, AM 'moʊt̬ɪv] **I.** *n* Motiv *nt,* Beweggrund *m* (**for** für +*akk*); **the police still haven't a ~ for the attack** der Polizei fehlt immer noch ein Motiv für den Überfall; **what is the ~ behind the bombing?** was steckt hinter dem Bombenangriff?; **base/improper/interest ~s** LAW niedrige/unlautere/eigennützige Beweggründe *fachspr;* **the profit ~** der Profitgedanke, das Profitdenken; **ulterior ~** tieferer Beweggrund, Hintergedanke *m* **II.** *adj attr* ❶ PHYS, TECH (*creating motion*) bewegend, Antriebs-; **~ power** bewegende Kraft, Triebkraft *f* ❷ (*fig: motivating*) *force, spirit* treibend *fig*

mot juste <*pl* mots justes> [ˌməʊ'ʒuːst, AM ˌmoʊ'-] *n* treffender [*o* passender] Ausdruck

mot·ley ['mɒtli, AM 'mɑːt-] **I.** *adj attr* ❶ (*of different colours*) bunt, vielfarbig; **~ flower bed** buntes Blumenbeet ❷ (*a. pej: heterogeneous*) bunt [gemischt], [kunter]bunt; **~ bunch** [*or* **crew**] bunt gemischter Haufen; **~ collection** buntes Sammelsurium, bunte Mischung *a. pej* **II.** *n* ❶ *no pl* HIST (*garment*) Narrenkleid *nt fachspr* ❷ HIST (*person*) [Hof]narr *m fachspr*

mo·to·cross ['məʊtə(ʊ)krɒs, AM 'moʊt̬oʊkrɑːs] *n no pl* Motocross *nt*

mo·tor ['məʊtəʳ, AM 'moʊt̬ɚ] **I.** *n* ❶ (*engine*) Antriebsmaschine *f,* [Verbrennungs]motor *m,* Triebwerk *nt;* **electric ~** Elektromotor *m;* **outboard ~** Außenbordmotor *m* ❷ BRIT (*fam: car*) Auto *nt,* [Kraft]wagen *m;* **second-hand ~** Gebrauchtwagen *m* ❸ ANAT (*motor nerve*) motorischer Nerv *fachspr,* Bewegungsnerv *m;* (*organ*) Muskel *m* ❹ (*fig: driving force*) treibende Kraft **II.** *adj attr, inv* ❶ BRIT, AUS (*of motor vehicles*) Auto-; **~ enthusiast** Autonarr, -närrin *m, f;* **~ accident** Autounfall *m;* **~ insurance** Kraftfahrzeugversicherung *f* ❷ ANAT Bewegungs-, Muskel-, motorisch *fachspr* **III.** *vi* ❶ (*drive*) [Auto] fahren; ■**to ~ along** [dahin]fahren ❷ BRIT (*a. fig fam: do fast*) **to be really ~ing** *at work, in a car* einen ganz schönen Zahn draufhaben *fam*

'mo·tor·bike *n* (*fam*) Motorrad *nt* **'mo·tor·boat** *n* Motorboot *nt* **'mo·tor·cade** ['məʊtəkeɪd, AM 'moʊt̬ɚ-] *n* Autokolonne *f*

M

'mo·tor car *n* ❶ BRIT (*dated: car*) Automobil *nt veraltet,* Kraftfahrzeug *nt* ❷ AM RAIL Draisine *f* **mo·tor 'cara·van** *n* BRIT Wohnmobil *nt* **'mo·tor·cy·cle** *n* Motorrad *nt* **mo·tor·cy·cle 'es·cort** *n* Motorradeskorte *f* **'mo·tor·cy·cling** *n no pl* Motorradfahren *nt* **'mo·tor·cy·clist** *n* Motorradfahrer(in) *m(f)* **'mo·tor-driv·en** *adj* Motor-, mit Motorantrieb *nach n* **'mo·tor home** *n* AM (*motor caravan*) Wohnmobil *nt* **'mo·tor ho·tel** *n* AM Motel *nt* **'mo·tor in·dus·try** *n* BRIT Kraftfahrzeugindustrie *f,* Auto[mobil]industrie *f*

mo·tor·ing ['məʊtᵊrɪŋ, AM 'moʊt̬ɚ-] **I.** *adj attr, inv* BRIT Fahr-; ~ **costs** Fahrtkosten *pl;* ~ **offence** LAW Verkehrsdelikt *nt fachspr;* ~ **organization** Automobilklub *m* **II.** *n* Fahren *nt*

mo·tor·ist ['məʊtᵊrɪst, AM 'moʊt̬ɚ-] *n* Kraftfahrer(in) *m(f),* Autofahrer(in) *m(f),* Automobilist(in) *m(f)* ÖSTERR, SCHWEIZ

mo·tor·ized ['məʊtᵊraɪzd, AM 'moʊt̬ər-] *adj inv* ❶ MIL motorisiert *fachspr;* ~ **unit** motorisierte Einheit ❷ (*with a motor*) ~ **wheelchair** Rollstuhl *m* mit Elektromotor, elektrisch betriebener Rollstuhl

'mo·tor lodge *n* AM Motel *nt* **'mo·tor·man** *n on a streetcar, subway train* Wagenführer(in) *m(f)* **'mo·tor·mouth I.** *n esp* AM (*pej sl*) Schwätzer(in) *m(f),* Quasselstrippe *f fam* **II.** *adj* schwatzhaft, geschwätzig **'mo·tor mow·er** *n* Motorrasenmäher *m* **'mo·tor nerve** *n* ❶ ANAT (*nerve*) motorischer Nerv *fachspr,* Bewegungsnerv *m* ❷ (*organ*) Muskel *m* **'mo·tor oil** *n* Motoröl *nt* **'mo·tor pool** *n* Wagenpark *m,* Fuhrpark *m* **'mo·tor race** *n* BRIT Autorennen *nt* **'mo·tor rac·ing** *n* BRIT Autorennsport *m* **'mo·tor scoot·er** *n* Motorroller *m* **'mo·tor show** *n* BRIT Automobilausstellung *f* **'mo·tor trade** *n* BRIT Kraftfahrzeugbranche *f,* Auto[mobil]branche *f* **'mo·tor ve·hi·cle** *n* Kraftfahrzeug *nt* **mo·tor ve·hi·cle 'li·cens·ing cen·tre** *n* BRIT (*form*) Zulassungsstelle *f*

'mo·tor·way BRIT **I.** *n* Autobahn *f* **II.** *n modifier* (*driving, exit, traffic*) Autobahn-; ~ **intersection/junction** Autobahnkreuz *nt*/Autobahndreieck *nt;* ~ **madness** Raserei *f* auf der Autobahn

Mo·town® ['məʊtaʊn, AM 'moʊ-] **I.** *n no pl* AM ❶ (*hum: city*) Autostadt *f* [Detroit] (*Spitzname für Detroit, eines der Zentren der Autoindustrie*) ❷ (*company*) Motown-[Schall]plattenfirma *f* (*besonders in den sechziger und siebziger Jahren produzierte sie Platten im Motown-Stil*) ❸ (*style*) Motown-Stil *m* (*er basiert auf dem afroamerikanischen Rhythm-and-Blues-Stil der vierziger und fünfziger Jahre und wurde in den sechziger und siebziger Jahren stark von der Popmusik beeinflusst*) **II.** *adj* Motown-; **the** ~ **label** das Motown-Label [*o* Etikett]

mott·led ['mɒtl̩d, AM 'mɑːt̬l̩d] *adj inv* ❶ (*colourfully patterned*) *dress* [bunt] gesprenkelt [*o* gemustert] ❷ (*diversified in shade*) *wood, marble* gemasert, marmoriert; ~ **mahogany** geflecktes [*o* getigertes] Mahagoni ❸ (*pej: blotchy*) *complexion, skin* fleckig; **his** ~ **face began to show the effect of excessive drinking** sein fleckiges Gesicht zeigte allmählich die Folgen übermäßigen Alkoholgenusses ❹ GEOL (*coloured*) *clay, sandstone* Bunt-

mot·to <*pl* -s *or* -es> ['mɒtəʊ, AM 'mɑːt̬oʊ] *n* Motto *nt,* Devise *f,* Wahlspruch *m*

mould¹ [məʊld, AM moʊld] *n no pl* BOT Schimmel *m*

mould² [məʊld, AM moʊld] **I.** *n* ❶ (*shape*) Form *f;* **jelly** ~ Puddingform *f* ❷ (*fig*) Typ *m;* **to be out of the same** ~ sich *dat* gleichen wie ein Ei dem anderen; **to be cast in the same/a different** ~ aus dem gleichen/einem anderen Holz geschnitzt sein; **he's cast in a very different** ~ **from his brother** er ist ganz anders als sein Bruder; **to break the** ~ **[of sth]** neue Wege in etw *dat* gehen; **to fit [into] the** ~ **of sth** in das Bild [von etw *dat*] passen, der Vorstellung [von etw *dat*] entsprechen **II.** *vt* ■**to** ~ **sth out of** [*or* **from**] [*or* **in**] **sth** etw aus etw *dat* formen; (*fig*) ■**to** ~ **sb into sth** jdn zu etw *dat* machen

mould·ed ['məʊldɪd, AM 'moʊld-] *adj inv* [vor]geformt; ~ **plastic** Formplastik *nt*

mould·er ['məʊldəʳ, AM 'moʊldɚ] *vi* schimmeln; (*fig*) vergammeln *fam*

◆**moulder away** *vi* vor sich *akk* hin schimmeln [*o fam* gammeln]

mould·ing ['məʊldɪŋ, AM 'moʊld-] *n* ARCHIT Fries *m;* (*stucco*) Stuck *m kein pl,* Stuckarbeit *f;* ART [Zier]leiste *f*

mouldy ['məʊldi, AM 'moʊldi] *adj* ❶ *food* schimmelig, verschimmelt; ■**to go** ~ [ver]schimmeln, vergammeln *fam* ❷ (*dated fam: shabby*) schäbig, vergammelt *pej fam;* (*dull*) lahm, öd[e]; (*valueless*) lächerlich; *money* lumpig

moult [məʊlt, AM moʊlt] *vi birds* [sich *akk*] mausern, in der Mauser sein; *snakes, insects, crustaceans* sich häuten *akk; cats, dogs* haaren

mound [maʊnd] *n* ❶ (*pile*) Haufen *m;* (*small hill*) Hügel *m;* **burial** ~ Grabhügel *m;* (*in baseball: pitcher's mound*) [erhöhtes] Wurfmal; **to take the** ~ SPORTS Aufschlag haben ❷ (*fig: large quantity*) Masse *f,* Haufen *m fam;* **a** ~ **of work** ein Haufen *m* Arbeit

mount [maʊnt] **I.** *n* ❶ (*horse*) Pferd *nt* ❷ (*backing, setting*) *of a picture, photo* Halterung *f; of a jewel* Fassung *f; of a slide* Rahmen *m; of a microscope* Plättchen *nt; of a machine* Sockel *m,* Untersatz *m* **II.** *vt* ■**to** ~ **sth** ❶ (*support for equipment*) etw aufhängen; (*get on to ride*) auf etw *akk* [auf]steigen; **to** ~ **a bicycle** auf ein Fahrrad [auf]steigen; **to** ~ **a camera on a tripod** eine Kamera auf ein Stativ montieren; **to** ~ **a horse** auf ein Pferd steigen ❷ (*go up*) etw hochsteigen; **to** ~ **a ladder** auf eine Leiter steigen; **to** ~ **the stairs** die Treppe[n] hochgehen; **to** ~ **the throne** (*form*) den Thron besteigen ❸ (*organize*) etw organisieren; **to** ~ **an attack/a campaign** einen Angriff/eine Kampagne starten; **to** ~ **a concert** ein Konzert veranstalten; **to** ~ **a play** ein Theaterstück inszenieren ❹ (*fix for display*) etw befestigen; **to** ~ **sth on card/the wall** etw auf Karton/an der Wand befestigen; **to** ~ **sth in a frame** etw rahmen ❺ (*set up*) etw aufbauen [*o* aufstellen]; **to** ~ **checkpoints** Kontrollposten aufstellen; **to** ~ **guard [over sth]** [etw] bewachen [*o* beschützen] ❻ (*mate*) etw bespringen **III.** *vi* ❶ (*increase*) wachsen, [an]steigen, größer werden; **the death toll is expected to** ~ **to over 100** die Zahl der Opfer wird wohl auf über 100 ansteigen ❷ (*get on a horse*) aufsteigen

◆**mount up** *vi* wachsen, [an]steigen

Mount [maʊnt] *n no pl erster Teil eines Bergnamens;* ~ **Everest** Mount Everest *m;* ~ **Fuji** Fudschijama *m*

moun·tain ['maʊntɪn, AM -tᵊn] **I.** *n* Berg *m;* **summit** [*or* **peak**] **of a** ~ [Berg]gipfel *m;* ■~**s** *pl* Berge *mpl;* (*group of mountains*) Gebirge *nt;* **to go into the** ~**s** ins Gebirge [*o* in die Berge] fahren; ~**s** [*or* **a** ~] **of work** (*fig fam*) jede Menge Arbeit *fam* ▶PHRASES: **to make a** ~ **out of a molehill** aus einer Mücke einen Elefanten machen *prov;* **to move** ~**s** Berge versetzen, Himmel und Hölle in Bewegung setzen *fam* **II.** *n modifier* Gebirgs-; ~ **air** Bergluft *f*

moun·tain 'ash *n* Eberesche *f* **'moun·tain bike** *n* Mountainbike *nt* **'moun·tain·board·ing** *n no pl* Mountainboarding *nt fachspr* (*Sportart mit einem Brett mit großen Rädern am hinteren Teil, steuerbaren Vorderrädern, Schockabsorbern und Bremsen*) **'moun·tain chain** *n* Gebirgskette *f,* Bergkette *f* **'moun·tain-climb·ing** [-klaɪmɪŋ] *n no pl* Bergsteigen *nt*

moun·tain·eer [ˌmaʊntɪ'nɪəʳ, AM -tᵊ'nɪr] *n* Bergsteiger(in) *m(f)*

moun·tain·eer·ing [ˌmaʊntɪ'nɪərɪŋ, AM -tᵊ'nɪrɪŋ] *n no pl* Bergsteigen *nt*

moun·tain 'lion *n* Puma *m*

moun·tain·ous ['maʊntɪnəs, AM -tᵊnəs] *adj* gebirgig, bergig; (*fig*) riesig; ~ **debts** hohe Schulden; **in** ~ **seas** bei starkem Seegang

'moun·tain range *n* Gebirgszug *m* **'moun·tain·side** *n usu sing* [Berg]hang *m* **'moun·tain·top** *n* [Berg]gipfel *m*

mount·ed ['maʊntɪd, AM -t̬-] *adj inv* beritten *geh;* **to be** ~ **on a horse** auf einem Pferd sitzen; ~ **police** berittene Polizei

Mountie ['maʊnti, AM -t̬i] *n* CAN *ein berittener Polizist der Royal Canadian Mounted Police*

mount·ing ['maʊntɪŋ, AM -t̬-] **I.** *n* ❶ *(on a horse)* Besteigen *nt* ❷ *(display surface)* *of a photograph, picture* Halterung *f,* Unterlage *f; of a machine* Sockel *m,* Untersatz *m; (frame)* Rahmen *m; (arrangement on a display surface)* Arrangement *m* **II.** *adj attr, inv* wachsend, steigend; [**with**] ~ **anxiety** [mit] zunehmende[r] Angst [*o* Sorge]

mourn [mɔːn, AM mɔːrn] **I.** *vi* trauern; ■**to** ~ **for sb/sth** um jdn/etw trauern; **to** ~ **for** [*or* **over**] **the loss of sb/sth** über den Verlust von jdm/etw trauern **II.** *vt* ❶ *(feel sorrow)* ■**to** ~ **sb/sth** um jdn/etw trauern; **to** ~ **sb's death** um jdn trauern ❷ *(fig: regret)* ■**to** ~ **sth** etw beklagen

mourn·er ['mɔːnəʳ, AM 'mɔːrnɚ] *n* Trauernde(r) *f(m); (at a funeral)* Trauergast *m;* ■**the** ~**s** *pl* die Trauergemeinde *f*

mourn·ful ['mɔːnfᵊl, AM 'mɔːrn-] *adj (sad)* traurig, melancholisch; *(gloomy)* trübsinnig; *lamenting* klagend

mourn·ful·ly ['mɔːnfᵊli, AM 'mɔːrn-] *adv* traurig; *(gloomily)* trübsinnig; *(lamentingly)* klagend

mourn·ful·ness ['mɔːnfᵊlnəs, AM 'mɔːrn-] *n no pl (sadness)* Traurigkeit *f; (grieving)* Trauer *f*

mourn·ing ['mɔːnɪŋ, AM 'mɔːrn-] *n no pl* ❶ *(grieving)* Trauer *f;* **as a sign of** ~ als Zeichen der Trauer; ■**to be in** ~ **for sb** um jdn trauern; *(wear black clothes)* Trauer tragen ❷ *(wailing)* Klagegeschrei *nt*

mouse <*pl* mice> [maʊs, *pl* maɪs] *n* ❶ *(animal)* Maus *f* ❷ *(fig: shy person)* schüchterner Mensch; *(unprepossessing person)* unscheinbarer Mensch; *(esp of women)* graue Maus, Mauerblümchen *nt fam* ❸ COMPUT Maus *f*

'mouse-hole *n* Mauseloch *nt* **mouse po·'ta·to** *n* COMPUT Computerhocker(in) *m(f),* Internetfreak *m,* Mousepotato *f sl*

mous·er ['maʊsəʳ, AM -zɚ] *n* Mäusejäger(in) *m(f),* Mäusefänger(in) *m(f)*

'mouse·trap *n* Mausefalle *f* **'mouse-trap·ping** *n* INET *Internetfalle, die den Benutzer daran hindert, eine Webseite zu verlassen*

mous·ey *adj see* **mousy**

mous·sa·ka [mu'sɑːkə] *n no pl* Moussaka *nt*

mousse [muːs] *n* ❶ *(crème)* Mousse *f;* **salmon** ~ Lachsmousse *f;* **chocolate** ~ Schokoladenmousse *f* ❷ *(cosmetics)* Schaum *m;* **styling** ~ Schaumfestiger *m*

mousse·line ['musliːn, AM ˌmuː'sliːn] *n modifier (jacket, dress)* Musselin-

mous·tache [mə'stɑːʃ], AM *usu* **mus·tache** ['mʌstæʃ] *n* Schnurrbart *m;* **to sport a** ~ einen Schnurrbart tragen

mousy ['maʊsi] *adj (shy)* schüchtern; *(uncharismatic)* unscheinbar; *(dull colour)* farblos; ~ **girl** Mauerblümchen *nt pej;* **to have** ~ **hair** mausgraue Haare haben

mouth [maʊθ] **I.** *n* ❶ *(of human)* Mund *m; of animal* Maul *nt;* **to have a big** ~ ein großes Mundwerk haben *fam;* **to have five** [**hungry**] ~**s to feed** fünf hungrige Mäuler zu stopfen haben; **to keep one's** ~ **shut** nichts sagen, seinen Mund halten *fam;* **to make sb's** ~ **water** jdm das Wasser im Munde zusammenlaufen lassen; **to shut one's** ~ *(fam!)* den Mund halten *fam;* **oh just shut your** ~, **will you?** jetzt halt mal den Mund! ❷ *(opening)* Öffnung *f; of a bottle, jar, well* Öffnung *f; of a cave* Eingang *m; of a volcano* Krater *m; of a river, bay, harbour* Mündung *f* ▶ PHRASES: **to be down in the** ~ niedergeschlagen sein; **to shoot one's** ~ **off about sth** *(fam: indiscreetly)* etw überall herumerzählen; *(annoyingly)* jdm mit etw *dat* die Ohren voll labern *sl;* **to watch one's** ~ aufpassen, was man sagt; **sb is all** ~ [**and trousers**] jd nimmt den Mund zu voll, jd hat eine große Klappe [und nichts dahinter] *fam* **II.** *vt* [maʊð] ■**to** ~ **sth** ❶ *(form words silently)* etw lautlos sagen; **the singers are only** ~**ing the words** die Sänger bewegen nur die Lippen ❷ *(say insincerely)* etw heuchlerisch sagen

◆**mouth off** *vi (pej fam)* ❶ *(complain)* meckern *fam* ❷ *(criticize)* ■**to** ~ **off** [**at** [*or* **to**] **sb**] [jdm gegenüber] eine dicke Lippe [*o* große Klappe] riskieren *fam,* [jdm gegenüber] den Mund zu voll nehmen *fam;* **my son keeps** ~**ing off at me** mein Sohn kommt mir ständig frech *fam*

mouth·ful ['maʊθfʊl] *n* ❶ *of food* Bissen *m; of drink* Schluck *m* ❷ *(fig, hum fam: unpronounceable word)* Zungenbrecher *m* ❸ *(fam)* **to give sb a** ~ jdn [her]runterputzen *fam*

'mouth or·gan *n* Mundharmonika *f* **'mouth·piece** *n* ❶ *of a telephone* Sprechmuschel *f; of a musical instrument, tobacco pipe, snorkel etc* Mundstück *nt;* BOXING Mundschutz *m* ❷ POL *(fig, usu pej)* Sprachrohr *nt* **mouth-to-'mouth** *n,* **mouth-to-mouth re·sus·ci·'ta·tion** *n* Mund-zu-Mund-Beatmung *f* **'mouth·wash** *n* Mundwasser *nt* **'mouth-wa·ter·ing** *adj* [sehr] appetitlich, köstlich; **this smells absolutely** ~**!** da läuft einem ja das Wasser im Mund zusammen!

mouthy ['maʊθi] *adj* <-ier, -iest> *(fam)* großmäulig *pej fam,* großschnäuzig *fam;* **she's** ~ sie hat ein freches Mundwerk

mov·able ['muːvəbl] *adj inv* beweglich; *heavy objects* verschiebbar; **this cupboard is easily** ~ dieser Schrank lässt sich leicht verschieben

mov·able 'feast *n* bewegliches Fest **mov·able 'holi·day** *n* beweglicher Feiertag

mov·ables ['muːvəbl̩z] *npl* bewegliches Gut, Mobiliar *nt kein pl;* ECON bewegliches Anlagevermögen

move [muːv] **I.** *n* ❶ *(movement)* Bewegung *f;* **she made a sudden** ~ **towards me** plötzlich bewegte sie sich auf mich zu; **I hate the way my boss watches my every** ~ ich hasse es, dass meine Chefin jede meiner Bewegungen beobachtet ❷ *(action)* Zug *m;* **a clever/good/smart** ~ ein geschickter/guter/kluger Zug; **to make the first** ~ den ersten Schritt tun ❸ *(change of residence)* Umzug *m; (change of job)* Stellungswechsel *m;* **we've had four** ~**s in three years** wir sind in drei Jahren viermal umgezogen; **I don't feel like another** ~ **yet** ich möchte nicht schon wieder meine Stelle wechseln ❹ *(change of state)* **a** ~ **to democracy/independence/peace** ein Schritt *m* hin zur Demokratie/zur Unabhängigkeit/zum Frieden ❺ *(in games)* Zug *m;* **it's your** ~ du bist dran ▶ PHRASES: **to get a** ~ **on** sich *akk* beeilen; **to make a** ~ **on sb** *(fam)* jdn anmachen *fam;* **to make one's** ~ **on sb** sich *akk* an jdn heranmachen; **to be on the** ~ *(not still)* unterwegs sein; *(moving house)* gerade am Umziehen sein **II.** *vi* ❶ *(change position)* sich *akk* bewegen; **he told his children not to** ~ er sagte seinen Kindern, sie sollten sich nicht von der Stelle rühren; **you couldn't** ~ **in the bar last night** man konnte sich gestern Abend in der Bar vor lauter Leuten kaum rühren; **our company has** ~**d into new markets** unsere Firma hat sich neue Märkte erschlossen; **we should get moving on this project right away or else we won't finish in time** wenn wir uns nicht sofort an dieses Projekt machen und uns ranhalten, bekommen wir es nie rechtzeitig fertig; **look at the way she dances – she can really** ~**!** schau sie dir beim Tanzen an – sie weiß sich zu bewegen!; **to** ~ **in a circle** sich *akk* kreisförmig bewegen; *(walk)* im Kreis gehen; **to** ~ **out of the way** aus dem Weg gehen, Platz machen ❷ *(fam: go fast)* flitzen; **Nigel's new car can really** ~ Nigels neuer Wagen ist ein wahrer Flitzer ❸ *(change living place)* umziehen; *(change job)* [den Arbeitsplatz] wechseln; **I've decided to** ~ **to the country** ich habe beschlossen, aufs Land zu ziehen; **he's moving from the publicity department to the sales department** er wechselt von der Werbeabteilung in die Verkaufsabteilung; **to** ~ **into a house/a flat/an office** in ein Haus/eine Wohnung/ein Büro einziehen ❹ *(in games)* ziehen; **whose turn is it to** ~ **next?** wer ist am Zug? ❺ *(fig: make progress)* **to** ~ **forward** Fortschritte machen ❻ *(sell)* sich *akk* verkaufen; **this new shampoo is moving really fast** das neue Shampoo geht weg wie warme Semmeln *fam* ❼ *(fam: start off)* gehen, aufbrechen *fam;* **to get moving** sich *akk* [mal] auf den Weg [*o fam* die Socken] machen ❽ *(fam: do sth more quickly)* sich *akk* beeilen; ~ **it!** *(fam!)* leg mal 'nen Zahn [*o* Gang] zu! *fam,* auf geht's! *fam* ❾ *(frequent socially)*

M

verkehren *geh;* **she ~s in a small circle of friends** sie hat einen kleinen Freundeskreis ⑩ (*form: suggest*) ■**to ~ for sth** für etw *akk* plädieren **III.** *vt* ① (*change position*) ■**to ~ sth** etw bewegen; (*reschedule*) etw verlegen; **I asked you not to ~ my shoes** ich habe dich doch gebeten, meine Schuhe nicht wegzustellen; **the defendant stood without moving a muscle as the judge passed sentence** der Angeklagte nahm das Urteil regungslos entgegen; **we finally moved the crockery into the cupboards** endlich haben wir das Geschirr in die Schränke [ein]geräumt; **can we ~ our meeting to another day?** können wir unseren Termin vertagen?; **don't ~ a muscle!** keine Bewegung!; ■**to ~ sb** (*change job*) jdn versetzen; **to ~ sb to another hospital/prison** jdn in ein anderes Krankenhaus/Gefängnis verlegen ② (*cause emotions*) ■**to ~ sb** jdn bewegen; (*stronger*) jdn ergreifen; (*make sb change their mind*) jdn umstimmen; **to ~ sb to tears** jdn zu Tränen rühren; **to ~ sb deeply** [*or* **sincerely**] jdn zutiefst bewegen; **to be** [**deeply**] **~d by sth** von etw *dat* [tief [*o* zutiefst]] bewegt sein; (*stronger*) von etw *dat* [zutiefst] ergriffen sein; ■**to ~ sb to do sth** jdn [dazu] bringen [*o geh* bewegen], etw zu tun ③ (*form: suggest at meeting*) ■**to ~ sth** etw vorschlagen; **to ~ an amendment** eine Ergänzung einbringen; ■**to ~ that ...** vorschlagen, dass ...; **I should like to ~ that the proposal** [**should**] **be accepted** ich plädiere dafür, den Vorschlag anzunehmen ④ MED **to ~ one's bowels** Stuhlgang haben ► PHRASES: **to ~ the goalposts** (*fam*) *die Bedingungen einer Abmachung einseitig ändern;* **to ~ heaven and earth** [*or* **mountains**] Himmel und Hölle in Bewegung setzen

◆**move about, move around I.** *vi* ① (*go around*) herumgehen, herumlaufen ② (*travel*) umherreisen, umherziehen ③ (*change jobs*) wechseln; **he ~d about from one position to the next** er wechselte von einem Job zum nächsten ④ (*move house*) [oft] umziehen **II.** *vt* ■**to ~ sth about** etw [hin und her] bewegen; *furniture* etw umstellen [*o* verschieben]

◆**move along I.** *vt* (*cause to move*) ■**to ~ sb along** jdn zum Weitergehen bewegen; **the protestors were ~d along by the police** die Polizei erlaubte den Demonstranten nicht, stehen zu bleiben; **to ~ a car along** ein Auto vorbeiwinken **II.** *vi* ① (*walk further on*) weitergehen; (*run further on*) weiterlaufen; (*drive further on*) weiterfahren; **~ along now children** kommt weiter, Kinder ② (*make room*) Platz machen; **if you ~ along a bit, I can sit next to you** wenn du ein bisschen rutschst, kann ich mich zu dir setzen

◆**move around** *vi, vt see* **move about**

◆**move away** *vi person* weggehen; *vehicle* wegfahren; (*move house*) wegziehen; **she waved as the train ~ed away** sie winkte dem abfahrenden Zug nach; ■**to ~ away from sb/sth** [**to sb/sth**] von jdm/etw [zu jdm/etw] ziehen; **she's moving away from Edinburgh to London** sie zieht von Edinburgh nach London; ■**to ~ away from sth** (*change habit*) auf etw *akk* verzichten

◆**move down I.** *vi* sich *akk* nach unten bewegen; *share prices* fallen **II.** *vt* SCH ■**to ~ sb down** jdn zurückstufen [*o* in eine niedrigere Klasse versetzen] (*im britischen Schulsystem*); ■**to be ~d down** zurückgestuft werden; **to ~ down a grade** eine Klassenstufe nach unten versetzt werden

◆**move in I.** *vi* ① (*enter a new home*) einziehen; **to ~ in together** zusammenziehen; ■**to ~ in with sb** mit jdm zusammenziehen ② (*take control*) eingesetzt werden; **government officials have ~d in to settle the dispute** man hat Regierungsbeamte eingesetzt, um den Streit zu beenden ③ (*advance to attack*) ■**to ~ in on sb/sth** gegen jdn/etw vorrücken; (*in a circle*) jdn umzingeln [*o* einschließen]; **the riot police ~d in on the protestors** die Polizei ging gegen die Demonstranten vor; **to ~ in on enemy territory** auf feindliches Gebiet vorrücken **II.** *vt* ■**to ~ in** ↔ **sth** etw einsetzen; *troops* einrücken lassen

◆**move off** *vi* (*walk*) losgehen; (*run*) loslaufen, losrennen; (*drive*) losfahren

◆**move on I.** *vi* ① (*continue a journey*) sich *akk* wieder auf den Weg machen; (*walk*) weitergehen; (*run*) weiterlaufen, weiterrennen; (*drive*) weiterfahren ② (*progress in career*) befördert werden; (*become more advanced*) sich *akk* weiterentwickeln; **she has finally ~d on to become an account manager** sie ist endlich zur Kontensachbearbeiterin befördert worden; **medical research has ~d on despite inadequate funding** trotz unzulänglicher Förderungsmittel ist die medizinische Forschungsarbeit weit vorangekommen; **to ~ on to higher** [*or esp hum* [**bigger and**] **better**] **things** in höhere Sphären aufsteigen *iron* ③ (*pass*) *time* vergehen, verstreichen ④ (*change subject*) ■**to ~ on** [**to sth**] [zu etw *dat*] übergehen; **let's ~ on to the next subject** kommen wir zum nächsten Thema **II.** *vt* ■**to ~ sb on** (*cause to leave*) jdn zum Weitergehen auffordern; (*sb in vehicle*) jdn zum Weiterfahren auffordern; (*force to leave*) jdn vertreiben; **the police ~d protesters on with tear gas** die Polizei vertrieb die Demonstranten mit Tränengas

◆**move out I.** *vi* ① (*stop inhabiting*) ausziehen ② (*cease involvement*) ■**to ~ out** [**of sth**] sich *akk* [von etw *dat*] zurückziehen; **we ~d out of the negotiations** wir schalteten uns aus den Verhandlungen aus **II.** *vt* ■**to ~ out** ↔ **sth** etw wegräumen; **I ~d everything out of the garage** ich räumte die Garage komplett aus; ■**to ~ out** ↔ **sb** jdn holen; **due to the terrible bullying several parents ~d their children out of the school** wegen der schrecklichen Drangsalierung ihrer Kinder nahmen mehrere Eltern diese von der Schule

◆**move over I.** *vi* ① (*make room*) Platz machen; (*on a seat*) aufrücken, rüberrutschen ② (*switch to sth*) ■**to ~ over to sth** zu etw *dat* übergehen; **the company has ~d over to the latest printing technology** die Firma ist zu den neuesten Druckverfahren übergegangen **II.** *vt* ■**to ~ sb/sth over** jdn/etw zur Seite räumen; **she ~d her hair over to a side parting** sie zog sich einen Seitenscheitel

◆**move round** *vi, vt see* **move about**

◆**move towards** *vi* ■**to ~ towards sth** zu etw *dat* übergehen; **the negotiators are moving slowly towards a compromise** die Verhandlungen nähern sich allmählich einer Übereinkunft

◆**move up I.** *vi* ① SCH [höher] versetzt werden; **she ~d up a grade** sie wurde eine Klassenstufe nach oben versetzt ② (*make room*) Platz machen; (*on a seat*) aufrücken, rüberrutschen ③ (*get ready*) *troops, police* sich *akk* zusammenziehen, aufmarschieren ④ (*increase*) [an]steigen; *prices* anziehen **II.** *vt* ① (*put in a higher place*) ■**to ~ up** ↔ **sth** etw nach oben räumen; **I ~d my books up to the shelf** ich habe meine Bücher in das Regal eingeräumt ② SCH ■**to ~ up** ↔ **sb** jdn in eine höhere Klasse versetzen (*im britischen Schulsystem*)

move·able ['mu:vəbl̩] *adj see* **movable**

moved [mu:vd] *adj pred* bewegt; **~ to tears** zu Tränen gerührt

move·ment ['mu:vmənt] *n* ① (*change of position*) Bewegung *f;* **after the accident he had no ~ in his legs** nach seinem Unfall konnte er seine Beine nicht bewegen ② *no pl* (*general activity*) Bewegung *f;* FIN, STOCKEX Schwankung[en] *f[pl]*, Bewegung *f;* **the scene of the crash was almost devoid of ~** am Absturzort rührte sich fast nichts ③ MUS (*part of symphony*) Satz *m* ④ *no pl* (*tendency*) Tendenz *f,* Trend *m* (**towards** [hin] zu +*dat*); **there is a ~ towards doing sth** die Tendenz geht dahin, etw zu tun ⑤ (*interest group*) Bewegung *f;* **the suffragette ~** die Bewegung der Frauenrechtlerinnen ⑥ BRIT, AUS (*activities*) ■**~s** *pl* Tätigkeiten *fpl;* **what are your ~s today?** was machst du heute?; **I'm keeping an eye on her ~s** ich beobachte sie ⑦ (*mechanism*) *of a clock, watch* Uhrwerk *nt*

mov·er ['mu:vəʳ, AM -ɚ] *n* ① (*sb or sth in motion*) **to be a good ~** sich *akk* gut bewegen können; (*good dancer*) ein guter Tänzer/eine gute Tänzerin sein; **to be a quick/slow ~** [sich *akk*] schnell/langsam von der Stelle bewegen ❷ (*instigator*) Antragsteller(in) *m(f)*; **to be a key ~** [**in sth**] [bei etw *dat*] eine Schlüsselrolle spielen [*o* sein] ❸ (*sth that sells well*) begehrte Ware; **to be a** [**good**] **~** gut gehen ❹ (*form: proposer at a meeting*) Antragsteller(in) *m(f)*

mov·er and 'shak·er <*pl* movers and shakers> *n esp* AM **to be a ~** ein Macher sein; ■**the movers and shakers** die Macher *pl*

mov·ers ['mu:vəʳz, AM -ɚz] *npl* (*removers*) Umzugsfirma *f*

movie ['mu:vi:] *n esp* AM, AUS (*film*) [Kino]film *m*; ■**the ~s** *pl* das Kino; **to be in the ~s** (*fam*) im Filmgeschäft sein

'movie cam·era *n* Filmkamera *f* **'movie di·rec·tor** *n esp* AM, AUS Filmregisseur(in) *m(f)* **'movie·goer** [-ˌgəʊəʳ, AM -ˌgoʊɚ] *n esp* AM, AUS Kinogänger(in) *m(f)* **'movie star** *n* Filmstar *m* **'movie thea·ter** *n* AM Kino *nt*

mov·ing ['mu:vɪŋ] **I.** *n no pl* Umziehen *nt*; **I hate ~** ich hasse es, umzuziehen; **~ expenses** Umzugskosten *pl* **II.** *n modifier* (*expenses*) Umzugs-; **~ day** Umzugstag *m* **III.** *adj* ❶ *attr* MECH beweglich; **~ parts** bewegliche Teile; **~ stairs** Rolltreppe *f* ❷ *attr* (*motivating*) Antriebs-; **the ~ drive** der Antrieb; **the ~ force** die treibende Kraft ❸ (*causing emotion*) bewegend, ergreifend

mov·ing·ly ['mu:vɪŋli] *adv* ergreifend

mov·ing 'side·walk *n* AM, **mov·ing 'walk·way** *n* BRIT Rollband *m* (*z.B. am Flughafen*)

mow <mowed, mown *or* mowed> [məʊ, AM moʊ] **I.** *vi* (*cut grass, grain*) mähen **II.** *vt* **to ~ a field** ein Feld abmähen; **to ~ the lawn** den Rasen mähen

◆**mow down** <mowed, mown *or* mowed> *vt* (*fam*) ■**to ~ down** ⊂ **sb** (*intentionally*) jdn niedermetzeln *pej*; (*accidentally*) jdn töten

mow·er ['məʊəʳ, AM 'moʊɚ] *n* Rasenmäher *m*; (*on a farm*) Mähmaschine *f*; *see also* **lawnmower**

mown [məʊn, AM moʊn] **I.** *pp of* **mow II.** *adj* gemäht; *field* abgemäht; **newly ~ hay** frisch gemähtes Heu

moz·za·rel·la [ˌmɒtsə'relə, AM ˌmɑ:t-] *n*, **moz·za·rel·la cheese** *n no pl* Mozzarella[käse] *m*

MP [ˌem'pi:] BRIT, CAN POL *abbrev of* **Member of Parliament**

mpg [ˌempi:'dʒi:] *abbrev of* **miles per gallon** *eine britische Gallone entspricht 4,54 l; eine amerikanische Gallone entspricht 3,78 l; eine Meile entspricht 1,56 km;* **to do** [*or* **get**] **40 ~** 40 Meilen pro Gallone fahren

mph [ˌempi:'eɪtʃ] *abbrev of* **miles per hour**: **to do** [*or* **go**] **50 ~** 50 Meilen pro Stunde fahren (*eine Meile entspricht 1,56 km*)

MPhil [ˌem'fɪl] *n* UNIV *abbrev of* **Master of Philosophy**

MP3 [ˌempi:'θri:] *n abbrev of* **MPEG** (**Motion Picture Experts Group**) **1 Layer 3** MP3 *nt*

MPV [ˌempi:'vi:] *n abbrev of* **multi-purpose vehicle** MPV *nt*, Mehrzweckfahrzeug *nt*

Mr ['mɪstəʳ, AM -ɚ] *n no pl* ❶ (*title for man*) Herr; **he thinks he's ~ Big** (*fam*) er hält sich für den King hier *fam*; **~ Chairman/President** Herr Vorsitzender/Präsident ❷ (*gangster boss*) Gangsterboss *m*; (*mafia*) Pate *m* ❸ (*representative of sth*) **he's called ~ Television** man nennt ihn Mister Fernsehen; **~ Right** der Richtige [*o* Traummann] ►PHRASES: **no more ~ Nice Guy** ab jetzt werden andere Saiten aufgezogen

Mrs ['mɪsɪz] *n no pl* ❶ (*title for married woman*) Frau, Fr. ❷ (*representative of sth*) Verkörperung *f*; **for many people, she was ~ Rock 'n' Roll** für viele Leute war sie die Königin des Rock 'n' Roll; **to be ~ Average** ein durchschnittlicher Frauentyp sein

Ms [məz, AM mɪz] *n no pl* (*title for woman, married or unmarried*) Fr., Frau (*Alternativbezeichnung zu Mrs und Miss, die sowohl für verheiratete wie unverheiratete Frauen zutrifft*)

MS [ˌem'es] *n no pl abbrev of* **Multiple sclerosis** MS *f*

ms [ˌem'es] *n abbrev of* **manuscript** Mskr.

MSc [ˌemes'si:] *n abbrev of* **Master of Science**

MS-DOS® [ˌemes'dɒs, AM -'dɑ:s] *n no pl* COMPUT MS-DOS® *nt*

msec *n abbrev of* **millisecond** msek

MSG [ˌemes'dʒi:] *n no pl* CHEM *abbrev of* **monosodium glutamate**

Msgr *n abbrev of* **monsignor** Msgr.

MSRP [ˌemesɑ:'pi:, AM -ɑ:r-] *n abbrev of* **manufacturer's suggested retail price** empfohlener VK, empfohlener Verkaufspreis, Preisempfehlung *f* [vom Hersteller]

Mt *n abbrev of* **Mount**

Mts *n pl abbrev of* **Mountains**: **the Rocky ~** die Rocky Mountains *pl*

much [mʌtʃ] **I.** *adj* <more, most> + *sing* viel; **there wasn't ~ post** es kam nicht viel Post; **how ~ ...?** wie viel ...?; **how ~ time have we got?** wie viel Zeit bleibt uns?; **half/twice as ~** halb/doppelt so viel; **not/so ~** nicht/so viel; [**~**] **too ~** [viel] zu viel; **a bit too ~** etwas [*o* ein bisschen] [zu] viel **II.** *pron* ❶ (*relative amount*) viel; **this ~ is certain** so viel [*o* eines] ist sicher; **I don't know ~ about fishing** ich hab nicht viel Ahnung vom Angeln; **he left without so ~ as an apology** er ging ohne auch nur ein Wort der Entschuldigung; **half/twice as ~** halb/doppelt so viel; **too ~** zu viel ❷ (*great deal*) viel; **~ of what you say is right** vieles von dem, was Sie sagen, ist richtig; **you didn't miss ~** Sie haben nicht viel verpasst; **well, I guess our picnic won't come to ~** ich glaube, aus unserem Picknick wird nichts werden; **my new stereo isn't up to ~** meine neue Anlage taugt nicht viel *fam*; **I'm not up to ~ really** (*not much planned*) ich hab nicht viel vor; (*not fit for much*) mit mir ist nicht viel los *fam* ❸ *with negative* (*pej: poor example*) **I've never been ~ of a dancer** ich habe noch nie gut tanzen können; **she's not ~ of a believer in horoscopes** sie glaubt nicht wirklich an Horoskope; **he's not ~ to look at** er sieht nicht gerade umwerfend aus ❹ (*larger part*) **~ of the day** der Großteil des Tages; **~ of sb's time** ein Großteil von jds Zeit ❺ (*be redundant*) **so ~ for ...** das war's dann wohl mit ...; **the car's broken down again – so ~ for the trip to the seaside** das Auto ist schon wieder kaputt – das war's dann wohl mit unserem Ausflug ans Meer ❻ *with interrogative* **how ~ is it?** was kostet das? **III.** *adv* <more, most> ❶ (*greatly*) sehr; **we would very ~ like to come** wir würden sehr gerne kommen; **she would ~ rather have her baby at home than in the hospital** sie würde ihr Kind viel lieber zu Hause als im Krankenhaus zur Welt bringen; **I've been feeling ~ healthier lately** ich fühle mich in letzter Zeit viel besser; **~ to our surprise** zu unserer großen Überraschung; **to not be ~ good at sth** in etw *dat* nicht sehr gut sein ❷ (*by far*) bei weitem; **she's ~ the best person for the job** sie ist bei weitem die Beste für den Job ❸ (*nearly*) fast; **things around here are ~ as always** hier ist alles beim Alten; **as ~ as** so gut wie; **he as ~ as admitted that ...** er hat so gut wie zugegeben, dass ...; **~ the same** fast so; **I am feeling ~ the same as yesterday** ich fühle mich ungefähr genauso wie gestern ❹ (*specifying degree*) **as ~ as** so viel wie; **I like him as ~ as you do** ich mag ihn genauso sehr wie du; **they fought with each other as ~ as ever** sie stritten sich wie eh und je; **so ~** so [sehr]; **it hurts so ~ to see him like that** es tut so weh, ihn so zu sehen; **I wanted so ~ to meet you** ich wollte dich unbedingt treffen; **very ~** sehr; **thank you very ~** herzlichen Dank; **that's very ~ the done thing around here** das ist hier so üblich ❺ (*exactly that*) genau das; **I had expected as ~** so etwas hatte ich schon erwartet; **it was as ~ as I could do to get out of bed** ich konnte gerade noch aufstehen ❻ (*often*) häufig; **we don't go out ~** wir gehen nicht viel [*o* oft] weg; **do you see ~ of her?** siehst du sie öfters? ❼ (*setting up a contrast*) **they're not so ~ lovers as friends** sie sind eher Freunde als ein Liebespaar **IV.** *conj* (*although*) auch wenn, wenngleich *geh*; **~ as I like you, ...** so gern ich dich auch mag, ...; **~ as I would like to help you, ...** so gerne ich euch auch helfen würde, ...; **he can barely boil an egg, ~ less cook a proper dinner** er kann

M

kaum ein Ei kochen, geschweige denn eine richtige Mahlzeit; **however ~ you dislike her ...** wie unsympathisch sie dir auch sein mag, ...

much·ness ['mʌtʃnəs] *n no pl* (*fam*) **to be much of a ~** so ziemlich das Gleiche sein; **the songs you hear on the radio these days all sound much of a ~** die Lieder, die man heutzutage im Radio hört, hören sich alle gleich an

muck [mʊk] *n no pl* BRIT ❶ (*dirt*) Dreck *m fam;* (*waste*) Müll *m;* [**to be**] **common as ~** (*fam*) furchtbar ordinär [*o* gewöhnlich] [sein] *pej;* **to treat sb like ~** jdn wie [den letzten] Dreck behandeln *fam* ❷ (*euph: excrement*) Haufen *m fam;* AGR Mist *m,* Dung *m;* (*liquid*) Jauche *f;* **dog ~** Hundehaufen *m* ❸ (*pej fam: sth worthless*) Mist *m fam;* (*food*) Fraß *m pej sl;* (*show, pop music*) Mist *m fam,* Krampf *m fam;* **to make a ~ of sth** etw versauen *sl;* **I've really made a ~ of things this time, haven't I?** diesmal habe ich wirklich alles versaut, oder? ▸PHRASES: **where there's ~, there's brass** (*prov*) Dreck und Geld liegen nah beisammen *prov*

◆**muck about, muck around** (*fam*) **I.** *vi* Unfug treiben; ■**to ~ about** [*or* **around**] **with sth** an etw *dat* herumfummeln **II.** *vt* ■**to ~ sb about** [*or* **around**] mit jdm umspringen[, wie es einem gefällt]; **stop ~ing me about!** sag mir endlich, was Sache ist!; **I'm tired of their ~ing me about** ich bin es leid, wie sie mit mir umspringen

◆**muck in** *vi* BRIT (*fam*) mithelfen, mit anpacken *fam;* **to mix and ~ in** ohne großes Federlesen[s] mit anpacken

◆**muck out I.** *vt* ■**to ~ out** ○ **sth** etw ausmisten *fam* **II.** *vi* ausmisten *fam*

◆**muck up** *vt* BRIT (*fam*) ■**to ~ up** ○ **sth** etw vermasseln *fam* [*o sl* verbocken]; **to ~ an exam up** eine Prüfung versieben *fam*

'muck·heap *n* Haufen *m* [Kot] **muck·rak·er** [-reɪkəʳ, AM -ɚ] *n* (*pej*) Sensationsreporter(in) *m(f) pej,* Skandalreporter(in) *m(f) pej,* Paparazzo *m pej* **muck·rak·ing** [-reɪkɪŋ] *n no pl* Enthüllungsjournalismus *m,* Sensationsjournalismus *m pej,* Skandaljournalismus *m pej* **'muck-up** *n* (*fam*) Fehlschlag *m,* Reinfall *m fam*

mucky ['mʊki] *adj* ❶ (*dirty*) schmutzig, dreckig ❷ (*fam: sordid*) *joke, comment* schlüpfrig, unanständig; (*stronger*) säuisch *pej sl*

mu·cous ['mju:kəs] *adj no pl* (*relating to mucus*) Schleim- *m;* (*producing mucus*) schleimbildend

'mu·cous-form·ing *adj* schleimbildend **mu·cous 'mem·brane** *n* Schleimhaut *f,* Mukosa *f fachspr*

mu·cus ['mju:kəs] *n no pl* Schleim *m*

mud [mʌd] *n no pl* ❶ (*wet earth*) Schlamm *m;* (*wet snow*) Matsch *m;* **to be caked with** [*or* **in**] **~** völlig mit Schlamm bedeckt sein; **to squelch through the ~** durch den Schlamm/Matsch stapfen; **to wallow in ~** sich *akk* im Schlamm wälzen, sich *akk* suhlen ❷ (*insults*) **to hurl** [*or* **sling**] [*or* **throw**] **~ at sb** eine Schlammschlacht [*o* Schmutzkampagne] gegen jdn starten ▸PHRASES: **to drag sb's name through the ~** jds Namen in den Schmutz [*o fam* Dreck] ziehen; **as clear as ~** (*fam*) klar wie Kloßbrühe *fam*

mud·dle ['mʌdl] **I.** *n* ❶ *usu sing* (*confused state*) Durcheinander *nt;* **to get in a ~** durcheinandergeraten, durcheinanderkommen *fam;* **to get sth in**[**to**] **a ~** etw durcheinanderbringen; ■**to be in a ~** durcheinander sein ❷ *no pl* (*confusion*) Durcheinander *nt,* Kuddelmuddel *nt* **II.** *vi* ■**to ~ along** vor sich *akk* hin wursteln *fam*

◆**muddle through** *vi* sich *akk* durchwurs[ch]teln *fam*

◆**muddle up** *vt* ■**to ~ up** ○ **sth** etw durcheinanderbringen

mud·dle-'head·ed *adj* verwirrt, konfus, durcheinander

mud·dy ['mʌdi] **I.** *vt* ■**to ~ sth** ❶ (*make dirty*) etw verschmutzen [*o* schmutzig machen] ❷ (*fig: confuse*) etw undurchsichtig machen ▸PHRASES: **to ~ the waters** die Sache verkomplizieren **II.** *adj* schlammig; (*dirty*) schmutzig; *ground, snow* matschig; **~ browns and greens** schlammfarbene Braun- und Grüntöne

'mud·flap *n* AUTO Schmutzfänger *m* **'mud flat** *n* Watt *nt* **'mud·guard** *n of a car* Kotflügel *m; of a bicycle* Schutzblech *nt* **'mud·pack** *n* Gesichtsmaske *f* **mud 'pie** *n* Kuchen *m* (*aus Sand und Matsch*) **'mud slide** *n* Schlammlawine *f* **mud-sling·er** [-slɪŋəʳ, AM -ŋɚ] *n* (*fam*) Dreckschleuder *pej fam* **mud-sling·ing** [-slɪŋɪŋ] *n no pl* Schlammschlacht *f fam;* **~ campaign** Schmutzkampagne *f fam* **'mud wrest·ling** *n no pl* Schlammcatchen *nt*

mues·li ['mju:zli] *n no pl* Müsli *nt,* Müesli *nt* SCHWEIZ

mu·ez·zin [mu'ezɪn, AM *esp* mju-] *n* REL Muezzin *m*

muff [mʌf] **I.** *n* ❶ FASHION Muff *m* ❷ (*vulg, sl: vagina*) Muschi *f vulg* **II.** *vt* (*fam*) ■**to ~ sth** etw verpatzen [*o* vermasseln] *fam;* **to ~ the lines** [*or* **words**] sich *akk* verhaspeln

muf·fin ['mʌfɪn] *n* ❶ BRIT *flaches rundes Hefebrötchen, das halbiert getoastet und anschließend mit Butter* (*und ggf. Marmelade*) *gegessen wird* ❷ AM Muffin *nt* (*kleiner, hoher, runder* [*meist süßer*] *Kuchen aus Rührteig*); **blueberry/chocolate ~** Heidelbeer-/Schokoladenmuffin *nt*

muf·fle ['mʌfl] *vt* ■**to ~ sth** etw dämpfen; (*fig*) etw [ab]schwächen; **her cries were ~d by his hand** seine Hand erstickte ihre Schreie

◆**muffle up I.** *vt* ■**to ~ up** ○ **oneself** sich *akk* warm anziehen [*o fam* einmummeln] **II.** *vi* sich *akk* warm anziehen [*o fam* einpacken], sich *akk* einmummeln *fam*

muf·fled ['mʌfld] *adj attr* gedämpft, leise; *bells* umwickelt; **~ screams** erstickte Schreie

muf·fler ['mʌfləʳ, AM -ɚ] *n* ❶ AM (*silencer*) *of gun* Schalldämpfer *m; of car* Auspufftopf *m* ❷ (*dated: scarf*) Schal *m*

muf·ti ['mʌfti] *n* ❶ *no pl* (*dated*) zivile Kleidung; ■**in ~** in Zivil ❷ REL (*Muslim legal expert*) Mufti *m*

mug [mʌg] **I.** *n* ❶ (*cup*) Becher *m* (*mit Henkel*) ❷ *esp* BRIT (*fam: foolish person*) Simpel *m* DIAL, Trottel *m fam;* **he's such a ~!** er ist ja so doof!; **this is a ~'s game** das ist ja total schwachsinnig; **to take sb for a ~** jdn für dumm halten ❸ (*pej: face*) Visage *f pej sl,* Fresse *f pej sl* **II.** *vt* <-gg-> ■**to ~ sb** jdn überfallen und ausrauben

◆**mug up** BRIT **I.** *vt* (*fam*) ■**to ~ up** ○ **sth** für etw *akk* [auf die letzte Minute] büffeln [*o* pauken] *fam;* **to ~ up one's History** Geschichte büffeln **II.** *vi* (*fam*) ■**to ~ up on sth** etw schnell [im Voraus] durchgehen [*o* durchlesen]; **he ~ged up on the plot just before he went to the theatre** er hat vor dem Theaterbesuch noch schnell die Handlung überflogen

mug·ful ['mʌgfʊl] *n* Bechervoll *m*

mug·ger ['mʌgəʳ, AM -ɚ] *n* [Straßen]räuber(in) *m(f)*

mug·ging ['mʌgɪŋ] *n* [Straßen]raub *m,* Überfall *m* (*auf offener Straße*)

mug·gins ['mʌgɪnz] *n no pl* BRIT (*hum*) Dumm[er]chen *nt fam* (*oft zu sich selbst gesagt*); **I suppose ~ here will have to clear up!** ich schätze, dass ich wieder der Dumme bin und aufräumen muss

mug·gle ['mʌgl] *n* ❶ (*non-wizard*) jd, der nicht zaubern kann ❷ (*unimaginative person*) fantasieloser Mensch

mug·gy ['mʌgi] *adv weather* schwül

'mug shot *n* (*fam: police photograph*) Foto *f* (*für die Polizeiakte*); (*wanted poster*) Fahndungsfoto *nt;* (*hum: passport photograph*) Verbrecherfoto *nt hum* **mug·wump** ['mʌgwʌmp] *n* AM ❶ (*boss*) Big Boss *m fam* ❷ (*stubborn person*) Querkopf *m* ❸ POL Unabhängige(r) *f(m)*

mu·lat·to <*pl* -s *or* -es> [mju:'lætəʊ, AM mə'læţoʊ] **I.** *n* Mulatte, -in *m, f* **II.** *n modifier* (*child*) Mulatten-

mul·berry ['mʌlbəri, AM -beri] **I.** *n* ❶ (*fruit*) Maulbeere *f* ❷ (*tree*) Maulbeerbaum *m* ❸ (*colour*) Dunkelviolett *nt* **II.** *n modifier* Maulbeer-

mulch [mʌltʃ] *n no pl* Mulch *m*

mule[1] [mju:l] *n* (*animal*) Maultier *nt,* Muli *nt* SÜDD, ÖSTERR; [**to be as**] **stubborn as a ~** stur wie ein Esel [sein] *fam,* ein Dickkopf [sein]

mule[2] [mju:l] *n* (*shoe*) halboffener Schuh; (*slipper*) Pantoffel *m*

mul·ga ['mʊlgə] *n* ❶ BOT (*type of tree*) Mulga *f*, Acacia aneura *f fachspr* ❷ (*wood*) Mulgaholz *nt* ❸ AUS (*the bush*) ■ **the** ~ der Busch

mul·ish ['mju:lɪʃ] *adj* stur, eigensinnig, dickköpfig *fam*, stur

mull [mʌl] *vt* ❶ (*sweeten*) ■ **to** ~ **sth** *ein alkoholisches Getränk zuckern, würzen und erhitzen;* ~**ed wine** Glühwein *m* ❷ (*ponder*) ■ **to** ~ **sth** sich *dat* etw durch den Kopf gehen lassen, etw erwägen

◆**mull over** *vt* ■ **to** ~ **over** ◯ **sth** über etw *akk* nachdenken

mul·lah ['mʌlə] *n* REL Mullah *m*

mul·let ['mʌlɪt] *n* (*fish*) Meeräsche *f*

mul·li·ga·taw·ny [ˌmʌlɪgə'tɔ:ni, AM -'tɑ:ni] *n*, **mul·li·ga·taw·ny soup** *n indische Currysuppe*

mul·lion ['mʌljən] *n* ❶ ARCHIT Längspfosten *m;* ■ ~**s** *pl* Stabwerk *nt* ❷ GEOL ~ **structure** Mullionstruktur *f*

mul·lioned ['mʌljənd] *adj inv* längsunterteilt; **a** ~ **window** ein Fenster *nt* mit Stabwerk

multi-'col·ored AM, **multi-'col·oured** *adj* bunt; (*lots of colours*) mehrfarbig **multi-'cul·tur·al** *adj* multikulturell **multi-di·'men·sion·al** *adj* vielschichtig **multi-dis·ci·'pli·nary** *adj* interdisziplinär, fächerübergreifend **multi-'eth·nic** *adj* Vielvölker-; **a** ~ **society** eine Vielvölkergesellschaft **multi-'fac·et·ed** *adj* vielschichtig

multi·fari·ous [ˌmʌltɪ'feəriəs, AM -tə'feri-] *adj attr* (*form*) vielfältig

'multi-form *adj* vielgestaltig **multi-'func·tion·al** *adj* multifunktional; ~ **room** Mehrzweckraum *m* **'multi·grade** *adj* ~ **oil** Mehrbereichsöl *nt* **'multi·gym** *n* BRIT *multifunktionales Trainingsgerät* **multi-'lat·er·al** *adj inv* POL multilateral *geh* **multi-'lin·gual** *adj inv* mehrsprachig, multilingual *fachspr;* **a** ~ **country** *ein Land, in dem man mehrere Sprachen spricht* **multi-'me·dia I.** *n no pl* Multimedia *f* **II.** *adj inv* multimedial **multi·media 'mes·sag·ing** *n* Multimedia-Messaging *nt* **multi-'mil·lion** *adj attr, inv* Millionen-; ~ **deal** Millionengeschäft *nt;* ~ **fortune** Vermögen *nt* von mehreren Millionen **multi·mil·lion·'aire** *n* Multimillionär(in) *m(f)* **multi-'na·tion·al I.** *n* multinationaler Konzern, Multi *m fam* **II.** *adj* multinational **'multi-pack** *n* Multipack *m*

multi·ple ['mʌltɪpl̩] **I.** *adj inv, attr* vielfach, vielfältig; **she died of** ~ **injuries** sie erlag ihren zahlreichen Verletzungen; ~ **murders** mehrfacher Mord **II.** *n* ❶ (*number*) Vielfache[s] *nt;* **to count in** ~**s of 6/10** das Sechser-/Zehnereinmaleins rechnen ❷ (*shop with many branches*) [Laden]kette *f;* ~ **shop** Geschäft *nt* einer [Laden]kette ❸ PSYCH multiple Persönlichkeit *fachspr*

multi·ple 'birth *n* Mehrlingsgeburt *f* **multi·ple 'choice** *n* Multiple Choice *kein art* **multi·ple-'choice** *n modifier* (*exam, test*) Multiple-Choice- **multi·ple col·'li·sion, multi·ple 'crash** *n* Massenkarambolage *f* **multi·ple scle·'ro·sis** [ˌmʌltɪpl̩sklə'rəʊsɪs, AM -t̬əpl̩sklɪ'roʊ-] *n no pl* multiple Sklerose

multi·plex ['mʌltɪpleks, AM -t̬ə-] *n* Multiplex-Kino *nt*

multi·pli·ca·tion [ˌmʌltɪplɪ'keɪʃən, AM -t̬ə-] *n no pl* MATH Multiplikation *f*

multi·pli·'ca·tion table *n* MATH Multiplikationstafel *f*, Multiplikationstabelle *f*

multi·plic·ity [ˌmʌltɪ'plɪsɪti, AM -t̬ə'plɪsət̬i] *n no pl* (*form*) Vielzahl *f* (**of** von +*dat*), Vielfalt *f* (**of** an +*dat*); **there is a** ~ **of magazines to choose from** es gibt eine große Auswahl an Zeitschriften

multi·pli·er ['mʌltɪplaɪəʳ, AM -t̬əplaɪɚ] *n* MATH Multiplikator *m*

multi·ply <-ie-> ['mʌltɪplaɪ, AM -t̬ə-] **I.** *vt* ■ **to** ~ **sth** [**by sth**] etw [mit etw *dat*] multiplizieren; ■ **to** ~ [**out**] **sth and sth** etw mit etw *dat* multiplizieren; **if you** ~ **four and three, you get twelve** vier mal drei gibt zwölf **II.** *vi* sich *akk* vermehren; (*through reproduction also*) sich *akk* fortpflanzen

multi-'pur·pose *adj* multifunktional; ~ **room** Mehrzweckraum *m* **multi-'ra·cial** *adj* gemischtrassig; ~ **policy** Politik *f* der Rassentrennung; ~ **society** *Gesellschaft, die aus den Angehörigen verschiedener Rassengruppen besteht* **multi-'stage** *adj* THEAT **a** ~ **theatre** ein Theater mit mehreren Bühnen **multi-'sto·rey** *adj inv* mehrstöckig, mehrgeschossig; ~ **car park** BRIT Parkhaus *nt* **multi-'task·ing I.** *n* COMPUT Ausführen *nt* mehrerer Programme, Multitasking *nt* **II.** *adj attr, inv* (*fig*) gleichzeitig mehreren Aufgaben nachkommend *attr;* **she is a hard-working,** ~ **singer, actor, dancer and producer** sie arbeitet hart und ist gleichzeitig Sängerin, Schauspielerin, Tänzerin und Produzentin

multi·tude ['mʌltɪtju:d, AM *esp* -tətu:d] *n* ❶ (*numerous sum*) Vielzahl *f;* **a** ~ **of sins** viele Versäumnisse; (*stronger*) die Sünden der Vergangenheit ❷ (*crowd*) ■ **the** ~**s** *pl* die Allgemeinheit; ~**s of people** eine Vielzahl von Personen; **to come in** ~**s** in Scharen kommen

multi-'us·er *n modifier esp* COMPUT Mehrplatz-, Mehrbenutzer-; ~ **system** Mehrplatzsystem *nt*, Mehrbenutzersystem *nt*, Multi-user-System *nt*

mum[1] [mʌm] *n* (*fam: mother*) Mama *f fam*, Mutti *f bes* NORDD *fam*

mum[2] [mʌm] *adj* (*fam: silent*) still; **... – ~'s the word** (*as a response*) ... – ich schweige wie ein Grab, ... – von mir erfährt keiner was; (*telling sb*) ... – und kein Wort darüber, ... – sag's keinem weiter; **to keep** ~ den Mund halten *fam*

mum·ble ['mʌmbl̩] **I.** *vt* ■ **to** ~ **sth** (*quietly*) etw murmeln; (*unclearly*) etw nuscheln **II.** *vi* (*quietly*) murmeln; (*unclearly*) nuscheln

mum·bo jum·bo [ˌmʌmbəʊ'dʒʌmbəʊ, AM ˌmʌmboʊ'dʒʌmboʊ] *n no pl* (*fam*) Hokuspokus *m fam*, Quatsch *m fam*

mum·mi·fi·ca·tion [ˌmʌmɪfɪ'keɪʃən] *n no pl* Mumifizierung *f*, Mumifikation *f*

mum·mi·fy <-ie-> ['mʌmɪfaɪ, AM -əfaɪ] *vt* ■ **to** ~ **sb/sth** jdn/etw mumifizieren

mum·my[1] ['mʌmi] *n* (*fam: mother*) Mama *f fam*, Mami *f fam*, Mutti *f bes* NORDD *fam*

mum·my[2] ['mʌmi] *n* (*corpse*) Mumie *f*

mumps [mʌmps] *n* + *sing vb* Mumps *m*, Ziegenpeter *m*, Parotitis *f fachspr*

mum·sy ['mʌmzi] *n* (*esp hum: mother*) Mütterchen *hum*

munch [mʌn(t)ʃ] **I.** *vi* mampfen; **to** ~ **through sth** *food* sich *akk* [schmatzend und mampfend] durch etw *akk* hindurchfuttern **II.** *vt* ■ **to** ~ **sth** etw mampfen

munchies ['mʌn(t)ʃiz] *npl* ❶ (*fam: snack food*) Knabberzeug *nt kein pl fam* ❷ (*fam: hunger*) ■ **the** ~ Hunger *m kein pl;* **I've got the** ~ mir knurrt der Magen

mun·dane [mʌn'deɪn] *adj* (*worldly*) profan *geh;* (*unexciting*) *problem, question* banal; (*routine*) *activity, task* alltäglich

mung bean ['mʌŋ-] *n* Mungbohne *f*

Mu·nich ['mju:nɪk] *n* München *nt*

mu·nici·pal [mju:'nɪsɪpəl, AM -səpəl] *adj inv* städtisch, Stadt-, kommunal, Kommunal-; ~ **authorities** Stadtverwaltung *f*, städtische [*o* kommunale] Behörde[n]; ~ **courts** städtische [*o* kommunale] Sportplätze; ~ **elections** Stadtratswahlen *fpl*, Gemeinderatswahlen *fpl;* ~ **government** Stadtrat *m*, Gemeinderat *m;* ~ **library** Stadtbibliothek *f;* ~ **waterway** kommunale Wasserstraße

mu·nici·pal·ity [mju:ˌnɪsɪ'pæləti, AM -sə'pælət̬i] *n* (*political unit*) Gemeinde *f*, Kommune *f;* (*town-size also*) Stadt *f*

mu·nifi·cence [mju:'nɪfɪsən(t)s] *n* (*form*) Generosität *f geh*, Großzügigkeit *f*

mu·nifi·cent [mju:'nɪfɪsənt] *adj* (*form*) generös *geh*, großzügig

mu·ni·tions [mju:'nɪʃənz] *npl* (*weapons*) Waffen *fpl;* (*weapons and ammunition*) Kriegsgeräte *ntpl veraltend*, Kriegsmaterial *nt kein pl;* (*ammunition*) Munition *f kein pl*

mu·ral ['mjʊərəl, AM 'mjʊr-] **I.** *n* Wandgemälde *nt* **II.** *adj* Wand-; ~ **escarpment** Grabenwand *f*

mur·der ['mɜ:dəʳ, AM 'mɜ:rdɚ] **I.** *n* ❶ (*crime*) Mord *m*, Ermordung *f* (**of** an +*dat*); **cold-blooded** ~ kaltblütiger Mord; **mass** ~ Massenmord *m;* **to commit** ~ einen Mord begehen; **to be charged with** [**attempted**] ~ des [versuchten] Mordes angeklagt sein; **to be convicted of** ~ wegen Mordes verurteilt wer-

M

den ❷ (*fig: difficult thing*) ein Ding der Unmöglichkeit; **it's ~ trying to find a parking space around here** es ist wirklich schier unmöglich, hier in der Gegend einen Parkplatz zu finden ▸ PHRASES: **to scream** [*or* **shout**] **blue ~** Zeter und Mordio schreien **II.** *vt* ■**to ~ sb** jdn ermorden [*o* umbringen] *a. fig;* **if he's late again, I'll ~ him** wenn er wieder zu spät kommt, dann dreh ich ihm den Kragen um

mur·der·er ['mɜːdᵊrəʳ, AM 'mɜːrdɚɚ] *n* Mörder(in) *m(f)*

mur·der·ess ['mɜːdᵊrɪs, AM 'mɜːrdɚəs] *n* (*dated*) Mörderin *f*

mur·der·ous ['mɜːdᵊrəs, AM 'mɜːrd-] *adj* ❶ (*cruel*) mordlüstern, blutrünstig; (*evil*) *look, hatred* tödlich ❷ (*fig: unpleasant*) mörderisch *fam;* **the traffic was ~ in town today** der Stadtverkehr war heute tödlich; **~ heat** mörderische Hitze

murk [mɜːk, AM mɜːrk] *n no pl* [dichte] Nebelschwaden *fpl,* [dicke] Suppe *fam*

murky ['mɜːki, AM 'mɜːrki] *adj* düster; **~ night** finstere Nacht; **~ past** (*fig*) dunkle Vergangenheit; **~ water** trübes Wasser; **~ waters** trübes Gewässer

mur·mur ['mɜːməʳ, AM 'mɜːrmɚ] **I.** *vi* murmeln; ■**to ~ about sth** (*complain*) wegen einer S. *gen* murren **II.** *vt* ■**to ~ sth** etw murmeln [*o* raunen] **III.** *n* Gemurmel *nt kein pl,* Raunen *nt kein pl;* **a ~ of agreement** ein zustimmendes Raunen; **a ~ of discontent** ein unzufriedenes Raunen; **without a ~** ohne Murren [*o* zu murren]

Murphy's law ['mɜːfiːzˌlɔː, AM 'mɜːrfiːzˌlɑː] *n no pl* Murphys Gesetz *nt*

mus·cle ['mʌsl] **I.** *n* ❶ (*contracting tissue*) Muskel *m;* **bulging ~s** hervortretende Muskeln; **rippling ~s** spielende Muskeln; **to flex** [*or* **tense**] **a ~** die Muskeln spielen lassen; **to not move a ~** nicht mit der Wimper zucken; **to pull** [*or* **strain**]**/tear a ~** eine Muskelzerrung/einen Muskelriss haben ❷ (*fig: influence*) Stärke *f;* **to flex a ~** Stärke zeigen, seine Muskeln spielen lassen; **to have considerable financial ~** über beträchtliche finanzielle Ressourcen verfügen, finanzstark [*o* finanzkräftig] sein **II.** *vi* ■**to ~ in** sich *akk* [rücksichtslos] einmischen, [unbedingt] mitmischen [müssen] *fam;* ■**to ~ in on sth** sich *akk* irgendwo [mit aller Gewalt] hineindrängeln

◆**muscle out** *vt* AM ■**to ~ out** ⊂ **sb** jdn rausdrängen *fam*

'mus·cle-bound *adj* [äußerst] muskulös; ■**to be ~** ein Muskelprotz sein **'mus·cle-flex·ing** *n no pl* (*a. fig*) Muskelspiel *nt* **'mus·cle·man** *n* Muskelpaket *nt,* Muskelprotz *m* **'mus·cle spasm** *n* Muskelkrampf *m* **'mus·cle tone** *n no pl* Muskeltonus *m*

mus·cly ['mʌsli] *adj* (*fam*) muskulös

Mus·co·vite ['mʌskəvaɪt] *n* Moskowiter(in) *m(f) veraltend,* Moskauer(in) *m(f)*

mus·cu·lar ['mʌskjələʳ, AM -lɚ] *adj* ❶ (*relating to muscles*) muskulär, Muskel-; **~ contractions** Muskelkontraktionen *fpl;* **~ pain** Muskelschmerzen *mpl* ❷ (*with well-developed muscles*) muskulös; **~ arms/legs** muskulöse Arme/Beine; **a ~ physique** ein muskulöser Körperbau

mus·cu·lar 'dys·tro·phy *n* MED Muskeldystrophie *f fachspr*

mus·cu·la·ture ['mʌskjələtʃəʳ, AM -tʃɚ] *n no pl* Muskulatur *f*

muse [mjuːz] **I.** *vi* nachgrübeln, nachsinnen; ■**to ~ about** [*or* **on**] **sth** über etw *akk* nachdenken **II.** *n* ❶ (*esp liter: mythical figure*) Muse *f;* (*artistic inspiration*) Inspiration *f* ❷ (*female inspirer*) Muse *f*

mu·seum [mjuː'ziːəm] *n* Museum *nt;* **~ of art** Kunstmuseum *nt;* **~ of history** Historisches Museum

mu·'seum piece *n* Museumsstück *nt*

mush [mʌʃ] *n no pl* (*fam*) ❶ FOOD Brei *m,* Mus *nt;* **to turn to ~** zu Brei [*o* breiig] werden; **I panicked and my brain turned to ~** (*fig*) ich geriet in Panik und konnte einfach nicht mehr vernünftig denken ❷ (*fig: sentimentality*) ■**to be ~** schnulzig sein; **that film was just romantic ~** der Film war so eine richtige Schnulze

mush·room ['mʌʃrʊm, -ruːm] *n* Pilz *m;* **cultivated ~s** Zuchtpilze *mpl;* **dried ~s** getrocknete Pilze; **edible/poisonous ~** essbarer/giftiger Pilz [*o* Giftpilz] *m;* **to pick ~s** Pilze sammeln

mush·room 'cloud *n* Atompilz *m*

mushy ['mʌʃi] *adj* ❶ (*pulpy*) breiig; **to cook sth until ~** etw zerkochen ❷ (*soppily romantic*) schnulzig; **~ film** Schnulze *f*

mushy 'peas *npl* Erbsenmus *nt kein pl*

mu·sic ['mjuːzɪk] *n no pl* ❶ (*pattern of sounds*) Musik *f;* **it is ~ to my ears** oh, das ist Musik in meinen Ohren; **pop ~** Popmusik *f;* **rock 'n' roll ~** Rock 'n' Roll *m;* **classical ~** klassische Musik; **to make ~** Musik machen, musizieren; **to put on ~** [etwas] Musik auflegen ❷ *no pl* SCH, UNIV (*study of music*) Musik *f;* **to study ~** Musik studieren ❸ (*notes*) Noten *fpl;* **to read ~** Noten lesen

mu·si·cal ['mjuːzɪkᵊl] **I.** *adj* musikalisch, Musik-; **~ accompaniment** musikalische Begleitung; **~ compositions** Kompositionen *fpl;* **~ ear** musikalisches Gehör; **~ genius** musikalisches Genie; **~ instrument** Musikinstrument *nt;* **~ interlude** Interludium *nt,* musikalisches Zwischenspiel, Intermezzo *nt* **II.** *n* Musical *nt*

'mu·si·cal box *n* Spieluhr *f,* Spieldose *f* **mu·si·cal 'chairs** *n* + *sing vb* (*game*) Reise *f* nach Jerusalem

mu·si·cal·ity [ˌmjuːzɪ'kæləti, AM -əţi] *n no pl* Musikalität *f*

mu·si·cal·ly ['mjuːzɪkᵊli] *adv* musikalisch; **~ speaking, this band has a lot of talent** was die Musik angeht, ist diese Band wirklich begabt; **to be ~ gifted** musikalisch sein

'mu·sic box *n* AM (*musical box*) Spieluhr *f,* Spieldose *f* **'mu·sic case** *n* Notenmappe *f* **'mu·sic cas·sette** *n* (*dated*) [Musik]kassette *f* **'mu·sic cen·tre** *n* (*dated*) Stereoanlage *f* **'mu·sic hall** *n* (*dated*) Konzerthalle *f*

mu·si·cian [mjuː'zɪʃᵊn] *n* Musiker(in) *m(f)*

mu·si·cian·ship [mjuː'zɪʃᵊnʃɪp] *n no pl* musikalisches Können

'mu·sic-mak·ing *n no pl* Musizieren *nt*

mu·si·colo·gist [ˌmjuːzɪ'kɒlədʒɪst, AM -'kɑː-] *n* Musikwissenschaftler(in) *m(f),* Musikologe, -in *m, f fachspr*

mu·si·col·ogy [ˌmjuːzɪ'kɒlədʒi, AM -'kɑː-] *n no pl* Musikwissenschaft *f,* Musikologie *f fachspr*

'mu·sic stand *n* Notenständer *m* **'mu·sic sys·tem** *n* Stereoanlage *f* **'mu·sic thea·tre** *n* Musiktheater *nt kein pl*

musk [mʌsk] *n no pl* Moschus *m;* **~ deer** Moschustier *nt;* **~ ox** Moschusochse *m*

mus·ket ['mʌskɪt] *n* Muskete *f*

mus·ket·eer [ˌmʌskɪ'tɪəʳ, AM -kətɪr] *n* HIST Musketier *m*

musk·rat ['mʌskræt] *n* Moschusratte *f*

musky ['mʌski] *adj* moschusartig; *skin, scent* nach Moschus riechend

Mus·lim ['mʊslɪm, AM 'mʌsləm] **I.** *n* Moslem(in) *m(f),* Muslim(in) *m(f) fachspr* **II.** *adj inv* moslemisch, muslimisch *fachspr;* **~ beliefs** muslimischer Glaube; **~ country** moslemisches Land; **~ religion** moslemische Religion

mus·lin ['mʌzlɪn] *n* Musselin *m;* **~ dress** Musselinkleid *nt;* **~ cloth** Musselinstoff *m*

mus·quash ['mʌskwɒʃ, AM -wɑːʃ] *n* ZOOL (*old*) Moschusratte *f*

muss [mʌs] *esp* AM **I.** *n no pl* Unordnung *f,* Durcheinander *nt* **II.** *vt* ■**to ~ sth** etw durcheinanderbringen; *wind* etw zerzausen

◆**muss up** *vt esp* AM ■**to ~ up** ⊂ **sth** ❶ (*mess up*) *hair* etw durcheinanderbringen; *clothes, room* etw in Unordnung bringen ❷ (*make dirty*) *hands* etw schmutzig machen

mus·sel ['mʌsᵊl] *n* [Mies]muschel *f*

must [mʌst] **I.** *aux vb* ❶ (*be obliged*) müssen; **all handbags ~ be left at the cloakroom for security reasons** lassen Sie bitte aus Sicherheitsgründen alle Handtaschen in der Garderobe; ■**~ not** [*or* **~n't**] nicht dürfen; **you ~n't say anything to anyone about this matter** darüber darfst du mit niemandem sprechen ❷ (*be required*) müssen; **you ~ take these pills every day** Sie müssen diese Tabletten täglich einnehmen; **~ you leave so soon?** müssen Sie schon so früh gehen? ❸ (*should*) ich sollte/du solltest/er/sie/es sollten/wir sollten/ihr solltet/sie sollten; **you really ~ read this book** dieses

Buch sollten Sie wirklich einmal lesen; **you ~ come and visit us** Sie sollten uns bald einmal besuchen kommen ❹ (*be certain to*) müssen; **I ~ seem very rude when I say things like that** ich wirke bestimmt sehr grob, wenn ich so etwas sage; **she ~ be wondering where I have got to** sie wird sich bestimmt fragen, wo ich abgeblieben bin; **you ~ really like her** du musst sie wirklich sehr mögen; **you ~ be joking!** du machst wohl Witze!; **you ~ be out of your mind!** du hast wohl den Verstand verloren! *fam* ❺ (*be necessary*) müssen; **I ~ ask you not to smoke in my house** ich muss Sie bitten, in meinem Haus nicht zu rauchen; **you ~n't worry too much about it** jetzt mach dir deswegen nicht so viele Sorgen ❻ (*show irritation*) müssen; **~ you always have the last word?** musst du immer das letzte Wort haben?; **smoke if you ~ then** dann rauche, wenn es [denn] unbedingt sein muss ❼ (*intend to*) müssen; **I ~n't forget to put the bins out tonight** ich darf nicht vergessen, heute Abend den Abfall rauszubringen **II.** *n no pl* Muss *nt kein pl;* ■**to be a ~** ein Muss *nt* sein; **if you live in the country a car is a ~** wenn man auf dem Land lebt, ist ein Wagen ein unerlässlich; **this book is a ~!** dieses Buch muss man gelesen haben! **III.** *in compounds -see, -do* **this film is a ~-see** diesen Film muss man einfach gesehen haben

mus·tache *n* AM *see* **moustache**

mus·ta·chio [məˈstɑːʃiəʊ, AM -ˈstæʃioʊ] *n* Schnauzbart *m*

mus·ta·chi·oed [məˈstɑːʃiəʊd, AM -ˈstæʃioʊd] *adj inv* schnauzbärtig

mus·tang [ˈmʌstæŋ] *n* Mustang *m;* **a herd of ~s** eine Herde Mustangs

mus·tard [ˈmʌstəd, AM -tɚd] *n no pl* Senf *m*

ˈmus·tard gas *n* Senfgas *nt*

must-ˈbuy *n* Muss *nt;* **these dresses are ~s** diese Kleider muss man einfach kaufen

mus·ter [ˈmʌstəʳ, AM -tɚ] **I.** *n* [zum Appell angetretene] Truppe **II.** *vt* ❶ (*gather*) ■**to ~ sth** etw aufbringen; **the team will need all the strength they can ~ to win this game** die Mannschaft wird alles aufbieten müssen, um dieses Spiel zu gewinnen; **to ~ the courage to do sth** den Mut aufbringen, etw zu tun; **to ~ resources** Gelder aufbringen [*o fam* zusammenbekommen] ❷ (*bring together*) **to ~ soldiers** [*or* **troops**] die Soldaten [*o* Truppen] [zum Appell] antreten lassen **III.** *vi* (*come together*) sich *akk* versammeln, antreten; *troop* [zum Appell] antreten

◆**muster up** *vt* ■**to ~ up** ↻ **sth** etw aufbringen; **to ~ up the courage to do sth** den Mut aufbringen, etw zu tun

ˈmus·ter point *n,* **ˈmus·ter sta·tion** *n* Versammlungsort *m,* Sammelplatz *m*

must-ˈhave *n* Muss *nt;* **this is not a ~** das muss man nicht unbedingt haben

mustn't [ˈmʌsᵊnt] *see* **must not** *see* **must**

musty [ˈmʌsti] *adj* **~ book** mod[e]riges Buch; **~ odour** [*or* **smell**] muffiger [*o* moderiger] Geruch; **~ room** muffiger Raum

mu·table [ˈmjuːtəbl̩, AM -t̬ə-] *adj* veränderbar; BIOL mutabel *fachspr*

mu·tant [ˈmjuːtᵊnt] *n* BIOL Mutant(e) *m(f);* (*fig, hum*) Mutant *m*

mu·tate [mjuːˈteɪt, AM *esp* ˈmjuːteɪt] *vi* ❶ (*change genetically*) ■**to ~ [into sth]** [zu etw *dat*] mutieren ❷ (*fig: change*) ■**to ~ into sth** sich *akk* zu etw *dat* wandeln; (*develop personality*) sich *akk* zu etw *dat* mausern *fam*

mu·ta·tion [mjuːˈteɪʃᵊn] *n* Veränderung *f,* Mutation *f fachspr*

mute [mjuːt] **I.** *n* ❶ MUS (*quieting device*) Dämpfer *m* ❷ (*dated: person*) Stumme(r) *f(m);* **he was born a ~** er war von Geburt an stumm **II.** *vt* ■**to ~ sth** *a sound, noise* etw dämpfen **III.** *adj inv* stumm; **to remain ~** stumm bleiben; **to remain ~ about sth** über etw *akk* kein Wort verlieren

mut·ed [ˈmjuːtɪd] *adj* ❶ (*not loud*) gedämpft; (*fig*) schweigend, stumm; **the idea received a ~ response** die Idee wurde mit Schweigen aufgenommen; **~ applause** gedämpfter Applaus; **~ colours** gedeckte Farben; **~ noise** (*loud noises*) gedämpfter Lärm; (*particular noise*) gedämpftes Geräusch ❷ LING (*not pronounced*) stumm

mute ˈswan *n* Höckerschwan *m*

mu·ti·late [ˈmjuːtɪleɪt, AM -t̬əl-] *vt* ■**to ~ sb** jdn verstümmeln; ■**to ~ sth** etw verstümmeln; (*fig*) etw verschandeln

mu·ti·la·tion [ˌmjuːtɪˈleɪʃᵊn, AM -t̬əˈleɪ-] *n* Verstümmelung *f;* (*fig*) Verschandelung *f*

mu·ti·neer [ˌmjuːtɪˈnɪəʳ, AM -t̬ᵊnˈɪr] *n* Meuterer, -in *m, f*

mu·ti·nous [ˈmjuːtɪnəs, AM -t̬ᵊn-] *adj* meuterisch, aufrührerisch; **~ sailors** meuternde Seeleute; **~ shareholders** rebellische Aktionäre

mu·ti·ny [ˈmjuːtɪni, AM -t̬ᵊni] **I.** *n* ❶ *no pl* (*act*) Meuterei *f* (**of** über +*akk*); **open ~** offene Meuterei ❷ (*instance*) Meuterei *f* **II.** *vi* <-ie-> meutern; ■**to ~ against sb** gegen jdn meutern

mutt [mʌt] *n esp* AM (*fam*) ❶ (*silly person*) Trottel *m pej fam,* Schafskopf *m pej fam* ❷ (*mongrel*) [Straßen]köter *m pej*

mut·ter [ˈmʌtəʳ, AM -t̬ɚ] **I.** *vi* ❶ (*mumble*) ■**to ~ [away to oneself]** irgendetwas [vor sich *akk* hin]murmeln ❷ (*spread rumour*) ■**to ~ about sth** etw munkeln **II.** *vt* (*complain softly*) ■**to ~ sth** etw brummen [*o* murmeln]; **to ~ sth to sb under one's breath** jdm etw zuraunen

mut·ter·ings [ˈmʌtᵊrɪŋz, AM -t̬ᵊrɪŋz] *npl* Gemurmel *nt kein pl;* **~ of discontent** Murren *nt,* Gemurre *nt pej*

mut·ton [ˈmʌtᵊn] *n no pl* Hammel *m,* Hammelfleisch *nt;* **shoulder of ~** Hammelschulter *f;* **~ stew** Hammelgulasch *nt*
▸PHRASES: **to be ~ dressed [up] as <u>lamb</u>** einen auf jung machen *fam*

ˈmut·ton chops *npl,* **mut·ton chop ˈwhisk·ers** *npl* Koteletten *fpl*

mu·tu·al [ˈmjuːtʃuːəl] *adj inv* gegenseitig, beiderseitig; **both countries are acting to their ~ advantage** die zwei Länder handeln so, dass es beiden zum Vorteil gereicht; **the feeling is ~** das [Gefühl] beruht auf Gegenseitigkeit; **~ agreement** wechselseitige Übereinkunft; **~ consent** gegenseitiges Einvernehmen [*o* Einverständnis]; **~ friends/interests/enemies** gemeinsame Freunde/Interessen/Feinde; **~ trust** gegenseitiges Vertrauen; **~ understanding** gegenseitiges [*o* wechselseitiges] Verständnis

mu·tu·al ˈfund *n* AM FIN offener Investmentfond **mu·tu·al in·ˈsur·ance** *n* FIN Versicherung *f* auf Gegenseitigkeit

mu·tu·al·ly [ˈmjuːtʃuːəli] *adv inv* gegenseitig, für beide [Seiten]; **to be ~ exclusive** sich *akk* gegenseitig ausschließen

mu·zak® [ˈmjuːzæk] *n no pl* Musikberieselung *f*

muz·zi·ly [ˈmʌzɪli] *adv* unklar, verschwommen, verzerrt; **to explain sth ~** etw undeutlich erklären

muz·zi·ness [ˈmʌzɪnəs] *n no pl* ❶ (*indistinctness*) Verzerrtheit *f,* Verschwommenheit *f; of a situation* Verworrenheit *f* ❷ (*dazed state*) Benommenheit *f*

muz·zle [ˈmʌzl̩] **I.** *n* ❶ (*animal mouth*) Schnauze *f,* Maul *nt* ❷ (*mouth covering*) Maulkorb *m;* **to put a ~ on the dog** dem Hund einen Maulkorb anlegen ❸ (*gun end*) Mündung *f* **II.** *vt* (*quiet*) ■**to ~ an animal** einem Tier einen Maulkorb anlegen; ■**to ~ sb** jdn mundtot machen; LAW einen Maulkorberlass herausbringen; **to ~ the press** die Presse mundtot machen

muz·zy [ˈmʌzi] *adj* ❶ (*hazy*) benommen, benebelt; **to feel ~** sich *akk* benommen fühlen ❷ (*unclear*) unklar, verschwommen, verzerrt; *objectives* diffus

MW *n* RADIO *abbrev of* **medium wave** MW *f*

my [maɪ] **I.** *adj poss* mein(e); **~ name is Peter** mein Name ist Peter; **my brother and sister** mein Bruder und meine Schwester; **one of my friends** einer meiner Freunde/eine meiner Freundinnen; **I've hurt my foot** ich habe mir den Fuß verletzt; **in ~ country** bei uns [in ...]; **she was surprised at ~ coming** sie war überrascht, dass ich gekommen war; **it was ~ own decision** es war meine eigene Entscheidung; **I need a car of ~ own** ich brauche ein eigenes Auto **II.** *interj* ach, oh; **~ ~** na, so was

M

my·na(h) ['maɪnə] *n,* **my·na(h) bird** *n (bird)* Hirtenstar *m*

myo·pia [maɪ'əʊpiːə, AM -oʊ-] *n no pl (spec)* Kurzsichtigkeit *f;* **he had ~ in both his eyes** er war auf beiden Augen kurzsichtig

my·op·ic [maɪ'ɒpɪk, AM -'ɑːpɪk] *adj (form or a. fig)* kurzsichtig

myri·ad ['mɪriəd] *n (form)* Myriade *f;* **~s of ...** unzählige ...

myrrh [mɜːʳ, AM mɜːr] *n no pl* Myrrhe *f*

myr·tle ['mɜːtl̩, AM 'mɜːrt̬l̩] *n* Myrthe *f*

my·self [maɪ'self] *pron reflexive* ❶ *(direct object of verb)* mir *+dat,* mich *+akk;* **it's awful – I have to exert ~ to jog half a block** es ist schrecklich – ich muss mich zwingen, einen halben Block zu laufen; **though I tried to calm ~ down, I found ~ in too much of a panic** obwohl ich versuchte, mich zu beruhigen, hatte ich doch zu große Panik; **when it comes to love, I often deceive ~** in der Liebe betrüge ich mich oft selbst; **let me introduce ~ – I'm Jackie Wentworth** ich möchte mich vorstellen – ich bin Jackie Wentworth; **I've bought ~ a new coat** ich kaufte mir einen neuen Mantel; **I was ashamed at ~ ...** ich schämte mich...; **I caught sight of ~ in the mirror** ich sah mich im Spiegel; **yes, I thought to ~, it's time to take a holiday** ja, dachte ich mir, es ist Zeit für einen Urlaub; **I strolled around, muttering to ~** ich wanderte umher und murmelte vor mich hin ❷ *(emph form: I, me)* ich; **my husband and ~ were delighted with the gifts** mein Ehemann und ich sind über die Geschenke begeistert; **people like ~** Menschen wie ich ❸ *(emph: me personally)* ich persönlich; **I don't like a heavy meal at lunchtime ~** ich persönlich esse zu Mittag nicht gerne schwer; **I wrote it ~** ich schrieb es selbst; **if I do say so** [*or* **it**] **~** wenn ich das sagen darf; **I think I've done a good job raising my kids if I do say it ~** ich denke, ich habe die Kinder gut erzogen, wenn ich das sagen darf; ■**to do see/taste/try/hear for ~** etw selbst sehen/kosten/versuchen/hören; **in ~** *(dated)* **I'm well enough in ~ despite the problems with the leg** mir geht es recht gut, auch wenn ich Probleme mit dem Bein habe ❹ *(me alone)* **I never get an hour to ~** ich habe nie eine Stunde für mich; [**all**] **by ~** [ganz] alleine; **I live by ~** ich lebe alleine; **I had to do the whole job by ~** ich musste die ganze Arbeit alleine machen; **I wanted to keep the chips for ~ because I was so hungry** ich wollte die Pommes frites für mich alleine haben, da ich so hungrig war; **"I can get ~ dressed alone now," said the little girl** „ich kann mich jetzt ganz alleine anziehen", sagte das kleine Mädchen ❺ *(my normal self)* **to** [**just**] **be ~** [ganz] ich selbst sein; **even though I was nervous about our first date, I tried to calm down and just be ~** zwar war ich vor unserem ersten Date nervös, aber ich versuchte mich zu beruhigen und ganz ich selbst zu sein; **to not be/seem/feel ~** nicht ich selbst sein/zu sein scheinen; **I haven't felt ~ lately – I guess I feel a little depressed or something** ich war in letzter Zeit nicht ganz ich selbst – ich glaube, ich war ein wenig deprimiert oder so; **to look ~** wie ich selbst aussehen; **I didn't look ~ in my sister's clothes** ich sah in der Kleidung meiner Schwester nicht wie ich selbst aus

mys·teri·ous [mɪ'stɪəriəs, AM -'stɪri-] *adj* geheimnisvoll, rätselhaft, mysteriös; ■**to be ~ about sb/sth** um jdn/etw ein Geheimnis machen; **in ~ circumstances** unter mysteriösen Umständen; **a ~ disappearance** ein mysteriöses [*o* rätselhaftes] Verschwinden

mys·teri·ous·ly [mɪ'stɪəriəsli, AM -'stɪri-] *adv* rätselhafterweise, geheimnisvollerweise; **she ~ disappeared one morning** eines Morgens verschwand sie auf mysteriöse Art und Weise

mys·tery ['mɪstᵊri] *n (secret)* Geheimnis *nt; (puzzle)* Rätsel *nt;* **that's a ~ to me** das ist mir schleierhaft [*o* ein Rätsel]; **to solve a ~** ein Geheimnis lüften

mys·tery 'guest *n* Überraschungsgast *m* **mys·tery 'tour** *n* Fahrt *f* ins Blaue; *(longer)* Überraschungsreise *f* **mys·tery 'voice** *n* Stimme *f* eines Unbekannten/einer Unbekannten

'mys·tery writ·er *n* Kriminalschriftsteller(in) *m(f)*

mys·tic ['mɪstɪk] **I.** *n* Mystiker(in) *m(f)* **II.** *adj* ❶ *(inspiring sense of mystery)* geheimnisvoll, mysteriös, rätselhaft ❷ *(relating to mysticism)* mystisch ❸ *(occult, for the initiate)* esoterisch; *(not explicable by natural law)* mystisch-okkultistisch

mys·ti·cal ['mɪstɪkᵊl] *adj* mystisch

mys·ti·cism ['mɪstɪsɪzᵊm] *n no pl* ❶ *(consciousness of God's reality)* Mystik *f* ❷ *(belief in hidden realities)* das Mystische ❸ *(pej: vague speculation)* Mystizismus *m*

mys·ti·fi·ca·tion [ˌmɪstɪfɪ'keɪʃᵊn] *n no pl* ❶ *(puzzlement)* Verwunderung *f,* Verblüffung *f;* ■**to sb's ~** zu jds [großer] Verblüffung ❷ *(intentional confusion)* Verwirrung *f,* Verwirrspiel *nt*

mys·ti·fy <-ie-> ['mɪstɪfaɪ] *vt* ■**to ~ sb** jdn vor ein Rätsel stellen; **most Americans seem totally mystified by cricket** den meisten Amerikanern ist Kricket ein ewiges Rätsel; **his behaviour mystified us all** sein Verhalten verblüffte uns alle völlig

mys·ti·fy·ing ['mɪstɪfaɪɪŋ] *adj* rätselhaft, [völlig] unerklärlich

mys·ti·fy·ing·ly ['mɪstɪfaɪɪŋli] *adv* unerklärlicherweise, rätselhafterweise

mys·tique [mɪ'stiːk] *n no pl (form)* Zauber *m;* **there's great ~ attached to the life of a movie star** das Leben eines Filmstars ist immer geheimnisumwittert

myth [mɪθ] *n* ❶ *(ancient story)* Mythos *m;* **creation ~** Schöpfungsmythos *m;* **Greek and Roman ~** die klassischen Sagen des Altertums ❷ *(pej: false idea)* Mythos *m,* Ammenmärchen *nt pej;* **it's just a ~ that ...** es ist ein Ammenmärchen, dass ...; **to disprove/explode a ~** ein allgemein verbreitetes Gerücht widerlegen/ausmerzen

mythi·cal ['mɪθɪkᵊl] *adj* ❶ *(fictional)* sagenhaft, sagenumwoben, legendär ❷ *(supposed)* gedacht, imaginär

mytho·logi·cal [ˌmɪθəˈlɒdʒɪkᵊl, AM -ə'lɑː-] *adj* mythologisch; **a ~ hero** ein Sagenheld *m;* **a ~ story** eine Sage

my·tholo·gize [mɪ'θɒlədʒaɪz, AM -'θɑː-] **I.** *vt* ■**to ~ sth** etw glorifizieren [*o* verklären]; **to ~ the past** die Vergangenheit verklären **II.** *vi* ■**to ~ about sth** etw verklären

my·thol·ogy [mɪ'θɒlədʒi, AM -'θɑː-] *n no pl* Mythologie *f; (fig)* Ammenmärchen *nt pej;* **classical ~** die Mythologie der Antike; **Greek ~** die griechische Mythologie

myxo·ma·to·sis <*pl* -> [ˌmɪksəmə'təʊsɪs, AM -toʊ-] *n* Myxomatose *f*

Nn

N <*pl* 's>, **n** <*pl* 's *or* -s> *n* N *nt,* n *nt;* **~ for Nelly** [*or* AM **as in Nan**] N für Nordpol

N I. *n abbrev of* **North** N *m* **II.** *adj abbrev of* **North, Northern** nördl.

n¹ *n* ❶ MATH *(unknown number)* x ❷ *(fig fam: endless amount)* x; **there are ~ possibilities** es gibt x Möglichkeiten

n² *n* ❶ *abbrev of* **noun** Subst. ❷ *abbrev of* **neuter** nt

'n' [ᵊn] *conj abbrev of* **and**

n/a, NA *abbrev of* **(not) applicable** entf.

naan [nɑːn] *n,* **nan bread** *n* indisches Fladenbrot *(das zu indischen Gerichten warm serviert wird)*

nab <-bb-> [næb] *vt (fam)* ■**to ~ sth** etw stibitzen *fam;* ■**to ~ sb sth** jdm etw holen; **could you ~ me a seat?** könntest du mir vielleicht einen Platz freihalten?

nabe [neɪb] *n* AM *(sl)* Nachbarschaft *f*

na·bob ['neɪbɒb, AM -bɑːb] *n (dated)* Krösus *m,* eine(r) *f(m)* von den oberen Zehntausend

na·cho ['nɑːtʃəʊ, AM -tʃoʊ] **I.** *n* ■**~s** Nachos *pl* **II.** *n modifier* *attr, inv* FOOD Nacho-; ~ **chips** Nachos *pl;* ~ **salad** Nachosalat *m*

na·da ['nɑ:də] *n no pl* AM *(fam)* Nichts *nt*

na·dir ['neɪdɪəʳ, næd-, AM 'neɪdɚ] *n (form)* Tiefpunkt *m*

nae [neɪ] *adv inv* BRIT, SCOT nein

naff [næf] BRIT **I.** *adj (sl)* ordinär; **he was wearing incredibly ~ trousers** er trug eine Hose, die einfach unmöglich war **II.** *vi (sl)* ■**to ~ off** Leine ziehen *sl,* abhauen *fam*

NAFTA ['næftə] *n no pl acr for* **North American Free Trade Agreement** NAFTA *f (Freihandelsabkommen oder -zone zwischen den USA, Kanada und Mexiko)*

nag¹ [næg] *n* [alte Schind]mähre, [alter] Klepper *fam*

nag² [næg] **I.** *vi* <-gg-> [herum]nörgeln; **oh stop ~ging!** ach, hör doch auf herumzunörgeln!; ■**to ~ at sb** an jdm nagen, jdm unter die Haut gehen **II.** *vt* <-gg-> ■**to ~ sb** *(urge)* jdm [ständig] zusetzen; *(annoy)* jdn nicht in Ruhe lassen, jdm auf die Nerven gehen; **my mum's always ~ging me to get my hair cut** meine Mutter ist ständig hinter mir her, dass ich mir die Haare schneiden lasse **III.** *n (fam)* ❶ *(person)* Nörgler(in) *m(f),* Meckerer *m; (annoying)* Nervensäge *f fam;* **don't be such a ~!** hör auf zu nörgeln! ❷ *(feeling)* **he felt once again that little ~ of doubt** eine Spur des Zweifels machte sich ihm nochmals bemerkbar

nag·ger ['nægəʳ, AM -ɚ] *n* Quälgeist *m,* Nörgler(in) *m(f)*

nag·ging ['nægɪŋ] **I.** *n no pl* Genörgel *nt,* Nörgelei *f,* Gemecker *nt* **II.** *adj* ❶ *(criticizing)* nörgelnd, meckernd; ~ **voice** nörgelnder Tonfall, Nörgelstimme *f,* Meckerstimme *f fam* ❷ *(continuous)* quälend; ~ **pain** [*or* **ache**] quälender Schmerz

nah [næ:] *adv (sl)* ne(e) *fam*

nail [neɪl] **I.** *n* ❶ *(metal fastener)* Nagel *m;* **to hammer a ~ into the wall** einen Nagel in die Wand schlagen ❷ *(body part)* [Finger-/Zeh]nagel *m;* **to bite one's ~s** an den Fingernägeln kauen; **to cut one's ~s** sich *dat* die Nägel schneiden; **to paint one's ~s** sich *dat* die Nägel lackieren ▸PHRASES: **to be** [*or* **drive**] **a ~ in sb's coffin** ein Nagel zu jds Sarg *m* sein; **to hit the ~ on the head** den Nagel auf den Kopf treffen; **as hard as ~s** hart wie Stahl, unheimlich zäh **II.** *vt* ❶ *(fasten)* ■**to ~ sth to sth** etw an etw *akk* nageln ❷ *(sl: catch)* ■**to ~ sb** *police* jdn schnappen *fam; newspapers* jdn drankriegen *fam;* **to ~ a lie** etw als Lüge entlarven ▸PHRASES: **to ~ one's colours to the mast** Farbe bekennen, Flagge zeigen

◆**nail down** *vt* ❶ *(fasten)* ■**to ~ down** ⇄ **sth** etw festnageln ❷ *(get answer)* ■**to ~ sb down to sth** jdn auf etw *akk* festnageln ❸ *(agree details)* **to ~ down an agreement** eine [feste] Vereinbarung treffen; **to ~ down a contract/deal** einen Vertrag/ein Geschäft abschließen

◆**nail up** *vt* ■**to ~ up** ⇄ **sth** etw annageln; *picture, poster* etw aufhängen [*o* an die Wand hängen]

'nail bar *n* Nagelstudio *nt* **'nail-bit·er** *n* Nägelkauer(in) *m(f)* **'nail-bit·ing I.** *n no pl* Nägelkauen *nt* **II.** *adj* nervenzerreißend; *film* spannend **'nail brush** *n* Nagelbürste *f* **'nail clip·pers** *npl* Nagelknipser *m* **'nail enam·el** *n* AM *see* **nail varnish 'nail enam·el re·mov·er** *n* AM *see* **nail varnish remover 'nail file** *n* Nagelfeile *f* **'nail pol·ish** *n (nail varnish)* Nagellack *m* **'nail scis·sors** *npl* Nagelschere *f* **'nail var·nish** *n* Nagellack *m* **'nail var·nish re·mov·er** *n* Nagellackentferner *m*

na·ïve, na·ive [naɪ'i:v, AM *esp* nɑ:'i:v] *adj (esp pej)* naiv *pej,* einfältig *pej;* **to make the ~ assumption that ...** naiverweise annehmen, dass ...

na·ïve·ly, na·ive·ly [naɪ'i:vli, AM *esp* nɑ:'i:v-] *adv* naiverweise; **David ~ believed him** in seiner Naivität glaubte ihm David

na·ïve·té [naɪ'i:vᵊteɪ, AM ˌnɑ:i:v'teɪ], **na·ive·ty** [naɪ'i:vəti, AM nɑ:'i:vəţi] *n no pl* Naivität *f a. pej,* Einfalt *f pej*

na·ked ['neɪkɪd] *adj* ❶ *(unclothed)* nackt, unbekleidet; **to be ~ to the waist** mit freiem Oberkörper herumlaufen; **half ~** halb nackt; **stark** [*or* AM **buck**] [*or* AM **butt**] ~ *(fam)* splitter[faser]nackt; **to strip ~** sich *akk* nackt ausziehen ❷ *(uncovered)* nackt; *(fig)* nackt, bloß; ~ **aggression** unverhüllte Aggression; ~ **ambition** blanker Ehrgeiz; **a ~ bulb** eine nackte Glühbirne; **to the ~ eye** für das bloße Auge; **with the ~ eye** mit bloßem Auge; ~ **flame** offene Flamme

na·ked·ly ['neɪkɪdli] *adv (fig)* offen, bloß; **his vulnerability was ~ on display** jeder konnte genau sehen, wie verletzlich er war

na·ked·ness ['neɪkɪdnəs] *n no pl* Nacktheit *f,* Blöße *f liter*

nam·by-pam·by [ˌnæmbi'pæmbi] *adj attr (pej fam: foolish)* dämlich, blöde; *(weak) person* verweichlicht

name [neɪm] **I.** *n* ❶ *(title)* Name *m;* **hello, my ~'s Peter** hallo, ich heiße Peter; **what's your ~?** wie heißen Sie?; **her full name is ...** ihr voller Name lautet ...; **first ~** Vorname *m;* **last ~** Familienname *m,* Nachname *m;* **to call sb ~s** jdn beschimpfen; **some of the kids had been calling her ~s** ein paar von den anderen Kindern hatten ihr Schimpfwörter nachgerufen; **to write one's last ~ down first** seinen Familiennamen zuerst angeben; **by ~** dem Namen nach; **they were listed by ~ and country of origin** sie waren dem Namen und Heimatland nach aufgelistet; **in the business world he goes by the ~ of J. Walter Fortune** *(form)* in der Geschäftswelt kennt man ihn unter dem Namen J. Walter Fortune; **in all but ~** de facto; **she is vice-president in all but ~** de facto ist sie die Vizepräsidentin; **in ~ only** nur nominell [*o* dem Namen nach]; **to do sth in the ~ of sb** [*or* **to do sth in sb's ~**] etw in jds Namen tun; **I reserved by phone yesterday in the ~ of Tremin** ich habe gestern telefonisch auf den Namen Tremin reservieren lassen; **the union is taking action in our ~** die Gewerkschaft unternimmt Schritte in unserem Namen; **in the ~ of freedom and justice** im Namen von Freiheit und Gerechtigkeit; **in God's** [*or* **heaven's**] **~, in the ~ of God** um Himmels willen; **what in God's ~ caused that outburst?** was um Himmels willen hat diesen Ausbruch verursacht?; **under the ~ of ...** unter dem Pseudonym ... ❷ *no pl (reputation)* Name *m,* Ruf *m;* **if this project fails our ~ will be mud** wenn dieses Projekt fehlschlägt, wird unser Ruf ruiniert sein; **to be a big/important ~** zu den großen/bedeutenden Persönlichkeiten zählen; **a good/bad ~** ein guter/schlechter Ruf; **he developed a bad ~** er hat sich einen schlechten Ruf eingehandelt; **to give sb/sth a good ~** jdm/etw einen guten Ruf verschaffen; **to give sb/sth a bad ~** jdn/etw in Verruf bringen; **to clear one's ~** sich *akk* reinwaschen; **she went to court to clear her ~** sie ging vor Gericht, um ihren Namen reinzuwaschen; **to have a ~ for sth** für etw *akk* bekannt sein; **to make a ~ for oneself** sich *dat* einen Namen machen; **he has made a ~ for himself as a talented journalist** er hat als talentierter Journalist von sich reden gemacht ▸PHRASES: **the ~ of the game** das, worauf es ankommt; **financial survival is the ~ of the game** was zählt, ist das finanzielle Überleben; **without a penny** [*or* **cent**] **to one's ~** ohne einen Pfennig; **he has not a penny to his ~** er ist völlig mittellos; **to take sb's ~ in vain** jds Namen missbrauchen; **a ~ to conjure with** ein Name, der Wunder wirkt; **Wutherington-Smythe, my goodness, that's a ~ to conjure with!** meine Güte, Wutherington-Smythe, das ist ein Name, der Eindruck macht **II.** *vt* ❶ *(call)* ■**to ~ sb** jdm einen Namen geben; **they ~d their little boy Philip** sie nannten ihren kleinen Sohn Philip; ■**to ~ sb after** [*or* AM **for**] **sb** jdn nach jdm [be]nennen; **Paul was ~d after his grandfather** Paul wurde nach seinem Großvater benannt; ■**to ~ sth after** [*or* AM **for**] **sb** etw nach jdm benennen ❷ *(list)* ■**to ~ sb/sth** jdn/etw nennen; ~ **three types of monkey** geben Sie drei Affenarten an ❸ *(choose)* ■**to ~ sb/sth** jdn/etw nennen; **to ~ the time and the place** [die] Zeit und [den] Ort nennen; **you ~ it** was auch immer Sie wollen; **gin, vodka, whisky, beer – you ~ it, I've got it** Gin, Wodka, Whisky, Bier – was [immer] Sie wünschen, ich führe es ❹ *(nominate)* ■**to ~ sb sth** jdn zu etw *dat* ernennen; **she has been ~d the new Democratic candidate** sie ist als neue Kandida-

N

tin der Demokraten aufgestellt worden

'name-call·ing *n no pl* Hänseln *nt,* Gehänsel *nt pej* **'name day** *n* Namenstag *m* **'name-drop** *vi Namen berühmter Persönlichkeiten, die man kennt, in die Unterhaltung einfließen lassen;* **she's always ~ping** ständig muss sie darauf hinweisen, wen sie alles kennt **'name-drop·per** *n* (*pej*) *jd, der ständig die Namen berühmter Persönlichkeiten erwähnt, die er kennt* **'name-drop·ping** *n no pl* Namedropping *nt* (*das Angeben mit berühmten Persönlichkeiten, die man kennt*)

name·less ['neɪmləs] *adj inv* namenlos; **the ~ author** der unbekannte [*o* anonyme] Autor; **to be** [*or* **remain**] **~** ungenannt bleiben, nicht namentlich erwähnt werden

name·ly ['neɪmli] *adv inv* nämlich

'name·plate *n of a person* Namensschild *nt;* (*on door of a house*) Türschild *nt; of company* Firmenschild *nt* **'name·sake** [-seɪk] *n* Namensvetter *m* **'name tag** *n* Namensschild[chen] *nt*

nan [nɑːn, AM næn] *n* indisches Fladenbrot

nana ['nænə] *n* ❶ BRIT (*fam*) Oma *f fam* ❷ (*grandmother*) Oma *f,* Omi *f fam*

na·nai·mo bar [nə'naɪmoʊ] *n* CAN *kleiner Schokoladen-Kokos-Kuchen mit Buttercreme und Schokoladenglasur*

nan bread *n* indisches Fladenbrot

nance ['næn(t)s] (*pej dated sl*), **nan·cy** ['næn(t)si] (*pej dated sl*), **nan·cy boy** *n* (*pej dated sl*) Tunte *f pej sl,* Schwule(r) *m*

nan·na ['nænə] *n see* **nana**

nan·ny ['næni] *n* ❶ (*grandmother*) Oma *f,* Omi *f fam* ❷ (*babyminder*) Kindermädchen *nt* ❸ (*animal*) Geiß *f*

'nan·ny goat *n* Geiß *f*

nan·ny·ish *adj* überfürsorglich

nan·ny 'state *n* (*fam*) überfürsorglicher Staat (*insbesondere was Sicherheit und Gesundheit angeht*)

na·no·bot ['nænə(ʊ)bɒt, AM -noʊbɑːt] *n* Nanobot *m fachspr,* winziger Roboter

na·no·me·ter ['nænoʊˌmiːt̬ɚ] AM, **na·no·me·tre** ['nænə(ʊ)ˌmiːtəʳ] *n* BRIT Nanometer *m o nt*

na·no·sec·ond ['nænə(ʊ)ˌsekᵊnd, AM 'nænoʊ-] *n* Nanosekunde *f*

na·no·tech ['nænəʊtek, AM -noʊ] *n no pl short for* **nanotechnology** Nanotechnologie *f fachspr*

na·no·tech·nol·ogy [ˌnænəʊtek'nɒlədʒi, AM -noʊtek'nɑː-] *n no pl* Nanotechnologie *f fachspr*

nap¹ [næp] **I.** *n* Nickerchen *nt,* Schläfchen *nt;* **to have** [*or* **take**] **a ~** ein Nickerchen machen [*o* halten] **II.** *vi* <-pp-> ein Nickerchen machen, sich *akk* [kurz] aufs Ohr legen

nap² [næp] *n no pl* Flor *m;* **the ~ of the velvet** der Samtflor

na·palm ['neɪpɑːm] *n no pl* Napalm *nt*

'na·palm bomb *n* Napalmbombe *f*

nape [neɪp] *n no pl* Nacken *m,* Genick *nt*

nap·kin ['næpkɪn] *n* Serviette *f*

'nap·kin ring *n* Serviettenring *m*

nap·py ['næpi] **I.** *n* Windel *f;* **I knew him when he was still in nappies** ich kannte ihn schon, als er noch in den Windeln lag; **cloth ~** Stoffwindel *f;* **disposable ~** Wegwerfwindel *f,* Pampers® *f* **II.** *adj* AM *hair* lockig, kraus

'nap·py lin·er *n* Windeleinlage *f* **'nap·py rash** *n* Wundsein *nt kein pl,* Windeldermatitis *f kein pl fachspr*

narc [nɑːrk] *n* AM (*sl*) Rauschgiftfahnder(in) *m(f)*

nar·cis·si [nɑː'sɪsaɪ, AM nɑːr-] *n* BOT *pl of* **narcissus**

nar·cis·sism ['nɑːsɪsɪzᵊm, AM 'nɑːrsə-] *n no pl* Narzissmus *m*

nar·cis·sist ['nɑːsɪsɪst, AM 'nɑːr-] *n* Narziss *m*

nar·cis·sis·tic [ˌnɑːsɪ'sɪstɪk, AM ˌnɑːr-] *adj* narzisstisch; **he has a very ~ personality** er ist sehr narzisstisch veranlagt

nar·cis·sus <*pl* -es *or* -issi *or* -> [nɑː'sɪsəs, AM nɑːr'-] *n* Narzisse *f*

nar·co·lep·sy ['nɑːkə(ʊ)lepsi, AM 'nɑːrkə-] *n no pl* Schlafkrankheit *f*

nar·co·lep·tic [ˌnɑːkə(ʊ)'leptɪk, AM ˌnɑːrkə'-] **I.** *n* Narkoleptiker(in) *m(f) fachspr* **II.** *adj* narkoleptisch *fachspr*

nar·co·sis [nɑː'kəʊsɪs, AM nɑːr'koʊ-] *n* Narkose *f*

nar·cot·ic [nɑː'kɒtɪk, AM nɑːr'kɑːt̬-] **I.** *n* ❶ *esp* AM (*drug*) Rauschgift *nt,* Droge *f* ❷ MED (*drug causing sleepiness*) Narkotikum *nt;* **to be under a ~** narkotisiert sein **II.** *adj* ❶ (*affecting the mind*) berauschend; **~ drug** Rauschgift *f* ❷ MED narkotisch; (*sleep-inducing*) einschläfernd

nark [nɑːk] BRIT, AUS **I.** *vt* ■**to ~ sb** jdn ärgern; **his behaviour really ~ed me** sein Benehmen verärgerte mich wirklich; **to be/become ~ed with sb** auf jdn wütend sein/werden **II.** *n* ❶ (*annoying person*) unausstehliche Person *f* ❷ (*sl: police informer*) Spitzel *nt*

narky ['nɑːki] *adj* unausstehlich, grantig *fam*

nar·rate [nə'reɪt, AM 'nereɪt] *vt* ■**to ~ sth** ❶ (*provide commentary*) etw erzählen; **to ~ a tale** [*or* **story**] eine Geschichte erzählen ❷ (*give account of*) etw schildern; **to ~ events** Ereignisse schildern

nar·ra·tion [nə'reɪʃᵊn, AM ne'reɪ] *n no pl* Schilderung *f; of a story, tale* Erzählung *f*

nar·ra·tive ['nærətɪv, AM 'nerət̬ɪv] *n* (*form*) ❶ (*story*) Erzählung *f* ❷ (*description of events*) Schilderung *f,* Beschreibung *f*

nar·ra·tor [nə'reɪtəʳ, AM 'nereɪt̬ɚ] *n* Erzähler(in) *m(f)*

nar·row ['nærəʊ, AM 'neroʊ] **I.** *adj* ❶ (*thin*) eng, schmal; **a ~ bridge** eine schmale Brücke; **a ~ passageway** ein enger Durchgang; **a ~ slit** ein schmaler Schlitz ❷ (*pej: limited*) engstirnig, beschränkt *pej;* **to have a ~ mind** engstirnig sein, einen beschränkten geistigen Horizont haben; **~ thought** engstirniges Denken ❸ (*small*) eng, knapp; **prices today stayed within a ~ range** es gab heute nur geringfügige Preisabweichungen; **to win an election by a ~ margin** eine Wahl mit einem knappen Vorsprung gewinnen **II.** *vi* enger werden, sich *akk* verengen; (*fig*) *gap, difference* sich *akk* schließen [*o* verringern]; **the road ~s here** hier verengt sich die Straße **III.** *vt* ■**to ~ sth** etw verengen; (*fig*) etw beschränken [*o* begrenzen]; **he ~ed his eyes in suspicion** er kniff argwöhnisch die Augen zusammen; **to ~ the focus of an investigation** die Ermittlungen konzentrieren

◆**narrow down** *vt* ■**to ~ down** ↔ **sth** etw beschränken [*o* einschränken]; **to ~ down the list of candidates** die Zahl der Anwärter beschränken

'nar·row boat *n* NAUT Kahn *m* **'nar·row·cast** *vt* ❶ TV ■**to ~ sth** etw im Spartenfernsehen übertragen; **the channel ~s to about 4000 pubs** der Sender versorgt ungefähr 4000 Gaststätten mit seinem Spartenprogramm ❷ (*fig: tell only to some people*) ■**to ~ sth to sb** jdm Exklusivinformationen über etw *akk* geben **'nar·row gauge** *n* Schmalspur *f*

nar·row·ly ['nærəʊli, AM 'neroʊ-] *adv* ❶ (*barely*) knapp; **she ~ missed winning an Oscar** sie hätte um ein Haar einen Oskar gewonnen ❷ (*meticulously*) peinlich genau, sehr gründlich; **to look at sb ~** jdn eingehend mustern

nar·row-'mind·ed *adj* engstirnig; **a ~ bigot** ein engstirniger, voreingenommener Mensch; **~ opinions/views** engstirnige Meinungen/Ansichten

nar·row-mind·ed·ness [-'maɪndɪdnəs] *n no pl* Engstirnigkeit *f*

nar·row·ness ['nærəʊnəs, AM 'neroʊ-] *n no pl* Enge *f;* **the ~ of the opening** der schmale Durchgang

nar·rows ['nærəʊz, AM 'neroʊz] *npl* NAUT Meerenge *f*

NASA ['næsə] *n no pl abbrev of* **National Aeronautics and Space Administration** NASA *f*

na·sal ['neɪzᵊl] *adj* ❶ (*concerning nose*) Nasen-; **~ cavity** Nasenhöhle *f;* **to have ~ congestion** eine verstopfte Nase haben; **~ passages** Nasengänge *mpl;* **~ spray** Nasenspray *nt* ❷ (*droning*) nasal; **she spoke in ~ tones** sie sprach sehr näselnd; **to have a ~ voice** eine nasale Aussprache haben, näseln

na·sal·ly ['neɪzᵊli] *adv* näselnd, durch die Nase; **to speak ~** näseln

nas·cent ['neɪsᵊnt] *adj* (*form*) neu aufkommend, in [der] Entstehung begriffen; **a ~ political party** eine junge politische Partei

na·si go·reng [ˌnɑːsigəˈreŋ] *n no pl* Nasi Goreng *nt*
nas·ti·ly [ˈnɑːstɪli, AM ˈnæːstɪli] *adv* gehässig, gemein; **to speak ~ to sb** gehässig zu jdm sein
nas·ti·ness [ˈnɑːstɪnəs, AM ˈnæːstɪ-] *n no pl* Gemeinheit *f*, Gehässigkeit *f*
na·stur·tium [nəˈstɜːʃəm, AM -ˈstɜːr-] *n* [Kapuziner]kresse *f*
nas·ty [ˈnɑːsti, AM ˈnæːsti] *adj* ❶ (*bad*) scheußlich, grässlich, widerlich; ■**to be ~ to sb** zu jdm gemein sein; **he gave me a very ~ look** er warf mir einen finsteren [*o* übelwollenden] Blick zu; **he is a ~ piece of work** er ist ein fieser Zeitgenosse; **a ~ crack** eine üble Stichelei; **to have a ~ feeling about sth** wegen einer S. *gen* ein ungutes Gefühl haben; **a ~ fright** ein furchtbarer Schreck[en]; **a ~ insult** eine gemeine Beleidigung; **to have a ~ mind** eine schmutzige Fantasie haben; **a ~ joke** ein schlechter Scherz; **a ~ smell** ein grässlicher [*o* scheußlicher] Geruch; **a ~ shock** ein furchtbarer Schock; **a ~ surprise** eine böse Überraschung; **a ~ taste** ein ekelhafter [*o* widerlicher] Geschmack; **cheap and ~** billig und schlecht ❷ (*dangerous*) gefährlich ❸ (*serious*) schlimm, böse; **she had a ~ cut** sie hat sich ziemlich böse geschnitten *fam;* **a ~ accident** ein schlimmer Unfall; **to turn ~** umschlagen; **the situation could turn ~ at any moment** die Lage könnte jederzeit umschlagen
na·tal [ˈneɪtəl, AM -t̬-] *adj* Geburts-; **the ~ period** der Geburtsvorgang
na·tal·ity [nəˈtælɪti, AM -ət̬i] *n* Geburtenziffer *f*
natch [nætʃ] *adv* (*sl*) erwartungsgemäß, natürlich
na·tion [ˈneɪʃən] *n* ❶ (*country, state*) Nation *f*, Land *nt;* **leading industrialized ~s** führende Industrienationen; **to serve the ~** seinem Land dienen; **all across the ~** im ganzen Land; **all across the ~ people were demonstrating for peace** im ganzen Land demonstrierten Menschen für Frieden ❷ (*people*) Volk *nt;* **the Apache/Navajo ~** AM der Stamm der Apachen/Navajos; **the Jewish ~** das jüdische Volk; **the whole ~** das ganze Land
na·tion·al [ˈnæʃənəl] **I.** *adj inv* ❶ (*of a nation*) *matter, organization* national; *flag, team, dish, hero* National-; **~ assembly/bank** Nationalversammlung/-bank *f;* **~ census** Volkszählung *f;* **~ champion** Landesmeister(in) *m(f);* **~ defence** Landesverteidigung *f;* **~ government** Landesregierung *f;* **[in the] ~ interest** [im] Staatsinteresse *nt;* **~ security** nationale Sicherheit; **~ unity** nationale Einheit ❷ (*particular to a nation*) Landes-, Volks-; **~ costume** [*or* **dress**] Landestracht *f;* **~ language** Landessprache *f;* **~ pastime** (*iron*) Volkssport *m* ❸ (*nationwide*) national; **the ~ dailies** die überregionalen Tageszeitungen; **a ~ disaster** eine nationale Katastrophe; **a ~ emergency** ein landesweiter Notfall; **~ mourning** Staatstrauer *f;* **~ organization** überregionale Organisation; **~ strike** Generalstreik *m;* **~ television** Landesfernsehen *nt* **II.** *n* Staatsbürger(in) *m(f)*, Staatsangehörige(r) *f(m);* **foreign ~** Ausländer(in) *m(f)*
na·tion·al ˈan·them *n* Nationalhymne *f* **na·tion·al cur·ˈricu·lum** *n* BRIT staatlicher Lehrplan **na·tion·al ˈdebt** *n* Staatsverschuldung *f* **Na·tion·al Edu·ˈca·tion As·so·cia·tion** *n* AM *amerikanischer Lehrerverband*

i Kultur

Das **national emblem** – *Nationalsymbol* Englands ist die *Tudor rose*, die weiße, flache Rose des Königshauses York auf der roten Rose des Hauses Lancaster. Irlands Nationalsymbol ist der *shamrock*, eine Art Kleeblatt, den der Schutzpatron St Patrick zur Veranschaulichung der Dreieinigkeit verwendet haben soll. Die *thistle – Distel* von Schottland wurde von König James III im 15. Jh. als Nationalsymbol ausgewählt. Der *dragon – Drache* von Wales wurde vor sehr langer Zeit als ein Emblem auf den Kriegsfahnen verwendet. Die Waliser haben auch den *leek – Lauch* als Symbol, der, nach Shakespeare, bei der Schlacht von Poitiers gegen die Franzosen 1356 getragen wurde; die *daffodil – Osterglocke* ist ein hübscherer Ersatz dafür aus dem 20. Jh.

Na·tion·al En·dow·ment for the ˈArts *n* AM *staatliche Organisation, die Stipendien an Schriftsteller und Geisteswissenschaftler vergibt, um deren Arbeit zu unterstützen* **Na·tion·al ˈFront** *n* BRIT *rechtsradikale Partei* **na·tion·al ˈgrid** *n* BRIT, AUS ELEC nationales Verbundnetz **Na·tion·al ˈGuard** *n* AM Nationalgarde *f* **Na·tion·al ˈHealth** BRIT, **Na·tion·al ˈHealth Ser·vice** BRIT **I.** *n* staatlicher Gesundheitsdienst **II.** *n modifier* (*dentist, hospital*) ≈ Kassen-; **~ doctor** ≈ Kassenarzt, -ärztin *m, f* **na·tion·al ˈholi·day** *n* (*work-free*) gesetzlicher Feiertag; (*in celebration of a nation*) Nationalfeiertag *m* **Na·tion·al In·ˈsur·ance** BRIT **I.** *n* Sozialversicherung *f* **II.** *n modifier* (*number, patient*) Sozialversicherungs-; **~ contributions** Sozialversicherungsbeiträge *mpl*
na·tion·al·ism [ˈnæʃənəlɪzəm] *n no pl* (*usu pej*) Nationalismus *m*
na·tion·al·ist [ˈnæʃənəlɪst] **I.** *adj* nationalistisch **II.** *n* Nationalist(in) *m(f)*
na·tion·al·is·tic [ˌnæʃənəlˈɪstɪk] *adj* (*usu pej*) nationalistisch
na·tion·al·ity [ˌnæʃənˈæləti, AM -ət̬i] *n* ❶ (*esp cultural*) Nationalität *f;* **what ~ are you?** welcher Nationalität sind Sie?; **people of several different nationalities were there** Leute aus vielen verschiedenen Ländern waren da ❷ *no pl* (*legal*) Staatsangehörigkeit *f;* **to adopt** [*or* **take**] **British/German ~** die britische/deutsche Staatsangehörigkeit annehmen; **to apply for British/German ~** die britische/deutsche Staatsangehörigkeit beantragen
na·tion·ali·za·tion [ˌnæʃənəlaɪˈzeɪʃən, AM -lɪˈ-] *n no pl* Verstaatlichung *f;* **~ of agriculture** die Verstaatlichung der Landwirtschaft
na·tion·al·ize [ˈnæʃənəlaɪz] *vt* ■**to ~ sth** *company, steel industry* etw verstaatlichen; **to ~ the banking sector** das Bankwesen verstaatlichen
na·tion·al·ly [ˈnæʃənəli] *adv* (*not locally*) im ganzen Land, landesweit; (*concerning a nation*) national; **~ speaking** auf nationaler Ebene gesehen
na·tion·al ˈmonu·ment *n* Nationaldenkmal *nt* **na·tion·al ˈpark, Na·tion·al ˈPark** *n* Nationalpark *m* **na·tion·al ˈser·vice** *n no pl* BRIT, AUS Wehrdienst *m;* **to do ~** den Wehrdienst [ab]leisten **na·tion·al ˈso·cial·ism** *n no pl* (*hist*) Nationalsozialismus *m*

i Kultur

Die Stiftung **National Trust** ist eine 1895 gegründete, gemeinnützige Natur- und Denkmalschutzorganisation mit über einer Million Mitgliedern. Sie besitzt historisch bedeutsame Häuser und Gärten sowie landschaftlich schöne Gegenden, die der Allgemeinheit zugänglich sind. Schottland hat seinen eigenen **Scottish National Trust**. Die von der Regierung unterstützte Organisation *English Heritage* hat die Aufgabe, historische Gebäude und Denkmäler zu schützen und zu restaurieren. In Schottland gibt es für diese Aufgaben die Organisation *Historic Scotland* und in Wales den Verband *Cadw*.

Na·tion·al Vo·ca·tion·al Quali·fi·ˈca·tion *n* BRIT ≈ Fachhochschulreife *f*
na·tion ˈstate *n* Nationalstaat *m* **ˈna·tion·wide I.** *adv* landesweit, im ganzen Land; **to broadcast sth ~** etw landesweit senden **II.** *adj inv coverage, strike, campaign* landesweit; **a ~ survey** eine landesweite Umfrage
na·tive [ˈneɪtɪv, AM -t̬-] **I.** *adj inv* ❶ (*of one's birth*) beheimatet, heimatlich; **sb's ~ country** [*or* **land**] jds Heimatland *nt;* **he's a ~ Canadian** er ist gebürtiger Kanadier; **sb's ~ language** [*or*

N

tongue] jds Muttersprache *f;* **to stand on one's ~ soil again** wieder heimatlichen Boden betreten ❷ (*indigenous*) *customs, traditions* einheimisch; *population* eingeboren; ~ **villages** Eingeborenendörfer *ntpl;* **they were welcomed by a group of Maoris in ~ dress** sie wurden von einer Gruppe Maoris begrüßt, die nach Art der Einheimischen gekleidet waren ❸ BOT, ZOOL *animal, plant* beheimatet, einheimisch; **the horse is not ~ to the Americas** das Pferd war ursprünglich nicht in Amerika beheimatet ❹ (*innate*) angeboren; ~ **ability/talent** angeborene Fähigkeit/angeborenes Talent **II.** *n* (*indigenous inhabitant*) Einheimische(r) *f(m);* **a ~ of Monaco** ein gebürtiger Monegasse/eine gebürtige Monegassin; **to speak English like a ~** Englisch wie seine Muttersprache sprechen; (*indigenous, aboriginal*) Eingeborene(r) *f(m);* **to go ~** (*hum fam*) wie die Eingeborenen leben

na·tive A'meri·can I. *n* amerikanischer Ureinwohner/amerikanische Ureinwohnerin **II.** *adj* der amerikanischen Ureinwohner; ~ **history** Geschichte der amerikanischen Ureinwohner

na·tive-'born *adj* gebürtig; ~ **New Yorker** gebürtiger New Yorker/gebürtige New Yorkerin **na·tive 'speak·er** *n* Muttersprachler(in) *m(f);* **all the teachers were ~s of English** alle Lehrer waren englische Muttersprachler

Na·tiv·ity [nəˈtɪvəti, AM -t̬i] *n no pl* ART, REL ■**the ~** die Geburt Christi

na·'tiv·ity play *n* Krippenspiel *nt*

NATO, Nato [ˈneɪtəʊ, AM -t̬oʊ] **I.** *n no pl, no art acr for* **North Atlantic Treaty Organisation** NATO *f* **II.** *n modifier acr for* **North Atlantic Treaty Organisation** (*troops, demands, decisions*) NATO-; ~ **forces** NATO-Streitkräfte *pl;* **the ~ summit** der NATO-Gipfel

nat·ter [ˈnætəʳ, AM -t̬ɚ] *esp* BRIT **I.** *vi* (*fam*) quatschen *fam;* ■**to ~ away** quasseln *fam* **II.** *n* (*fam*) Schwatz *m fam;* **to have a ~ [with sb]** [mit jdm] quatschen *fam*

nat·ter·er [ˈnætᵊrəʳ] *n* BRIT (*fam*) Labertasche *f fam*

nat·ti·ly [ˈnætɪli, AM -t̬-] *adv* (*fam*) schick, flott *fam*

nat·ty [ˈnæti, AM -t̬-] *adj* (*fam: smart*) schick; **to be a ~ dresser** immer schick gekleidet sein; (*well-designed*) *tool, appliance* praktisch

natu·ral [ˈnætʃᵊrᵊl, AM -ɚəl] **I.** *adj* ❶ (*not artificial*) *flavour, ingredients, mineral water* natürlich; *colour, curls, dye, fertilizer* Natur-; **to be a ~ blonde** naturblondes Haar haben; ~ **fibre** [*or* AM **fiber**] Naturfaser *f;* ~ **material** Naturprodukt *m;* ~ **pearls** echte Perlen; ~ **phenomenon** Naturphänomen *nt* ❷ (*as in nature*) *harbour, reservoir, camouflage* natürlich; *fabric, wood* naturbelassen; ~ **state** Naturzustand *m;* **it's not ~ for a woman to be so thin** es ist gegen die weibliche Natur, so dünn zu sein ❸ (*caused by nature*) natürlich; ~ **causes** natürliche Ursachen; **to die from ~ causes** eines natürlichen Todes sterben; ~ **disaster** Naturkatastrophe *f* ❹ (*inborn*) angeboren; **he has a ~ talent for sports** er hat eine natürliche Begabung für Sport; **to be a ~ leader** ein geborener Führer/eine geborene Führerin sein ❺ BIOL, SOCIOL ~ **father/mother/parents** leiblicher Vater/leibliche Mutter/Eltern ❻ (*normal*) natürlich, normal; **I'm sure there's a ~ explanation for it** ich bin sicher, es gibt dafür eine ganz normale Erklärung; **it's quite ~ ...** es ist ganz natürlich, ...; ~ **inclination** Neigung *f* ❼ *after n* MUS ohne Vorzeichen *nach n* ❽ MATH *number* natürlich **II.** *n* ❶ (*approv fam*) Naturtalent *nt;* **to be a ~ for sth** ein Naturtalent für etw *akk* sein; **she is a ~ for the role of Ophelia** sie ist die Idealbesetzung für die Rolle der Ophelia; **he is a ~ for that type of work** Arbeit dieser Art liegt ihm; **as a teacher, he's a ~** er ist der ideale Lehrer ❷ MUS Auflösungszeichen *nt*

natu·ral at·'tri·tion *n* AM, AUS Personalreduzierung *f* per Einstellungsstopp **natu·ral 'child·birth** *n no pl* natürliche Geburt **natu·ral 'gas** *n no pl* Erdgas *nt* **natu·ral 'his·to·ry I.** *n no pl* Naturgeschichte *f;* (*as topic of study*) Naturkunde *f* **II.** *n modifier* (*encyclopaedia, TV series*) naturkundlich; ~ **expert** Naturkundeexperte, -in *m, f;* ~ **museum** Naturkundemuseum *nt*

natu·ral·ism [ˈnætʃᵊrᵊlɪzᵊm, AM -ɚᵊl-] *n no pl* Naturalismus *m*

natu·ral·ist [ˈnætʃᵊrᵊlɪst, AM -ɚᵊl-] **I.** *n* Naturforscher(in) *m(f);* ART, LIT, PHILOS Naturalist(in) *m(f)* **II.** *adj* ❶ (*in natural history*) naturkundlich ❷ ART, LIT, PHILOS naturalistisch

natu·ral·is·tic [ˌnætʃᵊrᵊlˈɪstɪk, AM -ɚᵊlˈ-] *adj* ART, LIT, PHILOS naturalistisch

natu·rali·za·tion [ˌnætʃᵊrᵊlaɪˈzeɪʃᵊn, AM -ɚᵊlɪˈ-] **I.** *n no pl* Einbürgerung *f* **II.** *n modifier* (*office, process, request*) Einbürgerungs-; ~ **papers** Einbürgerungsurkunde *f*

natu·ral·ize [ˈnætʃᵊrᵊlaɪz, AM -ɚᵊl-] **I.** *vt* ■**to ~ sb** jdn einbürgern **II.** *vi* BOT, ZOOL ■**to become ~d** heimisch werden

natu·ral·ized [ˈnætʃᵊrᵊlaɪzd, AM -ɚᵊl-] *adj inv* eingebürgert

natu·ral 'lan·guage *n* natürliche Sprache **natu·ral 'law** *n* Naturgesetz *nt*

natu·ral·ly [ˈnætʃᵊrᵊli, AM -ɚəli] *adv* ❶ (*of course*) natürlich, selbstverständlich; (*as expected*) verständlicherweise; ~ **enough, he got upset** wie zu erwarten war, hat er sich aufgeregt ❷ (*without aid*) natürlich ❸ (*by nature*) von Natur aus; **she's got ~ curly hair** sie hat Naturlocken ❹ (*without special training*) natürlich, instinktiv; **dancing comes ~ to him** Tanzen fällt ihm leicht; **driving doesn't come ~ to me** Autofahren liegt mir nicht

natu·ral·ness [ˈnætʃᵊrᵊlnəs, AM -ɚəl-] *n no pl* Natürlichkeit *f*

natu·ral re·'li·gion *n no pl* Naturreligion *f* **natu·ral re·'sources** *npl* Bodenschätze *pl;* **to be rich/poor in ~** reich/arm an Bodenschätzen sein **natu·ral 'sci·ence** *n,* **natu·ral 'sci·ences** *npl* Naturwissenschaft *f* **natu·ral se·'lec·tion** *n* natürliche Auslese **natu·ral 'wast·age** *n* BRIT Personalreduzierung *f* per Einstellungsstopp

na·ture [ˈneɪtʃəʳ, AM -ɚ] **I.** *n no pl* ❶ *no art* (*natural environment*) Natur *f;* **to get** [*or* **go**] **back to ~** zu einer natürlichen Lebensweise zurückkehren; **in ~** in der Natur; **to let ~** [*or* **allow ~ to**] **take its course** der Natur ihren Lauf lassen; **the laws of ~** die Gesetze der Natur ❷ (*innate qualities*) Natur *f,* Art *f;* **what is the ~ of your problem?** worum handelt es sich bei Ihrem Problem?; **it's the ~ of linen to crumple easily** Leinen knittert von Natur aus leicht; **I have a problem of a rather delicate ~** ich habe da ein ziemlich heikles Problem; **the ~ of a crime/an event/the punishment** die Art eines Verbrechens/Ereignisses/einer Strafe; **things of this ~** Dinge dieser Art; **it's in the ~ of things** das liegt in der Natur der Sache; **by ~** von Natur aus ❸ (*character*) Naturell *nt,* Art *f;* **sb's better ~** das Gute in jdm; **to be in sb's ~** jds Art sein; **it's not really in her ~ to be aggressive** es ist eigentlich nicht ihre Art, aggressiv zu sein ▶ PHRASES: **it's the ~ of the beast** das liegt in der Natur der Sache; **the call of ~** (*euph*) der Ruf der Natur *euph;* **~'s calling** die Natur ruft **II.** *n modifier* (*book, programme*) Natur-

na·ture con·ser·'va·tion *n no pl,* **na·ture con·'serv·an·cy** *n no pl* BRIT (*form*) Naturschutz *m* **'na·ture cure** *n* Naturheilverfahren *nt*

-na·tured [ˈneɪtʃəd, AM -ɚd] *in compounds* (*sweet-, bad-*) -artig; **good-~** gutmütig; **pleasant-~** angenehm

'na·ture lov·er *n* Naturfreund(in) *m(f)* **'na·ture re·serve** *n* Naturschutzgebiet *nt* **'na·ture strip** *n* AUS (*fam*) Grünstreifen *m* **'na·ture study** *n no pl* Naturkunde *f* **'na·ture trail** *n* Naturlehrpfad *m* **'na·ture wor·ship** *n no pl* ❶ (*love of nature*) Naturverehrung *f,* Naturanbetung *f* ❷ REL Naturreligion *f*

na·tur·ism [ˈneɪtʃᵊrɪzᵊm] *n no pl* BRIT Freikörperkultur *f,* FKK *kein art*

na·tur·ist [ˈneɪtʃᵊrɪst] *n* BRIT Anhänger(in) *m(f)* der Freikörperkultur, FKK-Anhänger(in) *m(f)*

naught [nɔːt, AM *esp* nɑːt] *n* ❶ *no pl* (*liter or old: nothing*) Nichts *nt;* **to bring sth to ~** etw zunichte machen; **to count for ~** nichts wert sein; **for ~** umsonst ❷ AM, AUS (*nought*)

Null *f*

naugh·ti·ly ['nɔːtɪli, AM 'nɑːt̬-] *adv* ❶ (*of children*) frech, ungezogen; **to behave ~** sich *akk* unartig benehmen; (*iron: of adults*) kess, frech ❷ (*usu hum fam: erotic*) unanständig; **to dress ~** sich *akk* aufreizend anziehen

naugh·ti·ness ['nɔːtɪnəs, AM 'nɑːt̬-] *n no pl* ❶ *of children* Unartigkeit *f*, Ungezogenheit *f*, Frechheit *f*; (*iron*) *of adults* Dreistigkeit *f*, Frechheit *f* ❷ (*usu hum fam: erotic*) Unanständigkeit *f*

naugh·ty ['nɔːti, AM 'nɑːt̬i] *adj* ❶ (*badly behaved*) *children* unartig, ungezogen; (*iron*) *adults* ungehörig ❷ (*hum fam: erotic*) unanständig; **~ bits** BRIT (*hum fam*) Weichteile *pl fam*; (*in a book*) unanständige Textstellen; **~ underwear** Reizwäsche *f*

nau·sea ['nɔːsiə, -zː-, AM 'nɑːziə, -ʃə] *n no pl* Übelkeit *f*; **feeling of ~** [Gefühl der] Übelkeit; **to suffer from ~** an Übelkeit leiden; (*fig*) Ekel *m*, Abscheu *m*, *selten f*; **to be overcome with ~** von Übelkeit [*o* Ekel] überkommen werden

nau·seate ['nɔːsieɪt, -z-, AM 'nɑːz-] *vt usu passive* (*form*) ■**to ~ sb** bei jdm Übelkeit verursachen; (*fig, pej*) ■**to be ~d by sth** von etw *dat* angeekelt sein

nau·seat·ing ['nɔːsieɪtɪŋ, -z-, AM 'nɑːzieɪt̬-] *adj* Übelkeit erregend *attr*; (*fig, pej*) Ekel erregend *attr*, widerlich, ekelhaft; (*esp iron, hum*) **it's quite ~ how good she is at everything** es ist geradezu widerlich, wie gut sie in allem ist

nau·seat·ing·ly ['nɔːsieɪtɪŋli, -z-, AM 'nɑːzieɪt̬-] *adv* (*fig, esp iron*) widerlich *iron*

nau·seous ['nɔːsiəs, -z-, AM 'nɑːʃəs] *adj* ❶ (*having nausea*) **she is** [*or* **feels**] **~** ihr ist übel ❷ (*fig: causing nausea*) widerlich, ekelhaft

nau·seous·ly ['nɔːsiəsli, -z-, AM 'nɑːʃəs-] *adv* widerlich, ekelhaft

nau·seous·ness ['nɔːsiəsnəs, -z-, AM 'nɑːʃəs-] *n no pl* Übelkeit *f*

nau·ti·cal ['nɔːtɪkəl, AM 'nɑːt̬ɪ-] *adj inv* nautisch; **~ almanac** nautisches Jahrbuch; **~ chart** Seekarte *f*

nau·ti·cal·ly ['nɔːtɪkəli, AM 'nɑːt̬ɪ-] *adv inv* nautisch; **to dress ~** sich *akk* seemännisch kleiden

nau·ti·cal 'mile *n* Seemeile *f*

na·val ['neɪvəl] *adj inv* (*of a navy*) Marine-; **~ school/uniform** Marineschule-/uniform *f*; (*of ships*) Schiffs-, See-; **~ battle/forces** Seeschlacht *f*/Seestreitkräfte *pl*

na·val a'cad·emy *n* Marineakademie *f* **'na·val base** *n* Flottenstützpunkt *m*, Flottenbasis *f* **na·val 'pow·er** *n* Seemacht *f* **na·val 'war·fare** *n no pl* (*war*) Seekrieg *m*; (*warring*) Seekriegsführung *f*

nave [neɪv] *n* Hauptschiff *nt*, Längsschiff *nt*

na·vel ['neɪvəl] *n* Nabel *m* ▶ PHRASES: **to contemplate** [*or* **gaze at**] [*or* **stare at**] **one's ~** BRIT sich *akk* mit sich *dat* selbst befassen, Nabelschau betreiben *sl*

'na·vel-gaz·ing *n no pl* BRIT (*pej*) Nabelschau *f fam* **na·vel 'or·ange** *n* Navelorange *f*

navi·gabil·ity [ˌnævɪgə'bɪləti, AM -əṱi] *n no pl* Schiffbarkeit *f*

navi·gable ['nævɪgəbl] *adj* ❶ (*passable*) schiffbar, befahrbar; **~ waters** befahrbare Gewässer ❷ (*seaworthy*) seetüchtig; **a ~ boat** ein seetüchtiges Boot

navi·gate ['nævɪgeɪt] **I.** *vt* ■**to ~ sth** ❶ (*steer*) etw navigieren [*o* steuern] ❷ (*traverse*) etw befahren; **to ~ the ocean/a river** das Meer/einen Fluss befahren; (*pass through*) etw durchfahren ❸ (*pilot*) etw steuern; AUTO etw lenken ❹ (*fig: get through*) sich *dat* einen Weg bahnen; **the crowd was so thick that it took us ten minutes to ~ it** die Menschenmenge war so dicht, dass wir zehn Minuten brauchten, um durchzukommen; **despite having drunk too much beer he just managed to ~ his way to the door** obwohl er zu viel Bier getrunken hatte, schaffte er es noch zur Tür; **to ~ TV channels** sich *akk* bei [vielen] Fernsehkanälen zurechtfinden; **to ~ the World Wide Web** im Internet navigieren ❺ (*fig: overcome*) etw durchstehen; **their marriage survived all the crises which had to be ~d along the way** ihre Ehe überlebte sämtliche Krisen, die sie im Laufe der Zeit durchzustehen hatten **II.** *vi* NAUT, AVIAT navigieren; AUTO *driver* fahren; *passenger* lotsen, dirigieren

navi·ga·tion [ˌnævɪ'geɪʃən] *n no pl* ❶ (*navigating*) Navigation *f* ❷ (*assisting driver*) Lotsen *nt*, Dirigieren *nt* ❸ SCI, ART Navigationskunde *f*

navi·ga·tion·al [ˌnævɪ'geɪʃənəl] *adj inv* Navigations-; **~ error** Navigationsfehler *m*

navi·ga·tor ['nævɪgeɪtəʳ, AM -t̬ɚ] *n* Navigator(in) *m(f)*; AUTO Beifahrer(in) *m(f)*

nav·vy ['nævi] *n* BRIT (*dated*) Bauarbeiter *m*

navy ['neɪvi] **I.** *n* ❶ + *sing/pl vb* (*armed forces*) ■**the N~** die Marine; **to be in the N~** in [*o* bei] der Marine sein; **to serve in the ~** in [*o* bei] der Marine dienen ❷ (*colour*) Marineblau *nt* **II.** *n modifier* (*base, uniform*) Marine- **III.** *adj inv* marineblau

navy 'blue I. *n no pl* Marineblau *nt* **II.** *adj inv* marineblau

'navy yard *n* AM Marinewerft *f*

nay [neɪ] **I.** *adv inv* (*liter*) ja [sogar] **II.** *interj* DIAL (*old*) nein **III.** *n esp* AM Nein *nt*; (*negative vote*) Neinstimme *f*

nay·say·er ['neɪseɪəʳ, AM ɚ] *n* Pessimist(in) *m(f)*, Schwarzseher(in) *m(f)*, Schwarzmaler(in) *m(f)*

nazi ['nɑːtsiː] *n* (*pej fam: person who is very extreme in their views on sth*) Besessene(r) *f(m)*; (*person holding very authoritarian views on a matter*) Faschist(in) *m(f) fig, pej*; **anti-smoking ~** militanter Nichtraucher/militante Nichtraucherin

Nazi ['nɑːtsi] **I.** *n* ❶ (*hist*) Nazi *m* ❷ (*pej*) Nazi *m pej*, Faschist(in) *m(f) pej* **II.** *n modifier* (*propaganda, salute, uniform*) Nazi-

Na·zi·ism *n no pl*, **Na·zism** ['nɑːtsɪzəm] *n no pl* (*hist*) Nazismus *m*

NB [ˌen'biː] *adv no pl abbrev of* **nota bene** NB

NBA [ˌenbiː'eɪ] *n* AM *abbrev of* **National Basketball Association** *die nationale Basketball-Liga der USA*

NC-17 [ˌensiːˌsevən'tiːn] AM **I.** *n Klassifizierung, dass ein Film nicht jugendfrei ist* **II.** *adj* nicht jugendfrei

NCO [ˌensiː'əʊ, AM -'oʊ] *n abbrev of* **non-commissioned officer** Uffz. *m*

NE [ˌen'iː] *abbrev of* **north-east I.** *adj* nö. **II.** *n* NO

NEA [ˌeniː'eɪ] *n* AM ❶ *abbrev of* **National Education Association** ❷ *abbrev of* **National Endowment for the Arts**

Ne·an·der·thal [ni'ændətɑːl, AM -dɚθɔːl] *adj* Neandertaler-; (*fig*) neandertalerhaft *fig fam*

Ne·an·der·thal 'man *n* Neandertaler *m*

neap tide ['niːptaɪd] *n* Nipptide *f*

near [nɪəʳ, AM nɪr] **I.** *adv* ❶ (*close*) nahe; **~ at hand** in Reichweite; **to draw** [*or* **get**] **~** näherrücken; **the time is drawing ~er** die Zeit rückt näher ❷ (*almost*) annähernd; **as ~ as he could recall, the burglar had been tall** soweit er sich erinnern konnte, war der Einbrecher groß gewesen; **~ enough** (*fam*) fast, beinahe; **nowhere** [*or* **not anywhere**] **~** bei weitem nicht; **a student grant is nowhere ~ enough to live on** ein Stipendium reicht bei weitem nicht zum Leben [aus]; **they came ~ to blows over their football teams** sie fingen fast an sich wegen ihrer Fußballteams zu prügeln **II.** *adj* ❶ (*close*) nahe; **where's the ~est phone box?** wo ist die nächste Telefonzelle?; **a ~ catastrophe/collision** eine Beinahekatastrophe/ein Beinahezusammenstoß *m*; **in the ~ future** in der nahen Zukunft; **the ~est thing** das Nächstliegende; ■**to be ~ to sth** etw nahe sein; **this was the ~est to fresh water I could find** von allem, was ich auftreiben konnte, ist das frischem Wasser am ähnlichsten; **to the ~est** so genau wie möglich; **he gave the measurements to the ~est metre** er gab die Maße genau bis auf den Meter an ❷ (*person*) nahe, eng; **~ relative** enge[r] [*o* nahe[r]] Verwandte[r]; **his ~est and dearest** (*hum*) seine Lieben *hum*; ■**to be ~ to sb** jdm nahe sein ❸ *attr* BRIT, AUS AUTO, TRANSP (*nearside*) auf der linken Seite *präd, nach n*, linke(r, s) **III.** *vt* ■**to ~ sth** sich *akk* etw *dat* nähern, etw *dat* näherkommen; **to ~ completion** kurz vor der Vollendung stehen; **to ~ one's end** (*liter*) jds Ende naht *euph*

N

IV. *vi* sich *akk* nähern, näherkommen, näherrücken **V.** *prep* ❶ (*in proximity to*) ■~ [**to**] nahe [bei] +*dat;* **he stood ~ her** er stand nahe bei ihr; **we live quite ~ [to] a school** wir wohnen recht nahe der Schule; **is there a train station ~ here?** gibt es hier in der Nähe eine Bahnstation?; **the house was nowhere ~ the sea** das Haus war nicht mal in der Nähe des Meeres ❷ (*almost time of*) **I shan't be home till some time ~ midnight** ich werde nicht bis irgendwann um Mitternacht zurück sein; **it's nowhere ~ time for us to leave yet** es ist noch längst nicht Zeit für uns zu gehen ❸ (*almost in*) ■~ **to sth** nahe einer S. *gen;* ~ **to starvation/dehydration** nahe dem Verhungern/Verdursten; ~ **to tears** den Tränen nahe ❹ (*about ready to*) ■**to be ~ to doing sth** nahe daran sein, etw *akk* zu tun; **I am ~ to losing my temper** ich verliere gleich die Geduld ❺ (*like*) **he felt something ~ envy** er empfand so etwas wie Neid; **what he said was nothing ~ the truth** was er sagte stimmte nicht einmal im Entferntesten ❻ (*almost amount of*) nahezu; **it weighed ~ to a pound** es wog nahezu ein Pfund

near- [nɪəʳ, AM nɪr] *in compounds + adj o n* beinahe, Beinahe-; **a ~disaster** ein Beinaheunglück *nt;* **she was ~hysterical by the time we arrived there** sie war beinahe hysterisch, als wir dort ankamen

near·by [ˌnɪə'baɪ, AM ˌnɪr'-] **I.** *adj* in der Nähe gelegen, nahe gelegen; **some ~ shops** einige nahe gelegene Geschäfte **II.** *adv* in der Nähe

near-'death ex·peri·ence *n* Beinahetodeserfahrung *f* **Near 'East** *n* Naher Osten **near-let·ter 'qual·ity** *adj attr, inv* Briefqualität *f;* ~ **printing** gute Druckqualität

near·ly ['nɪəli, AM 'nɪr-] *adv inv* fast, beinahe; **it was so funny we ~ died laughing** es war so komisch, dass wir uns beinahe totgelacht hätten; ~ **certain** fast sicher; **not ~ enough** nicht annähernd [*o* bei weitem nicht] genug; **to be not ~ as bad** gar nicht so schlecht sein; **to be ~ there** beinahe da sein; **to very ~ do sth** beinahe etw tun; **that wall is ~ three metres** diese Mauer ist fast drei Meter hoch; **she's ~ as tall as her father now** sie ist jetzt beinahe so groß wie ihr Vater

near 'miss *n* ❶ MIL Beinahetreffer *m* ❷ (*near-accident*) Beinaheunfall *m* ❸ (*fig*) Beinaheerfolg *m*

near·ness ['nɪənəs, AM 'nɪr-] *n no pl* Nähe *f*

'near·side BRIT, AUS **I.** *n* Beifahrerseite *f* **II.** *adj attr, inv* auf der Beifahrerseite *nach n* **near-'sight·ed** *adj esp* AM kurzsichtig **near-'sight·ed·ness** *n no pl esp* AM Kurzsichtigkeit *f* **near 'thing** *n* (*fam*) knappes Entkommen; **that was a ~!** das war knapp!

neat [ni:t] *adj* ❶ (*well-ordered*) ordentlich, sauber; ~ **appearance/beard** gepflegtes Äußeres/gepflegter Bart; **to be ~ in one's habits** ein ordentlicher Mensch sein; ~ **and tidy** sauber und ordentlich ❷ (*skilful*) geschickt; **they did a very ~ job stitching up your knee** sie haben dein Knie tadellos zusammengeflickt; ~ **answer** treffende Antwort ❸ *inv* (*undiluted*) pur; **I'll have a ~ gin please** ich hätte gerne einen Gin pur ❹ *esp* AM, AUS (*approv sl: very good*) toll, klasse *fam;* **a ~ bike** ein tolles Fahrrad; **a ~ guy** ein dufter Typ *fam*

neat·en ['ni:tᵊn] *vt* ■**to ~ sth** etw in Ordnung bringen; ■**to ~ sth up** [*or* **to ~ up sth**] etw in Ordnung bringen; ■**to ~ sb up** [*or* **to ~ up sb**] jdn ordentlich herrichten

'neath [ni:θ] *prep* (*liter*) *see* **underneath**

neat·ly ['ni:tli] *adv* ❶ (*tidily*) sauber, ordentlich ❷ (*skilfully*) geschickt

neat·ness ['ni:tnəs] *n no pl* Ordentlichkeit *f,* Sauberkeit *f*

nebu·la <*pl* -lae *or* -s> ['nebjələ, *pl* -li:] *n* ASTRON Nebel *m*

nebu·lae ['nebjəli:] *n pl of* **nebula**

nebu·lar ['nebjələʳ, AM -ɚ] *adj* ASTRON Nebel-

nebu·lous ['nebjələs] *adj* nebulös *geh,* nebelhaft; ~ **fear/promise** vage Angst/vages Versprechen

nebu·lous·ness ['nebjələsnəs] *n no pl* Vagheit *f,* Unbestimmtheit *f;* **the ~ of sb's ideas** die Vagheit von jds Vorstellungen

nec·es·saries ['nesəsᵊriz, AM -seriz] *npl* unbedingt notwendige Dinge

nec·es·sari·ly ['nesəsᵊrᵊli, AM ˌnesə'ser-] *adv inv* (*consequently*) notwendigerweise; (*inevitably*) unbedingt; (*of necessity*) zwangsläufig; **not ~** nicht unbedingt

nec·es·sary ['nesəsᵊri, AM -seri] **I.** *adj* nötig, notwendig, erforderlich; **to make the ~ arrangements** die nötigen Vorbereitungen treffen; **a ~ evil** ein notwendiges Übel; ~ **restructuring** notwendige Umstrukturierung; **strictly ~** unbedingt nötig; **to be ~** notwendig sein; **that won't be ~** das ist nicht nötig; **it's not ~ [for you] to shout** du brauchst nicht zu schreien; **was it really ~ for you to say that?** musstest du das wirklich sagen?; **to do what is ~** alles Nötige tun; **if ~** wenn nötig **II.** *n* ■**the ~** das Nötige [*o* Notwendige]; **are you going to do the ~ or not?** wirst du das Nötige erledigen oder nicht?; (*money*) das nötige Geld

ne·ces·si·tate [nə'sesɪteɪt] *vt* ■**to ~ sth** etw erforderlich [*o* notwendig] machen, etw erfordern; **an important meeting ~s my being in London** eine wichtige Versammlung erfordert meine Anwesenheit in London

ne·ces·sity [nə'sesəti, AM -əţi] *n* ❶ *no pl* (*being necessary*) Notwendigkeit *f;* **in case of ~** im Notfall *m;* **a case of absolute ~** ein absoluter Notfall; **when the ~ arises** wenn es unbedingt nötig ist; **by** [*or* **from**] [*or* **out of**] ~ aus Not *f* ❷ (*indispensability*) Lebensnotwendige *nt kein pl;* **bare ~** Grundbedarf *m;* **the necessities of life** das zum Leben Notwendige ►PHRASES: ~ **is the mother of invention** (*prov*) Not macht erfinderisch *prov*

neck [nek] **I.** *n* ❶ ANAT, PHYSIOL, MED Hals; *nape* Nacken *m,* Genick *nt;* **to fling** [*or* **throw**] **one's arms round sb's neck** jdm um den Hals fallen ❷ FASHION Kragen *m;* (*garment*) Ausschnitt *m;* **he wore a sweater with a round ~** er trug einen Pullover mit Rundhalsausschnitt ❸ (*narrow part*) Hals *m;* ~ **of the bottle/vase/violin** Flaschen-/Vasen-/Geigenhals *m* ❹ (*horse racing*) **by a ~** um eine Kopflänge ❺ (*dated fam: kissing*) Knutschen *nt fam;* **to have a ~** knutschen *fam* ►PHRASES: **to talk through the back of one's ~, to talk through one's ~** *esp* BRIT (*fam*) keine Ahnung haben, wovon man spricht; ~ **and crop** ganz und gar; **in this/sb's ~ of the woods** (*fam*) in diesen/jds Breiten; **to be breathing down sb's ~** jdm im Nacken sitzen *fig;* **to be up to one's ~ in sth** (*fam*) bis zum Hals in etw *dat* stecken *fig fam;* **to break one's ~ to do sth** (*fam*) sich *akk* wie verrückt in etw *akk* reinhängen *fam;* **to get it in the ~ [for sth]** (*fam*) [wegen einer S. *gen*] eins aufs Dach bekommen *fam;* **to have sb/sth around** [*or* **round**] **one's ~** jdn/etw am Hals haben *fam;* **to have the ~ to do sth** (*fam*) die Unverfrorenheit haben, etw zu tun; ~ **and ~** Kopf an Kopf; **they were ~ and ~ for all but the last hundred metres** abgesehen von den letzten hundert Metern war es ein Rennen Kopf an Kopf **II.** *vi* (*dated fam: kiss*) knutschen *fam;* (*caress*) schmusen

'neck·band *n* Halsbündchen *nt* **neck·er·chief** <*pl* -s *or* -chieves> ['nekətʃɪf, AM -kɚ-] *n* (*dated*) Halstuch *nt* **neck·lace** *n* [Hals]kette *f*

neck·let ['neklət] *n* Halskette *f;* (*small ~*) Kettchen *nt*

'neck·line *n* Ausschnitt *m;* **low** [*or* **plunging**] ~ tiefer Ausschnitt **neck 'micro·phone** *n* Umhängemikrofon *nt* **'neck roll** *n* BRIT Haarrolle *f* im Nacken **'neck·tie** *n esp* AM Krawatte *f*

nec·ro·man·cy ['nekrə(ʊ)mæn(t)si, AM -rəm-] *n no pl* (*form: communicating with dead*) Nekromantie *f,* Totenbeschwörung *f;* (*black magic*) schwarze Magie, Zauberei *f*

nec·ro·philia [ˌnekrə(ʊ)'fɪliə, AM -rə'-] *n no pl* PSYCH Nekrophilie *f*

nec·ro·phili·ac [ˌnekrə(ʊ)'fɪliæk, AM -rə'-] **I.** *n* nekrophile Person **II.** *adj* nekrophil

nec·rophi·lism [nek'rɒfɪlɪzᵊm, AM -'rɑ:fə-] *n no pl* PSYCH Nekrophilie *f*

nec·ropo·lis <*pl* -es> [nek'rɒpᵊlɪs, AM -'rɑ:p-] *n* (*form*) Nekropolis *f,* Stadt *f* der Toten *liter*

nec·tar ['nektəʳ, AM -ɚ] *n no pl* (*in plants*) Nektar *m;* (*as drink*) Nektar *m*

nec·tar·ine ['nektᵊri:n, AM ˌnektə'ri:n] *n* Nektarine *f*

née [neɪ] *adj pred, inv* geborene; **Elaine Gibson, ~ Gillett** Elaine Gibson, geborene Gillett

need [ni:d] **I.** *n no pl* ❶ (*requirement*) Bedarf *m* (**for** an +*dat*); **your ~ is °greater than mine** du brauchst es dringender als ich; **there was no ~ for you to walk from the station** du hättest doch nicht vom Bahnhof herlaufen müssen; **to be in ~ of sth** etw brauchen; **to be badly in ~ of sth** etw dringend brauchen; **to have no ~ of sth** etw nicht brauchen; ■**~s** *pl* Bedürfnisse *ntpl;* **basic ~s** Grundbedürfnisse *ntpl;* **to meet sb's ~s** jds Bedürfnisse *pl* erfüllen ❷ (*yearning*) Bedürfnis *nt;* **to have the ~ to do sth** das Bedürfnis haben, etw zu tun ❸ (*destitution*) **in ~** in Not ❹ (*necessity*) Notwendigkeit *f kein pl;* **as the ~ arises** bei Bedarf; **there's no ~ to get so angry** es besteht kein Grund, so wütend zu werden; **if ~[s] be** falls nötig ❺ (*emergency*) Not *f;* **in your/his/her hour of ~** in der Stunde der Not ▶PHRASES: **thy ~ is greater than mine** deine Not ist größer als meine **II.** *vt* ❶ (*require*) ■**to ~ sth/sb** etw/jdn brauchen; **I ~ you to advise me on ...** ich brauche deinen Rat ... ❷ (*should have*) ■**to ~ sth** etw brauchen; **what you ~ is a nice hot bowl of soup** was du jetzt brauchst ist eine schöne, heiße Schüssel Suppe; **who ~s a car? I've got my bike** wer braucht schon ein Auto? ich habe ja mein Fahrrad; (*hum*) **I ~ this like I ~ a hole in the head** das ist ja das Letzte, was ich [jetzt auch noch] gebrauchen kann *fam;* **this room ~s a bit of brightening-up** dieses Zimmer muss man mal ein bisschen freundlicher machen; **he ~s his brains examined** er hat nicht mehr alle Tassen im Schrank; **she ~s that car seeing to** sie sollte das Auto mal zur Werkstatt bringen; **you won't be ~ing your coat today** deinen Mantel brauchst du heute nicht ❸ (*must*) ■**to ~ to do sth** etw tun müssen; ■**to ~ not do sth** etw nicht tun brauchen; **~ we take your mother?** müssen wir deine Mutter mitnehmen? ❹ (*not necessary*) **you ~n't worry** du brauchst dir keine Gedanken zu machen; **and it ~n't cost very much** und es muss noch nicht mal viel kosten ❺ (*didn't have to*) **you didn't ~ to invite him – he was sent an invitation weeks ago** du hättest ihn nicht einladen müssen – er hat schon vor Wochen eine Einladung zugeschickt bekommen; **you ~n't have washed all those dishes** du hättest nicht das ganze Geschirr abwaschen müssen; **this accident ~n't have happened, if he'd only driven more carefully** dieser Unfall wäre nie passiert, wenn er nur vorsichtiger gefahren wäre ❻ *esp* BRIT (*shouldn't*) **you ~n't laugh!** du brauchst gar nicht [so] zu lachen!; (*hardly necessary*) **~ you ask?** (*iron*) da fragst du noch?; **I ~ hardly say ...** ich brauche wohl kaum zu erwähnen ...; **~ I say more?** muss ich noch mehr sagen?

need·ed ['ni:dɪd] *adj inv* notwendig, nötig; **most people like to feel ~** die meisten Menschen mögen es, gebraucht zu werden; **much-~** dringend nötig [*o* notwendig]

nee·dle ['ni:dl̩] **I.** *n* ❶ (*for sewing*) Nadel *f;* **knitting ~** Stricknadel *f;* **~ and thread** Nadel und Faden; **to thread a ~** einen Faden einfädeln ❷ MED Nadel *f;* **to be on the ~** BRIT (*fam*) an der Nadel hängen *fam;* **to get a ~** AM, AUS (*fam*) geimpft werden ❸ (*pointer*) Nadel *f,* Zeiger *m;* (*on compass*) [Kompass]nadel *f;* (*stylus*) [Grammophon]nadel *f* ❹ (*leaf*) Nadel *f* ▶PHRASES: **it is like looking** [*or* **searching**] **for a ~ in a haystack** das ist, als würde man eine Stecknadel im Heuhaufen suchen; **to get the ~** (*fam*) sich *akk* ärgern; **to give sb the ~** (*fam*) jdn ärgern **II.** *vt* ■**to ~ sb** jdn ärgern [*o fam* nerven]

'nee·dle bank *n,* **'nee·dle ex·change** *n Ort, an dem Drogenabhängige saubere Nadeln bekommen* **'nee·dle-ex·change cen·tre** *n* Fixerstube *f* **'nee·dle match** *n* SPORTS (*fam*) erbitterter Kampf **'nee·dle·point** *n no pl* Stickerei *f*

need·less ['ni:dləs] *adj inv* unnötig, überflüssig; **~ to say ...** selbstverständlich ..., natürlich ..., überflüssig zu sagen, dass ...

need·less·ly ['ni:dləsli] *adv inv* unnötig[erweise]; **to die ~** sinnlos sterben

'nee·dle·work *n no pl* Handarbeit *f*

needn't ['ni:dᵊnt] = **need not** *see* **need II.**

needs [ni:dz] *adv inv* (*old*) unbedingt; **~ must** [*or* **must ~**] **do sth** (*old form*) unbedingt etw tun müssen; **I don't want to work all weekend, but ~ must** ich will nicht das ganze Wochenende arbeiten, aber was sein muss, muss sein; **I have no choice in the matter I ~ must attend** mir bleibt keine Wahl, ich werde wohl teilnehmen müssen ▶PHRASES: **~ must when the devil drives** (*prov*) ob du willst oder nicht

need-to-'know *adj attr, inv bezeichnet ein Prinzip, das nur berechtigten Personen Zugang zu geheimen Informationen ermöglicht*

needy ['ni:di] **I.** *adj* ❶ (*poor*) bedürftig, Not leidend *attr* ❷ PSYCH (*mentally weak*) bedürftig **II.** *n* ■**the ~** *pl* die Bedürftigen *pl*

ne'er [neəʳ, AM ner] *adv* (*poet*) nie[mals], nimmer *poet*

ne'er-do-well ['neəduˌwel, AM 'ner-] *n* (*dated*) Taugenichts *m,* Tunichtgut *m veraltend*

ne·fari·ous [nɪ'feəriəs, AM nə'fer-] *adj* (*form*) schändlich, ruchlos *geh*

ne·fari·ous·ly [nɪ'feəriəsli, AM nə'fer-] *adv* (*form*) schändlich, ruchlos *geh*

ne·fari·ous·ness [nɪ'feəriəsnəs, AM nə'fer-] *n no pl* (*form: vileness*) Ruchlosigkeit *f geh,* Schändlichkeit *f;* (*wickedness*) Bosheit *f*

neg [neg] *n* PHOT (*fam*) *short for* **negative** Negativ *nt*

neg. *adj abbrev of* **negative** neg.

ne·gate [nɪ'geɪt] *vt* (*nullify*) ■**to ~ sth** etw zunichte machen; (*deny*) ■**to ~ sth** etw verneinen [*o geh* negieren]

ne·ga·tion [nɪ'geɪʃᵊn] *n no pl* ❶ (*usu form: antithesis*) Verneinung *f,* Negation *f geh* ❷ (*usu form: opposition*) Ablehnung *f,* Negation *f geh* ❸ LING Verneinung *f,* Negation *f fachspr*

nega·tive ['negətɪv, AM -t̬-] **I.** *adj* ❶ (*negation*) negativ, ablehnend; **~ answer** ablehnende Antwort ❷ LING negativ, verneinend *attr;* **~ clause/form** verneinter Satz/verneinte Form ❸ (*pessimistic*) negativ, ungünstig; **~ feedback** negative Rückmeldung; ■**to be ~ about sth/sb** etw/jdm gegenüber negativ eingestellt sein; (*worrying*) negativ, schlecht ❹ *inv* ELEC, SCI negativ, minus; **~ cathode** [*or* **pole**] Minuspol *m,* negativer Pol ❺ *inv* MED *blood* negativ ❻ MATH, SCI negativ; **~ number** negative Zahl **II.** *n* ❶ (*negation*) Verneinung *f;* **~ answer** abschlägige Antwort; **in the ~** (*rejection*) abschlägig; LING in der Verneinungsform ❷ PHOT Negativ *nt;* **black-and-white/colour** [*or* AM **color**] **~** Schwarzweiß-/Farbnegativ *nt* **III.** *vt* ■**to ~ sth** (*say no to*) etw verneinen; (*reject/decline*) etw ablehnen

nega·tive 'equi·ty *n Hypothekenschuld, die größer ist als der Wert des Hauses*

nega·tive·ly ['negətɪvli, AM -t̬-] *adv* negativ; **to perceive/view sth ~** etw negativ wahrnehmen/sehen; **to think ~** negativ denken; (*saying no*) ablehnend

nega·tiv·ism ['negətɪvɪzᵊm, AM -t̬ɪv-] *n no pl,* **nega·tiv·ity** [ˌnegə'tɪvəti, AM -əti] *n no pl* Negativismus *m,* Negativität *f*

ne·glect [nɪ'glekt] **I.** *vt* ■**to ~ sb/sth/oneself** jdn/etw/sich selbst vernachlässigen; **to ~ one's duties** seine Pflichten vernachlässigen; **to ~ one's employees/husband/wife** seine Angestellten/seinen Ehemann/seine Ehefrau vernachlässigen; ■**to ~ to do sth** [es] versäumen, etw zu tun; **I'd ~ed to write to him** ich habe es versäumt, ihm zu schreiben **II.** *n* (*lack of care*) Vernachlässigung *f;* (*disrepair*) Verwahrlosung *f;* **to be in a state of ~** verwahrlost sein; **to fall into a state of ~** verwahrlosen

ne·glect·ed [nɪ'glektɪd] *adj* (*uncared for*) verwahrlost; **~ child** verwahrlostes Kind; (*overlooked*) vernachlässigt

ne·glect·ful [nɪ'glektfᵊl] *adj* nachlässig; **~ parents** pflichtvergessene Eltern; ■**to be ~ of sth/sb** etw/jdn vernachlässigen;

N

to be ~ of one's duties/friends/housework seine Pflichten/Freunde/die Hausarbeit vernachlässigen

neg·li·gee, neg·li·gée ['neglɪʒeɪ, AM ˌneglə'ʒeɪ] *n* Negligee *nt*

neg·li·gence ['neglɪdʒən(t)s] *n no pl* (*lack of care*) Nachlässigkeit *f;* (*neglect*) Vernachlässigung *f;* LAW (*form*) Fahrlässigkeit *f;* **gross ~** grobe Fahrlässigkeit

neg·li·gent ['neglɪdʒənt] *adj* (*careless*) nachlässig; LAW fahrlässig; **the teacher had been ~ in leaving the children alone, the judge ruled** der Richter befand das Verhalten des Lehrers für fahrlässig, weil dieser die Kinder alleine gelassen hatte; **to be ~ of one's duties/family/work** seine Pflichten/Familie/Arbeit vernachlässigen; (*liter: nonchalant*) *manner* leger, lässig; *clothing* salopp

neg·li·gent·ly ['neglɪdʒəntli] *adv* (*carelessly*) nachlässig; LAW fahrlässig; **to fail ~ to do sth** auf fahrlässige Weise versäumen, etw zu tun; (*liter: nonchalantly*) lässig

neg·li·gible ['neglɪdʒəbl̩] *adj* unbedeutend, unwesentlich; *amount* geringfügig, unerheblich, nicht nennenswert

neg·li·gibly ['neglɪdʒəbli] *adv* geringfügig; **to go up ~** geringfügig ansteigen

ne·go·tiable [nɪ'gəʊʃiəbl̩, AM -'goʊ-] *adj* ❶ (*discussable*) verhandelbar; **everything is ~ at this stage** in diesem Stadium kann [noch] über alles verhandelt werden; **the salary was advertised as being ~** das Gehalt war laut Inserat Verhandlungssache ❷ (*traversable*) passierbar; **~ road** befahrbare Straße ❸ FIN übertragbar; **~ securities** übertragbare Sicherheiten; **not ~** nur zur Verrechnung, nicht übertragbar

ne·go·tiate [nɪ'gəʊʃieɪt, AM -'goʊ-] **I.** *vt* ❶ (*discuss*) ■**to ~ sth [with sb]** etw [mit jdm] aushandeln; **to ~ a loan/treaty** einen Darlehensvertrag/Vertrag abschließen; **to ~ a peace with sb/sth** ein Friedensabkommen mit jdm/etw aushandeln ❷ (*traverse*) ■**to ~ sth** etw passieren; (*fig: surmount*) *problems* etw überwinden ❸ (*spec: transfer*) übertragen; (*cash in*) **to ~ a cheque** [*or* AM **check**] einen Scheck einlösen; **to ~ securities** Sicherheiten übertragen **II.** *vi* verhandeln; ■**to ~ for** [*or* **on**] **sth** über etw *akk* verhandeln; ■**to ~ with sb** mit jdm verhandeln

ne·'go·tiat·ing com·mit·tee *n* Verhandlungskommission *f* **ne·'go·tiat·ing ta·ble** *n* (*fig*) Verhandlungstisch *m*

ne·go·tia·tion [nɪˌgəʊʃi'eɪʃᵊn, AM -ˌgoʊ-] *n* Verhandlung *f;* **~ for the pay increase** das Aushandeln der Gehaltserhöhung; **the exact details are still under ~** die genauen Details werden noch verhandelt

ne·go·tia·tor [nɪ'gəʊʃieɪtəʳ, AM -'goʊʃieɪt̬ɚ] *n* Unterhändler(in) *m(f)*

Ne·gress <*pl* -es> ['ni:grəs, AM -grɪs] *n* (*pej! dated*) Negerin *f pej*

Ne·gro <*pl* -es> *n* (*pej! dated*), **ne·gro** ['ni:grəʊ, AM -groʊ] *n* (*pej! dated*) Neger *m pej*

Ne·groid ['ni:grɔɪd] *adj* (*pej! dated*) negroid *veraltet*

neigh [neɪ] **I.** *n* Wiehern *nt kein pl* **II.** *vi* wiehern

neigh·bor *n* AM *see* **neighbour**

neigh·bor·hood *n* AM *see* **neighbourhood**

neigh·bor·ing *adj* AM *see* **neighbouring**

neigh·bor·li·ness *n* AM *see* **neighbourliness**

neigh·bor·ly *adj* AM *see* **neighbourly**

neigh·bour ['neɪbəʳ], AM **neigh·bor** [-ɚ] **I.** *n* (*person*) Nachbar(in) *m(f);* **next-door ~** direkter Nachbar/direkte Nachbarin, Haus-/Wohnungsnachbar(in) *m(f);* (*fig: country*) Nachbarland *nt;* (*fig: fellow-citizen*) Nächste(r) *f(m)*, Mitmensch *m* ► PHRASES: **love your ~ as you love yourself** liebe deinen Nächsten wie dich selbst **II.** *vi* ■**to ~ on sth** an etw *akk* [an]grenzen

neigh·bour·hood ['neɪbəhʊd], AM **neigh·bor·hood** [-ɚ-] *n* ❶ (*district*) Viertel *nt;* **a closed/friendly ~** ein eigenständiges/freundliches Viertel; (*people*) Nachbarschaft *f;* **the whole ~ is talking about it** die ganze Nachbarschaft spricht davon; **in the ~** in der Nachbarschaft ❷ (*vicinity*) Nähe *f kein pl,* Umgebung *f;* **they live in the ~ of the airport** sie wohnen in der Nähe des Flughafens ❸ (*fig: approximately*) **in the ~ of sth** um etw *akk* herum; **we're hoping to get something in the ~ of £70,000 for the house** wir hoffen, dass wir um [die] £70,000 für das Haus bekommen werden

neigh·bour·hood 'watch I. *n* Nachbarschaftswachdienst *m* **II.** *n modifier* (*scheme, plan, sign*) Nachbarschaftswachdienst-

neigh·bour·ing ['neɪbᵊrɪŋ], AM **neigh·bor·ing** [-bɚ-] *adj attr, inv* (*nearby*) benachbart, Nachbar-; **~ house** Nachbarhaus *nt;* (*bordering*) angrenzend; **~ country** [*or* **state**] Nachbarstaat *m,* Anliegerstaat *m*

neigh·bour·li·ness ['neɪbᵊlɪnəs], AM **neigh·bor·li·ness** [-bɚ-] *n no pl* gutnachbarliches Verhalten, gutnachbarliche Art; **an act of ~** ein Zeichen der Nachbarschaftlichkeit; **good ~** gutnachbarliches Verhältnis

neigh·bour·ly ['neɪbᵊli], AM **neigh·bor·ly** [-bɚli] *adj* (*community-friendly*) gutnachbarlich; (*kindly*) freundlich

nei·ther ['naɪðəʳ, AM 'ni:ðɚ] **I.** *adv inv* ❶ (*not either*) weder; **~ ... nor ...** [**nor ...**] weder ... noch ... [oder ...]; **vegans eat ~ meat, nor fish, nor animal products** Veganer essen weder Fleisch noch Fisch oder tierische Produkte; **~ one thing nor the other** weder das eine noch das andere ❷ (*also not*) auch nicht; **if she doesn't agree to the plan, ~ will Tom** wenn sie dem Plan nicht zustimmt, wird auch Tom nicht zustimmen; **he doesn't like it ~** er mag es auch nicht; **he didn't remember, and ~ did I** er erinnerte sich nicht, und ich auch nicht; (*fam*) **me ~** ich auch nicht ► PHRASES: **to be ~ here nor there** völlig nebensächlich [*o* unwichtig] sein; **it's essential that she has this medicine, and the cost is ~ here nor there** sie braucht diese Medizin, die Kosten sind völlig nebensächlich **II.** *adj attr, inv* keine(r, s) von beiden; **~ side of the brain is dominant over the other** keine Gehirnhälfte dominiert die andere; **~ student knew the answer** keiner der Studenten wusste die Antwort; **in ~ case** in keinem Fall; **~ one of us is particularly interested in gardening** keiner von uns beiden ist an der Gärtnerei sehr interessiert **III.** *pron* (*not either of two*) keine(r, s) von beiden; **we've got two TVs, but ~ works properly** wir haben zwei Fernseher, aber keiner funktioniert richtig; **I asked two people to help me, but ~ of them knew what to do** ich bat zwei Leute mir zu helfen, aber keiner von ihnen wusste, was zu tun war; **~ of us believes it** keiner von uns glaubt das **IV.** *conj* ■**~ ... nor ...** weder ... noch; **~ am I prepared to meet his demands, nor has he ...** ich bin weder gewillt, seine Forderungen zu akzeptieren, noch hat er ...

nel·ly ['neli] *n* ► PHRASES: **not on your ~** BRIT (*hum dated*) nie im Leben *fam*

neme·ses ['neməsi:z] *n pl of* **nemesis**

neme·sis <*pl* -ses> ['neməsɪs, *pl* -si:z] *n* ❶ (*liter: punishment*) gerechte Strafe; **the tax increases proved to be the President's political ~ at the following election** die Steuererhöhungen erwiesen sich als politische Krux für den Präsidenten bei den nächsten Wahlen ❷ (*goddess*) ■**N~** Nemesis *f,* Rachegöttin *f*

neo- ['ni:ə(ʊ), AM 'nioʊ] *in compounds* neo-, Neo-; **~realist cinema** neorealistisches Kino

neo·clas·si·cal [ˌni:əʊ'klæsɪkᵊl, AM -oʊ'-] *adj* klassizistisch

neo·clas·si·cism [ˌni:əʊ'klæsɪsɪzᵊm, AM -oʊ'-] *n no pl* Klassizismus *m*

neo·co·lo·ni·al·ism [ˌni:əʊkə'ləʊniᵊlɪzᵊm, AM -oʊkə'loʊ-] *n no pl* Neokolonialismus *m*

neo·co·lo·ni·al·ist [ˌni:əʊkə'ləʊniᵊlɪst, AM -oʊkə'loʊ-] *adj inv* neokolonialistisch

neo·con [ˌni:oʊ'kɑ:n] *adj* AM *short for* **neo-conservative** (*referring especially to Reagan-conservatism of the 1980s*) neokonservativ (*mit Bezug auf die konservative Reagan-Ära*)

neo-con·ser·va·tive [ˌni:əʊkə:n'sɜ:vətɪv, AM ˌni:oʊkə:n'sɜ:rvət̬ɪv] *adj* AM neokonservativ (*mit Bezug auf die konservative Rea-*

gan-Ära)

Neo·lith·ic [ˌniːə(ʊ)ˈlɪθɪk, AM -oʊˈ-] *adj inv* neolithisch *fachspr,* jungsteinzeitlich; ~ **Period** Neolithikum *nt;* (*fig, pej*) vorsintflutlich *fam,* steinzeitlich *fam*

ne·olo·gism [niˈɒlədʒɪzᵊm, AM -ˈɑːl-] *n* (*form*) Neologismus *m fachspr,* Wortneubildung *f,* Wortschöpfung *f*

neon [ˈniɒn, AM -ɑːn] **I.** *n no pl* Neon *nt* **II.** *n modifier* Neon-; ~ **tube** Neonröhre *f*

neo·na·tal [ˌniə(ʊ)ˈneɪtᵊl, AM -oʊˈneɪt̬ᵊl] *adj attr, inv* Neugeborenen-; ~ **care/unit** Neugeborenenpflege/-station *f;* ~ **feeding** Stillen *nt* von Neugeborenen

neo-nazi [ˌniə(ʊ)ˈnɑːtsi, AM -oʊˈ-] **I.** *n* Neonazi *m* **II.** *n modifier* (*group, newspaper, slogan*) neonazistisch

neo-na·zi·ism *n no pl,* **neo-na·zism** [ˌniə(ʊ)ˈnɑːtsɪzᵊm, AM -oʊˈ-] *n no pl* Neonazismus *m*

neon 'lamp *n* Neonlampe *f* **neon 'light** *n* ❶ (*lamp*) Neonlampe *f* ❷ (*sign*) Leuchtreklame *f,* Neonreklame *f* **neon 'sign** *n* Leuchtreklame *f,* Neonreklame *f*

neo·phyte [ˈniə(ʊ)faɪt, AM -oʊ-] *n* (*form: new convert*) Neophyt(in) *m(f) fachspr,* Neugetaufte(r) *f(m);* (*beginner*) Neuling *m,* Anfänger(in) *m(f)*

neph·ew [ˈnefjuː] *n* Neffe *m*

ne·phri·tis [nɪˈfraɪtɪs, AM -t̬əs] *n no pl* Nierenentzündung *f,* Nephritis *f fachspr*

nepo·tism [ˈnepətɪzᵊm] *n no pl* (*pej*) Nepotismus *m geh,* Vetternwirtschaft *f*

nepo·tis·tic [ˌnepəˈtɪstɪk] *adj* (*pej*) nepotistisch *geh*

Neptune [ˈneptjuːn, AM *esp* -tuːn] *n no art* Neptun *m*

nerd [nɜːd, AM nɜːrd] *n* (*sl: gawky male*) Streber *m fam;* (*idiot*) Depp *m bes* SÜDD, ÖSTERR, SCHWEIZ *pej;* **computer** ~ Computerfreak *m sl*

nerdy [ˈnɜːdi, AM ˈnɜːr-] *adj* (*fam*) doof *sl,* beknackt *sl*

nerve [nɜːv, AM nɜːrv] **I.** *n* ❶ ANAT, PHYSIOL, MED Nerv *m* ❷ *no pl* (*courage*) Mut *m,* Mumm *m fam;* **to hold** [*or* **keep**]/**lose one's** ~ die Nerven behalten/verlieren ❸ (*nervousness*) ■~**s** *pl* Nervosität *f kein pl;* (*stress*) Nerven *pl;* **my** ~**s reach breaking point after twelve hours at work** nach zwölf Stunden Arbeit liegen meine Nerven blank ❹ (*impudence*) Frechheit *f,* Unverschämtheit *f;* **that man has such a** ~**!** der Mann hat [vielleicht] Nerven!; **to have the** ~ **to do sth** den Nerv haben *fam* [*o* die Frechheit besitzen] etw zu tun; **of all the** ~**!** das ist doch die Höhe! ▸ PHRASES: **to be a bundle of** ~**s** ein Nervenbündel *nt* sein *fam;* ~**s of iron** [*or* **steel**] Nerven wie Drahtseile *fam,* Nerven aus [*o* wie] Stahl; **to be in a state of** ~**s** nervös sein; **to calm** [*or* **steady**] **one's** ~**s** die Nerven beruhigen; **to get on sb's** ~**s** (*fam*) jdm auf die Nerven gehen *fam;* **to hit** [*or* **touch**] **a** [**raw**] ~ einen wunden Punkt treffen; **to live on one's** ~**s** *esp* BRIT, **to be on one's** ~ **ends** *esp* AM nervlich extrem angespannt sein **II.** *n modifier* (*disease, end, problem*) Nerven-; ~ **fibre** [*or* AM **fiber**] Nervenfaser *f,* Nervenstrang *m;* ~ **impulse** Nervenimpuls *m,* Nervenreiz *m* **III.** *vt* ■**to** ~ **sb** jdn ermutigen; ■**to** ~ **oneself** [**up**] **to do sth** den Mut aufbringen etw zu tun

'nerve cell *n* Nervenzelle *f* **'nerve cen·ter** AM, **'nerve cen·tre** *n* ❶ ANAT, PHYSIOL, MED Nervenzentrum *nt* ❷ (*control centre*) Nervenzentrum *nt fig,* Schaltzentrale *f fig* **'nerve gas** *n* Nervengas *nt*

nerve·less [ˈnɜːvləs, AM ˈnɜːrv-] *adj* ❶ (*without nerves*) nervenstark ❷ (*lacking vigour*) kraftlos, schwach

nerve·less·ly [ˈnɜːvləsli, AM ˈnɜːrv-] *adv* ❶ (*coolly*) gelassen, seelenruhig *fam* ❷ (*faint-heartedly*) ≈ ohne Biss *fam*

'nerve-rack·ing, 'nerve-wrack·ing *adj* nervenaufreibend

nerv·ous [ˈnɜːvəs, AM ˈnɜːr-] *adj* (*highly-strung*) nervös; ~ **exhaustion** nervöse Erschöpfung; **a** ~ **tic/twitch** nervöser Tick/nervöses Zucken; (*tense*) aufgeregt; (*fearful*) ängstlich; **of a** ~ **disposition** ängstlich sein; **to be** [*or* **feel**] ~ **in sb's presence** in jds Gegenwart nervös sein; ~ **wreck** nervöses Wrack; **you look a** ~ **wreck!** du siehst völlig fertig aus!; **to make sb** ~ jdn nervös machen; ■**to be** ~ **about sth** wegen etw *dat* nervös sein; ■**to be** ~ **of sb/sth** vor jdm/etw Angst haben

nerv·ous 'break·down *n* Nervenzusammenbruch *m;* **to have** [*or* **suffer**] **a** ~ einen Nervenzusammenbruch erleiden

nerv·ous·ly [ˈnɜːvəsli, AM ˈnɜːr-] *adv* nervös; (*overexcitedly*) aufgeregt; (*timidly*) ängstlich; **to twitch** ~ nervös zucken

nerv·ous·ness [ˈnɜːvəsnəs, AM ˈnɜːr-] *n no pl* (*nervous state*) Nervosität *f;* (*fear*) Angst *f* (**about** vor +*dat*)

'nerv·ous sys·tem *n* Nervensystem *nt*

nervy [ˈnɜːvi, AM ˈnɜːr-] *adj* ❶ AM (*pej: impudent*) unverschämt ❷ AM (*brave*) mutig ❸ BRIT (*nervous*) nervös

nest [nest] **I.** *n* ❶ (*of animals*) Nest *nt;* (*fig: of humans*) Nest *nt fig,* Heim *nt;* **empty** ~ (*fig*) leeres Nest, Familie, bei der die Kinder aus dem Haus sind; **empty** ~ **syndrome** Gefühl *nt* der Leere, wenn die Kinder aus dem Haus sind; **to leave the** ~ (*fig*) das Nest verlassen, flügge werden *fig* ❷ (*pej: den*) Schlupfwinkel *m,* Versteck *nt;* (*of criminals*) Brutstätte *f fig;* ~ **of espionage/spies** Spionagenest *nt*/Nest von Spionen *fig* ❸ (*set*) Satz *m* ▸ PHRASES: **it's an ill bird that fouls it's own** ~ BRIT (*prov*) nur ein schlechter Charakter beschmutzt das eigene Nest; **to feather one's** [**own**] ~ in die eigene Tasche arbeiten [*o* wirtschaften]; **to foul one's** [**own**] ~ das eigene Nest beschmutzen **II.** *vi* ORN, SCI nisten

'nest box *n* AM ORN (*nesting box*) Nistkasten *m* **'nest egg** *n* Notgroschen *m;* **to have a little** ~ sich *dat* einen Notgroschen zurückgelegt haben

nest·ing [ˈnestɪŋ] *adj attr, inv* ❶ (*of sets*) ineinanderstapelbar; ~ **dolls** Matroschka *f* ❷ (*of nests*) Nist-; ~ **time** Nistzeit *f*

'nest·ing box *n esp* BRIT Nistkasten *m*

nes·tle [ˈnesl̩] **I.** *vt* ■**to** ~ **sth on sb** etw an jdn schmiegen [*o* kuscheln]; **he** ~**d his head on her lap** er legte seinen Kopf in ihren Schoß; **she** ~**d the baby lovingly in her arms** sie hielt das Baby liebevoll in ihren Armen **II.** *vi* ❶ (*person*) **I love nestling down in bed with a cup of hot chocolate** ich kuschle mich gerne mit einer Tasse heiße Schokolade ins Bett; **she lay back and** ~**d amongst the cushions and pillows** sie legte sich zurück und schmiegte sich in die Kissen; ■**to** ~ **up to sb** sich *akk* an jdn anschmiegen; **the young couple lovingly** ~**d** [**up**] **together** das junge Paar schmiegte sich verliebt aneinander ❷ (*object*) ■**to** ~ **in sth** in etw *akk* eingebettet sein; **the lake** ~**s among volcanic hills** der See liegt zwischen vulkanischen Hügeln eingebettet

nes·tling [ˈneslɪŋ] *n* Nestling *m*

'nest rob·ber *n* Nesträuber *m;* (*fig*) Dieb(in) *m(f)*

Net *n no pl* INET, COMPUT ■**the** ~ das Netz; ■**through the** ~ durch das Netz, per Internet

net¹ [net] **I.** *n* ❶ (*mesh*) Netz *nt;* **fishing** ~ Fischernetz *nt;* **to haul in a** ~ ein Netz einholen; (*fig: trap*) Falle *f,* Netz *nt;* **to slip through the** ~ durchs Netz schlüpfen *fig;* **although the police were watching every port he still slipped through the** ~ obwohl die Polizei jeden Hafen überwachte, ging er ihnen dennoch durchs Netz; (*fig: social welfare*) soziales Netz; **to fall** [*or* **slip**] **through the** ~ durch das soziale Netz fallen *fig* ❷ SPORTS (*in tennis*) Netz *nt;* (*in soccer*) Netz *nt;* ■**the** ~**s** *pl* (*in cricket*) *Übungsplatz für Kricket, der von einem Netz eingeschlossen ist* **II.** *vt* <-tt-> ❶ (*catch*) ■**to** ~ **sth** *fish* etw mit einem Netz fangen; (*fig*) ■**to** ~ **sb** *criminals* jdn fangen ❷ (*fig: get*) ■**to** ~ **oneself sth** sich *dat* etw angeln [*o* an Land ziehen] *fig fam;* **Mark's** ~**ted himself a top job with an advertising company** Mark hat sich einen Spitzenjob in einer Werbeagentur geangelt ❸ SPORTS **to** ~ **a return/volley** *tennis* einen Return/Volley ins Netz schlagen; **to** ~ **the ball/a goal** *soccer* den Ball ins Tor/ein Tor schießen

net² [net] **I.** *adj inv* ❶ FIN netto; ~ **assets** Reinvermögen *nt,* Nettovermögen *nt;* ~ **income** [*or* **earnings**] Nettoeinkommen *nt;* ~ **profit/results** Reingewinn *m*/Endergebnis *nt;* ~ **receipts/returns** Nettoeinnahmen *fpl;* ~ **wages** Nettolöhne *mpl;* **the**

N

sum ~ of tax is over twenty thousand die Summe abzüglich der Steuern macht über Zwanzigtausend aus; *weight* netto, rein *attr,* Rein-; ~ **tonnage** Nettoregistertonnage *f;* ~ **weight** Nettogewicht *nt* ❷ *attr* (*fig: final*) End- **II.** *vt* ❶ (*after tax*) ■**to ~ sth** etw netto verdienen; **he ~s £300 a week in his new job** er verdient in seinem neuen Job 300 Pfund netto die Woche ❷ (*realize*) ■**to ~ sth** etw netto einnehmen

'net·ball BRIT **I.** *n no pl* Korbball *m* **II.** *n modifier* (*court, equipment, player*) Korbball- **Net 'Book Agree·ment** *n* BRIT Buchpreisbindung *f* **'net·cast·er** *n* Netcaster *m fachspr* (*Internetanbieter für Musikprogramme*) **'net·cast·ing** *n no pl* Netcasting *nt fachspr* (*Ausstrahlung von Musiksendungen übers Internet*) **net 'cur·tain** *n* Tüllgardine *f*

neth·er ['neðəʳ, AM -ɚ] *adj attr, inv* (*liter or hum: lower*) niedere(r, s); ~ **regions** niedere Regionen *euph;* ~ **world** Unterwelt *f*

Neth·er·lands ['neðələn(d)z, AM -ðɚ-] *n* ■**the** ~ die Niederlande *pl*

neti·zen ['netɪzᵊn, AM -t̬-] *n* Netizen *m sl,* Internetfreak *m fam*

'net surf·ing *n no pl* Internetsurfen *nt,* Surfen *nt* im Internet

nett *adj, vt* BRIT *see* **net**

net·ting ['netɪŋ, AM -t̬-] *n no pl* (*material*) Netzgewebe *nt;* (*structure*) Netzwerk *nt*

net·tle ['netḷ, AM -t̬-] **I.** *n* Nessel *f;* **stinging ~s** Brennnesseln *pl;* **to grasp the ~** BRIT (*fig*) den Stier bei den Hörnern packen *fig* **II.** *vt* ■**to ~ sb** jdn ärgern [*o* reizen]; ■**to be ~d by sth** sich *akk* über etw *akk* ärgern

'net·tle rash *n* Nesselsucht *f kein pl*

net 'weight *n* Nettogewicht *nt*

net·work I. *n* ❶ (*structure*) Netz[werk] *nt* ❷ (*fig: people*) Netz *nt;* **a ~ of colleagues** eine Gruppe von Kollegen; **old boy ~** ≈ Seilschaft *f* ❸ TELEC [Kommunikations]netzwerk *nt;* **cable ~** Kabelnetz *nt;* **computer ~** Computernetz *nt;* **telephone ~** Telefonnetz *nt;* **television ~** Sendernetz *nt* ❹ ECON Netz *nt;* **distribution ~** Verteilernetz *nt* ❺ TRANSP **motorway** [*or* AM **highway**] **~** Autobahnnetz *nt;* **rail[way] ~** [Eisen]bahnnetz *nt* **II.** *vt* ❶ (*link*) ■**to ~ sth** etw vernetzen [*o* verbinden]; COMPUT etw vernetzen (**to** mit +*dat*) ❷ (*television*) **to ~ a show/series/programme** [*or* AM **program**] eine Sendung/Serie/ein Programm im ganzen Sendebereich ausstrahlen **III.** *vi* Kontakte knüpfen; ■**to ~ with sb** mit jdm Kontakt knüpfen

'net·work·er *n* Networker(in) *m(f)*

net·work·ing ['net,wɜːkɪŋ, AM -,wɜːrk-] *n no pl* ❶ (*making contacts*) Kontaktknüpfen *nt* ❷ COMPUT Vernetzen *nt*

neu·ral ['njʊərᵊl, AM 'nʊrəl, 'njʊr-] *adj attr, inv* Nerven-, neural *fachspr;* ~ **damage** Nervenschaden *m*

neu·ral·gia [njʊə'rælʤə, AM nʊ'-, 'njʊ-] *n no pl* Neuralgie *f fachspr,* Nervenschmerzen *pl*

neu·ral·gic [njʊə'rælʤɪk, AM nʊ'-, 'njʊ-] *adj inv* neuralgisch *fachspr;* ~ **condition** neuralgischer Zustand; ~ **pain** Nervenschmerzen *pl*

neu·ral 'net·work *n* COMPUT Neuronennetz *nt*

neu·ras·the·nia [,njʊərəs'θiːniə, AM ,nʊræs'-, 'njʊr-] *n no pl* (*dated*) Neurasthenie *f fachspr,* Nervenschwäche *f*

neu·ri·tis [njʊə'raɪtɪs, AM nʊ'raɪt̬əs, 'njʊ-] *n no pl* Neuritis *f fachspr,* Nervenentzündung *f*

neu·ro·logi·cal [,njʊərə'lɒʤɪkᵊl, AM ,nʊrə'lɑː-, 'njʊr-] *adj inv* neurologisch; ~ **disorder** neurologische Störung

neu·rolo·gist [njʊə'rɒləʤɪst, AM nʊ'rɑː-, 'njʊ-] *n* Neurologe, -in *m, f,* Nervenarzt/Nervenärztin *m/f*

neu·rol·ogy [njʊə'rɒləʤi, AM nʊ'rɑː-, 'njʊ-] *n no pl* Neurologie *f*

neu·ron ['njʊərɒn, AM 'nʊrɑːn, 'njʊr-], **neu·rone** ['njʊərəʊn, AM 'nʊroʊn] *n* Neuron *nt*

neu·ro·psy·cho·logi·cal [,njʊərəʊ,saɪkᵊ'lɒʤɪkᵊl, AM -roʊ,saɪkə'lɑː-] *adj* neuropsychologisch *fachspr*

neu·ro·psy·cholo·gist [,njʊərəʊsaɪ'kɒləʤɪst, AM -roʊsaɪ'kɑː-] *n* Neuropsychologe, -in *m, f fachspr*

neu·ro·sci·ence [,njʊərəʊ'saɪən(t)s, AM ,nʊroʊ'-, 'njʊr-] *n* Neurobiologie *f fachspr*

neu·ro·sci·en·tif·ic [,njʊərəʊsaɪən'tɪfɪk, AM -roʊ-] *adj* neurowissenschaftlich *fachspr*

neu·ro·ses [njʊə'rəʊsiːz, AM nʊ'roʊ-, 'njʊ-] *n pl of* **neurosis**

neu·ro·sis <*pl* -ses> [njʊə'rəʊsɪs, AM nʊ'roʊ-, 'njʊ-, *pl* -siːz] *n* Neurose *f*

neu·ro·sur·geon [,njʊərəʊ'sɜːʤᵊn, AM ,nʊroʊ'sɜːr-, 'njʊ-] *n* Neurochirurg(in) *m(f)*

neu·ro·sur·gery [,njʊərəʊ'sɜːʤᵊri, AM ,nʊroʊ'sɜːrʤɚi, 'njʊ-] *n no pl* Neurochirurgie *f*

neu·rot·ic [njʊə'rɒtɪk, AM nʊ'rɑːt̬-, 'njʊ-] **I.** *n* Neurotiker(in) *m(f)* **II.** *adj* neurotisch

neu·roti·cal·ly [njʊə'rɒtɪkli, AM nʊ'rɑːt̬-, 'njʊ-] *adv inv* neurotisch

neu·ro·trans·mit·ter [,njʊərəʊtræz'mɪtəʳ, AM ,nʊroʊtræn'smɪt̬ɚ, 'njʊ-] *n* MED Neurotransmitter *m fachspr*

neu·ro·vac·cine [,njʊərəʊ'væksiːn, AM -roʊ-] *n* Injektion *f* von Nervenzellen

neu·ter ['njuːtəʳ, AM 'nuːt̬ɚ, 'njʊ-] **I.** *adj* sächlich; ~ **noun** Neutrum *nt* **II.** *vt* **to ~ an animal** *male* ein Tier kastrieren; *female* ein Tier sterilisieren; (*fig: weaken*) ■**to ~ sth** etw neutralisieren

neu·tral ['njuːtrᵊl, AM *esp* 'nuː-] **I.** *adj* ❶ (*impartial*) *in a war, election* neutral, unbeteiligt; ~ **country** neutrales Land; ~ **ground/territory** neutraler Boden/neutrales Gebiet; **politically ~** politisch neutral; *row* neutral, unparteiisch; **to remain ~ in an argument/dispute** in einer Auseinandersetzung/einem Streit neutral [*o* unparteiisch] bleiben ❷ (*characteristics*) neutral, unauffällig; ~ **colour** [*or* AM **color**]**/flavour** [*or* AM **flavor**] neutrale Farbe/neutraler Geschmack ❸ (*deadpan*) gleichgültig ❹ CHEM, ELEC neutral **II.** *n* ❶ (*country*) neutrales Land; (*person*) Neutrale(r) *f(m)* ❷ (*gears*) Leerlauf *m;* **in ~** im Leerlauf; **to put the car into ~** den Gang herausnehmen, in den Leerlauf schalten

neu·tral·ity [njuː'træləti, AM nuː'trælət̬i, 'njʊ-] *n no pl* Neutralität *f*

neu·trali·za·tion [,njuːtrᵊlaɪ'zeɪʃᵊn, AM ,nuːtrᵊlɪ'-, 'njʊ-] *n no pl* Neutralisierung *f; of a taste, smell* Neutralisierung *f,* Aufhebung *f;* **the ~ of a system** die Ausschaltung eines Systems

neu·tral·ize ['njuːtrᵊlaɪz, AM 'nuː-, 'njʊ-] *vt* ■**to ~ sth** (*nullify*) etw neutralisieren; *bomb* etw entschärfen; **their objective was to ~ the enemy planes** ihr Ziel war es, die feindlichen Flugzeuge außer Gefecht zu setzen; (*weaken*) *a colour, smell* etw abschwächen; *a strong taste* etw mildern; **to ~ the acidity/alkalinity of sth** die Azidität/Alkalität von etw *dat* neutralisieren *fachspr*

neu·tron ['njuːtrɒn, AM 'nuːtrɑːn, 'njʊ-] *n* Neutron *nt*

'neu·tron bomb *n* Neutronenbombe *f*

nev·er ['nevəʳ, AM -ɚ] *adv inv* ❶ (*not ever*) nie, niemals; ~ **again!** nie wieder!; **do you know a guy called Antony Edwards? – ~ heard of him** kennst du einen Antony Edwards? – nie gehört; **I ~ forget a face** ich vergesse nie ein Gesicht; **he'll ~ forgive you for that** er wird dir das niemals verzeihen; **there will ~ be another Charlie Chaplin** es wird nie einen zweiten Charlie Chaplin geben; **to ~ cross sb's mind** jdm nie in den Sinn kommen; ~ **fear!** [nur] keine Angst [*o fam* Bange]!; ~ **in all my life** [*or* **days**] noch nie in meinem Leben; **it's ~ too late to do sth** es ist nie zu spät, um etw *akk* zu tun; ~ **before** noch nie [zuvor]; ~ **before had I had so much money** ich hatte noch nie so viel Geld; **as ~ before** wie noch nie; ~ **ever** nie im Leben, niemals; ~ **mind!** mach' dir nichts draus! *fam;* ~ **mind him!** mach' dir nichts aus ihm!, kümmere dich nicht um ihn!; ~ **mind the price!** kümmere dich nicht um den Preis!; ~ **mind that ...** ohne zu berücksichtigen, dass ...; **he's ~ 61 – he looks much younger** er ist nie im Leben 61 – er sieht viel jünger aus ❷ (*not at all*) überhaupt [*o* gar] nicht ▸ PHRASES: ~ **the twain shall meet** BRIT die Zwei werden nie[mals] zueinander finden

nev·er-'end·ing *adj* endlos, unaufhörlich **nev·er-'fail·ing** *adj* (*approv*) unfehlbar **'nev·er·more** *adv* nie wieder **nev·er-'nev·er** *n* BRIT (*fam*) Ratenkauf *m;* **on the ~** auf Raten **nev·er-'nev·er land** *n* (*fam*) Traumland *nt,* Fantasiewelt *f*

nev·er·the·less [ˌnevəðə'les, AM -vɚ-] *adv* trotzdem, dennoch, nichtsdestoweniger; **I disagreed with everything she said but she's a very good speaker ~** ich stimmte ihr in keinem Punkt zu, aber sie ist trotz allem eine gute Rednerin

new [njuː, AM nuː, njuː] **I.** *adj* ❶ (*latest*) neu; **that's nothing ~!** das ist nichts Neues!; **what's ~ in the fashion world?** was gibt's Neues in der Welt der Mode?; ■**sth is the ~ sth** etw ist das neue etw; **soup is the ~ sandwich** Sandwiches haben ausgedient, jetzt isst man Suppe; **to be the ~est fad** [*or* **craze**] (*fam*) der letzte Schrei sein *fam* ❷ *attr* (*different*) neu; **~ boy/girl/kid** (*in school*) Neue(r) *f(m),* neuer Schüler/neue Schülerin; (*fig: as members*) Neue(r) *f(m) fam;* **~ broom** BRIT neuer Chef/neue Chefin; **N~ Deal** AM POL Reformprogramm *nt;* **~ start** neuer Anfang, Neuanfang *m* ❸ *pred* (*unfamiliar*) neu; **to be a ~ one on sb** neu für jdn sein; (*inexperienced*) unerfahren; **she's ~ to the job** sie ist neu in dem Job; **I'm ~ around here** ich bin neu hier ❹ (*not second-hand*) neu; **~ clothes** neue Kleider; **brand ~** brandneu ❺ (*fresh*) neu, frisch; **~ blood** frisches Blut; **~ lease of** [*or* AM **on**] **life** neuer Auftrieb; **~ man/woman** neuer Mann/neue Frau; **to feel like a ~ man/woman** sich *akk* wie neugeboren fühlen ❻ (*previously unknown*) neu; **Sally and Richard are getting married – really, that's a ~ one on me** Sally und Richard heiraten – wirklich, das ist mir neu; **to take a ~ twist** eine neue Wendung nehmen ▶ PHRASES: **a ~ broom sweeps clean** (*prov*) neue Besen kehren gut *prov* **II.** *n no pl* ■**the ~** das Neue

New 'Age I. *n* New Age *nt* **II.** *n modifier* (*book, music, philosophy*) New Age-; **~ Movement** New Age-Bewegung *f* **New 'Ag·er** *n* Anhänger(in) *m(f)* des New Age **New Age 'Trav·el·ler** *n* BRIT ≈ Aussteiger(in) *m(f)* **new-agey** [njuː'eɪdʒi, AM *esp* nuː-] *adj inv* neuzeitlich, Newage- *geh* (*neues Zeitalter als Inbegriff eines neuen, spirituell geprägten Weltbilds*); **~ experience** Newage-Erfahrung *f,* neuzeitliche spirituelle Erfahrung **'new·born I.** *adj attr, inv* neugeboren; **~ baby** [*or* **infant**] Neugeborene(s) *nt;* **~ democracy/science** (*fig*) neugeborene Demokratie/Wissenschaft *fig* **II.** *n* ■**the ~** *pl* die Neugeborenen *pl* **'new·com·er** *n* (*new arrival*) Neuankömmling *m;* (*stranger*) Fremde(r) *f(m);* **I'm a ~ to Munich** ich bin neu in München; (*novice*) Neuling *m*

new·el ['njuːəl, AM 'nuː-, 'njuː-] *n* (*pillar*) Spindel *f;* (*supporting banister*) Pfosten *m*

new-'fan·gled *adj inv* (*fam*) neumodisch **new-'fash·ioned** *adj* modern

New·fie I. *n* CAN (*pej fam*) Neufundländer(in) *m(f)* **II.** *n modifier* CAN (*pej fam*) neufundländisch *attr,* aus Neufundland *nach n;* **~ joke** ≈ Ostfriesenwitz *m*

'new-found *adj* neu[entdeckt]

new·ish ['njuːɪʃ, AM 'nuː-, 'njuː-] *adj inv* (*fam*) relativ neu

new-'laid *adj* frisch [gelegt]; **~ eggs** frische Eier

new·ly ['njuːli, AM 'nuː-, 'njuː-] *adv inv* (*recently*) kürzlich, neulich; **~-discovered documents** kürzlich entdeckte Dokumente; **~ married** jung verheiratet, jung vermählt *geh;* (*freshly*) frisch; **~ painted** frisch gestrichen; (*differently*) neu

'new·ly·wed I. *n* Jungverheiratete(r) *f(m),* Neuvermählte(r) *f(m) geh* **II.** *adj* jung verheiratet, neu vermählt *geh*

New 'Man *n* BRIT Neuer Mann **new 'moon** *n* Neumond *m*

new·ness ['njuːnəs, AM 'nuː-, 'njuː-] *n no pl* Neuheit *f*

new po·'ta·toes *npl* neue Kartoffeln *pl* **New 'Right** *n* ■**the ~** die Neue Rechte; **member of the ~** Mitglied der Neuen Rechten

news [njuːz, AM nuːz, 'njuːz] **I.** *n no pl* ❶ (*new information*) Neuigkeit *f;* **the ~ that she had resigned took everybody by surprise** die Neuigkeit, dass sie zurückgetreten ist, hat alle überrascht; **bad/good ~** schlechte/gute Neuigkeiten; **to be bad/good ~** [**for sb/sth**] (*fig*) schlecht/gut [für jdn/etw] sein; **he's bad ~ for the company** der bedeutet Ärger für die Firma; **to break the ~ to sb** jdm die schlechte Nachricht [*o* die Hiobsbotschaft] überbringen; **I've got ~ for you buster, you're not wanted here!** ich sag' dir mal was, mein Lieber, du bist hier überflüssig!; **have you heard the ~ about Tom and Tina? they're getting divorced** hast du das von Tom und Tina schon gehört? sie lassen sich scheiden; **we've had no ~ of them since they left for Australia** seitdem sie nach Australien abgereist sind, haben wir nichts von ihnen gehört; **really! that's ~ to me** tatsächlich! das ist mir neu ❷ (*media*) Nachrichten *pl;* **financial/sports ~** Wirtschaftsbericht *m*/Sportnachrichten *pl;* ■**to be ~** Nachrichtenwert haben; **to be in the ~** in den Schlagzeilen sein; ■**the ~** die Nachrichten; **was there anything interesting on the ~ this evening?** ist heute Abend irgendetwas Interessantes in den Nachrichten gekommen? ▶ PHRASES: **all the ~ that's fit to print** alle Nachrichten, die es wert sind, gedruckt zu werden; **no ~ is good ~** (*prov*) keine Neuigkeiten sind gute Neuigkeiten **II.** *n modifier* Nachrichten-; (*channel, programme*); **~ blackout** Nachrichtensperre *f;* **the ~ media** die [Nachrichten]medien; **~ story** Bericht *m,* Story *f fam;* **~ summary** Nachrichtenüberblick *m,* Kurznachrichten *pl*

'news agen·cy *n* Nachrichtenagentur *f* **'news·agent** *n* BRIT, AUS ❶ (*shop*) Zeitschriftengeschäft *nt* ❷ (*person*) Zeitungshändler(in) *m(f)* **'news·boy** *n* (*seller*) Zeitungsverkäufer(in) *m(f);* (*deliverer*) Zeitungsausträger(in) *m(f)* **'news·cast** *n esp* AM Nachrichtensendung *f* **'news·cast·er** *n* AM (*newsreader*) Nachrichtensprecher(in) *m(f)* **'news con·fer·ence** *n* Pressekonferenz *f;* **to call a ~** eine Pressekonferenz einberufen **'news deal·er** *n* AM (*newsagent*) *shop* Zeitschriftengeschäft *nt; person* Zeitungshändler(in) *m(f)* **'news·flash** *n* Kurzmeldung *f* **'news·group** *n* INET Newsgroup *f* **'news·hound** *n* (*fam*) Reporter(in) *m(f)* **'news item** *n* Nachricht *f* **'news junkie** *n* Nachrichtenfreak *m fam* **'news·let·ter** *n* Rundschreiben *nt* **news·mag** ['njuːzmæg, AM 'nuːz-] *n short for* **newsmagazine** (*fam*) Nachrichtenmagazin *nt* **'news maga·zine** *n* Nachrichtenmagazin *nt* [im Fernsehen] **'news·mon·ger** [-ˌmʌŋgəʳ, AM -gɚ] *n* ❶ (*profession*) Nachrichtenhändler(in) *m(f)* ❷ (*gossip*) Klatschmaul *nt pej sl* **'news·pa·per I.** *n* ❶ (*journal*) Zeitung *f;* **daily ~** Tageszeitung *f* ❷ *no pl* (*material*) Zeitungspapier *nt;* **in ~** in Zeitungspapier **II.** *n modifier* (*article, editor, reporter*) Zeitungs-; **~ advertisements** Zeitungsanzeigen *fpl,* Zeitungsinserate *ntpl;* **~ clipping** Zeitungsausschnitt *m;* **~ office** Redaktion *f* **'news·peak** *n no pl* (*pej*), **'News·peak** *n no pl* (*pej*) Schönred[n]erei *f,* Schönfärberei *f* **'news·print** *n no pl* ❶ (*material*) Zeitungspapier *nt* ❷ (*ink*) Druckerschwärze *f* **'news·read·er** *n* BRIT, AUS Nachrichtensprecher(in) *m(f)* **'news·reel** *n* Wochenschau *f* **'news re·lease** *n esp* AM Presseerklärung *f* **'news re·port** *n* Nachrichtenbeitrag *m,* Meldung *f* **'news·room** *n* Nachrichtenredaktion *f* **'news·stand** *n* Zeitungsstand *m,* Zeitungskiosk *m* **'news·ven·dor** *n* Zeitungsverkäufer(in) *m(f)* **'news·week·ly** *n* <*pl* -lies> wöchentlich erscheinendes Nachrichtenmagazin **'news wire** *n* Fernschreiber *m* **'news·wor·thy** *adj* berichtenswert

newsy ['njuːzi, AM 'nuː-, 'njuːz-] *adj* informativ; **a ~ letter** ein Brief voller Neuigkeiten

newt [njuːt, AM nuːt, 'njuːt] *n* Wassermolch *m*

New Tes·ta·ment I. *n* **the ~** das Neue Testament **II.** *n modifier* (*authors, book, theology*) des Neuen Testaments *nach n;* **~ translation** Übersetzung *f* des Neuen Testaments **'new town** *n künstlich angelegte, nicht gewachsene Siedlung* **new 'wave** *n* ❶ FILM, TV, THEAT (*movement*) ≈ neue Welle ❷ (*fresh outbreak*) **a ~ of redundancies/violence** eine neue Entlassungswelle/Welle der Gewalt **'New World** *n* (*dated*) Neue Welt **new world 'or·der, New World 'Or·der** *n* neue Weltordnung **New 'Year** *n* Neujahr *nt kein pl;* **~'s card** Neujahrskarte *f;* **~'s message** Neujahrsansprache *f;* **Happy ~** gutes [*o*

N

frohes] neues Jahr; ■**the ~** das neue Jahr; (*first weeks*) der Jahresbeginn **New 'Year's** *n no pl* AM (*fam: 1 Jan*) Neujahrstag *m;* (*31 Dec*) Silvester *nt* **New Year's 'Day** *n* Neujahr *nt,* Neujahrstag *m;* **on ~** an Neujahr, am Neujahrstag **New Year's 'Eve I.** *n* Silvester *nt* **II.** *n modifier* (*dinner, toast*) Silvester-; **~ party** Silvesterparty *f,* Silvesterfeier *f* **New Year's Reso·'lu·tion** *esp* AM, **New Year Reso·'lu·tion** *n* [guter] Vorsatz für das neue Jahr **New Zea·land** *n* Neuseeland *nt* **New Zea·land·er** *n* Neuseeländer(in) *m(f)*

next [nekst] **I.** *adj inv* ❶ (*coming immediately after*) nächste(r, s); **the ~ moment she was gone** im nächsten Augenblick war sie weg; **I'll be on holiday for the ~ couple of days** ich bin die nächsten zwei Tage auf Urlaub; **this time ~ year** nächstes Jahr um diese Zeit; **for the ~ couple of weeks** die nächsten paar Wochen; **the ~ day** am nächsten Tag; **~ month** nächsten Monat; **[the] ~ time** das nächste Mal, nächstes Mal; **~ time I'll bring a hat** nächstes Mal bringe ich einen Hut mit; **on Monday ~** nächsten Montag ❷ (*next in order, space*) nächste(r, s), folgende(r, s); **the ~ step is to find a house to buy** als Nächstes müssen wir dann ein Haus finden, das wir kaufen können; **take the ~ turning on the right** biegen Sie bei der nächsten Gelegenheit rechts ab; **the woman in the ~ room** die Frau im Raum nebenan; **the ~ chapter** das nächste Kapitel; **as much as the ~ person** wie jede(r) andere [auch]; **the ~ but one** der/die/das Übernächste; **she is the ~ managing director but one** sie ist die übernächste Geschäftsführerin; ■**to be ~** der/die Nächste sein, als Nächste(r) dran sein; **who's ~ please?** wer ist der/die Nächste?; **excuse me, I was ~** Entschuldigung, ich komme als Nächste(r) ▶PHRASES: **the ~ <u>world</u>** das Jenseits **II.** *adv inv* ❶ (*subsequently*) dann, gleich darauf; **what would you like ~?** was möchten Sie als Nächstes?; **so what happened ~?** was geschah als Nächstes?; **~, I heard the sound of voices** dann hörte ich Stimmen ❷ (*again*) das nächste Mal; **when I saw him ~ he had transformed himself** als ich ihn das nächste Mal sah, sah er ganz verwandelt aus; **when are you ~ going to London?** wann fährst du das nächste Mal nach London? ❸ (*second*) zweit-; **the opinion poll found that law and order is the most important political issue for voters and education is the ~ most important** bei der Meinungsumfrage kam heraus, dass Gesetze für die Wähler das wichtigste Thema sind, Bildung das zweitwichtigste; **~-to-last day** *esp* AM vorletzter Tag; **he injured himself in a climbing accident on the ~-to-last day of his vacation** er verletzte sich am vorletzten Tag seines Urlaubs bei einem Kletterunfall; **the ~ best thing** die zweitbeste Sache; **the ~ oldest/youngest** der/die/das Zweitälteste/Zweitjüngste; **Jo was the ~ oldest after Martin** Jo war der/die Zweitälteste nach Martin ❹ (*to one side*) ■**~ to sth/sb** neben etw/jdm; **who works in the office ~ to yours?** wer arbeitet in dem Büro neben dir?; **I prefer to sit ~ to the window when I'm on a plane** ich sitze im Flugzeug am liebsten neben dem Fenster; **we sat ~ to each other** wir saßen nebeneinander ❺ (*following in importance*) ■**~ to sth** nach etw *dat;* **cheese is my favourite food and ~ to cheese I like chocolate best** Käse esse ich am liebsten und nach Käse mag ich am liebsten Schokolade ❻ (*almost*) ■**~ to ...** beinahe ..., fast ...; **in ~ to no time** im Handumdrehen *fam;* **there was very little traffic and it took ~ to no time to get home** es war sehr wenig Verkehr, und wir waren im Handumdrehen zu Hause; **~ to impossible** beinahe unmöglich; **it's ~ to impossible to find somewhere cheap to live in the city centre** es ist fast unmöglich, eine günstige Wohnung im Stadtzentrum zu finden; **~ to nothing** fast gar nichts; **Charles knew ~ to nothing about farming** Charles wusste fast nichts über Landwirtschaft ❼ (*compared with*) ■**~ to sb/sth** neben jdm/etw; **~ to her I felt like a fraud** neben ihr komme ich mir wie ein Betrüger/eine Betrügerin vor ▶PHRASES: **<u>what</u>** [*or* **<u>whatever</u>**] **~!** und was kommt dann?; **so he decided to get married at last – whatever ~! – children, I expect** jetzt haben sie also endlich geheiratet – und was kommt als Nächstes? – Kinder, nehme ich an **III.** *n* (*following one*) der/die/das Nächste; **nothing ever changes, one day is very much like the ~** nichts ändert sich, ein Tag gleicht so ziemlich dem anderen; **can we arrange a meeting for the week after ~?** können wir uns übernächste Woche treffen?; **one moment he wasn't there, the ~ he was** kaum war er da, war er auch schon wieder weg; **~ in line** der/die/das Nächste; **hey don't butt in in front of me – I was the ~ in line** he, drängen Sie sich nicht vor – ich war der/die Nächste; **he is ~ in line to the throne** er ist der Nächste in der Thronfolge; **from one day/moment/year/minute to the ~** von einem Tag/Augenblick/Jahr/einer Minute auf die nächste; **things don't change much here from one year to the ~** die Dinge ändern sich hier von einem Jahr aufs andere kaum

next 'door I. *adv* nebenan; **we live ~ to the airport** wir wohnen direkt neben dem Flughafen **II.** *adj pred, inv buildings* nebenan *nach n; people* benachbart; **the boy/girl ~ type** (*approv*) der Typ Junge/Mädchen von nebenan *fam;* **to be/feel ~ to sth** (*fig*) [schon beinahe] an etw *akk* grenzen **'next-door** *adj attr, inv buildings* nebenan *nach n; people* benachbart; **~ family** benachbarte Familie; **~ kids** (*fam*) Nachbarkinder *ntpl* **next-door 'neigh·bor** AM, **next-door 'neigh·bour** *n* direkter Nachbar/direkte Nachbarin **'next-gen** *adj inv* (*fam*) *short for* **next-generation** futuristisch **next of 'kin** *n* + *sing/pl vb* nächste(r) Angehörige(r) [*o* Verwandte(r)] *f(m)*

nex·us <*pl* - *or* -es> ['neksəs] *n usu sing* Nexus *m fachspr,* Verbindung *f*

NF [ˌen'ef] *n* BRIT *abbrev of* **National Front**

NFL [ˌenef'el] **I.** *n* AM *abbrev of* **National Football League** NFL *f, amerikanische Fußballnationalliga* **II.** *n modifier* NFL-; **~ history** die Geschichte der amerikanischen Fußballnationalliga

NGO [ˌendʒiː'əʊ, AM -'oʊ] *n abbrev of* **nongovernmental organization** nicht der Regierung unterstellte Organisation

NHS [ˌeneɪtʃ'es] *n* BRIT *abbrev of* **National Health Service**

nib [nɪb] *n* [Schreib]feder *f*

nib·ble ['nɪbl̩] **I.** *n* ❶ (*bite*) Bissen *m,* Happen *m fam;* **just take a ~ at the sandwich to see if you like it** beiß einfach mal ein Stück Sandwich ab, dann siehst du schon, ob du's magst ❷ (*snack*) ■**~s** *pl* BRIT (*fam*) Häppchen *ntpl* ❸ (*fig: interest*) Anfrage *f* **II.** *vt* ❶ (*eat*) ■**to ~ sth** etw knabbern ❷ (*amorously*) ■**to ~ sth** an etw *dat* knabbern; **she ~d his ear** sie knabberte an seinem Ohr **III.** *vi* ❶ (*snack*) knabbern; ■**to ~ at** [*or* **on**] **sth** an etw *dat* herumknabbern; **to ~ at the bait** anbeißen; **the fish ~d at the bait** der Fisch biss an; (*fig: of trap*) den Köder schlucken *fam* ❷ (*purchase*) ■**to ~ at sth** etw stückchenweise kaufen; **investors started to ~ at the company's shares after the new contract was announced** nachdem der neue Vertrag bekannt wurde, fingen Investoren vorsichtig an, die Aktien der Firma zu kaufen ❸ (*show interest*) ■**to ~ at sth** an etw *dat* Interesse zeigen; **we made them an offer of £five million, and they're nibbling at it** wir machten ihnen ein Angebot von fünf Millionen £ und sie fangen an, sich langsam dafür zu interessieren ❹ (*eat into*) ■**to ~ away at sth** an etw *dat* nagen *fig;* **even when inflation is low, it ~s away at people's savings** selbst wenn die Inflation niedrig ist, zehrt sie an den Ersparnissen der Leute

nibs [nɪbz] *npl* (*fam or dated*) **his/her ~** seine/ihre Hoheit *iron*

Nica·ra·gua [ˌnɪkᵊr'ægjuə, AM -ə'rɑːgwə] *n* Nicaragua *nt*

Nica·ra·guan [ˌnɪkᵊr'ægjuən, AM -ə'rɑːgwən] **I.** *n* Nicaraguaner(in) *m(f)* **II.** *adj* nicaraguanisch

nice [naɪs] **I.** *adj* ❶ (*approv: pleasant*) schön, angenehm; **did you have a ~ holiday?** war es schön im Urlaub?; **it's far ~r here than anywhere else I've lived** es ist viel schöner hier als irgendwo sonst, wo ich vorher gewohnt habe; **~ talking to**

you, but I must be off now es war nett mit dir zu reden, aber jetzt muss ich weg; **it's ~ that you're staying here after all** es ist schön, dass du trotz allem hier bleibst; **~ one!** (*approv fam*) nicht schlecht! *fam;* **~ to meet you!** es freut mich, Sie/dich kennenzulernen!; **a ~ little earner** *esp* BRIT eine wahre Goldgrube; **a ~ neighbourhood** eine freundliche Gegend; **~ weather** schönes Wetter; **~ work** (*approv fam*) gute [*o* saubere] Arbeit ❷ (*amiable*) nett, freundlich; **it was very ~ of you to drive her home** es war sehr nett von dir, sie nach Hause zu fahren; **a ~ chap/**AM *usu* **guy** ein netter Kerl; ■**to be ~ to sb** nett zu jdm sein; (*fam: bad*) schön *iron,* fein *iron;* **I made a ~ mess of the job, and felt very embarrassed** ich habe die Sache ganz schön vermasselt und es war mir äußerst peinlich ❸ (*subtle*) fein; **~ distinction** feine Unterscheidung ❹ (*intensifier*) schön; **~ and big/long/warm** schön groß/lang/warm ▶ PHRASES: **~ guys finish last** Nettigkeit zahlt sich nicht aus; **~ work if you can get it** das würde ich mir auch gefallen lassen **II.** *adv* sorgfältig; **to talk ~ and clearly** deutlich und langsam sprechen

nice-'look·ing *adj* (*person*) gut aussehend, hübsch; (*thing*) hübsch

nice·ly ['naɪsli] *adv* ❶ (*well*) gut, nett; **the patient is coming along ~** der Patient macht gute Fortschritte; **that'll do ~** das reicht völlig; **to do very ~** gut vorankommen; **to be doing ~** (*be successful*) erfolgreich sein; (*health-wise*) wohlauf sein ❷ (*pleasantly*) nett, hübsch

ni·cety ['naɪsəti, AM -ət̬i] *n* ❶ *no pl* (*finer point*) Feinheit *f;* (*precision*) Genauigkeit *f;* **~ of an argument** Genauigkeit eines Arguments ❷ (*fine details*) ■**niceties** *pl* Feinheiten *pl;* (*negatively*) Spitzfindigkeiten *pl;* **legal niceties** juristische Feinheiten; **social niceties** Höflichkeitsregeln *pl;* (*etiquette*) Gepflogenheiten *pl*

niche [ni:ʃ, AM *esp* nɪtʃ] **I.** *n* ❶ (*recess*) Nische *f* ❷ (*job*) Stelle *f;* **to make** [*or* **carve out**] **a ~ for oneself** die richtige Stelle für sich *akk* finden, sich *dat* einen Platz erobern; **he has carved out a ~ for himself as a professional tennis player** er hat sich als Profitennisspieler durchgesetzt; (*place*) Platz *m* **II.** *vt* ■**to ~ sb** jdn in eine Schublade stecken *fig*

'niche mar·ket *n* ECON Nischenmarkt *m*

nick [nɪk] **I.** *n* ❶ (*chip*) Kerbe *f* ❷ BRIT (*sl: prison*) ■**the ~** *no pl* der Knast *fam,* das Kittchen *nt veraltend fam;* **he was in the ~ for twelve years** er war zwölf Jahre im Knast ❸ *no pl* BRIT, AUS (*sl: condition*) **in bad/good** [*or* **excellent**] **~** schlecht/gut in Schuss *fam* ▶ PHRASES: **in the ~ of time** gerade noch rechtzeitig **II.** *vt* ❶ (*chip*) ■**to ~ sth** etw einkerben; (*cut*) etw einschneiden ❷ BRIT, AUS (*fam: steal*) ■**to ~ sth** etw mitgehen lassen *fam* ❸ BRIT (*sl*) ■**to ~ sb** (*arrest*) jdn einlochen *sl;* (*catch*) jdn schnappen *fam* ❹ AM (*fam: cheat*) ■**to ~ sb** jdn abzocken *sl* **III.** *vi* BRIT, AUS (*sl*) ■**to ~ in/off** hinein-/davonhuschen

nick·el ['nɪkl̩] **I.** *n* ❶ *no pl* (*metal*) Nickel *nt* ❷ AM (*coin*) Fünfcentstück *nt* **II.** *n modifier* (*candlestick, plate, statue*) Nickel-

nick·el-and-'dime AM **I.** *adj attr* ❶ (*cheap*) Billig- ❷ (*petty*) unbedeutend, belanglos **II.** *vt* ❶ (*weaken financially*) ■**to ~ sb** jdn finanziell belasten ❷ (*delay*) ■**to ~ sth** etw hinauszögern

nick·el-'plat·ed *adj* vernickelt

nick-nack *n see* **knick-knack**

nick·name ['nɪkneɪm] **I.** *n* Spitzname *m; affectionate* Kosename *m* **II.** *vt* ■**to ~ sb/sth sth: the campsite has been ~d 'tent city' by visiting reporters** der Campingplatz wurde von besuchenden Reportern scherzhaft ‚Zeltstadt' genannt

nico·tine ['nɪkəti:n] *n no pl* Nikotin *nt*

'nico·tine patch *n* Nikotinpflaster *nt*

niece [ni:s] *n* Nichte *f*

niff [nɪf] *n usu sing* BRIT (*fam*) Gestank *m kein pl,* Mief *m kein pl fam;* **nasty ~** übler Gestank, ekelhafter Mief *fam*

niffy ['nɪfi] *adj* BRIT (*fam*) miefig

nif·ty ['nɪfti] *adj* (*approv fam: stylish*) elegant; (*skilful*) geschickt; **he did some ~ work** das hat er gut hingekriegt

nig·gard·ly ['nɪgədli, AM -ɚd-] *adj* (*pej*) ❶ (*stingy*) geizig, knaus[e]rig *fam;* ■**to be ~ with sth** mit etw *dat* knaus[e]rig sein *fam* ❷ (*meagre*) karg, dürftig; **a ~ donation/supply** eine armselige Spende/Versorgung

nig·ger ['nɪgəʳ, AM -ɚ] *n* (*pej!*) Nigger *m pej*

nig·gle ['nɪgl̩] **I.** *vi* ❶ (*find fault*) nörgeln; (*deliberate*) ■**to ~ over sth** sich *akk* mit Kleinigkeiten aufhalten ❷ (*worry*) beunruhigen, beschäftigen; ■**to ~ at sth** an etw *dat* nagen *fig* **II.** *vt* ❶ (*nag*) ■**to ~ sb** an jdm herumnörgeln ❷ (*worry*) ■**to ~ sb** jdn beunruhigen [*o* beschäftigen]; **what's her name? – it's been niggling me all evening** wie heißt sie nochmal? – ich überlege schon den ganzen Abend, aber ich komme nicht drauf **III.** *n* ❶ (*doubt*) Zweifel *m* ❷ (*criticism*) Kritikpunkt *m*

nig·gling ['nɪgl̩ɪŋ] *adj attr* ❶ (*troubling*) nagend *fig;* **~ doubt** nagender [*o* bohrender] Zweifel ❷ (*precise*) krittelig

nig·gly <-ier, -iest> ['nɪgli] *adj arguments* pingelig, kleinlich; *person* nörglerisch

nigh [naɪ] **I.** *adv inv* nahe; **the time is ~** es ist Zeit, die Zeit naht; **the time is ~ for us to make a decision** es wäre langsam an der Zeit, dass wir zu einer Entscheidung kommen; **she's written ~ on 500 books** sie hat an die 500 Bücher geschrieben **II.** *prep* (*old*) nahe *dat*

night [naɪt] **I.** *n* ❶ (*darkness*) Nacht *f;* **~ and day** Tag und Nacht; **to have an early ~** früh zu Bett gehen; **to spend the ~ somewhere** die Nacht irgendwo verbringen; **to spend the ~ with sb** (*as a friend, relation*) bei jdm übernachten; (*sexually*) die Nacht mit jdm verbringen; **~ after ~** Nacht für Nacht; **at ~** nachts ❷ (*evening*) Abend *m;* **a ~ on the town** ein Abend in der Stadt; **to have** [*or* **go for**] **a ~ on the town** abends in der Stadt einen draufmachen *fam;* **the other ~** neulich abends; **to have** [*or* **go for**] **a ~ out** [abends] ausgehen; **tomorrow ~** morgen Abend; **by ~** abends; **~ after ~** Abend für Abend ❸ THEAT, FILM **first** [*or* **opening**] **~** Premiere *f;* **last ~** letzte [Abend]vorstellung **II.** *n modifier* (*ferry, train*) Nacht-

'night·bird *n* BRIT Nachteule *f fig, hum fam,* Nachtschwärmer(in) *m(f) hum* **'night blind·ness** *n no pl* Nachtblindheit *f* **'night·cap** *n* ❶ (*hat*) Schlafmütze *f* ❷ (*drink*) Schlummertrunk *m,* Schlaftrunk *m* **'night·clothes** *npl* Nachtwäsche *f kein pl;* (*pyjama*) Schlafanzug *m* **'night·club I.** *n* Nachtklub *m* **II.** *n modifier* (*act, comedian*) Nachtklub-; **~ dancing** Tanzen *nt* in einem Nachtklub **'night·club·bing** *n no pl an einem Abend in verschiedene Nachtklubs/Diskos gehen;* **does she still go out ~ every night?** zieht sie immer noch jeden Abend durch die Klubs? **'night·dress** *n* Nachthemd *nt* **'night·fall** *n no pl* Einbruch *m* der Nacht **'night·gown** *n* Nachthemd *nt*

nightie ['naɪti, AM -t̬-] *n* (*fam*) Nachthemd *nt*

night·in·gale ['naɪtɪŋgeɪl, AM -tᵊn-] *n* Nachtigall *f*

'night·life *n no pl* Nachtleben *nt* **'night·light** *n* Nachtlicht *nt* **'night·long** (*liter*) **I.** *adv inv* die ganze Nacht [über] **II.** *adj inv* sich *akk* über die ganze Nacht hinziehend

night·ly ['naɪtli] **I.** *adv inv* jede Nacht **II.** *adj inv* (*each night*) [all]abendlich; (*nocturnal*) nächtlich

night·mare ['naɪtmeəʳ, AM -mer] **I.** *n* Alptraum *m;* ■**it is a ~ to do sth** es ist ein Alptraum, etw zu tun; **she was a ~ to work with** es war ein Alptraum, mit ihr zu arbeiten; **a recurring ~** ein immer wiederkehrender Alptraum; **the worst ~** der Alptraum schlechthin; **to have a ~** einen Alptraum haben **II.** *n modifier* (*fam*) (*problems, scenario*) alptraumhaft, furchtbar; **~ visions** Schreckensvisionen *fpl*

night·mar·ish ['naɪtmeərɪʃ, AM -mer-] *adj* (*horrific*) alptraumhaft; (*distressing*) grauenhaft

night·mar·ish·ly ['naɪtmeərɪʃli, AM -mer-] *adv* wie in einem Alptraum

night-'night *interj* (*esp childspeak*) [gute] Nacht **'night-nurse** *n* Nachtschwester *f* **'night owl** *n* (*fam*) Nachteule *f hum fam* **'night-por·ter** *n* Nachtportier *m*

N

nights [naɪts] *adv inv* nachts; **to work ~** nachts arbeiten
'night safe *n* BRIT Nachttresor *m* **'night school** *n* Abendschule *f* **'night shift** *n* Nachtschicht *f;* **to work on the ~** Nachtschicht haben **'night·shirt** *n* [Herren]nachthemd *nt* **'night·spot** *n* (*fam*) Nachtklub *m* **'night stand** *n* AM (*bedside table*) Nachttisch *m* **'night·stick** *n* AM Schlagstock *m,* Gummiknüppel *m* **night 'stor·age heat·er** *n* BRIT Nachtspeicherofen *m* **'night table** *n* AM (*bedside table*) Nachttisch *m* **'night-time** *n* Nacht[zeit] *f* **'night vi·sion** *n* Nachtsichtigkeit *f* **'night-vi·sion** *n modifier* (*rifle*) Nachtsicht- **'night-watch** *n* Nachtwache *f* **night 'watch·man** *n* Nachtwächter *m* **'night·wear** *n no pl* Nachtwäsche *f*
ni·hil·ism ['ni:ɪlɪzᵊm, AM 'naɪəl-] *n no pl* Nihilismus *m*
ni·hil·ist ['ni:ɪlɪst, AM 'naɪəl-] *n* Nihilist(in) *m(f)*
ni·hil·is·tic [ˌni:ɪl'ɪstɪk, AM ˌnaɪəl'-] *adj* nihilistisch
Nik·kei [nɪ'keɪ, AM 'ni:keɪ] *n no pl,* **Nik·kei 'In·dex** *n no pl* STOCKEX Nikkei Index *m*
nil [nɪl] *n no pl* ❶ (*nothing*) Nichts *nt,* Null *f;* **the operating risks are virtually ~** das Betriebsrisiko ist praktisch gleich null ❷ *esp* BRIT SPORTS Null *f*
nim·ble ['nɪmbl̩] *adj* (*usu approv: agile*) gelenkig, beweglich; (*quick*) flink, behänd[e]; (*quick-witted*) [geistig] beweglich; **~ mind** beweglicher Geist
nim·ble·ness ['nɪmbl̩nəs] *n no pl* (*usu approv: agility*) Gewandtheit *f,* Behändigkeit *f,* Geschicklichkeit *f;* (*quick-wittedness*) geistige Beweglichkeit
nim·bly ['nɪmbli] *adv* (*usu approv: lithely*) flink, gewandt, behänd[e]; (*quick-witted*) schlagfertig
nim·bus <*pl* -bi *or* -es> ['nɪmbəs, *pl* -baɪ] **I.** *n* ❶ (*cloud*) [tiefhängende] Regenwolke, Nimbostratus *m fachspr* ❷ (*halo*) Nimbus *m geh,* Heiligenschein *m* **II.** *n modifier* **~ clouds** Regenwolken *pl*
Nim·by, nim·by <*pl* -s> ['nɪmbi] **I.** *n* (*pej*) *acr for* **not in my back yard** *Person, die sich gegen umstrittene Bauvorhaben in der eigenen Nachbarschaft stellt, aber nichts dagegenhat, wenn diese woanders realisiert werden* **II.** *n modifier* (*pej*) **~ attitudes** *beschreibt eine Haltung, die umstrittene Bauvorhaben überall, nur nicht in der eigenen Nachbarschaft zulassen will*
nin·com·poop ['nɪŋkəmpu:p, AM 'nɪn-] *n* (*pej fam*) Trottel *m pej fam*
nine [naɪn] **I.** *adj* (*9*) neun; **~ times out of ten** in neun von zehn Fällen; **at ~ o'clock** um neun [Uhr] ▶ PHRASES: **a cat has ~ lives** (*prov*) eine Katze hat neun Leben; **a ~ days wonder** (*dated*) [nur] eine Eintagsfliege *fig* **II.** *n* (*number*) Neun *f* ▶ PHRASES: **be dressed** [BRIT **up**] **to the ~s** (*fam*) in Schale [geworfen] sein *fam,* aufgedonnert sein *fam*
9-11, 9/11 [naɪnɪ'levᵊn] *n modifier no pl, no art* der 11. September (*Terrorangriffe am 11.9.2001 auf das World Trade Center in New York und das Pentagon in Washington*)
999 [ˌnaɪnnaɪn'naɪn] BRIT **I.** *n no pl allgemeine Notrufnummer für Polizei, Feuerwehr und Rettungsdienst* **II.** *adj* **~ call** Notruf *m*
911 [ˌnaɪnwʌn'wʌn] AM **I.** *n allgemeine Notrufnummer für Polizei, Feuerwehr und Rettungsdienst* **II.** *adj* **~ call** Notruf *m*
nine·pins ['naɪnpɪnz] *npl* Kegelspiel *nt,* Kegeln *nt kein pl;* **to be going down** [*or* **falling**] **like ~** wie [die] Kegel umfallen; (*hum*) *people* wie die Fliegen umfallen *fam*
nine·teen [ˌnaɪn'ti:n] **I.** *n* Neunzehn *f* **II.** *adj* neunzehn
nine·teenth [ˌnaɪn'ti:n(t)θ] **I.** *n* ❶ (*after 18th*) Neunzehnte(r, s) *f(m,nt)* ❷ (*fraction*) Neunzehntel *nt* **II.** *adj* neunzehnte(r, s); **~ century** neunzehntes Jahrhundert **III.** *adv* an neunzehnter Stelle
nine·teenth 'hole *n* SPORTS (*hum fam: golf club bar*) neunzehntes Loch *hum fam*
nine·ties ['naɪnti:z, AM -ţ-] *npl* ❶ (*temperature*) **temperatures in the ~** Temperaturen um neunzig Grad Fahrenheit ❷ (*decade*) die neunziger Jahre *pl,* die Neunziger *pl* ❸ (*age*) **he's in his ~** er ist in den Neunzigern
nine·ti·eth ['naɪntiəθ, AM -ţ-] **I.** *n* ❶ (*after 89th*) Neunzigste(r, s) *f(m,nt)* ❷ (*fraction*) Neunzigstel *nt* **II.** *adj* neunzigste(r, s); **~ birthday** neunzigster Geburtstag **III.** *adv* an neunzigster Stelle
'nine-to-five I. *adv* **to work ~** von neun bis fünf [Uhr] arbeiten **II.** *adj* **a ~ schedule** ein Achtstunden[arbeits]tag *m*
nine·ty ['naɪnti, AM -ţ-] **I.** *n* Neunzig *f* **II.** *adj* neunzig; **~ years/per cent** neunzig Jahre/Prozent
nin·ja ['nɪndʒə] *n* ❶ HIST, MIL Ninja *m* ❷ SPORTS Ninjutsu-Schüler(in) *m(f)*
nin·jut·su [nɪn'dʒʌtsu:] *n no pl* Ninjutsu *nt*
nin·ny ['nɪni] *n* (*dated fam*) Dummkopf *m pej,* Trottel *m pej fam*
ninth ['naɪn(t)θ] **I.** *n* ❶ (*after 8th*) Neunte(r, s) *f(m,nt)* ❷ (*fraction*) Neuntel *nt* **II.** *adj* neunte(r, s) **III.** *adv* an neunter Stelle
nip¹ [nɪp] **I.** *vt* <-pp-> ■**to ~ sb/sth** (*bite*) jdn/etw beißen; (*pinch*) jdn/etw zwicken [*o* kneifen]; (*cut*) jdn/etw schneiden ▶ PHRASES: **to ~ sth in the bud** etw im Keim ersticken **II.** *vi* <-pp-> ❶ (*bite*) beißen; **this turtle will often ~ at people** diese Schildkröte schnappt oft zu ❷ BRIT, AUS (*fam: go quickly*) ■**to ~ across to sth** schnell mal zu etw *dat* rüberspringen *fam;* ■**to ~ along** entlangflitzen *fam;* **shall we ~ in to the bar for a bite to eat before the show?** sollen wir schnell noch in die Bar gehen und etwas essen, bevor die Vorstellung anfängt?; **I ~ped round to Bill's to borrow some sugar** ich bin schnell zu Bill rübergegangen, um mir etwas Zucker zu borgen *fam* **III.** *n* ❶ (*pinch*) Kniff *m;* (*bite*) Biss *m* ❷ *no pl* (*chill*) Kälte *f;* **there's a ~ in the air** es ist frisch
nip² [nɪp] *n* (*fam*) Schluck *m,* Schlückchen *nt;* **a ~ of whisky** ein Schluck Whisky
Nip [nɪp] *n* (*pej! sl*) Japs *m pej*
nip and 'tuck I. *adv* (*fam: neck and neck*) gleichauf; **it was ~ at the halfway stage of the race** auf der Hälfte der Strecke war es ganz knapp **II.** *n* (*fam*) ❶ (*surgery*) Schönheitsoperation *f* ❷ (*financially*) **a nip here and a tuck there** hier ein bisschen und dort ein bisschen was einsparen *fam*
nip·per ['nɪpəʳ, AM -ɚ] *n esp* BRIT (*fam*) Kleine(r) *f(m);* (*boy also*) Bengel *m fam;* (*girl also*) Göre *f* NORDD *fam*
nip·ple ['nɪpl̩] *n* ❶ (*on breast*) Brustwarze *f* ❷ AM (*for baby bottle*) Sauger *m*
nip·py ['nɪpi] *adj* ❶ BRIT, AUS (*fam: quick*) schnell ❷ (*fam: cold*) kühl; **it's a bit ~ today** es ist etwas frisch heute
nir·va·na [nɪə'vɑ:nə, AM nɪr'-] *n no pl* Nirwana *nt;* (*fig*) Traumwelt *f*
Nissen hut ['nɪsᵊn,hʌt] *n* Wellblechbaracke *f,* Nissenhütte *f*
nit [nɪt] *n* ❶ *esp* BRIT, AUS (*pej fam: idiot*) Dussel *m fam,* Blödmann *m pej* ❷ (*egg*) Nisse *f*
ni·ter *n* AM *see* **nitre**
nit·pick ['nɪtpɪk] *vi* (*fam: quibble*) [herum]nörgeln; (*find fault*) kleinlich [*o fam* pingelig] sein
nit·pick·er ['nɪtpɪkəʳ, AM -ɚ] *n* (*pej: quibbler*) Nörgler(in) *m(f) pej;* (*fault-finder*) Kleinigkeitskrämer(in) *m(f) pej*
nit·pick·ing ['nɪtpɪkɪŋ] **I.** *adj* (*pej fam*) pedantisch, pingelig *fam* **II.** *n no pl* (*pej fam*) Krittelei *f*
ni·trate ['naɪtreɪt] *n* Nitrat *nt*
ni·tre ['naɪtəʳ], AM **ni·ter** [-ţɚ] *n no pl* Salpeter *m*
ni·tric ['naɪtrɪk] *adj* CHEM ❶ (*of nitrogen*) Stickstoff- ❷ (*of nitre*) Salpeter-
ni·tric 'acid *n no pl* CHEM Salpetersäure *f*
ni·trite ['naɪtraɪt] *n* CHEM Nitrit *nt*
ni·tro·gen ['naɪtrədʒən] *n no pl* Stickstoff *m*
ni·tro·glyc·er·in(e) [ˌnaɪtrə(ʊ)'glɪsᵊri:n, AM -troʊ'-] *n no pl* Nitroglyzerin *nt*
ni·trous ['naɪtrəs] *adj* ❶ (*of nitrogen*) Stickstoff-, stickstoffhaltig ❷ (*of nitre*) Salpeter-, salpetrig; **~ acid** salpetrige Säure; **~ oxide** Lachgas *nt*
nit·ty-grit·ty [ˌnɪti'grɪti, AM -ţi'grɪţi] *n no pl* (*fam*) ■**the ~** der

Kern *fig,* das Wesentliche; **to get down to the ~** zur Sache kommen

nit·wit ['nɪtwɪt] *n (pej fam)* Dummkopf *m,* Schwachkopf *m pej*

nix [nɪks] AM **I.** *vt (fam)* ■**to ~ sth/sb** etw/jdn ablehnen **II.** *adv inv (fam)* nichts, nix *fam;* **I suppose she will say ~ to us going to the movies** ich glaube, sie wird uns nicht ins Kino gehen lassen **III.** *n no pl* nichts, nix *fam;* **all that effort for ~!** der ganze Aufwand für nichts und wieder nichts!

NLP [ˌenel'piː] *n abbrev of* **Neuro-Linguistic Programming** NLP *nt*

NLQ [ˌenel'kjuː] *n abbrev of* **near-letter quality**

no [nəʊ, nə, AM noʊ, nə] **I.** *adj* ❶ *(not any)* kein(e); **there's ~ butter left** es ist keine Butter mehr da; **there's ~ doubt that he is the person we're looking for** es besteht kein Zweifel, dass er die Person ist, die wir suchen; **~ one** keiner; **in ~ time** im Nu, in null Komma nichts *fam;* **to be of no interest/use** unwichtig/zwecklos sein ❷ *(in signs)* **'~ parking'** „Parken verboten" ❸ *(not a)* kein; **I'm ~ expert** ich bin kein Fachmann ❹ *with gerund (impossible)* **there's ~ denying** es lässt sich nicht leugnen; **there's ~ knowing/telling** [*or* **saying**] man kann nicht wissen/sagen **II.** *adv* ❶ *inv (not at all)* nicht; **the exam is ~ more difficult than ...** das Examen ist nicht schwieriger als ...; **~ less** nicht weniger; **~ less than sb/sth** nicht weniger als jd/etw ❷ *(alternative)* **or ~** *(form)* oder nicht; **whether you like it or ~** ob du es magst oder nicht ❸ *(negation)* nein; **were there any survivors? – ~** gab es Überlebende? – nein; **and you're not even a little bit jealous? – ~, not at all** und du bist noch nicht mal ein kleines bisschen eifersüchtig? – nein, überhaupt nicht; **~, I suppose not** nein, ich denke [wohl] nicht ❹ *(doubt)* nein, wirklich nicht; **I've never done anything like this before – '~?' replied the policeman suspiciously** ich habe so etwas noch nie zuvor getan – „ach ja?" erwiderte der Polizist misstrauisch ❺ *(not)* nicht; **~ can do** *(fam)* geht nicht *fam;* **to be ~ more** nicht mehr sein [*o* existieren] **III.** *n* <*pl* -es *or* -s> ❶ *(refusal)* Absage *f;* *(negation)* Nein *nt kein pl;* **to not take ~ for an answer** ein Nein nicht [*o* kein Nein] akzeptieren ❷ *(negative vote)* Neinstimme *f;* **the ~es have it** die Mehrheit ist dagegen **IV.** *interj* ❶ *(refusal)* nein, auf keinen Fall ❷ *(comprehension)* natürlich nicht; **we shouldn't worry about it – ~** wir sollten uns darüber keine Sorgen machen – nein, natürlich nicht ❸ *(correcting oneself)* [ach] nein ❹ *(surprise)* nein, nicht möglich; **her husband ran off with the au pair – ~!** ihr Mann ist mit dem Aupairmädchen durchgebrannt – nein! *fam* ❺ *(distress)* **oh ~!** oh nein!

No., no. <*pl* Nos. *or* nos.> *n see* **number** Nr.; **~ 10** BRIT *(PM's residence)* Downing Street Nr. 10

no-ac·count ['nəʊəˌkaʊnt, AM 'noʊ-] *adj esp* AM *(worthless)* wertlos; *(unimportant)* unbedeutend; **he is a person of ~** er ist völlig unbedeutend

Noah's ark [ˌnəʊəz'-, AM ˌnoʊəz'-] *n no pl, no art* die Arche Noah

nob [nɒb, AM nɑːb] *n esp* BRIT *(hum, pej fam)* Bessergestellte(r) *f(m);* ■**the ~s** *pl* die besseren Leute

no-'ball *n (in cricket)* Fehlball *m*

nob·ble ['nɒbl̩] *vt* BRIT, AUS *(sl)* ❶ *(tamper with)* ■**to ~ an animal** *ein Tier durch Verabreichung von Drogen langsam machen* ❷ *(bribe)* ■**to ~ sb** jdn bestechen ❸ *(spoil)* ■**to ~ sth** etw ruinieren [*o* verderben] ❹ *(catch attention)* ■**to ~ sb** sich *dat* jdn greifen [*o* schnappen] *sl*

Nobel prize [ˌnəʊbel'-, AM ˌnoʊ-] *n* Nobelpreis *m* **Nobel 'prize·win·ner** *n* Nobelpreisträger(in) *m(f)*

no·bil·ity [nə(ʊ)'bɪləti, AM noʊ'bɪləṭi] *n no pl* ❶ + *sing/pl vb (aristocracy)* ■**the ~** der Adel ❷ *(approv: character)* Adel *m geh,* hohe Gesinnung

no·ble ['nəʊbl̩, AM 'noʊ-] **I.** *adj* ❶ *(aristocratic)* ad[e]lig; **to be of ~ birth** [*or* **descent**] ad[e]lig sein, von ad[e]liger Herkunft sein ❷ *(approv: estimable) ideals, motives, person* edel *geh,* nobel *geh;* **~ act** [*or* **deed**] edle [*o* noble] Tat; **~ cause** nobles Anliegen *geh,* noble Sache *geh;* **~-sounding** edel klingend *geh* ❸ *(approv: impressive)* prächtig; **~ landscape/park/trees** prächtige Landschaft/prächtiger Park/prächtige Bäume; **a ~ whiskey** ein ausgezeichneter [*o* vortrefflicher] Whiskey; **a ~ horse/horse of ~ breeding** ein edles Pferd/ein Rassepferd **II.** *n* Ad[e]lige(r) *f(m)*

'no·ble·man *n* Ad[e]liger *m,* Edelmann *m hist* **no·ble-'mind·ed** *adj (approv)* edel gesinnt *geh,* von edler Gesinnung *nach n geh*

no·ble·ness ['nəʊbl̩nəs, AM 'noʊ-] *n no pl* ❶ *(aristocratic)* Adel *m* ❷ *(approv: of motives)* Adel *m geh;* *(of actions)* Edelmut *m geh* ❸ *(approv: impressiveness)* Pracht *f;* *(excellence)* Vortrefflichkeit *f*

no·blesse oblige [nəʊˌblesəʊ'bliːʒ, AM noʊˌblesoʊ'-] *n* Adel verpflichtet

'no·ble·wom·an *n* Ad[e]lige *f,* Edelfrau *f hist*

no·bly ['nəʊbli, AM 'noʊ-] *adv* nobel *geh,* edel *geh*

no·body ['nəʊbədi, AM 'noʊbɑːdi] **I.** *pron indef, sing (no people)* niemand; **is there ~ here who can answer my question?** kann niemand meine Frage beantworten?; **we walked all afternoon and saw ~** wir gingen den ganzen Nachmittag und trafen niemand; **tell ~ – this is top secret** sag es niemandem – das ist streng geheim; **he is like ~ I've ever met** er ist anders als alle Menschen, die ich bisher getroffen habe; **~ was at home** es war niemand zu Hause; **~ else** niemand anderer; **~ else can calm me down like my sister** niemand kann mich besser beruhigen als meine Schwester; **~ here** niemand hier; **~ here should be without a pen and paper** hier sollten alle Kugelschreiber und Papier haben **II.** *n* <*pl* -dies> *(sb of no importance)* Niemand *m kein pl,* Nobody *m*

no-brain·er ['noʊbreɪnɚ] *n* AM *(fam)* ■**to be a ~** ein Kinderspiel sein

no-claim(s) 'bo·nus *n* BRIT, AUS, **no-claims 'dis·count** *n* BRIT, AUS FIN, ECON Schadenfreiheitsrabatt *m*

noc·tur·nal [nɒk'tɜːnəl, AM nɑːk'tɜːr-] *adj inv (of the night)* nächtlich *attr,* Nacht-; ZOOL *(active at night)* nachtaktiv

noc·tur·nal·ly [nɒk'tɜːnəli, AM nɑːk'tɜːr-] *adv inv* nachts, in der Nacht

noc·turne ['nɒktɜːn, AM 'nɑːktɜːrn] *n* MUS Nocturne *f o nt,* Notturno *nt*

nod [nɒd, AM nɑːd] **I.** *n usu sing* Nicken *nt kein pl;* **to get the ~** grünes Licht bekommen; **to give sb a ~** jdm zunicken; **to give sb the ~** jdm ein Zeichen geben; **to give the ~ to sb** jdm Zustimmung *f* signalisieren ▸PHRASES: **a ~'s as good as a wink [to a blind horse** [*or* **man**]] *(prov fam)* es bedarf keiner weiteren Worte *geh;* **on the ~** BRIT *(fam)* stillschweigend, ohne Diskussion **II.** *vt* <-dd-> ❶ *(as signal)* **to ~ one's head** mit dem Kopf nicken; **to ~ [one's] agreement** [*or* **assent**] zustimmend nicken; **to ~ [one's] approval** billigend nicken ❷ *(as greeting)* **to ~ a farewell to sb** jdm zum Abschied zunicken **III.** *vi* <-dd-> ❶ *(as signal)* nicken; **he simply ~ded at the box he wanted us to take** er zeigte einfach mit dem Kopf auf die Schachtel, die wir nehmen sollten; *(as greeting)* ■**to ~ to sb** jdm zunicken ❷ *esp* BRIT *(fam: sleep)* ein Nickerchen machen *fam*

◆**nod off** *vi* einnicken

no·dal ['nəʊdəl, AM 'noʊ-] *adj inv* Knoten-; **~ point** Knotenpunkt *m*

nod·ding ['nɒdɪŋ, AM 'nɑːd-] *adj* ❶ *(head)* nickend ❷ *(fleeting)* **~ acquaintance** flüchtige Bekanntschaft; **to have only a ~ acquaintance with sth** *(superficial)* sich *akk* nur oberflächlich in [*o* mit] etw *dat* auskennen

nod·dle ['nɒdl̩, AM 'nɑːdl̩] *n (dated or esp hum sl: head)* Schädel *m fam;* *(fig)* Hirn *nt fam;* **use your ~!** gebrauch' doch deinen Schädel! *fam*

node [nəʊd, AM noʊd] *n* Knoten *m;* *(intersection)* Schnittpunkt *m;* COMPUT Schnittstelle *f,* Knotenpunkt *m;* **lymph ~s** Lymph-

knoten
no-de·'pos·it *adj inv* Einweg-; ~ **crates** Einwegverpackung *f;* ~ **bottle** Einwegflasche *f*
nodu·lar ['nɒdjələʳ, AM 'nɑ:djələ˞] *adj inv* knotig, knötchenartig
nod·ule ['nɒdju:l, AM 'nɑ:d-] *n* Knötchen *nt;* GEOL Klümpchen *nt*
Noel, Noël [nəʊ'el, AM noʊ'-] *n no pl* Weihnachten *nt,* Weihnacht *f liter*
noes [nəʊz, AM noʊz] *n pl of* **no**
no-'fault *adj attr, inv esp* AM Vollkasko-; ~ **compensation** Vollkaskoentschädigung; ~ **insurance** Vollkaskoversicherung *f* **no-'fly zone** *n* Flugverbotszone *f* **no-'frills** *adj attr, inv shop* [schlicht und] einfach; ~ **ceremony** schlichte Zeremonie; ~ **service** Service *m* ohne Extras; ~ **vehicle** Basis-/Einstiegsmodell *nt* **no-frills 'trav·el** *n* Pauschalreise *f*
nog·gin ['nɒgɪn, AM 'nɑ:g-] *n* ❶ (*dated: drink*) **to have a ~ with sb** ein Gläschen mit jdm trinken ❷ *esp* AM (*fam: head*) Schädel *m fam;* **use your ~ for once!** benutz doch einmal deinen Schädel!
no-'go *adj inv* AM (*fam*) ■**sth is ~** etw geht nicht [*o* ist unmöglich]; ~ **situation** verfahrene Situation **no-go 'area** *n* BRIT, **no-'go zone** *n* AM ❶ (*prohibited*) verbotene Zone ❷ MIL Sperrgebiet *nt;* **to declare sth a ~** etw zum Sperrgebiet erklären **no-'good** *adj attr, inv* AM (*pej fam*) nichtsnutzig; ~ **person** Nichtsnutz *m*
No(h) [nəʊ, AM noʊ] *n no pl* THEAT *traditionelles japanisches Drama*
no-holds-'barred *adj attr, inv* uneingeschränkt; *fight, report* schonungslos **no-'hop·er** *n* BRIT, AUS Taugenichts *m*
no·how ['nəʊhaʊ, AM 'noʊ-] *adv inv esp* AM (*fam*) keinesfalls, auf gar keinen Fall
noise [nɔɪz] **I.** *n* ❶ *no pl* (*loudness*) Lärm *m,* Krach *m;* **deafening ~** ohrenbetäubender Lärm; **to make a ~** Lärm [*o* Krach] machen; **to stand the ~** den Lärm [*o* Krach] aushalten ❷ (*sound*) Geräusch *nt;* **strange ~s** seltsame Geräusche ❸ *no pl* ELEC (*interference*) Rauschen *nt* ▶ PHRASES: **to make [all] the correct** [*or* **proper**] [*or* **right**] **~s** die richtigen Worte finden; **to make a ~** Aufsehen *nt* erregen; **to make a ~ about sth/doing sth** (*fam*) viel Wind um etw *akk* machen; **to make ~s** (*fam*) Bemerkungen machen; (*make trouble*) Umstände machen; **to make ~s about sth** Aufhebens um etw *akk* machen **II.** *n modifier* Lärm-; ~ **level** Lärmpegel *m;* ~ **reduction** Lärmverminderung *f;* ~ **nuisance** Lärmbelästigung *f* **III.** *vt usu passive* (*dated*) ■**to ~ sth about** etw verbreiten
noise·less ['nɔɪzləs] *adj inv breath, flight* geräuschlos, lautlos
noise·less·ly ['nɔɪzləsli] *adv inv* geräuschlos, lautlos
'noise·mak·er *n* AM Krachmacher *m* **'noise pol·lu·tion** *n no pl* Lärmbelästigung *f* **noise pre·ven·tion** *n no pl* Lärmvermeidung *f*
noisi·ly ['nɔɪzɪli] *adv* geräuschvoll
noisi·ness ['nɔɪzɪnəs] *n no pl* ❶ (*making noise*) Lärmen *nt* ❷ (*full of noise*) Lärm *m*
noi·some ['nɔɪsəm] *adj* (*liter*) ❶ (*fetid*) *smell* übel riechend; ~ **stench** übler Gestank ❷ (*offensive*) *man* unangenehm; *manner* abstoßend
noisy ['nɔɪzi] *adj* ❶ (*making noise*) laut; ~ **children** lärmende Kinder; ~ **music** laute Musik; ~ **protest** lautstarker Protest ❷ (*full of noise*) laut; **crowded and ~ pub** überfüllte und sehr laute Kneipe ❸ (*attention-seeking*) Aufmerksamkeit suchend *attr* ❹ ELEC rauschend
no-'lose *adj inv* AM (*sl*) todsicher *fam*
no·mad ['nəʊmæd, AM 'noʊ-] **I.** *n* Nomade, -in *m, f;* (*fig*) Wandervogel *m hum;* **my father had been a ~ all his life** mein Vater führte sein Leben lang ein richtiges Nomadendasein **II.** *n modifier* ~ **life** Leben *nt* als Nomade; (*fig*) Nomadenleben *nt*
no·mad·ic [nə(ʊ)'mædɪk, AM noʊ'-] *adj* nomadisch, Nomaden-; ~ **existence** [*or* **way of life**] (*fig*) Nomadendasein *nt;* ~ **tribe** Nomadenstamm
'no-man's-land *n no pl* ❶ MIL Niemandsland *nt* ❷ (*quandary*) Teufelskreis *m;* **intellectual ~** intellektueller Teufelskreis; **to be caught in ~** im Teufelskreis gefangen sein ❸ (*limbo*) Schwebezustand *m*
nom de plume <*pl* noms de plume> [ˌnɔ̃:(n)də'plu:m, AM ˌnɑ:mdə'-] *n* LIT Pseudonym *nt;* ■**under the ~** unter dem Pseudonym; **to use a ~** ein Pseudonym verwenden
no·men·cla·ture [nə(ʊ)'meŋklətʃəʳ, -kleɪ-, AM 'noʊmenkleɪtʃə˞] *n* SCI ❶ *no pl* (*system*) Nomenklatur *f geh* ❷ (*form: term*) Begriff *m*
nomi·nal ['nɒmɪnᵊl, AM 'nɑ:mə-] *adj* ❶ (*titular*) dem Namen nach *nach n,* nominell ❷ (*small*) *sum of money* gering ❸ (*stated*) angegeben; ~ **diameter** Nenndurchmesser *m*
nomi·nal ac·'count *n* FIN Sachkonto *nt*
nomi·nal·ly ['nɒmɪnᵊli, AM 'nɑ:mə-] *adv* dem Namen nach, nominell
nomi·nate ['nɒmɪneɪt, AM 'nɑ:mə-] *vt* ❶ (*propose*) ■**to ~ sb** jdn nominieren; **to ~ sb/sth for an award** jdn/etw für eine Auszeichnung nominieren; **to ~ sb for a post** jdn für einen Posten nominieren; **to be ~d for the presidency** für die Präsidentschaft nominiert werden ❷ (*appoint*) ■**to ~ sb [as] sth** jdn zu etw *dat* ernennen ❸ (*fix a date*) ■**to ~ sth** etw festlegen
nomi·na·tion [ˌnɒmɪ'neɪʃᵊn, AM ˌnɑ:mə'-] *n* ❶ (*proposal*) Nominierung *f* (**for** für *+akk*) ❷ (*appointment*) Ernennung *f* (**to** zu *+dat*)
nomi·na·tive ['nɒmɪnətɪv, AM 'nɑ:mənətɪv] **I.** *n* ■**the ~** der Nominativ **II.** *adj inv* Nominativ-; **to be in the ~ case** im Nominativ stehen
nomi·na·tive 'ab·so·lute *n* LING absoluter Nominativ, Nominativus absolutus *m fachspr*
nomi·nee [ˌnɒmɪ'ni:, AM ˌnɑ:mə'-] **I.** *n* Kandidat(in) *m(f);* **Oscar ~s** Oscar-Anwärter *pl;* ~ **for a post** Kandidat(in) *m(f)* für einen Posten **II.** *adj attr, inv* nominiert
noms de plume [ˌnɔ̃:(m)də'plu:m, AM ˌnɑ:mdə'-] *n pl of* **nom de plume**
non-ac·'cept·ance *n no pl* ❶ (*rejection*) Nichtakzeptanz *f;* (*disrespect*) *of conditions* Nichteinhaltung *f* ❷ STOCKEX Annahmeverweigerung *f* **non-ad·'dic·tive** *adj inv* ~ **medicine** Medikament, das nicht süchtig macht; ■**to be ~** nicht süchtig machen
no·na·genar·ian [ˌnəʊnədʒə'neəriən, AM ˌnɑ:nədʒə'ner-] **I.** *n* ■**to be a ~** in den Neunzigern sein **II.** *adj inv* in den Neunzigern *nach n*
non-ag·'gres·sion I. *n no pl* Gewaltverzicht *m* **II.** *n modifier* ~ **pact** Nichtangriffspakt *m* **non-ag·'gres·sion pact** *n,* **non-ag·'gres·sion treaty** *n* Nichtangriffspakt *m*
nona·gon ['nɒnəgɒn, AM 'nɑ:nəgɑn] *n* MATH Neuneck *nt*
non-al·co·'hol·ic *adj inv drink, beer* alkoholfrei **non-a'ligned** *adj inv* neutral; POL blockfrei; ~ **country** blockfreies Land **non-a'lign·ment** *n no pl* Neutralität *f;* POL Blockfreiheit *f*
'no-name *adj inv esp* AM *product* No-Name-; ~ **cigarettes** Billigzigaretten
non-an·swer *n* ausweichende Antwort **non-ap·'pear·ance** *n no pl* LAW Nichterscheinen *nt* vor Gericht **non-at·'tend·ance** *n no pl* (*at school, a hearing*) Abwesenheit *f* **non-at·'trib·ut·able** *adj inv* anonym; ~ **information** anonyme Hinweise *pl* **non-avail·a'bil·ity** *n no pl* Unabkömmlichkeit *f* **non-be·'liev·er** *n* Ungläubige(r) *f(m)* **non-bel·'lig·er·ent I.** *adj inv* ~ **country** Land, das keinen Krieg führt; ■**to be ~** keinen Krieg führen **II.** *n* Kriegsunbeteiligte(r) *f(m)* **non-'bio** *adj inv* (*fam*) *short for* **non-biological** anorganisch **non-bio·de·'grad·able** *adj inv plastic* biologisch nicht abbaubar **non-bio·'logi·cal** *adj inv* anorganisch **non-'can·cer·ous** *adj inv* MED *tumour* gutartig
nonce¹ [nɒn(t)s, AM nɑ:n-] *n* ▶ PHRASES: **for the ~** für den Übergang, übergangsweise
nonce² [nɒn(t)s] *n* BRIT (*fam*) Sexualstraftäter(in) *m(f)*
'nonce word *n* ad hoc gebildetes Wort
non·cha·lance ['nɒn(t)ʃᵊlən(t)s, AM ˌnɑ:nʃə'lɑ:-] *n no pl* Non-

chalance *f geh,* Gleichgültigkeit *f*

non·cha·lant ['nɒn(t)ʃələnt, AM ˌnɑːnʃə'lɑːnt] *adj* nonchalant *geh,* gleichgültig; ■**sb is ~ about sth** jdm ist etw egal; **to appear** [*or* **seem**]/**sound** ~ gleichgültig erscheinen/klingen

non·cha·lant·ly ['nɒn(t)ʃələntli, AM ˌnɑːnʃə'lɑːn-] *adv* gleichgültig

non-com [ˌnɒn'kɒm, AM ˌnɑːn'kɑːm] *n* MIL (*fam*) *short for* **non-commissioned officer** Unteroffizier(in) *m(f)* **non-'com·bat·ant** *n* MIL Nichtkombattant(in) *m(f) geh,* Zivilist(in) *m(f)* **non-com·'bust·ible** *adj inv* nicht brennbar; ~ **material** nicht brennbares Material **non-com·mis·sioned 'of·fic·er** *n* MIL Unteroffizier(in) *m(f)*

non-com·mit·tal [ˌnɒnkə'mɪtəl, AM ˌnɑːnkə'mɪt̬-] *adj letter, tone* unverbindlich; ■**to be ~ about sth** sich *akk* nicht auf etw *akk* festlegen [wollen]; ~ **response** unverbindliche Antwort

non-com·mit·tal·ly [ˌnɒnkə'mɪtəli, AM ˌnɑːnkə'mɪt̬-] *adv* unverbindlich **non-com·'peti·tive** *adj inv sport* nicht wettkampforientiert **non-com·pli·ance** *n no pl with an order* Nichtbeachtung *f; with a wish* Nichterfüllung *f;* ~ **with the terms of the contract** die Nichteinhaltung der Vertragsbedingungen

non com·pos *adj,* **non com·pos men·tis** [ˌnɒnˌkɒmpəs'mentɪs, AM ˌnɑːnˌkɑːmpoʊs'ment̬ɪs] *adj pred, inv* ❶ LAW nicht im Vollbesitz seiner geistigen Kräfte, unzurechnungsfähig ❷ (*hum: insane*) nicht ganz richtig *fig fam*

non·con·'form·ism *n no pl see* **nonconformity**

non·con·'form·ist **I.** *adj* ❶ (*independent*) nonkonformistisch; ~ **attitude** nonkonformistische Einstellung ❷ BRIT REL ■**N~** nonkonformistisch; **the N~ Church** die nonkonformistische Kirche **II.** *n* ❶ (*eccentric*) Nonkonformist(in) *m(f)* ❷ BRIT REL ■**N~** Nonkonformist(in) *m(f)*

non·con·'form·ity *n no pl* ❶ (*refusal*) Nonkonformismus *m* (**in/to** gegenüber) ❷ BRIT REL ■**N~** Nonkonformismus *m*

non-con·'tribu·tory *adj inv* beitragsfrei; ~ **pension scheme** beitragsfreie Altersversorgung **non-con·'vert·ible** *adj inv* FIN nicht konvertierbar **non-co·op·e'ra·tion** *n no pl* Kooperationsverweigerung *f,* mangelnde Kooperationsbereitschaft (**with** in Bezug auf +*akk*) **non-'cred·it** *adj inv* UNIV *course* nicht anrechenbar **non-'dairy** *adj inv* milchfrei; ■**to be** ~ *person* sich *akk* milchfrei ernähren; ~ **diet** milchfreie Ernährung **non-de·pos·it 'bot·tle** *n* Einwegflasche *f*

non·de·script ['nɒndɪskrɪpt, AM 'nɑːn-] *adj person, building* unscheinbar; *colour, taste* undefinierbar, unbestimmbar

non-de·'struc·tive *adj* TECH zerstörungsfrei **non-'drink·er** *n* Nichttrinker(in) *m(f)* **non-'drip** *adj paint* tropffrei **non-'driv·er** *n* Nichtfahrer(in) *m(f)* **non-'du·rables** *npl* Verbrauchsgüter *pl*

none [nʌn] **I.** *pron* ❶ (*not any*) keine(r, s); **she went to the shop to get some oranges but they had** ~ sie ging in den Laden, um Orangen zu kaufen, aber sie hatten keine; **you've lost 4 kilos this month and I've lost** ~ du hast diesen Monat 4 Kilo abgenommen, und ich kein einziges; **I'd like some more cheese – I'm sorry, there's ~ left** ich hätte gerne noch etwas Käse – es tut mir leid, es gibt keinen mehr; **half a loaf is better than ~ at all** ein halbes Brot ist besser als gar keins; ~ **of your rudeness!** sei nicht so unverschämt!; ~ **of it matters anymore** das spielt jetzt keine Rolle mehr; ~ **of that!** Schluss [jetzt] damit!; **I'll have ~ of that bad language!** (*form*) ich verbitte mir diese Ausdrucksweise!; **I'll have ~ of your insolence!** (*form*) sei nicht so unverschämt!; **she tried to persuade him to retire, but he would have ~ of it** (*form*) sie versuchte ihn zu überreden, sich pensionieren zu lassen, aber er wollte nichts davon hören; ~ **of the brothers/staff** + *sing/pl vb* keiner der Brüder/Angestellten; ~ **of us** + *sing/pl vb* niemand von uns; ~ **at all** [*or* **whatsoever**] gar keine(r, s), absolut nicht ❷ (*no person, no one*) ~ **but a dedicated scientist would want to ...** (*form*) niemand außer einem leidenschaftlichen Wissenschaftler würde ...; ~ **but the most stupid of men would ...** (*form*) nur ein Idiot würde ...; ~ **could match her looks** niemand sah so gut aus wie sie; ~ **better than ...** niemand ist besser als ...; **I have seen ~ better than him in figure skating** ich kenne niemand, der besser im Eiskunstlauf ist als er; ~ **other than ...** kein Geringerer/keine Geringere als ...; **the first speech was given by ~ other than Clint Eastwood** die erste Rede hielt kein Geringerer als Clint Eastwood ▶ PHRASES: **to be ~ of sb's business** [*or* **concern**] jdn nichts angehen; **why are you asking all those personal questions? my private life is ~ of your business** warum stellst du mir all diese persönlichen Fragen? Mein Privatleben geht dich nichts and; **to be second to** ~ unvergleichlich sein; **winning the gold medal in downhill skiing, he rightfully claimed to be second to** ~ nach dem Gewinn der Goldmedaille im Abfahrtslauf behauptete er voller Recht, der Beste zu sein **II.** *adv* kein bisschen; **he's just got back from two weeks in Florida but he looks ~ the better for it** er ist gerade vor zwei Wochen von Florida zurückgekommen, aber sieht kein bisschen besser aus; **I read the instruction book, but I'm still ~ the wiser** ich habe die Bedienungsanleitung durchgelesen und bin trotzdem kein bisschen klüger als vorher; ~ **too intelligent/pleased** (*form*) nicht sonderlich [*o* sehr] intelligent/erfreut

non·en·tity [ˌnɒn'entəti, AM ˌnɑːn'ent̬ət̬i] *n* (*pej*) ❶ (*nobody*) ■**a** ~ ein Niemand *m* ❷ *no pl* (*insignificance*) Bedeutungslosigkeit *f*

non-es·'sen·tial **I.** *adj inv* überflüssig, unnötig; ~ **expenditures** unnötige Ausgaben **II.** *n* unnötige [*o* überflüssige] Sache

none·the·less [ˌnʌnðə'les] *adv inv* nichtsdestoweniger, trotzdem

non-e'vent *n* (*fam*) *in one's life* Enttäuschung *f; party* Reinfall *m* **non-ex·ecu·tive di·'rec·tor** *n* stellvertretender Direktor/stellvertretende Direktorin **non-ex·'ist·ence** *n no pl* Nichtvorhandensein *nt* **non-ex·'ist·ent** *adj inv* nicht vorhanden [*o* existent] **non-'fat** *adj inv food* fettfrei **non-'fat·ten·ing** *adj inv* ■**to be** ~ nicht dick machen; ~ **food** Essen, das nicht dick macht

non·fea·sance [ˌnɒn'fiːʒən(t)s, AM ˌnɑːn-] *n no pl* LAW Unterlassung *f;* **act of** ~ Unterlassungsakt *m*

non-'fer·rous *adj inv* SCI *metals* nicht eisenhaltig **non-'fic·tion** **I.** *n no pl* Sachliteratur *f* **II.** *n modifier* Sachliteratur-; ~ **author** Sachbuchautor(in) *m(f);* ~ **books** Sachbücher *ntpl* **non-'fic·tion·al** *adj inv* ~ **literature** Sachbücher *ntpl* **non-'flam·mable** *adj inv material* nicht entflammbar **non-gov·ern·'men·tal** *adj inv organization* regierungsunabhängig **non-in·'fec·tious** *adj inv disease* nicht ansteckend [*o* infektiös] **non-in·'flam·mable** *adj inv* nicht entflammbar **non·inter·'fer·ence** *n no pl* Nichteinmischung *f* (**in** in +*akk*); **policy of** ~ Politik *f* der Nichteinmischung **non-inter·'laced** *adj inv* COMPUT zeilensprungfrei *fachspr,* Non-Interlaced- *fachspr* **non·inter·'ven·tion** *n no pl* Nichteinmischung *f* (**in** in +*akk*); **policy of** ~ Politik *f* der Nichteinmischung **non·inter·'ven·tion·ism** *n no pl* Politik *f* der Nichteinmischung **non·inter·'ven·tion·ist** *adj inv policy* der Nichteinmischung *nach n* **non-in·'va·sive** *adj inv* MED *method, treatment, technique, procedure* nicht invasiv *fachspr* **non-'iron** *adj inv* bügelfrei **non-judg(e)·'men·tal** *adj inv* unvoreingenommen, wertfrei; *book* neutral **non-ma·'lig·nant** *adj inv* MED *tumour* nicht bösartig, gutartig **non-'mem·ber** **I.** *n* Nichtmitglied *nt* **II.** *n modifier* ~ **company** nichtangeschlossene Firma **non-'met·al** *n* CHEM Nichtmetall *nt fachspr* **non-me·'tal·lic** *adj inv* nichtmetallisch **non-'na·tive** *adj inv* ❶ (*foreign*) fremd ❷ *speaker* nicht muttersprachlich **non-ne·'go·tiable** *adj inv* ❶ LAW *terms, conditions* nicht verhandelbar ❷ FIN *document, bill of exchange* nicht übertragbar

'no-no <*pl* -es> *n* (*fam*) Unding *nt;* **that's a ~!** das macht man nicht!, das gibt's nicht!

no-'non·sense *adj attr, inv person, manner* sachlich, nüchtern

non-op·e'ra·tion·al *adj inv* außer Betrieb *präd* **non-pa·reil**

N

['nɒnpᵊrᵊl, AM ˌnɑːnpə'reɪl] (*liter*) **I.** *adj inv person* einzigartig, einmalig, ohnegleichen *nach n* **II.** *n* ❶ (*thing*) Nonpareille *f geh*, Einzigartigkeit *f* ❷ (*person*) unerreichter [*o* einzigartiger] Meister **non-patho·'gen·ic** *adj inv* MED nicht pathogen **non-'pay·ment** *n* Zahlungsverzug *m*, Nichtzahlung *f* **non-'physi·cal** *adj inv* nicht körperlich

non·plus <-ss-> [ˌnɒn'plʌs, AM ˌnɑːn'-] *vt* ■**to ~ sb** jdn verblüffen

non·plussed [ˌnɒn'plʌst, AM ˌnɑːn'-] *adj* ❶ (*confused*) überrascht, verblüfft (**at** von +*dat*); ~ **expression** überraschter Gesichtsausdruck; **to be completely ~** völlig verblüfft sein ❷ *esp* AM (*fam: calm*) gelassen

non-pol·'lut·ing *adj inv by-product* ungiftig **non-pre·'scrip·tion** *adj inv medicine* nicht verschreibungspflichtig, rezeptfrei **non-pro·'duc·tive** *adj inv* nicht produktiv, unproduktiv; (*ineffective*) unwirksam; FIN *investment* nicht Gewinn bringend *attr*; ~ **employee** Arbeitnehmer(in) *m(f)* des Dienstleistungsbereiches **non-'prof·it** *adj esp* AM, **non-'prof·it-mak·ing** *adj inv* nicht gewinnorientiert; ~ **organization** gemeinnützige Organisation **non-pro·lif·e'ra·tion** POL **I.** *n no pl* Nichtverbreitung *f*; ~ **of nuclear/chemical weapons** Nichtverbreitung von Atom-/Chemiewaffen **II.** *adj attr* Nichtverbreitungs-; ~ **agreement** Nichtverbreitungsabkommen *nt* **non-pro·lif·e'ra·tion trea·ty** *n* POL Nichtverbreitungsvertrag *m* **non-'ra·cial·ism** [ˌnɒn'reɪʃᵊlɪzᵊm, AM ˌnɑːn'-] *n no pl* Rassengleichheit *f* **non-'rac·ist** *adj inv attitude* nicht rassistisch **non-re·'fund·able** *adj inv payment* nicht zurückzahlbar **non-re·'new·able** *adj inv* ❶ (*limited*) *contract* befristet ❷ ECOL (*exhaustible*) *resources, source of energy* nicht erneuerbar **non-re·new·able re·'sources** *npl* nicht erneuerbare Energien [*o* Ressourcen] *pl* **non-'resi·dent I.** *adj inv* ❶ (*non local*) auswärtig, ortsfremd; ~ **holidaymakers** BRIT auswärtige Urlauber ❷ COMPUT nicht resident **II.** *n* Nichtortsansässige(r) *f(m)*; (*in hotel*) Nichthotelgast *m* **non-re·'stric·tive** *adj inv* LING *clause, element* nicht einschränkend **non-re·'trac·tile** *adj inv* ZOOL *claws* nicht einziehbar **non-re·'turn·able** *adj inv* nicht zurücknehmbar; ~ **packaging** Einwegverpackung *f* **non-re·turn·able 'bot·tle** *n* Einwegflasche *f* **non-'sched·uled** *adj inv* unplanmäßig

non·sense ['nɒnsᵊn(t)s, AM 'nɑːnsen-] **I.** *n no pl* ❶ (*absurdity*) Unsinn *m*, Quatsch *m*; ■**it is** [BRIT **a**] ~ **to do sth** es ist unsinnig, etw zu tun; **complete** [*or* **absolute**] ~ völliger Unsinn; **to make** [**a**] ~ **of sth** BRIT, AUS etw ad absurdum führen *geh*; **to make ~ of a claim/plan** BRIT, AUS eine Behauptung widerlegen/einen Plan verderben; **to talk ~** Unsinn reden ❷ *no pl* (*misbehaviour*) Unfug *m*; **what's all this ~?** was soll dieser Unfug? ❸ (*showing disapproval*) Blödsinn *m*; **I wish she'd give up all this acting ~** ich wünschte, sie würde diesen Blödsinn mit der Schauspielerei aufgeben **II.** *adj attr, inv* ❶ LIT Blödel-; ~ **rhyme** Blödelreim *m* ❷ (*meaningless*) unsinnig, sinnlos **III.** *interj* ■**~!** Quatsch!, Unsinn!

non·sen·si·cal ['nɒnsen(t)sɪkl̩, AM 'nɑːn-] *adj idea, plan* unsinnig

non se·qui·tur [ˌnɒn'sekwɪtəʳ, AM ˌnɑːn'sekwɪt̬ɚ] *n* unlogische Schlussfolgerung

non-'sex·ist *adj inv person, attitude* nicht sexistisch **non-'shrink** *adj inv material, clothing* einlaufsicher **non-'skid** *adj*, **non-'slip** *adj inv surface* rutschfest; ~ **bath mat** rutschfeste Badematte **non-'smok·er** *n* ❶ (*person*) Nichtraucher(in) *m(f)* ❷ BRIT (*fam: in train*) Nichtraucherabteil *nt* **non-'smok·ing** *adj inv* ❶ *area* Nichtraucher-; ~ **compartment** Nichtraucherabteil *nt*; ~ **zone** Nichtraucherzone *f* ❷ *person* Nichtraucher(in) *m(f)* **non-spe·ci·fic urethri·tis** [-jʊərə'θraɪtɪs, AM -jʊrə'θraɪt̬-] *n no pl* Harnleiterinfektion *f* **non-'stand·ard** *adj inv* nicht standardgemäß; *dialect also* unüblich **non-'start·er** *n* (*fam*) ❶ (*person*) Versager(in) *m(f)*, Niete *f fam* ❷ (*idea*) Reinfall *m* **non-'stick** *adj inv* antihaftbeschichtet **non-'stop I.** *adj inv* Nonstop-; ~ **flight** Nonstopflug *m* **II.** *adv* nonstop; *talk, rain* ununterbrochen **III.** *n* ~ **flight/train** Direktflug/-zug *m* **non-'swim·mer** *n* Nichtschwimmer(in) *m(f)* **non-'tax·able** *adj inv income* steuerfrei **non-'tech·ni·cal** *adj inv* untechnisch; **to explain sth in a ~ way** etw für den Laien verständlich erklären **non-'tox·ic** *adj inv material, substance* ungiftig **non-trans·'fer·able** *adj inv* LAW *property* nicht übertragbar **non-U** [ˌnɒn'juː] *adj inv* BRIT, AUS (*dated*) nicht vornehm **non-'un·ion** *adj inv person* nicht gewerkschaftsangehörig; *company* nicht gewerkschaftlich **non-'ver·bal** *adj inv communication* nonverbal **non-'vin·tage** *adj inv* ~ **wine** *mittelmäßiger Wein, der nicht von einem bestimmten Weingut stammt* **non-'vio·lence** *n* Gewaltverzicht *m*, Gewaltfreiheit *f* **non-'vio·lent** *adj inv protest* gewaltfrei; ~ **resistance** gewaltloser Widerstand **non-'vot·ing** *adj inv shares* nicht stimmberechtigt **non-'white** (*usu pej!*) **I.** *adj inv* farbig; ~ **man/woman** farbiger Mann/farbige Frau, Farbige(r) *f(m)* **II.** *n* Farbige(r) *f(m)*

noo·dle[1] ['nuːdl̩] **I.** *n* Nudel *f*; AM Pasta *f*; ■**~s** Nudeln *fpl* **II.** *n modifier* (*soup, casserole*) Nudel- **III.** *vi* AM (*fam*) herumpfuschen; (*at the piano*) [herum]klimpern *fam*; ■**to ~** [**around**] **with sth** mit etw *dat* herummachen *fam*

◆**noodle around** *vi* AM (*sl*) herumhängen *fam*

◆**noodle over** *vt* (*fam*) ■**to ~ over sth** *a text* an etw *dat* herumfeilen

noo·dle[2] ['nuːdl̩] *n* (*fam*) ❶ (*silly person*) Nudel *f fig, pej fam*, Dumpfbacke *f fig, pej fam* ❷ (*head*) Birne *f fig fam*; **to use one's ~** seinen Grips anstrengen

nook [nʊk] *n* Nische *f*, Ecke *f*; **with ~s and crannies** verwinkelt; [**in**] **every ~ and cranny** in allen Ecken und Winkeln

nookie, nooky ['nʊki] *n no pl* (*sl*) Sex *m fam*

noon [nuːn] *n no pl* Mittag *m*; **at twelve ~** um 12 Uhr mittags; ■**by ~** bis Mittag; ■**about ~** um die Mittagszeit

noon·day *n* Mittag *m*

no one ['nəʊwʌn, AM 'noʊ-] *pron see* **nobody**

'noon·time AM **I.** *n no pl* Mittag *m* **II.** *n modifier* (*meal, break*) Mittags-

noose [nuːs] *n* Schlinge *f a. fig*; ■**the ~** Tod *m* durch den Strang; **to hang oneself with a ~** sich *akk* erhängen; **to put one's head in a ~** (*fig*) sich *akk* selbst zu Fall bringen; **to have a ~ around one's neck** (*fig*) den Kopf in der Schlinge [stecken] haben *fig*

no-'park·ing *adj attr* Parkverbots-; ~ **zone** Parkverbotszone *f*

nope [nəʊp, AM noʊp] *adv inv* (*sl*) nö *fam*

no·place ['noʊpleɪs] *adv inv* AM (*fam: nowhere*) nirgendwo

no-ques·tions-'asked *adj attr, inv* ohne viele Fragen *nach n*

nor [nɔːʳ, nəʳ, AM nɔːr, nɚ] *conj* ❶ (*and not*) noch; **neither ... ~ ...** weder ... noch ... ❷ *after neg esp* BRIT (*neither*) noch; **I can't be at the meeting and ~ can Andrew** ich kann nicht zum Treffen kommen und Andrew auch nicht

Nor·dic ['nɔːdɪk, AM 'nɔːr-] *adj inv country, person* nordisch

no-re·'turn *adj attr, inv* FIN nicht Gewinn bringend

norm [nɔːm, AM nɔːrm] *n* Norm *f*; **safety ~** Sicherheitsnorm *f*; **to be/become the ~** die Norm sein/werden

nor·mal ['nɔːmᵊl, AM 'nɔːrm-] **I.** *adj* ❶ (*ordinary*) *person, day* normal; ~ **intelligence** durchschnittliche Intelligenz ❷ (*usual*) *behaviour* normal (**for** für +*akk*); **in the ~ way of things** normalerweise; **to behave in the ~ way** sich *akk* normal verhalten; **as** [**is**] **~** wie üblich ❸ (*fit*) gesund; **to be absolutely ~** völlig gesund sein ❹ *inv* MATH senkrecht (**to** zu +*dat*) **II.** *n* ❶ *no pl* Normalzustand *m*; **the temperature was above ~** die Temperatur war höher als normal; **she was back to ~ within a week of the accident** sie war innerhalb einer Woche nach dem Unfall wieder in Ordnung; **to return to ~** *situation* sich normalisieren ❷ MATH Senkrechte *f*, Normale *f fachspr*

nor·mal·cy ['nɔːrmᵊlsi] *n* AM Normalität *f*; **to get back to ~** zur Normalität zurückkehren, sich *akk* normalisieren

nor·mal dis·tri·'bu·tion *n* SCI gleichmäßige Verteilung **'nor·mal-gauge** *adj inv* RAIL Standardmaß *nt*

nor·mal·ity [nɔː'mæləti, AM nɔːr'mæləṭi] *n no pl* Normalität *f;* **to get back to** ~ zur Normalität zurückkehren, sich *akk* normalisieren

nor·mal·ize ['nɔːmᵊlaɪz, AM 'nɔːrm-] **I.** *vt* ■**to** ~ **sth** ❶ *(make normal) blood pressure* etw normalisieren; **to** ~ **a relationship** eine Beziehung normalisieren ❷ *esp* COMPUT etw abgleichen; **to** ~ **results** Resultate abgleichen **II.** *vi situation, relations* sich *akk* normalisieren

nor·mal·ly ['nɔːmᵊli, AM 'nɔːrm-] *adv* ❶ *inv (usually)* normalerweise; **I'm not** ~ **one to complain** normalerweise beschwere ich mich nicht ❷ *(in a normal way)* normal

Nor·man ['nɔːmən, AM 'nɔːrm-] **I.** *adj inv* normannisch **II.** *n* HIST Normanne, -in *m, f*

Nor·man 'Con·quest *n* ■**the** ~ der normannische Eroberungszug

nor·ma·tive ['nɔːmətɪv, AM 'nɔːrməṭ-] *adj (form) behaviour* normativ *geh*

Norse [nɔːs, AM nɔːrs] *adj inv* HIST nordisch; ~ **language** nordische Sprache

Norse·man ['nɔːsmən, AM 'nɔːrs-] *n* HIST Wikinger(in) *m(f)*

north [nɔːθ, AM nɔːrθ] **I.** *n no pl* ❶ *(direction)* Norden *m;* ■**in the** ~ im Norden; ■**to the** ~ nach Norden [hin]; **magnetic/true** ~ magnetischer Nordpol/geographische Nordrichtung ❷ *(region)* ■**the N**~ BRIT *(North England)* Nordengland *nt;* AM der Norden, die Nordstaaten *pl* **II.** *adj inv* nördlich, Nord-; ~ **coast/side/wind** Nordküste *f*/-seite *f*/-wind *m;* ~ **of Manchester** nördlich von Manchester; ~ **part** nördlicher Teil; ~ **Vietnam** Nordvietnam *nt* **III.** *adv inv* nordwärts; ■**up** ~ *(fam)* im Norden; **to drive** ~ in nördliche Richtung fahren

North 'Af·ri·ca *n* Nordafrika *nt* **North 'Af·ri·can I.** *n* Nordafrikaner(in) *m(f)* **II.** *adj inv history, culture* nordafrikanisch **North A'meri·ca** *n* Nordamerika *nt* **North A'meri·can I.** *n* Nordamerikaner(in) *m(f)* **II.** *adj inv* nordamerikanisch **North Ameri·can Free Trade A'gree·ment** *n no pl* NAFTA *f,* North American Free Trade Agreement [*o* Area] *(Freihandelsabkommen oder -zone zwischen den USA, Kanada und Mexiko)* **'north·bound** *adj usu attr, inv road, traffic* in Richtung Norden *nach n* **north·'east I.** *n no pl* ❶ *(direction)* Nordosten *m;* ■**to the** ~ [**of ...**] nordöstlich [von ...]; **coming** [*or* **blowing**] **from the** ~ *wind* von Nordosten kommend ❷ *(region)* ■**the N**~ *of a state* der Nordosten **II.** *adj inv* nordöstlich, Nordost-; ~ **England** Nordostengland *nt;* ~ **wind** Wind *m* von Nordost **III.** *adv inv* nordostwärts (**of** von +*dat*) **north·'east·er·ly** *adj (towards the northeast)* nordostwärts; *(of or in the northeastern part)* nordöstlich, Nordost-; ~ **direction** nordöstliche Richtung; ~ **wind** Wind *m* von Nordost **north·'east·ern** *adj attr, inv* nordöstlich, Nordost-; ~ **part** nordöstlicher Teil; ~ **coast** Nordostküste *f* **north·'east·ward I.** *adj inv migration* nordostwärts, nach Nordost *nach n;* ~ **direction** nordöstliche Richtung; ~ **route** Nordostroute *f* **II.** *adv* nordostwärts, nach Nordost **north·'east·wards** *adv inv* nordostwärts, nach Nordost; **the plane turned** ~ das Flugzeug drehte nach Nordost

nor·ther·ly ['nɔːðᵊli, AM 'nɔːrðɚli] *adj* nördlich, Nord-; ~ **coast** Nordküste *f;* ~ **part** nördlicher Teil; ~ **wind** Nordwind *m*

north·ern ['nɔːðᵊn, AM 'nɔːrðɚn] *adj attr, inv* nördlich

north·ern·er ['nɔːðᵊnəʳ, AM 'nɔːrðɚnɚ] *n* Nordlicht *nt fig, hum;* BRIT Nordengländer(in) *m(f);* AM Nordstaatler(in) *m(f);* ■**to be a** ~ aus dem Norden kommen

i Kultur

Northern Ireland – *Nordirland,* das oft auch einfach *Ulster* genannt wird, ist der nordöstliche Teil Irlands, der Teil des *United Kingdom – Vereinigtes Königreich* blieb, als der Rest des Landes 1921 den Status eines *dominion – Herrschaftsgebiet* innerhalb des Commonwealth erhielt. Das neue *Northern Ireland Assembly – Parlament* wurde am 25. Juni 1998 gegründet und hat 108 Abgeordnete; es kann in regionalen Angelegenheiten Gesetze erlassen und tagt im Stormont Castle in der Nähe von Belfast.

North·ern 'Lights *npl* Nordlicht *nt*

north·ern·most ['nɔːðᵊnməʊst, AM 'nɔːrðɚnmoʊst] *adj inv* nördlichste(r, s)

north-'fac·ing *adj inv* nach Norden gerichtet **North 'Pole** *n* ■**the** ~ der Nordpol **North 'Sea I.** *n* ■**the** ~ die Nordsee **II.** *n modifier (ferries, fish, oil)* Nordsee- **North-South di·'vide** *n* ■**the** ~ das Nord-Süd-Gefälle **North 'Star** *n* ■**the** ~ der Polarstern

north·ward ['nɔːθwəd, AM 'nɔːrθwɚd] *inv* **I.** *adj migration* nach Norden *nach n,* Nord-; ~ **direction** nördliche Richtung; ~ **route** Nordroute *f* **II.** *adv* nach Norden

north·wards ['nɔːθwədz, AM 'nɔːrθwɚdz] *adv inv* nach Norden

north·'west I. *n no pl* Nordwesten *m;* ■**the N**~ der Nordwesten; ■**to the** ~ [**of sth**] nordwestlich [von etw *dat*]; ■**to be in** [*or* **coming from**] **the** ~ *wind* von Nordwesten kommend **II.** *adj inv* nordwestlich, Nordwest-; ~ **England** Nordwestengland *nt;* ~ **part** nordwestlicher Teil; ~ **wind** Wind *m* von Nordwest **III.** *adv inv* nach Nordwesten **north·'west·er·ly** *adj* nordwestlich, Nordwest-; ~ **coast** Nordwestküste *f;* ~ **direction** nordwestliche Richtung; ~ **wind** Wind *m* aus Nordwest **north·'west·ern** *adj attr, inv accent, sector* nordwestlich, Nordwest- **north·'west·ward I.** *adj inv* nordwestlich, Nordwest-; ~ **direction** nordwestliche Richtung; ~ **route** Nordwestroute *f* **II.** *adv* nordwestwärts, nach Nordwesten **north·'west·wards** *adv inv* nordwestwärts, nach Nordwesten

Nor·way ['nɔːweɪ, AM 'nɔːr-] *n* Norwegen *nt*

Nor·we·gian [nɔː'wiːdʒᵊn, AM nɔːr'-] **I.** *n* ❶ *(person)* Norweger(in) *m(f)* ❷ *no pl (language)* Norwegisch *nt;* **in** ~ auf Norwegisch **II.** *adj inv* norwegisch, Norwegisch-; ~ **lesson** Norwegischunterricht *m*

nos. *n pl abbrev of* **numbers** Nrn. *fpl*

nose [nəʊz, AM noʊz] **I.** *n* ❶ *(organ)* Nase *f;* **runny** ~ laufende Nase; **to blow one's** ~ sich *dat* die Nase putzen; **to breathe/speak through one's** ~ durch die Nase atmen/sprechen ❷ *(front)* Nase *f,* Schnauze *f fam; of aircraft* Flugzeugnase *f;* ~ **to tail** dicht an dicht ❸ *no pl (smell)* Geruchssinn *m;* **to have a keen** ~ einen guten Geruchssinn haben ❹ *(form: of wine)* Aroma *nt,* Bouquet *nt geh* ▶ PHRASES: **with one's** ~ **in the air** mit hoch erhobener Nase; **to keep/put one's** ~ **to the grindstone** *(fam)* sich *akk* dahinterklemmen *fam;* **to put sb's** ~ **out of joint** *(fam)* jdn aus der Fassung [*o* aus dem Konzept] bringen; **to keep one's** ~ **clean** *(fam)* seine Weste sauber halten *fam;* **to get up sb's** ~ BRIT, AUS *(fam)* jdm auf den Wecker gehen *fam;* **to have a** [**good**] ~ **for sth** *(fam)* einen [guten] Riecher für etw *akk* haben; **to keep one's** ~ **out of sth** *(fam)* seine Nase aus etw *dat* heraushalten; **to poke** [*or* **stick**] **one's** ~ **into sth** *(fam)* seine Nase in etw *akk* hineinstecken; **to win by a** ~ knapp gewinnen; **on the** ~ AM *(fam)* genau, exakt; **at eight on the** ~ genau um 8 Uhr; [**right**] **under sb's** ~, [[AM **right out**] **from**] **under sb's** ~ [direkt] vor jds Nase *f* **II.** *vi* **to** ~ **forwards** sich *akk* vorsichtig vorwärtsbewegen; ■**to** ~ **through sth** sich *dat* einen Weg durch etw *akk* bahnen **III.** *vt* ■**to** ~ **sth somewhere** *a car* etw irgendwohin bugsieren *fam;* **to** ~ **one's way forwards/in/out/up** sich *akk* vorsichtig seinen Weg vorwärts/hinein-/hinaus-/hinaufbahnen

◆**nose about I.** *vi (fam)* herumstöbern *fam* **II.** *vt* ■**to** ~ **about** [*or* **around**] **sth** in etw *dat* herumstöbern

◆**nose ahead** *vi* knapp an die Spitze gelangen

◆**nose around** *see* **nose about**

◆**nose into** *vi (fam)* ■**to** ~ **into sth** in etw *dat* herumschnüffeln *fam*

◆**nose out I.** *vt* ❶ *(discover)* ■**to** ~ **out** ↔ **sth** *secrets, details* etw herausfinden; **to** ~ **out the truth** die Wahrheit

N

herausfinden ② (*outdo*) ■**to ~ sb** ○ **out** jdn ausstechen; **to ~ out other candidates** andere Kandidaten ausstechen **II.** *vi* sich *akk* langsam [*o* vorsichtig] herausbewegen; **the taxi ~d out into the traffic** das Taxi fädelte sich langsam in den Verkehr ein

◆**nose round** *vi* BRIT (*fam*) herumstöbern *fam; see also* **nose about**

'nose·bag *n* Hafersack *m* **'nose·bleed** *n* Nasenbluten *nt;* **to have/get a ~** Nasenbluten haben/bekommen **'nose cone** *n* AVIAT Rumpfspitze *f* **'nose·dive I.** *n* ① AVIAT Sturzflug *m;* **to go into a ~** zum Sturzflug ansetzen ② (*fig*) Einbruch *m;* **sb/sth takes** [*or* **goes into**] **a ~** etw/jd erlebt einen Einbruch, mit etw/jdm geht es rapide bergab **II.** *vi* ① AVIAT im Sturzflug heruntergehen ② FIN *prices, economy* einbrechen **'nose drops** *npl* Nasentropfen *pl*

nose·gay ['nəʊzgeɪ, AM 'noʊz-] *n* (*old*) Gebinde *nt veraltend*

'nose job *n* MED (*fam*) Nasenkorrektur *f;* **to have a ~** eine Nasenkorrektur vornehmen lassen **'nose ring** *n* Nasenring *m*

'nose wheel *n* AVIAT Bugrad *nt*

nosey ['nəʊzi, AM 'noʊzi] *adj* (*pej*) neugierig

nosh [nɒʃ, AM nɑːʃ] **I.** *n* ① *no pl* BRIT, AUS (*sl: food*) Futter *nt fam,* Fressalien *pl fam* ② BRIT, AUS (*sl: meal*) Imbiss *m* ③ AM (*snack*) Häppchen *nt,* Snack *m;* **to have a little ~** einen Happen zu sich *dat* nehmen **II.** *vi* futtern *fam;* ■**to ~ on sth** etw futtern *fam;* **to ~ to one's heart's content** sich *dat* nach Herzenslust den Bauch vollschlagen *fam* **III.** *vt* ■**to ~ sth** etw futtern *sl*

'no-show I. *n* jd, der nicht [*o* zu spät] erscheint; (*on flight*) No-show *m fachspr* **II.** *n modifier* **~ passenger** Fluggast, der nicht erscheint

'nosh-up ['nɒʃʌp] *n* BRIT, AUS (*sl*) Gelage *nt fam*

nosi·ly ['nəʊzɪli, AM 'noʊz-] *adv* (*pej*) neugierig

nosi·ness ['nəʊzɪnəs, AM 'noʊz-] *n no pl* (*pej*) Neugier *f;* **to curb one's ~** seine Neugier bremsen

no-'smok·ing *adj inv area* Nichtraucher-; **~ compartment** Nichtraucherabteil *nt;* **~ zone** Nichtraucherzone *f*

nos·tal·gia [nɒs'tældʒə, AM nɑː'st-] *n no pl* Nostalgie *f;* **to be overcome with ~ for sth** von nostalgischen Gefühlen für etw *dat* übermannt werden

nos·tal·gic [nɒs'tældʒɪk, AM nɑː'st-] *adj* nostalgisch; **to feel ~** nostalgische Gefühle empfinden

nos·tal·gi·cal·ly [nɒs'tældʒɪkəli, AM nɑː'st-] *adv* nostalgisch

no-'strike agree·ment *n* Streikverbotsabkommen *nt*

nos·tril ['nɒstrəl, AM 'nɑː-] *n of a person* Nasenloch *nt; of a horse* Nüster *f*

nos·trum ['nɒstrəm, AM 'nɑː-] *n* Patentrezept *nt*

nosy ['nəʊzi, AM 'noʊ-] *adj* (*pej*) neugierig; ■**to be ~ about sth** viele Fragen über etw *akk* stellen

nosy 'par·ker *n esp* BRIT (*fam*) neugierige Person

not [nɒt, AM nɑːt] *adv inv* ① *after aux vb* nicht; **I do ~** [*or* **don't**] **want to go** ich will nicht gehen; **it's ~** [*or* **isn't**] **unusual** das ist nicht ungewöhnlich; **isn't she beautiful?** ist sie nicht schön? ② *in tag question* **it's cold, is it ~** [*or* **isn't it**]**?** es ist kalt, nicht [wahr] [*o* meinst du nicht auch]?; **you do ~** [*or* **don't**] **like him, do you?** du magst ihn nicht, nicht wahr? ③ *before noun* kein, nicht; **it's a girl, ~ a boy** es ist ein Mädchen, kein Junge; **it's John, ~ Peter** es ist John, nicht Peter ④ *before infinitive* nicht; **he's asked me ~ to do it** er hat mich gebeten, es nicht zu tun ⑤ *before predeterminer* nicht; **~ all children like swimming** nicht alle Kinder schwimmen gerne ⑥ *before pronoun* nicht; **~ me!** ich nicht! ⑦ (*less than*) keine(r, s), weniger als; **the deer was ~ 20 feet away from us** der Hirsch stand weniger als 20 Fuß von uns entfernt; **she left ~ two minutes before you** sie ist keine zwei Minuten vor dir gegangen ⑧ *before adj, adv* (*meaning opposite*) nicht; **~ always** nicht immer; **~ happy/natural** nicht glücklich/natürlich; **~ much** nicht viel ⑨ *before adj* (*hum, iron: emphasizing opposite*) nicht; **he's ~ bad-looking** er sieht nicht schlecht aus; **I was ~ exactly thrilled** ich war nicht gerade begeistert ⑩ (*substituting negative*) nicht; **I hope ~!** ich hoffe nicht! ⑪ (*esp hum fam: contradicting previous*) [aber] denkste! *fam;* **that was the best meal I've ever had – ~!** das war das beste Essen, das ich jemals gegessen habe – haha!

▸PHRASES: **~ at all!** (*polite answer*) überhaupt nicht!; (*when thanked*) nicht der Rede wert!, gern geschehen!; (*denying vehemently*) überhaupt nicht!; **~ up to much** nicht besonders; **~ only ... but also ...** nicht nur ..., sondern auch ...; **~ just** [*or* **merely**] [*or* **simply**] **...** nicht nur [*o* einfach] ...; **~ because ..., but because ...** nicht weil ..., sondern weil ...; **~ that ...** nicht dass ...; **~ that I mind, but why didn't you phone yesterday?** nicht dass es mir was ausmacht, aber warum hast du gestern nicht angerufen?

nota bene [ˌnəʊtɑː'beneɪ, AM ˌnoʊt̬ə'-] (*form*) notabene *geh*

no·table ['nəʊtəbl̩, AM 'noʊt̬-] **I.** *adj* ① (*eminent*) *collection, philosopher* bedeutend; ■**to be ~ for sth** bekannt für etw *akk* sein; **with one ~ exception** mit einer besonderen Ausnahme ② (*remarkable*) *achievement, success* beachtlich, bemerkenswert **II.** *n* Berühmtheit *f*

no·tab·ly ['nəʊtəbli, AM 'noʊt̬-] *adv* ① (*particularly*) insbesondere, vor allem ② (*perceptibly*) merklich, auffallend; **to be ~ absent** durch Abwesenheit glänzen

no·tar·ize ['nəʊtəraɪz, AM 'noʊt̬ə-] *vt* ■**to ~ sth** etw notariell beglaubigen lassen

no·ta·ry ['nəʊtəri, AM 'noʊt̬əi] *n,* **no·ta·ry 'pub·lic** <*pl* -ies public> *n* Notar(in) *m(f)*

no·ta·tion [nə(ʊ)'teɪʃən, AM noʊ'-] *n* ① MATH, MUS Notation *f fachspr;* **system of ~** Zeichensystem *nt* ② (*note*) Notiz *f,* Anmerkung *f*

notch [nɒtʃ, AM nɑːtʃ] **I.** *n* <*pl* -es> ① (*indentation*) Einkerbung *f* ② (*in belt*) Loch *nt* ③ (*for comparison*) Grad *m;* ■**a ~ above/below sb/sth** eine Klasse besser/schlechter als jd/etw; **to go up a ~** eine Klasse aufsteigen ④ AM (*valley*) Tal *nt* **II.** *vt* ■**to ~ sth** ① (*cut V in*) etw einkerben ② (*fam: achieve*) etw erreichen [*o* erzielen]

◆**notch up** *vt* (*fam*) ■**to ~ up** ○ **sth** etw erreichen [*o* erzielen]

'notch·back ['nɒtʃbæk] *n* BRIT AUTO Stufenheck *nt*

notched [nɒtʃt, AM nɑːtʃt] *adj inv stick* eingekerbt

note [nəʊt, AM noʊt] **I.** *n* ① (*record*) Notiz *f;* **to leave a ~** eine Nachricht hinterlassen; **to keep a ~ of sth** [sich *dat*] etw notieren; **to make** [*or* **take**] **a ~** [**of sth**] [sich *dat*] eine Notiz [von etw *dat*] machen; **to write sb a ~** [*or* **a ~ to sb**] jdm eine Nachricht hinterlassen ② (*attention*) **to take ~ of sth** von etw *dat* Notiz nehmen ③ LIT (*annotation*) Anmerkung *f* ④ MUS Note *f;* **black/white ~s** schwarze/weiße Tasten; **high/low ~** hohe/tiefe Note ⑤ (*sound*) Ton *m,* Klang *m;* (*overtone*) Unterton *m;* (*reflecting mood*) Ton[fall] *m;* **to change** [AM **its**] **~** seinen Ton [*o* Klang] verändern; **to strike a false/serious ~** einen unpassenden/ernsthaften Ton anschlagen; **to strike the right ~** den richtigen Ton treffen ⑥ *esp* BRIT, AUS (*money*) [Geld]schein *m* ⑦ (*form*) ■**of ~** von Bedeutung; **he's a historian of ~** er ist ein bedeutender Historiker; **nothing of ~** nichts von Bedeutung ⑧ (*scent*) [Duft]note *f; of perfume* [Parfüm]note *f;* (*flavour in beer, wine, tea*) [Geschmacks]note *f;* **the fresh ~ of bergamot** die frische Note von Bergamotte **II.** *vt* ■**to ~ sth** ① (*notice*) etw wahrnehmen [*o* bemerken]; (*pay attention to*) etw beachten; ■**to ~ that ...** zur Kenntnis nehmen, dass ...; ■**to ~ how/when/where ...** zur Kenntnis nehmen, wie/wann/wo ...; **~ how easy it is to release the catch quickly** beachten Sie, wie einfach und schnell sich der Verschluss öffnen lässt ② (*remark*) etw anmerken [*o* bemerken]; (*point out*) etw feststellen; ■**to ~ that ...** feststellen, dass ...

◆**note down** *vt* ■**to ~ down** ○ **sth** [sich *dat*] etw notieren; **to ~ down how/when/where ...** [sich *dat*] notieren, wie/wann/wo ...

'note·book *n* ❶ (*book*) Notizbuch *nt* ❷ COMPUT Notebook *nt,* Notebook-Computer *m* **note·book com·'put·er** *n* COMPUT Notebook *nt,* Notebook-Computer *m*

not·ed ['nəʊtɪd, AM 'noʊt̬-] *adj attr* bekannt, berühmt (**for** für +*akk*); **he's ~ as an expert** er ist bekannt als Experte

note·let ['nəʊtlət] *n* BRIT Kärtchen *nt*

'note·pad *n* ❶ (*pad*) Notizblock *m* ❷ COMPUT Notepad *nt,* Notepad-Computer *m* **note·pad com·'put·er** *n* COMPUT Notepad *nt,* Notepad-Computer *m* **'note·paper** *n no pl* Briefpapier *nt;* **a piece** [*or* **sheet**] **of ~** ein Bogen *nt* Briefpapier

notes [nəʊts, AM noʊts] *npl* Notizen *fpl,* Aufzeichnungen *fpl;* **to speak from/without ~** vom Blatt/frei sprechen; **to take** [*or* **make**] **~** [sich *dat*] Notizen machen

note·wor·thy ['nəʊtˌwɜːði, AM 'noʊtˌwɜːr-] *adj conclusions, results* beachtenswert; **nothing/something ~** nichts/etwas Besonderes

noth·ing ['nʌθɪŋ] **I.** *pron* ❶ (*not anything*) nichts; **he's ~ if not charming** wenn er eines ist, dann charmant; **~ of the kind** [*or* **sort**] nichts dergleichen; **~ interesting/new/special** nichts Interessantes/Neues/Besonderes; **to do/say ~** nichts tun/sagen; **to gain ~ by doing sth** durch etw *akk* nichts erreichen; **to have ~ on** nichts anhaben; **to know ~ about sth** über etw *akk* nichts wissen; **to make ~ of doing sth** nichts für etw *akk* tun; **~ else** nichts weiter; **there's ~ else we can do to help** es gibt nichts mehr, was wir tun können; **with ~ on** unbekleidet; **to sleep with ~ on** nackt schlafen; **~ but lies** nichts als Lügen ❷ (*of no importance or concern*) nichts; **what are you laughing at? – oh, ~, sir** worüber lachen Sie? – oh nichts, Sir; **~ much** nicht viel; **to be** [*or* **mean**] **~ to sb** jdm nichts bedeuten; **money means ~ to him** Geld bedeutet ihm nichts; **it's** [*or* **it was**] **~** (*fam*) nicht der Rede wert ❸ (*zero*) Null *f;* **thirty minus thirty is ~** dreißig minus dreißig ist null ❹ AM SPORTS (*no points*) null; **the score is Yankees three, Red Sox ~** die Yankees haben drei Punkte, die Red Sox null ▶ PHRASES: **like ~** [**else**] **on earth** wie nichts [anderes] auf dieser Welt; **to look like ~** [**else**] **on earth** aussehen wie nichts [anderes] auf dieser Welt; **all or ~** alles oder nichts; **to be ~ less/more than ...** nichts Geringeres/weiter sein, als ...; **their goal was ~ less than creating a revolutionary new technology** ihr Ziel war kein geringeres, als eine revolutionäre neue Technologie zu entwickeln; **he is ~ more than an amateur** er ist bloß ein Amateur; **to have ~ on** (*be free*) nichts vorhaben; **to be ~ special** nichts Besonderes sein; **to be** [*or* **have**] **~ to do with sb/sth** nichts mit jdm/etw zu tun haben; **it's ~ to do with me** das hat nichts mit mir zu tun; **~ doing** (*fam: no way*) nichts zu machen *fam;* (*not happening*) nichts passiert; **you ain't heard/seen ~ yet** (*fam*) das hast du noch nicht gehört/gesehen; **think ~ of it** keine Ursache!; [**all**] **for ~** [vollkommen] umsonst; **not for ~** nicht umsonst; **there's ~ for it but to do sth** BRIT es bleibt nichts anderes übrig, als etw zu tun; **there's ~ for it but to get some extra help** es bleibt keine andere Wahl, als zusätzliche Hilfe anzufordern; **there's ~ in it** es ist nichts dran; **I heard the rumour, but there's ~ in it** ich habe das Gerücht gehört, aber das ist völlig aus der Luft gegriffen; **there's ~ to it** dazu gehört nicht viel; **windsurfing is easy – there's ~ to it** Windsurfen ist einfach – da gehört nichts dazu **II.** *adj attr, inv* (*fam*) *persons, activities* belanglos **III.** *n* (*fam*) Niemand *m;* **he's a ~** er ist ein Niemand **IV.** *adv inv* ❶ (*not*) überhaupt nicht; **to care ~ for others** sich *akk* überhaupt nicht um andere scheren *fam;* **to look ~ like sb/sth** jdm/etw nicht ähnlich sehen; **to look ~ like the others** nicht wie die anderen aussehen ❷ *after n* AM (*fam: emphatically not*) wahrlich nicht ▶ PHRASES: **~ daunted** *esp* BRIT unverzagt; **to be ~ short of sth** ganz genau auf etw *akk* zutreffen; **the party was ~ short of a disaster** die Party war ein völliges Desaster

noth·ing·ness ['nʌθɪŋnəs] *n no pl* ❶ (*emptiness*) Nichts *nt;* **the ~ of life** die Leere des Lebens ❷ (*worthlessness*) Bedeutungslosigkeit *f*

no through 'road *n* BRIT Einbahnstraße *f*

no·tice ['nəʊtɪs, AM 'noʊt̬-] **I.** *vt* ❶ (*see*) ■**to ~ sb/sth** jdn/etw bemerken; **we ~d a car stopping outside the house** wir bemerkten, wie ein Auto vor der Tür hielt; ■**to ~ that ...** bemerken, dass ...; ■**to ~ how/when/where ...** mitbekommen, wie/wann/wo ... *fam* ❷ (*acknowledge*) ■**to ~ sb** jdn bemerken [*o* wahrnehmen]; ■**to be ~d by sb** von jdm wahrgenommen werden, jdm auffallen **II.** *vi* etw [be]merken; **she waved at him but he didn't seem to ~** sie winkte ihm zu, aber er schien es nicht zu bemerken **III.** *n* ❶ *no pl* (*attention*) Beachtung *f;* **to come** [*or* **be brought**] **to sb's ~** [**that**] ... jdm zu Ohren kommen, dass ...; **to deserve some ~** Beachtung *f* verdienen; **to escape sb's ~** [**that ...**] jds Aufmerksamkeit entgehen [*o* jdm entgehen][, dass ...]; **to take ~** Notiz nehmen; **I asked him to drive more slowly but he didn't take any ~** ich bat ihn, langsamer zu fahren, aber er reagierte nicht; **to take ~ of sb/sth** Notiz von jdm/etw *dat* nehmen ❷ (*poster*) Schild *nt* ❸ (*in newspaper*) Anzeige *f* ❹ *no pl* (*warning*) Vorankündigung *f,* Vorwarnung *f;* **to give sb ~** jdn [vor]informieren; **to give sb ~ of a visit** jdm einen Besuch ankündigen; **at short ~** kurzfristig; **at a moment's ~** jederzeit; **until further ~** bis auf weiteres; **without ~** ohne Vorwarnung ❺ *no pl* LAW Frist *f;* **she gave him a month's ~ to move out** sie gab ihm eine Frist von einem Monat, um auszuziehen ❻ *no pl* (*resignation*) Kündigung *f;* **to give** [**in**] [*or* **hand in**] **one's ~** seine Kündigung einreichen; **to give sb his/her ~** jdm die Kündigung aussprechen; **to be given** [*or* **to get**] **one's ~** seine Kündigung erhalten

no·tice·able ['nəʊtɪsəbl̩, AM 'noʊt̬-] *adj improvement, increase* merklich, wahrnehmbar; **~ difference** merklicher Unterschied

no·tice·ably ['nəʊtɪsəbli, AM 'noʊt̬-] *adv* merklich, wahrnehmbar

'no·tice board *n* Aushang *m,* schwarzes Brett

no·tices ['nəʊtɪsɪz] *npl* BRIT Kritiken *fpl*

no·ti·fi·able ['nəʊtɪfaɪəbl̩, AM 'noʊt̬ə-] *adj inv disease* meldepflichtig

no·ti·fi·ca·tion [ˌnəʊtɪfɪ'keɪʃən, AM ˌnoʊt̬ə-] *n* Mitteilung *f;* **written/official ~** schriftliche/offizielle Mitteilung; **pending** [**further**] **~** noch anstehende [weitere] Mitteilungen

no·ti·fy <-ie-> ['nəʊtɪfaɪ, AM 'noʊt̬ə-] *vt* ■**to ~ sb** [**of sth**] jdn [über etw *akk*] unterrichten [*o* informieren]; ■**to ~ sth to sb** jdm etw mitteilen; **to ~ a theft to the police** der Polizei einen Diebstahl melden; ■**to ~ sb that ...** jdn benachrichtigen, dass ..., jdm melden, dass ...; ■**to ~ sb how/what/where ...** jdm mitteilen, wie/was/wo ...

no·tion ['nəʊʃən, AM 'noʊ-] *n* ❶ (*belief*) Vorstellung *f;* (*vague idea*) Ahnung, f (**of** von +*dat*); ■**the ~ that ...** die Vorstellung, dass ...; **I haven't the faintest ~** [**of**] **what you're talking about** ich habe nicht die leiseste Ahnung, wovon du redest; **have you any ~ how much the car costs?** hast du irgendeine Vorstellung davon, was das Auto kostet? ❷ (*whim*) Vorstellung *f;* **to have** [*or* **take**] **a ~ to do sth** (*dated*) ein Bedürfnis verspüren, etw zu tun

no·tion·al ['nəʊʃənəl, AM 'noʊ-] *adj* (*form*) fiktiv; *payment* nominell, symbolisch

no·tions ['noʊʃənz] AM **I.** *npl* Kurzwaren *pl* **II.** *n modifier* (*department*) Kurzwaren-

no·to·ri·ety [ˌnəʊtər'aɪəti, AM ˌnoʊt̬ə'raɪət̬i] *n no pl* [traurige] Berühmtheit (**for** wegen +*gen*); **to achieve** [*or* **acquire**] [*or* **gain**] **~** [traurige] Berühmtheit erlangen

no·to·ri·ous [nə(ʊ)'tɔːriəs, AM noʊ'-] *adj temper, thief* notorisch; *criminals* berüchtigt; ■**to be ~ as sth** für etw *akk* berüchtigt [*o* bekannt] sein; **to be ~ for sth** bekannt [*o* berüchtigt] für etw *akk* sein

no·to·ri·ous·ly [nə(ʊ)'tɔːriəsli, AM noʊ'-] *adv* notorisch, bekanntlich; **~ difficult** bekanntlich schwierig

N

not·with·stand·ing [ˌnɒtwɪθ'stændɪŋ, AM ˌnɑːt-] *(form)* **I.** *prep* ungeachtet **II.** *adv* trotzdem, nichtsdestoweniger **III.** *conj* ■ ~ **that ...** obwohl [*o* obgleich], ...

nou·gat ['nuːgɑː, AM -gət] *n no pl* Nougat *nt*

nought [nɔːt, AM *esp* nɑːt] *n* ❶ *esp* BRIT Null *f* ❷ *no pl see* **naught**

nough·ties, Nough·ties ['nɔːtiz] *npl (fam)* das Jahrzehnt von 2000 bis 2010 *(Nought=Null)*

noughts and 'crosses *npl* BRIT, AUS Tic Tac Toe *nt (Strategiezeichenspiel für zwei Personen)*

noun [naʊn] *n* Hauptwort *nt,* Substantiv *nt,* Nomen *nt fachspr;* **common** ~ Gattungsname *f;* **proper** ~ Eigenname *m*

'noun phrase *n* Nominalsatz *m*

nour·ish ['nʌrɪʃ, AM 'nɜːr-] *vt* ❶ *(feed)* ■**to** ~ **sb** jdn ernähren; ■**to** ~ **oneself on** [*or* **with**] **sth** sich *akk* von etw *dat* ernähren; **well** ~**ed** gut genährt ❷ *(enrich)* ■**to** ~ **sth** *skin* etw pflegen ❸ *(form: cherish)* **to** ~ **ambitions** Ambitionen haben; **to** ~ **the hope that ...** die Hoffnung hegen, dass ...

nour·ish·ing ['nʌrɪʃɪŋ, AM 'nɜːr-] *adj* ❶ *(healthy) food, drink* nahrhaft; **sweets aren't very** ~ Süßigkeiten enthalten nicht viele Nährstoffe ❷ *(rich) cream* reichhaltig, gehaltvoll

nour·ish·ment ['nʌrɪʃmənt, AM 'nɜːr-] *n no pl* ❶ *(food)* Nahrung *f;* **to give** ~ **to sb** jdn ernähren; **to obtain** [*or* **get**] ~ Nahrung bekommen ❷ *(vital substances)* Nährstoffe *mpl* ❸ *(feeding)* Ernährung *f;* **poor** ~ magere [*o* spärliche] Ernährung

nous [naʊs] *n no pl* BRIT, AUS *(fam)* Verstand *m,* Grips *m fam;* **business** ~ Geschäftssinn *m*

nou·veau riche <*pl* nouveaux riches> [ˌnuːvəʊ'riːʃ, AM -voʊ'-] *(pej)* **I.** *adj inv* neureich **II.** *n* Neureiche(r) *f(m)*

nou·velle cui·sine [ˌnuːvelkwɪ'ziːn, AM nuːˌvel-] *n no pl* Nouvelle Cuisine *f*

Nov *n abbrev of* **November** Nov.

nova <*pl* -vae> ['nəʊvə, AM 'noʊ-] *n* ASTRON Nova *f*

nov·el[1] ['nɒvəl, AM 'nɑː-] *n (book)* Roman *m;* **detective** ~ Kriminalroman *m,* Krimi *m*

nov·el[2] ['nɒvəl, AM 'nɑː-] *adj (new)* neuartig; *way, approach, idea* neu

nov·el·ette [ˌnɒvəl'et, AM ˌnɑː-] *n* ❶ LIT Novelette *f fachspr* ❷ *(esp pej)* Kitschroman *m pej*

nov·el·ist ['nɒvəlɪst, AM ˌnɑː-] *n* Romanautor(in) *m(f)*

no·vel·la <*pl* -s *or* novelle> [nə(ʊ)'velə, AM noʊ-] *n* LIT Novelle *f*

nov·el·ty ['nɒvəlti, AM 'nɑːvəlţi] **I.** *n* ❶ *(new thing)* Neuheit *f;* ■**to be a** ~ ein Novum sein; **it's quite a** ~ **for me to have a Saturday morning off work** es ist etwas ganz Neues für mich, samstagmorgens nicht arbeiten zu müssen ❷ *no pl (newness)* Neuartigkeit *f* ❸ *(trinket)* Krimskrams *m;* *(funny)* Scherzartikel *m;* *(surprising)* Überraschung *f* **II.** *n modifier* ❶ *(new)* **to have** ~ **value** den Reiz des Neuen haben, [noch] etwas Neues sein ❷ *(cheap) key ring, toy, ashtray* Plastik-; ~ **goods** Scherzartikel *mpl;* ~ **shop** *Laden, in dem allerlei Krimskrams verkauft wird*

No·vem·ber [nəʊ'vembəʳ, AM noʊ'vembɚ] *n* ❶ *(month)* November *m; see also* **February** ❷ *(code word for letter N)* November *kein art*

nov·ice ['nɒvɪs, AM 'nɑː-] **I.** *n* ❶ *(learner)* Anfänger(in) *m(f),* Neuling *m;* **to be a complete** ~ **in** [*or* **at**] **sth** ein kompletter Anfänger/eine komplette Anfängerin bei [*o* in] etw *dat* sein ❷ REL Novize, -in *m, f* **II.** *n modifier* ❶ *(learner) pilot, skier, workman, actor* unerfahren; **I'm still at the** ~ **stage** ich bin noch im Anfängerstadium ❷ REL ~ **monk/nun** Mönch *m/* Nonne *f* in der Ausbildung

no·vi·ci·ate *n see* **novitiate**

no·vi·ti·ate [nə(ʊ)'vɪʃiət, AM noʊ'vɪʃɪt] *n* REL *(state)* Noviziat *nt;* *(person)* Novize, -in *m, f;* *(place)* Novizenhaus *nt*

No·vo·caine® ['nəʊvə(ʊ)keɪn, AM 'noʊvə-] *n no pl* PHARM Novocain® *nt*

now [naʊ] **I.** *adv inv* ❶ *(at present)* jetzt; **and where do you live** ~**?** und wo wohnen Sie jetzt?; **thanks, I'm not hungry** ~ danke, aber im Moment bin ich satt; **he's in the bath just** ~**, can he call you back?** er ist jetzt gerade im Bad, kann er zurückrufen?; **until** [*or* **up to**] ~ bis jetzt ❷ *(at once)* [**right**] ~ jetzt, sofort, gleich; **I don't want to wait, I want it** [**right**] ~**!** ich will nicht warten, ich will es jetzt [sofort]! ❸ *(till today)* jetzt, nun; **she's been a vegetarian for ten years** ~ sie ist jetzt schon seit zehn Jahren Vegetarierin ❹ *(referring to past)* dann; **it was getting dark** ~ **and we were tired** dann wurde es dunkel und wir waren müde ❺ *(hence)* jetzt, nun; **oh, yes,** ~ **I know who you mean** ach ja, jetzt weiß ich, wen du meinst ❻ *(soon)* **the puppies will be born any day** ~ die Hundewelpen können jetzt jeden Tag zur Welt kommen ❼ *(short time ago)* **just** ~ gerade eben ❽ *(after repetition)* **what do you want** ~**?** was willst du denn nun? ❾ *(occasionally)* [**every**] ~ **and then** [*or* **again**] ab und zu [*o* an] ❿ *(as introduction)* **and** ~ **for something completely different** und nun zu etwas völlig anderem ⓫ *(emphasizing following)* ~ **then, what's all this fuss about?** also dann, worum geht's denn hier überhaupt?; *(inviting)* **I'm afraid I can't go today –** ~**, if you'd asked me yesterday I would have said yes** ich befürchte, ich kann heute nicht gehen, wenn du mich allerdings gestern gefragt hättest, hätte ich zugesagt ⓬ *(in request, command)* ~**, where did I put my hat?** wo habe ich denn jetzt nur meinen Hut hingelegt?; **hurry** ~**, or you'll miss the bus** jetzt beeil dich doch, sonst verpasst du noch den Bus; **well** ~**, what's been going on?** was war denn [jetzt] los? ⓭ *(in pause)* **let me see** ~**, oh yes, I remember** lass mich mal sehen, oh ja, ich erinnere mich ⓮ *(in irony)* ~, ~ so, so ⓯ *(soothing)* ~, ~, **don't cry** aber, aber, nicht weinen; *(warning)* ~, ~, **children, stop fighting!** na, na, Kinder, hört auf zu streiten! ▸PHRASES: [**it's/it was**] ~ **or never** *(saying)* jetzt oder nie; ~ **you're** [*or* **we're**] **talking!** *(saying)* schon besser!, hört sich schon besser an! **II.** *n* Jetzt *nt;* ~ **isn't a good time to speak to him** augenblicklich ist keine gute Zeit, mit ihm zu reden; **you should have mentioned it before** ~ das hättest du vorher sagen sollen; **that's all for** ~ das ist für den Augenblick alles; **by** ~ mittlerweile; **from** ~ **on, as from** ~ ab sofort **III.** *conj* ~ [**that**] ... jetzt, wo ...

NOW ac·count ['naʊəˌkaʊnt] *n* AM FIN *abbrev of* **negotiable order of withdrawal account** *verzinstes Sparkonto, über das mit übertragbaren Zahlungsanweisung verfügt werden kann*

nowa·days ['naʊədeɪz] *adv inv* heutzutage

no·where ['nəʊ(h)weəʳ, AM 'noʊ(h)wer] **I.** *adv inv* nirgends, nirgendwo; **there's** ~ **I'd rather be at the moment** nirgends wäre ich gerade lieber als hier; **she was** ~ **to be seen** sie war nirgends zu sehen; **there was** ~ **for him to sit** er fand nirgends einen Platz; **without your help he would be** ~ ohne deine Hilfe wäre er nichts; **that sort of bad manners will get you** ~ mit solchen schlechten Manieren kommst du auch nicht weiter; **I'm trying to persuade her to come but I'm getting** ~ ich versuche ja, sie zum Mitkommen zu überreden, aber ich stoße nur auf Granit; **a road to** ~ *(fig)* ausweglose Situation; **to be** [*or* **come in**] [*or* **finish**] ~ SPORTS keine Wertung erreichen; **from** [*or* **out of**] ~ aus dem Nichts *a. fig;* **to appear** [**as if**] **from** [*or* **out of**] ~ [wie] aus dem Nichts auftauchen **II.** *n* Nirgendwo *nt* **III.** *adj attr (fam)* ausweglos

no-'win *adj attr, inv (fam: hopeless)* aussichtslos, hoffnungslos; **to be in a** ~ **situation** sich *akk* in einer aussichtslosen [*o* hoffnungslosen] Situation befinden

now-or-'nev·er *adj attr, inv situation* jetzt oder nie; **29 is a** ~ **year in a young woman's life** 29 ist für eine junge Frau ein Alter, in dem sie das Gefühl hat, jetzt oder nie

nowt [naʊt] *pron* BRIT DIAL nix *fam;* **that's got** ~ **to do with it!** das hat nix damit zu tun! ▸PHRASES: **there's** ~ **so queer as folk** *(saying)* so was kommt vor *fam*

nox·ious ['nɒkʃəs, AM 'nɑːk-] *adj (form)* ❶ *(toxic) smoke,* *chemicals, fumes* giftig ❷ (*unpleasant*) übel; ~ **smell** übler Geruch

noz·zle ['nɒzl, AM 'nɑ:zl] *n* Düse *f; of petrol pump* [Zapf]hahn *m*

nr *prep abbrev of* **near**

nth [enθ] *adj attr, inv* (*fam*) ❶ (*umpteenth*) x-te(r, s) *fam;* **I glanced at my watch for the ~ time** ich sah zum x-ten Mal auf meine Uhr ❷ (*greatest*) **to the ~ degree** bis zum Äußersten; **she takes vegetarianism to the ~ degree** sie ist eine fanatische Vegetarierin

Nth I. *n* BRIT *abbrev of* **North** N. II. *adj* BRIT *abbrev of* **North** N-

nu·ance ['nju:ɑ:n(t)s, AM *esp* 'nu:-] *n* Nuance *f; of meaning of word* Bedeutung *f;* **~s of meaning** Bedeutungsschattierungen *fpl*

nub [nʌb] *n* ❶ (*crux*) Kernpunkt *m;* **the ~ of the matter** der springende Punkt ❷ (*bump*) Stückchen *nt*

nu·bile ['nju:baɪl, AM 'nu:bɪl, 'nju:-] *adj* (*hum*) [sehr] anziehend; **a ~ woman** eine knackige junge Frau *fam*

nu·clear ['nju:kliəʳ, AM 'nu:kliɚ, 'nju:-] *adj inv* ❶ (*of energy*) Kern-, Atom- ❷ MIL nuklear, atomar; **~-free zone** atomwaffenfreie Zone; **to go ~** Atomwaffen zum Einsatz bringen ❸ NUCL Kern- ❹ (*freak out*) **to go ~** ausrasten *fam*

nu·clear de·'ter·rent *n* nukleare Abschreckung **nu·clear dis·'ar·ma·ment** *n* atomare Abrüstung **nu·clear 'en·er·gy** *n no pl* Kernenergie *f* **nu·clear 'fami·ly** *n* Kernfamilie *f* **nu·clear 'fis·sion** *n* Kernspaltung *f* **nu·clear 'fu·sion** *n* Kernfusion *f* **nu·clear 'holo·caust** *n* atomarer Holocaust **nu·clear 'medi·cine** *n no pl* Nuklearmedizin *f* **nu·clear non·pro·lif·e'ra·tion trea·ty** *n* Nichtverbreitungsabkommen *nt* über Atomwaffen **nu·clear 'physi·cist** *n* Kernphysiker(in) *m(f)* **nu·clear 'phys·ics** *n + sing vb* Kernphysik *f* **nu·clear 'pow·er** *n no pl* Atomkraft *f* **nu·clear-'pow·ered** *adj inv* atomgetrieben **nu·clear 'pow·er plant** *n,* **nu·clear 'pow·er sta·tion** *n* Kernkraftwerk *nt,* Atomkraftwerk *nt* **nu·clear ra·di'a·tion** *n no pl* radioaktive Strahlung **nu·clear re·'ac·tor** *n* Atomreaktor *m* **nu·clear 'sci·en·tist** *n* Atomwissenschaftler(in) *m(f)* **nu·clear 'threat** *n* nukleare Bedrohung **nu·clear 'war** *n* Atomkrieg *m* **nu·clear 'war·fare** *n no pl* nukleare Kriegsführung **nu·clear 'waste** *n* Atommüll *m* **nu·clear 'weap·on** *n* Atomwaffe *f* **nu·clear 'win·ter** *n* atomarer Winter

nu·clei ['nju:kliaɪ, AM *esp* ˌnu:-] *n pl of* **nucleus**

nu·cleic acid [nju:ˌkli:ɪk'-, AM *esp* nu:ˌ-] *n* BIOL, CHEM Nukleinsäure *f*

nu·cleus <*pl* -clei *or* -es> ['nju:kliəs, AM *esp* 'nu:-] *n* ❶ (*core*) Kern *m* ❷ BIOL Kern *m,* Nukleus *m fachspr* ❸ NUCL Kern *m,* Nukleus *m fachspr*

nude [nju:d, AM *esp* nu:d] I. *adj inv* nackt; **~ model** Aktmodel *nt;* **~ painting** Akt *m;* **~ person** Nackte(r) *f(m);* **~ photo[graph]** Aktfoto *nt;* **~ sunbathing** Nacktbaden *nt;* **to pose ~** nackt posieren II. *n* ❶ ART Akt *m* ❷ (*nakedness*) **in the ~** nackt; **to pose in the ~** nackt posieren; **to sunbathe/swim in the ~** nackt sonnenbaden/schwimmen

nudge [nʌdʒ] I. *vt* ❶ (*push*) ■**to ~ sb** jdn stoßen; ■**to ~ sth somewhere** etw irgendwohin wegschieben; **he ~d the cat off the sofa** er schupste die Katze von dem Sofa ❷ (*fig: urge*) ■**to ~ sb into** [*or* **towards**] **sth** jdn zu etw *dat* drängen; **to ~ sb in the right direction** jdm in die richtige Richtung verhelfen; ■**to ~ sb into** [*or* **towards**] **doing sth** jdn dazu drängen, etw zu tun ❸ (*approach*) **he must be nudging 60 now** er muss jetzt auch schon auf die 60 zugehen; **the needle was nudging the red line** die Nadel näherte sich dem roten Bereich ▶ PHRASES: **~, ~** [**wink, wink**] BRIT, AUS (*fam*) na, du weißt schon! (*mit den Augen zwinkernd auf eine sexuelle Komponente anspielen*) II. *vi* BRIT **prices have ~d downward/upward** die Preise sind gesunken/gestiegen; **just ~ forward so you can see round the bend** beug dich ein bisschen nach vorne, damit du um die Kurve sehen kannst III. *n* ❶ (*push*) Stoß *m,* Schubs *m;* **to give sb a ~** jdm einen Stoß [*o* Schubs] geben ❷ (*encouragement*) Anstoß *m;* **to give sb the ~ to do sth** jdm den Anstoß geben, etw zu tun

nudie ['nju:di, AM *esp* 'nu:-] (*fam*) I. *n* Porno *m* II. *n modifier* (*magazine*) Porno-; (*picture*) Nackt-

nud·ism ['nju:dɪzᵊm, AM *esp* 'nu:-] *n no pl* Freikörperkultur *f,* Nudismus *m geh*

nud·ist ['nju:dɪst, AM *esp* 'nu:-] I. *n* Nudist(in) *m(f)* II. *n modifier* FKK-; **~ colony** Nudistenkolonie *f*

'nud·ist beach *n* FKK-Strand *m* **'nud·ist camp** *n* Nudistenlager *nt,* FKK-Lager *nt fam*

nu·dity ['nju:dəti, AM 'nu:dəṭi, 'nju:-] *n no pl* Nacktheit *f*

nud·ni(c)k ['nʊdnɪk] *n* AM (*fam*) Langweiler *m*

nu·ga·tory ['nju:gətᵊri, AM 'nu:gətɔ:ri, 'nju:-] *adj* (*form*) belanglos; **~ amount** nichtiger Betrag

nug·get ['nʌgɪt] *n* ❶ (*lump*) Klumpen *m;* **gold ~** Goldnugget *nt* ❷ FOOD **chicken ~** Hähnchennugget *nt* ❸ (*esp hum: fact*) Weisheit *f;* **have you got any other astonishing ~s of wisdom for us?** hast du noch mehr so erstaunliche Weisheiten für uns auf Lager?

nui·sance ['nju:sᵊn(t)s, AM *esp* 'nu:-] *n* ❶ (*pesterer*) Belästigung *f,* Plage *f;* **those kids are real ~s** diese Kinder sind richtige Quälgeister ❷ (*annoyance*) Ärger *m;* **it's a ~ that I've got to work on Saturday** ist das ärgerlich, dass ich am Samstag arbeiten muss!; **what a ~!** wie ärgerlich!; **to make a ~ of oneself** lästig werden ❸ LAW Belästigung *f;* **public ~** öffentliches Ärgernis

'nui·sance call *n* anonymer Anruf **'nui·sance call·er** *n* anonymer Anrufer/anonyme Anruferin **'nui·sance tax** *n* FIN *häufig erhobene Steuer* **'nui·sance value** *n* (*fam*) *die Fähigkeit, zu stören und Ärger zu verursachen;* **he will liven things up at the party – he has enormous ~** er wird Leben in die Party bringen – er ist ein echter Störenfried!

nuke [nju:k, AM *esp* nu:k] (*sl*) I. *vt* ■**to ~ sth** ❶ MIL etw atomar angreifen ❷ *esp* AM, AUS (*in microwave*) etw warm machen II. *n* ❶ (*power station*) Atomkraftwerk *nt* ❷ (*bomb*) Atombombe *f*

null [nʌl] *adj,* **null and 'void** *adj pred, inv* LAW null und nichtig; **to declare sth ~** etw für null und nichtig erklären; **to declare a marriage ~** eine Ehe annullieren; **to make** [*or* **render**] **sth ~** etw null und nichtig machen

nul·li·fi·ca·tion [ˌnʌlɪfɪ'keɪʃᵊn] *n of an agreement, a law, a treaty* Ungültigkeitserklärung *f; of marriage* Annullierung *f*

nul·li·fy <-ie-> ['nʌlɪfaɪ] *vt* ■**to ~ sth** ❶ (*invalidate*) etw für ungültig erklären; **to ~ a marriage** eine Ehe annullieren ❷ (*make useless*) *one's work* etw zunichte machen

nul·lity ['nʌləti, AM -əṭi] *n no pl* LAW *of a marriage* Ungültigkeit *f*

numb [nʌm] I. *adj* ❶ *limbs* taub; **~ with cold** taub vor Kälte; **to feel ~** *limbs* sich *akk* taub anfühlen; **to go ~** *limbs* taub werden, einschlafen ❷ (*torpid*) benommen; **to feel ~** sich *akk* benommen fühlen ❸ (*shocked*) **to be ~ with disbelief** ungläubig starren; **to be ~ with grief** vor Schmerz wie betäubt sein II. *vt* ❶ (*deprive of feeling*) ■**to ~ sth** *limbs* etw taub machen; **~ed with grief** (*fig*) vor Schmerz ganz starr ❷ (*desensitize*) ■**to ~ sb** jdn [emotional] abstumpfen; ■**to be ~ed by sth** durch etw *akk* abgestumpft sein ❸ (*lessen*) **to ~ the pain** den Schmerz betäuben

num·ber¹ ['nʌmbəʳ, AM -bɚ] I. *n* ❶ MATH Zahl *f;* **to crunch ~s** über Zahlen sitzen ❷ (*symbol*) Zahl *f* ❸ (*sums*) ■**~s** *pl* Rechnen *nt kein pl,* Zahlen *fpl fam;* **I never was much good at ~s** Zahlen waren noch nie meine Stärke ❹ (*identifying number*) Nummer *f;* **card/house/telephone ~** Karten-/Haus-/Telefonnummer [*o* Rufnummer] *f* ❺ *no pl, + sing/pl vb* (*amount*) [An]zahl *f;* **there were only a small ~ left** es waren nur noch wenige da; **a large ~ of invitations have** [*or form* **has**] **been sent** ein großer Teil der Einladungen ist bereits verschickt worden; **a small ~ of children are** [*or form* **is**] **educated at home** eine kleine Anzahl von Kindern wird zu Hause unterrichtet; **letters of complaint were surprisingly few in ~** es gab erstaunlich wenig Beschwerdebriefe; **any ~ of things**

N

could go wrong alles Mögliche könnte schiefgehen; **in enormous/huge/large ~s** in enormen/riesigen/großen Stückzahlen; **these magazines are produced in vast ~s** diese Zeitschriften werden in riesigen Auflagen produziert ❻ *no pl, + sing/pl vb* (*several*) **I decided not to go for a ~ of reasons** ich entschied mich aus vielerlei Gründen dagegen, dort hinzugehen ❼ (*members*) Gruppe *f;* **one of our ~** eine(r) *f(m)* aus unserer Gruppe ❽ (*issue*) Ausgabe *f,* Nummer *f;* **back ~** frühere Ausgabe ❾ (*performance*) Auftritt *m;* (*music*) Stück *nt;* **he played an old jazz ~ on the piano** er spielte ein altes Jazzstück auf dem Piano ❿ (*fam: clothing*) Kluft *f fam* ⓫ AM (*sl: person*) Nummer *f fam;* **he's quite a ~, don't you think?** er ist schon 'ne Nummer, findest du nicht? ⓬ AM (*sl: tale*) Nummer *f fam,* Masche *f fam;* **he tried his usual ~ but she didn't fall for it** er versuchte es auf die übliche Tour, aber sie fiel nicht darauf herein *fam* ⓭ AM (*game*) ■**the ~s** *pl* Zahlenlotto *nt* (*bestimmte Art*) ⓮ *no pl* LING Numerus *m* ▶ PHRASES: **by [sheer] force** [*or* **weight**] **of ~s** [allein] aufgrund zahlenmäßiger Überlegenheit; **~ one** (*fam: oneself*) die Nummer eins; **he only cares about ~ one** er denkt nur an sich selbst; (*bestseller*) *book* Bestseller *m; album* Kassenschlager *m;* **to be [the] ~ one** die Nummer eins sein; **to do ~ one/two** (*euph fam*) klein/groß machen *fam;* **there's safety in ~s** (*prov*) in der Menge ist man sicher; **N~ Ten** (*residence of Prime Minister*) Downing Street Nummer 10; (*Prime Minister*) der britische Premierminister/die britische Premierministerin; (*staff*) der Stab des britischen Premierministers/der britischen Premierministerin; **to do a ~ on sb** AM (*sl*) eine Nummer mit jdm abziehen *fam;* **to have sb's ~** (*sl*) jdn durchschauen; **sb's ~ is up** (*fam*) jds [letztes] Stündlein hat geschlagen *fam;* **to look out for ~ one** (*fam*) sich *akk* nur um sich *akk* selbst kümmern; **beyond** [*or* **without**] **~** zahllos; **by [the] ~s** nach Schema F *pej* **II.** *vt* ❶ (*mark in series*) ■**to ~ sth** etw nummerieren; **to ~ sth from ... to ...** etw von ... bis ... durchnummerieren ❷ (*count*) ■**to ~ sth** etw abzählen ❸ (*comprise*) ■**to ~ sth** etw zählen; **each team ~s 11 players** jede Mannschaft zählt [*o* hat] elf Spieler ❹ (*form: include*) ■**to ~ sb among sth** jdn zu etw *dat* zählen; **at one time the club ~ed an archbishop among its members** der Club zählte sogar einmal einen Erzbischof zu seinen Mitgliedern

num·ber² ['nʌmə^r, AM 'nʌmɚ] *adj comp of* **numb**

'num·ber-crunch·er *n* ❶ (*often pej: person*) Rechenfreak *m fam* ❷ COMPUT ≈ Großrechner *m*

'num·ber-crunch·ing *n no pl* **nowadays computers do all the ~** heutzutage berechnen Computer all die großen Datenmengen; **it's really not very interesting work, just a lot of ~** die Arbeit ist nicht sonderlich interessant, halt viel Rumrechnerei *fam*

num·ber·ing ['nʌmb^ərɪŋ] *n no pl* Nummerierung *f*

num·ber·less ['nʌmb^ələs, AM -bɚ-] *adj inv* (*esp liter*) zahllos, unzählig

'num·ber-one I. *adj attr, inv* ❶ (*main*) Haupt-; **the ~ cause/reason** die Hauptursache/der Hauptgrund; **~ priority** oberste Priorität; **the ~ problem** das wichtigste [*o* vorrangige] Problem ❷ (*best*) *skier, detective* Spitzen-, Top-; **the Beatles were the ~ pop group for years** die Beatles waren jahrelang die Nummer eins unter den Popgruppen; **~ brand** Spitzenmarke *f;* **~ choice/priority** erste Wahl/Priorität; **~ position** Spitzenposition *f;* **~ song** Nummer-Eins-Hit *m* [*o* -Single] *nt* ❸ (*bestselling*) *album, song* meistverkauft, bestverkauft **II.** *n esp* AM (*fig: one's self*) **to care about ~** [nur] an sich *akk* denken; **to look after ~** sich *akk* selbst an erster Stelle setzen

'num·ber plate *n* BRIT Nummernschild *nt*

'num·ber theo·ry *n no pl* MATH Zahlentheorie *f*

numb·ing ['nʌmɪŋ] *adj effect, feeling* betäubend; **~ sensation** taubes Gefühl

numb·ly ['nʌmli] *adv* wie betäubt, benommen

numb·ness ['nʌmnəs] *n no pl* ❶ *of limbs* Taubheit *f* ❷ (*torpor*) Benommenheit *f;* (*because of shock, grief*) Starre *f*

'numb·skull *n see* **numskull**

nu·mera·cy ['nju:m^ərəsi, AM *esp* 'nu:-] **I.** *n no pl* MATH Rechnen *nt* **II.** *n modifier* rechnerisch; **these children are lacking the most basic of ~ skills** diese Kinder verfügen nicht einmal über die grundlegendsten rechnerischen Fähigkeiten

nu·mer·al ['nju:m^ər^əl, AM *esp* 'nu:-] *n* Ziffer *f*

nu·mer·ate ['nju:m^ərət, AM *esp* 'nu:-] *adj* rechenfähig; **a ~ child would have no problems here** ein Kind, das rechnen kann, hätte hier keinerlei Schwierigkeiten

nu·mera·tion [ˌnju:m^ə'reɪʃ^ən, AM ˌnu:mə'-, 'nju:-] *n no pl* (*form*) Nummerierung *f*

nu·mera·tor ['nju:m^əreɪtə^r, AM 'nu:məreɪt̬ɚ, 'nju:-] *n* MATH Zähler *m*

nu·meri·cal [nju:'merɪkl̩, AM *esp* nu:'-] *adj inv* ❶ (*arithmetic*) numerisch; **in ~ order** in numerischer Reihenfolge; **~ skills** rechnerische Fähigkeiten ❷ (*expressed in numbers*) numerisch; **~ code** numerischer Code, Nummerncode *m;* **~ superiority** zahlenmäßige Überlegenheit; **to have a ~ superiority over sb** jdm zahlenmäßig überlegen sein

nu·meri·cal·ly [nju:'merɪkl̩i, AM *esp* nu:'-] *adv inv* zahlenmäßig; (*arithmetically*) numerisch; **~ superior** zahlenmäßig überlegen

nu·mer·ic 'key·pad *n* COMPUT numerisches Tastaturfeld, Ziffernblock *m*

nu·mero·logi·cal [ˌnju:m^ərə'lɒdʒɪk^əl, AM ˌnu:mɚə'lɑ:-, nju:-] *adj sign* numerologisch *geh*

nu·mer·ol·ogy [ˌnju:m^ə'rɒlədʒi, AM ˌnu:mə'rɑ:-, nju:-] *n* Numerologie *f geh*

nu·mero uno [ˌnju:m^ərəʊ'u:nəʊ, AM ˌnu:məroʊ'u:noʊ] *n see* **number-one**

nu·mer·ous ['nju:m^ərəs, AM *esp* 'nu:-] *adj* zahlreich; **shops of this type, once rare, are now ~** solche Läden gab es früher kaum und heute findet man sie fast überall; **on ~ occasions** bei zahlreichen Gelegenheiten

nu·mis·mat·ics [ˌnju:mɪz'mætɪks, AM ˌnu:mɪz'mæt̬ɪks, 'nju:-] *n no pl* Numismatik *f*

nu·mis·ma·tist [nju:'mɪzmətɪst, AM *esp* nu:-] *n* (*spec*) Numismatiker(in) *m(f) geh,* Münzkundler(in) *m(f)*

num·skull ['nʌmskʌl] *n* Hohlkopf *m pej fam*

nun [nʌn] *n* Nonne *f*

nun·cio ['nʌn(t)siəʊ, -ʃiəʊ, AM -sioʊ] *n* REL Nuntius *m*

nun·nery ['nʌn^əri] *n* (*liter or dated*) [Nonnen]kloster *nt*

nup·tial [nʌpʃ^əl] *adj inv* (*form, liter*) ehelich; **that's what I call ~ bliss** Mann, die sind vielleicht im siebten Himmel; **~ bed** Ehebett *nt;* **~ promise** eheliches Versprechen; **~ vows** Ehegelöbnis *nt*

nup·tials [nʌpʃ^əlz] *npl* (*form or hum*) Hochzeit *f*

nurd *n see* **nerd**

nurdy *adj see* **nerdy**

nurse [nɜ:s, AM nɜ:rs] **I.** *n* ❶ (*at hospital*) [Kranken]schwester *f;* (*male*) Krankenpfleger *m* ❷ (*nanny*) Kindermädchen *nt* **II.** *vt* ❶ (*care for*) ■**to ~ sb/an animal** jdn/ein Tier pflegen; **to ~ sb/an animal back to health** jdn/ein Tier wieder gesund pflegen; **to ~ a patient** einen Patienten pflegen ❷ (*heal*) ■**to ~ sth** etw [aus]kurieren; **to ~ a cold** eine Erkältung auskurieren ❸ (*tend*) ■**to ~ sth** *a plant* etw hegen [*o* pflegen] ❹ (*nurture*) ■**to ~ sth** *a project* etw fördern; **to ~ the hope in sb that ...** in jdm die Hoffnung nähren, dass ...; **to ~ a plan** einen Plan hegen ❺ (*harbour*) **to ~ a feeling for sb/sth** ein Gefühl für jdn/etw hegen; **to ~ a grudge against sb** einen Groll gegen jdn hegen; **to ~ a passion for sth** ein Faible für etw *akk* haben ❻ (*cradle*) **to ~ a baby** ein Baby [vorsichtig] im Arm halten; **she ~d him in her arms till he fell asleep** sie wiegte ihn in ihren Armen, bis er einschlief ❼ (*with glass*) **he was sitting in the pub nursing an almost empty glass of beer** er saß in der Kneipe bei einem fast leeren Glas Bier ❽ (*suckle*) **to ~ a child** ein Kind stillen **III.** *vi* in der Krankenpflege arbeiten

'nurse·maid I. *n* ① (*dated: nanny*) Kindermädchen *nt* ② (*pej: servant*) Kindermädchen *nt pej* II. *vt* ■**to** ~ **sb** jdn durch ein Kindermädchen pflegen lassen **nurse prac·'ti·tion·er** *n* AM anerkannte/geprüfte Krankenpflegekraft

nurse·ry ['nɜːsᵊri, AM 'nɜːr-] I. *n* ① (*crèche*) Kindergarten *m;* (*school*) Vorschule *f;* **to go to** ~ in den Kindergarten/in die Vorschule gehen ② (*room*) Kinderzimmer *nt* ③ HORT Gärtnerei *f;* (*for trees*) Baumschule *f* II. *n modifier* Kinder-; ~ **facilities** Betreuungsmöglichkeiten *fpl* für Kleinkinder; ~ **teacher** (*at crèche*) Kindergärtner(in) *m(f);* (*at school*) Vorschullehrer(in) *m(f)*

nurse·ry edu·'ca·tion *n no pl* Vorschulunterricht *m* **'nurse·ry nurse** *n* BRIT Kindermädchen *nt* **'nurse·ry rhyme** *n* Kinderreim *m;* (*song*) Kinderlied *nt* **'nurse·ry school** *n* Vorschule *f* **'nurse·ry slopes** *npl* BRIT SKI Anfängerhügel *m,* Idiotenhügel *m hum*

nursey ['nɜːsi, AM 'nɜːrsi], **nursie** *n* (*fam*) Kindermädchen *nt*

nurs·ing ['nɜːsɪŋ, AM 'nɜːr-] I. *n no pl* ① (*taking care*) [Kranken]pflege *f;* **to go into** ~ Krankenpfleger/Krankenpflegerin werden ② (*feeding*) Stillen *nt* II. *adj* ① (*caring*) Krankenpflege-; ~ **department** Pflegestation *f;* ~ **profession** Krankenpflegeberuf *m* ② (*feeding*) ~ **mothers** stillende Mütter

'nurs·ing aid *n* AUS Hilfsschwester *f* **'nurs·ing aux·ilia·ry** *n* BRIT Schwesternhelferin *f;* (*male*) Hilfspfleger *m* **'nurs·ing bot·tle** *n* AM Fläschchen *nt* **'nurs·ing home** *n* ① (*for old people*) Pflegeheim *nt* ② (*for convalescents*) Genesungsheim *nt* ③ BRIT (*for pregnant women*) Entbindungsklinik *f*

nur·ture ['nɜːtʃəʳ, AM 'nɜːrtʃɚ] I. *vt* (*form*) ① (*raise*) ■**to** ~ **sb** jdn aufziehen [*o* großziehen]; **she wants to stay at home and** ~ **her children** sie will zu Hause bleiben und sich um ihre Kinder kümmern; **to** ~ **a plant** eine Pflanze hegen ② (*encourage*) ■**to** ~ **sb/sth** jdn/etw fördern ③ (*harbour*) **to** ~ **ambitions** Ambitionen hegen; **to** ~ **a dream** einen Traum hegen II. *n no pl* ① (*upbringing*) Erziehung *f* ② (*nourishing*) Nahrung *f a. fig*

nut [nʌt] I. *n* ① (*fruit*) Nuss *f* ② TECH Mutter *f;* **to tighten the** ~ **up** die Mutter festziehen ③ (*fam: madman*) Bekloppte(r) *f(m) sl* ④ (*fam: fool*) Verrückte(r) *f(m)* ⑤ (*fam: fan*) Fanatiker(in) *m(f);* **health/sports** ~ Gesundheits-/Sportfanatiker(in) *m(f)* ⑥ (*fam: head*) Schädel *m fam,* Birne *f fam;* **to be off one's** ~ übergeschnappt sein *fam;* **to do one's** ~ BRIT, AUS ausrasten, durchdrehen *fam;* **to use one's** ~ sein Hirn benutzen ⑦ AM (*fam: costs*) Geldbedarf *m* ▶ PHRASES: **the** ~**s and bolts of sth** die fundamentalen Grundlagen einer S. *gen;* **a hard** [*or* **tough**] ~ **to crack** (*problem*) eine harte Nuss; (*person*) eine schwierige Person II. *n modifier* ~ **allergy** Nussallergie *f;* ~ **cutlet** Nussschnitzel *nt;* ~ **filling** Nussfüllung *f;* ~ **tree** Nussbaum *m* III. *vt* <-tt-> (*fam*) ■**to** ~ **sb** jdm eine Kopfnuss geben

'nut·case *n* (*pej fam*) ① (*madman*) Verrückte(r) *f(m)* ② (*fool*) Spinner(in) *m(f)* **'nut·crack·er** *n* Nussknacker *m;* [**a pair of**] ~**s** BRIT ein Nussknacker *m* **'nut·hatch** *n* ORN Kleiber *m* **'nut·house** *n* (*sl*) Irrenanstalt *f fam,* Klapsmühle *f fam*

nut·meg ['nʌtmeg] *n* ① (*fruit*) Muskatnuss *f* ② *no pl* (*spice*) Muskat *m;* **grated** [*or* **ground**] ~ gemahlener Muskat

Nu·tra·Sweet® ['njuːtrəˌswiːt, AM *esp* 'nuː-] *n no pl* NutraSweet® *nt* (*künstlicher Süßstoff*)

nu·tri·ent ['njuːtriənt, AM *esp* 'nuː-] I. *n* Nährstoff *m;* **to be full of** ~**s** voller Nährstoffe sein II. *adj* ① BIOL, FOOD Nährstoff-; ~ **solution** Nährstofflösung *f* ② (*nourishing*) nahrhaft

nu·tri·tion [njuː'trɪʃᵊn, AM *esp* nuː'-] I. *n no pl* ① (*eating*) Ernährung *f;* **good/bad** ~ gute/schlechte Ernährung ② (*science*) Ernährungswissenschaft *f* II. *n modifier* Nahrungs-; ~ **content** Nährstoffgehalt *m*

nu·tri·tion·al [njuː'trɪʃᵊnᵊl, AM *esp* nuː'-] *adj* Ernährungs-; ~ **deficiency** Nährstoffmangel *m;* ~ **information** Nährwertangaben *fpl;* ~ **value** Nährwert *m*

nu·tri·tion·al 'sup·ple·ment *n* Nahrungsergänzung *f*

nu·tri·tion·ist [njuː'trɪʃᵊnɪst, AM *esp* nuː'-] *n* Ernährungswissenschaftler(in) *m(f)*

nu·tri·tious [njuː'trɪʃəs, AM *esp* nuː'-] *adj* nährstoffreich; (*nourishing*) nahrhaft

nu·tri·tive ['njuːtrətɪv, AM nuː'trət̬ɪv, 'njuː-] *adj see* **nutritional**

nuts [nʌts] I. *npl esp* AM (*fam!*) Eier *pl vulg;* **if he tries to grab you, just knee him in the** ~ wenn er versucht, dich zu greifen, dann trete ihm einfach eine in die Eier II. *adj pred* ① (*foolish*) ■**to be** ~ verrückt sein ② (*angry*) **to go** ~ durchdrehen *fam,* ausrasten *fam* ③ (*enthusiastic*) ■**to be** ~ **about** [*or* **over**] **sb/sth** verrückt nach jdm/etw sein *fam*

'nut·shell *n no pl* Nussschale *f* ▶ PHRASES: **to put it in a** ~ es auf den Punkt bringen; **in a** ~ kurz gesagt; **that explains the problem in a** ~ das erklärt das Problem kurz und bündig

nut·ter ['nʌtəʳ] *n* BRIT, AUS (*pej fam*) ① (*madman*) Verrückte(r) *f(m)* ② (*fool*) Spinner(in) *m(f) fam;* **to be a complete** ~ ein Vollidiot *m*/eine Vollidiotin sein *pej,* total spinnen

nut·ti·ness ['nʌtɪnəs, AM 'nʌt̬ɪ-] *n no pl* Nussgeschmack *m*

nut·ty ['nʌti, AM 'nʌt̬i] *adj* ① (*full of nuts*) mit vielen Nüssen *nach n;* ~ **chocolate** Schokolade *f* mit vielen Nüssen ② (*tasting like nuts*) *taste, aroma* nussig ③ (*fam: crazy*) *idea, person* verrückt; [**as**] ~ **as a fruitcake** vollkommen verrückt ④ (*fam: enthusiastic*) ■**to be** ~ **about sb/sth** ganz verrückt nach jdm/auf etw *akk* sein

nuz·zle ['nʌzl̩] I. *vt* ■**to** ~ **sb/sth** jdn/etw [sanft] berühren II. *vi* **to** ~ **closer** [sich *akk*] näher herankuscheln; ■**to** ~ [**up**] **against** [*or* **up to**] **sb/sth** [sich *akk*] an jdn/etw ankuscheln; **to** ~ **at sb's shoulder** [sich *akk*] an jds Schulter *f* kuscheln; ■**to** ~ **in**[**to**] **sth** *dogs, horses* die Schnauze in etw *akk* drücken

NVQ [ˌenviː'kjuː] *n* SCH *abbrev of* **National Vocational Qualification**

NW I. *n no pl abbrev of* **northwest** NW. II. *adj inv* ① *abbrev of* **northwest** NW- ② *abbrev of* **northwestern** NW- III. *adv inv abbrev of* **northwest**

NY [ˌen'waɪ] *n no pl abbrev of* **New York**

NYC [ˌenwaɪ'siː] *n no pl abbrev of* **New York City**

ny·lon ['naɪlɒn, AM -lɑːn] I. *n* ① *no pl* Nylon *nt* ② (*dated: stockings*) ■~**s** *pl* Nylonstrümpfe *mpl,* Nylons *pl fam* II. *n modifier* Nylon-; ~ **shirt** Nylonhemd *nt;* ~ **thread** Nylonfaden *m*

nymph [nɪm(p)f] *n* Nymphe *f*

nymph·et(te) [nɪm(p)'fet, AM 'nɪm(p)fət] *n* (*fam*) Nymphlein *nt*

nym·pho ['nɪm(p)fəʊ, AM -foʊ] *n* (*pej fam*) *short for* **nymphomaniac** Nympho *f sl*

nym·pho·ma·nia [ˌnɪm(p)fə(ʊ)'meɪniə, AM -foʊ'-] *n no pl* Nymphomanie *f;* **to suffer from** ~ Nymphomanin sein

nym·pho·ma·ni·ac [ˌnɪm(p)fə(ʊ)'meɪniæk, AM -foʊ'-] (*pej*) I. *n* Nymphomanin *f* II. *adj* nymphomanisch

NZ *n no pl abbrev of* **New Zealand**

Oo

O <*pl* 's>, **o** <*pl* 's *or* -s> [əʊ, AM oʊ] *n* ① (*letter*) O *nt,* o *nt;* ~ **for Oliver** [*or* AM **as in Oboe**] O für Otto; *see also* **A 1** ② (*blood type*) O ③ (*zero*) Null *f;* **my phone number is three,** ~**, five, one** meine Telefonnummer ist drei, null, fünf, eins

O [əʊ, AM oʊ] *interj* ① (*poet or old: as address*) ~ **Zeus!** O Zeus! ② (*dated: expressing emotion*) ~ **no!** O nein!

o' [ə] *prep short for* **of**

oaf [əʊf, AM oʊf] *n* (*pej fam*) ① (*rude person*) Rüpel *m* ② (*clumsy person*) Tölpel *m fam;* **you clumsy** ~**!** du altes Trampeltier! *pej* ③ (*stupid person*) Dummkopf *m fam*

oaf·ish ['əʊfɪʃ, AM 'oʊ-] *adj* (*pej fam*) ① (*rude*) *person, be-*

haviour rüpelhaft ❷ (*clumsy*) *person* tölpelig *fam*
oaf·ish·ness ['əʊfɪʃnəs, AM 'oʊ-] *n no pl* (*pej fam*) ❶ (*rudeness*) Rüpelhaftigkeit *f* ❷ (*clumsiness*) Tollpatschigkeit *f*
oak [əʊk, AM oʊk] **I.** *n* ❶ (*tree*) Eiche *f* ❷ *no pl* (*wood*) Eiche *f*, Eichenholz *nt* ▸ PHRASES: **tall** [*or* **great**] **~s from little acorns grow** (*prov*) gut Ding will Weile haben *prov* **II.** *n modifier* ❶ (*wooden*) *furniture* aus Eichenholz *nach n* ❷ (*of tree*) *leaves* Eichen-
oaky ['əʊki, AM 'oʊki] *adj* ❶ *wine* eichig; **~ taste** Eichengeschmack *m* ❷ (*of oak*) Eichen-
OAP [,əʊeɪ'pi] *n* BRIT *abbrev of* **old age pensioner**
oar [ɔːʳ, AM ɔːr] *n* ❶ (*paddle*) Ruder *nt*, Riemen *m fachspr* ❷ (*person*) Ruderer *m*/Ruderin *f* ▸ PHRASES: **to put** [*or* **stick**] **one's ~ in** (*pej fam*) sich *akk* [in etw *akk*] einmischen, seine Nase [in etw *akk*] hineinstecken *fam*
'oar·lock *n* AM Riemenhalterung *f*, Ruderhalterung *f* **'oars·man** *n* Ruderer *m* **'oars·wom·an** *n* Ruderin *f*
oases [əʊ'eɪsiːz, AM oʊ'-] *n pl of* **oasis**
oasis <*pl* -ses> [əʊ'eɪsɪs, AM oʊ'-, *pl* -siːz] *n* ❶ (*waterhole*) Oase *f* ❷ (*fig: haven*) Oase *f*; **an ~ of peace** eine Oase des Friedens
oat [əʊt, AM oʊt] *n* Hafer *m*; ■ **~s** *pl* (*hulled grain*) Haferkörner *mpl*; (*rolled*) Haferflocken *fpl*; **have you given the horses their ~s yet?** hast du den Pferden schon ihren Hafer gegeben?; **wild ~** Flughafer *m* ▸ PHRASES: **to be off one's ~s** (*hum*) keinen Appetit haben; **to feel one's ~s** AM sich *akk* quicklebendig fühlen; **to get one's ~s** BRIT jdn vernaschen *hum*; **to sow one's wild ~s** sich *dat* die Hörner abstoßen
'oat·cake *n* Haferplätzchen *nt*
oath [əʊθ, AM oʊθ] *n* ❶ (*promise*) Eid *m*; **to break one's ~** seinen Schwur brechen; **to declare under ~** unter Eid aussagen; **to take** [*or* **make**] [*or* **swear**] **an ~ on sth** einen Eid auf etw *akk* schwören; **to take the ~** vereidigt werden; **under** [*or* BRIT **upon**] **~** unter Eid; **witnesses are, of course, under ~ to tell the truth** Zeugen werden natürlich darauf vereidigt, die Wahrheit zu sagen; **to be under ~** unter Eid stehen ❷ (*dated: curse*) Schwur *m*, Fluch *m*
'oat·meal ['əʊtmiːl, AM 'oʊt-] **I.** *n no pl* ❶ (*flour*) Hafermehl *nt* ❷ AM (*porridge*) Haferbrei *m* ❸ (*colour*) Hellbeige *nt* **II.** *adj* ❶ (*containing oatmeal*) Hafer-; **~ biscuits** [*or* AM **cookies**] Haferplätzchen *ntpl* ❷ (*colour*) hellbeige
OAU [,əʊeɪ'juː, AM ,oʊ-] *n abbrev of* **Organization of African Unity**
OB [,oʊ'biː] *n* AM (*fam*) *abbrev of* **obstetrician**
ob·du·ra·cy ['ɒbdjᵊrəsi, AM 'ɑːbdʊrə-, -djʊ-] *n no pl* (*pej form*) Hartnäckigkeit *f*
ob·du·rate ['ɒbdjᵊrət, AM 'ɑːbdʊrɪt, -djʊ-] *adj* (*pej form*) ❶ (*stubborn*) hartnäckig; **~ person** sture Person; **to remain ~** hartnäckig [*o* stur] bleiben; ■ **to be ~ on doing sth** darauf beharren, etw zu tun ❷ (*difficult*) *problem* hartnäckig
ob·du·rate·ly ['ɒbdjᵊrətli, AM 'ɑːbdʊrɪt-, -djʊ-] *adv* (*pej form*) hartnäckig
OBE [,əʊbiː'iː] *n* BRIT *abbrev of* **Order of the British Empire** britischer Verdienstorden
obedi·ence [ə(ʊ)'biːdiən(t)s, AM oʊ'-] *n no pl* Gehorsam *m* (**to** gegenüber +*dat*); **in ~ to the law** dem Gesetz entsprechend; **in ~ to the theory** gemäß der Theorie; **unquestioning ~** unbedingter Gehorsam
obedi·ent [ə(ʊ)'biːdiənt, AM oʊ'-] *adj* gehorsam; *child, dog also* folgsam; **to be ~ to sb/sb's commands** jdm/jds Befehlen *pl* gehorchen; **your ~ servant** (*old*) Ihr ergebenster Diener *veraltet*
obedi·ent·ly [ə(ʊ)'biːdiəntli, AM oʊ'-] *adv* gehorsam, folgsam; **to act ~** gehorsam sein
obei·sance [ə(ʊ)'beɪsᵊn(t)s, AM oʊ'-] *n* (*form*) ❶ *no pl* (*respect*) Respekt *m* (**to** gegenüber +*dat*); (*more formal*) Ehrerbietung *f*, Huldigung *f*; **to pay** [*or* **make**] **~ to sb** jdn huldigen, jdm seine Huldigung darbringen ❷ (*bow*) Verbeugung *f*; **deep ~** tiefe Verbeugung; **to make an ~** eine Verbeugung machen, sich *akk* verbeugen; **to make one's ~ to sb** jdm seine Aufwartung machen *veraltet*
ob·elisk ['ɒbᵊlɪsk, AM 'ɑː-] *n* Obelisk *m*
obese [ə(ʊ)'biːs, AM oʊ'-] *adj* fett *pej*; *esp* MED fettleibig
obesity [ə(ʊ)'biːsəti, AM oʊ'biːsət̬i] *n no pl* Fettheit *f pej*; *esp* MED Fettleibigkeit *f*
obey [ə(ʊ)'beɪ, AM oʊ'-] **I.** *vt* ❶ (*comply with*) ■ **to ~ sb/sth** jdm/etw gehorchen; **falling objects ~ the law of gravity** fallende Gegenstände unterliegen dem Gesetz der Schwerkraft; **to ~ the law** sich *akk* an das Gesetz halten; **to ~ an order/the rules** einen Befehl/die Regeln befolgen ❷ (*not fail*) **her legs just wouldn't ~ her any longer** ihre Beine gehorchten ihr nicht länger **II.** *vi* gehorchen; **he simply refused to ~** er weigerte sich schlichtweg zu gehorchen; **her legs just wouldn't ~** ihre Beine gehorchten einfach nicht
ob·fus·cate ['ɒbfʌskeɪt, AM 'ɑːbfə-] *vt* (*form*) ■ **to ~ sth** etw vernebeln; (*make unclear*) etw unklar machen; ■ **to ~ sb** jdn verwirren
ob·fus·ca·tion [,ɒbfʌs'keɪʃᵊn, AM ,ɑːbfə'skeɪ-] *n no pl* (*form*) Vernebelung *f*; *of person* Verwirrung *f*
OB-GYN [,oʊbiːdʒiːwaɪ'en] *n* AM (*fam*) *short for* **obstetrician gynaecologist** Geburtshelfer(in) *m(f)*
obit ['ɒbɪt, AM 'oʊ-] *n* (*fam*) *short for* **obituary** Nachruf *m*
obi·tu·ary [ə(ʊ)'bɪtʃʊəri, AM oʊ'bɪtʊeri] *n* Nachruf *m*; **I read in his ~ that he'd once lived in Alabama** ich habe im Sterberegister gelesen, dass er einst in Alabama gelebt hat; **~ column** Sterberegister *nt*; **~ notice** Todesanzeige *f*
ob·ject¹ ['ɒbdʒɪkt, AM 'ɑːb-] *n* ❶ (*thing*) Objekt *nt*, Gegenstand *m*, Sache *f*; **the boss treats his employees as ~s** der Boss behandelt seine Arbeitnehmer wie Sachen ❷ *usu sing* (*aim*) Ziel *nt*, Zweck *m*; **what was the ~ of it all?** was war der Zweck des Ganzen?; **the ~ of the exercise is ...** das Ziel der Übung ist ... ❸ *usu sing* (*form: focus*) Gegenstand *m*; ■ **to be/become the ~ of sth** der Mittelpunkt von etw *dat* sein/werden; **the ~ of sb's desire** das Objekt von jds Begierde *f* ❹ LING Objekt *nt* ▸ PHRASES: **money is no ~** Geld spielt keine Rolle
ob·ject² [əb'dʒekt] **I.** *vi* ❶ (*disapprove*) Einspruch erheben, Einwände haben; **would anyone ~ if we started the meeting now?** hätte irgendjemand etwas dagegen, wenn wir nun mit der Sitzung beginnen?; ■ **to ~ to sth** etw ablehnen, mit etw *dat* nicht einverstanden sein; (*stronger*) sich *dat* etw verbitten; **do you ~ to people smoking at the table?** stört es Sie, wenn Leute bei Tisch rauchen?; **to ~ to an attitude** eine Einstellung missbilligen ❷ (*protest*) einwenden, entgegnen; **'I can't allow that,' the chairman ~ed** „das kann ich nicht zulassen", wandte der Vorsitzende ein **II.** *vt* ■ **to ~ that ...** einwenden, dass ...
ob·jec·ti·fi·ca·tion [əb'dʒektɪfɪ,keɪʃᵊn, AM əb'dʒektə-] *n no pl* PSYCH Versachlichung *f*
ob·jec·tion [əb'dʒekʃᵊn] *n* Einwand *m*; **to have an ~** [**to** [*or* **against**] **sth**] [gegen etw *akk*] einen Einwand haben; **nobody had a single ~** niemand hatte einen Einwand; **does anyone have any ~s?** hat irgendjemand einen Einwand?; **if you have no ~, then we will continue** wenn Sie nichts dagegenhaben, würden wir gern fortfahren; **to raise** [*or* **voice**] **~s** [**to sth**] Einwände [gegen etw *akk*] erheben
ob·jec·tion·able [əb'dʒekʃᵊnᵊbl̩] *adj* (*form*) unangenehm; (*offensive*) anstößig; *smell, sight* übel
ob·jec·tion·ably [əb'dʒekʃᵊnᵊbli] *adv* (*form*) unangenehm
ob·jec·tive [əb'dʒektɪv] **I.** *n* ❶ (*aim*) Zielsetzung *f*, Ziel *nt*; **main** [*or* **primary**] **~** Hauptziel *nt*; **to achieve** [*or* **attain**] [*or* **meet**] **one's ~** sein Ziel erreichen ❷ PHOT Objektiv *nt* **II.** *adj* ❶ (*unbiased*) objektiv ❷ (*actual*) sachlich; **~ fact** Tatsache *f*
ob·jec·tive·ly [əb'dʒektɪvli] *adv* ❶ (*impartially*) objektiv ❷ (*in fact*) sachlich
ob·jec·tiv·ity [,ɒbdʒɪk'tɪvəti, AM ,ɑːbdʒek'tɪvət̬i] *n no pl* ❶ (*impartiality*) Objektivität *f*; **to maintain one's ~** seine Objektivi-

tät bewahren ❷ *(actuality)* Sachlichkeit *f*

'ob·ject lan·guage *n* ❶ LING Objektsprache *f* ❷ COMPUT Maschinensprache *fachspr* **'ob·ject les·son** *n* *(approv)* Musterbeispiel *nt,* Paradebeispiel *nt* (**in** für *+akk*), Muster *nt* (**in** an *+dat*); **the disaster was an ~ in how not to run a ship** die Katastrophe war ein Musterbeispiel dafür, wie man ein Schiff nicht führen sollte

ob·jec·tor [əb'dʒektəʳ, AM -ɚ] *n* Gegner(in) *m(f)* (**to** *+gen*)

ob·ject-'ori·ent·ed *adj* COMPUT objektorientiert

ob·jet d'art <*pl* objets-> [ˌɒbʒeɪ'dɑːʳ, *pl* ˌɒbʒeɪ'dɑːʳ, AM ˌɑːbʒeɪ'dɑːr, *pl* ˌɑːbʒeɪ'dɑːr] *n* Kunstobjekt *nt,* Kunstgegenstand *m*

ob·li·gat·ed ['ɒblɪgeɪtɪd, AM 'ɑːblɪgeɪt̬ɪd] *adj pred esp* AM *(form)* ■**to be ~ to do sth** dazu verpflichtet sein, etw zu tun; **to feel ~ to do sth** sich *akk* dazu verpflichtet fühlen, etw zu tun; *see also* **oblige I. 1**

ob·li·ga·tion [ˌɒblɪ'geɪʃᵊn, AM 'ɑːblə-] *n* Verpflichtung *f* (**to** gegenüber *+dat*); **you are under no ~ to pay them any money** Sie haben keinerlei Verpflichtung, ihnen irgendwelches Geld zu zahlen; **you have a legal ~ to ensure your child receives a proper education** Sie sind gesetzlich dazu verpflichtet, sicher zu stellen, dass Ihr Kind eine ordentliche Ausbildung erhält; **to be under an ~ to sb** jdm verpflichtet sein; **to have an ~ to sb** jdm gegenüber eine Verpflichtung haben

ob·liga·tory [ə'blɪgətᵊri, AM -tɔːri] *adj inv* obligatorisch *a. hum;* **it is ~ to stop at a red traffic light** an einer roten Ampel muss man anhalten; **~ attendance** Anwesenheitspflicht *f;* **to make it ~ for sb to do sth** jdn dazu verpflichten, dass er/sie etw tut

oblige [ə'blaɪdʒ] **I.** *vt* ❶ *(force)* ■**to ~ sb to do sth** jdn zwingen, etw zu tun; ■**to be/feel ~d to do sth** verpflichtet sein/sich *akk* verpflichtet fühlen, etw zu tun; **you're not ~d to do that** Sie sind nicht verpflichtet, das zu tun; **you're not ~d to answer these questions** Sie brauchen diese Fragen nicht zu beantworten ❷ *(please)* ■**to ~ sb [by doing sth]** jdm [durch etw *akk*] einen Gefallen erweisen; **would you please ~ me by waiting outside for a few moments?** wären Sie so gut und würden einen Augenblick draußen warten? ❸ *(to thank)* **much ~d!** herzlichen Dank!; **[I am very] much ~d [to you]** *(dated)* ich danke Ihnen/dir vielmals; **I'd be much ~d if you would complete the form as soon as possible** ich wäre Ihnen sehr dankbar, wenn Sie das Formular baldmöglichst ausfüllen würden ❹ *(form: give)* ■**to ~ sb with sth** jdm etw geben; **could you ~ me with a light?** hätten Sie mir vielleicht Feuer? **II.** *vi* helfen; **to be happy** [*or* **glad**] **to ~** bereitwillig helfen; **my brother is always ready to ~** mein Bruder ist immer sehr hilfsbereit; **anything to ~** stets zu Diensten

oblig·ing [ə'blaɪdʒɪŋ] *adj* *(approv)* *behaviour* entgegenkommend; *character, person* freundlich, zuvorkommend

oblig·ing·ly [ə'blaɪdʒɪŋli] *adv* entgegenkommenderweise, freundlicherweise, liebenswürdigerweise

oblique [ə(ʊ)'bliːk, AM oʊ-] **I.** *adj* ❶ *(indirect)* versteckt, indirekt; **~ look** [*or* **glance**] schiefer Blick; **~ reference** indirekte Anspielung ❷ *(slanting)* *line* schief ❸ MATH **~ angle** schiefer Winkel **II.** *n* Schrägstrich *m*

oblique·ly [ə(ʊ)'bliːkli, AM oʊ-] *adv* ❶ *(indirectly)* versteckt, indirekt ❷ *(at an oblique angle)* schief

oblique 'stroke *n* BRIT, AUS Schrägstrich *m*

oblit·erate [ə'blɪtᵊreɪt, AM -'blɪt̬-] *vt* ❶ *(destroy)* **to ~ a town/village** eine Stadt/ein Dorf auslöschen [*o* vernichten] ❷ *(efface)* ■**to ~ sth** etw verwischen; **centuries of wind and rain had ~d the words carved on the gravestones** jahrhundertelanger Wind und Regen hatten die Worte auf den Grabsteinen so gut wie verschwinden lassen; **to ~ footprints** Fußabdrücke verwischen; **to ~ the view** die Sicht verdecken ❸ *(forget)* **to ~ the past** die Vergangenheit aus dem Gedächtnis tilgen; **to ~ a thought** einen Gedanken verdrängen

oblit·era·tion [əˌblɪtᵊr'eɪʃᵊn, AM ə'blɪt̬ə'reɪ-] *n no pl* ❶ *(destruction)* Auslöschung *f,* Vernichtung *f* ❷ *(effacing)* Verwischung *f;* **the ~ of so many letters had rendered the text all but illegible** dadurch, dass so viele Buchstaben nicht zu entziffern sind, ist der Text komplett unleserlich geworden ❸ *(suppression)* *of memories* Verdrängung *f*

oblivi·on [ə'blɪviən] *n no pl* ❶ *(obscurity)* Vergessenheit *f;* **to fall** [*or* **sink**] **into ~** in Vergessenheit geraten ❷ *(unconsciousness)* Besinnungslosigkeit *f;* **to drink oneself into ~** sich *akk* bis zur Besinnungslosigkeit betrinken; **to sink into ~** *(hum: fall asleep)* in Bewusstlosigkeit fallen ❸ *(extinction)* Verwüstung *f;* **the planes bombed the city into ~** die Flugzeuge haben die Stadt in Schutt und Asche gelegt

oblivi·ous [ə'blɪviəs] *adj* ■**to be ~ of** [*or* **to**] **sth** sich *dat* einer S. *gen* nicht bewusst sein; *(not noticing)* etw gar nicht bemerken; **absorbed in her work, she was totally ~ of her surroundings** in ihre Arbeit vertieft, nahm sie ihre Umwelt gar nicht mehr wahr; **to be ~ to the beauty of sth** keinen Sinn für das Schöne einer S. *gen* haben

oblivi·ous·ly [ə'blɪviəsli] *adv* unbewusst; **to carry on ~** unbeirrt weitermachen

oblivi·ous·ness [ə'blɪviəsnəs] *n no pl* Nichtwahrnehmung *f* (**to** von *+dat*); **it's her total ~ to what's going on around her that annoys me** was mich so an ihr stört, ist, dass sie überhaupt nichts von dem wahrnimmt, was um sie herum geschieht

ob·long ['ɒblɒŋ, AM 'ɑːblɑːŋ] **I.** *n* Rechteck *nt* **II.** *adj inv* rechteckig

ob·lo·quy ['ɒbləkwi, AM 'ɑːb-] *n* *(liter)* ❶ *(abuse)* Schmähung *f liter* ❷ *(disgrace)* Schmach *f liter*

ob·nox·ious [əb'nɒkʃəs, AM əb'nɑːk-] *adj* *(pej)* widerlich; *person also* unausstehlich; ■**to be ~ of sb to do sth** widerwärtig von jdm sein, etw zu tun

ob·nox·ious·ly [əb'nɒkʃəsli, AM əb'nɑːk-] *adv* ❶ *(pej: rudely)* unausstehlich ❷ *(hum: blithely)* eklig; **why are you so ~ cheerful today?** warum bist du heute so fürchterlich gut gelaunt?

ob·nox·ious·ness [əb'nɒkʃəsnəs, AM əb'nɑːk-] *n no pl* *(pej)* Widerlichkeit *f; of a person* Unausstehlichkeit *f;* **the ~ of this remark was totally lost on his grandmother** die Gemeinheit seiner Bemerkung wurde von seiner Großmutter überhaupt nicht wahrgenommen

oboe ['əʊbəʊ, AM 'oʊboʊ] *n* Oboe *f*

obo·ist ['əʊbəʊɪst, AM 'oʊboʊ-] *n* Oboist(in) *m(f)*

ob·scene [əb'siːn] *adj* ❶ *(offensive)* obszön; **~ joke** zotiger Witz; **~ language** vulgäre Sprache; **~ phone call** obszöner Anruf ❷ *(immoral)* schamlos; ■**it is ~ to do sth** es ist unverschämt, etw zu tun ❸ *(repulsive)* Ekel erregend

ob·scene·ly [əb'siːnli] *adv* ❶ *(offensively)* obszön ❷ *(very)* Ekel erregend; **that guy was just ~ fat** der Typ war einfach eklig fett *fam;* **to be ~ rich** unverschämt reich sein

ob·scen·ity [əb'senɪti, AM -t̬i] *n* ❶ *no pl of behaviour, language* Obszönität *f* ❷ *of situation* Perversität *f;* **such deliberate destruction of the environment is an ~** so eine bewusste Zerstörung der Umwelt ist pervers ❸ *(words)* ■**obscenities** *pl* Obszönitäten *fpl;* **to use an ~** einen ordinären [*o* vulgären] Ausdruck benutzen

ob·'scen·ity laws *npl* LAW *Gesetze zum Schutz der Öffentlichkeit vor Obszönitäten*

ob·scure [əb'skjʊəʳ, AM -'skjʊr] **I.** *adj* ❶ *(unknown)* *author, place, origins* unbekannt, obskur *geh* ❷ *(unclear)* unbestimmt; *reasons, comment, text* schwer verständlich; **for some ~ reason** aus irgendeinem unerfindlichen Grund ❸ *(not important)* unbedeutend **II.** *vt* ❶ *(block)* **heavy clouds were obscuring the sun** schwere Wolken verdunkelten die Sonne; **to ~ the view** die Aussicht versperren ❷ *(suppress)* **to ~ the truth** die Wahrheit verschleiern; ■**to ~ sth from sb** etw vor jdm geheim halten [*o* verbergen] ❸ *(make unclear)* ■**to ~ sth** etw unklar machen

ob·scu·rity [əbˈskjʊərəti, AM -ˈskjʊrət̬i] *n no pl* ❶ (*anonymity*) Unbekanntheit *f;* (*of no importance*) Unbedeutendheit *f;* **to rise from ~** aus dem Nichts auftauchen; **to sink** [*or* **slide**] **into ~** in Vergessenheit geraten ❷ (*difficulty*) *of language, texts* Unverständlichkeit *f,* Unklarheit *f*

ob·se·qui·ous [əbˈsi:kwi:əs] *adj* (*pej form*) *person, manner* unterwürfig; ■**to be ~ to sb** sich *akk* jdm gegenüber unterwürfig verhalten

ob·serv·able [əbˈzɜ:vəbl̩, AM -ˈzɜ:r-] *adj inv* wahrnehmbar; **there's no ~ connection between the two events** es besteht kein erkennbarer Zusammenhang zwischen den beiden Vorkommnissen; **the doctors said that there is an ~ improvement** die Ärzte sagten, es zeichne sich eine merkliche Besserung ab

ob·serv·ably [əbˈzɜ:vəbli, AM -ˈzɜ:r-] *adv inv* deutlich; **the river is ~ dirtier than it was last year** der Fluss ist erkennbar mehr verschmutzt als letztes Jahr; **her health has ~ improved** ihr Gesundheitszustand hat sich merklich gebessert

ob·ser·vance [əbˈzɜ:vən(t)s, AM -ˈzɜ:r-] *n* (*form*) ❶ REL (*practice*) Einhaltung *f;* (*celebration*) Kirchenfeier *nt;* **religious ~s** religiöse Gebote ❷ (*obedience*) Beachtung *f; law* Befolgung *f;* **to show ~ of the rules** sich an die Regeln halten; **~ of certain ancient customs is on the decline** bestimmte alte Bräuche werden immer weniger gepflegt

ob·ser·vant [əbˈzɜ:vənt, AM -ˈzɜ:r-] *adj* (*approv*) ❶ (*sharp-eyed*) aufmerksam; **that's very ~ of you!** das hast du aber gut beobachtet! ❷ (*heeding religious rule*) praktizierend *attr*

ob·ser·vant·ly [əbˈzɜ:vəntli, AM -ˈzɜ:r-] *adv* (*approv*) aufmerksam

ob·ser·va·tion [ˌɒbzəˈveɪʃən, AM ˌɑ:bzɚˈ-] *n* ❶ *no pl* (*watching closely*) Beobachtung *f;* LAW Überwachung *f,* Observation *f geh;* **~ of the enemy** MIL Feindaufklärung *f;* **to admit sb to hospital for ~** jdn zur Beobachtung ins Krankenhaus einweisen; **to keep sb in hospital for ~** jdn zur Beobachtung im Krankenhaus behalten; **under ~** unter Beobachtung; **the police have him under ~** die Polizei observiert ihn; **to keep/put sb/sth under** [**close**] **~** jdn/etw [streng] überwachen ❷ *no pl* (*noticing things*) Beobachtung *f;* **powers of ~** Beobachtungsgabe *f* ❸ (*form: thought*) Überlegung *f geh;* **~s on** [*or* **about**] **sth** Betrachtungen *fpl* über etw *akk* ❹ (*remark*) Bemerkung *f;* **to make an ~** [**about sb/sth**] eine Bemerkung [über jdn/etw] machen, sich *akk* [über jdn/etw] äußern

ob·ser·ˈva·tion air·craft *n* Aufklärungsflugzeug *nt*

ob·ser·va·tion·al re·ˈsearch [ˌɒbzəˌveɪʃənəl-, AM ˌɑ:bzɚˌveɪʃənəlˈ-] *n* empirische Forschung

ob·ser·ˈva·tion bal·loon *n* Fesselballon *m* **ob·ser·ˈva·tion car** *n,* BRIT *a.* **ob·ser·ˈva·tion coach** *n* Aussichtswagen *m,* Panoramawagen *m* **ob·ser·ˈva·tion point** *n* Aussichtspunkt *m;* **to set up an ~** einen Aussichtspunkt errichten **ob·ser·ˈva·tion post** *n* Beobachtungsposten *m,* Beobachtungsstand *m;* **to set up an ~** einen Beobachtungsposten errichten **ob·ser·ˈva·tion sat·el·lite** *n* Beobachtungssatellit *m* **ob·ser·ˈva·tion tow·er** *n* Aussichtsturm *m* **ob·ser·ˈva·tion ward** *n* Beobachtungsstation *f*

ob·ser·va·tory [əbˈzɜ:vətri, AM -ˈzɜ:rvətɔ:ri] *n* Observatorium *nt*

ob·serve [əbˈzɜ:v, AM -ˈzɜ:rv] **I.** *vt* ❶ (*watch closely*) ■**to ~ sb/sth** jdn/etw beobachten; **now, ~ the way the motor causes the little wheels to move up and down** verfolge jetzt genau, wie der Motor die kleinen Räder sich auf und ab bewegen lässt; *by police* überwachen; **if you want to learn from the football professionals, you're going to have to ~ them a lot more often** wenn du von den Fußballprofis lernen willst, wirst du ihnen sehr viel öfter zusehen müssen ❷ (*form: notice*) ■**to ~ sb/sth** jdn/etw bemerken; ■**to ~ sb do**[**ing**] **sth** bemerken, wie jd etw tut; ■**to ~ that ...** feststellen, dass ... ❸ (*form: remark*) ■**to ~ sth** etw bemerken; **'I've always found German cars very reliable,' he ~d** „meiner Erfahrung nach sind deutsche Autos sehr verlässlich", bemerkte er; ■**to ~ that ...** feststellen, dass ... ❹ (*form: obey*) **to ~ a ceasefire** einen Waffenstillstand einhalten; **to ~ the decencies** den Anstand wahren; **to ~ the law/an order** das Gesetz/eine Anordnung befolgen; **to ~ neutrality** die Neutralität einhalten, neutral bleiben; **to ~ a rule/speed limit** sich *akk* an eine Regel/Geschwindigkeitsbegrenzung halten ❺ (*maintain*) **to ~ silence** Stillschweigen bewahren; **to ~ a minute of silence** eine Schweigeminute einlegen ❻ (*celebrate*) ■**to ~ sth** etw begehen [*o* feiern]; **do you ~ Passover?** feiert ihr das Passahfest?; **to ~ an anniversary** einen Jahrestag begehen; **to ~ the Sabbath** den Sabbat einhalten **II.** *vi* zusehen; ■**to ~ how ...** beobachten, wie ...

ob·serv·er [əbˈzɜ:vəʳ, AM -ˈzɜ:rvɚ] *n* (*person who observes without participating*) Beobachter(in) *m(f);* (*spectator*) Zuschauer(in) *m(f);* **my father was a keen ~ of the events surrounding the famous trial** mein Vater hat die Ereignisse um den berühmten Prozess mit großem Interesse verfolgt; **UN ~** UN-Beobachter *m*

ob·sess [əbˈses] *vt* ■**to ~ sb** jdn verfolgen; **the idea of finding her real mother seemed to ~ her** sie schien von der Vorstellung besessen, ihre richtige Mutter zu finden

ob·sessed [əbˈsest] *adj* ■**to be ~ by** [*or* **with**] **sth** von etw *dat* besessen sein; **to be ~ with money** verrückt nach Geld sein *fam*

ob·ses·sion [əbˈseʃən] *n* ❶ (*preoccupation*) Manie *f,* Besessenheit *f; with cleanliness* Sauberkeitsfimmel *m fam;* **cleanliness is an ~ with him** er ist ein Sauberkeitsfanatiker; **to have an ~ with sth** von etw *dat* besessen sein; **he has an ~ with looking good** er will unbedingt immer gut aussehen ❷ PSYCH (*distressing idea*) Zwangsvorstellung *f,* Obsession *f geh*

ob·ses·sion·al [əbˈseʃənəl] *adj see* **obsessive**

ob·ses·sion·al·ly [əbˈseʃənəli] *adv see* **obsessively**

ob·ses·sion·al neu·ˈro·sis *n* Zwangsneurose *f;* **to suffer from ~** an einer Zwangsneurose leiden **ob·ses·sion·al neu·ˈrot·ic** *n* Zwangsneurotiker(in) *m(f)*

ob·ses·sive [əbˈsesɪv] **I.** *adj* zwanghaft; **~ behaviour** Zwangsverhalten *nt;* **~ fear** Phobie *f geh;* ■**to be ~ about sth** von etw *dat* besessen sein; **my partner is ~ about punctuality** mein Partner ist ein Pünktlichkeitsfanatiker **II.** *n* Besessene(r) *f(m)*

ob·ses·sive-com·pul·sive dis·ˈor·der *n no pl* Zwangsneurose *f*

ob·ses·sive·ly [əbˈsesɪvli] *adv* wie besessen; **to be ~ afraid of sth** wahnsinnige Angst vor etw *dat* haben *fam;* **to be ~ interested in football** fußballbesessen sein

ob·ses·sive·ness [əbˈsesɪvnəs] *n no pl* Besessenheit *f*

ob·sid·ian [ɒbˈsɪdiən, AM əbˈ-] *n no pl* GEOL Obsidian *m*

ob·so·les·cence [ˌɒbsəˈlesən(t)s, AM ˌɑ:b-] *n no pl* Veralten *nt; law* Überalterung *f;* **to fall into ~** veralten

ob·so·les·cent [ˌɒbsəˈlesənt, AM ˌɑ:b-] *adj inv* ■**to be ~** im Begriff sein, zu veralten, außer Gebrauch kommen; **~ equipment** technisch [fast] überholte Ausstattung

ob·so·lete [ˈɒbsəli:t, AM ˌɑ:bsəlˈi:t] *adj inv* veraltet, überholt; **~ design** altmodisches Design; **~ law** nicht mehr gültiges Gesetz; **~ method** überholte Methode; **~ word** obsoletes Wort *geh;* **to become ~** veralten; **record players are becoming ~** Schallplattenspieler kommen außer Gebrauch

ob·so·lete·ness [ˈɒbsəli:tnəs, AM ˌɑ:bsəlˈi:t-] *n no pl* Veraltetsein *nt;* **the ~ of LPs is what has led him to start collecting them** die Tatsache, dass LPs nicht mehr in Gebrauch sind, war der Grund dafür, dass er begonnen hat, sie zu sammeln

ob·stacle [ˈɒbstəkl̩, AM ˈɑ:b-] *n* Hindernis *nt;* **to be an ~ in the way of** [*or* **to**] **sth** ein Hindernis auf dem Weg zu etw *dat* sein, etw *dat* im Weg[e] stehen; **an insurmountable ~** ein unüberwindbares Hindernis; **a major/the major ~** ein größeres/das größte Hindernis; **to negotiate** [*or* **overcome**]/**remove an ~** ein Hindernis überwinden/beseitigen

ˈob·sta·cle course *n* MIL Hindernisstrecke *f;* (*fig*) **filling out applications is just one small part of the ~ of finding a**

job das Ausfüllen von Bewerbungsformularen ist nur ein kleiner Teil der Strapazen, die mit der Suche nach einem Arbeitsplatz verbunden sind **'ob·sta·cle race** *n* Hindernisrennen *nt*

ob·stet·ric(al) [ɒbˈstetrɪk(ᵊl), AM əbˈ-] *adj inv* Geburts-, Entbindungs-

ob·stet·ric 'for·ceps *npl* Geburtszange *f*

ob·ste·tri·cian [ˌɒbstəˈtrɪʃᵊn, AM ˌɑːb-] *n* Geburtshelfer(in) *m(f)*

ob·stet·rics [ɒbˈstetrɪks, AM əbˈ-] **I.** *n no pl* Geburtshilfe *f*, Obstetrik *f fachspr* **II.** *adj* Entbindungs-; ~ **ward** Entbindungsstation *f*, Wöchnerinnenstation *f veraltend*

ob·sti·na·cy [ˈɒbstɪnəsi, AM ˈɑːbstə-] *n no pl* Hartnäckigkeit *f*, Sturheit *f pej*

ob·sti·nate [ˈɒbstɪnət, AM ˈɑːbstə-] *adj* ~ **cold** hartnäckige Erkältung; ~ **stain** hartnäckiger Fleck; ~ **person** eigensinnige [*o* halsstarrige] [*o* sture] Person; ~ **problem** hartnäckiges Problem; ~ **refusal** sture Weigerung; ~ **resistance** erbitterter Widerstand; ~ **weed** hartnäckiges Unkraut; ■**to be** ~ **about sth** bei etw *dat* unnachgiebig sein

ob·sti·nate·ly [ˈɒbstɪnətli, AM ˈɑːbstə-] *adv* hartnäckig; **why do you always have to behave so** ~**?** warum musst du immer so stur sein?

ob·strep·er·ous [əbˈstrepᵊrəs] *adj* (*form*) aufmüpfig *fam; child* aufsässig; ~ **customer** schwieriger Kunde/schwierige Kundin; ~ **drunk** betrunkener Randalierer/betrunkene Randaliererin; **to get** ~ **about sth** sich *akk* über etw *akk* aufregen

ob·strep·er·ous·ly [əbˈstrepᵊrəsli] *adv* (*form*) aufmüpfig *fam*

ob·strep·er·ous·ness [əbˈstrepᵊrəsnəs] *n no pl* (*form*) Aufsässigkeit *f*

ob·struct [əbˈstrʌkt] *vt* ❶ (*block*) ■**to** ~ **sth** etw blockieren [*o* versperren]; **her view was** ~**ed by a pillar** eine Säule nahm ihr die Sicht; **to** ~ **sb's airways** jds Atemwege *mpl* verstopfen; **to** ~ **the path** den Weg versperren; **to** ~ **a pipe** ein Rohr verstopfen; **to** ~ **progress** das Fortschreiten behindern; **to** ~ **reform** einer Reform im Wege stehen; **to** ~ **traffic** den Verkehr blockieren; ■**to** ~ **sb from doing sth** jdn daran hindern, etw zu tun ❷ (*interfere with*) **to** ~ **the course of justice** die Rechtsfindung behindern; **to** ~ **an officer** Widerstand gegen die Staatsgewalt leisten ❸ SPORTS ■**to** ~ **sb** jdn sperren

ob·struc·tion [əbˈstrʌkʃᵊn] *n* ❶ (*blockage*) Blockierung *f; pipes* Verstopfung *f; traffic* [Verkehrs]stau *m;* MED Verstopfung *f*, Obstipation *f fachspr;* **to cause an** ~ *traffic* den Verkehr behindern ❷ (*interference*) LAW Behinderung *f;* SPORTS Sperre *f;* ~ **of justice** Behinderung *f* der Rechtspflege

ob·struc·tion·ism [əbˈstrʌkʃᵊnɪzᵊm] *n no pl* (*pej*) Obstruktionspolitik *f*

ob·struc·tion·ist [əbˈstrʌkʃᵊnɪst] **I.** *n* (*pej*) Obstruktionspolitiker(in) *m(f)* **II.** *adj* (*pej*) Obstruktions-

ob·struc·tive [əbˈstrʌktɪv] *adj* (*pej*) hinderlich; ~ **tactics** Verschleppungstaktik *f*, Verschleierungstaktik *f;* ■**to be** ~ *thing* hinderlich sein; *person* sich *akk* querstellen *fam*

ob·struc·tive·ly [əbˈstrʌktɪvli] *adv* (*pej*) obstruktiv *geh;* **to act** ~ sich *akk* querstellen *fam*

ob·struc·tive·ness [əbˈstrʌktɪvnəs] *n no pl* (*pej*) Quertreiberei *f fam*

ob·tain [əbˈteɪn] (*form*) **I.** *vt* ■**to** ~ **sth** [**from sb**] (*to be given*) etw [von jdm] bekommen [*o* erhalten]; (*to go and get*) sich *dat* etw [von jdm] verschaffen; **iron is** ~**ed from iron ore** Eisen wird aus Eisenerz gewonnen; **to** ~ **information** sich *dat* Informationen verschaffen; **to** ~ **permission** eine Erlaubnis erhalten; **you must first** ~ **permission** Sie müssen sich erst eine Genehmigung besorgen; **impossible to** ~ nicht erhältlich **II.** *vi conditions* herrschen; *rules* gelten, in Kraft sein

ob·tain·abil·ity [əbˌteɪnəˈbɪlɪti] *n no pl* Erhältlichkeit *f*, Verfügbarkeit *f*

ob·tain·able [əbˈteɪnəbl̩] *adj inv* erhältlich

ob·trude [əbˈtruːd] (*form*) **I.** *vt* **to** ~ **one's opinion on sb** jdm seine Meinung aufzwingen; ■**to** ~ **oneself** sich *akk* aufdrängen **II.** *vi* ❶ (*be obtrusive*) sich *akk* aufdrängen ❷ (*project*) hervortreten

ob·trud·er [əbˈtruːdəʳ, AM -ɚ] *n* aufdringliche Person

ob·tru·sive [əbˈtruːsɪv] *adj* ❶ (*conspicuous*) zu auffällig ❷ (*importunate*) aufdringlich; ~ **question** indiskrete Frage; ~ **smell** penetranter Geruch

ob·tru·sive·ly [əbˈtruːsɪvli] *adv* ❶ (*indiscreetly*) aufdringlich; **to behave** ~ aufdringlich sein ❷ (*conspicuously*) auffällig

ob·tru·sive·ness [əbˈtruːsɪvnəs] *n no pl* Aufdringlichkeit *f*

ob·tuse [əbˈtjuːs, AM ɑːbˈtuːs, -tjuːs] *adj* ❶ MATH stumpf; ~ **angle** stumpfer Winkel ❷ (*form: blockheaded*) ~ **person** begriffsstutziger [*o* beschränkter] Mensch; ~ **remark/behaviour** dumme Bemerkung/dummes Verhalten

ob·tuse·ly [əbˈtjuːsli, AM ɑːbˈtuːs-, -tjuːs] *adv* (*form*) beschränkt; **to act** ~ sich *akk* blöd [*o* dumm] benehmen

ob·tuse·ness [əbˈtjuːsnəs, AM ɑːbˈtuːs-, -tjuːs] *n no pl* (*form*) Beschränktheit *f;* ~ **of a remark** Dummheit *f* einer Bemerkung

ob·tuse 'tri·angle *n* stumpfes Dreieck

ob·verse [ˈɒbvɜːs, AM ˈɑːbvɜːrs] *n no pl* (*form*) ❶ (*opposite*) Gegenstück *nt; theory* Gegenteil *nt* ❷ (*heads side*) *coin, medal* Vorderseite *f*, Bildseite *f*

ob·vi·ate [ˈɒbvieɪt, AM ˈɑːb-] *vt* (*form*) ■**to** ~ **sth** etw vermeiden [*o* umgehen]

ob·vi·ous [ˈɒbviəs, AM ˈɑːb-] **I.** *adj* deutlich, offensichtlich; **it was the** ~ **thing to do** es war das Naheliegendste; ~ **comparison/objection/solution** naheliegender Vergleich/Einwand/naheliegende Lösung; ~ **defect** augenfälliger Defekt; ~ **displeasure** deutliches Missfallen; ~ **distress** sichtliche Not; ~ **hints** eindeutige [*o* klare] Hinweise; ~ **lie** offenkundige Lüge; **for** ~ **reasons** aus ersichtlichen Gründen; ~ **snub** klare Abfuhr; ~ **stain** auffälliger Fleck; ~ **storyline** leicht durchschaubare Handlung; **to make sth** ~ etw deutlich werden lassen; ■**to be** ~ [**that**] ... offenkundig sein, dass ...; **it is becoming** ~ [**that**] ... es zeichnet sich immer deutlicher ab, dass ...; **it's quite** ~ **that ...** man merkt sofort, dass ...; ■**it is** ~ **what/where/when/why ...** es liegt auf der Hand, was/wo/wann/warum ... **II.** *n* ■**the** ~ das Offensichtliche; **to miss the** ~ das Naheliegendste übersehen, den Wald vor lauter Bäumen nicht sehen; **to state the** ~ etw längst Bekanntes sagen

ob·vi·ous·ly [ˈɒbviəsli, AM ˈɑːb-] *adv* offensichtlich, deutlich; ~ **I'll accept your offer** natürlich nehme ich Ihr Angebot an; **he was** ~ **very upset** er war sichtlich sehr aufgebracht; **they're** ~ **American** sie sind eindeutig Amerikaner; **this camera is** ~ **defective** diese Kamera ist offenbar defekt

ob·vi·ous·ness [ˈɒbviəsnəs, AM ˈɑːb-] *n no pl* Offensichtlichkeit *f*, Deutlichkeit *f*

OC [ˌəʊˈsiː, AM ˌoʊˈ-] *n* MIL *abbrev of* **Officer Commanding** Oberbefehlshaber(in) *m(f)*

oca·rina [ˌɒkəˈriːnə, AM ˈɑːk-] *n* Okarina *f*

oc·ca·sion [əˈkeɪʒᵊn] **I.** *n* ❶ (*particular time*) Gelegenheit *f*, Anlass *m;* **to dress to suit the** ~ sich *akk* dem Anlass entsprechend kleiden; ■**on the** ~ **of sth** anlässlich einer S. *gen;* **congratulations on the** ~ **of your wedding anniversary** alles Gute zu eurem Hochzeitstag; (*appropriate time*) [passende] Gelegenheit *f;* **this is certainly not the** ~ **to discuss your personal problems** dies ist sicherlich nicht der geeignete Moment, deine persönlichen Probleme zu besprechen; (*event*) Ereignis *nt;* **historic** ~ historisches Ereignis; **on this particular** ~ dieses eine Mal; **on another** ~ ein anderes Mal, bei einer anderen Gelegenheit; **on one** ~ einmal; **on several** ~**s** mehrmals; **on** ~ gelegentlich ❷ (*reason*) Grund *m*, Veranlassung *f;* **there's no** ~ **to be so rude** es gibt keinen Grund, so unverschämt zu sein; **the 200th anniversary of Mozart's death was the** ~ **for hundreds of special films** anlässlich des 200. Todestages Mozarts kamen Hunderte von Sondersendungen; **should the** ~ **arise** sollte es nötig sein [*o* werden]; **to have** ~ **to do sth** Veranlassung haben, etw zu tun ❸ (*opportunity*) Gelegenheit *f;* **an** ~ **may arise when you can use**

O

your knowledge of French vielleicht bietet sich eine Gelegenheit, deine Französischkenntnisse anzuwenden; **to take** [*or* **use**] **the ~ to do sth** eine Gelegenheit ergreifen [*o* nutzen], etw zu tun **II.** *vt* (*form*) ■**to ~ sth** etw hervorrufen; **to ~ a visit** einen Besuch nach sich ziehen; **the case ~ed the authorities a lot of worry** der Fall bereitete den Behörden viel Ärger

oc·ca·sion·al [əˈkeɪʒᵊnᵊl] *adj inv* gelegentlich; **my mother still gets an ~ back pain** meine Mutter hat hin und wieder immer noch Rückenschmerzen; **to have an ~ beer** gelegentlich ein Bier trinken; **~ smoker** Gelegenheitsraucher(in) *m(f)*; **to pay sb an ~ visit** jdm gelegentlich einen Besuch abstatten

oc·ca·sion·al·ly [əˈkeɪʒᵊnᵊli] *adv inv* gelegentlich; **to hear from sb ~** hin und wieder [etw] von jdm hören; **to see sb ~** jdn ab und zu treffen

Oc·ci·dent [ˈɒksɪdᵊnt, AM ˈɑːksədənt] *n no pl* (*form, poet*) ■**the ~** der Westen, das Abendland *liter*

oc·ci·den·tal [ˌɒksɪˈdentᵊl, AM ˌɑːksəˈdent̬ᵊl] *adj inv* (*form, poet*) westlich, abendländisch *liter,* okzidental *geh*

oc·ci·den·tal·ism [ˌɒksɪˈdentᵊlɪzᵊm, AM ˌɑːksəˈdent̬ᵊl-] *n* abendländische Kultur

oc·ci·den·tal·ist [ˌɒksɪˈdentᵊlɪst, AM ˌɑːksəˈdent̬ᵊl-] *n* ■**to be an ~** die westliche Lebensart bevorzugen

oc·cipi·tal [ɒkˈsɪpɪtᵊl, AM ɑːkˈsɪpɪt̬ᵊl] *adj* des Hinterkopfes *nach n,* okzipital *fachspr;* **~ wound** Wunde *f* am Hinterkopf

oc·ci·put [ˈɒksɪpʌt, AM ˈɑːk-] *n* Hinterkopf *m,* Hinterhaupt *nt,* Okziput *nt fachspr*

Oc·ci·tan [ˈɒksɪtᵊn, AM ˈɑːk-] *n* Provenzalisch *nt*

oc·clude [əˈkluːd] *vt* (*form*) ❶ MED ■**to ~ sth** etw verstopfen; **to ~ the coronary artery** die Kranzarterie verschließen; **to ~ the waterfront with buildings** NAUT die Seeseite verbauen ❷ (*form: cover*) **to ~ an eye** ein Auge zuhalten

oc·clud·ed [əˈkluːdɪd] *adj* MED **~ artery/blood vessel** verstopfte Arterie/verstopftes Blutgefäß

oc·clud·ed ˈfront *n* METEO Okklusion *f fachspr*

oc·clu·sion [əˈkluːʒᵊn] *n* ❶ (*blockage*) *blood vessel, pipe* Verstopfung *f* ❷ MED (*teeth when clenched*) Biss *m,* [normale] Bissstellung *f,* Okklusion *f fachspr* ❸ METEO Okklusion *f fachspr*

oc·cult [ˈɒkʌlt, əˈkʊlt, AM əˈkʊlt] **I.** *n no pl* ■**the ~** das Okkulte **II.** *n modifier* okkult; **~ book** okkultistisches Buch; **~ group** Geheimbund *m;* **~ powers** übersinnliche [*o* okkulte] Kräfte; **~ ritual** okkulte Handlung, okkultes Ritual

oc·cult·ing ˈlight *n* NAUT unterbrochenes Feuer

oc·cult·ism [ˈɒkʌltɪzᵊm, AM əˈkʌlt-] *n no pl* Okkultismus *m*

oc·cult·ist [ˈɒkʌltɪst, AM əˈkʌlt-] *n* Okkultist(in) *m(f)*

oc·cu·pan·cy [ˈɒkjəpən(t)si, AM ˈɑːkjə-] *n no pl* (*form*) Bewohnen *nt; of hotel rooms* Belegung *f;* **level of a hotel's ~** Übernachtungszahlen *fpl* eines Hotels

oc·cu·pant [ˈɒkjəpənt, AM ˈɑːkjə-] *n* (*form*) ❶ (*tenant*) Bewohner(in) *m(f);* (*passenger*) Insasse, -in *m, f* ❷ (*title holder*) Inhaber(in) *m(f)*

oc·cu·pa·tion [ˌɒkjəˈpeɪʃᵊn, AM ˌɑːkjəˈ-] *n* ❶ (*form: profession*) Beruf *m* ❷ (*form: pastime*) Beschäftigung *f;* **favourite ~** Lieblingsbeschäftigung *f* ❸ *no pl* MIL Besetzung *f; of a country also* Okkupation *f geh*

oc·cu·pa·tion·al [ˌɒkjəˈpeɪʃᵊnᵊl, AM ˌɑːkjəˈ-] *adj* Berufs-, beruflich

oc·cu·pa·tion·al dis·ˈease *n* Berufskrankheit *f* **oc·cu·pa·tion·al ˈhaz·ard** *n* Berufsrisiko *nt* **oc·cu·pa·tion·al ˈill·ness** *n* Berufskrankheit *f* **oc·cu·pa·tion·al ˈmedi·cine** *n no pl Zweig der Medizin, der sich mit Berufskrankheiten befasst* **oc·cu·pa·tion·al ˈpen·sion scheme** *n* betriebliche Altersversorgung **oc·cu·pa·tion·al psy·ˈchol·ogy** *n no pl* Arbeitspsychologie *f* **oc·cu·pa·tion·al ˈthera·pist** *n* Beschäftigungstherapeut(in) *m(f)* **oc·cu·pa·tion·al ˈthera·py** *n* Beschäftigungstherapie *f*

oc·cu·ˈpa·tion author·ities *npl* Besatzungsbehörden *fpl* **oc·cu·ˈpa·tion force** *n* Besatzungsmacht *f*

oc·cu·pied [ˈɒkjəpaɪd, AM ˈɑːkjuː-] *adj inv* ❶ (*foreign-controlled*) besetzt; **~ territory** besetztes Gebiet ❷ (*taken*) besetzt; **the bathroom's ~** das Badezimmer ist besetzt; **are those seats ~?** sind die Sitzplätze dort schon belegt? ❸ (*preoccupied*) beschäftigt; **to keep sb ~** jdn beschäftigen; **to keep one's mind ~** sich *akk* geistig beschäftigen; **to be ~ in** [*or* **with**] **doing sth** mit etw *dat* beschäftigt sein

oc·cu·pi·er [ˈɒkjəpaɪəʳ, AM ˈɑːkjuːpaɪɚ] *n* ❶ (*tenant*) Bewohner(in) *m(f)* ❷ (*conqueror*) Besatzer(in) *m(f)*

oc·cu·py <-ie-> [ˈɒkjəpaɪ, AM ˈɑːkjuː-] *vt usu passive* ❶ (*fill*) ■**to ~ sth** etw ausfüllen; (*live in*) etw bewohnen; **to ~ a niche in the market** eine Marktlücke füllen; **to ~ a position** eine Stellung bekleiden; **to ~ a post** einen Posten haben; **to ~ a room** ein Zimmer belegen; **to ~ a small space** (*form*) wenig Platz einnehmen; **to ~ the throne** den Thron innehaben; **to ~ time** Zeit ausfüllen ❷ (*preoccupy*) **to ~ one's mind** sich *akk* geistig beschäftigen; **to ~ sb's time** jds Zeit *f* in Anspruch nehmen; **to ~ one's time in** [*or* **with**] **doing sth** die Zeit damit verbringen, etw zu tun; ■**to ~ oneself** sich *akk* beschäftigen ❸ (*take control of*) ■**to ~ sth** etw besetzen; **~ing forces** Besatzungstruppen *fpl*

oc·cu·py·ing ˈarmy *n + sing/pl vb* Besatzungsarmee *f*

oc·cur <-rr-> [əˈkɜːʳ, AM -ˈkɜːr] *vi* ❶ (*take place*) geschehen; *accident* sich *akk* ereignen; *change* stattfinden; *symptom* auftreten; **don't let it ~ again** sieh zu, dass das nicht wieder passiert; **that ~s very rarely** das kommt sehr selten vor; **an opportunity like that seldom ~s** eine Gelegenheit wie diese ergibt sich nicht oft ❷ (*exist*) vorkommen ❸ (*come to mind*) ■**to ~ to sb** jdm einfallen; **the thought ~red to me this morning** der Gedanke kam mir heute Morgen in den Sinn; ■**to ~ to sb that ...** jdm in den Sinn kommen, dass ...; **it never ~red to his parents to ask** seine Eltern kamen nie auf den Gedanken, zu fragen

oc·cur·rence [əˈkʌrᵊn(t)s, AM -ˈkɜːr-] *n* ❶ (*event*) Vorfall *m,* Vorkommnis *nt,* Ereignis *nt;* **street fights are an everyday ~ in this part of the city** Straßenkämpfe sind eine alltägliche Erscheinung in diesem Teil der Stadt ❷ *no pl* (*incidence*) Vorkommen *nt; disease* Auftreten *nt*

ocean [ˈəʊʃᵊn, AM ˈoʊ-] *n* Meer *nt;* **Indian ~** Indischer Ozean ▶PHRASES: **~s of sth** (*dated*) jede Menge etw *fam;* **we've got ~s of time** wir haben massenhaft Zeit *fam*

ocean·ar·ium <*pl* -s *or* -ria> [ˌəʊʃᵊnˈeəriəm, AM ˌoʊʃᵊnˈeriəm] *n* Ozeanarium *nt*

ˈocean-go·ing *adj inv of a ship, boat* hochseetauglich

Oceania [ˌəʊʃiˈɑːniə, AM ˌoʊʃiˈæniə] *n no pl* Ozeanien *nt*

ocean·ic [ˌəʊʃiˈænɪk, AM ˌoʊʃiˈ-] *adj inv* Meeres-; **~ voyage** Seereise *f*

ocean ˈlin·er *n* Ozeandampfer *m*

ocean·og·ra·pher [ˌəʊʃᵊnˈɒɡrəfəʳ, AM ˌoʊʃᵊnˈɑːɡrəfɚ] *n* Ozeanograph(in) *m(f),* Meereskundler(in) *m(f)*

ocean·og·ra·phy [ˌəʊʃᵊnˈɒɡrəfi, AM ˌoʊʃᵊnˈɑːɡrəfi] *n no pl* Ozeanographie *f,* Meereskunde *f*

ocean ˈtramp *n* Trampdampfer *m*

oc·elot [ˈɒsᵊlɒt, ˈəʊ-, AM ˈɑːsəlɑːt, ˈoʊ-] *n* Ozelot *m*

oche [ˈɒki, AM ˈɑːki] *n* Dartslinie *f*

ocher *n* AM *see* **ochre**

och·loc·ra·cy [ɒkˈlɒkrəsi, AM ɑːkˈlɑːk-] *n* Ochlokratie *f,* Pöbelherrschaft *f*

och·lo·crat [ˈɒkləkræt, AM ˈɑːk-] *n* Ochlokrat(in) *m(f)*

och·lo·crat·ic [ˌɒkləˈkrætɪk, AM ˌɑːkˈ-] *adj* ochlokratisch

ochre [ˈəʊkəʳ, AM ˈoʊkɚ] *n no pl* ❶ (*yellowish brown colour*) Ocker *m o nt* ❷ (*earthy substance*) Ocker *m o nt*

ock·er [ˈɒkəʳ] *n* AUS (*sl*) Spinner *m fam*

o'clock [əˈklɒk, AM -ˈklɑːk] *adv inv* **it's two ~** es ist zwei Uhr

OCR [ˌəʊsiːˈɑːʳ, AM ˌoʊsiːˈɑːr] *n no pl abbrev of* **optical character recognition** OCR

Oct *n abbrev of* **October** Okt.

oc·ta·gon [ˈɒktəɡən, AM ˈɑːktəɡɑːn] *n* Achteck *nt,* Oktagon *nt*

oc·tago·nal [ɒk'tægənəl, AM ɑːk'-] *adj inv* achteckig, oktagonal
oc·tago·nal·ly [ɒk'tægənəli, AM ɑːk'-] *adv* achteckig, oktagonal
oc·ta·he·dron <*pl* -dra *or* -s> [ˌɒktə'hiːdrən, AM 'ɑːk-] *n* MATH Achtflächner *m,* Oktaeder *nt*
oc·tane ['ɒkteɪn, AM 'ɑːk-] *n* (*chemical*) Oktan *nt;* (*number*) Oktanzahl *f*
'oc·tane num·ber *n* Oktanzahl *f*
oc·tave ['ɒktɪv, AM 'ɑːk-] *n* Oktave *f*
oc·tet [ɒk'tet, AM ɑːk'-] *n* MUS ❶ + *sing/pl vb* (*group of eight*) Oktett *nt* ❷ (*composition for eight*) Oktett *nt*
Oc·to·ber [ɒk'təʊbəʳ, AM ɑːk'toʊbɚ] *n* Oktober *m;* **the ~ Revolution** die Oktoberrevolution; *see also* **February**
oc·to·genar·ian [ˌɒktə(ʊ)dʒə'neəriən, AM ˌɑːktoʊdʒɪ'ner-] *n* Achtzigjährige(r) *f(m)*
oc·to·pi ['ɒktəpaɪ, AM 'ɑːk-] *n pl of* **octopus**
oc·to·pus <*pl* -es *or* -pi> ['ɒktəpəs, AM 'ɑːk-, *pl* -pəsɪz, -paɪ] *n* Tintenfisch *m;* (*large*) Krake *f*
ocu·lar ['ɒkjələʳ, AM 'ɑːkjəlɚ] *adj inv* Augen-, okular *fachspr*
ocu·list ['ɒkjəlɪst, AM 'ɑːk-] *n* (*dated*) Ophtalmologe, -in *m, f,* Augenarzt, -ärztin *m, f*
OD [ˌəʊ'diː, AM ˌoʊ'diː] (*sl*) *abbrev of* **overdose I.** *vi* ■**to ~ on sth** eine Überdosis einer S. *gen* nehmen; (*fig*) etw übertreiben; **you ~ on TV** du schaust zu viel fern; **to ~ on heroin** eine Überdosis Heroin nehmen **II.** *n esp* AM Überdosis *f;* **to take an ~ [of sth]** eine Überdosis [einer S. *gen*] nehmen
oda·lisk, oda·lisque ['ɒdəlɪsk, AM 'oʊ-] *n* Odaliske *f*
odd [ɒd, AM ɑːd] **I.** *adj* ❶ (*strange*) merkwürdig, seltsam; *person, thing also* eigenartig; **he has an ~ way of showing his feelings** er hat eine merkwürdige Art, seine Gefühle zu zeigen; **these trains leave at ~ times** diese Züge haben ausgefallene Abfahrtszeiten; **what an ~ coincidence!** was für ein sonderbarer Zufall!; **the ~ thing about it is that ...** das Komische daran ist, dass ...; **to find sth ~** etw komisch [*o* merkwürdig] finden; **to look ~** komisch aussehen ❷ *attr, inv* (*individual*) einzeln; **~ shoes/socks** einzelne Schuhe/Socken; **the ~ one [*or* man] out** das fünfte Rad am Wagen; **guess which number of the following sequence is the ~ one out** rate mal, welche der folgenden Zahlen nicht dazugehört; **she was always the ~ one out at school** sie war immer eine Außenseiterin in der Schule ❸ *inv* MATH ungerade ❹ *attr, inv* (*occasional*) gelegentlich, Gelegenheits-; **she does the ~ teaching job but nothing permanent** sie unterrichtet gelegentlich, hat aber keinen festen Job; **to score the ~ goal** hin und wieder einen Treffer landen; **~ visitor** vereinzelter Besucher/vereinzelte Besucherin **II.** *n* ■**~s** *pl* (*probability*) ■**the ~s are ...** es ist sehr wahrscheinlich, dass ...; **to lengthen/shorten [*or esp* AM increase/decrease] the ~s** die Chancen erhöhen/verringern; ■**the ~s on/against sb doing sth** die Chancen, dass jd etw tut/nicht tut; **what are the ~s on him being late again?** wie stehen die Chancen, dass er wieder zu spät kommt?; **the ~s against my horse winning are a hundred to one** die Chancen, dass mein Pferd nicht gewinnt, stehen hundert zu eins; **to give long ~s on/against sth** etw *dat* große/sehr geringe Chancen einräumen ►PHRASES: **~s and ends** [*or* BRIT, AUS **sods**] (*fam*) Krimskrams *m kein pl;* **to make no ~s [to sb]** *esp* BRIT, AUS (*fam*) [für jdn] keine Rolle spielen *fam;* **it makes no ~s to me** es ist mir [völlig] einerlei; **does it make any ~s whether you use butter or oil?** macht es einen Unterschied, ob du Butter oder Öl verwendest?; **against all [the] ~s** entgegen allen Erwartungen; **to be at ~s with sb** mit jdm uneins sein; **to be at ~s with sth** mit etw *dat* nicht übereinstimmen; **over the ~s** BRIT, AUS (*fam*) über das Normale hinaus; **I got paid a bit over the ~s for that job** für diesen Job habe ich etwas mehr bezahlt bekommen
odd·ball ['ɒdbɔːl, AM 'ɑːd-] (*fam*) **I.** *n* Verrückte(r) *f(m);* **his eldest sister is something of an ~** seine älteste Schwester ist etwas merkwürdig **II.** *adj attr* verrückt; **~ idea** ausgefallene [*o pej* komische] Idee
odd·ity ['ɒdɪti, AM 'ɑːdəṭi] *n* ❶ (*strange person*) komischer Kauz *fam* ❷ (*strange thing*) Kuriosität *f,* komische Sache
odd 'job *n* Gelegenheitsarbeit *f*
odd-'job·ber *n,* **odd-'job man** *n* Gelegenheitsarbeiter(in) *m(f)*
odd·ly ['ɒdli, AM 'ɑːd-] *adv* seltsam; **I think she's ~ attractive** ich finde sie auf [eine] seltsame Art attraktiv; **~ shaped house** ein Haus mit einer eigenwilligen Form; **~ enough** merkwürdigerweise, seltsamerweise; **to behave ~** sich *akk* sonderbar benehmen
odd·ment ['ɒdmənt, AM 'ɑːd-] *n usu pl* Rest[posten] *m;* **~s of cloth** Stoffreste *mpl*
odd·ness ['ɒdnəs, AM 'ɑːd-] *n no pl* Merkwürdigkeit *f,* Seltsamkeit *f*
odds-'on *adj inv* sehr wahrscheinlich; **the ~ favourite** der aussichtsreichste Favorit/die aussichtsreichste Favoritin
ode [əʊd, AM oʊd] *n* Ode *f* (**to** an +*akk*)
odeum <*pl* odea *or* -s> [əʊ'diːəm, AM oʊ'diː-, *pl* -diːə] *n* Odeum *nt*
odi·ous ['əʊdiːəs, AM 'oʊ-] *adj* (*form*) **~ crime** abscheuliches Verbrechen; **~ person** abstoßender [*o* widerlicher] Mensch; **what an ~ little man** so ein Giftzwerg
odi·ous·ly ['əʊdiːəsli, AM 'oʊ-] *adv* (*form*) ekelhaft
odi·ous·ness ['əʊdiːəsnəs, AM 'oʊ-] *n no pl* Abscheulichkeit *f*
odium ['əʊdiːəm, AM 'oʊ-] *n no pl* (*form*) Hass *m,* Odium *nt geh;* **to hold sb up to public ~** jdn dem Vorwurf der Öffentlichkeit aussetzen; **to bring [*or* cast] ~ upon sb** über jdn Schande bringen
odom·eter [əʊ'dɒmɪtəʳ, AM oʊ'dɑːməṭɚ] *n* Kilometerzähler *m*
od·on·tolo·gist [ˌɒdɒn'tɒlədʒɪst, AM ˌoʊdɑːn'tɑː-] *n* Odontologe, -in *m, f geh,* Zahnmediziner(in) *m(f)*
od·on·tol·ogy [ˌɒdɒn'tɒlədʒi, AM ˌoʊdɑːn'tɑː-] *n no pl* Odontologie *f geh,* Zahnheilkunde *f*
odor *n* AM *see* **odour**
odor·if·er·ous [ˌəʊdəˈrɪfərəs, AM ˌoʊdə'rɪfɚəs] *adj* (*form*) duftend *attr,* Duft-
odor·less *adj* AM *see* **odourless**
odour ['əʊdəʳ], AM **odor** ['oʊdɚ] *n* ❶ (*certain smell*) Geruch *m;* (*fragrance*) Duft *m;* **sweet ~** Duft *m;* (*fig liter*) Geruch *m* ❷ *no pl* (*smells in general*) Gerüche *mpl* ►PHRASES: **to be in good/bad ~ with sb** (*form*) gut/schlecht bei jdm angeschrieben sein
odour·less ['əʊdələs], AM **odor·less** ['oʊdɚ-] *adj inv* (*form*) geruchlos
od·ys·sey ['ɒdɪsi, AM 'ɑː-] *n usu sing* (*liter*) Odyssee *f a. fig*
OECD [ˌəʊiːsiː'diː, AM ˌoʊ-] *n abbrev of* **Organization for Economic Cooperation and Development** OECD *f*
oecu·meni·cal *adj* BRIT (*old*) *see* **ecumenical**
OED [ˌəʊiː'diː, AM ˌoʊ-] *n abbrev of* **Oxford English Dictionary**
Oedi·pal ['iːdɪpəl, AM 'edɪ-] *adj* ödipal
'Oedipus com·plex *n* Ödipuskomplex *m*
oeil-de-boeuf <*pl* oeils-> [ˌɔːɪdə'bɔːf] *n* ARCHIT Bullauge *nt*
oenol·ogy [iː'nɒlədʒi], AM **enol·ogy** [-'nɑːl-] *n* Önologie *f geh,* Weinkunde *f*
oeno·phile ['iːnə(ʊ)faɪl], AM **eno·phile** ['iːnəfaɪl] *n* (*form*) Weinkenner(in) *m(f)*
o'er [ɔəʳ, AM ɔːr] *prep* (*poet*) = **over**
oesopha·gus <*pl* -agi *or* -es> [iː'sɒfəgəs], AM **esopha·gus** [ɪ'sɑːfə-] *n* Speiseröhre *f,* Ösophagus *m fachspr*
oes·tro·gen ['iːstrə(ʊ)dʒən], AM **es·tro·gen** ['estrə-] *n no pl* Östrogen *nt*
oes·trus ['iːstrəs, 'ɜstrəs], AM **es·trus** *n* MED Östrus *m fachspr,* Brunft *f*
oeuvre ['ɜːvrə] *n usu sing* (*liter*) Gesamtwerk *nt*
of [ɒv, əv, AM ɑːv, əv] *prep* ❶ *after n* (*belonging to*) von +*dat;* **people ~ this island** Menschen von dieser Insel; **the language ~ this country** die Sprache dieses Landes; **the employees ~ the company** die Angestellten des Unterneh-

O

mens; **the cause ~ the disease** die Krankheitsursache; **the colour ~ her hair** ihre Haarfarbe; **the government ~ India** die indische Regierung; **sth ~ ...** etw von ... *dat;* **a friend ~ mine** ein Freund von mir; **smoking is the worst habit ~ mine** Rauchen ist meine schlimmste Angewohnheit ❷ *after n* (*expressing a whole's part*) von +*dat;* **the sleeve ~ his coat** der Ärmel an seinem Mantel; **the days ~ the week** die Wochentage; **five ~ her seven kids are boys** fünf ihrer sieben Kinder sind Jungen; **there were ten ~ us on the trip** wir waren auf der Reise zu zehnt; **nine ~ the children came to the show** neun Kinder kamen zur Vorstellung; **a third ~ the people** ein Drittel der Leute; **most ~ them** die Meisten; **can you please give me more ~ the beans?** könntest du mir noch etwas von den Bohnen geben?; **I don't want to hear any more ~ that!** ich will nichts mehr davon hören!; **a drop ~ rain** ein Regentropfen; **a piece ~ cake** ein Stück Kuchen; **he's the best-looking ~ the three brothers** er sieht von den drei Brüdern am besten aus; **on the point** [*or* **verge**] **~ doing sth** kurz davor [*o* im Begriff] sein, etw zu tun; **I'm on the point ~ telling him off** ich werde ihn jetzt gleich rausschmeißen; **the best ~ sb/sth** der/die/das beste; **they were the best ~ friends** sie waren die besten Freunde; **~ all** von allen; **best ~ all, I liked the green one** am besten gefiel mir der grüne; **that ~ all his films, it's my favourite** er gefällt mir von allen seinen Filmen am besten; **to be one ~ the sth** eine(r/s) von etw *dat* sein; **she's one ~ the cleverest in the class** sie ist eine der Schlauesten in der Klasse; ■**to be the sth ~ the sth** der/die/das etw von etw *dat* sein; **he's one of the smartest ~ the smart** er ist einer der Klügsten unter den Klugen ❸ *after n* (*containing*) **a kilo ~ apples** ein Kilo Äpfel; **a litre ~ water** ein Liter Wasser; **a cup ~ tea** eine Tasse Tee; **she bought a book ~ short stories** sie kaufte ein Buch mit Kurzgeschichten; **they saw a pride ~ lions** sie sahen ein Rudel Löwen [*o* Löwenrudel]; **a bunch ~ parsley** ein Bund Petersilie; **a clove ~ garlic** eine Knoblauchzehe; **both ~ us** wir beide; **all ~ us were tired** wir waren alle müde; **a lot ~ money** Unmengen an Geld ❹ *after vb* (*consisting of*) aus +*dat;* **the sweater is made ~ the finest lambswool** der Pullover ist aus feinster Schafwolle; *after n;* **a land ~ ice and snow** ein Land aus Eis und Schnee; **dresses ~ lace and silk** Kleider *pl* aus Spitze und Seide; **house ~ stone** Steinhaus *nt;* **the smell ~ roses filled the air** der Rosenduft lag in der Luft; **a moment ~ silence** ein Moment der Stille; **I want a few minutes ~ quiet!** ich will ein paar Minuten Ruhe! ❺ *after n* (*done by*) von +*dat;* **there's a chapter on the use ~ herbs** es gibt ein Kapitel über die Verwendung von Kräutern; **the massacre ~ hundreds of innocent people** das Massaker an Hunderten von Menschen; **the destruction ~ the rain forest** die Zerstörung des Regenwalds; **the payment ~ his debts** die Rückzahlung seiner Schulden; **an admirer ~ Dickens** ein Bewunderer von Dickens; **in search ~ sb/sth** auf der Suche nach jdm/etw; **she's in search ~ a man** sie sucht einen Mann; *after adj;* **that was stupid ~ me** das war dumm von mir ❻ *after vb* (*concerning*) **I know ~ a guy who could fix that for you** ich kenne jemanden, der das für dich reparieren kann; **let's not speak ~ this matter** lass uns nicht über die Sache reden; **~ her childhood, we know very little** wir wissen nur sehr wenig über ihre Kindheit; **speaking ~ sb/sth** wo [*o* da] wir gerade von jdm/etw sprechen; **speaking ~ time, do you have a watch on?** da wir gerade von der Zeit reden, hast du eine Uhr?; **he was accused ~ fraud** er wurde wegen Betrugs angeklagt; **we will notify you ~ any further changes** wir werden Sie über alle Änderungen informieren; *after adj;* **she's afraid ~ dogs** sie hat Angst vor Hunden; **he became jealous ~ all of her friends** er wurde auf alle ihre Freunde eifersüchtig; **she's often unsure ~ herself** sie ist sich ihrer selbst oft nicht sicher; **to be fond ~ swimming** gerne schwimmen; **I'm really appreciative ~ all your help** ich bin dir für all deine Hilfe wirklich dankbar; **he was worthy of the medal** er hatte die Medaille verdient; **I am certain ~ that** ich bin mir dessen sicher; **this is not uncharacteristic ~ them** das ist für sie nichts ungewöhnliches; **to be sick ~ sth** etw satthaben, von etw *dat* genug haben; **I'm sick ~ his excuses** seine Entschuldigungen hängen mir zum Hals raus; *after n;* **there was no warning ~ the danger** es gab keine Warnung vor der Gefahr; **a problem ~ space** ein Raumproblem *nt;* **the idea ~ a just society** die Idee einer gerechten Gesellschaft; **pain ~ separation** Trennungsschmerz *m;* **thoughts ~ revenge** Rachegedanken *mpl;* **his promises ~ loyalty** seine Treueversprechen; **the memories ~ her school years** die Erinnerungen an ihre Schuljahre; **he has a love ~ music** er liebt die Musik; ■**what ~ sb?** was ist mit jdm?; **and what ~ Adrian?** was macht eigentlich Adrian?; **what ~ it?** was ist dabei?, ja und? ❼ *after n* (*expressing direction*) von +*dat;* **I've never been north ~ Edinburgh** ich war noch nie nördlich von Edinburgh; **a lake south ~ the city** ein See im Süden der Stadt; **on the top ~ his head** [oben] auf seinem Kopf; **on the corner ~ the street** an der Straßenecke; **in the back ~ the car** hinten im Auto; **the zipper was on the back ~ the dress** der Reißverschluss war hinten am Kleid; **on the left ~ the picture** links auf dem Bild ❽ (*with respect to scale*) von +*dat;* **a rise ~ 2% in inflation** ein Inflationsanstieg von 2 Prozent; **the stocks experienced an average rise ~ 5%** die Aktien sind im Durchschnitt um 5% gestiegen ❾ (*expressing age*) von +*dat;* **at the age ~ six** im Alter von sechs Jahren; **he's a man ~ about 50** er ist um die 50 Jahre alt ❿ (*expressing category*) **the city ~ Prague** die Stadt Prag; **I hate this kind ~ party** ich hasse diese Art von Party ⓫ (*typical of*) ■**sb/sth ~ sth** jd/etw von etw *dat;* **the love ~ a good woman** die Liebe einer guten Frau; **she moves with the grace ~ a dancer** sie bewegt sich mit der Anmut einer Tänzerin; **she has the face ~ an angel** sie hat ein Gesicht wie ein Engel ⓬ *after n* (*expressing characteristic*) **a subject ~ very little interest** ein sehr wenig beachtetes Thema; **she gave a scream ~ terror** sie stieß einen Schrei des Entsetzens aus; **a man/woman ~ sth** ein Mann/eine Frau von etw *dat;* **a woman ~ great charm and beauty** eine Frau von großer Wärme und Schönheit; **a man ~ honour** ein Mann von Ehre ⓭ (*felt by*) von +*dat;* **the suffering ~ millions** das Leiden von Millionen; **the anguish ~ the murdered child's parents** die Qualen der Eltern des ermordeten Kindes ⓮ (*expressing cause*) **to die ~ sth** an etw *dat* sterben; **he died ~ cancer** er starb an Krebs; **~ one's own free will** aus freien Stücken, freiwillig; **~ oneself** von selbst; **she would never do such a thing ~ herself** so etwas würde sie nie von alleine tun ⓯ *after n* (*away from*) von +*dat;* **we live within a mile ~ the city centre** wir wohnen eine Meile vom Stadtzentrum entfernt; **she came within two seconds ~ beating the world record** sie hat den Weltrekord nur um zwei Sekunden verfehlt ⓰ *after n* (*in time phrases*) **the eleventh ~ March** der elfte März; **the first ~ the month** der erste [Tag] des Monats; **I got married back in June ~ 1957** ich habe im Juni 1957 geheiratet; **the most memorable events ~ the past decade** die wichtigsten Ereignisse des letzten Jahrzehnts ⓱ *after vb* (*expressing removal*) **they were robbed ~ all their savings** ihnen wurden alle Ersparnisse geraubt; **I've him ~ that nasty little habit** ich habe ihm diese dumme Angewohnheit abgewöhnt; **his mother had deprived him ~ love** seine Mutter hat ihm ihre Liebe vorenthalten; **to get rid ~ sb** jdn loswerden; *after adj;* **a room devoid ~ all furnishings** ein Raum ganz ohne Möbel; **free ~ charge** kostenlos ⓲ (*who is*) von +*dat;* **this complete idiot ~ a man** dieser Vollidiot ⓳ (*dated: during*) an +*dat;* **she died ~ a Sunday morning** sie starb an einem Sonntagmorgen; (*fam*) **I like to relax with my favourite book ~ an evening** ich erhole mich abends gerne mit meinem Lieblingsbuch ⓴ AM (*to*) vor; **it's quarter ~ five** es ist viertel vor fünf [*o* dreiviertelfünf] ▸PHRASES: ~ **all the cheek** [*or* **nerve**] das ist doch die Höhe!; ~ **all** **sth** gerade; **Jane, ~ all people, is the last one I'd expect to see at the club** gerade Jane ist die letzte, die ich in dem Club erwartet hätte; **to be ~ sth** (*possess*) etw besitzen; **she is ~ the opinion that doctors are only out to experiment** sie glaubt, Ärzte möchten nur herumexperimentieren; (*give rise to*) **this work is ~ great interest and value** diese Arbeit ist sehr wichtig und wertvoll

off [ɒf, AM ɑːf] **I.** *adv inv* ① (*not on*) aus; **to switch** [*or* **turn**] **sth ~** etw ausschalten ② (*away*) weg-; **someone's run ~ with my pen** jemand hat mir meinen Stift geklaut *fam;* **if we can get ~ early tomorrow morning we'll avoid most of the traffic** wenn wir morgen frühzeitig loskommen, können wir den größten Verkehr vermeiden; (*fig*) **I didn't get ~ to a very good start this morning** der Tag hat für mich nicht gut angefangen; **I'm ~ now – see you tomorrow** ich gehe jetzt – wir sehen uns morgen; **she's ~ to Canada next week** sie fährt nächste Woche nach Kanada; **to drive ~** wegfahren; **to go ~** weggehen; **I'm just going ~ to the shops** ich gehe nur schnell mal einkaufen; **to see sb ~** jdn verabschieden ③ (*removed*) ab-; **I'll take my jacket ~** ich werde meine Jacke ausziehen; **~ with his head!** Kopf ab!; **~ with your jacket!** zieh die Jacke aus!; **one of my buttons has come ~** einer von meinen Knöpfen ist abgegangen; **to cut sth ~** etw abschneiden ④ (*completely*) **between us we managed to finish ~ eight bottles of wine** (*fam*) zusammen schafften wir es, acht Weinflaschen zu leeren; **to burn sth ~** etw verbrennen; **to kill sth ~** etw vernichten [*o* ausrotten]; **to pay sth ~** etw abbezahlen ⑤ (*in bad shape*) schlecht; **to go ~** sich *akk* verschlechtern ⑥ (*distant*) entfernt; **to be far ~** weit weg sein; **the exams are so far ~** es ist noch so lange hin bis zu den Prüfungen ⑦ (*stopped*) abgesagt; **the wedding's ~** die Hochzeit ist abgeblasen *fam;* **his hockey match was rained ~** sein Hockeyspiel fand wegen Regen nicht statt; **it's all ~ between Philippa and Mike** (*fam*) zwischen Philippa und Mike ist es aus; **to call sth ~** etw absagen ⑧ (*discounted*) reduziert; **there's 40% ~ this week on all winter coats** diese Woche gibt es einen Preisnachlass von 40% auf alle Wintermäntel; **to get money ~** Rabatt bekommen ⑨ (*expressing separation*) **to shut ~ streets** Straßen sperren; **to fence sth ~** etw abzäunen ⑩ (*expressing riddance*) **we went out for a while to walk ~ some of our dinner** wir gingen eine Weile raus, um einen Verdauungsspaziergang zu machen; **he's gone to sleep ~ a headache after rather too much alcohol** er ist dabei, seinen Kater auszuschlafen; **to laugh sth ~** etw mit einem Lachen abtun **II.** *adj inv* ① (*switched off*) aus[geschaltet]; **I can't find the ~ switch** ich kann den Schalter nicht finden ② *pred* (*bad*) verdorben; *milk* sour; **the cream is ~** die Sahne hat einen Stich; **to go ~** schlecht werden ③ (*not at work*) ■**to be ~** freihaben; **he's ~ at the moment** er hat momentan frei; **she had six weeks ~ because of sickness last year** sie hatte letztes Jahr sechs Wochen wegen Krankheit freigenommen; **to take/have some time ~** einige Zeit freinehmen/freibekommen ④ *pred* (*fam: in bad shape*) schlecht; **I'm having an ~ day today** ich habe heute einen schlechten Tag ⑤ (*provided for*) **to be badly/well ~** schlecht/gut situiert sein; **I'm quite well ~ for sweaters** was Pullover angeht, bin ich gut ausgestattet; BRIT, AUS **how are you ~ for money?** wie sieht es bei dir mit dem Geld aus? ⑥ *pred* FOOD (*run out*) aus; **the waiter explained that the salmon was ~** der Kellner sagte, dass der Lachs ausverkauft sei ⑦ *pred esp* BRIT (*fam*) **a bit ~** ein dicker Hund *fam,* nicht die feine Art **III.** *prep* ① *after vb* (*moving away*) [weg] von +*dat;* **please take your foot ~ mine** nimm bitte deinen Fuß von meinem [herunter]; **I can't get this paint ~ my hands** ich bekomme die Farbe nicht von meinen Händen ab; **keep your dog ~ my property!** halten Sie Ihren von meinem Grundstück fern!; **that cherry stain won't come ~ the shirt** dieser Kirschfleck geht nicht aus dem Hemd heraus; **has anyone taken a book ~ my desk?** hat jemand ein Buch von meinem Tisch weggenommen?; **let's get ~ the bus at the next stop** lass uns bei der nächsten Bushaltestelle aussteigen; **to get ~ sb/sth** (*fam*) jdn/etw in Ruhe lassen ② *after vb* (*moving down*) herunter [von] +*dat,* hinunter [von] +*dat;* **they jumped ~ the cliff** sie sprangen die Klippe hinunter; **the boy fell ~ his bike several times** der Junge fiel ein paar Mal von seinem Fahrrad herunter; **he rolled ~ the bed** er rollte aus dem Bett; **the coat slipped ~ his arms** der Mantel rutschte von seinen Armen ③ *after vb* (*away from*) weg von +*dat;* **single wires are leading ~ the main lines** einzelne Drähte führen von der Hauptleitung weg; *after adj;* **far ~** weit entfernt; **we're not far ~ London now** wir sind nicht weit von London entfernt; **how far ~ finishing the project are we?** wie viel Zeit haben wir noch bis zum Ende des Projekts?; *after adv;* **just ~ sth** in der Nähe von etw *dat;* **they live just ~ the main street** sie wohnen gleich bei der Hauptstraße; *after n;* **a long way ~ doing sth** noch weit von etw *dat* entfernt sein; **we're still a long way ~ finishing** wir sind noch weit vom Ende entfernt; ~ **the point** nicht relevant; **somehow we keep getting ~ the point** wir kommen irgendwie vom Thema ab; ~ **the record** inoffiziell, nicht für die Öffentlichkeit bestimmt; ~ **the subject of sth** nicht zu einem Thema gehörend, etw nicht betreffend; **to get ~ the subject** vom Thema abschweifen; **I wish we could talk about something ~ the subjects of sports and cars** ich würde gerne mal über ein anderes Thema als Sport oder Autos reden ④ (*separated from*) von +*dat;* **he wiped all the dust ~ the tables** er wischte den ganzen Staub von den Tischen; **to cut a piece ~ the cheese** ein Stück Käse abschneiden ⑤ *after vb* (*out at sea*) vor +*dat;* **to anchor ~ Blue Bay** vor Blue Bay ankern; *after n;* **six miles ~ Dunkirk** sechs Meilen vor Dünkirchen ⑥ (*absent from*) **to be ~ work** am Arbeitsplatz fehlen; **he's been ~ work for over six months** er war seit sechs Monaten nicht mehr bei der Arbeit ⑦ (*fam: stop liking*) ■**to be ~ sb/sth** jdn/etw leid sein; **to be ~ one's food** keinen Appetit haben; **to go ~ sb/sth** jdn/etw nicht mehr mögen; **I used to love wine but I've gone ~ it recently** ich habe immer gerne Wein getrunken, aber seit kurzem mag ich in nicht mehr ⑧ (*not using*) **to come ~ the pill** die Pille nicht mehr nehmen; **to be/come ~ sth** etw weglassen; **she's well enough to be ~ the medicine** es geht ihr gut genug, um die Medizin abzusetzen; **to be ~ the tablets** ohne die Tabletten auskommen; **to have sb ~ one's feet** (*fig*) jdn umwerfen *fig* ⑨ (*utilizing*) ■**to do sth ~ sth** etw von etw *dat* tun; **they live ~ a small inheritance** sie leben von einem kleinen Erbe; **the car runs ~ solar energy** der Wagen läuft mit Solarenergie ⑩ (*fam: abstaining from*) **he managed to stay ~ alcohol** er schaffte es, keinen Alkohol mehr anzurühren ⑪ (*from source*) ■**to do sth ~ sb** etw von jdm tun; **I don't like taking money ~ you** ich möchte kein Geld von dir nehmen; **the girl bought the boy's old bike ~ him** das Mädchen kaufte dem Jungen sein altes Rad ab; **to get sth ~ sb** (*fam*) etw von jdm bekommen ⑫ *after n* (*minus*) weniger; **I take $10 ~ the price of the jeans for you** ich lasse Ihnen $10 vom Preis für die Jeans nach; **there was $40 or $50 ~ most jackets in the shop** die meisten Jacken in dem Laden waren um $40 oder $50 billiger ⑬ RADIO, TV (*stopped*) **to be ~ the air** nicht mehr senden; **the TV station goes ~ the air at 11:30** die Fernsehstation beendet ihr Programm um 23.30 Uhr ▸PHRASES: ~ **beam** BRIT (*fam*) daneben *fam;* **to be ~ beam** daneben liegen *fam;* ~ **the cuff** aus dem Stegreif; ~ **one's head** nicht ganz bei Trost; **he is ~ his head** er hat den Verstand verloren; ~ **the top of one's head** aus dem Stegreif; ~ **the wall** ausgeflippt *fam;* **to go ~ the wall** ausflippen *fam* **IV.** *n no pl* **to be ready for the ~** bereit zum Gehen sein **V.** *vt* AM (*sl*) ■**to ~ sb** jdn um die Ecke bringen *fam,* jdn abmurksen *sl* [*o fam* umlegen]

O

offering and responding

asking people what they want, offering something	nach Wünschen fragen, etwas anbieten
Would you like anything?	Haben Sie irgendeinen Wunsch?
Can I help you?	Kann ich Ihnen helfen?
What'll it be? *(fam)*	Was darf's sein?
What would you like?/do you fancy? *(fam)*	Was hättest du denn gern?
What would you like to eat/drink?	**Was möchtest/magst du** essen/trinken?
How about a cup of coffee?	**Wie wär's mit** einer Tasse Kaffee?
May I offer you a glass of wine?	**Darf ich Ihnen** ein Glas Wein **anbieten**?
You're welcome to use my phone.	**Sie können gern** mein Telefon benutzen.
accepting offers	**Angebote annehmen**
Yes, please.	Ja, bitte./Ja, gern.
Thanks, that's kind of you.	Danke, das ist nett von dir/Ihnen.
Yes, that would be nice.	Ja, das wäre nett.
Oh, that's nice of you!/Oh, how kind of you!	Oh, das ist aber nett!
turning down offers	**Angebote ablehnen**
No, thanks.	Nein, danke.
But that's not necessary!/You shouldn't have!	Aber das ist doch nicht nötig!
I can't (possibly) accept this!	Das kann ich doch nicht annehmen!

of·fal ['ɒfᵊl, AM 'ɑ:-] *n no pl* Innereien *pl*

'off·beat *adj* unkonventionell; ~ **music** synkopische Musik; ~ **sense of humour** ausgefallener Sinn für Humor; ~ **taste in clothes** extravaganter Kleidergeschmack **off-'Broad·way** [ˌɑ:f'brɑ:dweɪ] *adj inv* AM THEAT Off-Broadway- (*in New York, aber nicht am Broadway aufgeführt*) **off-'cam·pus** *adj* außerhalb des Campus *nach n* **off-'cen·ter** AM, **off-'cen·tre** *adj* nicht in der Mitte *präd* **'off-chance** *n* ■**on the** ~ auf gut Glück; **to do sth in the ~ that ...** etw in der Hoffnung tun, dass ... **off-'col·or** AM, **off-'col·our** *adj* ❶ (*somewhat sick*) unpässlich; **to feel** ~ sich *akk* nicht wohl fühlen ❷ (*somewhat obscene*) schlüpfrig; ~ **joke** unanständiger Witz **off-'course** *adj* aus der Bahn geraten *a. fig* **'off-day** *n* schlechter Tag; **to have an** ~ einen schlechten Tag haben **'off-drive** BRIT, AUS **I.** *vt* SPORTS **to ~ the ball** den Ball ins Abseits schlagen **II.** *n* SPORTS Schlag *m* ins Abseits **off-'duty** *adj* ■**to be** ~ dienstfrei haben; **an ~ police officer** ein Polizist *m* außer Dienst

of·fence [ə'fen(t)s], AM **of·fense** *n* ❶ LAW (*crime*) Straftat *f*, strafbare Handlung; **he lost his driving licence after his drink-driving** ~ nachdem er sich der Trunkenheit am Steuer schuldig gemacht hatte, verlor er seinen Führerschein; **minor** ~ Vergehen *nt;* **serious** ~ schweres Vergehen; **to convict sb of an** ~ jdn einer Straftat für schuldig erklären ❷ *no pl* (*upset feelings*) Beleidigung *f;* (*fam*) **no ~ intended** nimm es mir nicht übel; **to cause** [*or* **give**] ~ Anstoß erregen; **to cause** [*or* **give**] **~ to sb** (*hurt*) jdn kränken; (*insult*) jdn beleidigen; **to take ~** [**at sth**] [wegen einer S. *gen*] gekränkt/beleidigt sein ❸ AM SPORTS (*attack*) Angriff *m;* **to be on ~** angreifen

of·fend [ə'fend] **I.** *vi* ❶ (*commit a criminal act*) eine Straftat begehen ❷ (*form: infringe*) ■**to ~ against sth** gegen etw *akk* verstoßen; **your behaviour is ~ing against good manners** dein Benehmen gehört sich nicht **II.** *vt* ■**to ~ sb** (*insult*) jdn beleidigen; (*hurt*) jdn kränken; **I hope your sister won't be ~ed if ...** ich hoffe, deine Schwester nimmt es mir nicht übel, wenn ...; **to be easily ~ed** schnell beleidigt sein

of·fend·er [ə'fendəʳ, AM -ɚ] *n* [Straf]täter(in) *m(f);* **first** ~ Ersttäter(in) *m(f);* **young** ~ jugendlicher Straffälliger/jugendliche Straffällige

of·'fend·er pro·file *n* Täterprofil *nt*

of·fend·ing [ə'fendɪŋ] *adj attr* (*hum*) ärgerlich; **the ~ object** der Stein des Anstoßes

of·fense *n esp* AM *see* **offence**

of·fen·sive [ə'fen(t)sɪv] **I.** *adj* ❶ (*causing offence*) anstößig; ~ **joke** anzüglicher Witz; ~ **language** Anstoß erregende Ausdrucksweise; ~ **remark** unverschämte Bemerkung ❷ (*unpleasant*) ~ **smell** übler Geruch ❸ (*attack*) Angriffs- **II.** *n* MIL Angriff *m;* **to go on** [*or* **take**] **the ~** in die Offensive gehen, zum Angriff übergehen; **to launch an ~** eine Offensive starten

of·fen·sive·ly [ə'fen(t)sɪvli] *adv* beleidigend, kränkend; **to act** ~ unverschämt sein; **to speak** ~ sich *akk* beleidigend ausdrücken

of·fen·sive·ness [ə'fen(t)sɪvnəs] *n no pl* Unverschämtheit *f; of an odour* Widerlichkeit *f*

of·fer ['ɒfəʳ, AM 'ɑ:fɚ] **I.** *n* ❶ (*proposal*) Angebot *nt;* ~ **of help** Angebot *nt* zu helfen; ~ **of hospitality** Einladung *f;* ~ **of support** Angebot *nt* finanzieller Hilfe; **to take sb up on an** ~ (*fam*) von jds Angebot *nt* Gebrauch machen ❷ ECON Angebot *nt;* **the house is under** ~ BRIT man hat ein Angebot für das Haus unterbreitet; **to make** [*or* **put in**] **an ~ for sth** ein Gebot für etw *akk* abgeben, ein Angebot für etw *akk* unterbreiten; **to be on** [**special**] ~ BRIT, AUS im Angebot sein, ein [Sonder]angebot sein **II.** *vt* ❶ (*present for acceptance*) ■**to ~** [**sb**] **sth** [*or* **to ~ sth** [**to sb**]] [jdm] etw anbieten; **to ~ sb a bribe** jdm ein Bestechungsgeld anbieten; **to ~ one's resignation** seinen Rücktritt anbieten ❷ (*put forward*) ■**to ~ sth** etw vorbringen; **would you care to ~ your opinion?** möchten Sie Ihre Meinung dazu äußern?; **to ~ compensation** eine Entschädigung bewilligen; **to ~ one's condolences** sein Beileid aussprechen; **to ~ congratulations** Glückwünsche aussprechen; **to ~ an excuse** eine Entschuldigung vorbringen; **to ~ an explana-**

tion eine Erklärung abgeben; **to ~ information** Informationen geben; **to ~ a money prize/a reward** einen Geldpreis/eine Belohnung aussetzen; **to ~ a suggestion** einen Vorschlag unterbreiten ❸ *(provide)* ■**to ~ [sb] sth [***or* **to ~ sth [to sb]]** [jdm] etw bieten; **to ~ a glimpse** Einblick gewähren; **to ~ an incentive** einen Anreiz geben; **to ~ proof** einen Nachweis erbringen; **to ~ resistance** Widerstand leisten; **to ~ shelter** Schutz bieten; **to have much to ~** viel zu bieten haben ❹ *(bid)* ■**to ~ sth** etw bieten **III.** *vi* sich *akk* bereit erklären; ■**to ~ to do sth** sich *akk* bereit erklären, etw zu tun

◆**offer up** *vt* REL ■**to ~ up sth to sb** jdm etw darbringen; **dear Lord, we ~ up our prayers ...** Herr, wir beten zu Dir ...

of·fer·ing [ˈɒfərɪŋ, AM ˈɑːf-] *n usu pl* Spende *f;* **to give sb one's ~ of congratulations/thanks** jdm seinen Glückwunsch aussprechen/seinen Dank ausdrücken; **sacrificial ~** Opfergabe *f*

ˈof·fer·ing plate *n* REL Spendenteller *m*

off-ˈguard *adj* unvorbereitet; **to be caught [***or* **taken] ~** überrascht werden **off-ˈhand I.** *adj* ❶ *(uninterested)* gleichgültig; **why do you always deal with me in such an ~ manner?** warum bist du mir gegenüber immer so gleichgültig?; **to be/appear ~ with sb** jdm gegenüber kurz angebunden sein/erscheinen ❷ *(informal)* lässig; **~ remark** nebenbei fallen gelassene Bemerkung **II.** *adv* ohne weiteres, aus dem Stand; **to be able to quote sth ~** etw auf Anhieb angeben können **off-ˈhand·ed·ly** *adv* lässig; **he has a way of always ~ assuming that we will help him** er hält es immer für ganz selbstverständlich, dass wir ihm helfen **off-ˈhand·ed·ness** *n no pl* Lässigkeit *f*

of·fice [ˈɒfɪs, AM ˈɑː-] *n* ❶ *(room)* Büro *nt;* *(firm)* Geschäftsstelle *f;* *lawyer* Kanzlei *f;* **to stay at the ~** im Büro bleiben ❷ BRIT POL *(government department)* ■**O~** Ministerium *nt;* **Foreign/Home O~** Außen-/Innenministerium *nt* ❸ POL *(authoritative position)* Amt *nt;* **to be in ~** an der Macht sein; **to be out of ~** nicht an der Macht sein; **to come into [***or* **take] ~** sein Amt antreten; **to hold ~** im Amt sein

ˈof·fice block *n* BRIT, AUS Bürohaus *nt,* Bürogebäude *nt* **ˈof·fice boy** *n* Laufbursche *m* **ˈof·fice build·ing** *n* Bürohaus *nt,* Bürogebäude *nt* **ˈof·fice equip·ment** *n no pl* Büroeinrichtung *f* **ˈof·fice girl** *n* Bürogehilfin *f* **ˈof·fice·hold·er** *n* Amtsinhaber(in) *m(f)* **ˈof·fice hours** *npl* Geschäftszeit[en] *f[pl]*, Öffnungszeit[en] *f[pl]*; **to do sth out[side] of ~** etw außerhalb der Dienstzeit tun **of·fice ˈjun·ior** *n* BRIT Bürogehilfe, -in *m, f* **of·fice ˈman·ag·er** *n* Büroleiter(in) *m(f)* **Of·fice of Fair ˈTrad·ing** *n no pl* BRIT Kartellbehörde *f*

of·fic·er [ˈɒfɪsəʳ, AM ˈɑːfɪsɚ] *n* ❶ MIL Offizier(in) *m(f)* ❷ *(authoritative person)* Beamte(r) *m,* Beamte [*o* -in] *f;* **O~ Clarke** AM Wachtmeister Clarke; **~!** Herr Wachtmeister!; **personnel ~** Personalreferent(in) *m(f);* **[police] ~** Polizeibeamte(r) *f(m),* Polizist(in) *m(f)*

ˈof·fice space *n no pl* Bürofläche *f* **ˈof·fice staff** *n + sing/pl vb* Büropersonal *nt* **ˈof·fice sup·plies** *npl* Büromaterial *nt,* Bürobedarf *m kein pl* **ˈof·fice tow·er** *n* AM Bürohaus *nt,* Bürogebäude *nt* **ˈof·fice work** *n no pl* Büroarbeit *f* **ˈof·fice work·er** *n* Büroangestellte(r) *f(m)*

of·fi·cial [əˈfɪʃəl] **I.** *n* ❶ *(holding public office)* Amtsperson *f,* Beamte(r) *m,* Beamte [*o* -in] *f;* **government/security ~** Regierungs-/Sicherheitsbeamte(r) *f(m)* ❷ *(responsible person)* Offizielle(r) *f(m),* Funktionsträger(in) *m(f);* **trade-union ~** Gewerkschaftsfunktionär(in) *m(f)* ❸ *(referee)* Schiedsrichter(in) *m(f)* **II.** *adj inv* ❶ *(relating to an office)* offiziell, amtlich; *(on business)* dienstlich; **~ business** Amtsgeschäfte *ntpl;* **~ duty** Dienstpflicht *f;* **~ residence** Amtssitz *m;* **~ use** Dienstgebrauch *m;* **~ visit** offizieller Besuch ❷ *(authorized)* offiziell; **the ~ position is that ...** offiziell heißt es, dass ...; **~ authorization** offizielle Genehmigung; **~ inquiry** amtliche Untersuchung; **~ language** Amtssprache *f;* **~ publication/transcript** autorisierter Artikel/autorisierte Abschrift *geh;* **~ record** amtliche Aufzeichnungen *fpl;* JUR Gerichtsakte *f;* **~ spokesperson** offizieller Sprecher/offizielle Sprecherin; **~ strike** regulärer Streik ❸ *(officially announced)* offiziell, amtlich bestätigt; **~ communiqué/statement** amtliche Verlautbarung/Erklärung

of·fi·cial ˈbirth·day *n* BRIT offizieller Geburtstag

of·fi·cial·dom [əˈfɪʃəldəm] *n* ❶ *no pl* *(pej: bureaucracy)* Bürokratie *f pej* ❷ *+ sing/pl vb* *(officials collectively)* Beamtenschaft *f,* Beamtentum *nt*

of·fi·cial·ese [əˌfɪʃəlˈiːz] *n no pl* Beamtensprache *f oft pej,* Amtssprache *f*

of·fi·cial·ly [əˈfɪʃəli] *adv inv* offiziell

of·fi·cial ˈopen·ing *n* offizielle Eröffnung **of·fi·cial re·ˈceiv·er** *n* BRIT Konkursverwalter(in) *m(f)* **of·fi·cial re·ˈceiv·er·ship** *n no pl* BRIT Konkursverfahren *nt;* **to go into ~** in Konkurs gehen

of·fi·cial ˈse·cret *n* BRIT *(a. iron)* Staatsgeheimnis *nt;* **to leak an ~** ein Staatsgeheimnis durchsickern lassen **Of·fi·cial ˈSe·crets Act** *n no pl* BRIT ■**the ~** Gesetz *nt* über die Wahrung von Staatsgeheimnissen

of·fi·ci·ant [əˈfɪʃiənt, AM -ʃənt] *n* amtierender Geistlicher

of·fi·ci·ate [əˈfɪʃieɪt] *vi* *(form)* ■**to ~ at sth** bei etw *dat* amtieren; ■**to ~ [at sth] as sth** [bei etw *dat*] als etw fungieren; **to ~ at several churches** *vicar* für mehrere Pfarreien zuständig sein; **to ~ at a match** SPORTS ein Spiel pfeifen; **to ~ at a wedding** eine Trauung vornehmen

of·fi·cious [əˈfɪʃəs] *adj* *(pej)* ❶ *(bossy)* schikanierend ❷ *(interfering)* aufdringlich

of·fi·cious·ly [əˈfɪʃəsli] *adv* *(pej)* ❶ *(in bossy fashion)* auf schikanierende Art ❷ *(in interfering way)* aufdringlich

of·fi·cious·ness [əˈfɪʃəsnəs] *n no pl* *(pej)* ❶ *(bossiness)* Schikanierende Art ❷ *(interference)* Aufdringlichkeit *f*

of·fing [ˈɒfɪŋ, AM ˈɑːf-] *n no pl* ■**to be in the ~** bevorstehen, zu erwarten sein; **with an election in the ~ ...** mit einer sich abzeichnenden Wahl vor Augen ...

off·ish [ˈɒfɪʃ, AM ˈɑːf-] *adj* *(fam)* ❶ BRIT *(not interested)* uninteressiert ❷ *(stand-offish)* reserviert

off ˈkey I. *adv* falsch; **to sing ~** falsch singen **II.** *adj* ❶ *(out of tune)* verstimmt ❷ *(fig: inopportune)* unangebracht **off-ˈla·bel** *adj* MED, PHARM **~ use** *(of a drug)* Off-Label Einsatz *fachspr* *(von Medikamenten),* zweckentfremdeter Gebrauch *(von Medikamenten)* **ˈoff-li·cence** *n* BRIT Wein- und Spirituosengeschäft *nt* **off-ˈlim·its** *adj inv, pred* ■**to be ~ to sb** für jdn tabu sein **off-ˈline** *adj inv* offline; **to go ~** auf Offlinebetrieb schalten **off-line con·ˈnec·tion** *n* AVIAT Anschlussflug *m* mit einer anderen Fluglinie **off-ˈload** *vt* ❶ *(unload)* ■**to ~ sth** etw ausladen; **to ~ freight** Fracht löschen ❷ *(get rid of)* ■**to ~ sth [onto sb]** etw [bei jdm] loswerden *fam;* **to ~ the blame/responsibility [onto sb]** die Schuld/Verantwortung [auf jdn] abladen; **to ~ work [onto sb]** Arbeit [auf jdn] abladen ❸ COMPUT **to ~ data** Daten umladen **off-ˈpeak I.** *adj inv* ❶ *telephone call* außerhalb der Hauptsprechzeiten *nach n* ❷ *electricity supply* Schwachlastzeit-; **~ demand** Strombedarf *m* außerhalb der Hauptlastzeiten ❸ TOURIST **I prefer to go on holiday at ~ times of the year** ich ziehe es vor, außerhalb der Hauptreisezeiten in Urlaub zu fahren; **~ prices/travel** Preise *mpl*/Reise *f* außerhalb der Hauptreisezeit [*o* Hauptsaison] **II.** *adv* ❶ *(of telephone call)* außerhalb der Hauptsprechzeiten ❷ TOURIST **to travel ~** außerhalb der Hauptsaison verreisen **off-ˈpiste** *esp* BRIT **I.** *adv inv* abseits der Skipiste; **to ski ~** außerhalb gekennzeichneter Pisten fahren **II.** *adj inv* abseits der Skipiste *nach n;* **~ skiing** Skifahren *nt* abseits der Pisten **off-ˈput·ting** *adj* abschreckend; **~ appearance/manner** abstoßendes Äußeres/abstoßende Art; **an ~ experience** *(disconcerting)* ein schreckliches Erlebnis; *(unpleasant)* ein unangenehmes Erlebnis; **~ smell** ek[e]liger Geruch; **to find sth ~** etw abschreckend finden **off-ˈroad** *adj inv* ❶ *(not on road)* im Gelände; **we found an ~ camping site near the lake** wir fanden einen Campingplatz abseits der Straße in der Nähe des Sees ❷ TRANSP **~ car/motorbike** Geländewagen *m*/-motorrad *nt,* Offroadauto/-motorrad *nt* **off-ˈroad·ing** *n no pl* SPORTS Gelän-

O

defahren *nt* **'off-sales** *npl* BRIT Verkauf *m* von Alkohol zum Mitnehmen **'off sea·son** *n* ■**the ~** die Nebensaison

off·set¹ <-set, -set> [ˌɒfˈset, AM ˌɑːf-] *vt usu passive* ■**to be ~ by sth** durch etw *akk* ausgeglichen [*o fam* wettgemacht] werden

off·set² [ˈɒfset, AM ˈɑːf-] **I.** *vt* <-set, -set> ❶ FIN ■**to ~ sth** etw ausgleichen; **to ~ a disadvantage** einen Nachteil aufwiegen; **to ~ sth against tax** AUS, BRIT etw von der Steuer absetzen; ■**to ~ sth by sth** etw durch etw *akk* ausgleichen ❷ (*print*) ■**to ~ sth** etw im Offsetverfahren drucken **II.** *n* ❶ TECH **to have an ~ of sth** eine Abweichung von etw *akk* aufweisen ❷ FIN ■**to be an ~ against sth** ein Ausgleich zu etw *dat* sein ❸ HORT Ableger *m* ❹ GEOG Ausläufer *m*

off·set 'print·ing *n no pl* Offsetdruck *m fachspr*

'off·shoot *n* ❶ HORT Ableger *m* ❷ (*of company, organization*) Nebenzweig *m* ❸ (*of ocean*) Seitenarm *m* eines Meeres ❹ (*of political party*) Splitterpartei *f* ❺ (*of language*) **~ of a language** Tochtersprache *f*

off·'shore I. *adj inv* ❶ (*at sea*) küstennah, vor der Küste gelegen; **~ drilling** Offshorebohrung *f fachspr* ❷ (*of wind, current*) ablandig *fachspr* ❸ *inv* FIN Auslands-; **~ account/banking/funds** Auslandskonto *nt*/Offshorebanking *nt fachspr*/Offshorefonds *m fachspr* **II.** *adv* (*of wind movement*) von der Küste her; **to drop anchor ~** vor der Küste ankern; **to fish ~** vor der Küste fischen **off·shore 'fish·ing** *n no pl* Fischen *nt* in Küstengewässern **off·shore 'is·land** *n* Insel *f* vor der Küste **off·shore 'is·land·er** *n* Inselbewohner(in) *m(f)* **off·shore 'oil·field** *n* Offshoreölfeld *nt fachspr* **off·shore 'pur·chase** *n* Auslandskauf *m* **off·shore 'race** *n* Offshorerennen *nt*

off·'side I. *adj inv* ❶ SPORTS abseits; **~ position** Abseitsstellung *f* ❷ *attr esp* BRIT AUTO auf der Fahrerseite *nach n;* **~ door** Fahrertür *f* **II.** *adv inv* abseits **III.** *n* ❶ SPORTS Abseits *nt* ❷ *esp* BRIT AUTO ■**on the ~** auf der Fahrerseite

off·'side rule *n* Abseitsregel *f*

off·spring <*pl* -> [ˈɒfsprɪŋ, AM ˈɑːf-] *n* ❶ (*animal young*) Junge(s) *nt* ❷ (*a. hum: person's child*) Nachkomme *m;* (*esp son*) Sprössling *m hum fam* ❸ (*fig: result*) Ergebnis *nt*

off·'stage I. *adj inv* ❶ (*behind the stage*) hinter der Bühne *nach n* ❷ (*private*) **~ life** Privatleben *nt* **II.** *adv* ❶ (*privately*) im Privatleben, privat ❷ (*away from the stage*) hinter der Bühne; **to hear sb's voice ~** jds Stimme *f* aus dem Off hören; **to walk ~** von der Bühne abgehen **off-street 'park·ing** *n no pl Parken auf Parkplätzen außerhalb des Stadtzentrums*

off-the-'cuff I. *adj inv* spontan; **~ speech** Stegreifrede *f* **II.** *adv* aus dem Stegreif **off-the-job 'train·ing** *n no pl* außerbetriebliche Fortbildung **off-the-'peg** BRIT, **off-the-'rack** *adj inv* AM Konfektions-, von der Stange *nach n;* **~ clothes** Konfektionskleidung *f* **off-the-'rec·ord I.** *adj inv* inoffiziell **II.** *adv* inoffiziell **off-the-'wall** *adj* (*fam*) seltsam, verschroben *pej;* **~ creativity** unkonventionelle Kreativität; **~ humour** seltsamer Humor

off-'white *n no pl* gebrochenes Weiß

offy [ˈɒfi] *n* BRIT (*sl*) *short for* **off-licence** Wein- und Spirituosenhandlung *f*

OFT *n* BRIT *abbrev of* **Office of Fair Trading**

oft [ɒft, AM ɑːft] *adv inv* (*dated liter*) oft

of·ten [ˈɒfᵊn, AM ˈɑːf-] *adv* oft, häufig; ■**it's not ~ that ...** es kommt selten [*o* nicht oft] vor, dass ...; **as ~ as not** meistens; **every so ~** gelegentlich; **once too ~** einmal zu viel [*o* zu oft] ▸ PHRASES: **more ~ than sb has had hot dinners** öfter, als jd sich *dat* [auch nur annähernd] vorstellen kann

oft-re·'peat·ed *adj* oft [*o* häufig] wiederholt; (*pej*) abgedroschen *pej*

ogle [ˈəʊgl, AM ˈoʊgl] **I.** *vi* gaffen *pej;* ■**to ~ at sb** jdn angaffen *pej* **II.** *vt* ■**to ~ sb** jdn angaffen [*o fam* anglotzen] *pej*

ogre [ˈəʊgəʳ, AM ˈoʊgɚ] *n* Menschenfresser *m;* (*fig fam*) Scheusal *nt pej*

ogress <*pl* -es> [ˈəʊgrəs, AM ˈoʊ-] *n* Menschenfresserin *f;* (*fig fam*) Scheusal *nt pej*

oh¹ [oʊ] *interj* ❶ (*to show surprise, disappointment, pleasure*) oh; **I've warned him over and over again but, ~ well, he'll just have to learn the hard way** ich habe ihn immer wieder gewarnt, aber na ja, er muss es eben auf die harte Tour lernen; **~ hell!** was soll's! *fam;* **~ damn!** verdammt! *pej fam;* **~ dear!** oje!; **~ yes?** sag bloß?, ach ja? ❷ (*by the way*) ach, übrigens

oh² [əʊ] *n* BRIT (*in phone numbers*) Null *f*

OHIP [ˈoʊhɪp] *n* CAN *acr for* **Ontario Health Insurance Plan** gesetzliche Krankenversicherung in Ontario

ohm [əʊm, AM oʊm] *n* Ohm *nt*

OHP [ˌəʊeɪtʃˈpiː, AM ˌoʊ-] *n abbrev of* **overhead projector**

oick, oik [ɔɪk] *n* BRIT (*pej sl*) Rowdy *m pej*

oil [ɔɪl] **I.** *n* ❶ (*lubricant*) Öl *nt;* **to change the ~** das Öl wechseln; AUTO einen Ölwechsel machen; **to check the ~** den Ölstand prüfen ❷ *no pl* (*petroleum*) [Erd]öl *nt;* **to drill for ~** nach Öl bohren ❸ FOOD [Speise]öl *nt;* **to cook sth in/with ~** etw in/mit Öl braten; **to fry sth in deep ~** [*or* **to deep-fry sth in ~**] etw in schwimmendem Öl backen ❹ (*for cosmetic use*) **hair/massage ~** Haar-/Massageöl *nt;* **suntan ~** Sonnenöl *nt* ❺ (*oil-based paints*) ■**~s** *pl* Ölfarben *fpl;* **can you do my portrait in ~s?** können Sie mich in Öl porträtieren? ▸ PHRASES: **to burn the midnight ~** bis spät in die Nacht lernen; **to mix like ~ and water** nicht gut miteinander auskommen **II.** *vt* ❶ (*treat*) ■**to ~ sth** etw ölen; **lightly ~ a cake tin** fetten Sie eine Kuchenform leicht ein ❷ *usu passive* (*be polluted*) ■**to be ~ed** mit Öl verschmutzt sein ▸ PHRASES: **to ~ sb's hand** [*or* **palm**] jdn schmieren *fam;* **to ~ the wheels** (*fam*) die Dinge erleichtern

'oil bar·on *n* Ölmagnat(in) *m(f)* **'oil·cake** *n* AGR Ölkuchen *m fachspr* **'oil·can** *n* Ölkännchen *nt* **'oil change** *n* Ölwechsel *m;* **to have an ~** einen Ölwechsel machen lassen **'oil·cloth** *n* Wachstuch *nt* **'oil com·pa·ny** *n* Ölfirma *f* **'oil cri·sis** *n* Ölkrise *f* **'oil de·pos·its** *npl* Ölvorkommen *ntpl* **'oil drum** *n* Ölfass *nt* **'oil-ex·port·ing** *adj attr, inv* [Erd]öl exportierend; **~ country** [Erd]öl exportierendes Land, [Erd]ölexportland *nt* **'oil·field** *n* Ölfeld *nt* **'oil fil·ter** *n* Ölfilter *m* **'oil-fired** *adj inv* ölbeheizt; *central heating* ölbetrieben; **~ heating system** Ölheizung *f* **'oil fur·nace** *n* Ölfeuerung *f* **'oil gauge** *n* Ölstandsanzeiger *m*

oili·ness [ˈɔɪlɪnəs] *n no pl* ❶ FOOD Öligkeit *f,* Fettigkeit *f* ❷ (*of cosmetics*) Fettigkeit *f,* ölige Beschaffenheit ❸ (*of hair, skin*) Fettigkeit *f* ❹ (*fig: of behaviour*) aalglatte Art *pej*

'oil lamp *n* Öllampe *f,* Petroleumlampe *f* **'oil·man** *n* (*seller*) Ölhändler(in) *m(f);* (*worker*) Ölarbeiter(in) *m(f);* (*industrialist*) Unternehmer(in) *m(f)* in der Ölbranche **'oil paint** *n* Ölfarbe *f* **'oil paint·ing** *n* Ölbild *nt,* Ölgemälde *nt* ▸ PHRASES: **to be no ~** AUS, BRIT (*fig*) keine Schönheit sein **'oil pipe·line** *n* Ölpipeline *f,* Ölleitung *f* **'oil plat·form** *n* Ölplattform *f* **'oil pres·sure** *n* Öldruck *m kein pl* **'oil-pro·duc·ing** *adj attr, inv* [Erd]öl produzierend; **~ country** [Erd]öl produzierendes Land, [Erd]ölförderland *nt;* **~ shale** GEOL Ölschiefer *m* **'oil pro·duc·tion** *n no pl* [Erd]ölförderung *f* **'oil re·fin·ery** *n* [Erd]ölraffinerie *f*

'oil rig *n* Bohrinsel *f* **'oil·seed** *n no pl* Ölsamen *m* **oil·seed 'rape** *n no pl* Raps *m* **'oil sheik** *n* Ölscheich *m* **'oil·skin** *n* ❶ *no pl* (*waterproof cloth*) Öltuch *nt* ❷ (*waterproof clothing*) ■**~s** *pl* Ölzeug *nt kein pl* **'oil slick** *n* Ölteppich *m* **'oil spill** *n* Ölverschmutzung *f* **'oil tank·er** *n* Öltanker *m* **'oil well** *n* Ölquelle *f*

oily [ˈɔɪli] *adj* ❶ (*oil-like*) ölig ❷ FOOD ölig ❸ *hair, skin* fettig ❹ *objects* schmierig ❺ (*fig: obsequious*) schmierig *pej fam*

oink [ɔɪŋk] (*fam*) **I.** *interj* grunz **II.** *vi* grunzen

oint·ment [ˈɔɪntmənt] *n* Salbe *f*

OK (*fam*), **okay** [ə(ʊ)ˈkeɪ, AM oʊˈ-] (*fam*) **I.** *adj* ❶ *pred, inv* (*acceptable*) okay *fam;* **if it's ~ with you, ...** wenn es dir recht ist, ... ❷ *pred, inv* (*healthy*) *person* in Ordnung; **are you ~?**

you look a bit pale geht es dir gut? du siehst etwas blass aus ❸ *pred, inv* (*not outstanding*) ganz gut; **the meal was ~** das Essen war nicht schlecht ❹ *pred, inv* (*understanding*) ■**to be ~ about sth** mit etw *dat* einverstanden sein ❺ *pred, inv* (*have no problems with*) **are you ~ for money or shall I give you some?** hast du genug Geld oder soll ich dir etwas geben?; **to be ~ for drink** etwas zu trinken haben; **to be ~ for work** genug Arbeit haben ❻ (*pleasant*) **to be an ~ bloke** ein prima Kerl sein *fam* **II.** *interj* gut, okay *fam;* **~ then** also gut **III.** *vt* ■**to ~ sth** etw *dat* zustimmen, zu etw *dat* sein Okay geben *fam* **IV.** *n* **to get the ~** das Okay bekommen *fam;* **to give [sth] the ~ [***or* **the ~ [to sth]]** das Okay [zu etw *dat*] geben *fam* **V.** *adv inv* gut; **I just phoned to make sure that you got there ~** ich habe nur kurz angerufen, um sicherzugehen, dass du dort gut angekommen bist; **to do ~** sich *akk* gut machen; **he was doing ~ until his mother arrived and interfered** er machte seine Sache gut, bis seine Mutter kam und sich einmischte; **to go ~** in Ordnung sein, gut laufen *fig fam*

okey-doke(y) [ˌəʊkiˈdəʊk(i), AM oʊkiˈdoʊk(i)] *interj* (*fam*) okay *fam,* geht in Ordnung *fam,* gut; **~ then** also gut

okk·er *n* AUS *see* **ocker**

okra [ˈɒkrə, AM ˈoʊk-] *n no pl* Okra *f*

old [əʊld, AM oʊld] **I.** *adj* ❶ *person, animal* alt; **there's life in the ~ boy yet!** (*esp iron*) er steckt noch voller Leben!; **to be ~ enough to be sb's father/mother** (*fam*) jds Vater/Mutter sein können; **to be ~ enough to do sth** alt genug sein, um etw zu tun; **to grow ~ gracefully** mit Würde alt werden; **to be [a bit] too ~ to be doing sth** [ein bisschen] zu alt sein, um etw zu tun; **to get [***or* **grow] ~/~er** alt/älter werden; **to live to a ripe ~ age** ein hohes Alter erreichen; **to seem ~ beyond one's years** älter wirken, als man ist ❷ *object* alt; **~ cheese** alter Käse; **~ joke** abgedroschener Witz *fam;* **the ~ part of town [***or* **the ~ quarter]** die Altstadt ❸ *after n* (*denoting an age*) alt; **Rosie's six years ~ now** Rosie ist jetzt sechs Jahre alt ❹ *attr, inv* (*former*) alt, ehemalig; **~ boyfriend** früherer Freund; **in the [good] ~ days** in der guten alten Zeit; **~ job** alter [*o* früherer] Job; **for ~ times' sake** um der alten Zeiten willen ❺ *attr* (*long known*) altbekannt; **with him, it's always the same ~ story!** es ist doch immer die gleiche Geschichte mit ihm!; **~ friend** alter Freund/alte Freundin ❻ *attr, inv* (*fam: expression of affection*) [gute(r)] alte(r); **good ~ Pete!** der gute alte Pete!; **I hear poor ~ Frank's lost his job** ich habe gehört, dem armen Frank wurde gekündigt ❼ *attr, inv* (*pej fam*) **dirty ~ man** geiler alter Bock *pej vulg,* alter Wüstling *pej* ❽ *attr, inv* (*fam: any*) **why don't you put the shoes in the cupboard properly and not just any ~ how?** warum räumst du die Schuhe nicht ordentlich in den Schrank und nicht immer nur so, wie sie dir gerade in die Hand fallen?; **I don't want to eat in just any ~ place – I want to go to a romantic restaurant!** ich möchte nicht einfach nur irgendwo essen – ich möchte in ein romantisches Restaurant gehen!; **come round any ~ time you like** komm vorbei, wann immer du möchtest; **any ~ present/rubbish/thing** irgendein Geschenk/irgendeinen Unsinn/irgendwas; **a load of ~ rubbish!** (*pej*) nichts als blanker Unsinn! *fam* ▶PHRASES: **to be a chip off the ~ block** ganz der Vater sein *fam;* **to be as tough as ~ boots** hart im Nehmen sein; **you can't teach an ~ dog new tricks** (*saying*) der Mensch ist ein Gewohnheitstier *prov;* **there's no fool like an ~ fool** (*saying*) Alter schützt vor Torheit nicht *prov;* **you can't put an ~ head on young shoulders** (*saying*) man kann einen alten Kopf nicht auf junge Schultern verpflanzen; **to be as ~ as the hills [***or* **as Methuselah] [***or* **as time]** uralt [*o fam* so alt wie Methusalem] sein; **money for ~ rope** leicht verdientes Geld; **you're as ~ as you feel!** (*saying*) man ist so alt, wie man sich fühlt! *prov* **II.** *n* ❶ (*elderly people*) ■**the ~** *pl* die Alten *pl;* **young and ~** Jung und Alt ❷ (*liter: in past times*) **in days of ~** in früheren Zeiten; **to know sb of ~** *esp* BRIT jdn seit langem kennen **III.** *in compounds* **a twenty-one-year-~** ein Einundzwanzigjähriger/eine Einundzwanzigjährige; **a three-month-~ puppy** ein drei Monate altes Hündchen

old 'age *n no pl* Alter *nt;* ■**in [one's] ~** im Alter **old age 'pen·sion** *n* AUS, BRIT [Alters]rente *f* **old age 'pen·sion·er** *n* AUS, BRIT Rentner(in) *m(f)* **Old Bai·ley** [əʊldˈbeɪliː] *n no pl* ■**the ~** das Old Bailey **Old 'Bill** *n no pl, + sing/pl vb* BRIT (*fam*) ■**the ~** die Bullen *mpl pej fam,* die Polente *sl* **old 'boy** *n* ❶ *esp* BRIT (*fam: old man*) Alte(r) ❷ *esp* BRIT (*dated fam: old friend*) alter Junge *fam* ❸ AUS, BRIT (*former pupil*) ehemaliger Schüler; **~ reunion** Ehemaligentreffen *nt* **old-boy 'net·work** *n + sing/pl vb* ❶ AUS, BRIT (*of former students*) *Cliquenwirtschaft ehemaliger Schulkollegen* ❷ AM (*esp pej: of influential friends*) Seilschaft *f* **'old coun·try** *n no pl* (*a. hum*) ■**the ~** das Heimatland **old 'dear** *n* ❶ (*patronizing address*) Muttchen *nt* ❷ (*affectionate address*) Liebste *kein art,* Liebes *kein art*

old·en [ˈəʊldᵊn, AM ˈoʊ-] *adj attr, inv* (*dated liter*) **in the ~ days** früher; **in ~ times** in alten Zeiten, früher

Old 'Eng·lish *n no pl* LING Altenglisch *nt*

olde worlde [ˌəʊldiˈwɜːldi] *adj* BRIT, AUS (*fam*) altertümlich

old-'fash·ioned *adj* (*esp pej*) ❶ (*dated*) altmodisch; **~ clothes** altmodische Kleidung ❷ (*traditional*) altmodisch; *thinking* traditionsverbunden; **~ charm** antiquierter Charme; **~ opinions [***or* **views]** traditionelle Ansichten ❸ (*disapproving*) **to give sb an ~ look** jdn missbilligend ansehen **old 'flame** *n* (*fam*) alte Flamme *veraltend fam,* Verflossene(r) *f(m) fam* **old 'girl** *n* ❶ (*old woman*) alte Frau ❷ *esp* BRIT (*fam: patronizing address*) altes Mädchen *fam* ❸ *esp* BRIT (*fam: affectionate address*) Schätzchen *nt fam* ❹ AUS, BRIT (*former pupil*) ehemalige Schülerin **Old 'Glo·ry** *n no pl* AM Sternenbanner *nt* **old 'gold** *n no pl* Altgold *nt* **old 'growth** *n* AM, AUS alter Baumbestand **old-growth 'for·est** *n* unberührter Wald **'old guard** *n no pl, + sing/pl vb* alte Garde **old 'hand** *n* alter Hase *fam* **old 'hat** *n no pl* (*pej*) ❶ (*old-fashioned*) ■**to be ~** altmodisch sein ❷ (*very familiar*) **that's ~** das ist ein alter Hut *fam*

oldie [ˈəʊldi, AM ˈoʊ-] *n* (*fam*) ❶ (*song*) Oldie *m fam* ❷ (*older person*) Oldie *m hum fam*

old·ish [ˈəʊldɪʃ, AM ˈoʊ-] *adj inv* ältlich, älter

old 'lady *n* ❶ (*elderly female*) alte Dame ❷ (*fam: one's wife, mother*) ■**the/sb's ~** die/jds Alte *fam* **old 'maid** *n* (*esp pej dated*) alte Jungfer *oft pej* **old-maidish** [-ˈmeɪdɪʃ] *adj* (*esp pej dated*) jungfernhaft *meist pej,* altjüngferlich *pej* **old 'man** *n* ❶ (*elderly male*) alter Mann, Greis *m* ❷ (*sl: husband, father*) ■**the/sb's ~** der Alte/jds Alter *fam* ❸ (*boss, leader*) ■**the ~** der Alte **Old Man 'Riv·er** *n no pl* AM Mississippi *m* **old 'mas·ter** *n* alter Meister **old 'mon·ey I.** *n no pl* ❶ *+ sing/pl vb* (*well-established families*) alter Geldadel ❷ (*former currency*) alte Währung **II.** *adj inv* alteingesessen **Old 'Nick** *n no pl* (*hum dated*) der Teufel **'old school I.** *n* (*approv*) ■**the ~** die alte Schule; **he's one of the ~** er ist [noch] einer der alten Schule **II.** *adj* der alten Schule *nach n* **old school 'tie** *n* BRIT ❶ (*tie*) *Krawatte der ehemaligen Schüleruniform* ❷ (*fig: cliquishness*) ■**the ~** *Cliquenwirtschaft unter ehemaligen Schulkameraden* **old 'stag·er** *n* ❶ (*old man*) Oldie *m hum fam* ❷ (*long-time worker*) alter Hase *fam;* (*long-time resident*) Alteingesessene(r) *f(m)* **Old 'Tes·ta·ment** *n* ■**the ~** das Alte Testament **'old-time** *adj attr, inv* (*esp approv*) aus alter Zeit *nach n;* **~ atmosphere** Atmosphäre *f* vergangener Zeiten; **~ dancing** alte Tänze **old-'tim·er** *n* (*fam*) ❶ (*old man*) Oldie *m hum fam* ❷ (*long-time worker*) alter Hase *fam;* (*long-time resident*) Alteingesessene(r) *f(m)* **old 'wives' tale** *n* Ammenmärchen *nt* **old 'wom·an** *n* ❶ (*elderly female*) alte Frau ❷ (*mother, wife*) ■**sb's ~** jds Alte *f fam* ❸ (*pej: fretful man*) altes Weib *pej fam* **'old-world** *adj* (*approv*) altertümlich; **~ courtesy** altväterliche Höflichkeit **'Old World** *n no pl* ■**the ~** die Alte Welt

oleagi·nous [ˌəʊliˈædʒɪnəs, AM ˌoʊ-] *adj* ❶ (*of oil*) ölig ❷ (*fig: obsequious*) kriecherisch *pej*

olean·der [ˌəʊliˈændəʳ, AM ˌoʊliˈændɚ] *n* Oleander *m*
'O lev·el *n* BRIT (*hist*) *short for* **ordinary level** ≈ mittlere Reife

i Kultur

Die früheren Schulabschlüsse **O-level** und **O-grade** entsprechen in England und Schottland heute den Abschlüssen *GCSE* und *Standard grade*.

ol·fac·tory [ɒlˈfæktəri, AM ɑːlˈfækteri] *adj inv* Geruchs-, olfaktorisch *fachspr*
ol·fac·tory 'bulb *n* ANAT Bulbus olfactorius *m fachspr* **ol·fac·tory 'lobe** *n* ANAT Geruchssinnlappen *m fachspr,* Lobus olfactorius *m fachspr* **ol·fac·tory 'nerve** *n* ANAT Riechnerv *m,* Nervus olfactorius *m fachspr*
oli·gar·chy [ˈɒlɪgɑːki, AM ˈɑːlɪgɑːr-] *n* Oligarchie *f*
oli·go·gen·ic [ˌɒlɪgə(ʊ)ˈdʒenɪk, AM ˌɑːlɪgoʊ-] *adj* MED ~ **illness** durch mehrere Gene bedingte Krankheit
oli·gopo·lis·tic [ˌɒlɪgɒpəˈlɪstɪk, AM ˌɑːlɪgɑːpəˈ-] *adj* ECON oligopolistisch *fachspr*
oli·gopo·ly [ˌɒlɪˈgɒpəli, AM ˌɑːlɪˈgɑːp-] *n* ECON Oligopol *nt fachspr*
ol·ive [ˈɒlɪv, AM ˈɑːl-] *n* ❶ (*fruit*) Olive *f* ❷ (*tree*) Olivenbaum *m,* Ölbaum *m* ❸ (*dish*) **beef/veal** ~ Kalbs-/Rindsroulade *f*
'ol·ive branch *n* ❶ HORT Olivenzweig *m,* Ölzweig *m* ❷ (*fig: symbol of peace*) Ölzweig *m;* **to hold out the** ~ [**to sb**] [jdm] seinen Friedenswillen zeigen **ol·ive 'drab** *n* AM, **ol·ive 'green** *n* Olivgrün *nt* **'ol·ive grove** *n* Olivenhain *m* **ol·ive 'oil** *n no pl* Olivenöl *nt*
ol·ogy [ˈɒlədʒi, AM ˈɑːl-] *n* (*hum fam*) [irgendein] Wissenschaftszweig *m;* **what's his new girlfriend studying? – oh, some** ~ **or other – pharmacology, I think** was studiert seine neue Freundin [eigentlich]? – och, irgend so eine Wissenschaft – Pharmazie, glaube ich *fam*
Olym·pi·ad [ə(ʊ)ˈlɪmpiæd, AM oʊˈ-] *n* Olympiade *f,* Olympische Spiele
Olym·pian [ə(ʊ)ˈlɪmpiən, AM oʊˈ-] **I.** *adj inv* (*liter*) ❶ (*of Greek mythology*) olympisch ❷ (*aloof*) [überirdisch] entrückt ❸ (*tremendous*) riesig; ~ **feat** titanische Leistung *geh* ❹ *attr* (*of Olympic Games*) olympisch **II.** *n* ❶ (*of gods*) Olympier(in) *m(f)* ❷ (*Olympic Games competitor*) Olympionike, -in *m, f,* olympischer Wettkämpfer/olympische Wettkämpferin ❸ (*great person*) Titan *m geh*
Olym·pic [ə(ʊ)ˈlɪmpɪk, AM oʊˈ-] *adj attr, inv* ❶ (*of Greek mythology*) olympisch ❷ SPORTS olympisch; ~ **champion** Olympiasieger(in) *m(f);* **International** ~ **Committee** Internationales Olympisches Komitee; ~ **flame** olympisches Feuer; ~ **stadium** Olympiastadion *nt*
Olym·pic 'Games *n,* **Olym·pics** *npl* Olympische Spiele
Oman [ə(ʊ)ˈmɑːn, AM oʊˈ-] *n no pl* Oman *m*
om·buds·man [ˈɒmbʊdzmən, AM ˈɑːmbəd-] *n* Ombudsmann *m*
omega [ˈəʊmɪgə, AM oʊˈmeɪ-] *n* Omega *nt*
ome·let(te) [ˈɒmlət, AM ˈɑːm-] *n* Omelett *nt* ▶ PHRASES: **you can't make an** ~ **without breaking** [**a few**] **eggs** (*prov*) wo gehobelt wird, da fallen Späne *prov*
omen [ˈəʊmən, AM ˈoʊ-] *n* Omen *nt;* **to be a bad/good** ~ **for sth** ein schlechtes/gutes Omen für etw *akk* sein
omi·nous [ˈɒmɪnəs, AM ˈɑːmə-] *adj* unheilvoll; ~ **implications** verhängnisvolle Auswirkungen; ~ **silence** ominöses Schweigen *geh*
omi·nous·ly [ˈɒmɪnəsli, AM ˈɑːmə-] *adv* (*inauspiciously*) bedrohlich; (*alarming*) bedenklich; ~, **the telephone line went dead just after I heard a scream** ominöserweise wurde die Verbindung unterbrochen, nachdem ich einen Schrei gehört hatte
omis·sion [ə(ʊ)ˈmɪʃən, AM oʊˈ-] *n* Auslassung *f;* **sb's** ~ **from the team** SPORTS jds Nichtberücksichtigung bei der Mannschaftsaufstellung
omit <-tt-> [ə(ʊ)ˈmɪt, AM oʊˈ-] **I.** *vt* ■**to** ~ **sb/sth** jdn/etw auslassen [*o* weglassen]; (*ignore*) jdn/etw übergehen; **to** ~ **any mention of** [*or* **reference to**] **sb/sth** jdn/etw nicht [*o* mit keinem Wort] erwähnen **II.** *vi* ■**to** ~ **to do sth** es unterlassen, etw zu tun
om·ni·bus <*pl* -es> [ˈɒmnɪbəs, AM ˈɑːm-] *n* ❶ (*collection of texts*) Sammelband *m;* (*anthology*) Anthologie *f;* (*on radio, TV*) *Zusammenfassung einzelner Wochensendungen in einem Sammelprogramm* ❷ (*dated form: bus*) Omnibus *m* ▶ PHRASES: **the man/woman on the Clapham** ~ der Mann/die Frau von der Straße, der Durchschnittsbürger/die Durchschnittsbürgerin
'om·ni·bus edi·tion *n,* **'om·ni·bus pro·gramme** *n Zusammenfassung einzelner Wochensendungen in einem Sammelprogramm*
om·ni·di·rec·tion·al [ˌɒmnɪdɪˈrekʃənəl, AM ˌɑːm-] *adj inv* TELEC Rundstrahl-, allseitig abstrahlend; ~ **microphone** Allrichtungsmikrofon *nt*
om·nipo·tence [ɒmˈnɪpətən(t)s, AM ɑːmˈnɪpət̬ən(t)s] *n no pl* Allmächtigkeit *f,* Allmacht *f geh,* Omnipotenz *f geh*
om·nipo·tent [ɒmˈnɪpətənt, AM ɑːmˈnɪpət̬ənt] *adj inv* allmächtig, omnipotent *geh*
om·ni·pres·ence [ˌɒmnɪˈprezən(t)s, AM ˌɑːm-] *n no pl* ❶ (*of God*) Allgegenwart *f* ❷ (*widespread occurrence*) Omnipräsenz *f geh*
om·ni·pres·ent [ˌɒmnɪˈprezənt, AM ˌɑːm-] *adj inv* ❶ REL allgegenwärtig ❷ (*widespread*) omnipräsent *geh;* (*everywhere*) überall; ~ **noise** ständiger Lärm
om·nis·ci·ence [ɒmˈnɪsiən(t)s, AM ɑːmˈnɪʃən(t)s] *n no pl* Allwissenheit *f*
om·ni·sci·ent [ɒmˈnɪsiənt, AM ɑːmˈnɪʃənt] *adj inv* allwissend
om·ni·vore [ˈɒmnɪvɔːʳ, AM ˈɑːmnɪvɔːr] *n* ZOOL Allesfresser *m*
om·ni·vor·ous [ɒmˈnɪvərəs, AM ɑːmˈnɪvɚ-] *adj inv* ❶ (*eating plants and meat*) alles fressend *attr,* omnivor *fachspr;* ~ **animal** Allesfresser *m* ❷ (*fig: voracious*) unstillbar; **Georgina's an** ~ **reader** Georgina verschlingt jedes Buch
on [ɒn, AM ɑːn] **I.** *prep* ❶ (*on top of*) auf +*dat; with verbs of motion* auf +*akk;* **there are many books** ~ **my desk** auf meinem Tisch sind viele Bücher; **he had to walk out** ~ **the roof** er musste auf das Dach raus; **to get** ~ **a horse** auf ein Pferd aufsteigen [*o* aufsitzen]; ~ **top of sth** [ganz] oben auf etw *dat;* **look at that cat** ~ **the chair!** schau dir die Katze auf dem Stuhl an! ❷ (*from*) auf +*dat; with verbs of motion* auf +*akk;* **she hung their washing** ~ **the line to dry** sie hängte ihre Wäsche zum Trocknen auf die Leine; **several bird houses hung** ~ **the branches** an den Ästen hingen mehrere Nistkästen; **to hang a picture** ~ **the wall** ein Bild an die Wand hängen; **a huge chandelier hung** ~ **the ceiling** ein großer Kronenleuchter hing von der Decke ❸ (*clothing*) an +*dat;* **with shoes** ~ **your feet** mit Schuhen an deinen Füßen; **the wedding ring** ~ **the ring finger** der Hochzeitsring am Ringfinger ❹ (*in area of*) an +*dat,* auf +*dat;* **our house is** ~ **Sturton Street** unser Haus ist in der Sturton Street; ~ **the hill/mountain** auf dem Hügel/Berg; **they lay** ~ **the beach** sie lagen am Strand; **the town is** ~ **the island** die Stadt ist auf der Insel; **her new house is** ~ **the river** ihr neues Haus liegt am Fluss; ~ **her estate** auf ihrem Gut; **on the border** an der Grenze; ~ **the corner** an der Ecke; **they waited for their train** ~ **platform three** sie warteten auf Bahnsteig drei auf ihren Zug; ~ **track two** an Gleis zwei; **our house is the first** ~ **the left** unser Haus ist das erste auf der linken Seite; ~ **the balcony** auf dem Balkon ❺ (*hurt by*) an +*dat;* **I hit my head** ~ **the shelf** ich stieß mir den Kopf am Regal an; **she tripped** ~ **the wire** sie blieb an dem Kabel hängen; **he cut his foot** ~ **some glass** er schnitt sich den Fuß an Glas auf ❻ (*supported by*) auf +*dat;* **to stand** ~ **one's head** auf dem Kopf stehen; **he was lying** ~ **his back** er lag auf seinem Rücken ❼ (*in possession of*) bei +*dat;* **to have sth** ~ **one** etw bei sich *dat* haben; **have you got a spare cigarette** ~ **you?** hast du noch eine

Zigarette für mich?; **I thought I had my driver's licence ~ me** ich dachte, ich hätte meinen Führerschein dabei ⑧ (*marking surface of*) auf *+dat;* **how did you get that blood ~ your shirt?** wie kommt das Blut auf Ihr Hemd?; **a scratch ~ her arm** ein Kratzer an ihrem Arm; **a smile ~ her face** ein Lächeln in ihrem Gesicht ⑨ (*about*) über *+akk;* **a debate ~ the crisis** eine Debatte über die Krise; **to comment ~ the allegations** Vorwürfe kommentieren; **he advised her ~ her taxes** er gab ihr Ratschläge für ihre Steuern; **I'll say more ~ that subject later** ich werde später mehr dazu sagen; *after pron;* **to have something/anything ~ sb** etw gegen jdn in der Hand haben; **do the police have anything ~ you?** hat die Polizei etwas Belastendes gegen dich in der Hand?; *after n;* **a documentary ~ volcanoes** ein Dokumentarfilm über Vulkane; **he needs some advice ~ how to dress** er braucht ein paar Tipps, wie er sich anziehen soll; **essays ~ a wide range of issues** Aufsätze zu einer Vielzahl von Themen ⑩ (*based on*) auf *+akk* ... hin; **he reacted ~ a hunch** er reagierte auf ein Ahnung hin; **he swore ~ his word** er gab ihr sein Wort; **~ account of sb/sth** wegen jdm/etw; **they cancelled all flights ~ account of the weather** sie sagten alle Flüge wegen dem Wetter ab; **~ purpose** mit Absicht, absichtlich; **dependent/reliant ~ sb/sth** abhängig von jdm/etw; **to be based ~ sth** auf etw *dat* basieren; **to rely/depend ~ sb** sich *akk* auf jdn verlassen; **he quit his job ~ the principle that he did not want to work for an oil company** er kündigte seine Stelle, weil er nicht für eine Ölgesellschaft arbeiten wollte; **to be based ~ the ideas of freedom and equality** auf den Ideen von Freiheit und Gleichheit basieren ⑪ (*as member of*) in *+dat;* **have you ever served ~ a jury?** warst du schon einmal Mitglied in einer Jury?; **how many people are ~ your staff?** wie viele Mitarbeiter haben Sie?; **whose side are you ~ in this argument?** auf welcher Seite stehst du in diesem Streit?; **a writer ~ a women's magazine** eine Autorin bei einer Frauenzeitschrift; **to work ~ a farm** auf einem Bauernhof arbeiten ⑫ *after vb* (*against*) auf *+akk;* **the dog turned ~ its own master** der Hund ging auf seinen eigenes Herrchen los; **the gangsters pulled a gun ~ him** die Gangster zielten mit der Pistole auf ihn; **her eyes were fixed ~ his dark profile** sie fixiert mit ihren Augen sein düsteres Profil; **to force one's will ~ sb** jdm seinen Willen aufzwingen; *after n;* **the attack ~ the village** der Angriff auf das Dorf; **they placed certain restrictions ~ large companies** großen Unternehmen wurden bestimmte Beschränkungen auferlegt; **there is a new ban ~ the drug** die Droge wurde erneut verboten; **to place a limit ~ the number of items** die Anzahl der Positionen begrenzen; **he didn't know it but the joke was ~ him** er wusste nicht, dass es ein Witz über ihn war ⑬ (*through device of*) an *+dat;* **he's ~ the phone** er ist am Telefon; **they weaved the cloth ~ the loom** sie webte das Tuch auf dem Webstuhl; **Chris is ~ drums** Chris ist am Schlagzeug; **~ the piano** auf dem [*o* am] Klavier; **we work ~ flexitime** wir arbeiten Gleitzeit ⑭ (*through medium of*) auf *+dat;* **which page is that curry recipe ~?** auf welcher Seite ist das Curry-Rezept?; **I'd like to see that offer ~ paper** ich hätte dieses Angebot gerne schriftlich; **to edit sth ~ the computer** etw im [*o* auf dem] Computer bearbeiten; **to be available ~ cassette** auf Kassette erhältlich sein; **to come out ~ video** als Video herauskommen; **I saw myself ~ film** ich sah mich selbst im Film; **what's ~ TV tonight?** was kommt heute Abend im Fernsehen?; **the jazz ~ radio** der Jazz im Radio; **I heard the story ~ the news today** ich hörte die Geschichte heute in den Nachrichten ⑮ (*during*) auf *+dat;* **~ the way to town** auf dem Weg in die Stadt ⑯ (*travelling with*) in *+dat;* **I love travelling ~ buses/trains** ich reise gerne in Bussen/Zügen; **we went to France ~ the ferry** wir fuhren auf der Fähre nach Frankreich; **he got some sleep ~ the plane** er konnte im Flugzeug ein wenig schlafen; **~ foot/horseback** zu Fuß/auf dem Pferd ⑰ (*on day of*) an *+dat;* **many shops don't open ~ Sundays** viele Läden haben an Sonntagen geschlossen; **what are you doing ~ Friday?** was machst du am Freitag?; **we always go bowling ~ Thursdays** wir gehen donnerstags immer kegeln; **my birthday's ~ the 30th of May** ich habe am 30. Mai Geburtstag; **I'm free ~ Saturday morning** ich habe am Samstagvormittag nichts vor; **I always go shopping ~ Wednesday morning** ich gehe jeden Mittwochvormittag einkaufen; **~ a very hot evening in July** an einem sehr heißen Abend im Juli ⑱ (*at time of*) bei *+dat;* **~ his mother's death** beim Tod seiner Mutter; **~ your arrival/departure** bei Ihrer Ankunft/Abreise; **~ the count of three, start running!** bei drei lauft ihr los!; **trains to London leave ~ the hour every hour** die Züge nach London fahren jeweils zur vollen Stunde; **the professor entered the room at 1:00 ~ the minute** der Professor betrat den Raum auf die Minute genau um 13.00 Uhr; **~ the dot** [auf die Sekunde] pünktlich; **~ receiving her letter** als ich ihren Brief erhielt; **~ arriving at the station** bei der Ankunft im Bahnhof ⑲ (*engaged in*) bei *+dat;* **we were on page 42** wir waren auf Seite 42; **he was out ~ errands** er machte ein paar Besorgungen; **~ business** geschäftlich, beruflich; **to work ~ sth** an etw *dat* arbeiten ⑳ (*medicated by*) ■ **to be ~ sth** etw nehmen; **to be ~ drugs** unter Drogen stehen, Drogen nehmen; **my doctor put me ~ antibiotics** mein Arzt setzte mich auf Antibiotika; **to be ~ medication** Medikamente einnehmen ㉑ (*paid by*) auf *+dat;* **they bought that TV ~ credit** sie kauften diesen Fernseher auf Kredit; **we bought the furniture ~ time** wir kauften die Möbel auf Raten; BRIT **she wants it done ~ the National Health Service** sie möchte, das der National Health Service die Kosten übernimmt; (*fam*) **this meal is ~ me** das Essen bezahle ich; **the drinks are ~ me** die Getränke gehen auf meine Rechnung ㉒ (*added to*) zusätzlich zu *+dat;* **a few pence ~ the electricity bill** ein paar Pfennige mehr bei der Stromrechnung ㉓ (*connected to*) an *+dat;* **dogs should be kept ~ their leads** Hunde sollten an der Leine geführt werden; **~ the phone** AUS, BRIT telefonisch [*o* am Telefon] erreichbar; **we've just moved and we're not ~ the phone yet** wir sind gerade umgezogen und haben noch kein Telefon ㉔ (*according to*) auf *+dat;* **~ the list** auf der Liste; **a point ~ the agenda** ein Punkt auf der Tagesordnung; **to be finished ~ schedule** planmäßig fertig werden; **~ the whole** im Ganzen, insgesamt; **~ the whole, it was a good year** alles in allem war es ein gutes Jahr ㉕ (*burdening*) auf *+dat;* **it's been ~ my mind** ich muss immer daran denken; **she had something ~ her heart** sie hatte etwas auf dem Herzen; **that lie has been ~ his conscience** er hatte wegen dieser Lüge ein schlechtes Gewissen ㉖ (*sustained by*) mit *+dat,* von *+dat;* **does this radio run ~ batteries?** läuft dieses Radio mit Batterien?; **what do mice live ~?** wovon leben Mäuse?; **he lived ~ berries and roots** er lebte von Beeren und Wurzeln; **I've only got £50 a week to live ~** ich lebe von nur 50 Pfund pro Woche; **people ~ average salaries** Menschen mit Durchschnittseinkommen; **they are living ~ their savings** sie leben von ihren Ersparnissen; **to live ~ welfare** von Sozialhilfe leben; **to go ~ the dole** stempeln gehen; ■ **to be ~ sth** BRIT, AUS etw verdienen ㉗ (*experiencing*) **to go ~ strike** streiken; **to set sth ~ fire** etw anzünden; **crime is ~ the increase again** die Verbrechen nehmen wieder zu; **to be ~ sth** (*undertake*) etw machen; **I'll be away ~ a training course** ich mache einen Ausbildungslehrgang; **he's out ~ a date with a woman** er hat gerade eine Verabredung mit einer Frau; **we're going ~ vacation in two weeks** wir gehen in zwei Wochen in Urlaub; **I was ~ a long journey** ich habe eine lange Reise gemacht; **to be ~ the go** BRIT (*fig*) auf Trab sein; **did you know that she's got a new book ~ the go?** hast du gewusst, dass sie gerade ein neues Buch schreibt? ㉘ (*compared with*) **I can't improve ~ my final offer** dieses Angebot ist mein letztes Wort; **the productivity figures are down ~ last week's** die Produktivitätszahlen sind dieselben wie letzte Woche; **to have nothing** [*or* **not have anything**] **~ sth** kein Vergleich mit etw *dat* sein; **my new bike has nothing ~ the one that was stolen** mein neues Fahrrad ist bei weitem nicht so gut wie das, das mir gestohlen wurde ㉙ *after vb* (*concerning*) **to frown ~ sth** etw missbilligen; **they settled ~ a price** sie einigten sich auf einen Preis; **to congratulate sb ~ sth** jdn zu etw *dat* gratulieren; **he cheated ~ her twice** er betrog sie zweimal; *after adj;* **she was bent ~ getting the job** sie war entschlossen, die Stelle zu bekommen; **don't be so hard ~ him!** sei nicht so streng mit ihm!; *after n;* **criticism has no effect ~ him** Kritik kann ihm nichts anhaben ㉚ *after vb* (*as payment for*) für *+akk;* **I've wasted a lot of money ~ this car** ich habe für dieses Auto eine Menge Geld ausgegeben; *after n;* **we made a big profit ~ that deal** wir haben bei diesem Geschäft gut verdient; **how much interest are you paying ~ the loan?** wie viel Zinsen zahlst du für diesen Kredit? ㉛ (*responsibility of*) **this is ~ your shoulders** das liegt in deiner Hand, die Verantwortung liegt bei dir; **the future of the company is ~ your shoulders** du hast die Verantwortung für die Zukunft der Firma ㉜ *after vb* (*through no fault of*) ■ **~ sb** ohne jds Verschulden; **she was really worried when the phone went dead ~ her** sie machte sich richtig Sorgen, als das Telefon ausfiel, ohne dass sie etwas getan hatte; **the fire went out ~ me** das Feuer ging ohne ihr Zutun aus ㉝ *after vb* (*encountering*) **to stumble ~ sth** über etw *akk* stolpern; **to chance ~ sb** jdn [zufällig] treffen, jdm [zufällig] begegnen ㉞ *after n* (*following*) **the government suffered defeat ~ defeat** die Regierung erlitt eine Niederlage nach der anderen; **wave ~ wave of refugees has crossed the border** in Wellen überquerten die Flüchtlinge die Grenze ㉟ AUS, BRIT SPORTS (*having points of*) **Clive's team is ~ five points while Joan's is ~ seven** das Team von Clive hat fünf Punkte, das von Joan hat sieben ▶ PHRASES: **to have blood ~ one's hands** Blut an den Händen haben; **~ the board** in Planung; **to be ~ sb's case** [**to do sth**] AM jdn nerven [, damit er/sie etw tut] *fam;* **~ the fly** schnell; **to be out ~ a limb** alleine dastehen; **~ the shelf** auf der langen Bank *fig;* **we've had to put that project ~ the shelf** wir mussten das Projekt auf die lange Bank schieben *fig;* **~ side** loyal; **to have time ~ one's hands** noch genug Zeit haben; **~ a whim** spontan, aus einer Laune heraus; **to border ~ sth** an etw *akk* grenzen; **to be ~ it** AUS (*fam*) sich *akk* volllaufen lassen *fam,* sich *dat* die Kanne geben; **what are you ~?** (*fam*) bist du noch ganz dicht? *fam* **II.** *adv inv* ❶ (*in contact with*) auf; **make sure the top's ~ properly** pass auf, dass der Deckel richtig zu ist; **they sewed the man's ear back ~** sie haben das Ohr des Mannes wieder angenäht; **to screw sth ~** etw anschrauben; **I wish you wouldn't screw the lid ~ so tightly** schraube den Deckel bitte nicht immer so fest ❷ (*on body*) an; **put a jumper ~!** zieh einen Pullover drüber!; **with nothing ~** nackt; **to put clothes ~** Kleider anziehen; **to have/try sth ~** etw anhaben/anprobieren ❸ (*indicating continuance*) weiter; **to get ~ with sth** mit etw *dat* weitermachen; **to keep ~ doing sth** etw weitermachen; **if the phone's engaged, keep ~ trying!** wenn besetzt ist, probier es weiter!; **~ and ~** immer weiter; **the noise just went ~ and ~** der Lärm hörte gar nicht mehr auf; **we talked ~ and ~** wir redeten pausenlos ❹ (*in forward direction*) vorwärts; **would you pass it ~ to Paul?** würdest du es an Paul weitergeben?; **time's getting ~** die Zeit vergeht; **from that day ~** von diesem Tag an; **they never spoke to each other from that day ~** seit diesem Tag haben sie kein Wort mehr miteinander gewechselt; **later ~** später; **what are you doing later ~?** was hast du nachher vor?; **to move ~** (*move forward*) weitergehen; (*transfer to another place*) umziehen; **to urge sb ~** jdn anspornen; **I'd never have managed this if my friend hadn't urged me ~** ich hätte das nie geschafft, wenn mein Freund mich nicht dazu gedrängt hätte ❺ (*being shown*) ■ **to be ~** auf dem Programm stehen; **are there any good films ~ at the cinema this week?** laufen in dieser Woche irgendwelche guten Filme im Kino?; **what's ~ at the festival?** was ist für das Festival geplant?; **there's a good film ~ this afternoon** heute Nachmittag kommt ein guter Film ❻ (*scheduled*) geplant; **is the party still ~ for tomorrow?** ist die Party noch für morgen geplant?; **I've got nothing ~ next week** ich habe nächste Woche nichts vor; **I've got a lot ~ this week** ich habe mir für diese Woche eine Menge vorgenommen ❼ (*functioning*) an; **the brakes are ~** die Bremsen sind angezogen; **is the central heating ~?** ist die Zentralheizung an?; **to put the kettle ~** das Wasser aufsetzen; **to leave the light ~** das Licht anlassen; **the ~ switch** der Einschalter; **to switch/turn sth ~** etw einschalten; **could you switch ~ the radio?** könntest du das Radio anmachen? ❽ (*aboard*) **the horse galloped off as soon as she was ~** das Pferd galoppierte davon, sobald sie darauf saß; **to get ~** *bus, train* einsteigen; *horse* aufsitzen ❾ (*due to perform*) **you're ~!** du bist dran! ❿ (*on duty*) ■ **to be ~** Dienst haben, im Dienst sein ⓫ AM (*performing well*) ■ **to be ~** gut drauf sein *fam* ▶ PHRASES: **head ~** frontal; **side ~** AUS, BRIT seitlich; **the bike hit our car side ~** das Rad prallte von der Seite auf unser Auto; **this way ~** AUS, BRIT auf diese Weise; **it might fit better if you put it this way ~** es passt vielleicht besser, wenn du es so anziehst; **to be well ~ in years** nicht mehr der Jüngste sein; **to be not ~** BRIT, AUS (*fam*) nicht in Ordnung sein; **~ and off, off and ~** hin und wieder, ab und zu; **sideways ~** AUS, BRIT seitlich; **to be well ~** spät sein; **to be ~** AM aufpassen; **to hang ~** warten; **to be ~ about sth** AUS, BRIT dauernd über etw *akk* reden; **I never understand what she's ~ about** ich verstehe nicht, wovon sie es dauernd hat *fam;* **to be** [*or* **get**] **~ at sb** jdm in den Ohren liegen; **she's still ~ at me to get my hair cut** sie drängt mich dauernd, mir die Haare schneiden zu lassen; **to be ~ to sb** (*fam*) jds Absichten durchschauen; **to be ~ to something** (*fam*) etw spitz gekriegt haben *fam;* **you're ~!** einverstanden!, abgemacht! *fam* **III.** *adj inv, attr* AM (*good*) gut; **this seems to be one of her ~ days** es scheint einer von ihren guten Tagen zu sein

'on-board *adj attr, inv* Bord-; **~ computer** Bordcomputer *m*

once [wʌn(t)s] **I.** *adv inv* ❶ (*one time*) einmal; **~ in a lifetime** einmal im Leben; **~ a week** einmal pro [*o* die] Woche; [**every**] **~ in a while** hin und wieder; **~ and for all** ein für alle Mal; **~ again** wieder einmal, erneut; **just for ~** nur einmal; **just this ~** nur dieses eine Mal; **~ or twice** ein paar Mal; ■ **for ~** ausnahmsweise; ■ **the ~** ein einziges Mal ❷ (*in the past*) einst *geh,* früher; **~ upon a time ...** (*liter*) es war einmal ... ❸ (*some point in time*) **~ more** (*one more time*) noch einmal; (*again, as before*) wieder; ■ **at ~** (*simultaneously*) auf einmal; (*immediately*) sofort ▶ PHRASES: **~ bitten, twice shy** (*prov*) ein gebranntes Kind scheut das Feuer *prov;* **~ a ..., always a ...** (*prov*) einmal ein[e] ..., immer ein[e] ... **II.** *conj* (*as soon as*) sobald; **you won't be able to cancel the contract ~ you've signed** wenn du erst einmal unterschrieben hast, kommst du von dem Vertrag nicht mehr los ▶ PHRASES: **~ bitten, twice shy** (*prov*) gebranntes Kind scheut das Feuer *prov*

once-and-for-'all *adj attr, inv* endgültig **once-'flour·ish·ing** *adj attr, inv* **a ~ company** eine einst florierende Firma *geh* **once-in-a-'life·time** *adj attr, inv* einmalig **'once-over** *n* (*fam*) ❶ (*cursory examination*) **to give sb/sth a/the ~** jdn/etw flüchtig ansehen ❷ (*cursory cleaning*) **to give sth a/the ~** etw rasch putzen; **would you mind giving the living-room carpet a ~ with the vacuum cleaner?** könntest du den Teppich im Wohnzimmer rasch absaugen? **once-'thriv·ing** *adj attr, inv* einst blühend *geh;* **an ~ village** ein einst blühendes Dorf *fig geh*

on·co·gene ['ɒŋkə(ʊ)dʒiːn, AM 'ɑːnkədʒ-] *n* MED Onkogen *nt meist pl fachspr*

on·colo·gist [ɒŋˈkɒlədʒɪst, AM ɑːnˈkɑːl-] *n* MED Onkologe, -in *m, f fachspr*

on·col·ogy [ɒŋˈkɒlədʒi, AM ɑːnˈkɑːl-] *n no pl* MED Onkologie *f fachspr*

on·com·ing [ˈɒnˌkʌmɪŋ, AM ˈɑːnˌ-] *adj attr, inv* ❶ *(approaching)* [heran]nahend; *vehicle* entgegenkommend; ~ **traffic** Gegenverkehr *m* ❷ *(fig: in near future)* bevorstehend

on·costs [ˈɒnkɒsts] *npl* BRIT FIN Gemeinkosten *pl*

one [wʌn] **I.** *n* ❶ *(number)* Eins *f;* ~ **is the smallest whole number** Eins ist die kleinste ganze Zahl; **the front door bore a big brass** ~ auf der Eingangstür war eine große Eins in Kupfer; **one/two/three hundred/million/thousand and** ~ ein/zwei/drei Hundert/Millionen/Tausend und eins ❷ *(size of garment, merchandise)* Größe eins; **little Jackie's wearing** ~**s now** die kleine Jackie trägt jetzt Größe eins **II.** *adj inv* ❶ *(not two)* ein(e, er, es); **we have two daughters and** ~ **son** wir haben zwei Töchter und einen Sohn; **she'll be** ~ **year old tomorrow** sie wird morgen ein Jahr alt; ~ **hundred/million/thousand** einhundert/eine Million/eintausend; ~ **third/fifth** ein Drittel/Fünftel *nt* ❷ *(one of a number)* ein(e, er/es); **a glass tube closed at** ~ **end** ein Glasröhrchen ist an einem Ende verschlossen; **he can't tell** ~ **wine from another** er kennt die Weine nicht auseinander ❸ *(single)* einzige(r, s); **her** ~ **concern is to save her daughter** ihre einzige Sorge ist, ihre Tochter zu retten; **not** ~ **man** kein Mensch; **to have just** ~ **thought** nur einen [einzigen] Gedanken haben; **all** ~ **sth** nur in einer/einem etw; **I think we should paint the bedroom all** ~ **colour** ich denke, wir sollten das Schlafzimmer nur in einer Farbe streichen; ■**the** ~ **sth** der/die/das eine etw; **do you think five of us will manage to squeeze into the** ~ **car?** glaubst du, wir fünf können uns in dieses eine Auto quetschen?; **there's too much data to fit onto just the** ~ **disk** das sind zu viele Daten für nur eine Diskette; **the** ~ **and only sth** der/die/das einzige ...; **the title of his** ~ **and only book** der Titel seines einzigen Buchs; **the** ~ **and only sb** der/die einzigartige ...; **the** ~ **and only Muhammad Ali** der einzigartige Muhammad Ali; **ladies and gentlemen, the** ~ **and only David Copperfield!** meine Damen und Herren, der einzigartige David Copperfield! ❹ *(only)* ■**the** ~ **sb/sth** die/die/das einzige; **he's the** ~ **person you can rely on in an emergency** er ist die einzige Person, auf die man sich im Notfall verlassen kann; *(this is the* ~ *type of computer that is easy to use for people who aren't experts)* das ist der einzige Computer, den Laien einfach verwenden können ❺ *(at an undecided time in the future)* irgendein(e); **I'd like to go skiing** ~ **Christmas** ich möchte irgendwann zu Weihnachten Skifahren gehen; **we must have a drink together** ~ **evening** wir müssen irgendwann am Abend was trinken gehen; *(at an unspecified time in the past)* ein(e); ~ **night we stayed up talking till dawn** einen Abend plauderten wir bis zum Morgengrauen; ~ **afternoon in late October** einen Nachmittag Ende Oktober; ~ **day** *(in the past)* irgendwann; **we first met each other** ~ **day in the park** wir trafen uns das erste Mal im Park; **one** ~ **a boy started teasing Grady** irgendwann begann der Junge Grady zu ärgern; *(in the future)* irgendwann; **why don't we meet for lunch** ~ **day next week?** warum treffen wir uns nicht nächste Woche irgendwann zum Mittagessen?; **I'd like to go to Berlin again** ~ **day** ich möchte irgendwann wieder nach Berlin fahren; **from** ~ **minute to the next** von einer Minute auf die andere; ~ **moment ... the next [moment]** ... einmal ... im nächsten [Moment]; ~ **moment he says he loves me, the next moment he's asking for a divorce** einmal sagt er, er liebt mich, und im nächsten Moment will er die Scheidung ❻ *(form: a certain person)* ein gewisser, eine gewisse; **her solicitor is** ~ **John Wintersgill** ihr Anwalt ist ein gewisser John Wintersgill ❼ *esp* AM *(emph fam: noteworthy)* ein(e); ■**to be** ~ **sb/sth: his mother is** ~ **generous woman** meine Mutter ist eine großzügige Frau; **that's** ~ **big ice-cream you've got there** du hast aber ein großes Eis; **it was** ~ **hell of a shock to find out I'd lost my job** es war ein Riesenschock für mich, dass ich den Job verloren hatte; **he was** ~ **hell of a snappy dresser** er war immer todschick gekleidet ❽ *(identical)* ein(e); **all types of training meet** ~ **common standard** alle Trainingsarten folgen einem gemeinsamen Standard; ~ **and the same** ein und derselbe/dieselbe/dasselbe; **the two things are** ~ **and the same** diese beiden Dinge sind ein und dasselbe; ■**to be** ~ *(form a unity)* vereint sein; **as husband and wife we are now** ~ als Mann und Frau sind sie nun vereint ❾ *(one year old)* eins, ein Jahr; **little Jimmy's** ~ **today** der kleine Jimmy wird heute eins [*o* ein Jahr alt]; *(one o'clock)* eins, ein Uhr; **it's half past** ~ es ist halb zwei; **we'll meet at** ~ **in the pub** wir treffen uns um eins im Pub ▶ PHRASES: **a hundred** [*or* **million**] [*or* **thousand**] **and** ~ *(very many)* hunderttausend; **I can't stand around chatting – I've got a hundred and** ~ **things to do this morning** ich kann nicht hier herumstehen und tratschen – ich muss am Vormittag hunderttausend Dinge erledigen; ~ **thing and another** *(fam)* alles gemeinsam; **what with** ~ **thing and another she hadn't had much sleep recently** da alles zusammenkam, bekam sie in letzter Zeit nicht sehr viel Schlaf; ~ **way or another** [*or* **the other**] *(for or against)* für oder gegen; **there is no evidence** ~ **way or the other about the effectiveness of the drug** es gibt keinerlei Beweise über die Wirksamkeit oder Unwirksamkeit des Medikaments; *(any possible way)* irgendwie; **the bills have to be paid** ~ **way or another** die Rechnungen müssen irgendwie bezahlt werden; *(an unstated way)* irgendwie; **everyone at the party was related in one way or another** auf der Party waren alle irgendwie miteinander verwandt **III.** *pron* ❶ *(single item)* eine(r, s); **four parcels came this morning, but only** ~ **was for Mark** heute Morgen kamen vier Pakete, aber nur eines war für Mark; **which cake would you like? – the** ~ **at the front** welchen Kuchen möchten Sie? – den vorderen; **I'd rather eat French croissants than English** ~**s** ich esse lieber französische Croissants als englische; **do you want** ~**?** möchtest du eine/einen/eines?; ~ **or another** [*or* **the other**] eine oder die andere, einer oder der andere, eines oder das andere; *(not all instances fall neatly into* ~ *or another of these categories)* nicht alle Vorkommnisse fallen genau in eine dieser Kategorien; ■~ **of sth** eine(r, s) von etw *dat;* + *superl adj* eine(r, s) der; **electronics is** ~ **of his hobbies** die Elektronik ist eines seiner Hobbys; **PolyGram is** ~ **of the [world's] largest record companies** PolyGram ist eine der führenden Plattenfirmen [der Welt]; **Luxembourg is** ~ **of the [world's] smallest countries** Luxemburg ist eines der kleinsten Länder [der Welt]; **Paula's had another** ~ **of her crazy ideas** Paula hatte noch eine ihrer verrückten Ideen; ~ **of many** eine(r, s) von vielen; **our organization is just** ~ **of many charities** unsere Organisation ist nur eine von vielen wohltätigen Vereinigungen; **not a single** ~ kein einziger, keine einzige, kein einziges; **this/that** ~ diese(r, s); **which one do you want? – that** ~**, please!** welche(n) möchten Sie? – diese(n) bitte!; **these** ~**s were all made in Japan** diese wurden alle in Japan hergestellt ❷ *(single person)* eine(r); **two could live as cheaply as** ~ zwei könnten so billig wie eine(r) leben; ■**the** ~ der, die, das; **Chris is the** ~ **with curly brown hair** Chris ist der/die mit den lockigen braunen Haaren; **one's loved** ~**s** *(one's family)* jds Geliebte; **my friends and loved** ~**s** meine Freunde und meine Geliebten; **to be** ~ **to do sth** jd sein, der etw tut; **I've always been active and never really been** ~ **to sit around doing nothing** du warst immer sehr aktiv und bist nie wirklich untätig herumgesessen; **to not** [*or* **never**] **be** ~ **to say no to sth** nie zu etw *dat* nein sagen können; **he's never** ~ **to say no to a curry** er kann bei einem Curry nie nein sagen; **to be [a]** ~ **for sth** *(fam)* ein Fan einer S. *gen* sein; **Jack's always been** ~ **for the ladies** Jack stand immer auf Frauen; **I've**

never really been ~ for football ich war nie ein wirklicher Fußballfan; **to not be much of a ~ for sth** (*fam*) etw nicht besonders mögen; **I'm not much of a ~ for chocolate** ich mag Schokolade nicht besonders; **to be [a] ~ for doing sth** (*fam*) etw gerne machen; **she was never a ~ for playing hockey** sie spielte nie gerne Hockey; **to be a great ~ for doing sth** (*fam*) gut darin sein, etw zu tun; **he's a great ~ for telling other people what to do** er ist gut darin, anderen Leuten zu sagen, was sie machen sollen; **to be ~ that ...: he's always been ~ that enjoys good food** ihm hat gutes Essen schon immer geschmeckt; **to not be ~ who ...** nicht zu denen gehören, die ...; **you're not usually ~ who complains about the service in a restaurant** du zählst nicht zu denen, die sich über das Service in einem Restaurant beschweren; **such a ~** (*someone remarkable*) **you never saw such a ~ for figures** er kann wirklich gut mit Zahlen umgehen; **~ and all** (*liter*) alle; **the news of his resignation came as a surprise to ~ and all** die Nachricht von seinem Rücktritt kam für alle überraschend; **well done ~ and all!** gut gemacht, ihr alle!; **like ~** + *pp* **Viv was running around like ~ possessed before the presentation** Viv lief vor der Präsentation wie besessen herum; **~ of you/them/us** eine(r,) von euch/Ihnen/ihnen/uns; **the money was here this morning so ~ of you must have taken it** das Geld war diesen Morgen hier; einer von euch muss es genommen haben; **~ of our daughters has just got married** eine unserer Töchter hat gerade geheiratet; **~ of ...** + *superl* eine(r, s) der ...; **Luxembourg is ~ of the [world's] smallest countries** Luxemburg ist eines der kleinsten Länder [der Welt]; **~ of many** eine(r, s) von vielen ❸ (*used in comparisons*) eine(r, s); **you may have ~ or the other, but not both** du kannst nur eines davon haben, nicht beide; **crime and freedom are inseparable – you can't have ~ without the other** Verbrechen und Freiheit sind untrennbar verbunden – man kann nicht eines ohne das andere bekommen ❹ (*dated form: any person*) man; **~ has an obligation to ~'s friends** man hat Verpflichtungen seinen Freunden gegenüber; (**~** *must admire him for his willingness*) man muss ihn für seinen Willen bewundern ❺ (*form: I, we*) ich, wir; **~ gets the impression that he is ahead** ich glaube, er ist vorne; **~ has to do ~'s best** ich muss mein [*o* wir müssen unser] Bestes geben ❻ (*question*) Frage *f;* **what's the capital of Zaire? – oh, that's a difficult ~** wie heißt die Hauptstadt von Zaire? – das ist eine schwierige Frage ❼ (*fam: alcoholic drink*) Getränk *nt;* **this ~'s on me!** diese Runde geht auf mich!; **a cool ~ after a day on the water** ein kühles Getränk nach einem Tag am Wasser ❽ (*fam: joke, story*) Witz *m;* **that was a good ~!** der ist gut!; ■**the ~ about sb/sth** der [Witz] von jdm/etw; **did I tell you the ~ about the blind beggar?** habe ich dir den [Witz] von dem blinden Bettler erzählt? ❾ BRIT, AUS (*dated fam: sb who is lacking respect, rude, or amusing*) ■**to be a ~** eine(r) sein ► PHRASES: **~ of the family** zur Familie gehören; **~ of a kind** zur Spitze gehören; **in the world of ballet she was certainly ~ of a kind as a dancer** in der Welt des Ballet zählte sie sicher zu den besten Tänzerinnen; **~ at a time** (*separately*) eine nach der anderen, einer/eines nach dem anderen; **don't gobble them up all at once – eat them ~ at a time** schling nicht alle auf einmal hinunter – iss sie langsam; **~ or two** (*fam*) ein paar; **I've only had ~ or two cigarettes in my whole life** ich habe nur ein paar Zigaretten in meinem ganzen Leben geraucht; (*hum*) **I hear you've collected over 1,000 autographs! – well, I do have ~ or two** ich habe gehört, du hast über 1.000 Autogramme gesammelt! – na ja, ich habe ein paar; **in ~s and twos** in geringer Zahl; **we expected a flood of applications for the job, but we're only receiving them in ~s and twos** wir erwarteten eine Flut von Bewerbungen, aber wir haben nur ein paar wenige bekommen; **to land [*or* sock] sb ~ [on the jaw]** (*fam*) jdm eine stecken [*o* schmieren] *fam;* **~ after another [*or* the other]** (*following one another in quick succession*) eine nach der anderen, einer/eines nach dem anderen; **~ after another the buses drew up** die Busse kamen einer nach dem anderen; **as ~** (*form*) einer Meinung; **we have discussed the matter fully and are as ~ on our decision** wir haben die Angelegenheit gründlich erörtert und sind bei der Entscheidung einer Meinung; **to be at ~ with sb** (*form*) mit jdm einer Meinung sein; **to be at ~ with sth** (*form*) eins mit etw *dat* sein; **they were completely at ~ with their environment** sie leben mit ihrer Umwelt völlig in Harmonie; **~ by ~** (*separately and in succession, singly*) nacheinander; **sb for ~** jd seinerseits; **I for ~ am getting a little sick of writing about it** ich meinerseits habe es ein wenig satt, darüber zu schreiben; **in ~** (*in one draught*) in einem Zug; **she downed her whisky in ~** sie trank ihren Whisky in einem Zug; **to get sth in ~** (*fam: guess correctly at once*) etw sofort erraten; (*understand correctly at once*) etw kapieren *fam;* **so are you saying she's leaving him? – yep, got it in ~** du sagst also, dass sie ihn verlässt? – ja, du hast es kapiert; **[all] in ~** [alles] in einem; **with this model you get a radio, CD player and cassette deck [all] in ~** dieses Modell enthält Radio, CD-Player und Kassettendeck in einem; **to be/get ~ up on sb** jdn übertrumpfen; **he's always trying to get ~ up on his brother** er versucht immer, seinen Bruder zu übertrumpfen; **to be all ~ to sb** Chinesisch für jdn sein *fam;* **Greek and Hebrew are all ~ to me** Griechisch und Hebräisch sind Chinesisch für mich

one an·'oth·er *pron reciprocal see* **each other** einander; **the couple kept looking at ~ and smiling** das Paar schaute einander an und lächelte; **they're always wearing ~'s clothes** sie tauschen immer die Kleidung; **why are you always arguing with ~** warum streitet ihr immer miteinander; **they communicate with ~ in French** sie sprechen französisch miteinander; **to be made for ~** für einander bestimmt sein; **my sister and Tom are so happy together – they are made for ~** meine Schwester und Tom sind so glücklich miteinander – sie sind füreinander bestimmt

one-armed 'ban·dit *n* (*fam*) einarmiger Bandit *fam* **one-di·'men·sion·al** *adj* ❶ *inv* (*having one dimension*) eindimensional ❷ (*superficial*) oberflächlich **'one-eyed** *adj attr, inv* einäugig ► PHRASES: **the ~ man is king [in the land of the blind]** (*saying*) unter [den] Blinden ist der Einäugige König *prov* **one-'hand·ed I.** *adv* mit einer Hand **II.** *adj inv attr* einhändig **one-hit 'won·der** *n* Eintagsfliege *f fam*

'one-horse *adj attr, inv* einspännig **one-horse 'race** *n* Rennen *nt* mit feststehendem Ergebnis **one-horse 'town** *n* (*fam*) Kaff *nt fam*

one-'leg·ged *adj attr, inv* einbeinig **one-'lin·er** *n* Einzeiler *m*
'one-man *adj attr, inv* ❶ (*consisting of one person*) Einmann- ❷ (*designed for one person*) für eine Person *nach n;* **~ boat** Einmannboot *nt;* **~ vehicle** Einsitzer *m* **one-man 'band** *n* Einmannband *f;* (*fig*) Einmannbetrieb *m* **one-man 'show** *n* THEAT Einmannshow *f,* One-Man-Show *f;* (*fig: organization*) Einmannbetrieb *m*

one·ness ['wʌnnəs] *n no pl* ❶ (*state of being unified*) Einheit *f* ❷ (*harmony*) Einigkeit *f,* Übereinstimmung *f*

one-night 'stand *n* ❶ (*performance*) einmaliges Gastspiel ❷ (*sexual relationship*) Abenteuer *nt* für eine Nacht, One-Night-Stand *m* ❸ (*person*) Liebhaber(in) *m(f)* für eine Nacht **'one-off I.** *n esp* BRIT (*fam*) ❶ (*event*) einmaliges Ereignis, einmalige Sache; ■**to be a ~** einmalig sein ❷ (*person*) einzigartige Person **II.** *adj inv* einmalig; **~ payment** einmalige Zahlung; **~ situation** außergewöhnliche Situation **one-on-'one** *adj inv* AM ❶ SPORTS **~ defense** Manndeckung *f* ❷ (*person-to-person*) persönlich; **to be with sb in a ~ situation** jdm Auge in Auge gegenüberstehen **one-par·ent 'fami·ly** *n* + *sing/pl vb* Einelternfamilie *f;* **to grow up in a ~** von einem Elternteil aufgezogen werden **'one-per·son** *adj attr, inv* Einpersonen-;

~ **play** Einpersonenstück *nt* **'one-piece** *n,* **one-piece 'swim·suit** *n* Badeanzug *m,* Einteiler *m*

on·er·ous ['əʊnərəs, AM 'ɑːnɚ-] *adj (form)* ❶ *(very difficult)* ~ **duty/task** schwere Pflicht/beschwerliche Aufgabe; ~ **responsibility** schwerwiegende Verantwortung ❷ LAW [er]drückend

on·er·ous·ness ['əʊnərəsnəs, AM 'ɑːnɚ-] *n no pl (form) of a task* Beschwerlichkeit *f; of conditions* Last *f*

one·self [wʌn'self] *pron reflexive* ❶ *after vb, after prep (direct object)* sich ❷ *(emph: myself)* selbst ❸ *(personally)* selbst; **to see/taste/read/feel sth for** ~ etw selbst sehen/kosten/lesen/fühlen ❹ *(alone)* **to have sth to** ~ etw für sich haben; **to keep sth for** ~ sich *dat* etw behalten; **[all] by** ~ [ganz] alleine ❺ *(normal)* **to [just] be** ~ [ganz] man selbst sein; **freedom to be** ~ die Freiheit, man selbst zu sein; **to not be/feel/seem** ~ nicht man selbst sein/zu sein scheinen; **to look** ~ wie man selbst aussehen

'one-shot *adj attr, inv* AM einmalig; *see also* **one-off** **one-'sid·ed** *adj* einseitig **one-'sid·ed·ness** *n no pl* Einseitigkeit *f* **one-size-fits-'all** *adj attr, inv* '~' „Einheitsgröße"; ~ **solution** *(fig)* Notlösung *f* **'one-star** *adj attr, inv* ❶ *(of quality)* ~ **hotel/restaurant** Ein-Sterne-Hotel/-Restaurant *nt,* Hotel/Restaurant *nt* mit einem Stern ❷ AM MIL ~ **general** Ein-Sterne-General *m* **'one-stop** *adj attr, inv* an einem Ort *nach n;* ~ **banking facilities** [alle] Bankeinrichtungen *fpl* an Ort und Stelle; ~ **shopping for hardware and software has made buying a computer system very easy** dadurch, dass man heute Hardware und Software in ein und demselben Geschäft kaufen kann, ist der Kauf eines Computersystems sehr einfach geworden **'one-time** *adj attr, inv* ❶ *(former)* ehemalig, früher ❷ *(happening only once)* einmalig **one-to-'one** *adj attr, inv* ❶ *(direct)* direkt; **a** ~ **relationship between pay levels and productivity** eine Eins-zu-eins-Verbindung zwischen Gehaltsstufen und Produktivität ❷ *(person-to-person)* persönlich; ~ **attention** Einzelbetreuung *f;* ~ **lessons** Einzelunterricht *m* **one-track 'mind** *n* **to have a** ~ immer nur eins im Kopf haben **one-'two** *n* ❶ *(double hit)* zweifacher Haken; *(fig)* schwerer Schlag ❷ *(in football)* Doppelpass *m* **one-'up·man·ship** *n,* **one-'up·ping** *n no pl (fam) die Kunst, anderen immer um eine Nasenlänge voraus zu sein*

'one-way *adj inv* in einer Richtung *nach n; (fig)* einseitig; ~ **mirror/valve** Einwegspiegel *m/*-ventil *nt* **one-way 'fare** *n* einfacher Fahrpreis **one-way 'street** *n* Einbahnstraße *f* **one-way 'tick·et** *n* einfache Fahrkarte, Einzelfahrschein *m; (fig)* **reflection of the peace deal would be a** ~ **to disaster** ein Überdenken des Friedensabkommens wäre ein sicherer Weg in die Katastrophe

'one-wom·an *adj attr, inv* Einfrau-; ~ **show** Einfraustück *nt*

on·go·ing ['ɒn,gəʊɪŋ, AM 'ɑːn,goʊ-] *adj inv* laufend *attr,* im Gang *präd*

on·ion ['ʌnjən] *n* Zwiebel *f* ▶ PHRASES: **to know one's ~s** sich *akk* auskennen

'on·ion rings *npl* Zwiebelringe *mpl* **'on·ion set** *n* HORT Steckzwiebel *f* **on·ion 'soup** *n* Zwiebelsuppe *f*

on·line [,ɒn'laɪn, AM ,ɑːn'-] COMPUT **I.** *adj inv* online, Online-; ~ **information service** Onlineinformationsdienst *m;* **to go** ~ online gehen; **to put sth** ~ etw online schalten **II.** *adv inv* online; **to shop/work** ~ online einkaufen/arbeiten

on·line 'chat *n* Internetchat *m* **on·line 'pro·file** *n* Onlineprofil *nt* **'on·line time** *n Zeit, die man online ist;* **you've already had fifteen minutes of** ~ du bist schon seit fünfzehn Minuten online

on·look·er ['ɒn,lʊkər, AM 'ɑːn,lʊkɚ] *n (a. fig)* Zuschauer(in) *m(f); (after accident)* Schaulustige(r) *f(m)*

only ['əʊnli, AM 'oʊn-] **I.** *adj attr, inv* einzige(r, s); **sb's** ~ **daughter/son** jds einzige Tochter/einziger Sohn; **the** ~ **one** der/die/das Einzige; **the** ~ **thing** das Einzige; **the** ~ **way** die einzige Möglichkeit ▶ PHRASES: **sb is not the** ~ **pebble on the beach** jd ist nicht der einzige Mensch auf der Welt **II.** *adv inv* ❶ *(exclusively)* nur; **for members** ~ nur für Mitglieder; ~ **if ...** nur, wenn ... ❷ *(just)* erst; **I** ~ **arrived half an hour ago** ich bin erst vor einer halben Stunde angekommen; **it's** ~ **four o'clock** es ist erst vier Uhr; ~ **the other day** erst neulich; ~ **last week/yesterday** erst letzte Woche/gestern; ~ **just** gerade [*o* eben] erst ❸ *(merely)* nur, bloß; **it's** ~ **me** ich bin's nur; **it's** ~ **natural** es ist nur natürlich; **he rushed into the office,** ~ **to find that everyone had gone home** er stürzte ins Büro, nur um festzustellen, dass alle [schon] nach Hause gegangen waren; ~ **just** gerade eben; **he has** ~ **just enough money to pay the rent** er hat gerade genug Geld, um die Miete zu zahlen; **not** ~ **..., but also ...** nicht nur ..., sondern auch ... ❹ *(extremely)* **if you invite me, I assure you I'll be** ~ **too pleased to show up** wenn du mich einlädst, versichere ich dir, dass ich nur zu gerne kommen werde ❺ *(unavoidably)* nur, unweigerlich; **the economic situation can** ~ **worsen** die wirtschaftliche Situation kann sich nur verschlechtern ❻ *(to express wish)* **if** ~ **...** wenn nur ... ❼ *(indicating a surprising development)* **he rushed into the office,** ~ **to find that everyone had gone home** er stürzte ins Büro, nur um festzustellen, dass alle [schon] nach Hause gegangen waren ▶ PHRASES: **you** ~ **live once** *(saying)* man lebt nur einmal **III.** *conj* ❶ *(however)* aber, jedoch; **he's a good athlete,** ~ **he smokes too much** er ist ein guter Sportler, bloß raucht er zu viel; **she wasn't a bad student,** ~ **that she had to repeat a class once** sie war keine schlechte Schülerin, wenn sie auch einmal eine Klasse wiederholen musste ❷ *(in addition)* ■ **not** ~ **..., ... [too]: not** ~ **can she sing and dance, she can act and play the piano too** sie kann nicht nur singen und tanzen, sie kann auch schauspielern und Klavier spielen

only 'child *n* Einzelkind *nt*

o.n.o. *adv inv* BRIT, AUS COMM *abbrev of* **or nearest offer: for sale: baby's cot £30** ~ zu verkaufen: Babybett 30 Pfund oder nächstbestes Angebot

on-'off *adj inv* ❶ *(of relationship)* unstet ❷ *(of switch)* Ein-Aus-

ono·mato·poeia [,ɒnə(ʊ),mætə'piːə, AM ,ɑːnoʊ,mæţoʊ'-] *n no pl* LING Onomatopöie *f fachspr,* Lautmalerei *f*

ono·mato·poe·ic [,ɒnə(ʊ),mætə'piːɪk, AM ,ɑːnoʊ,mæţoʊ'-] *adj* LING onomatopoetisch *fachspr,* lautmalerisch

on·rush <*pl* -es> ['ɒnrʌʃ, AM 'ɑːn-] *n* ❶ *(of emotion)* ■ **an** ~ **of sth** ein Anflug *m* einer S. *gen;* **as he thought about his dead terrier an** ~ **of sadness overtook him** als er über seinen toten Terrier nachdachte, übermannte ihn die Traurigkeit ❷ + *sing/pl vb (of people)* Ansturm *m* ❸ *(of liquid)* **an** ~ **of the sea/water** ein Heranströmen *nt* des Meeres/ein Schwall *m* Wasser

'on-screen *adj inv* FILM im Film *nach n;* ~ **partner** Filmpartner(in) *m(f);* COMPUT am Bildschirm *nach n* **on-screen 'graph·ics** *npl* Computergrafik *f*

on·set ['ɒnset, AM 'ɑːn-] *n no pl* Beginn *m* (**of** +*gen*); ~ **of disease** [*or* **illness**] Ausbruch *m* der Krankheit; ~ **of winter** Wintereinbruch *m*

on·shore [,ɒn'ʃɔːr, AM ,ɑːn'ʃɔːr] *inv* **I.** *adj* Küsten-; ~ **wind** auflandiger Wind *fachspr* **II.** *adv* an Land; *(blow)* landwärts

on·side [,ɒn'saɪd, AM 'ɑːnsaɪd] *inv* SPORTS **I.** *adj* nicht abseits; **the** ~ **player** der Spieler/die Spielerin, der/die nicht im Abseits steht; ■ **to be** ~ nicht im Abseits stehen **II.** *adv* nicht abseits [*o* im Abseits]

on-'site [,ɒn'saɪt, AM ,ɑːn'-] *inv* **I.** *adj* vor Ort *nach n,* Vor-Ort- **II.** *adv* vor Ort

on·slaught ['ɒnslɔːt, AM 'ɑːnslɑːt] *n* ❶ *(a. fig: attack)* Ansturm *m;* **to withstand an** ~ einem Ansturm standhalten; ■ **an** ~ **on sb** ein Angriff *m* auf jdn ❷ *(large amount)* Unmenge *f* (**of** an +*dat*/von +*dat*); **to face an** ~ **of criticism/questions** mit heftiger Kritik/vielen Fragen konfrontiert werden *akk*

on·'stage [,ɒn'steɪdʒ, AM ,ɑːn'-] *inv* **I.** *adj* auf der Bühne *nach n* **II.** *adv* ❶ *(onto a stage)* auf die Bühne; **to walk** ~ auf die

Bühne gehen ❷ (*not backstage*) auf der Bühne; **life ~ and backstage** das Leben auf und hinter der Bühne

on-'stream I. *adj inv* (*of production*) in Betrieb II. *adv* (*in operation*) in Betrieb; **to go ~** in Betrieb gehen **on-the-'job** *adj inv* Arbeits-; **~ injury** Arbeitsunfall *m* **on-the-job 'train·ing** *n no pl* Ausbildung *f* am Arbeitsplatz

onto, on to ['ɒntuː, AM 'ɑːn-] *prep* ❶ *after vb* (*to inside*) **to get ~ a bus/plane/train** in einen Bus/ein Flugzeug/einen Zug einsteigen; **to get ~ a horse/bike/motorcycle** auf ein Pferd/Fahrrad/Motorrad [auf]steigen; **to load sth ~ sth** etw auf etw *akk* laden ❷ *after vb* (*to surface of*) auf +*akk;* **get back ~ the path** geh' wieder auf den Pfad zurück ❸ *after vb* (*connected to*) auf +*akk;* **the door opened out ~ a beautiful patio** die Tür führte auf eine herrliche Terrasse; **hold ~ my hand** halt' dich an meiner Hand fest ❹ (*progress to*) **how did we get ~ this subject?** wie sind wir auf dieses Thema gekommen?; **can we move ~ the next item?** können wir zum nächsten Punkt kommen?; **I'd now like to come ~ my next point** ich würde jetzt gerne auf meinen nächsten Punkt kommen ❺ (*in pursuit of*) **to be ~ sb/sth** jdm/etw auf der Spur sein ❻ (*in touch with*) **to get ~ sth** an etw *akk* kommen; **to be ~ a good thing with sth** mit etw *dat* an einer guten Sache dran sein; **can you put me ~ a good dentist?** kannst du mir einen guten Zahnarzt empfehlen ❼ (*fam: in reminder to*) **to get/be ~ sb about sth** jdn wegen etw *dat* erinnern, jdm wegen etw *dat* in den Ohren liegen *fam*

on 'top of [] *prep* ❶ (*resting on*) auf +*dat;* **there was a pile of books ~ the table** auf dem Tisch lag ein Stapel Bücher; **~ the world** (*fig*) über dem Rest der Welt, obenauf ❷ (*handling well*) **they've finally got ~ the situation** sie haben die Situation endlich in den Griff bekommen ❸ (*in addition to*) ■ **~ sth** zusätzlich zu etw *dat;* **~ that** obendrein; **~ it all** zu allem Überfluss

onus ['əʊnəs, AM 'oʊ-] *n no pl* (*form*) Verantwortung *f* (**of** für +*akk*); **the ~ is on** [*or* **lies with**] **sb to do sth** es liegt an jdm, etw zu tun; (*more severe*) jd hat die Pflicht, etw zu tun; **the ~ of proof rests with the prosecution** die Beweislast liegt bei der Anklage

on·ward ['ɒnwəd, AM 'ɑːnwɚd] *inv* I. *adj attr* (*of journey*) Weiter-; **the ~ march of history/time** das Fortschreiten der Geschichte/Zeit; **~ and upward** steil nach oben; **it was ~ and upward from there** und von da ging es steil nach oben *fig* II. *adv* ❶ (*into the future*) **from that day/time ~** von diesem Tag/dieser Zeit an; **from our foundation ~ we have been an independent organization** seit unserer Gründung sind wir eine unabhängige Organisation ❷ (*of direction*) weiter; **to move ~ and upward[s]** (*fig*) steil nach oben steigen [*o* klettern] *fig;* **to travel ~ to other destinations** an weitere Bestimmungsorte weiterreisen

on·ward 'flight *n esp* BRIT, AUS Anschlussflug *m*

on·wards ['ɒnwədz, AM 'ɑːnwɚd] *adv see* **onward II.**

on·ward 'train *n esp* BRIT, AUS Anschlusszug *m*

onyx ['ɒnɪks, AM 'ɑːn-] I. *n no pl* Onyx *m* II. *n modifier* (*necklace, ring, stone*) Onyx-

oodles ['uːd|z] *npl* (*fam*) Unmengen *fpl* (**of** an +*dat*/von +*dat*); **how much cream would you like on your strawberries? – ~, please!** wie viel Sahne möchtest du auf deine Erdbeeren? – jede Menge, bitte! *fam*

ooh [uː] I. *interj* ❶ (*in surprise, approval*) oh ❷ (*in pain*) au II. *n usu pl* **~s and aahs** Ohs und Ahs III. *vi* raunen; **the crowd ~ed** ein Raunen ging durch die Menge

oomph [ʊm(p)f] *n no pl* (*fam*) ❶ (*power*) Kraft *f; of a car* Leistung *f;* (*fig*) **the government seems to be running out of ~** der Regierung scheint die Luft auszugehen ❷ (*pizzazz*) Schwung *m,* Pep *m* ❸ (*sex appeal*) Sexappeal *m*

oops [uːps] *interj* (*fam*) hoppla

oops-a-dai·sy [ˌʊpsə'deɪzi] *interj* (*fam*) hopsala *Kindersprache*

ooze [uːz] I. *n no pl* Schlamm *m* II. *vi* (*seep out*) ■ **to ~ somewhere** irgendwohin tropfen; **slime oozing down the walls** Schleim an, der die Wände hinunterrinnt; ■ **to ~ from** [*or* **out of**] **sth** *blood, water* aus etw *dat* sickern; (*in drops*) aus etw *dat* tropfen; *mud* aus etw *dat* quellen; **to ~ with blood/oil** vor Blut/Öl triefen III. *vt* ❶ (*seep out*) ■ **to ~ sth** etw absondern; **to ~ pus** eitern ❷ (*fig: overflow with*) **to ~ charisma/charm** (*a. pej*) Charisma/Charme ausstrahlen; **to ~ sex appeal** Sexappeal versprühen; **to ~ talent** Talent ausstrahlen

◆ **ooze out** *vi blood, water* heraussickern; *mud* herausquellen; **she couldn't prevent tears from oozing out** sie konnte nicht verhindern, dass ihr die Tränen kamen; **the honey from the broken jar has ~d out all over the place** der Honig ist aus dem zerbrochenen Krug überallhin getropft

oozy ['uːzi] *adj* überquellend *attr;* ■ **to be ~ with sth** vor etw *dat* triefen

op [ɒp, AM ɑːp] *n* ❶ *esp* BRIT, AUS MED (*fam*) *short for* **operation** OP *f* ❷ AM *short for* **opportunity** Gelegenheit *f;* (*possibility*) Möglichkeit *f* ❸ MIL ■ **~s** *pl* (*operations*) Einsätze *mpl;* (*room*) Unterkünfte *fpl,* Ops *fpl sl*

Op *n* MUS *abbrev of* **opus** op.

opac·ity [ə(ʊ)'pæsəti, AM oʊ'pæsət̬i] *n no pl* ❶ (*non-transparency*) Opazität *f fachspr,* Lichtundurchlässigkeit *f* ❷ (*fig: obscurity*) Undurchsichtigkeit; (*incomprehensibility*) Unverständlichkeit *f*

opal ['əʊpᵊl, AM 'oʊ-] I. *n* Opal *m* II. *n modifier* (*pendant, ring*) Opal-

opal·es·cence [ˌəʊpᵊl'esᵊn(t)s, AM ˌoʊ-] *n no pl* Opaleszenz *f fachspr; of jewellery* Schillern *nt*

opal·es·cent [ˌəʊpᵊl'esᵊnt, AM ˌoʊ-] *adj* schillernd; (*like an opal*) opalisierend

opaque [ə(ʊ)'peɪk, AM oʊ'-] *adj* ❶ (*not transparent*) undurchsichtig; *of wax* lichtundurchlässig; *of window, liquid* trüb; **~ glass** Milchglas *nt* ❷ (*fig: obscure*) undurchsichtig; (*incomprehensible*) unverständlich

opaque·ly [ə(ʊ)'peɪkli, AM oʊ'-] *adv* ❶ (*not clearly*) **to shine ~** trüb scheinen ❷ (*fig: obscurely*) undurchsichtig; (*incomprehensibly*) unverständlich; (*unclearly*) unklar

'op art *n no pl* Op-Art *f*

op cit [ˌɒp'sɪt, AM ˌɑːp'-] *adv inv* (*form*) op. cit.

OPEC ['əʊpek, AM 'oʊ-] *n no pl, + sing/pl vb acr for* **Organization of Petroleum Exporting Countries** OPEC *f*

Op-Ed [ˌɑːp'ed] AM I. *n abbrev of* **opposite the editorial page** *die der Leitartikelseite gegenüberliegende Seite* II. *n modifier* (*article, column, piece*) Sonderberichtseiten-

Op-'Ed page *n* AM *die der Leitartikelseite gegenüberliegende Seite*

open ['əʊpᵊn, AM 'oʊ-] I. *n* ❶ *no pl* (*out of doors*) ■ [**out**] **in the ~** draußen; (*in the open air*) im Freien; **to camp in the ~** unter freiem Himmel nächtigen ❷ *no pl* (*not secret*) **to bring sth out into the ~** etw publik machen [*o* an die Öffentlichkeit bringen]; **to come out into the ~** ans Licht kommen, ruchbar werden *geh;* **to get sth** [**out**] **in**[**to**] **the ~** etw [offen] zur Sprache bringen [*o* ansprechen] ❸ SPORTS (*competition*) ■ **O~** [offene] Meisterschaft, Meisterschaftsspiele *ntpl* II. *adj* ❶ *inv* (*not closed*) offen, geöffnet; *book* aufgeschlagen; *map* auseinandergefaltet; (*not sealed*) offen; **excuse me, your fly is ~** entschuldige, aber dein Hosenstall steht offen *fam;* **to welcome sb with ~ arms** (*fig*) jdn mit offenen Armen empfangen [*o* aufnehmen]; **~ boat** Boot *nt* ohne Verdeck; **to do sth with one's eyes ~** etw wissentlich tun; **I got into this job with my eyes ~, so I'm not surprised by what I see** ich habe diesen Job ganz bewusst angenommen, daher überrascht mich das, was ich sehe, nicht; **wide ~** [sperrangel]weit geöffnet; **to push sth ~** etw aufstoßen; (*violently*) etw mit Gewalt öffnen ❷ *inv, pred* (*open for business*) geöffnet, offen; **is the supermarket ~ yet?** hat der Supermarkt schon auf?; **to be ~ for business** der Kundschaft offen stehen; **is that new com-**

puter store ~ for business yet? hat dieser neue Computerladen schon aufgemacht? ③ *inv* (*undecided*) offen; **an ~ matter** eine schwebende Angelegenheit; **an ~ mind** eine unvoreingenommene Einstellung; **to have/keep an ~ mind** unvoreingenommen [*o* objektiv] sein/bleiben; **she has a very ~ mind about new things** sie steht neuen Dingen sehr aufgeschlossen gegenüber; **to keep one's options ~** sich *dat* alle Möglichkeiten offenhalten; **an ~ question** eine offene Frage; **to leave sth ~** etw offenlassen ④ *inv* (*unrestricted*) offen; **to be in the ~ air** an der frischen Luft sein; **to get out in the ~ air** an die frische Luft gehen; **~ field** freies Feld; **~ road** freigegebene Straße; **on the ~ sea** auf hoher See, auf offenem Meer; **~ ticket** Ticket *nt* mit offenem Reisedatum ⑤ *inv* (*accessible to all*) öffentlich zugänglich; **this library is not ~ to the general public** dies ist keine öffentliche Bibliothek; **the competition is ~ to anyone over the age of sixteen** an dem Wettbewerb kann jeder teilnehmen, der älter als 16 Jahre ist; **to have ~ access to sth** freien Zugang zu etw *dat* haben; **an ~ discussion** eine öffentliche Diskussion ⑥ *inv* SPORTS offen; **~ champion** Sieger(in) *m(f)* einer offenen Meisterschaft; **~ championship** offene Meisterschaften *fpl* ⑦ *inv* (*not secret*) öffentlich; **in ~ court** in öffentlicher Verhandlung; **~ hostility** offene Feindschaft; **~ resentment** offene [*o geh* unverhohlene] Abneigung; **an ~ scandal** ein öffentlicher Skandal ⑧ *inv* (*exposed*) offen, ungeschützt; MIL ungedeckt, ohne Deckung; ■**to be ~ to sth** etw *dat* ausgesetzt sein; **they left themselves ~ to criticism** sie setzten sich selbst der Kritik aus; **his macho attitude leaves him ~ to ridicule** mit seinem Machogehabe gibt er sich selbst der Lächerlichkeit preis; **~ drain** Abflussrinne *f*; **to be ~ to attack** Angriffen ausgesetzt sein; **to be ~ to doubt** zweifelhaft [*o* anzweifelbar] sein; **to be ~ to the enemy** feindlichem Zugriff unterliegen; **an ~ wound** eine offene Wunde; **to lay sth ~** etw in Frage stellen ⑨ *inv* SPORTS (*unprotected*) frei, ungedeckt ⑩ (*frank*) offen; **he is quite ~ about his weaknesses** er spricht freimütig über seine Schwächen; ■**to be ~ with sb** offen zu jdm sein; **an ~ person** ein offener [*o* aufrichtiger] Mensch ⑪ (*willing to accept*) **to be ~ to advice/new ideas/suggestions** Ratschlägen/neuen Ideen/Vorschlägen gegenüber aufgeschlossen [*o* offen] sein; **to be ~ to bribes/offers/persuasion** für Bestechung/Angebote/Überredung zugänglich sein ⑫ *inv* (*available*) frei, verfügbar; **there are still lots of opportunities ~ to you** dir stehen noch viele Möglichkeiten offen; **the line is ~ now** die Leitung ist jetzt frei; **~ time** verfügbare Zeit; **~ vacancies** offene [*o* freie] Stellen ⑬ *inv* (*letting in air*) durchlässig, porös; **an ~ screen** ein Drahtgitter [*o* Drahtnetz] *nt*; **an ~ weave** eine lockere Webart ⑭ *inv* MUS **~ note** Grundton *m*; **~ pipe** offene [Orgel]pfeife; **~ string** leere Saite ⑮ *inv* ELEC (*with break*) unterbrochen ⑯ *inv* MED (*not constipated*) nicht verstopft, frei ⑰ *inv* BRIT FIN (*not crossed*) **~ cheque** Barscheck *m* ⑱ *inv* (*free of ice*) eisfrei ⑲ LING offen; **an ~ syllable** eine offene Silbe; **~ vowel** offener Vokal ▸ PHRASES: **to be an ~ book** [wie] ein aufgeschlagenes [*o* offenes] Buch sein; **sth is an ~ book to sb** jd kann etw mit Leichtigkeit tun, etw ist für jdn ein Kinderspiel **III.** *vi* ① (*from closed*) sich *akk* öffnen, aufgehen; **the door ~s much more easily now** die Tür lässt sich jetzt viel leichter öffnen; **the flowers ~ in the morning** die Blumen öffnen sich am Morgen; **I can't get the door to ~!** ich kann die Tür nicht aufkriegen! ② (*give access*) ■**to ~ onto sth** [direkt] zu etw *dat* führen; **the door ~s into the garden** die Tür führt direkt in den Garten; ■**to ~ off sth** zu etw *dat* hinführen; **the small path ~ed off the main road** der schmale Weg führte auf die Hauptstraße; **to wish the earth** [*or* **floor**] **would ~ up** am liebsten in den [Erd]boden versinken ③ (*for service*) öffnen, aufmachen *fam*; **the cafe ~s at ten o'clock** das Café öffnet um zehn Uhr ④ (*start*) beginnen; **the trial ~s/the Olympic Games ~ tomorrow** der Prozess wird/die Olympischen Spiele werden morgen eröffnet; **the film ~s in New York next week** der Film läuft nächste Woche in New York an; **who's going to ~?** (*in cards*) wer kommt raus?, wer hat das Ausspiel? ⑤ (*become visible*) sich *akk* zeigen; **the valley ~ed before them** das Tal tat sich vor ihnen auf **IV.** *vt* ① (*change from closed*) **to ~ a book/magazine/newspaper** ein Buch/ein Magazin/eine Zeitung aufschlagen; **to ~ a box/window/bottle** eine Dose/ein Fenster/eine Flasche aufmachen [*o* öffnen]; **to ~ the curtains** [*or* **drapes**] die Vorhänge aufziehen; **to ~ the door** [*or* **doors**] **to sth** (*fig*) neue Perspektiven [*o* Möglichkeiten] für etw *akk* eröffnen; **to ~ one's eyes** seine Augen öffnen [*o* aufmachen]; **to ~ one's home to sb** jdn bei sich *dat* aufnehmen; **to ~ a letter/file** einen Brief/eine Akte öffnen; **to ~ a map** eine [Straßen]karte auffalten; **to ~ one's mouth** (*a. fig*) den Mund aufmachen, etw ausplaudern *fig fam*; **to ~ a vein** (*hum*) zum Strick greifen *hum* ② (*begin*) **to ~ fire** MIL das Feuer eröffnen; **to ~ a meeting/rally** ein Treffen/eine Kundgebung eröffnen; **to ~ negotiations** in Verhandlungen eintreten; **to ~ the proceedings** das Verfahren eröffnen ③ (*set up*) **to ~ a bank account** ein Konto einrichten [*o* eröffnen]; **to ~ a business/branch** ein Geschäft/eine Zweigstelle eröffnen [*o* aufmachen] ④ (*for the day's business*) **to ~ a bakery/book store/restaurant** eine Bäckerei/einen Buchladen/ein Restaurant öffnen ⑤ (*declare ready for use*) **to ~ a building** ein Gebäude einweihen [*o* eröffnen]; **to ~ a road/tunnel** eine Straße/einen Tunnel für den Verkehr freigeben ⑥ (*break new ground*) ■**to ~ sth** etw erschließen; **to ~ a new field of science** wissenschaftliches Neuland erschließen ⑦ (*evacuate*) **to ~ one's bowels** den Darm entleeren ⑧ (*clear blockages*) **the security team ~ed a way through the crowd for the president** das Sicherheitsteam bahnte dem Präsidenten einen Weg durch die Menge; **to ~ a canal** einen Kanal passierbar machen; **to ~ a pipe** ein Rohr durchgängig machen; **to ~ the view** den Blick [*o* die Sicht] ermöglichen ▸ PHRASES: **to ~ sb's eyes to sb/sth** jdm die Augen über jdn/etw öffnen; **to ~ the floodgates** [**to sb/sth**] [jdm/etw] Tür und Tor öffnen *pej*; **to ~ one's heart to sb** jdm sein Herz ausschütten, sich *akk* jdm anvertrauen; **to ~ one's mind** offener [*o* aufgeschlossener] werden

◆**open out I.** *vi* ① (*move apart*) sich *akk* ausbreiten; **the ranks/troops ~ed out** die Mannschaften/Truppen öffneten die Reihen ② (*unfold*) *map* sich *akk* auffalten lassen; *flower* aufblühen, sich *akk* öffnen ③ (*grow wider*) sich *akk* erweitern [*o* [aus]weiten]; *street, river* sich *akk* verbreitern, breiter werden; (*grow bigger*) sich *akk* vergrößern; *group* anwachsen (**into** zu +*dat*) ④ (*relax*) aus sich *dat* herausgehen; **he'll ~ out in time** er taut schon noch auf **II.** *vt* ① (*unfold*) **to ~ a folding bed** [*or* AM **cot**] ○ **out** ein Feldbett aufschlagen; **to ~ a map/newspaper** ○ **out** eine [Land]karte auseinanderfalten/eine Zeitung aufschlagen ② (*expand*) ■**to ~ out** ○ **sth** etw erweitern [*o* vergrößern]

◆**open up I.** *vi* ① (*start business*) eröffnen, aufmachen *fam*; *radio station* auf Sendung gehen ② (*relax*) aus sich *dat* herausgehen, auftauen *fam* ③ (*shoot*) das Feuer eröffnen, losfeuern *fam* ④ (*accelerate*) Gas geben, beschleunigen **II.** *vt* ① (*from closed*) **to ~ a canal/a pipe up** einen Kanal/ein Rohr passierbar machen; **to ~ up a car/a house/a store** einen Wagen/ein Haus/einen Laden aufschließen; **to ~ a door/a window** ○ **up** eine Tür/ein Fenster aufmachen ② (*make available*) ■**to ~ up** ○ **sth** [**to sb/sth**] [jdm/etw] etw zugänglich machen, etw [für jdn/etw] öffnen; **the government plans to ~ up access to higher education** die Regierung beabsichtigt, den Zugang zu höherer Bildung zu erleichtern; **to ~ land/territory up** Land/Terrain erschließen; **to ~ up the possibility of doing sth** die Möglichkeit eröffnen, etw zu tun ③ (*expand*) ■**to ~ up** ○ **sth** etw erweitern ④ MED (*fam: operate on*) ■**to ~ sb** ○ **up** jdn aufschneiden *fam*

open ad·'mis·sions *npl* + *sing/pl vb* AM UNIV Aufnahme *f* ohne Zulassungsbeschränkungen **open a'dop·tion** *n esp* AM

O

Adoption eines Kindes mit Kontakt zu dessen leiblichen Eltern **'open-air** *adj inv* im Freien *nach n;* ~ **concert** Open-Air-Konzert *nt;* ~ **stage** Freilichtbühne *f;* ~ **swimming pool** Freibad *nt* **open-and-'shut** *adj* eindeutig, [sonnen]klar; ~ **case** klarer [*o* eindeutiger] Fall **'open·cast** *adj inv* BRIT über Tage *nach n;* ~ **mining** Tagebau *m* **open 'class·room** *n* AM *zwanglose Form der freien Unterrichtsgestaltung* **open 'cred·it** *n no pl* offener Kredit, Kontokorrentkredit *m fachspr* **'open-cut** *adj inv* AM, AUS über Tage *nach n;* ~ **mining** Tagebau *m* **'open day** *n* BRIT, AUS Tag *m* der offenen Tür; **to have an** ~ einen Tag der offenen Tür veranstalten **'open-door** *adj attr, inv* frei zugänglich; ~ **policy** Politik *f* der offenen Tür; **our boss has an** ~ **policy** unser Chef ist für uns immer zu sprechen **open-'end·ed** *adj inv* mit offenem Ausgang *nach n;* ~ **question** ungeklärte Frage; ~ **promise** [noch] nicht eingelöstes Versprechen **open en·'roll·ment** *n no pl* AM UNIV Aufnahme *f* ohne Zulassungsbeschränkungen

open·er ['əʊpᵊnəʳ, AM 'oʊpᵊnɚ] *n* ❶ (*opening device*) Öffner *m;* **bottle/can** ~ Flaschen-/Dosenöffner *m* ❷ (*person*) ■**to be the** ~ den Anfang machen ❸ (*remark*) Anfang *m* ❹ AM (*fam: at first*) **for** ~**s** für den Anfang; **how about cheese and crackers for** ~**s?** wie wär's zum Auftakt mit Käse und Crackern?

open-'eyed *adv inv* mit großen Augen **open 'fire** *n,* **open 'fire·place** *n* offener Kamin; ■**on an** ~ über dem offenen [Kamin]feuer **open-'hand·ed** *adj* großzügig, freigebig **open-'heart·ed** *adj* offenherzig, aufrichtig **open-heart 'sur·gery** *n no pl* Operation *f* am offenen Herzen **open 'house** *n* ❶ AM (*open day*) Tag *m* der offenen Tür ❷ (*public event*) *Veranstaltung mit freiem Eintritt* [*und häufig freien Getränken*]; **to keep** ~ gastfreundlich sein ❸ AM (*at house for sale*) Hausbesichtigung *f;* **to hold** ~ ein Haus zur Besichtigung freigeben

open·ing ['əʊpᵊnɪŋ, AM 'oʊ-] **I.** *n* ❶ *no pl* (*action*) Öffnen *nt,* Aufmachen *nt;* (*of shop*) **hours of** ~ Öffnungszeiten *fpl;* **late** ~ verlängerte Öffnungszeiten *fpl;* **it's late** ~ heute haben die Geschäfte länger geöffnet ❷ (*hole*) Öffnung *f,* Loch *nt;* (*in a conversation*) [Gesprächs]pause *f;* (*in traffic*) Lücke *f;* (*in woods*) Lichtung *f* ❸ (*opportunity*) Möglichkeit *f,* günstige Gelegenheit; (*job*) freie Stelle ❹ (*vulnerable spot*) Blöße *f* ❺ (*introduction*) Einführung *f; of a novel* Einleitung *f; of a film* Anfang *m; of a trial* [Verhandlungs]eröffnung *f* ❻ (*inauguration*) Eröffnung *f;* [**formal**] ~ Einweihung *f; of a plant* Inbetriebnahme *f;* **the** ~ **of the new tunnel will take place next month** der neue Tunnel wird im nächsten Monat für den Verkehr geöffnet; ~ **ceremony** Eröffnungsfeierlichkeiten *fpl;* **official** ~ offizielle Eröffnung ❼ (*first performance*) Premiere *f* ❽ CHESS (*first move*) Eröffnung *f* **II.** *adj attr, inv* (*at beginning*) Anfangs-, Eröffnungs-; **who's making the** ~ **speech?** wer wird als Erster reden?; ~ **move** CHESS erster Zug *a. fig;* ~ **remarks** einleitende Bemerkungen

open·ing 'act *n* THEAT erster Akt **open·ing 'bal·ance** *n* FIN Eröffnungsbilanz *f* **open·ing 'bid** *n* Eröffnungsgebot *nt* **'open·ing hours** *npl* Öffnungszeiten *fpl* **open·ing 'night** *n* THEAT Premierenabend *m;* SPORTS [abendliches] Eröffnungsspiel **'open·ing time** *n* Öffnungszeit *f*

open 'let·ter *n* offener Brief *m*

open·ly ['əʊpᵊnli, AM 'oʊ-] *adv* ❶ (*frankly*) offen ❷ *inv* (*publicly*) öffentlich

open 'mar·ket *n* offener Markt **open 'mar·riage** *n* offene Ehe **open 'mike night** *n Veranstaltung, bei der sich jede*[*r*] *aus dem Publikum zur allgemeinen Belustigung auf der Bühne produzieren kann* **open-'mind·ed** *adj* (*to new ideas*) aufgeschlossen; (*not prejudiced*) unvoreingenommen, vorurteilsfrei **open-'mind·ed·ness** *n no pl* (*to new ideas*) Aufgeschlossenheit *f;* (*unbiasedness*) Unvoreingenommenheit *f* **open-'mouthed** *adj inv* ❶ *pred* (*with open mouth*) mit offenem Mund; **to stare** ~ **at sth** etw begaffen *pej* ❷ *attr* (*shocked*) [sichtlich] betroffen; **with** ~ **amazement** mit ungläubigem Staunen; **with** ~ **horror** schreckensstarr **'open-necked** *adj inv* mit offenem Kragen *nach n; blouse, dress* ausgeschnitten

open·ness ['əʊpᵊnnəs, AM 'oʊ-] *n no pl* ❶ (*frankness*) Offenheit *f* ❷ (*publicness*) Öffentlichkeit *f* ❸ (*in character*) offenes Wesen ❹ (*lack of obstruction*) *of view, expanse* Weite *f,* Weitläufigkeit *f; of a room* Geräumigkeit *f*

open-'pit *adj inv* AM, AUS über Tage *nach n;* ~ **mining** Tagebau *m* **open-'plan** *adj inv room* offen [*o* frei] angelegt **open-plan 'of·fice** *n* Großraumbüro *nt* **open 'pris·on** *n* BRIT offenes Gefängnis; **to be put into the** ~ in den offenen Strafvollzug gehen **open 'sand·wich** *n* belegtes Brot **'open sea·son** *n* ❶ (*hunting season*) Jagdsaison *f;* ~ **on deer/ducks** Jagdzeit *f* für Rotwild/Enten ❷ (*fig: permission to attack*) Kesseltreiben *nt;* **to declare** ~ **on sth** etw zum Abschuss freigeben [*o* Freiwild machen] **open 'se·cret** *n* offenes Geheimnis **open 'sesa·me I.** *n* Schlüssel *m* zum Erfolg **II.** *interj* ~**!** Sesam, öffne dich! **open 'sys·tem** *n* COMPUT kompatible Anlage

Open Uni·'ver·sity *n no pl esp* BRIT ≈ Fernuniversität *f*

i Kultur

Die **Open University** – *Fernuniversität,* die 1971, als sie in Großbritannien gegründet wurde, noch die *University of the Air* genannt wurde, ist eine Hochschule, an der Studenten von zu Hause aus studieren können. Unterrichtet wird über Fernseh- und Radioprogramme und die Übungsmaterialien werden den Studenten zugeschickt.

open 'ver·dict *n* BRIT LAW richterliche Feststellung auf unbekannte Todesursache

op·era ['ɒpᵊrə, AM 'ɑ:-] *n* Oper *f*

op·er·able ['ɒpᵊrəbl̩, AM 'ɑ:-] *adj* ❶ (*functioning*) funktionsfähig, betriebsfähig; AUTO fahrtüchtig ❷ MED *tumour, cancer* operabel

'op·era glasses *npl* Opernglas *nt* **'op·era house** *n* Opernhaus *nt* **'op·era sing·er** *n* Opernsänger(in) *m(f)*

op·er·ate ['ɒpᵊreɪt, AM 'ɑ:-] **I.** *vi* ❶ (*work, run*) funktionieren; **to** ~ **at maximum capacity** auf Höchststufe laufen ❷ (*act*) vorgehen, zu Werke gehen *geh;* MIL operieren; [*criminal*] *mind* arbeiten; **destructive forces are clearly operating within the community** innerhalb der Gemeinschaft sind eindeutig zersetzende Kräfte am Werk; **to** ~ **on a budget** sich *akk* an ein Budget halten; **to** ~ **at a loss/profit** mit Verlust/Gewinn arbeiten ❸ (*produce an effect*) [be]wirken, sich *akk* auswirken; **the film** ~**d strongly on her emotions** der Film bewegte sie sehr; **the propaganda is beginning to** ~ die Propaganda zeitigt schon Wirkung ❹ (*perform surgery*) operieren; ■**to** ~ **on sb/sth** jdn/etw operieren ❺ (*do business*) operieren *geh,* Geschäfte betreiben; **to** ~ **in the stock market** im Börsengeschäft tätig sein **II.** *vt* ■**to** ~ **sth** ❶ (*work*) etw bedienen; **to** ~ **sth manually** etw manuell betreiben ❷ (*manage*) etw betreiben; **to** ~ **a farm** eine Farm bewirtschaften; **to** ~ **a firm** eine Firma leiten; **to** ~ **a store** ein Geschäft betreiben [*o* führen] ❸ (*perform*) etw ausführen; **to** ~ **undercover activities** Geheimoperationen durchführen

op·er·at·ic [ˌɒpᵊ'rætɪk, AM ˌɑ:pə'ræţɪk] *adj* ❶ *inv* (*of the opera*) Opern-; ~ **voice** Opernstimme *f* ❷ (*fig: emotional*) opernhaft, theatralisch *pej*

op·er·ati·cal·ly [ˌɒpᵊr'ætɪkᵊli, AM ˌɑ:pə'ræţ-] *adv* in opernhafter Manier, theatralisch *oft pej*

op·er·at·ing ['ɒpᵊreɪtɪŋ, AM 'ɑ:pᵊreɪţ-] **I.** *n no pl* MED Operieren *nt* **II.** *adj attr, inv* ❶ (*in charge*) Dienst habend ❷ MED Operations-

'op·er·at·ing ex·penses *npl* Betriebsausgaben *fpl;* **to keep** ~ **down** die laufenden Kosten niedrig halten **'op·er·at·ing loss** *n* ECON Betriebsverlust *m* **'op·er·at·ing manu·al** *n* Bedienungsanleitung *f,* Benutzerhandbuch *nt* **'op·er·at·ing prof·it** *n* ECON Betriebsgewinn *m* **'op·er·at·ing room** *n* MED Operationssaal *m* **'op·er·at·ing sys·tem** *n* COMPUT Betriebssystem *nt* **'op·er·at·ing ta·ble** *n* MED Operationstisch *m* **'op·er·at·ing thea·ter** AM, **'op·er·at·ing thea·tre** *n* MED Operationssaal *m*

op·era·tion [ˌɒpər'eɪʃən, AM ˌɑːpə'reɪ-] *n* ❶ *no pl* (*way of functioning*) Funktionsweise *f,* Arbeitsweise *f; of a theory* Umsetzung *f;* **the ~ of communism requires people to give up their individual identities** der Kommunismus kann nur dann funktionieren, wenn die Menschen ihre Eigenständigkeit aufgeben; **the ~ of gravity keeps us standing on the ground** dank der Schwerkraft bleiben wir auf dem Boden stehen; **day-to-day** [*or* **everyday**] ~ gewöhnlicher Betriebsablauf, Geschäftsgang *m* ❷ *no pl* (*functioning state*) Betrieb *m,* Einsatz *m;* LAW Wirksamkeit *f;* ■**to be in ~** *machines* in Betrieb sein; *plan, rule, law* wirksam sein, gelten; **hours of ~** Geschäftszeiten *fpl;* **by ~ of law** kraft Gesetzes; **daily/hourly ~** täglicher/stündlicher Betrieb; **the bus service is in hourly ~ during off-peak times** außerhalb der Stoßzeiten fahren die Busse stündlich; **to come into ~** *machines* in Gang kommen [*o* Betrieb genommen werden]; *plan, rule, law* in Kraft treten, wirksam werden; **to put sth into ~** *machine* etw in Betrieb nehmen; *regulations* etw anwenden; *scheme, plan* etw in die Tat umsetzen ❸ (*process*) Vorgang *m;* **repairing this old watch is a very delicate ~** das Reparieren dieser alten Uhr ist eine sehr diffizile Angelegenheit; **to undertake an ~** etwas vornehmen, an eine Sache herangehen ❹ (*business*) Geschäft *nt;* **his ~ is based in Florida** er betreibt seine Geschäfte von Florida aus; **how is the ~ going these days?** wie läuft denn der Betrieb jetzt so? ❺ (*activity*) Unternehmung *f,* Vorhaben *nt;* MIL Operation *f,* Einsatz *m;* **O~ Desert Storm** Operation Wüstensturm; **rescue ~** Rettungsaktion *f;* **security ~** Sicherheitsmaßnahmen *fpl,* Einsatz *m* von Sicherheitskräften; **undercover ~** MIL verdeckte Operation, Geheimeinsatz *m;* **humanitarian ~** humanitärer Einsatz; **to launch an ~** mit einer Aktion beginnen; **to start ~s on sth** die Arbeit an etw *dat* aufnehmen ❻ (*surgery*) Operation *f;* **heart/lung ~** Herz-/Lungenoperation *f;* **to perform an ~** eine Operation durchführen ❼ FIN [finanzielle] Transaktion ❽ MATH Operation *f;* **mathematical ~** mathematische Operation, Rechenvorgang *m*

op·era·tion·al [ˌɒpər'eɪʃənəl, AM ˌɑːpə'reɪ-] *adj inv* ❶ (*in business*) betrieblich, Betriebs-; **~ costs** Betriebskosten *pl* ❷ (*functioning*) betriebsbereit, funktionstüchtig; **to be fully ~** (*concerning function*) voll funktionsfähig sein; (*concerning purpose*) voll einsatzfähig sein

op·era·tion·al·ly [ˌɒpər'eɪʃənəli, AM ˌɑːpə'reɪ-] *adv inv* abwicklungstechnisch, die Durchführung betreffend

op·era·tion·al re·'search *n esp* AM, AUS, **op·e'ra·tions re·search** *n no pl* Unternehmensforschung *f*

op·e'ra·tions re·view *n* Überprüfung *f* der Betriebsabläufe

op·era·tive ['ɒpərətɪv, AM 'ɑːpəətɪv] **I.** *n* ❶ (*in a factory*) [Fach]arbeiter(in) *m(f)* ❷ (*detective*) Privatdetektiv(in) *m(f);* (*secret agent*) Geheimagent(in) *m(f);* **FBI ~** FBI-Agent(in) *m(f)* **II.** *adj inv* ❶ (*functioning*) in Betrieb *präd; regulations* wirksam, gültig; **these reasons still remain ~** diese Gründe bestehen immer noch ❷ *attr* (*surgical*) operativ; **~ treatment** chirurgische Behandlung

op·era·tive 'word *n* ■**the ~** das entscheidende Wort [*o* Wort, auf das es ankommt]; **in the house there were more statues – more being the ~** im Haus gab es mehr Statuen – mit der Betonung auf [dem Wort] mehr

op·era·tor ['ɒpəreɪtər, AM 'ɑːpəreɪtə] *n* ❶ (*worker*) Bediener(in) *m(f),* Arbeiter(in) *m(f);* **fork-lift ~** Gabelstaplerfahrer(in) *m(f);* **machine ~** Maschinist(in) *m(f);* **radio ~** Funker(in) *m(f)* ❷ (*switchboard worker*) Telefonist(in) *m(f);* (*at telephone company*) ≈ Vermittlung *f* ❸ (*company*) Unternehmer(in) *m(f);* **tour ~** Reiseveranstalter(in) *m(f)* ❹ (*fam: clever person*) gewiefte [*o* raffinierte] Person; **he is a canny ~ in wage negotiations** er ist ein schlauer Verhandlungspartner bei Lohnverhandlungen; **to be a real ~ with the ladies** die Frauen um den Finger wickeln können; **smooth ~** Schlitzohr *nt fam,* Schlawiner *m fam* ❺ MATH [Rechen]symbol *nt,* Operator *m fachspr*

op·er·cu·lum <*pl* -la> [ə(ʊ)'pɜːkjʊləm, AM oʊ'pɜːrkjələm, *pl* -lə] *n* ZOOL *of snails* Operkulum *nt fachspr; of fish* Kiemendeckel *m*

op·er·et·ta [ˌɒpər'etə, AM ˌɑːpə'retə] *n* Operette *f*

oph·thal·mia [ɒf'θælmiə, AM ɑːf'-] *n no pl* Augenentzündung *f,* Ophthalmie *f fachspr*

oph·thal·mic [ɒf'θælmɪk, AM ɑːf'-] *adj attr, inv* Augen-, ophthalmisch *fachspr;* **~ medicine** Augenheilkunde *f,* Ophthalmiatrie *f fachspr*

oph·thal·mic op·'ti·cian *n* Augenoptiker(in) *m(f)*

oph·thal·molo·gist [ˌɒfθæl'mɒlədʒɪst, AM ˌɑːfθæl'mɑː-] *n* Augenarzt, -ärztin *m, f,* Ophthalmologe, -in *m, f fachspr*

oph·thal·mol·ogy [ˌɒfθæl'mɒlədʒi, AM ˌɑːfθæl'mɑː-] *n no pl* Augenheilkunde *f,* Ophthalmologie *f fachspr*

oph·thal·mo·scope [ɒf'θælməskəʊp, AM ɑːf'θælməskoʊp] *n* MED Augenspiegel *m,* Ophthalmoskop *nt fachspr*

opi·ate ['əʊpiət, AM 'oʊpiɪt] *n* Opiat *nt*

opine [ə(ʊ)'paɪn, AM oʊ'-] **I.** *vt* (*form*) ■**to ~ that ...** meinen, dass ... **II.** *vi* (*form*) ■**to ~ on sth** sich *akk* zu etw *dat* äußern

opin·ion [ə'pɪnjən] *n* ❶ (*belief*) Meinung *f,* Ansicht *f;* **it is my ~ that ...** ich finde, dass ...; **popular ~** weit verbreitete Meinung; **public ~** die öffentliche Meinung ❷ (*view on topic*) Einstellung *f,* Standpunkt *m* (**on** zu +*dat*); **it's my considered ~ that ...** ich bin zu der Ansicht gelangt, dass ...; **difference of ~** Meinungsverschiedenheit *f;* **just a matter of ~** reine Ansichtssache; **range of ~** Meinungsspektrum *nt,* Meinungsvielfalt *f;* **to be firmly of the ~ that ...** fest davon überzeugt sein, dass ...; **sb's ~ on sb changes** jdn ändert seine Meinung über jdn; **to have a high** [*or* **good**]/**bad** [*or* **poor**] [*or* **low**] **~ of sb/sth** von jdm/etw eine hohe/keine gute Meinung haben; **to have a high ~ of oneself** sehr von sich *dat* überzeugt sein; **to express** [*or* **state**] [*or* **give**] **an ~ on sth** seine Meinung zu etw *dat* äußern, zu etw *dat* Stellung nehmen; **to form an ~** sich *dat* eine Meinung bilden; **in my ~** meiner Meinung [*o* Ansicht] nach ❸ (*professional advice*) Gutachten *nt;* **second ~** Zweitgutachten *nt* ❹ LAW (*listing of reasons*) Urteilsbegründung *f*

opin·ion·at·ed [ə'pɪnjəneɪtɪd, AM -t-] *adj* (*pej*) rechthaberisch *pej,* dogmatisch *meist pej*

o'pin·ion poll *n* Meinungsumfrage *f*

opium ['əʊpiəm, AM 'oʊ-] *n no pl* Opium *nt*

'opium den *n* Opiumhöhle *f* **'opium fiend** *n* Opiumsüchtige(r) *f(m)* **'opium pop·py** *n* BOT Schlafmohn *m*

opos·sum <*pl* -s *or* -> [ə'pɒsəm, AM -'pɑː-] *n* Beutelratte *f,* Opossum *nt*

oppo ['ɑːpoʊ] **I.** *adj* AM *short for* **opposition** Oppositions-, der Opposition *nach n* **II.** *n* AM *short for* **opposition research** *Suche nach für den Opponenten schädlichen Informationen*

op·po·nent [ə'pəʊnənt, AM -'poʊ-] *n* POL Opponent(in) *m(f),* Widersacher(in) *m(f);* SPORTS Gegner(in) *m(f);* **to face an ~** einem Gegner begegnen

op·po·nent 'mus·cle *n* beweglicher Daumenmuskel

op·por·tune ['ɒpətjuːn, AM ˌɑːpə'tuːn, -'tjuːn] *adj* opportun *geh,* angebracht; **~ chance** passende [*o* günstige] Gelegenheit; **~ moment** geeigneter [*o* günstiger] Zeitpunkt

op·por·tun·ism [ˌɒpə'tjuːnɪzəm, AM ˌɑːpə'tuː-, -tjuː-] *n no pl* Opportunismus *m;* **blatant ~** blanker Opportunismus

op·por·tun·ist [ˌɒpə'tjuːnɪst, AM ˌɑːpə'tuː-, -tjuː-] **I.** *n* Opportunist(in) *m(f)* **II.** *adj* (*pej*) opportunistisch

op·por·tun·is·tic [ˌɒpətjuː'nɪstɪk, AM ˌɑːpətuː'-, -tjuː-] *adj* (*esp pej*) opportunistisch

op·por·tun·is·ti·cal·ly [ˌɒpətjuː'nɪstɪkəli, AM ˌɑːpətuː'-, -tjuː-] *adv* opportunistisch *geh*

op·por·tun·is·tic in·'fec·tion *n* MED opportunistische Infektion *fachspr*

giving opinions

expressing opinions/views	Meinungen/Ansichten ausdrücken
I think she should apologize for her behaviour.	**Ich finde/meine,** sie sollte sich für ihr Verhalten entschuldigen.
In my opinion he was a highly gifted artist.	Er war **meiner Meinung nach** ein begnadeter Künstler.
I believe/am of the opinion/take the view that everyone should receive a minimum income.	**Ich glaube,/Ich bin der Meinung,/Ich bin der Ansicht, dass** jeder ein Mindesteinkommen erhalten sollte.
The purchase of more machinery is, **in my opinion**, not a sensible option.	Eine Anschaffung weiterer Maschinen ist **meines Erachtens** nicht sinnvoll.

asking for opinions and assessments	Meinungen erfragen, um Beurteilung bitten
What's your opinion?	**Was ist Ihre Meinung**?
What do you think (**about it**)?	**Was meinen Sie** (**dazu**)?
How do **you think** we should proceed?	Wie sollten wir **Ihrer Meinung nach** vorgehen?
What do you think/make of the new government?	**Was halten Sie von** der neuen Regierung?
Do you find this game boring?	**Findest du,** das Spiel langweilig?
Do you think I can go like this?	**Denkst du,** so kann ich gehen?
What do you think of her new boyfriend?	**Was sagst du zu** ihrem neuen Freund?
How do you like my new hair colour?	**Wie gefällt dir** meine neue Haarfarbe?
Does this theory **mean anything to you**?	**Kannst du mit** dieser Theorie **etwas anfangen**?
What's your opinion of our new product?	**Wie beurteilen Sie** unser neues Produkt?

op·por·tu·nity [ˌɒpəˈtjuːnəti, AM ˌɑːpɚˈtuːnət̬i] *n* ❶ (*occasion*) Gelegenheit *f;* **I used to enjoy going to the theatre, but I don't get much ~ now** früher ging ich gern ins Theater, aber heute habe ich kaum noch [die] Gelegenheit dazu; **a window of ~** eine Chance; **a world of ~** eine Fülle von Möglichkeiten; **at the earliest ~** bei der erstbesten Gelegenheit; **please contact us at your earliest ~** bitte setzen Sie sich baldmöglichst mit uns in Verbindung!; **at every ~** bei jeder Gelegenheit; **a unique ~ to do sth** eine einmalige Gelegenheit, [um] etw zu tun; **to get** [*or* **be given**] **the ~ of doing sth** die Chance erhalten, etw zu tun; **to grab** [*or* **seize**] **an ~** eine Gelegenheit ergreifen [*o* beim Schopf[e] packen] ❷ (*for advancement*) Chance *f,* Möglichkeit *f;* **~ for advancement** [*or* **promotion**] Aufstiegsmöglichkeit *f* ►PHRASES: **~ knocks** das Schicksal winkt; **he was waiting for ~ to knock** er wartete auf die Chance seines Lebens

op·por·ˈtu·nity shop *n* AUS *karitativer Secondhandladen*

op·pose [əˈpəʊz, AM -ˈpoʊz] *vt* ❶ (*disapprove*) ■**to ~ sb/sth** jdn/etw ablehnen, gegen jdn/etw sein ❷ (*resist*) ■**to ~ sb/sth** sich *akk* jdm/etw widersetzen; (*actively*) gegen jdn/etw vorgehen ❸ SPORTS ■**to ~ sb** gegen jdn antreten ❹ POL ■**to ~ sb** jds Gegenspieler(in) *m(f)* sein; (*election*) Herausforderer(in) *m(f)* ❺ (*compare*) ■**to ~ sth to sth** etw gegen etw *akk* halten

op·posed [əˈpəʊzd, AM -ˈpoʊzd] *adj pred* ❶ (*against*) ■**to be ~ to sth** etw *dat* ablehnend gegenüberstehen, gegen etw *akk* sein ❷ (*contrary*) ■**sth as ~ to sth** etw im Gegensatz zu etw *dat;* **we're looking for practical experience as ~ to theoretical knowledge** wir sind an praktischer Erfahrung im Unterschied zu theoretischem Wissen interessiert

op·pos·ing [əˈpəʊzɪŋ, AM -ˈpoʊzɪŋ] *adj attr* entgegengesetzt; (*in conflict*) einander widersprechend; **~ faction** opponierende Splittergruppe; **~ opinion** gegensätzliche Meinung; **~ team** gegnerisches Team

op·po·site [ˈɒpəzɪt, AM ˈɑː-] **I.** *n* ■**the ~** das Gegenteil; **cold and hot are ~s** kalt ist das Gegenteil von heiß **II.** *adj inv* ❶ (*contrary*) **~ interests** gegensätzliche Interessen ❷ (*facing*) gegenüberliegend; **they sat at ~ ends of the table from each other** sie saßen sich an den beiden Tischenden gegenüber; **the ~ direction** die entgegengesetzte Richtung; **on the ~ page/side of the street** auf der gegenüberliegenden [*o* anderen] Seite/Straßenseite; *after n;* **who owns that shop ~?** wem gehört der Laden gegenüber? **III.** *adv inv* gegenüber; **she asked the man sitting ~ what time it was** sie fragte den ihr gegenübersitzenden Mann nach der Uhrzeit **IV.** *prep* ❶ (*across from*) gegenüber +*dat;* **we live ~ a bakery** wir wohnen gegenüber einer Bäckerei ❷ FILM, TV, THEAT (*acting with*) **to play ~ sb** jds Gegenrolle [*o* Gegenüber] spielen

op·po·site ˈnum·ber *n* Pendant *nt;* POL Amtskollege, -in *m, f*

op·po·site ˈsex *n* + *sing/pl vb, no pl* ■**the ~** das andere Geschlecht **ˈop·po·site to** *prep* gegenüber +*dat;* **she always sits ~ her boss** sie sitzt immer ihrem Chef gegenüber

op·po·si·tion [ˈɒpəˈzɪʃᵊn, AM ˌɑː-] *n* ❶ *no pl* (*resistance*) Widerstand *m* (**to** gegen +*akk*); **the unions are in ~ to the government over privatization** die Gewerkschaften liegen wegen der Privatisierung mit der Regierung im Streit ❷ + *sing/pl vb* (*party not in power*) Opposition[spartei] *f;* **leader of the O~** Oppositionsführer(in) *m(f)* ❸ (*contrast*) Gegensatz *m;* ■**in ~ to sth** im Gegensatz zu etw *dat* ❹ (*opposing player*) Gegner(in) *m(f)* ❺ + *sing/pl vb* (*opposing team*) gegnerische Mannschaft ❻ ASTROL Opposition *f*

op·po·ˈsi·tion re·search *n* AM *Suche nach für den Opponenten schädlichen Informationen*

op·press [əˈpres] *vt* ■**to ~ sb** ❶ (*subjugate*) jdn unterdrücken ❷ (*overburden*) auf jdm lasten, jdn bedrücken

op·pres·sion [əˈpreʃᵊn] *n no pl* ❶ (*subjugation*) Unterdrückung *f;* **the ~ of women** die Unterdrückung der Frau ❷ (*burden*) Druck *m,* Bedrängnis *f geh;* **an overall sense of ~** ein Gefühl *m* völliger Überforderung

op·pres·sive [əˈpresɪv] *adj* ❶ (*harsh*) *regime* unterdrückerisch, repressiv *geh;* **~ taxes** drückende Steuern ❷ (*hard to bear*) erdrückend; **~ atmosphere** bedrückende [*o* beklemmende] Atmosphäre; **an ~ sense of disaster** eine lähmende Vorausahnung bevorstehenden Unheils ❸ (*stifling*) *heat, weather* drückend, schwül

op·pres·sive·ly [əˈpresɪvli] *adv* ❶ (*harshly*) grausam, hart ❷ (*hard to bear*) bedrückend; **her worries weighed on her** ~ ihre Sorgen belasteten sie sehr; ~ **humid** drückend schwül

op·pres·sive·ness [əˈpresɪvnəs] *n no pl* ❶ (*harshness*) Härte *f,* Tyrannei *f* ❷ (*burden*) Schwere *f,* drückende Last ❸ METEO Schwüle *f;* **the** ~ **of the heat** die drückende Hitze

op·pres·sor [əˈpresəʳ, AM -ɚ] *n* Unterdrücker(in) *m(f)*

op·pro·brium [əˈprəʊbriəm, AM -ˈproʊ-] *n no pl* (*form*) Schande *f,* Schmach *f geh;* **to heap** ~ **on sb/sth** jdn/etw tadeln [*o geh* schmähen]

op-shop [ˈɒpʃɒp] *n* AUS (*fam*) *short for* **opportunity shop** *karitativer Secondhandladen*

opt [ɒpt, AM ɑːpt] *vi* ■**to** ~ **for sth** sich *akk* für etw *akk* entscheiden

◆**opt in** *vi* mitmachen, sich *akk* beteiligen

◆**opt out** *vi* nicht mitmachen; (*withdraw*) aussteigen *fam;* ■**to** ~ **out of sth** bei etw *dat* nicht länger mitmachen, aus etw *dat* aussteigen

op·ta·tive [ˈɒptətɪv, AM ˈɑːptət̬ɪv] *adj inv* LING optativ *fachspr;* ~ **mood** Optativ *m fachspr*

op·tic [ˈɒptɪk, AM ˈɑːp-] **I.** *n* PHOT optisches Teil (*in einem Gerät*) **II.** *adj attr, inv* Seh-; ~ **surgery** Augenoperation *f*

op·ti·cal [ˈɒptɪkəl, AM ˈɑːp-] *adj inv* optisch; ~ **microscope** Lichtmikroskop *nt;* ~ **storage medium** optisches Speichermedium

op·ti·cal ˈbar read·er *n* [optischer] Strichcodeleser **op·ti·cal ˈchar·ac·ter read·er** *n* COMPUT optischer Leser **op·ti·cal char·ac·ter rec·og·ˈni·tion** *n* COMPUT optische Zeichenerkennung **op·ti·cal ˈfi·ber** AM, **op·ti·cal ˈfi·bre** *n* Glasfaser *f,* Lichtleitfaser *f* **op·ti·cal ˈglass** *n no pl* optisches Glas **op·ti·cal il·ˈlu·sion** *n* optische Täuschung

op·ti·cal·ly [ˈɒptɪkəli, AM ˈɑːp-] *adv inv* optisch

op·ti·cian [ɒpˈtɪʃən, AM ɑːp-] *n* Optiker(in) *m(f)*

op·tic ˈnerve *n* Sehnerv *m*

op·tics [ˈɒptɪks, AM ˈɑːp-] *npl + sing vb* Optik *f kein pl*

op·ti·mal [ˈɒptɪməl, AM ˈɑːptə-] *adj inv* optimal

op·ti·mism [ˈɒptɪmɪzəm, AM ˈɑːptə-] *n no pl* Optimismus *m;* **to have grounds** [*or* **cause**] **for** ~ Grund [*o* Anlass] haben, optimistisch zu sein; **a note of** ~ eine Spur Optimismus

op·ti·mist [ˈɒptɪmɪst, AM ˈɑːptə-] *n* Optimist(in) *m(f);* **to be a born** [*or* **natural**] ~ von Natur aus optimistisch sein

op·ti·mis·tic [ˌɒptɪˈmɪstɪk, AM ˌɑːptə-] *adj* optimistisch; **she is** ~ **about her chances of winning a gold medal** sie ist optimistisch, was ihre Chancen auf eine Goldmedaille betrifft

op·ti·mis·ti·cal·ly [ˌɒptɪˈmɪstɪkəli, AM ˌɑːptə-] *adv* optimistisch

op·ti·mi·za·tion [ˌɒptɪmaɪˈzeɪʃən, AM ˌɑːptəmɪˈ-] *n no pl* Optimierung *f*

op·ti·mize [ˈɒptɪmaɪz, AM ˈɑːptə-] *vt* ■**to** ~ **sth** etw optimieren

op·ti·mum [ˈɒptɪməm, AM ˈɑːptə-] **I.** *n* <*pl* -tima *or* -s> Optimum *nt;* ■**at an** ~ in optimalem Zustand; **when conditions are at an** ~**, the plant life will thrive** wenn optimale Bedingungen herrschen, kann das pflanzliche Leben bestens gedeihen **II.** *adj inv* optimal, bestmöglich; **under** ~ **conditions** unter optimalen Bedingungen; ~ **weather** ideales Wetter

op·tion [ˈɒpʃən, AM ˈɑːp-] *n* ❶ (*choice*) Wahl *f;* (*possibility*) Möglichkeit *f;* **I had no money so I had no** ~ **but to work** ich hatte kein Geld, also blieb mir nichts anderes übrig als zu arbeiten; **to keep** [*or* **leave**] **one's** ~**s open** sich *dat* alle Möglichkeiten offenhalten, sich *akk* noch nicht festlegen; **to not be an** ~ nicht in Betracht [*o* Frage] kommen ❷ (*freedom to choose*) Wahlmöglichkeit *f,* Option *f* ❸ (*right to buy or sell*) Option *f,* Optionsrecht *nt;* **a 90-day** ~ ein auf 90 Tage befristetes Vorkaufsrecht; **to take up one's** ~ sein Optionsrecht wahrnehmen ❹ *usu pl* (*stock option*) Option *f,* [Aktien]bezugsrecht *nt*

op·tion·al [ˈɒpʃənəl, AM ˈɑːp-] *adj inv* optional *geh,* fakultativ *geh,* wahlfrei; **the amount of your donation is** ~ es steht Ihnen frei, wie viel Sie spenden; ~ **subject** SCH, UNIV Wahlfach *nt*

op·to·elec·tron·ics [ˌɒptəʊelekˈtrɒnɪks, AM ˌɑːptoʊɪlekˈtrɑːnɪks] *n + sing vb* Optoelektronik *f fachspr*

op·tome·trist [ɒpˈtɒmətrɪst, AM ɑːpˈtɑːmə-] *n esp* AM, AUS ≈ Optiker(in) *m(f)*

op·tome·try [ɒpˈtɒmətri, AM ɑːpˈtɑːmə-] *n no pl* Optometrie *f fachspr*

op·to·phone [ˈɒptə(ʊ)fəʊn, AM ˈɑːptəfoʊn] *n* Lichtsprechgerät *nt*

ˈopt-out *n Austritt aus der Kontrolle der Kommunalverwaltung;* **the hospital organized an** ~ **from city funding control** das Krankenhaus hat sich einer städtischen Kontrolle seiner Geldmittel entzogen **ˈopt-out clause** *n* Rücktrittsklausel *f*

opu·lence [ˈɒpjələn(t)s, AM ˈɑːp-] *n no pl* ❶ (*wealth*) Reichtum *m,* Wohlstand *m* ❷ (*abundance*) Überfluss *m*

opu·lent [ˈɒpjələnt, AM ˈɑːp-] *adj* ❶ (*affluent*) wohlhabend, reich; ~ **lifestyle** aufwendiger Lebensstil ❷ (*luxurious*) feudal, luxuriös ❸ (*abundant*) üppig, [über]reichlich

opu·lent·ly [ˈɒpjələntli, AM ˈɑːp-] *adv* ❶ (*luxuriously*) luxuriös, feudal ❷ (*abundantly*) reichlich

opus <*pl* -es *or* opera> [ˈəʊpəs, *pl* ˈɒpərə, AM ˈoʊpəs, *pl* ˈoʊpɚə] *n* ❶ (*piece of music*) Opus *nt* ❷ (*piece of art*) Werk *nt*

OR *n no pl* ❶ ECON *abbrev of* **operational research** ❷ GEOG *abbrev of* **Oregon**

or [ɔːʳ, AM ɔːr] *conj* ❶ (*as a choice*) oder ❷ (*otherwise*) sonst; ~ **else** sonst, ander[e]nfalls; ■**either …** ~ **…** entweder…[,] oder ❸ (*and also not*) ■**not …** ~ **…** weder … noch …; **he can't sing** ~ **dance** er kann weder singen noch tanzen ❹ (*also called*) oder auch, beziehungsweise ❺ (*being non-specific or unsure*) **someone/something/somewhere/sometime** ~ **other** [irgend]jemand/[irgend]etwas/irgendwo/irgendwann; **meet me at 10:00** ~ **so at the cafe** treffen wir uns so gegen zehn im Café *fam* ▸ PHRASES: ~ **else mom's been calling you – you'd better go home** ~ **else** Mammi wollte dich sprechen – besser, du gehst nach Hause, sonst … *fam;* ~ **what** (*fam, sl*) **are you finally going to come,** ~ **what!** also kommst du jetzt, oder was? *sl*

ora·cle [ˈɒrəkl, AM ˈɔːrə-] *n* ❶ (*place*) Orakel *nt;* **the O~ of Delphi** das Orakel zu [*o* von] Delphi; **to consult the** ~ das Orakel befragen ❷ (*person*) Seher(in) *m(f)* ❸ (*response*) Orakel *nt,* Orakelspruch *m* ❹ (*fig: adviser*) Autorität *f;* **whenever I want to plant roses, I consult Bob, who is the garden** ~ wann immer ich Rosen pflanzen will, frage ich Bob, er weiß einfach alles übers Gärtnern

oracu·lar [ɒrˈækjələʳ, AM ɔːˈrækjuːlɚ] *adj* ❶ (*mysterious*) orakelhaft, rätselhaft ❷ *inv* (*of an oracle*) Orakel-; **the** ~ **advice was closely followed** der Rat des Orakels wurde genau befolgt

oral [ˈɔːrəl] **I.** *adj inv* ❶ (*spoken*) mündlich; **to make an** ~ **agreement** eine mündliche Absprache treffen; ~ **exam/statement** mündliche Prüfung/Aussage; **to do an** ~ **presentation about sth** ein Referat über etw *akk* halten; ~ **skills** sprachliche Ausdrucksfähigkeit; **he can write well, but how are his** ~ **skills?** schreiben kann er gut, aber kann er sich auch mündlich ausdrücken? ❷ MED oral; ~ **contraceptive** orales Verhütungsmittel; ~ **hygiene** Mundhygiene *f;* ~ **medication** Medizin *f* zum Einnehmen; ~ **thermometer** Fieberthermometer *nt* ❸ PSYCH oral; ~ **stage** orale Phase *fachspr* **II.** *n* mündliche [Einzel]prüfung; ■~**s** *pl* mündliches Examen; ■**the** ~**s** das Mündliche *fam*

oral ˈhis·to·ry *n no pl* mündlich überlieferte Geschichte

oral·ly [ˈɔːrəli] *adv inv* ❶ (*spoken*) mündlich ❷ (*with mouth*) oral; **to be** ~ **fixated** PSYCH oral fixiert sein *fachspr;* (*fig*) **I heard he's** ~ **fixated** ich hab gehört, er macht's besonders gern mit dem Mund *sl*

oral ˈsex *n no pl* Oralverkehr *m* **oral so·ˈci·ety** *n* Gemeinschaft *f* ohne Schriftsprache **oral tra·ˈdi·tion** *n* mündliche Tradition

O

or·ange ['ɒrɪndʒ, AM 'ɔːr-] **I.** *n* ❶ *(fruit)* Orange *f,* Apfelsine *f* ❷ *(colour)* Orange *nt* **II.** *n modifier (blossom, drink, ice, tree, section)* Orangen-, Apfelsinen-; ~ **grove** Orangenhain *m* **III.** *adj* orange[farben], orangefarbig

or·ange·ade [ˌɒrɪndʒ'eɪd, AM ˌɔːr-] *n* BRIT Orangeade *f,* Orangenlimonade *f*

'or·ange juice *n no pl* Orangensaft *m*

or·ange·ness [ˌɒrɪndʒnəs, AM 'ɔːr-] *n no pl* [intensiver] Orangeton

'or·ange peel *n* Apfelsinenschale *f,* Orangenschale *f* **or·ange 'soda** *n* Orangeade *f* **or·ange 'squash** *n* BRIT Orangensaftkonzentrat *nt*

orang-outang [ɔː'ræŋuːtæn, AM ɔː'ræŋə-], **orang-utan** *n* Orang-Utan *m*

orate [ɔː'reɪt, AM *also* 'ɔːreɪt] *vi (esp pej)* eine Rede halten, große Reden schwingen *pej*

ora·tion [ɔː'reɪʃᵊn] *n (speech)* [feierliche] Rede; *(address)* [förmliche] Ansprache; **funeral** ~ Grabrede *f*

ora·tor ['ɒrətəʳ, AM 'ɔːrət̬ɚ] *n* Redner(in) *m(f),* Orator(in) *m(f) selten geh*

ora·tori·cal [ˌɒrə'tɒrɪkᵊl, AM ˌɔːrə'tɔːr-] *adj inv* rednerisch, oratorisch *geh;* ~ **skills** rhetorische Fähigkeiten

ora·to·rio [ˌɒrə'tɔːriəʊ, AM ˌɔːrə'tɔːrioʊ] *n* MUS Oratorium *nt*

ora·tory¹ ['ɒrətᵊri, AM 'ɔːrətɔːri] *n no pl (speaking)* Redekunst *f,* Rhetorik *f geh*

ora·tory² ['ɒrətᵊri, AM 'ɔːrətɔːri] *n (chapel)* Kapelle *f,* Oratorium *nt*

orb [ɔːb, AM ɔːrb] *n* ❶ *(hist: of a king)* Reichsapfel *m hist* ❷ *(spherical body)* kugelförmiger Körper ❸ ASTRON *(poet)* Gestirn *nt poet,* Himmelskörper *m;* ~ **of the sun** Sonnenball *m poet,* Sonnengestirn *nt poet* ❹ *usu pl (liter: eye)* Augapfel *m;* ~**s of blue** blaue Augensterne *poet*

or·bicu·lar [ɔː'bɪkjələʳ, AM ɔːr'bɪkjuːlɚ] *adj* kreisförmig, scheibenförmig

or·bit ['ɔːbɪt, AM 'ɔːr-] **I.** *n* ❶ *(constant course)* Umlaufbahn *f,* Kreisbahn *f,* Orbit *m fachspr;* **the spacecraft went into ~ around the Earth** das Raumfahrzeug trat in die Erdumlaufbahn ein; **electron** ~ Elektronen[kreis]bahn *f;* **planetary** ~ Planetenbahn *f* ❷ *(trip around)* Umkreisung *f* ❸ *(fig: influence)* Wirkungskreis *m,* [Einfluss]bereich *m;* **taxation falls within the ~ of a different department** Besteuerung fällt in den Zuständigkeitsbereich einer anderen Abteilung ❹ *(eye socket)* Augenhöhle *f* ▶ PHRASES: **to go into** ~ *(increase)* in den Himmel schießen *fam; (become angry)* [vor Wut] an die Decke gehen *fam* **II.** *vi* kreisen **III.** *vt* ❶ *(circle around)* **to ~ the Earth/Mars/the Sun** die Erde/den Mars/die Sonne umkreisen ❷ *(put into orbit)* **to ~ a rocket/satellite** eine Rakete/einen Satelliten in die Umlaufbahn bringen

or·bit·al ['ɔːbɪtᵊl, AM 'ɔːrbɪt̬ᵊl] **I.** *n* NUCL Orbital *nt o m fachspr* **II.** *adj inv* orbital; ~ **path** [*or* **way**] Ringstraße *f*

or·bit·er ['ɔːbɪtəʳ, AM 'ɔːrbɪt̬ɚ] *n* kreisender Flugkörper, Orbiter *m fachspr*

orca ['ɔːkə, AM 'ɔːrkə] *n* Schwertwal *m*

Or·cad·ian [ɔː'keɪdiən, AM ɔːr'-] **I.** *n* Bewohner(in) *m(f)* der Orkneyinseln **II.** *adj inv* Orkney-; ~ **girl** Mädchen *nt* von den Orkneyinseln

orch *n abbrev of* **orchestra**

or·chard ['ɔːtʃəd, AM 'ɔːrtʃɚd] *n* Obstgarten *m;* **apple** ~ [Obst]garten *m* mit Apfelbäumen; **cherry** ~ Kirschgarten *m*

or·ches·tra ['ɔːkɪstrə, AM 'ɔːr-] *n* ❶ + *sing/pl vb (musicians)* Orchester *nt;* **school** ~ Schulorchester *nt* ❷ *(orchestra pit)* Orchestergraben *m*

or·ches·tral [ɔː'kestrᵊl, AM ɔːr'-] *adj inv* Orchester-, orchestral

'or·ches·tra pit *n* Orchestergraben *m* **or·ches·tra 'stalls** *npl* BRIT Parkett *nt*

or·ches·trate ['ɔːkɪstreɪt, AM 'ɔːr-] *vt* ■**to ~ sth** ❶ *(arrange for orchestra)* etw orchestrieren; **to ~ music** ein Musikstück instrumentieren [*o* für Orchesterbesetzung umarbeiten] ❷ *(arrange)* etw organisieren [*o geh* ins Werk setzen]

or·ches·tra·tion [ˌɔːkɪ'streɪʃᵊn, AM ˌɔːr-] *n* ❶ *(of music)* Orchestrierung *f,* Orchestration *f* ❷ *(of an event)* Organisation *f*

or·chid ['ɔːkɪd, AM 'ɔːr-] *n* Orchidee *f;* **wild ~s** wilde Orchideen

or·cin ['ɔːsɪn, AM 'ɔːr-] *n* CHEM Orcin *nt fachspr*

or·dain [ɔː'deɪn, AM ɔːr-] *vt* ❶ *(to the ministry)* ■**to ~ sb** jdn ordinieren; **to ~ a minister/priest** einem Geistlichen/Priester die Weihen erteilen; **to ~ sb as a priest** jdn zum Priester weihen ❷ *(decree)* ■**to ~ that ...** bestimmen [*o* verfügen], dass ...; **it was ~ed that he go to China to be a missionary** es wurde angeordnet, dass er als Missionar nach China gehen solle; **~ed of God** gottgewollt

or·deal [ɔː'diːl, AM ɔːr-] *n* ❶ *(hist)* Gottesurteil *nt hist* ❷ *(fig: painful decision)* Feuerprobe *f,* Zerreißprobe *f* ❸ *(torture)* Qual *f,* Martyrium *nt*

or·der ['ɔːdəʳ, AM 'ɔːrdɚ] **I.** *n* ❶ *no pl (tidiness)* Ordnung *f;* **my son has no sense of ~ at all** mein Sohn hat überhaupt keinen Ordnungssinn; *(fam)* **are your papers in ~?** sind Ihre Papiere in Ordnung?; **is it in ~ for me to park my car here?** ist es in Ordnung, wenn ich mein Auto hier parke?; **to leave sth in ~** etw in ordentlichem Zustand hinterlassen; **to put sth in ~** etw ordnen [*o* in Ordnung bringen]; **to put one's affairs in ~** seine Angelegenheiten ordnen ❷ *no pl (sequence)* Reihenfolge *f,* Abfolge *f;* **the children lined up in ~ of age** die Kinder stellten sich dem Alter nach auf; ~ **of the day** Tagesordnung *f,* Agenda *f;* **in ~ of preference** in der bevorzugten Reihenfolge; ~ **of service** Gottesdienstordnung *f;* **word** ~ Wortstellung *f;* **in alphabetical/chronological/reverse ~** in alphabetischer/chronologischer/umgekehrter Reihenfolge; **running ~** BRIT Programm *nt,* Programmablauf *m;* **to be out of ~** durcheinandergeraten sein ❸ *(command)* Befehl *m,* Anordnung *f;* LAW Verfügung *f;* **by ~ of the police** auf polizeiliche Anordnung hin; **court ~** richterliche Verfügung, Gerichtsbeschluss *m;* **doctor's ~s** ärztliche Anweisung; **to give/receive an ~** eine Anweisung [*o* einen Befehl] geben/erhalten; **to take ~s from sb** von jdm Anweisungen entgegennehmen; **if you don't learn to take ~s, you're going to have a hard time** wenn du nicht lernst, dir etwas sagen zu lassen, wirst du es schwer haben; **to be under ~s to stand guard/maintain silence** gehalten sein, Wache zu stehen/Schweigen zu bewahren ❹ *(in a restaurant)* Bestellung *f; (portion)* Portion *f;* **your ~ will be ready in a minute, sir** Ihre Bestellung kommt gleich!; **we'll take three ~s of chicken nuggets** wir nehmen dreimal die Chicken Nuggets ❺ *(for supplies)* Bestellung *f,* Auftrag *m;* **to be on ~** bestellt sein; **to put in an ~** eine Bestellung aufgeben, einen Auftrag erteilen; **to take an ~** eine Bestellung aufnehmen; **done** [*or* **made**] **to ~** auf Bestellung [*o* nach Auftrag] [an]gefertigt ❻ *no pl (good discipline)* Ordnung *f,* Disziplin *f;* **~! ~! please quieten down!** Ruhe bitte! Bitte seien Sie leise!; **to keep ~** Ordnung [be]wahren, die Disziplin aufrechterhalten; **to restore ~** die Ordnung wiederherstellen; **out of ~** BRIT *(fam: inappropriate, rude)* nicht angebracht; **his behaviour was well out of ~** sein Verhalten fiel ziemlich aus dem Rahmen; **you were definitely out of ~** du hast dich völlig daneben benommen *fam* ❼ *no pl (procedural rules)* Verfahrensweise *f;* **rules of ~** Verhandlungsrichtlinien *fpl,* Verfahrensregeln *fpl;* **to call to ~** das Zeichen zum Beginn geben; **to call a meeting to ~** eine Versammlung zur Ordnung rufen ❽ *no pl (condition)* Zustand *m;* **working ~** Funktionsfähigkeit *f,* Betriebsfähigkeit *f;* **in running** [*or* **working**] **~** funktionsbereit, betriebsbereit; **out of ~** nicht betriebsbereit, kaputt *fam* ❾ *no pl (indicating purpose)* ■**in ~ to do sth** um etw zu tun; **he came home early in ~ to see the children** er kam früh nach Hause, um die Kinder zu sehen; ■**in ~ for ...** damit ...; **in ~ for us to do our work properly, you have to supply us with the parts** wenn wir die Arbeit richtig machen sollen, müssen Sie uns die Teile liefern; ■**in ~ that ...** damit ...; **in ~ that you get into college, you have to study hard** um aufs College gehen zu können, musst du viel lernen ⑩ (*type*) Art *f;* **these were problems of a completely different** ~ dies waren Probleme völlig anderer Art; ~ **of magnitude** Größenordnung *f;* **of the highest** ~ (*as regards quantity*) hochgradig; (*as regards quality*) von höchster Qualität; **of** [*or* **in**] **the** ~ **of sth** in der Größenordnung von etw *dat;* **this project will cost something in the** ~ **of £500** das Projekt wird so ungefähr 500 Pfund kosten ⑪ (*constitution*) Ordnung *f;* **a new world** ~ eine neue Weltordnung ⑫ BRIT (*social class*) Schicht *f,* [gesellschaftlicher] Rang; **the higher/lower** ~**s** die oberen/unteren Bevölkerungsschichten ⑬ BIOL (*in taxonomy*) Ordnung *f* ⑭ REL (*brotherhood*) [geistlicher] Orden; **Jesuit** ~ Jesuitenorden *m* ⑮ (*distinguished group*) Orden *m;* **O**~ **of the Garter** Hosenbandorden *m;* **O**~ **of Merit** Verdienstorden *m;* **Masonic O**~ Freimaurerloge *f* ⑯ (*architectural style*) Säulenordnung *f;* **Doric/Ionic** ~ dorische/ionische Säulenordnung ⑰ MATH (*level of difficulty*) Ordnung *f;* **equations of the second** ~ Gleichungen *fpl* zweiten Grades ⑱ (*divine service*) Weihe *f; of confirmation, of marriage* Sakrament *nt* ⑲ REL ■ ~**s** *pl* Weihen *fpl;* **holy** ~**s** heilige Weihen; **to be in** [**holy**] ~**s** dem geistlichen Stand angehören; **to take** [**holy**] ~**s** in den geistlichen Stand eintreten, die Weihen empfangen **II.** *vi* (*place an order*) bestellen; **are you ready to** ~**?** möchten Sie schon bestellen? **III.** *vt* ① (*command*) ■ **to** ~ **sb to do sth** jdm den Befehl geben [*o* jdn anweisen], etw zu tun; **they** ~**ed him to leave the room** sie forderten ihn auf, den Raum zu verlassen; **the doctor** ~**ed him to stay in bed** der Arzt verordnete ihm Bettruhe; ■ **to** ~ **sth** etw anordnen [*o* befehlen]; **police** ~**ed the disco closed** die Polizei ordnete die Schließung der Diskothek an; ■ **to** ~ **sb out** jdn zum Verlassen auffordern, jdn hinausbeordern ② (*place request*) ■ **to** ~ **sth** etw bestellen; **to** ~ **goods** Waren bestellen [*o* in Auftrag geben] ③ (*arrange*) ■ **to** ~ **sth** etw ordnen; (*direct*) *meeting* etw abhalten; **to** ~ **one's thoughts** seine Gedanken ordnen

◆**order about, order around** *vt* ■ **to** ~ **sb about** [*or* **around**] jdn herumkommandieren

'or·der book *n* Auftragsbuch *nt*

or·dered ['ɔ:dəd, AM 'ɔ:rdɚd] *adj* ordentlich, geordnet; **well-**~ **room** aufgeräumtes Zimmer

or·dered 'pair *n* MATH geordnetes Paar

'or·der form *n* Auftragsformular *nt,* Bestellformular *nt;* **to fill out an** ~ ein Auftragsformular [*o* Bestellformular] ausfüllen

or·der·ly ['ɔ:dəli, AM 'ɔ:rdɚli] **I.** *n* ① (*hospital attendant*) ≈ [Kranken]pfleger(in) *m(f);* (*unskilled*) Hilfskraft *f* (*in Betreuungseinrichtungen*) ② MIL (*carrier of orders*) Ordonnanz *f geh;* (*medical sergeant*) Sanitätsunteroffizier *m;* (*officer's servant*) [Offiziers]bursche *m veraltet* **II.** *adj* ① (*methodical*) geordnet; (*tidy*) ordentlich; *room* aufgeräumt ② (*well-behaved*) gesittet; *demonstration* friedlich; **in case of fire, proceed out of the building in an** ~ **fashion** im Brandfalle das Gebäude geordnet und zügig verlassen!; **to live an** ~ **life** ein geregeltes Leben führen

'or·der pa·per *n* BRIT POL [schriftliche] Tagesordnung, Sitzungsprogramm *nt* **'or·der pick·ing** *n no pl* Auftragszusammenstellung *f,* Kommissionieren *nt fachspr* **'or·der process·ing** *n no pl* Auftragsbearbeitung *f,* Auftragsabwicklung *f*

or·di·nal ['ɔ:dɪnəl, AM 'ɔ:rdən-] *n,* **or·di·nal 'num·ber** *n* Ordinalzahl *f*

or·di·nance ['ɔ:dɪnen(t)s, AM 'ɔ:rdən-] *n* ① (*law*) Verordnung *f,* Erlass *m;* **city** [*or* **town**] ~ städtische Verordnung; **local** [*or* **municipal**] ~ Gemeindeverordnung *f* ② (*rite*) Ritus *m*

or·di·nari·ly ['ɔ:dənərəli, AM 'ɔ:rdənerə-] *adv inv* gewöhnlich, normalerweise

or·di·nari·ness ['ɔ:dənərɪnəs, AM ˌɔ:rdə'ner-] *n no pl* Durchschnittlichkeit *f,* Normalität *f*

or·di·nary ['ɔ:dənəri, AM 'ɔ:rdəneri] **I.** *adj* gewöhnlich, normal; **her last concert appearance was no** ~ **performance** ihr letzter Konzertauftritt war eine außergewöhnliche Vorstellung; ~ **people** [ganz] normale Menschen; **in the** ~ **way** wie gewöhnlich, auf die übliche Art und Weise **II.** *n* ① *no pl* (*normal state*) ■ **the** ~ das Übliche [*o* Normale]; **out of the** ~ außergewöhnlich, ungewöhnlich; **nothing out of the** ~ nichts Ungewöhnliches [*o* Außergewöhnliches] ② BRIT (*judge*) ordentlicher Richter/ordentliche Richterin ③ (*archbishop, bishop*) Ordinarius *m* ④ REL ■ **O**~ (*in Catholic mass*) Messordnung *f,* Gottesdienstordnung *f;* (*book*) Ordinarium *nt fachspr* ⑤ AM (*hist: penny-farthing*) Hochrad *nt*

'or·di·nary lev·el *n* BRIT ≈ mittlere Reife **or·di·nary 'sea·man** *n* BRIT Leichtmatrose *m* **or·di·nary 'share** *n* Stammaktie *f*

or·di·nate ['ɔ:dənət, AM 'ɔ:rdənɪt] *n* MATH Ordinate *f fachspr*

or·di·na·tion [ˌɔ:dɪ'neɪʃən, AM ˌɔ:rdə'-] *n* REL ① *no pl* (*action*) Ordination *f,* Ordinierung *f;* **the** ~ **of women** die Einsetzung von Frauen in ein kirchliches Amt ② (*ceremony*) [feierliche] Priesterweihe

ord·nance ['ɔ:dnən(t)s, AM 'ɔ:rd-] *n no pl* MIL Artillerie *f,* Geschütze *ntpl*

Ord·nance 'Sur·vey *n* BRIT amtliche Landvermessung **Ord·nance 'Sur·vey map** *n* BRIT amtliche topographische Karte

or·don·nance ['ɔ:dənən(t)s, AM 'ɔ:rd-] *n* Ordnung *f,* Anordnung *f*

or·dure ['ɔ:djʊəʳ, AM 'ɔ:rdʒɚ] *n no pl* Kot *m,* Mist *m;* (*fig*) Schund *m*

ore [ɔ:ʳ, AM ɔ:r] *n* Erz *nt;* **copper/iron** ~ Kupfer-/Eisenerz *nt*

orega·no [ˌɒrɪ'gɑ:nəʊ, AM ɔ:'regənoʊ] *n no pl* Oregano *nt*

or·gan ['ɔ:gən, AM 'ɔ:r-] **I.** *n* ① MUS Orgel *f;* **church** ~ Kirchenorgel *f;* **pipe** ~ Orgel *f;* **electronic** ~ elektronische Orgel ② ANAT Organ *nt;* **external/internal** ~ äußeres/inneres Organ; **the male** ~ das männliche Glied; **reproductive** ~**s** Fortpflanzungsorgane *ntpl;* **to reject an** ~ ein Organ abstoßen ③ (*euph: penis*) [männliches] Glied ④ (*fig: mouthpiece*) Organ *nt;* **this newspaper is the** ~ **of the conservative party** dieses Blatt ist das Sprachrohr der konservativen Partei **II.** *n modifier* (*bench, music, piece, solo, player*) Orgel-; ~ **recital** Orgelkonzert *nt*

'or·gan do·nor *n* Organspender(in) *m(f)* **'or·gan grind·er** *n* Drehorgelspieler(in) *m(f),* Leierkastenmann, -frau *m, f*

or·gan·ic [ɔ:'gænɪk, AM ɔ:r-] *adj inv* ① (*of bodily organs*) organisch ② (*living*) organisch; ~ **compound** organische Verbindung; ~ **matter** organisches Material ③ AGR ~ **fruits** Obst *nt* aus biologischem Anbau, Biofrüchte *fpl;* ~ **farming methods** biodynamische Anbaumethoden ④ (*fundamental*) elementar, substantiell ⑤ (*systematic*) organisch; **an** ~ **whole** ein in sich geschlossenes Ganzes

or·gani·cal·ly [ɔ:'gænɪkəli, AM ɔ:r-] *adv inv* organisch; AGR biologisch, biodynamisch; ~ **grown** biologisch angebaut

or·gan·ic 'chem·is·try *n no pl* organische Chemie

or·gan·ism ['ɔ:gənɪzəm, AM 'ɔ:r-] *n* Organismus *m*

or·gan·ist ['ɔ:gənɪst, AM 'ɔ:r-] *n* Organist(in) *m(f)*

or·gani·za·tion [ˌɔ:gənaɪ'zeiʃən, AM ˌɔ:rgənɪ'-] *n* ① *no pl* (*action*) Organisation *f* ② + *sing/pl vb* (*association*) Organisation *f,* Vereinigung *f;* **aid** ~ Hilfsorganisation *f;* **non-profit** ~ nicht gewinnorientierter [*o* gemeinnütziger] Verein ③ + *sing/pl vb* (*company*) Organisation *f* ④ *no pl* (*tidiness*) Aufgeräumtheit *f,* Ordentlichkeit *f* ⑤ *no pl* (*composition*) Anordnung *f; of a painting* Aufbau *m; of a room* Aufteilung *f*

or·gani·za·tion·al [ˌɔ:gənaɪ'zeiʃənəl, AM ˌɔ:rgənɪ'-] *adj inv* organisatorisch; ~ **skills** organisatorische Fähigkeiten; ~ **talent** Organisationstalent *nt*

or·gani·za·tion·al psy·'chol·ogy *n no pl* Betriebspsychologie *f*

or·gani·'za·tion chart *n* ECON Organisationsplan *m,* Organogramm *nt fachspr* **Or·gani·za·tion for Eco·nom·ic Co·ope·ra·tion and De·'vel·op·ment** *n no pl,* + *sing/pl vb* ■ **the** ~ die Organisation für wirtschaftliche Zusammenarbeit und Entwicklung **Or·gani·za·tion of Af·ri·can 'Unity** *n no pl,* + *sing/pl vb* die Organisation für Afrikanische Einheit **Or·gani·za·tion of Pe·tro·leum Ex·port·ing Coun·tries** *n no*

O

pl, + sing/pl vb die Organisation Erdöl exportierender Länder

or·gan·ize ['ɔːgᵊnaɪz, AM 'ɔːr-] *vt* ❶ *(into a system)* ■**to ~ sth** *activities* etw organisieren [*o* koordinieren]; *books, files* etw ordnen [*o* sortieren]; **to ~ space** Raum aufteilen; **to ~ a story so as to build suspense** eine Geschichte so aufbauen, dass Spannung entsteht; **to get [oneself] ~d** mit sich *dat* selbst ins Reine kommen ❷ POL **to ~ blacks/minorities/women** die Schwarzen/Minderheiten/Frauen [politisch] organisieren ❸ *(prepare)* ■**to ~ sth** etw vorbereiten [*o* organisieren]; **to ~ a committee/search party/team** einen Ausschuss/eine Suchmannschaft/ein Team zusammenstellen; **to ~ a defence** eine Verteidigung aufbauen; **to ~ an escape** eine Flucht vorbereiten ❹ *(be responsible for)* ■**to ~ sth** für etw *akk* sorgen, etw organisieren *fam;* **to get sb/oneself ~d with sth** sich *dat/* jdm etw verschaffen

or·gan·ized ['ɔːgᵊnaɪzd, AM 'ɔːr-] *adj* organisiert, geplant; **~ tour** organisierte Gruppenreise

or·gan·ized 'crime *n no pl* organisiertes Verbrechen **or·gan·ized 'la·bor** AM, **or·gan·ized 'la·bour** *n no pl* gewerkschaftlich organisierte Arbeiterschaft **or·gan·ized re·'li·gion** *n no pl* die religiösen Institutionen

or·gan·iz·er ['ɔːgᵊnaɪzəʳ, AM 'ɔːrgᵊnaɪzɚ] *n* ❶ *(book)* Terminplaner *m* ❷ *(person)* Organisator(in) *m(f)*

'or·gan loft *n* Orgelempore *f*

or·gano·thera·py [ˌɔːgənəʊ'θerəpi, AM ˌɔːrgənoʊ'-] *n no pl* Organ[o]therapie *f fachspr*

'or·gan pipe *n* Orgelpfeife *f* **'or·gan screen** *n* MUS, REL Orgellettner *m fachspr* **'or·gan stop** *n* MUS ❶ *(set of pipes)* Register *nt* ❷ *(mechanism)* Registerzug *m* **'or·gan trans·plant** *n* Organtransplantation *f,* Organverpflanzung *f* **'or·gan trans·plant sur·gery** *n no pl* Organtransplantation *f*

or·ga·num ['ɔːgənəm, AM 'ɔːr-] *n* MUS Organum *nt fachspr*

or·gan·za [ɔː'gænzə, AM ɔːr'-] *n modifier* Organza-, aus Organza *nach n*

or·gasm ['ɔːgæzᵊm, AM 'ɔːr-] **I.** *n* Orgasmus *m,* [sexueller] Höhepunkt; **multiple ~s** multipler Orgasmus; **to fake/have an ~** einen Orgasmus vortäuschen/haben; **to reach** [*or* **achieve**] **an ~** zum Orgasmus kommen **II.** *vi* einen Orgasmus haben

or·gas·mic [ɔː'gæzmɪk, AM ɔːr-] *adj* orgastisch *geh;* (*fig fam*) lustvoll, aufregend

or·gi·as·tic [ˌɔːdʒi'æstɪk, AM ˌɔːr-] *adj* (*form*) orgiastisch *geh,* zügellos

orgy ['ɔːdʒi, AM 'ɔːr-] *n* Orgie *f;* **~ of drinking** Trinkgelage *nt,* Sauforgie *f pej fam;* **sex ~** Sexorgie *f;* **to indulge in an ~ of spending** sich *akk* einem hemmungslosen Kaufrausch hingeben

ori·el ['ɔːriəl] *n* ❶ *(recess)* Erker *m* ❷ *(window)* Erkerfenster *nt*

ori·el 'win·dow *n* Erkerfenster *nt*

ori·ent ['ɔːriənt] *vt esp* AM ❶ *(position)* ■**to ~ sth** etw *dat* eine Richtung geben; **to ~ a building north and south** ein Haus in Nord-Süd-Richtung bauen; **to ~ a church** eine Kirche ostwärts ausrichten [*o* osten] ❷ *(determine position)* ■**to ~ oneself** sich *akk* orientieren [*o* zurechtfinden] ❸ *(gear)* ■**to ~ oneself to[ward] sb/sth** sich *akk* auf jdn/etw einstellen

Ori·ent ['ɔːriənt] *n no pl* ■**the ~** der Orient

ori·en·tal [ˌɔːri'entᵊl] *adj inv* orientalisch; **~ cuisine** orientalische Küche; **~ studies** Orientalistik *f*

ori·en·tal 'car·pet *n,* **ori·en·tal 'rug** *n* Orientteppich *m*

ori·en·tal·ist [ˌɔːri'entᵊlɪst] *n* Orientalist(in) *m(f)*

ori·en·tate ['ɔːriənteɪt] *vt* ❶ *(position)* **to ~ a building north and south** ein Gebäude in nordsüdlicher Richtung erstellen; **to ~ a church** eine Kirche ostwärts ausrichten [*o* osten] ❷ *(determine position)* ■**to ~ oneself [by sth]** sich *akk* [nach etw *dat*] orientieren ❸ *(make familiar)* ■**to ~ oneself** sich *akk* zurechtfinden; ■**to ~ sb to sth** jdn mit etw *dat* vertraut machen ❹ *(gear)* ■**to ~ oneself to[ward] sb/sth** sich *akk* nach jdm/etw richten; **it is important that the public sector ~s itself more towards the consumer** es ist wichtig, dass der öffentliche Sektor sich stärker zum Kunden hin orientiert; ■**to ~ sth to[wards] sth** etw auf etw *akk* hin ausrichten; **he ~d his ideas to the company's philosophy** er brachte seine Vorstellungen mit der Firmenphilosophie in Einklang

ori·en·ta·tion [ˌɔːriən'teɪʃᵊn] *n* ❶ *no pl (being oriented)* Orientierung *f;* **to get** [*or* **find**] **one's ~** sich *akk* orientieren können; **to lose one's ~** die Orientierung verlieren ❷ *(tendency)* Ausrichtung *f;* **the ~ of the course is very much towards psychology** der Kurs geht sehr in Richtung Psychologie ❸ *(attitude)* Orientierung *f;* **political ~** politische Gesinnung; **sexual ~** sexuelle Neigung ❹ *(introduction)* Einweisung *f,* Einführung *f;* **freshman ~** Einführungsveranstaltung *f* für Hochschulneulinge ❺ *(direction) of a ship* Kursbestimmung *f; of rocks* Ausrichtung *f; of atoms, radicals* Orientierung *f*

ori·en·teer·ing [ˌɔːriən'tɪərɪŋ, AM -'tɪrɪŋ] *n no pl* Orientierungslauf *m*

ori·fice ['ɒrɪfɪs, AM 'ɔːrə-] *n* Öffnung *f*

ori·ga·mi [ˌɒrɪ'gɑːmi, AM ˌɔːrɪ'-] *n no pl* Origami *nt*

ori·gin ['ɒrɪdʒɪn, AM 'ɔːrə-] *n* ❶ *(beginning, source)* Ursprung *m; of a river* Quelle *f;* **the story has obscure ~s** der Ursprung dieser Geschichte ist unklar; ■**in ~** ursprünglich; **her problems are psychological in ~** ihre Probleme sind psychischer Natur; **the ~ of the universe** der Ursprung [*o* die Entstehung] des Universums ❷ *(place sth/sb comes from)* Herkunft *f kein pl;* (*ancestry also*) Abstammung *f kein pl;* **his ~s are in the south of France** er stammt aus Südfrankreich; **country of ~** Herkunftsland *nt;* **products of foreign ~** Produkte ausländischer Herkunft; **to be of African/Chinese/French ~** afrikanischer/chinesischer/französischer Abstammung sein; **to be of humble ~s** aus einfachen Verhältnissen kommen [*o* stammen] ❸ MATH [Koordinaten]ursprung *m,* Nullpunkt *m*

origi·nal [ə'rɪdʒɪnᵊl] **I.** *n* ❶ *(first version)* Original *nt;* **to read sth in the ~** etw im Original lesen ❷ *(unusual person)* Original *nt* **II.** *adj inv* ❶ *(first)* ursprünglich; **to read sth in the ~ French** etw im französischen Original lesen; **the ~ version** die Originalversion; *of a book* die Originalausgabe [*o* Erstausgabe] ❷ *(unique)* originell, außergewöhnlich; (*innovative*) bahnbrechend, innovativ; (*creative*) kreativ; **~ artwork** originelles [*o* ungewöhnliches] Bildmaterial; **an ~ thinker** (*creative*) ein kreativer Denker/eine kreative Denkerin; (*innovative*) ein Vordenker/eine Vordenkerin; **an ~ thought** ein origineller Gedanke ❸ *(from creator)* original; **is this an ~ Rembrandt?** ist das ein echter Rembrandt?; **~ manuscript** Originalmanuskript *nt;* **~ painting** Original *nt;* **~ print** Originaldruck *m;* **the ~ score** die original Filmmusik

origi·nal·ity [əˌrɪdʒɪ'næləti, AM -əṭi] *n no pl* Originalität *f*

origi·nal·ly [ə'rɪdʒɪnᵊli] *adv inv* ❶ *(at first)* ursprünglich ❷ *(uniquely)* außergewöhnlich

origi·nal 'sin *n no pl* Erbsünde *f*

origi·nate [ə'rɪdʒɪneɪt] **I.** *vi* entstehen, seinen Anfang nehmen; **I think the rumour ~d with Janet** ich glaube, Janet hat das Gerücht in die Welt gesetzt; ■**to ~ in sth** [ursprünglich] aus etw *dat* kommen; **to ~ in Stuttgart/London** aus Stuttgart/London kommen; *airplane* von [*o* in] Stuttgart/London starten; *train, bus* von [*o* in] Stuttgart/London losfahren **II.** *vt* ■**to ~ sth** etw hervorbringen; (*invent*) etw erfinden; **to ~ a rumour** ein Gerücht in die Welt setzen; **to ~ a story** eine Geschichte in Umlauf bringen

origi·na·tor [ə'rɪdʒɪneɪtəʳ, AM -ṭɚ] *n* Urheber(in) *m(f),* Initiator(in) *m(f) geh;* (*founder*) Gründer(in) *m(f);* (*inventor*) Erfinder(in) *m(f);* **to be the ~ of an idea** als Erster/Erste eine Idee haben

ori·ole ['ɔːriə(ʊ)l, AM -oʊl] *n* Pirol *m*

Ori·on [ə'raɪən, AM oʊ'-] *n* Orion *m*

Ori·ya [ɒr'iːə, AM ɔː'-] *n* (*state in India*) Orissa *nt*

Ork·ney Is·lands ['ɔːkniːˌaɪləndz, AM 'ɔːrkniː-] *npl,* **Ork·neys** *npl* ■**the ~** die Orkneyinseln *fpl*

or·lop [ˈɔːlɒp, AM ˈɔːrlɑːp] *n* NAUT Orlopdeck *nt fachspr*
or·mer [ˈɔːməʳ, AM ˈɔːrmɚ] *n* ZOOL Seeohr *nt*
or·na·ment I. *n* [ˈɔːnəmənt, AM ˈɔːr-] ❶ (*pretty object*) Ziergegenstand *m;* (*figurine*) Figürchen *nt;* ART Ornament *nt;* **Christmas ~s** Weihnachtsschmuck *m;* **garden ~s** Zierobjekte *ntpl* für den Garten; **glass ~** Glasfigürchen *nt* ❷ *no pl* (*adornment*) Verzierung *f,* Schmuck *m;* (*decoration*) Dekoration *f;* **the queen's gown was rich in ~** das Kleid der Königin war reich verziert; **to be used for ~** als Dekoration dienen ❸ (*fig: adding beauty or honour*) Zierde *f;* **she is an ~ to this town** sie ist ein Aushängeschild für unsere Stadt ❹ *usu pl* (*in music*) Ornament *nt,* Ausschmückung *f* ❺ REL ■**~s** *pl* Kirchenschmuck *m kein pl;* (*accessories of worship*) sakrale Geräte II. *vt* [ˈɔːnəment, AM ˈɔːr-] ■**to ~ sth** etw [ver]zieren [*o* [aus]schmücken] [*o* dekorieren]
or·na·men·tal [ˌɔːnəˈmentəl, AM ˌɔːrnəˈmenṭəl] *adj* Zier-, dekorativ, ornamental *geh;* **~ cabbage** Zierkohl *m;* **~ garden** Ziergarten *m*
or·na·men·ta·tion [ˌɔːnəmənˈteɪʃən, AM ˌɔːr-] *n* (*form*) ❶ (*thing*) Verzierung *f;* ART Ornament *nt;* **a plain silver tray with no ~** ein schlichtes, schnörkelloses Silbertablett ❷ *no pl* (*act*) Verzieren *nt,* Verzierung *f;* (*of a room, text*) Ausschmückung *f*
or·nate [ɔːˈneɪt, AM ɔːrˈ-] *adj object* prunkvoll, reich verziert; *music* ornamentreich; *language, style* kunstvoll, blumig; (*pej*) *language, style* geschraubt *pej,* gedrechselt *pej;* **an ~ ceiling** eine ornamentale Decke; **~ writing** Zierschrift *f*
or·nate·ly [ɔːˈneɪtli, AM ɔːrˈ-] *adv* kunstvoll
or·nate·ness [ɔːˈneɪtnəs, AM ɔːrˈ-] *n no pl* [kunstvolle [*o* reiche]] Verzierung [*o* Ausschmückung]; *of a building* Prunk *m; of language* geschraubter Stil
or·nery [ˈɔːrnɚi] *adj* AM (*fam*) gereizt; (*tending to argue*) aggressiv; **to be in an ~ mood** in gereizter Stimmung sein
or·nitho·logi·cal [ˌɔːnɪθəˈlɒdʒɪkəl, AM ˌɔːrnəθəˈlɑː-] *adj inv* vogelkundlich, ornithologisch *fachspr*
or·ni·tholo·gist [ˌɔːnɪˈθɒlədʒɪst, AM ˌɔːrnəˈθɑː-] *n* Vogelkundler(in) *m(f),* Ornithologe, -in *m, f fachspr*
or·ni·thol·ogy [ˌɔːnɪˈθɒlədʒi, AM ˌɔːrnəˈθɑː-] *n no pl* Vogelkunde *f,* Ornithologie *f fachspr*
oro·geny [ɔːˈrɒdʒəni, AM ɔːˈrɑː-] *n no pl* GEOG Gebirgsbildung *f,* Orogenese *f fachspr*
oro·tund [ˈɒrə(ʊ)tʌnd, AM ˈɔːrətʌnd] *adj* (*form*) ❶ (*full*) *voice* volltönend, sonor ❷ (*pompous*) *speech, writing* pompös, bombastisch
or·phan [ˈɔːfən, AM ˈɔːr-] I. *n* Waise *f* II. *n modifier* Waisen-, verwaist; **~ boy** Waisenjunge *m veraltend;* **~ child** Waisenkind *nt veraltend;* **~ girl** Waise *f* III. *vt* ■**to be ~ed** [zur] Waise [*o* elternlos] werden
or·phan·age [ˈɔːfənɪdʒ, AM ˈɔːr-] *n* Waisenhaus *nt*
or·pi·ment [ˈɔːpɪmənt, AM ˈɔːr-] *n no pl* CHEM gelbes Arsenik, Operment *nt fachspr,* Auripigment *nt fachspr*
or·pine [ˈɔːpaɪn, AM ˈɔːr-] *n* BOT Große Fetthenne
or·ris [ˈɒrɪs, AM ˈɔːrɪs] *n no pl* Florentiner Schwertlilie *f*
ortho·don·tic [ˌɔːθə(ʊ)ˈdɒntɪk, AM ˌɔːrθoʊˈdɑːnṭɪk] *adj inv* kieferorthopädisch
ortho·don·tics [ˌɔːθə(ʊ)ˈdɒntɪks, AM ˌɔːrθoʊˈdɑːnṭɪks] *n + sing vb* Kieferorthopädie *f kein pl*
ortho·don·tist [ˌɔːθə(ʊ)ˈdɒntɪst, AM ˌɔːrθoʊˈdɑːnṭɪst] *n* Kieferorthopäde, -in *m, f*
ortho·dox [ˈɔːθədɒks, AM ˈɔːrθədɑːks] *adj* ❶ (*generally accepted*) herkömmlich, üblich; (*not innovative*) starr, orthodox *geh;* **~ treatment** schulmedizinische Behandlung; **~ views** gängige Ansichten ❷ (*strictly religious*) strenggläubig, rechtgläubig ❸ (*of the O~ Church*) orthodox; **Greek/Russian O~** griechisch/russisch orthodox
Ortho·dox 'Church *n no pl* ■**the ~** die christlich orthodoxe Kirche **Ortho·dox 'Jew** *n* orthodoxer Jude/orthodoxe Jüdin **ortho·dox 'medi·cine** *n no pl* Schulmedizin *f*
ortho·doxy [ˈɔːθədɒksi, AM ˈɔːrθədɑːksi] *n* ❶ (*practice*) verbreitete [*o* übliche] Denkweise, Orthodoxie *f geh;* **political orthodoxies** überkommene politische Denkweisen ❷ *no pl* (*quality*) Rechtgläubigkeit *f* ❸ REL (*group*) die Orthodoxen *pl*
ortho·epy [ˈɔːθəʊepi, AM ɔːrˈθoʊəpi] *n no pl* LING Orthoepie *f fachspr,* Orthoepik *f fachspr*
ortho·gen·esis [ˌɔːθə(ʊ)ˈdʒenəsɪs, AM ˌɔːrθoʊˈ-] *n no pl* BIOL Orthogenese *f fachspr*
or·thogo·nal [ɔːˈθɒgənəl, AM ɔːrˈθɑː-] *adj inv* MATH orthogonal *fachspr*
ortho·graph·ic [ˌɔːθə(ʊ)ˈgræfɪk, AM ˌɔːrθoʊˈ-] *adj inv* orthographisch *geh,* Rechtschreib-; **~ conventions** Rechtschreibregeln *fpl;* **~ reform** Rechtschreibreform *f*
ortho·graphi·cal·ly [ˌɔːθə(ʊ)ˈgræfɪkəli, AM ˌɔːrθoʊˈ-] *adv inv* orthographisch *geh*
or·thog·ra·phy [ɔːˈθɒgrəfi, AM ɔːrˈθɑː-] *n no pl* Orthographie *f geh*
ortho·pae·dic [ˌɔːθə(ʊ)ˈpiːdɪk] BRIT, AM **ortho·pe·dic** [ˌɔːrθoʊˈ-] *adj* orthopädisch; **~ surgery** orthopädische Chirurgie
ortho·pae·dic de·'vice *n* orthopädisches Hilfsmittel **ortho·pae·dic 'mat·tress** *n* orthopädische Matratze
ortho·pae·dics [ˌɔːθə(ʊ)ˈpiːdɪks] BRIT, AM **ortho·pe·dics** [ˌɔːrθoʊˈ-] *n + sing vb* Orthopädie *f kein pl*
ortho·pae·dist [ˌɔːθə(ʊ)ˈpiːdɪst] BRIT, AM **ortho·ped·ist** [ˌɔːrθoʊˈ-] *n* Orthopäde, -in *m, f*
ortho·pae·dy [ˌɔːθə(ʊ)ˈpiːdi] BRIT, AM **ortho·pe·dy** [ˌɔːrθoʊˈ-] *n no pl* Orthopädie *f*
ortho·pe·dic *adj* AM *see* **orthopaedic**
ortho·pe·dics *n* AM *see* **orthopaedics**
ortho·pe·dist *n* AM *see* **orthopaedist**
ortho·pe·dy *n* AM *see* **orthopaedy**
or·thop·tic [ɔːˈθɒptɪk, AM ɔːrˈθɑːptɪk] *adj inv* normalsichtig, orthoptisch *fachspr*
OS *n* ❶ COMPUT *abbrev of* **operating system** ❷ BRIT *abbrev of* **Ordnance Survey**
Os·car [ˈɒskəʳ, AM ˈɑːskɚ] I. *n* FILM Oscar *m* II. *n modifier* Oscar-; **~ ceremony** Oscar-Verleihung *f;* **~ winner** Oscar-Preisträger(in) *m(f)*
os·cil·late [ˈɒsɪleɪt, AM ˈɑːsəl-] I. *vi* ❶ (*swing*) schwingen, oszillieren *fachspr* ❷ (*fig: fluctuate*) [hin und her] schwanken II. *vt* ■**to ~ sth** etw pendeln [*o* hin und her schwingen] lassen
os·cil·la·tion [ˌɒsɪˈleɪʃən, AM ˌɑːsəlˈ-] *n* ❶ (*movement*) Schwingung *f,* Oszillation *f fachspr,* Oszillieren *nt kein pl fachspr* ❷ (*fig: fluctuation of moods*) Schwankung *nt*
os·cil·lo·scope [əˈsɪləskəʊp, AM -skoʊp] *n* Schwingungsmesser *m,* Oszilloskop *nt fachspr*
osier [ˈəʊziəʳ, AM ˈoʊʒɚ] I. *n* BOT (*tree*) Korbweide *f;* (*branch*) Weidenrute *f* II. *n modifier* (*basket*) Weiden-; (*chair, table*) Korb-
os·mo·sis [ɒzˈməʊsɪs, AM ɑːzˈmoʊ-] *n no pl* BIOL, CHEM Osmose *f fachspr;* ■**by ~** durch Osmose; (*fig*) **the children just learned the songs by ~** die Kinder lernten die Lieder allein durchs Zuhören
os·mot·ic [ɒzˈmɒtɪk, AM ɑːzˈmɑːṭɪk] *adj inv* BIOL, CHEM osmotisch *fachspr*
os·mot·ic 'pres·sure *n* BIOL osmotischer Druck *fachspr*
os·prey [ˈɒspreɪ, AM ˈɑːspriː] *n* ORN Fischadler *m*
os·si·fi·ca·tion [ˌɒsɪfɪˈkeɪʃən, AM ˌɑːsəfɪˈ-] *n no pl* ❶ (*changing into bone*) Verknöcherung *f,* Ossifikation *f fachspr* ❷ (*fig form: becoming inflexible*) Verknöcherung *f fig,* Erstarrung *f fig*
os·si·fied [ˈɒsɪfaɪd, AM ˈɑːsə-] *adj* (*fig form*) verknöchert *fig,* erstarrt *fig,* unbeweglich *fig*
os·si·fy <-ie-> [ˈɒsɪfaɪ, AM ˈɑːsə-] I. *vi* ❶ (*become bone*) verknöchern, ossifizieren *fachspr* ❷ (*fig: become inflexible*) verknöchern *fig,* erstarren *fig* II. *vt* ■**to ~ sth** etw erstarren lassen *fig*
osso buc·co [ˌɒsəʊˈbuːkəʊ, AM ˌɑːsoʊˈbuːkoʊ] *n no pl* Osso bucco *nt* (*geschmorte Kalbshaxe*)
os·ten·sible [ɒˈsten(t)sɪbl̩, AM ɑːˈsten(t)sə-] *adj attr, inv* angeblich, vorgeblich

os·ten·sibly [ɒ'sten(t)sɪbli, AM ɑː'sten(t)sə-] *adv inv* angeblich, vorgeblich
os·ten·ta·tion [ˌɒsten'teɪʃᵊn, AM ˌɑːstən'-] *n no pl* Großtuerei *f*, Prahlerei *f*, Angeberei *f*
os·ten·ta·tious [ˌɒsten'teɪʃəs, AM ˌɑːstən'-] *adj* prahlerisch; *lifestyle* protzig, pompös; *gesture* demonstrativ, ostentativ *geh;* ~ **display of wealth** betonte [*o geh* ostentative] Zurschaustellung des Reichtums; ~ **jewellery** protziger Schmuck
os·ten·ta·tious·ly [ˌɒsten'teɪʃəsli, AM ˌɑːstən'-] *adv* protzig, pompös; (*in showy manner*) demonstrativ, ostentativ *geh*
os·teo·ar·thri·tis [ˌɒstiəʊɑː'θraɪtɪs, AM ˌɑːstioʊɑːr'θraɪt̬ɪs] *n no pl* Arthrose *f*, Osteoarthritis *f fachspr,* Arthrosis deformans *f fachspr*
os·teol·ogy [ˌɒsti'ɒlədʒi, AM ˌɑːsti'ɑːlə-] *n no pl* ANAT Knochenlehre *f*, Osteologie *f fachspr*
os·teo·path ['ɒstiə(ʊ)pæθ, AM 'ɑːstioʊ-] *n* MED Osteopath(in) *m(f) fachspr,* Spezialist(in) *m(f)* für Knochenleiden; **the ~ carefully manipulated my damaged shoulder** mit sanftem Druck und Bewegungsübungen behandelte der Osteopath meine verletzte Schulter
os·teopa·thy [ˌɒsti'ɒpəθi, AM ˌɑːsti'ɑːpə-] *n no pl* MED Osteopathie *f fachspr,* Heilverfahren *nt* für Knochenleiden; ~ **aims to stimulate the body to heal itself** die Osteopathie will die Selbstheilungskräfte des Körpers anregen
os·teo·poro·sis [ˌɒstiəʊpə'rəʊsɪs, AM ˌɑːstioʊpə'roʊ-] *n no pl* MED Knochenschwund *m*, Osteoporose *f fachspr*
os·tra·cism ['ɒstrəsɪzᵊm, AM 'ɑːstrə-] *n no pl* Ächtung *f*
os·tra·cize ['ɒstrəsaɪz, AM 'ɑːstrə-] *vt* ■**to ~ sb** ❶ (*exclude*) jdn ächten; **to be ~d by society** von der Gesellschaft ausgestoßen werden ❷ (*banish*) jdn verbannen
os·trich ['ɒstrɪtʃ, AM 'ɑːstrɪtʃ] **I.** *n* ❶ ORN Strauß *m* ❷ (*person*) ■**to be an ~** vor Problemen die Augen verschließen *fig,* den Kopf in den Sand stecken *fig;* **he's a real ~** er betreibt eine regelrechte Vogel-Strauß-Politik **II.** *n modifier* (*egg, feather, nest, foot, meat*) Straußen-
'os·trich-like *adj pred* Vogel-Strauß-; ■**to be ~** den Kopf in den Sand stecken *fig;* ■**to be ~ about sth** vor etw *dat* die Augen verschließen *fig*
OT *n abbrev of* **Old Testament** AT *nt*
oth·er ['ʌðəʳ, AM -ɚ] **I.** *adj det* ❶ (*different*) andere(r, s); **there's no ~ way** es gibt keine Alternative, anders geht es nicht; ~ **people** andere [Leute]; **some ~ time** ein anderes Mal; **in ~ words** mit anderen Worten ❷ (*not long ago*) **the ~ day** neulich, vor kurzem; **the ~ evening/morning/night** neulich abends/morgens/nachts; **the ~ week** (*last week*) letzte Woche; (*some weeks ago*) vor einigen Wochen ❸ (*additional*) andere(r, s), weitere(r, s); **are there any ~ questions?** gibt es noch [weitere] Fragen? ❹ (*alternative*) andere(r, s); **one's ~ half** (*euph*) meine bessere Hälfte; **on the ~ hand** andererseits; **a member of the ~ sex** ein Vertreter *m*/eine Vertreterin des anderen Geschlechts; **every ~** jede(r, s) zweite; **one or ~** eine(r, s) von beiden ❺ (*not being exact*) **some company or ~** irgendeine Firma; **some man or ~** irgendein Mann *m;* **some time or ~** irgendwann [einmal]; **somehow or ~** irgendwie; **someone or ~** irgendwer; **something or ~** irgend[et]was ❻ *after n* (*except*) **I've never told this to any person ~ than you** außer dir habe ich das noch nie jemandem erzählt; **there was no choice ~ than to walk home** es blieb uns nichts anderes übrig, als nach Hause zu laufen; **to do nothing** [*or* **not do anything**] ~ **than sth** etw nur [*o* ausschließlich] tun; **don't you do anything ~ than complain?** kannst du dich eigentlich nur beschweren? **II.** *pron* ❶ (*the remaining*) ■**the ~** der/die/das andere; **hold the racquet in one hand and the ball in the ~** halte den Schläger in einer Hand und den Ball in der anderen; **one from the ~** voneinander; **it's often difficult to distinguish one from the ~** es ist oft schwierig, sie voneinander zu unterscheiden; **one without the ~** eine ohne die andere, einer ohne den anderen, eines ohne das andere; **one or the ~** eines davon; **you may have one or the ~ but not both** du kannst eines haben, nicht beide ❷ + *sing vb* (*either, or*) **one or** [**the**] **~ of sth** eine(r, s) von etw *dat;* **one or the ~ of us will be home when you call** einer von uns wird zu Hause sein, wenn du anrufst; **take that car to one or ~ of the mechanics – they're both good** bringe das Auto zu einem der Mechaniker – sie sind beide gut ❸ (*being vague*) **someone or ~** irgendwer; **something or ~** irgendwas; **I was just doing something or ~ – what was it?** ich machte gerade was – was war das? ▸ PHRASES: **a bit of the ~** (*euph fam: sex*) ein bisschen Vergnügen; **time for bed and a bit of the ~** Zeit für das Bett und ein bisschen Vergnügen
oth·er·ness ['ʌðənəs, AM -ɚ-] *n no pl* (*form*) Andersartigkeit *f*, Anderssein *nt*
oth·ers ['ʌðəz, AM -ɚz] *pron pl* ❶ (*people*) andere; **he tries not to hurt ~ through his own actions** er versuchte, andere durch seine Handlungen nicht zu verletzen ❷ (*different ones*) andere; **I only know about this book but there might be ~** ich kenne nur dieses Buch, aber es könnte auch andere geben; **you shouldn't expect ~ to do your work for you** du solltest nicht erwarten, dass andere deine Arbeit erledigen
oth·er·wise ['ʌðəwaɪz, AM -ɚ-] **I.** *adj pred, inv* (*dated form*) anders *präd;* **I would that it were ~** ich wünschte, es wäre anders; **the truth is quite ~** die Wahrheit sieht völlig anders aus **II.** *adv inv* ❶ (*differently*) anders; **the police believe he is the thief, but all the evidence suggests ~** die Polizei hält ihn für den Dieb, aber das Beweismaterial spricht dagegen; **unless you let me know ~, ...** sofern ich nichts Gegenteiliges von dir höre, ... ❷ (*except for this*) sonst, ansonsten, im Übrigen ❸ (*alternatively*) **Marion Morrison, ~ known as the film star John Wayne, ...** Marion Morrison, auch bekannt als der Filmstar John Wayne, ...; **to be ~ engaged** [*or* **occupied**] (*form*) anderweitig zu tun haben [*o* beschäftigt sein] **III.** *conj* andernfalls, sonst
oth·er-'world·ly *adj* ❶ (*supernatural*) übernatürlich; ~ **attributes** übernatürliche Eigenschaften; **of ~ beauty** von überirdischer Schönheit ❷ (*heavenly*) jenseitig, im Jenseits *nach n;* ~ **punishment** die Strafe des Himmels ❸ (*ethereal*) *smile* vergeistigt, entrückt; *person* [wie] nicht von dieser Welt *präd*
OTT [ˌəʊtiː'tiː] BRIT (*fam*) *abbrev of* **over the top: her outfit was a bit ~** also diesmal ist sie mit ihrem Outfit definitiv zu weit gegangen! *fam*
ot·ter ['ɒtəʳ, AM 'ɑːt̬ɚ] *n* ZOOL Otter *m*
ot·to·man ['ɒtə(ʊ)mən, AM 'ɑːt̬əmən] *n* ❶ (*couch*) Ottomane *f* ❷ (*stool*) Polsterschemel *m* (*oft mit eingebauten Schubladen*) ❸ *no pl* (*cloth*) Ottoman *m*
Ot·to·man ['ɒtə(ʊ)mən, AM 'ɑːt̬əmən] **I.** *n* HIST Osmane, -in *m, f,* Ottomane, -in *m, f selten* **II.** *adj* HIST osmanisch
OU [ˌəʊ'juː, AM ˌoʊ-] *n abbrev of* **Open University** VHS *f*
ouch [aʊtʃ] *interj* aua, autsch
ought [ɔːt, AM *also* ɑːt] *aux vb* ❶ (*indicating duty*) ■**sb ~ to do sth** jd sollte etw tun; **we ~ to tidy up before we go home** wir sollten [besser] aufräumen, bevor wir nach Hause gehen; ■**sb/sth ~ not to: we ~ not to have agreed** wir hätten nicht zustimmen sollen; **it ~ not to be allowed** das sollte nicht erlaubt sein ❷ (*indicating probability*) ■**sb ~ to be/do sth** jd sollte [*o* müsste] [eigentlich] etw sein/tun; **she ~ to be able to ...** sie sollte eigentlich in der Lage sein, ...; **we ~ to be home by 7 o' clock** bis um sieben müssten wir eigentlich wieder zu Hause sein; **they ~ to have arrived at lunchtime** sie hätten eigentlich um die Mittagszeit ankommen sollen; **I say the kids are tired and I ~ to know!** ich sage, die Kinder sind müde und ich muss es wohl wissen; ■**sth ~ to be sth: ten minutes ~ to be enough time** zehn Minuten müssten eigentlich genügen; **so, that ~ to be enough now** so, das sollte jetzt genügen; **will dinner be ready on time? – yes, it ~ to be** wird das Essen rechtzeitig fertig? – ja, das müsste hinhauen *fam* ❸ (*indicating advice*) ■**sb ~ to do sth** jd sollte etw

tun; **he ~ to go into politics** er sollte in die Politik gehen; **what ~ I to do?** und was sollte ich tun?

oughtn't ['ɔːtᵊnt, AM *also* 'ɑːt-] = **ought not to** *see* **ought**

Oui·ja board® ['wiːdʒə-] *n Buchstaben- und Zahlentafel für spiritistische Sitzungen*

ounce [aʊn(t)s] *n* Unze *f;* **if he's got an ~ of common sense, ...** wenn er auch nur einen Funken gesunden Menschenverstand hat, ...; **there's not an ~ of truth to the rumour** an dem Gerücht ist aber auch überhaupt nichts dran; **this will take every ~ of strength you have** das wird dir deine ganze Kraft abverlangen; **to never put on an ~** kein Gramm zunehmen ▶ PHRASES: **an ~ of prevention is worth a pound of cure** (*prov*) vorbeugen ist besser als heilen *prov*

our [aʊəʳ, AM aʊɚ] *adj poss* unser(e); **O~ Father** (*in prayer*) Vater unser; **the O~ Father** der Vaterunser; **~ Tommy is a good climber** unser Tommy kann gut klettern

Our 'Fa·ther *n* REL ❶ (*title for God*) Heiliger Vater, Vater *m* im Himmel ❷ (*Lord's Prayer*) Vaterunser *nt;* **to say the ~** das Vaterunser beten **Our 'Lady** *n* REL (*title for the Virgin Mary*) [Heilige] Mutter Gottes **Our 'Lord** *n* REL (*title for god*) Heiliger Vater, Vater *m* im Himmel; (*title for Jesus Christ*) Herr *m* Jesus Christus

ours [aʊəz, AM aʊɚz] *pron poss* (*belonging to us*) unsere(r, s); **which table is ~?** welcher Tisch ist unserer?; **that's their problem – not ~** das ist ihr Problem – nicht unseres; **~ was the ugliest house on the block** unser Haus war das hässlichste im ganzen Block; **sth of ~: he's a cousin of ~** er ist ein Cousin von uns; **bowling is a favourite pastime of ~** wir gehen in der Freizeit besonders gerne Bowling; **this chat of ~ is strictly between us** dieses Gespräch bleibt nur unter uns

our·self [aʊə'self, AM aʊɚ'-] *pron* ❶ (*fam: ourselves*) uns; **we see ~ as the market leader in film** wir betrachten uns als Marktführer in der Filmbranche; (*emph*) **this is our affair – we deal with it ~** das ist unsere Angelegenheit – wir kümmern uns selbst darum ❷ (*old: royal myself*) selbst ❸ (*editorial myself*) uns

our·selves [aʊə'selvz, AM aʊɚ'-] *pron reflexive* ❶ *after vb, after prep* (*direct object*) uns; **we enjoyed ~ at the party very much** wir hatten großen Spaß bei der Party; **we told ~ it would be easy** wir sagten uns, dass es einfach würde; **for this we can only blame ~** daran können wir uns nur selbst die Schuld geben; **we wanted to make a nice evening for ~** wir wollten uns einen gemütlichen Abend machen; **we laugh to ~ often at the things we hear people say** wir lachen oft insgeheim über die Dinge, die andere Leute sagen ❷ (*form: we, us*) wir ❸ (*emph: personally*) wir persönlich; **don't worry, we will look into the matter ~** machen Sie sich keine Sorgen, wir werden uns persönlich um die Angelegenheit kümmern; **we invented it ~** wir erfanden das selbst; **we ~ ...** wir selbst ...; **to see/taste/hear/feel sth for ~** etw selbst sehen/kosten/hören/fühlen ❹ (*alone*) **we always do our taxes ~** wir machen immer selbst die Steuererklärung; **to have sth [all] to ~** etw [ganz] für uns haben; **to keep sth for ~** uns etw freihalten; ■**[all] by ~** [ganz] allein; **we can get dressed all by ~ now, Mama** wir können uns ganz alleine anziehen, Mama ❺ (*normal*) **to [just] be ~** [ganz] wir selbst sein; **to not be/feel/seem ~** nicht wir selbst sein/zu sein scheinen; **to look ~** wie ich selbst aussehen

oust [aʊst] *vt* ❶ (*expel*) ■**to ~ sb** jdn vertreiben [*o fam* hinauswerfen]; (*by taking their position*) jdn verdrängen; ■**to be ~ed** verdrängt werden; **he was ~ed as chairman after 30 years** nach 30 Jahren wurde er als Vorsitzender abgesägt *fam;* **~ sb from a club/party** jdn aus einem Klub/einer Partei ausschließen; **~ sb from a job** jdn entlassen; **~ sb from an office** jdn aus einem Amt entfernen; **to ~ a party from power** eine Partei entmachten ❷ LAW **to ~ sb's freehold** jdm seinen Immobiliarbesitz entziehen; **to ~ the jurisdiction of a court** die Zuständigkeit eines Gerichts ausschließen

oust·er ['aʊstəʳ, AM 'aʊstɚ] *n no pl* ❶ AM (*expulsion*) Verdrängung *f,* Vertreibung *f;* (*from a position*) Amtsenthebung *f* ❷ LAW (*of jurisdiction*) Ausschluss *m* der Zuständigkeit des Gerichts; (*removal from property*) Zwangsräumung *f*

out [aʊt] **I.** *adj inv, pred* ❶ (*absent*) abwesend, nicht da, weg *fam; workers* im Ausstand; **the library book was ~** das Buch war [aus der Bücherei] entliehen; **the jury is ~, considering their verdict** die Geschworenen haben sich zur Beratung des Urteilsspruchs zurückgezogen; **the workers were ~, demanding higher wages** die Arbeiter waren auf der Straße, um für höhere Löhne zu demonstrieren ❷ (*outside*) ■**to be ~** draußen sein; *sun, moon, stars* am Himmel stehen; **they are ~ in the garden** sie sind draußen im Garten; **everyone was ~ on deck** alle waren [draußen] an Deck; **to be ~ of hospital/prison** aus dem Krankenhaus/Gefängnis entlassen worden sein; **he's ~** (*prisoner*) er ist [wieder] draußen *fam* ❸ (*on the move*) unterwegs; **the army was ~** die Armee war ausgerückt; **the postman was ~ on his rounds** der Postbote machte gerade seine Runde; **to be ~ and about** unterwegs sein; (*after an illness*) wieder auf den Beinen sein ❹ (*in blossom*) ■**to be ~** blühen ❺ (*far away*) draußen; **the fishing boats were ~ at sea** die Fischerboote waren draußen auf See; **he lived ~ in Zambia** er lebte in [*o* im fernen] Zambia; **~ here** hier draußen; **~ west** AM an der Westküste; **they moved ~ west** sie an die Westküste gezogen ❻ (*available*) erhältlich, zu haben *fam;* (*on the market*) auf dem Markt; *book* veröffentlicht, herausgekommen; **this is the best automatic camera ~** das ist die beste Automatikkamera auf dem Markt ❼ (*fam: existing*) vorhanden; **I think he's the greatest footballer ~** ich halte ihn für den besten Fußballer, den es zur Zeit gibt ❽ (*not secret*) heraus, raus *fam;* **the secret is ~** das Geheimnis ist gelüftet [worden]; **once the news is ~, ...** wenn die Neuigkeit erst einmal bekannt ist, ...; **[the] truth will ~** die Wahrheit wird ans Licht kommen ❾ (*asleep*) ■**to be ~** schlafen; (*unconscious*) bewusstlos [*o fam* weg] sein; **to be ~ for the count** BOXING k.o. [*o* ausgezählt] sein; (*fig*) total hinüber [*o* erledigt] sein *fam;* **to be ~ like a light** sofort einschlafen [*o fam* weg sein]; **to be ~ cold** bewusstlos sein ❿ (*finished*) aus, zu Ende; **school will be ~ in June** die Schule endet im Juni; **before the drive/the film/the song is ~** bevor die Fahrt/der Film/das Lied vorbei ist; **before the month/year is ~** vor Ende [*o* Ablauf] des Monats/Jahres; **over and ~** AVIAT ≈ Ende der Durchsage, over and out *fachspr* ⓫ SPORTS (*not playing*) nicht [mehr] im Spiel, draußen *fam;* (*in cricket, baseball*) aus; (*outside a boundary*) *ball, player* im Aus; **Johnson is ~ on a foul** Johnson wurde wegen eines Fouls vom Platz gestellt; **Owen is ~ with an injury** Owen ist mit einer Verletzung ausgeschieden ⓬ (*fam: thrown-out*) draußen *fam;* ■**to be ~** (*of school*) fliegen *fam;* **to be ~ on the streets** (*be unemployed*) arbeitslos sein, auf der Straße stehen *fam;* (*be homeless*) obdachlos sein, auf der Straße leben ⓭ (*fam: unacceptable*) unmöglich *fam;* (*unfashionable*) aus der Mode, passee *fam,* out *fam* ⓮ (*not possible*) unmöglich; **that plan is absolutely ~** dieser Plan kommt überhaupt nicht in Frage ⓯ (*off*) *light, TV* aus; (*not burning*) *fire* aus, erloschen ⓰ (*inaccurate*) falsch, daneben *fam;* **to be ~** danebenliegen *fam;* **our estimates were ~ by a few dollars** wir lagen mit unseren Schätzungen um ein paar Dollar daneben; **to be ~ in one's calculations** sich *akk* verrechnet haben, mit seinen Berechnungen danebenliegen *fam* ⓱ (*in search of*) ■**to be ~ for sth** auf etw *akk* aus sein *fam,* es auf etw *akk* abgesehen haben; **he's just ~ for a good time** er will sich nur amüsieren; ■**to be ~ to do sth** es darauf abgesehen haben, etw zu tun; **they're ~ to get me** die sind hinter mir her *fam;* **to be ~ for trouble** Streit suchen ⓲ (*revealed as homosexual*) **to be ~** sich *akk* geoutet haben *sl;* **she's been ~ for three years now** sie hat sich vor drei Jahren geoutet ⓳ (*at lowest point*) **the tide is ~** es ist Ebbe; **we had a walk**

O

here when the tide was ~ bei Ebbe sind wir hier spazieren gegangen ⑳ (*introduced to society*) in die Gesellschaft eingeführt; **Jane isn't ~ yet** Jane ist noch nicht in die Gesellschaft eingeführt worden **II.** *adv inv* ① (*outdoors*) draußen, im Freien; **it's bitterly cold ~ today** es ist heute schrecklich kalt draußen; **"Keep ~!"** „Betreten verboten!" ② (*with outward movement*) nach draußen, raus *fam;* **get ~!** raus hier! *fam;* **can you find your way ~?** finden Sie selbst hinaus?; **~ with it** heraus damit! *fam,* [he]raus mit der Sprache! *fam;* **to ask sb ~** jdn einladen; **he's asked her ~** er hat sie gefragt, ob sie mit ihm ausgehen will; **to eat ~** im Restaurant [*o* auswärts] essen; **to go ~** ausgehen, weggehen, rausgehen *fam;* **are you going ~ tonight?** gehst du heute Abend weg?; **to see sb ~** jdn hinausbegleiten; **to turn sth inside ~** *clothes* etw auf links drehen ③ (*removed*) heraus, raus *fam;* **I can't get the stain ~** ich kriege den Fleck nicht wieder raus *fam;* **to put a fire ~** ein Feuer löschen; **to cross ~ sth** etw ausstreichen [*o* durchstreichen] ④ (*completely*) ganz, völlig; **burnt ~** (*a. fig*) ausgebrannt *a. fig; fuse* durchgebrannt; *candle* heruntergebrannt; **tired ~** völlig erschöpft; **~ and away** AM bei weitem; **she is ~ and away the best student I have ever taught** sie ist mit Abstand die beste Studentin, die ich jemals hatte ⑤ (*aloud*) **he cried ~ in pain** er schrie vor Schmerzen auf; **she called ~ to him to stop** sie rief ihm zu, er solle anhalten; **to laugh ~ [loud]** [laut] auflachen ⑥ (*to an end*) **to die ~** aussterben; (*fig*) *applause* verebben; **to fight sth ~** etw [untereinander] austragen [*o* ausfechten] ⑦ (*free from prison*) entlassen; **to come** [*or* **get**] **~** freikommen; **to let sb ~** jdn freilassen ⑧ (*unconscious*) **to go ~ like a light** (*fig*) auf der Stelle einschlafen, sofort weg sein *fam;* **to knock sb ~** jdn bewusstlos [*o* k.o.] schlagen; **to pass ~** in Ohnmacht fallen ⑨ (*dislocated*) **to put sth ~** etw ausrenken; **when she was in the car accident, it put her back ~** sie verrenkte sich bei dem Autounfall den Rücken ⑩ (*open*) **to open ~** ausbreiten; **can you open ~ the sofa bed for me?** kannst du die Schlafcouch für mich ausziehen?; **to open ~ a map** eine Karte ausbreiten [*o* auseinanderfalten] ⑪ (*unfashionable*) **to go ~** aus der Mode kommen, altmodisch werden; **to have gone ~ with the ark** völlig altmodisch [*o* von vorgestern] [*o hum fam* von anno Tobak] sein ⑫ (*time off*) **he took ten minutes ~** er nahm eine Auszeit von zehn Minuten ⑬ (*reach lowest point*) **the tide is coming ~** die Ebbe setzt ein **III.** *vt* ■**to ~ sb** ① (*eject*) jdn rausschmeißen *fam;* SPORTS jdn vom Platz stellen ② BOXING jdn k.o. schlagen ③ *usu pass* (*reveal homosexuality*) jdn outen *sl* **IV.** *prep* aus +*dat;* **she ran ~ the door** sie rannte zur Tür hinaus

outa ['aʊṭə] *prep* AM (*fam*) *see* **out of: I'm ~ this place tomorrow** ich bin hier morgen weg *fam;* **get ~ here!** hau ab! *fam;* (*expression of disbelief*) niemals!; **you know, she's left her husband – get ~ here! not Sheila!** hast du schön gehört, dass sie ihren Mann verlassen hat? – echt? doch nicht Sheila!

out·age ['aʊtɪdʒ] *n* Ausfall *m;* **power ~** Stromausfall *m*

'out-and-out *adj attr, inv* ausgemacht, durch und durch *nach n,* absolut; **he's an ~ rogue** er ist ein ausgemachter Schurke; **an ~ disaster** eine einzige Katastrophe; **~ lie** unverschämte Lüge

'outback ['aʊtbæk] *n no pl* Hinterland *nt* [Australiens]; **to live in the ~** im [australischen] Busch leben

i Kultur

Der Busch Australiens wird allgemein **outback** genannt. Zum traditionellen Outfit für den **outback** gehören: ein *akubra – Hut aus Kaninchenhaar,* ein **driza-bone** (*dry as a bone*) *– langer, geölter Buschmantel* und eine *moleskin – beige Jeans.* Wenn die australischen Viehzüchter, die *stockmen,* draußen übernachten, schlafen sie in ihrer *swag – Schlafsack mit integrierter Unterlage,* kochen ihr Essen in einem *camp oven – Kochtopf mit einem schweren Deckel* und ihren Tee in der *billy – Teekessel aus Blech* über einem Feuer.

out·'bid <-bid, -bid> *vt* ■**to ~ sb** jdn überbieten; **the retail group ~ all three competitors for space in the shopping centre** die Handelsgruppe hat alle drei Mitbewerber bei der Vergabe eines Platzes im Einkaufszentrum überboten

'out·board *n,* **out·board 'mo·tor** *n* Außenborder *m,* Außenbordmotor *m*

'out·bound *adj inv, pred* abfahrend *attr; train* [aus dem Bahnhof] ausfahrend *attr; ship* [aus dem Hafen] auslaufend *attr; plane* abfliegend *attr;* **~ traffic** *Verkehr, der aus der Stadt/dem Land hinausgeht*

'out-box *n* Ablage *f* (*für ausgehende Post*)

'out·break ['aʊtbreɪk] *n of a disease, hostilities, a war* Ausbruch *m;* **thundery ~s** [plötzliche] gewittrige Niederschläge

'out·build·ing *n* Nebengebäude *nt*

'out·burst ['aʊtbɜːst, AM -bɜːrst] *n* Ausbruch *m;* **an ~ of anger** [*or* **rage**] ein Wutanfall *m;* **to receive an ~ of applause** einen donnernden Applaus bekommen; **a sudden ~ of laughter** plötzlich ausbrechendes Gelächter; **an ~ against a proposal** eine Attacke gegen einen Vorschlag

'out·cast ['aʊtkɑːst, AM -kæst] **I.** *n* Ausgestoßene(r) *f(m),* Geächtete(r) *f(m);* **social ~** gesellschaftlicher Außenseiter/gesellschaftliche Außenseiterin, Outcast *m geh* **II.** *adj inv* ausgestoßen, verstoßen

out·'class [ˌaʊt'klɑːs, AM -'klæs] *vt* ■**to ~ sb** jdn deklassieren *geh* [*o* in den Schatten stellen]

'out·come ['aʊtkʌm] *n* Ergebnis *nt,* Resultat *nt;* **the ~ of the election** das Wahlergebnis; **the immediate ~** die unmittelbare Folge

'out·crop ['aʊtkrɒp, AM -krɑːp] *n* GEOL Felsnase *f;* **an ~ of rocks** zutage liegendes Gestein

'out·cry ['aʊtkraɪ] *n* lautstarker Protest, Sturm *m* der Entrüstung (**over** gegen +*akk*); **to provoke a public ~** einen Sturm der Entrüstung in der Öffentlichkeit auslösen; **to raise an ~ against sth** gegen etw *akk* lautstarken Protest erheben

out·'dat·ed [ˌaʊt'deɪtɪd, AM -ṭ-] *adj* veraltet; *ideas, views* überholt, antiquiert *geh*

out·'dis·tance [ˌaʊt'dɪstᵊn(t)s] *vt* ■**to ~ sb** jdn hinter sich *dat* lassen [*o* abhängen]; ■**to be ~d** SPORTS **Smith was ~d by Jones** Smith fiel hinter Jones zurück

out·'do <-did, -done> [ˌaʊt'duː] *vt* ■**to ~ sb** jdn übertreffen [*o* ausstechen]; **Pat was wearing an outrageous dress, so not to be outdone, I put on my bright red suit** Pat trug ein sehr gewagtes Kleid, und um mithalten zu können, zog ich meinen knallroten Anzug an

'out·door [ˌaʊt'dɔːʳ, AM -'dɔːr] *adj inv* **he's very much an ~ person** er hält sich gern und viel im Freien auf; **~ concert** Freiluftkonzert *nt,* Open-Air-Konzert *nt;* **~ clothes** Kleidung *f* für draußen; **~ furniture** Gartenmöbel *pl;* **~ jacket** warme Jacke, Outdoorjacke *f;* **~ swimming pool** Freibad *nt;* **~ sports** Sportarten *fpl* im Freien

out·doors [ˌaʊt'dɔːz, AM -'dɔːrz] **I.** *n + sing vb* **in the great ~** in der freien Natur **II.** *adv* im Freien, draußen; **to eat/sleep/play ~** draußen essen/schlafen/spielen

out·door·sy [ˌaʊt'dɔːrzi] *adj* AM ■**to be ~** gern in der freien Natur [*o* an der frischen Luft] sein; **he's an ~ type** er ist ein Naturbursche

out·ed ['aʊtɪd, AM -ṭ-] *adj attr, inv* geoutet *sl*

out·er ['aʊtəʳ, AM -ṭɚ] **I.** *n* BRIT SPORTS äußerster Ring (*einer Zielscheibe*) **II.** *adj inv* ① (*external*) äußerlich, Außen-; **~ door** Außentür *f* ② (*far from centre*) äußere(r, s), Außen-; **one's ~ circle of friends** jds weiterer Bekanntenkreis; **~ city bypass** Umgehungsstraße *f;* **the ~ lane of the motorway** die äußere Fahrspur [auf] der Autobahn; **the ~ suburbs** die Randbezirke

out·er 'ear *n* äußeres Ohr **out·er 'man** *n* ■**the ~** das Äußere, das äußere Erscheinungsbild

out·er·most ['aʊtəməʊst, AM -t̬ɚməst] *n attr, inv* äußerste(r, s); **the ~ layer** die oberste Schicht; **the ~ regions of the solar system** die entferntesten Regionen des Sonnensystems

out·er 'space *n* der Weltraum, das Weltall **'out·er wear** *n no pl* Oberbekleidung *f* **out·er 'world** *n* ■**the ~** die Außenwelt

out·'face [,aʊt'feɪs] *vt* ■**to ~ sb** jdm [erfolgreich] die Stirn bieten

'out·fall *n* Mündung *f; of drain, sewer* Ausfluss *m;* **river ~** Flussmündung *f* **'out·fall pipe** *n* Abwasserrohr *nt* (*das ins Meer mündet*) **'out·field** *n no pl* Außenfeld *nt* **'out·field·er** *n* Außenfeldspieler(in) *m(f)*

out·'fight <-fought, -fought> [,aʊt'faɪt] *vt* ■**to ~ sb** jdn bezwingen [*o* schlagen]; ■**to be outfought** unterliegen; **to ~ an army** eine Armee schlagen [*o* besiegen]

'out·fit ['aʊtfɪt] **I.** *n* ❶ (*clothes*) Kleidung *f,* Kleider *pl,* Outfit *nt sl;* **cowboy ~** Cowboykostüm *nt;* **riding ~** Reitkleidung *f;* **wedding ~** Hochzeitsgarderobe *f* ❷ (*fam: group*) Verein *m fam;* (*company*) Laden *m fam;* (*musicians, sports team*) Truppe *f;* **jazz ~** Jazzband *f;* **theatre ~** Theatergruppe *f* ❸ (*equipment*) Ausrüstung *f,* Ausstattung *f* **II.** *vt* <-tt-> ■**to ~ sb with sth** jdn mit etw *dat* ausrüsten [*o* ausstatten]

'out·fit·ter ['aʊt,fɪtəʳ, AM -t̬ɚ] *n* ❶ BRIT (*dated: for clothing*) ■**~s** *pl* Ausstatter *m;* **gentlemen's ~s** Herrenausstatter *m;* **schools' ~s** Fachgeschäft *nt* für Schuluniformen ❷ AM (*for outdoor pursuits*) **canoe ~** Fachgeschäft *nt* für den Kanubedarf; **sports' ~** Sportgeschäft *nt*

out·'flank [,aʊt'flæŋk] *vt* ❶ MIL **to ~ an army/the enemy** eine Armee/den Feind von der Flanke angreifen; (*surround*) eine Armee/den Feind umfassen ❷ (*outwit*) ■**to ~ sb** jdn austricksen

out·'flank·ing move·ment *n* MIL Umfassungsbewegung *f*

'out·flow ['aʊtfləʊ, AM -floʊ] *n* Ausfluss *m;* **~ of capital** Kapitalabfluss *m;* **~ of refugees** Flüchtlingsstrom *m*

out·'fox [,aʊt'fɒks, AM -'fɑ:ks] *vt* ■**to ~ sb** jdn austricksen

out·'go·ing [,aʊt'gəʊɪŋ, AM 'aʊtgoʊ-] *adj* ❶ (*approv: extroverted*) kontaktfreudig; **he has an ~ personality** er ist jemand, der auf die Menschen zugeht ❷ *attr* (*retiring*) [aus]scheidend, abtretend; **the ~ President** der [aus dem Amt] scheidende Präsident ❸ (*outward bound*) ausgehend; **~ calls/mail** ausgehende Telefongespräche/Post

out·'go·ings [,aʊt'gəʊɪŋz, AM 'aʊtgoʊ-] *npl* BRIT Ausgaben *fpl*

out·'grow <-grew, -grown> [,aʊt'grəʊ, AM -'groʊ-] *vt* ❶ (*become too big for*) ■**to ~ sth** aus etw *dat* herauswachsen; **to ~ a jacket/shoes/trousers** aus einer Jacke/Schuhen/einer Hose herauswachsen ❷ (*leave behind*) ■**to ~ sth** einer S. *gen* entwachsen; **she has outgrown dolls already** für Puppen ist sie schon zu groß; **luckily, he has ~ those friends** zum Glück hat er sich mit dem Älterwerden von diesen Freunden gelöst; **to ~ a habit** eine Gewohnheit ablegen; **to ~ an opinion** über eine Ansicht hinaus sein ❸ (*become bigger than*) **to ~ one's brother/mother** seinem Bruder/seiner Mutter über den Kopf wachsen; **sth ~s its novelty** etw läuft sich *akk* tot [*o* verliert den Reiz des Neuen]; **to ~ one's strength** zu schnell aufschießen

'out·growth ['aʊtgrəʊθ, AM -groʊθ] *n* Auswuchs *m a. fig;* (*development*) *of an idea, a theory* Weiterentwicklung *f;* **he has a small ~ of hair on his chin** auf seinem Kinn sprießen ein paar Haare

out·'gun <-nn-> [,aʊt'gʌn] *vt* ■**to ~ sb** ❶ (*beat*) jdn schlagen; **he ~ned the sharpshooters** er zeigte es den Scharfschützen; ■**to be ~ned** unterliegen, eine Niederlage erleiden ❷ MIL jdm an Waffenkraft überlegen sein; **despite being heavily ~ned, the rebel forces have held on to their position** obwohl die Rebellen über deutlich weniger Waffen verfügen, haben sie ihre Stellung behaupten können

'out·house ['aʊthaʊs] **I.** *n* ❶ (*building*) Außengebäude *nt;* (*joined*) Nebengebäude *nt* ❷ AM (*toilet*) Außentoilette *f* **II.** *vt* ■**to ~ sth** etw separat lagern [*o* aufbewahren]

out·ing ['aʊtɪŋ, AM -t̬-] *n* ❶ (*trip*) Ausflug *m;* **to go on an ~** einen Ausflug machen; **class ~** Klassenausflug *m;* **family ~** Familienausflug *m;* **school ~** Schulausflug *m* ❷ (*fam: appearance*) [öffentlicher] Auftritt ❸ *no pl* (*revealing homosexuality*) [Sich]outen *nt,* Outing *nt*

out·land·ish [,aʊt'lændɪʃ] *adj* absonderlich, sonderbar, seltsam; *behaviour, ideas also* bizarr, befremdlich; **~ clothing** skurrile Kleidung; **~ prices** horrende Preise

out·land·ish·ly [,aʊt'lændɪʃli] *adv* absonderlich, sonderbar, seltsam

out·land·ish·ness [,aʊt'lændɪʃnəs] *n no pl* Absonderlichkeit *f,* Befremdlichkeit *f,* Bizarrheit *f*

out·'last [,aʊt'lɑ:st, AM -'læst] *vt* ■**to ~ sth** etw überdauern, sich *akk* länger halten als etw; ■**to ~ sb** jdn überleben; **to ~ sb in holding one's breath** länger die Luft anhalten als jd

out·law ['aʊtlɔ:, AM -lɑ:] **I.** *n* (*criminal*) Bandit(in) *m(f);* (*fugitive from law*) Geächtete(r) *f(m),* Vogelfreie(r) *f(m),* Outlaw *m geh* **II.** *vt* ■**to ~ sth** etw für ungesetzlich erklären; **to ~ smoking** das Rauchen verbieten; **an ~ed political group** eine verbotene politische Gruppierung

'out·lay ['aʊtleɪ] **I.** *n* Aufwendungen *fpl,* Auslagen *fpl* **II.** *vt* <-laid, -laid> AM ■**to ~ sth** [**on sth**] etw [für etw *akk*] ausgeben

'out·let ['aʊtlet] *n* ❶ (*exit*) Ausgang *m,* Austritt *m; for water* Abfluss *m,* Ablauf *m;* (*chimney*) Abzug *m* ❷ AUTO, TECH Abluftstutzen *m* ❸ (*means of expression*) Ventil *nt fig,* Ausdrucksmöglichkeit *f;* **an emotional ~** ein Ventil *nt* für jds Gefühle ❹ (*store*) Verkaufsstelle *f,* Vertriebsstelle *f;* **factory ~** Fabrikverkaufsstelle *f;* **fast-food ~** Schnellrestaurant *nt;* **retail ~** Einzelhandelsgeschäft *nt,* Verkaufsstelle *f* für Endabnehmer ❺ (*market*) [Absatz]markt *m,* Absatzmöglichkeit[en] *f[pl];* **commercial ~** Absatzmarkt *m* ❻ AM ELEC (*power point*) Steckdose *f*

'out·line ['aʊtlaɪn] **I.** *n* ❶ (*brief description*) Übersicht *f,* [kurzer] Überblick (**of** über +*akk*); *in novel-writing* Entwurf *m,* Konzept *nt;* (*general summary*) Zusammenfassung *f,* Abriss *m;* **a course ~** eine [kurze] Kursbeschreibung; **an ~ of a country's history** ein Abriss *m* über die Geschichte eines Landes; **to give a broad ~ of sth** etw kurz umreißen [*o* in groben Zügen beschreiben] ❷ (*contour*) Umriss *m,* Kontur *f; against fading light* Silhouette *f;* **the mountain was visible only in ~ as the light faded** als es dämmerte, sah man nur noch die Silhouette des Berges; **to draw the ~ of sth** die Umrisse [*o* Konturen] von etw *dat* zeichnen **II.** *vt* ■**to ~ sth** ❶ (*draw*) die Umrisse [*o* Konturen] von etw *dat* zeichnen; **the area we're interested in is ~d in red on the map** das Gebiet, das uns interessiert, ist auf der Karte rot umrandet; **the house was ~d against the setting sun** die Silhouette des Hauses malte sich gegen die untergehende Sonne ab ❷ (*summarize*) etw [kurz] umreißen [*o* skizzieren]

out·line 'plan·ning per·mis·sion *n* vorläufige Baugenehmigung

out·'live [,aʊt'lɪv] *vt* ❶ (*live longer than*) ■**to ~ sb** jdn überleben; ■**to ~ sth** etw überdauern; **the system had ~d its usefulness** das System hatte ausgedient ❷ (*survive*) ■**to ~ sth** etw überleben *a. fig*

'out·look ['aʊtlʊk] *n* ❶ (*view*) Aussicht *f* ❷ (*future prospect*) Perspektive *f,* Aussicht[en] *f[pl];* **economic ~** Konjunkturaussichten *fpl* ❸ (*attitude*) Einstellung *f,* Haltung *f;* **positive ~ on life** positive Lebenseinstellung ❹ METEO [Wetter]aussichten *fpl*

'out·ly·ing ['aʊt,laɪɪŋ] *adj attr area, region, village* abgelegen, entlegen

out·ma·'neu·ver [,aʊtmə'nu:vɚ] AM, **out·ma·'noeu·vre** [,aʊtmə'nu:vəʳ] *vt* BRIT, AUS ■**to ~ sb** jdn ausmanövrieren

out·mod·ed [,aʊt'məʊdɪd, AM -'moʊ-] *adj* (*pej*) altbacken *pej,* unzeitgemäß, altmodisch; **~ clothing/furniture** altmodische Kleidung/Möbel; **~ ideas** überholte [*o* veraltete] Vorstellungen; **~ style** altbackener Stil *pej*

O

out·most ['aʊtməʊst, AM -'moʊst] *adj* äußerste(r, s); *place* weit entlegen

out·'num·ber [ˌaʊt'nʌmbəʳ, AM -bɚ] *vt* ■**to ~ sb/sth** jdm/etw zahlenmäßig überlegen sein; ■**to be ~ed** in der Unterzahl sein; (*in vote*) überstimmt sein; **rainy days have ~ed the pleasant ones this year** wir hatten dieses Jahr mehr Regen- als Sonnentage; **in our office the females ~ the males 3 to 1** bei uns im Büro arbeiten dreimal so viele Frauen wie Männer

'out of *prep* ❶ *after vb* (*towards outside*) aus +*dat;* **I jumped ~ bed** ich sprang aus dem Bett; **my daughter's just come ~ [the] hospital** meine Tochter ist gerade aus dem Krankenhaus entlassen worden; **he came ~ prison** er wurde aus dem Gefängnis entlassen; **he took an apple ~ his backpack** er nahm einen Apfel aus seinem Rucksack ❷ *after vb* (*situated away from*) außerhalb +*gen;* **he is ~ town this week** er ist diese Woche nicht in der Stadt; **Mr James is ~ the country until July 4th** Herr James hält sich bis zum 4. Juli außer Landes auf; **there are many Americans living ~ the country** viele Amerikaner leben im Ausland; **she's ~ the office at the moment** sie ist zurzeit nicht an ihrem [Arbeits]platz [*o* nicht im Büro]; *after n* außerhalb +*gen,* von +*dat* ... entfernt; **five miles ~ San Francisco** fünf Meilen außerhalb von San Francisco; **he's from ~ town** er ist nicht von hier [*o* fremd hier] [*o* aus einer anderen Gegend] ❸ *after vb* (*taken from*) von +*dat;* **buy a house ~ the inheritance** von [*o* mit Geld aus] der Erbschaft ein Haus kaufen; **he copied his essay straight ~ a textbook** er schrieb seinen Aufsatz wörtlich aus einem Lehrbuch ab; **you should not expect too much ~ life** man sollte nicht zu viel vom Leben erwarten; **~ one's pocket** aus der eigenen Tasche; **she had to pay for it ~ her pocket** sie musste es aus der eigenen Tasche bezahlen; **she gets a lot of joy ~ working with children** es macht [*o* bereitet] ihr große Freude, mit Kindern zu arbeiten; **they get a lot of fun ~ practicing dangerous sports** das Betreiben gefährlicher Sportarten macht ihnen einen Riesenspaß; **they didn't make a dime ~ that deal** sie haben bei dem Geschäft keinen Pfennig verdient; *after n* aus +*dat;* **the report ~ the Middle East** der Bericht aus dem Nahen Osten; **like a character ~ a 19th century novel** wie eine Figur aus einem Roman des neunzehnten Jahrhunderts ❹ (*excluded from*) aus +*dat;* **they voted him ~ the town board** er wurde aus dem Stadtrat abgewählt; **he's ~ the team** er ist aus der Mannschaft ausgeschieden; **I'm glad to be ~ it** ich bin froh, dass ich das hinter mir habe [*o* damit nichts mehr zu tun habe]; **it's hard to get ~ trouble** es ist schwer, aus den Schwierigkeiten wieder herauszukommen; **giving up is ~ the question** Aufgeben kommt überhaupt nicht infrage [*o* in Frage]; **after injuring his knee, he was ~ the race** nachdem er sich am Knie verletzt hatte, war er aus dem Rennen; **Oxford United are ~ the FA Cup** Oxford United ist aus der FA-Pokalrunde ausgeschieden; **I've got ~ the habit of cycling to work** ich fahre nicht mehr ständig mit dem Fahrrad zur Arbeit; **he talked her ~ going back to smoking** er redete es ihr aus, wieder mit dem Rauchen anzufangen ❺ (*spoken by*) aus +*dat;* **I couldn't get the secret ~ her** ich konnte ihr das Geheimnis nicht entlocken; **we'll get the information ~ him** wir werden die Informationen [schon] aus ihm herauskriegen ❻ (*made from*) aus +*dat;* **a bench fashioned ~ a tree trunk** eine aus einem Baumstamm gearbeitete Bank ❼ (*motivated by*) aus +*dat;* ■**to do sth ~ sth** etw aus etw tun; **~ jealousy over her new boyfriend** aus Eifersucht wegen ihres neuen Freundes; **she did it ~ spite** sie tat es aus Boshaftigkeit ❽ *after n* (*ratio of*) von +*dat;* **no one got 20 ~ 20 for the test** niemand bekam alle 20 möglichen Punkte für den Test; **nine times ~ ten** neun von zehn Malen ❾ (*without*) ■**~ sth** ohne etw +*akk;* **he was ~ money** er stand ohne Geld da; **they were ~ luck** sie hatten kein Glück [mehr]; **you're ~ time** Ihre Zeit ist um [*o* abgelaufen]; **they had run ~ cash** sie hatten kein Bargeld mehr, ihnen war das Bargeld ausgegangen; **she was finally ~ patience** schließlich riss ihr der Geduldsfaden; **they were ~ gas** sie hatten kein Benzin mehr, ihnen war das Benzin ausgegangen; **[all] ~ breath** [völlig] außer Atem; **be ~ work** ohne Arbeit [*o* arbeitslos] sein; **he was ~ a job** er hat seine Stelle verloren; **I'm sorry sir, we're ~ the salmon** tut mir leid, der Lachs ist aus [*o* ist uns ausgegangen] ❿ (*beyond*) außer +*dat;* **~ bounds** außerhalb des Spielfeldes; **~ reach** außer Reichweite; **~ sight/earshot** außer Sicht[weite]/Hörweite; **~ [firing] range** außer Schussweite; **the photo is ~ focus** das Foto ist unscharf; **the patient is ~ danger** der Patient ist außer [Lebens]gefahr; **~ order** außer Betrieb; **the delay is ~ our control** die Verspätung entzieht sich unserer Kontrolle; **baseball is ~ season at the moment** zurzeit ist nicht Baseballsaison; **deer are ~ season** Hirsche haben Schonzeit; **he's been ~ touch with his family for years** er hat seit Jahren keinen Kontakt mehr zu seiner Familie; **~ the way** aus dem Weg; **get ~ the way!** aus dem Weg!, mach Platz!; **be [a bit] ~ sb's way** ein [kleiner] Umweg für jdn sein; **go ~ one's way to mail the letters** einen Umweg machen, um die Briefe einzuwerfen; **she went ~ her way to get the work handed in on time** sie gab sich ganz besondere Mühe, um die Arbeit rechtzeitig abzugeben ⓫ (*sheltered from*) **he was so cold he had to come ~ the snow** ihm war so kalt, dass er dem Schnee entfliehen musste; **get ~ the rain/the summer heat** dem Regen/der sommerlichen Hitze entrinnen ⓬ *after vb* (*not current about*) aus +*dat;* **~ fashion** [*or* **style**] aus der Mode; **you're really ~ touch with the music scene** du hast keine Ahnung, was auf der Musikszene angesagt ist; **she's really ~ touch with reality** sie hat jeglichen Bezug zur Realität verloren ►PHRASES: **he's come ~ the closet and admitted that he's homosexual** er hat sich geoutet und zugegeben, dass er schwul ist; **to get ~ hand** außer Kontrolle geraten; **~ line** unangebracht; **he must be ~ his mind!** [*or* **head**] er muss den Verstand verloren haben!; **he was ~ his mind with jealousy** er war völlig verrückt [*o* drehte völlig durch] vor Eifersucht; **[jump] ~ the pan and into the fire** (*prov*) vom Regen in die Traufe [kommen]; **~ place** fehl am Platz; **~ sight** *dated* [*or* **this world**] ausgezeichnet, spitze *fam;* **~ it** (*fam: not included*) **I felt really ~ it** ich fühlte mich richtig ausgeschlossen; (*unaware*) **you can't be completely ~ it!** du musst doch irgendwas davon mitgekriegt haben!; AM (*drowsy*) **she felt sleepily, still ~ it** sie fühlte sich schläfrig, war noch nicht ganz da; (*drunk, drugged*) **after twenty vodkas he was completely ~ it** nach zwanzig Wodka war er total benebelt

out-of-body ex·'peri·ence *n* körperloser Schwebezustand; **he felt as if he was having an ~** er fühlte sich, als habe er seinen Körper verlassen **out-of-court 'set·tle·ment** *n* LAW außergerichtliche Einigung, außergerichtlicher Vergleich

out of 'date *adj pred,* **'out-of-date** *adj attr* veraltet, überholt; *clothing* altmodisch, unmodern; **~ furniture** antiquierte Möbel; **~ ideas** überholte [*o* veraltete] Vorstellungen; **~ style** altmodischer Stil **out-of-'pock·et** *adj* FIN **~ expenses** Spesen *pl* **out of the 'way** *adj pred,* **'out-of-the-way** *adj attr spot, place* abgelegen, entlegen **out-of-town·er** *n* Auswärtige(r) *f(m);* ■**to be an ~** nicht aus der Stadt sein **out-of-town 'shop·ping cen·tre** *n* außerhalb der Stadt gelegenes Einkaufszentrum

out·'pace [ˌaʊt'peɪs] *vt* ■**to ~ sb** (*in sports*) jdn hinter sich *dat* lassen, jdn abhängen *fam;* (*in business*) jdn ausstechen; **to ~ one's rivals/the competition** seine Rivalen/die Konkurrenz ausstechen

'out-pa·tient *n* ambulanter Patient/ambulante Patientin

out·per·'form [ˌaʊtpə'fɔːm, AM -pɚ'fɔːrm] *vt* ■**to ~ sb/sth** jdn/etw übertreffen, bessere Leistungen bringen als jd/etw

out·'play [ˌaʊt'pleɪ] *vt* ■**to ~ sb** jdm [spielerisch] überlegen sein, besser spielen als jd; **to be completely ~ed** regelrecht an die Wand gespielt werden

'out·post ['aʊtpəʊst, AM -poʊst] *n* ❶ MIL (*guards*) Außenposten *m,* Vorposten *m;* (*base*) Stützpunkt *m* ❷ (*remote branch*) Außenposten *m; of a company* Außenstelle *f,* [abgelegene] Zweigstelle; **the last ~ before the desert** die letzte Siedlung vor der Wüste; (*fig*) **free jazz has been described as the last ~ of modernism** Free Jazz gilt als das letzte Überbleibsel des Modernismus; (*fig*) **Berlin was a capitalist ~ in the middle of communist East Germany** Berlin war wie eine kapitalistische Festung inmitten der kommunistischen DDR

'out·pour·ing ['aʊt,pɔːrɪŋ] *n* ❶ (*of emotion*) Ausbruch *m* ❷ (*of products*) beachtlicher Ausstoß, Flut *f fig* ❸ (*of gasses*) Ausströmen *nt*

'out·put ['aʊtpʊt] **I.** *n no pl* ECON Ausstoß *m,* Produktion *f,* Output *m o nt;* COMPUT Ausgabe *f,* Output *m o nt;* ELEC Leistung *f;* MIN Förderleistung *f;* **~ of adrenalin** BIOL Adrenalinausstoß *m;* **agricultural ~** [Ernte]ertrag *m;* **industrial ~** Industrieausstoß *m,* industrielle Produktion[sleistung]; **manufacturing ~** Produktionsausstoß *m;* **total ~** Gesamtproduktion *f* **II.** *vt* ■**to ~ sth** *image, data* etw ausgeben

'out·put data *n + sing/pl vb* COMPUT Ausgabedaten *pl;* ECON Produktionszahlen *fpl*

'out·rage ['aʊtreɪdʒ] **I.** *n* ❶ *no pl* Empörung *f,* Entrüstung *f* (**at** über *+akk*); **to express ~** sich *akk* entsetzt [*o* empört] zeigen; **to provoke public ~** öffentliche Empörung auslösen ❷ (*deed*) Schandtat *f;* (*crime*) Verbrechen *nt;* (*disgrace*) Schande *f kein pl;* **anti-Semitic ~s** antisemitische Ausschreitungen; **terrorist ~** Terroranschlag *m* **II.** *vt* ❶ (*arouse indignation*) ■**to ~ sb** jdn erzürnen [*o* gegen sich *akk* aufbringen]; ■**[to be] ~d by** [*or* **at**] **sth** entrüstet [*o* schockiert] über etw *akk* [sein] ❷ (*violate*) ■**to ~ sth** etw gröblich verletzen [*o* mit Füßen treten]; **to ~ a law/principle** gegen ein Gesetz/Prinzip gröblich verstoßen

out·ra·geous [,aʊt'reɪdʒəs] *adj* ❶ (*terrible*) empörend; (*unacceptable*) unerhört, ungeheuerlich; (*shocking*) schockierend; ■**it is ~ that ...** es ist eine Schande, dass ... ❷ (*unusual and shocking*) außergewöhnlich; *outfit also* gewagt ❸ (*exaggerated*) ungeheuerlich, haarsträubend; *story, statement also* unwahrscheinlich, an den Haaren herbeigezogen; **to make an ~ claim** eine ungeheuerliche Behauptung aufstellen; **an ~ demand** eine völlig überzogene Forderung; **an ~ lie** eine freche [*o* schamlose] Lüge; **~ prices** horrende [*o* unverschämte] Preise ❹ (*approv sl: excellent*) super *fam*

out·ra·geous·ly [,aʊt'reɪdʒəsli] *adv* (*terribly*) fürchterlich, furchtbar; (*unacceptably*) unverschämt, maßlos, haarsträubend; (*strangely*) außergewöhnlich; **~ funny** haarsträubend komisch; **to be ~ dressed** ausgefallen [*o* gewagt] gekleidet sein; **to exaggerate ~** maßlos übertreiben; **to lie ~** frech [*o* schamlos] lügen

out·'range [,aʊt'reɪndʒ] *vt* ■**to ~ sth** etw [in der Reichweite [*o* Schussweite]] übertreffen

out·'rank [,aʊt'ræŋk] *vt* ■**to ~ sb** einen höheren Rang haben als jd; ■**to ~ sth** etw übertreffen

outré ['uːtreɪ, AM uː'treɪ] *adj* (*form*) ausgefallen; **an ~ hat** ein extravaganter Hut; **an ~ play** ein bizarres Stück

out·'reach I. *n* ['aʊtriːtʃ] *no pl* AM soziales Engagement; **community ~** Gemeindehilfe *f* **II.** *n* ['aʊtriːtʃ] *modifier* AM **~ work** soziales Engagement; **~ worker** ≈ Streetworker(in) *m(f);* **~ program** Programm *nt* zur sozialen Unterstützung **III.** *vt* [,aʊt'riːtʃ] ■**to ~ sb/sth** jdn/etw übertreffen

'out·rid·er ['aʊtraɪdəʳ, AM -dɚ] *n Mitglied in einer motorisierten (seltener berittenen) Eskorte*

'out·rig·ger ['aʊtrɪgəʳ, AM -ɚ] *n* NAUT Ausleger *m;* (*boat*) Auslegerboot *nt*

'out·right ['aʊtraɪt] **I.** *adj attr, inv* ❶ (*total*) total, absolut; **an ~ disaster** eine absolute Katastrophe; **~ inconsideration** völlige Rücksichtslosigkeit; **~ nonsense** kompletter Unsinn ❷ (*undisputed*) offensichtlich; **~ winner** eindeutiger Gewinner/eindeutige Gewinnerin; **~ victory** klarer [*o* eindeutiger] Sieg ❸ (*direct*) direkt, unumwunden; **~ hostility** offene Feindseligkeit; **an ~ lie/refusal** eine glatte Lüge/Weigerung **II.** *adv inv* ❶ (*totally*) total, komplett, gänzlich ❷ (*clearly*) eindeutig ❸ (*directly*) offen, direkt; **you have been ~ lying to me** AM du hast mich frech angelogen; **to reject/refuse sth ~** etw glattweg zurückweisen/ablehnen ❹ (*immediately*) sofort, gleich; **to be killed ~** auf der Stelle tot sein

out·ro ['aʊtrəʊ, AM -roʊ] *n* MUS Outro *nt geh,* Schlussstück *nt*

out·'run <-ran, -run, -nn-> [,aʊt'rʌn] *vt* ■**to ~ sb** schneller laufen als jd, jdm davonlaufen; ■**to ~ sth** über etw *akk* hinausgehen, etw übersteigen

outs [aʊts] *npl* AM ■**to be on the ~** [miteinander] Streit haben, sich *dat* in den Haaren liegen *fam*

out·'sell <-sold, -sold> [,aʊt'sel] *vt* ■**to ~ sth** sich *akk* besser verkaufen als etw; ■**to ~ sb: Smith is ~ing Jones in the movies** Smith zieht inzwischen mehr Leute in die Kinos als Jones

'out·set ['aʊtset] *n no pl* Anfang *m,* Beginn *m;* ■**at the ~** zu Beginn, am Anfang; ■**from the ~** von Anfang an

out·'shine <-shone *or* -shined, -shone *or* -shined> [,aʊt'ʃaɪn] *vt* ❶ (*shine more brightly*) ■**to ~ sth** heller sein als etw, etw überstrahlen ❷ (*be better*) ■**to ~ sb** jdn in den Schatten stellen [*o* ausstechen]; SPORTS über jdn triumphieren

out·'side [,aʊt'saɪd] **I.** *n* ❶ (*exterior*) Außenseite *f; of a fruit* Schale *f;* (*fig*) **she was on the ~ of the clique girls** in der Clique war sie eine Außenseiterin; ■**from the ~** von außen ❷ (*external appearance*) ■**on the ~** äußerlich, nach außen hin; ■**by the ~** vom Äußeren her; **you can never tell what he's thinking by the ~** man sieht ihm nie an, was er gerade denkt ❸ (*of pavement*) Straßenseite *f,* Seite *f* zur Straße hin ❹ (*not within boundary*) ■**on the ~** draußen; (*out of prison*) in Freiheit ▸ PHRASES: **at the ~** (*fig*) im äußersten Fall **II.** *adj attr, inv* ❶ (*outer*) *door, entrance* äußere(r, s); **~ seat** Sitz *m* am Gang; **~ wall** Außenmauer *f* ❷ (*external*) außenstehend, extern; **the world ~** [*or* **~ world**] die Welt draußen ❸ (*very slight*) *chance, possibility* [sehr] klein, minimal ❹ (*highest, largest*) höchste(r, s) *attr,* äußerste(r, s) *attr;* **~ price** Höchstpreis *m,* äußerster Preis **III.** *adv* ❶ (*not in building*) außen, außerhalb ❷ (*in open air*) im Freien, draußen ❸ (*sl: not imprisoned*) draußen **IV.** *prep* ❶ (*beyond*) außerhalb; **that would be ~ my job description** das fiele nicht in meine Zuständigkeit; **~ of London** außerhalb von London ❷ (*apart from*) ausgenommen; **~ of us three** außer uns dreien

out·side 'broad·cast *n* Außenübertragung *f* (*eines Radiosenders oder des Fernsehens*) **out·side 'in·flu·ences** *npl* äußere Einflüsse *mpl* **out·side 'lane** *n* ❶ BRIT (*far from edge*) innere Fahrbahn, Überholspur *f;* ■**in the ~** auf der Überholspur ❷ AM (*near edge*) äußere Fahrbahn [*o* Spur] ❸ SPORTS Außenbahn *f* **out·side 'left** *n* linke Außenseite **out·side 'line** *n* Telefonleitung *f* für externe Gespräche

out·sid·er [,aʊt'saɪdəʳ, AM aʊt'saɪdɚ] *n* ❶ (*not a member*) Außenstehende(r) *f(m)* ❷ (*outcast*) Außenseiter(in) *m(f),* Outsider *m* ❸ (*in sports*) Außenseiter(in) *m(f)*

out·side 'right *n* rechte Außenseite

'out·size ['aʊtsaɪz] *adj attr, inv* ❶ (*very large*) übergroß; **~ clothes** Kleidung *f* in Übergrößen ❷ (*fig*) überragend, herausragend

'out·sized ['aʊtsaɪzd] *adj attr, inv* übergroß; **~ clothes** Kleidung *f* in Übergrößen

out·skirts ['aʊtskɜːts, AM -skɜːrts] *npl* Stadtrand *m,* Randbezirke *mpl* [einer Stadt]

out·'smart [,aʊt'smɑːt, AM -'smɑːrt] *vt* (*fam*) ■**to ~ sb** jdn austricksen

'out·source [,aʊt'sɔːs, AM -'sɔːrs] *vt* ECON ❶ (*hire*) ■**to ~ sb/sth** jdn/etw anmieten ❷ (*contract out*) ■**to ~ sth** etw auslagern [*o fachspr* outsourcen]

'out·sourc·ing [,aʊt'sɔːsɪŋ, AM -'sɔːrs-] *n no pl* Outsourcing *nt fachspr; of staff* Beschäftigung *f* betriebsfremden [*o* externen]

O

Personals; *of services* Nutzung *f* externer Dienstleistungen; *of production* Produktionsauslagerung *f*

out·spo·ken [ˌaʊtˈspəʊkᵊn, AM -ˈspoʊ-] *adj* offen; *criticism* unverblümt, direkt; *opponent* entschieden

out·spo·ken·ness [aʊtˈspəʊkᵊnnəs, AM -spoʊ-] *n no pl* Unverblümtheit *f,* Direktheit *f*

out·ˈspread [ˌaʊtˈspred, AM aʊt-] *adj inv* ausgebreitet; **an ~ newspaper/map** eine aufgeschlagene Zeitung/Karte; **with ~ wings** mit [weit] ausgebreiteten Flügeln

out·ˈstand·ing [ˌaʊtˈstændɪŋ] *adj* ❶ (*excellent*) außergewöhnlich, unvergleichlich; *effort, contribution* bemerkenswert; *actor, student, performance* hervorragend, brilliant; **~ ability** außerordentliche Fähigkeit; **~ achievement** überragende Leistung; **~ intelligence** außergewöhnliche Intelligenz; **~ talent** außerordentliches Talent ❷ (*clearly noticeable*) auffallend, hervorstechend; **of ~ beauty** von auffallender Schönheit, unvergleichlich schön ❸ FIN (*unpaid*) ausstehend; **the ~ balance on your credit card is £453,25** Sie sind mit ihrer Kreditkarte mit £453.25 im Minus; **~ debt** ausstehende Schulden; **~ invoice** unbezahlte [*o* offene] Rechnung ❹ (*not solved*) unerledigt, offen; **~ problems** ungelöste [*o* ungeklärte] Probleme

out·stand·ing·ly [ˌaʊtˈstændɪŋli] *adv* außergewöhnlich, bemerkenswert; **~ successful** ausgesprochen [*o* extrem] erfolgreich

ˈout·sta·tion [ˈaʊtsteɪʃᵊn] *n esp* BRIT MIL Außenposten *m,* Vorposten *m*

out·ˈstay [ˌaʊtˈsteɪ] *vt* **to ~ one's break** seine Pause überziehen; **to ~ a competitor** länger durchhalten als der Gegner/die Gegnerin, einen Rivalen/eine Rivalin abhängen; **to ~ one's welcome** länger bleiben, als man erwünscht ist

out·ˈstretch [ˌaʊtˈstretʃ] *vt* ❶ (*reach out*) **to ~ one's arm/hand** seinen Arm/seine Hand ausstrecken ❷ (*exceed limit*) ■**to ~ sth** etw übersteigen; **to ~ sb's patience/hospitality** jds Geduld/Gastfreundschaft überstrapazieren

out·stretched **I.** *adj* [ˌaʊtˈstretʃt] *pred, inv* ausgestreckt; *arms also* ausgebreitet **II.** *adj* [ˈaʊtstretʃt] *attr, inv hands, legs* ausgestreckt

out·ˈstrip <-pp-> [ˌaʊtˈstrɪp] *vt* ❶ (*surpass*) ■**to ~ sb** (*be better*) jdn übertreffen [*o* schlagen]; (*go faster*) jdn überholen ❷ (*be greater*) ■**to ~ sth** etw übersteigen

out·ta [ˈaʊt̬ə] *prep esp* AM (*fam*) *see* **out of**

ˈout-take *n* herausgeschnittene Sequenz (*aus einem Programm, einer Sendung*) **ˈout-tray** *n* Ablage *f* für Ausgangspost

ˈout·turn [ˈaʊttɜːn, AM -tɜːrn] *n no pl* Produktion *f,* Ausstoß *m*

out·ˈvote [ˌaʊtˈvəʊt, AM -ˈvoʊt] *vt* ■**to ~ sb/sth** jdn/etw überstimmen; ■**to be ~d** überstimmt werden; POL eine Abstimmung verlieren

out·ward [ˈaʊtwəd, AM -wɚd] **I.** *adj attr* ❶ (*exterior*) äußere(r, s), Außen-; (*superficial*) äußerlich, vordergründig; **~ signs** äußerliche Anzeichen; **to all ~ appearances** allem Anschein nach; **an ~ show of confidence/toughness** ein demonstratives Zurschaustellen von Zuversicht/Stärke ❷ (*going out*) ausgehend; **~ flight** Hinflug *m;* **~ voyage** Hinreise *f* **II.** *adv* nach außen; **the door opens ~** die Tür geht nach außen auf

out·ward-ˈbound *adj* ■**to be ~** wegfahren; (*from a country*) ausreisen; **the ~ train for Detroit is now departing** der Zug nach Detroit fährt jetzt ab; **an ~ ship** ein auslaufendes Schiff; **~ traffic** *Verkehr, der aus der Stadt/dem Land hinausgeht* **ˈout·ward-look·ing** *adj* nach außen orientiert; ■**to be ~** über den Tellerrand schauen *fig;* **an ~ Europe** ein international orientiertes Europa

out·ward·ly [ˈaʊtwədli, AM -wɚd-] *adv inv* äußerlich, nach außen hin

out·wards [ˈaʊtwədz, AM -wɚdz] *adv inv* nach außen

ˈout·wash [ˈaʊtwɒʃ, AM -wɑːʃ] *n* GEOL Sander *m fachspr*

out·ˈweigh [ˌaʊtˈweɪ] *vt* ❶ (*in weight*) ■**to ~ sb** schwerer sein als jd ❷ (*in importance*) ■**to ~ sth** gegenüber etw *dat* überwiegen, etw wettmachen

out·ˈwit <-tt-> [ˌaʊtˈwɪt] *vt* ■**to ~ sb** jdn austricksen

ˈout·work [ˈaʊtwɜːk, AM -wɜːrk] *n* ❶ MIL Vorwerk *nt,* Außenbefestigung *f* ❷ *no pl* (*work*) Arbeit *f* außerhalb der Firmengebäude; (*at home*) Heimarbeit *f,* Bildschirmarbeit *f;* **to do ~ for a company** außerhalb der Firma arbeiten; (*at home*) zu Hause arbeiten

ˈout·work·er [ˈaʊtwɜːkəʳ, AM -wɜːrkɚ] *n* ■**to be an ~** außerhalb der Firma arbeiten; (*at home*) Bildschirmarbeiter/Bildschirmarbeiterin sein

out·ˈworn [ˌaʊtˈwɔːn, AM -ˈwɔːrn] *adj inv* abgenutzt; **~ ideas** überholte Ideen

ouzo [ˈuːzəʊ, AM -zoʊ] *n* Ouzo *m*

ova [ˈəʊvə, AM ˈoʊ-] *n pl of* **ovum**

oval [ˈəʊvᵊl, AM ˈoʊ-] **I.** *n* Oval *nt;* **her eyes were large ~s** sie hatte große Mandelaugen **II.** *adj* oval, eiförmig

Oval ˈOf·fice *n* AM POL ■**the ~** das Oval Office (*Büro des US-Präsidenten*)

ovar·ian [əʊˈveəriən, AM oʊˈveri] *adj inv* Eierstock-, ovarial *fachspr;* **~ cancer** Eierstockkrebs *m,* Ovarialkarzinom *nt fachspr;* **~ cyst** Zyste *f* am Eierstock

ova·ry [ˈəʊvᵊri, AM ˈoʊ-] *n* Eierstock *m,* Ovarium *nt fachspr*

ova·tion [ˌə(ʊ)ˈveɪʃᵊn, AM ˌoʊˈ-] *n* Applaus *m,* [begeisterter] Beifall; **standing ~** Standing ovations *pl,* stehende Ovationen *pl;* **to get** [*or* **receive**] **an ~** viel Applaus bekommen, [stürmischen] Beifall erhalten; **to give sb an ~** jdm applaudieren

oven [ˈʌvᵊn] **I.** *n* [Back]ofen *m,* Backrohr *nt* ÖSTERR; **microwave ~** Mikrowellenherd *m,* Mikrowelle *f;* **built-in ~** Einbauherd *m;* **fan-assisted** [*or* **convection**] **~** Umluftherd *m,* Heißluftherd *m;* **Calcutta in summer is like an ~** Kalkutta ist im Sommer der reinste Backofen; **to cook sth in a slow/moderate/hot ~** etw bei schwacher/mittlerer/starker Hitze backen **II.** *n modifier* Backofen-; **~ temperature** Backofenhitze *f,* [Back]ofentemperatur *f*

oven·able [ˈʌvᵊnəbl̩] *adj inv* BRIT ❶ (*oven-cookable*) ■**to be ~** im Backofen zubereitbar; **~ meal** bratfertiges Gericht ❷ (*ovenproof*) feuerfest, hitzebeständig

ˈoven chips *npl* BRIT, AUS Backofen-Pommes frites *pl* **ˈoven clean·er** *n* Backofenreiniger *m* **ˈoven·cloth** *n* Topflappen *m* **ˈoven glove** *n* BRIT, **ˈoven mitt** *n* AM, AUS Topfhandschuh *m* **ˈoven·proof** *adj inv* feuerfest, hitzebeständig **ˈoven-ready** *adj inv* bratfertig, backfertig **ˈoven·ware** *n no pl* (*pots and pans*) feuerfestes Geschirr; (*baking tin, cake tin*) feuerfeste [Back]formen; **~ set** feuerfestes Geschirr

over [ˈəʊvəʳ, AM ˈoʊvɚ] **I.** *adv inv, pred* ❶ (*across*) hinüber; **come ~ here** komm hierher; **let's go ~ there where the children are** komm, gehen hinüber zu den Kindern; **she brought some flowers ~ to her neighbour** sie brachte ein paar Blumen hinüber zu ihrer Nachbarin/ihrem Nachbarn; **why don't you come ~ for dinner on Thursday?** kommt doch am Donnerstag zum Abendessen zu uns; **to go ~ to the enemy** zum Feind überlaufen; (*towards speaker*) herüber; **~ here** hier herüber; **they walked ~ to us** sie liefen zu uns herüber; **he is flying ~ from the States tomorrow** er kommt morgen aus den Staaten 'rüber *fam;* **she is coming ~ from England for the wedding** sie kommt aus England herüber für die Hochzeit; (*on the other side*) drüben; **I've got a friend ~ in Munich** ein Freund von mir lebt in München; **~ there** dort drüben; **to move** [**sth**] **~** [etw] [beiseite] rücken ❷ (*another way up*) **the dog rolled ~ onto its back** der Hund rollte sich auf den Rücken; **to turn ~** umdrehen; **to turn a page ~** [eine Seite] umblättern; **~ and ~** [immer wieder] um sich *akk* selbst; **the children rolled ~ and ~ down the gentle slope** die Kinder kugelten den leichten Abhang hinunter ❸ (*downwards*) **to fall ~** hinfallen; **to knock sth ~** etw umstoßen ❹ (*changing hands*) **could you two change ~, please** würdet ihr beiden bitte die Plätze tauschen; **to change ~ to sth** auf etw *akk* umsteigen *fam;* **to hand** [*or* **pass**] **sth ~**

etw übergeben [*o* überreichen]; **pass it ~ here when you've finished** reiche es [mir] herüber, wenn du fertig bist; **to hand ~ prisoners of war** Kriegsgefangene übergeben; **to swap sth ~** BRIT etw umtauschen ❺ (*finished*) ■ **to be ~** vorbei [*o* aus] sein; **the game was ~ by 5 o'clock** das Spiel war um 5 Uhr zu Ende; **it's all ~ between us** zwischen uns ist es aus; **that's all ~ now** das ist jetzt vorbei, damit ist es jetzt aus; **to be all ~ bar the shouting** so gut wie gelaufen sein *fam;* **to get sth ~ with** etw abschließen; **to get sth ~ and done with** etw hinter sich *akk* bringen ❻ (*remaining*) übrig; **left ~** übrig gelassen; **there were a few sandwiches left ~** ein paar Sandwiches waren noch übrig ❼ (*thoroughly, in detail*) **to talk sth ~** etw durchsprechen; **to think sth ~** etw überdenken ❽ AM (*again*) noch einmal; **all ~** alles noch einmal; **I'll make you write it all ~** ich lasse dich alles noch einmal schreiben; **~ and ~** immer [*o* wieder und] wieder ❾ (*to another speaker*) **and now it's ~ to John Regis for his report** wir geben jetzt weiter an John Regis und seinen Bericht; **now we're going ~ to Wembley for commentary** zum Kommentar schalten wir jetzt hinüber nach Wembley ❿ AVIAT, TELEC (*signalling end of speech*) over, Ende; **~ and out** Ende [der Durchsage] *fam* ⓫ (*more*) mehr; **this shirt cost me ~ £50!** dieses Hemd hat mich über £50 gekostet!; **don't fill the water ~ the line** das Wasser nicht über die Linie auffüllen; **people who are 65 and ~** Menschen, die 65 Jahre oder älter sind ▶ PHRASES: **to have one ~ the <u>eight</u>** BRIT einen sitzen haben *fam;* **to <u>give</u> ~** die Klappe halten *sl;* **to <u>hold</u> sth ~** etw verschieben **II.** *prep* ❶ (*across*) über +*akk;* **the bridge ~ the motorway** die Brücke über der Autobahn; **she put a new tablecloth ~ the table** sie breitete eine neue Tischdecke über den Tisch; **he spilled wine ~ his shirt** er goss sich Wein über sein Hemd; **she leaned ~ the table to get the bottle** sie lehnte über den Tisch um die Flasche zu greifen; **drive ~ the bridge and then turn left** fahren sie über die Brücke und dann links abbiegen; **from the top of the tower you could see for miles ~ the city** von dem Aussichtsturm konnte man über Meilen über die Stadt sehen; **I looked ~ my shoulder** ich schaute über meine Schulter; **he looked ~ his newspaper** er guckte über die Zeitung ❷ (*on the other side of*) über +*dat;* **once we were ~ the bridge** als wir über die Brücke hinüber waren; **the village is just ~ the next hill** das Dorf liegt hinter dem nächsten Hügel; **the diagram is ~ the page** das Diagramm ist auf der nächsten Seite; **~ the way** [*or* **road**] BRIT auf der anderen Straßenseite, gegenüber; **they live just ~ the road from us** sie wohnen auf der anderen Straßenseite von uns ❸ (*above*) über +*dat;* **he sat there, bent ~ his books** er saß da, über seine Bücher gebeugt; **we're lucky to have a roof ~ our heads** wir haben Glück, dass wir ein Dach überm Kopf haben; **his jacket was hanging ~ the back of his chair** seine Jacke hing über seine Rückenlehne; (*moving above*) über +*akk;* **a flock of geese passed ~** eine Schar von Gänsen flog über uns hinweg; **to jump ~ sth** über etw *akk* springen ❹ (*everywhere*) [überall] in +*dat;* (*moving everywhere*) durch +*akk;* **all ~** überall in +*dat;* **all ~ Britain** überall in Großbritannien; **all ~ the world** in der ganzen Welt; **we travelled all ~ the country** wir sind durch das ganze Land gereist; **she had blood all ~ her hands** sie hatte die Hände voller Blut; **you've got mustard all ~ your face** du hast Senf überall im Gesicht, du hast das ganze Gesicht voller Senf; **to be all ~ sb** (*overly attentive towards*) sich an jdm ranschmeißen *fam;* **to show sb ~ the house** jdm das Haus zeigen ❺ (*during*) in +*dat,* während +*gen;* **much has happened ~ the last six months** vieles ist passiert in den letzten sechs Monaten; **~ the years he became more and more depressed** mit den Jahren wurde er immer deprimierter; **shall we talk about it ~ a cup of coffee?** sollen wir das bei einer Tasse Kaffee besprechen?; **gentlemen are asked not to smoke ~ dinner** die Herren werden gebeten, während des Essens nicht zu rauchen; **I was in Seattle ~ the summer** ich war im Sommer in Seattle; **he was stuck ~ a difficult question** er war bei einer schweren Frage stecken geblieben; **she fell asleep ~ her homework** sie nickte bei ihren Hausaufgaben ein ❻ (*more than, longer than*) über +*dat;* **he values money ~ anything else** für ihn geht Geld über alles andere; **they are already 25 million dollars ~ budget** sie haben das Budget bereits um 25 Millionen Dollar; **he will not survive ~ the winter** er wird den Winter nicht überstehen; **~ and above** über +*dat* ... hinaus; **she receives an extra allowance ~ and above the usual welfare payments** sie bekommt über den üblichen Sozialhilfeleistungen hinaus eine zusätzliche Beihilfe; **~ and above that** darüber hinaus ❼ (*through*) **he told me ~ the phone** er sagte es mir am Telefon; **we heard the news ~ the radio** wir hörten die Nachricht im Radio ❽ (*in superiority to*) über +*dat;* **he has authority ~ thirty employees** er hat Autorität über dreißig Mitarbeiter; **her husband always did have a lot of influence ~ her** ihr Mann hat schon immer einen großen Einfluss auf sie gehabt; **the victory ~ the French at Waterloo** der Sieg über die Franzosen bei Waterloo; **she has a regional sales director ~ her** sie hat einen regionalen Verkaufsdirektor über ihr; **a colonel is ~ a sergeant in the army** in der Armee steht ein Oberst über einem Sergeant ❾ (*about*) über +*akk;* **there's no point in arguing ~ it** es hat keinen Sinn, darüber zu streiten; **she was puzzling ~ the political cartoon** sie rätselte über die Karikatur; **don't fret ~ him – he'll be alright** mach dir keine Sorgen um ihn – es wird ihm schon gut gehen; **there was public outcry ~ the death of a young teenager** es herrschte öffentliche Empörung über den Tod eines Teenagers ❿ *after vb* (*to check*) durch +*akk;* **could you go ~ my essay again?** kannst du nochmal meinen Aufsatz durchschauen; **she checked ~ the list once more** sie sah sich noch einmal die Liste durch; **he always had to watch ~ his younger brother** er musste öfters auf seinen jüngeren Bruder aufpassen ⓫ (*already discussed*) **let's go ~ this one more time** lass es uns noch einmal durchsprechen; **we've been ~ this before – no TV until you've done your homework** das hatten wir doch alles schon – kein Fernsehen bis du deine Hausaufgaben gemacht hast ⓬ (*past*) über +*dat* ... hinweg; **is he ~ the flu yet?** hat er seine Erkältung auskuriert?; **he's not fully recovered but he's certainly ~ the worst** er hat sich zwar noch nicht gänzlich erholt, aber er hat das Schlimmste überstanden; **to be/get ~ sb** über jdm hinweg sein/kommen ⓭ MATH (*in fraction*) durch +*dat;* **48 ~ 7 is roughly 7** 48 durch 7 ist ungefähr 7; **2 ~ 5 is the same as 40%** zweifünftel entsprechen 40%

over- [əʊvəʳ, AM oʊvɚ] *in compounds* über-, zu [sehr]; **the children got rather ~-excited** die Kinder drehten ziemlich auf; **I'm not ~-keen on flying** ich fliege nicht sehr gerne; **~-optimistic** zu optimistisch; **~-polite** übertrieben höflich

over·a'bun·dance *n no pl* Überfluss *m,* Überangebot *nt* (**of** an +*dat*) **over·a'bun·dant** *adj inv* übermäßig, überreichlich **over·a'chieve** *vi* zu viel arbeiten, sich *akk* übernehmen; (*in school*) immer der/die Beste sein **over·'act I.** *vi* THEAT übertreiben **II.** *vt* ■ **to ~ sth** etw überziehen; **to ~ a role** eine Rolle übertrieben spielen **over·'ac·tive** *adj* überaktiv; **to have an ~ imagination** zu viel Fantasie haben; **~ thyroid** Schilddrüsenüberfunktion *f*

over·age ['əʊvərɪdʒ, AM 'oʊ-] *n* ECON Überschuss *m*

over 'age *adj* **this is an ~ applicant** dieser Bewerber ist zu alt; ■ **to be ~** zu alt [*o* überaltert] sein

over·all I. *n* ['əʊvərɔːl, AM 'oʊvɚ-] ❶ BRIT (*smock*) [Arbeits]kittel *m* ❷ BRIT (*protective suit*) ■ **~s** *pl* Overall *m,* Arbeitsanzug *m* ❸ AM (*dungarees*) ■ **~s** *pl* Latzhose *f* **II.** *adj* [ˌəʊvərˈɔːl, AM ˌoʊvɚˈɑːl] *attr* ❶ (*general*) Gesamt-, allgemein; **~ pattern** Gesamtbild *nt;* **~ results** Gesamtergebnisse *ntpl* ❷ (*over all others*) Gesamt-; **~ commander** Oberkommandierende(r) *f(m);* **~ majority** absolute Mehrheit; **~ winner** Gesamtsie-

ger(in) *m(f)* **III.** *adv* [ˌəʊvəʳ'ɔːl, AM ˌoʊvəʳ'ɑːl] *inv* insgesamt, im Großen und Ganzen
over·'anx·ious *adj* ❶ (*too fearful*) überängstlich, übertrieben besorgt (**about** über +*akk*) ❷ (*very eager*) begierig; ■**to be ~ to do sth** etw unbedingt tun wollen; ■**to not be ~ to do sth** nicht scharf darauf sein, etw zu tun **over·'arch** *vt* ■**to ~ sth** etw überspannen [*o* überwölben] **'over·arm** *esp* BRIT **I.** *adj attr* mit gestrecktem Arm *nach n;* **~ serve** Aufschlag *m* von oben; **~ throw** Wurf *m* mit gestrecktem Arm **II.** *adv inv* mit gestrecktem Arm [über die Schulter]; **to throw sth ~** etw von oben werfen **over·'awe** *vt usu passive* ■**to be ~d by sb/sth** (*be impressed*) von jdm/etw überwältigt [*o* tief beeindruckt] sein; (*be intimidated*) von jdm/etw eingeschüchtert sein; ■**to ~ sb** jdm Ehrfurcht einflößen **over·'bal·ance** **I.** *vi person* das Gleichgewicht verlieren; *object* umkippen; *boat* kentern **II.** *vt* ■**to ~ sb** jdn aus dem Gleichgewicht bringen; ■**to ~ sth** etw umkippen [*o* umwerfen]; **to ~ a boat** ein Boot zum Kentern bringen **over·'bear·ing** *adj* (*pej: arrogant*) anmaßend, arrogant; (*authoritative*) herrisch **over·'bid** <-bid, -bid *or* -bidden> **I.** *vt* ■**to ~ sb** jdn überbieten **II.** *vi* mehr bieten **over·'blown** *adj* ❶ (*overdone*) geschraubt, schwülstig, geschwollen ❷ *flower* verblühend; ■**to be ~** fast verblüht sein **'over·board** *adv inv* über Bord; **man ~!** Mann über Bord!; **to fall ~** über Bord gehen; **to throw** [*or* **chuck**] [*or* **toss**] **sb/sth ~** jdn/etw über Bord werfen; (*fig*) jdn/etw hinauswerfen; **to throw one's principles ~** seine Grundsätze über Bord werfen ▸PHRASES: **to go ~** (*pej fam*) zu weit gehen, es übertreiben; **to go ~ for sb/sth** nach jdm/etw verrückt sein *fam* **over·'bold** *adj* [sehr] dreist **over·'book** **I.** *vt usu passive* TOURIST ■**to be ~ed** überbucht sein **II.** *vi* zu viele Buchungen vornehmen **over·'book·ing** *n no pl* Überbuchen *nt* **over·'bor·row** *vi* sich *akk* überschulden **over·'bur·den** *vt* ■**to ~ sb/sth** jdn/etw überlasten; **to be ~ed with debts** zu viele Schulden haben **over·ca·'pac·ity** *n* Überkapazität *f* **over·'cast** *adj sky* bedeckt, bewölkt, trüb; *weather* regnerisch, trüb **over·'cau·tious** *adj* übervorsichtig, übertrieben vorsichtig **over·'charge** **I.** *vt* ❶ (*charge too much*) ■**to ~ sb** [**for sth**] jdm [für etw *akk*] zu viel berechnen ❷ ELEC ■**to ~ sth** *electrical device* etw überlasten; **to ~ a battery** eine Batterie überladen **II.** *vi* zu viel berechnen; ■**to ~ for** [*or* **on**] **sth** für etw *akk* zu viel verlangen
'over·coat ['əʊvəkəʊt, AM 'oʊvəʳkoʊt] *n* Mantel *m*
over·'come <-came, -come> [ˌəʊvə'kʌm, AM ˌoʊvəʳ'-] **I.** *vt* ❶ (*cope with*) ■**to ~ sth** etw bewältigen; **to ~ a crisis** eine Krise überwinden; **to ~ difficulties/problems** Schwierigkeiten/Probleme meistern; **to ~ one's fear/shyness** seine Angst/Schüchternheit überwinden; **to ~ an illness** eine Krankheit besiegen; **to ~ opposition/resistance** [einen] Widerstand überwinden; **to ~ temptation** der Versuchung widerstehen ❷ *usu passive* (*render powerless*) ■**to be ~ by** [*or* **with**] **sth** *sleep, emotion, grief* von etw *dat* überwältigt werden; *fumes, exhausts* von etw *dat* ohnmächtig werden ❸ (*defeat*) ■**to ~ sb/sth** jdn/etw besiegen [*o* bezwingen] **II.** *vi* siegen
over·'com·pen·sate *vi* in übersteigertem Maß ausgleichen; ■**to ~ for sth** [**with sth**] etw [durch etw *akk*] überkompensieren **over·'con·fi·dence** *n no pl* übersteigertes Selbstvertrauen; (*self-assurance*) übersteigertes Selbstbewusstsein **over·'con·fi·dent** *adj* (*extremely self-assured*) übertrieben selbstbewusst [*o* selbstsicher]; (*too optimistic*) übertrieben zuversichtlich, zu optimistisch; **to be ~ of victory** zu siegessicher sein **over·'cook** *vt* ■**to ~ sth** (*in water*) etw verkochen; (*in oven*) etw verbraten **over·'crowd·ed** *adj* überfüllt; **~ profession** überlaufener Beruf; **~ region** Ballungsgebiet *nt;* **~ town** übervölkerte Stadt **over·'crowd·ing** *n no pl of room, train* Überfüllung *f; of town, city* Überbevölkerung *f* **over·de·'vel·oped** *adj* ❶ (*physically, mentally*) überentwickelt ❷ PHOT überentwickelt
over·'do <-did, -done> [ˌəʊvə'duː, AM ˌoʊvəʳ'-] *vt* ❶ (*overexert oneself*) **to ~ it** [*or* **things**] sich *akk* überanstrengen [*o* übernehmen]; (*overindulge*) es übertreiben; (*go too far*) zu weit gehen; **by all means try and make a good impression, but don't ~ it!** versuche auf jeden Fall, einen guten Eindruck zu machen, aber trage nicht zu dick auf! ❷ (*use too much*) ■**to ~ sth** von etw *dat* zu viel verwenden; **to ~** [**it with**] **the garlic/sugar** zu viel Knoblauch/Zucker verwenden; **to ~ the drink** zu viel trinken ❸ (*exaggerate*) ■**to ~ sth** etw übertreiben; **it's ~ing it a bit to call it a catastrophe** ich finde es überzogen, von einer Katastrophe zu reden; **rumours have been ~ne** die Gerüchte wurden aufgebauscht; **to ~ a role** eine Rolle übertrieben spielen ❹ (*overcook*) ■**to ~ sth** *in water* etw verkochen; *in oven* etw verbraten
over·'done [ˌəʊvə'dʌn, AM ˌoʊvəʳ'-] *adj* ❶ (*exaggerated*) übertrieben; **~ make-up** zu starkes Make-up ❷ (*overcooked*) *in water* verkocht; *in oven* verbraten
'over·dose **I.** *n* ['əʊvədəʊs, AM 'oʊvəʳdoʊs] Überdosis *f;* **drugs ~** Überdosis *f* Drogen; **massive ~** hohe Überdosis **II.** *vi* [ˌəʊvə'dəʊs, AM ˌoʊvəʳ'doʊs] eine Überdosis nehmen; **to ~ on sleeping pills** eine Überdosis Schlaftabletten nehmen
'over·draft *n* Kontoüberziehung *f;* **to have an ~** sein Konto überzogen haben; **to pay off an ~** einen Überziehungskredit abbezahlen [*o* zurückzahlen] **over·draft fa·'cil·ity** *n* BRIT Dispositionskredit *nt;* (*exceeding fixed limit*) Überziehungskredit *m* **'over·draft limit** *n* Dispolimit *nt* **over·'draw** <-drew, -drawn> **I.** *vi* [sein Konto] überziehen **II.** *vt* **to ~ one's account** sein Konto überziehen **over·'drawn** *adj account* überzogen; **I am** [**£ 300**] **~** ich habe mein Konto [um 300 Pfund] überzogen **over·'dress** *vi* sich *akk* zu fein anziehen **over·'dressed** *adj* (*too formally*) overdressed, zu fein angezogen; (*wearing too many clothes*) zu dick angezogen **'over·drive** *n no pl* ❶ AUTO, TECH Overdrive *m fachspr,* Schongang *m* ❷ (*fig: effort*) ■**to be in ~** auf Hochtouren laufen; **to go into ~** sich *akk* ins Zeug legen *fam* **over·'due** *adj usu pred* ❶ (*late*) überfällig; ■**to be ~** Verspätung haben; **she is ~** sie müsste längst da sein ❷ (*not yet happened*) überfällig; **to be** [**long**] **~** [seit langem] überfällig sein; **she feels she's ~ for promotion** ihrer Meinung nach hätte sie schon längst befördert werden müssen **over·'eag·er** *adj* übereifrig; **they were not ~ to see him** sie waren nicht wild darauf, ihn zu sehen **over 'easy** *adj inv* AM **~ egg** *auf beiden Seiten gebratenes Spiegelei* **over·'eat** <-ate, -eaten> *vi* zu viel essen; ■**to ~ on sth** sich *akk* an etw *dat* überessen **over·'eat·ing** *n no pl* übermäßiges Essen **over·'egg** *vt* BRIT ▸PHRASES: **to ~ the pudding** es übertreiben; **this would be ~ing the pudding** das wäre des Guten zu viel **over·'em·pha·size** *vt* ■**to ~ sth** etw überbetonen; **I cannot ~ the importance of this mission** ich kann gar nicht oft genug betonen, wie wichtig diese Mission ist
over·es·ti·mate **I.** *n* [ˌəʊvəʳ'estɪmət, AM ˌoʊvəʳ'estɪmɪt] Überbewertung *f;* **to be an ~** eine zu hohe Schätzung sein **II.** *vt* [ˌəʊvəʳ'estɪmeɪt, AM ˌoʊvəʳ'estɪ-] ❶ (*value too highly*) ■**to ~ sth** etw überbewerten; **to ~ the demand** die Nachfrage zu hoch einschätzen ❷ (*estimate too much*) ■**to ~ sb/sth** jdn/etw überschätzen
over·ex·'cite *vt* ■**to ~ sb** jdn zu sehr aufregen **over·ex·'cit·ed** *adj usu pred* ■**to be/become ~** ganz aufgeregt sein/werden, [vor Freude] außer sich *dat* sein/geraten; **the children are ~** die Kinder sind total aufgedreht **over·ex·'cite·ment** *n no pl* zu starke Aufregung; *of adults* Überreiztheit *f; of children* Aufgedrehtheit *f* **over·ex·'ert** *vt* ■**to ~ oneself** sich *akk* überanstrengen **over·ex·'er·tion** *n no pl* Überanstrengung *f* **over·ex·'pose** *vt* ■**to be ~d** ❶ PHOT überbelichtet sein ❷ *usu passive* (*overpublicize*) *person* zu sehr im Rampenlicht der Öffentlichkeit stehen; *subject* zu sehr in den Medien breitgetreten werden; **to be ~d to risks** zu starken Risiken ausgesetzt sein **over·ex·'po·sure** *n no pl* ❶ PHOT Überbelichtung *f* ❷ (*in the media*) *of person* zu große Präsenz; *of subject* zu häufige Diskussion **over·ex·'tend** *vt* ■**to ~ oneself** [**on sth**]

sich *akk* [bei etw *dat*] [finanziell] übernehmen **over·fa·'mil·iar** *adj* ❶ (*too friendly*) aufdringlich; ■**to be ~ with sb** jdm zu nahe treten ❷ *usu with neg* (*very familiar*) sehr vertraut; ■**to be not ~ with sth** sich *akk* mit etw *dat* kaum auskennen
over·'feed <-fed, -fed> **I.** *vt* **to ~ an animal** ein Tier überfüttern **II.** *vi* sich *akk* überfressen **over·'feed·ing** *n no pl of child, animal* Überfütterung *f; of adult* Überernährung *f*
'over·flight *n* Überflug *m*
over·flow I. *n* ['əʊvəfləʊ, AM 'oʊvɚfloʊ] ❶ *no pl* (*act of spilling*) Überlaufen *nt* ❷ (*overflowing liquid*) überlaufende Flüssigkeit ❸ (*outlet*) Überlauf *m* ❹ (*surplus*) Überschuss *m* (**of** an +*dat*); **population ~** Bevölkerungsüberschuss *m* **II.** *vi* [ˌəʊvə'fləʊ, AM ˌoʊvɚ'floʊ] *river, tank* überlaufen; **his room is ~ing with books** sein Zimmer quillt vor Büchern über; **the pub was so full that people were ~ing into the street** die Kneipe war so voll, dass die Leute bis auf die Straße standen; **to be ~ing with emotion** sehr gerührt sein; **to be ~ing with ideas** vor Ideen sprühen; **to be full to ~ing** *container* bis zum Überlaufen voll sein; *building, room* überfüllt sein **III.** *vt* [ˌəʊvə'fləʊ, AM ˌoʊvɚ'floʊ] ■**to ~ sth** *container, tank* etw zum Überlaufen bringen; (*fig*) *area* etw überschwemmen [*o* überfluten] *fig;* **the river has ~ed its banks** der Fluss ist über seine Ufer getreten
'over·flow pipe *n* Überlauf *m,* Überlaufrohr *nt*
over·'fly <-flew, -flown> *vt* AVIAT ■**to ~ sth** (*fly over*) etw überfliegen; (*fly beyond*) über etw *akk* hinausfliegen **over·'fond** *adj pred* ■**to be ~ of sth/doing sth** etw nur zu gern haben/tun; **I'm not ~ of lemon cake** ich bin kein großer Freund von Zitronenkuchen **over·'grown** *adj* ❶ (*with plants*) überwachsen, überwuchert; ■**to be ~ with sth** von etw *dat* überwuchert sein ❷ (*usu pej: childish*) **he is just an ~ schoolboy** er ist wie ein großer Schuljunge
'over·hand AM **I.** *adj attr, inv* SPORTS mit gestrecktem Arm; **~ serve** Aufschlag *m* von oben; **~ throw** Wurf *m* mit gestrecktem Arm **II.** *adv inv* mit gestrecktem Arm [über die Schulter]; **to throw sth ~** etw von oben werfen
over·hang I. *n* ['əʊvəhæŋ, AM 'oʊvɚ-] Überhang *m;* TECH vorspringender Teil **II.** *vt* <-hung, -hung> [ˌəʊvə'hæŋ, AM ˌoʊvɚ'-] ❶ (*project over*) ■**to ~ sth** über etw *akk* hinausragen; ARCHIT über etw *akk* hervorstehen [*o* hervorragen]; **a part of the patio is overhung with washing** über einem Teil des Hofes hängt frisch gewaschene Wäsche; **to be overhung with plants** mit Pflanzen überwachsen sein ❷ (*fig: loom over*) ■**to ~ sth** etw überschatten
'over·hang·ing *adj inv branch* überhängend; *rock* hervorstehend
over·haul I. *n* ['əʊvəhɔːl, AM 'oʊvɚhɑːl] [General]überholung *f;* (*revision*) Revision *f,* Überarbeitung *f* **II.** *vt* [ˌəʊvə'hɔːl, AM ˌoʊvɚ'hɑːl] ❶ (*repair*) ■**to ~ sth** etw überholen ❷ (*improve*) ■**to ~ sth** etw überprüfen; (*reform*) etw überarbeiten ❸ BRIT (*overtake*) ■**to ~ sb/sth** jdn/etw überholen; (*catch up with*) jdn/etw einholen
over·head I. *n* ['əʊvəhed, AM 'oʊvɚ-] ❶ (*running costs of business*) ■**~s** *pl* BRIT, AUS, ■**~** AM laufende Geschäftskosten, allgemeine Unkosten; (*not chargeable to a particular product*) indirekte Kosten ❷ (*fam: projector*) Overheadprojektor *m;* (*transparency*) Folie *f* **II.** *adj* ['əʊvəhed, AM 'oʊvɚ-] *attr, inv* ❶ (*above head level*) Hoch-; **~ tank** Hochbehälter *m;* ELEC oberirdisch; **~ cable** Freileitung *f,* Luftkabel *nt;* (*between towns*) Überlandleitung *f;* (*with high voltage*) Hochspannungsleitung *f* ❷ (*of running costs of business*) laufend; **~ costs** [*or* **expenses**] laufende Geschäftskosten, allgemeine Unkosten; (*not chargeable to a particular product*) indirekte Kosten ❸ (*taken from above*) von oben *nach n;* **~ shot** Aufnahme *f* von oben ❹ SPORTS Überkopf- **III.** *adv* [ˌəʊvə'hed, AM ˌoʊvɚ'-] in der Luft; **a plane circled ~** ein Flugzeug kreiste über uns
over·head 'cam·shaft *n* TECH obenliegende Nockenwelle **over·head 'light·ing** *n no pl* Deckenbeleuchtung *f* **over·head pro·'jec·tor** *n* Overheadprojektor *m* **over·head 'rail·way** *n* BRIT Hochbahn *f* **over·head 'vol·ley** *n* TENNIS Schmetterball *m*
over·'hear <-heard, -heard> **I.** *vt* ■**to ~ sth** etw zufällig mithören; ■**to ~ sb** jdn unabsichtlich belauschen; **I ~d him telling her that ...** ich habe mitbekommen [*o* aufgeschnappt], wie er sagte, dass ... **II.** *vi* unabsichtlich mithören; **I'm sorry – I couldn't help ~ing** tut mir leid – ich wollte euch nicht belauschen **over·'heat I.** *vt* ■**to ~ sth** etw überhitzen; **to get ~ed** (*fig*) sich *akk* erhitzen; **things got a bit ~ed at the meeting** bei der Versammlung ging es ziemlich heiß her **II.** *vi* sich *akk* überhitzen *a. fig; motor also* heiß laufen **over·in·'dulge I.** *vt* ■**to ~ sb** jdm zu viel durchgehen lassen, gegenüber [*o* mit] jdm zu nachsichtig sein; ■**to ~ oneself** sich *akk* zu sehr gehen lassen **II.** *vi* (*overdo*) es übertreiben, des Guten zu viel tun; (*eat too much*) sich *dat* den Bauch vollschlagen *fam;* (*drink too much*) sich *akk* voll laufen lassen *fam;* ■**to ~ in sth** etw im Übermaß genießen **over·in·'dul·gence** *n no pl* ❶ (*excess*) übermäßiger Genuss; (*towards a person*) allzu große Nachsicht, zu große Nachgiebigkeit; **~ in drink** übermäßiges Trinken, Saufen *nt fam;* **~ in food** übermäßiges Essen, Völlerei *f veraltend* ❷ (*excessive use*) Übermaß *nt* (**in** an +*dat*); **~ in chocolate** übermäßiger Schokoladengenuss; **~ in nostalgia** übertriebene Nostalgie ❸ (*pampering*) Verwöhnen *nt,* Verhätscheln *nt* **over·joyed** *adj pred* überglücklich (**at** über +*akk*) **over·'keen** *adj esp* BRIT übereifrig; **actually, I'm not ~ on her fiancé** ich bin von ihrem Verlobten nicht gerade begeistert **'over·kill** *n no pl* ❶ MIL Overkill *m* ❷ (*pej: excessiveness*) Übermaß *nt;* ■**to be ~** übertrieben [*o* des Guten zu viel] sein
over·land I. *adj* ['əʊvəlænd, AM 'oʊvɚ-] *attr* Überland-, Land-; **~ journey** [*or* **trip**] Reise *f* auf dem Landweg; **~ route** Landweg *m;* **~ transport** Überlandverkehr *m* **II.** *adv* [ˌəʊvə'lænd, AM ˌoʊvɚ'-] *inv* auf dem Landweg
over·lap I. *n* ['əʊvəlæp, AM 'oʊvɚ-] ❶ (*overlapping part*) Überlappung *f;* GEOL, PHYS Überlagerung *f* ❷ (*similarity*) Überschneidung *f* ❸ *no pl* (*common ground*) Gemeinsamkeit *f* **II.** *vi* <-pp-> [ˌəʊvə'læp, AM ˌoʊvɚ'-] ❶ (*lie edge over edge*) sich *akk* überlappen ❷ (*be partly similar*) sich *akk* überschneiden; ■**to ~ with sth** sich *akk* teilweise mit etw *dat* decken **III.** *vt* <-pp-> [ˌəʊvə'læp, AM ˌoʊvɚ'-] ■**to ~ sth** ❶ (*place edge over edge*) etw *akk* überlappen lassen ❷ (*extend over*) etw überschneiden lassen ❸ (*partly duplicate*) etw ineinander übergehen lassen
over·'lap·ping *adj inv* ❶ (*partly covering*) überlappend ❷ (*similar*) teilweise identisch, sich *akk* überschneidend
over·lay I. *n* ['əʊvəleɪ, AM 'oʊvɚleɪ] ❶ (*covering*) Überzug *m,* Schicht *f;* (*transparent covering*) Folie *f;* **metal ~** Metallauflage *f* ❷ (*small tablecloth*) Deckchen *nt* **II.** *vt* <-laid, -laid> [ˌəʊvəl'eɪ, AM ˌoʊvɚ'leɪ] ■**to ~ sth** (*cover*) etw bedecken; (*with metal*) etw belegen; (*with film*) etw überziehen; ■**to be overlaid with sth** mit etw *dat* beschichtet sein; (*fig*) von etw *dat* überlagert sein
over·'leaf *adv inv* auf der Rückseite; **see ~** siehe umseitig!
over·load I. *n* ['əʊvələʊd, AM 'oʊvɚloʊd] ❶ ELEC Überlast[ung] *f,* Überladung *f;* TRANSP Übergewicht *nt* ❷ *no pl* (*excess*) Überbelastung *f;* **information ~** Überangebot *nt* an Informationen **II.** *vt* [ˌəʊvəl'əʊd, AM ˌoʊvɚ'loʊd] ■**to ~ sth** ❶ (*overburden*) *vehicle* etw überladen; *road, system* etw überlasten; ■**to ~ sb** jdn überlasten; ■**to be ~ed with sth** mit etw *dat* überlastet sein; **the market is already ~ed with car magazines** es gibt schon zu viele Autozeitschriften auf dem Markt ❷ COMPUT, ELEC, PHYS, TELEC etw überlasten
over·'long I. *adj usu pred, inv* überlang; ■**to be ~** zu lang sein; **the film is ~** der Film hat Überlänge **II.** *adv* zu lange; **to wait ~** zu lange warten
over·look I. *n* ['oʊvɚlʊk] AM Aussichtspunkt *m* **II.** *vt* [ˌəʊvə'lʊk, AM ˌoʊvɚ'-] ❶ (*look out onto*) ■**to ~ sth** etw überblicken; **a**

O

room ~ing the sea ein Zimmer mit Blick auf das Meer ❷ (*not notice*) ■to ~ sb/sth jdn/etw übersehen [*o* nicht bemerken]; (*ignore*) jdn/etw übergehen [*o* ignorieren]; (*forget*) jdn/etw vergessen ❸ (*disregard*) ■to ~ sth über etw *akk* hinwegsehen

'over·lord *n* ❶ (*hist: powerful landowner*) Oberherr *m hist* ❷ (*person in power*) Herrscher *m*

over·ly ['əʊvəli, AM 'oʊvɚ-] *adv inv* allzu, übermäßig; **I'm not ~ well today** mir geht es heute nicht allzu gut; **he hasn't done it ~ well** er hat es nicht gerade besonders gut gemacht

over·'manned *adj usu pred* ■**to be ~** überbesetzt sein **over·'man·ning** *n no pl* Überbesetzung *f* **over·'much I.** *adj attr, inv* allzu viel **II.** *adv inv* übermäßig, zu viel **over·'night I.** *adj* ❶ *attr, inv* (*for a night*) Nacht-, Übernachtungs-; **~ bus** Nachtbus *m;* **~ guest** Übernachtungsgast *m;* **~ stay** [*or* **stop**] Übernachtung *f;* **we're making an ~ stop in Paris on the way to the Dordogne** auf dem Weg in die Dordogne übernachten wir einmal in Paris ❷ (*sudden*) ganz plötzlich; **~ star** Shootingstar *m;* **~ success** Blitzerfolg *m* ❸ SPORTS (*from previous day*) **~ leader** Vortagessieger(in) *m(f)* **II.** *adv inv* ❶ (*till next day*) in der Nacht, über Nacht; **she went by train ~ to Paris** sie fuhr mit dem Nachtzug nach Paris; **to stay ~ with sb** bei jdm übernachten ❷ (*fig: suddenly*) in kurzer Zeit, über Nacht; **she became a success ~** sie hatte vom einen Tag auf den anderen Erfolg **over·night 'bag** *n,* **over·night 'case** *n* Reisetasche *f* **over·'pack·aged** *adj* zu aufwendig verpackt **over·'pack·ag·ing** *n no pl* ECON zu aufwendige Verpackung **over·'paid** *adj* ❶ (*paid more than deserved*) überbezahlt; **grossly ~** stark überbezahlt ❷ *attr* (*paid in excess*) **~ tax** zu viel bezahlte Steuer **'over·pass** *n* AM Überführung *f* **over·'pay** <-paid, -paid> *vt* ❶ (*overremunerate*) ■**to ~ sb** jdn überbezahlen ❷ (*pay more than required*) ■**to ~ sth** für etw *akk* zu viel bezahlen **over·'play** *vt* ■**to ~ sth** etw zu sehr hochspielen ▶PHRASES: **to ~ one's hand** den Bogen überspannen **over·'popu·lat·ed** *adj* überbevölkert **over·popu·'la·tion** *n no pl* Überbevölkerung *f* **over·'pow·er** *vt* ❶ (*overwhelm*) ■**to ~ sb** jdn überwältigen; SPORTS jdn bezwingen; **to be ~ed by the heat** von der Hitze außer Gefecht gesetzt werden ❷ AUTO ■**to be ~ed** *vehicle* übermotorisiert **over·'pow·er·ing** *adj* überwältigend; *smell* durchdringend **over·'priced** *adj* überteuert; *share* überbewertet

over·pro·'duce I. *vi* überproduzieren, zu viel produzieren **II.** *vt* ❶ (*produce too much*) ■**to ~ sth** von etw *dat* zu viel produzieren ❷ THEAT (*make too complicated*) **to ~ a play** ein Stück zu kompliziert inszenieren **over·pro·'duc·tion** *n no pl* ❶ ECON Überproduktion *f* (**of** an +*dat*) ❷ THEAT, FILM zu komplizierte Regieführung **over·pro·'tec·tive** *adj* (*pej*) überfürsorglich; ■**to be ~ of** [*or* **towards**] **sb** jdn zu sehr behüten **over·'quali·fied** *adj* überqualifiziert (**for** für +*akk*) **over·'rate** *vt* ■**to ~ sb/sth** jdn/etw überbewerten [*o* überschätzen] **over·'rat·ed** *adj* überbewertet, überschätzt **over·'reach** *vt* ■**to ~ oneself** sich *akk* übernehmen **over·re·'act** *vi* überreagieren; ■**to ~ to sth** auf etw *akk* unangemessen [*o* übertrieben] reagieren **over·re·'ac·tion** *n* Überreaktion *f* (**to** auf +*akk*)

over·'ride [ˌəʊvər'raɪd, AM ˌoʊvɚ'raɪd] **I.** *n* ❶ (*device*) Übersteuerung *f;* **manual ~** Automatikabschaltung *f* ❷ AM (*overruling*) Außerkraftsetzen *nt;* **~ of a veto** Aufhebung *f* eines Vetos **II.** *vt* <-rid, -ridden> ❶ (*disregard*) ■**to ~ sb/sth** sich *akk* über jdn/etw hinwegsetzen ❷ POL, JUR ■**to be overridden** aufgehoben [*o* außer Kraft gesetzt] werden ❸ (*control*) ■**to ~ sth** etw abschalten **III.** *vi* <-rid, -ridden> weiter fahren als erlaubt

'over·rid·er *n* BRIT AUTO Stoßstangenhorn *nt* **over·'rid·ing I.** *adj attr, inv* vorrangig, vordringlich **II.** *n no pl* Fahrt *f* über das Fahrziel hinaus **over·'ripe** *adj* überreif **over·'rule** *vt* ■**to ~ sb** jdn überstimmen; ■**to ~ sth** etw ablehnen [*o* verwerfen]; **to ~ a decision** eine Entscheidung aufheben; **to ~ an objection** einen Einspruch zurückweisen; **objection ~d!** LAW Einspruch abgewiesen!

over·'run I. *n* Kostenüberschreitung *f;* **they're predicting an ~ of 15% on that project** die Mehrkosten für dieses Projekt sollen 15 % betragen **II.** *vt* <-ran, -run> ■**to ~ sth** ❶ MIL (*occupy*) etw überrollen; **to ~ a country** in ein Land einfallen; **to ~ an enemy position** eine feindliche Stellung überrennen ❷ (*spread over*) sich *akk* in etw *dat* ausbreiten; ■**to be ~ with** [*or* **by**] **sth** von etw *dat* wimmeln; *market* von etw *dat* überschwemmt werden ❸ (*go beyond*) über etw *akk* hinausgehen; **to ~ a budget** ein Budget überschreiten; **to ~ one's time** seine Zeit überziehen **III.** *vi* <-ran, -run> ❶ (*exceed time*) überziehen; **the meeting overran by half an hour** die Besprechung dauerte eine halbe Stunde länger ❷ (*financially*) überschreiten; **our costs are likely to ~ by several million dollars** unsere Kosten werden wahrscheinlich um mehrere Millionen Dollar höher sein als geplant; **to ~ on costs** die Kosten sprengen

over·seas I. *adj attr, inv* (*abroad*) Übersee-, in Übersee *nach n;* (*destined for abroad*) Übersee-, nach Übersee *nach n;* (*from abroad*) Übersee-, aus Übersee *nach n;* **~ assignment** Auslandseinsatz *m;* **~ mail** Auslandspost *f;* **~ student** BRIT ausländischer Student/ausländische Studentin; **~ trade** Überseehandel *m;* **~ visitor** Besucher(in) *m(f)* aus Übersee **II.** *adv inv* (*in foreign country*) im Ausland; (*to foreign country*) ins Ausland; **my brother is a student ~** mein Bruder studiert im Ausland; **to go/travel ~** ins Ausland fahren/reisen

over·'see <-saw, -seen> *vt* ■**to ~ sb** jdn beaufsichtigen; ■**to ~ sth** etw überwachen; **to ~ a project** ein Projekt leiten **over·seer** ['əʊvəˌsiːəʳ, AM 'oʊvɚˌsiːɚ] *n* (*dated*) Aufseher(in) *m(f),* Vorarbeiter(in) *m(f)* **over·'sell** <-sold, -sold> *vt* ■**to ~ sth** ❶ (*sell too many*) von etw *dat* zu viel verkaufen; ECON etw über den Bestand verkaufen; **the flight had been oversold** der Flug war überbucht ❷ (*overhype*) etw zu sehr anpreisen, für etw *akk* zu viel Reklame machen **over·'sen·si·tive** *adj* überempfindlich, übersensibel **over·'sew** <-sewed, -sewed *or* -sewn> *vt* ■**to ~ sth** ❶ (*stitch over edge*) etw umnähen ❷ (*join a book*) *Sektionen eines Buches mit einer bestimmten Nähtechnik zusammenfügen* **over·'sexed** *adj* (*esp pej*) sexbesessen, unersättlich **over·'shad·ow** *vt* ❶ (*cast shadow over*) ■**to ~ sth** etw überschatten ❷ (*make insignificant*) ■**to ~ sb/sth** jdn/etw in den Schatten stellen; **she has always been ~ed by her sister** sie stand immer im Schatten ihrer Schwester ❸ (*cast gloom over*) ■**to ~ sth** etw überschatten

'over·shoe ['əʊvəʃuː, AM 'oʊvɚ-] *n* Überschuh *m*

over·'shoot <-shot, -shot> *vt* ■**to ~ sth** über etw *akk* hinausschießen; **the plane overshot the runway** das Flugzeug schoss über die Rollbahn hinaus ▶PHRASES: **to ~ the mark** über das Ziel hinausschießen

'over·sight *n* ❶ (*mistake*) Versehen *nt;* ■**by an ~** aus Versehen ❷ *no pl* (*form: surveillance*) Aufsicht *f,* Beaufsichtigung *f* **over·sim·pli·fi·'ca·tion** *n* ❶ (*oversimplified account*) vereinfachte Darstellung ❷ *no pl* (*oversimplifying*) grobe Vereinfachung **over·'sim·pli·fy** <-ie-> *vt* ■**to ~ sth** etw grob vereinfachen [*o* zu einfach darstellen] **'over·size** *adj, esp* AM **'over·sized** *adj* übergroß, überdimensional; **he has an ~ ego** er hat ein übersteigertes Selbstwertgefühl **'over·skirt** *n* Überkleid *nt* (*über einem anderen Kleid getragen*) **over·'sleep** <-slept, -slept> *vi* verschlafen **over·'spend** <-spent, -spent> **I.** *vi* zu viel [Geld] ausgeben; **to ~ on a budget** ein Budget überschreiten **II.** *vt* ■**to ~ sth** etw überziehen; **to ~ a budget/target** einen Etat/eine Ausgabengrenze überschreiten; **to ~ one's income** über seine Verhältnisse leben; ■**to be overspent on sth** *bank account* etw überzogen haben; *budget* etw überschritten haben **'over·spill** *n* Bevölkerungsüberschuss *m* **over·'staffed** *adj* überbesetzt **over·'staff·ing** *n no pl* Überbesetzung *f* **over·'state** *vt* ■**to ~ sth** etw übertreiben; **to ~ a case** einen Fall übertrieben darstellen **over·'state·ment** *n* Übertreibung *f* **over·'stay** *vt* **to ~ one's time** länger als vorgesehen bleiben; **to ~ a visa** ein Visum überschreiten; **to ~**

one's welcome jds Gastfreundschaft *f* überbeanspruchen

over·'steer I. *vi* AUTO übersteuern **II.** *n no pl* Übersteuern *nt*

over·'step <-pp-> *vt* ■ **to ~ sth** etw überschreiten; **to ~ the bounds of good taste** die Grenzen des guten Geschmacks missachten ▶ PHRASES: **to ~ the mark** über das Ziel hinausschießen, zu weit gehen **over·'stock I.** *n* zu großer Vorrat (**of** an +*dat*); ECON zu hohe Vorratshaltung, Überbevorratung *f* **II.** *vi* zu viel lagern; **to ~ with goods** zu viele Waren auf Lager haben, zu große Warenbestände haben **III.** *vt* ■ **to ~ sth with sth** etw mit etw *dat* überfüllen; ECON etw mit etw *dat* überbestücken; **to ~ the market** den Markt überschwemmen **over·sub·'scribe** *vt usu passive* ■ **to be ~d** mehr als ausgebucht sein; *shares* überzeichnet sein; **the concert was ~d** zu viele Leute wollten in das Konzert **over·'sup·ply I.** *n no pl* (*supply*) Überangebot *nt* (**of** an +*dat*); (*inventory*) Überbestand *m* (**of** an +*dat*) **II.** *vt* <-ie-> *usu passive* ■ **to be oversupplied with sth** einen zu großen Vorrat an etw *dat* haben

overt [ə(ʊ)'vɜːt, AM oʊ'vɜːrt] *adj* offensichtlich, offenkundig; **~ racism/sexism** unverhohlener [*o* offener] Rassismus/Sexismus

over·'take <-took, -taken> **I.** *vt* ❶ *esp* BRIT, AUS ■ **to ~ sb/sth** (*pass from behind*) jdn/etw überholen; (*catch up*) jdn/etw einholen ❷ (*surpass*) ■ **to ~ sb/sth** jdn/etw überholen *fig* ❸ (*befall*) ■ **to ~ sb** jdn überraschen; **to be ~n by events** von den Ereignissen überholt werden ❹ (*affect*) ■ **to ~ sb** jdn überkommen; **weariness overtook her** Müdigkeit überkam sie **II.** *vi esp* BRIT überholen **over·'tak·ing lane** *n* BRIT, AUS Überholspur *f* **over·'tax** *vt* ❶ FIN ■ **to ~ sb** jdn überbesteuern; ■ **to ~ sth** etw zu hoch besteuern ❷ (*exhaust*) ■ **to ~ sb** jdn überfordern [*o* überlasten]; ■ **to ~ oneself** sich *akk* übernehmen; **to ~ one's strength** sich *akk* überanstrengen **over-the-'count·er** *adj attr, inv* ❶ (*without prescription*) *drugs, medications, remedies* rezeptfrei, frei verkäuflich; **this is an ~ drug** dieses Medikament ist nicht verschreibungspflichtig ❷ FIN außerbörslich; **~ business** Schaltergeschäft *nt fachspr,* Tafelgeschäft *nt fachspr;* **~ market** Freiverkehr[smarkt] *m;* **~ sale** Schalterverkauf *m fachspr* **over-the-'top** *adj* exzessiv *geh,* übertrieben; **~ aggressiveness** gesteigerte Aggressivität

over·throw I. *n* ['əʊvəθrəʊ, AM 'oʊvɚθroʊ] ❶ (*removal from power*) Sturz *m* ❷ SPORTS (*in baseball, cricket*) zu weiter Wurf **II.** *vt* <-threw, -thrown> [ˌəʊvə'θrəʊ, AM ˌoʊvɚ'θroʊ] ❶ (*topple*) ■ **to ~ sb/sth** jdn/etw stürzen; **to ~ the enemy** den Feind schlagen [*o* besiegen]; **to ~ an opponent** einen Gegner aus dem Weg räumen; **to ~ plans** Pläne über den Haufen werfen; **to ~ a regime** ein Regime zu Fall bringen ❷ AM, AUS SPORTS ■ **to ~ sb** für jdn zu weit werfen

'over·time *n no pl* ❶ (*extra work*) Überstunden *fpl;* **to be on** [*or* **do**] [*or* **work**] **~** Überstunden machen ❷ (*pay*) Überstundenvergütung *f;* **~ premium** Überstundenzuschlag *m;* **to earn ~** Überstunden bezahlt bekommen ❸ AM SPORTS (*extra time*) Verlängerung *f;* **the game went into ~** das Spiel ging in die Verlängerung **over·'tire** *vt* ■ **to ~ sb** jdn übermüden; ■ **to ~ oneself** sich *akk* übernehmen [*o* überanstrengen] **over·'tired** *adj inv* übermüdet **over·'tired·ness** *n no pl* Übermüdung *f*

overt·ly [ə(ʊ)'vɜːtli, AM oʊ'vɜːr-] *adv* unverhohlen, offen

'over·tone *n* ❶ (*implication*) Unterton *m;* **there was an ~ of despair in what he said** aus seinen Worten sprach Verzweiflung; **her remark had ~s of jealousy** in ihrer Bemerkung schwang Eifersucht mit ❷ MUS Oberton *m*

overture ['əʊvətjʊəʳ, AM 'oʊvɚtʃɚ] *n* ❶ (*introductory music*) Ouvertüre *f* (**to** zu +*dat*) ❷ (*initial contact*) Angebot *nt;* **to make an ~** ein Angebot machen ❸ (*approach*) ■ **~s** *pl* Annäherungsversuche *mpl;* **to make ~s to sb** jdm ein Angebot machen; (*fam: sexually*) bei jdm Annäherungsversuche machen

over·'turn I. *vi* umkippen, umstürzen; *car* sich *akk* überschlagen; *boat* kentern **II.** *vt* ■ **to ~ sth** ❶ (*turn upside down*) etw umstoßen [*o* umkippen]; **to ~ a boat** ein Boot zum Kentern bringen ❷ (*reverse*) etw revidieren; **to ~ a government** eine Regierung stürzen; **to ~ sb's majority** jds Mehrheit zu Fall bringen **over·'type** *vt* ■ **to ~ sth** etw überschreiben **over·use I.** *n* [ˌəʊvə'juːs, AM ˌoʊvɚ'-] *no pl* übermäßiger Gebrauch **II.** *vt* [ˌəʊvə'juːz, AM ˌoʊvɚ'-] ■ **to ~ sth** etw zu oft verwenden [*o* zu häufig gebrauchen] **over·valu'a·tion** *n no pl* ECON, FIN Überbewertung *f* **over·'value** *vt* ❶ (*give high value*) ■ **to ~ sth** etw überbewerten ❷ (*admire*) ■ **to ~ sb** eine zu hohe Meinung von jdm haben; ■ **to ~ sth** etw überschätzen **'over·view** *n* Überblick *m* (**of** über +*akk*); **to take an ~ of sth** sich *dat* einen Überblick über etw *akk* verschaffen **over·ween·ing** *adj* (*pej form*) maßlos, übersteigert **over·ween·ingly** *adv* maßlos

over·weight I. *n* ['oʊvɚweɪt] *no pl* AM Übergewicht *nt* **II.** *adj* [ˌəʊvə'weɪt, AM ˌoʊvɚ'-] zu schwer; *person also* übergewichtig; **you're about 20 pounds ~ for your age and height** du bist für dein Alter und deine Größe 10 Kilo zu schwer; **to be ~ by a few kilos** ein paar Kilo Übergewicht haben; **~ luggage** [*or* **baggage**] Übergepäck *nt*

over·whelm [ˌəʊvə'(h)welm, AM ˌoʊvɚ'-] *vt* ❶ (*affect powerfully*) ■ **to ~ sb** jdn überwältigen; **to be ~ed by** [*or* **with**] **grief/joy** von Kummer/Freude überwältigt sein ❷ (*overpower*) ■ **to ~ sb/sth** jdn/etw überwältigen; **to ~ the enemy** den Feind besiegen [*o* bezwingen] ❸ (*flood*) ■ **to ~ sth** etw überschwemmen [*o* überfluten]

over·whelm·ing [ˌəʊvə'(h)welmɪŋ, AM ˌoʊvɚ'-] *adj* ❶ (*very powerful*) überwältigend, riesig; **~ desire** unwiderstehliches [*o* heftiges] Verlangen; **~ grief** unermesslicher Kummer; **~ joy** große Freude; **~ need** unwiderstehliches Bedürfnis; **~ rage** unbändige Wut; **to feel an ~ urge to do sth** einen unwiderstehlichen Drang verspüren, etw zu tun ❷ (*very large*) überwältigend; **he has succeeded against ~ odds** er hat sich gegen immense Widerstände durchgesetzt

over·whelm·ing·ly [ˌəʊvə'(h)welmɪŋli, AM ˌoʊvɚ'-] *adv* ❶ (*intensely*) überwältigend; **~ friendly** unheimlich freundlich ❷ (*by a very large margin*) deutlich; **to defeat sb/sth ~** jdn/etw eindeutig besiegen

over·'wind <-wound, -wound> *vt* ■ **to ~ sth** etw überdrehen; **to ~ a watch** eine Armbanduhr zu stark aufziehen

over·work I. *n* ['əʊvəwɜːk, AM 'oʊvɚwɜːrk] *no pl* Überarbeitung *f,* [Arbeits]überlastung *f* **II.** *vi* [ˌəʊvə'wɜːk, AM ˌoʊvɚ'wɜːrk] sich *akk* überarbeiten **III.** *vt* [ˌəʊvə'wɜːk, AM ˌoʊvɚ'wɜːrk] ❶ (*give too much work*) ■ **to ~ sb** jdn [mit Arbeit] überlasten ❷ (*overuse*) ■ **to ~ sth** etw überstrapazieren; **an ~ed expression** ein abgenutzter Ausdruck

over·'write <-wrote, -written> *vt* ■ **to ~ sth** etw überschreiben **over·'writ·ten** *adj* (*too strong*) zu stark formuliert; (*too rhetorical*) zu schwülstig; (*too flowery*) zu blumig **over·'wrought** *adj* überreizt; **to be in an ~ condition** [*or* **state**] mit den Nerven am Ende sein

ovi·duct ['əʊvɪdʌkt, AM 'oʊ-] *n* ANAT, MED Eileiter *m*

ovipa·rous [əʊ'vɪpᵊrəs, AM oʊ'vɪpə-] *adj inv* BIOL, ZOOL Eier legend, ovipar *fachspr*

ovu·late ['ɒvjəleɪt, AM 'ɑːvjuː-] *vi* [einen] Eisprung haben

ovu·la·tion [ˌɒvjə'leɪʃᵊn, AM ˌɑːvjuː'-] *n no pl* Eisprung *m,* Ovulation *f fachspr*

ovum <*pl* -va> ['əʊvəm, AM 'oʊ-, *pl*-və] *n* Eizelle *f,* Ovum *nt fachspr*

ow [aʊ] *interj* au

owe [əʊ, AM oʊ] *vt* ❶ (*be in debt*) ■ **to ~ sb sth** [*or* **sth to sb**] jdm etw schulden [*o* schuldig sein]; ■ **to ~ it to oneself to do sth** es sich *dat* schuldig sein, etw zu tun; **to ~ sb an explanation** jdm eine Erklärung schuldig sein; **to ~ sb thanks/gratitude** [*or* **to ~ thanks/gratitude to sb**] (*form*) jdm zu Dank verpflichtet sein; **to ~ sb one** (*fam*) jdm noch was schuldig sein ❷ (*be indebted*) ■ **to ~ sb sth** jdm etw verdanken; **I ~ it all to my parents** ich habe alles meinen Eltern zu verdanken ▶ PHRASES: **to ~ sb a grudge** einen Groll gegen jdn hegen

ow·ing ['əʊɪŋ, AM 'oʊ-] *adj inv, pred* ausstehend; ■ **to be ~** ausstehen, noch zu zahlen sein; **money is ~ to the company** die Firma hat noch Außenstände; **I've got £50 ~ to me for a job I did last month** ich bekomme noch 50 Pfund für eine Arbeit, die ich letzten Monat gemacht habe

'ow·ing to *prep (form)* ■**~ sth** wegen einer S. *gen*

owl [aʊl] *n* Eule *f; (fig)* **he was a wise old ~** er war ein weiser alter Mann; **barn ~** Schleiereule *f;* **tawny ~** Waldkauz *m*

owl·et ['aʊlət, AM -lɪt] *n* Eulenjunges *nt,* junge Eule

owl·ish ['aʊlɪʃ] *adj* eulenhaft; **our teacher was an ~ woman** unsere Lehrerin sah aus wie eine Eule

owl·ish·ly ['aʊlɪʃli] *adv* eulenhaft, wie eine Eule

own [əʊn, AM oʊn] **I.** *pron* ❶ *(belonging to oneself)* ■**sb's ~ ...** jds eigene(r, s) ...; **is that your mum's car? – no, it's my ~** ist das das Auto deiner Mutter? – nein, es ist mein eigenes; **she has a daughter of her ~** sie hat selbst eine Tochter; **she's got too many problems of her ~** sie hat zu viele eigene Probleme; **his time is his ~** er kann über seine Zeit frei verfügen; **a house of his/her ~** sein/ihr eigenes Haus; **to make sth [all] one's ~** sich *dat* etw [ganz] zu eigen machen ❷ *(people)* **we like to take care of our ~** wir kümmern uns um unsere Leute; **they think of her as one of their ~** sie sehen sie als eine von ihnen ▸PHRASES: **to get one's ~ back [on sb]** *esp* BRIT *(fam)* sich *akk* an jdm rächen; **in a class of one's ~** eine Klasse für sich *akk;* **to come into one's ~** *(show one's qualities)* zeigen, was in einem steckt; *(get due recognition)* die verdiente Anerkennung erhalten; **[all] on one's ~** *(alone)* [ganz] für sich *akk* allein[e]; *(without help)* [ganz] allein[e]; **I like living [all] on my ~** ich mag es, alleine zu leben; **I can't lift this on my ~** ich kann das nicht alleine anheben **II.** *adj attr, inv* ❶ *(belonging to sb)* eigene(r, s); **was that your ~ idea?** war das deine eigene Idee?; **his/her ~ car** sein/ihr eigenes Auto; **to hear/see sth with one's ~ ears/eyes** etw mit eigenen Ohren/Augen hören/sehen ❷ *(particular and different)* eigene(r, s); **he's got his ~ special way of doing things** er hat seinen eigenen speziellen Stil, sich um Dinge zu kümmern; **~ opinion/style** eigene Meinung/eigener Stil ❸ *(by or for oneself)* selbst; **you'll have to get your ~ dinner** du musst dich selbst um das Abendessen kümmern; **she makes all her ~ bread** sie bäckt ihr ganzes Brot selbst; **you'll have to make up your ~ mind** das musst du für dich alleine entscheiden ▸PHRASES: **sb's ~ flesh and blood** jds eigen[es] Fleisch und Blut; **on your ~ head be it** BRIT auf deine Verantwortung; **to be one's ~ man/woman/person** sein eigener Herr sein; **in one's ~ right** *(not due to others)* aus eigenem Recht; *(through one's talents)* aufgrund der eigenen Begabung; **for sth's ~ sake** um einer S. *gen* selbst willen; **to do one's ~ thing** tun, was man will *fam;* **in one's ~ time** *(outside working hours)* in seiner Freizeit; *(at own speed)* im eigenen Tempo **III.** *vt* ❶ *(possess)* ■**to ~ sth** etw besitzen; **you don't ~ me!** ich bin nicht dein Privateigentum!; **who ~s this piece of land?** wem gehört dieses Landstück?; **the house is privately ~ed** dieses Haus ist im Privatbesitz; **he walked into the office as if he ~ed the place** er spazierte in das Büro hinein, als ob es sein eigenes wäre; ■**to be ~ed by sb** jdm gehören, in jds Besitz sein *geh* ❷ *(form: admit)* ■**to ~ [that] ...** zugeben, dass ... **IV.** *vi (form)* ■**to ~ to sth** etw eingestehen; **they ~ed to failing to pay their taxes** sie gaben zu, ihre Steuern nicht bezahlt zu haben

◆**own up** *vi* es zugeben; **if nobody ~s up, the whole class will get a detention** wenn es niemand zugibt, muss die ganze Klasse nachsitzen; ■**to ~ up to sth** etw zugeben

own 'brand *n* BRIT ECON hauseigene Marke, Hausmarke *f*

'own-brand *adj inv* BRIT ECON Hausmarken-

own·er ['əʊnəʳ, AM 'oʊnɚ] *n* Besitzer(in) *m(f);* **~'s manual** Bedienungsanleitung *f;* **to be the proud ~ of sth** der stolze Besitzer/die stolze Besitzerin einer S. *gen* sein

own·er·less ['əʊnələs, AM 'oʊnɚ-] *adj inv* herrenlos

own·er-'oc·cu·pied *adj inv* vom Eigentümer/von der Eigentümerin selbst bewohnt **own·er-'oc·cu·pi·er** *n* Bewohner(in) *m(f)* und Eigentümer(in) *m(f)* in einer Person

own·er·ship ['əʊnəʃɪp, AM 'oʊnɚ-] *n no pl* ❶ *(have power over)* Besitz *m* **(of** *+gen***)**; **proof of ~** Eigentumsnachweis *m;* **to be under [***or* **in] private/public ~** sich in Privat-/Staatsbesitz befinden; **there is a debate about whether these industries should be in public or private ~** es wird darüber debattiert, ob diese Branchen in öffentlichem oder Privatbesitz sein sollten; **to claim ~** seine Besitzansprüche anmelden; **several people have claimed ~ of the bracelet found in the park on Saturday** mehrere Leute haben behauptet, dass das Armband, das am Samstag im Park gefunden wurde, ihnen gehört ❷ *(thing possessed)* Eigentum *nt;* **home ~** Wohneigentum *nt*

own 'goal *n (a. fig)* Eigentor *nt a. fig;* **to score an ~** ein Eigentor schießen *a. fig* **own 'la·bel** *n* BRIT eigene Marke, Hausmarke *f* **'own-label** *adj inv* BRIT Hausmarken-

owt [aʊt] *pron* NBRIT, DIAL *see* **anything**

ox <*pl* -en> [ɒks, AM ɑːks] *n* Ochse *m*

Ox·bridge ['ɒksbrɪdʒ, AM 'ɑːks-] **I.** *n no pl die Universitäten Oxford und Cambridge* **II.** *adj inv* der Universitäten Oxford und Cambridge *nach n;* **she's an ~ student** sie studiert in Oxford/Cambridge

> **i Kultur**
>
> **Oxbridge** ist die oft verwendete Kurzform für die beiden Universitäten Oxford und Cambridge, besonders wenn man sie von den anderen britischen Universitäten unterscheiden möchte. Oxford und Cambridge gelten aufgrund ihrer alten Traditionen, ihres ausgezeichneten akademischen Rufs, ihres Einzelunterrichts, ihrer Collegestruktur und der wunderschönen Colleges als Eliteuniversitäten.

'ox cart *n* Ochsenkarren *m*

oxen ['ɒksᵊn, AM 'ɑːk-] *n pl of* **ox**

Ox·fam ['ɒksfæm, AM 'ɑːk-] *n no pl abbrev of* **Oxford Committee for Famine Relief** Oxfam

'Ox·fam shop *n* BRIT Oxfam-Laden *m,* ≈ Dritte-Welt-Laden *m*

ox·ford ['ɒksfəd, AM 'ɑːksfɚd] *n* Halbschuh *m* zum Schnüren

Ox·ford ['ɒksfəd, AM 'ɑːksfɚd] *n* ❶ *(town)* Oxford *nt; (Oxford University)* Universität *f* Oxford ❷ *(cloth) bestimmte Stoffart für Hemden, die etwas schwerer ist als normaler Hemdenstoff*

oxi·da·tion [ˌɒksɪ'deɪʃᵊn, AM ˌɑːk-] *n* CHEM Oxydation *f,* Oxidation *f*

ox·ide ['ɒksaɪd, AM 'ɑːk-] *n* Oxyd *nt,* Oxid *nt;* **iron ~** Eisenoxyd *nt*

oxi·di·za·tion [ˌɒksɪdaɪ'zeɪʃᵊn, AM 'ɑːksɪdɪ'-] *n no pl* CHEM Oxydation *f,* Oxidation *f*

oxi·dize ['ɒksɪdaɪz, AM 'ɑːk-] **I.** *vi* oxidieren **II.** *vt* ■**to ~ sth** etw oxidieren

'ox·tail *n* ❶ *(tail)* Ochsenschwanz *m* ❷ *no pl (meat)* Ochsenschwanz *m* **ox·tail 'soup** *n* Ochsenschwanzsuppe *f*

oxy·acety·lene [ˌɒksiə'setᵊliːn, AM ˌɑːksiə'set̬-] *n no pl* Azetylensauerstoff *m;* **~ lamp [***or* **torch]** Autogenschweißbrenner *m;* **~ welder** Autogenschweißgerät *nt;* **~ welding** Autogenschweißen *nt*

oxy·gen ['ɒksɪdʒən, AM 'ɑːk-] *n no pl* Sauerstoff *m*

oxy·gen·ate ['ɒksɪdʒəneɪt, AM 'ɑːk-] *vt* ■**to ~ sth** etw mit Sauerstoff anreichern, etw oxigenieren *fachspr*

'oxy·gen cyl·in·der *n* Sauerstoffflasche *f* **'oxy·gen mask** *n* Sauerstoffmaske *f* **'oxy·gen tank** *n* Sauerstoffbehälter *m* **'oxy·gen tent** *n* Sauerstoffzelt *nt*

oxy·mo·ron [ˌɒksɪ'mɔːrɒn, AM ˌɑːksɪ'mɔːrɑːn] *n* Oxymoron *nt*

oyez [əʊ'jez, AM 'oʊjez] *interj* hört [her]!

oys·ter ['ɔɪstəʳ, AM -ɚ] *n* ❶ *(shellfish)* Auster[nmuschel] *f;*

~ **shell** Austernschale *f* ❷ FOOD Auster *f* ❸ (*in poultry*) *sehr zartes Fleisch neben dem Rückgrat* ▶ PHRASES: **the world is sb's** ~ jdm steht die Welt offen

'oys·ter bank *n*, **'oys·ter bed** *n* Austernbank *f* **'oys·ter·catch·er** *n* ORN Austernfischer *m*

oz <*pl* -> *n abbrev of* **ounce**

Oz [ɒz] *n* BRIT, AUS (*fam*) Australien *nt*

ozone ['əʊzəʊn, AM 'oʊzoʊn] *n no pl* ❶ (*chemical*) Ozon *nt* ❷ (*fam: clean air*) saubere [frische] Luft

ozone-'friend·ly *adj* ohne Treibgas *nach n, präd;* ~ **product** FCKW-freies Produkt **'ozone lay·er** *n* Ozonschicht *f*

Oz·zie ['ɒzi] BRIT, AUS **I.** *n* ❶ (*fam: Australian*) Australier(in) *m(f)* ❷ *no pl* (*fam: Australia*) Australien *nt* **II.** *adj inv* (*fam*) australisch

Pp

P <*pl* -'s>, **p** <*pl* 's *or* -s> [piː] *n* p *nt*, P *nt* ▶ PHRASES: **to mind one's ~'s and Q's** sich *akk* anständig benehmen; **don't forget your ~'s and Q's** denk daran, dich anständig zu benehmen

p [piː] **I.** *n* ❶ <*pl* -> *abbrev of* **penny, pence** ❷ <*pl* pp> *abbrev of* **page** S. **II.** *adv* MUS *abbrev of* **piano** p

P [piː] *n no pl abbrev of* **parking** P

pa¹ [pɑː] *n* (*fam or dated: father*) Papa *m fam;* ■**P~** (*fam or dated*) Papa *fam*, Vati *fam*

pa² [ˌpiː'eɪ] *adv inv abbrev of* **per annum** p.a.

PA [ˌpiː'eɪ] *n* ❶ AM *abbrev of* **Pennsylvania** ❷ (*assistant*) *abbrev of* **personal assistant** pers. Ass. ❸ (*loudspeaker*) *abbrev of* **public address system**

PAC [ˌpiːeɪ'siː] *n abbrev of* **political action committee** politisches Aktionskomitee

pace¹ [peɪs] **I.** *n* ❶ (*speed*) Tempo *nt;* **we started out at a fairly slow** ~ wir begannen recht langsam; **schoolchildren should be allowed to work at their own** ~ Schüler sollten in ihrem eigenen Tempo arbeiten dürfen; **to force/keep up the** ~ das Tempo forcieren/halten; **to gather** ~ an Fahrt gewinnen; **to quicken one's** ~ sein Tempo beschleunigen; **to set the** ~ das Tempo vorgeben; **for many years this company has set the ~ in the communications industry** diese Firma war viele Jahre lang der Schrittmacher in der Kommunikationsbranche; **to stand the** ~ das Tempo durchhalten; (*fig*) mithalten; **they moved out of the city because they couldn't stand the ~ [of life there]** sie zogen aus der Stadt weg, weil es ihnen [dort] zu hektisch zuging ❷ (*step*) Schritt *m;* **to take a ~ forward/backward** einen Schritt nach vorne/zurück machen; **at 20 ~s** auf zwanzig Schritte; (*fig*) **I can spot a winner at 20 ~s** einen Gewinner erkenne ich sofort; **to keep ~ with sb** mit jdm Schritt halten; **to keep ~ with sth** (*fig*) mit etw *dat* Schritt halten ▶ PHRASES: **to put sb/sth through their/its ~s** jdn/etw auf Herz und Nieren prüfen; **I'm going to take my new car out and put it through its ~s** ich mache eine Spritztour, um zu sehen, was mein neues Auto so hergibt **II.** *vt* ❶ (*walk up and down*) **he ~d the room nervously** er ging nervös im Zimmer auf und ab ❷ (*measure*) ■**to ~ sth** ↻ **[off [*or* out]]** etw abschreiten; **to ~ off [*or* out] a distance** eine Entfernung mit Schritten ausmessen [*o* abmessen] ❸ SPORTS ■**to ~ sb** jdm das Tempo vorgeben; ■**to ~ oneself** sich *dat* seine Kräfte einteilen **III.** *vi* gehen, schreiten *geh;* **to ~ up and down** auf und ab gehen [*o* schreiten]

pace² [peɪs] *prep* (*form*) entgegen +*gen*

'pace bowl·er *n* (*in cricket*) schneller Werfer (*beim Kricketspiel*) **'pace·mak·er** *n* ❶ SPORTS (*speed setter*) Schrittmacher(in) *m(f);* (*fig*) **they are the ~s in computer-aided design** sie setzen Maßstäbe auf dem Gebiet der computergestützten Konstruktion ❷ (*for heart*) [Herz]schrittmacher *m* **'pace·man** *n* (*in cricket*) schneller Werfer (*beim Kricketspiel*) **'pace·set·ter** *n* Schrittmacher(in) *m(f)*

pacey ['peɪsi] *adj esp* BRIT spannungsreich, spannend, voller Action *nach n fam;* ~ **film** Actionfilm *m*

pachy·derm ['pækɪdɜːm, AM -dɜːrm] *n* ZOOL Dickhäuter *m*

pa·cif·ic [pə'sɪfɪk] *adj* friedliebend, friedfertig; ~ **gesture** friedliche Geste

Pa·cif·ic [pə'sɪfɪk] **I.** *n no pl* ■**the** ~ der Pazifik **II.** *adj inv* pazifisch, Pazifik-; ~ **coast** Pazifikküste *f*

pa·ci·fi·cal·ly [pə'sɪfɪkəli] *adv* friedliebend; **to be ~ inclined** friedlich eingestellt sein

paci·fi·ca·tion [pæsɪfɪ'keɪʃən, AM -fə'-] *n no pl* Befriedung *f*

Pa·cif·ic 'Ocean *n no pl* ■**the** ~ der pazifische Ozean [*o* Pazifik] **Pa·cif·ic 'Rim** *n no pl* ■**the** ~ der Pazifikgürtel [*o* pazifische Raum] **Pa·'cif·ic time** *n no pl* Pazifische Zeit

paci·fi·er ['pæsɪfaɪəʳ, AM -ɚ] *n* ❶ (*peacemaker*) Friedensstifter(in) *m(f)* ❷ (*calmer of emotions*) Schlichter(in) *m(f)* ❸ AM (*baby's dummy*) Schnuller *m*

paci·fism ['pæsɪfɪzəm, AM -sə-] *n no pl* Pazifismus *m*

paci·fist ['pæsɪfɪst, AM -sə-] **I.** *n* Pazifist(in) *m(f)* **II.** *adj* pazifistisch

paci·fy <-ie-> ['pæsɪfaɪ, AM -sə-] *vt* ❶ (*establish peace*) **to ~ an area/a country** eine Gegend/ein Land befrieden ❷ (*calm*) ■**to ~ sb** jdn beruhigen

pack [pæk] **I.** *n* ❶ (*type of bag*) Bündel *nt;* (*filled bag*) Rucksack *m;* **ice** ~ Eisbeutel *m* ❷ COMM (*packet*) Packung *f*, Schachtel *f;* **in ~s of six** im Sechserpack ❸ (*folder of documents*) Paket *nt;* **information** ~ Informationspaket *nt* ❹ + *sing/pl vb* (*group*) Gruppe *f*, Schar *f;* *of wolves, hounds* Rudel *nt;* **cub** ~ Pfadfindergruppe *f;* **a ~ of lies** (*fig*) ein Haufen *m* Lügen ❺ (*set of cards*) [Karten]spiel *nt* ❻ (*beauty treatment*) Packung *f;* **face/mud** ~ Gesichts-/Schlammpackung *f* ❼ SPORTS (*in rugby*) Stürmer *mpl* ▶ PHRASES: **to keep ahead of the** ~ der Konkurrenz immer eine Nasenlänge voraus sein **II.** *vi* ❶ (*for journey*) packen; **have you ~ed yet?** hast du schon gepackt? ❷ (*be able to be packed*) passen; **all this food will never ~ into that small basket** diese ganzen Lebensmittel werden nie in diesen kleinen Korb passen; **I love this silk dress, but it doesn't ~ very well** ich liebe dieses Seidenkleid, aber es knittert [beim Packen] leicht ▶ PHRASES: **to send sb ~ing** (*send sb away*) jdn fortschicken [*o* wegschicken]; (*dismiss*) jdn entlassen **III.** *vt* ❶ (*put in container*) ■**to ~ sth** etw [ein]packen; **I haven't ~ed my clothes yet** ich habe meine Kleider noch nicht gepackt; **could you ~ me a spare pair of shoes, please?** könntest du mir bitte ein Paar Ersatzschuhe einpacken?; **to ~ sth tightly** etw fest verpacken ❷ (*fill*) ■**to ~ sth** *a bag, suitcase, trunk* etw packen; *a box, container* etw voll packen; **to ~ one's bags** seine Koffer packen; ■**to ~ sth with sth** etw mit etw *dat* [voll] packen ❸ (*wrap*) ■**to ~ sth** *object* etw einpacken [*o* einwickeln]; *food* etw abpacken; **she ~ed tissue paper around the shoes** sie wickelte die Schuhe in Seidenpapier; **to ~ a parcel** ein Paket packen; **to ~ sth in newspaper/straw/tissue paper** etw in Zeitungspapier/Stroh/Seidenpapier einwickeln ❹ (*cram*) ■**to ~ sth [with sth]** etw [mit etw *dat*] voll stopfen; ■**to ~ sth [with sb]** etw [mit jdm] füllen; **to be ~ed with people** gerammelt voll [*o* voll gestopft] [mit Leuten] sein *fam;* **the people on the bus were ~ed like sardines** die Leute standen im Bus wie die Sardinen ❺ (*load*) ■**to be ~ed with sth** *information* mit etw *dat* voll gepackt sein ❻ (*compress*) ■**to ~ sth** etw zusammenpressen [*o* zusammendrücken] ❼ (*carry*) ■**to ~ sth** etw bei sich *dat* tragen; **to ~ a gun** eine Schusswaffe bei sich *dat* führen ❽ (*contain*) ■**to ~ sth** etw enthalten; **each missile ~s several warheads** jede Rakete trägt mehrere Sprengköpfe ⑨ (*fill with supporters*) ■**to ~ sth [with sb]** etw [mit eigenen Leuten] besetzen; **to ~ a jury** eine Jury mit eigenen Leuten besetzen ▶ PHRASES: **to ~ a punch** [*or* **wallop**] (*hit hard*) kräftig zuschlagen; (*be strong*) *drink* reinhauen *sl;* **Tony's cocktails ~ quite a punch** Tonys Cocktails hauen ganz schön rein

◆**pack away I.** *vt* ■**to ~ away** ⊂ **sth** ① (*put back*) etw wegpacken ② (*fam: eat*) etw vertilgen *fam* **II.** *vi tent, sleeping bag* sich *akk* verstauen lassen

◆**pack in I.** *vt* ① (*put in*) ■**to ~ sth in sth** etw in etw *akk* einpacken ② (*cram in*) ■**to ~ in** ⊂ **sb/sth** jdn/etw hineinstopfen [*o* hineinpferchen] ③ (*attract an audience*) ■**to ~ in** ⊂ **sb** jdn anziehen; **the latest exhibition is really ~ing them in** die derzeitige Ausstellung ist ein echter Publikumsmagnet ④ (*fam: stop*) ■**to ~ sth in** etw an den Nagel hängen *fam;* **I think I'm going to ~ this job in pretty soon** ich glaube, ich werde diesen Job ziemlich bald hinschmeißen; **~ it in!** Schluss jetzt!, jetzt reicht's!; **to ~ it all in** alles hinschmeißen *fam* ⑤ (*fam: break up with*) ■**to ~ sb in** jdm den Laufpass geben *fam* **II.** *vi* ① (*come in crowds*) scharenweise [*o* in Massen] kommen ② (*fam: stop*) zusammenpacken *fam,* Feierabend machen *fam*

◆**pack into I.** *vt* ① (*for transportation*) ■**to ~ sth into sth** etw in etw *akk* hineinpacken ② (*cram*) ■**to ~ sb/sth into sth** jdn/etw in etw *akk* hineinverfrachten *hum fam* ③ (*fit*) ■**to ~ sth into sth** etw in etw *akk* hineinpacken; **I don't know how you manage to ~ so much work into one day** ich weiß nicht, wie du es schaffst, so viel Arbeit an einem einzigen Tag zu erledigen **II.** *vi* ① (*fit*) ■**to ~ into sth** in etw *akk* hineinpassen ② (*come in crowds*) ■**to ~ into sth** in etw *akk* hineindrängen [*o* strömen]

◆**pack off** *vt* (*fam*) ■**to ~ off** ⊂ **sb** jdn wegschicken [*o* fortschicken]; **we are going to ~ him off to boarding school** wir schicken ihn auf [*o fam* stecken ihn in] ein Internat

◆**pack out** *vt usu passive* BRIT (*fam*) **to be ~ed out** überfüllt [*o fam* gerammelt voll] sein

◆**pack up I.** *vt* ■**to ~ up** ⊂ **sth** ① (*put away*) etw zusammenpacken [*o* wegpacken]; **to ~ one's house up** seinen Haushalt einlagern ② (*fam: finish*) etw beenden; **what time do you ~ up work?** wann machst du Schluss [*o* Feierabend]? *fam;* **she ~ed up her job, and went off to Australia** sie gab ihren Job auf und zog nach Australien; **it's time you ~ed up smoking** es ist an der Zeit, dass du das Rauchen aufgibst; **to ~ [it] up** [damit] aufhören **II.** *vi* (*fam*) ① (*stop work*) Feierabend machen ② BRIT (*stop functioning*) den Geist aufgeben *fam*

pack·age ['pækɪdʒ] **I.** *n* ① (*parcel*) Paket *nt* ② AM (*packet*) Packung *f* ③ (*set*) Paket *nt;* **software ~** Softwarepaket *nt* ④ (*comprehensive offer*) Paket *nt;* **an aid/a rescue ~** ein Hilfs-/Rettungspaket *nt* **II.** *vt* ① (*pack*) ■**to ~ sth** etw verpacken ② (*fig: present*) ■**to ~ sb/sth** jdn/etw präsentieren

'pack·age deal *n* Pauschalangebot *nt*

pack·aged food *n* abgepackte Nahrungsmittel **'pack·age goods** *npl* AM Spirituosen *pl* **pack·age 'holi·day** *n* BRIT Pauschalurlaub *m* **'pack·age store** *n* AM (*off-licence*) Spirituosenladen *m,* Spirituosengeschäft *nt* **'pack·age tour** *n,* AM *a.* **'pack·age trip** *n* Pauschalurlaub *m*

pack·ag·ing ['pækɪdʒɪŋ] *n no pl* ① (*materials*) Verpackungsmaterial *nt* ② (*activity*) Verpackung *f* ③ (*presentation*) Präsentation *f*

'pack ani·mal *n* Packtier *nt,* Lasttier *nt*

packed [pækt] *adj* ① (*full*) voll; **the train was ~** der Zug war gerammelt voll *fam;* **a ~ house** ein volles Haus *fam* ② *pred, inv* (*ready for journey*) reisefertig; **are you ~ yet?** hast du alles gepackt?

packed 'lunch *n* Lunchpaket *nt,* Vesperpaket *nt* SÜDD

pack·er ['pækəʳ, AM -ɚ] *n* [Ver]packer(in) *m(f);* (*of furniture*) Möbelpacker(in) *m(f);* (*machine*) Verpackungsmaschine *f*

pack·et ['pækɪt] *n* ① (*container*) Packung *f,* Schachtel *f;* **a ~ of biscuits** eine Packung Kekse; **a ~ of cigarettes** eine Schachtel Zigaretten; **a ~ of crisps** eine Tüte Chips ② BRIT, AUS (*fam: a lot of money*) ■**a ~** ein Vermögen *nt,* ein Haufen *m* Geld *fam* ③ BRIT (*vulg: man's sexual organs*) Gehänge *nt sl*

'pack ice *n no pl* Packeis *nt*

pack·ing ['pækɪŋ] *n no pl* ① (*action*) Packen *nt* ② (*protective wrapping*) Verpackung *f*

'pack·ing box *n* AM, **'pack·ing case** *n* [Umzugs]karton *m,* [Umzugs]kiste *f* **'pack·ing costs** *npl* Verpackungskosten *pl* **'pack·ing crate** *n* AM [Umzugs]karton *m,* [Umzugs]kiste *f* **'pack·ing list** *n* Packliste *f* **'pack·ing ma·terial** *n* Verpackungsmaterial *nt*

pact [pækt] *n* Pakt *m,* Abkommen *nt*

pacy *adj see* **pacey**

pad[1] [pæd] *vi* trotten; (*walk softly*) tappen

pad[2] [pæd] **I.** *n* ① (*wad*) Pad *m o nt;* **cotton wool ~** Wattebausch *m;* **stamp ~** Stempelkissen *nt* ② SPORTS (*protector*) Polster *nt;* **knee ~** Knieschoner *m,* Knieschützer *m;* **shin ~** Schienbeinschoner *m,* Schienbeinschützer *m* ③ (*for shaping*) Polster *nt;* **shoulder ~** Schulterpolster *nt* ④ (*of paper*) Block *m;* **a ~ of paper** ein Papierblock *m;* **drawing/writing ~** Mal-/Schreibblock *m* ⑤ (*on animal's foot*) Ballen *m;* **the dog had a thorn in it's ~** der Hund hatte einen Dorn in der Pfote ⑥ AEROSP, AVIAT Abflug- und Landeplatz *m;* **helicopter ~** Hubschrauberlandeplatz *m;* **launch ~** Startrampe *f,* Abschussrampe *f;* **missile ~** Raketenabschussrampe *f* ⑦ (*sl: house, flat*) Bude *f fam* ⑧ (*leaf*) Seerosenblatt *nt* **II.** *vt* <-dd-> ■**to ~ sth** etw [aus]polstern; **to ~ an expense account** (*fig*) zu viel an Spesen in Rechnung stellen

◆**pad out** *vt* (*a. iron*) ■**to ~ out** ⊂ **sth** etw ausschmücken *a. iron;* **to ~ out a piece of writing/a speech** ein Schreiben/eine Rede ausschmücken

pad·ded ['pædɪd] *adj inv* [aus]gepolstert; **~ bra** wattierter BH; **~ envelope** gefütterter [Brief]umschlag

pad·ded 'cell *n* Gummizelle *f*

pad·ding ['pædɪŋ] *n no pl* ① (*protective material*) Polsterung *f* ② (*shaping material*) Polster *nt* ③ (*superfluous material*) Füllwerk *nt*

pad·dle[1] ['pædl] **I.** *n* ① (*oar*) Paddel *nt* ② NAUT (*on paddle wheel*) Schaufel *f;* (*paddle wheel*) Schaufelrad *nt* ③ SPORTS (*bat*) Schläger *m* **II.** *vt* ① (*row*) **to ~ a boat/canoe** ein Boot/Kanu mit Paddeln vorwärtsbewegen ② *esp* AM (*fam: spank*) ■**to ~ sb** jdn versohlen *fam* ▶ PHRASES: **to ~ one's own canoe** auf eigenen Beinen [*o* Füßen] stehen **III.** *vi* ① (*row*) paddeln ② (*swim*) paddeln

pad·dle[2] ['pædl] **I.** *n* Planschen *nt kein pl;* **to go for** [*or* **have**] **a ~** planschen gehen **II.** *vi* planschen

'pad·dle ball *n no pl* AM *Hallenballspiel, ähnlich dem amerikanischen Handball* **'pad·dle boat** *n,* **'pad·dle steam·er** *n* [Schaufel]raddampfer *m* **'pad·dle ten·nis** *n no pl* AM Paddle-Tennis *nt* (*Sportart*) **'pad·dle wheel** *n* Schaufelrad *nt*

'pad·dling pool *n esp* BRIT, AUS Planschbecken *nt*

pad·dock ['pædək] *n* ① (*for animals*) Koppel *f* ② AUS (*farm field*) Feld *nt* ③ (*in horse racing*) Sattelplatz *m* ④ (*in motor racing*) Fahrerlager *nt*

pad·dy[1] ['pædi] *n* BRIT (*dated*) Wutausbruch *m,* Koller *m fam;* **to get in[to] a ~** einen Wutanfall bekommen; ■**to be in a ~** einen Koller haben *fam;* **I'd keep away from him this morning – he's in one of his paddies** ich würde mich heute Morgen von ihm fernhalten – er hat einen seiner Anfälle

pad·dy[2] ['pædi] *n* Reisfeld *nt*

Pad·dy ['pædi] *n* (*pej! fam!*) Paddy *m fam* (*meist abwertende Bezeichnung für Iren*)

'pad·dy field *n* Reisfeld *nt* **'pad·dy wag·on** *n* AM, AUS (*fam*) grüne Minna *hum fam*

pad·lock ['pædlɒk, AM -lɑːk] **I.** *n* Vorhängeschloss *nt* **II.** *vt* ■**to ~ sth** etw [mit einem Vorhängeschloss] verschließen

pa·dre ['pɑːdreɪ] *n* Feldkaplan *m,* Feldgeistliche(r) *m,* Herr

Kaplan

paean ['pi:ən] *n* (*liter*) Loblied *nt,* Lobeshymne *f geh*

paed·er·ast *n* BRIT, AUS (*dated*) *see* **pederast**

paed·er·as·ty *n* BRIT, AUS (*dated*) *see* **pederasty**

pae·di·at·ric [ˌpi:di'ætrɪk], AM **pe·di·at·ric** *adj inv* pädiatrisch; ~ **hospital** Kinderkrankenhaus *nt;* ~ **medicine** Kinderheilkunde *f,* Pädiatrie *f fachspr*

pae·dia·tri·cian [ˌpi:diə'trɪʃən], AM **pe·dia·tri·cian** *n* MED Kinderarzt, -ärztin *m, f,* Pädiater *m fachspr*

pae·di·at·rics [ˌpi:di'ætrɪks], AM **pe·di·at·rics** *npl + sing vb* Kinderheilkunde *f,* Pädiatrie *f fachspr*

pae·do·phile [ˌpi:də(ʊ)'faɪl], AM **pe·do·phile** [ˌpedoʊ'-] *n* Pädophile(r) *m*

'pae·do·phile ring *n* Kinderpornoring *m*

pae·do·philia [ˌpi:də(ʊ)'fɪliə], AM **pe·do·philia** [ˌpedoʊ'fi:l-] *n no pl* PSYCH Pädophilie *f*

pa·el·la [paɪ'elə, AM -'jelə] *n no pl* FOOD Paella *f*

pa·gan ['peɪgən] **I.** *n* ❶ (*polytheist*) Heide, -in *m, f* ❷ (*unbeliever*) Ungläubige(r) *f(m),* Heide, -in *m, f pej* **II.** *adj* heidnisch

pa·gan·ism ['peɪgənɪzəm] *n* ❶ *no pl* (*polytheism*) Heidentum *nt* ❷ (*unbelief*) Unglaube *m*

page¹ [peɪdʒ] **I.** *n* ❶ (*single sheet*) Blatt *nt;* (*single side*) Seite *f;* **see ~ 18** s. Seite 18; **for details on how to enter the competition, see ~ 134** die Einzelheiten, wie man am Wettbewerb teilnehmen kann, finden Sie auf Seite 134; **front/sports ~** Titel-/Sportseite *f* ❷ COMPUT Seite *f* ❸ (*fig: important event*) Kapitel *nt;* **a ~ in history** ein Kapitel *nt* [in] der Geschichte **II.** *vi* ❶ (*read*) **to ~ through a book/magazine** ein Buch/eine Zeitschrift durchblättern ❷ COMPUT ■**to ~ up/down** auf der Seite nach oben/unten gehen

page² [peɪdʒ] **I.** *n* ❶ (*hist: knight's attendant*) Knappe *m hist* ❷ (*hotel worker*) Page *m* **II.** *vt* ■**to ~ sb** (*over loudspeaker*) jdn ausrufen; (*by pager*) jdn anpiepsen

pag·eant ['pædʒənt] *n* ❶ (*play*) Historienspiel *nt* ❷ (*procession*) Festzug *m,* festlicher Umzug

pag·eant·ry ['pædʒəntri] *n no pl* Prunk *m,* Pomp *m*

page·boy ['peɪdʒbɔɪ] *n* ❶ (*in hotel*) Page *m* ❷ (*at wedding*) Brautführer *m* ❸ (*hairstyle*) Pagenfrisur *f,* Pagenkopf *m*

page-jack·ing ['peɪdʒˌjækɪŋ] *n* Page-Jacking *nt* (*Lotsen von Internetbenutzern auf eigene Seiten durch Manipulation mit unverfänglichen Angeboten oder von Pornoanbietern aufgestellte Internetfalle, die den Benutzer von einer etablierten Webseite auf die eigene Seite ‚entführt'*)

pag·er ['peɪdʒəʳ, AM -ɚ] *n* Pager *m,* Personenrufempfänger *m,* Piepser *m fam*

Page 'Three girl *n* BRIT, AUS *Oben-ohne-Fotomodell in Boulevardzeitungen* **'page-turn·er** *n* (*fam*) fesselndes Buch

'page view *n no pl* Besucherstatistik *f* (*einer Webseite*)

pagi·na·tion [ˌpædʒɪ'neɪʃən, AM -dʒən'eɪ-] *n no pl* PUBL Seitennummerierung *f,* Paginierung *f fachspr*

pa·go·da [pə'gəʊdə, AM -'goʊ-] *n* Pagode *f*

paid [peɪd] **I.** *pt, pp of* **pay II.** *adj attr, inv* bezahlt; ~ **holiday** [*or* AM **vacation**] bezahlter Urlaub

paid-'in *adj inv* AM (*paid-up*) voll eingezahlt; ~ **member** Mitglied *nt* ohne Beitragsrückstände

paid po·liti·cal 'broad·cast *n* AM (*party political broadcast*) parteipolitische Sendung

paid-'up *adj inv* BRIT ❶ (*subscribing*) voll eingezahlt; ~ **member** Mitglied *nt* ohne Beitragsrückstände; **she's a ~ member of the Labour Party** sie ist ein vollwertiges Mitglied der Labour Party ❷ (*fig: enthusiastic*) [sehr] begeistert

pail [peɪl] *n* Eimer *m*

pail·ful ['peɪlfʊl] *n* Eimer *m;* **a ~ of water** ein Eimer *m* [voll] Wasser

pail·lette [pæl'jet] *n* Paillette *f*

pain [peɪn] **I.** *n* ❶ (*feeling*) Schmerz *m;* **aches and ~s** Gebrechen *ntpl;* **a ~ in one's leg/side** Schmerzen *mpl* im Bein/in der Seite; **~s and pleasures** Freuden und Leiden; **dull/sharp/stabbing ~** schwacher/heftiger/stechender Schmerz; **to give sb ~** jdm Schmerzen bereiten ❷ *no pl* (*physical suffering*) Schmerz[en] *m[pl];* **to ease the ~** die Schmerzen lindern; **to be in ~** Schmerzen haben; **are you in ~?** haben Sie Schmerzen?; **to double up in** [*or* **be doubled up with**] **~** sich *akk* vor Schmerzen krümmen; **sth gives sb ~** etw tut jdm weh ❸ *no pl* (*mental suffering*) Leid *nt;* **they are still in great ~ over her death** sie leiden noch immer sehr unter ihrem Tod; **~ of loss/parting** Trennungs-/Abschiedsschmerz *m* ❹ (*great care*) ■**~s** *pl* Mühe *f;* **to go to** [*or* **take**] **great ~s to do sth** keine Mühe scheuen, etw zu tun; **I went to great ~s to select the best staff available** ich habe alles darangesetzt, die besten Leute auszuwählen, die ich bekommen konnte; ■**to be at ~s to do sth** sich *dat* [große] Mühe geben, etw zu tun ❺ (*fam: nuisance*) **to be a ~** einem auf die Nerven gehen *fam;* **it's such a ~ having to go shopping** Einkaufen gehen zu müssen finde ich sehr lästig; **that child is a real ~** das Kind ist eine Nervensäge ▶ PHRASES: **to be a ~ in the <u>backside</u>** [*or* BRIT, AUS *a.* **<u>arse</u>**] [*or* AM *a.* **<u>butt</u>** [*or* **<u>ass</u>**]] (*fam!*) einem auf den Wecker [*o* Geist] gehen *fam;* **writing these reports is a ~ in the arse** diese Berichte zu schreiben nervt unglaublich; **will you stop being such a ~ in the butt?** willst du vielleicht endlich mal aufhören, mich ständig zu nerven?; **no <u>gain</u> without ~, no ~, no <u>gain</u>** ohne Fleiß kein Preis; **to be a ~ in the <u>neck</u>** (*fam*) einem auf die Nerven gehen *fam;* **he's a ~ in the neck** er ist eine Nervensäge; **<u>for</u> sb's ~s** zum Dank für jds Mühe *f;* **he tried to help and was told to eff off for his ~s** er versuchte zu helfen und zum Dank dafür sagte man ihm, er solle sich verpissen; **<u>on</u>** [*or* **<u>under</u>**] **~ of sth** unter Androhung einer S. *gen* **II.** *vt* ■**it ~s sb to do sth** es tut jdm leid, etw zu tun

'pain bar·ri·er *n* Schmerzgrenze *f*

pained [peɪnd] *adj expression, look* gequält

pain·ful ['peɪnfəl] *adj* ❶ (*causing physical pain*) schmerzhaft; ~ **death** qualvoller Tod ❷ (*upsetting*) schmerzlich; **it was my ~ duty to tell him the news** ich hatte die traurige Aufgabe, ihm die Nachricht mitzuteilen; **the latest murder is a ~ reminder of the violence in the city** der jüngste Mordfall erinnert wieder einmal auf tragische Weise an die Gewalt, die in der Stadt herrscht

pain·ful·ly ['peɪnfəli] *adv* ❶ (*suffering pain*) unter Schmerzen; **the animal died slowly and ~** das Tier verendete langsam und qualvoll ❷ (*unpleasantly*) schmerzlich; **I am ~ aware of the fact that ...** ich bin mir der Tatsache schmerzlich bewusst, dass ... ❸ (*extremely*) schrecklich *fam,* furchtbar *fam;* **he is ~ shy** er ist furchtbar schüchtern; **the work is progressing, but ~ slowly** die Arbeit kommt voran, allerdings nur sehr zäh ❹ (*with great effort*) quälend; **she inched her way ~ towards the door** sie quälte sich mühsam in Richtung Tür

'pain·kill·er *n* Schmerzmittel *nt*

'pain·kill·ing *adj inv* schmerzstillend *attr*

pain·less ['peɪnləs] *adj* ❶ *inv* (*without pain*) schmerzlos ❷ (*fig: without trouble*) *solution* einfach; *war* schmerzlos

pain·less·ly ['peɪnləsli] *adv* schmerzlos

pains·tak·ing ['peɪnzˌteɪkɪŋ] *adj* [sehr] sorgfältig; ~ **care** äußerste Sorgfalt; ~ **effort** große Mühe; ~ **research** gewissenhafte Forschung; ~ **search** gründliche Suche

pains·tak·ing·ly ['peɪnzˌteɪkɪŋli] *adv* [sehr] sorgfältig

paint [peɪnt] **I.** *n* ❶ *no pl* (*substance*) Farbe *f;* (*on car, furniture also*) Lack *m;* **the ~ was flaking off the wood** der Anstrich blätterte vom Holz ab; **gloss ~** Glanzlack *m;* **oil/poster ~** Öl-/Plakatfarbe *f* ❷ (*art colour*) ■**~s** *pl* Farben *fpl;* **oil ~s** Ölfarben *fpl* ❸ *no pl* (*make-up*) Schminke *f* **II.** *vi* ❶ ART malen; **to ~ in oils/watercolours** [*or* AM **watercolors**] mit Öl-/Wasserfarben malen ❷ (*decorate rooms*) streichen **III.** *vt* ❶ (*make picture*) ■**to ~ sb/sth** jdn/etw malen ❷ (*decorate*) **to ~ a house** ein Haus anstreichen; **to ~ a room/wall** ein Zimmer/eine Wand streichen ❸ (*apply make-up*) **she ~ed her nails a bright red** sie lackierte ihre Nägel knallrot; **to ~ one's face**

P

sich *akk* das Gesicht schminken, sich *akk* anmalen *fam* ❹ (*fig: describe*) ■**to ~ sb/sth** jdn/etw beschreiben; **to ~ a picture of sth** etw schildern; **to ~ a grim/rosy picture of sth** ein trostloses/rosiges Bild von etw *dat* zeichnen ▶PHRASES: **to ~ oneself into a corner** sich *akk* selbst in die Enge treiben; **to ~ the town red** auf die Pauke hauen *fam;* **not to be as bad** [*or* **black**] **as he/she/it is ~ed** besser als sein/ihr/sein Ruf sein
◆**paint out, paint over** *vt* ■**to ~ out** [*or* **over**] ↻ **sth** etw übermalen; (*on wall*) etw überstreichen
'paint·ball *n no pl Gelände-/Kriegsspiel, bei dem die Teilnehmer mit Farbpistolen aufeinander schießen* **'paint·box** *n* Malkasten *m,* Farbkasten *m* **'paint·brush** *n* [Farb]pinsel *m*
paint·ed ['peɪntɪd, AM -t̬-] *adj inv* bemalt, farbig; ZOOL, BOT bunt
paint·ed 'lady *n* Distelfalter *m*
paint·er¹ ['peɪntəʳ, AM -t̬ɚ] *n* ❶ (*artist*) [Kunst]maler(in) *m(f)* ❷ (*decorator*) Maler(in) *m(f),* Anstreicher(in) *m(f);* **~ and decorator** Maler *m* und Tapezierer
paint·er² ['peɪntəʳ, AM -t̬ɚ] *n* NAUT Fangleine *f*
'pain thresh·old *n* ❶ (*start of pain*) Schmerzschwelle *f* ❷ (*limit of endurance*) Schmerzgrenze *f*
paint·ing ['peɪntɪŋ, AM -t̬-] *n* ❶ (*picture*) Bild *nt,* Gemälde *nt geh* ❷ *no pl* (*art*) Malerei *f;* **my hobbies are ~ and writing short stories** meine Hobbys sind Malen und Kurzgeschichtenschreiben; **19th-century French ~** die französische Malerei des 19. Jahrhunderts ❸ *no pl* (*house decorating*) Streichen *nt*
'paint pot *n* Farbtopf *m,* Farbeimer *m* **'paint roll·er** *n* Farbroller *m* **'paint strip·per** *n* Ablauger *m,* Abbeizer *m,* Abbeizmittel *nt* **'paint·work** *n no pl of a house, room, wall* Anstrich *m; of a car* Lack *m,* Lackierung *f*
pair [peəʳ, AM per] **I.** *n* ❶ (*two items*) Paar *nt;* **I've only got one ~ of hands** ich habe [auch] nur zwei Hände; **a ~ of eyes** ein Augenpaar *nt;* **a ~ of gloves/socks** ein Paar *nt* Handschuhe/Socken ❷ (*two-part item*) Paar *nt;* **a ~ of glasses** eine Brille; **a ~ of scissors** eine Schere; **a ~ of trousers** eine Hose; **a ~ of tweezers** eine Pinzette ❸ + *sing/pl vb* (*two people*) Paar *nt;* **in ~s** paarweise; (*couple in a relationship*) Paar *nt,* Pärchen *nt* ❹ + *sing/pl vb* ZOOL Pärchen *nt* ❺ + *sing/pl vb* (*two horses*) Zweiergespann *nt;* **a carriage and ~** ein Zweispänner *m* **II.** *vi animals* sich *akk* paaren **III.** *vt usu passive* ■**to be ~ed with sb/sth** mit jdm/etw ein Paar bilden
◆**pair off I.** *vi* einen Partner/eine Partnerin finden **II.** *vt* ■**to ~ sb off** [**with sb**] jdn [mit jdm] verkuppeln *fam*
◆**pair up** *vi* sich *akk* paarweise gruppieren; ■**to ~ up with sb** sich *akk* mit jdm zusammentun
pair·ing ['peərɪŋ, AM 'per-] *n no pl* Paarung *f;* **~ call/time** Paarungsruf *m*/-zeit *f*
'pair-skat·ing *n no pl* Paarlaufen *nt*
pais·ley ['peɪzli] *adj attr, inv pattern* türkisch; *tie, shirt* türkisch gemustert
pa·jam·as *npl* AM *see* **pyjamas**
Paki ['pæki] (*pej!*) **I.** *n* (*fam!*) *short for* **Pakistani** *abwertende Bezeichnung für einen Pakistani/eine Pakistanerin* **II.** *adj inv* (*fam!*) *short for* **Pakistani** pakistanisch
Pa·ki·stan [ˌpɑːkɪ'stɑːn, AM 'pækɪstæn] *n* Pakistan *nt*
Pa·ki·stani [ˌpɑːkɪ'stɑːni, AM ˌpækɪ'-] **I.** *n* Pakistani *m,* Pakistaner(in) *m(f)* **II.** *adj inv* pakistanisch
pal [pæl] **I.** *n* (*fam*) ❶ (*friend*) Kumpel *m fam* ❷ (*form of address*) Kumpel *m fam;* **look, ~, you're asking for trouble** pass mal auf, mein Freund, du suchst anscheinend Ärger **II.** *vi* <-ll-> AM ■**to ~ around** [**with sb**] [mit jdm] befreundet sein
◆**pal up** *vi esp* BRIT, AUS (*dated*) sich *akk* anfreunden; ■**to ~ up with sb** sich *akk* mit jdm anfreunden
pal·ace ['pælɪs, AM -əs] *n* ❶ (*official residence*) Palast *m,* Palais *nt;* **royal ~** königlicher Palast; ■**the P~** das Königshaus, der König/die Königin ❷ (*fam: splendid house*) Palast *m* ❸ (*dated: large public building*) Palast *m veraltet;* **movie ~** Filmpalast *m*
palae·og·ra·phy [ˌpæli'ɒgrəfi, ˌpeɪli-], AM **pale·og·ra·phy** [ˌpeɪli'ɑːg-] *n no pl* Paläographie *f*
Palaeo·lith·ic [ˌpæliə(ʊ)'lɪθɪk, ˌpeɪli-], AM **Paleo·lith·ic** [ˌpeɪlioʊ'-] *adj inv* paläolithisch *geh,* altsteinzeitlich; ■**~** paläolithisch, des Paläolithikums *nach n*
palae·on·tolo·gist [ˌpæliɒn'tɒlədʒɪst, ˌpeɪli-], AM **pale·on·tolo·gist** [ˌpeɪliɑːn'tɑːl-] *n* Paläontologe, -in *m, f*
palae·on·tol·ogy [ˌpæliɒn'tɒlədʒ, ˌpeɪli-], AM **pale·on·tol·ogy** [ˌpeɪliɑːn'tɑːl-] *n no pl* Paläontologie *f*
pala·mi·no *n see* **palomino**
pal·at·able ['pælətəbl̩, AM -t̬-] *adj* ❶ (*of food, drink*) schmackhaft ❷ (*fig: acceptable*) annehmbar, akzeptabel
pala·tal ['pælətəl, AM -t̬əl] *adj inv* LING palatal; **~ consonant** palataler Konsonant, Palatal *m*
pal·ate ['pælət] *n* Gaumen *m;* (*fig*) Gaumen *m,* Geschmack *m;* **these are wines to suit the most discriminating of ~s** dies sind Weine, die selbst den verwöhntesten Gaumen zufrieden stellen
pa·la·tial [pə'leɪʃəl] *adj* prachtvoll, prunkvoll
pa·la·ver [pə'lɑːvəʳ, AM -'lævɚ] *n* (*fam*) Theater *nt fam;* **what a ~!** was für ein Theater!
pale¹ [peɪl] **I.** *adj* ❶ (*lacking colour*) blass, bleich; **~ complexion/skin** blasse Gesichtsfarbe/Haut; **to look/turn ~** blass aussehen/werden ❷ (*not dark*) blass, hell ▶PHRASES: **a ~ imitation of sth** eine billige Imitation [*o fam* ein Abklatsch *m*] von etw *dat* **II.** *vi* ❶ (*go white*) bleich [*o* blass] werden ❷ (*seem unimportant*) **to ~ in comparison with** [*or* **beside**] **sth** neben etw *dat* verblassen; **to ~ into insignificance** bedeutungslos [*o* unwichtig] erscheinen; **everything else in my life ~s into insignificance beside that one event** neben diesem einen Ereignis erscheint alles andere in meinem Leben unwichtig
pale² [peɪl] *n* ❶ (*post*) Pfosten *m,* Pfahl *m* ❷ *no pl* ■**the P~** *Gebiet in Irland, das vom 12. bis zum 16. Jahrhundert englischer Jurisdiktion unterlag* ▶PHRASES: **beyond the ~** indiskutabel; **the manager's treatment of the visitors was beyond the ~** wie der Geschäftsführer die Besucher behandelt hat, war einfach unmöglich
pale 'ale *n* helles Bier **'pale·face** *n* (*pej!*) Bleichgesicht *nt pej o hum*
pale·ness ['peɪlnəs] *n no pl* Blässe *f*
pale·og·ra·phy *n* AM *see* **palaeography**
Paleo·lith·ic *adj* AM *see* **Palaeolithic**
pale·on·tolo·gist *n* AM *see* **palaeontologist**
pale·on·tol·ogy *n* AM *see* **palaeontology**
Pal·es·tine ['pæləstaɪn] *n* Palästina *nt*
Pal·es·tine Libe·'ra·tion Or·gani·za·tion *n no pl,* + *sing/pl vb* ■**the ~** die Palästinensische Befreiungsorganisation
Pal·es·tin·ian [ˌpælə'stɪniən] **I.** *n* Palästinenser(in) *m(f)* **II.** *adj inv* palästinensisch
pal·ette ['pælət, AM -ɪt] *n* ART ❶ (*for mixing paint*) Palette *f* ❷ (*range of colours*) [Farb]palette *f*
'pal·ette knife *n* ❶ ART (*for paints*) Palettenmesser *nt,* Palettenspachtel *m* ❷ (*for spreading*) Streichmesser *nt*
pali·mo·ny ['pæləmoʊni] *n* AM Unterhaltszahlung *f* (*bei Auflösung einer Ehe ohne Trauschein*)
pal·in·drome ['pælɪndrəʊm, AM -droʊm] *n* LING Palindrom *nt*
pal·ing ['peɪlɪŋ] *n* Lattenzaun *m;* ■**~s** *pl* BRIT, AUS Umzäunung *f*
pali·sade [ˌpælɪ'seɪd, AM -ə'-] *n* ❶ (*fence*) Palisade *f,* Palisadenzaun *m* ❷ (*cliffs*) ■**~s** *pl* Steilufer *nt,* Klippen *fpl*
pal·ish ['peɪlɪʃ] *adj inv* blass, blässlich; **the sky was a ~ blue** der Himmel war blassblau
pall¹ [pɔːl] *vi* an Reiz verlieren; **the pleasure of not having to work quickly ~ed** die Freude darüber, nicht arbeiten zu müssen, ließ schnell nach
pall² [pɔːl] *n* ❶ (*for coffin*) Sargtuch *nt* ❷ AM (*coffin*) Sarg *m* ❸ (*cloud*) [Rauch]wolke *f;* **~ of smoke** Rauchwolke *f;* **to cast a ~ over sth** (*fig*) einen Schatten auf etw *akk* werfen, etw

überschatten

'pall·bear·er *n* Sargträger(in) *m(f)*

pal·let ['pælɪt] *n* ❶ *(for goods)* Palette *f* ❷ *(bed)* Pritsche *f*

pal·lia·tive ['pæliətɪv, AM -t̬-] **I.** *n* ❶ *(drug)* Schmerzmittel *nt*, Palliativ[um] *nt fachspr* ❷ *(fig: problem-easer)* Beschönigung *f* **II.** *adj* ❶ *inv (pain-relieving)* schmerzstillend *attr*, palliativ *fachspr* ❷ *(fig: problem-easing)* beschönigend

pal·lid ['pælɪd] *adj* ❶ *(very pale)* sehr blass, fahl ❷ *(lacking verve)* temperamentlos, fad[e]

pal·lor ['pæləʳ, AM -ɚ] *n* Blässe *f*, Fahlheit *f*

pal·ly ['pæli] *adj esp* BRIT *(fam)* kumpelhaft *fam*; ▪**to be ~ with sb** mit jdm [sehr] gut befreundet sein

palm¹ [pɑːm] *n* ❶ *(tree)* Palme *f*; **date ~** Dattelpalme *f* ❷ *(liter: prize)* ▪**the ~** die Siegespalme; **to win** [*or* AM *a.* **carry off**] **the ~** die Siegespalme erringen

palm² [pɑːm] **I.** *n* Hand[innen]fläche *f*, Handteller *m*; **it fits into the ~ of your hand** es ist nicht größer als deine Handfläche; **to read sb's ~** jdm aus der Hand lesen ▶PHRASES: **to have sb in the ~ of one's hand** jdn in der Hand haben; **to have sb eating out of the ~ of one's hand** jdn so weit haben, dass er einem aus der Hand frisst *fam*; **he's got his boss eating out of the ~ of his hand** sein Chef frisst ihm aus der Hand *fam*; **to have an itching ~** AM geldgierig sein **II.** *vt* ▪**to ~ sth** ❶ *(make disappear)* etw [in der Hand] verschwinden lassen; **to ~ a card** eine Karte im Ärmel verstecken ❷ *(steal)* etw verschwinden lassen *fam*

◆**palm off** *vt* ▪**to ~ off** ↻ **sth on sb** jdm etw andrehen *fam*; **he tried to ~ the painting off as a genuine Picasso** er versuchte das Bild als echten Picasso zu verkaufen; ▪**to ~ sb off with sth** jdn mit etw *dat* abspeisen *fam*

'palm frond *n* Palmwedel *m*

palm·ist ['pɑːmɪst] *n* Handleser(in) *m(f)*

palm·is·try ['pɑːmɪstri] *n no pl* Handlesekunst *f*

'palm leaf *n* Palmenblatt *nt* **'palm oil** *n* Palmöl *nt* **'Palm Pi·lot®** *n* Palm Pilot® *m* **'palm-size** *adj* handflächengroß **palm-size P'C** [ˌpɑːmsaɪzpiː'siː] *n* [handflächengroßer] Taschencomputer, Palmtop *m* **Palm 'Sun·day** *n* Palmsonntag *m* **'palm·top** ['pɑːmtɒp, AM -tɑːp] *n* Palmtop *m* **'palm tree** *n* Palme *f*

palo·mi·no [ˌpælə'miːnəʊ, AM -noʊ] *n* Palominopferd *nt*

pal·pable ['pælpəbl̩] *adj* ❶ *(obvious)* offenkundig, deutlich; **her relief was ~** sie war sichtlich erleichtert ❷ *(tangible)* spürbar, greifbar

pal·pably ['pælpəbli] *adv* offenkundig, eindeutig

pal·pi·tate ['pælpɪteɪt, AM -pə-] *vi heart* [schnell] klopfen, palpitieren *fachspr*; **my heart was palpitating with joy** mir klopfte das Herz vor Freude

pal·pi·ta·tions [ˌpælpɪ'teɪʃᵊnz, AM -pə'-] *npl* MED Herzklopfen *nt kein pl*; **to have ~** *(fig)* einen [Herz]anfall bekommen

pal·sy ['pɔːlzi, AM *esp* 'pɑːl-] *n* Lähmung *f*; **cerebral ~** Kinderlähmung *f*

pal·sy-wal·sy [ˌpælzi'wælzi] *adj (fam) relationship* freundschaftlich; ▪**to be ~** ein Herz und eine Seele sein; **she's ~ with him** die beiden sind ein Herz und eine Seele; **I don't know why she's suddenly trying to be ~ with us** ich weiß nicht, warum sie auf einmal so überfreundlich zu uns ist

pal·try ['pɔːltri, AM *esp* 'pɑːl-] *adj* ❶ *(small)* armselig; **~ sum** lächerliche Summe; **~ wage** geringer [*o* kärglicher] Lohn ❷ *(contemptible)* billig *pej*

pam·pas ['pæmpəs, AM 'pæmpəz, 'pɑm-,] *n + sing/pl vb* Pampa *f*

'pam·pas grass *n no pl* Pampa[s]gras *nt*

pam·per ['pæmpəʳ, AM -ɚ] *vt* ▪**to ~ sb** [**with sth**] jdn [mit etw *dat*] verwöhnen; ▪**to ~ oneself with sth** sich *dat* etw gönnen

pam·pered ['pæmpəd, AM -ɚd] *adj* verwöhnt

pam·phlet ['pæmflɪt] *n* [kleine] Broschüre *f*, Faltblatt *nt*; POL Flugblatt *nt*, Pamphlet *nt geh*

pan¹ [pæn] *vi* FILM schwenken

pan² [pæn] **I.** *n* ❶ *(for cooking)* Pfanne *f*; AM *(for oven cooking)* Topf *m*; **pots and ~s** Kochtöpfe *mpl*, Kochgeschirr *nt*; **frying/grill ~** Brat-/Grillpfanne *f*; **non-stick ~** antihaftbeschichtete Pfanne ❷ *(for gold)* Goldpfanne *f* ❸ BRIT *(toilet bowl)* Toilettenschüssel *f* ❹ AM *(sl: face)* Gesicht *nt* ▶PHRASES: **to go down the ~** den Bach runtergehen *fam* **II.** *vt* <-nn-> ❶ AM *(cook)* ▪**to ~ sth** etw [in der Pfanne] braten ❷ *(wash)* **to ~ gold** Gold waschen ❸ *(fam: criticize)* ▪**to ~ sb/sth** jdn/etw heftig kritisieren [*o fam* verreißen]; **to ~ a book/film** einen Film/ein Buch verreißen; **to get ~ned** verrissen werden **III.** *vi* <-nn-> **to ~ for gold** Gold *nt* waschen

◆**pan out** *vi* ❶ *(develop)* sich *akk* entwickeln; **we'll have to see how things ~ out** wir müssen abwarten, wie sich die Dinge entwickeln ❷ *(succeed)* funktionieren, klappen *fam*; **their attempt didn't ~ out** ihr Versuch ging daneben *fam*

pana·cea [ˌpænə'siːə] *n* Allheilmittel *nt*, Wundermittel *nt*; *(fig)* Patentlösung *f*

pa·nache [pə'næʃ] *n no pl* Elan *m*, Schwung *m*; **with great ~** sehr schwungvoll

pana·ma [ˌpænə'mɑː, AM 'pænəmɑː] *n* Panamahut *m*

Pana·ma [ˌpænə'mɑː, AM 'pænəmɑː] *n* Panama *nt*

Pana·ma Ca·'nal *n no pl* ▪**the ~** der Panamakanal **pana·ma 'hat** *n* Panamahut *m*

Pana·ma·nian [ˌpænə'meɪniən] **I.** *n* Panamaer(in) *m(f)* **II.** *adj inv* panamaisch

Pan-Ameri·can [ˌpænə'merɪkᵊn] *adj inv* panamerikanisch

pana·tel·la [ˌpænə'telə] *n Zigarrensorte*

'pan·cake *n* Pfannkuchen *m* **'Pan·cake Day** *n* BRIT *(fam)* Fastnachtsdienstag *m*, Faschingsdienstag *m* **pan·cake 'land·ing** *n* Bauchlandung *f* **pan·cake 'roll** *n* BRIT *aufgerollter gefüllter Pfannkuchen*

pan·cre·as <*pl* -es> ['pæŋkriəs, AM *esp* 'pæn-] *n* Bauchspeicheldrüse *f*, Pankreas *nt fachspr*

pan·cre·at·ic [ˌpæŋkri'ætɪk, AM ˌpænkri'æt̬-, ˌpæŋ-] *adj inv* Pankreas-; **~ juice** Pankreassaft *m*

pan·da ['pændə] *n* Panda *m*; **red ~** Katzenbär *m*

'pan·da car *n* BRIT Streifenwagen *m*

pan·dem·ic [pæn'demɪk] **I.** *n* Seuche *f*, Pandemie *f fachspr*; **~ of influenza** Grippepandemie *f* **II.** *adj* pandemisch; *(fig)* weit verbreitet

pan·de·mo·nium [ˌpændə'məʊniəm, AM -'moʊ-] *n no pl* ❶ *(noisy confusion)* Chaos *nt*; **~ reigns** es herrscht Chaos ❷ *(fig: uproar)* Tumult *m*, Höllenlärm *m fam*

pan·der ['pændəʳ, AM -ɚ] *vi (pej)* ▪**to ~ to sth** etw *dat* nachgeben; **political leaders almost inevitably ~ to big business** führende Politiker fügen sich fast zwangsläufig der Großindustrie; **to ~ to sb's whims** auf jds Launen *fpl* eingehen

P & L [ˌpiːᵊn(d)'el] *n* ECON *abbrev of* **profit and loss account**

Pan·dora's box [pænˌdɔːrəz'bɒks, AM -'bɑːks] *n no pl* die Büchse der Pandora; **to open** [**up**] **~** die Büchse der Pandora öffnen

P & P [ˌpiːᵊn(d)'piː] *n no pl* BRIT *abbrev of* **postage and packing**

pane [peɪn] *n* [Fenster]scheibe *f*; **window ~** Fensterscheibe *f*

pan·egyr·ic [ˌpænə'dʒɪrɪk] *n (form)* Lobrede *f*; **to deliver a ~ on sb** eine Lobrede auf jdn halten

pan·el ['pænᵊl] **I.** *n* ❶ *(wooden)* [Holz]paneel *nt* ❷ *(metal)* Blech *nt* ❸ FASHION *(part of garment)* [Stoff]streifen *m* ❹ PUBL *(on page)* Feld *nt* ❺ *+ sing/pl vb (team)* Gruppe *f*, Team *nt*; **a ~ of experts** ein Expertenteam *nt* ❻ *(instrument board)* Tafel *f*; **control ~** Schalttafel *f*; **instrument ~** AVIAT Instrumentenbrett *nt*; AUTO Armaturenbrett *nt* **II.** *vt* <BRIT -ll- *or* AM *usu* -l-> ▪**to ~ sth** [**in sth**] etw [mit etw *dat*] täfeln

'pan·el beat·er *n* BRIT Autoschlosser(in) *m(f)* **'pan·el dis·cus·sion** *n* Podiumsdiskussion *f* **'pan·el game** *n* BRIT TV Ratespiel *nt*, Ratequiz *nt*

pan·el·ing *n* AM *see* **panelling**

pan·el·ist *n* AM *see* **panellist**

P

pan·el·ling ['pænəlɪŋ], AM **pan·el·ing** *n no pl* [Holz]täfelung *f,* [Holz]verkleidung *f*

pan·el·list ['pænəlɪst], AM **pan·el·ist** *n* ❶ (*in expert team*) Mitglied *nt* [einer Expertengruppe] ❷ (*in quiz team*) Teilnehmer(in) *m(f)* (*an einer Quizshow*)

'pan·el pin *n* BRIT Stift *m* **'pan·el truck** *n* AM Lieferwagen *m*

pan·et·to·ne <*pl* -ni> [ˌpænə'təʊneɪ, AM -ɪ'toʊ-] *n* Panettone *m*

'pan-fry <-ie-> *vt* ■ **to ~ sth** etw [in der Pfanne] braten

pang [pæŋ] *n* [plötzliches] Schmerzgefühl; **~ of guilt/jealousy/remorse** Anwandlung *f* von Schuldgefühlen/Eifersucht/Reue

'pan·han·dle I. *n* ❶ (*on pan*) Pfannenstiel *m* ❷ GEOG Zipfel *m* ❸ BRIT (*vulg: erect penis*) Steifer *m vulg;* **dead man's ~** *Erektion, die gelegentlich bei Toten auftritt* **II.** *vi* schnorren **III.** *vt* **to ~ money** Geld schnorren **'pan·han·dler** *n* (*fam*) Schnorrer(in) *m(f)*

pan·ic ['pænɪk] **I.** *n no pl* ❶ (*overwhelming fear*) Panik *f;* **~ spread through the crowd** Panik breitete sich in der Menge aus ❷ (*hysterical fear*) panische Angst; **to get in[to] a ~** panische Angst bekommen, in Panik geraten; **to be in a ~** panische Angst haben **II.** *vi* <-ck-> in Panik geraten; **don't ~, everything will be OK** nur keine Panik, alles wird gut; ■ **to ~ about** [*or* **over**] **sth** wegen einer S. *gen* in Panik geraten **III.** *vt* ■ **to ~ sb** unter jdm Panik auslösen; **rumours of war ~ked many investors into selling their shares** Gerüchte über einen möglichen Krieg verleiteten viele Anleger zum panikartigen Verkauf ihrer Aktien **'pan·ic at·tack** *n* Panikattacke *f,* Panikanfall *m;* **to have a ~** eine Panikattacke [*o* einen Panikanfall] bekommen **'pan·ic but·ton** *n* Alarmknopf *m;* **to hit** [*or* **press**] [*or* **push**] **the ~** den Alarmknopf drücken; (*fig fam*) in Panik geraten *fam* **'pan·ic buy·ing** *n no pl* Panikkauf *m*

pan·icky ['pænɪki] *adj* panisch; **~ action** Kurzschlusshandlung *f;* **~ feeling** Gefühl *nt* von Panik; **I get a ~ feeling just as the aircraft starts to move** ich werde furchtbar nervös, sobald sich das Flugzeug in Bewegung setzt

'pan·ic sell·ing *n no pl* STOCKEX Panikverkauf *m* **'pan·ic sta·tions** *npl + sing vb* BRIT höchster Alarmzustand *fam;* **two weeks before an exam it's always ~** zwei Wochen vor einer Prüfung bricht bei mir immer die große Panik aus **pan·ic-strick·en** [ˌstrɪkən] *adj* von Panik ergriffen; **~ people were running in all directions** Menschen rannten in Panik in alle Richtungen

pan·ni·er ['pæniəʳ, AM -njɚ] *n* (*bag*) Satteltasche *f;* (*basket*) Tragkorb *m*

pano·ply ['pænəpli] *n no pl* ❶ ART Palette *f* ❷ (*pomp*) Prunk *m;* **with the full ~ of royal ceremony** mit allem Pomp einer königlichen Zeremonie

pano·ra·ma [ˌpænəʳ'rɑːmə, AM -ə'ræmə] *n* Panorama *nt;* (*fig*) Überblick *m,* Übersicht *f;* **a ~ of British history** ein Überblick über die britische Geschichte

pano·ram·ic [ˌpænəʳ'rɑːmɪk, AM -ə'ræm-] *adj* Panorama-; **~ scene** Panoramabild *nt,* Panoramaansicht *f*

pano·ram·ic 'view *n* Panoramablick *m*

'pan pipes *npl* Panflöte *f* **'pan scour·er** *n esp* BRIT Topfkratzer *m*

pan·sy ['pænzi] *n* ❶ (*flower*) Stiefmütterchen *nt* ❷ (*pej dated fam: male homosexual*) Homo *m fam,* Schwule(r) *m fam;* (*effeminate male*) Waschlappen *m pej fam,* Weichei *nt pej fam*

pant¹ [pænt] **I.** *vi* ❶ (*breathe*) keuchen, schnaufen ❷ (*crave*) **to ~ for breath** nach Luft schnappen ❸ (*liter: throb*) *heart* pochen *liter* **II.** *n* ❶ (*breath*) Keuchen *nt kein pl* ❷ (*liter: throb*) pochen *liter*

pant² [pænt] FASHION **I.** *n* ■ **~s** *pl* ❶ *esp* BRIT (*underpants*) Unterhose *f;* **a pair of ~s** eine Unterhose ❷ AM (*trousers*) [lange] Hose ▶ PHRASES: **to bore the ~s off sb** (*fam*) jdn zu Tode langweilen; **to piss** [*or* **wet**] [*or* **shit**] **one's ~s** (*vulg sl*) sich *dat* [vor Angst] in die Hosen machen *fam,* Schiss haben *sl;* **to scare** [*or* **frighten**] **the ~s off sb** jdm einen Riesenschrecken einjagen *fam;* **to be caught with one's ~ down** (*fam*) auf frischer Tat ertappt werden **II.** *n modifier* (*leg, pocket*) Hosen-; **~ cuff** Hosenaufschlag *m*

pan·tech·ni·con [pæn'teknɪkən] *n* BRIT (*old*) Möbelwagen *m*

pan·the·ism ['pæn(t)θiɪzəm] *n no pl* Pantheismus *m geh*

pan·the·ist ['pæn(t)θiɪst] **I.** *n* Pantheist(in) *m(f) geh* **II.** *adj inv* pantheistisch *geh*

pan·the·is·tic(al) [ˌpæn(t)θi'ɪstɪk(əl)] *adj inv* pantheistisch *geh*

pan·the·is·ti·cal·ly [ˌpæn(t)θi'ɪstɪkəli] *adv* pantheistisch *geh*

pan·the·on ['pæn(t)θiən, AM -ɑːn] *n* (*form*) ❶ ARCHIT Pantheon *nt fachspr,* Ruhmeshalle *f* ❷ *usu sing* (*group*) Pantheon *nt fig geh;* **Malcolm X belongs to the ~ of black civil rights heroes** Malcolm X gehört zu den wichtigsten Figuren der schwarzen Bürgerrechtsbewegung

pan·ther <*pl* - *or* -s> ['pæn(t)θəʳ, AM -ɚ] *n* ❶ (*leopard*) Panther *m* ❷ AM *a.* (*cougar*) Puma *m*

'pantie gir·dle *n see* **panty girdle**

panties ['pæntiz, AM -t̬iz] *npl* (*fam*) [Damen]slip *m*

pan·ti·hose *npl* AM, AUS *see* **pantyhose**

pant·ing ['pæntɪŋ, AM -t̬ɪŋ] *adj pred* ■ **to be ~ for** [*or* **after**] **sth** sehr interessiert an etw *dat* sein, ganz wild auf etw *akk* sein *fam;* ■ **to be ~ to do sth** ganz wild darauf sein, etw zu tun *fam*

pan·to ['pæntəʊ] *n* BRIT (*fam*) *short for* **pantomime** Pantomime *f*

pan·to·mime ['pæntəmaɪm, AM -t̬-] **I.** *n* ❶ BRIT (*play*) [Laien]spiel *nt;* (*for Christmas*) Weihnachtsspiel *nt* ❷ (*mime*) Pantomime *f;* **to do a ~ of sth** etw pantomimisch darstellen; **she did a ~ of putting a key in a lock** sie tat so, als würde sie einen Schlüssel in ein Schloss stecken **II.** *vt* ■ **to ~ sth** etw pantomimisch darstellen; **she ~d the act of climbing a wall** sie tat so, als würde sie eine Mauer hochklettern

pan·to·mime 'dame *n* BRIT *ein Pantomime, der eine Frauenrolle spielt* **pan·to·mime 'horse** *n* BRIT *von zwei Schauspielern in einem einzigen Kostüm dargestelltes Pferd*

pan·try ['pæntri] *n* Vorratskammer *f*

'pants suit AM, **'pant·suit** ['pæntsuːt] *n* AM, AUS Hosenanzug *m*

'panty gir·dle *n* Miederhöschen *nt* **'pan·ty·hose** *npl* AM, AUS Strumpfhose *f* **'panty lin·er** *n* Slipeinlage *f*

pap [pæp] *n no pl* ❶ (*esp pej: food*) Babybrei *m* ❷ (*pej fam: entertainment*) Schund *m pej*

papa ['pɑːpə] *n* ❶ AM (*fam*) Papa *m fam* ❷ BRIT (*dated*) Papa *m fam* ❸ (*code word*) *zum Buchstabieren des Buchstaben ‚p'*

pa·pa·cy ['peɪpəsi] *n* ❶ (*pope's jurisdiction*) ■ **the ~** das Pontifikat ❷ *usu sing* (*pope's tenure*) Pontifikat *nt,* päpstliche Amtszeit ❸ (*system of government*) Papsttum *nt*

pa·pal ['peɪpəl] *adj inv* päpstlich, Papst-; **~ dispensation** päpstlicher Dispens; **~ election** Papstwahl *f;* **~ infallibility** Unfehlbarkeit *f* des Papstes; **~ messenger** Legat *m,* päpstlicher Gesandter

pa·pa·raz·zi [ˌpæpəʳ'ætsi, AM ˌpɑːpɑː'rɑː-] *npl* Paparazzi *pl,* Sensationsreporter(innen) *mpl(fpl)*

pa·pa·raz·zo [ˌpæpəʳ'ætsəʊ, AM ˌpɑːpɑː'rɑːtsoʊ] *n sing of* **paparazzi**

pa·pa·ya [pə'paɪjə] *n* Papaya *f*

pa·per ['peɪpəʳ, AM -ɚ] **I.** *n* ❶ *no pl* (*for writing*) Papier *nt;* **a piece** [*or* **sheet**] **of ~** ein Blatt *nt* Papier; **recycled ~** Altpapier *nt;* **to commit sth to ~** etw zu Papier bringen; **to get** [*or* **put**] **sth down on ~** etw schriftlich festhalten; **to look good on ~** auf dem Papier gut aussehen; **several candidates looked good on ~** einige Kandidaten machten in ihrer schriftlichen Bewerbung einen guten Eindruck ❷ (*newspaper*) Zeitung *f;* **daily ~** Tageszeitung *f; see also* **newspaper** ❸ (*wallpaper*) Tapete *f* ❹ *usu pl* (*document*) Dokument *nt,* Schriftstück *nt* ❺ (*government report*) [offizieller] Bericht ❻ (*credentials*) ■ **~s** *pl* [Ausweis]papiere *pl* ❼ (*wrapper*) [Einpack]papier *nt;* (*for presents*) Geschenkpapier *nt* ❽ BRIT, AUS SCH Arbeit *f;* UNIV Klausur *f;* **to sit a ~** eine Klausur schreiben ❾ (*essay*) Paper *nt,*

Referat *nt;* **to give** [*or* **read**] **a ~** ein Referat halten ⑩ *no pl* THEAT (*sl*) Freikarten *fpl* ▶ PHRASES: **to make the ~s** in den Zeitungen erscheinen; (*make the headlines*) Schlagzeilen machen **II.** *n modifier* (*ball, doll, hat*) Papier- **III.** *vt* ① **to ~ walls** die Wände tapezieren ② THEAT **to ~ a theatre** [*or* AM **theater**] *ein Theater durch den Verkauf von Freikarten füllen*

◆**paper over** *vt* **to ~ over a problem** ein Problem vertuschen; **to ~ over the cracks** Probleme herunterspielen

'pa·per·back ['peɪpəbæk, AM -pɚ-] *n* Taschenbuch *nt;* ■**in ~** als Taschenbuch

'pa·per·back edi·tion *n* Taschenbuchausgabe *f*

pa·per 'bag *n* Papiertüte *f* **'pa·per·bark** *n* BIOL Kajeputbaum *m* **'pa·per boy** *n* Zeitungsjunge *m* **'pa·per·chase** *n* BRIT Schnitzeljagd *f* **'pa·per clip** *n* Büroklammer *f,* Heftklammer *f* **pa·per 'cup** *n* Pappbecher *m* **'pa·per cut·ter** *n* Papierschneidemaschine *f,* Papierschneider *m* **'pa·per girl** *n* Zeitungsmädchen *nt,* Zeitungsausträgerin *f* **'pa·per·knife** *n* Brieföffner *m* **'pa·per mill** *n* Papierfabrik *f,* Papiermühle *f* **'pa·per mon·ey** *n no pl* Papiergeld *nt* **pa·per 'nap·kin** *n* [Papier]serviette *f* **'pa·per prof·it** *n* rechnerischer Gewinn **pa·per-push·er** ['peɪpɚ,pʊʃɚ] *n esp* AM (*pej*) Bürohengst *m pej* **'pa·per round** *n* BRIT, **'pa·per route** *n* AM Zeitungszustellung *f;* **to have** [*or* **do**] **a ~** Zeitungen austragen **pa·per ser·vi·'ette** *n* BRIT, CAN Papierserviette *f* **'pa·per shop** *n* BRIT Zeitungskiosk *m,* Trafik *f* ÖSTERR **'pa·per tape** *n no pl* COMPUT (*hist*) Lochstreifen *m* **pa·per-'thin I.** *adj inv* hauchdünn **II.** *adv inv* hauchdünn **pa·per 'ti·ger** *n* (*pej*) Papiertiger *m* **pa·per 'tis·sue** *n* Papiertaschentuch *nt* **pa·per 'tow·el** *n* BRIT Papierhandtuch *nt,* Einmalhandtuch *nt;* AM Küchenrolle *f* **'pa·per trail** *n esp* AM belastende Unterlagen **'pa·per·weight** *n* Briefbeschwerer *m* **'pa·per·work** *n no pl* Büroarbeit *f,* Schreibarbeit *f;* **to do ~** [den] Papierkram machen *fam;* **to drown in ~** (*fig*) im Papierkram ersticken *fam;* **to catch up on some ~** liegen gebliebene Büroarbeiten erledigen

pa·pery ['peɪpᵊri, AM -ɚi] *adj plaster* bröckelig; *skin* pergamenten

pa·pier mâché [,pæpieɪ'mæʃeɪ, AM ,peɪpɚmə'ʃeɪ] **I.** *n no pl* Pappmaschee *nt* **II.** *n modifier* (*animal, car, figure*) Pappmaschee-

pa·pist ['peɪpɪst] (*pej*) **I.** *n* Papist(in) *m(f)* **II.** *adj inv* papistisch

pa·poose [pə'pu:s, AM pæp'u:s] *n* (*dated*) Indianerbaby *nt;* (*carrier for baby*) Tragegestell *nt*

pap·py¹ ['pæpi] *n* AM Papi *m fam*

pap·py² ['pæpi] *adj* ① FOOD (*esp pej*) pappig ② (*pej fam: poor quality*) minderwertig; **~ entertainment** seichte Unterhaltung

pap·ri·ka ['pæprɪkə, AM pæp'ri:-] *n no pl* Paprika *m*

'Pap smear *n* AM, AUS, **'Pap test** *n* AM, AUS MED Abstrich *m*

pa·py·ri [pə'paɪ(ə)raɪ, AM -'paɪraɪ] *n pl of* **papyrus**

pa·py·rus <*pl* -es *or* -ri> [pə'paɪ(ə)rəs, AM -'paɪrəs, *pl* -raɪ] *n* ① Papyrusstaude *f* ② (*paper*) Papyrus *m;* ■**on ~** auf Papyrus

par [pɑ:ʳ, AM pɑ:r] **I.** *n* ① *no pl* (*standard*) **below** [*or* **under**]/**above ~** unter/über dem Standard; **to feel under ~** sich *akk* nicht auf der Höhe fühlen; **to not be up to ~** unterdurchschnittlich sein ② (*equality*) ■**to be on a ~ with sb/each other** jdm/einander ebenbürtig sein ③ (*in golf*) Par *nt;* **below** [*or* **under**]/**above ~** unter/über Par, weniger/mehr als die festgesetzte Schlagzahl ④ STOCKEX Nennwert *m,* Nominalwert *m;* ■**at ~** zum Nennwert ▶ PHRASES: **it's ~ for the course** (*fam*) das war [ja] zu erwarten **II.** *vt* SPORTS **to ~ a hole** ein Loch innerhalb des Pars spielen

para ['pærə, AM 'perə] **I.** *n* (*fam*) ① MIL *short for* **paratrooper** Fallschirmjäger(in) *m(f)* ② (*text*) *short for* **paragraph** Absatz *m* **II.** *adj pred* BRIT *short for* **paranoid** paranoid

para·ble ['pærəbl̩, AM 'per-] *n* Parabel *f,* Gleichnis *nt*

pa·rabo·la <*pl* -s *or* -lae> [pə'ræbᵊlə, *pl* -li:] *n* MATH Parabel *f fachspr*

para·bol·ic [,pærə'bɒlɪk, AM ,perə'bɑ:l-] *adj inv* ① (*like a parabola*) parabolisch, Parabol-; **~ trajectory** parabolische Flugbahn ② (*expressed using parable*) gleichnishaft; **~ teaching** Unterweisung *f* durch Gleichnisse

pa·ra·ceta·mol® <*pl* - *or* -s> [,pærə'si:təmɒl] *n* BRIT, AUS Paracetamol® *nt*

para·chute ['pærəʃu:t, AM 'per-] **I.** *n* Fallschirm *m* **II.** *n modifier* Fallschirm-; **~ pack** zusammengefalteter Fallschirm **III.** *vi* mit dem Fallschirm abspringen **IV.** *vt* ■**to ~ sb** jdn mit dem Fallschirm abspringen lassen; ■**to ~ sth** etw mit dem Fallschirm abwerfen

◆**parachute in** *vi* mit dem Fallschirm eindringen

'para·chute flare *n* Fallschirmleuchtkugel *f* **'para·chute jump** *n* Fallschirmabsprung *m* **para·chute 'jump·er** *n* Fallschirmspringer(in) *m(f)*

para·chut·ing ['pærəʃu:tɪŋ, AM 'perəʃu:t̬-] *n no pl* Fallschirmspringen *nt*

para·chut·ist ['pærəʃu:tɪst, AM 'perəʃu:t̬-] *n* Fallschirmspringer(in) *m(f)*

pa·rade [pə'reɪd] **I.** *n* ① (*procession*) Parade *f,* Umzug *m;* **victory ~** Siegeszug *m* ② MIL [Truppen]parade *f;* **military ~** Militärparade *f;* (*inspection of soldiers*) Truppenschau *f* ③ (*fig: series*) [lange] Reihe; **the senators listened to a ~ of local residents** die Senatoren hörten sich die Meinung der zahlreich erschienenen ortsansässigen Bürger an ④ BRIT *of shops* Geschäftsstraße *f* **II.** *vi* ① (*walk in procession*) einen Umzug machen ② MIL marschieren ③ (*show off*) ■**to ~ about** auf und ab stolzieren, umherstolzieren; **to ~ up and down in one's best clothes** seine besten [Kleidungs]stücke zur Schau tragen **III.** *vt* ① (*march*) **to ~ the streets** durch die Straßen marschieren; (*during a procession*) durch die Straßen ziehen ② (*exhibit*) ■**to ~ sb/sth** jdn/etw vorführen ③ (*fig: show off*) ■**to ~ sth** etw stolz vorführen; (*fig*) *knowledge, wealth* etw zur Schau tragen

pa·'rade ground *n* MIL Exerzierplatz *m*

para·digm ['pærədaɪm, AM 'per-] *n* (*form*) ① (*model*) Paradigma *nt geh,* Muster *nt;* (*example*) Beispiel *nt* ② LING Paradigma *nt fachspr*

para·dig·mat·ic [,pærədɪg'mætɪk, AM ,perədɪg'mæt̬-] *adj* (*form*) paradigmatisch *geh*

para·dig·mati·cal·ly [,pærədɪg'mætɪkli, AM ,perədɪg'mæt̬-] *adv* (*form*) paradigmatisch *geh*

para·digm 'shift *n* Paradigmenwechsel *m geh;* **Darwin's theory of evolution was a ~ in scientific understanding** Darwins Evolutionstheorie veränderte in revolutionärer Weise das wissenschaftliche Verständnis

para·dis·al [,pærə'daɪsᵊl, AM ,perə-] *adj,* **para·di·sia·cal** [,pærədɪ'saɪəkᵊl, AM ,perə-] *adj,* **para·di·siac** [,pærə'dɪsɪ,æk, AM ,per-] *adj* paradiesisch

para·dise ['pærədaɪs, AM 'per-] *n no pl* Paradies *nt;* ■**P~** das Paradies; **a children's ~** (*fig*) ein Paradies *nt* für Kinder; **to go to ~** ins Paradies eingehen [*o* kommen]

para·dox <*pl* -es> ['pærədɒks, AM 'perədɑ:ks] *n* Paradox[on] *nt geh; no pl* Paradoxie *f geh;* ■**it is a ~ that ...** es ist paradox, dass ...

para·doxi·cal [,pærə'dɒksɪkᵊl, AM ,perə'dɑ:k-] *adj* paradox

para·doxi·cal·ly [,pærə'dɒksɪkᵊli, AM ,perə'dɑ:k-] *adv* paradoxerweise

par·af·fin ['pærəfɪn, AM 'per-] *n no pl* ① BRIT (*fuel*) Kerosin *nt* ② (*wax*) Paraffin *nt*

par·af·fin 'heat·er *n* BRIT Kerosinofen *m* **par·af·fin 'lamp** *n* BRIT Kerosinlampe *f* **par·af·fin 'lan·tern** *n* BRIT Kerosinlaterne *f* **par·af·fin 'oil** *n* BRIT Paraffinöl *nt* **par·af·fin 'wax** *n no pl* Paraffin *nt*

para·glide ['pærəglaɪd, AM 'per-] *vi* SPORTS Paragliding betreiben

para·glid·er ['pærə,glaɪdəʳ, AM 'perə,glaɪdɚ] *n* SPORTS Paraglider(in) *m(f)*

para·glid·ing ['pærə,glaɪdɪŋ, AM 'perə,-] *n no pl* Paragliding *nt,* Gleitschirmfliegen *nt*

P

para·gon ['pærəgən, AM 'perəgɑ:n] *n* ❶ *(perfect example)* Muster[beispiel] *nt,* Vorbild *nt;* **a ~ of discretion** ein Muster an Verschwiegenheit; **a ~ of democracy** das Musterbeispiel einer Demokratie; **a ~ of virtue** *(iron)* ein Ausbund *m* an Tugend ❷ *(diamond)* hundertkarätiger Solitär

para·graph ['pærəgrɑ:f, AM 'perəgræf] **I.** *n* ❶ *(text)* Absatz *m,* Abschnitt *m* ❷ *(newspaper article)* [kurze] Zeitungsnotiz [*o* Meldung] **II.** *vt* **to ~ a text** Absätze [in einem Text] machen

para·keet [,pærə'ki:t, AM 'perəki:t] *n* Sittich *m*

para·le·gal [,perə'li:gəl] LAW **I.** *n esp* AM juristische Hilfskraft, Anwaltsassistent(in) *m(f)* **II.** *adj esp* AM paralegal *fachspr*

par·al·lel ['pærəlel, AM 'per-] **I.** *adj inv* ❶ *inv lines* parallel, gleichlaufend; **Hills Road is ~ to Mill Road** die Hills Road verläuft parallel zur Mill Road ❷ *(corresponding)* **~ example** Parallelbeispiel *nt;* **~ experiments** Parallelversuche *mpl;* **~ contest** CHESS Simultanspiel *nt* ❸ ELEC **in ~** parallel geschaltet **II.** *n* ❶ *(similarity)* Parallele *f,* Entsprechung *f;* ■**without ~** ohnegleichen; **to draw a ~** einen Vergleich ziehen ❷ MATH Parallele *f fachspr* ❸ *esp* AM GEOG **~ [of latitude]** Breitenkreis *m* **III.** *vt* ■**to ~ sth** ❶ *(correspond to)* etw *dat* entsprechen; *(be similar to)* etw *dat* ähneln [*o* gleichen]; **not ~ed** beispiellos ❷ *(run side-by-side)* zu etw *dat* parallel [ver]laufen **IV.** *adv inv* parallel; **to run ~ to sth** zu etw *dat* parallel verlaufen

par·al·lel 'bars *npl (in gymnastics)* Barren *m*

par·al·lel·ism ['pærəlelɪzəm, AM 'per-] *n no pl* Parallelität *f*

par·al·lel 'line *n* Parallele *f* **par·al·lel of 'lati·tude** *n* Breitenkreis *m*

par·al·lelo·gram [,pærə'leləgræm, AM ,per-] *n* Parallelogramm *nt fachspr*

par·al·lel 'park·ing *n no pl* Parken *nt* am Straßenrand *(parallel zum Straßenverlauf)* **par·al·lel 'pro·cess·ing** *n no pl* COMPUT Parallelverarbeitung *f fachspr*

Para·lym·pics [,pærə'lɪmpɪks, AM ,per-] *npl* SPORTS die Paralympics *pl (olympische Spiele für Behinderte)*

para·lyse ['pærəlaɪz] *vt* BRIT, AUS ❶ MED ■**to ~ sb/sth** jdn/etw lähmen [*o fachspr* paralysieren] ❷ *(stupefy)* ■**to ~ sb** jdn lähmen *fig;* **to feel ~d with fear** vor Angst wie gelähmt sein ❸ *(bring to halt)* ■**to ~ sth** etw lahmlegen

para·lysed ['pærəlaɪzd] *adj* BRIT, AUS ❶ MED gelähmt, paralysiert *fachspr* ❷ *(stupefied)* wie gelähmt *präd,* handlungsunfähig ❸ *(brought to halt)* lahmgelegt; *(blocked)* blockiert

pa·raly·ses [pə'ræləsi:z] *n pl of* **paralysis**

pa·raly·sis <*pl* -ses> [pə'ræləsɪs, *pl* -si:z] *n* Paralyse *f fachspr,* Lähmung *f a. fig*

para·lyt·ic [,pærə'lɪtɪk, AM ,perə'lɪt̬-] **I.** *adj* ❶ MED paralytisch, Lähmungs- ❷ *esp* BRIT *(fam: drunk)* stockbetrunken *fam;* **to drink oneself into a ~ state** sich *akk* sinnlos betrinken **II.** *n* Paralytiker(in) *m(f) fachspr*

para·lyze ['perəlaɪz] *vt* AM *see* **paralyse**

para·lyzed ['perəlaɪzd] *adj* AM *see* **paralysed**

para·med·ic [,pærə'medɪk, AM ,per-] *n* ärztlicher Assistent/ärztliche Assistentin(in) *m(f),* Sanitäter(in) *m(f)*

pa·ram·eter [pə'ræmɪtər, AM -ət̬ɚ] *n usu pl* ❶ SCI Parameter *m geh,* Bestimmungsfaktor *m* ❷ *(set of limits)* ■**~s** *pl* Leitlinien *pl,* Rahmen *m*

para·mili·tary [,pærə'mɪlɪtəri, AM ,perə'mɪləteri] **I.** *adj inv* paramilitärisch **II.** *n* Milizionär(in) *m(f)*

para·mount ['pærəmaʊnt, AM 'per-] *adj inv (form)* ❶ *(have priority)* vorrangig; ■**to be ~** an erster Stelle stehen; **of ~ importance** von größter Wichtigkeit ❷ *attr (rare: in supreme power) chief, leader* oberste(r) *attr*

par·amour ['pærəmʊər, AM 'perəmʊr] *n (dated liter)* Geliebte(r) *f(m)*

para·noia [,pærə'nɔɪə, AM ,per-] *n* ❶ PSYCH Paranoia *f geh,* Verfolgungswahn *m* ❷ *(anxiousness)* Hysterie *f*

para·noi·ac [,pærə'nɔɪæk, AM ,per-] **I.** *adj* paranoisch *geh* **II.** *n* Paranoiker(in) *m(f) geh*

para·noid [,pærə'nɔɪd, AM ,per-] **I.** *adj* ❶ PSYCH paranoid; ■**to be ~** unter Verfolgungswahn leiden ❷ *(mistrustful)* wahnhaft; ■**to be ~ about sth/sb** in ständiger Angst vor etw/jdm leben; **~ delusion** Wahnvorstellung *f;* **to be [*or* feel] ~** Wahnvorstellungen haben ▶ PHRASES: **just because I'm ~ it doesn't mean that they're not out to get me** *(saying fam)* auch wenn ich unter Verfolgungswahn leide, so heißt das noch lange nicht, dass sie nicht hinter mir her sind **II.** *n* Paranoiker(in) *m(f) geh*

para·noid schizo·'phre·nia *n* paranoide Schizophrenie *fachspr* **para·noid schizo·'phren·ic** *n* PSYCH **to be a ~** unter paranoider Schizophrenie leiden *fachspr*

para·nor·mal [,pærə'nɔ:məl, AM ,perə'nɔ:r-] **I.** *adj* übernatürlich, paranormal *geh;* **~ powers** [*or* **forces**] übersinnliche Kräfte **II.** *n no pl* ■**the ~** übernatürliche Erscheinungen

para·pente ['pærəpɒnt] *n no pl* AUS *Sportart mit abgeändertem Fallschirm*

para·pet ['pærəpɪt, AM 'perəpet] *n* Geländer *nt,* Brüstung *f*

para·pher·na·lia [,pærəfə'neɪliə, AM ,perəfɚ'neɪljə] *n pl, + sing/pl vb* Zubehör *nt kein pl;* *(pej)* Brimborium *nt kein pl fam*

para·phrase ['pærəfreɪz, AM 'per-] **I.** *vt* ■**to ~ sth** etw umschreiben [*o geh* paraphrasieren], etw [mit anderen Worten] wiedergeben; ■**to ~ sb** jdn frei zitieren **II.** *n* Paraphrase *f geh;* **she gave us a quick ~ of what had been said** sie gab kurz mit eigenen Worten wieder, was gesagt worden war

para·plegia [,pærə'pli:dʒə, AM ,per-] *n no pl* MED Querschnittslähmung *f,* Paraplegie *f fachspr*

para·plegic [,pærə'pli:dʒɪk, AM ,per-] **I.** *adj inv* doppelseitig gelähmt **II.** *n* doppelseitig Gelähmte(r) *f(m)*

para·psy·chol·ogy [,pærəsaɪ'kɒlədʒi, AM ,perəsaɪ'kɑ:l-] *n no pl* PSYCH Parapsychologie *f*

Para·quat® ['pærəkwɒt, AM 'perəkwɑ:t] *n no pl* Paraquat *nt (ein Pflanzenvernichtungsmittel)*

para·sail ['pærəseɪl, AM 'per-] SPORTS, NAUT **I.** *vi* gleitsegeln; *see also* **parasailing** **II.** *n* Fallschirm *m (zum Gleitsegeln)*

para·sail·ing ['pærə,seɪlɪŋ, AM 'per-] *n* ≈ Gleitfliegen *nt (Sportart, bei der sich ein Fallschirmflieger von einem Auto oder Boot in die Luft ziehen lässt)*

para·scend·ing ['pærə,sendɪŋ, AM 'per-] *n no pl* BRIT ❶ *(paragliding)* Paragliding *nt* ❷ *see* **parasailing**

para·site ['pærəsaɪt, AM 'per-] *n* Parasit *m a. fig,* Schmarotzer *m a. fig*

para·sit·ic(al) [,pærə'sɪtɪkəl, AM ,perə'sɪt̬-] *adj* ❶ BIOL parasitär; **~ disease** parasitäre Krankheit ❷ *(fig, pej) person* schmarotzerhaft

para·sit·ism ['pærəs(a)ɪtɪzəm, AM 'per-] *n no pl* ❶ BIOL Parasitismus *m* ❷ *(fig, pej: exploitation)* Parasitentum *nt,* Schmarotzertum *nt*

para·sol ['pærəsɒl, AM 'perəsɑ:l] *n* Sonnenschirm *m,* Parasol *m o nt veraltet;* **paper ~** Papierschirmchen *nt*

para·sol 'mush·room *n* BOT Schirmling *m,* Parasolpilz *m*

para·thy·roid [,pærə'θaɪ(ə)rɔɪd, AM ,perə'θaɪrɔɪd] *n,* **para·thy·roid gland** *n* Nebenschilddrüse *f*

para·troop·er ['pærə,tru:pər, AM 'perə,tru:pɚ] *n* Fallschirmjäger(in) *m(f)*

para·troops ['pærətru:ps, AM 'per-] *npl* Fallschirmtruppen *fpl,* Luftlandetruppen *fpl*

para·ty·phoid [,pærə'taɪfɔɪd, AM ,per-] MED **I.** *n no pl* Paratyphus *m fachspr* **II.** *adj attr* paratyphoid *fachspr*

par avion [,pɑ:ræ'vjɔ̃(n)] *adv* per Luftpost

par·boil ['pɑ:bɔɪl, AM 'pɑ:r-] *vt* **to ~ food** Lebensmittel kurz vorkochen [*o* halb gar kochen] *(um sie dann weiterzuverarbeiten)*

par·boiled 'rice *n no pl* Parboiled-Reis *m*

par·cel ['pɑ:səl, AM 'pɑ:r-] **I.** *n* ❶ *(for mailing)* Paket *nt;* *(small parcel)* Päckchen *nt* ❷ *(piece of land)* **~ of land** Parzelle *f,* Grundstück *nt* **II.** *n modifier* **~ delivery** *(service)* Paketzustelldienst *m;* *(action)* Paketzustellung *f* **III.** *vt* <BRIT -ll- *or* AM *usu* -l-> ■**to ~ sth** etw einpacken [*o* verpacken]

◆**parcel out** *vt* ■**to ~ out** ◌ **sth** etw aufteilen; **to ~ out land** Land parzellieren *fachspr*

◆**parcel up** *vt* ■**to ~ up** ○ **sth** etw einpacken [*o* verpacken]
'par·cel bomb *n* BRIT Paketbombe *f* **'par·cel of·fice** *n* BRIT Paketabfertigung *f* **par·cel 'post** *n* Paketpost *f*
parch [pɑːtʃ, AM pɑːrtʃ] **I.** *vt* ■**to ~ sth** ❶ (*make dry*) etw austrocknen [*o* ausdörren] ❷ (*roast*) *corn, grain* etw rösten **II.** *vi* (*become dry*) austrocknen, ausdörren
parched [pɑːtʃt, AM pɑːr-] *adj* ❶ (*dried out*) vertrocknet, verdorrt; **~ throat** ausgedörrte Kehle ❷ *attr* (*fig fam: very thirsty*) ■**to be ~** [**with thirst**] am Verdursten sein *fam* ❸ (*roasted*) *corn, grain* geröstet
parch·ment ['pɑːtʃmənt, AM 'pɑːr-] *n* ❶ *no pl* (*animal skin*) Pergament *nt* ❷ (*manuscript*) Pergament *nt;* **an ancient ~** eine alte Handschrift (*auf Pergament*) ❸ *no pl* (*paper*) Pergamentpapier *nt* ❹ (*fam: document*) Urkunde *f*
'parch·ment pa·per *n* Pergamentpapier *nt*
pard·ner ['pɑːrdnɚ] *n* AM DIAL Kumpel *m fam*
par·don ['pɑːdən, AM 'pɑːr-] **I.** *n no pl* LAW Begnadigung *f* **II.** *vt* ❶ (*forgive*) ■**to ~ sth** etw verzeihen [*o* entschuldigen]; **if you'll ~ the expression!** verzeihen Sie bitte den Ausdruck!; **~ me interrupting!** entschuldigen Sie, wenn ich unterbreche! ❷ LAW ■**to ~ sb** jdn begnadigen **III.** *interj* (*apology*) **I beg your ~!** [*or* AM *a.* **~ me!**] Entschuldigung!, tut mir leid!; (*request for repetition*) wie bitte?, Entschuldigung, was sagten Sie?; (*reply to offensiveness*) erlauben Sie mal!, na, hören Sie mal! ▶PHRASES: **~ me for breathing** [*or* **living**] [*or* **existing**] (*fam*) tut mir leid, ich kann mich leider nicht in Luft auflösen
par·don·able ['pɑːdənəbl, AM 'pɑːr-] *adj* verzeihlich
par·don·ably ['pɑːdənəbli, AM 'pɑːr-] *adv* verständlicherweise
pare [peər, AM per] *vt* ■**to ~ sth** ❶ (*trim*) etw [ab]schneiden; **to ~ fruit** Obst schälen; **to ~ one's nails** sich *dat* die Nägel schneiden ❷ (*reduce gradually*) ■**to ~ sth** etw kürzen [*o* reduzieren]; **to ~ sth to the bone** etw auf ein Minimum reduzieren
◆**pare down** *vt* ■**to ~ down** ○ **sth** etw reduzieren; **to ~ sth down to the bone/the minimum** etw drastisch kürzen/auf ein Minimum reduzieren; **to ~ expenses** Ausgaben drastisch einschränken
◆**pare off** *vt* ■**to ~ off** ○ **sth** etw [ab]schälen
par·ent ['peərənt, AM 'per-] **I.** *n* ❶ *of a child* Elternteil *m;* ■**~s** Eltern *pl;* **single ~** Alleinerziehende(r) *f(m)* ❷ *of an animal* Elterntier *nt;* ■**~s** *pl* Elternpaar *nt,* Elterntiere *pl; of a plant* Mutterpflanze *f* ❸ (*parent company*) Muttergesellschaft *f* **II.** *n modifier* ❶ (*of parents*) Eltern- ❷ (*of organizations*) Mutter-; **~ organization** Mutterorganisation *f* **III.** *vt* ■**to ~ sb** jdn großziehen
par·ent·age ['peərəntɪdʒ, AM 'perənt̬-] *n no pl* ❶ (*descent*) Abstammung *f;* **a child of unknown ~** ein Kind unbekannter Herkunft ❷ (*position*) Elternschaft *f* ❸ (*fig: origin*) Herkunft *f*
pa·ren·tal [pə'rentəl] *adj inv* elterlich, Eltern-; **~ choice in the selection of a child's school** das Recht der Eltern, die Schule für ihr Kind selbst zu wählen; **~ authority** elterliche Gewalt; **~ consent** Zustimmung *f* der Eltern; **to be supported by ~ contributions** von den Eltern finanziell unterstützt werden; **~ control/neglect** Beaufsichtigung *f*/Vernachlässigung *f* durch die Eltern; **~ figure** (*a man*) Vaterfigur *f;* (*a woman*) Mutterersatz *m*
pa·ren·tal 'leave *n no pl* Erziehungsurlaub *m*
pa·ren·tal-no·ti·fi·'ca·tion law [pəˌrentəlnoʊtɪfɪ'keɪʃənlɑː] *n* AM *Gesetz, nach dem die Eltern über ihre minderjährigen Kinder informiert werden müssen*
pa·ren·tal 'rights *n* elterliche Rechte *ntpl*
pa·ren·tal-'rights [pəˌrentəl'raɪtz] *n modifier* die elterlichen Rechte betreffend
par·ent 'com·pa·ny *n* Muttergesellschaft *f*
par·en·ter·al [pə'rentərəl, AM pæ'rentərəl] *adj* MED parenteral *fachspr;* **~ medication** parenterale Applikation von Medikamenten
pa·ren·theses [pə'ren(t)θəsiːz] *pl of* **parenthesis**
pa·ren·thesis <*pl* -ses> [pə'ren(t)θəsɪs, *pl* -siːz] *n* ❶ (*explanation*) eingeschobener Satz[teil], Parenthese *f fachspr* ❷ *usu pl esp* AM, AUS (*round brackets*) [runde] Klammern; **in parentheses** in [runden] Klammern; (*fig*) nebenbei, beiläufig
par·en·thet·ic(al) [ˌpærən'θetɪk(əl), AM ˌperən'θet̬-] *adj inv* (*form*) parenthetisch *geh,* eingeschoben; **~ remark** beiläufige Bemerkung
pa·ren·theti·cal·ly [ˌpærən'θetɪkəli, AM ˌperən'θet̬-] *adv inv* (*form*) parenthetisch *geh*
par·ent·hood ['peərənthʊd, AM 'per-] *n no pl* Elternschaft *f*
par·ent·ing ['peərəntɪŋ, AM 'per-] *n no pl* Verhalten *nt* als Eltern, Kindererziehung *f;* **~ skills** elterliches Geschick
par·ent·less ['peərəntləs, AM 'per-] *adj inv* elternlos, verwaist; **~ child** Waise *f,* Waisenkind *nt*
Par·ents and 'Citi·zens *n* AUS, **pa·rent-'teach·er as·so·cia·tion** *n,* **pa·rent-'teacher or·gani·za·tion** *n esp* AM Eltern-Lehrer-Organisation *f*
par ex·cel·lence [ˌpɑːr'eksəlɑ̃(n)s, AM ˌpɑːrˌeksə'lɑːn(t)s] *adj pred, inv* ❶ (*best*) par excellence; **this is undoubtedly the cooking chocolate ~** dies ist ohne Zweifel die beste Schokolade zum Kochen ❷ (*typical*) par excellence; **the wedding ring is the symbol ~ of eternal love** der Ehering ist das Symbol schlechthin für ewige Liebe; **Bombay is a film city ~** Bombay ist eine Filmstadt, wie sie im Buche steht
pa·ri·ah [pə'raɪə] *n* ❶ (*in India*) Paria *m* ❷ (*fig*) Außenseiter(in) *m(f)*
pari-mutuel [ˌpɑːrɪ'mjuːtʃʊəl, AM ˌpærɪ-] **I.** *n Wettsystem, bei dem der gesamte Einsatz abzüglich der Verwaltungskosten prozentual an die Gewinner verteilt wird* **II.** *n modifier* **~ betting** *Form des Wettens, bei dem der gesamte Einsatz abzüglich der Verwaltungskosten prozentual an die Gewinner verteilt wird*
par·ing ['peərɪŋ, AM 'per-] *n usu pl of fruit, vegetable* Schale *f;* **nail ~s** abgeschnittene Fingernägel
'par·ing knife *n* Schälmesser *nt*
par·ish ['pærɪʃ, AM 'per-] *n* ❶ REL (*area*) [Pfarr]gemeinde *f,* Pfarrei *f* ❷ BRIT POL Gemeinde *f,* Bezirk *m*
par·ish 'church *n* Pfarrkirche *f* **par·ish 'clerk** *n* Küster(in) *m(f)* **par·ish 'coun·cil** *n* BRIT Gemeinderat *m*
pa·rish·ion·er [pə'rɪʃənər, AM -ɚ] *n* Gemeindemitglied *nt*
par·ish 'priest *n* Pfarrer(in) *m(f)* **par·ish-pump 'poli·tics** *n* + *sing/pl vb* BRIT Kirchturmpolitik *f* **par·ish 'reg·is·ter** *n* Kirchenbuch *nt*
par·ity ['pærəti, AM 'perət̬i] *n no pl* ❶ (*equality*) Parität *f geh,* Gleichheit *f;* **pay ~** gleiche Verdienstmöglichkeit ❷ FIN Parität *f fachspr;* **the banks are hoping the pound will maintain its current ~ with the euro** die Banken hoffen, dass das Pfund seinen [amtlichen] Wechselkurs gegenüber dem Euro hält ❸ MATH, PHYS Parität *f fachspr;* **even/odd ~** gerade/ungerade Parität
par·ity re·a'lign·ment *n* Neufestsetzung *f* des Wechselkurses
park [pɑːk, AM pɑːrk] **I.** *n* ❶ (*for recreation*) Park *m* ❷ BRIT (*surrounding house*) Parkanlagen *fpl* ❸ (*for animals*) **national ~** Nationalpark *m;* **wildlife ~** Naturpark *m* ❹ *esp* BRIT SPORTS (*fam*) ■**the ~** der [Sport]platz, das [Spiel]feld ❺ (*for specific purpose*) **amusement ~** Freizeitpark *m;* **industrial ~** Industriepark *m* ❻ *esp* BRIT AUTO Parkplatz *m;* **car ~** PKW-Parkplatz *m;* **coach ~** Busparkplatz *m* **II.** *vt* ■**to ~ sth** ❶ AUTO etw [ein]parken; **to ~ a satellite** AEROSP einen Satelliten in einer Umlaufbahn belassen ❷ (*fig fam: position*) ■**to ~ sth** etw abladen [*o* abstellen]; **to ~ oneself** sich *akk* [irgendwo] hinpflanzen *fam* **III.** *vi* parken
par·ka ['pɑːkə, AM 'pɑːr-] *n* Parka *m*
par·kade [pɑːr'keɪd] *n* CAN Parkhaus *nt*
park 'bench *n* Parkbank *f*
parked [pɑːkt, AM pɑːrkt] *adj inv* geparkt; **I'm ~ just at the end of the road** ich habe am Ende der Straße geparkt
park·ing ['pɑːkɪŋ, AM 'pɑːr-] *n no pl* ❶ (*action*) Parken *nt;* **ille-**

P

gal ~ unerlaubtes Parken ② (*space*) Parkmöglichkeit *f*, Parkplatz *m*
'park·ing area *n* Parkplatz *m* **'park·ing at·tend·ant** *n* Parkwächter(in) *m(f)* **'park·ing bay** *n* Parkbucht *f* **'park·ing brake** *n* AM Feststellbremse *f* **'park·ing disc** *n* Parkscheibe *f* **'park·ing fine** *n* Geldstrafe *f* für unerlaubtes Parken **'park·ing gar·age** *n* Parkhaus *nt* **'park·ing light** *n* AM, AUS Standlicht *nt* **'park·ing lot** *n esp* AM Parkplatz *m* **'park·ing me·ter** *n* Parkuhr *f* **'park·ing of·fence** *n* Parkvergehen *nt* **'park·ing of·fend·er** *n* Parksünder(in) *m(f)* **'park·ing per·mit** *n* Parkerlaubnis *f*, Parkgenehmigung *f* **'park·ing place** *n*, **'park·ing space** *n* Parkplatz *m*, Parklücke *f* **'park·ing tick·et** *n* Strafzettel *m* für unerlaubtes Parken; **to get a ~** einen Strafzettel bekommen **'park·ing vio·la·tion** *n* Parkvergehen *nt*
Parkinson's ['pɑːkɪnsᵊnz, AM 'pɑːr-] *n*, **Parkinson's dis·ease** *n no pl* Parkinsonkrankheit *f*, parkinsonsche Krankheit
'Parkinson's law *n no art, no pl* (*hum*) das parkinsonsche Gesetz
'park keep·er *n* BRIT Parkaufseher(in) *m(f)* **'park·land** *n no pl* Parklandschaft *f* **'park·way** *n* ① AM, AUS (*highway*) Autobahn *f* ② BRIT RAIL *Parkmöglichkeiten in der Nähe eines Bahnhofs;* **Didcot P~** Bahnhof Didcot (*mit Parkmöglichkeiten*)
parky ['pɑːki] *adj* BRIT (*fam*) *weather* frisch, kühl
par·lance ['pɑːlən(t)s, AM 'pɑːr-] *n no pl* (*form*) Ausdrucksweise *f*; **common ~** allgemeiner Sprachgebrauch; **as it is known in common ~** wie man so sagt; **in medical ~** in der Medizinsprache
par·lay ['pɑːli, AM *esp* 'pɑːrleɪ] *vt esp* AM **to ~ money** Geld Gewinn bringend anlegen; **they ~ed a small inheritance into a vast fortune** sie machten aus einer kleinen Erbschaft ein großes Vermögen; **to ~ skills** Fähigkeiten nutzen; **computer skills are the easiest to ~ into jobs** Computerkenntnisse kann man im Berufsleben am besten nutzen
par·ley ['pɑːli, AM 'pɑːr-] **I.** *n* (*dated or hum*) [Friedens]verhandlungen *pl*; **the vicar tried to arrange a ~ between two neighbours** der Pfarrer versuchte zwischen zwei Nachbarn zu vermitteln **II.** *vi* verhandeln; (*often hum*) parlieren *hum*; ■**to ~ with sb** sich *akk* mit jdm besprechen
par·lia·ment ['pɑːləmənt, AM 'pɑːr-] *n* ① *no art, no pl* (*institution*) ■**P~** Parlament *nt*; ■**in P~** im Parlament; **P~ is in session** das Parlament tagt ② (*period*) Legislaturperiode *f*

i Kultur

Das **Parliament** besteht nach der britischen Verfassung aus den beiden *Houses of Parliament* und dem Monarchen. Die zwei *Houses of Parliament* befinden sich im *Palace of Westminster* in London. Das *House of Commons – Unterhaus* wird vom Volk gewählt und stellt die meisten der Minister. Seine Abgeordneten heißen *members of parliament* oder *MPs*. Das *House of Lords* – **Oberhaus** kann nur bedingt Gesetze verabschieden. Die *peers of the realm – Abgeordneten* lassen sich in drei Gruppen einteilen: Einige haben aufgrund ihres Amtes, entweder als *law lords – Richter* oder als Bischöfe der *Church of England – anglikanischen Kirche* einen Sitz im Oberhaus, andere werden auf Lebenszeit als *life peers* ernannt und weitere haben ihren Sitz mit ihrem Adelstitel geerbt. Ein Ausschuss von Richtern des *House of Lords* ist in den meisten Belangen das höchste Gericht im Vereinigten Königreich.

par·lia·men·tar·ian [ˌpɑːləmen'teəriən, AM ˌpɑːrləmen'teri-] **I.** *n* (*Member of Parliament*) [Parlaments]abgeordnete(r) *f(m)*, Mitglied *nt* des britischen Unterhauses **II.** *adj* parlamentarisch
par·lia·men·tary [ˌpɑːlə'mentᵊri, AM ˌpɑːrlə'menṭɚi] *adj inv* **~ bill** parlamentarischer Gesetzentwurf; **~ candidate** Kandidat(in) *m(f)* für das Parlament; **~ election/session** Parlamentswahl *f*/-sitzung *f*
par·lia·men·tary 'cham·ber *n* Kammer *f* des Parlaments **par·lia·men·tary de·'moc·ra·cy** *n* parlamentarische Demokratie **par·lia·men·tary 'gov·ern·ment** *n* parlamentarische Regierung
par·lor *n* AM *see* **parlour**
'par·lor car *n* AM RAIL Salonwagen *m*
par·lour ['pɑːləʳ], AM **par·lor** ['pɑːrlɚ] *n* ① *esp* AM (*shop*) Salon *m*; **beauty ~** Schönheitssalon *m*; **ice-cream ~** Eisdiele *f*; **pizza ~** Pizzeria *f*; **funeral ~** Bestattungsinstitut *nt* ② (*dated: room*) Salon *m*, Empfangszimmer *nt*; **front ~** Wohnzimmer *nt* ③ (*for milking*) **milking ~** Melkstall *m*
'par·lour game *n* Gesellschaftsspiel *nt* **'par·lour·maid** *n* (*hist*) Stubenmädchen *nt hist*
par·lous ['pɑːləs, AM 'pɑːr-] *adj* (*form or hum*) desolat; **my finances are in a ~ state** mit meinen Finanzen sieht's düster aus
Par·me·san ['pɑːmɪˌzæn, AM 'pɑːrməzɑːn] *n*, **Par·me·san cheese** *n no pl* Parmesan[käse] *m*
pa·ro·chial [pə'rəʊkiəl, AM -'roʊ-] *adj* ① *inv* REL Gemeinde-, Pfarr-; **~ church council** Kirchenvorstand *m*; (*elected by the parish*) Pfarrgemeinderat *m* ② (*pej: provincial*) provinziell; (*narrow-minded*) engstirnig, kleinkariert
pa·ro·chial·ism [pə'rəʊkiəlɪzᵊm, AM -'roʊ-] *n no pl* (*pej*) Provinzialismus *m geh*; (*narrow-mindedness*) Engstirnigkeit *f*
pa·ro·chial·ly [pə'rəʊkiəli, AM -'roʊ-] *adv* (*pej*) provinziell; (*narrow-mindedly*) engstirnig
pa·ro·chial 'school *n* AM Konfessionsschule *f*
pa·rod·ic [pæ'rɒdɪk, AM -'rɑː-] *adj inv* parodistisch
paro·dist ['pærədɪst, AM 'per-] *n* Parodist(in) *m(f)*
paro·dy ['pærədi, AM 'per-] **I.** *n* ① (*imitation*) Parodie *f* (**of** auf +*akk*); **a strong element of ~** ein stark parodistischer Zug; **self-~** Eigenparodie *f* ② (*pej: travesty*) Parodie *f*; **it was a ~ of a trial** der Prozess war eine Farce **II.** *vt* <-ie-> ■**to ~ sb/sth** jdn/etw parodieren
pa·role [pə'rəʊl, AM -'roʊl] **I.** *n no pl* bedingte Haftentlassung, Hafturlaub *m*; ■**without ~** ohne die Möglichkeit der bedingten Haftentlassung; ■**to be out on ~** auf Hafturlaub sein; **to apply for ~** Hafturlaub beantragen; **to be eligible for ~** für bedingte Haftentlassung in Frage kommen; **to be released on ~** bedingt [aus der Haft] entlassen werden **II.** *vt usu passive* ■**to ~ sb** jdm Hafturlaub gewähren; ■**to be ~d** bedingt [aus der Haft] entlassen werden
pa·'role board *n Gremium, das über Gewährung von Hafturlaub entscheidet*
par·ox·ysm ['pærəksɪzᵊm, AM 'per-] *n* ① (*outburst*) **~ of joy** Freudentaumel *m*; **to go into ~s of delight** in einen Freudentaumel verfallen; **to be seized by a ~ of rage** einen Wutanfall bekommen ② MED Anfall *m*, Paroxysmus *m fachspr*
par·quet ['pɑːkeɪ, AM pɑːr'keɪ] **I.** *n no pl* ① Parkett *nt*; **~ floor** Parkettfußboden *m* ② AM THEAT Parkett *nt* **II.** *vt* **to ~ a room** in einem Zimmer Parkettfußboden [ver]legen
par·ri·cide ['pærɪsaɪd, AM 'perə-] *n* LAW ① *no pl* (*murder*) *of both parents* Elternmord *m*; *of mother* Muttermord *m*; *of father* Vatermord *m* ② (*murderer*) *of both parents* Elternmörder(in) *m(f)*; *of mother* Muttermörder(in) *m(f)*; *of father* Vatermörder(in) *m(f)*
par·rot ['pærət, AM 'per-] **I.** *n* ① (*bird*) Papagei *m* ② (*person who mimics*) ■**to be a ~** alles nachahmen [*o* nachmachen] **II.** *vt* (*pej*) ■**to ~ sth** etw nachplappern; ■**to ~ sb** jdn nachäffen
'par·rot-fash·ion *adv* **to repeat** [*or* **recite**] **sth ~** etw wie ein Papagei nachplappern *fam* **'par·rot fe·ver** *n* (*fam*) Papageienkrankheit *f*
par·ry ['pæri, AM 'peri] **I.** *vt* <-ie-> ■**to ~ sth** ① (*avert*) etw abwehren; **to ~ a blow** einen Schlag abwehren; **to ~ a weapon** eine Waffe ablenken ② (*fig: deal with*) **to ~ enquiries** [*or* **questions**] Fragen [geschickt] ausweichen; **to ~ criticism** Kri-

tik [schlagfertig] abwehren **II.** *vi* <-ie-> parieren **III.** *n* ❶ *of an attack* Parade *f,* Abwehr *f* ❷ (*fig*) *of a question* Ausweichmanöver *nt*

parse [pɑːz, AM pɑːrs] *vt* ❶ (*analyse grammatically*) **to ~ a sentence** einen Satz grammatisch analysieren; **to ~ a word** ein Wort grammatisch beschreiben ❷ COMPUT **to ~ a text** einen Text parsen *fachspr* [*o* syntaktisch analysieren]; **to ~ a string** eine Zeichenabfolge analysieren

Par·see, Par·si [ˌpɑːˈsiː, AM ˈpɑːrsiː] REL **I.** *n* Parse, -in *m, f* **II.** *adj inv* parsisch

par·si·mo·ni·ous [ˌpɑːsɪˈməʊniəs, AM ˌpɑːrsəˈmoʊ-] *adj* (*pej form*) geizig, knauserig; **to be ~ with the truth** (*fig*) mit der Wahrheit hinterm Berg halten

par·si·mo·ni·ous·ly [ˌpɑːsɪˈməʊniəsli, AM ˌpɑːrsəˈmoʊ-] *adv* (*pej form*) geizig

par·si·mo·ni·ous·ness [ˌpɑːsɪˈməʊniəsnəs, AM ˌpɑːrsəˈmoʊ-] *n,* **par·si·mo·ny** [ˈpɑːsɪməʊni, AM ˈpɑːrsəmoʊ-] *n no pl* (*pej form*) Geiz *m,* übertriebene Sparsamkeit

pars·ley [ˈpɑːsli, AM ˈpɑːr-] *n no pl* Petersilie *f*

pars·nip [ˈpɑːsnɪp, AM ˈpɑːr-] *n* Pastinak *m,* Pastinake *f*

par·son [ˈpɑːsᵊn, AM ˈpɑːr-] *n* (*dated or hum*) Pastor(in) *m(f),* Pfarrer(in) *m(f)*

par·son·age [ˈpɑːsᵊnɪdʒ, AM ˈpɑːr-] *n* Pfarrhaus *nt*

par·son's ˈnose *n* (*fam*) Bürzel *m* (*von Geflügel*)

part [pɑːt, AM pɑːrt] **I.** *n* ❶ (*not the whole*) Teil *m;* **the film was good in ~s** der Film war phasenweise ganz gut; **body ~** Körperteil *m;* **the best** [*or* **better**] **~ of the day** den größten Teil des Tages; **~ of the family** Familienmitglied *nt;* **constituent ~** Bestandteil *m;* **the easy/hard ~** das Einfache/Schwierige [an einer Sache]; **essential** [*or* **important**] [*or* **integral**] **~** wesentlicher Bestandteil; **~ of growing up is ...** es gehört zum Erwachsenwerden ...; **in ~** teilweise, zum Teil; **in large ~** zum großen Teil; **for the most ~** zum größten Teil ❷ (*component*) [Ersatz]teil *nt;* **spare ~s** Ersatzteile *ntpl* ❸ (*measure*) [An]teil *m;* **mix one ~ of the medicine with three ~s water** mischen Sie die Medizin mit Wasser im Verhältnis eins zu drei ❹ (*episode*) Teil *m,* Folge *f* ❺ ANAT **~s of the body** Körperteile *mpl;* **private ~s** Geschlechtsteile *ntpl* ❻ GEOG Gegend *f;* **in** [*or* **around**] **these** [*or* **those**] **~s** (*fam*) in dieser Gegend ❼ (*character*) Rolle *f,* Part *m;* **to play the ~ of the king** die Rolle des Königs spielen; **large ~** wichtige Rolle, Hauptrolle *f;* **small ~** kleine Rolle, Nebenrolle *f* ❽ MUS Part *m,* Stimme *f* ❾ (*involvement*) Beteiligung *f* (**in** an +*dat*); **to want no ~ in** [*or* **of**] **sth** mit etw *dat* nichts zu tun haben wollen ❿ AM (*of hair*) Scheitel *m* ▸ PHRASES: **to become ~ of the furniture** selbstverständlich werden; **to be ~ and parcel of sth** untrennbar mit etw *dat* verbunden sein; **to dress** [*or* **look**] **the ~** sich *akk* [dem Anlass] entsprechend kleiden; **to take sb's ~** sich *akk* auf jds Seite stellen; **on sb's ~** (*form*) von Seiten einer Person *gen,* seitens einer Person *gen;* **it was a mistake on Julia's ~** es war Julias Fehler; **for my ~** was mich betrifft, ich für meinen Teil **II.** *adv inv* teils, teilweise; **she is ~ African** sie hat afrikanisches Blut in sich; **~ ... ~ ...** teils ... teils ... **III.** *vi* ❶ (*separate*) sich *akk* trennen; *curtains* aufgehen; **to ~ on good/bad terms** im Guten/Bösen auseinandergehen ❷ (*form: leave*) [weg]gehen; (*say goodbye*) sich *akk* verabschieden **IV.** *vt* ❶ (*separate*) ■**to ~ sb/sth** jdn/etw [voneinander] trennen ❷ (*with hair*) **to ~ hair** einen Scheitel ziehen, Haar scheiteln ▸ PHRASES: **to ~ company** sich *akk* trennen

◆**part with** *vt* ■**to ~ with sth** sich *akk* von etw *dat* trennen; **to ~ with one's cash** (*fam*) sein Geld herausrücken *fam*

par·take [pɑːˈteɪk, AM pɑːr-] *vi* <-took, -taken> ❶ (*form: in activity*) ■**to ~ in sth** an etw *dat* teilnehmen [*o* teilhaben] ❷ (*form or hum: food, drink*) **to ~ of drink/food** etw mittrinken/mitessen; **would you care to ~ of a little wine with us?** würden Sie uns die Ehre erweisen, ein Gläschen Wein mit uns zu trinken? *geh* ❸ (*have*) ■**to ~ of sth** etw [an sich *akk*] haben

part·ed [ˈpɑːtɪd, AM ˈpɑːrt̬-] *adj inv* ❶ (*opened*) **~ lips** leicht geöffnete Lippen ❷ (*separated*) ■**to be ~ from sb/sth** von jdm/etw getrennt sein

par·terre [pɑːˈteəʳ, AM pɑːrˈter] *n* ❶ (*of a garden*) Parterreanlage *f* ❷ AM THEAT Parterre *nt veraltend*

part ex·ˈchange *n esp* BRIT Inzahlungnahme *f* (**for** gegen +*akk*); **to give/take sth in ~** etw in Zahlung geben/nehmen

par·theno·gen·esis [ˌpɑːθənə(ʊ)ˈdʒenɪsɪs, AM ˌpɑːrθənoʊˈdʒenə-] *n no pl* Jungfernzeugung *f,* Parthenogenese *f fachspr*

par·theno·genet·ic [ˌpɑːθənə(ʊ)ˈdʒenɪk, AM ˌpɑːrθənoʊˈ-] *adj* parthenogenetisch *fachspr*

par·theno·geneti·cal·ly [ˌpɑːθənə(ʊ)ˈdʒenɪkli, AM ˌpɑːrθənoʊˈ-] *adv* parthenogenetisch *fachspr*

par·tial [ˈpɑːʃᵊl, AM ˈpɑːr-] **I.** *adj inv* ❶ (*incomplete*) Teil-, partiell *geh;* **their success was only ~** sie hatten nur teilweise Erfolg; **~ paralysis** partielle Lähmung; **~ success** Teilerfolg *m;* **~ withdrawal** Teilrückzug *m* ❷ (*biased*) parteiisch ❸ *pred* (*be fond of*) ■**to be ~ to sth** eine Vorliebe für etw *akk* haben **II.** *n* MUS Oberton *m*

par·tial-birth a'bor·tion [ˌpɑːʃᵊlbɜːθəˈbɔːʃᵊn, AM ˌpɑːrʃᵊlbɜːrθəˈbɔːr-] *n* Abtreibung *f* im fortgeschrittenen Stadium der Schwangerschaft

par·tial e'clipse *n* partielle Finsternis; **~ of the moon** partielle Mondfinsternis

par·tial·ity [ˌpɑːʃiˈæləti, AM ˌpɑːrʃiˈælət̬i] *n* ❶ *no pl* (*bias*) Parteilichkeit *f,* Voreingenommenheit *f* ❷ (*liking*) ■**to have a ~ for sth** eine Vorliebe [*o* Schwäche] für etw *akk* haben

par·tial·ly [ˈpɑːʃᵊli, AM ˈpɑːr-] *adv inv* teilweise; **~ clad** halb nackt; **~ cooked** vorgekocht

par·tial·ly 'sight·ed *adj* halbblind

par·tici·pant [pɑːˈtɪsɪpᵊnt, AM pɑːrˈtɪsə-] *n* Teilnehmer(in) *m(f)*

par·tici·pate [pɑːˈtɪsɪpeɪt, AM pɑːrˈtɪsə-] *vi* teilnehmen, sich *akk* beteiligen (**in** an +*dat*)

par·tici·pa·tion [pɑːˌtɪsɪˈpeɪʃᵊn, AM pɑːrˌtɪsəˈ-] *n no pl* Teilnahme *f,* Partizipation *f geh* (**in** an +*dat*)

par·tici·pa·tor [pɑːˈtɪsɪpeɪtəʳ, AM pɑːrˈtɪsəpeɪt̬ɚ] *n* Teilnehmer(in) *m(f)*

par·tici·pa·tory [pɑːˈtɪsɪpətᵊri, AM pɑːrˈtɪsəpəˌtɔːri] *adj* teilnehmend; POL auf Mitbestimmung ausgerichtet

par·tici·pa·tory de·'moc·ra·cy *n* partizipatorische Demokratie *fachspr,* Bürgerdemokratie *f*

par·ti·ci·ple [pɑːˈtɪsɪpl̩, AM ˈpɑːrtɪ-] *n* Partizip *nt*

par·ti·cle [ˈpɑːtɪkl̩, AM ˈpɑːrt̬ə-] *n* ❶ (*minute amount*) Teilchen *nt;* **~ of dust** Staubkörnchen *nt* ❷ (*fig: smallest amount*) Spur *f,* Fünkchen *nt* ❸ LING Partikel *f fachspr*

par·ti·cle ac·'cel·era·tor *n* Teilchenbeschleuniger *m* **'par·ti·cle board** *n no pl see* **chipboard** **par·ti·cle 'phys·ics** *n* [Elementar]teilchenphysik *f*

par·ticu·lar [pɑːˈtɪkjələʳ, AM pɚˈtɪkjəlɚ] **I.** *adj* ❶ *attr* (*individual*) bestimmt; **a ~ instance** ein bestimmter Moment ❷ *attr* (*special*) besondere(r, s), speziell; **to be of ~ concern to sb** jdn besonders interessieren; **no ~ reason** kein bestimmter Grund ❸ *pred* (*fussy*) eigen; (*demanding*) anspruchsvoll (**about** hinsichtlich +*gen*); **to be ~ about one's appearance** sehr auf sein Äußeres achten **II.** *n* (*form*) ❶ (*detail*) Einzelheit *f,* Detail *nt;* **in every ~** bis ins Detail ❷ (*information*) ■**~s** *pl* Einzelheiten *pl,* Details *pl;* **to take down sb's ~** jds Personalien aufnehmen ❸ *no pl* (*example*) **the ~** die Details *pl,* das Besondere ▸ PHRASES: **nothing in ~** nichts Besonderes; **in ~** insbesondere

par·ticu·lar·ity [pəˌtɪkjəˈlærəti, AM pɚˌtɪkjəˈlerət̬i] *n* (*form*) ❶ *no pl* (*detailedness*) Genauigkeit *f* ❷ (*small details*) ■**particularities** *pl* Einzelheiten *pl,* besondere Umstände *pl*

par·ticu·lar·ize [pɑːˈtɪkjələraɪz, AM pɚˈtɪkjələ-] *vt* (*form*) ■**to ~ sth** ❶ (*itemize*) etw spezifizieren [*o* konkretisieren] ❷ (*focus on*) sich *akk* auf etw *akk* konzentrieren [*o* beschränken]

par·ticu·lar·ly [pɑːˈtɪkjələli, AM pɚˈtɪkjəlɚ-] *adv* besonders, vor

P

allem; **I didn't ~ want to go** ich hatte keine große Lust hinzugehen

part·ing ['pɑːtɪŋ, AM 'pɑːrt̬-] **I.** *n* ❶ (*farewell*) Abschied *m;* (*separation*) Trennung *f;* **the ~ of the ways came after a series of disagreements** nach einer Reihe von Missverständnissen gingen sie getrennte Wege; **pain of ~** Trennungsschmerz *m* ❷ BRIT, AUS *of hair* Scheitel *m;* **centre ~** Mittelscheitel *m;* **side ~** Seitenscheitel *m* **II.** *adj attr, inv* Abschieds-; **~ words** Abschiedsworte *ntpl*

part·ing 'shot *n* letztes [sarkastisches] Wort, letzte Spitze

Par·ti Qué·bé·cois [par'tiː,keɪbek'wɑː] *n* CAN *kanadische Separatistenpartei, die sich für die Abspaltung des französischsprachigen Teils Kanadas ausspricht*

par·ti·san [,pɑːtɪ'zæn, AM 'pɑːrt̬ɪzən] **I.** *n* ❶ (*supporter*) *of a party* Parteigänger(in) *m(f),* Parteifreund(in) *m(f); of a person* Anhänger(in) *m(f)* ❷ MIL Partisan(in) *m(f),* Freischärler(in) *m(f)* **II.** *adj* parteiisch, voreingenommen; **~ line** parteiische Haltung; **~ spirit** Parteilichkeit *f,* Voreingenommenheit *f*

par·ti·san·ship [,pɑːtɪ'zænʃɪp, AM 'pɑːrt̬ɪzən-] *n no pl* Parteilichkeit *f*

par·ti·tion [pɑː'tɪʃᵊn, AM pɑːr'-] **I.** *n* ❶ *no pl* POL Teilung *f* ❷ (*structure*) Trennwand *f,* Raumteiler *m* **II.** *vt* ❶ POL ■**to ~ sth** etw [auf]teilen; **to ~ a country** ein Land teilen ❷ (*divide*) ■**to ~ sth** etw [unter]teilen; **to ~ a room** ein Zimmer aufteilen
◆**partition off** *vt* **to ~ off a room** ein Zimmer abteilen

par·ti·zan *n, adj see* **partisan**

par·ti·zan·ship *n no pl see* **partisanship**

part·ly ['pɑːtli, AM 'pɑːr-] *adv inv* zum Teil, teils, teilweise

part·ner ['pɑːtnəʳ, AM 'pɑːrtnɚ] **I.** *n* ❶ (*owner*) Teilhaber(in) *m(f),* Gesellschafter(in) *m(f);* (*in a law firm*) Sozius *m* ❷ (*accomplice*) **~ in crime** Komplize, -in *m, f* ❸ (*in dancing*) [Tanz]partner(in) *m(f);* (*in sports*) Partner(in) *m(f)* ❹ (*spouse*) Ehepartner(in) *m(f);* (*unmarried*) [Lebens]partner(in) *m(f);* **sexual ~** Sexualpartner(in) *m(f)* **II.** *vt usu passive* ■**to ~ sb** jds Partner sein; ■**to be ~ed by sb** jdn als [*o* zum] Partner haben **III.** *vi* AM ■**to ~ with sb** sich *akk* mit jdm zusammentun [*o* zusammenschließen]

part·ner·ship ['pɑːtnəʃɪp, AM 'pɑːrtnɚ-] *n* ❶ *no pl* (*condition*) Partnerschaft *f;* **the ~ of marriage** LAW die eheliche Gemeinschaft ❷ (*company*) [offene] Handelsgesellschaft; *of lawyers* Sozietät *f;* **to go** [*or* **enter**] **into ~ with sb** mit jdm eine Geschäftsverbindung eingehen

'part·ner·ship agree·ment *n* Gesellschaftsvertrag *m,* Sozietätsvertrag *m*

part of 'speech <*pl* parts-> *n* LING Wortart *f*

part 'own·er *n* Miteigentümer(in) *m(f)* **part 'own·er·ship** *n* Miteigentümerschaft *f* **part 'pay·ment** *n* Teilzahlung *f*

par·tridge <*pl* - *or* -s> ['pɑːtrɪdʒ, AM 'pɑːr-] *n* Rebhuhn *nt*

'part-song *n* mehrstimmiges Lied **part-'time I.** *adj* Teilzeit-, Halbtags-; **~ worker** Teilzeitbeschäftigte(r) *f(m),* Halbtagskraft *f;* **~ staff** Teilzeitkräfte *fpl;* **~ student** *Student, der kein reguläres Studium absolviert* **II.** *adv* **to work ~** einer Teilzeitbeschäftigung nachgehen, halbtags arbeiten **part-time 'job** *n* Teilzeitarbeit *f,* Halbtagsarbeit *f* **part-'tim·er** *n* Teilzeitbeschäftigte(r) *f(m),* Halbtagskraft *f*

par·tu·ri·ent [pɑː'tjʊəriənt, AM pɑːr'tjʊr-] *adj* (*giving birth*) gebärend; *attr* (*relating to birth*) der Geburt *nach n*

par·tu·ri·tion [,pɑːtjʊ(ə)'rɪʃᵊn, AM ,pɑːrtuː'-] *n no pl* (*spec*) Niederkunft *f form,* Geburt *f*

'part-way *adv inv* zum Teil, teilweise; **we'll stop for coffee when we are ~ there** auf halbem Wege halten wir an und trinken einen Kaffee

par·ty ['pɑːti, AM 'pɑːrt̬i] **I.** *n* ❶ (*celebration*) Party *f,* Feier *f;* **all-night ~** Party *f* bis zum frühen Morgen; **to have** [*or* **give**] [*or* **throw**] **a ~** eine Party geben ❷ + *sing/pl vb* POL Partei *f;* **opposition ~** Oppositionspartei *f;* **the ~ in power** die regierende Partei; **~ convention** Parteiversammlung *f;* **Democratic P~ Convention** Versammlung *f* der Demokraten ❸ + *sing/pl vb* (*group*) [Reise]gruppe *f;* **coach ~** Gruppe *f* von Busreisenden; **royal ~** Gruppe *f* von Mitgliedern des Königshauses; **school ~** Schülergruppe *f;* **fishing ~** Gruppe *f* von Anglern; **search ~** Suchtrupp *m* ❹ (*person involved*) Partei *f;* **the guilty ~** die schuldige Partei; **to be** [**a**] **~ to an arrangement** etw von einer Abmachung wissen; **to be** [**a**] **~ to a secret** in ein Geheimnis eingeweiht sein; **to be** [**a**] **~ to a crime** LAW an einem Verbrechen beteiligt sein ❺ (*fam: person*) Person *f* **II.** *n modifier* ❶ (*of a party*) Party-; **~ balloons** Luftballons *mpl;* **~ spirit** Partylaune *f,* Partystimmung *f;* **~ snack** Partysnack *m,* [Party]häppchen *nt* ❷ POL Partei-; **~ donation** Parteispende *f;* **~ affiliations** Parteizugehörigkeit *f;* **~ candidate** Kandidat(in) *m(f)* einer Partei; **the ~ faithful** die [treuen] Parteianhänger *pl* **III.** *vi* <-ie-> (*fam*) feiern

'par·ty ani·mal *n* Partylöwe *m fam,* begeisterter Partygänger/begeisterte Partygängerin **'par·ty boss** *n* Parteibonze *m* **par·ty 'cau·cus** *n* POL ❶ (*grouping*) Parteiclique *f* ❷ (*meeting*) Parteitag *m* **par·ty 'con·fer·ence** *n* BRIT, **par·ty 'con·gress** *n* AM Parteitag *m* **par·ty 'del·egate** *n* Parteiabgeordnete(r) *f(m)* **par·ty e'lite** *n* Parteispitze *f* **'par·ty-goer** *n* (*guest*) Partygast *m;* (*frequenter of parties*) Partygänger(in) *m(f)* **par·ty 'hack** *n* (*pej*) Hinterbänkler(in) *m(f)*

par·ty·ing ['pɑːtiɪŋ, AM 'pɑːrt̬i-] *n no pl* Feiern *nt*

par·ty 'lead·er *n* Parteivorsitzende(r) *f(m),* Parteichef(in) *m(f)* **par·ty 'lead·er·ship** *n* Parteiführung *f* **par·ty 'line** *n* ❶ POL Parteilinie *f;* **to toe** [*or* **follow**] **the ~** der Parteilinie folgen, linientreu sein ❷ TELEC Gemeinschaftsanschluss *m* **par·ty-'lin·er** *n* Linientreue(r) *f(m)* **par·ty ma·'chine** *n* Parteimaschinerie *f* **'par·ty man** *n* treuer Parteianhänger **par·ty 'mem·ber** *n* Parteimitglied *nt;* **paid-up ~** vollwertiges Parteimitglied, Parteimitglied *nt* ohne Beitragsrückstände **par·ty 'or·gan** *n* Parteiorgan *nt* **'par·ty piece** *n* BRIT (*hum*) Showeinlage *f* auf einer Party **par·ty po·'liti·cal** *adj* parteipolitisch **par·ty po·liti·cal 'broad·cast** *n* BRIT, AUS Wahlsendung *f* [einer Partei] **par·ty 'poli·tics** *n* + *sing/pl vb* Parteipolitik *f* **'par·ty-poop·er** *n esp* AM (*hum fam*) Spielverderber(in) *m(f),* Miesmacher(in) *m(f) fam* **par·ty 'wall** *n* Trennmauer *f* **par·ty 'whip** *n* BRIT ■**the ~** die Parteidisziplin

'par value *n* STOCKEX Nennwert *m,* Nominalwert *m;* ■**at/above/below ~** zum/über/unter Nennwert

par·venu ['pɑːvənjuː, AM 'pɑːrvənuː] **I.** *n* (*pej form*) Emporkömmling *m,* Parvenü *m geh* **II.** *adj* nach Art eines Emporkömmlings

pas de deux <*pl* -> [,pɑːdə'dɜː] *n* Pas de deux *m*

pass [pɑːs, AM pæs] **I.** *n* <*pl* -es> ❶ TRANSP (*road*) Pass *m;* **one of the highest ~es in Europe** einer der höchsten Pässe in Europa; **mountain ~** [Gebirgs]pass *m* ❷ FBALL, SPORTS (*of a ball*) Pass *m,* Vorlage *f* (*für ein Tor*); **that was a beautiful ~ to the centre forward** das war ein gekonnter Pass zum Mittelstürmer ❸ (*sweep*) *by a plane* [Darüber]streichen *nt kein pl;* **they had seen the aircraft flying low in a ~ over the ski resort** sie hatten gesehen, wie das Flugzeug sehr tief über das Skigebiet hinwegflog; *by a magician, conjuror* [Hand]bewegung *f;* **the magician made some ~es with his hands over her body** der Zauberer fuhr mit der Hand mehrmals über ihren Körper ❹ (*fam: sexual advance*) Annäherungsversuch *m;* **to make a ~** [**at sb**] einen Annäherungsversuch [bei jdm] machen, sich *akk* an jdn ranmachen *fam* ❺ BRIT SCH, UNIV (*exam success*) Bestehen *nt kein pl* (*einer Prüfung*); **to achieve grade A ~es** sehr gute Noten bekommen; **to get/obtain a ~ in an exam** eine Prüfung bestehen; AM (*grade*) Bestehen *nt kein pl* (*einer Prüfung*); **in those courses they don't grade students – they just get a ~ or fail** in diesen Kursen bekommen die Studenten keine Noten, sie können nur entweder bestehen oder durchfallen; (*proof of completion*) Bestanden *nt* ❻ (*permit*) Passierschein *m;* **only people with a ~ are allowed to enter the nuclear power station** nur Personen mit einem entsprechenden Ausweis dürfen das Kernkraftwerk betreten; *for a festival* Eintritt *m,* Eintrittskarte *f; for public transport* [Wochen-/Monats-/Jahres-]karte *f;* **bus** ~ Busfahrkarte *f* (*die über einen bestimmten Zeitraum gültig ist*); **free** ~ Freikarte *f;* **disabled people have a free ~ for the public transport system** Behinderte können die öffentlichen Verkehrsmittel kostenlos benutzen; *esp* AM SCH *to leave class* Entschuldigung *f* (*für das Fernbleiben vom Unterricht*); **why aren't you at the math class? – I've got a ~** warum bist du nicht im Matheunterricht? – ich hab eine Entschuldigung ❼ *no pl* (*predicament*) Notlage *f,* kritische Lage; **this is a ~ – we can't get back into the hotel** da haben wir uns ja was Schönes eingebrockt – wir können nicht ins Hotel zurück *fam;* **to come to a pretty ~** ziemlich übel [für jdn] aussehen *fam;* **it's come to a pretty ~ when you can't even have a few quiet drinks with friends** wenn man nicht mal mehr in aller Ruhe mit seinen Freunden ein paar Gläschen trinken kann, dann stimmt was nicht *fam;* **to reach a ~** außer Kontrolle geraten, ausufern **II.** *vt* ❶ (*go past*) ■**to ~ sb/sth** an jdm/etw vorbeikommen; **if you ~ a supermarket, can you get me some milk?** würdest du mir Milch mitbringen, wenn du beim Supermarkt vorbeikommst? ❷ (*exceed*) **it ~es all belief that he could have been so selfish** es ist doch wirklich nicht zu fassen, dass er dermaßen selbstsüchtig sein konnte; **to ~ a closing date/sell-by date** verfallen; **don't buy goods which have ~ed their sell-by date** kauf keine Waren, deren Verfallsdatum bereits abgelaufen ist; **to ~ a limit** eine Grenze überschreiten; **to ~ the time limit** das Zeitlimit überschreiten; **I'm sorry, you've ~ed the time limit** es tut mir leid, aber Sie haben überzogen ❸ (*hand to*) ■**to ~ sth to sb** jdm etw [herüber]reichen; (*bequeath to*) jdm etw vererben; **could you ~ the salt please?** könnten Sie mir bitte mal das Salz [herüber]reichen?; **I asked if I could see the letter, so she ~ed it to me reluctantly** ich fragte, ob ich den Brief mal sehen könnte, also gab sie ihn mir widerwillig; **the deceased's estate was ~ed to his distant relatives** der Besitz des Verstorbenen fiel an seine entfernten Verwandten; **Gerald ~ed the note to me** Gerald gab mir die Notiz; **to ~ the hat [around]** (*fig*) den Hut herumgehen lassen; (*transfer to*) ■**to be ~ed to sb** auf jdn übergehen; **the responsibility was gradually ~ed to the British government** die Verantwortung wurde nach und nach der britischen Regierung übertragen ❹ (*put into circulation*) **to ~ money** Geld in Umlauf bringen; **I saw someone get caught trying to ~ forged five pound notes in the supermarket** ich sah, wie jemand dabei erwischt wurde, als er versuchte im Supermarkt mit gefälschten Fünfpfundnoten zu bezahlen; **I haven't trusted him since he ~ed me a forged fiver** ich trau ihm einfach nicht mehr, seit er versucht hat, mir einen gefälschten Fünfer anzudrehen *fam* ❺ FBALL, SPORTS **to ~ the ball to sb** jdm den Ball zuspielen; **the crowd were shouting at the player to ~ the basketball** die Zuschauermenge schrie dem Basketballspieler zu, er solle den Ball abgeben; **to ~ the baton to sb** den Stab an jdn abgeben; **the timing of the athletes in a relay race must be perfect to ~ the baton smoothly** das Timing beim Staffellauf muss absolut stimmen, damit der Stab sauber übergeben werden kann ❻ FOOD (*process*) **the cook ~ed the carrots through the mixer** der Koch pürierte die Karotten im Mixer; **to ~ the water through the filter** das Wasser durch den Filter laufen lassen ❼ SCH, UNIV (*succeed*) **to ~ an exam/a test** eine Prüfung/eine Arbeit bestehen; (*fig: meet requirements*) eine Prüfung bestehen, gut genug sein; **she ~ed the oral but failed the written exam** die mündliche Prüfung hat sie bestanden, aber in der schriftlichen ist sie durchgefallen; **why the questions? – am I supposed to ~ some silly imaginary test?** warum fragst du mich das? soll das vielleicht so eine Art Prüfung für mich sein?; **to ~ muster** akzeptabel sein; **new teams won't be admitted to the league if their stadiums don't ~ muster** neue Mannschaften werden nur dann in die Liga aufgenommen, wenn ihre Stadien auf dem erforderlichen Stand sind ❽ (*of time*) **to ~ one's days/holiday** [*or* AM **vacation**]/**time doing sth** seine Tage/Ferien/Zeit mit etw *dat* verbringen; **it was a long train journey, but they managed to ~ three hours playing cards** es war eine lange Zugfahrt, aber sie haben drei Stunden davon mit Kartenspielen herumgebracht *fam;* **to ~ the time** sich *dat* die Zeit vertreiben; **I'm not very good at drawing but it helps to ~ the time** ich kann zwar nicht sehr gut zeichnen, aber es ist doch ein ganz schöner Zeitvertreib; **I just wanted to ~ the time of day with her, but she completely ignored me** ich wollte wirklich nur kurz guten Tag sagen und ein wenig mit ihr plaudern, aber sie hat mich völlig links liegen lassen ❾ POL (*approve*) ■**to ~ sth** etw verabschieden; **they are hoping to ~ legislation which will forbid drivers aged under 25 to drink alcohol** man hofft darauf, ein Gesetz einzuführen, das Fahrern unter 25 den Genuss von Alkohol verbieten würde; **to ~ a bill/law** ein Gesetz verabschieden; **to ~ a motion** einen Antrag genehmigen; **to ~ a resolution** eine Resolution verabschieden; **to ~ sb/sth as fit** [*or* **suitable**] jdn/etw [als] geeignet erklären; **the restaurant was serving meat that had not been ~ed as fit for human consumption** in dem Restaurant wurde Fleisch serviert, das nicht für den Verzehr freigegeben war; **he was ~ed fit for military service** er wurde für wehrdiensttauglich erklärt; **the censors ~ed the film as suitable for children** die Zensurstelle gab den Film für Kinder frei ❿ (*utter*) **to ~ a comment** einen Kommentar abgeben, sich *akk* äußern; **to ~ a comment on sb** eine Bemerkung über jdn machen; **to ~ judgement** [**on sb/sth**] [über jdn/etw] urteilen [*o* ein Urteil fällen]; **the jury at the film festival ~ed judgement on the films they had seen** die Jury gab beim Filmfestival ihr Urteil über die Filme ab, die sie gesehen hatte; **to ~ one's opinion** seine Meinung sagen; **to ~ a remark** eine Bemerkung machen; **I heard she'd been ~ing remarks about me behind my back** ich hörte, dass sie hinter meinem Rücken über mich hergezogen war; **to ~ sentence** [**on sb**] LAW das Urteil [über jdn] fällen ⓫ MED (*form: excrete*) ■**to ~ sth** etw ausscheiden; **to ~ blood** Blut im Stuhl/Urin haben; **to ~ faeces** Kot ausscheiden; **to ~ urine** urinieren; **to ~ water** Wasser lassen ▶ PHRASES: **to ~ the buck** [**to sb/sth**] (*pej fam*) die Verantwortung abschieben, jdm/etw den Schwarzen Peter zuschieben; **the government has simply ~ed the buck to the local authorities without offering any support** die Regierung hat die Verantwortung ganz einfach auf die Kommunen abgewälzt, ohne ihnen irgendeine Unterstützung anzubieten **III.** *vi* ❶ (*move by*) vorbeigehen, vorbeikommen; **I was just ~ing so I thought I'd drop in for a chat** ich bin gerade vorbeigekommen und dachte, ich schau mal kurz auf ein paar Worte rein; **we often ~ed on the stairs** wir sind uns oft im Treppenhaus begegnet; **the road will ~ near the village** die Straße wird nahe am Dorf vorbeiführen; **the marchers ~ed by without stopping** die Demonstranten zogen vorüber, ohne anzuhalten; **not one car ~ed while I was there** während ich dort war, fuhr nicht ein einziges Auto vorbei; **the Queen ~ed among the crowd** die Königin mischte sich unter die Menge; **he ~ed nearby our group without even knowing we were there** er lief nicht weit von unserer Gruppe entfernt vorbei, völlig ohne mitzukriegen, dass wir da waren; **you'll have to ~ not far from where we'll be standing** du musst sowieso ganz in der Nähe von wo wir stehen vorbei; **the planes ~ed noisily overhead** die Flugzeuge donnerten vorbei *fam;* **the bullet ~ed between her shoulder blades** die Kugel ging genau zwischen ihren Schulterblättern durch; (*fig*) **a momentary look of anxiety ~ed across his face** für einen kurzen Moment überschattete ein Ausdruck der Besorgnis seine Miene; **to ~ unnoticed** unbemerkt bleiben, überhaupt nicht auffallen; ■**to ~ over sth** über etw *akk* gleiten; *plane* über etw *akk* hinwegfliegen; ■**to ~ under sth** unter etw *dat* hindurchfahren [*o* gehen]; **the road ~es under the railway line** die Straße führt unter einer Eisenbahnbrücke hindurch ❷ (*enter*) eintreten, hereinkommen; **may I ~?** kann ich hereinkommen?; **that helps prevent fats ~ing into the bloodstream** das verhindert, dass Fette in die Blutbahn gelangen; **to let sb** [*or* **allow sb to**] **~** jdn durchlassen; **they shall not ~!** sie werden nicht durchkommen! (*Kampfruf der Antifaschisten*) ❸ (*go away*) vergehen, vorübergehen, vorbeigehen; **it'll soon ~** das geht schnell vorbei; **I felt a bit nauseous, but the mood ~ed** mir war ein bisschen schlecht, aber es war gleich wieder vorbei ❹ (*change*) ■**to ~ from sth to sth** von etw *dat* zu etw *dat* übergehen; **wax ~es from solid to liquid when you heat it** beim Erhitzen wird festes Wachs flüssig; **the water ~es from a liquid state to a solid state when frozen** Wasser wird fest, wenn es gefriert ❺ (*move into*) **gradually all these English words have ~ed into the German language** mit der Zeit sind all diese englischen Wörter in die deutsche Sprache eingegangen ❻ (*exchange*) **no words have ~ed between us since our divorce** seit unserer Scheidung haben wir kein einziges Wort miteinander gewechselt; **the looks ~ing between them suggested they had a very close relationship** die Blicke, die sie miteinander wechselten, ließen darauf schließen, dass sie sich sehr nahe standen; **greetings were always ~ed between them, despite their mutual animosity** obwohl sie sich gegenseitig nicht ausstehen konnten, grüßten sie sich immer ❼ FBALL (*of a ball*) zuspielen, [den Ball] abgeben; **he's a good player but he should ~ more** er ist ein guter Spieler, aber er sollte den Ball auch öfter einmal den anderen zuspielen ❽ SCH (*succeed*) bestehen, durchkommen; **after taking his driving test four times he ~ed at the fifth attempt last week** nachdem er viermal durch die Fahrprüfung gefallen war, bestand er sie letzte Woche beim fünften Anlauf ❾ *usu passive* (*approve*) **the resolution was ~ed unanimously** die Resolution wurde einstimmig angenommen; **'motion ~ed by a clear majority,' said the speaker of the house** „Antrag mit deutlicher Mehrheit angenommen", sagte der Parlamentspräsident ❿ (*go by*) vergehen, verstreichen; **the evening ~ed without any great disasters** der Abend verlief ohne größere Zwischenfälle; **time seems to ~ so slowly when you're in school** wenn man in der Schule ist, scheint die Zeit unheimlich langsam zu vergehen; **I saw that I had let a golden opportunity ~** ich merkte, dass ich eine wirklich einmalige Gelegenheit ungenutzt hatte verstreichen lassen; **for a moment she thought he was going to kiss her, but the moment ~ed** einen kurzen Augenblick lang dachte sie, er würde sie küssen – aber dieser Moment verstrich, und nichts geschah ⓫ (*fig: not answer*) passen [müssen]; **what's happened here? – I'll have to ~, I don't know either** was ist denn hier passiert? – fragen Sie mich nicht, ich weiß es auch nicht; **~ – I don't know the answer** ich passe – ich weiß es nicht; **the second contestant ~ed on four questions** der zweite Wettbewerbsteilnehmer musste bei vier Fragen passen ⓬ (*fig fam: not consume*) ■**to ~ on sth** auf etw *akk* verzichten; **thanks, but I think I'll ~ on the chocolates since I'm dieting** danke, aber ich verzichte lieber auf die Pralinen, weil ich eine Diät mache ⓭ (*be accepted as*) **I really want to go to the film, but I don't think I'd ~ as 18** ich will den Film unbedingt sehen, aber die glauben mir nie, dass ich 18 bin; **do you think this non-matching jacket and trousers could ~ as a suit?** meinst du, ich kann diese Jacke und die Hose als Anzug anziehen, obwohl sie nicht zusammengehören?; **they recruited somebody they hoped would ~ as a German in the film** für den Film haben sie jemanden engagiert, von dem sie hoffen, dass er als Deutscher durchgeht

◆**pass along I.** *vt* ■**to ~ along ○ sth** etw weitergeben; **he couldn't give it back to me personally so his mother ~ed along the book to me** er konnte mir das Buch nicht persönlich zurückgeben, also brachte es mir seine Mutter mit; **to ~ a message along** eine Nachricht weiterleiten **II.** *vi* vorbeigehen; **I heard footsteps ~ing along the corridor outside** ich hörte Schritte draußen auf dem Gang; **the policemen told the crowd to ~ along** die Polizei wies die Menge an, weiterzugehen

◆**pass around** *vt* ■**to ~ sth ○ around** etw herumreichen; **she ~ed around the petition and everybody signed it** sie ließ die Petition herumgehen und jeder unterschrieb; **a cup containing alcohol would be ~ed around from person to person** ein Becher mit Alkohol machte immer die Runde; **to ~ around chocolate/crisps** [*or* AM **chips**] Schokolade/Chips herumreichen; **I bought the drinks and then ~ed them around the group** ich kaufte die Getränke und verteilte sie dann an die Gruppe; **to ~ the hat around** den Hut herumgehen lassen; (*fig*) eine Sammlung veranstalten

◆**pass away I.** *vi* ❶ (*euph: die*) verscheiden *geh*, entschlafen *euph geh*; **she's terribly upset because her father ~ed away** das Hinscheiden Ihres Vaters hat sie furchtbar mitgenommen ❷ (*fade*) nachlassen; *anger* verrauchen; **the look of elation that had come on her face ~ed away** der verzückte Ausdruck, der auf ihr Gesicht getreten war, wich **II.** *vt* ■**to ~ away ○ sth** etw verbringen; **we ~ed away the evening watching TV** wir verbrachten den Abend mit Fernsehen; **those two can't ~ away a few hours together without arguing** die beiden können nicht ein paar Stunden zusammen sein, ohne sich in die Haare zu kriegen *fam*

◆**pass by I.** *vi* ❶ (*elapse*) *time* vergehen ❷ (*go past*) vorbeigehen, vorübergehen; **he ~ed by as if he had not even seen me** er ging an mir vorbei, als ob er mich überhaupt nicht gesehen hätte; **to ~ by on the other side** *esp* BRIT (*fig*) völlig unberührt bleiben; **no one seeing the plight of these refugees could ~ by on the other side** niemanden, der die Not dieser Flüchtlinge sieht, kann das einfach kaltlassen ❸ (*travel past*) vorbeifahren; **she sat looking out of the train window at the countryside ~ing by** sie saß da und schaute aus dem Zugfenster auf die vorbeiziehende Landschaft **II.** *vt* ❶ (*miss sb*) ■**to ~ sb by** an jdm vorbeigehen; **do you ever feel that life is ~ing you by?** hast du manchmal das Gefühl, dass das Leben an dir vorbeigeht?; **I regarded the whole affair as a nonsense, and so let it ~ me by** ich habe die ganze Sache als Unsinn betrachtet und mich deswegen nicht weiter darum gekümmert ❷ (*go past*) ■**to ~ sb/sth ○ by** an jdm/etw vorübergehen [*o* vorbeigehen]; **I had often ~ed this shop by** ich bin schon oft an diesem Laden vorbeigegangen

◆**pass down** *vt* ❶ *usu passive* (*bequeath*) ■**to ~ down ○ sth** etw weitergeben; **to ~ down songs/tales** Lieder/Geschichten überliefern; **to ~ down a tradition** eine Tradition weitergeben; **this tradition had been ~ed down through the family for centuries** diese Tradition wurde jahrhundertelang innerhalb der Familie weitergeführt; ■**to ~ sth down to sb** etw an jdn weitergeben; **in turn each father ~ed down the secrets of the trade to his sons** die Väter gaben ihre Berufsgeheimnisse jeweils an ihre Söhne weiter; **the suit our teacher was wearing had been ~ed down to him by his father** den Anzug, den unser Lehrer trug, hatte ihm sein Vater vermacht ❷ (*hand down*) ■**to ~ sth ○ down** etw hinunterreichen; **as they left the train he ~ed their luggage down to his wife** als sie aus dem Zug ausstiegen, reichte er seiner Frau das Gepäck hinaus

◆**pass off I.** *vt* ❶ (*deflect attention*) ■**to ~ off ○ sth** etw abtun; **to ~ off one's embarrassment** seine Verlegenheit überspielen; **to ~ off an episode** einen Zwischenfall übergehen ❷ (*pretend*) ■**to ~ sth ○ off as sth** etw als etw *akk* ausgeben; **the dealer was trying to ~ off fakes as valuable antiques** der Händler versuchte Fälschungen als echte Antiquitäten zu verkaufen; **he tried to ~ this nonsense off as literature** er versuchte diesen Quatsch als Literatur hinzustellen *fam;* **to ~ oneself off as a Dubliner** sich *akk* als Dubliner ausgeben **II.** *vi* ❶ (*take place*) verlaufen ❷ (*fade*) nachlassen; *elation* verfliegen

◆**pass on I.** *vi* ❶ (*proceed*) fortfahren, weitermachen; ■**to ~ on to sth** zu etw *dat* übergehen [*o* kommen]; **"if we could ~ on to the next item now, please?" asked the chairman, exasperatedly** „könnten wir jetzt bitte zum nächsten Thema übergehen?" fragte der Vorsitzende verärgert ❷ (*euph: die*) entschlafen *euph geh,* verscheiden *geh* **II.** *vt* ❶ BIOL ■**to ~ sth ↔ on [to sb]** etw [an jdn] weitergeben [*o* [weiter]vererben] ❷ (*transmit*) ■**to ~ sth ↔ on** etw weitergeben ❸ (*infect*) ■**to ~ sth ↔ on** *disease* etw übertragen ❹ *usu passive* (*hand down*) **to ~ on clothes** Kleidung weitergeben; **to ~ on a fortune/jewellery** [*or* AM **jewelry**] ein Vermögen/Schmuck [weiter]vererben; **to ~ on stories** Geschichten überliefern; **to ~ on traditions** Traditionen weitergeben ❺ (*refer*) **to ~ sb on to a higher authority/ a specialist** jdn an eine höhere Stelle/einen Fachmann verweisen; **the doctor told me that he would have to ~ me on to a specialist** der Arzt sagte mir, er müsse mich an einen Spezialisten überweisen ❻ ECON (*raise prices*) ■**to ~ sth ↔ on to sb** etw auf jdn umverteilen; **the increased costs were ~ed on to the consumer** die höheren Kosten wurden auf die Verbraucher abgewälzt

◆**pass out I.** *vi* ❶ (*faint*) in Ohnmacht fallen, bewusstlos werden, umkippen *fam;* **when I opened the office door, I was hit on the head and ~ed out** als ich die Tür zum Büro öffnete, bekam ich einen Schlag auf den Kopf und verlor das Bewusstsein ❷ (*leave*) hinausgehen; ■**to ~ out of sth** etw verlassen; **this is confidential so don't let it ~ out of your possession** das ist vertraulich, also geben Sie es bitte nicht aus der Hand ❸ BRIT, AUS UNIV abgehen; **the new officer ~ed out from naval college only last week** der neue Offizier hat erst in der vergangenen Woche seine Ausbildung an der Marineakademie abgeschlossen **II.** *vt* AM ■**to ~ out ↔ sth** etw verteilen [*o* austeilen]; **she ~ed out the cookies to the children** sie verteilte die Kekse an die Kinder

◆**pass over** *vt* ❶ *usu passive* (*not promote*) ■**to ~ over ↔ sb** jdn übergehen; **he left the company after being ~ed over yet again** er verließ die Firma, nachdem man ihn erneut bei der Beförderung übergangen hatte; **to ~ sb over for promotion** jdn bei der Beförderung übergehen ❷ (*overlook*) ■**to ~ over ↔ sth** etw übergehen [*o* ignorieren]; **he seemed to ~ over the most important points in his speech** er schien über die wichtigsten Punkte in seiner Rede hinwegzugehen ❸ (*move overhead*) ■**to ~ over sb/sth** über jdn/etw hinweggehen; **did you hear that plane ~ over the house last night?** hast du letzte Nacht das Flugzeug über das Haus fliegen hören?

◆**pass round** *vt* BRIT *see* **pass around**

◆**pass through** *vi* ❶ (*experience*) ■**to ~ through sth** etw durchlaufen; **to ~ through different cycles/stages** verschiedene Zyklen/Stadien durchlaufen; **to ~ through bitter days and months** schwierige Tage und Monate durchmachen; **to ~ through a terrible ordeal** ein furchtbares Martyrium erleiden müssen [*o fam* durchmachen] ❷ (*journey through*) durchreisen; **I wanted to stop but my friends said we had to ~ through** ich wollte anhalten, aber meine Freunde wollten weiterfahren; **we were only ~ing through so I couldn't stop and say hi** wir waren nur auf der Durchreise, also konnte ich nicht mal eben vorbeischauen; ■**to ~ through sth** durch etw *akk* [hindurch]gehen; **we ~ed through Stuttgart on our way to the Black Forest** auf unserer Fahrt in den Schwarzwald kamen wir durch Stuttgart; **why didn't you visit us while you were in Stuttgart? – we only ~ed through the station** warum haben Sie uns nicht besucht, als Sie in Stuttgart waren? – wir hatten nur einen kurzen Aufenthalt im Bahnhof; **to ~ through the customs/a detector** den Zoll/einen Detektor passieren

◆**pass up** *vt* ■**to ~ up ↔ sth** sich *dat* etw entgehen lassen; **he's never one to ~ up a free meal** eine kostenlose Mahlzeit lässt [d]er sich nie entgehen

pass·able ['pɑːsəbl̩, AM 'pæs-] *adj* ❶ (*traversable*) passierbar, befahrbar ❷ (*satisfactory*) [ganz] passabel; **she could speak ~ Russian** sie konnte ganz passabel Russisch sprechen; **only ~** nur so leidlich; **very ~** durchaus annehmbar

pass·ably ['pɑːsəbli, AM 'pæs-] *adv* passabel, [ganz] ordentlich

pas·sage ['pæsɪdʒ] *n* ❶ (*narrow corridor*) Gang *m,* Flur *m;* **underground ~** Unterführung *f* ❷ (*long path*) Durchgang *m* ❸ LIT (*excerpt*) [Text]passage *f;* MUS Stück *nt* ❹ (*onward journey*) Durchfahrt *f,* Durchreise *f;* **bird of ~** Zugvogel *m* ❺ (*dated: sea voyage*) Überfahrt *f,* [Schiffs]passage *f;* **to take ~ to South Africa** eine Schiffsreise nach Südafrika unternehmen; **to work one's ~** seine Überfahrt abarbeiten; (*fig*) **he's worked his ~** er hat es sich redlich verdient ❻ (*way of escape*) Durchlass *m;* **the hijackers demanded safe ~ out of the country** die Entführer verlangten sicheren Abzug aus dem Land ❼ *no pl* (*progression*) Voranschreiten *nt; of troops* Durchzug *m; of a plane* Überfliegen *nt; of fire* ungehindertes Sichausbreiten; **many meteorites explode during their ~ through the atmosphere** viele Meteoriten zerbersten auf ihrem Weg durch die Erdatmosphäre; **the ~ of time** das Verstreichen der Zeit; **with the ~ of time** im Lauf[e] der Zeit ❽ POL (*passing*) *of a law* Verabschiedung *f; of a resolution* Annahme *f*

'pas·sage·way *n* Korridor *m,* [Durch]gang *m*

'pass·book *n* Sparbuch *nt* **'pass de·gree** *n* UNIV ❶ AM (*without honours*) *unterster akademischer Grad* ❷ AUS (*course*) Kurzstudium *nt*

pas·sé [pæs'eɪ] *adj* (*pej*) passé, veraltet, out *sl;* **to look ~** altmodisch aussehen

pas·sel ['pæsᵊl] *n* ■**a ~ of sth** AM (*fam*) eine Unmenge einer S. *gen*

pas·sen·ger ['pæsᵊndʒəʳ, AM -ɚ] **I.** *n* (*on a bus, tube*) Fahrgast *m;* (*of an airline*) Passagier(in) *m(f),* Fluggast *m;* (*on a train*) Reisende(r) *f(m);* (*in a car*) Mitfahrer(in) *m(f),* Insasse, -in *m, f;* [**front-seat**] **~** Beifahrer(in) *m(f);* BRIT (*fig*) Trittbrettfahrer(in) *m(f) pej,* Schmarotzer(in) *m(f) pej* **II.** *n modifier* (*numbers, plane, ship, transport*) Passagier-; **~ lift/service/traffic** Personenaufzug *m*/-beförderung *f*/-verkehr *m;* **~ liner/vessel** Passagierschiff *nt*/-dampfer *m;* **~ side** Beifahrerseite *f;* **~ space** Fahrgastraum *m*

pas·sen·ger 'ac·ci·dent in·sur·ance *n no pl* BRIT Reiseunfallversicherung *f* **pas·sen·ger 'air·craft** *n* Passagierflugzeug *nt* **'pas·sen·ger cab·in** *n* Fluggastraum *m* **'pas·sen·ger car** *n* RAIL Personenwaggon *m;* AUTO Personenwagen *m,* Pkw *m* **'pas·sen·ger coach** *n* Reisebus *m* **'pas·sen·ger flight** *n* Passagierflug *m* **'pas·sen·ger jet** *n* Passagierflugzeug *nt* **'pas·sen·ger list** *n* Passagierliste *f* **'pas·sen·ger mile** *n* Personenmeile *f;* AVIAT Passagiermeile *f* **'pas·sen·ger seat** *n* Beifahrersitz *m* **'pas·sen·ger traf·fic** *n no pl* Personenverkehr *m* **'pas·sen·ger train** *n* Personenzug *m*

pass·er-by <*pl* passers-> [ˌpɑːsə'baɪ, AM ˌpæsɚ'-] *n* Passant(in) *m(f),* Vorübergehende(r) *f(m)*

pass-'fail course *n esp* AM *Kurse, für die es nur das Zertifikat ‚bestanden' oder ‚nicht bestanden' gibt*

pass·ing ['pɑːsɪŋ, AM 'pæs-] **I.** *adj attr* ❶ *inv* (*going past*) *vehicle* vorbeifahrend; *person* vorbeikommend; **with each** [*or* **every**] **~ day** mit jedem weiteren Tag[, der vergeht]; **~ trade** Laufkundschaft *f* ❷ (*fleeting*) *glance, thought* flüchtig; **~ acquaintance** flüchtiger Bekannter/flüchtige Bekannte; **~ fad** Eintagsfliege *f;* **a ~ fancy** nur so eine Laune; **he was a ~ fancy of hers** er war nur so eine von ihren flüchtigen Liebschaften; **to be of ~ interest** von temporärem Interesse sein; **~ shower** kurzer Regenschauer ❸ (*casual*) *remark* beiläufig; **to receive only a ~ mention** nur beiläufig erwähnt [*o* am Rande gestreift] werden; **in ~** nebenbei, beiläufig; **in ~, it is worth**

P

noting that ... nebenbei ist erwähnenswert, dass ...; **to mention in** ~ [ganz] nebenbei bemerken, beiläufig erwähnen ❹ *inv* (*slight*) *resemblance* gering **II.** *n no pl* ❶ (*death*) Ableben *nt geh,* Hinscheiden *nt euph geh* ❷ (*end*) Niedergang *m;* **the** ~ **of an era** das Ende einer Ära ❸ (*going by*) Vergehen *nt;* **with the** ~ **of the years** [*or* **time**] im Lauf der Jahre ❹ SPORTS Passen *nt,* Zuspielen *nt* (*des Balls*)*;* **his** ~ **has improved** seine Ballabgabetechnik hat sich verbessert

'pass·ing lane *n* AM Überholspur *f* **'pass·ing mark** *n,* **'pass·ing grade** *n* AM SCH, UNIV Ausreichend *nt* (*Mindestnote für das Bestehen einer Prüfung*) **pass·ing-'out** *n* BRIT, AUS MIL, UNIV Abschlussfeier *f* **pass·ing-'out cer·emo·ny** *n* BRIT, AUS, **pass·ing-'out pa·rade** *n* BRIT, AUS MIL, UNIV Abschlusszeremonie *f* **'pass·ing place** *n* Ausweichstelle *f* **pass·ing 'shot** *n* TENNIS Passierschlag *m*

pas·sion ['pæʃᵊn] *n* ❶ (*fancy*) Passion *f,* Vorliebe *f;* **to be one of sb's** ~**s** zu jds besonderen Vorlieben zählen; **to have a** ~ **for sth** ein Faible für etw *akk* haben; **to have a** ~ **for doing sth** etw leidenschaftlich gerne tun; **his** ~ **for gambling eventually ruined him** seine Spielsucht ruinierte ihn schließlich; **to have a consuming** ~ [**for sth**] eine große Leidenschaft [für etw *akk*] hegen ❷ (*love*) [große] Leidenschaft; **her latest** ~ **is for a bus driver** jetzt hat sie sich leidenschaftlich in einen Busfahrer verliebt ❸ *no pl* (*fervour*) Leidenschaft *f,* Erregung *f;* **to arouse a** ~ leidenschaftliche Gefühle wecken ❹ (*strong emotion*) **crime of** ~ Verbrechen *nt* aus Leidenschaft; **to hate sb/sth with a** ~ jdn/etw aus tiefstem Herzen hassen; **to be hated with a** ~ zutiefst verhasst sein; ■~**s** *pl* Leidenschaften *fpl;* ~**s are running high** die Wogen der Erregung schlagen hoch; **mention her ex and that really gets her** ~**s roused** man braucht ihren Ex nur zu erwähnen und schon geht sie hoch [wie eine Rakete] *fam;* **to inflame** ~**s** den Hass schüren

Pas·sion ['pæʃᵊn] *n* ❶ *no pl* REL (*Jesus's suffering*) Passion *f,* Leiden *nt* Christi; **the** ~ **of Christ on the cross** das Leiden und Sterben Christi am Kreuz ❷ LIT, REL Passion *f,* Leidensgeschichte *f* ❸ MUS, REL Passion *f*

pas·sion·ate ['pæʃᵊnət, AM -nɪt] *adj* ❶ (*strongly emotional*) leidenschaftlich; ~ **rhetoric** mitreißende Rede[kunst]; ■**to be** ~ **about sth** sich *akk* brennend für etw *akk* interessieren ❷ (*amorous*) *embrace, kiss* leidenschaftlich; ~ **desire** brennender Wunsch

pas·sion·ate·ly ['pæʃᵊnətli, AM -nɪt-] *adv* ❶ (*intensely*) leidenschaftlich, begeistert; **to argue** ~ heftig streiten; **to argue** ~ **about whether ...** leidenschaftlich [darüber] debattieren, ob ...; **to believe** ~ **in sth** mit allen Fasern seines Herzens an etw *akk* glauben; **to support sth** ~ etw nach Kräften unterstützen ❷ (*amorously*) **to embrace/kiss** ~ sich *akk* leidenschaftlich umarmen/küssen

'pas·sion flow·er *n* Passionsblume *f* **'pas·sion fruit** *n* Passionsfrucht *f* **pas·sion·less** *adj* (*pej*) leidenschaftslos; *marriage, relationship also* fad, lau **'pas·sion play** *n* Passionsspiel *nt* **'Pas·sion Week** *n* Karwoche *f*

pas·sive ['pæsɪv] **I.** *n no pl* LING Passiv *nt;* **to change sth into the** ~ etw ins Passiv setzen **II.** *adj* ❶ (*inactive*) *role* passiv; ~ **aggression** stumme Aggression; ~ **victim** hilfloses Opfer ❷ (*indifferent*) *spectator* teilnahmslos; ~ **audience** lahmes Publikum ❸ (*submissive*) unterwürfig; **to prefer to be** ~ lieber [still] im Hintergrund bleiben; **to be too** ~ sich *dat* zu viel gefallen lassen ❹ *inv* LING passiv, passivisch; ~ **participle** passivisches Partizip; ~ **vocabulary** passiver Wortschatz; **the** ~ **voice** das Passiv

pas·sive·ly ['pæsɪvli] *adv* passiv; (*indifferently*) teilnahmslos; (*without resisting*) widerstandslos; **to** ~ **accept sth** etw widerstandslos [als gegeben] hinnehmen; **to behave** ~ ein passives Verhalten an den Tag legen, sich *akk* passiv verhalten; **to wait** ~ untätig abwarten

pas·sive·ness ['pæsɪvnəs] *n no pl* (*inactivity*) Passivität *f,* Untätigkeit *f;* (*apathy*) Teilnahmslosigkeit *f*

pas·sive re·'sist·ance *n no pl* gewaltloser Widerstand **pas·sive 'smok·ing** *n no pl* passives Rauchen

pas·siv·ity [pæs'ɪvəti, AM -əṭi] *n no pl* (*inactivity*) Passivität *f,* Untätigkeit *f;* (*apathy*) Teilnahmslosigkeit *f;* **to give the impression of helpless** ~ den Eindruck eines hilflosen Opfers vermitteln

pas·si·vi·za·tion [ˌpæsɪvaɪ'zeɪʃᵊn, AM -vɪ'-] *n no pl* LING Passivbildung *f*

pas·siv·ize ['pæsɪvaɪz] *vt* LING ■**to** ~ **sth** etw *akk* ins Passiv setzen

'pass key *n* Hauptschlüssel *m* **'pass mark** *n* BRIT, AUS Ausreichend *nt kein pl* (*Mindestnote für das Bestehen einer Prüfung*)*;* **to get** [*or* **obtain**]**/manage a** ~ eine Vier bekommen/schaffen

Pass·over [ˌpɑːs'əʊvəʳ, AM 'pæsˌoʊvɚ] *n* Passah *nt,* Passahfest *nt*

pass·port ['pɑːspɔːt, AM 'pæspɔːrt] *n* [Reise]pass *m;* (*fig*) Schlüssel *m* (to zu +*dat*); **to travel on a British/German** ~ mit einem britischen/deutschen Pass reisen; **sb's** ~ **to happiness** (*fig*) jds Schlüssel *m* zum Glück

'pass·port con·trol *n no pl* Passkontrolle *f* **'pass·port hold·er** *n* [Reise]passinhaber(in) *m(f)* **'pass·port in·spec·tion** *n* Passkontrolle *f; see also* **passport control 'pass·port pho·to** *n* Passfoto *nt*

'pass rate *n* [An]zahl derer, die bestanden haben **'pass·word** *n* Parole *f,* Losungswort *nt;* FIN Kennwort *nt;* COMPUT Passwort *nt;* **to enter one's** ~ sein Passwort angeben; **to give the** ~ das Losungswort nennen

past [pɑːst, AM pæst] **I.** *n no pl* ❶ (*not present*) Vergangenheit *f;* (*past life*) Vorleben *nt;* **she was somebody with a** ~ sie war eine Frau mit Vergangenheit; **to have a** ~ eine [dubiose] Vergangenheit haben; **in the** ~ in der Vergangenheit, früher; **to live in the** ~ in der Vergangenheit leben ❷ LING (*in grammar*) Vergangenheit[sform] *f* **II.** *adj inv* ❶ *attr* (*preceding*) vergangen; (*former*) frühere(r, s); **I know this from** ~ **experience** ich weiß das aus meinen früheren Erfahrungen; **over the** ~ **two days** während der letzten beiden Tage; **centuries/years** ~ (*liter*) in früheren Jahrhunderten/Jahren; **the** ~ **decade/year** das letzte [*o* vergangene] Jahrzehnt/Jahr; ~ **generations** frühere Generationen; **sb's** ~ **life** jds Vorleben *nt;* **for the** ~ **five weeks** während der letzten fünf Wochen ❷ (*over*) vorüber, vorbei; **what's** ~ **is** ~ was vorbei ist, ist vorbei **III.** *adv inv* vorbei, vorüber; **to go** ~ **sb/sth** an jdm/etw vorbeigehen; *vehicle* an jdm/etw vorbeifahren; **to jog** ~ vorbeilaufen ►PHRASES: **to not <u>put</u> it** ~ **sb to do sth** jdn für fähig halten [*o* jdm zutrauen], etw zu tun **IV.** *prep* ❶ (*to other side*) an +*dat* ... vorbei; **to go/drive/walk** ~ vorbeigehen/-fahren/-laufen; (*at other side*) hinter +*dat,* nach +*dat;* **just** ~ **the post office** gleich hinter der Post ❷ (*after the hour of*) nach +*dat;* **it's quarter** ~ **five** es ist Viertel nach Fünf ❸ (*beyond*) ■**to be** ~ **sth** jenseits von etw *dat* sein; **it was** ~ **description** es war unbeschreiblich; **do what you want, I'm** ~ **caring** mach was du willst, mir ist es mittlerweile egal; **she's** ~ **the age ...** sie ist aus dem Alter heraus ...; **even though he's** ~ **retirement age ...** obwohl er schon über dem Rentenalter ist ...; **the meat was** ~ **the expiration date** das Fleisch hatte das Verfallsdatum überschritten; **to not put sth** ~ **sb** jdm etw *akk* zutrauen; **to be** ~ **it** (*pej, hum*) zu alt sein ❹ (*further than*) über +*akk* ... hinaus; **he can't see** ~ **the issue** er kann einfach nicht über die Sache hinaus sehen; **I just can't get** ~ **the idea** ich werde den Gedanken einfach nicht los

pas·ta ['pæstə, AM 'pɑː-] *n no pl* Nudeln *fpl,* Teigwaren *fpl*

past con·'tinu·ous *n no pl* LING Verlaufsform *f* der Vergangenheit

paste [peɪst] **I.** *n no pl* ❶ (*soft substance*) Paste *f;* **fungicide** ~ pilztötendes Mittel zum Auftragen ❷ (*sticky substance*) Kleister *m;* **wallpaper** ~ Tapetenkleister *m;* **sticky** ~ Klebstoff *m* ❸ FOOD (*mixture*) Teig *m;* **to make a** ~ einen Teig anrühren ❹ FOOD (*product*) Paste *f;* **anchovy** ~ Sardellenpaste *f;* **beef/**

fish ~ Rindfleisch-/Fischpaste *f;* **tomato** ~ Tomatenmark *nt* ❺ (*costume jewellery*) Strass *m* **II.** *vt* ❶ (*affix*) ■**to** ~ **sth** [**on** [*or* **onto**] **sth**] etw [auf etw *akk*] kleben; **to** ~ **cut-outs** Zeitungsausschnitte einkleben; **to** ~ **glue** Klebstoff auftragen ❷ COMPUT ■**to** ~ **sth** etw einfügen ❸ (*fam: beat*) ■**to** ~ **sb** jdm eine kleben *fam* ❹ SPORTS (*fam*) ■**to** ~ **sb** jdn haushoch schlagen [*o fam* vom Platz fegen]

◆**paste up** *vt* ■**to** ~ **sth** ↻ **up** etw aufkleben; **to** ~ **up pages/texts** Seiten/Texte [ausschneiden und] zusammenkleben

'paste·board ['peɪs(t)bɔːd, AM -bɔːrd] *n no pl* Karton *m,* Pappe *f*

pas·tel ['pæstəl, AM pæs'tel] **I.** *n* ❶ ART (*material*) Pastellkreide *f,* Pastellstift *m;* (*drawing*) Pastell *nt,* Pastellzeichnung *f* ❷ (*colour*) Pastellfarbe *f,* Pastellton *m* **II.** *adj inv* pastellfarben; **the** ~ **greens and blues** die grünen und blauen Pastelltöne; ~ **shades** Pastelltöne *mpl,* zarte Pastellfarben

pas·tern ['pæstɜːn, AM -tɚn] *n* Hornschuh *m fachspr*

'paste-up *n* Klebeumbruch *m,* Montage *f*

pas·teuri·za·tion [ˌpæstʃəraɪ'zeɪʃən, AM -tʃɚɪ'-] *n no pl* Pasteurisation *f,* Pasteurisierung *f*

pas·teur·ize [ˌpæstʃəraɪz, AM -tʃər-] *vt usu passive* ■**to** ~ **sth** etw pasteurisieren

pas·teur·ized 'milk *n no pl* pasteurisierte Milch

pas·tiche [pæs'tiːʃ] *n* ART, MUS ❶ (*imitation*) Imitation *f,* Pastiche *m fachspr;* LIT Persiflage *f* (**of** auf +*akk*); **to write** ~ den Stil eines Autors nachahmen ❷ (*mixture*) Mischung *f* (*von Kunststilen*)

pas·tille ['pæstəl, AM pæs'tiːl] *n* Pastille *f;* **fruit** ~ Bonbon *m o nt* mit Fruchtgeschmack, Fruchtbonbon *m o nt;* **throat** ~ Halspastille *f*

pas·time ['pɑːstaɪm, AM 'pæs-] *n* Zeitvertreib *m;* **family** ~ Zeitvertreib *m* für die ganze Familie; **national** ~ Nationalsport *m a. fig;* **popular** ~ allgemeine Lieblingsbeschäftigung

past·ing ['peɪstɪŋ] *n usu sing* (*fam*) ❶ (*thrashing*) Tracht *f* Prügel, Prügel *pl,* Dresche *f kein pl fam;* **to get a** ~ [eine Tracht] Prügel bekommen, verdroschen werden *fam* ❷ (*fig: cultural criticism*) **to take a** ~ verrissen werden ❸ ECON (*fig*) **to take a** ~ beträchtliche Einbußen erleiden ❹ SPORTS **to get a** ~ fertiggemacht werden *fam,* haushoch verlieren

pas·tis <*pl* -> [pæs'tiːs] *n* Pastis *m,* Anislikör *m*

past 'mas·ter *n* (*approv*) Meister(in) *m(f)* (**at** in +*dat*)

pas·tor ['pɑːstəʳ, AM 'pæstɚ] *n* Pfarrer *m,* Pastor *m*

pas·to·ral ['pɑːstərəl, AM 'pæs-] *adj inv* ❶ REL pastoral, seelsorgerisch; ~ **letter** Hirtenbrief *m* ❷ LIT, ART idyllisch, Hirten-, Schäfer-; ~ **scene** ländliche Szene

pas·to·ral 'care *n no pl* ❶ REL Seelsorge *f* ❷ SCH *von der Schule organisierte Hilfe bei privaten Problemen der Schüler*

past par·'ti·ci·ple *n* LING Partizip Perfekt *nt* **past 'per·fect** *n no pl,* **past 'per·fect tense** *n no pl* LING Plusquamperfekt *nt* **past per·fect con·'tinu·ous** *n no pl* LING Verlaufsform *f* des Plusquamperfekts **past pro·'gres·sive** *n no pl* LING Verlaufsform *f* der Vergangenheit

pas·tra·mi [pæs'trɑːmi, AM pə'strɑː-] *n no pl gewürztes und geräuchertes Rindfleisch*

pas·try ['peɪstri] *n* ❶ *no pl* (*dough*) [Torten]teig *m,* [Kuchen]teig *m;* ~ **brush** Backpinsel *m;* **choux/flaky** [*or* **puff**]/**shortcrust** ~ Brand-/Blätter-/Mürbeteig *m* ❷ (*cake*) Gebäckstück *nt*

'pas·try cook *n* Konditor(in) *m(f)* **'pas·try shop** *n* Konditorei *f*

past 'sim·ple *n no pl* LING einfache Vergangenheitsform **'past tense** *n* LING Vergangenheit *f;* **to talk about sb in the** ~ von jdm in der Vergangenheit[sform] sprechen

pas·ture ['pɑːstʃəʳ, AM 'pæstʃɚ] *n* Weide *f,* Weideland *nt;* **to put animals out to** ~ Tiere auf die Weide treiben; **greener** ~**s** (*fig*) bessere Möglichkeiten; ~**s new** BRIT (*fig*), **new** ~**s** AM (*fig*) neue Aufgaben, etwas Neues; **he's off to** ~**s new** er bricht auf zu neuen Ufern; **she feels like moving to new** ~**s** ihr steht der Sinn nach einer neuen Herausforderung; **to put sb out to** ~ (*fig fam*) jdn vor die Tür setzen

'pas·ture land *n no pl* Weideland *nt*

pasty¹ ['pæsti] *n* BRIT, CAN Pastete *f;* **beef** ~ Fleischpastete *f;* **cheese-and-onion** ~ Pastete *f* mit Käse-Zwiebel-Füllung; **Cornish** ~ *Pastete mit einer Füllung aus Fleisch und Kartoffeln bzw. Gemüse*

pasty² ['peɪsti] *adj* (*pej*) *complexion* bleich, blass, käsig *fam;* **to have a** ~ **skin** blass sein

'pasty-faced *adj inv* (*pej fam*) bleichgesichtig *fam*

pat¹ [pæt] **I.** *vt* <-tt-> ■**to** ~ **sb/an animal** jdn/ein Tier tätscheln; **the rain was** ~**ting the windows** der Regen prasselte gegen die Fensterscheiben; **to** ~ **sb/oneself on the back** (*fig*) jdm/sich selbst auf die Schulter klopfen; **to** ~ **vegetables dry** Gemüse trocken tupfen **II.** *n* ❶ (*tap*) [freundlicher] Klaps, Tätscheln *nt kein pl;* **a** ~ **on the back** (*fig*) ein [anerkennendes] Schulterklopfen; **to give sb/an animal a** ~ jdm/einem Tier einen liebevollen Klaps geben, jdn/ein Tier tätscheln ❷ (*dab*) **a** ~ **of butter** eine [kleine] Portion Butter

pat² [pæt] *inv* **I.** *adj answer, response* vorfabriziert **II.** *adv* **to have an answer/explanation off** [*or* AM **down**] ~ immer eine Antwort/Ausrede parat haben; **to come** ~ genau richtig kommen

Pat [pæt] *n* BRIT (*pej!*) Ire *m*

patch [pætʃ] **I.** *n* <*pl* -es> ❶ (*spot*) Fleck[en] *m;* ■**in** ~**es** stellenweise; **fog** ~ Nebelfeld *nt;* **ice** [*or* **icy**]/**snow** ~ vereiste/verschneite Stelle; **vegetable** ~ [kleines] Gemüsebeet ❷ BRIT (*fam: phase*) Phase *f;* **to go through a bad** [*or* **difficult**] [*or* **sticky**] [*or* **rough**] ~ eine schwere Zeit durchmachen ❸ BRIT SOCIOL (*work area*) *of a prostitute* Revier *nt; of the police* [Polizei]revier *nt; of a social worker* Bereich *m,* Bezirk *m* ❹ (*fabric*) Flicken *m;* (*for an eye*) Augenklappe *f;* (*plaster*) Pflaster *nt;* **nicotine** ~ Nikotinpflaster *nt* ▸ PHRASES: **to not be a** ~ **on sb/sth** BRIT, AUS (*fam*) jdm/etw nicht das Wasser reichen können **II.** *vt* ❶ (*cover*) ■**to** ~ **sth** etw flicken; **to** ~ **a tyre** einen Reifen flicken ❷ ELEC, COMPUT, TECH (*link*) ■**to** ~ **sth into sth** etw mit etw *dat* verbinden; **I couldn't** ~ **my computer into the network** ich konnte nicht einloggen; **to** ~ **a call through to sb's phone** einen Anruf zu jdm durchstellen ❸ (*integrate*) ■**to** ~ **sth into sth** etw in etw *akk* einfügen [*o* integrieren]

◆**patch together** *vt* ■**to** ~ **sth** ↻ **together** etw aus Flicken zusammennähen; (*fig*) etw bunt zusammenwürfeln; **to** ~ **together a treaty** einen Vertrag zusammenschustern *pej fam*

◆**patch up** *vt* ■**to** ~ **up** ↻ **sth** ❶ (*repair*) etw zusammenflicken *fam;* **to** ~ **up an injury** eine Verletzung notdürftig verarzten ❷ (*fig: conciliate*) etw wieder ins Lot bringen; **to** ~ **up one's marriage** seine Ehe kitten *fam;* **to** ~ **up a quarrel** einen Streit beilegen

patchi·ness ['pætʃɪnəs] *n no pl* Ungleichmäßigkeit *f; of a book, work* Schwankungen *fpl* im Niveau

patchou·li [pə'tʃuːli, AM *also* 'pɑtʃuːli] *n no pl* Patchuli *nt*

'patch test *n* Allergietest *m*

'patch·work I. *n* ❶ *no pl* (*needlework*) Patchwork *nt* ❷ (*fig: mishmash*) Flickwerk *nt;* **a** ~ **of fields** ein bunter Fleckenteppich aus Feldern und Äckern; **a** ~ **of the old and the new** eine [bunte] Mischung aus Alt und Neu **II.** *adj* Flicken-; ~ **cushion/jacket/quilt** Patchworkkissen *nt*/-jacke *f*/-decke *f*

patchy ['pætʃi] *adj* ❶ METEO ungleichmäßig; ~ **cloud/rain** stellenweise wolkig/Regen; **tomorrow will start with some** ~ **rain at first** morgen wird es zunächst vereinzelt [*o* stellenweise] Regen geben ❷ (*fig: inconsistent*) großen Qualitätsschwankungen unterworfen, von sehr unterschiedlicher Qualität *nach n, präd;* (*incomplete*) unvollständig; *knowledge* lückenhaft

pate [peɪt] *n* (*dated or hum*) Schädel *m fam,* Birne *f fam;* **bald** ~ Glatze *f,* kahler Schädel

pâté ['pæteɪ, AM pɑː'teɪ] *n* Pastete *f;* [**goose-**]**liver** ~ [Gänse]leberpastete *f*

pa·tel·la <*pl* -lae> [pə'telə, *pl* -liː] *n* (*spec*) Kniescheibe *f,*

P

Patella *f fachspr*

pa·tel·lae [pə'teliː] *n pl of* **patella**

pa·tent ['peɪtᵊnt, 'pæt-, AM *esp* 'pæt-] **I.** *n* LAW Patent *nt* (**on** auf +*akk*); **to grant** [*or* **issue**] **a ~ on sth** ein Patent auf etw *akk* erteilen; **to take out** [*or* **file**] **a ~ on sth** [sich *dat*] etw patentieren lassen **II.** *adj* ❶ *attr, inv* (*copyrighted*) Patent-, patentiert; **~ screwdriver** Patentschraubenzieher *m* ❷ (*form: blatant*) offenkundig, offensichtlich; **with ~ distaste** mit deutlichem Widerwillen **III.** *vt* **to ~ an/one's invention** eine Erfindung/sich *dat* seine Erfindung patentieren lassen

pa·tent·ed ['peɪtᵊntɪd, 'pæt-, AM *esp* 'pæt-] *adj inv* ❶ (*copyrighted*) patentiert ❷ (*characteristic*) typisch, charakteristisch

pa·tentee [ˌpeɪtᵊn'tiː, ˌpæt-, AM ˌpæt-] *n* Patentinhaber(in) *m(f)*

pa·tent in·'fringe·ment *n* Patentverletzung *f* **'pa·tent law** *n no pl* Patentrecht *nt* **pa·tent 'leath·er I.** *n* Lackleder *nt* **II.** *n modifier* (*handbag, jacket, shoes*) Lackleder-, aus Lackleder *nach n*

pa·tent·ly ['peɪtᵊntli, AM *also* 'pæt-] *adv* offensichtlich, offenkundig; **~ absurd** völlig absurd; **~ obvious** ganz klar

pa·tent 'medi·cine *n* [patentrechtlich] geschütztes Arzneimittel **'pa·tent of·fice** *n* Patentamt *nt* **pa·tent 'pend·ing** *adj inv* ■**to be ~** zum Patent angemeldet sein

pa·ter ['peɪtəʳ, 'pɑː-, AM 'pɑːt̬ɚ] *n* BRIT (*dated or hum*) alter Herr *hum fam;* **I'm spending Christmas with mater and ~** ich verbringe Weihnachten mit meinen alten Herrschaften *hum fam*

pa·ter·nal [pə'tɜːnᵊl, AM -'tɜːr-] *adj* ❶ *attr* (*on the father's side*) väterlich; **~ ancestors/relatives** Vorfahren *mpl*/Verwandte *pl* väterlicherseits ❷ (*fatherly*) väterlich

pa·ter·nal·ism [pə'tɜːnᵊlɪzᵊm, AM -'tɜːr-] *n no pl* Paternalismus *m fachspr*

pa·ter·nal·ist [pə'tɜːnᵊlɪst, AM -'tɜːr-] *n* Patriarch *m meist pej*

pa·ter·nal·is·tic [pəˌtɜːnᵊl'ɪstɪk, AM -ˌtɜːr-] *adj* paternalistisch *fachspr,* patriarchalisch *meist pej*

pa·ter·nal·ly [pə'tɜːnᵊli, AM -'tɜːr-] *adv* väterlich; **to behave ~** wie ein Vater sein; **to speak ~ of sb** mit väterlichem Wohlwollen von jdm sprechen

pa·ter·nity [pə'tɜːnəti, AM -'tɜːrnət̬i] *n no pl* (*form*) ❶ (*fatherhood*) Vaterschaft *f;* **to deny ~** die Vaterschaft abstreiten ❷ (*fig: origin*) Urheberschaft *f;* **there are a lot of arguments about the ~ of this idea** die Frage, von wem diese Idee stammt, ist heftig umstritten

pa·'ter·nity leave *n no pl* Vaterschaftsurlaub *m,* Erziehungsurlaub *m* für Väter **pa·'ter·nity suit** *n* Vaterschaftsprozess *m* **pa·'ter·nity test** *n* Vaterschaftstest *m;* **to take a ~** sich *akk* einem Vaterschaftstest unterziehen

path [pɑːθ, AM pæθ] *n* ❶ (*way*) Weg *m,* Pfad *m;* **garden ~** Gartenweg *m;* **beaten ~** Trampelpfad *m;* **to clear a ~** einen Weg bahnen; **snowploughs cleared a ~ to the village** Schneepflüge räumten den Weg zum Dorf; **to follow a ~** einem Weg folgen ❷ (*direction*) Weg *m; of a bullet* Bahn *f;* **the ~ of the bullet was through his left arm** die Kugel durchschlug seinen linken Arm; **to move in spiral ~s** sich *akk* spiralförmig bewegen; **to block sb's ~** jdm den Weg verstellen ❸ (*fig: course*) Weg *m; of a person* Lebensweg *m;* **to block sb's ~** sich *akk* jdm in den Weg stellen; **to choose a ~** einen Weg einschlagen; **to cross sb's ~** jdm über den Weg laufen; **I hope our ~s cross again in the future** ich hoffe, dass unsere Wege sich wieder einmal kreuzen werden ❹ (*fig: development*) Weg *m;* **the ~ to success** der Weg zum Erfolg

pa·thet·ic [pə'θetɪk, AM -t̬-] *adj* ❶ (*heart-rending*) Mitleid erregend; **a ~ sight** ein Bild des Jammers ❷ (*pej: pitiful*) jämmerlich *pej,* erbärmlich *pej; attempt* kläglich; *answer, reply* dürftig; *excuse* schwach; **don't be so ~!** sei nicht so ein Jammerlappen! *fam*

pa·theti·cal·ly [pə'θetɪkᵊli, AM -t̬-] *adv* ❶ (*heart-rendingly*) Mitleid erregend; **to cry ~** herzzerreißend schluchzen; **to whimper ~** kläglich winseln ❷ (*pej: pitifully*) erbärmlich *pej,* kläglich *pej;* **~ inadequate** völlig unzulänglich; **~ little** herzlich wenig

'path·find·er *n* (*person*) Wegbereiter(in) *m(f),* Pionier(in) *m(f);* (*thing*) bahnbrechende Neuerung

path·less ['pɑːθləs, AM 'pæθ-] *adj inv* (*liter*) weglos

patho·gen ['pæθə(ʊ)dʒən, AM -ədʒ-] *n* Krankheitserreger *m*

patho·gen·ic [ˌpæθə(ʊ)'dʒenɪk, AM -ə'-] *adj* krankheitserregend, pathogen *fachspr*

patho·logi·cal [ˌpæθə'lɒdʒɪkᵊl, AM -'lɑːdʒ-] *adj* ❶ PSYCH (*fam*) krankhaft, pathologisch *fachspr;* **~ condition/fear** krankhafte Veranlagung/Angst; **~ liar** notorischer Lügner/notorische Lügnerin; **~ state** krankhafter Zustand ❷ *inv* UNIV, MED Pathologie-; **~ analysis/examination** pathologische Analyse/Untersuchung; **~ science** Pathologie *f*

patho·logi·cal·ly [ˌpæθə'lɒdʒɪkli, AM -'lɑːdʒ-] *adv* ❶ (*abnormally*) krankhaft, pathologisch *fachspr;* **~ jealous** krankhaft eifersüchtig; **~ protective** überbeschützend; **~ secretive** (*fig*) übertrieben geheimnistuerisch ❷ *inv* (*causing disease*) **~ contaminated** gesundheitsschädigend verseucht

pa·tholo·gist [pə'θɒlədʒɪst, AM -'θɑːl-] *n* Pathologe, -in *m, f*

pa·thol·ogy [pə'θɒlədʒi, AM -'θɑːl-] *n no pl* ❶ (*study of illnesses*) Pathologie *f* ❷ (*disease characteristics*) Krankheitsbild *nt* ❸ (*fig: abnormal behaviour*) krankhaftes Verhalten

pa·thos ['peɪθɒs, AM -θɑːs] *n no pl* Pathos *nt geh*

'path·way *n* ❶ (*a. fig: routeway*) Weg *m a. fig;* **pedestrian ~** Fußweg *m;* **the ~ to the top** der Weg an die Spitze ❷ MED, BIOL Leitungsbahn *f*

pa·tience ['peɪʃᵊn(t)s] *n no pl* ❶ (*endurance*) Geduld *f;* **~!** nur Geduld!; **to have the ~ of Job** (*dated*) eine Hiobsgeduld haben; **to have ~ with sb/sth** mit jdm/etw Geduld haben; **to lose one's ~** die Geduld verlieren; **sth requires** [*or* **takes**] **~** etw erfordert Geduld; **to try sb's ~** jds Geduld auf eine harte Probe stellen ❷ BRIT, AUS CARDS Patience *f;* **to play ~** eine Patience legen

pa·tient ['peɪʃᵊnt] **I.** *adj* geduldig; **just be ~!** hab noch etwas Geduld!; ■**to be ~ with sb** mit jdm Geduld haben **II.** *n* MED Patient(in) *m(f);* **~s' rights** Rechte *ntpl* der Patienten; **in-~** stationärer Patient/stationäre Patientin; **out-~** ambulanter Patient/ambulante Patientin

pa·tient·ly ['peɪʃᵊntli] *adv* geduldig

pati·na ['pætɪnə, AM -tᵊnə] *n no pl* ❶ CHEM, SCI, TECH (*film*) Film *m,* Belag *m;* (*on copper, brass*) Patina *f fachspr,* Edelrost *m;* (*verdigris*) Grünspan *m;* (*sheen*) Firnis *m;* **~ had formed on the batteries** die Batterien waren oxidiert ❷ (*fig form: veneer*) Fassade *f*

pa·tio ['pætiəʊ, AM -t̬ioʊ] **I.** *n* ❶ (*courtyard*) Patio *m geh,* Innenhof *m;* ■**on the ~** im Innenhof ❷ (*veranda*) Terrasse *f,* Veranda *f* **II.** *n modifier* (*courtyard*) (*tiles*) Innenhof-; (*veranda*) Veranda-; **~ door** Verandatür *f;* **~ furniture/party** Gartenmöbel *ntpl*/Gartenparty *f*

pa·tis·serie [pə'tiːsᵊri] *n* ❶ (*shop*) Konditorei *f,* Patisserie *f* ❷ *no pl* (*cakes*) feines Gebäck

pat·ois <*pl* -> ['pætwɑː, *pl* -wɑːz] *n* Dialekt *m,* Mundart *f*

pa·tri·arch ['peɪtriɑːk, AM -ɑːrk] *n* ❶ (*bishop*) Patriarch *m* ❷ (*father figure*) Familienoberhaupt *nt,* Patriarch *m* ❸ (*founder*) Begründer *m,* Vater *m*

pa·tri·ar·chal [ˌpeɪtri'ɑːkᵊl, AM -'ɑːr-] *adj* patriarchalisch; **the ~ hegemony** die Vorherrschaft der Männer

pa·tri·ar·chy ['peɪtriɑːki, AM -ɑːrki] *n* ❶ SOCIOL Patriarchat *nt* ❷ *no pl* (*male domination*) Patriarchat *nt*

pa·tri·cian [pə'trɪʃᵊn] **I.** *n* ❶ (*hist: member of Roman aristocracy*) Patrizier(in) *m(f) hist* ❷ (*aristocrat*) Aristokrat(in) *m(f);* (*pej*) Großtuer(in) *m(f) pej;* **he gives himself the air of a ~** er tut so vornehm **II.** *adj* ❶ *inv* (*hist: of Roman aristocracy*) patrizisch, Patrizier- *hist;* **~ family** Patriziergeschlecht *nt* ❷ (*aristocratic*) aristokratisch; (*pej*) vornehm *iron;* **to speak with a ~ accent** wie die feinen Leute sprechen *iron fam*

pat·ri·cide ['pætrɪsaɪd, AM -rə-] *n no pl* Vatermord *m*
pat·ri·lin·eal [ˌpætrɪ'lɪniəl, AM -rə'-] *adj inv* (*form*) patrilinear *geh*
pa·tri·ot ['pætriət, 'peɪ-, AM 'peɪ-] *n* Patriot(in) *m(f)*
pat·ri·ot·ic [ˌpætri'ɒtɪk, ˌpeɪ-, AM ˌpeɪtri'ɑːt̬-] *adj* patriotisch
pat·ri·oti·cal·ly [ˌpætri'ɒtɪkli, ˌpeɪ-, AM ˌpeɪtri'ɑːt̬-] *adj* patriotisch
pa·tri·ot·ism ['pætriətɪzᵊm, ˌpeɪ-, AM 'peɪ-] *n no pl* Patriotismus *m,* Vaterlandsliebe *f* ► PHRASES: ~ **is the last refuge of the scoundrel** *esp* BRIT (*prov*) die schlimmsten Schurken schreiben sich noch die Vaterlandsliebe auf ihre Fahnen
pa·trol [pə'trəʊl, AM -'troʊl] **I.** *vi* <-ll-> patrouillieren **II.** *vt* <-ll-> ■**to ~ sth** etw abpatrouillieren; **the whole town is ~led by police** in der ganzen Stadt sind Polizeistreifen unterwegs; **a security guard with a dog ~s the building site** ein Sicherheitsbeamter mit Hund macht auf der Baustelle seine Runde; **to ~ one's beat** (*police*) auf Streife sein; (*watchman*) seine Runde machen **III.** *n* Patrouille *f,* [Polizei]streife *f;* ■**to be on ~** [BRIT *a.* **a ~**] auf Patrouille sein; **highway ~** AM *Polizei, die die Highways überwacht*
pa·'trol boat *n* Patrouillenboot *nt* **pa·'trol car** *n* Streifenwagen *m* **pa·'trol duty** *n* Streifendienst *m* **pa·'trol·man** *n* AM, AUS Streifenpolizist(in) *m(f)* **pa·'trol of·fic·er** *n* AM, AUS Streifenbeamte(r) *m* [*o* -beamtin] *f* **pa·'trol wag·on** *n* AM, AUS Gefangenenwagen *m* (*der Polizei*)
pa·tron ['peɪtrᵊn] *n* ❶ (*form: customer*) [Stamm]kunde *m* ❷ (*benefactor*) Schirmherr *m;* ~ **of the arts** Mäzen(in) *m(f)* der [schönen] Künste; ~ **of the needy** Wohltäter(in) *m(f)* der Bedürftigen
pat·ron·age ['pætrᵊnɪdʒ, 'peɪ-, AM *esp* 'peɪ-] *n no pl* ❶ (*support*) Schirmherrschaft *f,* Patronat *nt;* **by the kind ~ of sb/sth** durch die freundliche Unterstützung einer Person/einer S. *gen;* **to enjoy sb's ~** jds Unterstützung *f* genießen, unter jds Schirmherrschaft *f* stehen; **under sb's ~** unter jds Schirmherrschaft *f* ❷ ECON (*form*) Kundschaft *f;* **we would like to thank all our customers for their ~ in the past** wir möchten uns bei all unseren Kunden für das Vertrauen bedanken, das sie uns in der Vergangenheit entgegengebracht haben ❸ POL (*esp pej*) Recht *nt* auf Ämterbesetzung
pa·tron·ess <*pl* -es> [ˌpeɪtrə'nes, 'pæt-, AM 'peɪtrənɪs] *n* ❶ (*benefactress*) Schirmherrin *f,* Gönnerin *f;* ~ **of the arts/sciences** Förderin *f* der [schönen] Künste/Wissenschaften ❷ REL Schutzpatronin *f*
pat·ron·ize ['pætrᵊnaɪz, AM *esp* 'peɪ-] *vt* ❶ (*form: frequent*) ■**to ~ sth** [Stamm]kunde bei etw *dat* sein; **we always ~ Beaumont's** wir gehen immer zu Beaumont's ❷ (*pej: treat condescendingly*) ■**to ~ sb** jdn herablassend [*o* von oben herab] behandeln ❸ (*support*) ■**to ~ sth** etw unterstützen
pat·ron·iz·ing ['pætrᵊnaɪzɪŋ, AM *esp* 'peɪ-] *adj* (*pej*) *attitude* herablassend; *look, tone* gönnerhaft, von oben herab *präd*
pa·tron 'saint *n* Schutzpatron(in) *m(f)*

i Kultur

England, Irland, Schottland und Wales haben alle ihre eigenen **patron saints** – *Schutzpatrone. St George* von England wird am 23. April gefeiert, *St Patrick* von Irland am 17. März, *St David* von Wales am 1. März und *St Andrew* von Schottland wird am 30. November begangen. Der Apostel Andreas wurde an ein X-förmiges Kreuz genagelt und deshalb findet man ein weißes *St Andrew's cross* oder *saltire* auf der blauen schottischen Flagge.

pat·sy ['pætsi] *n* AM, AUS (*sl*) naives Ding, leichtgläubige Person; **listen, no one makes a ~ of me** hör mal, ich lass mich doch nicht verarschen *sl*
pat·ter ['pætəʳ, AM -t̬ɚ] **I.** *n no pl* ❶ (*spiel*) Sprüche *mpl,* Gelaber *nt pej fam* ❷ (*jargon*) Fachjargon *m* ❸ (*sound*) *of rain* Prasseln *nt; of snowflakes* Rieseln *nt; of feet* Getrippel *nt,* Trippeln *nt* ► PHRASES: **the ~[ing] of tiny feet** (*esp hum*) Nachwuchs *m* **II.** *vi feet* trippeln; *rain* prasseln; ■**to ~ about** [*or* **around**] herumtrippeln
pat·tern ['pætən, AM -t̬ɚn] **I.** *n* ❶ (*structure*) Muster *nt;* **behaviour[al]** [*or* AM **behavior[al]**] ~ Verhaltensmuster *nt;* **the ~ of family life** die Familienstruktur ❷ (*design*) Muster *nt;* **chevron/floral/pinstripe ~** Zickzack-/Blumen-/Nadelstreifenmuster *nt;* **paisley ~** türkisches Muster; **polka-dot/striped/tartan ~** Tupfen-/Streifen-/Schottenmuster *nt* ❸ FASHION (*for sewing*) Schnitt *m,* Schnittmuster *nt* ❹ ECON (*sample*) Muster *nt* ❺ *usu sing* (*standard*) Maßstab *m,* Standard *m;* **the hotel is a ~ of elegance** das Hotel ist von beispielhafter Eleganz; **to set the ~ for sb/sth** Maßstäbe für jdn/etw setzen **II.** *vt* ■**to ~ sth on sth** etw nach dem Vorbild einer S. *gen* gestalten; ■**to ~ oneself on sb** jdm nacheifern
'pat·tern book *n* Musterbuch *nt*
pat·terned ['pætənd, AM -t̬ɚnd] *adj inv* gemustert, mit Muster[n] *nach n*
pat·ty ['pæti, AM -t̬-] *n* Pastetchen *nt*
pauc·ity ['pɔːsəti, AM 'pɑːsət̬i] *n no pl* (*form*) Mangel *m* (**of** an +*dat*); ~ **of information** Informationsdefizit *nt*
paunch <*pl* -es> [pɔːn(t)ʃ, AM pɑːntʃ] *n* Bauch *m,* Wanst *m fam*
paunchi·ness ['pɔːn(t)ʃɪnəs, AM 'pɑːntʃ-] *n no pl* Dickbäuchigkeit *f*
paunchy ['pɔːn(t)ʃi, AM 'pɑːntʃi] *adj* dickbäuchig
pau·per ['pɔːpəʳ, AM 'pɑːpɚ] *n* Arme(r) *f(m);* **~'s grave** Armengrab *nt;* (*fig*) **you'll end up in a ~'s grave!** mit dir wird es noch einmal schlimm enden!
pause [pɔːz, AM *esp* pɑːz] **I.** *n* Pause *f;* **there will now be a brief ~ in the proceedings** die Verhandlung wird für kurze Zeit unterbrochen; **pregnant ~** bedeutungsvolles Schweigen ► PHRASES: **to give sb ~** (*form*) jdm zu Denken geben **II.** *vi* eine [kurze] Pause machen; *speaker* innehalten
pave [peɪv] *vt usu passive* ❶ (*cover*) ■**to ~ sth [with sth]** etw [mit etw *dat*] pflastern; (*fig*) **the streets are ~d with gold** das Geld liegt auf der Straße ❷ (*fig: pathfind*) **to ~ the way for** [*or* **to**] **sth** etw *dat* den Weg ebnen
◆**pave over** *vt* ■**to ~ over** ◯ **sth** etw zupflastern; (*with concrete*) etw betonieren; (*with asphalt*) etw asphaltieren
pave·ment ['peɪvmənt] *n* ❶ BRIT (*footway*) Gehsteig *m,* Bürgersteig *m* ❷ *no pl* AM, AUS (*road surface*) Asphalt *m,* Asphaltdecke *f*
'pave·ment art·ist *n* BRIT Pflastermaler(in) *m(f)*
pa·vil·ion [pə'vɪljən] *n* ❶ BRIT SPORTS Klubhaus *nt* ❷ AM (*block*) Gebäudeflügel *m* ❸ AM (*venue*) Pavillon *m* ❹ (*at an exhibition*) [Messe]pavillon *m*
pav·ing ['peɪvɪŋ] *n no pl* ❶ (*paved area*) Pflaster *nt* ❷ *esp* BRIT (*material*) Pflastersteine *mpl;* AM Asphalt *m*
'pav·ing stone *n esp* BRIT Pflasterstein *m*
pav·lo·va ['pævləvə] *n* BRIT, AUS *Süßspeise aus Sahne, Früchten und Baiser*
paw [pɔː, AM *esp* pɑː] **I.** *n* Pfote *f; of a big cat, bear* Tatze *f,* Pranke *f;* (*hum fam*) Pfote *f sl;* **take your filthy ~s off** nimm deine dreckigen Pfoten weg *sl* **II.** *vt* ❶ (*scrape*) **to ~ the ground** scharren, in der Erde wühlen ❷ (*fam: touch*) ■**to ~ sb** jdn betatschen [*o* begrabschen] *fam* **III.** *vi dog* scharren; *bull, horse* mit den Hufen scharren; ■**to ~ at sb** jdn anstupsen
pawn¹ [pɔːn, AM *esp* pɑːn] *n* CHESS Bauer *m;* (*fig*) Marionette *f,* Schachfigur *f*
pawn² [pɔːn, AM *esp* pɑːn] **I.** *vt* ■**to ~ sth** etw verpfänden **II.** *n* ■**to be in** [*or* BRIT *a.* **at**] **~** im Pfandhaus sein
'pawn·bro·ker *n* Pfandleiher(in) *m(f);* ■**the ~'s** das Pfandhaus **'pawn·bro·king** *n no pl* Pfandleihe *f;* **to go into ~** Pfandleiher/Pfandleiherin werden **'pawn·shop** *n* Pfandleihe *f,* Leihhaus *nt veraltend* **'pawn tick·et** *n* Pfandschein *m,* Leihschein *m*
paw·paw ['pɔːpɔː, AM *esp* 'pɑːpɑː] *n* Papaya *f*
Pax [pæks] *n no pl* POL Pax *f,* Frieden *m;* ~ **Americana** Pax

Americana *f;* ~ **Romana** Pax Romana *f hist*

pay [peɪ] **I.** *n no pl* Lohn *m,* Gehalt *nt; of civil servant* Bezüge *fpl; of soldier* Sold *m;* **it's a nice job but the ~ is appalling** die Arbeit ist ganz in Ordnung, aber die Bezahlung ist sehr schlecht; ■**to be in sb's ~** in jds Diensten *mpl* stehen **II.** *vt* <paid, paid> ❶ *(give money)* ■**to ~ sth** etw bezahlen; **every ~ing adult** jeder zahlende Erwachsene; ■**to ~ sb sth** jdm etw zahlen; **she paid the porter £5** sie gab dem Gepäckträger 5 Pfund; **I paid the driver [with] cash** ich gab dem Fahrer Bargeld; ■**to ~ [sb] to do sth** [jdn] bezahlen, damit er/sie etw tut; **I think we'll need to ~ a builder to take this wall down** ich finde, wir sollten einen Bauunternehmer mit dem Abriss dieser Mauer beauftragen; ■**to ~ sth for sb** etw für jdn zahlen; ■**to ~ sb for sth** jdm für etw *akk* Geld geben; **we paid her $60 for the table** wir zahlten ihr 60 Dollar für den Tisch; **how much did you ~ for the tickets?** wie viel hast du für die Eintrittskarten bezahlt?; **to ~ sth into an account** etw auf ein Konto einzahlen; **to ~ one's bill/debts** seine Rechnung/seine Schulden [be]zahlen; **to ~ a bounty/ransom** Kopfgeld/Lösegeld [be]zahlen; **to ~ cash/money/[in] dollars** [in] bar/Geld/in Dollar [be]zahlen; **to ~ a commission/compensation** [*or* **damages**] eine Provision/Entschädigung zahlen; **to ~ the costs** die Kosten begleichen; **to ~ a dividend** die Dividende ausbezahlen; **to ~ top dollar** AM sehr tief in die Tasche greifen *fam,* einen Wucherpreis bezahlen *fam;* **to ~ one's dues** seinen Beitrag leisten; *(fig)* **I've paid my dues** ich habe meine Schuldigkeit getan; *(fig)* **I've raised three children and I feel I've paid my dues** ich habe drei Kinder großgezogen und ich denke, ich habe mein Soll erfüllt; **to ~ duty [on sth]** Zoll [auf etw *akk*] zahlen; **to ~ a fine** ein Bußgeld entrichten; **to ~ indemnity/reparations** Schadenersatz/Reparationen leisten; **to ~ one's instalments** [*or* AM **installments**] seine Raten abzahlen; **to ~ a penalty/a premium** Strafe/eine Prämie zahlen; **to ~ the postage [on sth]** das Porto [für etw *akk*] zahlen; **to ~ the price [for sth]** *(fig)* [für etw *akk*] bezahlen, die Rechnung [für etw *akk*] präsentiert bekommen; **to ~ the ultimate price** *(fig)* für das Vaterland sterben; **to ~ a refund** Geld zurückerstatten; **to offer to ~ a reward** eine Belohnung aussetzen; **to ~ tax [on sth]** [auf etw *akk*] Steuern zahlen; **to ~ one's way** *(fig)* finanziell unabhängig sein; **to ~ a dowry for sb** jdm eine Mitgift mitgeben; **to ~ sb's tuition** jdm Nachhilfestunden *fpl* bezahlen ❷ *(remunerate)* ■**to ~ sth** etw zahlen; **the workers haven't been paid for months** die Arbeiter haben schon seit Monaten keinen Lohn mehr erhalten; **to ~ a bonus** eine Prämie zahlen; **to ~ a salary/wage** ein Gehalt/einen Lohn [aus]zahlen; **to ~ sb poorly** jdn schlecht bezahlen ❸ *(be worthwhile)* ■**to ~ sb** sich *akk* für jdn bezahlt machen [*o* lohnen]; **hard training now will ~ you richly later** ein hartes Training wird sich später auszahlen; **to ~ dividends** *(fig)* sich *akk* auszahlen [*o* bezahlt machen] ❹ *(bestow)* **to ~ attention [to sth]** [auf etw *akk*] Acht geben; **to ~ a call on sb** [*or* **sb a call**] jdn besuchen, jdm einen Besuch abstatten *form;* **to ~ [sb] a compliment** [jdm] ein Kompliment machen; **to ~ heed to sth** auf etw *akk* hören, etw beachten; **to ~ homage to sb/sth** jdm/etw ehren [*o* huldigen]; **to ~ one's respects to sb** jdm die letzte Ehre erweisen; **to ~ tribute to sb/sth** jdm/etw Tribut zollen; **to put paid to sth** BRIT, AUS *(fig)* etw zunichte machen ▶ PHRASES: **you ~s your money and you takes your choice** [*or* **chance**] *(saying fam)* das ist gehupft wie gesprungen *fam;* **to ~ through the nose for sth** *(fam)* einen Wucherpreis für etw *akk* bezahlen *fam;* **he who ~s the piper calls the tune** *(prov)* derjenige, der bezahlt, gibt den Ton an **III.** *vi* <paid, paid> ❶ *(of money)* zahlen; **accountancy ~s well** als Buchhalter wird man gut bezahlt; ■**to ~ for sth/sb** für etw/jdn [be]zahlen; **have the tickets been paid for?** sind die Eintrittskarten schon bezahlt?; **to ~ by cash** bar bezahlen; **to ~ in cash/dollars/hard currency** [in] bar/in Dollar/in harter Währung bezahlen; **to ~ by cheque** [*or* AM **check**]**/credit card** mit Scheck/Kreditkarte [be]zahlen; **to ~ by instalments** [*or* AM **installments**] in Raten zahlen; **to ~ with one's life** *(fig)* mit dem Leben bezahlen ❷ *(be worthwhile)* sich *akk* auszahlen, rentabel sein; **the business doesn't ~** das Geschäft wirft keinen Gewinn ab; **the advertising should ~ for itself by increasing sales** die Werbekosten sollten sich eigentlich aufgrund des steigenden Absatzes bezahlt machen ❸ *(fig: suffer)* [be]zahlen, büßen; ■**to ~ for sth** für etw *akk* bezahlen [*o* büßen]; **you'll ~ for this mistake!** für diesen Fehler wirst du mir büßen!

◆**pay back** *vt* ■**to ~ back ○ sb** ❶ *(with money)* jdm sein Geld zurückgeben; *(fig)* es jdm heimzahlen; **he swore he'd ~ her back for all she'd done to him** er schwor, dass er ihr alles, was sie ihm angetan hatte, heimzahlen würde; ■**to ~ sb sth back** jdm etw zurückzahlen [*o* zurückgeben]; **to ~ sb back in the same coin** *(fig)* es jdm mit gleicher Münze heimzahlen ❷ AM *(with revenge)* es jdm heimzahlen, sich *akk* an jdm rächen

◆**pay in** *vt* **to ~ in cash/one's wages** Geld/sein Gehalt einzahlen

◆**pay off I.** *vt* ❶ *(repay)* ■**to ~ sth ○ off** etw abbezahlen; *debts* etw begleichen; ■**to ~ off ○ sb** jdn ausbezahlen; **to ~ off one's creditors** seine Gläubiger befriedigen; **to ~ off a mortgage** eine Hypothek tilgen; **to ~ off old scores** *(fig)* alte Rechnungen begleichen ❷ *(fam: bribe)* ■**to ~ off ○ sb** jdn bestechen [*o fam* kaufen] ❸ *(make redundant)* ■**to ~ off ○ sb** jdn entlohnen; NAUT jdn abmustern **II.** *vi (fig)* sich *akk* auszahlen [*o* lohnen]

◆**pay out I.** *vt* ❶ *(spend)* **to ~ out money** Geld ausgeben ❷ SPORTS **to ~ out the rope** Seil geben, das Seil abrollen lassen ❸ BRIT *(take revenge)* ■**to ~ sb ○ out** es jdm heimzahlen **II.** *vi* sich *akk* auszahlen [*o* lohnen]

◆**pay over** *vt* BRIT ■**to ~ sth ○ over** etw aushändigen

◆**pay up I.** *vi* [be]zahlen **II.** *vt* ■**to ~ up ○ sth** etw vollständig zurückzahlen; **to ~ up a debt** eine Schuld [ganz] begleichen

pay·able ['peɪəbl] *adj attr, inv* zahlbar; *(due)* fällig; **to make a cheque ~ to sb/sth** einen Scheck auf jdn/etw ausstellen

pay as you 'earn *n* BRIT *Steuerverfahren, bei dem der Arbeitgeber die Lohnsteuer direkt an das Finanzamt weiterleitet*

'pay award *n* Lohnerhöhung *f,* Gehaltserhöhung *f*

'pay·back *n no pl esp* AM Lohn *m* ▶ PHRASES: **~'s a bitch** AM *(fam)* Rache ist süß *prov* **'pay·back clause** *n* Rückzahlungsklausel *f* **'pay·back pe·ri·od** *n* Amortisationszeit *f fachspr*

'pay check AM, **'pay cheque** *n* Lohnscheck *m,* Gehaltsscheck *m* **'pay claim** *n* BRIT, AUS Lohnforderung *f,* Gehaltsforderung *f* **'pay cut** *n* Lohnkürzung *f,* Gehaltskürzung *f* **'pay day** *n no pl* Zahltag *m* **'pay deal** *n* Lohnvereinbarung *f,* Gehaltsvereinbarung *f* **'pay dirt** *n no pl* AM abbauwürdiges Erzlager; **to hit** [*or* **strike**] **~** *(fig)* auf eine Goldader stoßen

PAYE [ˌpiːeɪwaɪ'iː] *n no pl* BRIT *abbrev of* **pay as you earn**

payee [peɪ'iː] *n* Zahlungsempfänger(in) *m(f)*

'pay en·velope *n* AM *(pay packet)* Lohntüte *f*

pay·er ['peɪəʳ, AM -ɚ] *n* Zahler(in) *m(f);* **fee** [*or* **licence**] [*or* AM **license**] **~** Gebührenzahler(in) *m(f);* **mortgage ~** Hypothekenzahler(in) *m(f),* Hypothekenschuldner(in) *m(f);* **bad ~** säumiger Zahler/säumige Zahlerin

'pay freeze *n* Lohnstopp *m*

pay·ing ['peɪɪŋ] *adj attr, inv* zahlend; **~ customers** zahlende Kundschaft

pay·ing 'guest *n* zahlender Gast

'pay·load *n* ❶ TRANSP, AEROSP Nutzlast *f* ❷ MIL Bombenlast *f;* **~ capacity** Bombenkapazität *f* **'pay·mas·ter** *n* Zahlmeister(in) *m(f)*

pay·ment ['peɪmənt] *n* ❶ *(sum)* Zahlung *f; (fig)* Lohn *m;* **system of ~s** Zahlungssystem *nt;* **back ~** *of wages* Lohnnachzahlung *f; of overcharged amount* Rückzahlung *f;* **lump-sum ~** Pauschalzahlung *f;* **one-off ~** BRIT einmalige Zahlung ❷ *(act of* *paying*) Begleichung *f*, Bezahlung *f;* **to ask for** ~ um Bezahlung bitten; ~ **due** Fälligkeitstag *m*

'pay ne·go·tia·tions *npl* Tarifverhandlungen *fpl;* **to engage in** [*or* **open up**]/**settle** ~ Tarifverhandlungen aufnehmen/abschließen **'pay-off** *n* ❶ (*bribe*) Bestechung *f;* **to accept a** ~ Bestechungsgelder annehmen; **to make a** ~ **to sb** jdn bestechen; **to receive a** ~ **from sb** von jdm bestochen werden ❷ (*fam: positive result*) Lohn *m;* (*as punishment*) Quittung *f* ❸ (*on leaving a job*) Abfindung *f* ❹ (*sum payment*) **mortgage** ~ Tilgung *f* einer Hypothek; **to make a mortgage** ~ eine Hypothek zurückzahlen [*o* tilgen] **'pay of·fice** *n* Lohnbüro *nt*, Lohnbuchhaltung *f*

pay·ola [peɪ'oʊlə] *n no pl* AM (*dated sl*) Schmiergeld[er] *nt[pl]* *fam;* **to accept** [*or* **take**] ~ sich *akk* schmieren lassen *fam*

'pay·out *n* FIN Ausschüttung *f*, Dividende[nzahlung] *f;* **maximum/minimum** ~ Höchst-/Mindestsatz *m* **'pay pack·et** *n* BRIT, AUS (*for blue-collar worker*) Lohntüte *f;* (*for white-collar worker*) Gehalt *m;* **to pick up** [*or* **collect**] **one's** ~ seinen Lohn/sein Gehalt entgegennehmen **pay-per-'view** *n no pl* Pay-per-view *nt* (*System, bei dem der Zuschauer nur für die Sendungen zahlt, die er auch tatsächlich gesehen hat*) **'pay·phone** *n* Münzfernsprecher *m;* **to use a** ~ von einer Telefonzelle aus telefonieren **'pay raise** *n* AM, **'pay rise** *n* BRIT, AUS (*for blue-collar worker*) Lohnerhöhung *f;* (*for white-collar worker*) Gehaltserhöhung *f;* **cost of living** ~ Teuerungszulage *f;* **to ask for/get** [*or* **receive**] **a** ~ eine Gehalts-/Lohnerhöhung verlangen/bekommen **'pay·roll** *n usu sing* (*for white-collar worker*) Gehaltsliste *f;* (*for blue-collar worker*) Lohnliste *f;* **a monthly/weekly** ~ monatliche/wöchentliche Lohnzahlungen *fpl;* **to do the** ~ die Lohnabrechnung machen; **to put sb on the** ~ jdn einstellen **'pay round** *n* Tarifrunde *f* **'pay set·tle·ment** *n* Tarifvereinbarung *f;* **her new job included a generous** ~ in ihrem neuen Job bekam sie ein großzügiges Gehalt; **the strikers were offered a better** ~ den Streikenden wurde eine Lohnerhöhung angeboten **'pay·slip** *n* Gehaltstreifen *m;* (*for blue-collar worker*) Lohnzettel *m* **'pay sta·tion** *n* BRIT [öffentliche] Telefonzelle **'pay talks** *npl* Tarifverhandlungen *fpl;* **to continue/engage in** [*or* **open up**]/**settle** ~ Tarifverhandlungen fortsetzen/aufnehmen/abschließen **pay T'V** *n no pl* (*fam*) Pay-TV *nt;* **to subscribe to** ~ Pay-TV abonnieren

PBS [ˌpiːbiː'es] *n no pl, no art abbrev of* **Public Broadcasting Service** *amerikanischer Fernsehsender*

pc [ˌpiː'siː] *n abbrev of* **per cent** p.c.

PC [ˌpiː'siː] **I.** *n* ❶ *abbrev of* **personal computer** PC *m* ❷ BRIT *abbrev of* **police constable** ❸ *abbrev of* **political correctness II.** *adj inv abbrev of* **politically correct** pc

PCB [ˌpiːsiː'biː] *n* ❶ CHEM *abbrev of* **polychlorinated biphenyl** PCB *nt* ❷ COMPUT *abbrev of* **printed circuit board**

pcm [ˌpiːsiː'em] BRIT *abbrev of* **per calendar month**

PDA [piːdiː'eɪ] *n abbrev of* **personal digital assistant** PDA *m*

pdq, PDQ [ˌpiːdiː'kjuː] *adv inv* BRIT, AM (*fam*) *abbrev of* **pretty damn/darn quick: the boss wants your report and he wants it** ~ der Chef braucht Ihren Bericht und zwar am besten gestern! *fam*

PE [ˌpiː'iː] *n no pl abbrev of* **physical education**

pea [piː] **I.** *n* Erbse *f* ▸ PHRASES: **to be like two** ~**s in a** <u>**pod**</u> sich *dat* gleichen wie ein Ei dem anderen **II.** *n modifier* (*colour*) ~ **green** erbsengrün

'pea-brain *n* (*sl*) Dummkopf *m pej;* **you** ~**!** du Dummkopf! *pej;* **don't be such a** ~**!** stell dich doch nicht so dämlich an! *fam* **'pea-brained** *adj* (*sl*) dämlich *fam*, schwachsinnig *pej fam;* **don't be so** ~**!** stell dich doch nicht so dämlich an! *fam*

peace [piːs] *n no pl* ❶ (*no war*) Frieden *m;* **this continent is now at** ~ auf diesem Kontinent herrscht jetzt Frieden; ~ **talks** Friedensgespräche *ntpl;* **lasting** ~ dauerhafter Frieden; **to long for** ~ sich *akk* nach Frieden sehnen; **to make** ~ Frieden schließen ❷ (*social order*) Ruhe *f*, Frieden *m;* **to be arrested for disturbing the** ~ wegen Ruhestörung verhaftet werden; **to disturb** [*or* **break**] **the** ~ die Ruhe stören; **to keep the** ~ den Frieden wahren; **to make one's** ~ **with sb** sich *akk* mit jdm versöhnen ❸ (*tranquillity*) **he will give me no** ~ **until I give in** er wird keine Ruhe geben, bis ich nachgebe; ~ **of mind** Seelenfrieden *m*, innere Ruhe; ~ **and quiet** Ruhe und Frieden; **to leave sb in** ~ jdn in Frieden [*o* Ruhe] lassen; ■ **to be at** ~ in Frieden ruhen; **to be at** ~ **about one's situation** sich *akk* seinem Schicksal fügen; **to be at** ~ **with the world** mit sich und der Welt im Einklang sein ❹ REL **the Prince of P**~ der Friedensfürst (*Jesus Christus*); ~ **be with you** Friede sei mit dir ▸ PHRASES: **to** <u>**hold**</u> [*or* <u>**keep**</u>] **one's** ~ (*form*) ruhig [*o* still] sein, schweigen

peace·able ['piːsəbl̩] *adj* friedlich; ~ **person** friedliebende Person

peace·ably ['piːsəbli] *adv* friedlich, ruhig

'peace ac·tiv·ist *n* Friedensaktivist(in) *m(f)* **'peace con·fer·ence** *n* Friedenskonferenz *f* **'Peace Corps** *n no pl* ■ **the** ~ das Friedenskorps; **to join the** ~ sich *akk* für das Friedenskorps verpflichten **'peace divi·dend** *n* Friedensdividende *f* **'peace en·force·ment** *n* Friedensvermittlung *f;* ~ **troop** Friedenstruppe *f*

peace·ful ['piːsfəl] *adj* friedlich; *nation also* friedfertig; (*calm*) ruhig; ~ **coexistence** friedliches Nebeneinander; **a** ~ **person** ein friedliebender Mensch

peace·ful·ly ['piːsfəli] *adv* friedlich; **the right to gather** ~ das Recht auf Versammlungsfreiheit; **to be able to sleep** ~ **again** wieder ruhig schlafen können; **to coexist** ~ in Frieden miteinander leben

peace·ful·ness ['piːsfəlnəs] *n no pl* Friedlichkeit *f; of a place* Ruhe *f; of a situation* friedliche Atmosphäre; **a kind of** ~ **overcame him** ein Gefühl des Friedens durchdrang ihn

'peace ini·tia·tive *n* Friedensinitiative *f;* **to respond to a** ~ auf eine Friedensinitiative reagieren; **to take the** ~ Friedensverhandlungen aufnehmen **'peace·keep·er** *n* Friedenswächter(in) *m(f)* **'peace'keep·ing I.** *n no pl* Friedenssicherung *f* **II.** *n modifier* Friedens-; ~ **force** [*or* **troops**] Friedenstruppe *f* **'peace-lov·ing** *adj* friedliebend **'peace·mak·er** *n* Frieden[s]stifter(in) *m(f)* **'peace·mak·ing** *n* Befriedung *f geh;* **programme of positive** ~ Programm *nt* der aktiven Friedenssicherung **'peace march** *n* Friedensdemonstration *f;* **to hold a** ~ eine Friedensdemonstration veranstalten **'peace move·ment** *n* Friedensbewegung *f* **'peace ne·go·tia·tions** *npl* Friedensverhandlungen *fpl;* **to engage in** [*or* **open up**]/**hold** ~ Friedensverhandlungen aufnehmen/führen **'peace of·fen·sive** *n* Friedensoffensive *f* **'peace of·fer** *n*, **'peace of·fer·ing** *n* Friedensangebot *nt* **'peace pipe** *n* Friedenspfeife *f;* **to smoke the** ~ **with sb** mit jdm die Friedenspfeife rauchen **'peace set·tle·ment** *n* Friedensabkommen *nt* **'peace sign** *n* Friedenszeichen *nt* (*mit dem Zeige- und Mittelfinger gebildetes V*) **'peace·time I.** *n no pl* Friedenszeiten *fpl* **II.** *n modifier* in Friedenszeiten *nach n;* **the country enjoyed 10 years of** ~ **prosperity** das Land lebte 10 Jahre lang in Frieden und Wohlstand **'peace trea·ty** *n* Friedensvertrag *m;* **to adhere to/break/sign a** ~ einen Friedensvertrag einhalten/brechen/unterzeichnen

peach [piːtʃ] **I.** *n* <*pl* -es> ❶ (*fruit*) Pfirsich *m;* (*tree*) Pfirsichbaum *m;* ~ **orchard** Pfirsichgarten *m* ❷ (*fig fam: nice person*) Schatz *m;* (*old: woman*) Prachtweib *nt veraltend o pej;* **a** ~ **of a day/an evening** ein wunderbarer Tag/Abend **II.** *n modifier* (*ice cream, jam, tree*) Pfirsich-; **to have a** ~**es-and-cream complexion** eine Pfirsichhaut haben; ~ **stone** Pfirsichkern *m* **III.** *vt* ■ **to** ~ **sb** BRIT (*old*) jdn anklagen **IV.** *vi* ■ **to** ~ **against** [*or* **on**] **sb** (*old*) jdn verpfeifen *fam* **V.** *adj inv* pfirsichfarben

Peach Mel·ba [-'melbə] *n* Pfirsich Melba *m* **peach 'pie** *n* AM *Kuchen mit Mürbe- oder Blätterteigboden und Pfirsichfüllung*

peachy ['piːtʃi] *adj* wunderbar, toll; **now everything is just** ~ **between us** bei uns herrscht wieder eitel Sonnenschein; **to**

P

be ~-**keen** AM (*dated*) doll sein *veraltend*

pea·cock ['pi:kɒk, AM -kɑ:k] *n* ① (*bird*) Pfau *m* ② (*person*) eitler Pfau *pej;* **to strut like a** ~ wie ein Pfau umherstolzieren

pea·cock 'blue I. *n no pl* Pfauenblau *nt,* Türkisblau *nt* II. *adj inv* pfauenblau, türkisblau

pea-'green I. *n no pl* Erbsengrün *nt* II. *adj inv* erbsengrün

'pea·hen *n* Pfauenhenne *f*

peak [pi:k] I. *n* ① (*mountain top*) Gipfel *m,* Bergspitze *f* ② FOOD **beat the egg whites until they are stiff enough to form firm** ~**s** das Eiweiß steif schlagen, bis ein Messerschnitt sichtbar bleibt ③ (*highest point*) Spitze *f,* Gipfel *m; of a curve, line* Scheitelpunkt *m;* **to be at the** ~ **of one's career** sich *akk* auf dem Höhepunkt seiner Karriere befinden; **to be at the very** ~ **of one's fitness** in Topform sein; **to reach** [*or* **hit**] **a** ~ den Höchststand erreichen ④ BRIT (*hat part*) Hutkrempe *f* II. *vi career* den Höhepunkt erreichen; *athletes* [seine] Höchstleistung erbringen; *skill* zur Perfektion gelangen; *figures, rates, production* den Höchststand erreichen; **his fever** ~**ed to 41°C during the night** über Nacht stieg sein Fieber auf 41°C an III. *n modifier* ① (*busiest*) Haupt-; ~ **rush hour** Hauptverkehrszeit *f;* ~ **viewing time** Hauptsendezeit *f* ② (*best, highest*) Spitzen-; ~ **productivity** maximale Produktivität; ~ **speed** Höchstgeschwindigkeit *f*

peak ca·'pac·ity *n usu sing* Auslastung *f kein pl;* **to maintain** ~ mit der maximalen Produktionsleistung arbeiten; **to reach** [*or* **hit**] ~ voll ausgelastet sein **peak de·'mand** *n* Spitzenbedarf *m kein pl* (**for** an +*dat*); **to meet** ~ den Spitzenbedarf decken

peaked [pi:kt] *adj* ① *inv* (*pointed*) *hat* spitz ② AM (*tired, sick*) kränklich, abgespannt; **to look** ~ spitz aussehen *fam*

'peak hours *npl* Stoßzeit *f,* Spitzenzeit *f* **'peak lev·el** *n no pl* Höchststand *m;* **to reach** [*or* **hit**] ~ den Höchststand erreichen **'peak load** *n* Maximalladung *f,* Höchstgewicht *nt; of lorries* Spitzenlast *f;* ELEC Spitzenlast *f,* Belastungsspitze *f* **'peak pe·ri·od** *n* Stoßzeit *f;* ~ **for travel** Hauptreisezeit *f* **'peak pow·er** *n no pl* Höchstleistung *f;* **to work at** ~ mit voller Leistung arbeiten **'peak sea·son** *n usu sing* Hochsaison *f;* **during** [*or* **in**] ~ in der Hochsaison **'peak-time** ['pi:ktaɪm] *n modifier* BRIT *schedule, TV, viewing* zur Spitzenzeit *nach n,* zur besten Sendezeit *nach n* **peak 'traf·fic hours** *npl esp* AM Stoßzeit *f,* Hauptverkehrszeit *f*

peaky [pi:ki] *adj pred* BRIT kränklich, blass; **to feel** ~ sich *akk* nicht gut fühlen

peal [pi:l] I. *n* ① (*sound*) Dröhnen *nt kein pl;* ~ **of bells** Glockengeläut[e] *nt kein pl;* **to go** [*or* **break**] **into a** ~ **of laughter** in schallendes Gelächter ausbrechen; ~ **of thunder** Donnerschlag *m* ② (*set*) ~ **of bells** Glockenspiel *nt* II. *vi thunderstorm* dröhnen; *bells* läuten; **to** ~ **with laughter** sich *akk* vor Lachen nicht mehr halten können III. *vt* (*rare*) ■**to** ~ **sth** etw erschallen lassen

◆**peal out** *vi* ertönen; *laughter also* erschallen; *thunder* dröhnen

pea·nut ['pi:nʌt] I. *n* ① (*nut*) Erdnuss *f* ② (*fam: very little*) ■~**s** *pl* Klacks *m fam;* **to pay** ~**s** einen Hungerlohn zahlen II. *n modifier* (*oil, plant*) Erdnuss-

pea·nut 'brit·tle *n no pl esp* AM Erdnusskrokant *m* **pea·nut 'but·ter** *n no pl* Erdnussbutter *f* **'pea·nut gal·lery** *n* AM THEAT (*sl*) Galerie *f,* Olymp *m hum fam;* (*fam*) **hey, enough from the** ~ **over there!** Ruhe auf den billigen Plätzen! *fam*

pear [peəʳ, AM per] I. *n* Birne *f* II. *n modifier* (*ice cream, salad*) Birnen-; ~ **Williams liqueur** AM Williams Christ *m;* ~ **orchard** Birnenplantage *f;* ~ **tree** Birnbaum *m*

pearl [pɜ:l, AM pɜ:rl] I. *n* ① (*jewel*) Perle *f;* ■~**s** *pl* Perlen *fpl,* Perlenkette *f;* **string** [*or* **rope**] **of** ~**s** Perlenkette *f;* **to wear** ~**s** Perlen [*o* eine Perlenkette] tragen ② (*fig: a drop*) Tropfen *m,* Perle *f;* ~ **of dew** Tautropfen *m;* ~**s of sweat** Schweißperlen *fpl* ③ (*fig: fine example*) Juwel *nt fig;* **that was a** ~ **of a good job** das war ein Traumjob ▶ PHRASES: **to be a** ~ **of great price** nicht in Gold aufzuwiegen sein; **to cast one's** ~**s before swine** Perlen vor die Säue werfen *prov* II. *n modifier* (*necklace, ring, brooch, button*) Perlen- III. *adj* perlweiß; ~ **grey** perlgrau

pearl 'bar·ley *n no pl* Perlgraupen *fpl* **pearl 'but·ton** *n* Perlmuttknopf *m* **'pearl div·er** *n,* **'pearl fish·er** *n* Perlentaucher(in) *m(f)* **'pearl fish·ing** *n no pl* Perlenfischen *nt* **'pearl-fish·ing in·dus·try** *n* Perlenfischerei *f* **pearl 'oys·ter** *n* Perlmuschel *f*

pearly ['pɜ:li, AM 'pɜ:rli] *adj* perlmuttartig; (*adorned with pearls*) mit Perlen besetzt; ~ **white teeth** perlweiße Zähne

Pearly 'Gates *npl* (*liter or hum*) Himmelstür *f liter;* **at the** ~ an der Himmelspforte **pearly 'king** *n,* **pearly 'queen** *n* BRIT Straßenhändler(in), *der/die mit Perlmuttknöpfen besetzte Kleidungsstücke trägt und Geld für wohltätige Zwecke sammelt*

'pear-shaped *adj figure, bottle* birnenförmig ▶ PHRASES: **to go** ~ BRIT (*sl*) schiefgehen, schieflaufen

peas·ant ['pezᵊnt] I. *n* ① (*small farmer*) [Klein]bauer, -bäuerin *m, f* ② (*pej! fam*) Bauer *m pej* II. *n modifier* [klein]bäuerlich; ~ **clothing** Bauerntracht *f;* ~ **food** Hausmannskost *f;* ~ **revolt** [*or* **uprising**] Bauernaufstand *m;* ~ **tradition** bäuerliches Brauchtum; ~ **woman** Bäuerin *f*

peas·ant·ry ['pezᵊntri] *n no pl* [Klein]bauernstand *m*

'pea·shoot·er *n* ① (*child's toy*) Pusterohr *nt* ② AM (*small gun*) [kleine] Pistole **pea 'soup** *n* Erbsensuppe *f* **pea-'soup·er** *n* ① BRIT (*dated fam*) *dichter Nebel, oft auch Smog* ② CAN (*pej: French Canadian*) Frankokanadier(in) *m(f)* **pea soup 'fog** *n* AM, AUS *dichter Nebel, oft auch Smog*

peat [pi:t] *n no pl* Torf *m;* **to dig** [*or* **cut**] ~ Torf stechen

'peat bog *n* Torfmoor *nt*

peaty ['pi:ti, AM -ţi] *adj* torfig; ~ **soil** Torfboden *m*

peb·ble ['pebl̩] I. *n* Kieselstein *m;* ~ **beach** Kiesstrand *m* II. *vt* ■**to** ~ **sth** Kies auf etw *akk* schütten

peb·bled ['pebl̩d] *adj inv* Kies-; ~ **beach** Kiesstrand *m*

peb·bly ['pebli] *adj* steinig

pe·can [pi:kæn, AM -'kɑ:n] I. *n* Pecannuss *f* II. *n modifier esp* AM *cookies, squares* Pecannuss-; ~ **tree** Hickory[baum] *m*

pe·can 'pie *n esp* AM Pecannusskuchen *m*

pec·ca·dil·lo <*pl* -s *or* -es> [ˌpekə'dɪləʊ, AM -oʊ] *n* kleine Sünde, Kavaliersdelikt *nt;* **youthful** ~ Jugendsünde *f*

peck¹ [pek] *n* (*old*) ① (*dry measure*) Viertelscheffel *m* ② (*large amount*) **to have a** ~ **of troubles** in großen Schwierigkeiten stecken

peck² [pek] I. *n* ① (*bite*) Picken *nt kein pl;* **to give sb/sth a** ~ nach jdm/etw hacken ② (*quick kiss*) Küsschen *nt;* **to give sb a** ~ [**on the cheek**] jdn flüchtig [auf die Wange] küssen II. *vt* ① (*bite*) ■**to** ~ **sb/sth** nach jdm/etw hacken; **to** ~ **a hole** ein Loch picken ② (*kiss quickly*) **to** ~ **sb on the cheek** jdn flüchtig auf die Wange küssen III. *vi* ① (*with the beak*) picken; **to** ~ **around** herumpicken; ■**to** ~ **at sth** etw aufpicken ② (*with pointed tool*) ■**to** ~ **at sth** gegen etw *akk* hämmern; **to** ~ **at one's typewriter** in die Tasten hämmern ③ (*nibble*) **to** ~ **at one's food** in seinem Essen herumstochern ④ AM (*nag*) ■**to** ~ **at sb** jdn sticheln

peck·er ['pekəʳ, AM -ɚ] *n* ① AM (*vulg: penis*) Schwanz *m vulg* ② AM (*fam: insult*) Arschloch *nt vulg* ▶ PHRASES: **to keep one's** ~ **up** BRIT (*dated fam*) die Ohren steifhalten *fam*

peck·ing ['pekɪŋ] *n* ① (*striking with beak*) Picken *nt kein pl* ② (*fig*) *of a typewriter* Klappern *nt kein pl* ③ AM (*nagging*) Nörgeln *nt kein pl*

'peck·ing or·der *n* Hackordnung *f*

peck·ish ['pekɪʃ] *adj* BRIT, AUS **to feel rather** [*or* **a bit**] ~ den kleinen Hunger verspüren

pecs [peks] *npl* (*fam*) *short for* **pectoral muscles** Brustmuskeln *fpl;* **to work on one's** ~ die Brustmuskeln trainieren

pec·tin ['pektɪn] *n no pl* Pektin *nt*

pec·to·ral ['pektᵊrᵊl] *adj* Brust-, pektoral *fachspr;* ~ **fin** Brustflosse *f;* ~ **muscle** Brustmuskel *m*

pec·to·rals ['pektᵊrᵊlz] *npl* Brustmuskeln *mpl*

pecu·late [ˈpekjəleɪt] *vt* ■**to ~ sth** etw unterschlagen [*o* veruntreuen]

pecu·la·tion [ˌpekjəˈleɪʃᵊn] *n* Unterschlagung *f,* Veruntreuung *f*

pe·cu·liar [pɪˈkjuːliəʳ, AM -ljɚ] *adj* ① (*strange*) seltsam, merkwürdig; **sth seems** [*or* **is**] **a little ~ to sb** etw kommt jdm nicht ganz geheuer vor ② (*nauseous*) unwohl; **to have a ~ feeling** sich *akk* eigenartig fühlen; **to feel a little ~** sich *akk* nicht [ganz] wohl fühlen ③ (*belonging to, special*) ■**to be ~ to sb** typisch für jdn sein; ■**to be ~ to sth** etw *dat* eigen[tümlich] sein; **of ~ interest** von besonderem Interesse

pe·cu·li·ar·ity [pɪˌkjuːliˈærəti, AM -liˈerət̬i] *n* ① *no pl* (*strangeness*) Seltsamkeit *f,* Eigenartigkeit *f* ② (*strange habit*) Eigenheit *f* ③ (*idiosyncrasy*) Besonderheit *f,* Eigenart *f*

pe·cu·liar·ly [pɪˈkjuːliəʳli, AM -ljɚli] *adv* ① (*strangely*) eigenartig, seltsam; **most ~** höchst eigenartig ② *inv* (*specially*) typisch ③ *inv* (*especially*) besonders, außerordentlich

pe·cu·ni·ary [pɪˈkjuːniəʳi, AM -nieri] *adj inv* (*form*) finanziell *attr,* pekuniär *attr geh;* **~ aid/interest** finanzielle Unterstützung/Beteiligung; **~ benefit** Vermögensvorteil *m;* **~ consideration** finanzielle Erwägungen *fpl;* **~ loss** Vermögensverlust *m;* **~ matter** Geldangelegenheit *f*

peda·gog·ic [ˌpedəˈgɒdʒɪk, AM -ˈgɑː-] *adj inv* pädagogisch

peda·gogi·cal·ly [ˌpedəˈgɒdʒɪkli, AM -ˈgɑː-] *adv inv* pädagogisch; **~ speaking, ...** pädagogisch gesehen ...

peda·gogue [ˈpedəgɒg, AM -gɑːg] *n* (*old*) Schulmeister(in) *m(f) veraltet o pej;* (*teacher*) Pädagoge, -in *m, f*

peda·go·gy [ˈpedəˈgɒdʒi, AM -gɑː-] *n no pl* Pädagogik *f*

ped·al [ˈpedᵊl] **I.** *n* Pedal *nt;* **accelerator/brake ~** Gas-/Bremspedal *nt;* **foot ~** Fußhebel *m;* **to put one's foot down on the ~** aufs Gas treten **II.** *vt* <BRIT, AUS -ll- *or* AM *usu* -l-> **to ~ a bicycle** Rad fahren; **he struggled to ~ his bicycle up the hill** er strampelte mühsam den Berg hinauf **III.** *vi* <BRIT, AUS -ll- *or* AM *usu* -l-> Rad fahren; **she ~ed through the city** sie radelte durch die Stadt **IV.** *n modifier* Tret-; **~ car** Tretauto *nt*

'ped·al bike *n* Fahrrad *nt;* **to ride a ~** Fahrrad fahren **'ped·al bin** *n* Treteimer *m* **'ped·al boat** *n,* **peda·lo** [ˈpedᵊləʊ, AM -oʊ] *n* Tretboot *nt*

ped·ant [ˈpedᵊnt] *n* Pedant(in) *m(f) pej*

pe·dan·tic [pɪˈdæntɪk, AM pedˈ-] *adj* pedantisch *pej,* kleinlich *pej*

pe·dan·ti·cal·ly [pɪˈdæntɪkᵊli, AM pedˈ-] *adv* pedantisch *pej*

ped·ant·ry [ˈpedᵊntri] *n* Pedanterie *f a. pej*

ped·dle [ˈpedl] *vt* ■**to ~ sth** ① (*esp pej: sell*) etw verscherbeln *pej;* **to ~ sth door to door** mit etw *dat* hausieren gehen; **these products are generally ~d door to door** diese Waren werden in der Regel von Hausierern angeboten; **to ~ drugs** mit Drogen handeln ② (*pej: spread*) etw verbreiten, mit etw *dat* hausieren gehen *pej*

ped·dler *n* AM *see* **pedlar**

ped·dling [ˈpedlɪŋ] *n no pl* (*pej*) ① (*selling*) Hausieren *nt* ② (*spreading*) Verbreiten *nt*

ped·er·ast [ˈpedᵊræst, AM ˈpedə-] *n* Päderast *m*

ped·er·as·ty [ˈpedᵊræsti, AM ˈpedə-] *n no pl* Päderastie *f;* **to engage in ~** Päderastie betreiben

ped·es·tal [ˈpedɪstᵊl] **I.** *n* Sockel *m,* Säulenfuß *m* ▶ PHRASES: **to knock sb off his/her ~** jdn vom seinem hohen Ross holen [*o* vom Sockel stoßen]; **to put sb on a ~** jdn auf ein Podest stellen **II.** *n modifier* Sockel-, Stand-; **~ desk** Stehpult *nt;* **~ washbasin** [*or* **sink**] Standwaschbecken *nt*

pe·des·trian [pɪˈdestriən] **I.** *n* Fußgänger(in) *m(f)* **II.** *n modifier* (*bridge, tunnel, underpass*) Fußgänger- **III.** *adj inv* (*form*) langweilig; *speech* trocken; **to do sth in a ~ way** etw nach Schema F machen *pej*

pe·des·trian 'cross·ing *n* BRIT Fußgängerübergang *m*

pe·des·tri·an·ize [pɪˈdestriənaɪz] *vt* ■**to ~ sth** etw in eine Fußgängerzone umwandeln

pe·des·tri·an·ized [pɪˈdestriənaɪzd] *adj inv* Fußgänger-; **~ area** Fußgängerzone *f;* **~ shopping area** *Einkaufsgebiet in einer Fußgängerzone*

pe·des·trian 'mall *n* AM, AUS, **pe·des·trian 'pre·cinct** *n* BRIT Fußgängerzone *f*

pe·di·at·ric *adj* AM *see* **paediatric**

pe·dia·tri·cian *n* AM *see* **paediatrician**

pedi·cure [ˈpedikjʊəʳ, AM -kjʊr] *n* Pediküre *f,* Fußpflege *f;* **to have** [*or* **get**] **a ~** seine Füße pediküren lassen, zur Pediküre gehen; **to treat oneself to a ~** sich *dat* eine Pediküre gönnen

pedi·cur·ist [ˈpedikjʊrɪst] *n* Fußpfleger(in) *m(f)*

pedi·gree [ˈpedigriː] **I.** *n* ① (*genealogy*) Stammbaum *m;* **to have an aristocratic/a royal ~** von aristokratischer/königlicher Abstammung sein ② (*background*) Laufbahn *f;* **to have an impeccable ~** eine makellose Ausbildung haben ③ (*history of idea*) Geschichte *f* ④ (*criminal record*) Vorstrafenregister *nt* **II.** *n modifier* (*dog, cattle, horse*) reinrassig, mit Stammbaum *nach n*

pedi·greed [ˈpedigriːd] *adj inv* reinrassig, mit Stammbaum *nach n*

pedi·ment [ˈpedimənt] *n* Giebel *m,* Giebeldreieck *nt*

ped·lar [ˈpedləʳ] *n* BRIT, AUS ① (*drug dealer*) Drogenhändler(in) *m(f)* ② (*dated: travelling salesman*) Hausierer(in) *m(f);* **door-to-door ~** fliegender Händler/fliegende Händlerin ③ (*pej*) **~ of gossip** Klatschmaul *nt;* **~ of lies** Lügenmaul *nt pej*

pe·dom·eter [pɪˈdɒmɪtəʳ, AM -ˈdɑːmət̬ɚ] *n* Schrittzähler *m,* Pedometer *nt fachspr*

pe·do·phile *n* AM *see* **paedophile**

pe·do·philia *n* AM *see* **paedophilia**

pee [piː] (*fam*) **I.** *n no pl* ① (*urine*) Pipi *nt Kindersprache* ② (*act*) Pinkeln *nt;* **to go ~** (*childspeak*) Pipi machen gehen *Kindersprache;* **to have** [*or* **take**] **a ~** pinkeln gehen *fam* **II.** *vi* pinkeln *fam;* **to ~ in one's pants** in die Hose[n] machen *fam* **III.** *vt* ■**to ~ oneself** sich *akk* voll pinkeln [*o* bepinkeln]; **to ~ one's pants** in die Hose[n] machen *fam*

◆**pee off** *vt* (*fam!*) ■**to ~ off** ⊂ **sb** jdn ankotzen *derb;* ■**to be ~d off** stinksauer sein *fam*

peek [piːk] **I.** *n* (*brief look*) flüchtiger Blick; (*furtive look*) heimlicher Blick; **to have** [*or* **take**] **a ~** [**at sth/sb**] einen kurzen Blick auf etw/jdn werfen; **to have** [*or* **take**] **a ~ through the keyhole** durchs Schlüsselloch gucken **II.** *vi* blinzeln; ■**to ~ into sth** in etw *akk* hineinspähen, einen kurzen Blick in etw *akk* werfen; ■**to ~ over sth** über etw *akk* gucken; **to ~ behind the scenes of sth** hinter die Kulissen einer S. *gen* blicken

◆**peek out** *vi* hervorgucken; **his jacket had a white handkerchief ~ing out of the breast pocket** aus der Brusttasche seines Jacketts ragte ein weißes Taschentuch; ■**to ~ out from behind sth** *person* hinter etw *dat* hervorgucken

peek-a-boo [ˈpiːkəbuː] **I.** *n no pl* Guck-Guck-Spiel *nt;* **to play ~** guck-guck spielen **II.** *adj attr, inv* ① (*revealing*) durchsichtig; *blouse, dress* offenherzig ② (*covering one eye*) **~ haircut** *Frisur, die ein Auge verdeckt*

peel [piːl] **I.** *n* ① (*skin of fruit*) Schale *f* ② (*skin care*) Peeling *nt* **II.** *vt* ■**to ~ sth** *fruit* etw schälen; **to ~ the paper off sth** das Papier von etw *dat* abziehen, etw auswickeln; **to ~ the wrapping from sth** die Verpackung von etw *dat* abmachen ▶ PHRASES: **to keep one's eyes ~ed for sth** (*fam*) nach etw *dat* Ausschau [*o* die Augen offen] halten **III.** *vi paint, rust, wallpaper* sich *akk* lösen; *skin* sich *akk* schälen

◆**peel off I.** *vt* ■**to ~ off** ⊂ **sth** etw schälen; *clothing* etw abstreifen; **to ~ off an adhesive strip** ein Klebeband abziehen; **to ~ the wallpaper off** die Tapete abziehen [*o* ablösen] **II.** *vi* ① (*come off*) *poster, wallpaper* sich *akk* lösen ② (*veer away*) *car, motorbike* ausscheren; **a figure ~ed off to the left** eine Gestalt wich nach links

peel·er [ˈpiːləʳ, AM -ɚ] *n* ① (*utensil*) Schäler *m,* Schälmesser *nt* ② BRIT (*old sl: policeman*) Schutzmann *m veraltet*

peel·ings [ˈpiːlɪŋz] *npl* Schalen *fpl*

peep[1] [piːp] **I.** *n usu sing* ① (*answer, statement*) Laut *m;* **one**

more ~ out of you and there'll be no television tomorrow einen Ton noch und du darfst morgen nicht fernsehen; to not give [*or* make] a ~ keinen Laut von sich *dat* geben, keinen Mucks machen; to not hear [so much as] a ~ from sb keinen Mucks von jdm hören; to not make [*or* raise] a ~ about sth keinen Ton über etw *akk* verlieren ❷ (*bird sound*) Piep *m*, Piepser *m*; to make a ~ piepsen II. *vt* ■to ~ sth etw flüstern III. *vi* piepsen; to ~ at sth/sb etw/jdn anpiepsen

peep² [piːp] I. *n* ❶ (*look*) [verstohlener] Blick; sth allows a ~ at sth etw gibt [*o* gewährt] Einblick in etw *akk;* to have [*or* take] a ~ at sth auf etw *akk* einen kurzen Blick werfen ❷ (*first coming*) at the [first] ~ of day bei Tagesanbruch; the first ~ of spring die ersten Anzeichen *ntpl* des Frühlings II. *vi* ❶ (*look*) ■to ~ at sth/sb verstohlen auf etw/jdn blicken; ■to ~ into sth einen Blick in etw *akk* werfen; ■to ~ through sth durch etw *akk* spähen ❷ (*appear*) hervorkommen; a few early flowers had ~ed up through the snow die ersten Frühlingsboten lugten durch die Schneedecke

◆**peep out** *vi toe, finger* herausgucken; after the rain, the sun began to ~ out nach dem Regen kam die Sonne wieder raus

peep-bo ['piːpˌbəʊ, AM -boʊ] *n no pl* BRIT Guck-Guck-Spiel *nt;* to play ~ guck-guck spielen

peep·er ['piːpəʳ, AM -ɚ] *n usu pl* (*sl: eyes*) Gucker *mpl fam*, Blinkerchen *ntpl hum sl*

'peep·hole *n* Guckloch *nt;* security ~ Spion *m*

peep·ing ['piːpɪŋ] *n no pl* Piepsen *nt*

peep·ing 'Tom I. *n* Voyeur *m*, Spanner *m fam* II. *adj attr, inv* (*photographer, journalist*) voyeuristisch

'peep·show *n* Peepshow *f*

peer¹ [pɪəʳ, AM pɪr] *vi* (*look closely*) spähen; to ~ into the distance in die Ferne starren; to ~ over one's glasses über die Brille schauen; to ~ over sb's shoulder jdm über die Schulter gucken; ■to ~ through sth durch etw *akk* spähen

peer² [pɪəʳ, AM pɪr] *n* ❶ (*equal*) Gegenstück *nt*, Counterpart *nt;* to have few ~s zu den Besten gehören; to have no ~s unvergleichlich sein; to be liked by one's ~s unter seinesgleichen beliebt sein ❷ LAW to be tried [*or* judged] by a jury of one's ~s von seinesgleichen gerichtet werden ❸ BRIT (*noble*) Angehöriger *m* des britischen Hochadels; POL Peer *m;* life ~ Peer *m* auf Lebenszeit; ~ of the realm Peer *m* mit ererbtem Sitz im Oberhaus

peer·age ['pɪərɪʤ, AM 'pɪr-] *n* ❶ *no pl* BRIT (*peers*) Peerage *f;* (*rank*) Peerswürde *f;* member of the ~ Mitglied *nt* des Hochadels; to be elevated to the ~ in den Adelsstand erhoben werden; to be given a ~ einen Adelstitel verliehen bekommen, geadelt werden; to renounce one's ~ auf die Peerswürde verzichten ❷ (*book*) Adelskalender *m*

peer·ess ['pɪəres] *n* BRIT Peeress *f*

'peer group *n* SOCIOL Peergroup *f* **peer group 'pres·sure** *n no pl* Druck *m* durch Gleichaltrige; to be under ~ unter sozialem Druck stehen

peer·less ['pɪələs, AM 'pɪr-] *adj inv* (*form*) unvergleichlich, einzigartig

peer·less·ly ['pɪələsli, AM 'pɪr-] *adv inv* (*form*) unvergleichlich, einzigartig

'peer pres·sure *n no pl* Druck *m* durch Gleichaltrige; to be under ~ unter sozialem Druck stehen

peeve [piːv] *vt* ■to ~ sb jdn ärgern [*o fam* auf die Palme bringen]

peeved [piːvd] *adj* (*fam*) verärgert; she was ~ to discover they had gone without her sie war sauer, als sie merkte, dass die anderen ohne sie gegangen waren *fam;* ■to be ~ at sb for sth wegen einer S. *gen* auf jdn sauer sein *fam*

peev·ish ['piːvɪʃ] *adj* mürrisch, gereizt

peev·ish·ly ['piːvɪʃli] *adv* mürrisch, gereizt

pee·wee ['piːwiː] I. *n* ❶ AM (*pej fam: small person*) Kleine(r) *f(m) pej* ❷ AUS (*magpie lark*) Grallina cyanoleuca *f* (*elsterähnlicher Singvogel*); BRIT (*lapwing*) Kiebitz *m* II. *adj attr, inv* AM Kinder-; ~ league Kinderliga *f*

pee·wit ['piːwɪt] *n* ❶ (*bird*) Kiebitz *m* ❷ (*bird's call*) Kiwitt *nt*

peg [peg] I. *n* ❶ (*hook*) Haken *m;* (*stake*) Pflock *m;* (*for a barrel*) Spund *m;* clothes ~ Wäscheklammer *f;* guitar/violin ~ Gitarren-/Geigenwirbel *m;* tent ~ Hering *m;* to buy off the ~ (*fig*) von der Stange kaufen; to hang sth on a ~ etw aufhängen [*o* an einen Haken hängen] ❷ (*excuse*) Ausrede *f;* (*reason*) Grund (for für +*akk*); to use sth as a ~ for sth etw als Anlass für etw *akk* nehmen ❸ AM SPORTS Peg *m;* to make/throw a ~ einen Peg machen/werfen ▸PHRASES: to be a square ~ in a round hole [*or* a round ~ in a square hole] fehl am Platz sein; to need taking down a ~ einen Dämpfer verdienen; to take [*or* bring] sb down a ~ or two jdm einen Dämpfer aufsetzen; to use sth as a ~ to hang sth on etw als Aufhänger für etw *akk* benutzen II. *vt* <-gg-> ■to ~ sth ❶ (*bind down*) etw mit Haken sichern ❷ (*hold at certain level*) etw fixieren; to ~ emissions at a certain level die Emissionshöhe auf einen bestimmten Wert begrenzen; to ~ prices Preise stützen ❸ AM (*throw*) etw werfen ❹ AM (*fig: guess correctly*) etw erfassen; you ~ged it right on the head! du hast den Nagel auf den Kopf getroffen! ❺ (*mark*) ■to ~ sb as sth jdn als etw *akk* abstempeln

◆**peg away** *vi* (*fam*) schuften *fam;* ■to ~ away at sth sich *akk* in etw *akk* hineinknien, sich *akk* hinter etw *akk* klemmen *fam*

◆**peg out** I. *vt* ❶ (*hang out*) ■to ~ out clothes Wäsche aufhängen ❷ (*mark*) ■to ~ sth ↔ out etw markieren; to ~ out a plot of land Land abstecken II. *vi* BRIT, AUS ❶ (*fig fam: die*) den Löffel abgeben *fam* ❷ (*stop working*) *car, machine* den Geist aufgeben *fam*

'peg leg *n* (*dated fam*) Holzbein *nt*

pe·jo·ra·tive [prˈʤɒrətɪv, AM prˈʤɔːrət̬ɪv] (*form*) I. *adj* abwertend, negativ besetzt, pejorativ II. *n* abwertender Ausdruck, Pejorativum *nt fachspr*

peke [piːk] *n* (*fam*) *short for* **pekinese** Pekinese *m*

pe·kin·ese [ˌpiːkɪ'niːz, AM -kə'-], **pe·king·ese** [ˌpiːkɪŋ'iːz] I. *n* <*pl* - *or* -s> Pekinese *m* II. *adj inv* Pekinesen-; ~ dog Pekinese *m*

Pe·kin·ese [ˌpiːkɪ'niːz, AM -kə'-], **Pe·king·ese** [ˌpiːkɪŋ'iːz] I. *n* <*pl* - *or* -s> ❶ (*person*) Pekinger(in) *m(f)* ❷ (*dialect*) Pekinger Dialekt *m* II. *adj inv* aus Peking *nach n;* ~ architecture/dialect Pekinger Architektur *f*/Dialekt *m;* ~ man/woman Pekinger *m*/Pekingerin *f*

peli·can ['pelɪkᵊn] *n* Pelikan *m*

peli·can 'cross·ing *n* BRIT Fußgängerüberweg *m* (*mit Ampel*); to cross [the street]/wait at a ~ an der Fußgängerampel über die Straße gehen/warten

pel·let ['pelɪt] I. *n* ❶ (*ball*) Kugel *f* ❷ (*excrement*) Kötel *m;* sheep/rabbit ~ Schaf-/Hasenkötel *m* ❸ (*gunshot*) Schrot *nt o m kein pl*, Schrotkugel *f;* to fire ~s Schrotkugeln abfeuern II. *n modifier* Schrot-; ~ gun Schrotflinte *f;* ~ mill Futtermehlpresse *f*

pel·let·ed ['pelɪtɪd] *adj inv* gepresst; ~ animal food Trockenfutter *nt;* ~ chicken manure getrockneter Hühnerdung

pell-mell [ˌpel'mel] (*dated*) I. *adj* chaotisch, hektisch; ~ dash wilde Jagd; ~ style [*or* manner] hektische Art II. *adv* panisch, chaotisch; the kids ran ~ for the ice cream van ein wilder Haufen Kinder stürmte auf den Eiswagen zu

pel·met [ˌpel'mɪt] *n* BRIT *of wood* Blende *f;* *of fabric* Schabracke *f*, Querbehang *m;* to hang a ~ eine Schabracke anbringen

Pelo·pon·nese [ˌpeləpə'niːz] *n* Peloponnes *m o f*

Pelo·pon·ne·sian [ˌpeləpə'niːʃᵊn, -ʒᵊn, AM -ʒᵊn, -ʃən] *adj* peloponnesisch; the ~ War der Peloponnesische Krieg

pe·lo·ta [pə'lɒtə, AM pə'loʊt̬ə] *n* SPORTS Pelota *f*

pe·lo·ton ['pɜlətɒn, AM -tɑːn] *n* SPORTS Peloton *nt*

pelt¹ [pelt] *n* (*animal skin*) Fell *nt;* (*fur*) Pelz *m*

pelt² [pelt] I. *vt* ❶ (*bombard*) ■to ~ sb with sth jdn mit etw *dat* bewerfen; a meteorite shower ~ed the Earth yester-

day gestern prasselte ein Meteoritenschauer auf die Erde nieder ❷ (*fig: assail*) ■ **to ~ sb with sth** jdn mit etw *dat* bombardieren; **to ~ sb with insults** jdm Beleidigungen ins Gesicht schleudern **II.** *vi* ❶ *impers* (*rain heavily*) ■ **it's ~ing** es schüttet [*o* gießt] *fam* ❷ (*run*) umhertollen; **to ~ across the yard/into the room** über den Hof/in das Zimmer rennen; **to ~ through a book** durch ein Buch rasen *fam;* **to ~ through one's homework** seine Hausarbeiten runterrasseln *fam;* ■ **to ~ after sth** etw *dat* hinterherjagen **III.** *n no pl* ▶ PHRASES: **to drive at full ~** mit Höchstgeschwindigkeit fahren; **to run at full ~** volle Pulle rennen *fam*

◆ **pelt down** *vi rain, hail* niederprasseln; **it's ~ing down with rain** es gießt in Strömen *fam*

pelt·ing ['peltɪŋ] **I.** *n no pl* ❶ (*sound*) Prasseln *nt* ❷ (*get beaten*) **to take a ~** verprügelt werden **II.** *adj rain* prasselnd; **the boxer attacked his opponent with ~ blows** der Boxer ließ ein Feuerwerk an Schlägen auf seinen Gegner niederprasseln

pel·vic ['pelvɪk] *adj attr, inv* Becken-; **~ area** [*or* **region**] Beckengegend *f;* **~ fin** Bauchflosse *f*

pel·vis <*pl* -es> ['pelvɪs] *n* Becken *nt*

pen[1] [pen] **I.** *n* (*writing utensil*) Feder *f;* (*pencil*) Stift *m;* **ballpoint ~** Kugelschreiber *m;* **felt-tip ~** Filzstift *m;* **fountain ~** Füllfederhalter *m,* Füller *m,* Füllfeder *f* ÖSTERR, SÜDD, SCHWEIZ; **to make one's living by the ~** sich *dat* seinen Lebensunterhalt als Schriftsteller/Schriftstellerin verdienen; **to put** [*or* **set**] **~ to paper** zur Feder greifen; **with a stroke of the ~** mit einem Federstrich; **to live by one's ~** vom Schreiben leben; **to write in ~** mit Tinte schreiben ▶ PHRASES: **the ~ is mightier than the sword** (*prov*) die Feder ist mächtiger als das Schwert **II.** *vt* <-nn-> ■ **to ~ sb sth** [*or* **sth to sb**] jdm etw schreiben

pen[2] [pen] **I.** *n* ❶ (*enclosed area*) Pferch *m;* MIL Bunker *m;* **to put an animal in a ~** ein Tier einpferchen ❷ AM (*fig sl: jail*) Kittchen *nt fam,* Knast *m fam;* **in the ~** im Kittchen; **to lock sb up in the ~** jdn hinter schwedische Gardinen sperren *fam;* **to throw sb in the ~** jdn in den Knast werfen *fam* **II.** *vt* <-nn-> *usu passive* ■ **to be ~ned** eingesperrt sein

◆ **pen in** *vt* ❶ (*encage*) ■ **to ~ in an animal** ein Tier einsperren; ■ **to be ~ned in** *people* eingeschlossen sein; (*in car*) eingeklemmt sein ❷ *usu passive* (*fig: restrict*) **to feel ~ned in by sth** sich *akk* von etw *dat* eingeengt fühlen

◆ **pen up** *vt* ■ **to ~ up** ↔ **sb/an animal** jdn/ein Tier einschließen *a. fig;* ■ **to be ~ned up** festsitzen

pe·nal ['pi:nəl] *adj inv* ❶ *attr* (*of punishment*) Straf-; **~ code** Strafgesetzbuch *nt;* **~ institution** Strafanstalt *f;* **~ law/statute** Strafgesetz *nt;* **~ offence** Straftat *f;* **~ servitude/sentence** Zwangsarbeit *f* ❷ (*severe*) belastend; **a ~ rate of tax on tobacco** eine extrem [*o* empfindlich] hohe Tabaksteuer

'pe·nal colo·ny *n* Strafkolonie *f*

pe·nali·za·tion [ˌpi:nəlaɪ'zeɪʃən] *n* (*form*) Bestrafung *f*

pe·nal·ize ['pi:nəlaɪz] *vt* ❶ (*punish*) ■ **to ~ sb** [**for sth**] jdn [für etw *akk*] bestrafen ❷ (*cause disadvantage*) ■ **to ~ sb** jdn benachteiligen

pe·nal re·'form *n* Strafrechtsreform *f* **pe·nal 'set·tle·ment** *n* Strafkolonie *f* **'pe·nal sys·tem** *n* Rechtssystem *nt*

pen·al·ty ['penəlti, AM -t̬i] *n* ❶ LAW Strafe *f,* Strafmaß *nt;* **~ for improper use £50** bei Missbrauch 50 Pfund Strafe; **on ~ of arrest** unter Androhung einer Haftstrafe; **maximum/minimum ~** Höchst-/Mindeststrafe *f;* **to carry a ~** eine Strafe vorsehen; **to pay a ~ for sth** für etw *akk* eine Strafe bezahlen ❷ (*fig: punishment*) Strafe *f;* **a heavy** [*or* **stiff**] **~** eine hohe Strafe; **to pay a ~ for sth** für etw *akk* bezahlen [*o* büßen] ❸ (*disadvantage*) Preis *m;* **the ~ of freedom is responsibility** Freiheit hat ihren Preis ❹ (*fine*) [Extra]gebühr *f;* **premium ~** Prämienzahlung *f* ❺ FBALL **to award** [*or* **give**] **a ~** einen Elfmeter geben [*o* verhängen]; **to concede/convert a ~** einen Elfmeter verursachen/verwandeln

'pen·al·ty area *n* FBALL Strafraum *m* **'pen·al·ty box** *n* ❶ FBALL Strafraum *m* ❷ (*in ice hockey*) Strafbank *f;* **to sit** [**out**] **in the ~** auf der Strafbank sitzen **'pen·al·ty clause** *n* [restriktive] Vertragsklausel **'pen·al·ty point** *n* ≈ Punkt in Flensburg **pen·al·ty 'shoot-out** *n* FBALL Elfmeterschießen *nt* **'pen·al·ty spot** *n* FBALL Elfmeterpunkt *m*

pen·ance ['penən(t)s] *n no pl* ❶ (*self-punishment*) Buße *f* ❷ REL Buße *f;* **to do ~ for sth** für etw *akk* Buße tun

pe·na·tes [pɪn'ɑ:ti:z, AM pə'neɪt̬i:z] *npl* REL Penaten *pl fachspr*

'pen cap *n* Federkappe *f,* Füllerkappe *f*

pence [pen(t)s] *n pl of* **penny**

pen·chant ['pɑ̃:(ŋ)ʃɑ̃:(ŋ), AM *and also Brit* 'pentʃənt] *n usu sing* (*usu pej*) Neigung *f;* **to have a ~ for sth** einen Hang zu etw *dat* haben, eine Vorliebe für etw *akk* haben

pen·cil ['pen(t)səl] **I.** *n* ❶ (*writing utensil*) Bleistift *m;* ■ **in ~** mit Bleistift; **~ and paper** Papier und Bleistift; **to put** [*or* **set**] **~ to paper** den Bleistift zücken; **coloured ~** Farbstift *m;* **with ~ poised** mit gezücktem Stift; **to sharpen a ~** einen Bleistift spitzen ❷ (*thin line*) **a ~ of light** ein Lichtstrahl *m;* **~ thin** *people* dünn wie ein Bleistift *präd; things* hauchdünn **II.** *n modifier* ❶ FASHION **~ eyeliner/eyeshadow** Eyeliner-/Lidschattenstift *m* ❷ (*made by pencil*) **~ drawing** Bleistiftzeichnung *f;* **~ mark** Bleistiftmarkierung *f;* **~ note** mit Bleistift geschriebene Notiz ❸ (*very thin*) **~ beam** dünner Strahl; **~ moustache** dünner Oberlippenbart; **~ skirt** Bleistiftrock *nt* **III.** *vt* <BRIT -ll- *or* AM *usu* -l-> ■ **to ~ sth** etw mit Bleistift schreiben

◆ **pencil in** *vt* ■ **to ~ in** ↔ **sb/sth** jdn/etw vormerken

'pen·cil box *n* Federkasten *m veraltend* **'pen·cil case** *n* Federmäppchen *nt,* Federpenal *nt* ÖSTERR

pen·ciled AM, **pen·cilled** ['pen(t)səld] *adj inv* mit Bleistift geschrieben; **~ eyebrows** nachgezogene Augenbrauen *fpl*

'pen·cil lead *n no pl* Bleistiftmine *f* **'pen·cil push·er** *n* AM (*pej fam*) Bürohengst *m pej fam* **'pen·cil sharp·en·er** *n* [Bleistift]spitzer *m*

pen·dant ['pendənt] **I.** *n* Anhänger *m;* **to wear a ~** eine Halskette mit Anhänger tragen **II.** *adj inv* herabhängend *attr;* **~ lamp** Hängelampe *f*

pen·dent ['pendənt] *adj inv* (*form*) ❶ (*dangling*) herabhängend; **~ lamp** Hängelampe *f* ❷ LAW (*to be decided*) anhängig; **~ case/lawsuit** schwebendes Verfahren ❸ (*incomplete*) **~ sentence** abgebrochener Satz

pend·ing ['pendɪŋ] **I.** *adj inv* LAW anhängig; **~ deal** bevorstehender Abschluss; **~ lawsuit** schwebendes Verfahren **II.** *prep* (*form*) **~ the notification of relatives** bis zur Verständigung der Angehörigen; **~ an investigation** bis zu einer Untersuchung

pen·du·lous ['pendjələs, AM -dʒələs] *adj* (*form*) herabhängend *attr;* **~ breasts** Hängebusen *m;* **~ ears** Segelohren *ntpl*

pen·du·lum ['pendjələm, AM *esp* -dʒələm] **I.** *n* Pendel *nt;* (*fig*) **after the red card the ~ swung back in United's favour** nach der roten Karte gewann die Mannschaft von United wieder die Oberhand **II.** *n modifier* Pendel-; (*swinging*) schwingend; **~ clock** Pendeluhr *f;* **~ swing** Pendelbewegung *f*

pen·etrate ['penɪtreɪt] *vt* ■ **to ~ sth** ❶ (*move into*) in etw *akk* eindringen; **to ~ a market** in einen Markt eindringen; **to be ~d by a spy** ausspioniert werden ❷ (*spread through*) *smell* etw durchdringen ❸ (*fig: see through*) etw ergründen; **to ~ sb's ideas** jds Gedanken *mpl* verstehen; **to ~ sb's mind** jdn durchschauen ❹ MED *vein* etw durchstechen

pen·etrat·ing ['penɪtreɪtɪŋ, AM -t̬ɪŋ] *adj* durchdringend *attr; analysis* eingehend; *observation* scharfsinnig; *scream* markerschütternd; *voice* schrill; **~ cold/heat** durchdringende Kälte/Hitze; **to give sb a ~ look** jdn mit einem bohrenden Blick ansehen; **~ mind** scharfer Verstand

pen·etra·tion [ˌpenɪ'treɪʃən] *n* ❶ (*act*) Eindringen *nt kein pl* (**of** in +*akk*) ❷ (*sexual act*) Penetration *f* ❸ (*fig: insight*) Ergründung *f;* **we can rely on his ~ to unearth the problem** mit seinem Scharfsinn wird er das Problem sicher ausfindig machen können

P

pen·etra·tive ['penɪtrətɪv, AM -treɪt̬ɪv] *adj* ❶ (*piercing*) durchdringend; *smell* stechend; **to make a ~ attack** einen Eroberungszug beginnen; **~ sex** Geschlechtsverkehr *m* ❷ (*showing insight*) **~ remark** scharfsinnige Bemerkung

'pen·friend *n* BRIT, AUS Brieffreund(in) *m(f)*

pen·guin ['peŋgwɪn] *n* Pinguin *m*

'pen·guin suit *n* (*fam*) Frack *m*

'pen·hold·er *n* ❶ (*shaft*) Federhalter *m* ❷ (*rack*) Behälter *m* für Schreibutensilien, Federkasten *m veraltend*

peni·cil·lin [,penɪ'sɪlɪn] *n* Penicillin *nt*

pe·nile ['pi:naɪl] *adj inv* ANAT Penis-; **~ prosthesis** Penisprothese *f*

pen·in·su·la [pə'nɪn(t)sjələ, AM -sələ] *n* Halbinsel *f;* **the Iberian P~** die iberische Halbinsel

pen·in·su·lar [pə'nɪn(t)sjələʳ, AM -sələ˞] *adj inv* Halbinsel-; **there is a lovely ~ highway running along the coast** auf der Halbinsel gibt es eine wunderschöne Straße, die die Küste umrundet; **the P~ War** der spanische Unabhängigkeitskrieg

pe·nis <*pl* -es *or* -nes> [pi:nɪs, *pl* -ni:z] *n* Penis *m;* **~ envy** Penisneid *m*

peni·tence ['penɪtᵊn(t)s] *n no pl* ❶ (*repentance*) Reue *f;* **to express** [*or* **show**] **~** Reue zeigen; **to be without ~** keine Reue zeigen ❷ REL Buße *f;* **to perform ~** Buße tun

peni·tent ['penɪtᵊnt] **I.** *n* REL Büßer(in) *m(f),* reuiger Sünder/reuige Sünderin **II.** *adj* (*form*) reumütig

peni·ten·tial [,penɪ'ten(t)ʃᵊl] *adj* reuevoll, reuig; **~ act** Bußtat *f;* **~ punishment** Buße *f*

peni·ten·tia·ry [,penɪ'ten(t)ʃᵊri, AM -əri] **I.** *n* AM Gefängnis *nt;* **to lock sb up in/send sb to the ~** jdn ins Gefängnis sperren/stecken **II.** *adj inv* ❶ (*repenting*) *mood, act* reumütig ❷ AM LAW **~ crime** strafbare Handlung, Straftat *f* (*auf die Gefängnisstrafe steht*)

peni·tent·ly ['penɪtᵊntli] *adv* (*form*) reumütig

'pen·knife *n* Taschenmesser *nt* **'pen lid** *n* BRIT Füllerkappe *f* **'pen·light** *n* Taschenlampe *f* **'pen-name** *n* Pseudonym *nt*

pen·nant ['penənt] **I.** *n* (*flag*) Wimpel *m;* AM SPORTS Siegeswimpel *m* **II.** *n modifier* AM SPORTS **~ race** *Kampf um die Meisterschaft in einer Regionalliga*

pen·ni·less ['penɪləs] *adj* mittellos; ■**to be ~** keinen Pfennig [Geld] haben; **to leave sb ~** jdn ohne einen Pfennig zurücklassen; **to wind up ~** alles verlieren

pen·non ['penən] *n* Militärfahne *f*

penn'orth ['penəθ] *n* BRIT *see* **pennyworth**

pen·ny <*pl* -nies *or* BRIT pence> ['peni, *pl* pen(t)s] *n* Penny *m;* (*fig*) **I'll give you $5,000 and not a ~ more** ich gebe Ihnen 5.000 Dollar und keinen Pfennig [*o* ÖSTERR Groschen] mehr; **a 50 ~ piece** ein 50-Pence-Stück *m;* **to not cost a ~** nichts kosten; **to save up one's pennies** sparen ►PHRASES: **pennies from heaven** (*dated*) ein Geschenk des Himmels; **to not have a ~ to one's name** keinen Pfennig haben *fam;* **in for a ~, in for a pound** (*prov*) wer A sagt, muss auch B sagen *prov;* **look after** [*or* **take care of**] **the pennies and the pounds will look after** [*or* **take care of**] **themselves** (*prov*) wer den Pfennig nicht ehrt, ist des Talers nicht wert *prov;* **a ~ for your thoughts** was [*o* woran] denkst du gerade?; **to keep turning up like a bad ~** immer wieder auftauchen; **a pretty ~** eine [ganze] Stange Geld *fam;* **to be two** [*or* **ten**] **a ~** BRIT (*fam*) spottbillig sein, verramscht werden; **to not have two pennies to rub together** arm wie eine Kirchenmaus sein *fam;* **to be worth every ~** sein Geld wert sein; **to count every ~** jeden Pfennig [*o* ÖSTERR Groschen] zweimal umdrehen; **the ~ [has] dropped** BRIT der Groschen ist gefallen; **a ~ saved is a ~ earned** (*prov*) spare in der Zeit, dann hast du in der Not *prov;* **to spend a ~** pinkeln gehen *fam*

pen·ny ante [,peni'ænt̬i] *adj inv* AM unbedeutend **pen·ny ar·'cade** *n* Spielsalon *m* **pen·ny 'dread·ful** *n* Groschenroman *m pej* **pen·ny-'far·thing** *n* BRIT (*hist*) Hochrad *nt* **'pen·ny-pinch·ing I.** *n no pl* Pfennigfuchserei *f pej fam* **II.** *adj inv* geizig, knaus[e]rig **'pen·ny whis·tle** *n* Blechflöte *f* **pen·ny 'wise** *adj* ■**to be ~** das Geld zusammenhalten; **to be ~ and pound-foolish** am falschen Ende sparen **pen·ny·worth** ['peniwəθ] *n* BRIT ❶ (*dated*) **I'd like a ~ of humbugs, please** ich möchte bitte für einen Penny Pfefferminzbonbons ❷ (*fig*) **can you give me a ~ of your time?** hast du einen Augenblick Zeit für mich?; **not a ~** nicht das Geringste; **it won't make a ~ of difference to me** das ist mir völlig gleich

'pen pal *n* Brieffreund(in) *m(f)* **'pen-push·er** *n* BRIT, AUS (*pej fam*) Bürohengst *m pej fam*

pen·sion ['pen(t)ʃᵊn] **I.** *n* ❶ (*retirement money*) Rente *f;* (*for civil servants*) Pension *f;* **to draw a ~** Rente beziehen; **to live on** [*or* **off**] **a ~** von der Rente leben; **to retire on a ~** in Rente/Pension gehen ❷ (*boarding house*) Pension *f* **II.** *n modifier* (*contribution, payment*) Renten-; **~ book** Rentenausweis *m*

◆**pension off** *vt* ■**to ~ off** ⊂ **sb** jdn [vorzeitig] pensionieren [*o* in den Ruhestand versetzen]; ■**to ~ off** ⊂ **sth** etw ausrangieren

pen·sion·able ['pen(t)ʃᵊnəbl̩] *adj inv* BRIT pensionsberechtigt; **of ~ age** im Pensions-/Rentenalter

pen·sion·er ['pen(t)ʃᵊnəʳ, AM -ə˞] *n* BRIT Rentner(in) *m(f);* (*for civil servants*) Pensionär(in) *m(f),* Pensionist(in) *m(f)* ÖSTERR

'pen·sion fund *n* Pensionskasse *f;* **to draw on one's ~** Rente beziehen; **to pay** [*or* **make a payment**] **into one's ~** in die Rentenkasse einzahlen **'pen·sion plan** *n* Altersversorgungsplan *m* **'pen·sion re·serves** *npl* Pensionsrückstellungen *fpl* **'pen·sion rights** *npl* Rentenanspruch *m* **'pen·sion scheme** *n* BRIT, AUS Rentenversicherung *f,* Altersversorgungsplan *m*

pen·sive ['pen(t)sɪv] *adj* nachdenklich; **~ person** ernsthafter Mensch; **~ silence** gedankenverlorene Stille; ■**to become ~** schwermütig werden

pen·sive·ly ['pen(t)sɪvli] *adv* nachdenklich

pen·ta·cle ['pentəkl̩, AM -t̬-] *n* Pentakel *nt,* fünfeckiger Stern

pen·ta·gon ['pentəgᵊn, AM 'pent̬əga:n] *n* Fünfeck *nt*

Pen·ta·gon ['pent̬əga:n] AM **I.** *n no pl* ■**the ~** das Pentagon **II.** *n modifier* (*worker, official*) Pentagon-, aus dem Pentagon *nach n*

penta·gram ['pentəgræm] *n* Pentagramm *nt fachspr,* Drudenfuß *m fachspr*

pen·tame·ter [pen'tæmɪtəʳ, AM -ət̬ə˞] *n usu sing* LIT Pentameter *m fachspr;* **iambic ~** jambischer Pentameter

Pen·ta·teuch ['pentətju:k, AM -t̬ətu:k] *n no pl* ■**the ~** die fünf Bücher *ntpl* Mose

pen·tath·lete [pen'tæθli:t] *n* Fünfkämpfer(in) *m(f)*

pen·tath·lon [pen'tæθlɒn, AM -la:n] *n* Fünfkampf *m;* **to compete in a ~** an einem Fünfkampf teilnehmen

Pen·tecost ['pentɪkɒst, AM -t̬ɪka:st] *n no pl* REL ❶ (*Jewish*) jüdisches Erntefest ❷ (*Christian*) Pfingsten *nt*

Pen·tecos·tal [,pentɪ'kɒstᵊl, AM -t̬ɪ'ka:st-] REL **I.** *n* Anhänger(in) *m(f)* der Pfingstbewegung **II.** *adj inv* pfingstlerisch

Pen·tecos·tal·ism [,pentɪ'kɒstᵊlɪzᵊm, AM -t̬ɪ'ka:st-] *n no pl* REL Pfingstbewegung *f*

pent·house ['penthaʊs] *n* Penthaus *nt,* Penthouse *nt*

pent·house 'suite *n* Dachterrassenwohnung *f,* Penthaus *nt,* Penthouse *nt;* **to stay in a ~** in einem Penthouse wohnen

'pent-in *adj,* **'pent-up** *adj inv emotions* aufgestaut

pe·nul·ti·mate [pə'nʌltɪmət, AM pɪ'nʌlt̬əmət] (*form*) **I.** *n* ■**the ~** der/die/das Vorletzte **II.** *adj attr, inv* vorletzte(r, s)

pe·num·bra [pə'nʌmbrə, AM pɪ-] *n* Halbschatten *m*

pe·nu·ri·ous [pə'njʊəriəs, AM -'nʊri-] *adj* (*form*) arm; **~ accommodation** karge Unterbringung; **~ conditions** ärmliche Bedingungen *fpl*

penu·ry ['pənjəri, AM -jʊri] *n no pl* (*form*) Armut *f; of a company* finanzielle Schwierigkeiten *fpl*

peon ['pi:ən, AM 'pi:a:n] *n* Tagelöhner(in) *m(f)* (*in Südamerika*)

peo·ny ['pi:əni] *n* Pfingstrose *f*

peo·ple ['pi:pl̩] **I.** *n* ❶ *pl* (*persons*) Leute *pl,* Menschen *mpl;* **city ~** Städter *mpl;* **country ~** Landbevölkerung *f;* **the beau-**

tiful ~ die Reichen und die Schönen; **homeless** ~ Obdachlose *mpl;* **rich** ~ die Reichen *pl;* **the right** ~ die richtigen Leute ❷ *pl* (*comprising a nation*) Volk *nt;* ~**'s democracy/republic** Volksdemokratie/-republik *f;* **the chosen** ~ REL das auserwählte Volk ❸ *pl* (*ordinary citizens*) ■**the** ~ das Volk, die breite Masse; **a** ~**'s car** ein Auto *nt* für jedermann; ~**'s park** öffentlicher Park; **the will of the** ~ der Wille des Volkes ❹ (*comprising a race, tribe*) ■~**s** *pl* Völker *ntpl;* **the** ~**s of the world** die Völker der Erde ❺ *pl* (*dated fam: family*) **my** ~ meine Leute [*o* Familie] **II.** *vt usu passive* ■**to be** ~**d** bevölkert [*o* besiedelt] sein; ■**sth is** ~**d by sth** *book, novel, movie* etw ist voll [*o* wimmelt] von etw *dat;* **these luxurious yachts are** ~**d by the rich** auf diesen Luxusjachten tummeln sich die Reichen **III.** *n modifier* **a** ~ **person** ein geselliger Mensch; ~ **skills** Menschenkenntnis *f kein pl*

'peo·ple car·ri·er *n* Minivan *m*

'peo·ple mov·er *n* Peoplemover *m* (*Fahrzeug zur Personenbeförderung*)

'peo·ple-watch ['pi:pl̩wɒtʃ, AM -wɑ:tʃ] *vi* Leute studieren [*o* beobachten]

pep [pep] **I.** *n no pl* (*fam*) Elan *m,* Schwung *m;* **to be full of** ~ voller Energie stecken **II.** *vt* <-pp-> ■**to** ~ **sb** ↻ **up** jdn in Schwung bringen [*o* munter machen]; ■**to** ~ **sth** ↻ **up with sth** etw mit etw *dat* aufpeppen; **to** ~ **up business** das Geschäft ankurbeln

pep·per ['pepəʳ, AM -ɚ] **I.** *n* ❶ *no pl* (*spice*) Pfeffer *m;* **black/ground/white** ~ schwarzer/gemahlener/weißer Pfeffer; **cayenne** ~ Cayennepfeffer *m* ❷ (*vegetable*) Paprika *f;* **sweet** [*or* AM **bell**] ~ Paprikaschote *f;* ■~**s** *pl* Paprikaschoten *fpl* ❸ CAN (*pej dated sl: person*) *Französischsprachiger aus Québec* **II.** *n modifier* (*sauce, grinder*) Pfeffer-; ~ **mace** Pfefferspray *nt* (*zur Selbstverteidigung*); ~ **steak** Pfeffersteak *nt* **III.** *vt* ❶ (*add pepper*) ■**to** ~ **sth** etw pfeffern ❷ (*pelt*) ■**to** ~ **sth/sb with sth** etw/jdn mit etw *dat* bombardieren; **they** ~**ed the newly-weds with rice** sie bewarfen die Neuvermählten mit Reis; **to** ~ **sb with bullets** jdn mit Kugeln durchsieben; ■**to be** ~**ed with sth** *speech, comments* mit etw *dat* gespickt sein; *landscape, hill* mit etw *dat* übersät sein; **to be** ~**ed with mistakes** vor Fehlern strotzen

pep·per-and-'salt *adj attr, inv* graumeliert **'pep·per·box** *n* AM Pfefferstreuer *m* **'pep·per·corn** *n* Pfefferkorn *nt* **pep·per·corn 'rent** *n no pl* BRIT, AUS symbolische Miete; **to charge/pay a** ~ nur symbolisch Miete verlangen/zahlen **'pep·per mill** *n* Pfeffermühle *f* **'pep·per·mint I.** *n* ❶ *no pl* (*plant*) Pfefferminze *f* ❷ (*sweet*) Pfefferminz[bonbon] *nt* **II.** *n modifier* (*tea, leaves, sweet*) Pfefferminz- **'pep·per pot** *n* BRIT, AUS, **'pep·per shak·er** *n* AM Pfefferstreuer *m*

pep·pery ['pepᵊri] *adj* ❶ (*with pepper flavour*) pfeffrig; (*full of pepper*) gepfeffert; ~ **dish** scharfes Gericht ❷ (*fig: irritable*) aufbrausend, hitzköpfig; ~ **person** Hitzkopf *m;* ~ **temper** hitziges Temperament

'pep pill *n* Aufputschmittel *nt* **'pep ral·ly** *n* AM SPORTS Aufwärmspiel *nt;* **to hold a** ~ ein Aufwärmspiel machen

Pep·si ['pepsi] *n* CAN (*pej dated sl*) *Französischsprachiger aus Québec* **'pep talk** *n* Motivationsgespräch *nt;* **to give sb a** ~ mit jdm ein Motivationsgespräch führen

pep·tic ['peptɪk] *adj inv* ANAT Verdauungs-, peptisch *fachspr;* ~ **ulcer** Magengeschwür *nt*

pé·quiste ['peɪkɪst] *n* CAN (*fam*) Mitglied der separatistischen Partei von Québec, der Partie Québecois

per [pɜ:ʳ, pəʳ, AM pɜ:r, pɚ] *prep* ❶ (*for a*) pro; ~ **litre/person** pro Liter/Person; ~ **capita** pro Kopf ❷ (*in a*) pro; ~ **kilometre/day/hour** pro Kilometer/Tag/Stunde; ~ **annum** ECON, FIN (*form*) pro Jahr; ~ **calendar month** (*form*) pro Kalendermonat ❸ (*through means of*) ~ **mail/telephone/fax** per Post/Telefon/Fax ❹ (*as stated in*) **as** ~ **sth** gemäß etw *dat;* **as** ~ **our telephone conversation** wie telefonisch besprochen; **as** ~ **usual** (*normal*) wie gewöhnlich

per·am·bu·late [pə'ræmbjəleɪt] **I.** *vi* (*form*) umherwandern **II.** *vt* ■**to** ~ **sth** durch etw *akk* spazieren [*o geh* wandeln]

per·am·bu·la·tor [pə'ræmbjəleɪtəʳ, AM -t̬ɚ] *n* (*form or dated*) Kinderwagen *m*

per an·num [pəʳ'ænəm, AM pɚ-] *adv inv* (*form*) per annum *geh,* pro Jahr

per·cale [pə'keɪl, AM pɚ-] *n no pl* FASHION Perkal *m fachspr*

per cal·en·dar 'month *adv inv* (*form*) pro Monat

per capi·ta [pəʳ'kæpɪtə, AM pɚ'kæpɪt̬ə] *inv* (*form*) **I.** *adv* pro Person [*o* Kopf] **II.** *adj attr* Pro-Kopf-; ~ **consumption** Pro-Kopf-Verbrauch *m;* ~ **income** Pro-Kopf-Einkommen *nt*

per·ceiv·able [pə'si:vəbl̩, AM pɚ-] *adj* wahrnehmbar; ~ **change/improvement** spürbare Veränderung/Verbesserung

per·ceive [pə'si:v, AM pɚ-] *vt* ■**to** ~ **sth** ❶ (*see*) etw wahrnehmen; (*sense*) etw empfinden; ■**to** ~ **that ...** fühlen, dass ... ❷ (*regard*) etw betrachten; **I** ~**d his comments as very critical** seine Kommentare haben sehr kritisch auf mich gewirkt; **how do the French** ~ **the British?** wie sehen die Franzosen die Engländer?; ■**to** ~ **sb/sth to be sth** jdn/etw für etw *akk* halten

per cent [pə'sent], AM **per·cent** [pɚ-] **I.** *n* Prozent *nt;* **what** ~ **...?** wie viel Prozent ...? **II.** *adv inv* -prozentig; **I'm 100** ~ **sure that ...** ich bin mir hundertprozentig sicher, dass ... **III.** *adj attr, inv* **25/50** ~ 25-/50-prozentig

per·cent·age [pə'sentɪdʒ, AM pɚ'sent̬ɪdʒ] **I.** *n* ❶ (*rate*) Prozentsatz *m;* **what** ~ **...?** wie viel Prozent ...?; **the** ~ **of people who ...** der Anteil der Leute, die ...; **to express sth as a** ~ etw in Prozenten ausdrücken; **to get a** ~ **of sth** bei etw *dat* Provision [*o* Prozente] bekommen ❷ AM, AUS (*advantage*) Vorteil *m* ▶ PHRASES: **to play the** ~**s** *bei Glücksspielen: Wetten auf die Favoriten setzen, nichts riskieren* **II.** *n modifier* Prozent-; **on a** ~ **basis** prozentual; ~ **sign** Prozentzeichen

per·cent·age 'point *n* Prozentpunkt *m;* **to rise by one** ~ um ein Prozent steigen

per·cen·tile [pə'sentaɪl, AM pɚ-] *n* ≈ Prozent *nt;* UNIV, SCH *Bewertungssystem in Großbritannien, bei dem man bei 100% die beste Note erreicht hat;* **she's in the 95th** ~ **for chemistry** in Chemie gehört sie zu den besten fünf Prozent

per·cept [pɜ:'sept, AM pɜ:r-] *n* PHIL wahrgenommener Gegenstand

per·cep·tible [pə'septəbl̩, AM pɚ-] *adj* wahrnehmbar; ~ **change** spürbare Veränderung; ~ **to the ears/the eye** mit den Ohren/für das Auge wahrnehmbar

per·cep·tibly [pə'septəbli, AM pɚ-] *adv* merklich; **to change/improve/worsen** ~ sich *akk* merklich verändern/verbessern/verschlechtern

per·cep·tion [pə'sepʃᵊn, AM pɚ-] *n usu sing* Wahrnehmung *f kein pl; of a conception* Auffassung *f kein pl;* **powers of** ~ Wahrnehmungsvermögen *nt;* ~ **of reality** Wahrnehmung *f* der Wirklichkeit; ~ **of time** Zeitempfinden *nt*

per·cep·tive [pə'septɪv, AM pɚ-] *adj* einfühlsam; (*attentive*) aufmerksam; *analysis, remark* scharfsinnig; *observer* aufmerksam

per·cep·tive·ly [pə'septɪvli, AM pɚ-] *adv* scharfsinnig; (*attentive*) aufmerksam, umsichtig; **to speak/write** ~ **on sth** etw kritisch beleuchten

per·cep·tive·ness [pə'septɪvnəs, AM pɚ-] *n no pl* Wahrnehmungsvermögen *nt;* (*sensitivity*) Einfühlungsvermögen *nt;* (*attentiveness*) Aufmerksamkeit *f*

perch¹ [pɜ:tʃ, AM pɜrtʃ] **I.** *n* <*pl* -es> ❶ (*for birds*) Sitzstange *f* ❷ (*high location*) Hochsitz *m* ▶ PHRASES: **to come** [*or* **get**] **off one's** ~ von seinem hohen Ross heruntersteigen; **to knock sb off his/her** ~ jdn von seinem hohen Ross runterholen **II.** *vi* ■**to** ~ **on sth** *bird* auf etw *dat* sitzen; *person* auf etw *dat* thronen **III.** *vt* ■**to** ~ **sth somewhere** etw auf etw *akk* stecken; **with his glasses** ~**ed on his nose, ...** mit der Brille auf der Nase ...; ■**to be** ~**ed somewhere** auf etw *dat* thronen; ■**to** ~ **oneself on sth** sich *akk* auf etw *dat* niederlassen

perch² <*pl* - *or* -es> [pɜ:tʃ, AM pɜrtʃ] *n* (*fish*) Flussbarsch *m*

P

per·chance [pəˈtʃɑːn(t)s, AM pɚˈtʃæn(t)s] *adv inv* (*liter or old*) vielleicht, zufällig

per·cipi·ent [pəˈsɪpiənt, AM pɚ-] *adj* (*form*) scharfsinnig; *eyes* scharf; ■**to be ~ of sth** etw erkennen

per·co·late [ˈpɜːkəleɪt, AM ˈpɜr-] **I.** *vt* ■**to ~ sth** etw filtrieren; **to ~ coffee** Filterkaffee zubereiten **II.** *vi* ❶ (*filter through*) *water* durchsickern; *sand* durchrieseln; *coffee* durchlaufen ❷ (*fig: spread*) durchsickern

per·co·la·tor [ˈpɜːkəleɪtəʳ, AM ˈpɜrkəleɪṭɚ] *n* Kaffeemaschine *f*

per·cus·sion [pəˈkʌʃən, AM pɚ-] **I.** *n no pl* Percussion *f*, Schlagzeug *nt;* **to play ~** Schlagzeug spielen; ■**to be on ~** am Schlagzeug sein **II.** *n modifier* ❶ MUS Schlag-; **~ instrument** Schlaginstrument *nt;* **~ player** Schlagzeuger(in) *m(f);* **~ solo** Schlagzeugsolo *nt* ❷ (*striking*) **~ gun** Perkussionsgewehr *nt*

per·ˈcus·sion cap *n* Zündhütchen *nt*

per·cus·sion·ist [pəˈkʌʃənɪst, AM pɚ-] *n* Schlagzeuger(in) *m(f)*

per·cus·sive [pəˈkʌsɪv, AM pɚ-] *adj inv* Schlag-; **~ rhythm** Perkussion-Rhythmus *m*

per·di·tion [pəˈdɪʃən, AM pɚ-] *n no pl* ❶ (*liter: damnation*) [ewige] Verdammnis ❷ (*fig: ruin*) Verderben *nt*

per·dur·able [pəˈdjuːrəbl̩, AM pɚˈduː-, pɚˈdjuː-] *adj* (*form*) immer während

per·egri·na·tion [ˌperəgrɪˈneɪʃən] *n* (*form*) Reise *f*, Wanderschaft *f geh*

per·egrine [ˈperəgrɪn] **I.** *n* Wanderfalke *m* **II.** *adj attr, inv* (*old*) fremdländisch

per·egrine ˈfal·con *n* Wanderfalke *m*

per·emp·tori·ly [pəˈrem(p)tərili] *adv inv* gebieterisch, herrisch

per·emp·tory [pəˈrem(p)təri] *adj inv* ❶ (*autocratic*) gebieterisch; **~ behaviour** herrisches [*o* diktatorisches] Verhalten; **~ statement** kategorische Anordnung ❷ LAW End-; **~ challenge** *Ablehnung eines Geschworenen ohne Angabe der Gründe;* **~ decision** Endurteil *nt;* **~ writ** gerichtliche Verfügung

per·en·nial [pəˈreniəl] **I.** *n* mehrjährige Pflanze **II.** *adj attr, inv* ❶ (*not annual*) mehrjährig, perennierend *fachspr* ❷ (*constant*) immer während; (*repeated*) immer wiederkehrend *attr;* **~ beauty/truth** unsterbliche Schönheit/Wahrheit; **~ favourite** Dauerbrenner *m;* **~ problem** ewiges Problem

per·en·nial·ly [pəˈreniəli] *adv inv* ständig

pere·stroi·ka [ˌperəˈstrɔɪkə] *n no pl* POL Perestroika *f fachspr*

per·fect **I.** *adj* [ˈpɜːfɪkt, AM ˈpɜːr-] *inv* vollkommen, perfekt; **to have ~ attendance** nie fehlen; **~ calm** völlige [*o* vollkommene] Ruhe; **~ circle** vollkommener Kreis; **in ~ condition** im makellosen Zustand; **~ crime** perfektes Verbrechen; **~ gentleman** vollkommener Gentleman; **~ happiness** vollkommenes Glück; **~ idiot** [*or* **fool**] völliger Idiot; **to be ~ in a language** eine Sprache perfekt beherrschen; **to be a ~ match for sth/sb** perfekt zu etw/jdm passen; **~ opportunity** ideale Gelegenheit; **sb has a ~ right to do sth** es ist jds gutes Recht, etw zu tun; **~ silence** vollkommene Stille; **~ stranger** völlig Fremde(r) *f(m);* **~ in every way** absolut vollkommen; **to be far from ~** alles andere als perfekt sein **II.** *vt* [pəˈfekt, AM pɜːrˈ-] ■**to ~ sth** etw perfektionieren [*o* vervollkommnen]; **he has ~ed the art of cheating** er beherrscht perfekt die Kunst des Falschspiels **III.** *n* [ˈpɜːfɪkt, AM ˈpɜːr-] *no pl* LING Perfekt *nt;* **future ~** vollendete Zukunft; **past ~** Plusquamperfekt *nt fachspr*, Vorvergangenheit *f;* [**present**] **~** Perfekt *nt fachspr*, zweite Vergangenheit

per·fect·ible [pəˈfektɪbl̩, AM pɜːrˈ-] *adj inv* vervollkommnungsfähig, perfektionibel *veraltet geh*

per·fec·tion [pəˈfekʃən, AM pɜːrˈ-] *n no pl* Perfektion *f*, Vollkommenheit *f;* **the fish was cooked to ~** der Fisch war vollauf gelungen; **sheer ~** Perfektion *f* in Vollendung; **to attain** [*or* **achieve**] **~** Perfektion [*o* Vollkommenheit] erlangen; **to be ~ itself** absolut perfekt sein; ■**to do sth to ~** etw vortrefflich [*o* perfekt] machen

per·fec·tion·ism [pəˈfekʃənɪzəm, AM pɜːrˈ-] *n no pl* Perfektionismus *m;* **obsessive ~** zwanghafter Perfektionismus

per·fec·tion·ist [pəˈfekʃənɪst, AM pɜːrˈ-] *n* Perfektionist(in) *m(f)*

per·fect·ly [ˈpɜːfɪktli, AM ˈpɜːr-] *adv inv* vollkommen, perfekt; **you know ~ well what I'm talking about** du weißt ganz genau, wovon ich rede; **~ clear** absolut klar *fam;* **~ happy** vollkommen glücklich; **to be ~ honest** [*or* **frank**] **...** ehrlich gesagt, ..., um ehrlich zu sein, ...; **~ horrible** wirklich schrecklich; **~ possible** gut möglich; **to be ~ right** vollkommen Recht haben; **to be ~ still** mucksmäuschenstill sein; **to stand ~ still** völlig regungslos dastehen

per·fect par·ˈti·ci·ple *n* LING Partizip Perfekt *nt* **per·fect ˈpitch** *n no pl* absolutes Gehör; **to have ~** das absolute Gehör haben

per·fidi·ous [pəˈfɪdiəs, AM pɚˈ-] *adj* (*liter*) perfid[e] *geh;* **~ attack** heimtückischer Anschlag; **~ lie** gemeine Lüge

per·fi·dy [ˈpɜːfɪdi, AM ˈpɜːrfə-] *n no pl* (*liter*) Perfidie *f geh*

per·fo·rate [ˈpɜːfəreɪt, AM ˈpɜːrfər-] *vt* ■**to ~ sth** etw perforieren; (*once*) etw durchstechen

per·fo·rat·ed [ˈpɜːfəreɪtɪd, AM ˈpɜːrfəreɪṭ-] *adj inv* perforiert; **~ eardrum** geplatztes Trommelfell; **~ metal** Lochmetall *nt;* **~ ulcer** durchgebrochenes [*o fachspr* perforiertes] Magengeschwür

per·fo·rat·ed ˈspoon *n* Schaumlöffel *m*

per·fo·ra·tion [ˌpɜːfərˈeɪʃən, AM ˌpɜːrfəˈreɪ-] *n* ❶ (*hole in sth*) Loch *nt* ❷ *a.* MED (*set of holes*) Perforation *f* ❸ *no pl* (*act*) Perforieren *nt*

per·force [pəˈfɔːs, AM pɚˈfɔːrs] *adv inv* (*liter*) notgedrungen

per·form [pəˈfɔːm, AM pɚˈfɔːrm] **I.** *vt* ❶ ■**to ~ sth** (*entertain*) etw vorführen; *play, opera, ballet, symphony* etw aufführen; (*sing*) etw singen [*o* vortragen]; (*on an instrument*) etw spielen; **to ~ a part** eine Rolle spielen ❷ (*do*) ■**to ~ sth** etw verrichten; **to ~ one's duty/a function** seine Pflicht/eine Funktion erfüllen; **to ~ a task** eine Aufgabe verrichten ❸ MED, SCI (*carry out*) ■**to ~ sth** etw durchführen; **to ~ an experiment** ein Experiment durchführen; **to ~ an operation** eine Operation durchführen [*o* vornehmen] ❹ REL **to ~ a ceremony/ritual** eine Zeremonie/ein Ritual vollziehen **II.** *vi* ❶ (*on stage*) auftreten; (*sing*) singen; (*play*) spielen; **to ~ on the piano** Klavier spielen; **to ~ on stage** auftreten ❷ (*function*) funktionieren; *car* laufen; (*respond*) sich *akk* fahren; **to ~ poorly/well** schlecht/gut funktionieren; **these tyres ~ poorly in hot weather** diese Reifen bieten bei Hitze schlechte Haftung; **the equipment ~ed well during the tests** die Ausrüstung hat sich bei den Tests bewährt ❸ (*do, act*) **how did she ~?** wie war sie?; **to ~ badly/well** schlecht/gut sein; **did the team ~ well?** hat die Mannschaft gut gespielt?; **to ~ well in an competition/an exam/a test** bei einem Wettbewerb/einer Prüfung/einem Test gut abschneiden

per·for·mance [pəˈfɔːmən(t)s, AM pɚˈfɔːrm-] **I.** *n* ❶ (*entertaining, showing*) Vorführung *f; of a play, opera, ballet, symphony* Aufführung *f; of a part* Darstellung *f* (**as** +*gen*); *of a song, musical piece* Darbietung *f;* (*show, event*) Vorstellung *f;* **farewell ~** Abschiedsvorstellung *f;* **to put on a ~ of a play** ein Stück aufführen; **a very creditable ~** eine ganz akzeptable Vorstellung; **to give a ~** eine Vorstellung geben; **to avoid a repeat ~** (*fig*) eine Wiederholung vermeiden ❷ (*capability, effectiveness*) Leistung *f;* **high/poor ~** hohe/niedrige Leistung ❸ (*level of achievement*) Leistung *f;* **to give a good/poor ~** eine starke/schwache Leistung zeigen ❹ *no pl* (*execution*) ■**the ~ of sth** die Ausführung einer S. *gen;* **the ~ of a duty/task** die Erfüllung einer Pflicht/Aufgabe; **in the ~ of one's duty** in Ausübung seiner Pflicht ❺ (*fam: fuss*) Theater *nt kein pl fig, pej fam;* **what a ~!** was für ein Theater! *fig, pej fam;* **he repeated his ~ at dinner** beim Essen benahm er sich wieder genauso daneben; **to get a visa for that country is quite a ~** es ist ein ziemlicher Akt, für dieses Land ein Visum zu bekommen *fam* ❻ BRIT (*fam: difficult job*) **to be quite/such a ~** eine Heidenarbeit sein *fam* ❼ LING Performanz *f fachspr* **II.** *n modifier* (*evaluation, problem, results*) Leistungs-; **~ bonus** Leistungsprämie *f;* **~ statistics of a car** Leistungsmerkmale *ntpl* eines Autos; ~ **test** Eignungstest *m*

per·'for·mance art *n no pl* Performance *f* **per·'for·mance lev·el** *n* ❶ (*achievement*) Leistungsniveau *nt*, Leistung *f* ❷ ECON, MECH (*output*) Leistung *f*; (*efficiency*) Wirkungsgrad *m* **per·'for·mance re·port** *n* Leistungsbericht *m*; **to write** [*or* **put together**] **a** ~ **on sth** einen Leistungsbericht über etw *akk* schreiben

per·form·er [pəˈfɔːməʳ, AM pɚˈfɔːrmɚ] *n* ❶ (*artist*) Künstler(in) *m(f)*; **accomplished** ~ talentierter Künstler/talentierte Künstlerin; (*actor*) Darsteller(in) *m(f)* ❷ (*achiever*) **to be a poor** ~ [**in school**] ein schlechter Schüler/eine schlechte Schülerin sein; **star** ~ Star *m*

per·form·ing [pəˈfɔːmɪŋ, AM pɚˈfɔːr-] **I.** *n no pl* THEAT Theaterspielen *nt*; MUS Spielen *nt* **II.** *adj attr, inv animals* dressiert

per·form·ing 'arts *npl* ■**the** ~ die darstellenden Künste **per·'form·ing rights** *npl* Aufführungsrechte *ntpl*

per·fume I. *n* [ˈpɜːfjuːm, AM ˈpɜːr-] ❶ (*scented liquid*) Parfüm *nt*; **to put on** ~ sich *akk* parfümieren; **to wear** ~ Parfüm tragen ❷ *of a flower* Duft *m* **II.** *n* [ˈpɜːfjuːm, AM ˈpɜːr-] *modifier* (*shop, bottle, counter*) Parfüm-; ~ **maker** Parfümhersteller(in) *m(f)*, Parfümeur(in) *m(f)* **III.** *vt* [pəˈfjuːm, AM pɚˈ-] ■**to** ~ **sth** etw parfümieren; **flowers** ~ **the air** der Duft der Blumen erfüllt die Luft; **to** ~ **a sauce with sth** eine Soße mit etw *dat* würzen [*o fachspr* parfümieren]

per·fum·er [pəˈfjuːməʳ, AM pɚˈfjuːmɚ] *n* Parfümeur(in) *m(f)*, Parfümhersteller(in) *m(f)*

per·func·tori·ly [pəˈfʌŋ(k)tᵊrᵊli, AM pɚˈfʌŋ(k)tɚəli] *adv* flüchtig; **she** ~ **dismissed the idea as nonsense** sie hat den Vorschlag einfach als unsinnig abgetan; **to examine/read sth** ~ etw überfliegen; **to smile** ~ abwesend lächeln

per·func·tory [pəˈfʌŋ(k)tᵊri, AM pɚ-] *adj* flüchtig; *examination* oberflächlich; **she made a** ~ **enquiry about his health** der Form halber erkundigte sie sich nach seiner Gesundheit; ~ **manner** abweisende Art

per·go·la [ˈpɜːgᵊlə, AM ˈpɜːr-] *n* Pergola *f*

per·haps [pəˈhæps, præps, AM pɚˈhæps] *adv inv* ❶ (*maybe*) vielleicht; ~ **so** ja, vielleicht ❷ (*about*) etwa, ungefähr

peri·dot [ˈperɪdɒt, AM -dɑːt] *n* Peridot *m fachspr*

per·il [ˈperᵊl] *n* (*form: danger*) Gefahr *f*; (*risk*) Risiko *nt*; **to be in** ~ in Gefahr sein; **he is in** ~ **of his life** er ist in Lebensgefahr; **at one's** ~ auf eigene Gefahr

peri·lous [ˈperᵊləs] *adj* (*form: dangerous*) gefährlich; (*risky*) riskant

peri·lous·ly [ˈperᵊləsli] *adv* (*form*) gefährlich

pe·rim·eter [pəˈrɪmɪtəʳ, AM -ət̬ɚ] *n* ❶ (*border*) Grenze *f* ❷ MATH Umfang *m*, Perimeter *m fachspr* **pe·rim·eter 'fence** *n* Umzäunung *f*

pe·ri·od [ˈpɪəriəd, AM ˈpɪr-] **I.** *n* ❶ (*length of time*) Zeitspanne *f*, Zeitraum *m*, Periode *f*; **he was unemployed for a long** ~ [**of time**] er war lange [Zeit] arbeitslos; ~ **of gestation** Schwangerschaftsdauer *f*; ~ **of grace** Nachfrist *f*; **for a** ~ **of three months** für die Dauer von drei Monaten; ~**s of sun** sonnige Abschnitte; **trial** ~ Probezeit *f*; **during** [*or* **in**] [*or* **over**] **a** ~ **of ten years** in einem [*o* über einen] Zeitraum von zehn Jahren; **within the agreed** ~ innerhalb der festgelegten Frist; **a fixed** ~ eine festgelegte Frist ❷ (*lesson*) Stunde *f*; **what have you got** [**in**] **third** ~**?** was hast du in der dritten Stunde? ❸ (*time in life, history, development*) Zeit *f*; (*distinct time*) Zeitabschnitt *m*, Periode *f geh*; (*phase*) Phase *f*; **incubation** ~ Inkubationszeit *f*; ~ **of office** Amtszeit *f*; **colonial** ~ Kolonialzeit *f*; **Dali's surrealistic** ~ Dalis surrealistische Periode; **the Victorian** ~ das viktorianische Zeitalter; **of the** ~ der damaligen Zeit ❹ GEOL Periode *f geh*; **Precambrian** ~ Präkambrium *nt fachspr* ❺ (*fam: menstruation*) Periode *f*; **she missed her** ~ ihre Periode ist ausgeblieben; **to get/have one's** ~ seine Periode bekommen/haben ❻ AM LING (*a. fig: full stop*) Punkt *m a. fig*; **you are not getting into the team,** ~**!** du kommst nicht in die Mannschaft, Punkt, aus! **II.** *n modifier* ❶ (*of an earlier period*) *chair, clothing, vase* historisch; (*set in an earlier period*) *drama, novel* historisch ❷ (*concerning menstruation*) *cramps, days* Menstruations-; ~ **pain** Menstruationsschmerzen *mpl*

pe·ri·od 'cos·tume *n* historische Kleidung *f* **pe·ri·od 'dress** *n no pl* historisches Kostüm **pe·ri·od 'fur·ni·ture** *n no pl* (*antique*) antike Möbel; (*reproduction*) Stilmöbel *ntpl*

pe·ri·od·ic [ˌpɪəriˈɒdɪk, AM ˌpɪriˈɑːd-] *adj attr, inv* ❶ (*reoccurring*) periodisch *geh*, regelmäßig wiederkehrend ❷ CHEM ~ **law** Gesetz *nt* der Periodizität *fachspr*; ~ **system** Periodensystem *nt fachspr*

pe·ri·odi·cal [ˌpɪəriˈɒdɪkᵊl, AM ˌpɪriˈɑːd-] **I.** *n* Zeitschrift *f*; (*specialist journal also*) Periodikum *nt fachspr* **II.** *adj attr, inv* periodisch *geh*, regelmäßig wiederkehrend

pe·ri·odi·cal·ly [ˌpɪəriˈɒdɪkᵊli, AM ˌpɪriˈɑːd-] *adv inv* in regelmäßigen Abständen

pe·rio·dic·ity [ˌpɪəriəˈdɪsəti, AM ˌpɪrioʊˈdɪsət̬i] *n* CHEM Periodizität *f fachspr*

pe·ri·od·ic 'ta·ble *n no pl* CHEM Periodensystem *nt fachspr*

'pe·ri·od piece *n* ❶ LIT historisches Stück ❷ (*antique*) antikes Stück

peri·pa·tet·ic [ˌperipəˈtetɪk, AM -ˈtet̬-] *adj attr, inv* ❶ (*form: travelling*) umherreisend; ~ **salesman** fliegender Händler; ~ **teacher** *Lehrer/Lehrerin, der/die an mehreren Schulen unterrichtet* ❷ PHILOS peripathetisch *fachspr*

pe·riph·er·al [pəˈrɪfᵊrᵊl, AM -ˈrɪfɚ-] **I.** *adj inv* ❶ (*minor*) unbedeutend, unwesentlich; ■**to be** ~ **to sth** für etw *akk* von geringer Bedeutung sein ❷ MED peripher *fachspr*; ~ **nervous system** peripheres Nervensystem; ~ **vision** peripheres Gesichtsfeld ❸ (*at the edge*) Rand-, peripher *geh* **II.** *n* COMPUT Peripherie *f fachspr*

pe·riph·ery [pəˈrɪfᵊri, AM -ˈrɪfɚi] *n usu sing* Rand *m*; *of a town, an area* Peripherie *f*; **on the** ~ **of society** am Rand der Gesellschaft; **on the** ~ **of one's vision** am Rand des Blickfelds

pe·riph·ra·sis <*pl* -ses> [pəˈrɪfrəsɪs] *n* Paraphrase *f fachspr*

peri·scope [ˈperɪskəʊp, AM -skoʊp] *n* Periskop *nt*

per·ish [ˈperɪʃ] **I.** *vi* ❶ (*form, liter: die*) sterben, umkommen; (*be destroyed*) untergehen *a. fig* ❷ BRIT, AUS (*deteriorate*) *rubber, leather* brüchig werden; *food* verderben **II.** *vt* ■**to** ~ **sth** etw zugrunde richten ►PHRASES: ~ **the thought** (*fam*) Gott behüte [*o* bewahre]!

per·ish·able [ˈperɪʃəbl̩] *adj* ❶ *food* [leicht] verderblich ❷ (*transitory*) vergänglich

per·ish·ables [ˈperɪʃəbl̩z] *npl* leicht verderbliche Lebensmittel

per·ished [ˈperɪʃt] *adj inv* ❶ *food* verdorben ❷ AUS, BRIT (*fig fam: overcome*) **I'm** ~ **with hunger** ich komme fast um vor Hunger; **to be** ~ **with cold** völlig durchgefroren sein

per·ish·er [ˈperɪʃəʳ] *n* BRIT (*fam*) Teufelsbraten *m fam*

per·ish·ing [ˈperɪʃɪŋ] *adj inv* ❶ BRIT, AUS (*fam: extremely cold*) bitterkalt ❷ *attr, inv* BRIT, AUS (*dated: damn*) verdammt *pej fam*, verflucht *pej fam*

peri·style [ˈperɪstaɪl] *n* ARCHIT Säulengang *m*, Peristyl *nt fachspr*

peri·to·ni·tis [ˌperɪtə(ʊ)ˈnaɪtɪs, AM -toʊˈnaɪt̬ɪs] *n no pl* MED Peritonitis *f fachspr*, Bauchfellentzündung *f*

peri·win·kle [ˈperɪˌwɪŋkl̩] *n* ❶ (*evergreen plant*) Immergrün *nt* ❷ AM (*sea snail*) Strandschnecke *f*

per·jure [ˈpɜːdʒəʳ, AM ˈpɜːrdʒɚ] *vt* ■**to** ~ **oneself** einen Meineid schwören

per·jured [ˈpɜːdʒəd, AM ˈpɜːrdʒɚd] *adj inv testimony, witness* meineidig

per·jur·er [ˈpɜːdʒᵊrəʳ, AM ˈpɜːrdʒɚɚ] *n* Meineidige(r) *f(m)*

per·jury [ˈpɜːdʒᵊri, AM ˈpɜːr-] *n* Meineid *nt*; **to accuse sb of** ~ jdn des Meineids beschuldigen; **to commit** ~ einen Meineid schwören

perk¹ [pɜːk, AM pɜːrk] *n* ❶ (*additional benefit*) Vergünstigung *f* ❷ (*advantage*) Vorteil *m*

perk² [pɜːk, AM pɜːrk] **I.** *vt* (*fam*) **to** ~ **coffee** Kaffee machen **II.** *vi* (*fam*) durchlaufen

P

permission

asking for permission	um Erlaubnis bitten
May I interrupt for a moment?	**Darf ich** Sie kurz stören?
Would you mind if I opened the window?	**Stört es Sie, wenn** ich das Fenster aufmache?
Is it all right with you if I take my holidays in July?	**Sind Sie damit einverstanden, dass** ich im Juli Urlaub nehme?
granting permission	**erlauben**
You can go out to play when you have finished your homework.	Wenn du mit deinen Hausaufgaben fertig bist, **darfst du** raus spielen.
You are welcome to come in.	**Sie dürfen gern** hereinkommen.
You **may** smoke in this area.	In diesem Bereich **dürfen** Sie rauchen.
You can park here **if you like.**	**Wenn Sie möchten, können Sie** hier parken.

◆**perk up** **I.** *vi* ❶ (*cheer up*) aufleben, munter werden; ■**sb ~s up at sth** etw heitert jdn auf ❷ (*become more awake, livelier*) munter werden ❸ (*increase, recover*) steigen, sich *akk* erholen; *share prices* fester tendieren **II.** *vt* ❶ (*cheer up*) ■**to ~ up** ○ **sb** jdn aufheitern ❷ (*energize*) ■**to ~ up** ○ **sb** jdn aufmuntern [*o* munter machen] ❸ (*cause increase*) ■**to ~ up** ○ **sth** etw steigern; **to ~ up a business** ein Geschäft ankurbeln; **to ~ up the stocks** den Aktienkurs in die Höhe schnellen lassen

perki·ly [ˈpɜːkɪli, AM ˈpɜːrk-] *adv* ❶ (*cheerfully*) munter ❷ (*cheekily*) keck

perki·ness [ˈpɜːkɪnəs, AM ˈpɜːrk-] *n no pl* ❶ (*liveliness*) Munterkeit *f* ❷ (*cheekiness*) Keckheit *f*

perky [ˈpɜːki, AM ˈpɜːrki] *adj* ❶ (*lively*) munter ❷ (*cheeky*) keck

perm¹ [pɜːm, AM pɜːrm] *n* ❶ (*fam*) *short for* **permanent wave** Dauerwelle *f* ❷ BRIT (*fam*) *short for* **permutation**

perm² [pɜːm, AM pɜːrm] *vt* **to ~ hair** Dauerwellen machen; **to ~ sb's hair** jdm eine Dauerwelle machen; **~ed hair** Dauerwellen *fpl;* **to get** [*or* **have**] **one's hair ~ed** sich *dat* eine Dauerwelle machen lassen

per·ma·frost [ˈpɜːməfrɒst, AM ˈpɜːrməfrɑːst] *n no pl* Dauerfrost[boden] *m*

per·ma·nence [ˈpɜːmᵊnən(t)s, AM ˈpɜːr-] *n,* **per·ma·nen·cy** [ˈpɜːmᵊnən(t)si, AM ˈpɜːr-] *n no pl* Beständigkeit *f,* Permanenz *f geh;* **children need a sense of stability and ~** Kinder brauchen Stabilität und Halt

per·ma·nent [ˈpɜːmᵊnənt, AM ˈpɜːr-] **I.** *adj inv* ❶ (*lasting indefinitely*) permanent, ständig; *agreement* unbefristet; *relationship* dauerhaft; **~ abode** [*or* **address**] fester Wohnsitz; **~ appointment** Ernennung *f* auf Lebenszeit; **~ committee** ständiger Ausschuss; **~ damage/hearing loss** bleibender Schaden/Hörverlust; **~ disability** bleibende Behinderung; **~ display** Dauerausstellung *f;* **~ ink** unlöschbare Tinte; **~ job** Dauerstellung *f;* **~ member** ständiges Mitglied; **~ peace** dauerhafter Frieden; **~ position/site** fester Standort; **~ press** bügelfreie Kleidung; **~ resident** *Staatsbürger mit unbeschränkter Aufenthaltserlaubnis;* **~ tooth** fester Zahnersatz; **~ teeth** die zweiten Zähne; **~ way** BRIT Bahnkörper *m* ❷ (*continual*) ständig, permanent **II.** *n* Dauerwelle *f*

per·ma·nent·ly [ˈpɜːmᵊnəntli, AM ˈpɜːr-] *adv inv* ❶ (*all the time*) ständig, immer ❷ (*long term*) auf Dauer; **are you working here ~?** sind Sie hier fest angestellt?; **to damage sb's health ~** jds Gesundheit dauerhaft schädigen; **to have settled ~** sich *akk* für immer niedergelassen haben

Per·ma·nent ˈSec·re·tary *n* BRIT ständiger Staatssekretär/ständige Staatssekretärin **per·ma·nent ˈwave** *n* Dauerwelle *f*

per·man·ga·nate [pɜːˈmæŋgəneɪt, AM pɚˈ-] *n* CHEM Permanganat *nt fachspr*

per·me·abil·ity [ˌpɜːmiəˈbɪləti, AM ˌpɜːrmiəˈbɪləṭi] *n no pl* (*form*) Durchlässigkeit *f,* Permeabilität *f fachspr*

per·me·able [ˈpɜːmiəbl̩, AM ˈpɜːr-] *adj* (*a. fig form*) durchlässig *a. fig,* permeabel *fachspr;* **~ to water** wasserdurchlässig

per·me·ate [ˈpɜːmieɪt, AM ˈpɜːr-] **I.** *vt* ■**to ~ sth** etw durchdringen **II.** *vi* (*form*) ■**to ~ into/through sth** etw durchdringen

permed [pɜːmd, AM pɜːrmd] *adj* **her hair is ~** sie hat eine Dauerwelle; **~ hair** Dauerwellen *fpl*

per·mis·sible [pəˈmɪsəbl̩, AM pɚˈ-] *adj inv* gestattet, zulässig; **is it ~ to park my car here?** ist hier Parken erlaubt?; **that isn't legally ~** das ist gesetzlich unzulässig; **~ level for emissions** Höchstgrenze *f* für Emissionen

per·mis·sion [pəˈmɪʃᵊn, AM pɚˈ-] *n no pl* Erlaubnis *f;* (*from an official body*) Genehmigung *f;* **with your ~, I'd like to ...** wenn Sie gestatten, würde ich gerne ...; **with sb's written ~** mit jds schriftlichem Einverständnis; **to ask for** [*or* **request**] [**sb's**] **~** [jdn] um Erlaubnis fragen; **to ask ~ of sb** [*or* **sb for ~**] jdn um Erlaubnis fragen; **to give** [*or* **grant**] **sb ~ to do sth** jdm erlauben, etw zu tun; (*official body*) jdm die Genehmigung zu etw *dat* erteilen; **to need ~ from sb** [*or* **sb's ~**] **to do sth** jds Erlaubnis für etw *akk* benötigen; **to refuse ~** die Genehmigung verweigern

per·mis·sion-based mar·ket·ing [pəˌmɪʃᵊnbeɪstˈmɑːkɪtɪŋ, AM pɚˌmɪʃᵊnbeɪstˈmɑːr-] *n no pl Versenden von Werbe-E-Mails an dafür registrierte Internetbenutzer*

per·mis·sive [pəˈmɪsɪv, AM pɚˈ-] *adj* (*pej*) nachgiebig, permissiv *fachspr;* (*sexually*) freizügig; ■**to be ~ towards sth** etw *dat* gegenüber liberal eingestellt sein

per·mis·sive·ness [pəˈmɪsɪvnəs, AM pɚˈ-] *n no pl* Toleranz *f;* [**sexual**] **~** sexuelle Freizügigkeit

per·mis·sive so·ˈci·ety *n usu sing* BRIT, AUS (*pej*) freizügige Gesellschaft

per·mit **I.** *n* [ˈpɜːmɪt, AM ˈpɜːr-] Genehmigung *f;* **export ~** Exporterlaubnis *f;* **hunting ~** Jagdschein *m;* **residence ~** Aufenthaltsgenehmigung *f;* **work ~** Arbeitserlaubnis *f;* **to get** [*or* **obtain**] **a ~** eine Genehmigung erhalten; **to hold a ~** über eine Genehmigung verfügen **II.** *vt* <-tt-> [pəˈmɪt, AM pɚˈ-] ❶ (*allow, give permission*) ■**to ~ sth** etw gestatten [*o* erlauben]; **smoking is not ~ted here** Rauchen ist hier nicht gestattet; (*form*) **~ me to help you** darf ich Ihnen helfen?; ■**to ~ sb/oneself to do sth** jdm/sich erlauben [*o* gestatten], etw zu tun; ■**to ~ oneself sth** sich *dat* etw genehmigen [*o* erlauben] ❷ (*make possible*) ■**to ~ sb to do sth** jdm ermöglichen, etw zu tun **III.** *vi* [pəˈmɪt, AM pɚˈ-] ❶ (*allow*) erlauben, gestatten; **if time ~s ...** wenn es die Zeit erlaubt, ...; **as far as his health ~s** soweit es seine Gesundheit gestattet; **circumstances ~ting** wenn die Umstände es erlauben; **weather ~ting** vorausgesetzt, das Wetter spielt mit ❷ (*form*) ■**to ~ of sth**

etw zulassen

per·mit·ted [pə'mɪtɪd, AM pɚ'mɪṭ-] *adj inv* zulässig; **you are only allowed to enter the building during ~ hours** das Betreten des Gebäudes ist nur zu bestimmten Zeiten gestattet

per·mu·ta·tion [ˌpɜ:mjʊ'teɪʃᵊn, AM ˌpɜ:rmju:'-] *n* ❶ *a.* MATH (*possible ordering*) Umstellung *f*, Permutation *f fachspr* ❷ BRIT SPORTS (*combination*) Kombination *f*

per·mute [pə'mju:t, AM pɚ'-] *vt* ■**to ~ sth** etw umstellen [*o fachspr* permutieren]

per·ni·cious [pə'nɪʃəs, AM pɚ'-] *adj* ❶ (*form*) schädlich; **~ effect** negative Auswirkungen ❷ MED bösartig, perniziös *geh;* **~ anaemia** perniziöse Anämie *fachspr*

per·nick·ety [pə'nɪkəti, AM pɚ'nɪkəṭi] *adj* (*pej*) ❶ (*fussy*) pingelig *fam*, kleinlich *pej;* **he is ~ about his food** er ist, was Essen angeht, sehr pingelig ❷ (*tricky*) heikel; **it's very ~ work** die Arbeit erfordert Fingerspitzengefühl

pero·rate ['perᵊreɪt, AM -rər-] *vi* (*form*) sich *akk* auslassen; **he would ~ for hours against his enemies** er konnte sich stundenlang über seine Feinde auslassen

per·ox·ide [pə'rɒksaɪd, AM -'rɑ:k-] **I.** *n no pl* Peroxyd *nt* **II.** *vt* ■**to ~ sth** etw mit Peroxyd behandeln; **to ~ hair** Haar bleichen

per·ox·ide 'blonde (*pej*) **I.** *n* Wasserstoffblondine *f pej* **II.** *adj inv* wasserstoffblond

perp[1] [pɜ:p, AM pɜ:rp] *adj inv* (*fam*) *short for* **perpendicular** senkrecht

perp[2] [pɜ:p, AM pɜ:rp] *n* (*sl*) *short for* **perpetrator** Täter(in) *m(f)*

per·pen·dicu·lar [ˌpɜ:pᵊn'dɪkjʊləʳ, AM ˌpɜ:rpən'dɪkju:lɚ] **I.** *adj inv* senkrecht, perpendikular *fachspr;* ■**to be ~ to sth** senkrecht zu etw *dat* stehen **II.** *n* Senkrechte *f;* MATH, ARCHIT ■**the ~** das Lot; **to be out of the ~** nicht im Lot sein; **to drop a ~** das Lot fällen

per·pen·dicu·lar·ly [ˌpɜ:pᵊn'dɪkjʊləli, AM ˌpɜ:rpən'dɪkju:lɚli] *adv inv* senkrecht, perpendikulär *fachspr*

per·pe·trate ['pɜ:pɪtreɪt, AM 'pɜ:rpə-] *vt* (*form*) ■**to ~ sth** etw begehen; **to ~ atrocities/a crime** Gräueltaten/ein Verbrechen begehen [*o* verüben]; **to ~ a breach of good taste** gegen den guten Geschmack verstoßen; **sb ~s an error** jdm unterläuft ein Fehler; **to ~ a hoax on sb** jdm einen Streich spielen

per·pe·tra·tion [ˌpɜ:pɪ'treɪʃᵊn, AM ˌpɜ:rpə'-] *n* LAW (*form*) Begehen *nt; of crime also* Verübung *f*

per·pe·tra·tor ['pɜ:pɪtreɪtəʳ, AM 'pɜ:rpətreɪṭɚ] *n* (*form*) Täter(in) *m(f);* **~ of fraud** Betrüger(in) *m(f);* **~ of violence** Gewalttäter(in) *m(f)*

per·pet·ual [pə'petʃuəl, AM pɚ'-] *adj attr, inv* ❶ (*everlasting*) immer während, ständig; **~ bliss** dauerhaftes Glück; **~ calendar** immer währender Kalender; **~ check** Dauerschach *nt;* **~ motion machine** Perpetuum mobile *nt;* **~ student** ewiger Student/ewige Studentin; **~ trust** ständiger Fonds ❷ (*repeated*) fortgesetzt, wiederholt

per·petu·ate [pə'petʃueɪt, AM pɚ'-] *vt* ■**to ~ sth** etw aufrechterhalten; **to ~ sb's name** jds Namen [*o* jdn] verewigen; **to ~ the species** die Rasse vor dem Aussterben bewahren; **to ~ a stereotype** ein Vorurteil fortbestehen lassen

per·petua·tion [pəˌpetʃu'eɪʃᵊn, AM pɚˌ-] *n no pl* (*form*) Aufrechterhaltung *f; of a system* Fortbestand *m*

per·pe·tu·ity [ˌpɜ:pɪ'tju:əti, AM ˌpᵊ:rpə'tu:əṭi] *n no pl* (*form*) Ewigkeit *f;* **in ~** auf ewig; LAW lebenslänglich

per·plex [pə'pleks, AM pɚ'-] *vt* ❶ ■**to ~ sb** (*confuse*) jdn verwirren; (*puzzle*) jdn verblüffen ❷ (*complicate*) ■**to ~ sth** etw verkomplizieren; **to ~ a situation** eine Situation erschweren

per·plexed [pə'plekst, AM pɚ'-] *adj* perplex; (*confused also*) verwirrt; (*puzzled also*) verblüfft

per·plex·ed·ly [pə'pleksɪdli, AM pɚ'-] *adj* perplex; (*confused also*) verwirrt; (*puzzled also*) verblüfft

per·plex·ing [pə'pleksɪŋ, AM pɚ'-] *adj* (*confusing*) verwirrend; (*puzzling*) verblüffend

per·plex·ity [pə'pleksəti, AM pɚ'pleksəṭi] *n* ❶ (*puzzlement*) Verblüffung *f;* (*confusion*) Verwirrung *f;* **to look/stare at sth in ~** etw verständnislos [*o* ganz perplex] ansehen/anstarren ❷ *usu pl* (*complicated situation*) Verwicklungen *fpl*

per·qui·site ['pɜ:kwɪzɪt, AM 'pɜ:r-] *n* (*form*) ❶ (*additional benefit*) Vergünstigung *f* ❷ HIST (*customary benefit*) **the clerk got to take home his old desk as a ~** seinen ausrangierten Schreibtisch konnte der Angestellte umsonst mit nach Hause nehmen

per se [ˌpɜ:'seɪ, AM ˌpɜ:r'-] *adv inv* (*form*) an sich, per se *geh;* **this is not a bad idea ~** an sich ist das keine schlechte Idee

per·se·cute ['pɜ:sɪkju:t, AM 'pɜ:r-] *vt usu passive* ■**to ~ sb** jdn verfolgen; ■**to be ~d for sth** wegen einer S. *gen* verfolgt werden; **to be ~d by the press** von der Presse gehetzt werden

per·se·cu·tion [ˌpɜ:sɪ'kju:ʃᵊn, AM ˌpɜ:r-] *n usu sing* Verfolgung *f;* **fear of ~** Angst *f* vor Verfolgung; **to suffer [terrible] ~ for sth** wegen einer S. *gen* [erbarmungslos] verfolgt werden

per·se·'cu·tion com·plex *n,* **per·se·'cu·tion ma·nia** *n no pl* Verfolgungswahn *m*

per·se·cu·tor ['pɜ:sɪkju:təʳ, AM 'pɜ:rsɪkju:ṭɚ] *n* Verfolger(in) *m(f)*

per·se·ver·ance [ˌpɜ:sɪ'vɪərᵊn(t)s, AM ˌpɜ:rsə'vɪr-] *n no pl* Beharrlichkeit *f*, Ausdauer *f;* **they had ~ in their Christian way of life** sie hielten an ihrer christlichen Lebensweise fest

per·se·vere [ˌpɜ:sɪ'vɪəʳ, AM ˌpɜ:rsə'vɪr] *vi* nicht aufgeben, beharrlich bleiben, perseverieren *fachspr;* ■**to ~ in [doing] sth** an etw *dat* festhalten, auf etw *dat* beharren; **to ~ in one's attempt to do sth** unermüdlich versuchen, etw zu tun; **to ~ in quitting smoking/in staying on the waggon** fest entschlossen sein, nicht wieder zu rauchen/trinken; ■**to ~ with sth** an etw *dat* festhalten, auf etw *dat* beharren; (*continue*) mit etw *dat* weitermachen; *project, crusade, programme* etw [unbeirrt] fortsetzen; **to ~ in** [*or* **with**] **one's studies** UNIV [trotzdem] weiterstudieren

per·se·ver·ing [ˌpɜ:sɪ'vɪərɪŋ, AM ˌpɜ:rsə'vɪr-] *adj* beharrlich, ausdauernd; **~ worker** verlässlicher Arbeiter/verlässliche Arbeiterin

Per·sia ['pɜ:ʃə, AM 'pɜ:rʒə] *n no pl* Persien *nt*

Per·sian ['pɜ:ʃən, AM 'pɜ:rʒən] **I.** *adj inv* persisch; **~ blue** Persischblau *nt;* **~ green** Persischgrün *nt* **II.** *n* ❶ (*person*) Perser(in) *m(f)* ❷ (*language*) Persisch *nt*

Per·sian 'car·pet *n* Perserteppich *m* **Per·sian 'cat** *n* Perserkatze *f* **Per·sian 'rug** *n* Perserteppich *m*

per·sim·mon [pə'sɪmən, AM pɚ'-] **I.** *n* Persimone *f* **II.** *n modifier* (*tart, juice*) Persimonen-

per·sist [pə'sɪst, AM pɚ'-] *vi* ❶ (*continue to exist*) andauern; *cold, heat, rain* anhalten; *habit, tradition* fortbestehen; MED persistieren *fachspr* ❷ (*to not give up*) beharrlich bleiben, insistieren *geh;* ■**to ~ in sth** an etw *dat* festhalten, auf etw *dat* beharren; **to ~ in one's opinion** an seiner Meinung festhalten ❸ (*continue*) ■**to ~ in doing sth** weiterhin etw tun, nicht aufhören, etw zu tun; ■**to ~ with sth** mit etw *dat* weitermachen; *project, crusade, programme* etw unbeirrt fortsetzen; **to ~ with one's efforts to do sth** sich unermüdlich bemühen, etw zu tun

per·sis·tence [pə'sɪstᵊn(t)s, AM pɚ'-] *n no pl* ❶ (*continuation*) Anhalten *nt* ❷ (*perseverance*) Beharrlichkeit *f*, Hartnäckigkeit *f;* ■**sb's ~ with sth** jds hartnäckiges Festhalten an etw *dat*

per·sis·tent [pə'sɪstᵊnt, AM pɚ'-] *adj* ❶ (*long lasting*) *difficulties* anhaltend; *cough, rumour* hartnäckig ❷ (*constant*) unaufhörlich; **~ demand** ständige Nachfrage; **~ rain** Dauerregen *m* ❸ (*persevering*) beharrlich, hartnäckig; **~ offender** Gewohnheitsverbrecher(in) *m(f);* ■**to be ~ in sth** auf etw *dat* beharren, an etw *dat* festhalten; **he is very ~ in his requests** er ist sehr hartnäckig, wenn er etwas möchte

per·sis·tent·ly [pə'sɪstᵊntli, AM pɚ'-] *adv* ständig, andauernd; **to fail ~** [*or* **to ~ fail an exam**] wiederholt durchfallen; **to knock ~ [on the door]** hartnäckig an die Tür klopfen; **to warn sb ~** jdn immer wieder warnen

P

per·snick·ety [pə'snɪkəṭi] *adj* AM *see* **pernickety**

per·son <*pl* people *or form* -s> ['pɜːsᵊn, AM 'pɜːr-] *n* ① (*human*) Person *f*, Mensch *m*; **not a single ~ came** kein Mensch kam; **what is a ~ to do?** was soll man da machen?; **~ of great ability** sehr begabte Person; **book ~** Bücherwurm *m*; **cat/dog ~** Katzen-/Hundeliebhaber(in) *m(f)*; **morning/night ~** Morgen-/Nachtmensch *m*; **people ~** geselliger Mensch; **~ of principle** Mensch *m* mit Prinzipien; **homeless ~** Obdachlose(r) *f(m)*; **~s unknown** Unbekannte *pl*; **about** [*or* **on**] **one's ~** am Körper; **as a ~** als Mensch; **in ~** persönlich; **in the ~ of sb** in der Gestalt einer Person *gen*; **per** [*or* **a**] **~** pro Person ② LING (*verb form*) Person *f*; **first/second ~** erste/zweite Person; **the third ~ plural** die dritte Person Plural ▶ PHRASES: **to be one's own ~** seinen eigenen Weg gehen *fig*

per·so·na <*pl* -nae *or* -s> [pə'səʊnə, AM pə'soʊ-, *pl* -niː] *n* Fassade *f meist pej*; **public ~** Image *nt* in der Öffentlichkeit

per·son·able ['pɜːsᵊnəbl̩, AM 'pɜːr-] *adj* sympathisch

per·so·nae [pə'səʊniː, AM pə'soʊ-] *n pl of* **persona**

per·son·age ['pɜːsᵊnɪdʒ, AM 'pɜːr-] *n* (*form or hum*) Persönlichkeit *f*; **he is quite a disgusting ~** er ist ein ziemlich widerlicher Zeitgenosse *pej*

per·so·na gra·ta <*pl* -> [pə,səʊnə'grɑːtə, AM pə,soʊnə'grɑːṭə] *n* (*form*) Persona grata *f*

per·son·al ['pɜːsᵊnᵊl, AM 'pɜːr-] *adj* ① (*of a particular person*) persönlich; **it's only my ~ opinion** das ist nur meine ganz persönliche Meinung; **~ belongings** [*or* **effects**] persönliches Eigentum; **~ chemistry** [*or* **magnetism**] Anziehungskraft *f*; **~ data** Personalien *fpl*; **~ estate** [*or* **property**] Privatvermögen *nt*; **~ fulfilment** Selbstverwirklichung *f*; **to do sth for ~ gain** etw zur persönlichen Bereicherung tun; **~ responsibility** Eigenverantwortung *f*; **~ vendetta** persönliche Rache ② (*direct, done in person*) persönlich; **to make a ~ appearance** persönlich erscheinen; **to give sth ~ attention** sich *akk* persönlich um etw *akk* kümmern; **to have ~ experience/knowledge of sth** Erfahrung mit/Kenntnis von etw *dat* haben ③ (*private*) privat, persönlich; **~ debt** Privatschulden *fpl*; **~ diary** Tagebuch *nt*; **~ letter** Privatbrief *m*; **~ life** Privatleben *nt*; **~ space** Intimsphäre *f*; **for ~ use** für den persönlichen Gebrauch ④ (*offensive*) persönlich; **nothing ~, but ...** es geht nicht gegen Sie persönlich [*o* nehmen Sie es bitte nicht persönlich], aber ...; **I didn't mean to be ~** ich wollte nicht persönlich werden; **~ comment** [*or* **remark**] anzügliche Bemerkung; **to get ~** persönlich werden ⑤ (*bodily*) körperlich; **~ appearance** äußeres Erscheinungsbild; **~ hygiene** Körperpflege *f*; **~ injury** Körperverletzung *f* ⑥ (*human*) persönlich; **~ quality** Charaktereigenschaft *f*; **~ touch** persönliche Note

per·son·al 'ad *n* Kontaktanzeige *f*; **to place** [*or* **put**] **a ~ in the paper** eine Kontaktanzeige aufgeben; **to answer a ~** auf eine Kontaktanzeige antworten **per·son·al al·'low·ance** *n* BRIT Steuerfreibetrag *m* **per·son·al-'care prod·uct** [,pɜːsᵊnᵊl'keə,prɒdʌkt, AM ,pɜːrsᵊnᵊl'ker,prɑː-] *n* Körperpflegeprodukt *nt* **'per·son·al col·umn** *n* BRIT, AUS Rubrik *f* ‚Kontakte'; **to place** [*or* **put**] **sth in the ~** eine Kontaktanzeige aufgeben **per·son·al com·'put·er** *n* Personal Computer *m*, PC *m* **per·son·al di·gi·tal as·'sis·tant** *n* PDA *m*, [handflächengroßer] Taschencomputer **per·son·al-'growth** [,pɜːsᵊnᵊl'grəʊθ, AM ,pɜːrsᵊnᵊl'groʊθ] *n modifier* das persönliche Wachstum betreffend *nach n* **per·son·al iden·ti·fi·'ca·tion num·ber** *n* PIN-Code *m*

per·son·al·ity [,pɜːsᵊn'æləti, AM ,pɜːr-] **I.** *n* ① (*character*) Persönlichkeit *f*, Charakter *m*; **to have a strong ~** eine starke Persönlichkeit sein; **to have no** [*or* **lack**] **~** keine Persönlichkeit haben ② (*celebrity*) ■**a ~** eine Persönlichkeit **II.** *n modifier* (*problem, test, trait*) Persönlichkeits-; **~ pattern** Persönlichkeitsstruktur *f*

per·son·'al·ity clash *n* Aufeinanderprallen *nt* gegensätzlicher Persönlichkeiten; **he was continually involved in ~es** er geriet ständig mit allen aneinander **per·son·'al·ity cult** *n* Personenkult *m* **per·son·'al·ity dis·or·der** *n* Persönlichkeitsstörung *f*

per·son·al·ize ['pɜːsᵊnᵊlaɪz, AM 'pɜːr-] *vt* ① (*make personal*) ■**to ~ sth** etw persönlich[er] gestalten, etw *dat* eine persönliche Note verleihen; **to ~ an argument** in einem Streit persönlich werden ② (*make real*) **the preacher ~d his sermon by telling of his own problems** der Prediger machte seine Rede lebendig, indem er von seinen eigenen Problemen erzählte

per·son·al·ized ['pɜːsᵊnᵊlaɪzd, AM 'pɜːr-] *adj inv* persönlich

per·son·al·ly ['pɜːsᵊnᵊli, AM 'pɜːr-] *adv* persönlich; **it belongs to him ~** es ist sein persönliches Eigentum; **~, I think he's crazy** ich für meinen Teil halte ihn für verrückt; **to take sth ~** etw persönlich nehmen

per·son·al 'or·gan·iz·er *n* Terminplaner *m* **per·son·al 'pro·noun** *n* Personalpronomen *nt*

per·son·als ['pɜːrsᵊnᵊlz] *n + sing vb* AM Rubrik *f* „Kontakte"

per·son·al 'shop·per *n* persönlicher Einkaufsberater/persönliche Einkaufsberaterin, persönlicher Shopping-Dienst (*jd, der jdn beim Einkaufen begleitet und individuell berät*)

per·son·al 'ste·reo *n* Walkman® *m*

per·son·al 'train·er *n* Sportberater(in) *m(f)*, Privattrainer(in) *m(f)*

per·son·al·ty ['pɜːsᵊnᵊlti, AM 'pɜːrsᵊnᵊlṭi] *n* Privatvermögen *nt*

per·so·na non gra·ta <*pl* -> [pə,səʊnənɒn'grɑːtə, AM pə,soʊnənɑːn'grɑːṭə] *n* (*form*) Persona non grata *f*; **to be ~ to a country** in einem Land unerwünscht sein; **to be declared ~** zur Persona non grata erklärt werden

per·soni·fi·ca·tion [pə,sɒnɪfɪ'keɪʃᵊn, AM pə,sɑːnə-] *n* LIT Personifikation *f a. fig geh*, Personifizierung *f a. fig geh*; (*fig*) **she is the ~ of virtue** sie ist die Tugend in Person

per·soni·fied [pə'sɒnɪfaɪd, AM pə'sɑːnə-] *adj inv, after n* in Person *nach n*

per·soni·fy [pə'sɒnɪfaɪ, AM pə'sɑːnə-] *vt* ■**to ~ sth** etw personifizieren; (*be the personification of also*) etw verkörpern

per·son·nel [,pɜːsᵊn'el, AM ,pɜːr-] **I.** *n* ① *pl* (*employees*) Personal *nt kein pl* ② *no pl* (*human resources department*) Personalabteilung *f* **II.** *n modifier* Personal-; **~ cut** Personalkürzung *f*; **~ policy** Personalpolitik *f*; **~ roster** Personalplan *m*

per·son·'nel car·ri·er *n* Mannschaftstransportfahrzeug *nt* **per·son·'nel de·part·ment** *n* Personalabteilung *f* **per·son·'nel di·rec·tor** *n* Personalchef(in) *m(f)* **per·son·nel 'man·age·ment** *n no pl* ① (*directors*) Personalleitung *f* ② (*theory*) Personalwesen *nt* **per·son·nel 'man·ag·er** *n* Personalchef(in) *m(f)* **per·son·nel 'turn·over** *n no pl* Personalfluktuation *f*

per·son-to-'per·son **I.** *adj attr, inv* persönlich; **~ call** angemeldetes Telefongespräch; **~ talk** Gespräch *nt* unter vier Augen **II.** *adv inv* persönlich, direkt; **to be faced ~ with sb** jdm Auge in Auge gegenüberstehen

per·spec·ti·val [,pɜːspek'taɪvᵊl, AM ,pɜːr-] *adj* perspektivisch

per·spec·tive [pə'spektɪv, AM pə'-] *n* ① (*viewpoint*) Perspektive *f*, Blickwinkel *m*; ■**~ on sth** Einschätzung *f* einer S. *gen*; **from a historical ~** aus geschichtlicher Sicht; **to see sth in a new ~** etw aus einem neuen Blickwinkel sehen; **to get** [*or* **keep**] **sth in ~** etw nüchtern betrachten; **to put sth in** [*or* **into**] **~** etw in die richtige Perspektive rücken ② (*method of representation*) Perspektive *f*; **in ~** perspektivisch; **out of ~** perspektivisch verzerrt

Per·spex® ['pɜːspeks] *n no pl* BRIT, AUS Plexiglas *nt*

per·spi·ca·cious [,pɜːspɪ'keɪʃəs, AM ,pɜːr-] *adj* (*form: astute*) scharfsinnig; (*far-sighted*) weitblickend, weitsichtig

per·spi·cac·ity [,pɜːspɪ'kæsəti, AM ,pɜːrspɪ'kæsəṭi] *n no pl* (*form: astuteness*) Scharfsinn *m*; (*insight*) Scharfblick *m*; (*far-sightedness*) Weitblick *m*

per·spi·cu·ity [,pɜːspɪ'kjuːəti, AM ,pɜːrspɪ'kjuːəṭi] *n no pl* (*form*) Klarheit *f*, Verständlichkeit *f*

per·spicu·ous [pə'spɪkjuəs, AM pə'-] *adj* (*form*) klar, verständlich

per·spi·ra·tion [ˌpɜːspᵊrˈeɪʃᵊn, AM ˌpɜːrspəˈreɪ-] *n no pl* Schweiß *m,* Transpiration *f geh;* **beads of ~** Schweißperlen *fpl;* **bathed in ~** schweißgebadet; **dripping with ~** schweißüberströmt

per·spire [pəˈspaɪəʳ, AM pɚˈspaɪɚ] *vi* schwitzen, transpirieren *geh;* **to ~ profusely** stark schwitzen

per·suade [pəˈsweɪd, AM pɚˈ-] *vt* ■**to ~ sb** (*talk into*) jdn überreden; (*convince*) jdn überzeugen; ■**to ~ sb into sth** jdn zu etw *dat* überreden; ■**to ~ sb of sth** jdn von etw *dat* überzeugen; ■**to ~ sb out of sth** jdm etw ausreden; ■**to ~ sb to do sth** jdn dazu bringen, etw zu tun; ■**to ~ sb that ...** jdn überzeugen, dass ...

per·sua·sion [pəˈsweɪʒᵊn, AM pɚˈ-] *n usu sing* ❶ (*talking into*) Überredung *f;* (*convincing*) Überzeugung *f;* **he didn't need much ~** ich musste ihn nicht lange überreden; **sb's powers of ~** (*of talking into*) jds Überredungskünste *fpl;* (*of convincing*) jds Überzeugungskraft *f* ❷ (*conviction*) Überzeugung *f;* (*hum*) **he's of the Arsenal ~** er ist Arsenalfan; **to be of the Catholic/Protestant ~** katholischen/protestantischen Glaubens sein; **to be of the same ~** dieselbe Überzeugung vertreten

per·sua·sive [pəˈsweɪsɪv, AM pɚˈ-] *adj* überzeugend; **~ powers** (*of talking into*) Überredungskünste *fpl;* (*of convincing*) Überzeugungskraft *f*

per·sua·sive·ly [pəˈsweɪsɪvli, AM pɚˈ-] *adv* überzeugend

per·sua·sive·ness [pəˈsweɪsɪvnəs, AM pɚˈ-] *n no pl* (*ability to talk into*) Überredungskünste *fpl;* (*to convince*) Überzeugungskraft *f*

pert [pɜːt, AM pɜːrt] *adj* ❶ (*attractively small*) wohl geformt ❷ (*impudent*) frech, keck ❸ (*neat and jaunty*) adrett

per·tain [pəˈteɪn, AM pɚˈ-] *vi* (*form*) ■**to ~ to sth/sb** etw/jdn betreffen; **this does not ~ to my competence** das fällt nicht in meinen Kompetenzbereich; **the infirmities ~ing to old age** die Gebrechen, die das hohe Alter mit sich bringt

per·ti·na·cious [ˌpɜːtɪˈneɪʃəs, AM ˌpɜːrtᵊnˈeɪ-] *adj* (*form: persevering*) beharrlich; (*stubborn*) hartnäckig

per·ti·nac·ity [ˌpɜːtɪˈnæsəti, AM ˌpɜːrtᵊnˈæsət̬i] *n no pl* (*form: perseverance*) Beharrlichkeit *f;* (*stubbornness*) Hartnäckigkeit *f;* **with indefatigable ~** unermüdlich, mit unermüdlicher Ausdauer

per·ti·nent [ˈpɜːtɪnənt, AM ˈpɜːrtᵊnᵊnt] *adj* (*form*) relevant; *argument* stichhaltig; *question* sachdienlich; ■**to be ~ to sth** für etw *akk* relevant sein; **~ remark/suggestion** treffende Bemerkung/brauchbarer Vorschlag

pert·ness [ˈpɜːtnəs, AM ˈpɜːrt-] *n no pl* ❶ (*impudence*) Keckheit *f,* Kessheit *f* ❷ (*neatness and stylishness*) Adrettheit *f*

per·turb [pəˈtɜːb, AM pɚˈtɜːrb] *vt* (*form*) ■**to ~ sb** jdn beunruhigen; **his imagination was ~ed by strange fantasies** befremdliche Vorstellungen drängten sich ihm auf

per·tur·ba·tion [ˌpɜːtəˈbeɪʃᵊn, AM ˌpɜːrt̬ɚˈ-] *n* (*form*) ❶ (*uneasiness*) Unruhe *f;* **to show no ~** die Ruhe bewahren ❷ PHYS, ASTRON Störung *f*

per·turbed [pəˈtɜːbd, AM pɚˈtɜːrbd] *adj* (*form*) beunruhigt

Peru [pəˈruː] *n* Peru *nt*

pe·rus·al [pəˈruːzᵊl] *n no pl* (*form*) Durchlesen *nt;* **to be deep in the ~ of sth** [völlig] in etw *dat* vertieft sein; **for sb's ~** zu jds Einsicht

pe·ruse [pəˈruːz] *vt* (*form*) ■**to ~ sth** (*read*) etw durchlesen; (*check*) etw durchsehen; (*study*) etw studieren

Peru·vian [pəˈruːviən] **I.** *adj inv* peruanisch **II.** *n* Peruaner(in) *m(f)*

perv [pɜːv, AM pɜːrv] *n* (*pej fam*) *short for* **pervert** ❶ (*sexual deviant*) Perverse(r) *f(m)* ❷ (*creepy person*) Perversling *m pej fam*

per·vade [pəˈveɪd, AM pɚˈ-] *vt* (*form*) ■**to ~ sth** etw erfüllen; (*quality, philosophy, attitude*) etw durchziehen

per·vad·ing [pəˈveɪdɪŋ, AM pɚˈ-] *adj attr* (*form*) vorherrschend; **~ influence** ausschlaggebender Einfluss; **~ smell** durchdringender Geruch

per·va·sive [pəˈveɪsɪv, AM pɚˈ-] *adj* (*form: penetrating*) durchdringend *attr;* (*widespread*) weit verbreitet; **the influence of Freud is ~ in her work** der Einfluss Freuds zieht sich durch ihr gesamtes Werk; **~ smell** durchdringender Geruch; **all-~** alles beherrschend

per·va·sive·ly [pəˈveɪsɪvli, AM pɚˈ-] *adv* (*form*) durchdringend; **to be ~ present** allgegenwärtig sein

per·va·sive·ness [pəˈveɪsɪvnəs, AM pɚˈ-] *n no pl* (*form: quality*) durchdringender Charakter; (*omnipresence*) Allgegenwart *f geh*

per·verse [pəˈvɜːs, AM pɚˈvɜːrs] *adj* (*pej*) ❶ (*deliberately unreasonable*) abwegig; *person* eigensinnig; **~ delight** diebische Freude; **~ pride** widernatürlicher Stolz ❷ (*rare: sexually deviant*) pervers

per·verse·ly [pəˈvɜːsli, AM pɚˈvɜːr-] *adv* (*pej: unreasonably*) seltsamerweise

per·verse·ness [pəˈvɜːsnəs, AM pɚˈvɜːr-] *n no pl* (*pej*) ❶ (*unreasonableness*) *of a person* Eigensinn *m; of a situation;* **the ~ of it all is that I love being scared to death in movies** das Perverse ist, dass ich es sogar genieße, wenn ich bei einem Film richtig Angst kriege *fam* ❷ (*rare: sexual deviance*) Perversität *f*

per·ver·sion [pəˈvɜːʃᵊn, AM pɚˈvɜːrʒᵊn] *n* (*pej*) ❶ (*unnatural behaviour*) Perversion *f;* **sexual ~** sexuelle Perversion ❷ (*corruption*) Pervertierung *f geh;* **~ of justice** Rechtsbeugung *f;* **~ of the truth** Verdrehung *f* der Wahrheit

per·ver·sity [pəˈvɜːsəti, AM pɚˈvɜːrsət̬i] *n* (*pej*) ❶ (*unreasonable behaviour*) Eigensinn *m kein pl* ❷ (*unnatural behaviour*) Perversität *f*

per·vert I. *n* [ˈpɜːvɜːt, AM ˈpɜːrvɜːrt] (*pej*) ❶ (*sexual deviant*) Perverse(r) *f(m)* ❷ (*creepy person*) Perversling *m pej fam* **II.** *vt* [pəˈvɜːt, AM pɚˈvɜːrt] (*pej*) ❶ (*corrupt*) ■**to ~ sb** jdn verderben ❷ (*distort*) ■**to ~ sth** etw verdrehen; **to ~ [the course of] justice** das Recht verdrehen [*o* beugen]; **to ~ the truth** die Wahrheit verzerren

per·vert·ed [pəˈvɜːtɪd, AM pɚˈvɜːrt̬ɪd] *adj* ❶ (*sexually deviant*) pervers ❷ (*distorted*) verdreht; **~ notions** verdrehte Vorstellungen

pesky [ˈpeski] *adj esp* AM (*fam*) verdammt *fam;* **~ fly** lästige Fliege; **~ kid** nerviges Kind

pes·sa·ry [ˈpesᵊri, AM -ɚi] *n* ❶ (*contraceptive*) Pessar *nt* ❷ (*suppository*) Vaginalzäpfchen *nt*

pes·si·mism [ˈpesɪmɪzᵊm, AM -səm-] *n no pl* Pessimismus *m* (**over, about** hinsichtlich +*gen*)

pes·si·mist [ˈpesɪmɪst, AM -səm-] *n* Pessimist(in) *m(f)*

pes·si·mis·tic [ˌpesɪˈmɪstɪk, AM -əˈ-] *adj* pessimistisch; ■**to be ~ about sth** [eher] pessimistisch sein, was etwas angeht; **they are ~ about it** sie sind da sehr pessimistisch, sie sehen da schwarz

pes·si·mis·ti·cal·ly [ˌpesɪˈmɪstɪkᵊli, AM -əˈ-] *adv* pessimistisch

pest [pest] *n* ❶ (*destructive animal*) Schädling *m* ❷ (*fig fam: annoying person*) Quälgeist *m fam,* Nervensäge *f fam;* (*annoying thing*) Plage *f;* **that guy is a real ~!** der Typ nervt! *fam*

'pest con·trol *n* ❶ *no pl* (*removal*) Schädlingsbekämpfung *f* ❷ (*service*) Kammerjäger *m*

pes·ter [ˈpestəʳ, AM -ɚ] *vt* ■**to ~ sb** jdn belästigen; **he ~ed me to death** er ging mir voll auf den Geist *fam;* ■**to ~ sb for sth** jdm mit etw *dat* keine Ruhe lassen; (*beg*) jdn um etw *akk* anbetteln; **he is always ~ing me for something** ständig will er etwas von mir; ■**to ~ sb with sth** jdn mit etw *dat* plagen [*o sl* nerven]; ■**to ~ sb to do sth** jdn drängen, etw zu tun

pes·ti·cide [ˈpestɪsaɪd, AM -tə-] *n* Schädlingsbekämpfungsmittel *nt,* Pestizid *nt*

pes·tif·er·ous [pesˈtɪfᵊrəs, AM -fɚəs] *adj* (*rare*) ansteckend; (*fig*) lästig, ärgerlich

pes·ti·lence [ˈpestɪlᵊn(t)s, AM -tᵊl-] *n usu sing* (*form*) ❶ (*plague*) Seuche *f* ❷ (*fig: destructive force*) Übel *nt*

pes·ti·lent [ˈpestɪlᵊnt, AM -tᵊl-] *adj,* **pes·ti·len·tial** [ˌpestɪˈlen(t)ʃᵊl, AM -təˈ-] *adj inv* ❶ (*deadly*) tödlich ❷ (*fig: morally destructive*) zerstörerisch, verderblich ❸ (*troublesome*) lästig

P

pes·tle ['pesl̩] *n* Stößel *m;* ~ **and mortar** Stößel und Mörser

pes·to ['pestəʊ, AM -toʊ] *n no pl* Pesto *nt*

pet [pet] **I.** *n* ❶ (*animal*) Haustier *nt* ❷ (*pej: favourite*) Liebling *m;* **teacher's** ~ Liebling *m* des Lehrers/der Lehrerin ❸ (*fam: nice person*) Schatz *m fam* ❹ AUS, BRIT (*fam: darling*) Schatz *m fam,* Liebling *m* **II.** *n modifier* ❶ (*concerning animals*) Tier-; ~ **cat** Hauskatze *f;* ~ **shop** Tierhandlung *f;* ~ **snake** Schlange *f* als Haustier ❷ (*favourite*) (*project, theory, charity*) Lieblings-; **to be one's** ~ **hate** jdm ein Gräuel sein **III.** *vi* <-tt-> (*fam*) fummeln *fam* **IV.** *vt* <-tt-> ■**to** ~ **sb/an animal** jdn/ein Tier streicheln [*o* liebkosen]

PETA [ˌpiːiːtiː'eɪ] *n abbrev of* **People for the Ethical Treatment of Animals** Tierschutzbewegung *f*

pet·al ['petᵊl, AM -t̬ᵊl] *n* ❶ (*flower part*) Blütenblatt *nt* ❷ BRIT (*fam: darling*) Schatz *m fam,* Liebling *m*

pe·tard [pet'ɑːd, AM pɪ'tɑːrd] *n* ❶ (*bomb*) Sprengkörper *m* ❷ (*fire cracker*) Feuerwerkskörper *m,* Petarde *f* ▶ PHRASES: **he was hoist[ed] by** [*or* **with**] **his own** ~ der Schuss ging für ihn nach hinten los *fig fam*

pe·ter ['piːtəʳ, AM -t̬ɚ] **I.** *n* AM (*sl: willy*) Zipfel *m fam* **II.** *vi* ■**to** ~ **out** zu Ende gehen; *conversation, interest* sich *akk* totlaufen; *storm* abklingen; *trail, track, path* sich *akk* verlieren

Peter ['piːtəʳ, AM -t̬ɚ] ▶ PHRASES: **to rob** ~ **to pay Paul** das eine Loch stopfen und ein anderes aufmachen *fig*

Peter 'Pan *n* (*hum fam*) Peter Pan; **don't be such a** ~**!** sei nicht immer so kindisch! **Peter Pan 'col·lar** *n kleiner, abgerundeter Kragen*

pet·it bour·geois [ˌpeti'bɔːʒwɑː, AM pəˌtiːbʊr'ʒwɑː] *adj inv* (*a. pej*) kleinbürgerlich *a. pej*

pet·it bour·geoi·sie [ˌpetiˌbɔːʒwɑː'ziː, AM pəˌtiːbʊr-] *n no pl* (*a. pej*) Kleinbürgertum *nt*

pe·tite [pə'tiːt] *adj inv* (*approv*) *person* zierlich; FASHION ~ **clothing** Kleidung *f* in kleinen Größen

pet·it four <*pl* petits fours> [ˌpeti'fɔːʳ, AM ˌpet̬i'fɔːr] *n* Petits fours *pl*

pe·ti·tion [pə'tɪʃᵊn] **I.** *n* ❶ (*signed document*) Petition *f,* Unterschriftenliste *f* (**against, for** gegen, für +*akk*); **to get up a** ~ **against/for sth** Unterschriften gegen/für etw *akk* sammeln ❷ LAW (*written request*) Gesuch *nt,* Bittschrift *f;* **to file a** ~ **for divorce** eine Scheidungsklage einreichen **II.** *vi* ❶ (*start a written action*) ■**to** ~ **about** [*or* **for**] **sth** für etw *akk* Unterschriften sammeln ❷ LAW (*request formally*) ■**to** ~ **for sth** einen Antrag auf etw *akk* stellen; **to** ~ **for divorce** eine Scheidungsklage einreichen **III.** *vt* ■**to** ~ **sb for sth** jdn um etw *akk* ersuchen *form;* ■**to** ~ **sb to do sth** jdn ersuchen, etw zu tun *form*

pe·ti·tion·er [pə'tɪʃᵊnəʳ, AM -ɚ] *n* ❶ (*collecting signatures*) Unterschriftensammler(in) *m(f)* ❷ LAW Kläger(in) *m(f);* ~ **in bankruptcy** Konkurssteller(in) *m(f)*

pet·it pois [ˌpeti'pwɑː] *npl* BRIT Zuckererbsen *fpl*

pet·its fours [ˌpeti'fɔːz, AM ˌpet̬i'fɔːrz] *n pl of* **petit four**

'pet name *n* Kosename *m*

pet·rel ['petrᵊl] *n* Sturmvogel *m*

Petri dish ['petri-, AM 'piːt-] *n* Petrischale *f*

pet·ri·fac·tion [ˌpetrɪ'fækʃᵊn] *n,* **pet·ri·fi·ca·tion** [ˌpetrɪfɪ'keɪʃᵊn] *n* ❶ (*changing to stone*) Versteinerung *f,* Petrifikation *f fachspr* ❷ (*state of terror*) Versteinerung *f fig,* Lähmung *f fig*

pet·rified ['petrɪfaɪd] *adj inv* ❶ (*fossilized*) versteinert ❷ (*terrified*) versteinert *fig,* gelähmt *fig;* ■**to be** ~ **of sth** vor etw *dat* panische Angst haben; **to be** ~ **with fear** vor Angst wie gelähmt sein ❸ *attr* (*liter: old and unchanging*) aus grauer Vorzeit *nach n*

pet·ri·fy ['petrɪfaɪ] **I.** *vi* versteinern, petrifizieren *fachspr* **II.** *vt* ■**to** ~ **sb** jdm schreckliche Angst einjagen

pet·ri·fy·ing ['petrɪfaɪɪŋ] *adj* Furcht erregend; **to have a** ~ **fear of sth** vor etw *dat* eine Heidenangst haben *fam*

pet·ro·chemi·cal [ˌpetrə(ʊ)'kemɪkᵊl, AM -troʊ'-] **I.** *n* petrochemisches Produkt **II.** *adj attr, inv* petrochemisch

pet·ro·dol·lar ['petrəʊˌdɒləʳ, AM -troʊˌdɑːlɚ] *n* Petrodollar *m*

pet·rol ['petrᵊl] BRIT, AUS **I.** *n no pl* Benzin *nt;* **I'm a bit low on** ~ ich hab kaum noch Benzin; **I/my car ran out of** ~ mir ging das Benzin aus; **unleaded** ~ bleifreies Benzin; **to get** ~ [*or* **put** ~ **in**] tanken **II.** *n modifier* (*tank, leak*) Benzin-; ~ **cap** Tankdeckel *m;* ~ **company** Erdölgesellschaft *f*

'pet·rol bomb *n* Molotowcocktail *m* **'pet·rol-bomb** *vt* BRIT, AUS ■**to** ~ **sth/sb** etw/jdn mit Molotowcocktails bewerfen **'pet·rol-bomb·ing** *n* BRIT, AUS Anschlag *m* mit Molotowcocktails **'pet·rol can** *n* BRIT, AUS Benzinkanister *m* **'pet·rol con·sump·tion** *n no pl* BRIT, AUS Benzinverbrauch *m* **'pet·rol dump** *n* BRIT, AUS Benzinlager *nt* **'pet·rol en·gine** *n* BRIT, AUS Benzinmotor *m*

pe·tro·leum [pə'trəʊliəm, AM -'troʊ-] **I.** *n* Erdöl *nt* **II.** *n modifier* (*industry, company, product, leak*) Erdöl-

pe·tro·leum 'jel·ly *n no pl* Vaseline *f*

'pet·rol gauge *n* Benzinuhr *f,* Tankanzeige *f* **'pet·rol lor·ry** *n* BRIT, AUS Tankwagen *m* **'pet·rol pipe** *n* BRIT, AUS Benzinleitung *f* **'pet·rol pump** *n* BRIT, AUS Zapfsäule *f;* (*nozzle*) Zapfhahn *m* **'pet·rol sta·tion** *n* BRIT, AUS Tankstelle *f* **'pet·rol tank** *n* BRIT, AUS Benzintank *m*

'pet-sit·ter ['petsɪtəʳ, AM -t̬ɚ] *n* Haustiersitter *m, jd, der ein Haustier während der Abwesenheit des Besitzers versorgt*

pet·ti·coat ['petɪkəʊt, AM -t̬ɪkoʊt] *n* (*dated*) Unterrock *m;* (*stiff*) Petticoat *m;* (*hanging from the shoulders*) Unterkleid *nt*

pet·ti·fog·ging ['petɪˌfɒgɪŋ, AM -t̬ɪˌfɑːg-] *adj* (*pej dated: petty*) kleinlich *pej;* (*insignificant*) belanglos; ~ **lawyer** Winkeladvokat(in) *m(f) pej*

pet·ti·ness ['petɪnəs, AM -t̬-] *n no pl* ❶ (*insignificance*) Belanglosigkeit *f;* (*triviality*) Trivialität *f* ❷ (*small-mindedness*) Kleinlichkeit *f pej*

pet·ting ['petɪŋ, AM -t̬-] *n no pl* ❶ (*stroking*) Streicheln *nt* ❷ (*sexual fondling*) Petting *nt*

'pet·ting zoo *n* Streichelzoo *m*

pet·tish ['petɪʃ, AM -t̬-] *adj person* reizbar; *reaction, mood* gereizt; ~ **behaviour** Widerborstigkeit *f*

pet·ty ['peti, AM -t̬i] *adj* (*pej*) ❶ (*insignificant*) unbedeutend, belanglos; (*trivial*) trivial; ~ **annoyance/intrigue** kleines Ärgernis/kleine Intrige ❷ (*small-minded*) kleinlich *pej,* kleinkariert *pej fam;* ~ **jealousy** Eifersüchteleien *fpl* ❸ LAW (*on a small scale*) geringfügig; ~ **larceny** [*or* **theft**] Bagatelldiebstahl *m;* ~ **racketeer** kleiner Gauner/kleine Gaunerin *pej*

pet·ty bour·geois [ˌpeti'bɔːʒwɑː, AM pəˌtiːbʊr'ʒwɑː] *adj inv* (*a. pej*) kleinbürgerlich *a. pej*

pet·ty bour·geoi·sie [ˌpetiˌbɔːʒwɑː'ziː, AM pəˌtiːbʊr-] *n no pl* (*a. pej*) Kleinbürgertum *nt*

pet·ty 'cash *n no pl* Portokasse *f* **pet·ty 'crime** *n* Bagatelldelikt *nt* **pet·ty-'mind·ed** *adj* (*pej*) kleinkariert *pej fam* **'pet·ty of·fic·er** *n* NAUT ≈ Marineunteroffizier *m*

petu·lance ['petjələn(t)s, AM 'petʃə-] *n no pl* (*pej*) Verdruss *m,* Missmut *m; of a child* Bockigkeit *f;* **in an outburst of** ~ voll Verdruss

petu·lant ['petjələnt, AM 'petʃə-] *adj* (*pej*) verdrießlich; *child* bockig; *look* verdrossen

petu·lant·ly ['petjələntli, AM 'petʃə-] *adv* (*pej*) verdrossen

pe·tu·nia [pɪ'tjuːniə, AM pə'tuːnjə] *n* Petunie *f*

pew [pjuː] *n* Kirchenbank *f* ▶ PHRASES: **have** [*or* **take**] **a** ~ (*fam*) setz dich

pe·wit *n esp* AM *see* **peewit**

pew·ter ['pjuːtəʳ, AM -t̬ɚ] **I.** *n no pl* Zinn *nt* **II.** *n modifier* (*plate, statue, urn*) Zinn-

pe·yo·te [peɪ'oʊt̬i] *n no pl* AM Peyotl *m*

pfft [fət] *adv* AM (*fam*) kaputt *fam;* **to go** ~ kaputtgehen *fam; marriage* in die Brüche gehen

PG [ˌpiː'dʒiː] *abbrev of* **parental guidance I.** *adj inv* **to be rated** ~ nicht jugendfrei sein; ~**-13** frei ab 13 **II.** *n* **the film's a** ~ der Film ist nicht jugendfrei

pg *n* <*pl* pp> AM *abbrev of* **page** S.

PGCE [ˌpiːdʒiːsiː'iː] BRIT *abbrev of* **Postgraduate Certificate in**

Education

pH [ˌpiːˈeɪtʃ] **I.** *n usu sing* pH-Wert *m* **II.** *n modifier* pH-; ~ **value** pH-Wert *m;* ~**-balanced** [*or* ~**-neutral**] pH-neutral

phago·cyte [ˈfægə(ʊ)saɪt, AM -goʊ-] *n* MED Phagozyt *m fachspr,* Fresszelle *f*

pha·lan·ges [fælˈændʒiːz, AM fəˈlæn-] *n pl of* **phalanx**

pha·lanx <*pl* -es *or* phalanges> [ˈfælæŋ(k)s, *pl* fælˈændʒiːz, AM ˈfeɪl-, *pl* fəˈlændʒiːz] *n* (*form*) Phalanx *f geh*

phal·lic [ˈfælɪk] *adj inv* phallisch; ~ **period** (*form*) phallische Phase *geh*

phal·lo·cen·tric [ˌfælə(ʊ)ˈsentrɪk, AM -loʊˈ-] *adj* (*liter*) phallozentrisch *geh*

phal·lus <*pl* -es *or* -li> [ˈfæləs, *pl* -laɪ] *n* Phallus *m geh*

phan·tasm [ˈfæntæzᵊm] *n* (*liter*) ❶ (*something imaginary*) Trugbild *nt;* PSYCH Phantasma *nt fachspr* ❷ (*illusory being*) Geistererscheinung *f*

phan·tas·ma·go·ria [ˌfæntæzməˈgɔːriə] *n* (*liter*) Phantasmagorie *f geh,* Trugbild *nt*

phan·tas·mal [fænˈtæzmᵊl] *adj inv* (*liter*) ❶ (*imaginary*) erfunden, Fantasie- ❷ (*ghost-like*) fantastisch, geisterhaft

phan·tom [ˈfæntəm, AM -t̬-] **I.** *n* Geist *m,* Gespenst *nt;* ~**s of one's past** Gespenster *ntpl* der Vergangenheit **II.** *adj attr, inv* ❶ (*ghostly*) Geister-; ~ **ship** Geisterschiff *nt* ❷ (*caused by mental illusion*) Phantom-; ~ **limb pains** Phantomschmerzen *mpl* ❸ (*for show*) Schein-; ~ **organization** Scheinfirma *f*

phan·tom ˈpreg·nan·cy *n* BRIT, AUS Scheinschwangerschaft *f*

phar·aoh [ˈfeərəʊ, AM ˈferoʊ] *n* Pharao *m*

phari·sa·ic(al) [ˌfærɪˈseɪɪk(ᵊl), AM ˌferɪˈ-] *adj inv* ❶ (*of Jewish sect*) pharisäisch *geh* ❷ (*fig, pej: hypocritical*) pharisäerhaft, pharisäisch *geh*

Phari·see [ˈfærɪsiː, AM ˈfer-] *n* ❶ ■**the** ~**s** *pl* (*Jewish tribe*) die Pharisäer *pl* ❷ (*fig liter: hypocrite*) Pharisäer(in) *m(f) geh*

phar·ma·ceu·tic [ˌfɑːməˈsjuːtɪk, AM ˌfɑːrməˈsuːt̬-] *adj inv* pharmazeutisch; ~ **company** Pharmafirma *f*

phar·ma·ceu·ti·cal [ˌfɑːməˈsjuːtɪkᵊl, AM ˌfɑːrməˈsuːt̬-] *adj attr, inv* pharmazeutisch; ~ **industry** Pharmaindustrie *f*

phar·ma·ceu·ti·cals [ˌfɑːməˈsjuːtɪkᵊlz, AM ˌfɑːrməˈsuːt̬-] *npl* Pharmaka *ntpl*

phar·ma·ceu·tics [ˌfɑːməˈsjuːtɪks, AM ˌfɑːrməˈsuːt̬-] *n no pl* Pharmazie *f;* **to go into** ~ Pharmazie studieren

phar·ma·ˈceu·tics in·dus·try *n no pl* Pharmaindustrie *f*

phar·ma·cist [ˈfɑːməsɪst, AM ˈfɑːr-] *n* Apotheker(in) *m(f),* Pharmazeut(in) *m(f)*

phar·ma·co·ge·nom·ics [ˌfɑːməkə(ʊ)dʒɪˈnɒmɪks, AM ˌfɑːrməkoʊdʒɪˈnɑːmɪks] *n + sing vb* Pharmagenomics *pl fachspr* (*Verbindung von pharmazeutischer Genetik und Bioinformatik, um maßgeschneiderte Medikamente zu erzeugen*)

phar·ma·cog·no·sy [ˌfɑːməˈkɒgnəsi, AM ˌfɑːrməˈkɑːg-] *n no pl* Kunde *f* der Naturdrogen

phar·ma·colo·gist [ˌfɑːməˈkɒlədʒɪst, AM ˌfɑːrməˈkɑːl-] *n* Pharmakologe, -in *m, f*

phar·ma·col·ogy [ˌfɑːməˈkɒlədʒi, AM ˌfɑːrməˈkɑːl-] *n no pl* Pharmakologie *f*

phar·ma·co·poeia [ˌfɑːməkəˈpiːə, AM ˌfɑːrməˈkoʊ-] *n usu sing* ❶ (*drugs book*) Pharmakopöe *f fachspr,* amtliches Arzneibuch ❷ (*stock of medicine*) Arzneimittellager *nt*

phar·ma·cy [ˈfɑːməsi, AM ˈfɑːr-] *n* ❶ (*store*) Apotheke *f* ❷ *no pl* (*study*) Pharmazie *f*

phar·yn·geal [fəˈrɪndʒiəl] *adj* pharyngeal *fachspr,* Rachen-, im Rachenraum *nach n*

phar·yn·gi·tis [ˌfærɪnˈdʒaɪtɪs, AM ˌferɪnˈdʒaɪt̬-] *n no pl* Pharyngitis *f fachspr,* Rachenentzündung *f*

phar·ynx <*pl* pharynges> [ˈfærɪŋks, *pl* færˈɪndʒiːz, AM *pl* fəˈrɪn-] *n* MED Pharynx *m fachspr,* Rachen *m*

phase [feɪz] **I.** *n* Phase *f;* **moon** ~ Mondphase *f;* **developmental** ~ Entwicklungsphase *f;* **to go through a** ~ eine Phase durchlaufen; **in** ~ phasengleich *fachspr,* in Phase *fachspr;* **out of** ~ phasenverschoben *fachspr* **II.** *vt usu passive* ■**to** ~ **sth** (*implement*) etw stufenweise durchführen; (*introduce*) etw stufenweise einführen; (*coordinate*) etw synchronisieren [*o* aufeinander abstimmen]; ~**d withdrawal of troops** schrittweiser Truppenrückzug; ■**to** ~ **sth into sth** etw in etw *akk* eingliedern

◆**phase in** *vt* ■**to** ~ **in** ↔ **sth** etw stufenweise einführen

◆**phase out** *vt* ❶ ECON (*gradually stop*) ■**to** ~ **out** ↔ **sth** etw auslaufen lassen; **to** ~ **out production** die Produktion stufenweise einstellen ❷ (*fig: get rid of*) ■**to** ~ **sb out** jdn abservieren *fam*

ˈphase-out *n* schrittweiser Abbau

phat [fæt] *adj* (*sl: Black English: cool, hip*) toll, schick, super *sl*

PhD [ˌpiːeɪtʃˈdiː] *n abbrev of* **Doctor of Philosophy** Dr., Doktor *m;* **she has a** ~ **in physics** sie ist promovierte Physikerin; **he's doing a** ~ **at Oxford** er macht gerade in Oxford seinen Doktor *fam;* **she is a** ~ sie hat einen Doktortitel; ~ **student** Doktorand(in) *m(f);* ~ **thesis** Doktorarbeit *f,* Dissertation *f*

pheas·ant <*pl* -s *or* -> [ˈfezᵊnt] *n* Fasan *m;* **golden** ~ Goldfasan *m*

phe·nom [fɪˈnɑːm] *n* AM (*sl*) *short for* **phenomenon** Phänomen *nt geh*

phe·nom·ena [fɪˈnɒmɪnə, AM fəˈnɑːmə-] *n pl of* **phenomenon**

phe·nom·enal [fɪˈnɒmɪnᵊl, AM fəˈnɑːmə-] *adj* (*great*) phänomenal, überwältigend

phe·nom·enal·ly [fɪˈnɒmɪnᵊli, AM fəˈnɑːmə-] *adv* phänomenal

phe·nom·eno·logi·cal [fɪˌnɒmɪnəˈlɒdʒɪkᵊl, AM fəˌnɑːmənəˈlɑːdʒ-] *adj* PHILOS phänomenologisch *fachspr*

phe·nom·enol·ogy [fɪˌnɒmɪˈnɒlədʒi, AM fəˌnɑːməˈnɑːl-] *n* PHILOS Phänomenologie *f fachspr*

phe·nom·enon <*pl* -mena *or* -s> [fɪˈnɒmɪnən, *pl* -mɪnə, AM fəˈnɑːmənɑːn, *pl* -mənə] *n* Phänomen *nt geh*

phe·no·type [ˈfenə(ʊ)taɪp, AM -noʊ-] *n* BIOL Phänotypus *m fachspr*

phero·mone [ˈferəməʊn, AM -moʊn] *n* BIOL Pheromon *nt meist pl fachspr*

phew [fjuː] *interj* (*fam*) puh

phial [ˈfaɪəl] *n* BRIT (*dated*) Phiole *f*

Phi Beta Kap·pa [ˌfaɪˌbiːtəˈkæpə, AM -ˌbeɪt̬əˈ-] *n no pl* AM ❶ (*organization*) *amerikanische Vereinigung herausragender Akademiker/-innen* ❷ (*person*) *Mitglied dieser Vereinigung*

phi·lan·der [fɪˈlændəʳ, AM -ɚ] *vi* (*pej dated*) schäkern *oft hum,* tändeln *veraltend;* ■**to** ~ **with sb** mit jdm schäkern

phi·lan·der·er [fɪˈlændᵊrəʳ, AM -ɚɚ] *n* (*pej dated*) Schäker *m oft hum,* Schürzenjäger *m pej fam*

phi·lan·der·ing [fɪˈlændᵊrɪŋ, AM -ɚ-] **I.** *n no pl* (*pej dated*) Geschäker *a. pej* **II.** *adj inv* (*pej dated*) schäkernd *a. hum*

phil·an·throp·ic [ˌfɪlənˈθrɒpɪk, AM -ænˈθrɑː-] *adj* philanthropisch *geh,* menschenfreundlich; ~ **organization** Hilfsorganisation *f*

phil·an·thro·pist [fɪˈlæn(t)θrəpɪst, AM fəˈ-] *n* (*donor*) Philanthrop(in) *m(f) geh,* Menschenfreund(in) *m(f)*

phil·an·thro·py [fɪˈlæn(t)θrəpi, AM fəˈ-] *n no pl* Wohltätigkeit *f,* Philanthrophie *f geh;* **in the spirit of** ~ **he donated a large sum of money** in Geberlaune spendete er eine hohe Geldsumme

phila·tel·ic [ˌfɪləˈtelɪk] *adj inv* philatelistisch *geh;* ~ **collection** Briefmarkensammlung *f*

phi·lat·elist [fɪˈlætᵊlɪst, AM -ˈlæt̬-] *n* Philatelist(in) *m(f) geh,* Briefmarkensammler(in) *m(f)*

phi·lat·ely [fɪˈlætᵊli, AM -ˈlæt̬-] *n no pl* Philatelie *f,* Briefmarkenkunde *f*

phil·har·mon·ic [ˌfɪl(h)ɑːˈmɒnɪk, AM -hɑːrˈmɑːn-] *adj attr, inv* philharmonisch; **the Vienna** ~ **Orchestra** die Wiener Philharmoniker *pl*

Phil·har·mon·ic [ˌfɪl(h)ɑːˈmɒnɪk, AM -hɑːrˈmɑːn-] *n* Philharmonie *f*

phil·hel·lenic [ˌfɪlhelˈiːnɪk, AM -həˈlen-] *adj* philhellenistisch

phil·hel·len·ism [fɪlˈhelɪnɪzᵊm, AM -ˈhelə-] *n* Philhellenismus *m*

phil·hel·len·ist [fɪlˈhelɪnɪst, AM -ˈhelə-] *n* Philhellene, -in *m, f*

phi·lip·pic [fɪ'lɪpɪk] *n* (*form*) Strafpredigt *f*, Philippika *f geh*
Phil·ip·pines ['fɪlɪpi:nz, AM -ləp-] *npl* ■ **the** ~ die Philippinen *pl*
phil·is·tine ['fɪlɪstaɪn, AM -sti:n] (*pej*) **I.** *n* Banause *m pej* **II.** *adj inv* banausisch *pej*
Phil·is·tine ['fɪlɪstaɪn, AM -sti:n] *n* HIST Philister *m*
philo·logi·cal [ˌfɪlə'lɒdʒɪkᵊl, AM -'lɑ:dʒ-] *adj inv* (*dated*) philologisch
phi·lolo·gist [fɪ'lɒlədʒɪst, AM -'lɑ:lə-] *n* Philologe, -in *m, f*
phi·lol·ogy [fɪ'lɒlədʒi, AM -'lɑ:lə-] *n no pl* Philologie *f*
phi·loso·pher [fɪ'lɒsəfəʳ, AM -'lɑ:səfɚ] *n* Philosoph(in) *m(f)*; **the ~s' stone** der Stein der Weisen
philo·soph·ic(al) [ˌfɪlə'sɒfɪk(ᵊl), AM -'sɑ:f-] *adj* ❶ PHILOS philosophisch ❷ (*calm*) abgeklärt, gelassen
philo·sophi·cal·ly [ˌfɪlə'sɒfɪkᵊli, AM -'sɑ:f-] *adv* ❶ (*calmly*) abgeklärt, gelassen ❷ PHILOS philosophisch betrachtet
phi·loso·phize [fɪ'lɒsəfaɪz, AM -'lɑ:s-] *vi* philosophieren; (*make excuses*) sich *akk* herausreden; ■ **to ~ about sth** über etw *akk* philosophieren
phi·loso·phy [fɪ'lɒsəfi, AM -'lɑ:s-] **I.** *n no pl* Philosophie *f*; **the ~ of religion is based on the idea that there is a God** grundlegend für alle Religionen ist die Annahme, dass es einen Gott gibt; ~ **on life** Lebensphilosophie *f* **II.** *n modifier* (*degree, course, writer*) Philosophie-
phil·ter ['fɪlt̬ɚ] AM, **phil·tre** [-təʳ] *n* Liebestrank *m*
phle·bi·tis [flɪ'baɪtɪs, AM fli:'baɪt̬-] *n* MED Phlebitis *f fachspr*, Venenentzündung *f*; **to contract** ~ an einer Venenentzündung erkranken
phle·boto·my <*pl* -mies> [flɪ'bɒtəmi, AM -'bɑ:t̬ə-] *n modifier* Phlebotomie *f*
phlegm [flem] *n no pl* ❶ (*mucus*) Schleim *m*; **to cough up** ~ Schleim abhusten ❷ (*calmness*) Gleichmut *m* ❸ (*apathetic temperament*) Phlegma *nt geh*
phleg·mat·ic [fleg'mætɪk, AM -t̬ɪk] *adj* ❶ (*calm*) gleichmütig ❷ (*apathetic*) phlegmatisch
pho·bia ['fəʊbiə, AM 'foʊ-] *n* Phobie *f*; ■ ~ **about sth** [krankhafte] Angst *dat* vor etw
pho·bic ['fəʊbɪk, AM 'foʊ-] *adj* ❶ PSYCH phobisch ❷ (*fig fam: very wary*) panisch; ■ **to be ~ about sth** [eine hysterische] Angst vor etw *dat* haben *fam*; **to be ~ about spiders** eine Spinnenphobie haben
phoe·nix ['fi:nɪks] *n usu sing* Phönix *m*; **to rise like a ~ from the ashes** wie ein Phönix aus der Asche aufsteigen
phon [fɒn, AM fɑ:n] *n* Phon *nt*
phone [fəʊn, AM foʊn] **I.** *n* Telefon *nt*; **she put down the ~ on me** sie hat [bei unserem Gespräch] einfach aufgelegt; **to answer the ~** ans Telefon gehen; **to hang up** [*or* **put down**] **the ~** auflegen; **to pick up the ~** abheben, abnehmen; **to speak** [**to sb**] **by** [*or* **on the**] ~ [mit jdm] telefonieren; **on the ~** am Telefon; BRIT **to be on the ~** (*telephoning*) telefonieren; (*dated: have a telephone*) ans Telefonnetz angeschlossen sein **II.** *n modifier* (*receiver, table*) Telefon-; ~ **call** [Telefon]anruf *m*; ~ **line** Telefonleitung *f* **III.** *vt* ■ **to ~ sb/sth** jdn/etw anrufen; **you should ~ home** du solltest zu Hause anrufen **IV.** *vi* telefonieren
◆**phone back** *vt* ■ **to ~ back** ○ **sb** jdn zurückrufen
◆**phone in I.** *vi* anrufen; **to ~ in ill** [*or* **sick**] sich *akk* telefonisch krank melden **II.** *vt* ❶ (*information*) ■ **to ~ in** ○ **sth** etw telefonisch durchgeben; **to ~ in a message** eine Nachricht hinterlassen ❷ (*call to come*) ■ **to ~ sb in: they ~d me in because someone was sick** ich bekam einen Anruf, dass ich arbeiten musste, weil jemand krank geworden war
◆**phone round** *vi* BRIT herumtelefonieren *fam*
◆**phone through** *vi* ■ **to ~ through for sth** etw telefonisch erfragen; ■ **to ~ through with sth** etw telefonisch durchgeben
◆**phone up** *vt* ■ **to ~ up** ○ **sb/sth** jdn/etw anrufen
'phone bank *n* (*phones*) Telefonpool *m*; (*people*) *Gruppe von Leuten, die telefonische Umfragen macht* **'phone book** *n* Telefonbuch *nt* **'phone booth** *n* Telefonzelle *f* **'phone box** *n* BRIT Telefonzelle *f* **'phone·card** *n* Telefonkarte *f* **'phone-in I.** *n Sendung, bei der sich das Publikum telefonisch beteiligen kann* **II.** *adj attr, inv* ~ **listener** *Hörer/Hörerin von Anrufsendungen*; ~ **programme** *Sendung mit telefonischer Publikumsbeteiligung*
pho·neme ['fəʊni:m, AM 'foʊ-] *n* LING Phonem *nt fachspr*
pho·net·ic [fə(ʊ)'netɪk, AM fə'net̬-] *adj inv* LING phonetisch *fachspr*; ~ **transcription** phonetische Umschrift
pho·neti·cal·ly [fə(ʊ)'netɪkᵊli, AM fə'net̬-] *adv inv* LING phonetisch *fachspr*
pho·net·ic 'al·pha·bet *n* LING phonetisches Alphabet *fachspr*; **the International P~ A~** das Internationale Phonetische Alphabet
pho·neti·cian [ˌfəʊnɪ'tɪʃᵊn, AM ˌfoʊnə'-] *n* LING Phonetiker(in) *m(f) fachspr*
pho·net·ics [fə(ʊ)'netɪks, AM fə'net̬-] *n + sing vb* LING Phonetik *f kein pl fachspr*
pho·ney ['fəʊni, AM 'foʊ-] (*pej*) **I.** *adj* (*fam*) *accent, smile* aufgesetzt, künstlich; *address* falsch; *documents* gefälscht, faul *fam*; ~ **business people** zweifelhafte Geschäftsleute; ~ **market researchers** angebliche Marktforscher ▸ PHRASES: **to be as ~ as a two-dollar bill** AM (*fam*) *person* ein falscher Fuffziger sein; (*fam*) *qualifications* fauler Zauber sein **II.** *n* (*impostor*) Hochstapler(in) *m(f)*; (*pretender*) Schwindler(in) *m(f)*; (*fake*) Fälschung *f*; **the doctor was a ~** der Doktor war ein Scharlatan
'pho·ney war *n esp* BRIT (*hist*) *ruhiger Zeitabschnitt im Zweiten Weltkrieg*
phon·ic ['fɒnɪk, AM 'fɑ:-] *adj* LING phonisch *fachspr*
pho·no·graph ['fəʊnəgrɑ:f, AM 'foʊnəgræf] *n* ❶ (*hist: type of gramophone*) Phonograph *m hist* ❷ AM (*record player*) Plattenspieler *m*
pho·no·logi·cal [ˌfəʊnə'lɒdʒɪkᵊl, AM ˌfoʊnə'lɑ:-] *adj inv* LING phonologisch *fachspr*
pho·nol·ogy [fə(ʊ)'nɒlədʒi, AM fə'nɑ:-] *n no pl* LING Phonologie *f fachspr*
pho·ny *adj* AM *see* **phoney**
phoo·ey ['fu:i] *interj* (*hum fam*) pah *fam*, pfui *fam*
phos·phate ['fɒsfeɪt, AM 'fɑ:s-] *n* Phosphat *nt*
phos·pho·res·cence [ˌfɒsfᵊr'esᵊn(t)s, AM ˌfɑ:sfə'res-] *n no pl* Phosphoreszenz *f*
phos·pho·res·cent [ˌfɒsfᵊr'esᵊnt, AM ˌfɑ:sfə'res-] *adj* phosphoreszierend
phos·phor·ic [fɒs'fɒrɪk, AM fɑ:s'fɔ:r-] *adj*, **phos·pho·rous** ['fɒsfᵊrəs, AM 'fɑ:s-] *adj* CHEM phosphorig *fachspr*
phos·pho·rus ['fɒsfᵊrəs, AM 'fɑ:s-] *n no pl* Phosphor *m*
pho·to ['fəʊtəʊ, AM 'foʊt̬oʊ] *n short for* **photograph** Foto *nt*
photo- ['fəʊtəʊ, AM 'foʊt̬oʊ] *in compounds* ❶ (*relating to photography*) Foto- ❷ (*relating to light*) Licht-, Photo- *fachspr*
photo-'age·ing *n no pl* Hautalterung *f* durch Sonnenstrahlen
'pho·to al·bum *n* Fotoalbum *nt* **'pho·to·call** *n* Fototermin *m* **'photo·cell** *n* Fotozelle *f*
photo·'chemi·cal *adj inv* photochemisch; ~ **reaction** photochemische Reaktion; ~ **smog** Ozonsmog *m* **photo·com·po·'si·tion** *n no pl* PUBL Lichtsatz *m fachspr* **'photo·copi·er** *n* [Foto]kopierer *m* **'photo·copy I.** *n* [Foto]kopie *f*; **to make a ~ of sth** eine [Foto]kopie von etw *dat* machen **II.** *vt* ■ **to ~ sth** etw [foto]kopieren **photo·e'lec·tric** *adj inv* photoelektrisch **photo·elec·tric 'cell** *n* photoelektrische Zelle
pho·to 'fin·ish *n* SPORTS Fotofinish *nt fachspr* **'pho·to·fit** ['fəʊtə(ʊ)fɪt] *n*, **pho·to·fit 'pic·ture** *n* BRIT Phantombild *nt* **'pho·to frame** *n* Fotorahmen *m*
photo·gen·ic [ˌfəʊtə(ʊ)'dʒenɪk, AM ˌfoʊt̬ə'-] *adj* fotogen
photo·graph ['fəʊtəgrɑ:f, AM 'foʊt̬əgræf] **I.** *n* Fotografie *f*, Foto *nt*; **aerial ~** Luftaufnahme *f*; **colour** [*or* AM **color**]/**black-and-white ~** Farbfotografie/Schwarz-Weiß-Fotografie *f*; **nude ~** Nacktfoto *nt*, Aktfoto *nt*; **to take a ~** [**of sb/sth**] [jdn/etw] fotografieren, ein Foto [von jdm/etw] machen **II.** *vt* ■ **to ~ sb/**

sth jdn/etw fotografieren **III.** *vi* **to ~ well/badly** gut/schlecht auf Fotos aussehen; **he ~s well** er ist fotogen
'photo·graph al·bum *n* Fotoalbum *nt*
pho·tog·ra·pher [fə'tɒgrəfəʳ, AM -'tɑːgrəfɚ] *n* Fotograf(in) *m(f)*; **~'s model** Fotomodell *nt;* **press ~** Pressefotograf(in) *m(f)*; **amateur ~** Hobbyfotograf(in) *m(f)*
photo·graph·ic [ˌfəʊtə'græfɪk, AM ˌfoʊt̬ə'-] *adj inv* fotografisch; **~ equipment** Fotoausrüstung *f;* **~ film** Film *m;* **~ image** Fotografie *f*
photo·graphi·cal·ly [ˌfəʊtə'græfɪkəli, AM ˌfoʊt̬ə'-] *adv inv* fotografisch
photo·graph·ic 'memo·ry *n* fotografisches Gedächtnis
pho·tog·ra·phy [fə'tɒgrəfi, AM -'tɑːg-] *n no pl* Fotografie *f*
pho·to·'jour·nal·ism *n no pl* Fotojournalismus *m* **pho·to·'jour·nal·ist** *n* Fotojournalist(in) *m(f)*
pho·tom·eter [fə(ʊ)'tɒmɪtəʳ, AM foʊ'tɑːmɪt̬ɚ] *n* TECH Photometer *nt fachspr*
pho·to·mon·tage [ˌfəʊtə(ʊ)mɒn'tɑːʒ, AM ˌfoʊt̬oʊmɑːn'-] *n* Fotomontage *f*
pho·ton ['fəʊtɒn, AM 'foʊtɑːn] *n* PHYS Photon *nt fachspr*
'pho·to op *n (fam) short for* **photo opportunity** Fototermin *m* **pho·to op·por·'tu·nity** *n* Fototermin *m* **pho·to re·'port·er** *n* Fotoreporter(in) *m(f)*
photo·'sen·si·tive *adj* lichtempfindlich **photo·'sen·si·tize** *vt* ■**to ~ sth** etw lichtempfindlich machen
'pho·to ses·sion *n* Fototermin *m* **'photo·set·ting** *n no pl* PUBL Lichtsatz *m fachspr*
photo·stat <-tt-> ['fəʊtə(ʊ)stæt, AM 'foʊtoʊ-] *vt* ■**to ~ sth** etw fotokopieren **'photo·stat®** *n* Fotokopierer *f;* (*copy*) Fotokopie *f* **photo·'syn·the·sis** *n no pl* BIOL, CHEM Photosynthese *f fachspr* **photo·'syn·the·size I.** *vt* BIOL, CHEM ■**to ~ sth** etw durch Photosynthese umwandeln **II.** *vi* Photosynthese betreiben
photo·trop·ism [fəʊ'tɒtrəpɪzəm, AM foʊ'tɑː-] *n no pl* BOT Phototropismus *m fachspr*
photo·vol·ta·ic [ˌfəʊtə(ʊ)vɒl'teɪɪk, AM ˌfoʊt̬oʊvɑːl'-] *adj* **~ technology** Photovoltaik *f fachspr* (*Teilgebiet der Elektronik*)
phras·al ['freɪzəl] *adj inv* LING Satz-
phras·al 'verb *n* LING Phrasal Verb *nt* (*Grundverb mit präpositionaler oder adverbialer Ergänzung*)
phrase [freɪz] **I.** *n* ❶ (*words*) Satz *m;* (*idiomatic expression*) Ausdruck *m,* [Rede]wendung *f;* **noun/verb ~** LING Nominal-/Verbalphrase *f fachspr;* **turn of ~** Ausdrucksweise *f;* (*in writing*) Stil *m;* **she had a clever turn of ~ on occasion** gelegentlich drückte sie sich sehr clever aus; ■**in sb's ~** mit jds Worten *ntpl;* **'I came,' in Caesar's ~, 'I saw, and I conquered'** um es wie Cäsar auszudrücken: ‚ich kam, sah und siegte' ❷ MUS (*series of notes*) Phrase *f fachspr* **II.** *vt* ■**to ~ sth** etw formulieren
'phrase book *n* Sprachführer *m*
phra·seol·ogy [ˌfreɪzi'ɒlədʒi, AM -'ɑːl-] *n no pl* Ausdrucksweise *f;* LING Phraseologie *f fachspr*
phras·ing ['freɪzɪŋ] *n no pl* ❶ (*manner of speaking or writing*) Formulierung *f;* **the ~ of the contract is rather ambiguous** der Vertrag ist ziemlich zweideutig formuliert ❷ MUS Phrasierung *f fachspr*
phre·net·ic *adj see* **frenetic**
phre·nol·ogy [frɪ'nɒlədʒi, AM -'nɑː-] *n* Phrenologie *f fachspr*
phut [fʌt] *interj* BRIT, AUS peng; **to go ~** (*fam*) kaputtgehen *fam,* den Geist aufgeben *iron fam*
pH value ['piːeɪtʃ,-] *n* pH-Wert *m*
phyl·lo *n,* **phyl·lo pas·try** *n no pl see* **filo**
physi·cal ['fɪzɪkəl] **I.** *adj* ❶ (*of the body*) *condition, strength, weakness* körperlich, physisch *geh;* **I'm not a very ~ sort of person** (*don't like sports*) ich bin nicht gerade sehr sportlich; (*don't like touching*) ich bin mit Berührungen eher zurückhaltend; **~ contact** Körperkontakt *m;* **to have a ~ disability** körperbehindert sein; **~ exercise** sportliche Betätigung; **~ jerks** BRIT (*hum dated*) Turnübungen *fpl;* **to get ~** rabiat werden ❷ (*sexual*) *contact, love, relationship* körperlich; **~ attraction** körperliche Anziehung; **to get ~** sich *akk* anfassen ❸ *inv* (*material*) physisch; *object, world* stofflich, dinglich; **the ~ characteristics of the terrain** die geophysischen Eigenschaften der Gegend; **insurers are worried about the ~ condition of the vessels** die Versicherungen machen sich Sorgen um den Materialzustand der Schiffe ❹ *inv* (*of physics*) physikalisch **II.** *n* MED Untersuchung *f*
physi·cal ap·'pear·ance *n* Aussehen *nt,* Äußere(s) *nt* **physi·cal edu·'ca·tion** *n no pl* Sport[unterricht] *m* **physi·cal ex·ami·'na·tion** *n* körperliche Untersuchung **physi·cal ge·'og·ra·phy** *n no pl* Geophysik *f*
physi·cal·ity [ˌfɪzɪ'kæləti, AM -əṭi] *n no pl* (*liter*) Körperlichkeit *f*
physi·cal·ly ['fɪzɪkəli] *adv* ❶ (*concerning the body*) körperlich; **it's just not ~ possible** das ist schon rein physisch nicht möglich; **he was creating such a disturbance that he had to be ~ removed from the room** er verursachte so einen Aufruhr, dass er unter Anwendung von Gewalt aus dem Raum entfernt werden musste; **~ attractive** gut aussehend; **~ disabled** [*or* **handicapped**] körperbehindert ❷ (*not imagined*) wirklich, real; **being ~ in the stadium is different from watching the match on TV** ein Spiel im Stadion mitzuerleben ist etwas anderes, als es im Fernsehen zu sehen ❸ *inv* (*structurally*) **Britain is ~ isolated from the mainland** Großbritannien ist geographisch vom Festland abgeschnitten
physi·cal 'sci·ences *npl* Naturwissenschaften *fpl*
phy·si·cian [fɪ'zɪʃən] *n esp* AM (*GP*) Arzt, Ärztin *m, f* ▸ PHRASES: **~ heal thyself** (*prov*) kehr erstmal vor deiner eigenen Tür *fam*
physi·cist ['fɪzɪsɪst] *n* Physiker(in) *m(f)*
phys·ics ['fɪzɪks] **I.** *n + sing vb* Physik *f* **II.** *n modifier* (*lecture, teacher, textbook*) Physik-
physio ['fɪziəʊ, AM -oʊ] *n* ❶ BRIT, AUS (*fam*) *short for* **physiotherapist** Physiotherapeut(in) *m(f)* ❷ *no pl esp* BRIT *short for* **physiotherapy** Physiotherapie *f*
physi·og·no·my [ˌfɪzi'ɒnəmi, AM -'ɑːn-] *n* (*form*) Physiognomie *f geh*
physio·logi·cal [ˌfɪziə'lɒdʒɪkəl, AM -'lɑːdʒ-] *adj inv* physiologisch *geh*
physi·olo·gist [ˌfɪzi'ɒlədʒɪst, AM -'ɑːl-] *n* Physiologe, -in *m, f*
physi·ol·ogy [ˌfɪzi'ɒlədʒi, AM -'ɑːl-] *n no pl* Physiologie *f*
physio·thera·pist [ˌfɪziə(ʊ)'θerəpɪst, AM -oʊ'-] *n esp* BRIT MED Physiotherapeut(in) *m(f) fachspr,* Krankengymnast(in) *m(f)*
physio·thera·py [ˌfɪziə(ʊ)'θerəpi, AM -oʊ'-] *n no pl esp* BRIT MED Physiotherapie *f fachspr*
phy·sique [fɪ'ziːk] *n* Körperbau *m;* (*appearance*) Figur *f*
pi [paɪ] *n no pl* MATH Pi *nt fachspr*
pia·nis·si·mo <*pl* -mi *or* -s> [ˌpiːə'nɪsɪməʊ, AM -moʊ] *n* Pianissimo *nt fachspr*
pia·nist ['piːənɪst, AM 'piːən-] *n* Klavierspieler(in) *m(f);* (*professional*) Pianist(in) *m(f)*
pi·ano [pi'ænəʊ, AM -noʊ] **I.** *n* Klavier *nt,* Piano *nt;* **to play** [**the**] **~** Klavier spielen; ■**at** [*or* **on**] **the ~** am Klavier; ■**for ~** für Klavier **II.** *n modifier* (*concerto, duet, lessons, player, practice, teacher, solo*) Klavier-
pi·'ano re·cit·al *n* Klavierkonzert *nt* **pi·'ano stool** *n* Klavierstuhl *m* **pi·'ano tun·er** *n* Klavierstimmer(in) *m(f)* **pi·'ano wire** *n* Klaviersaitendraht *m*
pi·az·za [pi'ætsə, AM -'ɑːt-] *n* Marktplatz *m,* Piazza *f geh*
pic [pɪk] *n* (*fam*) ❶ (*photo*) Foto *nt;* (*snapshot*) Schnappschuss *m* ❷ (*cinema film*) Film *m;* **there are some good ~s on** es laufen ein paar gute Filme
pica·dor ['pɪkədɔːʳ, AM -dɔːr] *n* Picador(in) *m(f)*
pica·resque [ˌpɪkəʳ'esk, AM -ɚ'-] *adj* LIT pikaresk *fachspr,* pikarisch *fachspr*
pica·yune ['pɪkajuːn] *adj inv* AM unbedeutend, banal; (*small-minded*) kleinlich
pic·ca·lil·li [ˌpɪkə'lɪli, AM 'pɪkəlɪli] *n no pl* FOOD Relish *nt*

P

pic·ca·nin·ny [ˌpɪkəˈnɪni, AM ˈpɪkənɪni] *n* (*pej!*) *abwertender Ausdruck für ein schwarzes Kind*

pic·co·lo [ˈpɪkələʊ, AM -loʊ] *n* Pikkoloflöte *f*

pick [pɪk] **I.** *n* ❶ (*choice*) Auswahl *f;* **to have first ~** die erste Wahl haben; **to have one's ~ of sth** sich *dat* etw aussuchen können; **to take one's ~** sich *dat* etw aussuchen ❷ + *sing/pl vb* (*best*) ■**the ~ of sth** *of things* das Beste; *of people* die Elite; **the ~ of the furniture** die besten Möbel; **the ~ of this year's racehorses is Gandy Dancer** Gandy Dancer ist dieses Jahr der Star unter den Rennpferden; **the ~ of the bunch** der/die/das Beste ❸ (*pickaxe*) Spitzhacke *f,* Pickel *m;* **with ~s and shovels** mit Hacke und Spaten ❹ MUS Plättchen *nt,* Plektrum *nt fachspr* **II.** *vt* ❶ (*select*) ■**to ~ sb/sth** jdn/etw aussuchen [*o* auswählen]; **we ~ed the loveliest puppy [for ourselves]** wir suchten uns den hübschesten Welpen aus; **you ~ed a fine time to lose your wallet!** da hast du dir ja genau den richtigen Zeitpunkt ausgesucht, um deine Brieftasche zu verlieren! *iron;* **she ~ed her way down the steps** sie ging vorsichtig die Treppe hinunter; **they ~ed their way through the mud** sie bahnten sich ihren Weg durch den Schlamm; **there are many good reasons to ~ Washington** es gibt viele gute Gründe, sich für Washington zu entscheiden; **to ~ sth/sb at random** [*or* **out of a** [*or* **the**] **hat**] jdn/etw [völlig] willkürlich aussuchen; **to ~ an instance** [*or* **example**] **at random** um nur mal ein Beispiel zu nehmen; **to ~ a winner** eine gute Wahl treffen; **to ~ and choose sth** mit etw *dat* sehr wählerisch sein; ■**to ~ sb for sth** jdn für etw *akk* auswählen ❷ (*fam: start*) **to ~ a fight** [*or* **quarrel**] **with sb** mit jdm einen Streit anfangen [*o fam* anzetteln] ❸ (*harvest*) ■**to ~ sth** etw pflücken; **to ~ an apple off the tree** einen Apfel vom Baum pflücken; **to ~ grapes** Trauben lesen; **to ~ mushrooms** Pilze sammeln ❹ (*scratch*) ■**to ~ sth** an etw *dat* kratzen; **don't ~ your sore!** lass deine Wunde in Ruhe!, kratz nicht!; **stop ~ing your spots!** hör auf, an deinen Pickeln herumzudrücken!; **to ~ one's nose** in der Nase bohren; **to ~ one's teeth** [sich *dat*] in den Zähnen herumstochern ❺ (*gnaw*) **to ~ a bone** einen Knochen abnagen; **to ~ sth clean** etw sauber abnagen ❻ (*take*) ■**to ~ sth from** [*or* **out of**]/**off** [**of**] **sth** etw aus/von etw *dat* nehmen; **he ~ed the knife from** [*or* **out of**] **the drawer** er nahm das Messer aus der Schublade; **the beetles need to be ~ed off the trees** die Käfer müssen von den Bäumen heruntergesammelt werden; **I ~ed a piece of fluff off my suit** ich entfernte einen Fussel von meinem Anzug; **to ~ pockets** Taschendiebstahl begehen; **he ~ed the pockets of unsuspecting tourists** der Taschendieb beklaute die nichts ahnenden Touristen ❼ MUS (*play*) ■**to ~ sth** etw zupfen ▸ PHRASES: **to ~ one's brain** sich *dat* sein Gehirn zermartern; **to ~ sb's brain[s]** jdn genau befragen; **to ~ holes in sth** etw auseinandernehmen; **to ~ a lock** ein Schloss aufbrechen **III.** *vi* ❶ (*be choosy*) aussuchen; **to ~ and choose** sich *dat* der/die/das Beste herauspicken ❷ (*toy with*) ■**to ~ at one's food** in seinem Essen herumstochern ❸ (*scratch*) ■**to ~ at sth** an etw *dat* [herum]kratzen

◆**pick off** *vt* ❶ (*shoot*) ■**to ~ off ○ sb/sth** jdn/etw einzeln abschießen ❷ (*fig: take best*) ■**to ~ off ○ sth** sich *dat* das Beste herauspicken

◆**pick on** *vi* ❶ (*select*) ■**to ~ on sb/sth** [**for sth**] jdn/etw [für etw *akk*] aussuchen [*o* auswählen] ❷ (*victimize*) ■**to ~ on sb** auf jdm herumhacken

◆**pick out** *vt* ❶ (*select*) ■**to ~ out ○ sth/sb** etw/jdn aussuchen ❷ (*recognize*) ■**to ~ out ○ sth/sb** etw/jdn ausmachen [*o* erkennen]; **we ~ed our parents out quite easily in the old photographs** wir fanden unsere Eltern auf den alten Fotografien ziemlich schnell ❸ (*highlight*) ■**to ~ out ○ sth/sb** etw/jdn hervorheben; **the critics had ~ed him out as one of the most outstanding male dancers of the decade** die Kritiker priesen ihn als einen der besten Tänzer des Jahrzehnts; **~ed out by a spotlight/searchlight** von einem Scheinwerfer/Suchlicht erfasst ❹ MUS **to ~ out a tune on an instrument** auf einem Instrument improvisieren; **I can't do more than ~ out a simple tune on the piano** auf dem Klavier bringe ich nur einfache Melodien zustande

◆**pick over, pick through** *vt* ■**to ~ sth ○ over** [*or* **through**] etw gut durchsehen; **~ over the strawberries and keep a few big ones for decoration** sortier mal die Erdbeeren und behalte ein paar große für die Dekoration übrig

◆**pick up I.** *vt* ❶ (*lift*) ■**to ~ up ○ sth/sb** etw/jdn aufheben; **to ~ up the phone** [den Hörer] abnehmen; (*make phone call*) anrufen ❷ (*stand up*) ■**to ~ oneself up** aufstehen; (*collect oneself*) sich *akk* aufrappeln *fam;* **to ~ oneself up off the floor** (*fig*) sich *akk* [langsam] erholen, sich *akk* wieder aufrappeln *fam* ❸ (*acquire*) ■**to ~ up ○ sth** etw erwerben; **she ~ed up an American accent while she was working in Boston** sie hat sich, während sie in Boston gearbeitet hat, einen amerikanischen Akzent angeeignet; **I ~ed up some useful ideas at the seminar** aus dem Seminar habe ich einige gute Ideen mitgenommen; **where did she ~ up the information?** woher hat sie diese Informationen?; **to ~ up a bargain** [*or* **good buy**] ein Schnäppchen machen; **to ~ up an illness** eine Krankheit fangen *fam,* sich *akk* mit einer Krankheit anstecken; **to ~ up a prize** einen Preis verliehen bekommen ❹ (*learn*) ■**to ~ up ○ sth** etw aufschnappen [*o* mitkriegen] *fam* ❺ (*collect*) ■**to ~ up ○ sb/sth** jdn/etw abholen; **do you mind ~ing me up from the station?** würde es dir etwas ausmachen, mich vom Bahnhof abzuholen?; **I ~ed up the dry-cleaning while I was in town** während ich in der Stadt war, holte ich die Sachen von der Reinigung ab; **the crew of the sinking tanker were ~ed up by helicopter** die Besatzung des sinkenden Tankers wurde von einem Hubschrauber an Bord genommen; **to ~ up passengers** Fahrgäste [*o* Passagiere] aufnehmen ❻ (*fam: for sexual purposes*) ■**to ~ up ○ sb** jdn abschleppen [*o* aufreißen] *fam* ❼ (*detect*) ■**to ~ up ○ sth** etw wahrnehmen; **he's awfully quick to ~ up any mistakes in your grammar** er reagiert immer wie der Blitz darauf, wenn man einen grammatischen Fehler macht; **to ~ up the scent** Witterung aufnehmen; **to ~ up the whiff of a fox** einen Fuchs wittern ❽ (*on radio*) **can you ~ up Moscow on your radio?** kannst du mit deinem Radio den Moskauer Sender empfangen?; **to ~ up a signal** ein Signal empfangen; (*fig*) **I'm ~ing up signals that it's time we were on our way** ich glaube, mir wird da signalisiert, dass wir uns jetzt auf den Weg machen sollten ❾ (*increase*) **to ~ up speed** [*or* **momentum**] schneller werden; (*fig*) sich *akk* verstärken; **her career began to ~ up speed** mit ihrer Karriere ging es steil bergauf ❿ (*fam: stop*) ■**to ~ up ○ sb** jdn schnappen *fam;* **she was ~ed up by the police for speeding** sie wurde von der Polizei wegen überhöhter Geschwindigkeit angehalten ⓫ BRIT, AUS (*correct*) ■**to ~ sb up on sth** jdn auf etw *akk* aufmerksam machen; **the teacher ~ed him up on his pronunciation** der Lehrer verbesserte seine Aussprache ⓬ (*fam: earn*) **to ~ up £300** 300 Pfund verdienen; **he can ~ up $100 an evening just in tips** er kann am Abend allein in Trinkgeldern bis zu 100 Dollar machen ⓭ (*resume*) ■**to ~ up ○ sth** an etw *akk* anknüpfen, auf etw *akk* zurückkommen; **we ~ed up the conversation again more or less where we had left off the previous evening** wir setzten die Unterhaltung mehr oder weniger da fort, wo wir gestern Abend stehen geblieben waren ▸ PHRASES: **to ~ up the bill** [*or* **tab**] [*or* AM *a.* **check**] (*fam*) [die Rechnung] [be]zahlen; **the consumer will be forced to ~ up the bill for this scheme** am Ende wird der Verbraucher für dieses Programm zur Kasse gebeten werden; **to ~ up the pieces** die Scherben kitten; **to ~ up the threads** den Faden wieder aufnehmen; **they ~ed up the threads of their conversation/discussion** sie nahmen den Faden ihres Gesprächs/ihrer Diskussion wieder auf; **they ~ed up the threads of their marriage** sie haben in ihrer Ehe einen Neuanfang gemacht **II.** *vi*

❶ (*improve*) sich *akk* bessern, besser werden; *numbers* steigen; **his spirits began to ~ up** seine Laune begann sich zu bessern; **my interest ~ed up when the film became centred in the trial proceedings** mein Interesse erwachte wieder, als der Film sich auf die Gerichtsverhandlung konzentrierte ❷ (*resume*) **to ~ up where one left off** da weitermachen, wo man aufgehört hat ❸ (*notice*) ■**to ~ up on sb/sth** jdn/etw bemerken [*o* wahrnehmen]; (*react to*) auf etw *akk* reagieren ❹ *esp* AM (*clean up*) aufräumen; ■**to ~ up after sb** jdm hinterherräumen ❺ *esp* BRIT (*come into contact*) ■**to ~ up with sb** mit jdm Bekanntschaft schließen

picka·back *n* (*fam*) *see* **piggyback**

pick and 'mix *n no pl* BRIT (*with sweets*) Süßwarenbar *f;* **cheese ~** Käsebar *f* **pick-and-mix 'holi·days** *npl* BRIT *Pauschalurlaub, den man individuell zusammenstellen kann*

'pick·ax AM, **'pick·axe** *n* Spitzhacke *f,* Pickel *m*

pick·er ['pɪkəʳ, AM -ɚ] *n* ❶ (*of crops*) Erntehelfer(in) *m(f);* **cotton ~** Baumwollpflücker(in) *m(f)* ❷ *esp* AM STOCKEX [**stock**] ~ *jd, der Börsentipps verkauft*

pick·et ['pɪkɪt] **I.** *n* ❶ (*striker*) Streikposten *m;* (*blockade*) Streikblockade *f* ❷ (*stake*) Palisade *f;* ~ [**fence**] Palisadenzaun *m* **II.** *vt* ■**to ~ sth** (*in a strike*) vor etw *dat* Streikposten aufstellen; (*demonstrate at*) vor etw *dat* demonstrieren; (*blockade*) etw blockieren **III.** *vi* demonstrieren; **~ing miners** Streikposten *mpl* der Bergleute

pick·et·er ['pɪkɪtəʳ, AM -t̬ɚ] *n* Demonstrant(in) *m(f);* (*in a strike*) Streikposten *m*

'pick·et fence *n* Palisadenzaun *m*

pick·et·ing ['pɪkɪtɪŋ, AM -t̬-] *n no pl* (*by strikers*) Aufstellen *nt* von Streikposten; (*by demonstrators*) Blockade *f* von Demonstranten

'pick·et line *n* Streikpostenkette *f;* **to be on the ~** ein Streikposten sein; **to cross the ~** die Streikpostenkette durchbrechen

pick·ings ['pɪkɪŋz] *npl* **rich** [*or* **easy**] ~ schnelles Geld; **slim ~** mageres Angebot, wenig Auswahl

pick·le ['pɪkl̩] **I.** *n* ❶ *no pl* [Mixed] Pickles *pl;* (*sauce*) Relish *nt;* **sour/sweet ~** pikantes/süßes Relish ❷ AM (*conserved gherkin*) saure Gurke ❸ (*brine*) Salzlake *f* ❹ (*solution with vinegar*) Essigbrühe *f* ▶PHRASES: **to be in a** [**pretty** [*or* **right**]] ~ (*fam*) sich *akk* in etw *akk* reingeritten haben *fam,* ganz schön in der Scheiße stecken *derb* **II.** *vt* ■**to ~ sth** etw einlegen

pick·led ['pɪkl̩d] *adj* ❶ *inv* (*preserved*) eingelegt ❷ (*fig fam: drunk*) blau *fam,* besoffen *fam;* **to get ~** sich *akk* besaufen *fam*

pick·ling ['pɪkl̩ɪŋ] *adj attr, inv* zum Einlegen *nach n*

'pick·lock ['pɪklɒk, AM -lɑːk] *n* (*burglar*) Einbrecher(in) *m(f);* (*instrument*) Dietrich *m*

'pick-me-up *n* Muntermacher *m;* (*fig*) **the President's visit to the troops was a real ~ for them** der Besuch des Präsidenten wirkte wie eine Vitaminspritze auf die Truppen; **morning ~** morgendlicher Muntermacher **pick 'n' mix** *n no pl* BRIT *see* **pick and mix** **'pick·pock·et** *n* Taschendieb(in) *m(f)* **'pick·up** *n* ❶ (*on gramophone*) Tonabnehmer *m,* Pick-up *m fachspr* ❷ (*fam: collection*) Abholen *nt kein pl;* **we arranged a ten o'clock ~ to take Cathy to the station** wir verabredeten mit Cathy, dass wir sie um zehn Uhr abholen und zum Bahnhof bringen würden; **to make a ~** *van driver* Ladung aufnehmen; *taxi driver* Passagiere aufnehmen ❸ (*fam: collection point*) Treffpunkt *m* ❹ (*fam: passenger*) Passagier(in) *m(f);* (*in a private car*) Mitfahrer(in) *m(f)* ❺ (*fam: casual sexual acquaintance*) Eroberung *f hum* ❻ (*increase*) Ansteigen *nt kein pl,* Zunahme *f;* **~ in demand** gesteigerte Nachfrage; **wage ~** Lohnzuwachs *m* ❼ (*van*) Pick-up *m fachspr,* Kleintransporter *m* **'pick·up bar** *n,* AM *a.* **'pick·up joint** *n* (*sl*) Aufreißerschuppen *m sl* **'pick·up point** *n* Treffpunkt *f;* (*for bus*) Haltestelle *f* **'pick·up truck** *n* ❶ (*small van*) Pick-up *m fachspr,* Kleintransporter *m* ❷ BRIT (*breakdown lorry*) Abschleppwagen *m*

picky ['pɪki] *adj* (*pej fam*) pingelig *fam; eater* wählerisch

'pick-your-own *adj attr, inv* **~ farm** Selbstpflückplantage *f;* **~ raspberries/strawberries** Himbeeren/Erdbeeren *fpl* zum Selberpflücken

pic·nic ['pɪknɪk] **I.** *n* Picknick *nt;* **to go on a ~** ein Picknick machen; **to take a ~** etw zum Essen mitnehmen; (*fig fam*) **the current crisis makes last year's hard work seem like a ~** die aktuelle Krise lässt die harte Arbeit des letzten Jahres wie ein Kinderspiel erscheinen; **to be no** [*or* **not a**] **~** kein Spaziergang sein **II.** *vi* <-ck-> picknicken **III.** *n modifier* Picknick-; **~ lunch** Picknick *nt;* **~ site** Ort *m* für ein Picknick; (*for barbecuing*) Grillplatz *m*

'pic·nic bas·ket *n* Picknickkorb *m*

'pic·nic ham·per *n* Picknickkorb *m*

pic·nick·er ['pɪknɪkəʳ, AM -ɚ] *n jd, der ein Picknick macht* **'pic·nic ta·ble** *n* Klapptisch *m* (*für ein Picknick*)

pic·to·gram ['pɪktə(ʊ)græm, AM -toʊ-] *n* LING Piktogramm *nt fachspr*

pic·to·rial [pɪk'tɔːriəl] *adj inv* (*done as picture*) Bild-; (*done like picture*) bildhaft; *book, brochure* illustriert; **~ history** Bilderchronik *f*

pic·to·rial·ly [pɪk'tɔːriəli] *adv inv* in Bildern; (*done like picture*) bildhaft

pic·ture ['pɪktʃəʳ, AM -ɚ] **I.** *n* ❶ (*painting, drawing*) Bild *nt;* **to draw/paint a ~** ein Bild zeichnen/malen ❷ (*photograph*) Bild *nt,* Foto *nt;* **to get one's ~ in the paper** [mit Foto] in die Zeitung kommen; **wedding ~** Hochzeitsfoto *nt;* **to take a ~** ein Foto machen; **I hate having my ~ taken** ich hasse es, fotografiert zu werden ❸ (*on TV screen*) [Fernseh]bild *nt;* **satellite ~** Satellitenbild *nt* ❹ (*film*) Film *m;* **to make a ~** einen Film drehen; **to be** [*or* **work**] **in ~s** im Filmgeschäft sein ❺ (*dated: cinema*) ■**the ~s** *pl* das Kino ❻ (*fig: impression*) Bild *nt;* **this is not an accurate ~** das ist eine Verdrehung der Tatsachen; **the true ~ of what went on is only just beginning to emerge** was da wirklich so vor sich ging, kommt erst jetzt langsam ans Tageslicht; **I have a very vivid ~ of the first time I met her** ich habe unsere erste Begegnung noch lebhaft vor Augen; **mental ~** Vorstellung *f;* **the people were asked to form a mental ~ of the man** die Leute wurden gebeten, sich den Mann vorzustellen; **to paint a ~ of sth** ein Bild von etw *dat* zeichnen; **to paint a gloomy/rosy ~ of sth** etw in düsteren/rosigen Farben ausmalen ❼ (*embodiment*) ■**the ~ of sth** der Inbegriff [*o* die Verkörperung] einer S. *gen;* **he looks the very ~ of health** er strotzt nur so vor Gesundheit ❽ (*situation*) Bild *nt;* **the ~ is brighter than six months ago** es sieht besser aus als noch vor sechs Monaten; **the broad** [*or* AM *usu* **big**] **~** die allgemeine Situation ▶PHRASES: **sb's face is a ~** jd macht ein komisches Gesicht; **my boss's face was a ~ when I said I was joining his rival** du hättest das Gesicht von meinem Chef sehen sollen, als ich ihm sagte, dass ich zur Konkurrenz gehe; **one** [*or* **a**] **~ is worth a thousand words** (*saying*) ein Bild sagt mehr als tausend Worte *prov;* **as pretty as a ~** bildschön; **to be** [*or* **look**] **a ~** (*approv fam*) wie gemalt aussehen; **to be in the ~** (*informed*) im Bilde [*o* auf dem neuesten Stand] sein; (*involved*) beteiligt sein; (*in the public sphere*) im Rampenlicht stehen; **to be out of the ~** (*uninformed*) nicht im Bilde sein; (*not involved*) unbeteiligt sein; (*not on the scene*) von der Bildfläche verschwunden sein; **he drifted out of the ~** er geriet in Vergessenheit; **keep the press out of the ~ as long as possible** haltet die Presse so lange wie möglich raus; **to get the ~** etw verstehen [*o fam* kapieren]; **to keep sb in the ~** [**about sb/sth**] jdn [über jdn/etw] auf dem Laufenden halten; **to put sb in the ~** jdn auf den neuesten Stand bringen **II.** *vt* ■**to ~ sth** sich *dat* etw vorstellen; (*depict*) etw darstellen; **he ~d himself as a visionary** er sah sich als einen Visionär **III.** *vi* ■**to ~ to oneself how …** sich *dat* vorstellen, wie …

'pic·ture book *n* (*for children*) Bilderbuch *nt;* (*for adults*)

Buch *nt* mit Illustrationen
'pic·ture edi·tor *n* Bildredakteur(in) *m(f)* **'pic·ture frame** *n* Bilderrahmen *m* **'pic·ture gal·lery** *n* [Kunst]galerie *f* **'pic·ture-goer** *n* Kinogänger(in) *m(f)* **Pic·ture-in-'Pic·ture** [ˌpɪktʃeʳɪn'pɪktʃəʳ, AM ˌpɪktʃɚɪn'pɪktʃɚ] *n modifier* TV Bild-im-Bild- **'pic·ture li·brary** *n* Bildarchiv *nt* **'pic·ture-per·fect** ['pɪktʃɚˌpɜːrfekt] *adj inv* bildschön; *day, view* wie gemalt *nach n; house* Traum-; *village* schmuck **pic·ture 'post·card** *n* Ansichtskarte *f* **'pic·ture-post·card** *adj inv* idyllisch, Bilderbuch-; **it was a ~ village** es war ein Dorf wie aus einem Bilderbuch **'pic·ture puz·zle** *n* Puzzle *nt* **'pic·ture rail** *n* Bilderleiste *f* **'pic·ture re·search·er** *n* Bildbeschaffer(in) *m(f)* **'pic·ture show** *n* [Gemälde]ausstellung *f*
pic·tur·esque [ˌpɪktʃᵊr'esk] *adj scenery* malerisch, pittoresk *geh; language* bildhaft
pic·tur·esque·ly [ˌpɪktʃᵊr'eskli] *adv* malerisch, pittoresk *geh*
pic·tur·esque·ness [ˌpɪktʃᵊr'esknəs] *n no pl* Idylle *f*
'pic·ture tube *n* Bildröhre *f* **pic·ture 'win·dow** *n* Panoramafenster *nt*
pid·dle ['pɪdl] *(fam!)* **I.** *n (esp childspeak)* ❶ *no pl (urine)* Pipi *nt fam,* Pisse *f derb* ❷ *usu sing esp* BRIT *(action)* Pinkeln *nt fam,* Pissen *nt derb;* **Kate was desperate for a ~** Kate musste ganz dringend *fam* **II.** *interj (expresses irritation)* Mist! *fam,* Scheiße! *derb* **III.** *vi* pinkeln *fam,* pissen *derb*
pid·dling ['pɪdlɪŋ] *adj (pej fam!)* lächerlich *pej*
pidg·in ['pɪdʒɪn] **I.** *n* LING Pidgin *nt fachspr* **II.** *adj attr, inv* Pidgin-; **~ German** gebrochenes Deutsch
pidg·in 'Eng·lish *n no pl* Pidginenglisch *nt fachspr (gebrochenes Englisch)*
pie [paɪ] *n* FOOD Pastete *f* ▶ PHRASES: **a ~ in the sky** Luftschlösser *ntpl;* **that's just a ~ in the sky** das sind nur Luftschlösser; **easy as ~** kinderleicht
pie·bald ['paɪbɔːld] **I.** *adj inv* scheckig, gescheckt **II.** *n* Schecke *f o m*
piece [piːs] **I.** *n* ❶ *(bit)* Stück *nt; (part)* Teil *nt o m;* **a ~ of bread/cake/pizza** eine Scheibe Brot/ein Stück *nt* Kuchen/ein Stück *nt* Pizza; **a ~ of broken glass** eine Glasscherbe; **[all] in one ~** unbeschädigt, heil, in einem Stück; **to break/tear a ~ off [sth]** ein Stück [von etw *dat*] abbrechen/abreißen; **to break/smash/tear sth in** [*or* **into**] [*or* **to**] **~s** etw in Stücke brechen/schlagen/reißen; **to come to ~s** *(break apart)* in seine Einzelteile zerfallen; *(for disassembly)* zerlegbar sein; **to go** [*or* **fall**] **to ~s** *(fig) person* zusammenbrechen, durchdrehen *fam; marriage* zerbrechen, sich *akk* auflösen; **to pick** [*or* **tear**] [*or* BRIT *a.* **pull**] **sb/sth to ~s** *(fig fam)* jdn/etw in der Luft zerreißen; **the moment she'd left, they began to pull her to ~s** sie hatte kaum die Tür hinter sich geschlossen, als sie anfingen sich das Maul über sie zu zerreißen *fam;* **to take sth to ~s** BRIT etw zerlegen [*o* auseinandernehmen]; ■ **~ by ~** Stück für Stück; ■ **in ~s** *glass, vase* in Scherben ❷ *(item)* Stück *nt;* **~ of baggage** [*or* **luggage**] Gepäckstück *nt;* **~ of clothing** Kleidungsstück *nt;* **~ of equipment** Ausrüstungsgegenstand *m;* **~ of paper** Blatt *nt* Papier; **a ~ of wood** ein Stück *nt* Holz ❸ *(non-physical item)* **a ~ of advice** ein Rat *m;* **a ~ of evidence** ein Beweis *m,* ein Beweisstück *nt;* **a ~ of information** eine Information; **a ~ of legislation** ein Gesetz *nt,* eine Gesetzesvorlage; **~ of luck** Glücksfall *m;* **~ of news** Neuigkeit *f,* Nachricht *f;* **a skilful** [*or* AM **skillful**] **~ of research** ein geschickt recherchierter Beitrag ❹ *(in chess)* Figur *f; (in backgammon, draughts)* Stein *m* ❺ ART, LIT, MUS, THEAT Stück *nt,* Werk *nt;* **a ~ of writing** ein literarisches Werk; **a choral ~** eine Komposition für Chor; **an instrumental ~** ein Instrumentalstück *nt* ❻ JOURN Beitrag *m,* Artikel *m* ❼ *(coin)* Stück *nt;* **a 50p ~** ein 50-Pence-Stück *nt;* **~ of eight** *(hist)* mexikanischer [*o* spanischer] Dollar, Achterstück *nt* ❽ *(pej! fam: woman)* Weib *nt pej,* Tussi *f pej sl;* **a ~ of skirt** alles, was Röcke anhat *fam;* **~ of tail** [*or* AM **ass**] *(vulg, sl)* Fotze *f vulg* ❾ *(dated fam: gun)* Schusswaffe *f;* **artillery ~** [Artillerie]geschütz *nt* ❿ AM *(sl: gun)* Knarre *f fam* ▶ PHRASES: **a ~ of the action** *esp* AM ein Stück *nt* des Kuchens; **to be a ~ of cake** *(fam)* kinderleicht sein; **to want a ~ of the cake** ein Stück des Kuchens abhaben wollen; **to give sb a ~ of one's mind** *(fam)* jdm [mal gehörig] die Meinung sagen; **to say one's ~** sagen, was man zu sagen hat; **a ~** AM *(fam)* ein Katzensprung *m;* **the sea is only a ~ away from our hotel** vom Hotel ist es nur ein Katzensprung bis zum Meer **II.** *vt* ■ **to ~ together sth** [*or* **to ~ sth together**] etw zusammensetzen [*o* zusammenfügen]; *(reconstruct)* etw rekonstruieren; **the prosecution team gradually ~d together the evidence that was to lead to the conviction** die Staatsanwaltschaft fügte die Beweise, die zur Verurteilung führten, nach und nach zusammen
-piece [piːs] *in compounds with numbers* -teilig; **he plays in a five-~ band** er spielt in einer Fünfpersonenband; **one-/two-~ swimsuit** einteiliger/zweiteiliger Badeanzug; **three-~ suite** dreiteilige Couchgarnitur
pièce de rés·ist·ance <*pl* pièces de résistance> [piˌesdərezɪ'stɑ̃(n)s, AM ˌpjesdəˌreɪziː'-] *n usu sing* Meisterstück *nt*
'piece·meal *inv* **I.** *adv (bit by bit)* Stück für Stück, stück[chen]weise; *(in fits and starts)* unsystematisch **II.** *adj (bit by bit)* stück[chen]weise; *(in fits and starts)* unsystematisch
'piece price *n* Stückpreis *m* **'piece rate** *n* Akkordlohn *m*
pièces de ré·sis·tance [piˌesdərezɪ'stɑ̃(n)s, AM ˌpjesdəˌreɪziː'-] *pl of* **pièce de résistance**
'piece·work *n no pl* Akkordarbeit *f;* **to do ~** im Akkord arbeiten
'piece·work·er *n* Akkordarbeiter(in) *m(f)*
'pie chart *n* MATH Tortendiagramm *nt* **'pie·crust** *n* ❶ *(baked crust)* Kruste *f;* **cheese ~** Käsekruste *f; (in open-faced pie)* [Teig]boden *m* ❷ *no pl* AM *(dough)* Mürbeteig *m*
pied [paɪd] *adj attr, inv* ZOOL gescheckt, gefleckt; **a ~ crow** eine schwarz-weiße Krähe; **a ~ kingfisher** ein bunter Königsfischer
pied à terre <*pl* pieds à terre> [ˌpjeɪdɑː'teəʳ, AM -'ter] *n* Zweitwohnung *f*
Pied 'Pip·er *n,* **Pied Pip·er of Hamelin** *n* LIT ■ **the ~** der Rattenfänger von Hameln
pieds à terre [ˌpjeɪdɑː'teəʳ, AM -'ter] *pl of* **pied à terre**
pie-'eyed *adj (fam)* [total] blau *fam,* [völlig] besoffen *fam;* **we got ~** wir haben uns total besoffen **'pie·man** *n* Pastetenbäcker *m*
pier [pɪəʳ, AM pɪr] *n* ❶ NAUT Pier *m o fachspr f,* Hafendamm *m,* [Hafen]mole *f; (landing stage)* Landungsbrücke *f* ❷ ARCHIT *(wall support)* Trumeau *m; (pillar)* Pfeiler *m;* **bridge ~** Brückenpfeiler *m*
pierce [pɪəs, AM pɪrs] **I.** *vt (make hole in)* ■ **to ~ sth** etw durchstechen; *(penetrate)* in etw *akk* eindringen; *(forcefully)* etw durchstoßen; *(break through)* etw durchbrechen; *(shine through)* durch etw *akk* scheinen; **to have ~d ears** Ohrlöcher haben **II.** *vi (drill)* ■ **to ~ into sth** sich *akk* in etw *akk* bohren; ■ **to ~ through sth** durch etw *akk* eindringen; *(forcefully)* etw durchstoßen
pierc·ing ['pɪəsɪŋ, AM 'pɪrs-] **I.** *adj* ❶ *(loud)* durchdringend; *(pej) voice also* schrill ❷ *(cold)* eisig; **~ cold** Eiseskälte *f;* **~ rain** eisiger Regen; **~ wind** schneidender Wind ❸ *(penetrating) eyes, gaze, look* durchdringend, stechend; *question, reply, wit* scharf; *sarcasm* beißend ❹ *(liter: deeply felt)* tief; **~ shame** brennende Scham **II.** *n no pl (body-piercing)* Piercing *nt*
pierc·ing·ly ['pɪəsɪŋli, AM 'pɪrs-] *adv* durchdringend
'pier·head ['pɪəhed, AM 'pɪr-] *n usu sing* Pierende *nt*
pi·età [ˌpiːet'ɑː, AM ˌpiːer'tɑː] *n* REL Pieta *f fachspr*
pi·ety ['paɪəti, AM -əṭi] *n no pl* Pietät *f geh,* Frömmigkeit *f; (deep loyalty)* Achtung *f;* **filial ~** Achtung *f* vor den Eltern
pi·ezo·elec·tric [piˌetsəʊɪ'lektrɪk, AM paɪˌiːzoʊ-] *adj inv* TECH piezoelektrisch *fachspr*
pif·fle ['pɪfl] *n no pl (dated fam)* Quatsch *m fam;* **to talk a lot of ~** ziemlichen Blödsinn verzapfen *fam*

pif·fling ['pɪflɪŋ] *adj* (*dated fam*) lächerlich

pig [pɪg] **I.** *n* ❶ (*animal*) Schwein *nt* ❷ (*fam: greedy person*) Vielfraß *m fam;* **you greedy ~!** du Vielfraß!; **to make a [real] ~ of oneself** fressen wie ein Scheunendrescher *fam* ❸ (*pej fam: bad person*) Schwein *nt pej fam;* **you ~!** du Schwein!; ■**to be a ~ to sb** sich *akk* jdm gegenüber wie ein Schwein verhalten ❹ (*sl: police officer*) Bulle *m fam* ❺ BRIT (*difficult thing*) ■**to be a ~** vertrackt sein *fam* ▶ PHRASES: **to make a ~'s ear of sth** BRIT (*fam*) etw total versauen *fam;* **to buy [***or* **get] a ~ in a poke** die Katze im Sack kaufen; **and ~s might fly** (*prov: unlikely*) da müsste schon ein Wunder geschehen; (*not believable*) wer's glaubt, wird selig; (*never*) wenn Ostern und Pfingsten auf einen Tag fallen **II.** *vt* <-gg-> ■**to ~ oneself on sth** sich *akk* mit etw *dat* voll stopfen

◆**pig out** *vi* (*fam*) ■**to ~ out [on sth]** sich *akk* [mit etw *dat*] voll stopfen *fam*

pi·geon[1] ['pɪdʒən] *n* Taube *f;* **carrier ~** Brieftaube *f*

pi·geon[2] ['pɪdʒən] *n* ▶ PHRASES: **that's [not] my ~** BRIT das ist [nicht] meine Sache [*o* Angelegenheit]

pi·geon-'chest·ed *adj inv* ■**to be ~** eine Hühnerbrust haben **'pi·geon fan·ci·er** *n* BRIT, AUS Brieftaubenfreund(in) *m(f)* **'pi·geon-hole I.** *n* [Post]fach *nt,* Ablage *f;* **to check one's ~** in seinem Postfach nachsehen; **to put sb/sth in a ~** (*fig*) jdn/etw in eine Schublade stecken **II.** *vt* ❶ (*categorize*) ■**to ~ sb/sth** jdn/etw in eine Schublade stecken; **she was ~d as a leftist** sie wurde als Linke abgestempelt ❷ (*defer*) **to ~ a project** ein Projekt auf Eis legen; **to ~ worries** Sorgen [erst einmal] beiseiteschieben **'pi·geon loft** *n* BRIT Taubenschlag *m,* Taubenhaus *nt* **pi·geon-'toed** *adj inv* mit einwärts gerichteten Füßen *nach n;* ■**to be ~** über den großen Onkel gehen *veraltend fam*

'pig farm *n* Schweinemästerei *f,* Schweinefarm *f*

pig·gery ['pɪgəri, AM -ɚi] *n* ❶ AGR Schweinezucht *f* ❷ *no pl* (*pej: unpleasant behaviour*) Widerwärtigkeit *f;* (*gluttony*) Verfressenheit *f pej fam*

pig·gish ['pɪgɪʃ] *adj* (*pej*) *behaviour, manners* schweinisch *pej fam,* unflätig *pej*

pig·gy ['pɪgi] (*fam*) **I.** *n* (*childspeak*) Schweinchen *nt* **II.** *adj esp* BRIT (*pej*) schweinisch *pej fam,* unflätig *pej;* (*in appetite*) verfressen; (*unhygienic*) schweinisch *fam;* **his new girlfriend is rather ~** seine neue Freundin sieht aus wie ein Marzipanschweinchen; **~ eyes** Schweinsäuglein *ntpl*

pig·gy·back I. *n* **little Gemma loves ~s** die kleine Gemma wird liebend gerne huckepack getragen; **to give sb a ~** jdn huckepack nehmen [*o* tragen] **II.** *vi* huckepack machen **'pig·gy·back ride** *n* **to give sb a ~** jdn huckepack nehmen [*o* tragen]

'pig·gy bank *n* Sparschwein *nt* **pig·'head·ed** *adj* (*pej*) stur, starrköpfig **pig·'head·ed·ly** *adv* (*pej*) stur, starrköpfig **pig·'head·ed·ness** *n no pl* (*pej*) Sturheit *f,* Starrköpfigkeit *f* **pig in the 'mid·dle** *n* BRIT, **pig·gy in the 'mid·dle** *n* BRIT *Spiel, bei dem eine zwischen zwei anderen stehende Person versucht einen Ball zu fangen, den diese sich zuwerfen;* **to be ~** (*fig*) zwischen den Stühlen sitzen **'pig iron** *n no pl* Roheisen *nt*

pig·let ['pɪglət, AM -lɪt] *n* Ferkel *nt*

pig·ment ['pɪgmənt] *n* Pigment *nt*

pig·men·ta·tion [ˌpɪgmən'teɪʃən] *n no pl* Pigmentation *f,* Pigmentierung *f*

pig·ment·ed [pɪg'mentɪd, AM -ṭ-] *adj inv* pigmentiert

Pig·my *n, adj see* **pygmy**

'pig-out *n* (*pej o hum fam*) Völlerei *f pej o hum fam,* großes Fressen *pej o hum fam* **'pig·pen** *n* AM Schweinestall *m* **'pig·skin I.** *n* ❶ (*hide*) Schweinshaut *f* ❷ *no pl* (*leather*) Schweinsleder *nt* ❸ AM SPORTS (*fam*) Leder *nt* (*Ball beim American Football*) **II.** *n modifier* (*bag, belt, gloves, jacket, vest*) Schweinsleder-, schweinsledern **'pig·sty** *n* (*pej, a. fig*) Schweinestall *m pej, a. fig* **'pig·swill** *n no pl* Schweinefutter *nt* (*aus Essensresten*); (*pej: very unpleasant food*) [Schweine]fraß *m pej fam* **'pig·tail** *n* (*tied at back*) Pferdeschwanz *m;* (*braided*) Zopf *m;* ■**~s** *pl* Zöpfe *m*

pike[1] [paɪk] *n* ZOOL Hecht *m*

pike[2] [paɪk] *n* ❶ MIL, HIST (*weapon*) Spieß *m,* Pike *f* ❷ NBRIT (*hill*) spitze Erhebung; **Scafell P~** Scafell Pike

pike[3] [paɪk] *n* AM Mautstraße *f* ▶ PHRASES: **sth comes down the ~** etw kommt auf uns zu; **looks like there's a whole lot of trouble coming down the ~** sieht so aus, als ob da gewaltig Ärger auf uns zukommt

pik·er ['paɪkər] *n* AUS (*pej fam*) Waschlappen *m pej fam,* Memme *f pej fam*

pike·staff ['paɪkstɑːf] *n* BRIT ▶ PHRASES: **as plain as a ~** glasklar, sonnenklar

pil·af ['pɪlɑːf, AM piː'lɑːf] *n esp* AM, AUS FOOD Pilaw *m,* Pilau *m*

pi·las·ter [pɪ'læstər, AM -ɚ] *n* ARCHIT Pilaster *m fachspr,* Halbpfeiler *m*

pi·lau ['pɪlaʊ, AM pɪ'lɔː] *n* FOOD *see* **pilaf**

pi·lau 'rice *n no pl* FOOD Pilawreis *m*

pil·chard ['pɪltʃəd, AM -ɚd] *n* ZOOL Pilchard *m,* Sardine *f;* **a tin of ~s** eine Büchse Sardinen

pile[1] [paɪl] *n* ARCHIT Pfahl *m*

pile[2] [paɪl] *n no pl* Flor *m*

pile[3] [paɪl] **I.** *n* ❶ (*stack*) Stapel *m;* (*heap*) Haufen *m;* **there were ~s of books all over the floor** überall auf dem Boden waren Bücherstapel; **I'm just working my way through a great ~ of ironing** ich arbeite mich gerade durch einen großen Berg Bügelwäsche; **her clothes lay in untidy ~s on the floor** ihre Kleider lagen in unordentlichen Haufen auf dem Boden ❷ (*fam: large amount*) Haufen *m;* **I've got ~s [***or* **a ~] of things to do today** ich habe heute wahnsinnig viel zu tun *fam;* **he's got a ~ of money** er hat einen Haufen; **to make a ~** (*fam*) ein Vermögen verdienen ❸ (*esp hum: big building*) großes Haus, Palast *m hum* **II.** *vt* ■**to ~ sth** etw stapeln; **her plate was ~d high with salad** auf ihren Teller hatte sie eine Riesenportion Salat gehäuft; **to ~ them high and sell them cheap** BRIT Massenware billig anbieten; ■**to ~ sth on[to] [***or* **on top of] sth** etw auf etw *akk* häufen; (*on a stack*) etw auf etw *akk* stapeln **III.** *vi* ❶ (*fam: crowd into*) **to ~ into the car/onto the bus/up the stairs** sich *akk* ins Auto zwängen/in den Bus reindrücken/die Treppen raufquetschen *fam* ❷ (*collide*) ■**to ~ into sth** ineinanderrasen; **20 cars ~d into each other** 20 Autos sind aufeinandergerast

◆**pile in** *vi* in etw *akk* [hinein]strömen; (*forcefully*) sich *akk* in etw *akk* [hinein]drängen

◆**pile on** *vt* ■**to ~ on** ↄ **sth** etw anhäufen; **to ~ on the agony** [*or* **it on**] (*fam*) dick auftragen *fam;* **you're really piling it on with the compliments tonight** du bist ja heute Abend so großzügig mit Komplimenten *hum*

◆**pile out** *vi* [heraus]strömen; (*forcefully*) sich *akk* [heraus]drängen

◆**pile up I.** *vi debts, problems* sich *akk* anhäufen; (*get more frequent*) sich *akk* häufen; **the magazines have been piling up** der Zeitschriftenstapel wird immer größer **II.** *vt* ■**to ~ up** ↄ **sth** etw anhäufen; **the company ~d up losses** die Firma machte immer höhere Verluste

'pile·driv·er *n* Ramme *f fachspr*

piles [paɪlz] *npl* (*fam*) Hämorrhoiden *pl*

'pile-up *n* ❶ AUTO (*crash*) Massenkarambolage *f* ❷ (*accumulation*) Anhäufung *f,* Ansammlung *f,* Berg *m fig;* (*backlog*) Rückstand *m;* **a ~ of data** ein Berg *m* [von] Daten

pil·fer ['pɪlfər, AM -ɚ] **I.** *vt* ■**to ~ sth** etw klauen [*o* mitgehen lassen] *fam* **II.** *vi* stehlen, klauen *fam;* **he was caught ~ing from the shop** er wurde erwischt, wie er in dem Geschäft etwas mitgehen ließ *fam*

pil·fer·er ['pɪlfərər, AM -ɚɚ] *n* kleiner Dieb/kleine Diebin, Langfinger *m*

pil·fer·ing ['pɪlfərɪŋ, AM -fɚ-] *n no pl* Bagatelldiebstahl *m form*

pil·grim ['pɪlgrɪm] *n* Pilger(in) *m(f)*

pil·grim·age ['pɪlgrɪmɪdʒ] *n* REL Pilgerfahrt *f;* (*esp Christian*) Wallfahrt *f* (**to** nach +*dat*); **to make** [*or* **go on**] **a ~** eine Pilgerfahrt machen, pilgern; (*fig*) **for many football fans, the ground is a site of ~** für viele Fußballfans ist das Spielfeld ein Wallfahrtsort

Pil·grim 'Fa·thers *npl,* **'Pil·grims** *npl* HIST ■**the ~** die Pilgerväter *pl,* die Pilgrim Fathers *pl*

pill [pɪl] *n* ❶ (*tablet*) Tablette *f;* **to swallow/take a ~** eine Tablette schlucken/nehmen ❷ (*contraceptive*) ■**the ~** die Pille; **to be on the ~** die Pille nehmen ▶ PHRASES: **to be a hard ~ to swallow** eine bittere Pille sein; **to sweeten** [*or* **sugar**] **the ~** die Sache ein bisschen versüßen

pil·lage ['pɪlɪdʒ] **I.** *vt* (*form*) ■**to ~ sth** etw plündern; **works of art were ~d from many countries in the days of the Empire** in den Zeiten des Empire wurden aus vielen Ländern Kunstwerke geraubt; **to ~ a shop** [*or* **store**] ein Geschäft [aus]plündern **II.** *vi* plündern **III.** *n no pl* (*form*) Plündern *nt,* Plünderungen *fpl*

pil·lar ['pɪləʳ, AM -ɚ] *n* ❶ (*column*) Pfeiler *m,* Säule *f;* **~ of flame** Flammensäule *f;* **~ of smoke** Rauchsäule *f* ❷ (*fig: mainstay*) Stütze *f* ▶ PHRASES: **from ~ to post** hin und her; **to go from ~ to post** von Pontius zu Pilatus gehen

'pil·lar box *n* BRIT Briefkasten *m*

'pill·box *n* ❶ (*for tablets*) Pillendose *f* ❷ MIL Bunker *m* ❸ (*hat*) Pillbox *f o m fachspr*

pil·lion ['pɪliən, AM -jən] **I.** *n* (*seat*) Soziussitz *m* **II.** *adj attr, inv* BRIT, AUS Beifahrer- **III.** *adv inv* BRIT, AUS **to ride/sit ~** auf dem Beifahrersitz mitfahren/sitzen

'pil·lion pas·sen·ger *n* BRIT, AUS Sozius, Sozia *m, f*

pil·lock ['pɪlək] *n* BRIT (*pej fam!*) Idiot(in) *m(f) fam;* **a complete ~** ein Volltrottel *m fam*

pil·lo·ry ['pɪlᵊri, AM -ɚi] **I.** *vt* <-ie-> ■**to ~ sb** jdn an den Pranger stellen *a. fig* **II.** *n* Pranger *m*

pil·low ['pɪləʊ, AM -loʊ] **I.** *n* ❶ (*for bed*) [Kopf]kissen *nt* ❷ AM (*cushion*) Kissen *nt* **II.** *vt* **to ~ one's head on sth** seinen Kopf auf etw *akk* legen

'pil·low·case *n,* **'pil·low cov·er** *n,* **'pil·low·slip** *n* [Kopf]kissenbezug *m* **'pil·low talk** *n no pl* Bettgeflüster *nt*

pill-pop·per ['pɪlpɒpəʳ, AM -pɑːpɚ] *n* (*fam*) Pillenschlucker(in) *m(f) fam*

pill-pop·ping *n no pl* [unkontrolliertes] Tablettenschlucken

pi·lot ['paɪlət] **I.** *n* ❶ AVIAT Pilot(in) *m(f);* NAUT Lotse, -in *m, f* ❷ TV Pilotfilm *f* ❸ TECH (*pilot light*) Kontrolllampe *f;* (*flame*) Zündflamme *f* **II.** *vt* ❶ AVIAT, NAUT **to ~ an aircraft** ein Flugzeug fliegen; **to ~ a ship** ein Schiff lotsen ❷ (*fig: guide*) ■**to ~ sth** etw durchbringen; **to ~ a bill through Parliament** einen Gesetzesentwurf durch das Parlament bringen ❸ (*test*) **the test was ~ed in schools** eine erste Testreihe wurde an Schulen durchgeführt; **to ~ a project** ein Pilotprojekt durchführen **III.** *adj usu attr, inv* Pilot-; **~ study** Pilotstudie *f;* **a ~ test** ein erster Test

'pi·lot boat *n* Lotsenboot *nt* **pi·lot 'epi·sode** *n* Pilotfilm *f* **'pi·lot fish** *n* ZOOL Lotsenfisch *m,* Pilotfisch *m* **'pi·lot lamp** *n* Kontrolllampe *f*

pi·lot·less ['paɪlətləs] *adj inv* führerlos

'pi·lot light *n* ❶ (*monitoring light*) Kontrolllampe *f* ❷ (*flame*) Zündflamme *f*

'pi·lot plant *n* Versuchsanlage *f,* Pilotanlage *f* **'pi·lot pro·gram** *n* AM, **'pi·lot scheme** *n* BRIT, AUS Testreihe *f;* (*model project*) Pilotprojekt *nt* **'pi·lot's li·cence,** AM **'pi·lot's li·cense** *n* Flugschein *m,* Pilotenschein *m*

pils·ner ['pɪlznəʳ, AM -nɚ] **I.** *n* Pils[e]ner *nt,* Pils *nt* **II.** *n modifier* (*of pilsner*) (*beer, tradition*) Pils[e]ner-; **~ beer** Pils[e]ner *nt,* Pils *nt;* **in ~ tradition** nach Pils[e]ner Brauart

pi·men·to [pɪ'mentəʊ, AM -toʊ], AM *usu* **pi·mien·to** [pɪ'mjentoʊ] *n* ❶ (*sweet red pepper*) [rote] Paprika ❷ (*spice*) Piment *m o nt,* Nelkenpfeffer *m*

pimp [pɪmp] **I.** *n* Zuhälter *m* **II.** *vi* als Zuhälter arbeiten; ■**to ~ for sb** jds Zuhälter *m* sein

pimp·ing ['pɪmpɪŋ] *n no pl* Zuhälterei *f*

pim·ple ['pɪmpl̩] *n* Pickel *m,* Pustel *f*

pim·pled ['pɪmpl̩d] *adj* pickelig

pim·ply ['pɪmpl̩i] *adj* pickelig

PIN [pɪn] *n abbrev of* **personal identification number** PIN

pin [pɪn] **I.** *n* ❶ (*sharp object*) Nadel *f;* **drawing ~** Reißzwecke *f;* **as bright** [*or* **clean**] **as a new ~** blitzblank ❷ (*for clothing*) [Ansteck]nadel *f;* AM (*brooch*) Brosche *f;* **hat ~** Hutnadel *f;* **tie ~** Krawattennadel *f* ❸ MIL (*on grenade*) Sicherungsstift *m* ❹ *usu pl* (*hum dated*) Bein *nt;* **I'm still a bit shaky on my ~s** ich bin immer noch ziemlich wackelig auf den Beinen ▶ PHRASES: **to be on ~s and needles** AM auf glühenden Kohlen sitzen; **to have ~s and needles** das Kribbeln haben *fam;* **you could hear a ~ drop** man konnte eine Stecknadel fallen hören **II.** *vt* <-nn-> ❶ (*attach with pin*) ■**to ~ sth** [**up**]**on** [*or* **to**] **sth** etw an etw *dat* befestigen; **a large picture of the president was ~ned to the office wall** ein großes Bild des Präsidenten war an die Bürowand geheftet; **to ~ back one's ears** *esp* BRIT (*fig fam*) die Ohren spitzen; **to ~ all one's hopes on sth** (*fig*) seine ganze Hoffnung auf etw *akk* setzen ❷ (*hold firmly*) **she was ~ned under a fallen beam from the roof** sie saß unter einem vom Dach gefallenen Balken fest; **to ~ sb against the door/in a corner/to the floor** jdn gegen die Tür/in eine Ecke drücken/auf den Boden drücken ❸ (*fix blame unfairly*) ■**to ~ sth on sb** jdm etw zuschieben, etw auf jdn schieben; **the guilt was ~ned on him alone** die Schuld wurde allein ihm zugeschoben ❹ AM (*dated: in college fraternity*) ■**to ~ a woman** *die feste Freundin mit dem Mitgliedsabzeichen seiner Verbindung beschenken*

◆**pin down** *vt* ❶ (*define exactly*) ■**to ~ down ↻ sth** etw genau definieren; (*locate precisely*) etw genau bestimmen ❷ (*make decide*) ■**to ~ down ↻ sb** [**to sth**] jdn [auf etw *akk*] festnageln; **she's very difficult to ~ down** man wird nicht richtig schlau aus ihr ❸ (*hold fast*) ■**to ~ down ↻ sb** jdn fest halten

◆**pin up** *vt* ■**to ~ sth ↻ up** etw anstecken; **to ~ up one's hair** die Haare hochstecken; **to ~ up a picture on the wall** ein Bild an die Wand hängen

pina·fore ['pɪnəfɔːʳ, AM -fɔːr] *n* ❶ (*apron*) [große] Schürze ❷ *esp* BRIT, AUS Trägerkleid *nt,* ärmelloses Kleid

'pina·fore dress *n esp* BRIT Trägerkleid *nt,* ärmelloses Kleid

'pin·ball *n no pl* Flipper *m;* **to play ~** flippern

'pin·ball ma·chine *n* Flipper *m*

pince-nez <*pl* -> [,pɛ̃s'neɪ, *pl* -neɪz] *n* Zwicker *m,* Kneifer *m;* **a pair of ~** ein Zwicker [*o* Kneifer] *m*

pin·cer ['pɪn(t)səʳ, AM -ɚ] *n* ❶ *usu pl* ZOOL Schere *f,* Zange *f* ❷ (*tool*) ■**~s** *pl* [Kneif]zange *f,* [Beiß]zange *f*

'pin·cer move·ment *n* MIL Zangenbewegung *f*

pinch [pɪn(t)ʃ] **I.** *vt* ❶ (*nip*) ■**to ~ sb/sth** jdn/etw kneifen [*o* BES. SÜDD, ÖSTERR zwicken]; (*squeeze*) jdn/etw quetschen; **these shoes ~ my feet** diese Schuhe drücken mich an den Füßen; ■**to ~ sth in sth** etw in etw *dat* einklemmen ❷ (*fam: steal*) ■**to ~ sth** etw klauen [*o* mitgehen lassen] *fam* ▶ PHRASES: **to ~ pennies** jeden Pfennig zweimal umdrehen **II.** *vi* kneifen, zwicken; *boots, shoes, slippers* drücken ▶ PHRASES: **to ~ and scrape** sich *dat* die Butter vom Mund absparen **III.** *n* <*pl* -es> ❶ (*nip*) Kneifen *nt,* Zwicken *nt;* **to give sb a ~** jdn kneifen; **he gave her a playful ~ on the bottom** er kniff sie aus Spaß in den Hintern ❷ (*small quantity*) Prise *f;* **a ~ of salt/sugar/dried thyme** eine Prise Salz/Zucker/getrockneter Thymian ▶ PHRASES: **to take sth with a ~ of salt** etw mit Vorsicht genießen; **to feel the ~** merken, dass das Geld knapp wird; **at** [*or* AM **in**] **a ~** wenn es nicht anders geht, zur Not

pinch·beck ['pɪn(t)ʃbek] **I.** *n no pl* Tombak *m* **II.** *n modifier* (*made of pinchbeck*) aus Tombak *nach n;* **~ jewellery** [*or* AM **jewelry**] Talmischmuck *m*

pinched [pɪn(t)ʃt] *adj* verhärmt

'pinch-hit <-tt-> *vi* einspringen
'pinch-hit·ter *n* SPORTS Ersatzspieler(in) *m(f);* AM (*fig*) Ersatz *m,* Lückenbüßer(in) *m(f)*
'pin curl *n usu pl* Löckchen *nt*
'pin·cush·ion *n* Nadelkissen *nt*
pine¹ [paɪn] **I.** *n* ❶ (*tree*) Kiefer *f* ❷ *no pl* (*wood*) Kiefer *f,* Kiefernholz *nt* ❸ BRIT (*stone pine*) Pinie *f* ❹ *no pl* BRIT (*wood of stone pines*) Pinie *f,* Pinienholz *nt* **II.** *n modifier* (*board, chair, table*) aus Kiefer[nholz] *nach n;* BRIT (*of stone pine*) aus Pinie[nholz] *nach n;* **the furniture had a ~ look** die Möbel waren aus Kiefer-/Pinienimitat; **~ forest** Kiefern-/Pinienwald *m*
pine² [paɪn] *vi* sich *akk* vor Sehnsucht verzehren *liter;* ■**to ~ for sb/sth** sich *akk* nach jdm/etw sehnen
◆**pine away** *vi* sich *akk* vor Sehnsucht verzehren *liter*
pin·eal ['pɪniəl] *adj* zapfenähnlich
'pin·eal body *n,* **'pin·eal gland** *n* Zirbeldrüse *f,* Epiphyse *f fachspr*
pine·ap·ple ['paɪnæpl̩] **I.** *n* Ananas *f;* **tinned ~s** Dosenananas *f* **II.** *n modifier* (*juice, ice cream, ring, tart*) Ananas-
'pine cone *n* Kiefernzapfen *m;* BRIT (*of stone pine*) Pinienzapfen *m* **'pine grove** *n* Kiefernwäldchen *nt;* BRIT (*with stone pines*) Pinienhain *m* **'pine ker·nel** *n* BRIT, AUS Pinienkern *m* **'pine nee·dle** *n* Kiefernnadel *f;* BRIT (*of stone pine*) Piniennadel *f* **'pine nut** *n* Pinienkern *m* **'pine tar** *n* BOT Kiefernharz *nt* **'pine tree** *n* Kiefer *f;* BRIT (*stone pine*) Pinie *f* **'pine-wood** *n no pl* Kiefernholz *nt;* BRIT (*of stone pine*) Pinienholz *nt*
piney ['paɪni] *adj* Kiefern-; **~ aroma/smell** Kiefernnadelaroma *nt*/-duft *m;* **~ oil** Kiefernnadelöl *nt*
ping [pɪŋ] **I.** *n* [kurzes] Klingeln; *of glass* Klirren *nt;* (*click*) Klicken *nt* **II.** *vi* ❶ (*make sound*) [kurz] klingeln; *glass* klirren; (*click*) klicken ❷ AM, AUS AUTO *engine* klingeln
ping-pong ['pɪŋˌpɒŋ, AM -ˌpɑːŋ] **I.** *n no pl* (*fam*) Tischtennis *nt,* Pingpong *nt* **II.** *n modifier* (*ball, game, player, table, tournament*) Tischtennis-, Pingpong-; **~ paddle** Tischtennisschläger *m*
'pin·head *n* ❶ (*of pin*) Stecknadelkopf *m* ❷ (*pej fam: simpleton*) Idiot(in) *m(f) fam,* Blödmann *m fam* **'pin·hole** *n* Nadeleinstich *m*
pin·ion¹ ['pɪnjən] *vt* ■**to ~ sb** jdn fest halten; **he was ~ed to the wall** er wurde gegen die Mauer gedrückt
pin·ion² ['pɪnjən] *n* TECH Ritzel *nt,* kleines Zahnrad; **rack-and-~ assembly** Zahn[radan]trieb *m*
pink¹ [pɪŋk] **I.** *n* Rosa *nt,* Pink *nt* ▸ PHRASES: **the ~ of condition** die Topform; **she reached the ~ of condition** sie erreichte ihre Topform; **to be in the ~** (*esp hum*) vor Gesundheit strotzen **II.** *adj* ❶ (*pale red*) rosa, pink; *cheeks* rosig; *face, nose* gerötet ❷ (*of gay, lesbian power*) rosa; **the ~ pound** [*or* AM **dollar**] *die Kaufkraft der homosexuellen Klientel* ❸ (*pej dated: socialist*) rot angehaucht, mit sozialistischen Tendenzen *nach n* ▸ PHRASES: **to see ~ elephants** (*hum*) weiße Mäuse sehen *hum*
pink² [pɪŋk] *n* (*flower*) [Garten]nelke *f*
pink³ [pɪŋk] *vt* ■**to ~ sth** etw durchstechen; (*with pinking shears*) etw auszacken
pink⁴ [pɪŋk] *vi* BRIT AUTO *engine* klingeln
'pink-col·lar *adj attr, inv* AM SOCIOL Frauen-; **~ profession** Frauenberuf *m*
pinkie ['pɪŋki] *n* (*fam*) kleiner Finger
pink·ing shears *npl* Zickzackschere *f*
pinko <*pl* -s *or* -es> ['pɪŋkəʊ, AM -koʊ] *n* (*pej dated fam*) Rote(r) *f(m),* Linke(r) *f(m)*
pink 'slip *n* AM (*fam*) Kündigungsschreiben *nt,* Kündigung *f,* blauer Brief *fam*
pink-'slip <-pp-> *vt* AM (*fam*) ■**to ~ sb** jdn rauswerfen *fam*
'pin mon·ey *n no pl* (*fam*) Taschengeld *nt* (*das man sich dazuverdient*); **to get** [*or* **earn**] **a little ~** ein bisschen Geld nebenher verdienen
pin·nace ['pɪnɪs] *n* NAUT Pinasse *f*
pin·na·cle ['pɪnəkl̩] *n* ❶ *usu pl of a mountain* Berggipfel *m,* Bergspitze *f* ❷ ARCHIT (*on a building*) Fiale *f fachspr* ❸ *usu sing* (*culmination*) Höhepunkt *m,* Gipfel *m*
PIN num·ber ['pɪnˌnʌmbəʳ, AM -ɚ] *n short for* **personal identification number** PIN *f*
pin·ny ['pɪni] *n* BRIT, AUS (*fam*) *short for* **pinafore** Schürze *f* mit Latz
'pin·point I. *vt* ■**to ~ sth** etw [genau] feststellen [*o* bestimmen]; **to ~ the cause of sth** den Grund für etw *akk* feststellen; **to ~ the location** [*or* **source**] **of sth** etw lokalisieren **II.** *adj attr, inv* sehr genau, haargenau; **~ accuracy** hohe Genauigkeit; *of missile, shot* hohe Zielgenauigkeit **III.** *n* winziger Punkt; **a ~ of light** ein winziger Lichtpunkt **'pin·prick** *n* Nadelstich *m;* (*fig: cause of irritation*) [kleine] Widrigkeit **'pin·stripe** *n* ❶ *no pl* (*pattern*) Nadelstreifen *m* ❷ (*suit*) Nadelstreifenanzug *m* **'pin·striped** *adj inv* Nadelstreifen-; **~ cloth** Stoff *m* mit Nadelstreifen **pin·stripe 'suit** *n* Nadelstreifenanzug *m*
pint [paɪnt] *n* ❶ (*measurement*) Pint *nt* (*0,568 l*) ❷ BRIT (*fam: beer*) ≈ eine Halbe [*o* ein Halbes] *fam;* **can I have a ~ of beer please?** eine Halbe bitte!; **he usually goes out for a ~ at lunchtime** mittags geht er meistens auf ein Bier
pin·ta ['paɪntə] *n* BRIT (*dated fam*) Pint *nt* Milch
'pint-size(d) *adj* (*fam*) winzig; (*fig*) unbedeutend, knirpsig; **he's just a ~ nobody** er ist bloß ein unbedeutender Wicht
'pin-up I. *n* ❶ (*picture*) [Star]poster *nt o m* ❷ (*fam: person*) Pin-up-Girl *nt;* **he's the latest teenage ~** er ist der neueste Teenagerschwarm **II.** *adj attr, inv* Pin-up-; **~ magazine** *Zeitschrift mit vielen Postern zum Aufhängen* **'pin·wheel** *n* AM (*windmill*) Windmühle *f*
◆**pin with** *vt* ■**to ~ sb with sth** jdn einer S. *gen* beschuldigen
piny *adj see* **piney**
pio·neer [ˌpaɪəˈnɪəʳ, AM -ˈnɪr] **I.** *n* Pionier(in) *m(f),* Wegbereiter(in) *m(f)* **II.** *n modifier* Pionier-, bahnbrechend; (*innovative*) innovativ **III.** *vt* ■**to ~ sth** den Weg für etw *akk* bereiten, für etw *akk* Pionierarbeit leisten; **our paper was ~ing articles like that last year** unsere Zeitung hat letztes Jahr als Erste solche Artikel gedruckt
pio·neer·ing [ˌpaɪəˈnɪərɪŋ, AM -ˈnɪr-] *adj* bahnbrechend; (*innovative*) innovativ
pi·ous ['paɪəs] *adj* ❶ REL (*devout*) fromm, [streng]gläubig ❷ (*iron: well-intentioned*) gut gemeint; **~ hope** BRIT frommer Wunsch; **~ intentions** gute Vorsätze; **~ promises** wohlklingende Versprechungen ❸ (*pej: hypocritical*) scheinheilig, heuchlerisch
pi·ous·ly ['paɪəsli] *adv* ❶ (*devoutly*) fromm, [streng]gläubig ❷ (*well-intentioned*) guten Glaubens ❸ (*hypocritically*) scheinheilig, heuchlerisch
pi·ous·ness ['paɪəsnəs] *n no pl* REL Frömmigkeit *f*
pip¹ [pɪp] *n* HORT Kern *m*
pip² [pɪp] *n usu pl esp* BRIT Piep *m*
pip³ [pɪp] *n* ▸ PHRASES: **to give sb the ~** BRIT (*dated fam*) jdm auf den Wecker gehen *fam*
pip⁴ <-pp-> [pɪp] *vt* BRIT (*fam*) ■**to ~ sb** jdn [knapp] besiegen [*o* schlagen]; **to ~ sb at the post** jdn um Haaresbreite schlagen *fam;* **I was ~ped at the post by the other candidate for promotion** der andere Kandidat schnappte mir die Beförderung vor der Nase weg
pipe [paɪp] **I.** *n* ❶ TECH (*tube*) Rohr *nt;* (*small tube*) Röhre *f; for gas, water* Leitung *f* ❷ (*for smoking*) Pfeife *f;* **to light one's ~** sich *dat* eine Pfeife anzünden ❸ MUS (*instrument*) Flöte *f;* (*in organ*) [Orgel]pfeife *f;* ■**~s** *pl* Dudelsack *m* ▸ PHRASES: **put** [*or* **stick**] **that in your ~ and smoke it** (*fam*) da beißt die Maus keinen Faden ab *prov fam,* damit musst du dich abfinden **II.** *vt* ❶ (*transport*) **to ~ gas/oil/water** Gas/Öl/Wasser leiten; **hot water is ~d to all apartments** alle Wohnungen werden mit Heißwasser versorgt ❷ (*speak shrilly*) ■**to ~ sth** etw piepsen; *esp women* etw zwitschern *oft hum;* (*loudly*) etw kreischen

P

III. *vi* piepsen; *esp women* zwitschern *oft hum;* (*loudly*) kreischen

◆**pipe down** *vi* (*fam: be quiet*) den Mund halten *fam;* (*be quieter*) leiser sein

◆**pipe up** *vi* sich *akk* zu Wort melden, den Mund aufmachen

'pipe bomb *n* Rohrbombe *f* **'pipe clean·er** *n* Pfeifenreiniger *m*

piped mu·sic *n no pl* Musik *f* aus der Konserve

'pipe dream *n* [Tag]traum *m;* **to be no more than a** [*or* **just a**] ~ nur ein Luftschloss sein

'pipe-fit·ter *n* Installateur(in) *m(f)* (*von Rohrleitungen*) **'pipe·line** *n* Pipeline *f;* **in the** ~ (*fig*) in Planung

pip·er ['paɪpəʳ, AM -ɚ] *n* Dudelsackspieler(in) *m(f)* ▶ PHRASES: **he who pays the ~, calls the tunes** (*prov*) wer bezahlt, darf auch bestimmen; **to pay the** ~ für die Kosten aufkommen

pipes [paɪps] *npl short for* **bagpipes** Dudelsack *m*

'pipe smok·er *n* Pfeifenraucher(in) *m(f)*

pi·pette [pɪ'pet, AM paɪ'-] *n* Pipette *f,* Saugröhrchen *nt*

pip·ing ['paɪpɪŋ] **I.** *n no pl* Paspel *f;* (*on furniture*) Kordel *f;* FOOD Spritzgussverzierung *f* **II.** *adv* ~ **hot** kochend heiß

pip·squeak ['pɪpskwi:k] *n* (*pej fam*) Würstchen *nt pej fam*

pi·quan·cy ['pi:kən(t)si] *n no pl* pikanter [*o* würziger] Geschmack, Würze *f;* (*fig: vitality*) Pikanterie *f;* **to add ~ to sth** den Reiz einer S. *gen* erhöhen

pi·quant ['pi:kənt] *adj* pikant, würzig; (*fig: stimulating*) interessant, faszinierend; (*with sexual overtones*) pikant

pi·quant·ly ['pi:kəntli] *adv* interessant, faszinierend; **to speak/talk ~ about sth** etw unterhaltsam erzählen

pi·qué *n* Piqué *nt fachspr*

pique [pi:k] **I.** *n no pl* Ärger *m,* Verärgerung *f;* **he stormed from the room in a fit of** ~ er rannte eingeschnappt aus dem Zimmer **II.** *vt* ■**to ~ sb** jdn verärgern; **to ~ sb's curiosity/interest** jds Neugier *f*/Interesse *nt* wecken

piqued [pi:kt] *adj* gekränkt, beleidigt, pikiert *geh*

pi·ra·cy ['paɪ(ə)rəsi, AM 'paɪrə-] *n no pl* ❶ (*at sea*) Piraterie *f,* Seeräuberei *f,* Freibeuterei *f;* ~ **on the high seas** Piraterie *f* auf hoher See ❷ (*of copyrights*) Raubkopieren *nt,* Produktpiraterie *f;* **software/video** ~ Software-/Videopiraterie *f*

pi·ran·ha <*pl* -s *or* -> [pɪ'rɑ:nə, AM pə'rɑ:njə] *n* Piranha *m*

pi·rate ['paɪ(ə)rət, AM 'paɪrət] **I.** *n* ❶ (*buccaneer*) Pirat(in) *m(f),* Seeräuber(in) *m(f),* Freibeuter(in) *m(f)* ❷ (*plagiarizer*) Raubkopierer(in) *m(f)* **II.** *adj attr, inv video, CD* raubkopiert; ~ **copy** Raubkopie *f* **III.** *vt* ■**to ~ sth** eine Raubkopie von etw *dat* machen, etw illegal vervielfältigen

pi·rat·ed ['paɪ(ə)rətɪd, AM 'paɪrəṭ-] *adj inv* raubkopiert, illegal vervielfältigt; ~ **copy** Raubkopie *f*

pi·rati·cal [paɪ(ə)'rætɪkəl, AM paɪ'ræṭ-] *adj* (*form*) Piraten-; ~ **crime** Piraterie *f;* ~ **merchants** verschlagene Händler(innen) *mpl(fpl)*

pirou·ette [ˌpɪru'et] **I.** *n* Pirouette *f* **II.** *vi* eine Pirouette drehen

Pis·cean ['paɪsiən] **I.** *n* ASTROL Fisch *m* **II.** *adj inv* Fisch-

Pi·sces <*pl* -> ['paɪsi:z] *n* ASTROL ❶ *no pl* (*sign*) Fische *mpl;* **under** ~ im Sternzeichen Fische ❷ (*person*) Fisch *m*

piss [pɪs] (*fam!*) **I.** *n no pl* Pisse *f derb;* **to have** [*or* AM **take**] **a** ~ aufs Klo gehen *fam,* pinkeln *fam,* pissen *derb;* **to need a** ~ mal [pinkeln] müssen *fam* ▶ PHRASES: **to take the** ~ [**out of sb**] BRIT jdn veräppeln *fam,* jdn verarschen *derb* **II.** *vi* ❶ (*urinate*) pinkeln *fam,* pissen *derb* ❷ *impers* BRIT, AUS (*sl: rain*) gießen *fam,* pissen *derb;* **it was ~ing all afternoon** es pisste den ganzen Nachmittag *derb* **III.** *vt* ■**to ~ oneself** in die Hose machen, sich *akk* bepinkeln *fam* [*o derb* bepissen]; (*fig: laugh*) sich *dat* vor Lachen in die Hosen machen *fam,* sich *akk* kaputtlachen *fam*

◆**piss about, piss around** BRIT, AUS **I.** *vi* (*fam!: be silly*) Blödsinn machen *fam;* (*waste time*) herumtrödeln *fam;* **stop ~ing about!** hör auf mit dem Blödsinn! **II.** *vt* (*fam!*) ■**to ~ sb about** [*or* **around**] (*mess about*) jdm auf die Nerven gehen *fam;* (*waste time*) jds Zeit *f* verschwenden; **stop ~ing me about** jetzt komm endlich zur Sache

◆**piss away** *vt* (*fam!*) ■**to ~ away** ◯ **sth** etw wegwerfen; **to ~ one's chances away** sich *dat* seine Chancen versauen *fam*

◆**piss down** *vi impers* BRIT, AUS (*fam!*) gießen *fam,* pissen *derb;* **how's the weather? – ~ing down right now** wie ist das Wetter? – es pisst gerade *derb*

◆**piss off I.** *vi* (*fam!*) abhauen *fam,* sich *akk* verpissen *derb;* ~ **off!** verpiss dich! *derb;* **why don't you just ~ off!** verpiss dich [doch] einfach! *derb* **II.** *vt* ■**to ~ sb off** jdn ankotzen *derb,* jdm auf die Nerven [*o derb* auf den Sack] gehen

'piss art·ist *n* BRIT (*fam!*) ❶ (*heavy drinker*) Säufer(in) *m(f)* ❷ (*botcher*) Penner(in) *m(f) fam* ❸ (*glib person*) Schwätzer(in) *m(f),* Laberer *m fam*

pissed [pɪst] *adj* (*fam!*) ❶ BRIT, AUS besoffen *fam,* blau *fam;* **to be ~ out of one's head** [*or* **mind**] [*or* **skull**] sternhagelvoll [*o* stockbesoffen] sein *fam;* **to be ~ as a newt** [*or* **fart**] sternhagelvoll [*o* stockbesoffen] sein *fam* ❷ AM [stink]sauer *fam*

pissed 'off *adj pred* (*fam!*) [stink]sauer *fam*

piss·er ['pɪsɚ] *n* AM (*fam!*) ❶ (*bad thing*) Scheiß *m derb;* **a ~ of a film/car** ein Scheißfilm/Scheißauto *derb* ❷ (*good thing*) ■**to be a** ~ der Bringer sein *fam,* [sau]geil sein *sl*

pis·soir ['pɪswɑ:ʳ, AM pi:'swɑ:r] *n* Pissoir *nt*

'piss-poor *adj esp* BRIT (*fam!*) ❶ (*broke*) sehr arm; **I'm sick of being** ~ ich bin es leid, ein armer Schlucker zu sein ❷ (*bad*) erbärmlich [schlecht], Scheiß- *derb* **'piss-pot** *n* (*fam!*) ❶ *esp* BRIT (*chamber pot*) Pisspott *m derb* ❷ AUS (*drunkard*) Säufer(in) *m(f)* **'piss-take** *n* BRIT (*fam!*) Veräppelung *f fam,* Verarschung *f derb;* **to do a ~ of sb** jdn nachmachen **'piss-up** *n* BRIT, AUS (*fam!*) Besäufnis *nt* ▶ PHRASES: **sb couldn't organize a ~ in a brewery** jd kann nicht bis drei zählen

pis·ta·chio [pɪ'stɑ:ʃiəʊ, AM -'stæʃioʊ] **I.** *n* Pistazie *f* **II.** *n modifier* (*ice cream, shell*) Pistazien-

piste [pi:st] *n* Piste *f*

pis·til ['pɪstɪl] *n* BOT Stempel *m,* Pistill *nt fachspr*

pis·tol ['pɪstəl] *n* Pistole *f;* **to hold** [*or* **put**] **a ~ to sb's head** (*fig*) jdm die Pistole auf die Brust setzen

'pis·tol shot *n* [Pistolen]schuss *m* **'pis·tol-whip** *vt* AM, AUS (*sl*) ■**to ~ sb** jdn mit dem Knauf einer Pistole schlagen

pis·ton ['pɪstən] *n* TECH Kolben *m*

'pis·ton en·gine *n* TECH Kolbenmotor *m* **'pis·ton ring** *n* TECH Kolbenring *m fachspr* **'pis·ton stroke** *n* TECH Kolbenhub *m fachspr*

pit[1] [pɪt] **I.** *n* ❶ (*in ground*) Grube *f,* [Erd]loch *nt;* (*scar*) Narbe *f;* TECH (*hollow*) Loch *nt;* (*in compact disc*) Einbrenngrube *f fachspr;* MED (*in body*) Grube *f,* Höhle *f;* **in the ~ of the stomach** in der Magengrube ❷ (*mine*) Bergwerk *nt,* Zeche *f;* **chalk/clay/gravel** ~ Kreide-/Lehm-/Kiesgrube *f;* **to go down the** ~ [*or* **work in the ~s**] unter Tage arbeiten ❸ BRIT (*dated fam: bed*) Falle *f;* **I'm going to my** ~ ich hau mich in die Falle *fam* ❹ (*pej fam: untidy place*) Schweinestall *m fam* ❺ *esp* BRIT THEAT (*seating area*) Parkett *nt* ❻ MUS (*orchestral area*) Orchestergraben *m* ❼ SPORTS ■**the ~s** *pl* die Boxen *fpl* ❽ AM STOCKEX ■**the** ~ der Börsensaal ▶ PHRASES: **to be the ~s** (*fam*) das Letzte sein **II.** *vt* <-tt-> *usu passive* ■**sth is ~ted** [**with sth**] etw ist [von etw *dat*] zerfurcht; **his face was ~ted with pockmarks** sein Gesicht war mit Pockennarben übersät

pit[2] [pɪt] **I.** *n esp* AM (*stone*) Kern *m;* **hard** ~ Stein *m* **II.** *vt* <-tt-> ❶ FOOD ■**to ~ sth** etw entkernen; **to ~ an avocado** eine Avocado entsteinen ❷ ■**to ~ sth against sth** *products* etw gegen etw *akk* ins Rennen schicken; **a war that ~ted neighbour against neighbour** ein Krieg, in dem der Nachbar gegen den Nachbarn kämpfte; ■**to ~ oneself against sb/sth** sich mit jdm/etw messen; **the climbers ~ted themselves against the mountain** die Kletterer maßen sich an dem Berg

pita ['pɪtə, AM 'pi:ṭə] *n no pl,* **pita bread** *n no pl* AM Pittabrot *nt*

pit-a-pat [ˌpɪtə'pæt, AM ˌpɪṭ-] **I.** *adv inv feet* tapsend; *heart, rain* klopfend; **the rain went ~ on the window** der Regen klopfte gegen die Fensterscheibe **II.** *n no pl of feet* Getrappel *nt; of the heart, rain* Klopfen *nt; of water* Plätschern *nt;* **you could hear**

the ~ of the little girl's feet man konnte das kleine Mädchen tapsen hören

'pit bull *n,* **pit bull 'ter·ri·er** *n* Pitbull[terrier] *m*

pitch¹ [pɪtʃ] *n no pl* Pech *nt*

pitch² [pɪtʃ] **I.** *n* <*pl* -es> ❶ Brit, Aus sports (*playing field*) [Spiel]feld *nt,* Platz *m;* Brit (*for camping*) [Zelt]platz *m;* **football** ~ Fußballfeld *nt,* Fußballplatz *m* ❷ Am sports (*in baseball*) Wurf *m* ❸ mus, ling (*tone*) Tonhöhe *f; of voice* Stimmlage *f; of instrument* Tonlage *f;* (*volume*) Lautstärke *f;* (*fig*) Ton *m,* Atmosphäre *f;* **to be at fever** ~ (*worked-up*) [schrecklich] aufgeregt sein; *children* [völlig] aufgedreht sein; **perfect** ~ absolutes Gehör; **to get the** ~ **right** den richtigen Ton treffen ❹ (*persuasion*) [Verkaufs]gerede *nt;* **he gave me his** ~ **about quality and reliability** er spulte seine Sprüche über Qualität und Zuverlässigkeit ab; **sales** ~ Verkaufssprüche *mpl;* **to make a** ~ **for sth** sich *akk* um etw *akk* bemühen ❺ *esp* Brit econ (*sales area*) Platz *m* ❻ (*slope*) Schräge *f,* Neigung *f;* **low/steep** ~ flache/steile Schräge [*o* Neigung] **II.** *vt* ❶ (*throw*) ■**to** ~ **sb/sth** jdn/etw werfen; **the bouncer picked him up and ~ed him into the street** der Türsteher hob ihn hoch und warf ihn hinaus; ■**to** ~ **sb into sth** (*fig*) jdn zu etw *dat* zwingen; **to be ~ed [headlong] into despair** in [tiefe] Verzweiflung gestürzt werden; **to** ~ **sb into a situation** jdn in eine [bestimmte] Situation bringen ❷ sports (*throw*) **he has ~ed the last 3 innings** er spielte in den letzten 3 Runden den Werfer; **to** ~ **a ball** einen Ball werfen; **she ~ed a curve ball** sie schnitt den Ball an ❸ (*set music*) ■**to** ~ **sth** *instrument* etw stimmen; *song* etw anstimmen; (*be in tune*) *note* etw treffen; **the tune was ~ed [too] high/low** die Melodie war [zu] hoch/tief ❹ (*target*) ■**to** ~ **sth at** [*or* Am **to**] **sb** etw auf jdn ausrichten; **we decided to** ~ **the film at young adults** wir entschieden, dass die Zielgruppe des Films junge Erwachsene sein sollten ❺ (*advertise, promote*) ■**to** ~ **sth** etw propagieren [*o sl* pushen] **III.** *vi* ❶ *ship, yacht* schießen; **the ship ~ed from side to side in the rough sea** die raue See warf das Schiff von rechts nach links; **the passengers ~ed forward** die Passagiere wurden nach vorne geschleudert ❷ Am sports (*in baseball*) werfen; (*in cricket*) [auf den Boden] aufkommen ❸ (*slope*) sich *akk* neigen ❹ (*aim for*) ■**to** ~ **for sth** etw anstreben [*o* versuchen]; **he's ~ing for Amnesty International to try and persuade the politicians** er versucht, Amnesty International dazu zu bewegen, die Politiker zu überzeugen ❺ (*attack*) ■**to** ~ **into sb** jdn angreifen ❻ (*start*) ■**to** ~ **into sth** etw [entschlossen] angehen [*o* anpacken]

◆**pitch in** *vi* (*fam: contribute*) helfen, mit anpacken *fam;* (*financially*) zusammenlegen; ■**to** ~ **in with sth** sich *akk* mit etw *dat* einbringen; **everyone ~ed in with comments** jeder machte seine Bemerkungen

◆**pitch up** *vi* Brit (*fam*) auftauchen *fam*

'pitch-black *adj inv* pechschwarz **pitch·blende** ['pɪtʃblend] *n no pl* chem Pechblende *f fachspr* **pitch 'dark·ness** *n no pl* völlige Dunkelheit

pitched [pɪtʃt] *adj inv* ❶ (*with tar*) geteert ❷ (*sloping*) ~ **roof** Dachschräge *f*

pitched 'bat·tle *n* mil offene [Feld]schlacht; (*fig: confrontation*) offener Schlagabtausch

pitch·er¹ ['pɪtʃəʳ, Am -ɚ] *n* ❶ Brit (*container*) Henkelkrug *m* ❷ *esp* Am (*jug*) Krug *m;* **tea** ~ *Krug für kalten, meist süßen Tee*

pitch·er² ['pɪtʃəʳ, Am -ɚ] *n* sports (*in baseball*) Werfer(in) *m(f),* Pitcher(in) *m(f) fachspr;* **relief** ~ Ersatzwerfer(in) *m(f)*

'pitch·fork I. *n* (*for hay*) Heugabel *f;* (*for manure*) Mistgabel *f* **II.** *vt* (*fig*) ■**to** ~ **sb into sth** jdn unerwartet mit etw *dat* konfrontieren **'pitch pine** *n* Pechkiefer *f*

pit·eous ['pɪtiəs, Am -t̬-] *adj* Mitleid erregend, herzzerreißend; **to give a** ~ **cry** kläglich schreien; **to be a** ~ **sight** einen bemitleidenswerten Anblick bieten

pit·eous·ly ['pɪtiəsli, Am -t̬-] *adv* Mitleid erregend, herzzerreißend

pit·eous·ness ['pɪtiəsnəs, Am -t̬-] *n no pl* Mitleiderregen *nt;* ~ **may not be the best way to get people to contribute to charities** die Mitleidstour ist nicht immer der beste Weg, um Leute zum Spenden zu bewegen *fam*

'pit·fall *n usu pl* Falle *f,* Fußangel *f; of a language, subject* Hauptschwierigkeit *f*

pith [pɪθ] *n no pl* ❶ (*of orange, grapefruit etc*) weiße Innenhaut; **he carefully removed the** ~ er entfernte sorgfältig alle weißen Fasern ❷ (*in plants*) Mark *nt* ❸ (*fig: essence*) Kern *m,* Hauptpunkt *m* ❹ (*fig: substance of speech*) Substanz *f;* **his speech was full of** ~ seine Rede enthielt viele wichtige Gedanken; **sth lacks** ~ es mangelt etw *dat* an Substanz

'pit·head ['pɪthed] **I.** *n usu sing* min (*entrance*) Zecheneinstieg *m;* (*buildings*) Übertageanlagen *fpl* **II.** *adj attr, inv* Tagebau-, Übertage-; ~ **ballot** Abstimmung *f* der im Tagebau Beschäftigten; ~ **building** Schachthaus *nt;* ~ **staff** Übertagearbeiter(innen) *mpl(fpl)*

pith 'hel·met *n* (*esp hist*) Tropenhelm *m*

pithi·ly ['pɪθɪli] *adv* prägnant, kurz und treffend

pithi·ness ['pɪθɪnəs] *n no pl* Markigkeit *f,* Prägnanz *f*

pithy ['pɪθi] *adj* ❶ (*succinct*) prägnant, kurz und treffend, markig; **her later books are pithier** ihre späteren Bücher haben mehr Substanz; **a** ~ **phrase** ein markiger Satz ❷ (*of citrus fruits*) dickschalig; **these oranges are very** ~ diese Orangen haben eine dicke weiße Haut

piti·able ['pɪtiəbl̩, Am -t̬-] *adj* ❶ (*arousing pity*) bemitleidenswert, herzzerreißend; (*terrible*) schrecklich, furchtbar ❷ (*despicably*) lächerlich, erbärmlich

piti·ably ['pɪtiəbli, Am -t̬-] *adv* (*form*) ❶ (*distressingly*) bemitleidenswert; (*terribly*) erschreckend, fürchterlich ❷ (*despicably*) lächerlich, erbärmlich

piti·ful ['pɪtifᵊl, Am -t̬-] *adj* ❶ (*arousing pity*) bemitleidenswert, herzzerreißend; (*terrible*) *conditions etc* schrecklich, furchtbar; ~ **sight** [*or* **spectacle**] trauriger Anblick; **a** ~ **state of affairs** unhaltbare Zustände ❷ (*unsatisfactory*) erbärmlich, jämmerlich; ~ **excuse** jämmerliche Ausrede; ~ **pay** erbärmliche Bezahlung

piti·ful·ly ['pɪtifᵊli, Am -t̬-] *adv* ❶ (*distressingly*) bemitleidenswert; (*terribly*) erschreckend, fürchterlich ❷ (*despicably*) lächerlich, erbärmlich

piti·ful·ness ['pɪtifᵊlnəs, Am -t̬-] *n no pl* Bedauernswerte *nt,* Bemitleidenswerte *nt;* **the** ~ **of a predicament** das Tragische an einer Zwangslage; **the** ~ **of a situation** die Tragik einer Situation; **the** ~ **of a tragedy** die Größe einer Tragödie

piti·less ['pɪtiləs, Am -t̬-] *adj* erbarmungslos, unbarmherzig; **he told us his story in** ~ **detail** er ersparte uns kein einziges Detail seiner Geschichte; **the** ~ **midday sun** die erbarmungslose Mittagshitze; ~ **rule** hartes Regime

piti·less·ly ['pɪtiləsli, Am -t̬-] *adv* erbarmungslos, unbarmherzig, ohne Gnade

piti·less·ness ['pɪtiləsnəs, Am -t̬-] *n no pl* Erbarmungslosigkeit *f,* Unbarmherzigkeit *f;* (*brutality*) Grausamkeit *f*

pi·ton ['piːtɒn, Am -tɑːn] *n* sports (*for rock*) Felshaken *m;* (*for ice*) Eishaken *m*

'pit pony *n* Brit (*hist*) Grubenpony *nt,* Grubenpferd *nt* **'pit stop** *n* sports Boxenstop *m;* (*fig hum: journey break*) Reiseunterbrechung *f*

pit·ta ['pɪtə, Am 'piːt̬ə] *n,* **pit·ta bread** *n no pl* Pittabrot *nt*

pit·tance ['pɪtᵊn(t)s] *n usu sing* (*pej*) Hungerslohn *m,* erbärmlich niedriger Lohn; **a mere** ~ nur ein Taschengeld *nt;* **…, but for the company it's a mere** ~ …, aber das Unternehmen bezahlt das aus der Portokasse

pit·ted ['pɪtɪd, Am -t̬-] *adj inv* Am, Aus *prunes etc* entkernt

pit·ter-pat·ter ['pɪtə,pætəʳ, Am -t̬ɚ,pæt̬ɚ] **I.** *n no pl* Klopfen *nt; of feet, steps* Tapsen *nt,* Trappeln *nt;* (*fig hum*) **do I hear the** ~ **of tiny feet?** ist da schon an Nachwuchs gedacht? **II.** *vi* klopfen; *people, feet* tapsen, trappeln **III.** *adv inv* klopfend; *people,*

P

feet tapsend, trappelnd

pi·tui·tary [pɪ'tju:ɪtᵊri, AM 'tu:əteri] *n*, **pi·tui·tary gland** *n* ANAT Hirnanhangsdrüse *f*, Hypophyse *f fachspr*

pity ['pɪti, AM -t̬-] **I.** *n no pl* ① (*compassion*) Mitleid *nt*; **for ~'s sake** um Himmels willen; **to feel** [*or* **have**] **~ for sb, to take ~ on sb** mit jdm Mitleid haben; ■**in** [*or* **with**] **~** mitleidig ② (*shame*) **what a ~!** wie schade!; **more's the ~** *esp* BRIT leider; ■**to be a ~** schade [*o* bedauerlich] sein; ■**[it's a] ~ that ...** [es ist] [wirklich] schade, dass ...; ■**the ~ of it is that ...** das Traurige daran ist, dass ... **II.** *vt* <-ie-> ■**to ~ sb** jdn bedauern, Mitleid mit jdm haben

pity·ing ['pɪtiɪŋ, AM -t̬-] *adj* mitleidig; (*condescending*) herablassend

pity·ing·ly ['pɪtiɪŋli, AM -t̬-] *adv* mitleidig; (*condescendingly*) herablassend

piv·ot ['pɪvət] **I.** *n* ① MECH, TECH (*shaft*) [Dreh]zapfen *m*, Scharnier *nt*; (*fig: focal point*) Dreh- und Angelpunkt *m* ② (*fig: key person*) Schlüsselfigur *f*; ■**to be the ~ of sth** im Zentrum einer S. *gen* stehen **II.** *vi* ① (*revolve*) ■**to ~ around sth** (*a. fig*) um etw *akk* kreisen *a. fig*; **lights which ~ on brackets** Scheinwerfer, die sich auf Trägern drehen; ■**to ~ round** [*or* AM **around**] sich *akk* [um]drehen ② (*fig: depend on*) von etw *dat* abhängen; **this peace process ~s around certain personalities** der Friedensprozess steht und fällt mit bestimmten Persönlichkeiten

piv·ot·al ['pɪvətᵊl, AM -t̬-] *adj* Schlüssel-, Haupt-; **~ figure** Schlüsselfigur *f*; **~ idea** Grundgedanke *m*; **~ role** entscheidende Rolle

pix [pɪks] *npl* (*fam*) *short for* **pictures** Fotos *ntpl*, Bilder *ntpl*

pix·el ['pɪksᵊl] *n* Pixel *nt fachspr*, Bildpunkt *m*

pixie ['pɪksi] *n* Kobold *m*

pixi·lat·ed ['pɪksɪleɪt̬ɪd] AM, **pixil·lat·ed** [-t-] *adj* (*form*) bizarr, überspannt

pixy ['pɪksi] *n* Kobold *m*

piz·za ['pi:tsə] *n* Pizza *nt*; **deep-pan ~** Pfannenpizza *f*; **French-bread ~** Pizzabaguette *nt*

'piz·za-face *n* (*pej sl*) Pickelgesicht *nt fam* **'piz·za house** *n* BRIT, **'piz·za par·lor** *n* AM Pizzeria *f* **piz·za 'pie** *n* AM (*pizza*) Pizza *f* **'piz·za place** *n* Pizzeria *f*

piz·zazz *n no pl* (*fam*), **pzazz** [pɪ'zæz] *n no pl* (*fam*) Pfiff *m*, Flair *m*; *of people* Ausstrahlung *f*; *of a performance* Schwung *m*

piz·ze·ria [,pi:tsə'ri:ə] *n* Pizzeria *f*

piz·zi·ca·to [,pɪtsɪ'kɑ:təʊ, AM -toʊ] *inv* MUS **I.** *adj* gezupft, pizzicato *fachspr*; **~ music** Pizzikato *nt fachspr* **II.** *adv* pizzicato *fachspr*; **to play ~** zupfen

pl LING **I.** *n no pl abbrev of* **plural** Pl. **II.** *n modifier abbrev of* **plural**: **~ ending** Pluralendung *f*

Pl *n no pl abbrev of* **Place** Pl.

plac·ard ['plækɑ:d, AM -ɑ:rd] *n* Plakat *nt*; (*at demonstrations also*) Transparent *nt*

pla·cate [plə'keɪt, AM 'pleɪkeɪt] *vt* ■**to ~ sb** (*soothe*) jdn beruhigen; (*appease*) jdn beschwichtigen; **outraged minority groups will not be ~d by promises** erzürnte Minderheiten werden sich nicht mit Versprechungen abspeisen lassen

placa·tory [plə'keɪtᵊri, AM 'pleɪkətɔ:ri] *adj* (*calming*) beschwichtigend; (*appeasing*) versöhnlich

place [pleɪs] **I.** *n* ① (*location*) Ort *m*; **I hate busy ~s** ich hasse Orte, an denen viel los ist; **the hotel was one of those big, old-fashioned ~s** das Hotel war eines dieser großen altmodischen Häuser; **we're staying at a bed-and-breakfast ~** wir übernachten in einer Frühstückspension; **let's go to a pizza ~** lass uns eine Pizza essen gehen; **this is the exact ~!** das ist genau die Stelle!; **this plant needs a warm, sunny ~** diese Pflanze sollte an einem warmen, sonnigen Ort stehen; **Scotland is a very nice ~** Schottland ist ein tolles Land *fam*; **that café is a nice ~** dieses Café ist echt nett *fam*; **a nice little ~ at the seaside** ein netter kleiner Ort am Meer; **please put this book back in its ~** bitte stell dieses Buch wieder an seinen Platz zurück; **this is the ~ my mother was born** hier wurde meine Mutter geboren; **sorry, I can't be in two ~s at once** tut mir leid, ich kann nicht überall gleichzeitig sein; **~ of birth** Geburtsort *m*; **~ of death** Sterbeort *m*; **~ of refuge** Zufluchtsort *m*; **~ of residence** Wohnort *m*; **a ~ in the sun** (*fig*) ein Plätzchen an der Sonne; **~ of work** Arbeitsplatz *m*, Arbeitsstätte *f*; **to go ~s** AM weit herumkommen, viel sehen; **in ~s** stellenweise; **this plant still exists in ~s** diese Pflanze kommt noch vereinzelt vor ② *no pl* (*appropriate setting*) [geeigneter] Ort; **this meeting isn't the ~ to discuss individual cases** diese Konferenz ist nicht der Ort, um Einzelfälle zu diskutieren; **university was not the ~ for me** die Universität war irgendwie nicht mein Ding *fam*; **that bar is not a ~ for a woman like you** Frauen wie du haben in solch einer Bar nichts verloren ③ (*home*) **I'm looking for a ~ to live** ich bin auf Wohnungssuche; **we'll have a meeting at my ~/Susan's ~** wir treffen uns bei mir/bei Susan; **where's your ~?** wo wohnst du?; (*fam*) **your ~ or mine?** zu dir oder zu mir?; **they're trying to buy a larger ~** wir sind auf der Suche nach einer größeren Wohnung ④ (*fig: position, rank*) Stellung *f*; **she's got friends in high ~s** sie hat Freunde in hohen Positionen; **they have a ~ among the country's leading exporters** sie zählen zu den führenden Exporteuren des Landes; **it's not your ~ to tell me what to do** es steht dir nicht zu, mir zu sagen, was ich zu tun habe; **I'm not criticizing you – I know my ~** das ist keine Kritik – das würde ich doch nie wagen!; **to keep sb in their ~** jdn in seine Schranken weisen; **to put sb in his/her ~** [*or* **show sb his/her ~**] jdm zeigen, wo es lang geht *fam* ⑤ (*instead of*) ■**in ~ of** stattdessen; **you can use margarine in ~ of butter** statt Butter kannst du auch Margarine nehmen; **I invited Jo in ~ of Les, who was ill** Les war krank, daher habe ich Jo eingeladen ⑥ (*proper position*) ■**to be in ~** an seinem Platz sein; (*fig: completed*) fertig [*o* abgeschlossen] sein; **the chairs were all in ~** die Stühle waren alle dort, wo sie sein sollten; (*fig*) **the arrangements are all in ~ now** die Vorbereitungen sind jetzt abgeschlossen; (*fig*) **the new laws are now in ~** die neuen Gesetze gelten jetzt; (*fig*) **suddenly all fell into ~** plötzlich machte alles Sinn; **to be out of ~** nicht an der richtigen Stelle sein; *person* fehl am Platz[e] sein; (*fig*) **the large desk was totally out of ~ in such a small room** der große Schreibtisch war in solch einem kleinen Zimmer völlig deplatziert; **what you've just said was completely out of ~** was du da gerade gesagt hast, war völlig unangebracht; **to push sth in ~** etw in die richtige Position schieben ⑦ MATH (*in decimals*) Stelle *f*; **to five ~s of decimals** bis auf fünf Stellen hinter dem Komma ⑧ (*job, position*) Stelle *f*; (*in team*) Platz *m*; (*at university*) Studienplatz *m*; **your ~ is here by my side** du gehörst an meine Seite; **to take the ~ of sb** jds Platz *m* einnehmen ⑨ (*in book*) Stelle *f*; **to find one's ~** die [richtige] Stelle wiederfinden; **to keep one's ~** markieren, wo man gerade ist/war; **to lose one's ~** die Seite verblättern[, wo man gerade war]; (*on page*) nicht mehr wissen, wo man gerade ist ⑩ (*seat*) Platz *m*; **is this ~ taken?** ist dieser Platz noch frei?; **to change ~s with sb** mit jdm die Plätze tauschen; **to keep sb's ~** [*or* **save sb a ~**] jdm den Platz freihalten; **to lay a/another ~** ein/noch ein Gedeck auflegen; **to take one's ~ at table** Platz nehmen ⑪ (*position*) Stelle *f*; **just put yourself in my ~** versetzen Sie sich doch mal in meine Lage!; **if I were in your ~ ...** ich an deiner Stelle ...; **what would you do in my ~?** was würden Sie an meiner Stelle tun? ⑫ (*ranking*) Platz *m*, Position *f*; **the song went from tenth to second ~ in the charts** das Lied stieg vom zehnten auf den zweiten Platz in den Charts; **our team finished in second ~** unsere Mannschaft wurde Zweiter; **to take** [*or esp* BRIT **get**] **first/second ~** Erste(r)/Zweite(r) werden; **to take first/second ~** (*fig*) an erster/zweiter Stelle kommen; **their children always take first ~** ihre Kinder stehen für sie immer an erster Stelle; **in second** ~ auf dem zweiten Platz ⑬ SPORTS **to get a** ~ sich *akk* platzieren; AM Zweite(r) werden ⑭ AM (*fam: somewhere*) **I know I left that book some** ~ ich weiß, dass ich das Buch irgendwo gelassen habe ▸ PHRASES: **there is a** ~ **and time for everything** alles zu seiner Zeit; **all over the** ~ (*everywhere*) überall; (*badly organized*) [völlig] chaotisch; (*spread around*) in alle Himmelsrichtungen zerstreut; **in the first** ~ (*at first*) zuerst; (*at all*) überhaupt; **we shouldn't have got married in the first** ~**!** wir hätten erst gar nicht heiraten dürfen!; **but why didn't you say that in the first** ~**?** aber warum hast du denn das nicht gleich gesagt?; **in the first/second** ~ (*firstly, secondly*) erstens/zweitens; **to give** ~ **to sb/sth** jdm/etw Platz machen; **to go** ~**s** (*fam*) auf dem Weg nach oben sein; **to take** ~ stattfinden; **a** ~ **for everything and everything in its** ~ (*prov*) jedes Ding hat seinen Platz **II.** *vt* ① (*position*) ■**to** ~ **sth somewhere** etw irgendwohin stellen; (*lay*) etw irgendwohin legen; **bowls of flowers had been** ~**d on tables** auf den Tischen waren Blumenvasen aufgestellt; **the Chancellor** ~**d a wreath on the tomb** der Kanzler legte einen Kranz auf das Grab nieder; **she** ~**d her name on the list** sie setzte ihren Namen auf die Liste; **he** ~**d his hand on my shoulder** er legte mir die Hand auf die Schulter; **to** ~ **an advertisement in the newspaper** eine Anzeige in die Zeitung setzen; **to** ~ **sth on the agenda** etw auf die Tagesordnung setzen; **to** ~ **a bet on sth** auf etw *akk* wetten; **to** ~ **sb under sb's care** jdn in jds Obhut *f* geben; **to** ~ **a comma** ein Komma setzen; **to** ~ **one foot in front of the other** einen Fuß vor den anderen setzen; **to** ~ **a gun at sb's head** jdn eine Pistole an den Kopf setzen; **to** ~ **money on sth** Geld auf etw *akk* setzen; ■**to be** ~**d** *shop, town* liegen ② (*impose*) **to** ~ **an embargo on sb/sth** über jdn/etw ein Embargo verhängen; **to** ~ **a limit** [*or* **ceiling**] **on sth** etw begrenzen; **to** ~ **ten pounds/half a million on sth** etw mit zehn Pfund/einer halben Million veranschlagen ③ (*ascribe*) **to** ~ **the blame on sb** jdm die Schuld geben; **to** ~ **one's faith** [*or* **trust**] **in sb/sth** sein Vertrauen in jdn/etw setzen; **to** ~ **one's hopes on sb/sth** seine Hoffnungen auf jdn/etw setzen; **to** ~ **importance on sth** auf etw *akk* Wert legen; **... and she** ~**d the emphasis on the word 'soon'** ... und die Betonung lag auf ‚schnell'; **he** ~**d stress on every second syllable** er betonte jede zweite Silbe ④ (*arrange for*) **to** ~ **a call** ein Telefongespräch anmelden; **to** ~ **sth at sb's disposal** jdm etw überlassen ⑤ (*appoint to a position*) ■**to** ~ **sb/sth somewhere** jdn/etw irgendwo unterbringen [*o* SCHWEIZ platzieren]; **to** ~ **sb on** [**the**] **alert** jdn in Alarmbereitschaft versetzen; **to** ~ **sb under arrest** jdn festnehmen; **to** ~ **sb in charge** [**of sth**] jdm die Leitung [von etw *dat*] übertragen; **to** ~ **sb in jeopardy** jdn in Gefahr bringen; **to** ~ **sb under pressure** jdn unter Druck setzen; **to** ~ **a strain on sb/sth** jdn/etw belasten; **to** ~ **sb under surveillance** jdn unter Beobachtung stellen; **the town was** ~**d under the control of UN peacekeeping troops** die Stadt wurde unter die Aufsicht der UN-Friedenstruppen gestellt ⑥ (*recognize*) ■**to** ~ **sb/sth** *face, person, voice, accent* jdn/etw einordnen ⑦ (*categorize, rank*) ■**to** ~ **sb/sth** jdn/etw einordnen; **to be** ~**d** SPORTS sich *akk* platzieren; AM unter die ersten zwei kommen; **to be** ~**d first/second** SPORTS Erste(r)/Zweite(r) werden; ■**to** ~ **sth above** [*or* **before**] [*or* **over**] **sth** etw über etw *akk* stellen; **sb** ~**s sth above all other things** etw steht bei jdm an erster Stelle; **I'd** ~ **him among the world's ten most brilliant scientists** für mich ist er einer der zehn hervorragendsten Wissenschaftler der Welt; **they** ~**d the painting in the Renaissance** sie ordneten das Bild der Renaissance zu ⑧ ECON ■**to** ~ **sth** *goods* etw absetzen; **to** ~ **an order for sth** etw bestellen; **to** ~ **an order with a firm** einer Firma einen Auftrag erteilen ⑨ *passive* (*good position*) ■**to be well** ~**d for sth** für etw *akk* eine gute Ausgangsposition haben; **we're well** ~**d for the shops** wir haben es nicht weit zum Einkaufen *fam;* **to be well** ~**d financially** finanziell gut dastehen; **to be well** ~**d to watch sth** von seinem Platz aus etw gut sehen können ⑩ *passive* (*have at disposal*) ■**to be well** ~**d for sth: how** ~**d are you for time/money?** wie sieht es mit deiner Zeit/deinem Geld aus? **III.** *vi* SPORTS sich *akk* platzieren; AM *a.* (*finish second*) Zweite(r) werden

pla·ce·bo [plə'si:bəʊ, AM -boʊ] *n* MED Placebo *nt,* Scheinmedikament *nt;* (*fig*) Ablenkungsmanöver *nt*

pla·'ce·bo ef·fect *n* MED Placeboeffekt *m*

'place card *n* Tischkarte *f*

placed [pleɪst] *adj inv* platziert, positioniert; **he was well** ~ **to watch the cricket match** er hatte einen guten Platz, um das Kricketmatch zu verfolgen; **a highly** ~ **official was arrested** ein hoher Beamter wurde festgenommen; **how are you** ~ **for Tuesday night?** wie sieht es bei dir mit Dienstagabend aus?

'place kick *n* SPORTS Platztritt *m* **'place mat** *n* Set *nt o m,* Platzdeckchen *nt*

place·ment ['pleɪsmənt] **I.** *n* ① (*being placed*) Platzierung *f,* Positionierung *f; of building* Lage *f;* **they were surprised by the** ~ **of the article in this particular book** sie waren überrascht, dass der Artikel gerade in diesem Buch erschien; ~ **of an order** Bestellung *f* ② (*by job service*) Vermittlung *f;* (*job itself*) Stelle *f* **II.** *adj attr, inv* Einstufungs-; ~ **examination** [*or* **test**] Einstufungstest *m;* ~ **service** Stellenvermittlung *f,* Vermittlungsdienst *m*

'place name *n* Ortsname *m*

pla·cen·ta <*pl* -s *or* -tae> [plə'sentə, *pl* -ti:] *n* MED Plazenta *f*

pla·cen·tae [plə'senti:] *pl of* **placenta**

place of 'in·ter·est <*pl* places-> *n* Sehenswürdigkeit *f* **place of 'work** <*pl* places of work> *n* Arbeitsplatz *m,* Arbeitsstelle *f* **place of 'wor·ship** <*pl* places of worship> *n* Gotteshaus *nt;* (*temple*) Tempel *m* **'place set·ting** *n* Gedeck *nt*

plac·id ['plæsɪd] *adj* ruhig, friedlich; *person also* friedfertig, gelassen

pla·cid·ity [plə'sɪdəti, AM -əṭi] *n no pl,* **plac·id·ness** ['plæsɪdnəs] *n no pl* Friedfertigkeit *f;* (*stillness*) Ruhe *f*

plac·id·ly ['plæsɪdli] *adv* ruhig, friedlich; **to say sth** ~ etw bedächtig sagen

plac·ings ['pleɪsɪŋz] *npl* SPORTS Platzierung *f*

pla·gia·rism ['pleɪdʒərɪzəm, AM -dʒɚ-] *n no pl* Plagiieren *nt geh,* geistiger Diebstahl

pla·gia·rist ['pleɪdʒərɪst, AM -dʒɚ-] *n* Plagiator(in) *m(f) geh*

pla·gia·rize ['pleɪdʒəraɪz, AM -dʒɚ-] **I.** *vt* ■**to** ~ **sth** etw plagiieren *form,* etw abschreiben **II.** *vi* abschreiben, geistigen Diebstahl begehen *form;* ■**to** ~ **from sth** aus etw *dat* abschreiben

plague [pleɪg] **I.** *n* ① (*disease*) Seuche *f;* (*dated*) **a** ~ **on you!** verflucht seiest du! *veraltet;* ■**the** ~ die Pest; **to avoid sb/sth like the** ~ jdn/etw wie die Pest meiden ② *of insects* Plage *f;* (*fig*) **a** ~ **of journalists descended on the town** ein Schwarm von Journalisten fiel in die Stadt ein **II.** *vt* ■**to** ~ **sb** jdn bedrängen, jdm zu schaffen machen; (*irritate*) jdn ärgern; **he's been plaguing me for an answer** er drängt mich, ihm eine Antwort zu geben; ■**to** ~ **sb with sth** jdn mit etw *dat* belästigen, jdm mit etw *dat* auf die Nerven gehen; ■**to be** ~**d with sth** von etw *dat* geplagt werden; **the team has been** ~**d with injuries** in der Mannschaft kommt es in letzter Zeit ständig zu Verletzungen; **to be** ~**d with bad luck** vom Pech verfolgt sein

plaice <*pl* -> [pleɪs] *n* ZOOL Scholle *f*

plaid [plæd] **I.** *n no pl esp* AM FASHION Schottenmuster *nt; see also* **tartan II.** *adj attr, inv* kariert; ~ **skirt** Schottenrock *m; see also* **tartan**

i Kultur

Die **Plaid Cymru** – *Partei Wales* ist die walisische Nationalpartei, die 1926 gegründet wurde und, die sich für mehr Autonomie gegenüber England sowie den Erhalt der walisischen Sprache und Kultur einsetzt. Eine kleine Anzahl von

Plaid Cymru-Abgeordneten werden immer wieder ins britische Parliament gewählt.

plain [pleɪn] **I.** *adj* ❶ (*simple*) einfach; (*not flavoured*) natur *nach n;* ~ **food** einfaches Essen; **my father says he likes good** ~ **food** mein Vater sagt, er isst gerne einfache Hausmannskost; ~ **omelette** Omelette nature *f;* ~ **paper** (*unlined*) unliniertes Papier; (*of one colour*) einfarbiges Papier; ~ **yoghurt** Naturjoghurt *m o nt* ❷ (*uncomplicated*) einfach; ~ **folks** [*or* **people**] einfache Leute; ~ **and simple** ganz einfach ❸ (*clear*) klar, offensichtlich; **her meaning was** ~ es war klar, was sie meinte; **it's** ~ **that they ...** sie wollen ganz offensichtlich, dass ...; **the sign was** ~ **enough – we just didn't see it** das Schild war klar und deutlich – wir haben es nur einfach übersehen; **to be perfectly** ~ ganz offensichtlich sein; **the reason is perfectly** ~ der Grund liegt auf der Hand; **to make sth** ~ etw klarstellen; **have I made myself** ~ **to you?** habe ich mich klar ausgedrückt?; ■**to be** ~ **with sb** jdm gegenüber [ganz] offen sein ❹ *attr, inv* (*sheer*) rein, pur; **it was** ~ **torture** es war die reinste Tortur; **the** ~ **truth is that ...** die traurige Wahrheit ist, dass ... ❺ (*unattractive*) unscheinbar, unansehnlich; ~ **Jane** Mauerblümchen *nt* ▸ PHRASES: **to be as** ~ **as the nose on one's face** [*or* BRIT *a.* **as a pikestaff**] ganz offensichtlich sein, klar wie Kloßbrühe sein *fam* **II.** *adv* ❶ (*simply*) ohne großen Aufwand; **the fish had been grilled and served** ~ der Fisch war gegrillt und kam ohne weitere Zutaten auf den Tisch ❷ (*fam: downright*) einfach; ~ **awful** einfach furchtbar **III.** *n* ❶ (*area of flat land*) Ebene *f;* ■**the** ~**s** *pl* die Ebene, das Flachland *kein pl;* **the Great P**~**s** die Great Plains (*in den USA*) ❷ (*in knitting*) rechte Masche

'plain·chant ['pleɪntʃɑ:nt, AM -tʃænt] *n no pl* MUS gregorianischer Gesang, Cantus planus *m fachspr*

plain 'choco·late *n no pl* [Halb]bitterschokolade *f* **plain 'clothes** *npl* Zivilkleidung *f kein pl;* **in** ~ in Zivil **'plain-clothes** *adj attr, inv* Zivil-, in Zivil; **a** ~ **police officer** ein Polizeibeamter *m*/eine Polizeibeamtin in Zivil **'plain-col·ored** AM, **'plain-col·oured** *adj inv* einfarbig **plain 'Eng·lish I.** *n no pl* **to speak** ~ sich *akk* klar [und deutlich] ausdrücken; ■**in** ~ mit verständlichen Worten; **in** ~, **he's an arse** auf gut Deutsch: er ist ein Arsch **II.** *adj inv* ~ **campaign** BRIT *Kampagne gegen die unverständliche Amtssprache* **'plain flour** *n no pl* BRIT, AUS Mehl *nt* (*ohne Backtriebmittel*) **plain 'lan·guage** *n no pl* Alltagssprache *f*

plain·ly ['pleɪnli] *adv* ❶ (*simply*) einfach, schlicht ❷ (*clearly*) deutlich, klar; (*obviously*) offensichtlich, offenkundig; **to be** ~ **visible** deutlich zu sehen [*o* zu erkennen] sein

plain·ness ['pleɪnnəs] *n no pl* ❶ (*simplicity*) Einfachheit *f,* Schlichtheit *f* ❷ (*obviousness*) Eindeutigkeit *f,* Klarheit *f* ❸ (*unattractiveness*) Unscheinbarkeit *f,* Unansehnlichkeit *f*

plain 'sail·ing *n no pl* (*fig*) ■**to be** ~ wie geschmiert laufen *fam;* (*on motorway*) freie Fahrt haben; **this project isn't going to be all** ~, **you know** weißt du, dieses Projekt wird nicht ganz ohne Schwierigkeiten über die Bühne gehen **'plain·song** *n no pl* MUS gregorianischer Gesang, Cantus planus *m fachspr* **plain 'speak·ing** *n no pl* offene [*o* deutliche] Worte **plain-'spo·ken** *adj* ■**to be** ~ eine deutliche Sprache sprechen; **he's very** ~ er ist sehr direkt

plain·tiff ['pleɪntɪf, AM -t̬-] *n* Kläger(in) *m(f)*

plain·tive ['pleɪntɪv, AM -t̬-] *adj* klagend, traurig; (*wistful*) melancholisch; ~ **cry** klagender Ruf; ~ **voice** traurige Stimme

plain·tive·ly ['pleɪntɪvli, AM -t̬-] *adv* klagend, traurig; (*wistfully*) melancholisch

plain·tive·ness ['pleɪntɪvnəs, AM -t̬-] *n no pl* Melancholie *f,* Traurigkeit *f;* **the** ~ **of Turkish music** der klagende Klang türkischer Musik

plait [plæt] *esp* BRIT **I.** *n* (*hair*) Zopf *m;* (*material*) Flechtwerk *nt;* **the** ~ **of the leather belt was unusual** der Ledergürtel war auf eine ungewöhnliche Art geflochten; **French** ~ französischer Zopf **II.** *vt* ■**to** ~ **sth** etw flechten **III.** *vi* flechten

plan [plæn] **I.** *n* ❶ (*detailed scheme*) Plan *m;* **the best-laid** ~**s** die ausgefeiltesten Pläne; **five-year** ~ Fünfjahresplan *m;* **four-point** ~ Vierpunkteplan *m;* **to go according to** ~ wie geplant verlaufen; **to make** ~**s for sth** für etw *akk* Pläne machen; (*for contingencies*) für etw *akk* Vorkehrungen treffen ❷ (*intention*) Plan *m,* Absicht *f;* **what are your** ~**s for this weekend?** was hast du dieses Wochenende vor?; **to change** ~**s** umdisponieren; **to have** ~**s** etw vorhaben ❸ (*payment scheme*) Plan *m,* Programm *nt;* **healthcare** ~ Krankenversicherungsprogramm *m;* **savings** ~ Sparplan *m* ❹ (*diagram*) Plan *m,* Verzeichnis *nt;* **street** ~ Stadtplan *m* ❺ (*drawing*) ■~**s** *pl* Pläne *mpl,* Zeichnungen *fpl;* **to draw up** ~**s** eine Planskizze machen ▸ PHRASES: **the best-laid** ~**s of mice and men gang aft agley** SCOT (*prov*) der Mensch denkt und Gott lenkt *prov* **II.** *vt* <-nn-> ■**to** ~ **sth** ❶ (*draft*) etw planen ❷ (*prepare*) etw vorbereiten [*o* organisieren] ❸ (*envisage*) etw planen [*o* vorsehen]; **our meeting wasn't** ~**ned** unser Treffen hat sich einfach ergeben ❹ (*intend*) etw vorhaben **III.** *vi* ❶ (*prepare*) planen; **to** ~ **carefully** sorgfältig planen; ■**to** ~ **for sth** mit etw *dat* rechnen; **to** ~ **for one's old age** Vorkehrungen für das Alter treffen ❷ ■**to** ~ **on sth** (*expect*) mit etw *dat* rechnen, auf etw *akk* vorbereitet sein; (*intend*) etw vorhaben; **we were** ~**ning on a meal together** wir wollten eigentlich zusammen essen gehen; **I'd** ~**ed on going out tonight** eigentlich hatte ich vor, heute Abend auszugehen

◆**plan ahead** *vi* vorausschauend planen

◆**plan out** *vt* ■**to** ~ **out** ↔ **sth** etw [durch]planen

◆**plan up** *vt usu passive* ■**sth is** ~**ned up** etw ist organisiert

plane¹ [pleɪn] **I.** *n* ❶ (*surface*) Fläche *f;* MATH Ebene *f;* **inclined** ~ MATH schiefe Ebene ❷ (*level*) Ebene *f,* Niveau *nt;* **sometimes I think she's on a different** ~ **from the rest of us** manchmal habe ich den Eindruck, sie lebt in einer ganz anderen Welt; ■**to be on a similar** ~ **to/higher** ~ **than sb/sth** auf dem gleichen Niveau wie/einem höheren Niveau als jd/etw sein ❸ (*aircraft*) Flugzeug *nt;* **to board the** ~ das Flugzeug besteigen; **by** ~ mit dem Flugzeug; **we'll be travelling by** ~ wir werden fliegen **II.** *vi* gleiten **III.** *adj attr, inv* flach, eben; ~ **angle** MATH gestreckter Winkel *fachspr*

plane² [pleɪn] **I.** *n* Hobel *m* **II.** *vt* ■**to** ~ **sth** etw hobeln; (*until smooth*) etw abhobeln [*o* glatt hobeln]

plane³ [pleɪn] *n* Platane *f*

'plane crash *n* Flugzeugunglück *nt*

plan·et ['plænɪt] *n* Planet *m;* ~ **Earth** der Planet Erde, die Erde; ~ **Jupiter** der [Planet] Jupiter; ~ **Venus** der Planet Venus, die Venus; **to be on a different** ~ (*fig*) in einer anderen Welt sein; ■**the** ~ die Erde, unser Planet *m*

plan·etaria [ˌplænɪ'teəriə, AM -'teriə] *pl of* **planetarium**

plan·etar·ium <*pl* -s *or* -ria> [ˌplænɪ'teəriəm, AM -'teriəm, *pl* -riə] *n* Planetarium *nt*

plan·etary ['plænɪtᵊri, AM -teri] *adj inv* planetarisch *geh;* **the** ~ **motion** die Bewegung der Planeten

'plane tick·et *n* Flugticket *nt* **'plane tree** *n* Platane *f*

plank [plæŋk] *n* ❶ (*timber*) Brett *nt,* Latte *f;* (*in house*) Diele *f;* NAUT Planke *f* ❷ (*fig: element*) Pfeiler *m,* Grundgedanke *m*

plank·ing ['plæŋkɪŋ] *n no pl* Bretter *fpl;* NAUT Planken *fpl,* Beplankung *f;* **floor** ~ Diele *f,* Dielenboden *m;* **ship's** ~ Schiffsplanken *fpl*

plank·ton ['plæŋktən] *n no pl* Plankton *nt*

planned econo·my *n* Planwirtschaft *f* **planned ob·so·les·cence** *n no pl* ECON geplanter Verschleiß **Planned Par·ent·hood** *n* AM ≈ Pro Familia *f*

plan·ner ['plænəʳ, AM -ɚ] *n* Planer(in) *m(f);* **city** [*or* **town**] [*or* **urban**] ~ Städteplaner(in) *m(f);* **traffic** ~ Verkehrsplaner(in) *m(f)*

plan·ning ['plænɪŋ] **I.** *n no pl* Planung *f;* **city** [*or* **town**] [*or* **urban**] ~ Städteplanung *f;* **environmental** ~ Umweltplanung *f*

II. *n modifier* Planungs-; ~ **application** BRIT Bauantrag *m;* **at the** ~ **stage** in der Planung[sphase]

'plan·ning blight *n no pl* BRIT *bezeichnet den Wertverfall von Immobilien in Gegenden, in denen z.B. eine Autobahn geplant ist* **'plan·ning per·mis·sion** *n no pl* BRIT Baugenehmigung *f*

plant [plɑːnt, AM plænt] **I.** *n* ❶ (*organism*) Pflanze *f;* **indoor** ~ Zimmerpflanze *f* ❷ (*factory*) Werk *nt,* Fabrik *f,* Betrieb *m* ❸ *no pl* (*machinery*) Maschinen *fpl,* Maschinenpark *m* ❹ BRIT, AUS (*for road-building*) Baumaschinen *fpl;* **slow – heavy** ~ **crossing** Achtung – Baustelle ❺ *usu sing* (*set-up*) **he insisted that the money was a** ~ er bestand darauf, dass man ihm das Geld untergeschoben hatte **II.** *n modifier* (*fertilizer, food, growth, specialist, stand*) Pflanzen-; **the** ~ **kingdom** das Pflanzenreich, die Flora; ~ **life** die Pflanzenwelt **III.** *vt* ■**to** ~ **sth** ❶ (*put in earth*) etw pflanzen; **the garden is densely** ~**ed** der Garten ist dicht bepflanzt ❷ (*lodge*) etw platzieren; **he** ~**ed a kiss on her forehead** er drückte ihr einen Kuss auf die Stirn; **Foreman** ~**ed a blow on Clay's chin** Foreman platzierte einen Schlag auf Clays Kinn; **to** ~ **oneself on the sofa** (*fam*) sich *akk* aufs Sofa pflanzen *fam* ❸ (*circulate*) etw verbreiten; **to** ~ **doubts about sth** Zweifel an etw *dat* hervorrufen [*o* wachrufen]; **to** ~ **a rumour** [*or* AM **rumor**] ein Gerücht in die Welt setzen; **to** ~ **a story** eine Geschichte in Umlauf bringen ❹ (*fam: frame*) etw [heimlich] platzieren; ■**to** ~ **sth on sb** jdm etw unterschieben; **to** ~ **a secret agent** einen Geheimagenten/eine Geheimagentin einschleusen; **to** ~ **a bomb** eine Bombe legen; **to** ~ **a bugging device** ein Abhörgerät anbringen; **to** ~ **evidence** falsches Beweismaterial platzieren [*o* fabrizieren]; **evidence was** ~**ed on innocent people** gegen unschuldige Menschen wurden belastende Beweise hervorgezaubert

◆**plant out** *vt* **to** ~ **out geraniums** Geranien umtopfen; **to** ~ **out seedlings** Sämlinge auspflanzen

plan·tain¹ ['plæntɪn] *n* FOOD, BOT Kochbanane *f*

plan·tain² ['plæntɪn] *n* BOT (*weed*) Wegerich *m*

plan·ta·tion [ˌplæn'teɪʃᵊn] *n* ❶ (*estate*) Plantage *f* ❷ (*plants*) Pflanzung *f;* (*trees*) Schonung *f*

plant·er ['plɑːntəʳ, AM 'plænṭɚ] *n* ❶ (*plantation owner*) Plantagenbesitzer(in) *m(f),* Pflanzer(in) *m(f)* ❷ (*container*) Pflanzgefäß *nt,* Blumentopf *m;* (*stand*) Blumenständer *m;* **hanging** ~ Hängeampel *f* ❸ (*machine*) Pflanzmaschine *f;* (*for sowing*) Sämaschine *f*

'plant hire *n* BRIT, AUS [Bau]maschinenverleih *m*

plant·ing ['plɑːntɪŋ, AM 'plænṭɪŋ] **I.** *n* Pflanzen *nt* **II.** *adj attr, inv* Pflanz-; **the** ~ **season** die Zeit der Aussaat

'plant pot *n esp* BRIT Blumentopf *m*

plaque [plɑːk, plæk, AM plæk] *n* ❶ (*plate*) Tafel *f;* **brass** ~ Messingschild *nt;* **stone** ~ Steintafel *f;* **blue** ~ BRIT *Schild an einem Gebäude, das auf den früheren Wohnort einer bedeutenden Persönlichkeit hinweist;* **commemorative** [*or* **memorial**] ~ Gedenktafel *f* ❷ *no pl* MED [Zahn]belag *m,* Plaque *f fachspr*

plash [plæʃ] (*liter*) **I.** *n* <*pl* -es> *usu sing* Platsch *m; of a stream, waterfall, waves* Plätschern *nt;* **we heard the** ~ **as the stone hit the water** wir hörten, wie es platschte, als der Stein ins Wasser fiel **II.** *vi* platschen

plasm ['plæzᵊm] *n* Plasma *nt*

plas·ma ['plæzmə] **I.** *n no pl* MED, PHYS, ASTRON Plasma *nt* **II.** *n modifier* (*cell, count, donation, donor, membrane*) Plasma-

plas·ter ['plɑːstəʳ, AM 'plæstɚ] **I.** *n no pl* ❶ (*in building*) [Ver]putz *m* ❷ MED (*gypsum*) Gips *m,* Gipsverband *m;* **he has his leg in** ~ er hat ein Gipsbein ❸ BRIT (*for cuts*) Pflaster *nt;* **sticking** ~ Heftpflaster *nt* **II.** *vt* ■**to** ~ **sth** ❶ (*mortar*) etw verputzen; (*fig*) **the rain had** ~**ed her hair to her head** durch den Regen klebte ihr das Haar am Kopf; **to** ~ **a hole** ein Loch zugipsen [*o* vergipsen] ❷ (*fam: put all over*) etw voll kleistern *fam;* ~**ed with mud** voller Schlamm; **to** ~ **the walls with posters** die Wände mit Postern bepflastern; (*fig*) **he had his name** ~**ed all over the press** sein Name ging durch die gesamte Presse; **the story was** ~**ed all over the front pages** die Geschichte war überall der Aufmacher

'plas·ter·board *n no pl* Gipskarton *m,* Rigips® *nt* **'plas·ter cast** *n* Gipsverband *m;* ART Gipsabguss *m,* Gipsabdruck *m*

plas·tered ['plɑːstəd, AM 'plæstɚd] *adj pred* (*fam*) blau *fam,* stockbesoffen *fam;* **to get** ~ sich *akk* zusaufen *fam*

plas·ter·er ['plɑːstᵊrəʳ, AM 'plæstɚɚ] *n* Gipser(in) *m(f)*

plas·ter·ing ['plɑːstᵊrɪŋ, AM 'plæstɚ-] *n no pl* [Ver]putz *m;* (*action*) Verputzen *nt;* MED Eingipsen *nt*

plas·ter of 'Par·is *n no pl* Gips *m*

plas·tic ['plæstɪk] **I.** *n* ❶ (*material*) Plastik *nt kein pl,* Kunststoff *m* ❷ (*industry*) ■~**s** *pl* Kunststoffindustrie *f;* **the company has moved into** ~**s** das Unternehmen stellt jetzt Kunststoffe her ❸ *no pl* (*fam: credit cards*) Plastikgeld *nt fam;* **to pay with cash instead of** ~ bar statt mit Kreditkarte bezahlen **II.** *adj* ❶ *inv* (*of plastic*) Plastik- ❷ (*pej: artificial*) künstlich; (*false also*) unecht; *smile* aufgesetzt; **the food was horribly** ~ das Essen schmeckte nur nach Chemie ❸ ART (*malleable*) formbar, modellierbar; (*fig: impressionable*) leicht formbar; **children at that age have very** ~ **personalities** Kinder in diesem Alter sind sehr leicht zu beeinflussen

plas·tic 'arts *npl* die gestaltenden Künste **plas·tic 'bag** *n* Plastiktüte *f* **plas·tic 'bomb** *n* Plastikbombe *f* **plas·tic 'bul·let** *n* Gummigeschoss *nt* **plas·tic 'cup** *n* Plastikbecher *m* **plas·tic ex·'plo·sive** *n* Plastiksprengstoff *m*

Plas·ti·cine® ['plæstəsiːn] *n no pl* BRIT Plastilin *nt,* Knetgummi *m o nt*

plas·tic·ity [plæs'tɪsəti, AM -əṭi] *n no pl* Formbarkeit *f*

plas·tic 'money *n no pl* Plastikgeld *nt fam* **'plas·tics in·dus·try** *n* Kunststoffindustrie *f* **plas·tic 'sur·geon** *n* Schönheitschirurg(in) *m(f)* **plas·tic 'sur·gery** *n no pl* Schönheitschirurgie *f;* **she had** ~ **on her nose** sie ließ ihre Nase operieren

plate [pleɪt] **I.** *n* ❶ (*dish*) Teller *m;* **tea** ~ BRIT Kuchenteller *m;* **heaped** ~ übervoller Teller; **to pass round the** [**collection**] ~ den Klingelbeutel herumgehen lassen ❷ (*panel*) Platte *f;* **steel** ~ Stahlplatte *f* ❸ (*sign*) Schild *nt,* Tafel *f,* Platte *f;* **brass** ~ Messingschild *nt* ❹ AUTO Nummernschild *nt;* **licence** [*or* AM **license**] [*or* **number**] ~ Nummernschild *nt* ❺ TYPO (*in printing*) [Druck]platte *f* ❻ *no pl* (*metal layer*) Überzug *m;* **chrome** ~ Verchromung *f;* **gold** ~ Vergoldung *f;* **silver** ~ Versilberung *f;* **the knives and forks are silver** ~ die Messer und Gabeln sind versilbert ❼ *no pl* (*objects made of metal*) Silber und Gold; (*silver cutlery*) Tafelsilber *nt;* (*gold cutlery*) Tafelgold *nt;* **the thieves got away with £15,000 worth of church** ~ die Diebe stahlen den Kirchenschatz im Wert von 15.000 Pfund ❽ TYPO (*illustration*) [Bild]tafel *f* ▶ PHRASES: **to have a <u>lot</u>** [*or* **so <u>much</u>**] **on one's** ~ *esp* BRIT viel zu tun haben; **to have** [**more than**] **<u>enough</u> on one's** ~ [mehr als] genug zu tun haben; **to <u>give</u>** [*or* **<u>hand</u>**] **sth to sb on a** ~ (*fam*) jdm etw auf einem silbernen Tablett servieren [*o* präsentieren]; **that gave United the victory on a** ~ dadurch wurde United der Sieg praktisch geschenkt **II.** *vt* ■**to** ~ **sth** etw überziehen; **to** ~ **sth with gold/nickel/silver** etw vergolden/vernickeln/versilbern

plat·eau <*pl* BRIT -x *or* AM, AUS -s> ['plætəʊ, AM plæ'toʊ] *n* ❶ GEOG (*upland*) [Hoch]plateau *nt,* Hochebene *f* ❷ ECON (*flat period*) Stagnation *f;* (*stabilization*) Stabilisierung *f;* **to reach a** ~ stagnieren; (*become stable*) sich *akk* einpendeln [*o* stabilisieren]

plat·eaux ['plætəʊz] BRIT *pl of* **plateau**

plat·ed ['pleɪtɪd, AM -ṭ-] *adj inv* überzogen; ~ **with chrome/gold/silver** verchromt/vergoldet/versilbert; ~ **jewellery** [*or* AM **jewelry**] plattierter Schmuck

-plat·ed ['pleɪtɪd, AM -ṭ-] *in compounds* **chrome-**~ verchromt; **copper-**~ verkupfert; **gold-**~ vergoldet

plate·ful ['pleɪtfʊl] *n* Teller *m;* **a** ~ **of lasagna** ein Teller *m* [voll] Lasagne

plate 'glass *n no pl* Flachglas *nt fachspr,* Walzglas *nt fachspr*
'plate-glass *adj attr, inv* Flachglas- *nt fachspr;* ~ **university** BRIT (*pej*) *neue, frühestens in den 60er Jahren gebaute Universität* **'plate·lay·er** *n* BRIT RAIL Streckenarbeiter(in) *m(f)*
plate·let ['pleɪtlət] *n* [Blut]plättchen *nt*
'plate rack *n* Geschirrständer *m* **plate tec·'ton·ics** *n + sing vb* GEOL Plattentektonik *f kein pl fachspr* **'plate-warm·er** *n* Tellerwärmer *m*
plat·form ['plætfɔːm, AM -fɔːrm] *n* ① (*elevated area*) Plattform *f;* (*raised structure*) Turm *m;* **viewing** ~ Aussichtspunkt *m* ② (*on station*) Bahnsteig *m;* **railway** ~ Bahnsteig *m* ③ (*stage*) Podium *nt,* Tribüne *f;* **a question for the** ~ eine Frage an das Podium; **concert** ~ Konzertbühne *f;* **to mount** [*or* **take**] **the** ~ auf die Bühne gehen; **speaker after speaker mounted the** ~ ein Sprecher nach dem anderen stellte sich ans Mikrofon; **to share a** ~ gemeinsam auftreten ④ (*opportunity to voice views*) Plattform *f* ⑤ (*policies*) [Partei]programm *nt;* **we campaign on a** ~ **of low taxation** in unserem Wahlkampf nimmt die Steuersenkung eine zentrale Stellung ein ⑥ (*shoes*) ■~**s** *pl* Plateauschuhe *mpl*
'plat·form par·ty *n* Podium *nt* **plat·form 'shoes** *npl* Plateauschuhe *mpl*
plat·ing ['pleɪtɪŋ, AM -t̬-] *n* Überzug *m,* Schicht *f;* ~ **of chrome/gold/silver** Verchromung/Vergoldung/Versilberung *f;* **the statuette had a** ~ **of gold** die Figur war vergoldet
plati·num ['plætɪnəm, AM 'plætnəm] **I.** *n no pl* Platin *nt* **II.** *n modifier* (*band, necklace, ring*) Platin-
plati·num 'blonde I. *n* platinblonde [*o* wasserstoffblonde] Frau **II.** *adj inv* platinblond, wasserstoffblond
plati·tude ['plætɪtjuːd, AM -t̬ətuːd, -tjuːd] *n* (*pej*) Platitude *f geh,* Plattheit *f;* **to mouth** ~**s** Platituden von sich *dat* geben
plati·tu·di·nous [ˌplætɪ'tjuːdɪnəs, AM -t̬ə'tuːdənə-, -tjuːd-] *adj* (*pej form*) nichts sagend, banal, platt
pla·ton·ic [plə'tɒnɪk, AM -'tɑːn-] *adj* platonisch; ~ **love** platonische Liebe
pla·toon [plə'tuːn] *n + sing/pl vb* MIL Zug *m*
plat·ter ['plætəʳ, AM -t̬ɚ] *n* ① (*food selection*) Platte *f;* **a** ~ **of cheese and biscuits** eine Käseplatte ② AM, AUS (*main course*) Teller *m;* **fish** ~ Fischteller *m;* **cold** ~ kalte Platte
platy·pus <*pl* -es> ['plætɪpəs, AM -t̬-] *n* Schnabeltier *nt*
plau·dits ['plɔːdɪts, AM *esp* 'plɑː-] *npl* (*form*) Beifall *m kein pl;* **to earn** [*or* **win**] ~ Beifall finden
plau·sibil·ity [ˌplɔːzɪ'bɪləti, AM ˌplɑːzə'bɪlət̬i] *n no pl* Plausibilität *f,* Glaubwürdigkeit *f; of an argument* Schlagkraft *f*
plau·sible ['plɔːzɪbl̩, AM 'plɑːzə-] *adj* plausibel, einleuchtend; *person* glaubhaft; ~ **argument** überzeugendes Argument; ~ **excuse** glaubhafte Entschuldigung
plau·sibly ['plɔːzɪbli, AM 'plɑːzə-] *adv* (*believably*) glaubhaft; (*convincingly*) überzeugend
play [pleɪ] **I.** *n* ① *no pl* (*recreation*) Spiel *nt;* **to be at** ~ beim Spiel sein, spielen; **to do sth in** ~ etw [nur] zum Spaß tun; **it's only in** ~ es ist doch nur Spaß ② *no pl* SPORTS (*during game*) Spiel *nt;* **rain stopped** ~ wegen des Regens wurde das Spiel unterbrochen; **the start/close of** ~ der Beginn/das Ende des Spiels; **to be in/out of** ~ im Spiel/im Aus sein ③ AM SPORTS (*move*) Spielzug *m;* **to make a bad/good** ~ ein schlechtes/gutes Spiel machen; **a foul** ~ ein Foul[spiel] *nt* ④ THEAT [Theater]stück *nt;* **one-act** ~ Einakter *m;* **radio** ~ Hörspiel *nt;* **television** ~ Fernsehspiel *nt,* Fernsehfilm *m;* **to go to see a** ~ ins Theater gehen; **to put on** [*or* **stage**] [*or fam* **do**] **a** ~ ein Stück inszenieren ⑤ *no pl* (*change*) **the** ~ **of light** [**on sth**] das Spiel des Lichts [auf etw *dat*]; **the** ~ **of emotion across his face revealed his conflict** seine widerstreitenden Gefühle spiegelten sich in seinem Gesicht wider ⑥ (*freedom to move*) Spielraum *m;* **to allow** [*or* **give**] **sth full** ~ etw *dat* freien Lauf lassen; TECH Spiel *nt* ⑦ *no pl* (*interaction*) Zusammenspiel *nt;* **to bring sth into** ~ etw ins Spiel bringen; **to come into** ~ eine Rolle spielen; **to bring sth into** ~ etw einsetzen ⑧ *no pl* (*dated: gambling*) Spielen *nt* ⑨ *no pl* (*attention from the media*) Medieninteresse *nt,* Aufmerksamkeit *f* in den Medien; **to get a lot of** ~ das Interesse der Medien auf sich *akk* ziehen, Thema Nummer eins sein *fam* ▸ PHRASES: **to make a** ~ **for sth/sb** sich *akk* an etw/jdn heranpirschen; **to make great** ~ **of** [*or* **with**] **sth** viel Aufhebens von etw *dat* machen **II.** *vi* ① (*amuse oneself*) spielen; **can Jenny come out and** ~**?** kann Jenny zum Spielen rauskommen?; ■**to** ~ **with sb/sth** mit jdm/etw spielen; **do you want to** ~ **with us?** willst du mitspielen?; **to** ~ **on the swings** schaukeln; **to** ~ **in the sandpit** im Sandkasten spielen ② SPORTS spielen; **Leonora always** ~**s to win** Leonora will immer gewinnen; ■**to** ~ **against sb** gegen jdn spielen; **they're a difficult team to** ~ **against** diese Mannschaft ist ein schwieriger Gegner; **to** ~ **in attack/defence** in der Offensive/als Verteidiger(in) spielen; **to** ~ **for a city/team** für eine Stadt/ein Team spielen; **to** ~ **in the match** am Spiel teilnehmen; **to** ~ **fair/rough** fair/hart spielen; (*fig*) **it wasn't really** ~**ing fair not to tell her** es war nicht besonders fair, dass du ihr nichts gesagt hast ③ THEAT *actor* spielen; **'Hamlet' is** ~**ing at the Guildhall** in der Guildhall kommt zurzeit der ‚Hamlet'; **to** ~ **to a full house** vor ausverkauftem Haus spielen; **Macbeth** ~**ed to full houses** die Macbeth-Vorstellungen waren immer ausverkauft; ■**to** ~ **opposite sb** mit jdm [zusammen] spielen ④ MUS spielen ⑤ (*move*) **the searchlights** ~**ed across** [*or* **over**] **the facade of the palace** die [Such]scheinwerfer strichen über die Schlossfassade; **we watched the light** ~**ing on the surface of the water** wir beobachteten das Spiel des Lichts auf dem Wasser; **she could hear the fountain** ~**ing in the courtyard outside** sie hörte den Springbrunnen im Hof plätschern; **a smile** ~**ed across** [*or* **on**] [*or* **over**] **his lips** ein Lächeln spielte um seine Lippen ⑥ (*gamble*) spielen; **to** ~ **for fun** zum Spaß [*o* ohne Einsatz] spielen; **to** ~ **for money** um Geld spielen ⑦ (*fam: be received*) **how will this** ~ **with the voters?** wie wird das bei den Wählern ankommen? ▸ PHRASES: **to** ~ **to the gallery** (*pej*) billige Effekthascherei betreiben *pej;* (*of a politician*) populistische Stammtischparolen ausgeben *pej;* **to** ~ **into sb's hands** jdm in die Hände arbeiten; **to** ~ **for time** versuchen, Zeit zu gewinnen, auf Zeit spielen; **to** ~ **fast and loose with sth/sb** bei etw *dat*/mit jdm ein falsches Spiel spielen **III.** *vt* ① (*take part in*) ■**to** ~ **sth** etw spielen; **to** ~ **cards/darts/tag** Karten/Darts/Fangen spielen; **to** ~ **house** [*or* **mothers and fathers**] Vater-Mutter-Kind spielen; **to** ~ **football/golf/tennis** Fußball/Golf/Tennis spielen; **to** ~ **a match** ein Spiel bestreiten, spielen; **to** ~ **a round/set** eine Runde/einen Satz spielen; **Luke** ~**s centre forward/back** Luke ist Mittelstürmer/Verteidiger ② (*compete against*) ■**to** ~ **sb** gegen jdn spielen; **Sampras will be** ~**ing Agassi** Sampras wird gegen Agassi antreten ③ (*execute*) **to** ~ **a shot** schießen; (*in snooker*) stoßen; ■**to** ~ **the ball** den Ball spielen; **to** ~ **a stroke** schlagen ④ (*have*) **to** ~ **a part** [*or* **role**] eine Rolle spielen; **to** ~ **an important part on sth** (*fig*) bei etw *dat* eine wichtige Rolle spielen ⑤ (*act as*) ■**to** ~ **sb/sth** jdn/etw spielen; **to** ~ **an act/a scene** einen Akt/eine Szene spielen; **to** ~ **Cupid/God** (*fig*) Amor/Gott spielen; **to** ~ **the lead** die Hauptrolle spielen; **to** ~ **host to sb** jds Gastgeber/Gastgeberin sein; **to** ~ **host to sth** *event* etw ausrichten; **don't** ~ **the innocent with me** tu nicht so unschuldig ⑥ MUS ■**to** ~ **sth** etw spielen; **to** ~ **the bagpipes/piano/violin** Dudelsack/Klavier/Geige spielen; **to** ~ **a solo/symphony** ein Solo/eine Symphonie spielen; **to** ~ **sth by ear** etw nach Gehör spielen; **to** ~ **it by ear** (*fig*) improvisieren; **to** ~ **an encore** eine Zugabe geben; ~ **us a song** [*or* **a song for us**] **then!** spiel uns ein Lied [vor]! ⑦ (*operate*) ■**to** ~ **sth** *CD, tape* etw [ab]spielen; **to** ~ **the radio** Radio hören; **to** ~ **one's stereo** seine Anlage anhaben; **they're** ~**ing African music on the radio** im Radio kommt gerade afrikanische Musik; **must you** ~ **your radio loud?** musst du dein Radio so laut stellen?; **to** ~ **a video** sich *dat* ein Video ansehen; (*start* ~*ing*) eine Video-

kassette einlegen ⑧ MUS, THEAT (*perform at*) **to play Berlin/London/San Francisco** in Berlin/London/San Francisco spielen; **the band is ~ing Los Angeles on the 29th** die Band spielt am 29. in Los Angeles ⑨ (*gamble*) **to ~ the horses** auf Pferde wetten; **to ~ a slot machine** an einem Spielautomaten spielen; **to ~ the stock market** an der Börse spekulieren ⑩ (*perpetrate*) **to ~ a trick** [*or* **joke**] **on sb** jdn hochnehmen *fig fam*, jdn veräppeln *fam*; (*practical joke*) [jdm] einen Streich spielen; **he's always ~ing tricks** der ist vielleicht ein Scherzkeks *sl*, er wandte einen Trick an ⑪ (*direct*) ■**to ~ sth on** [*or* **onto**] [*or* **over**] **sth** etw auf etw *akk* richten; **the rescue team ~ed searchlights over the area** das Rettungsteam ließ Scheinwerfer über die Gegend schweifen ⑫ CARDS (*put down*) **to ~ an ace/a king** ein Ass/einen König [aus]spielen; **to ~ a trump** einen Trumpf spielen ⑬ (*when fishing*) **to ~ a fish** einen Fisch auszappeln lassen (*durch Nachlassen der Leine*) ▶ PHRASES: **to ~ ball** [**with sb**] (*fam*) [mit jdm] mitziehen [*o* mitspielen]; **to ~ silly buggers** BRIT (*sl*) sich *akk* wie ein Idiot aufführen; **to ~** [**with**] **one's cards close to one's chest** seine Karten nicht offenlegen *fig*; **to ~ one's cards right** geschickt taktieren; **to ~ ducks and drakes with sb** BRIT (*money*) etw verprassen; (*plans*) etw durcheinanderbringen; **to ~ ducks and drakes with sth** BRIT jdn schlecht behandeln; **to ~ second fiddle** [**to sb**] [im Verhältnis zu jdm] die zweite Geige spielen *fam*; **to ~ the field** sich *akk* umsehen; **the firm continues to ~ the field and do business with six other companies** die Firma sondiert das Terrain und verhandelt mit sechs weiteren Firmen; **to ~ the fool** [*or* **clown**] herumalbern, rumspinnen *fam*, sich *akk* zum Narren machen; **to ~ footsie with sb** (*fam*) mit jdm füßeln DIAL; **to ~ the game** BRIT sich *akk* an die [Spiel]regeln halten; **to ~ gooseberry** BRIT das fünfte Rad am Wagen sein; (*chaperone sb*) den Anstandswauwau spielen *hum fam*; **to ~ hardball** *esp* AM andere Saiten aufziehen *fig*; **to ~ havoc with sth** etw durcheinanderbringen; **to ~** [**merry**] **hell with sth** etw völlig durcheinanderbringen; **to ~ hook**(**e**)**y** *esp* AM, AUS blaumachen *fam*, schwänzen *fam*; **to ~ a** [*or* **one's**] **hunch** aus dem hohlen Bauch heraus agieren *fam*, seiner Nase folgen; **to ~ possum** (*pretend to be asleep*) sich *akk* schlafend stellen; (*pretend to be ignorant*) sich *akk* dumm stellen; **to ~ truant** [**from school**] BRIT schwänzen *fam*; **to ~ it cool** den Unbeteiligten spielen; **to ~ dumb** sich *akk* taub stellen; **to ~ sb false** (*form*) jdn hintergehen; **to ~ hard to get** sich *akk* unnahbar zeigen, einen auf unnahbar machen *fam*; **to ~** [**it**] **safe** auf Nummer sicher gehen

◆**play about** *vi see* **play around**

◆**play along I.** *vi* ■**to ~ along with it** gute Miene zum bösen Spiel machen; ■**to ~ along with sth** etw [zum Schein] mitmachen; ■**to ~ along with sb: he ~ed along with them for a while in order to find out more about their plans** er machte eine Zeit lang mit, um mehr über ihre Pläne herauszufinden **II.** *vt* (*pej*) ■**to ~ sb along** jdn hinhalten [*o* vertrösten]

◆**play around** *vi* ① (*mess around*) *children* spielen; **stop ~ing around!** hör mir dem Blödsinn auf! *fam* ② (*pej fam: be unfaithful*) fremdgehen *fam*; ■**to ~ around with sb** mit jdm herummachen *sl* ③ (*experiment*) ■**to ~ around with sth** mit etw *dat* [herum]spielen [*o* experimentieren]; (*try out*) etw ausprobieren; **to ~ around with ideas** etw in Gedanken durchspielen ④ (*pej: tamper with*) ■**to ~ around with sth** mit etw *dat* herumspielen [*o* herumexperimentieren] *fam*

◆**play at** *vi* ① (*play game*) ■**to ~ at sth** etw spielen; **to ~ at mothers and fathers/cowboys and indians/cops and robbers** Vater-Mutter-Kind/Indianer/Räuber und Gendarm spielen ② (*pretend*) ■**to ~ at being sb** so tun, als wäre man jd; **he likes to ~ at being the big boss** er spielt gerne den Chef ③ (*pej: do*) ■**to ~ at sth** etw treiben *oft iron fam*; **what are you ~ing at in there?** was treibt ihr denn da drinnen?; **we need to find out what exactly they're ~ing at** wir müssen herausfinden, was für ein Spiel sie spielen

◆**play back** *vt* ■**to ~ back ◯ sth** etw noch einmal abspielen; (*rewind*) etw zurückspulen

◆**play down** *vt* ■**to ~ down ◯ sth** etw herunterspielen; **to ~ down the seriousness of a situation** den Ernst einer Situation herunterspielen

◆**play off I.** *vi* ■**to ~ off for sth** um etw *akk* spielen **II.** *vt* ■**to ~ off ◯ sb against sb** jdn gegen jdn ausspielen

◆**play on** *vi* ① (*exploit*) ■**to ~ on sth** etw ausnutzen, sich *dat* etw zunutze machen; **to ~ on sb's feelings/weakness** jds Gefühle/Schwäche ausnutzen ② (*liter: develop cleverly*) ■**to ~ on sth** mit etw *dat* spielen; **to ~ on a phrase/word** mit einem Ausdruck/einem Wort spielen ③ MUS, SPORTS (*keep playing*) weiterspielen

◆**play out I.** *vt* ① *usu passive* (*take place*) ■**to be ~ed out** *scene* sich *akk* abspielen ② (*act out*) ■**to ~ out ◯ sth** etw umsetzen; **to ~ out a scene** eine Szene [vor]spielen ③ (*play to end*) **to ~ out a play/scene** THEAT ein Stück/eine Szene [zu Ende] spielen; **to ~ out the last few seconds/the rest of the first half** SPORTS die letzten Sekunden/den Rest der ersten Halbzeit spielen; **to ~ out time** das Ergebnis über die Zeit retten; **he just has to ~ out these last three games** er muss nur noch die letzten drei Spiele über die Bühne bringen ④ (*blow over*) ■**to ~ itself out** von selbst verschwinden **II.** *vi esp* AM bekannt werden; (*make itself felt*) sich *akk* manifestieren

◆**play through I.** *vt* MUS ■**to ~ through ◯ sth** etw [von Anfang bis Ende] [durch]spielen; **to ~ through a series of pieces** eine Reihe von Stücken spielen **II.** *vi* SPORTS *auf dem Golfplatz eine langsamer spielende Gruppe überholen*

◆**play up I.** *vt* ① (*emphasize*) ■**to ~ up ◯ sth** etw hochspielen ② BRIT (*fam*) ■**to ~ up ◯ sb** (*cause trouble*) jdm zu schaffen machen; (*cause pain*) jdm Schmerzen bereiten ③ BRIT (*fam: annoy*) ■**to ~ up ◯ sb** jdn nerven *fam* **II.** *vi* (*fam*) ① (*flatter*) ■**to ~ up to sb** sich *akk* bei jdm einschmeicheln [*o fam* lieb Kind machen] ② BRIT (*misbehave*) sich *akk* danebenbenehmen *fam*; (*throw a tantrum*) Theater machen *fig fam*, ausflippen *fam*; *children a.* ungezogen [*o* unartig] sein ③ BRIT, AUS (*malfunction*) verrückt spielen *fam* ④ BRIT, AUS (*hurt*) wehtun *fam*

◆**play upon** *vi* (*form*) *see* **play on**

◆**play with** *vi* ① (*entertain oneself with*) ■**to ~ with sth** mit etw *dat* spielen ② (*play together*) ■**to ~ with sb** mit jdm spielen; **do you want to ~ with us?** willst du mitspielen? ③ (*manipulate nervously*) ■**to ~ with sth** mit etw *dat* herumspielen *fam*; **to ~ with one's food** mit dem Essen herumspielen *fam*; **stop ~ing with your food!** mit Essen spielt man nicht! ④ (*consider*) **to ~ with an idea** mit einem Gedanken spielen ⑤ (*treat insincerely*) ■**to ~ with sb** (*pej*) mit jdm spielen ⑥ (*have available*) **to have sth to ~ with** etw zur Verfügung haben ▶ PHRASES: **to ~ with fire** mit dem Feuer spielen *fig*; **to ~ with oneself** (*euph: masturbate*) sich *akk* selbst befriedigen; *man* wichsen *vulg*, sich *dat* einen runterholen *sl*; **go and ~ with yourself!** fick dich ins Knie! *vulg*

play·able ['pleɪəbl̩] *adj* MUS spielbar; **... pieces that he wouldn't have considered ~ a year ago** ... Stücke, die er sich vor einem Jahr nicht zugetraut hätte; SPORTS zu spielen; (*in tennis*) unhaltbar; (*in golf*) **that golf ball may be ~ for him, but not for me** er könnte diesen Ball vielleicht schlagen, ich aber nicht

'play-act *vi* (*pretend emotion*) Theater spielen *fig*; (*make fuss*) Theater machen *fig* **'play-·act·ing** *n no pl* Theater *nt*; (*pretending also*) Schauspielerei *f*; **he was just indulging in a little ~** er schauspielerte nur **'play·back** *n* ① (*pre-recorded version*) Playback *nt*, Wiedergabe *f* ② *no pl* (*replaying*) Wiederholung *f* einer Aufnahme; **do us a ~ of those last few frames** zeig uns die letzten Bilder noch einmal; **you can see it again on ~** Sie können sich die Aufnahme noch einmal ansehen **'play·bill** *n* ① (*poster*) Theaterplakat *nt* ② AM Thea-

P

terprogramm *nt,* Programmzettel *m* **'play·boy** *n* (*usu pej*) Playboy *m* **play-by-play 'com·men·tary** *n* AM SPORTS Livekommentar *m*

Play-Doh® *n no pl* (*plasticine*) Knetmasse *f,* Knete *f fam*

played 'out *adj* ❶ (*fam: exhausted*) erschöpft, erledigt *fam;* **to be all** [*or* **totally**] ~ total ausgebrannt sein ❷ (*outmoded*) *policies* überholt

play·er ['pleɪəʳ, AM -ɚ] *n* ❶ SPORTS Spieler(in) *m(f);* **football/tennis** ~ Fußball-/Tennisspieler(in) *m(f);* **card** ~ Kartenspieler(in) *m(f);* **a key** [*or* **leading**] ~ ein wichtiger Spieler/eine wichtige Spielerin ❷ (*musical performer*) Spieler(in) *m(f);* **cello** ~ Cellist(in) *m(f);* **oboe** ~ Oboist(in) *m(f)* ❸ (*dated: actor*) Schauspieler(in) *m(f)* ❹ (*playback machine*) **cassette** ~ Kassettenrecorder *m;* **CD** ~ CD-Player *m;* **record** ~ Schallplattenspieler *m;* **video** ~ Videorecorder *m* ❺ POL (*participant*) ■ **to be a** ~ eine Rolle spielen; **the unions want to be a** ~ **when the party ...** die Gewerkschaften wollen ein Mitspracherecht haben [*o fam* [ein Wörtchen] mitreden], wenn die Partei ...; **a key** [*or* **leading**] ~ Schlüsselfigur *f,* führende [*o* zentrale] Figur; **to be a secondary** ~ eine untergeordnete Rolle spielen

'play·fel·low *n* (*dated*) Spielkamerad(in) *m(f)*

play·ful ['pleɪfᵊl] *adj* ❶ (*not serious*) spielerisch, scherzhaft; **his teasing is only** ~ Paul neckt dich nur [*o* macht nur Spaß] ❷ (*frolicsome*) verspielt; **he was in a** ~ **mood** er war zum Spielen/Scherzen aufgelegt

play·ful·ly ['pleɪfᵊli] *adv* scherzhaft; (*in play*) spielerisch, im Spiel

play·ful·ness ['pleɪfᵊlnəs] *n no pl* (*joking nature*) *of remark etc* Humor *m;* (*frolicsomeness*) Verspieltheit *f;* **this really is no time for your** ~ jetzt ist wirklich nicht der Augenblick, um sich so kindisch zu verhalten

'play·goer *n* Theaterbesucher(in) *m(f)* **'play·ground** *n* Spielplatz *m;* (*fig: for adults*) **the** ~ **of the rich and famous** der Tummelplatz der Reichen und Berühmten **'play·group** *n* Spielgruppe *f,* Krabbelgruppe *f;* (*kindergarten*) Kindergarten *m* **'play·house** *n* ❶ (*theatre*) Schauspielhaus *nt,* Theater *nt* ❷ (*toy house*) Spielhaus *nt* (*für Kinder*)

play·ing card *n* Spielkarte *f* **play·ing field** *n* Sportplatz *m;* **school** ~ Schulsportplatz *m*

'play·list *n* Hitliste *f* (*Musiktitel, die von einem Radiosender gespielt werden*); **to be on the** ~ im Radio gespielt werden **'play·mak·er** *n* SPORTS Spielmacher(in) *m(f)* **'play·mate** *n* ❶ (*for child*) Spielkamerad(in) *m(f)* ❷ (*fam: for adult*) Geliebte(r) *f(m),* Gespiele, -in *m, f iron* ❸ (*in magazine*) Pin-up-Girl *nt* **'play-off I.** *n* Play-off *nt* **II.** *n modifier* ~ **game** [*or* **match**] Entscheidungsspiel *nt* **play on 'words** <*pl* plays-> *n* Wortspiel *nt* **'play·pen** *n* Laufstall *m* **'play·room** *n* Spielzimmer *nt* **'play·school** *n* BRIT Kindergarten *m* **'play·suit** *n* Spielanzug *m* **'play·thing** *n* ❶ (*toy*) Spielzeug *nt* ❷ (*pej: exploited person, thing*) *of force, power* Spielball *m fig;* **to treat sb as a** ~ jdn wie eine Sache behandeln; (*as sex object*) jdn zum Sexualobjekt machen; **he treats his women like** ~**s** er spielt nur mit den Frauen **'play·time** *n no pl* ❶ (*in school*) Pause *f* ❷ (*for recreation*) Freizeit *f* **'play·wright** *n* Dramatiker(in) *m(f)*

pla·za ['plɑːzə, AM *also* 'plæzə] *n* ❶ (*open square*) Marktplatz *m* ❷ (*to shop*) [**shopping**] ~ Einkaufszentrum *nt*

plc [ˌpiːel'siː] *n esp* BRIT *abbrev of* **public limited company** AG *f*

plea [pliː] *n* ❶ (*appeal*) Appell *m;* (*entreaty*) [flehentliche] Bitte; **to make a** ~ **for sth** zu etw *dat* aufrufen; **to make a** ~ **for help/mercy** um Hilfe/Gnade bitten ❷ LAW [Sach]einwand *m,* Einlassung *f;* **to put in a** ~ eine Einrede erheben [*o* geltend machen]; ~ **of insanity** Einrede *f* der Unzurechnungsfähigkeit; **to enter a** ~ **of guilty** sich *akk* schuldig bekennen; **to enter a** ~ **of not guilty** sich *akk* für nicht schuldig erklären ❸ (*form: reason*) Grund *m;* (*pretext*) Ausrede *f,* Vorwand *m*

'plea bar·gain·ing *n no pl* LAW *Vereinbarung zwischen Staatsanwalt und Angeklagtem, der sich zu einem geringeren Straftatbestand bekennen soll*

plead <pleaded, pleaded *or* SCOT, AM *a.* pled, pled> [pliːd] **I.** *vi* ❶ (*implore*) [flehentlich] bitten, flehen; **to** ~ **for forgiveness/justice/mercy** um Verzeihung/Gerechtigkeit/Gnade bitten; ■ **to** ~ **with sb** [**to do sth**] jdn anflehen[, etw zu tun] ❷ LAW (*as advocate*) plädieren; (*speak for*) ■ **to** ~ **for sb** jdn verteidigen ❸ + *adj* LAW (*answer charge*) **to** ~ **guilty** sich *akk* schuldig bekennen; **to** ~ **not guilty** [*or* **innocent**] sich *akk* für nicht schuldig erklären; **how do you** ~**?** bekennen Sie sich schuldig?; **he** ~**ed guilty to the charge of indecent assault** er gestand die sexuelle Nötigung **II.** *vt* ❶ (*claim*) ■ **to** ~ **sth** etw behaupten [*o* angeben]; **your best bet is to** ~ **inexperience** am besten weisen Sie auf ihre Unerfahrenheit hin; **to** ~ **one's ignorance** sich *akk* auf Unkenntnis berufen; **to** ~ **insanity** LAW auf Unzurechnungsfähigkeit plädieren ❷ (*argue for*) **to** ~ **a/sb's cause** [**with sb**] [jdm] einen/jds Fall vortragen; **to** ~ **a case** LAW eine Sache vor Gericht vertreten

plead·ing ['pliːdɪŋ] *adj* flehend; ~ **look** flehentlicher Blick

plead·ing·ly ['pliːdɪŋli] *adv* flehentlich

pleas·ant ['plezᵊnt] *adj* ❶ (*pleasing*) *day, experience, sensation, time* angenehm, schön, hübsch; *chat, smile* nett; **what a** ~ **surprise!** was für eine angenehme Überraschung!; **have a** ~ **day/journey!** einen schönen Tag/eine gute Reise!; **it was** ~ **to sit down** es tat gut, sich zu setzen; ~ **weather** schönes Wetter ❷ (*friendly*) freundlich, liebenswürdig; ■ **to be** ~ [**to sb**] [zu jdm] nett [*o* freundlich] sein

pleas·ant·ly ['plezᵊntli] *adv* ❶ (*nicely*) freundlich; **to treat sb** ~ jdn freundlich behandeln ❷ (*causing pleasure*) angenehm; ~ **surprised** angenehm überrascht ❸ (*nice-looking*) hübsch

pleas·ant·ness ['plezᵊntnəs] *n no pl* ❶ (*friendliness*) Freundlichkeit *f;* ~ **of manner** freundliche [*o* zuvorkommende] Art ❷ (*pleasant look*) Liebreiz *m* ❸ (*enjoyableness*) Angenehme *nt*

pleas·ant·ry ['plezᵊntri] *n usu pl* Kompliment *nt;* **an exchange of pleasantries** ein Austausch von höflichen Floskeln [*o iron* Artigkeiten]

please [pliːz] **I.** *interj* ❶ (*in requests*) bitte; **may I see your passport,** ~**?** kann ich bitte Ihren Pass sehen?; ~**, David, put the gun down** David, bitte nimm die Pistole runter!; **pretty** ~ (*childspeak*) bitte, bitte ❷ (*when accepting sth*) ja, bitte; **more potatoes? –** ~ noch Kartoffeln? – gern; **may I ...? –** ~ **do** darf ich ...? – selbstverständlich ❸ BRIT (*to attract attention*) ~**, Miss, I know the answer!** bitte, ich weiß die Antwort! **II.** *vt* ❶ (*make happy*) ■ **to** ~ **sb** jdm gefallen [*o* eine Freude machen]; **I'll do it to** ~ **you** ich mache es, nur dir zuliebe; **it** ~**s me to see ...** es freut mich, ... zu sehen; **to be hard/easy to** ~ schwer/leicht zufrieden zu stellen sein; **she's notoriously hard to** ~ man kann es ihr kaum recht machen; ■ **to** ~ **oneself** (*fam*) **oh well,** ~ **yourself** bitte, wie du meinst ❷ (*form or iron: be will of*) jdm belieben; **if it may** ~ **the court, ...** wenn es dem Hof genehm ist, ... **III.** *vi* ❶ (*be agreeable*) **eager to** ~ [unbedingt] gefallen [*o* einen guten Eindruck machen] wollen; **he's a bit too eager to** ~ **if you ask me** er ist ein bisschen übereifrig [*o* zu eifrig], wenn du mich fragst; **sth is sure to** ~ etw wird sicher gefallen ❷ (*wish*) **to do as one** ~**s** machen, was man möchte [*o* will]; **come whenever you** ~ kommt, wann immer ihr wollt; ~ **God!** so Gott will!; **if you** ~ (*form: please*) bitte; **and then, if you** ~**, she had the cheek to say ...** und dann, mit Verlaub, hatte sie doch die Frechheit zu sagen, ...

pleased [pliːzd] *adj* ❶ (*happy*) froh, erfreut; (*content*) zufrieden; **a** ~ **smile** ein zufriedenes Lächeln; ■ **to be** ~ **about sth** sich *akk* über etw *akk* freuen; ■ **to be** ~**ed about sb** sich *akk* für jdn freuen; ■ **to be** ~ **with sth/sb** mit jdm/etw zufrieden sein; ■ **to be** ~ **that ...** froh sein, dass ...; ■ **to be** ~ **with oneself** mit sich *dat* selbst zufrieden sein; **I'm** ~ **to report/say**

pleasure

expressing pleasure	Freude ausdrücken
It's great of you to come!	**Wie schön, dass** du gekommen bist!
I'm so glad to see you again.	**Ich freue mich sehr, dass** wir uns wiedersehen.
You have made me very happy (by doing that).	**Sie haben mir** damit **eine große Freude bereitet.**
I could jump for joy!	**Ich könnte vor lauter Freude in die Luft springen.**
expressing enthusiasm	**Begeisterung ausdrücken**
Fantastic!	**Fantastisch!**
Great!/Amazing! (*fam*)/**Super!** (*fam*)/**Cool!** (*fam*)/**Wicked!** (*sl*)	**Toll!** (*fam*)/**Super!** (*fam*)/**Cool!** (*sl*)/**Wahnsinn!** (*fam*)/**Krass!** (*sl*)
That's wonderful!	**Das ist ja wunderbar/großartig!**
I'm really into this guy. (*fam*)	**Auf** diesen Typen **fahre ich voll ab.** (*sl*)
I'm completely bowled over. (*fam*)	**Ich bin ganz hin und weg.** (*fam*)
I got really carried away by her performance.	Ihre Darbietung **hat mich richtig mitgerissen.**

that... ich bin froh, sagen zu können, dass...; **I'm very ~ to meet you** es freut mich, Sie kennen zu lernen; **my father wasn't exactly ~** mein Vater war nicht gerade begeistert ❷ (*willing*) ■**to be ~ to do sth** bereit sein, etw zu tun; **I'm only too ~ to help** ich helfe wirklich gerne ► PHRASES: **to be as ~ as Punch** [**about sth**] sich *akk* wie ein Schneekönig [über etw *akk*] freuen *fam*

pleas·er ['pli:zəʳ, AM -ɚ] *n jd, der immer versucht, es anderen recht zu machen*

pleas·ing ['pli:zɪŋ] *adj* angenehm; **it's ~ that so many people could come** es ist schön, dass so viele Leute kommen konnten; **to be ~ to the ear/eye** hübsch klingen/aussehen; **~ manner** zuvorkommende Art; **~ news** erfreuliche Nachricht[en] *f*[*pl*]

pleas·ing·ly ['pli:zɪŋli] *adv* angenehm; **she's not fat, she's just ~ plump** sie ist nicht fett, sie hat nur ein paar hübsche Rundungen

pleas·ur·able ['pleʒᵊrəbl̩] *adj* angenehm

pleas·ure ['pleʒəʳ, AM -ɚ] *n* ❶ *no pl* (*enjoyment*) Freude *f*, Vergnügen *nt*; **it gives me great ~ to announce the winner** es ist mir eine große Freude, den Sieger anzukündigen; **it was such a ~ to meet you** es hat mich sehr gefreut, Ihre Bekanntschaft zu machen; **business or ~?** geschäftlich oder privat?; **to give sb ~** jdm Freude bereiten; **to take ~ in sth/in doing sth** Vergnügen an etw *dat* finden/daran finden, etw zu tun; **with ~** mit Vergnügen ❷ (*source of enjoyment*) Freude *f*; **smoking is one of my few ~s** das Rauchen ist eine meiner wenigen Freuden [im Leben]; [**a**] [*or* **my**] **~** keine Ursache; **please don't mention it, it was a ~** nicht der Rede wert, das habe ich doch gern getan; (*form*) **may I have the ~?** darf ich bitten?; **Mrs Smith requests the ~ of Mrs Jones's company** Frau Smith gibt sich die Ehre, Frau Jones einzuladen *form* ❸ (*form: desire*) Wunsch *m*; **what is your ~, Madame?** womit kann ich Ihnen dienen?, was wünschen Sie? ❹ BRIT LAW **to be detained at the King's/Queen's ~** in Haft sein

'pleas·ure boat *n* Vergnügungsdampfer *m* **'pleas·ure ground** *n* (*dated*) Vergnügungspark *m* **'pleas·ure prin·ci·ple** *n no pl* Lustprinzip *nt* **'pleas·ure trip** *n* Vergnügungsreise *f*

pleat [pli:t] *n* Falte *f*

pleat·ed ['pli:tɪd, AM -t̬-] *adj* Falten-; **to be ~** Falten haben; **~ skirt** Faltenrock *m*

pleb [pleb] *n usu pl* BRIT (*pej fam*) *short for* **plebeian** Prolet(in) *m(f) pej*, Proll *m pej fam*; ■**the ~s** der Mob *pej*

pleb·by ['plebi] *adj* BRIT (*pej fam*) proletenhaft *pej*, prollig *pej fam*

ple·beian ['pləbi:ən, AM 'plɪ-] **I.** *adj* (*pej form*) primitiv, plebejisch *geh o oft iron*; ■**to be ~** unter jds Würde sein; **~ origins** niedrige soziale Herkunft **II.** *n* HIST Plebejer(in) *m(f)*; (*fig*) Prolet(in) *m(f) pej*; ■**the ~s** das gemeine Volk

plebi·scite ['plebɪsaɪt, AM -əsaɪt] *n* Plebiszit *nt fachspr*, Volksentscheid *m*; **to hold a ~** [**on sth**] das Volk [über etw *akk*] entscheiden lassen

plec·tra ['plektrə] *n pl of* **plectrum**

plec·trum <*pl* -s *or* -tra> ['plektrəm, *pl* -trə] *n* Plektron *nt*, Plektrum *nt*

pled [pled] *vi, vt esp* AM, SCOT *pt, pp of* **plead**

pledge [pledʒ] **I.** *n* ❶ (*promise*) Versprechen *nt*, Zusicherung *f*; **to fulfil** [*or* **honour**] **a ~** ein Versprechen halten; **to give** [*or* **make**] **a ~ to do sth** versprechen, etw zu tun; **to make a ~ that ...** geloben, dass ...; **to sign** [*or* **take**] **the ~** (*hum dated*) dem Alkohol abschwören ❷ (*token*) **a ~ of friendship/good faith/loyalty** ein Unterpfand *nt* [*o* Beweis *m*] der Freundschaft/des Vertrauens/der Treue ❸ (*promise of donation*) Spendenzusage *f* ❹ (*sth pawned*) Pfand *nt*; **to redeem a ~** ein Pfand einlösen ❺ AM UNIV (*of fraternity*) *jemand, der die Zusage zur Mitgliedschaft in einer Studentenverbindung erhalten hat, der aber noch nicht initiiert worden ist*; (*of a man*) ≈ Fuchs *m* (*in einer Burschenschaft*) **II.** *vt* ❶ (*solemnly promise*) ■**to ~ sth** etw versprechen; **I've been ~d to secrecy** ich bin zur Verschwiegenheit verpflichtet worden; **to ~ allegiance to one's country** den Treueid auf sein Land leisten; **to ~ loyalty** Treue schwören; **to ~ support** Unterstützung zusichern; ■**to ~ to do sth** versprechen, etw zu tun; ■**to ~ that ...** versprechen, dass ... ❷ (*promise to contribute*) **to ~ money** Geld versprechen ❸ (*form: drink health of*) ■**to ~ sb/sth** auf jdn/etw trinken ❹ AM UNIV (*promise to join*) **to ~ a fraternity/sorority** einer Studentenverbindung [*o* Burschenschaft]/[weiblichen] Verbindung beitreten wollen

Pleis·to·cene ['plaɪstə(ʊ)si:n, AM -stoʊ-] **I.** *n no pl* GEOL ■**the ~** das Pleistozän **II.** *adj inv* GEOL pleistozän; **the ~ epoch** das Pleistozän

ple·na·ry ['pli:nᵊri] **I.** *adj inv* ❶ (*attended by all members*) **~ assembly** Vollversammlung *f*, Plenarversammlung *f*; **~ meeting** [*or* **session**] Plenarsitzung *f* ❷ (*form: unqualified*) unbeschränkt; **~ power** absolute Macht; **~ indulgence** umfassende [*o* völlige] Absolution, Freisprechung *f* von allen Sünden **II.** *n* Vollversammlung *f*

P

pleni·po·ten·ti·ary [ˌplenipə(ʊ)'ten(t)ʃəri, AM -poʊ'ten(t)ʃieri] **I.** *n* POL (*dated form*) Bevollmächtigte(r) *f(m)*, Regierungsgesandte(r) *f(m)* **II.** *adj inv* POL (*dated form*) bevollmächtigt; ~ **power** Vollmacht *f*

plen·ti·ful ['plentɪfəl, AM -t̬-] *adj* reichlich *präd;* **strawberries are ~ in the summer** im Sommer gibt es reichlich Erdbeeren [*o* Erdbeeren im Überfluss]; ~ **supply** großes [*o* reichhaltiges] Angebot

plen·ti·ful·ly ['plentɪfəli, AM -t̬-] *adv* reichlich; **to be ~ stocked** [*or* **supplied**] [**with sth**] [etw] in großen Mengen vorrätig haben

plen·ty ['plenti, AM -t̬-] **I.** *n no pl* (*form: abundance*) Reichtum *m;* **such natural phenomena as famine and ~** Naturphänomene wie Hunger und Überfluss; **food in ~** Nahrung *f* in Hülle und Fülle; **a land of ~** ein Land *nt*, wo Milch und Honig fließen *prov;* **the land of ~** das Land der unbegrenzten Möglichkeiten; **a time of ~** üppige Jahre; **seven years of ~** REL sieben fette Jahre; **to live in ~** im Überfluss leben **II.** *adv inv* (*fam*) **I'm ~ warm enough, thank you** mir ist warm genug, fast schon zu warm, danke; **the house is ~ big enough** das Hause ist mehr als groß genug; ~ **more** noch viel mehr; **there's ~ more beer in the fridge** es ist noch mehr als genug Bier im Kühlschrank; **have another sandwich – there are ~ more** nimm dir noch ein Sandwich – wir haben mehr als genug; **she has ~ more ideas** sie hat noch viele Ideen; **there are ~ more where he/she came from** (*pej*) an der nächsten Ecke steht wieder ein Neuer/eine Neue von der Sorte, andere Mütter haben auch schöne Söhne/Töchter *hum;* ~ **good/bad** AM sehr gut/schlecht **III.** *pron* ❶ (*more than enough*) mehr als genug; **there's still ~ of storage space in the attic** auf dem Dachboden kann man immer noch einiges unterstellen; **he's had ~ of opportunities to apologize** er hatte genügend Gelegenheiten, sich zu entschuldigen; **I spent an hour with them one day and that was ~** ich verbrachte einmal eine Stunde mit ihnen, und das war mehr als genug; ~ **of money/time** viel Geld/Zeit; **we've got ~ of time before we need to leave for the airport** wir haben noch viel Zeit, bevor wir zum Flughafen fahren müssen; **they've always had ~ of money** sie hatten immer viel Geld; ~ **of people/reasons** viele Leute/Gründe ❷ (*a lot*) genug; **do we have problems? – yeah, we've got ~** haben wir Probleme? – ja, allerdings!; ~ **to do/see** viel zu tun/sehen; **you'll have ~ to keep you busy** du hast genug zu tun, damit du beschäftigt bist; AM (*fam*) **this car cost me ~** dieses Auto hat mich eine Stange Geld gekostet *fam;* **there's ~ of work to be done** wir haben [*o* es gibt] viel Arbeit zu erledigen **IV.** *adj inv* DIAL (*fam: much*) viel; **there was ~ room** es war genug Platz

ple·num ['pli:nəm] *n* (*spec*) Plenum *nt*

pleo·nasm ['pli:ə(ʊ)næzəm, AM -oʊ-] *n no pl* LING Pleonasmus *m*

pleo·nas·tic [ˌpli:ə(ʊ)'næstɪk, AM -oʊ'-] *adj* LING pleonastisch

pletho·ra ['pleθərə, AM -ɚə] *n no pl* ■ **a ~ of sth** eine Fülle von etw *dat;* (*oversupply*) ein Übermaß *nt* an etw *dat;* ~ **of books** Bücherschwemme *f*

pleu·ri·sy ['plʊərəsi, AM 'plʊr-] *n no pl* MED Rippenfellentzündung *f*, Pleuritis *f fachspr*

'plex [pleks] *n short for* **cineplex** Cineplex *nt* (*großer Kinokomplex*)

Plexi·glas® ['pleksɪglæs] *n no pl* AM (*perspex*) Plexiglas® *nt*

plex·us <*pl* -es *or* -> ['pleksəs] *n* ❶ ANAT Plexus *m;* **solar ~** Sonnengeflecht *nt*, Solarplexus *m fachspr* ❷ (*network*) Netzwerk *nt*, Flechtwerk *nt*

pli·abil·ity [ˌplaɪə'bɪləti, AM -ət̬i] *n no pl* Biegsamkeit *f;* (*fig*) *of personality* Fügsamkeit *f;* (*conformity*) Überangepasstheit *f*

pli·able ['plaɪəbl̩] *adj* biegsam; (*fig: easily influenced*) gefügig, fügsam

pli·an·cy ['plaɪən(t)si] *n no pl* Biegsamkeit *f;* (*fig*) *of personality* Fügsamkeit *f;* (*conforming*) Überangepasstheit *f*

pli·ant ['plaɪənt] *adj* ❶ (*pliable*) biegsam; ~ **rubber** biegsames Gummi ❷ (*fig: compliant*) fügsam; (*influenceable*) nachgiebig; ■ **to be ~** leicht zu beeinflussen sein

pli·ant·ly ['plaɪəntli] *adv* flexibel

plié ['pli:eɪ, AM pli:'eɪ] *n* Plié *nt*

pli·ers ['plaɪəz, AM -ɚz] *npl* Zange *f;* **a pair of ~** eine Zange

plight [plaɪt] **I.** *n* Not[lage] *f;* **the ~ of starving people** die Not hungernder Menschen; **to be in a dreadful/sad/sorry ~** in einer schrecklichen/traurigen/erbärmlichen Lage sein **II.** *vt* **to ~ one's troth** (*hum dated: get engaged*) sich *akk* verloben, sich *dat* die Treue schwören *veraltet;* (*form: in marriage service*) jdm die [ewige] Treue schwören

plim·soll ['plɪm(p)səl] *n* BRIT Turnschuh *m*

'Plim·soll line *n*, **'Plim·soll mark** *n* NAUT Kiellinie *f*

plinth [plɪn(t)θ] *n* Plinthe *f*

Plio·cene ['plaɪə(ʊ)si:n, AM -oʊ-] **I.** *n no pl* GEOL ■ **the ~** das Pliozän **II.** *adj inv* GEOL pliozän; **the ~ epoch** das Pliozän

PLO [ˌpi:el'əʊ, AM -'oʊ] *n no pl abbrev of* **Palestine Liberation Organization:** ■ **the ~** die PLO

plod [plɒd, AM plɑ:d] **I.** *n* Marsch *m* **II.** *vi* <-dd-> ❶ (*walk slowly*) stapfen; **to ~ along the street/up the hill** die Straße entlang/den Hügel hinauf stapfen; **to ~ through the mud** durch den Schlamm waten ❷ (*work slowly*) ■ **to ~ through sth** sich *akk* durch etw *akk* hindurcharbeiten [*o* hindurchwühlen] [*o* durchkämpfen]

◆**plod along** *vi* ❶ (*walk*) stapfen ❷ (*work*) vor sich *akk* hin arbeiten; **Alex is just ~ding along at school** Alex ist ein fleißiger, aber mittelmäßiger Schüler

◆**plod away** *vi* vor sich *akk* hin arbeiten; **to ~ away at sth** etw [freudlos] tun; (*work hard*) schuften *pej fam;* **for years, he's ~ded away at the same routine job** seit Jahren macht er dieselbe stumpfe Routinearbeit

◆**plod on** *vi* ❶ (*continue walking*) weiterstapfen ❷ (*continue working*) weiterarbeiten

plod·der ['plɒdəʳ, AM 'plɑ:dɚ] *n* Arbeitstier *nt fam;* ■ **to be a ~** stur vor sich *akk* hinarbeiten

plod·ding ['plɒdɪŋ, AM 'plɑ:d-] *adj* mühselig; **a ~ account** ein zäher [*o* mühsam zu lesender] Bericht; *person* schwerfällig

plonk[1] [plɒŋk] *n no pl esp* BRIT, AUS (*fam: wine*) billiger Wein, Gesöff *nt pej fam;* **a bottle of ~** eine Flasche mit billigem, schlechten Wein

plonk[2] [plɒŋk, AM plɑ:ŋk, plʌŋk] **I.** *n* (*fam: sound*) Ploppen *nt fam* **II.** *adv* (*fam*) dumpf knallend; **I heard something go ~** ich hörte, wie etwas dumpf aufschlug [*o fam* plopp machte] **III.** *vt* (*fam*) ❶ (*set down heavily*) ■ **to ~ sth somewhere** etw irgendwo hinknallen *fam* ❷ (*sit heavily*) **to ~ oneself down on a chair/sofa** sich *akk* auf einen Stuhl/ein Sofa fallen [*o fam* plumpsen] lassen

◆**plonk away** *vi* (*fam*) ■ **to ~ away on sth** auf etw *dat* herumklimpern *fam*

◆**plonk down** (*fam*) **I.** *vt* ■ **to ~ down ↔ sth** etw hinknallen *fam;* ■ **to ~ oneself down** sich *akk* hinfallen [*o fam* hinplumpsen] lassen **II.** *vi* sich *akk* fallen lassen

◆**plonk out** *vt* (*fam*) **to ~ out a song/tune** [**on sth**] ein Lied/eine Melodie [auf etw *dat*] klimpern *fam*

plonk·er ['plɒŋkəʳ] *n* BRIT (*sl*) Blödmann *m fam*, Trottel *m fam*

plop [plɒp, AM plɑ:p] **I.** *n* Platsch[er] *m fam;* **it fell into the water with a ~** es platschte [*o fam* plumpste] ins Wasser **II.** *adv* platschend **III.** *vi* <-pp-> ❶ (*fall into liquid*) platschen *fam* ❷ (*drop heavily*) plumpsen *fam*

◆**plop down** (*fam*) **I.** *vi* sich *akk* hinfallen [*o fam* hinplumpsen] lassen **II.** *vt* ■ **to ~ down ↔ sth** etw hinschmeißen *fam*

plot [plɒt, AM plɑ:t] **I.** *n* ❶ (*conspiracy*) Verschwörung *f;* **the Gunpowder P~** die Pulververschwörung; **to foil a ~** einen Plan [*o* ein Vorhaben] vereiteln; **to hatch a ~** einen Plan aushecken; ■ **a ~ against sb/sth** eine Verschwörung gegen jdn/etw; **a ~ to overthrow the government** ein Plan, die Regierung zu stürzen ❷ LIT (*storyline*) Handlung *f*, Plot *m fachspr;* ~ **line** Handlungsverlauf *m* ❸ (*of land*) Parzelle *f;* **building ~**

Bauland *nt;* **garden/vegetable** ~ Garten-/Gemüsebeet *nt* ▶ PHRASES: **to lose the** ~ (*fam*) den Überblick verlieren; **the** ~ **thickens** (*hum*) die Lage spitzt sich zu **II.** *vt* <-tt-> ❶ (*conspire*) ■**to** ~ **sth** etw [im Geheimen] planen *a. hum* ❷ (*mark out*) ■**to** ~ **sth** etw [graphisch] darstellen; **radar operators** ~**ted the course of the incoming missile** Radarschirme haben den Kurs der herannahenden Rakete geortet; **to** ~ **a curve** eine Kurve zeichnen [*o* darstellen]; **to** ~ **a position** eine Position ausmachen ❸ (*create storyline*) ■**to** ~ **sth** *novel, play, scene* sich *dat* die Handlung für etw *akk* ausdenken; **we've already** ~**ted the first three episodes** die Handlung der ersten drei Folgen steht schon **III.** *vi* <-tt-> ■**to** ~ **against sb/sth** sich *akk* gegen jdn/etw verschwören; ■**to** ~ **to do sth** (*a. hum*) planen, etw zu tun; **they're** ~**ting to take over the company** sie ziehen im Hintergrund die Fäden, um die Firma zu übernehmen

◆**plot out** *vt* ■**to** ~ **out** ↻ **sth** ❶ *route* etw [grob] planen ❷ *scene, story* etw umreißen

plot·ter ['plɒtəʳ, AM 'plɑːtɚ] *n* ❶ (*conspirator*) Verschwörer(in) *m(f)* ❷ COMPUT Plotter *m*

plough [plaʊ], AM **plow I.** *n* Pflug *m;* **this field is under the** ~ dieses Feld wird bestellt [*o geh* ist unter dem Pflug] ▶ PHRASES: **put one's hand to the** ~ den Stein ins Rollen bringen *fig* **II.** *vt* ❶ AGR **to** ~ **the field/soil** das Feld/den Boden pflügen; **they** ~**ed fertilizer into the field** sie pflügten den Dünger unter ❷ (*move with difficulty*) **to** ~ **one's way through sth** sich *dat* seinen Weg durch etw *akk* bahnen; (*fig*) sich *akk* durch etw *akk* [hindurch] wühlen *fig* **III.** *vi* ❶ AGR pflügen ❷ (*move with difficulty*) ■**to** ~ **through sth** sich *akk* durch etw *akk* durchkämpfen; (*fig*) sich *akk* durch etw *akk* [hindurch] wühlen *fig*

◆**plough ahead** *vi* weitermachen; **sales have been** ~**ing ahead** die Verkaufszahlen sind [langsam] gestiegen

◆**plough back** *vt* ■**to** ~ **back** ↻ **sth** *plants* etw unterpflügen; **to** ~ **back profits** (*fig*) Profite reinvestieren

◆**plough in** *vt* ■**to** ~ **in** ↻ **sth** etw unterpflügen

◆**plough into I.** *vi* ■**to** ~ **into sth** in etw *akk* hineinrasen **II.** *vt* ■**to** ~ **sth into sth** etw in etw *akk* investieren

◆**plough on** *vi* stur weitermachen (**with** mit +*dat*)

◆**plough up** *vt* **to** ~ **up fields/land** Felder/Land umpflügen; **to** ~ **up sb's lawn** jds Rasen umgraben

Plough [plaʊ] *n no pl* ■**the** ~ der Große Wagen

ploughed [plaʊd], AM **plowed** *adj inv* gepflügt; ~ **fields** gepflügte Felder

'plough·land, AM **'plow·land** *n no pl* Ackerland *nt* **'plough·man**, AM **'plow·man** *n* Pflüger *m* **'plough·man's** <*pl* -> *n* BRIT, AUS, **plough·man's 'lunch** *n* BRIT, AUS *Mittagessen, das aus Brot, Käse und Pickle besteht*

'plough·share, AM **'plow·share** *n* Pflugschar *f* ▶ PHRASES: **to beat one's swords into** ~**s** (*prov liter*) die Waffen schweigen lassen *prov geh,* die Schwerter zu Pflugscharen machen

plov·er ['plʌvəʳ, AM -ɚ] *n* Bachstelze *f*

plow *n* AM *see* **plough**

plowed *adj* AM *see* **ploughed**

plow·land *n no pl* AM *see* **ploughland plow·man** *n* AM *see* **ploughman**

plow·share *n* AM *see* **ploughshare**

ploy [plɔɪ] *n* Plan *m,* Strategie *f;* (*trick*) Trick *m;* **a clever/subtle** ~ eine clevere/subtile Strategie; **a** ~ **to deceive sb** ein Plan, jdn hinters Licht zu führen

pluck [plʌk] **I.** *n* Mut *m,* Schneid *m o* ÖSTERR *f fam;* **to have** [*or* **show**] [**a lot of**] ~ [viel] Schneid [*o* Mumm] haben *fam,* mutig sein **II.** *vt* ❶ (*pick*) ■**to** ~ **sth** [**from** [*or* **off**] **sth**] *fruit, flower* etw [von etw *dat*] abpflücken; *grass, dead leaves, loose thread* etw [von etw *dat*] abzupfen ❷ (*remove*) *feathers* ausrupfen; *hair* entfernen; (*with pincers*) auszupfen; **to** ~ **a chicken/goose** ein Huhn/eine Gans rupfen; **a** ~**ed chicken** ein gerupftes Huhn; **to** ~ **one's eyebrows** sich *dat* die Augenbrauen zupfen ❸ (*pull*) ■**to** ~ **sth/sb** jdn/etw schnell nehmen *akk;* **he** ~**ed the letter out of my hand** er riss mir den Brief aus der Hand; **she** ~**ed the ball out of the air** sie fing den Ball in der Luft; (*pull cautiously*) zupfen; **to** ~ **sb's sleeve** [*or* **sb by the sleeve**] jdn am Ärmel zupfen ❹ (*remove from situation*) ■**to** ~ **sb from** [*or* **out of**] **sth** jdn aus etw *dat* herausholen ❺ MUS ■**to** ~ **sth** etw zupfen ▶ PHRASES: **to** ~ **sth out of the air** etw [frei] erfinden [*o* aus der Luft greifen] **III.** *vi* ■**to** ~ **at sth** an etw *dat* zupfen

◆**pluck out** *vt* ■**to** ~ **out** ↻ **sth** etw auszupfen; *feathers* etw ausrupfen

◆**pluck up** *vt* **to** ~ **up one's** [*or* **the**] **courage** [**to do sth**] allen Mut zusammennehmen[, um etw zu tun]

plucki·ness ['plʌkɪnəs] *n no pl* (*fam*) Mut *m,* Schneid *m o* ÖSTERR *f fam*

plucky ['plʌki] *adj* schneidig

plug [plʌg] **I.** *n* ❶ (*connector*) Stecker *m;* **to pull the** ~ [**on sth**] den Stecker [aus etw *dat*] herausziehen; (*fig*) **the Administration has pulled the** ~ **on this project** die Verwaltung hat diesem Projekt ihre Unterstützung aufgekündigt ❷ (*socket*) Steckdose *f* ❸ (*for basin, sink*) Stöpsel *m;* **bath** ~ Wannenstöpsel *m* ❹ (*stopper*) Pfropfen *m; cask* Spund *m;* (*bung*) Zapfen *m; of cotton wool* Wattekügelchen *nt* ❺ (*fam: publicity*) ■**a** ~ [**for sb/sth**] eine Werbung [für jdn/etw]; **to give sb/sth a** ~ Werbung für jdn/etw machen ❻ (*spark plug*) Zündkerze *f* ❼ (*chunk*) ~ **of tobacco** Priem *m* **II.** *vt* <-gg-> ❶ (*stop up*) **to** ~ **a hole/leak** ein Loch/Leck stopfen; ■**to** ~ **sth with sth** etw mit etw *dat* [zu]stopfen ❷ (*publicize*) ■**to** ~ **sth** etw anpreisen ❸ AM (*sl: shoot*) ■**to** ~ **sb/sth** jdn/etw treffen (*mit einer Gewehr-, Pistolenkugel*)**;** **to** ~ **sb in the arm/leg** jdm in den Arm/ins Bein schießen

◆**plug away** *vi* verbissen [*o* hart] arbeiten (**at** an +*dat*), sich abmühen (**at** mit +*dat*)

◆**plug in I.** *vt* ■**to** ~ **in** ↻ **sth** etw einstöpseln [*o* anschließen] **II.** *vi* (*electrical device*) sich anschließen lassen

◆**plug into I.** *vt* ❶ (*connect electrically*) ■**to** ~ **sth into sth** etw an etw *akk* anschließen; (*into the plug a.*) etw in etw *akk* einstöpseln ❷ *usu passive* (*have connections with*) ■**to be** ~**ged into sth** ein Teil von etw *dat* sein; (*have contacts*) Verbindungen [*o* Kontakte] zu etw *dat* haben **II.** *vi* ■**to** ~ **into sth** ❶ ELEC an etw *akk* angeschlossen werden ❷ COMPUT angeschlossen sein; **to** ~ **into a network** an ein Netz angeschlossen sein ❸ (*fig*) sich *akk* eingliedern, sich *akk* in etw *akk* integrieren lassen

◆**plug up** *vt* ■**to** ~ **up** ↻ **sth** [**with sth**] etw mit etw *dat* zustopfen

'plug·hole *n* Abfluss *m* ▶ PHRASES: **to go down the** ~ den Bach runtergehen *fam*

'plug-in ['plʌgɪn] *n* Plug-in *nt* (*Erweiterung für ein existierendes Softwareprogramm*)

plug-'ug·ly I. *adj* potthässlich *fam* **II.** *n* AM (*sl: thug*) Schläger *m,* Gorilla *m fig fam*

plum [plʌm] **I.** *n* ❶ (*fruit*) Pflaume *f;* **damson** ~ Zwetschge *f* ❷ (*tree*) ~ [**tree**] Pflaumenbaum *m* ❸ (*good opportunity*) gute Gelegenheit, Chance *f* ❹ (*colour*) Pflaumenblau *nt* **II.** *n modifier* (*juice, pit, tart*) Pflaumen-; ~ **jam** Pflaumenmus *nt;* (*of damson plum*) Zwetschgenmus *nt* **III.** *adj* ❶ *inv* (*colour*) pflaumenfarben; ~[**-coloured**] **shirt** pflaumenfarbenes Hemd ❷ <plummer, plummest> *attr* (*exceptionally good*) traumhaft *fam;* **the** ~**mest site in the city** die attraktivste Lage in der Stadt; ~ **job** Traumberuf *m,* Traumjob *m fam;* ~ **part** Traumrolle *f*

plum·age ['pluːmɪdʒ] *n no pl* Federkleid *nt*

plumb[1] [plʌm] **I.** *vt* ❶ (*determine depth*) ■**to** ~ **sth** etw [aus]loten; **to** ~ **the depth** die Tiefe loten ❷ (*fig: fathom*) ■**to** ~ **sth** etw ergründen ▶ PHRASES: **to** ~ **the depths** einen Tiefpunkt erreichen; **Roy** ~**ed the depths of despair when ...** Roy war völlig am Boden zerstört, als ...; (*hum*) **they must really be** ~**ing the depths if ...** sie müssen wirklich verzweifelt sein,

P

wenn ... **II.** *adj pred, inv* gerade, im Lot *fachspr;* **to be out of ~** schief sein, nicht im Lot [*o* außer Lot] sein *fachspr* **III.** *adv* ❶ (*fam: exactly*) genau; **he hit me ~ on the nose** er hat mich mitten [*o* direkt] auf die Nase gehauen ❷ AM (*fam: completely*) **~ crazy** total verrückt *fam* **IV.** *n* Lot *nt*

plumb² [plʌm] *vt* **our house isn't ~ed properly** die Installationen in unserem Haus sind schlecht gemacht; ■**to ~ sth into sth** etw an etw *akk* anschließen; ■**to be ~ed for sth** die nötigen Anschlüsse für etw *akk* haben

◆**plumb in** *vt* ■**to ~ in ↔ sth** *washing machine, dishwasher* etw anschließen [*o* installieren]

plum·ba·go [plʌmˈbeɪgəʊ, AM -goʊ] *n* ❶ (*graphite*) Graphit *nt* ❷ (*plant*) Bleiwurz *m*

plumb·er [ˈplʌməʳ, AM -ɚ] *n* Klempner(in) *m(f)*, Sanitärinstallateur(in) *m(f) fachspr,* Sanitär(in) *m(f)* SCHWEIZ

plumb·er's 'friend *n*, **plumb·er's 'help·er** *n* AM (*plunger*) Saugpumpe *f* (*für verstopfte Abwasserleitungen im Haushalt*)

plumb·er's 'snake *n* Drahtbürste *f*

plumb·ing [ˈplʌmɪŋ] **I.** *n no pl* Wasserleitungen *fpl* **II.** *adj attr, inv* **~ contractor** beauftragter Installateur/beauftragte Installateurin; **a ~ fixture** Installationszubehör *nt;* **~ work** Installationsarbeiten *fpl*

'plumb line *n* Lot *nt* **'plum-col·ored** AM, **'plum-col·oured** *adj inv* pflaumenfarben

plume [pluːm] **I.** *n* ❶ (*large feather*) Feder *f;* **ostrich ~** Straußenfeder *f;* **tail ~** Schwanzfeder *f;* (*as ornament*) Federbusch *m* ❷ (*cloud*) **~ of smoke** Rauchwolke *f;* **~ of dust** Staubwolke *f;* **~ of steam** Dunstglocke *f* ►PHRASES: **to be dressed in** [*or* **to wear**] **borrowed ~s** (*pej liter*) sich *akk* mit fremden Federn schmücken **II.** *vt* ❶ (*dated: preen*) ■**to ~ oneself** sich *akk* aufplustern ❷ (*pej liter: pride oneself*) ■**to ~ oneself on sth** sich *akk* mit etw *dat* brüsten

plumed [pluːmd] *adj attr, inv* mit Federn geschmückt; **~ headdress** mit Federn verzierter Kopfschmuck

plum·met [ˈplʌmɪt] **I.** *vi* ❶ (*plunge*) fallen, [herunter]stürzen; (*with loud noise*) [herunter]donnern; **to ~ to earth/the ground** auf die Erde/zu Boden stürzen; **to ~ out of** [*or* **from**] **the sky** abstürzen ❷ (*be reduced*) [stark] sinken [*o* fallen] *fig;* **house prices have ~ed** die Häuserpreise sind in den Keller gefallen; **morale has absolutely ~ed** die Stimmung ist auf den Nullpunkt gesunken **II.** *n* Lot *nt*

plum·my [ˈplʌmi] *adj* ❶ (*resembling plum*) pflaumenartig ❷ (*of plum colour*) pflaumenfarben ❸ (*exceptionally desirable*) toll *fam;* **~ job** Traumjob *m fam* ❹ (*rich-toned*) sonor; (*highbrow*) affektiert *pej;* **~ voice** sonore Stimme

plump [plʌmp] **I.** *adj* (*rounded*) rund; (*euph*) *person* rundlich, füllig, mollig; **~ arms** rundliche Arme; **~ cheeks** runde Wangen [*o fam* Bäckchen]; **~ chicken** Masthuhn *nt;* **~ and juicy grapes** runde [*o* volle] und saftige Trauben; **pleasingly** [*or* AM *a.* **pleasantly**] **~** rund und gesund **II.** *adv* (*fam*) **to sit down ~** sich *akk* hinplumpsen lassen *fam;* **he sat down ~ on the bed** mit einem Plumps ließ er sich aufs Bett fallen *fam;* **sth drops down ~** etw plumpst runter *fam* **III.** *vi* ■**to ~ for sb/sth** sich *akk* für jdn/etw entscheiden **IV.** *vt* **to ~ a cushion/pillow** ein Kissen/Kopfkissen aufschütteln

◆**plump down** (*fam*) **I.** *vt* ■**to ~ down ↔ sth** etw hinplumpsen lassen *fam;* **Joan ~ed her bags down next to her** Joan ließ ihre Taschen mit einem Plumps neben sich fallen *fam;* **to ~ oneself down in a chair/on the sofa** sich *akk* in einen Stuhl/aufs Sofa fallen [*o fam* hinplumpsen] lassen **II.** *vi* **to ~ down in a chair/on the sofa** sich *akk* auf einen Stuhl/ein Sofa fallen [*o fam* hinplumpsen] lassen

◆**plump out** *vi* (*dated: gain weight*) zulegen *fam,* zunehmen

◆**plump up** *vt* **to ~ up a cushion/pillow** ein Kissen/Kopfkissen aufschütteln

plump·ness [ˈplʌmpnəs] *n no pl* Fülligkeit *f; fruit* Größe *f*

plum 'pud·ding *n* BRIT (*dated*) Plumpudding *m*

plun·der [ˈplʌndəʳ, AM -dɚ] **I.** *vt* ■**to ~ sth** *gold, treasure* etw plündern; *church, palace, village* etw [aus]plündern; (*fig*) *the planet, environment* etw ausbeuten **II.** *vi* plündern **III.** *n no pl* ❶ (*booty*) Beute *f* ❷ (*act of plundering*) Plünderung *f; of planet* Ausbeutung *f*

plun·der·er [ˈplʌndᵊrəʳ, AM -dɚɚ] *n* Plünderer, Plünderin *m, f*

plunge [plʌndʒ] **I.** *n* ❶ (*drop*) Sprung *m;* (*fall*) Sturz *m,* Fall *m;* (*dive*) **to make a ~** tauchen; **a sixty-foot ~ into the sea** sechzig Fuß unter der Meeresoberfläche ❷ (*swim*) **~ [in the pool]** Schwimmen [im Pool] *nt kein pl* ❸ (*sharp decline*) Sturz *m;* **there has been a ~ in the value of the dollar today** der Wert des Dollar ist heute dramatisch gefallen; **the ~ of the dollar** der Sturz des Dollar; **a ~ in profits** dramatisch sinkende Profite; **a ~ in value** dramatischer Wertverlust ►PHRASES: **to take the ~** einen Schritt wagen, ins kalte Wasser springen *fig* **II.** *vi* ❶ (*fall*) stürzen; **Niagara Falls ~s 55.5 metres** die Niagarafälle stürzen 55,5 m in die Tiefe; ■**to ~ into sth** sich *akk* in etw *akk* stürzen; **we ~d into the sea** wir sprangen ins Meer; **to ~ to one's death** in den Tod stürzen ❷ (*decrease dramatically*) dramatisch sinken [*o* fallen] ❸ (*dash*) stürzen; ■**to ~ into sth** in etw *akk* stürzen; **she ~d forward** sie warf sich nach vorne ❹ (*fig: begin abruptly*) ■**to ~ into sth** sich *akk* in etw *akk* [hinein]stürzen *fig* **III.** *vt* ❶ (*immerse*) ■**to ~ sth into sth** etw in etw *akk* eintauchen; (*in cooking*) etw in etw *akk* geben ❷ (*thrust*) **to ~ a dagger/knife/needle into sb** jdn mit einem Dolch/einem Messer/einer Nadel stechen ❸ (*suddenly cause*) ■**to ~ sth/sb into sth** etw/jdn in etw *akk* hineinstürzen *fig;* **the blackout plunged the town into darkness** der Stromausfall tauchte die Stadt in Dunkelheit

◆**plunge in I.** *vi* ❶ (*dive in*) eintauchen ❷ (*fig: get involved*) sich *akk* einmischen; (*do without preparation*) ins kalte Wasser springen *fig;* **Tom took a deep breath and ~d in with a bid of $500** Tom holte einmal tief Luft und warf ein Angebot von $500 in den Raum **II.** *vt* ■**to ~ sth in** *knife* etw reinstechen; *hand* etw reinstecken

plung·er [ˈplʌndʒəʳ, AM -ɚ] *n* Saugpumpe *f*

plung·ing neck·line [ˌplʌndʒɪŋˈ-] *n* Dekolletee *nt*

plunk [plʌŋk] *n, adv, vt* AM *see* **plonk²**

plu·per·fect [ˌpluːˈpɜːfɪkt, AM -ˈpɜːr-] **I.** *adj inv* LING Plusquamperfekt-; **a ~ form** eine Plusquamperfektform, eine Form im Plusquamperfekt; **the ~ tense** das Plusquamperfekt **II.** *n* LING ■**the ~** das Plusquamperfekt, die Vorvergangenheit

plu·ral [ˈplʊərᵊl, AM ˈplʊrᵊl] **I.** *n* ■**the ~** der Plural, die Mehrzahl; **in the ~** im Plural, in der Mehrzahl; **first/second/third person ~** erste/zweite/dritte Person Plural **II.** *adj inv* ❶ LING Plural-, pluralisch; **~ form** Pluralform *f;* **~ usage** pluralischer Gebrauch *m* ❷ (*pluralistic*) pluralistisch ❸ (*multiple*) mehrfach *attr;* **~ citizenship** mehrere Staatsbürgerschaften

plu·ral·ism [ˈplʊərᵊlɪzᵊm, AM ˈplʊrᵊl-] *n no pl* Pluralismus *m geh*

plu·ral·ist [ˈplʊərᵊlɪst, AM ˈplʊrᵊl-] **I.** *n* Pluralist(in) *m(f) geh* **II.** *adj* pluralistisch *geh*

plu·ral·is·tic [ˌplʊərᵊlˈɪstɪk, AM ˌplʊrᵊlˈ-] *adj* pluralistisch *geh;* **~ society** pluralistische Gesellschaft

plu·ral·ity [plʊəˈræləti, AM plʊˈræl-] *n* ❶ *no pl* (*variety*) ■**a ~ of sth** eine Vielfalt an etw *dat;* **~ of opinions** Meinungsvielfalt *f* ❷ AM POL (*of votes*) Mehrheit *f;* **to have** [*or* **win**] **a ~** eine Mehrheit gewinnen; AM einfache Mehrheit ❸ *no pl* (*plural condition*) Pluralität *f geh*

plu·ral·ize [ˈplʊərᵊlaɪz, AM ˈplʊrᵊl-] *vt* LING **sth is able/not able to be ~d** etw hat einen/keinen Plural [*o* kann/kann nicht in den Plural gesetzt werden]; **you can't ~ it** es hat keine Mehrzahl

plus [plʌs] **I.** *prep* plus +*dat* **II.** *n* <*pl* -es *or pl* -ses> Plus *nt kein pl fam;* MATH *a.* Pluszeichen *nt;* (*advantage also*) Pluspunkt *m* **III.** *adj inv* ❶ *attr* (*above zero*) plus; **~ 8** [plus] acht; **~ two degrees** zwei Grad plus [*o* über null] ❷ *pred* (*or more*) mindestens; **20/30/250 ~** mindestens 20/30/250, 20/30/250 oder mehr; **it'll take us six ~ hours to get there** wir werden gut [*o* mindestens] sechs Stunden brauchen, um dorthin zu gelangen; **her eldest son must be 20** ~ ihr ältester Sohn muss über 20 sein ❸ (*slightly better than*) **A** ~ ≈ Eins plus *f* ❹ (*positive*) **the ~ side** [**of sth**] das Positive an etw *dat;* **the ~ side of the account** FIN die Habenseite des Kontos

'plus fac·tor *n* Plus *nt kein pl,* Pluspunkt *m* **plus 'fours** *npl* (*dated*) Knickerbockers *pl*

plush [plʌʃ] **I.** *adj* ❶ (*luxurious*) exklusiv; ~ **restaurant** Nobelrestaurant *nt* ❷ (*made of plush*) Plüsch-; ~ **upholstery** Plüschbezug *m* **II.** *n* Plüsch *m*

plush·ness ['plʌʃnəs] *n no pl* ❶ (*luxuriousness*) Eleganz *f* ❷ (*softness*) Plüschige *nt*

plushy ['plʌʃi] *adj* nobel, elegant

'plus point *n* BRIT Pluspunkt *m*

'plus sign *n* Pluszeichen *nt*

Pluto ['plu:təʊ, AM -t̬oʊ] *n* Pluto *m*

plu·toc·ra·cy [plu:'tɒkrəsi, AM -'tɑ:krə-] *n* Plutokratie *f geh;* (*fig: wealthy elite*) die oberen Zehntausend

plu·to·crat ['plu:tə(ʊ)kræt, AM -t̬ə-] *n* ❶ (*rich and powerful person*) Plutokrat(in) *m(f) geh* ❷ (*pej, hum: very wealthy person*) Krösus *m oft hum*

plu·to·crat·ic [ˌplu:tə(ʊ)'krætɪk, AM -t̬oʊ'kræt̬-] *adj* plutokratisch *geh;* **to have a ~ lifestyle** das Leben der Reichen und Mächtigen [*o geh* eines Plutokraten] führen

plu·to·nium [plu:'təʊni:əm, AM -'toʊ-] *n no pl* Plutonium *nt*

ply¹ [plaɪ] *n no pl* ❶ (*thickness*) Stärke *f,* Dicke *f;* **several plies of the material** verschiedene Stärken des Materials ❷ (*layer*) Schicht *f;* **four-~ plywood** vierschichtiges Sperrholz ❸ (*strand*) **two-~ rope** zweilagiges Seil; **three-~ wool** dreifädige Wolle ❹ *no pl* (*fam: plywood*) Schichtholz *nt,* Sperrholz *nt*

ply² <-ie-> [plaɪ] **I.** *vt* ❶ (*work steadily*) **to ~ a trade** ein Gewerbe betreiben; **to ~ one's work** seiner Arbeit nachgehen ❷ (*manipulate*) ■**to ~ sth** etw benutzen [*o* schwingen] *oft hum fam* ❸ (*sell*) **to ~ drugs** mit Drogen handeln; **to ~ one's wares** seine Waren anpreisen [*o* anbieten] ❹ (*supply continuously*) ■**to ~ sb with sth** jdn mit etw *dat* versorgen; **to ~ sb with whisky** jdn mit Whisky abfüllen *fam;* **to ~ sb with advice** jdn mit Ratschlägen überschütten; **to ~ sb with questions** jdn mit Fragen löchern ❺ (*travel over*) **to ~ an ocean** einen Ozean regelmäßig überqueren; **to ~ a route** eine Strecke regelmäßig befahren **II.** *vi* ❶ BRIT ECON **to ~ for business** [*or* **trade**] für sich *akk* Werbung machen ❷ (*travel*) **to ~ between two cities** *ship, train* zwischen zwei Städten verkehren

'ply·wood ['plaɪwʊd] *n no pl* Schichtholz *nt,* Sperrholz *nt*

pm, p.m. [ˌpi:'em] *adv inv abbrev of* **post meridian**: **one ~** ein Uhr mittags, dreizehn Uhr; **eight ~** acht Uhr abends, zwanzig Uhr

PM [ˌpi:'em] *n* BRIT *abbrev of* **Prime Minister** Premierminister(in) *m(f)*

PMS [ˌpi:em'es] *n* MED *abbrev of* **premenstrual syndrome** PMS *nt*

PMT [ˌpi:em'ti:] *n* BRIT MED, PSYCH *abbrev of* **premenstrual tension**

pneu·mat·ic [nju:'mætɪk, AM nu:'mæt̬-, nju:-] *adj inv* pneumatisch; ~ **brakes** pneumatische Bremsen; ~ **tyre** Luftreifen *m*

pneu·mati·cal·ly [nju:'mætɪkəli, AM nu:'mæt̬-, nju:-] *adv inv* pneumatisch; **to be operated ~** mit Luftdruck betrieben werden

pneu·mat·ic 'drill *n* Presslufthammer *m*

pneu·mo·nia [nju:'məʊniːə, AM nu:'moʊnjə, nju:-] *n no pl* Lungenentzündung *f,* Pneumonie *f fachspr;* **double ~** doppelseitige Lungenentzündung; **to catch** [*or* **get**] **~** eine Lungenentzündung bekommen

PO [ˌpi:'əʊ, AM -'oʊ] *n abbrev of* **Post Office**

poach¹ [pəʊtʃ, AM poʊtʃ] *vt* ■**to ~ sth** etw pochieren, etw dünsten; **to ~ an egg** ein Ei pochieren

poach² [pəʊtʃ, AM poʊtʃ] **I.** *vt* ❶ (*catch illegally*) **to ~ animals/game** Tiere/Wild wildern ❷ (*steal*) ■**to ~ sth** sich *dat* etw unrechtmäßig aneignen; **Jeff always ~es my ideas** Jeff stiehlt mir immer meine Ideen ❸ (*lure away*) ■**to ~ sb** [**from sb**] jdn [jdm] abwerben **II.** *vi* ❶ (*catch illegally*) wildern ❷ (*steal*) stehlen ❸ (*encroach*) auf die Pirsch [*o* Jagd] gehen *oft hum* ▶ PHRASES: **to ~ on sb's territory** [*or* **preserves**] in fremden Revieren jagen *fig*

poached egg *n* pochiertes Ei

poach·er¹ ['pəʊtʃəʳ, AM 'poʊtʃɚ] *n* Dünster *m;* **egg ~** Eierkocher *m* (*für pochierte Eier*)

poach·er² ['pəʊtʃəʳ, AM 'poʊtʃɚ] *n* Wilderer *m*

poach·ing ['pəʊtʃɪŋ, AM 'poʊtʃ-] *n no pl* ❶ HUNT Wilderei *f* ❷ (*taking unfairly*) Wegnehmen *nt,* Abjagen *nt*

P'O box *n abbrev of* **Post Office Box**: **~ 3333** Postfach 3333

pock [pɒk, AM pɑ:k] *n usu pl* Pockennarbe *f*

pocked [pɒkt, AM pɑ:kt] *adj* ❶ *face* pockennarbig; **~ face** pockenvernarbtes Gesicht ❷ (*with holes*) ■**to be ~ with sth** von etw *dat* durchlöchert sein

pock·et ['pɒkɪt, AM 'pɑ:-] **I.** *n* ❶ (*in clothing*) Tasche *f;* **back/breast/inside ~** Gesäß-/Brust-/Innentasche *f;* **coat/jacket/trouser ~** Mantel-/Jacken-/Hosentasche *f;* **patch ~** aufgenähte [*o* aufgesetzte] Tasche; **from** [*or* **out of**] **one's ~** aus der Tasche ❷ (*on bag, in car*) Fach *nt;* **the outside ~ of her rucksack** das Außenfach [*o* die Außentasche] ihres Rucksacks; **the side ~ of the driver's door** das Seitenfach der Fahrertür; **zip ~** Reißverschlusstasche *f* ❸ (*fig: financial resources*) Geldbeutel *m fig;* **out-of-~ expenses** Auslagen *fpl;* **to have deep ~s** eine dicke Brieftasche haben *fig;* **to pay for sth out of one's own ~** etw aus eigener Tasche bezahlen; **to be in ~** Geld übrig haben, Plus machen *fam;* **to be out of ~** Geld verlieren; **we ended up $300 in/out of ~** am Ende hatten wir $300 Gewinn/Verlust gemacht ❹ (*small area*) Insel *f fig;* **~ of greenery** Grünfläche *f;* **~ of resistance** vereinzelter Widerstand, Widerstandsnest *nt;* **~ of turbulence** AVIAT Turbulenz *f* ❺ SPORTS (*on snooker table*) Loch *nt* ▶ PHRASES: **to put one's pride in one's ~** seinen Stolz überwinden; **to have sb in one's ~** jdn in der Hand haben; **to have sth in one's ~** etw in der Tasche haben *fig fam;* **to line one's ~s** sich *dat* die Taschen füllen *fig fam;* **to live in sb's ~** (*pej*) jdm auf der Pelle sitzen *fam;* **to put one's hand in one's ~** bezahlen, in die Tasche greifen *fig fam* **II.** *vt* ❶ (*put in one's pocket*) ■**to ~ sth** etw in die Tasche stecken; **to ~ one's change** sein Wechselgeld wegstecken *fam* ❷ (*keep sth for oneself*) ■**to ~ sth** etw behalten [*o fam pej* einstecken] ❸ SPORTS (*in snooker, billiards*) **to ~ a ball** einen Ball ins Loch spielen ▶ PHRASES: **to ~ one's pride** seinen Stolz überwinden **III.** *n modifier* (*pocket-sized*) *knife, phone, calculator* Taschen-; **~ battleship** (*hist*) Westentaschenkreuzer *m* (*schwer bewaffnetes kleines Panzerschiff*); **~ dictionary** Taschenwörterbuch *nt;* **~ edition** Taschenbuchausgabe *f;* **a ~ Venus** (*dated*) Kindfrau *f*

'pock·et·book *n* AM ❶ (*woman's handbag*) Handtasche *f* ❷ (*paperback*) Taschenbuch *nt* ❸ (*fig: ability to pay*) Brieftasche *f fig;* **to vote with one's ~** aus finanziellen Erwägungen heraus wählen **pock·et 'cal·cu·la·tor** *n* Taschenrechner *m* **pock·et 'cam·era** *n* Pocketkamera *f* **'pock·et·ful** *n* **~s of candy** Taschen voller [*o* voll mit] Süßigkeiten; **a ~** [*or* **~s**] **of money** (*fig*) Unmengen *fpl* von Geld **pock·et 'hand·ker·chief I.** *n* (*dated*) Taschentuch *f* **II.** *adj* BRIT winzig; **~ garden** winziger Garten **'pock·et knife** *n* Taschenmesser *nt* **'pock·et mon·ey** *n no pl* Taschengeld *nt;* (*fig: small amount of money*) ein Taschengeld *nt fig fam* **'pock·et-size(d)** *adj* im Taschenformat *nach n;* **~ television** Fernseher im Taschenformat; **~ kid** (*fig*) Winzling *m fam* **pock·et 'veto** *n* AM (*presidential veto*) aufschiebendes Veto **'pock·et watch** *n* Taschenuhr *f*

'pock·mark *n* Pockennarbe *f*

'pock·marked *adj* ❶ *face* pockennarbig; **~ face** pockenvernarbtes Gesicht ❷ (*with holes*) ■**to be ~ with sth** von etw *dat* durchlöchert sein

p.o.'d *adj* (*fam*) *abbrev of* **pissed off** angewidert; ■**to be ~** die

P

Schnauze voll haben *fam*

pod [pɒd, AM pɑːd] *n* ❶ (*seed container*) Hülse *f;* **pea, vanilla** ~ Schote *f* ❷ (*on aircraft*) Gondel *f;* (*to hold jet*) Düsenaggregat *nt,* Triebwerksgondel *f* (*unter der Tragfläche*); **missile** ~ Raketengeschoss *nt*

podgi·ness [ˈpɒdʒɪnəs, AM ˈpɑːdʒ-] *n no pl* Körperfülle *f,* Molligkeit *f*

podgy [ˈpɒdʒi, AM ˈpɑːdʒi] *adj* (*esp pej*) dick *fam,* fett *pej fam,* speckig *pej fam;* ~ **face** Mondgesicht *nt hum fam*

po·dia [ˈpəʊdiə, AM ˈpoʊ-] *n pl of* **podium**

po·dia·trist [pə(ʊ)ˈdaɪətrɪst, AM pəˈ-] *n esp* AM, AUS (*chiropodist*) Fußspezialist(in) *m(f)*

po·dia·try [pə(ʊ)ˈdaɪətri, AM pəˈ-] *n no pl esp* AM, AUS (*chiropody*) Fußheilkunde *f*

po·dium <*pl* -dia> [ˈpəʊdiəm, AM ˈpoʊ-, *pl* -diə] *n* Podium *nt;* **winner's** ~ Siegerpodest *nt*

poem [ˈpəʊɪm, AM ˈpoʊəm] *n* (*a. fig*) Gedicht *nt;* **epic/lyric/narrative** ~ episches/lyrisches/dramatisches Gedicht; **love/war** ~ Liebesgedicht/Kriegsgedicht *nt*

poet [ˈpəʊɪt, AM ˈpoʊət] *n* Dichter(in) *m(f)*

po·et·as·ter [ˌpəʊɪˈtæstəʳ, AM ˈpoʊətæstɚ] *n* Schreiberling *m pej,* Dichterling *m pej*

po·et·ic(al) [pəʊˈetɪk(ᵊl), AM poʊˈet̬-] *adj* ❶ (*relating to poetry*) dichterisch; **Dryden's** ~ **works** Drydens Lyrik [*o* dichterisches Werk]; ~ **language** Dichtersprache *f;* **to have a** ~ **temperament** Sinn für Poesie [*o* ein poetisches Gemüt] haben ❷ (*like poetry*) poetisch

po·eti·cal·ly [pəʊˈetɪkᵊli, AM poʊˈet̬-] *adv* dichterisch, poetisch; **he put it very** ~ er drückte sich sehr poetisch aus, er redet wie ein Dichter; **to be** ~ **gifted** eine dichterische [*o* schriftstellerische] Begabung haben

po·et·ic ˈjus·tice *n no pl* ausgleichende Gerechtigkeit **po·et·ic ˈli·cence** *n no pl* dichterische Freiheit

poet ˈlau·reate *n* (*fig*) Poeta laureatus *m* **Poet ˈLau·reate** <*pl* -s *or* Poets-> *n* BRIT Poeta laureatus *m*

po·et·ry [ˈpəʊɪtri, AM ˈpoʊə-] *n no pl* ❶ (*genre*) Dichtung *f,* Lyrik *f;* **she writes** ~ sie schreibt Gedichte; **epic/lyric/narrative** ~ epische/lyrische/dramatische Dichtung; **love** ~ Liebesdichtung/Liebeslyrik *f;* **war** ~ Kriegsdichtung *f;* **Goethe's/Milton's** ~ Goethes/Miltons Dichtung [*o* Lyrik] *f* ❷ (*poetic quality*) Poesie *f;* **she was** ~ **in motion** es war eine Freude, ihr zuzuschauen, sie hatte wunderschöne Bewegungen

ˈpo·et·ry read·ing *n* Dichterlesung *f*

po-faced [ˌpəʊˈfeɪst] *adj* BRIT, AUS ❶ (*pej: humourless*) todernst, sauertöpfisch *pej fam;* (*bad-tempered*) mürrisch, griesgrämig *fam;* **the film is serious but not** ~ der Film ist ernst, aber nicht düster ❷ (*expressionless*) ausdruckslos, mit unbewegter Miene [*o* unbewegtem Gesicht] *nach n*

po·gey [ˈpoʊgi] *n no pl* CAN (*pej: social welfare*) Sozialhilfe *f;* (*unemployment benefit*) Arbeitslosengeld *nt*

pogo stick [ˈpəʊgəʊ,-, AM ˈpoʊgoʊ-] *n* Springstab *m,* Springstock *m*

pog·rom [ˈpɒgrəm, AM ˈpoʊ-] *n* Pogrom *nt*

poign·an·cy [ˈpɔɪnjən(t)si] *n no pl* Eindringlichkeit *f;* **his words had a particular** ~ **for me** seine Worte waren sehr bewegend für mich [*o* berührten mich tief]

poign·ant [ˈpɔɪnjənt] *adj* bewegend, ergreifend; (*distressing*) erschütternd; *memories* melancholisch

poign·ant·ly [ˈpɔɪnjəntli] *adv* eindringlich, bewegend

poin·set·tia [ˌpɔɪn(t)ˈsetiə, AM -set̬-] *n* Weihnachtsstern *m*

point [pɔɪnt] **I.** *n* ❶ (*sharp end*) Spitze *f; of a star* Zacke *f; of deer* Ende *nt fachspr,* Sprosse *f fachspr;* **the** ~ **of the chin** die Kinnspitze; **knife/pencil** ~ Messer-/Bleistiftspitze *f;* **to hold sb at gun~/knife-~** jdn mit vorgehaltener Pistole/vorgehaltenem Messer bedrohen ❷ (*dot*) Punkt *m;* ~ **of light** Lichtpunkt *m* ❸ (*punctuation mark*) Punkt; (*in Hebrew*) Vokalzeichen *nt* ❹ (*decimal point*) Komma; **decimal** ~ Dezimalpunkt *m* ❺ (*position*) Stelle *f,* Punkt *m;* **... at London and all ~s west** ... in London und allen Orten westlich davon; ~ **of contact** Berührungspunkt *m;* ~ **of departure** [*or* **starting** ~] Ausgangspunkt *m a. fig;* ~ **of entry** (*border*) Ort *m* der Einreise; (*bullet wound*) Einschussstelle *f;* **to reach the** ~ **of no return** den Punkt erreichen, an dem man nicht mehr zurück kann; **at this** ~ an dieser Stelle ❻ (*particular time*) Zeitpunkt *m;* **this seems like a good** ~ dies scheint ein günstiger Zeitpunkt zu sein; **she was on the** ~ **of collapse** sie stand kurz vor dem Zusammenbruch; **I was completely lost at one** ~ an einer Stelle hatte ich mich komplett verlaufen; **when it comes to the** ~ **that ...** wenn es einmal so weit kommt, dass ...; **they tickled him to the** ~ **of torture** sie kitzelten ihn so sehr, dass es fast zur Folter wurde; **at no** ~ **did I think our relationship wouldn't work out** zu keinem Zeitpunkt hatte ich daran gezweifelt, dass es zwischen uns nicht klappen würde; **to be** [*or* **lie**] **at the** ~ **of death** an der Schwelle des Todes stehen *geh,* im Sterben liegen; **at this/that** ~ **in time** zu dieser/jener Zeit; **at that** ~ zu diesem Zeitpunkt; (*then*) in diesem Augenblick; **from that** ~ **on ...** von da an ... ❼ (*about to do*) **to be on the** ~ **of doing sth** [gerade] im Begriff sein, etw zu tun; **I was on the** ~ **of ringing you myself actually** ich wollte dich auch gerade anrufen!; **she was on the** ~ **of telling him the truth when ...** sie wollte ihm gerade die Wahrheit sagen, als ...; **I was on the** ~ **of handing in my resignation** beinahe hätte ich gekündigt; **I was on the** ~ **of leaving him** ich war kurz davor, ihn zu verlassen ❽ (*argument, issue*) Punkt *m;* **ok ok, you've made your** ~**!** ja, ich hab's jetzt verstanden! *fam;* **you made some interesting ~s in your speech** Sie haben in Ihrer Rede einige interessante Punkte angesprochen; **what** ~ **are you trying to make?** worauf wollen Sie hinaus?; **you have a** ~ **there** da ist was dran *fam;* **she does have a** ~ **though** so ganz Unrecht hat sie nicht; **she made the** ~ **that ...** sie wies darauf hin, dass ...; (*stress*) sie betonte, dass ...; **my** ~ **was that ...** ich wollte sagen, dass ...; **my** ~ **exactly** das sag ich ja *fam;* **ok,** ~ **taken** o.k., ich hab schon begriffen *fam;* **that's a** ~ das ist ein Argument *sl;* **I take your** ~ einverstanden; **I can see your** ~ ich weiß, was du sagen willst; **the** ~ **under dispute** der strittige Punkt; ~ **of detail** Detailfrage *f;* **to make** [*or* **raise**] **a** ~ **in favour of/against sth** ein Argument für etw *akk*/gegen etw *akk* einbringen; **to drive home the** ~ seinen Standpunkt klarmachen; ~ **of honour** Ehrensache *f;* ~ **of law** Rechtsfrage *f;* **a 5-~ plan** ein Fünfpunkteplan *m;* **to make/prove one's** ~ seinen Standpunkt deutlich machen; ~ **by** ~ Punkt für Punkt ❾ *no pl* (*most important idea*) ■**the** ~ der springende Punkt; **the** ~ **is ...** der Punkt ist nämlich der, ...; **more to the** ~**, however, ...** wichtiger jedoch ist ...; **your arguments were very much to the** ~ deine Argumente waren wirklich sehr sachbezogen; **that's beside the** ~ [*or* **not the** ~]**!** darum geht es doch gar nicht!; **to come** [*or* **get**] **to the** ~ auf den Punkt [*o* zur Sache] kommen; **to get the** ~ **of sth** etw verstehen; **to keep** [*or* **stick**] **to the** ~ beim Thema bleiben; **to make a** ~ **of doing sth** [großen] Wert darauf legen, etw zu tun; **to miss the** ~ **of sth** nicht verstehen [*o* begreifen], worum es geht ❿ *no pl* (*purpose*) Sinn *m,* Zweck *m;* **but that's the whole** ~**!** aber das ist doch genau der Punkt!; **what's the** ~ **of waiting for them?** warum sollten wir auf sie warten?; **there's no** ~ **of talking about it any longer** es hat keinen Zweck, sich noch länger darüber zu unterhalten; **I really don't see the** ~ **of going to this meeting** ich weiß wirklich nicht, warum ich zu dieser Besprechung gehen sollte; **but that's the whole** ~ **of doing it!** aber deswegen machen wir es ja gerade!; **what's the** ~ **anyway?** was soll's? ⓫ (*stage in process*) Punkt *m;* **from that** ~ **on ...** von diesem Moment an ...; **the high** ~ **of the evening ...** der Höhepunkt des Abends ...; **things have reached a** ~ **where I just can't bear it any longer** ich bin an einen Punkt angelangt, wo ich es einfach nicht mehr aushalten kann; **it got to the** ~ **where no one knew what was going on** irgendwann wusste dann keiner mehr, was Sache war; **...**

when it came to the ~ ... ... als es so weit war, ...; **we'll start again tomorrow from the ~ where we left off today** wir werden morgen dort da weitermachen, wo wir heute aufgehört haben; **up to a ~** bis zu einem gewissen Grad [*o* Maße] ⑫ (*important characteristic*) Merkmal *nt;* **being single does have its ~s** Single zu sein hat auch seine Vorteile; **bad/good ~s** schlechte/gute Seiten; **the book has its ~s** das Buch hat auch seine guten Seiten; **sb's strong ~s** jds Stärken *pl;* **sb's weak ~s** jds Schwächen ⑬ (*in sports*) Punkt *m;* **San Francisco has scored 31 ~s** San Francisco hat 31 Punkte erzielt; **a win on ~s** ein Sieg *m* nach Punkten; **to win on ~s** nach Punkten siegen ⑭ (*unit*) STOCKEX Punkt *m;* (*with prices*) [Prozent]punkt *m;* **to have risen seven ~s** sieben Punkte gestiegen sein ⑮ (*for diamonds*) 0,01 Karat ⑯ (*on compass*) Strich *m;* (*on thermometer*) Grad *m* ⑰ (*in bridge*) Punkt *m* ⑱ BOXING Kinnspitze *f* ⑲ (*in ballet*) Spitze *f;* **to dance on ~s** auf Spitzen tanzen ⑳ BRIT, AUS (*socket*) Steckdose *f* ㉑ AUTO ■ **~s** *pl* Unterbrecherkontakte *mpl* ㉒ BRIT RAIL ■ **~s** *pl* Weichen *fpl* ㉓ (*promontory*) Landspitze *f* ㉔ TYPO Punkt *m;* **the small letters are in 6 ~** die kleinen Buchstaben haben Schriftgröße 6 Punkt ㉕ (*cricket*) *Position in der Nähe des Schlagmannes* ㉖ (*extremities*) ■ **~s** *pl of horse, dog* Extremitäten *pl* ㉗ (*punch line*) *of a story* Pointe *f* ▶ PHRASES: **to be a good case in ~** [für etw *akk*] ein gutes Beispiel sein; **to not put too fine a ~ on sth** nicht um den heißen Brei herumreden *fam;* **not to put too fine a ~ on it, ...** ehrlich gesagt ...; **sb makes a ~ of doing sth** für jdn ist es wichtig, etw zu tun; **I know the door was locked because I made a point of checking it** ich weiß, dass die Tür abgeschlossen war, weil ich extra nochmal nachgesehen habe **II.** *vi* ① (*with finger*) deuten, zeigen; ■ **to ~ at** [*or* **to**] **sth/sb** [mit dem Finger] auf etw/jdn zeigen; **it's rude to ~ at people** man zeigt nicht mit dem Finger auf Leute ② (*be directed*) weisen; **there was an arrow ~ing to the door** ein Pfeil wies den Weg zur Tür; **the needle was ~ing to 'empty'** die Nadel zeigte auf ‚leer'; **to ~ east/west** nach Osten/Westen weisen [*o* zeigen] ③ (*indicate*) ■ **to ~ to sth** auf etw *akk* hinweisen [*o* hindeuten]; **all the signs ~ to his reinstatement** alles deutet darauf hin, dass er wieder eingestellt wird ④ (*use as evidence*) ■ **to ~ to sth** auf etw *akk* verweisen ⑤ HUNT *dog* vorstehen **III.** *vt* ① (*aim*) ■ **to ~ sth at sb/sth** *weapon* etw [auf jdn/etw] richten; *stick, one's finger* mit etw *dat* auf jdn/etw zeigen; **to ~ the finger [at sb]** (*fig*) sich *akk* [über jdn] beschweren ② (*direct*) **to ~ sb in the direction of sth** jdn den Weg zu etw *dat* beschreiben; **could you ~ me in the direction of the bus station, please?** könnten Sie mir bitte sagen, wie ich zum Busbahnhof komme?; **to ~ the way [to sth]** (*fig*) den Weg [für etw *akk*] ebnen ③ (*extend*) **to ~ one's toes** die Zehen strecken ④ (*building*) ■ **to ~ sth** etw verfugen [*o* ausfugen] ⑤ HUNT ■ **to ~ sth** *dog* etw anzeigen ⑥ (*punctuate*) ■ **to ~ sth** etw interpunktieren *fachspr;* (*in Hebrew*) etw vokalisieren; **to ~ a psalm** einen Psalm mit Deklamationszeichen versehen

◆**point out** *vt* ① (*show*) ■ **to ~ out** ⊂ **sth/sb [to sb]** [jdn] auf etw/jdn hinweisen; (*with finger*) [jdn] etw/jdn zeigen; **if you see her, please ~ her out to me** wenn du sie siehst, zeige sie mir bitte ② (*inform*) ■ **to ~ out** ⊂ **sth [to sb]** [jdn] auf etw *akk* aufmerksam machen [*o* hinweisen]; ■ **to ~ out that ...** darauf aufmerksam machen, dass ...

◆**point up** *vt* (*form*) ■ **to ~ up** ⊂ **sth** etw hervorheben [*o* unterstreichen]; (*show*) etw zeigen [*o* veranschaulichen]

point-and-'click *adj inv* COMPUT Anklick- **point-and-'shoot** *adj inv* PHOT Autofokus-, mit Autofokus *nach n* **point-'blank I.** *adv inv* ① (*at very close range*) aus nächster Nähe; **to fire [a weapon] ~** aus nächster Nähe schießen ② (*bluntly*) geradewegs, unumwunden; **she asked me ~ to help her** sie bat mich unverblümt um Hilfe **II.** *adj attr* ① (*very close*) nah; **to shoot sb/sth at ~ range** auf jdn/etw aus nächster Nähe schießen ② (*blunt*) unverhohlen; **~ question** unverblümte Frage **'point duty** *n* NBRIT Verkehrsregelung *f;* **he has ~ on New Year's Eve** er ist am Silvesterabend für die Verkehrsregelung eingeteilt

point·ed ['pɔɪntɪd, AM -t̬ɪd] *adj* ① (*with sharp point*) spitz ② (*emphatic*) pointiert *geh;* **~ criticism** scharfe Kritik; **~ question** unverblümte Frage; **~ remark** spitze Bemerkung; **~ reminder** eindrückliche Erinnerung

point·ed·ly ['pɔɪntɪdli, AM -t̬ɪdli] *adv* bewusst; **he ~ ignored her** er übersah sie absichtlich

point·er ['pɔɪntəʳ, AM -ɚ] *n* ① (*on dial*) Zeiger *m* ② (*rod*) Zeigestock *m* ③ *usu pl* (*fam: tip*) Tipp *m fam;* (*instructions*) Hinweis *m;* **can you give me a few ~s as to the best way to tackle the problem?** kannst du mir ein paar Tipps geben, wie das Problem am besten zu lösen ist? ④ (*indicator*) Gradmesser *m fig* ⑤ (*dog*) Vorstehhund *m;* (*breed*) Pointer *m*

Point·ers ['pɔɪntəz, AM -t̬ɚz] *npl* ASTRON ■ **the ~** *Sterne im Großen Bären, die in Verlängerung zum Nordpol zeigen*

poin·til·lism ['pɔɪntɪlɪzᵊm, AM 'pwæntəlɪ-] *n no pl* ART Pointillismus *m fachspr*

poin·til·list ['pɔɪntɪlɪst, AM 'pwæntəlɪ-] ART **I.** *n* Pointillist(in) *m(f) fachspr* **II.** *adj inv* pointillistisch *fachspr*

point·less ['pɔɪntləs] *adj* sinnlos, zwecklos; *remark* überflüssig; **Anelli finds this all rather ~** Anelli findet das alles ziemlich sinnlos; **it's ~ arguing with him** es hat keinen Zweck, mit ihm zu diskutieren

point·less·ly ['pɔɪntləsli] *adv* sinnlos; **I tried, rather ~, to change her mind** ich versuchte ohne großen Erfolg, sie umzustimmen

point·less·ness ['pɔɪntləsnəs] *n no pl* Sinnlosigkeit *f*

'point man *n* AM Kontaktmann *m*

point of 'hon·our <*pl* points-> *n* Ehrensache *f kein pl* **point of 'law** <*pl* points of law> *n* Rechtsfrage *f* **point of 'or·der** <*pl* points of order> *n* [**on a**] **~, Mr Chairman** ein Antrag zur Geschäftsordnung, Herr Vorsitzender; **to raise a ~** die Debatte mit einer Anfrage nach Verletzung der Geschäftsordnung unterbrechen **point of 'sale** <*pl* points of sale> *n* Verkaufsstelle *f* **point of 'view** <*pl* points of view> *n* Ansicht *f,* Einstellung *f;* **try and look at the situation from her ~** versuche, die Situation aus ihrer Sicht zu betrachten; **from a student's ~** aus studentischer Sicht; **from a purely practical ~** rein praktisch betrachtet **'point shoe** *n* Ballettschuh *m* **'points·man** *n* BRIT ① RAIL Weichensteller(in) *m(f)* ② ADMIN (*with point duty*) Verkehrspolizist(in) *m(f)* **'point sys·tem** *n* Punktesystem *nt* **point-to-'point** *n,* **point-to-'point race** *n* SPORTS Jagdrennen *nt* **'point work** *n* Spitzentanz *m;* **to do ~ work** auf der Spitze tanzen

pointy ['pɔɪnti, AM -t̬i] *adj* spitz

'pointy head *n* AM (*hum fam: egghead*) Eierkopf *m oft pej*

poise [pɔɪz] **I.** *n no pl* Haltung *f;* **to lose/regain one's ~** die Fassung verlieren/wiedergewinnen **II.** *vt usu passive* ① (*balance*) ■ **to ~ sth** etw balancieren; **he ~d himself on the very edge of the seat** er balancierte auf der Stuhlkante; **my pencil was ~d over the page, ready to take down her words** ich hielt meinen Bleistift gezückt, um ihre Worte niederzuschreiben; **to be ~d to jump** sprungbereit sein; (*hover*) ■ **to be ~d** schweben ② (*fig*) ■ **to be ~d to do sth** (*about to*) nahe daran sein, etw zu tun; **the company is ~d to launch its new advertising campaign** die Firma wird ihre Werbekampagne in nächster Zeit starten

poised [pɔɪzd] *adj* beherrscht, souverän *geh*

poi·son ['pɔɪzᵊn] **I.** *n* Gift *nt;* (*fig*) **that woman is pure ~!** diese Frau ist voller Gift!; **rat ~** Rattengift *nt;* **to lace sth with ~** etw mit Gift präparieren; **to take ~** Gift nehmen ▶ PHRASES: **one man's meat is another man's ~** (*prov*) über Geschmack lässt sich nicht streiten *prov;* **what's [*or* name] your ~?** (*hum*) was möchtest du trinken? **II.** *vt* ① (*give poison to*) ■ **to ~ sb/an animal** jdn/ein Tier vergiften; **try the spinach, it won't ~ you** probiere mal den Spinat, es wird dich wohl nicht umbrin-

P

gen ❷ (*spoil*) ■**to ~ sth** etw vergiften *fig;* **to ~ sb's mind against sb/sth** jdn gegen jdn/etw einnehmen

poi·soned ['pɔɪzᵊnd] *adj* vergiftet; **~ arrow** Giftpfeil *m;* **~ chalice** Giftbecher *m,* Schierlingsbecher *m geh;* (*fig*) **the new party leader had been handed a ~ chalice** der neue Parteiführer hatte die Katze im Sack gekauft

poi·son·er ['pɔɪzᵊnəʳ, AM -ɚ] *n* Giftmischer(in) *m(f)*

poi·son 'gas *n no pl* Giftgas *nt;* **~ attack** Giftgasangriff *m*

poi·son·ing ['pɔɪzᵊnɪŋ] *n* ❶ *no pl* (*act*) Vergiften *nt* ❷ (*condition*) Vergiftung *f;* (*individual case*) Fall *m* von Vergiftung; **barbiturate ~** Schlafmittelvergiftung *f;* **blood/lead ~** Blut-/Bleivergiftung *f;* **food ~** Lebensmittelvergiftung *f*

poi·son 'ivy *n no pl* Giftsumach *m*

poi·son·ous ['pɔɪzᵊnəs] *adj* ❶ (*containing poison*) giftig; **~ mushroom** Giftpilz *m;* **~ plant** Giftpflanze *f;* **~ snake** Giftschlange *f* ❷ (*malicious*) giftig *fig,* boshaft; **he is a ~ little man** er ist ein kleiner Giftzwerg *pej fam;* **~ allegation** böswillige Anspielung; **~ atmosphere** vergiftete Atmosphäre; **~ remark** spitze [*o* giftige] Bemerkung

poi·son-'pen let·ter *n* verleumderischer Brief

poke[1] [pəʊk, AM poʊk] *n* ❶ *esp* SCOT (*bag*) Beutel *m* ❷ AM (*fam: purse*) Portmonee *nt* ▶ PHRASES: **to buy a pig in a ~** (*pej*) die Katze im Sack kaufen *fig*

poke[2] [pəʊk, AM poʊk] **I.** *n* ❶ (*jab*) Stoß *m;* **to give sb a ~** jdm einen Stoß versetzen ❷ (*vulg sl: sex*) Fick *m vulg* ▶ PHRASES: **it's better than a ~ in the eye with a burnt** [*or* **pointed**] **stick** besser als nichts, man kann's schlimmer erwischen **II.** *vt* ❶ (*prod*) ■**to ~ sb/sth** jdn/etw anstoßen; (*with umbrella, stick*) jdn/etw stechen; **to ~ sb in the arm/ribs** jd in den Arm/die Rippen knuffen; **to ~ a hole in sth** ein Loch in etw *akk* bohren; **to ~ holes in an argument** ein Argument in der Luft zerreißen ❷ ■**to ~ sth into/through sth** (*prod with*) etw in/durch etw *akk* stecken; (*thrust*) etw in/durch etw *akk* stoßen ❸ (*stir*) **to ~** [**up**] **a fire** ein Feuer schüren ❹ (*extend*) **to ~ one's head up/through the window** den Kopf in die Höhe/durch das Fenster strecken; **Cathy ~d her head round the door** Cathy steckte ihren Kopf zur Tür herein ❺ AM (*fam: hit*) ■**to ~ sb** [**on the nose**] jdn [auf die Nase] schlagen [*o fam* hauen] ▶ PHRASES: **to ~ fun at sb** sich *akk* über jdn lustig machen; **to ~ one's nose into sb's business** (*fam*) seine Nase in jds Angelegenheiten stecken; **stop poking your nose into my business!** halt dich da raus! *fam* **III.** *vi* ❶ (*jab repeatedly*) ■**to ~ at sth/sb** an etw/jdm herumfummeln *fam;* **to ~ at sth with one's finger/a stick** mit einem Finger/Stock an etw *akk* stoßen; **to ~ at one's food** in seinem Essen herumstochern ❷ (*break through*) ■**to ~ through** durchscheinen

◆**poke about, poke around** *vi* (*fam*) ■**to ~ about** [*or* **around**] herumstöbern *fam;* (*without permission*) herumschnüffeln *fam;* **she's always poking about in her bag looking for her keys** immer kramt sie in ihrer Tasche und sucht ihre Schlüssel

◆**poke out I.** *vi* ■**to ~ out** [**of sth**] [aus etw *dat*] hervorgucken [*o* SÜDD, ÖSTERR herausschauen] **II.** *vt* ❶ (*stick out*) **to ~ one's head out** den Kopf herausstecken; **to ~ one's tongue out** die Zunge herausstrecken ❷ (*remove*) ■**to ~ out** ○ **sth** etw herausschieben; **to ~ out sb's eyes** jdm die Augen ausstechen

◆**poke round** *vi* BRIT *see* **poke around**

◆**poke up I.** *vi* hervorragen; ■**to ~ up over sth** über etw *dat* herausragen; **you can just see the roof poking up over the trees** du kannst noch gerade das Dach über den Bäumen sehen **II.** *vt* **to ~ up a fire** ein Feuer schüren

pok·er[1] ['pəʊkəʳ, AM 'poʊkɚ] *n* (*card game*) Poker *m o nt;* **a game of ~** eine Runde Poker

pok·er[2] ['pəʊkəʳ, AM 'poʊkɚ] *n* (*fireplace tool*) Schürhaken *m*

'pok·er face *n* Pokerface *nt* **'pok·er-faced** *adj* ausdruckslos; **to sit/be ~** seine Miene nicht verziehen **'pok·er ma·chine** *n* AUS (*slot machine*) Spielautomat *m*

pok·ey ['pəʊki, AM 'poʊki] **I.** *adj see* **poky II.** *n* ❶ AM (*dated sl: prison*) Bau *m fam,* Kittchen *nt fam;* **he'll get three years in ~ if he's caught** wenn man ihn schnappt, muss er drei Jahre sitzen *fam* ❷ AUS *see* **pokie**

pokie ['pəʊki] *n* AUS (*fam*) Spielautomat *m*

poky ['pəʊki, AM 'poʊki] *adj* (*pej*) ❶ (*small*) winzig ❷ AM (*slow*) lahm, träge

pol [pɑːl] *n* (*sl*) Politiker(in) *m(f)*

Po·lack ['poʊlæk] *n* AM (*pej! sl*) Polack[e], -in *m, f pej sl*

Po·land ['pəʊlənd, AM 'poʊ-] *n* Polen *nt*

po·lar ['pəʊləʳ, AM 'poʊlɚ] *adj attr, inv* ❶ (*near pole*) polar; **~ explorer** Polarforscher(in) *m(f);* **~ ice caps** polare Eiskappen; **~ region** Polargebiet *nt* ❷ (*opposite*) gegensätzlich, polar *geh;* **~ extremes** extreme Gegensätze *mpl;* **~ opposites** diametrale Gegensätze *geh;* **~ opposition** frontale Gegenposition

po·lar 'air *n no pl* polare Kaltluft **po·lar 'bear** *n* Eisbär *m* **po·lar 'cir·cle** *n* Polarkreis *m* **po·lar 'front** *n* METEO Polarfront *f* **po·lar 'ice** *n no pl* Polareis *nt*

po·lar·ity [pə(ʊ)'lærɪti, AM poʊ'lerət̬i] *n* SCI Polarität *f;* (*fig a.*) Gegensätzlichkeit *f*

po·'lar·ity thera·py *n* Polaritätstherapie *f*

po·lari·za·tion [ˌpəʊlᵊraɪ'zeɪʃᵊn, AM ˌpoʊlɚɪ'-] *n no pl* Polarisierung *f*

po·lar·ize ['pəʊlᵊraɪz, AM 'poʊlə-] **I.** *vt* ■**to ~ sb/sth** jdn/etw polarisieren **II.** *vi* sich *akk* polarisieren; **public opinion has ~d** die öffentliche Meinung hat sich in zwei Fronten gespalten

po·lar 'lights *npl* Polarlicht *nt*

Po·lar·oid® ['pəʊlᵊrɔɪd, AM 'poʊlə-] **I.** *n* ❶ (*camera*) Polaroidkamera® *f,* Sofortbildkamera *f* ❷ (*photo*) Polaroidfoto® *nt* ❸ (*sunglasses*) ■**~s** *pl* entspiegelte Sonnenbrille **II.** *n modifier* (*camera, picture*) Polaroid-

'po·lar zone *n* Polarzone *f*

pole[1] [pəʊl, AM poʊl] *n* Stange *f;* (*pointed at one end*) Pfahl *m;* **electricity ~** Hochspannungsmast *m;* **fishing ~** *esp* AM Angelrute *f;* **flag~** Fahnenmast *m;* **telegraph ~** Telegrafenmast *m* ▶ PHRASES: **to be up the ~** BRIT übergeschnappt sein *fam*

pole[2] [pəʊl, AM poʊl] *n* ❶ GEOG, ELEC Pol *m;* **the magnetic ~** der Magnetpol; **the North/South P~** der Nord-/Südpol; **the minus/positive ~** der Minus-/Pluspol ❷ (*extreme*) Extrem *nt;* **to be ~s apart** Welten voneinander entfernt sein; **my sister and I are ~s apart** meine Schwester und mich trennen Welten

Pole [pəʊl, AM poʊl] *n* Pole, -in *m, f*

pole·axe ['pəʊlæks, AM 'poʊl-] **I.** *n* Schlächterbeil *nt* **II.** *vt* ■**to ~ sb** ❶ (*strike powerfully*) jdn zusammenschlagen ❷ (*shock strongly*) jdn schockieren [*o fam* [völlig] umhauen]; **he was completely ~d when ...** er war wie vor den Kopf gestoßen, als ...

pole·cat ['pəʊlkæt, AM 'poʊl-] *n* ❶ BRIT (*wild cat*) Iltis *m* ❷ AM (*dated: skunk*) Stinktier *nt;* (*fig: person also*) Stinkstiefel *m pej fam*

po·lem·ic [pə'lemɪk] **I.** *n* Polemik *f* **II.** *adj* polemisch

po·lemi·cal [pə'lemɪkᵊl] *adj* polemisch

po·lem·ics [pə'lemɪks] *n + sing vb* Polemik *f*

pole po·'si·tion *n no pl* SPORTS Poleposition *f fachspr;* (*fig*) **this company is boasting the ~ in the frozen food business** die Firma rühmt sich, die Nummer eins auf dem Markt für Tiefkühlprodukte zu sein; **to be in ~** die Poleposition haben; (*fig*) an der Spitze stehen **'Pole Star** *n no pl* ASTRON Polarstern *m;* (*fig liter: guiding principle*) Leitgedanke *m* **'pole vault I.** *n* Stabhochsprung *m kein pl* **II.** *n modifier* (*equipment, champion, mat*) Stabhochsprung-; **~ record** Rekord *m* im Stabhochsprung **'pole-vault·er** *n* Stabhochspringer(in) *m(f)*

po·lice [pə'liːs] **I.** *n + pl vb* ❶ (*force*) ■**the ~** die Polizei *kein pl;* **the ~ are investigating ...** die Polizei untersucht ...; **he's a member of the ~** er ist bei der Polizei; **to call the ~** die Polizei rufen ❷ (*police officers*) Polizisten, -innen *mpl, fpl;* **to put more ~ on the beat** das Polizeiaufgebot verstärken **II.** *vt* ❶ (*guard*) ■**to ~ sth** etw überwachen ❷ (*regulate*) ■**to ~ sb/**

sth/oneself jdn/etw/sich selbst kontrollieren ❸ AM MIL ■**to ~ sth** *an event* irgendwo Wache halten **III.** *n modifier* (*helmet, patrol, uniform*) Polizei-; **to be in ~ custody** in Polizeigewahrsam sein; **~ investigation** polizeiliche Untersuchung; **to ask for ~ protection** Polizeischutz anfordern

po·'lice ac·tion *n* MIL Polizeiaktion *f* **po·'lice blot·ter** *n* AM (*charge sheet*) Polizeiprotokoll *nt* **po·'lice car** *n* Polizeiauto *nt* **po·lice com·'mis·sion·er** *n* Polizeipräsident(in) *m(f)*; **the Metropolitan P~ C~** der Chef/die Chefin der Londoner Polizei **po·lice 'con·sta·ble** *n* BRIT Polizeiwachtmeister(in) *m(f)* **po·'lice court** *n* ≈ Amtsgericht *nt* **po·'lice de·part·ment** *n* Polizeidienststelle *f* **po·'lice dog** *n* Polizeihund *m* **po·lice 'es·cort** *n* Polizeieskorte *f*; **under ~** unter Polizeischutz **po·'lice force** *n* ❶ *no pl* (*the police*) ■**the ~** die Polizei ❷ (*unit of police*) Polizeieinheit *f* **po·lice in·'form·er** *n* Informant(in) *m(f)* [der Polizei], Polizeispitzel(in) *m(f) pej* **po·lice in·'spec·tor** *n* Polizeikommissar(in) *m(f)* **po·lice inter·'ven·tion** *n no pl* Polizeieinsatz *m* **po·lice 'mag·is·trate** *n* Polizeirichter(in) *m(f)* **po·'lice·man** *n* Polizist *m*; **a ~'s beat** das Revier eines Polizisten **po·'lice of·fic·er** *n* Polizeibeamte(r) *m*, Polizeibeamte [*o* -in] *f* **po·lice 'pre·cinct** *n* Polizeibezirk *m*, [Polizei]revier *nt* **po·lice 'pres·ence** *n no pl* Polizeipräsenz *f*, Polizeiaufgebot *nt*; **we will maintain ~ at all points** wir werden überall Polizeiposten aufstellen **po·'lice raid** *n* Razzia *f* **po·lice 'rec·ord** *n* ❶ (*dossier*) Polizeiakte *f* ❷ (*history of convictions*) Vorstrafenregister *nt*; **to have a long ~** ein langes Vorstrafenregister haben **po·lice 'sci·en·tist** *n* polizeiliche(r) Untersuchungsbeamte(r), -beamtin *m, f* **po·'lice state** *n* (*pej*) Polizeistaat *m* **po·'lice sta·tion** *n* Polizeiwache *f* **po·'lice·wom·an** *n* Polizistin *f*

poli·cy¹ ['pɒləsi, AM 'pɑː-] *n* ❶ (*plan*) Programm *nt*, Strategie *f*; (*principle*) Grundsatz *m*; **Europe needs a common defence ~** Europa braucht eine gemeinsame Verteidigungspolitik; **the school has a ~ on drug abuse** die Schule vertritt eine klare Linie bei Drogenmissbrauch; **what's your party's ~ on immigration?** welche Linie vertritt Ihre Partei in der Immigrationsfrage?; **my ~ is to tell the truth whenever possible** mein Grundsatz ist es, nach Möglichkeit die Wahrheit zu sagen; **to work out a ~** eine Strategie entwickeln ❷ *no pl* Politik *f*; **a change in ~** ein Richtungswechsel *m* in der Politik; **company ~** Firmenpolitik *f*; **domestic ~** Innenpolitik *f*; **economic ~** Wirtschaftspolitik *f*; **to make** [*or* **set**] **~ on sth** Richtlinien *fpl* für etw *akk* festlegen

poli·cy² ['pɒləsi, AM 'pɑː-] *n* (*in insurance*) Police *f*, Polizze *f* ÖSTERR; **to take out a ~** eine Versicherung abschließen

'poli·cy ad·vis·er *n* Strategieberater(in) *m(f)*

'poli·cy·hold·er *n* Versicherungsnehmer(in) *m(f)* **'poli·cy·mak·ing** *n no pl* Festsetzen *nt* von Richtlinien **'poli·cy num·ber** *n* Versicherungsnummer *f*, Polizzennummer *f* ÖSTERR **'poli·cy state·ment** *n* Aussage *f*

po·lio ['pəʊliəʊ, AM 'poʊlioʊ] *n*, **po·lio·my·eli·tis** [ˌpəʊliə(ʊ)maɪə'laɪtɪs, AM ˌpoʊlioʊˌmaɪə'laɪt̬əs] *n* (*spec*) Kinderlähmung *f*, Polio[myelitis] *f fachspr*

'po·lio vac·cine *n* Polioimpfstoff *m*

pol·ish ['pɒlɪʃ, AM 'pɑː-] **I.** *n* ❶ (*substance*) Politur *f*; **furniture/silver ~** Möbel-/Silberpolitur *f*; **shoe ~** Schuhcreme *f* ❷ *usu sing* (*act*) Polieren *nt kein pl*; **to give sth a ~** etw polieren ❸ (*fig: refinement*) [gesellschaftlicher] Schliff; **this is a musical with ~ and wit** dieses Musical hat Witz und Eleganz **II.** *vt* ❶ (*rub*) ■**to ~ sth** etw polieren; **to ~ shoes/silver** Schuhe/Silber putzen ❷ (*fig: refine*) ■**to ~ sth** etw überarbeiten [*o fig* aufpolieren]

◆**polish off** *vt* ❶ (*eat up*) ■**to ~ off ⊂ sth** *food* etw verdrücken *fam* ❷ (*deal with*) ■**to ~ off ⊂ sth** etw schnell erledigen [*o* vom Tisch schaffen]; **I ~ed the report off in a couple of hours** ich habe den Bericht in ein paar Stunden runtergerissen *fam* ❸ (*defeat easily*) ■**to ~ off ⊂ sb** jdn vom Platz fegen

◆**polish up** *vt* ■**to ~ up ⊂ sth** etw aufpolieren; (*fig*) etw auffrischen *fig*; **to ~ up one's French** sein Französisch auffrischen

Po·lish ['pəʊlɪʃ, AM 'poʊ-] **I.** *n* Polnisch *nt* **II.** *adj* polnisch; **her grandparents were ~** ihre Großeltern stammten aus Polen

pol·ished ['pɒlɪʃt, AM 'pɑː-] *adj* ❶ (*gleaming*) glänzend *attr* ❷ (*showing great skill*) formvollendet; **~ performance** großartige Leistung ❸ (*refined*) gebildet; **~ manners** geschliffene Manieren

pol·ish·er ['pɒlɪʃəʳ, AM 'pɑːlɪʃɚ] *n* ❶ (*person*) Polierer(in) *m(f)*; **silver ~** Silberputzer(in) *m(f)* ❷ (*tool*) **floor ~** Bohner[besen] *m*; **electric floor ~** Bohnermaschine *f*

pol·it·bu·ro ['pɒlɪtˌbjʊərəʊ, AM 'pɑːlɪtbjʊroʊ] *n* (*hist*) Politbüro *nt hist*

po·lite [pə'laɪt] *adj* ❶ (*courteous*) höflich; **to make ~ conversation** höfliche Konversation machen; **~ refusal** höfliche Ablehnung ❷ (*cultured*) vornehm; **~ society** gehobene [*o* feine] Gesellschaft

po·lite·ly [pə'laɪtli] *adv* höflich; **~ but firmly** höflich aber bestimmt

po·lite·ness [pə'laɪtnəs] *n no pl* Höflichkeit *f*

poli·tesse [ˌpɒlɪ'tes, AM ˌpɑː-] *n no pl* Politesse *f veraltet*, Höflichkeit *f*

poli·tic ['pɒlətɪk, AM 'pɑː-] *adj* ❶ (*prudent*) [taktisch] klug; **it would not be ~ for you to be seen there** es wäre nicht besonders klug, wenn man Sie dort sähe ❷ POL **the body ~** die Nation, der Staat

po·liti·cal [pə'lɪtɪkəl, AM -'lɪt̬ə-] *adj* ❶ (*of politics*) politisch; **a ~ animal** ein politikinteressierter Mensch; **to make ~ capital out of sth** aus etw *dat* politisches Kapital schlagen; **~ leaders** politische Größen *fpl*; **~ platform** politische Bühne; **to commit ~ suicide** politischen Selbstmord begehen ❷ *esp* AM (*pej: tactical*) taktisch

po·liti·cal 'ac·tion com·mit·tee *n* politisches Aktionskomitee (*zum Auftreiben von Wahlkampfgeldern*)

po·liti·cal a'sy·lum *n no pl* politisches Asyl; **to request** [*or* **seek**]/**grant** [*or* **offer**] **~** politisches Asyl beantragen/gewähren **po·liti·cal cor·'rect·ness** *n no pl* politische Korrektheit

po·liti·cal·ly [pə'lɪtɪkəli, AM -'lɪt̬ə-] *adv* ❶ (*of politics*) politisch; **~ aware** politisch gebildet; **to be ~ informed** in der Politik auf dem Laufenden sein; **to be ~ naive** keine Ahnung von Politik haben; **~ speaking** politisch gesehen ❷ *esp* AM (*pej: self-interestedly*) taktisch; **Patrick thinks ~ and acts to benefit himself** Patrick ist ein Taktierer und handelt nur zu seinem Vorteil

po·liti·cal·ly cor·'rect *adj* politisch korrekt

po·liti·cal 'par·ty *n* [politische] Partei **po·liti·cal 'pris·on·er** *n* politische(r) Gefangene(r) *f(m)* **po·liti·cal 'sci·ence** *n no pl* Politologie *f*, Politikwissenschaft *f*

poli·ti·cian [ˌpɒlɪ'tɪʃən, AM ˌpɑːlə'] *n* ❶ Politiker(in) *m(f)* ❷ *esp* AM (*pej: self-interested person*) Taktierer(in) *m(f)*

po·liti·cize [pə'lɪtɪsaɪz, AM -'lɪt̬ə-] **I.** *vt* ■**to ~ sth/sb** etw/jdn politisieren *geh*; **the whole issue has become increasingly ~d** die ganze Angelegenheit wurde immer mehr zu einem Politikum *geh*; **the party tried to ~ the unemployed** die Partei versuchte, die Arbeitslosen politisch zu mobilisieren; **to become ~d** sich *akk* politisch engagieren **II.** *vi* politisieren *geh*, sich *akk* politisch engagieren

poli·tick·ing ['pɒlətɪkɪŋ, AM 'pɑː-] *n no pl* (*esp pej fam*) Politisieren *nt geh*

poli·tics ['pɒlətɪks, AM 'pɑː-] *npl* ❶ + *sing vb* Politik *f kein pl*; **global/local ~** Welt-/Lokalpolitik *f kein pl*; **to be in ~** in der Politik sein; **to go into ~** in die Politik gehen; **to talk ~** politisieren *geh* ❷ + *pl vb* (*political beliefs*) politische Ansichten *fpl* ❸ + *sing vb* (*within group*) Vetternwirtschaft *f kein pl pej*; **office ~** Büroklüngelei *f pej*; **to play ~** Winkelzüge machen ❹ + *sing vb* BRIT (*political science*) Politologie *f kein pl*, Politikwissenschaft *f kein pl*

pol·ka ['pɒlkə, AM 'poʊ(l)kə] **I.** *n* Polka *f* **II.** *vi* Polka tanzen

'pol·ka dot *n usu pl* Tupfen *m* **'pol·ka-dot** *adj attr* getupft; **a ~ bow tie** eine getupfte Fliege

poll [pəʊl, AM poʊl] **I.** *n* ❶ (*public survey*) Erhebung *f;* **a [public] opinion ~** eine [öffentliche] Meinungsumfrage; **the latest opinion ~ gives the Democrats a clear lead** einer neueren Meinungsumfrage zufolge liegen die Demokraten klar in Führung; **to conduct** [*or* **carry out**] [*or* **take**] **a ~** eine Umfrage machen ❷ (*voting places*) ■**the ~s** *pl* die Wahllokale *ntpl;* **to go to the ~s** wählen [gehen] ❸ (*result of vote*) [Wähler]stimmen *fpl;* **to head the ~** in Führung liegen ❹ (*number of votes cast*) Wahlbeteiligung *f;* **a heavy/light ~** eine hohe/geringe Wahlbeteiligung **II.** *vt* ❶ (*canvass in poll*) ■**to ~ sb** jdn befragen; **half the people ~ed said ...** die Hälfte der befragten Leute gab an, dass ... ❷ (*receive*) **the party ~ed 67% of the vote** die Partei hat 67% der Stimmen erhalten ❸ AGR (*remove horns*) ■**to ~ an animal** ein Tier kappen *fachspr*

pol·lack <*pl* - *or* -s> ['pɒlæk, AM 'pɑː-] *n* (*fish*) Pollack *m*

pol·lard ['pɒləd, AM 'pɑːlɚd] **I.** *n* ❶ (*tree*) gekappter Baum ❷ (*animal*) hornloses Tier **II.** *vt* **to ~ a tree/an animal** einen Baum/ein Tier kappen

pol·len ['pɒlən, AM 'pɑː-] *n no pl* Blütenstaub *m,* Pollen *m*

'pol·len count *n* Pollenflug *m kein pl*

pol·li·nate ['pɒləneɪt, AM 'pɑː-] *vt* BOT ■**to ~ sth** etw bestäuben

pol·li·na·tion [ˌpɒlə'neɪʃᵊn, AM ˌpɑː-] *n no pl* BOT Bestäubung *f*

poll·ing ['pəʊlɪŋ, AM 'poʊl-] *n no pl* (*election*) Wahl *f;* (*referendum*) Abstimmung *f*

'poll·ing booth *n* BRIT, AUS Wahlkabine *f* **'poll·ing card** *n* BRIT, AUS Wahlbenachrichtigung *f form* **'poll·ing day** *n no art* BRIT, AUS Wahltag *m* **'poll·ing place** *n* AM, **'poll·ing sta·tion** *n* BRIT, AUS Wahllokal *nt*

pol·lock *n see* **pollack**

poll·ster ['pəʊlstəʳ, AM 'poʊlstɚ] *n* Meinungsforscher(in) *m(f)*

'poll tax *n* ❶ (*tax*) Kopfsteuer *f* ❷ BRIT (*hist: council tax*) Kommunalsteuer *f,* Gemeindesteuer *f*

pol·lu·tant [pə'luːtᵊnt] *n* Schadstoff *m*

pol·lute [pə'luːt] *vt* ❶ (*contaminate*) ■**to ~ sth** etw verschmutzen; **to ~ the atmosphere/environment** die Luft/Umwelt verschmutzen ❷ (*fig: corrupt*) ■**to ~ sth** etw besudeln *fig, pej;* **to ~ sb's mind** jds Charakter verderben

pol·lut·ed [pə'luːtɪd, AM -t̬ɪd] *adj* ❶ (*contaminated*) verschmutzt; **~ air** verpestete Luft; **~ environment** verschmutzte Umwelt; **~ river/soil** verseuchter Fluss/Boden ❷ (*fig: corrupted*) befleckt, verdorben; **a society ~ by racism** eine durch Rassenhass moralisch verkommene Gesellschaft

pol·lut·er [pə'luːtəʳ, AM -t̬ɚ] *n* Umweltverschmutzer(in) *m(f)*

pol·lut·er 'pays prin·ci·ple *n no pl* Verursacherprinzip *nt*

pol·lu·tion [pə'luːʃᵊn] *n no pl* ❶ (*polluting*) Verschmutzung *f;* **air ~** Luftverschmutzung *f;* **~ of the environment, environmental ~** Umweltverschmutzung *f;* **water ~** Wasserverschmutzung *f;* **toxic ~** Verseuchung *f* mit giftigen Substanzen ❷ (*pollutants*) Schadstoffe *mpl;* **a cloud of ~** eine Schadstoffwolke ❸ (*corruption*) Besudelung *f fig, pej*

Pollyanna [ˌpɒli'ænə, AM ˌpɑː-] *n esp* AM, AUS überoptimistischer Mensch; **I see grounds for cautious optimism, but I don't want to be a ~** ich sehe Grund zu vorsichtigem Optimismus, möchte aber nicht zu euphorisch sein

polo ['pəʊləʊ, AM 'poʊloʊ] **I.** *n* ❶ *no pl* SPORTS Polo *nt* ❷ (*shirt*) Polohemd *nt* **II.** *n modifier* (*player, equipment, field*) Polo-; **~ game** [*or* **match**] Polospiel *nt*

polo·naise [ˌpɒlə'neɪz, AM ˌpɑː-] **I.** *n* (*dance, music*) Polonäse *f* **II.** *adj after n* auf polnische Art; **carp ~** Karpfen polnisch [*o* auf polnische Art]

'polo neck *n* Rollkragen *m* **'polo-necked** *adj attr, inv* Rollkragen-; **~ jumper** [*or* **sweater**] Rollkragenpullover *m* **'polo pony** *n* Polopferd *nt* **'polo shirt** *n* Polohemd *nt*

pol·ter·geist ['pɒltəgaɪst, AM 'poʊltɚ-] *n* Poltergeist *m*

poly ['pɒli] *n* BRIT (*fam*) *short for* **polytechnic** Fachhochschule *f*

poly·am·ide [ˌpɒli'æmaɪd, AM ˌpɑː-] *n no pl* CHEM Polyamid *nt*

poly·an·dry ['pɒliændri, AM 'pɑːliˌæn-] *n no pl* Polyandrie *f fachspr,* Vielmännerei *f*

'poly bag *n* BRIT (*fam*) Plastiktüte *f,* Plastiktasche *f*

poly·chlo·rin·at·ed bi·phen·yl [pɒlɪˌklɔːrɪneɪtɪdbaɪ'fenɪl, AM pɑːlɪˌklɔːrɪneɪt̬ɪdbaɪ'fenəl] *n no pl* CHEM *see* **PCB** Polychlorbiphenyl *nt fachspr*

poly·chrome ['pɒlɪkrəʊm, AM 'pɑːlɪkroʊm] **I.** *adj* polychrom *fachspr;* **~ printing** Farbdruck *m* **II.** *n* ART (*statue*) polychrome Statue *fachspr;* (*sculpture*) polychrome Skulptur *fachspr*

poly·chron·ic [ˌpɒlɪ'krɒnɪk, AM ˌpɑːlɪ'krɑːnɪk] *adj* **~ personality** [*or* **type**] *Persönlichkeitstyp, der viele Dinge gleichzeitig machen kann*

poly·clin·ic [ˌpɒlɪ'klɪnɪk, AM ˌpɑː-] *n* Poliklinik *f*

poly·es·ter [ˌpɒli'estəʳ, AM ˌpɑːli'estɚ] **I.** *n no pl* (*polymer*) Polyester *m* **II.** *n modifier* (*material*) Polyester-; **~ shirt/trousers** Hemd *nt*/Hose *f* aus Polyester

poly·eth·yl·ene [ˌpɑːli'eθəliːn] *n no pl* AM CHEM (*polythene*) Polyäthylen *nt fachspr*

po·lyga·mist [pə'lɪgəmɪst] *n* Polygamist(in) *m(f) geh*

po·lyga·mous [pə'lɪgəməs] *adj inv* polygam *geh*

po·lyga·my [pə'lɪgəmi] *n no pl* Polygamie *f geh*

poly·glot ['pɒlɪglɒt, AM 'pɑːlɪglɑːt] **I.** *adj* (*form*) vielsprachig, polyglott *geh;* **~ Bible** mehrsprachige Bibel, Polyglottenbibel *f fachspr;* **~ city** polyglotte Stadt **II.** *n* (*form*) Polyglotte(r) *f(m) geh*

poly·gon ['pɒlɪgən, AM 'pɑːlɪgɑːn] *n* Vieleck *nt,* Polygon *nt fachspr*

po·lygo·nal [pə'lɪgᵊnᵊl] *adj inv* vieleckig, polygonal *fachspr*

poly·graph ['pɒlɪgrɑːf, AM 'pɑːlɪgræf] *n esp* AM Lügendetektor *m,* Polygraph *m fachspr*

poly·he·dron [ˌpɒlɪ'hiːdrən, AM ˌpɑː-] *n* MATH Polyeder *nt fachspr*

poly·math ['pɒlɪmæθ, AM ˌpɑː-] *n* (*approv form*) universell Gebildete(r)

poly·mer ['pɒlɪməʳ, AM 'pɑːlɪmɚ] *n* CHEM Polymer *nt fachspr*

poly·mer·ic [ˌpɒlɪ'merɪk, AM ˌpɑː-] *adj inv* CHEM polymer *fachspr*

poly·mor·phic [ˌpɒlɪ'mɔːfɪk, AM ˌpɑːlɪ'mɔːr-] *n,* **poly·mor·phous** [ˌpɒlɪ'mɔːfəs, AM ˌpɑːlɪ'mɔːr-] *adj inv* (*form or spec*) polymorph *fachspr,* vielgestaltig; **~ perversity** PSYCH polymorphe Perversion *fachspr*

Poly·nesia [ˌpɒlɪ'niːʒə, AM ˌpɑːlə-] *n* Polynesien *nt*

Poly·nesian [ˌpɒlɪ'niːʒən, AM ˌpɑːlə-] **I.** *adj* polynesisch **II.** *n* ❶ (*native of Polynesia*) Polynesier(in) *m(f)* ❷ (*language group*) polynesische Sprachen *fpl*

pol·yp ['pɒlɪp, AM 'pɑː-] *n* MED, ZOOL Polyp *m*

poly·phon·ic [ˌpɒlɪ'fɒnɪk, AM ˌpɑːlɪ'fɑː-] *adj inv* MUS polyphon *fachspr;* **~ music** polyphone Musik

po·lypho·ny [pə'lɪfᵊni] *n no pl* MUS Polyphonie *f fachspr*

poly·pus <*pl* -pi *or* -es> ['pɒlɪpəs, AM ˌpɑː-, *pl* -paɪ] *n* (*old*) *see* **polyp**

poly·sty·rene [ˌpɒlɪ'staɪ(ə)riːn] BRIT, AUS **I.** *n no pl* Styropor® *nt* **II.** *n modifier* Styropor-; **~ chips** Styroporschnitzel *ntpl;* **~ insulation tile** Isolierplatte *f* aus Styropor

poly·syl·lab·ic [ˌpɒlɪsɪ'læbɪk, AM ˌpɑː-] *adj inv* mehrsilbig, polysyllabisch *fachspr*

poly·syl·la·ble [ˌpɒlɪ'sɪləbl̩, AM ˌpɑː-] *n* LING mehrsilbiges Wort, Polysyllabum *nt fachspr*

poly·tech·nic [ˌpɒlɪ'teknɪk, AM ˌpɑː-] **I.** *n esp* BRIT Fachhochschule *f* **II.** *n modifier* **~ degree/lecturer/student** Abschluss *m*/Dozent(in) *m(f)*/Student(in) *m(f)* an einer Fachhochschule

poly·the·ism ['pɒlɪθiːɪzᵊm, AM 'pɑː-] *n no pl* REL Polytheismus *m fachspr*

poly·the·is·tic [ˌpɒlɪθiː'ɪstɪk, AM ˌpɑː-] *adj inv* REL polytheistisch *fachspr*

poly·thene ['pɒlɪθiːn] BRIT, AUS **I.** *n no pl* CHEM Polyäthylen *nt* *fachspr* **II.** *n modifier* (*sheet, wrap*) Polyäthylen-; ~ **bag** Plastiktüte *f*, Plastiktasche *f*

poly·un·satu·rat·ed [ˌpɒliʌnˈsætʃᵊreɪtɪd, AM ˌpɑːliʌnˈsætʃəreɪt̬-] *adj inv* CHEM mehrfach ungesättigt

poly·un·satu·rat·ed fats *n*, **poly·un·satu·rates** [ˌpɒliʌnˈsætʃᵊreɪts, AM ˌpɑːliʌnˈsætʃə-] *npl* CHEM (*fatty acids*) mehrfach ungesättigte Fettsäuren; (*fats*) Fette mit einem hohen Anteil an mehrfach ungesättigten Fettsäuren

poly·urethane [ˌpɒlɪˈjuərəθeɪn, AM ˌpɑːlɪˈjʊrə-] *n no pl* CHEM Polyurethan *nt fachspr*

poly·va·lent [ˌpɒlɪˈveɪlənt, AM ˌpɑː-] *adj inv* CHEM polyvalent *fachspr*

pom [pɒm] AUS, NZ **I.** *n* (*pej! sl*) *abwertende Bezeichnung für Briten* **II.** *n modifier* (*pej! sl*) ~ **bastard** Britenschwein *nt pej derb*

po·made [pə(ʊ)ˈmeɪd, AM pɑːˈ-] (*dated*) **I.** *n no pl* Pomade *f veraltend* **II.** *vt* **to** ~ **sb's hair** jdm Pomade ins Haar streichen *veraltend*

po·man·der [pəˈmændəʳ, AM ˈpoʊmændɚ] *n* Duftkissen *nt*

pom·egran·ate [ˈpɒmɪɡrænɪt, AM ˈpɑːmˌɡrænɪt] *n* Granatapfel *m*

Pom·era·nia [ˌpɒməˈreɪniə, AM ˌpɑː-] *n* (*hist*) Pommern *nt hist*

Pom·era·nian [ˌpɒməˈreɪniən, AM ˌpɑː-] **I.** *adj* (*hist*) pommer[i]sch *hist* **II.** *n* ① (*hist: person*) Pommer(in) *m(f) hist* ② (*dog*) Spitz *m*

pom·mel [ˈpɒmᵊl, AM ˈpʌm-] **I.** *n* ① (*on saddle*) Sattelknopf *m* ② (*on sword handle*) Schwertknauf *m* **II.** *vt esp* AM *see* **pummel**

ˈpom·mel horse *n* (*in gymnastics*) Pferd *nt*

pom·mie, pom·my [ˈpɒmi] AUS, NZ **I.** *n* (*pej! sl*) *abwertende Bezeichnung für Briten* **II.** *n modifier* (*pej! sl*) ~ **bastard** Britenschwein *nt pej derb*

PoMo [ˈpoʊmoʊ] *n modifier short for* **postmodernism** postmodern, der Postmoderne *nach n*

pomp [pɒmp, AM pɑːmp] *n no pl* Pomp *m*, Prunk *m;* **with** ~ **and circumstance** mit Glanz und Gloria

pom·pa·dour [ˈpɒmpədʊəʳ, AM ˈpɑːmpədɔːr] *n* Dutt *m;* AM (*quiff*) [Haar]tolle *f*

pom·pom [ˈpɒmpɒm, AM ˈpɑːmpɑːm] *n* ① (*bobble*) Quaste *f*, Pompon *m* ② (*flower*) Pompondahlie *f*

pom-pom [ˈpɒmpɒm] *n* BRIT MIL automatische Flugzeugabwehrkanone

pom·pos·ity [pɒmˈpɒsəti, AM pɑːmˈpɑːsət̬i] *n no pl* Selbstgefälligkeit *f*, Aufgeblasenheit *f*

pomp·ous [ˈpɒmpəs, AM ˈpɑːm-] *adj* ① (*self-important*) *person* selbstgefällig; **he is a** ~ **ass** er ist ein aufgeblasener Wichtigtuer *pej* ② (*pretentious*) *language* schwülstig *pej*, geschraubt *pej*

pomp·ous·ly [ˈpɒmpəsli, AM ˈpɑːm-] *adv manner* aufgeblasen *pej; choice of words* geschraubt *pej*

pomp·ous·ness [ˈpɒmpəsnəs, AM ˈpɑːm-] *n no pl* Selbstgefälligkeit *f*, Aufgeblasenheit *f pej*

ponce [pɒn(t)s] **I.** *n* ① BRIT, AUS (*pej fam: effeminate man*) Mimose *f oft pej*, Softie *m oft pej sl* ② BRIT (*fam: pimp*) Zuhälter *m* **II.** *vi* ■**to** ~ **about** [*or* **around**] ① BRIT, AUS (*behave effeminately*) herumtänzeln *fam* ② BRIT (*muck about*) herumlungern *fam*, herumhängen *fam*

pon·cho [ˈpɒntʃəʊ, AM ˈpɑːntʃoʊ] *n* FASHION Poncho *m*

poncy [ˈpɒn(t)ʃi] *adj* BRIT, AUS (*pej fam*) affig *pej fam*

pond [pɒnd, AM pɑːnd] *n* ① (*body of water*) Teich *m;* **fish** ~ Fischteich *m* ② (*hum: Atlantic Ocean*) ■**the** ~ der große Teich *hum*

pon·der [ˈpɒndəʳ, AM ˈpɑːndɚ] **I.** *vt* ■**to** ~ **sth** etw durchdenken **II.** *vi* nachdenken; **he appeared to be** ~**ing deeply** er schien tief in Gedanken versunken; ■**to** ~ **on** [*or* **over**] **sth** über etw *akk* nachdenken, sich *dat* über etw *akk* Gedanken machen; ■**to** ~ **whether/why ...** sich *akk* fragen, ob/warum ...

pon·der·ous [ˈpɒndᵊrəs, AM ˈpɑːn-] *adj* (*pej*) ① (*heavy and awkward*) mühsam, beschwerlich ② (*laborious*) schwerfällig

pon·der·ous·ly [ˈpɒndᵊrəsli, AM ˈpɑːn-] *adv* ① (*heavily and awkwardly*) mühsam ② (*tediously*) schwerfällig

pone [poʊn] *n* AM [**corn**] ~ Maisbrot *nt*

pong [pɒŋ] BRIT, AUS **I.** *n* (*fam*) Mief *m pej fam;* **what a** ~**!** was für ein Mief! *pej fam;* **there was a** ~ **of old cigar smoke in the room** das Zimmer miefte nach kaltem Zigarrenrauch *pej fam* **II.** *vi* (*fam*) ■**to** ~ **of sth** nach etw *dat* miefen *pej fam*

pongy [ˈpɒŋi] *adj* BRIT, AUS (*pej fam*) muffig *meist pej*

pon·tiff [ˈpɒntɪf, AM ˈpɑːnt̬ɪf] *n* REL (*form*) ■**the** ~ der Papst; **the sovereign** [*or* **supreme**] ~ der Oberhirte *geh;* **the supreme** ~**, His Holiness John Paul II.** das Oberhaupt der katholischen Kirche, Seine Heiligkeit Johannes Paul II

pon·tifi·cal [pɒnˈtɪfɪkᵊl, AM pɑːnˈ-] REL **I.** *adj* päpstlich; ~ **mass** Papstmesse *f* **II.** *n* (*form*) ① (*vestments*) ■~**s** *pl* Pontifikalien *ntpl fachspr* ② (*book of liturgy*) Pontifikale *nt fachspr*

pon·tifi·cate [pɒnˈtɪfɪkət, AM pɑːnˈ-] **I.** *vi* (*pej*) ■**to** ~ **about** [*or* **on**] **sth** sich *akk* über etw *akk* auslassen **II.** *n* REL (*form*) Pontifikat *m o nt fachspr*

pon·toon [pɒnˈtuːn, AM pɑːnˈ-] *n* ① (*floating device*) Ponton *m* ② *no pl* BRIT (*blackjack*) Siebzehnundvier *nt*

pon·toon ˈbridge *n* Pontonbrücke *f*

pony [ˈpəʊni, AM ˈpoʊni] **I.** *n* ① (*small horse*) Pony *nt* ② (*fam: racehorse*) ■**the ponies** *pl* die Rennpferde *ntpl;* **Roger has lost his week's wages betting on the ponies again** Roger hat wieder mal bei der Pferdewette seinen ganzen Wochenlohn verloren ③ (*fam: small glass*) Schnapsglas *nt*, Stamperl *nt* SÜDD, ÖSTERR ④ AM (*fam: crib*) Eselsbrücke *f sl*, Pons *m* DIAL *sl*, Schmierer *m* ÖSTERR *sl* ⑤ BRIT (*fam: £25*) 25 Pfund **II.** *vi* <-ie-> AM (*sl: pay one's account*) blechen *fam*

◆**pony up I.** *vt* ■**to** ~ **up sth for sth** (*sl*) etw für etw *akk* blechen müssen *fam* **II.** *vi* (*dated fam*) ■**to** ~ **up for sth** für etw *akk* blechen *fam*

ˈpony·tail *n* Pferdeschwanz *m;* (*braided*) Zopf *m* **ˈpony-trek·king** *n no pl* Ponyreiten *nt;* **to go** ~ Pony reiten

poo *n* BRIT, AUS (*childspeak*) *see* **pooh**

pooch <*pl* -es> [puːtʃ] *n* (*esp hum fam*) Hündchen *nt*, Hundetier *nt meist hum fam*

poo·dle [ˈpuːdl] *n* ① Pudel *m;* **miniature** ~ Zwergpudel *m* ② BRIT (*pej, hum*) Handlanger *m pej*, Büttel *m pej;* ■**to be sb's** ~ jds Handlanger sein *pej*

poof[1] [pʊf] *n* BRIT, AUS (*pej! sl*) Tunte *f meist pej fam*

poof[2] [pʊf] *interj* (*fam*) hui!

poof·ter [ˈpʊftəʳ] *n* BRIT, AUS (*pej! sl*) Tunte *f meist pej fam*

pooh [puː] (*fam*) **I.** *n usu pl* (*childspeak*) Aa *nt kein pl Kindersprache;* **to do a** ~ Aa machen *Kindersprache* **II.** *vi* (*childspeak*) Aa machen *Kindersprache* **III.** *interj* ① (*in disgust*) pfui!, igitt!; ~**! what a ghastly smell!** pfui, wie das hier stinkt! ② (*in impatience*) ach was

pooh-pooh [puːˈpuː] *vt* (*fam*) ■**to** ~ **sth** etw abtun

pool[1] [puːl] **I.** *n* ① (*natural*) Tümpel *m;* **rock** ~ Wassertümpel *m* ② (*of liquid*) Lache *f;* ~ **of blood** Blutlache *f;* ~ **of oil** Öllache *f;* (*fig*) **the shrubbery illuminated in a** ~ **of moonlight** die Büsche, die in Mondlicht gebadet waren ③ (*construction*) Becken *nt;* **ornamental** ~ Zierteich *m;* [**swimming**] ~ Schwimmbecken *nt;* (*private*) Swimmingpool *m;* (*public*) Schwimmbad *nt* **II.** *vi liquid* sich *akk* stauen

pool[2] [puːl] **I.** *n* ① (*spec*) Pool *m fachspr;* **car** ~ Autopool *m;* **gene** ~ Erbmasse *f;* **typing** ~ (*dated*) Schreibpool *m* ② *no pl* SPORTS Poolbillard *nt;* **to shoot** ~ *esp* AM (*fam*) Poolbillard spielen ③ (*in card games*) Jackpot *m;* AM (*in gambling*) Wetteinsatz *m;* **the office** ~ der Wetteinsatz im Büro ④ BRIT ■~**s** *pl*, ■**the** ~**s** Toto *nt o m;* **football** ~**s** Fußballtoto *nt o m;* **to do the** ~**s** Toto spielen ▶ PHRASES: **that is dirty** ~ AM (*fam*) das ist unfair **II.** *vt* ■**to** ~ **sth** etw zusammenlegen; **to** ~ **money** Geld zusammenlegen

ˈpool hall *n*, **ˈpool room** *n* Billardzimmer *nt* **ˈpool shark** *n* AM (*fam: expert pool player*) Poolhai *m pej fam* **ˈpool table** *n* Poolbillardtisch *m*

P

poon·tang [ˈpuːntæŋ] *n no pl* AM (*sl*) Geschlechtsverkehr *m*

poop¹ [puːp] *n* (*of ship*) Heck *nt;* ~ **deck** Hüttendeck *nt*

poop² [puːp] *n no pl* AM (*fam*) [Insider]informationen *fpl;* **did you get all the ~ on the candidates?** hast du über die Kandidaten etwas herausbekommen?

poop³ [puːp] **I.** *n no pl* (*euph or esp childspeak*) Aa *nt Kindersprache,* Kacka *f Kindersprache;* ■**to do a ~** Aa [*o* Kacka] machen *Kindersprache;* **dog ~** Hundedreck *m fam* **II.** *vi* (*fam*) Aa [*o* Kaka] machen *Kindersprache;* **he ~ed in his pants** er hat in die Hose gekackt *fam*

pooped [puːpt] *adj usu pred esp* AM, AUS (*fam*) erledigt; **I'm ~!** bin ich geschafft!; **to be too ~ to pop** AM fix und fertig sein *fam*

poop·er scoop·er [ˈpuːpəˌskuːpəʳ, AM -pɚˌskuːpɚ] *n,* **poop scoop** *n* Schaufel zum Entfernen von Hundedreck

poop 'out *vi* AM, AUS (*fam*) ❶ (*become tired*) schlappmachen *fam* ❷ (*not persevere*) sich *akk* geschlagen geben

'poop sheet *n* AM JOURN (*fam: information sheet*) Infoblatt *nt*

poor [pɔːʳ, AM pʊr] **I.** *adj* ❶ (*lacking money*) arm; ~ **man's caviar** der Kaviar des armen Mannes; **a ~ area/family/country** eine arme Region/Familie/ein armes Land ❷ (*inadequate*) unzureichend, mangelhaft; **their French is still quite ~** ihr Französisch ist noch ziemlich bescheiden; **margarine is a ~ substitute for butter** Margarine ist ein minderer Ersatz für Butter; ■**to be ~ at sth** schlecht in etw *dat* sein; **to give a ~ account of oneself** sich *akk* von seiner schlechtesten Seite zeigen; ~ **attendance** geringer Besucherandrang; **a ~ excuse** eine faule Ausrede; **he must be a ~ excuse for a carpenter if ...** er muss ein ziemlich mieser Tischler sein, wenn ...; ~ **eyesight/hearing** schlechtes Seh-/Hörvermögen; **to cut a ~ figure** [**as sth**] (*dated*) eine schlechte Figur [als etw] machen; ~ **harvest** schlechte Ernte; **to be in ~ health** in schlechtem gesundheitlichen Zustand sein; **to make a ~ job of** [**doing**] **sth** bei etw *dat* schlechte Arbeit leisten; **to be a ~ loser** ein schlechter Verlierer/eine schlechte Verliererin sein; ~ **memory** schlechtes Gedächtnis; **to be a ~ sailor** seeuntauglich sein; **to come a ~ second** [**in sth**] [bei etw *dat*] weit abgeschlagen an zweiter Stelle landen; ~ **showing** armselige Vorstellung; ~ **soil** karger Boden; ~ **visibility** schlechte Sicht ❸ *attr* (*deserving of pity*) arm; **you ~ thing!** du armes Ding! ❹ *pred* (*lacking*) ■**to be ~ in sth** arm an etw *dat* sein; **Iceland is ~ in natural resources** Island hat kaum Bodenschätze ❺ *attr* (*hum dated: humble*) bescheiden; **in my ~ opinion** meiner unmaßgeblichen Meinung nach ►PHRASES: [**as**] ~ **as a church mouse** (*dated*) [so] arm wie eine Kirchenmaus; **to take a ~ view of sth** etw missbilligen [*o* nicht gerne sehen] **II.** *n* ■**the ~** *pl* die Armen *pl*

'poor box *n* Almosenbüchse *f* **'poor·house** *n* (*hist*) Armenhaus *nt hist* **'Poor Law** *n* BRIT (*hist*) Armengesetzgebung *f* (*im England des 19. Jahrhunderts*)

poor·ly [ˈpɔːli, AM ˈpʊr-] **I.** *adv* ❶ (*not rich*) arm; ■**to be ~ off** arm [dran] sein *fam;* ~ **dressed** ärmlich gekleidet ❷ (*inadequately*) schlecht; ~ **dressed** schlecht gekleidet; **to think ~ of sb/sth** (*dated*) eine schlechte Meinung von jdm/etw haben **II.** *adj pred* **to feel ~** sich *akk* schlecht fühlen; BRIT, AUS **the doctor described his condition as ~** die Ärztin beschrieb seinen Zustand als kritisch

poor·ness [ˈpɔːnəs, AM ˈpʊr-] *n no pl* ❶ (*inadequacy*) Dürftigkeit *f,* Mangelhaftigkeit *f;* **the ~ of his judgment** sein mangelndes Urteilsvermögen ❷ (*poverty*) Armut *f*

poor re·'la·tion *n* arme(r) Verwandte(r) *f(m);* (*fig*) Stiefkind *nt fig;* **to treat sb like a ~** jdn stiefmütterlich behandeln **poor-'spir·it·ed** *adj* verängstigt, verschüchtert

pop¹ [pɒp, AM pɑːp] **I.** *n* ❶ (*noise*) Knall *m;* **there were a few ~s** es knallte ein paar Mal ❷ *no pl* (*dated fam: effervescent drink*) Limonade *f,* Brause *f veraltend;* **a bottle of** [**fizzy**] ~ eine Flasche Limonade; **orange ~** Orangenlimonade *f* ❸ *usu sing* AM, AUS COMM ■**a ~** pro Stück; **she gives lectures and gets paid $5000 a ~** sie hält Vorlesungen und bekommt 5000 Dollar pro Veranstaltung **II.** *adv* **to go ~** (*make noise*) einen Knall machen; (*toy gun*) peng machen; (*burst*) explodieren **III.** *vi* <-pp-> ❶ (*make noise*) knallen; **my ears always ~ as the plane comes in to land** in meinen Ohren knackt es immer, wenn das Flugzeug im Landeanflug ist; **to let the cork ~** den Korken knallen lassen ❷ (*burst*) platzen ❸ (*go quickly*) ■**to ~ out** hinausgehen; **Paula must have ~ped out for a minute** Paula wird kurz rausgegangen sein; ■**to ~ over** vorbeikommen; **why don't you ~ over and see us this afternoon?** warum kommst du heute Nachmittag nicht mal eben vorbei?; **to ~ upstairs** die Treppen hinaufspringen ►PHRASES: **sb's eyes** [**nearly**] ~ [**out of his/her head**] jdm fallen [beinahe] die Augen heraus **IV.** *vt* <-pp-> ❶ (*burst*) ■**to ~ sth** etw platzen lassen; **to ~ corn** Popcorn machen ❷ (*put quickly*) ~ **the pizza in the oven** schieb' die Pizza in den Ofen; **she ~ped the children into bed** sie steckte die Kinder ins Bett; **to ~ one's clothes on/off** sich *dat* ein Kleidungsstück überstreifen/etw ausziehen; (*at the doctor's*) sich *akk* frei machen ❸ AM (*fam*) ■**to ~ sb** (*shoot*) jdn abknallen; (*hit*) jdn schlagen ►PHRASES: **to ~ one's clogs** BRIT (*fam*) den Löffel abgeben *fam;* **to ~ pills** Pillen schlucken; **to ~ the question** die entscheidende Frage stellen; **Harry still hasn't ~ped the question** Harry hat ihr noch immer keinen Heiratsantrag gemacht

◆**pop in** *vi* vorbeischauen; **my neighbour often ~s in for a cup of coffee** mein Nachbar kommt oft auf eine Tasse Kaffee vorbei; **to keep ~ping in and out** dauernd rein und rauslaufen

◆**pop into** *vi* **to ~ into a shop** [nochmal] schnell bei einem Geschäft vorbeischauen [*o* vorbeigehen]

◆**pop off** *vi* ❶ (*hum fam: die*) abkratzen *derb* ❷ (*fam: leave*) abhauen *fam;* **to ~ off home** nach Hause düsen *fam*

◆**pop out** *vi* ❶ (*come out*) herausspringen ❷ (*leave*) kurz weg sein; ■**to ~ out for sth** schnell etw besorgen; **I'll just ~ out for a coffee** ich gehe mal eben einen Kaffee holen

◆**pop up** *vi* ❶ (*appear unexpectedly*) auftauchen; **to ~ up out of nowhere** aus dem Nichts auftauchen ❷ (*in pop-up book*) sich *akk* aufrichten; **the pictures ~ up when you spread the pages open** die Bilder falten sich auf, wenn man die Seiten öffnet ❸ AM SPORTS (*hit a short fly ball*) einen Ball im Flug berühren

pop² [pɒp, AM pɑːp] **I.** *n no pl* (*music*) Pop *m* **II.** *n modifier* (*group, music, singer, song, star, video*) Pop- **III.** *adj attr* ❶ (*popular*) populär; **Dario Fo is a ~ poet** Dario Fo ist ein Poet des Volkes; ~ **culture** Popkultur *f;* ~ **film-making** populäre Filmkunst ❷ (*a. pej: popularized*) populär; ~ **psychology** populärwissenschaftliche Psychologie

pop³ [pɒp, AM pɑːp] *n esp* AM (*esp childspeak fam*) Paps *m fam,* Papa *m fam*

pop⁴ *n no pl abbrev of* **population** Bev. *f*

'pop art *n no pl* Pop-Art *f* **'pop charts** *npl* Pop-Charts *pl* **'pop con·cert** *n* Popkonzert *nt* **'pop·corn** *n no pl* Popcorn *nt* **pop 'cul·ture** *n no pl* Popkultur *f* **pop-down 'menu** *n* COMPUT Pull-down-Menü *nt*

pope [pəʊp, AM poʊp] *n* Papst, Päpstin *m, f*

Pope·mo·bile [ˈpəʊpmə(ʊ)biːl, AM ˈpoʊpmoʊ-] *n* Papstmobil *nt,* Papamobil *nt*

pop·ery [ˈpəʊpᵊri, AM ˈpoʊ-] *n no pl* (*old or pej*) Papismus *m pej geh,* Pfaffentum *nt pej veraltend*

pop-'eyed *adj inv* ❶ (*with surprise*) mit Stielaugen *fam;* ■**to be ~** Stielaugen bekommen ❷ (*with bulging eyes*) mit hervortretenden Augen [*o* Glupschaugen] *nach n,* glupschäugig **'pop fly** *n* SPORTS *bezeichnet im Baseball einen Ball, der leicht zu fangen ist* **'pop group** *n* Popgruppe *f* **'pop·gun** *n* Spielzeugpistole *f*

pop·in·jay [ˈpɒpɪndʒeɪ, AM ˈpɑːp-] *n* (*old*) Geck *m veraltend,* Lackaffe *m pej fam,* Dandy *m meist pej*

pop·ish [ˈpəʊpɪʃ, AM ˈpoʊ-] *adj inv* (*pej old*) papistisch *pej geh,*

streng katholisch
pop·lar ['pɒplə^r, AM 'pɑ:plɚ] *n* Pappel *f*
pop·lin ['pɒplɪn, AM 'pɑ:p-] **I.** *n no pl* Popelin *m,* Popeline *f* **II.** *n modifier* (*dress, shirt, shawl*) Popelin-
'pop mu·sic *n no pl* Popmusik *f*
pop·pa ['pɑ:pə] *n* AM (*esp childspeak: father*) Papa *m fam,* Papi *m fam,* Paps *m fam*
pop·pa·dom, pop·pa·dum ['pɒpədəm, AM 'pɑ:-] *n* FOOD Papadam *m o nt* (*hauchdünner frittierter Teigfladen aus Linsenmehl*)
pop·per ['pɒpə^r] *n* BRIT (*fam*) Druckknopf *m*
pop·pet ['pɒpɪt, AM 'pɑ:-] *n esp* BRIT, AUS (*fam*) Schatz *m fam;* (*form of address also*) Schätzchen *nt fam;* **be a ~ and fetch me my dressing gown** sei so lieb und bring mir mal meinen Morgenmantel
pop psy·'chol·ogy *n no pl* populärwissenschaftliche Psychologie
pop·py ['pɒpi, AM 'pɑ:-] *n* Mohn *m kein pl,* Mohnblume *f*
'pop·py·cock *n no pl* (*pej dated fam*) Quatsch *m fam,* Unsinn *m,* Blödsinn *m fam* **'Pop·py Day** *n* BRIT *Sonntag, der dem 11. November am nächsten kommt, an dem insbesondere der Gefallenen der beiden Weltkriege gedacht wird* **'pop·py seed** *n* Mohnsamen *m,* Mohn *m kein pl*
pops [pɑ:ps] *n + sing vb* AM (*esp childspeak fam: dad*) Papa *m fam,* Papi *m fam,* Paps *m fam*
Pop·si·cle® ['pɑ:psɪkl] *n* AM (*ice lolly*) Eis *nt* am Stiel
pop·sie *n* BRIT (*dated*) *see* **popsy**
'pop sing·er *n* Popsänger(in) *m(f)* **'pop song** *n* Popsong *m* **'pop star** *n* Popstar *m*
pop·sy ['pɒpsi] *n* BRIT (*dated*) Mieze *f veraltend sl,* [flotte] Biene *veraltend sl*
popu·lace ['pɒpjələs, AM 'pɑ:pjəlɪs] *n no pl* SOCIOL ▪**the ~** die breite Masse [der Bevölkerung], das Volk; **the general ~** die Durchschnittsbevölkerung
popu·lar ['pɒpjələ^r, AM 'pɑ:pjəlɚ] *adj inv* ❶ (*widely liked*) beliebt, populär; **the new scheme has proved enormously ~** das neue System kommt sehr gut an; **you won't be very ~ if you burn the sausages** du wirst dich nicht grade beliebt machen, wenn du die Würstchen verbrennst; (*iron, hum*) **I bet you were ~ when your parents got their phone bill!** ich wette, deine Eltern haben sich sehr bei dir bedankt, als sie ihre Telefonrechnung gesehen haben! *iron, hum;* ▪**to be ~ with sb** bei jdm beliebt sein; **a ~ brand** eine beliebte [*o* bekannte] Marke ❷ *attr* (*not high-brow*) populär; **~ music** Unterhaltungsmusik *f;* **the ~ press** die Massenmedien *ntpl;* **~ science** Populärwissenschaft *f* ❸ *attr* (*widespread*) weit verbreitet, allgemein verbreitet; **it is a ~ belief that ...** viele glauben, dass ...; **a ~ saying** ein geflügeltes Wort ❹ *attr* (*of the people*) Volks-; **the socialists can no longer be sure of the ~ vote** die Sozialisten können sich nicht mehr auf die Unterstützung der breiten Massen verlassen; **by ~ request** auf allgemeinen Wunsch; **~ revolt** [*or* **uprising**] Volksaufstand *m,* Massenunruhen *pl;* **~ support** Unterstützung *f* durch breite Schichten der Bevölkerung
popu·lar·ity [ˌpɒpjə'lærəti, AM ˌpɑ:pjə'lerət̬i] *n no pl* Beliebtheit *f,* Popularität *f;* **movie-going in America is enjoying an upsurge of ~** das Interesse an Kinobesuchen hat in den USA rapide zugenommen; **how do you account for Tom's amazing ~ with women?** wie erklärst du dir, dass Tom bei den Frauen so gut ankommt?
popu·lari·za·tion [ˌpɒpjələraɪ'zeɪʃən, AM ˌpɑ:pjələrɪ'-] *n no pl* ❶ (*making liked*) Beliebtwerden *nt;* **TV has been responsible for the ~ of landscape gardening** das Fernsehen hat Landschaftsgärtnerei populär gemacht ❷ (*making accessible*) [allgemeine] Verbreitung, Popularisierung *f geh;* **the ~ of air travel took place mainly in the 1960s** Flugreisen wurden eigentlich erst in den 60er-Jahren der breiten Öffentlichkeit zugänglich
popu·lar·ize ['pɒpjələraɪz, AM 'pɑ:pjələ-] *vt* ❶ (*make liked*) ▪**to ~ sb/sth** jdn/etw populär machen; **to ~ an artist** einem Künstler/einer Künstlerin zum Durchbruch verhelfen ❷ (*make accessible*) ▪**to ~ sth** etw breiteren Kreisen zugänglich machen
popu·lar·iz·er ['pɒpjələraɪzə^r, AM 'pɑ:pjələraɪzɚ] *n* ❶ (*of activity*) *jd, der etw populär macht* ❷ (*of academic subject*) *jd, der etw allgemein verständlich darstellt*
popu·lar·ly ['pɒpjələli, AM 'pɑ:pjəlɚ-] *adv* ❶ (*commonly*) allgemein; **it is ~ assumed that ...** es ist eine weit verbreitete Annahme, dass ...; **to be ~ known as sth** *city* etw allgemein genannt werden; *person* allgemein als etw bekannt sein; **as is ~ believed** wie man allgemein annimmt; **to be ~ thought of as sth** allgemein für etw *akk* gehalten werden ❷ (*by the people*) vom Volk; **to be ~ elected** vom Volk gewählt sein
popu·late ['pɒpjəleɪt, AM 'pɑ:p-] *vt* ❶ *usu passive* (*inhabit*) ▪**to be ~d** bevölkert sein; *island* bewohnt sein (**by, with** von +*dat*); **the river is ~d mainly by smaller species of fish** in dem Fluss sind vor allem kleinere Fischarten heimisch; **a very sparsely/densely ~d area** eine sehr dünn/dicht besiedelte Gegend ❷ (*provide inhabitants*) ▪**to ~ sth** etw besiedeln; **Eastern Canada was initially ~d by the French** in Ostkanada ließen sich ursprünglich die Franzosen nieder; **to ~ a stream with trout** in einem Bach Forellen ansiedeln
popu·la·tion [ˌpɒpjə'leɪʃən, AM ˌpɑ:p-] **I.** *n* ❶ *usu sing* (*inhabitants*) Bevölkerung *f kein pl;* (*of particular place*) Einwohnerschaft *f kein pl;* **there's been a rise in the prison ~** die Zahl der in Haft befindlichen Personen ist gestiegen; **the entire ~ of the area** die gesamte [orts]ansässige Bevölkerung; **the American/urban ~** die amerikanische/städtische Bevölkerung; **the civilian ~** die Zivilbevölkerung ❷ *no pl* (*number of people*) Einwohnerzahl *f;* **a ~ of 1.2 million** 1,2 Millionen Einwohner ❸ BIOL Population *f fachspr,* Bestand *m;* **the deer ~** der Hirschbestand; **the dolphin ~** die Delphinpopulation, der Delphinbestand; **the fish ~** die Fischvorkommen *ntpl,* der Fischbestand ❹ (*in statistics*) Grundgesamtheit *f* **II.** *n modifier* (*group, problems*) Bevölkerungs-, Einwohner-; **~ change** Veränderung *f* der Bevölkerung; **~ increase** Bevölkerungswachstum *nt,* Bevölkerungszunahme *f;* **~ decrease** sinkende Einwohnerzahlen, Bevölkerungsschwund *m;* **world ~** Weltbevölkerung *f*
popu·la·tion con·'trol *n no pl* Geburtenkontrolle *f* **popu·la·tion 'den·sity** *n no pl* Bevölkerungsdichte *f* **popu·la·tion ex·'plo·sion** *n* Bevölkerungsexplosion *f*
popu·lism ['pɒpjəlɪzəm, AM 'pɑ:p-] *n no pl* Populismus *m geh*
popu·list ['pɒpjəlɪst, AM 'pɑ:p-] (*esp pej*) **I.** *adj inv* populistisch *geh* **II.** *n* Populist(in) *m(f) geh*
popu·lous ['pɒpjələs, AM 'pɑ:p-] *adj* (*form*) bevölkerungsreich; *region, area* dicht besiedelt; **China is the world's most ~ country** China ist das Land mit der höchsten Bevölkerungsdichte
p.o.q. [ˌpi:əʊ'kju:] *vi* AUS (*fam*) abzischen *fam*
porce·lain ['pɔ:səlɪn, AM 'pɔ:r-] **I.** *n no pl* Porzellan *nt;* **Meissen ~** Meißener Porzellan **II.** *n modifier* (*bowl, factory, plate*) Porzellan-
porch <*pl* -es> [pɔ:tʃ, AM pɔ:rtʃ] *n* ❶ (*without walls*) Vordach *nt;* (*with walls*) Vorbau *m;* *of a church* Portal *nt* ❷ AM (*veranda*) Veranda *f*
por·cu·pine ['pɔ:kjəpaɪn, AM 'pɔ:r-] *n* Stachelschwein *nt*
pore¹ [pɔ:^r, AM pɔ:r] *n* Pore *f*
pore² [pɔ:^r, AM pɔ:r] *vi* ▪**to ~ over sth** über etw *dat* brüten; **to ~ over books** über Büchern hocken *fam;* **to ~ over a map/newspaper** eine Landkarte/Zeitung eingehend studieren
pork [pɔ:k, AM pɔ:rk] **I.** *n no pl* Schweinefleisch *nt* **II.** *n modifier* (*fat, meat, roast*) Schweine-, Schweins-; **~ escalope** [*or* AM **cutlet**] Schweineschnitzel *nt;* **~ sausage** Schweinswurst *f*
'pork-bar·rel *adj attr, inv* AM POL (*pej sl*) *bezeichnet die Vergabe von Regierungsgelder für kommunale Projekte, um*

P

damit Wählerstimmen zu gewinnen **'pork butch·er** *n* BRIT Schweinemetzger(in) *m(f)* **pork 'chop** *n* Schweinekotelett *nt*
pork·er ['pɔːkəʳ, AM 'pɔːrkɚ] *n* Mastschwein *nt*
porkie ['pɔːki] *n usu pl* BRIT (*hum rhyming sl*) Lüge[ngeschichte] *f;* **have you been telling them ~s again?** hast du ihnen wieder einmal einen Bären aufgebunden? *fam*
pork 'pie *n* BRIT ❶ (*food*) Schweinefleischpastete *f* ❷ (*hum rhyming sl*) *see* **porkie pork 'scratch·ings** *npl* BRIT, **'pork rinds** *npl* AM [Speck]grieben *fpl* (*als Snack*), Grammeln *fpl* ÖSTERR
porky ['pɔːki, AM 'pɔːrki] **I.** *adj* (*pej fam*) fett; **hey, look at that ~ little boy** hey, schau dir mal den kleinen Fettsack an *pej fam* **II.** *n* ❶ AM (*fam*) Stachelschwein *nt* ❷ BRIT (*hum rhyming sl*) *see* **porkie**
porky-'pie *n* BRIT (*hum rhyming sl*) *see* **porkie**
porn [pɔːn, AM pɔːrn] (*fam*) **I.** *n no pl short for* **pornography** Porno *m;* **hard-core ~** harter Porno; **soft ~** Softporno *m* **II.** *adj attr short for* **pornographic** Porno-; **~ film** [*or* **movie**] Pornofilm *m,* Pornostreifen *m;* **~ magazine** Pornoheft *nt*
por·no ['pɔːnəʊ, AM 'pɔːrnoʊ] *adj attr* (*fam*) *short for* **pornographic** Porno-; *see also* **porn**
por·nog·ra·pher [pɔː'nɒɡrəfəʳ, AM pɔːr'nɑːɡrəfɚ] *n* Pornograf(in) *m(f) geh*
por·no·graph·ic [ˌpɔːnə'ɡræfɪk, AM ˌpɔːr-] *adj inv* ❶ (*containing pornography*) pornografisch, Porno-; **~ literature** Pornoliteratur *f* ❷ (*obscene*) obszön, schmutzig
por·nog·ra·phy [pɔː'nɒɡrəfi, AM pɔːr'nɑːɡ-] *n no pl* Pornografie *f;* **hard-core ~** harter Porno; **soft-core ~** Softporno *m*
porny ['pɔːni, AM 'pɔːrni] *adj* (*fam*) *short for* **pornographic** pornografisch, Porno-
po·ros·ity [pɔː'rɒsəti, AM -'rɑːsət̬i] *n no pl* (*form*) Porosität *f,* Porigkeit *f*
po·rous ['pɔːrəs] *adj* ❶ (*permeable*) porös ❷ (*not secure*) durchlässig; **~ information/security system** undichtes Informations-/Sicherheitssystem
por·poise ['pɔːpəs, AM 'pɔːr-] *n* ZOOL Tümmler *m*
por·ridge ['pɒrɪdʒ, AM 'pɔːr-] *n no pl* ❶ (*boiled oats*) Porridge *m o nt,* Haferbrei *m* ❷ BRIT (*fam: time in prison*) **five years ~** fünf Jahre Knast *fam;* **to do ~** [hinter Gittern [*o* im Knast]] sitzen *fam*
por·ridge 'oats *npl* BRIT Haferflocken *fpl*
port¹ [pɔːt, AM pɔːrt] *n* ❶ (*harbour*) Hafen *m;* **fishing/naval ~** Fischerei-/Seehafen *m;* **to come into ~** [in den Hafen] einlaufen; **to leave ~** auslaufen ❷ (*town*) Hafenstadt *f* ▶ PHRASES: **it's any ~ in a storm** (*prov*) in der Not frisst der Teufel Fliegen *prov*
port² [pɔːt, AM pɔːrt] **I.** *n no pl* AVIAT, NAUT Backbord *nt* ÖSTERR *a. m;* **to turn to ~** nach Backbord drehen **II.** *n modifier* AVIAT, NAUT Backbord-; **on the ~ bow** Backbord voraus; **the ~ side** die Backbordseite; **on the ~ side** backbord
port³ [pɔːt, AM pɔːrt] *n* ❶ COMPUT Anschluss *m,* Schnittstelle *f,* Port *m fachspr;* **have you got a ~ for a joystick on your computer?** kannst du einen Joystick an deinen Computer anschließen?; **terminal ~** Port *m fachspr* ❷ NAUT (*porthole*) Bullauge *nt,* Luke *f* ❸ NAUT, MIL (*gun port*) Geschützpforte *f*
port⁴ [pɔːt, AM pɔːrt] *n no pl* (*wine*) Portwein *m;* **ruby/tawny ~** Ruby/Tawny Port *m*
port⁵ [pɔːt] *n* AUS (*fam: travelling bag*) Reisetasche *f*
port·abil·ity [ˌpɔːtə'bɪləti, AM ˌpɔːrt̬ə'bɪlət̬i] *n no pl* Tragbarkeit *f;* **the advantage of the smaller model is its greater ~** das kleinere Modell hat den Vorteil, dass man es besser tragen kann
port·able ['pɔːtəbl̩, AM 'pɔːr-] *adj inv* tragbar, portabel *geh;* **~ computer** tragbarer Computer; **~ radio** Kofferradio *nt,* tragbares Radiogerät; **~ TV set** tragbarer Fernseher, Portable *m o nt fachspr;* **~ typewriter** Kofferschreibmaschine *f,* Reiseschreibmaschine *f*
por·ta·cab·in *n* BRIT ≈ Wohn-/Büro-/Schulcontainer *m*
Por·ta·crib® ['pɔːrt̬əˌkrɪb] *n* AM (*carrycot*) Babytrag[e]tasche *f*
por·tage ['pɔːtɪdʒ, AM 'pɔːr-] *n* ❶ *no pl* TRANSP, NAUT (*carrying*) Transport *m* über Land ❷ *no pl* (*costs*) Transportkosten *pl* ❸ (*place*) Portage *f*
por·tal ['pɔːtəl, AM 'pɔːrt̬-] *n* ❶ (*form*) Portal *nt;* **the ~s of heaven** die Himmelspforten *fpl poet* ❷ COMPUT Portal *nt*
Por·ta·loo® ['pɔːtəˌluː, AM 'pɔːrt̬-] *n* BRIT, **Por·ta·pot·ty** ['pɔːrt̬əˌpɑːt̬i] *n* AM (*fam*) Miet-WC *nt*
port au'thor·ity *n* Hafenbehörde *f*
port 'charges *npl,* **port 'dues** *npl* Hafengebühr[en] *f[pl]*
port·cul·lis <*pl* -es> [ˌpɔːt'kʌlɪs, AM ˌpɔːrt'-] *n* Fallgitter *nt,* Fallgatter *nt*
por·tend [pɔː'tend, AM pɔːr'-] *vt* (*form*) ■**to ~ sth** auf etw *akk* hindeuten; **to ~ calamity** Unheil ankündigen
por·tent ['pɔːtent, AM 'pɔːr-] *n* (*form*) Vorzeichen *nt,* Omen *nt;* **this could be a ~ of worse weather to come** das könnte auf eine Wetterverschlechterung hindeuten; **worrying economic ~s for the coming year** beunruhigende Hinweise auf die Wirtschaftsentwicklung des kommenden Jahres
por·ten·tous [pɔː'tentəs, AM pɔːr'tent̬-] *adj inv* ❶ (*form: highly significant*) bedeutungsvoll; (*ominous*) unheilvoll; (*grave*) schicksalhaft; **a ~ step** ein verhängnisvoller Schritt ❷ (*pej: pompous*) hochtrabend *pej*
por·ten·tous·ly [pɔː'tentəsli, AM pɔːr'tent̬-] *adv* (*form*) ❶ (*ominously*) unheilvoll ❷ (*pej: pompously*) gewichtig
por·ter¹ ['pɔːtəʳ, AM 'pɔːrt̬ɚ] *n* ❶ (*baggage-carrier*) Gepäckträger *m;* (*on expedition*) Träger *m* ❷ *no pl* (*beer*) Porter *nt*
por·ter² ['pɔːtəʳ, AM 'pɔːrt̬ɚ] *n* ❶ *esp* BRIT (*doorkeeper*) Portier, Portiersfrau *m, f;* **the college ~** der Pförtner/die Pförtnerin des College[s]; **hall/night ~** Empfangs-/Nachtportier *m;* **hotel ~** Hotelportier *m;* **~'s lodge** Pförtnerloge *f* ❷ AM RAIL (*on sleeping car*) [Schlafwagen]schaffner(in) *m(f)*
por·ter·age ['pɔːtərɪdʒ, AM 'pɔːrt̬ɚ-] *n no pl* ❶ (*action*) **in this kind of terrain, ~ is the best option** in solchem Terrain ist es am besten Träger anzustellen; **nowadays most rail and air travellers do their own ~** heutzutage tragen die meisten Bahn- und Flugreisenden ihr Gepäck selbst ❷ (*cost*) Trägerlohn *m*
'por·ter·house *n* AM, AUS, **por·ter·house 'steak** *n* AM, AUS Porterhouse-Steak *nt*
port fa·'cil·ities *npl* Hafenanlage *f*
port·fo·lio [ˌpɔːt'fəʊliəʊ, AM ˌpɔːrt'foʊlioʊ] *n* ❶ (*case*) Aktenmappe *f,* Aktentasche *f* ❷ (*of drawings, designs*) Mappe *f;* **to build up a ~** eine Mappe anlegen ❸ FIN (*financial investments*) Portefeuille *nt fachspr,* Wechselbestand *m* ❹ POL (*ministerial position*) Portefeuille *nt fachspr,* Geschäftsbereich *m;* **minister without ~** Minister(in) *m(f)* ohne Geschäftsbereich [*o fachspr* Portefeuille]
'port·hole *n* NAUT Bullauge *nt,* Luke *f;* AVIAT Kabinenfenster *nt*
por·ti·co <*pl* -es *or* -s> ['pɔːtɪkəʊ, AM 'pɔːrt̬ɪkoʊ] *n* Säulengang *m,* Portikus *m fachspr*
por·tion ['pɔːʃən, AM 'pɔːr-] **I.** *n* ❶ (*part*) Teil *m;* **a large ~ of time** ein Großteil der Zeit ❷ (*share*) Anteil *m;* **I accept my ~ of the blame** ich bekenne mich zu meinem Teil der Schuld ❸ (*serving*) Portion *f;* (*piece*) Stück *nt;* **child's ~** Kinderportion *f;* **a huge ~** eine Riesenportion **II.** *vt* ■**to ~ out** ⊂ **sth** etw aufteilen [*o* verteilen]; **we'll have to ~ the money out between the six of us** wir werden uns das Geld zu sechst teilen müssen; **to ~ out blame** (*fig*) [die] Schuld zuweisen
port·ly ['pɔːtli, AM 'pɔːr-] *adj* (*esp hum*) korpulent, [wohl] beleibt
port·man·teau [pɔːt'mæntəʊ, AM pɔːrt'mæntoʊ] **I.** *n* <*pl* -s *or* -x> (*dated*) Reisekoffer *m* **II.** *adj attr, inv* umfassend, weit gespannt; **~ word** Schachtelwort *nt*
port of 'call <*pl* ports-> *n* ❶ NAUT Anlaufhafen *m* ❷ (*place to stop*) Anlaufstelle *f* **port of de·'par·ture** <*pl* ports of departure> *n* NAUT Abgangshafen *m* **port of 'en·try** <*pl* ports of entry> *n* NAUT Einlaufhafen *m*
por·trait ['pɔːtrɪt, AM 'pɔːr-] *n* ❶ (*picture*) Porträt *nt,* Bildnis *nt;* **to paint a ~ of sb** [*or* **sb's ~**] jds Porträt malen; **to have one's**

~ **painted** sich *akk* porträtieren lassen; **to sit for one's** ~ jdm [für sein Porträt] Modell sitzen ② (*fig: description*) Bild *nt*, Porträt *nt fig;* **to paint a vivid** ~ **of sth** ein lebendiges Bild einer S. *gen* zeichnen ③ *no art* TYPO (*format*) Hochformat *nt*

por·trait·ist ['pɔːtrɪtɪst, AM 'pɔːrtrɪt̬-] *n*, **por·trait paint·er** *n* Porträtist(in) *m(f)*, Porträtmaler(in) *m(f)*

por·trai·ture ['pɔːtrɪtʃəʳ, AM 'pɔːrtrɪtʃɚ] *n no pl* Porträtmalerei *f*

por·tray [pɔː'treɪ, AM pɔːr'-] *vt* ① (*paint*) ■**to** ~ **sb** jdn porträtieren ② (*describe*) ■**to** ~ **sb/sth** jdn/etw darstellen [*o* porträtieren]

por·tray·al [pɔː'treɪəl, AM pɔːr'-] *n* Porträt *nt fig*, Darstellung *f;* (*in literature*) Schilderung *f*

Port Salut [ˌpɔːsə'luː, AM ˌpɔːrsæl'uː] *n no pl* Port Salut *m* (*französischer Weichkäse*)

Por·tu·gal ['pɔːtʃəgəl, AM 'pɔːr-] *n* Portugal *nt*

Por·tu·guese [ˌpɔːtʃə'giːz, AM ˌpɔːr-] **I.** *n* ① <*pl* -> (*person*) Portugiese, -in *m, f* ② *no pl* (*language*) Portugiesisch *nt* **II.** *adj* ① (*of Portugal*) portugiesisch; **her husband is** ~ ihr Mann kommt aus Portugal; **a** ~ **woman** eine Portugiesin ② (*of language*) *course, teacher* Portugiesisch-

Por·tu·guese man-of-'war *n* ZOOL Portugiesische Galeere

port 'wine *n no pl* Portwein *m*

POS [ˌpiːəʊ'es, AM -oʊ'-] *abbrev of* **point of sale**

pose [pəʊz, AM poʊz] **I.** *n* ① (*bodily position*) Haltung *f*, Pose *f;* **to adopt** [*or* **assume**] [*or* **strike**] **a** ~ eine Pose einnehmen; **to hold a** ~ eine Pose beibehalten, in einer Haltung verharren ② *usu sing* (*pretence*) Getue *nt fig*, Gehabe *nt pej;* **it's all a** ~ das ist alles bloß Show *fam* **II.** *vi* ① (*adopt position*) posieren, eine Haltung einnehmen; ■**to** ~ **for sb** für jdn Modell sitzen [*o* stehen]; **to** ~ **for one's photograph** sich fotografieren lassen; **to** ~ **nude/topless** sich *akk* nackt/ohne Oberteil fotografieren lassen; **the actress is known for posing topless** die Schauspielerin ist als Oben-ohne-Model bekannt ② (*pretend*) ■**to** ~ **as sth** sich *akk* als etw ausgeben; **he's just posing!** das ist doch alles nur Bluff! ③ (*behave affectedly*) sich *akk* geziert [*o* affektiert] benehmen **III.** *vt* ① (*cause*) ■**to** ~ **sth** etw aufwerfen; **it does** ~ **the problem of where/how/when ...** es stellt sich dann natürlich das Problem, wo/wie/wann ...; **to** ~ **difficulties** Schwierigkeiten mit sich *dat* bringen; **to** ~ **a threat to sb/sth** eine Bedrohung für jdn/etw darstellen ② (*ask*) **to** ~ **a question** eine Frage stellen ③ (*for picture*) ■**to** ~ **sb** jdn Positur einnehmen [*o* posieren] lassen

pos·er ['pəʊzəʳ, AM 'poʊzɚ] *n* (*fam*) ① (*problem*) schwierige [*o* knifflige] Frage ② (*pej: person*) Angeber(in) *m(f);* **you look like a real** ~ **in your fancy sports car** in deinem tollen Sportwagen siehst du ja ziemlich schickimicki aus! *pej fam*

po·seur [pəʊ'zɜːʳ, AM poʊ'zɜːr] *n* (*pej*) Angeber(in) *m(f)*

posey ['pəʊzi, AM 'poʊ-] *adj* BRIT (*pej fam*) protzig *pej*, großspurig *pej*

posh [pɒʃ, AM pɑːʃ] (*fam*) **I.** *adj* ① (*stylish*) vornehm, piekfein; ~ **area** vornehme Gegend; ~ **car** Luxusschlitten *m fam;* ~ **hat** todschicker Hut *fam;* ~ **hotel** vornehmes [*o* feudales] Hotel; ~ **restaurant** feines Restaurant; ~ **shop** schicker Laden ② *esp* BRIT (*upper-class*) vornehm; ~ **accent** vornehmer Akzent; **a** ~ **woman** eine feine Dame **II.** *adv* BRIT vornehm; **stop acting so** ~**!** sei nicht so überkandidelt!; **she talks dead** ~ sie spricht so furchtbar gestelzt

'pos·ing pouch *n esp* BRIT Suspensorium *nt fachspr*

pos·it ['pɒzɪt, AM 'pɑː-] *vt* (*form*) ■**to** ~ **sth** etw postulieren *geh*, auf etw *dat* basieren

po·si·tion [pə'zɪʃən] **I.** *n* ① (*place*) Platz *m*, Stelle *f; building* Lage *f;* **the house has a good** ~ **overlooking the valley** man hat vom Haus aus einen guten Blick über das Tal; **the sofa is in a different** ~ **now** jetzt steht das Sofa woanders; **to take up a** ~ sich *akk* platzieren ② (*appointed place*) Platz *m;* **to be in** ~ an seinem/ihrem Platz sein; **to get** [*or* **move**] **into** ~ seinen/ihren Platz einnehmen; **the dancers moved into** ~ die Tänzer nahmen ihre Position[en] ein; **to move sth into** ~ etw zurechtrücken; **to move out of** ~ seinen/ihren Platz verlassen ③ (*in navigation*) Position *f*, Standort *m* ④ (*posture*) Stellung *f*, Lage *f;* **yoga** ~ Yogahaltung *f;* **lying/sitting** ~ liegende/sitzende Stellung, liegend/sitzend; **to change one's** ~ eine andere Stellung einnehmen ⑤ SPORTS (*in team*) [Spieler]position *f;* **his** ~ **is in midfield** er ist Mittelstürmer ⑥ (*rank*) Position *f*, Stellung *f;* **the** ~ **of women in society** die gesellschaftliche Stellung der Frau; **to jockey** [*or esp* BRIT **jostle**] **for** ~ um eine Position rangeln *fam* ⑦ BRIT, AUS (*in race, competition*) Platz *m;* **she finished the race in third** ~ sie belegte bei dem Rennen am Schluss den dritten Platz ⑧ (*job*) Stelle *f*, Position *f;* **a** ~ **of responsibility** ein verantwortungsvoller Posten; **a** ~ **of trust** eine Vertrauensstellung; **a teaching** ~ eine Stelle als Lehrer/Lehrerin; **to apply for a** ~ sich *akk* um eine [Arbeits]stelle bewerben ⑨ *usu sing* (*situation*) Situation *f*, Lage *f;* **put yourself in my** ~ versetz dich in meine Lage; ■**to be in a/no** ~ **to do sth** in der Lage/nicht in der Lage sein, etw zu tun; **to put sb in an awkward** ~ jdn in eine unangenehme Lage bringen; **financial** ~ Vermögensverhältnisse *pl* ⑩ *usu sing* (*form: opinion*) Haltung *f*, Standpunkt *m;* **what's the company's** ~ **on recycling?** welchen Standpunkt vertritt die Firma in der Frage des Recycling?; **his** ~ **is that ...** er steht auf dem Standpunkt, dass ...; **a party's** ~ **on defence** die Position einer Partei zur Frage der Verteidigung; **to take the** ~ **that ...** die Meinung vertreten, dass ... ⑪ *usu pl* MIL Stellung *f* **II.** *vt* ■**to** ~ **sb/sth** jdn/etw platzieren; **I** ~**ed myself as far away from him as possible** ich habe mich so weit wie möglich von ihm weggesetzt; **to** ~ **guns/troops** MIL Gewehre in Stellung bringen/Truppen positionieren

po·si·tion·al [pə'zɪʃənəl] *adj inv esp* SPORTS Stellungs-, positionell *fachspr;* **a** ~ **change** ein Stellungswechsel

posi·tive ['pɒzətɪv, AM 'pɑːzət̬-] **I.** *adj inv* ① (*certain*) sicher, bestimmt; **are you sure ...? – absolutely** ~**!** bist du sicher, dass ...? – aber klar [doch]!; **are you sure you're coming tonight? –** ~**!** und du kommst heute Abend ganz bestimmt? – ganz bestimmt!; ■**to be** ~ **about sth** sich *dat* einer S. *gen* sicher sein; ■**to be** ~ **that ...** sicher sein, dass ...; ~ **proof** [*or* **proof** ~] ein sicherer Beweis ② (*optimistic*) positiv; ~ **attitude** optimistische [*o* positive] Einstellung; ~ **criticism** konstruktive Kritik; ~ **development** positive [*o* viel versprechende] Entwicklung; ~ **feedback** positive Reaktion; **I gave her some** ~ **feedback on it** ich habe ihr eine positive Rückmeldung dazu gegeben; ~ **person/thinking** positiver Mensch/positives Denken; **a** ~ **response** eine positive Antwort; **to think** ~ positiv denken ③ *inv* MED positiv; **to be HIV-**~ HIV-positiv sein ④ *attr, inv* (*complete*) wirklich, absolut; **she was a** ~ **joy to have around** es war wirklich eine Freude, sie hier zu haben; **a** ~ **disadvantage/miracle** ein echter Nachteil/ein echtes Wunder ⑤ *inv* MATH (*above zero*) positiv; **a** ~ **quantity** eine positive Menge ⑥ *inv* ELEC (*carried by protons*) Plus-, positiv **II.** *n* Stärke *f*, Pluspunkt *m*

posi·tive dis·crimi·'na·tion *n* BRIT affirmative [*o* bestätigende] Diskriminierung *geh;* **a policy of** ~ der Grundsatz, weiblichen Bewerbern bei gleicher Qualifikation den Vorzug zu geben

posi·tive·ly ['pɒzətɪvli, AM 'pɑːzət̬-] *adv* ① (*definitely*) bestimmt; *say, promise* fest ② (*optimistically*) positiv ③ *inv* (*fam: completely*) völlig, absolut; **Nicky** ~ **glows with health** Nicky strotzt [ja] richtig vor Gesundheit; **rich? – they're** ~ **loaded!** reich? – die schwimmen geradezu im Geld! *fam;* **to be** ~ **rude** regelrecht grob sein

posi·tive·ness ['pɒzətɪvnəs, AM 'pɑːzət̬-] *n no pl* ① (*certainty*) Bestimmtheit *f* ② (*optimism*) Zuversicht *f;* **the** ~ **of sb's criticism/development/response** jds konstruktive Kritik/positive Entwicklung/positive Antwort

posi·tive 'vet·ting *n* BRIT Sicherheitsüberprüfung *f*

posi·tiv·ism ['pɒzɪtɪvɪzəm, AM 'pɑːzɪt̬-] *n no pl* PHILOS Positivismus *m fachspr*

P

posi·tiv·ist ['pɒzɪtɪvɪst, AM 'pɑːzɪt̬-] **I.** *n* PHILOS Positivist(in) *m(f) fachspr* **II.** *adj* positivistisch *fachspr*

posi·tron ['pɒzɪtrɒn, AM 'pɑːzɪtrɑːn] *n* PHYS, ELEC Positron *nt fachspr*

poss [pɒs, AM pɑːs] *adj pred, inv (fam) short for* **possible** möglich

pos·se ['pɒsi, AM 'pɑːsi] *n* ① *(group of people)* Gruppe *f,* Schar *f;* **a whole ~ of armed policemen/reporters** ein ganzes Aufgebot an bewaffneten Polizeikräften/Reportern ② *(sl: group of friends)* Clique *f fam* ③ *(hist: summoned by sheriff)* [Hilfs]trupp *m*

pos·sess [pə'zes] *vt* ① *(own, have)* ■**to ~ sth** etw besitzen; **to ~ charm** Charme haben [*o* besitzen]; **to ~ dignity** voller Würde sein; **to ~ magical powers** über magische Kräfte verfügen; **to ~ special skills** besondere Fähigkeiten besitzen ② LAW *(carry illegally)* ■**to ~ sth** etw [illegal] besitzen; **he was sentenced to six months' imprisonment for ~ing heroin** er wurde wegen Heroinbesitzes zu sechs Monaten Haft verurteilt; **they've been charged with ~ing guns and explosives** sie sind wegen Waffen- und Sprengstoffbesitzes angeklagt worden ③ *(fam: cause)* ■**to ~ sb: what ~ed you?** was ist denn [bloß] in dich gefahren?; **whatever ~ed him to ...** wie ist er bloß auf den Gedanken gekommen, ... ④ *usu passive (control)* **to be ~ed by demons/the Devil** von Dämonen/vom Teufel besessen sein; **to be ~ed by the urge to do sth** von dem Drang besessen sein, etw tun zu müssen; **like [some]one/a man/woman ~ed** wie ein Besessener/eine Besessene ⑤ *passive (form: have)* ■**to be ~ed of sth** etw besitzen [*o* haben]; **to be ~ed of a sense of humour** Humor haben ▸ PHRASES: **to ~ oneself in <u>patience</u>** sich *akk* in Geduld üben

pos·ses·sion [pə'zeʃᵊn] *n* ① *no pl (having)* Besitz *m;* **to be in full ~ of one's faculties** im Vollbesitz seiner geistigen Kräfte sein; ■**to be in sb's ~** sich *akk* in jds Besitz befinden; ■**to be in the ~ of sb** in jds Besitz sein; **he was found in ~ of explosives** man fand Sprengstoff bei ihm; **to come into ~ of sth** *(form)* in den Besitz einer S. *gen* kommen; **how did this painting come into your ~?** wie ist dieses Gemälde in Ihre Hände gelangt?; **to gain** [*or* **take**] **~ [of sth]** LAW etw in Besitz nehmen; **to have sth in one's ~** *(form)* etw in seinem Besitz haben ② *usu pl (something owned)* Besitz *m kein pl* ③ POL *(area of land)* Besitzung[en] *f[pl] geh,* Landbesitz *m kein pl* ④ *no pl* SPORTS **to regain ~ [of the ball]** wieder in den Ballbesitz gelangen ▸ PHRASES: **~ is nine <u>tenths</u>** [*or* BRIT *a.* **<u>points</u>**] **of the law** der Eigentümer hat das letzte Wort

pos·ses·sive [pə'zesɪv] *adj* ① *(not sharing)* eigen; **he's a bit ~ about his clothes** was seine Kleidung angeht, ist er etwas eigen ② *(jealous)* besitzergreifend; ■**to be ~ towards** [*or* **about**] **sb: he's very ~ towards his wife** was seine Frau angeht, ist er sehr besitzergreifend ③ LING *(showing possession)* besitzanzeigend, possessiv *fachspr;* **the ~ singular of a noun** der Genitiv Singular eines Substantivs

pos·ses·sive 'pro·noun *n* besitzanzeigendes Fürwort, Possessivpronomen *nt fachspr*

pos·ses·sor [pə'zesəʳ, AM -ɚ] *n usu sing (form or hum)* Besitzer(in) *m(f);* **to be the proud ~ of sth** der stolze Besitzer einer S. *gen* sein

pos·sibil·ity [ˌpɒsə'bɪləti, AM ˌpɑːsə'bɪlət̬i] *n* ① *(event or action)* Möglichkeit *f;* **there's a ~ that ...** es kann sein, dass ..., möglicherweise ...; **there is every** [*or* **a strong**] **~ that ...** es ist sehr wahrscheinlich, dass ..., höchstwahrscheinlich ...; **to consider/examine the possibilities** alle Möglichkeiten durchdenken; **to consider the ~ of sth** etw in Erwägung ziehen ② *no pl (likelihood)* Möglichkeit *f,* Wahrscheinlichkeit *f;* **is there any ~ [that] ...?** besteht irgendeine Möglichkeit, dass ...?; **there's not much ~ of that happening** die Wahrscheinlichkeit, dass das passiert, ist sehr gering; **it's not beyond the bounds of ~ that ...** es ist nicht völlig auszuschließen, dass ... ③ *(potential)* ■**possibilities** *pl* Möglichkeiten *fpl;* **to have possibilities** entwicklungsfähig sein; **the old cottage definitely has possibilities** aus dem alten Landhaus lässt sich durchaus etwas machen

pos·sible ['pɒsəbl̩, AM 'pɑːs-] **I.** *adj inv* ① *usu pred (feasible)* möglich; **it's just not ~** das ist einfach nicht machbar; **is it ~ to book tickets in advance?** kann man die Karten auch im Voraus reservieren?; **would it be ~ to ...** könnten wir vielleicht ...; **the best/cheapest ~ ...** der/die/das allerbeste/allerbilligste ...; **as clean/early/good as ~** so sauber/früh/gut wie möglich; **as much/soon as ~** so viel/bald wie möglich; **if ~** wenn möglich ② *(that could happen)* möglich, vorstellbar, denkbar; **I never thought it ~, but ...** ich habe es nie für möglich gehalten, aber ...; **anything's ~** alles ist möglich; **to make sth ~** etw ermöglichen **II.** *n* Kandidat(in) *m(f); (sth to consider)* **to be a ~** in Frage kommen

pos·sibly ['pɒsəbli, AM 'pɑːs-] *adv inv* ① *(feasibly)* **I kept the speech as short as I ~ could** ich habe die Rede so kurz gehalten, wie ich nur konnte; **he can't ~ have drunk all that on his own!** das kann er doch unmöglich alles allein getrunken haben!; **to do all that one ~ can** alles Menschenmögliche tun ② *(perhaps)* möglicherweise, vielleicht; **I might ~ be a little late** ich werde mich möglicherweise ein wenig verspäten; **very** [*or* **quite**] **~** durchaus möglich; *(more likely)* sehr wahrscheinlich ③ *(in polite use)* möglicherweise; **could I ~ ask you to ...?** dürfte ich Sie vielleicht bitten, ...?; **could you ~ speak up a little?** würde es Ihnen etwas ausmachen, ein wenig lauter zu sprechen?; **another chocolate? – no, really, I couldn't ~** noch ein Stück Schokolade? – danke, aber das wäre wirklich zu viel

pos·sum <*pl* - *or* -s> ['pɒsəm, AM 'pɑːs-] *n* Gleitbeutler *m*

post [pəʊst, AM poʊst] **I.** *n* ① *(pole)* Pfosten *m,* Pfahl *m;* **concrete/iron/wooden ~** Beton-/Eisen-/Holzpfosten *m* ② *(in horse race)* ■**the ~** *(finishing post)* der Zielpfosten, das Ziel; *(starting post)* der Startpfosten *m* ③ *(fam: goalpost)* [Tor]pfosten *m;* **to hit the ~** den Pfosten treffen; **the ball hit the ~** der Ball prallte gegen den Pfosten **II.** *vt* ① *(send)* ■**to ~ sth** etw [per Post] schicken ② *(give notice)* ■**to ~ sth** etw [durch Aushang] bekannt geben; **to ~ sth on the [Inter]net** etw über das Internet bekannt geben; **to ~ sth on the noticeboard** etw am schwarzen Brett aushängen; **to be ~ed missing** MIL als vermisst gemeldet sein

◆**post up** *vt* ■**to ~ up** ↻ **sth** *message* etw anschlagen [*o* aushängen]; **to ~ up an announcement on the noticeboard** eine Mitteilung am schwarzen Brett anschlagen

post·age ['pəʊstɪdʒ, AM 'poʊ-] *n no pl* Porto *nt,* Postgebühren *fpl* **post·age and 'pack·ing** *n no pl* BRIT, AUS Porto und Verpackung **'post·age me·ter** *n* AM *(franking machine)* Frankiermaschine *f* **post·age 'paid** *adj inv* [porto]frei; **~ envelope** Freiumschlag *m;* **~ reply card** frankierte Rückantwortkarte **'post·age rate** *n* Porto *nt,* Postgebühren *fpl* **'post·age stamp** *n (form)* Briefmarke *f,* Postwertzeichen *nt form*

post·al ['pəʊstᵊl, AM 'poʊ-] *adj attr, inv* Post-, postalisch *geh;* **~ worker** Postangestellte(r) *f(m);* **to go ~** *(fam)* durchdrehen, ausflippen *fam*

post·al 'bal·lot *n* BRIT POL Briefwahl *f* **'post·al charges** *npl* Postgebühren *fpl* **'post·al code** *n* BRIT, AUS Postleitzahl *f* **'post·al or·der** *n esp* BRIT Postanweisung *f* **post·al 'vote** *n* BRIT POL Briefwahl *f*

'post·bag *n* BRIT ① *(letters)* Zuschriften *fpl; (by readers)* Leserzuschriften *fpl; (by viewers)* Zuschauerzuschriften *fpl; (by listeners)* Hörerzuschriften *fpl;* **to have an enormous** [*or* **a heavy**] **~ on a subject** zahllose [*o* Unmengen von] Zuschriften zu einem Thema bekommen haben ② *(bag)* Postsack *m* **'post·box** *n esp* BRIT, AUS Briefkasten *m* **'post·card** *n* Postkarte *f;* **to drop** [*or* **send**] **sb a ~** jdm eine [Post]karte schicken **'post·code** *n* BRIT, AUS Postleitzahl *f*

post-'coit·al *adj attr, inv* postkoital *geh,* nach dem Koitus *nach n geh*
post·co·'lo·nial [ˌpəʊs(t)kə'ləʊniəl, AM ˌpoʊs(t)kə'loʊ-] *adj inv* postkolonial **post-'date** *vt* ❶ (*give later date*) ■**to ~ sth** etw vordatieren; **~d cheque** [*or* AM **check**]/**letter** vordatierter Scheck/Brief ❷ (*happen after*) ■**to ~ sth** sich *akk* später ereignen **post·'doc·tor·al** *adj* im Anschluss an die Promotion *nach n*
post·er ['pəʊstəʳ, AM 'poʊstɚ] *n* ❶ (*advertisement*) [Werbe]plakat *nt* ❷ (*large picture*) Poster *nt*
'post·er child *n* ■**to be a ~ for sth** ein Aushängeschild *nt* für etw *akk* sein
'post·er col·or AM, **'post·er col·our** *n* Plakatfarbe *f*
poste res·tante [ˌpəʊst'restɑ:nt, AM ˌpoʊstres'tɑ:nt] **I.** *n usu sing* Aufbewahrungs- und Abholstelle *f* für postlagernde Briefe und Sendungen; (*on envelopes*) **'~'** ‚postlagernd' **II.** *n modifier* **sb's ~ address** die Adresse, an die man jdm postlagernd schreiben kann **III.** *adv inv* postlagernd, poste restante
pos·teri·or [pɒs'tɪəriəʳ, AM pɑ:'stɪriɚ] **I.** *n* (*hum*) Hinterteil *nt hum,* Hintern *m fam* **II.** *adj attr, inv* (*form*) ❶ (*later in time*) spätere(r, s) ❷ (*towards the back*) hintere(r, s)
pos·ter·ity [pɒs'terəti, AM pɑ:ˌsterət̬i] *n no pl* (*form*) Nachwelt *f geh;* **to preserve sth for ~** etw der Nachwelt erhalten
pos·tern ['pɒstən, AM 'poʊstɚn] *n* (*old: at back*) Hintertür *f;* (*at side*) Seitentür *f,* Nebentür *f*
'post·er paint *n* Plakatfarbe *f* **post-'femi·nism** *n no pl* Postfeminismus *m geh*
post-'femi·nist I. *adj inv* postfeministisch *geh* **II.** *n* Postfeminist(in) *m(f) geh*
'post-free BRIT **I.** *adj inv* portofrei, gebührenfrei; **~ reply card** frankierte Rückantwortkarte; **~ service** gebührenfreie Zustellung **II.** *adv* portofrei, gebührenfrei
post·'grad I. *n* (*fam*) *short for* **postgraduate** Postgraduierte(r) *f(m) fachspr,* Student(in) *m(f)* im Aufbaustudium (*nach Erreichen des ersten akademischen Grades*) **II.** *adj attr, inv* (*fam*) *short for* **postgraduate** weiterführend, Postgraduierten- *fachspr,* Aufbau-; *see also* **postgraduate post·'gradu·ate I.** *n* Postgraduierte(r) *f(m) fachspr,* Student(in) *m(f)* im Aufbaustudium (*nach Erreichen des ersten akademischen Grades*) **II.** *adj attr, inv* weiterführend, Postgraduierten- *fachspr,* Aufbau-; **~ research** weiterführende Forschungsarbeiten; **~ studies** Aufbaustudium *nt* **Post·gradu·ate Cer·tifi·cate in Edu·'ca·tion** *n* BRIT *in Großbritannien für Lehramtskandidaten/-kandidatinnen vorgeschriebenes einjähriges Referendariat nach Ablegen des ersten Examens* **post-'haste** *adv inv* (*dated form*) schnellstens, eilends; **may I suggest you pay that bill ~?** darf ich Ihnen vorschlagen, die Rechnung baldigst zu begleichen? *form* **post·hu·mous** ['pɒstjəməs, AM 'pɑ:stʃə-] *adj inv* (*form*) post[h]um *form;* **a ~ award/novel** ein post[h]um verliehener Preis/veröffentlichter Roman **post·hu·mous·ly** ['pɒstjəməsli, AM 'pɑ:stʃə-] *adv inv* (*form*) post[h]um *form;* **his last novel was published ~** sein letzter Roman wurde nach seinem Tode veröffentlicht; **to be awarded ~** post[h]um verliehen werden
postie ['pəʊsti] *n* BRIT (*fam*) Briefträger(in) *m(f),* Postbote, -in *m, f*
post-in·'dus·trial *adj inv* postindustriell *geh*
post·ing ['pəʊstɪŋ, AM 'poʊ-] *n esp* BRIT ❶ (*appointment to job*) Versetzung *f;* MIL Abkommandierung *f;* **overseas ~** Versetzung *f* nach Übersee ❷ (*location*) Ort, an den jd versetzt wird; MIL **we moved from one ~ to another all through our childhood** während meiner Kindheit zogen wir von einer Einheit zur anderen um
'Post-it® *n,* **'Post-it note®** *n* Post-it® *nt,* Haftnotiz *f*
post·lude ['pəʊstlju:d, AM 'poʊstlu:d, -lju:d] *n* MUS Nachspiel *nt*
'post·man *n* Postbote *m,* Briefträger *m* **post·man's 'knock** *n* BRIT *Kinderspiel, bei dem mit Küssen für imaginäre Briefe bezahlt wird* **'post·mark I.** *n* Poststempel *m;* **date as ~** Datum des Poststempels **II.** *vt usu passive* ■**to be ~ed** abgestempelt sein; **to be ~ed Manchester/the thirtieth of September** in Manchester/am dreißigsten September abgestempelt sein; **the envelope hadn't been ~ed** auf dem Umschlag war kein Poststempel **'post·mas·ter** *n* Leiter *m* einer Postdienststelle
post me·rid·iem [ˌpəʊs(t)mə'rɪdiəm, AM ˌpoʊ-] *adv inv see* **p.m.**
post·mil·'len·nial [ˌpəʊs(t)mɪ'leniəl, AM ˌpoʊs(t)-] *adj* nach der Jahrtausendwende *nach n*
'post·mis·tress *n* Leiterin *f* einer Postdienststelle
post·'mod·ern *adj inv* post-modern *geh* **post·mod·ern·ism** *n no pl* Postmoderne *f geh* **post·mod·ern·ist I.** *n* Postmodernist(in) *m(f) geh* **II.** *adj inv* postmodernistisch *geh* **post-mor·tem** [ˌpəʊs(t)'mɔ:tem, AM ˌpoʊs(t)'mɔ:rt̬əm] **I.** *n* ❶ MED (*examination*) Obduktion *f,* Autopsie *f;* **to carry out** [*or* **conduct**] [*or* **perform**] **a ~** eine Autopsie vornehmen ❷ (*fam: discussion*) Nachbesprechung *f,* Manöverkritik *f hum* **II.** *adj attr, inv* (*done after death*) nach dem Tod *nach n,* postmortal *fachspr;* **~ report** Obduktionsbericht *m* **post·mor·tem ex·ami·'na·tion** *n* MED Obduktion *f,* Autopsie *f; see also* **postmortem**
post-'na·tal *adj inv* nach der Geburt *nach n,* postnatal *fachspr;* **~ blues** Wochenbettdepression *f;* **~ care** Versorgung *f* nach der Geburt; **~ depression** postnatale Depression *fachspr;* **the ~ period** die Zeit nach der Geburt **post·'nup·tial** *adj inv* nach der Hochzeit *nach n;* ZOOL nach der Paarungszeit *nach n* **post·nup·tial a'gree·ment** *n* Ehevertrag *m*
'Post Of·fice *n* ■**the ~** die Post *kein pl* **'post of·fice** *n* ❶ (*for postal services*) Postamt *nt,* Post *f kein pl;* ■**at the ~** auf der Post; (*have account etc*) bei der Post; **to go to the ~** zur [*o* auf die] Post gehen ❷ AM (*postman's knock*) *Kinderspiel, bei dem imaginäre Briefe mit Küssen bezahlt werden*
post-'op·era·tive *adj inv* MED postoperativ *fachspr;* **~ care** [medizinische] Versorgung nach einer Operation; **the immediate ~ period** die Zeit unmittelbar nach der Operation
post-'paid I. *adj inv* portofrei, gebührenfrei, frei[gemacht]; **~ reply card** frankierte Rückantwortkarte; **~ service** gebührenfreie Zustellung **II.** *adv* gebührenfrei, portofrei; **it went ~** die Zustellung war gebührenfrei
post·par·tum [ˌpəʊst'pɑ:təm, AM ˌpoʊst'pɑ:r] *adj* nachgeburtlich; **~ weight** Gewicht *nt* nach der Geburt
post·pone [pəʊs(t)'pəʊn, AM poʊs(t)'poʊn] *vt* ■**to ~ sth** etw verschieben [*o* aufschieben]; **to ~ sth for a week/until** [*or* **to**] **Thursday** etw um eine Woche/auf Donnerstag verschieben
post·pone·ment [pəʊs(t)'pəʊnmənt, AM poʊs(t)'poʊ-] *n* ❶ (*delay*) Verschiebung *f;* **we were disappointed by yet another ~ of our trip** wir waren enttäuscht, dass wir unsere Reise noch einmal verschieben mussten ❷ *no pl* (*deferment*) Aufschub *m; of a court case* Vertagung *f;* **~ of payment** Zahlungsaufschub *m;* **to apply for a ~** LAW eine Vertagung [der Gerichtsverhandlung] beantragen
post·pran·dial [ˌpəʊs(t)'prændiəl, AM ˌpoʊs(t)'-] *adj inv* (*hum*) Verdauungs-, nach dem Essen *nach n;* **~ walk** [*or* **stroll**] Verdauungsspaziergang *m* **post-pro·'duc·tion I.** *n* FILM, RADIO, TV Post Production *f fachspr;* **after filming ends, ~ will take about six months** nach Abschluss der Dreharbeiten dauert es etwa sechs Monate, bis der Film fertig ist **II.** *adj attr, inv* nach den Dreharbeiten *nach n*
'post room *n* BRIT Poststelle *f*
'post·script ['pəʊs(t)skrɪpt, AM 'poʊ-] *n* ❶ (*to a letter*) Postskript[um] *nt;* **to add a ~ to a letter** ein Postskript[um] anfügen ❷ (*to piece of writing*) Nachwort *nt* ❸ (*sequel*) Fortsetzung *f;* **and did the matter end there, or was there a ~?** und war die Geschichte damit zu Ende, oder gab es ein Nachspiel? **post·'season I.** *n esp* AM SPORTS Nachsaisonspiel *nt* **II.** *adj esp* AM Nachsaison-; **~ game** Nachsaisonspiel *nt*
post-trau·'mat·ic *adj* posttraumatisch **post-trau·mat·ic 'stress dis·or·der** *n no pl* posttraumatisches Stresssyndrom *fachspr* **post-trau·mat·ic 'stress syn·drome** *n* posttraumati-

P

sches Belastungssyndrom

pos·tu·late (*form*) **I.** *vt* ['pɒstjəleɪt, AM 'pɑːstʃə-] ■**to** ~ **sth** etw postulieren *geh;* ■**to** ~ **that ...** die These vertreten, dass ... **II.** *n* ['pɒstjələt, AM 'pɑːstʃəlɪt] Postulat *nt geh*

pos·ture ['pɒstʃəʳ, AM 'pɑːstʃɚ] **I.** *n* ❶ *no pl* (*natural*) [Körper]haltung *f;* (*pose also*) Stellung *f,* Pose *f;* **to have a good/bad** ~ eine gute/schlechte Haltung haben; **in a very awkward** ~ in einer sehr merkwürdigen Haltung [*o* Stellung]; **in a kneeling/an upright** ~ in kniender/aufrechter Stellung; **to adopt** [*or* **assume**] [*or* **get into**] **a** ~ eine Pose einnehmen ❷ *no pl* (*attitude*) Haltung *f* (**on** zu +*dat*); **to adopt a defensive** ~ eine defensive Haltung einnehmen **II.** *vi* (*pej*) sich *akk* in Pose werfen

pos·tur·ing ['pɒstʃərɪŋ, AM 'pɑːstʃɚ-] *n no pl* (*pej*) Gehabe *nt pej,* Getue *nt pej;* **intellectual** ~ intellektuelles Getue *pej;* **macho** ~ Machogehabe *nt pej*

post-'war *adj inv* Nachkriegs-, der Nachkriegszeit *nach n;* ~ **era** Nachkriegsära *f;* ~ **Europe** Nachkriegseuropa *nt;* **the immediate** ~ **period** die unmittelbare Nachkriegszeit; **the** ~ **rationing** die Rationierung[en] *f[pl]* in der Nachkriegszeit

'post·wom·an *n* Postbotin *f,* Briefträgerin *f*

post-'work [ˌpəʊs(t)'wɜːk, AM ˌpoʊs(t)'wɜːrk] *adj attr* nach der Arbeit *nach n;* **on a Friday afternoon we often go for a** ~ **drink** freitags nachmittags gehen wir oft nach der Arbeit noch was trinken

posy ['pəʊzi, AM 'poʊ-] *n* Sträußchen *nt;* ~ **of anemones/flowers** Anemonen-/Blumensträußchen *nt*

pot¹ [pɒt, AM pɑːt] *n no pl* (*sl*) Pot *nt sl;* **to smoke** ~ Pot rauchen

pot² [pɒt, AM pɑːt] **I.** *n* ❶ (*for cooking*) Topf *m;* ~**s and pans** Töpfe und Pfannen ❷ (*container*) Topf *m;* (*glass*) Glas *nt;* **coffee** ~/**tea**~ Kaffee-/Teekanne *f;* **jam/mustard** ~ BRIT Marmeladen-/Senfglas *nt;* **paint** ~ Farbtopf *m* ❸ (*amount*) **a** ~ **of coffee/tea** eine Kanne Kaffee/Tee; **make a fresh** ~ [**of tea**] mach noch mal Tee; **two** ~**s of sour cream/yoghurt** BRIT zwei Becher *mpl* saure Sahne/Joghurt; **a** ~ **of moisturizing cream** BRIT ein Tiegel *m* Feuchtigkeitscreme; **a** ~ **of paint** BRIT ein Topf *m* Farbe ❹ (*for plants*) Blumentopf *m;* **terracotta** ~ Terrakottatopf *m* ❺ (*clay container*) Keramikgefäß *nt* ❻ (*sl: trophy*) Pokal *m* ❼ (*fam: a lot*) ■~**s** *pl* jede Menge; **to have** ~**s of money** steinreich sein, jede Menge [*o* massenhaft] Geld haben; **she's got** ~**s of money** sie hat Geld wie Heu *fam* ❽ (*potty*) Töpfchen *nt,* Topf *m* ❾ *usu sing* (*esp hum: pot belly*) Wampe *f pej fam* ❿ *esp* BRIT (*potshot*) Schuss *m* aufs Geratewohl; **to take a** ~ **at sb/sth** aufs Geratewohl auf jdn/etw schießen; (*fig*) jdn/etw aufs Korn nehmen ⓫ (*in billiards, snooker*) Stoß *m;* (*in cards*) Pott *m;* (*jackpot*) Topf *m* ►PHRASES: ~ **of gold at the end of the rainbow** ein unerfüllter Wunsch; **she's still searching for that** ~ **of gold** sie jagt immer noch ihrem Traum hinterher; **it's** [**a case of**] **the** ~ **calling the kettle black** ein Esel schimpft den anderen Langohr; **to go to** ~ (*fam*) vor die Hunde gehen *fam,* auf den Hund kommen *fam; country, economy, business* den Bach runtergehen *fam; hopes* sich *akk* zerschlagen; *plan* ins Wasser fallen *fig;* **to let sth go to** ~ etw verwildern lassen; **to keep the** ~ **boiling** sich/jdn über Wasser halten **II.** *vt* <-tt-> ❶ (*put in pot*) ■**to** ~ **sth** [**up**] *plants* etw eintopfen [*o* in einen Topf pflanzen]; *food* etw in Töpfe [*o* einen Topf] füllen ❷ (*shoot*) ■**to** ~ **sth** etw abschießen [*o fam* abknallen] ❸ SPORTS (*in billiards, snooker*) **to** ~ **the black/green** die schwarze/grüne Kugel einlochen **III.** *vi* ■**to** ~ **at sth** auf etw *akk* schießen

◆**pot on** *vt* **to** ~ **a plant on** BRIT eine Pflanze [in einen größeren Topf] umtopfen

po·table ['pəʊtəbl̩, AM 'poʊt̬-] *adj* (*form*) trinkbar; ~ **water** [sauberes] Trinkwasser

po·tage [pɒt'ɑːʒ, AM poʊ'tɑːʒ] *n no pl* (*old*) [dicke] Suppe

pot·ash ['pɒtæʃ, AM 'pɑːt-] *n no pl* Pottasche *f,* Kaliumkarbonat *nt fachspr*

po·tas·sium [pə'tæsiəm] *n no pl* CHEM Kalium *nt*

po·tas·sium 'chlo·ride *n no pl* CHEM Kaliumchlorid *nt fachspr* **po·tas·sium 'cya·nide** *n no pl* CHEM Kaliumzyanid *nt fachspr,* Zyankali *nt* **po·tas·sium per·'man·ga·nate** *n no pl* CHEM Kaliumpermanganat *nt fachspr*

po·ta·to <*pl* -es> [pə'teɪtəʊ, AM -t̬oʊ] *n* Kartoffel *f,* Erdapfel *m* ÖSTERR; **baked** ~ Ofenkartoffel *f;* **fried/roasted** ~**es** Brat-/Röstkartoffeln *fpl;* **mashed** ~**es** Kartoffelbrei *m,* Kartoffelpüree *nt;* **to dig up** [*or* **lift**] ~**es** Kartoffeln ausgraben [*o* ernten]

po·'ta·to bee·tle *n,* **po·'ta·to bug** *n* AM Kartoffelkäfer *m* **po·ta·to 'chip** *n* AM, AUS, **po·ta·to 'crisp** *n usu pl* BRIT Kartoffelchip *m* **po·ta·to 'dump·ling** *n* Kartoffelkloß *m,* Erdäpfelknödel *m* ÖSTERR **po·'ta·to mash·er** *n* Kartoffelstampfer *m* **po·'ta·to peel·er** *n* Kartoffelschäler *m,* Kartoffelmesser *nt* **po·ta·to 'sal·ad** *n no pl* Kartoffelsalat *m*

pot-bel·lied *adj inv* dickbäuchig, mit einer Wampe *nach n;* **starving** ~ **children** hungernde Kinder mit aufgeblähten Bäuchen **pot 'bel·ly** *n* dicker Bauch, Wampe *f fam;* (*sign of illness*) Blähbauch *m* **pot-bel·ly 'stove** *n* Kanonenofen *m* **'pot·boil·er** *n* (*pej: music*) rein kommerzielles Stück; (*novel*) rein kommerzieller Roman **'pot-bound** *adj inv plant* eingewachsen

po·teen [pɒt'iːn] *n* IRISH *illegal gebrannter irischer Schnaps*

po·ten·cy ['pəʊtᵊn(t)si, AM 'poʊ-] *n no pl* ❶ (*strength*) Stärke *f; of evil, temptation, a spell* Macht *f; of a drug, poison* Wirksamkeit *f; of a weapon* Durchschlagskraft *f* ❷ (*sexual*) Potenz *f*

po·tent ['pəʊtᵊnt, AM 'poʊ-] *adj* ❶ (*strong*) mächtig, potent *geh; antibiotic, drink, poison* stark; *argument* schlagkräftig; *symbol* aussagekräftig; *weapon* durchschlagend ❷ (*sexual*) potent

po·ten·tate ['pəʊtᵊnteɪt, AM 'poʊ-] *n* (*esp pej liter*) Potentat(in) *m(f) pej geh*

po·ten·tial [pə(ʊ)'ten(t)ʃᵊl, AM poʊ'-] **I.** *adj inv* potenziell *geh,* möglich; **she is a** ~ **Olympic gold medallist** sie ist eine Anwärterin auf Olympisches Gold; ~ **buyer** potenzieller Käufer/potenzielle Käuferin; ~ **customer** potenzieller Kunde/potenzielle Kundin; ~ **dangers** potenzielle Gefahren **II.** *n no pl* Potenzial *nt geh;* **the growth** ~ **of the company** das Wachstumspotential des Unternehmens; **untapped** ~ ungenutztes [*o* nicht ausgeschöpftes] [*o* brachliegendes] Potenzial; **to achieve** [*or* **fulfil**] **one's** ~ sein volles Potenzial ausschöpfen; **to have the** ~ **to do sth** das Zeug dazu haben, etw zu tun; **to have** [**a lot of**] ~ *building, idea* [vollkommen] ausbaufähig sein; *person* [sehr] begabt sein, [großes] Talent haben; *song* viel versprechend sein; **this room has got a lot of** ~ aus diesem Raum lässt sich eine ganze Menge machen

po·ten·ti·al·ity [pə(ʊ)ˌten(t)ʃi'æləti, AM poʊˌten(t)ʃi'ælət̬i] *n no pl* (*form: ability*) Potenzial *nt geh,* Möglichkeiten *fpl;* (*capacity*) Leistungsfähigkeit *f;* ~ **of danger** Gefahrenpotenzial *nt;* ~ **for development** Entwicklungsmöglichkeiten *fpl;* ~ **for growth** Wachstumschancen *fpl*

po·ten·tial·ly [pə(ʊ)'ten(t)ʃᵊli, AM poʊ'-] *adv inv* potenziell *geh;* ~ **disastrous/successful** möglicherweise verheerend/erfolgreich; **sth is** ~ **fatal** etw kann tödlich sein

po·tent·ly ['pəʊtᵊntli, AM 'poʊ-] *adv* mächtig; **to demonstrate** [**most**] ~ **that ...** [nur zu] deutlich zeigen, dass ...

pot·head ['pɒthed, AM 'pɑːt-] *n* (*sl*) Kiffer(in) *m(f) sl*

poth·er ['pɒðəʳ, AM 'pɑːðɚ] *n* (*liter*) Wirbel *m;* **to make a** ~ viel Wirbel machen

'pot-herb *n* Küchenkraut *nt* **'pot hold·er** *n esp* AM, AUS Topflappen *m* **'pot·hole** *n* ❶ (*in road*) Schlagloch *nt;* **to hit a** ~ über ein Schlagloch fahren; (*fig*) **the road to economic recovery is full of** ~**s** der Weg zur wirtschaftlichen Erholung ist voller Hindernisse ❷ (*underground hole*) Höhle *f* **'pot·holed** *adj inv street* voller Schlaglöcher *nach n,* mit Schlaglöchern übersät **'pot·hol·er** *n esp* BRIT *jd, der als Hobby Höhlen erforscht* **'pot·hol·ing** *n esp* BRIT Höhlenforschung *f* als Hobby **'pot-hook** *n* ❶ (*for pot*) Kesselhaken *m* ❷ (*in writing*) unbeholfener Schnörkel **'pot-hunt·er** *n* (*sl*) Preisjäger(in) *m(f) fam*

po·tion ['pəʊʃᵊn, AM 'poʊ-] *n* Trank *m;* **love/magic** ~ Liebes-/Zaubertrank *m;* (*esp pej: medicine*) Mittelchen *nt hum o pej*

pot 'luck *n no pl* Zufallstreffer *m;* **to take** ~ nehmen, was es gerade gibt; **I took ~ and got on the first available flight** ich nahm aufs Geratewohl den nächsten freien Flug; **to take ~ with sth** mit etw *dat* vorlieb nehmen **pot·luck 'din·ner** *n,* AM *a.* **pot·luck 'sup·per** *n Abendessen, zu dem die Gäste verschiedene Gerichte mitbringen und miteinander teilen* **'pot plant** *n esp* BRIT, AUS Topfpflanze *f*

pot-pour·ri [,pəʊ'pʊəri, AM ,poʊpʊ'riː] *n* ❶ *no pl* (*mixture*) Potpourri *nt* ❷ (*pot*) Potpourrigefäß *nt* ❸ (*medley*) bunte Mischung, Potpourri *nt;* MUS Medley *nt geh*

'pot roast *n* Schmorbraten *m* **'pot·shot** *n* (*with gun*) blinder Schuss, Schuss *m* ins Blaue; (*fig: verbal attack*) scharfe Kritik, Seitenhieb *m;* **to take a ~ at sb/sth** [aufs Geratewohl] auf jdn/etw schießen; (*fig*) Seitenhiebe gegen jdn/etw austeilen

pot·ted ['pɒtɪd, AM 'pɑːt̬-] *adj attr, inv* ❶ (*in a pot*) Topf-; ~ **palm** Zimmerpalme *f;* ~ **plant** Topfpflanze *f* ❷ (*preserved*) eingelegt; ~ **shrimps** eingelegte Krabben ❸ BRIT (*fam: shorter*) gekürzt; ~ **biography** Kurzbiografie *f;* ~ **version** gekürzte Ausgabe

pot·ter¹ ['pɒtəʳ, AM 'pɑːt̬ɚ] *n* Töpfer(in) *m(f)*

pot·ter² ['pɒtəʳ, AM 'pɑːt̬ɚ] *esp* BRIT **I.** *n no pl* (*stroll*) Bummel *m;* (*around town*) Stadtbummel *m* **II.** *vi* ❶ (*unhurriedly*) bummeln, schlendern ❷ (*do nothing in particular*) vor sich *akk* hin werkeln *fam*

◆**potter about** *esp* BRIT, **potter around** *esp* BRIT, **potter round** *vi* BRIT ❶ (*go unhurriedly*) herumschlendern; (*in car*) dahinzuckeln *fam;* **to ~ around the village** im Dorf umherschlendern, durchs Dorf bummeln ❷ (*do nothing in particular*) vor sich *akk* hin werkeln *fam;* **to ~ about** [*or* **around**] [*or* **round**] **in the kitchen** in der Küche werkeln [*o* hantieren] *fam*

pot·ter's 'wheel *n* Töpferscheibe *f*

pot·tery ['pɒtᵊri, AM 'pɑːt̬ɚi] *n* ❶ *no pl* (*activity*) Töpfern *nt* ❷ (*objects*) Keramik *f kein pl,* Töpferwaren *fpl* ❸ (*factory*) Töpferei *f*

pot·ti·ness ['pɒtɪnəs] *n no pl* BRIT (*fam*) Verrücktheit *f*

'pot·ting shed *n esp* BRIT Gartengeräteschuppen *m*

pot·ty ['pɒti, AM 'pɑːt̬i] **I.** *adj esp* BRIT (*fam*) verrückt; **I must have been ~ to ...** ich war wohl nicht ganz bei Trost, als ich ...; ■**to be ~ about sb/sth** nach jdm/etw verrückt sein; **to drive sb** ~ jdn zum Wahnsinn treiben; **to go** ~ (*get angry*) ausflippen *sl;* (*become eccentric*) nicht mehr richtig ticken *fam* **II.** *n* Töpfchen *nt*

'pot·ty-trained *adj inv* ■**to be** ~ sauber sein; **is Sammy ~ yet?** geht der Sammy schon aufs Töpfchen?

'pot·ty-train·ing *n no pl* Sauberkeitserziehung *f*

pouch <*pl* -es> [paʊtʃ] *n* ❶ (*small bag*) Beutel *m;* **food sealed in foil ~es** in Folie eingeschweißte Lebensmittel; **leather/tobacco** ~ Leder-/Tabaksbeutel *m* ❷ ZOOL (*of kangaroo, koala*) Beutel *m;* (*of hamster*) Tasche *f* ❸ (*under eyes*) ■**~es** *pl* Tränensäcke *mpl*

pouf¹ [puːf] *n* Puff *m*

pouf² *n esp* BRIT, AUS (*pej sl*) *see* **poof**

pouffe *n see* **pouf¹**

poul·ter·er ['pəʊltᵊrəʳ] *n* BRIT Geflügelhändler(in) *m(f)*

poul·tice ['pəʊltɪs, AM 'poʊl-] *n* MED Breiumschlag *m,* Breipackung *f*

poul·try ['pəʊltri, AM 'poʊ-] *n* ❶ *pl* (*birds*) Geflügel *nt kein pl* ❷ *no pl* (*meat*) Geflügel[fleisch] *nt*

'poul·try farm *n* Geflügelfarm *f* **'poul·try farm·ing** *n no pl* Geflügelzucht *f*

pounce [paʊn(t)s] *vi* ❶ (*jump*) losspringen; *attacker, animal* einen Satz machen; *bird of prey* niederstoßen ❷ (*fig: seize opportunity*) *police, journalist* zuschlagen, zuschnappen *fam; interrogator* sich *akk* auf sein Opfer stürzen *fig*

◆**pounce on, pounce upon** *vi* ❶ (*spring forward*) ■**to ~ on** [*or* **upon**] **sb/sth** sich *akk* auf jdn/etw stürzen, über jdn/etw herfallen, auf jdn/etw losgehen; *police* jdn fassen; *criminal* jdn überfallen; **to ~ on its prey** [sich *akk*] auf seine Beute stürzen; *bird of prey* auf seine Beute niederstoßen ❷ (*grab quickly*) ■**to ~ on** [*or* **upon**] **sth** [hastig] nach etw *dat* greifen; **she ~d on the money as soon as I offered it to her** kaum hatte ich es ihr angeboten, schon grapschte sie nach dem Geld ❸ (*fig: take advantage of*) ■**to ~ on sth** etw aufgreifen, sich *akk* auf etw *akk* stürzen *fig;* **to ~ on an idea** sich *akk* auf eine Idee stürzen; **to ~ on an opportunity** eine Gelegenheit sofort beim Schopfe packen

pound¹ [paʊnd] *n* Pfund *nt;* (*coin*) Pfundmünze *f;* ■**the** ~ das [englische] Pfund; **five-~ note** Fünfpfundschein *m;* ~ **for** ~ BRIT, AUS auf Heller und Pfennig

pound² [paʊnd] *n* ≈ Pfund *nt* (*454 g*)*;* **I'd like three ~s of bananas** ich hätte gern drei Pfund Bananen; **by the** ~ pfundweise, pro Pfund ▸PHRASES: **to get one's ~ of <u>flesh</u> from sb** gnadenlose Forderungen an jdn stellen, keine Gnade kennen

pound³ [paʊnd] **I.** *vt* ❶ (*hit repeatedly*) ■**to ~ sth** auf etw *akk* hämmern, auf etw *dat* herumtrommeln; **to ~ the door** gegen die Tür hämmern; **to ~ the piano** [*or* **keyboard**] in die Tasten hauen; **to ~ the typewriter** auf der Schreibmaschine herumhämmern ❷ MIL (*bombard*) **to ~ the enemy positions/town** die feindlichen Stellungen/Stadt bombardieren; **the town was ~ed to rubble** die Stadt wurde in Schutt und Asche gelegt; (*fig*) **the storm ~ed southern France** der Sturm peitschte über Südfrankreich hinweg ❸ *esp* BRIT *esp* FOOD (*crush*) ■**to ~ sth** etw zerstampfen ❹ (*fam: walk along repeatedly*) herumlaufen; **to ~ the beat** *policeman* auf Streife gehen ▸PHRASES: **to ~ one's <u>ear</u>** AM (*hum*) schlafen; **to ~ the <u>pavement</u>** AM Arbeit suchen **II.** *vi* ❶ (*strike repeatedly*) hämmern; **we watched the huge waves ~ing against the shore** wir beobachteten, wie die gewaltigen Wellen sich an der Küste brachen; **to ~ on the door/wall** an [*o* gegen] die Tür/Wand hämmern; **to ~ on the table** auf den Tisch hämmern ❷ (*run noisily*) stampfen; ■**to ~ up to sb** auf jdn zustürmen ❸ (*beat*) *pulse* schlagen; *heart also* pochen; **I could feel my heart ~ing** ich konnte fühlen, wie mir das Herz bis zum Halse schlug

◆**pound away** *vi* ■**to ~ away at** [*or* **on**] **sth** auf etw *dat* [herum]hämmern; **to ~ away on the computer/typewriter** auf der Computertastatur/der Schreibmaschine herumhämmern; **to ~ away on a piano** heftig in die Tasten hauen

◆**pound out I.** *vt* **to ~ out a letter/tune** einen Brief/eine Melodie herunterhämmern **II.** *vi* dröhnen

'pound cake *n* Napfkuchen *m*

-pounder ['paʊndəʳ, AM -ɚ] *in compounds with numbers* -pfünder

pound·ing ['paʊndɪŋ] **I.** *n* ❶ *no pl* (*noise*) *of guns* Knattern *nt; of heart* Schlagen *nt;* (*in head*) Pochen *nt; of music, drum* Dröhnen *nt; of waves* Brechen *nt;* **I could hear the ~ of my heart as I stepped onto the stage** ich konnte mein eigenes Herz klopfen hören, als ich auf die Bühne stieg ❷ (*attack*) Beschuss *m kein pl;* (*from air*) Bombardement *nt;* **to take a** ~ unter schweren Beschuss geraten, heftig bombardiert werden; (*fig*) ziemlich unter Beschuss geraten *fig,* heftig [*o* scharf] kritisiert werden ❸ (*defeat*) Niederlage *f;* (*in election, match*) Schlappe *f* **II.** *adj drum, music* dröhnend; *head, heart* pochend

pound 'note *n* Pfundnote *f* **'pound sign** *n* Pfundzeichen *nt,* Pfundsymbol *nt* **pound 'ster·ling** *n* Pfund *nt* [Sterling]

pour [pɔːʳ, AM pɔːr] **I.** *vt* ❶ (*cause to flow*) ■**to ~ sth into/onto sth** etw in/auf etw *akk* gießen; *flour, rice, paint* etw in/auf etw *akk* schütten; ~ **about two kilos of salt into the water softener** dem Wasserenthärter etwa zwei Kilogramm Salz zugeben; ■**to ~ sth onto sb/oneself** (*accidentally*) etw über jdn/sich kippen; ■**to ~ sb/oneself sth** [*or* **sth for sb/oneself**] jdm/sich etw einschenken; (*as refill*) jdm/sich etw nachschenken; ~ **yourself a drink** nimm dir was zu trinken ❷ (*fig:*

P

give in large amounts) ■**to ~ sth into sth** *money, resources* etw in etw *akk* fließen lassen [*o fig fam* pumpen]; *energies* etw in etw *akk* stecken ▶PHRASES: **to ~ money down the drain** das Geld zum Fenster hinauswerfen *fig;* **to ~ oil on troubled waters** Öl auf die Wogen gießen *fig;* **to ~ scorn on sth/sb** etw/jdn mit Spott überhäufen; **to ~ scorn on an idea/theory** eine Idee/Theorie verreißen **II.** *vi* ❶ (*fill glasses, cups*) eingießen, einschenken; **shall I ~?** soll ich einschenken? ❷ (*flow*) ■**to ~ into/out of sth** in etw *akk*/aus etw *dat* fließen [*o* strömen]; **the sunlight came ~ing into the room** das Sonnenlicht durchströmte den Raum; **donations are ~ing into the appeal office** Spenden gehen in großer Zahl beim Spendenbüro ein; **smoke was ~ing from a pipe** Rauch quoll aus einem Rohr; **to be ~ing with sweat** schweißgebadet sein ❸ *impers* (*rain*) **it's ~ing [with rain]** es gießt in Strömen, es schüttet *fam*

◆**pour away** *vt* ■**to ~ away** ↔ **sth** etw weggießen; *solid substances* etw wegschütten

◆**pour down** *vi impers* **it's ~ing down [with rain]** es gießt in Strömen, es schüttet *fam*

◆**pour forth I.** *vi* (*form*) *liquid* ausströmen; *gas, vapour also* ausgestoßen werden; *smoke* herausquellen, hervorquellen; (*fig*) *crowds, tourists, troops* herausströmen **II.** *vt* (*form*) ■**to ~ forth** ↔ **sth** etw ausstoßen

◆**pour in** *vi* hereinströmen, hineinströmen; *letters, donations* massenweise eintreffen

◆**pour off** *vt* ■**to ~ off** ↔ **sth** etw weggießen; *pasta or vegetable water* etw abgießen; *solid substances* etw wegschütten

◆**pour out I.** *vt* ❶ (*serve from a container*) ■**to ~ out** ↔ **sth** *liquids* etw ausgießen; *solids* etw ausschütten; **to ~ out a cup of tea** eine Tasse Tee einschenken ❷ (*fig: recount*) ■**to ~ out** ↔ **sth** *feelings, words* etw hervorstoßen; **to ~ out the whole story** mit der ganzen Geschichte herausrücken; ■**to ~ out** ↔ **sth to sb** jdn mit etw *dat* überschütten *fig;* **to ~ out one's problems/thoughts/worries** sich *dat* Probleme/Gedanken/Sorgen von der Seele reden ❸ (*produce quickly*) ■**to ~ out sth** etw ausstoßen ▶PHRASES: **to ~ one's heart out to sb** jdm sein Herz ausschütten **II.** *vi* ❶ (*come out*) ausströmen; *smoke* herausquellen, hervorquellen ❷ (*be expressed*) *words etc* herauskommen *fig*

pour·ing [ˈpɔːrɪŋ] *adj attr, inv* strömend *attr;* **the ~ rain** der strömende Regen

pout [paʊt] **I.** *vi* einen Schmollmund machen; (*sulk*) schmollen **II.** *vt* **to ~ one's lips** die Lippen spitzen **III.** *n* Schmollmund *m*

pou·tine [puːˈtiːn] *n* CAN FOOD *Pommes frites mit gebrökeltem Frischkäse und brauner Soße*

pout·ing [ˈpaʊtɪŋ, AM -t̬-] *adj attr, inv* **the gorgeous ~ Tanya** die umwerfende Tanya mit dem Kussmund; **~ lips** gespitzte Lippen; **~ mouth** Schmollmund *m*

pov·er·ty [ˈpɒvəti, AM ˈpɑːvɚt̬i] *n no pl* ❶ (*state of being poor*) Armut *f;* **to live in [abject] ~** in [entsetzlicher] Armut leben; **extreme/grinding ~** drückende/bittere Armut; **intellectual/spiritual ~** geistige/seelische Armut; **to alleviate ~** die Armut lindern ❷ (*form: lack*) Mangel *m* (**of** an +*dat*) ▶PHRASES: **when ~ comes in at the door, love flies out of the window** (*prov*) wenn die Armut zur Tür hereinkommt, fliegt die Liebe zum Fenster hinaus

'pov·er·ty line *n* ■**the ~** die Armutsgrenze; **to live below the ~** unter der Armutsgrenze leben **'pov·er·ty-strick·en** *adj* bitterarm, bettelarm; **the ~ countryside** die armen ländlichen Gegenden **'pov·er·ty trap** *n* BRIT Armutsfalle *f;* **to be caught in the ~** in der Armutsfalle sitzen

POW [ˌpiːəʊˈdʌbljuː, AM -oʊˈ-], BRIT *a.* **PoW** *n* (*hist*) *abbrev of* **prisoner of war** KG

pow [paʊ] *interj* (*fam: esp in children's comics*) peng, zack

pow·der [ˈpaʊdəʳ, AM -ɚ] **I.** *n* ❶ *no pl* Pulver *nt;* **baking ~** Backpulver *nt;* **curry ~** Currypulver *nt;* **to crush [***or* **grind] sth to a ~** etw zu Pulver zermahlen ❷ *no pl* (*make-up*) Puder *m;* **dust the face lightly with ~** pudern Sie sich ganz leicht das Gesicht; **to cover oneself with talcum ~** sich *dat* den Körper pudern; **loose ~** loser Puder ❸ *no pl* (*snow*) Pulverschnee *m* ❹ BRIT (*washing powder*) Waschpulver *nt;* **biological ~** Biowaschmittel *nt* **II.** *vt* ■**to ~ sth/sb/oneself** etw/jdn/sich pudern; ■**to be ~ed with sth** mit etw *dat* bestreut [*o* bestäubt] sein; **~ed with snow** mit Puderzucker bestäubt; **~ with dandruff** mit Schuppen übersät; **to ~ one's nose** sich *dat* die Nase pudern; (*euph, hum: go to the lavatory*) **would you get me another drink while I go and ~ my nose?** würdest du mir noch einen Drink bestellen, während ich mal kurz verschwinde? *fam*

'pow·der com·pact *n* Puderdose *f*

pow·dered [ˈpaʊdəd, AM -ɚd] *adj inv* ❶ (*in powder form*) Pulver-, pulverisiert; **~ coffee** Pulverkaffee *m;* **~ egg** Trockenei *nt;* **~ milk** Trockenmilch *f,* Milchpulver *nt* ❷ (*covered with powder*) gepudert

'pow·der keg *n* Pulverfass *nt* **'pow·der maga·zine** *n* (*hist*) Pulverkammer *f,* Pulvermagazin *nt* **'pow·der puff** *n* Puderquaste *f* **'pow·der room** *n* (*dated*) Damentoilette *f* **'pow·der snow** *n no pl* Pulverschnee *m*

pow·dery [ˈpaʊdəri, AM -ɚi] *adj* pulvrig; (*finer*) pud[e]rig; **~ chalk** bröck[e]lige [*o* brös[e]lige] Kreide

pow·er [ˈpaʊəʳ, AM -ɚ] **I.** *n* ❶ *no pl* (*ability to control*) Macht *f;* (*influence*) Einfluss *m;* **black/gay ~ movement** schwarze Bürgerrechtsbewegung/Schwulenbewegung *f;* **to have ~ over sb/sth** Macht über jdn/etw haben; (*influence*) Einfluss auf jdn/etw haben; **he seems to have a mysterious ~ over her** sie scheint ihm auf eine rätselhafte Art verfallen zu sein; **to be in sb's ~** völlig unter jds Einfluss stehen; **to have sb in one's ~** jdn in seiner Gewalt haben ❷ *no pl* (*political control*) Macht *f;* **absolute ~** absolute Macht; **executive/legislative ~** die exekutive/legislative Gewalt; **to be in/out of ~** an der Macht/nicht an der Macht sein; **to come to ~** an die Macht kommen; **to fall from ~** die Macht abgeben müssen; **to restore sb to ~** jdn wieder an die Macht bringen; **to be returned to ~** wieder [*o* erneut] an die Macht kommen; **to seize ~** die Macht ergreifen [*o* übernehmen] ❸ (*country*) [Führungs]macht *f;* **industrial/military ~** Industriemacht/Militärmacht *f;* **naval [***or* **sea] ~** Seemacht *f;* **nuclear ~** Atommacht *f;* **the West's leading ~s** die westlichen Führungsmächte; **world ~** Weltmacht *f* ❹ (*powerful person, group*) Macht *f,* Kraft *f;* **she is becoming an increasingly important ~ in the company** sie wird innerhalb des Unternehmens zunehmend wichtiger; **Mother Teresa was a ~ for good** Mutter Teresa hat viel Gutes bewirkt; **the ~s of darkness** (*liter*) die Mächte der Finsternis *liter* ❺ *no pl* (*right*) Berechtigung *f,* Befugnis *f;* **it is [with]in my ~ to order your arrest** ich bin dazu berechtigt, Sie unter Arrest zu stellen; **to have the ~ of veto** das Vetorecht haben ❻ (*rights*) ■**~s** *pl* Kompetenz[en] *f[pl]*; **to act beyond one's ~s** seine Kompetenzen überschreiten; **to give sb full ~s to do sth** jdn bevollmächtigen, etw zu tun ❼ *no pl* (*ability*) Vermögen *nt,* Macht *f;* **it is beyond my ~ to ...** es steht nicht in meiner Macht, ...; **the doctors will soon have it within their ~ to ...** die Ärzte werden bald in der Lage sein, ...; **to do everything in one's ~** alles in seiner Macht Stehende tun; **to have the ~ to do sth** die Fähigkeit haben, etw zu tun, etw tun können; **they have the ~ [***or* **have it in their ~] to destroy us** sie haben die Macht, uns zu zerstören ❽ (*abilities*) ■**~s** *pl* Vermögen *nt kein pl,* Fähigkeiten *fpl;* **~s of absorption** Absorptionsvermögen *nt;* **~s of concentration** Konzentrationsfähigkeit *f;* **~s of endurance** Durchhaltevermögen *nt;* **to be at the height [***or* **peak] of one's ~s** auf dem Höhepunkt seiner Leistungsfähigkeit sein; **intellectual/mental ~s** intellektuelle/geistige Fähigkeiten; **~s of observation** Beobachtungsfähigkeit *f;* **~s of persuasion** Überzeugungskraft *f* ❾ *no pl* (*strength*) Kraft *f,* Stärke *f;* (*of the sea, wind*) Gewalt *f;* (*of a nation, political party*) Stärke *f,* Macht *f;* **the explosive ~ of a bomb** die Sprengkraft einer Bombe; **the economic ~ of a country** die Wirtschaftsmacht eines Landes; **the ~ of an explosion** die Gewalt einer Explosion; **military ~** militärische Stärke ⑩ *no pl (emotional force)* Intensität *f; of words* Macht *f;* **she is a poet of immense ~** sie ist eine Dichterin von unglaublicher Ausdruckskraft ⑪ *no pl (electricity)* Strom *m,* Elektrizität *f;* **source of ~** Energiequelle *f,* Energielieferant *m;* **hydroelectric ~** Wasserkraft *f;* **nuclear ~** Atomenergie *f;* **solar ~** Solarenergie *f,* Sonnenenergie *f;* **to cut off the ~** den Strom abstellen; **to disconnect the ~** den Strom abschalten ⑫ *no pl (mechanical force)* Kraft *f; of electrical appliance* Leistung *f;* **water ~** Wasserkraft *f;* **this machine runs on diesel ~** diese Maschine wird von einem Dieselmotor angetrieben ⑬ *no pl (magnifying strength)* Stärke *f;* **what's the magnification ~ of your binoculars?** wie stark ist Ihr Fernglas? ⑭ *no pl* MATH Potenz *f;* **two to the ~ [of] four** [*or* **to the fourth ~**] zwei hoch vier ▶ PHRASES: **more ~ to your elbow** [*or* AM **to you**]**!** nur zu!, viel Erfolg!; **to do sb a ~ of good** jdm wirklich gut tun; **a ~ behind the throne** eine graue Eminenz; **the ~s that be** die Mächtigen; **it's up to the ~s that be to decide what ...** sollen die da oben doch entscheiden, was ... *fam* **II.** *n modifier* ① *(of electricity)* *(source, supply)* Strom-; **~ failure** [*or* **loss**] Stromausfall *m;* **~ industry** Energiewirtschaft *f;* **~ output** elektrische Leistung, Stromleistung *f;* **~ switch** [Strom]schalter *m* ② *(concerning political power)* *(block, game, structure)* Macht-; **~ politics** Machtpolitik *f;* **~ struggle** Machtkampf *m;* **~ vacuum** Machtvakuum *nt* **III.** *vi* ① *(fam: move forcefully)* sausen *fam,* rasen ② *(work hard)* sich *akk* mächtig ins Zeug legen *fam* **IV.** *vt* ■**to ~ sth** etw antreiben; **trucks are usually ~ed by diesel engines** LKWs haben normalerweise Dieselantrieb

◆**power down** *vt* ELEC, TECH ■**to ~ down** ↻ **sth** etw abschalten; **to ~ down a computer** einen Computer herunterfahren

◆**power up I.** *vt* ① ELEC, TECH ■**to ~ up** ↻ **sth** etw einschalten [*o* anschalten]; **to ~ up a computer** einen Computer hochfahren ② *(fig: energize)* ■**to ~ up** ↻ **sb** jdn aufbauen [*o* motivieren] **II.** *vi* ① TECH, COMPUT hochfahren ② *(fig: gain energy)* Kräfte sammeln; *(to confront sth/sb)* sich *akk* rüsten; **the baseball team is ~ing up for the new season** die Baseballmannschaft trainiert zurzeit fleißig für die neue Saison

pow·er-as·'sist·ed *adj attr, inv* Servo-; **~ brakes** Servobremsen *fpl;* **~ steering** Servolenkung *f* **'pow·er base** *n* POL Stütze *f,* Hochburg *f fig* **'pow·er·boat** *n* Rennboot *nt* **pow·er 'brakes** *npl* Servobremsen *fpl* **pow·er 'break·fast** *n (fam)* Arbeitsfrühstück *nt* **'pow·er bro·ker** *n* einflussreicher Politiker/einflussreiche Politikerin; *of a party* Parteigröße *f* **'pow·er cable** *n* Stromkabel *nt* **'pow·er cut** *n* BRIT, AUS *(accidental)* Stromausfall *m; (deliberate)* Stromsperre *f* **'pow·er dive** *n* Sturzflug *m* **'pow·er-dive** <-d *or* AM *a.* -dove, -d *or* AM *a.* -dove> *vi* einen Sturzflug machen **pow·er 'dress·ing** *n no pl Kleidung, die berufliche Autorität unterstreicht* **'pow·er drill** *n* Bohrmaschine *f* **'pow·er-driven** *adj inv* Motor-; *(by electricity)* elektrisch, Elektro-

-pow·ered ['paʊəd, AM -ɚd] *in compounds battery-, nuclear-, solar-,* -betrieben

pow·er·ful ['paʊəfᵊl, AM -ɚ-] *adj* ① *(mighty)* mächtig; *(influential)* einflussreich ② *(physically strong)* stark, kräftig; *swimmer* kraftvoll; **~ arms/legs** kräftige Arme/Beine; **~ voice** kraftvolle Stimme ③ *(having physical effect)* stark; **~ bite/blow** kraftvoller [*o* kräftiger] Biss/Schlag; **~ drug** starkes Medikament; **~ explosion** heftige Explosion; **~ kick** kräftiger [*o* heftiger] Tritt; **~ smell** durchdringender Geruch; **~ storm/wind** starker [*o* heftiger] Sturm/Wind ④ *(compelling) effect, influence* stark; **~ argument** schlagkräftiges [*o* überzeugendes] Argument; **~ evidence** überzeugender Beweis; **~ gaze** fester [*o* durchdringender] Blick; **~ incentive** [*or* **stimulus**] mächtiger [*o* starker] Anreiz; **to have a ~ presence** eine starke Ausstrahlung haben ⑤ *(emotionally moving)* mitreißend; *literature, music also* ausdrucksvoll; *speech also* bewegend; *language, painting* ausdrucksstark; **~ emotions** starke [*o* überwältigende] Gefühle; **~ drama/novel** packendes Drama/packender Roman ⑥ TECH, TRANSP leistungsstark, leistungsfähig; **~ car/computer/motor** leistungsfähiger Wagen/Computer/Motor; **~ light** starkes [*o* helles] Licht ⑦ *(with high magnification) lens, microscope, telescope* stark

pow·er·ful·ly ['paʊəfᵊli, AM -ɚ-] *adv* ① *(strongly)* stark; *(very much)* sehr; **to be ~ influenced by sth/sb** sehr stark von jdm/etw beeinflusst sein ② *(using great force)* kraftvoll, mit Kraft; *argue* schlagkräftig

pow·er·ful·ly 'built *adj* kräftig gebaut

'pow·er hood *n* AM elektrisches Schiebedach

'pow·er·house *n* treibende Kraft, Motor *m fig; (of ideas, suggestions)* unerschöpfliche Quelle; **to be an academic ~** eine Hochburg der Wissenschaft sein; **to be an economic ~** eine führende Wirtschaftsmacht sein

pow·er·less ['paʊələs, AM -ɚ-] *adj* machtlos (**against** gegen +*akk*); *(without authority) monarchy* ohne Machtbefugnis; ■**to be ~ to do sth** unfähig [*o* nicht in der Lage] sein, etw zu tun

pow·er·less·ness ['paʊələsnəs, AM -ɚ-] *n no pl* Machtlosigkeit *f*

'pow·er line *n* Stromkabel *nt* **'pow·er loom** *n* Webmaschine *f,* maschineller Webstuhl **pow·er 'lunch** *n (fam)* Arbeitsessen *nt* **'pow·er mow·er** *n (electric)* elektrischer Rasenmäher; *(petrol-driven)* Benzinrasenmäher *m* **pow·er of at·'tor·ney** <*pl* powers-> *n* LAW ① *no pl (right)* Handlungsvollmacht *f;* **to give ~ to sb** jdm Handlungsvollmacht erteilen; **to have ~** die Vollmacht haben ② *(document)* Bevollmächtigung *f;* **general commercial ~** Prokura *f fachspr* **'pow·er out·age** *n* AM *(power cut)* Stromausfall *m; (deliberate)* Stromsperre *f* **'pow·er pack** *n* ELEC ① *(source)* Leistungsaggregat *nt* ② *(transformer)* Netzgerät *nt,* Netz[anschluss]teil *nt* **'pow·er plant** *n* ① *esp* AM Kraftwerk *nt; see also* **power station** ② TECH *(engine)* Triebwerk *nt,* Antriebsmaschine *f; (equipment)* Triebwerkanlage *f,* Antriebsaggregat *nt fachspr* **'pow·er play·er** *n jd, der seine Macht für politische oder wirtschaftliche Ziele einsetzt* **'pow·er point** *n* BRIT, AUS Steckdose *f* **'pow·er rat·ing** *n* Leistung *f,* Leistungsstärke *f* **'pow·er saw** *n* Motorsäge *f* **'pow·er se·ries** *n* MATH Potenzreihe *f* **'pow·er set** *n* MATH Potenzmenge *f* **'pow·er shar·ing I.** *n no pl* POL [Auf]teilen *nt* der Macht **II.** *n modifier* **~ agreement** Übereinkunft, bei der die Macht unter den verschiedenen Parteien aufgeteilt wird **'pow·er sta·tion** *n* Kraftwerk *nt;* **coal-fired ~** Kohlekraftwerk *nt;* **nuclear ~** Atomkraftwerk *nt* **pow·er 'steer·ing** *n no pl* Servolenkung *f* **'pow·er tool** *n* Motorwerkzeug *nt; (electric)* Elektrowerkzeug *nt,* elektrisch angetriebenes Werkzeug **'pow·er train** *n* TECH Kraftübertragung *f* **'pow·er walk·ing** *n no pl* Walking *nt*

pow·wow ['paʊwaʊ] *n* Powwow *nt (indianische Versammlung); (fig fam)* Versammlung *f,* Treffen *nt;* **a family ~** ein Familienrat *m*

pox [pɒks, AM pɑːks] *n no pl (dated fam)* ■**the ~** die Syphilis

poxy ['pɒksi] *adj* BRIT *(fam)* verflixt *fam,* verdammt *fam; (stupid)* blöd *fam;* **a ~ three pounds an hour** lächerliche 3 Pfund in der Stunde; **a ~ little village** eine gottverlassene kleine Ortschaft

pp¹ *npl (form) abbrev of* **pages** S.; **see ~ 101-123 for more information** s.a. S. 101-123

pp², p.p. *prep (form) abbrev of* **per pro** i.A.

p & p [ˌpiːᵊn(d)'piː] *n no pl abbrev of* **postage and packing**

PPS¹ [ˌpiːpiː'es] *n* BRIT *abbrev of* **Parliamentary Private Secretary** *Abgeordnete(r), die/der einem/einer Minister(in) zuarbeitet*

PPS² [ˌpiːpiː'es] *adv inv see* **post postscriptum** PPS

PR [ˌpiː'ɑːʳ, AM -'ɑːr] **I.** *n no pl* ① *abbrev of* **public relations** PR ② *abbrev of* **proportional representation II.** *n modifier (decision, department, firm)* PR-; **a ~ campaign/exercise**

P

eine PR-Kampagne/PR-Maßnahme; ~ **man** PR-Mann *m*

prac·ti·ca·bil·ity [ˌpræktɪkəˈbɪləti, AM -əṱi] *n no pl* (*form*) Durchführbarkeit *f*

prac·ti·cable [ˈpræktɪkəbl̩] *adj* (*form*) durchführbar, machbar, praktikabel; ~ **idea** Idee, die [auch] umsetzbar ist; ~ **solution** praktikable Lösung; ~ **timetable** realistischer Zeitplan

prac·ti·cal [ˈpræktɪkᵊl] **I.** *adj* ❶ (*not theoretical*) praktisch; **what does his decision mean in ~ terms?** was soll diese Entscheidung denn nun konkret bedeuten?; ~ **experience** praktische Erfahrung, Praxiserfahrung *f;* **to offer ~ advice** praktische [*o* realisierbare] Vorschläge anbieten; ~ **use/application** praktischer Nutzen/praktische Anwendung; **for all ~ purposes** de facto, tatsächlich, in Wirklichkeit; **the ~ side of things** die Praxis ❷ (*suitable*) praktisch; ~ **clothing/equipment** praktische Kleidung/Ausrüstung; ~ **footwear** praktisches Schuhwerk; ■**to be ~ for sth** sich zu etw *dat* eignen ❸ (*approv: good at doing things*) praktisch [veranlagt]; **she has a lot of interesting ideas, but she's not very ~** sie hat eine Menge interessanter Ideen, kann sie aber in der Praxis nicht so richtig umsetzen; **we need someone ~ who ...** wir brauchen einen Praktiker, der ...; **to have a ~ attitude** praxisorientiert sein ❹ (*possible*) realisierbar, praktikabel; ~ **method/technique** [in der Praxis] anwendbare Methode/Technik ❺ (*fam: virtual*) praktisch; **it's a ~ certainty that ...** es ist praktisch sicher, dass ...; **the car was a ~ write-off** der Wagen sah so ziemlich nach Totalschaden aus **II.** *n* praktische Prüfung; **biology/chemistry ~** praktische Biologie-/Chemieprüfung

prac·ti·cal·ity [ˌpræktɪˈkæləti, AM -əṱi] *n* ❶ *no pl* (*feasibility*) Durchführbarkeit *f,* Machbarkeit *f;* (*practical gain*) praktischer Nutzen; **to lack ~** in der Praxis kaum durchführbar sein ❷ (*not theoretically*) ■**the practicalities** *pl* die praktische Seite ❸ *no pl* (*usability*) Nützlichkeit *f;* **I bought these shoes for their ~ not their appearance** ich habe diese Schuhe gekauft, weil sie praktisch sind, und nicht wegen ihres Aussehens ❹ (*approv*) *of a person* praktische Veranlagung; **he's got no sense of ~ at all** er ist ohne jeden Sinn für die praktischen Dinge des Lebens

prac·ti·cal 'joke *n* Streich *m;* **to play a ~ on sb** jdm einen Streich spielen **prac·ti·cal 'jok·er** *n* Witzbold *m,* Spaßvogel *m*

prac·ti·cal·ly [ˈpræktɪkᵊli, AM -kli] *adv inv* ❶ (*almost*) praktisch; **we're ~ home** wir sind fast zu Hause; **she ~ forced me to drive her home** sie hat mich geradezu gezwungen, sie nach Hause zu fahren; ~ **all/no one/nothing** praktisch alle/keiner/nichts; ~ **everybody** praktisch jeder; ~ **impossible/useless** praktisch unmöglich/zwecklos ❷ (*not theoretically*) praktisch; **is there anything we can do ~ to help?** können wir Ihnen auch ganz konkret helfen?; ~ **based** [*or* **oriented**] praxisorientiert; **to be ~ minded** praktisch denken [*o* veranlagt sein]; ~ **speaking** praktisch betrachtet, von der praktischen Seite her **prac·ti·cal 'nurse** *n* AM (*auxiliary nurse*) Hilfsschwester *f*

prac·tice [ˈpræktɪs] **I.** *n* ❶ *no pl* (*preparation*) Übung *f;* **it will take a lot of ~** ich werde noch viel üben müssen; **I've had plenty of ~ at answering difficult questions** ich bin es gewohnt, schwierige Fragen zu beantworten; ■**to be out of/in ~** aus der/in Übung sein ❷ (*training session*) [Übungs]stunde *f;* SPORTS Training *nt;* **choir ~** Chorprobe *f;* **driving ~** Fahrstunde *f;* **football/hockey ~** Fußball-/Hockeytraining *nt* ❸ *no pl* (*actual performance*) Praxis *f;* ■**in ~** in der Praxis; **to put sth into ~** etw [in die Praxis] umsetzen; **to put a method/theory into ~** eine Methode/Theorie anwenden; **to put a plan into ~** einen Plan verwirklichen [*o* ausführen] ❹ *no pl* (*usual procedure*) Praxis *f;* **code of ~** Verhaltenskodex *m;* **to be accepted** [*or* **normal**] [*or* **standard**] ~ üblich sein; (*to be good/bad ~*) ratsam/inakzeptabel sein; **it is very bad ~ to ...** es zeugt von schlechten Geschäftspraktiken, wenn man ... ❺ (*regular activity*) Praktik *f,* Gewohnheit *f;* (*custom*) Sitte *f;* **business/working ~s** Geschäfts-/Arbeitspraktiken *fpl;* **a cruel ~** eine grausame Sitte; **traditional religious ~s** traditionelle religiöse Praktiken; **to make a ~ of sth** etw zu einer Gewohnheit werden lassen ❻ (*business*) Praxis *f;* **dental/medical/veterinary ~** Zahnarzt-/Arzt-/Tierarztpraxis *f;* **legal ~** [Rechtsanwalts]kanzlei *f;* **private ~** [Privat]praxis *f* ❼ *no pl* (*work*) Praktizieren *nt;* **to go into private ~** eine eigene Praxis aufmachen; ■**to be in ~** praktizieren ▶ PHRASES: ~ **makes perfect** (*prov*) Übung macht den Meister! *prov* **II.** *n modifier* (*game, shot*) Probe-; SPORTS Trainings-; **a ~ session** ein Training **III.** *vt* AM *see* **practise**

prac·ticed *adj* AM *see* **practised**

'prac·tice teach·er *n* AM (*student teacher*) ≈ Referendar(in) *m(f)*

prac·tic·ing *adj attr, inv* AM *see* **practising**

prac·ti·cum cred·it [ˈpræktɪkʌm,-] *n* AM *schulischer Nachweis über eine praktische Arbeit oder Feldforschung*

prac·tise [ˈpræktɪs], AM **prac·tice** **I.** *vt* ❶ (*rehearse*) ■**to ~ [doing] sth** etw üben; (*improve particular skill*) an etw *dat* arbeiten; **to ~ one's backhand** die Rückhand trainieren; **to ~ the flute/piano/violin** Flöte/Klavier/Geige üben; **to ~ one's German/English** Deutsch/Englisch üben; (*verbally*) mehr Deutsch/English sprechen; **to ~ a sonata/song** eine Sonate/ein Lied proben ❷ (*do regularly*) ■**to ~ sth** etw [üblicherweise] machen [*o* tun], etw praktizieren; **I have started practising meditation** ich habe angefangen zu meditieren; **foot-binding is no longer ~d in China** in China ist es nicht mehr üblich, den Mädchen die Füße zu binden; **to ~ austerity** ein einfaches Leben führen, bescheiden leben; **to ~ birth control** verhüten; **to ~ black magic/sorcery/voodoo** schwarze Magie/Zauberei/Voodoozauber betreiben; **to ~ cannibalism** Kannibalismus praktizieren; **to ~ celibacy/monogamy/polygamy** zölibatär/monogam/polygam leben; **to ~ a custom** einen Brauch befolgen; **to ~ deceit** [*or* **deception**] [gewohnheitsmäßig] betrügen; **to ~ discrimination** diskriminieren; **to ~ a religion** eine Religion ausüben; **to ~ safe sex** sicheren Sex [*o* Safer Sex] praktizieren; **to ~ thrift** sparsam leben ❸ (*work in*) ■**to ~ sth** etw praktizieren; **she ~d medicine for twenty years** sie war zwanzig Jahre lang als Ärztin tätig; **to ~ dentistry** als Zahnarzt/Zahnärztin praktizieren; **to ~ law** als Anwalt/Anwältin praktizieren; **to ~ medicine** als Arzt/Ärztin praktizieren, den Arztberuf ausüben ▶ PHRASES: **to ~ what one preaches** nach den Grundsätzen leben, die man anderen predigt; **to not ~ what one preaches** Wasser predigen und Wein trinken *prov* **II.** *vi* ❶ (*improve skill*) üben; SPORTS trainieren ❷ (*work in a profession*) praktizieren, als etw tätig sein; **he trained as a lawyer but he's no longer practising** er ist Anwalt, übt seinen Beruf aber nicht mehr aus; **to ~ as a doctor** praktizierender Arzt/praktizierende Ärztin sein; **to ~ as a lawyer** praktizierender Anwalt/praktizierende Anwältin sein

prac·tised [ˈpræktɪst], AM **prac·ticed** *adj* ❶ (*experienced*) erfahren; ■**to be ~ in sth** in etw *dat* geübt [*o* erfahren] sein; ■**to be ~ at doing sth** sich *akk* mit etw *dat* auskennen, Übung in etw *dat* haben; ~ **ear/eye** geübtes Ohr/Auge; ~ **hand** geübte Hand; ~ **liar** gekonnter Lügner/gekonnte Lügnerin ❷ (*form: obtained by practice*) gekonnt; **she performed the song with ~ skill** sie trug das Lied absolut gekonnt vor; ~ **deceit** gekonnte Täuschung; ~ **skill** große Fertigkeit

prac·tis·ing [ˈpræktɪsɪŋ], AM **prac·tic·ing** *adj attr, inv* praktizierend; ~ **Christians/Muslims** praktizierende Christen/Muslime

prac·ti·tion·er [prækˈtɪʃᵊnəʳ, AM -ɚ] *n* (*form*) ■**to be a ~ [of sth]** [etw] praktizieren; *of a job, profession* etw ausüben; **the ~s of many professions are now able to work in any EC country** Angehörige zahlreicher Berufsgruppen können nun in jedem Land der EG arbeiten; **dental ~** praktizierender Zahnarzt/praktizierende Zahnärztin; **legal ~** praktizierender

praise

giving praise	loben, positiv bewerten
Excellent!/Outstanding!	Ausgezeichnet!/Hervorragend!
You did (that) very well.	Das hast du sehr gut gemacht.
You've made a great job of that. (*fam*)	Das hast du prima hingekriegt. (*fam*)
That's (really) something to be proud of!	Das kann sich aber (wirklich) sehen lassen!
That's an example worth following.	Daran kann man sich ein Beispiel nehmen.
I couldn't have done better myself.	Das hätte ich auch nicht besser machen können.
expressing regard	**Wertschätzung ausdrücken**
I think it's great how he looks after the children.	**Ich finde es super,** wie er sich um die Kinder kümmert.
I think this professor's lectures **are very good.**	**Ich finde** die Vorlesungen dieses Professors **sehr gut.**
I (really) appreciate your dedication.	**Ich schätze** Ihren Einsatz (**sehr**).
I very much appreciate your work.	**Ich weiß** Ihre Arbeit **sehr zu schätzen.**
I wouldn't like to be without your good advice.	**Ich möchte nicht auf** Ihre guten Ratschläge **verzichten müssen.**
I don't know what we would do without your help.	**Ich wüsste nicht, was wir ohne** Ihre Hilfe **tun sollten.**

Rechtsanwalt/praktizierende Rechtsanwältin; **medical ~** praktischer Arzt/praktische Ärztin

prag·mat·ic [præg'mætɪk, AM -t̬-] *adj person, attitude* pragmatisch; *idea, reason* vernünftig

prag·mati·cal·ly [præg'mætɪkᵊli, AM -t̬-] *adv* pragmatisch

prag·ma·tism ['prægmətɪzᵊm] *n no pl* Pragmatismus *m*

prag·ma·tist ['prægmətɪst] *n* Pragmatiker(in) *m(f)*

prai·rie ['preəri, AM 'preri] *n* [Gras]steppe *f;* (*in North America*) Prärie *f*

prai·rie 'chick·en *n* Präriehuhn *nt* **'prai·rie dog** *n* Präriehund *m* **prai·rie 'oys·ter** *n* Prärieauster *f* **prai·rie 'schoon·er** *n* AM Planwagen *m* **'prai·rie wolf** *n* AM Präriewolf *m*

praise [preɪz] **I.** *vt* ❶ (*express approval*) ■**to ~ sb/sth** jdn/etw loben [*o* rühmen] [*o geh* preisen]; ■**to ~ sb for sth** jdn für etw *akk* loben; **a widely ~d documentary** eine viel gepriesene Dokumentation; **to ~ sb/sth to the skies** jdn/etw in den Himmel heben [*o fam* über den grünen Klee loben] ❷ (*worship*) **to ~ God/the Lord** Gott/den Herrn preisen *geh;* **hymns are sung to ~ God** Hymnen werden zum Lobpreis Gottes gesungen; **~ the Lord!** gelobt sei der Herr! **II.** *n no pl* ❶ (*approval*) Lob *nt;* **a poem in ~ of older women** ein Lobgedicht auf die reiferen Frauen; **that's high ~, coming from her** aus ihrem Mund ist das ein großes Kompliment; **~ from Rachel is ~ indeed** ein Lob aus Rachels Munde! das will etwas heißen!; **to have nothing but ~ for sb/sth** jdn/etw nur loben können; **I have nothing but ~ for her** ich bin von ihr begeistert; **to heap** [*or* **shower**] **~ on sb, to shower sb with ~** jdn mit Lob überschütten; **to sing the ~ of sb/sth** über jdn/etw ein Loblied singen *fig;* **to sing one's own ~s** sich *akk* selbst loben; **to win ~ for sth** für etw *akk* [großes] Lob ernten; **sth wins sb ~** etw bringt jdm Lob ein ❷ (*form: worship*) Lobpreis *m geh;* **a hymn of ~** ein Loblied; **to give ~ to God/the Lord** Gott/den Herrn preisen *geh;* **~ be!** (*dated*) dem Himmel sei Dank! *veraltend*

praise·wor·thy ['preɪzˌwɜːði, AM -ˌwɜːr-] *adj* lobenswert

pra·line ['prɑːliːn, AM *also* 'preɪ-] *n* ❶ *no pl* (*filling*) Nougat *m o nt* ❷ *no pl* AM (*roasted almonds*) gebrannte Mandeln ❸ (*chocolate*) Nougatpraline *f*

pram [præm] *n* BRIT, AUS Kinderwagen *m*

prance [prɑːn(t)s, AM præn(t)s] *vi person* stolzieren; (*horse*) tänzeln; **she ~d into the office** sie kam einfach ins Büro [herein]spaziert; ■**to ~ around** [*or* **about**] herumhüpfen; *children* umhertollen

prang [præŋ] **I.** *vt esp* BRIT, AUS (*fam*) ■**to ~ sth** etw ramponieren *fam* **II.** *n* BRIT, AUS (*fam*) Bums *m fam,* Rums *m fam;* **there was a ~ at the crossroads this morning** an der Kreuzung hat es heute Morgen ordentlich gekracht *fam;* **to have a ~** in einen Unfall verwickelt sein; (*cause an accident*) einen Unfall bauen *fam*

prank [præŋk] *n* Streich *m;* **childish ~s** kindische Faxen; **to play a ~ on sb** jdm einen Streich spielen, jdn verulken

prank·ster ['præŋkstəʳ, AM -ɚ] *n* Scherzbold *m*

prat [præt] **I.** *n* ❶ BRIT (*fam*) Dummkopf *m pej fam,* Trottel *m pej fam;* **he looked a right ~ in that pink suit** in dem pinkfarbenen Anzug sah er einfach idiotisch aus *pej;* **to make a ~ of oneself** sich *akk* zum Narren machen ❷ (*sl: buttocks*) Hintern *m fam* **II.** *vi* <-tt-> BRIT (*fam*) ■**to ~ about** [*or* **around**] herumspinnen *fam*

prate [preɪt] *vi* (*pej form*) schwadronieren *geh o oft pej,* [große] Reden schwingen *iron*

prat·fall ['prætfɔːl] *n* ❶ *esp* AM (*fall*) Plumps *m* aufs Hinterteil; **to take a ~** sich *akk* auf den Hintern setzen *fam* ❷ (*fig: humiliation*) Reinfall *m*

prat·tle ['prætl̩, AM -t̬-] **I.** *vi* ❶ (*talk foolishly*) plappern; ■**to ~ away** ununterbrochen plappern ❷ (*talk at length*) schwafeln *pej,* labern *pej fam;* ■**to ~ on** immer weiterreden; ■**to ~ on about sth** von nichts anderem als etw *dat* reden **II.** *n no pl* ❶ (*foolish talk*) Geplapper *nt* ❷ (*inconsequential talk*) Geschwafel *nt pej,* Gelabere *nt pej fam*

prat·tler ['prætləʳ, AM -t̬lɚ] *n* (*pej*) Schwafelkopf *m pej fam,* Schwafler(in) *m(f) pej*

prawn [prɔːn, AM *esp* prɑːn] **I.** *n* Garnele *f,* Krabbe *f fam;* **giant ~** Riesengarnele *f* ▶ PHRASES: **to come the raw ~ with sb** AUS (*fam*) jdn übers Ohr hauen wollen *fam;* **don't come the raw ~ with me** versuch jetzt nicht, mich für dumm zu verkaufen *fam* **II.** *n modifier* (*recipe, salad, shell*) Garnelen-, Krabben- *fam*

prawn 'cock·tail *n* Krabbencocktail *m* **prawn 'crack·er** *n* Krabbenchip *m,* Kroepoek *m*

pray [preɪ] **I.** *vi* ❶ REL beten; **let us ~** lasset uns beten; ■**to ~ for sb** für jdn beten; ■**to ~ for sth** für [*o* um] etw *akk* beten; **we ~ for God's blessing on their marriage** wir erbitten

Gottes Segen für diese Hochzeit; **to ~ to God** [zu Gott] beten; **she ~ed to God to keep her children safe from harm** sie bat Gott, ihre Kinder vor allem Übel zu bewahren; **to ~ to be absolved/forgiven/healed** um Absolution/Vergebung/Heilung bitten ❷ (*fig: hope*) ■**to ~ for sth** für etw *akk* beten, auf etw *akk* hoffen; **we're hoping and ~ing for rain** wir hoffen und beten, dass es Regen gibt; **to ~ [to God] that ...** [hoffen und] beten, dass ..., [zu Gott] beten, dass ... **II.** *vt* (*form*) ■**to ~ sth** um etw *akk* bitten; **~ God they've come to no harm!** hoffentlich ist ihnen nichts passiert!, gebe Gott, dass ihnen nichts passiert ist! *veraltend* **III.** *adv* ❶ (*old form: please*) **~ take a seat** nehmen Sie doch bitte Platz *form* ❷ (*iron form*) **and who, ~, are you?** und mit wem habe ich die Ehre? *oft iron;* **and what, ~, is that supposed to mean?** und was, bitte, soll das heißen?

prayer ['preəʳ, AM 'prer] *n* ❶ (*request to a god*) Gebet *nt;* **evening/morning ~** Abend-/Morgengebet *nt;* (*for children*) Gute-Nacht-Gebet *nt;* **family ~** Gebet *nt* in der Familie, Familiengebet *nt;* **~ for forgiveness** Bitte *f* um Vergebung; **to answer sb's ~[s]** jds Gebet[e] erhören; **to say a ~** ein Gebet sprechen; **to say a ~ for sb** für jdn beten; **to say one's ~s** sein Gebet verrichten *form* ❷ *no pl* (*action of praying*) Gebet *nt,* Beten *nt;* ■**to be at ~** [gerade] beten; **to kneel/clasp one's hands in ~** zum Gebet niederknien/die Hände falten ❸ (*fig: hope*) Hoffnung *f;* **to not have a ~** (*fam*) kaum Aussichten [*o* Chancen] haben; **she hasn't a ~ of winning the competition** ihre Chancen, den Wettkampf zu gewinnen, sind gleich null ❹ (*service*) ■**~s** *pl* Andacht *f;* **evening/morning ~s** Abend-/Morgenandacht *f*

'prayer beads *npl* Perlen *fpl* des Rosenkranzes; (*rosary*) Rosenkranz *m* **'prayer book** *n* Gebetbuch *nt* **'prayer mat** *n* Gebetsteppich *m* **'prayer meet·ing** *n* Gebetsstunde *f,* Andacht *f* **'prayer rug** *n* Gebetsteppich *m* **'prayer ser·vice** *n* Andacht *f* **'prayer wheel** *n* Gebetsmühle *f*

pray·ing 'man·tis *n* ZOOL Gottesanbeterin *f*

preach [priːtʃ] **I.** *vi* ❶ (*give a sermon*) predigen; ■**to ~ to sb** vor jdm predigen [*o* eine Predigt halten] ❷ (*pej: lecture*) ■**to ~ at** [*or* **to**] **sb** jdm eine Predigt halten *fig;* **she's always ~ing at me about keeping my room tidy** sie predigt mir immer, dass ich mein Zimmer in Ordnung halten soll ▸ PHRASES: **to ~ to the converted** offene Türen einrennen *fig* **II.** *vt* ❶ (*give*) **to ~ a sermon** eine Predigt halten; (*proclaim*) **to ~ the Gospel** das Evangelium verkünden ❷ (*advocate*) ■**to ~ sth** etw predigen *fig;* **to ~ austerity/peace** Enthaltsamkeit/Frieden predigen *fam;* **to ~ communism** den Kommunismus propagieren; **to ~ a doctrine** eine Doktrin verkünden; **to practise** [*or* AM **practice**] **what one ~es** sich *dat* an die eigene Nase fassen

preach·er ['priːtʃəʳ, AM -ɚ] *n* ❶ (*priest*) Geistliche(r) *f(m),* Pfarrer(in) *m(f)* ❷ *esp* AM Prediger(in) *m(f)*

preachi·fy <-ie-> ['priːtʃɪfaɪ] *vi* (*pej fam*) ❶ (*preach*) [einschläfernd] predigen, eine langatmige Predigt halten ❷ (*moralize*) Moralpredigten halten

pre·ad·vice [ˌpriːəd'vaɪs] *n* Vorabbenachrichtigung *f*

pre·am·ble ['priːæmbl] *n* (*form*) ❶ (*introduction*) Einleitung *f,* Vorwort *nt;* (*to a lecture*) einleitende Worte, Einführung *f* ❷ *no pl* (*fig: introductory material*) Einleitung *f,* Vorbemerkung[en] *f[pl];* **I like to get straight down to business, without a lot of ~** ich möchte ohne lange Worte direkt zum Geschäftlichen kommen

pre·amp [priː'æmp] *n* ELEC, RADIO (*fam*) *short for* **preamplifier** Vorverstärker *m*

pre·am·pli·fi·er [priː'æmplɪfaɪəʳ, AM -əfaɪɚ] *n* ELEC, RADIO Vorverstärker *m*

pre·ar·range [ˌpriːə'reɪndʒ] *vt usu passive* ■**to ~ sth** etw vorplanen [*o* vorbereiten]; ■**to ~ sth with sb** etw vorher mit jdm absprechen

pre·ar·ranged [ˌpriːə'reɪndʒd] *adj inv* vorher vereinbart [*o* abgesprochen]; **~ meeting/signal** vereinbartes Treffen/Signal; **~ visit** vereinbarter Besuch

preb·end ['prebənd] *n* ❶ (*stipend*) Präbende *f,* Pfründe *f* ❷ (*prebendary*) Pfründner(in) *m(f)*

preb·en·dary ['prebᵊndᵊri, AM -deri] *n* Pfründner(in) *m(f)*

pre·built [ˌpriː'bɪlt] *adj inv* AM (*prefabricated*) vorgefertigt

pre·can·cer·ous [ˌpriː'kæn(t)sᵊrəs] *adj inv* MED **~ cell/growth** Krebszelle *f*/Krebstumor *m* im Frühstadium

pre·cari·ous [prɪ'keəriəs, AM -'ker-] *adj* (*hazardous*) gefährlich, prekär *geh;* (*insecure*) *hold, balance* unsicher; *peace* unstabil; **he makes a rather ~ living** seine Einkommensverhältnisse sind ziemlich ungesichert; **~ financial position** prekäre finanzielle Lage; **to be in a ~ position** sich *akk* in einer gefährlichen [*o* prekären] Lage befinden

pre·cari·ous·ly [prɪ'keəriəsli, AM -'ker-] *adv* gefährlich; (*insecurely*) unsicher; **her suitcase was ~ balanced on the tiny luggage rack** ihr Koffer hing gefährlich schief in dem winzigen Gepäcknetz; **he lived rather ~ from one day to the next** er lebte von der Hand in den Mund

pre·cari·ous·ness [prɪ'keəriəsnəs, AM -'ker-] *n no pl* Gefährlichkeit *f;* (*insecurity*) Unsicherheit *f,* Labilität *f;* **the ~ of the new democracies** die prekäre Situation der neuen Demokratien; **to be made aware of the ~ of one's authority/health/position** sich *dat* bewusst werden, wie gefährdet die eigene Autorität/Gesundheit/Position ist

pre·cast [ˌpriː'kɑːst, AM 'priːkæst] *adj inv* vorgefertigt; **~ concrete** Fertigbeton *m;* **~ concrete slab** vorgefertigte Betonplatte

pre·cau·tion [prɪ'kɔːʃᵊn, AM *esp* -'kɑː-] *n* ❶ (*to prevent sth*) Vorkehrung *f;* **fire ~s** Brandschutzmaßnahmen *mpl;* **to take the ~ of doing sth** etw sicherheitshalber [*o* vorsichtshalber] tun; **to take ~s [against sth]** [Sicherheits]vorkehrungen [gegen etw *akk*] treffen; **as a ~** sicherheitshalber, vorsichtshalber, zur Vorsicht; **as a ~ against sth** als Vorsorgemaßnahme [*o* Vorsichtsmaßnahme] gegen etw *akk* ❷ (*euph*) ■**~s** *pl* Verhütungsmittel *ntpl;* **to take ~s** verhüten

pre·cau·tion·ary [prɪ'kɔːʃᵊnᵊri, AM -'kɑːʃᵊneri] *adj inv* Vorsichts-; **~ measure** [*or* **step**] Vorsichtsmaßnahme *f;* **he took the ~ step of writing his address on his luggage** er versah sein Gepäck vorsichtshalber mit Adressaufschriften

pre·cede [priː'siːd, AM prɪ'-] *vt* ❶ (*in time*) ■**to ~ sth** etw *dat* vorausgehen ❷ (*in space*) ■**to ~ sb/sth** jdm/etw vorangehen [*o* vorausgehen]; ■**sb/sth is ~d by sb/sth** jd/etw geht jdm/etw voran; **we were ~d into the hall by the chancellor** der Rektor schritt uns voraus in die Halle; **if the instruction is ~d by an asterisk, ...** wenn ein Sternchen vor der Anweisung steht, ...; ■**to ~ sth by** [*or* **with**] **sth** etw mit etw *dat* einleiten [*o* beginnen]

prec·edence ['presɪdᵊn(t)s, AM -ədən(t)s] *n no pl* ❶ (*priority*) Priorität *f,* Vorrang *m;* **to give ~ to sb/sth** jdm/etw den Vorrang geben [*o* Priorität einräumen]; **to take ~ [over sth/sb]** Priorität [*o* Vorrang] [gegenüber jdm/etw] haben; **caring for my children takes ~ over everything else** die Versorgung meiner Kinder ist das Allerwichtigste für mich ❷ (*form: order of priority*) Rangordnung *f;* **the order of ~ for titled nobility is ...** die Hierarchie der Adelstitel lautet ...; **to take ~ over sb** ranghöher als jd sein, im Rang über jdm stehen

prec·edent ['presɪdᵊnt, AM -əd-] *n* ❶ (*example*) vergleichbarer Fall, Präzedenzfall *m geh;* **to set** [*or* **establish**] **a ~** einen Präzedenzfall schaffen, ein Beispiel setzen; **without ~** noch nie da gewesen, ohne Beispiel; **this situation is entirely without ~** so etwas hat es noch nie gegeben ❷ LAW Präzedenzfall *m,* Präjudiz *nt fachspr;* **is there any ~ in a case like this?** gibt es dafür irgendeinen Präzedenzfall?; **there is no ~ for an annulment being granted in a case like this** in einem solchen Fall hat es noch nie eine Annullierung gegeben; **to set a ~** einen Präzedenzfall schaffen ❸ *no pl* (*past procedure*) Tradition *f;* **to break with ~ [by doing sth]** [durch etw *akk*] mit der Tradition brechen

pre·ced·ing [priːˈsiːdɪŋ, AM prɪˈ-] *adj attr, inv* vorhergehend, vorangegangen; **the ~ article/paragraph/chapter** der vorherige Artikel/Paragraph/das vorherige Kapitel; **the ~ day** der vorige Tag [*o* Tag davor]; **the ~ letter/vowel** der Buchstabe/Vokal davor; **the ~ page** die vorige Seite; **the ~ summer/winter** der vorige [*o* letzte] Sommer/Winter; **the ~ year** das Jahr davor

pre·cept [ˈpriːsept] *n* (*form: rule*) Regel *f;* (*principle*) Prinzip *nt,* Grundsatz *m;* **common ~s of decency** allgemeine Anstandsregeln

pre·cinct [ˈpriːsɪŋ(k)t] *n* ❶ (*boundaries*) ■ **~s** *pl* [*or* ~] (*form*) Bereich *m,* Umgebung *f,* Gelände *nt;* **the ~s of a castle/palace** der Schlossbezirk/Palastbezirk; **the cathedral ~** das Domgelände; **within the ~s of the monastery/the museum ~s** auf dem Gelände des Klosters/des Museums ❷ BRIT (*restricted traffic zone*) verkehrsberuhigte Zone; **pedestrian ~** Fußgängerzone *f;* **shopping ~** Einkaufszone *f* ❸ AM (*police district*) Bezirk *m,* Polizeirevier *nt;* (*electoral district*) Wahlbezirk *m*

pre·ci·os·ity [ˌpresiˈɒsəti, AM ˌpreʃiˈɑːsəṭi] *n no pl* (*pej*) Affektiertheit *f*

pre·cious [ˈpreʃəs] **I.** *adj* ❶ (*of great value*) wertvoll, kostbar; ■ **to be ~ to sb** jdm viel bedeuten; **~ commodity** kostbarer [*o* wertvoller] Rohstoff; **~ memory/moment** kostbare Erinnerung/kostbarer Moment; **a ~ possession** ein wertvoller Besitz; **to waste ~ time** wertvolle Zeit verschwenden ❷ (*pej: affected*) *manner, style* manieriert *geh,* geziert; *person* affektiert *geh;* ■ **to be ~ about sth** viel Aufhebens [*o* großes Getue] um etw *akk* machen ❸ *attr, inv* (*iron fam: with annoyance*) heiß geliebt *iron;* **if it weren't for your ~ short cut, ...** wenn wir nicht deine heiß geliebte Abkürzung genommen hätten, ... *iron;* **a ~ lot he cares about it!** es kümmert ihn herzlich wenig [*o fam* einen Dreck]! **II.** *adv* (*fam*) **~ little** herzlich wenig; **there's ~ little chance of that happening** die Chance, dass so etwas passiert, ist wohl minimal; **to be ~ little help** wohl kaum eine große Hilfe sein; **~ few** nur eine Handvoll

pre·cious·ly [ˈpreʃəsli] *adv* (*pej*) affektiert *geh,* geziert

pre·cious ˈmet·al *n* Edelmetall *nt*

pre·cious·ness [ˈpreʃəsnəs] *n no pl* ❶ (*value*) Kostbarkeit *f* ❷ (*pej*) Affektiertheit *f*

pre·cious ˈstone *n* Edelstein *m*

preci·pice [ˈpresɪpɪs, AM -sə-] *n* (*steep drop*) Abgrund *m;* (*cliff face*) Steilhang *m,* Abhang *m;* **to stand at the edge of the ~** am Abgrund stehen; **to fall over a ~** in einen Abgrund stürzen; **to push sb over the ~ into financial ruin/mental breakdown** (*fig*) jdn in den finanziellen Ruin stürzen/in den Wahnsinn treiben

pre·cipi·tate I. *vt* [prɪˈsɪpɪteɪt] ❶ (*form: trigger*) ■ **to ~ sth** etw auslösen; **the affair ultimately ~d his downfall** die Affäre versetzte ihm schließlich den Todesstoß; **to ~ a political crisis/a war** eine politische Krise/einen Krieg auslösen ❷ *usu passive* (*form: throw*) ■ **to ~ sb/sth somewhere** jdn/etw irgendwohin schleudern ❸ (*force suddenly*) ■ **to ~ sb/sth into sth** jdn/etw in etw *akk* stürzen; **to ~ sb into action** jdn zwingen, aktiv zu werden; **to ~ sb/sth into crisis** jdn/etw in eine Krise stürzen ❹ *usu passive* CHEM etw ausfällen *fachspr* **II.** *vi* [prɪˈsɪpɪteɪt] ■ **to ~ [out]** CHEM ausfallen *fachspr;* METEO einen Niederschlag bilden **III.** *adj* [prɪˈsɪpɪtət, AM -tɪt] (*form*) übereilt, hastig; ■ **to be ~** übereilt handeln, vorschnell sein; **to act with ~ haste** voreilig [*o* vorschnell] handeln **IV.** *n* [prɪˈsɪpɪteɪt, AM -tɪt] Satz *m;* GEOL, MED Sediment *nt fachspr;* CHEM [Aus]fällung *f fachspr;* METEO Niederschlag *m;* **to form a ~** sich *akk* setzen; CHEM eine Ausfällung bilden; METEO einen Niederschlag bilden

pre·cipi·tate·ly [prɪˈsɪpɪtətli, AM -tɪt-] *adv* hastig, überstürzt, übereilt; **to act ~** voreilig handeln; **to begin/end ~** abrupt beginnen/enden; **to decide ~** eine übereilte [*o* überstürzt eine] Entscheidung treffen

pre·cipi·ta·tion [prɪˌsɪpɪˈteɪʃᵊn] *n no pl* ❶ (*form: haste*) Hast *f,* Eile *f;* **to act with ~** übereilt handeln ❷ (*forming into a solid*) Setzen *nt;* GEOL, MED Sedimentieren *nt;* CHEM Ausfällung *f fachspr,* Ausfällen *nt fachspr;* METEO Niederschlag *m* ❸ (*triggering*) **the ~ of a conflict/crisis** das Auslösen eines Konflikts/einer Krise

pre·cipi·tous [prɪˈsɪpɪtəs, AM -ṭ-] *adj* ❶ (*very steep*) steil, abschüssig, steil abfallend *attr;* ■ **to be ~** steil [*o* abschüssig] sein, steil abfallen; **~ slope** Steilhang *m* ❷ (*fig: abrupt*) abrupt; **a ~ fall/decline** ein abrupter [*o* plötzlicher] Fall/Rückgang; **there has been a ~ fall in car sales** die Autoverkäufe sind schlagartig zurückgegangen ❸ (*form: precipitate*) voreilig, übereilt

pre·cipi·tous·ly [prɪˈsɪpɪtəsli, AM -ṭ-] *adv* ❶ (*steeply*) steil; **the cliff face fell away ~ to the raging sea below** die Vorderfront der Klippe fiel jäh zu der tosenden See hin ab ❷ (*fig: abruptly*) abrupt; **to drop ~** schlagartig abfallen; **to rise ~** sprunghaft ansteigen

pré·cis [ˈpreɪsiː] **I.** *n* <*pl* -> Zusammenfassung *f,* Précis *nt geh;* **~ of a statement** Kurzfassung *f* einer Aussage **II.** *vt* (*form*) ■ **to ~ sth** etw [kurz] zusammenfassen

pre·cise [prɪˈsaɪs] *adj* ❶ (*exact*) genau, präzise; **~ details** genaue Einzelheiten; **~ instructions** präzise [*o* exakte] Angaben; **at the ~ moment** genau in dem Moment; **to be ~** um genau zu sein ❷ (*approv: careful*) sorgfältig, genau; *movement* [ziel]sicher; *pronunciation, spelling* korrekt; ■ **to be ~ about doing sth** etw sehr genau nehmen; **he has always been very ~ about recording expenditures** er hat über seine Ausgaben immer peinlich genau Buch geführt

pre·cise·ly [prɪˈsaɪsli] *adv* ❶ (*exactly*) genau, präzise, exakt; **at eight o'clock ~** um Punkt acht Uhr; **£14.20 ~** genau 14,20 Pfund ❷ (*just*) genau; **~!** genau!; **I know ~ what you mean** ich weiß [haar]genau, was Sie meinen; **that is ~ what the government is trying to avoid** das versucht die Regierung doch gerade zu vermeiden; **to do ~ the opposite** genau das Gegenteil machen; **to do ~ that** genau das tun; **~ because** eben [*o* gerade] wegen ❸ (*approv: carefully*) sorgfältig

pre·ci·sion [prɪˈsɪʒᵊn] **I.** *n no pl* ❶ (*accuracy*) Genauigkeit *f,* Präzision *f,* Exaktheit *f;* **with absolute/mathematical ~** mit absoluter/mathematischer Genauigkeit ❷ (*approv: meticulous care*) Sorgfalt *f* **II.** *adj attr, inv* exakt, präzise; **~ drilling** exakte Bohrung; **~ timing** präzise Zeitplanung, genaues Timing

pre·ci·sion ˈin·stru·ments *n,* **pre·ˈci·sion tools** *npl* Präzisionsinstrumente *ntpl*

pré·cis-writ·ing [ˈpreɪsiː,-, AM -ṭ-] *n* das Schreiben eines Précis *geh*

pre·clude [prɪˈkluːd] *vt* (*form*) ■ **to ~ sth** etw ausschließen [*o* unmöglich machen]; **the planning regulations ~ all construction other than in natural stone** die Bauvorschriften lassen als Baumaterial nur Naturstein zu; ■ **to ~ sb from doing sth** (*form*) jdn davon abhalten [*o* daran hindern], etw zu tun

pre·clu·sion [prɪˈkluːʒᵊn] *n no pl* (*form*) Hindernis *nt,* Hinderungsgrund *m*

pre·co·cious [prɪˈkəʊʃəs, AM -ˈkoʊ-] *adj* ❶ (*developing early*) frühreif; **~ skill** früh entwickelte Fertigkeit; **~ talent** frühe Begabung ❷ (*pej: maturing too early*) altklug; **a ~ little brat** ein altkluges kleines Gör *pej fam*

pre·co·cious·ly [prɪˈkəʊʃəsli, AM -ˈkoʊ-] *adv* ❶ (*at early stage*) früh; **at a ~ young age** in sehr jungen Jahren; **~ developed/gifted** früh entwickelt/begabt; **~ mature** frühreif ❷ (*pej*) altklug

pre·co·cious·ness [prɪˈkəʊʃəsnəs, AM -ˈkoʊ-] *n no pl* (*form*), **pre·coc·ity** [prɪˈkɒsəti, AM -ˈkɑːsəṭi] *n no pl* (*form*) ❶ (*early development*) Frühreife *f* ❷ (*pej: maturing too early*) Altklugheit *f*

P

pre·cog·ni·tion [ˌpriːkɒgˈnɪʃᵊn, AM -kɑːg'-] *n no pl* Vorausahnung *f*, Präkognition *f fachspr*; **to give sb a ~** jdm die Zukunft zeigen

pre·cog·ni·tive [ˌpriːˈkɒgnətɪv, AM -ˈkɑːgnəṭ-] *adj inv* präkognitiv *fachspr*; **to have ~ abilities** in die Zukunft sehen können, präkognitive Fähigkeiten haben

pre-Co·lum·bian [ˌpriːkəˈlʌmbiən] *adj* präkolumbianisch

pre·con·ceived [ˌpriːkənˈsiːvd] *adj* (*esp pej*) vorgefasst; **a ~ idea** [*or* **notion**] eine vorgefasste Meinung

pre·con·cep·tion [ˌpriːkənˈsepʃᵊn] *n* (*esp pej*) vorgefasste Meinung; ▪ **~s about** [*or* **of**] **sth/sb** feste [*o* genaue] Vorstellungen von etw/jdm

pre·con·di·tion [ˌpriːkənˈdɪʃᵊn] *n* Vorbedingung *f*, Voraussetzung *f*

pre-cook [ˌpriːˈkʊk] *vt* ▪ **to ~ sth** etw vorkochen

pre-cooked [ˌpriːˈkʊkt] *adj inv* vorgekocht

pre·cur·sor [ˌpriːˈkɜːsəʳ, AM prɪˈkɜːrsɚ] *n* (*form*) ❶ (*forerunner*) Vorläufer *m*; (*preparing way for sth*) Wegbereiter *m* ❷ (*harbinger*) Vorbote *m*; **a ~ to pneumonia** das erste Zeichen einer Lungenentzündung

pre·date [ˌpriːˈdeɪt] *vt* (*form*) ▪ **to ~ sth** etw *dat* zeitlich vorausgehen, älter als etw sein

preda·tor [ˈpredətəʳ, AM -ṭɚ] *n* ❶ (*animal*) Raubtier *nt*; (*bird*) Raubvogel *m*; (*fish*) Raubfisch *m*; **there are no ~s of the fox** der Fuchs hat keine natürlichen Feinde ❷ (*pej: person*) Profiteur(in) *m(f) pej*; (*vulture*) Aasgeier *m fig, pej fam* ❸ (*company*) *Unternehmen, das darauf aus ist, ein anderes zu übernehmen*

preda·tory [ˈpredətᵊri, AM -tɔːri] *adj* ❶ (*preying*) Raub-, räuberisch; **~ animal** Raubtier *nt*; **~ bird** Raubvogel *m*; **~ fish** Raubfisch *m*; **~ instincts** Raubtierinstinkte *mpl* ❷ (*esp pej: exploitative*) raubtierhaft, rücksichtslos; (*greedy*) [raff]gierig ❸ (*in business*) expansionistisch *geh* ❹ (*pej: sexually obtrusive*) lüstern, geil *oft pej*

preda·tory ˈpric·ing *n no pl* COMM Einsatz *m* von Dumpingpreisen **preda·tory ˈpric·ing poli·cy** *n no pl* COMM Verdrängungswettbewerb *m*

pre·de·cease [ˌpriːdɪˈsiːs, AM -diː'-] *vt* LAW (*form*) ▪ **to ~ sb** vor jdm sterben

pre·de·ces·sor [ˌpriːdɪˈsesəʳ, AM ˈpredəsesɚ] *n* Vorgänger(in) *m(f)*

pre·des·ti·nate [ˌpriːˈdestɪneɪt, AM -tə-] *vt* (*liter*) ▪ **to ~ sth** etw vor[her]bestimmen

pre·des·ti·na·tion [ˌpriːdestɪˈneɪʃᵊn] *n no pl* REL Vor[her]bestimmung *f*, Prädestination *f fachspr*

pre·des·tine [ˌpriːˈdestɪn] *vt* ▪ **to ~ sth** etw vor[her]bestimmen [*o geh* prädestinieren]

pre·des·tined [ˌpriːˈdestɪnd] *adj inv* vor[her]bestimmt; **it was a ~ disaster** das musste einfach schiefgehen *fam*; **to be ~ to fail** zum Scheitern verurteilt sein; **to feel ~ to become sth** sich *akk* zu etw *dat* berufen fühlen

pre·de·ter·mi·na·tion [ˌpriːdɪˌtɜːmɪˈneɪʃᵊn, AM -ˌtɜːrmə'-] *n no pl* (*form*) Vor[her]bestimmung *f*; PHILOS Prädetermination *f*

pre·de·ter·mine [ˌpriːdɪˈtɜːmɪn, AM -ˈtɜːrmən] *vt usu passive* (*form*) ▪ **to ~ sth** etw vor[her]bestimmen; **at a ~d signal** auf ein verabredetes Zeichen hin; **at a ~d time** zu einem vorher festgelegten Zeitpunkt

pre·de·ter·min·er [ˌpriːdɪˈtɜːmɪnəʳ, AM -ˈtɜːrmənɚ] *n* LING Predeterminer *m fachspr* (*grammatikalischer Oberbegriff für Vervielfältigungszahlwörter wie z.B. doppelt, zwei-, dreifach usw., indefinite Zahladjektive und Indefinitpronomen*)

pre·dica·ment [prɪˈdɪkəmənt] *n* Notlage *f*; **financial ~** prekäre Finanzlage; **legal ~** verzwickte Rechtslage; **to be** [*or* **find oneself**] **in a ~** sich *akk* in einer misslichen Lage befinden; **I'm in a bit of a ~ because ...** ich sitze in der Zwickmühle, weil ...; **he found himself in a real ~** er steckte wirklich in der Klemme *fam*; **to get oneself into a ~** sich *akk* in Schwierigkeiten bringen

predi·cate I. *n* [ˈpredɪkət, AM -kɪt] LING Prädikat *nt fachspr*, Satzaussage *f fachspr* **II.** *vt* [ˈpredɪkeɪt] (*form*) ❶ (*assert*) ▪ **to ~ that ...** behaupten, dass ... ❷ *usu passive* (*base*) ▪ **to be ~d on** [*or* **upon**] **sth** auf etw *dat* basieren

pre·dica·tive [prɪˈdɪkətɪv, AM -ṭ-] *adj inv* LING prädikativ *fachspr*

pre·dict [prɪˈdɪkt] *vt* ▪ **to ~ sth** etw vorhersagen [*o* voraussagen]; *sb's future etc* etw prophezeien; ▪ **to ~ that ...** vorhersagen [*o* voraussagen] [*o* im Voraus sagen], dass ...; **to ~ the future/the outcome/the winner** die Zukunft/den Ausgang/den Gewinner vorhersagen [*o* voraussagen]; **to ~ the weather** das Wetter vorhersagen; **the storms are ~ed to reach London tomorrow morning** laut Vorhersage erreichen die Unwetter morgen Vormittag London

pre·dict·abil·ity [prɪˌdɪktəˈbɪləti, AM -əṭi] *n no pl* Vorhersagbarkeit *f*

pre·dict·able [prɪˈdɪktəbl̩, AM -ṭ-] *adj* ❶ (*foreseeable*) vorhersehbar, voraussagbar ❷ (*pej: not very original*) berechenbar; **her answer was so ~** es war von vornherein klar, was sie antworten würde

pre·dict·ably [prɪˈdɪktəbli, AM -ṭ-] *adv* erwartungsgemäß; (*without fail*) zuverlässig

pre·dic·tion [prɪˈdɪkʃᵊn] *n* ❶ (*forecast*) Vorhersage *f*, Voraussage *f*, Prophezeiung *f*; ECON, POL Prognose *f*; **to make a ~ about sth** etw vorhersagen; ECON, POL eine Prognose zu etw *dat* abgeben ❷ *no pl* (*act of predicting*) Vorhersagen *nt*; **the methods of weather ~** die Methoden der Wettervorhersage

pre·dic·tive [prɪˈdɪktɪv] *adj inv* **~ accuracy** [*or* **value**] Vorhersagegenauigkeit *f*; **~ speech/words** prophetische Rede/Worte

pre·di·gest·ed [ˌpriːdaɪˈdʒestɪd] *adj inv* ❶ (*simplified*) [leicht] verständlich; **if I wanted my news ~, I'd ...** wenn ich die Nachrichten vorgekaut haben wollte, würde ich ... *fam* ❷ *food* vorverdaut

pre·di·lec·tion [ˌpriːdɪˈlekʃᵊn, AM ˌpredᵊlˈek-] *n* (*form*) Vorliebe *f*, Schwäche *f*, Faible *nt* (**for** für +*akk*); **to have a ~ for sth** etw gernhaben

pre·dis·pose [ˌpriːdɪˈspəʊz, AM -ˈspoʊz] *vt* ❶ (*form: influence*) ▪ **to ~ sb to** [*or* **towards**] **sth** jdn zu etw *dat* neigen lassen; ▪ **to be ~d to** [*or* **towards**] **sth** zu etw *dat* neigen; ▪ **to ~ sb to do sth** jdn zu etw tendieren lassen ❷ (*make susceptible*) ▪ **to ~ sb to** [*or* **towards**] **sth** jdn zu etw *dat* prädisponieren *geh*, jdn für etw *akk* anfällig [*o* empfänglich] machen; **smoking ~s you to lung cancer** wer raucht, bekommt leichter Lungenkrebs; **his childhood ~d him to a life of crime** angesichts seiner Kindheit war ihm eine Verbrecherlaufbahn regelrecht vorbestimmt; ▪ **to be ~d to** [*or* **towards**] **sth** für etw *akk* anfällig [*o geh* prädisponiert] sein

pre·dis·po·si·tion [ˌpriːdɪspəˈzɪʃᵊn] *n* ❶ (*form: tendency*) Neigung *f*; ▪ **a ~ to** [*or* **towards**] **sth/sb** eine Neigung zu etw/jdm; ▪ **to have a ~ in favour** [*or* AM **favor**] **of sth/sb** zu etw/jdm neigen, eine Vorliebe für etw/jdn haben; ▪ **to have a ~ against sth/sb** eine Abneigung gegen etw/jdn haben ❷ MED (*susceptibility*) ▪ **a ~ to** [*or* **towards**] **sth** eine Anfälligkeit [*o fachspr* Prädisposition] für etw *akk*; **a ~ to asthma/bronchitis** eine Asthma-/Bronchitisanfälligkeit

pre·domi·nance [prɪˈdɒmɪnən(t)s, AM -ˈdɑːmə-] *n no pl* ❶ (*greater number*) zahlenmäßige Überlegenheit; **there is a ~ of people with an arts degree on the council** Personen mit einem geisteswissenschaftlichen Abschluss sind in dem Rat in der Überzahl ❷ (*predominant position*) Vorherrschaft *f*; **to have ~** [**in sth**] die Vorherrschaft [bei etw *dat*] haben, [bei etw *dat*] dominieren [*o* in der Übermacht sein]

pre·domi·nant [prɪˈdɒmɪnənt, AM -ˈdɑːmə-] *adj inv* vorherrschend, beherrschend; ▪ **to be ~** führend sein, dominieren; **a ~ characteristic** [*or* **feature**] eine hervorstechende [*o* auffällige] Eigenschaft; **to have a ~ role** eine führende Rolle spielen; **dancers have a ~ role in this performance** den Tänzern kommt bei dieser Vorstellung eine tragende Rolle zu

pre·domi·nant·ly [prɪˈdɒmɪnəntli, AM -ˈdɑːmə-] *adv inv* überwiegend

pre·domi·nate [prɪˈdɒmɪneɪt, AM -ˈdɑːmə-] *vi* ❶ (*be most important*) vorherrschen ❷ (*be more numerous*) überwiegen; **in the Cotswolds, stone buildings ~ over brick ones** in den Cotswolds gibt es mehr Häuser aus Naturstein als Backsteinhäuser

pree·mie [ˈpriːmiː] *n* AM (*fam*) *short for* **premature baby** Frühchen *nt*

pre-emi·nence [ˌpriːˈemɪnən(t)s] *n no pl* (*form*) Überlegenheit *f*, überragende Bedeutung; **she achieved ~ as a director with her first movie** mit ihrem ersten Film erwies sie sich als hervorragende Regisseurin; **sb's intellectual ~** jds intellektuelle [*o* geistige] Überlegenheit

pre-emi·nent [ˌpriːˈemɪnənt] *adj* (*form*) herausragend, überragend; **to be ~ in one's field** eine Koryphäe auf seinem Gebiet sein

pre-emi·nent·ly [ˌpriːˈemɪnəntli] *adv* (*form*) hauptsächlich, vor allem; **a ~ critical attitude** eine überwiegend kritische Haltung

pre-empt [ˌpriːˈem(p)t] *vt* ❶ (*form: act in advance*) ■**to ~ sb/sth** jdm/etw zuvorkommen ❷ (*form: appropriate in advance*) ■**to ~ sth** etw mit Beschlag belegen ❸ AM LAW **to ~ public land** staatlichen Grundbesitz aufgrund eines Vorkaufsrechts erwerben

pre-emp·tion [ˌpriːˈem(p)ʃᵊn] *n no pl* ❶ LAW (*purchase*) Vorkaufsrecht *nt;* STOCKEX Bezugsrecht *nt;* **~ clause** Bezugsrechtsklausel *f;* **right of ~** Vorkaufsrecht *nt; of shareholders* Bezugsrecht *nt* ❷ (*form: pre-empting*) Ausüben *nt* des Vorkaufsrechts, Vorkauf *m* ❸ MIL präventive Kriegsführung; **war of ~** Präventivkrieg *m*

pre-emp·tive [ˌpriːˈem(p)tɪv] *adj inv* ❶ (*preventive*) vorbeugend, Präventiv-; **~ measure** Präventivmaßnahme *f* ❷ LAW, ECON zum Vorkauf berechtigend; **~ right** Vorkaufsrecht *nt;* (*of shareholders*) Bezugsrecht *nt* ❸ MIL (*forestalling the enemy*) präventiv; **~ attack** [*or* **strike**] Erstschlag *m;* **~ war** Präventivkrieg *m*

preen [priːn] **I.** *vi* ❶ *bird* sich *akk* putzen ❷ (*pej*) *person* sich *akk* herausputzen [*o pej* auftakeln] ❸ (*esp pej: congratulate oneself*) **to ~ and posture** sich *akk* stolz präsentieren [*o* in die Brust werfen] **II.** *vt* ❶ (*of bird*) ■**to ~ its feathers** sein Gefieder putzen ❷ (*pej: groom*) ■**to ~ oneself** sich *akk* herausputzen [*o pej* auftakeln] ❸ (*esp pej: congratulate*) ■**to ~ oneself** sich *akk* stolz präsentieren [*o* in die Brust werfen]; **politicians like nothing more than an opportunity to ~ themselves** Politiker lieben nichts mehr als eine Gelegenheit zur Selbstdarstellung; ■**to ~ oneself on** [*or* **for**] **sth** sich *akk* mit etw *dat* brüsten

pre-ex·ist [ˌpriːɪɡˈzɪst] (*form*) **I.** *vi* vorher existieren; PHILOS, REL präexistieren *fachspr* **II.** *vt* ■**to ~ sth/sb** vor etw/jdm existieren [*o* vorhanden sein], jdm/etw vorausgehen

pre-ex·ist·ence [ˌpriːɪɡˈzɪstᵊn(t)s] *n no pl* vorherige Existenz; PHILOS, REL Präexistenz *f fachspr*

pre·fab [ˈpriːfæb] (*fam*) **I.** *n short for* **prefabricated house** Fertighaus *nt* **II.** *adj inv short for* **prefabricated** vorgefertigt

pre·fab·ri·cate [ˌpriːˈfæbrɪkeɪt] *vt* ■**to ~ sth** etw vorfertigen; **to ~ a building/house** genormte Fertigteile für ein Gebäude/Haus herstellen

pre·fab·ri·cat·ed [ˌpriːˈfæbrɪkeɪtɪd, AM -t̬-] *adj inv* vorgefertigt

pre·fab·ri·ca·tion [ˌpriːfæbrɪˈkeɪʃᵊn] *n no pl* Vorfertigung *f*

pref·ace [ˈprefɪs] **I.** *n* ❶ (*introduction*) Einleitung *f; to a novel, play, collection of poems* Vorwort *nt* (**to** zu +*dat*) ❷ (*fig: preceding event*) ■**as a ~** als Einstieg; (*to entertainment etc*) zur Einstimmung; **a ~ to peace** eine Vorstufe zum Frieden **II.** *vt* ❶ (*provide with preface*) ■**to ~ sth** eine Einleitung [*o* einleitende Worte] zu etw *dat* verfassen; ■**to be ~d by sth** durch etw *akk* eingeleitet werden; ■**to ~ sth with sth** etw mit etw *dat* einleiten; **to ~ a book** ein Buch mit einem Vorwort versehen; **to ~ a speech/reply with sth** einer Rede/Antwort etw vorausschicken; **she ~d all her replies with a giggle** sie kicherte jedes Mal, bevor sie etwas entgegnete ❷ (*lead up to*) ■**to ~ sth** etw einleiten; *disaster etc* zu etw *dat* führen

prefa·tory [ˈprefətᵊri, AM -tɔːri] *adj inv* (*form*) einleitend *attr,* zur Einleitung *nach n;* **after a few ~ remarks/words** nach ein paar einleitenden Bemerkungen/Worten

pre·fect [ˈpriːfekt] *n* ❶ (*official*) Präfekt(in) *m(f)* ❷ *esp* BRIT, AUS SCH *Schüler, der die Jüngeren beaufsichtigen muss*

pre·fer <-rr-> [prɪˈfɜːʳ, AM priːˈfɜːr] *vt* ❶ (*like better*) ■**to ~ sth/sb** etw/jdn vorziehen [*o* bevorzugen]; **do you ~ hot or cold weather?** mögen Sie lieber heißes oder kaltes Wetter?; **she ~s it if you ...** es ist ihr lieber, wenn du ...; (*form*) **I would ~ that the concert be cancelled** mir wäre [es] lieber, das Konzert würde abgesagt; ■**to ~ sth/sb to sth/sb** jdn/etw jdm/etw vorziehen; **she ~s Daniel to his brother** sie mag Daniel lieber als seinen Bruder; ■**to ~ doing sth** [**to doing sth**] etw lieber [als etw] tun; **he ~s watching rugby to playing it** er sieht sich lieber ein Rugbyspiel an, als selbst Rugby zu spielen; ■**to ~ to do sth** etw lieber tun; ■**to ~ sb to do sth** es vorziehen, dass jd etw tut; **I'd ~ you not to smoke, please** ich möchte Sie bitten, hier nicht zu rauchen ❷ BRIT LAW **to ~ charges** [**against sb**] Anklage [gegen jdn] erheben

pref·er·able [ˈprefᵊrəbl̩] *adj inv* besser; **surely a diplomatic solution is ~ to war** eine diplomatische Lösung ist einem Krieg sicherlich vorzuziehen; **wouldn't it be ~ to ...?** wäre es nicht besser, ...?

pref·er·ably [ˈprefᵊrəbli] *adv inv* am besten, vorzugsweise

pref·er·ence [ˈprefᵊrᵊn(t)s] *n* ❶ *no pl* (*priority*) Priorität *f,* Vorzug *m;* **I phoned Mary in ~ to Liz because ...** ich habe lieber Mary als Liz angerufen, weil ...; **in order of ~** nach Prioritäten; **to give ~ to sb/sth** [*or* **sb/sth ~**] jdm/etw den Vorzug geben [*o* Priorität einräumen]; **to be given ~** Vorrang haben, vorrangig behandelt werden; **to give ~ to sb/sth** [*or* **give sb/sth ~**] **over sb/sth** jdm/etw vor jdm/etw den Vorzug geben; **why do you never give me ~ over your work?** warum ist dir deine Arbeit immer wichtiger als ich? ❷ *no pl* (*greater liking*) Vorliebe *f* (**for** für +*akk*); **her ~ is for comfortable rather than smart clothes** sie kleidet sich lieber bequem als schick; **sexual ~** sexuelle Neigung ❸ (*preferred thing*) Vorliebe *f;* **what are your ~s in music?** welche Musik hören Sie am liebsten?; **which is your personal ~?** was ist Ihnen persönlich lieber?; ■**to have a ~ for sth** eine Vorliebe für etw *akk* haben, etw bevorzugen; **red or white wine? – I have no ~** Rotwein oder Weißwein? – ich mag beides; **to express a ~** sagen, was man [lieber] mag ❹ (*advantage*) Vergünstigung *f;* **special ~s** Sonderkonditionen *fpl*

ˈpref·er·ence share *n* BRIT, **ˈpref·er·ence stock** *n* BRIT Vorzugsaktie *f*

pref·er·en·tial [ˌprefᵊˈren(t)ʃᵊl] *adj attr* Vorzugs-, Präferenz-; **~ rates** Sonderraten *fpl;* **~ tariff** Präferenzzoll *m,* Vorzugszoll *m;* **~ terms** Sonderkonditionen *fpl;* **~ treatment** Vorzugsbehandlung *f;* **to get** [*or* **be given**] [*or* **receive**] **~ treatment** eine Sonderbehandlung erhalten, bevorzugt behandelt werden

pref·er·en·tial·ly [ˌprefᵊˈren(t)ʃᵊli] *adv* bevorzugt

pre·ferred [prɪˈfɜːd, AM priːˈfɜːrd] *adj attr, inv* bevorzugt, Lieblings-; **the ~ choice** die erste Wahl; **sb's ~ drink** jds Lieblingsgetränk; **~ route** Lieblingsroute *f;* **~ venue** bevorzugter Treffpunkt

pre·ferred ˈshare *n* AM, **pre·ferred ˈstock** *n* AM (*preference share*) Vorzugsaktie *f*

pre·fig·ure [priːˈfɪɡəʳ, AM -ɡjɚ] *vt* (*form*) ■**to ~ sth** etw anzeigen; **to ~ a change** eine Veränderung ankündigen

pre·fix **I.** *n* <*pl* -es> [ˈpriːfɪks] ❶ LING Präfix *nt fachspr,* Vorsilbe *f* ❷ (*something prefixed*) Namensvorsatz *m;* **to add sth as a ~** etw voranstellen; **the Institute was granted the ~ 'Royal' in 1961** das Institut erhielt 1961 die Erlaubnis, das Wort ‚Royal' vor seinen Namen zu setzen ❸ (*title*) Anrede *f;* (*Dr etc.*) Titel *m* ❹ BRIT (*dialling code*) Vorwahl *f* **II.** *vt* [ˌpriːˈfɪks,

AM 'pri:fɪks] ■**to ~ sth to sth** [*or* **sth with sth**] etw einer S. *dat* voranstellen; BRIT (*in phone numbers*) ~ **83 to the existing number** [*or* **the existing number with 83**] wählen Sie zusätzlich zu der Nummer die 83 vor
pre·flight 'checks *npl* letzte Kontrollen vor dem Flug
preg·gers ['pregəz, AM -ɚz] *adj pred, inv esp* BRIT (*fam*) schwanger
preg·nan·cy ['pregnən(t)si] *n* Schwangerschaft *f;* ZOOL Trächtigkeit *f*
'preg·nan·cy test *n* Schwangerschaftstest *m;* **to do a ~** einen Schwangerschaftstest machen
preg·nant ['pregnənt] *adj inv* ❶ (*with child*) *woman* schwanger; *animal* trächtig; **she's eight months ~** sie ist im achten Monat [schwanger]; **my sister is ~ with twins** meine Schwester erwartet Zwillinge; ■**to be ~ by sb** ein Kind von jdm bekommen; **heavily** [*or* AM *hum fam* **very**] **~** hochschwanger; **to become** [*or* **get**] **~** [**by sb**] [von jdm] schwanger werden; **to get sb ~** jdn schwängern, jdm ein Kind machen *fam* ❷ (*fig: meaningful*) bedeutungsvoll; (*tense*) spannungsgeladen; **she sensed that the situation was ~ with danger** sie spürte, dass die Situation große Gefahren in sich barg; **~ with meaning** bedeutungsschwanger; **~ pause/remark** bedeutungsvolle Pause/Bemerkung; **to be ~ with possibilities for sth** zahlreiche Möglichkeiten für etw *akk* bieten
pre·heat [ˌpri:'hi:t] *vt* ■**to ~ sth** etw vorheizen (**to** auf +*akk*)
pre·hen·sile [prɪ'hen(t)saɪl, AM pri:'hen(t)sɪl] *adj inv* ZOOL Greif-; **~ tail** Greifschwanz *m*
pre·his·tor·ic [ˌpri:(h)ɪ'stɒrɪk, AM -hɪ'stɔ:r-] *adj inv* ❶ (*before written history*) prähistorisch *geh,* vorgeschichtlich; **~ man** der prähistorische Mensch; **a ~ monster** ein urzeitliches Monster; **~ remains** prähistorische Überreste, Überreste aus vorgeschichtlicher Zeit [*o* aus der Frühzeit]; **in ~ times** in prähistorischer Zeit ❷ (*pej fam: outdated*) steinzeitlich *pej, fig,* völlig veraltet; **~ methods** Steinzeitmethoden *fpl pej, fig;* **~ management structures** völlig überholte Managementmethoden; **~ views** völlig veraltete Ansichten
pre·his·to·ry [ˌpri:'hɪstəri] *n no pl* Prähistorie *f geh,* Vorgeschichte *f;* **human ~** die Vorgeschichte der Menschheit
pre-in·dus·trial [ˌpri:ɪn'dʌstriəl] *adj inv* vorindustriell; **in ~ times** in der Zeit vor der industriellen Revolution
pre-in·va·sive [ˌpri:ɪn'veɪsɪv] *adj* nicht invasiv *fachspr*
pre·judge [ˌpri:'dʒʌdʒ] *vt* ■**to ~ sb/sth** vorschnell ein Urteil über jdn/etw fällen, eine vorgefasste Meinung über jdn/etw haben; **to ~ the issue** ein vorschnelles Urteil fällen
pre·judg(e)·ment [ˌpri:'dʒʌdʒmənt] *n* ❶ (*premature conclusion*) Vorurteil *nt,* vorgefasste Meinung; **to make a ~** [**about sb/sth**] ein vorschnelles Urteil [über jdn/etw] fällen ❷ *no pl* (*premature judging*) vorschnelles Urteilen
preju·dice ['predʒədɪs] **I.** *n* ❶ (*preconceived opinion*) Vorurteil *nt* ❷ *no pl* (*bias*) Vorurteil *nt* (**against** gegen +*akk*), Voreingenommenheit *f* (**against** gegen +*akk*); **racial ~** Rassenvorurteil *nt;* **~ against homosexuals/women** Vorurteil *nt* gegen Homosexuelle/Frauen ❸ *no pl* LAW [Rechts]nachteil *m,* Schaden *m,* Benachteiligung *f;* **without ~** ohne Schaden für die eigenen Rechte, freibleibend, ohne Verbindlichkeit; **without ~ to sth** unbeschadet einer S. *gen* **II.** *vt* ❶ (*harm*) ■**to ~ sb/sth** jdn/etw schädigen; **to ~ sb's chances** jds Chancen beeinträchtigen; **to ~ an outcome** [*or* **result**] ein Ergebnis [*o* Resultat] beeinträchtigen ❷ (*bias*) ■**to ~ sb** [**against/in favour** [*or* AM **favor**] **of sb/sth**] jdn [gegen/für jdn/etw] einnehmen; **to ~ a case** LAW den Ausgang eines Prozesses beeinflussen; **to ~ a witness** LAW einen Zeugen/eine Zeugin beeinflussen
preju·diced ['predʒədɪst] *adj* voreingenommen; **he is racially ~** er hat Rassenvorurteile; **he was such a ~ man** er steckte voller Vorurteile; ■**to be ~ about sth/sb** Vorurteile gegenüber etw/jdm haben; ■**to be ~ against sb/sth** Vorurteile gegen jdn/etw haben, jdm/etw gegenüber voreingenommen sein; ■**to be ~ in favour** [*or* AM **favor**] **of sb/sth** gegenüber jdm/etw positiv eingestellt sein; **~ attitude/opinion** vorgefasste Einstellung/Meinung; **~ judgment** vorgefasstes Urteil; **~ witness** befangener Zeuge/befangene Zeugin
preju·di·cial [ˌpredʒə'dɪʃəl] *adj* (*form*) abträglich; ■**to be ~ to sb/sth** jdm/etw abträglich sein; **to have a ~ effect on sth** eine nachteilige Wirkung auf etw *akk* haben; **to be ~ to sb's health/safety** jds Gesundheit/Sicherheit beeinträchtigen; **these chemicals are ~ to health** diese Chemikalien sind gesundheitsschädlich
pre-K *n short for* **pre-kindergarten** ≈ Krabbelgruppe *f* (*vor dem Kindergarten*)
prel·ate ['prelɪt] *n* Prälat *m*
pre·lim ['pri:lɪm] *n* (*fam*) ❶ (*preliminary examination*) *short for* **preliminary** Vorprüfung *f* ❷ SPORTS *short for* **preliminary** Vorrunde *f* ❸ TYPO ■**~s** *pl short for* **preliminary pages** Titelei *f*
pre·limi·nary [prɪ'lɪmɪnəri, AM -əneri] **I.** *adj attr, inv* einleitend; (*preparatory*) vorbereitend; **~ arrangements** Vorbereitungen *fpl;* **a ~ draft/step** ein erster Entwurf/Schritt; **a ~ drawing/estimate** eine erste Skizze/Schätzung; **~ hearing** Voruntersuchung *f;* **~ results** erste [*o* vorläufige] Ergebnisse; **a ~ selection/stage/study** eine Vorauswahl/Vorstufe/Vorstudie; **~ sketch** Vorstudie *f,* Rohskizze *f;* **~ talks** Vorgespräche *ntpl* **II.** *n* ❶ (*introduction*) Einleitung *f;* (*preparation*) Vorbereitung *f;* **after a few polite preliminaries** nach einigen einleitenden Höflichkeitsfloskeln; **as** [*or* **by way of**] **a ~** als Einleitung ❷ SPORTS (*heat*) Vorrunde *f* ❸ (*form: preliminary exam*) Vorprüfung *f* ❹ PUBL ■**preliminaries** *pl* Titelei *f*
pre·limi·nary 'mat·ter *n no pl,* **pre·limi·nary 'pages** *npl* Titelei *f*
pre·lit·er·ate [pri:'lɪtərət, AM -'lɪt̬ɚət] *adj inv* vorschriftlich, ohne Schrift *nach n;* **a ~ culture** eine Kultur ohne schriftliche Zeugnisse; **~ tribes** Stämme, die keine Schrift kennen
prel·ude ['prelju:d, AM *also* 'preɪlu:d] **I.** *n* ❶ *usu sing* (*preliminary*) Vorspiel *nt,* Auftakt *m;* **the changes are a ~ to wide-ranging reforms** die Veränderungen werden weit reichende Reformen einleiten; **a ~ to the negotiations** ein Auftakt zu den Verhandlungen ❷ MUS Prélude *nt fachspr,* Präludium *nt fachspr;* **Chopin's ~s** die Préludes von Chopin **II.** *vt* ■**to ~ sth** etw einleiten; **the incident might ~ more violence** der Vorfall könnte vielleicht noch mehr Gewalt provozieren
pre-lunch 'drink *n* Aperitif *m*
pre·mari·tal [ˌpri:'mærɪtəl, AM -'merət̬əl] *adj inv* vorehelich *attr;* **~ pregnancy** Schwangerschaft *f* vor der Ehe; **~ sex** vorehelicher Geschlechtsverkehr
prema·ture ['premətʃər, AM ˌpri:mə'tʃʊr, -'tʊr] *adj* ❶ (*too early*) verfrüht, vorzeitig; **~ aging/death** vorzeitiges Altern/vorzeitiger Tod; **~ announcement/criticism/decision** voreilige Ankündigung/Kritik/Entscheidung; **~ departure/resignation** vorzeitige Abreise/Kündigung ❷ MED **~ baby** Frühgeburt *f,* Frühchen *nt;* **to be ~** zu früh geboren werden [*o* zur Welt kommen], eine Frühgeburt sein; **he was born six weeks ~** er kam sechs Wochen zu früh; **~ twins** zu früh geborene Zwillinge
prema·ture·ly ['premətʃəli, AM ˌpri:mə'tʃʊr-] *adv* ❶ (*too early*) verfrüht, vorzeitig; **to make sb go ~ grey** jdn vorzeitig ergrauen lassen; **to age ~** vorzeitig altern; **to decide ~** eine übereilte Entscheidung treffen; **to depart/resign ~** vorzeitig abreisen/kündigen; **to die/leave ~** frühzeitig sterben/gehen ❷ MED **to be born ~** zu früh geboren werden [*o* zur Welt kommen], eine Frühgeburt sein
pre·medi·tat·ed [ˌpri:'medɪteɪtɪd, AM -t̬-] *adj inv* vorsätzlich, geplant; **~ act** überlegtes Vorgehen; **~ attack** vorsätzlicher [*o* geplanter] Angriff; **~ crime/murder** vorsätzlich begangenes Verbrechen/vorsätzlicher Mord
pre·medi·ta·tion [ˌpri:medɪ'teɪʃən] *n no pl* (*form*) [wohl durchdachtes] Planen; **with/without ~** mit/ohne Absicht; *of a crime* mit/ohne Vorsatz

pre·men·stru·al [ˌpriːˈmen(t)strʊəl, AM -strəl] *adj attr, inv* prämenstruell

pre·men·stru·al 'syn·drome *n,* **pre·men·stru·al 'ten·sion** *n no pl* BRIT prämenstruelles Syndrom

pre·mie [ˈpriːmi] *n* AM (*fam*) *short for* **premature baby** Frühchen *nt*

prem·ier [ˈpremiəʳ, AM prɪˈmɪr] **I.** *n* Premierminister(in) *m(f),* Premier *m;* CAN, AUS Ministerpräsident(in) *m(f)* **II.** *adj attr, inv* führend; **the ~ port** der bedeutendste [*o* wichtigste] Hafen; **the ~ sport arena** das bedeutendste Stadion

prem·ière [ˈpremieəʳ, AM prɪˈmɪr] **I.** *n* Premiere *f,* Uraufführung *f;* **world ~** Weltpremiere *f,* Welturaufführung *f* **II.** *vt* ■**to ~ sth** etw uraufführen **III.** *vi* **to ~ in New York/London** in New York/London uraufgeführt werden

Prem·ier 'League *n* BRIT ■**the ~** die Premier League, ≈ die erste Liga

prem·ier·ship [ˈpremieəʃɪp, AM prɪˈmɪr-] *n* ❶ (*office*) Amt *nt* des Premierministers/der Premierministerin ❷ (*period of office*) Amtszeit *f* [*o* Amtsperiode *f*] als Premierminister/Premierministerin

Prem·ier·ship [ˈpremieəʃɪp] *n* BRIT SPORTS ■**the ~** die Saison der Premier League

pre·mil·len·nial [ˌpriːmɪˈleniəl] *adj* vor der Jahrtausendwende *nach n*

prem·ise I. *n* [ˈpremɪs] Prämisse *f geh,* Voraussetzung *f;* ■**on** [*or* **with**] **the ~ that ...** unter der Voraussetzung, dass ...; **to start from the ~ that ...** von der Voraussetzung [*o geh* Prämisse] ausgehen, dass ... **II.** *vt* [prɪˈmaɪz, AM ˈpremɪs] (*form*) ❶ (*base*) ■**to ~ sth on** [*or* **upon**] **sth** etw auf etw *akk* [auf]bauen; ■**to be ~d on sth** auf etw *dat* basieren [*o* beruhen]; **to ~ one's argument on sth** sein Argument auf etw *akk* aufbauen [*o* gründen] ❷ AM (*preface*) ■**to ~ sth** etw einleiten

prem·ises [ˈpremɪsɪz] *npl* ❶ (*building[s]*) Gebäude *nt;* (*building[s] and site*) [bebautes] Gelände; (*rooms*) Räumlichkeiten *fpl;* **business ~** Geschäftsgebäude *nt,* Geschäftsräume *mpl;* **school ~** Schulgelände *nt;* **residential ~** Privatgrund *m* mit Wohnhaus; **off the ~** außerhalb des Gebäudes/Geländes; **on the ~** (*in the building*) im Gebäude, in den Räumlichkeiten; (*on the site*) auf dem Gelände; **to be made on the ~** an Ort und Stelle [*o* [direkt] vor Ort] hergestellt werden ❷ (*personal property*) Land *nt,* Grundstück *nt*

prem·iss *n esp* BRIT (*form*) *see* **premise**

pre·mium [ˈpriːmiəm] **I.** *n* ❶ (*insurance payment*) [Versicherungs]prämie *f;* **life insurance ~s** Lebensversicherungsprämie *f* ❷ (*extra charge*) Zuschlag *m;* ■**a ~ on sth** ein Preisaufschlag auf etw *akk;* **to attract a ~** teurer sein, mehr kosten; **to be** [**sold**] [*or* **sell**] **at a ~** zu einem höheren Preis verkauft werden; **organic vegetables will always sell at a ~** Biogemüse wird immer teurer sein; **at a 5 % ~** für einen Aufschlag von 5 % ❸ (*bonus*) Prämie *f,* Bonus *m;* **to earn a ~ for sth** eine Prämie für etw *akk* bekommen; **~ on a salary** Bonus *m* [*o* Prämie *f*] zusätzlich zum Gehalt ❹ *no pl* AM (*petrol*) Super[benzin] *nt* ▶ PHRASES: **to place** [*or* **put**] **a ~** [**up**]**on sth** auf etw *akk* besonderen Wert legen; **to be at a ~** [sehr] wertvoll [*o* kostbar] sein; **free time is at a ~ for working parents** Freizeit ist für berufstätige Eltern ein kostbares Gut **II.** *adj attr, inv* ❶ (*high*) hoch; **~ price** hoher Preis; **~ rent** hohe Miete ❷ (*top-quality*) Spitzen-; **the ~ brand** die führende Marke; **~ fruit** erstklassige Früchte, Früchte *pl* der Klasse 1 A; **~ product** Spitzenprodukt *nt;* **~ sausages** Qualitätswürste *fpl,* erstklassige Würste

Pre·mium 'Bond *n* BRIT Prämienaktie *f,* Lotterieaktie *f* **pre·mium 'gas** *n* AM, **pre·mium 'gaso·line** *n* AM Super[benzin] *nt* **pre·mium 'of·fer** *n* Werbegeschenk *nt*

prem·mie [ˈpriːmiː] *n* AUS (*fam*) *short for* **premature baby** Frühchen *nt*

premo·ni·tion [ˌpreməˈnɪʃᵊn] *n* [böse] Vorahnung, [schlechtes] Vorgefühl; **this ~ of defeat ...** die dunkle Ahnung einer bevorstehenden Niederlage...; **~ of disaster/danger** Vorahnung einer Katastrophe/drohenden Gefahr; **~ of death** Todesahnung *f;* **to have a ~** [**that ...**] [so] eine Vorahnung haben[, dass ...]

pre·na·tal [ˌpriːˈneɪtᵊl, AM -t̬ᵊl] *adj attr, inv* AM, AUS vorgeburtlich, pränatal *fachspr;* **~ care** vorgeburtliche Betreuung, Geburtsvorbereitung *f*

pre·nup·tial [ˌpriːˈnʌp(t)ʃᵊl] *adj inv* vor der Heirat [*o* Hochzeit] *nach n;* **~ contract** [*or* **agreement**] Ehevertrag *m*

pre·oc·cu·pa·tion [priːˌɒkjəˈpeɪʃᵊn, AM -ˌɑːkjuːˈ-] *n* ❶ (*dominant concern*) Sorge *f;* **main ~** Hauptsorge *f* ❷ *no pl* (*state of mind*) ■[**a**] **~ with sth** gedankliches Kreisen um etw *akk,* ständige [gedankliche] Beschäftigung mit etw *dat,* Absorbiertsein *nt* von etw *dat;* **a ~ with death/work** die ständige Beschäftigung mit dem Tod/mit der Arbeit; **to have a ~ with sth** von etw *dat* besessen sein; **to have a ~ with sex** sexbesessen sein

pre·oc·cu·pied [ˌpriːˈɒkjəpaɪd, AM priːˈɑːkjuː-] *adj* ❶ (*distracted*) gedankenverloren; (*absorbed*) nachdenklich; **my mind has** [*or* **I have**] **been so ~ lately** ich hatte in letzter Zeit so viel im Kopf; **she is quite ~ at the moment** sie hat im Moment zu viel um die Ohren; ■**to be ~ with sb/sth** sich *akk* mit jdm/etw stark beschäftigen, unablässig an etw/jdn denken; **he is so ~ with his own problems that ...** er ist so von seinen Problemen in Anspruch genommen, dass ... ❷ (*worried*) besorgt; **~ frown** besorgtes Stirnrunzeln

pre·oc·cu·py <-ie-> [ˌpriːˈɒkjəpaɪ, AM priːˈɑːkjuː-] *vt* ■**to ~ sb** jdn [sehr stark] beschäftigen; **to ~ sb's mind** [*or* **thoughts**] jdn stark beschäftigen, jdm ständig im Kopf herumgehen

pre·or·dain [ˌpriːɔːˈdeɪn, AM -ɔːrˈ-] *vt usu passive* (*form*) ■**to be ~ed** vorherbestimmt sein; **a ~ed path** [*or* **route**] [*or* **direction**] ein vorgezeichneter Weg; **to be ~ed to fail** zum Scheitern verurteilt sein; **sb/sth is ~ to succeed** der Erfolg ist jdm/etw sicher

prep¹ [prep] *n no pl* (*fam*) ❶ (*preparation*) Vorbereitung *f* ❷ BRIT (*homework*) Hausaufgaben *fpl,* Hausarbeiten *fpl;* **history ~** Geschichtshausaufgaben *fpl,* Hausaufgaben *fpl* in Geschichte ❸ BRIT (*time for homework*) Hausaufgabenstunde *f;* (*at school*) Übungs- und Lernstunde *f* ❹ AM (*prep school*) *private Vorbereitungsschule vor dem College*

prep² [prep] *n* LING *abbrev of* **preposition** Präp.

pre-pack [ˌpriːˈpæk] *vt esp* BRIT ■**to ~ sth** etw abpacken

pre-pack·age [ˌpriːˈpækɪdʒ] *vt esp* AM, AUS ■**to ~ sth** etw abpacken

pre-pack·aged [ˌpriːˈpækɪdʒd] *adj inv esp* AM, AUS abgepackt

pre-packed [ˌpriːˈpækt] *adj inv esp* BRIT abgepackt

pre·paid [ˌpriːˈpeɪd] *adj inv* im Voraus bezahlt, bereits bezahlt; **$20 ~, $25 at the door** $20 im Vorverkauf, $25 an der Abendkasse; **~ reply envelope** frankierter Rückumschlag; **~ envelope/postcard** freigemachter Umschlag/freigemachte Postkarte

pre·paid re·'ply *n* frankierte Rückantwortkarte

prepa·ra·tion [ˌprepᵊrˈeɪʃᵊn, AM -əˈreɪ-] **I.** *n* ❶ *no pl* (*getting ready*) Vorbereitung *f; of food* Zubereitung *f;* **to do a lot of/very little ~** [**for sth**] sich *akk* sehr gut/kaum [auf etw *akk*] vorbereiten; **in ~ for sth** als Vorbereitung auf etw *akk;* **the church was being decorated in ~ for the wedding** die Kirche wurde für die Hochzeit dekoriert ❷ (*measures*) ■**~s** *pl* Vorbereitungen *fpl* (**for** für +*akk*); (*precautions*) Vorkehrungen *fpl;* **~s for a flight** Flugvorbereitungen *fpl;* **~s for a journey/voyage** Reisevorbereitungen *fpl;* **~s for war** Kriegsvorbereitungen *fpl;* **to make** [**one's**] **~s for sth** Vorbereitungen für etw *akk* treffen ❸ (*substance*) Präparat *nt,* Mittel *nt;* **beauty ~** Schönheitsmittel *nt;* **pharmaceutical ~** Arzneimittel *nt,* pharmazeutisches Präparat **II.** *n modifier* (*time, work*) Vorbereitungs-; **~ stage** Vorbereitungsstadium *nt*

pre·para·tory [prɪˈpærətᵊri, AM -ˈperətɔːri] *adj inv* vorbereitend *attr;* **~ course** Vorbereitungskurs *m;* **~ meeting** Vorbereitungstreffen *nt;* **~ stage** Vorbereitungsstadium *nt;* **~ work** vorbereitende Arbeiten *fpl,* Vorbereitung *f;* **to be ~** [**to sth**] als

Vorbereitung [auf [*o* für] etw *akk*] dienen; **a task force was formed ~ to the conference** es wurde eine Taskforce gegründet, um die Konferenz vorzubereiten

pre·'para·tory school *n* AM (*form: mixed private school*) *private Vorbeitungsschule auf das College;* BRIT (*for public school*) *private Vorbereitungsschule auf eine Public School*

pre·pare [prɪ'peəʳ, AM -'per] **I.** *vt* ❶ (*get ready*) ■**to ~ sth/sb/oneself [for sth]** etw/jdn/sich [auf etw *akk*] vorbereiten; **you need to ~ yourself for a long wait** Sie sollten sich auf eine lange Wartezeit einstellen; **I hadn't ~d myself for such a shock** auf einen solchen Schock war ich nicht gefasst; **to ~ a site** ein Grundstück erschließen; **to ~ the way [for sb/sth]** den Weg [für jdn/etw] bereiten ❷ (*make*) ■**to ~ sth** etw zubereiten [*o* vorbereiten]; **our products are ~d in the most hygienic conditions** unsere Produkte werden unter strengen hygienischen Bedingungen hergestellt; **~d by hand** selbst gemacht; **to ~ breakfast/dinner/lunch** das Frühstück/Abendessen/Mittagessen machen **II.** *vi* ■**to ~ for sth** sich *akk* auf etw *akk* vorbereiten, sich *akk* für etw *akk* rüsten; **we should ~ for a time of troubles** wir sollten uns auf schwierige Zeiten gefasst machen; ■**to ~ to do sth** sich *akk* darauf vorbereiten, etw zu tun; **to ~ for take-off** sich *akk* zum Start bereit machen; **to ~ to enter/leave** sich *akk* anschicken, hineinzugehen/wegzugehen; **to ~ to fight** sich *akk* für den Kampf rüsten, sich *akk* auf den Kampf vorbereiten; **to ~ to speak** anheben zu sprechen

pre·pared [prɪ'peəd, AM -'perd] *adj* ❶ *pred* (*ready*) bereit, fertig *fam;* **I'm not ~** ich bin noch nicht so weit; ■**to be ~ for sb/sth** auf jdn/etw vorbereitet sein; **be ~!** allzeit bereit!; **they were ~ for the worst** sie waren auf das Schlimmste gefasst; **to be ~ for a journey** reisefertig sein ❷ *pred* (*willing*) ■**to be ~ to do sth** bereit sein, etw zu tun; **I am not ~ to stand by and do nothing** ich denke nicht daran, untätig zuzusehen ❸ (*arranged previously*) vorbereitet; **his speech was obviously ~** seine Rede hatte er offensichtlich schon vorher abgefasst; **the room had been specially ~** das Zimmer war extra zurechtgemacht worden; **~ meal** Fertiggericht *nt;* **~ statement** vorbereitete Erklärung

pre·pared·ness [prɪ'peədnəs, AM -'perd-] *n no pl* (*form*) Bereitschaft *f;* **~ for conflict/battle** Konfliktbereitschaft/Kampfbereitschaft *f;* **sb's ~ for an exam** jds Vorbereitung *f* auf ein Examen; **the nation's military ~** die militärische Einsatzbereitschaft der Nation

pre·pay <-paid, -paid> [ˌpriː'peɪ] *vt* ■**to ~ sth** etw im Voraus bezahlen; **the cost of postage had been prepaid** die Zustellungsgebühr war bereits bezahlt

pre·pay·ment [ˌpriː'peɪmənt] *n* Vorauszahlung *f,* Bezahlung *f* im Voraus

pre·pon·der·ance [ˌpriː'pɒndərən(t)s, AM -'pɑːn-] *n no pl* (*form*) [überwiegende] Mehrheit; (*fact of being in majority*) zahlenmäßiges Übergewicht; **there is a ~ of women in part-time work** Frauen sind bei Teilzeitarbeitsstellen in der Überzahl

pre·pon·der·ant [ˌpriː'pɒndərənt, AM -'pɑːn-] *adj inv* (*form*) vorherrschend *attr;* ■**to be ~ [in sth]** [bei etw *dat*] eine vorherrschende Rolle spielen; (*in numbers*) [bei etw *dat*] überwiegen [*o* in der Mehrheit sein]; **~ influence** entscheidender Einfluss; **~ role** herausragende Rolle

pre·pon·der·ant·ly [ˌpriː'pɒndərəntli, AM -'pɑːn-] *adv inv* (*form*) überwiegend, mehrheitlich

pre·pon·der·ate [ˌpriː'pɒndəreɪt, AM -'pɑːndə-] *vi* (*form*) überwiegen, in der Überzahl sein; **a garden where white flowers ~** ein Garten, in dem weiße Blumen bestimmend sind

prepo·si·tion [ˌprepə'zɪʃən] *n* Verhältniswort *nt,* Präposition *f*

prepo·si·tion·al [ˌprepə'zɪʃənəl] *adj inv* LING präpositional, Verhältnis-; **~ phrase** Präpositionalgefüge *nt fachspr;* **~ word** Verhältniswort *nt,* Präposition *f*

prepo·si·tion·al 'verb *n* Präpositionalverb *nt fachspr,* präpositionales Verb *fachspr*

pre·pos·ses·sing [ˌpriːpə'zesɪŋ] *adj usu neg* einnehmend, anziehend; **to be not very ~** nicht sehr ansprechend sein; *person* nicht sehr einnehmend sein

pre·pos·ter·ous [prɪ'pɒstərəs, AM -'pɑːstɚ-] *adj* absurd, unsinnig, widersinnig; **~ accusation** absurder [*o* unsinniger] Vorwurf

prepped [prept] *adj* AM *person* vorbereitet; **to get ~** sich *akk* auf etw *akk* gefasst machen

prep·pie, prep·py ['prepi] AM **I.** *n Schüler(in) einer privaten „prep school", der/die großen Wert auf gute Kleidung und das äußere Erscheinungsbild legt* **II.** *adj appearance* adrett; *clothes, look* popperhaft *meist pej fam;* **it's a ~ neighborhood** die Nachbarschaft ist ziemlich etepetete *fam*

'prep school *n* (*fam*) ❶ BRIT (*private school*) *vorbereitende Privatschule für die Aufnahme an einer „Public School"* ❷ AM (*preparatory school*) *vorbereitende [Privat]schule für die Aufnahme an einem College* **'prep time** *n no pl* AM Vorbereitungszeit *f* (*für den Unterricht*)

pre·pub·li·ca·tion [ˌpriːpʌblɪ'keɪʃən] PUBL **I.** *adj attr, inv* vor der Veröffentlichung *nach n;* **~ promotion** Werbekampagne *f* vor einer Veröffentlichung **II.** *n* Vorveröffentlichung *f*

pre·puce ['priːpjuːs] *n* ANAT (*spec: foreskin*) [Penis]vorhaut *f,* Präputium *nt* penis *fachspr;* (*spec: clitoral foreskin*) Vorhaut *f* der Klitoris, Präputium *nt* clitoridis *fachspr*

pre·quel ['priːkwəl] *n usu sing* FILM, LIT, THEAT *die Vorgeschichte eines bereits bekannten Films, Buchs, oder erzählenden Werks*

Pre-Raph·ael·ite [ˌpriː'ræfiəlaɪt] ART **I.** *n* Präraffaelit *m fachspr* **II.** *adj inv* präraffaelitisch *fachspr;* **~ works** Werke der Präraffaeliten, präraffaelitische Werke; **to have ~ looks** präraffaelitisch aussehen

pre·re·cord [ˌpriːrɪ'kɔːd, AM -'kɔːrd] *vt* ■**to ~ sth** *music, speech* etw vorher aufzeichnen [*o* aufnehmen]; **a ~ed cassette** eine bespielte Kassette

pre·requi·site [ˌpriː'rekwɪzɪt] *n* (*form*) [Grund]voraussetzung *f,* Vorbedingung *f* (**of, to** für +*akk*)

pre·roga·tive [prɪ'rɒgətɪv, AM -'rɑːgət̬-] *n usu sing* (*form*) ❶ (*right*) Recht *nt;* (*privilege*) Vorrecht *nt,* Privileg *nt;* **the ~ of the rich** das Privileg der Reichen; **the Royal P~** das [königliche] Hoheitsrecht [*o veraltet* Prärogativ]; **to exercise** [*or* **use**] **one's ~ [to do sth]** sein Recht ausüben[, etw zu tun] ❷ (*responsibility*) Zuständigkeit *f;* **to remain the ~ of sb** jds Vorrecht bleiben; **foreign policy will remain the ~ of the central authorities** Außenpolitik bleibt allein in der Hand der zentralen Regierung

Pres [prez] *n short for* **President** Präs.

pres·age ['presɪdʒ, AM prɪ'seɪdʒ] *vt* (*form*) ■**to ~ sth** (*predict*) etw ankündigen [*o* anzeigen]; (*intuit*) etw ahnen, eine Vorahnung einer S. *gen* haben; **to ~ a fine day** einen schönen Tag verheißen

pres·by·ope [ˌpresbi'əʊp, AM -'oʊp] *n* MED Presbyoper *m fachspr,* [alters]weitsichtige Person

pres·byo·pia [ˌpresbi'əʊpiə, AM -'oʊp-] *n* MED Presbyopie *f fachspr,* [Alters]weitsichtigkeit *f*

Pres·by·ter·ian [ˌprezbɪ'tɪəriən, AM -'tɪr-] **I.** *n* Presbyterianer(in) *m(f)* **II.** *adj inv* presbyterianisch

pres·by·tery ['prezbɪtəri, AM -teri] *n* REL ❶ (*sanctuary*) Altarraum *m,* Presbyterium *nt fachspr* ❷ (*administrative body*) Kirchenvorstand *m,* Presbyterium *nt fachspr* ❸ (*Catholic priest's residence*) Pfarrhaus *nt,* Pfarre *f*

pre-school ['priːskuːl] **I.** *n* AM, AUS Kindergarten *m* **II.** *adj attr, inv* vorschulisch, Vorschul-; **~ age** Vorschulalter *nt;* **~ children** Kinder *nt pl* im Vorschulalter; **is your child of ~ age?** ist Ihr Kind im Vorschulalter?

pre-school·er ['priːskuːləʳ, AM -ɚ] *n* AM, AUS Kind *nt* im Vorschulalter

pres·ci·ent ['presiənt, AM 'preʃənt] *adj* (*form*) vorausschauend, vorhersehend

pre·scribe [prɪ'skraɪb] *vt* ❶ (*medical*) ■**to ~ sth [for sb] [*or* [sb] sth]** [jdm] etw verschreiben; ■**to be ~d sth** etw verschrieben bekommen; **I've been ~d painkillers** man hat mir ein schmerzstillendes Mittel verschrieben; **to ~ sth for headache/a cough** etw gegen Kopfschmerzen/Husten verschreiben [*o* verordnen]; **a widely ~d drug** ein häufig verschriebenes Medikament ❷ (*recommend*) ■**to ~ sth [to sb]** *a special diet* [jdm] etw verordnen; *fresh air, exercise* [jdm] etw empfehlen ❸ (*form: state*) ■**to ~ sth** etw vorschreiben; **~d by law** gesetzlich vorgeschrieben; **internationally ~d standards** international vorgeschriebene Normen; **the ~d time** die vorgeschriebene Zeit; **the law ~s that ...** es ist gesetzlich vorgeschrieben, dass ...

pre·scrip·tion [prɪ'skrɪpʃᵊn] *n* ❶ (*medical*) Rezept *nt* (**for** für +*akk*), Verschreibung *f*; **repeat ~** Wiederholungsrezept *nt*; **on ~** auf Rezept; **to be only available on ~** verschreibungspflichtig [*o* rezeptpflichtig] sein ❷ (*form: rule*) Vorschrift *f* (**for** für +*akk*); (*instruction*) Belehrung *f meist pej*; **she would prefer guidance to ~** ihr wäre Anleitung statt Belehrungen lieber

pre·'scrip·tion charge *n* BRIT Rezeptgebühr *f* **pre·scrip·tion 'drug** *n*, **pre·scrip·tion 'medi·cine** *n* verschreibungspflichtiges [*o* rezeptpflichtiges] Arzneimittel

pre·scrip·tive [prɪ'skrɪptɪv] *adj* (*pej form*) normativ *geh*; **~ guidelines** bindende Richtlinien; LING präskriptiv *fachspr*

pre·scrip·tive 'gram·mar *n no pl* LING präskriptive Grammatik *fachspr*

pre·sea·son [ˌpriː'siːzᵊn] **I.** *n* SPORTS, TOURIST Zeit *f* vor Saisonbeginn; SPORTS Vorbereitungszeit *f* **II.** *adj attr, inv* vor Saisonbeginn *nach n*; **~ match** Vorbereitungsspiel *nt*

pres·ence ['prezᵊn(t)s] *n* ❶ *no pl* (*attendance*) Anwesenheit *f*; (*occurrence*) Vorhandensein *nt*; (*form*) **your ~ is requested** Sie sind eingeladen; **to make one's ~ felt** sich *akk* bemerkbar machen; **in sb's ~, in the ~ of sb** in jds Gegenwart [*o* Anwesenheit] *f*; **in the ~ of a third party** Dritten gegenüber; **in the ~ of two witnesses** in Gegenwart [*o* im Beisein] zweier Zeugen/Zeuginnen; **in my ~** in meiner Gegenwart ❷ (*approv: dignified bearing*) Haltung *f*, Auftreten *nt*; **to have ~** *of person* ein gutes Auftreten haben ❸ (*supernatural*) Gegenwart *f kein pl*; **to feel sb's ~** jds Gegenwart [förmlich] spüren können ❹ (*representation*) Präsenz *f kein pl*; **military/police ~** Militär-/Polizeipräsenz *f*

pres·ence of 'mind *n no pl* (*approv*) Geistesgegenwart *f*; **to have the ~ to do sth** die Geistesgegenwart besitzen [*o* geistesgegenwärtig [genug] sein], etw zu tun; **to keep one's ~** geistesgegenwärtig handeln [*o* sein], einen kühlen [*o* klaren] Kopf bewahren

pres·ent[1] ['prezᵊnt] **I.** *n* ❶ *no pl* (*now*) ■**the ~** die Gegenwart; **to live for the ~** im Hier und Jetzt leben; ■**at ~** zurzeit, im Moment; **that's all [*or* that will be all] for the ~** das ist vorläufig [*o* zunächst einmal] alles; **to be set [*or* take place] in the ~** in der Gegenwart spielen ❷ LING Gegenwart *f*, Präsens *nt* ▶ PHRASES: **there's no time like the ~** (*prov*) was du heute kannst besorgen, das verschiebe nicht auf morgen *prov* **II.** *adj* ❶ *attr, inv* (*current*) derzeitig, jetzig, gegenwärtig; **sb's ~ address** jds derzeitige Adresse; **in the ~ case** im vorliegenden Fall[e]; **the ~ generation** die heutige Generation; **at the ~ moment [*or* time]** zum jetzigen [*o* gegenwärtigen] Zeitpunkt ❷ *inv, usu pred* (*in attendance*) anwesend; ■**to be ~ [at sth]** [bei etw *dat*] anwesend [*o geh* zugegen] sein; **how many people will be ~ at the ceremony?** wie viele Personen werden an der Feier teilnehmen?; (*existing*) vorhanden; **are there certain chemicals ~ in the air?** sind in der Luft bestimmte Chemikalien enthalten?; **~ company excepted** Anwesende ausgenommen; **all those ~** alle Anwesenden

pres·ent[2] *n* ['prezᵊnt] (*gift*) Geschenk *nt*, Präsent *nt a. hum geh*; **as a retirement ~ she was given a week's vacation to the Caribbean** zur Pensionierung schenkte man ihr eine Woche Urlaub in der Karibik; **a birthday/Christmas/wedding ~** ein Geburtstags-/Weihnachts-/Hochzeitsgeschenk *nt*; **to get sth as a ~** etw geschenkt bekommen; **to give sth to sb [*or* sb sth] as a ~** jdm etw schenken; **to make sb a ~ of sth** jdm etw schenken

pre·sent[3] [prɪ'zent] **I.** *vt* ❶ (*give formally*) ■**to ~ sth [to sb/sth]** *gift* [jdm/etw] etw schenken; *award, medal, diploma* [jdm/etw] etw überreichen [*o* verleihen]; ■**to ~ sb with sth** *gift* jdm etw schenken [*o geh* zum Geschenk machen]; *award, medal, diploma* jdm etw überreichen [*o* verleihen]; **he is going to ~ the town with a new hospital** er wird der Stadt ein neues Krankenhaus stiften; **to ~ sb with a challenge** jdn vor eine Herausforderung stellen; **to ~ one's compliments** jds Komplimente an jdn weitergeben; **please ~ my compliments to the chef** mein Kompliment an den Koch; **to ~ sb with [the] facts** jdm die Fakten vor Augen führen; **to be ~ed with different options** verschiedene Wahlmöglichkeiten geboten bekommen; **to ~ sb with an ultimatum** jdm ein Ultimatum stellen ❷ (*offer*) ■**to ~ sth [to sb/sth]** [jdm/etw] etw bieten; (*exhibit*) [jdm/etw] etw darlegen [*o* zeigen]; **she ~ed her passport at the checkpoint** sie zeigte ihren Reisepass am Kontrollpunkt vor; **to ~ one's apologies** (*form*) sich *akk* entschuldigen lassen; **to ~ a contrast to sth** einen Gegensatz zu etw *dat* darstellen; **to ~ one's credentials** sich *akk* [als jd] ausweisen; **to ~ a united front** *organization, people* sich *akk* geeint zeigen; **to ~ a paper/report** eine Arbeit/einen Bericht vorlegen; **to ~ proof of payment** einen Zahlungsnachweis erbringen ❸ (*put forward*) ■**to ~ sth** etw darlegen; **to ~ an argument** ein Argument anführen; **to ~ a critique of sth** Kritik an etw *dat* äußern [*o* üben]; **to ~ a petition** eine Petition vorbringen; **to ~ a plan/theory** einen Plan/eine Theorie darlegen; **to ~ a proposal** einen Vorschlag unterbreiten; **to ~ one's thoughts/view** seine Gedanken/Ansichten darlegen ❹ (*cause*) **to ~ difficulties for sb** jdm Schwierigkeiten bereiten; **to ~ a problem for sb [*or* sb with a problem]** jdn vor ein Problem stellen, ein Problem für jdn darstellen ❺ (*form: introduce formally*) ■**to ~ sb [to sb]** jdn [jdm] vorstellen; **may I ~ Professor Carter?** darf ich Professor Carter vorstellen?; **allow me to ~ Mrs Richards to you** darf ich Ihnen Frau Richards vorstellen? ❻ (*show to public*) ■**to ~ sth [to sb] [*or* [sb] sth]** *of cinema, theatre* etw aufführen [*o* zeigen]; *of company, firm* etw [für jdn] präsentieren ❼ BRIT, AUS RADIO, TV (*host*) ■**to ~ sth** etw präsentieren; **to ~ a programme** eine Sendung moderieren ❽ (*deliver formally*) ■**to ~ sth** etw vorlegen; **to ~ a bill** ECON einen Wechsel vorlegen; LAW einen Gesetzentwurf einbringen ❾ LAW ■**to ~ sth** *complaint, evidence* etw vorbringen ❿ (*appear*) ■**to ~ oneself** erscheinen, sich *akk* einfinden *geh*; ■**to ~ itself** *idea, opportunity* sich *akk* ergeben; **the opportunity to work in Boston ~ed itself quite out of the blue** die Gelegenheit, in Boston zu arbeiten, kam aus heiterem Himmel ⓫ MIL **to ~ arms** das Gewehr präsentieren; **~ arms!** präsentiert das Gewehr! ▶ PHRASES: **to ~ one's compliments** (*dated form: greeting*) sich *akk* empfehlen *geh o veraltet*; (*a. hum fam: taking leave*) sich *akk* empfehlen [lassen]; **Mr Barney ~s his compliments** Herr Barney lässt sich empfehlen *geh o veraltet* **II.** *vi* MED ■**to ~ with sth** etw aufzeigen; **the patient ~ed with a serious case of TB** der Patient zeigte ernste Anzeichen von Tuberkulose

pre·sent·able [prɪ'zentəbl̩] *adj person* vorzeigbar, *hum* gesellschaftsfähig; *thing* ansehnlich; **I can't answer the door – I'm not ~** ich kann nicht an die Tür, so wie ich aussehe!; **to look ~** vorzeigbar aussehen, sich *akk* sehen lassen können; **to make oneself [look] ~** sich *akk* zurechtmachen [*o* SÜDD herrichten] *fam*; **to make sth ~** etw herrichten [*o* in einen präsentablen Zustand bringen]

pres·en·ta·tion [ˌprezᵊn'teɪʃᵊn] *n* ❶ (*giving*) Präsentation *f*; *of a theory* Darlegung *f*; *of a dissertation, thesis* Vorlage *f*; *of gifts* Überreichung *f*, Übergabe *f*; (*awarding*) Verleihung *f* ❷ (*lecture, talk*) Präsentation *f* (**on** zu +*dat*), Vortrag *f* (**on**

P

über +*akk*) ❸ *no pl* (*display*) *of photographs, works* Ausstellung *f* ❹ (*exhibition, theatre*) Inszenierung *f*

pres·en·ta·tion 'copy *n* PUBL Widmungsexemplar *nt*, Dedikationsexemplar *nt geh*

pres·ent con·'tinu·ous *n* LING Verlaufsform *f* [des] Präsens; **to be in the ~** in der Verlaufsform [des] Präsens stehen **pres·ent-'day** *adj usu attr* heutig *attr;* **~ facilities** heutige [*o* moderne] Einrichtungen; **~ London** das heutige London

pres·en·tee·ism [ˌprezen'tiːɪzəm] *n no pl die Praktik, länger als nötig am Arbeitsplatz zu bleiben, um positiv aufzufallen*

pre·sent·er [prɪ'zentəʳ] *n* BRIT, AUS RADIO, TV Moderator(in) *m(f)*

pre·sen·ti·ment [prɪ'zentɪmənt] *n* (*form*) Vorahnung *f* (**of** +*gen*); **to have a ~ of sth** eine Vorahnung [*o* ein ungutes Gefühl] in Bezug auf etw *akk* haben; **to have a ~ of danger** eine Gefahr vorausahnen

pres·ent·ly ['prezəntli] *adv inv* ❶ (*soon*) bald, gleich, in Kürze; **to do sth ~** etw bald [*o geh* in Kürze] erledigen ❷ *esp* BRIT, AUS (*now*) zurzeit, derzeit, gegenwärtig

pres·ent par·'ti·ci·ple *n* LING Partizip *nt* Präsens **pres·ent 'per·fect** *n* LING Perfekt *nt*, vollendete Gegenwart; **to be in the ~** im Perfekt stehen **pres·ent pro·'gres·sive** *n* LING Verlaufsform *f* [des] Präsens; *see also* **present continuous pres·ent 'sim·ple** *n* LING einfache Form des Präsens; **to be in the ~** in der einfachen Form des Präsens stehen **pres·ent 'tense** *n* LING Präsens *nt*, Gegenwartsform *f;* **to be/write in the ~** im Präsens stehen/schreiben **pres·ent 'value** *n* FIN Barwert *m*, Zeitwert *m*, Gegenwartswert *m;* **the ~ of an annuity of $100** der Kapitalwert einer Jahresrente von 100 Dollar

pres·er·va·tion [ˌprezə'veɪʃən, AM -ə'-] **I.** *n no pl* ❶ (*upkeep*) Erhaltung *f;* **the ~ of listed buildings** die Erhaltung unter Denkmalschutz stehender Gebäude; **state of ~** Erhaltungszustand *m;* **to be in an excellent/a poor state of ~** noch außerordentlich gut/nicht mehr gut erhalten sein; **historic ~** AM Erhaltung *f* historischer Stätten, Denkmalschutz *m* ❷ (*conservation*) Bewahrung *f; of order* Aufrechterhaltung *f;* (*protection*) Schutz *m; of* [*national*] *interests* Wahrung *f;* **the ~ of the countryside** der Erhalt der ländlichen Landschaftsstriche ❸ FOOD Konservierung *f*, Einmachen *nt*, Einkochen *nt*, Einwecken *nt;* **food ~** Lebensmittelkonservierung *f* **II.** *adj attr, inv* Konservierungs-; **~ method** Konservierungsmethode *f*

pres·er·va·tion·ist [ˌprezə'veɪʃənɪst, AM -ə'-] *n* Verfechter(in) *m(f)* der Denkmal[s]pflege

pres·er·'va·tion or·der *n* BRIT, AUS *Erlass, der etwas unter Denkmalschutz stellt;* **to have a ~ on it/them** unter Denkmalschutz stehen; **to issue a ~ on sth** etw unter Denkmalschutz stellen **pres·er·'va·tion spe·cial·ist** *n* Denkmal[s]pfleger(in) *m(f);* (*curator, keeper*) Konservator(in) *m(f);* (*restorer*) Restaurator(in) *m(f)*

pre·serva·tive [prɪ'zɜːvətɪv, AM -'zɜːrvət̬-] *n* Konservierungsmittel *nt*, Konservierungsstoff *m;* **free from artificial** [*or* **with no added**] **~s** ohne Konservierungsstoffe

pre·serve [prɪ'zɜːv, AM -'zɜːrv] **I.** *vt* ■**to ~ sth** ❶ (*maintain*) etw erhalten; **to do sth to ~ one's sanity** etw tun, damit man nicht verrückt wird *fam;* **to ~ the appearance of sth** den Schein einer S. *gen* wahren; **to ~ the character of sth** den Charakter einer S. *akk* erhalten; **to ~ customs/tradition** Bräuche/die Tradition bewahren; **to ~ one's sense of humour** sich *dat* seinen Humor bewahren; **to ~ the peace/the status quo** den Frieden/den Status quo bewahren; **to ~ one's right to do sth** sich *dat* das Recht vorbehalten, etw zu tun ❷ (*conserve*) etw konservieren; *wood* etw [mit Holzschutzmittel] behandeln; *fruit and vegetables* etw einmachen [*o* einkochen] [*o* einwecken]; **to ~ gherkins in cider vinegar** Gurken in Apfelessig einlegen ❸ (*protect*) etw schützen; **to ~ the environment** die Umwelt schützen **II.** *n* ❶ *usu pl* (*food*) Eingemachte(s) *nt kein pl;* **a jar of ~s** ein Glas *nt* Eingemachtes; **apricot/strawberry ~** eingemachte Aprikosen/Erdbeeren ❷ (*domain*) Domäne *f;* **the gardening is Jo's ~** für die Gartenarbeit ist Jo zuständig; **to be the ~ of the rich** den Reichen vorbehalten sein; (*responsibility*) Wirkungsbereich *m; of a department* Ressort *nt;* (*property*) Besitztum *nt;* **she regards that cupboard as her own ~** sie betrachtet dieses Schränkchen als ihr ganz privates Eigentum ❸ *esp* AM (*reserve*) Reservat *nt;* **game ~** Wildpark *m;* **nature/wildlife ~** Naturschutzgebiet *nt*

pre·served [prɪ'zɜːvd, AM -'zɜːrvd] *adj* ❶ (*maintained*) konserviert; **~ building** erhaltenes Gebäude; **to be badly/well ~** nicht [mehr] gut/sehr gut erhalten sein ❷ FOOD eingemacht, eingelegt, eingeweckt; **~ fruit/vegetables** eingemachtes Obst/Gemüse; **~ food** konservierte Lebensmittel

pre·set [priː'set] **I.** *vt* <-set, -set> ■**to ~ sth** *machine* etw vorher einstellen; (*arrange in advance*) etw vorher absprechen; **to ~ an agenda** [vorher] eine Tagesordnung festlegen; (*fig: predetermine*) etw vorherbestimmen **II.** *adj inv* [vorher] eingestellt; **~ button** (*for recording*) Aufnahmeknopf *m;* (*for setting time*) [Ein]stellschalter *m;* **on a ~ course** auf einem vorgegebenen Kurs; **at a ~ price** zu einem festgelegten Preis; **at a ~ time** zu einer vorher festgelegten Zeit, zu einem vorher festgelegten Zeitpunkt

pre-shrunk [ˌpriː'ʃrʌŋk] *adj inv clothes* vorgewaschen

pre·side [prɪ'zaɪd] *vi* ❶ (*be in charge*) *of meeting, rally* den Vorsitz haben; ■**to ~ at sth** bei etw *dat* den Vorsitz haben, etw *dat* vorsitzen; ■**to ~ over sth** etw leiten, etw *dat* präsidieren; **to ~ over a case** LAW bei einer Verhandlung den Vorsitz haben [*o* führen]; **to ~ over a change/dissolution** für eine Änderung/Auflösung verantwortlich sein, bei einer Änderung/Auflösung die Federführung haben; **to ~ over a meeting/rally/seminar** einer Sitzung/Versammlung/einem Seminar vorsitzen [*o* präsidieren] ❷ (*dominate*) ■**to ~ over sth** (*iron, hum*) etw beherrschen *fig*, über etw *akk* hinausragen; (*hum*) **Ma and Grandma were presiding over lunch** Mutter und Großmutter gaben bei Tisch den Ton an *hum*

presi·den·cy ['prezɪdən(t)si] *n* ❶ (*office*) Präsidentschaft *f;* **to assume the ~** das Amt des Präsidenten/der Präsidentin antreten; **to stand for the ~** für das Amt des Präsidenten/der Präsidentin kandidieren ❷ (*tenure*) Präsidentschaft *f;* **during his/her ~** während seiner/ihrer Amtszeit als Präsident/Präsidentin; (*of company*) Aufsichtsratsvorsitz *m*

presi·dent ['prezɪdənt] *n* ❶ (*head of state*) Präsident(in) *m(f);* **Madam/Mr P~** Frau Präsidentin/Herr Präsident ❷ (*head*) *of society* Präsident(in) *m(f); of company, corporation* [Vorstands- [*o* Aufsichtsrats]]vorsitzende(r) *f(m);* **vice-~** Vizepräsident(in) *m(f)*

presi·dent-e'lect <*pl* **presidents-elect**-> *n* gewählter Präsident/gewählte Präsidentin (*vor der Amtseinführung*)

presi·den·tial [ˌprezɪ'den(t)ʃəl] *adj* ❶ *inv, usu attr* POL (*of president*) Präsidenten-; (*of office*) Präsidentschafts-; **~ ambitions** Ambitionen *fpl* auf die Präsidentschaft; **~ aspirations** [das] Streben nach der Präsidentschaft; **~ authority** Amtsgewalt *f* des Präsidenten/der Präsidentin; **~ contender** [*or* **hopeful**] Präsidentschaftskandidat(in) *m(f);* **~ election** Präsidentschaftswahl *f;* **~ primary** Vorwahl *f* für die Präsidentschaft; **~ race** Rennen *nt* um die Präsidentschaft ❷ *attr, inv* (*of head of organization*) **~ address** Ansprache *f* des/der Vorsitzenden [*o* des Präsidenten/der Präsidentin]

presi·den·tial 'aide *n* POL Berater(in) *m(f)* des Präsidenten/der Präsidentin **presi·den·tial 'pal·ace** *n* POL Präsidentenpalast *m* **presi·den·tial 'year** *n* AM POL Jahr *nt* der Präsidentschaftswahlen, Wahljahr *nt* (*für die Präsidentschaft*)

pre·sid·ing judge *n* LAW Gerichtspräsident(in) *m(f)*, Vorsitzende(r) *f(m)* des Gerichts

press [pres] **I.** *n* <*pl* -es> ❶ (*push*) Druck *m;* **at the ~ of a button** auf Knopfdruck; **to give sth a ~** [auf] etw *akk* drücken ❷ (*ironing*) Bügeln *nt kein pl;* **to give sth a ~** etw bügeln ❸ (*instrument*) Presse *f;* **garlic ~** Knoblauchpresse *f;* **trouser ~** Hosenpresse *f;* **wine ~** Weinpresse *f*, Kelter *f* ❹ (*news *media, newspapers*) ■**the** ~ + *sing/pl vb* die Presse; **the story has been all over the** ~ die Geschichte wurde in allen Zeitungen gebracht; **freedom of the** ~ Pressefreiheit *f;* **to be in** [*or* AM **on**] ~ im Druck sein; **to go to** ~ *newspaper, book* in Druck gehen; *editorial staff* Redaktionsschluss haben; **to hold the** ~[**es**] den Druck verzögern; **to inform the** ~ [**about sth**] [mit etw *dat*] an die Presse gehen; **to leak sth to the** ~ etw der Presse zuspielen; **in the** ~ in der Presse ❺ (*publicity*) Presse *f;* **to have a bad/good** ~ eine schlechte/gute Presse bekommen, schlechte/gute Kritiken bekommen ❻ (*publishing house*) Verlag *m,* Verlagshaus *nt* **II.** *vt* ❶ (*push*) ■**to** ~ **sth** [auf] etw *akk* drücken; **to speak to an operator,** ~ **'0' now** um mit der Vermittlung zu sprechen, wählen Sie jetzt die ‚0'; **Sammy** ~**ed his nose against the windowpane** Sammy drückte die Nase gegen die Fensterscheibe; **to** ~ **a bell/button/switch** auf eine Klingel/einen Knopf/einen Schalter drücken; **to** ~ **on the brake pedal** auf das Bremspedal treten [*o fam* steigen]; ■**to** ~ **sth** ⊂ **down** etw herunterdrücken; ■**to** ~ **sth into sth** etw in etw *akk* hineindrücken ❷ (*flatten*) ■**to** ~ **sth** etw zusammendrücken; **to** ~ **flowers** Blumen pressen ❸ (*extract juice from*) ■**to** ~ **sth** etw auspressen; **to** ~ **grapes** Weintrauben keltern ❹ (*iron*) ■**to** ~ **sth** etw bügeln [*o* SCHWEIZ glätten] [*o* NORDD *a.* plätten] ❺ (*manufacture*) ■**to** ~ **sth** *CD, record* etw pressen ❻ (*fig: urge, impel*) ■**to** ~ **sb** jdn bedrängen [*o* unter Druck setzen]; ■**to** ~ **sb to do sth** jdn bedrängen, etw zu tun; ■**to** ~ **sb for sth** jdn zu etw *dat* drängen, jdn dazu drängen, etw zu tun; ■**to** ~ **sb on sb/sth** jdn über jdn/zu etw *dat* befragen; **they are** ~**ing demands on the country's leaders** sie versuchen massiv, ihre Forderungen bei den führenden Vertretern des Landes durchzusetzen; ■**to** ~ **sb/sth into sth** jdn/etw zu etw *dat* bringen [*o* zwingen]; *of person also* jdn zu etw *dat* nötigen; **to** ~ **sb for an answer/decision** jdn zu einer Antwort/Entscheidung drängen; **to** ~ **sb into a role** jdn in eine Rolle hineindrängen; **to** ~ **sb into service** jdn [gezwungenermaßen] in Dienst nehmen, jdn einspannen *fam;* **to** ~ **sb/sth into service** [**as sth**] jdn/etw [als etw] einsetzen [*o fam* einspannen] ❼ (*forcefully promote*) ■**to** ~ **sth** etw forcieren; **to** ~ **one's case** seine Sache durchsetzen wollen; **to** ~ **one's claim** auf seiner Forderung beharren; **to** ~ **one's point** beharrlich seinen Standpunkt vertreten, auf seinem Standpunkt herumreiten *fam* ❽ (*insist on giving*) ■**to** ~ **sth** [**up**]**on sb** *gift, offer* jdm etw aufdrängen ❾ *usu passive* (*face difficulty*) ■**to be** ~**ed** unter Druck stehen; **they'll be hard** ~**ed to complete the assignment** wenn sie den Auftrag ausführen wollen, müssen sie sich aber ranhalten ❿ LAW (*bring*) **to** ~ **charges** Anklage erheben (**against** gegen +*akk*) ▶ PHRASES: **to** ~ **home** ⊂ **sth** etw durchzusetzen versuchen; **to** ~ **home one's advantage** seinen Vorteil ausnutzen **III.** *vi* ❶ (*push*) drücken; ~ **down firmly on the lever** drücken Sie fest auf den Hebel; **stop** ~**ing! you'll all get your turn** hört auf zu drängeln! es kommen alle an die Reihe; **to** ~ **against a door** sich *akk* gegen eine Tür stemmen; **to** ~ **hard** fest drücken ❷ (*be urgent*) drängen, dringlich sein *geh;* **time is** ~**ing** die Zeit drängt

◆**press ahead** *vi* ■**to** ~ **ahead** [**with sth**] [mit etw *dat*] weitermachen, etw vorantreiben [*o geh* forcieren], etw mit Nachdruck betreiben; **to** ~ **ahead with the negotiations/talks** mit den Verhandlungen/Gesprächen fortfahren

◆**press for I.** *vi* ■**to** ~ **for sth** auf etw *akk* drängen; **to** ~ **for reform** um eine Reform kämpfen **II.** *vt* ❶ (*forcefully persuade*) ■**to** ~ **sb for sth** jdn zu etw *dat* drängen; **to** ~ **sb for an explanation** jdm eine Erklärung abfordern ❷ *usu passive* (*have barely enough*) **to be** [**hard**] ~**ed** [**for sth**] [mit etw *dat*] [sehr [*o* SÜDD arg]] knapp dran sein *fam;* **to be** [**hard**] ~**ed for an answer** um eine Antwort verlegen sein; **to be** ~**ed for cash** [*or* **money**] in Geldnot [*o* Geldnöten] sein, knapp bei Kasse sein *fam;* **to be** ~**ed for space** zu wenig Platz haben; **to be** ~**ed for time** unter Zeitdruck stehen

◆**press on I.** *vi* ■**to** ~ **on** [**with sth**] [mit etw *dat*] [zügig] weitermachen [*o geh* fortfahren]; **to** ~ **on with one's journey** seine Reise fortsetzen; **to** ~ **on with one's plans** seine Pläne vorantreiben; **to** ~ **on with one's work** sich *akk* bei der Arbeit ranhalten *fam;* **to** ~ **on regardless** trotzdem [*o geh* dessenungeachtet] weitermachen **II.** *vt* ■**to** ~ **sth on sb** jdm etw aufdrängen [*o fam* aufdrücken]

◆**press upon** *vt see* **press on II.**

'press ag·en·cy *n* Presseagentur *f* **'press agent** *n* Presseagent(in) *m(f)* **'press at·ta·ché** *n* Presseattaché *m* **'press bar·on** *n* Pressezar *m* **'press box** *n* (*room*) Pressekabine *f;* (*area*) Pressetribüne *f* **'press-but·ton** *adj, n see* **push-button** **'press cam·paign** *n* Pressekampagne *f,* Pressefeldzug *m;* **to initiate** [*or* **launch**] [*or* **start**] **a** ~ eine Pressekampagne [*o* einen Pressefeldzug] starten **'press card** *n* Presseausweis *m* **'press clip·ping** *n* Zeitungsausschnitt *m* **'press con·fer·ence** *n* Pressekonferenz *f;* **to attend a** ~ an einer Pressekonferenz teilnehmen; **to carry/hold/schedule a** ~ eine Pressekonferenz übertragen/abhalten/ansetzen **'press corps** *n no pl* Pressevertreter(innen) *mpl(fpl),* Pressekorps *nt* **'press cov·er·age** *n* ❶ (*scale of reporting*) Berichterstattung *f* (*in der Presse*) ❷ (*footage*) [Fernseh]übertragung *f;* **live** ~ Liveübertragung *f* **'press cut·ting** *n* Zeitungsausschnitt *m* **press 'dead·line** *n* **to meet a** ~ einen Presseschlusstermin einhalten

pressed [prest] *adj* ❶ (*flattened*) gepresst, Press-; ~ **steel** Pressstahl *m;* **to be** ~ **up close against sb/sth** auf Tuchfühlung mit jdm/etw stehen/sitzen/liegen ❷ FOOD (*crushed, squeezed*) gepresst; **freshly** ~ **orange juice** frisch gepresster Orangensaft

'press gal·lery *n* Pressetribüne *f* **'press gang I.** *n* (*hist*) Werber *mpl fachspr veraltet* **II.** *vt* ■**to press-gang sb into doing sth** jdn [dazu] zwingen, etw zu tun; **we press-ganged Simon into playing football** wir haben Simon regelrecht zum Fußballspielen gezwungen

pres·sie ['prezi] *n* BRIT, AUS (*fam*) Geschenk *nt*

press·ing ['presɪŋ] **I.** *adj* (*urgent*) *issue, matter* dringend, dringlich; *requests* nachdrücklich **II.** *n* (*manufacture of CD, record*) Pressung *f;* (*series made together*) Auflage *f*

'press·man *n* Zeitungsmann, -frau *m, f sl,* Pressevertreter(in) *m(f)* **'press of·fice** *n* Pressestelle *f* **'press of·fic·er** *n* Pressereferent(in) *m(f)* **press pho·'tog·ra·pher** *n* Pressefotograf(in) *m(f)* **'press re·lease** *n* Pressemitteilung *f,* Pressemeldung *f;* **to issue** [*or* **put out**] **a** ~ eine Pressemitteilung herausgeben **'press re·port** *n* Pressebericht *m* **'press re·port·er** *n* [Presse]berichterstatter(in) *m(f)* **press 'sec·re·tary** *n* Pressesprecher(in) *m(f)* **'press stud** *n* BRIT, AUS Druckknopf *m* **'press-up** *n* BRIT Liegestütz *m*

pres·sure ['preʃəʳ, AM -ɚ] **I.** *n* ❶ *no pl* (*physical force*) Druck *m;* **massage with gentle** ~ mit leichten Druckbewegungen massieren; **to apply** ~ Druck ausüben; **apply** ~ **to the bleeding wound** drücken Sie die Wunde ab; **to put** ~ **on sth** auf etw *akk* drücken ❷ PHYS Druck *m;* **under deep-sea** ~**s** bei Tiefseedruck; **to store gas at a particular** ~ Gas unter einem bestimmten Druck lagern ❸ *no pl* (*stress*) Druck *m,* Stress *m,* Belastung *f;* (*stronger*) Überlastung *f;* **the** ~ **of work** die Arbeitsbelastung; (*stronger*) die Arbeitsüberlastung; **to be under** ~ **to do sth** unter Druck stehen, etw zu tun, etw dringend tun müssen; **to handle** ~ Belastungen [*o* Druck] aushalten; **she is very good at handling** ~ sie kann sehr gut mit Stress umgehen; **there is a lot of** ~ **on sb** jd hat Stress [*o* ist im Stress] [*o* steht unter Druck] ❹ *no pl* (*insistence*) Druck *m;* ~ **to abandon the new motorway is increasing** die Forderungen, die neuen Autobahnpläne zu verwerfen, werden lauter; ~ **of public opinion** Druck *m* der öffentlichen Meinung; **to do sth under** ~ etw gezwungenermaßen [*o* unter Druck] tun; **to do sth under** ~ **from sb** etw auf jds Drängen *nt* hin tun; **to put** ~ [*or* **bring** ~ **to bear**] **on sb** [**to do sth**] (*form*) jdn unter Druck setzen[, damit er/sie etw tut] ❺ (*demands,*

P

stress) ■ **~s** *pl* Druck *m kein pl,* Belastung[en] *f[pl]*; **he's got a lot of ~s on him just now** er ist im Moment starken Belastungen ausgesetzt **II.** *vt esp* AM ■ **to ~ sb to do** [*or* **into doing**] **sth** jdn dazu drängen [*o* unter Druck setzen], etw zu tun

'pres·sure cab·in *n* AVIAT [Über]druckkabine *f* **'pres·sure cook·er** *n* Dampfkochtopf *m,* Schnellkochtopf *m;* (*fig*) **this job is like being in a ~ all day long** bei diesem Job steht man den ganzen Tag unter Druck **'pres·sure gauge** *n* Druckmesser *m,* Manometer *nt fachspr* **'pres·sure group** *n* POL Pressuregroup *f* **'pres·sure point** *n* ❶ (*sensitive area*) Druckpunkt *m* ❷ (*fig: time*) kritischer [*o* heikler] Punkt; (*area*) kritische [*o* heikle] Zone **'pres·sure sore** *n* MED wunde [*o* wund gelegene] Stelle **'pres·sure suit** *n* AVIAT Druckanzug *m* **'pres·sure tac·tics** *n + sing vb* Druckmittel *ntpl;* (*negotiating*) aggressive Verhandlungsmethoden *fpl;* **to resort to ~** auf Druckmittel zurückgreifen; **to use ~** Druckmittel [zur Überzeugung] einsetzen, mit harten Bandagen kämpfen **'pres·sure ves·sel** *n* Druckbehälter *m*

pres·suri·za·tion [ˌpreʃᵊraɪ'zeɪʃᵊn, AM -ərɪ'-] *n no pl* Druckausgleich *m;* **the ~ of a cabin** die Haltung des Normaldrucks in einer Kabine

pres·sur·ize ['preʃᵊraɪz, AM -ʃə-] *vt* ❶ (*control air pressure*) ■ **to ~ sth** etw druckfest [*o* auf Normaldruck] halten ❷ (*persuade by force*) ■ **to ~ sb to do** [*or* **into doing**] **sth** jdn [massiv] dazu drängen, etw zu tun, auf jdn [massiven] Druck ausüben, damit er/sie etw tut; **the protests were an attempt to ~ the government into agreeing** durch die Demonstrationen erhoffte man sich, die Regierung zum Einlenken zu bringen

pres·tige [pres'tiːʒ, AM -'tiː(d)ʒ] **I.** *n no pl* Prestige *nt,* Ansehen *nt;* **loss of ~** Prestigeverlust *m;* **to acquire ~** [**with sth**] sich *dat* [mit etw *dat*] Geltung verschaffen; **to hurt sb's ~** jds Ansehen *nt* schaden **II.** *n modifier* angesehen, renommiert *geh;* **~ hotel** vornehmes Hotel, Luxushotel *nt*

pres·'tige value *n* Prestigewert *m*

pres·tig·ious [pres'tɪdʒəs] *adj* angesehen, renommiert *geh,* Prestige-; **to have a ~ career** eine außergewöhnliche Karriere machen; **to have a ~ reputation** einen ausgezeichneten [*o geh* exzellenten] Ruf haben, großes Ansehen besitzen; **to be** [**very**] **~** [einen hohen] Prestigewert haben

pre·stressed [ˌpriː'strest] *adj inv* TECH vorgespannt; **~ concrete** Spannbeton *m*

pre·sum·able [prɪ'zjuːməbl̩, AM -'zuː-] *adj* vermutlich

pre·sum·ably [prɪ'zjuːməbli, AM -'zuː-] *adv inv* vermutlich; **~, they're on their way here** ich nehme mal an, dass sie auf dem Weg hierher sind

pre·sume [prɪ'zjuːm, AM -'zuː-] **I.** *vt* (*suppose, believe*) ■ **to ~ sth** etw annehmen [*o* vermuten]; **you are Dr Smith, I ~?** ich nehme an, Sie sind Dr. Smith?; **~d dead** mutmaßlich tot [*o* verstorben]; **to be ~d innocent** als unschuldig gelten; **I ~ so/not** ich denke [*o* glaube] ja/nein; **are we walking to the hotel? – I ~ so** laufen wir zum Hotel? – ich denke schon; ■ **to ~ that ...** annehmen [*o* vermuten], dass ...; **I'd ~d that your train would be on time** ich bin davon ausgegangen, dass dein Zug rechtzeitig ankommen würde; ■ **to be ~d** [**to be**] **sth** für etw *akk* gehalten werden; **she's ~d to have shot him in cold blood** man sagt ihr nach, sie hätte ihn kaltblütig erschossen **II.** *vi* ❶ (*be rude*) anmaßend [*o geh* vermessen] sein ❷ (*take advantage of*) ■ **to ~ on** [*or* **upon**] **sth** etw über Gebühr in Anspruch nehmen [*o* ausnützen] [*o* strapazieren], etw überbeanspruchen; **to ~ on sb's good nature** jds Gutmütigkeit ausnutzen; **to ~ on sb's time** jds Zeit in Anspruch nehmen; **could I ~ on your time for a moment?** hätten Sie wohl einen Moment Zeit für mich? ❸ (*dare*) ■ **to ~ to do sth** sich *dat* erlauben [*o* herausnehmen], etw zu tun; **she would never ~ to question my authority** sie würde sich nie anmaßen, meine Autorität in Frage zu stellen; **to ~ to claim that ...** sich *akk* zu der Behauptung versteigen, dass ...; **I don't wish to ~, but shouldn't you apologize to her?** ich will ja nicht aufdringlich sein, aber solltest du dich nicht bei ihr entschuldigen?

pre·sum·ed·ly [prɪ'zjuːmɪdli, AM -'zuː-] *adv* ~ [**so**] vermutlich [ja [*o* schon]]; **~ not** vermutlich nicht

pre·sum·ing [prɪ'zjuːmɪŋ, AM -'zuː-] *adj* (*dated: arrogant*) *person, tone of voice* anmaßend; (*impertinent*) *action, behaviour, person* dreist, unverschämt

pre·sump·tion [prɪ'zʌmpʃᵊn] *n* ❶ (*assumption*) Annahme *f,* Vermutung *f;* **the ~ of innocence** LAW die Unschuldsvermutung; **to be based on the ~ that ...** auf der Annahme basieren, dass ...; **the ~ is that ...** man vermutet [*o* es wird angenommen], dass ...; **to make a ~** eine Vermutung anstellen, etw annehmen; **under the ~ that ...** unter der Annahme [*o* davon ausgehend], dass ... ❷ *no pl* (*form: arrogance*) Vermessenheit *f geh,* Überheblichkeit *f*

pre·sump·tive [prɪ'zʌmptɪv] *adj attitude, reasoning* vermutlich, mutmaßlich; **~ diagnosis** Verdachtsdiagnose *f*

pre·sump·tive 'evi·dence *n* LAW Indizienbeweis *m,* Primafaciebeweis *m fachspr*

pre·sump·tuous [prɪ'zʌmptʃuəs, AM -tʃuːəs] *adj* (*arrogant*) *person, behaviour* anmaßend, großspurig; *attitude* vermessen *geh,* überheblich; (*forward*) dreist, unverschämt; **I hope I won't be considered ~ if I ...** ich hoffe, Sie nehmen es mir nicht übel, wenn ich ...

pre·sump·tuous·ly [prɪ'zʌmptʃuəsli, AM -tʃuːəs-] *adv* (*arrogantly*) dreist, unverschämt; **to act ~** sich *akk* dreist [*o* unverschämt] benehmen; **to ~ assume that ...** (*arrogantly*) dreisterweise davon ausgehen, dass ...; (*forwardly*) überheblicherweise davon ausgehen, dass ...

pre·sump·tuous·ness [prɪ'zʌmptʃuəsnəs, AM -tʃuːəs-] *n no pl* Überheblichkeit *f;* (*arrogance also*) Vermessenheit *f geh*

pre·sup·pose [ˌpriːsə'pəʊz, AM -'poʊz] *vt* (*form*) ■ **to ~ sth** etw voraussetzen, etw zur Voraussetzung haben; ■ **to ~ that ...** voraussetzen, dass ...

pre·sup·po·si·tion [ˌpriːsʌpə'zɪʃᵊn] *n* Voraussetzung *f,* Annahme *f;* **to be based on false ~s** von falschen [*o* irrigen] Voraussetzungen ausgehen, auf falschen [*o* irrigen] Annahmen basieren

prêt-à-por·ter [ˌpretɑː'pɔːteɪ, AM -pɔːr'teɪ] **I.** *n no pl* Konfektion *f,* Prêt-à-porter *nt kein pl selten* **II.** *adj attr* Konfektions-; **~ department** Abteilung *f* mit Konfektionsware; **~ fashions** Konfektionsmode *f*

pre-tax [ˌpriː'tæks] *adj inv* unversteuert, vor Abzug der Steuern *nach n,* vor [der] Versteuerung *nach n,* Brutto-; **~ earnings** Bruttoeinnahmen *fpl;* **~ income** Bruttoeinkommen *nt;* **~ loss/profit** Verlust *m*/Gewinn *m* vor Abzug der Steuern, Bruttoverlust *m*/Bruttogewinn *m*

pre-teen [ˌpriː'tiːn] *adj attr ca. zwischen dem zehnten und zwölften Lebensjahr;* **~ children** *Kinder im Alter von zehn bis zwölf*

pre·tence [prɪ'ten(t)s], AM **pre·tense** ['priːt-] *n no pl* ❶ (*false behaviour, insincerity*) Vortäuschung *f,* Vorspiegelung *f;* **under the ~ of friendship** unter dem Deckmantel der Freundschaft; **under** [*or* **by**] **false ~s** *a.* LAW unter Vorspiegelung falscher Tatsachen; **to give up a ~ of sth** etw nicht länger vortäuschen; **to keep up a ~ of sth** etw vortäuschen, den [An]schein einer S. *gen* vermitteln; **they kept up a ~ of normality** sie wahrten den Anschein der Normalität; **the army has given up any ~ of neutrality** die Armee hat ihre vorgetäuschte Neutralität aufgegeben; **to make a ~ of doing sth** [nur] so tun, als ob man etw tut; **to make no ~ of sth** etw nicht verhehlen, keinen Hehl aus etw *dat* machen, mit etw *dat* nicht hinter dem Berg halten; **to make no ~ of doing sth** nicht vorgeben, etw zu tun; **I had made no ~ of being interested in her** ich hatte ihr keinerlei Hoffnungen gemacht ❷ (*story, excuse*) Vorwand *m;* **under the ~ of doing sth** unter dem Vorwand, etw zu tun ❸ (*claim*) **to make no ~ to sth** keinen Anspruch auf etw *akk* erheben; **I make no ~ to having any athletic skill** ich behaupte gar nicht, sportlich zu sein ❹ (*imagination*) Vorstellungskraft *f,* Fantasie *f;* ~ **is engaged in by young children in order to learn** kleine Kinder lernen mit Hilfe ihrer Fantasie

pre·tend [prɪ'tend] **I.** *vt* ❶ (*behave falsely*) ■**to ~ sth** etw vorgeben [*o* vortäuschen]; **to ~ surprise** so tun, als ob man überrascht wäre [*o* als sei man überrascht]; ■**to ~ that ...** vorgeben [*o* vortäuschen], dass ...; **to ~ that one is asleep** sich *akk* schlafend stellen; ■**to ~ to be/do sth** vorgeben, etw zu sein/zu tun; **to ~ to be interested** Interesse vortäuschen, so tun, als sei man interessiert ❷ (*imagine*) ■**to ~ to be sb/sth** so tun, als sei man jd/etw [*o* als ob man jd/etw wäre]; **as a child, I used to ~ I was Robin Hood** als Kind habe ich immer Robin Hood gespielt; ■**to ~ that ...** so tun, als ob ...; **I'll just ~ that I didn't hear that** ich tue einfach so, als hätte ich das nicht gehört **II.** *vi* ❶ (*feign*) sich *dat* etw vormachen; **let's not ~ any more** machen wir uns doch nicht länger etwas vor; **relax, I'm only ~ing** immer mit der Ruhe, ich hab doch nur Spaß gemacht *fam;* ■**to ~ to sb** jdm etw vormachen ❷ (*form: claim*) ■**to ~ to sth** etw für sich *akk* in Anspruch nehmen; **I don't ~ to remember all the details** ich behaupte nicht, mich an alle Einzelheiten zu erinnern **III.** *adj attr* (*fam: in deception, game*) Spiel-; **this doll is Katie's ~ baby** mit dieser Puppe spielt Katie Baby

pre·tend·ed [prɪ'tendɪd] *adj attr* vorgetäuscht, geheuchelt, gespielt

pre·tend·er [prɪ'tendəʳ, AM -ɚ] *n* ■**a ~ to sth** *to position, title* ein Anwärter/eine Anwärterin auf etw *akk,* ein Prätendent/eine Prätendentin auf etw *akk geh;* **~ to the throne** Thronanwärter(in) *m(f)*

pre·tense *n no pl esp* AM *see* **pretence**

pre·ten·sion [prɪ'ten(t)ʃᵊn] *n* ❶ *usu pl* (*claim*) Anspruch *m* (**to** auf +*akk*); (*aspiration*) Ambition *f;* **his ~s to his father's wealth ...** mit den Ansprüchen, die er auf das Vermögen seines Vaters stellt, ...; **of modest ~s** mit geringen Ambitionen; **to have ~s to being/doing sth** [für sich *akk*] den Anspruch erheben, etw zu sein/zu tun ❷ *no pl* (*pej*) *see* **pretentiousness**

pre·ten·tious [prɪ'ten(t)ʃəs] *adj* (*pej: boastful*) *person* angeberisch *fam,* großspurig *pej;* (*pompous*) *manner, speech, style* hochtrabend *pej,* hochgestochen *pej fam;* (*ostentatious*) protzig *meist pej fam,* großkotzig *pej sl; house, style* pompös, bombastisch

pre·ten·tious·ly [prɪ'ten(t)ʃəsli] *adv* (*pej: ostentatious*) *attitude* protzig *meist pej fam,* großkotzig *pej sl;* (*boastfully*) *person* angeberisch *fam,* großspurig *pej*

pre·ten·tious·ness [prɪ'ten(t)ʃəsnəs] *n no pl* (*arrogance*) Überheblichkeit *f,* Anmaßung *f;* (*boastfulness*) Angeberei *f fam,* Großspurigkeit *f pej*

pret·er·it(e) ['pretᵊrɪt, AM -t̬ɚɪt] LING **I.** *n* Präteritum *nt,* Imperfekt *nt* **II.** *adj attr* Präteritums-; **~ form** Präteritum *nt,* Imperfekt *nt,* Verbform *f* im Präteritum [*o* Imperfekt]

pre·ter·natu·ral [ˌpri:tə'nætʃᵊrᵊl, AM -t̬ɚ'nætʃɚᵊl] *adj* (*form*) ❶ (*exceptional*) außergewöhnlich ❷ (*supernatural*) übernatürlich

pre·ter·natu·ral·ly [ˌpri:tə'nætʃᵊrᵊli, AM -t̬ɚ'nætʃɚ-] *adv* (*form*) außergewöhnlich

pre·text ['pri:tekst] *n* Vorwand *m* (**for** für +*akk*); **on** [*or* **under**] **the ~ of doing sth** unter dem Vorwand, etw zu tun; **to give sth as a ~** etw als Vorwand [*o* Ausrede] benutzen

pret·ti·fy <-ie-> ['prɪtɪfaɪ, AM -t̬-] *vt* ■**to ~ sth** *room etc* etw verschönern

pret·ti·ly ['prɪtɪli, AM -t̬-] *adv* (*charmingly*) reizend; (*pleasingly*) nett, hübsch; **to sing ~** schön singen; **to speak ~** (*dated*) sich *akk* gepflegt ausdrücken

pret·ti·ness ['prɪtɪnəs, AM -t̬-] *n no pl of person* hübsches [*o* nettes] Aussehen; **the ~ of her smile** ihr nettes Lächeln; *of place* Schönheit *f; of manners* Artigkeit *f*

pret·ty ['prɪti, AM -t̬i] **I.** *adj* ❶ (*attractive*) *person* hübsch; *thing* nett; **to be not just a ~ face** (*hum, iron*) nicht nur gut aussehen, sondern auch was im Kopf haben *sl;* **not a ~ sight** kein schöner Anblick ❷ (*dated or iron: not good*) schön *iron,* prima *iron fam;* **that's a ~ mess** das ist ja ein schönes Durcheinander *iron;* **a ~ state of affairs** eine schöne Geschichte *iron* ▶ PHRASES: **to reach** [*or* **come to**] [*or* **be at**] **a ~ <u>pass</u>** schon weit gekommen sein *fig;* **to cost/pay a ~ <u>penny</u>** eine schöne [*o* hübsche] Stange Geld kosten/[be]zahlen *fam* **II.** *adv inv* (*fam*) ❶ (*fairly*) ziemlich; **to be ~ certain** [*or* **sure**] [sich *dat*] ziemlich sicher sein; **~ difficult** reichlich [*o* ziemlich] schwierig; (*very*) ganz; **~ good** (*fam*) ganz gut; **~ damn good/quick** (*fam*) verdammt gut/schnell *fam* ❷ (*almost*) **~ well everything** beinah alles; **~ well all the ...** so ziemlich alle ...; **~ much** [*or* **nearly**] [*or* **well**] fast, nahezu; **~ nearly finished** so gut wie fertig ▶ PHRASES: **to be <u>sitting</u> ~** gut dastehen, seine Schäfchen im Trockenen haben *oft pej fam;* **~ <u>please</u>!** bitte, bitte! **III.** *vt* ■**to ~ oneself** ○ **up** sich *akk* zurechtmachen [*o* schön machen] [*o* SÜDD herrichten] *fam;* ■**to ~ up** ○ **sth** [**with sth**] (*enhance*) etw [mit etw *dat*] verschönern; (*enliven*) etw [mit etw *dat*] aufpeppen *sl* [*o fam* aufmotzen]

pret·ty 'much *adv* (*sl*) ziemlich

pret·zel ['pretsᵊl] *n* Brezel *f* ÖSTERR *a. nt;* (*dried*) Salzstange *f*

pre·vail [prɪ'veɪl] *vi* ❶ (*triumph*) *justice, good* siegen; *person* sich *akk* durchsetzen, die Oberhand gewinnen; **did greed ~ over generosity?** war die Gier größer als der Großmut? ❷ (*induce*) ■**to ~ on** [*or* **upon**] **sb to do sth** jdn dazu bewegen [*o* bringen], etw zu tun ❸ (*exist, be widespread*) *custom* weit verbreitet sein; *opinion* geläufig sein

pre·vail·ing [prɪ'veɪlɪŋ] *adj attr, inv wind* vorherrschend; *weather* derzeit herrschend; **under the ~ circumstances** unter den gegebenen Umständen, bei den derzeit herrschenden Bedingungen; **under ~ law** nach geltendem Recht [und Gesetz]; **~ mood** momentane Stimmung; **~ opinion** aktuelle Meinungslage; **~ wind** vorherrschender Wind; **~ westerly winds** vorherrschend westliche Winde

preva·lence ['prevᵊlən(t)s, AM -vəl-] *n no pl* (*common occurrence*) *of crime, disease* weite Verbreitung, Häufigkeit *f; of bribery, of drugs* Überhandnehmen *nt;* (*predominance*) Vorherrschen *nt*

preva·lent ['prevᵊlənt, AM -vəl-] *adj* (*common*) vorherrschend *attr; disease* weit verbreitet; *opinion* geläufig, weit verbreitet; (*frequent*) besonders häufig; ■**to be ~** besonders häufig vorkommen

pre·vari·cate [prɪ'værɪkeɪt, AM -'ver-] *vi* (*form*) ■**to ~** [**over sth**] sich *akk* [in Bezug auf etw *akk*] ausweichend verhalten; **Jane is prevaricating over whether to buy a new house** Jane kann sich einfach nicht zu dem Kauf eines neuen Hauses entscheiden

pre·vari·ca·tion [prɪˌværɪ'keɪʃᵊn, AM -ˌver-] *n no pl* (*form*) Ausflüchte *fpl,* Ausweichmanöver *nt meist pl;* **to be an expert at ~** nie um Ausflüchte verlegen sein

pre·vent [prɪ'vent] *vt* ■**to ~ sth** etw verhindern; MED etw *dat* vorbeugen; **to ~ accidents/confusion/panic** Unfälle/Verwirrung/Panik vermeiden; **to ~ crime** Verbrechen verhüten; ■**to ~ sb/sth** [**from**] **doing sth** jdn/etw daran hindern [*o* davon abhalten], etw zu tun; **there's nothing to ~ us from doing it** davon kann uns überhaupt nichts abhalten; **to ~ a bomb from exploding/a disease from spreading** verhindern, dass eine Bombe explodiert/dass sich eine Krankheit ausbreitet

pre·vent·able [prɪ'ventəbḷ, AM -t̬-] *adj* vermeidbar

pre·ven·ta·tive [prɪ'ventətɪv, AM -t̬ət̬ɪv] *adj inv see* **preventive**

pre·ven·tion [prɪ'ven(t)ʃᵊn] *n no pl of disaster* Verhinderung *f; of accident* Vermeidung *f; of crime* Verhütung *f;* **society for the ~ of cruelty to animals/children** Tierschutz-/Kinderschutzverein *m* ▶ PHRASES: **~ is better than <u>cure</u>** BRIT (*prov*), AM **an ounce of ~ is worth a pound of <u>cure</u>** (*prov*) vorbeugen ist besser als heilen *prov*

pre·ven·tive [prɪ'ventɪv, AM -t̬-] *adj inv* vorbeugend, präventiv *geh*, Präventiv-; ■**to be** ~ zur Vorbeugung dienen; ~ **measures** Präventivmaßnahmen *fpl*

pre·ven·tive 'main·ten·ance *n* Wartung *f* (*als Schutz- oder Präventivmaßnahme*) **pre·ven·tive 'medi·cine** *n* Präventivmedizin *f*

pre·view ['priːvjuː] **I.** *n of a film, play* Vorpremiere *f*, Voraufführung *f*; **sneak** ~ Vorpremiere *f*; *of a trailer* Vorschau *f*; *of an exhibition* Vorbesichtigung *f*, Vernissage *f geh*; *of new products* Vor[ab]besichtigung *f* **II.** *vt* ■**to** ~ **sth** ❶ (*detail in advance*) *film, theatre, TV* etw vorab ankündigen; *book* etw vorab besprechen [*o geh* rezensieren]; *report* etw vorab besprechen ❷ (*see in advance*) *film, theatre* etw schon vorher [*o* in einer Vorpremiere] sehen; (*read in advance*) etw schon vorher lesen **III.** *vi* eine Voraufführung geben; **Miller's new play is ~ing at the Theatre Royal** das Theatre Royal gibt eine Voraufführung von Millers neuem Stück

pre·vi·ous ['priːviəs] *adj attr, inv* ❶ (*former*) vorig, vorausgegangen; (*prior*) vorherig; **all the singer's ~ engagements ...** alle bisherigen Auftritte des Sängers ...; ~ **conviction** Vorstrafe *f*; **no ~ experience required** keine Vorkenntnisse erforderlich; ~ **holder/owner** Vorbesitzer(in) *m(f)*, voriger [*o* früherer] Besitzer/vorige [*o* frühere] Besitzerin ❷ (*preceding*) vorig, vorhergehend; **could you please repeat the ~ question?** könnten Sie die letzte Frage bitte wiederholen?; **on the ~ day** am Tag davor [*o* zuvor]; **the ~ evening/week** der Abend/die Woche zuvor; **the ~ speaker** der Vorredner/die Vorrednerin; **the ~ summer** im vorigen Sommer; **on my ~ visit to Florida** bei meinem letzten Besuch in Florida; **the ~ ten years** die vergangenen [*o* letzten] zehn Jahre

pre·vi·ous·ly ['priːviəsli] *adv inv* (*beforehand*) zuvor, vorher; (*formerly*) früher; **she was ~ employed as a tour guide** sie arbeitete früher als Reiseleiterin; ~ **unknown/unreleased** bisher unbekannt/unveröffentlicht; **to have met sb ~** jdn schon kennen

pre·vi·ous 'ques·tion *n* POL Vorfrage *f* (*ob eine Abstimmung ohne weitere Debatte durchgeführt werden soll*); **to call for a ~** eine Vorfrage für eine Abstimmung fordern

pre-war [ˌpriː'wɔːʳ, AM -'wɔːr] *adj inv* Vorkriegs-; ~ **period** Vorkriegszeit *f*

prey [preɪ] **I.** *n no pl* ❶ (*food*) Beute *f*, Beutetier *nt*; ■**to be ~ to sb/sth** jds Beute/die Beute einer S. *gen* sein ❷ (*fig: victim*) Beute *f fig*; **to be easy ~ for sb** leichte Beute für jdn sein *fig*; **to be** [*or* **fall**] ~ **to sb/sth** jds Opfer/das Opfer einer S. *gen* sein/werden; **he had fallen ~ to a swindler** er war einem Schwindler aufgesessen; **to be ~ to all sorts of fears** von allen möglichen Ängsten befallen werden **II.** *vi* ❶ (*kill*) ■**to ~ on** [*or* **upon**] **sth** Jagd [*o* Beute] auf etw *akk* machen ❷ (*exploit*) ■**to ~ on** [*or* **upon**] **sb** jdn ausnutzen; (*abuse*) jdn ausnehmen [*o sl* abzocken]; **to ~ on old people** sich *dat* alte Menschen als Opfer [aus]suchen ▶PHRASES: **to ~ on sb's mind** jdm keine Ruhe lassen, an jdm nagen, jdn quälen *fig*

prez·zie ['prezi] *n* BRIT, AUS (*fam*) Geschenk *nt*

pri·ap·ic [praɪ'æpɪk] *adj* phallisch *geh*, Phallus-; ~ **symbol** Phallussymbol *nt*

price [praɪs] **I.** *n* ❶ (*money*) Preis *m*; (*monetary sum*) [Geld]preis *m*; **what ~ are apples this week?** was kosten diese Woche die Äpfel?; **~s have been on the rise** die Preise sind gestiegen; **for a ~ of £200** für 200 Pfund; **computer ~s** Preise *mpl* für Computer, Computerpreise *mpl*; **the ~ of oil** der Ölpreis; **to fetch a bad/good/high/low ~** einen schlechten/guten/hohen/niedrigen Preis erzielen; **to name** [*or* **quote**] **a ~** einen Preis angeben [*o* nennen]; **at** [*or* **for**] **a ~** zum entsprechenden Preis, für entsprechendes Geld; **to buy sth at** [*or* **for**] **a ~** einen horrenden Preis für etw *akk* bezahlen; **at any ~** um jeden Preis; (*fig*) koste es, was es wolle *fig*; **beyond ~** unerschwinglich, unbezahlbar ❷ (*forfeit*) Preis *m kein pl fig*; **what ~ fame?** wie viel ist dir der Ruhm wert?; **one's privacy is the ~ one has to pay for fame** Ruhm geht auf Kosten der Privatsphäre; **I'll do it for a ~** das kostet dich aber was *sl*; **that's too high a ~** [**to pay**] **for ...** das ist ein zu hoher Preis für ...; **to pay a** [**heavy** [*or* **steep**]/**small**] ~ einen [hohen/geringen] Preis zahlen *fig*; **to pay the ~** Opfer *ntpl* bringen; **at** [*or* **for**] **a ~** (*not without difficulty*) um einen hohen Preis *fig*, unter Inkaufnahme von Opfern; **not at any ~** um keinen Preis ▶PHRASES: **to have a ~ on one's head** steckbrieflich gesucht werden; **to have** [*or* **put**] [*or* **set**] **a ~ on sb's head** eine Belohnung auf jdn [*o* auf jds Kopf] aussetzen **II.** *vt* ■**to ~ sth** ❶ (*mark with price*) etw auszeichnen; (*set value*) den Preis für etw *akk* festsetzen; **to ~ oneself/sth out of the market** durch [die eigene] schlechte Preispolitik an Wettbewerbsfähigkeit verlieren; **to be ~d at $10/£50** $10/£50 kosten; **to be reasonably ~d** einen angemessenen Preis haben, angemessen im Preis sein ❷ (*inquire about cost*) die Kosten für etw *akk* erfragen

'price ceil·ing *n* FIN Preisobergrenze *f*, oberste Preisgrenze; **to raise the ~** die oberste Preisgrenze anheben **'price-con·scious** *adj* preisbewusst **'price con·trol** *n* Preiskontrolle *f* **'price cut** *n* Preissenkung *f* **'price cut·ting** *n* Preissenkung *f* **price dif·fer·'en·tial** *n* Preisdifferenz *f*, Preisunterschied *m* **price-'earn·ings ra·tio** *n* STOCKEX Kursgewinnverhältnis *nt* **'price fix·ing** *n no pl* Preisabsprache *f*, Preisvereinbarung *f* **price fluc·tu'a·tion** *n* Preisschwankung *f*, Preisfluktuation *f* **'price freeze** *n* Preisstopp *m* **'price in·dex** *n* Preisindex *m* **'price la·bel** *n* Preisschild *nt*

price·less ['praɪsləs] *adj* ❶ (*invaluable*) unbezahlbar, von unschätzbarem Wert *nach n*; ■**to be ~** von unschätzbarem Wert [*o* unbezahlbar] sein ❷ (*fig fam: funny*) *remark, situation* köstlich; *of person* unbezahlbar *hum*; ■**to be ~** *person, remark, situation* [zu] köstlich sein, zum Piepen [*o* Totlachen] sein *fam*; *person* [einfach] unbezahlbar sein

'price list *n* Preisliste *f* **'price range** *n* Preislage *f*, Preisklasse *f* **'price ring** *n* Preiskartell *nt* **price-'sen·si·tive** *adj information* preisempfindlich, preissensibel **'price stick·er** *n* Preisaufkleber *m* **'price tag** *n*, **'price tick·et** *n* ❶ (*label*) Preisschild *nt* ❷ (*fam: cost*) Preis *m* (**for** für +*akk*); **these suits have designer names and a ~ to match** das sind Designeranzüge zum [dem]entsprechenden Preis **'price war** *n* Preiskrieg *m*

pricey ['praɪsi] *adj* (*fam*) kostspielig, teuer, [ein bisschen [*o* ziemlich]] happig *fam*

pric·ing ['praɪsɪŋ] *n no pl* Preisgestaltung *f*, Preisfestlegung *f*

prick [prɪk] **I.** *n* ❶ (*act of piercing*) Stechen *nt*; (*pierced hole, mark*) Stich *m*; (*fig: sharp pain*) Stich *m fig*; **a ~ of anxiety/resentment** ein Anflug *m* von Angst/Groll ❷ (*vulg: penis*) Schwanz *m vulg* ❸ (*vulg: idiot*) Scheißkerl *m derb*, Arsch *m vulg*, Arschloch *nt vulg* **II.** *vt* ■**to ~ sb/sth** jdn/etw stechen; **to ~ one's finger** sich *dat o akk* in den Finger stechen; **to ~ a potato with a fork** eine Kartoffel mit einer Gabel einstechen ▶PHRASES: **to ~ one's/the balloon** [*or* **bubble**] *esp* BRIT alles wie eine Seifenblase zerplatzen lassen; **I'm sorry to ~ your bubble, but ...** tut mir leid, dir alles kaputtzumachen, aber ... *fam*; **to ~ sb's conscience** jdm Gewissensbisse [*o* ein schlechtes Gewissen] bereiten [*o* verursachen]

◆**prick out** *vt* ■**to ~ out** ○ **sth** ❶ HORT etw auspflanzen [*o* setzen] ❷ (*draw, decorate*) *design, pattern, shape* etw punktieren

◆**prick up I.** *vt* **to ~ up one's ears** die Ohren spitzen **II.** *vi* **sb's ears ~ up** [**at sth**] jd spitzt die Ohren [bei etw *dat*]

prick·le ['prɪkl] **I.** *n* ❶ (*thorn*) *of plant* Dorn *m*; *of animal* Stachel *m* ❷ (*sensation*) *by beard, wool* Kratzen *nt*; (*fig*) Kribbeln *nt a. fig fam*; **to feel a ~ of excitement** vor [lauter] Aufregung ganz kribb[e]lig sein *fam* **II.** *vi of beard, wool* jucken, kratzen; (*fig*) kribbeln *fig*, prickeln *fig* **III.** *vt* ■**to ~ sb** *wool sweater etc* jdn kratzen

prick·ly ['prɪkli] *adj* ❶ (*thorny*) stachelig ❷ (*scratchy*) kratzig; **woollen jumpers are so ~** Wollpullover kratzen immer so

❸ (*fam: easily offended*) *person* [leicht] reizbar; (*stronger*) bissig, kratzbürstig; **a ~ subject** [*or* **issue**] ein heikles Thema
prick·ly 'heat *n* MED Frieselausschlag *m*, Hitzeausschlag *m*, Miliaria *f fachspr* **prick·ly 'pear** *n* ❶ (*plant*) Feigenkaktus *m* ❷ (*fruit*) Kaktusfeige *f*
'prick-tease I. *vt* (*vulg*) ■**to ~ a man** einen Mann [zum Spaß] aufgeilen [*o fam* scharfmachen] [*o fam* anmachen] [und dann abblitzen lassen] *derb* **II.** *vi* (*fam!*) [zum Spaß] Männer aufgeilen [*o fam* scharfmachen] [*o fam* anmachen] [und dann abblitzen lassen] *derb*
'prick-teas·er *n* (*pej fam!*) **to be a ~** Männer [zum Spaß] aufgeilen [*o fam* scharfmachen] [*o fam* anmachen] [und dann abblitzen lassen] *derb*
pricy *adj see* **pricey**
pride [praɪd] **I.** *n* ❶ *no pl* (*arrogance*) Hochmut *m*, Überheblichkeit *f*; (*satisfaction*) Stolz *m*; **to feel great ~** besonders stolz sein; **to take ~ in sb/sth** stolz auf jdn/etw sein; **to take [great] ~ in doing sth** [großen] Wert auf etw *akk* legen; (*self-respect*) Stolz *m*; **to have too much ~ to do sth** zu stolz sein, um etw zu tun, sich *dat* zu schade sein, [um] etw zu tun *pej*; **to hurt** [*or* **wound**] **sb's ~** jds Stolz verletzen ❷ *no pl* (*object of satisfaction*) Stolz *m*; **the ~ of one's/sb's collection** das Glanzstück in der eigenen/jds Sammlung; **to be sb's ~ and joy** jds ganzer Stolz sein; **to have** [*or* **take**] **~ of place** einen Ehrenplatz einnehmen ❸ (*animal group*) Rudel *nt*; **a ~ of lions** ein Rudel *nt* Löwen ►PHRASES: **~ comes** [*or* **goes**] **before a fall** (*prov*) Hochmut kommt vor dem Fall *prov*; **to swallow one's ~** seinen Stolz überwinden **II.** *vt* ■**to ~ oneself on** [*or* **upon**] **sth** auf etw *akk* [besonders] stolz sein, sich *akk* mit etw *dat* rühmen; ■**to ~ oneself on** [*or* **upon**] **doing sth** [besonders] stolz darauf sein, etw zu tun; **he ~s himself that he's never ...** er kann von sich mit Stolz behaupten, dass er noch nie im Leben ...
priest [priːst] *n* Priester *m*, Geistlicher *m*
priest·ess <*pl* -es> [ˌpriːˈstes, AM ˈpriːstɪs] *n* Priesterin *f*, Geistliche *f*
priest·hood [ˈpriːsthʊd] *n no pl* ❶ (*position, office*) Priestertum *nt*; **to enter the ~** Priester/Priesterin werden; **to leave the ~** das Priesteramt niederlegen ❷ (*body of priests*) Priesterschaft *f*
priest·ly [ˈpriːstli] *adj* priesterlich, Priester-; **~ blessing** priesterlicher Segen; **~ caste** Priesterkaste *f*
prig [prɪg] *n* (*pej: moralist*) Tugendbold *m pej*; (*pedant*) Erbsenzähler *m pej fam*; **why must you always be such a ~?** warum bist du bloß so schrecklich kleinkariert? *pej fam*
prig·gish [ˈprɪgɪʃ] *adj* (*pej: self-righteous*) tugendhaft, selbstgefällig *pej*; (*prudish*) kleinkariert, übertrieben tugendhaft
prim <-mm-> [prɪm] *adj* (*pej: stiffly formal*) steif, spröde; (*prudish*) prüde; (*neat*) *house* mustergültig, untadelig; *clothes* streng; **to be ~ and proper** etepetete sein *fam*
pri·ma bal·leri·na [ˌpriːməbæləˈriːnə, AM -əˈriː-] *n* Primaballerina *f*
pri·ma·cy [ˈpraɪməsi] *n no pl* (*form*) Vorrang *m*, Primat *m o nt geh*
pri·ma don·na [ˌpriːməˈdɒnə, AM -ˈdɑːnə] **I.** *n* (*a. fig*) Primadonna *f*; **to behave like a right ~** sich *akk* aufführen wie eine Primadonna **II.** *n modifier* arrogant *pej*, primadonnenhaft *pej*
pri·ma don·na·ish [ˌpriːməˈdɒnəɪʃ, AM -ˈdɑːn-] *adj* (*pej fam*) primadonnenhaft *pej*
pri·mae·val *adj esp* BRIT *see* **primeval**
pri·ma fa·cie [ˌpraɪməˈfeɪʃi] *adj attr, inv* LAW (*form*) auf den ersten Blick *nach n*; **~ case** Rechtsfall *m* mit klarem Sachverhalt [*o* Tatbestand]; **to have a ~ case** genügend Beweise haben; **~ evidence** glaubhafter Beweis, Anscheinsbeweis *m fachspr*, Primafaciebeweis *m fachspr*
pri·mal [ˈpraɪməl] *adj inv* ursprünglich, Ur-
pri·mal 'scream *n* PSYCH Urschrei *m* **pri·mal 'thera·py** *n* PSYCH Urschreitherapie *f*, Primärtherapie *f*
pri·mari·ly [praɪˈmerəli] *adv inv* vorwiegend, hauptsächlich, in erster Linie
pri·ma·ry [ˈpraɪməri, AM -meri] **I.** *adj inv* ❶ (*principal*) primär *geh*, Haupt-; **~ concern** Hauptanliegen *nt*; **to have ~ jurisdiction** zuständig sein; **the FBI still has ~ jurisdiction** die Zuständigkeit liegt zunächst beim FBI; **~ responsibility** Hauptverantwortlichkeit *f* ❷ (*not derivative*) roh gewonnen, Roh-; **~ source materials** Rohmaterialien *ntpl* ❸ *esp* BRIT, AUS (*education*) Grundschul[s]- **II.** *n* AM POL (*election*) Vorwahl *f*
pri·ma·ry 'care *n no pl* medizinische Grundversorgung
pri·ma·ry care phy·'si·cian *n* AM Allgemeinarzt, -ärztin *m, f* **pri·ma·ry 'col·or** AM, **pri·ma·ry 'col·our** *n* Grundfarbe *f* **pri·ma·ry edu·'ca·tion** *n no pl esp* BRIT Grundschul[aus]bildung *f* **pri·ma·ry e'lec·tion** *n* AM POL (*candidate selection*) Vorwahl *f* **pri·ma·ry 'health care** *n no pl* medizinische Grundversorgung **'pri·ma·ry school** *n esp* BRIT Grundschule *f* **pri·ma·ry 'stress** *n no pl* LING Hauptakzent *m* **'pri·ma·ry teach·er** *n* BRIT Grundschullehrer(in) *m(f)* **pri·ma·ry 'tooth** *n* Milchzahn *m*
pri·mate [ˈpraɪmeɪt] *n* ❶ ZOOL (*mammal*) Primat *m* ❷ REL (*priest*) Primas *m fachspr*
pri·ma·tolo·gist [ˌpraɪməˈtɒlədʒɪst, AM -ˈtɑːl-] *n* SCI Primatologe, -in *m, f fachspr*, Primatenforscher(in) *m(f)*
pri·ma·tol·ogy [ˌpraɪməˈtɒlədʒi, AM -ˈtɑːl-] *n no pl* SCI Primatologie *f fachspr*, Primatenforschung *f*
prime [praɪm] **I.** *adj attr, inv* ❶ (*main*) wesentlich, Haupt-; **of ~ importance** von äußerster Wichtigkeit; **~ objective** oberstes Ziel; **~ suspect** Hauptverdächtige(r) *f(m)* ❷ (*best*) erstklassig; **~ cuts of meat** Fleischstücke *ntpl* bester Qualität; **a ~ example** ein ausgezeichnetes [*o* vortreffliches] Beispiel **II.** *n no pl* Blütezeit *f fig*; **the ~ of life** das beste Alter; **in the ~ of one's youth** in der Blüte der Jugend *geh*; **to be in one's ~** im besten Alter sein, in der Blüte seiner Jahre stehen *geh*; **to be past one's ~** die besten Jahre hinter sich *dat* haben, [schon] bessere Zeiten gesehen haben *fam* **III.** *vt* ❶ (*prepare*) ■**to ~ sb** jdn vorbereiten; ■**to be ~d to do sth** bereit [*o* darauf vorbereitet] sein, etw zu tun; ■**to ~ oneself to do sth** sich *akk* darauf vorbereiten [*o* einstellen], etw zu tun ❷ TECH, MIL ■**to ~ sth** (*for exploding*) etw scharfmachen; (*for firing*) etw schussbereit machen; (*undercoat*) *canvas, metal, wood* etw grundieren; **to ~ an engine** Anlasskraftstoff [in einen Motor] einspritzen; **to ~ a pump** eine Pumpe mit Wasser füllen (*um sie betriebsbereit zu machen*) ❸ *usu passive* MED, BIOL ■**to ~ sth** etw stärken; **the immune system is ~d to attack diseased cells** das Immunsystem ist darauf ausgerichtet, kranke Zellen anzugreifen ❹ (*brief*) ■**to ~ sb** jdn instruieren
prime me·'ridi·an *n* GEOG Nullmeridian *m* **prime 'min·is·ter** *n* Premierminister(in) *m(f)*, Ministerpräsident(in) *m(f)* **prime 'mov·er** *n* treibende Kraft; *a.* PHILOS bewegende Kraft, Triebfeder *f*; **to be a ~ in sth** die treibende Kraft einer S. *gen* sein **prime 'num·ber** *n* Primzahl *f*
prim·er[1] [ˈpraɪməʳ, AM -ɚ] *n* (*paint*) Grundierfarbe *f*; (*coat*) Grundierung *f*
prim·er[2] [ˈpraɪməʳ, AM ˈprɪmɚ] *n* SCH (*dated*) Fibel *f*
'prime time *n* Hauptsendezeit *f*
pri·meval [ˌpraɪˈmiːvəl] *adj* urzeitlich, Ur-; **~ desire** Urverlangen *nt*; **~ forest** Urwald *m*
primi·gravi·da <*pl* -s *or* -dae> [ˌpriːmɪˈgrævɪdə, *pl* -diː] *n* (*spec*) MED Primigravida *f fachspr*, Erstschwangere *f*
pri·mipa·ra <*pl* -rae> [praɪˈmɪpərə, AM -ərə, *pl* -riː] *n* (*spec*) MED Primipara *f fachspr*, Erstgebärende *f*
pri·mipa·rous [praɪˈmɪpərəs, AM -ərəs] *adj usu attr* (*spec*) MED primipar *fachspr*, erstgebärend *attr*
primi·tive [ˈprɪmɪtɪv, AM -t̬-] *adj* ❶ (*early stage*) primitiv; ZOOL urzeitlich; **~ mammal** Säugetier *nt* aus der Urzeit; (*unsophisticated, unreasoned*) *society, tribe, behaviour, emotion* primitiv ❷ (*pej: simple*) primitiv *pej* ❸ ART naiv; **~ style** naiver [Kunst]stil ❹ ECON frühzeitlich; **~ economy** frühzeitliche Wirt-

P

schaftsform; (*pej*) primitiv *pej*

primi·tive·ly ['prɪmɪtɪvli, AM -t̬-] *adv* primitiv

primi·tive·ness ['prɪmɪtɪvnəs, AM -t̬-] *n no pl* (*in development*) Primitivität *f;* (*simplicity*) Einfachheit *f*

prim·ly ['prɪmli] *adv* (*stiffly, formally*) steif, spröde, [übertrieben] sittsam; (*prudishly*) prüde; (*neatly*) mustergültig, untadelig; ~ **dressed** sittsam [*o* streng] gekleidet

pri·mo·geni·ture [,praɪməʊ'dʒenɪtʃəʳ, AM -oʊ'dʒenɪtʃɚ] *n no pl* (*spec*) LAW ❶ (*being first-born*) Primogenitur *f fachspr,* Erstgeburt *f* ❷ (*right of succession*) Primogenitur *f fachspr,* Erstgeburtsrecht *nt*

pri·mor·dial [praɪ'mɔːdiəl, AM -'mɔːr-] *adj* (*form*) ❶ ASTRON (*primeval*) Ur-, ursprünglich, primordial *fachspr;* ~ **dust** Urstaub *m;* ~ **gas** Urgas *nt;* ~ **rain forest** ursprünglicher Regenwald ❷ (*basic, fundamental*) Ur-, ureigen *attr;* ~ **feelings** Urinstinkte *mpl,* ureigene Instinkte *mpl*

primp [prɪmp] *vt* ■**to** ~ **sth** *hair, clothes* etw zurechtmachen; *garden* etw pflegen

prim·rose ['prɪmrəʊz, AM -roʊz] *n* [gelbe] Schlüsselblume

primu·la ['prɪmjələ] *n* Primel *f*

Pri·mus® ['praɪməs] *n,* **Pri·mus stove®** *n* Campingkocher *m*

prince [prɪn(t)s] *n* ❶ (*royal*) Prinz *m;* (*head of principality*) Fürst *m* ❷ (*fig: one of best*) herausragende Erscheinung; **to be a** ~ **[among sb]** eine herausragende Persönlichkeit [unter jdm] sein

Prince 'Charm·ing *n* (*hum fam*) Märchenprinz *m* **prince 'con·sort** *n* Prinzgemahl *m*

prince·ly ['prɪn(t)sli] *adj* (*approv*) fürstlich; **a** ~ **income/salary** ein fürstliches Einkommen/Gehalt; **for the** ~ **sum of ...** (*iron, hum: very small*) für die gewaltige Summe von ... *iron, hum*

Prince of 'Dark·ness *n* (*liter*) Fürst *m* der Finsternis *liter*

Prince of 'Wales *n* Prinz *m* von Wales

prin·cess <*pl* -es> [prɪn'ses, AM 'prɪn(t)sɪs] *n* Prinzessin *f;* **P~ Royal** die Princess Royal (*Titel für die älteste Tochter der regierenden Monarchin*)

prin·ci·pal ['prɪn(t)səpəl] **I.** *adj attr, inv* ❶ (*most important*) Haupt-, hauptsächlich; ~ **character** FILM, THEAT Hauptdarsteller(in) *m(f);* LIT zentrale Figur [*o* Gestalt], Hauptfigur *f;* ~ **export** Hauptexportartikel *m;* ~ **ingredient** Hauptbestandteil *m;* ~ **reason** Hauptgrund *m;* **one of the** ~ **towns** eine der bedeutendsten [*o* wichtigsten] Städte ❷ FIN (*original sum*) Kapital-; ~ **amount/investment** Kapitalbetrag *m/*-anlage *f* **II.** *n* ❶ AM, AUS (*head person*) *in a school* Direktor(in) *m(f),* Schulleiter(in) *m(f); in a company* Vorgesetzte(r) *f(m),* Chef(in) *m(f); in a play* Hauptdarsteller(in) *m(f); in an orchestra* Solist(in) *m(f);* (*duellist*) Duellant(in) *m(f);* (*person responsible for crime*) Hauptschuldige(r) *f(m)* ❷ (*client of lawyer*) Klient(in) *m(f),* Mandant(in) *m(f)* ❸ *usu sing* (*of investment*) Kapitalsumme *f;* (*of loan*) Kreditsumme *f*

prin·ci·pal 'boy *n* BRIT THEAT *meist von einer weiblichen Darstellerin gespielte junge männliche Hauptrolle in britischen Weihnachtsaufführungen* **prin·ci·pal 'clause** *n* Hauptsatz *m*

prin·ci·pal·ity [,prɪn(t)sɪ'pæləti, AM -sə'pælət̬i] *n* Fürstentum *nt*

prin·ci·pal·ly ['prɪn(t)səpli] *adv inv* hauptsächlich, vorwiegend, in erster Linie

prin·ci·ple ['prɪn(t)səpl̩] *n* ❶ (*basic concept*) Prinzip *nt;* **basic** [*or* **guiding**] ~ Grundprinzip *nt,* Leitsatz *m;* **on Socialist** ~**s** nach sozialistischen Prinzipien ❷ (*fundamental*) Grundlage *f;* **the elementary** ~**s of physics** die Grundgesetze *ntpl* der Physik; **to function** [*or* **operate**] **on a** ~ nach einem Prinzip funktionieren ❸ (*approv: moral code*) Prinzip *nt,* Grundsatz *m;* **it's the** ~ **of the thing** es geht [dabei] ums Prinzip; **cheating is against my** ~**s** Betrug verstößt gegen meine Prinzipien; **to be a man of** ~ ein Mann mit Prinzipien [*o* Grundsätzen] sein; **to stick to one's** ~**s** an seinen Prinzipien festhalten ❹ CHEM Grundbestandteil *m* ► PHRASES: **on** [*or* **as a matter of**] ~ aus Prinzip; **in** ~ im Prinzip

prin·ci·pled ['prɪn(t)səpl̩d] *adj* ❶ (*moral*) prinzipientreu; **a** ~ **man** ein Mann *m* mit Prinzipien [*o* Grundsätzen]; **to take a** ~ **stand against sth** aus Überzeugung gegen etw *akk* Stellung beziehen ❷ *inv* (*based on rules*) fundiert

print [prɪnt] **I.** *n* ❶ (*lettering*) Gedruckte(s) *nt;* **bold** ~ Fettdruck *m;* **in large** ~ in Großschrift; **the small** [*or* **fine**] ~ das Kleingedruckte; **to write sth in** ~ etw in Druckschrift schreiben ❷ *no pl* (*printed form*) Druck *m;* **to appear in** ~ veröffentlicht [*o* gedruckt] werden; **to be in/out of** ~ erhältlich/vergriffen sein; **to get into** ~ erscheinen, gedruckt werden; **to go out of** ~ nicht mehr gedruckt [*o* aufgelegt] werden; **to put sth into** ~ etw in Druck geben; **to rush sth into** ~ etw schnell veröffentlichen ❸ (*printed media*) ■**the** ~**s** *pl* die Presse *kein pl;* ■**in** ~ in der Presse ❹ (*photo*) Abzug *m,* Kopie *f;* (*film*) Kopie *f;* (*reproduction*) Kopie *f;* (*copy of artwork*) Druck *m* ❺ (*pattern*) [Druck]muster *nt;* **floral** ~ Blumenmuster *nt* ❻ (*footprint*) Fußabdruck *m;* (*fam: fingerprint*) Fingerabdruck *m;* **to leave** ~**s** Fingerabdrücke hinterlassen; **to take sb's** ~**s** jds Fingerabdrücke nehmen **II.** *n modifier* (*concerning media*) (*industry, sales, worker*) Druck-; ~**maker** Grafiker(in) *m(f);* ~ **scandal** Presseskandal *m;* ~ **union** Druckergewerkschaft *f* **III.** *vt* ■**to** ~ **sth** ❶ TYPO etw drucken; **to** ~ **a magazine/newspaper** eine Zeitschrift/Zeitung herausgeben ❷ PUBL etw veröffentlichen; (*in magazine, newspaper*) etw abdrucken; **to be** ~**ed in hardback** in gebundener Ausgabe erscheinen; **to** ~ **a special issue** eine Sonderausgabe herausbringen; **to** ~ **only lies** nur Lügen drucken; **to** ~ **the truth about sb/sth** die Wahrheit über jdn/etw veröffentlichen ❸ COMPUT etw ausdrucken ❹ PHOT etw abziehen, von etw *dat* einen Abzug machen ❺ (*on fabric*) etw bedrucken; ~**ed by hand** handbedruckt; **to** ~ **a pattern on sth** etw mit einem Muster bedrucken, ein Muster auf etw *akk* [auf]drucken ❻ (*write by hand*) etw in Druckschrift [*o* Druckbuchstaben] schreiben; **please** ~ **your name below your signature** schreiben Sie bitte ihren Namen in Druckbuchstaben unter ihre Unterschrift **IV.** *vi* ❶ (*be in preparation*) sich *akk* im Druck befinden; **the book is** ~**ing** das Buch ist im Druck ❷ (*make copy*) drucken; **to** ~ **in black and white/colour** in schwarzweiß/Farbe drucken ❸ (*write in unjoined letters*) in Druckschrift [*o* Druckbuchstaben] schreiben; **to** ~ **clearly/sloppily** deutlich/unleserlich schreiben

◆**print off** *vt* ■**to** ~ **off** ↻ **sth** etw drucken; **to** ~ **off a photograph** ein Foto abziehen, von einem Foto einen Abzug machen

◆**print out** *vt* ■**to** ~ **out** ↻ **sth** etw ausdrucken

print·able ['prɪntəbl̩, AM -t̬ə-] *adj inv* druckfähig, druckbar; *manuscript* druckfertig

print·ed cir·cuit board *n* ELEC Leiterplatte *f* **'print·ed mat·ter** *n no pl* Drucksache *f* **print·ed 'word** *n no pl* ■**the** ~ das gedruckte Wort

print·er ['prɪntəʳ, AM -t̬ɚ] *n* ❶ (*person*) Drucker(in) *m(f)* ❷ (*machine*) Drucker *m;* **ink-jet** ~ Tintenstrahldrucker *m;* **laser** ~ Laserdrucker *m*

'print·er ca·ble *n* Druckerkabel *nt* **print·er's 'er·ror** *n* Druckfehler *m*

print·ing ['prɪntɪŋ, AM -t̬-] **I.** *n* ❶ *no pl* (*act*) Drucken *nt* ❷ (*print run*) Auflage *f;* **the book is already in the fifth** ~ das Buch erscheint bereits in der fünften Auflage ❸ *no pl* (*handwriting*) Druckschrift *f* **II.** *n modifier* (*equipment, industry*) Druck-; ~ **costs** Druckkosten *pl;* ~ **shop** Druckerei *f,* grafischer Betrieb

'print·ing house *n* Druckerei *f* **'print·ing ink** *n* Druckerschwärze *f,* Druckfarbe *f* **'print·ing of·fice** *n* [Buch]druckerei *f* **'print·ing press** *n* Druckerpresse *f*

print 'jour·nal·ism *n no pl* Zeitungsjournalismus *m* **'print-out** *n* Ausdruck *m* **print 'qual·ity** *n no pl* Druckqualität *f* **'print run** *n* ❶ TYPO Auflage *f,* Auflagenhöhe *f* ❷ COMPUT Drucklauf *m* **'print shop** *n* ❶ (*factory*) Druckmaschinensaal *m* ❷ (*copy* *store*) Druckerei *f* ❸ (*shop*) Grafikhandlung *f* **'print·wheel** *n* (*dated*) Typenrad *nt* **'print·works** *n + sing/pl vb* [Textil]druckerei *f*, Kattundruckerei *f*

pri·or[1] ['praɪəʳ, AM -ɚ] **I.** *adv* ■ ~ **to sth** vor etw *dat;* **what did you do** ~ **to getting this acting role?** was haben Sie gemacht, bevor Sie diese Schauspielrolle erhielten? **II.** *adj attr, inv* ❶ (*earlier*) frühere(r, s), vorherige(r, s); **she has denied** ~ **knowledge of the meeting** sie hat geleugnet, von dem Treffen schon früher gewusst zu haben; ~ **engagement** vorher getroffene Verabredung; ~ **arrest** LAW frühere Festnahme; ~ **conviction** LAW Vorstrafe *f* ❷ (*having priority*) vorrangig; ~ **claim** LAW vorrangiger Anspruch, bevorrechtigte Forderung **III.** *n* AM (*prior conviction*) Vorstrafe *f*

pri·or[2] ['praɪəʳ, AM -ɚ] *n* (*of abbey/priory*) Prior *m*

pri·or·ess <*pl* -es> ['praɪərəs, AM -ɚɪs] *n* (*of abbey/priory*) Priorin *f*

pri·ori·ti·za·tion [praɪˌɒrɪtaɪ'zeɪʃᵊn, AM -ˌɔːrətɪ'-] *n no pl* ❶ (*ordering*) Ordnung *f* nach der Priorität ❷ (*preference*) Einräumung *f* einer Vorrangstellung; **this order deserves** ~ dieser Auftrag hat Vorrang

pri·ori·tize [praɪ'ɒrɪtaɪz, AM -'ɔːrə-] *esp* AM **I.** *vt* ■**to** ~ **sth** ❶ (*order*) etw der Priorität nach ordnen ❷ (*give preference to*) etw *dat* [den] Vorrang einräumen, etw vorrangig behandeln **II.** *vi* Prioritäten setzen

pri·or·ity [praɪ'ɒrəti, AM -'ɔːrəṭi] **I.** *n* ❶ (*deserving greatest attention*) vorrangige Angelegenheit; **first/top** ~ Angelegenheit *f* von höchster Priorität; **my first** ~ **is to find somewhere to live** für mich ist es vorrangig, eine Wohnung zu finden; **to get one's priorities right** [*or* **straight**] seine Prioritäten richtig setzen; **to set priorities** Prioritäten setzen, Schwerpunkte festlegen ❷ *no pl* (*great importance*) Priorität *f*, Dringlichkeit *f;* **first/top** ~ höchste Priorität, größte Dringlichkeit; **to have high** ~ dringend anstehen ❸ *no pl* (*precedence*) Vorrang *m*, Vorzug *m*, Priorität *f;* **to give** ~ **to sb/sth** jdm/etw den Vorzug geben, jdn/etw vorrangig behandeln; **to have** [*or* **take**] ~ Vorrang [*o* Priorität] haben ❹ *no pl* (*right of way*) Vorfahrt *f*, Vorfahrtsrecht *nt* **II.** *n modifier* ❶ (*urgent*) (*task*) vordringlich; ~ **mail** AM Expresszustellung *f* ❷ (*preferential*) vorrangig; ~ **treatment** Vorzugsbehandlung *f*

pri·ory ['praɪəri, AM 'praɪri] *n* Priorat *nt*

prise [praɪz] *esp* BRIT, AUS, AM **prize** *vt* ■**to** ~ **sth open** etw [mit einem Hebel] aufbrechen [*o* aufstemmen]; **to** ~ **sb's hand open** jds Hand [mit Gewalt] öffnen

◆**prise apart** *vt* ■**to** ~ **apart** ○ **sth** etw auseinanderstemmen

◆**prise away** *vt* ■**to** ~ **away** ○ **sth** etw wegbrechen [*o* abreißen]; ■**to** ~ **sb away from sth** jdn von etw *dat* wegreißen; ■**to** ~ **sth away from sth** etw aus etw *dat* herausbrechen

◆**prise off** *vt* ■**to** ~ **off** ○ **sth** etw [mit Gewalt] entfernen

◆**prise out** *vt* ■**to** ~ **sth out of sb** etw aus jdm herausbekommen *fam;* **to** ~ **a secret out of sb** jdm ein Geheimnis entlocken

prism ['prɪzᵊm] *n* Prisma *nt*

pris·mat·ic [prɪz'mætɪk, AM -ṭɪk] *adj inv* ❶ (*shape*) prismatisch, prismenförmig ❷ (*formed by a prism*) Prismen-; ~ **colours** Spektralfarben *fpl*

pris·on ['prɪzᵊn] **I.** *n* ❶ (*a. fig: jail*) Gefängnis *nt a. fig;* **maximum-security** ~ Hochsicherheitsgefängnis *nt;* **minimum-security** ~ *Besserungsanstalt mit Arbeitsprogrammen, Freigang und niedrigen Sicherheitsstandards;* **to be in** ~ im Gefängnis sitzen, einsitzen *fam;* **to escape from** ~ aus dem Gefängnis ausbrechen [*o* fliehen]; **to go to** ~ ins Gefängnis kommen; **to put sb in** ~ jdn einsperren *fam;* **to send sb to** ~ jdn ins Gefängnis schicken; **to throw sb into** ~ jdn ins Gefängnis werfen *fam* ❷ *no pl* (*time in jail*) Haft *f* **II.** *n modifier* (*facility, guard, routine*) Gefängnis-; **the** ~ **life** das Leben im Gefängnis; ~ **work** Gefangenenarbeit *f*

'pris·on break *n* Gefängnisausbruch *m* **'pris·on camp** *n* (*for POWs*) [Kriegs]gefangenenlager *nt;* (*for political prisoners*) Gefangenenlager *nt*, Straflager *nt* **'pris·on cell** *n* Gefängniszelle *f* **pris·on 'chap·el** *n* Gefängniskapelle *f* **pris·on 'chap·lain** *n* Gefängnisgeistlicher *m* **pris·on 'com·pound** *n* (*buildings and land*) Gefängnisanlage *f;* (*yard*) Gefängnishof *m*

pris·on·er ['prɪzᵊnəʳ, AM -ɚ] *n* (*a. fig*) Gefangene(r) *f(m) a. fig*, Häftling *m*, Sträfling *m;* (*fig*) **I'm a** ~ **of my past** ich bin meiner Vergangenheit gefangen; **political** ~ politischer Häftling; **to hold** [*or* **keep**] **sb** ~ jdn gefangen halten; **to take sb** ~ jdn gefangen nehmen ▶ PHRASES: **take no** ~**s!** keine Kompromisse!

pris·on·er of 'con·science *n* politischer Häftling **pris·on·er of 'war** <*pl* prisoners-> *n* Kriegsgefangene(r) *f(m)* **pris·on·er of 'war camp** *n* [Kriegs]gefangenenlager *nt* **pris·on·er of war in·'ter·ro·ga·tor** *n* Vernehmungsoffizier *m*

pris·on 'gov·er·nor *n* BRIT Gefängnisdirektor(in) *m(f)* **'pris·on guard** *n* Gefängniswärter(in) *m(f)*, Gefängnisaufseher(in) *m(f)* **pris·on in·'mate** *n* Gefängnisinsasse, -in *m, f*, Häftling *m* **pris·on 'riot** *n* Gefängnisaufstand *m*, Gefängnisrevolte *f* **'pris·on sen·tence** *n*, **'pris·on term** *n* Gefängnisstrafe *f*, Freiheitsstrafe *f;* **to serve a** ~ eine Freiheitsstrafe verbüßen **pris·on 'war·den** *n* AM Gefängnisdirektor(in) *m(f)* **pris·on 'war·der** *n* BRIT, AUS Gefängnisaufseher(in) *m(f)* **'pris·on yard** *n* Gefängnishof *m*

priss <*pl* -es> [prɪs] *n* AM (*pej sl*) Zicke *f pej sl*, Zimtziege *f pej fam*

pris·si·ly ['prɪsɪli] *adv* (*pej*) zickig *pej fam;* **to act** ~ zickig sein

pris·sy ['prɪsi] *adj* (*pej*) *person* zickig *pej fam*, zimperlich *pej; dress, hairstyle* brav *pej*

pris·tine ['prɪstiːn] *adj* (*approv: original*) ursprünglich; *nature* unberührt; (*perfect*) tadellos, makellos; **in** ~ **condition** in tadellosem Zustand

pri·va·cy ['prɪvəsi, AM 'praɪ-] *n no pl* ❶ (*personal realm*) Privatsphäre *f*, Privatleben *nt;* **in the** ~ **of one's home** in den eigenen vier Wänden *fam;* **right to** ~ Recht *nt* auf [Achtung der] Privatsphäre; **to have no** ~ keine Privatsphäre [*o* kein Privatleben] haben; **to disturb sb's** ~ jdn in seiner Privatsphäre stören; **to invade sb's** ~ in jds Privatsphäre eindringen ❷ (*time alone*) Zurückgezogenheit *f*, Abgeschiedenheit *f;* **to desire** [*or* **yearn for**] ~ sich *akk* nach Ruhe sehnen; **to give sb** ~ jdn alleine lassen ❸ (*secret*) Geheimhaltung *f;* ■**in** ~ unter Geheimhaltung; **in strict** ~ streng vertraulich

pri·vate ['praɪvɪt, AM -vət] **I.** *adj* ❶ *inv* (*personal*) privat, Privat-; ~ **initiative/life** Privatinitiative *f*/-leben *nt;* ~ **joke** Insiderwitz *m fam;* **to speak in some** ~ **language** in seiner eigenen Sprache reden; **sb's** ~ **opinion** jds persönliche Meinung; ~ **papers** persönliche Papiere ❷ (*not open to public*) privat, Privat-; *discussion, meeting* nicht öffentlich; ~ **beach/club/collection** Privatstrand *m*/-klub *m*/-sammlung *f;* ~ **function** Privatveranstaltung *f*, private Feier; ~ **funeral** Beerdigung *f* in aller Stille; ~ **land** Privatgrund *m;* ~ **wedding ceremony** Hochzeitsfeier *f* im engsten Familienkreis ❸ (*confidential*) vertraulich; **to keep sth** ~ etw für sich *akk* behalten ❹ (*not social*) zurückhaltend, introvertiert; **to be a very** ~ **sort of person** ein sehr verschlossener [*o* in sich *akk* gekehrter] Mensch sein ❺ (*secluded*) abgelegen; (*undisturbed*) ungestört ❻ *inv* (*not governmental*) privat, Privat-; ~ **business** Privatwirtschaft *f;* ~ **financing** Privatfinanzierung *f;* ~ **funds** private Gelder; ~ **hospital** Privatklinik *f* ❼ (*not as official*) **as a** ~ **person** als Privatperson **II.** *n* ❶ *no pl* (*not in public*) ■**in** ~ privat, im Privatleben; LAW unter Ausschluss der Öffentlichkeit; **to speak** [*or* **talk**] **to sb in** ~ jdn [*o* mit jdm] unter vier Augen sprechen ❷ (*fam: genitals*) ■~**s** *pl* Geschlechtsteile *ntpl* ❸ (*soldier*) Gefreiter *m*, einfacher Soldat

pri·vate 'citi·zen *n* Privatperson *f* **pri·vate de·'tec·tive** *n* Privatdetektiv(in) *m(f);* **to hire a** ~ einen Privatdetektiv/eine Privatdetektivin engagieren

pri·vate 'en·ter·prise *n* ❶ *no pl* (*free enterprise*) Privatwirtschaft *f*, freie Marktwirtschaft ❷ (*a business*) Privatunternehmen *nt*

pri·va·teer [ˌpraɪvəˈtɪəʳ, AM -ˈtɪr] *n* (*hist*) ❶ (*armed ship*) Kaperschiff *nt*, Freibeuter *m* ❷ (*person*) Kaper *m*, Freibeuter *m* **pri·vate 'eye** *n* (*fam*) Privatdetektiv(in) *m(f)*, Schnüffler(in) *m(f) pej fam* **pri·vate first 'class** <*pl* privates-> *n* MIL Obergefreite(r) *f(m)*; **to promote sb to ~** jdn zum/zur Obergefreiten befördern **pri·vate 'in·come** *n no pl* private Einkünfte; *see also* **private means pri·vate in·'ves·ti·ga·tor** *n* Privatdetektiv(in) *m(f)* **pri·vate 'les·sons** *npl* Privatstunden *fpl*, Privatunterricht *m kein pl*; **to get/give/take ~** Privatunterricht bekommen/geben/nehmen

pri·vate·ly [ˈpraɪvɪtli, AM -vət-] *adv* ❶ (*not in public*) privat; **to celebrate ~** im kleinen Kreis feiern; **to speak ~ with sb** mit jdm unter vier Augen sprechen ❷ (*secretly*) heimlich, insgeheim; **~ he was worried** insgeheim machte er sich Sorgen ❸ (*personally*) persönlich; **to benefit ~ from sth** von etw *dat* persönlich profitieren, aus etw *dat* persönlichen Nutzen ziehen

pri·vate·ly-owned 'busi·ness *n*, **pri·vate·ly-owned 'com·pa·ny** *n* privates Unternehmen, Unternehmen *nt* in Privatbesitz

pri·vate 'means *npl* Privatvermögen *nt kein pl*; **to have ~** Privatvermögen besitzen; **to live off ~** von seinem privaten Vermögen leben **pri·vate 'parts** *npl* (*fam*) Geschlechtsteile *ntpl*, Genitalien *ntpl*; **to cover one's ~** seine Blöße bedecken *geh* **pri·vate 'prac·tice** *n* MED Privatpraxis *f*; LAW eigene Anwaltskanzlei **pri·vate 'prop·er·ty** *n no pl* (*property*) Privateigentum *nt*, Privatbesitz *m*; (*land*) Privatgrund *m*; **~, no trespassing!** kein Durchgang, Privatgrundstück! **pri·vate 'school** *n* Privatschule *f* **pri·vate 'sec·re·tary** *n* Privatsekretär(in) *m(f)* **'pri·vate sec·tor I.** *n no pl* ECON Privatwirtschaft *f*, privater Sektor **II.** *n modifier* (*funds, funding*) Privat-; **~ business** privatwirtschaftliches Unternehmen; **~ market** privater Markt; **~ profits** private Gewinne **pri·vate 'tu·tor** *n* Privatlehrer(in) *m(f)* **pri·vate 'view** *n*, **pri·vate 'view·ing** *n* Vorabbesichtigung *f*, Vernissage *f*

pri·va·tion [praɪˈveɪʃən] *n* (*form*) ❶ *no pl* Armut *f*, Not *f* ❷ (*hardship*) Entbehrung *f*, Einschränkung *f*; **to suffer ~s** Entbehrungen leiden

pri·vati·za·tion [ˌpraɪvɪtaɪˈzeɪʃən, AM -vətɪˈ-] *n no pl* Privatisierung *f*

pri·va·tize [ˈpraɪvɪtaɪz, AM -və-] *vt* ■**to ~ sth** etw privatisieren

priv·et [ˈprɪvɪt] *n* Liguster *m*

'priv·et hedge *n* Ligusterhecke *f*

privi·lege [ˈprɪvəlɪdʒ] **I.** *n* ❶ (*special right*) Privileg *nt*, Vorrecht *nt*; **to enjoy** [*or* **have**] **a ~** ein Vorrecht besitzen [*o* Privileg genießen] ❷ (*honour*) Ehre *f*; (*iron*) Vergnügen *nt iron*; ■**it is a ~ [for sb] to do sth** es ist [jdm] eine Ehre, etw zu tun; **it's a ~ to meet you, Mr Rauh** es ist mir eine Ehre, Sie kennen zu lernen, Herr Rauh; **to have the ~ of doing sth** die Ehre haben, etw tun zu dürfen ❸ *no pl* (*advantage*) Sonderrecht *nt*, Privileg *nt*; **to be a man of wealth and ~** reich und privilegiert sein; **to enjoy** [*or* **have**] **certain ~s** gewisse Sonderechte besitzen [*o* genießen]; **diplomatic ~** diplomatische Immunität; **parliamentary ~** BRIT Immunität *f* eines Abgeordneten/einer Abgeordneten ❹ LAW **attorney-client ~** Aussageverweigerungsrecht *nt* des Anwalts/der Anwältin, Anwaltsgeheimnis *nt* **II.** *vt usu passive* ❶ (*give privileges to*) ■**to ~ sb** jdn privilegieren [*o* bevorrechtigen]; **I am ~d to be able to present to you Robin Williams** ich habe die besondere Ehre, Ihnen Robin Williams vorstellen zu dürfen ❷ (*exempt from*) ■**to be ~d from sth** von etw *dat* befreit [*o* ausgenommen] sein

privi·leged [ˈprɪvəlɪdʒd] *adj* ❶ (*with privileges*) privilegiert, bevorrechtigt; **~ class** privilegierte Klasse [*o* Schicht]; **the ~ few** die kleine Gruppe von Privilegierten; **~ status** Sonderstatus *m* ❷ *inv* LAW **~ communication/information** vertrauliche Mitteilung/Information

privy [ˈprɪvi] **I.** *adj inv* (*form*) ■**to be ~ to sth** in etw *akk* eingeweiht sein **II.** *n* ❶ (*old: toilet*) Abort *m selten* ❷ LAW Mitinteressent(in) *m(f)*, Beteiligte(r) *f(m)*

Privy 'Coun·cil *n* BRIT Geheimer Staatsrat, Kronrat *m* **Privy 'Coun·cil·lor** *n* BRIT Mitglied *nt* des Geheimen Staatsrats **privy 'seal** *n* BRIT Kleines Siegel, Geheimsiegel *nt*

prize¹ [praɪz] **I.** *n* ❶ (*sth won*) Preis *m*; (*in lottery*) Gewinn *m*; (*in competition*) Preis *m*, Auszeichnung *f*; **to carry off** [*or* **win**] **a ~** einen Preis gewinnen; **to receive a ~** einen Preis erhalten; **to take a ~ for sth** einen Preis für etw *akk* bekommen ❷ (*reward*) Lohn *m*; NAUT Prise *f*, Beute *f*; **the competitors were struggling for the ~ of market dominance** die Konkurrenten kämpften um die Vorherrschaft auf dem Markt ❸ (*beautiful thing*) Kostbarkeit *f* ▶ PHRASES: **there are no ~s for guessing** dreimal darfst du raten *a. iron* **II.** *adj attr, inv* ❶ (*dated or iron fam: first-rate*) erster Güte *nach n a. iron*, erstklassig *a. iron*; **~ idiot** Vollidiot(in) *m(f) pej sl* ❷ (*prize-winning*) preisgekrönt, präm[i]iert; **~ horse** Siegerpferd *nt* **III.** *vt usu passive* ■**to ~ sth** etw schätzen; ■**to ~ sth above sth** etw über etw *dat* stellen; **she ~s money above all** für sie ist Geld am wichtigsten; **sb's ~d possession** jds wertvollster Besitz; **to ~ sth highly** etw hoch schätzen

prize² *vt* AM *see* **prise**

'prize·fight *n* Profiboxkampf *m*, Preisboxkampf *m* **'prize·fight·er** *n* Profiboxer(in) *m(f)*, Berufsboxer(in) *m(f)*, Preisboxer(in) *m(f)* **'prize·fight·ing** *n no pl* Profiboxen *nt*, Preisboxen *nt* **'prize-giv·ing** *n* Preisverleihung *f* **'prize list** *n* Gewinnerliste *f* **'prize mon·ey** *n no pl* Geldpreis *m*; SPORTS Preisgeld *nt* **'prize ring** *n* [Box]ring *m* **'prize·win·ner** *n* Gewinner(in) *m(f)*, Preisträger(in) *m(f)* **'prize-win·ning** *adj attr, inv* preisgekrönt

pro¹ [prəʊ, AM proʊ] (*fam*) **I.** *n* Profi *m*; **tennis ~** Tennisprofi *m*; **to handle sth like a ~** etw wie ein Profi machen **II.** *adj attr, inv* Profi-; **~ sports** Profisport *m*

pro² [prəʊ, AM proʊ] **I.** *adv* dafür **II.** *n* Pro *nt*; ■**the ~s of sth** die Vorteile *mpl* einer S. *gen*; **the ~s and cons of sth** das Pro und Kontra [*o* Für und Wider] einer S. *gen*; **to weigh the ~s and cons of sth** die Vor- und Nachteile einer S. *gen* gegeneinander abwägen **III.** *prep* (*in favour of*) für **IV.** *adj inv* pro-; **a measure's ~ arguments** die Argumente *ntpl* für eine Maßnahme

pro- [prəʊ, AM proʊ] *in compounds* pro-; **~-environment** umweltfreundlich

pro·ac·tive [ˌprəʊˈæktɪv, AM ˌproʊˈækṭ-] *adj* initiativ *geh*; **some firms should be taking a more ~ attitude towards exporting** manche Firmen sollten, was den Export betrifft, mehr Eigeninitiative zeigen; **~ strategy** Offensivstrategie *f*

pro·ac·tive·ly [ˌprəʊˈæktɪvli, AM ˌproʊˈækṭ-] *adv* initiativ *geh*

pro-am [ˌprəʊˈæm, AM ˌproʊˈ-] *adj inv short for* **professional-amateur** für Profis und Amateure *nach n*; **~ tournament** Turnier *nt* der Profis gegen Amateure

prob·abil·ity [ˌprɒbəˈbɪləti, AM ˌprɑːbəˈbɪləṭi] *n* Wahrscheinlichkeit *f*; **the ~ is that little will come of the environmental summit** wahrscheinlich wird der Umweltgipfel kaum neue Ergebnisse bringen; **it looks like peace is now a ~** der Friede scheint jetzt in greifbarer Nähe; **the ~ of her making a full recovery is quite good** ziemlich wahrscheinlich wird sie wieder ganz gesund; **high/strong ~** hohe/große Wahrscheinlichkeit; **in all ~** aller Wahrscheinlichkeit nach, höchstwahrscheinlich

prob·abil·ity dis·tri·'bu·tion *n no pl* Wahrscheinlichkeitsverteilung *f*, Zufallsverteilung *f* **prob·a'bil·ity theo·ry** *n no pl* Wahrscheinlichkeitstheorie *f*

prob·able [ˈprɒbəbl̩, AM ˈprɑːb-] **I.** *adj* wahrscheinlich **II.** *n* POL, ECON Kandidat(in) *m(f)*; SPORTS **they are ~s for the competition** sie werden wahrscheinlich am Wettkampf teilnehmen

prob·able 'cause *n no pl* AM LAW hinreichender [Tat]verdacht; **to arrest sb on ~** jdn aufgrund eines hinreichenden Tatverdachts verhaften

prob·ably [ˈprɒbəbli, AM ˈprɑːb-] *adv* wahrscheinlich

pro·bate ['prəʊbeɪt, AM 'proʊ-] **I.** *n no pl* ① LAW gerichtliche Testamentsbestätigung [und Erbscheinerteilung]; **to grant ~ of a will** ein Testament gerichtlich bestätigen; **to grant sb ~** jdm einen Erbschein ausstellen ② AUS (*tax*) Erbschaftssteuer *f* **II.** *vt* AM ■**to ~ sth** etw gerichtlich bestätigen; **to ~ an estate** einen Nachlass feststellen; **to ~ a will** ein Testament eröffnen und als rechtswirksam bestätigen lassen

'pro·bate court *n* AM Nachlassgericht *nt;* **to settle a matter in ~** eine Angelegenheit über das Nachlassgericht regeln

pro·ba·tion [prə(ʊ)'beɪʃən, AM proʊ'-] *n no pl* ① (*trial period*) Probezeit *f;* **to be on ~** Probezeit haben ② LAW Bewährung *f;* **to be [out] on ~** auf Bewährung [draußen] sein; **to get ~** Bewährung bekommen; **to be let out on ~** auf Bewährung aus dem Gefängnis entlassen werden; **to put** [*or* **place**] **sb on ~** jdn unter Bewährung stellen; **to revoke sb's ~** jds Bewährungsstrafe aufheben ③ AM SCH, UNIV (*disciplinary period*) Besserungsfrist *f;* **to place sb on ~** jdm eine Besserungsfrist einräumen

pro·ba·tion·ary [prə(ʊ)'beɪʃənəri, AM proʊ'beɪʃəneri] *adj inv* Probe-; LAW Bewährungs-; **~ period** Probezeit *f;* LAW Bewährungsfrist *f*

pro·ba·tion·er [prə(ʊ)'beɪʃənəʳ, AM proʊ'beɪʃənɚ] *n* ① (*ex-convict*) auf Bewährung Freigelassene(r) *f(m)* ② (*employee*) Angestellte(r) *f(m)* auf Probe

pro·'ba·tion of·fic·er *n* Bewährungshelfer(in) *m(f)*

probe [prəʊb, AM proʊb] **I.** *vi* ① (*investigate*) forschen; (*pester*) bohren *pej fam;* ■**to ~ for sth** nach etw *dat* forschen [*o* suchen]; **to ~ for inconsistencies** nach Ungereimtheiten suchen; ■**to ~ into sth** einer S. *dat* auf den Grund gehen; **we will ~ into the circumstances surrounding her death** wir werden uns eingehend mit den Umständen ihres Todes befassen; **to ~ into sb's past/private life** in jds Vergangenheit/Privatleben herumschnüffeln *pej fam* ② (*physically search*) Untersuchungen durchführen **II.** *vt* ■**to ~ sth** ① (*investigate*) etw untersuchen [*o* erforschen]; **to ~ a mystery** ein Geheimnis ergründen; **to ~ public opinion** versuchen, die öffentliche Meinung zu erfahren; **to ~ a scandal** einem Skandal auf den Grund gehen ② MED etw untersuchen **III.** *n* ① (*investigation*) Untersuchung *f;* **~ into a murder/scandal** Untersuchung *f* eines Mordes/Skandals; **~ into sb's past/private life** Herumschnüffeln *nt* in jds Vergangenheit/Privatleben *pej fam* ② MED Sonde *f;* **to insert a ~** eine Sonde einführen; AEROSP [Raum]sonde *f*

prob·ing ['prəʊbɪŋ, AM 'proʊ-] **I.** *adj attr* prüfend; *question* bohrend; **~ fingers** suchende Finger; **~ glance** forschender Blick **II.** *n* (*investigation*) Untersuchung *f,* Prüfung *f;* MED Untersuchung *f;* **they did some ~ into her private life** sie stellten Nachforschungen über ihr Privatleben an; **~ into sb's activities** eine Überprüfung der Aktivitäten einer Person *gen*

pro·bity ['prəʊbəti, AM 'proʊbət̬i] *n no pl* (*form*) Rechtschaffenheit *f,* Redlichkeit *f,* Integrität *f*

prob·lem ['prɒbləm, AM 'prɑːb-] **I.** *n* ① (*difficulty*) Schwierigkeit *f,* Problem *nt;* **it's not my ~!** das ist [doch] nicht mein Problem!; **and you think you've got ~s!** deine Probleme möchte ich haben!; **stay out of my ~s!** halte dich aus meinen Angelegenheiten raus!; **he had no ~ in getting the job** er bekam die Arbeit ohne Probleme; (*fam*) **no ~** (*sure*) kein Problem; (*don't mention it*) keine Ursache; **what's your ~?** was ist [mit dir] los?; **family/financial/personal ~s** familiäre/finanzielle/persönliche Probleme; **main ~** Hauptproblem *nt;* **to face a ~** vor einem Problem stehen; **to get involved in sb's ~s** sich *akk* in jds Probleme einmischen; **to have ~s at home/school/work** daheim/in der Schule/bei der Arbeit Probleme haben; **to have a ~ with sb/sth** mit jdm/etw ein Problem haben; **to pose** [*or* **present**] **a ~ [for sb]** [für jdn] ein Problem sein; **to solve/tackle a ~** ein Problem lösen/angehen [*o* in Angriff nehmen] ② (*task*) Aufgabe *f,* Problem *nt;* **that's her ~!** das ist ihre Sache! ③ MED Problem *nt;* **drinking/drug/weight ~** Alkohol-/Drogen-/Gewichtsproblem *nt;* **to have ~s with drinking** ein Alkoholproblem haben, [zu viel] trinken; **to have a drugs ~** [*or* **a ~ with drugs**] ein Drogenproblem haben; **health ~s** gesundheitliche Probleme ④ MATH [Rechen]aufgabe *f,* Problem *nt* **II.** *n modifier* (*area, family, play*) Problem-; **~ day** schwerer Tag

prob·lem·at·ic(al) [ˌprɒblə'mætɪk(əl), AM ˌprɑːblə'mæt̬-] *adj* ① (*difficult*) problematisch ② (*questionable*) fragwürdig

prob·lem·ati·cal·ly [ˌprɒblə'mætɪkəli, AM ˌprɑːblə'mæt̬-] *adv* problematisch

'prob·lem child *n* Problemkind *nt,* Sorgenkind *nt* **'prob·lem per·son** *n* schwierige Person **'prob·lem-solv·ing** *n no pl* Problemlösen *nt* **prob·lem-solv·ing a'bil·ity** *n,* **prob·lem-solv·ing 'skill** *n* Fähigkeit *f,* Probleme zu lösen

pro bono [ˌproʊ'boʊnoʊ] *adj attr, inv* AM LAW kostenlos; **on a ~ basis** unentgeltlich; **~ lawyer** kostenloser Rechtsanwalt/kostenlose Rechtsanwältin; **~ legal services** kostenlose Rechtsleistungen

pro·bos·ces [prə(ʊ)'bɒsiːz, AM proʊ'bɑː-] *n pl of* **proboscis**

pro·bos·cis <*pl* -sces> [prə(ʊ)'bɒsɪs, AM proʊ'bɑː-, *pl* -siːz] *n* ① ZOOL Rüssel *m* ② (*hum: person's nose*) Rüssel *m hum fam*

pro·'bos·cis mon·key *n* Nasenaffe *m*

pro·cedur·al [prə'siːdʒərəl, AM -dʒɚəl] *adj inv* verfahrenstechnisch; LAW verfahrensrechtlich, Verfahrens-

pro·cedure [prə(ʊ)'siːdʒəʳ, AM prə'siːdʒɚ] *n* ① (*particular course of action*) Verfahren *nt,* Vorgehensweise *f;* **what is the correct ~ for dealing with such patients?** wie sollte man mit solchen Patienten umgehen?; **standard ~** übliche Vorgehensweise; **operating ~** TECH Fertigungsverfahren *nt;* **to follow ~** sich *akk* an die übliche Vorgehensweise halten ② (*operation*) Vorgang *m,* Prozedur *f* ③ LAW Verfahren *nt,* Prozess *m;* **court ~** Gerichtsverfahren *nt*

pro·ceed [prə(ʊ)'siːd, AM proʊ'-] *vi* (*form*) ① (*make progress*) fortschreiten, vorangehen; **preparations were ~ing smoothly** die Vorbereitungen gingen reibungslos voran ② (*advance*) vorrücken; **to ~ to university** auf die Universität wechseln, mit dem Studium beginnen ③ (*continue*) fortfahren, weiterfahren SÜDD, SCHWEIZ; **his lawyer will know how to ~ from here** sein Anwalt weiß, wie weiter zu verfahren ist; ■**to ~ with** [*or* **in**] **sth** mit etw *dat* fortfahren; **the detective decided to ~ with the investigation** der Kriminalbeamte entschied sich, die Ermittlungen fortzuführen; **shall we ~ with our planning?** sollen wir mit unserer Planung weitermachen? ④ ■**to ~ from sth** (*come from*) von etw *dat* kommen; (*be caused by*) von etw *dat* herrühren; **does hard drug use ~ from marijuana use?** führt der Konsum von Marihuana zum Konsum harter Drogen? ⑤ (*form: drive*) [weiter]fahren; (*walk*) [weiter]gehen; **please ~ to building 4** fahren Sie bitte bis zu Gebäude 4 weiter; **~ with caution!** vorsichtig [weiter]fahren!; **to ~ down** [*or* **along**] **a street** eine Straße entlang fahren ⑥ (*continue speaking*) fortfahren [zu sprechen]; **may I ~?** darf ich weitersprechen? ⑦ (*go on*) ■**to ~ to do sth** sich *akk* anschicken, etw zu tun ⑧ LAW ■**to ~ against sb** gegen jdn gerichtlich vorgehen [*o* einen Prozess anstrengen]

pro·ceed·ing [prə(ʊ)'siːdɪŋ, AM proʊ'-] *n* ① (*action*) Vorgehen *nt kein pl;* (*manner*) Vorgehensweise *f* ② LAW (*legal action*) ■**~s** *pl* Verfahren *nt;* **court ~s** Gerichtsverfahren *nt;* **criminal/disciplinary ~s** Strafprozess *m,* Straf-/Disziplinarverfahren *nt;* **to institute** [*or* **start**] [*or* **take**] **~s against sb** ein Verfahren gegen jdn einleiten, gegen jdn gerichtlich vorgehen ③ (*event*) ■**~s** *pl* Veranstaltung *f;* **to open ~s** eine Veranstaltung eröffnen ④ ADMIN (*report*) ■**~s** *pl* Bericht *m;* (*minutes*) Protokoll *nt*

pro·ceeds ['prəʊsiːdz, AM 'proʊ-] *npl* Einnahmen *fpl;* **~ of a fund-raising event** Erlös *m* einer Benefizveranstaltung

pro·cess[1] ['prəʊses, AM 'prɑː-] **I.** *n* <*pl* -es> ① (*set of actions*) Prozess *m;* **~ of ageing** Alterungsprozess *m;* **by a ~ of elimination** durch Auslese; **by a ~ of trial and error** durch [stetes]

P

Ausprobieren, auf dem Weg der Empirie *geh;* **digestive** ~ Verdauungsvorgang *m* ② *(method)* Verfahren *nt;* **a new ~ for treating breast cancer** eine neue Methode zur Behandlung von Brustkrebs; **to develop a new ~** ein neues Verfahren entwickeln ③ *no pl (going on)* Verlauf *m;* ■**in ~** im Gange; **in the ~** dabei; ■**to be in the ~ of doing sth** dabei sein, etw zu tun ④ ANAT Fortsatz *m* ⑤ *(summons)* gerichtliche Verfügung; **to serve sb a ~** [*or* **a ~ on sb**] jdn vorladen **II.** *vt* ① *(deal with)* ■**to ~ sth** etw bearbeiten; **to ~ an application/a document/the mail** einen Antrag/ein Dokument/die Post bearbeiten; **to ~ sb's papers** [*or* **paperwork**] jds Papiere durcharbeiten; ■**to ~ sb** jdn abfertigen ② COMPUT **to ~ data/information** Daten/Informationen verarbeiten ③ *(fig: comprehend)* ■**to ~ sth** etw verstehen [*o* [geistig] verarbeiten] ④ *(treat)* ■**to ~ sth** etw bearbeiten [*o* behandeln]; **to ~ beans for freezing/canning** Bohnen zum Einfrieren/Einmachen verarbeiten; **to ~ food** Nahrungsmittel haltbar machen [*o* konservieren]; **to ~ raw materials** Rohstoffe [weiter]verarbeiten; **to ~ milk** Milch sterilisieren ⑤ PHOT **to ~ a film** einen Film entwickeln

pro·cess² [prə(ʊ)ˈses, AM prəˈ-] *vi (form)* [in einer Prozession] mitgehen

ˈpro·cess chart *n* Arbeitsablaufdiagramm *nt*

pro·cessed cheese *n no pl* Schmelzkäse *m* **pro·cessed ˈfood** *n* ① *(specifically treated)* behandelte Lebensmittel ② *(industrially processed)* industriell verarbeitete Nahrungsmittel

pro·cess en·gi·ˈneer·ing *n no pl* Verfahrenstechnik *f*

pro·cess·ing [ˈprəʊsesɪŋ, AM ˈprɑː-] *n no pl* ① *(dealing with) of application* Bearbeitung *f* ② *(treatment)* TECH Weiterverarbeitung *f,* Veredelung *f;* FOOD Konservierung *f,* Behandlung *f; of milk* Sterilisierung *f* ③ COMPUT Verarbeitung *f;* **~ of data** Datenverarbeitung *f* ④ PHOT Entwicklung *f;* **one-hour ~** Entwicklung *f* in einer Stunde

pro·ces·sion [prəˈseʃən] *n* ① *(line)* Umzug *m;* REL Prozession *f;* **~ of cars** Autokorso *m;* **funeral ~** Trauerzug *m,* Leichenzug *m;* **wedding ~** Hochzeitszug *m;* ■**in ~** hintereinander; **to go** [*or* **march**] [*or* **walk**] **in ~** einen Umzug machen; REL eine Prozession machen ② *(fig: group)* Schlange *f,* Reihe *f;* **a non-stop ~ of visitors** ein nicht abreißender Besucherstrom

pro·ces·sion·al [prəˈseʃənəl] **I.** *adj attr, inv* Prozessions-; **~ route** Prozessionsweg *m* **II.** *n (book)* Prozessionsbuch *nt; (hymn)* Prozessionshymne *f*

pro·ces·sor [ˈprəʊsesəʳ, AM ˈprɑːsesɚ] *n* ① *(company)* [Weiter]verarbeitungsbetrieb *m,* Veredelungsbetrieb *m,* Verarbeiter *m* ② *(machine)* **food ~** Küchenmaschine *f* ③ COMPUT Prozessor *m*

pro·cess ˈprint·ing *n no pl* Vierfarbendruck *m* **ˈpro·cess serv·er** *n* Zusteller(in) *m(f)* einer gerichtlichen Verfügung; **to act as a ~** eine gerichtliche Verfügung zustellen

pro-choice [ˌprəʊˈtʃɔɪs, AM ˌproʊˈ-] *adj inv esp* AM für das Recht auf Abtreibung; **~ advocate** Verfechter(in) *m(f)* des Rechts auf Abtreibung; **~ conservative** AM konservativer Abtreibungsbefürworter/konservative Abtreibungsbefürworterin; **the ~ movement** die Abtreibungsbefürworter *pl;* ■**to be ~** für das Recht auf Abtreibung sein

pro·claim [prə(ʊ)ˈkleɪm, AM proʊˈ-] *vt* ■**to ~ sth** ① *(form: announce)* etw verkünden [*o* erklären]; **to ~ one's independence** seine Unabhängigkeit erklären; **to ~ sb king/queen** jdn zum König/zur Königin ausrufen; **to ~ oneself king/queen** sich *akk* zum König/zur Königin erklären; **to ~ one's loyalty** seine Loyalität bekunden; **to ~ a republic/a state of emergency** eine Republik/den Notstand ausrufen; **to ~ a victory** einen Sieg verkünden ② *(liter: signify)* etw zum Ausdruck bringen; ■**to ~ sb sth: his vast knowledge ~s him an expert** seine umfassenden Kenntnisse weisen ihn als Experten aus

proc·la·ma·tion [ˌprɒkləˈmeɪʃən, AM ˌprɑːk-] *n* ① *(form: act of proclaiming)* Verkündigung *f,* öffentliche Bekanntmachung, Proklamation *f geh;* **~ of the republic** Ausrufung *f* der Republik; **to make** [*or* **issue**] **a ~** einen Aufruf ergehen lassen ② *(decree)* Erlass *m;* **royal ~** königlicher Erlass; **to issue** [*or* **make**] **a ~** einen Erlass herausgeben ③ *(liter: sign)* Ausdruck *m* (**of** *+gen*)

pro·cliv·ity [prə(ʊ)ˈklɪvəti, AM proʊˈklɪvət̬i] *n (form)* Hang *m kein pl,* Neigung *f* (**for** zu *+dat*), Schwäche *f* (**for** für *+akk*); **sexual proclivities** sexuelle Neigungen [*o* Vorlieben]

pro·cras·ti·nate [prə(ʊ)ˈkræstɪneɪt, AM proʊˈkræstə-] *vi (form)* zögern, zaudern

pro·cras·ti·na·tion [prə(ʊ)ˌkræstɪˈneɪʃən, AM proʊˌkræstəˈ-] *n no pl (form)* Zögern *nt,* Zaudern *nt*

pro·cras·ti·na·tor [prə(ʊ)ˈkræstɪneɪtəʳ, AM proʊˈkræstəneɪt̬ɚ] *n (form)* Zögerer *m,* Zauderer *m*

pro·cre·ate [ˈprəʊkrieɪt, AM ˈproʊ-] **I.** *vi* sich *akk* fortpflanzen **II.** *vt (a. fig)* ■**to ~ sb/sth** jdn/etw zeugen *a. fig;* ■**to ~ sth** etw hervorbringen

pro·crea·tion [ˌprəʊkriˈeɪʃən, AM ˌproʊ-] *n no pl* Fortpflanzung *f; (fig)* Erzeugung *f,* Hervorbringen *nt*

pro·crea·tive [ˈprəʊkrieɪtɪv, AM ˈproʊkrieɪt̬-] *adj inv* ■**to be ~** sich *akk* fortpflanzen

proc·tolo·gist [prɒkˈtɒlədʒɪst, AM prɑːkˈtɑːl-] *n* MED Proktologe, -in *m, f fachspr*

proc·tol·ogy [prɒkˈtɒlədʒi, AM prɑːkˈtɑːl-] *n no pl* MED Proktologie *f fachspr*

proc·tor [ˈprɒktəʳ, AM ˈprɑːktɚ] **I.** *n* ① AM *(for exam)* [Prüfungs]aufsicht *f; see also* **invigilator** ② BRIT UNIV Disziplinarbeamte(r) *m,* Disziplinarbeamtin [*o* -in] *f* **II.** *vi* AM Aufsicht führen; *see also* **invigilate** **III.** *vt* AM **to ~ an exam** eine Prüfung beaufsichtigen; *see also* **invigilate**

pro·cur·able [prəˈkjʊərəbl, AM proʊˈkjʊr-] *adj* erhältlich, beschaffbar; **to be easily ~** leicht zu bekommen sein

procu·ra·tor [ˈprɒkjʊ(ə)reɪtəʳ, AM ˈprɑːkjəreɪt̬ɚ] *n* ① *(representative)* Bevollmächtigte(r) *f(m);* **to appoint a ~** einen Bevollmächtigten/eine Bevollmächtigte ernennen ② SCOT *(attorney)* Anwalt, Anwältin *m, f*

procu·ra·tor ˈfis·cal *n* SCOT Staatsanwalt, -anwältin *m, f*

pro·cure [prəˈkjʊəʳ, AM proʊˈkjʊr] *(form)* **I.** *vt* ① *(obtain)* ■**to ~ sth** etw beschaffen [*o* besorgen]; ■**to ~ sb sth** jdm etw besorgen [*o* beschaffen]; **to ~ sb's release** jds Freilassung erreichen [*o geh* erwirken] ② *(form: pimp)* ■**to ~ sb** jdn verkuppeln; **to ~ women for prostitution** Zuhälterei betreiben **II.** *vi (form)* Zuhälterei treiben; **to be suspected of procuring** der Zuhälterei verdächtigt werden

pro·cure·ment [prəˈkjʊəmənt, AM proʊˈkjʊr-] *n (form)* ① *(acquisition)* Beschaffung *f,* Besorgung *f;* **~ of military supplies** Beschaffung *f* von militärischem Nachschub ② *no pl (system)* Beschaffungswesen *nt;* **public ~** öffentliches [*o* staatliches] Beschaffungswesen

pro·cur·er [prəˈkjʊərəʳ, AM proʊˈkjʊrɚ] *n (form)* Zuhälter *m,* Kuppler *m pej*

pro·cur·ess <*pl* -es> [prəˈkjʊəres, AM proʊˈkjʊrɪs] *n (form)* Kupplerin *f pej*

prod [prɒd, AM prɑːd] **I.** *n* ① *(tool)* Ahle *f;* **cattle ~** [elektrischer] Viehtreibstab ② *(poke)* Schubs *m fam,* [leichter] Stoß; **to give sb a ~** jdm einen Stoß versetzen, jdn schubsen *fam* ③ *(fig: incitation)* Anstoß *m fig; (reminder)* Gedächtnisanstoß *m;* **he needs an occasional ~** manchmal muss man seinem Gedächtnis nachhelfen; **to give sb a ~** jdm auf die Sprünge helfen ► PHRASES: **to be on the ~** AM Streit suchen **II.** *vt* <-dd-> ■**to ~ sb** ① *(poke)* jdn stoßen [*o fam* anstupsen]; **I felt someone ~ me in the back** ich spürte einen Stups in den Rücken *fam;* **to ~ a cake with a fork** mit einer Gabel in einem Kuchen herumstochern; **to ~ a horse with a stick** ein Pferd mit einem Stock vorwärtstreiben ② *(fig: encourage)* jdn antreiben [*o* anspornen]; ■**to ~ sb into doing sth** jdn dazu drängen, etw zu tun; **to ~ sb into action** jdn auf Trab bringen *fam* **III.** *vi* <-dd-> stoßen; *with a fork* stochern

prod·dy ['prɒdi] *n* BRIT, AUS (*fam*) Protestant(in) *m(f)*

prodi·gal ['prɒdɪgᵊl, AM 'prɑ:d-] *adj* verschwenderisch; ■**to be ~ of sth** etw verschwenden

prodi·gal·ity [,prɒdɪ'gæləti, AM ,prɑ:dɪ'gæləṭi] *n* ❶ *no pl* (*wastefulness*) Verschwendungssucht *f* ❷ (*instance*) Verschwendung *f* ❸ (*lavishness*) Üppigkeit *f,* Fülle *f*

prodi·gal·ly ['prɒdɪgᵊli, AM 'prɑ:d-] *adv* verschwenderisch

prodi·gal 'son *n* REL ■**the ~** der verlorene Sohn *a. fig;* **the return of the ~** die Rückkehr des verlorenen Sohnes

pro·di·gious [prə'dɪdʒəs] *adj* (*form*) ❶ (*enormous*) gewaltig, ungeheuer ❷ (*wonderful*) wunderbar, erstaunlich

pro·di·gious·ly [prə'dɪdʒəsli] *adv* ❶ (*enormously*) gewaltig; **to drink/eat ~** [sehr] ausgiebig trinken/essen ❷ (*wonderfully*) wunderbar; **~ gifted artist** begnadeter Künstler/begnadete Künstlerin

prodi·gy ['prɒdɪdʒi, AM 'prɑ:d-] *n* ❶ (*person*) außergewöhnliches Talent; **child ~** Wunderkind *nt;* **tennis ~** Tenniswunder *nt fam;* **mathematical ~** Mathematikgenie *nt* ❷ (*accomplishment*) Wunder *nt;* ■**to be a ~ of sth** ein Wunder an etw *dat* sein

pro·duce I. *vt* [prə'dju:s, AM -'du:s] ❶ (*make*) ■**to ~ sth** etw herstellen [*o* produzieren]; **to ~ antibodies/red blood cells** Antikörper/rote Blutkörperchen produzieren; **to ~ coal/oil** Kohle/Erdöl fördern; **to ~ electricity** Strom erzeugen; **to ~ ideas/thoughts** Ideen/Gedanken entwickeln; **to ~ an illusion** eine falsche Vorstellung erwecken; **to ~ a meal** eine Mahlzeit zubereiten; **to ~ noise** Lärm verursachen; **to ~ a novel/report** einen Roman/Bericht schreiben [*o* verfassen]; **to ~ an odour** einen Geruch absondern; **to ~ a painting/a sculpture** ein Gemälde/eine Skulptur schaffen; **to ~ a shadow** einen Schatten werfen; **to ~ a state of hypnosis** einen Hypnosezustand herbeiführen; **to ~ statics/sparks** atmosphärische Störungen/Funken verursachen [*o* hervorrufen]; **to ~ wheat** Weizen produzieren ❷ (*bring about*) ■**to ~ sth** etw bewirken [*o* hervorrufen]; **to ~ a change** eine Änderung bewirken; **to ~ an echo** ein Echo hervorrufen; **to ~ an effect** eine Wirkung erzielen; **to ~ hysteria/uncertainty** Hysterie/Unsicherheit hervorrufen; **to ~ profits/revenue** Gewinne/Erträge erzielen [*o* einbringen]; **to ~ results** zu Ergebnissen führen; **to ~ a shift in public opinion** die öffentliche Meinung ändern ❸ ZOOL (*give birth to*) ■**to ~ sb/sth** jdn/etw zur Welt bringen; **to ~ kittens/puppies/young** [Katzen]junge/Welpen/Junge bekommen; **to ~ offspring** Nachwuchs bekommen, für Nachwuchs sorgen *hum* ❹ FILM, MUS ■**to ~ sth** *film, programme* etw produzieren; THEAT *play, opera* etw inszenieren; **to ~ top artists** Spitzenkünstler/Spitzenkünstlerinnen produzieren; **to ~ a CD/record** eine CD/Schallplatte produzieren ❺ (*show*) ■**to ~ sth** etw hervorholen; **to ~ a gun/a knife/a weapon** eine Pistole/ein Messer/eine Waffe ziehen; **to ~ identification/one's passport** seinen Ausweis/Pass zeigen; **to ~ a present** ein Geschenk hervorzaubern; **to ~ a receipt** eine Quittung vorlegen ❻ LAW **to ~ an alibi/a witness** ein Alibi/einen Zeugen/eine Zeugin beibringen; **to ~ evidence/proof** den Beweis/Nachweis erbringen **II.** *vi* [prə'dju:s, AM -'du:s] ❶ (*bring results*) Ergebnisse erzielen; ECON einen Gewinn erwirtschaften ❷ (*give output*) produzieren; *mine* fördern ❸ (*be fertile*) *humans* Nachwuchs bekommen; *plant* Früchte tragen; *land* ertragreich sein ❹ FILM einen Film produzieren; THEAT ein Stück inszenieren **III.** *n* ['prɒdju:s, AM 'prɑ:du:s, 'proʊ-] *no pl* ❶ AGR Erzeugnisse *ntpl,* Produkte *ntpl;* **dairy ~** Milchprodukte *ntpl,* Molkereiprodukte *ntpl;* **French ~** [*or* **~ of France**] französische Erzeugnisse ❷ AM (*fruit and vegetables*) Obst *nt* und Gemüse *nt* **IV.** *n* ['prɒdju:s, AM 'prɑ:du:s, 'proʊ-] *modifier* AM (*market, order, purveyor*) Obst- und Gemüse-; **~ section** Obst- und Gemüseabteilung *f*

pro·duc·er [prə'dju:səʳ, AM -'du:sɚ] *n* ❶ (*manufacturer*) Hersteller *m,* Produzent *m;* AGR Erzeuger *m* ❷ FILM, TV Produzent(in) *m(f);* THEAT Regisseur(in) *m(f);* MUS [Musik]produzent(in) *m(f)*

prod·uct ['prɒdʌkt, AM 'prɑ:-] *n* ❶ (*sth produced*) Produkt *nt,* Erzeugnis *nt;* **dairy ~s** Milchprodukte *ntpl;* **food ~s** Nahrungsmittel *ntpl;* **to be a ~ of one's environment** (*fig*) ein Produkt seiner Umgebung sein; **to be a ~ on one's mind** (*hum*) nur in jds Vorstellung existieren; **to be a ~ of the 1960s/one's time** ein Kind der 60er-Jahre/seiner Zeit sein ❷ (*result*) Ergebnis *nt,* Folge *f* ❸ MATH Produkt *nt*

'prod·uct cy·cle *n* Produktzyklus *m,* Lebensdauer *f* eines Produkts

prod·uct de·'vel·op·ment I. *n no pl* Produktentwicklung *f* **II.** *n modifier* (*costs, engineer, laboratory*) [Produkt]entwicklungs-; **~ department** Abteilung *f* für Produktentwicklung

pro·duc·tion [prə'dʌkʃᵊn] **I.** *n* ❶ *no pl* (*process*) Produktion *f,* Herstellung *f; of coal* Förderung *f; of energy* Erzeugung *f;* **~ of agricultural products** Erzeugung *f* landwirtschaftlicher Produkte; **to be [no longer] in ~** [nicht mehr] hergestellt werden; **to go into ~** (*factory*) die Produktion aufnehmen; (*product*) in Produktion [*o* Fertigung] gehen ❷ *no pl* (*yield*) Produktion *f;* **drop in ~** Produktionsrückgang *m;* **agricultural ~** landwirtschaftliche Produktion; **industrial ~** Industrieproduktion *f* ❸ *no pl* FILM, TV, RADIO, MUS Produktion *f;* THEAT Inszenierung *f;* **to do the ~ [on a record]** [eine Schallplatte] produzieren; **to get into ~** in das Produzieren einsteigen *fam;* **to go into ~** produziert werden ❹ (*finished film, etc*) Produktion *f;* (*version of play/opera*) Inszenierung *f* ❺ *no pl* (*form: presentation*) Vorweisen *nt,* Vorlegen *nt;* **entry is permitted on ~ of a ticket** Einlass nur gegen Vorlage einer Karte; **upon ~ of your documents** bei Vorlage Ihrer Papiere ▶ PHRASES: **to make a ~ [number] of sth** aus etw *dat* ein Drama machen **II.** *n modifier* ❶ (*of factory*) (*output, worker*) Produktions-, Fertigungs-; **~ schedule** Fertigungsplan *m* ❷ FILM (*company, quality, studio*) Produktions-

pro·duc·tion ca·'pac·ity *n no pl* Produktionskapazität *f,* Fertigungskapazität *f* **pro·'duc·tion costs** *npl* Produktionskosten *pl,* Herstellungskosten *pl* **pro·duc·tion 'di·rec·tor** *n* RADIO Sendeleiter(in) *m(f)* **pro·'duc·tion line** *n* Fließband *nt,* Fertigungsstraße *f* **pro·duc·tion 'man·ag·er** *n* Produktionsleiter(in) *m(f)* **pro·'duc·tion time** *n* Produktionszeit *f,* Fertigungszeit *f* **pro·'duc·tion vol·ume** *n* Fertigungsvolumen *nt,* Produktionsmenge *f*

pro·duc·tive [prə'dʌktɪv] *adj* ❶ (*with large output*) produktiv; *land, soil* fruchtbar, ertragreich; *mine, well* ergiebig; **~ conversation** (*fig*) fruchtbares Gespräch; **~ discussion** ergiebige Diskussion; **~ meeting** ergiebiges Treffen; **~ period of a writer** schöpferische [*o* produktive] Phase eines Schriftstellers/einer Schriftstellerin; **sb's ~ years** jds Schaffenszeit ❷ (*profitable*) *business* rentabel ❸ (*efficient*) leistungsfähig; **~ employee** produktiver Mitarbeiter/produktive Mitarbeiterin ❹ (*useful*) sinnvoll; **would it be ~ to ask him why?** hat es Sinn, ihn nach dem Grund zu fragen?; **~ exercise** sinnvolle [*o* gute] Übung ❺ *pred* (*causative*) ■**to be ~ of sth** etw hervorbringen [*o* erzeugen] ❻ LING häufig

pro·duc·tive·ly [prə'dʌktɪvli] *adv* produktiv; **to use one's time ~** seine Zeit effektiv nutzen; **to work more ~** effizienter arbeiten

prod·uc·tiv·ity [,prɒdʌk'tɪvəti, AM ,proʊdʌk'tɪvəṭi] *n no pl* ❶ (*output*) Produktivität *f;* **high/low ~** hohe/niedrige Produktivität ❷ (*effectiveness*) Effektivität *f,* Effizienz *f;* **to boost ~** die Effizienz erhöhen ❸ (*profitability*) Rentabilität *f*

prod·uc·'tiv·ity bo·nus *n* Leistungszulage *f;* **to earn** [*or* **receive**] **a ~** eine Leistungszulage erhalten **prod·uc·'tiv·ity in·cen·tive** *n* Leistungsanreiz *m,* Produktivitätsanreiz *m* **prod·uc·'tiv·ity lev·el** *n,* **prod·uc·'tiv·ity rate** *n* Produktivitätsrate *f*

'prod·uct line *n* Produktlinie *f,* Produktpalette *f*

'prod·uct mix *n* Sortiment *nt*

'prod·uct-mix *adj attr, inv* **~ projections** Vorausplanung *f* der

Produkte in einer Produktlinie **prod·uct 'place·ment** *n* Productplacement *nt fachspr* **'prod·uct range** *n* Produktpalette *f,* Sortiment *nt*

prof [prɒf, AM prɑːf] *n* (*hum fam*) *short for* **professor** Prof *m fam*

profa·na·tion [ˌprɒfəˈneɪʃᵊn, AM ˌprɑː-] *n* Entweihung *f,* Profanierung *f geh*

pro·fane [prəˈfeɪn, AM *esp* proʊˈ-] **I.** *adj* ❶ (*blasphemous*) gotteslästerlich, frevelhaft; ~ **language** lästerliche Sprache ❷ (*form: secular*) weltlich, profan *geh* **II.** *vt* ■**to** ~ **sth** etw entweihen

pro·fan·ity [prəˈfænəti, AM proʊˈfænət̬i] *n* ❶ *no pl* (*blasphemy*) Gotteslästerung *f* ❷ (*swearing*) Fluch *m* ❸ (*word*) vulgärer Ausdruck, Kraftausdruck *m;* **to utter a** ~ eine ordinäre Bemerkung machen ❹ (*behaviour*) Lasterhaftigkeit *f,* Verderbtheit *f*

pro·fess [prəˈfes, AM *also* proʊˈ-] *vt* ■**to** ~ **sth** ❶ (*claim*) etw erklären [*o geh* bekunden]; (*insistingly*) etw beteuern; **to** ~ **little enthusiasm** wenig Begeisterung zeigen; **to** ~ **love for sb** seine Liebe zu jdm gestehen; ■**to** ~ **oneself sth** sich *akk* als etw bezeichnen; **she** ~**ed herself a communist** sie bekannte sich zum Kommunismus; **to** ~ **oneself satisfied with sth** sich *akk* über etw *akk* zufrieden äußern; **I never** ~**ed myself satisfied with my looks** ich war mit meinem Aussehen noch nie zufrieden; ■**to** ~ **to be sth** behaupten, etw zu sein ❷ (*affirm*) sich *akk* zu etw *dat* bekennen; **to** ~ **one's faith** sich *akk* zu seinem Glauben bekennen

pro·fessed [prəˈfest, AM *also* proʊˈ-] *adj attr, inv* ❶ (*openly declared*) *Marxist, communist* erklärt; **he is my** ~ **enemy** er ist mein erklärter Feind ❷ (*alleged*) angeblich ❸ (*with vows*) ~ **nun** Nonne *f,* die die Gelübde abgelegt hat

pro·fess·ed·ly [prəˈfesɪdli, AM *also* proʊˈ-] *adv* ❶ (*admittedly*) zugegebenermaßen, erklärtermaßen; **he was** ~ **tired** er gab zu, müde zu sein ❷ (*allegedly*) angeblich

pro·fes·sion [prəˈfeʃᵊn] *n* ❶ (*field of work*) Beruf *m;* **teaching** ~ Lehrberuf *m;* **the oldest** ~ **in the world** das älteste Gewerbe der Welt; **to enter a** ~ einen Beruf ergreifen; **by** ~ von Beruf ❷ (*body of workers*) Berufsstand *m;* **the medical** ~ die Ärzteschaft ❸ (*claim*) Bekundung *f,* Erklärung *f;* ~ **of faith** Glaubensbekenntnis *nt;* ~ **of love/loyalty** Liebes-/Loyalitätserklärung *f*

pro·fes·sion·al [prəˈfeʃᵊnᵊl] **I.** *adj* ❶ (*of a profession*) beruflich, Berufs-; **are you meeting with me in a personal or** ~ **capacity?** ist Ihr Treffen mit mir privater oder geschäftlicher Natur?; ~ **career** berufliche Laufbahn [*o* Karriere]; **to be a** ~ **courtesy** zu den beruflichen Gepflogenheiten gehören; ~ **dress** Berufskleidung *f;* ~ **experience** Berufserfahrung *f;* ~ **interest** berufliches Interesse; ~ **jargon/journal/literature** Fachjargon *m*/-zeitschrift *f*/-literatur *f;* ~ **misconduct** standeswidriges Verhalten, Berufspflichtverletzung *f;* ~ **name** Künstlername *m;* ~ **qualifications** berufliche Qualifikationen ❷ (*not tradesman*) freiberuflich, akademisch; ~ **man/woman** Akademiker *m*/Akademikerin *f;* ~ **people** Angehörige *pl* der freien [*o* akademischen] Berufe; ~ **types** (*fam*) Akademiker(innen) *mpl(fpl)* ❸ (*expert*) fachmännisch, fachlich; **is that your personal or** ~ **opinion?** ist das Ihre private Meinung oder Ihre Meinung als Fachmann?; ~ **advice** fachmännischer Rat ❹ (*approv: businesslike*) professionell, fachmännisch; **to maintain** ~ **conduct** professionell auftreten; **to do a** ~ **job** etw fachmännisch erledigen; ~ **manner** professionelles Auftreten; **in a** ~ **manner** fachmännisch; **to look** ~ professionell aussehen ❺ (*not amateur*) Berufs-; SPORTS Profi-; ~ **career** Profilaufbahn *f,* Profikarriere *f;* ~ **dancer/gambler/soldier** Berufstänzer(in) *m(f)*/-spieler(in) *m(f)*/-soldat(in) *m(f);* ~ **player** Profispieler(in) *m(f);* **in** ~ **sports** im Profisport; **to be a** ~ **writer** von Beruf Schriftsteller(in) *m(f)* sein; **to go** [*or* **turn**] ~ Profi werden; SPORTS ins Profilager [über]wechseln *fam* ❻ (*fam: habitual*) notorisch; ~ **liar** notorischer Lügner/notorische Lügnerin, Lügenbold *m fam;* ~ **matchmaker** professioneller Ehestifter/professionelle Ehestifterin **II.** *n* ❶ (*not an amateur*) Fachmann, -frau *m, f;* SPORTS Profi *m* ❷ (*not a tradesman*) Akademiker(in) *m(f),* Angehörige(r) *f(m)* der freien [*o* akademischen] Berufe

pro·fes·sion·al 'foul *n* absichtliches Foul; **to commit a** ~ absichtlich ein Foul begehen **pro·fes·sion·al 'help** *n no pl* professionelle Hilfe

pro·fes·sion·al·ism [prəˈfeʃᵊnᵊlɪzᵊm] *n no pl* ❶ (*skill and experience*) Professionalität *f,* Routiniertheit *f;* (*attitude*) professionelle Einstellung; **to handle sth with** ~ mit etw *dat* professionell [*o* fachmännisch] umgehen; **to handle oneself with** ~ sich *akk* professionell verhalten ❷ SPORTS Profitum *nt*

pro·fes·sion·al·ly [prəˈfeʃᵊnᵊli] *adv* ❶ (*by a professional*) von einem Fachmann/einer Fachfrau; **to do sth** ~ etw fachmännisch erledigen; **to get sth done** ~ etw von einem Fachmann/einer Fachfrau machen lassen ❷ (*not as an amateur*) berufsmäßig; **to do sth** ~ etw beruflich betreiben; **to play tennis** ~ Tennisprofi sein

pro·fes·sor [prəˈfesəʳ, AM -ɚ] *n* ❶ (*at university*) Professor(in) *m(f);* ~ **of history/mathematics** Professor(in) *m(f)* für Geschichte/Mathematik; AM (*teacher at university*) Dozent(in) *m(f)* ❷ (*affirmer*) Bekenner(in) *m(f)*

pro·fes·sor emeri·tus [prəˈfesəʳɪˌmerɪtəs, AM -ɚɪˌmerət̬əs] *n* Professor emeritus, emeritierter Professor/emeritierte Professorin

pro·fes·so·rial [ˌprɒfɪˈsɔːriəl, AM ˌproʊfəˈ-] *adj inv* Professoren-; ~ **manner** professorales Gehabe *pej;* ~ **post** Professorenstelle *f*

pro·fes·sor·ship [prəˈfesəʃɪp, AM -ɚ-] *n* Professur *f,* Lehrstuhl *m;* **to apply for a** ~ sich *akk* um eine Professur bewerben; **to get a** ~ eine Professur erhalten

prof·fer [ˈprɒfəʳ, AM ˈprɑːfɚ] *vt* (*form*) ■**to** ~ **sth** etw anbieten; **to** ~ **sb one's hand** jdm seine Hand reichen; **to** ~ **an observation/opinion** eine Beobachtung/Meinung vorbringen; **to** ~ **thanks** Dank aussprechen

pro·fi·cien·cy [prəˈfɪʃᵊn(t)si] *n no pl* Tüchtigkeit *f,* Können *nt;* ~ **at the computer** Computerkenntnisse *fpl;* **his** ~ **in computer programming** sein Können als Programmierer; ~ **at one's job** Tüchtigkeit *f* im Beruf; ~ **in a language** Sprachkenntnisse *fpl;* **to test sb's** ~ **in maths** jds Kenntnisse in Mathematik testen; ~ **in writing** schriftstellerisches Können; **to show** ~ sein Können [*o* seine Fertigkeiten] unter Beweis stellen

pro·'fi·cien·cy exam *n,* **pro·'fi·cien·cy test** *n* Leistungstest *m*

pro·fi·cient [prəˈfɪʃᵊnt] *adj* fähig, tüchtig; **to be** ~ **in a language** eine Sprache beherrschen; **to be a** ~ **liar** gut lügen können; **to be** ~ **at swimming** gut schwimmen können

pro·file [ˈprəʊfaɪl, AM ˈproʊ-] **I.** *n* ❶ (*side view*) Profil *nt;* **to draw/photograph sb in** ~ jdn im Profil zeichnen/fotografieren ❷ (*description*) Porträt *nt fig;* (*restricted in scope*) Profil *nt* ❸ (*public image*) **to raise sb's** ~ jdn hervorheben; **to raise sth's** ~ etw bewusst[er] machen; **to raise an issue's** ~ **with the public** eine Thematik in der Öffentlichkeit stärker bewusst machen; **to be in a high-**~ **position** eine bedeutende Position innehaben ▸PHRASES: **to keep a <u>low</u>** ~ sich *akk* zurückhalten [*o* bedeckt halten] **II.** *vt* ■**to** ~ **sb** ❶ (*write*) jdn porträtieren *fig* ❷ (*draw*) jdn im Profil zeichnen, eine Profilzeichnung von jdm anfertigen

pro·fil·er [ˈprəʊfaɪləʳ, AM ˈproʊfaɪlɚ] *n* Profiler(in) *m(f) fachspr* (*Fachmann für die Erstellung eines psychologischen Profils eines gesuchten Täters*); (*program*) Profilerprogramm *nt*

pro·fil·ing [ˈprəʊfaɪlɪŋ, AM ˈproʊ-] *n* Profiling *nt fachspr* (*Erstellung eines Persönlichkeitsprofils*)

prof·it [ˈprɒfɪt, AM ˈprɑː-] **I.** *n* ❶ (*money earned*) Gewinn *m,* Profit *m;* **gross/net** ~ Brutto-/Reingewinn *m;* **pre-tax** ~ Gewinn *m* vor Steuern; **to make a** ~ Gewinn [*o* Profit] machen [*o* erzielen]; **to run at a** ~ Gewinn abwerfen; **to sell sth at a** ~ etw mit Gewinn verkaufen ❷ (*advantage*) Nutzen *m,* Vorteil *m;* **what** ~ **is there in it for me?** was habe ich davon? [*o fam* springt für mich dabei heraus?]; **there's no** ~ **to be gained from these endless discussions** diese endlosen

Diskussionen führen zu nichts **II.** *vi* ❶ (*gain financially*) profitieren, Gewinn machen; ■**to ~ by** [*or* **from**] **sth** von etw *dat* profitieren, aus etw *dat* Gewinn ziehen ❷ (*benefit*) profitieren; ■**to ~ by** [*or* **from**] **sth** von etw *dat* profitieren, aus etw *dat* Nutzen ziehen; **to ~ enormously** erheblich profitieren, großen Nutzen ziehen **III.** *vt* ■**to ~ sb** jdm nützlich sein [*o* nützen], jdm von Nutzen [*o* Vorteil] sein

prof·it·abil·ity [ˌprɒfɪtəˈbɪləti, AM ˌprɑːfɪt̬əˈbɪlət̬i] *n no pl* Rentabilität *f*, Wirtschaftlichkeit *f*

prof·it·able [ˈprɒfɪtəbl̩, AM ˈprɑːfɪt̬-] *adj* ❶ (*in earnings*) Gewinn bringend, rentabel, profitabel; ~ **business** einträgliches Geschäft; ~ **investment** lohnende [*o* Gewinn bringende] Investition ❷ (*advantageous*) nützlich, vorteilhaft; **to make ~ use of one's time** seine Zeit sinnvoll nutzen, mit seiner Zeit etw Sinnvolles anfangen

prof·it·ably [ˈprɒfɪtəbli, AM ˈprɑːfɪt̬-] *adv* ❶ (*at a profit*) Gewinn bringend, rentabel ❷ (*advantageously*) nutzbringend, vorteilhaft; **to spend one's time ~** seine Zeit sinnvoll nutzen

prof·it and 'loss ac·count *n* Gewinn- und Verlustrechnung *f*

prof·it and 'loss state·ment *n* Gewinn- und Verlustrechnung *f*

profi·teer [ˌprɒfɪˈtɪəʳ, AM ˌprɑːfɪˈtɪr] **I.** *n* (*pej*) Profitjäger(in) *m(f) pej*, Geschäftemacher(in) *m(f) pej* **II.** *vi* ❶ (*make excessive profit*) riesige Gewinne erzielen; (*make unfair profit*) sich *akk* bereichern ❷ (*earn money on black market*) Schwarzhandel treiben

profi·teer·ing [ˌprɒfɪˈtɪərɪŋ, AM ˌprɑːfɪˈtɪr-] *n no pl* ❶ (*profit-seeking*) Geschäftemacherei *f pej* ❷ (*selling at too high prices*) Wucher *m pej*

pro·fit·er·ole [prɒfˈɪtᵊrəʊl, AM prəˈfɪtəroʊl] *n* Profiterole *f*

'prof·it·mak·ing *adj inv* Gewinn bringend, rentabel **'prof·it mar·gin** *n* Gewinnspanne *f*, Gewinnmarge *f* **prof·it-'ori·en·tat·ed** [-ɔːrienteɪtɪd] BRIT, **prof·it-'ori·ent·ed** [-ˌɔːrientɪd, AM -t̬-] *adj esp* AM gewinnorientiert; ■**to be ~** auf Gewinn ausgerichtet sein **'prof·it-seek·ing** *adj inv* gewinnorientiert, profitorientiert **'prof·it-shar·ing** *n no pl* Gewinnbeteiligung *f*, Ergebnisbeteiligung *f* **'prof·it-tak·ing** *n no pl* Gewinnmitnahme *f*, Gewinnrealisierung *f*

prof·li·ga·cy [ˈprɒflɪgəsi, AM ˈprɑːf-] *n no pl* (*form*) ❶ (*lack of restraint*) Sittenlosigkeit *f*, Lasterhaftigkeit *f* ❷ (*wastefulness*) Verschwendung *f*; (*extravagance*) Verschwendungssucht *f*

prof·li·gate [ˈprɒflɪgət, AM ˈprɑːflɪgɪt] **I.** *adj* (*form*) ❶ (*wasteful*) verschwenderisch ❷ (*without moral*) lasterhaft, ausschweifend **II.** *n* ❶ (*wasteful person*) Verschwender(in) *m(f)* ❷ (*immoral person*) lasterhafter Mensch; (*rake*) Wüstling *m pej*

pro for·ma [ˌprəʊˈfɔːmə, AM ˌproʊˈfɔːr-] (*form*) **I.** *adj* Pro-forma- **II.** *adv* pro forma **III.** *n* Pro-forma-Rechnung *f*

pro for·ma 'in·voice *n* Pro-forma-Rechnung *f*

pro·found [prəˈfaʊnd] *adj* ❶ (*extreme*) tief gehend; *change* tief greifend; *effect* nachhaltig; *impression* tief; *interest* lebhaft, stark; *sleep* fest, tief; *sight* tief; ~ **ignorance** völlige Unwissenheit ❷ (*strongly felt*) tief, heftig; *compassion, gratification, gratitude* tief empfunden; *respect, reverence, veneration, love* groß; ~ **anger** tief sitzende Wut; ~ **distress** großes Leid ❸ (*intellectual*) tiefsinning, tiefgründig; (*iron*) **that was very ~ of you** das war sehr tiefsinnig von dir *iron*; ~ **knowledge** umfassendes [*o geh* profundes] Wissen; ~ **thoughts** tief schürfende Gedanken; ~ **truth/wisdom** tiefe Wahrheit/Weisheit

pro·found·ly [prəˈfaʊndli] *adv* ❶ (*extremely*) zutiefst; ~ **deaf** hochgradig schwerhörig; ~ **grateful** überaus dankbar; ~ **religious** tief religiös; ~ **wise** sehr weise; **to change ~** sich *akk* tief greifend verändern; **to ~ influence sb** jdn nachhaltig [*o* stark] beeindrucken ❷ (*intellectually*) tiefschürfend, tiefgründig

pro·fund·ity [prəˈfʌndəti, AM proʊˈ-] *n* (*form*) ❶ *no pl* (*great depth*) Tiefe *f*; **the ~ of his knowledge** sein umfangreiches Wissen ❷ *no pl* (*intellectual depth*) Tiefgründigkeit *f*, Tiefsinnigkeit *f* ❸ (*deep remark*) Weisheit *f*; ■**profundities** *pl* tiefsinnige Gedanken

pro·fuse [prəˈfjuːs] *adj* überreichlich; *bleeding, perspiration* stark; *praise, thanks* überschwänglich; **to be ~ in one's apologies** sich *akk* wieder und wieder entschuldigen; **to be ~ in hospitality** überaus gastfreundlich sein; **to be ~ in one's praise of sth** etw überschwänglich loben

pro·fuse·ly [prəˈfjuːsli] *adv* überschwänglich, übermäßig; **to apologize ~** sich *akk* vielmals entschuldigen; **to bleed/sweat ~** stark bluten/schwitzen; **to thank sb ~** jdm überschwänglich danken

pro·fu·sion [prəˈfjuːʒᵊn] *n no pl* (*form*) Überfülle *f*; **in ~** in Hülle und Fülle

pro·geni·tor [prə(ʊ)ˈdʒenɪtəʳ, AM proʊˈdʒenət̬ɚ] *n* (*form: ancestor*) Vorfahr(in) *m(f)*, Ahn(in) *m(f) geh*; (*predecessor*) Vorläufer(in) *m(f)*; (*intellectual ancestor*) geistiger Vater/geistige Mutter

prog·eny [ˈprɒdʒəni, AM ˈprɑː-] *n + sing/pl vb* (*form*) Nachkommenschaft *f*, Nachkommen *mpl*

pro·ges·ter·one [prə(ʊ)ˈdʒestᵊrəʊn, AM proʊˈdʒestəroʊn] *n no pl* Gelbkörperhormon *nt*, Progesteron *nt fachspr*

prog·no·ses [prɒgˈnəʊsiːz, AM prɑːgˈnoʊ-] *n* (*form*) *pl of* **prognosis**

prog·no·sis <*pl* -ses> [prɒgˈnəʊsɪs, AM prɑːgˈnoʊ-, *pl* -siːz] *n* (*prediction*) Prognose *f*, Vorhersage *f*, Voraussage *f*; MED Prognose *f*; **to make a ~** eine Prognose stellen [*o* Voraussage machen]

prog·nos·ti·cate [prɒgˈnɒstɪkeɪt, AM prɑːgˈnɑːs-] *vt* ■**to ~ sth** etw voraussagen [*o* vorhersagen] [*o geh* prognostizieren]

prog·nos·ti·ca·tion [prəgˌnɒstɪˈkeɪʃᵊn, AM prɑːgˌnɑːs-] *n* (*form*) ❶ *no pl* (*action*) Prognostizierung *f fachspr*, Voraussage *f*, Vorhersage *f* ❷ (*instance*) Prophezeiung *f*

prog·nos·ti·ca·tor [prɒgˈnɒstɪkeɪtəʳ, AM prɑːgˈnɑːstɪkeɪt̬ɚ] *n* ❶ SCI, SOCIOL Prognostiker(in) *m(f)* ❷ ASTROL Wahrsager(in) *m(f)*

pro·gram [ˈprəʊgræm, AM ˈproʊ-] **I.** *n* ❶ COMPUT Programm *nt*; **to write a ~** ein Programm schreiben ❷ *esp* AM, AUS *see* **programme** ▶ PHRASES: **to get with the ~** (*fam*) sich *akk* sammeln **II.** *vt* <-mm-> ❶ COMPUT **to ~ a computer** einen Computer programmieren ❷ *esp* AM, AUS *see* **programme**

'pro·gram di·rec·tor *n* AM Programmdirektor(in) *m(f)*

pro·gram·er *n* AM *see* **programmer**

pro·gram·ma·ble [prə(ʊ)ˈgræməbl̩, AM ˈproʊ-] *adj* programmierbar

pro·gramme [ˈprəʊgræm], AM **pro·gram** [ˈproʊ-] **I.** *n* ❶ RADIO, TV Programm *nt*, Sendefolge *f*; (*single broadcast*) Sendung *f* ❷ (*list of events*) Programm *nt*; THEAT (*for all plays*) Spielplan *m*; (*for one play*) Programmheft *nt* ❸ (*plan*) Programm *nt*, Plan *m*; **what's on the ~ for today?** was steht heute auf dem Programm?; **fitness/modernization ~** Fitness-/Modernisierungsprogramm *nt* **II.** *vt* <-mm-> ❶ (*instruct*) ■**to ~ sth** etw programmieren; **to ~ a VCR** einen Videorecorder programmieren [*o* einstellen] ❷ *usu passive* (*mentally train*) ■**to ~ sb to do sth** jdn darauf programmieren, etw zu tun; **I'm ~d to wake up at seven** ich wache automatisch um sieben Uhr auf; ■**to ~ oneself to do sth** sich *dat* etw angewöhnen

pro·gram·mer [ˈprəʊgræməʳ], AM **pro·gram·er** [ˈproʊgræmɚ] *n* ❶ (*operator*) Programmierer(in) *m(f)* ❷ (*component*) Programmiergerät *nt*

'pro·gram·ming lan·guage *n* Programmiersprache *f*

pro·gress **I.** *n* [ˈprəʊgres, AM ˈprɑːg-] *no pl* ❶ (*onward movement*) Vorwärtskommen *nt*; **to make slow/good ~** langsam/gut vorwärtskommen [*o* vorankommen] ❷ (*development*) Fortschritt *m*; ~ **was slow in the early stages of the project** in seinem Anfangsstadium kam das Projekt nur schleppend voran; **to make [good/slow] ~** [gute/langsame] Fortschritte machen ❸ (*to be going*) **to be in ~** im Gange sein; ADMIN in Bearbeitung sein; **the talks are in ~** die Gespräche laufen [gerade] ❹ *no art* (*general improvement*) Fortschritt *m* **II.** *vi*

P

[prə(ʊ)'gres, AM prə'-] ❶ (*develop*) Fortschritte machen; **how's the work ~ing?** wie geht's mit der Arbeit voran?; **the patient seems to be ~ing well** der Patient scheint gute Fortschritte zu machen ❷ (*move onward*) *in space* vorankommen; *in time* fortschreiten; **we started talking about literature then ~ed to politics** wir begannen über Literatur zu sprechen und kamen dann auf Politik

'pro·gress chas·er [-tʃeɪsəʳ] *n* BRIT Terminjäger(in) *m(f)*

pro·gres·sion [prə(ʊ)'greʃᵊn, AM prə'-] *n no pl* ❶ (*development*) Entwicklung *f;* ~ **of a disease** Entwicklung einer Krankheit; **a natural ~** eine natürliche Entwicklung ❷ MATH (*series*) Reihe *f;* **in the ~ 1, 2, 3, 4, five is the next number** in der Reihe 1, 2, 3, 4 ist fünf die nächste Zahl

pro·gres·sion·ist [prə(ʊ)'greʃᵊnɪst, AM prə'-] *n* ❶ (*advocate of socio-political progress*) Progressist(in) *m(f) geh* ❷ (*adherent of a philosophy*) Fortschrittler(in) *m(f)*

pro·gres·sive [prə(ʊ)'gresɪv, AM prə'-] **I.** *adj* ❶ (*gradual*) fortschreitend; (*gradually increasing*) zunehmend; **a ~ change/increase/decline** eine allmähliche Veränderung/Zunahme/ein allmählicher Verfall; **a ~ disease** eine fortschreitende Krankheit ❷ (*reformist*) progressiv; ~ **party** fortschrittliche Partei ❸ (*forward-looking*) fortschrittlich, progressiv; ~ **education** moderne Ausbildung ❹ MUS (*avant-garde*) progressiv; ~ **jazz** progressiver Jazz ❺ LING (*verb form*) ~ **form** Verlaufsform *f* **II.** *n* ❶ (*reformist*) Progressive(r) *f(m)* ❷ LING ■**the ~** die Verlaufsform

pro·gres·sive·ly [prə(ʊ)'gresɪvli, AM prə'-] *adv* zunehmend; **my eyesight has got ~ worse over the years** mein Sehvermögen hat sich im Lauf der Zeit immer mehr verschlechtert

pro·gres·sive 'tax *n* Progressivsteuer *f fachspr*

'pro·gress re·port *n* Entwicklungsbericht *m;* (*on work*) Tätigkeitsbericht *m*

pro·hib·it [prə(ʊ)'hɪbɪt, AM proʊ'-] *vt* ■**to ~ sth** ❶ (*forbid*) etw verbieten [*o* untersagen]; **to be ~ed by law** gesetzlich verboten sein; **parking strictly ~ed** Parken verboten; ■**to ~ sb from doing sth** jdm verbieten [*o* untersagen], etw zu tun ❷ (*prevent*) etw verhindern

pro·hi·bi·tion [ˌprəʊ(h)ɪ'bɪʃᵊn, AM ˌproʊ-] *n* ❶ (*ban*) Verbot *nt* (**of, on** gegen +*akk*); ~ **on smoking** Rauchverbot *nt* ❷ *no pl* (*banning*) Verbieten *nt;* **to be under ~** gesetzlich verboten sein ❸ (*hist: US alcohol ban*) ■**P~** *no art* die Prohibition *hist*

pro·hibi·tive [prəʊ'hɪbətɪv, AM proʊ'hɪbət̬-] *adj* ❶ (*too expensive*) *price* unerschwinglich ❷ (*prohibiting*) ~ **legislation** Verbotsgesetzgebung *f;* ~ **measures** Verbotsmaßnahmen *fpl*

pro·hibi·tive·ly [prəʊ'hɪbətɪvli, AM proʊ'hɪbət̬-] *adv* ~ **expensive** unverschämt teuer *fam*

proj·ect **I.** *n* ['prɒdʒekt, AM 'prɑː-] ❶ (*undertaking*) Projekt *nt;* **research ~** Forschungsprojekt *nt* ❷ (*plan*) Plan *m* **II.** *n* ['prɒdʒekt, AM 'prɑː-] *modifier* (*coordinator, costs, deadline, director, leader, team*) Projekt-; ~ **planning** Projektplanung *f* **III.** *vt* [prə(ʊ)'dʒekt, AM prə'-] ❶ (*forecast*) ■**to ~ sth** etw vorhersagen; *profit, expenses, number* etw veranschlagen; **revenue from tourism is ~ed to grow by 15% next year** Einnahmen durch Tourismus sollen nächstes Jahr um 15% ansteigen ❷ (*propel*) ■**to ~ sth** etw schleudern; **to ~ one's mind into the future** sich *akk* in die Zukunft hineinversetzen; **to ~ one's voice** (*fig*) laut und deutlich sprechen ❸ (*onto screen*) ■**to ~ sth [onto sth]** *slides, film* etw [auf etw *akk*] projizieren ❹ PSYCH (*attribute to*) ■**to ~ sth onto sb** etw auf jdn projizieren; ■**to ~ oneself onto sb** von sich *dat* auf andere schließen ❺ (*display*) ■**to ~ sth** etw darstellen; **to ~ a tougher image** ein härteres Image vermitteln; ■**to ~ oneself** sich *akk* selbst zur Geltung bringen **IV.** *vi* [prə(ʊ)'dʒekt, AM prə'-] ❶ (*protrude*) hervorragen; ■**to ~ over sth** über etw *akk* [hinaus]ragen; **the hotel's dining room ~s [out] over the sea** der Speisesaal des Hotels ragt über das Meer; **a ~ing nail/branch** ein abstehender Nagel/Ast ❷ THEAT (*throw voice*) laut und deutlich sprechen

pro·ject·ed [prə(ʊ)'dʒektɪd, AM prə'-] *adj inv* ❶ (*forecast*) vorhergesagt; *expenses* veranschlagt ❷ (*planned*) geplant

pro·jec·tile [prə(ʊ)'dʒektaɪl, AM prə'dʒektᵊl] *n* (*thrown object*) Wurfgeschoss *nt;* (*bullet, shell*) Geschoss *nt,* Projektil *nt geh;* (*missile*) Rakete *f*

pro·jec·tion [prə(ʊ)'dʒekʃᵊn, AM prə'-] *n* ❶ (*forecast*) Prognose *f; of expenses* Voranschlag *m* ❷ (*protrusion*) Vorsprung *m* ❸ *no pl* (*on screen*) Vorführung *f;* (*projected image*) Projektion *f* ❹ *no pl* PSYCH (*unconscious transfer*) Projektion *f;* **the ~ of feelings onto sb** die Projektion von Gefühlen auf jdn; (*mental image*) Projektion *f* ❺ *no pl* (*presentation*) Darstellung *f,* Präsentation *f*

pro·jec·tion·ist [prə(ʊ)'dʒekʃᵊnɪst, AM prə'-] *n* Filmvorführer(in) *m(f)*

pro·'jec·tion room *n* Vorführraum *m*

proj·ect 'man·age·ment *n* Projektmanagement *nt,* Projektleitung *f* **proj·ect 'man·ag·er** *n* Projektmanager(in) *m(f)*

pro·jec·tor [prə(ʊ)'dʒektəʳ, AM prə'dʒektɚ] *n* Projektor *m,* Vorführgerät *nt*

pro·lapse ['prəʊlæps, AM 'proʊ-] *n* MED Prolaps *m fachspr,* Vorfall *m*

pro·lapsed ['prəʊlæpst, AM 'proʊ-] *adj* MED prolabiert *fachspr*

prole [prəʊl, AM proʊl] (*pej o hum*) **I.** *n short for* **proletarian** Prolet(in) *m(f)* **II.** *adj inv short for* **proletarian** proletarisch, proletenhaft

pro·letar·ian [ˌprəʊlɪ'teəriən, AM ˌproʊlə'ter-] **I.** *n* Proletarier(in) *m(f)* **II.** *adj inv* proletarisch

pro·letari·at [ˌprəʊlɪ'teəriət, AM ˌproʊlə'ter-] *n no pl* Proletariat *nt;* **the industrial ~** das industrielle Proletariat

pro-life [ˌprəʊ'laɪf, AM ˌproʊ'-] *adj inv* ~ **demonstration** Demonstration *f* gegen Abtreibung; ~ **poster** Poster *nt* gegen Abtreibung

pro-lif·er [ˌprəʊ'laɪfəʳ, AM ˌproʊ'laɪfɚ] *n* (*usu pej*) Abtreibungsgegner(in) *m(f)*

pro·lif·er·ate [prəʊ'lɪfᵊreɪt, AM proʊ'lɪfə-] *vi* stark zunehmen; (*animals*) sich *akk* stark vermehren

pro·lif·era·tion [prəʊˌlɪfᵊr'eɪʃᵊn, AM proʊˌlɪfə'reɪ-] *n no pl* starke Zunahme; (*of animals*) starke Vermehrung

pro·lif·ic [prə(ʊ)'lɪfɪk, AM proʊ'-] *adj* ❶ (*productive*) produktiv ❷ (*producing many offspring*) fruchtbar ❸ *pred* (*abundant*) ■**to be ~** in großer Zahl vorhanden sein

pro·lix ['prəʊlɪks, AM proʊ'lɪks] *adj* (*pej form*) weitschweifig

pro·logue ['prəʊlɒg], AM *a.* **pro·log** ['proʊlɑːg] *n* ❶ (*introduction*) Vorwort *nt;* THEAT Prolog *m* ❷ (*fig fam: preliminary event*) Vorspiel *nt;* **to be a ~ to sth** ein Vorspiel zu etw *dat* sein

pro·long [prə(ʊ)'lɒŋ, AM proʊ'lɑːŋ] *vt* ■**to ~ sth** etw verlängern; **to ~ the agony** die Qual hinauszögern

pro·lon·ga·tion [ˌprə(ʊ)lɒŋ'geɪʃᵊn, AM ˌproʊlɑːŋ'-] *n no pl* Verlängerung *f*

pro·longed [prə(ʊ)'lɒŋd, AM proʊ'lɑː-] *adj* [lang] anhaltend, langwierig *pej;* ~ **applause** anhaltender Applaus; **a ~ debate** eine langwierige Debatte

prom [prɒm, AM prɑːm] *n* ❶ AM (*school dance*) *Ball am Ende des Jahres in einer amerikanischen High School* ❷ BRIT (*concert*) Konzert *nt* (*Aufführung im Theater oder Konzert, wobei die Sitze im Parkett entfernt werden, um mehr Platz zu schaffen*); **the P~s** *Konzertreihe in London in der Albert Hall, deren Parkettsitze dafür entfernt werden, so dass die meisten Zuschauer stehen* ❸ BRIT (*seaside walkway*) [Strand]promenade *f*

prom·enade [ˌprɒmə'nɑːd, AM ˌprɑː-] **I.** *n* ❶ (*walkway*) [Strand]promenade *f* ❷ (*form or dated: walk*) Spaziergang *m;* (*in vehicle*) Spazierfahrt *f* **II.** *vi* (*dated*) promenieren

prom·enade 'con·cert *n* BRIT Konzert *nt; see also* **prom 2**

prom·e'nade deck *n* Promenadendeck *nt*

Pro·methean [prə(ʊ)'miːθiən, AM proʊ'-] *adj* prometheisch *geh*

promi·nence ['prɒmɪnən(t)s, AM 'prɑːmə-] *n* ❶ *no pl* (*pro-*

jecting nature) Auffälligkeit *f* ② *no pl* *(conspicuousness)* Unübersehbarkeit *f;* **to give sth** ~ [*or* ~ **to sth**] etw in den Vordergrund stellen ③ *no pl* *(importance)* Bedeutung *f;* **to gain** [*or* **come to**] [*or* **rise to**] ~ bekannt werden ④ *(projection)* Vorsprung *m;* **a rocky** ~ ein Felsvorsprung *m;* **a solar** ~ ASTRON Sonnenprotuberanz *f*

promi·nent ['prɒmɪnənt, AM 'prɑːmə-] *adj* ① *(projecting)* vorstehend *attr;* ~ **chin** vorspringendes Kinn; ~ **teeth** vorstehende Zähne ② *(conspicuous)* auffällig; **to put sth in a** ~ **position** etw deutlich sichtbar hinstellen ③ *(distinguished)* prominent; ■**to be** ~ **in sth** eine herausragende Position in etw *dat* einnehmen; **a** ~ **position** eine führende Position

promi·nent·ly ['prɒmɪnəntli, AM 'prɑːmə-] *adv* auffallend *attr,* deutlich sichtbar; **her name stands out** ~ **amongst those who signed the petition** ihr Name ist der bekannteste von allen Unterzeichnern der Petition

promis·cu·ity [ˌprɒmɪ'skjuːəti, AM ˌprɑːmɪ'skjuːət̬i] *n no pl* Promiskuität *f geh*

pro·mis·cu·ous [prə'mɪskjuəs] *adj* *(pej)* promisk, promiskuitiv *geh;* ~ **behaviour** [*or* AM **behavior**] häufiger Partnerwechsel; ~ **sex** Sex *m* mit häufig wechselnden Partnern

pro·mis·cu·ous·ly [prə'mɪskjuəsli] *adv* promisk, promiskuitiv *geh*

prom·ise ['prɒmɪs, AM 'prɑː-] **I.** *vt* ① *(pledge)* ■**to** ~ **sb sth** [*or* **sth to sb**] jdm etw versprechen; ■**to** ~ **to do sth** versprechen, etw zu tun; ■**to** ~ [**sb**] **that ...** [jdm] versprechen, dass ...; ■**to** ~ **oneself sth** sich *dat* etw versprechen; *(intend)* sich *dat* etw schwören ② *(have the potential)* ■**to** ~ **to be sth** versprechen, etw zu sein; **the men's final** ~**s to be an exciting match** das Finale der Männer verspricht ein spannendes Spiel zu werden ▶ PHRASES: **to** ~ **sb the earth/moon** jdm das Blaue vom Himmel versprechen *fam* **II.** *vi* ① *(pledge)* versprechen; **I** ~**!** ich verspreche es!; **to do sth as** ~**d** etw wie versprochen tun ② *(be promising)* **to** ~ **well** viel versprechen **III.** *n* ① *(pledge)* Versprechen *nt;* **and that's a** ~**!** großes Ehrenwort!, versprochen!; ~**s,** ~**s!** Versprechen, nichts als Versprechen!; **to break/keep one's** ~ [**to sb**] sein Versprechen [gegenüber jdm] brechen/halten; **to make a** ~ ein Versprechen geben [*o* machen]; **I'm not making any** ~**s** ich kann [aber] nichts versprechen ② *no pl* *(potential)* **to have got** ~ viel versprechend sein; **to show** ~ aussichtsreich sein; *(person)* viel versprechend sein; **a** ~ **of fine weather/success** eine Aussicht auf gutes Wetter/Erfolg; **a young person of** ~ eine viel versprechende junge Person; **to show** [**great**] ~ [sehr] viel versprechend sein ▶ PHRASES: **a** ~ **is a** ~ versprochen ist versprochen

Prom·ised Land *n no pl* *(a. fig)* ■**the** ~ das Gelobte Land

prom·is·ing ['prɒmɪsɪŋ, AM 'prɑː-] *adj* viel versprechend; **a** ~ **career** eine Erfolg versprechende Karriere

prom·is·ing·ly ['prɒmɪsɪŋli, AM 'prɑː-] *adv* viel versprechend

prom·is·sory note [ˌprɒmɪsᵊri'nəʊt, AM 'prɑːmɪsɔːriˌnoʊt] *n* Schuldschein *m*

pro·mo ['prəʊməʊ, AM 'proʊmoʊ] **I.** *n* ① *(fam)* *short for* **promotional film** Werbevideo *nt* ② AM, AUS *short for* **promotion** Werbung *f* **II.** *adj inv short for* **promotional** Werbe-

prom·on·tory ['prɒməntᵊri, AM 'prɑːməntɔːri] *n* GEOG Vorgebirge *nt,* Kap *nt; see also* **headland**

pro·mote [prə'məʊt, AM -'moʊt] *vt* ① *(raise in rank)* ■**to** ~ **sb** [**to sth**] jdn [zu etw *dat*] befördern; **he was** ~**ed to the rank of sergeant** er wurde zum Feldwebel befördert ② SPORTS ■**to be** ~**d** *team* aufsteigen ③ AM SCH ■**to be** ~**d** versetzt werden ④ *(encourage)* ■**to** ~ **sth** etw fördern; **regular exercise** ~**s good health** regelmäßige Bewegung ist gut für die Gesundheit; **to** ~ **awareness of sth** etw ins Bewusstsein rufen ⑤ *(advertise)* ■**to** ~ **sth** für etw *akk* werben; **to** ~ **a new book/product** für ein neues Buch/Produkt Werbung machen

pro·mot·er [prə'məʊtəʳ, AM -'moʊt̬ɚ] *n* ① *(encourager)* Förderer, -in *m, f* ② *(organizer)* Veranstalter(in) *m(f)*

pro·mo·tion [prə'məʊʃᵊn, AM -'moʊ-] *n* ① *no pl* *(in rank)* Beförderung *f* (**to** zu +*dat*); **to get** ~ befördert werden ② *(raise in status)* Beförderung *f* ③ SPORTS *(of team)* Aufstieg *m;* ~ **race** Kampf *m* um den Aufstieg ④ *(advertising campaign)* Werbekampagne *f;* **sales** ~ Werbung *f*

pro·mo·tion·al [prə'məʊʃᵊnᵊl, AM -'moʊ-] *adj* Werbe-; ~ **literature** Verkaufsliteratur *f*

pro·mo·tion·al ma·'terial *n* Werbematerial *nt*

prompt [prɒm(p)t, AM prɑːm(p)t] **I.** *vt* ① *(spur)* ■**to** ~ **sth** etw veranlassen; **her speech has** ~**ed an angry response from both parties** ihre Rede hat auf beiden Seiten verärgerte Reaktionen hervorgerufen; ■**to** ~ **sb** [**to do sth**] jdn [dazu] veranlassen, etw zu tun; **what** ~**ed you to say that?** was hat dich dazu veranlasst, das zu sagen? ② THEAT *(remind of lines)* ■**to** ~ **sb** jdm soufflieren ③ COMPUT ■**to** ~ **sb** [**to do sth**] jdn auffordern[, etw zu tun] **II.** *adj* ① *(swift)* prompt; ■**to be** ~ **in** [*or* **about**] **doing sth** etw schnell [*o* zügig] tun; ~ **action** sofortiges Handeln; ~ **delivery** unverzügliche Lieferung; ~ **reply** prompte Antwort ② *(punctual)* pünktlich **III.** *adv inv* pünktlich; **classes start at ten o'clock** ~ der Unterricht beginnt Punkt zehn Uhr **IV.** *n* ① COMPUT Befehlsaufforderung *f,* Prompt *m fachspr* ② THEAT *(reminder)* Stichwort *nt* ③ THEAT *(fam: prompter)* Souffleur, Souffleuse *m, f*

'prompt box *n* THEAT Souffleurkasten *m*

prompt·er ['prɒm(p)təʳ, AM 'prɑːm(p)tɚ] *n* THEAT Souffleur, Souffleuse *m, f*

prompt·ing ['prɒm(p)tɪŋ, AM 'prɑːm-] *n* ① *no pl* *(urging)* Drängen *nt;* **she volunteered to do it off her own bat, without any** ~ **from us** sie hat es von sich aus angeboten, ohne dass wir sie darum bitten mussten ② *(reminding)* Vorsagen *nt;* THEAT Soufflieren *nt;* **it was only at the** ~ **of his wife that he remembered the date** erst als seine Frau ihn daran erinnerte, fiel ihm die Verabredung wieder ein; **the** ~**s of conscience** die Stimme des Gewissens

promp·ti·tude ['prɒm(p)tɪtjuːd, AM 'prɑːm(p)tɪtuːd, -tjuːd] *n no pl* *(form)* Promptheit *f*

prompt·ly ['prɒm(p)tli, AM 'prɑːm-] *adv* ① *(quickly)* prompt ② *(fam: immediately afterward)* gleich danach, unverzüglich ③ *(in time)* pünktlich; **to leave** ~ **at one** Punkt eins [*o* pünktlich um eins] gehen

prompt·ness ['prɒm(p)tnəs, AM 'prɑːm-] *n no pl* Promptheit *f*

'prompt note *n* Mahnung *f*

prom·ul·gate ['prɒmᵊlgeɪt, AM 'prɑːm-] *vt* *(form)* ① *(spread)* ■**to** ~ **sth** etw verbreiten ② LAW *(proclaim)* **to** ~ **a law/decree** ein Gesetz/Urteil verkünden

prom·ul·ga·tion [ˌprɒmᵊl'geɪʃᵊn, AM ˌprɑːməl'-] *n no pl* *(form)* ① *(spread)* Verbreitung *f* ② LAW *(proclamation)* Verkündung *f*

pron *n* LING *abbrev of* **pronoun**

prone [prəʊn, AM proʊn] *adj* ① *(disposed)* ■**to be** ~ **to sth** zu etw *dat* neigen; ■**to be** ~ **to do sth** dazu neigen, etw zu tun ② *inv* *(form)* **to be** [*or* **lie**] ~ auf dem Bauch liegen; ~ **position** in Bauchlage

prone·ness ['prəʊnnəs, AM 'proʊn-] *n no pl* Neigung *f* (**to** zu +*dat*)

prong [prɒŋ, AM prɑːŋ] *n* Zacke *f,* Zinke *f; of antler* Ende *nt,* Sprosse *f fachspr*

-pronged [prɒŋd, AM prɑːŋd] *in compounds* -zackig; **a three-**~ **fork** eine dreizackige Gabel; **a four-**~ **strategy** eine Vier-Punkte-Strategie

pro·nomi·nal [prə(ʊ)'nɒmɪnᵊl, AM proʊ'nɑːmə-] *adj* LING Pronominal- *fachspr*

pro·noun ['prəʊnaʊn, AM 'proʊ-] *n* Pronomen *nt,* Fürwort *nt*

pro·nounce [prə'naʊn(t)s] **I.** *vt* ① *(speak)* ■**to** ~ **sth** etw aussprechen ② *(announce)* **to** ~ **a verdict/decision** einen Urteilsspruch/eine Entscheidung verkünden; **to** ~ **sentence on sb** das Urteil über jdn verkünden ③ *(declare)* ■**to** ~ **sb/sth sth: the jury** ~**d him guilty** die Geschworenen erklärten ihn für schuldig; **he** ~**d them man and wife** er erklärte sie zu

P

Mann und Frau; ■**to ~ that ...** verkünden, dass ... **II.** *vi* ■**to ~ on** [*or* **upon**] **sth** zu etw *dat* Stellung nehmen
pro·nounce·able [prəˈnaʊn(t)səbl̩] *adj* aussprechbar
pro·nounced [prəˈnaʊn(t)st] *adj* deutlich; **she has a ~ limp** sie hinkt sehr stark; **a ~ accent** ein ausgeprägter [*o* starker] Akzent; **~ views** klare Vorstellungen
pro·nounce·ment [prə(ʊ)ˈnaʊn(t)smənt, AM prəˈ-] *n* Erklärung *f*; **to make a ~ on sth** eine Erklärung zu etw *dat* abgeben
pron·to [ˈprɒntəʊ, AM ˈprɑːntoʊ] *adv inv* (*fam*) fix *fam*; **do it ~!** aber dalli!
pro·nun·cia·tion [prəˌnʌn(t)siˈeɪʃən] *n usu no pl* Aussprache *f*; **what is the correct ~ of this word?** wie wird dieses Wort richtig ausgesprochen?
proof [pruːf] **I.** *n* ❶ *no pl* (*confirmation*) Beweis *m* (**of** für +*akk*); **to have ~ of sth** einen Beweis für etw *akk* haben, etw beweisen können; **~ of purchase** Kaufbeleg *m*; **the burden of ~** LAW die Beweislast ❷ (*piece of evidence*) Beweis *m*; **~s of sb's guilt** Beweise für jds Schuld ❸ (*proving argument*) Beweis *m* (**of, for** für +*akk*) ❹ TYPO (*trial impression*) Korrekturfahne *f*; PHOT Probeabzug *m* ❺ MATH Beweis *m* ❻ *no pl* (*degree of strength*) Volumenprozent *nt*, Vol.-% *nt*; *of alcohol* Alkoholgehalt *m* ▸ PHRASES: **the ~ of the pudding is in the eating** (*prov*) Probieren geht über Studieren *prov*; **to put sth/sb to the ~** etw/jdn auf die Probe stellen **II.** *adj inv* ■**to be ~ against sth** gegen etw *akk* unempfindlich [*o geh* gefeit] sein; **to be ~ against temptation** gegen Versuchungen immun sein; **~ against wind and weather** wetterfest; **to be ~ against burglars** einbruchssicher sein **III.** *vt* ■**to ~ sth** ❶ (*treat*) etw imprägnieren; (*make waterproof*) etw wasserdicht machen ❷ TYPO (*proofread*) etw Korrektur lesen ❸ (*rise*) *dough* etw gehen lassen
-proof [pruːf] *in compounds* -sicher; **bullet~** kugelsicher; **charm-~** (*fig*) gegen Charme gefeit
proof ˈpo·si·tive *n no pl* eindeutiger Beweis
ˈproof-read <-read, -read> **I.** *vt* ■**to ~ sth** etw Korrektur lesen **II.** *vi* Korrektur lesen
ˈproof-read·er *n* Korrektor(in) *m(f)*
ˈproof-read·ing I. *n no pl* Korrekturlesen *nt* **II.** *adj attr, inv* Korrektur-; **at the ~ stage** im Korrekturstadium
prop[1] [prɒp, AM prɑːp] *n usu pl* ❶ (*for play, film*) Requisite *f* ❷ (*theatre worker*) ■**P~s** *pl* Requisiteur(in) *m(f)*
prop[2] [prɒp, AM prɑːp] *n* ❶ *short for* **proprietor** Inhaber(in) *m(f)* ❷ *short for* **propeller** Propeller *m* ❸ AM POL *short for* **proposition** [Gesetzes]vorlage *f*
prop[3] [prɒp, AM prɑːp] **I.** *n* ❶ (*support*) Stütze *f*; (*fig*) Halt *m* ❷ SPORTS (*rugby forward*) *Rugbyspieler, der am äußeren Ende der ersten Reihe zum Einsatz kommt* **II.** *vt* <-pp-> ■**to ~ sth against sth** etw gegen etw *akk* lehnen; ■**to ~ sth on sth** etw auf etw *akk* stützen; **to ~ sth open** etw offen halten
◆**prop up** *vt* ■**to ~ sth** ↻ **up** etw aufbocken; ■**to ~ oneself up** sich *akk* abstützen; **to ~ up the industry** (*fig*) die Industrie stützen ▸ PHRASES: **to ~ up the bar** sich *dat* einen hinter die Binde kippen [*o* gießen] *fam*
propa·gan·da [ˌprɒpəˈgændə, AM ˌprɑːp-] **I.** *n no pl* (*usu pej*) Propaganda *f* **II.** *n modifier* (*campaign, material*) Propaganda-
propa·gand·ist [ˌprɒpəˈgændɪst, AM ˌprɑːp-] **I.** *n* (*usu pej*) Propagandist(in) *m(f)* **II.** *adj* propagandistisch; **a ~ film** ein Propagandafilm *m*
propa·gand·ize [ˌprɒpəˈgændaɪz, AM ˌprɑːp-] **I.** *vi* propagieren **II.** *vt* ■**to ~ sth** etw propagieren
propa·gate [ˈprɒpəgeɪt, AM ˈprɑː-] **I.** *vt* ❶ (*breed*) ■**to ~ sth** etw züchten; (*plants*) etw vermehren; ■**to ~ oneself** sich *akk* vermehren ❷ (*form: disseminate*) ■**to ~ sth** etw verbreiten; **to ~ a lie** eine Lüge verbreiten **II.** *vi* sich *akk* fortpflanzen; *plants* sich *akk* vermehren
propa·ga·tion [ˌprɒpəˈgeɪʃən, AM ˌprɑː-] *n no pl* ❶ (*reproduction*) Fortpflanzung *f*; **the ~ of plants** die Vermehrung von Pflanzen ❷ (*spread*) *of rumour, lie* Verbreitung *f*
propa·ga·tor [ˈprɒpəgeɪtəʳ, AM ˈprɑːpəgeɪt̬ɚ] *n* ❶ (*person*) Propagator(in) *m(f) geh* ❷ HORT (*box*) Keimungsbehälter *m*
pro·pane [ˈprəʊpeɪn, AM ˈproʊ-] **I.** *n no pl* Propan *nt* **II.** *n modifier* (*gas, heater, tank, torch*) Propan-; **~ stove** Propangasofen *m*
pro·pel <-ll-> [prəˈpel] *vt* ■**to ~ sth** etw antreiben; (*fig*) **the country was being ~led towards civil war** das Land wurde in den Bürgerkrieg getrieben
pro·pel·lant [prəˈpelənt] *n* ❶ (*fuel*) Treibstoff *m* ❷ (*gas*) Treibgas *nt*
pro·pel·ler [prəˈpeləʳ, AM -ɚ] *n* Propeller *m*
pro·ˈpel·ler blade *n* Propellerblatt *nt* **pro·ˈpel·ler shaft** *n* Antriebswelle *f*
pro·pel·ling pen·cil *n* BRIT, AUS Drehbleistift *m*
pro·pen·sity [prə(ʊ)ˈpen(t)səti, AM prəˈpen(t)sət̬i] *n no pl* (*form*) Neigung (**for** zu +*dat*); ■**to have a ~ for sth** eine Neigung zu etw *dat* haben, zu etw *dat* neigen; **to have a ~ to do sth** dazu neigen, etw zu tun
prop·er [ˈprɒpəʳ, AM ˈprɑːpɚ] **I.** *adj inv* ❶ (*real*) echt, richtig; **a ~ meal** eine anständige Mahlzeit ❷ (*correct*) richtig; **she likes everything to be in its ~ place** sie hat gern alles an seinem angestammten Platz; **in the ~ sense of the word** im wahrsten Sinne des Wortes; **the ~ tools/equipment** das richtige Werkzeug/die richtige Ausrüstung; **to put sth to its ~ use** etw zweckentsprechend benutzen ❸ (*socially respectable*) anständig ❹ *after n, inv* (*form: itself*) selbst *nach n*; **they're not the party ~** sie stellen nicht die Partei selbst dar ❺ BRIT (*fam: total*) absolut; **you've got yourself into a ~ mess there!** da hast du dich ja in schöne Schwierigkeiten gebracht! **II.** *adv* BRIT (*fam*) ❶ (*very*) richtig *fam*; **they felt ~ daft when they were caught in the act** sie kamen sich richtig doof vor, als sie auf frischer Tat ertappt wurden ❷ (*usu hum: genteelly*) vornehm; **to talk ~** vornehm sprechen
prop·er ˈfrac·tion *n* MATH echter Bruch
prop·er·ly [ˈprɒpəli, AM ˈprɑːpɚ-] *adv inv* ❶ (*correctly*) richtig; **to be dressed ~** korrekt gekleidet sein; **~ speaking** genau [*o* streng] genommen ❷ (*socially respectably*) anständig; **he very ~ refused** er hat sich zu Recht geweigert; **to behave ~** sich *akk* korrekt benehmen ❸ BRIT (*thoroughly*) ganz schön *fam*; **they were ~ disgusted** sie waren ganz schön angewidert
prop·er ˈname *n*, **prop·er ˈnoun** *n* Eigenname *m*
prop·er·tied [ˈprɒpətid, AM ˈprɑːpɚt̬id] *adj inv* begütert *attr*; **the ~ classes** die besitzenden Klassen
prop·er·ty [ˈprɒpəti, AM ˈprɑːpɚt̬i] *n* ❶ *no pl* (*things owned*) Eigentum *nt*; **that desk is school ~** dieser Schreibtisch gehört der Schule; **personal ~** Privateigentum *nt*; **other people's ~** Fremdeigentum *nt form* ❷ *no pl* (*owned buildings*) Immobilienbesitz *m*; (*owned land*) Grundbesitz *m*; **private ~** Privatbesitz *m*; **a man of ~** (*form or hum*) ein begüterter Mann ❸ (*piece of real estate*) Immobilie *f* ❹ (*attribute*) Eigenschaft *f*; **herbs have medicinal properties** Kräuter haben heilende Kräfte ❺ THEAT (*dated: prop*) Requisite *f* ▸ PHRASES: **to be [a] hot ~** sehr gefragt sein
ˈprop·er·ty de·vel·op·er *n* Immobilienmakler(in) *m(f)* **ˈprop·er·ty de·vel·op·ment** *n* Grundstückserschließung *f* **ˈprop·er·ty in·sur·ance** *n no pl* Gebäudeversicherung *f* **ˈprop·er·ty man** *n*, **ˈprop·er·ty man·ag·er** *n* THEAT Requisiteur *m* **ˈprop·er·ty mar·ket** *n no pl* Immobilienmarkt *m* **ˈprop·er·ty mis·tress** *n* THEAT Requisiteurin *f* **ˈprop·er·ty room** *n* THEAT Requisitenkammer *f* **ˈprop·er·ty specu·la·tion** *n no pl* Immobilienspekulation *f* **ˈprop·er·ty tax** *n* AM (*on land*) ≈ Grundssteuer *f*; (*general*) Vermögenssteuer *f*
proph·ecy [ˈprɒfəsi, AM ˈprɑː-] *n* ❶ (*prediction*) Prophezeiung *f* ❷ *no pl* (*ability*) Weissagen *nt*
prophe·sy <-ie-> [ˈprɒfəsaɪ, AM ˈprɑː-] **I.** *vt* ■**to ~ sth** etw prophezeien; ■**to ~ that ...** prophezeien, dass ...; ■**to ~ whether/what/when/who ...** vorhersagen, ob/was/wann/wer ...

II. *vi* Prophezeiungen machen

proph·et ['prɒfɪt, AM 'prɑ:] *n* ❶ (*religious figure*) Prophet *m;* **an Old Testament** ~ ein Prophet des alten Testamentes ❷ (*foreteller*) Prophet(in) *m(f);* **a** ~ **of doom** Unheilsverkünder(in) *m(f),* Schwarzseher(in) *m(f) fig* ❸ (*precursor*) Vorkämpfer(in) *m(f)*

proph·et·ess <*pl* -es> [,prɒfɪ'tes, AM 'prɑ:fɪţəs] *n* Prophetin *f*

pro·phet·ic [prə(ʊ)'fetɪk, AM prə'-] *adj* prophetisch; **his words proved to be** ~ seine Voraussagen trafen ein

pro·pheti·cal·ly [prə(ʊ)'fetɪkəli, AM prə'-] *adv* prophetisch

prophy·lac·tic [,prɒfɪ'læktɪk, AM ,proʊfə'-] I. *adj inv* MED prophylaktisch *fachspr,* vorbeugend *attr* II. *n* ❶ (*medicine*) Prophylaktikum *nt fachspr* ❷ *esp* AM (*condom*) Präservativ *nt*

prophy·lac·ti·cal·ly [,prɒfɪ'læktɪkəli, AM ,proʊfə'-] *adv* MED prophylaktisch *fachspr*

prophy·lax·is [,prɒfɪ'læksɪs, AM ,proʊfə'-] *n no pl* MED Prophylaxe *f fachspr*

pro·pin·quity [prə(ʊ)'pɪŋkwəti, AM proʊ'pɪŋkwəţi] *n no pl* (*form*) ❶ (*proximity*) Nähe *f* ❷ (*similarity, kinship*) Verwandtschaft *f*

pro·pi·ti·ate [prə'pɪʃieɪt, AM proʊ'-] *vt* (*form*) ■**to** ~ **sb** jdn besänftigen; **to** ~ **the gods** die Götter versöhnlich stimmen

pro·pi·tia·tion [prə,pɪʃi'eɪʃən, AM proʊ'-] *n no pl* Besänftigung *f*

pro·pi·tia·tory [prə'pɪʃiətəri, AM proʊ'pɪʃiətɔ:ri] *adj* (*form*) besänftigend *attr;* **a** ~ **gesture** eine versöhnliche Geste

pro·pi·tious [prə'pɪʃəs] *adj* (*form*) günstig

pro·pi·tious·ly [prə'pɪʃəsli] *adv* (*form*) günstig

prop jet ['prɒpdʒet, AM 'prɑ:p-] *n* (*plane*) Turbo-Prop-Flugzeug *nt;* (*engine*) Turbo-Prop-Triebwerk *nt*

pro·po·nent [prə(ʊ)'pəʊnənt, AM prə'poʊ-] *n* Befürworter(in) *m(f);* **to be a** ~ **of sth** ein Befürworter einer S. *gen* sein

pro·por·tion [prə'pɔ:ʃən, AM -'pɔ:r-] *n* ❶ (*part*) Anteil *m* ❷ *no pl* (*relation*) Proportion *f,* Verhältnis *nt;* **in** ~ **to sb/sth** im Verhältnis zu jdm/etw; **to be in/out of** ~ [**to sth**] im/in keinem Verhältnis zu etw *dat* stehen; **to be in/out of** ~ [**to each other**] in den Proportionen [zueinander] stimmen/nicht stimmen; **I'm all out of** ~ **in this picture** auf diesem Bild stimmen die Proportionen überhaupt nicht ❸ (*in drawing*) ■~**s** *pl* Proportionen *pl* ❹ (*balance*) Verhältnis *nt;* **to have/keep a sense of** ~ bei etw *dat* den richtigen Maßstab anlegen; **to blow sth out of** [**all**] ~ etw maßlos übertreiben; **to keep sth in** ~ etw im richtigen Verhältnis sehen ❺ (*size*) ■~**s** *pl* Ausmaße *pl;* **a building of gigantic** ~**s** ein Gebäude von gewaltigen Ausmaßen; **to assume** [*or* **take on**] **massive/exaggerated** ~**s** massive/übertriebene Ausmaße annehmen

pro·por·tion·al [prə'pɔ:ʃənəl, AM -'pɔ:r-] *adj* proportional; ■**to be** ~ **to sth** proportional zu etw *dat* sein; **inversely** ~ umgekehrt proportional

pro·por·tion·al·ity [prə,pɔ:ʃən'æləti, AM -,pɔ:rʃən'æləţi] *n no pl* Verhältnismäßigkeit *f;* **principle of** ~ Grundsatz *m* der Verhältnismäßigkeit

pro·por·tion·al·ly [prə'pɔ:ʃənəli, AM -'pɔ:r-] *adv* proportional; ■~ **to sth** proportional [*o* im Verhältnis] zu etw *dat*

pro·por·tion·al rep·re·sen·'ta·tion *n no pl* Verhältniswahlsystem *nt*

pro·por·tion·ate [prə'pɔ:ʃənət, AM -'pɔ:rʃənɪt] *adj* proportional; *see also* **proportional**

pro·por·tion·ate·ly [prə'pɔ:ʃənətli, AM -'pɔ:rʃənɪt-] *adv* proportional; *see also* **proportionally**

pro·por·tioned [prə'pɔ:ʃənd, AM -'pɔ:r-] *adj* **beautifully/finely** ~ ebenmäßig/anmutig proportioniert; **perfectly** ~ vollendet proportioniert; **well** ~ wohl proportioniert; **to be generously** ~ (*hum*) sehr beleibt sein

pro·po·sal [prə'pəʊzəl, AM -'poʊ-] *n* ❶ (*suggestion*) Vorschlag *m;* **to put forward a** ~ einen Vorschlag unterbreiten ❷ (*offer of marriage*) Antrag *m;* **a marriage** ~ [*or* **a** ~ **of marriage**] ein Heiratsantrag *m*

pro·pose [prə'pəʊz, AM -'poʊz] I. *vt* ❶ (*suggest*) ■**to** ~ **sth** etw vorschlagen; ■**to** ~ **doing sth** vorschlagen, etw zu tun; ■**to** ~ **that ...** vorschlagen, dass ... ❷ (*intend*) ■**to** ~ **to do/doing sth** beabsichtigen, etw zu tun; **I do not** ~ **to reveal details** ich habe nicht die Absicht, Einzelheiten preiszugeben; **how do you** ~ **tackling this problem?** wie wollen Sie dieses Problem angehen? ❸ (*nominate*) ■**to** ~ **sb** jdn vorschlagen; **to** ~ **sb as a candidate** jdn als Kandidaten aufstellen ❹ (*put forward*) **to** ~ **a motion** einen Antrag stellen; **to** ~ **a toast** einen Toast ausbringen II. *vi* ■**to** ~ [**to sb**] [jdm] einen [Heirats]antrag machen ▸ PHRASES: **man** ~**s, God disposes** (*prov*) der Mensch denkt, Gott lenkt

pro·posed [prə'pəʊzd, AM -'poʊ-] *adj inv* geplant, beabsichtigt

pro·pos·er [prə'pəʊzəʳ, AM -'poʊzɚ] *n* (*of motion*) Antragsteller(in) *m(f);* (*of candidate*) Vorschlagende(r) *f(m)*

propo·si·tion [,prɒpə'zɪʃən, AM ,prɑ:p-] I. *n* ❶ (*assertion*) Aussage *f;* PHILOS These *f;* LING Proposition *f fachspr* ❷ (*proposal*) Vorschlag *m; business* ~ geschäftliches Angebot; **paying** ~ lohnendes Geschäft ❸ (*matter*) Unternehmen *nt;* **a difficult** ~ ein schwieriges Unterfangen ❹ (*person*) Wahl *f;* **he's a better** ~ er ist die bessere Wahl ❺ (*offer of sex*) [eindeutiges] Angebot *euph* II. *vt* ■**to** ~ **sb** jdm ein eindeutiges Angebot machen *euph*

pro·pound [prə'paʊnd] *vt* (*form*) ■**to** ~ **sth** etw darlegen; **to** ~ **an argument/a theory** ein Argument/eine Theorie darlegen

pro·pri·etary [prə'praɪətəri, AM -teri] *adj* ❶ ECON, LAW (*with legal right*) urheberrechtlich geschützt; ~ **article** Markenartikel *m;* **a** ~ **name** ein gesetzlich geschützter Name ❷ (*owner-like*) besitzergreifend; **he looked around with a** ~ **air** er sah sich mit einem Ausdruck um, als würde ihm alles gehören

pro·pri·etor [prə'praɪətəʳ, AM proʊ'praɪəţɚ] *n* Inhaber(in) *m(f);* ~ **of a business** Geschäftsinhaber(in) *m(f)*

pro·pri·etorial [prə,praɪə'tɔ:riəl] *adj* Besitzer-; **to be** ~ **about sth/sb** etw/jdn als seinen Besitz betrachten

pro·pri·etor·ship [prə'praɪətəʃɪp, AM -ţɚ-] *n* Besitz *m*

pro·pri·etress <*pl* -es> [prə'praɪətrɪs, AM proʊ'-] *n* Inhaberin *f*

pro·pri·ety [prə'praɪəti, AM -əţi] *n* ❶ *no pl* (*decency*) Anstand *m* ❷ *no pl* (*correctness*) Richtigkeit *f* ❸ (*standards of conduct*) ■**the proprieties** *pl* höfliche Umgangsformen; **to observe the proprieties** die Regeln der Höflichkeit wahren

prop·shaft ['prɒpʃæft, AM 'prɑ:p-] *n* AUTO Gelenkwelle *f,* Antriebswelle *f*

props man *n,* **props mas·ter** *n* THEAT Requisiteur *m* **'props mis·tress** *n* THEAT Requisiteurin *f*

pro·pul·sion [prə'pʌlʃən] *n no pl* Antrieb *m*

pro rata [,prə(ʊ)'rɑ:tə, AM ,proʊ'reɪţə] I. *adj inv* (*form*) anteilmäßig; ~ **payment** anteilmäßige Bezahlung II. *adv* (*form*) anteilmäßig

pro·rate [,proʊ'reɪt] *vt* AM ■**to** ~ **sth** etw anteilmäßig aufteilen [*o* verteilen]

pro·ra·tion [,prə(ʊ)'reɪʃən, AM ,proʊ'-] *n* anteilmäßige Aufteilung

pro·rec·tor [,prə(ʊ)'rektəʳ, AM ,proʊ'rektɚ] *n* Prorektor(in) *m(f)*

pro·sa·ic [prə(ʊ)'zeɪɪk, AM proʊ'-] *adj* nüchtern, prosaisch *geh*

pro·sai·cal·ly [prə(ʊ)'zeɪɪkəli, AM proʊ'-] *adv* nüchtern, prosaisch *geh*

pro·scenium <*pl* -s *or* -nia> [prə(ʊ)'si:niəm, AM proʊ'-, *pl* -niə] *n* THEAT Proszenium *nt fachspr;* ~ [**arch**] Bühnenrahmen *m*

pro·sciut·to [prə(ʊ)'ʃu:təʊ, AM proʊ'ʃu:ţoʊ] *n no pl* Parmaschinken *m*

pro·scribe [prə(ʊ)'skraɪb, AM proʊ'-] *vt* (*form*) ■**to** ~ **sth** etw verbieten

pro·scrip·tion [prə(ʊ)'skrɪpʃən, AM proʊ'-] *n no pl* (*form*) Verbot *nt*

pro·scrip·tive [prə(ʊ)'skrɪptɪv, AM proʊ'-] *adv* (*form*) restriktiv *geh*

prose [prəʊz, AM proʊz] I. *n no pl* Prosa *f* II. *n modifier* (*passage, poem, writer*) Prosa-; ~ **comedy/story** Komödie/Geschichte in Prosa; ~ **style** Stil *m*

pros·ecut·able [,prɒsɪ'kju:təbḷ, AM ,prɑ:sɪ'kju:ţ-] *adj* strafbar

P

pros·ecute ['prɒsɪkjuːt, AM 'prɑːs-] **I.** *vt* ❶ LAW ■**to ~ sb [for sth]** jdn [wegen einer S. *gen*] strafrechtlich verfolgen [*o* belangen]; **shoplifters will be ~d** Ladendiebstahl wird zur Anzeige gebracht ❷ (*form: carry on*) **to ~ an enquiry** [*or* AM **inquiry**]/**investigation** eine Untersuchung/Ermittlung durchführen; **to ~ studies** Studien verfolgen **II.** *vi* ❶ (*bring a charge*) Anzeige erstatten, gerichtlich vorgehen ❷ (*in court*) für die Anklage zuständig sein

pros·ecut·ing ['prɒsɪkjuːtɪŋ, AM 'prɑːsɪkjuːt̬-] *adj attr* Anklage-; **~ attorney** Staatsanwalt, -anwältin *m, f*

pros·ecu·tion [ˌprɒsɪ'kjuːʃᵊn, AM ˌprɑː-] *n* ❶ *no pl* (*legal action*) strafrechtliche Verfolgung; **to be liable to ~** sich *akk* strafbar machen; **to face ~** sich *akk* vor Gericht verantworten müssen ❷ (*case*) Anklage[erhebung] *f* (**for** wegen +*gen*), Gerichtsverfahren *nt* (**for** gegen +*akk*) ❸ *no pl* (*legal team*) ■**the ~** die Anklagevertretung; **witness for the ~** Belastungszeuge, -in *m, f,* Zeuge/Zeugin der Anklage ❹ *no pl* (*form: pursuance*) Verfolgen *nt; of inquiry, investigation* Durchführung *f;* **~ of a policy** das Verfolgen einer Politik

pros·ecu·tor ['prɒsɪkjuːtəʳ, AM 'prɑːsɪkjuːt̬ɚ] *n* Ankläger(in) *m(f)*

pros·elyte ['prɒsəlaɪt, AM 'prɑːs-] *n* REL (*form*) Neubekehrte(r) *f(m),* Proselyt(in) *m(f)*

pros·elyt·ize ['prɒsᵊlɪtaɪz, AM 'prɑːsə-] **I.** *vt* ■**to ~ sb** jdn bekehren **II.** *vi* Leute bekehren

pros·elyt·iz·er ['prɒsᵊlɪtaɪzəʳ, AM 'prɑːsəlɪtaɪzɚ] *n* Bekehrer(in) *m(f)*

proso·dy ['prɒsədi, AM 'prɑːs-] *n no pl* ❶ LING Prosodie *f fachspr* ❷ LIT Verslehre *f*

pros·pect I. *n* ['prɒspekt, AM 'prɑː-] ❶ (*idea*) Aussicht *f* (**of** auf +*akk*); **I have to meet my boss tomorrow and I don't relish the ~** ich habe morgen ein Gespräch mit meinem Chef und könnte dankend darauf verzichten; ■**the ~ of doing sth** die Aussicht, etw zu tun ❷ (*likelihood*) Aussicht *f,* Wahrscheinlichkeit *f* (**of** auf +*akk*); **what are the ~s of success in this venture?** wie steht es um die Erfolgsaussichten bei diesem Unternehmen? ❸ (*opportunities*) ■**~s** *pl* Aussichten *pl,* Chancen *pl;* **her ~s are good** ihre Aussichten stehen gut; **employment ~s** Aussichten auf Arbeit ❹ (*liter: extensive view*) Aussicht *f* (**of** auf +*akk,* **over** über +*akk*) ❺ (*potential customer*) potenzieller Kunde/potenzielle Kundin; (*potential employee*) aussichtsreicher Kandidat/aussichtsreiche Kandidatin **II.** *vi* [prə'spekt, AM 'prɑː-] nach Bodenschätzen suchen; **to ~ for gold** nach Gold suchen

pro·spec·tive [prə'spektɪv] *adj inv* voraussichtlich; **~ candidate** möglicher Kandidat/mögliche Kandidatin; **~ customer** potenzieller Kunde/potenzielle Kundin

pro·spec·tor [prə'spektəʳ, AM 'prɑːspektɚ] *n* MIN Prospektor(in) *m(f) fachspr;* **gold ~** Goldsucher(in) *m(f)*

pro·spec·tus [prə'spektəs] *n* Prospekt *m;* **university ~** Studienführer *m*

pros·per ['prɒspəʳ, AM 'prɑː-] *vi* ❶ (*financially*) florieren ❷ (*physically*) gedeihen

pros·per·ity [prɒs'perəti, AM prɑː'sperət̬i] *n no pl* Wohlstand *m;* **a period of peace and ~** eine Zeit des Friedens und Wohlstands

pros·per·ous ['prɒspᵊrəs, AM 'prɑːspɚ-] *adj* ❶ (*well off*) wohlhabend, reich; **~ business** gut gehendes [*o* florierendes] Geschäft; **~ economy** blühende [*o* florierende] Wirtschaft ❷ (*successful*) erfolgreich

pros·per·ous·ly ['prɒspᵊrəsli, AM 'prɑːspɚ-] *adv* florieren; **to live ~** im Wohlstand leben

pros·tate ['prɒsteɪt, AM 'prɑːs-] **I.** *n* Prostata *f,* Vorsteherdrüse *f* **II.** *n modifier* Prostata-; **~ gland** Prostata *f,* Vorsteherdrüse *f*

pros·the·sis <*pl* -ses> ['prɒsθɪsɪs, AM 'prɑːsθə-, *pl* -siːz] *n* Prothese *f*

pros·thet·ic [prɒs'θetɪk, AM prɑːs'θet̬-] *adj inv* prothetisch

pros·ti·tute ['prɒstɪtjuːt, AM 'prɑːstətuːt, -tjuːt] **I.** *n* Prostituierte *f* **II.** *vt* ❶ (*sexually*) ■**to ~ oneself** sich *akk* prostituieren ❷ (*debase*) ■**to ~ sth** etw vermarkten; **to ~ one's talents** seine Talente verschleudern; **to ~ oneself** sich *akk* selbst verraten

pros·ti·tu·tion [ˌprɒstɪ'tjuːʃᵊn, AM ˌprɑːstə'tuː-] *n no pl* Prostitution *f*

pros·trate I. *adj* ['prɒstreɪt, AM 'prɑː-] ❶ (*face downward*) ausgestreckt; **to lie ~ on sth** ausgestreckt auf etw *dat* liegen ❷ (*overcome*) überwältigt; ■**to be ~ with sth** von etw *dat* überwältigt sein; **to be ~ with grief** von Trauer übermannt sein **II.** *vt* [prɒs'treɪt, AM 'prɑːstreɪt] ■**to ~ oneself** sich *akk* zu Boden werfen

pros·trat·ed [prɒs'treɪtɪd, AM 'prɑːstreɪt̬-] *adj pred, inv* ■**to be ~ by sth** *grief, exhaustion* von etw *dat* übermannt sein; *illness* von etw *dat* geschwächt sein

pros·tra·tion [prɒs'treɪʃᵊn, AM prɑː'streɪ-] *n* ❶ (*prostrating oneself*) Fußfall *m* ❷ *no pl* (*exhaustion*) Erschöpfung *f*

pro·style ['prəʊstaɪl, AM 'proʊ-] *n* Prostylos *m fachspr*

prosy ['prəʊzi, AM 'proʊ-] *adj* (*pej*) langatmig

pro·tago·nist [prəʊ'tægᵊnɪst, AM proʊ'-] *n* ❶ (*main character*) Protagonist(in) *m(f)* ❷ (*advocate*) Verfechter(in) *m(f)* (**of** von +*dat*)

pro·tean [prəʊ'tiːən, AM 'proʊtiːən] *adj* (*liter*) proteisch *geh*

pro·tect [prə'tekt] *vt* ❶ (*safeguard*) ■**to ~ sb/sth** jdn/etw schützen; ■**to ~ oneself** sich *akk* selbst schützen; ■**to ~ sb/sth against sb/sth** jdn/etw gegen jdn/etw schützen; ■**to ~ sb/sth from sb/sth** jdn/etw vor jdm/etw schützen; *from danger* jdn/etw vor jdm/etw beschützen; **to ~ one's interests** seine Interessen wahren ❷ ECON (*shield from competition*) **to ~ farmers/industry** die Bauern/die Industrie durch Protektionismus schützen

pro·tect·ed [prə'tektɪd] *adj species* geschützt

pro·tect·ed 'sex *n no pl* kondomgeschützter Sex

pro·tec·tion [prə'tekʃᵊn] *n* ❶ (*defence*) Schutz *m* (**against** gegen +*akk,* **for** für +*akk*); *of interests* Wahrung *f;* **police ~** Polizeischutz *m;* **to be under sb's ~** unter jds Schutz stehen ❷ *no pl* (*paid to criminals*) Schutzgeld *nt;* **to pay ~** Schutzgeld zahlen

pro·'tec·tion fac·tor *n* Lichtschutzfaktor *m*

pro·tec·tion·ism [prə'tekʃᵊnɪzᵊm] *n no pl* Protektionismus *m*

pro·tec·tion·ist [prə'tekʃᵊnɪst] **I.** *adj inv* (*pej*) protektionistisch **II.** *n* Protektionist(in) *m(f)*

pro·'tec·tion mon·ey *n no pl* Schutzgeld *nt* **pro·'tec·tion rack·et** *n* Erpresserorganisation *f*

pro·tec·tive [prə'tektɪv] *adj* ❶ (*affording protection*) Schutz-; **~ clothing** Schutzkleidung *f;* **~ colouring** [*or* AM **coloring**] Tarnfarbe *f* ❷ (*wishing to protect*) fürsorglich; ■**to be ~ of** [*or* **towards**] **sb/sth** jdm/etw gegenüber fürsorglich sein

pro·tec·tive 'cus·to·dy *n no pl* Schutzhaft *m*

pro·tec·tive·ly [prə'tektɪvli] *adv* schützend; (*with care*) beschützend

pro·tec·tive·ness [prə'tektɪvnəs] *n no pl* Beschützerinstinkt *m*

pro·tec·tive 'tar·iff *n* Schutzzoll *m*

pro·tec·tor [prə'tektəʳ, AM -ɚ] *n* ❶ (*person*) Beschützer *m* ❷ (*device*) Schutzvorrichtung *f* ❸ HIST (*regent*) ■**P~** Protektor *m*

pro·tec·tor·ate [prə'tektᵊrət, AM -ɚət] *n* Protektorat *nt*

pro·té·gé, pro·té·gée ['prɒtɪʒeɪ, AM 'proʊt̬ə-] *n* Protegé *m geh,* Schützling *m*

pro·tein ['prəʊtiːn, AM 'proʊ-] **I.** *n* ❶ *no pl* (*collectively*) Eiweiß *nt* ❷ (*specific substance*) Protein *nt* **II.** *n modifier* (*content*) Eiweiß-; **~ deficiency** Eiweißmangel *m;* **~ source** Proteinquelle *f*

'pro·tein shake *n* Proteindrink *m*

pro tem [ˌprəʊ'tem, AM ˌproʊ'-] *adv inv short for* **pro tempore** befristet, vorübergehend

pro tem·po·re [ˌprəʊ'tempəriː, AM ˌproʊ'-] *adv inv* befristet, vorübergehend

pro·test I. *n* ['prəʊtest, AM 'proʊ-] ❶ (*strong complaint*) Protest *m;* **to make** [*or* **register**] **a ~** eine Beschwerde einreichen; **to do sth in ~** [**against sth**] etw aus Protest [gegen etw *akk*] tun; **to do sth under ~** etw unter Protest tun ❷ (*demonstration*) Protestkundgebung *f* ❸ (*legal document*) Protest *m* **II.** *vi* [prə(ʊ)ˈtest, AM proʊˈ-] protestieren; ■**to ~ against sth/sb** gegen etw/jdn protestieren **III.** *vt* [prə(ʊ)ˈtest, AM proʊˈ-] ❶ (*assert*) ■**to ~ sth** etw beteuern; ■**to ~ that ...** beteuern, dass ...; **to ~ one's innocence** seine Unschuld beteuern ❷ AM (*object to*) ■**to ~ sth** gegen etw *akk* protestieren

Prot·es·tant [ˈprɒtɪstᵊnt, AM ˈprɑːt̬ə-] **I.** *n* Protestant(in) *m(f)* **II.** *adj inv* protestantisch; (*in Germany*) evangelisch; **the ~ church** die evangelische Kirche

Prot·es·tant·ism [ˈprɒtɪstᵊntɪzᵊm, AM ˈprɑːt̬ə-] *n no pl* Protestantismus *m*

Prot·es·tant 'work eth·ic *n* protestantische Arbeitsmoral

pro·tes·ta·tion [ˌprɒtesˈteɪʃᵊn, AM ˌprɑːt̬esˈ-] *n usu pl* ❶ (*strong objection*) Protesterklärung *f* ❷ (*strong affirmation*) Beteuerung *f*

pro·test·er [prəˈtestəʳ, AM -ɚ] *n* (*objector*) Protestierende(r) *f(m)*; (*demonstrator*) Demonstrant(in) *m(f)*

'pro·test march *n* Protestmarsch *m*

pro·tes·tor *n see* **protester**

'pro·test song *n* Protestlied *nt* **'pro·test vote** *n* Proteststimme *f*

Proteus [ˈprəʊtiuːs, AM ˈproʊt̬iəs] *n* Proteus *m*

proto·col [ˈprəʊtəkɒl, AM ˈproʊt̬əkɔːl] *n* ❶ *no pl* (*system of rules*) Protokoll *nt;* **breach of ~** Protokollverstoß *m* ❷ (*international agreement*) Protokoll *nt;* **the Geneva P~** das Genfer Protokoll

pro·ton [ˈprəʊtɒn, AM ˈproʊtɑːn] *n* PHYS Proton *nt fachspr*

proto·plasm [ˈprəʊtə(ʊ)plæzᵊm, AM ˈproʊt̬ə-] *n no pl* BIOL Protoplasma *nt fachspr*

proto·type [ˈprəʊtə(ʊ)taɪp, AM ˈproʊt̬ə-] *n* Prototyp *m* (**for** für +*akk*)

proto·zoan <*pl* -s *or* -zoa> [ˌprəʊtə(ʊ)ˈzəʊən, *pl* -zəʊə, AM ˌproʊt̬əˈzoʊ-, *pl* -zoʊə] *n* BIOL Protozoon *m fachspr,* Urtierchen *nt*

pro·tract [prəʊˈtrækt, AM proʊˈ-] *vt* (*form*) ■**to ~ sth** etw in die Länge ziehen

pro·tract·ed [prəʊˈtræktɪd, AM proʊˈ-] *adj* langwierig; **~ negotiations** langwierige Verhandlungen

pro·trac·tion [prəʊˈtrækʃᵊn, AM proʊˈ-] *n* ❶ *no pl* (*prolonging*) Ausdehnung *f* ❷ (*muscle action*) Streckung *f*

pro·trac·tor [prəʊˈtræktəʳ, AM proʊˈtræktɚ] *n* ❶ MATH Winkelmesser *m* ❷ ANAT (*muscle*) Streckmuskel *m*

pro·trude [prəʊˈtruːd, AM proʊˈ-] **I.** *vi jaw* vorstehen; *branch, ears* abstehen; ■**to ~ from sth** aus etw *dat* hervorragen **II.** *vt* ■**to ~ sth** etw vorstrecken [*o* herausstrecken]

pro·trud·ing [prəʊˈtruːdɪŋ, AM proʊˈ-] *adj attr* **~ jaw** vorstehendes Kinn; **~ ears** abstehende Ohren; **~ eyes** vortretende Augen

pro·tru·sion [prəʊˈtruːʒᵊn, AM proʊˈ-] *n* ❶ *no pl* (*sticking out*) Vorstehen *nt* ❷ (*bump*) Vorsprung *m*

pro·tu·ber·ance [prəʊˈtjuːbᵊrᵊn(t)s, AM proʊˈtuːb-, -tjuːb-] *n* (*form*) Beule *f*

pro·tu·ber·ant [prəʊˈtjuːbᵊrᵊnt, AM proʊˈtuːb-] *adj* (*form*) vorstehend; **~ eyes** vortretende Augen

proud [praʊd] **I.** *adj* ❶ (*pleased*) stolz; ■**to be ~ of sth/sb** stolz auf etw/jdn sein; ■**to be ~ to do sth** stolz sein, etw zu tun; ■**to be ~ that ...** stolz [darauf] sein, dass ...; **it was a ~ moment for me** es war ein erhebender Moment für mich ❷ (*having self-respect*) stolz; **theirs was a small but ~ country** sie waren ein kleines, aber stolzes Land ❸ (*pej: arrogant*) eingebildet; **as ~ as a peacock** stolz wie ein Pfau ❹ BRIT (*protrude*) **to stand ~** [**of sth**] [von etw *dat*] abstehen **II.** *adv* **to do sb ~** BRIT, AUS (*dated: treat well*) jdn verwöhnen; AM (*please by doing well*) jdn mit Stolz erfüllen

proud 'flesh *n no pl* MED wildes Fleisch

proud·ly [ˈpraʊdli] *adv* ❶ (*with pride*) stolz ❷ (*pej: haughtily*) hochnäsig *fam*

prov·able [ˈpruːvəbl̩] *adj* beweisbar; **a ~ claim** eine beweisbare Tatsache; **a ~ theory** eine nachweisbare Theorie

prove <-d, -d *or* AM *usu* proven> [pruːv] **I.** *vt* ❶ (*establish*) ■**to ~ sth** etw beweisen; **to ~ the truth of sth** die Richtigkeit von etw *dat* nachweisen; **to ~ a point** beweisen, dass man Recht hat ❷ (*show*) ■**to ~ oneself sb/sth: during the rescue she ~d herself to be a highly competent climber** während der Rettungsaktion erwies sie sich als sehr geübte Kletterin; ■**to ~ oneself sth** sich *dat* selbst etw beweisen **II.** *vi* ❶ + *n/adj* sich *akk* erweisen; **working with children ~d to require more patience than he'd expected** mit Kindern zu arbeiten erforderte mehr Geduld, als er gedacht hatte; **to ~ successful** sich *akk* als erfolgreich erweisen ❷ BRIT (*rise*) *dough* gehen lassen

prov·en [ˈpruːvᵊn] **I.** *vt, vi esp* AM *pp of* **prove II.** *adj* ❶ (*tested*) nachgewiesen; **a ~ liar** ein bekannter Lügner; **a ~ remedy** ein erprobtes Heilmittel ❷ SCOT LAW **not ~** unbewiesen

prov·enance [ˈprɒvᵊnən(t)s, AM ˈprɑːvᵊnᵊn(t)s] *n no pl* (*form*) Herkunft *f,* Provenienz *f geh;* **to be of unknown ~** unbekannter Herkunft sein

Pro·ven·çal [ˌprɒvɑ̃(n)ˈsɑːl, AM ˌproʊvɑːnˈ-] **I.** *n* ❶ (*language*) Provenzalisch *nt* ❷ (*person*) Provenzale, -in *m, f* **II.** *adj* provenzalisch

prov·en·der [ˈprɒvɪndəʳ, AM ˈprɑːvᵊndɚ] *n no pl* ❶ AGR (*dated: dry fodder*) [Trocken]futter *nt* ❷ (*hum: sustenance*) Futter *nt hum fam*

pro·veni·ence [prəˈviːnjən(t)s] *n* AM (*provenance*) Herkunft *f,* Provenienz *f geh*

prov·erb [ˈprɒvɜːb, AM ˈprɑːvɜːrb] *n* ❶ (*saying*) Sprichwort *nt* ❷ (*fig: well-known for*) ■**to be a ~ for sth** für etw *akk* berühmt [*o pej* berüchtigt] sein; **she's a ~ for lateness** ihre Unpünktlichkeit ist geradezu sprichwörtlich ❸ REL ■**P~s** + *sing vb* Sprüche *ntpl;* **the book of P~s** die Sprüche Salomos

pro·ver·bial [prə(ʊ)ˈvɜːbiəl, AM prəˈvɜːr-] *adj* ❶ (*from a proverb*) sprichwörtlich ❷ (*fig: well-known*) sprichwörtlich

pro·ver·bial·ly [prə(ʊ)ˈvɜːbiəli, AM prəˈvɜːr-] *adv* sprichwörtlich

pro·vide [prə(ʊ)ˈvaɪd, AM prəˈ-] **I.** *vt* ■**to ~ sth** etw zur Verfügung stellen [*o* bereitstellen]; **we will not be able to ~ the same standard of teaching if there are funding cuts** wir werden dieses Unterrichtsniveau nicht aufrechterhalten können, wenn der Etat gekürzt wird; **to ~ employment** Arbeitsplätze schaffen; **to ~ evidence/an explanation** Beweise/eine Erklärung liefern; **to ~ information about sb/sth** Informationen über jdn/etw geben; **to ~ inspiration** inspirieren; **to ~ proof** einen Nachweis erbringen; **to ~ a thrill** für Nervenkitzel sorgen; ■**to ~ sb/sth with sth** [*or* **sth for sb/sth**] (*supply*) jdn/etw mit etw *dat* versorgen; (*offer*) jdm/etw etw bieten [*o* geben]; **to ~ ammunition for sb/sth** [*or* **sb/sth with ammunition**] (*fig*) jdm/etw Munition liefern *fig;* **by being late he ~d ammunition for his boss to use against him** durch sein Zuspätkommen lieferte er seinem Chef Material, das dieser gegen ihn verwenden konnte; **to ~ a backdrop for sth** den Hintergrund für etw *akk* liefern; **to ~ a reference for sb** jdm eine Referenz geben; **to ~ sanctuary/shelter for sb/sth** jdm/etw Zuflucht/Schutz bieten; **to ~ treatment for sb/sth** jdn/etw behandeln **II.** *vi* ❶ (*form: anticipate*) ■**to ~ for sth** für etw *akk* vorsorgen [*o* Vorsorge treffen]; ■**to ~ against sth** Vorkehrungen gegen etw *akk* treffen, sich *akk* vor etw *dat* schützen ❷ (*look after*) ■**to ~ for sb/oneself** für jdn/sich selbst sorgen ❸ (*form: enable*) ■**to ~ for sth** etw ermöglichen; *law* etw erlauben; **current legislation ~s for the detention of suspects** die gegenwärtige Gesetzgebung erlaubt die Inhaftierung von Verdächtigen ❹ LAW (*form: stipulate*) ■**to ~ that ...** festlegen [*o* bestimmen] [*o* vorsehen], dass ...; **section 17 ~s that all decisions must be circulated in writing** Artikel 17 schreibt vor, dass alle Entscheidungen schriftlich weitergeleitet werden müssen

pro·vid·ed [prə(ʊ)'vaɪdɪd, AM prə'-] **I.** *adj inv* mitgeliefert, beigefügt; **instructions on installation are ~ with the software** Installationsanweisungen liegen der Software bei **II.** *conj see* **providing [that]**

provi·dence ['prɒvɪdᵊn(t)s, AM 'prɑːvə-] *n no pl* Vorsehung *f;* **by** [*or* **through**] **an act** [*or* **stroke**] **of ~** durch eine Fügung des Schicksals; **divine ~** göttliche Vorsehung; **to tempt ~** das Schicksal herausfordern

provi·dent ['prɒvɪdᵊnt, AM 'prɑːvə-] *adj* (*approv form*) ❶ (*foresighted*) vorausschauend, weitsichtig; **to be a ~ person** ein vorausblickender Mensch sein ❷ (*thrifty*) sparsam

provi·den·tial [ˌprɒvɪ'den(t)ʃᵊl, AM ˌprɑːvə'-] *adj* (*form*) günstig, glücklich; **it was ~, my meeting you** ein Glück, dass ich dich getroffen habe

provi·den·tial·ly [ˌprɒvɪ'den(t)ʃᵊli, AM ˌprɑːvə'-] *adv* (*form*) glücklicherweise

provi·dent·ly ['prɒvɪdᵊntli, AM 'prɑːvə-] *adv* (*approv form*) vorausschauend, weitsichtig

pro·vid·er [prə(ʊ)'vaɪdəʳ, AM prə'vaɪdɚ] *n* ❶ (*supplier*) Lieferant(in) *m(f)* ❷ (*breadwinner*) Ernährer(in) *m(f)*

pro·vid·ing (that) [prə(ʊ)'vaɪdɪŋ, AM prə'-] *conj* (*as long as*) sofern, falls; **~ we find the money to finance our business, we have a good chance of opening up a new market** wir haben gute Chancen, einen neuen Markt zu erschließen, vorausgesetzt, wir bekommen das Geld für die Finanzierung

Provie ['prəʊvi] *n* BRIT (*fam*) *short for* **Provo** Mitglied *nt* der provisorischen IRA

prov·ince ['prɒvɪn(t)s, AM 'prɑː-] *n* ❶ (*territory*) Provinz *f;* ▪**the P~** BRIT Nordirland *nt* ❷ *no pl* (*area of knowledge*) [Fach]gebiet *nt;* (*area of responsibility*) Zuständigkeitsbereich *m;* **to be within/outside the ~ of sth** für etw *akk* zuständig/nicht zuständig sein

prov·inces ['prɒvɪn(t)sɪz, AM 'prɑː-] *npl* ▪**the ~** (*outside capital*) die Provinz *kein pl;* AM (*outside major cities*) die Vororte

prov·ince-wide ['prɒvɪn(t)sˌwaɪd, AM 'prɑː-] *adj inv* provinzweit, überall in der Provinz *nach n*

pro·vin·cial [prə(ʊ)'vɪn(t)ʃᵊl, AM prə'-] **I.** *adj* ❶ (*of a province*) Provinz-; **~ city/government** Provinzstadt *f*/-verwaltung *f* ❷ (*pej: unsophisticated*) provinziell *pej;* **~ attitude** provinzielle Einstellung **II.** *n* ❶ (*province inhabitant*) Provinzbewohner(in) *m(f)* ❷ (*pej: unsophisticated person*) Provinzler(in) *m(f) pej*

pro·vin·cial·ism [prə(ʊ)'vɪn(t)ʃᵊlɪzᵊm, AM prə'-] *n no pl* ❶ (*pej: narrow-mindedness*) Provinzialismus *m pej* ❷ (*localism*) Provinzialismus *m*

prov·ing flight *n* MIL, AVIAT Testflug *m* **'prov·ing ground** *n* Versuchsgelände *nt;* (*fig*) **these elections were a ~ for his popularity with his voters** diese Wahlen waren ein Stimmungsbarometer für seine Beliebtheit bei den Wählern

pro·vi·sion [prə(ʊ)'vɪʒᵊn, AM prə'-] **I.** *n* ❶ *no pl* (*providing*) Versorgung *f,* Bereitstellung *f;* (*financial precaution*) Vorkehrung *f;* **to make ~ for sb/sth** für jdn/etw Vorsorge treffen ❷ (*something supplied*) Vorrat *m* (**of** an +*dat*) ❸ (*stipulation*) Auflage *f;* **with the ~ that ...** unter der Bedingung, dass ... **II.** *vt* (*form*) ▪**to ~ sb/sth** jdn/etw versorgen **III.** *vi* vorsorgen; ▪**to ~ against sth** gegen etw *akk* Vorkehrungen treffen

pro·vi·sion·al [prə(ʊ)'vɪʒᵊnᵊl, AM prə'-] **I.** *adj* ❶ (*temporary*) vorläufig; **~ government** Übergangsregierung *f;* **~ solution** provisorische Lösung ❷ BRIT (*of the IRA*) ▪**P~** *inoffizieller Flügel der IRA* **II.** *n* BRIT ▪**P~** Mitglied *nt* der provisorischen IRA

pro·vi·sion·al 'li·cence *n* BRIT, AUS Führerschein *m* auf Probe

pro·vi·sion·al·ly [prə(ʊ)'vɪʒᵊnᵊli, AM prə'-] *adv* vorläufig, zeitweilig

pro·vi·sions [prə(ʊ)'vɪʒᵊnz, AM prə'-] *npl* Vorräte *mpl;* **to be low on ~** [nur noch] wenig Vorräte haben

pro·vi·so [prə(ʊ)'vaɪzəʊ, AM prə'vaɪzoʊ] *n* Auflage *f,* Bedingung *f;* ▪**with** [*or* **on**] **the ~ that ...** unter der Bedingung, dass ...

Pro·vo ['prəʊvəʊ] *n* BRIT (*fam*) *short for* **Provisional** Mitglied *nt* der provisorischen IRA

provo·ca·tion [ˌprɒvə'keɪʃᵊn, AM ˌprɑː-] *n* Provokation *f;* **to be under [severe] ~** [stark] provoziert werden

pro·voca·tive [prə'vɒkətɪv, AM -'vɑːkəţ-] *adj* ❶ (*provoking*) provokativ *geh* ❷ (*sexually arousing*) provokant *geh,* provozierend *attr*

pro·voca·tive·ly [prə'vɒkətɪvli, AM -'vɑːkəţ-] *adv* ❶ (*provokingly*) provokativ *geh* ❷ (*sexually arousing*) provokant *geh,* provozierend *attr*

pro·voke [prə'vəʊk, AM -'voʊk] *vt* ❶ (*vex*) ▪**to ~ sb** [**into doing sth**] jdn [zu etw *dat*] provozieren; **to ~ sb to fury** jdn in Rage bringen ❷ (*give rise to*) ▪**to ~ sth** *worries, surprise, outrage* etw hervorrufen [*o geh* provozieren]

pro·vok·ing [prə'vəʊkɪŋ, AM -'voʊk-] *adj* provozierend *attr; question* provokativ *geh; statement* provokant *geh*

prov·ost ['prɒvəst, AM 'proʊvoʊst] *n* ❶ BRIT UNIV Hochschulleiter(in) *m(f);* AM [hoher] Verwaltungsbeamte(r), [hohe] Verwaltungsbeamte [*o* -in] ❷ SCOT (*mayor*) Bürgermeister(in) *m(f); see also* **Lord Provost**

prow [praʊ] *n* NAUT Bug *m*

prow·ess ['praʊɪs] *n no pl* (*esp form*) Können *nt;* **sexual/sporting ~** sexuelle/sportliche Leistungsfähigkeit

prowl [praʊl] **I.** *n* (*fam*) Streifzug *m;* **to be on the ~** auf einem Streifzug sein, umherstreifen; (*fig*) **after the severe famine, death is now on the ~** nach der schweren Hungersnot geht jetzt der Tod um **II.** *vt* ▪**to ~ sth** etw durchstreifen **III.** *vi* ▪**to ~ [around]** umherstreifen, herumstreifen; *suspect* sich *akk* herumtreiben

'prowl car *n* AM (*patrol car*) Streifenwagen *m*

prowl·er ['praʊləʳ, AM -ɚ] *n* Herumtreiber(in) *m(f) fam*

prox. [prɒks, AM 'prɑːksəmoʊ] *short for* **proximo** [des] nächsten Monats

prox·em·ics [prɒk'siːmɪks, AM prɑːk'-] *n + sing vb* PSYCH *Wissenschaft, die sich mit gesellschaftlich konditionierten räumlichen Beziehungsfragen beschäftigt*

prox·im·ity [prɒk'sɪməti, AM prɑːk'sɪməţi] *n no pl* Nähe *f;* ▪**to be in ~ to sb/sth** sich *akk* nahe bei jdm/etw befinden; **in close ~ to sb/sth** in unmittelbarer Nähe zu jdm/etw befinden

prox·'im·ity fuse, AM *a.* **prox·'im·ity fuze** *n* MIL, TECH Annäherungszünder *m*

proxi·mo ['prɒksɪməʊ, AM 'prɑːksɪmoʊ] *adj pred* FIN, ECON (*dated*) [des] nächsten Monats

proxy ['prɒksi, AM 'prɑː-] *n* Bevollmächtigte(r) *f(m); to sign* Zeichnungsbevollmächtigte(r); **to do sth by ~** etw in Vertretung tun

Pro·zac® ['prəʊzæk, AM 'proʊ] *n no pl* Prozac *nt* (*Antidepressivum*)

prude [pruːd] *n* prüder Mensch; **to be a ~** prüde sein

pru·dence ['pruːdᵊn(t)s] *n no pl* Vorsicht *f,* Besonnenheit *f;* **to show ~** Vorsicht an den Tag legen

pru·dent ['pruːdᵊnt] *adj* vorsichtig, umsichtig; *action* klug; **~ step** weiser Schritt

pru·dent·ly ['pruːdᵊntli] *adv* vorsichtig, umsichtig

prud·ery ['pruːdᵊri, AM -ɚi] *n* Prüderie *f*

prud·ish ['pruːdɪʃ] *adj* prüde

prud·ish·ly ['pruːdɪʃli] *adv* prüde

prud·ish·ness ['pruːdɪʃnəs] *n no pl* Prüderie *f*

prune¹ [pruːn] *vt* HORT ▪**to ~ sth** etw [be]schneiden [*o* stutzen]; (*fig*) etw reduzieren; *costs* etw kürzen; **to ~ back branches** Zweige zurückschneiden; **to ~ down a hedge/a tree** eine Hecke/einen Baum zurückschneiden; **to ~ staff** das Personal reduzieren

prune² [pruːn] *n* ❶ (*plum*) Dörrpflaume *f* ❷ (*fam: person*) Miesmacher(in) *m(f) pej fam,* Miesepeter *m fam*

prun·ing ['pruːnɪŋ] **I.** *adj* Schneide-; **~ tool** Gartengerät *nt* zum Zurückschneiden von Ästen **II.** *n no pl* HORT Zurückschneiden *nt,* Stutzen *nt*

'prun·ing hook *n* HORT Schneidehaken *m* **'prun·ing knife** *n* Gartenmesser *nt* **'prun·ing saw** *n* Astsäge *f*, Baumsäge *f* **'prun·ing shears** *npl* AM (*secateurs*) Gartenschere *f*, Heckenschere *f*

pru·ri·ence ['prʊəriən(t)s, AM 'prʊr-] *n no pl* (*pej form: obsession*) *with sexual matters* Lüsternheit *f*; *with unpleasantness* Abartigkeit *f*, Perversität *f*

pru·ri·ent ['prʊəriənt, AM 'prʊr-] *adj* (*pej form*) lüstern; *inclination* abartig *pej*

pru·ri·ent·ly ['prʊəriəntli, AM 'prʊr-] *adv* (*pej form*) anzüglich; (*obsessed with sex*) lüstern

pru·ri·go [prʊə'raɪgəʊ, AM prʊ'raɪgoʊ] *n no pl* MED Prurigo *f fachspr*

pru·ri·tus [prʊə'raɪtəs, AM prʊ'raɪt̬-] *n no pl* MED Pruritus *m fachspr*, Juckreiz *m*

Prus·sia ['prʌʃə] *n* HIST Preußen *nt*

Prus·sian ['prʌʃən] **I.** *n* (*hist*) Preuße, -in *m, f* **II.** *adj inv* HIST preußisch

prus·sic 'acid *n no pl* (*dated*) Blausäure *f*

pry[1] <-ie-> [praɪ] *vi* neugierig sein; **I don't wish to ~, but ...** ich möchte ja nicht aufdringlich sein, aber ...; ■**to ~ about** [*or* **around**] herumschnüffeln *fam*; ■**to ~ into sth** sich *akk* in etw *akk* einmischen, seine Nase in etw *akk* stecken *fam*

pry[2] <-ie-> [praɪ] *vt esp* AM (*prise*) ■**to ~ sth open** etw aufbrechen; **to ~ a secret out of sb** jdm ein Geheimnis entlocken

pry·ing ['praɪɪŋ] *adj* (*pej*) neugierig; **~ eyes** neugierige Blicke

PS [,pi:'es] *n* ❶ *abbrev of* **postscript** PS *nt* ❷ *abbrev of* **private secretary**

Ps. *n* REL *abbrev of* **psalm**

psalm [sɑ:m] *n* REL Psalm *m*

'psalm book *n* REL Psalter *m*, Psalmenbuch *nt*

psalm·ist ['sɑ:mɪst] *n* REL Psalmist *m*

psalmo·dy ['sælmədi, AM 'sɑ:lm-] *n* REL Psalmodie *f*, Psalmengesang *m*

PSBR [,pi:esbi:'ɑ:ʳ] *n* BRIT ECON, FIN *abbrev of* **public-sector borrowing requirement**

pse·phol·ogy [(p)sɪ'fɒlədʒi, AM si:'fɑ:l-] *n no pl* Wahlanalyse *f*, Wahlforschung *f*

pseud [sju:d] BRIT **I.** *n* (*pej*) Angeber(in) *m(f)*, Möchtegern *m fam* **II.** *adj inv* (*pej*) angeberisch

pseud- [sju:d, AM su:d], **pseudo-** ['sju:dəʊ, AM 'su:doʊ] *in compounds* pseudo-

pseu·do ['sju:dəʊ, AM 'su:doʊ] **I.** *adj* ❶ (*false*) Pseudo-, Möchtegern-; **~-intellectual** Pseudointellektuelle(r) *f(m)* ❷ (*insincere*) heuchlerisch, verlogen **II.** *n* Heuchler(in) *m(f)*

pseudo·nym ['sju:dənɪm, AM 'su:dᵊn-] *n* Pseudonym *nt*

pseu·dony·mous [sju:'dɒnɪməs, AM su:'dɑ:-] *adj inv* **~ novels** unter einem Pseudonym geschriebene Romane

'pseudo·sci·ence *n* Pseudowissenschaft *f*

pseudy ['sju:di] *adj attr, inv* BRIT (*pej fam*) Pseudo- *pej*; **~ sentences** Pseudosprüche *mpl*

psi [psaɪ, AM saɪ] *n* ❶ (*Greek letter*) Psi *nt* ❷ *no pl* (*psychokinesis*) Psi *nt*

psilo·cy·bin [,saɪlə(ʊ)'saɪbɪn, AM ,sɪlə'-] *n no pl* Psilocybin *nt* (*Art von Halluzinogen*)

psit·ta·cism ['sɪtəsɪzᵊm, AM 'sɪt̬ə-] *n no pl* ❶ PSYCH Psittazismus *m fachspr* (*krankhaftes Wiederholen unverstandener Wörter oder Sätze*) ❷ (*pej form: unreflecting repetition of words, ideas*) Nachplappern *nt pej fam*

psit·ta·co·sis [,(p)sɪtə'kəʊsɪs, AM ,sɪtə'koʊ-] *n no pl* MED Psittakose *f fachspr*

pso·ria·sis [(p)sə'raɪəsɪs, AM sə'-] *n no pl* Schuppenflechte *f*, Psoriasis *f fachspr*

psst [pst] *interj* (*fam*) pst

PST [,pi:es'ti:] *n* ❶ *abbrev of* **Pacific Standard Time** pazifische Zeit ❷ CAN *abbrev of* **Provincial Sales Tax** *Mehrwertsteuer auf Provinzebene*

psych [saɪk] *vt* (*fam*) ❶ (*psychoanalyse*) ■**to ~ sb** jdn psychiatrisch behandeln ❷ (*prepare*) ■**to ~ oneself/sb up** sich *akk*/jdn [psychisch] aufbauen

◆**psych out** *vt* (*fam*) ❶ (*intimidate*) ■**to ~ out** ○ **sb** jdn psychologisch schwächen ❷ (*analyse*) ■**to ~ sth** ○ **out** etw analysieren

psych- [saɪk] *in compounds* Psycho-

psyche[1] [saɪk] *vt see* **psych**

psyche[2] ['saɪki] *n* Psyche *f*

psyched [saɪkt] *adj pred* (*sl: excited*) aufgedreht *fam*, aufgeputscht, überdreht *pej fam*

psyche·delia [,saɪkɪ'di:liə, AM -kə'-] *n no pl* psychedelische Gegenstände

psychedel·ic [,saɪkɪ'delɪk, AM -kə'-] *adj* ❶ (*kaleidoscopic*) psychedelisch ❷ (*hallucinogenic*) psychedelisch, bewusstseinsverändernd

psy·chi·at·ric [,saɪki'ætrɪk] *adj inv* psychiatrisch

psy·chi·at·ri·cal·ly [,saɪki'ætrɪkᵊli] *adv inv* psychiatrisch

psy·chi·at·ric 'hos·pi·tal *n* psychiatrisches Krankenhaus **psy·chi·at·ric 'nurse** *n* psychiatrischer Pfleger/psychiatrische Pflegerin

psy·chia·trist [saɪ'kaɪətrɪst] *n* Psychiater(in) *m(f)*

psy·chia·try [saɪ'kaɪətri] *n no pl* Psychiatrie *f*; **to practise ~** als Psychiater/Psychiaterin tätig sein

psy·chic ['saɪkɪk] **I.** *n* Medium *nt*, Mensch *m* mit medialen Fähigkeiten **II.** *adj* ❶ (*supernatural*) übernatürlich, telepathisch; **~ abilities** telepathische Fähigkeiten ❷ (*of the mind*) psychisch, seelisch; **~ illness** psychische Erkrankung

psy·chi·cal ['saɪkɪkᵊl] *adj* ❶ (*supernatural*) übernatürlich ❷ (*of the mind*) psychisch

psy·chi·cal·ly ['saɪkɪkᵊli] *adv* psychisch; **to be ~ connected** geistig miteinander verbunden sein

psy·cho ['saɪkəʊ, AM -koʊ] (*fam*) **I.** *n* Psychopath(in) *m(f)*; AM (*fig fam*) Spinner *m* **II.** *adj* psychopathisch **III.** *adv* (*fam*) **to go ~** ausrasten *fam*

psycho- ['saɪkəʊ, AM -koʊ] *in compounds* Psycho-

psycho·ana·lyse [,saɪkəʊ'ænᵊlaɪz, AM -koʊ'ænə-] *vt* ■**to ~ oneself/sb** sich *akk*/jdn psychoanalysieren

psycho·analy·sis [,saɪkəʊə'næləsɪs, AM -koʊə'-] *n no pl* Psychoanalyse *f*

psycho·ana·lyst [,saɪkəʊ'ænᵊlɪst, AM -koʊ'ænə-] *n* Psychoanalytiker(in) *m(f)*

psycho·ana·lyt·ic(al) [,saɪkəʊ,ænᵊl'ɪtɪk(ᵊl), AM -koʊ,ænə'lɪt̬-] *adj* psychoanalytisch

psycho·bab·ble ['saɪkəʊ,bæbl̩, AM -koʊ,-] *n no pl* (*pej fam*) Psychogeschwätz *nt pej sl*

psycho·bi·og·ra·phy [,saɪkəʊbaɪ'ɒgrəfi, AM -koʊbaɪ'ɑ:grəfi] *n* Psychographie *f*

psycho·bi·ol·ogy [,saɪkəʊbaɪ'ɒlədʒi, AM -koʊbaɪ'ɑ:l-] *n no pl* *Wissenschaft, die die biologischen Grundlagen des Verhaltens erforscht*

psycho·drama ['saɪkəʊ,drɑ:mə, AM -koʊ,-] *n* ❶ *no pl* PSYCH Psychodrama *nt* ❷ TV, MEDIA Psychodrama *nt*

psycho·dy·nam·ics [,saɪkəʊdaɪ'næmɪks, AM -koʊ-] *n + sing vb* Psychodynamik *f*

psycho·ki·nesis [,saɪkəʊkaɪ'ni:sɪs, AM -koʊkɪ'-] *n no pl* Psychokinese *f*

psycho·ki·net·ic [,saɪkəʊkɪ'netɪk, AM -koʊ-] *adj* psychokinetisch

psycho·logi·cal [,saɪkə'lɒdʒɪkᵊl, AM -'lɑ:dʒ-] *adj* ❶ (*of the mind*) psychisch; **~ boost** seelischer Auftrieb; **~ effect** Auswirkung *f* auf die Psyche; **~ well-being** seelisches Wohlbefinden ❷ (*of psychology*) psychologisch; **~ test** psychologischer Test, Psychotest *m* ❸ (*not physical*) psychisch; **my headaches are purely ~** meine Kopfschmerzen sind rein psychischer Natur

psycho·logi·cal·ly [,saɪkə'lɒdʒɪkᵊli, AM -'lɑ:dʒ-] *adv* ❶ (*mental*) psychisch; **~ disturbed** psychisch gestört ❷ PSYCH psychologisch

psycho·logi·cal 'mo·ment *n* **the right/wrong ~** der psychologisch richtige/falsche Moment **psycho·logi·cal 'pro·file** *n*

P

MED, PSYCH, LAW psychologisches Profil; (*offender profile*) Täterprofil *nt* **psycho·logi·cal 'war·fare** *n* psychologische Kriegführung; **to employ ~ against sb** (*fig*) jdn psychisch unter Druck setzen

psy·cholo·gist [saɪ'kɒlədʒɪst, AM -'kɑːl-] *n* Psychologe, -in *m, f*

psy·chol·ogy [saɪ'kɒlədʒi, AM -'kɑːl-] *n* ① *no pl* (*science*) Psychologie *f* ② (*thought processes*) Psychologie *f;* **~ of the crowd** Massenpsychologie *f*

psycho·met·rics [ˌsaɪkə(ʊ)'metrɪks, AM -koʊ'-] *n + sing vb* Psychometrie *f*

psycho·path ['saɪkə(ʊ)pæθ, AM -kə-] *n* ① (*violent person*) Psychopath(in) *m(f) pej fam* ② PSYCH, MED Psychopath(in) *m(f)*

psycho·path·ic [ˌsaɪkə(ʊ)'pæθɪk, AM -kə'-] *adj* ① (*violent*) psychopathisch *pej fam* ② PSYCH, MED psychopathisch

psycho·pa·thol·ogy [ˌsaɪkə(ʊ)pæθ'ɒlədʒi, AM -koʊpæθ'ɑːl-] *n no pl* Psychopathologie *f*

psy·chopa·thy [saɪ'kɒpəθi, AM -'kɑːp-] *n no pl* Psychopathie *f*

psy·cho·ses *n pl of* **psychosis**

psycho·sex·ual [ˌsaɪkəʊ'sekʃʊəl, AM -koʊ'sekʃu-] *adj* psychosexuell; **~ disorders** psychosexuelle Störungen

psy·cho·sis <*pl* -ses> [saɪ'kəʊsɪs, AM -'koʊ-, *pl* -siːz] *n* Psychose *f*

psycho·so·cial [ˌsaɪkə(ʊ)'səʊʃᵊl, AM -koʊ'soʊʃᵊl] *adj* psychosozial

psycho·so·mat·ic [ˌsaɪkə(ʊ)sə(ʊ)'mætɪk, AM -koʊsoʊ'mæt̬-] *adj* psychosomatisch; **~ disorder/illness** psychosomatische Störung/Erkrankung

psycho·thera·pist [ˌsaɪkə(ʊ)'θerəpɪst, AM -koʊ'-] *n* Psychotherapeut(in) *m(f)*

psycho·thera·py [ˌsaɪkə(ʊ)'θerəpi, AM -koʊ'-] *n no pl* Psychotherapie *f*

psy·chot·ic [saɪ'kɒtɪk, AM -'kɑːt̬-] **I.** *adj* psychotisch **II.** *n* Psychotiker(in) *m(f)*

pt *n* ① *abbrev of* **part I. 3, 4** ② *abbrev of* **pint** ③ *abbrev of* **point I. 14, 24**

PT [ˌpiː'tiː] *n no pl* ① (*dated*) *abbrev of* **physical training** Leibesübungen *fpl veraltet* ② MED *abbrev of* **physical therapy** Physiotherapie *f*

PTA [ˌpiːtiː'eɪ] *n abbrev of* **parent-teacher association**

ptar·mi·gan ['tɑːmɪɡən, AM 'tɑːr-] *n* Schneehuhn *nt*

P'T boat *n* AM MIL (*hist: MTB*) Torpedoboot *nt*

Pte BRIT MIL *abbrev of* **private**

ptero·dac·tyl [ˌterə(ʊ)'dæktɪl, AM -ə'dæktəl] *n* ZOOL Pterodaktylus *m*

pto [ˌpiːtiː'əʊ, AM -'oʊ] *abbrev of* **please turn over** b.w.

PTO [ˌpiːtiː'əʊ, AM -'oʊ] *n esp* AM *abbrev of* **parent-teacher organization** ≈ Elternbeirat *m*

pto·maine pois·on·ing [ˌtəʊmeɪn-, AM ˌtoʊ-] *n* (*dated*) Leichenvergiftung *f*

P2P [ˌpiːtə'piː] *n modifier abbrev of* **peer to peer** P2P- *fachspr;* **~ computing** P2P-Computing *nt fachspr* (*Webkommunikation ohne zentralen Verbindungsserver durch ein Programm, das die vernetzten Rechner der Benutzer selbst zu Servern umwandelt*)

Pty *adj* AUS, NZ, SA *abbrev of* **propriety**

pub[1] [pʌb] *n* (*fam*) *short for* **public house** Kneipe *f fam*

pub[2] [pʌb] *n short for* **publication** Publikation *f*

'pub crawl *n esp* BRIT (*fam*) Kneipentour *f fam;* **to go on a ~** eine Sauftour machen *fam*

pu·ber·ty ['pjuːbəti, AM -bɚt̬i] *n no pl* Pubertät *f*

pubes[1] [pjuːbz] *npl* (*fam*) Schamhaare *ntpl,* Schambehaarung *f kein pl*

pubes[2] ['pjuːbiːz] *n pl of* **pubis**

pu·bes·cent [pjuː'besᵊnt] *adj inv* heranwachsend *attr,* pubertierend *attr geh*

pu·bic ['pjuːbɪk] *adj attr, inv* Scham-; **~ area/hair** Schamgegend *f*/-behaarung *f*

pu·bis <*pl* -bes> ['pjuːbɪs, *pl* -biːz] *n* ANAT Schambein *nt*

pub·lic ['pʌblɪk] **I.** *adj inv* ① (*of the people*) *opinion* öffentlich; **~ approval** allgemeine Zustimmung; **in the ~ interest** im Interesse der Öffentlichkeit ② (*for the people*) *library* öffentlich; **~ baths** *esp* BRIT öffentliches Bad; **~ institution** öffentliche Einrichtung ③ (*not private*) öffentlich; **~ announcement/hearing** öffentliche Bekanntmachung/Anhörung; **to go ~ with sth** etw öffentlich bekannt geben [*o* bekannt machen]; **to make sth ~** etw öffentlich bekannt geben; (*esp in writing*) etw veröffentlichen ④ (*state*) öffentlich, staatlich; **~ building** öffentliches Gebäude **II.** *n + sing/pl vb* ① (*the people*) ■**the ~** die Öffentlichkeit, die Allgemeinheit; **a member of the ~** jemand aus der Öffentlichkeit; **the general ~** die allgemeine Öffentlichkeit; **the American/British/Canadian ~** die amerikanische/britische/kanadische Öffentlichkeit; **the Great British P~** BRIT (*hum fam*) die breite britische Öffentlichkeit ② (*patrons*) Anhängerschaft *f; of newspapers* Leser *mpl; of TV* Zuschauer *mpl,* Publikum *nt* ③ (*not in private*) Öffentlichkeit *f;* **in ~** in der Öffentlichkeit, öffentlich

pub·lic ac·'count·ant *n* AM (*licensed by state*) Buchprüfer(in) *m(f);* (*chartered*) ≈ Wirtschaftsprüfer(in) *m(f)* **pub·lic ad·'dress** *n,* **pub·lic ad·'dress sys·tem** *n* Lautsprecheranlage *f* **pub·lic af·'fairs I.** *npl* öffentliche Angelegenheiten **II.** *n modifier* für öffentliche Angelegenheiten *nach n*

pub·li·can ['pʌblɪkən] *n* BRIT, AUS Kneipenbesitzer(in) *m(f) fam,* Kneipier *m veraltend*

pub·lic ap·'pear·ance *n* POL, ART öffentlicher Auftritt **pub·lic ap·'point·ment** *n* POL, ADMIN öffentliche Bestellung **pub·lic as·'sist·ance** *n* AM staatliche Fürsorge

pub·li·ca·tion [ˌpʌblɪ'keɪʃᵊn] *n* ① *no pl* (*publishing*) Veröffentlichung *f* ② (*published work*) Publikation *f*

pub·li·'ca·tion date *n* Erscheinungsdatum *nt*

pub·lic 'bar *n* BRIT [Steh]ausschank *m* **pub·lic 'com·fort sta·tion** *n* AM (*euph: public toilet*) öffentliche Toilette, öffentliches WC **pub·lic 'com·pa·ny** *n* BRIT Aktiengesellschaft *f* **pub·lic con·'veni·ence** *n* BRIT, AUS (*euph form*) öffentliche Toilette, öffentliches WC **pub·lic con·'vey·ance** *n* (*old*) öffentliches Verkehrsmittel **pub·lic 'debt** *n* Staatsverschuldung *f,* Verschuldung *f* der öffentlichen Hand **pub·lic do·'main** *n* ① (*government property*) öffentliches Eigentum, Staatsbesitz *m* ② (*not subject to copyright*) **to be in the ~** zum Allgemeingut gehören **pub·lic do·main 'soft·ware** *n* COMPUT urheberrechtlich nicht geschützte Software **pub·lic 'en·emy** *n* Staatsfeind *m* **pub·lic en·emy num·ber 'one** *n* Staatsfeind Nummer Eins *m;* (*fig*) sehr großes Problem **pub·lic ex·'pen·di·ture** *n* Staatsausgaben *pl* **pub·lic 'eye** *n* ■**in the ~** im Licht der Öffentlichkeit **pub·lic 'fig·ure** *n* Figur *f* des öffentlichen Lebens **pub·lic 'funds** *npl* öffentliche Gelder **pub·lic 'good** *n* **to act for the ~** im Interesse der Allgemeinheit handeln **pub·lic 'health** *n no pl* Volksgesundheit *f veraltend* **'pub·lic-health** *adj attr, inv* volksgesundheitlich **pub·lic 'health ser·vice** *n* [staatliches] Gesundheitssystem **pub·lic 'holi·day** *n* gesetzlicher Feiertag **pub·lic 'house** *n* BRIT (*form*) Kneipe *f fam* **pub·lic 'hous·ing** *n* AM, AUS sozialer Wohnungsbau **pub·lic in·for·'ma·tion of·fic·er** *n* Pressesprecher(in) *m(f)* **pub·lic in·'quiry** *n* LAW öffentliche Untersuchung **pub·lic 'in·ter·est** *n* öffentliches Interesse; **to be in the ~** im öffentlichen Interesse liegen

pub·li·cist ['pʌblɪsɪst] *n* ① (*agent*) Publizist(in) *m(f)* ② (*pej: attention-seeker*) **self-~** Selbstdarsteller(in) *m(f)*

pub·lic·ity [pʌb'lɪsəti, AM -ət̬i] **I.** *n no pl* ① (*promotion*) Publicity *f,* Reklame *f;* **bad/good ~** schlechte/gute Publicity ② (*attention*) Aufsehen *nt,* Aufmerksamkeit *f,* Publicity *f;* **the glare of ~** das Licht der Öffentlichkeit; **to attract** [*or* **generate**] **~** Aufsehen erregen ▶ PHRASES: **any ~ is good ~** (*saying*) jede Art von Publicity ist gute Publicity **II.** *adj* Publicity-, Werbe-; **~ material** Werbematerial *nt*

pub·'lic·ity agent *n* Werbeagent(in) *m(f)* **pub·'lic·ity cam·paign** *n* Werbekampagne *f* **pub·'lic·ity de·part·ment** *n* Werbeabteilung *f* **pub·'lic·ity hound** *n* publicitygeiler Mensch

pub·'lic·ity stunt *n* Werbegag *m fam*
pub·li·cize ['pʌblɪsaɪz] *vt* ■ **to ~ sth** etw bekannt [*o geh* publik] machen
pub·lic 'law *n* öffentliches Recht **pub·lic 'li·brary** *n* öffentliche Bibliothek **pub·lic 'life** *n* öffentliches Leben, Öffentlichkeit *f* **pub·lic lim·it·ed 'com·pa·ny** *n* BRIT Aktiengesellschaft *f* **pub·lic 'loan** *n* Staatsanleihe *f*
pub·lic·ly ['pʌblɪkli] *adv inv* ❶ (*not privately*) öffentlich ❷ (*by the state*) staatlich; **to be ~ owned** sich *akk* im Staatseigentum befinden
pub·lic 'nui·sance *n* ❶ (*act*) öffentliches Ärgernis ❷ (*fam: person*) Störenfried *m* **pub·lic 'of·fice** *n* öffentliches Amt; **to hold ~** ein öffentliches Amt innehaben **pub·lic o'pin·ion** *n* öffentliche Meinung **pub·lic o'pin·ion poll** *n* Meinungsumfrage *f* **pub·lic 'own·er·ship** *n no pl* Staatsbesitz *m;* **to be in ~** sich *akk* im Staatseigentum befinden **pub·lic 'prop·er·ty** *n no pl* Staatseigentum *nt* **pub·lic 'pros·ecu·tor** *n* Staatsanwalt, -anwältin *m, f* **pub·lic 'purse** *n esp* BRIT, AUS Staatskasse *f,* öffentliche Hand, Staatssäckel *m fam* **Pub·lic 'Rec·ord Of·fice** *n* BRIT Staatsarchiv *nt* **pub·lic 'rec·ords** *npl* staatliche Archive
pub·lic re·'la·tions I. *npl* MEDIA, POL Public Relations *pl,* Öffentlichkeitsarbeit *f kein pl* **II.** *n modifier* (*campaign, department, manager, team*) Public-Relations-; **~ consultant** PR-Berater(in) *m(f);* **~ expert** PR-Experte, -in *m, f;* **~ gesture** Imageaufbesserungsmaßnahme *f iron;* **~ work** PR-Arbeit *f* **pub·lic-re·'la·tions ex·er·cise** *n* POL, MEDIA (*pej*) Imageaufbesserungsmaßnahme *f iron* **pub·lic-re·'la·tions of·fic·er** *n* POL, MEDIA Öffentlichkeitsreferent(in) *m(f)* **pub·lic 'school** *n* BRIT Privatschule *f;* AM, AUS, SCOT staatliche Schule **pub·lic 'sec·tor** *n* öffentlicher Sektor **pub·lic-sec·tor 'bor·row·ing re·quire·ment** *n* BRIT Kreditbedarf *m* der öffentlichen Hand **pub·lic 'ser·vant** *n* ❶ (*state employee*) Angestellte(r) *f(m)* im öffentlichen Dienst ❷ AUS, NZ (*state administrator*) Staatsbeamte(r) *m,* Staatsbeamte [*o* -in] *f* **pub·lic 'ser·vice I.** *n* ❶ (*domain*) öffentlicher Dienst; AUS, NZ (*state administration*) Staatsdienst *m;* **to work in ~** im öffentlichen Dienst beschäftigt sein ❷ *no pl* (*common good*) Dienst *m* an der Allgemeinheit **II.** *n modifier* öffentlich; **~ announcement** öffentliche Bekanntgabe; **~ employee** öffentliche Bedienstete/öffentlicher Bediensteter; **~ job programme** BRIT Arbeitsbeschaffungsprogramm *nt* der öffentlichen Hand **pub·lic 'ser·vice cor·po·ra·tion** *n* AM öffentlicher Versorgungsbetrieb **pub·lic-'spir·it·ed** *adj* (*approv*) von Gemeinsinn zeugend *attr;* **she's a very ~ person** sie hat viel Gemeinsinn **pub·lic 'tele·phone** *n esp* BRIT öffentlicher Fernsprecher **pub·lic 'toi·let** *n esp* BRIT öffentliche Toilette **pub·lic 'trans·port** *n* BRIT, **pub·lic trans·por·'ta·tion** *n esp* AM öffentliche Verkehrsmittel **pub·lic 'trial** *n* LAW öffentliche Verhandlung **pub·lic u'til·ity** *n* ECON Leistungen *fpl* der öffentlichen Versorgungsbetriebe; (*company*) öffentlicher Versorgungsbetrieb **pub·lic 'works** *npl* öffentliche [*o* staatliche] Bauprojekte
pub·lish ['pʌblɪʃ] *vt* ❶ (*produce*) **to ~ an article/a result** einen Artikel/ein Ergebnis veröffentlichen; **to ~ a book/magazine/newspaper** ein Buch/Magazin/eine Zeitung herausgeben ❷ REL (*before marriage*) **to ~ the banns** das Aufgebot bestellen
pub·lish·er ['pʌblɪʃəʳ, AM -ɚ] *n* MEDIA ❶ (*company*) Verlag *m;* **~ of books/magazines** Buch-/Zeitschriftenverlag *m* ❷ (*person*) Verleger(in) *m(f)* ❸ AM (*newspaper owner*) Herausgeber(in) *m(f)*
pub·lish·ing ['pʌblɪʃɪŋ] **I.** *n no pl, no art* Verlagswesen *nt* **II.** *adj attr, inv* Verlags-; **~ empire** Verlagsimperium *nt*
'pub·lish·ing house *n* Verlag *m,* Verlagshaus *nt*
pub 'lunch *n Mittagessen, das in einem Pub serviert wird*
puce [pju:s] **I.** *n no pl* Braunrot *nt* **II.** *adj* braunrot
puck [pʌk] *n* SPORTS Puck *m*
puck·er ['pʌkəʳ, AM -ɚ] **I.** *vt* ■ **to ~ sth** etw *akk* in Falten legen; **to ~ [up] one's lips** seine Lippen spitzen; **to ~ [up] one's eyebrows** seine Augenbrauen runzeln **II.** *vi* ■ **to ~ [up]** *cloth* sich *akk* kräuseln; *lips* sich *akk* spitzen; *eyebrows* sich *akk* runzeln
puck·ish ['pʌkɪʃ] *adj* spitzbübisch
pud [pʊd] *n* BRIT (*fam*) *abbrev of* **pudding 1**
pud·ding ['pʊdɪŋ] *n* ❶ BRIT (*dessert course*) Süßspeise *f,* Nachspeise *f* ❷ *no pl* AM (*blancmange*) Pudding *m* ❸ *esp* BRIT (*with suet pastry*) [Fleisch]pastete *f;* **black ~** ≈ Blutwurst *f*
'pud·ding basin *n* BRIT Puddingform *f* (*meist aus Keramik*) **pud·ding-ba·sin 'hair·cut** *n* FASHION Topfschnitt *m,* Pilzkopf *m* **'pud·ding club** *n* ▸ PHRASES: **to be in the ~** BRIT (*hum dated fam*) einen Braten in der Röhre haben *derb* **'pud·ding-head** *n* (*dated fam*) Dummkopf *m fam*
pud·dle ['pʌdḷ] *n* Pfütze *f*
pu·den·da [pju:'dendə] *npl* (*form*) Genitalien *pl*
pudgi·ness ['pʌdʒɪnəs] *n no pl esp* AM Rundlichkeit *f*
pudgy ['pʌdʒi] *adj esp* AM rundlich; *face* schwammig; *person* pummelig
pu·er·ile ['pjʊəraɪl, AM 'pju:ɚɪl] *adj* kindlich, kindisch *pej*
pu·er·il·ity [pjʊə'rɪləti, AM pju:ə'rɪləṭi] *n no pl* ❶ (*childlikeness*) kindliches Wesen ❷ (*pej: childishness*) Albernheit *f,* Infantilität *f geh*
Puer·to Ri·can [ˌpwɜ:tə(ʊ)'ri:kən, AM ˌpwerṭə'-] **I.** *n* Puerto-Ricaner(in) *m(f)* **II.** *adj* puerto-ricanisch
Puer·to Rico [ˌpwɜ:tə(ʊ)'ri:kəʊ, AM ˌpwerṭə'ri:koʊ] *n* Puerto Rico *nt*
puff [pʌf] **I.** *n* ❶ (*fam: short blast*) Windstoß *m; of breath* Atemstoß *m; of vapour* Wolke *f;* **a ~ of air/wind** ein Luft-/Windstoß *m;* **a ~ of dust/smoke** eine Staub-/Rauchwolke ❷ AM, CAN (*quilt*) Federbett *nt; see also* **eiderdown** ❸ *no pl* BRIT (*fam: breath*) Puste *f fam;* ■ **to be out of ~** außer Puste sein ❹ (*drag*) Zug *m;* **to take ~s on** [*or* **at**] **a cigar/cigarette** an einer Zigarre/Zigarette ziehen ❺ (*pastry*) Blätterteig *m;* (*savoury snack*) [Mais]flips *pl,* [Erdnuss]flips *pl* ❻ (*fam: praise*) Lobeshymne *f fig, hum,* Lobgesang *m fig, hum* **II.** *vi* ❶ (*breathe heavily*) schnaufen; **he was ~ing after his jog** nach seinem Dauerlauf war er außer Atem ❷ (*smoke*) **to ~ at** [*or* **on**] **a cigar/cigarette** eine Zigarre/Zigarette paffen *fam;* **to ~ on a pipe** eine Pfeife paffen *fam* **III.** *vt* ❶ (*smoke*) **to ~ a cigar/cigarette** eine Zigarre/Zigarette paffen ❷ (*fam: praise*) ■ **to ~ sth** etw aufbauschen
◆**puff away** *vi* ■ **to ~ away** [**on** [*or esp* BRIT **at**] **sth**] *cigarette* [etw] paffen
◆**puff out** *vt* ❶ (*expand*) ■ **to ~ out** ↻ **sth** etw aufblähen; *feathers* etw aufplustern ❷ BRIT (*exhaust*) ■ **to ~ out** ↻ **sb** jdn erschöpfen; **after the walk we were totally ~ed out** nach dem Spaziergang waren wir vollkommen aus der Puste *fam*
◆**puff up I.** *vt* ❶ (*make swell*) ■ **to ~ up** ↻ **sth** etw [an]schwellen lassen ❷ (*fig*) ■ **to ~ oneself up** *person* sich *akk* aufblasen; **to be ~ed up with pride** ganz aufgeblasen sein **II.** *vi* [an]schwellen
'puff ad·der *n* Puffotter *f* **'puff·ball** *n* BOT Bovist *m*
puffed [pʌft] *adj pred esp* BRIT (*fam*) [völlig] außer Puste *fam*
puffed 'sleeves *npl* Puffärmel *mpl*
puffer train *n* BRIT (*childspeak dated*) Puff-Puff-Zug *m Kindersprache*
puff·ery ['pʌfəri, AM -ɚi] *n no pl* (*fam*) überschwängliches Lob
puf·fin ['pʌfɪn] *n* ZOOL Papageientaucher *m*
puff 'pas·try *n no pl* Blätterteig *m* **'puff piece** *n* AM JOURN Lobschrift *f,* Lobeshymne *f fig* **puff 'sleeves** *npl* Puffärmel *mpl*
puf·fy ['pʌfi] *adj* geschwollen, verschwollen
pug [pʌg] *n* Mops *m*
pu·gi·lism ['pju:dʒɪlɪzəm] *n* ❶ SPORTS (*dated: boxing*) Boxsport *m,* Boxen *nt;* (*fight*) Faustkampf *m geh* ❷ (*fam: enjoying hitting*) Prügellust *f*
pu·gi·list ['pju:dʒɪlɪst] *n* ❶ (*dated: boxer*) Boxkämpfer *m,* Faustkämpfer *m geh* ❷ (*fam: one who enjoys hitting*) Schläger *m fam*

pug·na·cious [pʌgˈneɪʃəs] *adj* (*form*) kampflustig, streitlustig

pug·na·cious·ness [pʌgˈneɪʃəsnəs] *n no pl* (*form*) Streitlust *f*

pug·nac·ity [pʌgˈnæsəti, AM -ət̬i] *n no pl* (*form*) Kampflust *f*

ˈpug nose *n* Stupsnase *f*

puke [pjuːk] **I.** *vt* (*fam!*) ■**to ~ sth** ○ **[up]** etw [aus]kotzen *sl* **II.** *vi* (*sl*) ■**to ~ [up]** kotzen *sl*, spucken DIAL *fam;* **sb/sth makes sb [want to] ~** (*fig*) jd findet jdn/etw zum Kotzen *sl;* **go away! you make me ~** verschwinde! du kotzt mich an *sl* **III.** *n no pl* (*sl*) Kotze *f sl*

puk·ka [ˈpʌkə] *adj* (*dated fam: genuine*) echt, original; (*of good quality*) ausgezeichnet

pull [pʊl] **I.** *n* ❶ (*tug*) Zug *m*, Ziehen *nt* ❷ *no pl* (*force*) Zugkraft *f* ❸ *no pl* (*fam: influence*) Einfluss *m* ❹ (*handle*) [Hand]griff *m;* **curtain ~** Vorhangzugstange *f* ❺ *no pl* (*effort*) Anstrengung *f* ❻ *no pl* (*attraction*) *of an event, a thing* Anziehung *f*, Anziehungskraft *f; of a person* Anziehungskraft *f* ❼ BRIT, AUS (*sl: seek partner*) ■**to be on the ~** auf Aufriss sein *sl;* **Sally was out on the ~ again last night!** Sally war gestern Abend mal wieder auf Männerfang ❽ (*on a cigarette*) Zug *m;* (*on a bottle*) Schluck *m* ❾ (*in baseball, golf*) Fehlschuss/-schlag *m;* (*in cricket*) *besonders gekonnter Schlag von einer Seite zur anderen* **II.** *vt* ❶ (*draw*) ■**to ~ sth** etw ziehen; **to ~ a cart/plough** einen Wagen/Pflug ziehen; **to ~ a lever/rope** an einem Hebel/Seil ziehen ❷ (*of clothes*) **to ~ sth over one's head** sich *dat* etw über den Kopf ziehen [*o fam* überziehen] ❸ MED **to ~ a tooth** einen Zahn ziehen ❹ MED (*strain*) ■**to ~ sth** *muscle, tendon* sich *dat* etw zerren ❺ (*fam: take out*) **to ~ a gun/knife** eine Pistole/ein Messer ziehen; **to ~ a gun/knife on sb** jdn mit einer Pistole/einem Messer bedrohen ❻ (*attract*) ■**to ~ sb** *crowd* jdn anziehen; BRIT, AUS (*sl: sexually*) jdn aufreißen *sl* ❼ (*involve*) ■**to ~ sb into sth** jdn in etw *akk* hineinziehen; **he was ~ed into the argument against his wishes** er wurde gegen seinen Wunsch in die Diskussion verwickelt ❽ (*help through*) ■**to ~ sb through sth** jdn durch etw *akk* durchbringen; **the doctor ~ed him through the illness** der Arzt half ihm, die Krankheit durchzustehen ❾ (*draw beer*) **to ~ [sb/oneself] a pint** BRIT [jdm/sich *dat*] ein Bier zapfen ❿ (*grimace*) **to ~ a face [at sb]** [jdm] eine Grimasse schneiden ⓫ (*in baseball, golf*) ■**to ~ sth** etw verpatzen [*o fam* vermasseln]; **to ~ a shot** einen Schlag/Schuss verpatzen; **to ~ the ball** (*in cricket*) *den Ball gekonnt von einer Seite auf die andere spielen* ▸ PHRASES: **to ~ sth out of the <u>bag</u> [*or* <u>hat</u>]** etw aus dem Hut zaubern; **to ~ the <u>carpet</u> [*or* <u>rug</u>] from under sb** jdm den Boden unter den Füßen wegziehen; **to ~ sb's <u>leg</u>** (*fam*) jdn auf den Arm nehmen; **~ the other <u>leg</u> [*or* <u>one</u>] [it's got bells on]** BRIT (*fam*) das kannst du deiner Oma erzählen *fam;* **to ~ the <u>plug</u>** (*fam*) den Hahn zudrehen; **to ~ one's <u>punches</u>** (*fam*) sich *akk* zurückhalten; **to ~ [all] the <u>stops</u> out** sich *akk* ins Zeug legen; **to ~ <u>strings</u>** Beziehungen spielen lassen; **to ~ one's <u>weight</u>** (*fam*) seinen [An]teil beitragen [*o* leisten], sich *akk* einsetzen; **to ~ a <u>fast</u> one** (*sl*) einen [gerissenen] Trick anwenden **III.** *vi* ❶ (*draw*) ziehen; **you ~ and I'll push** du ziehst und ich schiebe; ■**to ~ at sth** an etw *dat* ziehen ❷ (*struggle on*) sich *akk* anstrengen; **you can hear the engine ~ing, the hill's too steep for the little car** man kann hören, wie der Motor arbeitet, die Steigung ist zu viel für das kleine Auto ❸ (*drive in*) ■**to ~ into sth** in etw *akk* hineinfahren [*o* einbiegen]; **the car ~ed into the driveway** das Auto fuhr in die Einfahrt ❹ BRIT (*sl: attract sexually*) jdn aufreißen *sl;* **so, did you ~ last night?** und, hast du letzte Nacht jemanden aufgerissen? ❺ (*smoke*) **to ~ at [*or* on] a cigar/cigarette** an einer Zigarre/Zigarette ziehen ❻ (*fam: support*) ■**to ~ for sb** jdn anfeuern

◆**pull about** *vt* ■**to ~ sb/sth** ○ **about** jdn/etw herumzerren

◆**pull ahead** *vi* (*overtake*) überholen; (*move away from*) in Führung gehen, sich *akk* an die Spitze setzen; (*make a career*) weiterkommen *fam*

◆**pull apart** *vt* ❶ (*break*) ■**to ~ sth** ○ **apart** etw zerlegen [*o fam* auseinandernehmen] ❷ (*separate*) ■**to ~ sb/sth** ○ **apart** jdn/etw auseinanderziehen; *fighting parties* jdn/etw trennen ❸ (*criticize*) ■**to ~ sth** ○ **apart** *book, play* etw zerpflücken [*o* verreißen]

◆**pull around I.** *vt* ■**to ~ sb around** jdn herumzerren [*o* herumschubsen]; ■**to ~ sth around** etw herumzerren **II.** *vi* sich *akk* erholen

◆**pull aside** *vt* ■**to ~ sb aside** jdn zur Seite nehmen [*o* beiseitenehmen]

◆**pull away I.** *vi* ■**to ~ away from sb/sth** (*leave*) sich *akk* von jdm/etw wegbewegen; (*leave behind*) jdn/etw zurücklassen; SPORTS *runner* sich *akk* vom Feld absetzen; (*recoil*) vor jdm/etw zurückweichen **II.** *vt* ■**to ~ away** ○ **sb/sth** jdn/etw wegreißen; ■**to ~ sth** ○ **away from sb/sth** jdm/etw etw wegnehmen

◆**pull back I.** *vi* ❶ (*recoil*) zurückschrecken ❷ MIL sich *akk* zurückziehen ❸ (*back out*) ■**to ~ back [from sth]** [von etw *dat*] einen Rückzieher machen; (*from policies*) sich *akk* [von etw *dat*] distanzieren **II.** *vt* ❶ (*draw back*) ■**to ~ back** ○ **sth** etw zurückziehen; **to ~ back the bed sheets** die Bettlaken zurückschlagen; **to ~ back the curtains** die Vorhänge aufziehen ❷ (*score*) ■**to ~ back** ○ **sth** etw [wieder] aufholen; **to ~ back a goal** ein Tor aufholen

◆**pull down** *vt* ❶ (*move down*) ■**to ~ down** ○ **sth** etw herunterziehen ❷ (*demolish*) ■**to ~ down** ○ **sth** *building* etw abreißen ❸ (*hold back*) ■**to ~ sb** ○ **down** jdn [moralisch] runterziehen *fam* ❹ AM (*fam: earn*) ■**to ~ down** ○ **sth** etw verdienen [*o fam* kassieren]

◆**pull in I.** *vi* TRANSP ❶ (*arrive*) einfahren ❷ (*move over*) [wieder] einscheren **II.** *vt* ❶ (*attract*) ■**to ~ sth** ○ **in** *fans, crowd* etw anziehen ❷ (*fam: arrest*) ■**to ~ in** ○ **sb** jdn einkassieren *fam* ❸ BRIT (*fam: earn*) ■**to ~ in** ○ **sth** etw kassieren *fam* ❹ (*suck in*) **to ~ one's stomach [*or* belly] in** den Bauch einziehen

◆**pull off I.** *vt* ❶ (*take off*) ■**to ~ off** ○ **sth** etw [schnell] ausziehen ❷ (*fam: succeed*) ■**to ~ off** ○ **sth** etw durchziehen *fam;* **to ~ off a deal** ein Geschäft zustande bringen; **to ~ off an order** einen Auftrag an Land ziehen; **to ~ off a victory** einen Sieg davontragen ❸ (*leave*) **to ~ off a road** von einer Straße abfahren **II.** *vi* losfahren, abfahren

◆**pull on I.** *vi* ■**to ~ on sth** an etw *dat* ziehen **II.** *vt* ■**to ~ on** ○ **sth** etw [schnell] anziehen [*o fam* überziehen]

◆**pull out I.** *vi* ❶ (*move out*) *vehicle* ausscheren; **to ~ out from behind sth** hinter etw *dat* ausscheren; **to ~ out of a road** von einer Straße abfahren; **to ~ out onto a road** in eine Straße einfahren ❷ (*leave*) ausfahren; **the train was just ~ing out of the station** der Zug fuhr gerade aus dem Bahnhof ❸ (*withdraw*) aussteigen *fam*, einen Rückzieher machen *fam;* ■**to ~ out of sth** sich *akk* aus etw *dat* zurückziehen, aus etw *dat* aussteigen *fam;* **she knew she had to ~ out of the relationship** sie wusste, dass sie die Beziehung beenden musste ❹ MIL abziehen **II.** *vt* ❶ MIL **to ~ out troops** Truppen abziehen ❷ (*get out*) ■**to ~ sth out of sth** etw aus etw *dat* [heraus]ziehen [*o fam* herausholen] ❸ (*take out*) ■**to ~ out** ○ **sth** etw herausziehen; *hair* etw herausreißen; **he ~ed a box out from under the table** er zog eine Kiste unter dem Tisch hervor ❹ BRIT (*withdraw*) ■**to ~ out** ○ **sth** *money* etw abheben ❺ COMPUT ■**to ~ out** ○ **sth** etw auswählen [*o fam* herausziehen]

◆**pull over I.** *vt* ❶ (*make fall*) ■**to ~ over** ○ **sb/sth** jdn/etw umreißen; (*when falling*) jdn/etw mit sich *dat* reißen ❷ (*stop*) ■**to ~ over** ○ **sb/sth** jdn/etw anhalten; **the police ~ed me over last night** letzte Nacht hat mich die Polizei rausgewunken **II.** *vi vehicle* zur Seite fahren

◆**pull round** BRIT **I.** *vi* sich *akk* erholen **II.** *vt* ■**to ~ sth round** etw [her]umdrehen

◆**pull through I.** *vi* (*survive*) durchkommen *fam* **II.** *vt* ■**to ~ sb/sth through [sth]** jdn/etw [durch etw *akk*] durchbringen *fam*

◆**pull to** *vt* **to ~ a door/a window to** eine Tür/ein Fenster zuziehen

◆**pull together I.** *vt* ❶ *(regain composure)* ■**to ~ oneself together** sich *akk* zusammennehmen [*o fam* zusammenreißen] ❷ *(organize)* ■**to ~ sth together** etw auf die Beine stellen *fig fam* **II.** *vi* zusammenarbeiten, an einem Strang ziehen *fig fam*

◆**pull under** *vt* ■**to ~ sb under** jdn herunterziehen [*o fam* runterziehen]

◆**pull up I.** *vt* ❶ *(raise)* ■**to ~ up** ○ **sth** etw hochziehen; **to ~ up blinds** die Rollläden hochziehen ❷ *(sit down)* **to ~ up a chair** einen Stuhl heranziehen ❸ *(fam: reprimand)* ■**to ~ sb up** jdn zurechtweisen ▸PHRASES: **to ~ one's socks up** *(fam)* sich *akk* zusammenreißen [*o* am Riemen reißen] *fam* **II.** *vi vehicle* [heranfahren und] anhalten

'pull date *n* AM *(sell-by date)* [Mindest]haltbarkeitsdatum *nt*

pull-down 'menu *n* COMPUT Pulldown-Menü *nt*, Balkenmenü *nt*

pul·let ['pʊlɪt] *n* Junghenne *f*

pul·ley ['pʊli] *n* TECH Flaschenzug *m*

'pull-in *n* BRIT Raststätte *f*

'pull·ing pow·er *n* Anziehungskraft *f*

Pull·man ['pʊlmən] *n* RAIL *(dated)* Pullmanwaggon *m*

'pull-out I. *n* ❶ MIL Rückzug *m* ❷ MEDIA [Sonder]beilage *f* **II.** *adj* herausziehbar; **~ bed/table** Ausziehbett *nt*/-tisch *m*

'pull·over ['pʊləʊvəʳ, AM -oʊvɚ] *n esp* BRIT Pullover *m*

'pull-tab *n* AM *(ring pull)* Aufreißring *m*, Dosenring *m* **'pull-up** *n* ❶ *(exercise)* Klimmzug *m* ❷ BRIT *(service area)* Raststätte *f*

pul·mo·nary ['pʌlmənəri, AM -neri] *adj inv* Lungen-, Pulmonal- *fachspr;* **~ disease/embolism** Lungenerkrankung *f*/-embolie *f*

pul·mo·nary 'ar·tery *n* Lungenarterie *f*, Pulmonalarterie *f fachspr* **pul·mo·nary 'vein** *n* Lungenvene *f*, Pulmonalvene *f fachspr*

pulp [pʌlp] **I.** *n* ❶ *(mush)* Brei *m*, breiige Masse; **to beat sb to a ~** *(fig fam)* jdn zu Brei schlagen *fig sl;* **to mash sth to a ~** etw zu Brei kneten; **to reduce sb to [a] ~** *(fig)* jdn einschüchtern ❷ *(in paper-making)* [Papier]brei *m* ❸ FOOD Fruchtfleisch *nt kein pl* **II.** *n modifier* ❶ *(pej: trashy)* Schund- *pej;* **~ fiction** [*or* **literature**] Schundliteratur *f;* **~ magazine** Groschenheft *nt;* **~ novel** Schundroman *m* ❷ *(in paper-making)* Papier-; **~ mill** Papiermühle *f* **III.** *vt* ■**to ~ sth** ❶ *(mash)* etw zu Brei verarbeiten; *food* etw zerstampfen ❷ *(destroy printed matter)* etw einstampfen

pul·pit ['pʊlpɪt] *n* ❶ REL *(platform)* Kanzel *f;* *(preachers collectively)* ■**the ~** die Kanzel ❷ NAUT Kanzel *f*

'pulp·wood *n no pl* Industrieholz *nt*

pul·sar ['pʌlsɑːʳ, AM -sɑːr] *n* ASTRON Pulsar *m*

pul·sate [pʌl'seɪt, AM 'pʌlseɪt] *vi* pulsieren; *(with noise) building, loudspeaker* vibrieren; *(move rhythmically)* sich *akk* rhythmisch bewegen; **she could feel his artery pulsating** sie konnte das Pulsieren seiner Arterie fühlen; **rue St. Denis is the pulsating heart of street life in Montreal** die Rue St. Denis ist das pulsierende Zentrum des Straßenlebens in Montreal

pul·sa·tion [pʌl'seɪʃən] *n* Pulsieren *nt*

pulse¹ [pʌls] **I.** *n* ❶ *(heartbeat)* Puls *m;* **strong/weak ~** starker/schwacher Puls; **to take sb's ~** jds Puls fühlen ❷ *(vibration)* [Im]puls *m;* **a ~ of light/sound** ein Licht-/Klangimpuls *m* ❸ *(fig: mood)* **to take** [*or* **feel**] **the ~ of sth** etw sondieren *geh;* **to have/keep one's finger on the ~** am Ball sein/bleiben; **she's someone with her finger on the ~ of current affairs** sie ist am Puls der Zeit **II.** *n modifier (rate)* Puls- **III.** *vi* pulsieren

pulse² [pʌls] *n* FOOD Hülsenfrucht *f*

pul·veri·za·tion [ˌpʌlvəraɪ'zeɪʃən, AM -rɪ'-] *n no pl* ❶ *(reduction)* Pulverisierung *f* ❷ SPORTS *(fig fam)* [vernichtende] Niederlage

pul·ver·ize ['pʌlvəraɪz, AM -və-] *vt* ❶ *(crush)* ■**to ~ sth** etw pulverisieren ❷ *(fam: damage)* ■**to ~ sth** etw zermalmen [*o fam* demolieren] ❸ *(fig fam: thrash)* ■**to ~ sb** jdn zu Brei schlagen *fig fam*, jdn fertigmachen *fam;* SPORTS jdn vernichtend schlagen

puma ['pjuːmə] *n* Puma *m*

pum·ice ['pʌmɪs] *n*, **pum·ice stone** *n no pl* GEOL Bimsstein *m*

pum·mel <BRIT -ll- *or* AM *usu* -l-> ['pʌməl] *vt* ❶ *(hit)* ■**to ~ sb** auf jdn einprügeln ❷ *(fig: defeat)* ■**to ~ sb** jdn fertigmachen *fam* ❸ *(criticize)* ■**to ~ sb/sth** jdn/etw niedermachen *fam*

pum·mel·ing AM, **pum·mel·ling** ['pʌməlɪŋ] *n* ❶ *(beating)* Prügel *fpl* ❷ *(fig: criticism)* Verriss *m*

pump¹ [pʌmp] *n* ❶ BRIT, AUS *(for gymnastics)* Gymnastikschuh *m;* *(for dancing)* Tanzschuh *m;* *(for ballet)* Ballettschuh *m* ❷ AM, AUS *(court shoe)* Pumps *m*

pump² [pʌmp] **I.** *n* Pumpe *f;* **fuel/petrol/water ~** Treibstoff-/Benzin-/Wasserpumpe *f* **II.** *vt* ■**to ~ sth** etw pumpen; **blood is ~ed round the body** das Blut wird durch den Körper gepumpt; **to ~ the brakes** mehrmals kurz auf das Bremspedal treten; **to ~ iron** *(fam)* Gewichte heben [*o* stemmen]; **to ~ one's fists** mit den Fäusten [in die Luft] schlagen; **to ~ ideas/money/resources into sth** Ideen/Geld/Mittel in etw *akk* pumpen [*o* stecken] *fam;* ■**to ~ sb for sth** *(fig)* etw aus jdm herausholen; **to ~ sb for news** jdn ausfragen [*o fam* ausquetschen]; ■**to ~ sth out of sb** *(fig)* etw aus jdm herausholen; **they tried to ~ the information out of him** sie versuchten ihm die Informationen zu entlocken

◆**pump away I.** *vi* [kräftig] pumpen **II.** *vt* **to ~ oil/water away** Öl/Wasser abpumpen

◆**pump in** *vt* ■**to ~ in** ○ **sth** etw in etw *akk* pumpen *a. fig;* **to ~ money in sth** Geld in etw *akk* stecken *fam*

◆**pump out** *vt* ■**to ~ out** ○ **sth** ❶ *(remove)* etw herauspumpen; *stomach, room, container* etw auspumpen ❷ *(fam: blast out)* von sich *dat* geben ❸ *(pej fam: churn out)* etw herunterleiern *fam*

◆**pump up** *vt* ❶ *(inflate)* ■**to ~ sth** ○ **up** etw aufpumpen ❷ *(force up)* **to ~ up gas/oil** Gas/Öl fördern; **to ~ up water** Wasser hochpumpen ❸ MUS *(fam: increase)* ■**to ~ sth** ○ **up** etw aufdrehen *fam;* **to ~ up the bass/volume** den Bass/die Lautstärke aufdrehen ❹ *(fig fam: fill with enthusiasm)* ■**to ~ sb** ○ **up** jdn in Stimmung bringen; **I'm really ~ed up for today's game** ich bin so richtig in Stimmung für das Spiel heute

'pump-ac·tion *adj attr* **~ container** Behälter *m* ohne Treibgas; **~ toothpaste tube** Zahnpasta[dosier]spender *m*

pumped [pʌmpt] *adj pred (sl)* begeistert

pum·per·nick·el ['pʌmpəˌnɪkl, AM -pɚ'-] *n no pl* Pumpernickel *nt*

pump·ing ['pʌmpɪŋ] **I.** *n no pl* Pumpen *nt* **II.** *adj attr, inv* Pump-; **~ machine** [*or* **device**] Pumpe *f*

'pump·ing sta·tion *n* Pumpstation *f*, Pumpwerk *nt*, Wasserhebewerk *nt*

pump·kin ['pʌmpkɪn] **I.** *n* ❶ *(vegetable)* [Garten]kürbis *m* ❷ AM *(fig: term of endearment for child)* Schatz *m*, Mäuschen *nt* **II.** *n modifier (bread, muffin, soup)* Kürbis-; **~ head** Dummkopf *m pej*, Tölpel *m pej;* **~ pie** AM Kürbiskuchen *m;* **~ seed** AM *(fam: drug)* Meskalin *nt;* *(kernel)* Kürbiskern *m;* *(fish)* Sonnenbarsch *m*, Butterfisch *m*

'pump-prim·ing *n* ❶ MECH Ansaugenlassen *nt* der Pumpe ❷ *esp* AM ECON, HIST Ankurbelung *f* der Wirtschaft, konjunkturelle Starthilfe *(insbesondere durch Staatsaufträge, erstmals nach der Depression der dreißiger Jahre)* **'pump room** *n* ❶ *(storage area)* Pumpenhaus *nt* ❷ TOURIST *(at spas)* Kurhaus *nt*, Trinkhalle *f* ❸ *(fig fam: bar)* Kneipe *f fam*

pun [pʌn] **I.** *n* Wortspiel *nt;* **no ~ intended** das soll kein Wortspiel sein **II.** *vi* <-nn-> Wortspiele machen

punch¹ [pʌn(t)ʃ, AM pʌntʃ] **I.** *n hot or cold* Punsch *m; cold* Bowle *f* **II.** *n modifier (glasses, set)* Punsch-, Bowlen-; **~ ladle** Bowlenlöffel *m*

P

punch² [pʌn(t)ʃ, AM pʌntʃ] **I.** *n* <*pl* -es> ❶ (*hit*) [Faust]schlag *m*, Hieb *m*, Stoß *m;* (*in boxing*) Punch *m kein pl fachspr,* Schlagkraft *f kein pl;* **to pack a hard ~** einen harten Schlag haben; **to beat sb to the ~** (*a. fig fam*) jdm den entscheidenden Schlag zuvorkommen [*o a. fig* Schritt voraus sein]; **to give sb a ~** jdn boxen, jdm einen [Faust]schlag/Hieb versetzen; **to give sb a ~ on the chin** jdm einen Kinnhaken geben; **to give sb a ~ on** [*or* AM **in**] **the nose/in the stomach** jdn auf die Nase schlagen/in den Bauch boxen; **to land a** [**knockout**] **~** einen [K.-o.-]Treffer landen [*o* erzielen]; **to land a ~ to the head/nose** den Kopf/die Nase treffen ❷ (*perforation*) Stanzen *nt kein pl,* Lochen *nt kein pl,* Punzen *nt kein pl* ❸ (*piercing tool*) Stanzwerkzeug *nt,* Lochstanze *f,* Locheisen *nt;* (*for leather, metal*) Punze *f;* [**hole**] **~** (*for paper*) Locher *m;* [**ticket**] **~** Lochzange *f;* (*stamping tool*) [Präge]stempel *m* ❹ (*strong effect*) Durchschlagskraft *f kein pl; of arguments* Überzeugungskraft *f kein pl;* **his performances usually pack a big ~** seine Auftritte sind gewöhnlich ein durchschlagender Erfolg; (*power*) *of a speech* Schwung *m,* Lebendigkeit *f; of music* Schwung *m,* Schmiss *m;* **a piece with ~** ein Stück *nt* mit Schwung; **a rhythm with ~** ein schwungvoller [*o fam* fetziger] Rhythmus; *of criticism* Biss *m fam; of a presentation* Pep *m fam;* **to lack ~** keinen Schwung [*o* Pep] haben **II.** *vt* ❶ (*hit*) ■**to ~ sb/sth** jdn/gegen etw *akk* [mit der Faust] schlagen; **to ~ the air** mit den Händen [*o* Armen] in der Luft herumfuchteln; **to ~ sb in the eye/nose** jdm aufs Auge/auf die Nase schlagen; **to ~ sb in the stomach** jdn in den Bauch boxen; **to ~ sb black and blue** jdn grün und blau schlagen; **to ~ sb unconscious** jdn bewusstlos schlagen ❷ *esp* AM (*strike*) ■**to ~ sth** *buttons* etw drücken; *keyboard* auf etw *akk* hauen [*o* hämmern] ❸ (*stamp*) ■**to ~ sth** *coin, ring* etw stempeln; (*pierce*) *metal, leather* etw [aus]stanzen [*o* punzen]; *paper* etw lochen; **to ~ holes in a belt** Löcher in einen Gürtel stanzen; **to ~ a ticket** eine Fahrkarte entwerten [*o* knipsen]; **to ~ the** [**time**] **clock** [die Kontrolluhr] stechen ❹ AM, CAN AGR (*drive*) **to ~ cattle/a herd** Vieh/eine Herde treiben

◆**punch in I.** *vi* [bei Arbeitsbeginn] die Kontrolluhr stechen **II.** *vt* ■**to ~ in** ⊂ **sth** *data, phone number* etw eintippen [*o fachspr* [über die Tastatur] eingeben]

◆**punch out I.** *vi* [bei Arbeitsende] die Kontrolluhr stechen **II.** *vt* ❶ (*type out*) ■**to ~ out** ⊂ **sth** etw tippen; **I ~ed out an angry letter on my typewriter** ich haute einen wütenden Brief in meine Schreibmaschine ❷ (*extract information: from a computer*) **to ~ out data** Daten [über die Tastatur] abrufen ❸ (*sl: hit repeatedly*) ■**to ~ out** ⊂ **sb** jdn zusammenschlagen ❹ (*make holes*) ■**to ~ out** ⊂ **sth** *patterns, shapes* etw ausstanzen

◆**punch up** *vt* ❶ (*register*) ■**to ~ up** ⊂ **sth** etw eintippen [*o* eingeben]; **to ~ up data** *on a computer* Daten aufrufen ❷ AM (*brighten up*) ■**to ~ sth** ⊂ **up** [**with sth**] *presentation, speech* etw [mit etw *dat*] aufpeppen

Punch [pʌn(t)ʃ, AM pʌntʃ] *n* Kasper *m,* Kasperle *nt;* **~ and Judy** [**show**] Kasperletheater *nt;* **to be as pleased as ~** (*fig fam*) sich *akk* freuen wie ein Schneekönig *fig fam;* **to be as proud as ~** (*fig fam*) mächtig stolz [*o* stolz wie ein Spanier] sein *fig*

'punch·ball *n* SPORTS ❶ BRIT (*punching bag*) Punchingball *m fachspr* ❷ AM (*rubber ball*) Gummiball *m;* (*ball game*) mit der Faust gespielter Baseball (*dabei werden statt der Schläger die Fäuste benutzt - wird auf der Straße gespielt*) **'punch·bowl** *n* Punschschüssel *f,* Punschterrine *f,* Bowle *f,* Bowlengefäß *nt* **'punch·card** *n* COMPUT (*hist*) Lochkarte *f hist,* Hollerithkarte *f fachspr hist* **'punch-clock** *n* Stechuhr *f* **punch-'drunk** *adj inv* ❶ (*of boxers*) hirngeschädigt; **to be ~** Hirnschäd[igung]en haben ❷ (*unstable*) wackelig [auf den Beinen] ❸ (*fig: dazed*) ■**to be ~** benommen [*o* benebelt] sein ❹ (*fig: overwhelmed*) [tief] erschüttert, ganz mitgenommen *fig*

'punch·ing bag *n* AM SPORTS Punchingball *m fachspr,* Sandsack *m*

'punch·ing doll *n* Watschenmann *m* ÖSTERR *fam,* Stehaufmännchen *nt*

'punch·line *n* Pointe *f,* Knalleffekt *m fig* **'punch-tape** *n* COMPUT (*hist*) Lochstreifen *m hist* **'punch-up** *n* BRIT Schlägerei *f,* Prügelei *f;* **to get into a ~** *voluntarily* eine Schlägerei anfangen; *involuntarily* in eine Schlägerei geraten; **to have a ~** sich *akk* prügeln

punchy ['pʌn(t)ʃi, AM -tʃi] *adj* ❶ (*effective*) eindrucksvoll, [ausdrucks]stark, peppig *fam;* **a ~ rhythm** ein schwungvoller [*o fam* fetziger] Rhythmus; **a ~ speech** eine mitreißende [*o* zündende] Rede ❷ AM (*fam: unstable*) wackelig [auf den Beinen] ❸ AM (*fam: dazed*) benommen, benebelt ❹ AM (*fam: stupid*) blöd[e]

punc·tili·ous [pʌŋk'tɪliəs] *adj* (*a. pej form*) ❶ (*thorough*) *in observing rules* [peinlich] genau, penibel *a. pej,* pedantisch *pej;* ■**to be ~ about sth** es mit etw *dat* peinlich genau nehmen ❷ (*formal*) *in clothing* [übertrieben] festlich *a. pej,* korrekt; *in conduct* [übertrieben] förmlich *a. pej,* [sehr] steif *pej,* korrekt, [form]vollendet

punc·tili·ous·ly [pʌŋk'tɪliəsli] *adv* (*a. pej form*) ❶ (*thoroughly*) [peinlich] genau, penibel *a. pej,* pedantisch *pej* ❷ (*correctly*) *in clothing* [übertrieben] festlich *a. pej,* korrekt; *in conduct* [übertrieben] förmlich *a. pej,* [sehr] steif *pej*

punc·tili·ous·ness [pʌŋk'tɪliəsnəs] *n no pl* (*a. pej form*) ❶ (*thoroughness*) [peinliche] Genauigkeit, Penibilität *f a. pej,* Pedanterie *f pej* ❷ (*correctness*) *in clothing* [übertriebene] Festlichkeit *a. pej,* Korrektheit *f; in conduct* [übertriebene] Förmlichkeit *a. pej,* [übermäßige] Steifheit *pej,* Korrektheit *f,* vollendete Form

punc·tu·al ['pʌŋktʃuəl] *adj* pünktlich; ■**to be ~ in doing sth** etw pünktlich tun; **to be ~ for an appointment** pünktlich zu einem Termin erscheinen

punc·tu·al·ity [ˌpʌŋktʃu'æləti, AM -əṭi] *n no pl* Pünktlichkeit *f*

punc·tu·al·ly ['pʌŋktʃuəli] *adv* pünktlich

punc·tu·ate ['pʌŋktʃueɪt] *vt* ■**to ~ sth** ❶ LING (*mark*) *written matter* etw mit Satzzeichen versehen [*o fachspr* interpunktieren] ❷ (*fig form: accentuate*) etw unterstreichen [*o* betonen] *fig* ❸ (*intersperse*) etw [hier und da] einfügen [*o* einstreuen]; (*interrupt*) etw [immer wieder] unterbrechen; **he ~s his conversation with snatches of songs** er untermalt seine Worte mit Songeinlagen; **his speech was ~d by applause** seine Rede wurde immer wieder von Beifall unterbrochen

punc·tua·tion [ˌpʌŋktʃu'eɪʃᵊn] *n no pl* Zeichensetzung *f,* Interpunktion *f fachspr*

punc·tu'a·tion mark *n* Satzzeichen *nt,* Interpunktionszeichen *nt fachspr*

punc·ture ['pʌŋktʃəʳ, AM -ɚ] **I.** *vt* ■**to ~ sth** ❶ (*pierce*) *cardboard, leather* etw durchstechen [*o* durchbohren]; **the animal's fangs ~d her skin** die Zähne des Raubtiers bohrten sich in ihre Haut; **to ~ a hole in sth** ein Loch in etw *akk* bohren; **a ~d organ** MED Perforation eines Organs *fachspr* ❷ (*fig: make collapse*) *dream, hope* etw zerstören [*o* zunichte machen] *fig, pej; mood* etw verderben; **to ~ a fallacy** mit einem Irrtum aufräumen *fig, pej;* **to ~ a myth** einen Mythos entzaubern; **any inflated egos tend to be quickly ~d here** wer allzu eingenommen von sich selbst ist, wird hier meist schnell zurechtgestutzt **II.** *vi* (*burst*) *tyre* ein Loch bekommen; *plastic* einreißen **III.** *n* Loch *nt* [im Reifen], Reifenpanne *f;* **a slow ~** BRIT eine undichte Stelle; **to have a ~** eine Reifenpanne [*o fam* einen Platten] haben **IV.** *n modifier* ❶ TRANSP Flick-; **~ patch** Flicken *m;* **~ repair kit** *on bikes, cars* Flickzeug *nt; on cars* Reifenreparatursatz *m* ❷ MED **~ wound** leichte Stichwunde; (*of an insect*) Stich *m*

pun·dit ['pʌndɪt] *n* ❶ REL (*scholar*) Pandit *m fachspr* (*Ehrentitel indischer Gelehrter, hauptsächlich von Brahmanen geführt*) ❷ ECON, POL (*a. pej: authority*) Experte, -in *m, f,* Koryphäe *f,* Guru *m hum, pej* ❸ (*pej: commentator*) autoritärer Kritiker/autoritäre Kritikerin *pej*

pung·en·cy ['pʌndʒən(t)si] *n of smell, taste* Schärfe *f;* (*fig*) *of criticism, wit* Schärfe *f kein pl a. pej; of comments, remarks* Bissigkeit *f kein pl*

pun·gent ['pʌndʒənt] *adj* ❶ (*a. pej: strong*) *smell* scharf, stechend *pej,* beißend *pej; taste* scharf, pikant ❷ (*fig: biting*) *wit, words* scharf *a. pej;* ~ **criticism** scharfe [*o pej* beißende] Kritik *a. pej; comment, remark* bissig *pej;* (*pointed*) *comment, expression* treffend; *style* pointiert, scharfzüngig

pun·ish ['pʌnɪʃ] *vt* ❶ (*penalize*) ■**to** ~ **sb** jdn bestrafen [*o geh* strafen]; ■**to** ~ **sth** *crime, offence* etw bestrafen [*o geh* ahnden]; **murder, in some states, can be** ~**ed with the death penalty** auf Mord steht in manchen Staaten die Todesstrafe; **to** ~ **sb heavily/severely** jdn hart/streng bestrafen; **to** ~ **sb with a fine** jdn mit einer Geldstrafe belegen ❷ (*treat roughly*) ■**to** ~ **sb/sth** jdn/etw strapazieren [*o* stark beanspruchen] [*o fig* arg mitnehmen]; (*treat badly*) ■**to** ~ **sb** jdn malträtieren; *in a fight* jdn übel zurichten; ■**to** ~ **sth** etw malträtieren [*o fam* ramponieren] ❸ (*exert oneself*) ■**to** ~ **oneself** sich *akk* [ab]quälen [*o* [ab]schinden] ❹ (*fig fam: consume*) ■**to** ~ **sth** *food* etw verputzen [*o* wegputzen] *fig fam; drink* etw zischen *fig fam;* **to** ~ **a beer** ein Bier zischen; **to** ~ **a bottle of whisky** eine Flasche Whiskey köpfen *fig fam*

pun·ish·able ['pʌnɪʃəbl̩] *adj inv* LAW strafbar; **murder is** ~ **by life imprisonment** Mord wird mit lebenslanger Haft bestraft; ~ **offence** strafbare Handlung *fachspr;* ~ **offender** Straffällige(r) *f(m) fachspr*

pun·ish·ing ['pʌnɪʃɪŋ] **I.** *adj attr* (*fig*) ❶ (*heavy*) *pace, workload* Mords-, mörderisch *fig fam;* ~ **blow** Mordsschlag *m;* ~ **storms** mörderische Stürme ❷ (*brutal*) mörderisch *fig fam,* gnadenlos; ~ **air strikes** gnadenlose Luftangriffe ❸ (*tough*) hart, schwer, anstrengend; **a** ~ **schedule** ein anstrengender [*o* alle Kräfte beanspruchender] Terminplan; **a** ~ **race** ein schweres [*o* hartes] Rennen **II.** *n* TECH (*severe handling*) starke [*o* harte] Beanspruchung, Strapazierung *f;* (*rough treatment*) Malträtierung *f;* **to take a** ~ *device, equipment* stark beansprucht werden; (*be damaged*) malträtiert [*o fam* ramponiert] werden, leiden [müssen] *fig; boxer* Prügel beziehen *fig fam,* eine Packung kriegen *fig fam*

pun·ish·ing·ly ['pʌnɪʃɪŋli] *adv* extrem, mörderisch, gnadenlos; **a** ~ **fast pace** ein extrem [*o* gnadenlos] schnelles Tempo; **a** ~ **heavy workload** ein extrem [*o* mörderisch] hohes Arbeitspensum

pun·ish·ment ['pʌnɪʃmənt] *n* ❶ (*penalty*) Bestrafung *f,* Strafe *f;* **capital** ~ Todesstrafe *f;* **corporal** ~ körperliche Züchtigung, Prügelstrafe *f;* **full** [*or* **maximum**] ~ Höchststrafe *f;* **minimum** ~ Mindeststrafe *f;* **to administer a** ~ (*form*) eine Strafe verhängen; LAW **to award a** ~ (*form*) eine Strafe zuerkennen; **to escape** ~ der Strafe entgehen; **to incur a** ~ sich *akk* strafbar machen; **to inflict a** ~ eine Strafe verhängen *fachspr;* **to mete out** ~ Strafe zumessen *fachspr;* **to mitigate the** ~ die Strafe mildern *fachspr;* **as a** ~ [**for sth**] als Strafe [für etw *akk*] ❷ TECH (*severe handling*) starke [*o* harte] Beanspruchung, Strapazierung *f;* (*rough treatment*) harte [*o* grobe] Behandlung; **to take** ~ *in boxing* Prügel beziehen *fam,* schwer einstecken müssen *fig fam* ❸ (*strain*) Strapaze *f,* Belastung *f,* Schlauch *m fig fam;* **to take a lot of** ~ *device, equipment* stark beansprucht [*o* strapaziert] werden ▸PHRASES: **let** [*or* **make**] **the** ~ **fit the crime** (*prov*) [die Dinge] nicht mit zweierlei Maß messen

pu·ni·tive ['pju:nətɪv, AM -t̬ɪv] *adj* (*form*) ❶ (*penalizing*) Straf-; **to take** ~ **action** [*or* **measures**] [**against sb**] eine Strafaktion [gegen jdn] unternehmen, Strafmaßnahmen [gegen jdn] treffen; ~ **damages** LAW *in case of libel, slander* verschärfter Schaden[s]ersatz, Schaden[s]ersatz *m* mit Strafwirkung *fachspr;* ~ **detention** BRIT [kurzfristige] Jugendhaft *fachspr;* ~ **expedition** MIL Strafexpedition *f fachspr;* ~ **justice** LAW Strafgerichtsbarkeit *f,* Strafjustiz *f;* **they are seeking** ~ **justice** sie wollen vor Gericht ihr Recht einklagen; ~ **law** Strafgesetz *nt* ❷ ECON, FIN (*severe*) streng, rigoros, einschneidend; ~ **measures** einschneidende Maßnahmen; ~ **taxation** strenge [*o* rigorose] Besteuerung ❸ FIN (*extreme*) unverhältnismäßig [*o* übermäßig] [hoch]; ~ **import duties** übermäßig hohe Einfuhrzölle

pu·ni·tive·ly ['pju:nətɪvli, AM -t̬ɪv-] *adj* ❶ (*severely*) empfindlich, spürbar; **to tax imports** ~ FIN Importe streng [*o* rigoros] besteuern; **to act** ~ **against sb** LAW strafrechtlich gegen jdn vorgehen *fachspr* ❷ (*extremely*) unerhört, unverschämt, verboten *fam*

Pun·jab [ˌpʌn'dʒɑ:b, AM pʌn'-] *n no pl* GEOG Pandschab *nt o veraltet f*

Pun·ja·bi [pʌn'dʒɑ:bi:] **I.** *n* ❶ (*person*) Pandschabbewohner(in) *m(f)* ❷ (*language*) Pandschabi *nt* **II.** *adj inv* pandschabisch

punk [pʌŋk] **I.** *n* ❶ *esp* AM (*pej sl: worthless person*) Dreckskerl *m sl,* Mistkerl *m fam* ❷ AM (*pej sl:* [*young*] *male criminal*) [kleiner] [Jung]ganove *fam* ❸ *esp* AM (*pej sl: troublemaker*) Randalierer(in) *m(f) fam,* Rabauke *m fam* ❹ AM (*pej sl: novice*) Grünschnabel *m fig, pej fam; also in addressing* Anfänger(in) *m(f) pej fam* ❺ AM (*pej sl: dull person*) Blödmann *m fam,* Dummkopf *m pej* ❻ (*pej: young rebel*) Punker(in) *m(f)* ❼ *no pl* (*anarchist movement*) Punk *m* ❽ *no pl* (*music*) Punk[rock] *m;* (*fan*) Punkrocker(in) *m(f),* Punker(in) *m(f)* **II.** *n modifier* (*clothes, group, song*) Punk[er]-; ~ **band** Punkband *f;* ~ **haircut** Punkerfrisur *f;* **the** ~ **scene** die Punkszene

punk 'rock *n no pl* Punk[rock] *m* **punk 'rock·er** *n* Punkrocker(in) *m(f),* Punker(in) *m(f)*

pun·net ['pʌnɪt] *n* BRIT, AUS [Obst]körbchen *nt*

pun·ster ['pʌnstəʳ, AM -ɚ] *n* Spaßvogel *m,* Witzbold *m fam;* (*for woman also*) Nudel *f fam*

punt¹ [pʌnt] SPORTS **I.** *vt* **to** ~ **the ball** *in American football* einen Befreiungsschlag ausführen *fachspr; in rugby* einen Falltritt ausführen *fachspr* **II.** *n* (*kick*) *in American football* Befreiungsschlag *m fachspr; in rugby* Falltritt *m fachspr*

punt² [pʌnt] **I.** *vt* NAUT staken *fachspr;* **to** ~ **a boat** [**through the reeds**] einen Stechkahn [durch das Schilf] staken *fachspr* **II.** *vi* NAUT staken *fachspr;* **to go** ~**ing** Stechkahn fahren; **we** ~**ed up the river** wir stakten flussaufwärts **III.** *n* NAUT flaches [viereckiges] Boot, Stechkahn *m fachspr*

punt³ [pʌnt] **I.** *vi* ❶ (*bet against bank*) *at card game* gegen die Bank setzen [*o* den Bankhalter spielen] ❷ (*bet*) *at horse races* wetten, [auf ein Pferd] setzen ❸ (*gamble on stocks*) [an der Börse] spekulieren; **to** ~ **in the stock market** an der Börse spekulieren **II.** *n* Wette *f;* **to make** [*or* **place**] **a** ~ **on sth** Geld auf etw *akk* setzen, auf etw *akk* wetten

punt⁴ [pʌnt] *n* irisches Pfund

punt·er¹ ['pʌntəʳ] *n* BRIT ❶ (*gambler*) [Glücks]spieler(in) *m(f),* Zocker(in) *m(f) sl; in lottery, pools* Tipper(in) *m(f); at horse races* [kleiner] Wetter/[kleine] Wetterin (*das Wetten wird berufsmäßig betrieben*)*; on stocks* [Börsen]spekulant(in) *m(f)* ❷ (*fam: customer*) Kunde, -in *m, f,* Käufer(in) *m(f); of a casino* Besucher(in) *m(f);* **the average** ~ (*fam*) Otto Normalverbraucher *fam;* **to attract** [*or* **pull in**] [**the**] ~**s** [die] Kundschaft [*o* Käufer] anlocken; (*user*) *newspaper reader* Leser(in) *m(f)* ❸ (*fam: prostitute's customer*) Freier *m sl*

punt·er² ['pʌntəʳ, AM -ɚ] *n* Stechkahnfahrer(in) *m(f)*

puny ['pju:ni] *adj* ❶ (*pej: sickly*) *person* schwächlich, mick[e]rig ❷ (*small*) *person* winzig *pej* ❸ (*fig, pej: lacking in power*) schwach; **a** ~ **argument** ein schwaches [*o* wenig überzeugendes] Argument; **a** ~ **attempt** ein schüchterner Versuch; **a** ~ **excuse** eine billige Ausrede ❹ (*minor*) belanglos, unerheblich, unmaßgeblich; **a** ~ **objection** ein belangloser [*o* unerheblicher] Einwand; **a** ~ **opinion** eine unmaßgebliche Meinung

pup [pʌp] **I.** *n* ❶ (*baby dog*) junger Hund, Welpe *m;* ■**to be in** [*or* **with**] ~ trächtig sein ❷ (*baby animal*) *of a fox, otter, seal* Junge(s) *nt* ❸ BOT (*young plant*) Schößling *m fachspr* ❹ (*fig, pej: inexperienced young man*) Grünschnabel *m oft pej,* junger Spund *fam;* (*brash young man*) junger Schnösel *m pej fam;*

conceited ~ Fatzke *m pej fam* ❺ AM (*fig, pej sl: stupid person*) Blödmann *m derb,* Dummkopf *m pej* ❻ AM (*fig, pej sl: penis*) Schwanz *m fig, pej sl* ❼ BRIT COMM, ECON (*fig, pej sl: bad investment*) Fehlinvestition *f,* Pleite *f pej fam,* Niete *f pej* ▶ PHRASES: **to be in** ~ AM (*pej sl*) einen dicken Bauch haben *pej fam;* **to sell sb a** ~ jdn über den Tisch ziehen, jdm etw andrehen *fig, pej fam;* **to be sold a** ~ übers Ohr gehauen werden **II.** *vi* <-pp-> [Junge] werfen

pupa <*pl* -s *or* -pae> [ˈpjuːpə, *pl* -piː] *n* BIOL ❶ (*covering*) Puppe *f fachspr* ❷ (*stage*) Puppenstadium *nt fachspr; see* **pupal stage**

pupae [ˈpjuːpiː] *n pl of* **pupa**

pu·pal [ˈpjuːpᵊl] *adj inv* BIOL Puppen- *fachspr*

ˈpu·pal stage *n* BIOL Puppenstadium *nt fachspr*

pu·pate [ˈpjuːpeɪt] *vi* BIOL sich *akk* verpuppen *fachspr*

pu·pil[1] [ˈpjuːpᵊl] *n* ❶ (*schoolchild*) Schüler(in) *m(f);* **he is a second-year** ~ er ist in der zweiten Klasse ❷ (*follower*) Schüler(in) *m(f);* **a** ~ **of Titian** ein Titianschüler/eine Titianschülerin ❸ LAW (*ward*) Mündel *nt fachspr;* SCOT Minderjährige(r) *f(m)* (*Mädchen bis 12, Jungen bis 14*)

pu·pil[2] [ˈpjuːpᵊl] *n* ANAT Pupille *f*

pu·pil-ˈteach·er ra·tio *n* Lehrer-Schüler-Verhältnis *nt,* Klassenstärke *f*

pup·pet [ˈpʌpɪt] **I.** *n* ❶ (*theatre doll*) [Hand]puppe *f;* (*on strings*) Drahtpuppe *f,* Gliederpuppe *f,* Marionette *f;* **finger** ~ Fingerpuppe *f;* **glove** [*or* **hand**] ~ Handpuppe *f* ❷ (*pej, fig: controlled by another*) Marionette *f pej;* **to be sb's** ~ **on a string** (*fig*) von jdm am Gängelband geführt werden *fig fam* **II.** *n modifier* (*maker, play*) Puppen-; (*play, strings*) Marionetten-

pup·pet·eer [ˌpʌpɪˈtɪəʳ, AM -əˈtɪr] *n* ❶ THEAT (*entertainer using puppets*) Puppenspieler(in) *m(f);* (*theatre operator*) Betreiber(in) *m(f)* eines Figurentheaters ❷ (*pej: manipulator*) **to be the** ~ **of sth** der Drahtzieher/die Drahtzieherin einer S. *gen* sein

pup·pet ˈgov·ern·ment *n* Marionettenregierung *f* **ˈpup·pet play·er** *n* Puppenspieler(in) *m(f)* **pup·pet re·ˈgime** *n* Marionettenregierung *f* **ˈpup·pet show** *n* Puppenspiel *nt,* Marionettentheater *nt,* Figurentheater *nt* **pup·pet ˈstate** *n* Marionettenstaat *m* **ˈpup·pet thea·ter** AM, **ˈpup·pet thea·tre** *n* Puppentheater *nt,* Figurentheater *nt*

pup·py [ˈpʌpi] *n* ❶ (*baby dog*) junger Hund, Welpe *m* ❷ (*baby animal*) Junge(s) *nt* ❸ (*dated or fig, usu pej fam: inexperienced young man*) Grünschnabel *m oft pej,* junger Spund *fam* ❹ AM (*fig, pej sl: weak person*) Waschlappen *m,* Weichei *nt fig, pej fam* ❺ AM (*fig fam: thing*) Dings *nt fam*

ˈpup·py-dog *n* ❶ (*childspeak: young dog*) Hündchen *nt* ❷ (*fig, hum: enamoured innocent*) verliebter Kater *fig, hum* **ˈpup·py fat** *n no pl* (*fam*) Babyspeck *m hum fam* **ˈpup·py love** *n no pl* (*fam*) erste Liebe, Jugendliebe *f,* Jugendschwärmerei *f*

ˈpup tent *n* MIL Schutzzelt *nt;* (*for one person*) Einmannzelt *nt;* (*for two people*) Zweimannzelt *nt*

pur·chas·able [ˈpɜːtʃəsəbl̩, AM ˈpɜːr-] *adj inv* (*a. fig, pej*) käuflich *a. fig, pej; at a shop* erhältlich; *house, real estate* zum Kauf [aus]stehend; *attr*

pur·chase [ˈpɜːtʃəs, AM ˈpɜːr-] **I.** *vt* ❶ (*form: buy*) ■**to** ~ **sth** etw kaufen [*o geh* erstehen] ❷ FIN, LAW (*form: acquire*) ■**to** ~ **sth** etw [käuflich] erwerben *geh;* **to** ~ **sb's debt/loan** jds Restschuld/Restdarlehen übernehmen *fachspr* ❸ (*pej: by bribery*) ■**to** ~ **sth** *career, success* sich *dat* etw erkaufen *pej* ❹ NAUT (*lift up*) **to** ~ **the anchor** den Anker hieven [*o* lichten]; **to** ~ **a rope** [*or* **cable**] ein Tau einholen **II.** *n* (*form*) ❶ (*something to be bought*) [Handels]ware *f,* Kaufobjekt *nt;* (*something bought*) Kauf *m,* Ankauf *m,* Einkauf *m;* ■~**s** *pl* COMM, FIN Wareneingänge *mpl;* LAW *real property* gekaufte Sache *fachspr;* **to make a** ~ einen Kauf tätigen; *bulky goods* eine Anschaffung machen ❷ (*act of buying*) Kauf *m;* **compulsory** ~ BRIT LAW Enteignung *f fachspr* ❸ FIN, LAW (*acquisition*) Erwerb *m kein pl;* ~ **of a debt/loan** Übernahme *f* einer Restschuld/eines Restdarlehens ❹ (*old: return*) *from rent* [jährlicher] Mieterträg; *from land* [jährlicher] Pachtertrag ❺ *no pl* (*spec: hold*) Halt *m;* TECH (*grip*) Haftung *f fachspr;* **these tyres don't provide much** ~ **on the road** diese Reifen haben keine ausreichende Bodenhaftung; (*fig*) **I just couldn't get a** ~ **on what he was saying** ich hatte einfach keine Ahnung, worauf er hinaus wollte ❻ TECH (*power*) Hebelwirkung *f,* Hebelkraft *f fachspr; device* [einfaches] Hebezeug *fachspr;* (*fig*) Einfluss *m* **III.** *n modifier* COMM Kauf-, Einkaufs-, [Waren]eingangs-; ~ **account** Wareneingangskonto *nt fachspr,* Einkaufskonto *nt;* ~ **budget/discount** Einkaufsbudget *nt*/Einkaufsrabatt *m;* ~ **invoice** Eingangsrechnung *f,* Lagerrechnung *f fachspr;* ~ **price** [Ein]kauf[s]preis *m,* Anschaffungspreis *m;* ~ **receipt** Quittung *f;* (*from a cash machine*) Kassenbon *m,* Kassenzettel *m*

ˈpur·chase book *n* FIN Wareneingangsbuch *nt,* Eingangsjournal *nt fachspr* **ˈpur·chase led·ger** *n* FIN Kreditorenjournal *nt fachspr* **ˈpur·chase or·der** *n* Bestellung *f,* Kaufauftrag *m;* **to place** [*or* **make**] **a** ~ [**with sb/a company**] etw [bei jdm/einer Firma] bestellen [*o* in Auftrag geben]

pur·chas·er [ˈpɜːtʃəsəʳ, AM ˈpɜːrtʃəsɚ] *n* ❶ (*buyer*) Käufer(in) *m(f),* Abnehmer(in) *m(f);* FIN, LAW Erwerber(in) *m(f);* **first** ~ Ersterwerber(in) *m(f) fachspr* ❷ (*purchasing agent*) Einkäufer(in) *m(f)*

pur·chas·ing [ˈpɜːtʃəsɪŋ, AM ˈpɜːr-] *n no pl* (*form*) Erwerb *m geh,* [Ein]kaufen *nt,* [Ein]kauf *m;* ~ **of goods** Wareneinkauf *m*

ˈpur·chas·ing agent *n* Einkäufer(in) *m(f);* (*manager*) Einkaufsleiter(in) *m(f)* **ˈpur·chas·ing de·part·ment** *n* Einkaufsabteilung *f,* Einkauf *m kein pl fachspr* **ˈpur·chas·ing man·ag·er** *n* Einkaufsleiter(in) *m(f)* **ˈpur·chas·ing or·der** *n* Kaufauftrag *m,* Bestellung *f;* **to place** [*or* **make**] **a** ~ [**with sb/a company**] etw [bei jdm/einer Firma] bestellen [*o* in Auftrag geben] **ˈpur·chas·ing pow·er** *n* Kaufkraft *f kein pl*

pur·dah [ˈpɜːdə, AM ˈpɜːr-] *n no pl* ❶ (*seclusion*) *hinduistisch-muslimische Praxis, nach der Frauen im Inneren eines Hauses den Blicken fremder Männer durch Zwischenwände bzw. Vorhänge entzogen werden;* **the women in the village live in strict** ~ die Frauen des Dorfes leben streng abgeschirmt ❷ (*state of wearing veil*) Verschleierung *f;* ■**out of** ~ unverschleiert; **to be in** ~ einen Schleier tragen; **to go into** ~ (*fig*) *thing* aus dem Blickfeld verschwinden; *person* sich *akk* zurückziehen ❸ (*screen*) Vorhang *m,* Zwischenwand *f*

pure [pjʊəʳ, AM pjʊr] *adj* ❶ (*unmixed*) rein, pur; ~ **alcohol** reiner [*o fachspr* absoluter] Alkohol; ~ **chocolate** unverfälschte Schokolade; ~ **cotton** reine Baumwolle; ~ **gold** reines [*o* pures] Gold, Feingold *nt fachspr;* ~ **orange juice/honey** reiner Orangensaft/Honig; **I have** ~ **Irish ancestry** ich bin rein irischer Abstammung; ZOOL (*purebred*) reinrassig *fachspr;* ~ **German shepherd** reinrassiger deutscher Schäferhund ❷ (*clean*) *air, water* sauber, klar ❸ (*fig: utter*) rein, pur, wahr; **the film was** ~ **Disney** der Film war Disney pur; **that's** ~ **guesswork** das sind bloße Vermutungen; **the hot bath was** ~ **bliss** das heiße Bad war eine wahre Wohltat; **that was** ~ **hell for us** das war die reinste Hölle für uns; ~ **chance** reiner Zufall; **a** ~ **delight** eine reine [*o* wahre] Freude; ~ **insanity** glatter Wahnsinn, kompletter Schwachsinn *fam;* **for** ~ **joy** aus reinem [*o* nur zum] Vergnügen; ~ **luck** reines Glück, reiner Zufall; ~ **and utter rubbish** ausgemachter Blödsinn; ~ **and simple** schlicht und einfach ❹ (*free of evil*) unschuldig, rein; ~ **feelings** reine Gefühle; **to be** ~ **in heart** ein reines Herz haben *geh;* ~ **intentions** ehrliche [*o geh* lautere] Absichten; ~ **motives** uneigennützige Motive ❺ (*non-sexual*) rein *geh,* keusch ❻ (*virginal*) rein *geh,* unberührt ❼ MUS (*in tune*) rein ❽ LING (*single-sounded*) monophthongisch *fachspr;* **a** ~ **vowel** ein Monophthong *m fachspr* ❾ (*abstract*) rein, theoretisch; ~ **geometry** projektive [*o* synthetische] Geometrie *fachspr;* ~ **mathematics** reine [*o* abstrakte] Mathematik *fachspr;* ~ **reason** reine Vernunft; **as** ~ **reason that makes perfect sense** rein theoretisch ist das vollkommen klar

'pure blood *n* reinrassiges Tier **'pure-bred** **I.** *n* reinrassiges Tier **II.** *adj inv* reinrassig

pu·rée ['pjʊəreɪ, AM pjʊ'reɪ] **I.** *vt* <puréed, puréeing> ■**to** ~ **sth** etw pürieren **II.** *n no pl* Püree *nt;* **tomato** ~ passierte Tomaten *fpl*

pure·ly ['pjʊəli, AM 'pjʊr-] *adv* ❶ (*completely*) rein, ausschließlich; **any resemblance to any person, living or dead, is** ~ **coincidental** jede Ähnlichkeit mit lebenden oder verstorbenen Personen ist rein zufällig; **a** ~ **vegetarian diet** eine rein vegetarische Kost ❷ (*merely*) bloß, lediglich; ~ **and simply** schlicht und einfach ❸ (*free of evil*) unschuldig ❹ (*virtuously*) keusch; **to live** ~ keusch leben

pur·ga·tion [pɜː'geɪʃᵊn, AM pɜːr'-] *n* ❶ MED (*bowel movement*) Darmentleerung *f*, Stuhlentleerung *f; by using a drug* Abführen *nt fachspr* ❷ REL Reinigung *f*, Läuterung *f;* LAW (*old*) Rechtfertigung *f*, Purgation *f veraltet o fachspr;* REL (*hist*) *by an oath, ordeal* Reinigung *f* [durch Eideshelfer] *hist,* Purgation *f hist o fachspr*

pur·ga·tive ['pɜːgətɪv, AM 'pɜːrgət̬-] **I.** *n* MED Abführmittel *nt*, Laxativum *nt fachspr* **II.** *adj* ❶ MED abführend, Abführ- ❷ (*fig liter*) befreiend

pur·ga·tory ['pɜːgətᵊri, AM 'pɜːrgətɔːri] *n no pl* ❶ REL ■**P~** das Fegefeuer [*o geh* Purgatorium]; **to be in P~** im Fegefeuer sein ❷ (*fig: unpleasant experience*) die Hölle; **this is sheer** ~**!** das ist die reinste Hölle!; **to go through** ~ Höllenqualen ausstehen

purge [pɜːdʒ, AM pɜːrdʒ] **I.** *vt* ❶ (*a. fig: cleanse*) ■**to** ~ **sb/sth of sth** jdn/etw von etw *dat* reinigen *a. fig;* **to** ~ **metal of dross** Metall von Schlacke reinigen; **to** ~ **oneself/sb of a suspicion** sich/jdn von einem Verdacht lossprechen; ■**to** ~ **sth of sth** (*fig*) *organization* etw von etw *dat* säubern; ■**to** ~ **oneself/sb of sth** *guilt, suspicion* sich/jdn von etw *dat* reinwaschen; **most government officials have been** ~**d of charges of corruption** die meisten Regierungsangestellten sind von Korruptionsvorwürfen freigesprochen worden; REL (*fig*) ■**to** ~ **sb/sth of sth** jdn/etw von etw *dat* befreien [*o* reinwaschen] *fig;* **Roman Catholics go to confession to** ~ **their souls of sin** Katholiken gehen zur Beichte, um ihre Seele von Sünden reinzuwaschen ❷ POL (*get rid of*) ■**to** ~ **sth of** [*or* **from**] **sb/sth** *organization* etw von jdm/etw säubern; **the new state governor has promised to** ~ **the police force of corruption** der neue Gouverneur hat versprochen, die Polizei von korrupten Elementen zu säubern; ■**to** ~ **sb** (*a. euph*) *unwanted members* jdn liquidieren *euph* ❸ LAW (*wipe out*) sühnen; **to** ~ **an offence** ein Verbrechen sühnen ❹ MED (*empty*) **to** ~ **the bowels** Stuhlgang haben, den Darm entleeren, abführen; ■**to** ~ **sb** jdn abführen lassen, jdm Abführmittel geben **II.** *vi* MED **to binge and** ~ sich *akk* voll stopfen und [anschließend] erbrechen **III.** *n* ❶ (*cleaning out*) Reinigung *f*, Säuberung *f* ❷ POL (*getting rid of*) Säuberung[saktion] *f* ❸ (*dated: laxative*) Abführmittel *nt*

pu·ri·fi·ca·tion [ˌpjʊərɪfɪ'keɪʃᵊn, AM ˌpjʊrə-] **I.** *n no pl* ❶ (*cleansing*) Reinigung *f* ❷ REL (*spiritual cleansing*) Reinigung *f*, Läuterung *f* **II.** *n modifier* ❶ (*for cleansing*) Reinigungs- ❷ REL (*cleansing of sins*) Reinigungs-; **to undergo a** ~ **ritual** sich *akk* einem Reinigungsritual unterziehen

pu·ri·fi·er ['pjʊərɪfaɪəʳ, AM 'pjʊrəfaɪɚ] *n* ❶ CHEM, TECH (*apparatus*) Reiniger *m*, Reinigungsanlage *f* ❷ (*agent*) Reinigungsmittel *nt*, reinigendes Mittel

pu·ri·fy ['pjʊərɪfaɪ, AM 'pjʊrə-] *vt* ❶ (*cleanse*) ■**to** ~ **sth** [**of** [*or* **from**] **sth**] *air, metal, water* etw [von etw *dat*] reinigen [*o* säubern] ❷ REL (*cleanse morally*) ■**to** ~ **sth** etw reinigen [*o* läutern]; **to** ~ **one's mind** seinen Geist reinigen [*o* läutern]; ■**to** ~ **oneself of** [*or* **from**] **sth** sich *akk* von etw *dat* befreien; (*free from guilt*) etw entlasten

pur·ism ['pjʊərɪzᵊm, AM 'pjʊr-] *n no pl* ❶ (*usu pej: school of thought*) *in language, style* Purismus *m oft pej* ❷ (*French art form*) ■**P~** der Purismus

pur·ist ['pjʊərɪst, AM 'pjʊr-] *n* Purist(in) *m(f)*

pu·ri·tan ['pjʊərɪtᵊn, AM 'pjʊr-] **I.** *n* ❶ (*Protestant*) Puritaner(in) *m(f);* ■**the P~s** *pl* die Puritaner *pl* ❷ (*fig, usu pej: strict person*) Puritaner(in) *m(f) fig, a. pej,* Tugendwächter(in) *m(f) oft pej,* Frömmler(in) *m(f) pej;* **don't be such a** ~ sei nicht so prüde *pej* **II.** *adj* ❶ (*of Puritans*) puritanisch ❷ (*fig, usu pej: strict*) puritanisch *fig, a. pej,* sittenstreng, prüde *fig, pej*

pu·ri·tani·cal [ˌpjʊərɪ'tænɪkᵊl, AM ˌpjʊrɪ'-] *adj* (*usu pej*) puritanisch, sittenstreng, prüde *pej*

pu·ri·tani·cal·ly [ˌpjʊərɪ'tænɪkᵊli, AM ˌpjʊrɪ'-] *adv* puritanisch, sittenstreng

Pu·ri·tan·ism ['pjʊərɪtᵊnɪzᵊm, AM 'pjʊr-] *n no pl* Puritanismus *m*

pur·ity ['pjʊərəti, AM 'pjʊrɪt̬i] **I.** *n no pl* ❶ (*cleanness*) Sauberkeit *f* ❷ (*freedom from admixture*) Reinheit *f* ❸ REL (*moral goodness*) Reinheit *f;* (*innocence*) Unschuld *f*, Keuschheit *f*, Unberührtheit *f* ❹ MUS (*true sound*) Reinheit *f*, Klarheit *f;* **her singing has** ~**, clarity and strength** sie singt rein, klar und kraftvoll **II.** *n modifier* CHEM *standard, test* Reinheits-; ~ **degree** Reinheitsgrad *m fachspr;* ~ **campaign** POL Sauberkeitskampagne *f*

purl [pɜːl, AM pɜːrl] **I.** *n* linke Masche; **a row of** ~ eine links gestrickte Reihe **II.** *adj attr, inv* linke(r, s); ~ **stitch** linke Masche **III.** *vt* ■**to** ~ **sth** etw links stricken; **knit one,** ~ **one** eine Masche rechts, eine links stricken **IV.** *vi* links stricken

pur·loin [pɜː'lɔɪn, AM pɚ'-] *vt* (*form*) ■**to** ~ **sth** etw entwenden *form;* (*hum fam: pinch*) etw mitgehen lassen *hum fam*

pur·ple ['pɜːpl̩, AM 'pɜːrpl̩] **I.** *adj* ❶ (*red/blue mix*) violett; (*more red*) lila[farben]; (*crimson*) purpurn, purpurrot; ~ **grapes** dunkle Trauben ❷ (*darkly coloured*) hochrot; **to go** [*or* **become**] ~ [**in the face**] hochrot [im Gesicht] anlaufen ❸ (*fig, approv: brilliant*) *patch* glänzend, Glanz-, brillant ❹ (*fig, usu pej: elaborate*) *passage, patch* überreich ausgeschmückt, blumig *oft pej; prose, style* überladen, blumig *fig, pej* **II.** *n* ❶ (*blue/red mix*) Violett *nt;* (*more red*) Lila *nt;* (*crimson*) Purpur *m kein pl;* **dark/light** ~ dunkles/helles Lila [*o* Violett] ❷ (*robe*) Purpur *m kein pl* ❸ (*fig: high position*) ■**the** ~ *nobility* der [Hoch]adel; (*high society*) die höchsten Kreise; *in church* die Kardinalswürde/Bischofswürde; **to raise sb to the** ~ (*fig*) jdn in den Kardinalsrang/Bischofsrang erheben ►PHRASES: **to hit a** ~ **patch** (*be lucky*) eine Glückssträhne haben; (*be successful*) eine Erfolgssträhne haben; **to be born in** [*or* **to**] **the** ~ (*of aristocracy*) blaues Blut in den Adern haben *prov;* (*of high society*) zu den höchsten Kreisen gehören *geh;* (*of royalty*) von königlichem Geblüt sein *geh* **III.** *vt* ■**to** ~ **sth** etw violett [*o* lila] [ein]färben; (*crimson*) etw purpurn [*o* purpurrot] [ein]färben **IV.** *vi* violett [*o* lila] werden; (*crimson*) purpurn [*o* purpurrot] werden; **to** ~ **with rage** vor Wut hochrot anlaufen

pur·ple 'heart *n* BRIT Amphetamintablette *f* **Pur·ple 'Heart** *n* AM Verwundetenabzeichen *nt* (*in der US-amerikanischen Armee*)

pur·ple·ness ['pɜːpl̩nəs, AM 'pɜːrpl̩-] *n no pl* violette Färbung; (*crimson*) purpurne Färbung

purp·lish ['pɜːpl̩ɪʃ, AM 'pɜːrpl̩-] *adj* [leicht] violett [*o* lila]

pur·port [pə'pɔːt, AM pɜːr'pɔːrt] **I.** *vi* (*form*) ❶ (*claim*) ■**to** ~ **to do sth** vorgeben, etw tun zu wollen; **they** ~ **to look after our interests** sie nehmen angeblich unsere Interessen wahr; **he is** ~**ed to be a spy** man sagt ihm nach, er sei ein Spion ❷ (*convey meaning*) ■**to** ~ **that ...** bedeuten [*o* besagen] [*o* zum Inhalt haben], dass ...; **his speech** ~**ed that ...** seiner Rede war zu entnehmen, dass ... **II.** *n* (*form*) ❶ (*meaning*) Inhalt *m*, Sinn *m*, Tenor *m geh* ❷ (*object*) Zweck *m*, [erklärte] Absicht, Intention *f geh*

pur·pose ['pɜːpəs, AM 'pɜːr-] **I.** *n* ❶ (*reason*) Grund *m;* **to do sth for financial/humanitarian** ~**s** etw aus finanziellen/humanitären Gründen tun ❷ (*goal*) Absicht *f*, Ziel *nt*, Zielsetzung *f*, Zweck *m*, Sinn *m;* **the** ~ **of this organization is to help**

P

homeless people Zweck dieser Organisation ist es, Obdachlosen zu helfen; **to give sb a ~ in life** [*or* **their lives**] jds Leben einen Sinn geben; **to have a ~ in life** ein Lebensziel haben; **to be** [*or* **talk**] **at cross ~s** sich *akk* [unabsichtlich] missverstehen, aneinander vorbeireden; **to all intents and ~s** in jeder Hinsicht; **for that** [*or* **this**] **very ~** eigens zu diesem Zweck; **I came to Brighton for the express ~ of seeing you** ich bin einzig und allein nach Brighton gekommen, um Sie zu sehen; **on ~** absichtlich, vorsätzlich *pej,* mit Absicht [*o* Bedacht] [*o pej* Vorsatz]; **to the ~** zweckdienlich ❸ (*resoluteness*) Entschlossenheit *f,* Zielbewusstheit *f;* **lack of ~** mangelnde Entschlossenheit, Unentschlossenheit *f;* **singleness of ~** Zielstrebigkeit *f;* **strength of ~** Entschlusskraft *f;* **you need more ~ in your life, young woman!** Sie müssen Ihr Leben mehr in die Hand nehmen, junge Frau! ❹ (*intention*) Zweck *m;* **to answer** [*or* **serve**] **a ~** einem Zweck entsprechen [*o* dienen] ❺ (*effect*) Erfolg *m,* Nutzen *m;* **for** [**all**] **practical ~s** im Endeffekt, praktisch [genommen]; **to put** [*or* **turn**] **sth to good ~** *energy, money* etw nutzbringend verwenden [*o* einsetzen]; **to be to little ~** von geringem Nutzen [*o* nicht sehr erfolgreich] sein; **to be to no ~** nutzlos [*o* erfolglos] sein; **all her efforts turned out to be to no ~** alle ihre Bemühungen waren letztlich erfolglos; **it's to no ~ to vacuum** es bringt sowieso nichts, Staub zu saugen **II.** *vi* (*form*) ■**to ~ to do sth** (*intend*) vorhaben [*o* beabsichtigen], etw zu tun; (*resolve*) beschließen [*o geh* den Entschluss fassen], etw zu tun

pur·pose-'built *adj inv* ❶ (*manufactured*) *part of machinery* speziell gefertigt, Spezial- ❷ (*erected*) speziell gebaut [*o* errichtet], Zweck-; **~ facilities** Zweckbauten *mpl*

pur·pose·ful ['pɜːpəsfᵊl, AM 'pɜːr-] *adj* ❶ (*single-minded*) zielbewusst, zielstrebig ❷ (*resolute*) entschlossen ❸ (*meaningful*) *existence* sinnvoll ❹ (*useful*) zweckdienlich ❺ (*intentional*) absichtlich, vorsätzlich *pej,* mit Absicht [*o pej* Vorsatz] *nach n;* **each move was ~** jeder Schritt geschah mit Absicht

pur·pose·ful·ly ['pɜːpəsfᵊli, AM 'pɜːr-] *adv* ❶ (*single-mindedly*) zielstrebig, zielbewusst ❷ (*resolutely*) entschlossen; **to act ~** entschlossen handeln ❸ (*intentionally*) absichtlich, vorsätzlich *pej,* mit Absicht [*o pej* Vorsatz]

pur·pose·less ['pɜːpələs, AM 'pɜːr-] *adj* ❶ (*lacking goal*) ziellos ❷ (*lacking meaning*) zwecklos, sinnlos; **to lead a ~ life** ein sinnloses Leben führen ❸ (*useless*) unzweckmäßig

pur·pose·less·ly ['pɜːpələsli, AM 'pɜːr-] *adv* ❶ (*without goal*) ziellos ❷ (*without meaning*) zwecklos, sinnlos ❸ (*without use*) unzweckmäßig

pur·pose·less·ness ['pɜːpələsnəs, AM 'pɜːr-] *n no pl* ❶ (*aimlessness*) Ziellosigkeit *f* ❷ (*meaninglessness*) Zwecklosigkeit *f,* Sinnlosigkeit *f* ❸ (*uselessness*) Unzweckmäßigkeit *f*

pur·pose·ly ['pɜːpəsli, AM 'pɜːr-] *adv* ❶ (*intentionally*) absichtlich, mit Absicht, bedacht, bewusst ❷ (*expressly*) ausdrücklich, gezielt

purr [pɜːʳ, AM pɜːr] **I.** *vi* ❶ (*cat*) schnurren ❷ (*fig: person*) schnurren ❸ (*engine*) surren, schnurren, summen **II.** *n* ❶ (*cat's sound*) Schnurren *nt kein pl;* **to give a ~** schnurren ❷ (*engine noise*) Surren *nt kein pl,* Schnurren *nt kein pl,* Summen *nt kein pl*

purse [pɜːs, AM pɜːrs] **I.** *n* ❶ BRIT (*for money*) Portmonee *nt,* Geldbeutel *m,* Geldbörse *f;* **change ~** Geldbeutel *m* für Wechselgeld [*o* Kleingeld]; **common** [*or* **joint**] **~** (*fig*) gemeinsame Kasse ❷ AM (*handbag*) Handtasche *f* ❸ SPORTS (*prize money*) Preisgeld *nt;* (*in boxing*) Börse *f* ❹ (*financial resources*) **public ~** Staatskasse *f;* **to be beyond one's ~** jds finanzielle Möglichkeiten übersteigen; **this is beyond my ~** das kann ich mir nicht leisten ▸ PHRASES: **to hold the ~ strings** den Geldbeutel [*o* die Haushaltskasse] verwalten; **to loosen/tighten the ~ strings** den Geldhahn aufdrehen/zudrehen *fig* **II.** *vt* **to ~ one's lips/mouth** die Lippen schürzen/den Mund spitzen; (*sulkily*) die Lippen aufwerfen/einen Schmollmund machen **III.** *vi* **under stress her lips would ~ slightly** wenn sie angespannt war, verzog sich ihr Mund ein wenig

purs·er ['pɜːsəʳ, AM 'pɜːrsɚ] *n* AVIAT Purser *m;* NAUT Zahlmeister(in) *m(f) fachspr*

purs·er·ette ['pɜːsəret, AM 'pɜːr-] *n* AVIAT Purserette *f*

pur·su·ance [pə'sjuːən(t)s, AM pɚ'suː-] *n no pl* (*form*) ❶ (*seeking after*) *of freedom, ideal, truth* Streben *nt* ❷ (*execution*) *of a plan* Verfolgung *f,* Ausführung *f; of instructions* Befolgung *f,* Ausführung *f; of duties* Erfüllung *f* ❸ (*accordance*) Übereinstimmung *f;* **in ~ of the terms** [**of a contract**] LAW gemäß den Bestimmungen [eines Vertrages]

pur·su·ant [pə'sjuːənt, AM pɚ'suː-] *adv inv* LAW (*form*) ■**~ to sth** laut [*o* gemäß] einer S. *dat;* **she acted ~ to an order of her government** sie befolgte eine Anweisung ihrer Regierung; **~ to the contract** gemäß dem [*o* laut] Vertrag; **~ to the statute** nach dem Gesetz *fachspr*

pur·sue [pə'sjuː, AM pɚ'suː] *vt* ❶ (*follow*) ■**to ~ sb/sth** jdn/etw verfolgen, jdm/etw auf den Fersen sein *fam* ❷ (*fig: seek to achieve*) ■**to ~ sth** etw verwirklichen [*o* erreichen] wollen; **to ~ one's goals** [*or* **aims**] seine Ziele verfolgen ❸ (*fig, pej: repeatedly attack*) ■**to ~ sb** jdn verfolgen *fig, pej;* **misfortune seems to ~ him** er scheint vom Pech verfolgt zu sein ❹ (*investigate*) ■**to ~ sth** etw weiterverfolgen, einer S. *dat* nachgehen; **to ~ a theory/an idea** eine Theorie/eine Idee weiterverfolgen ❺ (*engage in*) ■**to ~ sth** etw betreiben; **to ~ a career** einen Beruf ausüben [*o* einem Beruf nachgehen]; **to ~ a hobby** ein Hobby betreiben, einem Hobby nachgehen; **to ~ a policy/strategy** eine Politik/Strategie betreiben [*o* verfolgen]; **to ~ one's studies** seinem Studium nachgehen; **to ~ a trade** ein Gewerbe betreiben ❻ (*fig: admire*) ■**to ~ sb** *film star* jdn [schwärmerisch] verehren [*o fig* anhimmeln]

pur·su·er [pə'sjuːəʳ, AM pɚ'suːɚ] *n* Verfolger(in) *m(f)*

pur·suit [pə'sjuːt, AM pɚ'suːt] *n* ❶ (*chase*) Verfolgung[sjagd] *f; of knowledge, fulfilment* Streben *nt* (**of** nach +*dat*); (*hunt*) Jagd *f a. pej* (**of** nach +*dat*); **he began writing books in ~ of happiness and satisfaction** er fing an, Bücher zu schreiben, um Glück und Erfüllung zu finden; **to be in ~ of sb/sth** jdn/etw verfolgen; **to be in hot ~ of sb** jdm dicht auf den Fersen sein; **right of hot ~** LAW Verfolgungsrecht *nt,* Recht *nt* auf Nacheile *fachspr* (*danach kann ein fremdes Handelsschiff im Falle eines Unrechts auf hoher See verfolgt werden*) ❷ (*activity*) Aktivität *f,* Beschäftigung *f,* Betätigung *f;* **she wants to engage in social ~s** sie möchte sich sozial engagieren; **indoor/outdoor ~s** Innen-/Außenaktivitäten *fpl;* **leisure ~s** Freizeitaktivitäten *fpl*

pu·ru·lent ['pjʊərʊlənt, AM 'pjʊrə-] *adj* MED eitrig, purulent *fachspr;* **to become ~** eitern

pur·vey [pə'veɪ, AM pɚ'-] *vt* (*form*) ❶ (*trade*) ■**to ~ sth** *food* mit etw *dat* handeln ❷ (*provide*) ■**to ~ sth to sb** *food* jdm etw liefern, jdn mit etw *dat* versorgen ❸ (*supply*) ■**to ~ sth** *service* etw anbieten; *information* etw liefern [*o* zur Verfügung stellen]; (*spread*) *news* etw verbreiten

pur·vey·ance [pə'veɪən(t)s, AM pɚ'-] *n no pl* ❶ (*trading*) *in food* Handel *m* ❷ (*form: supplying*) Lieferung *f,* Beschaffung *f*

pur·vey·or [pə'veɪəʳ, AM pɚ'veɪɚ] *n* (*form*) ❶ (*trader*) *in food* Händler(in) *m(f)* ❷ (*supplier*) Lieferant(in) *m(f),* Versorger(in) *m(f),* Beschaffer(in) *m(f);* **radio stations are ~s of music and information** Radiosender versorgen die Öffentlichkeit mit Musik und Informationen; **~ to Her Majesty the Queen** [*or* **the Royal Household**] Hoflieferant *m*

pur·view ['pɜːvjuː, AM 'pɜːr-] *n* (*form*) ❶ LAW (*scope*) *of a law* Geltungsbereich *m,* verfügender Teil, gesetzgeberische Absicht; *of jurisdiction* Zuständigkeitsbereich *m;* **to fall outside/within sb's ~** nicht in/in jds Zuständigkeit fallen ❷ (*domain*) Aufgabenbereich *m,* Ressort *nt,* Zuständigkeitsbereich *m;* **to be** [*or* **come**] [*or* **lie**] **under** [*or* **within**] **sb's ~** in jds Ressort [*o* Aufgabenbereich] [*o* Zuständigkeit] fallen ❸ (*sphere*) Wirkungskreis *m,* Wirkungsbereich *m*

pus [pʌs] *n no pl* Eiter *m*

push [pʊʃ] **I.** *n* <*pl* -es> ❶ (*shove*) Stoß *m;* (*slight push*) Schubs *m fam;* **my car won't start – can you give me a ~?** mein Auto springt nicht an, kannst du mal anschieben?; **to give sb/sth a ~** jdm/etw einen Stoß versetzen; **he gave the girl on the swing a ~** er schubste das Mädchen auf der Schaukel an ❷ (*press*) Druck *m;* **at the ~ of a button** auf Knopfdruck *a. fig* ❸ (*fig: motivation*) Anstoß *m;* **she needs a little ~ to get motivated** man muss sie ein bisschen anstoßen, um sie zu motivieren ❹ (*concerted effort*) Anstrengung[en] *f[pl]*, Kampagne *f;* **the company plans to make a big ~ into Europe** das Unternehmen will eine große Kampagne zur Erschließung des europäischen Marktes starten; **to make a ~ for sth** etw anstreben; **to make a ~ to do sth** Anstrengungen unternehmen, etw zu tun ❺ (*publicity*) **to get** [*or* **be given**] **a ~** gepusht werden *sl;* **the company is giving passion fruit a ~ this month** die Firma macht diesen Monat Werbung für Passionsfrüchte ❻ (*military attack*) Vorstoß *m* ► PHRASES: **if/when it comes to the ~, if/when ~ comes to shove** (*fam*) wenn es hart auf hart kommt; **to get** [*or* **be given**] **the ~** (*fam: boy-/girlfriend*) den Laufpass kriegen *fam;* (*be fired*) gefeuert werden *fam;* **to give sb the ~** (*fam: break up*) mit jdm Schluss machen *fam;* (*fire*) jdn rausschmeißen *fam;* **at a ~** BRIT im Notfall; **at a ~, I could make 7.30** wenn ich mich sehr beeile, könnte ich es bis 7.30 Uhr schaffen **II.** *vt* ❶ (*shove*) ■**to ~ sb** jdn schieben; (*in a crowd*) [jdn] drängeln; (*violently*) jdn stoßen [*o* schubsen]; **he ~ed his way through the herd of cattle** er kämpfte sich durch die Viehherde; **to ~ sth to the back of one's mind** (*fig*) etw verdrängen ❷ (*move forcefully*) ■**to ~ sth** etw schieben; (*give a push*) etw stoßen; **she ~ed the drawer hard** sie drückte fest gegen die Schublade; **he ~ed his plate away from him** er schob seinen Teller weg; **she ~ed her hair out of her eyes** sie strich sich die Haare aus den Augen; **he ~ed the ball over the bar** er stieß den Ball über die Latte; **to ~ the door open/shut** eine Tür auf-/zuschieben; (*violently*) eine Tür auf-/zustoßen; **to ~ things to the limit** (*fig*) etw bis zum Äußersten [*o* auf die Spitze] treiben; **to ~ sth down sb's throat** (*fig*) jdm etw aufdrängen ❸ (*manoeuvre*) ■**to ~ sb towards sth** jdn in eine Richtung drängen; **to ~ the nation toward recovery** die Nation auf den Weg des wirtschaftlichen Aufschwungs bringen; **to ~ sb out of the running** (*a. fig*) jdn aus dem Rennen werfen ❹ (*impose*) ■**to ~ sth [on sb]** [jdm] etw aufdrängen [*o* aufzwingen] ❺ (*pressure*) ■**to ~ sb to do sth** jdn [dazu] drängen, etw zu tun; (*force*) jdn zwingen, etw zu tun; (*persuade*) jdn überreden, etw zu tun; ■**to ~ sb into doing sth** jdn dazu drängen, etw zu tun ❻ (*press*) ■**to ~ sth** auf etw *akk* drücken; **he ~ed the money into my hand** er drückte mir das Geld in die Hand; **to ~ a button** auf einen Knopf drücken; **to ~ the doorbell** klingeln; **to ~ one's point home** seinen Standpunkt verdeutlichen ❼ (*be persistent*) ■**to ~ sb** jdn drängen; **when I ~ed him, he admitted that ...** als ich ihn in die Enge trieb, gab er zu, dass ...; **why do you keep ~ing me? I've said no** warum nervst du mich ständig? ich habe nein gesagt *fam* ❽ (*demand a lot*) ■**to ~ oneself** sich *dat* alles abverlangen; **to not ~ oneself** sich *akk* nicht überanstrengen *iron;* **to ~ sb to his/her limit** jdn bis zum Äußersten treiben; **sometimes you ~ me to the point of violence!** manchmal treibst du mich echt zur Weißglut! *fam* ❾ (*find sth difficult*) ■**to be [hard] ~ed to do sth** *esp* BRIT [große] Schwierigkeiten haben, etw zu tun ❿ *esp* BRIT (*be short of*) **to be ~ed for money/time** wenig Geld/Zeit haben; **I'm rather ~ed for cash** ich bin ziemlich knapp bei Kasse; **she looks rather ~ed** sie sieht ziemlich gehetzt aus ⓫ (*sl: promote*) ■**to ~ sth** etw propagieren; ECON etw pushen *sl* ⓬ (*sl: sell illegal drugs*) ■**to ~ sth** mit etw *dat* dealen, etw pushen *sl;* **to ~ drugs to sb** Drogen an jdn verkaufen ⓭ (*approach*) **to be ~ing 30/40** (*age*) auf die 30/40 zugehen; (*drive at*) fast 30/40 fahren ⓮ (*fam: overdo*) **to ~ sth too far** etw übertreiben; **that's ~ing it a bit** das ist etwas übertrieben ► PHRASES: **to ~ one's luck** den Bogen überspannen *fig;* **to ~ one's nose into sth** (*fig*) seine Nase in etw *akk* stecken **III.** *vi* ❶ (*exert force*) dränge[l]n; (*press*) drücken; (*move*) schieben; **I'm sorry, I didn't mean to ~ in front of you** Entschuldigung, ich wollte mich nicht vordrängeln; **'~'** (*on a door*) „Drücken"; **to ~ hard** mit Kraft [*o fam* feste] drücken; **to ~ and pull** [*or* **shove**] hin- und herschieben ❷ (*manoeuvre through*) sich *akk* durchdrängen; MIL vorstoßen; ■**to ~ into sth** sich *dat* Zugang zu etw *dat* verschaffen; ■**to ~ past sb** sich *akk* an jdm vorbeidrängen; ■**to ~ by [sth/sb]** sich *akk* [an jdm/etw] vorbeidrängen ❸ (*bear down*) pressen ❹ (*support*) ■**to ~ for sb** jdn unterstützen; (*wish luck*) jdm die Daumen drücken

◆**push about** *vt* ❶ (*move around*) ■**to ~ about ↻ sth** etw herumschieben [*o* herumstoßen]; ■**to ~ sb about** (*in a wheelchair*) jdn herumfahren ❷ (*fig, pej: bully*) ■**to ~ sb about** jdn herumkommandieren; (*violently*) jdn herumstoßen [*o fam* herumschubsen]; (*fig*) **you can't ~ me about like that** so kannst du mit mir nicht umspringen

◆**push ahead I.** *vi* ❶ (*approv, fig: continue despite trouble*) ■**to ~ ahead [with sth]** *plans, projects* [mit etw *dat*] weiterkommen *fig* ❷ (*approv, fig: take the lead*) sich *akk* bis zur Spitze vorarbeiten [*o* an die Spitze kämpfen]; (*in a race*) sich *akk* an die Spitze setzen ❸ (*continue travelling*) [noch] weiterfahren ❹ MIL (*advance*) weiter vorrücken [*o* vorstoßen] **II.** *vt* ■**to ~ sth ahead** etw [energisch] vorantreiben [*o* weiterverfolgen]

◆**push along I.** *vi* (*fig fam: leave [one's host]*) sich *akk* [wieder] auf den Weg [*o fam* die Socken] machen, [wieder] weg [*o* los] müssen *fam* **II.** *vt* ■**to ~ sth along** etw vorantreiben [*o* [energisch] weiterverfolgen]

◆**push around** *vt* ❶ (*move around*) ■**to ~ sth ↻ around** etw herumschieben; (*violently*) etw herumstoßen; ■**to ~ sb around** (*in a wheelchair*) jdn herumfahren ❷ (*fig, pej: bully*) ■**to ~ sb ↻ around** jdn herumkommandieren; **to ~ a child about** ein Kind herumstoßen [*o* herumschubsen] *fig fam*

◆**push aside** *vt* ❶ (*move away*) ■**to ~ sb/sth aside** jdn/etw zur Seite schieben [*o* beiseiteschieben]; (*violently*) jdn/etw zur Seite stoßen [*o* beiseitestoßen] ❷ (*fig, pej: reject*) ■**to ~ sb aside** *spouse* jdn links liegen lassen, jdm die kalte Schulter zeigen; *applicant* jdn unberücksichtigt lassen [*o* übergehen] ❸ (*fig, usu pej: not think about*) ■**to ~ sth aside** *problem* etw verdrängen; *thought* von etw *dat* loskommen

◆**push back** *vt* ❶ (*move backwards*) ■**to ~ sth back** etw zurückschieben; ■**to ~ sb back** jdn zurückdrängen ❷ (*fig: delay*) **to ~ back a date** ein Datum verschieben; ■**to ~ sb back** jdn zurückwerfen ❸ (*fig, pej: ignore*) ■**to ~ sth back** etw verdrängen

◆**push down** *vt* ❶ (*knock down*) ■**to ~ down ↻ sb/sth** jdn/etw umstoßen [*o fam* umschubsen] ❷ (*press down*) ■**to ~ down ↻ sth** *lever* etw hinunterdrücken [*o fam* runterdrücken] ❸ ECON (*fig, pej: cause decrease*) ■**to ~ down ↻ sth** *prices* etw [nach unten] drücken; *value* etw mindern

◆**push forward I.** *vt* ❶ (*approv, fig: advance*) ■**to ~ forward ↻ sth** *development, process* etw [ein großes Stück] voranbringen [*o* vorwärtsbringen] ❷ (*present forcefully*) ■**to ~ sth ↻ forward** etw in den Vordergrund stellen [*o* schieben]; **he always tries to ~ his own ideas forward** er versucht immer, seine eigenen Ideen herauszustellen; **to ~ forward a claim** eine Forderung geltend machen ❸ (*draw attention*) ■**to ~ oneself forward** sich *akk* vordrängen [*o* in den Vordergrund stellen [*o* schieben]] *fig* **II.** *vi* ❶ (*continue*) ■**to ~ forward [with sth]** [mit etw *dat*] weitermachen ❷ (*continue travelling*) weiterfahren

◆**push in I.** *vt* ❶ (*destroy*) ■**to ~ in ↻ sth** etw eindrücken ❷ (*fig, a. pej: force in*) **to ~ one's way in** sich *akk* hineindrängen **II.** *vi* ❶ (*fig, a. pej: force way in*) sich *akk* hineindrängen, sich *dat* Zugang verschaffen ❷ (*fig, pej: jump queue*) sich *akk* vordränge[l]n; **that man there just ~ed in in front of me** der Mann da hat sich gerade vor mich gedrängelt! *fam*

◆**push off** **I.** *vi* ❶ (*fig, a. pej fam: leave*) losziehen, sich *akk* verziehen *fam,* abschieben *fam;* **well, I have to ~ off now** also, ich muss jetzt los *fam* ❷ NAUT (*set sail*) abstoßen, ablegen *fachspr* **II.** *vt* NAUT abstoßen *fachspr;* **to ~ off a boat [from the quayside]** ein Boot [von der Kaimauer] abstoßen

◆**push on** **I.** *vi* ❶ (*continue despite trouble*) ■**to ~ on with sth** *plan, project* mit etw *dat* weiterkommen ❷ (*take the lead*) sich *akk* bis zur Spitze vorarbeiten [*o* an die Spitze kämpfen]; (*in a race*) sich an die Spitze setzen ❸ (*continue travelling*) [noch] weiterfahren **II.** *vt* ■**to ~ sth** ○ **on** etw [energisch] vorantreiben [*o* weiterverfolgen]

◆**push out** **I.** *vt* ❶ (*force out*) ■**to ~ sb/sth** ○ **out** *person, cat, dog* jdn/etw hinausjagen [*o* nach draußen jagen] ❷ ■**to ~ sb** ○ **out** (*dismiss*) jdn hinauswerfen; (*reject*) jdn ausstoßen ❸ ECON (*produce*) ■**to ~ out** ○ **sth** etw ausstoßen [*o* produzieren] [*o fam* raushauen] ▶PHRASES: **to ~ the boat out [on sth]** BRIT (*fam: celebrate*) [etw] ganz groß feiern *fam;* (*spend money*) viel Geld [für etw *akk*] hinlegen [*o fam* berappen] **II.** *vi* HORT *buds, flowers* sprießen; *buds, seed* treiben; *buds, trees* austreiben *veraltend geh; bushes, trees* ausschlagen *veraltend geh*

◆**push over** *vt* ■**to ~ sth over** etw umwerfen [*o* umstoßen]; ■**to ~ sb over** jdn umstoßen [*o* zu Boden werfen]

◆**push round** *vt, vi* BRIT *see* **push around**

◆**push through** **I.** *vi* (*manoeuvre through*) ■**to ~ through sth** sich *akk* durch etw *akk* drängen; **we ~ed through the undergrowth** wir bahnten uns einen Weg durch das Unterholz **II.** *vt* ❶ POL (*make pass*) ■**to ~ through** ○ **sth** *bill, motion* etw durchdrücken *fam;* **we are trying to ~ this deal through as quickly as possible** wir versuchen, dieses Geschäft so schnell wie möglich durchzuziehen ❷ (*help to succeed*) ■**to ~ sb through sth: the school manages to ~ most of its students through their exams** die Schule bringt die meisten ihrer Schüler durch die Prüfungen

◆**push to** *vt* ■**to ~ sth to** *door* etw zumachen

◆**push up** **I.** *vt* ❶ (*move higher*) **to ~ a bike up a hill** ein Fahrrad den Hügel hinaufschieben; ■**to ~ sb** ○ **up** jdn hochheben ❷ ECON (*cause increase*) ■**to ~ up** ○ **sth** *demand* etw steigern; *prices* etw hochtreiben [*o* in die Höhe treiben] ▶PHRASES: **to be ~ing up [the] daisies** (*euph, hum*) sich *dat* die Radieschen von unten besehen *euph, hum* **II.** *vi* ❶ (*fig: grow*) *weeds* [nach oben] kommen, *fig* schießen ❷ (*fig fam: move*) [rüber]rücken [*o* rutschen] *fam,* Platz machen; **~ up!** rück mal rüber! *fam*

'push-bar *n* Riegel *m,* Querholz *nt* **'push·bike** *n* BRIT, AUS (*fam*) [Fahr]rad *nt,* Drahtesel *m fig, hum fam;* **to ride a ~** Rad fahren **'push-but·ton** **I.** *adj inv* ❶ (*automated*) Druckknopf-, [Druck]tasten-, [voll]automatisch; **a ~ control panel/telephone** ein Tastenfeld/Tastentelefon *nt;* **a ~ home** ein vollautomatischer Haushalt ❷ (*using complex weapons*) mit modernsten Waffensystemen [*o* modernster Elektronik] *nach n;* **~ warfare** Krieg *m* mit modernsten Waffensystemen **II.** *n* Druckknopf *m,* [Druck]taste *f* **push-but·ton 'switch** *n* Druckschalter *m* **'push·cart** *n* ❶ (*barrow*) Handkarren *m,* Schubkarren *m,* Gepäckkarren *m* ❷ (*trolley*) Einkaufswagen *m* **'push·chair** *n* BRIT [Kinder]sportwagen *m*

push·er [ˈpʊʃəʳ, AM -ɚ] *n* (*pej*) Dealer(in) *m(f),* Pusher(in) *m(f) sl;* **drug ~** Drogendealer(in) *m(f)*

pushi·ly [ˈpʊʃɪli] *adv* (*fig, pej fam*) ❶ (*aggressively*) aggressiv, rücksichtslos ❷ (*obnoxiously*) in aufdringlicher [*o* penetranter] Weise

pushi·ness [ˈpʊʃɪnəs] *n no pl* (*fig*) ❶ (*ambition*) Tatkraft *f,* Unternehmungsgeist *m* ❷ (*pej fam: aggressiveness*) Aggressivität *f,* Rücksichtslosigkeit *f* ❸ (*pej fam: obnoxiousness*) Aufdringlichkeit *f,* Penetranz *f*

push·ing [ˈpʊʃɪŋ] **I.** *n no pl* Gedränge[l] *nt;* **~ and shoving** [großes] [Geschiebe und] Gedränge **II.** *adj* (*fig*) ❶ (*ambitious*) tatkräftig, dynamisch ❷ (*pej: forceful*) aggressiv, rücksichtslos ❸ (*pej: obnoxious*) aufdringlich, penetrant

'push·over *n* ❶ (*approv, fig fam: easy success*) Kinderspiel *nt kein pl,* kinderleichte Sache; **the test will be a ~ for her** den Test macht sie mit links ❷ (*fig, pej fam: easily defeated opponent*) leichter Gegner/leichte Gegnerin; **the other applicants are ~s for her** ihre Mitbewerber haben gegen sie nichts drin *fam;* (*fig, pej fam: easily influenced*) Umfaller(in) *m(f) fig, pej fam,* leicht rumzukriegender [*o* zu bequatschender] Mensch *fam;* **to be a real ~** echt leicht rumzukriegen [*o* bequatschen] sein *fam;* **to be a ~ for sb/sth** auf jdn/etw hereinfallen **'push·pin** *n* AM Reißzwecke *f,* Reißnagel *m* **'push-start** **I.** *vt* ❶ (*jump-start*) **to ~ a car** ein Auto anschieben ❷ (*fig: begin improvement*) **to ~ the economy** der Wirtschaft auf die Beine helfen, die Wirtschaft ankurbeln *fig* **II.** *n* ❶ (*jump-start*) *of a car* Anschieben *nt kein pl;* **to give sb a ~** (*fig*) jdm auf die Sprünge helfen *fig fam* ❷ (*fig: helpful prompt*) Starthilfe *f;* **to give a ~ to the economy** der Wirtschaft eine Konjunkturspritze geben *fig*

Push·tu [ˈpʌʃtuː] LING **I.** *n* Puschtu *nt,* Paschto *nt* **II.** *adj inv* Puschtu-, Paschto-

'push-up *n* Liegestütz *m;* **to do ~s** Liegestütze machen

pushy [ˈpʊʃi] *adj* (*fig fam*) ❶ (*ambitious*) tatkräftig, dynamisch ❷ (*pej: aggressive*) aggressiv, rücksichtslos ❸ (*pej: obnoxious*) aufdringlich, penetrant

pu·sil·la·nim·ity [ˌpjuːsɪləˈnɪməti, AM -ət̬i] *n no pl* (*form*) Kleinmütigkeit *f geh,* Verzagtheit *f geh,* Feigheit *f*

pu·sil·lani·mous [ˌpjuːsɪˈlænɪməs, AM -ˈlænə-] *adj* (*form*) kleinmütig *geh,* verzagt *geh,* ängstlich

pu·sil·lani·mous·ly [ˌpjuːsɪˈlænɪməsli, AM -ˈlænə-] *adv* (*form*) zaghaft *geh,* ängstlich, feige

puss <*pl* -es> [pʊs] *n* ❶ (*fam*) Mieze[katze] *f fam* ❷ AM (*fig, a. pej fam: female*) Puppe *f,* Biene *f fig, a. pej* ❸ IRISH, SCOT, AM (*sl: face*) Visage *f fam;* (*mouth*) Fresse *f derb,* Klappe *f fam,* Maul *nt fam;* **shut your ~!** halt's Maul! *derb;* **to smack sb in the ~** jdm in die Fresse hauen *derb*

pussy [ˈpʊsi] *n* ❶ (*cat*) Mieze[katze] *f fam* ❷ *no pl* (*fig, pej vulg: woman's genitals*) Muschi *f vulg;* (*fig, pej vulg: copulation*) Fick *m vulg;* **to have some ~** ficken *vulg,* vögeln *vulg* ❸ AM (*fig, pej sl: effeminate male*) Waschlappen *m pej fam,* Schlappschwanz *m fig, pej fam*

'pussy cat *n* ❶ (*childspeak: cat*) Mieze[katze] *f fam* ❷ AM (*fig, a. pej fam: female*) Puppe *f fam,* Biene *f fig, a. pej sl* ❸ AM (*fig, pej fam: mild-mannered male*) Softie *m fig, pej fam;* (*fig, pej sl: effeminate male*) Waschlappen *m pej fam,* Schlappschwanz *m fig, pej fam;* (*fig, pej fam: timid male*) Angsthase *m fig, pej fam* ❹ AM (*fig fam: non-threatening person*) [im Grunde völlig] harmloser Mensch; **he's a real ~** er tut wirklich keiner Fliege was [zuleide] *fig fam;* (*fig fam: thing not threatening*) [im Grunde völlig] harmlose Sache **'pussy·foot** *vi* (*fig, pej fam*) ❶ (*move cautiously*) schleichen *fig, pej fam;* ■**to ~ around** [*or* **about**] herumschleichen *fam* ❷ (*be evasive*) sich *akk* [herum]drücken *fig, pej fam;* ■**to ~ around** [*or* **about**] herumreden *fam;* **we've been ~ing around far too long** wir haben uns zu lange um die Sache herumgedrückt **'pussy wil·low** *n* Salweide *f,* Palmweide *f*

pus·tule [ˈpʌstjuːl, AM -tʃuːl] MED **I.** *n* Eiterbläschen *nt,* Pustel *f,* Pustula *f fachspr* **II.** *vi* eitern

put <-tt-, put, put> [pʊt] **I.** *vt* ❶ (*place*) ■**to ~ sth somewhere** etw irgendwohin stellen [*o* setzen]; (*lay down*) etw irgendwohin legen; (*push in*) etw irgendwohin stecken; **they ~ a horseshoe above** [*or* **over**] **their door** sie brachten ein Hufeisen über ihrer Tür an; **he was ~ up against the wall** man stellte ihn an die Wand; **he looked at the pile of work his boss had ~ before him** er sah sich den Haufen Arbeit an, den seine Chefin ihm hingelegt hatte; **you've got to ~ the past behind you** du musst die Vergangenheit vergangen sein lassen [*o* begraben]; ~ **your clothes in the closet** häng deine Kleider in den Schrank; **he ~ his hands in his pockets** er steckte die Hände in die Taschen; **she ~ some milk in her coffee** sie gab etwas Milch in ihren Kaffee; **to ~ the ball in the net** (*tennis*) den Ball ins Netz schlagen; (*football*) den Ball ins Netz spielen; **this ~s me in a very difficult position** das bringt mich in eine schwierige Situation; **I ~ my complete confidence in him** ich setze mein volles Vertrauen auf ihn [*o* in ihn]; **to ~ oneself in sb's place** [*or* **position**] [*or* **shoes**] sich *akk* in jds Situation versetzen; ~ **the cake into the oven** schieb den Kuchen in den Backofen; **they ~ the plug into the socket** sie steckten den Stecker in die Steckdose; **he ~ salt into the sugar bowl by mistake** er hat aus Versehen Salz in die Zuckerdose gefüllt; **they ~ him into a cell** sie brachten ihn in eine Zelle; **to ~ sth into storage** etw einlagern; **to ~ a child into care** ein Kind in Pflege geben; **to ~ sb into a home** jdn in ein Heim stecken; **to ~ sb in[to] prison** jdn ins Gefängnis bringen; **to ~ fear into sb's heart** jdn ängstigen, jdm Angst machen; **to ~ an idea in[to] sb's head** jdn auf eine Idee bringen; **whatever ~ that idea into your head?** wie kommst du denn darauf?; **to ~ one's ideas into practice** seine Ideen in die Praxis umsetzen; **Sam will eat anything you ~ in front of him** Sam isst alles, was man ihm vorsetzt; ~ **the soup spoons next to the knives** leg die Suppenlöffel neben die Messer; **we should ~ my mum next to Mrs Larson** wir sollten meine Mutter neben Frau Larson setzen; **she ~ her coffee cup on the table** sie stellte ihre Kaffeetasse auf den Tisch; **do you know how to ~ a saddle on a horse?** weißt du, wie man ein Pferd sattelt?; **I ~ clean sheets on the bed** ich habe das Bett frisch bezogen; **he ~ his head on my shoulder** er legte seinen Kopf auf meine Schulter; **you can't ~ a value on friendship** Freundschaft lässt sich nicht mit Geld bezahlen; **to ~ the emphasis on sth** den Schwerpunkt auf etw *akk* legen, etw betonen; **a price of £10,000 was ~ on the car** das Auto wurde mit 10.000 Pfund veranschlagt; **she ~ her arm round him** sie legte ihren Arm um ihn; **he ~ his head round the door** er steckte den Kopf zur Tür herein; **he ~ his finger to his lips to call for silence** er hielt seinen Finger vor die Lippen und bat um Ruhe; **to ~ a glass to one's lips** ein Glas zum Mund führen; **she ~ the shell to her ear** sie hielt sich die Muschel ans Ohr; **to ~ sb to bed** jdn ins Bett bringen; **he was ~ under the care of his aunt** er wurde in die Obhut seiner Tante gegeben; **I didn't know where to ~ myself** ich wusste nicht wohin mit mir; **to stay ~** *person* sich nicht von der Stelle rühren; *object* liegen/stehen/hängen bleiben; *hair* halten; ~ **it there!** (*congratulating*) gratuliere!; (*concluding a deal*) abgemacht!; **to ~ the shot** SPORTS Kugel stoßen ❷ (*invest*) **to ~ effort/energy/money/time into sth** Mühe/Energie/Geld/Zeit in etw *akk* stecken [*o* investieren]; **we ~ most of the profits towards research** wir verwenden den Großteil der Gewinne für die Forschung; **everyone could ~ £3 towards a new coffee machine** jeder könnte £3 zum Kauf einer neuen Kaffeemaschine dazugeben; **to ~ money into an account** Geld auf ein Konto einzahlen; **she ~ money on a horse** sie setzte auf ein Pferd; **we ~ back all our profits into the company** all unsere Gewinne fließen in die Firma zurück ❸ (*impose*) **to ~ the blame on sb** jdm die Schuld geben; **to ~ sb to great cost** [*or* **expense**] jdn viel kosten, jdm große Ausgaben verursachen; **to ~ demands upon sb** von jdm etwas verlangen; **to ~ an embargo on sth** ein Embargo über etw *akk* verhängen; **to ~ faith** [*or* **trust**] **in sth** sein Vertrauen in etw *akk* setzen; **to ~ the heat** [*or* **screws**] **on sb for sth** (*sl*) jdm wegen einer S. *gen* die Hölle heißmachen *fam;* **to ~ sb under oath** jdn vereidigen; **to ~ a premium on sth** etw hoch einschätzen; **to ~ pressure on sb** jdn unter Druck setzen; **to ~ sb under pressure** [*or* **strain**] jdn unter Druck setzen; **to ~ a restriction** [*or* **limitation**] **on sth** etw einschränken; **to ~ a spell** [*or* **curse**] **on sb** jdn verwünschen [*o* verfluchen]; **the children were ~ on their best behaviour** den Kindern wurde gesagt, dass sie sich ja gut zu benehmen haben; **to ~ a tax on sth** etw besteuern [*o* mit einer Steuer belegen]; **to ~ sb/sth to the test** jdn/etw auf die Probe stellen; (*put a strain on*) jdn/etw strapazieren; **to ~ sb on trial** jdn vor Gericht bringen; **to ~ sb to a lot of trouble** jdm viel Mühe bereiten [*o* machen] ❹ (*present*) **to ~ a case to** [*or* **before**] **a judge** einen Fall vor Gericht bringen; **to ~ sth to a discussion** etw zur Diskussion stellen; **to ~ an idea** [*or* **a suggestion**] **to sb** jdm etw vorschlagen; **to ~ one's point of view** seinen Standpunkt darlegen; **to ~ a problem to sb** jdm ein Problem darlegen; **to ~ a proposal before a committee** einem Ausschuss einen Vorschlag unterbreiten; **to ~ a question to sb** jdm eine Frage stellen; **to ~ sth to a vote** etw zur Abstimmung bringen ❺ (*include*) ■**to ~ sth in[to] sth** etw in etw *akk o dat* aufnehmen, etw in etw *akk* einfügen; **to ~ sth on the agenda** etw auf die Tagesordnung setzen; FOOD (*add*) ~ **some more salt in** füge noch etwas Salz hinzu ❻ (*indicating change of condition*) **she always ~s her guests at ease right away** sie schafft es immer, dass ihre Gäste sich sofort wohl fühlen; **to ~ sb at risk** [*or* **in danger**] jdn in Gefahr bringen; **to ~ sb in a good/bad mood** jds Laune heben/verderben; **to ~ one's affairs in order** seine Angelegenheiten in Ordnung bringen; **to ~ a plan into operation** einen Plan in die Tat umsetzen; **to ~ sth out of order** etw kaputtmachen *fam;* **to ~ sb/an animal out of his/its misery** jdn/ein Tier von seinen Qualen erlösen; **to ~ sb to death** jdn hinrichten; **to ~ sb to flight** jdn in die Flucht schlagen; **to ~ sb to shame** jdn beschämen; **to ~ a stop** [*or* **an end**] **to sth** etw beenden; **to ~ sb under arrest** jdn unter Arrest stellen; **to ~ sb under hypnosis** jdn hypnotisieren; **to ~ sth right** etw in Ordnung bringen; **to ~ sb straight** jdn korrigieren ❼ (*express*) ■**to ~ sth** etw ausdrücken; **let me ~ it this way** lass es mich so sagen; **how should I ~ it?** wie soll ich mich ausdrücken?; **to ~ it bluntly** um es deutlich zu sagen; **to ~ it mildly, we were shocked at your behaviour** wir waren, gelinde gesagt, geschockt über dein Verhalten; **that's ~ting it mildly** das ist ja noch milde ausgedrückt; **as Shakespeare ~ it** wie Shakespeare schon sagte; **she didn't know how to ~ her thoughts into words** sie wusste nicht, wie sie ihre Gedanken in Worte fassen sollte; **~ting Shakespeare into modern English is difficult** Shakespeare in zeitgenössisches Englisch zu übertragen ist schwierig; **she really ~s passion into her performance** sie steckt viel Leidenschaftlichkeit in ihren Vortrag; **to ~ one's feelings into words** seine Gefühle ausdrücken; **to ~ a verb into the past tense** ein Verb in die Vergangenheit setzen ❽ (*write*) **to ~ a cross/tick next to sth** etw ankreuzen/abhaken; **to ~ one's signature to sth** seine Unterschrift unter etw setzen; **please ~ your signature here** bitte unterschreiben Sie hier ❾ (*estimate, value*) **I wouldn't ~ him among the best film directors** ich würde ihn nicht zu den besten Regisseuren zählen; **she ~s her job above everything else** für sie geht ihr Beruf allem anderen vor, sie stellt ihren Beruf vor allem anderen; **to ~ sb/sth in a category** jdn/etw in eine Kategorie einordnen; **to ~ sb/sth on a level** [*or* **par**] **with sb/sth** jdn/etw auf eine Stufe mit jdm/etw stellen; **to ~ a value of £10,000 on sth** den Wert einer S. *gen* auf £10.000 schätzen; **to ~ sb/sth at sth** jdn/etw auf etw *akk* schätzen; **I'd ~ him at about 50** ich schätze ihn auf ungefähr 50 ❿ (*direct*) ■**to ~ sb onto sth/sb** jdn auf etw/jdn aufmerksam machen; **the phone book ~ me onto the dentist** durch das Telefonbuch kam ich auf den Zahnarzt; **they ~ three people on the job** sie setzen drei Leute ein für diesen Job; **to ~ sb to do sth** [*or* **doing sth**] jdn abordnen, etw zu tun ⓫ (*see someone off*) ■**to ~ sb on sth** jdn zu etw *dat* bringen; **he ~ his girlfriend on the plane** er brachte seine Freundin zum Flugzeug; **to ~ sb onto the bus** jdn zum Bus bringen; **to ~ sb in a taxi** jdn in ein Taxi setzen ⓬ (*install*) ■**to ~ sth into sth** MECH etw in etw *akk* einsetzen; **to ~ heating/a kitchen into a house** eine Heizung/Küche in einem Haus installieren; **we ~ a new hard drive on our computer** wir haben eine neue Festplatte in unseren Computer eingebaut ⓭ MED (*prescribe*) ■**to ~ sb on sth** jdm etw verschreiben; **the doctor has ~ her on a strict diet** der Arzt hat ihr eine strenge Diät verordnet **II.** *vi* NAUT **to ~ to sea** in See stechen

◆**put about I.** *vt* ❶ (*scatter within*) ■**to ~ sth about sth** etw in etw *dat* verteilen; **she ~ the balloons about the room** sie verteilte die Ballons im Zimmer ❷ (*spread rumour*) ■**to ~ sth about** etw verbreiten [*o* herumerzählen]; **he has been ~ting it about that I'm having an affair** er hat überall herumerzählt, dass ich eine Affäre habe ❸ BRIT (*fam: be promiscuous*) ■**to ~ it** [*or* **oneself**] **about** mit jedem/jeder ins Bett gehen ❹ (*fam: be extroverted*) ■**to ~ oneself about** sich in Szene setzen **II.** *vi* NAUT wenden, stagen *fachspr,* umlegen *fachspr*

◆**put across** *vt* ❶ (*make understood*) ■**to ~ sth across** etw vermitteln [*o fam* rüberbringen]; ■**to ~ sth across to sb** jdm etw sagen; **how are we going to ~ a new product across to the public?** wie werden wir ein neues Produkt an den Mann bringen? ❷ (*fam: trick*) **to ~ one across sb** jdn hintergehen [*o fam* reinlegen]; **that salesman ~ one across me** dieser Händler hat mich letztes Mal reingelegt

◆**put aside** *vt* ❶ (*save*) ■**to ~ aside** ○ **sth** etw auf die Seite legen [*o* beiseitelegen]; **I had the dress ~ aside until tomorrow** ich habe das Kleid bis morgen zurücklegen lassen; **to ~ some money aside** etwas Geld zurücklegen ❷ (*postpone*) ■**to ~ aside** ○ **sth** *activity* mit etw *dat* aufhören; *book etc.* etw beiseitelegen ❸ (*fig: abandon*) ■**to ~ aside** ○ **sth** etw aufgeben; *plan* etw über Bord werfen *fam;* **to ~ aside disagreements/animosity/anger** Streit/Feindlichkeiten/Wut begraben

◆**put away** *vt* ❶ (*tidy up*) ■**to ~ away** ○ **sth** etw wegräumen [*o* aufräumen]; (*in storage place*) etw einräumen; **~ your money away – I'm paying for this!** steck dein Geld wieder ein – du bist eingeladen!; **don't forget to ~ the car away** vergiss nicht, das Auto wegzustellen ❷ (*set aside*) ■**to ~ away** ○ **sth** *book, game, glasses* etw beiseitelegen ❸ (*save*) ■**to ~ away** ○ **sth** *money, savings* etw zurücklegen ❹ (*fam: eat a lot*) ■**to ~ away** ○ **sth** etw in sich *akk* hineinstopfen *fam* ❺ (*fam: have institutionalized*) ■**to ~ sb away** (*in an old people's home*) jdn in Pflege [*o* ins Altenheim] geben; (*in prison*) jdn einsperren; **to ~ sb away for life** jdn lebenslänglich einsperren ❻ AM (*fam: kill*) ■**to ~ sb away** jdn umlegen *fam*

◆**put back** *vt* ❶ (*replace*) ■**to ~ back** ○ **sth** etw zurückstellen [*o* zurücklegen]; **~ that book back on[to] the shelf, please** stell das Buch bitte wieder in das Regal ❷ (*reassemble*) ■**to ~ sth back together** etw wieder zusammensetzen [*o* zusammenbauen]; ■**to ~ sth back on** *clothes* etw wieder anziehen ❸ (*postpone*) ■**to ~ back** ○ **sth** etw verschieben; *time, clock* etw zurückstellen; **the economic crisis has ~ us back at least two months** die Wirtschaftskrise hat uns bestimmt zwei Monate zurückgeworfen ❹ SCH (*not progress*) ■**to ~ sb back** jdn eine Klasse zurückstufen ❺ *esp* BRIT (*fam: drink a lot*) ■**to ~ back** ○ **sth** etw trinken [*o fam* picheln]

◆**put behind** *vt* ❶ (*put in the past*) ■**to ~ sth behind oneself** etw hinter sich *dat* lassen ❷ (*delay*) ■**to ~ sb behind** jdn in Verzug bringen; (*in fulfilling a task*) jdn zurückwerfen

◆**put by** *vt* ■**to ~ by** ○ **sth** etw zurücklegen; *money a.* etw auf die hohe Kante legen; **he's got a bit ~ by** er hat was auf der hohen Kante

◆**put down I.** *vt* ❶ (*set down*) ■**to ~ sth** ○ **down** etw ablegen [*o* abstellen]; **to not be able to ~ a book down** (*fig*) ein Buch nicht aus der Hand legen können ❷ (*put to bed*) **to ~ a child down** ein Kind ins Bett bringen; **I think I'll ~ little Jane down for her nap** ich bringe die kleine Jane ins Bett, damit sie ein bisschen schläft ❸ (*lower*) ■**to ~ sth** ○ **down** *arm, feet* etw herunternehmen; **to ~ down the car roof** das Dach runterkurbeln; **to ~ down the [tele]phone** [*or* **the receiver**] [den Hörer] auflegen; ■**to ~ sb** ○ **down** jdn runterlassen ❹ (*drop off*) ■**to ~ down** ○ **sb** jdn rauslassen [*o* absetzen]; **this bus will ~ you down right at the train station** dieser Bus hält direkt am Bahnhof ❺ (*spread*) **to ~ down poison** Gift auslegen; **to ~ down roots** (*a. fig*) Wurzeln schlagen *a. fig* ❻ (*write*) ■**to ~ down** ○ **sth** etw aufschreiben; **we'll ~ your name down on the waiting list** wir setzen Ihren Namen auf die Warteliste; **~ the date of the party down in your diary** schreib das Datum der Party in deinen Kalender; **to ~ sth down on paper** etw aufschreiben; (*sign up for*) ■**to ~ sb down for sth** jdn für etw *akk* eintragen; **to ~ one's name down for sth** sich *akk* für etw *akk* in eine Liste eintragen ❼ ECON (*leave as deposit*) ■**to ~ sth down** *money* etw anzahlen; **to ~ down a deposit** eine Anzahlung machen ❽ (*stop*) ■**to ~ down** ○ **sth** *rebellion* etw niederschlagen; *crime* etw besiegen; *rumour* etw zum Verstummen bringen; ■**to ~ down** ○ **sb** *rebels* jdn niederwerfen; *critics* jdn zum Schweigen bringen ❾ (*deride*) ■**to ~ down** ○ **sb/oneself** jdn/sich *akk* schlechtmachen ❿ (*assume to be*) ■**to ~ sb down as sb/sth** jdn [fälschlicherweise] für jdn/etw halten; **I'd ~ her down as about 40** ich würde sie auf etwa 40 schätzen ⓫ (*have killed*) ■**to ~ an animal down** ein Tier einschläfern lassen ⓬ (*give as cause*) ■**to ~ sth down to sth** den Grund für etw *akk* bei etw *dat* sehen, etw auf etw *akk* zurückführen; **to ~ sth down to experience** etw als Erfahrung mitnehmen **II.** *vi* AVIAT landen

◆**put forth** *vt* ■**to ~ forth** ○ **sth** *argument, idea* etw vorbringen; *theory* etw propagieren

◆**put forward** *vt* ❶ (*propose*) ■**to ~ sth** ○ **forward** *idea, plan* etw vorbringen; **to ~ forward a proposal** [*or* **a suggestion**] einen Vorschlag machen [*o geh* unterbreiten]; **to ~ a candidate forward** einen Kandidaten vorschlagen ❷ (*make earlier*) ■**to ~ sth** ○ **forward to ...** etw auf ... vorverlegen auf ❸ (*set later*) **to ~ the clock/time forward** die Uhr vorstellen

◆**put in I.** *vt* ❶ (*place in*) ■**to ~ in** ○ **sth** etw hineinsetzen/-legen/-stellen ❷ (*add*) ■**to ~ in** ○ **sth** *food, ingredients* etw hinzufügen; *plants* etw [ein]pflanzen; (*in speech*) etw hinzufügen; **he put in the remark, that ...** er warf ein, dass ...; **'we all know that!', she ~ in impatiently** „das wissen wir doch alle!" sagte sie ungeduldig; **to ~ in a comma/full stop** ein Komma/einen Punkt setzen ❸ (*install*) ■**to ~ sth** ○ **in** etw installieren; **we had a new central heating system ~ in** bei uns wurde eine neue Zentralheizung installiert ❹ (*elect*) ■**to ~ sb/sth** ○ **in** jdn/etw einsetzen ❺ (*enter, submit*) ■**to ~ sb/sth** ○ **in for sth** *exam, school, competition* jdn/etw für etw anmelden; **to ~ in an order for sth** etw bestellen ❻ FIN (*deposit*) ■**to ~ sth** ○ **in** etw einzahlen; (*for a birthday present*) etw beisteuern ❼ (*invest*) ■**to ~ in** ○ **sth** *time, work* etw investieren; **I ~ in an hour on the tennis court** ich habe eine Stunde Tennis gespielt; **I ~ in a good day's work today** ich habe heute ein ordentliches Arbeitspensum erreicht; **to ~ in a [phone] call to sb** jdn anrufen ❽ (*cause to be*) **to ~ sb/sth in jeopardy** jdn/etw in Gefahr bringen; **to ~ sb in a rage** jdn wütend machen; **this ~s me in a very difficult position** das bringt mich in eine sehr schwierige Situation; **he was able to ~ them in a good mood** er konnte sie aufheitern ❾ (*evaluate as*) ■**to ~ sb/sth in sth** jdn/etw in etw *akk* einordnen; **it can't be ~ in the same category as a Rolls Royce** man kann es nicht auf eine Stufe mit einem Rolls Royce stellen; **I would ~ her in her 50s** ich würde sie so in den Fünfzigern schätzen **II.** *vi* ❶ NAUT anlegen, vor Anker gehen; **to ~ into the dock** am Dock anlegen, vor Anker gehen; **to ~ into Hamburg/harbour** in Hamburg/im Hafen einlaufen ❷ ■**to ~ in for sth** *job* sich *akk* um etw *akk* bewerben; *pay rise, transfer* etw beantragen

◆**put off** *vt* ❶ (*delay*) ■**to ~ off** ○ **sth** etw verschieben; **to ~ guests off** Gäste ausladen; **to ~ sth off for a week** etw um eine Woche verschieben; (*avoid*) **we've been ~ting off the decision about whether to have a baby** wir haben die Entscheidung, ob wir ein Kind haben wollen, vor uns her geschoben ② (*fob off*) ■**to ~ sb off** jdn vertrösten; **you're not going to ~ me off with excuses** ich lasse mich von dir nicht mit Ausreden abspeisen ③ (*deter*) ■**to ~ sb off** jdn abschrecken; **his description really ~ me off** seine Beschreibung hat mir wirklich die Lust genommen; ■**to ~ sb off sth** jdm etw verleiden; **he was really trying to ~ me off** er wollte es mir richtig miesmachen; **I didn't think the film was very good, but don't let that ~ you off going** ich fand den Film nicht besonders gut, aber lass dich dadurch nicht abschrecken; **his tone ~s people off** sein Ton verschreckt die Leute; **to ~ sb right off sb/sth** jdn sofort gegen jdn/etw einnehmen ④ (*distract*) ■**to ~ sb off** jdn ablenken; **once she's made up her mind to do something, nothing will ~ her off** wenn sie sich einmal entschlossen hat, etwas zu tun, wird sie nichts davon abbringen; ■**to ~ sb off sth** jdn von etw *dat* ablenken; (*prevent*) jdn von etw *dat* abbringen; **you're ~ting me right off** du bringst mich völlig raus; **to ~ sb off their stride** (*fig*) jdn aus dem Konzept bringen; **to be ~ off a scent** [*or* **trail**] die Spur verlieren; **to ~ sb off the track** jdn von der Fährte bringen ⑤ BRIT TRANSP (*drop off*) ■**to ~ off sb** jdn aussteigen lassen; (*forcibly*) jdn hinauswerfen ⑥ ELEC (*turn off*) ■**to ~ off ○ sth** etw ausmachen [*o* ausschalten] ►PHRASES: **never ~ off until tomorrow what you can do today** (*prov*) was du heute kannst besorgen, das verschiebe nicht auf morgen *prov*

◆**put on** *vt* ① (*wear*) ■**to ~ on ○ sth** *clothes, shoes* etw anziehen; **to ~ on one's thinking cap** gründlich nachdenken; **to ~ on a happy face** ein fröhliches Gesicht machen; **to ~ on a frown** (*fig*) die Stirn runzeln; **to ~ on make-up** Make-up auflegen; **I'll ~ on a plaster for you** ich mach dir ein Pflaster drauf *fam;* **to ~ on a smile** (*fig*) lächeln, ein Lächeln aufsetzen; **why are you ~ting on that silly voice?** warum redest du so albern?; **there's no need to ~ on that injured expression** du brauchst nicht so gekränkt zu schauen ② (*pretend*) ■**to ~ sth ○ on** etw vorgeben; **it's all ~ on** es ist alles nur Schau; **I can't tell whether he's really upset, or if he's just ~ting it on** ich weiß nicht, ob er wirklich gekränkt ist, oder ob er nur so tut; **to ~ on an air of innocence/a display of anger** eine unschuldige/böse Miene aufsetzen ③ (*turn on*) ■**to ~ on ○ sth** etw einschalten [*o* anmachen]; **to ~ on the brakes** bremsen; **to ~ the kettle on** das Wasser für den Tee/Kaffee aufsetzen; **to ~ on the light** das Licht anschalten; **to ~ on Mozart** Mozart auflegen ④ (*provide*) ■**to ~ sth ○ on** etw bereitstellen; **additional buses had to be ~ on after the concert** nach dem Konzert mussten zusätzliche Busse eingesetzt werden; (*fam*) **she ~ on a fantastic spread for her birthday** sie zauberte für ihren Geburtstag ein wahres Festmahl; **to ~ on an exhibition** eine Ausstellung veranstalten; **to ~ on a play** ein Theaterstück aufführen; **to ~ sth on the market** etw auf den Markt bringen; **to ~ sth on the menu** etw auf die Karte setzen; **to ~ on a party** eine Party geben; **to ~ on a protest** eine Protestkundgebung veranstalten ⑤ (*increase*) **ten pence was ~ on the price of cigarettes** der Preis von Zigaretten wurde um zehn Pence erhöht; (*gain weight*) **to ~ on a few pounds** ein paar Pfund zunehmen; **to ~ on weight** zunehmen ⑥ (*bet*) **to ~ money on a horse** Geld auf ein Pferd setzen; **to ~ a bet on a race** beim Rennen setzen; (*fig*) **I wouldn't ~ my money on it** darauf würde ich nichts geben ⑦ (*start cooking*) ■**to ~ on ○ sth** etw aufsetzen [*o* aufstellen]; **I'll just ~ the potatoes on** ich setze schnell die Kartoffeln auf; **to ~ the dinner on** mit dem Kochen anfangen, anfangen zu kochen ⑧ (*allow to speak on phone*) **to ~ sb on** [**the telephone** [*or* **line**]] jdm den Hörer weitergeben

◆**put out I.** *vt* ① (*place outside*) **to ~ the cat/dog out** die Katze/den Hund nach draußen bringen [*o fam* rausbringen]; ■**to ~ sb out** (*ask to leave*) jdn vor die Tür setzen; **to ~ the washing out** [**to dry**] die Wäsche draußen aufhängen; **to ~ sb/sth out of business** jdn/etw verdrängen, jdn/etw aus dem Geschäft drängen; **to ~ sb out of a job** jdn entlassen; **to ~ sb/sth out of one's mind** [*or* **head**] jdn/etw vergessen; **I just can't ~ her out of my mind** sie geht mir einfach nicht aus dem Kopf ② (*extend*) ■**to ~ out ○ sth** *hand, foot* etw ausstrecken; **she ~ her head out of the window** sie lehnte den Kopf aus dem Fenster; **to ~ out feelers** (*a. fig*) die Fühler ausstrecken; **to ~ out one's hand** die Hand ausstrecken; **to ~ out one's tongue** die Zunge herausstrecken; **to ~ out the welcome mat for sb** (*fig*) jdm einen freundlichen Empfang bereiten ③ MEDIA (*publish, circulate*) ■**to ~ out ○ sth** etw veröffentlichen ④ (*produce*) ■**to ~ out ○ sth** etw herstellen [*o* produzieren]; HORT (*sprout*) *leaves, roots* etw austreiben ⑤ (*place ready*) ■**to ~ sth out** [**for sb/sth**] *cutlery, plate, dish* [jdm/etw] etw hinstellen [*o* hinlegen] [*o* hinsetzen] ⑥ (*contract out*) ■**to ~ out ○ sth** etw vergeben [*o* außer Haus geben]; **the contract was ~ out to the competition** der Auftrag ging an die Konkurrenz ⑦ (*inconvenience*) ■**to ~ sb out** jdm Umstände machen; **would it ~ you out if we came tomorrow?** wäre es dir recht, wenn wir morgen kommen?; ■**to ~ oneself out for sb** sich *akk* jds wegen Umstände machen ⑧ (*bother*) ■**to be ~ out by sth** über etw *akk* verärgert sein ⑨ (*extinguish*) ■**to ~ out ○ sth** *fire* etw löschen; *candle, cigarette* etw ausmachen; (*turn off*) *lights* etw ausschalten [*o* ausmachen] ⑩ (*hurt*) ■**to ~ out ○ sth** *knee, shoulder* sich *akk* an etw *dat* verletzen; **he ~ his back out** er hat seinen Rücken verrenkt; **to ~ sb's eyes out** jdn die Augen ausstechen ⑪ (*knock out*) ■**to ~ sb out** jdn narkotisieren; **the medication really ~ me out** die Medikamente haben mich total benommen gemacht ⑫ (*eliminate*) **to ~ sb out of the competition** jdn aus dem Rennen werfen **II.** *vi* ① NAUT (*set sail*) in See stechen; **the ship ~ out of London harbour** das Schiff lief aus dem Londoner Hafen aus ② AM (*vulg: have sex*) es treiben *sl,* es machen *fam;* ■**to ~ out for sb** es mit jdm treiben *sl*

◆**put over** *vt* ① (*make understood*) ■**to ~ sth over** etw verständlich machen [*o fam* rüberbringen] ② (*fool*) **to ~ one over on sb** sich *dat* mit jdm einen Scherz erlauben, jdn veräppeln *fam*

◆**put past** *vt* ■**to not ~ sth past sb** jdm etw zutrauen; **I wouldn't ~ it past him to sue his own mother** ich würde es ihm durchaus zutrauen, seine eigene Mutter zu verklagen

◆**put through** *vt* ① (*insert through*) ■**to ~ sth through sth** etw durch etw *akk* schieben; (*pierce*) etw durch etw *akk* stechen; **he ~ his hand through the hole in the fence** er steckte seine Hand durch das Loch im Zaun; **she ~ her arm through his** sie hakte sich bei ihm unter ② TELEC (*connect*) ■**to ~ sb through** jdn durchstellen; ■**to ~ sb through to sb** jdn mit jdm verbinden; **to ~ a call through to sb** einen Anruf an jdn weiterleiten ③ (*cause to undergo*) **to ~ a car through the carwash** ein Auto in die Waschanlage bringen; **to ~ sb through hell** jdm das Leben zur Hölle machen ④ (*support*) **to ~ sb through college/school** jdn zum College/zur Schule schicken; **we spent over $100,000 ~ting our daughter through college** wir haben $100.000 für den Collegebesuch unserer Tochter ausgegeben; **to ~ oneself through college/school** sich *dat* den Collegebesuch/Schulbesuch selbst finanzieren ⑤ (*carry through*) ■**to ~ through ○ sth** *bill, plan, proposal* etw durchbringen; *claim* etw weiterleiten

◆**put to** *vt* ① (*suggest*) ■**to ~ it to sb that ...** jdm unterstellen, dass ...; **I ~ it to you that you were in the building at the time of the murder** ich behaupte, dass Sie zur Tatzeit in dem Gebäude waren ② (*assign*) ■**to ~ sth to sth** *date, name* sich *akk* an etw *akk* erinnern; **I can't ~ a name to his face** ich komme nicht auf seinen Namen; **I couldn't ~ a precise date to it** ich kann mich nicht an das genaue Datum erinnern ③ (*apply, devote*) **to ~ one's mind to sth** sich *akk* auf etw *akk*

P

konzentrieren ❹ AGR (*mate*) **to ~ a cow to a bull** eine Kuh mit einem Bullen decken

◆**put together** *vt* ❶ (*assemble*) ■**to ~ together** ◌ **sth** etw zusammensetzen; *machine, model, radio* etw zusammenbauen; **to ~ together a [jigsaw] puzzle** puzzeln; **to ~ sth back together** etw wieder zusammensetzen; *machine, model, radio* etw wieder zusammenbauen ❷ (*place near*) ■**to ~ sth together** etw zusammenschieben; **let's ~ these tables together** lass uns diese Tische zusammenschieben ❸ (*make*) ■**to ~ together** ◌ **sth** etw zusammenstellen; **to ~ together a joint venture** sich in einem Jointventure zusammentun; **to ~ together a dinner/snack** ein Mittagessen/einen Imbiss fertig machen; **to ~ together a list** eine Liste aufstellen; **to ~ together a plan** einen Plan entwerfen [*o* ausarbeiten] ❹ MATH (*add*) **to ~ 10 and 15 together** 10 und 15 zusammenzählen [*o* addieren]; (*fig*) **she earns more than all the rest of us ~ together** sie verdient mehr als wir alle zusammengenommen ❺ FOOD (*mix*) ■**to ~ together** ◌ **sth** etw mischen ▶ PHRASES: **to ~ two and two together** zwei und zwei zusammenzählen

◆**put up** **I.** *vt* ❶ (*hang up*) ■**to ~ sth up** *decorations, curtains, notice* etw aufhängen; **to ~ up a flag/sail** eine Flagge/ein Segel hissen [*o* aufziehen] ❷ (*raise*) ■**to ~ sth up** etw hochheben; **~ your hand up if you know the answer** hebt die Hand hoch, wenn ihr die Antwort wisst; **~ 'em up!** (*surrender*) Hände hoch!; (*to fight*) mach schon, schlag doch zu!; **to ~ up a drip** MED einen Tropf anbringen; **to ~ up one's dukes** (*dated*) seine Fäuste hochnehmen; **to ~ one's feet up** die Füße hochlegen; **to ~ one's hair up** sich *dat* das Haar aufstecken; (*open*) etw öffnen [*o* aufmachen]; **to ~ up the car window** das Autofenster zumachen; **to ~ up an umbrella** einen Schirm öffnen [*o* aufklappen]; **why don't you ~ up your hood?** warum nimmst du nicht deine Kapuze? ❸ (*build*) ■**to ~ up** ◌ **sth** etw bauen; **to ~ up a fence** einen Zaun errichten; **to ~ up a tent** ein Zelt aufstellen [*o* aufschlagen] ❹ (*increase*) ■**to ~ up** ◌ **sth** *numbers, price, sales, blood pressure* etw erhöhen [*o* hoch treiben] ❺ (*offer*) ■**to ~ up** ◌ **sth** *sum* etw bezahlen; **the money was ~ up by an anonymous donor** das Geld wurde von einem anonymen Spender aufgebracht; **to ~ up bail** eine Kaution zahlen; **to ~ up capital** Kapital aufbringen; **to ~ one's child up for adoption** sein Kind zur Adoption freigeben; **to ~ sth up for rent** etw vermieten; **to ~ up a reward** eine Belohnung aussetzen; **to ~ sth up for sale** etw zum Verkauf anbieten ❻ (*give shelter*) ■**to ~ up** ◌ **sb** jdn unterbringen; **we're ~ting up my sister for the weekend/a while** meine Schwester bleibt [*o* wohnt] das Wochenende über/eine Weile bei uns ❼ (*propose*) ■**to ~ up** ◌ **sb/sth** jdn/etw vorschlagen; **he ~ up the argument that ...** er hat argumentiert, dass ...; **to ~ up a candidate** einen Kandidaten/eine Kandidatin vorschlagen [*o* aufstellen]; **to ~ sb up for election** jdn zur Wahl stellen; **to ~ up a proposal** etwas vorschlagen ❽ (*cause to do*) ■**to ~ sb up to sth** jdn zu etw *dat* verleiten; *to a fight, criminal offence* jdn zu etw *dat* anstiften; **she must have ~ him up to it** sie muss ihn dazu verleitet haben ❾ (*resist*) **to ~ up opposition** [*or* **objections**] widersprechen; **no one has yet ~ up any objections to the proposal** bis jetzt hat sich noch niemand gegen den Vorschlag ausgesprochen; **to ~ up a struggle** [*or* **fight**] kämpfen; **the villagers did not ~ up any resistance** die Dorfbewohner leisteten keinen Widerstand **II.** *vi* (*stay*) **to ~ up in a hotel/at sb's place** in einem Hotel/bei jdm unterkommen; **to ~ up in a hotel/at sb's place for the night** die Nacht in einem Hotel/bei jdm verbringen

◆**put upon** *vi usu passive* (*form: take advantage of*) ■**to ~ upon sb** jdn ausnutzen; ■**to be ~ upon by sb** von jdm ausgenutzt werden

◆**put up with** *vi* ■**to ~ up with sth/sb** sich *akk* mit etw/jdm abfinden; **I don't know why she ~s up with him** ich weiß nicht, wie sie es mit ihm aushält; **they have a lot to ~ up with** sie haben viel zu ertragen; **I'm not ~ing up with this any longer** ich werde das nicht länger dulden

pu·ta·tive ['pju:tətɪv, AM -t̬ət̬ɪv] *adj attr, inv* (*form*) ❶ (*reputed*) *efficiency, superiority* angeblich ❷ (*supposed*) *father, leader, offender* mutmaßlich

pu·ta·tive·ly ['pju:tətɪvli, AM -t̬ət̬ɪv-] *adv inv* (*form*) angeblich

'put-down *n* ❶ (*landing*) *of an aircraft* Landung *f* ❷ (*fam: disparagement*) verächtliche [*o* herabsetzende] Bemerkung, Verächtlichmachung *f kein pl,* Herabsetzung *f kein pl;* (*embarrassment*) peinliche Bemerkung, Peinlichkeit *f;* (*snub*) brüskierende Bemerkung, Brüskierung *f;* **to give sb a ~** jdm eine Abfuhr erteilen *fam* **'put-off** *n* ❶ (*delay*) Verschiebung *f,* Aufschub *m* ❷ (*fam: excuse*) Ausrede *f,* Ausflucht *f,* Vorwand *m;* **to give sb a ~** jdm mit einer Ausrede kommen *fam* **'put-on** *n* AM (*fam*) ❶ (*act of teasing*) Veräppelung *f kein pl fig fam,* Neckerei *f,* Scherz *m* ❷ (*affected manner*) Theater *nt fig fam,* Schau *f fig fam,* Getue *nt fam,* Theater *nt fam*

pu·tre·fac·tion [ˌpju:trɪ'fækʃᵊn, AM -ə'-] *n no pl* (*form*) ❶ (*decay*) MED *of a body* Verwesung *f,* Putrefaktion *f fachspr,* Putreszenz *f fachspr;* BIOL *of organic matter* Fäulnis *f,* Fäulnisprozess *m,* Zersetzung *f,* Verrottung *f,* Putrefaktion *f fachspr,* Putreszenz *f fachspr* ❷ (*fig: corruption*) *of a culture, morals* Verfall *m fig,* Zersetzung *f fig*

pu·tre·fy <-ie-> ['pju:trɪfaɪ, AM -trə-] *vi* (*form*) MED *body* verwesen, putreszieren *fachspr;* BIOL *organic matter* [ver]faulen, sich *akk* zersetzen, verrotten, vermodern, putreszieren *fachspr;* (*fig: become corrupt*) verfallen, verkommen, verrotten *fig*

pu·trid ['pju:trɪd] *adj* (*form*) ❶ (*decayed*) MED *corpse* verwest, putrid *fachspr;* BIOL *organic matter* verfault, verrottet; *water* faul, mod[e]rig; **~ infection** MED Fäulnisbakterieninfektion *f* ❷ (*foul*) *smell* faulig, übel riechend ❸ (*fig: corrupt*) verworfen, verdorben ❹ (*fig: objectionable*) *behaviour* widerlich, abstoßend; (*fam: horrible*) grässlich, scheußlich; **that was a pretty ~ trick!** das war ein ziemlich übler Trick! ❺ (*fig: worthless*) *effort, achievement* armselig, erbärmlich, miserabel

putsch <*pl* -es> [pʊtʃ] *n* Putsch *m,* Staatsstreich *m,* Umsturz[versuch] *m;* **army ~** Militärputsch *m*

putt [pʌt] SPORTS **I.** *vt* ■**to ~ sth** etw putten [*o* einlochen]; **let's go and ~ a few holes!** lass uns ein paar Bälle einlochen! **II.** *vi* putten, einlochen, einen Putt schlagen **III.** *n* Putt *m*

put·tee ['pʌti, AM pʌt'i:] *n* ❶ MIL (*hist: strip of cloth*) *worn by soldier* Wickelgamasche *f hist* ❷ AM (*legging*) *worn by rider* [Leder]gamasche *f*

putt·er¹ ['pʌtəʳ, AM -t̬ɚ] *n* SPORTS ❶ *golf club* Putter *m* ❷ (*golfer*) Einlocher(in) *m(f);* **to be a good ~** gut putten, einen guten Putt schlagen

putt·er² ['pʌt̬ɚ] *vi* AM ❶ (*busy oneself*) geschäftig sein, werkeln SÜDD, hantieren; **to ~ in the garden** im Garten werkeln; **to ~ in the kitchen** in der Küche hantieren; **to ~ with a bike** an einem Fahrrad herumbasteln ❷ (*move slowly*) [herum]trödeln ❸ (*idle*) die Zeit mit Nichtstun verbringen, [lustlos] herumhängen *fam*

putt·ing ['pʌtɪŋ, AM -t̬-] **I.** *n no pl* SPORTS *in golf* Putten *nt,* Einlochen *nt* **II.** *adj attr, inv* zum Putten *nach n;* **~ iron** Putter *m*

'putt·ing green *n* SPORTS ❶ (*grassy area*) Grün *nt* ❷ (*practising area*) Übungsgrün *nt*

put·ty ['pʌti, AM -t̬i] **I.** *n no pl* [Dichtungs]kitt *m,* Spachtel[kitt] *m,* Dichtungsmasse *f;* [**glazier's**] **~** Glaserkitt *m,* Fensterkitt *m;* [**plasterers'**] **~** Kalkbrei *m,* Kalkteig *m* ▶ PHRASES: **to be like ~ in sb's hands** Wachs in jds Händen sein **II.** *vt* <-ie-> [ver]kitten, [ver]spachteln

'put·ty-knife *n of a glazier* Kittmesser *nt; of a plasterer* Spachtelmesser *nt,* Spachtel *m o f*

'put-up *adj inv* (*fam*) abgemacht, abgekartet *fam;* **~ job** abgekartetes Spiel *fam,* abgekartete Sache *fam,* Schiebung *f fig, pej fam* **'put-upon** *adj* (*fam*) vereinnahmt, ausgenutzt, missbraucht *fig;* **to feel ~** sich *akk* ausgenutzt fühlen

putz <*pl* -es> [pʌtz] *n* AM (*sl*) ❶ (*fool*) Blödmann *m fam*, Dussel *m fam* ❷ (*penis*) Schwanz *m vulg sl*

puz·zle ['pʌzl̩] **I.** *n* ❶ (*test of ingenuity*) Rätsel *nt*, Fragespiel *nt*, Denksportaufgabe *f*; **crossword** ~ Kreuzworträtsel *nt*; **jigsaw** ~ Puzzle *nt* ❷ (*test of patience*) Geduldsspiel *nt*, Puzzlespiel *nt* ❸ (*question*) Rätsel *nt*, schwieriges Problem; **to be a** ~ ein Rätsel [*o* rätselhaft] sein; **to be a** ~ **to sb** jdm ein Rätsel sein, jdn vor ein Rätsel stellen ❹ (*mystery*) Rätsel *nt*, Geheimnis *nt*; **to solve a** ~ ein Rätsel lösen, hinter ein Geheimnis kommen ❺ (*confusion*) Verwirrung *f*, Fassungslosigkeit *f* **II.** *vt* ■**to** ~ **sb** jdn vor ein Rätsel stellen [*o* verwirren] [*o* verdutzen]; **it** ~**s me why she said that** es ist mir ein Rätsel, warum sie das gesagt hat **III.** *vi* ■**to** ~ **about sth** über etw *akk* nachgrübeln [*o* rätseln]

◆**puzzle out I.** *vt* ■**to** ~ **out** ○ **sth** ❶ (*find out*) *answer, solution* etw herausfinden [*o* herausbekommen] [*o fam* herauskriegen]; **to** ~ **out a message** eine Botschaft entschlüsseln [*o* enträtseln] ❷ (*work out*) *plan, strategy* etw austüfteln [*o* ausknobeln] *fam* **II.** *vi* herausfinden; **I can't** ~ **out how he did it** ich kann mir nicht erklären, wie er das geschafft hat

◆**puzzle over I.** *vi* ■**to** ~ **over sth** über etw *akk* nachgrübeln [*o* rätseln] **II.** *vt* **to** ~ **one's head over sth** sich *dat* den Kopf über etw *akk* zerbrechen

puz·zled ['pʌzl̩d] *adj* ❶ (*helpless*) *expression* ratlos, verständnislos; ~ **look** fragender Blick; **she's** ~ **about what would be the best thing to do** sie weiß nicht so richtig, was das Beste für sie wäre ❷ (*confused*) verwirrt, fassungslos ❸ (*surprised*) [sehr] überrascht, verdutzt, verblüfft ❹ (*disconcerted*) *expression* irritiert, befremdet

puz·zle·ment ['pʌzl̩mənt] *n no pl* ❶ (*helplessness*) Ratlosigkeit *f*, Verständnislosigkeit *f* ❷ (*confusion*) Verwirrung *f*, Fassungslosigkeit *f* ❸ (*surprise*) Verblüffung *f*, [große] Überraschung; **much to my** ~ zu meiner großen Überraschung ❹ (*disconcertment*) Irritation *f*, Befremden *nt*

puz·zler ['pʌzlə^r, AM -ɚ] *n* ❶ (*usu fam: question*) Rätsel *f*, Geheimnis *nt*, schwieriges Problem, harte Nuss *fig fam* ❷ (*fig: difficult person*) Rätsel *nt fig* ❸ (*thinker*) Puzzler(in) *m(f)*, Puzzlespieler(in) *m(f)*

puz·zling ['pʌzlɪŋ] *adj* ❶ (*mysterious*) *mechanism, story* rätselhaft, geheimnisvoll ❷ (*difficult*) *question, situation* schwierig ❸ (*confusing*) verwirrend ❹ (*surprising*) *outcome, success* verblüffend, [sehr] überraschend; ~ **trick** verblüffender Trick

PVC [ˌpiːviː'siː] CHEM **I.** *n abbrev of* **polyvinyl chloride** PVC *nt* **II.** *adj attr abbrev of* **polyvinyl chloride** PVC-, aus PVC *nach n*

PV tech·'nol·ogy *n abbrev of* **photovoltaic technology** Photovoltaik *f kein pl*

pw *adv* BRIT *abbrev of* **per week** wöchentlich, die Woche

PWA [ˌpiːˌdʌblju'eɪ] *n* AM *abbrev of* **person with Aids** Aidskranke(r) *f(m)*

PX [ˌpiː'eks] *n* AM MIL *abbrev of* **post exchange** P.X.-Laden *m* (*eigens für Angehörige der US-Armee im Ausland*)

pyg·my ['pɪgmiː] **I.** *n* (*pej*) ❶ (*short person*) Zwerg(in) *m(f)*, Liliputaner(in) *m(f)* ❷ (*fig, pej: insignificant person*) Zwerg(in) *m(f) fig, pej*, Wicht *m fig, pej*; **political** ~ politischer Zwerg **II.** *adj attr, inv* Zwerg-; ZOOL (*chimpanzee, rabbit*) Zwerg-; ~ **lamp** ELEC Zwerglampe *f fachspr*

Pyg·my ['pɪgmiː] **I.** *n* Pygmäe *m* **II.** *adj inv* Pygmäen-, pygmäisch; **a** ~ **man/woman** ein Pygmäenmann/eine Pygmäenfrau

py·ja·ma [pɪ'dʒɑːmə, AM pə'-] *adj attr, inv* Pyjama-, Schlafanzug-; ~ **bottom[s]** [*or* **trousers**] Pyjamahose *f*; ~ **top** [*or* **jacket**] Pyjamaoberteil *nt*; ~ **party** Pyjamaparty *f*

py·ja·mas [pɪ'dʒɑːməz, AM pə'-] *npl* Pyjama *m*, Schlafanzug *m*; **in [one's]** ~ im Pyjama [*o* Schlafanzug]; **a pair of** ~ ein Pyjama *m* [*o* Schlafanzug] *m*

py·lon ['paɪlɒn, AM -lɑːn] *n* ❶ ELEC (*power lines pole*) freitragender Stahlmast [*o* Leitungsmast]; [**electricity**] ~ Hochspannungsmast *m*; AVIAT (*fin-like device*) Außen[bord]lastträger *m* (*für Zusatztanks, Bomben etc*) ❷ AVIAT (*guidance pole*) *in gliding* Orientierungsturm *m*, Wendepunkt *m*, Wendemarke *f*

PYO [ˌpiːwaɪ'əʊ, AM -'oʊ] **I.** *n abbrev of* **pick your own** Selberpflücken *nt*, Selberernten *nt* **II.** *adj attr, inv abbrev of* **pick your own** *raspberries, strawberries* zum Selberpflücken *nach n*; *carrots, mushrooms, vegetables* zum Selberernten *nach n*

py·or·rhea [ˌpaɪə'riːə] *n* AM, **py·or·rhoea** [-'rɪə] *n no pl* MED Eiterfluss *m*, Pyorrhö *f fachspr*

pyra·mid ['pɪrəmɪd] *n* ❶ (*geometry*) Pyramide *f* ❷ (*Egyptian tombs*) Pyramide *f*; **the Great P~** die Große Pyramide; **the ancient** ~**s** die [alten] Pyramiden ❸ (*billiard game*) ■~**s** *pl* [Pool]billard *nt kein pl*

py·rami·dal [pɪ'ræmɪdəl] *adj inv* pyramidenförmig, pyramidenartig, pyramidal *fachspr*

'pyra·mid scheme *n* AM STOCKEX [sofortige] Wiederanlage nicht realisierter Spekulationsgewinne *fachspr*, Anhäufung *f* von Spekulationsgewinnen **pyra·mid 'sell·ing** *n no pl* ECON, LAW Vertrieb *m* nach dem Schneeballprinzip, Schneeballsystem *nt* (*der Vertrieb läuft über eine Kette von Vertretern und Untervertretern*) **'pyra·mid struc·ture** *n* AM ECON Verschachtelungsstruktur *f*, verschachtelte Struktur

pyre ['paɪə^r, AM -ɚ] *n* Scheiterhaufen *m*

Pyr·enees [ˌpɪrə'niːz] *npl* ■**the** ~ die Pyrenäen *pl*

Py·rex® ['paɪ(ə)reks, AM 'paɪreks] **I.** *n* Pyrex-Glas®, Hartglas *nt* **II.** *n modifier* (*baking dish, pan, bowl*) Pyrex-®, aus Pyrex-Glas® [*o* Hartglas] *nach n*

py·rites [paɪ(ə)'raɪtiːz, AM paɪ'-] *n* + *sing vb* GEOL Pyrit *m fachspr*, [Schwefel]kies *m*, [Eisen]kies *m*; [**iron**] ~ Eisenkies *m*

pyro·ma·nia [ˌpaɪ(ə)rə(ʊ)'meɪniə, AM ˌpaɪroʊ'-] *n no pl* PSYCH krankhafter Brandstiftungstrieb, Pyromanie *f fachspr*

pyro·ma·ni·ac [ˌpaɪ(ə)rə(ʊ)'meɪniæk, AM ˌpaɪroʊ'-] *n* PSYCH Brandstifter(in) *m(f)* [aus krankhafter Veranlagung], Feuerteufel *m fig fam*, Pyromane, -in *m, f fachspr*

pyro·tech·nic [ˌpaɪ(ə)rə(ʊ)'teknɪk, AM ˌpaɪroʊ'-] *adj attr, inv* ❶ (*fireworks*) pyrotechnisch, Feuerwerks-; ~ **display** Feuerwerk *nt* ❷ MIL (*ammunition*) ~ **bomb/charge** pyrotechnische Bombe/Ladung; *for signalling* Leucht-; ~ **cartridge** Leuchtpatrone *f*; ~ **pistol** Leuchtpistole *f* ❸ (*fig: sensational*) *musical performance, rhetoric* brillant, glänzend; ~ **recital** brillanter [*o* glänzender] Vortrag; *wit* sprühend

pyro·tech·nics [ˌpaɪ(ə)rə(ʊ)'teknɪks, AM ˌpaɪroʊ'-] *n sing* ❶ (*art of making fireworks*) Pyrotechnik *f*, Feuerwerkerei *f* ❷ (*firework display*) Feuerwerk *nt* ❸ (*fig: sensational display*) *of musical performance, rhetoric* Feuerwerk *nt*, Brillanz *f*; **musical** ~ musikalisches Feuerwerk, musikalische Brillanz; **verbal** ~ brillante Wortwahl, rednerische Brillanz

Pyr·rhic vic·tory [ˌpɪrɪk'vɪktəri] *n* Pyrrhussieg *m*

py·thon <*pl* -s *or* -> ['paɪθən, AM -θɑːn] *n* Python *m*, Pythonschlange *f*

pzazz [pə'zæz] *n no pl* (*fam*) *see* **pizzazz**

Qq

Q <*pl* 's>, **q** <*pl* 's *or* -s> [kjuː] *n* Q *nt*, q *nt*; ~ **for Queenie** [*or* AM **as in Queen**] Q für Quelle

Q¹ [kjuː] *n* ❶ *abbrev of* **Queen** Königin *f* ❷ SCH, UNIV *abbrev of* **question** Frage *f* ❸ ECON *abbrev of* **quarter** Quartal *nt*

Q² *n* REL (*gospel source*) Logienquelle *f* Q (*dient als Symbol für Stellen bei Matthäus und Lukas, die nicht bei Markus vorhanden sind*)

Q and 'A sec·tion *n* SCH, UNIV (*question and answer part*) Übungsaufgaben *fpl*, Übungen *fpl*

QC [ˌkjuːˈsiː] *n* BRIT *abbrev of* **Queen's Counsel**
QED¹ [ˌkjuːiːˈdiː] *n* MATH *abbrev of* **quod erat demonstrandum** q.e.d.
QED² [ˌkjuːiːˈdiː] *n* (*fig: and that's the solution*) ganz einfach, so geht das
qt *n* AM *abbrev of* **quart**
q.t. [ˌkjuːˈtiː] *n* (*fam*) **on the ~** im Stillen, in aller Stille, insgeheim; **to meet sb on the ~** jdn heimlich treffen
Q-Tip® [ˈkjuːtɪp] *n* AM Wattestäbchen *nt*
qu *n* AM *abbrev of* **question**
qua [kweɪ, kwɑ] *prep* (*form*) [in der Eigenschaft] als, qua *geh;* **art ~ art** Kunst [in ihrer Eigenschaft] als Kunst [*o* solche]
quack¹ [kwæk] **I.** *n* ❶ (*duck's sound*) Quaken *nt* ❷ (*childspeak: duck*) ■ **~-~** Quakente *f Kindersprache* **II.** *vi* quaken, quak machen *fam*
quack² [kwæk] (*pej*) **I.** *n* MED (*fake doctor*) Quacksalber(in) *m(f) pej;* BRIT, AUS (*sl: doctor*) Doktor *m fam* **II.** *adj attr, inv* (*pej*) **~ doctor** Kurpfuscher(in) *m(f) pej,* Quacksalber(in) *m(f) pej;* **~ medicine** [*or* **remedy**] Mittelchen *nt pej;* **~ treatment** Quacksalberei *f pej,* Kurpfuscherei *f pej*
quack·ery [ˈkwækᵊri] *n no pl* MED (*pej*) Kurpfuscherei *f pej,* Quacksalberei *f pej;* **to practice ~** Kurpfuscherei [*o* Quacksalberei] betreiben
quack-quack [ˈkwækˌkwæk] *n* (*childspeak: duck*) Quakente *f Kindersprache*
quad¹ [kwɒd, AM kwɑːd] *n* ❶ (*fam*) *abbrev of* **quadruplet** Vierling *m* ❷ *abbrev of* **quadrangle** (*block of buildings*) [Häuser]block *m,* Geviert *nt;* (*on a campus*) Hof, [viereckiger] Innenhof; (*on school grounds*) viereckiger Schulhof
quad² [kwɒd, AM kwɑːd] *n* ❶ MEDIA (*space*) *in printing* Geviert *nt* ❷ PHYS (*energy unit*) Quad *nt* ❸ ELEC, TELEC (*cable*) Vierer *m,* Viererkabel *nt* ❹ MED (*fam: paralysed person*) Tetraplegiker(in) *m(f)*
quad·ran·gle [ˈkwɒdræŋgḷ, AM ˈkwɑː-] *n* (*form*) ❶ (*figure*) Viereck *nt,* Karree *nt* ❷ (*square*) *of buildings* [Häuser]block *m,* Geviert *nt;* BRIT *on a campus* von Gebäuden umschlossener viereckiger Hof (*z.B. in Oxford*); *of a court* [viereckiger] Innenhof; *on school grounds* viereckiger Schulhof ❸ AM GEOG *in surveying* Landkartenviereck *nt fachspr*
quad·ran·gu·lar [kwɒdˈræŋgjələʳ, AM kwɑːˈdræŋgjələ˞] *adj inv* viereckig
quad·rant [ˈkwɒdrᵊnt, AM ˈkwɑː-] *n* ❶ MATH (*quarter*) *of a circle* Viertelkreis *m,* Viertelebene *f,* Quadrant *m fachspr;* **one ~ of a circle** ein Viertelkreis *m; of two axes* Viertelebene *f,* Quadrant *m fachspr; of a sphere* Viertelkugel *f;* ASTRON Viertel *nt,* Quadrant *m fachspr;* **the first ~ of the moon** das erste Viertel des Mondes ❷ ASTRON, NAUT (*instrument*) Quadrant *m fachspr*
quad·ra·phon·ic [ˌkwɒdrəˈfɒnɪk, AM ˌkwɑːdrəˈfɑːn-] *adj inv* MUS quadrophon[isch]; **~ sound system** Quadroanlage *f*
quad·rat·ic [kwɒdˈrætɪk, AM kwɑːˈdræt̬-] **I.** *adj inv* quadratisch, zweiten Grades *nach n;* **~ curve** Kurve *f* zweiten Grades; **~ equation** quadratische Gleichung, Gleichung *f* zweiten Grades **II.** *n* quadratische Gleichung, Gleichung *f* zweiten Grades
quad·ri·lat·er·al [ˌkwɒdrɪˈlætᵊrᵊl, AM ˌkwɑːdrɪˈlæt̬ə˞-] **I.** *adj inv* vierseitig **II.** *n* (*shape*) Viereck *nt*
quad·ri·par·tite [ˌkwɒdrɪˈpɑːtaɪt, AM ˌkwɑːdrɪˈpɑːr-] *adj* (*form*) vierteilig, Vier[er]-; **~ agreement** Viermächteabkommen *nt,* Viererabkommen *nt;* **~ conference** Viermächtekonferenz *f,* Viererkonferenz *f;* **the ~ division of Berlin** POL, HIST die Teilung Berlins in vier Teile; **~ pact** Viererpakt *m;* **~ plan** Vierpunkteplan *m*
quad·ri·plegia [ˌkwɒdrɪˈpliːdʒə, AM ˌkwɑːdrɪ-] *n no pl* MED Tetraplegie *f fachspr,* Lähmung *f* aller vier Gliedmaßen
quad·ri·ple·gic [ˌkwɒdrɪˈpliːdʒɪk, AM ˌkwɑːdrɪ-] MED **I.** *adj inv* tetraplegisch *fachspr* **II.** *n* Tetraplegiker(in) *m(f) fachspr; see also* **quadriplegia**
quad·ro·phon·ic *adj also* BRIT, AUS *see* **quadraphonic**
quad·ru·ped [ˈkwɒdrʊped, AM ˈkwɑːdrə-] **I.** *adj* ZOOL vierfüßig **II.** *n* Vierfüßer *m,* Tetrapode *m*
quad·ru·ple [ˈkwɒdrʊpḷ, AM kwɑːˈdruː-] **I.** *vt* ■ **to ~ sth** etw vervierfachen **II.** *vi* sich *akk* vervierfachen **III.** *adj* vierfach *attr;* **~ the amount/number** die vierfache Menge/Anzahl; **~ alliance** POL Viererbündnis *nt,* Viererbund *m;* **Q~ Alliance** HIST Quadrupelallianz *f fachspr;* **~ time** [*or* **beat**] MUS Vierertakt *m,* Viervierteltakt *m* **IV.** *adv* vierfach [ausgelegt]
quad·ru·ple·gic *adj, n* AUS MED *see* **quadriplegic**
quad·ru·plet [ˈkwɒdrʊplət, AM kwɑːˈdruːplɪt] *n* ❶ (*fourth offspring*) Vierling *m;* **identical/fraternal ~s** eineiige/zweieiige Vierlinge ❷ MUS (*fugue*) Quadrupelfuge *f fachspr*
quaff [kwɒf, AM kwɑːf] (*hum, dated*) **I.** *vt* ■ **to ~ sth** etw [in großen Zügen] trinken [*o akk* in sich *fam* hineinschütten], *fam* [hinein]kippen **II.** *vi* zechen *veraltet,* [in großen Zügen [*o* Mengen]] trinken
quaff·able [ˈkwɒfəbḷ, AM ˈkwɑːf-] *adj* (*dated or hum*) *wine* süffig *fam*
quag·mire [ˈkwɒgmaɪəʳ, AM ˈkwægmaɪə˞] *n* ❶ (*muddy ground*) aufgeweichter Boden, Sumpf[boden] *m,* Morast[boden] *m;* **at the end of the match the pitch was a real ~** nach dem Spiel war der Platz völlig aufgeweicht ❷ (*fig: difficult situation*) Sumpf *m fig,* Morast *m fig,* Patsche *f fig;* **to be caught in a ~** in der Patsche sitzen; **a ~ of corruption** ein Morast der Korruption; **a ~ of violence** ein Sumpf der Gewalt ❸ (*fig: mess*) Wust *m fig,* Chaos *nt fig;* **a ~ of details/instructions** ein Wust *m* von Einzelheiten/Instruktionen
quail¹ <*pl* -s *or* -> [kweɪl] *n* ❶ (*bird*) Wachtel *f* ❷ AM (*fig, pej sl: girl*) Mieze *f fig, pej fam*
quail² [kweɪl] *vi* bangen *geh,* verzagen *geh,* den Mut verlieren [*o* sinken lassen]; **she ~ed with fear** ihr war Angst und Bange; **he ~ed before the consequences** ihm bangte vor den Konsequenzen
quaint [kweɪnt] *adj* ❶ (*charming*) reizend, entzückend, wunderschön; *landscape, village* idyllisch, malerisch, pittoresk *geh; cottage, pub* urig ❷ (*a. pej: strangely old-fashioned*) *customs, way of speaking* altmodisch [*o* altertümlich] [anmutend] *a. pej; expression, name* altmodisch [*o* altertümlich] [klingend] *a. pej* ❸ (*usu pej: strange*) *person* eigenartig, sonderbar, wunderlich, schrullig, verschroben *oft pej;* **~ old man** alter Sonderling [*o pej* Kauz]; **~ old woman** schrullige [*o* wunderliche] Alte; *customs, ideas, sight* eigenartig, eigentümlich, sonderbar, seltsam, kurios *oft pej;* **a ~ sense of humour** ein seltsamer [*o* eigenartiger] Sinn für Humor; *views* eigentümlich, verschroben *oft pej* ❹ (*pleasantly unusual*) *encounter, sound* wundersam
quaint·ly [ˈkweɪntli] *adv* ❶ (*charmingly*) reizend, entzückend, wunderschön; **to be ~ decorated** wunderschön geschmückt sein ❷ (*a. pej: old-fashionedly*) altmodisch, altertümlich *a. pej;* **to be ~ worded** altmodisch [*o* in einem altertümlich anmutenden Stil] formuliert sein ❸ (*usu pej: strangely*) merkwürdig, seltsam, eigentümlich *oft pej;* **he was ~ dressed** er war eigentümlich gekleidet; **she's ~ helpful** sie ist auf eine wunderliche Art hilfsbereit
quaint·ness [ˈkweɪntnəs] *n no pl* ❶ (*charm*) Reiz *m; of landscape, village* idyllischer [*o* malerischer] Charakter, das Idyllische [*o* Malerische]; *of pub* Urigkeit *f,* das Urige ❷ (*usu pej: strangeness*) *of a person* Schrulligkeit *f,* Verschrobenheit *f oft pej; of customs, ideas, sight* Merkwürdigkeit *f,* Eigentümlichkeit *f,* Kuriosität *f oft pej; of views* Eigentümlichkeit *f,* Verschrobenheit *f oft pej; of way of speaking* Eigenartigkeit *f,* Seltsamkeit *f oft pej*
quake [kweɪk] **I.** *n* (*fam*) [Erd]beben *nt,* Erschütterung *f* **II.** *vi* ❶ (*move*) *earth* beben; **they felt the ground ~** sie fühlten, dass die Erde bebte ❷ (*fig: shake*) zittern, [er]beben, sich *akk* schütteln; **to ~ at the prospect** [*or* **thought**] bei der Aussicht [*o* dem Gedanken] erbeben *fig;* **her voice ~d with emotion** ihre Stimme bebte vor Erregung *fig*
Quak·er [ˈkweɪkəʳ, AM -ə˞] **I.** *n* Quäker(in) *m(f);* ■ **the ~s** *pl* die Quäker *mpl* **II.** *adj attr* ❶ (*meeting of Quakers*) Quäker-; ~ [*or*

~s'] **meeting** schweigende Quäkerversammlung ❷ *(fam: gathering)* schweigende Versammlung [*o fam* Runde]

quali·fi·ca·tion [ˌkwɒlɪfɪˈkeɪʃᵊn, AM ˌkwɑːl-] *n* ❶ *(skill)* Qualifikation *f;* *(document)* Abschlusszeugnis *nt;* **do you have any teaching ~s?** haben Sie Unterrichtserfahrung?; **he left school with no ~s** er verließ die Schule ohne einen Abschluss ❷ *no pl (completion of training)* Abschluss *m* seiner Ausbildung; *from school* [Schul]abschluss *m; from university* [Studien]abschluss *m;* **after his ~ as a doctor he went to Africa** nach Abschluss seiner ärztlichen Ausbildung ging er nach Afrika ❸ *(restriction)* Einschränkung *f,* Vorbehalt *m;* **~ of an offer** COMM Einschränkung *f* eines Angebots; **without any ~** ohne jede Einschränkung ❹ *(change)* [Ab]änderung *f,* Modifikation *f;* **after certain ~s, the proposal was accepted** nach einigen Abänderungen wurde der Vorschlag angenommen; **subject to ~s** COMM Änderungen vorbehalten ❺ *(condition)* [notwendige] Voraussetzung *f* (**for, of** für +*akk*); **~ for citizenship** Voraussetzung *f* für den Erwerb der Staatsbürgerschaft; **~ for an examination** AM UNIV Zulassung zu einer Prüfung *f;* **~ for public office** Voraussetzung *f* für ein öffentliches Amt [*o* *f*Vorbedingung]; **~ procedure** AM UNIV Zulassungsverfahren *nt* ❻ *(eligibility)* Berechtigung *f;* **~ for election** Wahlberechtigung *f;* STOCKEX *(for directorship)* Pflichtaktienkapital *nt* [eines Vorstandsmitglieds]; **~ for dividend** Dividendenberechtigung *f* ❼ SPORTS *(preliminary test)* Qualifikation *f,* Ausscheidung *f* ❽ LING *(modification)* nähere Bestimmung

quali·fied [ˈkwɒlɪfaɪd, AM ˈkwɑːl-] *adj* ❶ *(competent)* qualifiziert, befähigt, geeignet, tauglich; **highly ~** hoch qualifiziert; **well ~** gut geeignet ❷ *(certified)* ausgebildet, -meister [*o* -meisterin]; **~ mason** Maurermeister(in) *m(f);* **~ radiologist** ausgebildeter Radiologe/ausgebildete Radiologin; *(at university)* graduiert; *(by the state)* staatlich anerkannt [*o* zugelassen], diplomiert; **~ medical practitioner** approbierter praktischer Arzt/approbierte praktische Ärztin; **Tim is now a ~ architect** Tim ist jetzt Diplomarchitekt; **to be ~ to practise as a doctor/lawyer** approbiert/als Anwalt zugelassen sein; **he is not ~ to teach this course** er hat nicht die für die Erteilung dieses Kurses erforderlichen Qualifikationen ❸ *(restricted)* bedingt, eingeschränkt; **~ acceptance** COMM bedingte Annahme [eines Wechsels], bedingtes [*o* eingeschränktes] Akzept *fachspr;* **~ approval/reply** Zustimmung *f*/Antwort *f* unter Vorbehalt; **~ as to time** zeitlich beschränkt; **~ endorsement** COMM eingeschränktes Indossament, Indossament *nt* ohne Obligo *fachspr;* **~ majority** COMM, ECON qualifizierte Mehrheit; **in a ~ sense** mit Einschränkungen; **to make a ~ statement** eine Erklärung unter Einschränkungen abgeben; **to be a ~ success** kein uneingeschränkter [*o* voller] Erfolg sein, ein mäßiger Erfolg sein ❹ *(eligible)* berechtigt, imstande; **to be ~ to vote** wahlberechtigt [*o* stimmberechtigt] sein; **I don't feel ~ to speak for her** ich sehe mich nicht imstande, für sie zu sprechen

quali·fi·er [ˈkwɒlɪfaɪəʳ, AM ˈkwɑːlɪfaɪɚ] *n* ❶ *(restriction)* Einschränkung *f;* *(condition)* Bedingung *f* ❷ SPORTS *(test)* Qualifikationsspiel *nt,* Qualifikationskampf *m,* Ausscheidungsspiel *nt,* Ausscheidungskampf *m;* *(person)* Qualifikant(in) *m(f);* ■**to be a ~** sich *akk* qualifiziert haben ❸ LING *(modifier)* nähere Bestimmung

quali·fy <-ie-> [ˈkwɒlɪfaɪ, AM ˈkwɑːl-] **I.** *vt* ❶ *(make competent)* ■**to ~ sb for sth** jdn für etw *akk* qualifizieren [*o* zu etw *dat* befähigen]; **your course on cookery doesn't ~ you as an expert chef** dein Kochkurs macht aus dir noch lange keinen Meisterkoch ❷ *(make eligible)* ■**to ~ sb [for sth]** jdm das Recht [*o* den Anspruch] [auf etw *dat*] geben; **being a single parent qualifies you for extra benefits** als allein erziehender Elternteil hat man Anspruch auf Sonderleistungen; ■**to ~ sb to do sth** jdn berechtigen etw zu tun ❸ *(restrict)* ■**to ~ sth** *criticism, judgement* etw einschränken [*o* modifizieren] [*o* unter Vorbehalt äußern]; **to ~ an opinion/remark** eine Meinung/Bemerkung unter Vorbehalt [*o* einschränkend] äußern; **to ~ a statement** eine Erklärung [*o* Feststellung] einschränken ❹ LING *(modify)* ■**to ~ sth** *adjective, noun* etw näher bestimmen **II.** *vi* ❶ *(complete training)* die Ausbildung abschließen; UNIV das Studium abschließen; **Chris has just qualified as a doctor** Chris hat gerade seinen Doktor in Medizin gemacht; **to ~ as an officer** ein Offizierspatent erwerben ❷ *(prove competence)* ■**to ~ [for sth]** sich *akk* [für etw *akk*] qualifizieren [*o* als geeignet erweisen], seine Eignung [für etw *akk*] nachweisen; **to ~ for the semi-final** SPORTS sich *akk* für das Halbfinale qualifizieren ❸ *(meet requirements)* ■**to ~ [for sth]** *citizenship, membership, an office* [für etw] die [nötigen] Voraussetzungen [*o* Bedingungen] erfüllen; *(be eligible) benefits, a job* für etw *akk* in Frage kommen; **he barely qualified** er hat die Voraussetzungen [*o* Bedingungen] gerade noch erfüllt; **to ~ for a scholarship** den Qualifikationsnachweis für ein Stipendium erbringen

quali·fy·ing [ˈkwɒlɪfaɪɪŋ, AM ˈkwɑːl-] **I.** *n no pl* ❶ *(meeting requirement)* Qualifizierung *f* ❷ *(restricting)* Einschränkung *f,* Modifizierung *f* ❸ SPORTS *(preliminary testing)* Qualifizierung *f* **II.** *adj attr, inv* ❶ *(restrictive)* einschränkend, modifizierend ❷ *(testing standard)* Qualifikations-, Eignungs-; **~ examination** [*or* **test**] Eignungsprüfung *f;* SCH, UNIV Aufnahmeprüfung *m,* Aufnahmetest *m;* **~ heat** [*or* **round**] SPORTS Qualifikationsrunde *f,* Ausscheidungsrunde *f;* **~ match** [*or* **game**] SPORTS Qualifikationsspiel *nt,* Ausscheidungsspiel *nt;* **~ test** [*or* **exam**] SCH, UNIV Aufnahmetest *m,* Aufnahmeprüfung *f* ❸ LING *(modifying) adjective, adverb* bestimmend

ˈquali·fy·ing pe·ri·od *n* FIN *for bonds, deposits* Sperrfrist *f fachspr;* COMM, LAW *for insurance benefits* Wartezeit *f,* Karenzzeit *f fachspr;* ECON, LAW *for pension claims* Anwartschaftszeit *f fachspr* **ˈquali·fy·ing shares** *npl* FIN Pflichtaktien *fpl* [eines Vorstandsmitglieds]

quali·ta·tive [ˈkwɒlɪtətɪv, AM ˈkwɑːlɪteɪt̬ɪv] *adj inv* qualitativ, Qualitäts-, gütemäßig; **~ classification** Einteilung *f* nach Güte [*o* Wert], gütemäßige Klassifizierung; **~ difference** Qualitätsunterschied *m*

quali·ta·tive aˈnaly·sis *n* CHEM qualitative Analyse *fachspr;* **to perform [a] ~ on sth** eine qualitative Analyse von etw *dat* durchführen **quali·ta·tive dis·tri·ˈbu·tion** *n* MATH qualitative Verteilung *fachspr*

quali·ta·tive·ly [ˈkwɒlɪtətɪvli, AM ˈkwɑːlɪteɪt̬-] *adj* qualitativ

qual·ity [ˈkwɒləti, AM ˈkwɑːlət̬i] **I.** *n* ❶ *(standard)* Qualität *f,* Güte *f,* Wert *m;* MECH, TECH Gütegrad *m fachspr;* **~ of life** Lebensqualität *f;* **of high/low ~** von hoher/minderer Qualität, hochwertig/minderwertig; **first/second ~** erste/zweite Qualität [*o* Wahl] [*o* Klasse]; **to vary in ~** sich *akk* qualitätsmäßig unterscheiden ❷ *(character)* Art *f,* Beschaffenheit *f,* Natur *f;* **the unique ~ of their relationship** die Einzigartigkeit ihrer Beziehung ❸ *(feature)* Eigenschaft *f,* Merkmal *nt;* **artistic ~** künstlerisches Merkmal; **managerial qualities** Führungsqualitäten *fpl,* Führungseigenschaften *fpl;* **the school has many excellent qualities** die Schule hat viele Vorzüge; **this cheese has a rather rubbery ~ to it** dieser Käse hat etwas ziemlich Gummiartiges an sich ❹ *(dated or hum: high rank)* Rang *m,* hohes Ansehen; **to be a person of ~** jd von Rang [und Namen] sein **II.** *n modifier* [qualitativ] hochwertig, Qualitäts-; **~ goods/products** Qualitätswaren *fpl*/Qualitätserzeugnisse *ntpl;* *(fam)* **that's a real ~ job you've done there** das hast du wirklich toll gemacht *fam*

ˈqual·ity con·trol *n usu sing* Qualitätskontrolle *f,* Qualitätsüberwachung *f,* Qualitätssicherung *f,* Güteprüfung *f,* Fertigungskontrolle *f* **ˈqual·ity dai·ly** *n,* **ˈqual·ity news·pa·per** *n,* **ˈqual·ity pa·per** *n* seriöse [*o* angesehene] [Tages]zeitung **ˈqual·ity press** *n no pl* seriöse Presse **ˈqual·ity time** *n no pl die Zeit, die man dafür aufbringt, familiäre Beziehungen zu entwickeln und zu pflegen*

qualm [kwɑːm] *n* ❶ *(doubt)* ■**~s** *pl* Bedenken *pl,* Zweifel *m* *meist pl*, Skrupel *m meist pl;* **to feel** [**no**] [*or* **have**] **~s** [**about doing sth**] [keine] Bedenken [*o* Skrupel] haben [etw zu tun] ❷ (*uneasiness*) ungutes [*o* unangenehmes] Gefühl; **without the slightest ~** ohne die geringsten [*o* jeden] Skrupel ❸ (*feeling of faintness*) [plötzliche] Schwäche, Schwächeanfall *m* ❹ (*feeling of sickness*) [plötzliche] Übelkeit, [plötzliches] Unwohlsein

quan·da·ry ['kwɒndᵊri, AM 'kwɑːn-] *n usu sing* ❶ (*indecision*) Unentschiedenheit *f*, Unentschlossenheit *f;* **to be in a ~** sich *akk* nicht entscheiden können, unentschlossen sein; **we're in a ~ over** [*or* **about**] **where to spend Christmas** wir wissen nicht, wo wir Weihnachten feiern sollen ❷ (*difficult situation*) [große] Verlegenheit, verzwickte Lage, verfahrene Situation; **I've got myself into a ~** ich habe mich in eine äußerst schwierige Lage hineinmanövriert; **to put sb in a ~** jdn in große Verlegenheit bringen; **legal ~** schwierige Rechtslage, rechtlicher Problemfall

quan·go ['kwæŋgəʊ] *n* BRIT (*usu pej*) *acr for* **quasi-autonomous non-governmental organization** halbautonome nichtstaatliche Organisation

quan·ta ['kwɒntə, AM 'kwɑːnţə] *n pl of* **quantum**

quan·ti·fi·able ['kwɒntɪfaɪəbl, AM 'kwɑːnţə-] *adj inv* mengenmäßig messbar [*o* bestimmbar], quantifizierbar *fachspr*

quan·ti·fi·ca·tion [ˌkwɒntɪfɪ'keɪʃᵊn, AM ˌkwɑːnţə-] *n* mengenmäßige Messung [*o* Bestimmung], Quantifizierung *f fachspr*

quan·ti·fi·er ['kwɒntɪfaɪəʳ, AM 'kwɑːnţəfaɪɚ] *n* ❶ (*particle*) *in logic* Quantor *m fachspr*, Quantifikator *m fachspr* ❷ MATH (*expression*) Klammerausdruck *m fachspr* ❸ LING (*modifier*) Zahlwort *nt*, Numerale *nt fachspr*

quan·ti·fy <-ie-> ['kwɒntɪfaɪ, AM 'kwɑːnţ-] *vt* ■**to ~ sth** etw mengenmäßig messen [*o* bestimmen] [*o fachspr* quantifizieren]

quan·ti·ta·tive ['kwɒntɪtətɪv, AM 'kwɑːnţəteɪţɪv] *adj* quantitativ *geh*, mengenmäßig; **a ~ analysis/study** eine quantitative Analyse/Studie

quan·ti·ta·tive·ly ['kwɒntɪtətɪvli, AM 'kwɑːnţəteɪţ-] *adv* quantitativ *geh*, mengenmäßig

quan·tity ['kwɒntəti, AM 'kwɑːnţəti] **I.** *n* ❶ (*amount*) Menge *f*, Quantität *f;* **you can buy the paper plates in quantities of 10, 100, and 1000** Sie können Papierteller in Stückzahlen von 10, 100 oder 1000 kaufen; **a large/small ~ of apples/flour** eine große/kleine Menge Äpfel/Mehl ❷ (*large amount*) Menge *f*, große Menge[n] *f*[*pl*], Unmenge[n] *f*[*pl*]; **to buy in ~** ECON in großen Mengen [*o fachspr* en gros] kaufen ❸ (*huge amount*) ■**quantities** *pl* große Menge[n] *f*[*pl*], Unmenge[n] *f*[*pl*]; **they drank quantities of beer at the party** sie tranken Unmengen von Bier bei der Party ❹ MATH (*magnitude*) [direkt messbare] Größe **II.** *n modifier* in großen Mengen *nach n;* ECON en gros *nach n;* **~ theory** ECON Quantitätstheorie *f*

quan·tity 'dis·count *n* Mengenrabatt *m* **'quan·tity sur·vey·or** *n* BRIT ARCHIT, FIN Kalkulator(in) *m(f) fachspr*, Kostenplaner(in) *m(f)*

quan·tum <*pl* -ta> ['kwɒntəm, AM 'kwɑːnţ-, *pl* -ţə] *n* ❶ (*form: amount*) Menge *f*, Anzahl *f*, Quantum *nt geh* (**of** an +*dat*) ❷ (*portion*) [An]teil *m* ❸ PHYS (*unit*) Quant[um] *nt fachspr;* **~ of action** Wirkungsquant[um] *nt*, Plancksche Konstante *fachspr;* **~ of energy** Energiequant[um] *nt;* **~ of light** Lichtquant[um] *nt*, Strahlungsquant[um] *nt*, Photon *nt fachspr*

quan·tum 'jump *n*, **quan·tum 'leap** *n* ❶ PHYS (*transition*) Quantensprung *m fachspr*, Quantenübergang *m fachspr* ❷ (*fig: advance*) gewaltiger Sprung *fig*, riesiger Fortschritt

quan·tum me·'chan·ics *n + sing vb* Quantenmechanik *f kein pl*

quar·an·tine ['kwɒrᵊntiːn, AM 'kwɔːr-] **I.** *n* Quarantäne *f;* **to place sb under ~** jdn unter Quarantäne stellen; **to be in ~** in Quarantäne sein **II.** *vt* ■**to ~ sb/an animal** jdn/ein Tier unter Quarantäne stellen

quark [kwɑːk, AM kwɑːrk] *n* PHYS Quark *nt*

quar·rel ['kwɒrᵊl, AM 'kwɔːr-] **I.** *n* ❶ (*argument*) Streit *m*, Auseinandersetzung *f*, Zank *m;* **a ~/~s over border territory** ein Grenzstreit/Grenzstreitigkeiten; **to have a ~** sich *akk* streiten [*o* zanken], Streit [*o* eine Auseinandersetzung] haben; **to patch up a** [*or* **the**] **~** (*fig*) einen [*o* den] Streit beilegen *fig;* **to pick** [*or* **start**] **a ~ with sb** einen Streit anfangen [*o fig* vom Zaun brechen] ❷ (*cause of complaint*) Einwand *m*, Gegengrund *m;* **to have no ~ with sth** *decisions, methods, verdict* keinen Einwand gegen etw *akk* haben, nichts gegen etw *akk* einzuwenden haben **II.** *vi* <-ll-> ❶ (*argue*) sich *akk* streiten [*o* zanken]; **stop ~ling, you two!** hört auf zu streiten, ihr beiden!; ■**to ~ about** [*or* **over**] **sth** [sich *akk*] über [*o* um] etw *akk* streiten; **what did you ~ about?** worüber habt ihr gestritten?; **they seemed to ~ about money** sie schienen sich um Geld zu streiten; ■**to ~ with sb** [sich *akk*] mit jdm streiten ❷ (*disagree with*) ■**to ~ with sth** etw an etw *dat* aussetzen; **you can't ~ with that** daran gibt es nichts auszusetzen

quar·rel·some ['kwɒrᵊlsəm, AM 'kwɔːr-] *adj* (*pej*) streitsüchtig, zänkisch

quar·ry¹ ['kwɒri, AM 'kwɔːri] **I.** *n* ❶ (*rock pit*) Steinbruch *m;* **marble ~** Marmor[stein]bruch *m;* **slate ~** Schieferbruch *m;* (*fig*) Fundgrube *f fig*, Quelle *f fig* ❷ (*square stone*) Quader[stein] *m* **II.** *vt* <-ie-> ■**to ~ sth** ❶ (*obtain*) *marble, stone* etw brechen [*o* abbauen] ❷ (*fig: make visible*) *contradictions, secrets* etw zutage fördern *fig* ❸ (*fig: gather*) *data, information* etw zusammentragen [*o* erarbeiten]

quar·ry² ['kwɒri, AM 'kwɔːri] *n* ❶ (*hunted animal*) gejagtes [*o* verfolgtes] Wild, Jagdbeute *f* ❷ (*pursued person*) *criminal* gejagte [*o* verfolgte] Person; (*fig: victim*) Opfer *nt fig*, Beute *f fig*

quart [kwɔːt, AM kwɔːrt] *n* Quart *nt* (*1,14 l in England, 0,95 l in Amerika*)*;* **a ~ of beer/water** ein Quart *nt* Bier/Wasser ▶PHRASES: [**to try**] **to put a ~ into a pint pot** BRIT (*saying*) [versuchen,]etwas Unmögliches [zu] tun; **it's like putting a ~ into a pint pot** das ist ein Ding der Unmöglichkeit

quar·ter ['kwɔːtəʳ, AM 'kwɔːrţɚ] **I.** *n* ❶ (*one fourth*) Viertel *nt;* **the bottle was a ~ full** es war noch ein Viertel in der Flasche; **for a ~ of the price** [*or* **for ~ the price**] zu einem Viertel des Preises; **a ~** [**of a pound**] **of tea** ein Viertel[pfund] Tee; **three ~s** drei Viertel; **to divide sth into ~s** etw in vier Teile teilen ❷ (*time*) Viertel *nt;* **a ~ of a century** ein Vierteljahrhundert *nt;* **a ~ of an hour** eine Viertelstunde; **an hour and a ~** eineinviertel Stunden; **a ~ to** [*or* AM **of**]**/past** [*or* AM **after**] **three** Viertel vor/nach drei ❸ (*1/4 of year*) Quartal *nt;* AM (*school term*) Quartal *nt;* **paid by the ~** vierteljährlich bezahlt ❹ (*1/4 of a game*) Viertel *nt* ❺ AM (*25 cents*) Vierteldollar *m;* ■**~s** *pl ein Spiel, bei dem ein Vierteldollar in ein Glas Bier geschnippt wird* ❻ (*area*) Gegend *f;* (*neighbourhood*) Viertel *nt* ❼ (*unspecified place*) Seite *f;* (*place*) Stelle *f;* **help came from a totally unexpected ~** Hilfe kam von völlig unerwarteter Seite; **in certain ~s** in gewissen Kreisen; **from high ~s** von höherer Stelle ❽ (*mercy*) Gnade *f kein pl*, Erbarmen *nt kein pl;* **to ask/cry for ~** um Gnade bitten/flehen; **no ~ was asked for and none given** es wurde auf beiden Seiten schonungslos gekämpft; **to give ~** Erbarmen haben ❾ (*lodgings*) ■**~s** *pl* Wohnung *f;* MIL Quartier *nt*, Unterkunft *f;* **married ~s** Familienunterkunft *f;* **servants' ~s** Dienstbotenwohnung *f;* **to be confined to ~s** MIL Stubenarrest haben ❿ (*area of compass*) [Himmels]richtung *f;* **from the north/west ~** aus nördlicher/westlicher Richtung ⓫ NAUT (*part of ship*) **on the port ~** backbord; **on the starboard ~** steuerbord ▶PHRASES: **at close ~s with sb** in jds Nähe; **they fought at close ~s** sie kämpften Mann gegen Mann **II.** *vt* ❶ (*cut into four*) ■**to ~ sth** etw vierteln; ■**to ~ sb** HIST jdn vierteilen ❷ (*give housing*) ■**to ~ sb somewhere** jdn irgendwo unterbringen; ■**to be ~ed with sb** bei jdm untergebracht [*o* einquartiert] werden; ■**to ~ oneself on sb** sich *akk* bei jdm einquartieren **III.** *adj inv* Viertel-; **~ hour** Viertelstunde *f;* **~ pound** Viertelpfund *nt*

'quar·ter·back *n* AM ❶ SPORTS (*in American Football*) Quarterback *m fachspr,* offensiver Rückraumspieler ❷ (*leader*) Gruppenleiter(in) *m(f),* Teamchef(in) *m(f)* ▶ PHRASES: **to be a Monday morning** ~ ein alter Besserwisser sein **'quar·ter day** *n* BRIT Quartalstag *m* [für fällige Zahlungen]; *for rent* Mietzahltag *m;* FIN *for interest* Zinstag *m,* Zinstermin *m;* MIL *for pay* Zahltag *m,* Löhnungstag *m* **'quar·ter·deck** *n* NAUT Quarterdeck *nt fachspr,* Achterdeck *nt fachspr,* Hinterdeck *nt* **quar·ter·'fi·nal** *n* SPORTS Viertelfinale *nt;* ■**the/in the** ~**s** das/im Viertelfinale

quar·ter·ing ['kwɔːtᵊrɪŋ, AM 'kwɔːrt̬ɚ-] *n* ❶ *no pl* (*dividing into fourths*) Vierteln *nt,* [Auf]teilen *nt* in Viertel [*o* gleiche Teile] ❷ *no pl* (*lodging*) Unterbringung *f,* Beherbergung *f;* MIL Einquartierung *f fachspr* ❸ (*divisions*) ■~**s** *pl in heraldry* Wappenfelder *pl*

quar·ter·ly ['kwɔːtᵊli, AM 'kwɔːrt̬ɚ-] **I.** *adv* vierteljährlich, quartal[s]weise; **to be paid** ~ vierteljährlich gezahlt werden **II.** *adj* vierteljährlich, Vierteljahres-, Quartals-; ~ **journal** [*or* **magazine**] Vierteljahr[e]s[zeit]schrift; ~ **payment** vierteljährliche Zahlung, Quartalszahlung *f*

quar·ter·mas·ter ['kwɔːtə,mɑːstəʳ, AM 'kwɔːrt̬ɚ,mæstɚ] *n* ❶ MIL (*army officer*) Quartiermeister *m* ❷ NAUT (*steersman*) *in merchant marine* Quartermeister *m,* Steu[e]rer *m; rank in navy* Steuermannsmaat *m*

Quar·ter·mas·ter 'Gen·er·al <*pl* Quartermasters-> *n* MIL Generalquartiermeister *m*

'quar·ter note *n* MUS Viertelnote *f* **'quar·ter-tone** *n* MUS Vierteltón *m*

quar·tet, quar·tette [kwɔː'tet, AM kwɔːr'-] *n* MUS Quartett *nt;* **string** ~ Streichquartett *nt*

quar·tile ['kwɔːtaɪl, AM 'kwɔːr-] *n* MATH *in statistics* Quartil *nt,* Viertel[s]wert *m*

quar·to ['kwɔːtəʊ, AM 'kwɔːrt̬oʊ] *n* TYPO Quart[format] *nt*

quartz [kwɔːts, AM kwɔːrts] **I.** *n no pl* Quarz *m,* Kiesel *m;* **rose** ~ Rosenquarz *m* **II.** *n modifier* Quarz-; ~ **crystal** MIN Bergkristall *m;* TECH Quarzkristall *m;* ~ **glass** Quarzglas *nt*

quartz 'clock *n* Quarzuhr *f* **quartz iodine 'lamp** *n,* **quartz 'lamp** *n* Quarz[halogen]lampe *f;* MED künstliche Höhensonne

qua·sar ['kweɪzɑːʳ, AM -zɑːr] *n* ASTRON Quasar *m*

quash [kwɒʃ, AM kwɑːʃ] *vt* ■**to** ~ **sth** ❶ (*destroy*) *bones, a hand, people* etw zermalmen; (*fig*) *hopes, plans* etw zerstören [*o* zunichte machen] *fig* ❷ (*fig: suppress*) *rebellion, revolt* etw [gewaltsam] unterdrücken [*o fig* niederschlagen] [*o fig* niederwerfen]; **to** ~ **an objection** einen Einwand zurückweisen [*o fig* abschmettern]; **to** ~ **rumours** Gerüchte zum Verstummen bringen *fig;* **to** ~ **a suggestion** einen Vorschlag ablehnen [*o* verwerfen] [*o fig* abschmettern]; **to** ~ **a bill** POL eine Gesetzesvorlage zu Fall bringen [*o* ablehnen] ❸ LAW (*annul*) etw aufheben [*o* annullieren]; **to** ~ **a conviction/decision/sentence** einen Schuldspruch/Beschluss/ein Urteil aufheben *fachspr;* **to** ~ **an indictment** *in a criminal case* ein Verfahren einstellen, freisprechen *fachspr;* **to** ~ **a law** ein Gesetz für ungültig erklären [*o* außer Kraft setzen] *fachspr;* **to** ~ **the proceedings** *in a civil case* das Verfahren einstellen [*o* niederschlagen] *fachspr;* **to** ~ **a writ** eine gerichtliche [*o* richterliche] Anweisung aufheben [*o* für nichtig erklären] *fachspr*

quasi ['kweɪzaɪ, AM -saɪ] *adj attr, inv* Quasi-; **to be a** ~ **member** ein Quasimitglied sein

quasi- ['kweɪzaɪ, AM -saɪ] *in compounds* ❶ (*resembling*) (*religion, science*) Quasi-; (*philosophical, spiritual*) quasi-; (*official*) halb-; (*legislative*) -ähnlich; LAW (*partner, partnership*) Schein-; ~ **contract** vertragsähnliches [Schuld]verhältnis *fachspr;* ~ **contractual relationship** vertragsähnliches Rechtsverhältnis *fachspr;* ~ **crime** verbrechensähnliches Delikt; ~ **judicial functions** quasigerichtliche [*o* quasirichterliche] Aufgaben *fachspr;* ~ **optical** PHYS quasioptisch *fachspr* ❷ (*pej: seeming*) (*intellectual, scientific*) pseudo- *pej*

quat·rain ['kwɒtreɪn, AM 'kwɑː-] *n* LIT Vierzeiler *m,* Quatrain *nt o m fachspr*

qua·ver ['kweɪvəʳ, AM 'kweɪvɚ] **I.** *vi* ❶ (*shake*) *person, voice* zittern, beben; **the little boy** ~**ed with fear** der kleine Junge zitterte vor Angst; **her voice** ~**ed** ihre Stimme bebte ❷ (*utter*) mit zitternder Stimme sprechen ❸ MUS (*sing*) trillern *fam,* mit Tremolo singen *fachspr,* tremolieren *fachspr;* (*sound*) *on organ, piano, string instrument* mit Tremolo spielen *fachspr,* tremolieren *fachspr* **II.** *n* ❶ (*shake*) Zittern *nt kein pl,* Beben *nt kein pl;* **a** ~ **in one's voice** ein Beben *nt* in der Stimme ❷ BRIT, AUS MUS (*note*) Achtelnote *f fachspr;* (*sound*) Tremolo *nt fachspr*

quay [kiː, AM *also* keɪ] *n* Kai *m,* Hafendamm *m,* Kaje *f* NORDD; NAUT **along the** ~ längsseits des Kais, *fachspr* Kai

'quay·side I. *n* Kai *m,* Hafendamm *m,* Kaje *f* NORDD; **the bars at** [*or* **on**] **the** ~ die Bars am Hafen **II.** *n modifier* Kai-, Hafen-

quea·si·ly ['kwiːzɪli] *adv* [über]empfindlich, [leicht] gereizt; **his stomach tends to react** ~ sein Magen reagiert leicht mit Übelkeit

quea·si·ness ['kwiːzɪnəs] *n no pl* ❶ (*sickness*) Übelkeit *f;* **a** ~ **in one's stomach** ein flaues Gefühl im Magen ❷ (*irritability*) [Über]empfindlichkeit *f*

quea·sy ['kwiːzi] *adj* ❶ (*easily upset*) *person, stomach* [über]empfindlich; **to be** ~ [*or* **have a** ~ **stomach**] empfindlich sein, einen empfindlichen Magen haben ❷ (*upset*) übel *nach n,* schlecht *nach n fam;* **he feels** ~ ihm ist übel; **a** ~ **feeling** ein Gefühl der Übelkeit [*o* flaues Gefühl im Magen]; **to have a** ~ **stomach** Magenbeschwerden haben ❸ (*fig: uneasy*) **a** ~ **conscience** ein schlechtes Gewissen; **with a** ~ **conscience** mit Gewissensbissen; **to feel** ~ [*or* **have a** ~ **feeling**] **about sth** ein ungutes [*o fig fam* mulmiges] Gefühl bei etw *dat* haben, sich *akk* bei etw *dat* nicht wohl fühlen

queen [kwiːn] **I.** *n* ❶ (*female monarch*) Königin *f;* **the** ~ **of England** die englische Königin, die Königin von England; **Marie Antoinette was** ~ **to Louis XVI** Marie Antoinette war die Gemahlin von Ludwig XVI; **the Q~ of Heaven** die Himmelskönigin ❷ (*fig: top lady*) Königin *f fig;* **beauty** ~ Schönheitskönigin *f;* **carnival** ~ Karnevalskönigin *f;* **Q~ of the May** Maikönigin *f;* **Venus,** ~ **of love** Venus, Göttin der Liebe ❸ (*card*) ~ **of hearts/diamonds** Herzkönigin/Karokönigin *f;* (*chess piece*) Dame *f* ❹ (*pej fam: flamboyant gay man*) Schwuchtel *f pej sl,* Tunte *f oft pej sl;* **drag** ~ Transvestit *m* **II.** *vt* ❶ (*make queen*) ■**to** ~ **sb** jdn [zur Königin] krönen ❷ (*chess*) **to** ~ **a pawn** einen Bauern in eine Dame verwandeln ❸ (*fig, pej: behave affectedly*) **to** ~ **it** die große [*o* feine] Dame spielen *fig, pej;* (*behave dominatingly*) sich *akk* aufspielen *fig, pej;* **to** ~ **it over sb** sich *akk* gegenüber jdm aufspielen, jdn von oben herab behandeln *fig, pej*

Queen Anne's lace *n no pl esp* AM HORT wilde Möhre *fachspr*

queen 'ant *n* Ameisenkönigin *f* **queen 'bee** *n* ❶ ZOOL (*fertile female*) Bienenkönigin *f fachspr* ❷ (*fig: leader*) tonangebende Frau *fig,* Frau *f* in exponierter Stellung [*o* herausragender Position]; (*fig, pej*) sich *akk* [überall] wichtigmachende [*o* als etwas Besonderes aufspielende] Frau *pej* **queen 'dow·ager** *n* Königinwitwe *f*

queen·ly ['kwiːnli] *adj* ❶ (*belonging to a queen*) königlich; (*befitting a queen*) königlich, einer Königin geziemend *nach n geh;* ~ **raiment** (*poet*) königliches Gewand *liter* ❷ (*like a queen*) königlich, wie eine Königin *nach n,* majestätisch; **to have a** ~ **appearance** aussehen wie eine Königin; **a** ~ **stance** eine königliche Haltung; **to give a** ~ **wave** majestätisch winken

Queen 'Moth·er *n* Königinmutter *f* **Queen's 'Coun·sel** *n* BRIT LAW Kronanwalt, -anwältin *m, f fachspr* **Queen's 'Eng·lish** *n no pl* BRIT Standardenglisch *nt,* reines [*o* gutes] Englisch; **to speak the** ~ die [englische] Hochsprache sprechen **Queen's 'evi·dence** *n no pl* BRIT LAW Aussage *f* des Kronzeugen/der Kronzeugin *fachspr;* **to turn** ~ als Kronzeuge/Kronzeugin auftreten [*o* aussagen] *fachspr* **'queen·side I.** *n no pl* (*chess*) Damenflügel *m* **II.** *adj inv* auf dem [*o* über den] Damenflügel

'queen-size *adj,* **'queen-sized** *adj* übergroß, mit Übergröße;

asking questions

obtaining information	Informationen erfragen
Can you tell me what time it is, please?	**Können Sie mir bitte sagen, wie spät es ist?**
What's the best way to the station?	**Wie komme ich am besten** zum Bahnhof?
Is there a café **anywhere round here?**	**Gibt es hier in der Nähe** ein Café?
Is the flat **still available?**	Ist die Wohnung **noch zu haben?**
Can you recommend a good dentist?	**Kannst du mir** einen guten Zahnarzt **empfehlen?**
Do you know anything about cars?	**Kennst du dich mit** Autos **aus?**
Do you have any details on this story?	**Weißt du Näheres über** diese Geschichte?
asking permission	**um Erlaubnis bitten**
May I come in?	**Darf ich** hereinkommen?
Am I disturbing you?	**Störe ich gerade?**
asking someone's opinion	**nach Meinungen fragen**
What do you think of the new law?	**Was hältst du von** dem neuen Gesetz?
Do you think that's right?	**Glaubst du, das ist so richtig?**
Is that possible, in your opinion?	**Hältst du das für möglich?**

~ **bed** französisches Bett, Bett *nt* mit Übergröße (*ca. 150 cm breit und 200 cm lang*) **Queen's 'Speech** *n* BRIT POL Thronrede *f fachspr* (*von der Königin zur Eröffnung einer parlamentarischen Sitzungsperiode verlesene Regierungserklärung*)

queen 'wasp *n* Wespenkönigin *f*

queer [kwɪəʳ, AM kwɪr] **I.** *adj* ❶ (*strange*) seltsam, merkwürdig, komisch; **a ~ fish** (*fig*) ein seltsamer Vogel [*o* komischer Kauz] *fig;* **to be [a bit] ~ in the head** nicht [ganz] richtig im Kopf sein; **to have ~ ideas** [*or* **notions**] schräge Ideen [*o* merkwürdige Vorstellungen] haben; **to have a ~-sounding name** einen merkwürdig klingenden Namen haben ❷ (*usu pej: homosexual*) schwul *fam* ❸ (*suspicious*) merkwürdig; **there's something ~ about that house** irgendetwas stimmt nicht mit diesem Haus ❹ BRIT (*fam, dated: not well*) unwohl, schwach, komisch; (*giddy*) schwind[e]lig, schwumm[e]rig *fam;* **suddenly she came over all ~** plötzlich wurde ihr ganz komisch; **to feel rather ~** sich *akk* ziemlich daneben fühlen *sl* ▶ PHRASES: **to be in Q~ Street** BRIT (*old sl: in trouble*) in der Bredouille [*o* Tinte] [*o* in Schwulitäten] sein *fam;* (*in financial trouble*) in Geldnöten [*o* Zahlungsschwierigkeiten] sein **II.** *n* (*pej fam: homosexual*) Schwule(r) *m oft pej fam; female* Lesbe *f oft pej fam; male* warmer Bruder *pej fam* **III.** *vt* (*spoil*) ■**to ~ sth** *bargain, deal* etw verderben [*o fam* vermasseln] ▶ PHRASES: **to ~ sb's pitch** AUS, BRIT (*fig, pej fam*) jdm einen Strich durch die Rechnung machen [*o* die Tour vermasseln] [*o* die Suppe versalzen] *fig, pej fam*

'queer-bash·ing *n* Verprügeln *nt* [*o fam* Aufmischen *nt*] von Schwulen

quell [kwel] *vt* ❶ (*suppress*) ■**to ~ sth** *opposition, protest* etw [gewaltsam] unterdrücken [*o* ersticken]; *rebellion, revolt* etw niederschlagen [*o* niederwerfen] ❷ (*fig: subdue*) **to ~ one's anger** seinen Zorn bezwingen [*o* zügeln] *fig;* **to ~ one's passions** seine Leidenschaften bändigen [*o* zügeln] *fig;* (*overcome*) **to ~ one's fear** seine Angst überwinden ❸ (*fig: quiet*) ■**to ~ sb** jdn beschwichtigen [*o* besänftigen]; **to ~ sb's anxieties/doubts/fears** jds Befürchtungen/Zweifel/Ängste zerstreuen; **to ~ sb's anger** jds Zorn besänftigen; **to ~ sb's feelings/passion** jds Gefühle/Leidenschaft bändigen [*o* zügeln]

quench [kwen(t)ʃ] *vt* ❶ (*a. fig: put out*) ■**to ~ sth** *fire, flames* etw löschen; **to ~ sb's ardour/enthusiasm** (*fig*) jds Eifer/Begeisterung dämpfen ❷ (*a. fig: satisfy*) ■**to ~ sth** etw befriedigen; **to ~ one's thirst [for knowledge]** seinen [Wissens]durst löschen [*o* stillen] *a. fig*

queru·lous [ˈkwerʊləs, AM -rjəl-] *adj* ❶ (*peevish*) missmutig, übellaunig, gereizt, unleidlich *veraltend;* **in a ~ voice** in gereiztem Ton ❷ (*complaining*) nörg[e]lig, queng[e]lig *fam,* ständig jammernd [*o* lamentierend]; **a ~ child/old man** ein quengeliges Kind/nörgeliger alter Mann; **a ~ person** ein Querulant/eine Querulantin

queru·lous·ly [ˈkwerʊləsli, AM -rjəl-] *adv* (*peevishly*) gereizt; **to answer ~** gereizt antworten; **to discuss sth ~** etw in gereiztem Ton diskutieren; (*complainingly*) in queng[e]ligem [*o* nörg[e]ligem] [*o* lamentierendem] Ton

que·ry [ˈkwɪəri, AM ˈkwɪri] **I.** *n* ❶ (*a. fig: question*) [zweifelnde] Frage, Rückfrage *f,* Zweifel *m fig;* **to have a ~ about** [*or* **concerning**] **sth** eine [Rück]frage zu etw *dat* haben; **to have a ~ for sb** eine [Rück]frage an jdn haben; **to put a ~** eine [Rück]frage stellen, nachfragen; **to raise a ~** eine Frage aufwerfen, Zweifel anmelden; **to settle a ~** eine [Rück]frage beantworten; **~, when was the contract signed?** Frage, wann wurde der Vertrag unterzeichnet?; **~, if this would be acceptable** die Frage ist, ob dies annehmbar wäre ❷ TYPO (*question mark*) *on printer's proof* [anzweifelndes] Fragezeichen *fachspr* **II.** *vt* <-ie-> (*form*) ❶ (*question*) ■**to ~ sth** etw in Frage stellen [*o* in Zweifel ziehen] [*o* bezweifeln]; ■**to ~ whether ...** bezweifeln, dass ...; **'but is that really the case?' he queried** „aber ist das wirklich so?" fragte er ❷ AM (*put questions to*) ■**to ~ sb** jdn befragen ❸ TYPO (*mark*) ■**to ~ sth** *on printer's proof* etw mit einem [anzweifelnden] Fragezeichen versehen

quest [kwest] **I.** *n* (*a. fig*) Suche *f* (**for** nach +*dat*); **a ~ for a treasure** eine Schatzsuche; **the ~ for the Holy Grail** die Suche nach dem Heiligen Gral; **~ for truth** Wahrheitssuche *f;* **in ~ of sth** auf der Suche nach etw *dat;* **to go in ~ of sb/sth** (*old liter*) sich *akk* auf die Suche nach jdm/etw begeben *geh* **II.** *vi* (*liter*) ■**to ~ after** [*or* **for**] **sb/sth** nach jdm/etw suchen

ques·tion [ˈkwestʃən] **I.** *n* ❶ (*inquiry*) Frage *f;* **don't ask so many ~s** frag nicht so viel; **what a ~ [to ask]!** was für eine

Frage!; **they'll do what you tell them to do and no ~s asked** sie machen das, was du ihnen sagst und stellen keine dummen Fragen; **[that's a] good ~!** [das ist eine] gute Frage!; **to put** [*or* **direct**] **a ~ to sb** jdm eine Frage stellen; **to beg the ~** die Frage aufwerfen; **in answer to your ~** um Ihre Frage zu beantworten; **a direct/indirect ~** LING direkte/indirekte Frage; **to pop the ~** jdm einen [Heirats]antrag machen ❷ *no pl* (*doubt*) Zweifel *m;* **is there any ~ as to the feasibility?** gibt es irgendwelche Zweifel darüber, ob das machbar ist?; **there's no ~ about it** keine Frage; **the time/place in ~** LAW besagte Zeit/besagter Ort; **to be beyond ~** außer Zweifel stehen; **to be open to ~** umstritten sein; **to call sth into ~** etw bezweifeln; **to come into ~** in Zweifel gezogen [*o* angezweifelt] werden; **without ~** zweifellos ❸ (*matter*) Frage *f;* **it's a ~ of life or death** es geht um Leben und Tod; **there's no ~ of a general strike** von einem Streik kann keine Rede sein; **to raise a ~** eine Frage aufwerfen; **to be out of the ~** nicht in Frage kommen ❹ SCH, UNIV (*test problem*) Frage *f,* Aufgabe *f;* **to do a ~** eine Frage [*o* Aufgabe] bearbeiten **II.** *vt* ❶ (*ask*) ■**to ~ sb about sth** jdn über etw *akk* befragen ❷ (*interrogate*) ■**to ~ sb [about sth]** jdn [zu etw *dat*] verhören ❸ (*doubt*) ■**to ~ sth** etw bezweifeln [*o* in Zweifel ziehen]; *facts, findings* etw anzweifeln, an etw *akk* zweifeln ❹ SCH (*test*) **to ~ sb on sth** jdn in etw *akk* prüfen

ques·tion·able ['kwestʃənəbl̩] *adj* ❶ (*uncertain*) fraglich, zweifelhaft, ungewiss; **a ~ assumption/decision** eine zweifelhafte Behauptung/Entscheidung; **a ~ future** eine ungewisse Zukunft; **it is ~ how reliable those statements are** es ist fraglich, wie glaubwürdig diese Aussagen sind ❷ (*not respectable*) fragwürdig, zweifelhaft, bedenklich; **to do ~ business** bedenkliche Geschäfte machen; **a person of ~ character/reputation** eine Person von zweifelhaftem Charakter/Ansehen; **in a ~ company** in zweifelhafter Gesellschaft; **to live in a ~ neighbourhood** in einer anrüchigen Gegend wohnen; **a ~ offer/profit** ein fragwürdiges Angebot/fragwürdiger Gewinn; **to pursue ~ plans** bedenkliche Pläne verfolgen; **~ traditions** fragwürdige Traditionen *fpl;* **some of his jokes were in ~ taste** manche seiner Witze waren von etwas zweideutiger Natur

ques·tion-and-an·swer ses·sion [ˌkwestʃənən(d)'ɑːn(t)səˌseʃᵊn, AM -'æn(t)sɚˌ-] *n* Diskussionsrunde *f; with the press* Pressekonferenz *f;* **the spokesman held a ~ with the press** der Sprecher stellte sich den Fragen der Presse

ques·tion·er ['kwestʃənəʳ, AM -ɚ] *n* Fragesteller(in) *m(f)*

ques·tion·ing ['kwestʃənɪŋ] **I.** *n no pl* Befragung *f;* LAW *by police* Verhör *nt,* Vernehmung *f fachspr;* **to be brought in for ~** ins Verhör genommen werden *fachspr;* **to be taken in** [*or* **held for**] **~** zwecks Verhör [*o* Vernehmung] in Haft genommen werden *fachspr;* **the applicant was subjected to persistent ~** der Bewerber wurde einer intensiven Befragung unterzogen **II.** *adj* fragend, forschend; **to have a ~ mind** einen forschenden Geist besitzen; **a ~ look** ein fragender Blick; **in a ~ voice** in fragendem Ton

'ques·tion mark *n* ❶ TYPO (*symbol*) Fragezeichen *nt* ❷ (*fig: doubt*) Fragezeichen *nt fig;* **there seems to hang a [big] ~ over his future** seine Zukunft muss man wohl mit einem [großen] Fragezeichen versehen **'ques·tion mas·ter** *n* BRIT Moderator(in) *m(f)* [bei einer Quizsendung], Quizmaster *m*

ques·tion·naire [ˌkwestʃə'neəʳ, AM -'ner] **I.** *n* Fragebogen *m* **II.** *n modifier* [anhand] eines Fragebogens [*o* von Fragebögen] *nach n;* **~ analysis/construction** die Analyse/Erstellung von Fragebögen; **~ surveys** COMM, ECON Umfragen *fpl* anhand von Fragebögen

'ques·tion time *n* Zeit *f* für Fragen, Diskussionszeit *f;* POL *in parliament* Fragestunde *f*

queue [kjuː] **I.** *n* BRIT, AUS ❶ (*line*) Schlange *f,* Reihe *f;* **a ~ of cars** eine Autoschlange [*o* Autokolonne]; **a ~ of people** eine Menschenschlange [*o* Warteschlange]; **to join the ~** sich *akk* mit anstellen; (*fig*) mit von der Partie sein *fig;* **to jump the ~** sich *akk* vordrängel[l]n; *driver* aus der Kolonne ausscheren, aus der Reihe tanzen *fig;* **to stand** [*or* **wait**] **in a ~** Schlange stehen, in einer Reihe warten, anstehen, sich *akk* anstellen; **there was a long ~ for the toilets** vor den Toiletten stand eine lange Schlange ❷ (*number*) [ganze] Anzahl [*o* Reihe] ❸ (*old: braid of hair*) [Haar]zopf *m* **II.** *vi* anstehen, Schlange stehen, sich *akk* anstellen

◆**queue up** *vi* BRIT ■**to ~ up [for sth]** *meat, tickets* sich *akk* [nach etw *dat*] anstellen, [nach etw *dat*] anstehen [*o* Schlange stehen]

'queue-jump·ing *n no pl* BRIT Vordrängel[l]n *nt; by driver* Kolonnenspringen *nt*

quib·ble ['kwɪbl̩] **I.** *n* ❶ (*pej: petty argument*) spitzfindiges [*o fig, pej* haarspalterisches] Argument, Spitzfindigkeit *f pej;* (*petty arguments*) Spitzfindigkeit *f pej,* Haarspalterei *f fig, pej,* Wortklauberei *f fig, pej* ❷ (*a. pej: minor criticism*) Krittelei *f pej,* kleine [*o pej* kleinliche] Kritik, [kleiner] Kritikpunkt (**about, over, with** an +*dat*) **II.** *vi* ■**to ~ about** [*or* **over**] [*or* **with**] **sth** sich *akk* über [*o* um] etw *akk* streiten; **no one would ~ with that** das würde niemand bestreiten

quib·bler ['kwɪbləʳ, AM -ɚ] *n* ❶ (*pej: petty arguer*) Streithahn *m fig, pej,* Querulant(in) *m(f) pej* ❷ (*over-critical person*) kleinlicher Kritiker/kleinliche Kritikerin *pej,* Nörgler(in) *m(f) pej,* Kritikaster *m pej*

quib·bling ['kwɪblɪŋ] **I.** *n* (*pej*) Zankerei *f pej,* Streiterei *f pej;* **quit your ~!** hört auf zu streiten! **II.** *adj* (*pej: petty*) kleinlich *pej,* spitzfindig *pej,* haarspalterisch *fig, pej;* (*quarrelsome*) streitsüchtig

quiche <*pl* -> [kiːʃ] *n* Quiche *f*

quick [kwɪk] **I.** *adj* ❶ (*a. fig: fast*) schnell, rasch, sofortig; **to be ~ about sth** sich *akk* mit etw *dat* beeilen, schnell mit etw *dat* machen; **~ as lightning** [*or* **a flash**] schnell wie der Blitz *fig;* **a ~ decision** eine schnelle [*o* rasche] [*o* sofortige] Entscheidung; **to have a ~ drink/meal** [noch] schnell [*o* mal eben] etw trinken/essen; MIL **~ march** Eilmarsch *m fachspr;* **~ march!** im Gleichschritt, marsch! *fachspr;* **a ~ one** (*fig fam: drink*) ein Schluck *m* auf die Schnelle *fam;* (*sex*) ein Quickie *m fam,* eine schnelle Nummer *fig fam;* **to have a ~ one** (*fig fam*) *drink* einen auf die Schnelle kippen *fam; sex* eine schnelle Nummer schieben *fam;* **in ~ succession** in schneller [*o* rascher] [Ab]folge, schnell [*o* kurz] nacheinander; **to have a ~ temper** (*fig, pej*) ein rasch aufbrausendes Temperament haben, sich *akk* schnell aufregen; **my boss needs a ~ answer** mein Chef braucht eine rasche Antwort; ■**to be ~ to do sth** (*fig, usu pej*) rasch mit etw *dat* bei der Hand sein; **he is always ~ to criticize** mit Kritik ist er rasch bei der Hand ❷ (*short*) kurz; **to give sb a ~ call** jdn kurz anrufen; **to have a ~ look at sth** sich *dat* etw kurz ansehen; **to ask sb a ~ question** jdn [noch] kurz etw fragen, jdm eine kurze Frage stellen; **the ~est way** der kürzeste Weg; **could I have a ~ word with you?** könnte ich Sie kurz sprechen? ❸ (*hurried*) noch schnell [*o* kurz]; **to say a ~ goodbye/hello** noch schnell auf Wiedersehen/hallo sagen; **to give sb a ~ hug** jdn noch kurz umarmen ❹ (*alert*) [geistig] gewandt [*o* beweglich], intelligent, klug, scharfsinnig; **to have a ~ mind** ein kluger Kopf sein, einen scharfen Verstand [*o* wachen Geist] haben; **~ wit** Aufgewecktheit *f; in replying* Schlagfertigkeit *f fig;* **she's a ~ girl** sie ist ein aufgewecktes Mädchen; **he's too ~ for me** mit ihm kann ich nicht mithalten ►PHRASES: **to be ~ with child** (*old*) hochschwanger sein **II.** *adv* schnell, rasch; **as ~ as possible** so schnell wie möglich; **to get rich ~** schnell reich werden **III.** *interj* schnell **IV.** *n* ❶ (*sensitive part*) **to bite/cut nails to the ~** die Nägel bis auf das Nagelbett abbeißen/schneiden; **to cut sb to the ~** (*fig*) jdn bis ins Mark treffen *fig* ❷ (*liter: living persons*) **the ~ and the dead** die Lebenden und die Toten

'quick-act·ing *adj* schnell wirksam; ■**to be ~** schnell [*o* sofort]

Q

requesting quiet

asking for silence	zum Schweigen auffordern
Quiet, please!	Ruhe, bitte!/Ich bitte um Ruhe! (*form*)
Could you be quiet now, please! (*to pupils*)	Wenn ihr jetzt bitte mal ruhig sein könnt! (*an Schüler*)
Shh!/Shush! (*fam*)	Psst! (*fam*)
Shut up! (*fam*)/Shut your gob (*derb*)/face! (*fam!*)	Halt's Maul! (*derb*)/Schnauze! (*derb*)
Do be quiet a minute!	Jetzt sei doch mal still!
Now just listen to me!	Jetzt hör mir aber mal zu!
Could you stop talking, please?!	Könnten Sie bitte ruhig sein?
I'd like to get a word in too!	Ich möchte auch noch etwas sagen!
Thank you! I think ...	Danke! ICH meine dazu, ...

wirken **quick-'change art·ist** *n* THEAT Verwandlungskünstler(in) *m(f) fachspr;* (*fig*) Lebenskünstler(in) *m(f) fig*

quick·en ['kwɪkən] **I.** *vt* ❶ (*make faster*) ■**to ~ sth** etw beschleunigen; **to ~ one's steps/the pace** seine Schritte/das Tempo beschleunigen ❷ (*fig: awaken*) ■**to ~ sth** etw anregen [*o fig* wecken]; **to ~ sb's curiosity/interest** jds Neugier/Interesse wecken; **to ~ the imagination** die Fantasie anregen [*o fig geh* beflügeln] **II.** *vi* ❶ (*increase speed*) schneller werden; **her heart ~ed** ihr Herz schlug schneller; **his pulse ~ed** sein Pulsschlag erhöhte sich ❷ (*old or fig: become alive*) [wieder] aufleben [*o* aufblühen] *fig,* zu neuem Leben erwachen *fig; spirit* sich regen *fig*

◆**quicken up I.** *vt* **to ~ up the speed** die Geschwindigkeit beschleunigen **II.** *vi* schneller werden

'quick·fire *adj inv* Schnellfeuer-; **~ dialogue** Schlagabtausch *m,* Wortgefecht *nt fig;* **~ gun** MIL Schnellfeuergewehr *nt;* **to shoot ~ questions at sb** (*fig*) jdn mit Fragen bombardieren; **~ round** Schnellraterunde *f* **quick 'fix** *n* Notbehelf *m,* Notlösung *f,* Provisorium *nt* **'quick-fix** *adj* Not-, notdürftig *attr,* behelfsmäßig *attr,* provisorisch *attr;* **~ solution** Notlösung *f,* provisorische Lösung **quick-'freeze** <-froze, -frozen> *vt* ■**to ~ sth** etw tiefgefrieren **quick-'fro·zen** *adj inv* tiefgefroren *attr*

quickie ['kwɪki] **I.** *n* ❶ (*fam: fast thing*) kurze Sache; **this meeting will have to be a ~** diese Besprechung müssen wir kurz halten *fam;* **to make it a ~** es [*o* die Sache] kurz machen ❷ (*fam: fast drink*) Schluck *m* [*o fig fam* einer] auf die Schnelle; **to have a ~** einen auf die Schnelle kippen *fig fam* ❸ (*fam: quick sex*) Quickie *m fam,* schnelle Nummer *fig fam* **II.** *adj* (*a. pej fam*) Schnell-, schnell [erledigt [*o fig fam* hingehauen]]; **a ~ paper** ein schnell hingehauenes Referat; **the movie was a ~ production** der Film war eine Schnellproduktion; **a ~ divorce** eine schnelle und unkomplizierte Scheidung [*o* Scheidung im Schnellverfahren]

'quick·lime *n no pl* ungelöschter [*o* gebrannter] Kalk, Löschkalk *m*

quick·ly ['kwɪkli] *adv* schnell, rasch; **to read/work ~** schnell lesen/arbeiten; **to act ~** rasch handeln; **he said goodbye ~** er sagte noch schnell auf Wiedersehen; **we'll have to walk ~** wir müssen uns beeilen

quick·ness ['kwɪknəs] *n no pl* ❶ (*speed*) Schnelligkeit *f* ❷ (*fig, pej: temper*) Hitzigkeit *f fig, pej;* **~ of temper** rasch aufbrausendes Temperament [*o* Wesen] *fig, pej* ❸ (*approv: alertness*) Intelligenz *f,* [geistige] Beweglichkeit, schnelle Auffassungsgabe; **~ of mind** scharfer [*o* wacher] Verstand *fig*

'quick·sand *n no pl* GEOL Treibsand *m fachspr;* (*fig*) **they ran into moral ~** sie gerieten moralisch in die Bredouille **'quick·sil·ver** *n no pl* (*old*) *see* **mercury** Quecksilber *nt* **'quick·step I.** *n no pl* ❶ (*dancing*) ■**the ~** der Quickstep ❷ MUS Quickstep *m;* **the group played the ~** die Band spielte einen Quickstep **II.** *vi* <-pp-> Quickstep tanzen **quick-'tem·pered** *adj* [rasch] aufbrausend, hitzköpfig **quick-'wit·ted** *adj* (*alert*) aufgeweckt; (*quick in replying*) schlagfertig; **a ~ reply** eine schlagfertige Antwort

quid[1] <*pl* -> [kwɪd] *n* BRIT (*fam: money*) Pfund *nt;* **could you lend me twenty ~, mate?** kannst du mir zwanzig Piepen leihen? *fam;* ■**to be ~s in** (*fig*) dick drin sein, ein dickes Geschäft machen *fig fam;* **to not be the full ~** AUS (*fig, pej*) nicht ganz dicht [*o* bei Trost] sein *fig, pej fam*

quid[2] [kwɪd] *n* Stück *nt* Kautabak, Priem *m*

quid pro quo [ˌkwɪdprəʊ'kwəʊ, AM -proʊ'kwoʊ] *n* (*form*) Gegenleistung *f*

qui·es·cence [kwiː'esən(t)s, kwaɪ'-, AM *esp* kwaɪ'-] *n no pl* (*form*) Ruhe *f,* Stille *f*

qui·es·cent [kwiː'esənt, kwaɪ'-, AM *esp* kwaɪ'-] *adj* (*form*) ruhig, still

qui·et [kwaɪət] **I.** *adj* <-er, -est *or* more ~, most ~> ❶ (*not loud*) *voice, appliance, machine* leise; **to speak in a ~ voice** leise sprechen ❷ (*silent*) ruhig; **please be ~** Ruhe bitte!; **~ nap** BRIT (*after lunch*) Nachmittagsruhe *f;* **to keep ~** ruhig sein; **they were told to keep ~** ihnen wurde gesagt, dass sie still sein sollen; **give the baby a bottle to keep her ~** gib mal dem Baby die Flasche, damit es nicht schreit; **the new teacher can't keep the children ~** der neue Lehrer hat die Kinder nicht im Griff; **a ~ corner/place** eine ruhige Ecke/ein ruhiger Platz; **in ~ contemplation** in stiller Betrachtung ❸ (*not talkative*) still; *person* schweigsam; *child* ruhig; **you've been very ~ all evening – is anything the matter?** du warst den ganzen Abend sehr ruhig – ist irgendwas?; **to keep ~ about sth** über etw *akk* Stillschweigen bewahren; **if she knows something, she's keeping very ~ about it** wenn sie etwas davon weiß, so sagt sie nichts darüber; **to keep sb ~** jdn zum Schweigen bringen ❹ (*secret*) heimlich; **to feel a ~ satisfaction** eine stille Genugtuung empfinden; **to have a ~ word with sb** mit jdm ein Wörtchen im Vertrauen reden *fam;* **can I have a ~ word with you?** könnte ich Sie [mal] unter vier Augen sprechen?; **to keep sth ~** etw für sich *akk* behalten ❺ (*not ostentatious*) schlicht; *clothes* dezent; *colour* gedämpft; **they wanted a ~ wedding** sie wollten eine Hochzeit in kleinem Rahmen ❻ (*not exciting*) geruhsam; **it's a ~ peaceful little village** es ist ein beschaulicher und friedlicher kleiner Ort; (*not busy*) *street, town* ruhig ▶ PHRASES: **anything for a ~ life!** wenn ich doch nur mal eine Sekunde meine Ruhe hätte!; **as ~ as a mouse** mucksmäuschenstill *fam* **II.** *n no pl* ❶ (*silence*) Stille *f;* **let's have some ~!** Ruhe bitte! ❷ (*lack of excitement*) Ruhe *f;* **peace and ~** Ruhe und Frieden; **I just want peace and ~ for five minutes** ich will nur fünf Minuten lang meine Ruhe haben; **I go camping for some peace and ~** ich gehe zelten, weil ich ein wenig Ruhe und Stille finden möchte ▶PHRASES: **on the** ~ heimlich; **to get married on the** ~ in aller Stille heiraten **III.** *vt esp* AM ■**to** ~ **sb/sth** jdn/etw besänftigen; **to** ~ **children** Kinder zur Ruhe bringen **IV.** *vi esp* AM sich *akk* beruhigen

◆**quiet down** *vi, vt* AM *see* **quieten down**

qui·et·en ['kwaɪətən] **I.** *vi* ❶ (*become quiet*) sich *akk* beruhigen ❷ (*become calm*) ruhiger werden **II.** *vt* ❶ (*make quiet*) ■**to** ~ **sb** jdn beruhigen; **she went out to** ~ **the shouting children** sie ging hinaus, um die kreischenden Kinder zur Ruhe zu ermahnen ❷ (*calm*) ■**to** ~ **sth** etw beruhigen; **to** ~ **sb's fears** jds Ängste zerstreuen; **to** ~ **tension** Spannung lösen

◆**quieten down I.** *vi* ❶ (*become quiet*) leiser werden; **all right kids, I want everyone to** ~ **down please** also, Kinder, nun seid mal bitte ein bisschen leiser! ❷ (*become calm*) sich *akk* beruhigen **II.** *vt* ■**to** ~ **down** ↔ **sb** ❶ (*make less noisy*) jdn zur Ruhe bringen; **go and** ~ **those children down** stell die Kinder mal ruhig! *fam* ❷ (*calm* [*down*]) jdn beruhigen

'qui·et·ism ['kwaɪətɪzəm] *n no pl* PHILOS (*form*) Quietismus *m fachspr*

qui·et·ly ['kwaɪətli] *adv* ❶ (*not loudly*) leise; **he is a** ~ **spoken, thoughtful man** er ist ein nachdenklicher Mann, der mit leiser Stimme spricht ❷ (*silently*) still; **it's a fair cop – I'll come** ~ erwischt! – ich werde kein Theater machen und mitkommen *fam;* **to sit** ~ still sitzen; **to wait** ~ ruhig warten ❸ (*unobtrusively*) unauffällig; **the plan has been** ~ **dropped** der Plan wurde stillschweigend fallen gelassen; **to chuckle/laugh** ~ **to oneself** in sich *akk* hineinkichern/-lachen; **to be** ~ **confident** insgeheim überzeugt sein

qui·et·ness ['kwaɪətnəs] *n no pl* Ruhe *f;* (*silence*) Stille *f*

qui·etude ['kwaɪətju:d, AM *esp* -tu:d] *n no pl* (*form*) Ruhe *f,* Frieden *m;* **the** ~ **of the countryside** die Beschaulichkeit des Landlebens

quiff [kwɪf] *n* [Haar]tolle *f,* Stirnlocke *f*

quill [kwɪl] *n* ❶ (*feather*) Feder *f* ❷ (*of porcupine*) Stachel *m* ❸ (*pen*) Federkiel *m;* (*fig, hum*) Feder *f fig*

quill 'pen *n* Federkiel *m*

quilt [kwɪlt] **I.** *n* Steppdecke *f;* **patchwork** ~ Patchworkdecke *f,* Quilt *m* **II.** *vt* ■**to** ~ **sth** etw [ab]steppen

quilt·ed ['kwɪltɪd] *adj* gesteppt; ~ **bedspread** Patchworkdecke *f,* Patchworküberwurf *m;* ~ **dressing gown** gesteppter Morgenmantel; ~ **jacket** Steppjacke *f*

quilt·ing ['kwɪltɪŋ] *n no pl* Quilten *nt*

'quilt·ing bee *n* Quiltkränzchen *nt,* Quiltrunde *f*

quin [kwɪn] *n* BRIT (*fam*) *short for* **quintuplet** Fünfling *m*

quince [kwɪn(t)s] **I.** *n* Quitte *f;* (*tree also*) Quittenbaum *m* **II.** *n modifier* (*jam, jelly, tart*) Quitten-

quin·cen·te·nary [ˌkwɪnsen'ti:nəri, AM kwɪn'sentəneri] *n* Fünfhundertjahrfeier *f;* **sth celebrates its** ~ etw feiert sein fünfhundertjähriges Bestehen

qui·nine ['kwɪni:n, AM 'kwaɪnaɪn] *n no pl* Chinin *nt*

quin·que·reme ['kwɪnkwəri:m] *n* NAUT, HIST Fünfdecker *m fachspr*

quin·sy ['kwɪnzi] *n* Halsentzündung *f*

quint [kwɪnt] *n* AM (*fam*) *short for* **quintuplet** Fünfling *m*

quin·tess·ence [kwɪn'tesən(t)s] *n no pl* Quintessenz *f geh;* (*embodiment*) Inbegriff *m;* **to be the** ~ **of sth** etw verkörpern

quin·tes·sen·tial [ˌkwɪntɪ'sen(t)ʃəl] *adj inv* (*form*) essentiell *geh,* wesentlich; **this is the** ~ **English village** dies ist der Inbegriff eines englischen Dorfes; **the** ~ **Corsican meal** korsische Küche pur

quin·tes·sen·tial·ly [ˌkwɪntɪ'sen(t)ʃəli] *adv inv* (*form*) von Grund auf, durch und durch

quin·tet(te) [kwɪn'tet] *n* Quintett *nt*

quin·tu·plet [kwɪn'tju:plət, AM -'tʌplɪt] *n* Fünfling *m*

quip [kwɪp] **I.** *n* Bonmot *nt,* witzige [*o* geistreiche] Bemerkung **II.** *vi* <-pp-> witzeln

quirk [kwɜ:k, AM kwɜ:rk] *n* ❶ (*odd habit*) Marotte *f,* Schrulle *f* ❷ (*oddity*) Merkwürdigkeit *f kein pl;* **by some strange** [*or* **an odd**] ~ **of fate** durch eine [merkwürdige] Laune des Schicksals, wie das Leben eben manchmal so spielt

quirki·ness ['kwɜ:kɪnəs, AM 'kwɜ:r-] *n no pl* (*characteristic*) Schrulle *f;* (*character trait*) Schrulligkeit *f*

quirky ['kwɜ:ki, AM 'kwɜ:rki] *adj* schrullig *fam*

quis·ling ['kwɪzlɪŋ] *n* Kollaborateur(in) *m(f),* Quisling *m veraltend*

quit <-tt-, quit *or* quitted, quit *or* quitted> [kwɪt] **I.** *vi* ❶ (*resign*) *worker* kündigen; *manager, official* zurücktreten; **to threaten to** ~ mit einem Rücktritt drohen ❷ (*leave rented flat*) kündigen; **to give sb notice to** ~ jdm kündigen ❸ COMPUT (*exit*) aussteigen ❹ (*give up*) aufgeben; AM (*fam: stop*) ~! hör [damit] auf! **II.** *vt* ❶ *esp* AM (*stop*) ■**to** ~ **sth** mit etw *dat* aufhören; **will you** ~ **that!** wirst du wohl damit aufhören!; ■**to** ~ **doing sth** aufhören etw zu tun; ~ **wasting my time** hör auf meine Zeit zu verschwenden; **to** ~ **smoking** (*as a habit*) das Rauchen aufgeben; (*put cigarette out*) zu rauchen aufhören ❷ (*give up*) ■**to** ~ **sth** etw aufgeben; **to** ~ **one's job** kündigen ❸ (*leave*) ■**to** ~ **sth** *building, place* etw verlassen; **to** ~ **London/one's home town** London/seine Heimatstadt verlassen; **to** ~ **a flat/room** eine Wohnung/einen Raum kündigen ❹ COMPUT (*end*) **to** ~ **the program** aus dem Programm aussteigen **III.** *adj pred, inv* (*rid*) ■**to be** ~ **of sth/sb** jdn/etw loswerden

quite [kwaɪt] *adv inv* ❶ (*fairly*) ziemlich *fam;* **we had** ~ **a pleasant evening in the end** schließlich war es doch noch ein recht netter Abend; **I'm feeling** ~ **a bit better, thank you** es geht mir schon viel besser, danke; **that was** ~ **something!** das war echt nicht schlecht!; (*fam*) **that girl's** ~ **something!** das Mädchen ist wirklich klasse! *fam;* **I had to wait** ~ **a time** ich musste ganz schön lange warten *fam;* ~ **a distance away** ziemlich [*o fam* ganz schön] weit weg ❷ (*completely*) ganz, völlig; **that's** ~ **out of the question** das ist völlig ausgeschlossen; **her new book is not** ~ **as good as her last one** ihr neues Buch ist nicht ganz so gut wie ihr letztes; **I don't** ~ **know what to say** ich weiß nicht so recht, was ich sagen soll; **I didn't** ~ **catch what he said** ich habe nicht ganz mitbekommen, was er gesagt hat *fam;* **I'm not** ~ **sure** ich bin nicht ganz sicher; ~ **different** ganz [*o* völlig] verschieden; ~ **frankly** [*or* **honestly**] ganz ehrlich; ~ **honestly, ...** ehrlich gesagt ...; **to be** ~ **frank** [*or* **honest**] um ganz ehrlich zu sein; ~ **sure** ganz [*o* völlig] sicher; ~ **wrong** völlig falsch

quits [kwɪtz] *adj pred, inv* quitt *fam;* (*fam*) **to be** ~ [**with sb**] [mit jdm] quitt sein *fam;* **to call it** ~ es gut sein lassen; **let's just call it** ~ lassen wir es dabei bewenden

quit·ter ['kwɪtə^r, AM -t̬ɚ] *n esp* AM *jdm, der schnell aufgibt;* **to be a** ~ schnell aufgeben; **I'm no** ~ ich werfe doch nicht gleich die Flinte ins Korn *fam;* **are you calling me a** ~**?** willst du sagen, dass ich gleich aufgebe?

quiv·er[1] ['kwɪvə^r, AM -ɚ] **I.** *n* (*shiver*) Zittern *nt kein pl;* **a** ~ **went down my spine** mir lief ein kalter Schauder über den Rücken *geh;* **to send a** ~ **of excitement/fear through sb** jdn vor Erregung/Angst erschaudern lassen *geh* **II.** *vi* zittern; **to** ~ **with rage** vor Wut beben [*o* zittern]

quiv·er[2] ['kwɪvə^r, AM -ɚ] *n* (*arrow holder*) Köcher *m*

quix·ot·ic [kwɪk'sɒtɪk, AM -'sɑ:t̬ɪk] *adj* (*liter*) *personality* schwärmerisch; *idea, suggestion, vision* unrealistisch; *attempt* naiv; **he's** ~ er ist ein Don Quichotte

quix·oti·cal·ly [kwɪk'sɒtɪkəli, AM -'sɑ:t̬ɪk-] *adv* (*liter: idealistically*) schwärmerisch; (*unrealistically*) unrealistisch; (*naively*) naiv

quiz [kwɪz] **I.** *n* <*pl* -es> ❶ (*question game*) Quiz *nt,* Ratespiel *nt* ❷ AM SCH, UNIV (*test*) [kurze] Prüfung, Abfragen *nt kein pl;* **to start the class with a short** ~ den Unterricht mit einer kleinen Prüfung beginnen **II.** *n modifier* ❶ (*question*) Quiz-; ~ **night** BRIT Quizabend *m;* ~ **team** Rateteam *nt* ❷ AM SCH, UNIV (*question, results*) Prüfungs- **III.** *vt* ■**to** ~ **sb** ❶ (*question*) jdn befragen (**about** zu +*dat*) ❷ AM SCH, UNIV jdn prüfen

Q

(**on** über +*akk*)
'quiz·mas·ter *n* Quizmaster *m* **'quiz show** *n* Quizsendung *f*
quiz·zi·cal ['kwɪzɪkəl] *adj* ❶ (*questioning*) fragend; ~ **expression** zweifelnder [*o* fragender] Gesichtsausdruck; ~ **look** fragender Blick ❷ (*teasing*) spöttisch, schelmisch
quiz·zi·cal·ly ['kwɪzɪkəli] *adv* ❶ (*questioningly*) fragend, zweifelnd ❷ (*teasingly*) spöttisch, schelmisch
quoits [kwɔɪts] *n no pl* Wurfringspiel *nt;* **deck** ~ *Wurfringspiel, das auf dem Deck eines Kreuzfahrtschiffs gespielt wird*
quok·ka ['kwɒkə, AM 'kwɑ:-] *n* [kleines] Wallaby
Quon·set hut® ['kwɑ:n(t)sɪt,-] *n* AM Nissenhütte *f veraltend; see also* **Nissen hut**
quor·ate ['kwɔ:reɪt, AM 'kwɔ:rɪt] *adj inv* handlungsfähig
quor·um ['kwɔ:rəm] *n* Quorum *nt geh*
quo·ta ['kwəʊtə, AM 'kwoʊt̬ə] *n* ❶ (*fixed amount*) Quote *f;* **export** ~ Exportanteil *m,* Ausfuhrkontingent *nt;* **import** ~ Einfuhrkontingent *nt;* **production** ~ Produktionsquote *f* ❷ (*fig: proportion*) Quantum *nt,* Menge *f;* **no more for me, thanks, I've had my** ~ für mich nichts mehr, danke, ich habe bereits mein Quantum
quot·able ['kwəʊtəbl̩, AM 'kwoʊt̬ə-] *adj* ❶ (*suitable for quoting*) zitierbar ❷ POL (*on the record*) für die Öffentlichkeit bestimmt
quo·ta·tion [kwə(ʊ)'teɪʃən, AM kwoʊ-] *n* ❶ (*from book, person*) Zitat *nt;* ■**a** ~ **from sb/sth** ein Zitat *nt* von jdm/aus etw *dat* ❷ *no pl* (*quoting*) Zitieren *nt* ❸ (*estimate*) Kostenvoranschlag *m;* **I can give you a** ~ **tomorrow** morgen kann ich Ihnen ein Angebot machen ❹ STOCKEX (*price of stock*) [Kurs]notierung *f;* **what's today's** ~ **on BASF's shares?** wie stehen die BASF-Aktien heute?
quo·'ta·tion marks *npl* Anführungszeichen *ntpl;* **to close/open** ~ Anführungszeichen oben/unten setzen
quote [kwəʊt, AM kwoʊt] **I.** *n* ❶ (*fam: quotation*) Zitat *nt* ❷ (*fam: quotation marks*) ■~**s** *pl* Gänsefüßchen *ntpl fam* ❸ (*fam: estimate*) Kostenvoranschlag *m,* [Preis]angebot *nt;* **to give sb a** ~ jdm ein Angebot machen ▸ PHRASES: ~ [**unquote**] **Mr Brown stated that,** ~**, ...** Hr. Brown meinte, ich zitiere ...; (*implying disbelief*) **they are** ~**, 'just good friends'** sie sind – in Anführungszeichen – ‚nur gute Freunde' **II.** *vt* ❶ (*say words of*) ■**to** ~ **sth/sb** jdn/etw zitieren; ■**to** ~ **sb on sth** jdn zu etw *dat* zitieren; **but don't** ~ **me on that!** aber sag's nicht weiter! *fam* ❷ (*give*) ■**to** ~ **a price** einen Preis nennen; **the architect has** ~**d £3000 for it** der Architekt hat dafür 3000 Pfund Sterling verlangt; **to** ~ **sb a price** jdm ein Angebot machen ❸ STOCKEX etw notieren; **shares** ~**d on the stock exchange** Aktien, die an der Börse notiert sind ❹ (*name*) ■**to** ~ **sth** etw nennen; ~ **me one organization that ...** nenne mir eine Organisation, die ... **III.** *vi* zitieren; **to** ~ **from memory** auswendig [*o* aus dem Kopf] zitieren; ■**to** ~ **from sb** jdn zitieren; ■**to** ~ **from sth** aus etw *dat* zitieren; **he's always quoting from the Bible** er bringt immer Zitate aus der Bibel
'quote marks *npl* Anführungszeichen *ntpl*
quoth [kwəʊθ, AM kwoʊθ] *vt* (*old or hum*) **'o woe, alas,'** ~ **he** „nun denn", sprach er *veraltet liter*
quo·tid·ian [kwə(ʊ)'tɪdiən, AM kwoʊ-] *adj inv* (*form*) [all]täglich; **television has become part of** ~ **existence** das Fernsehen ist zu einem festen Bestandteil des Alltags geworden
quo·tient ['kwəʊʃənt, AM 'kwoʊ-] *n a.* MATH Quotient *m*
Qur'an *n see* **Koran**
qwerty key·board [ˌkwɜ:ti'-, AM ˌkwɜ:rt̬i'-], **QWERTY key·board** *n englische Standard-Computertastatur*

Rr

r, R <*pl* -'s *or* -s> [ɑ:ʳ, AM ɑ:r] *n* r, R *nt*
r *adv abbrev of* **right** re.
R¹ I. *n no pl* ❶ (*Queen*) *abbrev of* **Regina** Regina; **Elizabeth** ~ Elizabeth Regina ❷ (*King*) *abbrev of* **Rex** Rex; **George** ~ George Rex ❸ *abbrev of* **river I. 1 II.** *adj* ❶ *abbrev of* **right** re. ❷ *abbrev of* **Royal** königl.
R² [ɑ:r] *adv* AM FILM *abbrev of* **Restricted**: **rated** ~ nicht für Jugendliche unter 16 Jahren, nicht jugendfrei
rab·bi ['ræbaɪ] *n* Rabbiner *m;* **Chief R**~ Oberrabbiner *m*
rab·bini·cal [rə'bɪnɪkəl] *adj inv* rabbinisch
rab·bit ['ræbɪt] **I.** *n* ❶ (*animal*) Kaninchen *nt;* **a pet** [*or* **tame**] ~ ein Hauskaninchen *nt;* **to run like a frightened** [*or* **scared**] ~ wie ein erschrecktes Kaninchen davonlaufen; **wild** ~ Wildkaninchen *nt;* **to breed like** ~**s** (*pej*) sich *akk* wie die Karnickel vermehren *pej* ❷ *no pl* (*meat*) Hase *m kein pl* ▸ PHRASES: **to pull a** ~ **out of the hat** einen Trumpf aus dem Ärmel schütteln *fam* **II.** *vi* BRIT, AUS (*pej fam*) quasseln *oft pej fam* (**about** über +*akk*), schwafeln *pej fam;* **for goodness sake stop** ~**ing!** jetzt hör doch endlich mal mit dem Geschwafel auf! *fam*
'rab·bit bur·row *n* Kaninchenbau *m* **'rab·bit food** *n* (*hum fam*) Hasenfutter *nt fam,* Grünfutter *nt fam* **'rab·bit fur** *n no pl* Kaninchenfell *nt* **'rab·bit hole** *n* Kaninchenbau *m* **'rab·bit hutch** *n* Kaninchenstall *m,* Hasenstall *m* **rab·bit 'pie** *n* Hasenauflauf *m* **'rab·bit punch** *n* Nackenschlag *m,* Genickschlag *m* **'rab·bit skin** *n* Kaninchenfell *nt* **rab·bit 'stew** *n no pl* Haseneintopf *m* **'rab·bit war·ren** *n* Kaninchenbau *m;* (*fig*) Labyrinth *nt fig*
rab·ble ['ræbl̩] *n no pl* (*pej*) ❶ (*disorderly group*) ungeordneter Haufen *pej fam* ❷ (*mob*) ■**the** ~ der Mob *pej,* der Pöbel *pej*
'rab·ble-rous·er *n* Aufwiegler(in) *m(f),* Aufwiegler(in) *m(f);* **Johnson was unpopular with the management because he was a well-known** ~ Johnson war bei der Führungsspitze unbeliebt, weil er die anderen aufhetzte
'rab·ble-rous·ing *adj inv* Hetz-, [auf]hetzerisch; ~ **speech/oratory** Hetzrede *f;* **to make** ~ **speeches** Hetzreden halten, agitieren
rab·id ['ræbɪd] *adj* ❶ (*esp pej: fanatical*) fanatisch; **a** ~ **critic** ein scharfer Kritiker/eine scharfe Kritikerin; **a** ~ **feminist** eine fanatische Feministin; **a** ~ **nationalist** ein radikaler Nationalist/eine radikale Nationalistin ❷ *inv* (*having rabies*) tollwütig
rab·id·ly ['ræbɪdli] *adv* (*esp pej*) fanatisch; **a** ~ **nationalistic newspaper** eine radikale nationalistische Zeitung
ra·bies ['reɪbi:z] **I.** *n* + *sing vb* Tollwut *f;* **to carry** ~ Tollwut übertragen **II.** *n modifier* (*case, danger, warning*) Tollwut-; ~ **injection** [*or* **shot**] Tollwutimpfung *f*
RAC <*pl* -> [ˌɑ: reɪ'si:] *n abbrev of* **Royal Automobile Club**: ■**the** ~ der RAC
rac·coon [rə'ku:n, ræ-, AM *esp* ræ-] **I.** *n* Waschbär(in) *m(f)* **II.** *n modifier* (*coat, fur, hat*) Waschbären-
race¹ [reɪs] **I.** *n* ❶ (*competition*) Rennen *nt;* **car/dog/horse** ~ Auto-/Hunde-/Pferderennen *nt;* **cycle/motorcycle** ~ Rad-/Motorradrennen *nt;* **cross-country/100-metre/obstacle** ~ Gelände-/Hundertmeter-/Hindernislauf *m;* **egg-and-spoon** ~ Eierlaufen *nt kein pl;* **pancake** ~ Pfannkuchenrennen *nt* (*findet in England am Faschingsdienstag statt*); **road/track** ~ Straßen-/Bahnrennen *nt;* **sack** ~ Sackhüpfen *nt kein pl;* **three-legged** ~ Dreibeinlauf *m;* **to go in for** [*or* **take part in**] **a** ~ an einem Wettlauf teilnehmen; **to have** [*or* **run**] **a** ~ einen Wettlauf machen; **let's have a** ~ komm, wir laufen um die Wette; **to keep** [*or* **stay**] **in the** ~ im Rennen bleiben *a. fig;* **to win/lose a** ~ einen Wettkampf gewinnen/verlieren ❷ (*fig: contest*) Rennen *nt;* (*competition*) Wettkampf *m fig;* **a** ~ **against time** [*or* **the clock**] ein Wettlauf gegen die Uhr; **the**

two are involved in a ~ for promotion die zwei liefern sich ein Kopf-an-Kopf-Rennen um die Beförderung; **presidential ~** Präsidentenwahlkampf *m;* **the space ~** der Wettlauf im All *fig* ❸ *no pl* (*rush*) Hetze *f,* Hektik *f;* **it's always a ~ to get out of the house on time in the mornings** in der Früh ist es immer eine Hetzerei, damit man rechtzeitig aus dem Haus kommt *pej fam* ❹ SPORTS ■ **~s** *pl,* ■ **the ~s** das Pferderennen; **a day at the ~s** ein Tag *m* beim Pferderennen ❺ (*fast-flowing water*) *river* Stromschnelle *f; sea* Strömung *f;* **mill ~** Mühl[en]bach *m* **II.** *vi* ❶ (*compete*) *people, animals* Rennen laufen; *vehicles* Rennen fahren; **I enjoy running for fun, but I refuse to ~** ich laufe gern zum Vergnügen, aber ich weigere mich, an Wettläufen teilzunehmen; ■ **to ~ with sb** mit jdm um die Wette laufen; ■ **to ~ against sb** gegen jdn antreten ❷ (*rush*) rennen; **the boys came racing across the playground** die Jungen kamen über den Schulhof gerannt; **she ~d for the bus** sie rannte, um den Bus zu erreichen; **to ~ along** [*or* **down**] **the street** die Straße entlangrennen; **to ~ into the house** in das Haus rennen; **to ~ up the stairs** die Treppe hinaufrennen ❸ (*pass quickly*) ■ **to ~ by** [*or* **past**] schnell vergehen; **the summer seems to have ~d by** der Sommer ist wie im Nu vergangen *fam* ❹ (*beat fast*) *heart* heftig schlagen; *pulse* rasen **III.** *vt* ❶ ■ **to ~ sb** (*in competition*) gegen jdn antreten; (*for fun*) mit jdm ein Wettrennen machen; **come on, I'll ~ you home** los, wir laufen um die Wette bis nach Hause ❷ (*enter for races*) **to ~ a greyhound/horse** einen Greyhound/ein Pferd Rennen laufen lassen; **to ~ a car** an einem Autorennen teilnehmen ❸ (*rev up*) **to ~ the car engine** den Motor hochjagen *sl* ❹ (*transport fast*) ■ **to ~ sb somewhere** jdn schnellstmöglich irgendwohin bringen; **the ambulance ~d the injured to hospital** der Krankenwagen brachte den Verletzten mit Blaulicht ins Krankenhaus

race² [reɪs] *n* ❶ (*ethnic grouping*) Rasse *f;* **to be of mixed ~** gemischtrassig sein ❷ (*species*) **the human ~** die menschliche Rasse; (*of animals, plants*) Spezies *f;* **crops which are resistant to different ~s of pest** Getreidesorten, die gegen verschiedene Krankheiten resistent sind ❸ + *sing/pl vb* (*people*) Volk *nt;* (*fig*) Gruppe *f;* **the British are an island ~** die Briten sind ein Inselvolk; **the French/Russian ~** die Franzosen/die Russen

'race·card *n* Rennprogramm *nt* **race 'con·flict** *n no pl* Rassenkonflikt *m* **'race·course** *n* Rennbahn *f* **'race·goer** *n* Besucher(in) *m(f)* von Rennen; **sb is a keen ~** jd besucht gern Pferderennen **race 'ha·tred** *n no pl* Rassenhass *m* **'race·horse** *n* Rennpferd *nt;* **a string of ~s** eine Gruppe von Rennpferden **'race meet** *n* AM, **'race meet·ing** *n* Rennen *nt;* **the ~ meeting at Ascot** das Pferderennen in Ascot

rac·er ['reɪsəʳ, AM -ɚ] *n* ❶ (*runner*) [Renn]läufer(in) *m(f);* (*horse*) Rennpferd *nt* ❷ (*boat*) Rennboot *nt;* (*cycle*) Rennrad *nt;* (*car*) Rennwagen *m;* (*yacht*) Rennjacht *f*

race re·'la·tions *npl* Beziehungen *fpl* zwischen den Rassen **race re·'la·tions of·fic·er** *n* Beauftragte(r) für Rassenfragen *f(m)* **'race riot** *n* Rassenunruhen *fpl* **'race·track** *n* ❶ (*racecourse*) Rennbahn *f; esp* AM (*for horses also*) Rennstrecke *f* ❷ (*racing complex*) Rennplatz *m*

ra·cial ['reɪʃᵊl] *adj inv* ❶ (*to do with race*) rassisch, Rassen-; **they lived in ~ harmony** die verschiedenen Volksgruppen lebten in Frieden miteinander; **~ equality** Rassengleichheit *f;* **~ groups** rassische Gruppierungen *fpl;* **~ minority** rassische Minderheit; **~ supremacy** Vormachtstellung *f* einer Rasse ❷ (*motivated by racism*) rassistisch; **the attack was ~** der Angriff war rassistisch motiviert; **~ discrimination/segregation** Rassendiskriminierung *f*/-trennung *f;* **~ prejudice** Vorurteile *ntpl* gegen eine Rasse

ra·cial·ism ['reɪʃᵊlɪzᵊm] *n no pl* BRIT Rassismus *m*

ra·cial·ist ['reɪʃᵊlɪst] BRIT **I.** *n* Rassist(in) *m(f)* **II.** *adj* rassistisch

ra·cial·ly ['reɪʃᵊli] *adv* ❶ (*ethnically*) rassisch; **~ mixed child** gemischtrassiges Kind; **a ~ mixed class/group** eine gemischtrassige Klasse/Gruppe ❷ (*by racism*) **~ motivated** rassistisch motiviert; **to be ~ prejudiced** Vorurteile gegen Menschen anderer Hautfarbe haben

ra·cial 'slur *n* rassistische Bemerkung

raci·ly ['reɪsɪli] *adv* flott *fam*

raci·ness ['reɪsɪnəs] *n no pl* Draufgängertum *nt;* **he was attractive, sporty-looking with a hint of ~** er war attraktiv, sportlich und draufgängerisch

rac·ing ['reɪsɪŋ] *n no pl* ❶ (*in horse racing: event*) Pferderennen *nt;* (*sport*) Pferderennsport *m;* **to go ~** an einem Pferderennen teilnehmen ❷ (*conducting races*) Rennen *nt;* **dog/greyhound ~** Hunde-/Greyhoundrennen *nt;* **motor/motorcycle ~** Auto-/Motorradrennen *nt;* **stock-car ~** Stock-Car-Rennen *nt*

'rac·ing bi·cy·cle *n,* **'rac·ing bike** *n* (*fam*) Rennrad *nt* **'rac·ing car** *n* Rennwagen *m* **'rac·ing driv·er** *n* Rennfahrer(in) *m(f)* **'rac·ing pi·geon** *n* Brieftaube *f* **'rac·ing sta·ble** *n* Rennstall *m* **rac·ing 'start** *n* ECON Wettbewerbsvorteil *m;* **to have a ~ [over sb]** einen Wettbewerbsvorteil [gegenüber jdm] haben **'rac·ing yacht** *n* Rennjacht *f*

rac·ism ['reɪsɪzᵊm] *n no pl* Rassismus *m;* **institutionalized ~** behördlich sanktionierter Rassismus; **overt ~** offener Rassismus, unverhohlen rassistische Einstellung

rac·ist ['reɪsɪst] **I.** *n* Rassist(in) *m(f)* **II.** *adj* rassistisch; **~ attack** rassistisch motivierter Angriff; **~ remark** rassistische Bemerkung

rack¹ [ræk] *n no pl* **~ and ruin** Verfall *m;* **to go to ~ and ruin** verkommen, vor die Hunde gehen *fam;* **the economy has gone to ~ and ruin** die Wirtschaft ist total heruntergekommen

rack² [ræk] *vt* **to ~ [off] wine/beer** Wein/Bier abfüllen

rack³ [ræk] **I.** *n* ❶ (*for storage*) Regal *nt;* **clothes ~** AM Kleiderständer *m;* **luggage ~** Gepäcknetz *nt;* **magazine/newspaper ~** Zeitschriften-/Zeitungsständer *m;* **plate/toast ~** Abtropf-/Toastständer *m;* **roof ~** [Dach]gepäckträger *m;* **soap ~** Seifenschale *f;* **towel ~** Handtuchhalter *m;* **vegetable ~** Gemüsekorb *m;* **wine ~** Weinregal *nt;* **metal ~** Metallständer *m;* **wire ~** Drahtgestell *nt;* **wooden ~** Holzregal *nt;* **~s of dresses/children's clothes** Ständer *mpl* mit Kleidern/Kinderkleidung; **off the ~** AM von der Stange; **I never buy dresses off the ~** ich kaufe nie Kleider von der Stange ❷ (*for torture*) Folterbank *f;* **to be on the ~** (*fig*) Höllenqualen ausstehen *fam;* **he was on the ~, following accusations of fraud** als man ihm Bestechung vorwarf, durchlitt er wahre Höllenqualen; **to put sb on the ~** (*fig*) jdn auf die Folter spannen ❸ (*bar with teeth*) Zahnstange *f;* **~-and-pinion gearing** Zahnstangengetriebe *nt* ❹ FOOD (*joint*) **~ of lamb** Lammrippchen *ntpl* **II.** *vt* ❶ (*hurt*) ■ **to ~ sb** jdn quälen [*o* plagen]; **at the end, his cancer ~ed his body** am Ende zerfraß der Krebs seinen Körper; **to be ~ed with doubts/pain** von Zweifeln/Schmerzen gequält [*o* geplagt] werden; **to be ~ed with guilt** von Gewissensbissen gequält werden, unter Gewissensbissen leiden ❷ (*afflict*) ■ **to ~ sth** etw erschüttern; **the violence that has ~ed the region** die Welle der Gewalt, von der die Region heimgesucht wurde; ■ **to be ~ed by** [*or* **with**] **sth** von etw *dat* erschüttert werden *fig* ▸ PHRASES: **to ~ one's brains** sich *dat* den Kopf zerbrechen [*o fam* zermartern], sich *dat* das Hirn zermartern *fam*

◆**rack up** *vt esp* AM ■ **to ~ up** ⟲ **sth** etw zu verzeichnen haben; **the show has ~ed up 450 performances** die Show hat es auf 450 Vorstellungen gebracht; **to ~ up losses** Verluste hinnehmen müssen

rack·et¹ ['rækɪt] **I.** *n* ❶ SPORTS Schläger *m,* Racket *nt;* **badminton ~** Badmintonschläger *m,* Federballschläger *m;* **squash/tennis ~** Squash-/Tennisschläger *m* ❷ (*game*) ■ **~s** *pl* Racketball *nt kein pl* **II.** *n modifier* (*handle, strings*) Schläger-; **~ abuse** Werfen *nt* des Schlägers; **~ case** Schutzhülle *f* für den Schläger; **~ press** Spanner *m*

R

rack·et² ['rækɪt] *n* (*fam*) ❶ *no pl* (*din*) Krach *m,* Lärm *m;* **there was such a ~ going on outside, that ...** es war draußen so laut, dass ...; **stop that ~!** hör(t) auf mit dem Krach!, jetzt ist aber Schluss mit dem Radau! *fam;* **to make** [*or* **kick up**] **a ~** Krach machen *fam,* lärmen ❷ (*pej: dishonest scheme*) unsauberes Geschäft; **telephone chat lines are a bit of a ~** Chat Lines sind ziemliche Halsabschneiderei *pej fam;* **drug-smuggling ~** Drogengeschäft *nt;* **protection ~** Schutzgelderpressung *f;* **to run a ~** ein [einträgliches] Geschäft betreiben ❸ (*hum: business*) Geschäft *nt;* **the advertising/insurance ~** die Werbe-/Versicherungsbranche

rack·et·eer [ˌrækɪ'tɪəʳ, AM -ə'tɪr] *n* (*pej*) Gauner(in) *m(f),* Gangster *m pej*

rack·et·eer·ing [ˌrækɪ'tɪərɪŋ, AM -ə'tɪr-] *n no pl* dunkle Machenschaften *pl pej*

rack·ing ['rækɪŋ] *adj* fürchterlich, quälend *attr;* **a ~ headache** rasende Kopfschmerzen *pl;* **a ~ toothache** entsetzliche Zahnschmerzen *pl;* **a ~ pain** furchtbare [*o* quälende] Schmerzen *mpl*

'rack rent *n* Wuchermiete *f pej,* Wahnsinnsmiete *f fam*

rac·on·teur [ˌrækɒn'tɜːʳ, AM -ɑːn'tɜːr] *n* Geschichtenerzähler(in) *m(f),* Erzähler(in) *m(f)* von Anekdoten

ra·coon *n see* **raccoon**

rac·quet *n see* **racket¹**

racy ['reɪsi] *adj* ❶ (*risqué*) *behaviour, novel* anzüglich; **to tell ~ stories** schlüpfrige Geschichten erzählen *pej* ❷ (*sexy*) *clothing* gewagt; **~ swimsuit** tief ausgeschnittener Badeanzug ❸ (*lively and vigorous*) *person, image* draufgängerisch; *wine, car, yacht* rassig

rad [ræd] *adj inv* AM (*sl: wonderful*) toll *fam*

RADA ['rɑːdə] *n no pl, no art acr for* **Royal Academy of Dramatic Art** RADA *f,* Königliche Schauspielakademie

ra·dar ['reɪdɑːʳ, AM -dɑːr] **I.** *n no pl* Radar *m o nt* **II.** *n modifier* (*screen, signal, station*) Radar-; **~ contact** Radarerfassung *f;* **~ operator** Bediener(in) *m(f)* eines Radargerätes; **~ scanner** Radarsuchgerät *nt*

'ra·dar screen *n* Radarschirm *m*

'ra·dar trap *n* Radarfalle *f;* **to be caught in a ~ trap** in eine Radarfalle geraten

ra·dial ['reɪdiəl] **I.** *adj inv* ❶ (*radiating*) strahlenförmig; **~ road system** sternförmig angeordnetes Straßennetz ❷ TECH radial *fachspr,* Radial- *fachspr;* **~ engine** Sternmotor *m;* **~ symmetry** Radialsymmetrie *f fachspr* **II.** *n* Gürtelreifen *m*

ra·dial·ly ['reɪdiəli] *adj inv* sternförmig; BOT strahlig

ra·dial 'tyre *n* Gürtelreifen *m*

ra·di·ance ['reɪdiən(t)s] *n no pl* ❶ (*glowing beauty*) Strahlen *nt;* **the ~ of her smile** ihr strahlendes Lächeln ❷ (*heat and light*) Leuchten *nt; of sun* strahlendes Licht

ra·di·ant ['reɪdiənt] *adj* ❶ (*happy*) strahlend *attr fig;* **the bride looked ~** die Braut strahlte vor Glück; **to be ~ with happiness/pride** vor Glück/Stolz strahlen; **a ~ smile** ein strahlendes Lächeln; **he gave a ~ smile when he heard the news** er strahlte, als er die Nachricht hörte ❷ (*splendid*) *weather, day* wunderschön, strahlend *attr fig* ❸ *attr* PHYS (*shining*) Strahlungs-; **~ energy** Strahlungsenergie *f;* **~ heat** Strahlungswärme *f;* **the ~ heat of the sun** die gleißende Hitze der Sonne *geh;* **~ heater** Heizsonne *f*

ra·di·ate ['reɪdieɪt] **I.** *vi* ❶ (*spread out*) ■**to ~** [**from sth**] strahlenförmig [von etw *dat*] ausgehen; *roads* strahlenförmig [von etw *dat*] wegführen; **flows of lava ~d from the volcano's crater** Lavaströme flossen aus dem Vulkankrater in alle Richtungen ❷ (*be given off*) ■**to ~ from sth** von etw *dat* abstrahlen; *light, energy, bad vibes* etw ausstrahlen; **a single beam of light ~d from the lighthouse** vom Leuchtturm war ein einzelner Lichtstrahl zu sehen **II.** *vt* (*a. fig*) ■**to ~ sth** etw ausstrahlen; **he was radiating joy and happiness** er strahlte vor lauter Glück und Freude *fam;* **she ~d health** sie strotzte regelrecht vor Gesundheit; **to ~ energy/light** Energie/Licht ausstrahlen [*o* abgeben]; **to ~ heat** Hitze abstrahlen [*o* abgeben]

ra·dia·tion [ˌreɪdi'eɪʃᵊn] *n no pl* ❶ (*radiated energy*) Strahlung *f;* **electromagnetic/radioactive/ultraviolet ~** elektromagnetische/radioaktive/ultraviolette Strahlung; **harmful ~** schädliche Strahlen *mpl;* **microwave ~** Mikrowellenstrahlen *mpl* ❷ (*emitting*) Abstrahlen *nt;* **the ~ of heat/energy** [**from sth**] das Abstrahlen von Hitze/Energie [von etw *dat*]

ra·di'a·tion burn *n* MED Strahlenverbrennung *f* **ra·di'a·tion sick·ness** *n no pl* Strahlenkrankheit *f* **ra·di'a·tion thera·py** *n* Strahlentherapie *f*

ra·dia·tor ['reɪdieɪtəʳ, AM -t̬ɚ] **I.** *n* ❶ (*heating device*) Heizkörper *m,* Radiator *m selten* ❷ (*to cool engine*) Kühler *m* **II.** *n modifier* (*fluid, parts*) Kühler-; **~ cap** Kühlerverschlussdeckel *m;* **~ grill**[**e**] Kühlergrill *m*

radi·cal ['rædɪkᵊl] **I.** *adj* ❶ POL radikal; **~ activist** radikaler Aktivist/radikale Aktivistin; **~ bookshop/newspaper** radikaler Buchladen/radikale Zeitung; **~ feminist** radikale Feministin; **the ~ left/right** die radikale [*o* äußerste] Linke/Rechte; **~ views** radikale [*o* extreme] Ansichten; **the ~ wing of the party** der radikale Parteiflügel ❷ (*fundamental*) fundamental, total; **we need to take a ~ look at our operating procedures** wir müssen unsere Vorgehensweise nochmals eingehend überprüfen; **to make some ~ changes** tief greifende [*o* weit reichende] Veränderungen vornehmen; **~ difference** grundlegender [*o* fundamentaler] Unterschied; **~ measures** tief greifende [*o* grundlegende] Maßnahmen; **a ~ restructuring of a company** eine völlige Umstrukturierung einer Firma; **a ~ transformation** ein grundlegender Wandel ❸ MED radikal; **~ surgery** Radikaloperation *f;* **to undergo ~ surgery** sich *akk* einer Totaloperation unterziehen **II.** *n* ❶ (*person*) Radikale(r) *f(m);* **left-wing ~** radikale(r) Linke(r) *f(m);* **right-wing ~** radikale(r) Rechte(r) *f(m)* ❷ CHEM Radikal *nt*

radi·cal·ism ['rædɪkᵊlɪzᵊm] *n no pl* Radikalismus *m*

radi·cal·ly ['rædɪkᵊli] *adv* radikal, völlig; (*fundamentally*) grundlegend; **~ new ideas** völlig neue Ideen; **to change sth ~** etw von Grund auf ändern

radi·cle ['rædɪkl] *n* ❶ BOT Keimwurzel *f* ❷ ANAT Wurzel *f*

ra·dii ['reɪdiaɪ] *n pl of* **radius**

ra·dio ['reɪdiəʊ, AM -oʊ] **I.** *n* ❶ (*receiving device*) Radio *nt* SÜDD, ÖSTERR, SCHWEIZ *a. m;* **car ~** Autoradio *nt;* **portable ~** tragbares Radio[gerät]; **transistor ~** Transistorgerät *nt;* **to turn** [*or* **switch**] **the ~ on/off** das Radio auf-/abdrehen; **the ~ was turned up to full volume** das Radio spielte mit voller Lautstärke ❷ (*transmitter and receiver*) Funkgerät *nt;* **ship's ~** Schiffsfunk *m;* **on** [*or* **over**] **the ~** über Funk ❸ *no pl* (*broadcasting*) Radio *nt,* [Rund]funk *m;* **he's got a job in ~** er arbeitet beim Radio; **to listen to the ~** Radio hören; **did you hear the news on the ~ this morning?** hast du heute Morgen die Radionachrichten gehört?; **on the ~** im Radio; **what's on the ~?** was kommt im Radio? *fam;* (*in names of stations*) **R~ Bristol/Moscow** *esp* BRIT Radio Bristol/Moskau ❹ *no pl* (*medium*) Funk *m;* **to receive a message by ~** einen Funkspruch empfangen **II.** *n modifier* ❶ (*of communications*) (*frequency, receiver, signal*) Funk-; **~ beam** Funkleitstrahl *m;* **~ navigation** Funknavigation *f* ❷ (*of broadcasting*) (*broadcast, commercial, network*) Radio-; **~ commentator** Rundfunkkommentator(in) *m(f)* **III.** *vt* ❶ (*call on radio*) ■**to ~ sb/sth** *base, shore* jdn/etw anfunken ❷ (*send by radio*) ■**to ~ sth** etw funken; **we ~ed our position to the Coastguard** wir gaben unsere Position über Funk an die Küstenwache durch **IV.** *vi* **to ~ for help/assistance** über Funk Hilfe/Unterstützung anfordern

ra·dio·ac·tive [ˌreɪdiəʊ'æktɪv, AM -oʊ'-] *adj* radioaktiv; **~ cloud** radioaktive Wolke; **~ decay** Zerfall *m* radioaktiven Materials; **~ dust/fallout** radioaktiver Staub/Niederschlag; **~ isotope/material** radioaktives Isotop/Material; **~ waste** radioaktiver Abfall, Atommüll *m*

ra·dio·ac·tiv·ity [ˌreɪdiəʊæk'tɪvəti, AM -oʊæk'tɪvət̬i] *n no pl*

Radioaktivität *f*

'ra·dio a·larm *n,* **ra·dio a'larm clock** *n* Radiowecker *m* **'ra·dio an·nounc·er** *n* Rundfunk-/Radiosprecher(in) *m(f)* **'ra·dio bea·con** *n* Funkfeuer *nt,* Funkbake *f fachspr* **'ra·dio broad·cast** *n* Radiosendung *f,* Rundfunksendung *f* **ra·dio·'car·bon** *n no pl* PHYS Radiokarbon *nt* **ra·dio·car·bon 'dat·ing** *n no pl* Radiokarbonmethode *f* **ra·dio cas·'sette re·cord·er** *n* Radiorecorder *m* **ra·dio com·mu·ni·'ca·tion** *n no pl* Funkverbindung *f* **'ra·dio con·tact** *n* Funkkontakt *m* **ra·dio-con·'trolled** *adj inv* ferngesteuert, ferngelenkt; **a ~ car** ein Auto *nt* mit Fernsteuerung **'ra·dio en·gi·neer** *n* Rundfunktechniker(in) *m(f)*

ra·dio·gram ['reɪdiə(ʊ)græm, AM -oʊ-] *n* ❶ *short for* **radio telegram** Funktelegramm *nt* ❷ BRIT (*dated*) *short for* **radiogramophone** Musiktruhe *f veraltet*

ra·dio·gramo·phone [ˌreɪdiəʊ'græməfəʊn] *n* BRIT (*dated*) Musiktruhe *f veraltet*

ra·dio·graph ['reɪdiə(ʊ)grɑːf, AM -oʊgræf] *n* Röntgenbild *nt,* Röntgenaufnahme *f*

ra·di·og·ra·pher [ˌreɪdi'ɒgrəfəʳ, AM -'ɑːgrəfɚ] *n* Röntgenassistent(in) *m(f)*

ra·di·og·ra·phy [ˌreɪdi'ɒgrəfi, AM -'ɑːgrə-] **I.** *n* Röntgenographie *f* **II.** *n modifier* **I was sent to the ~ unit** ich wurde zum Röntgen geschickt

'ra·dio ham *n* Funkamateur(in) *m(f)*

ra·di·olo·gist [ˌreɪdi'ɒlədʒɪst, AM -'ɑːlə-] *n* Radiologe, -in *m, f*

ra·di·ol·ogy [ˌreɪdi'ɒlədʒi, AM -'ɑːlə-] *n no pl* Radiologie *f*

'ra·dio op·era·tor *n* Funker(in) *m(f)* **'ra·dio play** *n* Hörspiel *nt* **'ra·dio pro·gramme** *n* ❶ (*broadcast*) Rundfunkprogramm *nt,* Radioprogramm *nt,* Programm *nt* im Radio ❷ (*dated: radio channel*) [Radio]sender *m*

ra·di·os·co·py [ˌreɪdi'ɒskəpi, AM -'ɑːskə-] *n no pl* MED Radioskopie *f fachspr*

'ra·dio set *n* Radioapparat *m,* Rundfunkgerät *nt* **'ra·dio show** *n* Radioshow *f* **'ra·dio si·lence** *n no pl* Funkstille *f* **'ra·dio sta·tion** *n* ❶ (*radio channel*) Radiosender *m;* **commercial/independent/local ~** kommerzieller/unabhängiger/lokaler Radiosender; **pirate ~** Piratensender *m;* **to tune in to a ~** einen Sender einschalten ❷ (*building*) Rundfunkstation *f* **ra·dio-'tele·phone** *n* Funktelefon *nt* **ra·dio-te'lepho·ny** *n no pl* Funktelefonie *f* **ra·dio 'tele·scope** *n* Radioteleskop *nt* **ra·dio·'thera·py** *n no pl* Strahlentherapie *f* **'ra·dio trans·mit·ter** *n* Funkgerät *nt* **'ra·dio wave** *n* Radiowelle *f*

rad·ish <*pl* -es> ['rædɪʃ] *n* Rettich *m;* **black ~** schwarzer Rettich; **red ~** Radieschen *nt;* **white ~** Rettich *m*

ra·dium ['reɪdiəm] *n no pl* Radium *nt*

'ra·dium thera·py *n,* **'ra·dium treat·ment** *n* Radiumtherapie *f*

ra·dius <*pl* -dii> ['reɪdiəs, *pl* -diaɪ] *n* ❶ MATH Radius *m* ❷ (*distance from centre*) Radius *m;* **within a ~ of 10 miles** in einem Umkreis von 10 Meilen; **~ of action** Aktionsradius *m,* Wirkungsbereich *m* ❸ ANAT Speiche *f*

RAF [ˌɑːr'eɪ'ef, AM ˌɑːr-] *n abbrev of* **Royal Air Force**: ■**the ~** die R.A.F.; **~ base** R.A.F.-Stützpunkt *m*

Rafferty's rule ['ræfətiz-] *n* AUS (*sl*) **according to ~** ohne jegliche Regeln

raf·fia ['ræfiə] **I.** *n no pl* Raphia[bast] *m* **II.** *n modifier* (*basket, hat, mat*) Raphia-; **~ work** (*of activity*) Raphiabastarbeit *f;* (*of result*) Arbeiten *fpl* aus Raphiabast

raff·ish ['ræfɪʃ] *adj* ❶ (*rakish*) flott *fam,* verwegen ❷ (*disreputable*) *area, place* verrufen, mit schlechtem Ruf *nach n;* **she seems to have had a ~ past** sie scheint ja eine Frau mit zweifelhafter Vergangenheit zu sein

raff·ish·ness ['ræfɪʃnəs] *n no pl* Verwegenheit *f*

raf·fle ['ræfl̩] **I.** *n* Tombola *f,* Verlosung *f;* **prize in a ~** Preis *m* bei der Tombola **II.** *vt* ■**to ~ sth** etw verlosen

◆**raffle off** *vt* ■**to ~ off** ⊂ **sth** etw verlosen

'raf·fle tick·et *n* Los *nt* (*für die Tombola*)

rafia *n see* **raffia**

raft¹ [rɑːft, AM ræft] **I.** *n* (*vessel*) Floß *nt;* **rubber ~** Schlauchboot *nt;* **inflatable ~** aufblasbares Schlauchboot **II.** *vi* an einem Rafting teilnehmen **III.** *vt* ■**to ~ sth** etw auf einem Floß transportieren

raft² [rɑːft, AM ræft] *n esp* AM (*large number*) ■**a ~ of sth** eine [ganze] Menge einer S. *gen;* **a ~ of papers** ein Riesenstapel an Unterlagen *fam;* **we have designed a whole ~ of measures to improve the system** wir haben einen ganzen Maßnahmenkatalog erstellt, um das System zu verbessern

raft·er¹ ['rɑːftəʳ, AM 'ræftɚ] *n* ARCHIT Dachsparren *m* ▶ PHRASES: **to make the ~s ring** Krach machen, dass sich die Balken biegen *fam*

raft·er² ['rɑːftəʳ, AM 'ræftɚ] *n* (*sb using a raft*) Rafter(in) *m(f)*

raft·ing ['rɑːftɪŋ, AM 'ræft-] *n no pl* Rafting *nt;* **white-water ~** Wildwasserrafting *nt*

rag¹ [ræg] *n* ❶ (*old cloth*) Lumpen *m;* (*for cleaning*) Lappen *m,* ÖSTERR Fetzen *m;* (*for dust*) Staubtuch *nt,* Staublappen *m* ❷ (*worn-out clothes*) ■**~s** *pl* Lumpen *mpl pej,* Fetzen *mpl pej fam;* **to be dressed in ~s** in Lumpen herumlaufen *pej* ❸ (*fig: remnants*) ■**~s** *pl* Reste *mpl;* **the ~s of one's pride/self-esteem** das letzte bisschen Stolz/Selbstachtung ❹ (*pej fam: newspaper*) Käseblatt *nt pej fam,* Schmierblatt *nt* ÖSTERR *pej fam,* Schundblatt *nt pej;* **local ~** Lokalblättchen *nt pej fam* ▶ PHRASES: **to be like a red ~ to a bull** [**to sb**] [jdm] ein rotes Tuch sein; **to go from ~s to riches** vom Tellerwäscher zum Millionär werden; **to be in ~s and tatters** in zerschlissenen Lumpen herumlaufen *pej;* **to feel like a wet ~** (*fam*) sich *akk* wie ein nasser Sack fühlen *fam;* **to be in ~s** zerlumpt sein; **to be on the ~** AM (*sl*) die Regel haben

rag² [ræg] **I.** *n* BRIT (*students' fund-raising event*) *studentische karnevalistische Veranstaltung, um Spenden für wohltätige Zwecke zu sammeln;* **~ day/week** *Zeit, in der die Studenten nach Aufführungen für wohltätige Zwecke sammeln* **II.** *vt* <-gg-> (*fam*) ■**to ~ sb** jdn aufziehen (**about** wegen +*gen*) **III.** *vi* <-gg-> AM (*pej sl*) ■**to ~ on sb** jdn nerven *sl;* (*scold*) auf jdm herumhacken *fam*

rag³ [ræg] *n* Ragtime *m*

raga·muf·fin ['rægəˌmʌfɪn] *n* (*fam or dated*) Dreckspatz *m fam;* **you little ~** du kleiner Schmutzfink *fam*

rag and 'bone man *n* BRIT (*dated*) Lumpensammler *m veraltet*

'rag·bag I. *n* Sammelsurium *nt* **II.** *adj attr, inv* **~ collection** bunte Mischung, Sammelsurium *nt* **'rag book** *n Bilderbuch mit Stoffseiten* **rag 'doll** *n* Stoffpuppe *f*

rage [reɪdʒ] **I.** *n* ❶ *no pl* (*violent anger*) Wut *f,* Zorn *m;* **to react with ~ to sth** wütend auf etw *akk* reagieren; **in ~** wutentbrannt, zornig; **she screamed at them in ~** sie schrie sie voller Zorn an ❷ (*fit of anger*) **a towering ~** rasende [*o* unbändige] Wut, Tobsuchtsanfall *m;* **to be in a ~** wütend sein, toben; **to get in a ~** sich *akk* aufregen (**about** über +*akk*) ❸ (*mania*) **why this sudden ~ for Australian films?** warum sind australische Filme plötzlich so modern?; **to be [all] the ~** der letzte Schrei sein *fam* ❹ AUS (*fam: lively event*) Knüller *m fam;* **the party was a ~** auf der Party ging's echt ab *sl,* das war eine Wahnsinnsparty *sl* **II.** *vi* ❶ (*express fury*) toben; ■**to ~ at sb** jdn anschreien; ■**to ~ at sth** sich *akk* über etw *akk* aufregen; ■**to ~ against sth** gegen etw *akk* wettern *fam,* heftig gegen etw *akk* aufbegehren *geh;* **he ~d against fate** er haderte heftig mit dem Schicksal *geh* ❷ (*continue violently*) *argument, debate* toben; *battle, war, storm* toben; *epidemic, fire* wüten; **the fire is raging through the forest** die Feuerwand rast durch den Wald; **a hurricane was raging in the west** ein Hurrikan fegte über den Westen des Landes

rag·ga ['rægə] *n* Ragga *m* (*Musikstil, Kombination aus Reggae und Rap*)

rag·ged ['rægɪd] *adj* ❶ (*torn*) *clothes* zerlumpt, zerfetzt, zerrissen; *cuffs, hem* ausgefranst ❷ (*wearing worn clothes*) *children* zerlumpt; **~ appearance** verlottertes Erscheinungsbild *pej;* **~ tramp** abgerissener Landstreicher ❸ (*jagged*) **~ coast-**

R

line zerklüftete Küste; **the leaves of this plant have ~ edges** die Blätter dieser Pflanze haben gezackte Ränder; (*irregular*) abgehackt; **the patient's breathing was ~ and uneven** der Patient atmete stoßweise und unregelmäßig ❹ (*disorderly*) *people, group* unorganisiert; *esp in sports* stümperhaft; *rooms* unordentlich; *hair* zottig; **a ~ line of people** ein Menschenhaufen ▸PHRASES: **to run sb ~** (*fam*) jdn schlauchen *fam*

rag·ged·ly ['rægɪdli] *adv* ❶ (*in torn clothes*) abgerissen; **the old tramp was ~ dressed** der alte Penner kam völlig zerlumpt daher *fam* ❷ (*in a disorganized manner*) chaotisch ❸ (*irregularly*) unregelmäßig; **the patient was breathing ~** der Patient atmete stoßweise

rag·ged·ness ['rægɪdnəs] *n no pl* ❶ (*torn condition*) Abgerissenheit *f* ❷ (*shaggy appearance*) zerlumptes Aussehen; **she was shocked by his ~** sie war schockiert, wie abgerissen er aussah ❸ (*irregularity*) Unregelmäßigkeit *f* ❹ (*disorderliness*) Uneinheitlichkeit *f*

rag·ged 'rob·in *n* Kuckuckslichtnelke *f*

rag·ing ['reɪdʒɪŋ] *adj* ❶ GEOG (*flowing fast*) reißend *attr;* **the rains had turned the stream into a ~ torrent** die Regenfälle hatten den Bach in einen reißenden Strom verwandelt; **the ~ floodwaters** die reißenden Fluten ❷ (*burning fiercely*) *fire* lodernd *attr;* **a ~ inferno** ein flammendes Inferno ❸ METEO (*very violent*) tobend *attr;* **a ~ blizzard/gale** ein tobender Schneesturm/Sturm; **the ~ sea** die tosende See; **a ~ storm** ein heftiges Unwetter ❹ (*severe*) rasend; **a ~ fever** wahnsinniges Fieber *fam;* **a ~ headache/toothache** rasende Kopf-/Zahnschmerzen *mpl;* **to have a ~ temperature** sehr hohes Fieber haben; **~ thirst** schrecklicher Durst ❺ (*fam: extreme*) äußerst; **a ~ bore** ein totaler Langweiler *fam;* **a ~ success** ein voller Erfolg

rag·lan ['ræglən] *adj inv* ❶ (*material*) Raglan-; **~ sleeve** Raglanärmel *m* ❷ (*with raglan sleeves*) **~ blouse/jacket/pullover** Bluse *f*/Jacke *f*/Pullover *m* mit Raglanärmeln

rag·lan-'sleeved *adj inv* mit Raglanärmeln *nach n*

'rag mag *n* BRIT *Studentenzeitung mit oft derben Witzen und Cartoons* **'rag·man** *n* AM Altwarenhändler *m,* Gebrauchtwarenhändler *m*

ra·gout [ræg'uː] *n no pl* Ragout *nt;* **~ of veal** Kalbsragout *nt*

rag 'rug *n* Flickenteppich *m,* Fleckerlteppich *m* SÜDD, ÖSTERR

rags-to-'riches *adj inv* **to tell a ~ story** die Geschichte vom Tellerwäscher erzählen, der zum Millionär wurde **'rag·tag I.** *n* Pöbel *m kein pl pej,* Gesindel *nt kein pl pej,* das gemeine Volk *kein pl veraltend fam;* **~ and bobtail** Hinz und Kunz *pej fam,* Krethi und Plethi *pej geh* **II.** *adj* pöbelhaft; **a ~ crowd gathered outside the factory gates** eine lärmende und pöbelnde Menge sammelte sich vor den Fabriktoren **'ragtime I.** *n no pl* Ragtime *m* **II.** *n modifier* (*band, composer, concert*) Ragtime-; **~ music** Ragtime *m;* **~ beat** Ragtimerhythmus *m* **'rag trade** *n* (*sl*) ■**the ~** die Fetzenindustrie *pej fam;* **her dad's in the ~** ihr Vater hat irgendwas mit Klamotten zu tun *sl,* ihr Vater ist im Fetzengeschäft *pej fam*

rah-rah ['rɑːrɑː] *adj attr* AM (*fam: showing great enthusiasm*) überschwänglich; (*uncritical*) überenthusiastisch *pej*

raid [reɪd] **I.** *n* ❶ (*military attack*) Angriff *m;* **air/bombing ~** Luft-/Bombenangriff *m;* **a daring ~** ein kühner Angriff; **a ~ on Belgrade/London** ein Angriff *m* auf Belgrad/London; **to carry out** [*or* **make**] [*or* **stage**] **a ~** einen Angriff machen ❷ (*robbery*) Überfall *m;* **bank ~** Banküberfall *m;* **a ~ on a post office/security van** ein Überfall *m* auf ein Postamt/einen Geldtransporter; (*fig, hum*) **I'm going to have to make a ~ on my savings** ich werde mein Sparkonto plündern müssen *hum fam* ❸ (*by police*) Razzia *f* ❹ (*takeover bid*) *Drücken der Kurse durch Aktienverkäufe* **II.** *vt* ■**to ~ sth/sb** ❶ MIL (*attack*) etw/jdn überfallen; (*bomb*) etw/jdn bombardieren; **to ~ a town** eine Stadt plündern ❷ (*by police*) eine Razzia in etw *dat*/bei jdm durchführen; **police ~ed the bar looking for drugs** die Polizei führte eine Drogenrazzia in einer Bar durch ❸ (*steal from*) etw/jdn ausplündern; (*fig*) **to ~ a bank/post office** eine Bank/ein Postamt überfallen; **to ~ the fridge/larder/orchard** den Kühlschrank/die Speisekammer/den Obstgarten plündern *hum;* **to ~ sb's handbag/purse** jds Handtasche/Geldbörse plündern *hum;* **to ~ one's moneybox** [*or* **piggybank**] sein Sparschwein plündern [*o* schlachten] *hum* **III.** *vi* ❶ (*steal*) einen Diebstahl begehen; **during the riots people were looting and ~ing** während der Aufstände plünderten und stahlen die Menschen ❷ MIL (*make incursions*) einfallen

raid·er ['reɪdəʳ, AM -ɚ] *n* ❶ (*attacker*) Angreifer(in) *m(f)* ❷ (*robber*) Einbrecher(in) *m(f);* (*bank*) Bankräuber(in) *m(f)* ❸ (*pej*) [**corporate**] **~** Firmenaufkäufer(in) *m(f)*

raid·ing par·ty *n* Überfallkommando *nt,* Stoßtrupp *m*

rail[1] [reɪl] *vi* ■**to ~ against** [*or* **at**] **sth** gegen etw *akk* wettern, über etw *akk* schimpfen

rail[2] [reɪl] *n* (*bird*) Ralle *f*

rail[3] [reɪl] **I.** *n* ❶ *no pl* (*transport system*) Bahn *f;* **by ~** mit der Bahn, per Bahn ❷ (*railway track*) Schiene *f;* **to leave** [*or* **go off**] [*or* **run off**] **the ~s** entgleisen ❸ (*on stairs*) Geländer *nt;* (*on fence*) Stange *f;* (*on ship*) Reling *f;* **hold onto the ~** halten Sie sich am Geländer fest; **special ~s for the disabled** spezielle Haltegriffe für Behinderte ❹ (*to hang things on*) [**hanging**] **~** Halter *m,* Stange *f;* **clothes ~** Kleiderstange *f;* **curtain ~** Vorhangstange *f,* Gardinenstange *f;* **picture/towel ~** Bilder-/Handtuchhalter *m;* **off the ~** von der Stange; **I never buy dresses off the ~** ich kaufe nie Kleider von der Stange ❺ (*at racecourse*) ■**the ~s** Absperrung *f,* Umzäunung *f;* **on the ~s** auf der Außenbahn ▸PHRASES: **to get sth back on the ~s** etw wieder in den Griff bekommen *fam;* **to go off the ~s** *people* aus der Bahn geworfen werden; *things* aus den Fugen geraten **II.** *n modifier* (*pass, strike, worker*) Bahn-; **~ ticket** Fahrschein *m;* **~ travel** Bahnfahrt *f*

◆**rail in** *vt* ■**to ~ in** ○ **sth** etw einzäunen

◆**rail off** *vt* ■**to ~ off** ○ **sth** etw abzäunen [*o* absperren]

'rail·card *n* BRIT Bahnkarte *f;* **family ~** Familienpass *m;* **young person's ~** Juniorenticket *nt* **'rail fare** *n* Fahrpreis *m* **'rail freight** *n no pl* Bahnfracht *f;* (*load of goods*) Bahntransport *m* **'rail·head** *n* ❶ (*end of track*) Gleisstutzen *m,* Gleisabschluss *m* ❷ (*depot*) Kopfbahnhof *m*

rail·ing ['reɪlɪŋ] *n* ❶ (*fence*) Geländer *nt;* **iron/wood ~** Eisen-/Holzgeländer *nt* ❷ (*on a ship*) Reling *f*

rail·lery ['reɪlᵊri] *n no pl* Necken *nt,* Neckerei *f*

'rail link *n* Bahnverbindung *f* **'rail net·work** *n* Bahnnetz *nt,* Schienennetz *nt* **'rail pas·sen·ger** *n* Bahnreisende(r) *f(m)*

'rail·road I. *n* AM ❶ (*train track*) Schienen *fpl,* Gleise *ntpl;* (*stretch of track*) Strecke *f* ❷ (*railway system*) [Eisen]bahn *f kein pl* **II.** *n modifier* AM (*bridge, tunnel*) [Eisen]bahn-; **~ accident** Eisenbahnunglück *nt;* **~ worker** Bahnarbeiter(in) *m(f)* **III.** *vt* ■**to ~ sb** jdn zwingen; ■**to have been ~ed into sth** gezwungen worden sein, etw zu tun; ■**to ~ sth** etw durchpeitschen *fig, pej fam*

'rail·road car *n* AM (*for people*) Waggon *m;* (*for goods*) Güterwagen *m* **'rail·road switch** *n* AM Weiche *f* **'rail·road tie** *n* AM [Bahn]schwelle *f* **'rail·road track** *n* Schienen *fpl* **'rail·road train** *n* Zug *m*

'rail system *n* Bahnnetz *nt* **'rail traffic** *n no pl* Bahnverkehr *m*

'rail·way ['reɪlweɪ] **I.** *n esp* BRIT ❶ (*train tracks*) Gleise *ntpl,* Schienen *fpl* ❷ (*rail system*) ■**the ~[s]** die [Eisen]bahn; **he worked on the ~[s] for forty years** er hat vierzig Jahre bei der Bahn gearbeitet; **the trans-continental/Trans-Siberian ~** die transkontinentale/Transsibirische Eisenbahn **II.** *n modifier* (*museum, tunnel*) [Eisen]bahn-; **~ accident** Eisenbahnunglück *nt;* **~ worker** Bahnarbeiter(in) *m(f);* **~ yard** Rangierbahnhof *m,* Verschiebebahnhof *m*

'rail·way bridge *n* ❶ (*carrying railway line*) Eisenbahnbrücke *f* ❷ (*over railway*) Brücke *f* über einen Bahndamm **'rail·way car·riage** *n* Personenwagen *m* **'rail·way cut·ting** *n* Durchstich *m* **'rail·way em·bank·ment** *n* Bahndamm *m* **'rail·way en·gine** *n* Lokomotive *f* **'rail·way line** *n* ① (*train track*) Bahnlinie *f* ② (*stretch of track*) Bahnstrecke *f*, Bahnabschnitt *m* **'rail·way·man** *n* Eisenbahner *m* **'rail·way por·ter** *n* Gepäckträger *m* (*bei der Bahn*) **'rail·way sta·tion** *n* Bahnhof *m* **'rail·way time·table** *n* Fahrplan *m* **'rail·way track** *n* Gleis *nt* **'rail·way train** *n* Zug *m* **'rail·way truck** *n* Güterwagen *m*

rai·ment ['reɪmənt] *n no pl* (*old*) Gewand *nt geh*

rain [reɪn] **I.** *n* ① *no pl* (*precipitation*) Regen *m;* ~ **is forecast for tomorrow** morgen soll es regnen; ~ **stopped play** das Spiel wurde wegen Regens abgebrochen; **in case of** ~ falls es regnet; **gentle** [*or* **light**] ~ leichter Regen, Nieselregen *m;* **heavy** ~ heftige [*o* starke] Regenfälle *pl;* **pouring** ~ strömender Regen; **steady** ~ Landregen *m*, Dauerregen *m;* **torrential** ~ sintflutartige Regenfälle *pl;* **in the** ~ im Regen; **to be** [*or* **get**] **caught in the** ~ in den Regen kommen; **out of the** ~ ins Trockene ② (*rainy season*) ■**the** ~**s** *pl* Regenzeit *f* ▸ PHRASES: **to not have enough sense to come in out of the** ~ strohdumm sein; ~ **before seven, fine before eleven** BRIT (*prov*) heut' Regen, morgen Sonnenschein; **come** ~ **or shine** bei jedem Wetter, ob's regnet oder schneit *fig*, was auch geschieht **II.** *n modifier* (*cloud, shower, water*) Regen- **III.** *vi impers* regnen; **it's** ~**ing heavily** es gießt in Strömen ▸ PHRASES: **to** ~ **cats and dogs** (*fam*) [wie aus Kübeln] gießen *fam*, [wie aus Eimern] schütten *fam* **IV.** *vt* (*fig*) ■**to** ~ **sth on sb** jdn mit etw *dat* überhäufen *fig*, überschütten; **he** ~**ed blows on him** er ließ die Schläge nur so auf ihn niederprasseln; **to** ~ **abuse on sb** jdn mit Beschimpfungen überhäufen

◆**rain down I.** *vi* hinabregnen; **bombs and shells** ~**ed down on the city** ein wahrer Bomben- und Granatenhagel ging auf die Stadt nieder **II.** *vt* (*fig*) ■**to** ~ **down** ↻ **sth on sb** etw auf jdn niederprasseln lassen *fig;* **he** ~**ed blows down on him** er ließ die Schläge auf ihn niederprasseln; **to** ~ **down questions on sb** jdn mit Fragen überhäufen

◆**rain off** BRIT, **rain out** *vt passive* AM ■**to be** ~**ed off** [*or* **out**] wegen Regens abgesagt werden

rain·bow ['reɪnbəʊ, AM -boʊ] **I.** *n* Regenbogen *m;* **to shimmer with** [**all**] **the colours** [*or* AM **colors**] **of the** ~ in allen Regenbogenfarben schillern **II.** *n modifier* (*colours*) Regenbogen-; ~ **assortment** bunte Auswahl, breite Palette

rain·bow coa·'li·tion *n ein Bündnis verschiedener Minderheitengruppierungen* **rain·bow 'trout** *n* Regenbogenforelle *f*

'rain check *n esp* AM ① (*fam*) **to take a** ~ **on sth** später auf etw *akk* zurückkommen, etw verschieben ② SPORTS *Ersatzticket für Sportveranstaltungen, die wegen Regen abgesagt werden müssen* ③ COMM (*dated*) *Gutschein für ausverkaufte, reduzierte Waren* **'rain cloud** *n* Regenwolke *f* **'rain·coat** *n* Regenmantel *m* **'rain·drop** *n* Regentropfen *m* **'rain·fall** *n no pl* ① (*period of rain*) Niederschlag *m;* **heavy/light** ~ starke/leichte Niederschläge *pl* ② (*quantity of rain*) Niederschlagsmenge *f;* **the average** ~ die durchschnittliche Niederschlagsmenge; **high/low** ~ hoher/geringer Niederschlag **'rain for·est** *n* Regenwald *m;* **tropical** ~ tropischer Regenwald **'rain gage** AM, **'rain gauge** *n* Regenmesser *m*

raini·ness ['reɪnɪnəs] *n no pl* Regenwetter *nt*

rain·less ['reɪnləs] *adj inv* niederschlagsfrei, ohne Regen *nach n*

'rain·out *n* ① AM (*cancellation*) *Ausfall einer Veranstaltung wegen Regen* ② (*fallout*) radioaktiver Niederschlag **'rain·proof** *adj* wasserdicht; ~ **coat/hat** Wasser abweisender Mantel/Hut **'rain·storm** *n* starke Regenfälle *pl*

rainy ['reɪni] *adj* regnerisch; **a** ~ **day** ein verregneter Tag; (*fig*) schlechte Zeiten *pl;* ~ **weather** Regenwetter *nt;* **a** ~ **week** eine verregnete Woche

raise [reɪz] **I.** *n* AM, AUS (*rise*) Gehaltserhöhung *f* **II.** *vt* ① (*lift*) ■**to** ~ **sth** etw heben; **to** ~ **an anchor** einen Anker lichten; **to** ~ **one's arm/hand/leg** den Arm/die Hand/das Bein heben; **to** ~ **the baton** den Taktstock heben; **to** ~ **the blinds/the window shade** die Jalousien/das Springrollo hochziehen; **to** ~ **one's eyebrows** die Augenbrauen hochziehen; **to** ~ **one's eyes** die Augen erheben *geh*, aufblicken, hochblicken; **to** ~ **one's fist to sb** die Faust gegen jdn erheben; **to** ~ **a flag/a sail** eine Flagge/ein Segel hissen; **to** ~ **the glass** das Glas erheben; **to** ~ [**up**] **a ship** ein Schiff heben ② (*cause to rise*) **to** ~ **a drawbridge** eine Zugbrücke hochziehen; **to** ~ **the landing gear** AVIAT das Fahrgestell einfahren ③ (*rouse*) ■**to** ~ **sb** jdn [auf]wecken; **to** ~ **sb from the dead** jdn wieder zum Leben erwecken ④ (*stir up*) **to** ~ **dust** Staub aufwirbeln ⑤ (*increase*) ■**to** ~ **sth** etw erhöhen; **press this button to** ~ **the volume** drücken Sie auf diesen Knopf, wenn Sie lauter stellen möchten; **to** ~ **sb's awareness** jds Bewusstsein *nt* schärfen; **to** ~ **public awareness** [*or* **consciousness of the masses**] das öffentliche Bewusstsein schärfen; **to** ~ **oneself to one's full height** sich *akk* zu seiner vollen Größe aufrichten; **to** ~ **the speed limit** das Tempolimit erhöhen; **to** ~ **one's voice** seine Stimme erheben; (*speak louder*) lauter sprechen ⑥ (*in gambling*) **I'll** ~ **you** ich erhöhe den Einsatz [*o* [gehe mit und] erhöhe]; **I'll** ~ **you $50** ich erhöhe Ihren Einsatz um 50 Dollar ⑦ MATH **to** ~ **sth to the power of ten** etw hoch zehn nehmen; **ten** ~**d to the power of six** zehn hoch sechs ⑧ (*improve*) ■**to** ~ **sth** etw anheben; **to** ~ **the morale** die Moral heben; **to** ~ **the quality** die Qualität verbessern; **to** ~ **sb's spirits** jdm Mut machen; **to** ~ **the standard** einen höheren Maßstab anlegen; **to** ~ **the tone** *esp* BRIT (*hum*) das Niveau heben ⑨ (*promote*) **to** ~ **sb to the peerage** jdn in den Adelsstand erheben; **to** ~ **sb in rank** jdn befördern ⑩ (*arouse*) ■**to** ~ **sth** etw auslösen; **to** ~ **a cheer/a laugh/a murmur** Jubel/Gelächter/Gemurmel hervorrufen; **the announcement** ~**d a cheer** die Ankündigung wurde mit lautem Jubel begrüßt; **Joe couldn't** ~ **a laugh in the audience** Joe konnte das Publikum nicht zum Lachen bringen; **to** ~ **a commotion** Unruhe verursachen; **to** ~ **doubts** Zweifel aufkommen lassen [*o* wecken]; **to** ~ **fears** Ängste auslösen [*o* hervorrufen]; **to** ~ **havoc** ein Chaos anrichten; **this scheme will** ~ **havoc with the staff** dieser Plan wird zu einem Aufruhr unter den Angestellten führen; **to** ~ **hopes** Hoffnungen wecken; **don't** ~ **your hopes too high** mach dir nicht allzu große Hoffnungen; **to** ~ **a ruckus** zu Krawallen [*o* Ausschreitungen] führen; **to** ~ **a rumpus** (*fam*) Krach schlagen *fam;* **to** ~ **suspicions** Verdacht erregen; **our suspicions were** ~**d** wir schöpften Verdacht; **to** ~ **welts** Striemen hinterlassen ⑪ (*moot*) ■**to** ~ **sth** etw vorbringen; **I want to** ~ **two problems with you** ich möchte zwei Probleme mit Ihnen erörtern; **to** ~ **an issue/a question** ein Thema/eine Frage aufwerfen; **to** ~ **an objection** einen Einwand erheben ⑫ FIN **to** ~ **capital/money** Kapital/Geld aufbringen [*o fam* auftreiben]; **to** ~ **funds for charities** Spenden für wohltätige Zwecke sammeln ⑬ (*form: erect*) **to** ~ **a building/a monument** ein Gebäude/ein Monument errichten ⑭ (*bring up*) **to** ~ **children** Kinder aufziehen [*o* großziehen]; **she was** ~**d by her grandparents** sie wuchs bei ihren Großeltern auf ⑮ *esp* AM **to** ~ **animals** (*breed*) Tiere züchten; (*look after*) Tiere aufziehen; **to** ~ **an animal by hand** ein Tier mit der Flasche aufziehen; **to** ~ **livestock** Vieh züchten, Viehzucht betreiben ⑯ AGR ■**to** ~ **sth** *crops* etw anbauen ⑰ (*end*) **to** ~ **an embargo/sanctions/the siege** ein Embargo/Sanktionen/die Belagerung aufheben ⑱ (*contact*) ■**to** ~ **sb** (*by telephone*) jdn [telefonisch] erreichen; (*by radio*) jdn [über Funk] erreichen ▸ PHRASES: **to** ~ **Cain** [*or* **hell**] (*fam*) Krach schlagen *fam;* **to** ~ **eyebrows** einiges Erstaunen hervorrufen; **to** ~ **the roof** ausrasten *sl;* **the audience** ~**d the roof** das Publikum tobte vor Begeisterung

rai·sin ['reɪzɪn] *n* Rosine *f*

'rais·ing agent *n* Treibmittel *nt*, Backtriebmittel *nt*

rai·son d'être <*pl* raisons d'etre> [ˌreɪzɔ̃(n)'deɪtr(ə), AM -zoʊn'det] *n* Daseinsberechtigung *f*

Raj [rɑːʒ] *n no pl* ■**the** [**British**] ~ *die britische Kolonialzeit in Indien*

R

ra·jah [ˈrɑːdʒə] *n* Radscha *m*

rake [reɪk] **I.** *n* ❶ (*garden tool*) Harke *f,* Rechen *m;* **garden** ~ Rechen *m;* **lawn** [*or* **grass**] ~ Laubrechen *m;* **steel** ~ Stahlrechen *m;* **wooden** ~ Holzrechen *m;* **bug-~, flea-~** (*fig sl*) Kamm *m* ❷ (*incline*) Neigung *f* ❸ (*pej: dissolute man*) Lebemann *m,* Windhund *m pej* **II.** *vt* ❶ (*treat*) **to ~ the soil** den Boden harken [*o* lockern] ❷ (*gather up*) ■**to ~ sth** etw [zusammen]rechen; **to ~ leaves/the lawn** Laub/den Rasen rechen ❸ (*sweep*) ■**to ~ sth** *with the eyes* etw durchstreifen; *with gunfire* etw beharken; *with a searchlight* etw absuchen ❹ (*comb*) **to ~ one's fingers through one's hair** sich *dat* mit den Fingern durchs Haar fahren **III.** *vi* ■**to ~ through sth** etw durchsuchen; **to ~ through a cupboard** einen Schrank durchsuchen; **to ~ through a pile of washing** einen Wäscheberg durchwühlen

◆**rake about, rake around** *vi* ■**to ~ about** [*or* **around**] **in sth** in etw *dat* herumstöbern; **to ~ about** [*or* **around**] **in a drawer** eine Schublade durchwühlen

◆**rake in** *vt* ❶ (*work in*) ■**to ~ in** ↔ **sth** etw rechen; **spread the seed thinly and ~ it in lightly** streuen Sie die Saat dünn aus und mischen Sie sie dann mit dem Rechen leicht unter das Erdreich ❷ (*fam: of money*) ■**to ~ in** ↔ **sth** etw kassieren *fam* [*o pej* einstreichen]; **to ~ it in** Geld scheffeln *fam*

◆**rake out** *vt* ■**to ~ sth** ↔ **out** etw herausholen [*o fam* herauskramen]

◆**rake over** *vt* ■**to ~ sth** ↔ **over** ❶ (*treat*) etw harken ❷ (*fig: revive*) etw aufwühlen *fig;* **to keep raking over sth** immer wieder mit etw *dat* anfangen ▶ PHRASES: **to ~ over the ashes** [*or* [**old**] **coals**] BRIT alte Geschichten wieder ausgraben; **to ~ sb over the coals** AM jdn regelrecht runterputzen *fam*

◆**rake up** *vt* ■**to ~ up** ↔ **sth** ❶ (*gather up*) etw zusammenrechen; (*fig*) etw einstreichen; **to ~ up the leaves** das Laub zusammenrechen ❷ (*fig: revive*) etw aufwärmen *fam;* **she's always raking up the past** ständig muss sie die alten Geschichten wieder aufwärmen; **to ~ up a quarrel** einen Streit schüren ❸ (*get together*) **see if you can ~ up a few costumes for the carnival** sieh zu, ob du ein paar Faschingskostüme auftreiben kannst; **to ~ up a few people** ein paar Leute zusammentrommeln *fam*

raked [reɪkt] *adj inv* geneigt, mit einer Schräge *nach n;* **~ funnel/mast** schräger Schornstein/Mast; **a steeply ~ ramp** eine steil ansteigende Rampe

rake-off [ˈreɪkɒf, AM -ɑːf] *n* (*fam*) Anteil *m*

rak·ish [ˈreɪkɪʃ] *adj* ❶ (*jaunty*) flott, keck, frech; **he wore his hat at a ~ angle** er hatte seinen Hut frech aufgesetzt ❷ (*dissolute*) ausschweifend; **~ behaviour** freizügiges Verhalten; **~ charm** verwegener Charme

rak·ish·ly [ˈreɪkɪʃli] *adv* ❶ (*dissolutely*) ausschweifend; **he lived ~** er war ein richtiger Lebemann ❷ (*jauntily*) flott, keck; **to tip one's hat ~ to one side** seinen Hut frech zur Seite hin aufsetzen

rak·ish·ness [ˈreɪkɪʃnəs] *n no pl* ❶ (*dissoluteness*) ausschweifendes Verhalten ❷ (*jauntiness*) Verwegenheit *f*

ral·ly [ˈræli] **I.** *n* ❶ (*motor race*) Rallye *f;* **the Paris-Dakar ~** die Rallye Paris-Dakar ❷ SPORTS (*in tennis*) Ballwechsel *m* ❸ (*meeting*) [Massen]versammlung *f,* Treffen *nt,* Zusammenkunft *f;* **vintage car ~** Oldtimertreffen *nt;* **county ~** Bezirkstreffen *nt;* **a ~ of 2000 people** eine Versammlung von 2000 Menschen; **Scout ~** Pfadfindertreffen *nt;* **annual ~** Jahrestreffen *nt;* **election ~** Wahlversammlung *f;* **peace ~** Friedenskundgebung *f;* **to hold a ~** [**against sth**] eine Kundgebung [gegen etw *akk*] abhalten; **to stage a ~** eine Kundgebung abhalten ❹ (*recovery*) *of prices* Erholung *f* **II.** *vt* <-ie-> ■**to ~ sth** etw sammeln; **to ~ forces/troops** Streitkräfte/Truppen sammeln; **to ~ support** Unterstützung gewinnen; **to ~ supporters** Anhänger mobilisieren; ■**to ~ sb against/in favour** [*or* AM **favor**] **of sth** jdn gegen/für etw *akk* mobilisieren; ■**to ~ sb around** [*or* **round**] **sb** jdn um jdn scharen; **father's death rallied the family around mother** nach Vaters Tod scharte sich die Familie um Mutter **III.** *vi* <-ie-> ❶ (*support*) ■**to ~ behind** [*or* **to**] **sb** sich *akk* geschlossen hinter jdn stellen; ■**to ~ round** sich *akk* jds annehmen, sich *akk* um jdn kümmern; ■**to ~ around** [*or* **round**] **sth/sb** etw/jdn unterstützen; **to ~ around the flag** Patriotismus [*o* sich patriotisch] zeigen ❷ MED sich *akk* erholen; SPORTS sich *akk* fangen *fam;* FIN, STOCKEX sich *akk* erholen

'ral·ly-cross *n no pl* BRIT Ralleycross *nt* **'ral·ly driv·er** *n* Rallyefahrer(in) *m(f)*

ral·ly·ing call *n,* **ral·ly·ing cry** *n* (*a. fig*) Schlachtruf *m*

ralph [rælf] *n no pl* AM (*sl: vomit*) Kotze *f derb*

RAM [ræm] *n* COMPUT *acr for* **Random Access Memory** RAM *m o nt*

ram [ræm] **I.** *n* ❶ (*implement*) Rammbock *m,* Ramme *f;* **battering ~** Sturmbock *m,* Rammbock *m* ❷ TECH Presskolben *m,* Stoßheber *m* ❸ (*sheep*) Widder *m,* Schafbock *m* ❹ ASTROL **the sign of the ~** das Sternzeichen Widder **II.** *vt* <-mm-> ❶ (*hit*) ■**to ~ sth** etw rammen ❷ (*push in*) ■**to ~ sth into sth: he ~med the sweets into his mouth** er stopfte sich die Süßigkeiten in den Mund; ■**to ~ sth into sb** (*fig*) jdm etw eintrichtern *fig fam* [*o* einschärfen]; **it's time someone ~med a bit of sense into you** es ist höchste Zeit, dass dir mal jemand Vernunft beibringt ❸ (*push down*) **to ~ down the soil** den Boden feststampfen ❹ (*slam in*) **to ~ sth home** *bolt* etw zuknallen; **to ~ sth home to sb** jdm etw deutlich vor Augen führen; **to ~ one's point home** seinen Standpunkt [mit Vehemenz] klarmachen ▶ PHRASES: **to ~ sth down sb's throat** jdm etw eintrichtern *fig fam;* **his mother is always ~ming his failed marriage down his throat** seine Mutter hält ihm andauernd seine verkorkste Ehe vor **III.** *vi* <-mm-> ■**to ~ into sth** gegen etw *akk* prallen; (*with car also*) gegen etw *akk* fahren

◆**ram in** *vt* ■**to ~ sth** ↔ **in** etw hineinzwängen [*o fam* reinquetschen]

Rama·dan [ˌræməˈdæn, AM -ˈdɑːn] *n no pl* Ramadan *m*

ram·ble [ˈræmbl̩] **I.** *n* Wanderung *f,* Spaziergang *m;* **to go for a ~** eine Wanderung [*o* einen Spaziergang] machen **II.** *vi* ❶ (*walk*) wandern, umherstreifen (**through** durch +*akk*); **to go rambling** einen Spaziergang machen ❷ (*spread*) sich *akk* ranken, klettern ❸ (*meander*) *stream* sich *akk* winden [*o* schlängeln] ❹ (*be incoherent*) faseln *fam,* unzusammenhängendes Zeug reden *pej;* (*be too detailed*) vom Hundertsten ins Tausendste kommen; **sorry, I'm rambling – let me get back to the point** Verzeihung, ich schweife ab – lassen Sie mich wieder zurück zum Thema kommen

◆**ramble on** *vi* schwafeln *fam;* ■**to ~ on about sth** etw stundenlang erzählen

ram·bler [ˈræmbləʳ, AM -ɚ] *n* ❶ (*walker*) Wanderer *m* ❷ HORT, BOT (*rose*) Kletterrose *f* ❸ (*incoherent talker*) Schwafler(in) *m(f) fam*

ram·bling [ˈræmbl̩ɪŋ] **I.** *n* ■**~s** *pl* Gefasel *nt kein pl pej* **II.** *adj* ❶ (*sprawling*) *building* weitläufig ❷ BOT, HORT rankend *attr,* Kletter-; **a ~ plant** eine Kletterpflanze ❸ (*incoherent*) unzusammenhängend, zusammenhanglos; **a rather ~ discussion** eine ziemlich zusammenhanglose Diskussion; **a ~ letter** ein unzusammenhängender Brief; **~ talk** unsinniges Gefasel *fam*

Rambo [ˈræmbəʊ, AM -boʊ] *n* Rambo *m fam*

Rambo·esque [ˌræmbəʊˈesk, AM -boʊˈ-] *adj* rambohaft *fam,* wie Rambo *nach n*

ram·bunc·tious [ræmˈbʌŋ(k)ʃəs] *adj esp* AM (*fam*) lärmend *attr; character* plump *pej; horse* wild

ram·ekin [ˈræmɪkɪn, AM -mə-] *n* [kleine] Auflaufform

ra·men [ˈrɑːmen] *n no pl* (*Japanese noodles*) Ramen-Nudeln *fpl*

'ram ex·tru·sion *n* TECH Sinterextrusion *f fachspr*

rami·fi·ca·tion [ˌræmɪfɪˈkeɪʃᵊn] *n usu pl* (*consequences*) Auswirkung *f,* Konsequenz *f;* (*subdivision of a structure*) Verzweigung *f;* **have you considered the ~s of your suggestion?**

haben Sie alle möglichen Konsequenzen Ihres Vorschlags bedacht?

rami·fy <-ie-> ['ræmɪfaɪ] *vi* sich *akk* verzweigen

ramp [ræmp] *n* ❶ (*slope*) Rampe *f;* AVIAT Gangway *f* ❷ BRIT (*speed deterrent*) Schwelle *f,* Bodenwelle *f* ❸ AM (*slip road*) Auffahrt *f,* Ausfahrt *f*

ram·page I. *n* ['ræmpeɪdʒ] Randale *f,* Ausschreitungen *fpl;* **to go on a ~** Randale machen, randalieren; **on the ~** angriffsbereit, angriffslustig II. *vi* [ræm'peɪdʒ] randalieren, wüten; **the demonstrators ~d through the town** die Demonstranten zogen randalierend durch die Stadt

ram·pag·ing [ræm'peɪdʒɪŋ] *adj inv* tobend *attr;* (*mob*) randalierend *attr;* (*fig*) grassierend *attr,* rasch um sich greifend; **~ inflation** galoppierende Inflation

ram·pant ['ræmpənt] *adj* ❶ (*unrestrained*) ungezügelt; **~ inflation** galoppierende Inflation; **~ nationalism/racism** zügelloser Nationalismus/Rassismus; **to encounter ~ prejudice** sich *akk* mit zahllosen [*o* unzähligen] Vorurteilen konfrontiert sehen ❷ (*spreading*) ■**to be ~** grassieren, um sich *akk* greifen ❸ *inv, after n* (*rearing*) sprungbereit; **a lion ~** ein [drohend] aufgerichteter Löwe

ram·part ['ræmpɑːt, AM -pɑːrt] *n* [Schutz]wall *m,* Befestigungswall *m;* **earth ~** Erdwall *m*

'ram-raid BRIT I. *n Einbruch, bei dem die Schaufensterscheibe eines Geschäfts mit einem Auto zertrümmert wird* II. *vt* ■**to ~ sth** *mit einem Auto die Schaufenster eines Geschäfts zertrümmern und anschließend das Geschäft ausrauben* **'ram-raid·er** *n* BRIT *Dieb, der bei einem Einbruch ein Auto als Rammbock einsetzt* **'ram·rod** *n* Ladestock *m;* **he stood as stiff as a ~** er stand so steif da, als hätte er einen Besenstiel verschluckt; **to stand ~-stiff** [*or* **-straight**] in Hab-Acht-Stellung stehen **ram·shack·le** ['ræmˌʃækl] *adj* ❶ (*dilapidated*) klapp[e]rig, wackelig; *building* baufällig ❷ (*fig, pej: disorganized*) chaotisch, systemlos

◆**ram through** *vt* (*fam*) ■**to ~ sth ○ through** *proposal* etw durchdrücken [*o* durchboxen] *fam*

ran [ræn] *pt of* **run**

ranch [rɑːn(t)ʃ, AM ræntʃ] I. *n* <*pl* -es> Farm *f;* **cattle ~** Rinderfarm *f;* **sheep ~** Schaffarm *f* II. *n modifier* Farm-; **~ hand** Farmarbeiter(in) *m(f);* **~ mink** Zuchtnerz *m* III. *vi* Viehwirtschaft treiben IV. *vt* **to ~ cattle** Rinder züchten; **to ~ mink** Nerze züchten; **to ~ salmon** Lachse züchten, eine Lachszucht betreiben

ranch·er ['rɑːn(t)ʃəʳ, AM 'ræntʃɚ] *n* ❶ (*ranch owner*) Viehzüchter(in) *m(f)* ❷ (*ranch worker*) Farmarbeiter(in) *m(f)*

'ranch house *n* ❶ (*farm house*) Farmhaus *nt* ❷ AM (*one-level house*) Bungalow *m*

ranch·ing ['rɑːn(t)ʃɪŋ, AM 'ræntʃ-] *n no pl, no art* Viehwirtschaft *f*

'ranch-style house *n* AM Bungalow *m*

ran·cid ['ræn(t)sɪd] *adj* ranzig; **to go ~** ranzig werden

ran·cor *n* AM, AUS *see* **rancour**

ran·cor·ous ['ræŋkᵊrəs] *adj* bitter; **a ~ dispute/feud** eine bittere Auseinandersetzung/Fehde; **a ~ quarrel** ein erbitterter Streit; **a ~ tone** ein giftiger [*o* bösartiger] Ton

ran·cour ['ræŋkəʳ], AM **ran·cor** [-ɚ] *n no pl* (*bitterness*) Verbitterung *f,* Groll *m* (**towards** gegenüber +*dat*); (*hatred*) Hass *m*

rand [rænd] *n* Rand *m*

R & B *n abbrev of* **rhythm and blues** R & B *m*

R & D *n abbrev of* **research and development** Forschung *f* und Entwicklung *f*

randi·ness ['rændɪnəs] *n no pl* (*fam*) Geilheit *f fam*

ran·dom ['rændəm] I. *n no pl* ❶ (*aimlessly*) **at ~** willkürlich, wahllos; **to choose at ~** auf Gutglück wählen; **to open a book at ~** ein Buch irgendwo aufschlagen; **to talk at ~** irgendetwas daherreden, einfach drauflosreden *fam;* **to wander at ~ through the streets** ziellos durch die Straßen wandern ❷ (*by chance*) **at ~** zufällig, per Zufallsprinzip II. *adj* zufällig, wahllos; **a ~ choice of sth** eine willkürliche Auswahl an [*o* von] etw *dat;* **a ~ sample** eine Stichprobe; **a ~ selection** eine willkürliche Auswahl; **we asked a ~ selection of people what they thought** wir fragten irgendwelche x-beliebigen Leute nach ihrer Meinung

ran·dom 'breath test *n* AUS [stichprobenartig durchgeführter] Alkoholtest (*bei Autofahrern*) **ran·dom 'er·ror** *n* unvorhersehbarer Fehler

ran·dom·ly ['rændəmli] *adv* zufällig, wahllos, willkürlich; **~ chosen/selected** zufällig gewählt/ausgesucht; **~ variable** beliebig veränderbar

R & R ❶ AM (*fam*) *abbrev of* **rest and recreation** Spaß und Spiel; MIL Diensturlaub *m* für Armeeangehörige ❷ *abbrev of* **rock and roll** ❸ MED *abbrev of* **rescue and resuscitation** Bergung und Wiederbelebung

randy ['rændi] *adj* (*fam*) geil *fam;* **to feel ~** scharf sein *fam*

ra·nee *n see* **rani**

rang [ræŋ] *pt of* **ring**

range¹ [reɪndʒ] I. *n* ❶ *no pl* (*limit*) Reichweite *f;* (*area*) Bereich *m;* **that is beyond my price ~** das übersteigt meine finanziellen Möglichkeiten; **to be out of ~** außer Reichweite sein; **to be beyond** [*or* **out of**] [*or* **outside**] **sb's ~ of competence/experience** außerhalb jds Kompetenz-/Erfahrungsbereiches liegen; **hearing ~** Hörweite *f;* TECH Tragweite *f* des Tons; **to be beyond** [*or* **out of**] [*or* **outside**]/**in sb's ~ of hearing** für jdn außer/in Hörweite sein; **~ of knowledge** Wissensgebiet *nt;* *of a specialist* Fachgebiet *nt;* **temperature ~** Temperaturbereich *m;* **narrow ~** enger Spielraum; **the value of sterling fluctuated within a narrow ~ yesterday** der Wert des englischen Pfundes war gestern geringfügigen Schwankungen unterworfen ❷ (*series of things*) Reihe *f;* **narrow/wide ~ of sth** kleine/große Auswahl an etw *dat;* **a wide ~ of opinions** eine große Meinungsvielfalt ❸ (*selection*) Angebot *nt,* Sortiment *nt;* **our full ~ of cars is on display in our showroom** die ganze Palette unserer Automodelle ist in unserem Ausstellungsraum zu sehen; **autumn** [*or* AM **fall**]/**spring ~** Herbst-/Frühjahrskollektion *f* ❹ MUS *of a voice* Stimmumfang *m;* *of an instrument* Tonumfang *m* ❺ (*distance*) Entfernung *f;* *of a gun* Schussweite *f;* *of a missile* Reichweite *f;* **you can't miss the target at this close ~** auf diese geringe Entfernung kannst du das Ziel nicht verfehlen; **at point-blank ~** aus [aller]nächster Nähe; **out of/within ~** außer/in Schussweite ❻ MIL (*practice area*) **firing** [*or* **shooting**] **~** Schießplatz *m;* **missile ~** Raketenbasis *f;* **rifle ~** Schießstand *m* II. *vi* ❶ (*vary*) schwanken; *temperature, price* sich *akk* bewegen, schwanken; **dress sizes ~ from petite to extra large** die Kleidergrößen gehen von S bis XL *fam* ❷ (*roam*) umherstreifen, umherschweifen *geh;* **the walkers ~ through the hills all day** die Spaziergänger wandern den ganzen Tag in den Bergen ❸ (*deal with*) ■**to ~ over sth** *discussion* sich *akk* auf etw *akk* erstrecken; ■**to ~ from sth to sth** von etw *dat* bis etw *dat* reichen; **a wide-ranging investigation** eine umfassende Ermittlung; **a wide-ranging survey** eine breit angelegte Umfrage III. *vt* ❶ (*arrange*) ■**to ~ sb** jdn in Reih und Glied aufstellen; ■**to ~ oneself** sich *akk* aufreihen [*o* aufstellen]; **the crowd ~ed itself along the route of the procession** die Menschenmenge reihte sich entlang des Prozessionsweges auf; ■**to ~ oneself with sb** (*fig*) sich *akk* auf jds Seite schlagen *fam;* ■**to ~ sb against sth** (*fig*) jdn gegen etw *akk* aufwiegeln [*o* aufbringen] ❷ (*count among*) ■**to ~ sb among** [*or* **with**] **sth** jdn zu etw *dat* zählen

range² [reɪndʒ] *n* ❶ GEOG (*of mountains*) Hügelkette *f,* Bergkette *f* ❷ AM (*pasture*) Weide *f,* Weideland *nt*

range³ [reɪndʒ] *n* [Koch]herd *m;* **kitchen ~** Küchenherd *m*

-range [reɪndʒ] *in compounds* (*of distance*) **long-~** Langstrecken-; **medium-~** Mittelstrecken-; **short-~** Kurzstrecken-; (*of time*) **short-/medium-/long-~ weather forecast** die Wettervorhersage für heute und morgen/für die nächsten Tage/für die nächste Zeit

ranged [reɪndʒd] *adj* ■**to be ~d against sb/sth** gegen jdn/

etw [ein]gestellt sein; **on really bad days, it seems like everything is ~d against you** an schwarzen Tagen sieht es manchmal so aus, als hätte man die ganze Welt gegen sich

'range find·er *n* Entfernungsmesser *m*

rang·er ['reɪndʒəʳ, AM -ɚ] *n* Aufseher(in) *m(f);* AM (*mounted soldier*) Ranger(in) *m(f);* BRIT (*Girl Guide*) Pfadfinderin *f;* **forest** ~ Förster(in) *m(f);* **park** ~ Parkaufseher(in) *m(f)*

Rang·er 'Guide *n* Pfadfinderin *f*

rangy ['reɪndʒi] *adj* hoch aufgeschossen, hoch gewachsen

rani ['rɑːniː] *n* ❶ (*ruler*) Rani *f* ❷ (*raja's wife*) Rani *f*

rank[1] [ræŋk] **I.** *n* ❶ *no pl* POL (*position*) Position *f,* [hohe [*o* leitende]] Stellung; **to pull** ~ den Vorgesetzten herauskehren *fam;* POL Rang *m;* **a top ~ of government** ein Spitzenposten *m* in der Regierung ❷ MIL Dienstgrad *m,* Rang *m;* ■**the ~s** *pl* (*non-officers*) einfache Soldaten *pl;* **to close ~s** die Reihen schließen; (*fig*) sich *akk* zusammenschließen; **to join the ~s** in die Armee eintreten; **to join the ~s of sth** sich *akk* in etw *akk* einreihen; **John has joined the ~s of the unemployed** John ist dem Heer der Arbeitslosen beigetreten; **to be promoted to the ~ of captain** zum Hauptmann befördert werden; **to rise from** [*or* **through**] **the ~s** sich *akk* zum Offizier hochdienen; (*fig*) sich *akk* hocharbeiten ❸ (*membership*) ■**the ~s** Mitglieder *pl;* **there is great concern about safety among the ~s of racing drivers** unter Rennfahrern herrscht große Sorge über die Sicherheit; **party ~s** Parteimitglieder *ntpl* ❹ (*row*) Reihe *f;* **cab** [*or* **taxi**] ~ Taxistand *m;* **the front ~ of sth** die vorderste Reihe einer S. *gen;* **serried ~s of sth** ganze Reihen von etw *dat* **II.** *adj attr, inv* (*absolute*) absolut, ausgesprochen; **a ~ amateur** ein absoluter Amateur; **a ~ beginner** ein blutiger Anfänger/eine blutige Anfängerin; **~ cowardice** reine Feigheit; **~ injustice** zum Himmel schreiende Ungerechtigkeit; **~ insubordination** pure Aufsässigkeit; MIL schiere Gehorsamsverweigerung; **~ negligence** extreme Vernachlässigung; **a ~ novice** ein absoluter Neuling; **a ~ outsider** ein totaler Außenseiter/eine totale Außenseiterin; **~ stupidity** reine [*o* schiere] Dummheit **III.** *vi* ❶ (*hold a position*) ■**to ~ above sb** einen höheren Rang als jd einnehmen, im Rang über jdm stehen ❷ (*be classified as*) **he currently ~s second in the world as a tennis player** er steht derzeit als Tennisspieler auf Platz zwei der Weltrangliste; **she ~s among the theatre's greatest actors** sie gehört mit zu den größten Theaterschauspielern **IV.** *vt* ❶ (*classify*) ■**to ~ sth/sb** jdn/etw einstufen; ■**to ~ sb among sb/sth** jdn zu jdm/etw zählen; ■**to ~ sb/sth alongside sb/sth** jdn/etw auf die gleiche Stufe mit jdm/etw stellen ❷ (*arrange*) ■**to ~ sth** etw anordnen; **to ~ sb/sth in order of size** jdn/etw der Größe nach aufstellen

rank[2] [ræŋk] *adj* ❶ (*growing thickly*) *of a plant* üppig wuchernd, wild wachsend ❷ (*overgrown*) verwildert, überwuchert ❸ (*rancid*) stinkend *attr;* ■**to be ~ with sth** nach etw *dat* stinken; **his body was ~ with sweat** er stank nach Schweiß; **~ smell/odour** [*or* AM **odor**] übler Geruch/Gestank

rank and 'file I. *n* ❶ (*non-officers*) einfache Soldaten ❷ (*non-leaders*) Basis *f,* das einfache Volk *hum fam; of a party* [Partei]basis *f* **II.** *n modifier* einfache(r, s); **~ citizens** einfache Bürger, Menschen wie du und ich *fam;* **~ workers** einfache Arbeiter

rank·ing 'of·fic·er *n* AM ranghoher Offizier **'rank·ing or·der** *n* ❶ (*classification*) Rangordnung *f; of preference* Beliebtheitsskala *f* ❷ (*scale of importance*) Rangordnung *f,* Hierarchie *f*

ran·kle ['ræŋkl] *vi* ■**to ~ with sb** jdm zu schaffen machen, jdn wurmen *fam;* ■**it ~s that ...** es tut weh, dass ..., es geht jdm nach, dass ...

rank·ness ['ræŋknəs] *n no pl* ❶ (*growth*) Üppigkeit *f;* **the ~ of the vegetation** das üppige [Pflanzen]wachstum ❷ (*smell*) ranziger Geruch

'rank or·der *n* ❶ (*classification*) Rangordnung *f;* (*fig*) Beliebtheitsgrad *m* ❷ (*scale of importance*) Rangordnung *f,* Hierarchie *f*

ran·sack ['rænsæk] *vt* ❶ (*search*) ■**to ~ sth** *cupboard* etw durchwühlen ❷ (*plunder*) ■**to ~ sth** etw plündern; (*rob*) etw ausrauben; (*a. fig, hum*) über etw *akk* herfallen *fam,* etw plündern *fig*

ran·som ['ræn(t)sᵊm] **I.** *n* Lösegeld *nt;* **to demand a ~** [ein] Lösegeld fordern; **to hold sb to** [*or* AM **for**] ~ jdn als Geisel [fest]halten; (*fig*) jdn erpressen ▸ PHRASES: **a king's** ~ ein Vermögen, eine Riesensumme *fam* **II.** *n modifier* (*amount, demand, pickup*) Lösegeld-; **~ money** Lösegeld *nt* **III.** *vt* ■**to ~ sb** jdn auslösen [*o* freikaufen]

rant [rænt] **I.** *n* ❶ *no pl* (*angry talk*) Geschimpfe *nt,* Gezeter *nt fam* ❷ (*tirade*) Schimpfkanonade *f;* **to go into a ~ about** [*or* **against**] **sb/sth** eine Tirade gegen jdn/etw loslassen *geh,* gegen jdn/etw wettern *fam* **II.** *vi* [vor sich *akk* hin] schimpfen, schwadronieren *veraltend;* **to ~ and rave** herummeckern *fam,* herumnörgeln *fam;* ■**to ~ about sb/sth** gegen jdn/etw wettern *fam,* sich *akk* über jdn/etw auslassen; ■**to ~ on about sb/sth** ewig weiter über jdn/etw wettern *fam;* ■**to ~ that ...** sich *akk* darüber auslassen, dass ...

rant·ing ['ræntɪŋ] *n* ❶ *no pl* (*talking angrily*) Geschimpfe *nt;* **mindless ~** leeres Gerede, dummes Geschwätz *fam* ❷ (*angry talk*) ■**~s** *pl* wütendes Gerede

rap[1] [ræp] **I.** *n* ❶ (*knock*) Klopfen *nt kein pl,* Pochen *nt kein pl* ❷ (*fam: rebuke*) Anpfiff *m fam,* Anschiss *m sl* ❸ AM (*sl: criticism*) Verriss *m fam;* **to get a ~** [**in the papers**] [in den Zeitungen] verrissen werden ❹ AM (*sl: punishment*) Gefängnisstrafe *f,* Knast *m sl;* **he got a bum ~ from the judge** er wurde vom Richter zu Knast verdonnert; **to beat the ~** nicht hinter Gittern landen *fam,* dem Knast entgehen *fam;* **to take the ~ for sb** für jdn den Kopf hinhalten *fam* ❺ (*fam: a jot*) **sb does not care a ~ about** [*or* **for**] **sth** etw ist jdm [völlig] egal [*o fam* schnuppe] ▸ PHRASES: **to get** [*or* **be given**] **a ~ on** [*or* **over**] **the knuckles** eins auf die Finger [*o* auf den Deckel] bekommen *fam;* **to give sb a ~ on** [*or* **over**] **the knuckles** jdm auf die Finger klopfen *fam* **II.** *vt* <-pp-> ❶ (*strike*) ■**to ~ sth** an [*o* auf] etw *akk* klopfen ❷ (*fig: criticize*) ■**to ~ sb** jdn scharf kritisieren ❸ (*fam: find guilty of a crime*) ■**to ~ sb** [**for sth/for doing sth**] jdn [einer S. *gen*] für schuldig befinden, jdn [zu etw *dat*] verknacken ▸ PHRASES: **to be ~ped on the knuckles, to get one's knuckles ~ped** eins auf die Finger kriegen *fam;* **to ~ sb on** [*or* **over**] **the knuckles** jdm auf die Finger klopfen *fam*

rap[2] [ræp] **I.** *n* ❶ *no pl* MUS (*music*) Rap *m* ❷ *no pl* MUS (*spoken interlude*) Rap *m* ❸ (*sl: conversation*) Plausch *m kein pl* DIAL, SÜDD, Plauderei *f* **II.** *n modifier* ❶ MUS **~ musician** Rapmusiker(in) *m(f);* **~ music** Rapmusik *f* ❷ PSYCH (*dated*) **~ session** (*group therapy*) Gruppensitzung *f,* Gesprächsrunde *f* **III.** *vi* MUS rappen

◆**rap out** *vt* ❶ (*say sharply*) **to ~ out instructions** lauthals Anweisungen geben; **to ~ out orders** Befehle bellen [*o* brüllen] ❷ (*beat*) **to ~ out a rhythm** einen Rhythmus klopfen [*o* schlagen]

ra·pa·cious [rəˈpeɪʃəs] *adj* (*form*) ❶ (*grasping*) habgierig; **~ appetite** Wolfshunger *m;* **a ~ landlord/businessman** ein raffgieriger Vermieter/Geschäftsmann ❷ (*plundering*) plündernd *attr;* **~ soldiers** plündernde Soldaten

ra·pa·cious·ly [rəˈpeɪʃəsli] *adv* (*form*) habgierig

ra·pa·cious·ness [rəˈpeɪʃəsnəs] *n no pl* (*form*) Habgier *f*

ra·pac·ity [rəˈpæsəti, AM -əṭi] *n no pl* Habgier *f*

rape[1] [reɪp] **I.** *n* ❶ *no pl* (*sexual assault*) Vergewaltigung *f;* **to commit ~** eine Vergewaltigung begehen ❷ *no pl* (*fig: destruction*) Zerstörung *f;* **the ~ of the countryside** die Verschandelung der Landschaft ❸ *no pl* (*liter, poet: kidnapping*) Raub *m,* Entführung *f* **II.** *n modifier* (*victim*) Vergewaltigungs-; **~ case** Vergewaltigung *f;* **~ charge** Anklage wegen Vergewaltigung **III.** *vt* ■**to ~ sb** jdn vergewaltigen **IV.** *vi* eine Vergewaltigung begehen

rape[2] [reɪp] *n no pl* BOT, AGR Raps *m;* **oilseed ~** Raps[öl]pflanze *f*

'rape·seed oil *n* Rapsöl *nt*

rap·id ['ræpɪd] *adj* ❶ (*quick*) schnell; ~ **change/growth/ expansion** rascher Wandel/rasches Wachstum/rasche Expansion; ~ **improvement** schnelle Verbesserung; ~ **increase/rise** rapider [*o* steiler] Anstieg; **to have made a ~ recovery** sich *akk* schnell erholt haben; ~ **progress** rascher Fortschritt; **to make ~ strides** große Fortschritte machen, gut vorankommen ❷ (*sudden*) plötzlich

rap·id eye move·ment 'sleep *n no pl* REM-Phase *f* (*des Schlafes*) **rap·id 'fire** *n no pl* Schnellfeuer *nt* **'rap·id-fire** *adj attr* Schnellfeuer-, schnell aufeinanderfolgend; ~ **jokes** ein wahres Feuerwerk an Witzen

rap·id·ity [rə'pɪdəti, AM -əţi] *n no pl* ❶ (*suddenness*) Plötzlichkeit *f* ❷ (*speed*) Geschwindigkeit *f*, Schnelligkeit *f*

rap·id·ly ['ræpɪdli] *adv* schnell, rasch; **to speak ~** schnell sprechen

Rap·id Re·'ac·tion Force *n* MIL schnelle Eingreiftruppe

rap·ids ['ræpɪdz] *npl* Stromschnellen *fpl*; **to shoot the ~s** die Stromschnellen hinunterfahren

rap·id 'trans·it sys·tem *n* ≈ S-Bahn *f* **rap·id 'trans·it train** *n* ≈ S-Bahnzug *m*

ra·pi·er ['reɪpiəʳ, AM -ɚ] **I.** *n* Rapier *nt* **II.** *n modifier* (*wit*) scharf **III.** *adj attr* (*fig*) schlagfertig, scharfzüngig; *see also* **rapier-like**

ra·pi·er-like *adj attr* schlagfertig, scharfzüngig; **to have a ~ tongue** eine scharfe Zunge haben, schlagfertig sein

rap·ist ['reɪpɪst] *n* Vergewaltiger *m*

rap·pel <-ll-> [ræp'el] *vi* AM (*abseil*) sich *akk* abseilen

rap·per ['ræpəʳ, AM -ɚ] *n* ❶ (*artist*) Rapper(in) *m(f)* ❷ (*fan*) Rapper(in) *m(f)*, Fan *m* von Rapmusik

rap·port [ræp'ɔːʳ, AM -'ɔːr] *n no pl* Übereinstimmung *f*, Harmonie *f*; **there is absolutely no ~ in the team** das Team harmoniert einfach nicht; **a close/good ~ between sb and sb** ein enges/gutes Verhältnis zwischen jdm und jdm; **to have a ~ with sb** ein gutes Verhältnis zu jdm haben

rap·proche·ment [ræp'rɒʃmɑ̃(ŋ), AM ˌræprɔːʃ'mɑ̃(ŋ)] *n* (*form*) Annäherung *f*

rapt [ræpt] *adj* ❶ (*engrossed*) versunken, selbstvergessen; **they held the audience completely ~** sie hielten das Publikum völlig in Atem; **with ~ attention** gespannt, mit ungeteilter Aufmerksamkeit ❷ AUS (*fam*) *see* **wrapped**

rap·ture ['ræptʃəʳ, AM -ɚ] *n* ❶ *no pl* (*bliss*) Verzückung *f*, Entzücken *nt*; **his supporters greeted his speech with ~** seine Anhänger begrüßten seine Rede mit wahren Begeisterungsstürmen ❷ (*expression of joy*) ■**~s** *pl* **to be in ~s about** [*or* **over**] **sth** entzückt [*o* außer sich *dat* vor Freude] über etw *akk* sein; **to go into ~s** [richtig] ins Schwärmen geraten

rap·tur·ous ['ræptʃᵊrəs, AM -ɚəs] *adj* ❶ (*delighted*) entzückt, hingerissen; ~ **facial expression** hingerissener Gesichtsausdruck; ~ **smile** verzücktes Lächeln ❷ (*enthusiastic*) begeistert; ~ **applause** stürmischer Applaus; **a ~ reception/welcome** eine begeisterte Aufnahme/ein begeisterter Empfang

rap·tur·ous·ly ['ræptʃᵊrəsli, AM -ɚəs-] *adv* ❶ (*delightedly*) verzückt, entzückt ❷ (*enthusiastically*) begeistert, hingerissen; **the audience received the play ~** das Publikum nahm das Stück mit Begeisterung auf

rare¹ [reəʳ, AM rer] *adj* ❶ (*uncommon*) rar, selten; **it's ~ to find these birds in England** diese Vögel findet man in England nur selten; **a ~ breed/species** eine seltene Rasse/Spezies ❷ (*thin*) dünn; ~ **air** dünne Luft ▶ PHRASES: **to be a ~ bird** ein komischer Vogel sein *fig fam*; **to have a ~ old time** (*dated*) eine schöne Zeit verbringen; **to have a ~ old time doing sth** (*dated*) viel Mühe haben, etw zu tun

rare² [reəʳ, AM rer] *adj meat* nicht durch[gebraten] *präd*, blutig

rare·bit ['reəbɪt, AM 'rer-] *n* **buck ~** *überbackene Käseschnitte mit Ei*; **Welsh ~** *überbackene Käseschnitte*

rar·efied ['reərɪfaɪd, AM 'rerə-] *adj* ❶ (*of air*) dünn ❷ (*fig: select*) exklusiv

rar·efy ['reərɪfaɪ, AM 'rerə-] *vt* ■**to ~ sth** etw verdünnen

rare·ly ['reəli, AM 'rer-] *adv* selten, nicht oft

rar·ified *adj see* **rarefied**

rar·ing ['reərɪŋ, AM 'rer-] *adj* ■**to be ~ to do sth** großes Verlangen haben [*o fam* ganz wild darauf sein], etw zu tun; **to be ~ to go** startbereit sein, in den Startlöchern sitzen *fig fam*

rar·ity ['reərəti, AM 'rerəţi] *n* Rarität *f*, Seltenheit *f*; **to be something of a ~** eine Rarität sein

'rar·ity value *n no pl* Seltenheitswert *m*

ras·cal ['rɑːskᵊl, AM 'ræs-] *n* ❶ (*scamp*) Schlingel *m*; (*child*) Frechdachs *m*; **old/little ~** alter/kleiner Schlawiner *fam* ❷ (*dated: dishonest person*) Schurke, -in *m, f veraltend*

ras·cal·ly ['rɑːskᵊli, AM 'ræs-] *adv* ❶ (*mischievous*) frech; ~ **children** kleine Schlingel ❷ (*dishonest*) gemein, niederträchtig, schurkisch *veraltend*

rash [ræʃ] **I.** *n* <*pl* -es> ❶ (*skin condition*) Ausschlag *m*; **nettle ~** Nesselausschlag *m*, Nesselsucht *f*; **to come out** [*or* AM **break out**] **in a ~** einen Ausschlag bekommen ❷ *no pl* (*spate*) ■**a ~ of sth** Unmengen *fpl* von etw *dat* **II.** *adj* übereilt, hastig, vorschnell; **it was very ~ of you** das war sehr unbesonnen von dir; **a ~ decision** ein überstürzter [*o* übereilter] Entschluss; **in a ~ moment** in einem unbedachten Augenblick

rash·er ['ræʃəʳ, AM -ɚ] *n* ~ [**of bacon**] Speckscheibe *f*

rash·ly ['ræʃli] *adv* unbedacht, unbesonnen, übereilt

rash·ness ['ræʃnəs] *n no pl* Unbedachtheit *f*, Unbesonnenheit *f*; **in a moment of ~** in einem unbedachten Augenblick

rasp [rɑːsp, AM ræsp] **I.** *n* ❶ (*tool*) Raspel *f*, Grobfeile *f* ❷ (*noise*) schneidendes Geräusch **II.** *vt* ■**to ~ sth** ❶ (*file*) etw feilen ❷ (*rub roughly*) etw wegschaben; *skin* etw aufreiben **III.** *vi* ❶ (*of a noise*) kratzen ❷ (*talk roughly*) krächzen, schnarren ▶ PHRASES: **to ~ on sb** [*or* **sb's nerves**] jdm auf die Nerven gehen *fam*

rasp·berry ['rɑːzbᵊri, AM 'ræzˌberi] **I.** *n* ❶ (*fruit*) Himbeere *f* ❷ (*fam: disapproving noise*) verächtliches Schnauben; **to blow a ~** verächtlich prusten; **to get a ~** Buhrufe bekommen; **to give sb the ~** jdn auspfeifen **II.** *n modifier* (*cake, jam, syrup, vinegar*) Himbeer-; ~ **bush** Himbeerstrauch *m*; ~ **cane** Himbeerzweig *m*

rasp·ing ['rɑːspɪŋ, AM 'ræs-] *adj* krächzend; **a ~ voice** eine krächzende Stimme; ~ **breath** rasselnder Atem

Ras·ta ['ræstə, AM 'rɑː-] *n* (*fam*) *short for* **Rastafarian** Rasta *m*

Ras·ta·far·ian [ˌræstə'feəriən, AM ˌrɑːstə'fer-] **I.** *n* Rastafari *m* **II.** *adj inv* Rasta-; ~ **music** Rastamusik *f*

Ras·ta·far·ian·ism [ˌræstə'feəriənɪzᵊm, AM ˌrɑːstə'fer-] *n no pl religiöse Bewegung der Rastafari*

ras·ter ['ræstəʳ, AM -ɚ] *n* TV Raster *nt*

rat [ræt] **I.** *n* ❶ (*rodent*) Ratte *f*; **to put out a ~ trap** eine Rattenfalle aufstellen; **to have ~s** Ratten haben ❷ (*fam: person*) Ratte *f pej fam*; **he's a real ~** er ist eine ganz miese Ratte **II.** *vi* <-tt-> ❶ (*inform on*) ■**to ~ on sb** [**to sb**] jdn [an jdn] verraten [*o fam* verpfeifen] ❷ (*let down*) ■**to ~ on sb** jdn im Stich lassen; **to ~ on a deal** sich *akk* nicht an eine Abmachung halten; **to ~ on one's promise** sein Versprechen brechen

rat·able *adj see* **rateable**

rat-arsed BRIT (*sl*), AM **rat-assed** *adj* (*sl*) sturzbesoffen *sl*, sternhagelvoll *sl*

ra·ta·touille [ˌrætə'twiː, AM -'tuːi] *n no pl* Ratatouille *f o nt*

'rat·bag *n* BRIT, AUS (*fam*) Fiesling *m*, Miststück *nt fam*

ratch·et ['rætʃɪt] *n* TECH Ratsche *f*, Sperrklinke *f fachspr*

◆**ratchet up** *vt* (*fam*) ■**to ~ up** ↻ **sth** etw Schritt für Schritt verstärken [*o fam* hochkurbeln] [*o fam* hochfahren]

'ratch·et wheel *n* TECH Sperrrad *nt fachspr*

rate [reɪt] **I.** *n* ❶ (*speed*) Geschwindigkeit *f*; **at a fast/slow ~** schnell/langsam; **at a tremendous ~** rasend schnell; **at one's own ~** in seinem eigenen Rhythmus [*o* Tempo] ❷ (*measure*) Maß *nt*, Menge *f*; **in the winter months there is usually a rise in the ~ of absenteeism** in den Wintermonaten kommt es gewöhnlich zu einer Zunahme der Ausfälle; **growth/infla-**

R

tion ~ Wachstums-/Inflationsrate *f;* **mortality** ~ Sterblichkeitsrate *f,* Sterblichkeitsziffer *f;* **unemployment** ~ Arbeitslosenrate *f,* Arbeitslosenzahlen *fpl* ❸ (*payment*) Satz *m;* **we agreed a ~ with the painter before he started work** wir haben einen Stundensatz mit dem Maler vereinbart, bevor er mit der Arbeit begann; **the going** ~ die übliche Bezahlung ❹ (*premium payable*) Zinssatz *m;* (*excise payable*) Steuersatz *m;* **fixed/variable** ~ fester/variabler Zinssatz; **high/low ~ of interest/taxation** [*or* **interest/taxation** ~] hoher/niedriger Zins-/Steuersatz; **interest ~s have risen again** die Zinsen sind wieder gestiegen; **the country has a high taxation** ~ in dem Land sind die Steuern sehr hoch ❺ BRIT, AUS (*dated: local tax*) ■ ~s *pl* Haus- und Grundsteuern *fpl* ▸ PHRASES: **at a ~ of knots** (*fam*) in null Komma nichts *fam;* **at any** ~ (*whatever happens*) auf jeden Fall; (*at least*) zumindest, wenigstens; **I don't think they liked my idea – at any ~, they didn't show much enthusiasm** ich glaube nicht, dass sie meine Idee gut fanden – zumindest zeigten sie keine große Begeisterung; **at this** ~ unter diesen Umständen **II.** *vt* ❶ (*regard*) ■ **to ~ sb/sth** jdn/etw einschätzen; **how do you ~ the new government?** was halten Sie von der neuen Regierung?; **she is ~d very highly by the people she works for** die Leute, für die sie arbeitet, halten große Stücke auf sie; **she ~s him among her closest friends** sie zählt ihn zu ihren engsten Freunden; ■ **to ~ sb as sth: how do you ~ him as a footballer?** was hältst du von ihm als Fußballer? *fam;* (*fam*) **what do you think of her as a singer? – I don't really ~ her** wie findest du sie als Sängerin? – nicht so toll *fam* ❷ (*be worthy of*) **to ~ a mention** der Rede wert [*o* erwähnenswert] sein ❸ BRIT, AUS (*dated: value*) ■ **to ~ sth** den besteuerbaren Wert einer S. *gen* schätzen, etw veranlagen; **they ~ the property in this area very heavily** Immobilienbesitz in dieser Gegend wird sehr hoch besteuert **III.** *vi* ■ **to ~ as sth** als etw gelten; **that ~s as the worst film I've ever seen** das war so ziemlich der schlechteste Film, den ich jemals gesehen habe

-rate [reɪt] *in compounds* ❶ (*good*) -klassig; **first-~** erstklassig, hervorragend ❷ (*mediocre*) **second-/third-~** zweit-/drittklassig, mittelmäßig; **to produce second-/third-~ goods** zweit-/drittklassige Waren herstellen

rate·able ['reɪtəbl̩] *adj inv* BRIT ECON (*dated*) steuerpflichtig; ~ **value** Einheitswert *m,* steuerbarer Wert

rate of re·'turn <*pl* rates-> *n* FIN, ECON [Rein]gewinn *m* **rate of 'sales** <*pl* rates-> *n* ECON Absatz *m kein pl;* **the ~ of sth booms** etw findet reißenden Absatz

ra·ther ['rɑːðəʳ, AM 'ræðɚ] **I.** *adv inv* ❶ (*somewhat*) ziemlich; **it's ~ cold/difficult** es ist ziemlich kalt/schwer; **I've ~ foolishly lost their address** ich habe dummerweise ihre Adresse verlegt; **I ~ doubt ...** ich bin nicht ganz sicher, ob ...; **to be ~ more expensive than sb was expecting** um einiges teurer sein als erwartet ❷ (*very*) ziemlich, recht; **I was ~ pleased to be invited to the wedding** ich war hocherfreut darüber, dass ich zur Hochzeit eingeladen war; **he's ~ a nice man** er ist ziemlich nett; **it's ~ a shame that ...** es ist wirklich schade, dass ...; **to be ~ ill** ziemlich krank sein ❸ (*on the contrary*) eher; **no, I'm not tired – ~ the opposite in fact** nein, ich bin nicht müde – ganz im Gegenteil ❹ (*in preference to*) **I'd like to stay at home this evening ~ than going out** ich möchte heute Abend lieber zu Hause bleiben und nicht ausgehen; **I've got to have two teeth out next week – ~ you than me** mir werden nächste Woche zwei Zähne gezogen – besser dir als mir ❺ (*more exactly*) genauer [*o* besser] gesagt; **he's my sister's friend really, ~ than mine** eigentlich ist er der Freund meiner Schwester, und nicht so sehr meiner **II.** *interj esp* BRIT (*dated*) na klar [doch] *fam*

rati·fi·ca·tion [ˌrætɪfɪ'keɪʃən, AM ˌræṭə-] *n no pl* Ratifizierung *f*

rati·fy <-ie-> ['rætɪfaɪ, AM -ṭə-] *vt* ■ **to ~ sth** etw ratifizieren; **to ~ an amendment/contract** einen Änderungsantrag/Vertrag sanktionieren

rat·ing ['reɪtɪŋ, AM -ṭ-] *n* ❶ *no pl* (*assessment*) Einschätzung *f;* **what's your ~ of our chances of winning?** wie schätzt du unsere Gewinnchancen ein? ❷ (*regard*) Einstufung *f;* **the government's ~ in the opinion polls sank to an all-time low** die Regierung hatte in Meinungsumfragen noch nie so schlecht abgeschnitten ❸ (*audience*) ■ ~s *pl* [Einschalt]quoten *fpl,* Zuschauerzahlen *fpl* ❹ *esp* BRIT MIL (*sailor*) Matrose *m*

ra·tio ['reɪʃiəʊ, AM -oʊ] *n* Verhältnis *nt*

ra·tion ['ræʃən] **I.** *n* ❶ (*fixed amount*) Ration *f;* **butter/milk/sugar** ~ Butter-/Milch-/Zuckerration *f;* ~ **of food** Essensration *f;* ~ **book** (*hist*) Bezugsscheinbuch *nt hist;* ~ **card** (*hist*) Bezugsschein *m hist;* **daily** ~ Tagesration *f;* **a full/short** ~ eine ganze/halbe Ration; **to be [put] on short ~s** auf halbe Ration gesetzt werden; **more than one's ~ of sth** (*fig*) jede Menge *fam;* **combat** ~ MIL Feldration *f* ❷ (*food supplies*) ■ ~s *pl* [Lebensmittel]marken *fpl* **II.** *vt* ■ **to ~ sth** etw rationieren; **my children would watch television all day long, but I ~ it** meine Kinder würden den ganzen Tag vor dem Fernseher sitzen, aber ich erlaube ihnen nur ganz bestimmte Fernsehzeiten; ■ **to ~ sth to sth** etw auf etw *akk* beschränken; **I ~ myself to three cups of coffee a day** ich habe mir ein Limit von drei Tassen Kaffee pro Tag gesetzt; ■ **to ~ sb** jdn kurzhalten *fam*

◆ **ration out** *vt* ■ **to ~ sth** ⊂ **out** etw [in Rationen] austeilen [*o* aufteilen]

ra·tion·al ['ræʃənəl] *adj* rational; **she was too upset to be ~** sie war zu aufgeregt, um vernünftig denken zu können; **a ~ approach** ein rationaler Ansatz; **a ~ argument** ein vernünftiges Argument; **the most ~ course of action** die sinnvollste Vorgehensweise; **a ~ explanation** eine rationale Erklärung

ra·tion·ale [ˌræʃə'nɑːl, AM -'næl] *n* Gründe *mpl;* ■ **the ~ behind sth** die Hintergründe *mpl* einer S. *gen;* **sth lacks any** ~ etw entbehrt jeder Grundlage; **to provide a ~ for sth** einen [vernünftigen] Grund für etw *akk* nennen

ra·tion·al·ism ['ræʃənəlɪzəm] *n no pl* ❶ PHILOS Rationalismus *m* ❷ (*belief in reason*) Rationalismus *m geh*

ra·tion·al·ist ['ræʃənəlɪst] **I.** *n* ❶ PHILOS Rationalist(in) *m(f)* ❷ (*believer in reason*) Rationalist(in) *m(f) geh* **II.** *adj* ❶ PHILOS rationalistisch ❷ (*believing in reason*) rationalistisch *geh*

ra·tion·al·is·tic [ˌræʃənəl'ɪstɪk] *adj* ❶ PHILOS rationalistisch ❷ (*believing in reason*) rationalistisch *geh*

ra·tion·al·ity [ˌræʃən'æləti, AM -əṭi] *n no pl* ❶ (*clear reasoning*) Rationalität *f geh,* Vernunft *f* ❷ (*sensibleness*) Vernünftigkeit *f*

ra·tion·ali·za·tion [ˌræʃənəlaɪ'zeɪʃən, AM -lɪ'-] *n no pl* ❶ (*logical explanation*) vernünftige Erklärung; PSYCH Rationalisierung *f* ❷ (*improve efficiency*) Rationalisierung *f*

ra·tion·al·ize ['ræʃənəlaɪz] **I.** *vt* ❶ (*explain*) ■ **to ~ sth** etw [vernünftig] erklären; (*give reasons*) etw begründen ❷ (*make efficient*) ■ **to ~ sth** etw rationalisieren **II.** *vi* rationalisieren, Rationalisierungsmaßnahmen *fpl* durchführen

ra·tion·al·ly ['ræʃənəli] *adv* ❶ (*sensibly*) vernünftig ❷ (*using reason*) rational; ~**, he knows that she won't ever go back to him, but emotionally he can't accept it** vom Kopf her weiß er, dass sie nie zu ihm zurückkehren wird, aber gefühlsmäßig kann er es nicht akzeptieren

ra·tion·ing ['ræʃənɪŋ] *n no pl* Rationierung *f;* **food/fuel** ~ Lebensmittel-/Treibstoffrationierung *f*

'rat poi·son *n* Rattengift *nt* **'rat race** *n* erbarmungsloser Konkurrenzkampf; **to get out of the** ~ dem Konkurrenzkampf Ade sagen; **to join the** ~ sich *akk* ins Heer der arbeitenden Bevölkerung einreihen, in die Tretmühle einsteigen

rat·tle ['rætl̩, AM -ṭl̩] **I.** *n* ❶ *no pl* (*sound*) Klappern *nt;* (*of chains*) Rasseln *nt;* (*of hail*) Prasseln *nt* ❷ MUS Rassel *f;* **[baby's]** ~ Klapper *f,* Rassel *f;* **[football]** ~ Ratsche *f* ❸ (*of a rattlesnake*) Klapper *f* **II.** *vi* ❶ (*make noise*) klappern; *keys* rasseln; *hail* prasseln; *engine* knattern; *bottles* [*in a crate*] klirren; *coins* klingen ❷ (*move noisily*) rattern ❸ (*talk*) ■ **to ~ away** [los]plappern *fam;* ■ **to ~ on** [drauflos]quasseln *fam* **III.** *vt*

❶ *(jangle)* ■**to ~ sth** *windows* etw zum Klirren bringen; *keys* mit etw *dat* rasseln; *crockery* mit etw *dat* klappern [*o* klirren] ❷ *(make nervous)* ■**to ~ sb** jdn durcheinanderbringen [*o fam* aus dem Konzept bringen]

◆**rattle off** *vt* ■**to ~ off** ⊂⊃ **sth** etw herunterrattern [*o fam* herunterrasseln]

◆**rattle through** *vi* ■**to ~ through sth** ❶ *(do quickly)* etw ruckzuck [*o* im Nu] erledigen *fam* ❷ *(say quickly)* etw herunterrasseln *fam*

rat·tler ['rætlə^r^, AM -t̬lɚ] *n* ❶ *(fam: rattlesnake)* Klapperschlange *f* ❷ *(old vehicle)* [alte] Klapperkiste *fam,* [alte] Rostlaube *fam*

'rat·tle·snake *n* Klapperschlange *f* **'rat·tle·trap I.** *n* *(fam)* [alte] Klapperkiste *fam,* [alte] Rostlaube *fam* **II.** *adj attr, inv* *(fam)* klapp[e]rig

rat·tling ['rætlɪŋ, AM -t̬l-] **I.** *adj inv* ❶ *(making a noise)* klappernd *attr; car, engine* ratternd *attr; windows* klirrend *attr; keys* rasselnd *attr* ❷ *inv (fast)* [rasend] schnell, geschwind DIAL; **at a ~ pace** im Eiltempo **II.** *adv inv* **that was a ~ good story** das war eine wirklich tolle Geschichte

rat·ty ['ræti, AM -t̬-] *adj* *(fam)* ❶ BRIT *(ill-tempered)* gereizt ❷ *(shabby) house, chair* verlottert; *hair* verknotet

rau·cous ['rɔ:kəs, AM 'rɑ:-] *adj* ❶ *(loud and harsh)* rau, heiser; **the ~ call of the crows** die krächzenden Rufe der Krähen; **~ laughter** heiseres Lachen; *(boisterous)* kreischendes Gelächter ❷ *(noisy)* lärmend *attr,* wild; **~ crowd** johlende Menge

rau·cous·ly ['rɔ:kəsli, AM 'rɑ:-] *adv* krächzend *attr,* rau; *(boisterously)* wild

rau·cous·ness ['rɔ:kəsnəs, AM 'rɑ:-] *n no pl* Lärm *m;* *(boisterousness)* wilde Ausgelassenheit; **the ~ of the discos** der Diskolärm

raun·chi·ly ['rɔ:n(t)ʃɪli, AM 'rɑ:ntʃ-] *adv* provokant; *dressed* aufreizend; *look* lüstern

raun·chi·ness ['rɔ:n(t)ʃɪnəs, AM 'rɑ:ntʃ-] *n no pl* vulgäre Art, Vulgarität *f geh*

raun·chy ['rɔ:n(t)ʃi, AM 'rɑ:ntʃi] *adj* vulgär, scharf *fam;* **~ conversation** schlüpfriges Gespräch; **~ film** scharfer Film *fam;* **~ video** heißes Video *fam*

rav·age ['rævɪdʒ] *vt* ■**to ~ sth** etw verwüsten [*o* vernichten], verheerende Schäden an etw *dat* anrichten; **to ~ a face** ein Gesicht verunstalten [*o geh* schwer zeichnen]

rav·ages ['rævɪdʒɪz] *npl of a fire* Wüten *nt kein pl; of time, a disease* Spuren *fpl;* **their business plans were ruined by the ~ of inflation** ihre Geschäftspläne wurden durch die verheerenden Auswirkungen der Inflation zunichte gemacht; **the ~ of war** die Verwüstungen des Krieges

rave [reɪv] **I.** *n* BRIT *(fam)* Party *f,* Fete *f fam,* Rave *m o nt (mit Technomusik);* **an all-night ~** eine Party, die die ganze Nacht dauert **II.** *n modifier* BRIT Rave-; **~ music** Rave *m;* **~ scene** Raverszene *f* **III.** *adj attr* begeistert, enthusiastisch; **to receive ~ reviews** von den Kritikern hoch gelobt werden, glänzende Kritiken bekommen **IV.** *vi* ❶ *(talk wildly)* toben, wüten; ■**to ~ against sb/sth** gegen jdn wettern *fam;* ■**to ~ on [about] sth** sich *akk* [maßlos] über etw *akk* aufregen; ■**to ~ [on] at sb** jdm die Hölle heißmachen *fam,* jdm den Marsch blasen *sl;* ■**to ~ that ...** seinem Unmut darüber Luft machen, dass ...; **to rant and ~** auf hundertachtzig sein *fam,* toben ❷ *(fam: praise)* schwärmen; **to ~ about sth** von etw *dat* schwärmen

rav·el <BRIT -ll- *or* AM *usu* -l-> ['ræv^ə^l] **I.** *vi* sich *akk* verwickeln; *thread* sich *akk* verheddern **II.** *vt* ■**to ~ sth** etw verwickeln; *thread* etw verheddern

ra·ven ['reɪv^ə^n] **I.** *n* Rabe *m* **II.** *adj attr (liter)* rabenschwarz; **~ locks** rabenschwarze Locken

rav·en·ing ['ræv^ə^nɪŋ] *adj inv (liter)* [beute]hungrig; **a pack of ~ wolves** ein Rudel hungriger Wölfe; **to be pursued by ~ journalists** *(fig)* von sensationsgierigen Journalisten verfolgt werden

rav·en·ous ['ræv^ə^nəs] *adj* *(very hungry)* ausgehungert; *(predatory)* räuberisch; **I'm ~** ich habe einen Bärenhunger; **~ appetite** unbändiger Appetit; **~ hunger** Riesenhunger *m*

rav·en·ous·ly ['ræv^ə^nəsli] *adv* [heiß]hungrig, völlig ausgehungert; **I'm ~ hungry** ich habe einen Bärenhunger

'rave par·ty *n* Raveparty *f; see also* **rave I.**

rav·er ['reɪvə^r^, AM -ɚ] *n (fam)* ❶ *(uninhibited person)* **to be a ~** einen lockeren Lebenswandel führen; **at weekends she's a right little ~** am Wochenende lässt sie's immer ordentlich krachen ❷ BRIT *(rave party-goer)* Raver(in) *m(f)*

'rave-up ['reɪvʌp] *n* BRIT *(fam)* ausgelassene Party

ra·vine [rə'vi:n] *n* Schlucht *f,* Klamm *f*

rav·ing ['reɪvɪŋ] **I.** *n* ❶ *no pl (delirium)* wirres Gerede ❷ *(ramblings)* ■**~s** *pl* Hirngespinste *ntpl,* Fantastereien *fpl* **II.** *adj attr, inv* absolut, total *fam;* **she's a ~ beauty** sie ist eine wahre Schönheit; **a ~ idiot** ein kompletter Idiot *fam;* **a ~ lunatic** ein total Verrückter/eine total Verrückte *fam;* **a ~ nightmare** ein echter Alptraum; **a ~ success** ein Wahnsinnserfolg *fam* **III.** *adv* völlig; **[stark] ~ mad/crazy** völlig verrückt; **to go [stark] ~ mad** völlig durchdrehen [*o* ausrasten] *fam*

ra·vio·li [ˌrævi'əʊli, AM -'oʊ-] *n* Ravioli *pl*

rav·ish ['rævɪʃ] *vt* ❶ *(delight)* ■**to ~ sb** jdn entzücken; ■**to be ~ed by sb/sth** von jdm/etw hingerissen sein ❷ *(old: rape)* ■**to ~ sb** jdn vergewaltigen

rav·ish·ing ['rævɪʃɪŋ] *adj* ❶ *(beautiful)* hinreißend, bildschön; *countryside* atemberaubend ❷ *(delicious)* köstlich, wundervoll

raw [rɔ:, AM *esp* rɑ:] **I.** *adj inv* ❶ *(unprocessed)* roh, unbehandelt; **~ material** Rohstoff *m;* **~ sewage** ungeklärte Abwässer *pl;* **~ silk** Rohseide *f* ❷ *(uncooked)* roh; **in their ~ state** im Rohzustand, in ungekochtem Zustand ❸ *(of information)* Roh-; **~ data** Rohdaten *pl;* **~ evidence** unbestätigter Hinweis; **~ figures** Schätzzahlen *fpl,* Schätzungen *fpl* ❹ *(inexperienced)* unerfahren; **a ~ beginner/recruit** ein blutiger Anfänger/eine blutige Anfängerin ❺ *(unbridled)* rein; **~ energy** pure Energie; **~ power** rohe Kraft ❻ *(outspoken)* offen; **a ~ drama** ein offenes Drama ❼ *(sore)* wund; *(fig) nerves, emotions* blank, empfindlich ❽ *(cold)* rau; **a ~ wind** ein rauer Wind ▶ PHRASES: **to get** [*or* **be given**] **a ~ deal** unfair behandelt werden, zu kurz kommen; **to expose a ~ nerve** [*or* **spot**] einen wunden Punkt berühren; **to come the ~ prawn** AUS unschuldig tun **II.** *n* ❶ *(fam: naked)* **in the ~** nackt ❷ *(hiding nothing)* **in the ~** ungeschönt, ohne jede Beschönigung ▶ PHRASES: **to touch sb on the ~** BRIT, AUS jdn an einer empfindlichen Stelle treffen, einen wunden Punkt bei jdm berühren

'raw-boned *adj* abgemagert, knochig **'raw·hide** *n no pl* ungegerbtes Leder

Rawl·plug® ['rɔ:l,-] *n* BRIT Dübel *m*

raw·ness ['rɔ:nəs, AM *esp* 'rɑ:-] *n no pl* ❶ *(harshness)* Rauheit *f;* **the ~ of the weather** das raue Wetter ❷ *(soreness)* Wundsein *nt*

ray¹ [reɪ] *n* ❶ *(beam)* Strahl *m;* **light ~s** Lichtstrahlen *mpl;* **the sun's ~s** die Strahlen der Sonnen ❷ *(trace)* Spur *f;* **not even the smallest ~ of comfort** ohne jeglichen Komfort; **a ~ of hope** ein Hoffnungsschimmer *m* ❸ PHYS *(radiation)* Strahlung *f;* **radioactive ~s** radioaktive Strahlung, radioaktive Strahlen *mpl* ▶ PHRASES: **a ~ of sunlight** ein Lichtstreif am Horizont, ein Hoffnungsschimmer; **a ~ of sunshine** ein [wahrer] Sonnenschein *fig fam*

ray² [reɪ] *n (fish)* Rochen *m;* **manta ~** Manta[rochen] *m;* **sting ~** Stachelrochen *m*

ray·on ['reɪɒn, AM -ɑ:n] FASHION **I.** *n no pl* ❶ *(fibre)* Kunstseide *f,* Viskose *f,* Reyon *m o nt veraltet* ❷ *(cloth)* Viskose *f* **II.** *n modifier (blouse, dress)* Viskose-

raze [reɪz] *vt* ■**to ~ sth** etw [völlig] zerstören; MIL etw schleifen; **to ~ sth to the ground** etw dem Erdboden gleichmachen

ra·zor ['reɪzə^r^, AM -zɚ] **I.** *n* Rasierapparat *m,* Rasierer *m fam;* *(cutthroat)* Rasiermesser *nt;* **electric ~** Elektrorasierer *m,* Trockenrasierer *m* **II.** *n modifier* Rasier-; **~ case** Rasierapparatetui *nt;* **~ kit** Rasierzeug *nt fam;* **~ shave** Rasur *f* mit dem Elektro-

R

rasierer; ~ **slash** Schnittverletzung *f* (*durch Rasiermesser*) **III.** *vt* **to ~ hair** Haare [ab]rasieren

'ra·zor·back *n* ❶ (*rorqual*) Finnwal *m* ❷ AM (*hog*) [halbwildes] spitzrückiges Schwein ❸ (*narrow ridge*) schmaler Grat **'ra·zor·bill** *n* ORN Tordalk *m* **'ra·zor blade** *n* Rasierklinge *f* **'ra·zor cut** *n* FASHION Messerschnitt *m* **'ra·zor-cut** *vt* **to ~ hair** das Haar millimeterkurz [ab]rasieren, einen Messerschnitt machen **'ra·zor edge** *n* ❶ (*sharp edge*) Grat *m; of a knife, sword* Schneide *f* ❷ (*fig: mentally sharp state*) Scharfsinn *m kein pl,* messerscharfer Verstand ❸ (*fig: cutting edge*) ■**the ~** der [aller]letzte Schrei *fig* ❹ (*tiny difference*) minimaler Unterschied ▶PHRASES: **to be [balanced] on a ~** auf [des] Messers Schneide stehen **'ra·zor knife** *n* AM Teppichmesser *nt,* Kartonmesser *nt,* Cutter *m fam* **'ra·zor's edge** *n see* **razor edge** **'ra·zor sharp** *adj pred,* **'ra·zor-sharp** *adj attr* ❶ (*sharp*) scharf wie ein Rasiermesser [*o* eine Rasierklinge]; **~ teeth** messerscharfe Zähne ❷ (*fig: intelligent*) *person* [äußerst] scharfsinnig; **~ brain** [*or* **mind**] [messer]scharfer Verstand **'ra·zor thin** *adj pred,* **'ra·zor-thin** *adj attr* hauchdünn **'ra·zor wire** *n no pl* Nato-Draht *m fam*

razz [ræz] *vt esp* AM (*sl*) ■**to ~ sb** jdn nerven [*o* ärgern] *fam*

raz·za·ma·tazz ['ræzəmətæz] *n no pl* ❶ (*commotion*) Trubel *m,* Rummel *m fam* ❷ (*pej: humbug*) Zirkus *m pej fam,* Zinnober *m pej sl*

raz·zle ['ræzl̩] *n no pl* BRIT (*fam*) **to be [out] on the ~** einen draufmachen *fam,* auf den Putz hauen *fam*

raz·zle-daz·zle [ˌræzl̩'dæzl̩] *n no pl esp* AM Trubel *m,* Rummel *m fam,* Tamtam *nt pej fam;* **to go on the ~** eine Sause machen *sl,* einen draufmachen *fam*

razz·ma·tazz ['ræzmətæz] *n no pl see* **razzamatazz**

RBT [ˌɑːbiː'tiː] *n* AUS *abbrev of* **random breath test**

RC [ˌɑː'siː, AM ˌɑːr-] *n* ❶ REL *abbrev of* **Roman Catholic** r.-k., röm.-kath. ❷ (*organization*) *abbrev of* **Red Cross** RK *nt* ❸ ARCHIT *abbrev of* **reinforced concrete**

RCMP [ˌɑːsiːem'piː, AM ˌɑːr-] *n + pl vb* CAN *abbrev of* **Royal Canadian Mounted Police** *berittene Polizeieinheit*

Rd *n abbrev of* **road** Str.

RDF [ˌɑːdiː'ef, AM ˌɑːr-] *n* ❶ *abbrev of* **radio direction finder** *Gerät zur Funkpeilung* ❷ AM MIL *abbrev of* **rapid deployment force** schnelle Eingreiftruppe ❸ *abbrev of* **refuse-derived fuel** BRAM *m,* Brennstoff *m* aus Müll

re¹ [riː] MUS re *nt*

re² [riː] *prep* bezüglich *+gen geh;* **I spoke to her ~ your accident** ich habe mit ihr wegen Ihres Unfalls gesprochen; (*in letter*) Betr[eff] *veraltet;* **~: your letter of 15.05.05** Ihr Schreiben vom 15.05.05

Re *n no pl* CHEM *abbrev of* **rhenium** Re *nt*

RE [ˌɑː'iː] *n* BRIT ❶ *+ pl vb* MIL *abbrev of* **Royal Engineers** Pionierkorps der britischen Armee ❷ *no pl* REL, SCH *abbrev of* **religious education** Religionslehre *f*

reach [riːtʃ] **I.** *n* <*pl* -es> ❶ (*act of reaching*) **to make a ~ for sb/sth** nach jdm/etw greifen; (*fig*) **it takes quite a ~ of the imagination to ...** es bedarf schon einer gehörigen Portion Vorstellungskraft, um ... ❷ *of sb's arm* Reichweite *f;* BOXING Reichweite *f;* **a long/short ~** lange/kurze Arme *mpl;* **to be out of [*or* beyond]/within [*or* in] [sb's] ~** sich *akk* [nicht] in jds Reichweite *f* befinden; **the apples were on a branch just out of [my] ~** die Äpfel hingen an einem Ast, an den ich nicht herankam; **he's so tall that even the top shelf is within his ~** er ist so groß, dass er sogar an das oberste Regal [heran]kommt; **I like to keep a notebook and pencil within [arm's] ~** ich habe immer etwas zum Schreiben parat; **keep out of ~ of children** für Kinder unzugänglich aufbewahren!; **to be within easy [*or* arm's] ~** in greifbarer Nähe sein; **to be within [easy] ~ [of a place]** [ganz] in der Nähe sein ❸ *no pl* (*range of power*) Reichweite *f* ❹ TV, RADIO [Sende]bereich *m* ❺ ■**~es** *pl* (*stretch of land*) Gebiet *nt;* (*stretch of river*) [Fluss]abschnitt *m;* **the lower/upper ~es** das untere/obere Gebiet; **the farthest [*or* outermost] ~es** die entlegensten Bereiche; **the higher ~es of government** (*fig*) die oberen Regierungskreise ▶PHRASES: **sb's ~ exceeds his/her grasp** diese Trauben hängen zu hoch für jdn; **to be out of [*or* beyond]/within [*or* in] [sb's] ~** (*unattainable/attainable*) nicht im Rahmen/im Rahmen des Möglichen liegen; **I came within ~ of solving the crossword, but ...** ich war kurz davor, das Kreuzworträtsel zu lösen, aber dann ...; (*financially*) jds finanzielle Möglichkeiten übersteigen/für jdn finanziell möglich sein **II.** *vi* ❶ (*attempt to grab*) greifen; ■**to ~ for sth** nach etw *dat* greifen ❷ (*be able to touch*) fassen [können]; **could you get that book for me, please – I can't ~** könntest du mir bitte das Buch geben – ich komme nicht dran *fam* ❸ (*extend*) ■**to ~ to sth** an etw *akk* heranreichen; **the snow ~ed almost to the children's knees** der Schnee ging den Kindern fast bis zu den Knien ▶PHRASES: **~ for the sky [*or* skies]!** AM (*dated sl*) Hände hoch!; **to ~ for the stars** (*fig*) nach den Sternen greifen **III.** *vt* ❶ (*arrive at*) **to ~ a place** einen Ort erreichen; **how long will it take this letter to ~ Italy?** wie lange braucht dieser Brief bis nach Italien?; ■**to ~ sb** jdn erreichen; **the news of your accident has only just ~ed me** ich habe die Nachricht von deinem Unfall gerade erst erhalten; **to ~ one's destination** an seinem Bestimmungsort ankommen; **to ~ land** Land erreichen; **to ~ the finishing line [*or* the tape]** die Ziellinie überqueren, durchs Ziel laufen *fam;* AM **to ~ base** SPORTS das Base [*o* Mal] erreichen ❷ (*attain*) ■**to ~ sth** etw erreichen; **the temperature is expected to ~ 25°C today** heute soll es bis zu 25°C warm werden; **she had ~ed the nadir of her existence** sie war an einem absoluten Tiefpunkt [in ihrem Leben] angelangt; **the diplomats appear to have ~ed an impasse in their negotiations** die Diplomaten scheinen bei ihren Verhandlungen nicht mehr weiterzukommen; **to ~ adulthood [*or* maturity]/one's majority** erwachsen/volljährig werden; **to ~ an agreement/consensus** eine Übereinkunft/Übereinstimmung erzielen; **to ~ a certain altitude/velocity** eine bestimmte Höhe/Geschwindigkeit erreichen; **to ~ the conclusion/decision that ...** zu dem Schluss/zu der Entscheidung kommen, dass ...; **to ~ [a] deadlock** in einer Sackgasse landen *fig;* **to ~ fever pitch** den Siedepunkt erreichen; **to ~ one's goal** sein Ziel erreichen; **to ~ manhood/womanhood** zum Mann/zur Frau werden; **to ~ orgasm** zum Orgasmus kommen; **to ~ the point of no return** einen Punkt erreichen, an dem es kein Zurück [mehr] gibt; **to ~ one's prime/puberty** ins beste Alter/in die Pubertät kommen; **to ~ a settlement** zu einer Einigung gelangen; **to ~ the turning point** zum Wendepunkt kommen; **to ~ a verdict** zu einem Urteil gelangen ❸ (*extend to*) ■**to ~ sth: her hair ~es her waistline** ihre Haare reichen ihr bis zur Taille ❹ (*contact with hand*) **to be able to ~ sth** an etw *akk* [heran]reichen können; **our daughter can ~ the door handle now** unsere Tochter kommt jetzt schon an den Türgriff ran ❺ (*pass*) ■**to ~ sb sth** jdm etw [herüber]reichen ❻ (*communicate with*) ■**to ~ sb** jdn erreichen; (*phone*) jdn [telefonisch] erreichen ❼ TV, RADIO **to ~ an audience** ein Publikum erreichen ❽ (*influence*) ■**to ~ sb** jdn erreichen *fig,* zu jdm vordringen *fig*

◆**reach across** *vi, vt see* **reach over**

◆**reach down I.** *vi* ❶ (*stretch arms downward*) hinuntergreifen, hinunterlangen *fam,* nach unten greifen ❷ (*extend downward*) hinabreichen; **her hair ~es down to her waist** das Haar geht [*o* reicht] ihr bis zur Taille **II.** *vt* ■**to ~ sth down [for sb]** [*or* **to ~ [sb] down sth**] [jdm] etw hinunterreichen

◆**reach out I.** *vt* **to ~ out** ⊂ **one's hand [for sth]** die Hand [nach etw *dat*] ausstrecken **II.** *vi* die Hand ausstrecken

◆**reach out to** *vi* ■**to ~ out to sb** ❶ (*appeal to for help*) sich *akk* [Hilfe suchend] an jdn wenden ❷ (*offer help*) für jdn da sein *fam*

◆**reach over I.** *vi* hinübergreifen, hinüberlangen *fam;* **she ~ed over and took his hand in hers** sie streckte die Hand aus und nahm seine Hand in ihre **II.** *vt* ■**to ~ over sth** über etw *akk* [hinüber]greifen [*o fam* hinüberlangen]

◆**reach up** *vi* ① (*stretch arms upward*) nach oben greifen, hinauflangen *fam* ② (*extend upward*) hinaufreichen

re·act [ri'ækt] *vi* ① (*respond*) reagieren; ■**to ~ against sth** etw *dat* widersprechen; *law* etw *dat* zuwiderhandeln; **to ~ quickly/strongly** schnell/heftig reagieren; **to be slow to ~** langsam reagieren; ■**to ~ to sb/sth** auf jdn/etw reagieren; **to ~ to a stimulus** auf einen Reiz reagieren ② MED ■**to ~ to sth** auf etw *akk* reagieren [*o* ansprechen]; ■**to ~ on sth** eine Reaktion bei etw *dat* hervorrufen ③ CHEM ■**to ~ with sth** mit etw *dat* reagieren

re·ac·tant [ri'æktᵊnt, AM -tənt] *n* CHEM Reaktionspartner *m*

re·ac·tion [ri'ækʃᵊn] *n* ① (*response*) Reaktion *f* (**to** auf +*akk*); **what was his ~ when you told him you were leaving him?** wie reagierte er, als du ihm sagtest, du würdest ihn verlassen?; **there has been a widespread ~ against the government's proposed tax increases** die von der Regierung vorgesehenen Steuererhöhungen stoßen weitgehend auf Ablehnung; **chain ~** Kettenreaktion *f* ② (*reflexes*) ■**~s** *pl* Reaktionsfähigkeit *f kein pl,* Reaktionsvermögen *nt kein pl;* **to have quick ~s** ein gutes Reaktionsvermögen haben ③ MED Reaktion *f;* **to cause a ~ in [certain] people** bei [bestimmten] Personen eine Reaktion hervorrufen; **to have an allergic ~ to sth** auf etw *akk* allergisch reagieren ④ CHEM, PHYS Reaktion *f;* **nuclear ~** Kernreaktion *f* ⑤ *no pl* POL (*pej form*) Reaktion *f pej;* **the forces of ~** die reaktionären Kräfte ⑥ (*opposite response*) [Gegen]reaktion *f;* **action and ~** Wirkung *f* und Gegenwirkung *f,* Aktion *f* und Reaktion *f*

re·ac·tion·ary [ri'ækʃᵊnᵊri, AM -eri] **I.** *adj* POL (*pej*) reaktionär *pej* **II.** *n* POL (*pej*) Reaktionär(in) *m(f) pej*

re·ac·ti·vate [ri'æktɪveɪt, AM -tə-] **I.** *vt* ■**to ~ sth** etw reaktivieren; **there are plans to ~ the old railway line** es gibt Pläne, die alte Eisenbahnstrecke wieder in Betrieb zu nehmen; **to ~d memories for sb** Erinnerungen in jdm wachrufen **II.** *vi* wieder aktiv werden; *virus* wieder ausbrechen

re·ac·tive [ri'æktɪv] *adj* ① (*showing response*) gegenwirkend ② (*acting in response*) ■**to be ~** als Gegenreaktion erfolgen ③ PSYCH, MED reaktiv *fachspr,* durch einen Reiz ausgelöst, Abwehr-; **~ disease** [*or* **illness**] reaktive Krankheit ④ CHEM reaktiv, reaktionsfähig; **~ gas** reaktives Gas ⑤ ELEC Blind-; **~ current** Blindstrom *m*

re·ac·tor [ri'æktəʳ, AM -tɚ] *n* ① (*sb or sth that reacts*) **to be a quick/slow ~** schnell/langsam reagieren ② NUCL Reaktor *m;* **nuclear ~** Kernreaktor *m* ③ CHEM Reaktionsapparat *m* ④ MED *jd, der auf ein Medikament reagiert;* **to be a non-~** nicht reagieren, keine Wirkung zeigen ⑤ ELEC Induktor *m*

re·'ac·tor core *n* NUCL Reaktorkern *m*

read¹ [ri:d] **I.** *n usu sing* ① BRIT, AUS (*act of reading*) Lesen *nt;* **to have a quiet ~** (*fam*) in Ruhe lesen; **to have a ~ of sth** in etw *akk* hineinschauen *fam,* einen Blick in etw *akk* werfen ② (*fam: book*) **good/bad ~** spannende/langweilige Lektüre; **to be a good ~** sich *akk* gut lesen [lassen] ③ AM (*interpretation*) Lesart *f* **II.** *vt* <read, read> ① (*understand written material*) ■**to ~ sth** etw lesen; *handwriting* etw entziffern; **to ~ sth avidly** etw leidenschaftlich gern lesen; **to ~ sth voraciously** etw geradezu verschlingen; **to ~ a map** eine Karte lesen ② MUS **to ~ music** Noten lesen ③ (*speak aloud*) **to ~ sth aloud** [*or* **out loud**] etw laut vorlesen; ■**to ~ sb sth** [*or* **sth to sb**] jdm etw vorlesen ④ (*discern*) **to ~ an emotion** ein Gefühl erraten; **to ~ sb's face** in jds Gesicht lesen; **to ~ sth in sb's face** jdm etw vom Gesicht ablesen ⑤ (*interpret*) interpretieren, deuten; **if I've ~ the situation aright, ...** wenn ich die Situation richtig verstehe, ... ⑥ (*substitute*) ■**to ~ sth for sth** statt etw etw heißen; **on page 19, for Blitish, please ~ British** auf Seite 19 muss es statt Blitish British heißen ⑦ (*proofread*) ■**to ~ sth** etw Korrektur lesen; **to ~ a proof** Korrektur lesen ⑧ POL, LAW **to ~ a bill/measure** eine Gesetzesvorlage/gesetzliche Verfügung lesen ⑨ (*inspect and record*) ■**to ~ sth** etw ablesen; **to ~ a meter** einen Zählerstand ablesen ⑩ (*show information*) ■**to ~ sth** etw anzeigen; **the thermometer is ~ing 40°C in the shade** das Thermometer zeigt 40°C im Schatten an ⑪ BRIT UNIV (*form*) ■**to ~ sth** *chemistry, English, history* etw studieren ⑫ COMPUT **to ~ a card** eine Karte [ein]lesen; **to ~ data** Daten lesen ⑬ RADIO, TELEC ■**to ~ sb** jdn verstehen; (*fig: understand sb's meaning*) jdn verstehen; **do you ~ me? – loud and clear** können Sie mich verstehen? – laut und deutlich; **I don't ~ you** ich verstehe nicht, was du meinst ⑭ (*prophesy*) **to ~ sb's palm** jdm aus der Hand lesen; **to ~ the tea leaves** aus dem Kaffeesatz lesen; **to ~ sth in the cards** etw in den Karten lesen ▶ PHRASES: **to ~ sb like a book** in jdm lesen können wie in einem [offenen] Buch; **to ~ sb a lecture** (*form*) jdm die Leviten lesen *fam;* **~ my lips!** hör [mal] ganz genau zu!; **to ~ sb's lips** jdm von den Lippen lesen; **to ~ sb's mind** [*or* **thoughts**] jds Gedanken lesen; **to ~ sb the Riot Act** jdm gehörig die Leviten lesen *fam;* **to ~ the runes** BRIT die Zeichen der Zeit erkennen **III.** *vi* <read, read> ① (*understand written material*) lesen; **to ~ avidly** leidenschaftlich gern lesen; **to ~ voraciously** Bücher geradezu verschlingen; ■**to ~ about** [*or* **of**] **sb/sth** über jdn/etw lesen ② (*speak aloud*) **to ~ aloud** [*or* **out loud**] [**to sb**] [jdm] laut vorlesen ③ (*create impression*) **to ~ well** *book, letter, article, magazine* sich *akk* gut lesen ④ (*have wording*) lauten; **there was a sign ~ing 'No Smoking'** auf einem Schild stand „Rauchen verboten" ⑤ THEAT, FILM **to ~ for a part** sich *akk* in eine Rolle einlesen ⑥ *esp* BRIT UNIV (*form*) ■**to ~ for sth** etw studieren; **to ~ for the Bar** Jura studieren ▶ PHRASES: **to ~ between the lines** zwischen den Zeilen lesen

◆**read back** *vt* ■**to ~ back ↔ sth** etw nochmals gründlich durchlesen

◆**read down** *vt* **to ~ down a list** eine Liste verlesen

◆**read in** *vt* COMPUT **to ~ in data** Daten einlesen

◆**read into** *vt* (*interpret*) **to ~ a meaning/significance into sth** eine Bedeutung in etw *akk* hineininterpretieren; **to ~ too much into sth** zu viel in etw *akk* hineininterpretieren

◆**read off** *vt* ■**to ~ off ↔ sth** ① (*note exactly*) *measurements, technical readings* etw ablesen ② (*enumerate*) etw herunterlesen

◆**read out** *vt* ① (*read aloud*) ■**to ~ out ↔ sth** etw laut vorlesen [*o form* verlesen]; ■**to ~ out sth to sb** jdm etw laut vorlesen ② COMPUT **to ~ out data** Daten auslesen ③ *esp* AM (*expel*) **to ~ sb out of a body/an organization** jdn aus einem Gremium/einer Organisation ausschließen

◆**read over, read through** *vt* ■**to ~ over** [*or* **through**] **↔ sth** etw [schnell] durchlesen [*o* überfliegen]

◆**read up I.** *vt* ■**to ~ sb/sth ↔ up** sich *akk* über jdn/etw informieren **II.** *vi* nachlesen; ■**to ~ up on** [*or* **about**] **sb/sth** sich *akk* über jdn/etw informieren

read² [red] **I.** *vt, vi pt, pp of* **read II.** *adj* ▶ PHRASES: **to take sth as ~** etw als selbstverständlich voraussetzen; **we will take the minutes as ~** wir setzen das Protokoll als bekannt voraus

read·abil·ity [ˌri:də'bɪləti, AM -əṭi] *n no pl* Lesbarkeit *f*

read·able ['ri:dəbl] *adj* ① (*legible*) lesbar, leserlich ② (*enjoyable to read*) lesenswert; **highly ~** sehr lesenswert ③ (*easy to read*) [gut] lesbar

re·ad·dress [ˌri:ə'dres] *vt* ① (*write new address*) **to ~ an envelope/a letter/a parcel** einen Umschlag/einen Brief/ein Paket umadressieren ② (*re-examine*) **to ~ an issue/a problem** sich *akk* einer Frage/einem Problem erneut zuwenden

read·er ['ri:dəʳ, AM -ɚ] *n* ① (*person who reads*) Leser(in) *m(f);* **to be an avid ~ of sth** etw leidenschaftlich gern lesen ② (*person who reads aloud*) Vorleser(in) *m(f)* ③ (*in library*) Leser(in) *m(f)* ④ PUBL **publisher's ~** [Verlags]lektor(in) *m(f)* ⑤ (*proofcorrector*) Lektor(in) *m(f)* ⑥ (*book of extracts*) Aufsatzsammlung *f;* SCH Lesebuch *nt;* UNIV Reader *m* ⑦ BRIT UNIV ≈ Dozent(in) *m(f);* **he is a ~ in history at Liverpool** er ist

Dozent für Geschichte in Liverpool ❽ (*device*) **microfilm/microfiche** ~ Mikrofilm-/Mikrofichelesegerät *nt*

read·er·ship ['ri:dəʃɪp, AM -dɚ-] *n + sing/pl vb* ❶ (*readers*) Leserschaft *f*, Leserkreis *m* ❷ BRIT UNIV Dozentenstelle *f*

readi·ly ['redɪli] *adv* ❶ (*willingly*) bereitwillig ❷ (*easily*) einfach, ohne weiteres

readi·ness ['redɪnəs] *n no pl* ❶ (*willingness*) Bereitwilligkeit *f*, Bereitschaft *f*; **to declare one's ~ to do sth** sich *akk* bereit erklären, etw zu tun ❷ (*preparedness*) Bereitschaft *f*; **the scaffolding has been put up in ~ for the repair work** das Gerüst wurde für die Ausbesserungsarbeiten bereit gehalten ❸ (*quickness*) Schnelligkeit *f*

read·ing ['ri:dɪŋ] **I.** *n* ❶ *no pl* (*activity*) Lesen *nt*; *of a legal document* Verlesen *nt*; **~ and writing** Lesen *nt* und Schreiben *nt* ❷ *no pl* (*material to be read*) Lesestoff *m*; **to catch up on one's ~** den Stoff nachholen ❸ *no pl* (*with indication of quality*) **to make [good/bad] ~** eine [gute/schlechte] Lektüre sein; **bedtime ~** Bettlektüre *f*; **compulsory** [*or* **required**] **~** Pflichtlektüre *f*; **light/heavy ~** leichte/[sehr] schwierige Lektüre ❹ (*form: literacy*) Belesenheit *f*; **to be of wide ~** sehr belesen sein ❺ (*recital*) Lesung *f*; **poetry ~** Dichterlesung *f* ❻ REL Lesung *f*; **~s from the Bible** Lesungen *fpl* aus der Bibel ❼ (*interpretation*) *of a literary work, a passage, a sentence* Deutung *f*, Interpretation *f*; *of a situation, the facts* Einschätzung *f* ❽ (*amount shown*) Anzeige *f*; **meter ~** Zählerstand *m*; **to take a ~ of sth** etw ablesen ❾ POL Lesung *f*; **to give a bill its first/second/third ~** über ein Gesetz in erster/zweiter/dritter Lesung beraten **II.** *n modifier* (*relating to reading*) Lese-; **~ material** Lesestoff *m*, Lektüre *f*; **~ speed** Lesegeschwindigkeit *f*; **~ skills** Lesefähigkeit *f kein pl*, Fähigkeit *f* zu lesen

'read·ing age *n* **to have a ~ of seven** wie eine Siebenjährige lesen [können] **'read·ing book** *n* Lesebuch *nt* **'read·ing glasses** *npl* Lesebrille *f* **'read·ing knowl·edge** *n no pl* **I've got a good ~ of French** ich kann Französisch gut lesen **'read·ing lamp** *n* Leselampe *f* **'read·ing list** *n* Lektüreliste *f*, Leseliste *f* **read·ing 'pub·lic** *n* Leserschaft *f* **'read·ing room** *n* Lesesaal *m*

re·ad·just [ˌri:ə'dʒʌst] **I.** *vt* ■**to ~ sth** ❶ (*correct*) etw [wieder] neu anpassen; **he ~ed his tie** er rückte seine Krawatte zurecht ❷ TECH *machine* etw neu einstellen **II.** *vi* ❶ (*adjust again*) *objects, machines* sich *akk* neu einstellen; *clock* sich *akk* neu stellen ❷ (*readapt*) ■**to ~ to sth** sich *akk* wieder an etw *akk* gewöhnen

re·ad·just·ment [ˌri:ə'dʒʌstmənt] *n* ❶ TECH Neueinstellung *f*, Korrektur *f* ❷ POL Neuorientierung *f*, Neuausrichtung *f*

'read-only *adj* COMPUT Nur-Lese-, Fest- **read-only 'memo·ry** *n* COMPUT Festspeicher *m*, ROM *m o nt* **'read-out** *n* COMPUT [Sicht]anzeige *f* **'read-through** *n* THEAT Durchlesen *nt* (*von Rollentexten*) **read-'write head** *n* COMPUT Schreib-Lese-Kopf *m*

ready ['redi] **I.** *adj* ❶ *pred* (*prepared*) fertig, bereit; **are you ~? – I'm ~ if you are** bist du bereit? – ich bin fertig, wenn du so weit bist; **to be ~ [for sth]** [für etw *akk*] bereit sein; **to get** [*or* **make**] **~ [for sth]** sich *akk* [für etw *akk*] fertig machen; **I hope you have made ~ for the trip** ich hoffe, du bist reisefertig; ■**to be ~ to do sth** bereit sein, etw zu tun; **the waiter asked, 'are you ~ to order?'** der Ober fragte: „haben Sie schon gewählt?"; **to get ~ to get out/leave** sich *akk* zum Ausgehen/Weggehen fertig machen; **to get** [*or* **make**] **sth ~** etw fertig machen; **to get a meal ~** ein Essen vorbereiten; **to get sb ~ [for sth]** jdn [auf etw *akk*] vorbereiten; **to be ~ and waiting** bereit sein ❷ (*willing*) ■**to be ~ to do sth** bereit sein, etw zu tun; ■**to be ~ with sth** etw gerne [*o* bereitwillig] geben; **he is always ~ with compliments** er verteilt gerne Komplimente ❸ (*on verge of*) ■**to be ~ to do sth** kurz davorstehen, etw zu tun; **he looked ~ to collapse** er sah aus, als würde er gleich zusammenbrechen ❹ (*immediately available*) verfügbar; **~ supply** sofort verfügbarer Nachschub; **~ to hand** zur Hand, griffbereit ❺ *attr* (*esp approv: quick*) prompt, schnell; **to find ~ acceptance** bereitwillig aufgenommen werden; **~ access** schneller Zugang; **~ mind** wacher Verstand; **to have a ~ reply** immer eine Antwort parat haben; **to have a ~ tongue** [*or* **wit**] schlagfertig sein; **to be too ~ to do sth** etw allzu schnell tun ❻ (*fam: desirous*) ■**to be ~ for sth** etw wollen; (*in need of*) etw brauchen; **to be ~ for a drink** etw zum Trinken brauchen [*o* trinken müssen]; **to be ~ for a fight** kämpfen wollen ▸ PHRASES: **~, steady, go!** BRIT SPORTS auf die Plätze, fertig, los! **II.** *n* (*money*) ■**readies** [*or* **the ~**] *pl* BRIT (*fam*) Bare(s) *nt kein pl fam*; **to be short of the ~** nicht flüssig [*o* knapp bei Kasse] sein *fam* ▸ PHRASES: **at the ~** bereit; **he stood by the phone, pencil at the ~** er stand mit gezücktem Bleistift am Telefon **III.** *vt* <-ie-> ■**to ~ sb/sth [for sth]** jdn/etw [für etw *akk*] bereit machen

ready 'cash *n see* **ready money** **ready-'made** *adj* ❶ (*ready for use*) gebrauchsfertig; FOOD fertig; **~ meal** Fertiggericht *nt* ❷ FASHION Konfektions-; **~ clothing/suit** Konfektionskleidung *f*/-anzug *m* ❸ (*available immediately*) vorgefertigt; **to have a ~ answer/excuse** eine Antwort/Entschuldigung parat haben **ready 'mon·ey** *n no pl* (*fam*) Bare(s) *nt fam*, Bargeld *nt* **ready 'reck·on·er** *n* BRIT Rechentabelle *f* **'ready-to-wear** *adj* Konfektions-; **~ clothes** Konfektionskleidung *f*

re·af·firm [ˌri:ə'fɜ:m, AM -'fɜ:rm] *vt* **to ~ sth** etw bestätigen; **to ~ one's belief/one's intentions** seine Überzeugung/seine Absichten erneut beteuern; **to ~ one's commitment/support** seine Einsatzbereitschaft/Unterstützung nochmals betonen; **to ~ one's opposition** seinen Widerstand nochmals zum Ausdruck bringen

re·af·fir·ma·tion [ˌri:æfɜ:'meɪʃən, AM -fɜ:r'-] *n no pl* [wiederholte] Bestätigung

re·af·for·est [ˌri:ə'fɒrɪst, AM -'fɔ:r-] *vt* BRIT, AUS ECOL *see* **reforest**

re·af·for·esta·tion [ˌri:əˌfɒrɪ'steɪʃən, AM -ˌfɔ:r-] *n no pl* BRIT, AUS ECOL *see* **reforestation**

re·agent [ˌri:'eɪdʒənt] *n* CHEM Reagens *nt*, Reagenz *nt*

real [rɪəl, AM ri:l] **I.** *adj* ❶ (*not imaginary*) wirklich, real; **in ~ life** im wirklichen Leben; **the ~ world** die wirkliche Welt ❷ (*genuine*) echt; **she is a ~ godsend** sie ist wahrhaft ein Geschenk des Himmels; **~ beauty** wahre Schönheit; **~ danger** echte Gefahr; **made of ~ leather/silver** aus echtem Leder/Silber gefertigt; **~ pleasure** wahre Freude; **it's a ~ pleasure to meet you** ich bin sehr erfreut, Sie kennen zu lernen; **to be one's ~ self** sich *akk* so geben, wie man ist, ganz man selbst sein; **~ threat** wirkliche [*o* reale] Bedrohung ❸ (*for emphasis*) **~ bargain** echt günstiges Angebot [*o fam* Schnäppchen] *nt*; **to be a ~ dump** die reinste Müllkippe sein *fam* ❹ FOOD unbehandelt; **~ coffee** Bohnenkaffee *m* ❺ (*hum: proper*) **a ~ man** ein richtiger Mann; **a ~ gentleman** ein wahrer Gentleman ❻ (*fam: utter*) **a ~ disaster** eine echte Katastrophe *fam* ❼ *attr* FIN effektiv; **~ earnings** [*or* **income**] Realeinkommen *nt*, effektives Einkommen; **in ~ terms** effektiv; **~ wages** Reallohn *m* ❽ MATH **~ number** reelle Zahl; **~ quantity** reale Menge ❾ PHOT **~ image** reales [*o* echtes] Bild ▸ PHRASES: **to be the ~ McCoy** (*fam*) der/die/das einzig Wahre sein *fam*; **the ~ thing** (*not fake*) das Echte [*o* Wahre]; (*true love*) die wahre Liebe; **to look like the ~ thing** echt aussehen; **get ~!** *esp* AM (*fam*) mach dir doch nichts vor!; **for ~** (*fam*) echt, wahr; **is this letter a joke or is it for ~?** ist dieser Brief ein Scherz oder [ist er] ernst gemeint? **II.** *adv esp* AM (*fam*) wirklich *fam*, total *sl*, echt *sl*; **this lemonade is ~ good!** diese Limonade schmeckt wirklich toll!

real 'ale *n no pl esp* BRIT FOOD Real Ale *nt*, echtes Ale **'real es·tate** *n no pl esp* AM, AUS ARCHIT Immobilien *fpl*; **a piece of ~** ein Immobilienobjekt *nt* **'real es·tate agent** *n* AM, AUS, **'real es·tate bro·ker** *n* AUS ARCHIT Immobilienmakler(in) *m(f)*; *see also* **estate agent** **real es·tate de·'vel·op·er** *n* AM Immobilienhändler(in) *m(f)*

re·align [ˌriːəˈlaɪn] *vt* ❶ (*align again*) ■ **to ~ sth** etw neu ordnen; **to ~ books** Bücher umsortieren; **to ~ a joint** eine Nahtstelle richten ❷ POL **to ~ one's policies** sein Parteiprogramm neu ausrichten; **to ~ with the opposition** sich *akk* der Opposition anschließen

re·align·ment [ˌriːəˈlaɪnmənt] *n* ❶ (*new alignment*) Neuordnung *f,* Neuaufstellung *f;* TECH [neuerliches] Fluchten; AUTO [neuerliche] Spureinstellung ❷ POL Neuordnung *f,* Neugruppierung *f*

re·al·ism [ˈrɪəlɪzᵊm, AM ˈriː-] *n no pl* ❶ (*attitude*) Wirklichkeitssinn *m,* Realitätssinn *m,* Realismus *m* ❷ ART, LIT Realismus *m* ❸ PHILOS Realismus *m*

re·al·ist [ˈrɪəlɪst, AM ˈriː-] **I.** *n* ❶ (*realistic person*) Realist(in) *m(f)* ❷ ART, LIT Realist(in) *m(f),* Vertreter(in) *m(f)* des Realismus **II.** *n modifier* ART, LIT realistisch; **~ painter** Maler(in) *m(f)* des Realismus, realistischer Maler/realistische Malerin

re·al·is·tic [ˌrɪəˈlɪstɪk, AM ˌriːə'-] *adj* ❶ (*practical*) realistisch; **I wish Jason were more ~** ich wünschte, Jason hätte etwas mehr Sinn für die Realität; ■ **to be ~ about sth** etw [ganz] realistisch sehen ❷ ART, LIT realistisch

re·al·is·ti·cal·ly [ˌrɪəˈlɪstɪkli, AM ˌriːə'-] *adv* realistisch

re·al·ity [riˈæləti, AM -ət̬i] *n* ❶ *no pl* (*the actual world*) Realität *f,* Wirklichkeit *f;* **to be in/out of touch with ~** den Sinn für die Realität haben/verloren haben; **to bear little resemblance to ~** wenig mit der Realität zu tun haben; **to come back to ~** auf den Boden der Tatsachen zurückkehren; **to escape from ~** vor der Realität flüchten; **to face** [*or* **confront**] **~** den Tatsachen ins Auge sehen, sich *akk* der Realität stellen; **to lose touch with ~** den Sinn für die Realität verlieren; **the ~ of the situation is that ...** die tatsächliche Situation sieht so aus, dass ... ❷ (*fact*) Tatsache *f;* **harsh ~** harte Tatsache; **to become a ~** wahr werden, sich *akk* verwirklichen; **to make one's ambition/goal/plan a ~** seine Ambitionen/sein Ziel/seinen Plan in die Tat umsetzen; **to make sb's dream a ~** jds Traum wahr werden lassen ❸ *no pl* ART, LIT Realität *f; of a portrayal, painting* Naturtreue *f* ► PHRASES: **in ~** in Wirklichkeit, tatsächlich

re·'al·ity check *n* (*fam*) Augenöffner *m fig fam;* ■ **to do a ~** der Wahrheit ins Auge blicken

re·al·iz·able [ˌrɪəˈlaɪzəbl̩, AM ˌriːə'-] *adj* ❶ (*able to happen*) realisierbar, umsetzbar ❷ FIN realisierbar *fachspr,* veräußerbar

re·ali·za·tion [ˌrɪəlaɪˈzeɪʃᵊn, AM ˌriːəlɪ'-] *n* ❶ (*awareness*) Erkenntnis *f;* **the ~ was dawning that ...** allmählich dämmerte ihnen, dass ...; **sobering ~** ernüchternde Erkenntnis ❷ *no pl* (*fulfilment*) Realisierung *f,* Verwirklichung *f,* Ausführung *f* ❸ *no pl* FIN Realisierung *f fachspr,* Veräußerung *f;* **~ of assets** Veräußerung *f* von Vermögenswerten; **~ of profits** Gewinnerzielung *f*

re·al·ize [ˈrɪəlaɪz, AM ˈriːə-] *vt* ❶ (*be aware of*) ■ **to ~ sth** sich *dat* einer S. *gen* bewusst [*o* über etw *akk* im Klaren] sein; (*become aware of*) etw erkennen, sich *dat* einer S. *gen* bewusst werden; **you're standing on my foot – sorry, I didn't ~** du stehst auf meinem Fuß – entschuldige, das habe ich gar nicht gemerkt; **I ~ how difficult it's going to be** mir ist klar, wie schwierig das sein wird; ■ **to ~ that ...** bemerken [*o* erkennen], dass ... ❷ (*make real*) ■ **to ~ sth** etw realisieren [*o* verwirklichen]; (*come true*) *fears* sich *akk* bewahrheiten; **to ~ one's potential** sich *akk* verwirklichen; **to ~ a wish** einen Wunsch erfüllen ❸ ART, LIT **to ~ a film/play** einen Film/ein Stück [künstlerisch] umsetzen ❹ FIN ■ **to ~ sth** etw veräußern [*o fachspr* realisieren]; **to ~ assets** Vermögenswerte veräußern; **to ~ a price/profit** einen Preis/Gewinn erzielen

real 'life I. *n* reales Leben **II.** *n modifier* ■ **real-life** real; **to be based on a ~ story** auf einer wahren Begebenheit beruhen

re·al·ly [ˈrɪəli, AM ˈriːə-] **I.** *adv* ❶ (*in fact*) wirklich; **the film was ~ quite good/quite good ~** der Film war wirklich ziemlich gut/recht gut ❷ (*used to stress sth*) tatsächlich, wirklich; **I ~ don't think that this is of any importance to us** ich glaube wirklich nicht, dass das eine Rolle für uns spielt; **the film was ~ good** der Film war echt stark *fam* ❸ (*seriously*) ernsthaft; **did you ~ believe that ...** haben Sie im Ernst geglaubt, dass ... ► PHRASES: **to be ~ <u>something</u>** schon etwas [Tolles] sein *fam;* **wow! your new car is ~ something!** Mann! dein neues Auto macht ganz schön was her! *fam* **II.** *interj* ❶ (*indicating surprise, disbelief*) wirklich, tatsächlich; **I'm getting married to Fred – ~? when?** Fred und ich werden heiraten – nein, wirklich? wann denn? ❷ (*indicating annoyance*) also wirklich, [also] so was; **well, ~! I think he might have called us!** nein, wirklich! ich finde, er hätte uns [wenigstens] anrufen können! ❸ AM (*indicating agreement*) in der Tat

realm [relm] *n* ❶ (*dated liter: kingdom*) [König]reich *nt;* **in the coin of the ~** in der Landeswährung; **in defence of the ~** (*form*) in Verteidigung des Landes; **Defence of the R~ Act** BRIT Ermächtigungsgesetz *nt* zur Verteidigung des Königreiches; **peer of the ~** Peer *m,* Mitglied *nt* des britischen Oberhauses ❷ (*sphere of interest*) Bereich *m;* **to** [**not**] **be within the ~**[**s**] **of possibility** [nicht] im Bereich des Möglichen liegen

real 'num·ber *n* MATH reelle Zahl

re·al·po·li·tik [reɪˈɑːlpɒlɪˌtiːk, AM -poʊlɪ-] *n no pl, no art* Realpolitik *f*

real 'prop·er·ty *n no pl* BRIT Grundbesitz *m,* Immobilien *fpl*

real 'ten·nis *n no pl* BRIT *ursprüngliche Form des Tennis* **'real time I.** *n* Echtzeit *f* **II.** *n modifier* COMPUT ■ **real-time** Realzeit-, Echtzeit-; **~ application** Anwendung *f* im Echtzeitbetrieb; **~ control programme** Echtzeitsteuerprogramm *nt*

re·al·tor [ˈriːəltɚ] *n* AM Grundstücksmakler(in) *m(f),* Immobilienmakler(in) *m(f)*

re·al·ty [ˈrɪəlti, AM ˈriːəlti] *n no pl* Immobilien *fpl*

ream¹ [riːm] *n* ❶ (*500 sheets*) [altes] Ries *veraltet* ❷ (*fam*) ■ **~s** *pl* Bände *mpl*

ream² [riːm] *vt* ❶ (*widen*) **to ~ a bore/a hole** ein Bohrloch/ein Loch größer machen ❷ AM **to ~ fruit** Obst auspressen ❸ AM (*vulg sl*) ■ **to ~ sb** jdn in den Arsch ficken *vulg* ► PHRASES: **to ~ sb's <u>ass</u>** [*or* **<u>butt</u>**] AM (*vulg sl*) jdn zusammenscheißen *vulg*

◆ **ream out** *vt* AM (*fam*) ■ **to ~ out ○ sb** jdn zusammenstauchen [*o* rüffeln] *fam,* jdm den Kopf waschen *fam*

reamed [riːmd] *adj* (*fam!*) verarscht *derb*

ream·er [ˈriːməʳ, AM -ɚ] *n* Reibahle *f*

re·ani·mate [riˈænɪmeɪt] *vt* ❶ (*revive*) ■ **to ~ sb** jdn wiederbeleben ❷ (*give fresh activity to*) ■ **to ~ sth** [neuen] Schwung in etw *akk* bringen, etw [neu] beleben; ■ **to ~ sb** jdm neuen Schwung [*o* Elan] geben

re·ani·ma·tion [ˌriːænɪˈmeɪʃᵊn] *n no pl* Reanimation *f fachspr,* Wiederbelebung *f;* (*fig*) *of an artist, actor, singer* Come-back *nt*

reap [riːp] *vt* ❶ (*gather*) **to ~ the crops** ernten; **to ~ a field** ein Feld abernten ❷ (*fig: receive*) ■ **to ~ sth** etw ernten *fig;* **only years later he ~ed the rewards of his earlier investments** erst Jahre später machten sich seine früheren Investitionen für ihn bezahlt; **to ~ the benefits** [*or* **rewards**] [**of sth**] [für etw *akk*] entlohnt werden; **to ~ profits** Gewinne realisieren ► PHRASES: **to ~ the <u>fruits</u> of one's labours** die Früchte seiner Arbeit ernten; **to ~ the bitter <u>harvest</u>** [*or* **<u>fruits</u>**] [**of sth**] den Preis [für etw *akk*] bezahlen müssen *fig,* [für etw *akk*] büßen müssen; **to ~ a rich <u>harvest</u> from sth** reichlich von etw *dat* profitieren; **he who sows the wind shall ~ the <u>whirlwind</u>** (*prov*) wer Wind sät, wird Sturm ernten *prov;* **to ~ what one has <u>sown</u>** ernten, was man gesät hat

reap·er [ˈriːpəʳ, AM -ɚ] *n* ❶ (*dated: person*) Mäher(in) *m(f) veraltet,* Schnitter(in) *m(f) veraltet liter* ❷ (*dated: machine*) Mähmaschine *f* ► PHRASES: **the <u>Grim</u> R~** der Sensenmann *euph*

reap·er-'bind·er *n* AGR (*dated*) Mähbinder *m*

reap·ing hook *n* AGR (*dated*) Sichel *f*

re·ap·pear [ˌriːəˈpɪəʳ, AM -ˈpɪr] *vi* wieder auftauchen; *moon, sun* wieder zum Vorschein kommen

re·ap·pear·ance [ˌriːəˈpɪərᵊn(t)s, AM -ˈpɪr-] *n* Wiederauftauchen *nt kein pl,* erneutes Erscheinen

re·ap·ply <-ie-> [ˌriːəˈplaɪ] **I.** *vi* ■**to ~ for sth** sich *akk* nochmals um etw *akk* bewerben **II.** *vt* ❶ *(apply differently)* **to ~ a principle/rule** ein Prinzip/eine Regel anders anwenden ❷ *(spread again)* ■**to ~ sth** etw erneut auftragen

re·ap·point [ˌriːəˈpɔɪnt] *vt* ■**to ~ sb** jdn wieder einstellen

re·ap·prais·al [ˌriːəˈpreɪzᵊl] *n* ❶ *(new assessment)* Neubewertung *f,* Neubeurteilung *f* ❷ FIN Neuschätzung *f*

re·ap·praise [ˌriːəˈpreɪz] *vt* ❶ *(assess again)* ■**to ~ sb/sth** jdn/etw neu bewerten; **to ~ a situation** eine Situation neu beurteilen ❷ FIN ■**to ~ sth** den Wert einer S. *gen* neu schätzen

rear[1] [rɪəʳ, AM rɪr] **I.** *n* ❶ *(back)* ■**the ~** der hintere Teil; **we went to the ~ of the house** wir gingen hinter das Haus ❷ MIL Nachhut *f* ❸ ANAT *(fam: buttocks)* Hintern *m fam;* **a kick in the ~** ein Tritt *m* in den Hintern; **to be a pain in the ~** einem [fürchterlich] auf den Wecker gehen *fam* ▸ PHRASES: **to bring up the ~ [of sth]** die Nachhut [einer S. *gen*] bilden **II.** *adj attr, inv* ❶ *(backward)* hintere(r, s), Hinter-; **~ entrance** Hintereingang *m;* **~ legs** *of an animal* Hinterbeine *ntpl* ❷ AUTO Heck-; **~ axle/wheel** Hinterachse *f*/-rad *nt;* **~ seat** Rücksitz *m;* **~ window** Heckscheibe *f*

rear[2] [rɪəʳ, AM rɪr] **I.** *vt* ❶ *usu passive (bring up)* **to ~ an animal** ein Tier aufziehen; **to ~ a child** ein Kind großziehen [*o* aufziehen] ❷ *(breed)* **to ~ livestock** Vieh züchten; **to hand-~ an animal** ein Tier aufziehen ❸ *(cultivate)* **to ~ crops/plants** Getreide/Pflanzen anbauen ❹ *(raise)* **to ~ one's head** den Kopf heben ❺ *(form: erect)* **to ~ a structure** ein Gebäude errichten ▸ PHRASES: **to ~ its [ugly] head** *(pej)* seine [hässliche] Fratze zeigen *pej* **II.** *vi* ❶ *(rise up on hind legs) horse, pony* sich *akk* aufbäumen ❷ *(rise high)* ■**to ~ above [*or* over] sth** *building, mountain* sich *akk* über etw *akk* erheben, etw überragen

◆**rear up** *vi* ❶ *(rise up on hind legs) horse* sich *akk* aufbäumen; *four-legged animal* sich *akk* aufrichten ❷ *(rise high) building, mountain* sich *akk* erheben ❸ *(exhibit anger)* sich *akk* auf die Hinterbeine stellen

rear ˈad·mi·ral *n* MIL Konteradmiral(in) *m(f)* **rear ˈeche·lon** *n* MIL rückwärtiger Stab **rear ˈend** *n* ❶ *(back end)* hinteres Ende ❷ *(euph fam: buttocks)* Hinterteil *nt fam;* **to work one's ~ off** *(sl)* sich *akk* abrackern *fam* **ˈrear-end** *vt (fam)* ■**to ~ sb** jds Wagen von hinten rammen; **to ~ a vehicle** auf das Heck eines Wagens auffahren **rear-ˈen·gined** *adj* mit Heckantrieb *nach n;* ■**to be ~** Heckantrieb haben

rear·guard [ˈrɪəgɑːd, AM ˈrɪrgɑːrd] *n no pl* MIL Nachhut *f*

rear·guard ˈac·tion *n* MIL Nachhutgefecht *nt;* **to fight a ~** *(fig)* versuchen zu retten, was zu retten ist

rear ˈlamp *n,* **rear ˈlight** *n esp* BRIT Rücklicht *nt*

re·arm [ˌriːˈɑːm, AM -ˈɑːrm] **I.** *vt* ■**to ~ sb** jdn wieder aufrüsten **II.** *vi* sich *akk* wieder bewaffnen

re·arma·ment [riˈɑːməmənt, AM -ˈɑːr-] *n no pl* Wiederbewaffnung *f; of a country* Wiederaufrüstung *f*

rear·most [ˈrɪəməʊst, AM ˈrɪrmoʊst] *adj attr, inv* ■**the ~ ...** der/die/das hinterste ...

re·ar·range [ˌriːəˈreɪndʒ] *vt* ■**to ~ sth** ❶ *(arrange differently)* etw umstellen [*o* umräumen]; **he ~d his limbs into a more comfortable position** er nahm eine bequemere Position ein ❷ *(change)* ■**to ~ sth [for sth]** etw [zeitlich] [auf etw *akk*] verlegen; **to ~ the order of sth** die Reihenfolge von etw *dat* ändern

re·ar·range·ment [ˌriːəˈreɪndʒmənt] *n* Umstellen *nt kein pl;* **~s of a molecule's structure** Veränderungen *fpl* an der Struktur eines Moleküls

rear-view ˈmir·ror *n* AUTO Rückspiegel *m*

rear·ward [ˈrɪəwəd, AM ˈrɪrwɚd] **I.** *adj* hintere(r, s), rückwärtige(r, s) **II.** *adv* nach hinten **III.** *n (liter)* Rückseite *f;* ■**to [*or* in] [*or* at] [*or* on] the ~ of sb/sth** hinter jdm/etw

rear-wheel ˈdrive *n* AUTO Hinterradantrieb *m*

rea·son [ˈriːzᵊn] **I.** *n* ❶ *(cause)* Grund *m* (**for** für +*akk*); **the ~ [that] I'm asking is that ...** der Grund, warum ich frage, ist, dass ...; **for ~s best known to herself, she's decided to ...** aus Gründen, die nur sie allein kennt, hat sie beschlossen, ...; **the ~ why ...** der Grund, warum ...; **for ~s of health** aus gesundheitlichen Gründen; **not guilty by ~ of insanity** LAW nicht schuldig wegen Unzurechnungsfähigkeit; **to have every/good/no ~ to do sth** allen/guten/keinen Grund haben, etw zu tun; **give me one good ~ why ...** nenne mir einen guten Grund, warum ...; **for no particular ~** aus keinem besonderen Grund; **for personal ~s** aus persönlichen Gründen; **for some ~** aus irgendeinem Grund ❷ *no pl (good cause)* Grund *m;* **to do sth with ~** etw aus gutem Grund tun; **she was furious, and with ~** sie war wütend, und das aus gutem Grund ❸ *(premise)* Voraussetzung *f* ❹ *no pl (power to think)* Denkvermögen *nt;* **the power of ~** logisches Denkvermögen ❺ *(common sense)* Vernunft *f;* **you can choose your own gift, within ~** wenn es im Rahmen bleibt, kannst du dir dein Geschenk selbst aussuchen; **the Age of R~** das Zeitalter der Vernunft; **to reach the age of ~** vernünftig werden; **to be [*or* go] beyond all ~** vollkommen unsinnig sein; **to see [*or* listen to] ~** auf die Stimme der Vernunft hören; **they tried to persuade him, but he wouldn't listen to ~** sie versuchten, ihn zu überreden, aber er ließ sich einfach nichts sagen; **it stands to ~ that ...** es ist logisch, dass ... ❻ *(sanity)* Verstand *m;* **to lose one's ~** den Verstand verlieren ▸ PHRASES: **for ~s of state** aus Gründen der Staatsräson; **by ~ of sth** aufgrund [*o* wegen] einer S. *gen* **II.** *vi* ❶ *(form judgments)* ■**to ~ from sth** von etw *dat* ausgehen; **~ing from past experience, she was convinced that ...** aufgrund ihrer [früheren] Erfahrung war sie davon überzeugt, dass ... ❷ *(persuade)* ■**to ~ with sb** vernünftig mit jdm reden; **the police ~ed with the hijackers to at least let the children go** die Polizei versuchte, die Kidnapper zu überreden, wenigstens die Kinder freizulassen; ■**to ~ with sb that ...** jdm klarmachen, dass ... **III.** *vt* ❶ *(use logic)* ■**to ~ that ...** schlussfolgern, dass ... ❷ *(persuade)* ■**to ~ sb into [doing] sth** jdn zu etw *dat* überreden; ■**to ~ sb out of [doing] sth** jdm etw ausreden

◆**reason out** *vt* ■**to ~ out** ↻ **sth** etw folgern

rea·son·able [ˈriːzᵊnəbl] *adj* ❶ *(sensible) person, answer* vernünftig; **her story is ~** ihre Geschichte klingt ganz vernünftig ❷ *(understanding) person* einsichtig, verständig; **be ~!** sei [doch] vernünftig! ❸ *(justified)* angebracht; **it's only ~ that we allow you this** es ist nur recht und billig, dass wir Ihnen dies gestatten; **beyond [a] ~ doubt** ohne [jeden] berechtigten Zweifel ❹ *(decent)* relativ gut, [ganz] passabel; **the meal was ~** das Essen war in Ordnung; **~ chance** reelle Chance; **~ compromise** akzeptabler [*o* vernünftiger] Kompromiss; **~ offer** akzeptables Angebot ❺ *(inexpensive)* annehmbar; **~ prices** reelle [*o fam* zivile] Preise

rea·son·able·ness [ˈriːzᵊnəb|nəs] *n no pl* ❶ *(quality of being sensible)* Vernünftigkeit *f* ❷ *(quality of being moderate)* Angemessenheit *f,* Vertretbarkeit *f*

rea·son·ably [ˈriːzᵊnəbli] *adv* ❶ *(in a sensible manner)* vernünftig ❷ *(justifiably)* **to ~ believe** vernünftigerweise glauben ❸ *(fairly)* ziemlich, ganz; **~ good** ziemlich gut, ganz passabel *fam;* **to be ~ lucky** einigermaßen Glück haben ❹ *(inexpensively)* **~ priced** preiswert, günstig

rea·soned [ˈriːzᵊnd] *adj* **well/poorly ~** gut/schlecht durchdacht

rea·son·ing [ˈriːzᵊnɪŋ] **I.** *n no pl* logisches Denken, Logik *f;* **to follow sb's ~** jds Gedankengang [*o* Argumentation] folgen; **the ~ behind sth** die Logik hinter etw *dat* **II.** *n modifier* **~ ability [*or* power]** logisches Denkvermögen

re·as·sem·ble [ˌriːəˈsembl] **I.** *vi* sich *akk* wieder versammeln, wieder zusammentreten **II.** *vt* ■**to ~ sth** etw wieder zusammenbauen

re·as·sem·bly [ˌriːəˈsembli] *n no pl* nochmaliger Zusammenbau, nochmalige Montage

rebuking somebody

rebuking somebody	jemanden zurechtweisen
Don't you dare!	Untersteh dich!
How dare you!	Was erlaubst du dir!
Oh, how could you!	Wie konnten Sie nur!
What do you think you're doing!	Was fällt dir ein!
I will not be spoken to in that tone of voice!	Ich verbitte mir diesen Ton!
I don't like your attitude.	Mir missfällt Ihre Art.
I don't have to put up with that from you!	Das brauche ich mir von dir nicht bieten zu lassen!
Your behaviour leaves a lot to be desired.	Dein Benehmen lässt einiges zu wünschen übrig.

re·as·sess [ˌriːəˈses] *vt* ■**to ~ sth** etw neu bewerten [*o* beurteilen]; FIN etw neu schätzen

re·as·sess·ment [ˌriːəˈsesmənt] *n* Neubewertung *f*, Neubeurteilung *f*

re·as·sign [ˌriːəˈsaɪn] *vt* ① (*reappoint*) **to ~ sb to a different post** jdn versetzen, jdm eine andere Stelle zuteilen; **to ~ sb to a different task** jdm eine andere Aufgabe zuweisen ② (*distribute differently*) **to ~ resources/work** Ressourcen/Arbeit neu verteilen

re·as·sign·ment [ˌriːəˈsaɪnmənt] *n* ① (*reappointment*) Versetzung *f* ② (*redistribution*) Neuverteilung *f*

re·as·sur·ance [ˌriːəˈʃʊərən(t)s, AM -ˈʃʊr-] *n* ① *no pl* (*action*) Bestärkung *f*; **I was in desperate need of some ~** ich brauchte dringend etwas, das mir den Rücken stärkte ② (*statement*) Versicherung *f*, Beteuerung *f*; **despite her father's ~s she was still frightened of the dark** obwohl ihr Vater ihr beruhigend zuredete, hatte sie immer noch Angst im Dunkeln

re·as·sure [ˌriːəˈʃʊəʳ, AM -ˈʃʊr] *vt* ■**to ~ sb** jdn [wieder] beruhigen; **he ~d me that my cheque would arrive soon** er versicherte mir, dass mein Scheck bald eintreffen würde; **I was nervous on my first day at college, but I was ~d to see some friendly faces** an meinem ersten Tag im College war ich nervös, aber es machte mir Mut, einige freundliche Gesichter zu sehen

re·as·sur·ing [ˌriːəˈʃʊərɪŋ, AM -ˈʃʊr-] *adj* beruhigend

re·as·sur·ing·ly [ˌriːəˈʃʊərɪŋli, AM -ˈʃʊr-] *adv* beruhigend

re·bate [ˈriːbeɪt] *n* ① (*refund*) Rückzahlung *f*, Rückvergütung *f*; **tax ~** Steuerrückzahlung *f* ② (*discount*) [Preis]nachlass *m*

re·bel I. *n* [ˈrebəl] ① (*against government*) Rebell(in) *m(f)*, Aufständische(r) *f(m)* ② (*against authority*) Rebell(in) *m(f)* **II.** *n* [ˈrebəl] *modifier* ① *army, guerrillas, forces* aufständisch, rebellierend ② *person* rebellisch **III.** *vi* <-ll-> [rɪˈbel] ① (*oppose*) ■**to ~ [against sb/sth]** [gegen jdn/etw] rebellieren, sich *akk* [gegen jdn/etw] erheben ② (*show repugnance*) rebellieren; **his conscience ~led at the thought of keeping the stolen money** sein Gewissen plagte ihn bei dem Gedanken, das gestohlene Geld zu behalten

re·bel·lion [rɪˈbeliən, AM -jən] *n* ① *no pl* (*resistance to government*) Rebellion *f*; (*resistance to authority*) Rebellion *f fig*, heftiger Widerstand; **open ~** offene Rebellion; ■**to be in ~ [against sth]** [gegen etw *akk*] rebellieren, sich *akk* [gegen etw *akk*] auflehnen ② (*instance of this*) [Rebellen]aufstand *m*

re·bel·lious [rɪˈbeliəs, AM -jəs] *adj* ① (*insubordinate*) *child* aufsässig, widerspenstig ② POL rebellierend, aufständisch ③ (*unmanageable*) *hair* widerspenstig

re·bel·lious·ly [rɪˈbeliəsli, AM -jəs-] *adv* rebellisch

re·bel·lious·ness [rɪˈbeliəsnəs, AM -jəs-] *n no pl* Aufsässigkeit *f*, Widerspenstigkeit *f*

re·bel 'yell *n* AM (*hist*) [*Kampf*]*schrei konföderierter Soldaten im Amerikanischen Bürgerkrieg*

re·birth [ˌriːˈbɜːθ, AM -ˈbɜːrθ] *n no pl* ① (*reincarnation*) Wiedergeburt *f*, Reinkarnation *f*; **to experience ~** wiedergeboren werden ② (*enlightenment*) Wiedergeburt *f fig* ③ (*revival*) Wiederaufleben *nt*, Renaissance *f geh*

re·boot [ˌriːˈbuːt] COMPUT **I.** *vt* **to ~ a computer system** einen Computer neu starten **II.** *vi* rebooten *fachspr*, erneut booten [*o* starten] **III.** *n* Rebooten *nt kein pl fachspr*, Warmstart *m*

re·born [ˌriːˈbɔːn, AM -ˈbɔːrn] *adj* ① (*rejuvenated*) **to feel ~** sich *akk* wie neu geboren fühlen ② REL wiedergeboren

re·bound I. *vi* [rɪˈbaʊnd, AM ˈriːbaʊnd] ① (*bounce back*) abprallen, zurückprallen; ■**to ~ off sth** von etw *dat* abprallen ② (*recover in value*) *stocks* wieder stark an Wert gewinnen [*o* nach oben schnellen] ③ (*have negative effect*) ■**to ~ on** [*or* **upon**] **sb** auf jdn zurückfallen, sich *akk* negativ für jdn auswirken **II.** *n* [ˈriːbaʊnd] ① *no pl* (*ricochet*) Abprallen *nt*, Zurückprallen *nt* ② (*in basketball*) Rebound *m* ③ (*increase*) *of profits* Anstiegen *nt* ▸ PHRASES: **on the ~** (*after bouncing*) als Abpraller; (*in basketball*) als Rebound; (*from relationship*) unter einer gescheiterten Beziehung leidend

re·buff [rɪˈbʌf] **I.** *vt* ■**to ~ sb/sth** jdn/etw [schroff] zurückweisen [*o* abweisen], jdn/etw abblitzen lassen *fam* **II.** *n* Zurückweisung *f*; **to meet with** [*or* **suffer**] **a ~** zurückgewiesen werden, sich *dat* eine Abfuhr holen *fam*

re·build <rebuilt, rebuilt> [ˌriːˈbɪld] *vt* ■**to ~ sth** ① (*build again*) etw wieder aufbauen; **to ~ one's life** (*fig*) sein Leben ändern [*o* neu ordnen] ② TECH etw umbauen; **to ~ an engine** einen Motor [vollständig] überholen ③ (*restructure*) etw umstrukturieren [*o* neu organisieren]

re·buke [rɪˈbjuːk] **I.** *vt* ■**to ~ sb [for sth]** jdn [für etw *akk*] rügen [*o* zurechtweisen] **II.** *n* ① (*reproof*) Zurechtweisung *f*; **to receive a stern ~** streng zurechtgewiesen werden ② *no pl, no art* (*censure*) Verweis *m*, Tadel *m*

re·but <-tt-> [rɪˈbʌt] *vt* ■**to ~ sth** etw widerlegen

re·but·tal [rɪˈbʌtəl, AM -t̬-] *n* Widerlegung *f*; **to issue a ~** einen Gegenbeweis anführen

rec [rek] *n modifier short for* **recreation** Freizeit-; **~ sports** Freizeitsport *m kein pl*

re·cal·ci·trance [rɪˈkælsɪtrən(t)s] *n no pl* Aufsässigkeit *f*

re·cal·ci·trant [rɪˈkælsɪtrənt] **I.** *adj* ① (*defiant*) aufmüpfig, unbequem; *child* aufsässig ② (*not responsive*) widerspenstig, hartnäckig ③ (*resisting restraint*) *animal* störrisch **II.** *n* Widerspenstige(r) *f(m)*

re·call I. *vt* [rɪˈkɔːl] ① (*remember*) ■**to ~ sth** sich *akk* an etw *akk* erinnern; ■**to ~ how/that/what/when ...** sich *akk* [daran] erinnern, wie/dass/was/wann ...; ■**to ~ doing sth** sich *akk* [daran] erinnern, etw getan zu haben; **to distinctly/faintly/vividly ~ sth** sich *akk* genau/nur schwach/lebhaft an etw *akk* erinnern ② (*call back to mind*) ■**to ~ sth** an etw *akk* erinnern; **his paintings ~ the style of Picasso** seine Gemälde erinnern an den Stil Picassos ③ COMPUT **to ~ data**

Daten abrufen ❹ (*order to return*) ■to ~ **sb** jdn zurückrufen [*o* zurückbeordern]; **to ~ an ambassador** einen Botschafter abberufen; **to ~ sb to the present** (*fig*) jdn in die Gegenwart zurückholen ❺ SPORTS **to ~ a player** einen Spieler [in die Mannschaft] zurückholen ❻ (*request to return*) **to ~ a product** ein Produkt zurückrufen ❼ (*revoke*) ■**to ~ sth** etw zurücknehmen; **to ~ an action/a decision** eine Handlung/eine Entscheidung rückgängig machen; **to ~ a bid** ein Gebot zurückziehen **II.** *n* [rɪˈkɔːl, AM ˈriːkɔːl] ❶ (*instance of recalling*) Zurückrufung *f* ❷ AM (*dismissal*) *of an elected official* Abberufung *f*, Absetzung *f* ❸ ECON *of a product* Rückruf *m* ❹ *no pl* (*ability to remember*) **powers of ~** Erinnerungsvermögen *nt*; **to have total ~** ein absolutes Erinnerungsvermögen besitzen ▸ PHRASES: **to be lost beyond ~** für immer verloren sein

re·cant [rɪˈkænt] **I.** *vi* widerrufen **II.** *vt* ■**to ~ sth** etw widerrufen; **to ~ one's belief/faith** seiner Überzeugung/seinem Glauben abschwören

re·can·ta·tion [ˌriːkænˈteɪʃᵊn] *n* Widerruf *m*

re·cap[1] [ˈriːkæp] **I.** *vt* <-pp-> *short for* **recapitulate**: ■**to ~ sth** etw [kurz] zusammenfassen [*o geh* rekapitulieren] **II.** *vi* <-pp-> *short for* **recapitulate** [kurz] zusammenfassen, rekapitulieren *geh* **III.** *n short for* **recapitulation** [kurze] Zusammenfassung, Rekapitulation *f geh*

re·cap[2] [ˈriːkæp] *vt* AM AUTO **to ~ tyres** Reifen runderneuern

re·ca·pitu·late [ˌriːkəˈpɪtjəleɪt, AM -ˈpɪtʃə-] **I.** *vt* ■**to ~ sth** etw [kurz] zusammenfassen **II.** *vi* [kurz] zusammenfassen, rekapitulieren *geh*

re·ca·pitu·la·tion [ˌriːkəˌpɪtjəˈleɪʃᵊn, AM -ˌpɪtʃəˈ-] *n* ❶ (*summary*) [kurze] Zusammenfassung, Rekapitulation *f geh* ❷ MUS, THEAT, FILM Reprise *f*

re·cap·ture [ˌriːˈkæptʃəʳ, AM -tʃɚ] **I.** *vt* ❶ (*capture again*) **to ~ an animal** ein Tier wieder einfangen; **to ~ an escapee** einen Flüchtigen wieder ergreifen; **to ~ a town** MIL eine Stadt zurückerobern [*o* wiedererobern] ❷ (*fig: re-experience*) ■**to ~ sth** etw noch einmal erleben; (*recreate*) etw wieder lebendig werden [*o* neu aufleben] lassen; **to ~ an emotion** ein Gefühl wieder aufleben lassen; **to ~ the past/one's youth** die Vergangenheit/seine Jugendjahre heraufbeschwören; **to ~ a style** einen Stil wiederbeleben **II.** *n* MIL Rückeroberung *f*, Wiedereroberung *f*, Wiedereinnahme *f*

re·cast <recast, recast> [ˌriːˈkɑːst, AM -ˈkæst] *vt* ❶ (*change form*) **to ~ a metal object** einen Metallgegenstand in eine andere Form gießen ❷ (*arrange differently*) ■**to ~ sth** etw neu arrangieren; (*rewrite*) *play, novel* etw umschreiben ❸ THEAT, FILM (*cast again*) **to ~ a film/a play** die Rollen in einem Film/einem Stück neu besetzen; **to ~ a role** eine Rolle neu besetzen [*o* umbesetzen]

rec·ce [ˈreki] **I.** *n esp* BRIT MIL (*fam*) *short for* **reconnaissance** Auskundschaftung *f kein pl*; **to be on ~** auf Spähpatrouille sein; (*by plane*) auf einem Aufklärungsflug sein; **to do a ~** (*fig*) die Lage peilen *sl* **II.** *vt esp* BRIT MIL (*fam*) *short for* **reconnoitre**: ■**to ~ sth** etw auskundschaften [*o* erkunden] **III.** *vi short for* **reconnoitre** das Terrain sondieren *a. fig*, sich *akk* umsehen

re·cede [rɪˈsiːd] *vi* ❶ (*move farther away*) *sea, tide* zurückgehen; *fog* sich *akk* auflösen ❷ (*appear farther off*) **to ~ into the distance** in der Ferne verschwinden ❸ (*fig: diminish*) weniger werden; *memories* verblassen; *prices, hopes* sinken ❹ (*stop growing*) *hair* aufhören zu wachsen; (*go bald*) kahl[köpfig] werden, eine Glatze bekommen

re·ced·ing ˈchin *n* fliehendes Kinn **re·ced·ing ˈhair·line** *n* einsetzende Stirnglatze

re·ceipt [rɪˈsiːt] **I.** *n* ❶ *no pl* (*act of receiving*) Eingang *m*, Erhalt *m*; **to acknowledge ~** den Erhalt bestätigen; **on ~** bei Erhalt [*o* Empfang]; **goods will be delivered on ~ of payment** die Warensendung erfolgt nach Zahlungseingang; **payable on ~** zahlbar bei Erhalt; **to be in ~ of sth** (*form*) im Besitz einer S. *gen* sein; **to be in ~ of a letter** einen Brief erhalten haben; **to be in ~ of stolen goods** LAW im Besitz von Diebesgut sein ❷ (*statement acknowledging payment*) Quittung *f*; (*statement acknowledging acquisition*) Empfangsbestätigung *f* ❸ (*money*) ■**~s** *pl* Einnahmen *fpl* ❹ AM, DIAL (*dated: recipe*) Rezept *nt* **II.** *vt* **to ~ a bill** eine Rechnung quittieren, den Erhalt einer Rechnung bestätigen

re·ˈceipt book *n* Quittungsbuch *nt* **re·ˈceipt stamp** *n* (*on letter*) Eingangsstempel *m*; (*on receipt*) Quittungsstempel *m*

re·ceiv·able [rɪˈsiːvəbl] **I.** *adj pred, inv* ausstehend; **accounts ~** Außenstände *pl* **II.** *n* FIN ■**~s** *pl* Außenstände *pl*, ausstehende Zahlungen

re·ceive [rɪˈsiːv] **I.** *vt* ❶ (*get*) ■**to ~ sth** etw erhalten [*o* bekommen]; **he ~d his education at Eton and Oxford** er wurde in Eton und Oxford ausgebildet; **they ~d a visit from the police** die Polizei stattete ihnen einen Besuch ab; **to ~ asylum/citizenship/a loan from sb** Asyl/die Staatsbürgerschaft/einen Kredit von jdm [gewährt] bekommen; **to ~ a clean bill of health** eine gute Gesundheit attestiert bekommen; **to ~ credit for sth** für etw *akk* Anerkennung erhalten; **to ~ custody of one's children** das Sorgerecht für seine Kinder zugesprochen bekommen; **to ~ Communion** die heilige Kommunion empfangen; **to ~ the last rites** die Letzte Ölung bekommen; **to ~ a pay increase** mehr Gehalt bekommen; **to ~ a pension/a salary** Rente/[ein] Gehalt beziehen; **to ~ a rebuke/a tongue-lashing** eine Abfuhr/eine Abreibung bekommen *fam*; **to ~ a scolding** ausgeschimpft werden; **to ~ a standing ovation** stehende Ovationen erhalten; **to ~ recognition** Anerkennung finden; **to ~ treatment** behandelt werden; **to ~ a hearty** [*or* **warm**] **welcome** herzlich empfangen werden ❷ (*be awarded*) ■**to ~ sth** etw erhalten [*o* [verliehen] bekommen]; **to ~ a degree** einen akademischen Grad erhalten; **to ~ a knighthood** in den Adelsstand erhoben werden; **to ~ a prize** [*or* **a reward**] einen Preis [verliehen] bekommen, mit einem Preis ausgezeichnet werden ❸ (*get in writing*) ■**to ~ sth** etw erhalten; (*take delivery of*) etw annehmen [*o* entgegennehmen]; **to ~ authorization** die Genehmigung erhalten; **to ~ clearance for sth** die Freigabe für etw *akk* bekommen; **to ~ official notification of sth** offiziell über etw *akk* informiert werden; **to ~ one's orders** seine Befehle erhalten; **to ~ an ultimatum** ein Ultimatum gestellt bekommen ❹ *esp* BRIT LAW **to ~ stolen goods** Hehlerei mit Diebesgut betreiben; **to be convicted of receiving stolen property** der Hehlerei überführt werden ❺ RADIO, TV ■**to ~ sth** etw empfangen; **to ~ sb loud and clear** jdn laut und deutlich hören ❻ (*form*) **to ~ an idea** eine Idee formulieren; **to ~ an impression** einen Eindruck gewinnen ❼ (*consent to hear*) ■**to ~ sb/sth** jdn/etw anhören; REL jdn/etw erhören; **to ~ sb's confession/an oath** jdm die Beichte/einen Eid abnehmen; **to ~ a petition** ein Gesuch entgegennehmen ❽ (*be receptacle for*) etw auffangen; **to ~ blood** das Blut auffangen ❾ (*suffer*) ■**to ~ sth** *blow, shock* etw erleiden ❿ (*react to*) ■**to ~ sth** etw aufnehmen; **his speech was well ~d** seine Rede wurde positiv aufgenommen; **her suggestions were coldly ~** ihre Vorschläge trafen auf Ablehnung ⓫ (*welcome*) ■**to ~ sb** jdn begrüßen; **the returning soldiers were ~d as heroes** die zurückkehrenden Soldaten wurden als Helden gefeiert [*o* empfangen] ⓬ (*admit to membership*) **to ~ sb into an organization** jdn in eine Organisation aufnehmen ⓭ (*form: provide space for*) ■**to ~ sb** jdn unterbringen [*o* aufnehmen]; ■**to ~ sth** etw unterbringen; **to ~ stock** das Vieh unterbringen ▸ PHRASES: **to ~ [no] quarter** [nicht] verschont werden **II.** *vi* (*in tennis*) den Ball bekommen ▸ PHRASES: **it is more blessed to give than to ~** (*prov*) geben ist seliger denn nehmen *prov*

re·ceived [rɪˈsiːvd] *adj attr, inv* allgemein akzeptiert; **~ opinion** landläufige Meinung

re·ceived pro·nun·ci'a·tion *n no pl* BRIT LING, **re·ceived ˈstand·ard** *n no pl* BRIT LING Britische Standardaussprache

i Kultur

Received Pronunciation (**RP**) ist ein Begriff, der von Phonetikern wie Daniel Jones benutzt wurde, um die in der phonetischen Umschrift verwendete „Norm" als Richtlinie für Englischlerner zu beschreiben. In den 30er Jahren wurde **RP** als der überregionale Akzent der Bildungsschicht in Südengland angesehen, genauer gesagt, der in den *public schools* und Universitäten verwendete Akzent. Die Aussprache der Vokale hat sich seit den 30er Jahren verändert und das **Estuary English** hat immer mehr die Sprache der privilegierten Klassen durchdrungen und das alte **RP** verdrängt.

re·ceiv·er [rɪˈsiːvəʳ, AM -ɚ] *n* ❶ (*telephone component*) Hörer *m* ❷ RADIO, TV Receiver *m*, Empfänger *m* ❸ (*person*) Empfänger(in) *m(f)* ❹ *esp* BRIT, AUS *of stolen goods* Hehler(in) *m(f)* ❺ (*in bankruptcy cases*) **the official ~** der [gerichtlich bestellte] Konkursverwalter/die [gerichtlich bestellte] Konkursverwalterin; **to be put in the hands of the ~** liquidiert werden

re·ceiv·er·ship [rɪˈsiːvəʃɪp] *n no pl* Konkursverwaltung *f;* **to be in ~** unter Konkursverwaltung stehen; **to go into ~** in Konkurs gehen, Konkurs machen

re·ˈceiv·ing blan·ket *n* AM (*dated*) Babydecke *f* **re·ˈceiv·ing end** *n no pl* **to be on** [*or* **at**] **the ~ of sth** derjenige sein, der bei etw *dat* am Ende die Prügel einsteckt *fig* **re·ˈceiv·ing line** *n* Empfangsreihe *f* (*zur offiziellen Begrüßung*) **re·ˈceiv·ing or·der** *n* BRIT Konkurseröffnungsbeschluss *m* **re·ˈceiv·ing set** *n* RADIO (*dated*) Empfangsgerät *nt*

re·cent [ˈriːsᵊnt] *adj* kürzlich; **~ developments** die neuesten [*o* jüngsten] Entwicklungen; **~ events** die jüngsten Ereignisse; **in/from the ~ past** in/aus der jüngsten Vergangenheit; **in ~ times** in der letzten Zeit; **~ trends** die neuesten Trends

re·cent·ly [ˈriːsᵊntli] *adv* kürzlich, vor kurzem, neulich; **have you seen any good films ~?** hast du in letzter Zeit irgendwelche guten Filme gesehen?

re·cep·ta·cle [rɪˈseptəkl̩] *n* [Sammel]behälter *m*

re·cep·tion [rɪˈsepʃᵊn] *n* ❶ *no pl* (*receiving*) Aufnehmen *nt* ❷ (*response*) Aufnahme *f;* **his speech received an enthusiastic/a frosty ~** seine Rede wurde begeistert/sehr zurückhaltend aufgenommen; **chilly/cool/warm ~** eisiger/kühler/herzlicher Empfang ❸ *no pl* RADIO, TV Empfang *m* ❹ *no pl* (*receiving people*) Empfang *m*, Aufnahme *f* ❺ *no pl* (*formal welcoming*) offizieller Empfang ❻ (*social occasion*) Empfang *m;* **to give a ~** einen Empfang geben; **wedding ~** Hochzeitsempfang *m* ❼ *no pl, no art* (*area for greeting guests*) Rezeption *f*, Empfang *m;* **at** [*or* **in**] **~** am Empfang, an der Rezeption ❽ BRIT SCH *see* **reception class**

re·ˈcep·tion area *n* TOURIST Rezeption *f*, Empfang *m* **re·ˈcep·tion cen·tre** *n* BRIT Aufnahmelager *nt*, Sammellager *nt* **re·ˈcep·tion class** *n* BRIT SCH erste Klasse; **to be in the ~** in die erste Klasse gehen **re·ˈcep·tion desk** *n* TOURIST Rezeption *f*, Empfang *m* **re·ˈcep·tion hall** *n* Empfangshalle *f*

re·cep·tion·ist [rɪˈsepʃᵊnɪst] *n* (*in hotels*) Empfangschef *m;* (*female*) Empfangsdame *f;* (*with offices*) Vorzimmerdame *f*, Empfangssekretärin *f;* (*in hospitals*) Herr *m*/Dame *f* an der Anmeldung

re·ˈcep·tion or·der *n* BRIT Einweisungsbescheid *m* (*in eine psychiatrische Klinik*) **re·ˈcep·tion room** *n* ❶ (*in hotel*) Aufenthaltsraum *m;* (*room for receiving visitors*) Empfangshalle *m* ❷ BRIT (*form: in private home*) Wohnzimmer *nt* **re·ˈcep·tion teach·er** *n* BRIT SCH Grundschullehrer(in) *m(f)*

re·cep·tive [rɪˈseptɪv] *adj* ■**to be ~ to sth** empfänglich [*o* offen] für etw *akk* sein

re·cep·tive·ness [rɪˈseptɪvnəs], **re·cep·tiv·ity** [ˌrɪsepˈtɪvəti, AM -t̬i] *n no pl* Empfänglichkeit *f*, Aufnahmebereitschaft *f*

re·cep·tor [rɪˈseptəʳ, AM -ɚ] *n* BIOL Rezeptor *m*

re·cess [ˈriːses, rɪˈses] **I.** *n* <*pl* -es> ❶ LAW, PARL, POL [Sitzungs]pause *f*, Parlamentsferien *pl;* **to go into ~** sich *akk* in die Sommerpause begeben; **to be in ~** in der Sommerpause sein; **to be recalled from ~** aus der Sommerpause zurückgerufen werden ❷ *esp* AM, AUS SCH Pause *f* ❸ ARCHIT Nische *f* ❹ (*fig: secret places*) ■**~es** *pl* Winkel *mpl fig;* **the deepest** [*or* **innermost**] **~es** die verborgensten Winkel **II.** *vt* ❶ ARCHIT **to ~ a fitment** eine Nische aussparen ❷ (*suspend*) **to ~ proceedings** die Verhandlung vertagen **III.** *vi esp* AM, AUS [eine] Pause machen; LAW, POL sich *akk* vertagen

re·cessed [rɪˈsest] *adj inv* eingelassen, eingebaut; **~ lights** versenkte Lichter

re·ces·sion [rɪˈseʃᵊn] *n* ECON Rezession *f*, Konjunkturrückgang *m;* **times of ~** Zeiten *fpl* der Rezession; **to be in ~** einen Konjunkturrückgang erleben, von einer Rezession betroffen sein

re·ces·sion·al [rɪˈseʃᵊnᵊl] **I.** *adj* ECON **~ times** Zeiten *fpl* der Rezession **II.** *n* MUS, REL Schlusschoral *m* **III.** *n modifier* Schluss-; **~ hymn** Schlusschoral *m*

re·ces·sive [rɪˈsesɪv] *adj* BIOL rezessiv

re·charge [ˌriːˈtʃɑːdʒ, AM -ˈtʃɑːrdʒ] **I.** *vt* **to ~ a battery** eine Batterie [neu] aufladen; **to ~ a gun** ein Gewehr nachladen; **to ~ one's batteries** (*fig*) neue Kräfte tanken **II.** *vi battery* sich *akk* [neu] aufladen; (*fig*) *person* neue Kräfte tanken

re·charge·able [ˌriːˈtʃɑːdʒəbl̩, AM -ˈtʃɑːrdʒ-] *adj inv* [wieder] aufladbar

re·charge·able ˈbat·tery *n* wieder aufladbare Batterie

re·cher·ché [rəˈʃeəʃeɪ, AM -ˈʃer-] *adj* (*form: exotic*) *menu, wine* ausgesucht, erlesen; (*obscure*) *topic, book* ausgefallen

re·chris·ten [ˌriːˈkrɪsᵊn] *vt* ■**to ~ sb/sth** jdn/etw umtaufen [*o* umbenennen]; **Hermione was ~ed Sally by her friends** Hermione wurde von ihren Freunden in Sally umbenannt; ■**to ~ sb** REL jdn noch einmal taufen

re·cidi·vism [rəˈsɪdɪvɪzᵊm, AM -ˈsɪdə-] *n no pl* Rückfälligkeit *f;* **rate of ~** Rückfallquote *f*

re·cidi·vist [rəˈsɪdɪvɪst, AM -ˈsɪdə-] **I.** *n* Rückfalltäter(in) *m(f)*, Wiederholungstäter(in) *m(f)* **II.** *adj inv* rückfällig

reci·pe [ˈresɪpi] *n* ❶ (*in cooking*) Rezept *nt* (**for** für +*akk*); **to follow a ~** etw nach Rezept zubereiten ❷ (*for producing sth*) **a ~ for growth/happiness/profit** ein Rezept für Wachstum/Fröhlichkeit/Gewinn; **a ~ for success** ein Erfolgsrezept *nt;* **lifting the arms embargo would be a ~ for bloodshed** mit dem Aufheben des Waffenembargos wäre ein Blutvergießen vorprogrammiert

ˈreci·pe book *n* Rezeptbuch *nt*, Kochbuch *nt*

re·cipi·ent [rəˈsɪpiənt] *n* Empfänger(in) *m(f);* **to be the ~ of sb's attentions** die Person sein, der jds Aufmerksamkeiten gelten; **~ of the Nobel Prize** Empfänger(in) *m(f)* des Nobelpreises; **~ of an organ transplant** Organempfänger(in) *m(f);* **welfare ~** Sozialhilfeempfänger(in) *m(f)*

re·cip·ro·cal [rəˈsɪprəkᵊl] **I.** *adj inv* ❶ (*mutual*) beidseitig; *favour, help* gegenseitig; **the feeling is ~** das Gefühl beruht auf Gegenseitigkeit ❷ (*reverse*) umgekehrt; **her natural generosity was matched by his ~ stinginess** ihre natürliche Großzügigkeit und seine entsprechende Knauserigkeit passten gut zusammen ❸ MATH, LING reziprok; **~ pronoun/verb** reziprokes Pronomen/Verb **II.** *n* MATH reziproker Wert *fachspr*, Kehrwert *m*

re·cip·ro·cal·ly [rəˈsɪprəkᵊli] *adv* gegenseitig, wechselseitig; LING reziprok

re·cip·ro·cate [rəˈsɪprəkeɪt] **I.** *vt* **to ~ help/a favour** sich *akk* für die Hilfe/einen Gefallen revanchieren; **to ~ love/trust** Liebe/Vertrauen erwidern [*o* zurückgeben] **II.** *vi* sich *akk* revanchieren (**with** mit +*dat*)

re·cip·ro·cat·ing [rəˈsɪprəkeɪtɪŋ, AM -t̬-] *adj attr, inv* TECH sich *akk* hin- und herbewegend; **a ~ piston** ein auf- und abgehender Kolben

re·cip·ro·cat·ing ˈen·gine *n* TECH Kolbenmotor *m*

R

re·cip·ro·ca·tion [rəˌsɪprəˈkeɪʃᵊn] *n no pl* Erwiderung *f;* **she helped him and in ~ he found her an inexpensive apartment** sie half ihm, und als Revanche dafür fand er eine billige Wohnung für sie; TECH Hin und Her *nt; of pistons* Auf und Ab *nt*

reci·proc·ity [resɪˈprɒsəti, AM -ˈprɑːsət̬i] *n no pl* Gegenseitigkeit *f,* Wechselseitigkeit *f,* Reziprozität *f fachspr;* **~ agreement** Gegenseitigkeitsabkommen *nt*

re·cir·cu·late [ˌriːˌsɜːkjəleɪt, AM -ˈsɜːr-] **I.** *vi air, water* ständig zirkulieren **II.** *vt* **to ~ a journal/memo** eine Zeitschrift/Mitteilung erneut in Umlauf bringen; **used envelopes are ~d in this office** in diesem Büro werden benutzte Briefumschläge wiederverwendet

re·cit·al [rɪˈsaɪtᵊl] *n* ❶ *(performance) of poetry, music* Vortrag *m; of dance* Aufführung *f,* Recital *nt fachspr;* **piano ~** Klavierkonzert *nt;* **vocal ~** Liederabend *m;* **to give a ~** ein Konzert geben ❷ *(description)* Schilderung *f,* Bericht *m; of facts, details* Aufzählung *f;* **she gave us a long, boring ~ of all her troubles** sie gab uns eine lange und langweilige Schilderung all ihrer Schwierigkeiten

reci·ta·tion [ˌresɪˈteɪʃᵊn] *n* LIT Rezitation *f,* Vortrag *m;* **to give a ~ of sth** etw rezitieren [*o* vortragen]

reci·ta·tive [ˌresɪtətiːv] *n* MUS Rezitativ *nt*

re·cite [rɪˈsaɪt] **I.** *vt* ❶ *(say aloud)* **to ~ a lesson/an oath** eine Lesung/einen Eid rezitieren [*o* vortragen]; **to ~ a monologue/poem** einen Monolog/ein Gedicht [auswendig] aufsagen; **to ~ the rosary** den Rosenkranz beten ❷ *(tell)* **to ~ one's adventures/a story** seine Abenteuer/eine Geschichte vortragen ❸ *(enumerate)* **to ~ arguments/complaints/details** Argumente/Beschwerden/Einzelheiten aufzählen; **to ~ dates/facts/names** Namen/Daten/Fakten hersagen **II.** *vi* rezitieren, vortragen

reck·less [ˈrekləs] *adj (not cautious)* unbesonnen, leichtsinnig; *disregard, speed* rücksichtslos; **he drinks with ~ abandon** er trinkt völlig maßlos; **~ of consequences/danger** ungeachtet der Konsequenzen/Gefahr; LAW grob fahrlässig; **~ driving** rücksichtslose Fahrweise; **to be ~ with sb's feelings/money** leichtsinnig mit jds Gefühlen/Geld umgehen

reck·less·ly [ˈrekləsli] *adv* unbesonnen, leichtsinnig; *drive, disregard* rücksichtslos

reck·less·ness [ˈrekləsnəs] *n no pl* Leichtsinn *m; of sb's driving* Rücksichtslosigkeit *f; of speed* Gefährlichkeit *f; in sports* Gewagtheit *f*

reck·on [ˈrekᵊn] **I.** *vt* ❶ *(calculate)* ▪**to ~ sth** etw berechnen [*o* ausrechnen]; **the inflation rate is now ~ed to be 10 %** die Inflationsrate wird momentan mit 10 % angegeben ❷ *(judge)* ▪**to ~ sb [to be] sth** jdn für etw *akk* halten; **she ~s him [to be] a talented pianist** sie hält ihn für einen talentierten Pianisten; ▪**to be ~ed [to be] sth** als etw gelten; **she was widely ~ed the best actress** sie galt als die beste Schauspielerin weit und breit; **I don't ~ much to [*or* of] their chances of winning** bei ihnen rechne ich nicht wirklich mit Gewinnchancen; ▪**to ~ sb among sth** jdn zu etw *dat* zählen; **she is ~ed to be among the greatest professional ice skaters of all time** sie zählt zu den größten Profischlittschuhläuferinnen aller Zeiten; **I ~ that you won't see her again** ich denke nicht, dass du sie je wiedersehen wirst **II.** *vi (fam)* ❶ *(believe)* meinen; **can you fix my car today? – I ~ so/not** können Sie mein Auto heute reparieren? – ich denke schon/glaube nicht ❷ ▪**to ~ on sth/sb** *(need)* auf etw/jdn zählen; *(hope)* mit etw/jdm rechnen; **I don't ~ on him ever coming back** ich rechne nicht damit, dass er jemals zurückkommt ❸ *(take into account)* ▪**to ~ with sth/sb** mit etw/jdm rechnen; **I didn't ~ with having to re-type the whole document** ich habe nicht damit gerechnet, das ganze Schriftstück noch mal tippen zu müssen; **Marion was a woman to be ~ed with** Marion war eine Frau, mit der man rechnen musste; ▪**to ~ without sth/sb** mit etw/jdm nicht rechnen; **they wanted to build a nuclear power station in our little town, but they ~ed without us** sie wollten in unserer kleinen Stadt ein Kernkraftwerk bauen, aber da haben sie die Rechnung ohne den Wirt gemacht

◆**reckon in** *vt* **to ~ in ⊂ overtime/tax** Überstunden/Steuern [mit] einrechnen

◆**reckon up** *vt* **to ~ a bill/costs/an estimate ⊂ up** eine Rechnung/Kosten/einen Kostenvoranschlag zusammenrechnen

reck·on·er [ˈrekᵊnəʳ, AM -ɚ] *n* MATH Rechentabelle *f*

reck·on·ing [ˈrekᵊnɪŋ] *n* ❶ *no pl (calculation)* Berechnung *f;* **your ~ is out [*or* off] by £10** du hast dich um £10 verrechnet; **by sb's ~** nach jds Rechnung ❷ *(opinion)* **to be out in one's ~** falschliegen, sich *akk* verrechnet haben *fig fam;* **in life, people will take you very much at your own ~** im Leben wird man so beurteilt, wie man sich selbst einschätzt ❸ *(vengeance)* Abrechnung *f;* **the day of ~** der Tag der Abrechnung ❹ *(old: bill)* [Ab]rechnung *f*

re·claim [rɪˈkleɪm] *vt* ❶ *(claim back)* ▪**to ~ sth** etw zurückverlangen; **to ~ one's luggage** sein Gepäck abholen ❷ *(make usable)* **to ~ land** Land urbar machen [*o* kultivieren]; **to ~ land from the sea** dem Meer Land abgewinnen; **to ~ waste material** Abfälle wiederverwerten ❸ *(form: reform)* **the organization is dedicated to ~ing drug addicts and alcoholics** der Verband ist darin engagiert, Drogen- und Alkoholabhängige von ihrer Sucht zu befreien; **to ~ sb from alcoholism/smoking** jdn vom Alkoholismus/Rauchen abbringen

re·cla·ma·tion [ˌrekləˈmeɪʃᵊn] *n no pl* ❶ *(demanding)* Rückforderung *f; (receiving)* Rückgewinnung *f;* **~ of expenses** Kostenrückerstattung *f* ❷ *of land, resources* Kultivierung *f,* Urbarmachung *f;* **land ~** Landgewinnung *f;* **~ of waste materials** Wiedergewinnung *f* von Altmaterialien ❸ *(form: redemption) person* Besserung *f,* Bekehrung *f*

re·cline [rɪˈklaɪn] **I.** *vi person* sich *akk* zurücklehnen; **to ~ on a bed/sofa/in a chair** sich *akk* auf einem Bett/Sofa/in einem Stuhl ausruhen; *chair* verstellbar sein **II.** *vt* **to ~ one's chair/seat** die Rückenlehne seines Stuhls/Sitzes nach hinten stellen; **to ~ one's head against [*or* on] sth** den Kopf an etw *akk* lehnen

re·clin·er [rɪˈklaɪnəʳ, AM -ɚ] *n* [verstellbarer] Lehnstuhl

re·clin·ing 'chair *n,* **re·clin·ing 'seat** *n* [verstellbarer] Lehnstuhl; *(in a bus, car, plane)* Liegesitz *m*

re·cluse [rɪˈkluːs, AM *usu* ˈrekluːs] *n* Einsiedler(in) *m(f);* **to live [*or* lead] the life of a ~** ein Einsiedlerleben führen; **she has lead the life of a ~ since her husband died** seit dem Tod ihres Mannes lebt sie sehr zurückgezogen

re·clu·sive [rɪˈkluːsɪv] *adj* einsiedlerisch, zurückgezogen

rec·og·ni·tion [ˌrekəgˈnɪʃᵊn] *n no pl* ❶ *(act, instance)* [Wieder]erkennung *f;* **to change beyond [*or* out of all] ~** nicht wiederzuerkennen sein ❷ *(appreciation)* Anerkennung *f;* **the company never gave her any ~ for her work** niemand in der Firma erkannte ihre Arbeit an; **they gave him a gold watch in ~ of his years of service** sie gaben ihm eine goldene Uhr als Anerkennung seiner Dienstjahre; **to achieve ~** Anerkennung finden ❸ *(acknowledgement)* Anerkennung *f;* **[diplomatic] ~** [diplomatische] Anerkennung

rec·og·niz·able [ˌrekəgˈnaɪzəbl̩, AM ˈrekəgnaɪ-] *adj* erkennbar; **despite everything he's still ~ as himself** trotz allem ist er er selbst geblieben

rec·og·niz·ably [ˌrekəgˈnaɪzəbli, AM ˈrekəgnaɪ-] *adv* erkennbar

re·cog·ni·zance [rɪˈkɒgnɪzᵊn(t)s, AM -ˈkɑːg-] *n* LAW schriftliche Verpflichtung *(vor Gericht);* **to enter into a ~** ein Sicherheitsversprechen abgeben; **to be released on one's own ~** gegen ein Kautionsversprechen freigelassen werden

rec·og·nize [ˈrekəgnaɪz] *vt* ❶ ▪**to ~ sb/sth** *(identify) person, symptoms* jdn/etw erkennen; **I never would have ~d her** ich hätte sie niemals erkannt; *(know again) person, place* jdn/etw wiedererkennen ❷ *(demonstrate appreciation)* ▪**to ~ sth**

etw anerkennen; ■**to ~ sb** jdm Anerkennung zollen ③ (*acknowledge*) **to ~ a country/regime/state** ein Land/Regime/einen Staat anerkennen; **he refuses to ~ the fact that he's getting older** er weigert sich, die Tatsache anzuerkennen, dass er älter wird; ■**to be ~d as sth** als etw gelten ④ LAW (*allow to speak*) ■**to ~ sb** jdm das Wort erteilen

rec·og·nized ['rekəgnaɪzd] *adj attr* anerkannt

re·coil **I.** *vi* [rɪ'kɔɪl] ① (*spring back*) zurückspringen; (*draw back*) zurückweichen; **to ~ in disgust** zurückschaudern; **to ~ in horror** zurückschrecken; (*mentally*) ■**to ~ at** [*or* **from**] **sth** vor etw *dat* zurückschrecken; **she ~ed at the idea of paying $70 for a theatre ticket** ihr graut bei dem Gedanken, $70 für eine Theaterkarte zu bezahlen ② (*fig: have bad effect*) ■**to ~ on** [*or* **upon**] **sb/oneself** auf jdn/einen zurückfallen; **his evil plan ~ed on himself** sein teuflischer Plan rächte sich an ihm selbst ③ (*be driven backwards*) *gun* einen Rückstoß haben; *rubber band, spring* zurückschnellen **II.** *n* ['riːkɔɪl] Rückstoß *m*

rec·ol·lect [ˌrekəl'lekt, AM -ə'-] **I.** *vt* ■**to ~ sth/sb** sich *akk* an etw/jdn erinnern; **do you ~ where she went?** kannst du dich [daran] erinnern, wo sie hingegangen ist?; **he does not ~ seeing her at the party** er entsinnt sich nicht, sie auf der Party gesehen zu haben **II.** *vi* sich *akk* erinnern

rec·ol·lec·tion [ˌrekəl'lekʃən, AM -ə'-] *n* ① (*memory*) Erinnerung *f;* **to have no ~ of sth** sich *akk* an etw *akk* nicht erinnern können; **I have no ~ of having requested this catalogue** ich kann mich nicht daran erinnern, diesen Katalog bestellt zu haben ② *no pl* (*ability to remember*) **power of ~** Erinnerungsvermögen *nt;* **to the best of my ~ I have never seen her before** soweit ich mich erinnern kann, habe ich sie nie zuvor gesehen

re·com·mence [ˌriːkə'ments] **I.** *vt* ■**to ~ sth** etw wieder beginnen **II.** *vi fighting* wieder beginnen

rec·om·mend [ˌrekə'mend] *vt* ■**to ~ sth/sb** etw/jdn empfehlen; **to highly/strongly ~ sth** etw wärmstens empfehlen; **the city has much to ~ it** es spricht viel für die Stadt; **I ~ sending her flowers** ich empfehle, ihr Blumen zu schicken; **she has been ~ed for promotion** sie ist für eine Beförderung vorgeschlagen worden; **the doctor ~s [that] I take more exercise** der Arzt rät, dass ich mich mehr bewege

rec·om·mend·able [ˌrekə'mendəbl̩] *adj* empfehlenswert

rec·om·men·da·tion [ˌrekəmen'deɪʃən] *n* ① (*suggestion*) Empfehlung *f;* **letter of ~** Empfehlungsschreiben *nt;* **to do sth on sb's ~** etw auf jds Empfehlung hin tun ② (*advice*) Empfehlung *f,* Rat *m;* **to follow sb's ~** jds Rat folgen; **to make a ~ on sth** etw empfehlen

rec·om·mend·ed [ˌrekə'mendɪd] *adj* empfohlen; **to come highly ~** einen ausgezeichneten Ruf haben

rec·om·mend·ed dai·ly al·'low·ance *n esp* AM **the ~ of Vitamin A/B12** die empfohlene Tagesdosis an Vitamin A/B12

rec·om·mend·ed 'price *n,* **rec·om·mend·ed 're·tail price** *n* unverbindliche Preisempfehlung **rec·om·mend·ed 'speed** *n* Richtgeschwindigkeit *f*

rec·om·pense ['rekəmpen(t)s] **I.** *n no pl* ① (*reward*) Belohnung *f;* **as a ~** als [*o* zur] Belohnung; **in ~ for** als Belohnung für ② (*retribution*) Entschädigung *f,* Ersatz *m* (**for** für +*akk*) **II.** *vt* ■**to ~ sb** (*pay back*) jdm eine Entschädigung zahlen; (*for damages*) jdn entschädigen (**for** für +*akk*)

re·con ['riːkɑːn] *n no pl* AM MIL (*fam*) *short for* **reconnaissance** Aufklärung *f;* **who's on ~ in this sector?** wer ist im Aufklärungseinsatz in diesem Sektor?

rec·on·cile ['rekənsaɪl] *vt* ① (*make friends*) ■**to ~ sb** jdn versöhnen; **my brother and I were finally ~d with** [*or* **to**] **each other** mein Bruder und ich haben uns schließlich versöhnt ② (*make compatible*) **to ~ a conflict** einen Streit schlichten; **to ~ differences** Meinungsverschiedenheiten beilegen; **it's difficult to ~ different points of view** es ist schwierig, verschiedene Standpunkte unter einen Hut zu bringen; ■**to ~ sth and** [*or* **with**] **sth** etw mit etw *dat* vereinbaren [*o* in Einklang bringen]; AM **to ~ accounts/one's checkbook** FIN Konten/sein Scheckbuch abgleichen ③ (*accept*) ■**to ~ oneself to sth** sich *akk* mit etw *dat* abfinden; **to be ~d to sth** an etw *akk* gewöhnt sein; **he slowly became ~d to living a solitary life** langsam gewöhnte er sich daran, ein einsames Leben zu führen

rec·on·cilia·tion [ˌrekənsɪli'eɪʃən] *n* ① (*of good relations*) Aussöhnung *f,* Versöhnung *f* (**with** mit +*dat*) ② *no pl* (*making compatible*) Beilegung *f;* **the ~ of their differences was at this point no longer possible** die Beilegung ihrer Meinungsverschiedenheiten war zu diesem Zeitpunkt nicht mehr möglich; **the ~ of the facts with the theory is not always easy** das Vereinbaren von Fakten mit der Theorie ist nicht immer einfach

rec·on·cilia·tory [ˌrekənsɪli'eɪtəri] *adj* versöhnlich

rec·on·dite ['rekəndaɪt] *adj* (*form*) *information, fact* abstrus

re·con·di·tion [ˌriːkən'dɪʃən] *vt* **to ~ an engine/a ship** einen Motor/ein Schiff [general]überholen; **a ~ed engine** ein Austauschmotor *m*

re·con·nais·sance [rɪ'kɒnɪsən(t)s, AM -'kɑːnə-] **I.** *n* MIL Aufklärung *f;* **to be on ~** auf Spähpatrouille sein; **they made a ~ before planning the attack** sie führten einen Aufklärungseinsatz durch, bevor sie den Angriff planten **II.** *adj attr, inv* MIL Aufklärungs-; **~ flight/mission/satellite** Aufklärungsflug/-einsatz/-satellit *m;* **~ patrol** Spähpatrouille *f;* **~ plane** Aufklärungsflugzeug *nt,* Aufklärer *m*

rec·on·noi·ter [ˌriːkə'nɔɪt̬ə] AM, **rec·on·noi·tre** [ˌrekə'nɔɪtəʳ] **I.** *vt* MIL **to ~ a coast/enemy territory** eine Küste/feindliches Gebiet auskundschaften [*o* erkunden] **II.** *vi* MIL das Gelände erkunden [*o* auskundschaften] **III.** *n* (*fam*) Aufklärungseinsatz *m*

re·con·sid·er [ˌriːkən'sɪdəʳ, AM -ɚ] **I.** *vt* ■**to ~ sth** etw [noch einmal] überdenken; *facts* etw neu erwägen; *case* etw wieder aufnehmen **II.** *vi* sich *dat* etw [noch einmal] überlegen

re·con·sid·era·tion [ˌriːkənˌsɪdə'reɪʃən] *n no pl* Überdenken *nt;* **our recommendations were returned for ~** unsere Empfehlungen wurden uns zur nochmaligen Beratung zurückgeschickt

re·con·sti·tute [ˌriː'kɒnstɪtjuːt, AM -'kɑːnstətuːt, -tjuːt] *vt* ■**to ~ sth** ① FOOD *milk, orange juice* etw aus Konzentrat zubereiten ② (*reorganize*) etw wiederherstellen; **the Health Council has been ~d as the Health Authority** der Gesundheitsrat wurde als Gesundheitsbehörde neu eingerichtet

re·con·sti·tut·ed [ˌriː'kɒnstɪtjuːtɪd, AM -'kɑːnstətuːt̬ɪd, -tjuːt̬-] *adj attr, inv milk, orange juice* aus einem Konzentrat zubereitet

re·con·struct [ˌriːkən'strʌkt] *vt* ① (*build again*) ■**to ~ sth** etw wieder aufbauen [*o* rekonstruieren]; **to ~ an army/economy/a government** eine Armee/Wirtschaft/Regierung wiederherstellen ② (*reorganize*) **to ~ a company/public transport system** eine Firma/ein öffentliches Verkehrssystem umstrukturieren; **to ~ one's life** [im Leben] noch einmal von vorn anfangen; **after the divorce, it took him almost a year to ~ his life** nach der Scheidung brauchte er fast ein Jahr, um sein Leben wieder in den Griff zu bekommen ③ (*in an investigation*) **to ~ a crime/events** ein Verbrechen/Ereignisse rekonstruieren

re·con·struc·tion [ˌriːkən'strʌkʃən] *n* ① *no pl* (*rebuilding*) Rekonstruktion *f; of a country* Wiederaufbau *m;* **economic ~** Wiederaufbau *m* der Wirtschaft ② (*reorganization*) *system* Neustrukturierung *f,* Neuaufbau *m;* **~ of a company** Sanierung *f* eines Unternehmens ③ *of crime, events* Rekonstruktion *f*

Re·con·struc·tion [ˌriːkən'strʌkʃən] *n* AM (*hist*) ■**the ~** *die Phase der wirtschaftspolitischen Neuordnung nach dem Sezessionskrieg (1861-1865) zwischen den Nord- und Südstaaten Amerikas*

re·con·struc·tive 'sur·gery *n no pl* MED rekonstruktive [*o* plastische] Chirurgie

rec·ord **I.** *n* ['rekɔːd, AM -ɚd] ❶ (*information*) Aufzeichnungen *fpl,* Unterlagen *fpl;* (*document*) Akte *f; of attendance* Liste *f;* (*minutes*) Protokoll *nt,* Niederschrift *f;* **this summer has been the hottest on ~** dieser Sommer war der heißeste, der jemals verzeichnet wurde; **the coach went on ~ as saying ...** der Trainer äußerte sich öffentlich dahingehend, dass ...; **to be a matter of [public] ~** [offiziell] belegt [*o* dokumentiert] sein; **to keep ~s** (*register*) Buch führen; (*list*) eine Liste führen; *historian* Aufzeichnungen machen; **to keep a private ~ of sth** sich *dat* etw notieren; **for the ~** (*for the minutes*) für das Protokoll; (*as a matter of form*) der Ordnung halber ❷ *no pl* (*past history*) Vorgeschichte *f; of achievements* bisherige Leistungen; **this applicant has the best ~** dieser Bewerber hat die besten Voraussetzungen; **he's got a clean ~** er hat sich nichts zu Schulden kommen lassen; (*no convictions*) er ist nicht vorbestraft; **given Mr Smith's ~ as a good credit risk, we can give him the loan** in Anbetracht der Tatsache, dass Herr Smith sich in der Vergangenheit bereits als kreditwürdig erwiesen hat, können wir ihm das Darlehen geben; **police ~** Vorstrafen *fpl;* **safety ~** Sicherheitszeugnis *nt;* **criminal ~** Vorstrafenregister *nt;* **dental ~** zahnärztliche Unterlagen *pl;* **to have an excellent ~** *worker, employee* ausgezeichnete Leistungen vorweisen können; **to have a good/bad ~** einen guten/schlechten Ruf haben; **medical ~** Krankenblatt *nt* ❸ (*music*) [Schall]platte *f;* **hit ~** Hit *m fam;* **to change/play/put on a ~** eine Platte umdrehen/spielen/auflegen; **to make** [*or* **cut**] **a ~** eine [Schall]platte aufnehmen ❹ SPORTS Rekord *m;* **Olympic ~** olympischer Rekord; **world ~** Weltrekord *m;* **to break** [*or* **beat**] **a ~** einen Rekord brechen; **to set** [*or* **establish**] **a ~** einen Rekord aufstellen ❺ LAW (*court report*) [Gerichts]protokoll *nt,* Gerichtsakte *f;* **a court of ~** ein ordentliches Gericht ▶ PHRASES: **to put** [*or* **set**] **the ~ straight** für Klarheit sorgen, alle Missverständnisse aus dem Weg räumen; **to say sth on/off the ~** etw offiziell/inoffiziell sagen; **strictly off the ~** ganz im Vertrauen, streng vertraulich **II.** *adj* ['rekɔːd, AM -ɚd] *inv* Rekord-; **~ crop/turnout/year** Rekordernte *f*/-beteiligung *f*/-jahr *nt;* **to reach a ~ high/low** ein Rekordhoch/Rekordtief *nt* erreichen; **to do sth in ~ time** etw in Rekordzeit erledigen **III.** *vt* [rɪ'kɔːd, AM -'kɔːrd] ❶ (*store*) ■**to ~ sth** *facts, events* etw aufzeichnen [*o* festhalten]; **the temperature fell today, with -14°C being ~ed in some places** die Temperaturen fielen heute, stellenweise wurden -14°C gemessen; **to ~ a birth/a death/a marriage** LAW eine Geburt/einen Todesfall/eine Heirat registrieren [*o* [ins Register] eintragen]; **to ~ one's feelings/ideas/thoughts** seine Gefühle/Ideen/Gedanken niederschreiben; **to ~ sth in the minutes of a meeting** etw in einem Sitzungsprotokoll vermerken ❷ (*register*) **to ~ rotations/the speed/the temperature** Umdrehungen/die Geschwindigkeit/die Temperatur anzeigen [*o* messen]; **the needle ~ed 50 mph** die Nadel zeigte 80 km/h ❸ (*for later reproduction*) ■**to ~ sth** FILM, MUS etw aufnehmen; *event* etw dokumentieren; **to ~ a speech** eine Rede aufzeichnen **IV.** *vi* [rɪ'kɔːd, AM -'kɔːrd] (*on tape, cassette*) Aufnahmen machen; *person* eine Aufnahme machen; *machine* aufnehmen; **the VCR is ~ing** der Videorecorder nimmt gerade auf

'rec·ord-break·er *n* (*performance*) Rekordleistung *f,* Rekordergebnis *nt;* (*person*) Rekordler(in) *m(f) fam* **'rec·ord-break·ing** *adj attr, inv* Rekord-; **a ~ year** ein Rekordjahr *nt* **'rec·ord chang·er** *n* Plattenwechsler *m* **'rec·ord col·lec·tion** *n* [Schall]plattensammlung *f* **'rec·ord com·pa·ny** *n* [Schall]plattenfirma *f*

re·cord·ed [rɪ'kɔːdɪd, AM -'kɔːrd-] *adj inv* ❶ (*appearing in records*) verzeichnet, dokumentiert, belegt; **the level of ~ crime has decreased by 5 % this year** die Zahl der registrierten Verbrechen ist dieses Jahr um 5 % zurückgegangen; **throughout ~ history** seit der Geschichtsschreibung ❷ (*stored electronically*) aufgenommen, aufgezeichnet; **a ~ message** eine aufgezeichnete Nachricht

re·cord·ed de·'liv·ery *n* BRIT Einschreiben *nt;* **by ~** per Einschreiben

re·cord·er [rɪ'kɔːdəʳ, AM -'kɔːrdɚ] *n* ❶ (*record-keeper*) Registriergerät *nt* ❷ (*machine*) Rekorder *m* ❸ MUS (*instrument*) Blockflöte *f* ❹ BRIT LAW (*judge*) Anwalt, Anwältin *m, f* in Richterfunktion, nebenamtlicher Richter/nebenamtliche Richterin

'rec·ord hold·er *n* Rekordhalter(in) *m(f)*

re·cord·ing [rɪ'kɔːdɪŋ, AM -'kɔːrd-] *n* ❶ *no pl* (*process*) Aufnahme *f* ❷ (*of sound*) Aufnahme *f;* (*of programme*) Aufzeichnung *f*

re·cord·ing 'an·gel *n* REL ■**the ~** *Engel, der die guten und schlechten Taten eines Menschen vermerkt* **re·'cord·ing art·ist** *n Musiker, dessen Musikstücke produziert werden* **re·'cord·ing con·tract** *n* Plattenvertrag *m* **re·'cord·ing ses·sion** *n* Aufnahme *f* **re·'cord·ing stu·dio** *n* Aufnahme-/Tonstudio *nt*

'rec·ord la·bel *n* (*dated*) [Schall]plattenfirma *f,* Plattenlabel *nt* **'rec·ord li·brary** *n* Plattenverleih *m; archives* Phonothek *f;* (*collection*) Plattensammlung *f* **'rec·ord play·er** *n* [Schall]plattenspieler *m* **'rec·ord to·ken** *n* (*dated*) [Schall]plattengutschein *m*

re·count¹ **I.** *vt* [ˌriː'kaʊnt] ■**to ~ sth** (*count again*) etw nachzählen; **to ~ votes** Stimmen noch einmal auszählen **II.** *vi* [ˌriː'kaʊnt] POL eine erneute Stimmenauszählung durchführen **III.** *n* ['riːkaʊnt] POL erneute Stimmenauszählung

re·count² [rɪ'kaʊnt] *vt* (*tell*) ■**to ~ sth** etw [ausführlich] erzählen; **he often ~ed how he had played for Manchester United when he was 19** er hat oft erzählt, wie er für Manchester United gespielt hat, als er 19 war

re·coup [rɪ'kuːp] **I.** *vt* ❶ (*regain*) **to ~ costs/one's investment** Kosten/seine Investition wieder einbringen [*o* hereinbekommen]; **to ~ one's losses** seine Verluste wettmachen; **to ~ one's strength** wieder zu Kräften kommen ❷ (*reimburse*) ■**to ~ sb for sth** jdn für etw *akk* entschädigen **II.** *vi* sich *akk* erholen; ■**to ~ from** [*or* **after**] **sth** sich *akk* von [*o* nach] etw *dat* erholen; **she'll need some time to ~ after her sickness** sie wird etwas Zeit brauchen, um sich nach ihrer Krankheit zu erholen

re·course [rɪ'kɔːs, AM -'kɔːrs] *n no pl* Zuflucht *f;* **to have ~ to sb** sich *akk* an jdn wenden können; **to have ~ to sth** Zuflucht zu etw *dat* nehmen können; ■**without ~ to sth/sb** ohne etw/jdn in Anspruch zu nehmen; **it is hoped that the dispute will be settled without ~ to litigation** man hofft, dass sich der Streit außergerichtlich beilegen lässt; ■**without ~** FIN ohne Regress

re·cov·er [rɪ'kʌvəʳ, AM -ɚ] **I.** *vt* ❶ (*get back*) ■**to ~ sth** *one's health* etw zurückerlangen; *sth lent* etw zurückbekommen; *one's appetite* etw wiedergewinnen; *stolen goods* etw sicherstellen; **to ~ one's balance/composure** sein Gleichgewicht/seine Selbstbeherrschung wiederfinden; **to ~ consciousness** das Bewusstsein wiedererlangen, wieder zu Bewusstsein kommen; **to ~ one's costs** seine Kosten decken; **to ~ data/a directory/file** COMPUT Daten/ein Verzeichnis/eine Datei wiederherstellen; **to ~ one's health** wieder gesund werden; **to ~ one's hearing/sight** wieder hören/sehen können; **to ~ one's strength** wieder zu Kräften kommen; **to be fully ~ed** völlig genesen sein; ■**to ~ oneself** sich *akk* wieder fangen [*o* fassen]; FIN **to ~ one's disbursement** seine Auslagen vergütet bekommen; **to ~ money** Geld wieder hereinholen ❷ (*obtain*) **to ~ coal/ore** Kohle/Erz gewinnen; **to ~ compensation/damages** LAW (*legally*) eine Entschädigung/Schadenersatz erhalten; **to ~ possession** den Besitz wiedererlangen **II.** *vi* sich *akk* erholen; ■**to ~ from** [*or* **after**] **sth** sich *akk* von [*o* nach] etw *dat* erholen; **the economy has ~ed after the slump** die Wirtschaft hat sich nach der Rezession wieder erholt

re·cov·er [ˌriː'kʌvəʳ, AM -ɚ] *vt* **to ~ a chair/sofa** einen Stuhl/ein Sofa neu beziehen

re·cov·er·able [rɪˈkʌvᵊrəbl̩] *adj inv* FIN eintreibbar; COMPUT wiederherstellbar; ~ **costs** erstattungsfähige Kosten; ~ **damage/loss** ersetzbarer Schaden/Verlust

re·cov·ery [rɪˈkʌvᵊri, AM -ɚi] *n* ❶ *no pl* MED (*action*) Erholung *f*, Gesundung *f geh*, Genesung *f geh; of sight/hearing* Wiedererlangung *f*; **to be on the road to** ~ sich *akk* auf dem Weg[e] der Besserung befinden; **to show signs of** ~ [erste] Zeichen einer Besserung zeigen; ECON [Anzeichen für] einen Aufschwung erkennen lassen; **to be beyond** [*or* **past**] ~ nicht mehr zu retten sein; **the coal industry in this area is beyond** ~ für die Kohleindustrie gibt es in dieser Region keine Zukunftsperspektive ❷ (*instance*) *medical* Erholung *f*, Genesung *f geh;* **to make a full/quick/slow** ~ **from sth** sich *akk* völlig/schnell/langsam von etw *dat* erholen; **hope you make a speedy** ~**!** ich hoffe, dass du schnell wieder gesund wirst!; *economic* Aufschwung *m*, Erholung *f*; **economic** ~ wirtschaftlicher Aufschwung ❸ *no pl* (*getting back*) Wiedererlangung *f*, Zurückgewinnung *f*; FIN Wiedererlangung *f*, Rückgewinnung *f*; *of a body/an object* Bergung *f*; **cost** ~ Kostendeckung *f*; ~ **of damages** Erlangung *f* eines Schaden[s]ersatzes; ~ **of debts** Eintreibung *f* von Schulden; **investment** ~ Rückgewinnung *f* von investiertem Kapital ❹ (*recovered item*) Fundstück *nt* ❺ AM (*in American football*) **to make a** ~ den Ball wieder unter Kontrolle bekommen

re·ˈcov·ery room *n* Aufwachraum *m* **re·ˈcov·ery ser·vice** *n* Abschleppdienst *m* **re·ˈcov·ery ship** *n* Bergungsschiff *nt* **re·ˈcov·ery ve·hi·cle** *n* Abschleppwagen *m*

re·cre·ate [ˌriːkriˈeɪt] *vt* ■**to** ~ **sth** ❶ (*create again*) etw wiederherstellen; **will we ever be able to** ~ **the spontaneous enthusiasm for this cause?** werden wir jemals in der Lage sein, die spontane Begeisterung für diese Angelegenheit wiederzuerlangen?; *of friendship* etw wieder beleben ❷ (*reproduce*) etw nachstellen; **they tried to** ~ **the events** sie versuchten, die Ereignisse nachzustellen

re·crea·tion[1] [ˌriːkriˈeɪʃᵊn] *n* ❶ *no pl* (*creation again*) Wiedergestaltung *f*; **they felt that a** ~ **of their love was now impossible** sie fühlten, dass eine Wiederbelebung ihrer Liebe zu diesem Zeitpunkt nicht mehr möglich war ❷ (*reproduction*) Nachstellung *f*; **this is not the actual event – it's only a** ~ dies ist nicht das tatsächliche Ereignis – es ist nur nachgestellt

re·crea·tion[2] [ˌrekriˈeɪʃᵊn] *n* ❶ (*hobby*) Freizeitbeschäftigung *f*, Hobby *nt* ❷ *no pl* (*fun*) Erholen *nt*, Entspannen *nt*; **to do sth for** ~ etw zur Erholung tun ❸ (*in school*) Pause *f*

rec·rea·tion·al [ˌrekriˈeɪʃᵊnᵊl] *adj* Freizeit-, Erholungs-; ~ **activities/facilities** Freizeitaktivitäten/-einrichtungen *fpl*; ~ **drug** weiche Droge; ~ **therapy** PSYCH Rekreationstherapie *f*

rec·rea·tion·al ˈdrug *n* Freizeitdroge *f*

rec·rea·tion·al ˈve·hi·cle *n* AM Caravan *m*, Wohnwagen *m*

rec·reˈa·tion cen·ter *n* AM Freizeitzentrum *nt* **rec·reˈa·tion ground** *n* BRIT Freizeitgelände *nt* **rec·reˈa·tion room** *n* Aufenthaltsraum *m*, Freizeitraum *m*

rec·rea·tive [ˌrekriˈeɪtɪv, AM -t̬-] *adj* erholsam, entspannend

re·crimi·nate [rəˈkrɪmɪneɪt, AM -ˈkrɪmə-] *vi* gegenseitige Anschuldigungen vorbringen

re·crimi·na·tion [rəˌkrɪmɪˈneɪʃᵊn, AM -ˌkrɪmə-] *n usu pl* Gegenbeschuldigung *f*; LAW Gegenklage *f*; **mutual** ~**s** gegenseitige Beschuldigungen

re·crimi·na·tory [rəˈkrɪmɪnətᵊri, AM -ənətɔːri] *adj remarks, atmosphere* von gegenseitigen Beschuldigungen erfüllt

rec room [ˈrekˌruːm] *n* AM Aufenthaltsraum *m*, Freizeitraum *m*

re·cru·des·cence [ˌriːkruːˈdesᵊn(t)s] *n no pl* (*form*) erneutes Auftreten, Wiederauftreten *nt; of violence, a virus* erneuter Ausbruch; MED Rekrudeszenz *f fachspr*, Wiederaufleben *nt*

re·cruit [rɪˈkruːt] **I.** *vt* ❶ ■**to** ~ **sb** (*persuade to join*) *employees* jdn einstellen; **to** ~ **members** Mitglieder werben; **to** ~ **soldiers** Soldaten rekrutieren; **to** ~ **volunteers** Freiwillige finden; (*fam: get help from*) jdn heranziehen; **she** ~**ed her friends to help her move** sie zog ihre Freunde heran, um ihr beim Umziehen zu helfen ❷ (*form*) ■**to** ~ **sth** etw rekrutieren; **we** ~**ed our data processing department from the local college** unsere EDV-Abteilung setzt sich aus Abgängern des örtlichen Colleges zusammen **II.** *vi army* Rekruten anwerben; *company* Neueinstellungen vornehmen; *club, organization* neue Mitglieder werben **III.** *n* MIL Rekrut(in) *m(f)*; *to party, club* neues Mitglied; *staff* neu eingestellte Arbeitskraft; **new** ~**s are being given four weeks of training before beginning at the office** die Neuen müssen sich einer vierwöchigen Schulung unterziehen, bevor sie im Büro anfangen

re·cruit·ing [rɪˈkruːtɪŋ] **I.** *n no pl* MIL Rekrutierung *f*; (*in business*) [An]werben *nt* [von Arbeitskräften], [Personal]rekrutierung *f* **II.** *adj attr, inv* (*in army*) Rekrutierungs-; (*in business*) Einstellungs-; ~ **agent** [Personal]anwerber(in) *m(f)*; ~ **centre** Rekrutierungsstelle *f*; ~ **office** (*in a company*) Anstellungsbüro *nt;* (*in the army*) Rekrutierungsbüro *nt*; ~ **officer** Werbeoffizier *m*; ~ **tactics** Strategie *f* zur Personalanwerbung

re·cruit·ment [rɪˈkruːtmənt] **I.** *n no pl of soldiers* Rekrutierung *f*; *of employees* Neueinstellung *f*; *of members, volunteers* Anwerbung *f*; **graduate** ~ Anwerbung *f* von Hochschulabgängern, -innen *mpl, fpl* **II.** *adj attr, inv* Anwerbungs-; ~ **agency** Personal[vermittlungs]agentur *f*; ~ **drive** Anwerbungskampagne *f*

rec·tal [ˈrektᵊl] *adj inv* MED Mastdarm-, rektal *fachspr*, Rektum- *fachspr;* ~ **examination** rektale Untersuchung; ~ **thermometer** Rektalthermometer *nt*; ~ **suppository** Rektalzäpfchen *nt*

rec·tal·ly [ˈrektᵊli] *adv* MED rektal *fachspr;* **to take sb's temperature** ~ jds Temperatur rektal messen

rec·tan·gle [ˈrektæŋgl̩] *n* Rechteck *nt*

rec·tan·gu·lar [rekˈtæŋgjələʳ, AM -lɚ] *adj inv* rechteckig; ~ **coordinates** rechtwinklige Koordinaten

rec·ti·fi·ca·tion [ˌrektɪfɪˈkeɪʃᵊn, AM -tə-] *n* ❶ *no pl of a mistake, situation* Berichtigung *f*, Korrektur *f*; *of a statement* Richtigstellung *f* ❷ ELEC *of current* Gleichrichtung *f*

rec·ti·fi·er [ˈrektɪfaɪəʳ, AM -təfaɪɚ] *n* ❶ ELEC (*conversion device*) Gleichrichter *m* ❷ CHEM (*distiller*) Rektifikator *m*

rec·ti·fy <-ie-> [ˈrektɪfaɪ, AM -tə-] *vt* ❶ (*set right*) ■**to** ~ **sth** etw korrigieren [*o* verbessern]; *omission* etw nachholen; **to** ~ **a statement** eine Aussage richtigstellen [*o* berichtigen] ❷ ELEC **to** ~ **current** Strom gleichrichten ❸ CHEM (*refine*) **to** ~ **liquor** [*or* **a spirit**] Spirituosen rektifizieren

rec·ti·lin·ear [ˌrektɪˈlɪniəʳ, AM -ɚ] *adj inv* g[e]radlinig

rec·ti·tude [ˈrektɪtjuːd, AM -tətuːd, -tjuːd] *n no pl* (*form*) Rechtschaffenheit *f*

rec·to [ˈrektəʊ, AM -toʊ] *n* TYPO (*right hand page*) rechte Seite (*eines Buches*); (*cover page*) Rekto *nt fachspr*

rec·tor [ˈrektəʳ, AM -tɚ] *n* ❶ BRIT REL (*parish priest*) Pfarrer *m* ❷ SCOT UNIV (*student rep*) Rektor(in) *m(f)*; AM (*head of school*) Rektor(in) *m(f)*

rec·tory [ˈrektᵊri] *n* Pfarrhaus *nt*

rec·tum <*pl* -ta *or* -s> [ˈrektəm, *pl* -tə] *n* MED Rektum *nt fachspr*, Mastdarm *m*

re·cum·bent [rɪˈkʌmbənt] *adj* (*liter*) liegend, ruhend; **to be** ~ liegen; *plant* kleinwüchsig sein

re·cu·per·ate [rɪˈkjuːpᵊreɪt, AM -ˈkuːpə-] **I.** *vi* **to** ~ **from the flu/injuries/an operation** sich *akk* von der Grippe/Verletzungen/einer Operation erholen; **no one knows if the almost bankrupt steel industry will** ~ niemand weiß, ob sich die fast bankrotte Stahlindustrie erholen wird **II.** *vt* ■**to** ~ **sth** etw wettmachen; **to** ~ **losses** Verluste wieder gutmachen

re·cu·pera·tion [rɪˌkjuːpᵊrˈeɪʃᵊn, AM -ˌkuːpəˈreɪ-] *n no pl* Erholung *f*; MED Gesundung *f geh*, Genesung *f geh* (**from** von +*dat*); **powers of** ~ Heilkräfte *fpl*; **the human body's powers of** ~ **are amazing** die Heilkräfte des menschlichen Körpers sind erstaunlich

re·cu·pera·tive [rɪˈkjuːpᵊrətɪv, AM -ˈkuːpɚət̬ɪv] *adj inv* heilsam, erholsam

R

re·cur <-rr-> [rɪ'kɜːʳ, AM -'kɜːr] *vi* ① (*happen again*) *event* wieder passieren, sich *akk* wiederholen; *opportunity* sich *akk* wieder bieten; *pain, symptoms* wieder auftreten; *problem, theme* wieder auftauchen ② (*come to mind*) ■ **to ~ to sb** jdm wieder einfallen; **his words of goodbye kept ~ring to me** seine Abschiedsworte kamen mir immer wieder

re·cur·rence [rɪ'kʌrᵊn(t)s, AM -'kɜːr-] *n* Wiederholung *f,* erneutes Auftreten; **the doctor told him to go to the hospital if there was a ~ of his symptoms** der Arzt wies ihn an, ins Krankenhaus zu gehen, falls die Symptome wiederkehrten

re·cur·rent [rɪ'kʌrənt, AM -'kɜːr-] *adj attr, inv,* **re·cur·ring** [rɪ'kɜːrɪŋ] *adj attr, inv* sich wiederholend; *dream, nightmare, theme* [ständig] wiederkehrend; *bouts, problems* häufig [*o* wiederholt] auftretend; **~ costs** laufende Kosten

re·cur·ring 'deci·mal *n* MATH periodischer Dezimalbruch

re·cy·clable [rɪ'saɪkləbḷ] *adj* recycelbar, wiederverwertbar

re·cy·cle [rɪ'saɪkḷ] *vt* ① (*covert into sth new*) **to ~ glass/paper/plastic** Glas/Papier/Plastik recyceln [*o* wiederaufbereiten] ② (*fig: use again*) ■ **to ~ sth** etw wiederverwenden; **critics claimed he just ~d material from his previous books** die Kritiker behaupteten, dass er einfach nur das Material aus seinen vorherigen Büchern wiederverwendet hat

re·cy·cled [rɪ'saɪkḷd] *adj attr* recycelt, wiederverwertet; (*fig*) wiederverwendet

re·cy·cled 'pa·per *n no pl* Recyclingpapier *nt,* Umweltschutzpapier *nt*

re·cy·cling [rɪ'saɪkḷɪŋ] **I.** *n no pl* Recycling *nt,* Wiederverwertung *f,* Wiederaufbereitung *f* **II.** *adj attr, inv* Recycling-; **~ bin** Wertstoff[sammel]behälter *m,* Wertstofftonne *f;* **~ container** Wertstoffcontainer *m,* Sammelcontainer *m;* **~ plant** Recyclinganlage *f*

re·'cy·cling cen·ter AM, **re·'cy·cling cen·tre** *n* BRIT Wertstoffsammelstelle *f*

red [red] **I.** *adj* <-dd-> ① (*colour*) rot ② (*fig: flushing*) **to be/go** [*or* **turn**] **~** rot sein/werden; **she's gone bright ~ with embarrassment/shame/anger** sie wurde ganz rot vor Verlegenheit/Scham/Wut; **to be/turn ~ as a beetroot** [*or* AM **beet**] puterrot [*o* rot wie eine Tomate] sein/werden; **there were lots of ~ faces on the committee when the accusations were made public** es gab eine Menge hochroter Köpfe im Komitee, als die Anschuldigungen veröffentlicht wurden ③ (*bloodshot*) *eyes* rot, gerötet; **she knew he had been drinking last night because his eyes were totally ~** sie wusste, dass er letzte Nacht getrunken hatte, weil seine Augen ganz rot unterlaufen waren; (*from crying*) rot geweint ④ POL (*Socialist*) rot; *Communist* kommunistisch **II.** *n* ① (*colour*) Rot *nt;* (*shade*) Rotton *m;* **the pictures were painted in blues and ~s** die Gemälde waren in Blau- und Rottönen gehalten ② (*clothes/fabric*) Rot *nt;* [**dressed**] **all in ~** ganz in Rot gekleidet ③ *no pl* FIN **to be in the ~** in den roten Zahlen sein; **to be out of the ~** aus den roten Zahlen heraus sein ④ POL (*pej fam: left-winger*) Rote(r) *f(m) fam* ▸ PHRASES: **to see ~** rot sehen *fig*

Red [red] POL **I.** *n* (*pej fam*) Rote(r) *f(m)* **II.** *adj inv* rot; *Communist* kommunistisch

red 'ad·mi·ral *n* Admiral *m* **red a'lert** *n* höchste Alarmbereitschaft; **to be on ~** in höchster Alarmbereitschaft sein **Red 'Army** *n no pl* MIL ■ **the ~** die Rote Armee **Red Army 'Fac·tion** *n* POL Rote-Armee-Fraktion *f* **red 'blood cell** *n* MED rotes Blutkörperchen **red-'blood·ed** *adj* heißblütig **'red-brick** *adj attr, inv* aus rotem Ziegelstein [*o* Backstein] **red-brick uni·'ver·sity** *n* BRIT *im späten 19./frühen 20. Jahrhundert gegründete Universität, die weniger traditionell und elitär ausgelegt ist als etwa Oxford und Cambridge* **red 'cab·bage** *n* ① *no pl* (*dish*) Rotkohl *m,* SÜDD *a.* Rotkraut *nt,* Blaukraut *nt* SÜDD, ÖSTERR, Blaukabis *m* SCHWEIZ, Rotkabis *m* SCHWEIZ ② (*head*) Rotkohl[kopf] *m* **'red·cap** *n* ① BRIT MIL (*sl: policeman*) Militärpolizist *m* ② AM (*dated: at railway*) Gepäckträger *m* **red 'car·pet** **I.** *n no pl* (*usu fig*) roter Teppich *a. fig;* **to roll out the ~ for sb** den roten Teppich für jdn ausrollen *a. fig* **II.** *adj attr, inv* **to be given the ~ treatment** mit allen Ehren [*o fam* mit großem Bahnhof] empfangen werden **red 'cent** *n no pl* AM **to not give a** [*or* **one**] **~ for sth** keinen roten Heller für etw *akk* geben **Red 'Chi·na** *n* (*fam*) Rotchina *nt* **red 'cor·pus·cle** *n* MED rotes Blutkörperchen **Red 'Cres·cent** *n* ■ **the ~** der Rote Halbmond **Red 'Cross** *n* ■ **the ~** das Rote Kreuz **red·'cur·rant** **I.** *n* [rote] Johannisbeere **II.** *n modifier* Johannisbeer-; **~ jelly** Johannisbeergelee *nt* **red 'deer** *n* ① (*animal*) Rothirsch *m* ② *no pl* (*species*) Rotwild *nt*

red·den ['redᵊn] **I.** *vi face, eyes* sich *akk* röten; *person* rot werden, erröten *geh; leaves, sky, water* sich *akk* rot färben; **to ~ with embarrassment** vor Verlegenheit erröten *geh* **II.** *vt* ■ **to ~ sth** etw rot färben; **to ~ sb's cheeks** jds Wangen erröten lassen *geh*

red·dish ['redɪʃ] *adj* rötlich

re·deco·rate [ˌriː'dekəreɪt] **I.** *vt* ■ **to ~ sth** (*by painting*) etw neu streichen; (*by wallpapering*) etw neu tapezieren **II.** *vi* renovieren

re·deco·ra·tion [ˌriːdekə'reɪʃᵊn] *n* Renovierung *f;* (*with paint*) Neuanstrich *m;* (*with wallpaper*) Neutapezieren *nt*

re·deem [rɪ'diːm] *vt* ① (*compensate for*) ■ **to ~ sth** *fault, mistake* etw wettmachen [*o* wiedergutmachen] ② (*save*) **to ~ one's good name/reputation** seinen guten Namen/Ruf wiederherstellen; **he tried to ~ himself in her eyes by giving her a huge bunch of flowers** er versuchte, sie mit einem riesigen Strauß Blumen wieder versöhnlich zu stimmen; ■ **to ~ sb** REL jdn erlösen; (*dated form: buy freedom*) jdn auslösen ③ FIN (*convert*) **to ~ a bond/coupon/savings certificate** einen Pfandbrief/Gutschein/Sparbrief einlösen; (*from pawnshop*) ■ **to ~ sth** etw [gegen Zahlung] zurückerhalten ④ FIN (*pay off*) ■ **to ~ sth** etw ab[be]zahlen; **to ~ one's debts** seine Schulden abtragen; **to ~ a mortgage** eine Hypothek tilgen ⑤ (*fulfil*) ■ **to ~ sth** etw erfüllen; **to ~ a promise** ein Versprechen einlösen

re·deem·able [rɪ'diːməbḷ] *adj inv* ① (*financially*) *coupon, savings certificate, voucher* einlösbar; *mortgage* tilgbar; *loan* rückzahlbar ② (*by compensation*) ■ **to be ~** *faux pas, fault* wiedergutzumachen sein

Re·deem·er [rɪ'diːməʳ, AM -mɚ] *n* REL ■ **the ~** der Erlöser [*o* Retter] [*o* Heiland]

re·deem·ing [rɪ'diːmɪŋ] *adj attr* ausgleichend; **the only ~ feature of the dull film was the soundtrack** das einzig Positive an dem langweiligen Film war die Filmmusik; **he has absolutely no ~ qualities** er hat aber auch gar nichts Gewinnendes an sich

re·demp·tion [rɪ'dem(p)ʃᵊn] *n no pl* ① (*from blame/guilt*) Wiedergutmachung *f,* Ausgleich *m;* REL (*from sin*) Erlösung *f* ② (*rescue*) **to be beyond** [*or* **past**] **~** nicht mehr zu retten sein ③ FIN (*conversion*) *of a bond, coupon, voucher* Einlösen *nt; of a debt, loan, mortgage* Tilgung *f*

re·demp·tive [rɪ'dem(p)tɪv] *adj* heilend *attr,* rettend *attr*

re·de·ploy [ˌriːdɪ'plɔɪ] *vt* ■ **to ~ sb/sth** *workers, staff, troops* jdn/etw verlegen; **to ~ soldiers/troops** Soldaten/Truppen verlegen

re·de·ploy·ment [ˌriːdɪ'plɔɪmənt] *n of workers, staff, troops* Verlegung *f*

re·de·vel·op [ˌriːdɪ'veləp] *vt* ■ **to ~ sth** *neighbourhood, area* etw sanieren; *machine* etw neu entwickeln

re·de·vel·op·ment [ˌriːdɪ'veləpmənt] **I.** *n* Sanierung *f;* **neighbourhood ~** Sanierung *f* einer Wohngegend **II.** *n modifier* (*fund, loan*) Sanierungs-; **~ area** Sanierungsgebiet *nt;* **~ project** Sanierungsprojekt *nt*

'red-eye *n* AM (*sl*) ① (*flight*) Nachtflug *m* ② (*dated: whisky*) Fusel *m fam* ③ (*in photos*) *Rotfärbung der Augen auf Blitzlichtfotos* **red-'faced** *adj* rotgesichtig; **to be ~ with anger/embarrassment/shame** vor Wut/Verlegenheit/Scham einen [hoch]roten Kopf haben **red 'flag** *n* ❶ (*indicating danger*) Warnflagge *f*, Signalflagge *f* ❷ (*of socialist revolution*) Rote Fahne **red 'gi·ant** *n* ASTRON roter Riese **red-'haired** *adj inv* rothaarig **red-'hand·ed** *adj* **to catch sb ~** jdn auf frischer Tat ertappen **'red·head** *n* Rothaarige(r) *f(m)*, Rotschopf *m* **red-'head·ed** *adj* ❶ (*person*) rothaarig ❷ (*bird*) mit roter Haube *nach n*; **~ woodpecker** Rotkopfspecht *m* **red 'her·ring** *n* ❶ (*fish*) Räucherhering *m* ❷ (*sth misleading*) Ablenkungsmanöver *nt*; **the police investigated many clues, but they were all ~s** die Polizei ging etlichen Hinweisen nach, aber es waren alles falsche Spuren **red-'hot** *adj* ❶ (*glowing*) **to be ~** [rot] glühen; (*fig: very hot*) glühend heiß sein ❷ (*fam: emotional*) heiß *fam*; **he plays some ~ jazz!** er spielt heißen Jazz!; **there was ~ anger in his eyes** seine Augen glühten vor Wut; **a ~ mama** AM (*sl*) eine heiße Torte *sl* ❸ (*brand new*) *news, data* brandaktuell, brandheiß *fam*

re·di·al [ˌriːˈdaɪəl, AM -ˈdaɪ(ə)l] **I.** *vt* <BRIT -ll- *or* AM *usu* -l-> **to ~ a number** eine Nummer nochmals wählen **II.** *n no pl* Wahlwiederholung *f*

Red 'In·dian *n* (*pej! dated*) Indianer(in) *m(f)* **red 'ink** *n no pl* AM COMM Verlust *m*; **to be drowning in ~** rote Zahlen schreiben *fig*; **to go into ~** in die roten Zahlen geraten

re·di·rect [ˌriːdɪˈrekt] *vt* **to ~ one's energy to sth** seine Energie anderweitig für etw *akk* einsetzen; **to ~ one's interests** seine Interessen neu ausrichten; **to ~ a letter/package** einen Brief/ein Paket nachsenden; **to ~ resources** Mittel umverteilen; **to ~ traffic** Verkehr umleiten

re·dis·cov·er [ˌriːdɪsˈkʌvəʳ, AM -ɚ] *vt* ■**to ~ sth** etw wiederentdecken

re·dis·tri·bute [ˌriːdɪˈstrɪbjuːt] *vt* **to ~ land/resources/wealth** Land/Mittel/Vermögen umverteilen [*o* neu verteilen]; **one manager was fired and his work ~d among the others** ein Manager wurde gefeuert und seine Arbeit anderen zugeteilt

re·dis·tri·bu·tion [ˌriːdɪstrɪˈbjuːʃᵊn] *n no pl* Umverteilung *f*, Neuverteilung *f*

red-'let·ter day *n ein besonderer Tag, den man sich im Kalender rot anstreichen muss* **red 'light** *n* rote Ampel; **to run** [*or* **jump**] [*or* **drive through**] **a ~** bei Rot über eine Ampel fahren **red-'light dis·trict** *n* Rotlichtviertel *nt* **'red·line** [ˈredlaɪn] *vt* ■**to ~ sb** jdn ausgrenzen **red 'meat** *n no pl* dunkles Fleisch (*wie Rind, Lamm und Reh*) **'red·neck** *n esp* AM (*pej fam*) *weißer Arbeiter aus den am. Südstaaten, oft mit reaktionären Ansichten*

red·ness [ˈrednəs] *n no pl* Röte *f*

re·do <-did, -done> [ˌriːˈduː] *vt* ❶ (*do again*) ■**to ~ sth** etw noch einmal machen; *task* mit etw *dat* von vorn beginnen ❷ (*redecorate*) **to ~ an apartment/house/room** eine Wohnung/ein Haus/Zimmer renovieren

redo·lent [ˈredᵊlənt] *adj pred* (*form*) ■**to be ~ with** [*or* **of**] **sth** ❶ (*smelling*) nach etw *dat* duften *iron* ❷ (*suggestive*) [stark] an etw *akk* erinnern; **such slogans are ~ of the cold war** solche Slogans erinnern stark an den Kalten Krieg

re·dou·ble [ˌriːˈdʌbl̩] **I.** *vt* ■**to ~ sth** etw verdoppeln; **to ~ one's efforts** seine Anstrengungen verdoppeln **II.** *vi* sich *akk* verdoppeln

re·doubt [rɪˈdaʊt] *n* ❶ MIL (*fort*) Redoute *f hist* ❷ (*fig: stronghold*) Bastion *f*

re·doubt·able [rɪˈdaʊtəbl̩] *adj person* Respekt einflößend; (*hum*) gefürchtet; **~ opponent** gefürchteter Gegner/gefürchtete Gegnerin

re·dound [rɪˈdaʊnd] *vi* (*form*) ❶ (*contribute*) **to ~ to sb's advantage/honour** jdm zum Vorteil/zur Ehre gereichen *geh*; **her financial support of the artist ~ed to her credit** ihre finanzielle Unterstützung für den Künstler wurde ihr hoch angerechnet ❷ (*come back*) ■**to ~ on** [*or* **upon**] **sb** [negativ] auf jdn zurückfallen

red 'pep·per I. *n* ❶ (*fresh*) rote(r) Paprika ❷ *no pl* (*powdered*) Paprikagewürz *nt*; (*Cayenne*) Cayennepfeffer *m* **II.** *n modifier* rote Paprika-; **~ flakes** getrocknete rote Paprikaraspeln; **~ stripes** rote Paprikastreifen

re·draft [ˌriːˈdrɑːft, AM -ˈdræft] **I.** *vt* **to ~ a contract/law/proposal** einen Vertrag/ein Gesetz/einen Vorschlag neu entwerfen; **to ~ a map** eine Karte überarbeiten **II.** *n* Neuentwurf *m*, überarbeiteter Entwurf

red 'rag *n* ▶ PHRASES: **sth is like a ~ to a bull to sb** etw ist wie ein rotes Tuch für jdn

re·dress I. *vt* [rɪˈdres] ■**to ~ sth** *mistake* etw wiedergutmachen; *situation* etw bereinigen; *grievance* etw beseitigen; **most managers and politicians are men – how can women ~ the imbalance?** die meisten Manager und Politiker sind Männer – wie können Frauen das Ungleichgewicht beheben? **II.** *n* [rɪˈdres, AM ˈriːdres] *no pl* Wiedergutmachung *f*, Abhilfe *f*; **to have no ~** unumstößlich feststehen; *of an imbalance* Behebung *f*; *of a grievance* Beseitigung *f*; LAW **legal ~** Rechtshilfe *f*; **to seek ~** einen Regressanspruch geltend machen

Red 'Rid·ing Hood *n* Rotkäppchen *nt* **Red 'Sea** *n* ■**the ~** das Rote Meer **'red·skin** *n* (*pej! dated*) Indianer(in) *m(f)*, Rothaut *f pej* **Red 'Square** *n* Roter Platz **red 'tape** *n no pl* Bürokratie *f*; **my passport application is stuck in ~** mein Passantrag steckt irgendwo in den Mühlen der Verwaltung fest

re·duce [rɪˈdjuːs, AM *esp* -ˈduːs] **I.** *vt* ❶ (*make less*) ■**to ~ sth** etw verringern [*o* reduzieren]; **to ~ sb's authority/duties/responsibilities** jds Autorität/Aufgaben/Verantwortlichkeiten einschränken; *price* etw heruntersetzen; **after the scandal, the officer was ~d in rank** nach dem Skandal wurde der Offizier degradiert; **to ~ a backlog** einen Rückstand aufholen; **to ~ speed/velocity** die Geschwindigkeit verringern; **to ~ taxes** Steuern senken; **to ~ wages** Löhne kürzen; **we must ~ expenditures by 10 % in the second quarter** wir müssen die Ausgaben im zweiten Quartal um 10 % reduzieren; **the television was ~d from £500 to £350 in the sales** der Fernseher war von £500 auf £350 heruntergesetzt; **my wage has been ~d to £160** mein Lohn wurde auf £160 gekürzt; **the judge ~d his sentence to 1 year in jail** der Richter setzte sein Strafmaß auf 1 Jahr Gefängnis herab ❷ (*make smaller*) **to ~ a drawing/photo** eine Zeichnung/ein Foto verkleinern; **to ~ a fraction** MATH einen Bruch kürzen [*o fachspr* reduzieren]; **to ~ liquids/a sauce** Flüssigkeiten/eine Soße einkochen lassen; **~ the sauce to** [*or* **by**] **half over a medium flame** die Soße bis zur halben Menge bei mittlerer Hitze einkochen lassen ❸ (*bring down*) **to ~ sth to ashes** [*or* **rubble**] [*or* **ruins**] etw in Schutt und Asche legen; **Allied bombing ~d the city to ruins** alliierte Bombenangriffe legten die Stadt in Schutt und Asche; ■**to ~ sb to sth** [*or* **doing sth**] jdn dazu treiben, etw zu tun; **when he lost his job, they were ~d to begging help from his parents** als er seine Arbeit verlor, waren sie gezwungen, seine Eltern um Hilfe zu bitten; **to ~ sb to obedience/submission** jdn zum Gehorsam/zur Unterwerfung bringen; **to ~ sb to the ranks** MIL jdn [in den Mannschaftsdienstgrad] degradieren; **to ~ sb to tears** jdn zum Weinen bringen ❹ MED (*repair*) **to ~ a dislocated arm/joint** einen ausgekugelten Arm/ein Gelenk einrenken **II.** *vi* AM abnehmen; **to be reducing** eine Diät machen

re·duced [rɪˈdjuːst, AM *esp* -ˈduːst] *adj attr* ❶ (*in price*) reduziert, heruntergesetzt; **~ fare** ermäßigter Fahrpreis; **~ wage** gekürzter Lohn ❷ (*in number, size, amount*) reduziert, verringert; **to be** [*or* **live**] **in ~ circumstances** in verarmten Verhältnissen leben; **~ risk** niedriges Risiko; **on a ~ scale** in kleinerem Umfang; **~** [**jail**] **sentence** herabgesetzte [Gefängnis]strafe

re·duced 'time *n no pl* Kurzarbeit *f*; **to be** [**put**] **on ~** kurzarbeiten [müssen]

re·duc·er [rɪˈduːsɚ, -ˈdjuː-] *n* AM *Person, die eine Diät macht*

re·duc·tion [rɪˈdʌkʃᵊn] *n* ❶ *no pl* (*action*) Reduzierung *f*, Reduktion *f*, Verringerung *f*; *in taxes* Senkung *f*; *of staff* Abbau

R

m; **cost/price** ~ Kosten-/Preissenkung *f* ❷ (*decrease*) Reduzierung *f,* Verminderung *f;* ~ **in rank** Degradierung *f;* ~ **in taxes** Steuersenkung *f; in production, output* Drosselung *f; authorities* Schwächung *f; in expense, salary* Reduzierung *f,* Senkung *f;* **a** ~ **in traffic** ein verringertes Verkehrsaufkommen; ~ **in wages** Lohnkürzung *f* ❸ *of drawing, photo* Verkleinerung *f* ❹ (*simplification*) Vereinfachung *f*

re·dun·dan·cy [rɪˈdʌndən(t)si] *n* ❶ *no pl* BRIT, AUS (*downsizing*) Personalfreisetzung *f euph,* Entlassung *f* (*aus Arbeitsmangel oder Rationalisierungsgründen*); (*unemployment*) Arbeitslosigkeit *f;* **he is terrified of** ~ er hat Angst, seinen Arbeitsplatz zu verlieren; **voluntary** ~ freiwilliges Ausscheiden ❷ BRIT, AUS ECON (*instance*) Entlassung *f;* **the depression means 10,000 redundancies in the East** der Konjunkturrückgang bedeutet 10.000 Entlassungen im Osten ❸ *no pl* LING Redundanz *f* ❹ LING (*instance*) Überflüssigkeit *f*

re·ˈdun·dan·cy pay·ment *n* BRIT, AUS Abfindung[szahlung] *f,* Entlassungsgeld *nt*

re·dun·dant [rɪˈdʌndənt] *adj* ❶ (*superfluous*) überflüssig; LING redundant ❷ BRIT, AUS (*unemployed*) arbeitslos; (*fig*) überflüssig; **to make sb** ~ jdn entlassen

re·du·pli·cate [rɪˈdjuːplɪkeɪt, AM -ˈduːplə-, -ˈdjuː-] *vi* LING reduplizieren

re·du·pli·ca·tion [rɪˌdjuːplɪˈkeɪʃᵊn, AM -ˌduːpləˈ-, -ˈdjuː-] *n* LING Reduplikation *f*

red ˈwine *n* Rotwein *m* **ˈred·wood** *n* BOT ❶ (*tree*) Mammutbaum *m* ❷ *no pl* (*wood*) Redwood *nt,* Rotholz *nt*

reed [riːd] **I.** *n* ❶ BOT (*plant*) Schilf[gras] *nt;* **to be slim as a** ~ dünn wie eine Bohnenstange sein *fam* ❷ BRIT (*straw*) Stroh *nt* (*zum Decken von Strohdächern*) ❸ MUS (*of an instrument*) Rohrblatt *nt* ❹ MUS (*reed instrument*) Rohrblattinstrument *nt* ▶ PHRASES: **to be a broken** ~ ein schwankendes Rohr sein **II.** *n modifier* (*curtain*) aus Schilfrohr; ~ **basket** Korb *m* aus Schilfrohr

reed ˈin·stru·ment *n* Rohrblattinstrument *nt;* **a double-**~ ein [Rohrblatt]instrument *nt* mit doppeltem Rohrblatt **ˈreed or·gan** *n* Harmonium *nt*

re-edu·cate [ˌriːˈedʒʊkeɪt] *vt* ■**to** ~ **sb** jdn umerziehen

reedy [ˈriːdi] *adj* ❶ (*full of reeds*) schilfig, schilfbedeckt ❷ *voice* durchdringend, grell ❸ (*thin*) *person* dünn

reef [riːf] **I.** *n* ❶ GEOG Riff *nt;* **coral** ~ Korallenriff *nt;* (*of gold ore*) [Gold]ader *f* ❷ (*of a sail*) Reff *nt* **II.** *vt* **to** ~ **the sails** die Segel reffen

reef·er [ˈriːfəʳ, AM -fɚ] *n* ❶ *no pl* (*sl: marijuana*) Pot *nt fam* ❷ (*sl: joint*) Joint *m fam* ❸ (*jacket*) [kurze] Seemannsjacke

ˈreef·er jack·et *n* [kurze] Seemannsjacke

ˈreef knot *n* Reffknoten *m;* (*square knot*) Kreuzknoten *m*

reek [riːk] **I.** *n* Gestank *m,* [übler] Geruch **II.** *vi* ❶ (*smell bad*) übel riechen [*o* stinken]; **to** ~ **of alcohol/garlic/manure** übel nach Alkohol/Knoblauch/Dünger riechen [*o* stinken] ❷ FIG (*be pervaded with*) stinken *fig fam;* **to** ~ **of corruption/favouritism/racism** nach Korruption/Vetternwirtschaft/Rassismus stinken

reel¹ [riːl] **I.** *n* ❶ (*device*) Rolle *f;* (*for film, yarn, tape*) Spule *f;* (*for fishing line*) Angelrolle *f;* ~**-to-**~ **tape** [**station**] Magnetbandgerät *nt* mit zwei Rollen ❷ (*unit*) ~ **of film** Filmrolle *f;* ~ **of thread** Fadenspule *f;* ~ **of yarn** BRIT Garnrolle *f* **II.** *vt* **to** ~ **thread** Faden *m* aufspulen

◆**reel in** *vt* **to** ~ **in** ↔ **a fish** einen Fisch einholen; **to** ~ **in the line** die Angelschnur einrollen; ■**to** ~ **sb in** (*fig fam*) jdn angeln *fam*

◆**reel off** *vt* ■**to** ~ **off** ↔ **sth** etw herunterrasseln *fam;* **to** ~ **off the same programme/speech/text** immer wieder das gleiche Programm/die gleiche Rede/den gleichen Text abspulen *fig*

◆**reel out** *vt* **to** ~ **out** ↔ **a fishing line/a hose** eine Angelschnur/einen Schlauch ausrollen; **to** ~ **out a thread** einen Faden abspulen

reel² [riːl] **I.** *n* ❶ (*dance*) Reel *m* ❷ MUS Reel *m* **II.** *vi* ❶ (*sway*) *person* torkeln, taumeln; *ground* sich *akk* drehen; **to send sb** ~**ing** jdn taumeln lassen; **the next punch sent the boxer** ~**ing against the ropes** der nächste Schlag ließ den Boxer gegen die Seile taumeln ❷ (*be shaken*) schaudern; **they are still** ~**ing with shock** sie sind noch benommen von dem Schock; (*be in a whirl*) sich *akk* drehen; **my mind is** ~**ing** in meinem Kopf dreht sich alles ❸ (*dance*) [einen] Reel tanzen

◆**reel back** *vi* taumeln, zurücktaumeln; **she hit him so hard that he** ~**ed back** sie traf ihn so hart, dass er nach hinten taumelte; **he** ~**ed back in shock** er prallte entsetzt zurück

re-elect [ˌriːɪˈlekt] *vt* ■**to** ~ **sb** jdn wiederwählen

re-elec·tion [ˌriːɪˈlekʃᵊn] *n* Wiederwahl *f;* **to seek** [*or* **stand for**] [*or* AM **run for**] ~ sich *akk* zur Wiederwahl stellen

re-en·act [ˌriːɪˈnækt] *vt* ❶ (*act out*) ■**to** ~ **sth** *battle, event* etw nachstellen; **to** ~ **a crime** ein Verbrechen nachvollziehen ❷ LAW **to** ~ **a law** ein Gesetz wieder in Kraft setzen

re-en·ter [ˌriːˈentəʳ, AM *also* -t̬ɚ] **I.** *vt* ❶ (*go in again*) **to** ~ **the** [**earth's**] **atmosphere** wieder in die [Erd]atmosphäre eintreten; **to** ~ **a bus/car** in einen Bus/ein Auto wieder einsteigen; **to** ~ **a country** in ein Land wieder einreisen; **to** ~ **a driveway/parking lot** in eine Einfahrt/einen Parkplatz wieder einfahren; **to** ~ **a house/store** in ein Haus/Geschäft wieder hineingehen; **to** ~ **a room** ein Zimmer wieder betreten ❷ (*enrol*) ■**to** ~ **sth** sich *akk* wieder an etw *dat* beteiligen; **to** ~ **a club** einem Verein wieder beitreten; **to** ~ **a competition** an einem Wettbewerb wieder teilnehmen; **to** ~ **Parliament** wieder ins Parlament einziehen; **to** ~ **politics** sich *akk* wieder an der Politik beteiligen, wieder am politischen Geschehen teilnehmen; **to be** ~**ed for** [*or* **in**] **a competition** für einen Wettkampf wieder aufgestellt werden ❸ COMPUT (*type in*) **to** ~ **sth** etw nochmals eingeben; **to** ~ **data** Daten neu eingeben **II.** *vi* ❶ (*go in*) ■**to** ~ **through** [*or* **by**] **sth** durch etw *akk* wieder eintreten ❷ (*join*) wieder Mitglied werden [*o* beitreten]

re-en·try [ˌriːˈentri] *n* ❶ *no pl* (*going in*) Wiedereintritt *m;* (*in a car*) Wiedereinstieg *m;* (*into a country*) Wiedereinreise *f;* ~ **to the atmosphere** Wiedereintritt *m* in die Atmosphäre ❷ LAW Wiederinbesitznahme *f*

re-ˈen·try shock *n no pl* Kulturschock *m* bei Rückkehr

re-es·tab·lish [ˌriːɪˈstæblɪʃ] *vt* ■**to** ~ **sth** *custom, department* etw wieder einrichten [*o* einführen]; **to** ~ **contact/order/peace** Kontakt/Ordnung/Frieden wiederherstellen; **to** ~ **contact with sb** Kontakt zu jdm wiederherstellen; **to** ~ **a system** ein System wieder einführen; **to** ~ **oneself** [*or* **one's presence**] [**in a field**] sich *akk* [auf einem Gebiet] wieder behaupten [*o* durchsetzen]

re-evalu·ate [ˌriːɪˈvæljueɪt] *vt* ■**to** ~ **sb/sth** jdn/etw wieder schätzen; **to** ~ **one's life** sein Leben erneut abwägen; **to** ~ **a patient** einen Patienten neu beurteilen

re-ex·am·ine [ˌriːɪɡˈzæmɪn] *vt* ❶ (*check again*) ■**to** ~ **sth** *evidence, facts* etw überprüfen; **to** ~ **priorities** Prioritäten erneut überprüfen ❷ SCH, UNIV (*test*) ■**to be** ~**ed** noch einmal geprüft werden; **to** ~ **a witness** LAW einen Zeugen/eine Zeugin erneut [*o* nochmals] vernehmen

re-ex·port I. *vt* [ˌriːɪkˈspɔːt, -ek-, AM -ˈspɔːrt] ■**to** ~ **sth** *clothing, cars, raw materials* etw wieder ausführen **II.** *n* [ˌriːˈekspɔːt, AM -spɔːrt] Reexport *m geh*

ref [ref] *n* ❶ (*fam*) *abbrev of* **referee** Schieri *m fam* ❷ *abbrev of* **reference** AZ

re·fec·tory [rɪˈfektᵊri, AM -tɚi] *n of a school* Speisesaal *m; of a university* Mensa *f; of a monastery* Refektorium *nt*

re·fer <-rr-> [rɪˈfɜːʳ, AM -ˈfɜːr] **I.** *vt* ❶ (*to an authority/expert*) ■**to** ~ **sb/sth to sb/sth** jdn/etw an jdn/etw überweisen; **the patient was** ~**red to a specialist** der Patient wurde an einen Facharzt überwiesen; (*to hospital*) ■**to** ~ **sb** jdn verlegen; **to** ~ **a case to sb/sth** LAW jdm/etw einen Fall übertragen; **to** ~ **a decision to sb** jdm eine Entscheidung übergeben; **to** ~ **a problem to sb** ein Problem an jdn weiterleiten ❷ (*for guidance*)

■**to ~ sb to sb/sth** jdn an jdn/auf etw *akk* verweisen; **the reader is ~red to the Bible** der Leser möge die Bibel [zum Vergleich] heranziehen; **to ~ sb to an article** jdn auf einen Artikel hinweisen [*o* verweisen] ❸ (*send*) **to ~ an application/a letter/a request** eine Bewerbung/einen Brief/eine Bitte weiterleiten **II.** *vi* ❶ (*allude*) ■**to ~ to sb/sth** auf jdn/etw hinweisen; **who are you ~ring to?** wen meinst du?, von wem sprichst du?; **it's you I am ~ring to** dich meine ich; **he always ~s to his wife as 'the old woman'** er spricht von seiner Frau immer als ‚der Alten'; **~ring to your letter/phone call, ...** Bezug nehmend auf Ihren Brief/Anruf ... ❷ (*concern*) ■**to ~ to sb/sth** jdn/etw betreffen; *law, rule* für jdn/etw *akk* gelten; *criticism* sich *akk* auf jdn/etw beziehen ❸ (*consult*) ■**to ~ to sb** sich *akk* an jdn wenden, jdn hinzuziehen [*o geh* konsultieren]; ■**to ~ to sth** auf etw *akk* zurückgreifen, etw zu Hilfe nehmen; **he ~red to a history book** er schlug in einem Geschichtsbuch nach; **to ~ to one's notes** seine Aufzeichnungen zu Hilfe nehmen

◆**refer back I.** *vt* ❶ LAW, ADMIN (*send back*) ■**to ~ sb/sth back to sb/sth** *case, plan, proposal* jdn/etw an jdn/etw zurückverweisen ❷ (*direct attention*) ■**to ~ sb back to sth** jdn auf etw *akk* zurückverweisen; **the reader is constantly ~red back to the introduction** der Leser wird ständig auf die Einleitung zurückverwiesen **II.** *vi* sich *akk* beziehen (**to** auf +*akk*)

ref·eree [ˌrefᵊrˈiː, AM -əˈriː] **I.** *n* ❶ (*umpire*) Schiedsrichter *m;* **to play to the ~'s whistle** sich *akk* an die Spielregeln halten ❷ (*arbitrator*) Schlichter(in) *m(f)* ❸ BRIT (*endorser*) Referenz *f;* **to act as ~** als Referenz dienen; **to give sb as ~** jdn als Referenz angeben **II.** *vt* **to ~ a match** bei einem Spiel Schiedsrichter sein, ein Spiel pfeifen *fam* **III.** *vi* die Leitung eines Spiels übernehmen, Schiedsrichter sein

ref·er·ence [ˈrefᵊrᵊn(t)s] **I.** *n* ❶ (*to an authority*) Rücksprache *f;* (*to a book, article*) Verweis *m;* **I cut out the article for future ~** ich schnitt den Artikel heraus, um ihn später verwenden zu können; **to make ~ to sb** mit jdm Rücksprache halten; **to make ~ to sth** etw erwähnen ❷ (*responsibility*) **terms of ~** Aufgabenbereich *m,* Zuständigkeiten *fpl* ❸ (*allusion*) *indirect* Anspielung *f; direct* Bemerkung *f;* (*direct mention*) Erwähnung *f,* Bezugnahme *f;* **with ~ to what was said at the last meeting, ...** mit Bezug [*o* unter Bezugnahme] auf das Gesagte bei der letzten Sitzung, ...; **with particular ~ to sth** unter besonderer Berücksichtigung einer S. *gen;* **to make a ~ to sb/sth** auf jdn/etw anspielen; **to make a passing ~ to sb/sth** nebenbei auf jdn/etw zu sprechen kommen, jdn/etw nebenbei erwähnen; **in** [*or* **with**] **~ to sb/sth** mit Bezug [*o* Bezug nehmend] auf jdn/etw; **I am writing to you in ~ to your letter of March 15** mit diesem Schreiben nehme ich Bezug auf Ihren Brief vom 15. März ❹ (*citation*) Verweis *m;* **list of ~s** Anhang *m,* Glossar *nt;* (*information*) Hinweis *m;* **for future ~** [als Hinweis] für die Zukunft; **for future ~ please note that we do need your account number** für die Zukunft bitten wir Sie, zur Kenntnis zu nehmen, dass wir Ihre Kontonummer benötigen ❺ (*in correspondence*) Aktenzeichen *nt;* **to use** [*or* **quote**] **~** das Aktenzeichen angeben ❻ (*in library*) Ansicht *f;* **the books in that section of the library are for ~ only** die Bücher in diesem Teil der Bibliothek sind nur zum Nachschlagen gedacht ❼ (*recommendation*) Empfehlungsschreiben *nt,* [Arbeits]zeugnis *nt,* Referenz *f geh;* **to have bad/good ~s** schlechte/gute Referenzen haben; **to write sb a glowing ~** jdm ein glänzendes [Arbeits]zeugnis ausstellen; **to give sb a ~** jdm eine Referenz [*o* ein [Arbeits]zeugnis] ausstellen; **to take up ~s** Referenzen einholen **II.** *vt* ■**to ~ sth** auf etw *akk* anspielen

ˈref·er·ence book *n* Nachschlagewerk *nt* **ˈref·er·ence li·brary** *n* Präsenzbibliothek *f* **ˈref·er·ence mark** *n* Verweiszeichen *nt* **ˈref·er·ence num·ber** *n* (*in letters*) Aktenzeichen *nt;* (*on goods*) Artikelnummer *f* **ˈref·er·ence pub·lish·ing** *n no pl* Verlegen *nt* von Nachschlagewerken **ˈref·er·ence sec·tion** *n* Präsenzabteilung *f*

ref·er·en·da [ˌrefᵊrˈendə, AM -əˈr-] *n* POL *pl of* **referendum**

ref·er·en·dum <*pl* -s *or* -da> [ˌrefᵊrˈendəm, AM -əˈr-, *pl* -də] *n* POL Referendum *nt geh;* **to be decided in** [*or* **by**] **a ~** durch ein Referendum entschieden werden; **to hold a ~** ein Referendum abhalten

re·fer·ral [rɪˈfɜːrᵊl] *n* ❶ (*case*) Überweisung *f;* (*to the hospital*) Einweisung *f,* Einlieferung *f* ❷ *no pl* (*action*) Einweisung *f*

re·fill I. *n* [ˈriːfɪl] Auffüllen *nt,* Nachfüllen *nt; for fountain pen* Nachfüllpatrone *f; for ballpoint* Nachfüllmine [*o* Ersatzmine] *f; for lipstick* Nachfüllstift *m; for printer* Nachfüllblätter *ntpl;* **a ~ for** [*or* **on**] **medication/a prescription** eine Neuverordnung einer Behandlung/eines Rezeptes; **to give sb a ~** (*with drink, coffee*) jdm etw nachschenken **II.** *vt* [ˌriːˈfɪl] **to ~ a cup/glass** eine Tasse/ein Glas wieder füllen

re·fine [rɪˈfaɪn] **I.** *vt* ❶ (*from impurities*) **to ~ metal/oil/sugar** Metall/Öl/Zucker raffinieren ❷ (*fig: improve*) ■**to ~ sth** etw verfeinern; ■**to ~ sb** jdm Benimm [*o* Manieren] beibringen *fam;* ■**to ~ oneself** an sich *dat* arbeiten, sich *akk* bilden; **to ~ one's behaviour** sein Benehmen kultivieren; **to ~ one's style** LIT seinen Stil verbessern **II.** *vi* ■**to ~ on sth** etw verfeinern, an etw *dat* feilen *fig;* **to ~ on a method** eine Methode verfeinern

re·fined [rɪˈfaɪnd] *adj* ❶ (*processed*) raffiniert; **~ foods** aufbereitete Nahrungsmittel; **~ metal** veredeltes Metall; **~ oil** raffiniertes Öl; **~ sugar** Raffinade *f* ❷ (*approv: sophisticated*) [hoch] entwickelt, verfeinert; **highly ~** hoch entwickelt; **a ~ film** ein anspruchsvoller Film; **~ methods** ausgeklügelte Methoden; **~ tastes** feiner Geschmack ❸ (*well-mannered*) *person* gebildet, kultiviert

re·fine·ment [rɪˈfaɪnmənt] *n* ❶ *no pl* (*processing*) Raffinieren *nt,* Raffination *f; of metal* Veredelung *f;* **the ~ of raw opium** die Aufbereitung von Rohopium ❷ (*improvement*) Verbesserung *f;* **with all the latest ~s** mit den neuesten technischen Raffinessen; *of ideas, methods* Überarbeitung *f,* Verbesserung *f;* **the hypothesis does need some ~** an der Hypothese muss noch überarbeitet werden *fam* ❸ *no pl* (*good manners*) Gebildetheit *f,* Kultiviertheit *f*

re·fin·ery [rɪˈfaɪnᵊri, AM -əi] *n* Raffinerie *f;* **oil/sugar ~** Öl-/Zuckerraffinerie *f*

re·fit I. *vi* <BRIT -tt- *or* AM *usu* -t-> [ˌriːˈfɪt] NAUT überholt werden **II.** *vt* <BRIT -tt- *or* AM *usu* -t-> [ˌriːˈfɪt] **to ~ a factory** eine Fabrik neu ausstatten; **to ~ a ship** ein Schiff überholen **III.** *n* [ˈriːfɪt] NAUT Überholung *f*

re·flate [ˌriːˈfleɪt] **I.** *vt* **to ~ a currency** eine Währung [bewusst] inflationieren; **to ~ the economy** die Wirtschaft ankurbeln **II.** *vi* [bewusst] inflationieren

re·fla·tion [ˌriːˈfleɪʃᵊn] *n* Reflation *f,* Konjunkturbelebung *f*

re·fla·tion·ary [ˌriːˈfleɪʃᵊnᵊri, AM -eri] *adj inv* reflationär; **~ measures** [*or* **moves**] reflationäre Maßnahmen

re·flect [rɪˈflekt] **I.** *vt* ❶ (*throw back*) ■**to be ~ed in sth** sich *akk* in etw *dat* spiegeln; **he saw himself ~ed in the shop window** er sah sein Spiegelbild im Schaufenster; **to ~ heat/light/sound** Hitze/Licht/Schall reflektieren ❷ (*show*) ■**to ~ sth** *hard work, multiculturalism, one's views* etw zeigen [*o* zum Ausdruck bringen]; *honesty, generosity* für etw *akk* sprechen; **his refusal to accept the bribe ~s his integrity** es spricht für seine Integrität, dass er ein Bestechungsgeld abgelehnt hat; **to ~ [great] credit on sb/sth** jdm [viel] Ehre machen ❸ (*think*) ■**to ~ that ...** denken, dass ...; **she ~ed that this was probably the last time she would see him** sie dachte bei sich, dass dies vielleicht das letzte Mal war, dass sie ihn sah **II.** *vi* ❶ *light, mirror* reflektieren ❷ (*ponder*) nachdenken, reflektieren *geh;* **to ~ closely** [*or* **carefully**] [*or* **seriously**] gründlich nachdenken; ■**to ~ on** [*or* **upon**] **sb/sth** über jdn/etw nachdenken ❸ (*make impression*) ■**to ~ on** [*or* **upon**] **sth** etw in einem Licht erscheinen lassen; **will the accident ~ on his ability to do his job?** wird der Unfall seine

Arbeitsfähigkeit beeinträchtigen?; ■**to ~ on** [*or* **upon**] **sb** ein Licht auf jdn werfen; **to ~ badly/well on** [*or* **upon**] **sb/sth** gegen/für jdn/etw sprechen; **it ~ed badly on his character** es warf ein schlechtes Licht auf seinen Charakter

re·flect·ing [rɪˈflektɪŋ] *adj attr, inv* reflektierend; **~ telescope** Spiegelteleskop *nt*

re·flec·tion [rɪˈflekʃᵊn] *n* ❶ *(reflecting)* Reflexion *f;* **heat/light ~** Hitze-/Lichtreflexion *f;* **sound ~** Hall *m;* **sound ~ effect** Halleffekt *m* ❷ *(mirror image)* Spiegelbild *nt* ❸ *(fig: sign)* Ausdruck *m;* **his unhappiness is a ~ of ...** seine Unzufriedenheit ist ein Zeichen für ...; **~ of a lack of breeding/education** Zeichen *nt* für mangelnde Erziehung/Bildung; **to be a fair** [*or* **accurate**] **~ of sth** etw richtig widerspiegeln [*o* wiedergeben] ❹ *no pl (consideration)* Betrachtung *f,* Überlegung *f* (**on, about** über *+akk*); **on** [*or* **after**] **~** nach reiflicher Überlegung ❺ *(thought, comment)* Betrachtung *f;* **~s on** [*or* **about**] **life** Betrachtungen *fpl* über das Leben ❻ *(discredit)* ■**to be a ~ on sb/sth** ein Licht auf jdn/etw werfen; **to cast a ~ upon sb's abilities** jds Fähigkeiten in Frage stellen; **it's no ~ on your character** [*or* **personality**] es geht nicht gegen Sie persönlich

re·flec·tive [rɪˈflektɪv] *adj* ❶ *glass, clothing* reflektierend ❷ *person* nachdenklich

re·flec·tive·ly [rɪˈflektɪvli] *adv* nachdenklich

re·flec·tor [rɪˈflektəʳ, AM -ɚ] *n* ❶ *(device)* Reflektor *m; on a bicycle, car* Rückstrahler *m,* Katzenauge *nt* ❷ *(telescope)* Spiegelteleskop *nt* ❸ AM *(on road)* Reflektor *m*

re·flex [ˈriːfleks] **I.** *n* <*pl* -es> Reflex *m;* **conditioned ~** bedingter Reflex; **to test sb's ~es** jds Reflexe prüfen **II.** *n modifier (text, point)* Reflex-; **~ sneeze** reflexartiges Niesen

ˈre·flex ac·tion *n* Reflexhandlung *f* **ˈre·flex an·gle** *n* MATH überstumpfer Winkel **ˈre·flex cam·era** *n* Spiegelreflexkamera *f*

re·flex·ion *n esp* BRIT *see* **reflection**

re·flex·ive [rɪˈfleksɪv] **I.** *adj* AM ❶ *(involuntary)* reflexartig ❷ *inv* LING reflexiv **II.** *n* LING Reflexiv *nt*

re·flex·ive·ly [rɪˈfleksɪvli] *adv* ❶ *(involuntarily)* reflexartig ❷ *inv* LING reflexiv

re·flex·ive ˈpro·noun *n* Reflexivpronomen *nt* **re·flex·ive ˈverb** *n* reflexives Verb

re·flex·ol·ogy [ˌriːflekˈsɒlədʒi, AM -ˈsɑːl-] *n no pl* Reflexologie *f*

ˈre·flex re·sponse *n* Reflexhandlung *f*

re·flux <*pl* -es> [ˈriːflʌks] *n* Rückfluss *m;* **tides have a flux and ~** Gezeiten haben eine Flut und eine Ebbe

re·for·est [ˌriːˈfɒrɪst, AM -ˈfɔːr-] *vt esp* AM **to ~ land/an area** Land/ein Gebiet aufforsten

re·for·esta·tion [ˌriːfɒrɪˈsteɪʃᵊn, AM -fɔːrɪˈ-] **I.** *n no pl esp* AM Aufforstung *f* **II.** *adj attr, inv* **~ programme/project** Aufforstungsprogramm *nt*/-projekt *nt*

re·forge [ˌriːˈfɔːdʒ, AM -ˈfɔːrdʒ] *vt* ■**to ~ sth** etw wiederherstellen; **to ~ a new identity** sich *dat* ein neues Leben aufbauen

re·form [rɪˈfɔːm, AM -ˈfɔːrm] **I.** *vt* ■**to ~ sth** *institution, system* etw reformieren; **to ~ a criminal/drug addict** einen Kriminellen/Drogenabhängigen/eine Kriminelle/Drogenabhängige bessern; ■**to ~ oneself** sich *akk* bessern **II.** *vi person* sich *akk* bessern; **for years I was an alcoholic but I ~ed** ich war jahrelang Alkoholiker, aber ich bin davon losgekommen **III.** *n* Reform *f; of self, a criminal* Besserung *f;* **~s to the system** Reformen *fpl* am System; ■**to be beyond ~** nicht reformierbar sein; **far-reaching** [*or* **sweeping**] [*or* **wide-ranging**] **~** weitreichende Reform; **social ~** Sozialreform *f;* **to cry out for ~** nach Reform schreien **IV.** *n modifier (measures, programme)* Reform-

re-form [ˌriːˈfɔːm, AM -ˈfɔːrm] **I.** *vt* ■**to ~ sth** etw umformen [*o* umgestalten] **II.** *vi clouds* eine neue Form annehmen; *police, troops* sich *akk* neu formieren; *committee, management* sich *akk* wieder [*o* erneut] bilden

re·for·mat <-tt-> [ˌriːˈfɔːmæt, AM -ˈfɔːrm-] *vt* **to ~ a disk** eine Diskette neu formatieren

ref·or·ma·tion [ˌrefəˈmeɪʃᵊn, AM -ɚˈ-] *n institution* Reformierung *f; person* Besserung *nt;* **to undergo a ~** sich *akk* bessern

Ref·or·ma·tion [ˌrefəˈmeɪʃᵊn, AM -ɚˈ-] *n* ■**the ~** die Reformation

re·for·ma·tory [rɪˈfɔːmətᵊri, AM -ˈfɔːrmətɔːri] **I.** *n* AM Besserungsanstalt *f veraltet,* Jugendhaftanstalt *f* **II.** *adj attr, inv* reformatorisch, Reform-; **~ punishment** Strafe *f* zur Besserung; **to give sb a ~ speech** jdm eine Strafpredigt halten

re·formed [rɪˈfɔːmd, AM -ˈfɔːrmd] *adj attr* gebessert; **~ alcoholic** trockener Alkoholiker/trockene Alkoholikerin; **~ criminal** resozialisierte[r] Kriminelle[r]; **~ drug addict/gambler** geheilter Drogenabhängiger/Spieler/geheilte Drogenabhängige/Spielerin; **a ~ person** ein neuer [*o* anderer] Mensch

re·form·er [rɪˈfɔːməʳ, AM -ˈfɔːrmɚ] *n* Reformer(in) *m(f);* **social ~** Sozialreformer(in) *m(f);* REL Reformator *m*

re·form·ist [rɪˈfɔːmɪst, AM -ˈfɔːrm-] **I.** *n* Reformist(in) *m(f)* **II.** *adj* reformistisch

Re·form ˈJu·da·ism *n no pl* Reformjudentum *nt* **re·ˈform school** *n* Besserungsanstalt *f veraltet,* Erziehungsheim *nt*

re·fract [rɪˈfrækt] *vt* PHYS **to ~ a ray of light** einen Lichtstrahl brechen; **one can see light ~ed in water** man kann sehen, wie sich das Licht im Wasser bricht

re·fract·ing ˈtele·scope *n* Refraktor *m*

re·frac·tion [rɪˈfrækʃᵊn] *n no pl* Refraktion *f fachspr,* Brechung *f;* **light ~** Lichtbrechung *f;* **~ of light** Brechung *f* des Lichtes

re·frac·tory [rɪˈfræktᵊri, AM -ɚi] *adj person* starrsinnig *geh,* stur; *disease* hartnäckig; *metal* hitzebeständig

re·frain¹ [rɪˈfreɪn] *n (in a song)* Refrain *m; (in a poem)* Kehrreim *m; (comment)* häufiger Ausspruch; **constant ~** ständiger Spruch, ewige Leier *pej fam*

re·frain² [rɪˈfreɪn] *vi* sich *akk* zurückhalten, Abstand nehmen *geh;* **please ~ from smoking** *(on a sign)* „Bitte nicht rauchen!"; **kindly ~ from smoking/talking** wir bitten, das Rauchen/Sprechen zu unterlassen; ■**to ~ oneself** sich *akk* zurückhalten; **to ~ from laughing** sich *dat* das Lachen verkneifen

re·fresh [rɪˈfreʃ] *vt* ❶ *(reinvigorate)* ■**to ~ sb** *sleep, a holiday* jdn erfrischen [*o* beleben]; **to ~ oneself** sich *akk* erfrischen; **~ yourselves!** *(with drink)* nehmen Sie doch eine Erfrischung!; *(with food)* stärken Sie sich! ❷ *(cool)* ■**to ~ sb/oneself** jdn/sich *akk* abkühlen; ■**to ~ sth** *food* etw abschrecken ❸ *(fig)* **to ~ one's knowledge/skills** sein Wissen/seine Kenntnisse auffrischen; **to ~ one's memory** seinem Gedächtnis auf die Sprünge helfen ❹ AM *(refill)* **to ~ sb's coffee/glass/lemonade** jds Kaffee/Glas/Limonade nachfüllen

re·freshed [rɪˈfreʃt] *adj* ❶ *(rejuvenated)* erholt, belebt; **to feel ~** sich *akk* erholt fühlen ❷ *(cooled)* erfrischt, abgekühlt; **to feel ~** sich *akk* erfrischt fühlen

re·fresh·er [rɪˈfreʃəʳ, AM -ɚ] *n* ❶ *(course)* Auffrischungskurs *m;* **one-day ~** eintägiger Auffrischungskurs ❷ *(drink)* Erfrischung *f* ❸ BRIT LAW *(fee)* zusätzliches Honorar *(für einen Anwalt bei längerer Prozessdauer)*

re·ˈfresh·er course *n* Auffrischungskurs *m*

re·fresh·ing [rɪˈfreʃɪŋ] *adj* ❶ *(rejuvenating) air, colour, drink* erfrischend; **to taste ~** erfrischend schmecken ❷ *(pleasing)* [herz]erfrischend; **a ~ change** eine willkommene Abwechslung; **a ~ thought** ein wohltuender Gedanke

re·fresh·ing·ly [rɪˈfreʃɪŋli] *adv* erfrischend *fig,* wohltuend; **~ honest/unusual** wohltuend ehrlich/ungewöhnlich

re·fresh·ment [rɪˈfreʃmənt] **I.** *n* ❶ *(rejuvenation)* Erfrischung *f,* Belebung *f* ❷ ■**~s** *pl (drink)* Erfrischungen *fpl; (food)* Snacks *mpl;* **light ~s** Erfrischungsgetränke und Snacks; **a little ~** ein [kleiner] Imbiss **II.** *n modifier* Erfrischungs-; **~ bar** Büfett *nt;* **~ concession** Schankerlaubnis *f,* Schankkonzession *f;* **~ stand** Getränkestand *m*

re·fried beans *npl* mexikanisches Bohnenpüree

re·frig·er·ant [rɪˈfrɪdʒᵊrᵊnt, AM -ərᵊnt] *n* Kühlmittel *nt*

re·frig·er·ate [rɪˈfrɪdʒᵊreɪt, AM -əreɪt] **I.** *vt* ■**to ~ sth** *food, drink*

refusing to answer

refusing to answer	die Antwort verweigern
Not telling! *(fam)*	Sag ich nicht! *(fam)*
(I'm afraid) I can't tell you.	Das kann ich dir (leider) nicht sagen.
I don't want to say anything about it.	Dazu möchte ich nichts sagen.
No comment!	Kein Kommentar!
I don't wish to comment on the matter. *(form)*	Ich möchte mich zu dieser Angelegenheit nicht äußern. *(form)*

etw im Kühlschrank aufbewahren **II.** *vi* ~ **after opening** nach dem Öffnen kühl aufbewahren

re·frig·er·at·ed [rɪˈfrɪdʒᵊreɪtɪd, AM -əreɪt̬ɪd] *adj* ❶ *(in transport)* Kühl-; ~ **lorry** Kühlwagen *m;* ~ **ship** Kühlschiff *nt* ❷ *(chilled)* *food* gekühlt; *(frozen)* tiefgekühlt; ~ **meat/vegetables** Tiefkühlfleisch/-gemüse *nt*

re·frig·era·tion [rɪˌfrɪdʒᵊrˈeɪʃᵊn, AM -əˈreɪ-] *n no pl* Kühlung *f*

re·frig·era·tor [rɪˈfrɪdʒᵊreɪtəʳ, AM -əreɪt̬ɚ] *n* Kühlschrank *m*

re·frig·era·tor-ˈfreez·er *n* AM Kühl- und Gefrierkombination *f*

re·fuel <BRIT -ll- *or* AM *usu* -l-> [ˌriːˈfjuːəl] **I.** *vi plane* auftanken **II.** *vt* **to ~ an airplane/a lorry** ein Flugzeug/einen Lastwagen auftanken; **to ~ controversy/speculation** *(fig)* die Kontroverse/Spekulation anheizen

re·fuel·ing, AM **re·fuel·ling** [ˌriːˈfjuːəlɪŋ] **I.** *n* Auftanken *nt* **II.** *adj attr, inv* ~ **stop** Zwischenstopp *m* zum Auftanken

ref·uge [ˈrefjuːdʒ] *n* ❶ *(secure place)* Zuflucht *f,* Zufluchtsort *m;* **game** ~ Wildreservat *nt;* **mountain** ~ Unterstand *m* in den Bergen; **women's** ~ Frauenhaus *nt;* **to take** [*or* **seek**] ~ **in sth** in etw *dat* Zuflucht suchen ❷ *(from reality)* **to seek ~ in sth** in etw *dat* Zuflucht suchen; **to take ~ in sth** sich *akk* in etw *akk* flüchten; **to take ~ in drink/drugs/religion** Zuflucht im Trinken/in Drogen/in der Religion nehmen

refu·gee [ˌrefjʊˈdʒiː] **I.** *n* Flüchtling *m;* **economic** ~ Wirtschaftsflüchtling *m;* **political** ~ politischer Flüchtling; **to conceal/harbour ~s** Flüchtlinge verstecken/beherbergen **II.** *n modifier* *(tribunal)* Flüchtlings-; ~ **status** Rechtsstellung *f* als [anerkannter] Flüchtling

refu·ˈgee camp *n* Flüchtlingslager *nt*

re·fund I. *vt* [ˌriːˈfʌnd] **to ~ expenses/money** Auslagen/Geld zurückerstatten; ■**to ~ sb sth** jdm etw *akk* zurückerstatten **II.** *n* [ˈriːfʌnd] Rückzahlung *f;* **I'd like a ~ on this shirt, please** ich hätte gern mein Geld für dieses Hemd zurück; **to demand a ~** eine Rückzahlung fordern; **to be due a ~** Anrecht *nt* auf eine Rückzahlung haben; **I'm due a ~** mir steht eine Rückzahlung zu; **to obtain** [*or* **get**] **a ~** eine Rückzahlung erhalten

re·fund·able [ˌriːˈfʌndəbl̩] *adj inv* zurückzahlbar, zurückerstattbar; **all your expenses on the business trip are ~** all Ihre Ausgaben für die Geschäftsreise werden erstattet; **a ~ sum of £30** ein Pfand *nt* von £30; ~ **deposit** Kaution *f*

re·fur·bish [ˌriːˈfɜːbɪʃ, AM -ˈfɜːrb-] *vt* ■**to ~ sth** etw aufpolieren; *furniture* etw verschönern; **to ~ a house** ein Haus renovieren

re·fur·bished [ˌriːˈfɜːbɪʃt, AM -ˈfɜːrb-] *adj attr house* renoviert; *interior of car* aufpoliert; *furniture* verschönert

re·fur·bish·ment [ˌriːˈfɜːbɪʃmənt, AM -ˈfɜːrb-] *n house* Renovierung *f; interior of car* Aufpolierung *f; furniture* Verschönerung *f;* **to carry out ~s** Renovierungsarbeiten durchführen

re·fur·nish [ˌriːˈfɜːnɪʃ, AM -ˈfɜːrn-] *vt* **to ~ a house/room** ein Haus/Zimmer neu möblieren

re·fus·al [rɪˈfjuːzᵊl] *n* Ablehnung *f; of offer* Zurückweisung *f; of invitation* Absage *f; of food, visa* Verweigerung *f;* ~ **of an application/planning permission** Ablehnung *f* eines Antrags/einer Baugenehmigung; **the right of ~ to guests** das Recht, Gästen den Zutritt zu verweigern; **to shake one's head in ~** ablehnend den Kopf schütteln; **to have first ~ on a house/land** das Vorkaufsrecht für ein Haus/Land haben; **to promise first ~ on sth** das Vorkaufsrecht für etw *akk* einräumen; **a flat** [*or* **blunt**] [*or* **point-blank**] ~ eine klare Absage; **to meet with** [*or* **receive**] **a ~** eine Absage erhalten

re·fuse¹ [rɪˈfjuːz] **I.** *vi* ablehnen; *horse* verweigern; **I ~ to be ordered about** ich lasse mich nicht herumkommandieren; **to ~ to eat/pay/talk** sich *akk* weigern zu essen/bezahlen/sprechen **II.** *vt* ■**to ~ sth** etw ablehnen; ■**to ~ sb** jdn zurückweisen; ■**to ~ sb sth** jdm etw *akk* verweigern; **to ~ admittance** den Zutritt verweigern; **to ~ compensation** Schadenersatzansprüche *mpl* ablehnen [*o* abweisen]; **to ~ consent** die Zustimmung verweigern; **to ~ sb credit** jdm keinen Kredit gewähren; **to ~ a fence/obstacle** *horse* ein Hindernis verweigern; **the horse ~d the obstacle** das Pferd hat am Hindernis verweigert; **to ~ all** [**offers of**] **help** jegliche Hilfe ablehnen; **to ~ an offer** ein Angebot ausschlagen; **to ~ a request** eine Bitte abschlagen

re·fuse² [ˈrefjuːs] *n* *(form)* Abfall *m;* **garden/kitchen** ~ Garten-/Küchenabfälle *mpl*

ˈref·use bin *n* Mülltonne *f* **ˈref·use chute** *n* Müllschlucker *m* **ˈref·use col·lec·tion** *n no pl* Müllabfuhr *f* **ˈref·use col·lec·tor** *n* *(form)* Müllwerker *m geh,* Müllmann *m* **ref·use-de·rived ˈfuel** *n no pl* Müllbrennstoff *m* **ˈref·use dis·pos·al** *n no pl* Müllbeseitigung *f* **ˈref·use dump** *n* Mülldeponie *f* **ˈref·use in·cine·ra·tion** *n no pl* Müllverbrennung *f* **ref·use in·cine·ˈra·tion plant** *n* Müllverbrennungsanlage *f*

re·fuse·nik [rɪˈfjuːznɪk] *n* POL ❶ *(hist)* Flüchtling *m* *(ursprünglicher Ausdruck für russische Juden, denen die Emigration aus einem Land verweigert wird)* ❷ *(protestor)* Verweigerer, -in *m, f pej*

re·fut·able [ˈrefjʊtəbl̩, AM rɪˈfjuːt̬-] *adj* widerlegbar, falsifizierbar *geh*

refu·ta·tion [ˌrefjʊˈteɪʃᵊn] *n* Widerlegung *f;* ■~ **of an accusation/charge/evidence** Widerlegung *f* einer Anschuldigung/eines Vorwurfs/eines Beweises; ~ **of an argument/a theory** Widerlegung *f* eines Arguments/einer Theorie; ~ **of the prosecution's case** Entkräftung *f* der Vorwürfe der Staatsanwaltschaft

re·fute [rɪˈfjuːt] *vt* ■**to ~ sth** ❶ *(disprove)* etw widerlegen [*o* entkräften]; **to ~ an assertion** [*or* **contention**] eine Behauptung widerlegen [*o* entkräften]; **to ~ a charge** [*or* **an allegation**] einen Vorwurf entkräften; **to ~ a statement/testimony** eine Aussage/Zeugenaussage entkräften ❷ *(deny)* etw widerlegen; **to ~ an argument/theory/thesis** ein Argument/eine Theorie/eine These widerlegen

reg¹ [reg] *n usu pl* **rules and ~s** *(sl)* Verordnungen *fpl,* Vorschriften *fpl*

reg² [redʒ] *n* BRIT *(fam)* *short for* **registration number**

re·gain [rɪˈgeɪn] *vt* ■**to ~ sth** ❶ *(get again)* etw wiederbekommen [*o* zurückbekommen]; **to ~ the championship/cup** den Meisterschaftstitel/Cup zurückgewinnen [*o* zurückholen]; **to ~ consciousness** das Bewusstsein wiedererlangen; **to ~ one's footing** wieder Stand [*o* Halt] finden; **to ~** [**lost**] **ground**

[verlorenen] Boden zurückgewinnen; **to ~ one's health** wieder gesund werden; **to ~ a position** eine Position wiedererlangen; **to ~ possession of sth** wieder in den Besitz einer S. *gen* gelangen; **to ~ a region/territory** MIL eine Region/ein Gebiet zurückgewinnen; **to ~ one's self-control** [*or* **composure**] seine Selbstbeherrschung wiedergewinnen; **to ~ lost time** verlorene Zeit wieder einholen; **to ~ the use of one's legs/fingers** seine Beine/Finger wieder gebrauchen können; **to ~ [one's] vigour** [*or* **strength**] seine Kraft zurückgewinnen ❷ (*form, liter: reach again*) etw wieder erreichen; **we'll drive on little roads for a while, and ~ the main road later** wir benutzen eine Zeit lang Nebenstraßen, und kommen später auf die Hauptstraße zurück

re·gal ['ri:gᵊl] *adj* königlich, majestätisch; **~ bearing** majestätische Haltung; **~ manner** vornehme Art, Vornehmtun *nt pej*, vornehmes Gehabe *pej;* **~ splendour** königlicher Prunk

re·gale [rɪ'geɪl] *vt* ■**to ~ sb with sth** *stories, jokes* jdn mit etw *dat* aufheitern; *food, drink* jdn mit etw *dat* verwöhnen

re·ga·lia [rɪ'geɪliə, AM -ljə] *n + sing/pl vb* Kostüme *ntpl*, Aufmachung *f kein pl hum;* (*of royalty*) Insignien *pl;* **the Queen's ~** die Insignien der Königin; **in full ~** in voller Montur *hum;* **military ~** volle Uniform; **to appear in ~** in vollem Staat erscheinen

re·gal·ly ['ri:gᵊli] *adv* königlich; **to behave ~** sich *akk* majestätisch benehmen

re·gard [rɪ'gɑ:d, AM -'gɑ:rd] **I.** *vt* ❶ (*consider*) betrachten; ■**to ~ sb/sth as sth** jdn/etw als etw *akk* betrachten; **her parents always ~ed her as the cleverest of their children** für ihre Eltern war sie immer das klügste ihrer Kinder; **she is ~ed as a talented actress** sie wird für eine talentierte Schauspielerin gehalten; ■**to ~ sth with sth** etw mit etw *dat* betrachten; **local people ~ this idea of a motorway through their village with horror** für die Anwohner ist die Vorstellung einer Autobahn durch ihr Dorf schrecklich; **to ~ sb with great respect** jdn sehr schätzen; **to ~ sb highly** jdn hoch schätzen; (*be considerate of*) große Rücksicht auf jdn nehmen; **to not ~ sb's needs/situation/wishes** jds Bedürfnisse/Situation/Wünsche nicht berücksichtigen ❷ (*look at*) ■**to ~ sb/sth** jdn/etw betrachten; **to ~ sb/sth curiously/strangely** jdn/etw neugierig/befremdet betrachten ❸ (*concerning*) **as ~s the excessive noise from your neighbours, on that point we may be able to help you** was den enormen Lärm, den Ihre Nachbarn machen, angeht, so können wir Ihnen in diesem Punkt wahrscheinlich helfen **II.** *n* ❶ (*consideration*) Rücksicht *f;* **he has no ~ for other people's feelings** er nimmt keine Rücksicht auf die Gefühle von anderen; **without** [*or* **with no**] **~ for sb/sth** ohne Rücksicht auf jdn/etw; **without ~ to race or colour** egal welcher [*o* ungeachtet der] Rasse und Hautfarbe; **to pay ~ to sth** auf etw *akk* Rücksicht nehmen; **to pay no ~ to a warning** eine Warnung in den Wind schlagen ❷ (*respect*) Achtung *f* (**for** vor +*dat*); **to hold sb/sth in high** [*or* **the highest**] **~** Hochachtung vor jdm/etw haben; **the work of the theatre is held in the highest ~** die Arbeit des Theaters wird hoch geschätzt; **to hold sb/sth in low ~** jdn/etw gering schätzen; **to lose one's ~ for sb** seine Achtung vor jdm verlieren ❸ (*gaze*) Starren *nt;* **she became aware of his ~** sie merkte, dass er sie anstarrte ❹ (*aspect*) **in this** [*or* **that**] **~** in dieser Hinsicht ❺ (*concerning*) ■**with** [*or* **in**] **~ to ...** in Bezug auf ...; **I am writing to you with ~ to your letter of 15 March** mit diesem Schreiben nehme ich Bezug [*o* beziehe ich mich] auf Ihr Schreiben vom 15. März; **there is no problem as ~s the financial arrangements** es gibt kein Problem, was die finanziellen Vereinbarungen angeht; **having ~ to the fire regulations, ...** der Brandschutzverordnung entsprechend ...

re·gard·ful [rɪ'gɑ:dfᵊl, AM -'gɑ:rd-] *adj pred* ■**to be ~ of sth** auf etw *akk* Rücksicht nehmen; **when travelling you should be ~ of local customs** wenn man reist, sollte man die örtlichen Gebräuche beachten

re·gard·ing [rɪ'gɑ:dɪŋ, AM -'gɑ:rd-] *prep* bezüglich *+gen;* **~ your inquiry** bezüglich Ihrer Anfrage

re·gard·less [rɪ'gɑ:dləs, AM -'gɑ:rd-] *adv inv* trotzdem; **I want the account, ~ of what we have to do to get it** ich möchte die Aufzeichnung, egal was wir tun müssen, um sie zu bekommen; **~ of age/consequences/danger** trotz [*o* ungeachtet] des Alters/der Konsequenzen/der Gefahr; **~ of the expense** ungeachtet der [*o* ohne Rücksicht auf die] Kosten; **~ of sb's opposition** gegen jds Widerstand; **to press on ~** trotzdem weitermachen; **press on ~!** Augen zu und durch!

re·gards [rɪ'gɑ:dz, AM -'gɑ:rdz] *npl* Grüße *mpl;* **kind** [*or* **best**] **~** (*in a letter*) viele Grüße; **to give** [*or* **convey**] **sb's ~ to sb** jdm jds Grüße ausrichten [*o* übermitteln]; **please give my ~ to your mother** bitte grüße deine Mutter von mir; **to send sb one's ~** jdn grüßen lassen

re·gath·er [ri:'gæðəʳ, AM -ɚ] **I.** *vi troops* sich *akk* wieder sammeln **II.** *vt* **to ~ one's thoughts** sich *akk* sammeln *fig*

re·gat·ta [rɪ'gætə, AM -'gɑ:t̬ə] *n* Regatta *f;* **the Henley R~** die Henley-Regatta

re·gen·cy ['ri:dʒᵊn(t)si] **I.** *n* Regentschaft *f;* (*period of rule*) Regentschaft[szeit] *f;* **the R~ of the Empire** die Herrschaft des britischen Empire **II.** *adj attr, inv* Régence-; **~ architecture** Régence[bau]stil *m;* **~ furniture** Régencemöbel *pl;* **R~ style** Régencestil *m*

re·gen·er·ate [rɪ'dʒenᵊreɪt, AM -əreɪt] **I.** *vt* ■**to ~ sth** ❶ (*revive*) etw erneuern; **to ~ [inner] cities** [Innen]städte neu gestalten; **to ~ enthusiasm/an issue/a movement** Begeisterung/ein Problem/eine Bewegung neu aufleben lassen *f;* **to ~ sb/sb's spirit** REL jdn/jds Geist erneuern ❷ ELEC etw rückkoppeln ❸ (*grow again*) *claw, tissue* etw neu bilden; **a lizard can ~ its tail** bei einer Eidechse wächst der Schwanz wieder nach **II.** *vi* BIOL sich *akk* regenerieren *geh; tissue* sich *akk* neu bilden

re·gen·era·tion [rɪ,dʒenᵊr'eɪʃᵊn, AM -ə'reɪ-] *n no pl* ❶ (*improvement*) Erneuerung *f*, Regeneration *f;* **~ of cities/a region** Erneuerung *f* von Städten/einer Region; **urban ~** Stadtsanierung *f; of issue* Neubildung *f; of spirit* Erholung *f;* REL Erneuerung *f* ❷ ELEC Rückkoppelung *f* ❸ BIOL (*regrowth*) Regeneration *f geh*, Neubildung *f;* **~ of cells/skin/tissue** Regeneration *f* von Zellen/der Haut/des Gewebes; **skin ~** Regeneration *f* der Haut

re·gen·era·tive [rɪ'dʒenᵊrətɪv, AM -ɚt̬ɪv] *adj inv* ❶ (*improving*) erneuernd, aufbauend; *spiritually* erneuernd ❷ BIOL (*causing growth*) regenerierend; **~ activity of the cells** regenerative Funktion der Zellen; **~ cream** Aufbaucreme *f*

re·gen·era·tive 'medi·cine *n no pl* Reproduktionsmedizin *f fachspr* (*auf die Gentechnik gestützter medizinischer Forschungszweig*)

re·gent ['ri:dʒᵊnt] **I.** *n* Regent(in) *m(f)* **II.** *adj after n* **Prince R~** Prinzregent *m*

reg·gae ['regeɪ] **I.** *n no pl* Reggae *m* **II.** *n modifier* (*group, CD, concert, singer*) Reggae-

regi·cide ['redʒɪsaɪd] *n* (*person*) Königsmörder(in) *m(f);* (*act*) Ermordung *f* eines Königs; (*crime*) Königsmord *m;* **attempted ~** versuchter Königsmord

re·gime [reɪ'ʒi:m, AM rə'-] *n* ❶ (*government*) Regime *nt;* **the Hitler/Stalin ~** das Hitler-/Stalinregime; **totalitarian ~** totalitäres Regime ❷ (*in management*) Führung *f*, Leitung *f* ❸ (*procedure*) Behandlungsweise *f*

regi·men ['redʒɪmən, AM -dʒə-] *n* ❶ (*plan for health*) Gesundheitsplan *m* (*entsprechend ärztlichen Anweisungen*); **the doctor put him on a strict ~** der Arzt verordnete ihm eine streng gesunde Lebensweise; **drug ~** Medikamentenverordnung *f* ❷ (*routine*) geregelter Tagesablauf

regi·ment **I.** *n* ['redʒɪmənt, AM -dʒə-] *+ sing/pl vb* ❶ (*in military*) Regiment *nt;* **the 8th ~** das achte Regiment ❷ (*group of people*) Schar *f;* **a whole ~ of people** eine ganze Schar von Leuten; **a ~ of youths** eine Schar Jugendlicher **II.** *vt* ['redʒɪment, AM -dʒə-] ❶ MIL **to ~ troops** Truppen in Gruppen einordnen ❷ (*regulate*) ■ **to ~ sb** jdn kontrollieren; ■ **to ~ sth** etw reglementieren; **their behaviour was strictly ~ed** ihr Verhalten war genau reglementiert

regi·men·tal [ˌredʒɪˈmentᵊl, AM -əˈmenṭᵊl-] **I.** *adj* ❶ *inv* (*of a regiment*) Regiments-; ~ **club** Regimentskasino *nt;* ~ **commander** Regimentskommandant *m;* ~ **uniform** Regimentsuniform *f* ❷ (*strict*) reglementiert, starr **II.** *n* ■ **~s** *pl* Uniform *f*

regi·men·tal ˈcol·our *n* BRIT Regimentsfarbe *f*

regi·men·ta·tion [ˌredʒɪmenˈteɪʃᵊn, AM -əmənˈ-] *n* Reglementierung *f*

regi·ment·ed [ˈredʒɪmentɪd, AM -əmenṭɪd] *adj* reglementiert; ~ **school/society** straff organisierte Schule/Gesellschaft

re·gion [ˈriːdʒᵊn] *n* ❶ (*geographical*) Region *f;* **the Birmingham ~** die Region um Birmingham; **desert ~** Wüstengebiet *nt;* **mountain ~** Bergregion *f* ❷ (*administrative*) [Verwaltungs]bezirk *m,* Provinz *f* ❸ (*of the body*) Gegend *f;* **in the ~ of the head** im Bereich des Kopfes; **the stomach ~** die Magengegend ❹ (*approximately*) ■ **in the ~ of ...** etwa bei ..., im Bereich von ..; **the cost would be in the ~ of £500** die Kosten belaufen sich auf ca. 500 Pfund

re·gion·al [ˈriːdʒᵊnᵊl] **I.** *adj inv* regional; ~ **accent/dialect** regionaler Akzent/Dialekt; ~ **loyalties** regionale Bindungen; ~ **newspaper** Lokalzeitung *f;* ~ **sales manager** regionaler Verkaufsleiter; **R~ Tourist Board** BRIT regionales Fremdenverkehrsamt **II.** *n* ■ **the ~s** *pl* SPORTS regionaler Wettbewerb

re·gion·al·ism [ˈriːdʒᵊnᵊlɪzᵊm] *n* ❶ *no pl* Regionalismus *m* ❷ LING Regionalismus *m; word* nur regional verwendeter Ausdruck

re·gion·al·ly [ˈriːdʒᵊnᵊli] *adv inv* regional

reg·is·ter [ˈredʒɪstəʳ, AM -ɚ] **I.** *n* ❶ (*official list*) Register *nt,* Verzeichnis *nt;* ~ **of births, marriages and deaths** Personenstandsregister *nt;* **bridal ~** Hochzeitstisch *m;* **class ~** Klassenbuch *nt;* **electoral ~** Wählerverzeichnis *nt;* ~ **of electors** [*or* **voters**] Wählerverzeichnis *nt;* **hotel ~** Gästebuch *nt* ❷ (*device*) Registriergerät *nt;* AM (*till*) Kasse *f* ❸ (*range*) Volumen *nt,* Stimmumfang *m;* (*part of span*) Stimmlage *f;* **higher/lower ~** höhere/tiefere Stimmlage ❹ LING Register *nt fachspr,* Sprachebene *f;* **informal ~** informelles Register; **transactional ~** Transaktionsregister *nt* ❺ (*of fire place*) Klappe *f;* (*of heater*) Lüftungsschieber *m* ❻ (*in printing*) [Inhalts]verzeichnis *nt* ❼ (*of book*) Lesezeichen *nt* **II.** *vt* ❶ (*report*) ■ **to ~ sb/sth** jdn/etw registrieren [*o* eintragen]; **to ~ a birth/death** eine Geburt/einen Tod anmelden [*o* eintragen lassen]; **to ~ a car** ein Auto zulassen; **she ~ed the car in her name** sie meldete das Auto auf ihren Namen an; **to ~ a copyright/trademark** ein Urheberrecht/Warenzeichen eintragen; **to ~ an invention** eine Erfindung patentieren lassen; **to ~ luggage** BRIT Gepäck aufgeben; **to ~ a voter** einen Wähler registrieren ❷ (*measure*) ■ **to ~ sth** etw anzeigen; **to ~ heat/light/movement/rainfall** Hitze/Licht/Bewegung/Regen registrieren ❸ (*at post office*) **to ~ a letter/parcel** einen Brief/ein Päckchen per Einschreiben schicken ❹ (*notice*) ■ **to ~ sth** sich *dat* etw merken ❺ (*show*) **to ~ disappointment/shock/surprise** sich *akk* enttäuscht/schockiert/überrascht zeigen; **to ~ protest** Protest zum Ausdruck bringen **III.** *vi* ❶ (*person*) sich *akk* melden; *to vote* sich *akk* eintragen; *at university* sich *akk* einschreiben [*o* immatrikulieren]; **the bridal couple ~ed at a popular department store** das Hochzeitspaar stellte einen Hochzeitstisch in einem beliebten Warenhaus auf; **to ~ with the authorities/police** sich *akk* behördlich/polizeilich melden; **to ~ for a course** [*or* **class**] einen Kurs [*o* eine Klasse] belegen; (*at university*) sich *akk* für einen Kurs einschreiben; **to ~ for the draft** *esp* AM sich *akk* zum Wehrdienst melden; **to ~ at a hotel** sich *akk* in einem Hotel anmelden; **to ~ as unemployed** sich *akk* arbeitslos melden ❷ *machine, measuring device* angezeigt werden; **the earthquake was too small to ~ on the Richter scale** das Erdbeben war zu klein, um auf der Richterskala angezeigt zu werden ❸ (*fam: be understood*) ankommen *fam;* **I did mention the address but I'm not sure that it ~ed** [**with him**] ich habe die Adresse genannt, aber ich bin nicht sicher, ob sie bei ihm angekommen ist ❹ (*show*) sich *akk* zeigen; **a smile slowly ~ed on his face** ein Lächeln zeigte sich langsam auf seinem Gesicht

reg·is·tered [ˈredʒɪstəd, AM -ɚd] *adj inv* registriert, gemeldet; ~ **charity** eingetragene [*o* offiziell anerkannte] Hilfsorganisation; ~ **childminder** professionelle Tagesmutter; ~ **Democrat/Republican** AM POL demokratisches/republikanisches Parteimitglied; ~ **nurse** *esp* AM examinierte [*o* staatlich anerkannte] Krankenschwester; ~ **patent** eingetragenes Patent; ~ **trademark** eingetragenes Warenzeichen; ~ **vehicle** amtlich zugelassenes Fahrzeug; ~ **voter** eingetragener Wähler

Reg·is·tered Gen·er·al ˈNurse *n* BRIT examinierte [*o* staatlich geprüfte] Krankenschwester **reg·is·tered ˈlet·ter** *n* eingeschriebener Brief, Einschreiben *nt;* **to send sth to sb by ~** jdm etw *akk* per Einschreiben schicken **reg·is·tered ˈmail** *n* AM, **reg·is·tered ˈpost** *n no pl* BRIT, AUS Einschreibesendung *f* **reg·is·tered se·ˈcur·ity** *n usu pl* Namensaktie *f*

ˈreg·is·ter of·fice *n* BRIT Standesamt *nt; see also* **registry office**

reg·is·trar [ˌredʒɪˈstrɑːʳ, AM ˈredʒɪstrɑːr] *n* ❶ (*for the state*) Standesbeamte(r) *m,* Standesbeamte [*o* -in] *f* ❷ UNIV (*office*) Studentensekretariat *nt; person* höchste(r) Verwaltungsbeamte(r)/höchste Verwaltungsbeamtin ❸ BRIT, AUS (*at hospital*) Assistenzarzt, -ärztin *m, f*

reg·is·tra·tion [ˌredʒɪˈstreɪʃᵊn] *n* ❶ (*action*) Anmeldung *f;* (*at university*) Einschreibung *f;* **car ~** Autozulassung *f;* **voter ~** Wählereintragung *f* ❷ AUTO (*certificate*) Kraftfahrzeugbrief *m;* (*number*) Kraftfahrzeugkennzeichen *nt* **reg·is·ˈtra·tion docu·ment** *n* BRIT Kraftfahrzeugbrief *m*

reg·is·ˈtra·tion fee *n* Anmeldegebühr *f;* UNIV Einschreibegebühr *f* **reg·is·ˈtra·tion form** *n* Anmeldeformular *nt* **reg·is·ˈtra·tion num·ber** *n* Kraftfahrzeugkennzeichen *nt*

reg·is·try [ˈredʒɪstri] *n* BRIT Standesamt *nt;* **business ~** Handelsregister *nt;* **electoral ~** Wahlaufsichtsbehörde *f;* **land ~** Katasteramt *nt*

ˈreg·is·try of·fice *n* BRIT Standesamt *nt;* **to marry at the ~** standesamtlich heiraten

re·gress [rɪˈgres] *vi* (*lose ability*) sich *akk* verschlechtern, Rückschritte machen; (*deteriorate*) *person* sich *akk* zurückentwickeln; *society* sich *akk* rückläufig entwickeln; PSYCH regredieren *fachspr;* **she ~ed to the mental age of a five-year-old child** sie fiel auf den geistigen Entwicklungsstand einer Fünfjährigen zurück

re·gres·sion [rɪˈgreʃᵊn] *n no pl* ❶ MED (*physical*) Regression *f fachspr,* Verschlechterung *f;* (*mental*) Zurückentwicklung *f;* **her ~ into her depression** ihr Rückfall in die Depression ❷ MATH Regression *f*

re·gres·sive [rɪˈgresɪv] *adj* ❶ (*becoming worse*) rückschrittlich ❷ (*tax type*) regressiv; ~ **tax/taxation** regressive Steuer/Besteuerung ❸ (*in philosophy*) rückläufig

re·gret [rɪˈgret, re-] **I.** *vt* <-tt-> ■ **to ~ sth** etw bedauern; **they ~ted pouring paint on the neighbour's car** es tat ihnen leid, dass sie Farbe auf das Auto des Nachbarn geschüttet hatten; **it is to be ~ted that there are less registrations for the event this year** es ist leider so, dass es weniger Anmeldungen für die diesjährige Veranstaltung gibt; **we ~ any inconvenience to passengers** die Passagiere werden um Verständnis gebeten **II.** *vi* <-tt-> ■ **to ~ to do sth** bedauern, etw tun zu müssen; **the airline ~s to announce the cancellation of flight BA 205 to Madrid** die Fluggesellschaft bedauert, die Streichung des Fluges BA 205 nach Madrid bekannt geben zu müssen; **I ~ to have to inform you that ...** leider muss ich Ihnen mitteilen, dass ... **III.** *n* Bedauern *nt kein pl;* **my only ~ is that ...** das Einzige, was ich bedaure, ist, dass ...;

a pang of ~ ein Anflug *m* von Reue; **to have** [*or* **feel**] **a pang of** ~ Reue empfinden; **much to sb's** ~ sehr zu jds Bedauern; **we think, much to our ~, that we will not be able to visit you next year** es tut uns sehr leid, aber wir glauben, dass wir euch nächstes Jahr nicht besuchen werden können; **much to my** ~ zu meinem großen Bedauern; **to express ~ at** [*or* **for**] **sth** seinem Bedauern über etw *akk* Ausdruck verleihen, sein Bedauern über etw *akk* aussprechen; **to have no ~s about sth** etw nicht bereuen; **to send one's ~s** sich *akk* entschuldigen [lassen]

re·gret·ful [rɪˈgretfəl, re-] *adj* bedauernd; ■**to be ~ about sth** etw bedauern; **a ~ feeling** ein Gefühl *nt* des Bedauerns; **to say a ~ goodbye** schweren Herzens auf Wiedersehen sagen; **~ smile** wehmütiges Lächeln; **to sound ~** sein Bedauern zum Ausdruck bringen

re·gret·ful·ly [rɪˈgretfəli, re-] *adv* mit Bedauern; **I left New York ~** schweren Herzens verließ ich New York

re·gret·table [rɪˈgretəbl̩, re-, AM -t̬ə-] *adj* bedauerlich; **it is deeply ~ that the government refuses to listen to our ideas** es ist äußerst enttäuschend, dass die Regierung sich weigert, sich unsere Ideen anzuhören; **a deeply ~ mistake** ein äußerst bedauerlicher Fehler

re·gret·tably [rɪˈgretəbli, re-, AM -t̬əbli] *adv* leider, bedauerlicherweise; **~ slow/unwilling** bedauerlich langsam/unwillig

re·group [ˌriːˈgruːp] **I.** *vt* **to ~ books/members/pupils** Bücher/Mitglieder/Schüler neu gruppieren [*o* umgruppieren]; **to ~ one's forces** die Streitkräfte neu formieren **II.** *vi troops, demonstrators* sich *akk* neu formieren [*o* gruppieren]

regu·lar [ˈregjələʳ, AM -ɚ] **I.** *adj* ① (*routine*) regelmäßig; **she's a ~ churchgoer** sie geht regelmäßig zur Kirche; **he's a ~ contributor** er spendet regelmäßig; **~ appearances** regelmäßiges Erscheinen; **to make ~ appearances on TV** regelmäßig im Fernsehen auftreten; **to do sth on a ~ basis** etw regelmäßig tun; **we met on a ~ basis** wir trafen uns regelmäßig; **~ check-up** regelmäßige Kontrolluntersuchung; **~ customer** [*or* **patron**] Stammkunde, -in *m, f*; **~ exercise** regelmäßiges Training; **to take ~ exercises** *esp* BRIT regelmäßig trainieren; **~ guest** Stammgast *m*; **a man/woman of ~ habits** ein Mann/eine Frau mit festen Gewohnheiten; **~ income** geregeltes Einkommen; **~ meetings** regelmäßige Treffen; **to have ~ meetings** sich *akk* regelmäßig treffen; **~ price** regulärer Preis; **~ procedure** übliche Vorgehensweise; **~ reader** Stammleser(in) *m(f)*; **~ working hours** reguläre Arbeitszeiten ② (*steady in time*) **~ beat** regelmäßiger Takt; **~ breathing** regelmäßiges Atmen; **to keep ~ hours** sich *akk* an feste Zeiten halten; **~ intervals** regelmäßige Abstände; **to eat ~ meals** regelmäßig essen; **~ service** regelmäßige [Bus-/Flug-/Zug]verbindung; **to be ~** MED (*of digestive system*) eine regelmäßige Verdauung haben; (*of menstruation*) einen regelmäßigen Zyklus haben ③ (*well-balanced*) regelmäßig; *surface* gleichmäßig; MATH symmetrisch; **~ features** regelmäßige [*o geh* ebenmäßige] Gesichtszüge; **~ quadrilateral** gleichseitiges Viereck; **~ teeth** regelmäßige [*o* gerade] Zähne ④ (*not unusual*) üblich, normal; (*not special*) normal; **it's a pretty dress but too ~** es ist ein schönes Kleid, aber nicht ausgefallen genug; **her ~ secretary was off for a week** ihre fest angestellte Sekretärin hatte eine Woche frei; **my ~ doctor was on vacation** mein Hausarzt hatte Urlaub; **~ gas** AM Normalbenzin *nt* ⑤ (*correct*) korrekt, ordentlich; **~ work arrangements** geordnetes [*o* ordentliches] Arbeitsverhältnis; **to do things the ~ way** etwas so machen, wie es sich gehört ⑥ *attr, inv* AM (*size*) **~ fries** normale Portion Pommes Frites; (*of clothing*) **~ size** Normalgröße *f* ⑦ LING regelmäßig; **~ conjugation** regelmäßige Konjugation; **~ verb** regelmäßiges Verb ⑧ (*approv: nice*) nett, umgänglich; **a ~ [sort of] fellow** [*or* AM **guy**] ein umgänglicher Typ ⑨ *attr, inv* (*esp hum fam: real, absolute*) regelrechte(r, s) *fam*, richtige(r, s) *fam*; **this child is a ~ charmer/nuisance** dieses Kind ist ein richtiger Charmeur/Plagegeist ⑩ *soldier, officer* Berufs-; **~ troops** Berufsheer *nt* ⑪ REL **~ clergy** Ordensgeistlichkeit *f* ▸ PHRASES: **as ~ as clockwork** auf die Minute pünktlich **II.** *n* ① (*customer*) Stammgast *m* ② MIL Berufssoldat *m*

regu·lar 'army *n* Berufsheer *nt*

regu·lar·ity [ˌregjəˈlærəti, AM -ˈlerət̬i] *n no pl* (*in time*) Regelmäßigkeit *f*, Gleichmäßigkeit *f*; **the magazine appears with improved ~** das Magazin erscheint jetzt regelmäßiger; (*in shape*) Ebenmäßigkeit *f*

regu·lari·za·tion [ˌregjələraɪˈzeɪʃən, AM -rɪˈ-] *n no pl* ① (*standardization*) Einheitlichkeit *f* ② (*normalization*) Normalisierung *f*

regu·lar·ize [ˈregjələraɪz, AM -lər-] **I.** *vt* ■**to ~ sth** ① (*make consistent*) *a language, work hours* etw standardisieren [*o* vereinheitlichen] ② (*normalize*) *status, relationship* etw normalisieren **II.** *vi breathing, heart beat* sich *akk* regulieren

regu·lar·ly [ˈregjələli, AM -ɚli] *adv* ① (*evenly*) regelmäßig; **~ spaced intervals** regelmäßige Abstände; **to breathe ~** gleichmäßig atmen ② (*frequently*) regelmäßig *pej*; **accidents ~ occur at this bend** an dieser Kurve kommt es ständig zu Unfällen ③ (*equally*) gleichmäßig; **~ divided** gleichmäßig aufgeteilt ④ AM COMM, ECON (*normally*) regulär; **the cameras are ~ priced at $500** die Kameras kosten normalerweise $500

regu·late [ˈregjəleɪt] *vt* ■**to ~ sth** ① (*supervise*) etw regeln [*o* steuern]; ■**to ~ whether/how/when ...** festlegen, ob/wie/wann ...; **~d industry** öffentlich gebundene Unternehmen; **to ~ the use of additives/alcohol/radiation** den Gebrauch von Zusätzen/Alkohol/Strahlungen regeln ② (*adjust*) etw regulieren; **to ~ the clock** [**from winter time to summer time**] die Uhr [von Winter- auf Sommerzeit] umstellen; **to ~ the flow of input/supplies/water** den Eingaben-/Versorgungs-/Wasserfluss regeln; **to ~ the temperature** die Temperatur regulieren [*o* einstellen]

regu·la·tion [ˌregjəˈleɪʃən] **I.** *n* ① (*rule*) Vorschrift *f*, Bestimmung *f* (**on** über +*akk*); **in accordance with the ~s** vorschriftsmäßig; **EU-~** EU-Vorschrift *f*; **fire ~s** Brandschutzbestimmungen *fpl*; **health ~s** Gesundheitsverordnungen *fpl*; **rules and ~s** Regeln und Bestimmungen; **safety ~s** Sicherheitsvorschriften *fpl*, Sicherheitsbestimmungen *fpl*; **traffic ~s** Verkehrsregeln *fpl*; **against** [*or* **contrary to**] **the ~s** gegen die Vorschriften, vorschriftswidrig; **under the ~s** laut Vorschrift ② *no pl* (*supervision*) Überwachung *f*; **government ~** staatliche Überwachung **II.** *adj inv* vorgeschrieben; **it's ~ to wear suits at the office** das Tragen von Anzügen im Büro ist vorgeschrieben; **the ~ pin-stripe suit** der obligatorische Nadelstreifenanzug; **~ uniform** MIL Dienstuniform *f*; SCH Schuluniform *f*

regu·la·tor [ˈregjəleɪtəʳ, AM -t̬ɚ] *n* Regulator *m*

regu·la·tory [ˈregjələtəri, AM -tɔːri] *adj inv* Aufsichts-, Kontroll-; **~ agency** [*or* **body**] [*or* **organization**] Aufsichtsbehörde *f*; **~ enzymes/hormones** Regulierungsenzyme/-hormone *ntpl*; **~ powers** ordnungspolitische Instrumente

re·gur·gi·tate [rɪˈgɜːdʒɪteɪt, AM -ˈgɜːrdʒə-] *vt* ■**to ~ sth** ① (*throw up*) *food* etw wieder hochwürgen ② (*pej: repeat*) *facts, information* etw nachplappern

re·hab [ˈriːhæb] *n* (*fam*) *abbrev of* **rehabilitation** Reha *f*; ■**to be in ~** auf Reha sein *fam*

re·ha·bili·tate [ˌriːhəˈbɪlɪteɪt, AM -lə-] *vt* ■**to ~ sb** ① (*have therapy*) jdn rehabilitieren; **to ~ a criminal** einen Kriminellen resozialisieren; **to ~ victims of accidents** Unfallopfer wieder ins normale Leben eingliedern ② (*restore reputation*) jdn rehabilitieren, jds Ruf wiederherstellen

re·ha·bili·ta·tion [ˌriːhəˌbɪlɪˈteɪʃən, AM -bɪləˈ-] **I.** *n no pl* ① *of criminals* Resozialisierung *f*; *of drug addicts* Rehabilitation *f geh*; *of victims* Wiedereingliederung *f* ins normale Leben ② (*of reputation*) Rehabilitation *f geh*; **to be given a ~** rehabilitiert werden ③ (*renovation*) Instandsetzung *f*, Sanierung *f*; **~ of buildings/flats** Instandsetzung *f* von Gebäuden/Wohnungen **II.** *n modifier* (*facility, method, therapist, programme*) Rehabilitations-

re·ha·bili·'ta·tion cen·ter AM, **re·ha·bili·'ta·tion cen·tre** *n* Rehabilitationszentrum *nt;* **drug** ~ Entziehungsanstalt *f*

re·hash I. *vt* [ˌriːˈhæʃ] ■**to** ~ **sth** ❶ (*pej fam: offer as new*) etw aufwärmen *pej, fig fam* ❷ (*discuss*) etw wiederkäuen *pej, fig,* etw noch einmal durchgehen; **to** ~ **events** Ereignisse noch einmal durchsprechen **II.** *n* <*pl* -es> [ˈriːhæʃ] (*fam*) Aufguss *m,* Abklatsch *m pej fam;* ~ **of Elvis Presley** Elvis-Presley-Verschnitt *m*

re·hears·al [rɪˈhɜːsᵊl, AM -ˈhɜːr-] *n* ❶ THEAT Probe *f;* ■**to be in** ~ *play* geprobt [*o* einstudiert] werden; **wedding** ~ Hochzeitsprobe *f;* ~ **dinner** AM *Familienessen nach der Hochzeitsprobe;* **to have** [*or* **hold**] **a** ~ proben; MIL Truppenübung *f* ❷ (*recital*) **a** ~ **of arguments/complaints/criticisms** eine Aufzählung von Argumenten/Beschwerden/Kritiken

re·hearse [rɪˈhɜːs, AM -ˈhɜːrs] **I.** *vt* ❶ DANCE, THEAT, MUS (*practise*) **to** ~ **a play/scene** ein Stück/eine Szene proben; **to** ~ **one's lines** seinen Text vorsprechen; **the actors appeared to be well** ~**d** die Schauspieler schienen ihre Rollen gut einstudiert zu haben; (*in thought*) etw [in Gedanken] durchgehen ❷ (*prepare*) ■**to** ~ **sb** jdn vorbereiten; **the PM appeared to have been carefully** ~**d by advisors** der Ministerpräsident schien von seinen Beratern genauestens instruiert worden zu sein ❸ (*repeat*) ■**to** ~ **sth** *arguments, old theories* etw aufwärmen *fig* **II.** *vi* proben

re·heat [ˌriːˈhiːt] *vt* ■**to** ~ **sth** *food* etw aufwärmen

re·house [ˌriːˈhaʊz] *vt usu passive* ■**to** ~ **sb** jdn umsiedeln [*o* umquartieren]

Reich [raɪk, raɪx] *n* (*hist*) Reich *nt hist;* **the Second** ~ das deutsche Kaiserreich (*1871-1918*)*;* **the Third** ~ das Dritte Reich (*1933-1945*)

reign [reɪn] **I.** *vi* ❶ (*be king/queen*) regieren, herrschen; (*be head of state*) regieren; **to** ~ **over a country** ein Land regieren ❷ (*be dominant*) dominieren; ■**to** ~ **over sb/sth** jdn/etw beherrschen; **chaos** ~**ed over the city** in der Stadt herrschte Chaos; **confusion/peace/silence** ~**s** es herrscht Verwirrung/Frieden/Stille; **to** ~ **supreme** [absolut] herrschen; **love** ~**s supreme in her heart** ihr Herz ist voller Liebe **II.** *n* Herrschaft *f;* **the** ~ **of Henry VIII** die Herrschaft Heinrichs VIII.; **during the** ~ **of Queen Victoria** unter der Herrschaft von Königin Victoria; ~ **of terror** Schreckensherrschaft *f*

re·im·burse [ˌriːɪmˈbɜːs, AM -ˈbɜːrs] *vt* ■**to** ~ **sb** jdn entschädigen *geh;* **to** ~ **sth** etw ersetzen; **to** ~ **expenses** Auslagen [rück]erstatten

re·im·burse·ment [ˌriːɪmˈbɜːsmənt, AM -ˈbɜːrs-] *n* Rückzahlung *f; of expenses* Erstattung *f geh; of loss* Entschädigung *f*

rein [reɪn] **I.** *n usu pl* (*for horse*) Zügel *m;* BRIT (*for children*) Laufgurt *m;* (*fig*) **who's at the** ~**s in that company?** wer hält in dieser Firma die Zügel?; **to draw** ~ die Zügel anziehen; **to assume the** ~**s of government** die Regierung übernehmen ▸ PHRASES: **to give free** ~ **to sb** [*or* **sb a free** ~] jdm freie Hand lassen; **to keep a tight** ~ **on sb/sth** [*or* **sb/sth on a tight** ~] jdn/etw an der kurzen Leine halten [*o* kurzhalten]; **to keep one's emotions/imagination on a tight** ~ seine Gefühle/Fantasie im Zaum halten; **to hand over the** ~**s** die Kontrolle übergeben **II.** *vt* **to** ~ **a horse in** [*or* **back**] [*or* **to** ~ **in** [*or* **back**] **a horse**] ein Pferd zügeln; (*fig*) ■**to** ~ **sb in** [*or* **back**] jdn an die Kandare nehmen *fig;* ■**to** ~ **in** [*or* **back**] ↻ **sth** etw im Zaum halten; **to** ~ **in** [*or* **back**] **power** Macht einschränken [*o* beschneiden]; **to** ~ **in** [*or* **back**] **spending** Ausgaben einschränken

re·in·car·nate [ˌriːɪnkɑːˈneɪt, AM -ˈkɑːr-] *usu passive* **I.** *vi* ■**to be** ~**d** wiedergeboren werden **II.** *vt* (*fig*) ■**to** ~ **sth** etw wieder zum Leben erwecken *fig;* **they have** ~**d the old Mini Cooper** sie haben den alten Mini Cooper wiederauferstehen lassen

re·in·car·nat·ed [ˌriːɪnkɑːˈneɪtɪd, AM -ˈkɑːrneɪtɪd] *adj attr, inv* wiedergeboren; (*fig*) **he became a** ~ **film star** er kam als Filmstar erneut zu Ruhm

re·in·car·na·tion [ˌriːɪnkɑːˈneɪʃᵊn, AM -kɑːr'-] *n* ❶ (*rebirth*) Reinkarnation *f geh,* Wiedergeburt *f;* (*fig*) *product* Nachbau *m* ❷ *no pl* (*philosophy*) Reinkarnation[slehre] *f*

rein·deer <*pl* -> [ˈreɪndɪəʳ, AM -dɪr] *n* Rentier *nt*

re·in·force [ˌriːɪnˈfɔːs, AM -ˈfɔːrs] *vt* ❶ (*strengthen*) ■**to** ~ **sth** etw verstärken; **that just** ~**s what I've been saying** das unterstreicht genau das, was ich gesagt habe; **to** ~ **an argument with sth** ein Argument mit etw *dat* untermauern; **to** ~ **concrete** Beton armieren; **to** ~ **evidence** einen Beweis bestätigen; **to** ~ **findings** Ergebnisse bestätigen; **to** ~ **an impression** einen Eindruck verstärken; **to** ~ **sb's opinion** jds Meinung bestätigen; **to** ~ **sb's prejudices** [*or* **bias**] jds Vorurteile bestätigen ❷ (*in military*) **to** ~ **a border/one's position/troops** eine Grenze/seine Position/Truppen verstärken; **Buchanan did not** ~ **Anderson at Ft. Sumter** Buchanan gab Anderson im Fort Sumter keine Verstärkung

re·in·forced 'con·crete *n no pl* Stahlbeton *m*

re·in·force·ment [ˌriːɪnˈfɔːsmənt, AM -ˈfɔːrs-] *n* ❶ *no pl wall, highway* Verstärkung *f,* Armierung *f fachspr;* **steel** ~ Stahlträger *m meist pl; of troops, policy* Verstärkung *f* ❷ PSYCH (*reward*) Belohnung *f* ❸ ■~**s** *pl* (*troops*) Verstärkungstruppen *fpl;* (*equipment*) Verstärkung *f*

re·in·state [ˌriːɪnˈsteɪt] *vt* ❶ (*at job*) ■**to** ~ **sb** jdn wieder einstellen; **to** ~ **sb in a position** jdn in eine Position wieder einsetzen ❷ (*re-establish*) ■**to** ~ **sth** *death penalty, sales tax* etw wieder einführen; **to** ~ **law and order** die öffentliche Ordnung wiederherstellen; **to** ~ **a policy** eine Politik wieder einführen

re·in·state·ment [ˌriːɪnˈsteɪtmənt] *n no pl* ❶ *of a worker* Wiedereinstellung *f* ❷ *of law, tax* Wiedereinführung *f*

re·in·sure [ˌriːɪnˈʃʊəʳ, AM -ˈʃʊr] **I.** *vt* ■**to** ~ **sth** *a risk* etw rückversichern **II.** *vi* rückversichern

re·in·te·grate [ˌriːˈɪntɪgreɪt, AM -t̬ə-] *vt* **to** ~ **a criminal into society** einen Kriminellen resozialisieren; **to** ~ **a patient** einen Patienten wieder [in die Gesellschaft] eingliedern

re·in·te·gra·tion [ˌriːɪntɪˈgreɪʃᵊn, AM -t̬ə'-] *n of a criminal* Resozialisierung *f; of a patient* Wiedereingliederung *f*

re·in·tro·duce [ˌriːɪntrəˈdjuːs, AM *esp* -ˈduːs] *vt* ■**to** ~ **sth** etw wieder einführen; **to** ~ **the death penalty** die Todesstrafe wieder einführen; **to** ~ **an animal into the wild** ein Tier in die Wildnis zurückführen

re·in·tro·duc·tion [ˌriːɪntrəˈdʌkʃᵊn] *n* Wiedereinführung *f*

re·in·vent [ˌriːɪnˈvent] *vt* ■**to** ~ **sth** etw neu erfinden; ■**to** ~ **oneself** *artist* sich *akk* neu erschaffen [*o* ein neues Image geben]; **to** ~ **the wheel** (*iron*) noch einmal bei null [*o* Adam und Eva] anfangen, das Rad noch einmal erfinden *fig*

re·is·sue [ˌriːˈɪʃuː, AM -juː] **I.** *vt* **to** ~ **a novel/recording** einen Roman/eine Aufnahme neu herausgeben [*o* auflegen] **II.** *n* Neuauflage *f,* Neuausgabe *f*

re·it·er·ate [riˈɪtᵊreɪt, AM -ˈɪt̬ər-] *vt* ■**to** ~ **sth** etw wiederholen

re·it·era·tion [riˌɪtᵊrˈeɪʃᵊn, AM -ˌɪt̬əˈr-] *n* Wiederholung *f;* **explicit** ~ ausdrückliche Wiederholung

re·ject I. *vt* [rɪˈdʒekt] ❶ (*decline*) ■**to** ~ **sth** etw ablehnen [*o* zurückweisen]; **to** ~ **an application/a request** eine Bewerbung/Bitte ablehnen; **to** ~ **an article/a manuscript** einen Artikel/ein Manuskript ablehnen; **to** ~ **a bill/motion** einen Gesetzesvorschlag/Antrag ablehnen; **to** ~ **a candidate** [*or* **applicant**] einen Bewerber ablehnen; **to** ~ **a claim** eine Forderung [*o* einen Anspruch] zurückweisen; **to** ~ **a complaint/protest** einen Vorwurf/Protest zurückweisen; **to** ~ **a compromise/demand/proposal** einen Kompromiss/eine Forderung/einen Vorschlag ablehnen; **to** ~ **an excuse** eine Entschuldigung nicht annehmen; **to** ~ **the minutes** das Protokoll beanstanden; **to** ~ **an offer/a plan/a plea** ein Angebot/einen Plan/ein Gesuch ablehnen; **to** ~ **a religion** eine Religion ablehnen, nicht an eine Religion glauben ❷ (*snub*) ■**to** ~ **sb** jdn abweisen [*o* zurückweisen]; **to feel** ~**ed** sich *akk* als Außenseiter fühlen; **she felt as though her parents had**

~**ed her** sie hatte das Gefühl, von ihren Eltern verstoßen worden zu sein ❸ MED **to ~ a drug** ein Medikament nicht vertragen; **to ~ a transplant** ein Transplantat abstoßen ❹ (*not accept*) ■**to ~ sth** *token, bill, coin, card* etw nicht annehmen **II.** *n* ['ri:dʒekt] (*product*) Fehlerware *f*, Ausschussware *f*; (*person*) Außenseiter(in) *m(f)*

re·jec·tion [rɪ'dʒekʃᵊn] *n* ❶ (*dismissing*) Ablehnung *f*, Absage *f*; **fear of ~** Furcht *f* vor Ablehnung; **letter of ~, ~ letter** Absage *f*, Absageschreiben *nt*; **to meet with ~** auf Ablehnung stoßen; **he was met with ~** man brachte ihm Ablehnung entgegen; **~ slip** Absage *f* (*eines Verlags*); *of goods* Aussortierung *f* ❷ MED Abstoßung *f*

're·ject shop *n* Ramschladen *m fam*

re·jig <-gg-> [ˌri:'dʒɪg] *vt* BRIT, AUS (*fam*), **re·jig·ger** [ˌri:'dʒɪgə˞] *vt* AM (*fam*) ■**to ~ sth** etw umgestalten [*o* neu gestalten], etw umkrempeln *fam*; **to ~ the furniture** die Möbel umstellen

re·joice [rɪ'dʒɔɪs] *vi* sich *akk* freuen; **I ~d to see that she had made a quick recovery** ich war erfreut zu sehen, dass sie schnell wieder gesund wurde; ■**to ~ at sth** sich *akk* an etw *dat* erfreuen *geh*; **to ~ in sb's enthusiasm/spontaneity** sich *akk* an jds Begeisterung/Spontaneität erfreuen; **~ in the Lord!** freut euch im Herrn!; ■**to ~ in doing sth** genießen, etw zu tun; **to ~ in the name of ...** (*hum, iron*) sich *akk* des Namens ... erfreuen *hum, iron*

re·joic·ing [rɪ'dʒɔɪsɪŋ] *n no pl* Freude *f* (**at** über +*akk*); **there was much ~ at the good news** die Freude über die guten Nachrichten war groß; **cause for ~** Anlass *m* zur Freude; **an occasion for general ~** ein Anlass zu allgemeinem Jubel

re·join¹ [ri:'dʒɔɪn] *vt* (*reunite with*) ■**to ~ sb/sth** sich *akk* mit jdm/etw wieder vereinigen; **she ~ed her husband in Toronto** in Toronto traf sie wieder mit ihrem Ehemann zusammen; **to ~ the motorway** [*or* AM **highway**] wieder auf die Autobahn fahren; **to ~ a political party** wieder in eine Partei eintreten; **to ~ one's regiment** sich *akk* seinem Regiment wieder anschließen

re·join² [rɪdʒɔɪn] *vt* (*reply*) ■**to ~ sth** etw erwidern *geh*

re·join·der [rɪ'dʒɔɪndə˞, AM -ə˞] *n* Erwiderung *f geh*; **~ to** [*or* **for**] **a question** Antwort *f* auf eine Frage; **amusing/sharp/witty ~** witzige/spitze/schlagfertige Erwiderung

re·ju·venate [rɪ'dʒu:vᵊneɪt, AM -və-] *vt* ■**to ~ sb** ❶ (*energize*) jdn revitalisieren *geh*, jdm jugendliche Frische geben; **to feel ~d** (*after a rest, holiday*) sich *akk* frisch und munter fühlen ❷ (*make younger, modernize*) jdn verjüngen; **since he fell in love, he has felt ~d** seit er sich verliebt hat, fühlt er sich Jahre jünger; **to ~ a factory/firm/town** eine Fabrik/Firma/Stadt modernisieren

re·ju·vena·tion [rɪˌdʒu:vᵊn'eɪʃᵊn, AM -və'neɪ-] *n no pl* (*enlivening*) Revitalisierung *f geh*; *of youthful feelings* Verjüngung *f*; *of a company, factory* Modernisierung *f*

re·kin·dle [ˌri:'kɪndl̩] *vt* ❶ (*light again*) **to ~ a fire** ein Feuer wieder entfachen ❷ (*fig*) ■**to ~ sth** etw wieder entfachen *fig*; **to ~ a friendship/romance** eine Freundschaft/Romanze wieder aufleben lassen; **to ~ sb's hope/passion** jds Hoffnung/Leidenschaft wieder erwecken; **to ~ sb's interest** jds Interesse wieder wecken; **to ~ memories** Erinnerungen wieder erwecken

re·lapse I. *n* ['ri:læps] MED Rückfall *m*; (*in economy*) Rückschlag *m*; **to have/suffer a ~** einen Rückfall haben/erleiden **II.** *vi* [rɪ'læps] ❶ MED (*after improvement*) einen Rückfall haben; ECON *economy* einen Rückschlag erleiden; **to ~ into alcoholism/drug abuse** wieder dem Alkoholismus/Drogenkonsum verfallen ❷ (*to previous state*) **to ~ into coma/sleep** in ein Koma/einen Schlaf verfallen; **to ~ into silence** in Schweigen verfallen

re·late [rɪ'leɪt] **I.** *vt* ❶ (*show relationship*) ■**to ~ sth with sth** etw mit etw *dat* in Verbindung [*o* Zusammenhang] bringen ❷ (*narrate*) ■**to ~ sth** etw erzählen; ■**to ~ sth to sb** jdm etw berichten, jdm über etw *akk* Bericht erstatten; **strange to ~** so unglaublich es klingt; **to ~ an anecdote/stories/tales** eine Anekdote/Geschichten/Märchen erzählen [*o* wiedergeben] **II.** *vi* ❶ (*fam: get along*) sich *dat* zugetan sein; ■**to ~ to sb/sth** eine Beziehung [*o* Zugang] zu jdm/etw finden; **my father cannot ~ to the idea of working with computers** mein Vater kann sich nicht mit dem Gedanken anfreunden, mit Computern zu arbeiten; **can you ~ to country music?** hast du etwas für Countrymusic übrig?; **to find it hard** [*or* **difficult**] **to ~ to sth** sich *akk* nur schwer mit etw *dat* abfinden können ❷ (*be about*) ■**to ~ to sb/sth** von jdm/etw handeln; (*be relevant to*) auf jdn/etw zutreffen, mit jdm/etw zu tun haben; **chapter nine ~s to the effect of inflation** in Kapitel neun geht es um die Auswirkungen der Inflation; **I fail to see how your proposal ~s to me** es ist mir nicht klar, inwiefern Ihr Vorschlag mich betrifft

re·lat·ed [rɪ'leɪtɪd, AM -t̬ɪd] *adj inv* ❶ (*connected*) verbunden; **we discussed inflation, unemployment and ~ issues** wir diskutierten über Inflation, Arbeitslosigkeit und damit zusammenhängende Themen; **~ subject matter** einschlägiges Material; **to be directly ~ to sth** in direktem Zusammenhang mit etw *dat* stehen ❷ (*in family*) verwandt; *species, language* verwandt; **to be ~ by blood** blutsverwandt sein; **to be ~ by marriage** durch Heirat verwandt sein; [**closely**] **~ species** [eng] miteinander verwandte Arten; **closely/distantly ~** nah/entfernt verwandt; **to be ~ to sb** mit jdm verwandt sein

re·lat·ing to *prep* in Zusammenhang mit

re·la·tion [rɪ'leɪʃᵊn] *n* ❶ *no pl* (*correspondence*) Verbindung *f*, Bezug *m*; **in** [*or* **with**] **~ to** in Bezug auf; **I haven't understood what this question is in ~ to** ich verstehe nicht, worauf sich diese Frage bezieht; **to bear no ~** keinerlei Beziehung haben; (*in appearance*) **to bear no ~ to sb** jdm überhaupt nicht ähnlich sehen ❷ (*relative*) Verwandte(r) *f(m)*; **is Hans any ~ to you?** ist Hans irgendwie mit dir verwandt?; **~ by marriage** angeheirateter Verwandter/angeheiratete Verwandte; **closest living ~** nächster lebender Verwandter/nächste lebende Verwandte; **to have ~s in a country** in einem Land Verwandte haben ❸ (*between people, countries*) ■**~s** *pl* Beziehungen *fpl*, Verhältnis *nt* (**between** zwischen +*dat*); **to enjoy friendly ~s with sb** freundschaftliche Kontakte mit jdm pflegen; **to break off/restore diplomatic ~s** die diplomatischen Beziehungen abbrechen/wiederherstellen; **to have sexual ~s with sb** ein intimes Verhältnis mit jdm haben; **to break off ~s with sb/sth** den Kontakt zu jdm/etw abbrechen

re·la·tion·ship [rɪ'leɪʃᵊnʃɪp] *n* ❶ (*connection*) Beziehung *f*; **to establish a ~ between sth and sth** zwischen etw *dat* und etw *dat* eine Verbindung herstellen ❷ (*in family*) Verwandtschaftsverhältnis *nt*, verwandtschaftliche Beziehung; **family ~** familiäre Beziehung ❸ (*association*) Verhältnis *nt*, Beziehung *f* (**to, with** zu +*dat*); **business ~** Geschäftsbeziehung *f*; **to have a love-hate ~ with sb** für jdn eine Hassliebe empfinden; **patient-doctor ~** Patient-Arzt-Verhältnis *nt*; **to find it difficult to have ~s with people** Kontaktschwierigkeiten haben; **to have a bad/good ~ with sb/sth** zu jdm/etw ein schlechtes/gutes Verhältnis haben; (*romantic*) Beziehung *f*, Verhältnis *nt veraltend*; **a six-year ~** eine sechsjährige Beziehung; ■**to be in a ~ with sb** mit jdm eine feste Beziehung haben

rela·tive ['relətɪv, AM *also* -t̬ɪv] **I.** *adj inv* ❶ (*connected to*) relevant; ■**to be ~ to sth** (*important*) relevant für etw *akk* sein *geh*; (*relevant*) sich *akk* auf etw *akk* beziehen ❷ (*corresponding*) jeweilige(r, s); **the ~ advantages** die jeweiligen Vorteile; **~ merits** jeweilige Vorzüge; ■**to be ~ to sth** von etw *dat* abhängen; **petrol consumption is ~ to a car's speed** der Benzinverbrauch hängt von der Geschwindigkeit des Autos ab ❸ (*comparative*) relative(r, s), vergleichbare(r, s); (*not absolute*) *age, evil, happiness* relativ; **to live in ~ comfort** in relativem Wohlstand leben; **~ to sb** verglichen mit jdm **II.** *adv* ■**~ to** sich *akk* beziehend auf; **~ to the country, city air is**

quite polluted verglichen zur Landluft, ist die Luft in der Stadt ziemlich verschmutzt **III.** *n* Verwandte(r) *f(m)*; **blood** ~ Blutsverwandte(r) *f(m)*; ~ **by marriage** angeheirateter Verwandter/angeheiratete Verwandte; **distant** ~ entfernter Verwandter/entfernte Verwandte

rela·tive 'clause *n* Relativsatz *m* **rela·tive 'den·sity** *n* PHYS, SCI relative Dichte **rela·tive hu·'mid·ity** *n no pl* METEO relative Feuchtigkeit

rela·tive·ly ['relətɪvli, AM *also* -t̬ɪvli] *adv inv* relativ; ~ **few people** relativ wenige Leute; ~ **little** relativ wenig; ~ **speaking** relativ gesehen

rela·tive 'pro·noun *n* Relativpronomen *nt*

rela·tiv·ity [ˌrelə'tɪvəti, AM -ət̬i] *n no pl* ❶ (*condition*) Relativität *f geh* ❷ (*theory*) [**Einstein's**] **Theory of R~** [Einsteins] Relativitätstheorie *f*

re·launch [rɪ'lɔːn(t)ʃ, AM *esp* -'lɑːn-] **I.** *vt* ❶ AEROSP **to ~ a rocket** eine Rakete erneut starten ❷ ECON **to ~ a product** ein Produkt erneut auf den Markt bringen **II.** *n* ['riːlɔːn(t)ʃ, AM *esp* -lɑːn-] ❶ AEROSP, TRANSP ~ **of a rocket** Zweitstart *m* einer Rakete; ~ **of a ship** zweiter Stapellauf eines Schiffes ❷ ECON ~ **of a brand/a product** Wiedereinführung *f* einer Marke/eines Produkts

re·lax [rɪ'læks] **I.** *vi* sich *akk* entspannen; ~**!** entspann dich!; (*don't worry*) beruhige dich!; **to ~ with a cup of tea** sich *akk* bei einer Tasse Tee entspannen **II.** *vt* **to ~ one's efforts** in seinen Bemühungen nachlassen; **to ~ one's grip** [*or* **hold**] **on sth** seinen Griff um etw *akk* lockern; **to ~ one's tight hold on sth** (*fig*) seine Kontrolle über etw *akk* lockern; **to ~ one's muscles** (*by resting*) die Muskeln entspannen; (*by massage or movement*) die Muskeln lockern; **to ~ rules** [*or* **regulations**]/**supervision** Vorschriften/die Kontrolle lockern; **to ~ security** die Sicherheitsmaßnahmen einschränken

re·laxa·tion [ˌriːlæk'seɪʃən] **I.** *n* ❶ (*recreation*) Entspannung *f*; **yoga is one of my favourite ~s** Yoga ist eine meiner liebsten Entspannungsmethoden; **do you find ~ in knitting?** kannst du dich beim Stricken entspannen? ❷ (*liberalizing*) ~ **of discipline** Nachlassen *nt* der Disziplin; ~ **of laws** Liberalisierung *f* von Gesetzen; ~ **in** [*or* **of**] **the rules** Lockerung *f* der Vorschriften **II.** *adj attr* Entspannungs-; ~ **exercise** [*or* **technique**] Entspannungsübung *f*

re·laxed [rɪ'lækst] *adj* ❶ (*at ease*) entspannt; **to feel ~** sich *akk* entspannt fühlen ❷ (*easy-going*) locker, gelassen; ~ **atmosphere** lockere [*o* entspannte] Atmosphäre; ~ **manner** [*or* **style**] lässige Art; **to have a ~ manner** sich *akk* lässig geben; **to be ~ about sth** etw gelassen sehen; **to take a ~ approach to sth** gelassen an etw *akk* herangehen

re·lax·ing [rɪ'læksɪŋ] *adj* entspannend, erholsam; ~ **day** Tag *m* zum Ausspannen; ~ **holidays** [*or* AM **vacation**] erholsame Ferien; ~ **place** Ort *m* der Erholung

re·lay ['riːleɪ] **I.** *vt* ■**to ~ sth to sb** jdm etw mitteilen; **to ~ a message** eine Meldung weiterleiten; **to ~ TV pictures** Fernsehbilder übertragen; **to ~ the news to sb** jdm die Neuigkeiten weitererzählen **II.** *n* ❶ (*group*) Ablösung *f*; *of workers* Schicht *f*; **to break the record for playing chess non-stop, he needed ~s of opponents** um den Rekord im Dauerschachspielen brechen zu können, benötigte er ständig neue Gegner; **to organize into ~s** in Schichten einteilen; **to work in ~s** in Schichten arbeiten ❷ SPORTS ~ [**race**] Staffellauf *m* ❸ ELEC (*device*) Relais *nt*

re·lay <-laid, -laid> [ˌriː'leɪ] *vt* **to ~ a carpet** einen Teppich neu verlegen; **to ~ a floor** einen Boden neu auslegen

're·lay race *n* (*running*) Staffellauf *m*; (*swimming*) Staffelschwimmen *nt* **'re·lay team** *n* Staffel *f*

re·lease [rɪ'liːs] **I.** *vt* ❶ (*set free*) ■**to ~ sb/an animal** jdn/ein Tier freilassen; **the zoo keepers ~d the lions from their cage** die Zoowärter ließen die Löwen aus dem Käfig ❷ LAW ■**to ~ sb** jdn [aus der Haft] entlassen; **to ~ sb on bail** jdn gegen Kaution auf freien Fuß setzen; **to ~ sb on parole** jdn bedingt aus der Haft entlassen; **to ~ sb from prison** jdn aus dem Gefängnis entlassen; **to ~ sb on probation** jdn auf Bewährung entlassen; **to be ~d early for good behaviour** [*or* AM **behavior**] wegen guter Führung vorzeitig entlassen werden ❸ (*fig: free from suffering*) ■**to ~ sb from sth** jdn von etw *dat* befreien ❹ (*move sth from fixed position*) ■**to ~ sth** etw lösen; **to ~ the brake** die Bremse lösen; **to ~ the shutter** PHOT den Auslöser betätigen ❺ (*detonate, drop*) **to ~ a bomb** eine Bombe abwerfen; **to ~ a missile** eine Rakete abschießen ❻ (*allow to escape*) **to ~ gas/steam** Gas/Dampf freisetzen; **to ~ sth into the atmosphere** etw in die Atmosphäre entweichen lassen; **steam was ~d** Dampf entwich ❼ (*relax pressure*) ■**to ~ sth** etw loslassen; **to ~ one's grip** [*or* **hold**] seinen Griff lockern ❽ (*make public, circulate*) ■**to ~ sth** etw verbreiten [*o* in Umlauf bringen]; (*issue*) etw veröffentlichen [*o* herausbringen]; ■**to ~ sth to sb** jdm etw aushändigen; **to ~ a film/a CD** einen Film/eine CD herausbringen; **to ~ a statement** eine Erklärung abgeben; **to be ~d** erscheinen, auf den Markt kommen **II.** *n no pl* ❶ (*setting free*) Entlassung *f*; ~ **of a hostage** Freilassung *f* einer Geisel; ~ **from prison** Entlassung *f* aus dem Gefängnis ❷ (*mechanism*) Auslöser *m*; **brake/clutch** ~ Brems-/Kupplungsausrückmechanismus *m*; ~ **cord** Reißleine *f*; **steam** ~ Dampfventil *nt* ❸ (*action*) *of a handbrake* Lösen *nt* ❹ (*items on hold*) *of funds, goods* Freigabe *f* ❺ (*relaxation*) Entspannung *f*; *of tension* Nachlassen *nt*; (*freeing from unpleasant feeling*) Erleichterung *f*; **merciful** ~ (*euph*) Erlösung *f euph*; **to experience a feeling of ~** ein Gefühl der Erleichterung verspüren ❻ (*escape of gases etc.*) Entweichen *nt* ❼ *no pl* (*publication*) Veröffentlichung *f* ❽ (*information document*) Verlautbarung *f*; **press** ~ Pressemitteilung *f* ❾ (*new CD etc.*) Neuerscheinung *f*; (*new film*) neuer Film; **her latest ~ is a song about hopeless love** sie hat zuletzt ein Lied über hoffnungslose Liebe herausgebracht; **to go on ~** *film* [in den Kinos] anlaufen

rel·egate ['relɪgeɪt, AM -lə-] *vt usu passive* ❶ (*lower in status*) ■**to ~ sb/sth to sth** jdn/etw auf etw *akk* verweisen; **the story was ~d to the middle pages of the paper** die Story wurde in den Mittelteil der Zeitung verschoben; ■**to ~ sb out of sth** jdn aus etw *dat* verbannen *geh*; **to ~ sb to the background** jdn in den Hintergrund drängen; **to ~ sb to a secondary role** jdn in eine untergeordnete Position abdrängen ❷ BRIT SPORTS **to ~ a team** eine Mannschaft absteigen lassen; **to be ~d from a higher to a lower division** aus einer höheren Liga in eine niedrigere absteigen

rel·ega·tion [ˌrelɪ'geɪʃən, AM -ə'-] *n no pl* ❶ BRIT SPORTS Abstieg *m*, Relegation *f geh*; **to face ~** abstiegsgefährdet sein; ~ **struggle** Abstiegskampf *m* ❷ (*demotion*) [Zurück]verweisung *f*, Verbannung *f* (**to** auf +*akk*)

re·lent [rɪ'lent] *vi people* nachgeben; *wind, rain* nachlassen

re·lent·less [rɪ'lentləs] *adj* (*unwilling to compromise*) unnachgiebig; (*without stopping*) unablässig; ~ **persecution** gnadenlose Verfolgung; ~ **pressure** unaufhörlicher Druck; ~ **pressure to succeed** ständiger Erfolgsdruck; ~ **pursuit** gnadenlose Verfolgung[sjagd]; ~ **pursuit of sth** unaufhörliches Streben nach etw *dat*; ~ **summer heat** anhaltende sommerliche Hitze; ■**to be ~ in doing sth** etw unermüdlich tun

re·lent·less·ly [rɪ'lentləsli] *adv* unaufhörlich; (*tirelessly*) unermüdlich; (*continuously*) beständig

rele·vance ['reləvən(t)s] *n no pl*, **rele·van·cy** ['reləvən(t)si] *n no pl* ❶ (*appropriateness*) Relevanz *f geh*, Bedeutsamkeit *f* (**to** für +*akk*); **I don't quite understand the ~ of your question** ich weiß nicht so recht, worauf Sie mit Ihrer Frage hinauswollen; **to have** [*or* **bear**] ~ **to sth** Bezug auf etw *akk* haben ❷ (*significance*) Bedeutung *f* (**to** für +*akk*); **to have ~ for sb/sth** für jdn/etw relevant [*o* von Bedeutung] sein

rele·vant ['reləvənt] *adj* ❶ (*appropriate*) relevant; **for further information please refer to the ~ leaflet** weitere Informationen entnehmen Sie bitte der entsprechenden Broschüre; **to be** [**hardly**] ~ **to sth** für etw *akk* [kaum] von Bedeutung [*o*

R

relief

expressing relief	Erleichterung ausdrücken
I'm so glad things turned out the way they did!	**Ich bin sehr froh, dass** es nun so gekommen ist!
I'm so relieved!	**Bin ich froh!**
That's a weight off my mind!	**Mir fällt ein Stein vom Herzen!**
It's lucky you came!	**Ein Glück, dass** du gekommen bist!
Thank goodness!/Thank God!	**Gott sei Dank!**
Done it! (*fam*)/**Finished!** (*fam*)	**Geschafft!** (*fam*)
At last!	**Endlich!**

Belang] sein; **the question is not ~ to the case** die Frage gehört nicht zur Sache; ~ **documents** zweckdienliche Unterlagen; **please bring all the ~ documents** bitte bringen Sie die nötigen Papiere mit; ~ **evidence** sachdienliches Beweismaterial; ~ **question** angebrachte Frage ❷ (*important*) wichtig, bedeutend; **highly** ~ höchst bedeutungsvoll ❸ (*appropriate to modern life*) gegenwartsbezogen; **to remain** ~ seine Aktualität bewahren

re·li·abil·ity [rɪˌlaɪəˈbɪləti, AM -ət̬i] *n no pl* ❶ (*dependability*) Zuverlässigkeit *f* ❷ (*trustworthiness*) Vertrauenswürdigkeit *f*

re·li·able [rɪˈlaɪəbl] *adj* ❶ (*dependable*) verlässlich, zuverlässig; ~ **memory** gutes Gedächtnis ❷ (*credible*) glaubwürdig; ~ **authority** verlässliche [*o* glaubwürdige] Quelle; ~ **criterion** sicheres Kriterium; ~ **evidence** glaubwürdiger Beweis; **to have sth on ~ evidence from a good source** etw aus zuverlässiger Quelle erfahren haben; ~ **figures/statistics** verlässliche [*o* glaubwürdige] Zahlen/Statistiken; ~ **source** sichere [*o* zuverlässige] Quelle; ~ **testimony** verlässliche Zeugenaussage ❸ (*trustworthy*) vertrauenswürdig, seriös

re·li·ably [rɪˈlaɪəbli] *adv* verlässlich; **to be ~ informed that ...** aus sicherer Quelle wissen, dass ...

re·li·ance [rɪˈlaɪən(t)s] *n no pl* ❶ (*dependence*) Verlass *m* (**on** auf +*akk*); **the region's ~ on tourism is unwise** es ist unklug, dass die Region sich nur auf den Tourismus verlässt; **sb cannot avoid ~ on sth** jd ist auf etw *akk* angewiesen; **to place ~ on sth** sich *akk* auf etw *akk* verlassen ❷ (*trust*) Vertrauen *nt;* **to place ~ on sb/sth** Vertrauen in jdn/etw setzen

re·li·ant [rɪˈlaɪənt] *adj* ■**to be ~ on sb/sth** von jdm/etw abhängig sein; ■**to be ~ on sb/sth to do sth** abhängig davon [*o* darauf angewiesen] sein, dass jd/etw etw tut

rel·ic [ˈrelɪk] *n* ❶ (*object*) Relikt *nt,* Überbleibsel *nt,* Überrest *m;* **Iron Age ~s** Überreste *mpl* aus der Eisenzeit ❷ (*pej: survival from past*) Relikt *nt;* (*hum: sth old-fashioned*) altmodisches Ding *hum,* Ding *nt* von anno dazumal *hum;* ~ **of the past** Relikt *nt* der Vergangenheit ❸ (*saintly remains etc.*) Reliquie[n] *f[pl]*

re·lief¹ [rɪˈliːf] **I.** *n* ❶ *no pl* (*assistance for poor*) Hilfsgüter *ntpl;* **shipment of** ~ Hilfsgütersendung *f;* **to be on** ~ AM (*fam*) von der Sozialhilfe leben; **disaster/famine** ~ Katastrophen-/Hungerhilfe *f* ❷ (*diminution*) Entlastung *f;* ~ **of hunger/suffering** Linderung *f* von Hunger/Leid; **tax** ~ Steuerermäßigung *f* ❸ (*release from tension*) Erleichterung *f;* **that's** [*or* **what**] **a ~!** was für eine Erleichterung!; **you can imagine my** ~ du kannst dir vorstellen, wie erleichtert ich war; **it was such a ~ to hear that Glen had been found safe and well** mir fiel ein Stein vom Herzen, als ich hörte, dass man Glen sicher und wohlauf gefunden hatte; **sense of** ~ Gefühl *nt* der Erleichterung; **to feel an incredible sense of** ~ sich *akk* unglaublich erleichtert fühlen; **a sigh of** ~ ein Seufzer *m* der Erleichterung; **to breathe a sigh of** ~ erleichtert aufatmen; **light** [*or* **comic**] ~ THEAT befreiende Komik; **to be greeted with** ~ mit Erleichterung aufgenommen werden; **much to my** [*or* **to my great**] ~ zu meiner großen Erleichterung ❹ (*substitute*) Ersatz *m,* Vertretung *f* ❺ MIL (*liberation*) ~ **of a country/a town** Entsatz *m* eines Landes/einer Stadt **II.** *n modifier* Ersatz-, Vertretungs-; ~ **driver** Ersatzfahrer(in) *m(f)*

re·lief² [rɪˈliːf] *n* ❶ (*three-dimensional representation*) Reliefdruck *m* ❷ (*sculpture*) Relief *nt;* **bronze** ~ Bronzerelief *nt* ❸ *no pl* (*sharpness of image*) Kontrast *m;* ■**to be in ~ against sth** sich *akk* von etw *dat* abheben; **to stand out in sharp** [*or* **bold**] ~ sich *akk* deutlich von etw *dat* [*o* gegen etw *akk*] abheben; **to throw sth into** ~ etw hervortreten lassen

re·ˈlief ag·en·cy *n* Hilfsorganisation *f* **re·ˈlief map** *n* Reliefkarte *f* **re·ˈlief road** *n* BRIT Umgehungsstraße *f* **re·ˈlief sup·ply** *n* Notversorgung *f;* ~ **of water** Wassernotversorgung *f* **re·ˈlief train** *n* Sonderzug *m* **re·ˈlief work·er** *n* Mitarbeiter(in) *m(f)* einer Hilfsorganisation; (*in third-world countries*) Entwicklungshelfer(in) *m(f)*

re·lieve [rɪˈliːv] *vt* ❶ (*assist*) ■**to ~ sb** jdm [in einer Notsituation] helfen; ■**to ~ sth** etw lindern; **to ~ the famine** die Hungersnot lindern ❷ (*take burden from*) ■**to ~ sb of sth** jdm etw abnehmen; (*hum: steal*) jdn um etw *akk* erleichtern *hum;* **she was ~d of financial pressures** sie war von finanziellen Sorgen befreit ❸ (*take over*) ■**to ~ sb** jdn ablösen; **to ~ sb of a position** jdn eines Amtes entheben *geh* ❹ MIL (*break a siege*) **to ~ a city** eine Stadt befreien [*o fachspr* entsetzen] ❺ (*weaken negative feelings*) ■**to ~ sth** etw erträglicher machen; **to ~ one's anxiety** seine Angst [teilweise] überwinden; **the good news ~d my anxiety** die guten Nachrichten beruhigten mich; **to ~ boredom** gegen die Langeweile angehen; **to ~ one's feeling[s] of frustration** seiner Enttäuschung Luft machen; **to ~ the pressure** den Druck verringern; **to ~ the tension** die Spannung abbauen ❻ (*alleviate*) **to ~ the pain/the suffering** den Schmerz/das Leid lindern ❼ (*improve*) ■**to ~ sth** etw bessern; **to ~ pressure on sth** etw entlasten ❽ (*euph dated: urinate*) **to ~ oneself** sich *akk* erleichtern *euph*

re·lieved [rɪˈliːvd] *adj* erleichtert; **I'm so ~ to find you** ich bin so froh, dich zu sehen; **to be ~ at sth** über etw *akk* erleichtert sein; **to be ~ to hear/see sth** etw mit Erleichterung hören/sehen; **to feel** ~ sich *akk* erleichtert fühlen

re·liev·er [rɪˈliːvəʳ, AM -ɚ] *n* Ersatzspieler(in) *m(f),* Auswechselspieler(in) *m(f)*

re·light <-lit *or* AM -lighted, -lit *or* AM -lighted> [ˌriːˈlaɪt] *vt* **to ~ a cigarette** eine Zigarette wieder anzünden

re·li·gion [rɪˈlɪdʒᵊn] *n* ❶ *no pl* (*faith in god(s)*) Religion *f;* (*set of religious beliefs*) Glaube *m* ❷ (*system of worship*) Kult *m;* **to practise** [*or* AM **practice**] **a ~** eine Religion praktizieren [*o* ausüben]; **he practises the Jewish ~** er ist praktizierender Jude ❸ (*fig: sth done with devotion*) Kult *m;* **to make a ~ of sth** einen Kult mit etw *dat* treiben ❹ (*a. hum: personal set of beliefs*) Glaube *m,* Überzeugung *f;* **it's against his ~ to do the gardening** es verstößt gegen seine heiligen Prinzipien, die Gartenarbeit zu verrichten *hum*

re·li·gious [rɪˈlɪdʒəs] *adj* ❶ (*of religion*) religiöse(r, s), Religions-; ~ **bigotry** Frömmelei *f;* ~ **creed/organization** Glaubensbekenntnis *nt*/-gemeinschaft *f;* ~ **denomination** [religiöses] Bekenntnis, Konfession *f;* ~ **education/practice** Religionsunterricht *m*/-ausübung *f;* ~ **equality** Gleichstellung *f* der Religionen; ~ **fanatic** religiöser Fanatiker/religiöse Fanatikerin; ~ **zealot** religiöser Eiferer/religiöse Eiferin; ~ **fervour** [*or* AM **fervor**] [*or* **zeal**] religiöser Eifer; ~ **festival** religiöses Fest; ~ **freedom** [*or* **liberty**] Religionsfreiheit *f,* Glaubensfreiheit *f;* ~ **holiday** religiöser Feiertag; ~ **observance** religiöse Pflicht; ~ **persecution** Verfolgung *f* aufgrund der Religionszugehörigkeit; ~ **service** Gottesdienst *m;* ~ **retreat** (*place for religious meditation*) religiöser Einkehrort; (*for Roman Catholics*) Exerzitien *ntpl;* ~ **tradition/upbringing** religiöser Brauch/religiöse Erziehung ❷ (*pious*) religiös, fromm; **deeply** ~ tief religiös ❸ (*fig: meticulous*) gewissenhaft; **to be very** ~ **about doing sth** eifrig darauf bedacht sein, etw zu tun

re·li·gious·ly [rɪˈlɪdʒəsli] *adv* ❶ (*concerning religion*) religiös ❷ (*fig: done conscientiously*) gewissenhaft

re·li·gious 'right *n no pl* ■ **the** ~ die religiöse Rechte

re·lin·quish [rɪˈlɪŋkwɪʃ] *vt* (*form*) ■ **to** ~ **sth** ❶ (*abandon*) etw aufgeben; **to** ~ **one's belief/a claim/a plan** seine Überzeugung/einen Anspruch/einen Plan aufgeben; **to** ~ **a chair/a seat** einen Vorsitz/einen Sitz aufgeben; **to** ~ **one's seat** seinen Sitz aufgeben [*o geh* zur Disposition stellen]; **to** ~ **the leadership** auf die Führung verzichten, die Führung abgeben; **to** ~ **a right** auf ein Recht verzichten; ■ **to** ~ **sth to sb** jdm etw überlassen; *responsibility* jdm etw übertragen ❷ (*lose*) **to** ~ **one's hold on reality** den Bezug zur Realität verlieren; **to** ~ **the lead** die Führung verlieren ❸ (*weaken grip*) **to** ~ **one's grip** [*or* **hold**] seinen Griff lockern

reli·quary [ˈrelɪkwəri, AM -əkweri] *n* Reliquiar *nt*

rel·ish [ˈrelɪʃ] **I.** *n* ❶ *no pl* (*enjoyment*) Genuss *m;* ■ **with** ~ genüsslich; ■ **to have no** ~ **for doing sth** kein Vergnügen dabei empfinden, etw zu tun; **I have no** ~ **for hunting and killing animals** es macht mir keinen Spaß, zu jagen und Tiere zu töten ❷ (*chunky sauce*) Relish *nt;* **tomato and onion** ~ Tomaten-Zwiebel-Relish *nt* **II.** *vt* ■ **to** ~ **sth** etw genießen; ■ **to** ~ **doing sth** etw sehr gern tun; **I don't** ~ **telling her** [**that**] ... es ist mir nicht gerade eine große Freude, ihr sagen zu müssen, dass ...; **to** ~ **the thought that ...** sich *akk* darauf freuen, dass ...; **to** ~ **the prospect of doing sth** sich *akk* darauf freuen, etw zu tun

re·live [ˌriːˈlɪv] *vt* **to** ~ **a traumatic experience** eine traumatische Erfahrung nochmals durchleben; **to** ~ **the past** die Vergangenheit noch einmal erleben

rellie [ˈreli] *n* AUS (*fam*) *short for* **relative** Verwandte(r) *f(m)*

re·load [ˌriːˈləʊd, AM -ˈloʊd] **I.** *vt* (*load again*) **to** ~ **a gun/a pistol** ein Gewehr/eine Pistole nachladen; **to** ~ **a camera** eine Kamera neu laden *fam,* einen neuen Film in eine Kamera einlegen; **to** ~ **a ship** ein Schiff wieder beladen; **to** ~ **software** Software neu laden **II.** *vi* (*load again*) *weapon* nachladen

re·lo·cate [ˌriːlə(ʊ)ˈkeɪt, AM -ˈloʊ-] **I.** *vi* umziehen; **the company has** ~**d from London to Liverpool** die Firma hat ihren Sitz von London nach Liverpool verlegt **II.** *vt* ■ **to** ~ **sb** jdn versetzen; ■ **to** ~ **sth** etw verlegen

re·lo·ca·tion [ˌriːlə(ʊ)ˈkeɪʃən, AM -loʊˈ-] *n of a company* Verlegung *f; of a person* Versetzung *f*

re·luc·tance [rɪˈlʌktən(t)s] *n no pl* Widerwillen *m,* Widerstreben *nt;* ■ **with** ~ widerwillig, ungern; **to accept sth with** ~ etw widerwillig akzeptieren [*o* annehmen]

re·luc·tant [rɪˈlʌktənt] *adj* widerwillig, widerstrebend; ■ **to be** ~ **to do sth** sich *akk* dagegen sträuben, etw zu tun, etw nur ungern tun; **to feel** ~ **to do sth** etw ungern tun; **many parents feel** ~ **to talk openly with their children** vielen Eltern widerstrebt es, offen mit ihren Kindern zu sprechen; **to be a** ~ **participant in sth** sich *akk* gegen eine Teilnahme an etw *dat* sträuben, an etw *dat* nur ungern teilnehmen

re·luc·tant·ly [rɪˈlʌktəntli] *adv* widerwillig; **I say it** ~ **but ...** ich sage es ungern, aber ...; **to accept sth** ~ etw widerstrebend akzeptieren; **to agree** ~ widerwillig zustimmen

rely [rɪˈlaɪ] *vi* ❶ (*have confidence in*) ■ **to** ~ **on** [*or* **upon**] **sb/sth** sich *akk* auf jdn/etw verlassen; **British weather can never be relied upon** auf das britische Wetter ist kein Verlass; ■ **to** ~ **on** [*or* **upon**] **sb/sth to do** [*or* **doing**] **sth** sich *akk* darauf verlassen [*o* darauf vertrauen], dass jd/etw etw tut; **don't** ~ **on that lot winning the match** sei nicht so sicher, dass die da das Spiel gewinnen ❷ (*depend on*) ■ **to** ~ **on** [*or* **upon**] **sb/sth** von jdm/etw abhängen; ■ **to** ~ **on** [*or* **upon**] **sb/sth doing sth** darauf angewiesen sein, dass jd/etw etw tut

REM [ˌɑːriːˈem, rem] *abbrev of* **Rapid Eye Movement** REM

re·made [ˌriːˈmeɪd] *pt, pp of* **remake**

re·main [rɪˈmeɪn] *vi* ❶ (*stay*) bleiben; **to** ~ **in bed** im Bett bleiben; **to** ~ **behind** zurückbleiben; **to** ~ **where one is** auf seinem Platz bleiben, [da] bleiben, wo man ist ❷ + *n or adj* (*not change*) bleiben; **the epidemic has** ~**ed unchecked** die Epidemie hält unvermindert an; **to** ~ **friends** Freunde bleiben; **to** ~ **aloof** Distanz wahren; **to** ~ **anonymous/unnamed** anonym/ungenannt bleiben; **to** ~ **cool** einen kühlen Kopf bewahren, cool bleiben *sl;* **to** ~ **faithful** [*or* **loyal**] [**to sb**] [jdm] treu bleiben [*o* die Treue halten]; **to** ~ **open** *shop* geöffnet bleiben; **to** ~ **silent** [*or* **quiet**] Stillschweigen bewahren *geh;* **to** ~ **seated** sitzen bleiben; **to** ~ **unclaimed** nicht beansprucht werden; **to** ~ **undecided** sich *akk* nicht entscheiden können; **to** ~ **unpunished** ungestraft davonkommen; **to** ~ **untreated** nicht behandelt [*o* versorgt] werden ❸ (*survive, be left over*) übrig bleiben; *person* überleben; **is there any food** ~**ing?** ist noch etwas zu essen übrig?; **much** ~**s to be done** es muss noch vieles getan werden; **the fact** ~**s that ...** das ändert nichts an der Tatsache, dass ...; **it** [**only**] ~**s for me to ...** mir bleibt nur noch übrig, zu ...; **it** ~**s to be seen** [**who/what/how ...**] es bleibt abzuwarten[, wer/was/wie ...]

re·main·der [rɪˈmeɪndəʳ, AM -ɚ] **I.** *n no pl* ❶ (*residue, rest*) Rest *m;* **for the** ~ **of his life** für den Rest seines Lebens ❷ MATH (*number*) Rest *m;* **9 divided by 4 is 2** ~ **1** 9 dividiert durch 4 ist 2 Rest 1 **II.** *vt usu passive* **to** ~ **books** Bücher billig verkaufen [*o fam* verramschen]

re·main·ing [rɪˈmeɪnɪŋ] *adj attr, inv* übrig, restlich; **the two** ~ **lectures** die letzten beiden Vorträge; **our only** ~ **hope** unsere letzte Hoffnung

re·mains [rɪˈmeɪnz] *npl* ❶ (*leftovers*) Überbleibsel *ntpl,* Überreste *mpl;* **the** ~ **of a 12th-century monastery** die Überreste eines Klosters aus dem 12. Jahrhundert ❷ (*form: corpse*) sterbliche Überreste *geh;* **animal/human** ~ tierische/menschliche Überreste

re·make **I.** *vt* <-made, -made> [ˌriːˈmeɪk] **to** ~ **a film** einen Film neu drehen, einen Stoff neu verfilmen **II.** *n* [ˈriːmeɪk] Neuverfilmung *f,* Remake *nt;* **to do a** ~ ein Remake machen, eine Neuverfilmung drehen

re·mand [rɪˈmɑːnd, AM -ˈmænd] **I.** *vt usu passive* (*form*) ■ **to** ~ **sb on sth** jdn wegen einer S. *gen* in Untersuchungshaft nehmen; **to** ~ **on bail** auf Kaution freilassen; **to** ~ **sb in custody** jdn in Untersuchungshaft behalten; **to** ~ **sb to prison** jdn ins Untersuchungsgefängnis bringen **II.** *n no pl* **custodial** ~ Untersuchungshaft *f;* **to be on** ~ in Untersuchungshaft sitzen *fam;* **to hold** [*or* **keep**] **sb on** ~ jdn in Untersuchungshaft behalten

re·'mand cen·tre *n* BRIT, AUS Untersuchungsgefängnis *nt,* Untersuchungshaftanstalt *f* **re·'mand home** *n* BRIT, AUS Untersuchungshaftanstalt *f* (*für Jugendliche*)

re·mark [rɪˈmɑːk, AM -ˈmɑːrk] **I.** *vt* äußern, bemerken; **sb once** ~**ed** [**that**] ... jd hat einmal gesagt, dass ... **II.** *vi* eine Bemerkung machen; ■ **to** ~ **on sb/sth** sich *akk* über jdn/etw äußern; **it has often been** ~**ed upon that ...** es ist oft darauf hingewiesen worden, dass ... **III.** *n* Bemerkung *f,* Äußerung *f;* **to make** [*or* **pass**] ~**s about sb/sth** Bemerkungen über jdn/

etw machen

re·mark·able [rɪˈmɑːkəbl̩, AM -ˈmɑːrk-] *adj* ❶ (*approv: extraordinary*) bemerkenswert, erstaunlich; *ability* beachtlich; **it's ~ for a woman of her age to be so alert** es ist beachtlich, dass eine Frau in ihrem Alter geistig noch so rege ist ❷ (*surprising*) merkwürdig; ▪**to be ~ for sth** sich *akk* durch etw *akk* auszeichnen; **~ coincidence** merkwürdiger Zufall; **it's ~ [that] ...** es ist erstaunlich, dass ..., erstaunlicherweise ...

re·mark·ably [rɪˈmɑːkəbli, AM -ˈmɑːrk-] *adv* ❶ (*strikingly*) bemerkenswert, auffällig; **this is a ~ noisy city** diese Stadt ist besonders laut ❷ (*surprisingly*) überraschenderweise, erstaunlicherweise

re·mar·riage [ˌriːˈmærɪdʒ, AM *esp* -ˈmer-] *n* Wiederverheiratung *f* (**to** mit +*dat*)

re·mar·ry <-ie-> [ˌriːˈmæri, AM *esp* -ˈmeri] **I.** *vt* ▪**to ~ sb** jdn wieder heiraten; **to ~ each other** noch einmal heiraten **II.** *vi* sich *akk* wieder verheiraten

re·mas·ter [ˌriːˈmɑːstəʳ, AM -ˈmæstɚ] *vt* MUS ▪**to ~ sth** das Mastertape von etw *dat* neu aufnehmen; **to ~ a recording** das Mastertape einer Aufnahme [technisch] verbessern; **~ed edition of sth** [verbesserte] Neuaufnahme einer S. *gen*

re·medi·able [rɪˈmiːdiəbl̩] *adj* (*form*) ❶ (*curable*) heilbar ❷ (*rectifiable*) behebbar; *damage* wiedergutzumachen ❸ LAW anfechtbar

re·medial [rɪˈmiːdiəl] *adj* (*form*) ❶ (*relief*) Hilfs-; **~ action** Hilfsmaßnahme *f* ❷ SCH Förder-; **~ education** Förderunterricht *m;* **~ reading** Lesen *nt* für Leseschwache ❸ MED Heil-; **~ exercises** [*or* **training**] Heilgymnastik *f*

re·medial ˈles·sons *npl,* **re·medial ˈteach·ing** *n esp* BRIT, AUS Förderunterricht *m*

rem·edy [ˈremədi] **I.** *n* ❶ (*medicinal agent*) Heilmittel *nt* (**for** gegen +*akk*); ▪**to be beyond** [*or* **past**] **~** unheilbar sein ❷ (*solution*) Mittel *nt* (**for** zu +*dat*), Lösung *f* (**for** für +*akk*) ❸ (*legal redress*) [**legal**] **~** Rechtsmittel *nt* **II.** *vt* (*form*) ▪**to ~ sth** etw in Ordnung bringen; **to ~ a mistake** einen Fehler berichtigen; **to ~ poverty** die Armut beseitigen

re·mem·ber [rɪˈmembəʳ, AM -ɚ] **I.** *vt* ❶ (*recall*) ▪**to ~ sb/sth** sich *akk* an jdn/etw erinnern; (*memorize*) ▪**to ~ sth** sich *dat* etw merken; **I find it easy to ~ people's faces** ich kann mir Gesichter von Leuten gut merken; **I never ~ her birthday** ich denke nie an ihren Geburtstag; ▪**to be ~ed for sth** für etw *akk* bekannt sein; **she will be ~ed for her courage** ihr Mut wird für immer im Gedächtnis bleiben; **he was ~ed as being a very outgoing and helpful person** man erinnerte sich an ihn als an einen sehr offenen und hilfsbereiten Menschen; ▪**to ~ doing sth** sich *akk* daran erinnern, etw getan zu haben; ▪**to ~ sb/sth doing sth** sich *akk* daran erinnern, dass jd/etw etw getan hat; ▪**to ~ oneself** sich *akk* benehmen [*o fam* zusammenreißen] ❷ (*commemorate*) ▪**to ~ sb/sth** einer Person/einer S. *gen* gedenken ❸ (*give a present*) ▪**to ~ sb** jdn beschenken; ▪**to ~ sb with sth** jdm etw hinterlassen [*o* vermachen] ❹ (*form: greetings*) ▪**to ~ sb to sb** jdn von jdm grüßen; **please ~ me to your parents** bitte grüß deine Eltern von mir!; ▪**to be ~ed to sb** (*esp form*) jdn grüßen lassen, jdm Grüße bestellen **II.** *vi* ❶ (*recall*) sich *akk* erinnern; **I can't ~** ich kann mich nicht erinnern; **it was a night to ~** es war eine Nacht, die man nicht vergisst; **it's on the tip of my tongue – I'll ~ in a minute** es liegt mir auf der Zunge – es fällt mir gleich wieder ein; ▪**to ~ [that] ...** sich *akk* daran erinnern, [dass] ...; ▪**to ~ what/who/why ...** sich *akk* daran erinnern, was/wer/warum ...; **can you ~ what her telephone number is?** weißt du ihre Telefonnummer noch?; **please** [*or* **will you**] **~ that ...** denk bitte daran, dass ...; **please** [*or* **will you**] **~ to do sth** denk bitte daran, etw zu tun ❷ (*fam: indicating prior knowledge*) **we had tea in the little cafe – you ~ the one next to the bookshop** wir tranken Tee in dem kleinen Cafe – du weißt schon, das neben der Buchhandlung; **Henry the Eighth, you will ~, executed three of his wives** Heinrich der Achte hat, wie Sie wissen, drei seiner Frauen hinrichten lassen

re·mem·brance [rɪˈmembrᵊn(t)s] *n* (*form*) ❶ *no pl* (*act of remembering*) Gedenken *nt geh;* ▪**in ~ of sb/sth** zum Gedenken an jdn/etw ❷ (*a memory/recollection*) Erinnerung *f* (**of** an +*akk*)

Re·ˈmem·brance Day *n* BRIT, CAN *see* **Remembrance Sunday** ≈ Volkstrauertag *m* (*britischer Gedenktag für die Gefallenen der beiden Weltkriege*) **Re·ˈmem·brance Ser·vice** *n* BRIT *Gedenkgottesdienst am Remembrance Day*

i Kultur

Der **Remembrance Sunday, Remembrance Day** oder auch **Poppy Day** ist der zweite Sonntag im November (zur Erinnerung an den Armistice Day am 11. November 1918) an dem in Großbritannien aller Soldaten, die in den beiden Weltkriegen gefallen sind, in Gottesdiensten und Zeremonien gedacht wird. Die Leute tragen überall rote Mohnblumen aus Stoff, welche die auf den Schlachtfeldern von Flandern nach dem Ersten Weltkrieg blühenden Mohnblumen symbolisieren sollen. Um elf Uhr wird immer ein zweiminütiges Schweigen eingehalten.

re·mind [rɪˈmaɪnd] *vt* ▪**to ~ sb** jdn erinnern; **that** [*or* **which**] **~s me!** das erinnert mich an etwas!, dabei fällt mir etwas ein!; ▪**to ~ sb to do sth** jdn daran erinnern, etw zu tun; ▪**to ~ sb [that]** jdn daran erinnern, dass ...; ▪**to ~ sb about sth** jdn an etw *akk* erinnern; ▪**to ~ sb of sb/sth** jdn an jdn/etw erinnern

re·mind·er [rɪˈmaɪndəʳ, AM -ɚ] *n* ❶ (*prompting recall*) Mahnung *f;* **to give sb a gentle ~ [that] ...** jdn freundlich darauf hinweisen, dass ...; **to send sb a ~** jdm eine Mahnung schicken; **as a ~ to oneself that ...** um sich *akk* daran zu erinnern, dass ... ❷ (*awakening memories*) Erinnerung *f* (**of** an +*akk*); **stark ~** unübersehbares Mahnmal

remi·nisce [ˌremɪˈnɪs, AM -əˈ-] *vi* (*form*) in Erinnerungen schwelgen; ▪**to ~ about sb/sth** von jdm/etw erzählen

remi·nis·cence [ˌremɪˈnɪsᵊn(t)s, AM -əˈ-] *n* (*form*) ❶ *no pl* (*reflection on past*) Erinnerung *f* ❷ (*memory*) Erinnerung *f* (**of, about** an +*akk*), Reminiszenz *f geh* (**of, about** an +*akk*) ❸ LIT (*form: book of memoirs*) ▪**~s** Memoiren *pl;* **to write/publish one's ~s** seine Memoiren schreiben/veröffentlichen

remi·nis·cent [ˌremɪˈnɪsᵊnt, AM -əˈ-] *adj* ❶ (*suggestive, evocative*) ▪**to be ~ [of sb/sth]** Erinnerungen [an jdn/etw] hervorrufen, sich *akk* an jdn/etw erinnern ❷ (*recalling the past*) **to be in a ~ mood** in Erinnerungen schwelgen

remi·nis·cent·ly [ˌremɪˈnɪsᵊntli, AM -əˈ-] *adv* sich *akk* erinnernd; **they smiled ~ as they recalled how they had once been in love** sie lächelten in Erinnerung daran, wie verliebt sie einmal gewesen waren

re·miss [rɪˈmɪs] *adj pred* (*form*) nachlässig; **you have been ~ in your duties** du hast deine Pflichten vernachlässigt

re·mis·sion [rɪˈmɪʃᵊn] *n no pl* ❶ BRIT (*reduction in sentence*) Straferlass *m;* **he was given three months' ~ for good behaviour** wegen guter Führung wurden ihm drei Monate [Gefängnis] erlassen ❷ (*cancellation of debt etc.*) Erlass *m;* **~ of debt/fee/tax** Schulden-/Gebühren-/Steuererlass *m* ❸ (*form: lessening of pain*) Nachlassen *nt; of symptoms* Remission *f fachspr;* **her cancer has been in ~ for several years** seit einigen Jahren hat sie keine Krebssymptome mehr gehabt ❹ *no pl* (*form: pardon*) Vergebung *f*

re·mit I. *vt* <-tt-> [rɪˈmɪt] (*form*) ❶ (*shorten prison sentence*) **to ~ a sentence** eine Strafe erlassen; **his prison sentence was ~ted to two years** seine Gefängnisstrafe wurde auf zwei Jahre verkürzt ❷ (*tender money*) **to ~ money [to sb]** [jdm] Geld überweisen ❸ (*pass on*) ▪**to ~ sth** etw weiterleiten; **to ~ a case to sb/sth** jdm/etw einen Fall übertragen

II. *n* [ˈriːmɪt] *no pl* Aufgabengebiet *nt;* **the ~ of an inquiry** der Zweck einer Befragung

re·mit·tance [rɪˈmɪtᵊn(t)s] *n* (*form*) Überweisung *f;* **~ man** ECON (*hist*) *Emigrant, der aus seinem Heimatland finanzielle Unterstützung erhält*

re·ˈmit·tance slip *n* BRIT Überweisungsbeleg *m,* Einzahlungsschein *m*

re·mit·tent [rɪˈmɪtᵊnt] *adj* MED (*form*) ■**to be ~** nachlassen, remittieren *fachspr;* **~ fever** Wechselfieber *nt*

re·mix MUS **I.** *vt* [ˌriːˈmɪks] ① (*mix tracks again*) **to ~ songs** einen Remix von Liedern machen ② (*re-record*) **to ~ songs** Lieder neu aufnehmen **II.** *n* <*pl* -es> [ˈriːmɪks] Remix *m*

rem·nant [ˈremnənt] *n* Rest *m;* ■**~s** *of a meal* Reste *mpl; of a body* Leichenreste *mpl*

ˈrem·nant sale *n* Resteverkauf *m*

re·mod·el <BRIT -ll- *or* AM *usu* -l-> [ˌriːˈmɒdᵊl, AM -ˈmɑːdᵊl] *vt* ■**to ~ sth** etw umgestalten

re·mold *vt* AM *see* **remould**

re·mon·strance [rɪˈmɒn(t)strᵊn(t)s, AM -ˈmɑːn-] *n* (*form*) ① (*reproachful protest*) Vorwurf *m,* Vorhaltung[en] *f[pl]* ② (*complaint, protest*) Protest *m,* Einspruch *m;* **to make a ~ against sth** gegen etw *akk* Einspruch erheben

re·mon·strate [ˈremənstreɪt, AM rɪˈmɑːn(t)s-] *vi* (*form*) protestieren, sich *akk* beschweren; ■**to ~ against sb/sth** sich *akk* über jdn/etw beschweren; ■**to ~ with sb about sth** jdm wegen einer S. *gen* Vorhaltungen machen

re·morse [rɪˈmɔːs, AM -ˈmɔːrs] *n no pl* (*form*) Reue *f;* **feeling** [*or* **twinge**] **of ~** Schuldgefühl[e] *nt[pl],* Gefühl *nt* der Reue; **in a fit of ~** in einem Anfall von Reue; **sign of ~** Anzeichen *nt* von Reue; **to be filled with ~** zutiefst bereuen; **to feel ~ for** [*or* **about**] **sth** etw bereuen; **to show ~** Reue zeigen; ■**without ~** erbarmungslos; **the defendant was without ~** der Angeklagte zeigte keine Reue

re·morse·ful [rɪˈmɔːsfᵊl, AM -ˈmɔːrs] *adj* (*form: filled with regret*) reuevoll *geh; sinner* reuig *geh;* (*apologetic*) schuldbewusst; **to be ~ for sth** etw bereuen

re·morse·ful·ly [rɪˈmɔːsfᵊli, AM -ˈmɔːrs] *adv* (*form*) reumütig *geh,* voller Reue

re·morse·less [rɪˈmɔːsləs, AM -ˈmɔːrs] *adj* (*form*) ① (*relentless*) unerbittlich ② (*callous*) gnadenlos, unbarmherzig; **~ attack** brutaler Überfall; **~ cruelty** gnadenlose Grausamkeit; **~ judge** unbarmherzig strenger Richter; ■**to be ~ in sth** unerbittlich in etw *dat* sein

re·mort·gage [ˌriːˈmɔːgɪdʒ, AM -ˈmɔːr] **I.** *vt* ① (*mortgage again*) ■**to ~ sth** etw erneut hypothekarisch belasten ② (*alter conditions*) ■**to ~ sth** die Hypothek für etw *akk* neu festsetzen **II.** *vi* ① (*mortgage again*) erneut eine Hypothek aufnehmen ② (*alter conditions*) die Hypothek neu festsetzen **III.** *n* Zweithypothek *f*

re·mote <-er, -est *or* more ~, most ~> [rɪˈməʊt, AM -ˈmoʊt] *adj* ① (*distant in place*) fern, entfernt; (*far from conurbations*) abgelegen; **~ area** abgelegene [*o* abgeschiedene] Gegend; **to be ~ from everyday** [*or* **normal**] **life** (*fig*) realitätsfern sein ② (*distant in time*) lang vergangen; **~ ancestors** Urahnen *mpl;* **~ geological times** frühe geologische Epochen; **~ past/future** ferne Vergangenheit/Zukunft ③ (*standoffish*) distanziert, unnahbar ④ (*slight*) gering; **~ chance/likelihood** geringe Chance/Wahrscheinlichkeit; **~ resemblance** entfernte Ähnlichkeit; **not to have the ~st idea about sth** von etw *dat* nicht die geringste Ahnung haben

re·mote ˈac·cess *n no pl* Fernabfrage *f*

re·mote con·ˈtrol *n* ① (*control from distance*) Fernsteuerung *f* ② (*device*) Fernbedienung *f* **re·mote-con·ˈtrolled** *adj inv* ferngesteuert; **~ television** Fernsehen *nt* mit Fernbedienung

re·mote·ly [rɪˈməʊtli, AM -ˈmoʊt-] *adv inv* ① (*far away*) entfernt; **to be ~ placed** fernab liegen, abgeschnitten sein; **~ related** entfernt [miteinander] verwandt; **~ situated** abgelegen ② (*in any way*) irgendwie; **we're not even ~ interested in your proposal** wir sind nicht im Mindesten an Ihrem Vorschlag interessiert

re·mote·ness [rɪˈməʊtnəs, AM -ˈmoʊt-] *n no pl* ① (*inaccessibility*) Abgelegenheit *f* ② (*aloofness*) Distanziertheit *f;* **air of ~** unnahbare Art

re·mould, AM **re·mold I.** *vt* [ˌriːˈməʊld, AM -ˈmoʊld] ■**to ~ sth** etw neu gestalten; **to ~ one's image** sein Image aufpolieren *fam;* **to ~ a tyre** [*or* **wheel**] einen Reifen runderneuern **II.** *n* [ˈriːməʊld, AM -moʊld] *of a tyre* Runderneuerung *f*

re·mount [ˌriːˈmaʊnt] *vt* **to ~ a bicycle/horse/motorbike** wieder auf ein Fahrrad/Pferd/Motorrad steigen

re·mov·able [rɪˈmuːvəbl] *adj inv* ① (*cleanable*) *ink* abwaschbar; **~ stain** auswaschbarer Fleck ② (*detachable*) *sleeves* abnehmbar, zum Abnehmen *nach n*

re·mov·al [rɪˈmuːvᵊl] *n* ① *esp* BRIT (*changing address*) Umzug *m;* **~ man** BRIT Möbelpacker(in) *m(f);* **to do ~s** Umzüge übernehmen ② *no pl* (*expulsion*) Beseitigung *f,* Abschaffung *f; of a dictator* Absetzung *f;* (*abolition*) *of customs duties* Abschaffung *f;* **~ from power** Absetzung *f, der Regierung* ③ *no pl* (*cleaning*) Entfernung *f* ④ *no pl* (*taking off*) Abnahme *f,* Entfernung *f*

re·ˈmov·al ex·penses *n* BRIT Umzugskosten *pl* **re·ˈmov·al firm** *n* BRIT Umzugsfirma *f*

re·mov·al·ist [rɪˈmuːvᵊlɪst] *n* AUS Umzugsspediteur *m*

re·ˈmov·al van *n* BRIT Möbelwagen *m*

re·move [rɪˈmuːv] **I.** *vt* ① (*take away*) ■**to ~ sth** etw entfernen [*o* wegräumen]; **she angrily asked him to ~ himself from the room** sie forderte ihn wütend auf, den Raum zu verlassen; **to ~ a mine** MIL eine Mine räumen; **to ~ a roadblock** eine Straßensperre beseitigen; **to ~ a wrecked vehicle** ein Autowrack abschleppen ② (*get rid of*) ■**to ~ sth** etw entfernen; (*cancel*) etw streichen; **he is having the stitches ~d today** heute bekommt er die Fäden gezogen; **to ~ the cork from a bottle** eine Flasche entkorken; **to ~ a dent** eine Delle ausbeulen; **to ~ sth from an embargo** etw von einem Embargo ausnehmen; **to ~ an entry/a name** einen Eintrag/einen Namen streichen; **to ~ the film from the camera** den Film aus der Kamera nehmen; **to ~ hair/warts** Haare/Warzen entfernen; **to ~ handcuffs** Handschellen abnehmen; **to ~ one's make-up/a stain** sein Make-up/einen Fleck entfernen; **to ~ sb's doubts** [*or* **suspicions**]**/fears** (*fig*) jds Zweifel/Ängste ausräumen [*o* beseitigen] ③ (*take off clothes*) ■**to ~ sth** etw ausziehen; **to ~ a tie** eine Krawatte ablegen ④ (*form: dismiss*) **to ~ sb** [**from office**] jdn [aus dem Amt] entlassen **II.** *n* (*form*) Distanz *f,* Entfernung *f;* **to be at one ~ from sth** ganz nah an etw *dat* sein; **we are at one ~ from war** wir stehen kurz vor einem Krieg; **several** [*or* **many**] **~s** [**away**] **from sth** von etw *dat* meilenweit entfernt

re·moved [rɪˈmuːvd] *adj* ① (*form: not close*) **first cousin once/twice ~** Cousin/Cousine ersten/zweiten Grades ② (*distant*) entfernt; **to be** [**far**] **~ from sb/sth** von jdm/etw [weit] entfernt sein

re·mov·er [rɪˈmuːvəʳ, AM -ɚ] *n* ① BRIT (*sb doing home removals*) Möbelpacker *m* ② (*cleaning substance*) Reinigungsmittel *nt;* **nail-varnish ~** Nagellackentferner *m;* **stain ~** Fleckenentferner *m*

re·mu·ner·ate [rɪˈmjuːnᵊreɪt, AM -nər-] *vt* (*form*) ■**to ~ sb for sth** jdn für etw *akk* bezahlen [*o geh* entlohnen]

re·mu·nera·tion [rɪˌmjuːnᵊrˈeɪʃᵊn, AM -nəˈreɪ-] *n* (*form*) Vergütung *f geh,* Entgelt *nt,* Remuneration *f* ÖSTERR (**for** für +*akk*)

re·mu·nera·tive [rɪˈmjuːnᵊrətɪv, AM -nəreɪṭɪv] *adj* (*form*) einträglich, lukrativ *geh*

re·nais·sance [rəˈneɪsᵊn(t)s, AM ˌrenəˈsɑːn(t)s] *n* Wiedergeburt *f fig,* Renaissance *f*

Re·nais·sance [rəˈneɪsᵊn(t)s, AM ˌrenəˈsɑːn(t)s] *n* ■**the ~** die Renaissance; **~ art** Kunst *f* der Renaissance; **~ music/painting** Renaissancemusik *f*/-malerei *f*

Re·nais·sance ˈman *n* Alleskönner *m,* Allroundtalent *nt fam*

R

(*besonders in der Kunst und den Wissenschaften*)

re·nal ['ri:nᵊl] *adj inv* Nieren-; ~ **dialysis** Dialyse *f;* ~ **failure/transplant** Nierenversagen *nt*/-transplantation *f;* ~ **specialist** Nierenspezialist(in) *m(f);* ~ **unit** Abteilung *f* für Nierenkrankheiten, Dialysezentrum *nt*

re·name [ˌri:'neɪm] *vt* ■**to ~ sth** etw umbenennen

re·nas·cent [rɪ'neɪsᵊnt, AM *esp* 'næ-] *adj* (*form*) wieder erwachend *attr geh;* ~ **fervour** [*or* AM **fervor**] **for doing sth** wieder aufkeimender Eifer, etw zu tun

rend <rent *or* AM *a.* rented, rent *or* AM *a.* rented> [rend] *vt* ❶ (*esp liter or old: separate violently*) ■**to ~ sth** etw zerreißen; **a terrifying scream ~s the air** ein furchtbarer Schrei zerreißt die Luft; **to ~ sth asunder** [*or* **apart**] etw in Stücke reißen; **to ~ one's garments into pieces** seine Kleider zerreißen ❷ (*drag out*) **to ~ sb free** [**of sth**] jdn [aus etw *dat*] herauszerren ❸ (*split into parts*) ■**to ~ sth** etw spalten *fig;* **the former Yugoslavia was rent by civil war in the early '90s** das ehemalige Jugoslawien wurde zu Beginn der 90er-Jahre durch einen Bürgerkrieg gespalten

ren·der ['rendəʳ, AM -ɚ] *vt* (*form*) ❶ (*cause to become*) ■**to ~ sb/sth** + *adj* jdn/etw ... werden lassen [*o* machen]; **she was ~ed unconscious by the explosion** sie wurde durch die Explosion ohnmächtig; **to ~ sb speechless** jdn sprachlos machen ❷ (*interpret*) ■**to ~ sth** etw wiedergeben; **to ~ a song** ein Lied vortragen ❸ (*offer*) **to ~ aid** [*or* **assistance**] Hilfe leisten; **to ~** [**faithful**] **service** [treue] Dienste leisten; **to ~ services to the Crown** der Krone [*o* dem König/der Königin] dienen ❹ (*submit*) ■**to ~ sth** etw vorlegen; **to ~ an account of sth to sb/sth** jdm/etw Rechenschaft über etw *akk* ablegen; **to ~ a report on sth to sb/sth** jdm/etw einen Bericht über etw *akk* vorlegen; LAW **to ~ a decision** eine Entscheidung bekannt geben; **to ~ a judgement** [*or* **verdict**] ein Urteil verkünden ❺ (*translate*) ■**to ~ sth** etw übersetzen; **to ~ a phrase into English** einen Satz ins Englische übersetzen [*o* übertragen] ❻ (*put plaster on wall*) **to ~ sth in plaster** etw mit Mörtel bewerfen [*o* verputzen]

◆**render down** *vt* **to ~ fat down** Fett auslassen

ren·der·ing ['rendᵊrɪŋ, AM -ɚ-] *n* ❶ (*performance of art work*) Interpretation *f; song* Vortrag *m; of a part* Darstellung *f* ❷ (*translation*) Übertragung *f,* Übersetzung *f* ❸ (*account*) Schilderung *f;* ~ **of what happened** LAW Schilderung *f* des Tathergangs

ren·dez·vous ['rɒndɪvu:, AM 'rɑ:ndeɪ-] **I.** *n* <*pl* -> ❶ (*meeting*) Rendezvous *nt,* Stelldichein *nt veraltend o hum,* Treffen *nt,* Verabredung *f* ❷ (*meeting place*) Treffpunkt *m,* Treff *m fam;* **a ~ for artists** ein Künstlertreff *m* **II.** *vi* sich *akk* heimlich treffen

ren·di·tion [ren'dɪʃᵊn] *n* Wiedergabe *f; of a song* Interpretation *f* [*o* Version] *f*

ren·egade ['renɪgeɪd, AM -nə-] **I.** *n* Abtrünnige(r) *f(m) pej,* Renegat(in) *m(f) pej geh* **II.** *adj attr priest, province* abtrünnige(r, s); ~ **soldier** Deserteur(in) *m(f)*

re·nege [rɪ'ni:g, AM -'nɪg] *vi* **to ~ on a deal** sich *akk* nicht an ein Abkommen halten; **to ~ on a promise** ein Versprechen nicht halten [*o* brechen]

re·new [rɪ'nju:, AM *esp* -'nu:] *vt* ❶ (*resume*) ■**to ~ sth** etw erneuern; **to ~ an attack on sb** jdn erneut angreifen; **to ~ one's efforts to do sth** seine Bemühungen, etw zu tun, wieder aufnehmen; **to ~ old friendships** alte Freundschaften erneuern [*o* auffrischen]; **to ~ a relationship with sb/sth** eine Beziehung zu jdm/etw wieder aufnehmen; **to ~ relations** [*or* **one's contact**] **with sb** die Beziehungen zu jdm wieder aufnehmen; **to ~ pressure** erneut Druck ausüben ❷ (*revalidate*) **to ~ a book/membership/visa** ein Buch/eine Mitgliedschaft/ein Visum verlängern lassen ❸ (*grant continued validity*) **to ~ a passport** einen Pass verlängern ❹ (*repair*) ■**to ~ sth** etw reparieren; (*to mend in places*) etw ausbessern

re·new·able [rɪ'nju:əbl̩, AM *esp* -'nu:-] *adj inv* ❶ *energy sources* erneuerbar; ~ **energy** erneuerbare Energie ❷ *contract, documents, passport* verlängerbar

re·new·al [rɪ'nju:əl, AM *esp* -'nu:-] *n* ❶ (*extension*) *of a passport* Verlängerung *f* ❷ (*process of renewing*) Erneuerung *f;* ~ **of an acquaintance with sb** Wiederaufnahme *f* einer Beziehung zu jdm ❸ MECH Austausch *m* ❹ (*urban regeneration*) Erneuerung *f,* Entwicklung *f*

re·newed [rɪ'nju:d, AM *esp* -'nu:d] *adj inv* erneuert *attr;* ~ **interest** wieder erwachtes Interesse; ~ **relationship** wieder aufgenommene Beziehung; **to receive ~ support** erneut Unterstützung erhalten

ren·net ['renɪt] *n,* **ren·nin** ['renɪn] *n no pl* FOOD Lab *nt*

re·nounce [rɪ'naʊn(t)s] *vt* ■**to ~ sth** ❶ (*formally give up*) *right* auf etw *akk* verzichten; **to ~ arms/force/the use of violence** auf Waffen/Gewalt/die Anwendung von Gewalt verzichten; **to ~ one's citizenship** seine Staatsbürgerschaft aufgeben; **to ~ one's family** seine Familie aufgeben; **to ~ one's faith/religion** seinem Glauben/seiner Religion abschwören; **to ~ the world** (*liter*) der Welt entsagen *liter* ❷ (*deny sb's authority*) **to ~ sb's authority** die Autorität einer Person *gen* ablehnen; **to ~ allegiance to the king** (*hist*) dem König die Gefolgschaft verweigern

reno·vate ['renəveɪt] *vt* **to ~ a flat** [*or* AM **apartment**]/**a house** eine Wohnung/ein Haus renovieren

reno·va·tion [ˌrenə'veɪʃᵊn] *n* (*small and large scale*) Renovierung *f;* (*large scale only*) Sanierung *f;* ~ **work** Renovierungsarbeiten *fpl;* **to make ~s** Renovierungsarbeiten durchführen; **to be closed for ~** wegen Renovierungsarbeiten geschlossen sein; **to be under ~** gerade renoviert werden

re·nown [rɪ'naʊn] *n no pl* (*form, liter*) Ruhm *m,* guter Ruf; **great ~** hohes Ansehen; **to win ~** [**as sth**] sich *dat* Ansehen [als etw] verschaffen, zu Ansehen [*o* Berühmtheit] gelangen; **of ~** von Ansehen; **she was a woman of ~** sie war eine angesehene Frau

re·nowned [rɪ'naʊnd] *adj* (*form, liter*) berühmt; ■**to be ~ as sth** als etw berühmt sein; ■**to be ~ for sth** für etw *akk* berühmt sein

rent¹ [rent] **I.** *n* Riss *m* **II.** *pt, pp of* **rend**

rent² [rent] **I.** *n* (*for accommodation, business premises or objects*) Miete *f;* (*esp for land and business*) Pacht *f;* (*for accommodation and especially business premises*) Mietzins *m* SÜDD, ÖSTERR, SCHWEIZ; ~ **ceiling** Höchstmiete *f;* ~ **control** Mietpreisbindung *f;* ~ **controls** Mietgesetze *ntpl;* **~-a-room** AM Mietraum *m;* **~-a-room company** Zimmervermittlung *f;* **monthly ~ of £55** Monatsmiete *f* von 55 £; **to pay ~** Miete bezahlen; **to raise ~s** [*or* AM **the ~**] die Mieten erhöhen; **to be behind with the ~** mit der Miete in Verzug [*o* im Rückstand] sein; ■**for ~** AM zu vermieten; **flats** [*or* AM **apartments**] **for ~** Wohnungen zu vermieten **II.** *vt* ■**to ~ sth** ❶ (*let*) *flat, house, office* etw vermieten ❷ (*hire*) etw mieten; **to ~ land** Land pachten; **to ~ sth from sb** etw von jdm mieten **III.** *vi* vermietet werden; ■**to ~ at sth** gegen [*o* für] etw *akk* zu mieten sein

◆**rent out** *vt* ■**to ~ out** ○ **sth** etw vermieten; ■**to ~ sth out to sb** etw an jdn vermieten

rent-a- ['rentə] *in compounds* (*hum*) **~crowd** mobilisierte Massen *pl* **'rent-a-car** *n* Mietwagen *m,* Leihwagen *m* **'rent-a-cop** *n* AM (*pej fam*) Aushilfspolizist(in) *m(f)*

rent·al ['rentᵊl] **I.** *n* Miete *f;* **property ~** Pachtgebühr *f;* **video and television ~** Leihgebühr *f* für Video- und Fernsehgeräte **II.** *adj attr* Miet-; ~ **agency** Verleih *m,* Verleihfirma *f;* ~ **library** *esp* AM Leihbücherei *f*

'rent·al com·pa·ny *n* Verleih *m;* **car ~** Autovermietung *f,* Autoverleih *m*

'rent ar·rears *npl* Mietrückstände *mpl* **'rent boy** *n* BRIT (*fam*) Strichjunge *m sl,* Stricher *m pej derb* **rent-'free** *adj* mietfrei

ren·tier ['rɑ:ntieɪ, AM ˌrɑ:n'tjeɪ] *n* (*esp pej form*) Rentier *m;* ~ **class** *von Mieteinkommen lebende Gesellschaftsschicht*

'rent strike *n* Mietstreik *m*

re·nun·cia·tion [rɪˌnʌn(t)si'eɪʃən] *n no pl* Verzicht *m* (**of** auf +*akk*); ~ **of a peerage** Verzicht *m* auf einen Adelstitel; ~ **of the throne/violence** Thron-/Gewaltverzicht *m*

re·oc·cur <-rr-> [ˌri:ə'kɜ:ʳ, AM -'kɜ:r] *vi* sich *akk* wiederholen; *cancer, ulcers* erneut auftreten

re·oc·cur·rence [ˌri:ə'kʌrən(t)s, AM -'kɜ:r-] *n* nochmaliges Vorkommen; **the ~ of attacks on foreigners is causing serious concern** die wiederholten Überfälle auf Ausländer sind Anlass zu ernster Besorgnis

re·open [ˌri:'əʊpən, AM -'oʊ-] **I.** *vt* ① (*open again*) **to ~ a door/window** eine Tür/ein Fenster wieder aufmachen; **to ~ a shop** ein Geschäft wieder eröffnen ② (*start again*) **to ~ negotiations** die Verhandlungen wieder aufnehmen **II.** *vi* wieder eröffnen

re·or·der [ˌri:'ɔ:dəʳ, AM -'ɔ:rdɚ] **I.** *n* Nachbestellung *f;* **to send** [*or* **put in**] **a ~** nachbestellen **II.** *vt* ■**to ~ sth** ① (*order again*) etw nachbestellen ② (*rearrange*) etw umordnen; **to ~ priorities** Prioritäten neu festlegen

re·or·gani·za·tion [ri:ˌɔ:gənaɪ'zeɪʃən, AM -ˌɔ:rgənɪ'-] *n* Reorganisation *f,* Umstrukturierung *f*

re·or·gan·ize [ri:'ɔ:gənaɪz, AM -'ɔ:r-] **I.** *vt* ■**to ~ sth** etw umorganisieren [*o* reorganisieren]; **to ~ a company/department** eine Firma/Abteilung reorganisieren **II.** *vi* reorganisieren, eine Umstrukturierung vornehmen

re·ori·ent [ˌri:'ɔ:riənt] **I.** *vt* ■**to ~ sth** etw neu ausrichten; **as the company started making losses they had to ~ their staff** als die Firma anfing, Verluste zu machen, musste sie entsprechende neue Direktiven an ihre Belegschaft ausgeben; ■**to ~ sb** PSYCH jdm helfen, sich *akk* wieder [im Leben] zurechtzufinden **II.** *vi* sich *akk* einleben; ■**to ~ to sth** sich *akk* an etw *akk* anpassen; ■**to ~ oneself** [**to sth**] sich *akk* [in etw *dat*] zurechtfinden

re·ori·en·ta·tion [ri:ˌɔ:riən'teɪʃən, AM -rien'-] *n* ① (*new direction*) Umorientierung *f* ② (*personal adjustment*) Eingewöhnung *f*

rep [rep] **I.** *n* ① (*fam: salesperson*) *short for* **representative** Vertreter(in) *m(f),* Klinkenputzer *m pej fam* ② *no pl* THEAT (*fam*) *short for* **repertory company/theatre** (*single*) Repertoireensemble *nt,* Repertoiretheater *nt;* (*in general*) Repertoiretheater *nt* **II.** *vi* <-pp-> (*fam*) Klinken putzen *pej fam*

re·paid [ˌri:'peɪd, rɪ'-] *pt, pp of* **repay**

re·paint [ˌri:'peɪnt] **I.** *vt* ■**to ~ sth** etw neu streichen **II.** *vi* neu bemalen

re·pair [rɪ'peəʳ, AM -'per] **I.** *vt* ① (*restore*) ■**to ~ sth** etw reparieren; **to ~ a road** eine Straße ausbessern; **to ~ a puncture** eine Reifenpanne beheben; **to ~ a tyre** [*or* AM **tire**] einen Reifen flicken; **to ~ the ravages wrought by war** die Kriegsschäden beseitigen ② (*put right*) ■**to ~ sth** etw [wieder] in Ordnung bringen; **to ~ the damage** den Schaden wiedergutmachen; **to ~ a friendship** eine Freundschaft kitten *fam* ③ (*dated: retire*) ■**to ~ to sth** sich *akk* zu etw *dat* begeben *geh* **II.** *n* ① (*overhaul*) Reparatur *f;* ■**~s** *pl* Reparaturarbeiten *fpl,* Instandsetzungsarbeiten *fpl form* (**to** an +*dat*); (*specific improvement*) Reparaturstelle, ausgebesserte Stelle *f;* **my car is in the garage for ~s** mein Auto ist zur Reparatur in der Werkstatt; **the motorway will be under ~ until January** an der Autobahn werden bis Januar Ausbesserungsarbeiten durchgeführt; **in need of ~** reparaturbedürftig; **~ service** Reparaturdienst *m;* **to do** [*or* **carry out**] **~s** Reparaturen durchführen; **to make ~s to sth** etw ausbessern; **beyond ~** irreparabel ② (*state*) Zustand *m;* **to be in good/bad ~** in gutem/schlechtem Zustand sein; **to be in an excellent/a terrible state of ~** in einem ausgezeichneten/schlimmen Zustand sein; **to keep sth in** [**very**] **good ~** etw [sehr gut] instand halten

re·pair·able [rɪ'peərəbl̩, AM -'per-] *adj* reparabel; **the watch is not ~** die Armbanduhr kann nicht [mehr] repariert werden

re·'pair kit *n* Flickzeug *nt kein pl;* **bicycle ~** Fahrradflickzeug *nt* **re·'pair·man** *n* (*for domestic installations*) Handwerker *m;* (*for cars*) Mechaniker *m;* **computer ~** Computerfachmann *m;* **TV ~** Fernsehtechniker *m;* **watch ~** Uhrmacher *m* **re·'pair shop** *n* Reparaturwerkstatt *f*

re·pa·per [ˌri:'peɪpəʳ, AM -ɚ] *vt* ■**to ~ sth** etw neu tapezieren

repa·rable ['repərəbl̩] *adj* reparabel; **~ loss** LAW ersetzbarer Schaden

repa·ra·tion [ˌrepər'eɪʃən, AM -ə'reɪ-] *n* (*form*) Entschädigung *f;* ■**~s** *pl* (*for war victims*) Wiedergutmachung *f kein pl;* (*for a country*) Reparationen *fpl;* **to make ~ to sb** jdn entschädigen, jdm eine Entschädigung zahlen

rep·ar·tee [ˌrepɑ:'ti:, AM -ɑ:r'-] *n no pl* schlagfertige Antwort

re·past [rɪ'pɑ:st, AM -'pæst] *n* (*form, liter*) Mahl *nt geh*

re·pat·ri·ate [ri:'pætrieɪt, AM -'peɪ-] *vt* ■**to ~ sb** jdn [in sein Heimatland] zurückschicken [*o geh* repatriieren]; **to ~ prisoners of war/refugees** Kriegsgefangene/Flüchtlinge repatriieren

re·pat·ria·tion [ri:ˌpætri'eɪʃən, AM rɪˌpeɪ-] *n no pl* Repatriierung *f geh,* Rückführung *f;* **~ camp** Rückführungslager *nt*

re·pay <-paid, -paid> [ˌri:'peɪ] *vt* ① (*pay back*) ■**to ~ sth** etw zurückzahlen; **to ~ debts/a loan** Schulden/ein Darlehen tilgen; **to ~ sth with labour** [*or* AM **labor**] etw abarbeiten; ■**to ~ sb** jdm Geld zurückzahlen; **to ~ money to sb** jdm Geld zurückzahlen ② (*fig*) ■**to ~ sb for sth** jdm etw vergelten, sich *akk* bei jdm für etw *akk* revanchieren; **to ~ a kindness** sich *akk* für eine Gefälligkeit erkenntlich zeigen; ■**to ~ sth by sth** etw mit etw *dat* vergelten; **the government repaid his contributions to party funds by awarding him a peerage** die Regierung dankte ihm für seine Spenden an die Partei, indem sie ihm einen Adelstitel verlieh; ■**to ~ sth with sth** etw mit etw *dat* belohnen [*o geh* vergelten]; **the team repaid their manager's faith with a series of wins** das Team bedankte sich beim Manager für sein Vertrauen mit einer Siegesserie; **sth ~s one's attention/interest/time** *esp* BRIT etw ist jds Aufmerksamkeit/Interesse/Zeit wert; **you should read this article – it would ~ your interest** du solltest diesen Artikel lesen – es lohnt sich

re·pay·able [ˌri:'peɪəbl̩] *adj inv* rückzahlbar

re·pay·ment [ˌri:'peɪmənt] *n of a loan* Rückzahlung *f,* Tilgung *f;* **mortgage ~** Hypothekenrückzahlung *f;* **immediate** [*or* **prompt**] **~** sofortige Rückzahlung; **to spread ~s** die Rückzahlung in Raten aufteilen

re·peal [rɪ'pi:l] **I.** *vt* **to ~ a decree/a law** ein Urteil/ein Gesetz aufheben [*o* außer Kraft setzen] **II.** *n no pl of a decree, law* Aufhebung *f*

re·peat [rɪ'pi:t] **I.** *vt* ① (*say again*) ■**to ~ sth** etw wiederholen; **to ~ a/the question** eine/die Frage wiederholen; **~ after me** bitte mir nachsprechen; **it can't be ~ed too often that ...** es kann nicht oft genug gesagt werden, dass ...; ■**to ~ oneself** sich *akk* wiederholen ② (*communicate*) etw weitersagen; **don't ~ this but ...** sag es nicht weiter, [aber] ...; **to ~ a secret to sb** jdm ein Geheimnis weitererzählen ③ (*emphasizing*) **I am not, ~ not, going to allow you to hitchhike by yourself** ich werde dir nicht, ich betone nicht, erlauben, allein zu trampen ④ (*recite*) **to ~ a poem** ein Gedicht aufsagen ⑤ (*do again*) ■**to ~ sth** etw wiederholen [*o* noch einmal machen]; **history ~s itself** die Geschichte wiederholt sich; **this is an offer never to be ~ed** dies ist ein einmaliges Angebot; **to ~ a class/a year** eine Klasse/ein Schuljahr wiederholen; **to ~ an order** nachbestellen **II.** *vi* ① (*recur*) sich *akk* wiederholen; **the same pattern is ~ing over and over again** es läuft immer wieder nach dem gleichen Muster ab ② (*fam: taste*) ■**sth ~s on sb** etw stößt jdm auf; **cucumber always ~s on me** Gurke stößt mir immer auf **III.** *n* ① (*recurrence*) Wiederholung *f;* **~ performance** LAW Nachahmungstat *f* ② TV (*reshowing of programme*) Wiederholung *f* **IV.** *adj attr* Wiederholungs-; **~ business** Stammkundschaft *f;* **~ pattern** sich *akk* wiederholendes Muster; (*on material, carpets etc.*) Rapport *m fachspr*

re·peat·ed [rɪ'pi:tɪd, AM -t̬-] *adj inv* wiederholte(r, s); **despite ~ attempts** trotz wiederholter Versuche

re·peat·ed·ly [rɪ'pi:tɪdli, AM -t̬-] *adv inv* wiederholt; (*several*

R

times) mehrfach

re·'peat or·der *n* Nachbestellung *f;* **to place a ~** eine Nachbestellung aufgeben **re·peat per·'for·mance** *n* ❶ (*repetition of show*) Wiederholungsvorstellung *f* ❷ (*pattern*) Wiederholung *f;* LAW Nachahmungstat *f*

re·pel <-ll-> [rɪ'pel] *vt* ❶ (*ward off*) ■**to ~ sb** jdn zurückweisen [*o* abweisen]; ■**to ~ sth** etw abweisen; **this coat ~s moisture** dieser Mantel ist Wasser abweisend ❷ MIL (*form: repulse*) ■**to ~ sb/sth** jdn/etw abwehren; **to ~ an attack** einen Angriff abwehren ❸ PHYS ■**to ~ sth** *magnets* etw abstoßen ❹ (*disgust*) ■**sb is ~led by sth** etw stößt jdn ab; **to be ~led by the sight of sb/sth** vom Anblick einer Person/einer S. *gen* abgestoßen werden

re·pel·lent [rɪ'pelᵊnt] **I.** *n* Insektenspray *nt;* **insect/mosquito ~** Insekten-/Mückenspray *nt* **II.** *adj* abstoßend, widerwärtig; **I find this idea ~** diese Vorstellung ist mir zuwider

re·pent [rɪ'pent] **I.** *vi* (*form*) bereuen; ■**to ~ of sth** etw bereuen; **to ~ of one's sins** seine Sünden bereuen; ■**to ~ doing sth** bereuen, etw getan zu haben **II.** *vt* ■**to ~ sth** etw bereuen; **to ~ one's sins** seine Sünden bereuen

re·pen·tance [rɪ'pentən(t)s, AM -tᵊn(t)s] *n no pl* Reue *f;* **lack of ~** Mangel *m* an Reue; **to show ~** Reue zeigen

re·pen·tant [rɪ'pentənt, AM -tᵊnt] *adj* (*form*) reuig *geh;* **to feel ~** Reue fühlen, reumütig sein

re·per·cus·sion [ˌri:pə'kʌʃᵊn, AM -pɚ'-] *n usu pl* Auswirkung *f meist pl;* **far-reaching ~s** weit reichende Konsequenzen

rep·er·toire ['repətwɑ:ʳ, AM -pɚtwɑ:r] *n* Repertoire *nt;* **~ of songs/stories** Repertoire *nt* an Liedern/Geschichten; **large** [*or* **wide**] **~** großes Repertoire

rep·er·tory ['repətᵊri, AM -ɚtɔ:ri] *n no pl* ❶ (*repeated performances*) ■**to be in ~** *play* auf dem Spielplan stehen; **Macbeth is in ~ at the Royal Shakespeare Company** Macbeth gehört zum Repertoire der Royal Shakespeare Company ❷ (*theatre*) Repertoiretheater *nt;* **she's working in ~** sie spielt in einem Repertoiretheater

'rep·er·tory com·pa·ny *n* Repertoireensemble *nt* **'rep·er·tory thea·ter** AM, **'rep·er·tory thea·tre** *n* ❶ (*theatre company*) Repertoiretheater *nt;* **Manchester's ~** Manchesters Repertoiretheater ❷ *no pl* (*theatre*) Repertoiretheater *nt*

rep·eti·tion [ˌrepɪ'tɪʃᵊn, AM -ə'-] *n* ❶ (*say again*) Wiederholung *f;* **mere ~ of sth** bloße Wiederholung einer S. *gen;* **sth is full of ~** etw ist voll von Wiederholungen ❷ (*do again*) Wiederholung *f*

rep·eti·tious [ˌrepɪ'tɪʃəs, AM -ə'-] *adj,* **re·peti·tive** [rɪ'petətɪv, AM -t̬ət̬ɪv] *adj* sich *akk* wiederholend *attr,* monoton *pej;* **~ factory work** monotone Fabrikarbeit; **boringly ~** stumpfsinnig

re·peti·tive 'mo·tion in·ju·ry *n* Repetitive Strain Injury *f,* RSI-Syndrom *nt*

re·peti·tive 'strain in·ju·ry *n* Repetitive Strain Injury *f fachspr,* RSI *f fachspr, chronische Beschwerden durch einseitige Belastung*

re·peti·tive 'stress syn·drome *n no pl* Überlastungssyndrom *nt,* Überlastungserscheinung *f* durch gleich bleibende Beanspruchung

re·phrase [ˌri:'freɪz] *vt* ■**to ~ sth** etw neu formulieren

re·pine [rɪ'paɪn] *vi* (*form, liter*) unzufrieden sein; **we're in a terrible situation but it won't do us any good to ~** wir sind in einer schlimmen Lage, aber Jammern bringt uns auch nicht weiter

re·place [rɪ'pleɪs] *vt* ❶ (*take the place of*) ■**to ~ sb/sth** [**with sb/sth**] jdn/etw [durch jdn/etw] ersetzen ❷ (*put back*) ■**to ~ sth** etw [an seinen Platz] zurücklegen [*o* zurückstellen]; **to ~ the receiver** [**on the hook**] den Hörer wieder auflegen ❸ (*substitute*) ■**to ~ sth** etw ersetzen; **to ~ a dressing** [*or* **bandage**] einen Verband wechseln; **to ~ a loss** einen Schaden ersetzen

re·place·able [rɪ'pleɪsəbl] *adj inv* ersetzbar

re·place·ment [rɪ'pleɪsmənt] **I.** *n* ❶ (*substitute*) Ersatz *m;* (*person*) Vertretung *f* ❷ *no pl* (*substitution*) Ersetzung *f;* **the ~ of pencil and paper with computers is not yet complete** Stift und Papier wurden noch nicht völlig von Computern verdrängt **II.** *adj attr* Ersatz-; **~ hip/knee joint** künstliches Hüft-/Kniegelenk

re·play **I.** *vt* [ˌri:'pleɪ] ❶ (*game*) **to ~ a match** [*or* **game**] ein Spiel wiederholen ❷ (*recording*) **to ~ a video** ein Video nochmals abspielen; **to ~ sth over and over again in one's mind** (*fig*) etw in Gedanken immer wieder durchspielen **II.** *n* ['ri:pleɪ] ❶ (*match*) Wiederholungsspiel *nt;* **the semi-final ~** das Wiederholungsspiel im Halbfinale; **~ of a final/match** Wiederholung *f* eines Endspiels/Spiels ❷ (*recording*) Wiederholung *f;* **instant** [*or* BRIT *a.* **action**] **~** Instantreplay *nt;* **slow-motion ~** Wiederholung *f* in Zeitlupe; **television ~** Fernsehwiederholung *f*

ReplayTV® [ˌri:pleɪti:'vi:] *n* ReplayTV® *nt fachspr,* TV-Server *m fachspr,* digitales TV-Aufnahmegerät, digitaler Videorekorder

re·plen·ish [rɪ'plenɪʃ] *vt* (*form*) **to ~ a glass** ein Glas wieder füllen; **to ~ petrol** [*or* AM **gas**] auftanken; **to ~ supplies** Vorräte [wieder] auffüllen; **to ~ coal stocks with imports from abroad** die Kohlenvorräte durch Importe aus dem Ausland aufstocken

re·plen·ish·ment [rɪ'plenɪʃmənt] *n no pl* (*form*) *of stocks, supplies* Auffüllung *f*

re·plete [rɪ'pli:t] *adj pred* (*form*) ❶ (*no longer hungry*) *person* satt, gesättigt, voll *fam;* **to feel ~** satt sein ❷ (*provided*) ■**to be ~ with sth** mit etw *dat* großzügig ausgestattet sein

re·ple·tion [rɪ'pli:ʃᵊn] *n no pl* (*form*) ❶ (*satisfying of hunger*) Sättigung *f* ❷ (*filling of something*) Füllen *nt*

rep·li·ca ['replɪkə] *n* Kopie *f; painting* Replik *f geh;* **he is a ~ of his father** er ist seinem Vater wie aus dem Gesicht geschnitten; **~ of a car/ship** Auto-/Schiffsmodell *nt*

rep·li·cate ['replɪkeɪt] **I.** *vt* (*form*) ■**to ~ sth** etw nachbilden [*o geh* reproduzieren]; **to ~ an experiment** ein Experiment wiederholen; ■**to ~ oneself** BIOL sich *akk* replizieren *fachspr* **II.** *vi* (*form*) BIOL sich *akk* replizieren *fachspr*

rep·li·ca·tion [ˌreplɪ'keɪʃᵊn, AM -lə'-] *n* (*form*) ❶ (*exact copy*) Kopie *f,* Reproduktion *f geh;* (*model*) Nachbildung *f;* **~ of the original** Originalkopie *f;* **~ of a ship** Schiffsmodell *nt* ❷ BIOL Replikation *f fachspr;* **~ of cells** Zellreplikation *f*

re·ply [rɪ'plaɪ] **I.** *vi* <-ie-> ❶ (*respond*) antworten, erwidern; **to ~ in the affirmative/negative** die Frage bejahen/verneinen; **to ~ to letters/a question** Briefe/eine Frage beantworten ❷ (*fig: react*) ■**to ~ to sth** auf etw *akk* reagieren **II.** *n* ❶ (*answer*) Antwort *f;* (*verbal also*) Erwiderung *f;* **~ to a question** Antwort *f* auf eine Frage; **to make** [*or* **give**] **a ~** [**to sth**] [auf etw *akk*] antworten ❷ (*reaction*) Reaktion *f* (**to** auf +*akk*); **we advertised the job but received very few replies** wir haben die Stelle ausgeschrieben, bekamen aber nur sehr wenige Zuschriften; ■**as a ~ to sth** als Reaktion auf etw *akk*

re·'ply cou·pon *n* BRIT Antwortcoupon *m* **re·ply-'paid** *adj* BRIT **~ envelope** Freiumschlag *m;* **to make a letter ~** einen Brief freimachen

re·po ['ri:pəʊ, AM -poʊ] *n* LAW (*fam*) *abbrev of* **repossession** Zwangsenteignung *f;* **to do a ~** eine Zwangsenteignung durchführen; **~ man** Gerichtsvollzieher *m*

re·port [rɪ'pɔ:t, AM -'pɔ:rt] **I.** *n* ❶ (*news*) Meldung *f* (**on** über +*akk*); **newspaper ~** Zeitungsbericht *m,* Zeitungsmeldung *f;* **~s in the newspaper/press** Zeitungs-/Presseberichte *mpl* ❷ (*formal statement*) Bericht *m* (**on** über +*akk*); **the project leader gave a progress ~ on what had been achieved so far** der Projektleiter erstattete Bericht über die bisher gemachten Fortschritte; [**school**] **~** BRIT Schulzeugnis *nt;* **stock market/weather ~** Börsen-/Wetterbericht *m;* **annual/financial ~** [**of a company**] Jahres-/Rechenschaftsbericht *m* [einer Firma]; **weekly/yearly ~** wöchentlicher/jährlicher Bericht; **to give** [*or* **make**] [*or* **submit**] **a ~** einen Bericht vorlegen ❸ (*unproven claim*) Gerücht *nt;* **according to ~s ...** Gerüchten zufolge ... ❹ (*form: sound of gunshot*) Knall *m;* ~ **of a gun** Knallen *nt* eines Gewehrs; **sharp** ~ durchdringender Knall **II.** *vt* ❶ (*communicate information*) ■**to** ~ **sth** [**to sb**] [jdm] etw berichten [*o* melden]; **the assassination was** ~**ed in all the cities** über den Mordanschlag wurde in allen Städten berichtet; **he was** ~**ed missing in action** er wurde als vermisst gemeldet; **to** ~ **casualties** Verluste melden; **to** ~ **a crime/break-in/theft** [**to the police**] ein Verbrechen/einen Einbruch/einen Diebstahl anzeigen [*o* [der Polizei] melden]; **to** ~ **information to the authorities** Informationen an die Behörden weiterleiten; **to** ~ **having seen sth** aussagen, dass man etw gesehen hat; **several people** ~**ed having seen the stolen car** mehrere Leute gaben an, das gestohlene Auto gesehen zu haben ❷ (*denounce*) ■**to** ~ **sb** jdn melden; **the foreman** ~**ed the lorry driver to the boss** der Vorarbeiter meldete den Lastwagenfahrer beim Chef; **to** ~ **sb to the police** jdn anzeigen ❸ (*claim*) ■**sb/sth is** ~**ed to be sth** jd/etw soll etw sein; **the new management are** ~**ed to be more popular among the staff** es heißt, dass die neue Geschäftsleitung bei der Belegschaft beliebter sei ❹ (*give account*) ■**to** ~ **sth** etw wiedergeben; **I heard that the account** ~**ed in the press is completely false** ich habe gehört, der Bericht in der Presse sei völlig falsch **III.** *vi* ❶ (*make public*) Bericht erstatten; ■**to** ~ **on sb/sth to sb** [*or* **to sb on sb/sth**] (*once*) jdm über jdn/etw Bericht erstatten; (*ongoing*) jdn über jdn/etw auf dem Laufenden halten; **I want you to** ~ **on progress every Friday** ich möchte, dass sie mir jeden Freitag über die gemachten Fortschritte Bericht erstatten; ■**to** ~ [**that**] ... mitteilen, [dass] ... ❷ ADMIN (*be accountable to sb*) ■**to** ~ **to sb** jdm unterstehen; **you will** ~ **directly to the boss** Sie sind direkt dem Chef unterstellt ❸ (*arrive at work*) **to** ~ **for duty/work** sich *akk* zum Dienst/zur Arbeit melden; **to** ~ **sick** *esp* BRIT sich *akk* krankmelden ❹ (*present oneself formally*) ■**to** ~ **to** [*or* **at**] **somewhere/sb** sich *akk* irgendwo/bei jdm melden, irgendwo/bei jdm vorsprechen; **some foreigners have to** ~ **to the police station once a month** manche Ausländer müssen sich einmal im Monat bei der Polizei melden

◆**report back I.** *vt* (*communicate results*) ■**to** ~ **back sth** [**to sb**] [jdm] über etw *akk* berichten [*o* Bericht erstatten] **II.** *vi* Bericht erstatten; ■**to** ~ **back on sth** über etw *akk* Bericht erstatten; ■**to** ~ **back to sb** jdm Bericht erstatten

re·por·tage [ˌrepɔ:ˈtɑ:ʒ, AM rɪˈpɔ:rt̬ɪdʒ] *n no pl* Reportage *f*

re·ˈport card *n* AM [Schul]zeugnis *nt*

re·port·ed [rɪˈpɔ:tɪd, AM -ˈpɔ:rt̬-] *adj inv* gemeldete(r, s); **there has been a** ~ **hijack in Tel Aviv** einer Meldung zufolge hat in Tel Aviv eine Entführung stattgefunden

re·port·ed·ly [rɪˈpɔ:tɪdli, AM -ˈpɔ:rt̬-] *adv inv* wie verlautet *geh;* **New York is** ~ **a very exciting place to live** angeblich ist es sehr aufregend in New York zu wohnen; **the minister** ~ **said that ...** Berichten zufolge hat der Minister erklärt, dass ...

re·port·ed ˈspeech *n no pl* indirekte Rede

re·port·er [rɪˈpɔ:təʳ, AM -ˈpɔ:rt̬ɚ] *n* Reporter(in) *m(f)*

re·pose [rɪˈpəʊz, AM -ˈpoʊz] **I.** *vi* (*form*) ❶ (*rest*) sich *akk* ausruhen ❷ (*lie*) liegen; **the necklace** ~**d in its case** die Halskette lag in der Schatulle ❸ (*be buried*) ruhen *geh* **II.** *vt* (*form*) **to** ~ **hope/trust in sb/sth** Hoffnung/Vertrauen auf jdn/etw setzen **III.** *n no pl* (*form*) Ruhe *f;* **in** ~ in [der] Ruhe, im Ruhezustand

re·posi·tory [rɪˈpɒzɪtᵊri, AM -ˈpɑ:zɪtɔ:ri] *n* (*form*) ❶ (*place*) Aufbewahrungsort *m;* (*fig*) **my diary is a** ~ **for all my secret thoughts** in meinem Tagebuch bewahre ich all meine geheimen Gedanken auf ❷ (*container*) Behältnis *nt;* (*fig*) Quelle *f fig;* ~ **of information** Informationsquelle *f*

re·pos·sess [ˌri:pəˈzes] *vt* ■**to** ~ **sth** etw wieder in Besitz nehmen

re·pos·ses·sion [ˌri:pəˈzeʃᵊn] *n* Wiederinbesitznahme *f;* **mortgage** ~ Zwangsenteignung *f*

rep·re·hen·sible [ˌreprɪˈhen(t)səbl̩] *adj* (*form*) verurteilenswert; ~ **act** verwerfliche Tat; **morally** ~ moralisch verwerflich

rep·re·hen·sibly [ˌreprɪˈhen(t)səbli] *adv* (*form*) verurteilenswert; **he had behaved** ~ sein Verhalten war zu missbilligen

rep·re·sent [ˌreprɪˈzent] *vt* ❶ (*act on behalf of*) ■**to** ~ **sb/sth** jdn/etw repräsentieren [*o* vertreten]; POL der Abgeordnete für jdn/etw sein, jdn/etw vertreten; **to be poorly/strongly/well** ~**ed** schwach/stark/gut vertreten sein ❷ (*depict*) ■**to** ~ **sth** etw darstellen [*o* zeigen] ❸ (*be a symbol of*) ■**to** ~ **sth** etw symbolisieren, für etw *akk* stehen ❹ (*state*) ■**to** ~ **sth** [**to sb**] (*form*) [jdm gegenüber] etw vorbringen; **we** ~**ed our demands to the boss** wir unterbreiteten dem Chef unsere Forderungen; ■**to** ~ **oneself as sth** (*form*) sich *akk* als etw darstellen; **he** ~**s himself as an expert** er gibt sich als Experte aus ❺ (*be the result of*) ■**to** ~ **sth** etw darstellen; **this book** ~**s ten years of research** dieses Buch ist das Ergebnis von zehn Jahren Forschung ❻ (*be typical of*) ■**to** ~ **sth** etw widerspiegeln; **what she said** ~**ed the feelings of many of those present** mit dem, was sie sagte, brachte sie die Gefühle vieler Anwesender zum Ausdruck

rep·re·sen·ta·tion [ˌreprɪzenˈteɪʃᵊn] *n* ❶ *no pl* (*acting on behalf of a person*) [Stell]vertretung *f;* POL, LAW Vertretung *f;* **legal** ~ gesetzliche Vertretung ❷ (*something that depicts*) Darstellung *f* ❸ *no pl* (*act of depicting*) Darstellung *f;* **the** ~ **of women in art** die Darstellung der Frau in der Kunst ▶ PHRASES: **to make a** ~ [*or* ~**s**] **to sb about sth** (*form*) wegen einer S. *gen* bei jdm vorstellig werden *geh,* sich wegen einer S. *gen* an jdn wenden

rep·re·sen·ta·tion·al [ˌreprɪzenˈteɪʃᵊnᵊl] *adj* ART gegenständlich

rep·re·sen·ta·tive [ˌreprɪˈzentətɪv, AM -t̬ət̬ɪv] **I.** *adj* ❶ POL repräsentativ; ~ **democracy/government** parlamentarische Demokratie/Regierung ❷ (*like others*) *cross section, result* repräsentativ ❸ (*typical*) typisch; ■**to be** ~ **of sb/sth** für jdn/etw typisch sein **II.** *n* ❶ (*person*) [Stell]vertreter(in) *m(f);* ECON Vertreter(in) *m(f);* **company** ~ Firmenvertreter(in) *m(f)* ❷ POL [Volks]vertreter(in) *m(f),* Abgeordnete(r) *f(m),* Repräsentant(in) *m(f);* **elected** ~ gewählter Vertreter/gewählte Vertreterin ❸ AM (*member of House of Representatives*) Mitglied *nt* des Repräsentantenhauses, Abgeordnete(r) *f(m)*

re·press [rɪˈpres] *vt* ■**to** ~ **sth** etw unterdrücken; **to** ~ **laughter/one's tears/a thought** das Lachen/seine Tränen/einen Gedanken unterdrücken

re·pressed [rɪˈprest] *adj* ❶ (*hidden*) unterdrückt; PSYCH verdrängt; ~ **emotions/feelings** verdrängte Emotionen/Gefühle ❷ (*unable to show feelings*) gehemmt, verklemmt *fam*

re·pres·sion [rɪˈpreʃᵊn] *n no pl* ❶ POL Unterdrückung *f,* Repression *f geh;* **political** ~ politische Unterdrückung ❷ PSYCH Verdrängung *f*

re·pres·sive [rɪˈpresɪv] *adj* repressiv *geh;* ~ **regime** unterdrückerisches Regime

re·pres·sive·ness [rɪˈpresɪvnəs] *n no pl* unterdrückerisches Wesen; *of an organization* repressives Vorgehen

re·prieve [rɪˈpri:v] **I.** *vt* ■**to** ~ **sb** jdn begnadigen; (*fig*) ■**to** ~ **sb/sth** jdn/etw verschonen; **the government has** ~**d the hospitals threatened with closure** die Regierung hat die von der Schließung bedrohten Krankenhäuser [noch einmal] verschont **II.** *n* ❶ LAW (*official order*) Begnadigung *f;* **to be granted** [*or* **given**] **a** ~ begnadigt werden ❷ (*fig: respite*) Gnadenfrist *f fig,* Schonfrist *f fig*

rep·ri·mand [ˈreprɪmɑ:nd, AM -əmænd] **I.** *vt* ■**to** ~ **sb** [**for sth**] jdn [für etw *akk* [*o* wegen einer S. *gen*]] rügen [*o* tadeln] [*o* zurechtweisen] **II.** *n* Rüge *f;* **to give sb a** ~ [**for sth**] jdm [für etw *akk*] eine Rüge erteilen; **to give sb a** ~ **for doing sth** jdn rügen, weil er/sie etw getan hat

re·print I. *vt* [ˌri:ˈprɪnt] ■**to** ~ **sth** etw nachdrucken [*o* neu auflegen] **II.** *vi* [ˌri:ˈprɪnt] nachgedruckt werden **III.** *n* [ˈri:prɪnt] Nachdruck *m*

re·pris·al [rɪˈpraɪzᵊl] *n* Vergeltungsmaßnahme *f;* **to take** ~**s against sb** Vergeltungsmaßnahmen gegenüber jdm ergreifen; ■**as a** [*or* **in**] ~ **for sth** als Vergeltung für etw *akk;* **for/**

without fear of ~s aus/ohne Angst vor Vergeltungsmaßnahmen

re·prise [rɪ'pri:z] *n* MUS Reprise *f fachspr*

re·pro ['ri:prəʊ, AM -oʊ] **I.** *n* ART (*fam*) *short for* **reproduction** Repro *f o nt* **II.** *n modifier* ART (*fam*) (*table, chair*) Repro-; **~ Georgian table** Repro *f o nt* eines Tisches im georgianischen Stil; **is it genuine? – no, it's ~** ist das echt? – nein, das ist nachgemacht

re·proach [rɪ'prəʊtʃ, AM -'proʊtʃ] **I.** *vt* ■**to ~ sb** jdm Vorwürfe machen; ■**to ~ sb for doing sth** jdm wegen einer S. *gen* Vorwürfe machen; ■**to ~ sb with sth** jdm etw vorwerfen; ■**to ~ oneself** sich *dat* Vorwürfe machen **II.** *n* <*pl* -es> ❶ *no pl* (*criticism*) Vorwurf *m;* ■**to be a ~ to sb/sth** ein schlechtes Bild auf jdn/etw werfen; **the recent drop in passenger numbers should be a ~ to the airline** die Fluglinie sollte auf den jüngsten Rückgang der Passagierzahlen reagieren; **a look of ~** ein vorwurfsvoller Gesichtsausdruck; **to be above** [*or* **beyond**] **~** über jeden Tadel erhaben sein ❷ (*expression of criticism*) Vorwurf *m*

re·proach·ful [rɪ'prəʊtʃfᵊl, AM -'proʊtʃ-] *adj* vorwurfsvoll

re·proach·ful·ly [rɪ'prəʊtʃfᵊli, AM -'proʊtʃ-] *adv* vorwurfsvoll

rep·ro·bate ['reprə(ʊ)beɪt, AM -rəbeɪt] *n* (*form or hum*) Gauner *m fam,* Halunke *m fam*

re·pro·cess [ˌri:'prəʊses, AM -'prɑ:-] *vt* ■**to ~ sth** ECOL, TECH etw wiederaufbereiten

re·pro·cess·ing [ˌri:'prəʊsesɪŋ, AM -'prɑ:-] *n no pl* ECOL, TECH Wiederaufbereitung *f*

re·'pro·cess·ing plant *n* ECOL, TECH Wiederaufbereitungsanlage *f*

re·pro·duce [ˌri:prə'dju:s, AM *esp* -'du:s] **I.** *vi* ❶ (*produce offspring*) sich *akk* fortpflanzen; (*multiply*) sich *akk* vermehren; **to ~ sexually/asexually** sich *akk* geschlechtlich/ungeschlechtlich fortpflanzen ❷ (*be copied*) sich *akk* kopieren lassen **II.** *vt* ❶ (*produce offspring*) ■**to ~ oneself** sich *akk* fortpflanzen; (*multiply*) sich *akk* vermehren ❷ (*produce a copy*) ■**to ~ sth** etw reproduzieren; (*in large numbers*) etw vervielfältigen ❸ (*repeat sth*) ■**to ~ sth** etw wiederholen ❹ (*recreate*) ■**to ~ sth** etw neu erstehen lassen; **to ~ an atmosphere** eine Atmosphäre wiedergeben

re·pro·duc·tion [ˌri:prə'dʌkʃᵊn] **I.** *n* ❶ *no pl* (*producing offspring*) Fortpflanzung *f;* (*multiplying*) Vermehrung *f* ❷ *no pl* (*copying*) Reproduktion *f,* Vervielfältigung *f* ❸ (*repeating*) Wiederholung *f* ❹ (*quality of sound*) Wiedergabe *f;* **my new hi-fi system gives marvellous ~** meine neue Hi-Fi-Anlage hat eine fantastische [Klang]wiedergabe ❺ (*copy*) Reproduktion *f,* Kopie *f; of construction* Nachbau *m;* **facsimile ~** Faksimileausgabe *f* **II.** *n modifier* ❶ (*concerning the production of offspring*) (*process, rate*) Fortpflanzungs-; **~ instinct** Fortpflanzungstrieb *m* ❷ (*copying an earlier style*) (*chair, desk, furniture*) nachgebaut; **~ furniture** Stilmöbel *pl*

re·pro·duc·tive [ˌri:prə'dʌktɪv] *adj inv* Fortpflanzungs-; **~ behaviour** [*or* AM **behavior**]/**organs** Fortpflanzungsverhalten *nt*/-organe *ntpl*

re·pro·gram <-mm- *or* AM *a.* -m-> [ˌri:'prəʊgræm, AM -'proʊ-] *vt* COMPUT ■**to ~ sth** etw umprogrammieren [*o* neu programmieren]

re·proof[1] [rɪ'pru:f] *n* (*form*) ❶ (*words expressing blame*) Tadel *m geh;* **to get** [*or* **receive**] **a** [**sharp**] **~ for sth** für etw *akk* [streng] getadelt werden *geh* ❷ *no pl* (*blame*) Vorwurf *m;* **to look at sb with ~** jdn vorwurfsvoll ansehen

re·proof[2] [ˌri:'pru:f] *vt* ■**to ~ sth** etw neu imprägnieren

re·prove [rɪ'pru:v] *vt* (*form*) ■**to ~ sb** jdn zurechtweisen *geh*

re·prov·ing [rɪ'pru:vɪŋ] *adj* (*form*) tadelnd, vorwurfsvoll; **to look ~** vorwurfsvoll dreinblicken

rep·tile ['reptaɪl] *n* Reptil *nt*

'rep·tile house *n* Reptilienhaus *nt*

rep·til·ian [rep'tɪliən] *adj inv* ❶ (*of reptiles*) Reptilien-, reptilienartig ❷ (*pej: unpleasant*) *person* unangenehm; **~ stare** stechender Blick

re·pub·lic [rɪ'pʌblɪk] *n* Republik *f*

re·pub·lic·an [rɪ'pʌblɪkən] **I.** *n* Republikaner(in) *m(f)* **II.** *adj inv* republikanisch

Re·pub·lic·an [rɪ'pʌblɪkən] **I.** *n* ❶ AM POL Republikaner(in) *m(f)* ❷ (*supporter of Irish Republicanism*) Republikaner(in) *m(f)* **II.** *adj inv* ❶ AM POL republikanisch ❷ (*concerning Republicanism in Ireland*) republikanisch

re·pub·lic·an·ism [rɪ'pʌblɪkənɪzᵊm] *n no pl* POL Republikanismus *m,* republikanische Gesinnung

Re·pub·lic·an·ism [rɪ'pʌblɪkənɪzᵊm] *n no pl* ❶ AM POL Republikanismus *m* ❷ (*belief in united Ireland*) Republikanismus *m*

Re·'pub·lic·an Par·ty AM **I.** *n no pl* ■**the ~** die republikanische Partei **II.** *n modifier* (*funding, headquarters, policy*) der republikanischen Partei *nach n;* **~ leaders** Führung *f* der republikanischen Partei; **~ member** Mitglied *nt* der republikanischen Partei

re·pub·li·ca·tion [ˌri:ˌpʌblɪ'keɪʃᵊn] *n no pl* Neuveröffentlichung *f,* Neuauflage *f*

re·pu·di·ate [rɪ'pju:dieɪt] *vt* (*form*) ■**to ~ sth** etw zurückweisen, sich *akk* gegen etw *akk* verwahren *geh;* **to ~ an accusation/a claim** eine Anschuldigung/eine Forderung zurückweisen; **to ~ a suggestion** einen Vorschlag ablehnen

re·pu·dia·tion [rɪˌpju:di'eɪʃᵊn] *n no pl* Zurückweisung *f; of a suggestion* Ablehnung *f; of a treaty* Nichtanerkennung *f*

re·pug·nance [rɪ'pʌgnən(t)s] *n no pl* (*form*) Abscheu *m o f;* **to fill sb with ~** jdn mit Abscheu erfüllen

re·pug·nant [rɪ'pʌgnənt] *adj* (*form*) widerlich; ■**to be ~ to sb** jdm zuwider sein, jdn anwidern; **it is ~ for these essential services to rely on charity** es ist skandalös, dass diese wichtigen Einrichtungen auf Almosen angewiesen sind; **~ behaviour** [*or* AM **behavior**] abstoßendes Verhalten; **~ smell** widerlicher Geruch

re·pulse [rɪ'pʌls] **I.** *vt* ❶ MIL ■**to ~ sb/sth** jdn/etw abwehren; **to ~ an offensive** eine Offensive zurückschlagen ❷ (*reject*) ■**to ~ sb/sth** jdn/etw zurückweisen; **to ~ sb's friendship/an offer** jds Freundschaft/ein Angebot zurückweisen ❸ (*disgust*) ■**to ~ sb** jdn abstoßen [*o* anwidern] **II.** *n* (*form*) Abwehr *f*

re·pul·sion [rɪ'pʌlʃᵊn] *n no pl* ❶ (*disgust*) Abscheu *m,* Ekel *m;* **to fill sb with ~** jdn mit Abscheu [*o* Ekel] erfüllen ❷ PHYS Abstoßung *f,* Repulsion *f fachspr;* **magnetic ~** magnetische Abstoßung

re·pul·sive [rɪ'pʌlsɪv] *adj* abstoßend

re·pur·chase [ˌri:'pɜ:tʃəs, AM -'pɜ:r-] *vt* ■**to ~ sth** etw zurückkaufen

re·'pur·chase price *n* Rückkaufspreis *m*

repu·table ['repjətəbḷ, AM -ṭ-] *adj* angesehen, achtbar; **~ company** seriöse Firma

repu·tably ['repjətəbli, AM -ṭ-] *adv* angesehen, achtbar; **~ established firm** seriöse alteingesessene Firma

repu·ta·tion [ˌrepjə'teɪʃᵊn] *n no pl* ❶ (*general estimation*) Ruf *m;* **to have a bad/good ~** einen schlechten/guten Ruf haben; **to have a ~ for sth** für etw *akk* bekannt sein; **to have a ~ as sth** einen Ruf als etw haben; **he has a ~ as an acknowledged expert** er steht im Ruf, ein anerkannter Experte zu sein; **to establish** [*or* **gain**] [*or* **acquire**] **a ~ as sth** sich *dat* einen Ruf als etw erwerben; **to make a ~ for oneself** [**as sth**] sich *dat* [als etw] einen Namen machen; **to live up to one's ~** seinem Ruf gerecht werden ❷ (*being highly regarded*) Ansehen *nt,* guter Ruf; **to destroy/ruin sb's ~** jds Ansehen [*o* guten Ruf] zerstören/ruinieren ❸ (*being known for sth*) Ruf *m;* **she has the ~ of being a good doctor** sie gilt als gute Ärztin; **to know sb/sth by ~** jdn/etw vom Hörensagen kennen

re·pute [rɪ'pju:t] *n no pl* Ansehen *nt;* **of ~** angesehen; **she's a doctor of ~** sie ist eine angesehene Ärztin; **sth of ill** [*or* **evil**]/**good ~** etw von zweifelhaftem/gutem Ruf; **there are several bars of ill ~ down by the docks** unten bei den Docks gibt es

request

requesting something	bitten
Can/Could you please take the rubbish down?	**Kannst/Könntest du bitte** den Müll runterbringen?
Be an angel/a love/a darling and bring me my jacket.	**Bitte sei doch so lieb und** bring mir meine Jacke.
Would you be good enough to bring me back a paper?	**Wärst du so nett und würdest** mir die Zeitung mitbringen?
Would you mind moving your luggage slightly to one side?	**Würden Sie bitte so freundlich sein und** Ihr Gepäck etwas zur Seite rücken?
Could I ask you to turn your music down a little?	**Darf ich Sie bitten,** Ihre Musik etwas leiser zu stellen?
asking for help	**um Hilfe bitten**
Could you help me, please?	**Könnten Sie mir bitte helfen?**
Could you give me a hand, please?	**Könnten Sie mir bitte behilflich sein?**
Could you do me favour, please?	**Kannst du mir bitte einen Gefallen tun?**
Can/Could I ask you a favour?	**Darf/Dürfte ich dich um einen Gefallen bitten?**
I would be grateful if you could give me hand with this.	**Ich wäre Ihnen dankbar, wenn** Sie mir dabei helfen könnten.

etliche verrufene Bars; **of great** [*or* **high**] [*or* **some**] ~ hoch angesehen, von hohem Ansehen *nach n;* **to be held in high** ~ [**by sb**] [bei jdm] einen guten Ruf genießen [*o* hoch angesehen sein]; **he was held in high** ~ **by his colleagues** er wurde von seinen Kollegen sehr geschätzt

re·put·ed [rɪˈpjuːtɪd, AM -t̬-] *adj* ❶ *inv* (*believed*) angenommen, vermutet; **she is widely** ~ **to be 25 years younger than her husband** es wird allgemein angenommen, dass sie 25 Jahre jünger ist als ihr Mann ❷ *attr, inv* (*supposed*) mutmaßlich; **he was employed because of his** ~ **skill in dealing with the press** er wurde wegen seines angeblichen Geschicks im Umgang mit der Presse eingestellt

re·put·ed·ly [rɪˈpjuːtɪdli, AM -t̬-] *adv inv* angeblich; **he is** ~ **extremely rich** es wird gemutmaßt, dass er ungeheuer reich ist

re·quest [rɪˈkwest] **I.** *n* ❶ (*act of asking*) Bitte *f* (**for** um +*akk*), Anfrage *f* (**for** nach +*dat*); **to make a** ~ **for sth** um etw *akk* bitten; **at sb's** ~ auf jds Bitte [*o* Wunsch] hin; **on** ~ auf Anfrage [*o* Wunsch] ❷ (*formal entreaty*) Antrag *m;* **to submit a** ~ **that ...** beantragen, dass ... ❸ RADIO (*requested song etc.*) [Musik]wunsch *m* **II.** *vt* ❶ (*ask for*) ■**to** ~ **sth** (*form*) um etw *akk* bitten; **I** ~**ed a taxi for 8 o'clock** ich bestellte ein Taxi für 8 Uhr; **visitors are** ~**ed not to walk on the grass** die Besucher werden gebeten, den Rasen nicht zu betreten; **as** ~**ed** wie gewünscht ❷ RADIO (*ask for song*) ■**to** ~ **sth** [sich *dat*] etw wünschen

re·ˈquest pro·gramme *n* BRIT, **re·ˈquest show** *n* AM RADIO Wunschprogramm *nt* **re·ˈquest stop** *n* BRIT Bedarfshaltestelle *f*

requi·em [ˈrekwiəm] *n,* **requi·em ˈmass** *n* ❶ (*church service*) Requiem *nt,* Totenmesse *f* ❷ (*piece of music*) Requiem *nt*

re·quire [rɪˈkwaɪəʳ, AM -ɚ] *vt* ❶ (*need*) ■**to** ~ **sth** etw brauchen; **the house** ~**s painting** das Haus müsste mal gestrichen werden *fam;* **this decision** ~**s much careful thought** diese Entscheidung bedarf gründlicher Überlegung; ■**to be** ~**d for sth** für etw *akk* erforderlich sein; **what qualifications are** ~**d for this position?** welche Qualifikationen werden für diese Stelle verlangt? ❷ (*demand*) ■**to** ~ **sth** [**of sb**] etw [von jdm] verlangen ❸ (*officially order*) ■**to** ~ **sb to do sth** von jdm verlangen, etw zu tun; **regulations** ~ **all visitors to sign in at the porter's lodge** nach den Bestimmungen muss sich jeder Besucher beim Portier eintragen; **the rules** ~ **that ...** die Vorschriften besagen, dass ... ❹ (*wish to have*) ■**to** ~ [*or* **be requiring**] **sth** (*form*) etw wünschen; **'will you be requiring anything else, sir?', asked the waiter** „wünschen Sie sonst noch etwas, mein Herr?", fragte der Kellner

re·quired [rɪˈkwaɪəd, AM -ɚd] *adj attr, inv* erforderlich; **to do sth in the** ~ **time** etw in der festgesetzten [*o* vorgeschriebenen] Zeit tun

re·quired ˈread·ing *n* Pflichtlektüre *f*

re·quire·ment [rɪˈkwaɪəmənt, AM -ɚmənt] *n* Voraussetzung *f* (**for** für +*akk*); **it is a legal** ~ **that ...** es ist gesetzlich vorgeschrieben, dass ...; **my** ~**s from life are a well-paid job and a fast car** ich erwarte vom Leben einen gut bezahlten Job und ein schnelles Auto; **minimum** ~ Grundvoraussetzung *f;* **to meet the** ~**s** die Voraussetzungen erfüllen; **I do hope that the new computer will meet your** ~**s** ich hoffe, der neue Computer wird Ihren Anforderungen gerecht

requi·site [ˈrekwɪzɪt] **I.** *adj attr, inv* (*form*) erforderlich **II.** *n usu pl* Notwendigkeit *f;* **a good book is a** ~ **for long journeys** ein gutes Buch ist auf langen Reisen ein Muss; **toilet** ~**s** Toilettenartikel *mpl*

requi·si·tion [ˌrekwɪˈzɪʃᵊn] **I.** *vt* ■**to** ~ **sth** [**from sb**] etw [von jdm] beschlagnahmen **II.** *n* ❶ *no pl* (*official request*) Ersuchen *nt,* Aufforderung *f* ❷ (*written request*) Anforderung *f,* Antrag *m* (**for** auf +*akk*); **to make a** ~ **for sth** etw anfordern

re·quite [rɪˈkwaɪt] *vt* (*form*) ■**to** ~ **sth** etw erwidern

re·ran [ˌriːˈræn] *vt pt of* **rerun**

re·read <-read, -read> [ˌriːˈriːd, *pt, pp* -ˈred] *vt* ■**to** ~ **sth** etw noch einmal lesen

re-re·lease [ˌriːrɪˈliːs] *vt* ■**to** ~ **sth** etw wieder auflegen

re·route [ˌriːˈruːt, AM *also* -ˈraʊt] *vt* **to** ~ **a demonstration/a flight/a phone call** eine Demonstration/einen Flug/ein Telefongespräch umleiten

re·run I. *vt* <-ran, -run> [ˌriːˈrʌn] ■**to** ~ **sth** etw wiederholen; **to** ~ **an election/a race** eine Wahl/ein Rennen wiederholen; **to** ~ **a film** einen Film noch einmal zeigen; **to** ~ **a play** ein Stück noch einmal aufführen **II.** *n* [ˈriːrʌn] ❶ FILM, TV (*repeated programme*) Wiederholung *f* ❷ (*fig: repeat of*) Wiederholung *f; of an event, situation* Wiederkehr *f*

re·sale [ˈriːseɪl] *n* Wiederverkauf *m,* Weiterverkauf *m;* **these samples are free and not for** ~ diese Proben sind umsonst und nicht für den Weiterverkauf vorgesehen

ˈre·sale price *n* Wiederverkaufspreis *m* **re·sale price ˈmain·te·nance** *n* BRIT Preisbindung *f* der zweiten Hand, vertikale Preisbindung **ˈre·sale value** *n* Wiederverkaufswert *m*

re·sat [ˌriːˈsæt] *vt pt of* **resit**

re·sched·ule [ˌriːˈʃedjuːl, AM -ˈskedʒuːl] *vt* ❶ (*rearrange time*) **to**

R

requiring and demanding

asking someone	jemanden auffordern
Can you just come here for a minute?	**Kannst du mal** kurz herkommen?
Don't forget to phone me this evening.	**Denk dran**, mich heute Abend anzurufen.
Do come and visit me.	Besuchen Sie/Besuch mich **doch einmal**.
I must ask you to leave the room.	**Ich muss Sie bitten**, den Raum zu verlassen.
inviting a shared activity	**zu gemeinsamem Handeln auffordern**
Let's go!	**Auf geht's**!
(**Let's get**) **to work**!/**Let's get down to** work!	**An die Arbeit**!/**Fangen wir** mit der Arbeit **an**!
Let's just talk about it calmly.	**Lasst uns mal** in Ruhe darüber reden.
Shall we finally make a start on it?	**Wollen wir jetzt nicht endlich einmal** damit anfangen?
demanding	**verlangen**
I want you to go/**insist** (**that**) you go.	**Ich will dass,/bestehe darauf, dass** Sie gehen/du gehst.
I demand an explanation from you.	**Ich verlange eine Erklärung von Ihnen.**
That is the least one can expect.	**Das ist das Mindeste, was man erwarten kann.**

~ **a date** einen Termin verschieben; **to ~ an event** eine Veranstaltung verlegen ❷ (*postpone payment*) ■**to ~ sth** *debts* etw stunden

re·scind [rɪ'sɪnd] *vt esp* LAW (*form*) ■**to ~ sth** etw aufheben [*o* widerrufen]; **to ~ a contract** von einem Vertrag zurücktreten

re·scis·sion [rɪ'sɪʒᵊn] *n esp* LAW (*form*) Aufhebung *f*, Annullierung *f geh*

res·cue ['reskju:] **I.** *vt* ■**to ~ sb/sth** (*save*) jdn/etw retten; (*free*) jdn/etw befreien; **to ~ a hostage/a prisoner** eine Geisel/einen Gefangenen befreien; **to ~ sb from danger** jdn aus einer Gefahr retten; **to ~ sb/sth from a fire** jdn/etw aus einem Feuer retten **II.** *n* ❶ (*act of saving*) Rettung *f* ❷ *no pl* (*being saved*) Rettung *f*; **to come** [*or* **go**] **to sb's ~** jdm zu Hilfe kommen **III.** *n modifier* (*attempt, helicopter*) Rettungs-; **~ bid** Rettungsversuch *m*; **~ mission** Rettungsmission *f*, Rettungseinsatz *m*; **~ operation** Rettungsarbeiten *fpl*, Bergungsarbeiten *fpl*; **~ package** Notpaket *nt*; **~ team** Rettungsmannschaft *f*

res·cu·er ['reskju:əʳ, AM -ɚ] *n* Retter(in) *m(f)*

re·seal [ˌri:'si:l] *vt* ■**to ~ sth** FOOD etw wieder [luftdicht] verschließen; **to ~ a bottle/a letter/a packet** eine Flasche/einen Brief/ein Paket wieder versiegeln

re·seal·able [ˌri:'si:ləbl̩] *adj inv* wieder verschließbar

re·search I. *n* [rɪ'sɜ:tʃ, AM 'ri:sɜ:rtʃ] ❶ *no pl* (*study*) Forschung *f* (**into, in, on** über +*akk*); **cancer ~** Krebsforschung *f*; **medical/scientific ~** medizinische/wissenschaftliche Forschung ❷ *no pl* (*study of*) Erforschung *f* (**into, in, on** +*gen*); **~ in human genetics** Forschungen *fpl* auf dem Gebiet der Humangenetik; **to carry out** [*or* **conduct**] [*or* **pursue**] **~** [**into** [*or* **in**] [*or* **on**] **sth**] [etw er]forschen ❸ (*studies*) ■**~es** *pl* Untersuchungen *fpl* (**in** über +*akk*) **II.** *n* [rɪ'sɜ:tʃ, AM 'ri:sɜ:rtʃ] *modifier* (*centre, programme, project, unit, work*) Forschungs-; **~ assistant** wissenschaftlicher Mitarbeiter/wissenschaftliche Mitarbeiterin; **~ institute/facility** Forschungsinstitut *nt*/Forschungsanstalt *f*; **~ scientist** Forscher(in) *m(f)*; **~ team** Forschungsteam *nt*, Forscherteam *nt* **III.** *vi* [rɪ'sɜ:tʃ, AM -'sɜ:rtʃ] forschen; ■**to ~ into** [*or* **in**] **sth** etw erforschen [*o* untersuchen] **IV.** *vt* [rɪ'sɜ:tʃ, AM -'sɜ:rtʃ] ■**to ~ sth** ❶ SCI etw erforschen ❷ JOURN etw recherchieren; **a well-~ed article** ein gut recherchierter Artikel

re·search and de·'vel·op·ment I. *n* ❶ (*investigative activities*) Forschung *f* und Entwicklung *f* ❷ (*department*) Forschungs- und Entwicklungsabteilung *f* **II.** *n modifier* (*department, programme, unit*) Forschungs- und Entwicklungs-; **~ budget** Forschungs- und Entwicklungsetat *m*; **~ grant** (*for student*) Forschungsstipendium *nt*; (*for institutes, scientists*) Zuschuss *m*

re·search·er [rɪ'sɜ:tʃəʳ, AM -'sɜ:rtʃɚ] *n* Forscher(in) *m(f)*

re·'search fel·low *n* Forschungsstipendiat(in) *m(f)* **re·'search fel·low·ship** *n* Forschungsstipendium *nt*

re·se·lect [ˌri:sɪ'lekt] *vt* **to be ~ed as a candidate** wieder als Kandidat aufgestellt werden

re·sem·blance [rɪ'zembləṇ(t)s] *n no pl* Ähnlichkeit *f*; **family ~** Familienähnlichkeit *f*; **to bear a ~ to sb/sth** Ähnlichkeit mit jdm/etw haben, jdm/etw ähnlich sehen; **this account bears no ~ to the truth** diese Darstellung hat nichts mit der Wahrheit zu tun; **there isn't much ~ between them** sie haben nicht viel Ähnlichkeit miteinander

re·sem·ble [rɪ'zembl̩] *vt* ■**to ~ sb/sth** jdm/etw ähneln [*o* ähnlich sehen]; **after the earthquake the city ~d a battlefield** nach dem Erdbeben glich die Stadt einem Schlachtfeld

re·sent [rɪ'zent] *vt* ■**to ~ sb/sth** sich *akk* [sehr] über jdn/etw ärgern; ■**to ~ doing sth** etw [äußerst] ungern tun, es hassen, etw zu tun *fam*; ■**to ~ sb's doing sth** jdm übelnehmen [*o* verübeln], dass jd etw tut

re·sent·ful [rɪ'zentfᵊl] *adj* ❶ (*feeling resentment*) verbittert, verärgert; ■**to be ~ of sb/sth** sich *akk* über jdn/etw ärgern; **he had felt ~ towards his stepmother for many years** er hatte seiner Stiefmutter gegenüber jahrelang Groll empfunden ❷ (*showing resentment*) nachtragend

re·sent·ful·ly [rɪ'zentfᵊli] *adv* verbittert, verärgert; **she looked at him ~** sie sah ihn böse an

re·sent·ful·ness [rɪ'zentfᵊlnəs] *n no pl* Verbitterung *f*, Groll *m*

re·sent·ment [rɪ'zentmənt] *n* Verbitterung *f*, Groll *m*; **to feel** [*or* **harbour**] [**a**] **~ against** [*or* **at**] [*or* **towards**] **sb** einen Groll gegen jdn hegen

res·er·va·tion [ˌrezə'veɪʃᵊn, AM -zɚ'-] *n* ❶ *usu pl* (*doubt*) Bedenken *ntpl*; **to have ~s about sth** wegen einer S. *gen* Bedenken haben; **with/without ~**[**s**] mit/ohne Vorbehalt [*o* vorbehaltlos] ❷ TOURIST Reservierung *f*; **flight/hotel/table ~** Flug-/Hotel-/Tischreservierung *f*; **to make a ~** eine Reservierung vornehmen *geh*, reservieren ❸ *no pl* TOURIST Reservierung *f;* ~ **of seats** Sitzplatzreservierung *f* ❹ (*area of land*) Reservat *nt*

re·serve [rɪˈzɜːv, AM -ˈzɜːrv] **I.** *n* ❶ *no pl* (*form: doubt*) Zurückhaltung *f;* **with** ~ mit Vorbehalt; **without** ~ ohne Vorbehalt, vorbehaltlos ❷ (*store*) Reserve *f,* Vorrat *m;* **oil** ~**s** Ölreserven *fpl;* **to have/keep sth in** ~ etw in Reserve haben/halten; **she keeps a little money in** ~ sie hat etwas Geld auf der hohen Kante *fam;* **to put sth on** ~ **[for sb]** etw [für jdn] reservieren; **to put a book on** ~ **for sb** jdm ein Buch zurücklegen ❸ (*area*) Reservat *nt;* **wildlife** ~ Naturschutzgebiet *nt* ❹ SPORTS Ersatzspieler(in) *m(f);* ■~**s** Reservemannschaft *f* ❺ MIL Reserve *f;* ■**the** ~**[s]** die Reserve ❻ (*lowest price at auction*) Mindestgebot *nt* ❼ *no pl* (*self-restraint*) Reserviertheit *f,* Zurückhaltung *f* **II.** *vt* ❶ (*keep*) **to** ~ **the leftovers/the rest** die Überbleibsel/den Rest aufheben ❷ (*save*) ■**to** ~ **sth [for sth]** etw [für etw *akk*] reservieren [*o* zurückhalten] [*o* aufheben]; **the best brandy is** ~**d for special occasions** der beste Brandy ist für besondere Anlässe bestimmt; ■**to** ~ **sth for sb** etw für jdn reservieren; **to** ~ **judgment [on sth]** seine Meinung [zu etw *dat*] nicht [gleich] kundtun; **to** ~ **the right to do sth** sich *dat* das Recht vorbehalten, etw zu tun ❸ (*arrange for own use*) **to** ~ **a room/table/ticket** ein Zimmer/einen Tisch/eine Karte vorbestellen [*o* reservieren]; **if you get there early,** ~ **me a seat** halte mir einen Platz frei, wenn du früher da bist

re·serve ˈcur·ren·cy *n* Leitwährung *f*

re·served [rɪˈzɜːvd, AM -ˈzɜːr-] *adj* ❶ (*booked*) reserviert, vorbestellt; ~ **seat/table** reservierter Sitzplatz/Tisch ❷ (*restrained*) *person* reserviert, zurückhaltend; *smile* verhalten

re·ˈserve price *n* (*at auctions*) Mindestpreis *m*

re·serv·ist [rɪˈzɜːvɪst, AM -ˈzɜːr-] *n* MIL Reservist(in) *m(f)*

res·er·voir [ˈrezəvwɑːʳ, AM -ɚvwɑːr] *n* ❶ (*large lake*) Wasserreservoir *nt,* Speichersee *m* ❷ (*fig: supply of*) Reservoir *nt fig,* Fundus *m*

re·set <-tt-, -set, -set> [ˌriːˈset] *vt* ❶ (*set again*) **to** ~ **a clock/a timer** eine Uhr/einen Wecker neu stellen ❷ MED **to** ~ **a broken bone** einen gebrochenen Knochen [ein]richten ❸ COMPUT **to** ~ **a computer/a system** einen Computer/ein System neu starten

ˈre·set but·ton *n* COMPUT, ELEC Resetknopf *m,* Resettaste *f*

re·set·tle [ˌriːˈsetl̩, AM -t̬-] **I.** *vi* sich *akk* neu niederlassen **II.** *vt* ■**to** ~ **sb** jdn umsiedeln

re·set·tle·ment [ˌriːˈsetl̩mənt, AM -t̬l̩-] *n no pl* Umsiedlung *f*

re·shape [ˌriːˈʃeɪp] *vt* ■**to** ~ **sth** ❶ (*return to original shape*) etw [wieder] in Form bringen; ~ **the pullover while wet** ziehen Sie den Pullover noch nass in Form ❷ (*give new form*) etw umformen [*o* umgestalten]

re·shuf·fle [ˌriːˈʃʌfl̩] **I.** *vt* POL **to** ~ **a cabinet/an organization** ein Kabinett/eine Organisation umbilden **II.** *n* POL Umbildung *f;* **cabinet** ~ Kabinettsumbildung *f*

re·side [rɪˈzaɪd] *vi* (*form*) ❶ (*be living*) wohnen, residieren *geh,* wohnhaft sein *form* ❷ (*form: be kept*) aufbewahrt werden ❸ (*form: have the right*) **the power to sack employees** ~**s in the Board of Directors** nur der Vorstand hat das Recht, Angestellte zu entlassen

resi·dence [ˈrezɪdᵊn(t)s] *n* ❶ (*form: domicile*) Wohnsitz *m;* ■**to be in** ~ ansässig sein; **to take up** ~ **in a country** sich *akk* in einem Land niederlassen ❷ *no pl* (*act of residing*) Wohnen *nt;* ■**to be in** ~ wohnen; *monarch* residieren ❸ (*building*) Wohngebäude *nt; of a monarch* Residenz *f* ❹ UNIV (*for research*) Forschungsaufenthalt *m;* (*for teaching*) Lehraufenthalt *m;* **he will remain in** ~ **for the remainder of the academic year** sein Lehraufenthalt dauert noch bis zum Ende des Studienjahres

ˈresi·dence hall *n* AM (*hall of residence*) [Studenten]wohnheim *nt* **ˈresi·dence per·mit** *n* Aufenthaltserlaubnis *f*

resi·den·cy [ˈrezɪdᵊn(t)si] *n no pl* (*form*) Wohnsitz *m;* **permanent** ~ ständiger Wohnsitz; **to take up** ~ **abroad** seinen Wohnsitz ins Ausland verlegen

resi·dent [ˈrezɪdᵊnt] **I.** *n* ❶ (*person living in a place*) Bewohner(in) *m(f); of a town* Bewohner(in) *m(f); of a hotel* [Hotel]gast *m;* **local** ~ Anwohner(in) *m(f)* ❷ POL ~ **of Canada** wohnhaft in Kanada; **is she a** ~ **of Canada?** lebt sie in Kanada? **II.** *adj* ❶ *inv* (*stay*) ansässig, wohnhaft; **to be** ~ **in a town/country** in einer Stadt/einem Land leben ❷ *attr, inv* (*living where one is employed*) im Haus lebend *nach n;* ~ **doctor** Arzt/Ärztin im Haus ❸ (*employed in a particular place*) hauseigen; **she is the university's** ~ **expert on Italian literature** sie ist an der Universität die Expertin für italienische Literatur

resi·den·tial [ˌrezɪˈden(t)ʃᵊl] *adj inv* ❶ (*housing area*) Wohn-; ~ **district** Wohngebiet *nt* ❷ (*job requiring person to live in*) mit Wohnung im Haus *nach n;* **my job is** ~ ich wohne an meinem Arbeitsplatz ❸ (*used as a residence*) Wohn-; ~ **establishment** Wohnheim *nt;* ~ **hotel** Hotel *nt* für Dauergäste ❹ (*concerning residence*) Aufenthalts-

re·sid·ual [rɪˈzɪdjuəl, AM -ˈzɪdʒ-] *adj inv* restlich; ~ **moisture/warmth** Restfeuchtigkeit *f*/-wärme *f;* ~ **opposition** vereinzelter Widerstand

re·sid·ual ˈin·come *n* BRIT Nettogehalt *nt*

resi·due [ˈrezɪdjuː, AM -əduː, -djuː] *n usu sing* ❶ (*form: remainder*) Rest *m* ❷ CHEM Rückstand *m* ❸ LAW restlicher Nachlass

re·sign [rɪˈzaɪn] **I.** *vi* ❶ (*leave one's job*) kündigen; **to** ~ **from a job** einen Job kündigen; **to** ~ **from an office/post** von einem Amt/einem Posten zurücktreten ❷ CHESS aufgeben **II.** *vt* ❶ (*give up*) ■**to** ~ **sth** etw aufgeben; **to** ~ **an office/a post** ein Amt/einen Posten niederlegen ❷ CHESS **to** ~ **a hopeless position** das Spiel aufgeben ❸ (*accept*) **to** ~ **oneself to a fact/one's fate/the inevitable** sich *akk* mit einer Tatsache/seinem Schicksal/dem Unvermeidlichen abfinden

res·ig·na·tion [ˌrezɪgˈneɪʃᵊn] *n* ❶ (*official letter*) Kündigung *f;* **to hand** [*or* **give**] [*or* **send**] **in one's** ~ seine Kündigung einreichen ❷ *no pl* (*act of resigning*) Kündigung *f; from post, office* Rücktritt *m* ❸ *no pl* (*acceptance*) Resignation *f;* **they received the news with** ~ sie nahmen die Nachricht schicksalsergeben auf

re·signed [rɪˈzaɪnd] *adj* resigniert; ■**to be** ~ **to sth** sich *akk* mit etw *dat* abgefunden haben; ~ **expression/look** resignierter Ausdruck/Blick

re·sign·ed·ly [rɪˈzaɪnɪdli] *adv* resigniert

re·sili·ence [rɪˈzɪliən(t)s, AM -jən(t)s] *n no pl,* **re·sili·en·cy** [rɪˈzɪliən(t)si, AM -jən-] *n no pl* ❶ (*ability to regain shape*) Elastizität *f* ❷ (*ability to recover*) Widerstandskraft *f,* Zähigkeit *f,* Durchhaltevermögen *nt*

re·sili·ent [rɪˈzɪliənt, AM -jənt] *adj* ❶ (*able to keep shape*) *material* elastisch ❷ (*fig: able to survive setbacks*) unverwüstlich *fig,* zäh *fig; health* unverwüstlich; **she's a** ~ **girl** sie ist hart im Nehmen *fam;* **he seems to be** ~ **to stress** er scheint mit Stress gut zurechtzukommen

res·in [ˈrezɪn] *n no pl* Harz *nt;* **fir/pine** ~ Tannen-/Kiefernharz *nt;* **industrial/plastic** ~ Industrie-/Kunst[stoff]harz *nt*

res·in·ous [ˈrezɪnəs] *adj* harzig

re·sist [rɪˈzɪst] **I.** *vt* ❶ (*fight against*) ■**to** ~ **sth** etw *dat* Widerstand leisten; **to** ~ **arrest** LAW sich *akk* der Verhaftung widersetzen ❷ (*refuse to accept*) ■**to** ~ **sth** sich *akk* gegen etw *akk* wehren, sich *akk* etw *dat* widersetzen ❸ (*be unaffected by*) ■**to** ~ **sth** etw *dat* widerstehen; **to** ~ **corrosion** korrosionsbeständig sein; **to** ~ **a disease/an infection** gegen eine Krankheit/eine Infektion resistent sein ❹ (*not give into*) ■**to** ~ **sb/sth** jdm/etw widerstehen; **she couldn't** ~ **laughing** sie musste einfach loslachen *fam;* **to** ~ **a desire/a temptation** einem Verlangen/einer Versuchung widerstehen **II.** *vi* ❶ (*fight an attack*) sich *akk* wehren, Widerstand leisten ❷ (*refuse sth*) widerstehen

re·sis·tance [rɪˈzɪstᵊn(t)s] *n* ❶ *no pl* (*military opposition*) Widerstand *m* (**to** gegen +*akk*) ❷ (*organization*) ■**the R**~ der

R

Widerstand; **the [French] R~** die [französische] Résistance ❸ *(refusal to accept)* Widerstand *m* **(to** gegen *+akk*); **to offer no ~ [to sb/sth]** [jdm/etw] keinen Widerstand leisten; **to put up [a] determined** [*or* **stiff**] **~** erbitterten Widerstand leisten ❹ *no pl (ability to withstand illness)* Widerstandskraft *f*; **~ to a disease/an infection** Resistenz *f* gegen eine Krankheit/eine Infektion ❺ *no pl (force)* Widerstand *m*; **air/wind ~** Luft-/Windwiderstand *m* ❻ *no pl* PHYS, ELEC Widerstand *m* ▶ PHRASES: **to take the path** [*or* BRIT *usu* **line**] **of least ~** den Weg des geringsten Widerstands gehen

re·'sis·tance fight·er *n* Widerstandskämpfer(in) *m(f)* **re·'sis·tance move·ment** *n* Widerstandsbewegung *f*

re·sis·tant [rɪ'zɪstᵊnt] *adj* ❶ *(refusing to accept)* ablehnend; ■**to be ~ to sth** etw *dat* ablehnend gegenüberstehen ❷ *(hardened against damage)* resistent; ■**to be ~ to sth** gegen etw *akk* resistent [*o* immun] sein; **~ to corrosion** korrosionsbeständig

-re·sis·tant [rɪ'zɪstᵊnt] *in compounds + n* -beständig; **corrosion-/heat-/rust-~** korrosions-/hitze-/rostbeständig; **disease-~** krankheitsresistent; **flame-~** feuerfest; **stain-~** Schmutz abweisend; **water-/dirt-~** Wasser/Schmutz abweisend

re·sis·tor [rɪ'zɪstəʳ, AM -ɚ] *n* ELEC Widerstand *m*

re·sit *esp* BRIT **I.** *vt* <-tt-, -sat, -sat> [ˌriː'sɪt] SCH, UNIV **to ~ an examination** eine Prüfung wiederholen **II.** *n* ['riːsɪt] SCH, UNIV Wiederholungsprüfung *f*

re·skill *vt* ■**to ~ sb** jdn umschulen

reso·lute ['rezᵊluːt, AM -zə-] *adj (form)* entschlossen; ■**to be ~ in sth** hartnäckig in etw *dat* sein; **~ belief** fester [*o* unbeirrbarer] Glaube; **~ character** entschlossener Charakter; **~ person** energische [*o* resolute] Person; **~ stand** fester Standpunkt

reso·lute·ly ['rezᵊluːtli, AM -zə-] *adv* resolut, entschlossen; **to ~ refuse to do sth** sich *akk* hartnäckig weigern, etw zu tun

reso·lute·ness ['rezᵊluːtnəs, AM -zə-] *n no pl (approv)* Resolutheit *f*, Entschlossenheit *f*

reso·lu·tion [ˌrezᵊl'uːʃᵊn, AM -ə'luː-] *n* ❶ *no pl (approv: determination)* Resolutheit *f*, Entschlossenheit *f* ❷ *no pl (form: solving of)* Lösung *f*; *of crises* Überwindung *f*; **~ of a difficulty/dilemma** Lösung *f* eines Problems/Dilemmas; **~ of a question** Klärung *f* einer Frage ❸ POL *(proposal)* Beschluss *m*, Resolution *f geh*; **to lay down** [*or* **propose**] **a ~ [that ...]** eine Resolution einbringen[, dass ...]; **to pass/reject a ~ [to do sth]** eine Resolution [etw zu tun] verabschieden/ablehnen ❹ *(decision)* Entscheidung *f*; *(intention)* Vorsatz *m*; **to make a ~** eine Entscheidung treffen ❺ *no pl* CHEM, TECH Aufspaltung *f* ❻ *no pl* COMPUT, PHOT, TV *(picture quality)* Auflösung *f*

re·solv·able [rɪ'zɒlvəbḷ, AM -'zɑːlv-] *adj* lösbar

re·solve [rɪ'zɒlv, AM -'zɑːlv] **I.** *vt* ❶ *(solve)* ■**to ~ sth** etw lösen [*o* klären]; **to ~ a problem** ein Problem lösen ❷ *(settle)* **to ~ one's differences** seine Differenzen beilegen; **the crisis ~d itself** die Krise legte sich von selbst ❸ *(separate)* ■**to ~ sth into sth** etw in etw *akk* zerlegen ❹ *(form: decide)* ■**to ~ that ...** beschließen, dass ... **II.** *vi* ❶ *(decide)* beschließen; ■**to ~ to do sth** beschließen, etw zu tun; ■**to ~ on doing sth** beschließen [*o* sich *akk* entschließen], etw zu tun ❷ *(separate into)* sich *akk* auflösen **III.** *n (form)* Entschlossenheit *f*

re·solved [rɪ'zɒlvd, AM -'zɑːlvd] *adj pred* entschlossen; ■**to be ~ to do sth** [fest] entschlossen sein, etw zu tun

reso·nance ['rezᵊnən(t)s] *n* ❶ *no pl (echo)* [Nach]hall *m*, Resonanz *f geh*; **~ of an instrument/of laughter/of thunder** der [Nach]hall eines Instruments/von Gelächter/von Donner ❷ *(form)* Erinnerung *f*; **to have ~s for sb** für jdn mit Erinnerungen behaftet sein

reso·nant ['rezᵊnənt] *adj* [wider]hallend; ■**to be ~ with sth** von etw *dat* widerhallen; **to be ~ with memories** *(fig)* Erinnerungen aufkommen lassen

reso·nate ['rezᵊneɪt] **I.** *vi* ❶ *(resound)* hallen; **the hall ~d with laughter** der Saal hallte von Gelächter wider ❷ *(fig: be important)* ■**to ~ with sth** etw ausstrahlen *fig*; **the building ~s with historic significance** das Gebäude hat eine geschichtsträchtige Aura; ■**to ~ with sb** bei jdm Echo [*o* Widerhall] finden ❸ *esp* AM *(fig: share an understanding)* einer Meinung sein; ■**to ~ with sth** mit etw *dat* im Einklang sein **II.** *vt* ■**to ~ sth** mit etw *dat* Resonanzen erzeugen

reso·na·tor ['rezᵊneɪtəʳ, AM -t̬ɚ] *n* MUS Resonator *m*

re·sort [rɪ'zɔːt, AM -'zɔːrt] **I.** *n* ❶ *(place for holidays)* Urlaubsort *m*; **health/holiday** [*or* AM *a.* **vacation**] **~** Kur-/Ferienort *m* ❷ *no pl (employment)* Einsatz *m*, Anwendung *f*; **he should have won easily without ~ to such underhand methods** er hätte leicht gewinnen können, auch ohne auf solch zweifelhafte Methoden zurückgreifen zu müssen; **without ~ to violence** ohne Gewaltanwendung; **as a last ~** als letzten Ausweg [*o* letzte Möglichkeit]; **you're my last ~!** du bist meine letzte Hoffnung! **II.** *vi* ■**to ~ to sth** auf etw *akk* zurückgreifen, etw anwenden; **when she didn't answer I ~ed to standing outside and calling up to her** als sie nicht antwortete, blieb mir nichts anderes übrig, als draußen zu stehen und zu ihr hoch zu rufen; **to ~ to alcohol** sich *akk* dem Alkohol zuwenden

re·sound [rɪ'zaʊnd] *vi* ❶ *(resonate)* [wider]hallen; **a gong ~ed** ein Gong ertönte ❷ *(fig: cause sensation)* Furore machen; **the rumour ~ed through the whole world** das Gerücht ging um die ganze Welt

re·sound·ing [rɪ'zaʊndɪŋ] *adj pred* ❶ *(very loud)* schallend; **~ applause** tosender Applaus; **~ laughter** schallendes Gelächter ❷ *(emphatic)* unglaublich; **~ defeat** schwere Niederlage; **~ success** durchschlagender Erfolg

re·sound·ing·ly [rɪ'zaʊndɪŋli] *adv* ❶ *(very loudly)* schallend ❷ *(emphatically)* unglaublich

re·source [rɪ'zɔːs, AM 'riːsɔːrs] **I.** *n* ❶ *usu pl (asset)* Ressource *f* ❷ *(source of supply)* ■**~s** *pl* Ressourcen *fpl*; **energy ~s** Energieressourcen *fpl*; **natural ~s** Bodenschätze *mpl* ❸ *(wealth)* ■**~s** *pl* [finanzielle] Mittel ❹ *(approv form: resourcefulness)* Ideenreichtum *m*, Einfallsreichtum *m* **II.** *vt* ■**to ~ sth with sth** etw mit etw *dat* ausstatten

re·sourced [rɪ'zɔːst, AM 'riːsɔːrst] *adj* ❶ *(wealthy)* wohlhabend ❷ *(financed)* finanziert; **under-~** unterfinanziert

re·source·ful [rɪ'zɔːsfᵊl, AM 'riːsɔːr-] *adj (approv)* ideenreich, einfallsreich

re·source·ful·ly [rɪ'zɔːsfᵊli, AM 'riːsɔːr-] *adv (approv)* clever, geschickt

re·source·ful·ness [rɪ'zɔːsfᵊlnəs, AM 'riːsɔːr-] *n no pl (approv)* Einfallsreichtum *m*, Ideenreichtum *m*

re·'source room *n* SCH, UNIV Informationsraum *m*

re·spect [rɪ'spekt] **I.** *n* ❶ *no pl (esteem)* Respekt *m*, Achtung *f* **(for** vor *+dat*); **to have great ~ for sth** große Achtung vor etw *dat* haben; **I have great ~ for his ideas** ich schätze seine Ideen sehr; **to have great ~ for sb, to hold sb in great ~** große Achtung vor jdm haben; **to show ~ for sb/sth** jdm/etw Respekt [*o* Achtung] erweisen; **to command ~** eine Respektsperson sein, sich *dat* Respekt verschaffen; **to earn** [*or* **gain**] [*or* **win**] **the ~ of sb** [*or* **sb's ~**] sich *dat* jds Respekt verdienen ❷ *no pl (consideration)* Rücksicht *f*; **to have** [*or* **show**] **~ for sb/sth** Rücksicht auf jdn/etw nehmen; **to have no ~ for sth** etw nicht respektieren; **to show a lack of ~ for sth** einen Mangel an Respekt gegenüber etw *dat* zeigen; **out of ~ for sb's feelings** aus Rücksicht auf jds Gefühle ❸ *(form: polite greetings)* ■**~s** *pl* Grüße *mpl*; **please convey my ~s to your parents** bitte grüße deine Eltern von mir; **to pay one's ~s [to sb]** jdm einen Besuch abstatten; **to pay one's last ~s to sb** jdm die letzte Ehre erweisen ▶ PHRASES: **in all/many/some ~s** in allen/vielen/einigen Punkten; **in every ~** in jeglicher Hinsicht; **in ~ of** [*or* **with ~ to**] **sth** *(form)* in [*o* mit] Bezug auf etw *akk*; **I am writing with ~ to your letter of 15 June** ich schreibe Ihnen Bezug nehmend auf Ihren Brief vom 15. Juni; **in most ~s** in den meisten Punkten, in vielerlei Hinsicht; **in this ~** in dieser Hinsicht; **with great** [*or* **the greatest** [**of**]] [*or* **the utmost**] **~ [to sb]** mit größtem Respekt

responsibility

asking about responsibility	nach Zuständigkeit fragen
Are you in charge/the person responsible?	Sind Sie dafür zuständig?
Are you the doctor in attendance?	Sind Sie die behandelnde Ärztin/der behandelnde Arzt?
expressing responsibility	**Zuständigkeit ausdrücken**
Yes, you've come to the right person.	Ja, bei mir sind Sie richtig.
I am responsible for organizing the party.	Ich bin für die Organisation des Festes verantwortlich/zuständig.
expressing non-responsibility	**Nicht-Zuständigkeit ausdrücken**
I'm not responsible for that(, I'm afraid).	Dafür bin ich (leider) nicht zuständig.
That isn't our responsibility.	Dafür sind wir nicht zuständig.
You've come to the wrong person./I'm not the one you want.	Da sind Sie bei mir an der falschen Adresse.
I'm not entitled/authorized to do that (, I'm afraid).	Dazu bin ich (leider) nicht berechtigt/befugt.

[jdm gegenüber]; **with all due** ~ bei allem nötigen Respekt **II.** *vt* ❶ (*esteem*) ■**to** ~ **sb/sth** jdn/etw respektieren, Hochachtung vor jdm/etw haben; **to** ~ **sb's decision/opinions** jds Entscheidung/Ansichten respektieren; ■**to** ~ **oneself** Selbstachtung haben ❷ (*show consideration towards*) **to** ~ **sb's decision/opinions/wishes** jds Entscheidung/Ansichten/Wünsche respektieren; **to** ~ **sb's feelings/privacy/rights** jds Gefühle/Privatsphäre/Rechte respektieren

re·spect·abil·ity [rɪˌspektəˈbɪləti, AM -ət̬i] *n no pl* Ansehen *nt,* Respektabilität *f geh;* **to gain** [*or* **achieve**] ~ Ansehen gewinnen

re·spect·able [rɪˈspektəbl̩] *adj* ❶ (*decent*) anständig, ehrbar; ~ **area** anständige Gegend; ~ **behaviour** [*or* AM **behavior**] anständiges [*o* korrektes] Benehmen ❷ (*presentable*) anständig, ordentlich; ~ **clothes** anständige Kleidung ❸ (*acceptable*) *salary, sum* anständig *fam,* ordentlich *fam,* ansehnlich ❹ (*deserving respect*) respektabel; ~ **person** angesehene Person ❺ (*hum: be dressed*) **to be** ~ angezogen sein, etw anhaben; **to make oneself** ~ sich *dat* was anziehen *fam*

re·spect·ably [rɪˈspektəbli] *adv* ❶ (*in a respectable manner*) anständig, ordentlich ❷ (*reasonably well*) passabel *fam*

re·spect·ed [rɪˈspektɪd] *adj* angesehen; **to be well** ~ hoch angesehen sein

re·spect·er [rɪˈspektəʳ, AM -ɚ] *n* Anhänger(in) *m(f);* ■**to be no** ~ **of sth** etw *dat* keine Beachtung schenken; **air pollution is no** ~ **of national frontiers** Luftverschmutzung macht an Landesgrenzen nicht Halt

re·spect·ful [rɪˈspektfᵊl] *adj* respektvoll; **to be** ~ **of sth** etw respektieren [*o* achten], etw *dat* Respekt entgegenbringen

re·spect·ful·ly [rɪˈspektfᵊli] *adv* respektvoll; **R**~ **yours** hochachtungsvoll, Ihr(e)

re·spect·ing [rɪˈspektɪŋ] *prep* (*form*) bezüglich

re·spec·tive [rɪˈspektɪv] *adj attr, inv* jeweilig

re·spec·tive·ly [rɪˈspektɪvli] *adv inv* beziehungsweise

res·pi·ra·tion [ˌrespᵊrˈeɪʃᵊn, AM -pəˈreɪ-] *n no pl* (*form or spec*) Atmung *f;* **artificial** ~ künstliche Beatmung; **to give sb artificial** ~ jdn künstlich beatmen

res·pi·ra·tor [ˈrespᵊreɪtəʳ, AM -pəreɪt̬ɚ] *n* ❶ MED (*breathing equipment*) Beatmungsgerät *nt;* **to put sb on a** ~ jdn an ein Beatmungsgerät anschließen ❷ (*air-filtering mask*) Atem[schutz]gerät *nt*

re·spira·tory [rɪˈspɪrətᵊri, AM ˈrespɚətɔːri] *adj attr, inv* (*form*) Atem-; ~ **complaint/failure** Atembeschwerden *fpl*/-stillstand *m;* ~ **disease** Atemwegserkrankung *f*

re·ˈspira·tory sys·tem *n* Atmungssystem *nt*

re·spire [rɪˈspaɪəʳ, AM -ɚ] *vi* BIOL, MED (*spec*) atmen, respirieren *fachspr*

res·pite [ˈrespaɪt, AM -pɪt] *n no pl* (*form*) ❶ (*pause*) Unterbrechung *f,* Pause *f;* **the injection provided only a temporary** ~ **from the pain** die Spritze befreite nur vorübergehend von den Schmerzen; **without** ~ pausenlos, ohne Pause ❷ (*delay*) Aufschub *m*

ˈres·pite care *n* BRIT *zeitweilige Pflege von bedürftigen Personen*

re·splen·dence [rɪˈsplendən(t)s] *n no pl* (*form o liter*) Pracht *f*

re·splen·dent [rɪˈsplendənt] *adj* (*form o liter*) prächtig, prachtvoll; **I saw her,** ~ **in a red cocktail dress** ich sah sie, eine strahlende Erscheinung in einem roten Cocktailkleid

re·splen·dent·ly [rɪˈsplendəntli] *adv* (*form o liter*) prachtvoll, prächtig

re·spond [rɪˈspɒnd, AM -ˈspɑːnd] **I.** *vt* ■**to** ~ **that ...** erwidern, dass ... **II.** *vi* ❶ (*answer*) antworten; ■**to** ~ **to sth** auf etw *akk* antworten; **to** ~ **to a letter/a question** auf einen Brief/eine Frage antworten, einen Brief/eine Frage beantworten ❷ (*react*) reagieren; ■**to** ~ **to sth** auf etw *akk* reagieren; **how did she** ~ **to the news?** wie hat sie auf die Neuigkeit reagiert?; **to** ~ **to the controls** der Steuerung gehorchen ❸ MED (*react*) **to** ~ **to treatment** auf eine Behandlung ansprechen

re·spon·dent [rɪˈspɒndənt, AM -ˈspɑːn-] *n* ❶ (*person who answers*) Befragte(r) *f(m)* ❷ LAW Angeklagte(r) *f(m)*

re·sponse [rɪˈspɒn(t)s, AM -ˈspɑː-] *n* ❶ (*answer*) Antwort *f* (**to** auf +*akk*); **to have/receive a** ~ eine Antwort haben/bekommen; **to make no** ~ keine Antwort geben ❷ (*act of reaction*) Reaktion *f;* **to meet with a bad/good** ~ eine schlechte/gute Resonanz finden; **her proposals have met with an enthusiastic** ~ ihre Vorschläge wurden begeistert aufgenommen; **his comments provoked an angry** ~ **from the government** seine Bemerkungen riefen eine wütende Reaktion seitens der Regierung hervor; **in** ~ **to sth** in Erwiderung auf etw *akk;* **I am writing in** ~ **to your advertisement** ich schreibe auf Ihre Anzeige hin ❸ *no pl* (*sign of reaction*) Reaktion *f* ❹ (*part of church service*) Responsorium *nt*

re·spon·sibil·ity [rɪˌspɒn(t)səˈbɪləti, AM -ˌspɑːn(t)səˈbɪlət̬i] *n* ❶ *no pl* Verantwortung *f* (**for** für +*akk*); **to claim** ~ **for sth** sich *akk* für etw *akk* verantwortlich erklären; **to take** [*or* **accept**] **full** ~ **for sth** die volle Verantwortung für etw *akk*

R

übernehmen ❷ (*duty*) Verantwortlichkeit *f*, Zuständigkeit *f*; **it's her ~ to ensure the project finishes on time** es liegt in ihrer Verantwortung, dass das Projekt rechtzeitig abgeschlossen wird; **who has ~ here?** wer ist hier zuständig?; **to have a ~ to sb/sth** jdm/etw gegenüber eine Verpflichtung haben ❸ *no pl* (*being responsible*) Verantwortung *f*; **sense of ~** Verantwortungsbewusstsein *nt*; **to act on one's own ~** auf eigene Verantwortung handeln; **to carry a lot of ~** eine große Verantwortung tragen

re·spon·sible [rɪˈspɒn(t)səbḷ, AM -ˈspɑː-] *adj* ❶ (*accountable*) verantwortlich; ■**to be ~ for sth** für etw *akk* verantwortlich sein; LAW für etw *akk* haften; **to hold sb ~ [for sth]** jdn [für etw *akk*] verantwortlich machen; LAW jdn [für etw *akk*] haftbar machen ❷ (*in charge*) verantwortlich, zuständig; ■**to be ~ for sb/sth** für jdn/etw verantwortlich sein; **to be ~ to sb** jdm gegenüber verantwortlich sein ❸ (*sensible*) verantwortungsbewusst ❹ (*requiring responsibility*) *job, task* verantwortungsvoll

re·spon·sibly [rɪˈspɒn(t)səbli, AM -ˈspɑː-] *adv* verantwortungsbewusst

re·spon·sive [rɪˈspɒn(t)sɪv, AM -ˈspɑː-] *adj* gut reagierend; **I always found him very ~** ich fand ihn immer sehr entgegenkommend; **we had a wonderfully ~ audience for last night's performance** das Publikum ging bei der Vorstellung gestern Abend sehr gut mit *fam*; **the new car has a very ~ engine** das neue Auto hat einen Motor, der sehr gut anspringt; **to be ~ to treatment** auf eine Behandlungsmethode ansprechen

re·spon·sive·ly [rɪˈspɒn(t)sɪvli, AM -ˈspɑː-] *adv* [gut] ansprechend; **he reacted very ~ to your praise** er zeigte sich sehr empfänglich für deine Lobrede

re·spon·sive·ness [rɪˈspɒn(t)sɪvnəs, AM -ˈspɑː-] *n no pl* gute Reaktionsfähigkeit; MED Ansprechen *nt*; **we are studying the ~ of this condition to ultrasound treatment** wir untersuchen, wie dieses Leiden auf eine Ultraschallbehandlung anspricht

rest¹ [rest] *n + sing/pl vb* ■**the ~** der Rest; **the ~ is silence** der Rest ist Schweigen

rest² [rest] **I.** *n* ❶ (*period of repose*) [Ruhe]pause *f*; **to have a ~** eine Pause machen [*o* einlegen]; **to need a ~** eine Pause brauchen; **I feel like I need a ~ from all my problems** ich könnte eine Verschnaufpause von allen meinen Problemen gebrauchen ❷ *no pl* (*repose*) Erholung *f*; **for a ~** zur Erholung ❸ MUS Pause *f*; (*symbol*) Pausenzeichen *nt* ❹ (*support*) Stütze *f*, Lehne *f*; (*in billiards*) Führungsqueue *m o nt*; **arm/foot/book ~** Arm-/Fuß-/Buchstütze *f* ▶ PHRASES: **to come to ~** zur Ruhe kommen; **to give sth a ~** etw ruhen lassen; **to give it a ~** (*fam*) es sein lassen *fam*, damit aufhören; **to be at ~** (*not moving*) sich *akk* im Ruhezustand befinden; (*dead*) ruhen *euph* **II.** *vt* ❶ (*repose*) **to ~ one's eyes/legs** seine Augen/Beine ausruhen; **to ~ oneself** sich *akk* ausruhen ❷ (*support*) ■**to ~ sth against/[up]on sth** etw gegen/an etw *akk* lehnen; **she ~ed her head on my shoulder** sie lehnte den Kopf an meine Schulter ❸ AM LAW (*conclude evidence*) **to ~ one's case** seine Beweisführung abschließen **III.** *vi* ❶ (*cease activity*) [aus]ruhen, sich *akk* ausruhen; **to not ~ until ...** [so lange] nicht ruhen, bis ... ❷ (*not to mention sth*) **to let sth ~** etw ruhen lassen; (*fam*) **let it ~!** lass es doch auf sich beruhen!; **why won't you let me come with you? – oh, let it ~!** warum darf ich nicht mitkommen? – ach, hör doch endlich auf! ❸ (*form: remain*) ruhen; **the problem cannot be allowed to ~** das Problem darf nicht aufgeschoben werden; **it ~s on her to decide** die Entscheidung liegt bei ihr ❹ (*be supported*) ruhen; **the child's head ~ed in her lap** der Kopf des Kindes ruhte in ihrem Schoß; ■**to ~ against sth** an etw *dat* lehnen ❺ (*depend on*) ■**to ~ on sth** auf etw *dat* ruhen; (*be based on*) auf etw *dat* beruhen; **the prosecution's case ~s almost entirely on circumstantial evidence** die Anklage gründet sich fast ausschließlich auf Indizienbeweise; ■**to ~ on [*or* with] sb** auf jdm ruhen, jdm obliegen *geh*; **the final decision ~s with the planning committee** die endgültige Entscheidung ist Sache des Planungskomitees ❻ (*form o liter: alight on*) ■**to ~ [up]on sb/sth** *gaze* auf jdm/etw ruhen ▶ PHRASES: **to ~ on one's <u>laurels</u>** sich *akk* auf seinen Lorbeeren ausruhen; **~ in <u>peace</u>** ruhe in Frieden; **may he/she ~ in peace** möge er/sie in Frieden ruhen; **[you can] ~ <u>assured</u> [*or* <u>easy</u>] [that ...]** seien Sie versichert, dass ...; **to <u>be</u> ~ing** BRIT (*fam*) arbeitslos sein

◆**rest up** *vi* AM ausruhen

re·state [ˌriːˈsteɪt] *vt* ■**to ~ sth** etw noch einmal [mit anderen Worten] sagen [*o* neu formulieren]

re·state·ment [ˌriːˈsteɪtmənt] *n no pl* Neuformulierung *f*, Umformulierung *f*

res·tau·rant [ˈrestərɔ̃(ŋ), AM -tərɑːnt] **I.** *n* Restaurant *nt*, Gaststätte *f* **II.** *n modifier* (*owner, staff*) Gaststätten-; **~ food** Essen *nt* in der Gaststätte; **~ prices** Gaststättenpreise *mpl*, Restaurantpreise *mpl*

ˈres·tau·rant car *n* BRIT Speisewagen *m*, Zugrestaurant *nt form*

ˈres·tau·rant chain *n* Restaurantkette *f*

res·tau·ra·teur [ˌrestɒrəˈtɜːʳ, AM -təˈtɜːr] *n* Gastwirt(in) *m(f)*, Gastronom(in) *m(f)*

ˈrest cure *n* Erholungskur *f* **ˈrest day** *n* Ruhetag *m*

rest·ed [ˈrestɪd] *adj* erholt; **to feel ~** sich *akk* erholt fühlen

rest·ful [ˈrestfᵊl] *adj* erholsam; *sound* beruhigend; *atmosphere* entspannt; *place* friedlich; **to be ~ to the eyes** eine Erholung für die Augen sein

rest·ful·ness [ˈrestfᵊlnəs] *n no pl* Erholsamkeit *f*

ˈrest home *n* Altersheim *nt*

rest·ing place *n* ❶ (*euph: burial place*) **sb's [final [*or* last]] ~** jds [letzte] Ruhestätte *euph* ❷ (*place to relax*) Rastplatz *m*, Ruheplatz *m*

res·ti·tu·tion [ˌrestɪˈtjuːʃᵊn, AM *esp* -ˈtuː-] *n no pl* ❶ (*return*) Rückgabe *f*; *of sb's rights* Wiederherstellung *f*; *of money* [Zu]rückerstattung *f*; *of a house, estates etc.* [Zu]rückgabe *f* ❷ (*compensation*) Entschädigung *f*; (*financial usu*) Schaden[s]ersatz *m*; **to make ~ [to sb] for sth** [jdm] für etw *akk* Ersatz leisten

res·tive [ˈrestɪv] *adj* ❶ (*restless and impatient*) unruhig, nervös ❷ (*stubborn*) widerspenstig; **a ~ horse** ein störrisches Pferd

res·tive·ly [ˈrestɪvli] *adv* unruhig

res·tive·ness [ˈrestɪvnəs] *n no pl* ❶ (*restlessness*) Rastlosigkeit *f*; (*nervousness*) Unruhe *f*, Nervosität *f* ❷ (*stubbornness*) Widerspenstigkeit *f*

rest·less [ˈrestləs] *adj* ❶ (*agitated*) unruhig ❷ (*uneasy*) rastlos; **to get ~** anfangen, sich *akk* unwohl zu fühlen ❸ (*wakeful*) ruhelos; **a ~ night** eine schlaflose Nacht

rest·less·ly [ˈrestləsli] *adv* unruhig

rest·less·ness [ˈrestləsnəs] *n no pl* ❶ (*agitation*) Unruhe *f* ❷ (*impatience*) Rastlosigkeit *f*

re·stock [ˌriːˈstɒk, AM -ˈstɑːk] **I.** *vt* ■**to ~ sth [with sth]** etw wieder [mit etw *dat*] auffüllen; **to ~ the bar with soft drinks** die Bar wieder mit alkoholfreien Getränken auffüllen; **to ~ a lake** den See wieder mit Fischen besetzen **II.** *vi* Vorräte erneuern

re·stock·ing fee [ˌriːˈstɒkɪŋˌfiː, AM -ˈstɑːk-] *n* Umtauschgebühr *f*

res·to·ra·tion [ˌrestᵊrˈeɪʃᵊn, AM -təˈreɪ-] **I.** *n* ❶ *no pl* (*act of restoring*) Restaurieren *nt* ❷ (*instance of restoring*) Restaurierung *f* ❸ *no pl* (*re-establishment*) Wiederherstellung *f*; **the ~ of the death penalty** die Wiedereinführung der Todesstrafe; **~ of health** Wiederherstellung *f* der Gesundheit; **the ~ of law and order** die Wiederherstellung der [öffentlichen] Ordnung ❹ *no pl* (*form: return to owner*) Rückgabe *f*; **the full ~ of the misappropriated funds** die volle Rückerstattung der fehlgeleiteten Gelder ❺ *no pl* (*return to position*) Wiedereinsetzung *f* (**to** in +*akk*) **II.** *n modifier* (*costs*) Restaurierungs-; **~ work** Restaurierungsarbeiten *fpl*

Res·to·ra·tion [ˌrestᵊrˈeɪʃᵊn, AM -təˈreɪ-] HIST **I.** *n* ■**the R~** die

Restauration **II.** *n modifier* ~ **architecture/art** die Architektur/Kunst der Restaurationszeit; ~ **house** Haus *nt* aus der Restaurationszeit
re·stora·tive [rɪ'stɒrətɪv, AM -'stɔːrət̬ɪv] **I.** *n* Stärkungsmittel *nt* **II.** *adj* stärkend *attr;* ~ **powers** [**of sth**] (*strengthening*) kräftigende Wirkung [von etw *dat*]; (*healing*) heilende Wirkung [von etw *dat*]
re·store [rɪ'stɔːʳ, AM -'stɔːr] *vt* ❶ (*renovate*) ■**to** ~ **a building/painting** ein Gebäude/Gemälde restaurieren ❷ (*re-establish*) ■**to** ~ **sth** etw wiederherstellen; **to** ~ **sb's faith in sth** jdm sein Vertrauen in etw *akk* zurückgeben; **to** ~ **sb to health** jds Gesundheit [*o* jdn] wiederherstellen; **to** ~ **a law** ein Gesetz wieder einführen; **to** ~ [**law and**] **order** die [öffentliche] Ordnung wiederherstellen; **to** ~ **sb to life** jdn ins Leben zurückbringen; **to** ~ **sb's sight** jds Sehvermögen wiederherstellen ❸ (*form: return to owner*) ■**to** ~ **sth to sb** jdm etw zurückgeben; ■**to** ~ **sb to sb** jdn [zu] jdm zurückbringen ❹ (*reinstate*) ■**to** ~ **sb to sth** jdn wieder in etw *akk* einsetzen; **to** ~ **sb to their former position** jdn in seine/ihre frühere Position wieder einsetzen; **to** ~ **sb to power** jdn wieder an die Macht bringen
re·stor·er [rɪ'stɔːrəʳ, AM -'stɔːrɚ] *n* ❶ ARCHIT, ART (*person*) Restaurator(in) *m(f)* ❷ (*hair growth treatment*) **hair** ~ Haarwuchsmittel *nt*
re·strain [rɪ'streɪn] *vt* ❶ (*physically check*) ■**to** ~ **sb** jdn zurückhalten; (*forcefully*) jdn bändigen; ■**to** ~ **sb from** [**doing**] **sth** jdn davon abhalten, etw zu tun ❷ (*hold back*) ■**to** ~ **sth** etw zurückhalten; ■**to** ~ **oneself** sich *akk* beherrschen; **to** ~ **an impulse to do sth** einen Drang, etw zu tun, unterdrücken; **she** ~**ed her impulse to smile** sie unterdrückte ein Lächeln ❸ (*keep under control*) ■**to** ~ **sth** etw einschränken [*o* beschränken] [*o geh* restringieren]; **to** ~ **arms sales** den Waffenverkauf mit Restriktionen belegen; **to** ~ **inflation** die Inflation aufhalten
re·strained [rɪ'streɪnd] *adj* beherrscht; **she was** ~, **despite the anger that welled up inside her** sie war sehr beherrscht trotz des Zorns, der in ihr aufstieg; ~ **criticism** verhaltene Kritik; ~ **manners** gepflegte Manieren; ~ **policy** zurückhaltende Politik
re·strain·ing 'in·flu·ence *n* beruhigender Einfluss; **to act as a** ~ **on sb** einen beruhigenden Einfluss auf jdn ausüben **re·'strain·ing or·der** *n* LAW einstweilige Verfügung *fachspr;* **to obtain a** ~ eine einstweilige Verfügung erwirken
re·straint [rɪ'streɪnt] *n* ❶ *no pl* (*self-control*) Beherrschung *f;* **to exercise** ~ Zurückhaltung üben *f;* **to laugh without** ~ frei und unbeschwert lachen ❷ (*restriction*) Einschränkung *f;* ~**s on imports** Einfuhrbeschränkungen *fpl;* **a** ~ **on the press** eine Beschneidung der Pressefreiheit; **pay** [*or* **wage**] ~ *esp* BRIT Lohnstopp *m;* ~ **of trade** Wettbewerbsbeschränkung *f* ❸ LAW **to place/keep sb under** ~ jdn in Gewahrsam nehmen/behalten
re·strict [rɪ'strɪkt] *vt* ❶ (*limit*) ■**to** ~ **sth** etw beschränken [*o* einschränken]; *number* etw begrenzen; ■**to** ~ **sb to sth: we will have to** ~ **managers to half an hour's lunch break** wir müssen die Mittagspause für Manager auf eine halbe Stunde beschränken; ■**to** ~ **oneself to sth** sich *akk* auf etw beschränken; **to** ~ **freedom of speech** die Redefreiheit beschneiden; **to** ~ **the sale of cigarettes** den Verkauf von Zigaretten mit Restriktionen belegen; **to** ~ **vision** [*or* **visibility**] die Sicht einschränken ❷ (*deprive of right*) ■**to** ~ **sb from sth** jdm etw untersagen ❸ (*confine*) ■**to** ~ **sb to sth** jdn in etw *akk* einsperren; **to be** ~**ed to barracks** Kasernenarrest haben
re·strict·ed [rɪ'strɪktɪd] *adj* ❶ (*limited*) *choice, vocabulary* begrenzt; *view* eingeschränkt ❷ (*subject to limitation*) eingeschränkt; *view, number* beschränkt; ■**to be** ~ **to sb/sth** auf jdn/etw beschränkt sein; *privilege* jdm/etw vorbehalten sein *geh;* ~ **area** MIL Sperrgebiet *nt;* (*with speed limits*) verkehrsberuhigte Zone; ~ **document** geheimes Dokument; ~ **entry** beschränkte Zufahrt ❸ (*spatially confined*) eng
re·stric·tion [rɪ'strɪkʃᵊn] *n* ❶ (*limit*) Begrenzung *f,* Beschränkung *f,* Einschränkung *f,* Restriktion *f;* **speed** ~ Geschwindigkeitsbegrenzung *f;* ~ **on trade** Handelsbeschränkung *f;* **to be subject to** ~**s** Beschränkungen [*o geh* Restriktionen] unterliegen; **to impose** [*or* **place**] **a** ~ **on sth** etw mit Restriktionen belegen; **to lift** ~**s** Restriktionen aufheben ❷ *no pl* (*action of limiting*) Einschränken *nt*
re·stric·tive [rɪ'strɪktɪv] *adj* (*esp pej*) einschränkend, einengend; *measure* restriktiv
re·stric·tive 'prac·tice *n* BRIT unwirtschaftliche Arbeitspraktiken **re·stric·tive 'trade prac·tices** *npl* wettbewerbsbeschränkende Geschäftspraktiken
re·string <-strung, -strung> [riː'strɪŋ] *vt* **to** ~ **an instrument** ein Instrument neu besaiten; **to** ~ **pearls** Perlen neu aufziehen; **to** ~ **a tennis racket** einen Tennisschläger neu bespannen
'rest·room *n esp* AM (*toilet*) Toilette *f*
re·struc·ture [ˌriː'strʌktʃəʳ, AM -ɚ] *vt* ■**to** ~ **sth** etw umstrukturieren [*o* restrukturieren]
re·struc·tur·ing [ˌriː'strʌktʃᵊrɪŋ, AM -ɚɪŋ] *n* Umstrukturierung *f;* **to undergo** ~ umstrukturiert werden
re·'struc·tur·ing plan *n* Reorganisationsprogramm *nt,* Sanierungsplan *m*
re·strung [rɪ'strʌŋ] *vt pt, pp of* **restring**
'rest stop *n* AM (*lay-by*) Raststätte *f*
re·sult [rɪ'zʌlt] **I.** *n* ❶ (*consequence*) Folge *f;* ■**with the** ~ **that ...** mit dem Ergebnis [*o* so], dass ...; ■**as a** ~ **of sth** als Folge [*o* wegen] einer S. *gen;* ~**s of an accident** Unfallfolgen *fpl* ❷ (*outcome*) Ergebnis *nt;* **the** ~ **of the match was 4 to 2** das Spiel ist 4 zu 2 ausgegangen; **election** ~**s** Wahlergebnisse *ntpl;* **end** ~ Endergebnis *nt;* **football** ~**s** Fußballergebnisse *ntpl;* ~**s of a test** Testresultate *ntpl;* **with no** [*or* **without**] ~ ergebnislos ❸ (*corporate performance*) ■~**s** *pl* Ergebnisse *ntpl;* **Smith's annual** ~**s will be published on Friday** der Jahresbericht von Smith wird am Freitag veröffentlicht ❹ (*satisfactory outcome*) ■~**s** *pl* Erfolg *m,* Resultat *nt;* **to get/see** ~**s** Erfolge erzielen/sehen; **to have good** ~**s with sth** gute Ergebnisse mit etw *dat* erzielen ❺ BRIT (*fam: a win*) Sieg *m* ❻ MATH *of a calculation, a sum* Resultat *nt,* Ergebnis *nt* **II.** *vi* ❶ (*ensue*) resultieren, sich *akk* ergeben; **chaos** ~**ed** es kam zu einem Chaos, es entstand ein Chaos; ■**to** ~ **from sth** aus etw *dat* resultieren, sich *akk* aus etw *dat* ergeben ❷ (*cause*) ■**to** ~ **in sth** etw zur Folge haben, zu etw *akk* führen
re·sult·ant [rɪ'zʌltᵊnt] *adj attr, inv* (*form*), **re·sult·ing** [rɪ'zʌltɪŋ] *adj attr, inv* resultierend *attr,* sich daraus ergebend *attr*
re·sume [rɪ'zjuːm, AM *esp* -'zuːm] **I.** *vt* ❶ (*start again*) ■**to** ~ **sth** etw wieder aufnehmen; **to** ~ **a journey** eine Reise fortsetzen; **to** ~ **work** die Arbeit wieder aufnehmen; ■**to** ~ **doing sth** fortfahren, etw zu tun ❷ (*form: reoccupy*) etw wieder einnehmen; **to** ~ **one's seat** sich *akk* wieder auf seinen Platz begeben **II.** *vi* wieder beginnen; (*after short interruption*) weitergehen
ré·su·mé ['rezjuːmeɪ, AM 'rezʊ-] *n* ❶ (*summary*) Zusammenfassung *f,* Resümee *nt geh;* **to give** [**sb**] **a** ~ **of sth** [jdm] eine Zusammenfassung über etw *akk* geben, etw [für jdn] zusammenfassen ❷ AM, AUS (*curriculum vitae*) Lebenslauf *m*
re·sump·tion [rɪ'zʌm(p)ʃᵊn] *n* ❶ *no pl* (*act*) *of a game, negotiations, talks* Wiederaufnahme *f* ❷ (*instance*) Wiederbeginn *m kein pl;* **there have been several** ~**s of hostilities during the negotiations** während der Verhandlungen kam es immer wieder zu Feindseligkeiten
re·sur·face [ˌriː'sɜːfɪs, AM -'sɜːr-] **I.** *vi* ❶ (*rise to surface*) *submarine, diver* wieder auftauchen ❷ (*reappear*) wieder zum Vorschein kommen [*o fam* auftauchen]; (*fig*) *memories, topic* aufkommen **II.** *vt* ■**to** ~ **sth** die Oberfläche einer S. *gen* erneuern; **to** ~ **a road** den Straßenbelag erneuern
re·sur·gence [ˌriː'sɜːdʒən(t)s, AM -'sɜːr-] *n no pl* (*form*) Wiederaufleben *nt;* **to enjoy a** ~ **in popularity** *band* ein Come-back

erleben

re·sur·gent [ˌriːˈsɜːdʒənt, AM -ˈsɜːr-] *adj usu attr* (*form*) wieder auflebend *attr*

res·ur·rect [ˌrezᵊrˈekt, AM -əˈrekt] *vt* ❶ (*revive*) ■**to ~ sth** etw wieder aufleben lassen; **to ~ a fashion** eine Mode wiederbeleben; **to ~ an idea** eine Idee wieder aufleben lassen ❷ (*bring back to life*) **to ~ sb [from the dead]** jdn [von den Toten] auferstehen lassen; **to ~ the dead** die Toten wieder zum Leben erwecken

Res·ur·rec·tion [ˌrezᵊrˈekʃᵊn, AM -əˈrek-] *n no pl* ■**the ~** (*raising of Christ*) die Auferstehung; (*at Last Judgment*) die Wiederauferstehung

res·ur·rec·tion [ˌrezᵊrˈekʃᵊn, AM -əˈrek-] *n no pl* Wiederbelebung *f*; **the ~ of a law** die Wiedereinführung eines Gesetzes

re·sus·ci·tate [rɪˈsʌsɪteɪt, AM -ˈsʌsə-] *vt* ❶ MED ■**to ~ sb** jdn wiederbeleben ❷ (*fig*) ■**to ~ sth** etw [neu] beleben; **to ~ a play/poem** ein Stück/Gedicht aus der Versenkung hervorholen *fig*

re·sus·ci·ta·tion [rɪˌsʌsɪˈteɪʃᵊn, AM -səˈ-] *n* ❶ MED (*revival*) Wiederbelebung *f*; **mouth-to-mouth ~** Mund-zu-Mund-Beatmung *f* ❷ COMM (*reanimation*) Belebung *f*; **~ of the economy** Belebung *f* der Wirtschaft

re·tail [ˈriːteɪl] **I.** *n no pl* Einzelhandel *m*, Kleinhandel *m*, Detailhandel *m* SCHWEIZ; **experience in ~** Einzelhandelserfahrung *f* **II.** *n modifier* (*customer, goods, shop*) Einzelhandels-; **~ dealer** Einzelhändler(in) *m(f)*; **~ sales** Umsatzzahlen *fpl* im Einzelhandel **III.** *vt* ■**to ~ sth** etw im Einzelhandel verkaufen **IV.** *vi* ■**to ~ at** [*or* **for**] **sth: this model of computer is ~ing at £650** im Einzelhandel kostet dieses Computermodell 650 Pfund **V.** *adv inv* im Einzelhandel; **to buy/sell sth ~** etw im Einzelhandel einkaufen/verkaufen

re·tail·er [ˈriːteɪləʳ, AM -ɚ] *n* Einzelhändler(in) *m(f)*

ˈre·tail out·let *n* Einzelhandelsgeschäft *nt*, Verkaufsstelle *f* [für Endabnehmer] **ˈre·tail price** *n* Einzelhandelspreis *m*; **this product sells at a ~ price of ...** im Einzelhandel kostet dieses Produkt ... **re·tail ˈprice in·dex** *n* BRIT ECON ■**the ~** der Einzelhandelspreisindex

re·tain [rɪˈteɪn] *vt* ❶ (*keep*) ■**to ~ sth** etw behalten; **to ~ sb's attention** jds Aufmerksamkeit halten; **to ~ the championship** SPORTS Meister/Meisterin bleiben; **to ~ one's composure** die Haltung bewahren; **to ~ control of sth** etw weiterhin in der Gewalt haben; **to ~ one's dignity/independence** seine Würde/Unabhängigkeit wahren; **to ~ the right to do sth** LAW sich *akk* das Recht vorbehalten, etw zu tun; **to ~ a title** SPORTS einen Titel behalten ❷ (*not alter*) ■**to ~ sth** etw beibehalten, bei etw *dat* bleiben ❸ (*not lose*) ■**to ~ sth** etw speichern; **limestone ~s water** Kalkstein nimmt viel Wasser auf ❹ (*remember*) ■**to ~ sth** sich *dat* etw merken; **I am able to ~ names easily** ich kann Namen gut behalten ❺ (*hold in place*) ■**to ~ sth** etw zurückhalten; **the wall of this dam ~s 5,000,000 cubic metres of water** die Wand dieses Dammes hält 5.000.000 Kubikmeter Wasser ❻ (*secure services of*) **to ~ a lawyer** [*or* AM **attorney**] einen Anwalt [durch Zahlung eines Vorschusses] verpflichten

re·tained ˈearn·ings *npl* FIN, ECON (*corporate income*) Gewinnrücklagen *fpl*; *of a business, company, firm* thesaurierter Gewinn *fachspr*

re·tain·er [rɪˈteɪnəʳ, AM -ɚ] *n* ❶ LAW (*fee*) Vorschuss *m* ❷ (*dated: servant*) Faktotum *nt veraltend*

re·ˈtain·ing wall *n* Stützmauer *f*

re·take I. *vt* <-took, -taken> [ˌriːˈteɪk] ■**to ~ sth** ❶ (*take again*) etw wiederholen; **to ~ an exam** eine Prüfung wiederholen ❷ (*regain*) etw wiedergewinnen; **to ~ the lead** SPORTS sich *akk* wieder an die Spitze setzen; (*in a race*) wieder die Führung übernehmen; **to ~ a town** MIL eine Stadt zurückerobern ❸ (*film again*) **to ~ a scene** eine Szene nochmals drehen **II.** *n* [ˈriːteɪk] ❶ *esp* BRIT (*repeated exam*) Wiederholungsprüfung *f* ❷ (*filming again*) Neuaufnahme *f*; **it took seven ~s to get the scene right** er drehte die Szene siebenmal, um sie richtig hinzukriegen

re·tak·en [ˌriːˈteɪkᵊn] *vt pp of* **retake**

re·tali·ate [rɪˈtælieɪt] *vi* Vergeltung üben; *for insults* sich *akk* revanchieren (**to** für +*akk*); **the terrorists ~d against the government with a bomb attack** die Terroristen schlugen mit einem Bombenanschlag gegen die Regierung zurück

re·talia·tion [rɪˌtæliˈeɪʃᵊn] *n no pl* Vergeltung *f*; (*in fighting*) Vergeltungsschlag *m*; **in ~ for sth** als Vergeltung für etw *akk*; **the bomb attack was in ~ for the arrest of two terrorists** der Bombenanschlag war ein Vergeltungsschlag für die Verhaftung von zwei Terroristen

re·talia·tory [rɪˈtæliətᵊri, AM -tɔːri] *adj attr, inv* Vergeltungs-; **~ measures** Vergeltungsmaßnahmen *fpl*

re·tard I. *vt* [rɪˈtɑːd, AM -ˈtɑːrd] (*form*) ■**to ~ sth** etw verzögern [*o* verlangsamen]; **to ~ the development of a country** die Entwicklung eines Landes aufhalten; **to ~ economic growth** das Wirtschaftswachstum bremsen **II.** *n* [ˈriːtɑːrd] AM (*pej! fam*) Idiot *m pej*; **get out of my way, ~!** aus dem Weg, du Blödmann!

re·tard·ant [rɪˈtɑːdənt, AM -ˈtɑːr-] *n* CHEM Verzögerungsmittel *nt*; **growth ~** Wachstumsverzögerungsmittel *nt*; **fire ~** Feuerhemmer *m*

-re·tard·ant [rɪˈtɑːdənt, AM -ˈtɑːr-] *in compounds* TECH **heat-~ properties** hitzehemmende Eigenschaften; **fire-~ materials** feuerhemmende Materialien

re·tar·da·tion [ˌriːtɑːˈdeɪʃᵊn, AM -tɑːrˈ-] *n no pl* (*form*) Verzögerung *f*; **growth ~** Wachstumsverzögerung *f*; **mental ~** (*dated or pej!*) geistige Retardation *geh*

re·tard·ed [rɪˈtɑːdɪd, AM -ˈtɑːr-] (*dated o pej!*) **I.** *adj* zurückgeblieben; **emotionally ~** emotional gehemmt; **mentally ~** geistig zurückgeblieben **II.** *n* ■**the [mentally] ~** + *pl vb* [geistig] Zurückgebliebene *pl*, die [geistig] Zurückgebliebenen *pl*

re·tard·er [rɪˈtɑːdəʳ, AM -ˈtɑːrdɚ] *n* CHEM Verzögerungsmittel *nt*

retch [retʃ] *vi* würgen; **to make sb ~** jdn zum Würgen bringen

retd *adj after n, inv abbrev of* **retired** a.D.

re·ten·tion [rɪˈten(t)ʃᵊn] *n no pl* ❶ (*keeping*) Beibehaltung *f*; **~ of power** Machterhalt *m*; **~ of a title** SPORTS Verteidigung *f* eines Titels ❷ (*preservation*) Erhaltung *f*; **~ of rights** Wahrung *f* von Rechten; **staff ~** ECON Personalerhaltung *f* ❸ (*not losing*) Speicherung *f*; MED Retention *f fachspr*; **she suffers from water ~** sie leidet unter Wasseransammlungen im Gewebe; **~ of heat** Hitzespeicherung *f* ❹ (*form: memory*) Gedächtnis *nt*; **powers of ~** Merkfähigkeit *f* ❺ *esp* LAW (*securing sb's services*) **~ of a lawyer** Mandat *nt* [nach geleisteter Vorauszahlung]

re·ten·tive [rɪˈtentɪv, AM -t̬-] *adj* aufnahmefähig; **to have a ~ memory** ein sehr gutes Gedächtnis haben

re·think I. *vt* <-thought, -thought> [ˌriːˈθɪŋk] ■**to ~ sth** etw überdenken; ■**to ~ how/why/whether ...** überdenken, wie/warum/ob ... **II.** *vi* <-thought, -thought> [ˌriːˈθɪŋk] überlegen **III.** *n* [ˈriːθɪŋk] *no pl* Überdenken *nt*; **to have a ~** etw noch einmal überdenken

re·thought [ˌriːˈθɔːt, AM *esp* -ˈθɑːt] *vt pt, pp of* **rethink**

reti·cence [ˈretɪsᵊn(t)s, AM ˈret̬ə-] *n no pl* Zurückhaltung *f*; (*taciturnity*) Wortkargheit *f*

reti·cent [ˈretɪsᵊnt, AM ˈret̬ə-] *adj* (*form*) zurückhaltend; (*taciturn*) wortkarg; ■**to be ~ [about sth/sb]** [in Bezug auf etw/jdn] nicht sehr gesprächig sein; **he is very ~ about his past** über seine Vergangenheit schweigt er sich aus

reti·cent·ly [ˈretɪsᵊntli, AM ˈret̬ə-] *adv* (*form*) zurückhaltend

re·ticu·late [rɪˈtɪkjələt, AM -lɪt] *adj inv*, **re·ticu·lat·ed** [rɪˈtɪkjəleɪtɪd, AM -t̬-] *adj inv* BOT, ZOOL netzartig, retikular *fachspr*

re·ticu·la·tion [rɪˌtɪkjəˈleɪʃᵊn] *n* TECH Geflecht *nt*

reti·na <*pl* -s *or* -nae> [ˈretɪnə, AM -ᵊnə, *pl* -niː] *n* Netzhaut *f*, Retina *f fachspr*

reti·nal [ˈretɪnəl, AM -ᵊnəl] *adj attr, inv* ANAT Netzhaut-; **~ detachment** Netzhautablösung *f*

reti·nue [ˈretɪnjuː, AM -tᵊnuː, -njuː] *n* + *sing/pl vb* Gefolge *nt* *kein pl*

re·tire [rɪˈtaɪəʳ, AM -ɚ] **I.** *vi* ❶ (*stop working*) in den Ruhestand treten; *worker* in Rente gehen; *civil servant* in Pension gehen; *self-employed person* sich *akk* zur Ruhe setzen; *soldier* aus der Armee ausscheiden; SPORTS seine Karriere beenden; **to ~ from business** sich *akk* aus dem Geschäftsleben zurückziehen; **to ~ from a company** aus einer Firma ausscheiden ❷ SPORTS ausscheiden; **he ~d injured** [*or* **hurt**] er schied verletzungsbedingt aus ❸ (*form: withdraw*) sich *akk* zurückziehen; LAW **the jury ~d to consider the verdict** die Jury zog sich zur Urteilsfindung zurück ❹ (*form: go to bed*) sich *akk* zu Bett begeben *geh* **II.** *vt* ❶ (*cause to stop working*) ■**to ~ sb** jdn in den Ruhestand versetzen; *worker* jdn verrenten ❷ (*pull back*) **to ~ troops** Truppen zurückziehen ❸ (*fam: stop using*) ■**to ~ sth** etw ausrangieren ❹ FIN **to ~ a loan** eine Anleihe zurückzahlen; **to ~ a note** [*or* **bill**] [**from circulation**] eine Banknote aus dem Verkehr ziehen

re·tir·ed [rɪˈtaɪəd, AM -ɚd] *adj inv* (*not working any longer*) im Ruhestand *präd; worker* in Rente *präd; civil servant* pensioniert; **he is a ~ soldier** er ist ein ehemaliger Soldat

re·tiree [rɪˌtaɪ(ə)ˈriː, AM rɪˈtaɪriː] *n* AM Ruheständler(in) *m(f);* (*retired worker*) Rentner(in) *m(f);* (*retired civil servant*) Pensionär(in) *m(f)*

re·tire·ment [rɪˈtaɪəmənt, AM -ɚ-] **I.** *n* ❶ (*from job*) Ausscheiden *nt* aus dem Arbeitsleben; *of a civil servant* Pensionierung *f; of a soldier* Verabschiedung *f* ❷ *no pl esp* SPORTS (*ceasing to compete*) Ausscheiden *nt* ❸ *no pl* (*after working life*) Ruhestand *m;* ■**on ~** bei Eintritt in den Ruhestand; **to be in ~** im Ruhestand sein; **to come out of ~** wieder zur Arbeit zurückkehren; **to go into ~** *worker* in Rente gehen; *self-employed person* sich *akk* zur Ruhe setzen; *civil servant* sich *akk* pensionieren lassen; **to take early ~** (*as a worker*) in Frührente gehen; (*as a civil servant*) sich *akk* frühzeitig pensionieren lassen ❹ *no pl* (*form: seclusion*) Zurückgezogenheit *f;* **to live in ~** zurückgezogen leben **II.** *n modifier* Pensions-, Renten-; **~ benefit** Altenhilfe *f;* **~ pay** (*for worker*) [Alters]rente *f;* (*for civil servant*) [Alters]ruhegeld *nt;* **~ plan** Altersversorgungsschema *nt;* **~ village** Rentnerdorf *nt*

re·ˈtire·ment age *n of a worker* Rentenalter *nt; of a civil servant* Pensionsalter *nt* **re·ˈtire·ment com·mun·ity** *n* betreutes Wohnen **re·ˈtire·ment home** *n* Altenheim *nt* **re·ˈtire·ment pen·sion** *n* (*for worker*) [Alters]rente *f;* (*for civil servant*) [Alters]ruhegeld *nt,* Pension *f*

re·tir·ing [rɪˈtaɪərɪŋ, AM -ɚ-] *adj* ❶ *attr, inv* (*stopping work*) ausscheidend ❷ (*reserved*) zurückhaltend

re·took [ˌriːˈtʊk] *vt pt of* **retake**

re·tool [ˌriːˈtuːl] ECON **I.** *vt* ■**to ~ sth** etw mit neuen Maschinen bestücken; **to ~ an assembly line** ein Montageband neu ausrüsten **II.** *vi* sich *dat* neue Maschinen anschaffen

re·tort [rɪˈtɔːt, AM -ˈtɔːrt] **I.** *vt* ■**to ~ that ...** scharf erwidern, dass ...; **"no need to be so rude," she ~ed** „kein Grund so unhöflich zu sein", gab sie zurück **II.** *vi* scharf antworten **III.** *n* scharfe Antwort [*o* Erwiderung]; **he made an angry ~** er antwortete verärgert und mit scharfen Worten

re·touch [ˌriːˈtʌtʃ] *vt* ■**to ~ sth** etw retuschieren

re·trace [rɪˈtreɪs] *vt* ■**to ~ sth** etw zurückverfolgen; *in mind* etw [geistig] nachvollziehen; **to ~ one's steps** denselben Weg zurückgehen

re·tract [rɪˈtrækt] **I.** *vt* ■**to ~ sth** ❶ (*withdraw*) etw zurückziehen; **to ~ an offer/a statement** ein Angebot/eine Behauptung zurücknehmen ❷ (*draw back*) etw zurückziehen; (*into body*) etw einziehen; **the cat ~ed its claws** die Katze zog ihre Krallen ein; **the pilot ~ed the undercarriage** der Pilot zog das Fahrgestell ein **II.** *vi* ❶ (*withdraw words*) einen Rückzieher machen *fam* ❷ (*be drawn back*) eingezogen werden

re·tract·able [rɪˈtræktəbl̩] *adj inv* einziehbar

re·trac·tion [rɪˈtrækʃən] *n* (*form*) Zurücknahme *f kein pl*

re·train [rɪˈtreɪn] **I.** *vt* ■**to ~ sb** jdn umschulen; **to ~ staff** das Personal umschulen **II.** *vi* umgeschult werden

re·train·ing [rɪˈtreɪnɪŋ] *n no pl* Umschulung *f*

re·tread I. *vt* [ˌriːˈtred] AUTO **to ~ a tyre** [*or* AM **tire**] einen Reifen runderneuern **II.** *n* [ˈriːtred] runderneuerter Reifen

re·treat [rɪˈtriːt] **I.** *vi* ❶ MIL sich *akk* zurückziehen, den Rückzug antreten ❷ (*move backwards*) zurückweichen; (*become smaller*) *flood waters* zurückgehen, fallen; *ice* schmelzen; *shares* fallen; **when she came towards me shouting I ~ed behind my desk** als sie schreiend auf mich zukam, bin ich hinter meinen Schreibtisch geflüchtet ❸ (*withdraw*) sich *akk* zurückziehen; (*hide*) sich *akk* verstecken; ■**to ~ into oneself** sich *akk* in sich selbst zurückziehen; **to ~ into a fantasy world** sich *akk* in eine Fantasiewelt flüchten; **to ~ into the shade** sich *akk* in den Schatten zurückziehen ❹ (*fail to uphold*) einen Rückzieher machen; **to ~ from one's beliefs** seine Überzeugungen ändern; **to ~ from one's principles** von seinen Prinzipien abweichen; **to ~ from one's promises/proposals** seine Versprechen/Vorschläge zurücknehmen **II.** *n* ❶ MIL (*withdrawal*) Rückzug *m;* ■**to be in ~** sich *akk* auf dem Rückzug befinden; **enemy soldiers are now in full ~** die feindlichen Soldaten haben jetzt den totalen Rückzug angetreten; **to sound a ~** zum Rückzug blasen ❷ *no pl* (*withdrawal*) Abwendung *f,* Abkehr *f* (**from** von +*dat*) ❸ (*private place*) Zufluchtsort *m;* **she's gone off to a Buddhist ~ in the mountains** sie hat sich zu den Buddhisten in die Berge zurückgezogen ❹ (*period of seclusion*) Zeit *f* der Ruhe und Abgeschiedenheit; **to go on ~** REL in Klausur gehen ❺ (*failure to uphold*) Abweichung *f;* **to mark** [*or* **signal**] **a ~ from sth** eine Abweichung von etw *dat* darstellen

re·treat·ing [rɪˈtriːtɪŋ, AM -t̬-] *adj attr, inv* MIL sich im Rückzug befindend *attr*

re·trench [rɪˈtren(t)ʃ, AM -ˈtrentʃ] **I.** *vi* (*form*) sich *akk* einschränken, sparen **II.** *vt* ❶ (*reduce costs*) **to ~ one's expenditure** seine Ausgaben reduzieren ❷ AUS (*make redundant*) ■**to ~ sth** etw einsparen; **to ~ personnel** Personal abbauen

re·trench·ment [rɪˈtren(t)ʃmənt, AM -ˈtrentʃ-] *n* ❶ (*form: financial cut*) Kürzung *f* ❷ *no pl* (*reducing spending*) Einschränken *nt* ❸ AUS (*dismissal from employment*) Stellenstreichung *f;* **~ of personal** Personalabbau *m*

re·trial [ˌriːˈtraɪəl, AM ˈriːtraɪ(ə)l] *n* LAW Wiederaufnahmeverfahren *nt;* **the ~ of Atkinson's case is scheduled for April** der Fall Atkinson wird im April wieder aufgenommen

ret·ri·bu·tion [ˌretrɪˈbjuːʃən, AM -rəˈ-] *n no pl* (*form*) Vergeltung *f;* **~ overtook him** die Strafe holte ihn schnell ein; ■**in ~ for sth** als Vergeltung für etw *akk;* **divine ~** die gerechte Strafe Gottes; **to escape ~** seiner Strafe entgehen

re·tribu·tive [rɪˈtrɪbjuːtɪv, AM -t̬-] *adj attr* (*form*) Vergeltungs-; **~ justice** ausgleichende Gerechtigkeit

re·triev·al [rɪˈtriːvəbl̩] *n no pl* ❶ (*regaining*) Wiedererlangen *nt;* **he had little hope for the ~ of the stolen painting** er hatte wenig Hoffnung, dass das gestohlene Gemälde wieder auftauchen würde ❷ (*rescuing*) Rettung *f;* (*of wreckage*) Bergung *f;* **to be beyond** [*or* **past**] **~** hoffnungslos verloren sein ❸ COMPUT **data/information ~** (*obtaining*) Daten-/Informationsabruf *m;* (*getting back*) Retrieval *nt fachspr,* Daten-/Informationsrückgewinnung *f*

re·trieve [rɪˈtriːv] *vt* ■**to ~ sth** ❶ (*get back*) etw wiederfinden; **so far, the police have ~d very little of the stolen jewellery** bis jetzt konnte die Polizei nur wenig von dem gestohlenen Schmuck aufspüren; **to ~ forgotten memories** sich *akk* wieder erinnern können ❷ (*fetch*) etw heraus-/herunter-/zurückholen; **my hat blew off in the wind but I managed to ~ it** der Wind hatte meinen Hut weggeblasen, aber ich konnte ihn noch fangen ❸ (*rescue*) etw retten; (*from wreckage*) etw bergen; **to ~ the situation** die Situation retten ❹ COMPUT **to ~ data/information** Daten/Informationen abrufen ❺ (*by dog*) etw apportieren

re·triev·er [rɪˈtriːvəʳ, AM -ɚ] *n* Retriever *m*

R

ret·ro ['retrəʊ, AM -roʊ] *adj* Retro-; ~ **60s fashions** Retromode *f* der Sechziger; **the restaurant is called '1830' and its design is suitably** ~ das Restaurant heißt ‚1830' und ist dieser Zeit entsprechend aufgemacht
retro·ac·tive [ˌretrəʊ'æktɪv, AM -roʊ'-] *adj inv* rückwirkend; **your pay rise is** ~ **to January of last year** Ihre Gehaltserhöhung gilt rückwirkend ab Januar des letzten Jahres; ~ **law** rückwirkendes Gesetz
retro·ac·tive·ly [ˌretrəʊ'æktɪvli, AM -roʊ'-] *adv* rückwirkend
retro·choir ['retrəʊˌkwaɪəʳ, AM -roʊˌkwaɪɚ] *n* Chorraum *m*
retro·grade ['retrə(ʊ)greɪd, AM -rəgreɪd] *adj* ❶ (*form: regressive*) *development* rückläufig; ~ **policy** rückschrittliche Politik; ~ **step** Rückschritt *m* ❷ GEOL, ASTRON rückläufig, retrograd *fachspr*
retro·gress [ˌretrə(ʊ)'gres, AM 'retrəgres] *vi* (*form*) sich *akk* zurückentwickeln
retro·gres·sion [ˌretrə(ʊ)'greʃᵊn, AM -rə'-] *n no pl* (*form*) Rückentwicklung *f*
retro·gres·sive [ˌretrə(ʊ)'gresɪv, AM 'retrəgre-] *adj* (*form*) *policy, reforms* rückschrittlich; *development* rückläufig
retro·rock·et ['retrəʊˌrɒkɪt, AM -roʊˌrɑːk-] *n* AVIAT Bremsrakete *f*
retro·spect ['retrə(ʊ)spekt, AM -rə-] *n no pl* **in** ~ im Rückblick [*o* Nachhinein], rückblickend
retro·spec·tion [ˌretrə(ʊ)'spekʃᵊn, AM -rə'-] *n no pl, no def art* Rückblick *m*, Retrospektion *f geh;* **too much** ~ **makes me sad** es macht mich traurig, wenn ich zu viel über Vergangenheit nachdenke
retro·spec·tive [ˌretrə(ʊ)'spektɪv, AM -rə'-] **I.** *adj* ❶ (*looking back*) rückblickend; ~ **mood** nachdenkliche Stimmung ❷ *esp* LAW (*form*) rückwirkend; ~ **pay award** rückwirkende Lohn-/Gehaltserhöhung **II.** *n* Retrospektive *f*
retro·spec·tive·ly [ˌretrə(ʊ)'spektɪvli, AM -rə'-] *adv* ❶ (*with hindsight*) im Nachhinein ❷ *esp* LAW (*form: retroactively*) rückwirkend
retro·vi·rus <*pl* -es> ['retrə(ʊ)vaɪ(ə)rəs, AM -roʊvaɪrəs] *n* MED Retrovirus *nt fachspr*
ret·si·na [ret'siːnə] *n no pl* Retsina *m*
re·tune [ˌriː'tjuːn, AM *esp* -'tuːn] **I.** *vt* ■**to** ~ **sth** ❶ MUS (*tune again*) etw stimmen; **to** ~ **a piano** ein Klavier stimmen ❷ RADIO, TV (*readjust*) etw einstellen **II.** *vi* einstellen; **to** ~ **to another frequency** eine andere Frequenz einstellen
re·turn [rɪ'tɜːn, AM -'tɜːrn] **I.** *n* ❶ (*to a place/time*) Rückkehr *f* (**to** zu +*dat*), Wiederkehr *f geh;* ~ **home** Heimkehr *f;* **after his** ~ **from the war, ...** nachdem er aus dem Krieg zurückgekehrt war, ...; **his** ~ **to power** POL seine Wiederwahl; ~ **to school** Schulbeginn *m* ❷ (*reoccurrence*) *of an illness* Wiederauftreten *nt* ❸ (*giving back*) Rückgabe *f;* ~ **of goods** (*by post etc.*) Warenrücksendung *f;* (*handed back*) Rückgabe *f;* **by** ~ [**of post**] BRIT, AUS postwendend ❹ (*recompense*) Gegenleistung *f;* **a small** ~ **for your kindness** ein kleines Zeichen der Dankbarkeit für Ihre Zuvorkommenheit; **in** ~ **for your cooperation we will give you a free gift** als Anerkennung für Ihre Mitarbeit erhalten Sie ein Geschenk von uns ❺ BRIT, AUS (*ticket*) Hin- und Rückfahrkarte *f;* **day** ~ Tagesfahrkarte *f;* **first-class/second-class** ~ Hin- und Rückfahrkarte *f* erster/zweiter Klasse; **weekend** ~ Wochenendkarte *f* ❻ SPORTS (*stroke*) Rückschlag *m;* ~ **of serve** Return *m* ❼ (*proceeds*) Gewinn *m;* ~**s on capital** Rendite *f* ❽ AM POL ■**the** ~**s** *pl* die Wahlergebnisse ❾ ECON (*returned goods*) ■~**s** *pl* Rücksendungen *fpl* ❿ *no pl* (*key on keyboard*) Return, Returntaste *f* ⓫ FIN [**income**] **tax** ~ [Einkommens]steuererklärung *f* ▸ PHRASES: **many happy** ~**s** [**of the day**] herzlichen Glückwunsch zum Geburtstag; **to do sth by** ~ BRIT etw sofort tun **II.** *adj attr inv postage, flight, trip* Rück- **III.** *vi* ❶ (*come/go back*) zurückkehren, zurückkommen; (*fig*) **is there any hope that peace will** ~**?** besteht die Hoffnung, dass es je wieder Frieden geben wird?; **to** ~ **home** (*come back home*) nach Hause kommen; (*go back home*) nach Hause gehen; (*after long absence*) heimkehren; ■**to** ~ **from somewhere** von irgendwo zurückkommen [*o* zurückkehren]; ■**to** ~ **to somewhere** irgendwohin zurückkehren; ~ **to sender** zurück an Absender ❷ (*reoccur*) *pain, illness* wiederkommen ❸ (*revert to*) ■**to** ~ **to sth** etw wieder aufnehmen; **she** ~**ed to making her own clothes** sie nähte sich ihre Kleider wieder selbst; **she longed to** ~ **to her gardening** sie sehnte sich danach, wieder im Garten zu arbeiten; **to** ~ **to office** [*or* **power**] wiedergewählt werden; **to** ~ **to a problem** sich *akk* einem Problem wieder zuwenden; **to** ~ **to a subject** auf ein Thema zurückkommen; **to** ~ **to a task** sich *akk* einer Aufgabe wieder widmen; **to** ~ **to one's old ways** in seine alten Gewohnheiten zurückfallen; **to** ~ **to normal** *things* sich wieder normalisieren; *person* wieder zu seinem alten Ich zurückfinden **IV.** *vt* ❶ (*give back*) ■**to** ~ **sth** etw zurückgeben; **when are you going to** ~ **the money you owe me?** wann zahlst du mir das Geld zurück, das du mir schuldest?; ■**to** ~ **sth to sb/sth** (*in person*) jdm/etw etw zurückgeben; (*by post*) jdm/etw etw zurückschicken; **to** ~ **goods** Waren zurücksenden; **to** ~ **sth to its place** etw an seinen Platz zurückstellen ❷ (*reciprocate*) ■**to** ~ **sth** etw erwidern; **to** ~ **a blow/a salute/a wave** zurückschlagen/-grüßen/-winken; **to** ~ **sb's call** jdn zurückrufen; **to** ~ **a compliment/a greeting** ein Kompliment/einen Gruß erwidern; **to** ~ **a favour** sich *akk* revanchieren; **let me** ~ **your favour** jetzt tue ich dir einen Gefallen; **to** ~ **fire** das Feuer erwidern; **to** ~ **good for evil** Böses mit Gutem vergelten; **to** ~ **sb's love** jds Liebe *f* erwidern ❸ (*place back*) ■**to** ~ **sth somewhere** etw irgendwohin zurückstellen [*o* zurücklegen]; **to** ~ **animals to the wild** Tiere auswildern ❹ POL ■**to** ~ **sb** BRIT jdn wählen; **to** ~ **sb to power** [*or* **office**] jdn wieder ins Amt wählen ❺ FIN **to** ~ **a profit** einen Gewinn einbringen [*o* abwerfen] ❻ LAW (*pronounce*) **to** ~ **a verdict of guilty/not guilty** einen Schuldspruch/Freispruch aussprechen ❼ TENNIS **to** ~ **a volley** einen Volley annehmen
re·turn·able [rɪ'tɜːnəbl̩, AM -'tɜːrn-] *adj* ❶ (*recyclable*) wiederverwendbar, Mehrweg-; ~ **bottle** Mehrwegflasche *f;* ~ **bottle with deposit** Pfandflasche *f* ❷ (*accepted back*) umtauschbar; **these items are not** ~ diese Waren sind vom Umtausch ausgeschlossen
re·turn·ing [rɪ'tɜːnɪŋ, AM -'tɜːrn-] *adj attr* rückkehrend; ~ **soldier** heimkehrender Soldat
re·'turn·ing of·fic·er *n* NBRIT, CAN POL Wahlleiter(in) *m(f)*
re·'turn key *n* Eingabetaste *f* **re·'turn mail** *n* AM, AUS **to do sth by** ~ etw postwendend [*o* umgehend] tun **re·'turn match** *n* Rückspiel *nt* **re·turn on in·'vest·ment** *n* AM (*yield*) Kapitalrendite *f* **re·'turn re·ceipt** *n* AM Rückschein *m* **re·'turn tick·et** *n* ❶ BRIT, AUS (*ticket there and back*) Hin- und Rückfahrkarte *f;* AVIAT Hin- und Rückflugticket *nt*, Hin- und Rückflugschein *m* ❷ AM (*ticket for return*) Rückfahrkarte *f*
re·uni·fi·ca·tion [ˌriːjuːnɪfɪ'keɪʃᵊn, AM riːˌjuːnə-] *n no pl* Wiedervereinigung *f*
re·union [ˌriː'juːniən, AM -njən] *n* ❶ (*gathering*) Treffen *nt*, Zusammenkunft *f;* **family** ~ Familientreffen *nt* ❷ *no pl* (*form: bringing together*) Wiedervereinigung *f;* (*coming together*) Wiedersehen *nt;* **he had a tearful** ~ **with his parents** als er seine Eltern endlich wiedersah, flossen viele Tränen; **the** ~ **of East and West Germany** die Wiedervereinigung Deutschlands, die deutsche Wiedervereinigung; ~ **of people** Zusammenführung *f* von Menschen
re·unite [ˌriːjuː'naɪt] **I.** *vt* ■**to** ~ **sb with sb** jdn mit jdm [wieder] zusammenbringen; **to** ~ **families** Familien wieder zusammenführen; **to** ~ **a party** eine Partei einigen **II.** *vi* sich *akk* wiedervereinigen; *people* wieder zusammenkommen
re·us·able [ˌriː'juːzəbl̩] *adj* (*in the same shape*) wiederverwendbar; (*reprocessed*) wiederverwertbar; ~ **plastic** wiederverwertbares Plastik
re·use [ˌriː'juːz] *vt* ❶ (*use again*) ■**to** ~ **sth** etw wiederverwenden; **the tape can be erased and** ~**d** das Band kann gelöscht

und neu bespielt werden ② (*recycle by processing*) **to ~ waste material** Abfall wiederverwerten

Rev. *n abbrev of* **Reverend**

rev[1] [rev] *n* (*fam*) *short for* **revolution** Drehzahl *f;* ■ **~s** *pl* Umdrehungen *fpl* [pro Minute]

rev[2] <-vv-> [rev] **I.** *vt* **to ~ [up] an engine** einen Motor auf Touren bringen [*o fam* hochjagen]; (*noisily*) einen Motor aufheulen lassen **II.** *vi* ■ **to ~ [up]** *engine* auf Touren kommen; (*make noise*) aufheulen; (*fig*) *person* aufdrehen

re·valua·tion [riːˌvælju'eɪʃən] *n* ① (*value again*) Neubewertung *f* ② (*change in value*) *of a currency* Aufwertung *f*

re·value [ˌriː'væljuː] *vt* ■ **to ~ sth** etw neu bewerten; **to ~ an asset** ein Vermögen neu schätzen lassen; **to ~ a currency** eine Währung aufwerten

re·vamp [ˌriː'væmp] *vt* (*fam*) ■ **to ~ sth** etw aufpeppen *fam; room* etw aufmöbeln *fam;* **the words have been ~ed but the song's still no good** der Text hat zwar jetzt mehr Pep, aber der Song ist noch immer nicht gut; **to ~ a department** eine Abteilung auf Vordermann bringen; **to ~ one's image/a play** sein Image/ein Theaterstück aufpolieren *fam*

RevCan *n* CAN (*fam*) ≈ Finanzamt *nt*

'rev count·er *n* Drehzahlmesser *m*

Revd *n abbrev of* **Reverend**

re·veal [rɪ'viːl] *vt* ① (*allow to be seen*) ■ **to ~ sth** etw zeigen [*o* zum Vorschein bringen]; **her veil only ~ed her eyes** der Schleier ließ nur ihre Augen frei; **a gap in the clouds ~ed the Atlantic far below** durch die aufgerissenen Wolken konnte man weit unten den Atlantik sehen; **to ~ a talent** ein Talent erkennen lassen ② (*disclose*) ■ **to ~ sth** etw enthüllen [*o* offenlegen]; *particulars* etw preisgeben; **the reporter has refused to ~ his sources** der Reporter weigerte sich, seine Quellen preiszugeben; ■ **to ~ that ...** enthüllen, dass ...; (*admit*) zugeben, dass; ■ **to ~ how/where/why ...** verraten, wie/wo/warum ...; **she later ~ed why she had been so reluctant to come forward** sie erklärte später, warum sie so gezögert hatte, sich zu melden; **to ~ sb's identity** jds Identität zu erkennen geben; **to ~ a secret** ein Geheimnis verraten ③ REL (*make known*) ■ **to ~ sth [to sb]** [jdm] etw offenbaren

re·veal·ing [rɪ'viːlɪŋ] *adj* ① (*displaying body*) freizügig; **a ~ dress** ein gewagtes Kleid ② (*divulging sth*) *account, comment, interview* aufschlussreich; **his scathing review was all too ~ of his own envy of the author's success** seine beißende Kritik zeigt nur allzu deutlich, dass er auf den Erfolg des Autors einfach neidisch ist

re·veal·ing·ly [rɪ'viːlɪŋli] *adv* ① (*physically revealing*) freizügig ② (*openly*) offen; **to speak ~ about sth** offen über etw *akk* sprechen

re·veil·le [rɪ'væli, AM 'revəli] *n no pl* MIL Reveille *f veraltet,* Wecksignal *nt;* **to play** [*or* **sound**] **~** zum Wecken blasen

rev·el <BRIT -ll- *or* AM *usu* -l-> ['revəl] *vi* (*liter or hum*) feiern; ■ **to ~ in sth** seine wahre Freude an etw *dat* haben

rev·ela·tion [ˌrevəl'eɪʃən] *n* ① *no pl* (*act of revealing*) Enthüllung *f,* Aufdeckung *f* ② (*sth revealed*) Enthüllung *f;* **his wife divorced him after the ~ that he was having an affair** seine Frau ließ sich von ihm scheiden, nachdem herausgekommen war, dass er ein Verhältnis hatte; **~s about sb's private life** Enthüllungen über jds Privatleben ③ *no pl* REL (*supernatural revealing*) Offenbarung *f;* **divine ~** göttliche Offenbarung ▸ PHRASES: **to be a ~ for** [*or* **to**] **sb** jdn umhauen *fam*

Rev·ela·tions [ˌrevəl'eɪʃənz] *npl no art* REL die Offenbarung [des Johannes]; **the Book of ~** das Buch der Offenbarung

rev·el·ler ['revələr], AM **rev·el·er** [-ər] *n* Feiernde(r) *f(m)*

rev·el·ry ['revəlri] *n* ① *no pl* (*noisy merry-making*) [ausgelassenes] Feiern; **sounds of ~** Partygeräusche *ntpl* ② *usu pl* (*festivity*) [ausgelassene] Feier

re·venge [rɪ'vendʒ] **I.** *n no pl* ① (*retaliation*) Rache *f* (**on** an +*dat*); SPORTS Revanche *f;* ■ **in ~ for sth** als Rache für etw *akk;* **to exact** [*or* **take**] **[one's] ~ [on sb] [for sth]** sich *akk* [an jdm] [für etw *akk*] rächen; **to get one's ~** sich *akk* rächen; SPORTS sich *akk* revanchieren ② (*desire for retaliation*) Rachedurst *m;* **to do sth out of ~** etw aus Rache tun ▸ PHRASES: **~ is sweet** (*prov*) Rache ist süß *prov* **II.** *n modifier* (*attack, bombing, raid*) aus Rache *nach n;* **~ killing** Vergeltungsmord *m* **III.** *vt* ■ **to ~ sth** etw rächen; ■ **to ~ oneself** [*or* **be ~d**] **[up]on sb** (*liter or old*) sich *akk* an jdm rächen; SPORTS sich *akk* bei jdm revanchieren

re·venge·ful [rɪ'vendʒfəl] *adj* rachsüchtig; **~ act** Racheakt *m*

re·venge·ful·ly [rɪ'vendʒfəli] *adv* rachsüchtig

rev·enue ['revənjuː, AM *esp* -vənuː] *n* ① *no pl* (*income*) Einkünfte *fpl* (**from** aus +*dat*); **the firm's ~** die Firmeneinnahmen *fpl* ② *no pl* (*of a state*) öffentliche Einnahmen, Staatseinkünfte *fpl* ③ (*instances of income*) ■ **~s** *pl* **sales ~s** Verkaufseinnahmen *fpl;* **state ~s** Staatseinkünfte *fpl;* **tax ~s** Steueraufkommen *nt*

Rev·enue 'Cana·da *n* CAN ≈ Finanzamt *nt*

'rev·enue shar·ing *n no pl* AM Finanzausgleich *m* **'rev·enue stamp** *n* AM Steuermarke *f*

re·ver·ber·ate [rɪ'vɜːbəreɪt, AM -'vɜːrbər-] *vi* ① (*echo*) widerhallen, nachhallen; ■ **to ~ through[out] sth** durch etw *akk* [hindurch]hallen; **the narrow street ~d with the sound of workmen's drills** der Lärm der Bohrarbeiten ließ die enge Straße vibrieren; **the sound of the explosion ~d around the canyon** der Knall der Explosion erfüllte das ganze Tal ② (*be recalled*) ■ **to ~ through[out]** [*or* **[a]round**] **sth: his terrible childhood experiences ~d throughout the whole of his life** die schlimmen Kindheitserfahrungen wirkten sein ganzes Leben lang nach ③ (*be widely heard*) ■ **to ~ through[out]** [*or* **[a]round**] **sth** durch etw *akk* gehen; **news of the disaster ~d through the company** die Nachricht von der Katastrophe ging wie ein Lauffeuer durch die Firma

re·ver·bera·tion [rɪˌvɜːbər'eɪʃən, AM -ˌvɜːrbə'reɪ-] *n* (*form*) ① *no pl* (*echoing*) Widerhallen *nt,* Nachhallen *nt* ② *usu pl* (*an echo*) Widerhall *m,* Nachhall *m* ③ *usu pl* (*long-lasting effects*) Nachwirkungen *fpl*

re·vere [rɪ'vɪər, AM -'vɪr] *vt* (*form*) ■ **to ~ sb [for sth]** jdn [für etw *akk*] verehren; ■ **to ~ sth** etw achten; **to ~ sb's work** jds Arbeit hoch schätzen

rev·er·ence ['revərən(t)s] *n no pl* Verehrung *f* (**for** für +*akk*); **to feel** [*or* **have**] **~ for sb** jdn hoch schätzen [*o* verehren]; **to pay** [*or* **show**] **~ to sb/sth** jdm/etw Ehrfurcht bezeigen *geh;* **to treat sth/sb with ~** etw/jdn ehrfürchtig behandeln

rev·er·end ['revərənd] *n* ≈ Pfarrer *m,* ≈ Pastor *m;* **the R~ James Fraser** Herr Pfarrer James Fraser; **the Most/Right/Very R~ John Jones** Erzbischof/Bischof/Dekan John Jones

Rev·er·end 'Moth·er *n* ■ **the ~** die Mutter Oberin

rev·er·ent ['revərənt] *adj* ehrfürchtig, ehrfurchtsvoll; **~ behaviour** [*or* AM **behavior**] ehrerbietiges Benehmen

rev·er·en·tial [ˌrevər'en(t)ʃəl] *adj* (*form*) ehrfürchtig, ehrfurchtsvoll

rev·er·ent·ly ['revərəntli] *adv* (*form*) ehrfürchtig, ehrfurchtsvoll; **you ought to behave more ~ in church!** Sie sollten in der Kirche mehr Ehrfurcht zeigen!

rev·erie ['revəri, AM -əri] *n* ① (*liter: daydream*) Träumerei *f* (**about** über +*akk*) ② *no pl* (*liter: daydreaming*) Tagträumen *nt;* **to be [lost] in ~** traumverloren sein, in Träumereien versunken sein; **to fall into [a state of] ~** ins Träumen kommen ③ MUS (*instrumental piece*) Reverie *f fachspr*

re·vers <*pl* -> [rɪ'vɪər, AM -'vɪr] *n usu pl* Revers *nt o* ÖSTERR *m*

re·ver·sal [rɪ'vɜːsəl, AM -'vɜːr-] *n* ① (*changing effect*) Wende *f;* **~ of a trend** Trendwende *f* ② (*changing situation*) Umkehrung *f;* **role ~** Rollentausch *m* ③ (*misfortune*) Rückschlag *m;* **a financial/political/military ~** ein finanzieller/politischer/militärischer Rückschlag; **to suffer a ~** einen Rückschlag erleiden ④ (*annulment*) Aufhebung *f;* **~ of a verdict** Urteilsaufhebung *f*

re·verse [rɪ'vɜːs, AM -'vɜːrs] **I.** *vt* ① *esp* BRIT, AUS (*move sth back-*

R

wards) **to ~ a car/truck** ein Auto/einen Lkw zurücksetzen, mit einem Auto/Lkw rückwärtsfahren ❷ (*change to opposite*) ■ **to ~ sth** etw umkehren; **now our situations are ~d** jetzt ist unsere Situation umgekehrt; **to ~ the charges** ein R-Gespräch führen; **to ~ a judgement** ein Urteil aufheben; **to ~ the order of sth** die Reihenfolge von etw *dat* vertauschen; **to ~ a vasectomy** MED eine Vasektomie rückgängig machen ❸ (*turn sth over*) ■ **to ~ sth** etw umdrehen; **to ~ a coat** eine Jacke wenden **II.** *vi esp* BRIT, AUS (*move backwards*) rückwärtsfahren; (*short distance*) zurücksetzen; ■ **to ~ into/out of sth** rückwärts in etw *akk* hinein-/aus etw *dat* herausfahren; **she ~d into her father's car** beim Zurücksetzen fuhr sie in das Auto ihres Vaters; **to ~ into a parking space** rückwärts einparken **III.** *n* ❶ *no pl* (*opposite*) ■ **the ~** das Gegenteil; **no, quite the ~!** nein, ganz im Gegenteil!; **to do the ~ of what sb expects** das Gegenteil tun von dem, was jd erwartet; **to do sth in ~** etw umgekehrt tun ❷ (*gear*) Rückwärtsgang *m;* **to get** [*or* **put**] **a vehicle in**[**to**] **~** den Rückwärtsgang [eines Fahrzeugs] einlegen; **to go into ~** in den Rückwärtsgang schalten; (*fig*) rückläufig sein; **the trend towards home ownership has gone into ~** der Trend zum Hauseigentum ist rückläufig ❸ (*misfortune*) Rückschlag *m;* **a damaging ~** eine vernichtende Niederlage; **to suffer a ~** eine Niederlage erleiden ❹ (*back*) ■ **the ~** die Rückseite; *of a coin, medal also* Kehrseite *f* **IV.** *adj* umgekehrt; **~ direction** entgegengesetzte Richtung; **to do sth in ~ order** etw in umgekehrter Reihenfolge tun

re·verse-charge 'call *n* BRIT R-Gespräch *nt;* **to make/place a ~** [**to sb**] ein R-Gespäch [mit jdm] führen/anmelden **re·verse dis·crimi·'na·tion** *n no pl Diskriminierung von Mehrheiten und damit einhergehende bevorzugte Behandlung von Minderheiten oder benachteiligten Gruppen* **re·verse 'gear** *n* Rückwärtsgang *m;* **to get** [*or* **put**] **a vehicle in**[**to**] **~** den Rückwärtsgang [eines Fahrzeugs] einlegen; **to go into ~** den Rückwärtsgang einlegen **re·verse 'take·over** *n* gegenläufige Übernahme (*Übernahme einer größeren Gesellschaft durch ein kleinere*)

re·ver·sible [rɪ'vɜːsəbl, AM -'vɜːr-] *adj* ❶ (*inside out*) zum Wenden *nach n;* **~ cloth** Doubleface *nt o m;* **~ coat** Wendejacke *f* ❷ (*alterable*) umkehrbar, reversibel *geh;* **the new manager hoped that the decline in the company's fortunes would be ~** der neue Leiter hoffte, dass der Niedergang der Firma sich abwenden ließe

re·'vers·ing light *n* BRIT Rückfahrscheinwerfer *m*

re·ver·sion [rɪ'vɜːʃən, AM -'vɜːrʒən] *n no pl* ❶ (*form: return to earlier position*) Umkehr *f* (**to** zu +*dat*); (*to bad state*) Rückfall (**to** in +*akk*) ❷ LAW Rückfallsrecht *nt fachspr;* **~ of property to the state** Heimfall *m* von Besitz an den Staat; **right of ~** Anwartschaftsrecht *nt*

re·vert [rɪ'vɜːt, AM -'vɜːrt] *vi* ❶ (*go back*) ■ **to ~ to sth** zu etw *dat* zurückkehren; *bad state* in etw *akk* zurückfallen; **if left untouched, this heath would ~ to woodland** wenn man sie unberührt ließe, würde diese Heide wieder zu Wald werden; **he has ~ed to type** er ist wieder ganz der Alte; **to ~ to a method** auf eine Methode zurückgreifen; **to ~ to a question** auf eine Frage zurückkommen ❷ LAW (*become sb's property*) ■ **to ~ to sb** an jdn zurückfallen

re·view [rɪ'vjuː] **I.** *vt* ■ **to ~ sth** ❶ (*examine*) etw [erneut] [über]prüfen [*o geh* revidieren]; (*reconsider*) etw überdenken; **to ~ a contract** einen Vertrag einer Revision unterziehen; **to ~ a decision** eine Entscheidung überdenken ❷ (*look back over*) auf etw *akk* zurückblicken; **let's ~ what has happened so far** führen wir uns vor Augen, was bis jetzt passiert ist ❸ (*read again*) **to ~ one's notes** seine Notizen noch einmal durchgehen ❹ (*produce a criticism*) etw besprechen; **to ~ a book/film/play** ein Buch/einen Film/ein Stück rezensieren ❺ MIL **to ~ the troops** eine Parade abnehmen ❻ AM (*study again*) etw wiederholen **II.** *n* ❶ (*assessment*) Überprüfung *f,* Revision *f geh;* **the party is conducting a ~ of its campaign strategy** die Partei überdenkt gerade die Strategie ihrer Wahlkampagne; ■ **to be under ~** überprüft werden; **a thorough ~ of the facts** eine gründliche Überprüfung der Tatsachen; **~ of a sentence** LAW Überprüfung *f* eines Urteils; **to carry out a ~ of sth** eine Überprüfung einer S. *gen* durchführen; **to come under** [*or* **up for**] **~** überprüft [*o* erneut geprüft] werden; LAW *case* wieder aufgenommen werden; **to be subject to ~** nachgeprüft werden; **this decision is subject to ~ – it can be revoked at any time** dieser Beschluss gilt unter Vorbehalt – er kann jederzeit zurückgezogen werden ❷ (*summary*) Überblick *m* (**of** über +*akk*); **~ of the market** ECON Marktbericht *m;* **month/year under ~** ECON Berichtsmonat *m*/Berichtsjahr *nt* ❸ (*criticism*) *of a book, play* Kritik *f,* Rezension *f;* **film ~** Filmbesprechung *f;* **to get a bad/good ~** eine schlechte/gute Kritik bekommen ❹ MEDIA Magazin *nt;* **arts ~** Kunstmagazin *nt* ❺ MIL Truppenschau *f,* Parade *f;* **to hold a ~** eine Parade abhalten ❻ THEAT Revue *f* **III.** *n modifier* BRIT **~ section** JOURN Nachrichtenteil *m;* **~ programme** RADIO, TV Magazin *nt*

re·view·er [rɪ'vjuːəʳ, AM -ɚ] *n* Kritiker(in) *m(f); of plays, literature also* Rezensent(in) *m(f)*

re·vile [rɪ'vaɪl] *vt* (*form*) ■ **to ~ sb/sth** jdn/etw verunglimpfen *geh;* ■ **to ~ sb for sth** jdn wegen einer S. *gen* beschimpfen

re·vise [rɪ'vaɪz] **I.** *vt* ■ **to ~ sth** ❶ (*reread*) etw überarbeiten; **to ~ a book** ein Buch redigieren ❷ (*reconsider*) etw überdenken [*o geh* revidieren]; **to ~ one's opinion** seine Meinung ändern ❸ BRIT, AUS (*increase/decrease*) ■ **to ~ sth upwards/downwards** *estimates, number* etw nach oben/unten korrigieren ❹ BRIT, AUS (*study again*) etw wiederholen **II.** *vi* BRIT, AUS den Stoff wiederholen; **to ~ for an exam** auf eine Prüfung lernen

re·vised [rɪ'vaɪzd] *adj attr, inv* ❶ (*reread*) revidiert; **~ edition** überarbeitete Ausgabe ❷ (*reconsidered*) abgeändert

re·vi·sion [rɪ'vɪʒən] *n* ❶ *no pl* (*act of revising*) Revision *f,* Überarbeitung *f;* ■ **for ~** zur Revision ❷ (*reconsidered version*) Neufassung *f;* **~ of a book** überarbeitete Ausgabe; **~ of a contract** Neufassung *f* eines Vertrages ❸ (*alteration*) Änderung *f;* **to make a ~** [**to sth**] eine Änderung [an etw *dat*] vornehmen ❹ *no pl* BRIT, AUS (*studying a subject again*) Wiederholung *f* [des Stoffs]; **~ for an exam** Prüfungsvorbereitung *f;* **to do ~** den Stoff wiederholen

re·vi·sion·ism [rɪ'vɪʒənɪzəm] *n no pl* POL Revisionismus *m fachspr*

re·vi·sion·ist [rɪ'vɪʒənɪst] POL **I.** *n* Revisionist(in) *m(f) fachspr* **II.** *adj* revisionistisch *fachspr*

re·vis·it [ˌriː'vɪzɪt] *vt* ■ **to ~ a place/sb** einen Ort/jdn wieder [*o* nochmals] besuchen

re·vi·tal·ize [ˌriː'vaɪtəlaɪz, AM -t̬əl-] *vt* ■ **to ~ sb** jdn neu beleben [*o geh* revitalisieren]; **to ~ trade** die Wirtschaft wiederbeleben [*o* ankurbeln]

re·viv·al [rɪ'vaɪvəl] *n* ❶ *no pl* (*restoration to life*) Wiederbelebung *f* ❷ *no pl* (*coming back of an idea etc.*) Wiederaufleben *f,* Revival *nt,* Come-back *nt; of a custom, fashion also* Renaissance *f;* **recently, there has been some ~ of interest in ancient music** seit kurzem besteht wieder Interesse an altertümlicher Musik; **economic ~** wirtschaftlicher Aufschwung; **to undergo a ~** eine Renaissance erleben; *person* ein Comeback feiern ❸ (*new production*) Neuauflage *f; of a film* Neuverfilmung *f; of a play* Neuaufführung *f;* **musical ~** Revival *nt* eines Songs ❹ REL Erweckung *f;* **to hold a ~** eine Erweckungsveranstaltung abhalten

re·'vi·val meet·ing *n* AM REL (*dated*) Erweckungsversammlung *f*

re·vive [rɪ'vaɪv] **I.** *vt* ❶ (*bring back to life*) ■ **to ~ sb** jdn wiederbeleben; **to ~ flowers** Blumen [wieder] aufpäppeln *fam* ❷ (*give new energy*) ■ **to ~ sb** jdn beleben; ■ **to ~ oneself** sich *akk* fit machen *fam* ❸ (*resurrect*) ■ **to ~ sth** etw wieder aufleben lassen; **to ~ the economy** die Wirtschaft ankurbeln [*o* beleben]; **to ~ sb's hopes** jdm neue Hoffnungen machen; **to ~ an idea** eine Idee wieder aufgreifen; **to ~ interest in sb/sth** das Interesse an jdm/etw wieder wecken; **to ~ a political movement** eine politische Bewegung zu neuem Leben erwecken; **to ~ sb's spirits** jds Stimmung wieder heben ❹ MUS, THEAT ▪**to ~ sth** etw wieder aufführen; **to ~ a musical** ein Musical wieder auf die Bühne bringen **II.** *vi* ❶ (*be restored to consciousness*) wieder zu sich *dat* kommen ❷ (*be restored to health*) *person, animal, plant* sich *akk* erholen ❸ (*be resurrected*) sich *akk* erholen; *economy also* wieder aufblühen; *custom, tradition* wieder aufleben; *confidence, hopes* zurückkehren; *suspicions* wieder aufkeimen; **their flagging spirits soon ~d when Jack produced a bottle of whisky** ihre sinkende Laune besserte sich zusehends, als Jack ein Flasche Whisky auspackte

re·vivi·fy <-ie-> [ˌriːˈvɪvɪfaɪ] *vt* (*form*) ▪**to ~ sth** etw wiederbeleben; **to ~ a political party** wieder Schwung in eine politische Partei bringen

re·voke [rɪˈvəʊk, AM -ˈvoʊk] *vt* (*form*) ▪**to ~ sth** etw aufheben; **to ~ a decision** eine Entscheidung widerrufen; **to ~ a licence** [*or* AM **license**] eine Lizenz entziehen; **to ~ an order** einen Auftrag zurückziehen; **to ~ a sentence** ein Urteil aufheben

re·volt [rɪˈvəʊlt, AM -ˈvoʊlt] **I.** *vi* rebellieren, revoltieren; ▪**to ~ against sb/sth** gegen jdn/etw rebellieren, sich *akk* gegen jdn/etw auflehnen **II.** *vt* ▪**to ~ sb** jdn abstoßen; **the way he eats ~s me** die Art, wie er isst, widert mich an; ▪**to be ~ed by sth** von etw *dat* angeekelt sein **III.** *n* ❶ (*rebellion*) Revolte *f*, Aufstand *m*; **~ against the government** Regierungsputsch *m*; **armed ~** bewaffneter Aufstand; **to crush** [*or* **put down**] **a ~** einen Aufstand niederschlagen; **to incite** [*or* **stir up**] **a ~** eine Revolte anzetteln; **to start a ~** eine Revolte anfangen ❷ *no pl* (*insurrection*) ▪**to be in ~** [**against sb/sth**] [gegen jdn/etw] rebellieren; **to rise in ~** [**against sb/sth**] einen Aufstand [gegen jdn/etw] machen, sich *akk* [gegen jdn/etw] erheben

re·volt·ing [rɪˈvəʊltɪŋ, AM -ˈvoʊ-] *adj* abstoßend; ▪**it is ~ that ...** es ist widerlich, dass ...; **~ smell** ekelhafter [*o* widerlicher] Geruch; **~ person** widerliche Person; **to look/smell/taste ~** ekelhaft aussehen/riechen/schmecken

re·volt·ing·ly [rɪˈvəʊltɪŋli, AM -ˈvoʊ-] *adv* abstoßend; *dirty* widerlich

revo·lu·tion [ˌrevəlˈuːʃən, AM -əˈluː-] *n* ❶ (*overthrow*) Revolution *f*; **the American/French/Russian R~** die Amerikanische/Französische/Russische Revolution; **the green ~** die grüne Revolution ❷ (*fig: complete change*) Revolution *f*, [umwälzende] Neuerung ❸ ASTRON Umlauf *m*, Rotation *f geh*; **the moon makes one ~ of the Earth in approximately 29.5 days** der Mond umkreist die Erde in ungefähr 29,5 Tagen ❹ TECH Umdrehung *f*; **~s per minute** Drehzahl *f*, Umdrehungen *fpl* pro Minute

revo·lu·tion·ary [ˌrevəlˈuːʃənəri, AM -əˈluːʃəneri] **I.** *n* Revolutionär(in) *m(f)* **II.** *adj* revolutionär *a. fig*; (*fig*) umwälzend, bahnbrechend; **the American R~ War** der Amerikanische Revolutionskrieg

revo·lu·tion·ize [ˌrevəlˈuːʃənaɪz, AM -əˈluː-] *vt* ▪**to ~ sth** etw revolutionieren

re·volve [rɪˈvɒlv, AM -ˈvɑːlv] **I.** *vi* sich *akk* drehen; ▪**to ~ around** [*or* BRIT **round**] **sth** sich *akk* um etw *akk* drehen *a. fig*; (*fig*) **he thinks everything ~s around him** er glaubt, alles drehe sich nur um ihn; **to ~ on an axis** sich *akk* um eine Achse drehen **II.** *vt* ▪**to ~ sth** etw drehen

re·volv·er [rɪˈvɒlvəʳ, AM -ˈvɑːlvɚ] *n* Revolver *m*

re·volv·ing [rɪˈvɒlvɪŋ, AM -ˈvɑːl-] *adj attr, inv* rotierend, Dreh-; **~ chair** Drehstuhl *m*; **~ credit** FIN Revolvingkredit *m fachspr*

re·volv·ing 'door *n* Drehtür *f*

re·vue [rɪˈvjuː] *n* Revue *f*; **satirical ~** Kabarett *nt*

re·vul·sion [rɪˈvʌlʃən] *n no pl* Abscheu *f*; ▪**~ against** [*or* **at**] [*or* **towards**] **sth** Abscheu *f* gegen etw *akk*, Ekel *m* vor etw *dat*; ▪**in ~** mit Abscheu, angeekelt; **to fill sb with ~** jdn mit Abscheu [*o* Ekel] erfüllen; **to be filled with ~** mit Abscheu [*o* Ekel] erfüllt sein

re·ward [rɪˈwɔːd, AM -ˈwɔːrd] **I.** *n* ❶ (*recompense*) Belohnung *f*; *for merit, service* Anerkennung *f* (**for** für +*akk*); (*for return of sth lost*) Finderlohn *m*; ▪**in** [*or* **as a**] **~** als Belohnung; **the ~s of motherhood outweigh the anguish** die Freuden der Mutterschaft wiegen die damit verbundenen Schmerzen auf ❷ (*money*) Belohnung *f*, Entgelt *nt form*; **to offer a ~** eine Belohnung aussetzen **II.** *vt* ❶ (*give a reward*) ▪**to ~ sb** [**for/with sth**] jdn [für etw *akk*/mit etw *dat*] belohnen ❷ (*form: repay*) ▪**to ~ sth/sb** [**with sth**] etw/jdn [mit etw *dat*] belohnen; **I'd like to ~ your loyalty by taking you out to dinner** als Zeichen der Anerkennung Ihrer Loyalität möchte ich Sie gerne zum Essen einladen; **to ~ sb's generosity/kindness** sich *akk* für jds Großzügigkeit/Liebenswürdigkeit revanchieren ❸ (*form: be worth*) ▪**to ~ sth** etw wert sein [*o* verdienen]; ▪**to be ~ed** belohnt werden; **to ~ sb's attention** jds Aufmerksamkeit verdienen

re·ward·ing [rɪˈwɔːdɪŋ, AM -ˈwɔːrd-] *adj* befriedigend; **a ~ experience** eine lohnende Erfahrung; **a ~ work** eine dankbare Aufgabe

re·wind **I.** *vt* <-wound, -wound> [ˌriːˈwaɪnd] **to ~ a cable** eine Kabel aufwickeln; **to ~ a cassette/tape** eine Kassette/ein Band zurückspulen; **to ~ a watch** eine Uhr aufziehen **II.** *vi* <-wound, -wound> [ˌriːˈwaɪnd] *cassette, tape* zurückspulen **III.** *n* [ˈriːwaɪnd] *of a cassette, tape* Zurückspulen *nt* **IV.** *n* [ˈriːwaɪnd] *modifier* (*button, control*) Rückspul-

re·wire [ˌriːˈwaɪəʳ, AM -ɚ] *vt* ▪**to ~ sth** ❶ (*replace wiring system*) **to ~ a building/house** ein Gebäude/Haus neu verkabeln ❷ (*insert wires*) **to ~ a plug** einen Stecker neu anschließen

re·word [ˌriːˈwɜːd, AM -ˈwɜːrd] *vt* ▪**to ~ sth** etw umschreiben [*o* umformulieren]; **to ~ a contract** einen Vertrag neu abfassen

re·work [ˌriːˈwɜːk, AM -ˈwɜːrk] *vt* ▪**to ~ sth** etw überarbeiten; **to ~ a speech** eine Rede umschreiben; **to ~ a theme** ein Thema neu verarbeiten

re·work·ing [ˌriːˈwɜːkɪŋ, AM -ˈwɜːrk-] *n* Überarbeitung *f*; *of existing material* Wiederaufbereitung *f*

re·wound [ˌriːˈwaʊnd] *vt, vi pt, pp of* **rewind**

re·write <-wrote, -written> **I.** *vt* [ˌriːˈraɪt] ▪**to ~ sth** etw neu schreiben; (*revise*) etw überarbeiten; (*recast*) etw umschreiben; **to ~ history** die Geschichte neu schreiben; (*fig*) **you can't ~ history** Vergangenes lässt sich nicht ändern; **to ~ the rules** [*or* **the rule book**] (*fig*) die Regeln neu schreiben *fig*, neue Maßstäbe setzen **II.** *n* [ˈriːraɪt] Überarbeitung *f*; **the producer demands a ~ of the script** der Produzent verlangt, dass das Skript umgeschrieben wird

RFC [ˌɑːrefˈsiː] *n* BRIT *abbrev of* **rugby football club**

RGN [ˌɑːrdʒiːˈen] *n* BRIT *abbrev of* **Registered General Nurse** examinierte [*o* staatlich anerkannte] Krankenschwester; (*male*) examinierter [*o* staatlich anerkannter] Krankenpfleger

rhap·sod·ic [ræpˈsɒdɪk, AM -ˈsɑːd-] *adj* (*form*) ❶ (*expressing enthusiasm*) *speech* ekstatisch; *style* enthusiastisch ❷ MUS rhapsodisch *fachspr*

rhap·so·dize [ˈræpsədaɪz] *vi* (*form*) [überschwänglich] schwärmen; ▪**to ~ about** [*or* **over**] **sth/sb** von etw/jdm schwärmen

rhap·so·dy [ˈræpsədi] *n* ❶ (*piece of music*) Rhapsodie *f* ❷ (*form: great enthusiasm*) Schwärmerei *f*; **to go into rhapsodies** [**about** [*or* **over**] **sth**] [über etw *akk*] ins Schwärmen geraten

rheo·stat [ˈriːə(ʊ)stæt, AM ˈriːoʊ-] *n* TECH Regelwiderstand *m*, Rheostat *m fachspr*

rhe·sus <*pl* -es> [ˈriːsəs] *n* Rhesus *m*

'rhe·sus fac·tor *n no pl* Rhesusfaktor *m* **rhe·sus 'mon·key** *n* Rhesusaffe *m* **rhe·sus-'nega·tive** *adj inv* Rhesusfaktor negativ **rhe·sus-'posi·tive** *adj inv* Rhesusfaktor positiv

rheto·ric [ˈretərɪk, AM ˈret̬ɚ-] *n no pl* ❶ (*persuasive language*)

Redegewandtheit *f* ❷ (*bombastic language*) Phrasendrescherei *f pej;* **empty** ~ leere Worte ❸ (*effective use of language*) Rhetorik *f geh,* Redekunst, f; **the art of** ~ die Rhetorik [*o* Redekunst]

rhe·tori·cal [rɪˈtɒrɪkəl, AM -ˈtɔːr-] *adj* ❶ (*relating to rhetoric*) rhetorisch ❷ (*overdramatic*) *gesture* übertrieben dramatisch; *commitment* plakativ *geh*

rhe·tori·cal·ly [rɪˈtɒrɪkəli, AM -ˈtɔːr-] *adv* ❶ (*not expecting answer*) rhetorisch ❷ (*overdramatically*) *speak, write* schwülstig *pej*

rhe·tori·cal ˈques·tion *n* rhetorische Frage

rhe·tori·cian [ˌretərˈɪʃən, AM ˌret̬əˈr-] *n* Rhetoriker(in) *m(f)*

rheu·mat·ic [ruːˈmætɪk, AM -t̬-] **I.** *adj* rheumatisch; *joint also* rheumakrank; **he is** ~ er hat Rheuma; **to suffer from a** ~ **condition** an Rheuma leiden; ~ **hip** rheumatische Hüfte; ~ **pain** rheumatischer Schmerz, Rheumaschmerz *m* **II.** *n* ❶ (*person*) Rheumatiker(in) *m(f)* ❷ (*fam*) ■~**s** *usu + sing vb* Rheuma *nt kein pl;* **to have the** ~**s** Rheuma haben

rheu·mat·ic ˈfe·ver *n no pl* rheumatisches Fieber

rheu·ma·tism [ˈruːmətɪzəm] *n no pl* Rheuma *nt,* Rheumatismus *m*

rheu·ma·toid ar·thri·tis [ˌruːmətɔɪd] *n no pl* MED rheumatoide Arthritis *fachspr*

ˈRh fac·tor *n no pl* MED *abbrev of* **rhesus factor** Rh-Faktor *m*

ˈrhine·stone [ˈraɪnstəʊn, AM -stoʊn] *n* Rheinkiesel *m*

rhi·no [ˈraɪnəʊ, AM -noʊ] *n* (*fam*) *short for* **rhinoceros** Nashorn *nt,* Rhinozeros *nt*

rhi·noc·er·os <*pl* -es *or* -> [raɪˈnɒsərəs, AM -ˈnɑːsɚ-] *n* Nashorn *nt,* Rhinozeros *nt*

rhi·no·plas·ty [ˈraɪnə(ʊ)plæsti, AM -noʊ-] *n* Rhinoplastik *f fachspr* (*chirurgische Korrektur der Nase*)

rhi·zome [ˈraɪzəʊm, AM -zoʊm] *n* BOT Wurzelstock *m,* Rhizom *nt fachspr*

Rhodes [rəʊdz, AM roʊdz] *n no pl* Rhodos *nt*

Rho·de·sia [rə(ʊ)ˈdiːʒə, AM roʊˈ-] *n no pl* (*hist*) Rhodesien *nt hist*

Rho·de·sian [rə(ʊ)ˈdiːʒən, AM roʊˈ-] (*hist*) **I.** *n* Rhodesier(in) *m(f) hist* **II.** *adj inv* rhodesisch *hist*

Rhodes ˈSchol·ar *n* UNIV Rhodes-Stipendiat(in) *m(f)* (*mit einem Stipendium der Universität von Oxford für Studenten aus den Commonwealthländern, Deutschland und den USA*)

Rhodes ˈSchol·ar·ship *n* UNIV Rhodes-Stipendium *nt* (*Stipendium der Universität von Oxford für Studenten aus den Commonwealthländern, Deutschland und den USA*)

rho·do·de·ndron [ˌrəʊdəˈdendrən, AM ˌroʊ-] *n* Rhododendron *m*

rhom·bi [ˈrɒmbaɪ, AM ˈrɑːm-] *n pl of* **rhombus**

rhom·bus <*pl* -es *or* -bi> [ˈrɒmbəs, AM ˈrɑːm-, *pl* -baɪ] *n* Rhombus *m,* Raute *f*

rhu·barb [ˈruːbɑːb, AM -bɑːrb] **I.** *n* ❶ *no pl* FOOD, BOT Rhabarber *m* ❷ *no pl esp* BRIT (*fam: noise*) Rhabarber *nt* ❸ *no pl* BRIT (*fam: nonsense*) Blödsinn *m fam* ❹ AM (*sl: dispute*) Krach *m* **II.** *n modifier* Rhabarber-; ~ **flan** Rhabarberkuchen *m;* ~ **pie** gedeckter Rhabarberkuchen; ~ **plant** Rhabarber *m,* Rhabarberpflanze *f;* ~ **season** Rhabarberzeit *f;* ~ **stalk** Rhabarberstängel *m;* ~ **tart** Rhabarbertorte *f*

rhyme [raɪm] **I.** *n* ❶ *no pl* (*identity in sound*) Reim *m;* ■**in** ~ gereimt, in Reimform ❷ (*poem*) Reim[vers] *m* ❸ (*word*) Reimwort *nt* ▸ PHRASES: **without** ~ **or reason** ohne [jeden] Sinn und Verstand **II.** *vi* ■**to** ~ [**with sth**] *poem, song, words* sich *akk* [auf etw *akk*] reimen **III.** *vt* **to** ~ **words** Wörter reimen

ˈrhyme scheme *n* LIT Reimschema *nt*

rhym·ing [ˈraɪmɪŋ] *adj inv* Reim-; ~ **couplet** Reimpaar *nt;* ~ **verse** Reimvers *m*

ˈrhym·ing slang *n no pl* LING Rhyming Slang *m* (*aus dem Cockney in Großbritannien bekannter regionaler Sprachgebrauch, bei dem das eigentliche Wort durch ein sich reimendes Wort ersetzt wird, z. B. ‚porky pie' statt ‚lie'*)

rhythm [ˈrɪðəm] *n* Rhythmus *m,* Takt *m;* **she didn't give the German player the opportunity to establish any** ~ sie gab der deutschen Spielerin keine Gelegenheit, zu ihrem Spiel zu finden; **the** ~ **of nature** der Rhythmus der Natur; **the** ~ **of the seasons** der Wechsel der Jahreszeiten; **sense of** ~ Rhythmusgefühl *nt;* **biological** ~ biologischer Rhythmus

rhythm and ˈblues *n no pl* Rhythm and Blues *m*

rhyth·mic(al) [ˈrɪðmɪk(əl)] *adj* rhythmisch

rhyth·mi·cal·ly [ˈrɪðmɪkəli] *adv* rhythmisch; **to breathe deeply and** ~ tief und gleichmäßig atmen; **to dance** ~ nach dem Rhythmus tanzen

ˈrhythm meth·od *n* MED Knaus-Ogino-Methode *f* **ˈrhythm sec·tion** *n* MUS Rhythmusgruppe *f*

rib [rɪb] **I.** *n* ❶ ANAT Rippe *f;* **to break a** ~ sich *dat* eine Rippe brechen; **to dig** [*or* **poke**] **sb in the** ~**s** jdm einen Stoß in die Rippen versetzen ❷ FOOD ■~**s** Rippchen *nt;* **prime** ~ Hochrippe *f* ❸ *of a boat, roof* Spant *m* ❹ *of a lute, violin* Zarge *f* ❺ *of an umbrella* Speiche *f* ❻ (*in aerofoil*) Stab *m,* Stange *f* ❼ *of an insect's wing, a leaf* Rippe *f* ❽ *of land, rock* Grat *m,* Erhebung *f* ❾ *no pl* (*in knitting*) Rippung *f* ❿ *esp* AM (*fam: joke*) Scherz *m* **II.** *vt* <-bb-> ❶ *usu passive* (*mark with ridges*) ■**to** ~ **sth** etw mit Speichen versehen ❷ (*fam: tease*) ■**to** ~ **sb** [**about sth**] jdn [wegen einer S. *gen*] aufziehen [*o* necken]

rib·ald [ˈrɪbəld, ˈraɪ-] *adj* (*dated*) unanständig

rib·ald·ry [ˈrɪbəldri, ˈraɪ] *n no pl* (*dated*) Ferkeleien *fpl*

ribbed [rɪbd] *adj inv* FASHION gerippt, Ripp-; ~ **tights** gerippte Strumpfhose

rib·bing [ˈrɪbɪŋ] *n* ❶ *no pl* FASHION Rippung *f* ❷ *usu sing* (*fam: teasing*) Necken *nt kein pl;* **to get a** ~ aufgezogen werden

rib·bon [ˈrɪbən] *n* ❶ (*strip of fabric*) Band *nt;* (*fig*) Streifen *m;* **a** ~ **of road** ein Straßenband *nt* ❷ MIL Ordensband *nt* ❸ (*rag*) ■**in** ~**s** in Fetzen; **to cut sb/sth to** ~**s** jdn/etw zerfetzen [*o* in Stücke reißen]; (*fig*) jdn/etw in der Luft zerreißen ❹ *of a typewriter* Farbband *nt*

rib·bon de·ˈvel·op·ment *n* BRIT, AUS Zeilenbauweise *f* (*Bebauung entlang stadtauswärts führenden Straßen*)

ˈrib cage *n* ANAT Brustkorb *m*

ri·bo·fla·vin [ˌraɪbə(ʊ)ˈfleɪvɪn, AM ˈraɪbəfleɪ-] *n no pl* BIOL, CHEM Riboflavin *nt fachspr*

ri·bo·nu·cleic acid [ˌraɪbə(ʊ)njuːˌkliːɪkˈ-, AM -boʊnuːˌ-] *n no pl* BIOL, CHEM Ribonukleinsäure *f fachspr*

ˈrib-tick·ler *n* (*fam*) urkomischer Witz; **this is a real** ~ das ist ein echt guter Witz *fam*

ˈrib-tick·ling *adj* (*fam*) urkomisch

ˈrib-tickl·ing·ly *adv* (*fam*) urkomisch

rice [raɪs] **I.** *n no pl* Reis *m;* **brown** ~ Naturreis *m;* **white** ~ [weißer] Reis **II.** *vt* AM **to** ~ **potatoes/vegetables** Kartoffeln/Gemüse passieren [*o* durch ein Sieb treiben]

ˈrice bowl *n* Reisschüssel *f;* **the** ~ **of China/India** (*fig*) die Reiskammer Chinas/Indiens **ˈrice field** *n* Reisfeld *nt* **ˈrice-grow·ing** *n no pl* Reisanbau *m* **ˈrice pad·dy** *n* Reisfeld *nt* **ˈrice paper** *n no pl* Reispapier *nt* **rice ˈpud·ding** *n no pl* Milchreis *m*

ric·er [ˈraɪsər, AM -ɚ] *n esp* AM FOOD [Kartoffel]presse *f*

rich [rɪtʃ] **I.** *adj* ❶ (*wealthy*) reich; ~ **nation** reiches Land; ~ **pickings** reiche [Aus]beute; *for pickpockets* leichte Beute; **to get** ~ **quick** schnell zu Reichtum kommen [*o* reich werden]; **to become** [*or* **grow**] ~ reich werden ❷ (*abounding*) reich; ■**to be** ~ **in sth** reich an etw *dat* sein; **it was a journey** ~ **in incidents** es war eine Reise voller Zwischenfälle; ~ **deposits of minerals** reiche Mineralienvorkommen; ~ **in detail** sehr detailliert; ~ **in ideas** ideenreich; ~ **source** unerschöpfliche Quelle; ~ **in vitamins** vitaminreich ❸ (*very fertile*) *land* fruchtbar, reich; *earth, soil also* fett; ~ **harvest** reiche Ernte; ~ **vegetation** üppige Vegetation ❹ (*opulent*) *carvings, furniture* prachtvoll; ~ **buildings** Prachtbauten *mpl* ❺ (*valuable*) ~ **offerings** reiche Gaben; ~ **reward** großzügige Belohnung ❻ (*of food*) gehaltvoll; (*hard to digest*) schwer; **a** ~

meal ein opulentes Mahl ⑦ *drink* schwer, vollmundig ⑧ (*intense*) ~ **colour** [*or* AM **color**] satte [*o* kräftige] Farbe; ~ **flavour** [*or* AM **flavor**] reiches Aroma; ~ **smell** schwerer Duft; ~ **taste** voller Geschmack; ~ **tone** voller [*o* satter] Klang ⑨ AUTO ~ **mixture** fettes Gemisch *fachspr* ⑩ (*interesting*) reich; *life also* erfüllt; ~ **experience** wertvolle Erfahrung; ~ **history** bedeutende Vergangenheit ⑪ MIN ~ **mine** ergiebige Mine; ~ **mineral deposit** fündiger Erzgang ⑫ *pred* (*fam: causing amusement*) *criticism, remark* lächerlich; **that's ~ coming from him!** das muss gerade er sagen!, das ist ein starkes Stück von ihm! *fam* **II.** *n* ■**the** ~ *pl* die Reichen *pl*

riches ['rɪtʃɪz] *npl* ① (*material wealth*) Reichtümer *mpl;* (*fig: success*) Erfolge *mpl;* **to accumulate** ~ Reichtümer anhäufen; **to hoard** ~ Reichtümer horten ② (*resources*) Vorkommen *ntpl;* **oil** ~ Ölvorkommen *ntpl*

rich·ly ['rɪtʃli] *adv* ① (*lavishly*) prachtvoll, prächtig; ~ **decorated** reich verziert ② (*generously*) ~ **illustrated** reich bebildert; ~ **rewarded** reich belohnt ③ (*plentifully*) reichhaltig; **they have a ~ stocked wine cellar** sie haben einen gut bestückten Weinkeller ④ (*fully*) **to be ~ deserved** [*or* **earned**] wohlverdient sein

rich·ness ['rɪtʃnəs] *n no pl* ① (*wealth*) Reichtum *m;* ~ **of detail** (*fig*) Detailgenauigkeit *f* ② (*fattiness*) Reichhaltigkeit *f* ③ (*intensity*) Stärke *f; of a colour* Sattheit *f*

Richter scale ['rɪktə,-, AM -tɚ,-] *n* ■**the** ~ die Richterskala

rick¹ [rɪk] **I.** *n* Heuhaufen *m,* Dieme *f* NORDD, Schochen *m* SÜDD, ÖSTERR **II.** *vt* AGR **to ~ hay** Heu schobern [*o* ÖSTERR schöbern]; **to ~ wood** Holz aufschichten [*o* stapeln]

rick² [rɪk], AM *a.* **wrick** MED **I.** *n* Verzerrung *f* **II.** *vt* (*fam*) **to ~ one's back/neck** sich *dat* eine Zerrung im Rücken/Nacken zuziehen

rick·ets ['rɪkɪts] *npl + sing/pl vb* MED Rachitis *f*

rick·ety ['rɪkəti, AM -ət̬i] *adj* ① (*likely to collapse*) wack[e]lig; **a ~ bus** ein klapp[e]riger Bus; **a ~ chair** ein wack[e]liger Stuhl; ~ **wooden stairs** morsche Holzstufen ② (*decrepit*) *person* alt und klapp[e]rig; (*tottering*) gebrechlich ③ (*suffering from rickets*) rachitisch

rick·sha(w) ['rɪkʃɔː, AM *esp* -ʃɑː] *n* Rikscha *f*

rico·chet ['rɪkəʃeɪ] **I.** *n* ① *no pl* (*action*) Abprallen *nt kein pl,* Abprall *m kein pl* ② (*a rebounding ball*) Abpraller *m; bullet* Querschläger *m;* **to be hit** [*or* **struck**] **by a ~** von einem Querschläger getroffen werden **II.** *vi* ■**to ~** [**off sth**] [von etw *dat*] abprallen

ri·cot·ta [rɪ'kɒtə, AM -'kɑːt̬ə] *n no pl* Ricotta *m*

rid <-dd-, rid *or old* ridded, rid *or old* ridded> [rɪd] *vt* ■**to ~ sth/sb of sth** etw/jdn von etw *dat* befreien; **he ~ himself of all worry during his weekend vacation** bei seinem Wochenendurlaub ließ er [endlich einmal] all seine Sorgen hinter sich; ■**to be ~ of sb/sth** jdn/etw los sein; **to get ~ of sb/sth** jdn/etw loswerden; **the cream got ~ of my skin rash** durch die Creme bin ich meinen Hautausschlag losgeworden

rid·dance ['rɪdᵊn(t)s] *n* (*fam*) *no pl* Loswerden *nt* ► PHRASES: **good ~** [**to bad rubbish**] Gott sei Dank [, dass wir den/die/das los sind]; **to bid sb good ~** jdn dahin wünschen, wo der Pfeffer wächst *fam*

rid·den ['rɪdᵊn] *pp of* **ride**

-rid·den ['rɪdᵊn] *in compounds* -geplagt; **debt-~** von einem Schuldenberg erdrückt; **disease-~** von Krankheiten gebeutelt; **fear-~** angsterfüllt; **guilt-~** schuldgeplagt; **insect-~** von Insekten heimgesucht; **scandal-~** skandalgebeutelt *fam*

rid·dle¹ ['rɪdḷ] **I.** *n* Rätsel *nt a. fig;* **to solve a ~** ein Rätsel lösen; **to speak** [*or* **talk**] **in ~s** (*fig*) in Rätseln sprechen **II.** *vi* in Rätseln sprechen **III.** *vt* ■**to ~ sth** etw enträtseln; **can you ~ me this?** kannst du mir dieses Rätsel erklären?

rid·dle² ['rɪdḷ] **I.** *vt usu passive* ■**to ~ sth** ① (*perforate*) etw durchlöchern, Löcher in etw *akk* machen; (*fig: permeate*) etw durchdringen; **to ~ sth/sb with bullets** etw/jdn mit Kugeln durchlöchern [*o* durchsieben] ② (*sift through sieve*) etw [aus]sieben **II.** *n* [Schüttel]sieb *nt*

rid·dled ['rɪdḷd] *adj pred, inv* durchlöchert; (*fig: permeated*) durchsetzt; **to be ~ with errors** (*fig*) vor Fehlern strotzen; **to be ~ with loopholes** (*fig*) äußerst lückenhaft sein; **tax law is ~ with loopholes** im Steuerrecht gibt es viele Schlupflöcher

ride [raɪd] **I.** *n* ① (*journey*) Fahrt *f* (**on** mit +*dat*); (*on a horse*) Ritt *m;* **bus ~** Busfahrt *f;* **motorcycle ~** Motorradfahrt *f;* **bumpy ~** holperige Fahrt; **to go for a ~** eine Fahrt machen; (*with horse*) ausreiten ② AM (*person*) Fahrer(in) *m(f)* ③ (*trip costing nothing*) Mitfahrgelegenheit *f;* **to give sb a ~** jdn [im Auto] mitnehmen ④ AM (*fam: motor vehicle*) fahrbarer Untersatz *fam* ⑤ (*quality*) Fahrweise *f;* **this is a great car to take on longer trips because of its smooth ~** dieser Wagen eignet sich wunderbar für längere Strecken, weil er sich so angenehm fährt ⑥ (*path*) [Reit]weg *m* ⑦ (*at a fair*) [Karussell]fahrt *f* ⑧ (*vulg: sex*) Fick *m vulg* ► PHRASES: **to take sb for a ~** (*fam*) jdn übers Ohr hauen *fam* **II.** *vt* <rode, ridden> ① (*sit on*) **to ~ a bicycle/motorcycle** [Fahr]rad/Motorrad fahren; **I ~ my bicycle to work** ich fahre mit dem Fahrrad zur Arbeit; **to ~ a bobsled** Bob fahren; **to ~ a horse** ein Pferd reiten; **they rode their horses into town** sie ritten auf ihren Pferden in die Stadt ein ② (*as a passenger*) **to ~ the bus/train** Bus/Zug fahren; **to ~ the merry-go-round** Karussell fahren ③ (*traverse*) **to ~ an area** eine Gegend durchqueren, ein Gebiet befahren; **the ship rode the waves** das Schiff durchpflügte die Wellen *liter;* **they rode the waves at the beach** sie surften am Strand; **to ~ the rapids** die Stromschnellen befahren; **to ~** [**the crest of**] **a wave of popularity** (*fig*) auf einer Welle der Beliebtheit schwimmen ④ (*take part on race*) **to ~ a race** an einem Rennen [*o* Wettlauf] teilnehmen ⑤ (*take the lift*) **to ~ a lift** [*or* AM **elevator**] mit einem Aufzug [*o* Lift] fahren ⑥ (*prevent blow*) **to ~ a blow** einen Schlag abfangen ⑦ (*vulg sl: have sex with*) ■**to ~ sb** jdn vögeln *derb* [*o vulg* ficken] ⑧ AM (*pester*) ■**to ~ sb** jdn antreiben *fam;* **your boss is riding you much too hard at the moment** dein Chef nimmt dich momentan viel zu hart ran *fam* ⑨ *usu passive* (*full of*) **to be ridden with anger** wutentbrannt [*o* zornentbrannt] sein; **to be ~den with guilt** von [schweren] Schuldgefühlen geplagt werden ► PHRASES: **to ~ the brakes** (*fam*) auf die Tube drücken *sl,* rasen *fam* **III.** *vi* <rode, ridden> ① (*as a sport*) reiten; **to ~ to hounds** *esp* BRIT an einer Parforcejagd [*o* Fuchsjagd] teilnehmen ② (*travel on animal*) reiten; ■**to ~ by** [*or* **past**] vorbeireiten, vorüberreiten ③ (*travel on vehicle*) fahren; **I rode home from work on the bus** ich fuhr mit dem Bus von der Arbeit nach Hause; **to ~ in a sports car** in einem Sportwagen mitfahren; **to ~ on a motorbike** auf einem Motorrad fahren ④ (*have said character*) laufen; **to ~ smoothly** *car* sich *akk* angenehm fahren ► PHRASES: **to be riding for a fall** (*fam*) in sein Unglück [*o* Verderben] rennen; **to ~ high** obenauf sein; **now that he's managing director, he's really riding high** jetzt wo er leitender Direktor ist, ist er wirklich obenauf; **to ~ roughshod over sb** rücksichtslos über jdn hinweggehen, jdn unterbuttern *sl;* **to let sth ~** (*fam*) etw laufen lassen *fam*

◆**ride on** *vi* ■**to ~ on sth** von etw *dat* abhängen; **the future of the company ~s on the success of the talks** die Zukunft des Unternehmens hängt vom Erfolg der Gespräche ab

◆**ride out** *vt* ■**to ~ out** ↻ **sth** etw überstehen; **to ~ out a crisis** eine Krise durchstehen

◆**ride up** *vi T-shirt, skirt* nach oben rutschen, hochrutschen

rid·er ['raɪdəʳ, AM -ɚ] *n* ① *of a horse* Reiter(in) *m(f); of a vehicle* Fahrer(in) *m(f)* ② (*form: amendment*) Zusatzklausel *f,* Zusatzvereinbarung *f* ③ POL (*to a bill*) Nachtrag *m,* [Gesetzes]novelle *f;* BRIT LAW (*to a verdict*) zusätzliche Empfehlung

rid·er·less ['raɪdələs, AM -dɚ-] *adj inv horse* reiterlos; *vehicle* fahrerlos

ridge [rɪdʒ] *n* ① GEOG Grat *m;* **mountain ~** Gebirgskamm *m* ② *of a roof* Dachfirst *m* ③ METEO ~ **of high/low pressure** Hoch-/Tiefdruckkeil *m* ► PHRASES: **to have been around the**

~s AUS viel erlebt haben
ridged [rɪdʒd] *adj inv soles* geriffelt; *rock, sand, surface* zerfurcht
'ridge pole *n* Firststange *f* **'ridge·way** *n* Gratweg *m*
ridi·cule ['rɪdɪkju:l] I. *n no pl* Spott *m,* Hohn *m;* **object of ~** Zielscheibe *f* des Gespötts; **he was regarded as an object of ~ because of his eccentric ideas concerning sexuality** seine exzentrischen Vorstellungen über Sexualität machten ihn zum Gespött der Leute; **to lay oneself open to ~** sich *akk* lächerlich machen; **to hold sb/sth up to ~** sich *akk* über jdn/etw lustig machen II. *vt* ■**to ~ sb/sth** jdn/etw verspotten
ri·dicu·lous [rɪ'dɪkjələs] I. *adj* ❶ (*comical*) lächerlich, albern; **you look ~ in that old hat** mit diesem alten Hut siehst du ziemlich albern aus; **to make oneself look ~** sich *akk* lächerlich machen ❷ (*inane*) absurd, hirnverbrannt *fam;* **don't be so ~!** mach keine Witze! ❸ BRIT (*approv sl: incredible*) unglaublich II. *n no pl* ■**the ~** das Absurde; **from the sublime to the ~** vom Erhabenen zum Lächerlichen
ri·dicu·lous·ly [rɪ'dɪkjələsli] *adv* ❶ (*laughably*) lächerlich; **to behave** [*or fam* **act**] **~** sich *akk* zum Narren machen ❷ (*unbelievably*) unglaublich, wahnsinnig; **~ easy** unglaublich [*o fam* total] einfach
rid·ing ['raɪdɪŋ] I. *n* ❶ *no pl* (*sport*) Reiten *nt* ❷ BRIT (*path*) Reitweg *m* ❸ CAN POL (*constituency*) ≈ Wahlkreis *m,* Wahlbezirk *m* II. *adj attr, inv* Reit-; **~ holiday** [*or* AM **vacation**] Reitferien *pl*
'rid·ing boot *n* Reitstiefel *m* **'rid·ing breeches** *npl* Reithose *f* **'rid·ing crop** *n* Reitgerte *f* **'rid·ing hab·it** *n* (*dated*) Reitkleid *nt veraltet* **'rid·ing hat** *n* Reitkappe *f* **'rid·ing lamp** *n,* **'rid·ing light** *n* NAUT Ankerleuchte *f* **'rid·ing school** *n* Reitschule *f* **'rid·ing whip** *n* Reitpeitsche *f*
rife [raɪf] *adj inv, pred* (*form*) ❶ (*widespread*) weit verbreitet ❷ (*full of*) voller (**with** +*gen*); **the office was ~ with rumours** im Büro kursierten jede Menge Gerüchte
riff I. *vt* ■**to ~ on sth** ❶ (*play jazz music*) auf etw *dat* Riffs spielen ❷ (*sl: make fun of*) etw auf die Schippe nehmen *fam* II. *n* ❶ MUS Riff *m fachspr* ❷ (*pej: repeated theme*) Leier *f fig, pej fam*
rif·fle ['rɪfl] I. *vt* ❶ (*leaf through*) **to ~ the pages of a book** ein Buch durchblättern ❷ (*ruffle*) **to ~ sb's hair** *wind* jdm das Haar zerzausen ❸ (*shuffle*) **to ~** [**playing**] **cards** Karten mischen II. *vi* **to ~ through a book** ein Buch durchblättern III. *n* ❶ *usu sing* (*search*) Durchsuchung *f* ❷ (*rustle of paper*) Rascheln *nt kein pl* ❸ CARDS Mischen *nt kein pl* ❹ *esp* AM *of a stream* seichte Stelle, seichter Abschnitt
riff-raff ['rɪfræf] *n no pl, + sing/pl vb* (*pej*) Gesindel *nt kein pl pej*
ri·fle¹ ['raɪfl] I. *n* ❶ (*gun*) Gewehr *nt* ❷ (*troops*) ■**~s** *pl* Schützen, -innen *mpl, fpl* II. *n modifier* (*bullet, fire, grenade*) Gewehr-; **~ ammunition** Gewehrmunition *f*
ri·fle² ['raɪfl] I. *vi* ■**to ~ through sth** etw durchwühlen; **to ~ through a bag/papers** eine Tasche/Papiere durchwühlen II. *vt* ■**to ~ sth** etw plündern; **to ~ the safe** den Safe plündern [*o fam* ausräumen]
'ri·fle butt *n* Gewehrkolben *m* **'ri·fle·man** *n* Schütze *m* **'ri·fle range** *n* ❶ (*for practice*) Schießstand *m* ❷ (*shooting distance*) ■**within ~** in Schussweite [eines Gewehrs]
ri·fle·ry ['raɪfl̩ri] *n no pl* AM Gewehrschießen *nt*
'ri·fle shot *n* ❶ (*shot*) Gewehrschuss *m* ❷ *no pl* (*distance*) Schussweite *f* ❸ (*person*) Gewehrschütze, -in *m, f;* **a skilled ~** ein geübter Gewehrschütze/eine geübte Gewehrschützin
rift [rɪft] I. *n* ❶ (*open space*) Spalt *m;* **a ~ in the clouds appeared** die Wolken rissen für einen kurzen Augenblick auf ❷ GEOL [Erd]spalt *m* ❸ (*fig: disagreement*) Spaltung *f* (**between** zwischen +*dat*); (*in friendship*) Bruch *m;* **to heal a ~** eine Kluft überbrücken II. *vi* GEOL ■**to ~ away** sich *akk* abspalten III. *vt* ■**to ~ sth** etw spalten
rift 'val·ley *n* GEOG Grabenbruch *m fachspr*
rig¹ [rɪg] I. *vt* <-gg-> (*pej*) **to ~ an election/results** eine Wahl/Ergebnisse manipulieren; **to ~ the market/prices** den Markt/Preise manipulieren II. *n* (*old*) Scheinmanöver *nt,* Schwindel *m*
rig² [rɪg] I. *n* ❶ NAUT Takelage *f fachspr,* Takelung *f fachspr* ❷ (*apparatus*) Vorrichtung *f;* **hi-fi ~** Hi-Fi-Anlage *f;* **lighting ~** Beleuchtungsanlage *f* ❸ (*for fishing tackle*) [Vorfach]montage *f fachspr* ❹ (*drilling/oil rig*) **drilling ~** Bohrinsel *f;* **gas/oil ~** Gas-/Ölbohrinsel *f* ❺ (*fam*) FASHION Outfit *nt sl;* **in full ~** in voller Montur *fam* ❻ *esp* AM TRANSP (*semi-trailer*) [mehrachsiger] Sattelschlepper II. *vt* <-gg-> ❶ NAUT **to ~ a boat/ship/yacht** ein Boot/ein Schiff/eine Jacht takeln *fachspr;* **to ~ sails/shrouds/stays** Segel/Wanten/Stags anschlagen *fachspr* ❷ AVIAT **to ~ an aircraft** ein Flugzeug aufrüsten *fachspr* ❸ (*set up*) ■**to ~ sth** etw [behelfsmäßig] zusammenbauen
◆**rig out** *vt* (*fam*) ■**to ~ out** ◯ **oneself/sb** sich/jdn ausstaffieren; *esp woman* sich *akk* auftakeln *pej o hum*
◆**rig up** *vt* ■**to ~ up** ◯ **sth** ❶ NAUT etw auftakeln *fachspr* ❷ (*set up hastily*) etw [behelfsmäßig] aufbauen [*o* aufstellen], etw improvisieren
rig·ger¹ ['rɪgəʳ, AM -ɚ] *n* ❶ NAUT Takler(in) *m(f) fachspr* ❷ (*scaffolder*) Gerüstbauer(in) *m(f)* ❸ (*on oil rig*) Arbeiter(in) *m(f)* auf einer Bohrinsel
rig·ger² ['rɪgəʳ, AM -ɚ] *n* Manipulant(in) *m(f);* FIN Kurstreiber(in) *m(f)*
rig·ging¹ ['rɪgɪŋ] *n no pl* ❶ NAUT Auftakeln *nt fachspr;* (*ropes and wires*) Takelung *f fachspr,* Takelage *f fachspr* ❷ AVIAT Aufrüstung *f fachspr*
rig·ging² ['rɪgɪŋ] *n no pl* (*manipulating*) Manipulation *f;* **ballot ~** Wahlmanipulation *f*
right [raɪt] I. *adj inv* ❶ (*morally justified*) richtig; **it was ~ of you to come and see me** es war richtig von dir, mich aufzusuchen; **you're ~ to be annoyed** du bist zu Recht verärgert; **it is only ~ that men and women should be paid the same** es ist nur gerecht, dass Männer und Frauen gleich bezahlt werden; **it is/seems only ~ and proper that ...** es ist/scheint nur recht und billig, dass ...; **to do the ~ thing** das Richtige tun ❷ (*correct*) *answer, direction, order* richtig; *time* genau; **is your watch ~?** geht deine Uhr richtig?; **do you know what the ~ time is?** kannst du mir bitte die genaue Uhrzeit sagen?; **were you given the ~ change?** hat man dir richtig herausgegeben?; **to get sth ~** etw richtig machen; **you got three answers ~** du hast drei Antworten richtig; **did you get that calculation ~?** hast du da richtig gerechnet? ❸ *pred* (*correct in opinion*) **am I ~ in thinking that ...** gehe ich recht in der Annahme, dass ...; **you were ~ about him** was ihn angeht, haben Sie Recht gehabt ❹ (*interrogative*) oder?; **you're planning to leave on Monday, ~?** Sie haben doch vor, am Montag abzufahren, oder? ❺ (*correct for situation*) **the ~ way round** [*or* AM **around**] richtig herum ❻ (*best*) richtig; **he's the ~ person for the job** er ist der Richtige für den Job; **he thought the time was ~** er hielt den Zeitpunkt für passend [*o* angebracht] *geh;* **to be on the ~ lines** auf dem richtigen Weg sein; **to be in the ~ place at the ~ time** (*approv*) zur rechten Zeit am rechten Ort sein ❼ (*socially acceptable, influential*) richtig; **he likes to be seen in the ~ clubs** er lässt sich gerne in den richtigen Clubs sehen; **she knows the ~ people** sie kennt die richtigen Leute ❽ *pred* (*in correct state*) richtig, in Ordnung *präd;* **something isn't quite ~ with the brakes** irgendetwas stimmt [da] mit den Bremsen nicht ganz *fam;* **to put sth ~** etw richtigstellen; **to put a clock ~** eine Uhr richtig einstellen; **to put a machine ~** eine Maschine in Ordnung bringen [*o* reparieren]; **to put matters ~** Tatsachen richtigstellen ❾ (*not left*) rechte(r, s); **~ foot/hand/side** rechter Fuß/rechte Hand/rechte Seite; (*fam*) **I would give my ~ hand to meet the President** ich würde alles dafür geben, wenn ich nur einmal den Präsidenten

treffen könnte; **a ~ hook** SPORTS ein rechter Haken; **to make a ~ turn** rechts abbiegen ❿ (*located on east side*) auf der Ostseite [*o* rechten Seite] liegend ⓫ *attr esp* BRIT (*fam: complete*) völlig; **he's a ~ idiot** er ist ein Vollidiot [*o* totaler Idiot] *fam* ⓬ (*conservative*) *groupings* rechte(r, s) ▸ PHRASES: **to be not [quite] ~ in the head** (*fam*) nicht [ganz] richtig im Kopf sein; **to be/be not in one's ~ mind** [ganz]/nicht [ganz] bei Verstand sein; **to be as ~ as rain** (*fam*) sich *akk* ganz in Ordnung [*o* gut] [*o* kerngesund] fühlen; **to put** [*or* **set**] **sb ~** (*make healthy*) jdn gesund machen; (*fam: make understand*) jdm etw klarmachen, jdn eines Besseren belehren; **a ~ one** BRIT (*fam*) Dummkopf *m fam;* **we've got a ~ one here!** hier haben wir ja einen richtigen Knallkopf! *fam* **II.** *adv inv* ❶ (*completely*) völlig, ganz *fam;* **the car ran ~ out of fuel** im Autotank war bald überhaupt kein Benzin mehr; **she walked ~ past me without noticing me** sie lief direkt an mir vorbei, ohne mich zu bemerken ❷ (*all the way*) ganz; (*directly*) genau; **I filled the bath ~ up to the top** ich habe die Badewanne [bis zum Rand] voll laufen lassen; **we tried to go ~ to the top of the mountain** wir versuchten, ganz bis zum Gipfel zu kommen; **she came up ~ behind me** plötzlich stand sie direkt hinter mir ❸ (*fam: immediately*) gleich; **he'll be ~ back** er ist gleich zurück; **I'll be ~ with you** ich bin gleich bei dir; *clerk, store* einen Augenblick, ich komme sofort [zu Ihnen]; **~ now** gleich jetzt, im Moment ❹ (*correctly*) richtig; **to guess ~** richtig raten ❺ (*properly*) gut; **to go ~** gut [aus]gehen; **things have been going ~ for me** es läuft gut für mich ❻ (*eastwards*) rechts; **to go** [*or* **turn**] **~** [nach] rechts abbiegen ❼ BRIT (*form: in title*) ■ **R~** ehrenwert; **the R~ Honourable Sarah Bast, MP** die sehr Ehrenwerte Sarah Bast, Mitglied des Parliaments ▸ PHRASES: **~ away** [*or* BRIT *a. fam* **off**] sofort, [jetzt] gerade; **to be ~ behind sb** voll hinter jdm stehen; **~ through** durch und durch **III.** *n* ❶ *no pl* (*goodness*) Recht *nt;* **the difference between ~ and wrong** der Unterschied zwischen Recht und Unrecht ❷ (*morally correct thing*) das Richtige, das Rechte; **they discussed the ~s and wrongs of the issue** sie diskutierten über das Für und Wider der Angelegenheit ❸ (*claim*) Recht *nt;* **you have the ~ to call a lawyer** Sie haben das Recht, einen Anwalt anzurufen; **it's my ~ as a doctor not to reveal this information** es ist mein Recht als Arzt, diese Informationen nicht preiszugeben; **~ of asylum** Asylrecht *nt;* **~ of free speech** Recht *nt* auf freie Meinungsäußerung; **women's ~s** die Frauenrechte *ntpl,* die Rechte *ntpl* der Frau[en]; **to have the ~ to do sth** das Recht haben, etw zu tun; **what ~ have you got to criticize me?** was gibt dir das Recht, mich zu kritisieren?; **to know one's ~s** seine Rechte kennen; **to stand up for one's ~s** für seine Rechte einstehen; **to be within one's ~s** [**to do sth**] das Recht haben[, etw zu tun] ❹ (*authority, ownership*) ■ **~s** *pl* Rechte *ntpl* (**to** an +*dat*); **~s of a book** Rechte *ntpl* an einem Buch; **fishing ~s** Fischereirechte *ntpl* ❺ *no pl* (*right side*) Rechte *f;* **on** [*or* **to**] **the ~** rechts, auf der rechten Seite, zur Rechten *liter* ❻ (*turn*) **to make** [*or* **take**] [*or* AM *fam* **hang**] **a ~** [nach] rechts abbiegen ❼ (*road*) **the first/second ~** die erste/zweite [Straße] rechts; **take the second ~** fahren Sie die zweite rechts [rein] *fam* ❽ (*fist*) Rechte *f;* (*blow*) rechter Haken ❾ + *sing/pl vb* POL ■ **the R~** die Rechte ❿ + *sing/pl vb* (*political section*) **the far ~** die Rechtsextremen; **on the ~** im rechten Lager ▸ PHRASES: **in one's own ~** aus eigener Kraft; **to be in the ~** im Recht sein; **to put** [*or* **set**] **sth to ~s** etw in Ordnung bringen; **to put** [*or* **set**] **the world to ~s** die Welt verbessern; **by ~s** von Rechts wegen; **by ~ of sth** aufgrund einer S. *gen* **IV.** *vt* ❶ (*restore to correct position*) ■ **to ~ sth** etw aufrichten; (*restore to correct condition*) etw in Ordnung bringen; **the boat will ~ itself if it capsizes** das Boot balanciert sich von selbst wieder aus, wenn es kentert ❷ (*rectify*) **to ~ a mistake/wrong** einen Fehler/ein Unrecht wiedergutmachen **V.** *interj* (*fam*) ❶ (*states accord*) richtig, in Ordnung; (*dated*) **~ you are!** in Ordnung!; BRIT **too ~!** wohl [*o* nur zu] wahr! ❷ (*filler word*) also; **so we were on our way to work, ~, and all of a sudden we heard this loud explosion** also, wir waren auf dem Weg zur Arbeit und plötzlich hörten wir diese laute Explosion ❸ (*as introduction*) **~, you lot, can we begin?** also, ihr Lieben, können wir anfangen? ❹ AUS (*expresses reassurance*) nur keine Sorge

'right an·gle *n* rechter Winkel **'right-an·gled** *adj inv* rechtwinklig; **~ triangle** BRIT, AUS rechtwinkliges Dreieck

right·eous ['raɪtʃəs] (*form*) **I.** *adj* ❶ (*virtuous*) *person* rechtschaffen ❷ (*justifiable*) *anger, indignation* berechtigt, gerechtfertigt ❸ (*pej, iron: self-righteous*) selbstgerecht *pej* **II.** *n* ■ **the ~** *pl* die Gerechten *pl*

right·eous·ly ['raɪtʃəsli] *adv* (*usu iron, pej*) selbstgerecht; **to ~ maintain that ...** selbstgerecht behaupten, dass ...

right·eous·ness ['raɪtʃəsnəs] *n no pl* Rechtschaffenheit *f*

right 'field *n esp* AM (*in baseball*) *der rechte Teil des Spielfeldes neben dem Spieler am Abschlag;* (*player*) rechter Außenfeldspieler/rechte Außenfeldspielerin

right·ful ['raɪtfᵊl] *adj attr, inv* rechtmäßig; **~ owner** rechtmäßiger Eigentümer/rechtmäßige Eigentümerin; **~ share** rechtmäßiger Anteil

right·ful·ly ['raɪtfᵊli] *adv inv* rechtmäßig

right 'hand *n* ❶ ANAT Rechte *f,* rechte Hand ❷ (*direction*) rechte Seite; **on the ~ of the street** auf der rechten Straßenseite ❸ (*position*) **to stand at sb's ~** zu jds Rechten stehen ❹ (*assistant*) rechte Hand **'right-hand** *adj attr, inv* ❶ (*on the right*) rechte(r, s); **on the ~ side** auf der rechten Seite ❷ (*with the right hand*) mit der Rechten *nach n;* **~ punch** Schlag *m* mit der Rechten, rechter Haken **right-hand 'drive I.** *n no pl* Rechtslenkung *f* **II.** *n modifier* **~ car** Wagen *m* mit Rechtslenkung **right-'hand·ed** *adj inv* rechtshändig **right-'hand·er** *n* ❶ (*person*) Rechtshänder(in) *m(f)* ❷ (*in boxing*) rechter Haken **right-hand 'man** *n* (*fig approv*) ■ **sb's ~** jds rechte Hand

right·ism ['raɪtɪzᵊm, AM -t̬-] *n no pl* POL rechtsgerichtete Ideologie

right·ist ['raɪtɪst, AM -t̬-] **I.** *n* POL Rechte(r) *f(m)* **II.** *adj* rechtsgerichtet

right·ly ['raɪtli] *adv inv* ❶ (*correctly*) richtig; **to ~ assess sth** etw richtig einschätzen; **to remember ~** sich *akk* genau erinnern ❷ (*justifiably*) zu Recht; **quite ~** völlig zu Recht; [**whether**] **~ or wrongly** [ob] zu Recht oder zu Unrecht ❸ (*suitably*) **~ dressed** passend gekleidet

right-'mind·ed *adj* (*approv*) vernünftig; **every ~ person** jeder vernünftige Mensch

right·ness ['raɪtnəs] *n no pl* Richtigkeit *f;* **he is convinced of the ~ of his actions** er ist davon überzeugt, dass er das Richtige tut

right of 'way <*pl* rights-> *n* ❶ *no pl* (*right to pass*) Durchgangsrecht *nt* ❷ (*path*) Wegerecht *nt* ❸ AUTO, AVIAT, NAUT Vorfahrt *f* **right-'on** *adj* ❶ (*usu pej: in fashion*) linientreu ❷ (*approv sl: excellent*) super *sl,* klasse *fam* **'rights de·part·ment** *n* Rechtsabteilung *f* **'rights is·sue** *n* BRIT STOCKEX Bezugsrechtsemission *f fachspr* **right-'think·ing** *adj* (*approv*) vernünftig **right-to-'life** *adj inv* Antiabtreibungs- **right 'tri·an·gle** *n* AM rechtwinkliges Dreieck **'right whale** *n* ZOOL Glattwal *m* **right 'wing** *n* + *sing/pl vb* POL, SPORTS ■ **the ~** der rechte Flügel; **to be on the ~** POL dem rechten Flügel angehören **right-'wing** *adj* POL rechts *präd,* rechte(r, s) **right-'wing·er** *n* POL Rechte(r) *f(m)*

righty ['raɪt̬i] *n* AM (*fam*) Rechtshänder(in) *m(f)*

rig·id ['rɪdʒɪd] **I.** *adj* ❶ (*inflexible*) starr, steif; **to be ~ with fear/pain** gelähmt vor Angst/Schmerzen sein; **to be bored ~** BRIT (*fam*) zu Tode gelangweilt sein ❷ (*fig: unalterable*) *routine, rules, principles* starr; (*overly stringent*) streng, hart; **~ censorship** strenge Zensur **II.** *n* BRIT Lkw *m*

ri·gid·ity [rɪ'dʒɪdəti, AM -əṯi] *n no pl* ❶ (*inflexibility*) Starrheit *f,*

R

Steifheit *f; of concrete* Härte *f* ❷ (*fig pej: intransigence*) Starrheit *f,* Unbeugsamkeit *f*

rig·id·ly ['rɪdʒɪdli] *adv* ❶ (*not flexibly*) starr ❷ (*esp pej: strictly*) streng; **to ~ adhere to sth** eisern an etw *dat* festhalten

rig·ma·role ['rɪgmᵊrəʊl, AM -roʊl] *n usu sing* (*pej*) ❶ (*procedure*) Prozedur *f;* **what a ~!** was für ein Umstand!; **to go through the [whole] ~** die [ganze] Prozedur noch einmal wiederholen ❷ (*rambling story*) Gelabere *nt pej*

rig·or *n* AM *see* **rigour**

rig·or mor·tis [ˌrɪgə'mɔːtɪs, AM -gɚ'mɔːrţ-] *n no pl* MED Leichenstarre *f*

rig·or·ous ['rɪgᵊrəs, AM -gɚ-] *adj* ❶ (*approv: thorough*) [peinlich] genau, präzise; **~ testing** gründliches Testen ❷ (*disciplined*) strikt, streng; **she is a ~ vegetarian** sie lebt strikt vegetarisch; **~ discipline** strenge Disziplin ❸ (*physically demanding*) hart; **~ training** hartes Training ❹ (*harsh*) **~ climate/weather** raues Klima/Wetter

rig·or·ous·ly ['rɪgᵊrəsli, AM -gɚ-] *adv* ❶ (*approv: thoroughly*) [peinlich] genau, präzise; **he ~ notes down every penny he spends** er führt ganz genau Buch über seine Ausgaben ❷ (*strictly*) strikt; **to ~ adhere to rules** Regeln strikt einhalten ❸ (*severely*) hart; **to train ~** hart trainieren

rig·our ['rɪgəʳ], AM **rig·or** [-ɚ] *n* ❶ *no pl* (*approv: thoroughness*) Genauigkeit *f,* Präzision *f* ❷ *no pl* (*strictness*) Strenge *f,* Härte *f* ❸ (*demanding conditions*) ■**~s** *pl* Härten *fpl;* **the ~s of the winter** die Härten des Winters

'rig-out ['rɪgaʊt] *n esp* BRIT (*dated fam*) Putz *m kein pl veraltet,* Klamotten *fpl fam*

rile [raɪl] *vt* (*fam*) ❶ (*annoy*) ■**to ~ sb** jdn ärgern; **don't let her ~ you** lass dich nur nicht von ihr provozieren; **to get sb ~d** jdn verärgern ❷ AM **to ~ water** Wasser verschmutzen [*o* trüben]

rim [rɪm] **I.** *n* ❶ (*brim*) *of a cup, plate* Rand *m* ❷ (*boundary*) Rand *m;* **~ of a lake** Seeufer *nt;* **on the Pacific ~** am Rande des Pazifiks; **the ~ of the solar system** der Rand des Sonnensystems ❸ *of a wheel* Felge *f,* Radkranz *m* ❹ *usu pl* (*spectacle frames*) Fassung *f* ❺ (*stain*) Rand *m;* **~ of dirt** Schmutzrand *m* **II.** *vt* <-mm-> ■**to ~ sth** etw umgeben; (*frame*) etw umrahmen; **the garden was ~med with a wall** der Garten war von einer Mauer umgeben; **the lake was ~med by trees** der See war von Bäumen gesäumt

rime¹ [raɪm] (*liter*) **I.** *n no pl* [Rau]reif *m* **II.** *vt* ■**to ~ sth** etw mit [Rau]reif bedecken

rime² *n* (*old*) *see* **rhyme**

'rim job *n* (*vulg*) *orale Stimulierung im Bereich des Afters*

'rim·less ['rɪmləs] *adj inv* randlos; **~ glasses** [*or* **spectacles**] randlose Brille

rind [raɪnd] **I.** *n no pl* Schale *f;* (*of a tree*) [Baum]rinde *f;* **bacon ~** [Speck]schwarte *f;* **cheese ~** Käserinde *f;* **[grated] lemon ~** [geriebene] Zitronenschale; **whale ~** Fettschicht *f* eines Wals **II.** *vt* **to ~ a tree** einen Baum entrinden

ring¹ [rɪŋ] **I.** *n* ❶ (*jewellery*) Ring *m;* **diamond ~** Diamantring *m* ❷ (*circular object*) Ring *m;* **metal/onion ~** Metall-/Zwiebelring *m* ❸ ASTRON Ring *m;* **the ~s of Saturn** die Ringe des Saturn ❹ (*marking*) Rand *m;* **the wet glass left a ~ on the table** das nasse Glas hinterließ einen Rand auf dem Tisch; **to have ~s around one's eyes** Ringe unter den Augen haben ❺ BRIT (*cooking device*) Kochplatte *f* ❻ (*arena*) Ring *m;* **boxing ~** Boxring *m;* **circus ~** Manege *f* ❼ + *sing/pl vb* (*circle of people*) Kreis *m* ❽ + *sing vb* (*circle of objects*) Kreis; **to sit in a ~ around sb** im Kreis um jdn herumsitzen ❾ + *sing/pl vb* (*clique*) Ring *m;* **drug/spy ~** Drogen-/Spionagering *m* ❿ CHEM ringförmige atomare Struktur ⓫ (*circular course*) Kreis *m;* **they ran around in a ~** sie liefen [*o* rannten] im Kreis herum ▸ PHRASES: **to <u>run</u> ~s [a]round sb** jdn in die Tasche stecken *fam* **II.** *vt* ❶ *usu passive* (*surround*) ■**to ~ sb/sth** jdn/etw umringen; **armed police ~ the hijacked plane** bewaffnete Polizisten kreisen das entführte Flugzeug ein; **the harbour is ~ed by rocks and reefs** der Hafen ist von Felsen und Riffen umgeben ❷ BRIT (*draw*) ■**to ~ sth** etw einkreisen ❸ BRIT (*put ring on*) **to ~ a bird** einen Vogel beringen; **to ~ a bull/a pig** einen Stier/ein Schwein mit einem Nasenring versehen

ring² [rɪŋ] **I.** *n* ❶ (*act of sounding bell*) Klingeln *nt kein pl;* **to give a ~** klingeln; **he gave a ~ at the door** er klingelte [*o* läutete] an der Tür ❷ (*sound made*) Klingeln *nt kein pl,* Läuten *nt kein pl;* **there was a ~ at the door** es hat geklingelt [*o* geläutet] ❸ *usu sing esp* BRIT (*telephone call*) **to give sb a ~** jdn anrufen ❹ (*loud sound*) Klirren *nt kein pl;* **the ~ of iron on stone** das Klirren von Eisen auf Stein ❺ *usu sing* (*quality*) Klang *m;* **your name has a familiar ~** Ihr Name kommt mir bekannt vor; **his story had the ~ of truth** seine Geschichte hörte sich glaubhaft an ❻ (*set of bells*) Glockenspiel *nt; of a church* Läut[e]werk *nt* **II.** *vi* <rang, rung> ❶ (*produce bell sound*) *telephone* klingeln, läuten; (*cause bell sound*) klingen ❷ (*summon*) läuten; ■**to ~ for sth** nach etw *dat* läuten ❸ (*have humming sensation*) klingen; **my ears are still ~ing from the explosion** mir klingen noch die Ohren von der Explosion ❹ (*reverberate*) **to ~ with** [*or* **to**] **a sound** von einem Klang widerhallen; **the room rang with laughter** der Raum war von Lachen erfüllt; (*fig*) **his voice rang with anger** seine Stimme bebte vor Zorn ❺ (*appear*) **to ~ false/true** unglaubhaft/glaubhaft klingen; **to ~ hollow** hohl klingen *pej* ❻ *esp* BRIT (*call on telephone*) anrufen; **to ~ for an ambulance/a taxi** einen Krankenwagen/ein Taxi rufen; **to ~ home** zu Hause anrufen; ■**to ~ back** zurückrufen ▸ PHRASES: **sth ~s in sb's <u>ears</u>** [*or* **<u>head</u>**] etw klingt jdm im Ohr **III.** *vt* <rang, rung> ❶ (*make sound*) **to ~ a bell** eine Glocke läuten; **to ~ the alarm** Alarm auslösen ❷ (*of a church*) **to ~ the hour** die Stunde schlagen; **to ~ a peal** die Glocken läuten ❸ *esp* BRIT (*call on telephone*) ■**to ~ sb** jdn anrufen; ■**to ~ sb back** jdn zurückrufen ▸ PHRASES: **to ~ a <u>bell</u>** Assoziationen hervorrufen; **the name rang a bell** der Name kam mir irgendwie bekannt vor; **to ~ the <u>changes</u> [on sth]** für Abwechslung [bei etw *dat*] sorgen

◆**ring around** *vi* BRIT herumtelefonieren

◆**ring down** *vt* THEAT **to ~ down ↔ the curtain** den Vorhang herunterlassen; **to ~ down the curtain on sth** (*fig*) etw abschließen, einen Schlussstrich unter etw *akk* ziehen

◆**ring in I.** *vi* BRIT sich *akk* telefonisch melden; **to ~ in sick** sich *akk* telefonisch krankmelden **II.** *vt* ■**to ~ in ↔ sb** nach jdm klingeln; ■**to ~ in ↔ sth** etw einläuten; **to ~ in the New Year** das neue Jahr einläuten

◆**ring off** *vi* BRIT auflegen

◆**ring out I.** *vi* ertönen; **a cry of warning rang out** ein Warnruf ertönte **II.** *vt* ■**to ~ out ↔ sth** etw ausläuten; **the bells are ~ing out the old year** die Glocken läuten das alte Jahr aus; ■**to ~ out ↔ sb** jdm durch ein Klingelzeichen zu verstehen geben, dass er/sie nicht mehr gebraucht wird

◆**ring round** *vi* BRIT herumtelefonieren

◆**ring up I.** *vt* ❶ *esp* BRIT (*telephone*) ■**to ~ up ↔ sb** jdn anrufen ❷ COMM **to ~ up an amount** einen Betrag [in die Kasse] eintippen ❸ THEAT **to ~ up ↔ the curtain on a performance** den Vorhang zu einer Vorstellung hochgehen lassen; **to ~ up ↔ the curtain on a new epoch** (*fig*) ein neues Zeitalter einläuten **II.** *vi* BRIT anrufen

'ring bind·er *n* Ringbuch *nt* **'ring dove** *n* Ringeltaube *f*

ring·er¹ ['rɪŋəʳ, AM -ɚ] *n* ❶ *esp* AM SPORTS (*fam*) *Spieler, der unerlaubt an einem Wettkampf teilnimmt oder gegen das Reglement eingewechselt wird;* (*in horseracing*) Ringer *m* (*vertauschtes Pferd*) ❷ (*impostor*) Schwindler(in) *m(f)* ❸ (*person*) Glöckner(in) *m(f)* ▸ PHRASES: **to be a <u>dead</u> ~ for sb** (*fam*) jdm aufs Haar gleichen

ring·er² ['rɪŋəʳ] *n* ❶ AUS, NZ (*shearer*) [Schaf]scherer(in) *m(f)* ❷ AUS (*stockman*) Farmarbeiter(in) *m(f);* (*employed in droving*) Viehtreiber(in) *m(f)*

'ring fin·ger *n* Ringfinger *m* **'ring-in** *n* AUS (*fam*) Quereinsteiger(in) *m(f)*
ring·ing ['rɪŋɪŋ] **I.** *adj attr, inv* ① (*resounding*) schallend; ~ **cheer** lauter Jubel; ~ **crash** ohrenbetäubendes Krachen ② (*unequivocal*) eindringlich **II.** *n no pl* Klingeln *nt*
'ring·lead·er *n* Anführer(in) *m(f)*
ring·let ['rɪŋlɪt] *n usu pl* Locke *f;* **in** ~**s** in Locken, lockig
'ring-pull I. *n* Aufreißring *m,* Dosenring *m* **II.** *n modifier* (*can*) Aufreißring- **'ring road** *n* BRIT, AUS Ringstraße *f,* Umgehungsstraße *f* **'ring·side I.** *n* ■**the** ~ (*in boxing*) die Sitzreihe am Boxring; (*in a circus*) die Sitzreihe an der Manege **II.** *n modifier* ~ **seat** (*in boxing*) Ringplatz *m;* (*in a circus*) Manegenplatz *m;* **to have a** ~ **seat** [*or* **view**] (*fig*) einen Logenplatz haben **'ring-tailed** *adj inv* ZOOL mit beringtem Schwanz *nach n* **'ring tone** *n* Klingelton *m* **'ring·toss** *n no pl* Wurfringspiel *nt,* Wurfringe *mpl;* **to play** ~ Wurfringe werfen **'ring·worm** *n no pl* MED Flechte *f*
rink [rɪŋk] *n* Bahn *f;* **ice** ~ Eisbahn *f,* Schlittschuhbahn *f;* **roller-skating** ~ Rollschuhbahn *f*
rinky-dink ['rɪŋkidɪŋk] *adj* AM (*fam: amateurish*) *business, operation* dilettantisch; (*shoddy*) *bike, recorder* schäbig
rinse [rɪns] **I.** *n* ① (*action*) Spülung *f;* **to give a bottle/one's mouth a** ~ eine Flasche/sich *dat* den Mund ausspülen; **to give clothes/one's hair a** ~ Kleidungsstücke/sich *dat* die Haare spülen; **to give dishes/one's hands a** ~ das Geschirr/sich *dat* die Hände abspülen; **cold/hot** ~ Kalt-/Heißspülen *nt* ② (*for mouth*) Mundspülung *f* ③ (*conditioner*) [Haar]spülung *f;* (*for tinting hair*) Tönung *f* **II.** *vt* ■**to** ~ **sth** etw spülen; **to quickly** ~ **one's hands** sich *dat* kurz die Hände abspülen; **to** ~ **laundry** Wäsche spülen; **to** ~ **one's mouth** sich *dat* den Mund ausspülen; **to** ~ **the suds from the dishes** den Schaum vom Geschirr abspülen **III.** *vi* spülen; **to** ~ **thoroughly** gründlich spülen
◆**rinse off I.** *vt* ■**to** ~ **off** ○ **sth** etw abspülen **II.** *vi* [ab]spülen
◆**rinse out** *vt* ■**to** ~ **out** ○ **sth** etw ausspülen
riot ['raɪət] **I.** *n* ① (*disturbance*) Krawall *m,* Unruhen *fpl,* Ausschreitungen *fpl;* (*uproar*) Aufstand *m a. fig;* **race** ~ Rassenunruhen *fpl;* **to trigger a** ~ Unruhen auslösen ② *no pl* (*fig approv: display*) **a** ~ **of colour[s]** eine Farbenpracht ③ *no pl* (*fig: outburst*) **a** ~ **of emotions** ein Gefühlsausbruch *m* ④ *no pl* (*fam: entertaining person, thing*) **to have a** ~ **of a time** eine tolle Zeit haben *fam;* **to be a** ~ zum Schießen [*o* Schreien] sein *fam* ▶ PHRASES: **to run** ~ (*behave uncontrollably*) *people* Amok laufen; *emotions* verrückt spielen; *artist* sich *akk* in [wilden] Farb-/Klangorgien ergehen; (*spread uncontrollably*) *prejudices* um sich *akk* greifen; *weeds* wuchern; **my imagination ran** ~ die Fantasie ist mit mir durchgegangen **II.** *vi* ① (*act violently*) randalieren ② (*fig: behave uncontrollably*) wild feiern
'riot act *n* ▶ PHRASES: **to read sb the** ~ jdm die Leviten lesen
ri·ot·er ['raɪətəʳ, AM -t̬ɚ] *n* Aufständische(r) *f(m),* Aufrührer(in) *m(f)*
'riot gear *n no pl* Schutzanzug *m*
riot·ing ['raɪətɪŋ, AM -t̬-] *n no pl* Randalieren *nt,* Krawalle *mpl*
ri·ot·ous ['raɪətəs, AM -t̬-] *adj* ① (*involving disturbance*) aufständisch ② (*boisterous*) ausschweifend; **a** ~ **party** eine wilde Party ③ (*vivid*) **a** ~ **display** eine hemmungslose Zurschaustellung
ri·ot·ous·ly ['raɪətəsli, AM -t̬-] *adv* ① (*uncontrollably*) **to behave** ~ völlig außer Rand und Band sein, sich *akk* aufführen wie die Wilden ② (*approv*) unglaublich *fam;* ~ **funny** unglaublich komisch *fam,* urkomisch; **it is** ~ **funny** es ist einfach zum Schreien
ri·ot·ous·ness ['raɪətəsnəs, AM -t̬-] *n no pl* Bereitschaft *f* auf die Barrikaden zu gehen
'riot po·lice *n + sing/pl vb* Bereitschaftspolizei *f* **'riot shield** *n* Schutzschild *m*
rip¹ [rɪp] *n* GEOG, NAUT Kabbelung *f fachspr*
rip² [rɪp] **I.** *n* ① (*tear*) Riss *m* ② *usu sing* (*act*) Zerreißen *nt;* (*with knife*) Zerschlitzen *nt* **II.** *vt* <-pp-> ■**to** ~ **sth** etw zerreißen; **I** ~**ped my shirt on a nail** ich bin an einem Nagel hängen geblieben und habe mir das Hemd aufgeschlitzt; **to** ~ **sth into shreds** etw zerfetzen [*o* in Fetzen reißen]; **to** ~ **sth open** etw aufreißen; (*with knife*) etw aufschlitzen; **to** ~ **open a seam** einen Saum auftrennen; ■**to** ~ **sth apart** etw auseinanderreißen **III.** *vi* <-pp-> ① (*tear*) reißen; *seams of clothing* platzen ② (*rush*) ■**to** ~ **through sth** durch etw *akk* fegen; **the tornado** ~**ped through town** der Wirbelsturm fegte durch die Stadt
◆**rip into** *vi* (*fam*) ■**to** ~ **into sb** über jdn herfallen; (*fig*) auf jdn losgehen
◆**rip off** *vt* ① (*take off fast*) ■**to** ~ **off** ○ **sth** etw abreißen; **they** ~**ped off their clothes** sie rissen sich die Kleider vom Leib ② (*fam: overcharge*) ■**to** ~ **off** ○ **sb** jdn übers Ohr hauen *fam* ③ (*fam: steal*) ■**to** ~ **off** ○ **sth** etw mitgehen lassen *fam;* **to** ~ **off ideas** Ideen klauen *fam;* ■**to** ~ **off** ○ **sb** jdn beklauen *fam*
◆**rip out** *vt* ■**to** ~ **sth** ○ **out** etw herausreißen
◆**rip up** *vt* ■**to** ~ **up** ○ **sth** etw zerreißen; **to** ~ **the carpets up** den Teppichboden herausreißen
RIP [ˌɑːraɪ'piː, AM ˌɑːr-] *abbrev of* **rest in peace** R.I.P.
ri·par·ian [raɪ'peəriən, AM rɪ'per-] LAW **I.** *adj inv* Ufer-; ~ **state** Uferstaat *m* **II.** *n Eigentümer von Uferland an einem Fluss;* **he is a** ~ sein Grundstück liegt direkt am Flussufer
rip·cord ['rɪpkɔːd, AM -kɔːrd] *n* Reißleine *f*
ripe [raɪp] *adj* ① (*ready to eat*) *fruit, grain* reif ② (*matured*) *cheese, wine* ausgereift ③ (*intense*) *flavour, smell* beißend ④ ZOOL *insect, fish* reif für die Eiablage *präd* ⑤ *pred* (*prepared*) ■**to be** ~ **for sth** reif für etw *akk* sein ⑥ *pred* (*full of*) ■**to be** ~ **with sth** von etw *dat* erfüllt sein ⑦ *attr* (*advanced*) fortgeschritten; **to live to a** ~ **old age** ein hohes [*o* reifes] Alter erreichen; ~ **in years** in fortgeschrittenem Alter ⑧ (*hum dated*) anrüchig; ~ **joke** obszöner Witz ▶ PHRASES: **the time is** ~ die Zeit ist reif [*o* gekommen]
rip·en ['raɪpᵊn] **I.** *vi* [heran]reifen *a. fig;* **my plans are** ~**ing** meine Pläne nehmen Gestalt an **II.** *vt* **to** ~ **fruit** eine Frucht reifen [*o* reif werden] lassen
ripe·ness ['raɪpnəs] *n no pl* Reife *f*
'rip-off *n* (*fam*) Wucher *m kein pl pej;* (*fraud*) Schwindel *m,* Beschiss *m kein pl derb;* **that's just a** ~ **of my idea!** da hat doch bloß einer meine Idee geklaut! *fam*
ri·poste [rɪ'pɒst, AM -'poʊst] **I.** *n* ① (*usu approv liter: reply*) [schlagfertige] Antwort ② (*in fencing*) Riposte *f fachspr* **II.** *vt* (*usu approv*) ■**to** ~ **that ...** [schlagfertig] kontern, dass ... **III.** *vi* ripostieren *fachspr*
rip·ple ['rɪpl] **I.** *n* ① (*in water*) leichte Welle, Kräuselung *f;* (*fig*) ~**s of the crisis are continuing to spread** die Krise schlägt weiterhin [ihre] Wellen ② (*sound*) Raunen *nt kein pl;* **a** ~ **of applause** ein kurzer Applaus; **a** ~ **of laughter** ein leises Lachen ③ (*feeling*) Schauer *m;* **a** ~ **of excitement** ein Schauer der Erregung ④ (*reaction*) Wirkung *f;* **news of the war hardly caused a** ~ die Berichte über den Krieg verhallten nahezu wirkungslos ⑤ *no pl* ELEC Brummstrom *m* ⑥ *no pl* (*ice cream*) **chocolate/raspberry** ~ [*Vanille*]*eiscreme, die marmorartig mit Schokoladen-/Himbeersirup durchzogen ist* **II.** *vi* ① (*form waves*) *water* sich *akk* kräuseln ② (*flow with waves*) [kleine] Wellen schlagen, plätschern ③ (*move with waves*) *grain* wogen; **his muscles** ~**d under his skin** man sah das Spiel seiner Muskeln [unter der Haut] ④ (*spread*) *feeling* sich *akk* breit machen; *sound* ertönen, erschallen **III.** *vt* ① (*produce wave in*) **to** ~ **the water** das Wasser kräuseln ② (*make wavy*) **to** ~ **grain** Getreide wogen lassen; **to** ~ **muscles** die Muskeln spielen lassen
'rip·ple ef·fect *n* Nachwirkungen *fpl*
rip-'roar·ing *adj attr* (*fam*) *match* sagenhaft, mitreißend; *person* Aufsehen erregend
'rip tide *n* GEOG, NAUT Kabbelung *f fachspr*

R

rise [raɪz] **I.** *n* ❶ *(upward movement)* *of theatre curtain* Hochgehen *nt kein pl,* Heben *nt kein pl; of the sun* Aufgehen *nt kein pl* ❷ *(in fishing)* Steigen *nt kein pl* ❸ MUS *of a pitch, sound* Erhöhung *f* ❹ *(in society)* Aufstieg *m;* ~ **to power** Aufstieg *m* an die Macht; **meteoric** ~ kometenhafter Aufstieg ❺ *(hill)* Anhöhe *f,* Erhebung *f; (in a road)* [Straßen]kuppe *f* ❻ *(height) of an arch, incline, step* Höhe *f; (in trousers)* Schritt *m* ❼ *(increase)* Anstieg *m kein pl,* Steigen *nt kein pl;* **the team's winning streak has triggered a** ~ **in attendance** die Erfolgsserie der Mannschaft hat die Zuschauerzahlen ansteigen lassen; [**pay**] ~ BRIT Gehaltserhöhung *f;* **temperature** ~ Temperaturanstieg *m;* **to be on the** ~ im Steigen begriffen sein; **inflation is on the** ~ die Inflation steigt ❽ *(origin) of a brook* Ursprung *m;* **the river Cam has its** ~ **in a place called Ashwell** der Fluss Cam entspringt an einem Ort namens Ashwell ▸ PHRASES: **to get** [*or* **take**] **a** ~ **out of sb** *(fam)* jdn [total] auf die Palme bringen *fam;* **to give** ~ **to sth** etw verursachen, Anlass zu etw *akk* geben; **to give** ~ **to a question** eine Frage aufwerfen **II.** *vi* <rose, risen> ❶ *(ascend)* steigen; *curtain* aufgehen, hochgehen; **the curtain is rising** der Vorhang geht auf [*o* hebt sich] ❷ *(become visible) moon, sun* aufgehen ❸ *(move towards water surface) fish* an die Oberfläche kommen ❹ *(become higher in pitch) voice* höher werden ❺ *(improve position)* aufsteigen; **to** ~ **to fame** berühmt werden; **to** ~ **in the hierarchy** in der Hierarchie aufsteigen; **to** ~ **in the ranks** im Rang steigen; **to** ~ **through the ranks** befördert werden; **to** ~ **in sb's esteem** in jds Ansehen *nt* steigen ❻ *(from a chair)* sich *akk* erheben; LAW **all** ~ bitte erheben Sie sich ❼ *(get out of bed)* aufstehen ❽ *esp* BRIT *(form: adjourn)* enden, schließen; **the meeting rose at 6p.m.** die Besprechung endete um 18.00 Uhr ❾ *(be reborn)* auferstehen; **to** ~ **from the dead** von den Toten auferstehen; **to** ~ **again** wiederauferstehen ❿ *(blow) wind* aufkommen; **they noticed that the wind was rising** sie bemerkten, dass der Wind stärker wurde ⓫ *(originate) river* entspringen ⓬ *(rebel)* sich *akk* auflehnen; ■**to** ~ **against sb/sth** sich *akk* gegen jdn/etw auflehnen ⓭ *(incline upwards) ground* ansteigen ⓮ *(be higher than surroundings)* sich *akk* erheben; **the mountains** ~ **above the woods** die Berge ragen über den Wäldern empor ⓯ *(stand on end) hair* zu Berge stehen; **his hair rose** ihm standen die Haare zu Berge ⓰ *(be constructed) building* entstehen; **we were impressed by the skyscrapers rising above the plain** wir waren beeindruckt von den Wolkenkratzern, die sich über der Ebene erhoben ⓱ FOOD *yeast, dough* aufgehen ⓲ *(appear) blister, bump, weal* sich *akk* bilden ⓳ *(get nauseated) stomach* sich *akk* umdrehen [*o* heben] ⓴ *(increase)* [an]steigen; *(in height) river, sea* steigen; **house prices have** ~**n sharply** die Immobilienpreise sind stark gestiegen ㉑ *of emotion* sich *akk* erhitzen; **tempers were rising at the meeting** die Gemüter erhitzten sich auf der Besprechung; **he felt panic** ~ **in him** er fühlte Panik in sich aufsteigen ㉒ *(become louder) voice* lauter werden, sich *akk* erheben; **murmurs of disapproval rose from the crowd** die Menge ließ ein missbilligendes Gemurmel hören ㉓ *mood, spirit* steigen; **my spirits** ~ **whenever I think of my next holiday** immer wenn ich an meinen nächsten Urlaub denke, steigt meine Laune ㉔ *barometer, thermometer* steigen ▸ PHRASES: **to** ~ **to the bait** anbeißen; **they offered a good salary, but I didn't** ~ **to the bait** sie boten mir ein gutes Gehalt an, aber ich habe mich nicht ködern lassen; ~ **and shine!** aufstehen!, los, raus aus den Federn!

◆**rise above** *vi* ■**to** ~ **above sth** ❶ *(protrude) skyscrapers* sich *akk* über etw *dat* erheben ❷ *(be superior to)* über etw *dat* stehen [*o* erhaben sein]; **to** ~ **above difficulties/poor conditions** Schwierigkeiten/Notlagen überwinden

◆**rise to** *vi* ■**to** ~ **to sth** auf etw *akk* reagieren; **to** ~ **to the challenge** [*or* **occasion**] sich *akk* der Herausforderung stellen; **to** ~ **to provocation** sich *akk* provozieren lassen

◆**rise up** *vi* ❶ *(mutiny)* ■**to** ~ **up** [**against sb/sth**] sich *akk* [gegen jdn/etw] auflehnen ❷ *(be visible)* aufragen ❸ *(become present in mind)* aufsteigen; **a feeling of nervousness rose up in him** ein Gefühl der Nervosität stieg in ihm auf; **to** ~ **up in sb's mind** jdm in den Sinn kommen

ris·en ['rɪzᵊn] *pp of* **rise**

ris·er ['raɪzəʳ, AM -ɚ] *n* ❶ *(person)* **early** ~ Frühaufsteher(in) *m(f);* **late** ~ Spätaufsteher(in) *m(f),* Langschläfer(in) *m(f)* ❷ ARCHIT *of a step* Setzstufe *f fachspr,* Futterstufe *f fachspr* ❸ AM *(platform)* ■~**s** *pl* Tribüne *f* ❹ *(pipe)* Steigrohr *nt,* Steigleitung *f*

ris·ible ['rɪzəbl̩] *adj (pej form)* lächerlich; ~ **excuse** lächerliche Ausrede

ris·ing ['raɪzɪŋ] **I.** *adj attr, inv* ❶ *(increasing in status) author, politician* aufstrebend ❷ *(getting higher)* ~ **flood waters** steigendes Hochwasser; ~ **sun** aufgehende Sonne ❸ *(increasing) costs* steigend; *wind* aufkommend; *fury* wachsend ❹ *(advancing to adulthood)* heranwachsend; **the** ~ **generation** die kommende Generation ❺ *(angled upwards) ground* [auf]steigend ❻ LING ~ **intonation** Anhebung *f* der Stimme **II.** *n* Aufstand *m,* Erhebung *f*

ris·ing 'damp *n no pl* BRIT Grundmauerfeuchte *f fachspr* **ris·ing 'sign** *n* ASTROL Aszendent *m* **ris·ing 'star** *n* Aufsteiger(in) *m(f),* aufgehender Stern

risk [rɪsk] **I.** *n* Risiko *nt;* ■**at the** ~ **of doing sth** auf die Gefahr hin, etw zu tun; **at the** ~ **of seeming rude, I'm afraid I have to leave now** auch wenn es vielleicht unhöflich erscheinen mag, ich fürchte, ich muss jetzt gehen; **fire** ~ Brandgefahr *f;* ~ **to health** Gesundheitsrisiko *nt,* Gefahr *f* für die Gesundheit; **at the** ~ **of one's life** unter Einsatz seines Lebens; **safety** [*or* **security**] ~ Sicherheitsrisiko *nt;* **bad** [*or* **high**]/**good** [*or* **low**] ~ hohes/geringes Risiko; **the company is quite a good** ~ das Unternehmen hat eine recht gute Bonität; **negligible** ~ vernachlässigbares Risiko; **at one's own** ~ auf eigenes Risiko; **to be worth the** ~ das Risiko wert sein; **to take** [*or* **run**] **a** ~ ein Risiko eingehen, etw riskieren; ■**to be at** ~ einem Risiko ausgesetzt sein; **they are a minority at** ~ sie sind eine gefährdete Minderheit **II.** *n modifier (analysis, factor)* Risiko- **III.** *vt* ■**to** ~ **sth** etw riskieren; ■**to** ~ **doing sth** riskieren [*o* es wagen], etw zu tun; **to** ~ **one's life** [*or fam* **neck**] sein Leben [*o fam* Kopf und Kragen] riskieren; **to** ~ **life and limb** Leib und Leben riskieren

'risk capi·tal *n no pl* ECON Risikokapital *nt* **'risk-free** *adj (approv)* risikolos, unriskant **risk 'man·age·ment** *n no pl* Risikomanagement *nt* **risk 'man·ag·er** *n* Riskmanager(in) *m(f)*

risky ['rɪski] *adj* riskant

ri·sot·to [rɪ'zɒtəʊ, AM -'zɑːt̬oʊ] *n* Risotto *m o nt*

ris·qué ['rɪskeɪ, AM rɪ'skeɪ] *adj* gewagt

ris·sole ['rɪsəʊl, AM -soʊl] *n* FOOD Rissole *f*

rite [raɪt] *n usu pl* Ritus *m;* **funeral** ~ Bestattungsritual *nt;* **last** ~**s** Sterbesakramente *ntpl;* **to administer last** ~**s** die Sterbesakramente erteilen

rite of 'pas·sage <*pl* rites-> *n* REL Übergangsritus *m*

ritu·al ['rɪtjuəl, AM -tʃu-] **I.** *n* Ritual *nt,* Ritus *m;* **one's daily/evening/morning** ~ das tägliche/abendliche/morgendliche Ritual; **mating** ~ ZOOL Balzritual *nt;* **religious** ~ religiöse Riten **II.** *adj attr* rituell, Ritual-; ~ **bath** rituelle Waschung

ritu·al·is·tic [ˌrɪtjuᵊl'ɪstɪk, AM -tʃuᵊl'-] *adj* rituell

ritu·al·is·ti·cal·ly [ˌrɪtjuᵊl'ɪstɪkᵊli, AM -tʃuᵊl'-] *adv* rituell

ritu·al·ized ['rɪtjuᵊlaɪzd, AM -tʃu-] *adj* ritualisiert

ritu·al 'mur·der *n* Ritualmord *m*

ritzy ['rɪtsi] *adj (dated fam)* nobel

ri·val ['raɪvᵊl] **I.** *n* Rivale, -in *m, f;* ECON, COMM Konkurrent *m;* **arch** ~ Erzrivale, -in *m, f;* **bitter** ~**s** scharfe Rivalen; **closest** [*or* **nearest**] ~ größter [*o* schärfster] Rivale/größte [*o* schärfste] Rivalin **II.** *n modifier* rivalisierend *attr,* konkurrierend *attr;* ~ **brand** Konkurrenzmarke *f;* ~ **camp/team** gegnerisches Lager/gegnerische Mannschaft; ~ **factions** rivalisierende

Gruppen **III.** *vt* <BRIT -ll- *or* AM *usu* -l-> ■**to ~ sb/sth** mit jdm/etw konkurrieren, es mit jdm/etw aufnehmen; ■**to be ~led by sth/sb** von etw/jdm übertroffen werden

ri·val·ry ['raɪvəlri] *n* ❶ *no pl* (*competition*) Rivalität *f* (**among** unter +*dat*); *esp* ECON, SPORTS Konkurrenz *f*, Wettbewerb *m* (**for** um +*akk*) ❷ (*incidence*) Rivalität *f*; **friendly ~** freundschaftlicher Wettstreit; **to revive old rivalries** alte Rivalitäten wieder aufleben lassen

riv·en ['rɪvən] *adj inv* (*liter*) gespalten

riv·er ['rɪvəʳ, AM -ɚ] **I.** *n* ❶ (*water*) Fluss *m*; **they took a walk by the ~** sie machten einen Spaziergang entlang dem Flussufer; **the R~ Amazon** der Amazonas; **the R~ Thames** die Themse; **down ~** stromabwärts; **up ~** stromaufwärts; **down by the ~** unten am Fluss ❷ (*quantity*) Strom *m*; **~s of sweat ran down his back** der Schweiß rann ihm in Strömen den Rücken hinunter **II.** *n modifier* Fluss-; **~ fishing** Fischen *nt* am Fluss; **~ industry** Industrie *f* am Fluss; **~ pollution** Verschmutzung *f* des Flusses; **~ system** Flusssystem *nt*; **~ traffic** Flussschifffahrt *f*; **~ water** Wasser *nt* des Flusses, Flusswasser *nt*

'riv·er bank *n* GEOG Flussufer *nt* **'riv·er ba·sin** *n* GEOG Flussbecken *nt* **'riv·er bed** *n* GEOG Flussbett *nt* **'riv·er blind·ness** *n no pl* MED *durch Insekten übertragene Tropenkrankheit, die Erblindung verursachen kann* **'riv·er boat** *n* Flussschiff *nt* **'riv·er fish** *n* Flussfisch *m* **riv·er navi·'ga·tion** *n no pl* NAUT Navigation *f* auf Binnengewässern **'riv·er po·lice** *n no pl, + sing/pl vb* Wasserschutzpolizei *f* **'riv·er·side I.** *n* [Fluss]ufer *nt* **II.** *n modifier* Ufer-; **~ area** Uferzone *f*

riv·et ['rɪvɪt] **I.** *n* Niete *f* **II.** *vt* ❶ (*join*) ■**to ~ sth [together]** etw [zusammen]nieten ❷ (*fix firmly*) ■**to ~ sb/sth** jdn/etw fesseln; **to be ~ed to the spot** wie angewurzelt stehen bleiben ❸ (*engross*) ■**to ~ sb** jdn fesseln; ■**to be ~ed by** [*or* **on**] **sth** von etw *dat* gefesselt sein; **my attention was ~ed by my grandmother's stories** ich war von Großmutters Geschichten ganz gefesselt; **the attention of the crowd was ~ed on the fire** die Menge schaute gebannt auf das Feuer

riv·et·ing ['rɪvɪtɪŋ, AM -t̬-] *adj* (*fam*) fesselnd

rivi·era [ˌrɪvi'eərə, AM -'erə] *n* Riviera *f*

rivu·let ['rɪvjələt, AM -lɪt] *n* Bächlein *nt*; (*fig*) **~s of sweat ran down his face** der Schweiß lief ihm in Rinnsalen übers Gesicht

RN [ˌɑːr'en] *n* ❶ BRIT MIL *abbrev of* **Royal Navy** ❷ AM *abbrev of* **registered nurse** examinierte [*o* staatlich anerkannte] Krankenschwester; (*male*) examinierter [*o* staatlich anerkannter] Krankenpfleger

RNA [ˌɑːren'eɪ] *n no pl* SCI, MED *abbrev of* **ribonucleic acid** RNS *f*

RNLI [ˌɑːrenel'aɪ] *n* BRIT *abbrev of* **Royal National Lifeboat Institution** ≈ DLRG *f*

roach¹ <*pl* -> [rəʊtʃ, AM roʊtʃ] *n* Rotauge *nt*

roach² <*pl* -es> [rəʊtʃ, AM roʊtʃ] *n* (*fam*) ❶ AM ZOOL Küchenschabe *f*, Kakerlak *m* ❷ (*sl: of a cannabis cigarette*) *eingedrehter Pappfilter eines Joints*

road [rəʊd, AM roʊd] *n* ❶ (*way*) Straße *f*; **is this the ~ to Burlington?** ist das die Straße nach Burlington?; **all ~s into the town were blocked by snow** sämtliche Zufahrtsstraßen in die Stadt waren völlig zugeschneit; **on this/the other side of the ~** auf dieser/der anderen Straßenseite; **back** [*or* BRIT *a.* **minor**] **~** Nebenstraße *f*; **busy ~** stark befahrene Straße; **dirt ~** Feldweg *m*; **impassable ~** unpassierbare Straße; **main ~** Hauptstraße *f*; **to cross the ~** die Straße überqueren ❷ *no pl* (*street name*) Straße *f*; **I live in 77 Mill R~** ich wohne in der Mill Road [Nr.] 77 ❸ MIN Tunnel *m*, Förderstrecke *f* ❹ AM (*railroad*) Eisenbahn *f* ❺ BRIT (*railway track*) Schiene *f* ❻ (*fig: course*) Weg *m*; **to be on the ~ to recovery** sich *akk* auf dem Wege der Besserung befinden; **to be on the right ~** auf dem richtigen Weg sein ❼ *usu pl* NAUT Reede *f* ▸PHRASES: **~ to Damascus** prägendes, einschneidendes Erlebnis; **meeting Martin Luther King was a ~ to Damascus for many people** die Begegnung mit Martin Luther King war für viele Menschen ein Erlebnis, das ihr Leben entscheidend geprägt hat; **to come to the end of the ~** zu Ende sein; **my relationship with Ann has come to the end of the ~** mit Ann ist Schluss *fam*; **the ~ to hell is paved with good intentions** (*saying*) der Weg zur Hölle ist mit guten Absichten gepflastert *hum*; **all ~s lead to Rome** (*saying*) alle Wege führen nach Rom *prov*; **to be on the ~** (*performing at different venues*) auf Tournee sein; (*travelling by road*) unterwegs sein; (*fit for driving*) straßentauglich sein; **to get out of the** [*or* **one's**] **~** AM (*fam*) Platz machen; **to take [to] the ~** sich *akk* auf den Weg machen, losfahren; **one for the ~** (*fam: drink*) eine(n, s) für unterwegs *fam*; **by ~** mit dem Auto/Bus/LKW; **to face a bumpy ~** einen steinigen Weg vor sich *dat* haben

'road ac·ci·dent *n* Verkehrsunfall *m* **'road·block** *n* Straßensperre *f* **'road con·struc·tion** *n no pl* Straßenbau *m* **'road crew I.** *n* THEAT, MUS Tourneecrew *f* **II.** *n modifier* (*members*) Tourneecrew-; **~ pay** Bezahlung *f* der Tourneecrew **'road fund li·cence** *n* BRIT Steuerplakette *f* **'road haul·age** *n no pl* BRIT Güterverkehr *m* (*auf den Straßen*) **road haul·age 'in·dus·try** *n no pl* BRIT Güterverkehrsindustrie *f* **'road hog** *n* (*pej fam*) Rowdy *m pej fam* **'road·hold·ing** *n no pl* AUTO Straßenlage *f* **'road·house** *n esp* AM (*dated*) Raststätte *f*

roadie ['rəʊdi, AM 'roʊdi] *n* (*fam*) Roadie *m fam*

'road kill *n no pl esp* AM AUTO ❶ (*animal*) totgefahrene Tiere ❷ (*action*) Überfahren eines Tieres *nt* **'road·man** *n* BRIT Straßenarbeiter *m* **'road map** *n* Straßenkarte *f* **'road met·al** *n no pl* BRIT Schotter *m* **'road movie** *n* Roadmovie *nt sl* **'road pric·ing** *n no pl esp* BRIT Erhebung einer Straßen[be]nutzungsgebühr [*o* Maut] [*o* SÜDD, ÖSTERR Mautgebühr] **'road rage** *n no pl* aggressives Verhalten im Straßenverkehr, Verkehrsrowdytum *nt* **'road·run·ner** [-ˌrʌnəʳ, AM -ˌrʌnɚ] *n* Erdkuckuck *m* **road 'safe·ty I.** *n no pl* Verkehrssicherheit *f* **II.** *n modifier* (*evaluation, statistics*) Verkehrssicherheits-; **~ expert** Verkehrssicherheitsexperte, -in *m, f*; **~ research** Untersuchung *f* zum Thema Verkehrssicherheit **'road sense** *n no pl* BRIT verantwortungsvolles Verhalten im Straßenverkehr **'road·show** *n* ❶ RADIO, TV Direktübertragung *f* vom Dreh-/Aufnahmeort ❷ POL Kampagne *f* ❸ MUS, THEAT Tournee *f*; (*people*) Musikgruppe *f*/Theatertruppe *f* auf Tournee **'road·side I.** *n no pl* Straßenrand *m*; **at** [*or* **by**] [*or* **on**] **the ~** am Straßenrand **II.** *n modifier* Straßen-, am Straßenrand gelegen; **~ shop** Laden *m* an der Straße; **~ stop** Rastplatz *m* **'road sign** *n* Verkehrsschild *nt* **'road·stead** *n* NAUT Ankerplatz *m*

road·ster ['rəʊdstəʳ, AM 'roʊdstɚ] *n* ❶ (*car*) Roadster *m* (*offener, zweisitziger Sportwagen*) ❷ (*bicycle*) Tourenrad *nt*

'road sur·face *n* Straßenbelag *m* **'road sweep·er** *n* Straßenkehrer(in) *m(f)*, Straßenfeger(in) *m(f)* SÜDD **'road sys·tem** *n* Straßennetz *nt* **'road tax** *n no pl* BRIT Kraftfahrzeugsteuer *f* **'road test** *n* AUTO ❶ (*trial drive*) Testfahrt *f* ❷ AM (*examination*) praktische Fahrprüfung **'road-test** *vt* AUTO **to ~ a car** ein Auto Probe fahren **'road toll** *n* ❶ AM (*fee*) Straßen[be]nutzungsgebühr *f*, Maut *f* SÜDD, ÖSTERR, Mautgebühr *f* ÖSTERR ❷ AUS Zahl *f* der Verkehrstoten **'road traf·fic** *n no pl* Straßenverkehr *m* **road 'trans·port** *n no pl* BRIT Güterverkehr *m* **'road trip** *n* AM Geschäftsreise *f*; **to be on a ~** auf Geschäftsreise sein **'road us·er** *n* Verkehrsteilnehmer(in) *m(f)* **'road ve·hi·cle** *n* Kraftfahrzeug *nt* **'road war·ri·or** *n* Verkehrsrowdy *m*, Raser(in) *m(f)* **'road·way** *n no pl* Fahrbahn *f* **'road·work** *n* ❶ ■**~s** *pl* BRIT, AUS, ■**~** *no pl* AM TRANSP Straßenbauarbeiten *fpl* ❷ *no pl* SPORTS Bewegungstraining *nt* (*im Freien*) **'road·wor·thy** *adj esp* BRIT **~ bicycle/car** verkehrstüchtiges Fahrrad/Auto

roam [rəʊm, AM roʊm] **I.** *vi* ❶ (*travel aimlessly*) **to ~ about/around/over/through** umherstreifen, umherziehen ❷ *mind, thoughts* abschweifen **II.** *vt* **to ~ the streets** durch die Straßen ziehen *fam*; *dog* herumstreunen; **to ~ the Inter-**

net [im Internet] surfen **III.** *n* [Herum]wandern *nt kein pl*

roam·er ['rəʊmə^r, AM 'roʊmɚ] *n* (*fam*) Herumtreiber(in) *m(f) pej o hum fam,* Vagabund(in) *m(f)*

roam·ing ['rəʊmɪŋ, AM 'roʊm-] *n no pl* TELEC Roaming *nt* (*per Handy Auslandsgespräche führen*)

roan[1] [rəʊn, AM roʊn] **I.** *adj horse, calf* rötlich grau **II.** *n* Rotschimmel *m*

roan[2] [rəʊn, AM roʊn] *n no pl* Schafleder *nt*

roar [rɔː^r, AM rɔːr] **I.** *n* ❶ (*bellow*) *of a lion, person* Brüllen *nt kein pl,* Gebrüll *nt kein pl* ❷ (*loud noise*) *of an aircraft, a cannon* Donnern *nt kein pl; of an engine* [Auf]heulen *nt kein pl,* Dröhnen *nt kein pl; of a fire* Prasseln *nt kein pl; of thunder* Rollen *nt kein pl,* Grollen *nt kein pl; of waves* Tosen *nt kein pl; of wind* Heulen *nt kein pl* ❸ (*laughter*) schallendes Gelächter **II.** *vi* ❶ (*bellow*) *lion, person* brüllen; ■**to ~ at sb** jdn anbrüllen ❷ (*make a loud noise*) *aircraft, cannon* donnern; *engine* [auf]heulen, dröhnen; *fire* prasseln; *thunder* rollen, grollen; *waves* tosen; *wind* heulen; **she looked up as a plane ~ed overhead** sie sah auf, als ein Flugzeug über sie hinwegdonnerte ❸ (*laugh*) schallend lachen, brüllen vor Lachen; **to ~ with laughter** in schallendes Gelächter ausbrechen ❹ (*make noise in breathing*) *horse* keuchen **III.** *vt* ■**to ~ sth** etw brüllen

◆**roar by, roar past** *vi* vorbeidonnern *fam*

◆**roar on** *vt* ■**to ~ on** ⊂ **sb** jdn anfeuern

roar·ing ['rɔːrɪŋ] *adj attr, inv* ❶ (*noisy*) *animal, crowd, person* brüllend; *inanimate object* lärmend; *aircraft, cannon* donnernd; *engine, wind* heulend; *fire* prasselnd; *traffic, waves* tosend; *thunder* rollend; **~ inferno** (*fig*) entsetzliches Inferno ❷ (*fam: for emphasis*) **~ business** Bombengeschäft *nt fam;* **to be a ~ success** ein Bombenerfolg sein *fam;* **to do a ~ trade** ein Bombengeschäft machen *fam;* **~ drunk** sturzbetrunken *fam*

roar·ing 'for·ties *n* METEO ■**the ~** *stürmische Klimazone am 40. Breitengrad* **roar·ing 'twen·ties** *n* (*fam*) ■**the ~** die wilden Zwanziger

roast [rəʊst, AM roʊst] **I.** *vt* ❶ (*heat*) ■**to ~ sth** etw rösten; ■**to ~ sb** (*fig*) jdn rösten [*o* verbrennen]; **to ~ chestnuts/coffee beans** Kastanien/Kaffeebohnen rösten; **to ~ meat** Fleisch braten; **to ~ ore** Erz rösten ❷ *esp* BRIT (*torture*) ■**to ~ sb** jdn brennen (*mit glühenden Zigaretten o.Ä.*) ❸ (*criticize*) ■**to ~ sb** mit jdm hart ins Gericht gehen **II.** *vi* braten *a. fig;* **hundreds of people were lying in the sun ~ing** hunderte von Menschen ließen sich in der Sonne braten; ■**to be ~ing** (*fig*) [vor Hitze] fast umkommen *fam* **III.** *adj attr, inv* Brat-; **~ beef** Roastbeef *nt;* **~ chicken** Brathähnchen *nt;* **~ coffee** Röstkaffee *m;* **~ potatoes** Ofenkartoffeln *fpl* **IV.** *n* ❶ Braten *m* ❷ *no pl* (*process*) Rösten *nt* ❸ (*coffee*) Röstung *f* ❹ AM (*party*) Grillparty *f*

roast·ed ['rəʊstɪd, AM 'roʊ-] *adj attr, inv* gebraten; **~ chestnuts** geröstete Kastanien

roast·er ['rəʊstə^r, AM 'roʊstɚ] *n* ❶ (*device*) Röstapparat *m,* Röster *m; for metal ore* Röstofen *m* ❷ (*oven*) Bratofen *m,* Bratröhre *f* ❸ (*person*) Sonnenanbeter(in) *m(f)* ❹ (*chicken*) Brathähnchen *nt;* (*pig*) Spanferkel *nt*

roast·ing ['rəʊstɪŋ, AM 'roʊ-] **I.** *adj attr, inv* ❶ (*for roasting*) zum Braten *nach n* ❷ (*being roasted*) **~ coffee** Röstkaffee *m* ❸ (*fam: hot*) knallheiß *fam* **II.** *n* ❶ *no pl* (*action of cooking*) Braten *nt* ❷ *usu sing* (*fam: criticism*) Standpauke *f;* **to give sb a ~** jdm eine Standpauke halten; **to give sth a ~** etw verreißen

'roast·ing pan *n* AM, **'roast·ing tin** *n* BRIT Bratpfanne *f*

rob <-bb-> [rɒb, AM rɑːb] *vt* ❶ (*steal from*) ■**to ~ sb [of sth]** jdn [um etw *akk*] bestehlen; (*violently*) jdm [etw] rauben; **to ~ a bank** eine Bank ausrauben ❷ *usu passive* (*fam: overcharge*) ■**to ~ sb** jdn ausnehmen *fam* ❸ (*deprive*) ■**to ~ sb of sth** jdn um etw *akk* bringen ▸ PHRASES: **to ~ Peter to pay Paul** (*saying*) das eine Loch stopfen und ein anderes aufmachen *fig* (*sich Geld leihen, um Schulden bezahlen zu können*)

rob·ber ['rɒbə^r, AM 'rɑːbɚ] *n* Räuber(in) *m(f);* **bank ~** Bankräuber(in) *m(f)*

rob·ber 'bar·on *n* ❶ (*hist: noble*) Räuberbaron *m* ❷ *esp* AM (*pej*) Raffzahn *m pej fam,* Geldhai *m pej*

rob·bery ['rɒbəri, AM 'rɑːbɚi] *n* ❶ *no pl* (*action*) Raubüberfall *m;* **~ with violence** BRIT, AUS LAW, **armed ~** AM bewaffneter Raubüberfall ❷ (*theft*) Raub *m,* Raubüberfall *m;* **bank ~** Bankraub *m;* **armed ~** bewaffneter Raubüberfall; **to commit a ~** einen Raubüberfall verüben ❸ (*fam: overcharging*) **daylight** [*or* AM **highway**] **~** Nepp *m pej fam,* Halsabschneiderei *f pej fam*

robe [rəʊb, AM roʊb] **I.** *n* ❶ (*long garment*) langes Kleid, Abendkleid *nt* ❷ *usu pl* (*formal gown*) Robe *f,* Talar *m* ❸ (*dressing gown*) Morgenmantel *m,* Bademantel *m* **II.** *vt* ■**to ~ sb** jdn ankleiden; ■**to ~ sb/sth in sth** jdn/etw in etw *akk* kleiden *a. fig liter* **III.** *vi* sich *akk* anziehen [*o veraltend* ankleiden]

robed [rəʊbd, AM roʊbd] *adj inv* (*form*) gekleidet; *judge* mit einer Robe bekleidet; **she was ~ in blue** sie war ganz in Blau gekleidet; **a white-~ figure** eine Gestalt in [einem] weißen Gewand

rob·in ['rɒbɪn, AM 'rɑːb-] *n, liter* **rob·in 'red·breast** *n* ❶ (*European bird*) Rotkehlchen *nt* ❷ AM (*American bird*) Wanderdrossel *f*

ro·bot ['rəʊbɒt, AM 'roʊbɑːt] *n* ❶ (*machine*) Roboter *m a. fig* ❷ SA (*traffic light*) Ampel *f*

ro·bot·ic [rə(ʊ)'bɒtɪk, AM roʊ'bɑːt̬-] *adj* ❶ *device* Roboter-; **~ arm** Roboterarm *m* ❷ (*pej*) *person* roboterhaft

ro·bot·ic 'danc·ing *n* SPORTS, MUS *Tanz mit roboterhaften Bewegungen*

ro·bot·ics [rə(ʊ)'bɒtɪks, AM roʊ'bɑːt̬-] *n + sing vb* Robotertechnik *f kein pl,* Robotik *f kein pl fachspr*

ro·bust [rə(ʊ)'bʌst, AM roʊ'-] *adj* ❶ (*healthy*) kräftig, robust; **~ appetite** gesunder Appetit; **to be in ~ health** bei guter Gesundheit [*o* kerngesund] sein ❷ (*sturdy*) *material* robust, widerstandsfähig ❸ ECON stabil; **~ finances** stabile Finanzlage ❹ (*down-to-earth*) *approach, attitude, view* bodenständig ❺ (*physical*) hart; **~ exercise** hartes Training ❻ (*full-bodied*) *food* deftig, kräftig; *wine* robust, kernig

ro·bust·ly [rə(ʊ)'bʌstli, AM roʊ'-] *adv* ❶ (*healthily*) **~ healthy** kerngesund ❷ (*sturdily*) **he walked ~ up the hill** mit energischen Schritten ging er den Berg hinauf ❸ (*determinedly*) *argue, defend, express* entschlossen, energisch ❹ (*physically*) hart; **to exercise ~** hart trainieren

ro·bust·ness [rə(ʊ)'bʌstnəs, AM roʊ'-] *n no pl* ❶ (*vitality, sturdiness*) Widerstandsfähigkeit *f,* Robustheit *f* ❷ ECON (*stability*) Stabilität *f* ❸ (*determination*) Entschlossenheit *f*

rock[1] [rɒk, AM rɑːk] *n* ❶ *no pl* (*mineral material*) Stein *m* ❷ (*sticking out of ground*) Fels[en] *m;* (*sticking out of sea*) Riff *nt;* (*boulder*) Felsbrocken *m;* **to be [as] solid as a ~** (*hard*) hart wie Stein [*o* steinhart] sein; (*approv, fig: reliable*) wie ein Fels in der Brandung sein *fig;* **our team's defence has been as solid as a ~ all year** auf unsere Verteidigung war das ganze Jahr über absolut Verlass; **their marriage is solid as a ~** ihre Ehe ist durch nichts zu erschüttern ❸ GEOL Gestein *nt* ❹ (*Gibraltar*) ■**the R~** der Felsen von Gibraltar ❺ AM, AUS (*a stone*) Stein *m* ❻ (*fig: firm support*) Fels *m* in der Brandung *fig* ❼ *no pl* BRIT (*candy*) Zuckermasse *f;* **stick of ~** Zuckerstange *f* ❽ (*fam: diamond*) Klunker *m fam* ❾ (*fam: piece of crack cocaine*) Crack *nt kein pl* ❿ (*vulg, sl: testicles*) ■**~s** Eier *ntpl derb* ⓫ *usu pl* (*source of danger*) Gefahr *f;* **to head for the ~s** in sein Verderben rennen ⓬ AM (*dated fam: money*) ■**~s** *pl* Kohle *f kein pl fam,* Kies *m kein pl fam* ▸ PHRASES: **to be between a ~ and a hard place** zwischen den Stühlen sitzen *fig;* **to get one's ~s off** (*fam!*) bumsen *vulg;* **on the ~s** (*fam: in disastrous state*) am Ende *fam; relationship, marriage* in die Brüche gegangen, kaputt *fam;* (*served with ice*) on the rocks, mit Eis

rock[2] [rɒk, AM rɑːk] **I.** *n* ❶ *no pl* Rockmusik *f* ❷ (*movement*) Schaukeln *nt kein pl,* Wiegen *nt kein pl* ❸ (*dance*) Rock 'n' Roll *m kein pl* **II.** *vt* ❶ (*cause to move*) ■**to ~ sb/sth** jdn/etw schaukeln; (*gently*) jdn/etw wiegen; **to ~ sb to sleep** jdn in den Schlaf wiegen ❷ (*sway*) ■**to ~ sth** etw erschüttern ❸ (*shock*) ■**to ~ sb/sth** jdn/etw erschüttern *fig* ► PHRASES: **to ~ the boat** (*fam*) für Aufregung sorgen, Staub aufwirbeln *fig* **III.** *vi* ❶ (*move*) schaukeln; **to ~ back and forth** hin und her schaukeln ❷ (*dance*) rocken *fam;* (*play music*) Rock[musik] spielen ❸ (*be excellent*) **he really ~s!** er ist ein Supertyp! *fam;* **that's his third goal of the game – he ~s!** das ist sein drittes Tor bei diesem Spiel – er ist einfach ein Ass! *fam;* **this party really ~s!** diese Party bringt's! *fam*
◆**rock out** *vi* (*fam*) abrocken *sl*

rocka·bil·ly [ˌrɒkəˈbɪli, AM ˌrɑːk-] *n no pl* Rockabilly *m*

rock and 'roll I. *n no pl* Rock and Roll *m,* Rock 'n' Roll *m* **II.** *n modifier* (*concert, group, lyrics, music, musician*) Rock-'n'-Roll- **'rock band** *n* Rockband *f,* Rockgruppe *f* **rock 'bot·tom** *n* Tiefpunkt *m;* **to be at** [*or* **hit**] [*or* **reach**] **~** am Tiefpunkt [angelangt] sein; *person also* am Boden zerstört sein **'rock-bottom** *n modifier* Niedrigst-; **~ prices** Tiefstpreise *mpl* **'rock bun** *n* BRIT, AUS, **'rock cake** *n* BRIT, AUS [kleiner] Rosinenkuchen **rock 'can·dy** *n* AM ❶ (*candy*) Zuckerstange *f* ❷ (*boiled sugar*) Zuckerhut *m* **'rock climb·er** *n* Bergsteiger(in) *m(f)* **'rock climb·ing** *n no pl* Rock Climbing *nt fachspr,* Klettern *nt* **'rock con·cert** *n* Rockkonzert *nt* **rock 'crys·tal** *n no pl* Bergkristall *m*

rock·er [ˈrɒkəʳ, AM ˈrɑːkɚ] *n* ❶ (*musician*) Rockmusiker(in) *m(f);* (*fan*) Rockfan *m;* (*song*) Rocksong *m;* **punk ~** Punker(in) *m(f)* ❷ BRIT (*dated: in '60s motorcycle cult*) Rocker(in) *m(f)* ❸ (*chair*) Schaukelstuhl *m;* (*rocking horse*) Schaukelpferd *nt* ❹ (*curved bar*) *of a chair* [Roll]kufe *f; of a cradle* [Wiegen]kufe *f* ❺ TECH Wippe *f fachspr,* Schwinge *f fachspr;* (*in dynamo*) Kipphebel *m fachspr,* Schwinghebel *m fachspr* ► PHRASES: **to be off one's ~** (*fam*) nicht mehr alle Tassen im Schrank haben *fam,* [komplett] übergeschnappt sein *fam*

rock·ery [ˈrɒkəri, AM ˈrɑːkɚi] *n* Steingarten *m*

rock·et[1] [ˈrɒkɪt, AM ˈrɑːk-] **I.** *n* ❶ (*projectile*) [Feuerwerks]rakete *f;* **anti-tank ~** Panzerabwehrrakete *f* ❷ (*engine*) Raketentriebwerk *nt* ❸ (*missile*) [Marsch]flugkörper *m;* (*for space travel*) Rakete *f* ❹ *no pl* BRIT (*fam: reprimand*) Anpfiff *m fam,* Anschiss *m derb;* **to give sb a ~** jdn zusammenstauchen *fam;* **to get a ~** einen Anschiss bekommen *derb* **II.** *vi* ■**to ~** [**up**] *costs, prices* hochschnellen, in die Höhe schnellen; **the firework ~ed into the sky** die Feuerwerksrakete schoss in den Himmel; **their team ~ed to the top of the league** ihr Team nahm einen kometenhaften Aufstieg und setzte sich an die Tabellenspitze; ■**to ~ away** [wie ein geölter Blitz] davonschießen; **to ~ to fame** über Nacht berühmt werden **III.** *vt* ❶ (*make move fast*) ■**to ~ sb somewhere** jdn irgendwohin katapultieren; **the TGV ~ed us from Paris to Lyon** wir jagten mit dem TGV von Paris nach Lyon; **the film ~ed her to the top** der Film machte sie über Nacht berühmt ❷ (*attack*) ■**to ~ sb/sth** jdn/etw mit Raketen beschießen

rock·et[2] [ˈrɒkɪt, AM ˈrɑːk-] *n no pl* BOT Rauke *f*

'rock·et fuel *n* Raketentreibstoff *m* **'rock·et launch·er** *n* MIL Raketenabschussrampe *f* **'rock·et-launch·ing site** *n* AEROSP Raketenabschussbasis *f* **'rock·et ship** *n* AM AEROSP Raketenschiff *nt*

'rock face *n* Felswand *f* **'rock·fall** *n* Steinschlag *m kein pl* **'rock fes·ti·val** *n* Rockfestival *nt* **'rock gar·den** *n esp* AM Steingarten *m* **'rock group** *n* Rockgruppe *f* **rock 'hard** *adj pred, inv* steinhart

'rock·ing chair *n* Schaukelstuhl *m* **'rock·ing horse** *n* Schaukelpferd *nt*

'rock·mel·on *n* AUS Cantaloupemelone *f* **'rock mu·sic** *n no pl* Rockmusik *f* **rock 'n' 'roll** *n, n modifier see* **rock and roll** **'rock plant** *n* BOT, HORT Steingartenpflanze *f* **'rock pool** *n* Felsenbecken *nt,* Felsenbucht *f* **'rock salt** *n no pl* Steinsalz *nt* **'rock·slide** *n* Steinschlag *m kein pl* **rock 'sol·id** *adj* ❶ (*hard*) steinhart ❷ (*stable*) *table* [absolut] stabil ❸ (*steadfast*) *person* unerschütterlich **'rock star** *n* Rockstar *m*

rocky[1] [ˈrɒki, AM ˈrɑːki] *adj* ❶ (*characterized by rocks*) felsig ❷ (*full of rocks*) *soil* steinig ► PHRASES: **to be on a ~ path** [*or* **road**] einen steinigen Weg gehen *fig*

rocky[2] [ˈrɒki, AM ˈrɑːki] *adj* ❶ (*tottering*) wackelig *fam* ❷ (*full of difficulties*) schwierig; **~ start** schwieriger Beginn; **~ future** unsichere Zukunft; **~ relationship** problematische [*o* wackelige] Beziehung

Rocky Moun·tain spot·ted 'fe·ver *n* MED *durch Zecken übertragene Infektionskrankheit*

ro·co·co [rə(ʊ)ˈkəʊkəʊ, AM rəˈkoʊkoʊ] **I.** *adj* Rokoko-; **~ architecture** Rokokoarchitektur *f* **II.** *n no pl* Rokoko *nt*

rod [rɒd, AM rɑːd] *n* ❶ (*bar*) Stange *f* ❷ (*staff*) Stab *m,* [Holz]stock *m;* (*symbol of authority*) Zepter *nt* ❸ (*tree shoot*) Reis *nt* ❹ (*for punishing*) Rute *f;* (*cane*) Rohrstock *m* ❺ (*vulg sl: penis*) Schwanz *m vulg* ❻ (*for fishing*) [Angel]rute *f;* (*angler*) Angler(in) *m(f)* ❼ *esp* BRIT (*hist: linear measure*) Rute *f hist* (*5,5 yards*); (*square measure*) Quadratrute *f hist* ❽ AM (*fam: gun*) Schießeisen *nt fam,* Kanone *f fam* ❾ ANAT (*cell in eye*) Stäbchen *nt* ► PHRASES: **to make a ~ for one's own back** BRIT sich *dat* selbst eine Grube graben [*o veraltend* eine Rute aufbinden]; **spare the ~ and spoil the child** (*saying*) wer die Rute spart, verzieht das Kind; **to rule sb/sth with a ~ of iron** jdn/etw mit eiserner Hand regieren; **to give sb a ~ to beat sb with** jdm eine Waffe in die Hand geben *fig*

rode [rəʊd, AM roʊd] *pt of* **ride**

ro·dent [ˈrəʊdᵊnt, AM ˈroʊ-] **I.** *n* Nagetier *nt* **II.** *adj* nagend, Nage-

'ro·dent op·era·tive *n* BRIT Kammerjäger(in) *m(f)*

ro·deo [rə(ʊ)ˈdeɪəʊ, AM ˈroʊdioʊ] **I.** *n* ❶ (*for cowboys*) Rodeo *nt;* (*for motorcyclists*) Motorrad-/Autorodeo *nt* ❷ (*cattle round-up*) Zusammentreiben *nt* des Viehs ❸ (*enclosure*) *umzäunter Sammelplatz für das Zusammentreiben des Viehs* **II.** *vi* an einem Rodeo [*o* Wettkampf] teilnehmen

roe[1] [rəʊ, AM roʊ] *n no pl of female fish* Rogen *m; of male fish* Milch; **hard ~** Rogen *m;* **soft ~** Milch *f*

roe[2] <*pl* -s *or* -> [rəʊ, AM roʊ] *n* Reh *nt*

'roe·buck *n* Rehbock *m* **roe 'deer** *n* Reh *nt*

roent·gen [ˈrɒntjən, AM ˈrentgən] *n* SCI, MED Röntgen *nt fachspr*

rog·er [ˈrɒdʒəʳ, AM ˈrɑːdʒɚ] **I.** *interj* **~!** verstanden!, roger! *sl* **II.** *vt* BRIT, AUS (*vulg sl*) ■**to ~ sb** jdn bumsen *vulg* **III.** *vi* BRIT, AUS bumsen *vulg*

rogue [rəʊg, AM roʊg] **I.** *n* (*pej*) Gauner(in) *m(f) pej,* Schurke, -in *m, f pej;* (*rascal*) Spitzbube *m pej;* (*hum*) Schlingel *m,* Schelm *m* **II.** *n modifier* ❶ ZOOL aggressiver Einzelgänger; **~ elephant** aggressiver Einzelgänger[elefant] ❷ (*without scruples*) *company, organization* skrupellos; **~ state** Schurkenstaat *m;* **~ regime** Unrechtsregime *nt,* Terrorregime *nt* **III.** *vt* **to ~ a crop** Getreide [her]ausreißen

ro·guery [ˈrəʊgᵊri, AM ˈroʊgɚi] *n* (*pej*) ❶ (*dishonesty*) Gaunerei *f* ❷ (*mischief*) Unfug *m kein pl,* Unsinn *m kein pl*

rogues' 'gal·lery *n* (*fam*) Verbrecherkartei *f,* Verbrecheralbum *nt fam*

ro·guish [ˈrəʊgɪʃ, AM ˈroʊ-] *adj* ❶ (*dishonest*) schurkisch ❷ (*mischievous*) schalkhaft, schelmisch; **~ smile/twinkle** spitzbübisches Lächeln/Aufblitzen der Augen

ro·guish·ly [ˈrəʊgɪʃli, AM ˈroʊ-] *adv* ❶ (*dishonestly*) wie ein Schuft ❷ (*mischievously*) spitzbübisch; **to smile ~** spitzbübisch lächeln

ro·guish·ness [ˈrəʊgɪʃnəs, AM ˈroʊ-] *n no pl* ❶ (*dishonesty*) Unredlichkeit *f* ❷ (*mischief*) Verschmitztheit *f;* **there is a slight ~ about him** er hat so etwas Spitzbübisches an sich

ROI [ˌɑːrəʊˈaɪ, AM ˌɑːroʊ'-] *n* FIN *abbrev of* **return on investment**

role [rəʊl, AM roʊl] *n* ❶ FILM, THEAT, TV Rolle *f;* **to have the lead-**

R

ing ~ **in a play** die Hauptrolle in einem Stück spielen; **principal** [*or* **starring**] ~ Hauptrolle *f;* **supporting** ~ Nebenrolle *f;* **to play a** ~ eine Rolle spielen ② (*function*) Rolle *f,* Funktion *f;* **he has a** ~ **in that village as a tough guy** er gilt in dem Dorf als ziemlich harter Bursche; **to play a** ~ eine Rolle spielen; **to take on a** ~ eine Rolle übernehmen

'role mod·el *n* Rollenbild *nt* **'role play** *n,* **'role play·ing** *n no pl* Rollenspiel *nt* **'role-play** I. *vt* **to** ~ **sb** in einem Rollenspiel jds Rolle übernehmen II. *vi* an einem Rollenspiel teilnehmen **'role play·er** *n* Teilnehmer(in) *m(f)* an einem Rollenspiel **'role re·ver·sal** *n* Rollentausch *m kein pl*

rolf·ing ['rɒ:lfɪŋ, AM 'rɑ:lf-] *n no pl* Rolfing *nt* (*eine Art Bindegewebsmassage*)

roll [rəʊl, AM roʊl] I. *n* ① (*cylinder*) Rolle *f;* **film** ~ [*or* ~ **of film**] Filmrolle *f;* **a** ~ **of paper** eine Rolle Papier; **toilet** ~, AM *usu* ~ **of toilet paper** Rolle *f* Toilettenpapier ② (*cylindrical mass*) Rolle *f;* ~ **of fat** Speckrolle *f,* Speckwulst *m;* ~ **of hair** Haarrolle *f* ③ (*food with filling*) *of meat* Roulade *f* ④ AM, AUS (*money*) Bündel *nt* Banknoten ⑤ (*roller*) Rolle *f;* (*for dough, pastry*) Nudelholz *nt;* (*for machinery*) Walze *f* ⑥ (*movement*) Rolle *f;* **the dog went for a** ~ **in the grass** der Hund wälzte sich im Gras ⑦ SPORTS Rolle *f* ⑧ *no pl* AUTO, AVIAT, NAUT Schlingern *nt* ⑨ *no pl* (*form of landscape*) ~ **of the landscape** hügelige Landschaft ⑩ *usu sing* (*noise*) Grollen *nt kein pl;* **a** ~ **of thunder** ein Donnergrollen *nt* ⑪ MUS **drum** ~, ~ **of the drum** Trommelwirbel *m* ⑫ (*bread*) Brötchen *nt;* **cheese** ~ Käsebrötchen *nt,* Käsesemmel *f* SÜDD; **buttered** ~ Butterbrötchen *nt* ⑬ (*list*) [Namens]liste *f;* (*numbers on list*) [Zahlen]liste *f;* **to call** [*or* **take**] **the** ~ die Anwesenheit überprüfen ⑭ (*document*) Register *nt* ▶ PHRASES: **to have a** ~ **in the hay** [*or* **sack**] **with sb** (*fam*) mit jdm ins Heu gehen *hum;* **to be on a** ~ (*fam*) eine Glückssträhne haben *fam* II. *vt* ① (*make move around axis*) ■**to** ~ **sb/sth** jdn/etw rollen; **to** ~ **one's eyes** die Augen verdrehen ② (*make turn over*) ■**to** ~ **sb/sth** jdn/etw drehen; ~ **him onto his side** dreh ihn auf die Seite ③ (*shape*) ■**to** ~ **sth** etw rollen; **he** ~**ed the clay into a ball in his hands** er formte den Ton in seinen Händen zu einer Kugel ④ AM (*fam*) **to** ~ **one's car** sich *akk* überschlagen ⑤ (*games*) **to** ~ **a die** [*or* **dice**] würfeln; **to** ~ **a two/six** eine Zwei/Sechs würfeln ⑥ (*push*) ■**to** ~ **sth** etw rollen; (*when heavier*) etw schieben ⑦ (*start*) **to** ~ **a device/machine** ein Gerät/eine Maschine in Gang bringen; ~ **the camera!** Kamera an! ⑧ (*form into cylinder*) ■**to** ~ **sth** etw aufrollen; **the hedgehog** ~**ed itself into a ball** der Igel rollte sich zu einer Kugel zusammen; **to** ~ **a cigarette** sich *dat* eine Zigarette drehen ⑨ (*flatten*) ■**to** ~ **sth** *grass* etw walzen ⑩ LING **to** ~ **one's r's** das R rollen ⑪ AM (*fam: rob*) ■**to** ~ **sb** jdn beklauen *fam* (*vor allem hilflose Personen*) ▶ PHRASES: **all** ~**ed into one** (*approv*) alles in einem; **to** ~ **one's own** (*fam*) sich *dat* [s]eine Zigarette [selbst] drehen III. *vi* ① (*move around an axis*) rollen ② (*turn over*) [sich *akk*] herumrollen; **the dog** ~**ed over onto its back** der Hund rollte sich auf den Rücken ③ (*wallow*) *animal, person* sich *akk* wälzen ④ (*oscillate*) schlingern ⑤ (*stagger*) taumeln; **to** ~ **into/out of a pub** in eine/aus einer Kneipe wanken *fam* ⑥ (*move on wheels*) rollen; **the truck** ~**ed to a stop just before the barricade** der Lastwagen kam gerade noch vor dem Hindernis zum Stehen ⑦ (*elapse*) ■**to** ~ **by** *years* vorbeiziehen *fig* ⑧ (*flow*) *drop of liquid, tears* rollen, kullern ⑨ (*undulate*) wogen, wallen; **a wave of cigarette smoke** ~**ed towards me** ein Schwall von Zigarettenrauch schlug mir entgegen ⑩ (*operate*) *camera* laufen ⑪ (*curl up*) **to** ~ **into a ball** sich *akk* zu einem Ball [*o* einer Kugel] zusammenrollen ⑫ (*reverberate*) widerhallen; **the drums** ~**ed** ein Trommelwirbel ertönte ⑬ (*be uttered effortlessly*) *words* leicht über die Lippen kommen ▶ PHRASES: **to have sb** ~**ing in the aisles** (*fam*) jdn dazu bringen, sich *akk* vor Lachen zu kugeln; **to** ~ **over in one's grave** sich *akk* im Grabe umdrehen; **to** ~ **with the punches** AM (*fam*) die Dinge geregelt bekommen *fam*

◆**roll about** *vi* herumrollen; **to** ~ **about with laughter** (*fig*) sich *akk* vor Lachen kugeln

◆**roll back** I. *vt* ■**to** ~ **back** ↔ **sth** ① (*reverse direction of*) etw zurückrollen [*o* zurückschieben]; **to** ~ **back advances** (*fig*) Fortschritte umkehren; **to** ~ **back the frontiers of the state** (*fig*) den Einfluss des Staates einschränken; **to** ~ **back rights** (*fig*) Rechte zurücknehmen ② AM (*lower*) **to** ~ **back** ↔ **costs/prices/wages** Kosten/Preise/Löhne senken II. *vi* zurückrollen; ECON sinken

◆**roll down** I. *vt* **to** ~ **down** ↔ **one's sleeves** die Ärmel herunterkrempeln; **to** ~ **down** ↔ **a window** ein Fenster herunterkurbeln II. *vi tears* hinunterrollen

◆**roll in** *vi* (*fam*) ① (*be received*) *gifts, offers* [massenhaft] eingehen; *money* reinkommen *fam* ② (*arrive*) hereinplatzen *fam* ▶ PHRASES: **to be** ~**ing in money** [*or* **it**] (*fam*) im Geld schwimmen

◆**roll off** I. *vt* ■**to** ~ **off** ↔ **sth: he quickly** ~**ed off some copies on the duplicating machine** er ließ schnell ein paar Kopien durch den Kopierer laufen; **I'll** ~ **you off a couple of dozen prints** ich mach' dir ein paar Dutzend Kopien II. *vi* herunterrollen; (*fig*) **the newspapers** ~**ed off the presses** die Zeitungen rollten von den Druckerpressen

◆**roll on** I. *vi* ① (*continue*) weitergehen; *time* verfliegen ② BRIT, AUS (*fam: expresses wish*) ~ **on the weekend!** wenn doch nur schon Wochenende wäre! II. *vt* ■**to** ~ **on** ↔ **sth** etw aufwalzen; **to** ~ **on paper** Papier glätten [*o fachspr* kalandern] [*o fachspr* kalandrieren]

◆**roll out** I. *vt* ■**to** ~ **out** ↔ **sth** ① (*flatten*) **to** ~ **out dough** Teig ausrollen ② AM ECON (*unveil*) **to** ~ **out a new product** ein neues Produkt herausbringen ③ (*unroll*) etw ausrollen; **to** ~ **out the red carpet** (*a. fig*) den roten Teppich ausrollen *a. fig* II. *vi* AM ECON *new product* herauskommen

◆**roll over** I. *vi* herumrollen; *bicycle, car* umkippen; *person* sich *akk* umdrehen II. *vt* ■**to** ~ **over** ↔ **sb/sth** jdn/etw umdrehen; **to** ~ **over debt** [*or* **to** ~ **debt over**] FIN umschulden

◆**roll up** I. *vt* ① (*turn*) **to** ~ **up one's sleeves** [*or* **to** ~ **one's sleeves up**] (*a. fig*) die Ärmel hochkrempeln *a. fig;* **to** ~ **up a window** [*or* **to** ~ **a window up**] ein Fenster hochkurbeln ② (*coil*) ■**to** ~ **up** ↔ **sth** etw aufrollen; **to** ~ **a string up** eine Schnur aufwickeln ③ MIL **to** ~ **up** ↔ **an enemy line** eine gegnerische Front aufrollen II. *vi* ① (*fam: arrive*) aufkreuzen *fam; crowds* hereinströmen ② BRIT, AUS (*participate*) ~ **up!** hereinspaziert! ③ (*fam: make a cigarette*) sich *dat* eine drehen *fam*

'roll·back ['rəʊlbæk, AM 'roʊl-] *n esp* AM (*reduction*) *of taxes* Minderung *f*

'roll bar *n* AUTO Überrollbügel *m fachspr* **'roll-call** *n* Namensaufruf *m kein pl*

rolled gold *esp* BRIT, AUS I. *n no pl* Dubleegold *nt* II. *n modifier* ~ **jewellery** vergoldeter Schmuck **rolled 'oats** *npl* Haferflocken *fpl* **rolled-'up** *adj* zusammengerollt; ~ **sleeves** hochgekrempelte Ärmel

roll·er ['rəʊlə^r, AM 'roʊlə^r] *n* ① TECH Walze *f* ② (*for paint*) Rolle *f,* Roller *m* ③ (*for hair*) Lockenwickler *m* ④ MED Rollbinde *f* ⑤ (*wave*) Brecher *m* ⑥ (*tumbling bird*) Racke *f* ⑦ (*pigeon*) Tümmler *m* ⑧ (*canary*) Harzer Roller *m* ⑨ (*for horse*) Sattel-/Packgurt *m*

'roll·er bandage *n* MED Rollbinde *f* **'roll·er bear·ing** *n* TECH Rollenlager *nt* **'Roll·er·blade®** I. *n* SPORTS Rollerblade® *m* II. *vi* skaten, bladen **'roll·er blind** *n esp* BRIT, AUS Rollo *nt* **'roll·er-coast** *vi* [rasch] wechseln **'roll·er coast·er** *n* Achterbahn *f;* (*fig*) [ständiges] Auf und Ab *nt;* (*fig*) **he's been on an emotional** ~ **for the past few weeks** in den letzten Wochen fahren seine Gefühle mit ihm Achterbahn **'roll·er-coast·er** I. *n modifier* (*attendant, car, frame*) Achterbahn-; (*fig*) achterbahnmäßig; ~ **ride** Achterbahnfahrt *f;* ~ **safety** Sicherheit *f* einer Achterbahn II. *vi* [rasch] wechseln **'roll·er der·by** *n* AM SPORTS

Rollschuhderby *nt* **'roll·er skate** *n* Rollschuh *m* **'roll·er-skate** *vi* Rollschuh laufen [*o* fahren] **'roll·er skat·er** *n* Rollschuhläufer(in) *m(f)* **'roll·er skat·ing** *n no pl* Rollschuhfahren/-laufen *nt* **'roll·er skat·ing rink** *n* Rollschuhbahn *f* **'roll·er tow·el** *n* Handtuchspender *m*

rol·lick ['rɒlɪk, AM 'rɑ:l-] **I.** *vi* herumtollen **II.** *n* ① (*merrymaking*) [ausgelassenes] Feiern ② (*escapade*) Eskapade *f*

rol·lick·ing[1] ['rɒlɪkɪŋ, AM 'rɑ:l-] *adj attr* (*approv*) ~ **party** ausgelassenes Fest; ~ **film** lustiger Film; ~ **fun** Riesenspaß *m,* Mordsspaß *m fam;* **to have a ~ good time** mal so richtig auf den Putz hauen

rol·lick·ing[2] ['rɒlɪkɪŋ] *n usu sing* BRIT (*fam*) Anpfiff *m fam,* Anschiss *m derb*

roll·ing ['rəʊlɪŋ, AM 'roʊ-] *adj attr, inv* ① (*not immediate*) allmählich; **a ~ extension of the tax** eine allmähliche Anhebung der Steuer ② (*moderately rising*) *countryside, hills* sanft ansteigend ③ (*undulating*) *gait, step* wankend, schwankend

'roll·ing mill *n* ① (*machine*) Walzmaschine *f* ② (*factory*) Walzwerk *nt* **'roll·ing pin** *n* Teigroller *m,* Nudelholz *nt* **'roll·ing stock** *n no pl* ① RAIL (*vehicles used*) Waggons *mpl* im Einsatz, rollendes Material ② AM TRANSP Fuhrpark *m,* Fahrzeugpark *m* **roll·ing 'stone** *n* unsteter Geselle/unstete Gesellin *fam,* Vagabund(in) *m(f)* ▸ PHRASES: **a ~ gathers no moss** (*prov dated*) wer immer umherzieht, wird es nie zu etwas bringen

roll·mop ['rəʊlmɒp, AM 'roʊlmɑ:p] *n* Rollmops *m*

'roll-neck *n* FASHION Rollkragen *m;* (*sweater*) Rollkragenpullover *m* **roll of 'hon·our** *n* BRIT, AUS Gedenktafel *f* **'roll-on I.** *adj attr* Roll-on-; ~ **deodorant** Deoroller *m* **II.** *n* ① (*deodorant*) Deoroller *m* ② BRIT (*corset*) Korselett *nt* **roll-on roll-off** *adj attr* TRANSP Roll-on-roll-off-; ~ **ferry** Roll-on-roll-off-Fähre *f* **roll-top 'desk** *n* Sekretär *m* **'roll-up** *n* BRIT, **roll-your-'own** *n* AM, AUS Selbstgedrehte *f fam*

Ro·lo·dex® ['rəʊlə(ʊ)deks, AM 'roʊloʊ-] *n* Rolodex® *m;* **to be in sb's ~** (*fig*) in jds Kartei stehen, auf jds Verteiler stehen

roly-poly [ˌrəʊli'pəʊli, AM ˌroʊli'poʊ-] **I.** *n* ① *no pl esp* BRIT FOOD ≈ Strudel *m* (*gebacken oder gedämpft*) ② AUS BOT (*tumbleweed*) Steppenläufer *m,* Steppenhexe *f* **II.** *adj* (*hum fam*) rundlich; *baby* moppelig *fam; child* pummelig

roly-poly 'pud·ding *n no pl esp* BRIT ≈ Strudel *m* (*gebacken oder gedämpft*)

ROM [rɒm, AM rɑ:m] *n no pl* COMPUT *abbrev of* **Read Only Memory** ROM *m o nt*

ro·maine [rə(ʊ)'meɪn, AM rə'-] *n* Romagna-Salat *m,* römischer Salat

ro·man ['rəʊmən, AM 'roʊ-] TYPO **I.** *adj inv* Antiqua- *fachspr;* ~ **type** Antiquaschrift *f* **II.** *n no pl* Antiqua *f fachspr;* **in ~** in Antiqua

Ro·man ['rəʊmən, AM 'roʊ-] **I.** *adj inv* römisch; ~ **architecture** römische Architektur; **the ~ Empire** das römische Reich **II.** *n* Römer(in) *m(f)* ▸ PHRASES: **when in Rome do as the ~s do** (*prov*) man muss sich den jeweiligen Gepflogenheiten des Landes anpassen

ro·man-à-clef <*pl* romans-à-clef> [rəʊˌmɑ̃:nɑ:'kleɪ, AM 'roʊ-] *n* Schlüsselroman *m*

Ro·man 'al·pha·bet *n* lateinisches Alphabet **Ro·man 'can·dle** *n Feuerwerkskörper, der bunte Funken hervorbringt* **Ro·man 'Catho·lic I.** *adj* römisch-katholisch **II.** *n* Katholik(in) *m(f)* **Ro·man Catho·lic 'Church** *n* römisch-katholische Kirche **Ro·man Ca·'tholi·cism** *n no pl* Katholizismus *m*

ro·mance [rə(ʊ)'mæn(t)s, AM roʊ'-] **I.** *n* ① *no pl* (*romanticism*) Romantik *f;* (*love*) romantische Liebe; **he loves the ~ of travelling on a steam train** er liebt romantische Zugfahrten mit einem Dampflokzug; **the ~ of the night** der Zauber der Nacht ② (*love affair*) Romanze *f,* Liebesaffäre *f;* (*fig*) **America's long-running ~ with Hollywood seems to be over** das ständige Liebäugeln der Amerikaner mit Hollywood scheint vorüber zu sein; **secret ~** heimliche Liebschaft; **whirlwind ~** heftige Liebesaffäre ③ (*movie*) Liebesfilm *m;* (*remote from reality*) Fantasiegeschichte *f;* (*book*) Liebesroman *m;* (*medieval tale*) Ritterroman *m* ④ MUS Romanze *f,* lyrisches Instrumentalstück **II.** *vt* ① (*dated: court*) ■**to ~ sb** jdn umwerben ② (*fam: flatter*) ■**to ~ sb** jdn anschwärmen *fam* ③ (*glamourize*) ■**to ~ sth** etw romantisieren **III.** *vi* schwärmen; ■**to ~ about sth** von etw *dat* schwärmen

Ro·mance [rə(ʊ)'mæn(t)s, AM roʊ'-] LING **I.** *n* romanische Sprachen **II.** *adj attr, inv* romanisch; ~ **language** romanische Sprache; ~ **philologist** Philologe, -in *m, f* für romanische Sprachen

Ro·man·esque [ˌrəʊmᵊn'esk, AM ˌroʊ-] ARCHIT **I.** *adj inv* romanisch **II.** *n no pl* ■**the ~** die Romanik

Ro·ma·nia [rʊ'meɪniə, AM roʊ'-] *n* Rumänien *nt*

Ro·ma·nian [rʊ'meɪniən, AM roʊ'-] **I.** *adj* rumänisch **II.** *n* ① (*person*) Rumäne, -in *m, f* ② *no pl* (*language*) Rumänisch *nt*

Ro·man 'law *n no pl* LAW das römische Recht **Ro·man 'nose** *n* römische Nase **Ro·man 'nu·mer·al** *n* römische Ziffer

Ro·ma·no- [rə(ʊ)'mɑ:nəʊ, AM roʊ'mɑ:noʊ] *in compounds* römisch-; **~-Germanic** römisch-germanisch

ro·man·tic [rə(ʊ)'mæntɪk, AM roʊ'-] **I.** *adj* romantisch; **a ~ attitude to the past** eine verklärte Einstellung zur Vergangenheit **II.** *n* Romantiker(in) *m(f);* **hopeless** [*or* **incurable**] ~ hoffnungsloser Romantiker/hoffnungslose Romantikerin

Ro·man·tic [rə(ʊ)'mæntɪk, AM roʊ'-] ART, LIT **I.** *adj inv* romantisch **II.** *n* Romantiker(in) *m(f)*

ro·man·ti·cal·ly [rə(ʊ)'mæntɪkᵊli, AM roʊ'-] *adv* romantisch; (*fig*) **he always views things ~** er sieht die Dinge immer durch die rosarote Brille

ro·man·ti·cism, Ro·man·ti·cism [rə(ʊ)'mæntɪsɪzᵊm, AM roʊ'-] *n no pl* ART, LIT Romantik *f*

ro·man·ti·cist [rə(ʊ)'mæntɪsɪst, AM roʊ'-] *n* ART, LIT Romantiker(in) *m(f)*

ro·man·ti·cize [rə(ʊ)'mæntɪsaɪz, AM roʊ'-] **I.** *vt* ■**to ~ sth** etw romantisieren **II.** *vi* romantisieren; ■**to ~ about sth** etw verklärt darstellen

Roma·ny ['rɒməni, AM 'rɑ:m-] **I.** *n* ① *no pl* (*language*) Romani *nt* ② (*gypsy*) Roma *pl* **II.** *adj* Roma-

Rome [rəʊm, AM roʊm] *n* Rom *nt* ▸ PHRASES: ~ **was not built in a day** (*saying*) Rom ist [auch] nicht an einem Tag erbaut worden *prov*

Romeo ['rəʊmiəʊ, AM 'roʊmioʊ] *n* ① (*pej hum: lover*) Romeo *m iron,* Herzensbrecher *m* ② RADIO (*the letter R*) Romeo *nt*

romp [rɒmp, AM rɑ:mp] **I.** *vi* ① (*play*) *children, young animals* tollen; ■**to ~ around** [*or* **about**] herumtollen ② (*fam: go easily*) ■**to ~ through sth** mit etw *dat* spielend fertigwerden, etw mit links machen; **don't worry, you'll ~ through!** keine Sorge, du schaffst das schon!; **to ~ home** [*or* **in**] [*or* **to victory**] BRIT SPORTS spielend gewinnen ③ (*fam: have sex*) bumsen *vulg,* vögeln *vulg* **II.** *n* ① (*play*) Tollerei *f kein pl* ② (*book, film, play*) Klamauk *m kein pl* ③ (*fam*) SPORTS leichter Sieg ④ (*fam: erotic activity*) **sex ~** Sexspiel[chen] *nt meist pej*

romp·ers ['rɒmpəz, AM 'rɑ:mpɚz] *npl,* **romp·er suit** *n* Strampler *m,* Strampelanzug *m*

ron·do ['rɒndəʊ, AM 'rɑ:ndoʊ] *n* MUS Rondo *nt*

rönt·gen *n* SCI *see* **roentgen**

roo [ru:] *n* AUS (*fam*) *short for* **kangaroo** Känguru *nt*

'rood screen ['ru:dˌ-] *n* ARCHIT Lettner *m fachspr*

roof [ru:f] **I.** *n* ① (*top of house*) Dach *nt;* ■**on the ~** auf dem/das Dach; **to live under one** [*or* **the same**] **~ as sb** mit jdm unter einem Dach wohnen; **without a ~ over one's head** ohne [ein] Dach über dem Kopf ② (*attic*) Dachboden *m;* ■**in the ~** auf dem/den Dachboden ③ (*ceiling*) *of a cave* Decke *f; of mouth* Gaumen *m; of a tree* Krone *f* ④ (*upper limit*) Obergrenze *f,* [oberes] Limit ▸ PHRASES: **to go through** [*or* **hit**] **the ~** an die Decke gehen *fig fam;* **to raise** [*or* BRIT *a.* **lift**] **the ~** die Wände zum Wackeln bringen *fig fam* **II.** *vt* ■**to ~ sth** etw überdachen

◆**roof in, roof over** *vt usu passive* ■**to ~ sth** ↻ **in** [*or* **over**] etw überdachen

R

roof·er ['ru:fəʳ, AM -ɚ] *n* Dachdecker(in) *m(f)*
'roof gar·den *n* Dachgarten *m*
roof·ing ['ru:fɪŋ] **I.** *n no pl* ❶ (*material*) Material *nt* zum Dachdecken ❷ (*job*) Dachdecken *nt* **II.** *n modifier* Dach-; ~ **company** Dachdeckerfirma *f;* ~ **material** Bedachungsmaterial *nt*
roof·less ['ru:fləs] *adj inv* unüberdacht, ohne Dach *präd*
'roof rack *n* Dachgepäckträger *m* **'roof·top** **I.** *n* Dach *nt* ▸ PHRASES: **to proclaim** [*or* **shout**] **sth from the** ~**s** etw an die große Glocke hängen *fig* **II.** *n modifier* (*terrace*) Dach-; ~ **view** Aussicht *f* vom Dach [*o* der Dachterrasse] aus **roof·top 'par·ty** *n* Dachparty *f*
rook[1] [rʊk] **I.** *n* (*bird*) Krähe *f* **II.** *vt* (*fam or dated*) ■**to** ~ **sb** jdn übers Ohr hauen *fam* [*o* betrügen]; **they** ~**ed him of £100** sie haben ihm 100 Pfund aus der Tasche gezogen *fig fam*
rook[2] [rʊk] *n* CHESS Turm *m*
rook·ery ['rʊkᵊri, AM -ɚi] *n* Krähenkolonie *f*
rookie ['rʊki] *n esp* AM, AUS (*fam*) Neuling *m;* MIL Rekrut(in) *m(f);* **baseball** ~ Baseballneuling *m;* ~ **cop** Polizeineuling *m*
room [ru:m] **I.** *n* ❶ *no pl* (*space*) Platz *m,* Raum *m;* **there were so many people in the lift that there wasn't** ~ **to move** in dem Aufzug waren so viele Menschen, dass man sich überhaupt nicht mehr rühren konnte; **plenty of** ~ viel Platz; **to have** ~ **for sb/sth** für jdn/etw Platz haben; **to make** ~ **for sb/sth** für jdn/etw Platz machen; **to take up** ~ Raum einnehmen ❷ (*scope*) Raum *m;* **her cooking has got better but there is still** ~ **for improvement** ihre Kochkünste haben sich gebessert, sind aber noch verbesserungswürdig; ~ **for manoeuvre** [*or* AM **to maneuver**] Bewegungsspielraum *m* ❸ (*building section*) Zimmer *nt,* Raum *m;* ■~**s** *pl* Räumlichkeiten *fpl form;* ~**s to let** [*or* AM **for rent**] Zimmer zu vermieten, Zimmer frei; ~ **and board** AM Unterkunft *f* und Verpflegung; **cheap/cosy/dreary** ~ billiges/gemütliches/trostloses Zimmer; **double/single** ~ Doppel-/Einzelzimmer *nt;* **in the next** ~ ein Zimmer weiter, [im Zimmer] nebenan; **to book a** ~ ein Zimmer buchen [*o* reservieren] ❹ (*people present*) alle Anwesenden; **the whole** ~ **turned around and stared at him** alle, die im Zimmer waren, drehten sich um und starrten ihn an ▸ PHRASES: **there's not enough** ~ **to swing a cat** [*or* AM *usu* **to turn around in**] es gibt nicht mal genug Platz, um die Arme auszustrecken **II.** *vi esp* AM wohnen; ■**to** ~ **with sb** mit jdm zusammen wohnen **III.** *vt* ■**to** ~ **sb** jdn unterbringen
'room clerk *n* AM Hotelangestellte(r) *f(m)*
room·er ['ru:mɚ] *n* AM Untermieter(in) *m(f)*
room·ful ['ru:mfʊl] *n usu sing* **a** ~ **of boxes/people** ein Zimmer *nt* voller Kisten/Leute
'room·ing house *n* AM (*boarding house*) Pension *f* **room·ing-'in** *n no pl* AM MED Rooming-in *nt*
'room-mate, AM *usu* **'room·mate** *n* ❶ (*sharing room*) Zimmergenosse, -in *m, f* ❷ AM (*sharing flat or house*) Mitbewohner(in) *m(f)* **'room ser·vice** *n no pl* Zimmerservice *m* **room 'tem·pera·ture** *n no pl* Raumtemperatur *f,* Zimmertemperatur *f;* **red wine should be served at** ~ Rotwein sollte bei Zimmertemperatur getrunken werden
roomy ['ru:mi] *adj* (*approv*) geräumig
roost [ru:st] **I.** *n* Rastplatz *m;* (*for sleep*) Schlafplatz *m* **II.** *vi* rasten ▸ PHRASES: **to come back** [*or* **home**] **to** ~ sich *akk* rächen *fig*
roost·er ['ru:stəʳ, AM -ɚ] *n* AM, AUS (*cockerel*) Hahn *m*
root [ru:t] **I.** *n* ❶ (*embedded part*) Wurzel *f;* (*of a celery*) Knolle *f;* (*of a tulip*) Zwiebel *f;* **the** ~ **of a nail** die Nagelwurzel; **shallow** ~**s** flache Wurzeln; **to send out** [*or* **take**] ~**s** Wurzeln schlagen ❷ (*fig: basic cause*) Wurzel *f,* Ursprung *m;* (*essential substance*) Kern *m kein pl;* **the high crime rate has its** ~**s in unemployment and poverty** die hohe Kriminalitätsrate wurzelt in Arbeitslosigkeit und Armut; **the** ~ **of all evil** die Wurzel allen Übels, der Ursprung alles Bösen; **to get to the** ~ **of the matter** zum Kern der Sache kommen; **to lie at the** ~ **of a problem** der Kern eines Problems sein ❸ (*fig*) ■~**s** *pl* (*origins*) Wurzeln *fpl,* Ursprung *m;* **historical** ~**s** geschichtliche Wurzeln ❹ LING Stamm *m,* Stammwort *nt,* Wurzelwort *nt,* Etymon *nt fachspr* ❺ MATH Wurzel *f;* **the** ~ **of 64 is 8** die Wurzel aus 64 ist 8; **cube** ~ Kubikwurzel *f;* **square** ~ Quadratwurzel *f* ❻ AUS, NZ, IRISH (*vulg sl: act of sex*) Fick *m vulg;* (*sexual partner*) Fick *m vulg* ▸ PHRASES: ~ **and branch** mit Stumpf und Stiel; **to put down** [**new**] ~**s** [neue] Wurzeln schlagen **II.** *vt* ❶ (*plant*) **to** ~ **cuttings/a plant** Stecklinge/eine Pflanze einpflanzen ❷ AUS, NZ, IRISH (*vulg sl: have sex*) ■**to** ~ **sb** jdn ficken *vulg* ❸ (*exhaust*) ■**to** ~ **sb** jdn ermüden [*o* entkräften]; **to** ~ **sb's efforts** jds Anstrengungen zunichte machen **III.** *vi* ❶ *plant* wurzeln, Wurzeln schlagen ❷ *esp* AM (*fam: support*) ■**to** ~ **for sb** jdm die Daumen drücken *fam;* **to** ~ **for a team** eine Mannschaft anfeuern ❸ (*search*) ■**to** ~ **for sth** nach etw *dat* wühlen; ■**to** ~ **through sth** etw durchstöbern
◆**root about, root around** *vi* (*fam*) herumwühlen; ■**to** ~ **about** [*or* **around**] **in sth** in etw *dat* herumwühlen; ■**to** ~ **about** [*or* **around**] **for sth** nach etw *dat* wühlen
◆**root on** *vt* AM (*fam*) ■**to** ~ **sb on** jdn anfeuern
◆**root out** *vt* ❶ BOT **to** ~ **out a plant/weeds** eine Pflanze/Unkraut ausgraben [*o* mit der Wurzel ausreißen] ❷ (*eliminate*) ■**to** ~ **out** ○ **sb/sth** jdn/etw ausrotten ❸ (*find*) ■**to** ~ **out** ○ **sth** etw aufstöbern
◆**root up** *vt see* **root out 1, 3**
'root beer *n no pl* AM *colaartiges alkoholfreies Getränk aus verschiedenen Pflanzenwurzeln* **'root ca·nal** *n* MED Wurzelkanal *m* **root 'cause** *n* Grundursache *f,* Wurzel *f fig* **'root cel·lar** *n* AM Gemüsekeller *m* **'root crop** *n* BOT (*of beets, carrots*) Wurzel *f;* (*of celery, potatoes*) Knolle *f* **root di·'rec·tory** *n* COMPUT Stammverzeichnis *nt*
root·ed ['ru:tɪd, AM -t̬-] *adj inv* verwurzelt; **to be** [**firmly**] ~ **in sth** *distrust, problems* in etw *dat* [tief] verwurzelt sein ▸ PHRASES: **to be** ~ **to the spot** wie angewurzelt dastehen
root·less ['ru:tləs] *adj inv* ❶ (*without home*) heimatlos ❷ BOT wurzellos
root·less·ness ['ru:tləsnəs] *n no pl* ❶ (*having no home*) Heimatlosigkeit *f,* Nomadenleben *nt* ❷ BOT Wurzellosigkeit *f*
'root sign *n* MATH Wurzelzeichen *nt*
roots mu·sic *n* MUS *Musikrichtung mit Ursprüngen in traditioneller Musik*
root 'veg·eta·ble *n* BOT (*beets, carrots*) Wurzel *f,* Wurzelgemüse *nt;* (*celery, potatoes*) Knolle *f,* Knollengewächs *nt*
rope [rəʊp, AM roʊp] **I.** *n* ❶ (*cord*) Seil *nt,* Strick *m;* NAUT Tau *nt;* **to be on the** ~ angeseilt sein, am Seil hängen ❷ AM (*lasso*) Lasso *nt* ❸ (*capital punishment*) ■**the** ~ der Strang ❹ BOXING ■**the** ~**s** *pl* Seile *ntpl* ❺ (*string*) ~ **of garlic** Knoblauchzopf *m;* ~ **of pearls** Perlenkette *f* ▸ PHRASES: **to be on the** ~**s** (*in boxing*) in den Seilen hängen; (*fig*) in der Klemme stecken [*o* sitzen]; **to learn the** ~**s** sich *akk* [in etw *akk*] einarbeiten; **to show** [*or* **teach**] **sb the** ~**s** jdn [in etw *akk*] einweisen **II.** *vt* ■**to** ~ **sb** jdn anseilen; **the climbers** ~**d themselves together** die Kletterer hängten sich ans Seil; ■**to** ~ **sth to sth** etw an etw *dat* festbinden; **to** ~ **calves** Kälber mit dem Lasso [ein]fangen
◆**rope down** *vi* sich *akk* abseilen
◆**rope in** *vt* (*fam*) ■**to** ~ **in** ○ **sb** jdn einspannen
◆**rope into** *vt* ■**to** ~ **sb into doing sth** jdn dazu kriegen, etw zu tun *fam*
◆**rope off** *vt* **to** ~ **off** ○ **an area** ein Gebiet [mit Seilen/einem Seil] absperren
◆**rope up** *vi* ❶ (*connect*) sich *akk* anseilen ❷ (*climb up*) angeseilt hinaufklettern
rope 'bridge *n* Seilbrücke *f* **'rope danc·er** *n* THEAT Seiltänzer(in) *m(f)* **rope 'lad·der** *n* Strickleiter *f* **'rope line** *n* Absperrung *f;* **to work a** ~ ein Bad in der Menge nehmen **'rope-walk·er** *n* (*dated*) Seiltänzer(in) *m(f)* **'rope-walk·ing** *n no pl* (*dated*) Seiltanzen *nt* **'rope·way** *n* RAIL Kabelbahn *f*
ropey, ropy ['rəʊpi, AM 'roʊ-] *adj* ❶ (*rope-like*) seilartig ❷ BRIT,

AUS (*pej fam: ill*) elend; **to feel ~** sich *akk* elend fühlen; **~ welfare system** marodes Wohlfahrtssystem; **~ tyres** schlechte Reifen

Roque·fort® ['rəʊkfɔːʳ, AM 'roʊkfɚt] **I.** *n no pl* Roquefort® *m* **II.** *n modifier* (*cheese, crumbs, quiche, sauce*) Roquefort-; **~ dressing** Roquefort-Dressing *nt*

ro-ro ['rəʊrəʊ] *adj* BRIT TRANSP *short for* **roll-on-roll-off** Ro-Ro-

Rorschach test ['rɔːʃɑːk,, AM 'rɔːr-] *n* PSYCH Rorschachtest *m fachspr*

rort [rɔːt] AUS **I.** *n* (*fam: trick*) Betrug *m kein pl,* Beschiss *m kein pl derb* **II.** *vt* (*fam*) **to ~ a public service** eine staatliche Dienstleistungsstelle hintergehen; **to ~ the state** den Staat bescheißen *derb*

ro·sary ['rəʊzᵊri, AM 'roʊ-] *n* Rosenkranz *m;* **to say the ~** den Rosenkranz beten

rose¹ [rəʊz, AM roʊz] **I.** *n* ❶ (*flower*) Rose *f;* (*bush*) Rosenbusch *m;* (*tree*) Rosenbäumchen *nt;* **the Wars of the R~s** die Rosenkriege; **red ~s** rote Rosen ❷ (*nozzle*) Brause *f* ❸ *no pl* (*colour*) Rosa *nt,* Rosenrot *nt liter* ❹ *usu pl* (*complexion*) rosige Wangen; **a brisk walk will put the ~s [back] into your cheeks** bei einem flotten Spaziergang kriegst du wieder etwas Farbe [im Gesicht] ▶ PHRASES: **not a bed of** [*or* **not all**] **~s** nicht immer [nur] rosig; **being an actress is not all ~** als Schauspielerin ist man [auch] nicht immer auf Rosen gebettet; **to come up** [*or* **out**] **[smelling of] ~s** bestens laufen *fam* **II.** *adj inv* rosa **III.** *vt* (*liter*) **to ~ sb's cheeks** jds Wangen röten [*o* Farbe verleihen]

rose² [rəʊz, AM roʊz] *pt of* **rise**

rosé ['rəʊzeɪ, AM roʊ'-] *n no pl* FOOD Rosé *m*

ro·seate ['rəʊziət, AM 'roʊziɪt] *adj* (*poet*) rosenfarben

'rose·bud *n* Rosenknospe *f* **'rose bush** *n* Rosenstrauch *m* **'rose-col·ored** AM, **'rose-col·oured** *adj attr, inv* rosarot *a. fig;* **to look at** [*or* **see**] [*or* **view**] **sth through ~ glasses** [*or* BRIT, AUS *a.* **spectacles**] (*fig*) etw durch eine rosarote Brille sehen *fig* **'rose gar·den** *n* Rosengarten *m* **'rose hip I.** *n* Hagebutte *f* **II.** *n modifier* (*syrup, wine*) Hagebutten-; **~ tea** Hagebuttentee *m*

ro·sel·la [rəʊ'zelə] *n* AUS ❶ ORN *australische Papageienart* ❷ ZOOL (*sheep*) *Schaf, das die Wolle verliert*

rose·mary ['rəʊzmᵊri, AM 'roʊzmeri] *n no pl* Rosmarin *m*

'rose pet·al *n* Rosen[blüten]blatt *nt* **'rose-tint·ed** *adj attr, inv see* **rose-colored**

ro·sette [rə(ʊ)'zet, AM roʊ'-] *n* Rosette *f*

'rose wa·ter *n no pl* Rosenwasser *nt* **rose 'win·dow** *n* ARCHIT Fensterrose *f*

rosé 'wine *n* Roséwein *m*

'rose·wood *n no pl* Rosenholz *nt*

Rosh Ha·sha·na, Rosh Ha·sha·nah [ˌrɒʃhæʃɑːnə, AM ˌroʊʃhə'ʃɔːnə] *n* REL Rosh Hashanah *nt* (*jüdisches Neujahr*)

ros·in ['rɒzɪn, AM 'rɑːzən] **I.** *n no pl* Kolophonium *nt fachspr* **II.** *vt* **to ~ a violin bow/string** einen Geigenbogen/eine Geigensaite mit Kolophonium einreiben

ros·ter ['rɒstəʳ, AM 'rɑːstɚ] **I.** *n esp* AM, AUS ❶ (*list*) Liste *f;* (*plan*) Plan *m;* **duty ~** Dienstplan *m* ❷ SPORTS Spielerliste *f* **II.** *vt usu passive* ■**to ~ sb/sth** jdn/etw auf die Liste [*o* den Dienstplan] setzen

ros·tra ['rɒstrə, AM 'rɑːs-] *n pl of* **rostrum**

ros·trum <*pl* -s *or* -tra> ['rɒstrəm, AM 'rɑːs-, *pl* -trə] *n* ❶ (*raised platform*) Tribüne *f,* Podium *nt;* (*for public speaker also*) Rednerpult *nt;* (*for conductor*) Dirigentenpult *nt* ❷ ZOOL Rostrum *nt fachspr*

rosy ['rəʊzi, AM 'roʊ-] *adj* rosig *a. fig;* **~ cheeks** rosige Wangen; **~ prospects** (*fig*) rosige Aussichten *fig;* **to paint a ~ picture of sth** (*fig*) etw in den rosigsten Farben ausmalen *fig*

'rosy-cheeked *adj attr* mit rosigen Wangen *nach n*

rot [rɒt, AM rɑːt] **I.** *n no pl* ❶ (*process*) Fäulnis *f* ❷ (*decayed matter*) Verfaultes *nt,* Verwestes *nt* ❸ BRIT (*process of deterioration*) ■**the ~** der Verfall; **the ~ set in when he started taking drugs** es ging mit ihm bergab, als er anfing, Drogen zu nehmen ❹ BOT Fäule *f* ❺ (*in sheep*) Leberfäule *f* ❻ (*fam or dated*) Blödsinn *m fam;* **to talk ~** Blödsinn reden *fam* **II.** *interj* (*fam or dated*) Blödsinn! *fam,* so ein Quatsch! *fam* **III.** *vi* <-tt-> ❶ (*decay*) verrotten; *teeth, meat* verfaulen; *woodwork* vermodern; **to leave sb to ~ in jail** (*fig*) jdn im Gefängnis verrotten lassen *fig* ❷ (*deteriorate*) *institution, society* verkommen ❸ BRIT (*dated fam: joke*) Quatsch erzählen *fam* **IV.** *vt* <-tt-> ❶ (*cause to decay*) ■**to ~ sth** etw vermodern lassen ❷ BRIT (*dated fam: tease*) ■**to ~ sb** jdn verulken

◆**rot away I.** *vi* verfaulen **II.** *vt* ■**to ~ away** ○ **sth** etw verfaulen lassen

rota ['rəʊtə, AM 'roʊt̬ə] *n* ❶ *esp* BRIT (*list*) Liste *f;* (*plan*) Plan *m;* **cleaning ~** Putzplan *m;* **daily/weekly ~** Tages-/Wochenplan *m* ❷ REL ■**the R~** die Rota *fachspr*

ro·tary ['rəʊtᵊri, AM 'roʊt̬ɚi] **I.** *adj inv* kreisend, rotierend, Dreh-; **~ blade** rotierendes Messer; **~ motion** Drehbewegung *f;* **~ press** Rotationspresse *f;* **~ pump** Rotationspumpe *f* **II.** *n* ❶ TECH Rotationsmaschine *f* ❷ AM TRANSP Kreisverkehr *m*

'rota sys·tem *n* BRIT Dienstplan *m*

ro·tate [rə(ʊ)'teɪt, AM 'roʊteɪt] **I.** *vi* ❶ (*revolve*) rotieren; ■**to ~ around sth** um etw *akk* rotieren, sich *akk* um etw *akk* drehen ❷ (*alternate*) wechseln; **the job of washing the dishes constantly ~s** mit dem Abwasch ist reihum jeder einmal dran *fam;* **rotating presidency** POL turnusmäßig wechselnde Präsidentschaft; **rotating chair** [*or* **chairmanship**] ADMIN nach dem Rotationsprinzip wechselnder Vorsitz **II.** *vt* ❶ (*cause to turn*) ■**to ~ sth** etw drehen ❷ (*alternate*) **to ~ duties** Aufgaben turnusmäßig [abwechselnd] [*o* reihum] verteilen; **to ~ troops** Truppen auswechseln ❸ AGR **to ~ crops** [*or* **fields**] im Fruchtwechsel anbauen ❹ AUTO **to ~ tyres** [*or* AM **tires**] Reifen turnusmäßig wechseln

ro·ta·tion [rə(ʊ)'teɪʃᵊn, AM roʊ'-] *n* Rotation *f,* Umdrehung *f;* **crop ~** AGR Fruchtwechsel *m;* **the earth's ~** die Erdumdrehung; **to adjust the speed of ~** die Drehzahl einstellen; **in ~** im Wechsel [*o* Turnus]

ro·ta·tory ['rəʊtətᵊri, AM 'roʊt̬ətɔːri] *adj* rotierend, Rotations-

rote [rəʊt, AM roʊt] *n no pl* (*usu pej*) **to learn sth by ~** etw auswendig lernen

'rote learn·ing *n no pl* (*usu pej*) Auswendiglernen *nt*

ro·tis·serie [rəʊ'tɪsᵊri, AM roʊ'tɪsɚi] *n* ❶ (*restaurant*) Rotisserie *f* ❷ (*appliance*) Drehgrill *m*

ro·tor ['rəʊtəʳ, AM 'roʊt̬ɚ] *n* TECH Rotor *m fachspr*

rot·ten ['rɒtᵊn, AM 'rɑː-] **I.** *adj* ❶ (*decayed*) verfault; *fruit* verdorben; *tooth* faul; *wood* modrig ❷ (*corrupt*) korrupt, völlig verdorben *fig* ❸ (*fam: very bad*) mies *fam;* **I'm a ~ cook** ich bin ein hundsmiserabler Koch *fam;* **to feel ~** sich *akk* mies fühlen *fam* ❹ (*fam: nasty*) *trick, joke* gemein **II.** *adv* (*fam*) total *fam;* **to be spoiled ~** *child* völlig verzogen sein

rot·ter ['rɒtəʳ, AM 'rɑːt̬ɚ] *n esp* BRIT (*dated fam*) Fiesling *m pej fam*

Rott·weil·er ['rɒtwaɪləʳ, AM 'rɑːtwaɪlɚ] *n* Rottweiler *m*

ro·tund [rə(ʊ)'tʌnd, AM roʊ'-] *adj* ❶ (*plump*) *person* massig ❷ BRIT (*fig, pej*) *literary style* bombastisch *oft pej; speech* hochtrabend *pej* ❸ (*spherical*) kreisförmig

ro·tun·da [rə(ʊ)'tʌndə, AM roʊ'-] *n* ARCHIT Rotunde *f fachspr*

rou·ble [ruːbl] *n* Rubel *m*

roué ['ruːeɪ, AM *esp* ruː'eɪ] *n* Lebemann *m pej*

rouge [ruːʒ] **I.** *n no pl* ❶ (*makeup*) Rouge *nt* ❷ (*polish*) Polierrot *nt fachspr* **II.** *vt* **to ~ one's cheeks** Rouge auflegen **III.** *vi* Rouge auflegen

rough [rʌf] **I.** *adj* ❶ (*uneven*) rau; *ground, terrain* uneben; *landscape* rau, unwirtlich; *road* holprig; **~ fur/hair** struppiges Fell/Haar; **~ skin** raue Haut ❷ (*not soft*) *accent, sound, voice* rau, hart; (*in taste*) *wine* sauer; *brandy* hart ❸ (*harsh*) rau, hart; **~ area** raue Gegend; **~ play** raues [*o* hartes] Spiel; **~ sea** raue See; **~ weather** raues [*o* stürmisches] Wetter ❹ (*fam: difficult*) hart, schwer; ■**to be ~ on sb** für jdn schwer [*o* hart]

R

sein; **to give sb a ~ time** jdm das Leben ganz schön schwer machen ❺ BRIT (*fam: ill*) **to look ~** mitgenommen aussehen *fam;* **to feel ~** sich *akk* elend fühlen ❻ (*plain*) *furniture* unbearbeitet ❼ (*makeshift*) einfach, primitiv ❽ (*unrefined*) rau, ungehobelt; **~ ways** ungehobelte Manieren ❾ (*imprecise*) grob; **~ calculation/estimate** grobe [*o* ungefähre] Kalkulation/Schätzung; **to give sb a ~ idea of sth** jdm eine ungefähre Vorstellung von etw *dat* geben; **~ work** Rohfassung *f* ▶ PHRASES: **to give sb the ~ edge** [*or* **side**] **of one's tongue** (*fam*) jdm gegenüber einen rauen Ton anschlagen *fam;* **to give sb a ~ ride** [*or* **time**] jdm gehörig den Marsch blasen *fam* **II.** *adv* (*fam*) rau ▶ PHRASES: **to sleep ~** BRIT im Freien schlafen **III.** *n* ❶ *esp* BRIT (*pej: person*) Rohling *m pej* ❷ *no pl* (*in golf*) ■**the ~** das Rough *fachspr* ❸ (*sketch*) Entwurf *m,* Konzept *nt;* **in ~** skizzenhaft ❹ *gem* ungeschliffen, Roh- ▶ PHRASES: **to be a diamond in the ~** AM rau, aber herzlich sein; **to take the ~ with the smooth** die Dinge nehmen, wie sie kommen **IV.** *vt* (*fam*) **to ~ it** [ganz] primitiv leben [*o pej* hausen]

◆**rough down** *vt* ■**to ~ down** ○ **sth** etw formen

◆**rough in** *vt* **to ~ in a drawing** eine Zeichnung [grob] skizzieren

◆**rough out** *vt* ■**to ~ out** ○ **sth** einen groben Entwurf von etw *dat* machen, etw [grob] umreißen

◆**rough up** *vt* ❶ (*fam: beat up*) ■**to ~ up** ○ **sb** jdn aufmischen *fam* ❷ (*make ruffled*) ■**to ~ up** ○ **sth** etw aufrauen; **to ~ up the water** das Wasser aufwühlen

rough·age [ˈrʌfɪdʒ] *n no pl* ❶ (*fibre*) Ballaststoffe *mpl* ❷ (*fodder*) Raufutter *nt*

rough and 'ready *adj pred,* **'rough-and-ready** *adj attr* behelfsmäßig; *plan also* provisorisch; (*unrefined*) *person* raubeinig; **there was no luxury but we lived in ~ comfort** es war kein Luxus, aber wir hatten alles, was wir brauchten **rough and 'tum·ble** *n* Rauferei *f,* wildes Gerangel *a. fig;* **the ~ of politics** das wilde Gerangel in der Politik **'rough-and-tum·ble** *adj attr, inv* **~ atmosphere** raue Atmosphäre **'rough·book** *n* Schmierheft *nt* **'rough·cast I.** *n no pl* (*in construction*) Rauputz *m fachspr,* Anwurf *m fachspr* **II.** *adj* ❶ (*in construction*) roh verputzt ❷ (*unrefined*) *person* ungehobelt **III.** *vt* <-cast, -cast> **to ~ a wall** eine Wand roh verputzen **'rough cut** *n* FILM Rohschnitt *m kein pl fachspr* **rough 'dia·mond** *n* ungeschliffener Diamant; BRIT, AUS (*fig*) **he's a ~** er ist rau, aber herzlich

rough·en [ˈrʌfᵊn] **I.** *vt* ■**to ~ sth** etw aufrauen **II.** *vi skin, voice* rau werden; *society* verrohen; *weather* stürmisch [*o* rau] werden

rough 'ground *n* brachliegendes Grundstück **rough-'hew** <-hewed, -hewn *or* -hewed> *vt* **to ~ stone/wood** Stein/Holz grob behauen [*o* bearbeiten] **rough-'hewn** *adj carving, pillar* grob; (*fig*) *person, style* ungehobelt **'rough house** *n usu sing esp* AM (*fam*) Radau *m fam* **'rough-house I.** *vi* ❶ (*be boisterous*) Radau machen *fam* ❷ BRIT (*have a fight*) sich *akk* prügeln ❸ AM (*have playful fight*) sich *akk* raufen **II.** *vt* ■**to ~ sb** jdn grob behandeln [*o* hart anfassen]; (*playfully*) sich *akk* mit jdm raufen **rough 'jus·tice** *n,* **rough 'luck** *n* Ungerechtigkeit *f;* ■**it is ~ on sb/sth, that...** es ist ungerecht gegenüber jdm/etw, dass...

rough·ly [ˈrʌfli] *adv* ❶ (*harshly*) grob, roh ❷ (*without refinement*) **~ built** roh [*o* grob] zusammengezimmert ❸ (*approximately*) grob; **to calculate ~** grob kalkulieren [*o* überschlagen]; **~ speaking** ganz allgemein gesagt; **~ similar** [*or* **the same**] ungefähr gleich; **~ about** ungefähr, schätzungsweise

'rough·neck I. *n* ❶ *esp* AM, AUS (*fam: rude person*) Rohling *m pej,* Grobian *m pej* ❷ (*oil rig worker*) Bohrarbeiter(in) *m(f)* **II.** *vi* auf einer Bohrinsel arbeiten

rough·ness [ˈrʌfnəs] *n no pl* ❶ (*not smoothness*) Rauheit *f; of ground, terrain* Unebenheit *f* ❷ (*harshness*) Raueit *f; of a game also* Härte *f*

rough 'pa·per *n* BRIT Konzeptpapier *nt* **'rough·shod I.** *adj horse* scharf beschlagen **II.** *adv* **to ride a horse ~** ein unbeschlagenes Pferd reiten; **to ride ~ over sb** (*fig*) jdn unterdrücken [*o fam* unterbuttern] **rough-'spok·en** *adj* sprachlich ungewandt [*o* unbeholfen] **rough 'trade** *n* (*sl*) ❶ (*male prostitution*) *Prostitution von Homosexuellen, meist mit sadistischen Praktiken* ❷ (*male prostitute*) *Strichjunge, der sich für gewalttätige Sexualpraktiken anbietet*

rou·lette [ruːˈlet] **I.** *n* ❶ *no pl* Roulette *nt* ❷ (*wheel*) Roulette[rad] *nt* **II.** *vt* **to ~ paper/postage stamps** Papier/Briefmarken [mit einem Rollrädchen] perforieren

rou·'lette chips *npl* Roulettechips *mpl*

round [raʊnd] **I.** *adj* <-er, -est> ❶ (*circular*) rund; **~ arch** Rundbogen *m;* **~ arms/legs** rund[lich]e [*o* dicke] Arme/Beine; **~ cheeks** runde Backen; **~ eyes** Kulleraugen *ntpl;* **~ face** rundliches Gesicht; **~ peg** Runddübel *m;* **~ table** runder Tisch; **~ vowel** gerundeter Vokal ❷ *inv* (*even number*) rund; **a ~ dozen** ein rundes Dutzend; **to make sth a ~ hundred** (*bring up*) etw auf hundert aufrunden; (*bring down*) etw auf hundert abrunden **II.** *adv inv esp* BRIT ❶ (*in circular motion*) **to go** [*or* **turn**] **~** sich *akk* umdrehen; *wheel* sich *akk* drehen; **the children turned ~ and ~ until they made themselves dizzy** die Kinder drehten sich so lange im Kreis, bis ihnen schwindlig wurde; **sorry, you'll have to go ~** tut mir leid, aber Sie müssen außen herumgehen ❷ (*here and there*) **to run ~** herumrennen *fam* ❸ (*to a specific place*) **to come ~** vorbeikommen *fam;* **to go ~** *virus, rumours* umgehen; **there aren't enough pencils to go ~** es sind nicht genügend Stifte für alle vorhanden; **to go ~ to Mary's/Peter's** bei Mary/Peter vorbeischauen *fam;* **to show sb ~** jdn herumführen ❹ (*surrounding*) rundherum; **the house has trees all ~** das Haus ist von Bäumen umgeben; **everyone for a mile ~ heard the explosion** jeder im Umkreis von einer Meile hörte die Explosion; **in the mountains ~ about** in den Bergen ringsherum; **all year ~** das ganze Jahr hindurch ❺ (*towards other direction*) **the other way ~** anders herum; **the right/wrong way ~** richtig/falsch herum; **to have sth on** [*or* **be wearing sth**] **the wrong way ~** etw falsch [*o* links] herum anhaben; **to turn ~** *person* sich *akk* umdrehen; (*go back*) umdrehen, kehrtmachen ❻ (*circa*) ungefähr; **~ about 4 o'clock** gegen 4 Uhr; **~ about 20 people** ungefähr 20 Personen ❼ (*in girth*) **the pyramid is 50 metres high and 100 metres ~** die Pyramide ist 50 Meter hoch und hat einen Umfang von 100 Metern **III.** *prep* ❶ (*surrounding*) um +*akk,* um +*akk* ... herum; **he put his arms ~ her** er legte seine Arme um sie; **there are trees all ~ the house** um das ganze Haus herum stehen Bäume ❷ (*circling*) um +*akk;* **the moon goes ~ the earth** der Mond kreist um die Erde; **they walked ~ the lake** sie liefen um den See herum ❸ (*curving to other side of*) um +*akk;* **drive ~ the corner and take the second road on the left** fahren Sie um die Ecke und nehmen sie die zweite Straße zur Linken; **to be just ~ the corner** gleich um die Ecke sein ❹ (*at points at*) um +*akk* ... herum; **they sat ~ the table** sie saßen um den Tisch [herum] ❺ (*within*) um +*akk;* **she looked ~ the house** sie sah sich im Haus um; **she walked ~ the room** sie lief im Zimmer herum; **from all ~ the world** aus aller Welt ❻ (*about*) um ungefähr; **I heard a strange noise ~ 12:15** um ungefähr 12.15 Uhr hörte ich ein seltsames Geräusch ▶ PHRASES: **to be/go ~ the bend/twist** den Verstand verloren haben/verlieren, wahnsinnig geworden sein/werden; **to centre/revolve ~ sth** sich *akk* um etw *akk* konzentrieren/drehen; **to get ~ sth** um etw *akk* herumkommen; **there seems to be no way ~ this problem** es führt wohl kein Weg um dieses Problem herum; **to lie/sit/stand ~** herumliegen/-sitzen/-stehen **IV.** *n* ❶ (*for all*) Runde *f;* **this ~ is on me!** diese Runde geht auf mich!; **a ~ of sandwiches** BRIT ein belegtes Brot; **a ~ of toast** eine Scheibe Toast ❷ (*series*) Folge *f;* **when we were young, life was just one long ~ of parties** als wir jung waren, war unser Leben eine einzige Folge von Partys; **to be a**

~ **of pleasure** ein einziges Vergnügen sein; ~ **of talks** Gesprächsrunde *f* ③ (*salvo*) ~ **of applause** Beifall *m;* **to get a big** ~ **of applause** stürmischen Beifall bekommen ④ (*route*) ■ ~ **s** *pl* **to be** [**out**] **on** [*or* **make**] **one's** ~ **s** seine Runden drehen; *doctor* Hausbesuche machen; **I've made the** ~ **s of all the agents, but nobody has any tickets left** ich habe alle Verkaufsstellen abgeklappert, aber es waren keine Karten mehr zu bekommen *fam;* **to go** [*or* **do**] **the** ~ **s** die Runde machen; *flu* umgehen ⑤ *esp* BRIT, AUS (*delivery route*) Runde *f;* **to have a milk** ~ die Milch ausliefern; **to do a paper** ~ Zeitungen austragen ⑥ (*routine*) Trott *m pej;* **my daily** ~ **includes going for a jog in the morning** zu meinem Tagesablauf gehört mein täglicher Morgenlauf ⑦ SPORTS Runde *f;* **a** ~ **of golf** eine Runde Golf; **to be** [*or* **get**] [*or* **make it**] **through to the next** ~ in die nächste Runde kommen ⑧ (*song*) Kanon *m* ⑨ (*of ammunition*) Ladung *f;* **to fire a** ~ eine Ladung Munition abfeuern **V.** *vt* ① (*make round*) ■ **to** ~ **sth** etw umrunden ② (*go around*) **to** ~ **the corner** um die Ecke biegen **VI.** *vi* ① (*become round*) rund werden ② (*turn against*) ■ **to** ~ **on sb** jdn anfahren; **to** ~ **on one's critics** über seine Kritiker herfallen; **to** ~ **on one's pursuers** seine Verfolger angreifen

◆ **round down** *vt* ■ **to** ~ **down** ↻ **sth** *number, sum* etw abrunden

◆ **round off** *vt* ■ **to** ~ **off** ↻ **sth** ① (*finish*) etw abrunden; **to** ~ **things off we'd like to thank our sponsors** zum Abschluss möchten wir noch unseren Sponsoren danken; **to** ~ **off her education ...** zum Abschluss ihrer Ausbildung ... ② (*smooth out*) etw abrunden

◆ **round out** *vt* ■ **to** ~ **out** ↻ **sth** *story* etw abrunden

◆ **round up** *vt* ① (*increase*) **to** ~ **up a figure** eine Zahl aufrunden ② (*gather*) ■ **to** ~ **up** ↻ **sb** jdn zusammentrommeln *fam;* ■ **to** ~ **up** ↻ **sth** etw zusammentragen; **to** ~ **up cattle** eine Rinderherde zusammentreiben; **to** ~ **up support** Unterstützung holen

round·about ['raʊndə,baʊt] **I.** *n* ① BRIT, AUS (*traffic*) Kreisverkehr *m* ② BRIT (*for funfair*) Karussell *nt;* **to ride the** ~ Karussell fahren **II.** *adj* umständlich; **to take a** ~ **approach** umständlich an etw *akk* herangehen; **to take a** ~ **route** einen Umweg machen; **to give a** ~ **statement** eine unklare Aussage machen; **to ask sb in a** ~ **way** jdn durch die Blume fragen

round 'brack·ets *npl* runde Klammern; **to give sth in** ~ etw in runden Klammern angeben; **to put sth in** ~ etw in runde Klammern setzen **'round dance** *n* Rundtanz *m;* (*in past times*) Reigen *m*

round·ed ['raʊndɪd] *adj* rund; ~ **belly/cheeks** runder Bauch/runde Backen; ~ **edges** abgerundete Ecken; ~ **vowel** runder Vokal

round·el ['raʊndᵊl] *n* AVIAT, MIL Hoheitszeichen *nt*

roun·de·lay ['raʊndɪleɪ, AM -də-] *n* Rundgesang *m*

round·ers ['raʊndəz, AM -dɚz] *npl* + *sing vb* BRIT SPORTS *ein dem Baseball ähnliches Spiel*

round-'eyed *adj* mit großen Augen *nach n;* **she was** ~ **with amazement** sie starrte ungläubig vor Erstaunen **round 'fig·ure** *n* runde Zahl; **how much is it in** ~ **s?** wie viel ist das so grob über den Daumen gepeilt? **'Round·head** *n* HIST Rundkopf *m*

round·ly ['raʊndli] *adv* (*form*) gründlich; **to boo sb** ~ jdn gehörig auspfeifen; **to criticize sb** ~ jdn heftig kritisieren; **to defeat sb** ~ jdn haushoch besiegen

'round-necked *adj inv* mit rundem Ausschnitt *nach n*

round·ness ['raʊndnəs] *n no pl* Rundheit *f*

round 'num·ber *n* runde Zahl **round 'rob·in** *n* ① (*letter*) Petition *f* (*mit oft kreisförmig angeordneten Unterschriften*); **to sign a** ~ eine Petition unterzeichnen ② (*competition format*) *Wettkampf, in dem jeder gegen jeden antritt* **round-'shoul·dered** *adj* mit runden Schultern *nach n;* **to be** ~ runde Schultern haben **rounds·man** *n* BRIT Austräger(in) *m(f);* **last summer I worked as a** ~ **for a milk company** letzten Sommer arbeitete ich als Milchmann **round-'ta·ble** *adj attr, inv* ~ **conference/discussion** Konferenz *f*/Gespräch *nt* am runden Tisch; **to host a** ~ **discussion** eine Diskussion am runden Tisch leiten **'round-the-clock I.** *adj attr, inv* rund um die Uhr *präd, nach n;* ~ **coverage** Berichterstattung *f* rund um die Uhr; ~ **surveillance** Dauerüberwachung *f;* **to keep a** ~ **vigil on sb** jdn rund um die Uhr überwachen **II.** *adv inv* rund um die Uhr; **to be open** ~ *shops* durchgehend geöffnet haben; **to work** ~ rund um die Uhr arbeiten **'round-the-world** *adj attr, inv* rund um die Welt *nach n;* ~ **flight** Flug *m* rund um die Welt; ~ **journey** [*or* **trip**] [*or* **voyage**] Weltreise *f* **round 'trip I.** *n* Rundreise *f* **II.** *adv inv* AM **to fly** ~ ein Rückflugticket haben; **to travel** ~ hin- und zurückreisen **round·trip 'flight** *n esp* AM Hin- und Rückflug *m* **round·trip 'tick·et** *n esp* AM AVIAT Rückflugticket *nt;* TRAIN, BUS Rückfahrkarte *f* **'round·up** *n* ① (*gathering*) Versammlung *f; of criminals, suspects* Festnahme *f; of cattle* Zusammentreiben *nt* ② (*summary*) Zusammenfassung *f;* **a** ~ **of today's news** eine Zusammenfassung der wichtigsten Tagesmeldungen **'round·worm** *n* Spulwurm *m*

rouse [raʊz] *vt* ① (*waken*) ■ **to** ~ **sb** jdn wecken; **to** ~ **sb out of their apathy** jdn aus seiner Apathie reißen; **to** ~ **oneself from a pleasant daydream** sich *akk* aus einem angenehmen Tagtraum reißen ② (*activate*) ■ **to** ~ **sb to do sth** jdn dazu bewegen, etw zu tun; **to** ~ **sb to action** jdn zum Handeln bewegen; **to** ~ **sb's admiration** jds Bewunderung hervorrufen; **to** ~ **sb's ire** (*liter*) jds Zorn *m* erregen

rouse·about ['raʊzə,baʊt] *n* AUS Hilfsarbeiter(in) *m(f)*

rous·ing ['raʊzɪŋ] *adj* mitreißend; ~ **cheer/reception** stürmischer Beifall/Empfang; **a** ~ **speech** eine mitreißende Rede; **to receive a** ~ **welcome** überschwänglich empfangen werden

roust·about ['raʊstə'baʊt] *n* Hilfsarbeiter(in) *m(f)*

rout[1] [raʊt] **I.** *vt* (*form: defeat*) ■ **to** ~ **sb** jdn besiegen; **to** ~ **the enemy** [*or* **put the enemy to** ~] den Feind in die Flucht schlagen **II.** *n* ① (*defeat*) Niederlage *f,* Schlappe *f fam* ② (*disorderly retreat*) ungeordneter Rückzug; **the retreat quickly turned into a** ~ der Rückzug endete rasch im Chaos

rout[2] [raʊt] **I.** *vi pigs* herumwühlen **II.** *vt* ① (*root*) **to** ~ **the ground** die Erde umwühlen ② TECH ■ **to** ~ **sth** etw ausfräsen

◆ **rout out** *vt* ■ **to** ~ **out** ↻ **sb/sth** jdn/etw herausjagen; (*find*) jdn/etw aufstöbern; **the pigs were** ~ **ing out truffles** die Schweine suchten nach Trüffeln; **to** ~ **sb out of bed** jdn aus dem Bett holen

route [ru:t, AM *usu* raʊt] **I.** *n* ① (*way*) Strecke *f,* Route *f; of a parade* Verlauf *m;* **the** ~ **to success** der Weg zum Erfolg; **to map out a** ~ eine Route festlegen ② TRANSP Linie *f;* **bus** ~ Buslinie *f;* **shipping** ~ Schifffahrtsweg *m;* **domestic** ~ **s** Inlandsflüge *mpl* ③ AM (*delivery path*) Runde *f;* **to have a paper** ~ Zeitungen austragen ④ AM (*road*) Route *f* **II.** *vt* ■ **to** ~ **sth** etw schicken; *deliveries* etw liefern; **we're not going to** ~ **our buses through that part of town any more** unsere Busse werden diesen Stadtteil nicht mehr anfahren

'route march *n* MIL Geländemarsch *m;* **to go on a** ~ einen Geländemarsch absolvieren

rou·tine [ru:'ti:n] **I.** *n* ① (*habit*) Routine *f;* **he gave me the old** ~ **of having had his wallet stolen** er kam wieder mit der alten Leier, dass seine Geldbörse gestohlen worden war; **to do sth as a matter of** ~ etw routinemäßig tun; **daily** ~ tägliche Routine; **set** [*or* **fixed**] ~ feste Routine; **to go into a** ~ (*fig*) immer dieselbe Leier bringen *fam* ② (*dancing*) Figur *f;* (*gymnastics*) Übung *f* ③ THEAT Nummer *f;* **to go through** [*or* **over**] **a** ~ eine Rolle noch einmal durchgehen; **to practise a** ~ eine Rolle proben ④ COMPUT Programm *nt* **II.** *adj* ① (*regular*) routinemäßig; ~ **medical checkup** Routineuntersuchung *f;* ~ **enquiry/inspection/search** Routinebefragung/-untersuchung/-durchsuchung *f;* ~ **maintenance** laufende Wartung; **to be** ~ Routine sein; **don't worry, this medical is just** ~ machen Sie sich keine Sorgen, diese Untersuchung ist nur Rou-

R

tine; **to become ~** zur Gewohnheit werden ❷ (*pej: uninspiring*) routinemäßig; **~ performance** durchschnittliche Leistung; **~ tasks** Routine *f;* **~ work** Routinearbeit *f;* **to be ~ and boring** alltäglich und langweilig sein

rou·tine·ly [ruːˈtiːnli] *adv* routinemäßig; **health and safety rules are ~ flouted on the building site** Gesundheits- und Sicherheitsvorkehrungen werden auf der Baustelle für gewöhnlich übergangen

ˈrout·ing num·ber *n* AM (*sort code*) Bankleitzahl *f*

roux <*pl* -> [ruː] *n* FOOD Mehlschwitze *f,* Einbrenne *f* SÜDD, ÖSTERR

rove [rəʊv, AM roʊv] **I.** *vi person* umherwandern; *gaze* [umher]schweifen **II.** *vt* **to ~ the countryside** durchs Land ziehen; **to ~ the world** durch die Welt ziehen

rov·er [ˈrəʊvəʳ, AM ˈroʊvɚ] *n* Vagabund(in) *m(f)*

rov·ing [ˈrəʊvɪŋ, AM ˈroʊv-] *adj* umherstreifend *attr;* **~ ambassador** Botschafter(in) *m(f)* für mehrere Vertretungen; **~ band of thieves** umherziehende Diebesbande; **~ musicians** umherziehende Musiker

rov·ing com·ˈmis·sion *n* BRIT weitläufiges Mandat; **to have a ~** ein weitläufiges Mandat besitzen **rov·ing ˈeye** *n* (*hum dated*) **to have a ~** ein Auge riskieren **rov·ing re·ˈport·er** *n* rasender Reporter/rasende Reporterin *fam*

row¹ [rəʊ, AM roʊ] *n* ❶ (*line*) Reihe *f;* **~s and ~s of cars** lange Autoschlangen; **a ~ of chairs** eine Stuhlreihe; **~ of houses** Häuserreihe *f;* **~s of people** Menschenschlangen *fpl;* **to move up a few ~s** ein paar Reihen aufrücken; **to stand in a ~** in einer Reihe stehen; **in ~s** reihenweise ❷ (*street*) Straße *f* ❸ (*in succession*) **in a ~** hintereinander; **four times in a ~** viermal hintereinander

row² [raʊ] **I.** *n esp* BRIT, AUS ❶ (*quarrel*) Streit *m,* Krach *m fam;* **political ~** politische Auseinandersetzung; **to get into a ~ [with sb]** [mit jdm] Streit [*o fam* Krach] bekommen; **to have a ~** Streit [*o fam* Krach] haben, streiten ❷ (*noise*) Lärm *m,* Krach *m kein pl;* **to make [*or* kick up] a ~** Krach schlagen *fam* **II.** *vi esp* BRIT (*fam*) sich *akk* streiten; ■**to ~ about [*or* over] sth** sich *akk* wegen einer S. *gen* streiten; ■**to ~ with sb** sich *akk* mit jdm streiten

row³ [rəʊ, AM roʊ] **I.** *vi* rudern **II.** *vt* **to ~ a boat** ein Boot rudern; **to ~ sb across a lake/river** jdn über einen See/Fluss rudern **III.** *n usu sing* Rudern *nt kein pl;* **to go for a ~** rudern gehen

ro·wan [ˈrəʊən, AM ˈroʊən] *n* Eberesche *f*

ro·wan·ber·ry [ˈrəʊənˌberi, AM ˈroʊən-] *n* Vogelbeere *f*

row·boat [ˈrəʊbəʊt, AM ˈroʊboʊt] *n* AM (*rowing boat*) Ruderboot *nt*

row·di·ly [ˈraʊdɪli] *adv* (*pej*) rowdyhaft; **to behave very ~** sich *akk* sehr rüpelhaft benehmen

row·di·ness [ˈraʊdɪnəs] *n no pl* (*pej*) Rüpelhaftigkeit *f*

row·dy [ˈraʊdi] (*pej*) **I.** *adj* laut, rüpelhaft; **~ behaviour** rüpelhaftes Benehmen; **~ party** wilde Party **II.** *n* Krawallmacher *m,* Rowdy *m*

rowdy·ism [ˈraʊdiɪzᵊm] *n no pl* (*pej*) Rowdytum *nt;* (*noisy*) Randalieren *nt*

row·er [ˈrəʊəʳ, AM ˈroʊɚ] *n* Ruderer, Ruderin *m, f*

row house *n* AM (*terraced house*) Reihenhaus *nt*

row·ing [ˈrəʊɪŋ, AM ˈroʊ-] *n no pl* Rudern *nt*

ˈrow·ing boat *n* BRIT Ruderboot *nt* **ˈrow·ing club** *n* Ruderklub *m* **ˈrow·ing ma·chine** *n* Rudergerät *nt*

row·lock [ˈrɒlək, AM ˈrɑː-] *n* Dolle *f*

roy·al [ˈrɔɪəl] **I.** *adj* <-er, -est> ❶ *inv* (*of a monarch*) königlich; **~ decree/visit** königlicher Erlass/Besuch; **~ insignia/yacht** königliche Insignien/Jacht; **~ palace** Königspalast *m* ❷ (*fig*) fürstlich; **~ feast** fürstliches Mahl; **to be in ~ spirits** prächtig gelaunt sein; **~ welcome** fürstlicher Empfang ❸ *esp* AM (*fam: big*) gewaltig; **you're a ~ pain in the butt!** du gehst mir ganz gewaltig auf die Nerven!; **a ~ mess** eine Riesensauerei **II.** *n* (*fam*) Angehörige(r) *f(m)* der königlichen Familie

i Kultur

Die **Royal Academy of Arts** ist eine 1768 gegründete Gesellschaft von 50 Künstlern (Maler, Bildhauer und Architekten), die nur dem Monarchen untersteht. Jedes Jahr stellt sie die Werke von zeitgenössischen Künstlern auf der *Summer Exhibition – Sommerausstellung* aus. Die **Royal Academy** hat ihren Sitz im *Burlington House* in Piccadilly, London.

Roy·al ˈAir Force *n no pl,* + *sing/pl vb* BRIT ■**the ~** die Königliche Luftwaffe **roy·al as·ˈsent** *n* Zustimmung *f* der Königin/des Königs **roy·al ˈblue I.** *n* Königsblau *nt* **II.** *adj* königsblau; **~ eyes** strahlend blaue Augen **roy·al ˈfami·ly** *n* + *sing/pl vb* königliche Familie **roy·al ˈflush** *n* CARDS Royal Flush *m* **Roy·al ˈHigh·ness** *n* **Your/His/Her ~** Eure/Seine/Ihre Königliche Hoheit

roy·al·ist [ˈrɔɪəlɪst] **I.** *n* Royalist(in) *m(f)* **II.** *adj* royalistisch

roy·al ˈjel·ly *n no pl* Gelée royale *nt* **Roy·al ˈNavy** *n no pl,* + *sing/pl vb* BRIT ■**the ~** die Königliche Marine **roy·al ˈpar·don** *n* königliche Begnadigung **roy·al pre·ˈroga·tive** *n* BRIT königliches Vorrecht **Roy·al ˈShakespeare Com·pa·ny** *n no pl,* + *sing/pl vb* ■**the ~** die Royal Shakespeare Company **Roy·al So·ˈci·ety** *n no pl,* + *sing/pl vb* ■**the ~** die Königlich Britische Akademie der Naturwissenschaften

i Kultur

Die 1662 gegründete **Royal Society** (kurz für *Royal Society of London for the Promotion of Natural Knowledge*) ist die angesehenste und auch älteste wissenschaftliche Gesellschaft in Großbritannien. Heutzutage wird die Aufnahme in die **Royal Society** als eine der höchsten Auszeichnungen angesehen, die ein Wissenschaftler erhalten kann.

roy·al·ty [ˈrɔɪəlti] *n* ❶ *no pl,* + *sing/pl vb* (*sovereignty*) Königshaus *nt;* **to treat sb like ~** jdn fürstlich behandeln ❷ PUBL ■**royalties** *pl* Tantiemen *pl*

ˈroy·al·ty check AM, **ˈroy·al·ty cheque** *n* BRIT Honorarscheck *m* **Roy·al Ul·ster Con·ˈstabu·lary** *n no pl,* + *sing/pl vb* BRIT ■**the ~** *die Polizeibehörde Nordirlands*

roz·zer *n* BRIT (*sl: policeman*) Bulle *m*

RP [ˌɑːˈpiː, AM ˌɑːr-] *n no pl* LING *abbrev of* **received pronunciation** britische Standardaussprache

RPI [ˌɑːpiːˈaɪ] *n* BRIT *abbrev of* **retail price index**

rpm <*pl* -> [ˌɑːpiːˈem, AM ˌɑːr-] *n* ❶ AUTO, AVIAT *abbrev of* **revolutions per minute** U/min ❷ *no pl* BRIT PUBL *abbrev of* **resale price maintenance**

RR *n* AM *abbrev of* **railroad**

rr *n* AM *abbrev of* **rural route** ungeteerte ländliche Straße

R & R [ˌɑːrən(d)ˈɑːr] *n no pl* AM MIL *abbrev of* **rest and recuperation** Ruhe und Erholung

RRP [ˌɑːɑːˈpiː] *n* BRIT PUBL *abbrev of* **recommended retail price**

RSI [ˌɑːesˈaɪ, AM ˌɑːr-] *n* MED *abbrev of* **repetitive strain injury**

RSPCA [ˌɑːesˌpiːsiːˈeɪ] *n no pl,* + *sing/pl vb* BRIT *abbrev of* **Royal Society for the Prevention of Cruelty to Animals** ≈ Tierschutzverein *m*

RSVP [ˌɑːesviːˈpiː, AM ˌɑːr-] *abbrev of* **répondez s'il vous plaît** u. A. w. g.

Rt Hon *adj attr, inv abbrev of* **Right Honourable: the ~ ...** der sehr ehrenwerte ...

rub [rʌb] **I.** *n* Reiben *nt kein pl;* **to give sth a ~** *hair* etw trocken rubbeln; *material* etw polieren; *bruise* etw reiben ▸ PHRASES: **to get [*or* have] the ~ of the green** Glück haben; **there's the ~** (*dated liter*) da liegt der Hase im Pfeffer **II.** *vt* <-bb->

■**to ~ sth** etw einreiben; *furniture* etw behandeln; (*polish*) etw polieren; ■**to ~ oneself** [**up**] **against sth** sich *akk* an etw *akk* reiben; **to ~ one's eyes sleepily** sich *dat* verschlafen die Augen reiben; **to ~ one's hands together** sich *dat* die Hände reiben; **to ~ noses** die Nasen aneinanderreiben; **to ~ a stain** einen Fleck wegreiben; **to ~ sth clean** etw sauber wischen; **to ~ the blackboard clean** die Tafel wischen ▶ PHRASES: **to ~ shoulders** [*or* AM **elbows**] **with sb** (*fam*) mit jdm Kontakt [*o* Umgang] haben, mit jdm in Berührung kommen; **to ~ sb** [BRIT, AUS **up**] **the wrong way** bei jdm anecken *fam* **III.** *vi* <-bb-> reiben; *shoes, collar* scheuern; **the branches ~bed against each other in the wind** die Äste schlugen im Wind aneinander

◆**rub along** *vi* BRIT (*fam*) ■**to ~ along** [**together**] mehr schlecht als recht [miteinander] auskommen; **to ~ along okay** [**together**] ganz gut [miteinander] auskommen

◆**rub down** *vt* **to ~ down a surface** [**with sth**] eine Fläche [mit etw *dat*] abreiben; (*clean*) eine Fläche [mit etw *dat*] abwischen; ■**to ~ down** ○ **sb** jdn abfrottieren; **to ~ down a dog** einen Hund trocken reiben; **to ~ down a horse** ein Pferd striegeln; **to ~ sth down with sandpaper** etw mit Sandpapier abschmirgeln

◆**rub in** *vt* ❶ (*spread*) ■**to ~ sth** ○ **in** etw einreiben ❷ (*fam: keep reminding*) ■**to ~ it in** auf etw *dat* herumreiten *fam;* **don't ~ it in!** jetzt reite doch nicht ständig darauf rum! ▶ PHRASES: **to ~ sb's nose in it** [*or* **the dirt**] jdm etw unter die Nase reiben *fam*

◆**rub off I.** *vi* ❶ (*become clean*) wegreiben; *stains* rausgehen; **does this paint ~ off easily?** lässt sich diese Farbe leicht entfernen? ❷ (*fam: affect*) ■**sth ~s off on sb** etw färbt auf jdn ab **II.** *vt* ■**to ~ off** ○ **sth** etw wegwischen; **there's no way to ~ this dye off my trousers, is there?** diese Farbe kriege ich nicht mehr aus meiner Hose, oder?; **to ~ dirt off** Schmutz abreiben

◆**rub out I.** *vt* ❶ (*erase*) ■**to ~ out** ○ **sth** etw ausradieren ❷ AM (*sl: murder*) ■**to ~ out** ○ **sb** jdn abmurksen *sl* **II.** *vi stain* herausgehen; (*erase*) sich *akk* ausradieren lassen

rub·ber¹ ['rʌbəʳ, AM -ɚ] **I.** *n* ❶ *no pl* (*elastic substance*) Gummi *m o nt;* **to be made of ~** aus Gummi sein ❷ BRIT, AUS (*eraser*) Radiergummi *m* ❸ *esp* AM (*sl: condom*) Gummi *m sl* ❹ AM (*shoes*) ■**~s** *pl* Überschuhe *mpl* (*aus Gummi*), Galoschen *fpl veraltend* **II.** *n modifier* (*ball, gloves*) Gummi-; **~ hose** Gummischlauch *m;* **~ seal** Gummidichtung *f;* **~ suit** Tauchanzug *m;* **~ truncheon** Gummiknüppel *m*

rub·ber² ['rʌbəʳ, AM -ɚ] *n* CARDS Robber *m*

rub·ber 'band *n* Gummiband *nt* **rub·ber 'boot** *n* Gummistiefel *m* **rub·ber 'bul·let** *n* Gummigeschoss *nt* **rub·ber ce·'ment** *n no pl* Gummilösung *f* **rub·ber 'cheque** *n* (*sl*) ungedeckter Scheck **rub·ber 'din·ghy** *n* Schlauchboot *nt* **'rub·ber in·dus·try** *n* Gummiindustrie *f*

rub·ber·ize ['rʌbəraɪz] *vt* ■**to ~ sth** etw gummieren; **~d tubing** gummierte Rohrleitung

rub·ber·neck I. *n* Gaffer(in) *m(f) pej fam* **II.** *vi* gaffen *fam*

rub·ber·neck·er ['rʌbənekəʳ, AM 'rʌbɚnekɚ] *n* (*sl: sb who gawks*) Schaulustige(r) *f(m),* Gaffer(in) *m(f) pej* **'rub·ber plant** *n* Gummibaum *m* **'rub·ber plan·ta·tion** *n* Kautschukplantage *f* **rub·ber-'stamp I.** *vt* (*often pej*) ■**to ~ sth** etw genehmigen; **to ~ a decision** eine Entscheidung bestätigen; **to ~ a vacation** einen Urlaub bewilligen **II.** *n* Stempel *m;* (*fig*) Genehmigung *f;* **to put one's ~ on sth** etw bewilligen **'rub·ber tree** *n* Kautschukbaum *m*

rub·bery ['rʌbᵊri] *adj* ❶ (*rubber-like*) gummiartig; *meat* zäh; **to taste ~** wie Gummi schmecken ❷ (*fam: weak*) *legs* wackelig *fam*

rub·bing ['rʌbɪŋ] *n no pl* ❶ (*action*) Reiben *nt;* (*polishing*) Polieren *nt;* (*using a towel*) Frottieren *nt* ❷ ART *Durchreiben eines Reliefs auf ein Blatt Papier mit Bleistift, Kreide oder Wachsmalstift*

'rub·bing al·co·hol *n no pl esp* AM, AUS (*surgical spirit*) Wundbenzin *nt*

rub·bish ['rʌbɪʃ] **I.** *n no pl esp* BRIT ❶ (*waste*) Müll *m;* **to take** [*or* **put**] **the ~ out** den Müll rausbringen ❷ (*fig fam: nonsense*) Unsinn *m,* Quatsch *m fam;* **his ideas are a load of** [**old**] **~** seine Ideen sind völliger Schwachsinn; **to be ~** Quatsch sein; **the film was ~** der Film war völliger Schrott; **to talk ~** Blödsinn reden *fam* ❸ (*fam: junk*) Gerümpel *nt* **II.** *vt* BRIT, AUS (*fam*) ■**to ~ sth** etw als Unsinn abtun **III.** *adj* BRIT (*fam*) ■**to be ~ at sth** in etw *dat* sehr schlecht sein; **I'm ~ at maths** in Mathe bin ich eine absolute Null

'rub·bish bag *n* Mülltüte *f,* Müllsack *m* ÖSTERR **'rub·bish bin** *n* Abfalleimer *m* **'rub·bish chute** *n* Müllschlucker *m* **'rub·bish col·lec·tion** *n* Müllabfuhr *f* **'rub·bish con·tain·er** *n* Müllcontainer *m* **'rub·bish dump** *n* Mülldeponie *f*

rub·bishy ['rʌbɪʃi] *adj esp* BRIT, AUS (*fam*) mies *fam;* ■**to be ~** Mist sein *fam;* **~ film** mieser Film

rub·ble ['rʌbl̩] *n no pl* ❶ (*smashed rock*) Trümmer *pl;* **to reduce sth to ~** (*fig*) etw in Schutt und Asche legen ❷ (*not bricks*) Bauschutt *m;* **to fill sth with ~** etw mit Bauschutt auffüllen

'rub-down *n no pl* Abreiben *nt;* **to give sb a ~** jdn abfrottieren

rube [ru:b] *n* AM (*pej fam*) Landei *nt pej fam,* Tölpel *m pej*

ru·bel·la [ru:'belə] *n no pl* MED (*spec*) Röteln *pl*

ru·bi·cund ['ru:bɪkənd, AM -kʌnd] *adj* (*dated liter or hum*) rötlich; *complexion* rosig

ru·ble *n esp* AM *see* **rouble**

rub·out ['rʌbaʊt] *n* (*sl*) Mord *m* (*im Verbrechermilieu*)

ru·bric ['ru:brɪk] *n* (*form*) Anweisungen *fpl;* **under the ~** unter der Rubrik

ruby ['ru:bi] **I.** *n* Rubin *m* **II.** *n modifier* (*ring, necklace, bracelet*) Rubin- **III.** *adj inv* rubinrot

ruby 'port *n dunkelroter, nur wenige Jahre gelagerter Portwein*

ruby 'wed·ding *n 40. Hochzeitstag*

RUC [ˌɑ:ju:'si:, AM ˌɑ:r-] *n no pl, + sing/pl vb abbrev of* **Royal Ulster Constabulary**

ruche [ru:ʃ] *n* Rüsche *f*

ruched [ru:ʃt] *adj inv* gerüscht; **~ collar** Rüschenkragen *m*

ruck [rʌk] **I.** *n* ❶ *+ sing/pl vb* (*average crowd*) die breite Masse; **to rise above the ~** sich *akk* über den Durchschnitt erheben ❷ SPORTS (*in rugby*) offenes Gedränge ❸ BRIT (*fam: brawl*) laute Auseinandersetzung ❹ (*fold*) Falte *f;* **to be caught up in ~s** sich *akk* in Falten legen **II.** *vt* ■**to ~ up** ○ **sth** *clothes* etw [zer]knittern **III.** *vi* Falten werfen; **this jumper continuously ~s up at the bottom** dieser Pullover rutscht ständig hoch

ruck·sack ['rʌksæk] *n* BRIT Rucksack *m;* **frame ~** Rucksack *m* mit Traggestell

ruck·us ['rʌkəs] *n esp* AM (*fam*) Krawall *m;* **to make a ~** Krawall machen

ruc·tions ['rʌkʃᵊns] *npl esp* BRIT, AUS (*fam*) Krach *m kein pl fam;* **there'll be ~ if I'm not home by midnight** wenn ich um Mitternacht nicht zu Hause bin, kriege ich Ärger

rud·der ['rʌdəʳ, AM -ɚ] *n* [Steuer]ruder *nt*

rud·der·less ['rʌdələs, AM -ɚ-] *adj* ohne Ruder *präd, nach n;* (*fig*) führerlos; **~ boat** ruderloses Boot; **~ plane** steuerloses Flugzeug

rud·di·ness ['rʌdinəs] *n no pl* Röte *f;* *of complexion* gesunde Gesichtsfarbe

rud·dy ['rʌdi] **I.** *adj* ❶ (*approv: red*) rot; (*liter*) rötlich; **~ cheeks** gerötete Wangen; **~ complexion** rötliche Gesichtsfarbe, gesunde Röte; **~ light** rötliches Licht ❷ *attr, inv* BRIT, AUS (*dated fam: bloody*) verdammt *sl;* **~ hell!** verdammt nochmal! *sl;* **you're a ~ fool** du bist ein verdammter Idiot **II.** *adv inv* BRIT, AUS (*dated fam: bloody*) verdammt *sl;* **it's ~ cold** es ist saukalt

rude [ru:d] *adj* ❶ (*impolite*) unhöflich; **it is ~ to stare** es ist unhöflich, zu starren; ■**to be ~ to sb** zu jdm unfreundlich

R

sein; ~ **behaviour** unverschämtes Benehmen; ~ **gesture** unflätige Geste *geh;* **to tell a** ~ **joke** einen unanständigen Witz erzählen; ~ **man** Rüpel *m;* ~ **manners** ungehobelte Manieren; **to make a** ~ **noise** einen fahren lassen *sl* ❷ *attr* (*sudden*) unerwartet; **it was a** ~ **shock to us** es war ein großer Schock für uns; ~ **awakening** böses Erwachen; ~ **surprise** böse Überraschung ❸ (*liter: crude*) primitiv; ~ **shelter** notdürftige Unterkunft; ~ **tool** einfaches Werkzeug ❹ *attr* (*robust*) **to be in** ~ **health** kerngesund sein

rude·ly [ˈruːdli] *adv* ❶ (*impolitely*) unhöflich; **he pushed past me** ~ er drängte sich rüde an mir vorbei ❷ (*suddenly*) unerwartet; **the news** ~ **pushed her into the glare of worldwide publicity** die Nachricht rückten sie urplötzlich ins Licht der weltweiten Öffentlichkeit ❸ (*liter: crudely*) primitiv; ~ **constructed** einfach gebaut; ~ **made** primitiv hergestellt

rude·ness [ˈruːdnəs] *n no pl* ❶ (*impoliteness*) Unhöflichkeit *f;* (*obscenity*) Unanständigkeit *f* ❷ (*liter: crudeness*) Primitivität *f; of a tool* Einfachheit *f*

ru·di·men·ta·ry [ˌruːdɪˈmentᵊri, AM -dəˈ-] *adj* (*form*) ❶ (*basic*) elementar; ~ **knowledge** Grundkenntnisse *pl* ❷ (*not highly developed*) primitiv; ~ **equipment** primitive Ausrüstung; ~ **method** einfache Methode; ~ **system** primitives System

ru·di·ments [ˈruːdɪmənts, AM -də-] *npl* ■**the** ~ die Grundlagen *pl;* **to learn** [*or* **pick up**] **the** ~ **of sth** die Grundlagen einer S. *gen* erlernen

rue [ruː] *vt* (*liter or dated*) ■**to** ~ **sth** etw bereuen; **to** ~ **the day** [**that**] ... den Tag verwünschen, an dem ...

rue·ful [ˈruːfᵊl] *adj* (*liter*) reuevoll *geh;* **a** ~ **glance** ein reuiger Blick *geh*

rue·ful·ly [ˈruːfᵊli] *adv* (*liter*) reuevoll *geh*

ruff [rʌf] *n on clothing, of an animal* Halskrause *f*

ruf·fian [ˈrʌfiən] *n* (*dated or hum*) Schlingel *m hum*

ruf·fle [ˈrʌfl] **I.** *vt* ❶ (*agitate*) ■**to** ~ **sth** etw durcheinanderbringen; *hair* etw zerzausen; **the birds** ~**d their feathers** [**up**] **in alarm** die Vögel plusterten sich beunruhigt auf; **the strong gust** ~**d the surface of the water** die starke Böe kräuselte die Oberfläche des Wassers ❷ (*fig: upset*) ■**to** ~ **sb** jdn aus der Ruhe bringen; **nothing ever** ~**s her self-confidence** ihr Selbstbewusstsein lässt sich durch nichts erschüttern; **to be** [**easily**] ~**d** sich *akk* schnell aus der Ruhe bringen lassen ▶ PHRASES: **to** ~ **sb's feathers** [*or* **feelings**] jdn auf die Palme bringen *fam* **II.** *n* Rüsche *f;* **lace** ~**s** Spitzenrüschen *fpl*

ru·fous [ˈruːfəs] *adj* rotbraun

rug [rʌg] *n* ❶ (*carpet*) Teppich *m;* **to pull the** ~ [**out**] **from under sb**[**'s feet**] (*fig*) jdm den Teppich unter den Füßen wegziehen ❷ AM (*sl: hairpiece*) Haarteil *nt*

rug·by [ˈrʌgbi] **I.** *n no pl* Rugby *nt* **II.** *n modifier* (*ball, field, shirt*) Rugby-

rugby ˈfoot·ball *n no pl* (*form*) Rugby *nt* **Rug·by ˈLeague** *n no pl* Rugbyliga *f* **ˈrug·by tack·le I.** *n Stoppen des Ballträgers* **II.** *vt* ■**to rugby-tackle sb** jdn zu Boden werfen **Rug·by ˈUn·ion** *n no pl* Rugbyunion *f*

rug·ged [ˈrʌgɪd] *adj* ❶ (*uneven*) *terrain, ground* uneben; *cliff, mountain, rocks* zerklüftet; *landscape, country, coast* wild ❷ (*robust*) kräftig; *looks, features* markant ❸ (*solid*) fest; ~ **constitution** unverwüstliche Konstitution; ~ **honesty** unerschütterliche Ehrlichkeit; ~ **individualism** unbeugsamer Individualismus ❹ (*difficult*) hart; ~ **climb** schwierige Kletterpartie; ~ **life** hartes Leben ❺ (*sturdy*) kräftig; ~ **vehicle** robustes Fahrzeug

rug·ged·ly [ˈrʌgɪdli] *adv* ❶ (*robustly*) markig ❷ (*unbendingly*) unbeugsam; ~ **honest** unerschütterlich ehrlich ❸ (*sturdily*) kräftig; ~ **built** robust gebaut

rug·ger [ˈrʌgəʳ] *n no pl* BRIT (*fam*) Rugby *nt*

ˈrug rat *n* (*sl*) kleine Rotznase *fam*

ruin [ˈruːɪn] **I.** *vt* (*destroy*) ■**to** ~ **sb/sth** jdn/etw zerstören; **cheap imported goods are** ~**ing many businesses** durch billige Importware gehen viele Geschäfte zugrunde; **to** ~ **a child** ein Kind verderben; **to** ~ **sb's day** jdm den Tag vermiesen [*o* verderben]; **to** ~ **a dress** ein Kleid ruinieren; **to** ~ **one's eyesight** sich *dat* die Augen verderben; **to** ~ **one's future** seine Zukunft ruinieren; **to** ~ **the harvest** die Ernte kaputtmachen; **to** ~ **one's health** seine Gesundheit ruinieren; **to** ~ **sb's holiday** jdm den Urlaub verderben; **to** ~ **sb's hopes** jds Hoffnungen zunichte machen; **to** ~ **sb's plans** jds Pläne durchkreuzen; **to** ~ **sb's reputation** jds Ruf ruinieren **II.** *n* ❶ (*destroyed building*) Ruine *f;* **to fall into** ~**s** zu einer Ruine verfallen ❷ ■ ~**s** *pl of building* Ruinen *pl; of reputation* Reste *pl; of career, hopes* Trümmer *pl;* **the** ~**s of Carthage** die Ruinen *pl* von Karthago; **to be** [*or* **lie**] **in** ~**s** eine Ruine sein; (*after bombing, fire*) in Schutt und Asche liegen; (*fig*) zerstört sein ❸ *no pl* (*bankruptcy*) Ruin *m,* Aus *nt;* **to be on the edge** [*or* **brink**] [*or* **verge**] **of** ~ am Rande des Ruins stehen; **to face** [**financial**] ~ vor dem [finanziellen] Ruin stehen ❹ (*downfall*) Untergang *m;* **alcohol was my** ~ Alkohol hat mich zerstört; **the** ~ **of my hopes** das Ende meiner Hoffnungen; **to be on the road to** ~ sich *akk* auf dem Weg nach unten befinden; **to be** [*or* **lie**] **in/fall into** ~[**s**] vollkommen zerstört sein/werden; *see also* **rack**

ru·ina·tion [ˌruːɪˈneɪʃᵊn] *n no pl* Ruin *m;* ■**to be the** ~ **of sb** jds Ruin *m* sein

ruined [ˈruːɪnd] *adj inv* ■**to be** ~ ruiniert sein; ~ **castle/house** verfallenes Schloss/Haus; **a** ~ **city** eine Stadt, die in Ruinen liegt; ~ **life** ruiniertes Leben

ru·in·ous [ˈruːɪnəs] *adj* ruinös; **the cost was** ~ die Kosten waren enorm hoch; **smoking is** ~ **to the health** Rauchen schadet der Gesundheit; **to have a** ~ **effect on sth** etw zerstören

ru·in·ous·ly [ˈruːɪnəsli] *adv* ruinös; ~ **expensive** enorm teuer

rule [ruːl] **I.** *n* ❶ (*instruction*) Regel *f;* **where in the** ~**s does it say that?** wo steht das?; **those are the** ~**s** so sind nun mal die Regeln; **this is a club** ~ das ist im Klub hier so üblich; **it is a** ~ **that ...** es ist eine Regel, dass ...; **to know the** ~**s of a game** die Spielregeln kennen; ~**s and regulations** Regeln und Bestimmungen; **set of** ~**s** Regeln *fpl;* **traffic** ~**s** Verkehrsregeln *fpl;* **to bend** [*or* **stretch**] **the** ~**s** die Regeln beugen; **to break a** ~ eine Regel brechen; **to follow** [*or* **obey**] [*or form* **observe**] **a** ~ eine Regel befolgen [*o* einhalten]; **to play** [**it**] [*or* **go**] [*or* **do things**] **by the** ~**s** sich *akk* an die Spielregeln halten; **according to the** ~**s** nach den Regeln, den Regeln entsprechend; **to be against the** ~**s** gegen die Regeln verstoßen ❷ *no pl* (*control*) Herrschaft *f;* **the** ~ **of law** die Rechtsstaatlichkeit; **one-party** ~ Einparteienherrschaft *f;* **the period of Fascist** ~ die faschistische Herrschaft ❸ (*form or dated: measuring device*) Lineal *nt* ▶ PHRASES: ~ **of thumb** Faustregel *f;* **to be the** ~ die Regel sein; **to make sth a** ~ etw zur Regel machen; **to run the** ~ **over sth** überprüfen, ob etw in Ordnung ist; **as a** [**general**] ~ in der Regel; *see also* **exception II.** *vt* ❶ (*govern*) ■**to** ~ **sth/sb** etw/jdn regieren; **to** ~ **a country with a rod of iron** ein Land mit eiserner Faust regieren ❷ (*control*) ■**to** ~ **sth** etw beherrschen; **she** ~**s her household with an iron hand** sie führt ihren Haushalt mit einer eisernen Hand; **to** ~ **sb's thinking** jds Denken beherrschen ❸ (*draw*) **to** ~ **a line** eine Linie ziehen ❹ (*decide*) ■**to** ~ **that ...** entscheiden, dass ...; **the courts have** ~**d his brave action** [**to be**] **illegal** die Gerichte entschieden, dass seine mutige Tat illegal war ▶ PHRASES: **to** ~ **the roost** der Herr im Haus sein, die Hosen anhaben *hum fam* **III.** *vi* ❶ (*control*) herrschen; *king, queen* regieren ❷ LAW ■**to** ~ **on sth** in etw *dat* entscheiden; **only the appeal court can** ~ **on this point** nur das Berufungsgericht kann in diesem Punkt entscheiden; **to** ~ **for** [*or* **in favour of**]/**against sb** zugunsten von jdm/gegen jdn entscheiden ▶ PHRASES: **X** ~[**s**], **OK!** BRIT, AUS (*hum fam*) X ist der/die Größte!

◆**rule off** *vt* ■**to** ~ **off** ○ **sth** etw ausmessen; **to** ~ **off a margin** einen Rand ziehen

◆**rule out** *vt* ■**to** ~ **out** ○ **sth** etw ausschließen; **we've** ~**d**

him out as a suspect er kommt für uns als Verdächtiger nicht in Frage

'rule book *n* Regelheft *nt,* Vorschriftenbuch *nt* ▸ PHRASES: **to throw the ~ at sb** jdn wegen jeder Kleinigkeit kritisieren

ruled [ru:ld] *adj inv* liniert; **~ paper** liniertes Papier

rul·er ['ru:ləʳ, AM -ɚ] *n* ❶ *(person)* Herrscher(in) *m(f);* **~ of the country** Staatschef(in) *m(f)* ❷ *(device)* Lineal *nt*

rul·ing ['ru:lɪŋ] **I.** *adj attr, inv* ❶ *(governing)* herrschend; **the ~ hierarchy** die vorherrschende Hierarchie; **the ~ party** die Regierungspartei ❷ *(primary)* hauptsächlich; **~ ambition/passion** größter Wunsch/größte Leidenschaft **II.** *n* LAW Entscheidung *f;* **the final ~** die letzt[endlich]e Entscheidung; **to give** [*or* **hand down**] **a ~** eine Entscheidung fällen

rul·ing 'class *n + sing/pl vb,* **rul·ing 'classes** *npl* ■**the ~** die herrschende Klasse

rum¹ [rʌm] *n (drink)* Rum *m*

rum² <-mm-> [rʌm] *adj* BRIT *(dated)* komisch; **a ~ character** ein komischer Kauz; **a ~ do** eine seltsame Angelegenheit

rum·ba ['rʌmbə] *n* Rumba *m;* **to do** [*or* **dance**] **the ~** Rumba tanzen; **to play a ~** einen Rumba spielen

rum·ble ['rʌmbl] **I.** *n* ❶ *(sound)* Grollen *nt kein pl; of stomach* Knurren *nt;* **~s of discontent** Anzeichen *ntpl* von Unzufriedenheit; **the ~ of thunder** das Grollen des Donners ❷ *esp* AM, AUS *(fam)* Schlägerei *f* **II.** *vi* rumpeln; *stomach* knurren; *thunder* grollen **III.** *vt* BRIT *(fam)* ■**to ~ sth** etw durchschauen [*o fam* auffliegen lassen]; **to ~ a plot** eine Verschwörung aufdecken; **to ~ a scheme** einen Plan durchschauen

◆**rumble on** *vi* weiterreden; *(continue)* weitergehen

'rum·ble seat *n* AM Notsitz *m* **'rum·ble strip** *n* Fahrbahnschwelle *f*

rum·bling ['rʌmblɪŋ] **I.** *n* ❶ *(indication)* ■**~s** *pl* [erste] Anzeichen *ntpl;* **~s of discontent among the staff** Anzeichen von Unzufriedenheit unter den Angestellten ❷ *(sound)* Grollen *nt;* **the ~ of distant guns** das Donnern entfernter Geschütze; **the ~ of thunder** das Grollen des Donners **II.** *adj inv* grollend *attr*

rum·bus·tious [rʌm'bʌstiəs] *adj esp* BRIT *(fam)* wild; **~ behaviour** ungehobeltes Benehmen; **~ child** wildes Kind

ru·mi·nant ['ru:mɪnənt, AM -mə-] **I.** *n* ZOOL Wiederkäuer *m* **II.** *adj attr, inv* wiederkäuend; **~ animal** Wiederkäuer *m*

ru·mi·nate ['ru:mɪneɪt, AM -mə-] *vi* ❶ *(form: meditate)* ■**to ~ about** [*or* **over**] [*or* **on**] **sth** über etw *akk* nachgrübeln ❷ *cows* wiederkäuen

ru·mi·na·tion [ˌru:mɪ'neɪʃᵊn, AM -mə'-] *n* ❶ *(form: thought)* Grübelei *f* ❷ *cows* Wiederkäuen *nt kein pl*

ru·mi·na·tive ['ru:mɪnətɪv, AM -məneɪt̬ɪv] *adj (form)* grübelnd *attr;* **~ look** nachdenklicher Blick

rum·mage ['rʌmɪdʒ] **I.** *vi* ■**to ~ through** [*or* **in**] **sth** etw durchstöbern; **to ~ through a drawer/sb's pockets** eine Schublade/jds Taschen durchwühlen **II.** *n* Durchstöbern *nt;* **to have a ~ around** [*or* **about**] [**sth**] etw durchstöbern

'rum·mage sale *n esp* AM Flohmarkt *m*

rum·my ['rʌmi] *n no pl* CARDS Rommé *nt;* **to play ~** Rommé spielen

ru·mor ['ru:mɚ] AM, **ru·mour** ['ru:məʳ] BRIT, AUS **I.** *n* Gerücht *nt;* **~ has it** [**that**] **...** es geht das Gerücht um, dass ...; **to circulate** [*or* **spread**] **a ~ that ...** das Gerücht verbreiten, dass ...; **to confirm/deny a ~** ein Gerücht bestätigen/dementieren **II.** *vt passive* ■**sb is ~ed to be sth** jd soll Gerüchten zufolge [*o* angeblich] etw sein; **the president is ~ed to be seriously ill** der Präsident soll angeblich ernsthaft krank sein; **it is ~ed that ...** es wird gemunkelt, dass ...

ru·mored ['ru:mɚd] AM, **ru·moured** ['ru:məd] *adj attr, inv* BRIT, AUS angebliche(r, s); **the painting was purchased for a ~ £3m** das Bild wurde angeblich für 3 Millionen Pfund gekauft

'ru·mour mill *n* Gerüchteküche *f*

ru·mour-mon·ger ['ru:məˌmʌŋgəʳ, AM -mɚˌmʌŋgɚ] *n (pej)* Gerüchtemacher(in) *m(f),* Klatschbase *f pej*

rump [rʌmp] *n* ❶ *of an animal* Hinterbacken *fpl* ❷ *(beef)* Rumpsteak *nt* ❸ *(hum: buttocks)* Hinterteil *nt fam* ❹ *(remaining group)* Rest *m;* **the council was reduced to a ~ of 10** der Rat wurde auf 10 Mitglieder reduziert; **the ~ of an amount** der Restbetrag

rumpie *n short for* **rural, upwardly-mobile professional** *junger, vom Land stammender Aufsteiger oder karrierebewusster Mensch*

rum·ple ['rʌmpl] *vt* ■**to ~ sth** etw zerknittern; **to ~ sb's hair** jdm das Haar zerzausen

rum·pled ['rʌmpld] *adj* in Unordnung *präd;* **~ bed** zerwühltes Bett; **~ hair** zerzaustes Haar; **~ suit** zerknitterter Anzug; **to look ~** zerknittert aussehen

rump 'steak *n* Rumpsteak *nt*

rum·pus ['rʌmpəs] *n no pl (fam)* Krawall *m,* Krach *m* ▸ PHRASES: **to raise** [*or* **kick up**] [*or* **cause**] **a ~** einen Heidenlärm machen

'rum·pus room *n* AM, AUS Spielzimmer *nt*

run [rʌn] **I.** *n* ❶ *(jog)* Lauf *m;* **the burglar made a ~ for the door** [*or* **for it**] der Einbrecher nahm Reißaus *fam;* **to let the dog out for** [*or* **let the dog have**] **a ~** den Hund hinauslassen [*o* ÖSTERR *fam* äußerln führen]; **to break into a ~** zu laufen beginnen; **to go for** [*or* **do**] **a ~** laufen gehen; **I go for** [*or* **do**] **a 5 mile ~ before breakfast** ich laufe vor dem Frühstück 5 Meilen; **to set off/come in at a ~** weg-/hereinlaufen; **he took the ditch at a ~** er nahm Anlauf und sprang über den Graben; *(fig)* **with his main rival out injured, he has a clear ~ at the title** da sein Hauptrivale verletzt ist, hat er keine Konkurrenten beim Kampf um den Titel ❷ *(journey)* Strecke *f;* **the ~ down to the coast only takes half an hour** man braucht nur eine halbe Stunde zur Küste; **on the London–Glasgow ~** auf der Strecke London–Glasgow; **to go for a ~ in the car** *(dated)* eine Spritztour machen *fam;* **bombing ~** Bombardierungsstrecke *f* ❸ *(period)* Dauer *f;* **~ of bad/good luck** Pech-/Glückssträhne *f;* **a long ~ of bad weather** eine lange Schlechtwetterperiode ❹ *(trend)* Verlauf *m;* **in the normal ~ of things** normalerweise ❺ THEAT Laufzeit *f;* **after a short ~ on Broadway** nach kurzer Laufzeit am Broadway; **dry** [*or* **dummy**] [*or* **practice**] **~** Generalprobe *f* ❻ *(production)* Auflage *f;* **the company is planning a first ~ of 10,000 red teddy bears** die Firma plant eine Anfangsproduktion von 10.000 roten Teddybären ❼ *usu sing (demand)* Ansturm *m* (**on** auf *+akk*); **a sudden ~ on the dollar has lowered its value** die plötzliche Nachfrage nach dem Dollar ließ den Kurs sinken ❽ *(type)* Art *f;* **their food is not the usual ~ of hotel cooking** ihr Essen hebt sich von der üblichen Hotelküche ab ❾ *(enclosed area)* Gehege *nt;* **chicken ~** Hühnerhof *m* ❿ SPORTS *(point)* Treffer *m; (sailing)* Vorwindkurs *m; (in cricket, baseball)* Run *m;* **to score 4 ~s** vier Treffer erzielen; **to score a home ~** einen Homerun erzielen ⓫ *esp* AM *(ladder)* Laufmasche *f* ⓬ *(fam: diarrhoea)* **to have the ~s** Dünnpfiff haben *sl* ▸ PHRASES: **to give sb a ~ for their money** jdn etw für sein Geld tun lassen; **to have a** [**good**] **~ for one's money** etw für sein Geld bekommen; **in the long ~** auf lange Sicht gesehen; **in the short ~** kurzfristig; **to have the ~ of sth** etw zur Verfügung haben; **while she's away, I have the ~ of the house** während sie weg ist, hat sie mir das Haus überlassen; **on the ~** *(escaped)* auf der Flucht; *(extremely busy)* auf Trab *fam;* **when I am rushed in the mornings, I eat breakfast on the ~** wenn ich morgens in Eile bin, dann esse ich mein Frühstück auf dem Weg **II.** *vi* <ran, run> ❶ *(move fast)* laufen, rennen; **he ran up/down the hill** er rannte den Hügel hinauf/hinunter; **he ran along/down the street** er rannte die Straße entlang/hinunter; **he ran into/out of the house** er rannte in das Haus/aus dem Haus; **people came ~ning at the sound of shots** Menschen kamen gelaufen, als sie Schüsse hörten; **to ~ for the bus** dem Bus nachlaufen; **to ~ for cover** schnell in Deckung gehen; **to ~ for it** sich *akk* aus dem Staub machen; **to ~ for one's life** um sein Leben rennen; **to ~ for help** um Hilfe laufen; **to ~ for**

the police die Polizei benachrichtigen; **to ~ on the spot** auf der Stelle laufen; **to go ~ning** laufen gehen; ■**to ~ at sb** jdn angreifen ❷ (*operate*) fahren, verkehren; *engine* laufen; *machine* in Betrieb sein; **are there a lot of trains ~ning between London and York?** verkehren viele Züge zwischen London und York?; **they had the new computer system up and ~ning within an hour** sie hatten das neue Computerprogramm innerhalb einer Stunde installiert und am Laufen; (*fig*) **work is ~ning smoothly at the moment** die Arbeit geht im Moment glatt von der Hand; **to keep the economy ~ning** die Wirtschaft am Laufen halten ❸ (*travel*) laufen; (*go*) verlaufen; *ski* gleiten; **the route ~s through the mountains** die Strecke führt durch die Berge; **a shiver ran down my back** mir lief ein Schauder über den Rücken *geh;* **to ~ off the road** von der Straße abkommen; **to ~ onto the rocks** [*or* **aground**] [*or* **ashore**] auflaufen, auf Grund laufen ❹ (*grow*) *plants* sich *akk* schlingen; **the vine ~s up the wall and along the fence** die Weinreben schlingen sich die Wand hinauf und den Zaun entlang ❺ (*extend*) **there's a beautiful cornice ~ning around all the ceilings** ein wunderschönes Gesims verläuft um alle Decken ❻ (*last*) [an]dauern; **the film ~s for two hours** der Film dauert zwei Stunden, der Film geht zwei Stunden *fam;* **how much longer does this course ~?** wie lange dauert dieser Kurs noch?; **a magazine subscription usually only ~s for one year** ein Zeitschriftenabonnement läuft normalerweise nur ein Jahr; **I've had that tune ~ning in my head all day** diese Melodie geht mir schon den ganzen Tag im Kopf herum; **this show will ~ and ~** diese Show wird ewig laufen ❼ (*be*) **inflation is ~ning at 10%** die Inflationsrate beträgt 10 % ❽ (*flow*) fließen; **I could feel trickles of sweat ~ning down my neck** ich fühlte, wie mir die Schweißtropfen den Hals herunterliefen; **their bodies were ~ning with sweat** ihre Körper waren schweißüberströmt; **when the sand has ~ through the egg timer, it'll be five minutes** wenn der Sand durch die Eieruhr gelaufen ist, dann sind fünf Minuten vorbei; **the river ~s [down] to the sea** der Fluss mündet in das Meer; **there was a strong tide/heavy sea ~ning** die Flut/die See war hoch; **don't cry, or your make-up will ~** weine nicht, sonst verwischt sich dein Make-up; **the colour of the dress has ~** das Kleid hat abgefärbt; **my nose is ~ning** meine Nase läuft; **if the paint is wet, the colours will ~ into each other** wenn die Farbe nass ist, fließen die Farben ineinander ❾ POL (*enter an election*) kandidieren; **to ~ for President** für das Präsidentenamt kandidieren, sich *akk* für das Amt des Präsidenten bewerben; ■**to ~ against sb** gegen jdn kandidieren ❿ (*in tights*) **oh no, my tights have ~** oh nein, ich habe eine Laufmasche im Strumpf ⓫ (*proceed*) verlaufen; **can you give me an idea of how the discussion ran?** kannst du mir den Verlauf der Diskussion schildern? ⓬ NAUT fahren; **to ~ before the wind** vor dem Wind segeln ▸PHRASES: **to make sb's <u>blood</u> ~ cold** jds Blut in den Adern gefrieren lassen; **to ~ with <u>blood</u>** blutüberströmt sein; **the streets were ~ning with blood** in den Straßen floss überall Blut; **to ~ round** [*or* AM **around**] **in <u>circles</u>** sich *akk* im Kreise drehen; **to ~ in the <u>family</u>** in der Familie liegen; **<u>feelings</u> are ~ning high** die Gefühle gehen hoch; **to ~ <u>amok</u>** Amok laufen; **to ~ <u>deep</u> differences between the two sides ~ deep** die Unterschiede zwischen den beiden Seiten sind sehr groß; **to ~ <u>dry</u>** *river* austrocknen; **to ~ <u>low</u>** *supplies* [langsam] ausgehen; **to ~ <u>short</u>** knapp werden; **to ~ short of sth** etw nicht mehr haben; **we're beginning to ~ short of money** uns geht langsam das Geld aus; **to ~ <u>wild</u>** *animals* frei herumlaufen; *plants* wuchern; *children* alles machen dürfen; (*pej*) **she lets her kids ~ wild** [*or* **~ riot**] sie setzt ihren Kindern keinerlei Grenzen; **to let one's imagination ~ wild** seiner Fantasie freien Lauf lassen **III.** *vt* <ran, run> ❶ (*move fast*) **to ~ a dead heat/a mile/a race** ein totes Rennen/eine Meile/ein Rennen laufen ❷ (*enter in race*) **to ~ a candidate** einen Kandidaten aufstellen; **to ~ a horse** ein Pferd laufen lassen ❸ (*drive*) **he ran his car into a tree last night** er fuhr letzte Nacht mit seinem Auto gegen einen Baum; **to ~ sb home** jdn nach Hause fahren; **to ~ sb to the station** jdn zum Bahnhof bringen ❹ (*pass*) **she ran her eyes/finger down the list** sie ließ die Augen/den Finger über die Liste gleiten; **~ this rope round the tree** wickle dieses Seil um den Baum; **she ran a vacuum cleaner over the carpet** sie saugte den Teppich ab; **to ~ one's fingers through one's hair** sich *dat* mit den Fingern durchs Haar fahren ❺ (*operate*) ■**to ~ sth** *machine* etw bedienen; **to ~ a computer program** ein Computerprogramm laufen lassen; **to ~ the engine** den Motor laufen lassen; **to ~ additional trains** zusätzliche Züge einsetzen; **to ~ the dishwasher/washing machine** die Spülmaschine/Waschmaschine laufen lassen ❻ (*manage*) ■**to ~ sth** *business* etw leiten; *farm* etw betreiben; **how did he end up ~ning the city?** wie wurde er Bürgermeister der Stadt?; **don't tell me how to ~ my life!** erklär mir nicht, wie ich mein Leben leben soll!; **some people ~ their lives according to the movements of the stars** manche Leute richten ihr Leben nach dem Verlauf der Sterne aus; **to ~ a company** ein Unternehmen leiten; **to ~ a government/household** eine Regierung/einen Haushalt führen; **to ~ a store** ein Geschäft haben ❼ (*conduct*) **to ~ a course** einen Kurs anbieten; **to ~ an experiment/a test** ein Experiment/einen Test durchführen ❽ (*let flow*) ■**to ~ sth** *water* etw laufen lassen; **he ran a little cold water into the bath** er ließ etwas kaltes Wasser in die Badewanne laufen; **to ~ [sb] a bath** [*or* **to ~ a bath [for sb]**] [jdm] ein Bad einlaufen lassen ❾ (*in newspaper*) **to ~ a story about sth** über etw *akk* berichten; **to ~ an article/a series** einen Artikel/eine Serie bringen *fam* ❿ (*smuggle*) ■**to ~ sth** etw schmuggeln; **to ~ sth across the border** etw über die Grenze schmuggeln ⓫ (*not heed*) **to ~ a blockade** eine Blockade durchbrechen; **to ~ a red light** eine rote Ampel überfahren ⓬ (*incur*) **to ~ a risk** ein Risiko eingehen; **you ~ the risk when gambling of losing your entire stake** wenn du spielst, riskierst du, deinen gesamten Einsatz zu verlieren ⓭ (*perform small tasks*) **to ~ errands [for sb]** [für jdn] Botengänge machen ▸PHRASES: **to let sth ~ its <u>course</u>** etw seinen Lauf nehmen lassen; **to ~ sb to <u>earth</u>** [*or* **<u>ground</u>**] jdn aufspüren; **to ~ one's <u>eye</u> over sth** etw überfliegen; **to be ~ off one's <u>feet</u>** alle Hände voll zu tun haben *fam;* **to ~ a <u>fever</u>** [*or* **<u>temperature</u>**] Fieber haben; **to ~ oneself into the <u>ground</u>** sich *akk* völlig verausgaben; **to ~ a <u>mile</u>** BRIT sich *akk* aus dem Staub machen *fam;* **to ~ the <u>show</u>** verantwortlich sein; **to ~ sb <u>close</u>** nur knapp von jdm geschlagen werden; **to ~ sb <u>ragged</u>** jdn schaffen *fam*

◆**run about** *vi see* **run around**

◆**run across** *vi* ■**to ~ across sb** jdn zufällig treffen; **to ~ across a problem** auf ein Problem stoßen

◆**run after** *vi* ■**to ~ after sb/sth** jdm/etw hinterherlaufen; **they ran after the taxi** sie liefen dem Taxi nach; **she has spent her life ~ning after fame and fortune** ihr ganzes Leben lang strebt sie schon nach Ruhm und Reichtum; **he's always ~ning after women** er läuft immer den Frauen hinterher

◆**run along** *vi* (*dated fam*) ■**~!** troll dich!; **~ along now, children – go and play outside** nun geht mal schön, Kinder – geht und spielt draußen

◆**run around** *vi* ❶ (*bustle*) herumrennen *fam* ❷ (*run freely*) herumlaufen; **to ~ around the streets** auf den Straßen herumlaufen ❸ (*spend time with*) ■**to ~ around with sb** sich *akk* mit jdm herumtreiben *fam* ❹ (*fam: have affair with*) ■**to ~ around with sb** etwas mit jdm haben *fam*

◆**run away** *vi* ❶ (*leave*) *person* weglaufen; *liquid* abfließen; ■**to ~ away from sb** jdn verlassen; **to ~ away from home** von zu Hause weglaufen ❷ (*avoid*) ■**to ~ away from sth** etw *dat* ausweichen; **to ~ away from a situation** einer Situation aus dem Wege gehen ❸ (*leave, elope*) weglaufen; **to ~ away together** gemeinsam durchbrennen *fam;* ■**to ~ away with sb** mit jdm durchbrennen *fam* ❹ (*control*) ■**to ~ away with sb** mit jdm durchgehen; **don't let the idea of winning all that money ~ away with you** verrenne dich bloß nicht in die Idee, dieses ganze Geld zu gewinnen ❺ (*imagine*) **to ~ away with the idea that ...** auf den Gedanken [*o* die Idee] kommen, dass ... ❻ (*fig: easily win*) ■**to ~ away with sth** etw spielend gewinnen; **she ran away with four first prizes** mühelos erzielte sie vier erste Preise

◆**run by** *vt* ■**to ~ sth by sb** jdm etw erzählen; **let me ~ this by you and see what you think** ich möchte dir das erzählen und wissen, was du denkst

◆**run down I.** *vt* ❶ (*fam: criticize*) ■**to ~ down ↔ sb/sth** jdn/etw runtermachen *fam;* **he's always ~ning himself down** er macht sich immer selbst schlecht ❷ BRIT (*reduce*) ■**to ~ down ↔ sth** etw reduzieren; **to ~ down production** die Produktion drosseln; **to ~ down one's savings** seine Ersparnisse aufwenden; **to ~ down supplies** Lieferungen einschränken ❸ (*hit*) ■**to ~ down ↔ sb** jdn überfahren; **to ~ down a boat** ein Boot rammen ❹ (*exhaust*) ■**to ~ oneself down** sich *akk* auslaugen *fam;* **since he took that extra job, he's really ~ himself down** seitdem er diese zusätzliche Arbeit angenommen hat, ist er wirklich abgespannt; **to ~ down a car battery** eine Autobatterie völlig leer machen ❺ (*find*) ■**to ~ down ↔ sb/sth** jdn/etw ausfindig machen **II.** *vi* ❶ BRIT (*become reduced*) reduziert werden; **the fishing industry is ~ning down but the government does nothing** die Fischindustrie geht den Bach runter, aber die Regierung unternimmt nichts dagegen ❷ (*lose power*) *battery* leer werden

◆**run in** *vt* ❶ (*fam: arrest*) ■**to ~ in ↔ sb** jdn einlochen *sl* ❷ BRIT, AUS (*break in*) **to ~ in an engine/a car** [*or* **to ~ an engine/a car in**] einen Motor/ein Auto einfahren

◆**run into** *vi* ❶ (*hit*) ■**to ~ into sb/sth** in jdn/etw hineinrennen; **he ran into a tree on his motorbike** er fuhr mit seinem Motorrad gegen einen Baum; **to ~ into a car** auf ein Auto auffahren; **the car behind ran into me** das Auto hinter mir ist auf mich aufgefahren ❷ (*bump into*) ■**to ~ into sb** jdm über den Weg laufen; ■**to ~ into sth** (*fig*) auf etw *akk* stoßen; **to ~ into an ambush** in einen Hinterhalt geraten; **to ~ into debt** sich *akk* in Schulden stürzen; **to ~ into difficulties** auf Schwierigkeiten stoßen; **to ~ into opposition** auf Widerstand stoßen; **to ~ into bad weather** in schlechtes Wetter geraten ❸ (*reach*) **the repairs will probably ~ into thousands of pounds** die Reparaturen werden sich wahrscheinlich auf Tausende von Pfund belaufen; **the number of books we produce ~s into the 100,000 range** die Anzahl der von uns produzierten Bücher geht in die Hunderttausende

◆**run off I.** *vi* ❶ (*fam: leave*) abhauen *fam;* ■**to ~ off with sb/sth** mit jdm/etw durchbrennen *fam;* **my partner's ~ off with all the cash** mein Partner hat sich mit dem ganzen Geld aus dem Staub gemacht ❷ (*break off*) *path, track* abbiegen; **do you see that narrow path up there that ~s off to the left?** siehst du den schmalen Weg da oben, der nach links abgeht? ❸ (*drain*) *liquid* ablassen; **to let excess rainwater ~ off** überflüssiges Regenwasser ablaufen lassen **II.** *vt* ❶ (*produce*) ■**to ~ off ↔ sth [for sb]** etw [für jdn] machen; **to ~ off a copy** eine Kopie herunterziehen ❷ (*lose weight*) **to ~ off one's pounds** [*or* **to ~ one's pounds off**] seine Pfunde [durch Laufen] abtrainieren

◆**run on** *vi* ❶ (*continue talking*) weiterreden; (*continue*) **the game ran on for too long** das Spiel zog sich zu lange hin; **the list of crimes he committed ran on and on for three pages** die Liste der Verbrechen, die er begangen hatte, umfasste drei Seiten ❷ (*pass by*) *time* vergehen; **time's ~ning on – let's hurry up!** die Zeit wird knapp – beeilen wir uns! ❸ (*power with*) ■**to ~ on sth** mit etw *dat* betrieben werden

◆**run out I.** *vi* ❶ (*finish*) ausgehen; **the milk has ~ out** die Milch ist alle; **time/money is ~ning out** die Zeit/das Geld wird knapp; ■**to ~ out of sth** etw nicht mehr haben; **I'm slowly ~ning out of patience** langsam geht mir die Geduld aus; **to ~ out of cash/time** kein Geld/keine Zeit mehr haben; **to ~ out of food** nichts mehr zu essen haben ❷ (*expire*) *passport* ablaufen; *licence* auslaufen ❸ (*leave*) ■**to ~ out on sb** jdn verlassen; **to ~ out on a restaurant bill** die Zeche prellen ❹ SPORTS **they ran out easy winners in the end** zum Schluss gewannen sie doch noch problemlos ▸ PHRASES: **to ~ out of steam** an Schwung verlieren; **the peace talks seem to have ~ out of steam** aus den Friedensgesprächen scheint die Luft draußen zu sein; **sb ~s out of steam** jdm geht die Luft aus **II.** *vt* ❶ (*pass out*) **to ~ out a rope/line** [*or* **to ~ a rope/line out**] ein Seil/eine Schnur ausrollen; **to ~ out a rope to sb** jdm ein Seil zuwerfen ❷ (*in cricket*) ■**to ~ out ↔ sb** *einen Schlagmann zum Ausscheiden bringen, während er seinen Lauf macht* ▸ PHRASES: **to ~ sb out of town** *esp* AM (*fam*) jdn aus der Stadt jagen

◆**run over I.** *vt* ■**to ~ over ↔ sb/sth** jdn/etw überfahren **II.** *vi* ❶ (*exceed*) **to ~ over time** überziehen ❷ (*overflow*) *water, bath, sink* überlaufen ❸ (*review*) ■**to ~ over sth** etw durchgehen; **she quickly ran over her speech before going onstage** vor ihrem Auftritt ging sie ihre Rede noch einmal kurz durch

◆**run past** *vt see* **run by**

◆**run through I.** *vt* ■**to ~ sb through [with sth]** jdn [mit etw *dat*] durchbohren **II.** *vi* ❶ (*examine*) ■**to ~ through sth [with sb]** etw [mit jdm] durchgehen; **to ~ through a list** eine Liste durchgehen ❷ (*practise*) ■**to ~ through ↔ sth** etw durchspielen; **to ~ through a speech** eine Rede [noch einmal] durchgehen ❸ (*exist*) ■**to ~ through sth** sich *akk* durch etw *akk* ziehen; **melancholy ~s through all her stories** all ihre Geschichten sind von Melancholie geprägt; **racism ~s right through society** Rassismus zieht sich durch alle Gesellschaftsschichten; **the rumour ran through the town** das Gerücht ging in der Stadt um ❹ (*spend, consume*) ■**to ~ through sth** etw verbrauchen; (*use*) etw benutzen; **he ~s through a pack of cigarettes a day** er raucht eine Schachtel Zigaretten am Tag; **to ~ through a fortune** ein Vermögen durchbringen

◆**run to** *vi* ■**to ~ to sth** für etw *akk* ausreichen; **I'm afraid my cooking skills don't ~ to fancy cakes and desserts** ich glaube kaum, dass meine Kochkünste für anspruchsvolle Kuchen und Desserts ausreichen; **the new encyclopaedia ~s to several thousand pages** die neue Enzyklopädie umfasst mehrere tausend Seiten

◆**run up I.** *vt* ❶ (*increase*) **to ~ up ↔ a debt** Schulden machen; **without realizing it, I had already ~ my debt up to £5000** ohne dass ich es merkte, hatten sich meine Schulden bereits auf 5000 Pfund erhöht; **she stayed two weeks at the hotel and ran up a bill which she couldn't pay** sie blieb zwei Wochen im Hotel und hatte schließlich eine Rechnung, die sie nicht bezahlen konnte ❷ (*produce*) ■**to ~ up ↔ sth [for sb]** etw [für jdn] machen; **to ~ up a dress** ein Kleid nähen ❸ BRIT, AUS (*raise*) ■**to ~ up ↔ sth** etw hochziehen; **to ~ up a flag** eine Fahne hissen **II.** *vi* ■**to ~ up against sth** auf etw *akk* stoßen; **to ~ up against opposition/problems** auf Widerstand/Probleme stoßen

◆**run with** *vi* ■**to ~ with sth** etw fortführen; **the board has agreed to ~ with the project for 6 months** der Vorstand hat zugestimmt, das Projekt 6 Monate weiterlaufen zu lassen

'run·about *n* ❶ (*car*) [kleiner] Stadtflitzer *fam,* [offener] Kleinwagen [*o* Sportwagen], Roadster *m;* (*boat*) leichtes Motorboot, Rennboot *nt* ❷ (*tramp*) Herumtreiber(in) *m(f) pej fam,* Vagabund(in) *m(f) pej* **'run·around** *n no pl* (*fig*) **to get the ~** im Dunkeln [*o* Ungewissen] gelassen werden, keine klare Auskunft bekommen; **to give sb the ~** jdm keine klare Auskunft geben, jdn von Pontius zu Pilatus schicken **'run·away I.** *adj*

R

attr, inv ❶ (*out of control*) *economy, vehicle* außer Kontrolle geraten; *prices* galoppierend ❷ (*escaped*) *animal, prisoner, slave* entlaufen; *horse* durchgegangen; *criminal* flüchtig; **a mother was looking for her ~ daughter** eine Mutter suchte nach ihrer Tochter, die von zu Hause weggelaufen war; **~ child** kleiner Ausreißer/kleine Ausreißerin *fam* ❸ (*enormous*) **~ success** [*or* **hit**] Riesenerfolg *m fam* **II.** *n* Ausreißer(in) *m(f) fam*

'run·down I. *n* ['rʌndaʊn] ❶ (*report*) zusammenfassender Bericht (**of, on** über *+akk*); **let me give you a ~ of yesterday's events** lassen Sie mich die wichtigsten Ereignisse des gestrigen Tages zusammenfassen ❷ *no pl* (*reduction*) Kürzung *f;* **~ of staff** Personalabbau *m,* Stellenabbau *m* **II.** *adj* [ˌrʌn'daʊn] ❶ (*dilapidated*) verwahrlost, heruntergekommen *fam; building* baufällig ❷ (*worn out*) abgespannt; **to look ~** erledigt [*o* fertig] aussehen *fam*

rune [ru:n] *n* ❶ (*letter*) Rune *f* ❷ (*mark*) Geheimzeichen *nt* ❸ (*charm*) Zauberwort *nt,* Zauberformel *f*

rung¹ [rʌŋ] *n* Sprosse *f;* (*fig*) Stufe *f fig*

rung² [rʌŋ] *pp of* **ring**

run·ic ['ru:nɪk] *adj* ❶ (*of runes*) runisch, Runen-; **~ inscription** Runeninschrift *f* ❷ (*mysterious*) geheimnisvoll; **~ rhyme** Zauberreim *m*

'run-in ['rʌnɪn] *n* ❶ (*fam: argument*) Streit *m,* Krach *m fam;* **to have a ~ with sb** Krach [*o* einen Zusammenstoß] mit jdm haben *fam* ❷ (*prelude*) Vorlauf *m,* Vorbereitungsphase *f;* SPORTS Einlauf *m*

run·ner ['rʌnəʳ, AM -ɚ] *n* ❶ (*person*) Läufer(in) *m(f);* (*horse*) Rennpferd *nt* ❷ Aus (*plimsoll*) Turnschuh *m* ❸ (*messenger*) Bote, -in *m, f,* Laufbursche *m* ❹ (*pej: smuggler*) Schmuggler(in) *m(f);* **drug ~** Drogenkurier(in) *m(f);* **gun ~** Waffenschmuggler(in) *m(f)* ❺ (*skid*) Kufe *f;* (*rail*) Laufschiene *f* ❻ BOT (*stem*) Ausläufer *m* ❼ (*carpet*) Läufer *m* ▸ PHRASES: **to do** [*or* AM **pull**] **a ~** (*sl*) die Fliege machen *sl*

run·ner 'bean *n* BRIT Stangenbohne *f* **run·ner-'up** *n* Zweite(r) *f(m),* Zweitplazierte(r) *f(m),* Vizemeister(in) *m(f);* **the runners-up** die weiteren Plätze; **to be the ~** den zweiten Platz belegen

run·ning ['rʌnɪŋ] **I.** *n no pl* ❶ (*not walking*) Laufen *nt,* Rennen *nt;* **road ~** Laufen *nt* auf Asphalt ❷ (*management*) *of a business* Leitung *f; of a machine* Bedienung *f,* Überwachung *f;* **she has control of the day-to-day ~ of the business** sie führt die laufenden Geschäfte des Unternehmens ▸ PHRASES: **to be in/out of the ~** (*as a competitor*) mit/nicht mit im Rennen sein; (*as a candidate*) noch/nicht mehr mit im Rennen sein; **to make** [*or* **take** [**up**]] **the ~ in sth** bei etw *dat* das Rennen machen; **to put sb out of the ~** jdn aus dem Rennen werfen **II.** *adj* ❶ *after n* (*in a row*) nacheinander *nach n,* hintereinander *nach n;* **five days ~** fünf Tage hintereinander [*o* in Folge] ❷ (*ongoing*) [fort]laufend; **to have a ~ battle with sb** laufend [*o* andauernd] Streit mit jdm haben ❸ (*operating*) betriebsbereit; **the machines are back to ~ condition** die Maschinen sind wieder betriebsbereit ❹ *attr, inv* (*flowing*) fließend; **~ waters** fließende Gewässer

'run·ning back *n* FBALL Angriffspieler(in) *m(f)* **'run·ning board** *n* Trittbrett *nt* **run·ning 'catch** *n* (*baseball, cricket*) Fangen *nt* eines [geschlagenen] Balls im Lauf, im Lauf gefangener Ball; **to make a ~** einen Ball im Lauf fangen **run·ning 'com·men·tary** *n* fortlaufender Bericht, laufender Kommentar; RADIO [Rund]funkreportage *f;* RADIO, TV Livebericht *m,* Liveberichterstattung *f;* **to give a ~ on** [*or* **about**] **sth** fortlaufend über etw *akk* berichten **'run·ning costs** *npl* Betriebskosten *pl,* laufende Kosten; *of a car* Unterhaltskosten *pl* **run·ning 'joke** *n* running Gag *m* (*immer wiederkehrender Scherz*) **run·ning 'jump** *n* Sprung *m* mit Anlauf; **to make** [*or* **take**] **a ~** mit Anlauf springen ▸ PHRASES: **to take a ~** BRIT (*fam*) die Platte putzen *fam* **run·ning 'knot** *n* NAUT Schifferknoten *m,* Laufknoten *m fachspr,* Schlippknoten *m fachspr* **'run·ning mate** *n esp* AM POL Bewerber(in) *m(f)* um die Vizepräsidentschaft **'run·ning or·der** *n* Sendefolge *f;* **what is the ~ of these commercials?** in welcher Abfolge werden diese Werbespots gesendet? **'run·ning part·ner** *n* Laufpartner(in) *m(f)* **'run·ning shoe** *n* Laufschuh *m* **'run·ning shorts** *npl* kurze Laufhose **run·ning 'sore** *n* nässende [*o* eiternde] Wunde **run·ning 'start** *n* ❶ SPORTS (*in jump*) Anlauf *m* [zum Absprung]; (*in race*) fliegender Start ❷ (*advantage*) anfänglicher Vorteil **'run·ning stitch** *n* Vorstich *m,* Heftstich *m* **'run·ning time** *n* Laufzeit *f;* **this movie has about a 60-minute ~** dieser Film hat eine Laufzeit von etwa 60 Minuten **'run·ning track** *n* Rennbahn *f;* (*with cinders*) Aschenbahn *f;* (*with tartan*) Tartanbahn *f* **run·ning trans·'la·tion** *n* Simultanübersetzung *f* **run·ning 'wa·ter** *n no pl* fließendes Wasser

run·ny ['rʌni] *adj nose* laufend *attr; dough, jam, sauce* dünnflüssig; **I've got a ~ nose** mir läuft die Nase; **~ cheese** geschmolzener Käse

'run-off *n* ❶ (*in an election*) Stichwahl *f* ❷ (*in a race*) Entscheidungslauf *m,* Entscheidungsrennen *nt* ❸ (*of rainfall*) Abfluss *m;* (*of a blast furnace*) Abstich *m* **run-of-the-'mill** *adj* durchschnittlich, mittelmäßig **run-on 'sen·tence** *n* fortlaufender Satz

runs [rʌnz] *npl* (*fam*) ■**the ~** Durchfall *m;* **to have the ~** Dünnschiss [*o* die Scheißerei] haben *derb*

runt [rʌnt] *n* ❶ (*animal*) *of a litter* zurückgebliebenes Jungtier, Kümmerer *m fachspr;* (*cattle*) Zwergochse *m,* Zwergrind *nt* ❷ (*pej sl: person*) Wicht *m pej,* Kümmerling *m pej*

'run-through *n* ❶ (*examination*) Durchgehen *nt,* Überfliegen *nt;* **to give a file a ~** eine Akte durchgehen; **to have a ~ of a letter** einen Brief überfliegen ❷ (*outline*) kurze Zusammenfassung, Kurzbericht *m;* **~ of sb's medical history** zusammenfassende Krankengeschichte einer Person *gen* ❸ THEAT Durchlaufprobe *f fachspr* **'run-up** *n* ❶ SPORTS Anlauf *m* [zum Absprung] ❷ *esp* BRIT (*fig: prelude*) Vorlauf *m,* Endphase *f* der Vorbereitungszeit; **everyone is very busy during the ~ to publication** in den letzten Tagen vor der Veröffentlichung ist jeder sehr beschäftigt; **the debates are expected to get more and more heated as the ~ to the election gets underway** es wird erwartet, dass die Debatten hitziger werden, je näher die Wahlen heranrücken ❸ AM (*increase*) [An]steigen *nt,* Anziehen *nt;* **~ on exchange rates/prices** Kurs-/Preisanstieg *m* **'run·way** *n* AVIAT Piste *f,* Start- und Landebahn *f,* Rollbahn *f;* SPORTS Anlaufbahn *f* **'run·way lights** *npl* Start- und Landebahnfeuer *ntpl fachspr,* Start- und Landebahnbefeuerung *kein pl fachspr*

rup·ture ['rʌptʃəʳ, AM -ɚ] **I.** *vi* zerreißen, [auseinander] brechen; MED (*have hernia*) *person* sich *dat* einen Bruch heben; (*tear muscle*) sich *dat* einen Muskelriss zuziehen; *appendix* durchbrechen, rupturieren *fachspr; artery, blood vessel* platzen; *muscle* reißen **II.** *vt* (*a. fig*) ■**to ~ sth** etw zerreißen *a. fig;* **to ~ an artery/a blood vessel** eine Arterie/ein Blutgefäß zum Platzen bringen; **I think you have ~d a blood vessel** ich glaube, bei Ihnen ist ein Blutgefäß geplatzt; **to ~ a nation's unity** die Einheit einer Nation sprengen; **to ~ a relationship** eine Beziehung abbrechen; **to ~ ties** Bande zerreißen *liter* **III.** *n* (*a. fig*) Zerreißen *nt a. fig,* Zerbrechen *nt a. fig,* Bruch *m a. fig;* **~ of diplomatic relations** Abbruch *m* diplomatischer Beziehungen; MED (*hernia*) Bruch *m;* (*torn muscle*) [Muskel]riss *m; of an artery, blood vessel* Platzen *nt;* **to give oneself a ~** (*have hernia*) sich *dat* einen Bruch heben; (*tear muscle*) sich *dat* einen Muskelriss zuziehen

rup·tured ['rʌptʃəd, AM -ɚd] *adj* (*a. fig*) zerrissen *a. fig,* [ab]gebrochen *a. fig; appendix* durchgebrochen; *artery, blood vessel* geplatzt; *muscle* gerissen

ru·ral ['rʊərəl, AM 'rʊr-] *adj* ländlich, Land-; **~ exodus/population** Landflucht *f*/-bevölkerung *f;* **~ life/tranquillity** das Leben/die Ruhe auf dem Land

ru·ral de·'liv·ery *n,* **ru·ral free de·'liv·ery** *n* AM (*dated*) Abhol-

und Zustelldienst *m* auf dem Land

ruse [ru:z] *n* List *f,* Kniff *m,* Kunstgriff *m*

rush[1] [rʌʃ] *n* BOT Binse *f;* ~ **mat** Binsenmatte *f;* **to not be worth a** ~ (*fig, pej*) keinen Pfifferling wert sein *pej fam*

rush[2] [rʌʃ] **I.** *n* ❶ (*hurry*) Eile *f;* **slow down! what's the** ~**?** mach langsam! wozu die Eile?; **to be in a** ~ in Eile sein, es eilig haben; **to leave in a** ~ sich *akk* eilig auf den Weg machen ❷ (*rapid movement*) Losstürzen *nt,* Losstürmen *nt,* Ansturm *m* (**for** auf +*akk*); (*press*) Gedränge *nt,* Gewühl *nt;* (*demand*) lebhafter Andrang, stürmische [*o* rege] Nachfrage; **at the outbreak of the fire there was a mad** ~ **for the emergency exits** als das Feuer ausbrach, stürmte alles wie wild auf die Notausgänge zu; **I hate driving during the afternoon** ~ ich hasse das Autofahren im nachmittäglichen Verkehrsgewühl; **there's been a** ~ **for tickets** es gab eine stürmische Nachfrage nach Karten; **the Christmas** ~ der Weihnachtstrubel; ~ **of customers** Kundenandrang *m;* **to make a** ~ **at sb** sich *akk* auf jdn stürzen ❸ (*a. fig: surge*) Schwall *m,* Woge *f; of emotions* [plötzliche] Anwandlung, Anfall *m;* **the memory of who he was came back to him with a** ~ mit einem Schlag fiel ihm wieder ein, wer er war; **she became light-headed as a result of a sudden** ~ **of blood to the head** ihr wurde schwindlig, nachdem ihr auf einmal das Blut in den Kopf geschossen war; **a** ~ **of air** ein Luftstoß *m;* **a** ~ **of dizziness** ein Schwindelanfall *m;* **a** ~ **of sympathy** eine Woge des Mitgefühls; **a** ~ **of tears** ein plötzlicher Tränenausbruch; **a** ~ **of water** ein Wasserschwall *m* ❹ (*migration*) **gold** ~ Goldrausch *m* ❺ (*in Am football*) Lauf[spiel]angriff *m,* Durchbruchsversuch *m,* Durchstoßversuch *m* **II.** *vi* ❶ (*hurry*) eilen, hetzen; **stop** ~**ing!** hör auf zu hetzen!; **she's** ~**ing to help the others** sie eilt den anderen zu Hilfe; **we** ~**ed to buy tickets for the show** wir besorgten uns umgehend Karten für die Show; **we shouldn't** ~ **to blame them** wir sollten sie nicht voreilig beschuldigen; ■**to** ~ **about** [*or* **around**] herumhetzen; ■**to** ~ **in** hineinstürmen, hineinstürzen; **to** ~ **into sb's mind** (*fig*) jdm plötzlich in den Sinn kommen [*o* durch den Kopf schießen]; ■**to** ~ **out** hinauseilen, hinausstürzen; *water* herausschießen; ■**to** ~ **through sth** *work* etw eilig [*o* hastig] erledigen; ■**to** ~ **towards sb** auf jdn zueilen [*o* zustürzen]; **to** ~ **up the hill/the stairs** den Berg/die Treppe hinaufeilen; **to** ~ **into sb's mind** jdm plötzlich in den Sinn kommen [*o* durch den Kopf schießen] ❷ (*hurry into*) ■**to** ~ **into sth** *decision, project* etw überstürzen [*o* übereilen]; **we shouldn't** ~ **into things** wir sollten die Dinge nicht überstürzen; **to** ~ **into a marriage** überstürzt heiraten; **to** ~ **into a war** einen Krieg vom Zaun brechen ❸ (*in Am football*) einen Lauf[spiel]angriff [*o* Durchbruchsversuch] unternehmen; **he has** ~**ed for over 100 yards** er hat den Ball über 100 Yards im Lauf nach vorn getragen **III.** *vt* ❶ (*send quickly*) ■**to** ~ **sb/sth [to a place]** jdn/etw schnell [an einen Ort] bringen; **she was** ~**ed to hospital** sie wurde auf schnellstem Weg ins Krankenhaus gebracht; **the United Nations has** ~**ed food to the famine zone** die Vereinten Nationen haben eilends Lebensmittel in die Hungerregion geschickt ❷ (*pressure*) ■**to** ~ **sb [into sth]** jdn [zu etw *dat*] treiben [*o* drängen]; **they tried to** ~ **me into joining** sie versuchten, mich zu einem schnellen Beitritt zu bewegen; **he** ~**ed her into marrying him** er drängte sie zu einer schnellen Heirat; **don't** ~ **me!** dräng mich nicht! ❸ (*do hurriedly*) **to** ~ **one's food** [*or* **supper**] das Essen hinunterschlingen, hastig essen; **to** ~ **a job** eine Arbeit hastig [*o* in aller Eile] erledigen; **let's not** ~ **things** lass uns nichts überstürzen; ■**to** ~ **sth through** [**sth**] etw schnell [durch etw *akk*] durchbringen; **the new government** ~**ed several bills through Parliament** die neue Regierung peitschte mehrere Gesetzesvorlagen durch das Parlament ❹ (*charge*) ■**to** ~ **sb** sich *akk* auf jdn stürzen, über jdn herfallen; ■**to** ~ **sth** etw stürmen; **to** ~ **the enemy's defences** die feindlichen Verteidigungsstellungen stürmen; **to** ~ **the stage** auf die Bühne stürmen ❺ BRIT (*sl: overcharge*) ■**to** ~ **sb** jdn schröpfen [*o* neppen] *fam;* **how much did they** ~ **you for that?** wie viel haben sie dir dafür abgeknöpft? *fam* ▸ PHRASES: **to** [**not**] ~ **one's fences** BRIT die Sache [nicht] überstürzen

◆**rush in** *vi* vorschnell handeln; **to** ~ **in with solutions** vorschnell Lösungen präsentieren ▸ PHRASES: **fools** ~ **in** [**where angels fear to tread**] (*prov*) blinder Eifer schadet nur *prov*

◆**rush out** *vt* ■**to** ~ **out** ⊂ **sth** etw schnell auf den Markt bringen

'rush hour *n* Hauptverkehrszeit *f* **rush-hour com·'mute** *n* Pendeln *nt* im Berufsverkehr **rush-hour 'traf·fic** *n no pl* Berufsverkehr *m,* Stoßverkehr *m*

rush·ing ['rʌʃɪŋ] *adj inv* dahineilend *attr;* ~ **river** reißender Fluss; ~ **wind** brausender Wind

'rush·ing game *n* (*in Am football*) Laufspiel *nt,* Durchbruch *m,* Durchstoß *m*

rush 'job *n* eilige Arbeit [*o* Sache]; **the book was a bit of a** ~ das Buch wurde etwas schnell zusammengeschrieben *fam* **rush 'or·der** *n* Eilauftrag *m*

rusk [rʌsk] *n* ❶ (*crisp bread*) Zwieback *m* ❷ (*cake*) Sandkuchen *m*

rus·set ['rʌsɪt] **I.** *n* [rostbrauner] Winterapfel *m,* Boskop *m,* berosteter Apfel *fachspr* **II.** *adj* (*esp liter*) rotbraun, gelbbraun, rotgelb **III.** *n no pl* Rotbraun *nt,* Gelbbraun *nt,* Rotgelb *nt*

Rus·sia ['rʌʃə] *n* Russland *nt*

Rus·sian ['rʌʃən] **I.** *adj* russisch **II.** *n* ❶ (*person*) Russe, -in *m, f* ❷ (*language*) Russisch *nt*

Rus·sian 'dress·ing *n no pl* altrussische Salatsoße **Rus·sian rou·'lette** *n no pl* russisches Roulette **Rus·sian 'sal·ad** *n* russischer Salat

rust [rʌst] **I.** *n no pl* ❶ (*decay*) Rost *m* ❷ (*colour*) Rostbraun *nt* ❸ BOT, HORT Rost *m,* Brand *m* **II.** *vi* rosten; ■**to** ~ **away/through** ver-/durchrosten **III.** *vt* ■**to** ~ **sth** etw rostig machen [*o* rosten lassen]; (*fig*) etw einrosten lassen *fig*

'rust-col·ored AM, **'rust-col·oured** *adj* rostfarben

rus·tic ['rʌstɪk] *adj* ❶ (*of the country*) ländlich, rustikal; **to give sth a** ~ **appearance** etw *dat* ein rustikales Aussehen verleihen; ~ **furniture** Bauernmöbel *pl* ❷ (*simple*) grob [zusammen]gezimmert; (*fig*) schlicht, einfach; ~ **finish** schlichte Ausführung

rus·tic·ity [rʌs'tɪsəti, AM -əṭi] *n no pl* ❶ (*of the country*) Ländlichkeit *f,* ländlicher Charakter ❷ (*simplicity*) Einfachheit *f,* Schlichtheit *f*

rusti·ness ['rʌstɪnəs] *n no pl* Rostigkeit *f;* (*fig*) Eingerostetsein *nt;* **I struggled in Italy because of the** ~ **of my Italian** in Italien hatte ich mit meinem Italienisch Schwierigkeiten, da ich ganz aus der Übung war; **some more workout will help you to combat** ~ gegen deine eingerosteten Glieder hilft dir etwas mehr Konditionstraining

rus·tle ['rʌsl] **I.** *vi leaves, paper* rascheln; *silk* rauschen, knistern **II.** *vt* ■**to** ~ **sth** ❶ (*make noise*) **to** ~ **paper** mit Papier rascheln, Papier rascheln lassen ❷ *esp* AM, AUS (*steal*) **to** ~ **cattle/horses/sheep** Vieh/Pferde/Schafe stehlen **III.** *n of paper, leaves* Rascheln *nt; of silk* Rauschen *nt,* Knistern *nt*

◆**rustle up** *vt* (*fam*) ■**to** ~ **up** ⊂ **sth** ❶ (*prepare*) *beverage, meal* etw schnell [*o fam* mal eben] machen; **I'll** ~ **up a salad for your supper** ich mach' dir schnell einen Salat zum Abendessen ❷ (*gather*) etw auftreiben [*o* organisieren] *fam;* **to** ~ **up some wood for a fire** etwas Holz für ein Feuer auftreiben; **to** ~ **up votes** Stimmen zusammenkriegen *fam*

rus·tler ['rʌslə^r, AM -^əlɚ] *n esp* AM, AUS Viehdieb(in) *m(f);* **cattle** ~ Rinderdieb(in) *m(f);* BRIT *a.* **sheep** ~ Schafdieb(in) *m(f)*

rus·tling ['rʌslɪŋ] **I.** *n* ❶ (*noise*) *of paper, leaves* Rascheln *nt; of silk* Rauschen *nt,* Knistern *nt* ❷ (*stealing*) [Vieh]diebstahl *m* **II.** *adj inv leaves, paper* raschelnd *attr; silk* rauschend *attr,* knisternd *attr;* **to make a** ~ **noise** (*paper*) rascheln; (*silk*) rauschen, knistern

'rust·proof **I.** *adj inv* rostbeständig; ~ **coating** Rostschutzan-

R

strich *m;* ~ **paint** Rostschutzfarbe *f* **II.** *vt* ■**to** ~ **sth** etw rostbeständig machen

rusty ['rʌsti] *adj* ❶ (*covered in rust*) rostig, verrostet ❷ (*fig: out of practice*) eingerostet *fig;* **to be/get** ~ [ganz] aus der Übung sein/kommen; **my Spanish is a bit** ~ ich bin mit meinem Spanisch etwas aus der Übung

rut¹ [rʌt] *n* [Rad]spur *f,* [Wagen]spur *f;* (*furrow*) Furche *f;* (*fig*) ausgefahrenes [*o* altes] Gleis *fig,* Trott *m fig;* **to make** [*or* **wear**] **a** ~ [**in sth**] (*vehicle*) [auf etw *dat*] eine [Rad]spur [*o* [Wagen]spur] hinterlassen; (*plough*) [in etw *akk*] eine Furche machen ▶ PHRASES: **to be** [**stuck**] **in a** ~ in einen [immer gleichen] Trott geraten sein, sich *akk* in ausgefahrenen Gleisen bewegen; **the company is in a** ~ die Firma geht ausgetretene Wege; **I feel I'm** [**stuck**] **in a** ~ ich habe das Gefühl, in einer Tretmühle zu sein; **to get into a** ~ in einen immer gleichen Trott geraten [*o* verfallen]; **to get out of a** ~ aus einem immer gleichen Trott herauskommen

rut² [rʌt] *n no pl* Brunst *f;* HUNT Brunft *f;* **to be in** ~ brunsten, brünstig sein; HUNT brunften, brunftig sein

ru·ta·ba·ga [ˌruːt̬ə'beɪɡə] *n* AM Steckrübe *f,* Kohlrübe *f*

ruth·less ['ruːθləs] *adj cold, punishment* unbarmherzig; *remark, treatment* mitleid[s]los; *dictatorship, fight* erbarmungslos, gnadenlos; *action, behaviour* rücksichtslos, skrupellos; *criticism* schonungslos; *decision, measure* hart; **to be** ~ **in enforcing the law** das Gesetz unbarmherzig [*o* gnadenlos] durchsetzen; **to be** ~ **in shortening a text** einen Text erbarmungslos [*o* ohne Rücksicht auf Verluste] kürzen *hum*

ruth·less·ly ['ruːθləsli] *adv* unbarmherzig, erbarmungslos; **the kidnapper acted** ~ der Kidnapper ging skrupellos vor; **to criticize sb** ~ jdn schonungslos kritisieren

ruth·less·ness ['ruːθləsnəs] *n no pl of a person* Unbarmherzigkeit *f,* Erbarmungslosigkeit *f; of sb's behaviour* Rücksichtslosigkeit *f; of an action* Skrupellosigkeit *f*

rut·ted ['rʌtɪd, AM -t̬ɪd] *adj inv field* durchfurcht; *road, track* ausgefahren

rut·ting ['rʌtɪŋ, AM -t̬ɪŋ] *adj inv* brünstig, Brunst-; HUNT brunftig, Brunft-; ~ **season** Brunstzeit *f;* HUNT Brunftzeit *f;* ~ **stags** Brunfthirsche *mpl*

RV [ˌɑːr'viː] *n* AM *abbrev of* **recreational vehicle**

Rwan·da [ru'wændə, AM -'ɑːn-] *n* Ruanda *nt*

Rwan·dan [ru'wændən, AM -'ɑːn-] **I.** *n* Ruander(in) *m(f)* **II.** *adj* ruandisch

Rx [ˌɑː'reks, AM ˌɑːr'-] *n* AM, AUS *abbrev of* **prescription**

rye¹ [raɪ] *n no pl* Roggen *m*

rye² [raɪ] *n* ❶ *short for* **rye whiskey** Roggenwhiskey *m* ❷ *short for* **rye bread** Roggenbrot *nt*

rye 'bread *n no pl* Roggenbrot *nt* **rye 'flour** *n no pl* Roggenmehl *nt* **'rye·grass** *n* Raigras *nt,* Raygras *nt,* Weidelgras *nt* **rye 'whis·key** *n* Roggenwhiskey *m*

Ss

S <*pl* 's>, **s** <*pl* 's *or* -s> [es] *n* S *nt,* s *nt;* ~ **for** [*or* AM *a.* **as in**] **Sugar** S für Samuel; *see also* **A 1**

S I. *n no pl* ❶ GEOG *abbrev of* **south** S ❷ SCH, UNIV *abbrev of* **satisfactory** ≈ befriedigend **II.** *adj* ❶ GEOG *abbrev of* **south, southern** S ❷ FASHION *abbrev of* **small** S

s <*pl* -> *abbrev of* **second** s, sek., Sek.

-'s I. *in compounds* ❶ (*plural form*) **seven 6's** sieben Sechsen; **a line of m's** eine Zeile m; **the 40's** die 40er ❷ (*possessive genitive*) **the cat's tail** der Schwanz der Katze; **today's paper** die Zeitung von heute ❸ (*local genitive*) **the boys are at Alison's** die Jungs sind bei Alison; **at the greengrocer's** beim Gemüsehändler **II.** (*fam*) ❶ (*is*) **Bernard's not here today** Bernard ist heute nicht da ❷ (*has*) **she's gone home** sie ist nach Hause gegangen ❸ (*fam: does*) **what's he think of the new car?** was hält er von dem neuen Auto? ❹ (*us*) **let's go** gehen wir

Sab·bath ['sæbəθ] *n* Sabbat *m;* **to break/observe** [*or* **keep**] **the** ~ den Sabbat entheiligen/heiligen

sab·bati·cal [sə'bætɪkəl, AM -bæt̬-] **I.** *n* UNIV [einjährige] Freistellung, [einjähriger] Forschungsurlaub, Sabbatjahr *nt;* **to take a** ~ sich *akk* [für ein Jahr] freistellen lassen, einen [einjährigen] Forschungsurlaub nehmen; **to have a** [*or* **be on**] ~ [für ein Jahr] freigestellt sein, einen [einjährigen] Forschungsurlaub haben **II.** *adj inv* ❶ REL Sabbat- ❷ UNIV ~ **term** Freisemester *nt,* Forschungssemester *nt*

sab·bati·cal 'leave *n no pl* UNIV Freistellung *f,* Forschungsurlaub *m;* **to be on** ~ freigestellt sein, einen Forschungsurlaub haben **sab·bati·cal 'year** *n* ❶ REL Sabbatjahr *nt,* Ruhejahr *nt* ❷ UNIV [einjährige] Freistellung, Forschungsjahr *nt,* Sabbatjahr *nt*

sa·ber *n* AM *see* **sabre**

Sabin vac·cine [ˌseɪbɪn'-] *n* Sabinscher Impfstoff, Poliomyelitis-Impfstoff *m*

sa·ble ['seɪbl] **I.** *n no pl* ❶ ZOOL Zobel *m;* (*marten*) [Fichten]marder *m* ❷ (*fur*) Zobel *m,* Zobelfell *nt* ❸ (*clothing*) Zobelpelz *m* **II.** *n modifier* (*farm, fur, stole*) Zobel-

sabo·tage ['sæbətɑː(d)ʒ, AM -tɑːʒ] **I.** *vt* ■**to** ~ **sth** etw sabotieren; **to** ~ **a ceasefire** eine Waffenruhe sabotieren [*o* [gezielt] zu vereiteln suchen]; **to** ~ **sb's chances of success** jds Erfolgsaussichten zunichte machen; **to** ~ **efforts/plans** Versuche/Pläne sabotieren [*o* [gezielt] hintertreiben]; **to** ~ **a facility/a nuclear power station** einen Sabotageakt [*o* Anschlag] auf eine Einrichtung/ein Atomkraftwerk verüben; **to** ~ **machinery** Maschinen [durch Beschädigung] lahmlegen **II.** *n* Sabotage *f;* **act of** ~ Sabotageakt *m;* **economic/industrial** ~ Wirtschafts-/Industriesabotage *f;* **to commit** ~ Sabotage begehen

sabo·teur [ˌsæbə'tɜːʳ, AM -'tɜːr] *n* Saboteur(in) *m(f)*

sa·bre ['seɪbəʳ, AM -ɚ] **I.** *n esp* BRIT, AUS ❶ (*sword*) Säbel *m* ❷ SPORTS Säbel *m* **II.** *adj* SPORTS Säbel-; ~ **event** Säbelfechtkampf *m;* ~ **fencing** Säbelfechten *nt*

'sa·bre-rat·tling *n* (*pej*) Säbelrasseln *nt pej* **'sa·bre saw** *n esp* AM [tragbare elektrische] Stichsäge **sa·bre-toothed 'cat** *n,* **sa·bre-toothed 'ti·ger** *n* Säbelzahntiger *m*

sac [sæk] *n* BOT, ZOOL Beutel *f,* Sack *m;* **air** ~ Luftsack *m;* **amniotic** ~ Fruchtblase *f;* **lachrymal** ~ Tränensack *m;* **synovial** ~ Schleimbeutel *m*

sac·cha·rin ['sækərɪn] *n no pl* Saccharin *nt,* Süßstoff *m*

sac·cha·rine ['sækəraɪn, -ɪn, AM -ɚɪn, -əraɪn] *adj* Saccharin-; (*fig, pej*) süßlich *fig, pej; love story* schwülstig; *poem* honigsüß; *song* schmalzig

sa·chet ['sæʃeɪ, AM sæ'ʃeɪ] *n* [kleiner] Beutel, [kleines] Kissen; **potpourri** ~ Duftkissen *nt;* **free** ~ **of shampoo** Probepäckchen *nt* Shampoo; ~ **of sugar** Zuckertütchen *nt*

sack¹ [sæk] **I.** *n* ❶ (*bag*) Beutel *m,* Tüte *f;* **paper** ~ Papiertüte *f;* **plastic** ~ Plastikbeutel *m,* Plastiktragetasche *f* ❷ *no pl* AM, AUS (*fam: bed*) **to be bad/good in the** ~ schlecht/gut im Bett sein *fam;* **to jump into** [*or* **hit**] **the** ~ sich *akk* in die Falle hauen *fam* ❸ *no pl* (*dismissal*) Laufpass *m fam;* **to get the** ~ rausgeschmissen [*o* an die Luft gesetzt] werden *fam,* rausfliegen *fam;* **to give sb the** ~ jdn rausschmeißen [*o* an die Luft setzen] *fam* **II.** *vt* ■**to** ~ **sb** jdn rausschmeißen [*o* an die Luft setzen] *fam*

sack² [sæk] **I.** *n no pl* Plünderung *f;* **the** ~ **of Rome** die Plünderung Roms **II.** *vt* ■**to** ~ **sth** etw plündern

◆**sack out** *vi* AM, CAN (*fam: go to sleep*) sich *akk* in die Falle hauen *fam;* (*fall asleep*) einpennen *fam*

'sack·cloth *n no pl* Sackleinen *nt,* Sackleinwand *f* ▶ PHRASES: **to**

be in [*or* **wear**] [*or* **go around in**] ~ **and ashes** in Sack und Asche gehen **'sack·ful** *n* Sack *m kein pl;* **three ~s of apples** drei Sack Äpfel; **a whole ~ of news** (*fig*) ein ganzer Sack voll Neuigkeiten

sack·ing ['sækɪŋ] *n* ❶ *no pl* (*material*) Sackleinen *nt* ❷ (*dismissal*) Entlassung *f,* Rausschmiss *m fam;* **mass ~** Massenentlassung *f* ❸ (*looting*) Plünderung *f*

'sack·load *n* Sack *m kein pl;* **two ~s of cement** drei Sack Zement; **a whole ~ of surprises** (*fig*) ein ganzer Sack voll Überraschungen; *see also* **sackful** **'sack race** *n* Sackhüpfen *nt*

sa·cral 'ver·te·bra [ˌseɪkrəl'-] *n* ANAT Kreuzbeinwirbel *m,* Sakralwirbel *m fachspr*

sac·ra·ment ['sækrəmənt] *n* REL Sakrament *nt;* ■**the ~** (*in Roman Catholic Church*) die [heilige] Kommunion; (*in Protestant Church*) das [heilige] Abendmahl; **to take** [*or* **receive**] **the ~** die [heilige] Kommunion [*o* das [heilige] Abendmahl] empfangen

sac·ra·men·tal [ˌsækrə'mentəl, AM -t̬əl] *adj* sakramental; **~ wine** liturgisch geweihter [*o fachspr* konsekrierter] Wein; (*in Roman Catholic Church*) Messwein *m*

sa·cred ['seɪkrɪd] *adj* ❶ (*holy*) *place* heilig; *tradition* geheiligt ❷ (*pertaining to religion*) *poetry, music* geistlich, sakral *geh,* Kirchen- ❸ (*venerable*) ehrwürdig; **~ memory** ehrendes Andenken [*o* Gedenken] ❹ (*solemnly binding*) *duty* heilig; **~ promise** feierliches Versprechen; **you have my ~ promise – I will always remain faithful to you** ich verspreche dir hoch und heilig – ich werde dir immer treu sein; **to hold a promise ~** ein Versprechen als absolut bindend ansehen ❺ (*inviolable*) *right* unverletzlich; *faith* unverbrüchlich ❻ (*a. hum: sacrosanct*) heilig *a. hum,* unantastbar; **his daily routine is absolutely ~ to him** seine tägliche Routine ist ihm absolut heilig; **he holds nothing ~** ihm ist nichts heilig

sa·cred 'cow *n* (*fig, a. pej*) heilige Kuh *fig, a. pej*

sa·cred·ness ['seɪkrɪdnəs] *n no pl* Heiligkeit *f*

sac·ri·fice ['sækrɪfaɪs, AM -rə-] **I.** *vt* ❶ (*kill*) ■**to ~ sb/sth** [**to sb**] jdn/etw [jdm] opfern; **to ~ people to the gods** den Göttern Menschenopfer [dar]bringen; (*fig*) **our company risks sacrificing its good will on the altar of profit** unsere Firma läuft Gefahr, ihren guten Ruf auf dem Altar des Profits zu opfern ❷ (*give up*) ■**to ~ sth** [**for sb**] etw [für jdn] opfern [*o* aufgeben]; **many women ~ promising careers for their family** viele Frauen geben ihrer Familie zuliebe eine viel versprechende Karriere auf; **to ~ a knight** CHESS einen Springer opfern; **to ~ one's free time** seine Freizeit opfern **II.** *vi* **to ~ to the gods** den Göttern opfern [*o* Opfer bringen] **III.** *n* ❶ (*offering to a god*) Opfer *nt* ❷ (*sth given up*) Opfer *nt;* **at great personal ~** unter großem persönlichen Verzicht [*o* großen persönlichen Opfern]; **to make ~s** Opfer bringen, Verzicht leisten ▶ PHRASES: **to make the ultimate** [*or* **supreme**] **~ for sb/sth** für jdn/etw das höchste Opfer bringen [*o* sein Leben geben]

sac·ri·fi·cial [ˌsækrɪ'fɪʃəl, AM -rə'-] *adj inv* Opfer-; **~ rites** Opferriten *mpl*

sac·ri·fi·cial 'lamb *n,* **sac·ri·fi·cial 'vic·tim** *n* (*a. fig*) Opferlamm *nt a. fig;* **to make sb a ~** jdn zum Opferlamm machen

sac·ri·fi·cial·ly [ˌsækrɪ'fɪʃəli, AM -rə'-] *adv inv* als Opfer; **to kill sb/an animal ~** jdn/ein Tier als Opfergabe töten; **to offer sb/an animal ~** jdn/ein Tier als Opfer darbringen

sac·ri·lege ['sækrɪlɪdʒ, AM -rə-] *n* Sakrileg *nt geh,* Entweihung *f,* Frevel *m;* (*fig*) Verbrechen *nt fig;* **it would be a ~ to put a neon sign on that beautiful old building** es wäre ein Verbrechen, an diesem schönen alten Gebäude eine Leuchtreklame anzubringen; **to consider sth ~** etw als ein Sakrileg betrachten

sac·ri·legious [ˌsækrɪ'lɪdʒəs, AM -rə'-] *adj* frevelhaft, gotteslästerlich, sakrilegisch *geh;* (*fig*) verbrecherisch, verwerflich; **killing innocent people is ~** es ist ein Verbrechen, unschuldige Menschen zu töten; **~ act** frevelhafte Tat

sac·ri·legious·ly [ˌsækrɪ'lɪdʒəsli, AM -rə'-] *adv* frevelhaft, frevlerisch, gotteslästerlich; (*fig*) verbrecherisch, schändlich; **to act ~** schändlich [*o* verbrecherisch] handeln

sac·ris·ty ['sækrɪsti] *n* Sakristei *f*

sac·ro·sanct ['sækrə(ʊ)sæŋ(k)t, AM -roʊ-] *adj* (*esp hum*) sakrosankt *geh,* hochheilig *meist hum; principle* geheiligt *meist hum; right, treaty* unverletzlich; **my weekends are ~** meine Wochenenden sind mir heilig

sa·crum ['seɪkrəm] *n* Kreuzbein *nt,* Sakrum *nt fachspr*

SAD *n abbrev of* **seasonal affective disorder** jahreszeitlich bedingte Depression

sad <-dd-> [sæd] *adj* ❶ (*unhappy*) traurig, betrübt, bekümmert; **they were ~ to hear that you were sick** es machte sie traurig zu hören, dass du krank seiest; **the old lady felt ~ because her pet had died** die alte Dame war traurig, weil ihr Haustier gestorben war; **to look ~** betrübt aussehen; **to make sb ~** jdn betrüben [*o* traurig machen] ❷ (*unsatisfactory*) traurig, bedauerlich, schade; **it's so ~** [**that**] **you can't remember his address** es ist jammerschade, dass du dich nicht an seine Adresse erinnern kannst; **it's a ~ comment on our society that many old people die of cold each winter** es ist ein Armutszeugnis für unsere Gesellschaft, dass jeden Winter viele alte Menschen den Kältetod sterben; **the ~ fact is we cannot afford a new car** die traurige Tatsache ist, dass wir uns kein neues Auto leisten können; **~ to say** bedauerlicherweise ❸ (*depressing*) *news* traurig; *incident* betrüblich; *weather* trist ❹ (*deplorable*) bedauernswert, bemitleidenswert, beklagenswert, bedauerlich; (*hum, pej*) jämmerlich, erbärmlich, elend; **he's a ~ case** er ist ein bedauernswerter Fall; **give those flowers some water – they're looking a bit ~** gib den Blumen da etwas Wasser – sie sehen etwas mitgenommen aus; **what a ~ person – still living with his parents at the age of 45** was für ein Jammerlappen – lebt mit 45 Jahren immer noch bei seinen Eltern; **a ~ relaxation of morals** eine beklagenswerte Lockerung der Sitten ▶ PHRASES: **to be ~der but wiser** (*saying*) durch Schaden klug geworden sein

sad·den ['sædən] *vt usu passive* ■**to ~ sb** jdn traurig machen [*o* betrüben]; **it ~s me to think that we'll never see her again** der Gedanke, sie nie wiederzusehen, stimmt mich traurig; **to be deeply ~ed** tieftraurig [*o* zutiefst betrübt] sein

sad·dle ['sædl] **I.** *n* ❶ (*seat*) Sattel *m;* **to be in the ~** (*riding*) im Sattel sein [*o* sitzen]; (*fig: in charge*) im Amt [*o* an der Macht] sein, im Sattel sitzen *fig* ❷ FOOD Rücken *m,* Rückenstück *nt;* **~ of lamb/venison** Lamm-/Rehrücken *m* ❸ GEOG [Berg]sattel *m* **II.** *vt* ❶ (*put saddle on*) **to ~ a horse** ein Pferd satteln ❷ (*fig, pej fam: burden*) ■**to ~ sb/oneself with sth** jdm/sich etw aufhalsen *fam;* **to be ~d with sth** etw am Hals haben *fam;* **to ~ oneself with a loan** sich *dat* einen Kredit auf den Hals laden *fam*

◆**saddle up I.** *vt* **to ~ up a horse** ein Pferd [auf]satteln **II.** *vi* aufsatteln

'sad·dle·bag *n* Satteltasche *f* **'sad·dle block** *n* AM, **sad·dle block an·es·'the·sia** *n* AM Sattelblockanästhesie *f fachspr,* Reithosenanästhesie *f fachspr* **'sad·dle horse** *n* Reitpferd *nt*

sad·dler ['sædlər, AM -ɚ] *n* Sattler *m*

sad·dlery ['sædləri, AM -ɚi] *n no pl* Sattlerei *f*

'sad·dle shoes *npl* AM Sportschuhe *mpl* (*aus hellem Leder, mit farblich davon abgesetztem Einsatz*) **'sad·dle soap** *n no pl* Sattelseife *f,* milde Lederseife **'sad·dle sore** *n of a horse, rider* wund geriebene [*o* gescheuerte] Stelle; *of a horse* Sattelwunde *f fachspr* **'sad·dle-sore** *adj horse* [am Rücken] wund gerieben [*o* gescheuert]; *rider* wund geritten

sad·do *n* (*pej sl*) Idiot(in) *m(f)*

sad·ism ['seɪdɪzəm, AM *also* 'sæd-] *n no pl* Sadismus *m*

sad·ist ['seɪdɪst, AM *also* 'sæd-] *n* Sadist(in) *m(f)*

sa·dis·tic [sə'dɪstɪk] *adj* sadistisch **sa·dis·ti·cal·ly** [sə'dɪstɪkli] *adv* sadistisch

sad·ly ['sædli] *adv* ❶ (*unhappily*) traurig, betrübt, bekümmert;

sadness and disappointment

expressing sadness	Traurigkeit ausdrücken
It upsets me that we don't get on.	**Ich finde es sehr schade, dass** wir uns nicht verstehen.
It's such a shame he lets himself go like that.	**Es ist so schade/traurig, dass** er sich derart gehen lässt.
I find these events **very depressing.**	**Ich finde** diese Ereignisse **sehr deprimierend.**
expressing disappointment	**Enttäuschung ausdrücken**
I am (**very**) **disappointed at/by/with** his reaction.	Seine Reaktion **hat mich** (**sehr**) **enttäuscht.**
You have (**deeply**) **disappointed me.**	Sie haben/Du hast **mich** (**schwer**) **enttäuscht.**
I wouldn't have expected that of her.	**Das hätte ich von** ihr **nicht erwartet.**
It's not what I hoped for.	**Ich hätte mir etwas anderes gewünscht.**
expressing dismay	**Bestürzung ausdrücken**
That's unbelievable!	**Das ist ja unglaublich/nicht zu fassen!**
That's outrageous!	**Das ist ja ungeheuerlich!**
That's the limit!	**Das ist ja wohl die Höhe!**
You cannot be serious!	**Das kann doch nicht Ihr/dein Ernst sein!**
I don't believe it!	**Ich fass es nicht!**
That can't (**possibly**) **be true!**	**Das kann** (**doch wohl**) **nicht wahr sein!**

to shake one's head ~ traurig den Kopf schütteln ❷ (*regrettably*) bedauerlicherweise, leider; ~, **they have no more tickets** leider haben sie keine Karten mehr ❸ (*badly*) arg; **her garden looks ~ neglected** ihr Garten sieht ganz schön verwahrlost aus; **you will be ~ missed by us all** wir werden dich alle schmerzlich vermissen ❹ (*completely*) völlig; **they are ~ lacking tactfulness** ihnen fehlt jedes Taktgefühl; **to be ~ mistaken** völlig daneben liegen *fam*

sad·ness ['sædnəs] *n no pl* Traurigkeit *f* (**about/at** über +*akk*); **his death filled me with great ~** sein Tod erfüllte mich mit tiefer Trauer

sado·maso·chism [ˌseɪdə(ʊ)'mæsəkɪzᵊm, AM ˌsædoʊ'-] *n no pl* Sadomasochismus *m*

sado·maso·chist [ˌseɪdə(ʊ)'mæsəkɪst, AM ˌsædoʊ'-] *n* Sadomasochist(in) *m(f)* **sado·maso·chis·tic** [ˌseɪdə(ʊ)mæsə'kɪstɪk, AM ˌsædoʊ-] *adj inv* sadomasochistisch

sae, SAE [ˌeseɪ'iː] *n abbrev of* **stamped addressed envelope, self-addressed envelope** frankierter Rückumschlag

sa·fa·ri [sə'fɑːri] *n* Safari *f*

sa·'fa·ri jack·et *n* Safarijacke *f* **sa·'fa·ri park** *n* Safaripark *m* **sa·'fa·ri suit** *n* Safarianzug *m*

safe [seɪf] **I.** *adj* ❶ (*secure*) sicher, ungefährlich; *medicine* unbedenklich; ~ **journey!** gute Reise!; **it's ~ to enter the building now** man kann das Gebäude jetzt gefahrlos betreten; **do you think it will be ~ to leave her in the car by herself?** meinst du, es kann nichts passieren, wenn wir sie allein im Auto lassen?; ~ **distance** Sicherheitsabstand *m;* **to drive at a ~ speed** mit angepasster Geschwindigkeit fahren; ~ **vaccine** gut verträglicher Impfstoff ❷ (*protected*) sicher; **your secret's ~ with me** bei mir ist dein Geheimnis sicher aufgehoben; **we're ~ from attack now** wir sind jetzt vor einem Angriff sicher; **to keep sth in a ~ place** etw sicher aufbewahren; **to feel ~** sich *akk* sicher fühlen; **to put sth somewhere ~** etw an einen sicheren Ort tun ❸ (*certain*) [relativ] sicher; **it's a pretty ~ assumption that she's going to marry him** es ist so gut wie sicher, dass sie ihn heiraten wird; **it's a ~ bet that his condition will get worse** man kann davon ausgehen, dass sich sein Zustand verschlechtern wird; **black shoes are always a ~ bet** mit schwarzen Schuhen kann man nie etwas falsch machen; ~ **method/source** sichere Methode/Quelle ❹ (*avoiding risk*) vorsichtig; **to make the ~ choice** auf Nummer Sicher gehen *fam;* ~ **driver** vorsichtiger Fahrer/vorsichtige Fahrerin; **ten years of ~ driving** zehn Jahre unfallfreies Fahren; ~ **estimate** vorsichtige Schätzung; ~ **play** Spiel *nt* auf Sicherheit; ~ **player** auf Sicherheit bedachter Spieler/bedachte Spielerin ❺ (*dependable*) sicher, verlässlich, zuverlässig; ~ **adviser** verlässlicher Berater/verlässliche Beraterin; ~ **car** verkehrssicheres Auto; ~ **driver** sicherer Fahrer/sichere Fahrerin; ~ **road** gut ausgebaute Straße ❻ POL ~ **constituency/seat** sicherer Wahlkreis/Sitz ❼ SPORTS **to win by a ~ margin** mit sicherem [*o* großem] Vorsprung gewinnen ▶ PHRASES: **to be in ~ hands** in guten Händen sein; **to be as ~ as houses** BRIT *deal, job* bombensicher sein *fam;* [**just** [*or* **in order**]] **to be on the ~ side** [nur] um sicherzugehen [*o* zur Sicherheit]; **it is better to be ~ than sorry** (*prov*) Vorsicht ist besser als Nachsicht *prov;* ~ **and sound** gesund und wohlbehalten; **to play it ~** Vorsicht walten lassen, auf Nummer Sicher gehen *fam* **II.** *n* Geldschrank *m,* Tresor *m,* Safe *m*

'safe·blow·er *n,* **'safe·break·er** *n* BRIT, AUS Tresorknacker(in) *m(f) fam,* Safeknacker(in) *m(f) fam* **safe 'con·duct** *n* freies [*o* sicheres] Geleit; (*document*) Geleitbrief *m,* Schutzbrief *m;* **to be granted ~** freies [*o* sicheres] Geleit gewährt bekommen; **to demand ~** freies [*o* sicheres] Geleit fordern; **to issue sb with a ~** jdm einen Geleitbrief [*o* Schutzbrief] ausstellen **'safe·crack·er** *n* AM Tresorknacker(in) *m(f) fam,* Safeknacker(in) *m(f) fam* **safe de·'pos·it** *n* Tresorraum *m,* Stahlkammer *f* **safe-de·'pos·it box** *n* Tresorfach *nt,* [Bank]schließfach *nt,* [Bank]safe *m*

'safe·guard ['seɪfgɑːd, AM -gɑːrd] **I.** *vt* (*form*) ■**to ~ sb/sth against** [*or* **from**] **sth** jdn/etw vor etw *dat* schützen; **to ~ a computer system against viruses** ein Computersystem gegen Viren sichern; **to ~ the environment** die Umwelt schützen; **to ~ sb's interests/rights** jds Interessen/Rechte wahren **II.** *n* Schutz *m* (**against** vor +*dat*), Vorsichtsmaßnahme *f* (**against** gegen +*akk*); TECH Sicherung *f,* Schutzvorrichtung *f;* ■**~s** LAW Sicherheitsklauseln *fpl,* Sicherungsklauseln *fpl;* ~ **for consumers** Verbraucherschutz *m*

'safe house *n of terrorists* geheimer Unterschlupf; (*house*) Haus *nt* für konspirative Treffen; (*flat*) konspirative Wohnung; *of secret agents* sicheres Versteck **safe·'keep·ing** *n no pl* [sichere] Aufbewahrung [*o* Verwahrung], Gewahrsam *m;* **to be in sb's** ~ in jds Gewahrsam [*o* Obhut] sein; **to give sth to sb** [*or* **leave sth with sb**] **for** ~ jdm etw *akk* in Verwahrung geben [*o* anvertrauen]

safe·ly ['seɪfli] *adv* ❶ (*securely*) sicher, gefahrlos; **the house was** ~ **locked up** das Haus war sicher verschlossen; **the children are** ~ **tucked up in bed** die Kinder liegen wohlvermummt im Bett; **the bomb was** ~ **defused** die Bombe wurde gefahrlos entschärft; **you can** ~ **take six tablets a day** Sie können bedenkenlos sechs Tabletten täglich einnehmen ❷ (*avoiding risk*) vorsichtig, besonnen; **drive** ~**!** fahr vorsichtig!; **we'll have to proceed** ~ wir müssen besonnen vorgehen ❸ (*without harm*) *person* wohlbehalten; *object* heil; **the parcel arrived** ~ das Paket kam heil an; **to land** ~ sicher landen ❹ (*with some certainty*) mit ziemlicher Sicherheit; **one can** ~ **say that they will come tomorrow** man kann mit ziemlicher Sicherheit davon ausgehen, dass sie morgen kommen

safe·ness ['seɪfnəs] *n no pl* Sicherheit *f; of a machine* Betriebssicherheit *f;* **feeling of** ~ Gefühl *nt* der Sicherheit

'safe pe·ri·od *n* unfruchtbare Tage; **to calculate one's** ~ die unfruchtbaren Tage bestimmen **safe 'sex** *n no pl* Safer Sex *m* **safe-'sex cam·paign** *n* Kampagne *f* für Safer Sex

safe·ty ['seɪfti] *n no pl* ❶ (*condition of being safe*) Sicherheit *f;* **they all ran for** ~ **behind trees** sie rannten alle, um sich hinter den Bäumen in Sicherheit zu bringen; **I prefer to watch it on TV from the** ~ **of my own armchair** ich sehe es mir lieber, von meinem sicheren Sessel aus, im Fernsehen an; **place of** ~ sicherer Ort; **with no thought for one's own** ~ ohne an seine eigene Sicherheit zu denken; **to be concerned for the** ~ **of sb** um jds Sicherheit besorgt sein; **to guarantee** [*or* **assure**] **sb's** ~ für jds Sicherheit garantieren; **to leap to** ~ sich *akk* mit einem Sprung in Sicherheit bringen; **to winch sb to** ~ jdn mit einer Seilwinde in Sicherheit bringen; **for your** [**comfort and**] ~ zu Ihrer [Bequemlichkeit und] Sicherheit; **for** ~[**'s sake**] sicherheitshalber, aus Sicherheitsgründen ❷ (*freedom from harm*) Sicherheit *f; of a medicine* Unbedenklichkeit *f* ❸ (*safety catch*) *of a gun* Sicherung *f,* Sicherungshebel *m* ❹ (*in Am football*) Sicherheits-Touchdown *m,* Safety *m fachspr;* (*player*) Rückraumspieler *m* ▶ PHRASES: **there's** ~ **in numbers** (*saying*) in der Gruppe ist man sicherer

'safe·ty belt *n on a car, plane* Sicherheitsgurt *m,* Anschnallgurt *m;* NAUT Rettungsgürtel *m* **'safe·ty cage** *n* Sicherheits[fahrgast]zelle *f* **'safe·ty catch** *n of a gun* Sicherung *f,* Sicherungshebel *m;* **is the** ~ **on?** ist die Waffe gesichert?; **to release the** ~ **of a gun** eine Pistole entsichern **'safe·ty check** *n* Sicherheitskontrolle *f,* Sicherheitsüberprüfung *f* **'safe·ty-con·scious** *adj* sicherheitsbewusst **'safe·ty cur·tain** *n* THEAT eiserner Vorhang **safe·ty-de·'pos·it box** *n* Tresorfach *nt,* [Bank]schließfach *nt,* [Bank]safe *m* **'safe·ty de·vice** *n* Sicherheitsvorrichtung *f* **'safe·ty fac·tor** *n* Sicherheitsfaktor *m* **'safe·ty fea·ture** *n* Sicherheitsmerkmal *nt* **safe·ty 'first** *interj* ~**!** Sicherheit geht vor! **'safe·ty-first** *adj attitude, policy* sicherheitsbetont, sicherheitsorientiert **'safe·ty gate** *n* Sicherheitsschranke *f* **'safe·ty glass** *n no pl* Sicherheitsglas *nt* **'safe·ty glasses** *npl* Schutzbrille *f* **'safe·ty har·ness** *n* Sicherheitsgurt *m* (*für Kinder*) **'safe·ty hel·met** *n* Schutzhelm *m* **'safe·ty is·land** *n* AM Verkehrsinsel *f* **'safe·ty lamp** *n* Grubenlampe *f* **'safe·ty lock** *n* ❶ (*on gun*) Sicherung *f,* Sicherungshebel *m* ❷ (*secure lock*) Sicherheitsschloss *nt* **'safe·ty mar·gin** *n* Sicherheitsabstand *m;* ECON, STOCKEX Sicherheitsspanne *f,* Sicherheitsmarge *f fachspr* **'safe·ty match** *n* Sicherheitszündholz *nt* **'safe·ty mea·sures** *npl* Sicherheitsmaßnahmen *fpl* **'safe·ty net** *n* ❶ (*protective net*) Sprungnetz *nt,* Sicherheitsnetz *nt* ❷ (*fig*) soziales Netz, Absicherung *f;* **the government provides a** ~ **of payments to the unemployed** die Regierung sichert die Arbeitslosen mit einem Netz von Leistungen **'safe·ty pin** *n* ❶ (*covered pin*) Sicherheitsnadel *f* ❷ (*on grenade*) Sicherungssplint *m* ❸ NAUT Sicherungsbolzen *m* **'safe·ty ra·zor** *n* Rasierapparat *m,* Nassrasierer *m fam* **'safe·ty rec·ord** *n* ❶ TECH Sicherheitsprotokoll *nt* ❷ AVIAT Unfallregister *nt;* **I won't fly an airline that has a bad** ~ ich werde nicht mit einer Fluggesellschaft fliegen, die in der Vergangenheit [überdurchschnittlich] viele Unfälle zu verzeichnen hatte **'safe·ty regu·la·tions** *npl* Sicherheitsvorschriften *fpl* **'safe·ty school** *n Universität, bei der man sicher einen Studienplatz bekommt* **'safe·ty valve** *n* Sicherheitsventil *nt;* (*fig*) Ventil *nt fig* **'safe·ty zone** *n* AM Verkehrsinsel *f*

saf·flow·er ['sæflaʊəʳ, AM -ɚ] *n* Färberdistel *f,* Saflor *m*

'saf·flow·er oil *n* Distelöl *nt,* Safloröl *nt*

saf·fron ['sæfrən] **I.** *n no pl* Safran *m* **II.** *adj* safrangelb

saf·fron 'bun *n* Safranbrötchen *nt* **saf·fron 'rice** *n no pl* Safranreis *m*

sag [sæg] **I.** *vi* <-gg-> ❶ (*droop*) [herab]hängen; *bed, roof, rope* durchhängen; *plate, shelf* sich *akk* durchbiegen; **his shoulders** ~**ged and he walked with a stoop** er ging gebeugt mit herabhängenden Schultern; **I noticed that my breasts began to** ~ **when I turned 40** mit 40 bemerkte ich, dass ich einen Hängebusen bekam ❷ (*fig: weaken*) *courage* sinken; **her spirits** ~**ged** ihre Stimmung wurde gedrückt; **my interest began to** ~ mein Interesse ließ nach ❸ (*fig: decline*) nachgeben, sich *akk* abschwächen; *support* nachlassen; **the value of the dollar is likely to** ~ der Dollarkurs wird sich wahrscheinlich abschwächen; **the pound** ~**ged** das Pfund gab nach **II.** *n no pl* ❶ (*droop*) Durchhängen *nt;* **what is causing the** ~ **in the roof?** wie kommt es, dass das Dach durchhängt? ❷ (*fig: fall*) [Ab]sinken *nt,* Abschwächung *f;* **I think there'll be a** ~ **in market prices** ich glaube, die Börsenkurse werden sich abschwächen; **as a result of the revelations there has been an immediate** ~ **in public support** infolge der Enthüllungen ließ die Unterstützung durch die Öffentlichkeit sofort nach

saga ['sɑːgə] *n* ❶ LIT (*medieval story*) Saga *f;* (*long family novel*) Familienroman *m* ❷ (*pej: long involved story*) Geschichte *f pej,* Story *f pej fam;* **he made me listen to the whole sorry** ~ **of his lost cat** ich musste mir das ganze Gejammer über seine entlaufene Katze anhören; **a** ~ **of corruption** eine Kette von Korruptionsfällen

sa·ga·cious [sə'geɪʃəs] *adj* (*form*) klug, gescheit; *comment, remark* scharfsinnig; **you certainly do have a** ~ **mind** du bist wirklich ein kluger Kopf

sa·ga·cious·ly [sə'geɪʃəsli] *adv* (*form*) klug; **to comment/remark** ~ scharfsinnig kommentieren/bemerken

sa·gac·ity [sə'gæsəti, AM -ət̬i] *n no pl* (*form*) Klugheit *f,* Scharfsinn *m;* **a statesman's** ~ staatsmännische Klugheit

'sag bag *n* Knautschsack *m,* Knautsch[sitz]kissen *nt*

sage[1] [seɪdʒ] (*liter*) **I.** *adj inv advice, decision* weise, klug **II.** *n* (*a. hum*) Weise(r) *f(m)*

sage[2] [seɪdʒ] *n no pl* Salbei *m;* ~ **tea** Salbeitee *m*

sage-and-on·ion 'stuff·ing *n* Salbei- und Zwiebelfüllung *f*

sage-'green *adj* graugrün

sage·ly ['seɪdʒli] *adv* (*liter*) weise, klug; **to comment** ~ klug anmerken [*o* kommentieren]; **to decide** ~ weise entscheiden

sag·ging ['sægɪŋ] *adj* ❶ (*drooping*) *shoulders* herabhängend *attr; bed, roof, rope* durchhängend *attr;* ~ **breasts** Hängebusen *m* ❷ (*fig: declining*) *demand* sinkend *attr; support* nachlassend *attr*

Sag·it·tar·ian [ˌsædʒɪ'teəriən, AM -ə'teri-] *n* ASTROL Schütze *m*

Sag·it·ta·rius [ˌsædʒɪ'teəriəs, AM -ə'teri-] *n* ASTROL Schütze *m*

sago ['seɪgəʊ, AM -goʊ] *n no pl* Sago *m*

said [sed] **I.** *pp, pt of* **say II.** *adj attr, inv* LAW besagt; **where were you on the** ~ **evening?** wo waren Sie an besagtem Abend?

sail [seɪl] **I.** *n* ❶ *no pl* (*journey*) Segelfahrt *f,* [Segel]törn *m;* **to come** [*or* **go**] **for a ~** eine Segelfahrt machen ❷ (*material*) Segel *nt;* **to hoist/lower the ~s** die Segel setzen/einholen; **under ~** unter Segel, auf der Fahrt ❸ (*of windmill*) Flügel *m* ▶ PHRASES: **to set ~** in See stechen, auslaufen; **to set ~ for/from France** nach/von Frankreich absegeln **II.** *vi* ❶ (*by ship*) fahren, reisen; (*by yacht*) segeln; **we ~ed up/down the river** wir segelten flussaufwärts/-abwärts; **to ~ against/before the wind** gegen den/vor dem Wind segeln; **to ~ around the world** die Welt umsegeln; **to ~ by** [*or* **past**] vorbeisegeln; (*fig*) wie im Flug vergehen ❷ (*start voyage*) auslaufen; **their ship ~s for Bombay next Friday** ihr Schiff läuft nächsten Freitag nach Bombay aus ❸ (*move effortlessly*) gleiten; **to ~ along** dahingleiten; **the clouds went ~ing by quickly** die Wolken zogen rasch vorüber; **the ball went ~ing over the wall** der Ball segelte über die Mauer *fam;* **she was ~ing along on her bike** sie rollte mit ihrem Fahrrad dahin ❹ (*move vigorously*) rauschen, segeln *fam;* **she ~ed into the room** sie kam ins Zimmer gerauscht [*o fam* gesegelt]; **he wasn't looking where he was going, and just ~ed straight into her** er passte nicht auf, wohin er ging und rauschte geradewegs mit ihr zusammen; **to ~ on to victory** dem Sieg entgegeneilen ❺ (*fig: attack*) ■**to ~ into sb** jdn attackieren; **to ~ into one's opponents** über seine Gegner herfallen *fam;* **he ~ed into his wife for spending so much money every month** er herrschte seine Frau an, weil sie jeden Monat so viel Geld ausgab ❻ (*do easily*) ■**to ~ through sth** etw mit Leichtigkeit [*o* spielend] schaffen; **he's ~ing through school** er schafft die Schule mit links; **I ~ed through my first pregnancy** bei meiner ersten Schwangerschaft verlief alles glatt ▶ PHRASES: **to ~ close to** [*or* **near**] **the wind** sich *akk* hart an der Grenze des Erlaubten bewegen; **to ~ against the wind** Wind von vorn bekommen *fig* **III.** *vt* ❶ (*navigate*) **to ~ a ship** ein Schiff steuern; **to ~ a yacht** eine Yacht segeln ❷ (*travel*) **to ~ the Pacific** den Pazifik befahren [*o* durchsegeln]

'sail·board *n* Surfbrett *nt* **'sail·boat** *n* AM Segelboot *nt* **'sail·fish** *n* Fächerfisch *m*

sail·ing ['seɪlɪŋ] *n* ❶ (*going for a sail*) Segeln *nt;* **what a great day for ~!** was für ein toller Tag zum Segeln!; **perfect weather for ~** ideales Segelwetter ❷ SPORTS Segelsport *m,* Segeln *nt;* **~ is a hobby of mine** Segeln ist eines meiner Hobbys ❸ (*departure*) Abfahrt *f*

'sail·ing boat *n* BRIT, AUS Segelboot *nt* **'sail·ing club** *n* Segelclub *m,* Segelverein *m* **'sail·ing din·ghy** *n* [kleines] Segelboot, Dingi *nt* **'sail·ing ship** *n,* **'sail·ing ves·sel** *n* Segelschiff *nt*

sail·or ['seɪləʳ, AM -ɚ] *n* ❶ (*member of ship's crew*) Matrose *m,* Seemann *m* ❷ (*person who sails*) Segler(in) *m(f)* ▶ PHRASES: **to be a bad/good ~** leicht/nicht leicht seekrank werden, nicht seefest/seefest sein

'sail·or suit *n* Matrosenanzug *m*

'sail·plane *n* Segelflugzeug *nt*

saint [seɪnt, sᵊnt] *n* ❶ (*holy person*) Heilige(r) *f(m);* **to make sb a ~** jdn heiligsprechen; **S~ Peter** der heilige Petrus; **S~ Paul's Cathedral** Paulskathedrale *f* ❷ (*fig fam: very good person*) Heilige(r) *f(m) fig fam;* **she must be a real ~ to stay with him all these years** sie muss wirklich ein Engel in Person sein, wenn sie all die Jahre bei ihm geblieben ist; **to be no ~** (*hum*) nicht gerade ein Heiliger/eine Heilige sein *hum*

saint·ed ['seɪntɪd, AM -t̬ɪd] *adj inv* ❶ (*canonized*) heiliggesprochen ❷ (*holy*) geheiligt; *place* geweiht ❸ (*dead*) selig; **my ~ mother** meine selige Mutter

saint·hood ['seɪnthʊd] *n no pl* ❶ (*character*) Heiligkeit *f;* (*status*) Stand *m* der Heiligkeit; **to confer ~ on sb** jdn heiligsprechen [*o* in den Stand der Heiligkeit erheben] ❷ (*group*) die [Gemeinschaft der] Heiligen *pl*

saint·li·ness ['seɪntlɪnəs] *n no pl* Heiligkeit *f,* Frömmigkeit *f*

saint·ly ['seɪntli] *adj* heilig, fromm; (*pej*) frömmlerisch *pej;* **her ~ manner concealed a devious mind** hinter ihrer Frömmelei verbarg sich ein hinterhältiges Wesen

'saint's day *n* Heiligenfest *nt,* Namenstag *m* eines/einer Heiligen; **what are you getting her for her ~?** was schenkst du ihr zum Namenstag?

sake[1] [seɪk] *n* ❶ (*purpose*) **for the ~ of sth** [*or* **for sth's ~**] um einer S. *gen* willen; **you're only arguing for the ~ of arguing** du streitest dich nur um des Streitens willen; **for economy's ~** aus wirtschaftlichen Gründen; **for the ~ of peace** um des [lieben] Friedens willen ❷ (*benefit*) **for the ~ of sb** [*or* **for sb's ~**] jdm zuliebe; **please do it, for my ~** tu es bitte mir zuliebe; **I hope for both of our ~s that you're right!** ich hoffe für uns beide, dass du Recht hast; **to stay together for the ~ of the children** der Kinder wegen zusammenbleiben ▶ PHRASES: **for Christ's** [*or* **God's**] **~** (*pej! fam!*) Himmelherrgott noch mal! *pej sl;* **for Christ's ~, turn that music off!** nun stell doch [in Gottes Namen] endlich diese Musik ab!; **for goodness** [*or* **heaven's**] [*or* **Pete's**] [*or* **pity's**] **~** um Gottes [*o* Himmels] willen

sake[2], **saki** ['sɑːki] *n* Sake *m*

sa·laam [sə'lɑːm] **I.** *vi* ■**to ~ to sb** jdn mit [einem] Salam begrüßen **II.** *n* Salam *m* (*muslimischer Friedensgruß*); **he made a ~ of greeting** er grüßte mit einem Salam **III.** *interj* Salam!

sal·able ['seɪləbl̩] *adj esp* AM (*saleable*) verkäuflich

sa·la·cious [sə'leɪʃəs] *adj* (*pej*) *joke, poem* obszön, schlüpfrig *pej; comment* anzüglich *pej; person* geil, lüstern *pej*

sa·la·cious·ly [sə'leɪʃəsli] *adv* (*pej*) obszön; **to act ~** sich *akk* aufreizend verhalten

sa·la·cious·ness [sə'leɪʃəsnəs] *n no pl* (*pej*) Obszönität *f pej; of a comment, joke* Anzüglichkeit *f,* Schlüpfrigkeit *f pej; of a person* Geilheit *f,* Lüsternheit *f pej*

sal·ad ['sæləd] *n* Salat *m;* **to make** [*or* **toss**] **a ~** einen Salat [an]machen

'sal·ad bar *n* Salatbar *f;* **help yourself to the ~** bedienen Sie sich an der Salatbar **'sal·ad bowl** *n* Salatschüssel *f* **'sal·ad cream** *n* BRIT [Salat]mayonnaise *f* **'sal·ad days** *npl* (*dated*) ■**sb's ~** jds Zeit der jugendlichen Unerfahrenheit; **I met her in my ~** ich traf sie, als ich noch jung und unerfahren war **'sal·ad dress·ing** *n* Dressing *nt* **'sal·ad fork** *n* Salatgabel *f* **'sal·ad oil** *n* Salatöl *nt* **'sal·ad plate** *n* Salatplatte *f*

sala·man·der ['sæləmændəʳ, AM -ɚ] *n* Salamander *m*

sa·la·mi [sə'lɑːmi] *n* Salami *f*

sal am·mo·ni·ac [ˌsælə'məʊniæk, AM -'moʊ-] *n* Ammoniaksalz *nt,* Salmiak *m*

sala·ried ['sælᵊriːd] *adj inv* bezahlt, besoldet; **~ civil-service employee** Besoldungsempfänger(in) *m(f);* **~ employee** Gehaltsempfänger(in) *m(f);* **~ post** Angestelltenposten *m,* Stelle *f* mit festem Gehalt; **~ staff** Gehaltsempfänger *mpl,* Festangestellte *mpl*

sala·ry ['sælᵊri] *n* Gehalt *nt;* **annual ~** Jahresgehalt *nt;* **to earn** [*or* **get**] [*or* **be on**] **a decent ~** ein anständiges Gehalt bekommen [*o* beziehen]; **to put up** [*or* **raise**] **sb's ~** jds Gehalt erhöhen [*o* aufbessern]

'sala·ry cap *n* Spitzenverdienst *m* **'sala·ry cut** *n* Gehaltskürzung *f* **'sala·ry earn·er** *n* Gehaltsempfänger(in) *m(f)* **'sala·ry in·crease** *n* Gehaltserhöhung *f;* **to award a ~ to sb** jdm eine Gehaltserhöhung gewähren **'sala·ry raise** AM, **'sala·ry rise** *n* BRIT Gehaltserhöhung *f;* **to get** [*or* **be given**] **a ~** eine Gehaltserhöhung [*o* Gehaltsaufbesserung] bekommen **'sala·ry scale** *n* Gehaltsskala *f*

sale [seɪl] *n* ❶ (*act of selling*) Verkauf *m;* **to make a ~** ein Verkaufsgeschäft abschließen; ■**for ~** zu verkaufen; **to put sth up for ~** etw zum Verkauf anbieten; ■**to be on ~** erhältlich [*o* im Handel] sein ❷ (*amount sold*) Absatz *m;* **the company is expecting a record ~ of the new model** die Firma rechnet bei dem neuen Modell mit einem Rekordumsatz; **~s of cars were up/down this week** die Verkaufszahlen für Autos gingen diese Woche nach oben/unten ❸ (*at reduced prices*) Ausverkauf *m;* **I bought this in a ~** das habe ich im Ausverkauf gekauft; **to be in the** [*or* AM **on**] ~ im Angebot sein; ■**the ~s** *pl* der Schlussverkauf *kein pl;* **charity** ~ Wohltätigkeitsbasar *m;* **clearance** ~ Räumungsverkauf *m;* **in** [*or* **at**] **the January/summer ~s** im Winter-/Sommerschlussverkauf; **end-of-season** ~ Saisonschlussverkauf *m;* **to hold a** ~ einen Ausverkauf veranstalten ④ (*auction*) Versteigerung *f,* Auktion *f* ⑤ *pl* (*department*) ■**S~s** Verkaufsabteilung *f*

sale·able ['seɪləbl̩] *adj* verkäuflich, marktgängig; **to be easily** ~ sich *akk* gut verkaufen, gut gehen *fam;* **to not be very** ~ sich *akk* schlecht verkaufen, schlecht gehen *fam*

sale and 'lease·back *n* Verkauf *m* und anschließende Rückmietung **'sale goods** *npl* Ausverkaufsartikel *mpl* **sale or re·'turn** *n* BRIT Kauf *m* mit Rückgaberecht **'sale price** *n* Verkaufspreis *m* **'sale·room** *n esp* BRIT Auktionsraum *m,* Auktionslokal *nt* **'sales analy·sis** *n* Verkaufsanalyse *f,* Umsatzanalyse *f* **'sales as·sist·ant** *n* BRIT, AUS (*form*) Verkäufer(in) *m(f)* **'sales cam·paign** *n* Verkaufskampagne *f,* Verkaufsaktion *f* **'sales clerk** *n* AM Verkäufer(in) *m(f)* **'sales de·part·ment** *n* Verkaufsabteilung *f* **'sales di·rec·tor** *n* Verkaufsdirektor(in) *m(f)* **'sales drive** *n* Verkaufskampagne *f,* Verkaufsaktion *f;* **to launch a** ~ eine Verkaufskampagne starten **'sales fig·ures** *npl* Verkaufsziffern *fpl,* Verkaufszahlen *fpl* **'sales force** *n* Verkaufsstab *m,* Vertreterstab *m* **'sales fore·cast** *n* Absatzprognose *f* **'sales·girl** *n* (*dated*) Verkäuferin *f* **'sales in·voice** *n* Verkaufsrechnung *f* **'sales·lady** *n* Verkäuferin *f* **'sales ledg·er** *n* Warenausgangsbuch *nt,* Debitorenbuch *nt* **'sales lit·era·ture** *n* Verkaufsprospekte *mpl* **'sales·man** *n* Verkäufer *m,* Handelsvertreter *m,* [Handlungs]reisender *m;* **door-to-door** ~ Hausierer *m* **sales 'man·ag·er** *n* Verkaufsleiter(in) *m(f)* **'sales·man·ship** *n no pl* (*technique*) Verkaufstechnik *f;* (*skill*) Verkaufsgeschick *nt,* Geschäftstüchtigkeit *f* **'sales·per·son** *n* Verkäufer(in) *m(f);* **car** ~ Autoverkäufer(in) *m(f)* **'sales pitch** *n* (*a. pej fam*) ① (*high-pressure approach*) mit [allem] Nachdruck geführtes Verkaufsgespräch; **he made his ~ for the new line of shoes** er machte sich in seinem Verkaufsgespräch für die neue Schuhkollektion stark; **he's got a good** ~ er führt ein Verkaufsgespräch rhetorisch geschickt ② (*specific approach*) Verkaufstaktik *f,* Verkaufsmasche *f pej* **'sales pro·mo·tion** *n* Verkaufsförderung *f* **'sales rep** *n* (*fam*), **'sales rep·re·senta·tive** *n* Vertreter(in) *m(f)* **'sales re·sist·ance** *n* Kaufunlust *f* **'sales·room** *n* Verkaufsraum *m;* (*auction*) Auktionsraum *m,* Auktionslokal *nt* **'sales slip** *n* AM (*receipt*) Kassenbeleg *m* **'sales talk** *n no pl* Verkaufsgespräch *nt;* (*pej*) Verkaufsmasche *f pej;* **these figures can't be genuine – that's just** ~ diese Zahlen können nicht stimmen – hier geht es nur darum, etwas zu verkaufen **'sales tax** *n no pl esp* AM Umsatzsteuer *f* **'sales·wom·an** *n* Verkäuferin *f*

sa·li·ent ['seɪliənt, AM -ljənt] *adj inv* ① (*important*) bedeutend; **the ~ facts** die wichtigsten Fakten; **the ~ points** die Hauptpunkte ② (*prominent*) herausragend, hervorstechend ③ (*pointing outwards*) [her]vortretend, hervorstehend

sa·line ['seɪlaɪn, AM -li:n] **I.** *adj* salzig; ~ **deposits** Salzablagerungen *fpl* **II.** *n* Salzlösung *f;* MED Kochsalzlösung *f*

sa·line 'drip *n* MED Tropfinfusion *f* **sa·line so·'lu·tion** *n* Salzlösung *f*

sa·lin·ity [sə'lɪnɪti, AM -ət̬i] *n no pl* Salzgehalt *m*

sa·li·va [sə'laɪvə] *n no pl* Speichel *m;* ~ **test** Speichelprobe *f*

sa·li·vary ['sælɪvᵊri, AM -əveri] *adj inv* Speichel-; ~ **chemicals** Speichelinhaltsstoffe *pl*

sa·'li·vary gland *n* Speicheldrüse *f*

sali·vate ['sælɪveɪt, AM -lə-] *vi* Speichel produzieren; **the thought of all that delicious food made me** ~ (*fig*) beim Gedanken an all das köstliche Essen lief mir das Wasser im Mund zusammen

Salk vac·cine ['sɔ:lk,-] *n* Polioimpfstoff *m,* Salkvakzine *f kein pl fachspr*

Sal·lies ['sæliz] *npl* AUS (*fam*) ■**the** ~ die Heilsarmee *kein pl*

sal·low¹ <-er, -est *or* more ~, most ~> ['sæləʊ, AM -oʊ] *adj* blassgelb; ~ **complexion** fahle Gesichtsfarbe; ~ **skin** bleiche Haut

sal·low² ['sæləʊ, AM -oʊ] *n* BOT Salweide *f*

sal·low·ness ['sæləʊnəs, AM -oʊnəs] *n no pl* Blässe *f*

sal·ly ['sæli] **I.** *n* ① MIL **to make a** ~ einen Ausfall machen ② (*fig: excursion, attempt*) Ausflug *m fig,* Versuch *m* ③ (*dated: remark*) witzige Bemerkung **II.** *vi* <-ie-> (*form, liter*) ■**to ~ forth** [*or* **out**] [**to do sth**] aufbrechen [*o* sich *akk* aufmachen][, um etw zu tun]

Sal·ly 'Army *n no pl* BRIT (*fam*) ■**the** ~ die Heilsarmee

salm·on ['sæmən] **I.** *n* <*pl* - *or* -s> ① *no pl* (*fish*) Lachs *m;* **smoked** ~ Räucherlachs *m* ② (*individual fish*) Lachs *m* **II.** *n modifier* (*croquettes, mousse, patty, steak*) Lachs-; ~ **farm** Lachszucht *f* **III.** *adj* lachsfarben

sal·mo·nel·la [,sælmə'nelə] *n no pl* Salmonelle[n] *f*[*pl*]

sal·mo·'nel·la pois·on·ing *n no pl* Salmonellenvergiftung *f*

'salm·on lad·der *n* Lachsleiter *f,* Lachstreppe *f* **salm·on 'pink I.** *adj pred, inv* lachsfarben **II.** *n* Lachsrosa *nt* **salm·on 'trout** *n* Lachsforelle *f*

sa·lon ['sælɔ̃:(ŋ), AM sə'lɑ:n] *n* ① (*dated: reception room*) Salon *m,* Empfangszimmer *nt* ② (*establishment*) Geschäft *nt;* **beauty** ~ Schönheitssalon *m;* **hairdressing** ~ Frisiersalon *m* ③ (*hist: of people*) Kreis *m;* **literary** ~ literarischer Salon

'sa·lon mu·sic *n* (*pej*) Salonmusik *f*

sa·loon [sə'lu:n] *n* ① BRIT (*sedan* [*car*]) Limousine *f* ② *esp* AM (*dated: public bar*) Saloon *m,* Kneipe *f fam* ③ (*dated: public room*) Saal *m;* (*in hotel, on ship*) Salon *m;* **billiard** ~ Billardhalle *f;* **dining** ~ BRIT [Luxus]speisewagen *m*

sa·'loon bar *n* BRIT, AUS (*dated*) *eleganterer Teil einer Bar*

sal·sa ['sælsə, AM 'sɑ:l-] *n no pl* ① (*spicy sauce*) Salsasoße *f* ② (*music*) Salsamusik *f;* (*dance*) Salsatanz *m*

sal·sa ver·de ['sælsəveəʳdə, AM 'sɑ:lsəverdə] *n* Salsa Verde *f*

sal·si·fy ['sælsɪfi, AM -sə-] *n no pl* Haferwurz *f;* **black** ~ Schwarzwurzel *f;* (*as dish*) Schwarzwurzelgemüse *nt*

salt [sɔ:lt] **I.** *n* ① *no pl* (*seasoning*) Salz *nt;* **celery/garlic/onion** ~ Sellerie-/Knoblauch-/Zwiebelsalz *nt;* **grains of** ~ Salzkörner *ntpl;* **a pinch of** ~ eine Prise Salz ② (*chemical compound*) Salz *nt* ③ (*granular substance*) Salz *nt;* **bath** ~ Badesalz *nt* ④ (*dated: ammonium carbonate*) **smelling ~s** Riechsalz *nt* ⑤ *no pl* (*fig: wit, freshness*) Würze *f fig* ⑥ (*dated fam: sailor*) **old** ~ alter Seebär *hum fam* ▸PHRASES: **the ~ of the earth** rechtschaffene Leute; REL das Salz der Erde *liter;* **to take sth with a grain** [*or* **pinch**] **of** ~ etw mit Vorsicht genießen *fam;* **to rub ~ in sb's wound** Salz in jds Wunde streuen; **to be worth one's** ~ sein Geld wert sein; **to sit above/below the** ~ am oberen/unteren Ende der gesellschaftlichen Rangordnung angesiedelt sein **II.** *n modifier* ① MED Salz-; ~ **solution** Kochsalzlösung *f;* ~ **baths** Salzbäder *ntpl* ② (*cured with salt*) ~ **fish/meat** gepökelter Fisch/gepökeltes Fleisch ③ (*fig*) ~ **tears** bittere Tränen **III.** *vt* ① (*season food*) ■**to ~ sth** etw salzen ② (*preserve*) ■**to ~ sth** [**down**] etw in Salz einlegen ③ (*sprinkle*) ■**to ~ sth** etw mit Salz bestreuen; **to ~ the roads** Salz [auf die Straßen] streuen ④ (*fig: add sth illicit*) ■**to ~ sth** etw frisieren *fam;* **to ~ the books** FIN die Bücher frisieren *fam* ⑤ (*fig: add interest*) ■**to ~ sth with sth** etw mit etw *dat* würzen *fig*

◆**salt away** *vt* ■**to ~ away** ↔ **sth** etw beiseiteschaffen *fig fam*

salt-and-'pep·per *adj inv beard, hair* [grau] meliert **'salt cel·lar** *n* Salzstreuer *m*

salt·ed ['sɔ:ltɪd, AM -t̬ɪd] *adj* gesalzen; ~ **peanuts** gesalzene Erdnüsse

'salt flats *npl* Salzwüste *f* **'salt-free** *adj inv* salzlos; ~ **diet** salzfreie Diät **salt 'glaze** *n* (*in pottery*) Salzglasur *f*

sal·tine [,sɔ:l'ti:n] *n* AM *gesalzener, quadratischer Kräcker*

salti·ness ['sɔ:ltɪnəs] *n no pl* ① (*flavour*) Salzigkeit *f* ② (*raciness*) Dreistigkeit *f*

salt·ing ['sɔ:ltɪŋ] *n usu pl* BRIT Watt *nt*

S

salt 'lake *n* Salzsee *m* **'salt lick** *n* ❶ (*deposit*) Salzablagerung *f* ❷ (*for animals*) Salzblock *m,* Salzlecke *f fachspr* **'salt marsh** *n* Salzsumpf *m* **'salt mine** *n* Salzmine *f,* Salzbergwerk *nt* **'salt pan** *n* Salzpfanne *f* **salt·pe·ter** AM, **salt·pe·tre** *n no pl* Salpeter *m* **'salt·shak·er** *n* AM, AUS Salzstreuer *m* **salt 'wa·ter** *n no pl* Salzwasser *nt* **'salt-wa·ter** *adj attr, inv* Salzwasser-; ~ **fish** Meeresfisch *m;* ~ **lake** Salzsee *m*

salty ['sɔːlti] *adj* ❶ *taste* salzig ❷ (*risqué*) gesalzen *sl;* ~ **joke** unanständiger Witz

sa·lu·bri·ous [sə'luːbriəs] *adj* ❶ (*of place*) vornehm; **a ~ part of town** ein angesehener Stadtteil ❷ (*healthy*) gesund

sa·lut [sɑ'luː] *interj* prost *fam*

salu·tary ['sæljətᵊri, AM -teri] *adj* heilsam

salu·ta·tion [ˌsæljə'teɪʃᵊn] *n* ❶ (*dated form: greeting*) Gruß *m* ❷ (*in letter*) Anrede *f*

sa·lute [sə'luːt] **I.** *vt* ❶ (*form: greet*) ■**to ~ sb** jdn grüßen; (*welcome*) jdn begrüßen ❷ MIL ■**to ~ sb** vor jdm salutieren; **to ~ the flag** vor der Fahne salutieren ❸ (*praise*) ■**to ~ sb [for sth]** jdn [für etw *akk*] würdigen; **I ~ their efforts to stem the tide of poverty in this country** ich verneige mich vor ihren Bemühungen, die Flut der Armut in diesem Land einzudämmen **II.** *vi* MIL salutieren **III.** *n* ❶ (*gesture*) Gruß *m;* **she raised her arms in a ~** sie erhob ihre Arme zum Gruß *liter* ❷ MIL Salut *m,* [militärischer] Gruß; **to give a ~** salutieren; **to take the ~** die Parade abnehmen ❸ (*firing of guns*) Salut[schuss] *m*

sal·vage ['sælvɪdʒ] **I.** *vt* ■**to ~ sth** ❶ (*rescue*) *cargo* etw bergen ❷ (*preserve*) etw retten; **to ~ one's reputation** seinen Ruf wahren **II.** *n no pl* ❶ (*rescue*) Bergung *f* ❷ (*sth saved*) Bergungsgut *nt* **III.** *n modifier* Bergungs-; ~ **operation** Bergungsaktion *f*

sal·vage·able ['sælvɪdʒəbl̩] *adj* ■**to be ~** zu retten sein

'sal·vage com·pa·ny *n* Bergungsunternehmen *nt* **'sal·vage value** *n* Wert *m* der geretteten Sachen **'sal·vage ves·sel** *n* Bergungsschiff *nt* **'sal·vage yard** *n* AM Schrottplatz *m*

sal·va·tion [sæl'veɪʃᵊn] *n no pl* ❶ (*rescue*) Rettung *f;* **to be beyond ~** nicht mehr zu retten sein; **to work out one's own ~** (*form*) sich *akk* um die eigene Rettung bemühen ❷ (*sth that saves*) Rettung *f,* Rettungsmittel *nt;* **that was my ~** das war meine Rettung ❸ REL Erlösung *f*

Sal·va·tion 'Army *n no pl* Heilsarmee *f*

salve [sælv, AM sæv] **I.** *n* ❶ (*ointment*) Heilsalbe *f* ❷ (*fig: sth that soothes*) Linderung *f,* Balsam *m geh;* **as a ~ to one's conscience** um sein Gewissen zu beruhigen **II.** *vt* (*soothe*) ■**to ~ sth** etw lindern; **to ~ one's conscience** sein Gewissen beruhigen

sal·ver ['sælvəʳ, AM -ɚ] *n* (*form*) Tablett *nt*

sal·vo <*pl* -s *or* -es> ['sælvəʊ, AM -oʊ] *n* ❶ MIL Salve *f;* **to fire a ~** eine Salve abfeuern ❷ (*fig: verbal attack*) Salve *f fig* ❸ (*round of applause*) donnernder Applaus; ~ **of laughter** Lachsalve *f*

sal vola·ti·le [ˌsælvə(ʊ)'lætᵊli, AM -voʊ'læt̬-] *n no pl* (*spec*) Riechsalz *nt*

SAM [sæm] *n* MIL *acr for* **surface-to-air missile** Boden-Luft-Rakete *f*

Sa·mari·tan [sə'mærɪtᵊn, AM -merə-] *n* ❶ REL **the good ~** der barmherzige Samariter ❷ (*kindly person*) Samariter(in) *m(f),* barmherziger Mensch ❸ BRIT (*organization*) ■**the ~s** *pl* die Telefonseelsorge *kein pl*

sam·ba ['sæmbə, AM 'sɑːm-] **I.** *n* Samba *f o m* **II.** *vi* Samba tanzen

same [seɪm] **I.** *adj attr, inv* ❶ (*exactly similar*) ■**the ~** der/die/das Gleiche; (*identical*) der-/die-/dasselbe; **I've got the ~ taste in clothes as my sister** ich habe bei Kleidung den gleichen Geschmack wie meine Schwester; **she brought up her children in the ~ way as her mother did** sie erzog ihre Kinder genauso, wie ihre Mutter es getan hatte; **she's the ~ age as me** sie ist genauso alt wie ich; **it all amounts to the ~ thing** es läuft alles auf dasselbe hinaus; ~ **difference** (*fam*) ein und dasselbe; **to go the ~ way [as sb]** den gleichen Weg [wie jd] gehen ❷ (*not another*) ■**the ~** der/die/das Gleiche; **we sleep in the ~ room** wir schlafen im gleichen Zimmer; **our teacher always wears the ~ pullover** unser Lehrer trägt stets denselben Pullover; **he's still the ~ old grouch** er ist noch immer der gleiche alte Miesepeter *fam;* **I'm not in the ~ league** (*fig*) da kann ich nicht mithalten; **in the ~ breath** im gleichen [*o* selben] Atemzug; **at the ~ time** gleichzeitig, zur gleichen Zeit; (*nevertheless*) trotzdem; **by the ~ token** (*fig*) ebenso; **I don't think that prices will go up but, by the ~ token, I don't see them going down much lower either** ich glaube nicht, dass die Preise steigen werden, aber ebenso wenig glaube ich, dass sie stark sinken werden ❸ (*monotonous*) eintönig; **at every meeting you see the ~ old faces** bei jedem Treffen sieht man die gleichen alten Gesichter; **it's the ~ old story – the rich get richer and the poor get poorer** es ist die alte Geschichte – die Reichen werden immer reicher und die Armen immer ärmer ▶ PHRASES: **to be in the ~ boat** (*fig*) im gleichen [*o* in einem] Boot sitzen *fam;* **lightning never strikes in the ~ place twice** (*saying*) der Blitz schlägt nicht zweimal an derselben Stelle ein **II.** *pron* ■**the ~** der-/die-/dasselbe; **after all those years you look exactly the ~** du hast dich in all diesen Jahren überhaupt nicht verändert; **people say I look just the ~ as my sister** die Leute sagen, ich sähe genauso aus wie meine Schwester; **they realized that things would never be the same again** es wurde ihnen klar, dass nichts mehr so sein würde wie früher; **all the ~: men are all the ~** die Männer sind alle gleich; **it's all the ~ to me** das macht für mich keinen Unterschied; **to be one and the ~** ein und der-/die-/dasselbe sein; **I was amazed to discover they are one and the ~ person** ich war überrascht festzustellen, dass sie ein und dieselbe Person sind; ■**not the ~** nicht der-/die-/das Gleiche; **our old house wasn't the ~ without David** unser altes Haus war ohne David nicht mehr das, was es [einmal] war ▶ PHRASES: **all the ~** trotzdem; **all the ~ we had a good time** wir hatten dennoch eine schöne Zeit; **thanks all the ~** trotzdem vielen Dank; ~ **here** (*fam*) ich auch; **I thought that film was awful! – ~ here!** ich fand den Film schrecklich! – ganz meine Meinung; ~ **to you** danke, gleichfalls **III.** *adv* ■**the ~** gleich; **these two machines are operated the ~** diese beiden Maschinen werden auf dieselbe Art bedient; **I feel just the ~ as you do** mir geht es genauso wie dir; **I need some time to myself, ~ as anybody else** (*fam*) ich brauche Zeit für mich selbst, genau wie jeder andere auch

same·ness ['seɪmnəs] *n no pl* (*identity*) Gleichheit *f;* (*uniformity*) Gleichförmigkeit *f*

same-sex un·ion [ˌseɪmseks'juːnjən] *n* gleichgeschlechtliche Ehe

samey ['seɪmi] *adj* BRIT, AUS (*pej fam*) gleich; **his paintings all look a bit ~** seine Bilder sehen alle irgendwie gleich aus

sa·mo·sa [sə'məʊsə, AM -'moʊ-] *n mit Kartoffeln oder Hackfleisch gefüllte indische Teigtasche*

samo·var ['sæməvɑːʳ, AM -vɑːr] *n* Samowar *m*

sam·pan ['sæmpæn] *n* Sampan *m*

sam·ple ['sɑːmpl̩, AM 'sæ-] **I.** *n* ❶ (*small quantity*) Probe *f,* Muster *nt;* MED Probe *f;* ~**s of work** Arbeitsproben *fpl;* **fabric ~s** Stoffmuster *ntpl;* **free ~** Gratisprobe *f;* **blood/tissue/urine ~** Blut-/Gewebe-/Urinprobe *f* ❷ (*representative group*) *of people* Querschnitt *m; of things* Stichprobe *f;* **a random ~ of voters** POL stichprobenartig ausgewählte Wähler **II.** *vt* ■**to ~ sth** ❶ (*try*) etw [aus]probieren; *food* etw kosten [*o* probieren]; **to ~ the delights/pleasures of sth** die Genüsse/Freuden einer S. *gen* kosten *fig geh* ❷ (*survey*) etw stichprobenartig untersuchen ❸ MUS (*record*) etw mischen [*o fachspr* sampeln] **III.** *n modifier* Muster-, Probe-; ~ **questions** Musterfragen *fpl;* ~ **bottle** Probefläschchen *nt*

'sam·ple book *n* Musterbuch *nt,* Musterheft *nt*

sam·pler ['sɑːmpləʳ, AM 'sæmplɚ] *n* ① (*embroidery*) Stickerei *f* ② AM (*collection*) *of different products* Probe *f*, Probeset *nt* ③ MUS (*recording equipment*) Mischpult *nt*, Sampler *m*
sam·pling ['sɑːmplɪŋ, AM 'sæm-] *n* ① (*surveying*) Stichprobenerhebung *f* ② *no pl* (*testing*) stichprobenartige Untersuchung ③ *no pl* MUS (*sound engineering technique*) Mischen *nt*, Sampeln *nt*
samu·rai ['sæmʊraɪ, AM -əraɪ], **Samu·rai** I. *n* <*pl* -> MIL (*hist*) Samurai *m* II. *n modifier* MIL (*hist*) Samurai-; ~ **sword** Samuraischwert *nt*
sana·to·ria [ˌsænə'tɔːriə] *n pl of* **sanatorium**
sana·to·rium <*pl* -s *or* -ria> [ˌsænə'tɔːriəm, *pl* -riə] *n* Sanatorium *nt*
sanc·ti·fi·ca·tion [ˌsæŋ(k)tɪfɪ'keɪʃᵊn] *n no pl* REL Weihung *f*, Heiligung *f geh*
sanc·ti·fied ['sæŋ(k)tɪfaɪd] *adj inv, attr* geweiht, geheiligt *geh*
sanc·ti·fy <-ie-> ['sæŋ(k)tɪfaɪ] *vt* ① REL (*consecrate*) ■**to** ~ **sth/sb** etw/jdn weihen [*o geh* heiligen] ② REL (*divinely justify*) ■**to** ~ **sth/sb** etw/jdn rechtfertigen ③ (*form: sanction*) ■**to** ~ **sth** etw sanktionieren *geh*
sanc·ti·mo·ni·ous [ˌsæŋ(k)tɪ'məʊniəs, AM -'moʊ-] *adj* (*pej*) scheinheilig
sanc·ti·mo·ni·ous·ly [ˌsæŋ(k)tɪ'məʊniəsli, AM -'moʊ-] *adv* (*pej*) scheinheilig
sanc·ti·mo·ni·ous·ness [ˌsæŋ(k)tɪ'məʊniəsnəs, AM -'moʊ-] *n no pl* (*pej*) Scheinheiligkeit *f*
sanc·tion ['sæŋ(k)ʃᵊn] I. *n* ① *no pl* (*approval*) Sanktion *f geh*, Zustimmung *f*; **to give one's** ~ **to sth** zu etw *dat* seine Zustimmung geben ② (*to enforce compliance*) Strafmaßnahme *f*; LAW, POL Sanktion *f*; **economic/trade** ~**s** Wirtschafts-/Handelssanktionen *fpl*; **to impose/lift** ~**s** Sanktionen verhängen/aufheben II. *vt* ■**to** ~ **sth** ① (*allow*) etw sanktionieren *geh* ② (*impose penalty*) etw unter Strafe stellen
'sanc·tions-bust·ing *n no pl* Sanktionsverstoß *m*
sanc·tity ['sæŋ(k)təti, AM -ət̬i] *n no pl* ① REL Heiligkeit *f* ② (*inviolability*) Unantastbarkeit *f*, Heiligkeit *f geh*; **the** ~ **of life** die Unantastbarkeit des Lebens
sanc·tu·ary ['sæŋ(k)tʃʊəri, AM -tʃueri] *n* ① (*holy place*) Heiligtum *nt*; (*near altar*) Altarraum *m* ② *no pl* (*refuge*) Zuflucht *f*; **to find/seek** ~ Zuflucht finden/suchen ③ (*peaceful haven*) Zufluchtsort *m* ④ (*for animals*) Schutzgebiet *nt*; **wildlife** ~ Wildschutzgebiet *nt*; (*animal shelter*) Tierpflegestation *f*
sanc·tum ['sæŋ(k)təm] *n* REL Sanktuarium *nt*; **inner** ~ Allerheiligste *nt*; (*fig*) Heiligtum *nt fig*, Allerheiligste *nt fig*
sand [sænd] I. *n* ① *no pl* (*substance*) Sand *m*; **grains of** ~ Sandkörner *ntpl*; **coarse/fine** ~ grober/feiner Sand; **to be built on** ~ (*fig*) *idea, plan* auf Sand gebaut sein; **to drive** [*or* **run**] **sth into the** ~ etw zum Stillstand bringen ② (*expanse*) ■~**s** *pl* (*beach*) Sandstrand *m*; (*of desert*) Sand *m kein pl*; (*sandbank*) Sandbank *f*; **sinking** ~**s** Treibsand *m* ③ GEOL (*stratum*) Sand[stein]schicht *f* ▶ PHRASES: **the** ~**s of time** (*liter*) die [dahinfließende] Zeit; **the** ~**s of time were running out for them** die Zeit lief ihnen davon II. *n modifier* (*beach, sculpture*) Sand- III. *vt* ■**to** ~ **sth** ① (*with sandpaper*) etw [ab]schmirgeln; (*smooth*) etw abschleifen ② (*sprinkle*) etw mit Sand bestreuen
◆**sand down** *vt* ■**to** ~ **down** ↔ **sth** etw abschleifen; (*with sandpaper*) etw abschmirgeln; **to** ~ **down a door/window frame** eine Tür/einen Fensterrahmen abschleifen
san·dal ['sændᵊl] *n* Sandale *f*; **a pair of** ~**s** ein Paar *nt* Sandalen
'san·dal·wood *n no pl* Sandelholz *nt*
'sand·bag I. *n* Sandsack *m* II. *vt* <-gg-> ① (*protect*) ■**to** ~ **sth** etw mit Sandsäcken schützen; **they** ~**ged the doors** sie stapelten Sandsäcke vor den Türen auf ② (*hit*) ■**to** ~ **sb** jdn niederschlagen III. *vi* sich *akk* zurückhalten **'sand·bank** *n* Sandbank *f* **'sand·bar** *n* [schmale] Sandbank **'sand·blast** *vt* ■**to** ~ **sth** etw sandstrahlen **'sand·blast·ing** *n no pl* Sandstrahlen *nt* **'sand·box** *n* AM (*sandpit*) Sandkasten *m* **'sand·boy** *n* ▶ PHRASES: **to be as happy as a** ~ sehr vergnügt [*o fam* kreuzfidel] sein **'sand bun·ker** *n* SPORTS Bunker *m* **'sand·cas·tle** *n* Sandburg *f* **'sand·dune** *n* Sanddüne *f*
sand·er ['sændəʳ, AM -ɚ] *n* Sandpapierschleifmaschine *f*
'sand flea *n* Sandfloh *m*
sand·ing ma·chine *n* Sandpapierschleifmaschine *f*
'sand·man *n no pl* (*childspeak*) ■**the** ~ der Sandmann, das Sandmännchen **'sand mar·tin** *n* Uferschwalbe *f* **'sand·pail** *n* AM Sandeimer *m* **'sand·pa·per** I. *n no pl* Sandpapier *nt*, Schmirgelpapier *nt*; **coarse/fine** ~ grobes/feines Sandpapier II. *vt* ■**to** ~ **sth** etw abschmirgeln **'sand·pip·er** *n* ORN Strandläufer *m* **'sand·pit** *n esp* BRIT Sandkasten *m* **'sand shark** *n* Sandhai *m* **'sand·shoe** *n* ① (*for beach*) Strandschuh *m* ② AUS (*sneaker*) Freizeitschuh *m* **'sand·stone** *n no pl* Sandstein *m* **'sand·storm** *n* Sandsturm *m* **'sand trap** *n* AM SPORTS Bunker *m*
sand·wich ['sænwɪdʒ, AM -(d)wɪtʃ] I. *n* <*pl* -es> Sandwich *m o nt*; **cheese** ~ Käsesandwich *m o nt*; **hero** [*or* **submarine**] ~ AM Riesensandwich *m o nt fam* ▶ PHRASES: **to be one** ~ **short of a picnic** (*hum fam*) völlig übergeschnappt sein *fam* II. *n modifier* (*sandwich form*) *cake* Schicht-; ~ **cookie** AM Doppelkeks *m* III. *vt* ① (*fit together*) ■**to** ~ **sth together** etw aufeinanderschichten ② (*squeeze*) ■**to** ~ **sb** jdn einklemmen; **on the train I was** ~**ed between two very large men** ich war im Zug zwischen zwei riesigen Männern eingequetscht; **to** ~ **sth in between sth** (*fig*) etw [zwischen etw *dat*] dazwischenschieben; **she managed to** ~ **the repairs in between breakfast and starting work** es gelang ihr, die Reparaturarbeiten zwischen Frühstück und eigenem Arbeitsbeginn dazwischenzuschieben
'sand·wich bar *n* BRIT, AUS Snackbar *f* **'sand·wich board** *n* Reklametafel *f* (*mittels verbindendem Schulterriemen von einer Person auf Brust und Rücken als doppelseitiges Werbeplakat getragen*) **'sand·wich box** *n* Frühstücksbox *f* **'sand·wich cake** *n* BRIT Schichtkuchen *m* (*mit cremiger Füllung*) **'sand·wich count·er** *n Tresen, an dem ausschließlich Sandwiches verkauft werden* **'sand·wich course** *n* BRIT UNIV *Ausbildung, bei der theoretische und praktische Abschnitte abwechseln* **'sand·wich fill·ing** *n* Sandwichbelag *m* **'sand·wich·man** *n* Plakatträger *m*, Sandwichmann *m hum*
sandy ['sændi] *adj* ① (*containing sand*) sandig ② (*of texture*) körnig ③ (*of colour*) sandfarben
'sand yacht *n* Strandsegler *m*
sane [seɪn] *adj* ① *person* geistig gesund; LAW zurechnungsfähig; (*hum*) normal *fam*; **no** ~ **person would ...** niemand, der auch nur einigermaßen bei Verstand ist, würde ...; **to keep sb** ~ jdn bei Verstand halten ② *action* vernünftig
sang [sæŋ] *pt of* **sing**
san·ger ['sæŋgəʳ] *n* AUS (*fam*) Sandwich *nt*
sang·froid [ˌsɑ̃(ŋ)'frwɑː] *n no pl* (*form*) Selbstbeherrschung *f*
san·gria ['sæŋ'griːə] *n no pl* Sangria *f*
san·guine ['sæŋgwɪn] *adj* ① (*form: hopeful*) zuversichtlich; **to be** ~ **about sth** etw für wahrscheinlich halten ② (*liter: blood-red*) blutrot
sani·ta·rium <*pl* -s *or* -ria> [ˌsænɪ'teriəm] *n* AM Sanatorium *nt*
sani·tary ['sænɪtᵊri, AM -teri] *adj* ① (*relating to health conditions*) hygienisch; (*installations*) sanitär *attr*; ~ **conditions** hygienische Verhältnisse; ~ **facilities** sanitäre Anlagen ② (*hygienic*) hygienisch
'sani·tary fit·tings *npl* BRIT sanitäre Anlagen **'sani·tary nap·kin** *n* AM, **'sani·tary pad** *n*, **'sani·tary tow·el** *n* BRIT Damenbinde *f* **sani·tary pro·'tec·tion** *n no pl* Monatshygiene *f*
sani·ta·tion [ˌsænɪ'teɪʃᵊn] *n no pl* ① (*health conditions*) Hygiene *f*; (*toilets*) sanitäre Anlagen ② (*water disposal*) Abwasserkanalisation *f*; **the** ~ **department** das Amt für Stadtreinigung; (*provision of clean water*) Frischwasserversorgung *f*
sani·'ta·tion work·er *n* AM Müllarbeiter(in) *m(f)*
sani·ti·za·tion [ˌsænɪtaɪ'zeɪʃᵊn, AM -tɪ'-] *n no pl* ① *esp* AM

(*making sanitary*) [hygienische] Reinigung ② (*pej: making acceptable*) Säuberung *f fig geh*

sani·tize ['sænɪtaɪz] *vt* ■**to ~ sth** ① *esp* AM (*make clean*) etw desinfizieren ② (*pej: make acceptable*) etw säubern *fig geh* ③ (*expurgate, make less offensive*) etw zensieren

sani·tized ['sænɪtaɪzd] *adj* gesäubert *fig geh;* **~ report** zensierter Bericht

san·ity ['sænəti, AM -ət̬i] *n no pl* ① (*mental health*) gesunder Verstand; LAW Zurechnungsfähigkeit *f;* (*hum*) Verstand *m fam;* **to doubt/question sb's ~** an jds Verstand zweifeln/jds Verstand in Frage stellen; **to lose/preserve one's ~** seinen Verstand verlieren/bei Verstand bleiben ② (*sensibleness*) Vernünftigkeit *f;* **maybe she can bring some ~ into this crazy situation** vielleicht kann sie ein wenig Vernunft in diese verrückte Situation bringen

sank [sæŋk] *pt of* **sink**

San·skrit ['sænskrɪt] LING **I.** *n no pl* Sanskrit *nt* **II.** *adj* Sanskrit-; **~ alphabet** sanskritisches Alphabet

San·ta *n,* **San·ta Claus** [ˌsæntə'klɔːz, AM -t̬ə'klɑːz] *n* ① *no pl* (*Father Christmas*) Weihnachtsmann *m;* (*on December 6*) Nikolaus *m* ② (*person dressed as Santa Claus*) [verkleideter] Weihnachtsmann; (*in Germany, on December 6*) [verkleideter] Nikolaus

San·ta's 'grot·to *n* BRIT *Platz, an dem Kinder Geschenke vom Weihnachtsmann bekommen*

sap¹ [sæp] *n no pl* ① (*of tree*) Saft *m* ② (*fig: vitality*) Lebenskraft *f;* (*hum, fig: sexual vigour*) [Liebes]trieb *m*

sap² [sæp] **I.** *n* MIL (*hist: trench*) Sappe *f veraltet;* (*tunnel*) Tunnel *m* **II.** *vt* <-pp-> ① (*drain*) ■**to ~ sb of sth** jdm etw nehmen; **to ~ sb's confidence** jds Selbstvertrauen zerstören; **to ~ sb's energy/power/strength** an jds Energie/Kräften zehren *geh* ② (*undermine*) ■**to ~ sth** etw unterhöhlen **III.** *vi* MIL (*hist*) untergraben

sap³ [sæp] *n* (*sl*) Trottel *m pej fam;* **he's a ~ for any new machine** er muss immer gleich jede neue Maschine haben

sa·pi·ent ['seɪpiənt] *adj* (*form*) weise *geh*

sap·ling ['sæplɪŋ] *n* junger Baum

sap·per ['sæpəʳ] *n* MIL Pionier *m;* BRIT *Soldat der Royal Engineers*

Sap·phic ['sæfɪk] *adj* ① *inv* LIT (*liter: of verse form*) sapphisch ② (*form or hum: of Lesbianism*) lesbisch, sapphisch *selten geh*

sap·phire ['sæfaɪəʳ, AM -ɪəʳ] **I.** *n* Saphir *m* **II.** *adj* saphirfarben; **~ blue** saphirblau **III.** *n modifier* (*cufflinks, earrings, necklace, tiepin*) Saphir-

sap·ping ['sæpɪŋ] *adj pred* ermüdend

sap·py ['sæpi] *adj* AM, AUS (*fam*) ① (*gullible*) leichtgläubig ② (*emotional*) [sehr] emotional

SAQ [eseɪ'kjuː] *n* CAN *abbrev of* **Société des alcools du Québec** *von der Provinzregierung Québec geführte Ladenkette, die alkoholische Getränke verkauft*

sar·casm ['sɑːkæzᵊm, AM 'sɑːr-] *n no pl* Sarkasmus *m;* **biting** [*or* **heavy**] **~** beißender Sarkasmus ► PHRASES: **~ is the lowest form of wit** (*saying*) Sarkasmus ist die niedrigste Form der Schlagfertigkeit

sar·cas·tic [sɑː'kæstɪk, AM sɑːr'-] *adj person, remark* sarkastisch; **~ tongue** scharfe Zunge

sar·cas·ti·cal·ly [sɑː'kæstɪkli, AM sɑːr'-] *adv* sarkastisch

sar·co·ma <*pl* -s *or* -mata> [sɑː'kəʊmə, *pl* -mətə, AM sɑːr'koʊ-, *pl* -mət̬ə] *n* MED Sarkom *nt*

sar·co·mata [sɑː'kəʊmətə, AM sɑːr'koʊ-] *n pl of* **sarcoma**

sar·copha·gi [sɑː'kɒfəgaɪ, dʒaɪ, AM sɑːr'kɑːf-] *n pl of* **sarcophagus**

sar·copha·gus <*pl* -es *or* -gi> [sɑː'kɒfəgəs, AM sɑːr'kɑːf-, *pl* -gaɪ, -dʒaɪ] *n* Sarkophag *m*

sar·dine [sɑː'diːn, AM sɑːr'-] *n* ① (*fish*) Sardine *f;* **to be squashed like ~s** wie die Ölsardinen zusammengepfercht sein ② (*game*) Versteckspiel *nt*

sar·don·ic [sɑː'dɒnɪk, AM sɑːr'dɑː-] *adj* höhnisch; **~ laughter** sardonisches Gelächter *geh;* **a ~ smile** ein süffisantes Lächeln *geh*

sar·doni·cal·ly [sɑː'dɒnɪkᵊli, AM sɑːr'dɑː-] *adv* höhnisch

saree *n see* **sari**

sarge [sɑːdʒ, AM sɑːrdʒ] *n* (*fam*) ① MIL *short for* **sergeant** Feldwebel *m* ② (*police*) *short for* **sergeant** Sergeant *m*

sari ['sɑːri] *n* Sari *m*

sar·ky ['sɑːki] *adj* BRIT, AUS (*fam*) sarkastisch

sar·nie ['sɑːni] *n* BRIT (*fam*) Sandwich *m o nt*

sa·rong [sə'rɒŋ, AM -'rɔːŋ] *n* Sarong *m*

SARS, Sars [sɑːz, AM sɑːrz] *n no pl, no art* MED *acr for* **severe acute respiratory syndrome** SARS

sar·sa·pa·ril·la [ˌsɑːsəpᵊ'rɪlə, AM ˌsɑːrsəpə'r-] **I.** *n* ① (*plant*) Sarsaparille *f* ② (*drink*) *Getränk mit Sarsaparillegeschmack* **II.** *adj* Sarsaparille-

sar·to·rial [sɑː'tɔːriəl, AM sɑːr'-] *adj inv, attr* (*form: relating to clothing*) Kleidung[s]-; (*relating to tailoring*) Schneider-; **~ elegance** elegante Kleidung

SAS [ˌeseɪ'es] *n* BRIT *abbrev of* **Special Air Service**

SASE [ˌeseɪes'iː] *n* AM *abbrev of* **self-addressed stamped envelope** adressierter und frankierter Rückumschlag

sash¹ <*pl* -es> [sæʃ] *n* Schärpe *f*

sash² <*pl* -es> [sæʃ] *n* (*in windows*) Fensterrahmen *m;* (*in doors*) Türrahmen *m*

sa·shay ['sæʃeɪ, AM sæʃ'eɪ] *vi esp* AM ■**to ~ somewhere** irgendwohin stolzieren

'sash cord *n* Gewichtsschnur *f* (*an Schiebefenstern*)

sa·shi·mi [sæ'ʃiːmi] *n* (*Japanese thinly sliced raw fish*) Sashimi *nt*

sash 'win·dow *n* Schiebefenster *nt*

sas·quatch <*pl* -es>, **Sas·quatch** ['sæskwɒtʃ, AM -kwɑːtʃ] *n ein großes, behaartes menschenähnliches Wesen, das angeblich in den Bergen von Nordwestkanada lebt*

sass [sæs] *esp* AM **I.** *n no pl* (*fam*) Frechheit *f* **II.** *vt* (*fam*) ■**to ~ sb** zu jdm frech sein

Sas·se·nach ['sæsənæk, -æx] **I.** *n* <*pl* -es> SCOT (*esp pej*) Engländer(in) *m(f)* **II.** *adj inv* SCOT (*esp pej*) englisch

sas·sy ['sæsi] *adj esp* AM (*fam*) ① (*impudent*) frech, ungezogen ② (*lively*) spritzig *fam*

sat [sæt] *pt, pp of* **sit**

Sat *n abbrev of* **Saturday** Sa.

Satan ['seɪtᵊn] *n no pl* Satan *m* ► PHRASES: **~ finds work for idle hands** (*saying*) Müßiggang ist aller Laster Anfang *prov*

sa·tan·ic [sə'tænɪk] *adj* satanisch *geh,* teuflisch; **~ abuse** teuflischer Missbrauch; **~ cult/rite** Satanskult *m*/-ritus *m*

Sa·tan·ism ['seɪtᵊnɪzᵊm] *n no pl* Satanismus *m*

Sa·tan·ist ['seɪtᵊnɪst] *n* Satanist(in) *m(f)*

sa·tay ['sæteɪ, AM sɑː'teɪ] *n no pl gegrillte, mit Erdnusssoße servierte Fleischspieße aus Indonesien*

SATB [ˌeseɪtiː'biː] *n abbrev of* **soprano, alto, tenor, bass** *Beschreibung eines Chors oder der Stimmen eines Stückes*

satch·el ['sætʃᵊl] *n* [Schul]ranzen *m*

sat·com ['sætkɒm, AM -kɑːm] *n no pl abbrev of* **satellite communications** Satellitenkommunikation *f*

sate [seɪt] *vt* (*form*) **to ~ one's desire/hunger/thirst** seinen Hunger/Durst/seine Begierde stillen; ■**to ~ sb** [**with sth**] jdn [mit etw *dat*] zufrieden stellen

sat·ed ['seɪtɪd, AM -t̬ɪd] *adj inv* ■**to be ~ with sth** *food* gesättigt sein; *luxury* übersättigt sein; (*sexually*) **they were ~d with each other** sie hatten sich gegenseitig erfüllt *geh*

sa·teen [sæt'iːn] *n* Baumwollsatin *m*

sat·el·lite ['sætᵊlaɪt, AM 'sæt̬-] **I.** *n* ① ASTRON Trabant *m* ② AEROSP, TECH Satellit *m;* **communications/spy/weather ~** Kommunikations-/Spionage-/Wettersatellit *m* ③ (*form: hanger-on*) Anhänger(in) *m(f)* **II.** *n modifier* (*launch, technology*) Satelliten-; **~ communication/transmission** Satellitenkommunikation/-übertragung *f*

sat·el·lite 'broad·cast·ing *n no pl* Satellitenübertragung *f;*

RADIO Satellitenfunk *m;* TV Satellitenfernsehen *nt* **sat·el·lite 'coun·try** *n* POL Satellitenstaat *m* **'sat·el·lite dish** *n* Satellitenantenne *f,* Satellitenschüssel *f fam* **sat·el·lite 'of·fice** *n* Satellitenbüro *nt* **sat·el·lite 'pic·ture** *n* Satellitenfoto *nt* **sat·el·lite 'state** *n* Satellitenstaat *m* **sat·el·lite 'tele·vi·sion** *n no pl* Satellitenfernsehen *nt* **'sat·el·lite town** *n* Trabantenstadt *f*

sati ['sɑːti] *n no pl* Sati *f*

sa·ti·ate ['seɪʃieɪt] *vt usu passive* **to ~ one's curiosity** die Neugier[de] stillen; **to ~ a demand/market** ECON eine Nachfrage/einen Markt befriedigen; **to ~ one's hunger/thirst** den Hunger/Durst stillen

sa·tia·tion [ˌseɪʃi'eɪʃən] *n no pl* Sättigung *f*

sa·ti·ety [sə'taɪəti, AM -t̬i] *n no pl (form)* Sättigung *f*

sat·in ['sætɪn, AM -tən] **I.** *n* Satin *m* **II.** *n modifier (blouse, dress, gloves)* Satin-

sat·in fin·ish 'paint *n,* **'sat·in paint** *n* seidenmatte Farbe

sat·iny ['sætɪni, AM -təni] *adj* seidig; **~ skin** samtige Haut

sat·ire ['sætaɪəʳ, AM -aɪɚ] *n* LIT ❶ *no pl (genre)* Satire *f;* **political ~** politische Satire ❷ *(example of genre)* Satire *f* **(on** auf *+akk)*

sa·tiri·cal [sæ'tɪrɪkəl] *adj (literature, film)* satirisch; *(mocking, joking)* ironisch

sa·tiri·cal·ly [sæ'tɪrɪkəli] *adv (literature, film)* satirisch; *(mocking, joking)* ironisch

sati·rist ['sætərɪst, AM 'sæt̬ɚ-] *n* Satiriker(in) *m(f)*

sati·rize ['sætəraɪz, AM 'sæt̬ə-] *vt* ■**to ~ sth/sb** etw/jdn satirisch darstellen

sat·is·fac·tion [ˌsætɪs'fækʃən, AM ˌsæt̬-] *n no pl* ❶ *(fulfilment)* Zufriedenheit *f,* Befriedigung *f;* **sb derives** [*or* **obtains**] **~ from** [*or* **out of**] [**doing**] **sth** etw bereitet jdm [große] Befriedigung; ■**to do sth to sb's ~** etw zu jds Zufriedenheit tun; **~ guaranteed or your money back!** Geld-zurück-Garantie bei Unzufriedenheit!; **sth has its ~s** etw verschafft Befriedigung ❷ *(sth producing fulfilment)* Genugtuung *f geh;* ■**to be a ~ [to sb]** [jdm] eine Genugtuung sein; **to my great ~** zu meiner großen Genugtuung ❸ *(state of being convinced)* Zufriedenheit *f;* ■**to the ~ of sb** zu jds Zufriedenheit; **to the ~ of the court** zur Zufriedenstellung des Gerichts ❹ *(compensation)* Schadensersatz *m;* **to demand ~** Schadensersatz fordern [*o* verlangen] (**from** von *+dat*); *(hist form: challenge to a duel)* Genugtuung fordern; **in ~ of a claim/debt** LAW in Erfüllung eines Anspruchs/in Begleichung einer Schuld

sat·is·fac·to·ri·ly [ˌsætɪs'fæktərəli, AM ˌsæt̬-] *adv* zufrieden stellend, befriedigend

sat·is·fac·tory [ˌsætɪs'fæktəri, AM ˌsæt̬-] *adj* befriedigend; UNIV, SCH ≈ befriedigend; MED zufrieden stellend; **~ condition** zufrieden stellender Zustand; **highly ~** *(approv)* äußerst zufrieden stellend

sat·is·fied ['sætɪsfaɪd, AM 'sæt̬-] *adj* zufrieden; ■**to be ~ with sth/sb** mit etw/jdm zufrieden sein; **a ~ customer** ein zufriedener Kunde/eine zufriedene Kundin

sat·is·fy <-ie-> ['sætɪsfaɪ, AM 'sæt̬-] **I.** *vt* ❶ *(meet needs)* ■**to ~ sb** jdn zufrieden stellen; **to ~ sb's curiosity** jds Neugier befriedigen [*o* stillen]; **to ~ a need/passion/an urge** ein Bedürfnis/eine Leidenschaft/ein Verlangen befriedigen ❷ *(fulfil)* **to ~ a demand** ECON eine Nachfrage befriedigen; **to ~ requirements** Anforderungen genügen ❸ *(comply with)* **to ~ a condition/criteria/a demand/ requirements** eine Bedingung/Kriterien/eine Forderung/Anforderungen erfüllen ❹ *(convince)* ■**to ~ sb that ...** jdn überzeugen, dass ...; **she satisfied the court that she was innocent** sie überzeugte das Gericht von ihrer Unschuld; ■**to be satisfied as to** [*or* **of**] **sth** von etw *dat* überzeugt sein ❺ *(pay off)* **to ~ one's creditors** seine Gläubiger/Gläubigerinnen befriedigen; **to ~ a debt** eine Schuld begleichen; **to ~ a loan** einen Kredit tilgen ▶ PHRASES: **to ~ the examiners** BRIT SCH, UNIV *(form)* eine Prüfung bestehen **II.** *vi (form)* befriedigen, befriedigend sein

sat·is·fy·ing ['sætɪsfaɪɪŋ, AM 'sæt̬-] *adj* zufriedenstellend, befriedigend

sat·phone ['sætfəʊn, AM -foʊn] *n short for* **satellite phone** Satellitentelefon *nt*

sat·su·ma [ˌsæt'suːmə, AM 'sætsəmɑː] *n* BRIT, AM Satsuma *f*

sat·su·ma 'plum *n* AUS Satsumapflaume *f*

satu·rate ['sætʃəreɪt, AM - əreɪt] *vt* ❶ *(make wet)* ■**to be ~d [with sth]** [von etw *dat*] durchnässt sein; *soil* [von etw *dat*] aufgeweicht sein; *with liquid* [mit etw *dat*] getränkt sein ❷ *(fig: fill to capacity)* ■**to ~ sth** etw [völlig] auslasten; CHEM etw sättigen ❸ *(fig: over-supply)* **to ~ the market** den Markt sättigen ❹ *(fig: imbue)* **to be ~d in tradition** der Tradition verhaftet sein ❺ *(fig: cover intensively)* ■**to ~ sth** *area* etw durchkämmen

satu·rat·ed ['sætʃəreɪtɪd, AM -əreɪt̬ɪd] *adj* ❶ *(soaking wet)* durchnässt; *soil* aufgeweicht ❷ CHEM gesättigt

satu·rat·ed 'fat *n* CHEM gesättigtes Fett **satu·rat·ed so·'lu·tion** *n* CHEM gesättigte Lösung

satu·ra·tion [ˌsætʃər'eɪʃən, AM -ə'-] *n no pl* CHEM, ECON Sättigung *f*

satu·ra·tion 'bomb·ing *n* MIL Flächenbombardement *nt* **satu·'ra·tion point** *n* Sättigungspunkt *m;* **to reach ~** [*or* AM **the ~**] den Sättigungsgrad erreichen

Sat·ur·day ['sætədeɪ, AM -t̬ɚ-] *n* Samstag *m,* Sonnabend *m* NORDD; *see also* **Tuesday**

Sat·ur·day night 'spe·cial *n* AM *(fam)* kleine Handfeuerwaffe

'Sat·ur·day staff *n no pl* BRIT Samstagsschicht *f*

Sat·urn ['sætən, AM -t̬ɚn] *n no pl* ASTRON Saturn *m*

Sat·ur·na·lia <*pl* - *or* -s> [ˌsætə'neɪliə, AM -t̬ɚ'-] *n* ❶ *(Roman festival)* Saturnalien *pl* ❷ *(liter: wild party)* Saturnalien *pl selten geh,* ausgelassenes Fest

sat·ur·nine ['sætənaɪn, AM -t̬ɚ-] *adj (liter: of features)* finster, düster; **~ look** düstere Miene; *(of manner)* schwermütig, melancholisch

sa·tyr ['sætəʳ, AM 'seɪt̬ɚ] *n* ❶ *(mythical figure)* Satyr *m* ❷ *(liter: man)* Satyr *m,* lüsterner Mann

sauce [sɔːs, AM *esp* sɑːs] **I.** *n* ❶ *(liquid)* Soße *f;* **mushroom/ tomato ~** Pilz-/Tomatensoße *f* ❷ *(of fruit)* **apple ~** Apfelmus *nt,* Apfelkompott *nt* ❸ AM *(pej sl: alcohol)* Alkohol *m;* **to be on the ~** [zu viel] saufen *derb;* **to hit the ~** sich *dat* die Hucke voll saufen *sl* ❹ *(fam: impertinence)* Unverschämtheit *f,* Frechheit *f* ▶ PHRASES: **what's ~ for the goose is ~ for the gander** *(prov)* was dem einen recht ist, ist dem anderen billig *prov* **II.** *vt* ❶ *(dated fam: be cheeky)* ■**to ~ sb** zu jdm frech sein ❷ *(fam: add interest)* ■**to ~ sth up** etw würzen *fig* ❸ *usu passive (with sauce)* ■**to ~ sth** etw mit Soße anrichten [*o* servieren]; ■**to be ~d** mit Soße zubereitet/serviert werden

'sauce·boat *n* Sauciere *f*

sauced [sɔːst, AM *esp* sɑːst] *adj* AM *(fam)* besoffen *sl*

'sauce·pan *n* Kochtopf *m*

sauc·er ['sɔːsəʳ, AM 'sɑːsɚ, -'sɔː] *n* Untertasse *f;* **to have eyes like ~s** große Augen haben

sau·ci·er ['səʊːsieɪ, AM 'sɑːs-] *n* Saucier *m,* Soßenkoch, -köchin *m, f*

sauci·ly ['sɔːsɪli, AM *esp* 'sɑːs-] *adv (dated)* frech

sauci·ness ['sɔːsɪnəs, AM *esp* 'sɑːs-] *n no pl (dated)* ❶ *(impertinence)* Frechheit *f* ❷ BRIT *(smuttiness)* Freizügigkeit *f*

saucy ['sɔːsi, AM *esp* 'sɑːsi] *adj* ❶ *(impertinent)* frech ❷ BRIT *(pej: smutty)* freizügig; **~ underwear** Reizwäsche *f* ❸ *esp* AM *(approv fam: lively)* lebhaft

Saudi ['saʊdi] **I.** *n (male)* Saudi *m; (female)* Saudi-Araberin *f* **II.** *adj inv* saudisch

Saudi A'ra·bia *n no pl* Saudi-Arabien *nt*

Saudi A'ra·bian I. *n* Saudi-Araber(in) *m(f)* **II.** *adj inv* saudisch, saudi-arabisch

sauer·kraut ['saʊəkraʊt, AM 'saʊɚ-] *n no pl* Sauerkraut *nt*

sau·na ['sɔːnə, 'saʊnə, AM 'saʊnə, 'sɔːnə] *n* ❶ *(facility)* Sauna *f* ❷ *(activity)* Saunagang *m;* **to have a ~** in die Sauna gehen, saunieren

saun·ter ['sɔːntəʳ, AM 'sɑːnt̬ɚ] **I.** *vi* ■**to ~ somewhere** *(stroll)* irgendwo bummeln *fam; (amble)* irgendwo[hin] schlendern;

S

they ~ed down to the beach sie schlenderten zum Strand hinunter; **to ~ along** herumschlendern **II.** *n usu sing* Bummel *m*

sau·sage ['sɒsɪdʒ, AM 'sɑːs-] *n* ❶ *no pl* FOOD Wurst *f;* (*small*) Würstchen *nt* ❷ BRIT (*fam: addressing child*) Dummerchen *nt fam* ▶ PHRASES: **not a ~** BRIT (*hum dated fam*) rein gar nichts *fam*

'sau·sage dog *n* BRIT (*fam*) Dackel *m* **'sau·sage ma·chine** *n* ❶ (*for manufacture*) Wurstmaschine *f* ❷ BRIT (*pej fam: sth uniform*) Fabrik *f fig* **'sau·sage meat** *n no pl* Wurstfüllung *f,* Wurstteig *m* **sau·sage 'roll** *n* BRIT, AUS ≈ Bratwurst *f* im Schlafrock

sau·té ['səʊteɪ, AM sɔː'teɪ] **I.** *vt* <sautéed *or* sautéd> ■**to ~ sth** etw [kurz] [an]braten [*o fachspr* sautieren] **II.** *n* (*in ballet*) Sauté *nt* **III.** *adj attr, inv* [kurz] [an]gebraten, sautiert *fachspr;* **~ potatoes** Bratkartoffeln *fpl*

sauve qui peut [ˌsəʊviː'pɜː, AM ˌsoʊv-] *n* (*liter*) [allgemeine] Panik

sav·age ['sævɪdʒ] **I.** *adj* ❶ (*primitive*) wild; **~ animal** wildes Tier ❷ (*fierce*) brutal; **a ~ attack/blow** ein scharfer Angriff/Schlag; **~ fighting** heftige Kämpfe ❸ (*fam: mood*) **in a ~ mood** übel gelaunt ▶ PHRASES: **to soothe the ~ breast** das aufgebrachte Gemüt beruhigen **II.** *n* ❶ (*pej: barbarian*) Barbar(in) *m(f) pej* ❷ (*usu pej: primitive person*) Wilde(r) *f(m) pej;* **the noble ~** der/die edle Wilde **III.** *vt* ■**to ~ sb** jdn anfallen; (*fig*) jdn attackieren

sav·age·ly ['sævɪdʒli] *adv* brutal; **'what do you want?' he demanded ~** „was wollen Sie?" fragte er brüsk

sav·age·ness ['sævɪdʒnəs] *n no pl* Brutalität *f*

sav·age·ry ['sævɪdʒᵊri] *n no pl* Brutalität *f*

sa·van·na(h) [sə'vænə] *n* Savanne *f*

save [seɪv] **I.** *vt* ❶ (*rescue*) ■**to ~ sth/sb [from sth]** etw/jdn [vor etw *dat*] retten; **to ~ the day** [*or* **situation**] die Situation retten; **to ~ sb's life** jds Leben retten; (*iron, hum*) **thanks for helping me with that report – you ~d my life!** danke, dass du mir mit dem Bericht geholfen hast – du hast mir das Leben gerettet! *hum;* **to ~ one's marriage** die Ehe retten; ■**to ~ sb from himself/herself** jdn vor sich *dat* selbst schützen; **to ~ the match** SPORTS das Spiel retten; **to ~** [*or* **hide**] **one's own skin** (*usu pej*) die eigene Haut retten; **to ~ sb's soul** REL jds Seele retten ❷ (*keep for future use*) ■**to ~ sth** etw aufheben; **I ~ all my old letters in case I want to read them again** ich hebe all meine alten Briefe auf, falls ich sie wieder einmal lesen möchte; **to ~ money** Geld sparen ❸ (*collect*) ■**to ~ sth** etw sammeln; **to ~ coins/stamps** Münzen/Briefmarken sammeln ❹ (*avoid wasting*) **to ~ one's breath** sich *dat* seine Worte sparen; **I don't know why I bother speaking to him – I might as well ~ my breath** ich weiß nicht, wieso ich überhaupt mit ihm rede – ich kann mir meine Worte genauso gut sparen; **to ~ one's energy/strength** seine Energie sparen/mit seinen Kräften haushalten; **to ~ time** Zeit sparen; **he's saving himself for the big match** er schont sich für das große Spiel; **she's saving herself for the right man** sie spart sich für den richtigen Mann auf ❺ (*reserve*) ■**to ~ sb sth** [*or* **to ~ sth for sb**] jdm etw aufheben; **I'll be home late – can you ~ me some dinner?** ich werde spät heimkommen – kannst du mir was vom Abendessen aufheben?; **~ a dance for me** reserviere mir einen Tanz; **~ me a place at your table, will you?** halte mir doch bitte einen Platz an deinem Tisch frei, ja?; **~ my seat – I'll be back in five minutes** halte meinen Platz frei – ich bin in fünf Minuten wieder da ❻ (*spare from doing*) ■**to ~ sb [doing] sth** jdm etw ersparen; **thanks for your help – it ~d me a lot of work** danke für deine Hilfe – das hat mir viel Arbeit erspart; **her advice ~d us a great deal of trouble** ihr Rat hat uns eine Menge Ärger erspart ❼ COMPUT **to ~ data** Daten sichern; **it isn't enough to ~ one's files on the hard disk – one should also copy them onto floppy disks** es reicht nicht, seine Dateien auf der Festplatte zu speichern – man sollte sie noch zusätzlich auf Diskette sichern ❽ SPORTS **to ~ a goal** ein Tor verhindern; **to ~ a penalty kick** einen Strafstoß abwehren ▶ PHRASES: **to ~ sb's bacon** [*or* **neck**] jds Hals retten; **to ~ face** das Gesicht wahren; **not to be able to do sth to ~ one's life** etw beim besten Willen nicht tun können; **Samantha is tone deaf – she can't carry a tune to ~ her life** Samantha hat kein Gehör für Tonhöhen – sie kann beim besten Willen keine Melodie halten; **a stitch in time ~s nine** (*prov*) was du heute kannst besorgen, das verschiebe nicht auf morgen *prov* **II.** *vi* ❶ (*keep* [*money*] *for the future*) sparen; **I ~ with the Cooperative Bank** ich habe ein Sparkonto bei der Cooperative Bank; **to ~ for a new car/holiday/house** für ein neues Auto/einen Urlaub/ein Haus sparen ❷ (*conserve sth*) ■**to ~ on sth** bei etw *dat* sparen; **it was a warm winter, so we ~d on electricity** es war ein warmer Winter, da haben wir Strom gespart **III.** *n* (*in football*) Abwehr *f;* **the goalkeeper made a great ~ in the last minute of the match** der Torhüter bot eine großartige Parade in der letzten Spielminute *fachspr* **IV.** *prep* (*form*) außer +*dat;* **they found all the documents ~ one** sie fanden alle Dokumente bis auf ein[e]s; ■**~ for ...** außer *dat* ...; **the house was in good shape ~ for the roof** das Haus war bis auf das Dach in gutem Zustand

◆**save up I.** *vt* **to ~ up money** Geld sparen; **she's ~d up enough loyalty coupons to get a set of wine glasses** sie hat genügend Rabattmarken gesammelt, um ein Weingläserset zu bekommen **II.** *vi* sparen; ■**to ~ up [for** [*or* **to do**] **sth]** [auf [*o* für] etw *akk*] sparen; **she's saving up to go on a world cruise** sie spart für eine Weltreise

save as you 'earn *n* BRIT *Sparprogramm, das steuerliche Vorteile bringt*

sav·eloy ['sævəlɔɪ] *n* BRIT Zervelatwurst *f*

sav·er ['seɪvəʳ, AM -ɚ] *n* ❶ (*person saving money*) Sparer(in) *m(f);* (*investor*) Anleger(in) *m(f)* ❷ (*train fare*) Sparticket *nt*

-sav·er ['seɪvəʳ, AM -ɚ] *in compounds* -sparer; **energy~** Energiespargerät *nt;* **face~** Ausrede *f* (*um das Gesicht zu wahren*)*;* **sth is a money-/space-/time~** etw spart Geld/Platz/Zeit

sav·ing ['seɪvɪŋ] **I.** *n* ❶ *usu pl* (*money*) Erspartes *nt kein pl;* ■**~s** *pl* Ersparnisse *fpl* ❷ *no pl* (*result of economizing*) Ersparnis *f;* (*act*) Einsparung *f;* **the ~ in time was minimal** die Zeitersparnis war [nur] minimal ❸ *no pl* (*rescue, preservation*) Rettung *f;* ■**to be the ~ of sb** jds Rettung sein ❹ LAW Ausnahme *f* **II.** *adj* rettend; **the film's one ~ grace is the photography** das einzig Versöhnende an dem Film sind seine Bilder **III.** *prep see* **save IV.**

-sav·ing ['seɪvɪŋ] *in compounds* -sparend; **face~ gesture** Geste, durch die man sein Gesicht wahrt; **energy~ light bulb** Energie sparende Glühbirne

sav·ings ac·count *n* Sparkonto *nt* **sav·ings and 'loan as·so·cia·tion** *n* AM Bausparkasse *f* **'sav·ings bank** *n Sparkasse, die nicht auf Profitbasis arbeitet und auch für kleine Einlagen Zinsen bietet* **'sav·ings bond** *n* ❶ AM (*earning interest*) Sparbrief *m* ❷ BRIT (*premium bond*) Prämienaktie *f* **'sav·ings book** *n* Sparbuch *nt* **'sav·ings cer·tifi·cate** *n* BRIT Staatspapier *nt* **'sav·ings de·pos·it** *n* Einzahlung *f*

sav·ior ['seɪvjɚ] AM, **sav·iour** [-jəʳ] *n* Retter(in) *m(f);* ■**the S~** REL der Erlöser

savoir-faire [ˌsævwɑː'feəʳ, AM -wɑːrfer] *n no pl* Gewandtheit *f*

sa·vor *n* AM *see* **savour**

sa·vori·ness *n* AM *see* **savouriness**

sa·vory¹ ['seɪvᵊri] *n* (*herb*) Bohnenkraut *nt*

sa·vory² *n* AM *see* **savoury**

sa·vour ['seɪvəʳ, AM -ɚ] **I.** *n* ❶ (*taste*) Geschmack *m* ❷ (*quality*) Reiz *m* **II.** *vt* ■**to ~ sth** etw auskosten [*o* genießen] **III.** *vi* (*form*) ■**to ~ of sth** den Anschein von etw *dat* haben, nach etw *dat* schmecken *fig fam*

sa·vouri·ness ['seɪvᵊrɪnəs] *n no pl* ❶ (*appetizing quality*) Schmackhaftigkeit *f* ❷ (*social acceptability*) **there have always been whispers about the ~ of his reputation** es hat schon immer Gerüchte um seinen Ruf gegeben

sa·voury ['seɪvəri] **I.** *adj* ❶ *(not sweet)* pikant; *(salty)* salzig ❷ *(appetizing)* appetitanregend; ~ **smell/taste** appetitanregender Geruch/Geschmack ❸ *(socially acceptable)* **to have a ~ reputation** angesehenen sein, einen guten Ruf haben **II.** *n* BRIT [pikantes] Häppchen

sa·voy [sə'vɔɪ] *n,* **sa·voy cab·bage** *n no pl* Wirsing *m,* Savoyerkohl *m*

sav·vy ['sævi] **I.** *adj (fam: shrewd)* ausgebufft *sl* **II.** *n no pl (fam)* Köpfchen *nt fam; (practical knowledge)* Können *nt;* **she's got a lot of ~** sie hat eine Menge Ahnung *fam* **III.** *vi (dated fam)* verstehen, kapieren *fam*

saw[1] [sɔː, AM *esp* sɑː] *pt of* **see**

saw[2] [sɔː, AM *esp* sɑː] *n (dated)* Sprichwort *nt,* Spruch *m*

saw[3] [sɔː, AM *esp* sɑː] **I.** *n* Säge *f;* **chain ~** Kettensäge *f;* **power ~** Motorsäge *f;* **circular ~** Kreissäge *f* **II.** *vt* <-ed, sawn *or esp* AM -ed> ■**to ~ sth** etw [zer]sägen; **to ~ a tree down** einen Baum umsägen [*o* fällen] ▸PHRASES: **to ~ the air** *(pej)* in der Luft herumfuchteln *fam;* **to ~ wood** *(sl)* schnarchen, sägen *fig fam* **III.** *vi* ❶ *(operate a saw)* sägen ❷ *(pej: play stringed instrument)* ■**to ~ at sth** auf etw *dat* [herum]sägen *fam*

◆**saw off** *vt* ■**to ~ off** ◌ **sth** etw absägen

◆**saw up** *vt* ■**to ~ up** ◌ **sth** etw zersägen

'saw·dust *n no pl* Sägemehl *nt* **saw-'edged** *adj* gezähnt **'sawed-off** *adj* AM *see* **sawn-off 'saw·fish** *n* Sägefisch *m* **'saw·frame** *n* Sägegatter *nt* **'saw·horse** *n* Sägebock *m* **'saw·mill** *n* Sägemühle *f*

sawn ['sɔːn, AM *esp* 'sɑːn] *pp of* **saw**

'sawn-off *adj attr, inv* ❶ *(with shortened barrel)* ~ **shotgun** abgesägte Schrotflinte ❷ *(dated sl: short person)* ~ **person** abgesägter Riese *sl* ❸ *(fam: of clothes)* abgeschnitten

'saw·toothed *adj* gezähnt

saw·yer ['sɔːjər, AM 'sɑːjɚ] *n* Säger *m; (in sawmill)* Sägewerker *m*

sax <*pl* -es> [sæks] *n short for* **saxophone** Saxophon *nt*

saxi·frage ['sæksɪfrɪdʒ, AM -sə-] *n* Steinbrech *m*

Sax·on ['sæksən] **I.** *n* ❶ *(person)* Sachse, Sächsin *m, f* ❷ *(hist: member of Germanic people)* [Angel]sachse, -sächsin *m, f* ❸ *no pl (language)* Sächsisch *nt* **II.** *adj* ❶ *(of Saxony)* sächsisch ❷ *(hist: in England)* [angel]sächsisch

Saxo·ny ['sæksəni] *n no pl* Sachsen *nt*

saxo·phone ['sæksəfəʊn, AM -foʊn] *n* Saxophon *nt*

sax·opho·nist ['sæksəfəʊnɪst, AM -foʊn-] *n* Saxophonist(in) *m(f)*

'sax play·er *n (fam)* Saxophonspieler(in) *m(f)*

say [seɪ] **I.** *vt* <said, said> ❶ *(utter)* ■**to ~ sth** etw sagen; **how do you ~ your name in Japanese?** wie spricht man deinen Namen auf Japanisch aus?; **I'm sorry, what did you ~?** Entschuldigung, was hast du gesagt?; **to ~ sth to sb's face** jdm etw ins Gesicht sagen; **when all is said and done** letzten Endes; **when all is said and done, you can only do your best** letzten Endes kann man sich nur bemühen, sein Bestes zu geben ❷ *(state)* ■**to ~ sth** etw sagen; **what did they ~ about the house?** was haben sie über das Haus gesagt?; **what did you ~ to him?** was hast du ihm gesagt?; **'the department manager is at lunch,' he said apologetically** „der Abteilungsleiter ist beim Mittagessen", meinte er bedauernd; **another cup of tea? – I wouldn't ~ no** *(fam)* noch eine Tasse Tee? – da würde ich nicht Nein sagen; **to ~ goodbye to sb** jdm auf Wiedersehen sagen, sich *akk* von jdm verabschieden; **if Europe fails to agree on this, we can ~ goodbye to any common foreign policy** *(fam)* wenn Europa sich hierauf nicht einigen kann, können wir jegliche gemeinsame Außenpolitik vergessen; **to ~ the least** um es [einmal] milde auszudrücken; **he's rather unreliable to ~ the least** er ist ziemlich unzuverlässig, und das ist noch schmeichelhaft ausgedrückt; **you can ~ that again!** *(fam)* das kannst du laut sagen *fam;* **to have anything/nothing/something to ~ [to sb]** [jdm] irgendetwas/nichts/etwas zu sagen haben; **I've got something to ~ to you** ich muss Ihnen etwas sagen; **to ~ yes/no to sth** etw annehmen/ablehnen; **having said that, ...** abgesehen davon ... ❸ *(put into words)* ■**to ~ sth** etw sagen; **what are you ~ing, exactly?** was willst du eigentlich sagen?; **that was well said** das war gut gesagt; *(sl)* **~ what?** echt? *fam;* **he talked for nearly an hour, but actually he said very little** er redete beinahe eine Stunde lang, aber eigentlich sagte er sehr wenig; **needless to ~ [that] he disagreed with all the suggestions, as usual** natürlich war er, wie immer, mit keinem der Vorschläge einverstanden; **to have a lot/nothing to ~ for oneself** viel/nicht viel reden; **what have you got to ~ for yourself?** was hast du zu deiner Rechtfertigung zu sagen?; **~ no more!** alles klar!; **to ~ nothing of sth** ganz zu schweigen von etw *dat;* **it would be an enormous amount of work, to ~ nothing of the cost** es wäre ein enormer Arbeitsaufwand, ganz abgesehen von den Kosten ❹ *(think)* **it is said [that] he's over 100** er soll über 100 Jahre alt sein; **she is a firm leader, too firm, some might ~** sie ist eine strenge Führungskraft, zu streng, wie manche vielleicht sagen würden; **~ what you like, I still can't believe it** du kannst sagen, was du willst, aber ich kann es noch immer nicht glauben; ■**to ~ sth to oneself** sich *dat* etw sagen; **she said to herself, "what a fool I am!"** „was bin ich doch für eine Idiotin", sagte sie zu sich selbst ❺ *(recite aloud)* ■**to ~ sth** etw aufsagen; **to ~ a prayer** ein Gebet sprechen ❻ *(give information)* ■**to ~ sth** etw sagen; **the sign ~s ...** auf dem Schild steht ...; **can you read what that notice ~s?** kannst du lesen, was auf der Mitteilung steht?; **it ~s on the bottle to take three tablets a day** auf der Flasche heißt es, man soll drei Tabletten täglich einnehmen; **my watch ~s 3 o'clock** auf meiner Uhr ist es 3 [Uhr] ❼ *(indicate)* **to ~ something/a lot about sb/sth** etwas/eine Menge über jdn/etw aussagen; **the way he drives ~s a lot about his character** sein Fahrstil sagt eine Menge über seinen Charakter aus; **to ~ something for sb/sth** für jdn/etw sprechen; **it ~s a lot for her determination that she practises her cello so often** dass sie so oft Cello übt, zeigt ihre Entschlossenheit; **there's little/a lot to be said for sth** es spricht wenig/viel für etw *akk;* **there's a lot to be said for living alone** es spricht viel dafür, alleine zu leben ❽ *(convey inner/artistic meaning)* ■**to ~ sth** etw ausdrücken; **the look on his face said he knew what had happened** der Ausdruck auf seinem Gesicht machte deutlich, dass er wusste, was geschehen war; **the expression on her face when she saw them said it all** ihr Gesichtsausdruck, als sie sie sah, sagte alles ❾ *(fam: suggest)* ■**to ~ sth** etw vorschlagen; **I ~ we start looking for a hotel now** ich schlage vor, wir suchen uns jetzt ein Hotel; **what do you ~ we sell the car?** was hältst du davon, wenn wir das Auto verkaufen? ❿ *(tell, command)* ■**to ~ when/where etc.** sagen, wann/wo usw.; **he said to meet him here** er sagte, dass wir ihn hier treffen sollen; **she said to call her back when you get home** sie sagte, du sollst sie zurückrufen, wenn du wieder zu Hause bist; **to ~ when** sagen, wenn es genug ist [*o* reicht] ⓫ *(for instance)* **[let's] ~ ...** sagen wir [mal] ...; *(assuming)* nehmen wir an, angenommen; **try and finish the work by, let's ~, Friday** versuchen Sie die Arbeit bis, sagen wir mal, Freitag fertig zu machen; **[let's] ~ [that] the journey takes three hours, that means you'll arrive at 2 o'clock** angenommen die Reise dauert drei Stunden, das heißt, du kommst um 2 Uhr an ▸PHRASES: **to ~ amen to sth** Amen zu etw *dat* sagen; **I'll ~ amen to that** ich bin dafür; **to ~ cheese** ‚cheese' sagen; **to be unable to ~ boo to a goose** ein Hasenfuß sein *iron, pej fam;* **he's so shy he couldn't ~ boo to a goose** er ist so schüchtern, er könnte keiner Fliege etwas zuleide tun; **before sb could ~ Jack Robinson** bevor jd bis drei zählen konnte; **to ~ uncle** AM *(esp childspeak)* sich *akk* geschlagen geben, aufgeben; **to ~ the word** Bescheid geben; **just ~ the**

S

word, and I'll come and help sag nur ein Wort und ich komme zu Hilfe; **you don't ~ [so]!** was du nicht sagst!; **you said it!** (*fam*) du sagst es! **II.** *vi* <said, said> ❶ (*state*) sagen; **where was he going? – he didn't ~** wo wollte er hin? – das hat er nicht gesagt; **is it possible? – who can ~?** ist das möglich? – wer kann das schon sagen?; **I appreciate the gesture more than I can ~** ich kann gar nicht sagen, wie ich die Geste schätze; **I can't ~ for certain, but ...** ich kann es nicht mit Sicherheit behaupten, aber ...; **hard to ~** schwer zu sagen; **I can't ~** das kann ich nicht sagen [*o* weiß ich nicht]; **it's not for sb to ~** es ist nicht an jdm, etw zu sagen; **I think we should delay the introduction, but of course it's not for me to ~** ich denke, wir sollten die Einführung hinausschieben, aber es steht mir natürlich nicht zu, das zu entscheiden; **not to ~ ...** um nicht zu sagen ... ❷ (*believe*) sagen; **is Spanish a difficult language to learn? – they ~ not** ist Spanisch schwer zu lernen? – angeblich nicht ❸ (*to be explicit*) **... that is to ~ ...** ... das heißt ...; **our friends, that is to ~ our son's friends, will meet us at the airport** unsere Freunde, genauer gesagt, die Freunde unseres Sohnes, werden uns am Flughafen treffen; **that is not to ~** das soll nicht heißen; **he's so gullible, but that is not to ~ that he is stupid** er ist so leichtgläubig, aber das soll nicht heißen, dass er dumm ist ▶ PHRASES: **how ~ you?** LAW wie lautet Ihr Urteil? **III.** *n no pl* Meinung *f*; **to have one's ~** seine Meinung sagen; **can't you keep quiet for a minute and let me have my ~?** könnt ihr mal eine Minute ruhig sein, damit ich auch mal zu Wort kommen kann? *fam*; **to have a/no ~ in sth** bei etw *dat* ein/kein Mitspracherecht haben **IV.** *adj attr, inv* (*form*) ■**the said ...** der/die/das erwähnte [*o* genannte] ... **V.** *interj* ❶ AM (*fam: to attract attention*) sag mal ... *fam*; **~, how about going out tonight?** sag mal, was hältst du davon, wenn wir heute Abend ausgehen? *fam*; **I ~!** BRIT (*dated*) Donnerwetter! *fam*; **I ~, what a splendid hat you're wearing!** Donnerwetter, das ist ja ein toller Hut, den du da trägst! *fam* ❷ (*to show surprise, doubt etc*) **I [mean to [*or* must]] ~!** [also,] ich muss [schon] sagen!; (*fam: for emphasis*) **I'll ~!** und wie!, das kann man wohl sagen! *fam*; (*sl: to express doubt*) **~s you!** das glaubst aber auch nur du! *fam*; **~s who?** wer sagt das? ❸ AM (*expresses positive reaction*) sag mal *fam*; **~, that's really a great idea!** Mensch, das ist ja echt eine tolle Idee! *fam*

say·ing ['seɪɪŋ] *n* ❶ *no pl* (*act*) Sprechen *nt*; **there's no ~ what she may be up to** es lässt sich nicht sagen, was sie wohl als Nächstes tun wird; **it goes without ~** es versteht sich von selbst ❷ (*adage*) Sprichwort *nt*; **as the ~ goes** wie es so schön heißt *oft iron* ❸ (*collected wisdom*) ■**the ~s of sb** die Aussprüche einer Person *gen*

'say-so *n no pl* (*fam*) ❶ (*approval*) Genehmigung *f*, Erlaubnis *f*; **to have sb's ~** jds Genehmigung [*o* Einverständnis] haben ❷ (*assertion*) Behauptung *f*; **don't just believe it on my ~** glaub es doch nicht einfach nur, weil ich es sage

S-bend ['es,bend] *n* S-Kurve *f*; MECH S-Biegung *f*

scab [skæb] **I.** *n* ❶ (*of wound*) Kruste *f*, Schorf *m*, Grind *m* DIAL ❷ (*pej fam: strikebreaker*) Streikbrecher(in) *m(f)* ❸ (*pej fam: disliked person*) Halunke *m pej* ❹ *no pl* (*plant disease*) Schorf *m*; (*animal disease*) Räude *f* **II.** *vi* (*fam*) ❶ (*act as blackleg*) als Streikbrecher/Streikbrecherin arbeiten ❷ BRIT (*cadge*) schnorren *sl*

scab·bard ['skæbəd, AM -ɚd] *n* [Schwert]scheide *f*

scabbed [skæbd] *adj* schorfig

scab·by ['skæbi] *adj* ❶ (*having scabs*) schorfig ❷ (*having the scab disease*) räudig ❸ (*pej fam: reprehensible*) schäbig

sca·bies ['skeɪbi:z] *n no pl* Krätze *f*

sca·brous ['skeɪbrəs, AM *esp* 'skæb-] *adj* ❶ (*covered with scabs*) schorfig ❷ (*pej liter: salacious*) unanständig ❸ (*pej: unpleasant*) schäbig

scads [skædz] *npl* AM, AUS (*fam*) ■**~ of ...** eine Menge [*o fam* ein Haufen] ...; **~ of money** ein Haufen Geld; **~ of people** jede Menge Leute

scaf·fold ['skæfəʊld, AM -fᵊld] **I.** *n* ❶ (*hist: for executions*) Schafott *nt*; **to die on the ~** auf dem Schafott sterben ❷ (*rare: scaffolding*) Gerüst *nt* **II.** *vt* **to ~ a building** ein Gebäude mit einem Gerüst versehen

scaf·fold·ing ['skæfᵊldɪŋ] *n no pl* [Bau]gerüst *nt*; **to put up ~** ein Gerüst aufschlagen [*o* aufstellen]

scal·able ['skeɪləbl] *adj* ❶ (*mountain*) ersteigbar ❷ (*size*) größenvariabel

scala·wag ['skæləwæg] *n* AM (*scallywag*) Schlingel *m hum*

scald [skɔ:ld, AM *esp* skɑ:ld] **I.** *vt* ❶ (*burn*) ■**to ~ sb/oneself** jdn/sich *akk* verbrühen ❷ (*clean*) ■**to ~ sth** etw auskochen; **~ the needles to sterilize them** koche die Nadeln ab, um sie zu sterilisieren ❸ (*heat*) ■**to ~ sth** etw erhitzen; **to ~ the fruit** das Obst dünsten; **to ~ milk** Milch abkochen ▶ PHRASES: **like a ~ed cat** wie ein geölter Blitz *fam* **II.** *n* ❶ MED Verbrühung *f* ❷ HORT Brand *m kein pl*

scald·ing ['skɔ:ldɪŋ, AM *esp* 'skɑ:ld-] *adj* ❶ *liquid* kochend, siedend; **~ hot** kochend [*o* siedend] heiß ❷ (*fig: extreme*) **~ criticism** scharfe [*o* heftige] Kritik

scale¹ [skeɪl] **I.** *n* ❶ (*on skin*) Schuppe *f* ❷ *no pl* (*mineral coating*) Ablagerung *f* ❸ (*spec: dental plaque*) Zahnstein *m kein pl* ▶ PHRASES: **the ~s fall from sb's eyes** (*liter*) es fällt jdm wie Schuppen von den Augen **II.** *vt* ❶ (*remove scales*) **to ~ a fish** einen Fisch abschuppen ❷ (*remove tartar*) **to ~ teeth** Zahnstein entfernen **III.** *vi skin* sich *akk* schuppen; *paint* abblättern

scale² [skeɪl] *n* ❶ *usu pl* (*weighing device*) Waage *f*; **bathroom/kitchen/letter ~** Personen-/Küchen-/Briefwaage *f*; **a pair of ~s** (*form*) eine [Balken]waage; **to tip [*or* turn] the ~s [at sth]** [etw] auf die Waage bringen; **he tipped the ~s at 210 pounds** er wog 210 Pfund; **to tip the ~s** (*fig*) den [entscheidenden] Ausschlag geben ❷ ASTROL ■**the ~s** *pl* Waage *f kein pl* ▶ PHRASES: **to throw sth into the ~** etw in die Waagschale werfen

scale³ [skeɪl] **I.** *n* ❶ (*system of gradation*) Skala *f*; (*of map*) Maßstab *m*; **how would you rate his work on a ~ of 1 to 5?** wie würden Sie seine Arbeit auf einer Skala von 1 bis 5 beurteilen?; **what ~ is this map?** welchen Maßstab hat diese Karte?; **~ of values** Wert[e]skala *f*; **a sliding ~** ECON eine Gleitskala; **remuneration is on a sliding ~** die Bezahlung ist gestaffelt ❷ *no pl* ■**to be in [*or* to] ~** *building, drawing* maßstab[s]getreu [*o* maßstab[s]gerecht] sein; **to build/draw sth to ~** etw maßstab[s]getreu [*o* maßstab[s]gerecht] bauen/zeichnen ❸ (*relative degree/extent*) Umfang *m*; **on a national ~** auf nationaler Ebene; **on a large/small ~** im großen/kleinen Rahmen ❹ *no pl* (*size*) Ausmaß *nt*; **advantages of ~** ECON bedeutende Vorteile ❺ MUS Tonleiter *f*; **to play/practise ~s** Tonleitern spielen/üben **II.** *vt* ■**to ~ sth** ❶ (*climb*) etw erklimmen *geh*; **to ~ a fence** auf einen Zaun klettern; **to ~ a mountain** einen Berg besteigen; (*fig*) **she has already ~d the heights of her profession** sie hat bereits den Höhepunkt ihrer Karriere erreicht ❷ TECH, ARCHIT etw maßstab[s]getreu zeichnen; (*make*) etw maßstab[s]getreu anfertigen

◆**scale back** *vt* ■**to ~ back ○ sth** etw reduzieren [*o* einschränken]

◆**scale down I.** *vt* ■**to ~ down ○ sth** etw reduzieren; ECON etw einschränken [*o* drosseln]; **my company is scaling down its operations in the Middle East** meine Firma schränkt ihre Tätigkeiten im mittleren Osten ein; (*make smaller in proportion*) etw [vom Maßstab her] verkleinern **II.** *vi* verkleinern; **the company may be scaling down** die Firma könnte ihr Volumen verringern

◆**scale up I.** *vt* ■**to ~ up ○ sth** etw erweitern; *transportation system etc* etw ausbauen **II.** *vi* expandieren

scale 'draw·ing *n* maßstab[s]getreue Zeichnung **scale 'mod·el** *n* maßstab[s]getreues Modell

scali·ness ['skeɪlɪnəs] *n no pl* ❶ ZOOL Schuppenbildung *f* ❷ MED

Schuppigkeit *f* ❸ MECH Verkalkung *f*

scal·ing lad·der ['skeɪlɪŋ,-, AM -ɚ] *n* (*hist*) Sturmleiter *f*

scal·lion ['skæliən, AM -jən] *n* (*spring onion*) Frühlingszwiebel *f;* (*shallot*) Schalotte *f*

scal·lop ['skæləp, AM *esp* 'skɑ:-] **I.** *n* ❶ (*edible shellfish*) Kammmuschel *f;* (*esp in gastronomy*) Jakobsmuschel *f* ❷ ■ ~ **[shell]** (*plate*) Muschelschale *f;* ZOOL Schalenhälfte *f* der Kammmuschel **II.** *vi* AM Muscheln sammeln

scal·loped ['skæləpt, AM *esp* 'skɑ:-] *adj inv, attr* ❶ FASHION *edge* bogenförmig ❷ (*shape of scallop shell*) muschelförmig

scal·loped po·'ta·toes *npl Kartoffelgericht, bei dem die Kartoffeln in dünne Scheiben geschnitten und dann in Milch und Käse überbacken werden*

scal·ly·wag ['skæliwæg] *n* (*fam*) Schlingel *m hum*

scalp [skælp] **I.** *n* ❶ (*head skin*) Kopfhaut *f* ❷ (*hist*) Skalp *m;* (*fig: victory*) [Sieges]trophäe *f;* **he's out for the doctor's** ~ (*want revenge*) er will dem Arzt an den Kragen **II.** *vt* ❶ (*hist: remove head skin*) ■**to** ~ **sb** jdn skalpieren; (*hum, iron*) jdn kahl scheren ❷ AM, AUS (*fam: resell*) ■**to** ~ **sth** etw zu einem Wucherpreis weiterverkaufen ❸ AM (*iron fam: defeat*) ■**to** ~ **sb** jdn haushoch schlagen *fam*

scal·pel ['skælpᵊl] *n* Skalpell *nt*

scalp·er ['skælpəʳ, AM -ɚ] *n* AM, AUS (*fam*) Wucherer, Wucherin *m, f;* (*ticket seller*) [Karten]schwarzhändler(in) *m(f)*

scaly ['skeɪli] *adj* ❶ ZOOL, MED schuppig; ~ **skin** schuppige Haut ❷ TECH verkalkt

scam [skæm] *n* (*fam*) Betrug *m;* **banking** ~ Bankbetrug *m*

scamp¹ [skæmp] *n* (*fam*) Schlingel *m hum*

scamp² [skæmp] *vt* (*dated*) ■**to** ~ **sth** etw schlampig erledigen

scamp·er ['skæmpəʳ, AM -ɚ] **I.** *vi* ■**to** ~ **somewhere** irgendwohin flitzen *fam;* **the children** ~**ed off into the garden** die Kinder schossen in den Garten hinaus *fam* **II.** *n no pl* Flitzen *nt fam*

scam·pi ['skæmpi] *npl* Scampi *pl*

scan [skæn] **I.** *vt* <-nn-> ❶ (*scrutinize*) ■**to** ~ **sth** etw absuchen (**for** nach +*dat*) ❷ (*glance through*) ■**to** ~ **sth** etw überfliegen ❸ COMPUT ■**to** ~ **sth** etw einlesen [*o fachspr* einscannen]; **to** ~ **a text** einen Text einlesen [*o fachspr* einscannen]; **she had to have her brain** ~**ned** sie musste sich einer Computertomographie des Schädels unterziehen ❹ (*rotate*) **to** ~ **a beam/light/spotlight over sth** über etw *akk* einen Strahl/ein Licht/ein Scheinwerferlicht gleiten lassen ❺ LIT ■**to** ~ **sth** etw bestimmen; **to** ~ **a verse** ein Versmaß festlegen **II.** *vi* <-nn-> ❶ (*glance through*) *through a booklet, article* [flüchtig] durchsehen ❷ LIT (*conform to verse*) das korrekte Versmaß haben; **this line doesn't** ~ diese Zeile hat nicht das richtige Versmaß **III.** *n* ❶ (*glancing through*) [flüchtige] Durchsicht ❷ MED Abtastung *f,* Scan *m;* **brain** ~ Computertomographie *f* des Schädels; **ultrasound** ~ Ultraschalluntersuchung *f* ❸ (*image*) Scannerergebnis *nt*

scan·dal ['skændᵊl] *n* ❶ (*cause of outrage*) Skandal *m;* **political** ~ politischer Skandal; **to cause** [*or* **create**] **a** ~ einen Skandal verursachen [*o* auslösen]; **a** ~ **breaks** ein Skandal kommt zu Tage; **to cover** [*or* **hush**] **up a** ~ einen Skandal vertuschen; **to expose** [*or* **uncover**] **a** ~ einen Skandal enthüllen [*o* aufdecken] ❷ *no pl* (*gossip*) Skandalgeschichte *f;* **to spread** ~ Skandalgeschichten verbreiten ❸ *no pl* (*outrage*) Empörung *f;* **to be cause for** ~ für Empörung sorgen ❹ (*sth shocking*) Skandal *m;* (*disgrace*) Schande *f;* **the way they treat their children is a** ~ es ist schockierend, wie sie ihre Kinder behandeln

scan·dal·ize ['skændᵊlaɪz, AM -də-] *vt* ■**to** ~ **sb** jdn schockieren; ■**to be** ~**d by sth** von etw *dat* schockiert sein; (*offended*) über etw *akk* empört sein

scan·dal·mon·ger ['skændᵊl,mʌŋgəʳ, AM -,mɑ:ŋgɚ] *n* (*pej*) Lästermaul *nt sl*

scan·dal·ous ['skændᵊləs] *adv* ❶ (*causing scandal*) skandalös ❷ (*disgraceful*) skandalös, unerhört; (*shocking*) schockierend; **it's** ~ **that ...** es ist skandalös, dass ...

scan·dal·ous·ly ['skændᵊləsli] *adv* ❶ (*in scandalous manner*) skandalös ❷ (*disgracefully*) skandalös, unerhört; (*shockingly*) schockierend

'scan·dal sheet *n* (*pej*) Boulevardblatt *nt,* Skandalblatt *nt*

Scan·di·na·via [,skændɪ'neɪviə] *n no pl* Skandinavien *nt*

Scan·di·na·vian [,skændɪ'neɪviən] **I.** *adj inv* skandinavisch **II.** *n* Skandinavier(in) *m(f)*

scan·ner ['skænəʳ, AM -ɚ] *n* COMPUT, MED Scanner *m*

scan·sion ['skænʃᵊn] *n no pl* LIT ❶ (*act of scanning*) Bestimmung *f* des Versmaßes, Skansion *f fachspr* ❷ (*rhythm*) metrische Gliederung

scant [skænt] **I.** *adj attr* ❶ (*not enough*) unzureichend, ungenügend; **he retold the story with** ~ **regard for the truth** er wiederholte die Geschichte, ohne dabei der Wahrheit große Bedeutung beizumessen; ~ **attention** mangelnde Aufmerksamkeit; **to pay** ~ **attention to sth** etw kaum beachten; ~ **evidence** unzureichende Beweise ❷ (*almost*) **a** ~ **litre/metre** ein knapper Liter/Meter **II.** *vt* ❶ (*neglect*) ■**to** ~ **sth/sb** etw/jdn vernachlässigen ❷ *esp* AM (*be grudging with*) ■**to** ~ **sth** mit etw *dat* hadern *geh*

scanti·ly ['skæntɪli, AM -t̬ɪli] *adv* spärlich; ~ **clad** (*alluringly*) freizügig gekleidet

scanty ['skænti, AM -t̬i] *adj* ❶ (*very small*) knapp; ~ **bathing suit** knapper Badeanzug ❷ (*barely sufficient*) unzureichend, ungenügend; ~ **evidence** unzulänglicher Beweis; ~ **information** unzureichende Information

scape·goat ['skeɪpgəʊt, AM -goʊt] **I.** *n* Sündenbock *m;* ■**to be a** ~ **for sb/sth** für jdn/etw der Sündenbock sein; **to make a** ~ **of sb** jdn zum Sündenbock machen; **to use sb as a** ~ jdn als Sündenbock benutzen **II.** *vt* ■**to** ~ **sb** [**for sth/for doing sth**] jdm [für etw *akk*] die Schuld geben

scapu·la <*pl* -s *or* -lae> ['skæpjələ, *pl* -li:] *n* ANAT Schulterblatt *nt*

scar [skɑ:ʳ, AM skɑ:r] **I.** *n* ❶ MED Narbe *f;* ~ **tissue** Narbengewebe *nt;* **emotional/mental/psychological** ~ (*fig*) seelische/geistige/psychische Narbe; **to bear a** ~ eine Narbe tragen; **every village bears the** ~**s of war** jeder Ort ist vom Krieg gezeichnet; **to leave a** ~ eine Narbe hinterlassen ❷ GEOL blanker [*o* nackter] Fels **II.** *vt* <-rr-> ■**to be** ~**red** [**by sth**] [von etw *dat*] gezeichnet sein; **to be** ~**red for life** fürs [ganze] Leben gezeichnet sein; **his experiences in the army left him deeply** ~**red** seine Erfahrungen bei der Armee hinterließen tiefe Wunden bei ihm **III.** *vi* vernarben; ■**to** ~ [**over**] eine Narbe bilden

scar·ab ['skærəb, AM 'sker-] *n* ❶ ZOOL Skarabäus *m,* Pillendreher *m* ❷ (*hist: Egyptian gem*) Skarabäus *m,* Skarabäengemme *f*

scarce [skeəs, AM skers] *adj* knapp; (*rare*) rar; **to make oneself** ~ (*fam*) sich *akk* rarmachen *fam;* (*disappear*) sich *akk* aus dem Staub machen *fam*

scarce·ly ['skeəsli, AM 'skers-] *adv* ❶ *inv* (*barely*) kaum; **I had** ~ **sat down when ...** ich hatte mich gerade hingesetzt, als ...; **she can** ~ **afford to pay the rent** sie kann das Geld für die Miete kaum aufbringen ❷ (*certainly not*) **he would** ~ **have said a thing like that** er hätte so etwas wohl kaum behauptet

scar·city ['skeəsəti, AM 'skersət̬i] *n no pl* Knappheit *f;* ~ **value** Seltenheitswert *m*

scare [skeəʳ, AM sker] **I.** *n* ❶ (*fright*) Schreck[en] *m;* **to get** [*or* **have**] **a** ~ einen Schreck[en] bekommen; **to give sb a** ~ jdm einen Schreck[en] einjagen ❷ (*public panic*) Hysterie *f;* **a few** ~**s about food poisoning** einige panikartige Reaktionen in Bezug auf Lebensmittelvergiftungen; **bomb** ~ Bombendrohung *f* **II.** *adj attr, inv* Panik-; ~ **story** Schauergeschichte *f;* ~ **tactic** Panikmache *f* **III.** *vt* ■**to** ~ **sb** jdm Angst machen, jdn erschrecken; **the two boys** ~**d the old man into handing over his wallet** die beiden Jungs bedrohten den alten Mann so, dass er ihnen seine Brieftasche gab; **to** ~ **sb out of doing sth** jdn so ängstigen, dass er etw nicht tut ▸ PHRASES: **to** ~ **the life** [*or* **the living daylights**] **out of sb** jdn zu Tode erschre-

S

cken; **to ~ the pants off sb** jdn unglaublich erschrecken; **to ~ sb shitless** (*vulg*) jdn höllisch erschrecken *fam;* **to ~ sb stiff** [*or* **witless**] [*or* **out of his wits**] [*or* **to death**] jdn zu Tode ängstigen **IV.** *vi* erschrecken; **to ~ easily** leicht erschrecken, schreckhaft sein

◆**scare away, scare off** *vt* ■**to scare sb ↻ away** [*or* **off**] ❶ (*frighten into leaving*) jdn verscheuchen ❷ (*discourage*) jdn abschrecken

◆**scare up** *vt* AM (*fam*) ■**to ~ up ↻ sth** etw auftreiben *fam*

scare·crow ['skeəkrəʊ, AM 'skerkroʊ] *n* Vogelscheuche *f*

scared [skeəd, AM skerd] *adj* verängstigt; ■**to be ~ of sth/sb** vor etw/jdm Angst haben; ■**to be ~ to do** [*or* **of doing**] **sth** Angst davor haben, etw zu tun; ■**to be ~ that ...** [be]fürchten [*o* Angst haben], dass ...; **I was ~ that you might not be there** ich befürchtete, du könntest vielleicht nicht da sein; **to be ~ to death** [*or* **stiff**] [*or* **witless**] [*or* **out of one's wits**] Todesängste ausstehen; **to be ~ of one's own shadow** sich *akk* vor seinem eigenen Schatten fürchten; **to be ~ shitless** (*vulg*) sich *dat* vor Angst in die Hosen scheißen *derb;* **to run ~** panisch reagieren

scare·dy ['skeədi, AM 'skerdi] *n,* **scare·dy cat** *n* (*childspeak pej*) Angsthase *m fam,* Schisser *m sl*

scare·mon·ger ['skeəˌmʌŋgəʳ, AM 'skerˌmɑːŋgɚ] *n* Panikmacher(in) *m(f)*

scare·mon·ger·ing ['skeəˌmʌŋgəʳɪŋ, AM 'skerˌmɑːŋgɚ-] **I.** *n no pl* (*usu pej*) Panikmache *f pej* **II.** *adj attr* Panik-; **~ tactics** Panikmache *f*

scarf¹ <*pl* -s *or* scarves> [skɑːf, AM skɑːrf] *n* Schal *m;* **silk ~** Seidentuch *nt;* **wool ~** Wollschal *m*

scarf² [skɑːf, AM skɑːrf] **I.** *vt* (*join*) ■**to ~ sth** *metal* etw zusammenlaschen; *timber* etw zusammenblatten **II.** *n* (*joint*) Verlaschung *f; of timber* Blattverbindung *f,* Blattfuge *f*

scarf³ [skɑːf, AM skɑːrf] *vt* AM (*fam*) ■**to ~ sth** [**down/up**] etw [runter-/auf]futtern *fam,* sich *dat* was reinziehen *sl*

◆**scarf up** *vt* AM (*fam*) ■**to ~ sth ↻ up** etw auffuttern *fam*

'scarf ring *n* Halstuchring *m*

scari·fi·er ['skærɪfaɪəʳ, AM 'skerɪfaɪɚ] *n* (*for lawn*) Gerät *nt* zum Rasenauflockern; (*for soil*) Gerät *nt* zum Bodenauflockern

scari·fy¹ <-ie-> ['skærɪfaɪ, AM 'sker-] *vt* ❶ (*make incisions*) **to ~ the ground** den Boden auflockern; **to ~ skin** Haut [an]ritzen ❷ (*fig: hurt feelings*) ■**to ~ sb** jdn verletzen

scari·fy² ['skærɪfaɪ, AM 'sker-] *vt* (*fam: scare*) ■**to ~ sb** jdn [sehr] ängstigen

scari·fy·ing ['skærɪfaɪɪŋ, AM 'sker-] *adj* (*fig*) ❶ (*hurtful*) schmerzhaft ❷ (*fam: terrifying*) beängstigend

scari·ly ['skeərɪli, AM 'sker-] *adv* beängstigend

scar·la·ti·na [ˌskɑːlə'tiːnə, AM ˌskɑːr-] *n no pl* MED Scharlach *m*

scar·let ['skɑːlət, AM 'skɑːr-] **I.** *n no pl* Scharlachrot *nt* **II.** *adj* scharlachrot

scar·let 'fe·ver *n no pl* MED Scharlach *m,* Scharlachfieber *nt* **scar·let 'run·ner** *n* BOT, FOOD Feuerbohne *f* **scar·let 'wom·an** *n* (*pej dated*) leichtlebige Frau *veraltet*

scarp [skɑːp, AM skɑːrp] *n* Steilhang *m;* MIL innere Grabenböschung, Eskarpe *f*

scarp·er [skɑːpəʳ] *vi* BRIT, AUS (*sl*) abhauen *fam,* sich *akk* verziehen *sl*

scarves [skɑːvz, AM skɑːrvz] *n pl of* **scarf**

scary ['skeəri, AM 'skeri] *adj* ❶ (*frightening*) Furcht erregend ❷ (*uncanny*) unheimlich

scat¹ [skæt] *interj* (*fam*) ■**~!** verschwinde, hau ab *fam*

scat² [skæt] *n no pl* HUNT (*droppings*) Kot *m*

scat³ [skæt] *n no pl* MUS Scat *m*

scathe [skeɪð] *vt usu passive* ■**to be ~d** [**by sth**] [von etw *dat*] verletzt werden; **she escaped barely ~d** sie ist mit ein Paar Schrammen davongekommen

scath·ing ['skeɪðɪŋ] *adj* versengend; **~ criticism** scharfe Kritik; **~ remark** bissige Bemerkung; ■**to be ~ about sb/sth** jdn/etw verletzend herabsetzen

scath·ing·ly ['skeɪðɪŋli] *adv* vernichtend

scato·logi·cal [ˌskætə'lɒdʒɪkəl, AM -t̬ə'lɑːdʒ-] *adj* (*form*) skatologisch

sca·tol·ogy [skæt'ɒlədʒi, AM skə'tɑːl-] *n no pl* Skatologie *f*

'scat sing·er *n* MUS Scatsänger(in) *m(f)*

'scat sing·ing *n no pl* MUS Scatgesang *m*

scat·ter ['skætəʳ, AM -t̬ɚ] **I.** *vt* ■**to ~ sth** etw verstreuen; **I ~ed grass seed all over the lawn** ich streute Grassamen über den ganzen Rasen; ■**to ~ sth with sth** etw mit etw *dat* bestreuen; PHYS etw streuen; **to be ~ed to the four winds** (*form*) in alle Winde zerstreut sein **II.** *vi crowd, protesters* sich *akk* zerstreuen; **to ~ to the four winds** (*form*) sich *akk* in alle vier Himmelsrichtungen zerstreuen **III.** *n* ❶ (*small amount*) [vereinzeltes] Häufchen; **a ~ of hailstones still lay on the drive** ein paar vereinzelte Hagelkörner lagen immer noch in der Einfahrt ❷ *no pl* PHYS Streuung *f*

◆**scatter about, scatter around** *vt* ■**to ~ sth about** [*or* **around**] etw [überall] verstreuen; ■**to be ~ed about** [*or* **around**] [überall] verstreut sein

'scat·ter·brain *n* zerstreute Person; **I'm such a ~** ich bin total zerstreut **'scat·ter·brained** *adj* zerstreut **'scat·ter cush·ion** *n* BRIT, AUS Sofakissen *nt*

scat·tered ['skætəd, AM -t̬ɚd] *adj* ❶ (*strewn about*) verstreut; **beer cans were left ~ on the grass** Bierdosen lagen verstreut auf dem Rasen herum; **my family is ~ all over the world** meine Familie ist über die ganze Welt verstreut ❷ (*far apart*) weit verstreut; **a few ~ villages** ein paar verstreute Dörfer ❸ (*sporadic*) vereinzelt; **~ showers** vereinzelten Regenschauern

scat·ter·ing ['skætəʳɪŋ, AM -t̬ɚ-] *n* ❶ (*amount*) vereinzeltes Häufchen; **a ~ of people were still strolling around the park** noch ein paar Leute gingen vereinzelt im Park spazieren ❷ (*act of strewing*) Streuen *nt* ❸ *no pl* PHYS Streuung *f*

'scat·ter rug *n* [kleiner] Teppich

scat·ty ['skæti] *adj* BRIT, AUS (*fam*) schusselig *fam;* **to drive sb ~** jdn wahnsinnig machen *fam*

scav·enge ['skævɪndʒ] **I.** *vi* ❶ (*search*) stöbern; (*collect*) ergattern *fam;* **just look at all those people scavenging on the rubbish tip** guck' dir nur mal all die Leute an, die die Abfallhalde durchwühlen *fam* ❷ (*feed*) Aas fressen **II.** *vt* ■**to ~ sth** etw aufstöbern

scav·en·ger ['skævɪndʒəʳ, AM -ɚ] *n* ❶ (*animal*) Aasfresser *m* ❷ (*person*) *jd, der nach ausrangierten, aber noch verwendbaren Sachen sucht;* (*pej*) Aasgeier *m pej fam*

'scav·en·ger hunt *n Spiel, bei dem die Teilnehmer verschiedene Gegenstände in der freien Natur sammeln und nach Hause bringen müssen*

sce·nario [sɪ'nɑːriəʊ, AM sə'nerioʊ] *n* ❶ (*imaginary sequence*) Szenario *nt;* **nightmare ~** Alptraumvision *f;* **in the worst-case ~** im schlimmsten Fall ❷ THEAT, LIT Szenario *nt,* Szenarium *nt*

scene [siːn] *n* ❶ THEAT, FILM (*of drama*) Szene *f;* **nude ~** Nacktszene *f* ❷ THEAT, FILM (*setting*) Schauplatz *m;* (*scenery*) Kulisse *f;* **the ~ is set in 19th-century Venice** Ort der Handlung ist das Venedig des 19. Jahrhunderts; **change of ~** Kulissenwechsel *m,* Szenenwechsel *m;* (*fig*) Kulissenwechsel *m,* Tapetenwechsel *m fig fam;* **behind the ~s** (*a. fig*) hinter den Kulissen *a. fig* ❸ (*locality of event*) Schauplatz *m;* LAW Tatort *m;* **the police were on the ~ within minutes** die Polizei war binnen Minuten am Tatort; **the ~ of the crime** der Schauplatz des Verbrechens ❹ (*real-life event*) Szene *f;* **there were ~s of great joy as ...** es spielten sich große Freudenszenen ab, als ...; **a ~ of horrifying destruction** ein schreckliches Bild der Verwüstung; ART Szene *f;* **he paints street ~s** er malt Straßenszenen ❺ (*view of landscape*) Aussicht *f* ❻ (*milieu*) Szene *f;* **opera isn't really my ~** die Oper ist nicht ganz mein Fall; **art/drugs/jazz ~** Kunst-/Drogen-/Jazzszene *f;* **to appear on** [*or* **burst upon**] **the ~** plötzlich auftauchen; **rap music burst**

upon the ~ **in the early 1980s** Rapmusik erschien in den frühen 80ern plötzlich auf der Bildfläche *fam;* **to depart** [*or* **disappear**] [*or* **vanish**] **from the** ~ von der Bildfläche verschwinden *fam* ❼ (*public display*) Szene *f;* (*by child*) Theater *nt fig;* **please don't make a** ~ **here in the restaurant** bitte mach' hier im Restaurant keine Szene ▸ PHRASES: **to set the** ~ den Rahmen abstecken *fig;* **to steal the** ~ die Szene dominieren
'scene-of-crime *adj,* **'scenes-of-crime** *adj* BRIT Tatort-
'scene paint·er *n* Bühnenmaler(in) *m(f)*
scen·ery ['si:nəri, AM -nɚi] *n no pl* ❶ (*landscape*) Landschaft *f;* **beautiful/breathtaking/spectacular** ~ wunderschöne/atemberaubende/spektakuläre Landschaft; **to blend into the** ~ (*a. pej*) sich *akk* in die Landschaft einfügen, mit der Landschaft verschmelzen *fig;* **a secret agent has to be able to blend into the** ~ ein Geheimagent muss sich ganz unauffällig verhalten können ❷ THEAT, FILM Bühnenbild *nt*
'scene-shift·er *n* THEAT Bühnenarbeiter(in) *m(f),* Kulissenschieber(in) *m(f) hum fam* **'scene-steal·er** *n* BRIT *jd, der sich in den Mittelpunkt rückt*
sce·nic ['si:nɪk] *adj* ❶ *inv, attr* THEAT Bühnen-; **a career in** ~ **design** eine Laufbahn als Bühnenbildnerin ❷ *landscape* landschaftlich [schön]; (*hum*) ländlich; ~ **attractions** landschaftliche Attraktionen
sce·nic 'rail·way *n* landschaftlich attraktive Bahnlinie
scent [sent] **I.** *n* ❶ (*aroma*) Duft *m;* **the evening air was full of the** ~ **of roses** die Abendluft war erfüllt von Rosenduft ❷ (*animal smell*) Fährte *f;* ■**to be on the** ~ **of sth/sb** (*a. fig*) etw/jdm auf der Fährte sein *a. fig;* **to put** [*or* **throw**] **sb off the** ~ (*a. fig*) jdn abschütteln [*o fam* loswerden] ❸ *no pl* BRIT (*perfume*) Parfüm *nt* **II.** *vt* ❶ (*smell*) ■**to** ~ **sb/sth** jdn/etw wittern ❷ (*detect*) ■**to** ~ **sth** etw ahnen; **to** ~ **danger** Gefahr ahnen; ■**to** ~ **that ...** ahnen, dass ... ❸ (*apply perfume*) ■**to** ~ **sth** etw parfümieren
'scent bot·tle *n* Parfümfläschchen *nt*
scent·ed ['sentɪd, AM -t̬ɪd] *adj* (*with aroma*) duftend; (*perfumed*) parfümiert
'scent gland *n* ZOOL Duftdrüse *f*
scent·less ['sentləs] *adj inv* geruchlos
'scent mark *n,* **'scent mark·ing** *n* Duftmarke *f*
scep·ter *n* AM *see* **sceptre**
scep·tic ['skeptɪk], AM **skep·tic I.** *n* ❶ (*sb who doubts*) Zweifler(in) *m(f)* ❷ (*atheist*) Atheist(in) *m(f);* (*sb who doubts the existence of God*) Glaubenszweifler(in) *m(f)* ❸ (*sb inclined to doubt*) Skeptiker(in) *m(f)* ❹ PHILOS (*hist*) Skeptiker(in) *m(f)* **II.** *adj see* **sceptical**
scep·ti·cal ['skeptɪkəl], AM **skep·ti·cal** *adj* skeptisch; ■**to be** ~ **about sth/sb** etw/jdm gegenüber skeptisch sein; **many experts remain** ~ **about this** viele Experten bezweifeln das; **to remain** ~ skeptisch bleiben
scep·ti·cal·ly ['skeptɪkəli], AM **skep·ti·cal·ly** *adv* skeptisch
scep·ti·cism ['skeptɪsɪzəm], AM **skep·ti·cism** *n no pl* Skepsis *f;* **with a degree of** ~ mit einer gewissen Skepsis; **healthy** ~ gesunde Skepsis; **to greet sth with** ~ etw *dat* mit Skepsis begegnen; **to treat sth with** ~ etw mit Skepsis behandeln
scep·tre ['septər], AM **scep·ter** [-ɚ] *n* Zepter *nt*
scha·den·freude ['ʃɑ:dən,frɔɪdə] *n no pl* Schadenfreude *f*
sched·ule ['ʃedju:l, AM 'skedʒu:l] **I.** *n* ❶ (*timetable*) [Zeit-/Fahr]plan *m;* **bus/train** ~ Bus-/Zugfahrplan *m;* **flight** ~ Flugplan *m;* **teaching** ~ Lehrplan *m;* **to draw up** [*or* **plan**] **a** ~ einen Plan erstellen; **to keep to a** ~ sich *akk* an einen Zeitplan halten ❷ (*plan of work*) Terminplan *m,* Zeitplan *m;* (*plan of event*) Programm *nt;* **everything went according to** ~ alles lief nach Zeitplan; **ahead of** ~ früher als geplant ❸ (*official listing/form*) Aufstellung *f,* Liste *f* ❹ (*routine*) [Arbeits-/Tages]ablauf *m* **II.** *vt* **to** ~ **a meeting** eine Besprechung ansetzen; **they've** ~**d him to speak at three o'clock** sie haben seine Rede für drei Uhr geplant; **the restoration work is** ~**d to begin early next year** die Restaurationsarbeiten sollen Anfang nächsten Jahres beginnen
sched·uled ['ʃedju:ld, AM 'skedʒu:ld] *adj attr, inv* ❶ (*as planned*) geplant; TRANSP planmäßig ❷ BRIT (*listed*) denkmalgeschützt; **a** ~ **building** ein Gebäude, das unter Denkmalschutz steht
sched·ul·er ['ʃedju:lər, AM 'skedʒu:lɚ] *n* ❶ MEDIA Programmplaner(in) *m(f)* ❷ COMPUT Ablaufsteuerungsprogramm *nt*
sche·mat·ic [ski:'mætɪk, AM -mæt̬-] *adj* ❶ *diagram* schematisch; ~ **drawing** schematische Zeichnung ❷ (*simplistic*) simplistisch *geh*
sche·mati·cal·ly [ski:'mætɪkli, AM -mæt̬-] *adv* ❶ *diagram* schematisch ❷ (*simplistically*) simplistisch *geh*
scheme [ski:m] **I.** *n* ❶ (*pej: plot*) [finsterer] Plan; LAW, POL Verschwörung *f;* **they've devised a** ~ **to defraud the government of millions of dollars** sie haben einen Plan geschmiedet, die Regierung um Millionen von Dollar zu betrügen; **a hare-brained** ~ ein verrückter Plan ❷ *esp* BRIT (*official plan*) Projekt *nt;* **a play** ~ **for 7- to 11-year olds** ein Spieleprogramm für die 7- bis 11jährigen; ECON Plan *m;* **pension** ~ Altersversorgung *f* ❸ (*overall pattern*) Gesamtbild *nt fig;* **colour** ~ Farb[en]zusammenstellung *f;* **it fits into his** ~ **of things** das passt in seine Betrachtungsweise; **the great** [*or* **overall**] ~ **of things** (*a. hum*) der große [Welten]plan, der hinter allem steht *a. hum* ▸ PHRASES: **the best-laid** ~**s of mice and men** [**gang aft agley**] die ausgeklügeltsten Pläne der Menschen [gehen oft schief] **II.** *vi* ❶ (*pej: plan deviously*) planen, einen Plan schmieden *fam;* **to** ~ **for sb's downfall** Pläne für jds Sturz schmieden; **he was scheming to get the top job from the moment he joined the firm** seit seinem ersten Tag in der Firma war es seine Absicht, den wichtigsten Posten zu ergattern ❷ SA (*fam: suppose*) ■**to** ~ **that ...** annehmen, dass ... **III.** *vt* (*pej*) ■**to** ~ **sth** etw aushecken *fam;* **what are you scheming now?** was heckst du nun schon wieder aus? *fam*
schem·er ['ski:mər, AM -ɚ] *n* (*pej*) Intrigant(in) *m(f) geh*
schem·ing ['ski:mɪŋ] **I.** *adj inv, attr* (*pej*) intrigant *geh;* (*in a clever way*) raffiniert; **a** ~ **person** jd, der gerne intrigiert **II.** *n no pl* Intrigieren *nt*
scher·zo ['skeətsəʊ, AM -'skertsoʊ] *n* MUS Scherzo *nt*
schism ['skɪzəm] *n* ❶ (*division*) Spaltung *f* ❷ REL (*hist*) Kirchenspaltung *f,* Schisma *nt fachspr*
schis·mat·ic ['skɪzmætɪk, AM -mæt̬-] REL **I.** *adj* schismatisch **II.** *n* Schismatiker(in) *m(f)*
schist [ʃɪst] *n no pl* Schiefer *m*
schis·to·so·mia·sis [,ʃɪstə(ʊ)sə'maɪəsɪs, AM -təsoʊ'maɪə-] *n no pl* MED (*spec*) Bilharziose *f*
schizo ['skɪtsəʊ, AM -soʊ] (*pej, sl*) **I.** *n* Schizophrene(r) *f(m)* **II.** *adj* schizophren; (*fig*) verrückt *fig fam*
schizo·phre·nia [,skɪtsə(ʊ)'fri:niə, AM -sə'-] *n no pl* ❶ MED Bewusstseinsspaltung *f,* Schizophrenie *f fachspr;* **paranoid** ~ paranoide Schizophrenie ❷ (*fam: of behaviour*) Schizophrenie *f geh,* schizophrenes Verhalten *geh*
schizo·phren·ic [,skɪtsə(ʊ)'frenɪk, AM -sə'-] **I.** *adj inv* schizophren **II.** *n* Schizophrene(r) *f(m)*
schizo·phreni·cal·ly [,skɪtsə(ʊ)'frenɪkəli, AM -sə'-] *adv* schizophren
schlep(p) [ʃlep] *esp* AM **I.** *vt* (*fam*) ■**to** ~ **sth/sb** etw/jdn schleppen *fam;* **why do I have to** ~ **my little sister along?** wieso muss ich meine kleine Schwester überallhin mitschleppen? *fam* **II.** *vi* (*fam*) ■**to** ~ **somewhere** sich *akk* irgendwohin schleppen; **I've just spent the afternoon** ~[**p**]**ing around town** ich bin gerade den ganzen Nachmittag durch die Stadt gelatscht *sl* **III.** *n* (*fam*) weiter Weg
schlep·per ['ʃlepɚ] *n* AM Blödmann *m derb*
schlock [ʃlɒk, AM ʃlɑ:k] *n no pl esp* AM (*pej fam*) Schund *m pej fam*
schlock·meis·ter ['ʃlɒk,maɪstər, AM 'ʃlɑ:k,maɪstɚ] *n esp* AM (*fam*) Ramschhändler(in) *m(f)*
schlocky ['ʃlɒki, AM 'ʃlɑ:ki] *adj esp* AM (*pej fam*) schundig *pej fam*

S

schlump [ʃlʌmp] *n* AM (*fam: inept person*) Trottel *m pej fam;* (*slovenly person*) Lotterheini *m pej fam,* Schlumpel *m o f* DIAL *fam*
schmal(t)z [ʃmɔːlts, AM ʃmɑːlts] *n no pl* MUS, LIT (*pej fam*) Schmalz *m fam*
schmal(t)zy ['ʃmɔːltsi, AM 'ʃmɑː-] *adj* MUS, LIT (*pej fam*) schmalzig *fam*
schmear [ʃmiːr] **I.** *n* AM (*fam: bribe*) Bestechung *f;* (*money*) Schmiergeld[er] *nt[pl] fam* **II.** *vt* AM (*fam*) ■**to ~ sb** [**up**] jdn schmieren *fam*
schmo [ʃmoʊ] *n* <*pl* -es> (*fam*) Trottel *m pej fam*
schmooze [ʃmuːz] *vi* AM (*sl: chat*) plaudern; ■**to ~** [**with sb**] [mit jdm] plaudern [*o* Konversation machen] (*meist, um sich einen Vorteil zu verschaffen*); ■**to ~ sb** sich *akk* an jdn heranmachen
schmooz·er ['ʃmuːzɚ] *n* AM (*fam*) *jd, der sich durch Konversation Vorteile verschafft*
schmuck [ʃmʌk] *n* (*pej fam*) Schwachkopf *m pej*
schnapps [ʃnæps, AM ʃnɑːps] *n no pl* Schnaps *m*
schnit·zel ['ʃnɪtsəl] *n* Schnitzel *nt*
schnook [ʃnʊk] *n* AM (*pej fam*) Trottel *m pej fam*
schnor·kel *n* AUS *see* **snorkel**
schol·ar ['skɒləʳ, AM 'skɑːlɚ] *n* UNIV ❶ (*academic*) Gelehrte(r) *f(m);* **distinguished ~** nahmhafte(r) Gelehrte(r); **Greek ~** des Griechischen Kundige(r) *f(m) geh* ❷ (*good learner*) Student(in) *m(f);* **I'm not much of a ~ myself** ich persönlich bin kein großer Lerner ❸ (*holder of scholarship*) Stipendiat(in) *m(f)*
schol·ar·ly ['skɒləli, AM 'skɑːlɚ-] *adj* ❶ (*academic*) wissenschaftlich; **~ article** wissenschaftlicher Artikel ❷ (*erudite*) gelehrt; **a ~ woman/man** eine gebildete Frau/ein gebildeter Mann
schol·ar·ship ['skɒləʃɪp, AM 'skɑːlɚ-] *n* ❶ *no pl* (*academic achievement*) Gelehrsamkeit *f;* **her book is a work of great ~** ihr Buch ist eine großartige wissenschaftliche Arbeit ❷ (*financial award*) Stipendium *nt;* **to win** [*or* **be awarded**] **a ~** ein Stipendium erhalten
'schol·ar·ship hold·er *n* Stipendiat(in) *m(f)*
scho·las·tic [skə'læstɪk] *adj inv* (*relating to education*) Bildungs-; (*academic*) wissenschaftlich; **~ standards** der Bildungsstandard
scho·las·ti·cal·ly [skə'læstɪkəli] *adv* wissenschaftlich
scho·las·ti·cism [skə'læstɪsɪzəm] *n no pl* REL, PHILOS (*hist*) Scholastik *f*
school[1] [skuːl] **I.** *n* ❶ (*for children*) Schule *f;* **graduate/undergraduate ~** AM *hohe/niedrige Stufe innerhalb des Hochschulsystems;* **primary** [*or* AM **elementary**] **~** Grundschule *f;* **public ~** AM staatliche Schule; BRIT Privatschule *f;* **secondary ~** ≈ weiterführende [*o* höhere] Schule; ■**to be in ~** in der Schule sein; **to attend** [*or* **go to**] **~** zur Schule gehen, die Schule besuchen; **to begin** [*or* **start**] **~** eingeschult werden; **to leave ~** von der Schule [ab]gehen; (*with diploma*) die Schule beenden [*o* abschließen]; **to teach ~** AM [an der Schule] unterrichten; ■**to be at ~ with sb** mit jdm zusammen zur Schule gehen ❷ (*school premises*) Schule *f,* Schulgebäude *nt* ❸ *no pl* (*activity*) [Schul]unterricht *m;* **~ starts at 9 am** die Schule fängt um 9 Uhr morgens an ❹ (*pupils and staff*) **the whole ~** + *sing vb, Brit:* + *pl vb* die ganze Schule ❺ AM (*fam: university*) Universität *f* ❻ (*university division*) Fakultät *f;* (*smaller division*) Institut *nt,* Seminar *nt* ❼ (*for learning one subject*) Schule *f;* **dancing/driving ~** Tanz-/Fahrschule *f;* **the ~ of hard knocks** (*fig*) die Schule der bitteren Erfahrungen; **the ~ of life** die Schule des Lebens *fig* ❽ ART, PHILOS Schule *f;* **the Impressionist ~ of painting** die Schule des Impressionismus ▶ PHRASES: **to tell tales out of ~** aus der Schule plaudern; **to be one of the old ~** von der alten Schule sein **II.** *vt* ■**to ~ sb** ❶ (*educate*) jdn erziehen ❷ (*train*) jdn schulen; **you must ~ yourself to be tolerant** du musst dich in Toleranz üben; **her children are well ~ed in correct behaviour** ihre Kinder wissen sich korrekt zu benehmen; **to ~ a dog** einen Hund dressieren **III.** *n modifier* (*library, nurse, song*) Schul-; **~ cafeteria** Schülercafeteria *f;* **~ paper** Schülerzeitung *f;* **~ principal** Schuldirektor(in) *m(f);* **~ zone** Schulgebiet *nt*
school[2] [skuːl] **I.** *n* ZOOL Schule *f;* (*shoal*) Schwarm *m;* **~ of fish** Fischschwarm *m* **II.** *vi* ZOOL einen Schwarm bilden
'school age *n* Schulalter *nt,* schulpflichtiges Alter **'school-age** *adj attr, inv* schulpflichtig; **~ children** schulpflichtige Kinder **'school bag** *n* Schultasche *f* **'school board** *n* AM Schulbehörde *f* **'school·book** *n* Schulbuch *nt* **'school·boy I.** *n* Schuljunge *m,* Schüler *m* **II.** *adj attr, inv* schuljungenhaft; **~ humour** Schuljungenhumor *m* **school 'bus** *n* Schulbus *m* **'school·child** *n* Schulkind *nt* **school 'col·ours** *npl* Schulfarben *fpl* (*Farben, die die jeweilige Schule repräsentieren*) **school cur·'ricu·lum** *n* Lehrplan *m* **'school·days** *npl* Schulzeit *f kein pl* **school 'dis·trict** *n* AM Schuldistrikt *m* **'school fees** *npl* Schulgeld *nt kein pl* **'school·girl I.** *n* Schulmädchen *nt,* Schülerin *f* **II.** *adj attr, inv* schulmädchenhaft **'school·house** *n esp* AM (*dated*) Schulhaus *nt,* Schulgebäude *nt*
schoolie ['skuːli] *n* AUS (*fam*) Schullehrer(in) *m(f)*
school·ing ['skuːlɪŋ] *n no pl* (*education*) Ausbildung *f;* (*for young people*) Schulbildung *f*
'school in·spec·tor *n* BRIT Schulinspektor(in) *m(f)* **'school·kid** *n* (*fam*) Schulkind *nt* **school 'leav·er** *n* BRIT, AUS Schulabgänger(in) *m(f)* **school-'leav·ing age** *n* BRIT, AUS Schulabgangsalter *nt* **school-leav·ing cer·'tifi·cate** *n* BRIT Abschlusszeugnis *nt* **school maga·'zine** *n* Schulzeitung *f,* Schülerzeitung *f* **school·marm** ['skuːlmɑːm, AM -mɑːrm] *n* ❶ AM (*dated: woman*) Lehrerin *f* ❷ (*pej: fussy, severe woman*) Schulmeisterin *f pej;* **don't be such a ~** sei nicht so schulmeisterlich *fam*
school·marm·ish ['skuːlmɑːmɪʃ, AM -mɑːrm-] *adj* (*pej*) schulmeisterlich **'school·mas·ter** *n* (*dated*) Lehrer *m* **'school·mate** *n* Schulfreund(in) *m(f),* Schulkamerad(in) *m(f)* **'school·mis·tress** *n* (*dated*) Lehrerin *f*

i Kultur

Die **School of the Air** unterrichtet per Funk schulpflichtige Kinder in abgeschiedenen Gegenden Australiens, dem *outback.* Ein Dutzend dieser Schulen deckt ein Gebiet von 2,5 Millionen qkm ab und erreicht so Hunderte von Kindern. Die Schüler bekommen ihre Lernmaterialien zugeschickt und erarbeiten sie zusammen mit ihren Lehrern und Klassenkameraden, mit denen sie über Funk verbunden sind.

school of 'thought <*pl* schools-> *n* ≈ Denkmodell *nt;* **there are two opposing schools of thought on this question** es gibt zwei gegensätzliche Ansätze im Hinblick auf diese Frage **'school re·port** *n* [Schul]zeugnis *nt* **'school·room** *n* Klassenzimmer *nt* **'school·teach·er** *n* Lehrer(in) *m(f)* **school 'uni·form** *n* Schuluniform *f* **'school·work** *n no pl* Schularbeiten *pl* **'school·yard** *n* Schulhof *m* **school 'year** *n* Schuljahr *nt*
schoon·er ['skuːnəʳ, AM -ɚ] *n* ❶ NAUT Schoner *m* ❷ AM TRANSP (*hist*) **prairie ~** Planwagen *m* ❸ AM, AUS (*tall beer glass*) [großes] Bierglas; **~ of sherry** BRIT doppelter Sherry
schtook *n see* **shtuck**
schuss [ʃʌs] *vi* SKI Schuss fahren
schwa [ʃwɑː] *n* LING Schwa *nt*
sci·at·ic [saɪ'ætɪk, AM -t̬ɪk] *adj inv* MED Ischias-; **~ nerve** Ischiasnerv *m;* **~ pain** Ischiasschmerzen *mpl*
sci·ati·ca [saɪ'ætɪkə, AM -t̬ɪkə] *n no pl* MED Hüftschmerz *m,* Ischias *m o nt fachspr;* **she suffers from ~** sie hat Ischiasbeschwerden
sci·ence ['saɪən(t)s] **I.** *n* ❶ *no pl* (*study of physical world*) [Natur]wissenschaft *f;* **the marvels** [*or* **wonders**] **of modern ~** die Wunder der modernen Wissenschaft; **applied/pure ~** angewandte/reine Wissenschaft ❷ (*discipline*) Wissenschaft *f;*

physics and chemistry are ~s Physik und Chemie sind Naturwissenschaften ❸ (*body of knowledge*) Wissenschaft *f;* **the ~ of climatology** die Klimatologie **II.** *n modifier* (*class, experiment, reporter, teacher*) Wissenschafts-; ~ **laboratory** wissenschaftliches Labor; ~ **museum** Wissenschaftsmuseum *nt*

sci·ence 'fic·tion I. *n no pl* LIT, FILM Sciencefiction *f* **II.** *adj inv, attr* Sciencefiction-; ~ **novel** Sciencefictionroman *m* **'sci·ence park** *n esp* BRIT Technologiepark *m*

sci·en·tif·ic [ˌsaɪən'tɪfɪk] *adj* ❶ (*relating to exact science*) naturwissenschaftlich; ~ **approach** [natur]wissenschaftlicher Ansatz; ~ **theory** [natur]wissenschaftliche Theorie; ~ **method** wissenschaftliche Methode ❷ (*relating to science*) wissenschaftlich; ~ **breakthrough** wissenschaftlicher Durchbruch; ~ **community** Wissenschaftsgemeinde *f* ❸ (*fam: systematic*) systematisch

sci·en·tifi·cal·ly [ˌsaɪən'tɪfɪkəli] *adv* wissenschaftlich; **this has not been ~ proven** dies ist [bisher] nicht wissenschaftlich erwiesen

sci·en·tifi·cal·ly-'mind·ed *adj* wissenschaftlich veranlagt

sci·en·tist ['saɪəntɪst] *n* Wissenschaftler(in) *m(f);* **he is employed as a research ~ at NASA** er arbeitet als Forscher bei der NASA

sci-fi ['saɪˌfaɪ] *n* LIT, FILM *short for* **science fiction** Sciencefiction *f*

scimi·tar ['sɪmɪtəʳ, AM -əṱɚ] *n* Krummschwert *nt*

scin·til·la [sɪn'tɪlə] *n no pl* Fünkchen *nt fig;* **not a ~ of doubt** nicht der geringste Zweifel; **not a ~ of truth** kein Fünkchen Wahrheit

scin·til·late ['sɪntɪleɪt, AM -ṱəl-] *vi* ❶ (*form: be witty*) vor Geist/Witz sprühen *geh* ❷ ASTRON funkeln, szintillieren *fachspr*

scin·til·lat·ing ['sɪntɪleɪtɪŋ, AM -ṱəleɪṱ-] *adj* sprühend *fig geh;* ~ **wit** sprühender Witz *geh*

sci·on ['saɪən] *n* ❶ (*form*) Nachkomme *m,* Spross *m geh* ❷ HORT Spross *m,* Schößling *m*

sci·roc·co *n see* **sirocco**

scis·sor ['sɪzəʳ, AM -ɚ] **I.** *vt* ❶ (*cut*) ■**to ~ sth** etw schneiden ❷ (*movement of legs*) **to ~ one's legs** *die Beine immer wieder mal nach vorne, mal nach hinten überkreuzen* **II.** *n modifier* (*blade, case*) Scheren-

'scis·sor jump *n* SPORTS Scherensprung *m* **'scis·sor kick** *n* (*in swimming*) Scherenschlag *m*

'scis·sors ['sɪzəz, AM -ɚz] *npl* Schere *f;* **a pair of ~** eine Schere; **a ~ and paste job** (*pej*) ein Zusammenschnitt *m*

scle·ro·sis [sklə'rəʊsɪs, AM sklɪ'roʊ-] *n no pl* MED Sklerose *f*

scle·rot·ic [sklə'rɒtɪk, AM sklɪ'rɑːṱ-] *adj inv* ❶ MED sklerotisch ❷ (*fig, pej: inflexible*) erstarrt; **to bring growth to a ~ economy** die stagnierende Wirtschaft in Schwung bringen

scoff[1] [skɒf, AM skɑːf] **I.** *vi* spotten; (*laugh*) lachen; ■**to ~ at sth/sb** sich *akk* über etw/jdn lustig machen **II.** *n* Spott *m*

scoff[2] [skɒf, AM skɑːf] *vt esp* BRIT (*fam: eat*) ■**to ~ sth** etw verschlingen; ■**to ~ sth down/up** etw hinunterschlingen *fam*

scoff·er ['skɒfəʳ, AM 'skɑːfɚ] *n* Spötter(in) *m(f)*

scold [skəʊld, AM skoʊld] **I.** *vt* ■**to ~ sb** jdn ausschimpfen; **the president was ~ed publicly** der Präsident wurde öffentlich kritisiert **II.** *n* (*dated: woman*) zänkisches Weib *pej fam,* Xanthippe *f pej*

scold·ing ['skəʊldɪŋ, AM 'skoʊld-] *n* Schimpfen *nt;* **to get a ~** furchtbar ausgeschimpft werden

sconce [skɒns, AM skɑːns] *n* Wandleuchter *m*

scone [skɒn, AM skoʊn] *n* Scone *m* (*brötchenartiges Gebäck, das lauwarm mit einer Art dicker Sahne und Marmelade gegessen wird*)

scoop [skuːp] **I.** *n* ❶ (*utensil*) Schaufel *f,* Schippe *f* NORDD, MITTELD; (*ladle*) Schöpflöffel *m;* **coal ~** Kohlenschaufel *f;* **ice-cream ~** Eisportionierer *m;* **measuring ~** Messlöffel *m* ❷ (*amount*) Löffel *m; of ice cream* Kugel *f* ❸ JOURN Knüller *m fam* **II.** *vt* ❶ (*move*) ■**to ~ sth** *sand, dirt* etw schaufeln; (*ladle*) *ice cream, pudding* etw löffeln ❷ JOURN ■**to ~ sb** jdn ausstechen; **we were ~ed by a rival paper** eine konkurrierende Zeitung kam uns zuvor ❸ (*win/get*) ■**to ~ sth** etw gewinnen; **the film ~ed half of the awards at the festival** der Film sahnte die Hälfte der Preise auf dem Festival ab *fam;* **to ~ the pool** BRIT, AUS (*fam*) den ganzen Gewinn einstreichen *fam*

◆**scoop out** *vt* ■**to ~ out** ↔ **sth** etw ausschaben

◆**scoop up** *vt* ■**to ~ up** ↔ **sth** etw hochheben; **she ~ed the children up into her arms** sie nahm ihre Kinder schnell in die Arme; **I ~ed up the water with my hands** ich habe das Wasser mit den Händen abgeschöpft

scoop 'neck *adj* U-Ausschnitt *m* **'scoop net** *n* (*for fishing*) Streichnetz *nt*

scoot [skuːt] *vi* (*fam*) rennen, springen DIAL *fam;* **I'll have to ~ or ...** ich muss schnell machen, sonst ... *fam;* **would you mind ~ing across the street and getting me a paper?** könntest du mal kurz über die Straße springen und mir eine Zeitung besorgen? *fam;* ■**to ~ over** AM zur Seite rutschen; ~ **over a bit** rutsch mal ein Bisschen rüber *fam*

scoot·er ['skuːtəʳ, AM -ṱɚ] *n* [Tret]roller *m;* **motor ~** Motorroller *m*

scope [skəʊp, AM skoʊp] *n no pl* ❶ (*range*) Rahmen *m;* **that problem is beyond the ~ of my lecture** diese Problematik sprengt den Rahmen meines Vortrags; **we would now like to broaden the ~ of the enquiry** wir würden nun gerne den Rahmen der Befragung erweitern; **his study was very narrow in ~** seine Studie war von sehr eingeschränkter Sichtweise ❷ (*possibility*) Möglichkeit *f;* (*freedom to act*) Spielraum *m;* **considerable/limited ~** beachtliche/begrenzte Möglichkeiten

scorch [skɔːtʃ, AM skɔːrtʃ] **I.** *vt* ❶ (*burn*) ■**to ~ sth** etw versengen ❷ (*sl: ignore, reject*) **to ~ an idea/a plan** eine Idee/einen Plan ablehnen **II.** *vi* ❶ (*become burnt*) versengt werden; **don't stand too near the fire or your clothes will ~** stell dich nicht zu dicht ans Feuer, sonst versengst du deine Kleider ❷ (*dated fam: go fast*) ■**to ~ somewhere** irgendwohin rasen *fam;* **the sports car ~ed past** der Sportwagen raste vorbei *fam* **III.** *n* <*pl* -es> versengte Stelle; **a ~ mark** ein Brandfleck *m*

scorched [skɔːtʃt, AM skɔːr-] *adj* ❶ (*by explosion, fire etc*) versengt; ~ **earth policy** MIL, POL Politik *f* der verbrannten Erde ❷ (*by the sun*) verdörrt

scorch·er ['skɔːtʃəʳ, AM 'skɔːrtʃɚ] *n* (*fam*) sehr heißer Tag; **it's a real ~ today!** es ist heute wirklich affenheiß! *fam*

scorch·ing ['skɔːtʃɪŋ, AM 'skɔːr-] *adj* sengend; ~ **heat** sengende Hitze; **it's ~ hot outside** es ist glühend heiß draußen

score [skɔːʳ, AM skɔːr] **I.** *n* ❶ (*of points*) Punktestand *m;* (*of game*) Spielstand *m;* **at half time, the ~ stood at two all** zur Halbzeit stand es zwei zu zwei; **final ~** Endstand *m;* **to keep** [BRIT **the**] **~** die Punkte [*o* den Spielstand] mitschreiben ❷ SCH Punktzahl *f,* Ergebnis *nt;* **an IQ ~ of 110** ein IQ von 110 ❸ (*act of getting point*) Treffer *m* ❹ (*esp form: twenty*) zwanzig; **he lived to be three ~** [**years**] er wurde sechzig Jahre alt; **the play has only been performed a ~ of times** das Stück wurde nur an die zwanzig Mal aufgeführt; ■**~s** *pl* Dutzende *ntpl;* **there have been ~s of injuries** es hat Dutzende von Verletzten gegeben; **by the ~** reihenweise *fam* ❺ (*fam: reason*) Grund *m;* **there's nothing to worry about on that ~** darüber brauchst du dir nicht den Kopf zu zerbrechen ❻ (*dispute*) Streit[punkt] *m;* **it's time these old ~s were forgotten** es ist an der Zeit, diese alten Streitereien zu vergessen; **to settle a ~** eine Rechnung begleichen *fig* ❼ MUS Partitur *f* ❽ (*for musical/film*) [Titel]musik *f* ▶ PHRASES: **to know the ~** wissen, wie der Hase läuft *fam;* **what's the ~?** (*fam*) wie sieht's aus? *fam* **II.** *vt* ❶ (*gain*) **to ~ a goal** ein Tor schießen; **to ~ a point** einen Punkt machen ❷ (*achieve result*) ■**to ~ sth** etw erreichen [*o* erzielen]; **she ~d 18 out of 20** sie erreichte 18 von 20 möglichen Punkten; **two of the machines we**

S

tested ~d **high marks** zwei der getesteten Maschinen erzielten hohe Wertungen; **to ~ a hit** einen Treffer landen *fam;* **nearly every shot ~d a hit** nahezu jeder Schuss war ein [voller] Treffer; **to ~ points** (*fig*) sich *dat* einen Vorteil verschaffen; **to ~ a triumph** einen Triumph erzielen; **to ~ a victory** einen Sieg erringen ❸ (*mark, cut*) ■**to ~ sth** etw einkerben; **to ~ the surface of sth** die Oberfläche einer S. *gen* verkratzen ❹ (*fam: obtain, esp illegally*) ■**to ~ sth** etw beschaffen; **to ~ drugs** sich *dat* Stoff beschaffen *sl* ❺ (*orchestrate*) ■**to ~ sth** etw orchestrieren ❻ (*get cheaply, easily*) ■**to ~ sth [from sb]** etw [von jdm] abstauben *sl* **III.** *vi* ❶ (*make a point*) einen Punkt machen [*o* erzielen] ❷ (*achieve result*) abschneiden; **to ~ well/badly** gut/schlecht abschneiden ❸ (*record*) aufschreiben ❹ (*approv fam: gain advantage*) punkten *fig fam;* **that's where you ~ over your opponents** darin liegt dein Vorteil gegenüber deinen Mitbewerbern; **this new CD player really ~s in terms of sound quality** dieser neue CD-Spieler ist in punkto Klangqualität eindeutig überlegen ❺ (*sl: make sexual conquest*) eine Eroberung machen; ■**to ~ with sb** jdn aufreißen *sl,* bei jdm zum Schuss kommen *fig sl* ❻ (*sl: obtain illegal drugs*) [sich *dat*] Stoff beschaffen *sl*

◆**score off** *vt* ❶ (*cross off*) ■**to ~ off ○ sth** etw ausstreichen ❷ (*fam: outshine sb*) **to ~ [points] off sb** jdn in den Schatten stellen

◆**score out** *vt* ■**to ~ out ○ sth** etw durchstreichen; **he ~d out two names on the list** er strich zwei Namen von der Liste

'score·board *n* SPORTS Anzeigetafel *f* **'score·card** *n* SPORTS Spielstandskarte *f* **'score·keep·er** *n* SPORTS Punktezähler(in) *m(f)*

score·less ['skɔːˈləs, AM 'skɔːr-] *adj inv* SPORTS torlos

scor·er ['skɔːrəʳ, AM 'skɔːrɚ] *n* SPORTS ❶ (*scorekeeper*) Punktezähler(in) *m(f)* ❷ (*player who scores*) Torschütze, -in *m, f;* **to be [the] top ~** die meisten Punkte machen; (*in football*) die meisten Tore schießen

scorn [skɔːn, AM skɔːrn] **I.** *n* ❶ (*contempt*) Verachtung *f;* **why do you always pour ~ on my suggestions?** warum machst du meine Vorschläge immer lächerlich?; **to feel [*or* have] ~ for sb** für jdn Verachtung empfinden ❷ (*object of contempt*) ■**to be the ~ of sb** von jdm verachtet werden **II.** *vt* ❶ (*feel contempt*) ■**to ~ sb/sth** jdn/etw verachten ❷ (*refuse*) ■**to ~ sth** etw ablehnen [*o* ausschlagen] ▶ PHRASES: **hell hath no fury like a woman ~ed** (*saying*) die Hölle kennt keinen schlimmeren Zorn als den einer verlachten Frau **III.** *vi* (*form*) ■**to ~ to do sth** es ablehnen, etw zu tun; **normally she would have ~ed to be associated with him** normalerweise würde sie es verschmäht haben, mit ihm in Verbindung gebracht zu werden *veraltend geh*

scorn·ful ['skɔːnfᵊl, AM 'skɔːrn-] *adj* verächtlich; **~ attitude** verächtliche Einstellung; ■**to be ~ of [*or* about] sth** etw verachten, verhöhnen

scorn·ful·ly ['skɔːnfᵊli, AM 'skɔːrn-] *adv* verächtlich; *laugh* spöttisch

Scor·pio ['skɔːpiəʊ, AM 'skɔːrpioʊ] *n* Skorpion *m;* **he is a ~** er ist Skorpion

scor·pi·on ['skɔːpiən, AM 'skɔːr-] *n* Skorpion *m*

Scot [skɒt, AM skɑːt] *n* Schotte, -in *m, f;* **Mary, Queen of ~s** Maria Stuart

scotch [skɒtʃ, AM skɑːtʃ] *vt* ■**to ~ sth** ❶ (*stop*) *belief, idea* etw richtigstellen; **to ~ a rumour [*or* AM rumor]** ein Gerücht aus der Welt schaffen ❷ (*frustrate*) etw zunichte machen; **the weather ~ed our plans** das Wetter hat uns einen Strich durch die Rechnung gemacht *fam*

Scotch [skɒtʃ, AM skɑːtʃ] **I.** *n* <*pl* -es> ❶ *no pl* (*drink*) Scotch *m;* **a bottle/glass of ~** eine Flasche/ein Glas *nt* Scotch ❷ (*glass of*) Scotch *m;* **a double ~** ein doppelter Scotch; **a ~ on the rocks** ein Scotch *m* mit Eis ❸ (*dated: people*) ■**the ~** *pl* die Schotten **II.** *adj inv* (*old*) schottisch

Scotch 'broth *n no pl Eintopf aus Rindfleisch oder Hammel, Graupen und Gemüse* **Scotch 'egg** *n hart gekochtes Ei in Wurstbrät* **'Scotch·man** *n* (*dated*) Schotte *m* **Scotch 'mist** *n no pl* ❶ (*fog*) [dichter] Nebel ❷ *no pl* BRIT (*hum, iron: something imaginary*) [pure] Einbildung *f* **Scotch 'tape®** *n no pl* AM, AUS Tesa[film]® *m* **Scotch 'ter·ri·er** *n* Scotchterrier *m,* schottischer Terrier **Scotch 'whis·ky** *n no pl* Scotch *m* **'Scotch·wom·an** *n* (*dated*) Schottin *f*

scot-'free *adv inv* ❶ (*without punishment*) straflos, straffrei; **to get away [*or* off] ~** straffrei davonkommen ❷ (*unchallenged*) unbehelligt; (*unharmed*) ungeschoren; **to come away [*or* get off] ~** ungeschoren davonkommen

Scot·land ['skɒtlənd, AM 'skɑːt-] *n* Schottland *nt*

Scot·land 'Yard *n + sing/pl vb* Scotland Yard *m*

Scots [skɒts, AM skɑːts] **I.** *adj* schottisch **II.** *n no pl* Schottisch *nt*

Scots 'fir *n* ❶ (*tree*) Kiefer *f,* Föhre *f* DIAL ❷ *no pl* (*wood*) Kiefernholz *nt,* Kiefer *f* **'Scots·man** *n* Schotte *m* **Scots 'pine** *n* ❶ (*tree*) Kiefer *f,* Föhre *f* DIAL ❷ *no pl* (*wood*) Kiefernholz *nt,* Kiefer *f* **'Scots·wom·an** *n* Schottin *f*

Scot·ti·cism ['skɒtɪsɪzᵊm, AM 'skɑːt̬ɪ-] *n* LING schottischer Ausdruck

Scot·tie ['skɒti, AM 'skɑːti] *n,* **Scot·tie dog** *n* (*fam*) Scotchterrier *m,* schottischer Terrier

Scot·tish ['skɒtɪʃ, AM 'skɑːt̬-] **I.** *adj* schottisch **II.** *n* ■**the ~** *pl* die Schotten *pl*

i Kultur

Die **Scottish National Party** (**SNP**) ist eine linksgerichtete Partei, die sich die Unabhängigkeit Schottlands als Ziel gesetzt hat. Sie wurde 1932 gegründet, hatte aber zunächst wenig Erfolg bei den Wählern. Bei der zweiten Parlamentswahl 1974 gewann sie dann 30 % der Stimmen in Schottland. 1997 schloss sich die Partei mit den *Liberal Democrats* und der *Labour Party* zusammen und gemeinsam gewannen sie einen Volksentscheid für die *devolution – Dezentralisierung* Schottlands. Am 11. September 1997 entschieden sich die Schotten durch ein Referendum für ein eigenes Parlament, nachdem sie fast 300 Jahre darauf verzichten mussten. Das neue *Scottish Parliament* besteht aus 129 Abgeordneten und kann Gesetze erlassen und Steuern erheben. Das Parlament hat seinen Sitz in der Nähe des Holyroodhouse in Edinburgh.

Scot·tish 'ter·ri·er *n* schottischer Terrier, Scotchterrier *m*

scoun·drel ['skaʊndrᵊl] *n* (*dishonest person*) Schuft *m pej,* Halunke *m pej;* (*stronger*) Schurke *m pej*

scour¹ ['skaʊəʳ, AM -ɚ] *vt* ■**to ~ sth [for sb/sth]** *town, area* etw [nach jdm/etw] absuchen [*o fam* abklappern]; *newspaper* etw [nach jdm/etw] durchforsten [*o* durchkämmen]

scour² ['skaʊəʳ, AM -ɚ] **I.** *n no pl* Scheuern *nt,* Schrubben *nt fam;* **to give sth a good ~** etw gründlich reinigen **II.** *vt* ■**to ~ sth** ❶ (*clean*) etw scheuern [*o fam* schrubben] ❷ (*erode*) *river* etw auswaschen; *wind* etw abtragen

◆**scour about, scour around** *vi* ■**to ~ about [*or* around] [for sth]** [nach etw *dat*] herumsuchen *fam;* **to ~ about for an idea/a present** sich *dat* den Kopf nach einer Idee/einem Geschenk zerbrechen

◆**scour away, scour off** *vt* ■**to ~ sth ○ away [*or* off]** ❶ (*remove*) etw wegscheuern [*o* abscheuern]; **to ~ away stains** Flecken entfernen ❷ (*erode*) etw erodieren; *water* etw auswaschen; *wind* etw abtragen

◆**scour out** *vt* ■**to ~ out ○ sth** ❶ (*clean*) etw ausscheuern ❷ GEOL etw auswaschen

◆**scour round** *vi* BRIT *see* **scour about**

scour·er ['skaʊərəʳ, AM -ɚɚ] *n* Topfreiniger *m,* Topfkratzer *m*

scourge [skɜːdʒ, AM skɜːrdʒ] **I.** *n* ❶ *usu sing* (*cause of suffering*) Geißel *f geh*, Plage *f*; ~ **of famine** Hungerkatastrophe *f* ❷ (*fig: critic*) Kritiker(in) *m(f)*; **to be the ~ of sth/sb** etw/jdn scharf kritisieren, mit jdm hart ins Gericht gehen ❸ (*whip*) Peitsche *f*; REL Geißel *f* **II.** *vt* ❶ *usu passive* (*inflict suffering on*) ■**to be ~d by sb/sth** von jdm/etw geplagt [*o geh* heimgesucht] sein ❷ (*hist: whip*) ■**to ~ sb** jdn [aus]peitschen [*o hist* geißeln]

scour·ing [ˈskaʊərɪŋ, AM -ɚ-] *n no pl* ❶ (*cleaning*) Scheuern *nt*, Schrubben *nt fam* ❷ (*eroding*) *river* Auswaschen *nt*; *wind* Abtragen *nt*

ˈscour·ing pad *n esp* AM, AUS Topfreiniger *m*, Topfkratzer *m*

ˈscour·ing pow·der *n no pl* Scheuermittel *nt*

Scouse [skaʊs] BRIT **I.** *adj* (*fam*) Liverpooler; ~ **accent** Liverpooler Akzent **II.** *n* (*fam*) ❶ (*person*) Liverpooler(in) *m(f)* ❷ *no pl* (*dialect*) Liverpooler Dialekt

Scous·er [ˈskaʊsəʳ] *n* BRIT (*fam*) Liverpooler(in) *m(f)*

scout [skaʊt] **I.** *n* ❶ (*Boy Scout*) Pfadfinder *m*; AM (*Girl Scout*) Pfadfinderin *f*; **~'s honour** [*or* AM **honor**] Pfadfinderehrenwort *nt*; (*fig*) großes Indianerehrenwort *fam* ❷ (*organization*) ■**the ~s** [*or* **S~s**] *pl* die Pfadfinder *pl* ❸ (*soldier*) Kundschafter(in) *m(f)*, Späher(in) *m(f)*; (*aircraft, ship*) Aufklärer *m* ❹ (*talent searcher*) Talentsucher(in) *m(f)* ❺ *no pl* (*search*) **to have a ~ around** [**for sth**] sich *akk* [nach etw *dat*] umsehen ❻ BRIT (*at Oxford University colleges*) Collegebedienstete(r) *f(m)* (*der Studenten der Universität Oxford*) ❼ AM (*dated fam: fellow*) Kerl *m fam*; **he's a good ~** er ist ein feiner Kerl *fam* **II.** *vi* ❶ (*reconnoitre*) kundschaften, auf Erkundung gehen ❷ (*search*) ■**to ~ for sb/sth** nach jdm/etw Ausschau halten; **to ~ for clues** nach Hinweisen suchen; **to ~ for players** nach Spielern/Spielerinnen suchen; **to ~ for new talent** nach neuen Talenten suchen, auf Talentsuche sein **III.** *vt* ❶ (*reconnoitre*) ■**to ~ sth** etw auskundschaften ❷ (*talent-spot*) ■**to ~ sth for sb/sth** in etw *dat* nach jdm/etw Ausschau halten

◆**scout about, scout around** *vi* ■**to ~ about** [*or* **around**] [**for sth**] sich *akk* [nach etw *dat*] umsehen

◆**scout out** *vt* ❶ (*find by searching*) ■**to ~ out ⇄ sth/sb** etw/jdn aufspüren [*o fam* aufstöbern] ❷ (*find out*) ■**to ~ out ⇄ sth** *information* etw auskundschaften [*o* erkunden]

◆**scout round** *vi* BRIT *see* **scout about**

◆**scout up** *vt* AM ■**to ~ sth/sb ⇄ up** etw/jdn aufspüren

Scout [skaʊt] *n see* **scout I. 1**

ˈscout camp, ˈScout camp *n* Pfadfinderlager *nt*; **to go to** [*or* **on**] **~** ins Pfadfinderlager gehen; **at** [*or* **on**] **~** im Pfadfinderlager

ˈscout hut BRIT, **ˈScout hut** *n* BRIT Pfadfinderheim *nt*

scout·ing, Scout·ing [ˈskaʊtɪŋ, AM -t̬ɪŋ] **I.** *n no pl* (*being a Scout*) Pfadfindersein *nt*; (*Scout system*) Pfadfinderei *f fam* **II.** *adj attr, inv* Pfadfinder-

ˈscout·lead·er, ˈScout·lead·er *n* Pfadfinderführer(in) *m(f)*

ˈscout·mas·ter, ˈScout·mas·ter *n* Pfadfinderführer(in) *m(f)*

ˈScout Move·ment *n no pl* ■**the ~** die Pfadfinderbewegung

ˈscout troop, ˈScout troop *n* + *sing/pl vb* Pfadfindergruppe *f*

scout ˈuni·form, Scout ˈuni·form *n* Pfadfinderuniform *f*

scowl [skaʊl] **I.** *n* mürrischer [*o* missmutiger] [Gesichts]ausdruck; **he wore a permanent ~ on his face** er schaute immer mürrisch drein; **to look at sb with a ~** jdn mürrisch [*o* missmutig] ansehen **II.** *vi* mürrisch [*o* missmutig] [drein]blicken; ■**to ~ at sb** jdn mürrisch [*o* missmutig] ansehen

scowl·ing [ˈskaʊlɪŋ] *adj attr, inv* missmutig, mürrisch; (*grim*) finster

Scrab·ble® [ˈskræbl̩] *n no pl* Scrabble® *nt*; **a game of ~** eine Runde [*o* Partie] Scrabble

scrab·ble [ˈskræbl̩] *vi* ❶ (*grope*) [herum]wühlen; ■**to ~ for sth** nach etw *dat* [herum]wühlen *fam*; ■**to ~ through sth** in etw *dat* herumwühlen; **to ~ in the mud/dirt for sth** im Schlamm/Dreck nach etw *dat* wühlen ❷ (*claw for grip*) ■**to ~ for sth** nach etw *dat* greifen; **he hung from the rock ledge, desperately scrabbling with his toes for a foothold** er hing am Felsvorsprung und suchte verzweifelt mit seinen Füßen nach Halt ❸ (*scratch*) *animal* scharren ❹ (*scramble, crawl quickly*) ■**to ~ across sth** über etw *akk* krabbeln; ■**to ~ along sth** etw entlangkrabbeln; ■**to ~ up sth** etw hochklettern; *insects* etw hochkrabbeln ❺ (*try to get*) ■**to ~ for sth** *children* sich *akk* um etw *akk* streiten [*o* balgen], um etw *akk* kämpfen

◆**scrabble about, scrabble around,** BRIT *a.* **scrabble round** *vi* ❶ (*search*) [herum]suchen; **she ~d around in her bag** sie wühlte in ihrer Tasche ❷ (*struggle to achieve*) sich *akk* abmühen

scrag <-gg-> [skræg] *vt* (*dated fam*) ■**to ~ sb** BRIT (*treat roughly*) jdn verdreschen *fam* [*o sl* vermöbeln]; (*in Rugby*) jdn in einen [*o* den] Würgegriff nehmen; AM (*kill*) jdn abmurksen *sl*

scrag ˈend *n no pl* BRIT (*of mutton*) Hals *m*

scrag·gly [ˈskræɡli] *adj esp* AM, AUS unordentlich; ~ **hair** zott[el]iges Haar; ~ **plants** wild wachsende Pflanzen

scrag·gy [ˈskræɡi] *adj* ❶ (*pej: thin and bony*) dürr; (*stronger*) klapperdürr *fam*; ~ **neck** hagerer Hals ❷ (*pej*) *meat* mager

scram <-mm-> [skræm] *vi* (*fam*) abhauen *fam*, verschwinden *fam*, sich *akk* verziehen *fam*; **~!** zieh Leine! *fam*, hau ab! *fam*

scram·ble [ˈskræmbl̩] **I.** *n* ❶ *no pl* (*scrambling*) Kletterpartie *f* (**over/through/up** über/durch/auf +*akk*) ❷ *no pl* (*rush*) Gedrängel *nt fam* (**for** um +*akk*); (*scrap*) Gerangel *nt fam* (**for** um +*akk*); (*chase*) Jagd *f* (**for** nach +*dat*) ❸ *no pl* (*struggle*) Kampf *m* (**for** um +*akk*); **the S~ for Africa** HIST der Kampf um Afrika ❹ BRIT (*motorcycle race*) Moto-Cross-Rennen *nt* **II.** *vi* ❶ (*climb*) klettern; (*over difficult terrain also*) kraxeln *bes* SÜDD, ÖSTERR *fam*; **to ~ through a hedge** (*push oneself through*) sich *akk* durch eine Hecke zwängen; **to ~ down the hillside** den Hang hinunterklettern [*o fam* hinunterkraxeln]; **to ~ up the hillside** den Hang hinaufklettern [*o fam* hinaufkraxeln] ❷ (*move hastily and awkwardly*) hasten; **to ~ into one's clothes** sich *dat* schnell etwas überziehen *fam*, in seine Kleider steigen *fam*; **to ~ for the exit** zum Ausgang stürzen; **to ~ to one's feet** sich *akk* hochrappeln *fam*; **to ~ out of sb's way** jdm hastig freie Bahn machen *fam* ❸ (*compete*) ■**to ~ for sth** sich *akk* um etw *akk* reißen; (*struggle*) sich *akk* um etw *akk* rangeln; (*push*) sich *akk* zu etw *dat* drängeln [*o fam* vordrängeln]; **to ~ for the exit** sich *akk* zum Ausgang drängeln; **to ~ for the best seats** sich *akk* um die besten Plätze rangeln ❹ (*take off quickly*) *aircraft* sofort losfliegen [*o* aufsteigen] **III.** *vt* ❶ (*beat and cook*) ■**to ~ sth** *eggs* etw verrühren [*o fam* verquirlen]; **to ~ eggs** Rühreier machen ❷ (*fam*) **to ~ sb's brains** jdn durcheinanderbringen [*o fam* meschugge machen] ❸ (*encode*) ■**to ~ sth** etw verschlüsseln ❹ (*take off quickly*) ■**to ~ sth** *aircraft* etw sofort starten

◆**scramble together, scramble up** *vt* ■**to ~ sth ⇄ together** [*or* **up**] etw zusammenraffen; *money, ingredients* etw zusammenbekommen

scram·bled ˈegg *n*, **scram·bled ˈeggs** *npl* Rührei *nt*, Rühreier *ntpl selten*

scram'bler [ˈskræmbləʳ, AM -ɚ] *n* ❶ TECH (*device*) Verschlüsselungsgerät *nt* ❷ BRIT (*motorcycle*) Geländemotorrad *nt*

scram·bling [ˈskræmblɪŋ] *n no pl* BRIT Moto-Cross-Rennen *nt*

scrap¹ [skræp] **I.** *n* ❶ (*small piece, amount*) Stück[chen] *nt*; **there wasn't a ~ of food left on her plate** sie ließ nicht ein Krümelchen auf ihrem Teller übrig; **this does not make a ~ of difference!** das macht doch nicht den geringsten Unterschied!; ~ **of cloth/paper** Stoff-/Papierfetzen *m*; **a few ~s of conversation** ein paar Gesprächsfetzen; **a few ~s of English** ein paar Brocken Englisch; **a few ~s of evidence** ein paar mickrige Beweisstücke *fam*; **not a ~ of evidence** nicht der geringste Beweis; **a few ~s of information** ein paar bruchstückhafte Informationen; **not a ~ of truth** kein Körnchen *nt* Wahrheit; **not a ~** kein bisschen ❷ (*leftover pieces of food*) ■**~s** *pl* Speisereste *mpl*, Essensabfälle *mpl* ❸ BRIT (*fig fam: small child*) Ding *nt fam*; **poor little ~** armes, kleines Ding [*o*

S

SÜDD Hascherl] *fam* ❹ *no pl* (*old metal*) Schrott *m;* **to sell sth for** ~ etw als Schrott verkaufen **II.** *vt* <-pp-> ■**to** ~ **sth** ❶ (*get rid of*) etw wegwerfen [*o fam* ausrangieren]; (*use for scrap metal*) etw verschrotten ❷ (*fam: abandon*) etw aufgeben; (*abolish*) etw abschaffen

scrap² [skræp] **I.** *n* (*fam: fight*) Gerangel *nt fam,* Balgerei *f;* (*verbal*) Streit *m;* **to have a** ~ **[with sb]** sich *akk* [mit jdm] in der Wolle haben [*o* liegen] *fam* **II.** *vi* <-pp-> ■**to** ~ **[over sth] [with sb]** ❶ (*fight*) sich *akk* [mit jdm] [um etw *akk*] balgen [*o fam* rangeln]; (*verbal*) sich *akk* [mit jdm] [um etw *akk*] streiten ❷ (*compete fiercely*) [mit jdm] [um etw *akk*] konkurrieren

'scrap·book *n* [Sammel]album *nt;* **to keep a** ~ ein [Sammel]album führen **'scrap deal·er** *n* Schrotthändler(in) *m(f)*

scrape [skreɪp] **I.** *n* ❶ *no pl* (*for cleaning*) [Ab]kratzen *nt,* [Ab]schaben *nt;* **to give a potato a** ~ eine Kartoffel schälen; **to give one's boots a** ~ seine Schuhe abstreifen ❷ (*graze on skin*) Abschürfung *f;* (*scratch*) Kratzer *m,* Schramme *f;* **to give sth a** ~ **[on sth]** sich *dat* etw [an etw *dat*] aufschürfen ❸ (*sound*) Kratzen *nt* ❹ (*fig fam: difficult situation*) Not *f,* Klemme *f fam,* Schwulitäten *fpl fam;* **to be in a** ~ in der Klemme [*o* Bredouille] sein [*o* stecken] *fam;* **to get into a** ~ in Schwulitäten kommen *fam;* **to get sb out of a** ~ jdm aus der Bredouille [*o* Klemme] helfen *fam* ❺ (*near disaster*) Gefahrensituation *f;* **despite this** ~ **with disaster, he refused to give up racing** obwohl er nur knapp an einer Katastrophe vorbeigeschrammt ist, weigerte er sich, mit dem Rennfahren aufzuhören *fam;* **he had several fairly narrow** ~**s with death while mountaineering** beim Bergsteigen ist er schon ein paar Mal knapp dem Tod entronnen **II.** *vt* ❶ (*remove outer layer*) ■**to** ~ **sth** etw [ab]schaben; (*remove excess dirt*) etw [ab]kratzen; **he must have been hungry, he's** ~**d his plate completely clean** so, wie er seinen Teller ratzeputz leer gegessen hat, muss er sehr hungrig gewesen sein; **to** ~ **one's shoes** die Schuhe abstreifen ❷ (*graze*) **to** ~ **sth [against** [*or* **on] sth]** sich *dat* etw [an etw *dat*] aufschürfen; (*scratch, rub against*) ■**to** ~ **sth** *car* etw verkratzen [*o* verschrammen]; (*with harsh noise*) **he just** ~**s the bow of his violin over the strings** er kratzt mit seinem Geigenbogen über die Saiten *hum* ❸ (*fig: just manage to obtain*) ■**to** ~ **sth** etw nur mit Ach und Krach schaffen *fam;* **to** ~ **a living [together]** (*fam*) gerade [mal] so hinkommen [*o* über die Runden kommen] *fam;* **to** ~ **a living doing sth** sich *akk* mit etw *dat* über Wasser halten ❹ BRIT (*brush*) **to** ~ **one's hair [back]** sein Haar straff [zurück]kämmen [*o* [zurück]bürsten] ▶ PHRASES: **to** ~ **[the bottom of] the barrel** das Letzte zusammenkratzen *fam* **III.** *vi* ❶ ■**to** ~ **against** [*or* **on] sth** (*rub*) an etw *dat* reiben; (*brush*) etw streifen; (*scratch*) an etw *dat* kratzen ❷ (*pej: on string instrument*) ■**to** ~ **away [on sth]** [auf etw *dat*] herumkratzen *hum fam* ❸ (*economize*) sparen ❹ (*barely*) **to** ~ **into college/university** es mit Ach und Krach auf die Fachhochschule/Uni[versität] schaffen *fam;* **to** ~ **home** BRIT, Aus mit Ach und Krach gewinnen *fam* ▶ PHRASES: **to bow and** ~ [katz]buckeln *pej*

◆**scrape along** *vi see* **scrape by**

◆**scrape away** *vt* ■**to** ~ **away** ↻ **sth** etw abkratzen

◆**scrape by** *vi* mit Ach und Krach [*o* Hängen und Würgen] durchkommen *fam;* **the family has to** ~ **by on £50 a week** die Familie muss mit 50 Pfund in der Woche auskommen; **to** ~ **by on the dole** BRIT mit dem Arbeitslosengeld gerade so über die Runden kommen *fam*

◆**scrape in** *vi* BRIT ❶ (*just manage to win*) mit Ach und Krach gewinnen *fam* ❷ (*just succeed in getting into sth*) hineinrutschen *fam*

◆**scrape off** *vt* ■**to** ~ **off** ↻ **sth [from sth]** *dirt, mud* etw [von etw *dat*] abkratzen

◆**scrape out** *vt* ■**to** ~ **out** ↻ **sth** etw auskratzen

◆**scrape through** *vi* gerade [mal] so durchkommen [*o* durchrutschen] *fam;* **to** ~ **through an exam** gerade so [*o* mit Hängen und Würgen] durch eine Prüfung kommen *fam;* **to** ~ **through college/high school/university** die Fachhochschule/die High School/die Uni[versität] gerade mal so schaffen *fam*

◆**scrape together** *vt* ■**to** ~ **together** ↻ **sth/people** etw/Leute zusammenbekommen [*o fam* zusammenkriegen]; **to** ~ **money together** Geld zusammenkratzen *fam;* **to** ~ **a team together** eine Mannschaft zusammenstellen

◆**scrape up** *vt* ■**to** ~ **up** ↻ **sth** ❶ (*scrape together*) etw zusammenbekommen [*o fam* zusammenkriegen] ❷ (*pick up*) etw wegmachen; ■**to** ~ **up** ↻ **sth off sth** etw von etw *dat* [ab]kratzen; **to** ~ **up snow** Schnee schippen; **to** ~ **up leaves** Blätter zusammenfegen

scrap·er ['skreɪpəʳ, AM -ɚ] *n* (*tool*) *for paint, wallpaper* Spachtel *m o f; for windscreens* Kratzer *m; for shoes, boots* Abkratzer *m;* (*grid*) Abstreifer *m*

'scrap·er·board *n no pl* BRIT ART Schabpapier *nt fachspr*

'scrap heap *n cars* Schrotthaufen *m;* **to be on the** ~ (*fig*) zum alten Eisen zählen [*o* gehören] *fam; plan, idea* verworfen werden; **to be thrown on** [*or form* **consigned to**] **the** ~ zum alten Eisen geworfen werden *fam*

scrapie ['skreɪpi] *n no pl* Scrapie *f,* Scrapiekrankheit *f*

scrap·ing ['skreɪpɪŋ] **I.** *adj attr, inv* kratzend **II.** *n* ❶ *no pl* (*sound*) Kratzen *nt* ❷ (*small amount*) Rest[e] *m[pl]* ❸ (*bits peeled off*) ■~**s** *pl* Schabsel *pl; vegetable* Schalen *fpl*

'scrap iron *n no pl* Alteisen *nt,* Schrott *m* **'scrap mer·chant** *n* BRIT Schrotthändler(in) *m(f)* **scrap 'met·al** *n no pl* Schrott *m* **scrap 'pa·per** *n no pl* Schmierpapier *nt*

scrap·pi·ly ['skræpɪli] *adv* (*unsystematically*) unsystematisch; (*unevenly*) uneinheitlich

scrap·py¹ ['skræpi] *adj* (*haphazard*) zusammengestückelt; (*lacking consistency*) unausgewogen, inkonsistent *geh;* (*incomplete*) *knowledge, education, report* lückenhaft; (*unsystematic*) unsystematisch; (*uneven in quality*) *handwriting* uneinheitlich, krakelig *fam*

scrap·py² ['skræpi] *adj* AM kampflustig, rauflustig; *dog* angriffslustig

'scrap value *n no pl* Schrottwert *m* **'scrap·yard** *n* Schrottplatz *m*

scratch [skrætʃ] **I.** *n* <*pl* -es> ❶ (*cut on skin*) Kratzer *m,* Schramme *f;* **to be covered in** ~**es** völlig zerkratzt [*o* verschrammt] sein ❷ (*mark on surface*) Kratzer *m,* Schramme *f* ❸ *no pl* (*to relieve itching*) Kratzen *nt;* **to have** [*or* **give oneself**] **a scratch** sich *akk* kratzen ❹ *no pl* (*acceptable standard*) **to not be up to** ~ zu wünschen übrig lassen; **to bring sth/sb up to** ~ etw/jdn auf Vordermann [*o sl* Zack] bringen *fam;* **to come up to** ~ den Anforderungen entsprechen, nichts zu wünschen übrig lassen ❺ (*beginning state*) **to learn sth from** ~ etw von Grund auf lernen; **to start [sth] from** ~ [mit etw *dat*] bei null anfangen, ganz von vorne anfangen; **to bake/cook sth from** ~ etw selber [*o* nach Hausmacherart] backen/kochen **II.** *adj attr, inv* ❶ (*hastily got together*) improvisiert; **a** ~ **team** eine zusammengewürfelte Mannschaft ❷ (*without handicap*) ohne Vorgabe *nach n* **III.** *vt* ❶ (*cut slightly*) ■**to** ~ **sth** etw zerkratzen [*o* zerschrammen]; ■**to** ~ **sb** jdn kratzen ❷ (*mark by scraping*) ■**to** ~ **sth** etw verkratzen [*o* zerkratzen]; **people have been** ~**ing their names on this rock for years** seit Jahren schon ritzen die Leute ihren Namen in den Stein; **the dog** ~**ed a small hole in the ground** der Hund scharrte ein kleines Loch in den Boden ❸ (*relieve an itch*) ■**to** ~ **oneself** sich *akk* kratzen; ■**to** ~ **sth** an etw *dat* kratzen [*o* herumkratzen *fam*]; **to** ~ **one's arm** sich *akk* am Arm kratzen; **to** ~ **one's head** sich *akk* am Kopf kratzen; (*fig*) sich *dat* den Kopf zerbrechen ❹ (*exclude from competition*) **to** ~ **sb from a list** jdn aus einer [Starter]liste streichen; **to** ~ **a horse from a race** ein Pferd aus dem Rennen nehmen; **to** ~ **sb from a team** [*or* **side**] jdn aus der Mannschaft nehmen ❺ (*erase, remove*) ■**to** ~ **sth** etw streichen; **you can** ~ **that idea** diese Idee kannst du vergessen; **to ~ sb's name off a list** jds Namen *m* aus einer Liste streichen ❻ AM (*fam: cancel*) ■**to ~ sth** etw aufgeben [*o fam* abblasen] ❼ (*write hastily*) ■**to ~ sth** etw [hin]kritzeln; ■**to ~ sth on sth** etw auf etw *akk* kritzeln ▸PHRASES: **you ~ my back and I'll ~ yours** eine Hand wäscht die andere *prov;* **~ a ... and you'll find a ... [underneath]** in jedem/jeder ... steckt ein/eine ..., hinter jedem/jeder ... verbirgt sich ein/eine ...; **~ a rabid nationalist and you're likely to find a racist underneath** in jedem fanatischen Nationalisten steckt mit ziemlicher Sicherheit ein Rassist **IV.** *vi* ❶ (*use claws, nails*) kratzen; *bird, chicken* scharren; **she ~ed at me with her nails** sie ging mit den Fingernägeln auf mich los ❷ (*relieve an itch*) sich *akk* kratzen ❸ (*cause itchy feeling*) kratzen ❹ BRIT (*write badly*) *pen, nib* kratzen ❺ (*withdraw from race*) zurücktreten, nicht antreten ❻ MUS scratchen

◆**scratch about, scratch around** *vi* ❶ *animals* herumscharren; ■**to ~ about [*or* around] for sth** nach etw *dat* scharren ❷ (*fig: search hard*) herumsuchen *fam;* ■**to ~ about [*or* around] for sth** nach etw *dat* suchen *fam;* **to ~ around [*or* about] for a bite to eat** nach etwas Essbarem suchen

◆**scratch out** *vt* ❶ (*strike out*) ■**to ~ out ○ sth** etw auskratzen; **to ~ sb's eyes out** jdm die Augen auskratzen *fam;* **to ~ out a line** eine Zeile durchstreichen; **to ~ out a word** ein Wort ausstreichen ❷ (*write hurriedly*) ■**to ~ sth ○ out** etw hinkritzeln ❸ (*fam: labour to get*) ■**to ~ out sth** etw aufbauen

◆**scratch round** *vi* BRIT *see* **scratch about**

scratch-and-'sniff pic·ture *n* Rubbel-Duft-Bild *nt* **'scratch card** *n* Rubbelkarte *f,* Rubbellos *nt* **'scratch·mark** *n* Kratzspur *f,* Kratzer *m* **'scratch pad** *n* AM, AUS ❶ (*notepad*) Notizblock *m* ❷ COMPUT Notizblockspeicher *m fachspr* **'scratch pa·per** *n no pl* AM (*scrap paper*) Schmierpapier *nt;* (*for draft notes*) Konzeptpapier *nt*

scratchy ['skrætʃi] *adj* ❶ (*scratched*) verkratzt ❷ (*irritating to skin*) *pullover* kratzig; ■**to be ~** kratzen ❸ BRIT (*that writes badly*) *pen, nib* kratzend; ■**to be ~** kratzen ❹ *handwriting* krak[e]lig *pej fam; drawing, plan, sketch* kritz[e]lig *pej fam* ❺ (*fig fam: irritable*) kratzbürstig, kratzig *fam*

scrawl [skrɔːl, AM *esp* skrɑːl] **I.** *vt* ■**to ~ sth** etw [hin]kritzeln; **to ~ a note to sb** jdm eine Nachricht hinkritzeln; **to ~ one's signature** seine Unterschrift [hin]kritzeln [*o fam* hinschmieren]; ■**to ~ sth on sth** etw auf etw *akk* kritzeln **II.** *n* ❶ *no pl* (*untidy writing*) Gekritzel *nt pej,* Gekrakel *nt pej fam,* Klaue *f pej fam* ❷ (*of note, message*) Gekritzel *nt pej,* Gekrakel *nt pej fam,* Krakelei *f pej fam*

scrawny ['skrɔːni, AM *esp* 'skrɑːni] *adj human, animal* dürr; *vegetation* dürftig, mager

scream [skriːm] **I.** *n* ❶ (*loud shrill cry*) Schrei *m;* **a ~ of fear/for help** ein Aufschrei/Hilfeschrei *m;* **a piercing ~** ein gellender [*o* durchdringender] Schrei; ■**~s** (*continuous shouting*) Geschrei *nt kein pl oft pej* ❷ (*of an animal*) Gekreisch[e] *nt kein pl* ❸ *no pl of an engine, siren* Heulen *nt; of a jet plane* Dröhnen *nt* ❹ *no pl* (*fam: sth or sb very funny*) **to be a ~** zum Schreien [*o* Brüllen] sein *fam* **II.** *vi* ❶ (*cry out loudly*) *with fear, pain, rage* schreien; (*with joy, delight*) kreischen; ■**to ~ at sb** jdn anschreien; **to ~ for help** [gellend] um Hilfe schreien; **to ~ with laughter** vor Lachen brüllen; **to ~ in terror** vor Schreck schreien ❷ *animals* schreien ❸ *engine, siren* heulen; *jet plane* dröhnen; **a fire engine ~ed past** ein Feuerwehrauto fuhr mit heulenden Sirenen vorbei ❹ (*travel fast noisily*) ■**to ~ past** vorbeibrausen, vorbeidüsen *fam,* mit heulenden Motoren vorbeirasen ❺ (*fig: express oneself vociferously*) ■**to ~ about sth** um etw *akk* ein großes Trara [*o* viel Geschrei] machen *fam* ❻ *esp* BRIT (*clash horribly*) ■**to ~ at sth** sich *akk* mit etw *dat* beißen *fam;* ■**to ~ at each other** *colours* sich *akk* beißen *fam* ❼ (*fam: glaringly obvious*) ■**to be ~ing at sb** jdm ins Auge springen **III.** *vt* ❶ (*cry loudly*) ■**to ~ [out] sth** etw schreien [*o bes* SÜDD FAM brüllen]; **to ~ abuse at sb** jdm Beschimpfungen an den Kopf werfen; **to ~ one's head off [*or* the place down]** (*fam*) sich *dat* die Kehle [*o* Lunge] aus dem Hals schreien *fam;* **to ~ oneself hoarse** sich *akk* heiser schreien ❷ (*fig: express forcefully*) ■**to ~ sth** etw lauthals schreien; **'Royal Plane Disaster' ~ed the headlines next day** ‚Königliches Flugzeugunglück' schrieen einem die Schlagzeilen am nächsten Tag groß entgegen

◆**scream out** *vi* (*fam: demand*) ■**to ~ out for sth** nach etw *dat* schreien [*o* verlangen]; ■**to ~ out at sb** (*be very noticeable*) *colour, mistake* jdm ins Auge stechen

scream·ing ['skriːmɪŋ] **I.** *adj attr, inv* ❶ (*crying loudly*) *person* schreiend; *engine* heulend; **a ~ brat** ein Schreihals *m* ❷ *headline* reißerisch *pej* **II.** *n no pl of people* Geschrei *nt oft pej,* Gebrüll *nt oft pej; of animals* Gekreisch[e] *nt; of an engine* Heulen *nt*

scream·ing·ly ['skriːmɪŋli] *adv* **his life was just a ~ dull routine** sein Leben war eine einzige öde Routine; **~ funny** zum Schreien komisch *fam,* urkomisch *fam;* **to be ~ obvious** ganz offensichtlich sein

scree [skriː] *n no pl* Geröll *nt,* Schotter *m*

screech [skriːtʃ] **I.** *n* <*pl* -es> *of a person* Schrei *m; of an animal* Kreischen *nt kein pl; of brakes, tyres* Quietschen *nt kein pl;* **a ~ of laughter** ein [gellendes] Auflachen *nt;* **to give a ~ of pain** vor Schmerz aufschreien; **to stop with a ~ of tyres** mit quietschenden Reifen zum Stillstand kommen **II.** *vi person* schreien; *animal* kreischen; *brakes, tyres* quietschen; **to ~ with delight** vor Vergnügen quietschen; **to ~ to a halt** mit quietschenden Reifen zum Stillstand kommen; **to ~ with laughter** vor Lachen kreischen; **to ~ with pain** vor Schmerzen schreien **III.** *vt* ■**to ~ that ...** schreien [*o* kreischen], dass ...

'screech owl *n* Kreischeule *f*

screed [skriːd] *n* ❶ (*speech, writing*) Roman *m;* (*book*) Wälzer *m fam;* **to write ~s [and ~s]** einen ganzen Roman [*o* ganze Romane] schreiben ❷ TECH (*layer of plaster*) Estrich *m*

screen [skriːn] **I.** *n* ❶ (*in a cinema, for slides*) Leinwand *f;* (*of television, computer*) Bildschirm *m;* (*for radar, sonar*) Schirm *m;* **radar ~** Radarschirm *m;* **on ~** am Bildschirm ❷ *no pl* ■**the ~** (*cinema*) das Kino; (*fam: television*) das Fernsehen; **the big ~** die Leinwand, das Kino; **the silver ~** (*dated*) *das Kino der 30er und 40er Jahre;* **the small ~** der Bildschirm, das Fernsehen ❸ (*panel for privacy*) Trennwand *f;* (*decorative*) Wandschirm *m,* Paravent *m;* (*for protection*) Schutzschirm *m;* (*against insects*) Fliegengitter *nt;* (*fire screen*) Ofenschirm *m* ❹ BRIT (*along a motorway*) Lärmschutzwand *f;* (*in a church*) Lettner *m;* **glass ~** Glaswand *f;* **a ~ of trees** (*fig*) eine Wand von Bäumen ❺ (*on car*) Windschutzscheibe *f* ❻ *no pl esp* AM (*fig: sth that conceals*) Tarnung *f* ❼ (*test*) Kontrolle *f;* **health ~** Vorsorgeuntersuchung *f;* **security ~** Sicherheitskontrolle *f* ❽ (*sieve*) [Gitter]sieb *nt* **II.** *n modifier* FILM Kino-, Film- **III.** *vt* ❶ (*conceal*) ■**to ~ sth [from sth]** etw [gegen etw *akk*] abschirmen; **to ~ sth from view** etw vor Einblicken schützen ❷ (*shield*) ■**to ~ sb/sth [from sth]** jdn/etw [vor etw *dat*] schützen; ■**to ~ sb/sth [from sth/sb]** (*fig: protect*) jdn/etw [vor etw/jdm] beschützen ❸ (*examine closely*) ■**to ~ sb** jdn überprüfen; MIL jdn einer Auswahlprüfung unterziehen; ■**to ~ sb for sth** MED jdn auf etw *akk* hin untersuchen; (*test*) ■**to ~ sth** etw überprüfen; (*with answerphone*) **to ~ one's calls** nur bei bestimmten Anrufen das Telefon abnehmen ❹ (*show*) ■**to ~ sth** etw vorführen; TV etw senden ❺ (*put through a sieve*) ■**to ~ sth** etw [durch]sieben

◆**screen off** *vt* ■**to ~ off ○ sth [from sth]** etw [von etw *dat*] abtrennen

◆**screen out** *vt* ❶ (*prevent from entering*) ■**to ~ out ○ sth** etw abhalten ❷ (*exclude selectively*) ■**to ~ out ○ sb** jdn aussieben; ■**to ~ out ○ sth** etw herausfiltern

screen·ager ['skriːnˌeɪdʒəʳ, AM -dʒɚ] *n* (*sl*) *internet- oder computersüchtiger Teenager*

screen 'door *n* AM, AUS *Eingangstür mit Fliegengitter* **screen**

dump '*n* COMPUT Dumpen *nt* des Bildschirms *fachspr*

screen·ing ['skri:nɪŋ] *n* ❶ (*a showing in a cinema*) Filmvorführung *f* ❷ *no pl* (*process of showing*) *of films* Vorführen *nt; of TV programmes* Ausstrahlung *f,* Senden *nt;* **the series has had repeated ~s** die Serie ist mehrmals wiederholt worden ❸ *no pl* (*testing*) Überprüfung *f* ❹ MED (*examination*) Untersuchung *f;* (*X-ray*) Röntgenuntersuchung *f,* Röntgen *nt kein pl,* Durchleuchtung *f*

'screen name *n* Codename *m*

'screen·play *n* Drehbuch *nt* **'screen print** *n* Siebdruck *m* **'screen print·ing** *n no pl* Siebdruckverfahren *nt* **'screen rights** *npl* Filmrechte *pl* **'screen sav·er** *n* Bildschirmschoner *m* **'screen test** *n* FILM, TV Probeaufnahmen *fpl* **'screen-test** *vt* ■**to ~ sb** von jdm Probeaufnahmen machen **'screen·writ·er** *n* Drehbuchautor(in) *m(f)*

screw [skru:] **I.** *n* ❶ (*metal fastener*) Schraube *f;* **to loosen/tighten [up] a ~** eine Schraube lockern/anziehen ❷ *no pl* (*turn*) Drehung *f;* **to give sth a ~** (*with one's fingers*) an etw *dat* drehen; (*with a screwdriver*) etw anziehen ❸ (*propeller*) Schraube *f* ❹ *no pl* (*vulg sl: sex*) Fick *m vulg;* **to have a ~** bumsen *sl,* vögeln *derb,* ficken *vulg* ❺ *no pl* (*vulg sl: sexual partner*) Fick *m vulg* ❻ (*sl: prison guard*) [Gefängnis]wärter(in) *m(f),* Schließer(in) *m(f)* ❼ *no pl* SPORTS Effet *m;* **to put ~ on the ball** dem Ball [einen] Effet geben, den Ball anschneiden ❽ BRIT (*dated: twisted paper*) Tütchen *nt* ▶ PHRASES: **to have a ~ loose** (*hum fam*) nicht ganz dicht sein *pej fam;* **he must have a ~ loose!** bei ihm muss eine Schraube locker sein! *fam;* **to put the ~s on sb** (*fam*) jdm [die] Daumenschrauben anlegen; **to tighten the ~[s] [on sb]** den Druck [auf jdn] verstärken, [jdm] die Daumenschrauben anziehen **II.** *vt* ❶ (*with a screw*) ■**to ~ sth [on|to sth** etw an etw *akk* schrauben, etw an etw *dat* festschrauben ❷ (*by twisting*) **to ~ sth tight** etw fest zudrehen; ■**to ~ sth into sth** etw in etw *akk* schrauben; ■**to ~ sth on|to| sth** etw auf etw *akk* schrauben; **to ~ a nut tight** eine [Schrauben]mutter anziehen ❸ (*fam: cheat*) ■**to ~ sb** jdn reinlegen *fam;* ■**to ~ sb for sth** jdn um etw *akk* bescheißen *sl,* jdm etw abzocken *sl* ❹ (*vulg sl: have sex with*) ■**to ~ sb** jdn bumsen *sl* [*o derb* vögeln] [*o vulg* ficken] ❺ (*fam!: expressing anger or contempt*) **~ it!** Mist! *fam,* Scheiße! *derb;* **~ you/them!** du kannst/die können mich mal! *sl* ❻ (*twist*) **he somehow managed to ~ his face into an expression of polite interest** irgendwie schaffte er es, sein Gesicht freundlich zu verziehen; **to ~ sth into a ball** etw zu einem Knäuel [zusammen]knüllen **III.** *vi* (*vulg sl: have sex*) bumsen *sl,* vögeln *derb,* ficken *vulg*

◆**screw about** *vi, vt see* **screw around I. 2, II. 2**

◆**screw around I.** *vi* ❶ (*vulg sl: be promiscuous*) herumbumsen *sl,* herumvögeln *derb* ❷ (*fam!: mess around*) [he]rummachen *fam;* ■**to ~ around with sth** an etw *dat* [he]rummachen *fam;* **to ~ around with the computer** am Computer [he]rumspielen *fam* **II.** *vt* ❶ (*twist suddenly*) **to ~ one's head/neck around** den Kopf/Hals verdrehen ❷ (*fam!*) ■**to ~ sb around** (*take the piss*) jdn verarschen *derb;* (*cause trouble*) jdm das Leben sauer machen *fam*

◆**screw down** *vt* ■**to ~ down** ○ **sth** ❶ (*with screws*) etw festschrauben ❷ (*by twisting*) etw fest zudrehen; **to ~ a nut down tight** eine [Schrauben]mutter anziehen

◆**screw in I.** *vt* ■**to ~ in** ○ **sth** etw einschrauben [*o* eindrehen] **II.** *vi* sich *akk* einschrauben [*o* eindrehen] lassen

◆**screw off I.** *vt* ■**to ~ off** ○ **sth** etw abschrauben **II.** *vi* sich *akk* abschrauben lassen

◆**screw on I.** *vt* ■**to ~ on** ○ **sth** ❶ (*with screws*) etw anschrauben ❷ (*by twisting*) etw aufschrauben; **to ~ a lid/top on a jar/pot** einen Deckel/Verschluss auf ein Glas/einen Topf schrauben; **to ~ sth on tight** etw fest zudrehen ▶ PHRASES: **to have one's head ~ed on [right** [*or* **the right way**]] (*fam*) seine fünf Sinne beisammenhaben *fam,* nicht auf den Kopf gefallen sein *fam* **II.** *vi* ❶ (*with screws*) angeschraubt werden ❷ (*by twisting*) aufgeschraubt werden

◆**screw out** *vt* ■**to ~ sth out of sb** *money* etw aus jdm herauspressen *fam; truth* etw aus jdm herausquetschen *fam*

◆**screw round** *vt* BRIT **to ~ one's head/neck round** den Kopf/Hals verdrehen

◆**screw together I.** *vt* ■**to ~ together** ○ **sth** etw zusammenschrauben **II.** *vi* zusammengeschraubt werden

◆**screw up I.** *vt* ❶ (*with screws*) ■**to ~ up** ○ **sth** etw zuschrauben ❷ (*by turning*) ■**to ~ up** ○ **sth** etw zudrehen; **to ~ sth up tight** etw fest zudrehen; **to ~ a nut/screw up tightly** eine Mutter/Schraube anziehen ❸ (*twist and crush*) ■**to ~ up** ○ **sth** etw zusammenknüllen; **to ~ sth up in|to| a ball** etw zu einem Knäuel [zusammen]knüllen ❹ (*twist into a shape*) **to ~ up one's eyes** blinzeln; **to ~ up one's face/mouth** das Gesicht/den Mund verziehen; **she ~ed up her mouth into a pout** sie zog einen Schmollmund ❺ (*sl*) ■**to ~ up** ○ **sth** (*spoil*) etw vermasseln *fam;* (*fail, do badly*) etw verpatzen [*o* vermasseln] [*o* verhauen] *fam;* **to ~ it/things up** Mist bauen *fam* ❻ (*sl: make anxious, neurotic*) ■**to ~ up** ○ **sb** jdn verkorksen *fam;* **his mother's death has really ~ed him up** der Tod seiner Mutter hat ihn ganz aus der Bahn geworfen **II.** *vi* ❶ (*tighten*) sich *akk* zuschrauben lassen; *nut* sich *akk* anziehen lassen ❷ (*sl: fail, make a mess*) ■**to ~ up [on sth]** [bei etw *dat*] Mist bauen *fam* [*o sl* Murks machen]

'screw·ball *n* ❶ AM (*in baseball*) angeschnittener Ball ❷ *esp* AM (*fam: person*) Spinner(in) *m(f) pej fam* **'screw cap** *n* Schraubdeckel *m,* Schraubverschluss *m* **'screw·driv·er** *n* ❶ (*tool*) Schraubenzieher *m* ❷ (*cocktail*) Screwdriver *m* **screw·driv·er e'cono·my** *n* ECON *Wirtschaftsform, in der Produkte montiert und vermarktet werden, deren Einzelteile woanders hergestellt worden sind*

screwed [skru:d] *adj pred* (*sl*) ❶ (*stymied*) festgefahren; (*in a hopeless situation*) geliefert *sl,* aufgeschmissen *sl;* **we're ~** wir sind geliefert *sl* ❷ BRIT (*dated: drunk*) voll *fam,* blau *fam*

screwed-'up *adj* (*fam: neurotic*) neurotisch; (*messed up*) verkorkst *fam;* ■**to get [all] ~ about sth** wegen einer S. *gen* völlig durchdrehen *fam*

'screw-on *adj attr, inv* aufschraubbar; **~ cap/lid/top** Schraubverschluss *m;* **~ lens** aufschraubbare Linse **'screw top** *n* Schraubverschluss *m,* Drehverschluss *m* **'screw-top** *adj,* **'screw-topped** *adj inv* mit Schraubverschluss [*o* Drehverschluss] *nach n*

screwy ['skru:i] *adj* (*fam*) verrückt, verdreht *pej fam;* (*dangerously mad*) *idea* hirnrissig *fam*

scrib·ble ['skrɪbḷ] **I.** *vt* ■**to ~ sth** etw [hin]kritzeln; ■**to ~ sth on sth** etw auf etw *akk* kritzeln **II.** *vi* ❶ (*make marks, write*) kritzeln; **to ~ in a book/on the wall** in ein Buch/an die Wand kritzeln ❷ (*hum: write*) schreiben, schriftstellern *fam* **III.** *n* ❶ (*mark, words*) Gekritzel *nt kein pl pej,* Geschmier[e] *nt kein pl pej fam;* **illegible ~s** unleserliches Gekritzel *pej* ❷ *no pl* (*handwriting*) Klaue *f pej sl*

scrib·bler ['skrɪblə^r, AM -ɚ] *n* (*pej o hum*) Schreiberling *m pej*

'scrib·bling block *n,* **'scrib·bling pad** *n* Schreibblock *m,* Notizblock *m*

scrib·bly gum ['skrɪbligʌm] *n* AUS *australischer Gummibaum*

scribe [skraɪb] *n* ❶ (*copyist*) Schreiber(in) *m(f),* Kopist(in) *m(f)* ❷ (*teacher of religious law*) Schriftgelehrte(r) *m*

scrim·mage ['skrɪmɪdʒ] *n* ❶ SPORTS (*in US football*) Gedränge *nt fachspr* ❷ (*confused fight*) Gerangel *nt kein pl fam;* (*in a doorway*) Gedränge *nt kein pl*

scrimp [skrɪmp] *vi* sparen; **to ~ and save** knausern *pej fam;* ■**to ~ on sth** an etw *dat* sparen

scrip [skrɪp] *n* FIN ❶ (*share certificate*) Interimsschein *m fachspr,* Scrip *m fachspr* ❷ *no pl* (*share certificates*) Interimsscheine *mpl fachspr,* Scrips *mpl fachspr*

'scrip is·sue *n* FIN Interimsaktie *f fachspr*

script [skrɪpt] **I.** *n* ❶ (*text of film*) Drehbuch *nt,* Skript *nt;* (*of play*) Regiebuch *nt;* (*of broadcast*) Skript *nt;* **to keep** [*or* **stick**] to the ~ FILM, TV sich *akk* ans Drehbuch halten; (*fig*) sich *akk* an die Absprache halten; **to read from a** ~ ablesen ② (*style of writing*) Schrift *f;* TYPO *a.* Schriftart *f;* **in Arabic/Cyrillic** ~ in arabischer/kyrillischer Schrift; **italic** ~ Kursivschrift *f* ③ BRIT, AUS (*exam*) Examensarbeit *f,* Prüfungsarbeit *f* ④ AUS (*prescription*) Rezept *nt* ⑤ COMPUT Script *nt* **II.** *vt* ■**to** ~ **sth** das Drehbuch zu etw *dat* schreiben

script·ed ['skrɪptɪd] *adj inv* vorbereitet

'script-girl *n* Skriptgirl *nt*

scrip·tur·al ['skrɪptʃᵊrᵊl, AM -tʃɚ-] *adj* biblisch

scrip·ture, Scrip·ture ['skrɪptʃəʳ, AM -tʃɚ] *n* ① *no pl* (*the Bible*) die Bibel, die Schrift; **passages of** ~ Bibeltexte *mpl,* Bibelstellen *fpl;* [**Holy**] **S**~ die [Heilige] Schrift ② (*sacred writings*) ■**the** ~**s** [*or* **the S**~**s**] *pl* die heiligen Schriften *pl;* (*the Bible*) die Bibel, die Heilige Schrift; **the Hindu/Buddhist/Muslim** ~**s** die heiligen Schriften der Hindus/Buddhisten/Moslems

'script·writ·er *n* FILM, TV Drehbuchautor(in) *m(f);* RADIO Rundfunkautor(in) *m(f)*

scroll [skrəʊl, AM skroʊl] **I.** *n* ① (*roll of paper*) [Schrift]rolle *f* ② ARCHIT Schnecke *f fachspr* **II.** *vi* COMPUT scrollen *fachspr;* **to** ~ **up/down** zurück-/vorrollen, zurück-/vorscrollen *fachspr;* **to** ~ [**to the**] **right/left** nach rechts/links scrollen *fachspr;* **to** ~ **through sth** etw durchscrollen *fachspr*

Scrooge [skru:dʒ] *n* (*pej*) Geizhals *m pej,* Geizkragen *m pej fam*

scro·ta ['skrəʊtə, AM -oʊṱə] *n pl of* **scrotum**

scro·tum <*pl* -s *or* -ta> ['skrəʊtəm, *pl* -tə, AM -oʊṱ-, *pl* -ṱə] *n* Hodensack *m,* Skrotum *nt fachspr*

scrounge [skraʊndʒ] (*fam*) **I.** *n no pl* (*pej o hum*) **to be on the** ~ am Schnorren sein *pej fam,* schnorren; **to be on the** ~ **for money/cigarettes** Geld/Zigaretten schnorren *fam* **II.** *vt* (*pej*) ■**to** ~ **sth** [**off** [*or* **from**] **sb**] etw [von jdm] schnorren *pej fam* **III.** *vi* (*pej*) ■**to** ~ [**off** [*or* **from**] **sb**] [bei jdm] schnorren *pej fam*

◆**scrounge around** *vi* (*fam*) ■**to** ~ **around** [**for sth**] [nach etw *dat*] herumsuchen [*o* herumstöbern] *fam*

◆**scrounge up** *vt* AM, AUS (*fam*) **to** ~ **up a meal** ein Essen zusammenbekommen *fam;* **to** ~ **up money** Geld zusammenkratzen *fam*

scroung·er ['skraʊndʒəʳ, AM -ɚ] *n* (*pej fam*) Schnorrer(in) *m(f) pej fam*

scrub¹ [skrʌb] *n no pl* ① (*trees and bushes*) Gestrüpp *nt* ② (*area*) Busch *m,* Buschland *nt*

scrub² [skrʌb] **I.** *n* **to give sth a** [**good**] ~ etw [gründlich] [ab]schrubben *fam* **II.** *vt* <-bb-> ① (*clean*) ■**to** ~ **sth** etw [ab]schrubben *fam;* ■**to** ~ **sb clean** [*or* **down**] jdn abschrubben *fam;* **to** ~ **a saucepan clean** einen Topf blank scheuern ② (*fam: cancel, abandon*) ■**to** ~ **sth** etw fallen lassen; *project* etw abblasen *fam* **III.** *vi* <-bb-> schrubben *fam;* ■**to** ~ **at sth** an etw *dat* herumschrubben *fam*

◆**scrub off** *vt* ■**to** ~ **off** ⊂ **sth** [**from sth**] etw [von etw *dat*] abschrubben *fam*

◆**scrub out** *vt* ■**to** ~ **out** ⊂ **sth** *mistake* etw beseitigen

◆**scrub round** *vi* BRIT (*fam: avoid*) ■**to** ~ **round sth** etw umgehen

◆**scrub up** *vi* MED sich *dat* [gründlich] die Hände schrubben *fam*

scrub·ber ['skrʌbəʳ, AM -ɚ] *n* ① (*scrub brush*) Schrubber *m;* (*smaller one*) Scheuerbürste *f* ② BRIT (*pej sl*) Flittchen *nt pej fam*

'scrub·bing brush *n,* AM *a.* **'scrub brush** *n* Schrubber *m;* (*smaller one*) Scheuerbürste *f*

scrub·by ['skrʌbi] *adj vegetation* struppig; *area* Busch-, mit Buschwerk bewachsen

scruff [skrʌf] *n* ① (*of neck*) Genick *nt;* **by the** ~ **of the/sb's neck** am Genick ② BRIT (*fam: woman*) Schlampe *f pej fam;* (*man*) vergammelter Typ *pej fam*

scruffi·ly ['skrʌfɪli] *adv* gammelig *oft pej fam*

scruffy ['skrʌfi] *adj clothes* gammelig *oft pej fam,* schmuddelig *pej fam; person* vergammelt *pej fam,* gammelig *pej fam; area, place* heruntergekommen *fam,* verlottert *pej*

scrum [skrʌm] **I.** *n* ① (*in rugby*) Gedränge *nt fachspr* ② BRIT (*fam: disorderly crowd*) Getümmel *nt* **II.** *vi* <-mm-> (*in rugby*) ■**to** ~ **down** ein Gedränge bilden *fachspr*

scrum 'half *n* (*in rugby*) Gedrängehalbspieler(in) *m(f) fachspr*

scrum·mage ['skrʌmɪdʒ] *n* (*in rugby*) Gedränge *nt fachspr*

scrum·mag·er ['skrʌmɪdʒəʳ, AM -ɚ] *n* (*in rugby*) Gedrängespieler(in) *m(f) fachspr*

scrum·my ['skrʌmi] *adj* BRIT (*esp childspeak fam*) lecker, leckerschmecker *Kindersprache*

scrump [skrʌmp] *vt* BRIT (*fam*) ■**to** ~ **sth** etw klauen *fam*

scrump·tious ['skrʌm(p)ʃəs] *adj* (*fam*) lecker

scrumpy ['skrʌmpi] *n no pl* BRIT *starker Cidre*

scrunch [skrʌn(t)ʃ] **I.** *n no pl* Knirschen *nt* **II.** *vi* (*make noise*) knirschen; (*with the mouth*) geräuschvoll kauen **III.** *vt* ① (*crunch*) **we** ~**ed the gravel/snow** [**under our feet**] der Kies/Schnee knirschte unter unseren Füßen ② (*crush up*) ■**to** ~ **sth** etw zerknüllen; *see also* **scrunch up I.1**

◆**scrunch up I.** *vt* ① (*crush small*) ■**to** ~ **up** ⊂ **sth** etw zerknüllen [*o* zusammenknüllen] ② (*squeeze up*) **to** ~ **up one's face** das Gesicht verziehen; **to** ~ **up one's hair** die Haare zusammenbinden; **to** ~ **up one's shoulders** seine [*o* die] Schultern einziehen; ■**to** ~ **oneself up** sich *akk* klein machen **II.** *vi* zusammenrücken

scrunchy ['skrʌn(t)ʃi] **I.** *adj gravel, snow* knirschend; *apple* knackig **II.** *n* Haarband *nt,* Haargummi *m*

scru·ple ['skru:pl̩] **I.** *n* ① *no pl* (*moral responsibility*) Skrupel *m meist pl,* Gewissensbisse *mpl,* Bedenken *nt meist pl;* **to be** [**entirely**] **without** ~ [völlig] skrupellos sein, keiner[lei] Skrupel haben ② (*principles*) ■~**s** *pl* Skrupel *mpl,* Bedenken *ntpl;* **moral** ~**s** moralische Bedenken; **to have** [**no**] ~**s about doing sth** [keine] Skrupel [*o* Bedenken] haben, etw zu tun **II.** *vi* Bedenken [*o* Skrupel] haben; ■**to not** ~ **to do sth** keine Bedenken [*o* Skrupel] haben, etw zu tun

scru·pu·lous ['skru:pjələs] *adj* ① (*extremely moral*) gewissenhaft; **to be too** ~ **to do sth** zu viele Skrupel haben, etw zu tun ② (*extremely careful*) [peinlich] genau; ■**to be** ~ **about/in sth** es mit etw *dat* sehr genau nehmen; ~ **cleanliness** peinlichste Sauberkeit; ~ **fairness/honesty** kompromisslose Gerechtigkeit/Ehrlichkeit

scru·pu·lous·ly ['skru:pjələsli] *adv* gewissenhaft; ~ **honest** auf unbedingte Ehrlichkeit bedacht; ~ **clean** peinlich sauber; **to** ~ **avoid doing sth** peinlich darauf bedacht sein, etw nicht zu tun; **he** ~ **avoided any reference to the incident** er war sehr darauf bedacht, dass der Vorfall unerwähnt blieb

scru·ti·neer [ˌskru:tɪ'nɪəʳ, AM -tᵊn'ɪr] *n esp* BRIT, AUS Wahlprüfer(in) *m(f)*

scru·ti·nize ['skru:tɪnaɪz, AM -tᵊn-] *vt* ■**to** ~ **sth** etw [genau] untersuchen [*o* prüfen]; **to** ~ **a text** einen Text [genau] studieren; **to** ~ **sb's face/sb** jdn [genau] mustern

scru·ti·ny ['skru:tɪni, AM -tᵊni] *n no pl* [genaue] [Über]prüfung [*o* Untersuchung]; **to bear** [*or* **stand** [**up to**]] ~ einer [genauen] [Über]prüfung [*o* Untersuchung] standhalten; **to come under** [*or* **be subjected to**] [**close**] ~ einer [genauen] [Über]prüfung [*o* Untersuchung] unterzogen werden

scu·ba ['sku:bə] *n* Tauchgerät *nt*

'scu·ba div·er *n* Sporttaucher(in) *m(f)* **'scu·ba div·ing** *n no pl* Sporttauchen *nt;* **to go** ~ sporttauchen

scud <-dd-> [skʌd] *vi* eilen, flitzen *fam; clouds* [schnell] ziehen

scud 'mis·sile *n* Scud Missile *nt*

scuff [skʌf] **I.** *vt* ① (*mark*) ■**to** ~ **sth** etw verschrammen; (*wear away*) etw abwetzen ② (*drag along the ground*) **to** ~ **one's feet** schlurfen **II.** *vi* ① (*wear away*) sich *akk* abwetzen ② (*shuffle*) schlurfen

◆**scuff up** *vt* ■**to** ~ **up** ⊂ **sth** etw aufscharren; **to** ~ **up dust/leaves** Staub/Blätter aufwirbeln

scuffed [skʌft] *adj* (*worn away*) abgewetzt; (*marked*) zerschrammt

scuf·fle ['skʌfl] **I.** *n* ① (*short fight*) Handgemenge *nt,* Handgreiflichkeiten *pl* ② (*sound, movement*) Schlurfen *nt* **II.** *vi* ■**to** ~ [**with sb**] sich *akk* [mit jdm] balgen [*o* raufen]

'scuff mark *n* Schramme *f*

scull [skʌl] **I.** *vi* rudern, skullen *fachspr* **II.** *n* SPORTS Skullboot *nt fachspr*

scul·lery ['skʌləri, AM -ɚi] *n esp* BRIT Spülküche *f*

'scul·lery maid *n* (*hist*) Küchenmagd *f*

scull·ing ['skʌlɪŋ] *n no pl* SPORTS Rudern *nt,* Skullen *nt fachspr*

sculpt [skʌlpt] **I.** *vt* ■**to** ~ **sth** (*create*) etw [heraus]meißeln; (*in clay*) etw modellieren; (*reshape, work*) etw formen; *model* etw modellieren; **the wind has ~ed strange patterns in the sand** der Wind hat den Sand in seltsame Muster geformt; **to ~ sth from stone** etw aus Stein meißeln; **to ~ sth in wax** etw in Wachs modellieren; **to have beautifully/finely ~ed features** (*fig*) schön/fein geformte Züge haben **II.** *vi* bildhauern *fam*

sculp·tor ['skʌlptər, AM -ɚ] *n* Bildhauer(in) *m(f)*

sculp·tress <*pl* -es> ['skʌlptrɪs] *n* Bildhauerin *f*

sculp·tur·al ['skʌlptʃərəl, AM -ɚəl] *adj works of art* bildhauerisch, plastisch; *facial features, form, feel* plastisch; ~ **works** Skulpturen *fpl*

sculp·ture ['skʌlptʃər, AM -ɚ] **I.** *n* ① *no pl* (*art*) Bildhauerei *f* ② (*object*) Skulptur *f,* Plastik *f;* **bronze** ~ Bronzeplastik *f* **II.** *vt* ■**to** ~ **sth** (*make with a chisel*) etw [heraus]meißeln; (*in clay*) etw modellieren; (*reshape, work*) etw formen; *model* etw modellieren; *see also* **sculpt III.** *vi* bildhauern *fam*

scum [skʌm] *n no pl* ① (*foam*) Schaum *m;* (*residue*) Rand *m;* (*layer of dirt*) Schmutzschicht *f* ② (*pej: evil people*) Abschaum *m pej;* (*insult for man*) Mistkerl *m pej fam;* (*for woman*) Miststück *nt pej fam;* **to be** ~ Abschaum sein *pej;* [**to be**] **the ~ of the earth** der Abschaum der Menschheit [sein] *pej,* zum Abschaum der Menschheit gehören *pej*

'scum·bag *n* (*pej sl: man*) Mistkerl *m pej fam;* (*stronger*) Dreckskerl *m pej derb;* (*woman*) Miststück *nt pej fam*

scum·my ['skʌmi] *adj* (*with a foamy layer*) schaumig, mit Schaum bedeckt; (*fam: dirty*) schmutzig; (*fig*) schmierig *fig, pej;* **I wish you wouldn't leave the bath in such a ~ state** es wäre mir lieb, wenn du die Badewanne nicht immer mit einem Schaumrand hinterlassen würdest; **a ~ pond** ein Teich *m* mit einer Schleimschicht

scup·per ['skʌpər] *vt* BRIT ■**to** ~ **sth** ① (*sink deliberately*) etw versenken ② (*fam: thwart*) etw vereiteln; **the whole project will be ~ed if we can't find more money** das ganze Projekt ist dahin, wenn wir nicht mehr Geld zusammenbekommen *fam;* **to ~ sb's plan** jds Plan *m* über den Haufen werfen *fam*

scup·pers ['skʌpəz, AM -ɚz] *npl* NAUT Speigatt *nt fachspr*

scurf [skɜːf, AM skɜːrf] *n no pl* Schuppen *fpl*

scur·ril·ity [skʌr'ɪləti, AM skə'rɪləṭi] *n no pl* (*pej form*) ① (*personality*) Skurrilität *f geh* ② (*indecency*) Unflätigkeit *f* ③ (*indecent remark*) unflätige [*o* zotige] Bemerkung

scur·ril·ous ['skʌrələs, AM 'skɜːr-] *adj* (*pej form: damaging to sb's reputation*) verleumderisch; ~ **remarks/attacks** ehrenrührige Bemerkungen/Angriffe; (*insulting*) unflätig *pej geh,* zotig *pej;* ~ **terms** unflätige Ausdrücke *pej geh*

scur·ril·ous·ly ['skʌrələsli, AM 'skɜːr-] *adv* (*pej: maliciously*) auf niederträchtige Weise; (*obscenely*) auf unflätige Weise *geh*

scur·ry ['skʌri, AM 'skɜːri] **I.** *vi* <-ie-> *small animal* huschen; *person* rennen, eilen; (*with small steps*) trippeln; **we all scurried for shelter when the storm began** als der Sturm losbrach, suchten wir uns alle eilends einen Unterschlupf **II.** *n no pl* (*hurry*) Hasten *nt,* Eilen *nt;* (*small steps*) Getrappel *nt;* **we heard a ~ of feet/footsteps** wir hörten das Getrappel von Füßen/Schritten

scur·vy ['skɜːvi, AM 'skɜːrvi] **I.** *n no pl* Skorbut *m* **II.** *adj attr* (*old*) gemein, übel; ~ **knave/trick** gemeiner Schurke/Trick

scuse [skjuːz] *vt* (*fam*) *short for* **excuse:** ~ **me** 'tschuld[i]gung *fam*

scut [skʌt] *n* ZOOL Blume *f fachspr*

scut·tle[1] ['skʌtl, AM -ṭl] *vi person* eilen, hasten, wuseln DIAL, flitzen *fam; small creature* huschen

scut·tle[2] ['skʌtl, AM -ṭl] *vt* ■**to** ~ **sth** ① (*sink*) etw versenken ② (*put an end to*) etw zunichte machen

scut·tle[3] ['skʌtl, AM -ṭl] *n* **coal** ~ Kohleneimer *m;* ~**s full of coal** Eimer *mpl* voll Kohle, eimerweise Kohle

scuzzy ['skʌzi] *adj* AM (*fam: disreputable*) vergammelt *pej fam;* (*disgusting*) widerlich *pej,* grauslich *bes* SÜDD, ÖSTERR *fam*

scythe [saɪð] **I.** *n* Sense *f* **II.** *vt* ① (*with a scythe*) ■**to** ~ **sth** etw [mit der Sense] [ab]mähen; **to ~ the corn** das Korn [mit der Sense] schneiden ② (*with swinging blow*) ■**to** ~ **sth/sb** [**down**] etw/jdn niedermähen [*o* niedermachen] *fam* **III.** *vi* ■**to** ~ **through sth** durch etw *akk* rasen [*o* preschen]; **to ~ through the defences** durch die Abwehr preschen

SDI [ˌesdiː'aɪ] *n abbrev of* **Strategic Defense Initiative** SDI *f*

SDLP [ˌesdiːˌel'piː] *n* IRISH *abbrev of* **Social and Democratic Labour Party** *sozialistische Partei Nordirlands*

SDRs [ˌesdiː'ɑːrz, AM -'ɑːrz] *n* FIN *abbrev of* **special drawing rights** SZR *pl*

SE [ˌes'iː] **I.** *n abbrev of* **south-east** SO *m* **II.** *adj abbrev of* **south-eastern** SO

sea [siː] *n* ① *no pl* (*salt water surrounding land*) ■**the** ~ das Meer, die See; **at the bottom of the** ~ auf dem Meeresboden [*o* Meeresgrund]; **the open** ~ das offene Meer, die hohe See; **to be at** ~ auf See sein; **to go to** ~ zur See gehen; **across** [*or* **over**] **the** ~ (*from one side to the other*) übers Meer; (*beyond*) jenseits des Meeres, in Übersee; **beyond the** ~ jenseits des Meeres, in Übersee; **by** ~ auf dem Seeweg, mit dem [*o geh* per] Schiff; **by** [*or* **beside**] **the** ~ am Meer, an der See; **out to** ~ auf das Meer; **to put** [**out**] **to** ~ auslaufen, in See stechen *geh* ② *pl* **the high ~s** die hohe See ③ (*specific area*) See *f kein pl,* Meer *nt;* **the ~ of Azov** das Asowsche Meer; **the Dead** ~ das Tote Meer; **the seven ~s** die sieben Meere ④ (*state of sea*) Seegang *m kein pl;* **a calm/high/rough** ~ ein ruhiger/hoher/schwerer Seegang; **choppy/heavy ~s** kabbelige *fachspr*/schwere See ⑤ (*waves*) ■~**s** *pl* Wellen *fpl,* Wogen *fpl geh* ⑥ ASTRON Mondfleck *m* ⑦ (*fig: wide expanse*) Meer *nt fig geh;* **a ~ of faces** ein Meer *nt* von Gesichtern *geh;* **a ~ of flames/people** ein Flammen-/Menschenmeer *nt* ► PHRASES: **to be** [**all**] **at** ~ [ganz] ratlos sein, nicht mehr weiter wissen

sea 'air *n no pl* Seeluft *f* **sea a'nemo·ne** *n* Seeanemone *f* **'sea bass** <*pl* -> *n* Seebarsch *m* **sea 'bath·ing** *n no pl* BRIT Baden *nt* im Meer **'sea·bed** *n no pl* ■**the** ~ der Meeresboden, der Meeresgrund **'sea·bird** *n* Seevogel *m* **'sea·board** *n* Küste *f;* **the Eastern/Atlantic ~ of the United States** die Ostküste/Atlantikküste der Vereinigten Staaten **'sea·borne** *adj attr, inv* See-; ~ **goods** Seefrachtgüter *ntpl;* ~ **trade** Seehandel *m;* ~ **invasion force** MIL von See angreifende Landungsstreitkräfte **sea 'breeze** *n* Seewind *m,* Meeresbrise *f* **'sea-calf** *n* Seehund *m* **'sea cap·tain** *n* [Schiffs]kapitän(in) *m(f)* **'sea change** *n* große Veränderung **'sea chest** *n* Seekiste *f* **'sea crea·ture** *n* Meerestier *nt* **sea 'cu·cum·ber** *n* Seegurke *f,* Meergurke *f,* Seewalze *f* **'sea dog** *n* ① (*sailor*) Seebär *m hum fam* ② (*seal*) Seehund *m* **'sea eagle** *n* Seeadler *m* **sea 'el·ephant** *n* Seeelefant *m* **sea·far·er** ['siːˌfeərər, AM -ˌferɚ] *n* (*liter*) Seefahrer *m veraltend,* Seemann *m* **sea·far·ing** ['siːˌfeərɪŋ, AM -ˌfer-] *adj attr, inv* (*esp liter*) seefahrend; ~ **man** Seefahrer *m veraltend,* Seemann *m;* ~ **nation** Seefahrernation *f* **'sea·fish** *n* Meeresfisch *m,* Seefisch *m* **'sea·food** *n no pl* Meeresfrüchte *pl* **sea·food 'res·tau·rant** *n* Fischrestaurant *nt* **'sea freight** *n no pl* Seefracht *f* **'sea·front** *n* (*promenade*) Strandpromenade *f;* (*beach*) Strand *m* **'sea·go·ing** *adj attr, inv vessel* Hochsee-, hochseetüchtig; **a ~ life** ein Seefahrtsleben *nt,* ein Seemannsleben *nt* **sea 'green I.** *n no pl* Meergrün *nt* **II.** *adj* meergrün **'sea·gull** *n* Möwe *f* **'sea·horse** *n* Seepferdchen *nt*

seal¹ [siːl] *n* ZOOL Seehund *m,* Robbe *f*

seal² [siːl] **I.** *n* ① (*insignia*) Siegel *nt;* **given under my hand and ~** von mir unterzeichnet und versiegelt ② (*stamp*) Siegel *nt,* Siegelstempel *m* ③ (*to prevent opening*) *on letters* Siegel *nt; on goods* Verschluss *m;* (*from customs man*) Plombe *f;* (*on doors*) Siegel *nt,* Plombe *f;* **the police put ~s on the doors** die Polizei versiegelte [*o* verplombten] die Türen ④ (*air-, watertight join*) Verschluss *m* ⑤ (*fig: guarantee*) **sb's ~ of approval** jds Zustimmung *f* ▶ PHRASES: **to set** [*or* **put**] **the ~ on sth** etw besiegeln **II.** *vt* ■**to ~ sth** ① (*stamp*) etw siegeln [*o* mit einem Siegel versehen] ② (*prevent from being opened*) etw [fest] verschließen; (*with a seal*) etw versiegeln; (*for customs*) etw plombieren; (*with adhesive*) etw zukleben ③ (*make airtight*) etw luftdicht verschließen; (*make watertight*) etw wasserdicht verschließen; *door, window, gaps* etw abdichten; (*cover with sealing fluid*) etw versiegeln; **to ~ a joint** einen Balken abdichten ④ (*block access to*) etw versiegeln [*o* verschließen]; **to ~ a frontier** [*or* AM **border**] **/port** eine Grenze/einen Hafen schließen ⑤ (*confirm and finalize*) etw besiegeln; **we won't celebrate until the contract has been signed, ~ed and delivered** wir feiern erst, wenn der Vertrag auch wirklich unter Dach und Fach ist; **to ~ an agreement with a handshake** eine Vereinbarung durch Handschlag besiegeln; **to ~ sb's fate** jds Schicksal *nt* besiegeln

◆**seal down** *vt* ■**to ~ down** ↻ **sth** etw fest verschließen; (*with adhesive*) etw richtig zukleben

◆**seal in** *vt* ■**to ~ in** ↻ **sth** etw einschließen; **fry the meat quickly on both sides to ~ the flavour in** man brate das Fleisch nur kurz auf beiden Seiten an, um den Geschmack zu erhalten

◆**seal off** *vt* ■**to ~ off** ↻ **sth** etw abriegeln [*o* absperren]

◆**seal up** *vt* ■**to ~ up** ↻ **sth** ① (*close*) etw [fest] verschließen; (*with a seal*) etw versiegeln; (*with adhesive*) etw zukleben ② (*close permanently*) etw verschließen; *shaft, mine* etw zuschütten ③ *door, window, gaps* etw abdichten

seal·ant [ˈsiːlənt] *n* (*for surfaces*) Dichtungsmittel *nt;* (*for gaps*) Dichtungsmaterial *nt,* Kitt *m*

sealed [siːld] *adj inv* ① (*firmly closed*) [fest] verschlossen; **my lips are ~** (*fig*) meine Lippen sind versiegelt; **~ bid** Angebot *nt* in verschlossenem Umschlag; **~ container/train** verplombter Container/Zug; **~ envelope** verschlossener Briefumschlag; **~ orders** versiegelte Order ② (*airtight*) luftdicht verschlossen; (*watertight*) wasserdicht verschlossen; (*covered with sealing fluid*) versiegelt

sealed-beam ˈunit *n* Scheinwerfereinsatz *m*

ˈsea legs *npl* Seebeine *pl fachspr;* **to get** [*or* **find**] **one's ~** NAUT sich *dat* Seebeine wachsen lassen *fachspr,* seefest werden *fachspr* **ˈsea lev·el** *n no pl* Meeresspiegel *m;* **above/below ~** über/unter dem Meeresspiegel [*o fachspr* Normalnull]; **at ~** auf Meereshöhe

seal·ing [ˈsiːlɪŋ] *n no pl* HUNT Robbenjagd *f,* Robbenfang *m*

ˈseal·ing wax *n no pl* Siegelwachs *nt,* Siegellack *m*

ˈsea lion *n* Seelöwe *m* **ˈsea loch** *n* Meeresarm *m* **ˈSea Lord** *n* BRIT Seelord *m* (*Rang innerhalb der britischen Admiralität*)

ˈseal ring *n* Siegelring *m* **ˈseal·skin I.** *n no pl* Robbenfell *nt,* Seehundfell *nt* **II.** *n modifier* (*coat, gloves*) Seal-, Seehund-; **~ hat** Seehundmütze *f,* Mütze *f* aus Seehundfell

seam [siːm] **I.** *n* ① (*join in garment*) Naht *f;* **to burst at the ~s** an den Nähten [auf]platzen; **to be bursting** [*or* **bulging**] **at the ~s** (*fig*) aus allen Nähten platzen *fig fam;* **to come** [*or* **fall**] **apart at the ~s** aus den Nähten gehen; (*fig*) *marriage* scheitern; *plan* fehlschlagen ② (*line of junction*) Naht *f;* NAUT Fuge *f;* **welded ~** Schweißnaht *f* ③ (*mineral layer*) Schicht *f,* Flöz *nt fachspr;* **~ of coal/iron ore** Kohlen-/Eisenerzflöz *nt;* **~ of marble** Marmorschicht *f;* (*fig*) Fundgrube *f* ④ (*liter: wrinkle of skin*) Furche *f,* Runzel *f;* (*scar*) Narbe *f* **II.** *vt* ① (*stitch with seam*) ■**to ~ sth** etw zusammennähen ② *usu passive* (*liter: mark with lines*) ■**to be ~ed** [**with sth**] [mit [*o* von] etw *dat*] durchzogen sein; **his face was ~ed with wrinkles** sein Gesicht war zerfurcht

ˈsea·man *n* (*sailor*) Seemann *m;* (*rank*) Matrose *m;* **able** [*or* **able-bodied**] **~** BRIT Vollmatrose *m;* **leading ~** BRIT Erster Matrose; **ordinary ~** BRIT Leichtmatrose *m*

ˈsea·man·like *adj* (*approv*) seemännisch

sea·man·ship [ˈsiːmənʃɪp] *n no pl* seemännisches Geschick, Seemannschaft *f fachspr*

seamed [siːmd] *adj inv* Naht-, mit Naht *nach n;* **~ stockings** Nahtstrümpfe *mpl*

sea ˈmile *n* (*old*) Seemeile *f* **ˈsea mist** *n* Küstennebel *m*

seam·less [siːmləs] *adj* ① *inv* (*without a seam*) nahtlos; *garment, robe* ohne Nähte ② (*fig: smooth*) nahtlos *fig,* problemlos; **~ transition** nahtloser Übergang

seam·stress <*pl* -es> [ˈsem(p)strɪs, AM ˈsiːm(p)-] *n* Näherin *f*

seamy [ˈsiːmi] *adj* ① (*run down*) heruntergekommen ② (*dodgy*) *district, nightspot* zwielichtig, verrufen; **the ~ side of life** die Schattenseite des Lebens

sé·ance [ˈseɪɑ̃ː(nt)s, AM ˈseɪɑːn(t)s] *n* Séance *f geh,* spiritistische Sitzung

ˈsea·plane *n* Wasserflugzeug *nt* **ˈsea·port** *n* Seehafen *m* **ˈsea pow·er** *n* ① *no pl* (*naval strength*) Stärke *f* zu Wasser ② (*state with strong navy*) Seemacht *f*

sear [sɪəʳ, AM sɪr] *vt* ① (*scorch*) ■**to ~ sth** etw verbrennen; (*singe*) etw versengen ② (*cause painful sensation*) ■**to ~ sth: a pain ~ed his chest** ein Schmerz durchzuckte seine Brust; **the fiery liquid ~ed his throat** die feurige Flüssigkeit brannte ihm in der Kehle ③ *usu passive* (*fig: remain*) **to be ~ed into sb's consciousness/memory** in jds Bewusstsein/Gedächtnis eingebrannt sein ④ FOOD (*fry quickly*) ■**to ~ sth** etw kurz [an]braten ⑤ (*cauterize*) ■**to ~ sth** *wound* etw ausbrennen ⑥ *usu passive* (*fig: make unable to feel*) ■**to be ~ed by sth** durch etw *akk* abgestumpft sein

search [sɜːtʃ, AM sɜːrtʃ] **I.** *n* ① (*for object, person*) Suche *f* (**for** nach +*dat*); **a land and sea ~** eine Suche zu Land und zu Wasser; **careful** [*or* **exhaustive**] [*or* **thorough**] **~** gründliche Suche; **after a long ~** nach langer Suche; ■**in ~ of sth** auf der Suche nach etw *dat;* **to go off in ~ of sth** sich *akk* auf die Suche nach etw *dat* machen ② (*for drugs, stolen property, etc.*) *of a building, house* Durchsuchung *f; of a person* Leibesvisitation *f;* **to make a ~ of sth** etw absuchen ③ COMPUT Suchlauf *m;* **to do a ~ for sth** etw [*o* nach etw *dat*] suchen, einen Suchlauf nach etw *dat* durchführen **II.** *vi* suchen; ■**to ~ for sb/sth** nach jdm/etw suchen; ■**to ~ for** [*or* **after**] **sth** (*form*) nach etw *dat* suchen; **to ~ for peace/spiritual enlightenment/the truth** nach Frieden/geistiger Erleuchtung/der Wahrheit suchen; **to ~ high and low** [**for sth**] überall [nach etw *dat*] suchen; ■**to ~ through sth** etw durchsuchen **III.** *vt* ① (*try to find sb/sth in*) ■**to ~ sth** [**for sb/sth**] *building, bag* etw [nach jdm/etw] durchsuchen; *place, street* etw [nach jdm/etw] absuchen; **to ~ a file/a text for errors** COMPUT eine Datei/einen Text nach Fehlern absuchen; **to ~ sth from top to bottom** etw von oben bis unten durchsuchen ② LAW ■**to ~ sb** [**for sth**] jdn [nach etw *dat*] durchsuchen ③ (*fig: examine carefully*) ■**to ~ sth** [**for sth**] etw [nach etw *dat*] absuchen; **to ~ one's conscience/heart** sein Gewissen/Herz prüfen; **to ~ one's memory** sein Gedächtnis durchforschen ▶ PHRASES: **~ me!** (*fam*) was weiß ich!? *fam,* woher soll ich das wissen!? *fam*

◆**search out** *vt* ■**to ~ out** ↻ **sb/sth** jdn/etw ausfindig machen [*o* aufspüren] [*o fam* aufstöbern]

ˈsearch en·gine *n* COMPUT Suchmaschine *f*

search·er [ˈsɜːtʃəʳ, AM ˈsɜːrtʃɚ] *n* Suchende(r) *f(m),* Sucher(in) *m(f);* ■**the ~s** *pl* der Suchtrupp, die Suchmannschaft

ˈsearch func·tion *n* COMPUT Suchfunktion *f*

search·ing [ˈsɜːtʃɪŋ, AM ˈsɜːrtʃɪŋ] *adj gaze, look* forschend, prüfend, durchdringend; *inquiry* eingehend, gründlich; *question* tief schürfend, tief gehend

search·ing·ly [sɜːtʃɪŋli, AM sɜːrtʃ-] *adv* forschend, prüfend; **to examine sth** ~ etw eingehend prüfen

'search·light *n* Suchscheinwerfer *m* **'search op·era·tion** *n* Suchaktion *f* **'search par·ty** *n* Suchtrupp *m*, Suchmannschaft *f*; **to send out a** ~ einen Suchtrupp [*o* eine Suchmannschaft] losschicken **'search war·rant** *n* Durchsuchungsbefehl *m*

sear·ing ['sɪəʳɪŋ, AM 'sɪr-] *adj attr* ❶ (*scorching*) *heat* sengend ❷ (*painfully burning*) *pain* brennend, scharf ❸ (*fig: intense*) *description* eindringlich; *passion* glühend *geh; emotion, tale* leidenschaftlich; *attack, criticism* scharf, schonungslos

sear·ing·ly ['sɪəʳɪŋli, AM 'sɪr-] *adv* (*fig*) äußerst; ~ **critical** schonungslos kritisch

'sea·scape *n* ❶ (*picture*) Seestück *nt* ❷ (*view*) Blick *m* auf das Meer **'sea ser·pent** *n* Seeschlange *f* **'sea shan·ty** *n esp* BRIT Seemannslied *nt* **'sea·shell** *n* Muschel *f* **'sea·shore** *n no pl* (*beach*) Strand *m*; (*land near sea*) [Meeres]küste *f* **'sea·sick** *adj* seekrank **'sea·sick·ness** *n no pl* Seekrankheit *f* **'sea·side** *esp* BRIT **I.** *n no pl* ■**the** ~ die [Meeres]küste; ■**at the** ~ am Meer; **to go to the** ~ ans Meer [*o* an die See] fahren **II.** *adj attr, inv* See-; **a** ~ **holiday** Ferien *pl* am Meer; ~ **resort** Seebad *nt*; ~ **town** Küstenstadt *f*

sea·son ['siːzᵊn] **I.** *n* ❶ (*period of year*) Jahreszeit *f*; **the** ~ **of Advent/Lent** die Advents-/Fastenzeit; **the Christmas/Easter** ~ die Weihnachts-/Osterzeit; **the compliments of the** ~ frohes Fest; **the** ~ **of good will** die Zeit der Nächstenliebe; ~ **greetings** fröhliche Weihnachten und ein glückliches neues Jahr; **the dry/rainy/monsoon** ~ die Trocken-/Regen-/Monsunzeit; **the festive** ~ BRIT die Feiertage *mpl* (*Weihnachten*) ❷ (*period of ripeness*) Saison *f*; **oysters are in/out of** ~ **at the moment** zurzeit gibt es/gibt es keine Austern; **apple/strawberry** ~ Apfel-/Erdbeerzeit *f*; **flowering** ~ Blüte *f* ❸ ZOOL fruchtbare Zeit; **to be in** ~ brünstig sein; *dog* läufig sein; *cat* rollig sein *fam*; **mating** ~ Paarungszeit *f* ❹ (*business period*) Saison *f*, Hauptzeit *f*; **at the height of the** ~ in der [*o* zur] Hochsaison; **holiday** ~ Ferienzeit *f*; **summer** ~ Sommersaison *f*; **busy** [*or* **high**] ~ Hochsaison *f*; **low** ~ (*before height*) Vorsaison *f*; (*after height*) Nachsaison *f*; **in/out of** ~ während/außerhalb der Saison ❺ SPORTS Saison *f*; **baseball/cricket/football** ~ Baseball-/Kricket-/Fußballsaison *f*; **fishing/hunting** ~ Angel-/Jagdzeit *f*; **close/open** ~ (*hunting*) Schon-/Jagdzeit *f*; (*fishing*) Zeit *f*, in der das Angeln verboten/erlaubt ist; **in/out of** ~ (*hunting*) während/außerhalb der Jagdzeit; (*fishing*) während/außerhalb der Angelzeit ❻ (*period of entertainment*) Saison *f*; THEAT Spielzeit *f* ❼ (*period for society events*) Saison *f* ❽ BRIT (*fam: season ticket*) Dauerkarte *f*, Zeitkarte *f*; SPORTS Saisonkarte *f*; THEAT Abonnement *nt* **II.** *vt* ❶ (*add flavouring*) ■**to** ~ **sth** [**with sth**] etw [mit etw *dat*] würzen; **lightly/heavily** ~**ed** leicht/stark gewürzt; **the stew's done, but it needs to be** ~**ed** der Eintopf ist fertig, aber er muss noch abgeschmeckt werden ❷ (*dry out*) **to** ~ **wood** Holz ablagern lassen ❸ (*mature*) **to** ~ **tobacco/wine** Tabak/Wein [aus]reifen lassen **III.** *vi* ❶ FOOD würzen, abschmecken; **to** ~ **to taste** nach Geschmack würzen ❷ (*dry out*) *wood* [ab]lagern ❸ (*mature*) *tobacco, wine* [aus]reifen

sea·son·able ['siːzᵊnəbl] *adj* ❶ (*expected for time of year*) der Jahreszeit angemessen; ~ **temperatures** der Jahreszeit entsprechende Temperaturen ❷ (*liter: appropriate and timely*) angebracht, passend

sea·son·al ['siːzᵊnᵊl] *adj* ❶ (*connected with time of year*) jahreszeitlich bedingt, saisonbedingt; ~ **adjustment** Saisonbereinigung *f*; ~ **job/work** Saisonarbeitsplatz *m*/-arbeit *f*; ~ **unemployment** saisonbedingte Arbeitslosigkeit ❷ (*grown in a season*) Saison-; ~ **fruit/vegetables** Früchte *fpl*/Gemüse *ntpl* der Saison

sea·son·al af·fec·tive dis·'or·der *n no pl* PSYCH saisonale Affektstörung

sea·son·al·ity [ˌsiːzᵊn'ælɪti, AM -əṭi] *n no pl* Saisonabhängigkeit *f*

sea·son·al·ly ['siːzᵊnᵊli] *adv* saisonbedingt, saisonal; ~ **adjusted unemployment figures** saisonbereinigte Arbeitslosenzahlen

sea·soned ['siːzᵊnd] *adj* ❶ *usu attr* (*experienced*) erfahren ❷ (*properly dried*) *timber* abgelagert ❸ (*spiced*) gewürzt

sea·son·ing ['siːzᵊnɪŋ] *n* ❶ *no pl* (*salt and pepper*) Würze *f* ❷ (*herb or spice*) Gewürz *nt* ❸ *no pl* (*drying out*) Ablagern *nt*

'sea·son tick·et *n* Dauerkarte *f*, Zeitkarte *f*; SPORTS Saisonkarte *f*; THEAT Abonnement *nt*, Abonnementskarte *f* **'sea·son tick·et hold·er** *n* (*for train, bus*) Inhaber(in) *m(f)* einer Zeitkarte; (*for sports*) Besitzer(in) *m(f)* einer Saisonkarte; (*for theatre, opera*) Abonnent(in) *m(f)*

seat [siːt] **I.** *n* ❶ (*sitting place*) [Sitz]platz *m*; (*in a car*) Sitz *m*; (*in a bus, plane, train*) Sitzplatz *m*; (*in a theatre*) Platz *m*; **is this** ~ **free/taken?** ist dieser Platz frei/besetzt?; **back** ~ Rücksitz *m*; **garden** ~ [Garten]bank *f*; **to book** [*or* **reserve**] **a** ~ (*for concert, film, play*) eine Karte reservieren lassen; (*on bus, train*) einen Platz reservieren lassen; **to keep** [*or* AM **save**] **a** ~ **for sb** jdm einen Platz freihalten; **to take** [*or* **have**] **a seat** sich *akk* [hin]setzen, Platz nehmen *geh*; **please take your** ~ bitte nehmen Sie Platz; **bums on** ~**s** BRIT, AUS (*fam*), **fannies in the** ~**s** AM (*fam*) zahlendes Publikum ❷ *usu sing* (*part to sit on*) *of a chair* Sitz *m*; *of trousers, pants* Hosenboden *m* ❸ (*form: buttocks*) Gesäß *nt*, Hinterteil *nt*, Hintern *m fam* ❹ POL Sitz *m*; **he was elected to a** ~ **on the local council** er wurde in den Stadtrat gewählt; **a** ~ **in Congress/Parliament/the Senate** ein Sitz *m* im Kongress/Parlament/Senat; **marginal/safe** ~ knappes/sicheres Mandat; **to lose/win a** ~ einen Sitz verlieren/gewinnen; **to take one's** ~ BRIT seinen Sitz [im Parlament] einnehmen ❺ (*location*) Sitz *m*; *of an event* Schauplatz *m*; (*centre*) *of a company* Sitz *m*; ~ **of government** Regierungssitz *m*; ~ **of learning** (*form*) Stätte *f* der Gelehrsamkeit *geh* ❻ BRIT (*aristocrat's country residence*) [Wohn]sitz *m*; **country** ~ Landsitz *m*; **royal** ~ Residenz *f* ❼ (*style of riding horse*) Sitz *m*; **to have a good** ~ eine gute [Reit]haltung haben ❽ TECH Ventilsitz *m* ▶ PHRASES: **by the** ~ **of one's pants** aus dem Gefühl [*o fam* Bauch] heraus **II.** *vt* ❶ (*provide seats*) ■**to** ~ **sb** jdn setzen, jdm einen Platz anweisen *form*; ■**to** ~ **oneself** (*form*) sich *akk* setzen ❷ (*seating capacity*) **to** ~ **2500** *room, stadium, theatre* 2500 Menschen fassen; **his car** ~**s five** in seinem Auto haben fünf Leute Platz ❸ TECH (*fix in base*) ■**to** ~ **sth** etw einpassen

-seat [siːt] *in compounds* -sitzig; **a 500-~ theatre** ein Theater *nt* mit 500 Plätzen

'seat belt *n* Sicherheitsgurt *m*; **to fasten** [*or* **do up**] **one's** ~ den Sicherheitsgurt anlegen, sich *akk* anschnallen; **to unfasten** [*or* **undo**] **one's** ~ sich *akk* abschnallen; **to be wearing a** ~ angeschnallt sein

seat·ed ['siːtɪd, AM 'siːṭɪd] *adj inv* sitzend; ■**to be** ~ [**somewhere**] [irgendwo] sitzen; **please be** ~ **everybody** (*form*) bitte nehmen Sie [alle] Platz *geh*; **to be** ~ **opposite sb** jdm gegenüber sitzen; **to remain** [*or* **stay**] ~ sitzen bleiben

-seat·er ['siːtəʳ, AM 'siːṭɚ] *in compounds* -sitzer; **two-~** [**car/plane**] Zweisitzer *m*

seat·ing ['siːtɪŋ, AM 'siːṭ-] *n no pl* ❶ (*seats*) Sitzgelegenheiten *fpl*; ~ **for 6/2000** Sitzplätze *mpl* für 6/2000 Personen ❷ (*sitting arrangement*) Sitzordnung *f*

'seat·ing ar·range·ments *npl* Sitzordnung *f*; **to do the** ~ die Sitzordnung festlegen **'seat·ing ca·pac·ity** *n no pl* Sitzgelegenheiten *fpl*; **a** ~ **of 2000** 2000 Sitzplätze *mpl* **'seat·ing plan** *n* Sitzordnung *f*, Sitzplan *m*

SEATO ['siːtəʊ, AM -ṭoʊ] *n no pl acr for* **South-East Asia Treaty Organization** SEATO *f*

seat-of-the-pants [ˌsiːtɒvðə'pænts, AM ˌsiːṭɑːv-] *adj attr, inv* (*fam*) instinktive(r, s), gefühlsmäßige(r, s); **she has a** ~ **ability to find the best way out of a crisis** sie findet instinktiv immer den besten Weg aus einer Krise

'sea ur·chin *n* Seeigel *m* **sea 'wall** *n* (*defence against sea*) Deich *m*, Damm *m*; (*pier*) Kai *m*

sea·ward ['si:wəd, AM -wɚd] **I.** *adv* seewärts; **to drift ~** aufs Meer hinaus treiben **II.** *adj inv* ❶ (*facing towards sea*) seewärtig, dem Meer zugewandt; **~ side** Seeseite *f* ❷ (*moving towards sea*) auf das Meer hinaus *nach n;* **to make a ~ tack** seewärts kreuzen **III.** *n no pl* **to ~** auf das Meer hinaus

sea·wards ['si:wədz, AM -wɚdz] *adv* seewärts

'sea·wa·ter *n no pl* Meerwasser *nt* **'sea·way** *n* ❶ (*channel for large ships*) Wasserstraße *f,* Kanal *m* ❷ (*route*) Seeweg *m* **'sea·weed** *n no pl* Seegras *nt,* [See]tang *m* **'sea·wor·thi·ness** *n no pl* Seetauglichkeit *f,* Seetüchtigkeit *f* **'sea·wor·thy** *adj* seetauglich, seetüchtig

se·ba·ceous gland [sɪ'beɪʃəs,glænd, AM sə,beɪ-] *n* ANAT Talgdrüse *f*

sec [sek] *n short for* **second** Sek.; **I'll be with you in a ~!** (*fam*) Sekunde, ich komme gleich!

se·cant ['si:kᵊnt] *n* MATH (*ratio*) Sekans *m;* (*line*) Sekante *f*

seca·teurs [,sekə'tɜ:z, AM 'sekətɚz] *npl esp* BRIT Gartenschere *f,* Baumschere *f*

se·cede [sɪ'si:d] *vi* POL ■**to ~ [from sth]** sich *akk* [von etw *dat*] abspalten [*o* lossagen]

se·ces·sion [sɪ'seʃᵊn] *n no pl* Abspaltung *f,* Sezession *f geh*

se·ces·sion·ist [sɪ'seʃᵊnɪst] **I.** *n* Sezessionist(in) *m(f)* **II.** *adj inv* sezessionistisch

se·clude [sɪ'klu:d] *vt* ■**to ~ sb/sth [from sth]** jdn/etw [von etw *dat*] abschließen [*o* absondern]; **to ~ oneself [from sth]** sich *akk* [aus etw *dat*] zurückziehen

se·clud·ed [sɪ'klu:dɪd] *adj spot, house* abgelegen; *area* abgeschieden; **to live a ~ life** zurückgezogen leben

se·clu·sion [sɪ'klu:ʒᵊn] *n no pl* ❶ (*quiet and privacy*) Zurückgezogenheit *f,* Einsamkeit *f; of a place* Abgelegenheit *f,* Abgeschiedenheit; **in ~** zurückgezogen, isoliert ❷ (*keeping separate*) Absonderung *f;* **in total ~** in völliger Abgeschlossenheit

se·'clu·sion cell *n,* **se·'clu·sion room** *n* Einzelzelle *f*

sec·ond¹ ['sekᵊnd] **I.** *adj inv* ❶ *usu attr* (*next after first*) zweite(r, s); **Brian's going first, who wants to be ~?** Brian ist Erster, wer möchte der Nächste sein?; **he was the ~ person to qualify** er hat sich als Zweiter qualifiziert; **the ~ time** das zweite Mal; **the ~ week of August** die zweite Augustwoche; **every ~ week** jede zweite Woche, alle zwei Wochen ❷ (*next after winner*) zweite(r, s); **to be/come [*or* finish] ~** Zweite(r) sein/werden; **~ place** zweiter Platz; **to be in ~ place** auf Platz zwei sein; **~ prize** zweiter Preis; **to take ~ place** (*fig*) zweitrangig sein ❸ (*not first in importance, size*) zweit-; **Germany's ~ city** Deutschlands zweitwichtigste Stadt; ■**the ~ ...** + *superl* der/die/das zweit-; **the ~ biggest town** die zweitgrößte Stadt; **to be ~ only to sb/sth** gleich nach jdm/etw kommen *fam;* **to be ~ to none** unübertroffen sein ❹ *attr* (*another*) zweite(r, s), Zweit-; **~ car** Zweitwagen *m;* **~ language** zweite Sprache; **to be a ~ Mozart** ein zweiter Mozart sein; **to give sb a ~ chance** jdm eine zweite [*o* noch eine] Chance geben; **to get a ~ chance** eine zweite Chance bekommen; **to be sb's ~ home** jds zweites Zuhause sein; **to ask for a ~ opinion** eine zweite Meinung einholen; **to have ~ thoughts** seine Meinung ändern, es sich *dat* noch einmal [*o* anders] überlegen; **without a ~ thought** ohne lange zu überlegen; **to do sth a ~ time** etw noch einmal tun ► PHRASES: **to play ~ <u>fiddle</u> to sb** in jds Schatten stehen; **to be ~ <u>nature</u> to sb** jdm in Fleisch und Blut übergegangen sein; **to get one's ~ <u>wind</u>** neuen Aufschwung bekommen *geh* **II.** *n* ❶ BRIT UNIV ≈ Zwei *f;* **an upper/a lower ~** eine Zwei plus/minus ❷ *no pl* AUTO zweiter Gang; **to change [down] to [*or* into] ~** in den zweiten Gang [runter]schalten ❸ (*extra helping*) ■**~s** *pl* Nachschlag *m kein pl;* **are there ~s, by any chance?** kann ich noch eine Portion [*o fam* etwas] haben? ❹ BRIT (*fam: dessert*) ■**~s** *pl* Nachtisch *m kein pl;* **what's for ~s?** was gibt's zum Nachtisch? ❺ (*imperfect item*) Ware *f* zweiter Wahl ❻ (*assistant in boxing or duel*) Sekundant(in) *m(f);* **~s out [*or* away] – round two** Ring frei – zweite Runde ❼ (*musical interval*) Sekunde *f;* **major/minor ~** große/kleine Sekunde ❽ (*seconder*) *of a motion* Befürworter(in) *m(f)* **III.** *adv inv* zweitens **IV.** *vt* ❶ (*support formally in debate*) ■**to ~ sth** *proposal* etw unterstützen [*o* befürworten]; **I'll ~ that** (*fam*) ganz meine Meinung ❷ (*form: back up*) ■**to ~ sth** *action* etw unterstützen

sec·ond² ['sekᵊnd] *n* ❶ (*sixtieth of a minute*) Sekunde *f;* **with [only] ~s to spare** in [aller]letzter Sekunde ❷ (*very short time*) Sekunde *f,* Augenblick *m;* **you go on, I'll only be a ~** geh du weiter, ich komme gleich nach; **if I could have your attention for a ~ or two** dürfte ich für einen Augenblick um Ihre Aufmerksamkeit bitten; **a couple of [*or* a few] ~s** ein paar Sekunden *fam;* **for a split ~ [*or* a fraction of a ~]** für einen Bruchteil einer Sekunde; **to do sth in ~s** etw in Sekundenschnelle machen ❸ MATH Sekunde *f*

sec·ond³ [sɪ'kɒnd] *vt usu passive* BRIT, AUS ■**to be ~ed** abgestellt werden; *officer* abkommandiert werden

sec·ond·ari·ly ['sekᵊndᵊrᵊli, AM -der-] *adv inv* in zweiter Linie, nebenbei

sec·ond·ary ['sekᵊndᵊri, AM -deri] **I.** *adj inv* ❶ (*not main*) zweitrangig, sekundär *geh;* **~ aim** sekundäres Ziel; **~ character** Nebenrolle *f;* **to be of ~ importance** von untergeordneter Bedeutung sein; **to play a ~ role** eine untergeordnete Rolle spielen; ■**to be ~ to sth** gegenüber etw *dat* zweitrangig sein ❷ (*education*) höher; **~ education** höhere Schulbildung; **~ modern school** BRIT ≈ Hauptschule *f;* (*more advanced*) ≈ Realschule *f* ❸ MED Sekundär-; **~ infection** Sekundärinfektion *f* ❹ ECON weiterverarbeitende(r, s) **II.** *n* ❶ MED Metastase *f fachspr,* Tochtergeschwulst *f* ❷ (*secondary school*) höhere [*o* weiterführende] Schule ❸ *no pl* (*education*) ≈ Hauptschule *f;* (*more advanced level*) ≈ Realschule *f*

sec·ond·ary edu·'ca·tion *n no pl* (*education*) höhere Schulbildung (*jede Schulbildung vom 11. bis 16. bzw. 18. Lebensjahr*); (*system*) höheres Schulwesen **sec·ond·ary 'mod** *n* BRIT (*fam or hist*) *short for* **secondary modern school** ≈ Hauptschule *f;* (*more advanced level*) ≈ Realschule *f* **sec·ond·ary 'mod·ern school** *n* BRIT ≈ Hauptschule *f;* (*more advanced level*) ≈ Realschule *f* **sec·ond·ary 'pick·et·ing** *n no pl Aufstellen von Streikposten vor nur indirekt beteiligten Firmen* **'sec·ond·ary school** *n* ❶ (*school*) höhere [*o* weiterführende] Schule ❷ *no pl* (*education*) ≈ Hauptschule *f;* (*more advanced level*) ≈ Realschule *f* **sec·ond·ary sexu·al char·ac·ter·'is·tic** *n* sekundäres Geschlechtsmerkmal

sec·ond 'best *adj* zweitbeste(r, s); ■**to be ~** Zweitbeste(r) sein; **to come off ~** (*fig*) den Kürzeren ziehen *fam;* **to feel ~** sich *akk* minderwertig fühlen; **to settle for [*or* be content with] ~** sich *akk* mit weniger zufriedengeben [*o* begnügen]; **to refuse to settle for ~** sich *akk* nicht mit halben Sachen zufriedengeben **sec·ond 'cham·ber** *n* POL zweite Kammer **sec·ond 'child·hood** *n* zweite Kindheit **sec·ond 'class I.** *n* ❶ *no pl* (*mail*) gewöhnliche Post; **to put ~ on a letter** einen Brief normal frankieren; (*in travel*) zweite Klasse ❷ UNIV **high/low ~** *guter/mittelmäßiger Universitätsabschluss* **II.** *adv inv* ❶ TRANSP **to travel ~** zweiter Klasse reisen ❷ BRIT (*by second-class mail*) auf dem gewöhnlichen Postweg; **to send sth ~** etw auf dem gewöhnlichen Postweg verschicken

'sec·ond-class *adj inv* ❶ TRANSP zweiter Klasse *nach n;* **~ carriage** Wagen *m* zweiter Klasse ❷ (*pej: inferior*) zweitklassig *pej;* **~ service/treatment** Zweiter-Klasse-Service *m*/-Behandlung *f* **sec·ond-class 'citi·zen** *n* Bürger(in) *m(f)* zweiter Klasse **sec·ond-class de·'gree** *n* UNIV **high/low ~** *guter/mittelmäßiger Universitätsabschluss* **sec·ond-class 'mail** *n* ❶ BRIT gewöhnliche Post ❷ AM (*mail for printed matter*) Zeitungssendungen *fpl,* Zeitschriftensendungen *fpl*

Sec·ond 'Com·ing *n* Wiederkunft *f geh;* ■**the ~** die Wiederkunft Christi **sec·ond 'cous·in** *n* Cousin *m*/Cousine *f* zweiten Grades **sec·ond-de·gree 'burn** *n* Verbrennung *f* zweiten Grades

se·conde [sɪˈkɒnd] *n* (*in fencing*) Sekond *f fachspr*
sec·ond·er [ˌsekəndəʳ, AM -ɚ] *n of a motion* Befürworter(in) *m(f)*
sec·ond 'floor *n* BRIT, AUS zweiter Stock; AM, AUS erster Stock **sec·ond 'gear** *n no pl* zweiter Gang **sec·ond-'guess** *vt esp* AM ❶ (*forecast*) ■**to ~ sth** etw vorhersagen [*o* voraussagen] [*o* prophezeien]; ■**to ~ sb** vorhersagen, was jd tun/sagen wird ❷ (*criticize with hindsight*) ■**to ~ sb/sth** jdn/etw im Nachhinein kritisieren **sec·ond-'guess·er** [ˌsekən(d)ˈgesəʳ, AM -ɚ] *n* (*pej*) Besserwisser(in) *m(f)* (*der nachträglich alles kritisiert*) **'sec·ond-hand I.** *adj* ❶ *inv* (*used*) gebraucht; *clothes* secondhand; **~ car** Gebrauchtwagen *m;* **~ clothes** Secondhandkleidung *f* ❷ *attr, inv* (*for second-hand goods*) Gebraucht-, Secondhand-; **~ bookshop** Antiquariat *nt;* **~ car dealer[s]** Gebrauchtwagenhändler(in) *m(f);* **~ dealer** Altwarenhändler(in) *m(f);* **~ shop** Secondhandladen *m,* Secondhandshop *m* ❸ *inv* (*obtained from sb else*) *information, experience, knowledge* aus zweiter Hand *nach n* **II.** *adv inv* ❶ (*in used condition*) gebraucht ❷ (*from third party*) aus zweiter Hand; **to hear** [*or* **learn**] **about sth ~** etw aus zweiter Hand erfahren **sec·ond 'hand** *n* Sekundenzeiger *m* **sec·ond-hand 'smoke** *n no pl* Passivrauch *m* **sec·ond-hand 'smok·er** *n* Passivraucher(in) *m(f)* **sec·ond-hand smok·ing** *n no pl* AM Passivrauchen *nt* **sec·ond 'honey·moon** *n* zweite Flitterwochen **sec·ond-in-com·'mand** *n* stellvertretender Geschäftsführer/stellvertretende Geschäftsführerin; MIL stellvertretender Kommandeur **sec·ond 'lan·guage** *n* erste Fremdsprache **sec·ond lieu·'ten·ant** *n* Leutnant *m*
sec·ond·ly [ˈsekəndli] *adv inv* zweitens, zum Zweiten
se·cond·ment [sɪˈkɒn(d)mənt] *n* BRIT, AUS ❶ *no pl* (*temporary transfer*) zeitweilige Versetzung; MIL Abkommandierung *f,* Abstellung *f;* **to be on ~** zeitweilig versetzt sein ❷ (*period of secondment*) Versetzungszeit *f;* **to be on a one-year ~** für ein Jahr versetzt werden
sec·ond 'name *n* ❶ (*surname*) Nachname *m,* Familienname *m* ❷ (*second forename*) zweiter Vorname **sec·ond 'per·son** *n no pl* LING zweite Person; **the ~ singular/plural** die zweite Person Singular/Plural **sec·ond-'rate** *adj inv* (*pej*) zweitklassig *pej,* zweitrangig, mittelmäßig **sec·ond 'sight** *n no pl* zweites Gesicht; **to have ~** das zweite Gesicht haben, hellsehen können
se·cre·cy [ˈsiːkrəsi] *n no pl* ❶ (*act of keeping secret*) Geheimhaltung *f* ❷ (*ability of keeping secret*) Verschwiegenheit *f;* (*secretiveness*) Heimlichtuerei *f pej* (**about** um +*akk*); ■**in ~** im Geheimen; **in strict ~** unter strenger Geheimhaltung; **to be shrouded in ~** geheim gehalten werden; **to swear sb to ~** jdn zur Geheimhaltung verpflichten
se·cret [ˈsiːkrət] **I.** *n* ❶ (*undisclosed act, information*) Geheimnis *nt;* **a closely guarded** [*or* **well-kept**] **~** ein streng gehütetes Geheimnis; **open ~** offenes Geheimnis; **to keep a ~** ein Geheimnis [be]wahren [*o* für sich *akk* behalten]; ■**in ~** im Geheimen, insgeheim; **to do sth in ~** etw heimlich tun; **to have no ~s from sb** vor jdm keine Geheimnisse haben; **to let sb in on a ~** jdm ein Geheimnis anvertrauen, jdn in ein Geheimnis einweihen; **to make no ~ of sth** aus etw *dat* kein Geheimnis machen; **it's no ~ that ...** es ist kein Geheimnis, dass ... ❷ (*fig: special knack*) Geheimnis *nt fig;* **the ~ of success** das Geheimnis des Erfolgs, der Schlüssel zum Erfolg ❸ (*fig: hidden thing*) Geheimnis *nt fig;* **the ~s of the universe** die Geheimnisse [*o* Rätsel] des Universums **II.** *adj* ❶ (*known to few people*) geheim, Geheim-; (*hidden*) verborgen; **~ door** Geheimtür *f;* **~ recipe** Geheimrezept *nt;* **to keep sth ~** [**from sb**] etw [vor jdm] geheim halten ❷ (*doing sth secretly*) heimlich; **~ admirer** heimlicher Verehrer/heimliche Verehrerin
se·cret 'agent *n* Geheimagent(in) *m(f)*
sec·re·tar·ial [ˌsekrəˈteəriəl, AM -ˈteriəl] *adj* Sekretariats-, Büro-; **~ course** Sekretärinnenkurs *m;* **~ staff** Bürokräfte *fpl*
sec·re·tari·at [ˌsekrəˈteəriət, AM -ˈteriət] *n* Sekretariat *nt*
sec·re·tary [ˈsekrətəri, AM -teri] *n* ❶ (*office assistant*) Sekretär(in) *m(f);* **private ~** Privatsekretär(in) *m(f)* ❷ ECON Assistent(in) *m(f)* der Geschäftsführung; **company ~** BRIT *ranghöchster Angestellter einer Kapitalgesellschaft* ❸ BRIT (*assistant ambassador*) **~** [**of embassy**] Botschaftsrat/-rätin *m, f;* **first ~** erster Botschaftsrat/erste Botschaftsrätin ❹ BRIT POL Staatssekretär(in) *m(f);* AM Minister(in) *m(f)*
Sec·re·tary [ˈsekrətəri, AM -teri] *n* Minister(in) *m(f);* **Defence ~** BRIT Verteidigungsminister(in) *m(f);* **Education ~** BRIT Minister(in) *m(f)* für Bildung und Erziehung; **~ of Health and Human Services** AM Minister(in) *m(f)* für Gesundheit und Soziales
'sec·re·tary bird *n* ORN Sekretär *m* **Sec·re·tary 'Gen·er·al** <*pl* Secretaries General> *n* Generalsekretär(in) *m(f)* **Sec·re·tary of 'State** <*pl* Secretaries of State> *n* ❶ BRIT (*head of government department*) Minister(in) *m(f);* **~ for Defence** Verteidigungsminister(in) *m(f);* **~ for the Environment** Umweltminister(in) *m(f)* ❷ AM (*minister for foreign affairs*) Außenminister(in) *m(f)*
se·cret 'bal·lot *n* geheime Abstimmung [*o* Wahl]
se·crete¹ [sɪˈkriːt] *vt* BIOL, MED ■**to ~ sth** etw absondern
se·crete² [sɪˈkriːt] *vt* (*form*) ■**to ~ sth** etw verbergen [*o* verstecken]
se·cre·tion [sɪˈkriːʃən] *n* ❶ BIOL, MED (*secreted substance*) Sekret *nt;* (*secreting*) Absonderung *f* ❷ *no pl* (*hiding*) Absonderung *f*
se·cre·tive [ˈsɪkrətɪv, AM -t̬ɪv] *adj behaviour* geheimnisvoll; *character* verschlossen; (*when acting*) geheimnistuerisch *pej fam;* ■**to be ~** [**about sth**] [in Bezug auf etw *akk*] geheimnisvoll tun
se·cre·tive·ly [ˈsɪkrətɪvli, AM -t̬ɪvli] *adv* geheimnisvoll; **to behave ~** geheimnistuerisch sein *pej fam,* geheimnisvoll tun *fam*
se·cre·tive·ness [ˈsɪkrətɪvnəs, AM -t̬ɪv-] *n no pl* Geheimnistuerei *f pej fam*
se·cret·ly [ˈsiːkrətli] *adv* heimlich; **to ~ admire sth** etw im Stillen bewundern; **to ~ hope/wish** insgeheim hoffen/wünschen
se·cret po·'lice *n + pl vb* Geheimpolizei *f* **se·cret 'ser·vice** *n usu sing* Geheimdienst *m* **Se·cret 'Ser·vice** *n no pl* AM ■**the ~** der Secret Service **se·cret 'ser·vice agent** *n* Geheimagent(in) *m(f)* **se·cret 'ser·vice man** *n* Geheimagent *m* **se·cret so·'ci·ety** *n* Geheimbund *m* **se·cret 'weap·on** *n* (*a. fig*) Geheimwaffe *f a. fig*
sect [sekt] *n* ❶ (*dissenting religious group*) Sekte *f* ❷ (*denomination*) Konfession *f,* Religionsgemeinschaft *f*
sec·tar·ian [sekˈteəriən, AM -ˈteri-] **I.** *adj* ❶ (*relating to dissenting religious group*) sektiererisch, Sekten-; **~ killing** Sektenmord *m* ❷ (*relating to denomination*) konfessionell [bedingt]; **~ differences** Konfessionsunterschiede *mpl;* **~ violence** religiöse Unruhen **II.** *n* Anhänger(in) *m(f)* einer Sekte, Sektierer(in) *m(f)*
sec·tar·ian·ism [sekˈteəriənɪzəm, AM -ˈteri-] *n no pl* Sektierertum *nt*
sec·tion [ˈsekʃən] **I.** *n* ❶ (*component part*) Teil *nt; of a road* Teilstrecke *f,* Teilstück *nt; of a railway* Streckenabschnitt *m; of a pipeline* Teilstück *nt;* TECH [Bau]teil *nt* ❷ (*segment of fruit*) Stück *nt,* Schnitz *m,* Spalte *f bes* ÖSTERR ❸ (*subdivision*) *of an act* Paragraph *m; of a book* Abschnitt *m; of a document* Absatz *m* ❹ (*part of newspaper*) Teil *m;* **sports ~** Sportteil *m* ❺ (*part of an area*) Bereich *m; of a railway carriage* Abteil *nt;* **non-smoking ~** (*in restaurant*) Nichtraucherbereich *m;* (*in railway carriage*) Nichtraucherabteil *nt* ❻ (*group of people*) Teil *m;* **~ of the population** Teil *m* der Bevölkerung; **the non-parliamentary ~ of the party** die außerparlamentarische Fraktion der Partei ❼ (*department*) Abteilung *f;* **the reference ~ of the library** die Nachschlageabteilung der Bibliothek ❽ (*group of instruments*) Gruppe *f;* **brass/woodwind ~** Blech-/Holz-

bläser *mpl* ⑨ (*military unit*) Abteilung *f* ⑩ BIOL (*thin slice for examination*) Schnitt *m* ⑪ (*display of internal structure*) Schnitt *m*; **horizontal/vertical** ~ Horizontal-/Vertikalschnitt *m*; **in** ~ im Schnitt ⑫ (*surgical cut*) Schnitt *m*; **[Caesarian]** ~ Kaiserschnitt *m* **II.** *vt* ① (*to separate*) ■**to** ~ **sth** etw [unter]teilen [*o* zerlegen] ② (*cut*) ■**to** ~ **sth** etw zerschneiden; BIOL etw segmentieren *fachspr;* MED etw sezieren *fachspr* ③ BRIT (*psych*) ■**to** ~ **sb** jdn in eine psychiatrische Klinik einweisen; **to** ~ **sb under the Mental Health Act** jdn zwangseinweisen
◆**section off** *vt* ■**to** ~ **off** ↻ **sth** etw abteilen

sec·tion·al ['sekʃᵊnᵊl] **I.** *adj inv* ① (*usu pej: limited to particular group*) partikular *geh,* partikulär *geh;* ~ **interests** Gruppeninteressen *ntpl* ② (*done in section*) Schnitt-; ~ **drawing** Schnittzeichnung *f* ③ *esp* AM (*made in sections*) zusammensetzbar; ~ **furniture** Anbaumöbel *pl;* ~ **sofa** zerlegbares Sofa **II.** *n* AM Anbaumöbel *pl*

sec·tion·al·ism ['sekʃᵊnᵊlɪzᵊm] *n no pl* Partikularismus *m geh*

sec·tor ['sektəʳ, AM -tɚ] *n* ① (*part of economy*) Sektor *m,* Bereich *m;* **the private/public** ~ der private/öffentliche Sektor ② (*area of land*) Sektor *m,* Zone *f;* **the American/British/French/Soviet** ~ (*hist*) der Amerikanische/Britische/Französische/Sowjetische Sektor *hist* ③ MATH Sektor *m*

secu·lar ['sekjələʳ, AM -lɚ] *adj* ① (*non-religious*) weltlich, säkular *geh* ② *inv* (*non-monastic*) welt[geist]lich; ~ **priest** Weltgeistliche(r) *f(m)*

secu·lar·ism ['sekjəlᵊʳɪzᵊm] *n no pl* ① (*non-involvement of religion*) Trennung *f* von Staat und Kirche ② (*rejection of religion*) Weltlichkeit *f,* Säkularismus *m geh*

secu·lar·ist ['sekjəlᵊʳɪst] **I.** *n* Kirchengegner(in) *m(f),* Säkularist(in) *m(f) geh* **II.** *adj* säkularistisch *geh*

secu·lar·ize ['sekjəlᵊʳaɪz, AM -ləraɪz] *vt* ■**to** ~ **sth** etw verweltlichen [*o geh* säkularisieren]

se·cure [sɪ'kjʊəʳ, AM -'kjʊr] **I.** *adj* <-r, -st *or* more ~, the most ~> ① (*certain, permanent*) sicher; ~ **job** sicherer Arbeitsplatz; **financially** ~ finanziell abgesichert ② *usu pred* (*safe, confident*) sicher; **to feel** ~ sich *akk* sicher [*o* geborgen] fühlen ③ (*safely guarded*) bewacht; (*safe against interception*) abhörsicher; ~ **against theft** diebstahlsicher; ~ **mental hospital/unit** geschlossene psychiatrische Klinik/Abteilung; ■**to be** ~ **against** [*or* **from**] **sth** vor etw *dat* sicher sein; **to make sth** ~ **against attack** etw gegen Angriffe sichern ④ *usu pred* (*fixed in position*) fest; *door* fest verschlossen; **check that the door is** ~ schau nach, ob die Tür auch wirklich zu ist; **to make a boat** ~ ein Boot festmachen **II.** *vt* ① (*obtain*) ■**to** ~ **sth** sich *dat* etw sichern, etw garantieren; ■**to** ~ **sth for sb** [*or* **sb sth**] jdm etw sichern; *job, order* jdm etw verschaffen ② (*make safe*) ■**to** ~ **sth** etw [ab]sichern; **to** ~ **one's future/position** (*fig*) seine Zukunft/Position absichern; **to** ~ **sb/sth against** [*or* **from**] **sth** jdn/etw vor etw *dat* schützen ③ (*fasten*) ■**to** ~ **sth** [**to sth**] etw [an etw *dat*] befestigen [*o* festmachen]; **to** ~ **a door/a window** eine Tür/ein Fenster fest schließen ④ (*guarantee repayment of*) ■**to** ~ **sth** etw absichern; **to** ~ **a loan** für einen Kredit Sicherheit stellen; **to** ~ **a loan against** [*or* **on**] **sth** einen Kredit durch etw *akk* abdecken

se·cured credi·tor *n* gesicherter Gläubiger/gesicherte Gläubigerin **se·cured 'loan** *n* gesichertes [*o* gedecktes] Darlehen

se·cure·ly [sɪ'kjʊəʳli, AM -'kjʊr-] *adv* ① (*firmly*) fest; **to** ~ **fasten/lock/tie sth** etw fest zumachen/verriegeln/binden ② (*safely*) sicher; **to** ~ **lock away sth** etw sicher verwahren; **prisoners must be held** ~ Gefangene müssen streng bewacht werden; **to remain** ~ **in control** unangefochten die Kontrolle behalten

se·'cu·rities mar·ket *n no pl* STOCKEX Wertpapierbörse *f,* Wertpapiermarkt *m*

se·cu·rity [sɪ'kjʊərəti, AM -'kjʊrət̬i] *n* ① *no pl* (*protection, safety*) Sicherheit *f;* **maximum-~ prison/wing** Hochsicherheitsgefängnis *nt*/-trakt *m;* **lax/tight** ~ lasche/strenge Sicherheitsvorkehrungen; **national** ~ nationale Sicherheit; **to be in charge of** ~ für die Sicherheit verantwortlich sein; **to tighten** ~ die Sicherheitsmaßnahmen verschärfen ② *no pl* (*guards*) Sicherheitsdienst *m,* Wachdienst *m;* **to call** ~ den Sicherheitsdienst rufen ③ *no pl* (*permanence, certainty*) Sicherheit *f;* **job** ~ Sicherheit *f* des Arbeitsplatzes; ~ **of tenure** Kündigungsschutz *m;* **financial** ~ finanzielle Sicherheit ④ *no pl* (*confidence*) [innere] Sicherheit, Geborgenheit *f* ⑤ *usu sing* (*safeguard*) Sicherheit *f,* Schutz *m* (**against** gegen +*akk*) ⑥ *no pl* (*guarantee of payment*) Sicherheit *f,* Kaution *f;* **to lend money on/without** ~ Geld gegen Sicherheit/ohne Sicherheit leihen; **to stand** ~ **for sb** für jdn bürgen; **to use sth as** ~ [**for sth**] etw als Sicherheit [für etw *akk*] verwenden ⑦ FIN ■**securities** *pl* (*investments*) Wertpapiere *ntpl,* Effekten *pl fachspr*

se·'cu·rity alert *n* Sicherheitsalarm *m* **se·'cu·rity blan·ket** *n* ① (*child's comforter*) Kuscheldecke *f* ② BRIT (*information blackout*) Nachrichtensperre *f* **se·'cu·rity check** *n* Sicherheitsüberprüfung *f,* Sicherheitskontrolle *f;* **to run a** ~ eine Sicherheitskontrolle durchführen **se·'cu·rity clear·ance** *n* ① *no pl* (*official permission*) Unbedenklichkeitserklärung *f* ② (*pass*) Passierschein *m* **se·'cu·rity cor·don** *n* [Sicherheits]kordon *m geh;* **to throw a** ~ **around** [*or* **surrounding**] **sb/sth** um jdn/etw einen [Sicherheits]kordon ziehen **Se·'cu·rity Coun·cil** *n* Sicherheitsrat *m* **se·'cu·rity de·pos·it** *n* AM Kaution *f* **se·'cu·rity forces** *npl* MIL Sicherheitskräfte *pl* **se·'cu·rity guard** *n* Sicherheitsbeamte(r) *m,* Sicherheitsbeamte [*o* -in] *f,* Sicherheitsbedienstete(r) *f(m)* **se·'cu·rity meas·ure** *n,* **se·'cu·rity pre·cau·tion** *n* Sicherheitsmaßnahme *f* **se·'cu·rity risk** *n* Sicherheitsrisiko *nt* **se·'cu·rity van** *n* Geldtransporter *m*

se·dan [sɪ'dæn] *n* AM, AUS Limousine *f*

se·dan 'chair *n* Sänfte *f*

se·date [sɪ'deɪt] **I.** *adj person* ruhig, gelassen; *pace* gemächlich; (*pej*) *village, place* verschlafen *fig* **II.** *vt* MED ■**to** ~ **sb** jdn ruhigstellen, jdm ein Beruhigungsmittel geben; **she was heavily** ~**d** sie stand unter dem Einfluss starker Beruhigungsmittel

se·date·ly [sɪ'deɪtli] *adv* ruhig; **to walk** ~ gemächlich dahinspazieren

se·da·tion [sɪ'deɪʃᵊn] *n no pl* MED Ruhigstellung *f;* **to be under** ~ ruhiggestellt sein, unter dem Einfluss von Beruhigungsmitteln stehen

seda·tive ['sedətɪv, AM -t̬ɪv] **I.** *adj* beruhigend; ~ **effect** beruhigende Wirkung **II.** *n* Beruhigungsmittel *nt,* Sedativum *nt fachspr*

sed·en·tary ['sedᵊntᵊri, AM -teri] *adj* sitzend; **my lifestyle is too** ~ ich sitze einfach zu viel; **to do a** ~ **job** im Sitzen arbeiten

sedge [sedʒ] *n no pl* Riedgras *nt,* Segge *f*

'sedge war·bler *n* ORN Seggenrohrsänger *m,* Schilfrohrsänger *m*

sedi·ment ['sedɪmənt, AM *also* -ə-] *n* ① *no pl* (*dregs at bottom*) Sediment *nt;* (*in river*) Ablagerung *f;* (*in wine*) [Boden]satz *m* ② (*deposited substance*) Sediment *nt,* Ablagerung *f*

sedi·men·tary [ˌsedɪ'mentᵊri] *adj* Sediment-, sedimentär; ~ **layer/rock** Sedimentschicht *f*/-gestein *nt;* ~ **deposits** sedimentäre Ablagerungen

sedi·men·ta·tion [ˌsedɪmen'teɪʃᵊn] *n no pl* Ablagerung *f,* Sedimentation *f fachspr*

se·di·tion [sɪ'dɪʃᵊn] *n no pl* Aufwiegelung *f,* Volksverhetzung *f*

se·di·tious [sɪ'dɪʃəs] *adj* aufwieglerisch, hetzerisch

se·duce [sɪ'dju:s, AM *also* -du:s] *vt* ■**to** ~ **sb** ① (*persuade to have sex*) jdn verführen ② (*win over*) jdn verführen [*o* gewinnen]; ■**to** ~ **sb into doing sth** jdn dazu verleiten, etw zu tun

se·duc·er [sɪ'dju:səʳ, AM -du:sɚ] *n* Verführer *m*

se·duc·tion [sɪ'dʌkʃᵊn] *n* ① *no pl* (*persuasion into sex*) Verführung *f;* **arts of** ~ Verführungskünste *fpl* ② (*act of seducing particular person*) Verführung *f* ③ *no pl* (*leading astray*) Verführung *f,* Verleitung *f* ④ *usu pl* (*seductive quality*) Verlockung *f geh;* **the** ~ **of money** der Lockruf des Geldes

se·duc·tive [sɪ'dʌktɪv] *adj* ① (*sexy*) verführerisch ② (*attractive,*

S

persuasive) argument, offer verführerisch, verlockend *geh*

se·duc·tive·ly [sɪˈdʌktɪvli] *adv* verführerisch

se·duc·tive·ness [sɪˈdʌktɪvnəs] *n no pl* ❶ (*sexiness*) *of a person* verführerische Art; **to feel confident of one's ~** sich *dat* seiner verführerischen Reize bewusst sein ❷ (*attractiveness*) Attraktivität *f;* **he resisted the ~ of the offer** er widerstand dem verlockenden Angebot

se·duc·tress <*pl* -es> [sɪˈdʌktrɪs] *n* Verführerin *f*

sedu·lous [ˈsedjʊləs, AM ˈsedʒələs] *adj* (*liter*) eifrig, unermüdlich, beharrlich; *worker* emsig, fleißig

see[1] <saw, seen> [siː] **I.** *vt* ❶ (*perceive with eyes*) ■**to ~ sb/sth** jdn/etw sehen; **I've never ~n anything quite like this before** so etwas habe ich ja noch nie gesehen; **have you ever ~n this man before?** haben Sie diesen Mann schon einmal gesehen?; **he's ~n where you live** er weiß jetzt, wo du wohnst; **I can't ~ much without my glasses** ohne Brille sehe ich nicht sonderlich viel; **there's nothing to ~** (*after accident*) hier gibt's nichts zu sehen!; **I saw it happen** ich habe gesehen, wie es passiert ist; **it has to be ~n to be believed** man muss es gesehen haben[, sonst glaubt man es nicht]; **I'll believe it when I ~ it** das glaube ich auch erst, wenn ich es mit eigenen Augen gesehen habe; ■**to ~ sb do** [*or* **doing**] **sth** sehen, wie jd etw tut; **I saw her coming** ich habe sie kommen sehen; **the woman was ~n to enter the bank** die Frau wurde gesehen, wie sie die Bank betrat; **I can't believe what I'm ~ing – is that your car?** ich glaube, ich spinne! ist das dein Auto?; **she didn't want to be ~n visiting the doctor** sie wollte nicht, dass jemand mitbekommt, dass sie zum Arzt geht; **I've never ~n my brother eating mushrooms** ich habe meinen Bruder noch nie Pilze essen sehen; **can you ~ where ...** siehst du, wo ...; **to ~ sth with one's own eyes** etw mit eigenen Augen sehen; **for all the world to ~** in aller Öffentlichkeit ❷ (*watch as a spectator*) ■**to ~ sth** *film, play* [sich *dat*] etw [an]sehen; **this film is really worth ~ing** dieser Film ist echt sehenswert; **to ~ sb in a film/in a play/on television** jdn in einem Film/Stück/im Fernsehen sehen ❸ (*visit place*) ■**to ~ sth** *famous building, place* etw ansehen; **I'd love to ~ Salzburg again** ich würde gerne noch einmal nach Salzburg gehen; **to ~ the sights of a town** die Sehenswürdigkeiten einer Stadt besichtigen ❹ (*understand*) ■**to ~ sth** etw verstehen [*o* begreifen]; (*discern mentally*) etw erkennen; **I ~ what you mean** ich weiß, was du meinst; **I can't ~ the difference between ... and ...** für mich gibt es keinen Unterschied zwischen ... und ...; **I just don't ~ why ...** ich begreife [*o* verstehe] einfach nicht, warum ...; **I can't ~ why I should do it** ich sehe einfach nicht ein, warum ich es machen sollte; **I can ~ you're having trouble with your car** Sie haben Probleme mit Ihrem Auto?; **I really can't ~ what difference it makes to ...** ich weiß wirklich nicht, was es für einen Unterschied machen soll, ...; **I can ~ it's difficult** ich verstehe ja, dass es schwierig ist; **I can ~ you have been fighting** ich sehe doch, dass ihr euch gezankt habt; **I can't ~ the joke** ich weiß nicht, was daran komisch sein soll; **I don't ~ the point of that remark** ich verstehe den Sinn dieser Bemerkung nicht; **~ what I mean?** siehst du? ❺ (*consider*) ■**to ~ sth** etw sehen; **as I ~ it ...** so wie ich das sehe ...; **try and ~ it my way** versuche es doch mal aus meiner Sicht zu sehen; **I ~ myself as a good mother** ich denke, dass ich eine gute Mutter bin; **this is how I ~ it** so sehe ich die Sache; **I don't ~ it that way** ich sehe das nicht so; **to ~ sth in a new** [*or* **a different**] [*or* **another**] **light** etw mit anderen Augen sehen; **to ~ reason** [*or* **sense**] Vernunft annehmen; **to ~ things differently** die Dinge anders sehen; **to make sb ~ sth** jdm etw klarmachen; **to ~ oneself obliged to do sth** sich *akk* dazu gezwungen sehen, etw zu tun ❻ (*learn, find out*) ■**to ~ sth** etw feststellen; **I ~ [that] ...** wie ich sehe, ...; **I'll ~ what I can do/who it is** ich schaue mal, was ich tun kann/wer es ist; **let me ~ if I can help you** mal sehen, ob ich Ihnen helfen kann; **that remains to be ~n** das wird sich zeigen ❼ (*meet socially*) ■**to ~ sb** jdn sehen; (*by chance*) jdn [zufällig] treffen [*o* sehen]; **we're ~ing friends at the weekend** wir treffen uns am Wochenende mit Freunden; **to ~ a lot** [*or* **much**] **of sb** jdn häufig sehen; **I haven't ~n much of him recently** ich sehe ihn in letzter Zeit [auch] nur [noch] selten; **I haven't ~n her around much in the last few weeks** in den letzten Wochen habe ich sie [auch nur] selten gesehen; **I shall be ~ing them at eight** ich treffe sie um acht; **I'll ~ you around** bis dann!; **~ you!** [*or* BRIT **be ~ing you!**] (*fam*) bis bald! *fam;* **~ you later!** (*fam: when meeting again later*) bis später!; (*goodbye*) tschüs! *fam;* **~ you on Monday** bis Montag!; **to go and ~ sb** jdn besuchen [gehen] ❽ (*have meeting with*) ■**to ~ sb** jdn sehen; (*talk to*) jdn sprechen; (*receive*) jdn empfangen; **I demand to ~ the manager** ich möchte mit dem Geschäftsführer sprechen!; **Mr Miller can't ~ you now** Mr Miller ist im Moment nicht zu sprechen; **the doctor will ~ you now** Sie können jetzt reingehen, der Herr Doktor ist jetzt frei; **to ~ a doctor/a solicitor** zum Arzt/zu einem Anwalt gehen, einen Arzt/einen Anwalt aufsuchen *geh* ❾ (*have relationship with*) ■**to be ~ing sb** mit jdm zusammen sein *fam;* **I'm not ~ing anyone at the moment** ich habe im Moment keine Freundin/keinen Freund; **are you ~ing anyone?** hast du einen Freund/eine Freundin? ❿ (*envisage, foresee*) ■**to ~ sth** sich *dat* etw vorstellen; **I ~ a real chance of us meeting again** ich glaube wirklich, dass wir uns wiedersehen; **I can't ~ him getting the job** ich kann mir nicht vorstellen, dass er den Job bekommt; **can you ~ her as a teacher?** kannst du dir sie als Lehrerin vorstellen?; **do you ~ ...** kannst du dir vorstellen, ...; **I can't ~ myself as a waitress** ich glaube nicht, dass Kellnern was für mich wäre; **to ~ it coming** es kommen sehen ⓫ (*witness, experience*) ■**to ~ sth** etw [mit]erleben; **2004 saw a slackening off in the growth of the economy** 2004 kam es zu einer Verlangsamung des Wirtschaftswachstums; **he won't ~ 50 again** er ist gut über 50; **I've ~n it all** mich überrascht nichts mehr; **now I've ~n everything!** ist denn das zu fassen!; **I've ~n it all before** das kenne ich alles schon!; ■**to ~ sb do sth** [mit]erleben, wie jd etw tut; **his parents saw him awarded the winner's medal** seine Eltern waren mit dabei, als ihm die Siegermedaille überreicht wurde; **I can't bear to ~ people being mistreated** ich ertrag es nicht, wenn Menschen misshandelt werden; **to ~ the day when ...** den Tag erleben, an dem ...; **to ~ life** das Leben kennen lernen; **to live to ~ sth** etw erleben; **I shall not live to ~ it** das werde ich wohl nicht mehr miterleben ⓬ (*accompany*) ■**to ~ sb** jdn begleiten; **to ~ sb into bed** jdn ins Bett bringen; **to ~ sb to the door** [*or* **out**]**/home** jdn zur Tür/nach Hause bringen [*o geh* begleiten]; **to ~ sb into a taxi** jdn zum Taxi bringen; **I saw her safely into the house** ich brachte sie sicher zum Haus ⓭ (*inspect*) **sb wants to ~ sth** *licence, passport* jd möchte etw sehen; *references, records* jd möchte etw [ein]sehen; **the policeman asked to ~ my driving licence** der Polizist wollte meinen Führerschein sehen; **let me ~ that** lass mich das mal sehen ⓮ *in imperative* (*refer to*) ■**~ ...** siehe ...; **~ below/page 23/over[leaf]** siehe unten/Seite 23/nächste Seite ⓯ (*perceive*) ■**to ~ sth in sb/sth** etw in jdm/etw sehen; **I don't know what she ~s in him** ich weiß nicht, was sie an ihm findet ⓰ (*ensure*) **to ~ sb right** BRIT, AUS (*fam: help*) jdm helfen [*o* behilflich sein]; (*pay or reimburse*) aufpassen [*o* dafür sorgen], dass jd sein Geld [wieder]bekommt; ■**to ~ that sth happens** dafür sorgen, dass etw passiert; **~ that this doesn't happen again** sieh zu, dass das nicht noch einmal passiert ⓱ (*view*) ■**to ~ sth** *house for sale* [sich *dat*] etw ansehen ⓲ (*in poker*) ■**to ~ sb: I'll ~ you** ich halte ▶ PHRASES: **let's ~ the colour of your money first** erst will ich dein Geld sehen! *fam;* **to have ~n better days** schon [einmal] bessere Tage gesehen haben; **you couldn't ~ him/her for dust** man sah nur noch seine/ihre Staubwolke *fam;* **if ... you won't ~ the dust of him/her** wenn ..., wird er/sie die Fliege machen wie nichts *sl;* **he/she can't ~ further than** [*or* **beyond**] **the end of his/her nose** er/sie sieht nicht weiter als seine/ihre Nasespitze [reicht] *fam;* **to not have ~n hide nor hair of sb** jdn nicht mal von hinten gesehen haben *fam;* **I'll ~ him/her in hell first** das wäre das Letzte, was ich täte!; **to ~ the last** [*or* BRIT, AUS **the back**] **of sb** [endlich] jdn los sein *fam;* **to ~ the last** [*or* BRIT, AUS **the back**] **of sth** endlich etw überstanden haben; **sb ~s the light** (*understand*) jdm geht ein Licht auf *fam;* (*become enlightened*) jdm gehen die Augen auf *fam;* (*be converted*) jd [er]schaut das Licht [Gottes] *geh;* **to ~ the light of day** (*first appear*) das Licht der Welt erblicken *geh o o hum;* **to** [**go and**] **~ a man about a dog** hingehen, wo auch der Kaiser zu Fuß hingeht *euph, hum fam;* **to ~ stars** Sterne sehen *fam;* **to be ~ing things** sich *dat* etw einbilden, Halluzinationen haben; **to ~ one's way** [**clear**] **to doing sth** es [sich *dat*] einrichten, etw zu tun; **to not ~ the wood** [*or* AM **the forest**] **for the trees** den Wald vor [lauter] Bäumen nicht sehen *hum* **II.** *vi* ❶ (*use eyes*) sehen; **I can't ~ very well without my glasses** ohne Brille kann ich nicht sehr gut sehen; **... but ~ing is believing** ... doch ich habe es mit eigenen Augen gesehen!; **as far as the eye** [*or* **you**] **can ~** so weit das Auge reicht ❷ (*look*) sehen; **let me ~!** lass mich mal sehen!; **~ for yourself!** sieh doch selbst!; (*in theatre etc.*) **can you ~?** können Sie noch sehen?; **there, ~, grandad's mended it for you** schau mal, Opa hat es dir wieder repariert! ❸ (*understand, realize*) **... – oh, I ~!** ... – aha!; **I ~** ich verstehe; **you ~! it wasn't that difficult was it?** na siehst du, das war doch gar nicht so schwer!; **~, I don't love you anymore** ich liebe dich einfach nicht mehr, o.k.? *fam;* **you ~, ...** weißt du/wissen Sie, ...; **well, you ~, all these rooms are going to be decorated** alle Zimmer werden natürlich noch renoviert; **~?!** siehst du?!; **as far as I can ~ ...** so wie ich das sehe ...; **I ~ from your report ...** Ihrem Bericht entnehme ich, ...; **... so I ~** ... das sehe [*o* merke] ich ❹ (*dated: as protest*) **now, ~ here, I only bought this ticket a month ago** also, dieses Ticket habe ich erst vor einem Monat gekauft! ❺ (*find out*) nachsehen; (*in the future*) herausfinden; **wait and ~** abwarten und Tee trinken *fam;* **well, we'll ~** schau ma mal! *fam;* **let me ~** lass mich mal überlegen; **you'll ~** du wirst schon sehen!; **you'll soon ~ for yourself** du wirst es schon bald selbst sehen! ▸ PHRASES: **to not ~ eye to eye** [**with sb**] nicht derselben Ansicht sein [wie jd]; **to ~ fit to do sth** es für angebracht halten, etw zu tun; **to ~ red** rotsehen *fam;* **to make sb ~ red** jdn zur Weißglut treiben *fam*

◆**see about** *vi* ❶ (*fam: deal with*) ■**to ~ about sth** sich *akk* um etw *akk* kümmern; **I've come to ~ about the TV** ich soll mir den Fernseher ansehen; **I've come to ~ about the rent** ich komme wegen der Miete; ■**to ~ about getting sth done** sich *akk* darum kümmern, dass etw getan wird; **I think we'd better ~ about getting home** ich glaube, wir sehen jetzt besser zu, dass wir nach Hause kommen ❷ (*consider*) **I'll ~ about it** ich will mal sehen ▸ PHRASES: **we'll ~ about that!** (*fam*) das werden wir ja sehen!

◆**see in I.** *vi* hineinsehen **II.** *vt* ■**to ~ sb in** jdn hineinbringen; **to ~ the New Year in** das neue Jahr begrüßen

◆**see into** *vi* ❶ (*look into*) ■**to ~ into sth** in etw *akk* hineinsehen ❷ (*find out about*) **to ~ into the future** in die Zukunft schauen ❸ (*investigate*) ■**to ~ into sth** etw *dat* auf den Grund gehen ❹ (*interpret*) **to ~ too much into sth** etw *dat* zu viel Bedeutung zumessen

◆**see off** *vt* ❶ (*say goodbye*) ■**to ~ off** ↻ **sb** jdn verabschieden; **to ~ sb off at the airport/station** jdn zum Flughafen/Bahnhof bringen ❷ (*drive away*) ■**to ~ off** ↻ **sb** jdn verjagen, jdm Beine machen *fam* ❸ (*get the better of*) ■**to ~ off** ↻ **sb/sth** mit jdm/etw fertigwerden *fam;* **to ~ off a challenger** einen Herausforderer/eine Herausforderin in die Tasche stecken *fam*

◆**see out I.** *vt* ❶ (*escort to door*) ■**to ~ out** ↻ **sb** jdn hinausbegleiten [*o* hinausbringen]; **I can ~ myself out, thanks** danke, ich finde alleine hinaus; **to ~ sb to the door** jdn zur Tür bringen ❷ ■**to ~ out** ↻ **sth** (*continue to end of*) etw durchstehen; (*last until end of*) etw überleben [*o* überstehen]; **she decided to ~ out the remainder of her contract** sie beschloss, bis zum Ende ihres Vertrages zu bleiben; **to ~ out the winter** den Winter überstehen **II.** *vi* hinaussehen

◆**see over** *vi* BRIT, AUS ■**to ~ over sth** *building* etw besichtigen; *exhibition* sich *dat* etw ansehen

◆**see round** *vi* BRIT, AUS sich *akk* umsehen; *see also* **see over**

◆**see through I.** *vi* ❶ (*look through*) ■**to ~ through sth** durch etw *akk* hindurchsehen [*o* DIAL durchgucken] ❷ (*not be deceived by*) ■**to ~ through sb/sth** jdn/etw durchschauen **II.** *vt* ❶ (*sustain*) ■**to ~ sb through** jdm über die Runden helfen *fam;* (*comfort*) jdm beistehen; **we've got enough coffee to ~ us through until the end of the week** unser Kaffee reicht noch bis Ende der Woche; **will £20 be enough to ~ you through?** reichen dir 20 Pfund?; **to ~ sb through a difficult time** jdm über eine schwierige Zeit hinweghelfen ❷ (*continue to the end of*) ■**to ~ sth through** etw zu Ende bringen

◆**see to** *vi* ■**to ~ to sb/sth** sich *akk* um jdn/etw kümmern; **that cut of yours needs ~ing to** deine Wunde solltest du mal jemanden zeigen; **ok, I'll ~ to it** o.k., ich kümmere mich drum; ■**to ~ to it that ...** dafür sorgen, dass ...

◆**see up I.** *vi* hinaussehen **II.** *vt* ■**to ~ sb** ↻ **up** (*escort*) jdn hinaufbringen

see² [siː] *n* (*of bishop or archbishop*) [Erz]bistum *nt;* (*Catholic*) [Erz]diözese *f;* **the Holy S~** der Heilige Stuhl

seed [siːd] **I.** *n* ❶ (*source of a plant*) Same[n] *m; of grain* Korn *nt;* ■**~s** *pl* AGR Saat *f kein pl,* Saatgut *nt kein pl;* **to sow ~s** Samen [aus]säen ❷ *no pl* (*seeds*) Samen *mpl;* **carrot/parsley/poppy ~** Karotten-/Petersilien-/Mohnsamen *mpl;* **to go** [*or* **run**] **to ~** Samen bilden [*o* tragen]; *salad, vegetables* schießen ❸ (*fig: small beginning of sth*) Keim *m fig;* **to sow the ~s of sth** etw säen *fig,* den Keim zu etw *dat* legen ❹ *no pl* (*liter: semen*) Samen *m* ❺ *no pl* (*old: offspring*) Nachkommenschaft *f;* **the ~ of Abraham/Moses** die Kinder Abrahams/Moses ❻ (*seeded player*) Platzierte(r) *f(m);* **top** [*or* **number one**] **~** Erstplatzierte(r) *f(m)* ▸ PHRASES: **to go** [*or* **run**] **to ~** herunterkommen *fam* **II.** *vt* ❶ (*sow with seed*) **to ~ a bed/field** ein Beet/Feld besäen ❷ (*drop its seed*) ■**to ~ itself** sich *akk* aussäen ❸ (*help start*) ■**to ~ sth** etw bestücken [*o* ausstatten]; **to ~ a project with the necessary funds** ein Projekt mit den nötigen Mitteln versehen ❹ (*remove seeds from*) ■**to ~ sth** etw entkernen ❺ *usu passive* SPORTS **to be ~ed** gesetzt [*o* platziert] sein

'seed bank *n* AGR, BOT Samenbank *f* **'seed bed** *n* ❶ (*area of ground*) Samenbeet *nt* ❷ (*fig*) Grundlage *f* **'seed·cake** *n* Kümmelkuchen *m* **'seed corn** *n no pl* ❶ BRIT (*grain for planting*) Samenkorn *nt* ❷ (*fig: starting point*) Keim *m fig*

seed·ed [ˈsiːdɪd] *adj inv* ❶ (*with seeds removed*) entkernt ❷ (*containing seeds*) mit Kernen *nach n;* **~ grapes** Trauben *fpl* mit Kernen ❸ (*ranked in tournament*) gesetzt, platziert

seedi·ness [ˈsiːdɪnəs] *n no pl* ❶ (*disreputableness*) Zwielichtigkeit *f* ❷ (*unwell feeling*) Katzenjammer *m fam*

seed·less [ˈsiːdləs] *adj inv* kernlos

seed·ling [ˈsiːdlɪŋ] *n* Sämling *m,* Setzling *m*

'seed mon·ey *n no pl* AM, AUS (*start-up money*) Startkapital *nt* **'seed po·ta·to** *n* Saatkartoffel *f*

'seeds·man *n* Samenhändler *m*

'seed·time *n* AGR Saatzeit *f*

seedy [siːdi] *adj* ❶ (*dirty and dubious*) *district, hotel* zwielichtig; *character, reputation* zweifelhaft; *clothes, appearance* abgerissen, schäbig ❷ *usu pred* (*slightly unwell*) unwohl; **sb feels ~** jd fühlt sich *akk* ganz flau ❸ (*full of seeds*) *bread* mit ganzen Getreidekörnern *nach n; fruits* voller Kerne *nach n*

see·ing [ˈsiːɪŋ] *conj* **~ that ..., ~ as** [**how**] ... da ...

See·ing-Eye 'dog® *n* AM, AUS Blindenhund *m*

seek <sought, sought> [si:k] **I.** *vt* ❶ (*form: look for*) ■**to ~ sb/sth** jdn/etw suchen ❷ (*try to obtain or achieve*) ■**to ~ sth** etw erstreben; **to ~ asylum/refuge/shelter** Asyl/Zuflucht/Schutz suchen; **to ~ damages/redress** Schadenersatz/Entschädigung beantragen; **to ~ election** sich *akk* zur Wahl stellen; **to ~ employment** [*or* **a job**] eine Stelle suchen; **to ~ one's fortune** sein Glück suchen; **to ~ justice/revenge** nach Gerechtigkeit/Rache streben ❸ (*ask for*) ■**to ~ sth** etw erbitten *geh;* **to ~ advice from sb** bei jdm Rat suchen, jdn um Rat bitten; **to ~ approval from sb** jds Zustimmung einholen; **to ~ permission from sb** jdn um Erlaubnis bitten **II.** *vi* ❶ (*form: search*) suchen; REL **~ and ye shall find** suchet, so werdet ihr finden; (*hum*) wer such[e]t, der findet *prov;* ■**to ~ for** [*or liter* **after**] **sb/sth** nach jdm/etw suchen ❷ (*form: attempt*) ■**to ~ to do sth** danach trachten *geh* [*o* [ver]suchen], etw zu tun

◆**seek out** *vt* ■**to ~ out** ↔ **sb/sth** jdn/etw ausfindig machen; *opinion, information* etw herausfinden; **to ~ out new talent** auf Talentsuche sein

seek·er [si:kəʳ, AM -kɚ] *n* Suchende(r) *f(m);* **asylum ~** Asylsuchende(r) *f(m);* (*more formally*) Asylbewerber(in) *m(f);* **job ~** Arbeitssuchende(r) *f(m);* **to be a publicity ~** die Öffentlichkeit suchen; **~ after truth** Wahrheitssucher(in) *m(f) geh*

-seek·ing [ˌsi:kɪŋ] *in compounds* -suchend; **to be adventure-~** abenteuerlustig sein; **to be attention-~** im Mittelpunkt stehen wollen; **to be pleasure-~** vergnügungssüchtig sein

seem [si:m] *vi* ❶ + *n, adj* (*appear to be*) scheinen; **he ~s a very nice man** er scheint ein sehr netter Mann zu sein; **you ~ very quiet today** du wirkst heute sehr still; **he's sixteen, but he ~s younger** er ist sechzehn, wirkt aber jünger; **that ~s a good idea to me** ich halte das für eine gute Idee; **they ~ to be ideally suited** sie scheinen hervorragend zusammenzupassen; ■**to ~ as if** [*or* **as though**] [*or fam* **like**] ... so scheinen [*o* aussehen], als ob ...; **you ~ as if you don't want to get involved** es sieht so aus, als wolltest du nicht darin verwickelt werden; **it ~s like ages since we last saw you** es kommt mir wie eine Ewigkeit vor, seit wir dich das letzte Mal gesehen haben; **it ~ed like a good idea at the time** damals hielt ich das für eine gute Idee; **I can't ~ to get this right** wie's aussieht, kriege ich das nie hin *fam;* **sth is not all what it ~s** etw ist anders, als es zu sein scheint; **what ~s to be the problem?** wo liegt denn das Problem?; **I'm sorry, I ~ to have dented your car** es tut mir leid, wie es aussieht, habe ich eine Delle in Ihr Auto gefahren ❷ (*appear*) ■**it ~s [that]** ... anscheinend ...; **it now ~s likely that the event will be cancelled** es scheint jetzt ziemlich wahrscheinlich, dass die Veranstaltung abgesagt wird; **it ~s to me that he isn't the right person for the job** ich finde, er ist nicht der Richtige für den Job; **I'm just telling you how it ~s to me** ich sage dir nur, wie ich es sehe; ■**it ~s as if** [*or* **as though**] [*or fam* **like**] ... es scheint [*o* hat den Anschein], als ob ...; **I'm in a bad way – so it ~s!** ich bin nicht gut drauf – den Eindruck habe ich auch!; **it ~s so** [es] scheint so; **it ~s not** anscheinend nicht; **there ~s to have been some mistake** da liegt anscheinend ein Irrtum vor; **there ~ed to be no point in continuing** es schien zwecklos weiterzumachen

seem·ing ['si:mɪŋ] *adj attr, inv* (*form*) scheinbare(r, s)

seem·ing·ly ['si:mɪŋli] *adv inv* scheinbar

seem·ly ['si:mli] *adj* (*old*) schicklich *geh*

seen [si:n] *pp of* **see**

seep [si:p] *vi* sickern; (*fig*) *information, truth* durchsickern *fig*

seep·age ['si:pɪʤ] *n no pl* ❶ (*process of seeping*) *of oil, water* Aussickern *nt;* (*fig*) *of information* Durchsickern *nt fig; of persons* Abwandern *nt* ❷ (*lost fluid*) versickernde Flüssigkeit; **~ water** Sickerwasser *nt*

seer ['si:əʳ, AM si:ɚ] *n* (*liter*) Seher *m;* (*fig*) Prophet *m fig*

seer·suck·er ['sɪəˌsʌkəʳ, AM 'sɪrˌsʌkɚ] *n no pl* Seersucker *m* (*leichter kreppartiger Leinenstoff*)

see-saw ['si:sɔ:, AM *also* -sɑ:] **I.** *n* ❶ (*for children*) Wippe *f* ❷ (*fig: vacillating situation*) Auf und Ab *nt* **II.** *vi* ❶ (*play*) wippen ❷ (*fig*) sich *akk* auf und ab bewegen; *prices* steigen und fallen; *mood* schwanken **III.** *adj attr, inv* schwankende(r, s); **~ effect in temperatures** [ständige] Temperaturschwankungen

seethe [si:ð] *vi* ❶ (*fig: be very angry*) kochen *fam;* **to ~ with anger** vor Wut kochen [*o* schäumen] *fam* ❷ (*move about violently*) *river, sea* schäumen; *liquid* brodeln, kochen ❸ (*be crowded*) wimmeln; **to ~ with people/tourists** von Menschen/Touristen wimmeln

seeth·ing [si:ðɪŋ] *adj attr, inv* ❶ (*fig: violently felt*) kochend, überschäumend; **~ anger** rasende Wut; **~ discontent** schwelende Unzufriedenheit ❷ (*bubbling*) *liquid* brodelnd; **~ water** kochendes Wasser ❸ (*swarming*) *crowd* wimmelnd

'see-through *adj* ❶ (*transparent*) durchsichtig ❷ (*of very light material*) durchscheinend, transparent; **~ blouse** durchscheinende Bluse

seg·ment ['segmənt] **I.** *n* ❶ (*part, division*) Teil *m; of a population* Gruppe *f; of an orange* Schnitz *m,* Spalte *f bes* ÖSTERR ❷ RADIO, TV (*allocated time*) Sendezeit *f* ❸ MATH Segment *nt* ❹ (*of a worm*) Segment *nt,* Glied *nt,* Ring *m* **II.** *vt* ■**to ~ sth** etw zerlegen [*o geh* segmentieren]; **to ~ the market/population** den Markt/die Bevölkerung aufspalten **III.** *vi* sich *akk* teilen; ■**to ~ into sth** sich *akk* in etw *akk* teilen

seg·men·ta·tion [ˌsegmen'teɪʃᵊn] *n no pl* Segmentierung *f geh;* BIOL Zellteilung *f*

seg·re·gate ['segrɪgeɪt, AM -rə-] *vt* ■**to ~ sb** jdn absondern; **to ~ different races/the sexes** verschiedene Rassen/die Geschlechter trennen

seg·re·gat·ed ['segrɪgeɪtɪd, AM -rəgeɪt̬ɪd] *adj inv* nur für Weiße oder Schwarze; **~ school** Schule mit Rassentrennung; **racially ~ system** auf Rassentrennung basierendes System; ■**to be ~ from sb/sth** von jdm/etw getrennt sein

seg·re·ga·tion [ˌsegrɪ'geɪʃᵊn, AM -rə'-] *n no pl* Trennung *f;* **racial ~** Rassentrennung *f*

seg·re·ga·tion·ist [ˌsegrɪ'geɪʃᵊnɪst, AM -rə'-] **I.** *adj* ■**to be ~** die Rassentrennung befürworten; **~ system** auf der Rassentrennung beruhendes System **II.** *n* Anhänger(in) *m(f)* der Rassentrennung

segue ['segweɪ] *n* Überblendung *f* von Musikstücken; **to make a ~** (*fig*) einen Schritt machen

seis·mic ['saɪzmɪk] *adj* ❶ GEOL seismisch *fachspr,* Erdbeben-; **~ waves** Erdbebenwellen *fpl* ❷ (*extremely damaging*) verheerend; (*distressing*) erschütternd

seis·mo·graph ['saɪzmə(ʊ)grɑ:f, AM -məgræf] *n* Seismograph *m*

seis·molo·gist [saɪz'mɒləʤɪst, AM -'mɑ:-] *n* Seismologe, -in *m, f*

seis·mol·ogy [saɪz'mɒləʤi, AM -'mɑ:-] *n no pl* Seismologie *f*

seize [si:z] **I.** *vt* ❶ (*grab*) ■**to ~ sth** etw ergreifen [*o* packen]; ■**to ~ sb** jdn packen; **to ~ sb by the arm/throat/wrist** jdn am Arm/an der Kehle/beim Handgelenk packen; **to ~ sth with both hands** etw mit beiden Händen greifen ❷ *usu passive* (*fig: overcome*) ■**to be ~d with sth** von etw *dat* ergriffen werden; **to be ~d with desire** von Begierde gepackt werden; **to be ~d with panic** von Panik erfasst werden ❸ (*make use of*) **to ~ the initiative/an opportunity** die Initiative/eine Gelegenheit ergreifen; **to ~ an opportunity with both hands** eine Gelegenheit mit beiden Händen ergreifen ❹ (*capture*) ■**to ~ sth** etw einnehmen [*o* erobern]; **to ~ a criminal** einen Verbrecher festnehmen; **to ~ a fortress/harbour/town** eine Festung/einen Hafen/eine Stadt einnehmen [*o* erobern]; **to ~ a hostage** eine Geisel nehmen; **to ~ power** die Macht ergreifen; (*more aggressively*) die Macht an sich *akk* reißen ❺ (*confiscate*) ■**to ~ sth** etw beschlagnahmen **II.** *vi* ■**to ~ on** [*or* **upon**] **sth** *idea* etw aufgreifen; **to ~ on an excuse** zu einer Ausrede greifen

◆**seize up** *vi engine, machine* stehen bleiben; *brain* aussetzen; *economy* zum Erliegen kommen

sei·zure ['si:ʒəʳ, AM -ʒɚ] *n* ❶ *no pl* (*taking*) Ergreifung *f;* **~ of**

power Machtergreifung *f;* ~ **of enemy territory/a town** Einnahme *f* von feindlichem Gebiet/einer Stadt; ~ **of drugs/property** Beschlagnahmung *f* von Drogen/Eigentum ❷ MED (*fit*) Anfall *m;* (*dated: stroke*) Schlaganfall *m;* (*fig, hum*) Schlag *m fig fam;* **epileptic** ~ epileptischer Anfall ❸ *usu sing* MECH Stillstand *m*

sel·dom ['seldəm] *adv* selten; ~ **if ever** fast nie, äußerst selten, so gut wie nie *fam*

se·lect [sɪ'lekt, AM sə-] **I.** *adj* ❶ (*high-class*) *hotel, club* exklusiv ❷ (*carefully chosen*) ausgewählt, auserlesen; *band, team* auserwählt; *fruit, cuts of meat* ausgesucht; **a** ~ **few** einige Auserwählte **II.** *vt* ■**to** ~ **sth** etw aussuchen; ■**to** ~ **sb** jdn auswählen; **to** ~ **a captain/player/team** SPORTS einen Kapitän/einen Spieler/eine Mannschaft aufstellen; ■**to** ~ **sb for sth** jdn für etw *akk* auswählen **III.** *vi* ■**to** ~ **from sth** aus etw *dat* [aus]wählen
◆**select out** *vt* ■**to** ~ **out** ⊂ **sb** jdn auswählen; ■**to** ~ **out** ⊂ **sth** etw aussuchen

se·lect com·'mit·tee *n* Sonderausschuss *m,* Sonderkommission *f* (**on** für +*akk*)

se·lec·tion [sɪ'lekʃən, AM sə-] *n* ❶ *no pl* (*choosing*) Auswahl *f;* BIOL Selektion *f geh;* **to make one's** ~ seine Wahl treffen ❷ *no pl* (*being selected*) Wahl *f;* (*for candidacy*) Aufstellung *f* ❸ *usu sing* (*range*) Auswahl *f,* Sortiment *nt;* **a good** ~ **of books** eine gute Auswahl an Büchern ❹ (*set of selected extracts*) Auswahl *f,* Auslese *f;* **a** ~ **of modern poetry** eine Auswahl moderner Lyrik ❺ (*chosen player*) Spieler[aus]wahl *f*

se·'lec·tion com·mit·tee *n* POL Auswahlkomitee *nt* **se·'lec·tion pro·cess** *n* Auswahlverfahren *nt,* Selektionsverfahren *nt geh*

se·lec·tive [sɪ'lektɪv, AM sə-] *adj* ❶ (*careful about choosing*) wählerisch; *reader, shopper* kritisch, anspruchsvoll; ■**to be** ~ **about sth** bei etw *dat* wählerisch sein; **to have a** ~ **memory** (*pej, hum*) ein selektives Erinnerungsvermögen haben *pej, hum* ❷ (*choosing the best*) ausgewählt; ~ **breeding** Zuchtwahl *f* ❸ (*discriminately affecting*) *process, agent* gezielt; **to be** ~ **in effect** gezielt wirken

se·lec·tive·ly [sɪ'lektɪvli, AM sə-] *adv* selektiv; **to order** ~ gezielt bestellen; ■**to quote** ~ selektiv zitieren *geh*

se·lec·tive·ness [sɪ'lektɪvnəs, AM sə-] *n no pl,* **se·lec·tiv·ity** [ˌsɪlek'tɪvəti, AM səˌlek'tɪvəṭi] *n no pl* ❶ (*careful choice*) [sorgfältiges] Auswählen ❷ (*discriminately affect*) *process, agent* Gezieltheit *f*

se·lec·tor [sɪ'lektəʳ, AM sə'lektɚ] *n* ❶ (*chooser*) Auswählende(r) *f(m);* SPORTS *jd, der die Mannschaft aufstellt* ❷ (*switch*) Wählschalter *m;* BRIT (*in car*) Schalthebel *m;* ~ **lever** Automatikschalthebel *m*

self <*pl* selves> [self] *n* ❶ (*personality*) ■**one's** ~ das Selbst [*o* Ich]; **I was just being my usual cheerful** ~ ich war wie immer fröhlich; **to be [like] one's former** [*or* **old**] [*or* **normal**] ~ wieder ganz der/die Alte sein; **to find one's true** ~ sein wahres Ich finden, sich *akk* selbst finden ❷ *no pl* (*pej form: personal welfare*) das eigene Wohl; (*advantage*) das eigene Ego *pej;* **regard for** ~ Sorge *f* um das eigene Wohlergehen; **with no thought of** ~ ohne an sich *akk* selbst zu denken; **to put** ~ **above all else** das eigene Ego über alles stellen; **to think only of** [*or* **be all for**] [*or* **care about**] ~ nur an sich *akk* selbst denken ▶PHRASES: **one's good** ~ (*iron*) **how is your good** ~**?** wie geht es Ihnen?; **unto thine own** ~ **be true** (*saying*) bleib dir selbst treu, tue recht und scheue niemand *prov veraltend*

self-a'base·ment [-ə'beɪsmənt] *n no pl* Selbsterniedrigung *f;* **to kneel in** ~ in Demut niederknien **self-ab'sorbed** *adj* (*pej*) mit sich *dat* selbst beschäftigt **self-ab·'sorp·tion** *n no pl* Ichbezogenheit *f* **self-a'buse** *n no pl* ❶ (*harm*) Selbstzerstörung *f;* **to practise** ~ sich *akk* selbstzerstörerisch verhalten ❷ (*old: masturbation*) Selbstbefriedigung *f* **self-ac·cu·'sa·tion** *n no pl* Selbstanklage *f* **self-'act·ing** *adj inv* automatisch; ~ **machine** vollautomatische Maschine **self-ad·dressed 'en·velope** *n* adressierter Rückumschlag; **to send** [*or* **include**] **a** ~ einen adressierten Rückumschlag beifügen **self-ad·'he·sive** *adj inv stamps, envelopes, labels* selbstklebend **self-ag·'gran·dize·ment** *n no pl* (*esp pej*) Selbstverherrlichung *f* **self-ap·'point·ed** *adj inv manager, experts, critic* selbst ernannt **self-as·'sem·bly** *esp* BRIT **I.** *n no pl* Selbstmontage *f* **II.** *n modifier* (*kitchen, furniture*) zur Selbstmontage *nach n;* ~ **model airplane** Modellflugzeug *nt* zum Selbstbauen **self-as·'ser·tion** *n no pl* Selbstbewusstsein *nt,* Durchsetzungsvermögen *nt* **self-as·'ser·tive** *adj* ■**to be** ~ sich *akk* behaupten [*o* durchsetzen] **self-as·'sess·ment** *n no pl* ❶ (*judgment*) Selbsteinschätzung *f* ❷ FIN **system of** ~ System *nt* der Selbsteinschätzung (*für die Einkommenssteuer von Selbständigen*) **self-as·'sur·ance** *n no pl* Selbstvertrauen *nt,* Selbstsicherheit *f* **self-as·'sured** *adj* selbstbewusst, selbstsicher **self-a'ware** *adj* selbstkritisch **self-a'ware·ness** *n no pl* Selbsterkenntnis *f* **self-'ca·ter·ing** BRIT, AUS **I.** *n no pl* Selbstverpflegung *f;* **to go for** ~ sich *akk* selbst verpflegen **II.** *n modifier* ~ **apartment** AM [*or* **flat** BRIT] [*or* **accommodations**] Ferienwohnung *f;* ~ **holiday** Urlaub *m* mit Selbstverpflegung **self-'cen·sor·ship** *n no pl* Selbstkontrolle *f;* *of writer* Selbstzensur *f;* **to practise** ~ Selbstkontrolle üben **self-'cen·tered** AM, **self-'cen·tred** *adj* (*pej*) selbstbezogen *pej,* egozentrisch *pej;* ~ **person** Egozentriker(in) *m(f);* ■**the** ~ *pl* die Egozentriker *pl* **self-cer·ti·fi·'ca·tion** *n no pl* BRIT (*form*) ❶ MED selbsterstellte Krankmeldung *f* ❷ FIN Selbsteinschätzung *f* **self-cer·ti·fi·'ca·tion form** *n* ❶ MED Krankmeldung *f* ❷ FIN Steuererklärung *f* **self-'clos·ing** *adj inv* von selbst schließend *attr* **self-'col·ored** AM, **self-'col·oured** *adj inv* uni, einfarbig **self-com·'pla·cent** *adj* selbstzufrieden; ~ **attitude** Laissez-faire-Haltung *f* **self-com·'posed** *adj* beherrscht; **to remain** ~ gelassen [*o fam* cool] bleiben **self-con·'ceit** *n no pl* Einbildung *f,* Arroganz *f* **self-con·'ceit·ed** *adj* eingebildet, arrogant **self-con·dem·'na·tion** *n no pl* Selbstverdammung *f* **self-con·'fessed** *adj attr, inv* selbsterklärt; **she's a** ~ **thief** sie bezeichnet sich selbst als Diebin; **she had a** ~ **fear of heights** sie gab zu, dass sie Höhenangst hatte **self-'con·fi·dence** *n no pl* Selbstvertrauen *nt;* **to have [a tremendous amount of]** ~ [eine gehörige Portion] Selbstvertrauen haben; **to improve on one's** ~ sein Selbstvertrauen stärken; **to undermine one's/sb's** ~ sein/jds Selbstvertrauen schwächen **self-'con·fi·dent** *adj* selbstsicher, selbstbewusst **self-'con·fi·dent·ly** *adv* selbstbewusst, selbstsicher; **to act** [*or* **behave**] ~ selbstsicher auftreten **self-con·gratu·'la·tion** *n no pl* Selbstgefälligkeit *f* **self-con·gratu·'la·tory** *adj tone, remark* selbstgefällig; ■**to be** ~ **about sth** sich *dat* etwas auf etw *akk* einbilden **self-'con·scious** *adj* gehemmt, verlegen; **a** ~ **laugh** ein verlegenes Lachen **self-'con·scious·ly** *adv* gehemmt; **he** ~ **glanced into the mirror every few minutes** alle paar Minuten schaute er verstohlen in den Spiegel; **to hope** ~ **that ...** bei sich *dat* hoffen, dass ... **self-'con·scious·ness** *n no pl* Gehemmtheit *f,* Verlegenheit *f,* Befangenheit (**in** in +*dat*); **to lose one's** ~ seine Hemmungen verlieren **self-con·'tained** *adj inv* ❶ (*complete*) selbstgenügsam; ~ **community** autarke Gemeinschaft ❷ (*separate*) ~ **apartment** separate Wohnung ❸ (*taciturn*) verschlossen, unnahbar **self-con·'tempt** *n no pl* Selbstverachtung *f;* **to express** ~ Selbstverachtung zum Ausdruck bringen **self-contra·'dic·tory** *adj* (*form*) paradox *geh,* widersprüchlich; ~ **statement** widersprüchliche Aussage; **I find your argument** ~ ich meine, dass Sie sich selbst widersprechen **self-con·'trol** *n no pl* Selbstbeherrschung *f;* **incredible** ~ unglaubliche Selbstdisziplin; **to exercise** ~ Selbstdisziplin üben; **to lose/regain one's** ~ die Fassung verlieren/wiedergewinnen **self-con·'trolled** *adj* beherrscht, souverän *geh* **self-'criti·cal** *adj* selbstkritisch **self-'criti·cism** *n no pl* Selbstkritik *f;* **to practise** ~ selbstkritisch sein **self-de·'ceit, self-de·'cep·tion** *n no pl* Selbstbetrug *m;* **pure** [*or* **sheer**] ~ reiner Selbstbetrug; **to resort to** ~ sich *dat* selbst etwas vormachen **self-de·'clared** *adj attr, inv* selbst ernannt **self-de·'feat·ing** *adj* aussichtslos; ~ **attempt** verzweifelter Versuch **self-de·'fence**, AM **self-de·'fense** *n no pl* Selbstverteidigung *f;* **in ~, I have to say that ...** zu meiner Verteidigung muss ich sagen, dass ...; **a course** [*or* **class**] **in** ~ ein Selbstverteidigungskurs *m;* **to kill sb in** ~ jdn in Notwehr töten; **to use sth in** ~ etw zur Selbstverteidigung benutzen **self-de·'lu·sion** *n* Selbstbetrug *m* **self-de·'ni·al** *n no pl* Selbsteinschränkung *f,* Selbstzucht *f;* **to practise** ~ Verzicht üben **self-'dep·re·cat·ing** *adj* (*form*) selbstironisch; ~ **humour/manner** Selbstironie *f* **self-'dep·re·cat·ing·ly** *adv* (*form*) selbstironisch; **to say sth** ~ etw in aller Bescheidenheit sagen **self-dep·re·'ca·tion** *n no pl* (*form*) Selbstironie *f* **self-dep·re·'ca·tory** *adj* (*form*) *see* **self-deprecating** **self-de·pre·ci'a·tion** *n no pl* (*form*) Selbstironie *f* **self-de·pre·ci'a·tory** *adj* (*form*) *see* **self-deprecating** **self-de·'struct** *vi* sich *akk* selbst zerstören; *materials* zerfallen; *missile* [zer]bersten; *tape* sich *akk* löschen **self-de·'struct but·ton** *n* der rote Knopf, Selbstauslöser *m* ▸ PHRASES: **to hit the** ~ den roten Knopf drücken **self-de·'struc·tion** *n no pl* Selbstzerstörung *f;* **to be capable of** ~ sich *akk* selbst zerstören können **self-de·'struc·tive** *adj* selbstzerstörerisch **self-de·ter·mi·'na·tion** *n no pl* POL Entschlusskraft *f,* Selbstbestimmung *f;* **the right of** [*or* **to**] ~ das Recht auf Selbstbestimmung **self-de·'vel·op·ment** *n no pl of a person* Selbstentfaltung *f* **self-'dis·ci·pline** *n no pl* Selbstdisziplin *f;* ■**to have the ~ to do sth** die Selbstdisziplin haben, etw zu tun **self-'dis·ci·plined** *adj* selbstdiszipliniert **self-dis·'cov·ery** *n no pl* Selbsterfahrung *f;* **a journey of** ~ eine Reise ins Ich; **national** ~ nationale Identitätsfindung **self-dis·'gust** *n no pl* Selbstekel *m* **self-'doubt** *n no pl* Selbstzweifel *mpl;* **moments of** ~ Augenblicke *mpl* des Selbstzweifels; **to be filled with** ~ voller Selbstzweifel sein; **to be plagued by** ~**s** von Selbstzweifeln gequält werden **'self-drive** BRIT **I.** *adj attr, inv* Selbstfahrer-; ~ **hire car** Mietwagen *m;* **to provide a** ~ **car** einen Mietwagen zur Verfügung stellen **II.** *n no pl* Selbstfahren *nt* **self-'edu·cat·ed** *adj inv* autodidaktisch; **he's** ~ er ist ein Autodidakt; ~ **person** Autodidakt(in) *m(f)* **self-ef·'face·ment** *n no pl* Zurückhaltung *f* **self-ef·'fac·ing** *adj* zurückhaltend, bescheiden **self-ef·'fac·ing·ly** *adv* zurückhaltend, bescheiden **self-em·'ployed I.** *adj inv* selbständig; **he is** ~ er ist selbständig; ~ **builder** Bauunternehmer(in) *m(f);* ~ **lawyer** Anwalt *m*/Anwältin *f* mit eigener Kanzlei **II.** *n* ■**the** ~ *pl* die Selbständigen **self-em·'ploy·ment** *n no pl* Selbständigkeit *f* **self-es·'teem** *n no pl* Selbstwertgefühl *nt;* **to have no/high/low** ~ kein/hohes/geringes Selbstwertgefühl haben; **to boost/destroy one's** ~ sein Selbstwertgefühl stärken/zerstören **self-'evi·dent** *adj* offensichtlich, selbstverständlich; ■**it is ~ that ...** es liegt auf der Hand, dass ... **self-'evi·dent·ly** *adv* offensichtlich **self-ex·ami·'na·tion** *n no pl* Selbstprüfung *f* **self-ex·'plana·tory** *adj* unmittelbar verständlich, selbsterklärend **self-ex·'pres·sion** *n no pl* Selbstdarstellung *f* **self-fi·'nanc·ing** *adj inv* **fees will have to treble to make the courses** ~ die Gebühren müssen verdreifacht werden, damit sich die Kurse selbst finanzieren können; ■**to be** ~ sich *akk* selbst finanzieren; ~ **project** Projekt *nt* in eigener Trägerschaft **self-'flat·tery** *n no pl* Selbstschmeichelei *f* **self-ful·'filled** *adj* zufrieden; **I became** ~ ich war mit mir zufrieden **self-ful·'fill·ing** *adj inv* ■**to be** ~ sich *akk* selbst bewahrheiten; ~ **prophecy** Self-fulfilling Prophecy *f geh,* sich selbst erfüllende Prophezeiung **self-ful·'fill·ment** AM, **self-ful·'fil·ment** *n no pl* Selbstverwirklichung *f;* **great** ~ große Erfüllung; **to achieve/seek** ~ Erfüllung erreichen/suchen **self-'gov·ern·ing** *adj inv* selbstverwaltet; ~ **school** Privatschule *f;* ~ **trust** Fonds *m* in privater Trägerschaft **self-'gov·ern·ment** *n no pl* Selbstverwaltung *f;* **regional** ~ regionale Selbstverwaltung **self-'hate, self-'ha·tred** *n no pl* Selbsthass *m* **self-'help I.** *n no pl* Selbsthilfe *f;* **to provide** ~ Selbsthilfe vermitteln **II.** *n modifier* Selbsthilfe-; ~ **group** Selbsthilfegruppe *f* **self-'help group** *n + sing/pl vb* Selbsthilfegruppe *f* (**for** für +*akk*); **to form a** ~ eine Selbsthilfegruppe gründen **self-'im·age** *n* Selbstbild *nt* **self-im·'port·ance** *n no pl* Selbstgefälligkeit *f* **self-im·'port·ant** *adj* selbstgefällig **self-im·'port·ant·ly** *adv* selbstgefällig; **she often behaves rather ~ in public** sie zieht in der Öffentlichkeit immer eine ziemliche Schau ab **self-im·'posed** *adj inv* selbst verordnet; **her exile is** ~ sie hat sich ihr Exil selbst auferlegt; ~ **deadline** selbst gesetzter Termin **self-im·'prove·ment** *n no pl* Weiterbildung *f* **self-in·'crimi·nat·ing** *adj* sich *akk* selbst belastend **self-in·'duced** *adj inv* selbst verursacht; ~ **hysteria** gesteigerte Hysterie; ~ **vomiting** selbst herbeigeführtes Erbrechen **self-in·'dul·gence** *n* ❶ *no pl* (*hedonism*) Luxus *m;* **to afford** ~ es sich *dat* gut gehen lassen ❷ (*act*) Hemmungslosigkeit *f* **self-in·'dul·gent** *adj* genießerisch; **I know it's ~ of me, but I'll just have another chocolate** ich weiß, dass ich mich nicht beherrschen kann, aber ich nehme mir einfach noch eine Praline **self-in·'flict·ed** *adj inv* selbst zugefügt [*o* beigebracht]; **the mental anguish she is feeling is** ~ den seelischen Schmerz, den sie empfindet, hat sie sich selbst zugefügt; ~ **wound** selbst zugefügte Verletzung **self-'in·ter·est** *n no pl* Eigeninteresse *f;* **to act from** [*or* **out of**] ~ eigennützig [*o* aus Eigennutz] handeln **self-'in·ter·est·ed** *adj attitudes, aims* eigennützig

self·ish ['selfɪʃ] *adj* selbstsüchtig; **you need to learn how to be more ~ once in a while** du musst lernen, öfter an dich selbst zu denken; ~ **motive** eigennütziges Motiv

self·ish·ly ['selfɪʃli] *adv* selbstsüchtig, eigennützig

self·ish·ness ['selfɪʃnəs] *n no pl* Selbstsucht *f*

self-jus·ti·fi·'ca·tion *n* Rechtfertigung *f;* **attempt at** ~ Versuch *m,* sich zu rechtfertigen

self·less ['selfləs] *adj* selbstlos

self·less·ly ['selfləsli] *adv* selbstlos

self·less·ness ['selfləsnəs] *n no pl* Selbstlosigkeit *f*

self-load·er [-'ləʊdəʳ, AM -'loʊdɚ] *n* Selbstladegewehr *nt* **self-load·ing** [-'ləʊdɪŋ, AM -'loʊ-] *adj inv* selbstladend; ~ **gun** Selbstladegewehr *nt* **self-'made** *adj inv* Selfmade-; ~ **man** Selfmademan *m* **self-'man·age·ment** *n no pl* ❶ (*of self*) Selbstmanagement *nt* ❷ POL Selbstverwaltung *f* **self-'mas·tery** *n no pl* Selbstbeherrschung *f* **self-'mock·ery** *n no pl* Selbstspott *m* **self-'mock·ing** *adj* sich *akk* selbst verspottend **self-'mo·ti·vat·ed** *adj* eigenmotiviert **self-muti·'la·tion** *n no pl* Selbstverstümmelung *f* **self-ob·'sessed** *adj* selbstsüchtig **self-o'pin·ion·at·ed** *adj* starrköpfig **self-'paro·dy** *n no pl* Selbstironie *f* **self-per·'petu·at·ing** *adj* endlos andauernd *attr,* nicht enden wollend *attr* **self-'pity** *n no pl* Selbstmitleid *nt;* **to wallow in** ~ in Selbstmitleid schwelgen **self-'pity·ing** *adj* (*pej*) selbstbemitleidend; ■**to be** ~ sich *akk* selbst bemitleiden; ~ **tirade** Tirade *f* des Selbstmitleids **self-'por·trait** *n* Selbstbildnis *nt;* **a ~ by Rembrandt** ein Selbstporträt *nt* von Rembrandt; **to draw/paint a** ~ sich *akk* selbst porträtieren **self-pos·'sessed** *adj* selbstbeherrscht **self-pos·'ses·sion** *n no pl* Selbstbeherrschung *f;* **to have** ~ beherrscht sein; **to recover one's** ~ seine Beherrschung wiedererlangen **self-pre·ser·'va·tion** *n no pl* Selbsterhaltung *f;* **instinct for** ~ Selbsterhaltungstrieb *m* **self-pro·'claimed** *adj inv* selbst ernannt **self-pro·'fessed** *adj inv* selbst ernannt **self-pro·'pelled** *adj inv* selbstangetrieben; ~ **vehicle** Fahrzeug *nt* mit Eigenantrieb **self-pro·'tec·tion** *n no pl* Selbstschutz *m;* **for** ~ zum Selbstschutz **self-'rais·ing, self-rais·ing 'flour** *n no pl* BRIT, AUS *Mehl, dem Backpulver beigemischt ist* **self-re·ali·'za·tion** *n no pl* Selbstverwirklichung *f* **self-re·'flec·tion** *n no pl* Selbstbetrachtung *f* **self-re·'gard** *n no pl* Rücksicht *f* auf sich *akk* selbst **self-'regu·lat·ing, self-regu·'la·tory** *adj inv* selbstregulierend; *organization* sich selbst regulierend **self-regu·'la·tion** *n no pl of an industry* Selbststeuerung *f* **self-re·'li·ance** *n no pl* (*approv*) Selbstvertrauen *nt;* **to build sb's** ~ jds Selbstvertrauen stärken **self-re·'li·ant** *adj* selbständig, eigenständig **self-re·'proach** *n no pl* Selbstvorwurf *m* **self-re·'spect** *n no pl* Selbstachtung *f;*

to lose all ~ jede Selbstachtung verlieren; **to take away sb's** ~ jdn seiner Selbstachtung berauben **self-re·'spect·ing** *adj attr* ❶ (*having self-respect*) Selbstachtung besitzend; ~ **government** ernst zu nehmende Regierung ❷ (*esp hum: good*) anständig, ehrenhaft; **no ~ person** niemand, der was auf sich hält **self-re·'straint** *n no pl* Selbstbeherrschung *f;* **to display** [*or* **exercise**] [*or* **exhibit**] [*or* **show**] ~ Selbstbeherrschung an den Tag legen **self-'right·eous** *adj* selbstgerecht **self-'right·eous·ly** *adv* selbstgerecht **self-'right·eous·ness** *n no pl* Selbstgerechtigkeit *f* **self-ris·ing 'flour** *n no pl* AM *Mehl, dem Backpulver beigemischt ist* **self-'rule** *n no pl* Selbstverwaltung *f;* **to move to** ~ zur Selbstverwaltung übergehen **self-'sac·ri·fice** *n no pl* Selbstaufopferung *f;* **to require** [*or* **demand**] ~ Opferbereitschaft verlangen **self-sac·ri·fic·ing** *adj* hingebungsvoll; **to become** ~ opferbereit werden **'self-same** *adj attr, inv* ■**the** ~ ... genau derselbe/dieselbe/dasselbe ... **self-sat·is·'fac·tion** *n no pl* Selbstzufriedenheit *f;* **to feel** ~ mit sich *dat* [selbst] zufrieden sein **self-'sat·is·fied** *adj* selbstzufrieden, selbstgefällig **self-'seal·ing** *adj inv* ❶ (*sealing itself*) ~ **envelope** selbstklebender Umschlag ❷ TECH selbstdichtend **self-'seek·ing** (*form*) **I.** *n no pl* Selbstsucht *f;* **to accuse sb of** ~ jdm Selbstsucht vorwerfen **II.** *adj* selbstsüchtig **self-'ser·vice I.** *n no pl* Selbstbedienung *f* **II.** *n modifier* (*restaurant*) Selbstbedienungs-; ~ **cafeteria** Cafeteria *f* mit Selbstdienung; ~ **laundry** Selbstbedienungswaschautomat *m;* ~ **store** [*or* **shop**] Selbstbedienungsladen *m,* SB-Laden *m* **self-'serv·ing** *adj* (*form*) selbstsüchtig **self-'start·er** *n* ❶ (*dated*) Starter *m,* Anlasser *m* ❷ (*person*) Senkrechtstarter(in) *m(f)* **'self-styled** *adj attr* sogenannte(r, s); ~ **expert** sogenannter Experte/sogenannte Expertin **self-suf·'fi·cien·cy** *n no pl* Selbstversorgung *f;* **economic** ~ Autarkie *f geh* **self-suf·'fi·cient** *adj* selbstversorgend, autark *geh;* **a ~ creature** ein selbständiges Wesen; **to be ~ in food** sich *akk* selbst mit Nahrung versorgen **self-sup·'port·ing** *adj inv* ❶ (*independent*) sich *akk* selbst finanzierend; **the vast majority of students here are** ~ die große Mehrheit der Studenten hier finanziert ihr Studium selbst ❷ ARCHIT selbsttragend *fachspr;* ~ **mast** freistehender Mast **self-sus·'tain·ing** *adj* selbststärkend **self-'tan·ner** [ˌselfˈtænəʳ, AM -ɚ] *n* Selbstbräuner *m* **self-tan·ning 'for·mu·la** [ˌselftænɪŋˈfɔːmjələ, AM -ˈfɔːrmjʊ-] *n,* **self-tan·ning 'lo·tion** *n* Selbstbräunungscreme *f* **self-tap·ping 'screw** *n* Treibschraube *f* **self-'taught** *adj inv* ❶ (*educated*) selbsterlernt; ~ **person** Autodidakt(in) *m(f)* ❷ (*acquired*) autodidaktisch; **almost all of her knowledge is** ~ sie hat sich fast ihr gesamtes Wissen selbst beigebracht **self-'test** COMPUT **I.** *n* Selbsttest *m;* **to do** [*or* **perform**] **a** ~ einen Selbsttest machen **II.** *vi* einen Selbsttest machen **self-'will** *n no pl* Eigenwilligkeit *f,* Eigensinn *m* **self-willed** [-ˈwɪld] *adj* starrköpfig, dickköpfig **self-wind·ing 'watch** *n* Armbanduhr *f* mit Selbstaufzug **self-'worth** *n no pl* Selbstwert *m;* **to derive one's ~ from one's work** seinen Selbstwert aus seiner Arbeit beziehen; **to feel** ~ sich *akk* wertvoll fühlen

sell [sel] **I.** *vt* <sold, sold> ❶ (*for money*) ■**to ~ sth to sb** [*or* **sb sth**] jdm etw verkaufen; **we'll be ~ing the tickets at £50 each** wir verkaufen die Karten für 50 Pfund das Stück; **I sold him my car for £600** ich verkaufte ihm mein Auto für 600 Pfund; **to ~ sth** [**for sb**] **on consignment** AM etw [für jdn] in Zahlung nehmen; **to ~ sth** [**to sb**] **on credit** [jdm] etw auf Kredit verkaufen; **to ~** [**sb**] **sth at a loss/profit** [jdm] etw mit Verlust/Gewinn verkaufen; **to ~** [**sb**] **sth at a price** [jdm] etw zu einem Preis verkaufen; **to ~ property** Besitz veräußern; **to ~ sb into slavery/prostitution** jdn in die Sklaverei/Prostitution verkaufen; **to ~ sth wholesale/retail** etw im Großhandel/Einzelhandel verkaufen; **to ~ sth as is** etw ohne Mängelgewähr verkaufen ❷ (*persuade*) ■**to ~ sth** [**to** [*or* **on**] **sb**] [*or* **sb** [**on**] **sth**] jdn für etw *akk* gewinnen; **she's really sold on the idea of buying a new car** sie ist echt begeistert von der Idee, ein neues Auto zu kaufen; ■**to ~ oneself** sich *akk* verkaufen *fam,* Anklang finden; **to ~ an idea/a proposal to sb** jdm eine Idee/einen Vorschlag schmackhaft machen *fam;* **how do you plan to ~ her on your proposal?** wie wollen Sie sie für Ihren Vorschlag gewinnen? ▸PHRASES: **to ~ one's body** [*or* **oneself**] seinen Körper verkaufen; **to ~ sb a pup** BRIT, AUS [*or* AM **a bill of goods**] jdm etw andrehen *pej fam;* **to ~ sb down the river** jdn im Regen stehen lassen *fam;* **to ~ one's soul** [**to the devil**] [dem Teufel] seine Seele verkaufen; **to ~ oneself short** das eigene Licht unter den Scheffel stellen, sich *akk* unter Wert verkaufen; **to ~ sth short** etw schlechtmachen **II.** *vi* <sold, sold> ❶ (*give for money*) verkaufen; **I don't care what you offer me, I'm not ~ing** mir ist es egal, was Sie mir bieten, ich verkaufe nicht ❷ (*attract customers*) sich *akk* verkaufen; ■**to ~ for** [*or* **at**] **sth** für etw *akk* zu haben sein; **to ~ well/badly** sich *akk* gut/schlecht verkaufen, gut/schlecht gehen *fam* ▸PHRASES: **to ~ like hot cakes** wie warme Semmeln weggehen **III.** *n* ❶ *no pl* Ware *f;* **to be a hard** [*or* **tough**]/**soft** ~ schwer/leicht verkäuflich sein ❷ (*promotion*) Werbung *f* ❸ (*fam: letdown*) Herunterlassen *nt* ❹ *no pl* STOCKEX ■**to be a ~** *shares* zum Verkauf stehen

◆**sell off** *vt* ■**to ~ off** ○ **sth** etw verkaufen; **to ~ sth off cheap/at half price** etw billig/zum halben Preis verkaufen

◆**sell out I.** *vi* ❶ *entire stock* ausverkaufen; **I'm sorry, we've sold out** es tut mir leid, aber wir sind ausverkauft; **to ~ out of a brand/goods** eine Serie/Waren vollständig absetzen [*o* ausverkaufen] ❷ (*be completely booked*) *performances* ausverkauft sein ❸ FIN ■**to ~ out to sb** an jdn verkaufen ❹ (*do what others want*) ■**to ~ out to sb** sich *akk* jdm [*o* an jdn] verkaufen; **they've sold out to the road transport lobby** sie haben sich ganz in den Dienst der Straßentransportlobby gestellt ❺ (*betray*) sich *dat* selbst untreu werden; ■**to ~ out on sb** jdn übers Ohr hauen *fam* **II.** *vt* ❶ ■**to be sold out** *entire stock* ausverkauft sein ❷ (*pej fam: betray*) ■**to ~ out** ○ **sb/sth** jdn/etw verraten; **to ~ out one's country** sein Land verraten ❸ (*sell*) ■**to ~ out** ○ **sth** etw veräußern; **to ~ out one's interests/shares** seine Anteile/Aktien verkaufen [*o* abstoßen]

◆**sell up** BRIT, AUS **I.** *vi* verkaufen; **this is a terrible location for a store – they'll be forced to ~ up in a year** dies ist kein guter Standort für einen Laden – in einem Jahr werden sie ihn aufgeben müssen **II.** *vt* ■**to ~ up** ○ **sth** etw verkaufen; **to ~ up a business/property** eine Firma/Besitz verkaufen

sell·able [ˈseləbḷ] *adj* [gut] verkäuflich; **what is your store's most ~ item?** welches Produkt Ihres Geschäftes lässt sich am besten verkaufen?; **I'm convinced that my idea is** ~ ich bin mir sicher, dass sich meine Idee verkaufen lässt

'sell-by date *n esp* BRIT Mindesthaltbarkeitsdatum *nt;* **past the** ~ nach Ablauf des Mindesthaltbarkeitsdatums; **to be past one's** ~ (*hum fam*) seine besten Jahre hinter sich *dat* haben

sell·er [ˈseləʳ, AM -ɚ] *n* ❶ (*person*) Verkäufer(in) *m(f);* **flower** ~ Blumenverkäufer(in) *m(f)* ❷ (*product*) Verkaufsschlager *m*

sell·er's 'mar·ket, sell·ers' 'mar·ket *n* Verkäufermarkt *m*

sell·ing [ˈselɪŋ] *n no pl* Verkaufen *nt;* **buying and** ~ Kaufen und Verkaufen *nt,* An- und Verkauf *m*

'sell·ing point *n* Kaufattribut *nt* **'sell·ing price** *n* Kaufpreis *m;* **to lower the** ~ den Kaufpreis senken

'sell-off *n* ❶ *of shares* Verkauf *m;* **to trigger** [*or* **spark**] [*or* **cause**] **a ~ of shares** den Verkauf von Aktien verursachen [*o* auslösen] ❷ (*privatization*) Aktienverkauf *m*

Sel·lo·tape® [ˈselə(ʊ)teɪp] *n no pl* BRIT Tesafilm® *m;* **a roll of** ~ eine Rolle Tesafilm

sel·lo·tape [ˈselə(ʊ)teɪp] *vt* BRIT ■**to ~ sth** etw mit Tesafilm befestigen; **she ~d the torn pages back into the book** sie klebte die ausgerissenen Seiten mit Tesafilm wieder ins Buch ein; **to ~ a message to a door** eine Nachricht mit Tesafilm an einer Tür befestigen

'sell-out I. *n* ❶ (*approv: sales*) Ausverkauf *m;* **the concert was a** ~ das Konzert war ausverkauft ❷ (*betrayal*) Auslieferung *f* **II.** *n modifier* ❶ (*sales*) ausverkauft; ~ **crowd** ausverkauftes Haus; ~ **season** Ausverkauf *m* ❷ (*deceptive*) *character* betrügerisch

selt·zer ['seltsɚ] *n* AM, **selt·zer wa·ter** *n no pl* AM Selters *f*

selves [selvz] *n pl of* **self**

se·man·tic [sɪ'mæntɪk] *adj inv unit* semantisch *fachspr*

se·manti·cal·ly [sɪ'mæntɪkli] *adv inv* semantisch *fachspr;* ~ **related** semantisch verbunden

se·man·tics [sɪ'mæntɪks] *n* ❶ + *sing vb* (*science*) Semantik *f fachspr* ❷ (*meaning*) *of word, sentence, text* Bedeutung *f*

sema·phore ['seməfɔːʳ, AM -fɔːr] **I.** *n* ❶ *no pl* (*system of communication*) Semaphor *nt o* ÖSTERR *m fachspr* (*eine Signalsprache*) ❷ (*apparatus*) Semaphor *nt o* ÖSTERR *m fachspr,* Signalmast *m* **II.** *vt* ■**to ~ sth [to sb]** [jdm] etw signalisieren

'sema·phore sig·nal *n* Semaphorsignal *nt fachspr;* **to send ~s** Semaphorsignale aussenden

sem·blance ['semblən(t)s] *n no pl* (*form*) Erscheinungsbild *nt,* Anschein *m;* **Mike has the job of creating some vague ~ of organization out of this chaos** Mike hat die Aufgabe, so etwas wie Ordnung in dieses Chaos zu bringen; ~ **of normality** [*or* **normal life**] Anschein *m* von Normalität; **in spite of her disability, she has been able to maintain a ~ of normal life** trotz ihrer Behinderung schafft sie es, ein einigermaßen normales Leben zu führen

se·men ['siːmən] *n no pl* Sperma *nt*

se·mes·ter [sɪ'mestəʳ, AM sə'mestɚ] *n esp* AM, AUS Semester *nt;* ~ **of college** Collegesemester *nt;* **summer/winter ~** Sommer-/Wintersemester *nt;* **to take eight/ten ~s** acht/zehn Semester brauchen

semi <*pl* -s> ['semi] *n* (*fam*) ❶ BRIT, AUS (*house*) Doppelhaushälfte *f* ❷ AM, AUS (*truck*) Sattelschlepper *m* ❸ SPORTS Halbfinale *nt;* **to make it to the ~s** es bis ins Halbfinale schaffen

semi-auto·bio·'graphi·cal *adj inv novel* halbautobiografisch

semi-auto·'mat·ic *adj inv* ❶ MIL ~ **weapons** halbautomatische Waffen ❷ TECH halbautomatisch; ~ **gearbox** halbautomatische Schaltung **'semi·bold** TYPO **I.** *adj inv* halbfett *fachspr* **II.** *n no pl* halbfette Schrift *fachspr* **'semi·breve** ['semibriːv] *n esp* BRIT, AUS MUS halbe Note **'semi·cir·cle** *n* Halbkreis *m;* **to form a ~** einen Halbkreis bilden; **to gather around in a ~** sich *akk* in einem Halbkreis aufstellen **semi·'cir·cu·lar** *adj inv formation* halbkreisförmig; **to be placed in a ~ arrangement** halbkreisförmig angeordnet sein **semi·'co·lon** *n* Semikolon *nt,* Strichpunkt *m* **semi·con·'duct·ing** *adj inv* ELEC halbleitend; ~ **compound** Halbleiter *m* **semi·con·'duc·tor** *n* Halbleiter *m* **semi·'con·scious** *adj inv* halb bewusstlos; *feeling, memory* teilweise unbewusst; ■**to be ~** halb bei Bewusstsein sein **semi·'con·scious·ness** *n no pl* **to regain ~** das Bewusstsein teils wiedererlangen **semi·'cyl·in·der** *n* MATH Halbzylinder *m fachspr* **semi·de·'tached I.** *n* Doppelhaushälfte *f;* **to live in a ~** in einer Doppelhaushälfte leben **II.** *adj inv* Doppelhaus- **semi·de·tached 'house** *n* Doppelhaushälfte *f* **semi·'fi·nal** *n* Halbfinale *nt;* **to advance to** [*or* **get through to**] [*or* **reach**] **the ~** das Halbfinale erreichen, ins Halbfinale einziehen; **to be eliminated in the ~** im Halbfinale ausscheiden **semi·'fi·nal·ist** *n* SPORTS Halbfinalist(in) *m(f);* **to meet the ~** auf den Halbfinalisten treffen **semi·'fin·ished** *adj inv product* halbfertig **semi·'lit·er·ate** *adj inv text* schlecht geschrieben

semi·nal ['semɪnᵊl, AM -mən-] *adj* ❶ (*form: important*) *role* tragend *geh; work, article* bedeutend ❷ *attr, inv* ANAT Samen-; ~ **discharge** Samenerguss *m*

semi·nal 'flu·id *n* Samenflüssigkeit *f* **semi·nal 'vesi·cle** *n* ANAT Samenblase *f fachspr*

semi·nar ['semɪnɑːʳ, AM -ənɑːr] *n* ❶ UNIV Seminar *nt;* **to attend a ~** ein Seminar besuchen ❷ (*workshop*) Seminar *nt,* Kursus *m;* ~ **on communication skills** Rhetorikkurs *m;* **training ~** Übung *f;* **to give** [*or* **hold**] **a ~ on sth** ein Seminar über etw *akk* abhalten

'semi·nar room *n* Seminarraum *m*

semi·nary ['semɪnᵊri, AM -neri] *n* Priesterseminar *nt*

semi-of·'fi·cial *adj inv* halboffiziell; ~ **press release** halboffizielle Pressemeldung

se·mi·ot·ics [ˌsemi'ɒtɪks, AM ˌsiːmi'ɑːt̬ɪks] *n* + *sing vb* LING Semiotik *f fachspr*

semi-'per·ma·nent *adj inv* halbpermanent **semi·'per·me·able** *adj inv* TECH halbdurchlässig **semi·'pre·cious** *adj inv* ~ **stone** [*or* **gem**] Halbedelstein *m* **'semi-pro** (*fam*), **semi-pro·'fes·sion·al I.** *adj inv* Amateur-; ~ **league** Amateurliga *f;* ~ **musician** Amateurmusiker(in) *m(f)* **II.** *n* Amateur(in) *m(f)* **'semi·qua·ver** *n esp* BRIT, AUS Sechzehntel[note] *f* **semi-re·'tired** *adj inv* ~ **senior partner** Seniorpartner/Seniorpartnerin, der/die sich weitgehend aus dem Berufsleben zurückgezogen hat **semi-re·'tire·ment** *n no pl* ≈ Vorruhestand *m* **semi-'ru·ral** *adj inv* halb ländlich **semi-'skilled** *adj inv* angelernt; ~ **work** Anlerntätigkeit *f;* ~ **worker** angelernte Arbeitskraft **semi-skimmed 'milk** *n no pl* Halbfettmilch *f* **semi-'sweet** *adj inv* leicht gezuckert; ~ **biscuits** Kräcker *mpl,* Salzgebäck *nt;* ~ **chocolate** Halbbitterschokolade *f;* ~ **wine** lieblicher Wein

Se·mite ['siːmaɪt, AM 'sem-] *n* Semite, -in *m, f*

Se·mit·ic [sə'mɪtɪk, AM -t̬ɪk] *adj inv* semitisch; **the ~ empire** das Reich der Semiten

'semi·tone *n* Halbton[schritt] *m* **semi-'trail·er** *n* AM, AUS ❶ (*truck*) Sattelschlepper *m* ❷ (*trailer*) Anhänger *m* (*für Sattelschlepper*) **semi-'tropi·cal** *adj see* **subtropical semi-'ur·ban** *adj inv* halb städtisch **'semi·vow·el** *n* Halbvokal *m fachspr*

semo·'li·na [ˌsemᵊl'iːnə, AM -ə'liː-] *n no pl* Gries *m;* **durum wheat ~** Hartweizengries *m*

semp·stress ['sem(p)strɪs] *n see* **seamstress**

Sem·tex® ['semteks] *n no pl* Semtex *nt* (*schwer nachweisbarer Sprengstoff*)

Sen *n* POL *abbrev of* **senator**

SEN [ˌesiː'en] *n* BRIT *abbrev of* **State Enrolled Nurse** staatlich geprüfte Krankenschwester; (*male*) staatlich geprüfter Krankenpfleger

sen·ate ['senɪt] **I.** *n no pl,* + *sing/pl vb* POL, LAW, UNIV Senat *m;* **the US S~** der US-Senat; **the French S~** der oberste Gerichtshof Frankreichs **II.** *n modifier* POL ~ **hearing** Senatsanhörung *f;* **S~ Democrat** Demokrat/Demokratin im US-Senat

sena·tor ['senətəʳ, AM -t̬ɚ] *n* ❶ (*member*) Senator(in) *m(f)* ❷ (*title*) ■**S~** Senator

sena·to·rial [ˌsenə'tɔːriəl] *adj inv esp* AM (*form*) Senats-; ~ **candidate** Senatskandidat(in) *m(f);* ~ **committee** Senatsausschuss *m*

send <sent, sent> [send] **I.** *vt* ❶ (*forward*) ■**to ~ [sb] sth** [*or* **to ~ sth to sb**] jdm etw [zu]schicken; **to ~ sth by airmail/post** etw per Luftpost/mit der Post schicken; **to ~ cash/a cheque** Bargeld/einen Scheck schicken; **to ~ one's comments about sth** etw kommentieren; **to ~ flowers/a telegram to sb** jdm Blumen/ein Telegramm schicken; **to ~ invitations** Einladungen verschicken; **to ~ sb a message/warning** jdm eine Nachricht/Warnung zukommen lassen; **to ~ a signal to sb** jdm etw signalisieren; **to ~ word [to sb] [that ...]** (*form, liter*) [jdm] Mitteilung machen[, dass ...] *geh;* **she sent word with her secretary that ...** sie ließ durch ihre Sekretärin mitteilen, dass ... ❷ (*pass on*) ■**to ~ sb sth** [*or* **to ~ sth to sb**] jdm etw übermitteln [lassen]; **be sure to ~ my compliments to the chef** ein Kompliment an den Küchenchef [*o* die Küche]; **Maggie ~s her love and hopes you'll feel better soon** Maggie lässt dich grüßen und wünscht dir gute Besserung; **be sure to ~ them my regrets** bitte entschuldige mich bei ihnen; **she sent a message with John to say that she couldn't come** sie ließ durch John ausrichten, dass sie nicht kommen konnte; **to ~ one's regards** [*or* **respects**] [*or* **greetings**] Grüße übermitteln [lassen] ❸ (*dispatch*) ■**to ~ sb somewhere** jdn irgendwohin schicken; ■**to ~ sb to do sth** jdn schicken, etw zu tun; ■**to ~**

sb as sth *representative* jdn als etw *akk* schicken; ■ **to ~ sb for sth** jdn nach etw *dat* [los]schicken; **to ~ sb to prison** jdn ins Gefängnis stecken; **to ~ reinforcements** Verstärkung schicken; **to ~ sb on a trip** jdn auf eine Reise schicken ❹ (*transmit*) ■ **to ~ sth** etw senden [*o* übertragen]; **to ~ a message in Morse code** eine Nachricht morsen; **to ~ a signal** ein Signal aussenden ❺ (*propel*) ■ **to ~ sth somewhere** etw irgendwohin bewegen; **the force of the blast sent shock waves in all directions** durch die Wucht der Explosion breitete sich in allen Richtungen eine Druckwelle aus ❻ (*cause*) ■ **to ~ sth in sth** jdn in etw *akk* versetzen; **her jokes sent me into fits of laughter** über ihre Witze musste ich schallend lachen; **watching television always ~s me to sleep** beim Fernsehen schlafe ich immer ein; ■ **to ~ sb/sth doing sth** dazu führen, dass jd/etw etw tut; **the dry weather has sent vegetable prices soaring** durch das trockene Wetter sind die Gemüsepreise in die Höhe geschnellt; **the news sent him running back to the house** die Nachricht ließ ihn wieder ins Haus laufen; **to ~ sb into a panic** jdn in Panik versetzen; **to ~ shivers down sb's spine** jdm Schauer über den Rücken jagen ❼ BRIT (*make*) **to ~ sb crazy** [*or* **mad**]/**wild** jdn verrückt/wild machen ❽ (*fam: affect*) ■ **to ~ sb** jdn emotional treffen ► PHRASES: **to ~ sb to Coventry** jdn schneiden; **to ~ sb flying** jdn zu Boden schicken; **to ~ sb packing** (*fam*) sagen, dass jd verschwinden soll *fam* **II.** *vi* **we have to ~ to Ireland to get a replacement** wir müssen Irland informieren, um einen Ersatz zu bekommen; **is there any way we can ~ to warn him?** können wir ihm irgendwie eine Warnung zukommen lassen?

◆**send ahead** *vt* ■ **to ~ ahead ○ sth** etw vorausschicken; **to ~ one's luggage/a trunk ahead** sein Gepäck/einen Koffer aufgeben

◆**send away I.** *vi* ■ **to ~ away for sth** sich *dat* etw zuschicken lassen; **to ~ away for a brochure** eine Broschüre anfordern **II.** *vt* ■ **to ~ sb away** jdn wegschicken; ■ **to ~ sb away somewhere** jdn irgendwohin schicken

◆**send back** *vt* ■ **to ~ back ○ sth** etw zurückschicken

◆**send down I.** *vt* ❶ BRIT UNIV ■ **to ~ sb down** jdn relegieren *geh* [*o* von der Hochschule verweisen] ❷ BRIT LAW ■ **to ~ down ○ sb** jdn verurteilen; **he was sent down for five years** er wurde zu fünf Jahren Gefängnis verurteilt; **to ~ sb down for theft** jdn wegen Diebstahls zu einer Gefängnisstrafe verurteilen ❸ (*reduce level*) ■ **to ~ down ○ sth** etw senken; **to ~ down a currency** eine Währung sinken lassen; **to ~ down sb's temperature** jds Fieber *nt* senken **II.** *vi* ■ **to ~ down for sth** nach etw *dat* schicken

◆**send for** *vi* ❶ (*summon*) ■ **to ~ for sb** jdn rufen, nach jdm schicken; **to ~ for a doctor** einen Arzt rufen ❷ (*ask*) ■ **to ~ for sth** *a brochure* etw anfordern; **to ~ for help** Hilfe holen; **don't worry, you'll be fine – I've sent for help** keine Angst, es geht dir bald besser – Hilfe ist unterwegs

◆**send forth** *vt* ❶ (*liter: dispatch*) ■ **to ~ forth ○ sb** jdn fortschicken; **who has sent you forth on this journey?** wer hat euch auf diese Reise geschickt? ❷ (*form: emit*) ■ **to ~ forth ○ sth** etw aussenden [*o* abgeben]

◆**send in I.** *vt* ❶ (*submit*) ■ **to ~ in ○ sth** *a bill* etw einsenden [*o* einreichen]; **to ~ in a comment/report** einen Kommentar/Bericht einschicken; **to ~ in an order** eine Bestellung aufgeben; **to ~ in a resignation** ein Rücktrittsgesuch einreichen ❷ (*dispatch*) ■ **to ~ in ○ sb/sth** jdn/etw einsetzen; **to ~ in reinforcements** Verstärkung einsetzen **II.** *vi* **to ~ in for information** Informationen anfordern

◆**send off I.** *vt* ❶ (*post*) ■ **to ~ off ○ sth** etw abschicken; **to ~ off a letter** einen Brief abschicken; **to ~ off a parcel** ein Paket aufgeben ❷ BRIT, AUS SPORTS ■ **to ~ off ○ sb** jdn des Platzes verweisen; **to get sent off** einen Platzverweis bekommen ❸ (*dismiss*) ■ **to ~ off ○ sb** jdn wegschicken ❹ (*dispatch*) ■ **to send off ○ sb somewhere** jdn irgendwohin fortschicken **II.** *vi* ■ **to ~ off for sth** sich *dat* etw zuschicken lassen, etw anfordern; **to ~ off for a brochure** eine Broschüre anfordern

◆**send on** *vt* ■ **to ~ on ○ sth** *letters* etw nachsenden

◆**send out I.** *vi* ■ **to ~ out for sth** etw telefonisch bestellen; **to ~ out for pizza** Pizza bestellen **II.** *vt* ❶ (*emit*) ■ **to ~ out ○ sth** etw aussenden [*o* abgeben]; **the chimney is ~ing out billows of smoke** aus dem Schornstein steigen Rauchwolken auf; **to ~ out heat** Hitze abgeben; **to ~ out a signal** ein Signal aussenden ❷ (*post*) ■ **to ~ out ○ sth [to sb]** etw [an jdn] verschicken ❸ (*dispatch*) ■ **to ~ out ○ sb** jdn aussenden; **to ~ out a search party** einen Spähtrupp aussenden

◆**send up** *vt* ❶ (*bring up*) ■ **to ~ up ○ sth** etw zuschicken; **I've asked for some samples to be sent up from the stores** ich habe um die Zusendung einiger Muster aus dem Lager gebeten ❷ AM (*incarcerate*) ■ **to ~ up ○ sb** jdn inhaftieren; **how many years were you sent up for?** wie viele Jahre warst du im Gefängnis? ❸ (*fam: parody*) ■ **to ~ up ○ sb** jdn nachäffen *fam* ❹ (*force up*) ■ **to ~ up ○ sth** etw ansteigen lassen; **to ~ up prices** Preise ansteigen lassen; **to ~ up sb's temperature** das Fieber in die Höhe treiben

send·er ['sendəʳ, AM -ɚ] *n* Einsender(in) *m(f)*, Absender(in) *m(f)*; **return to ~ – not known at this address** Empfänger unbekannt verzogen

'send-off *n* Verabschiedung *f*; **to give sb a ~** jdn verabschieden; **they gave him quite a ~ when he left for the navy** sie gaben für ihn eine Abschiedsparty, als er zur Navy ging

'send-up *n* (*fam*) Parodie *f*; **to do a ~ of sb/sth** jdn/etw parodieren

se·nes·cence [sɪ'nesᵊn(t)s, AM sə'-] *n no pl* Alter *nt*, Altern *nt*

se·nes·cent [sɪ'nesᵊnt, AM sə'-] *adj inv* alternd; **~ people** alternde Menschen

se·nile ['siːnaɪl] *adj* senil; **to go ~** senil werden

se·nile de·'men·tia *n no pl* senile Demenz

se·nil·ity [sɪ'nɪləti, AM sə'nɪləṭi] *n no pl* Senilität *f*

sen·ior ['siːniəʳ, AM -njɚ] **I.** *adj inv* ❶ (*form: older*) älter ❷ *attr* (*chief*) Ober-; **~ executive** Vorstandsvorsitzende(r) *f(m)* ❸ *employee* vorgesetzt; ■ **to be ~ to sb** jds Vorgesetzte(r) *f(m)* sein; **she's ~ to me** sie ist meine Vorgesetzte ❹ *attr* SCH Senior- (*Einteilung der Schüler in Altersklassen in britischen und amerikanischen Schulen*); **~ part of a school** Oberstufe *f*; **~ pupil** Oberstufenschüler(in) *m(f)* ❺ (*after name*) **the Wisemans S~** die alten Wisemans **II.** *n* ❶ (*older person*) Senior(in) *m(f)*; **she's my ~ by three years** sie ist drei Jahre älter als ich ❷ (*employee*) Vorgesetzte(r) *f(m)* ❸ AM (*pensioner*) Rentner(in) *m(f)* ❹ (*pupil*) Oberstufenschüler(in) *m(f)* (*in Großbritannien und USA Bezeichnung für Schüler einer Highschool oder einer Collegeabgangsklasse*)

sen·ior 'citi·zen *n* ■ **~s** *pl* ältere Menschen **sen·ior 'citi·zen cen·tre** *n* Altenzentrum *nt* **sen·ior 'class** *n + sing/pl vb* AM Abschlussklasse *f* **sen·ior 'debts** *npl* vorrangige Schulden **sen·ior 'high school** *n + sing/pl vb* AM (*Schulform nach der Junior High School, die die Stufen 10, 11 und 12 enthält*)

sen·ior·ity [ˌsiːni'ɒrəti, AM siː'njɔːrəṭi] **I.** *n no pl* ❶ (*age*) Alter *nt* ❷ (*rank*) Dienstalter *nt*; **by virtue of ~** aufgrund des Dienstalters; **to be promoted by ~** nach Dienstalter befördert werden **II.** *n modifier* Alters-; **~ system** Altersabstufung *f*

sen·ior 'man·age·ment *n + sing/pl vb* Topmanagement *nt* **sen·ior 'nurs·ing of·fic·er** *n* BRIT, AUS Oberschwester *f* **sen·ior 'of·fic·er** *n* ❶ (*boss*) Vorgesetzte(r) *f(m)* ❷ MIL Reserveoffizier(in) *m(f)* **sen·ior 'prom** *n* AM SCH *Abschlussball der Abschlussklasse in der Senior High School*; **to take sb to the ~** mit jdm zum Abschlussball gehen

i Kultur

In Großbritannien ist eine **senior school** eine Schule für ältere Schüler, normalerweise im Alter von 11–18 Jahren, und ist oft Teil einer privaten Schule oder *independent school*.

S

sen·ior 'states·man *n* erfahrener Staatsmann [*o* Politiker] **sen·ior 'states·wom·an** *n* erfahrene Politikerin

sen·sa·tion [sen'seɪʃᵊn] *n* ① (*physical*) Gefühl *nt;* ~ **of heat/cold** Hitze-/Kälteempfindung *f;* ~ **of pain** Schmerzempfinden *nt;* **burning** ~ brennendes Gefühl, Brennen *nt* ② (*mental*) Gefühl *nt;* **to have the** ~ **that ...** das Gefühl haben, dass ...; **I had the odd** ~ **that ...** ich hatte das komische Gefühl, dass ... ③ (*stir*) Sensation *f;* **to be an overnight** ~ einschlagen wie eine Bombe; **to cause** [*or* **create**] [*or* **make**] [*or* **produce**] **a** ~ Aufsehen erregen, Schlagzeilen machen

sen·sa·tion·al [sen'seɪʃᵊnᵊl] *adj* sensationell; (*very good also*) fantastisch; (*shocking also*) spektakulär, Aufsehen erregend; **she looks** ~ **in her new dress** sie sieht umwerfend aus in ihrem neuen Kleid; ~ **disclosure** sensationelle Enthüllung; ~ **newspaper** Sensationsblatt; ~ **trial** spektakulärer Prozess

sen·sa·tion·al·ism [sen'seɪʃᵊnᵊlɪzᵊm] *n no pl* (*pej*) *of the media* Sensationsmache *f pej*

sen·sa·tion·al·ist [sen'seɪʃᵊnᵊlɪst] *adj* (*pej*) Sensations-; ~ **journalism** Sensationsjournalismus *m;* ~ **newspaper** Sensationsblatt *nt*

sen·sa·tion·al·ize [ˌsen'seɪʃᵊnᵊlaɪz] *vt* ■**to** ~ **sth** etw aufbauschen

sen·sa·tion·al·ly [sen'seɪʃᵊnᵊli] *adv* ① (*excitingly*) fantastisch, sensationell ② (*very*) unwahrscheinlich, extrem; **the book sold** ~ **well** das Buch verkaufte sich unwahrscheinlich gut; ~ **popular/successful** enorm beliebt/erfolgreich

sense [sen(t)s] **I.** *n* ① *no pl* (*judgement*) Verstand *m;* **I hope they'll have the** [**good**] ~ **to shut the windows before they leave** ich hoffe, sie sind so klug, die Fenster zu schließen, bevor sie gehen; **to make** [**good**] ~ sinnvoll sein; **planning so far ahead makes no** ~ es hat keinen Sinn, so weit im Voraus zu planen; **to see the** ~ **in sth** den Sinn in etw *dat* sehen; **to talk** ~ sich *akk* verständlich ausdrücken; **there's no** ~ **in doing sth** es hat keinen Sinn, etw zu tun; **there's no** ~ **in waiting** es ist zwecklos zu warten ② (*reason*) ■**one's** ~**s** *pl* jds gesunder Menschenverstand; **it's time you came to your** ~**s** es wird Zeit, dass du zur Vernunft kommst; **to bring sb to their** ~**s** jdn zur Vernunft bringen; **to take leave of one's** ~**s** den Verstand verlieren ③ (*faculty*) Sinn *m;* ~ **of hearing** Gehör *nt;* ~ **of sight** Sehvermögen *nt;* ~ **of smell/taste/touch** Geruchs-/Geschmacks-/Tastsinn *m;* **the five** ~**s** die fünf Sinne; **sixth** ~ sechster Sinn ④ (*feeling*) Gefühl *nt;* **did you get any** ~ **of how they might react?** kannst du dir irgendwie denken, wie sie reagieren werden?; ■**to have a** ~ **that ...** das Gefühl haben, dass ...; **I had a sudden** ~ **that I was needed at home** ich spürte auf einmal, dass ich zu Hause gebraucht wurde; ~ **of beauty** Schönheitssinn *m;* ~ **of belonging** Zusammengehörigkeitsgefühl *nt;* ~ **of direction** Orientierungssinn *m;* ~ **of duty** Pflichtgefühl *nt;* ~ **of justice/reality** Gerechtigkeits-/Realitätssinn *m;* **a** ~ **of security** ein Gefühl *nt* der Sicherheit; **a** ~ **of social responsibility** ein Gefühl *nt* für soziale Verantwortung; ~ **of time** Zeitgefühl *nt* ⑤ (*meaning*) Bedeutung *f,* Sinn *m;* **she's pretty hot, in more** ~**s than one** sie ist ganz schön heiß, in mehr als einer Hinsicht; **the broad/narrow** ~ **of a word/term** die weite/enge Bedeutung eines Wortes/Begriffes; **in the broad**[**est**] ~ **of the term** im weitesten Sinne des Wortes; **figurative/literal** ~ übertragene/wörtliche [*o* ursprüngliche] Bedeutung; **to make** ~ einen Sinn ergeben; **this passage doesn't make** ~ diese Passage ist unverständlich; **to make** ~ [**out**] **of sth** sich *dat* auf etw *akk* einen Reim machen; **I've read the letter twice, but I can't make any** ~ **of it** ich habe den Brief zweimal gelesen, aber ich kann mir keinen Reim darauf machen ⑥ (*way*) Art *f;* **in a** ~ in gewisser Weise; **we are in no** ~ **obliged to agree to this** wir sind in keiner Weise verpflichtet, dem zuzustimmen; **in every** ~ in jeder Hinsicht ⑦ (*aptitude*) **to have a** ~ **of fun** Spaß verstehen können; **it was just a joke – where's your** ~ **of fun?** das war doch nur ein Scherz – verstehst du keinen Spaß?; **to have a** ~ **of humour** Sinn für Humor haben ⑧ TECH ~ **of rotation** Drehrichtung *f,* Drehsinn *m* **II.** *vt* ■**to** ~ **sb/sth** jdn/etw wahrnehmen; ■**to** ~ **that ...** spüren, dass ...; **he** ~**d that his guests were bored** er spürte, dass seine Gäste sich langweilten; **could you** ~ **what was likely to happen?** hattest du eine Ahnung von dem, was passieren konnte?; **to** ~ **sb's anger** jds Wut *f* spüren; **to** ~ **danger** Gefahr wittern

sense·less ['sen(t)sləs] *adj* ① (*pointless*) *violence, waste* sinnlos; ~ **killing** sinnloses Töten ② (*foolish*) *argument* töricht; ~ **remark** unsinnige Bemerkung ③ *inv* (*unconscious*) besinnungslos; **to beat** [*or* **knock**] **sb** ~ jdn k.o. schlagen

sense of 'fun *n no pl* BRIT **to have a** ~ Sinn für Humor haben, Spaß verstehen **sense of 'hu·mour** BRIT, AUS, **sense of 'hu·mor** *n* AM *no pl* Sinn *m* für Humor; **a wry** ~ ein trockener Sinn für Humor; **to have a** ~ Sinn für Humor haben, Spaß verstehen **sense of oc·'ca·sion** *n no pl* BRIT, AUS Gefühl *nt,* dass etwas Besonderes stattfindet **'sense or·gan** *n* Sinnesorgan *nt*

sen·sibil·ity [ˌsen(t)sɪ'bɪləti, AM -sə'bɪləṭi] *n* ① *no pl* (*sensitiveness*) Einfühlungsvermögen *nt* ② *no pl* (*understanding*) Verständnis *nt,* Sicht *f* der Dinge; **the author has applied a modern** ~ **to the social ideals of an earlier age** der Autor betrachtet die sozialen Ideale einer früheren Zeit aus einer modernen Sicht ③ (*delicate sensitivity*) ■**sensibilities** *pl* Gefühle *ntpl;* **to understand American sensibilities ...** um zu verstehen, was in den Amerikanern vorgeht,...; **the sensibilities of others** die Gefühle *ntpl* anderer

sen·sible ['sen(t)sɪbl, AM -əbl] *adj* ① (*rational*) vernünftig; **I think the** ~ **thing to do is ...** ich meine, es ist am besten, ...; **that seems** ~ das erscheint mir vernünftig; **it would be** ~ **to take an umbrella** Sie nehmen besser einen Schirm mit; ~ **decision** weise Entscheidung; ~ **person** kluger Mensch ② (*suitable*) *clothes* angemessen, passend ③ (*form: aware*) ■**to be** ~ **of sth** sich *dat* einer S. *gen* bewusst sein; **to be** ~ **of difficulties/a fact** sich *dat* [der] Schwierigkeiten/einer Tatsache bewusst sein; **to be** ~ **of the fact that ...** sich *dat* darüber im Klaren sein, dass ...

sen·sibly ['sen(t)sɪbli, AM -əbli] *adv* ① (*rationally*) vernünftig; **to behave** ~ sich *akk* gut benehmen ② (*suitably*) angemessen; ~ **dressed** passend gekleidet

sen·si·tive ['sen(t)sɪtɪv, AM -səṭ-] *adj* ① (*kind*) verständnisvoll; ■**to be** ~ **to sth** für etw *akk* Verständnis haben; **the plan will be** ~ **to special needs** der Plan wird besondere Bedürfnisse berücksichtigen; **we are** ~ **to the needs and expectations of our customers** wir sind aufgeschlossen für die Bedürfnisse und Erwartungen unserer Kunden ② (*precarious*) heikel; ~ **subject** [*or* **issue**] heikles Thema, Reizthema *nt;* ~ **time** kritischer Zeitpunkt ③ (*touchy*) empfindlich; ■**to be** ~ **to** [*or* **about**] **sth** empfindlich auf etw *akk* reagieren; **he was very** ~ **about his scar** er war sehr empfindlich im Hinblick auf seine Narbe ④ (*secret*) vertraulich; ~ **documents** vertrauliche [*o* geheime] Unterlagen ⑤ (*responsive*) empfindlich (**to** gegenüber +*dat*); **to be** ~ **to cold** kälteempfindlich sein; *teeth* empfindlich auf Kälte reagieren; ~ **chord** sanfter Akkord; ~ **feelings** verletzliche Gefühle; ~ **skin** empfindliche Haut ⑥ TECH *appliances* hoch empfindlich ⑦ PHOT empfindlich

sen·si·tive·ly ['sen(t)sɪtɪvli, AM -səṭ-] *adv* verständnisvoll; **to handle sth** ~ etw verständnisvoll angehen; **this is a very delicate situation and it needs to be handled** ~ dies ist eine sehr heikle Situation, und man muss hier Fingerspitzengefühl beweisen

sen·si·tive·ness ['sen(t)sɪtɪvnəs, AM -səṭ-] *no pl,* **sen·si·tiv·ity** [ˌsen(t)sɪ'tɪvəti, AM -sə'tɪvəṭi] *n* ① *no pl* (*understanding*) Verständnis *nt;* **human** ~ Menschlichkeit *f* ② (*touchiness*) ■**sensitivities** *pl* Empfindsamkeit *f,* Sensibilität *f* (**about** gegenüber +*dat*) ③ *no pl* (*confidentiality*) Vertraulichkeit *f;* ~ **of information** Vertraulichkeit *f* der Informationen; **such is the** ~ **of the information that only two people are allowed to know it** die Informationen sind so streng vertraulich, dass nur zwei Leute sie kennen dürfen ❹ (*reaction*) Überempfindlichkeit *f* (**to** gegen +*akk*); ~ **to cold** Kälteempfindlichkeit *f;* ~ **to light** Licht[über]empfindlichkeit *f*

sen·si·tize ['sen(t)sɪtaɪz, AM -sə-] *vt* ❶ (*make aware*) ■**to ~ sb to sth** jdn für etw *akk* sensibilisieren; **to ~ sb to a problem** jdn auf ein Problem aufmerksam machen ❷ (*make sensitive*) ■**to ~ sb** jdn sensibilisieren [*o* empfindlich machen]

sen·sor ['sen(t)səʳ, AM -ɚ] *n* Sensor *m;* **heat ~** Hitzesensor *m*

sen·so·ry ['sen(t)sᵊri] *adj inv* sensorisch; **~ perception** Sinneswahrnehmung *f*

sen·so·ry 'nerve *n* Sinneszelle *f* **sen·so·ry 'or·gan** *n* Sinnesorgan *nt*

sen·su·al ['sen(t)sjʊəl, AM -(t)ʃuəl] *adj* sinnlich; **~ experience** sinnliche Erfahrung; **~ mouth** sinnlicher Mund

sen·su·al·ist ['sen(t)sjʊəlɪst, AM -(t)ʃuəl-] *n* sinnlicher Mensch

sen·su·al·ity [ˌsen(t)sju'æləti, AM -(t)ʃu'æləṭi] *n no pl* Sinnlichkeit *f*

sen·su·ous ['sen(t)sjʊəs, AM -(t)ʃuəs] *adj* ❶ *see* **sensual** ❷ (*of senses*) sinnlich

sen·su·ous·ly ['sen(t)sjʊəsli, AM -(t)ʃuəs-] *adv* sinnlich; **~ appealing** anziehend

sen·su·ous·ness ['sen(t)sjʊəsnəs, AM -(t)ʃuəs-] *n no pl* Sinnlichkeit *f,* Sinnenhaftigkeit *f*

sent [sent] *pp, pt of* **send**

sen·tence ['sentən(t)s] **I.** *n* ❶ (*court decision*) Urteil *nt;* (*punishment*) Strafe *f;* **death ~** [*or* **~ of death**] Todesstrafe *f;* **jail** [*or* **prison**] **~** Gefängnisstrafe *f;* **life ~** lebenslängliche Haftstrafe; **a heavy/light ~** eine hohe/niedrige Strafe; **to get a three-month ~** eine Haftstrafe von drei Monaten bekommen; **to pronounce** [*or* **pass**] [**a**] **~ on sb** über jdn ein [*o* das] Urteil fällen; **to serve a ~** eine Strafe verbüßen [*o fam* absitzen] ❷ (*word group*) Satz *m;* **~ structure** Satzbau *m* **II.** *vt* ■**to ~ sb to sth** jdn zu etw *dat* verurteilen; **the judge ~d her to three years in prison** der Richter verurteilte sie zu drei Jahren Gefängnis

sen·ten·tious [sen'tən(t)ʃəs] *adj* (*pej form: moralizing*) moralisierend *oft pej,* moralistisch *oft pej;* (*affectedly formal*) salbungsvoll *pej;* **~ book/document** moralisierendes Buch/Dokument; **~ person/speech** salbungsvolle Person/Rede *pej*

sen·ten·tious·ly [sen'tən(t)ʃəsli] *adv* (*pej form*) moralisierend *oft pej,* moralistisch *oft pej;* **~ written documents** moralistisch verfasste Dokumente

sen·ti·ent ['sentiənt, 'sen(t)ʃənt] *adj* (*form: having feelings*) fühlend *attr;* (*sensitive*) empfindsam, sensibel; **~ being** empfindsames Wesen

sen·ti·ment ['sentɪmənt, AM -ṭə-] *n* (*form*) ❶ *usu pl* (*attitude*) Ansicht *f,* Meinung *f;* **my ~s exactly!** ganz meine Meinung!; **to put ~s into action** Ansichten in die Tat umsetzen; **~s of love** Zuneigungsbekundungen *fpl;* **~s of support** Hilfsbereitschaftsbekundungen *fpl;* **to share sb's ~s** jds Ansichten teilen ❷ *no pl* (*general opinion*) **popular/public ~** allgemeine/öffentliche Meinung; **to echo/express a ~** eine Ansicht bekräftigen/äußern ❸ *no pl* (*excessive emotion*) Sentimentalität *f a. pej,* Rührseligkeit *f,* Gefühlsduselei *f pej fam;* **to appeal to ~** an das Gefühl appellieren

sen·ti·men·tal [ˌsentɪ'mentᵊl, AM -ṭə'menṭᵊl] *adj* ❶ (*emotional*) *mood, person* gefühlvoll, empfindsam; ■**to be ~ about sth** an etw *dat* hängen; **to have a ~ attachment to sth** eine gefühlsmäßige Bindung an etw *akk* haben; **~ value** ideeller Wert ❷ (*pej: overly emotional*) *person* sentimental *a. pej,* rührselig; *music, style* kitschig *pej; song* schmalzig *pej,* schnulzig *pej; story* rührselig *pej*

sen·ti·men·tal·ism [ˌsentɪ'mentᵊlɪzᵊm, AM -ṭə'menṭᵊl-] *n no pl* (*pej form*) Sentimentalität *f oft pej*

sen·ti·men·tal·ist [ˌsentɪ'mentᵊlɪst, AM -ṭə'menṭᵊl-] *n* (*pej form*) Gefühlsmensch *m,* sentimentaler Mensch *a. pej*

sen·ti·men·tal·ity [ˌsentɪmen'tælɪti, AM -ṭəmen'tæləṭi] *n no pl* (*pej*) Sentimentalität *f oft pej*

sen·ti·men·tal·ize [ˌsentɪ'mentᵊlaɪz, AM -ṭə'menṭə-] *vt* ■**to ~ sth** etw gefühlvoll darstellen

sen·ti·men·tal·ly [ˌsentɪ'mentᵊli, AM -ṭə'menṭᵊli] *adv* gefühlvoll, sentimental *a. pej*

sen·ti·nel ['sentɪnᵊl, AM -ṭ-] *n* (*esp liter or old*) ❶ (*sentry*) [Wach]posten *m,* Wächter(in) *m(f);* **to stand ~** [**at sth**] [über etw *dat o akk*] Wache halten [*o* wachen]; **a ~ of democracy** (*fig*) ein Wächter [*o* Hüter]/eine Wächterin [*o* Hüterin] der Demokratie *fig* ❷ AM (*newspaper*) *Bestandteil von Zeitungsnamen;* **the Fitchburg S~** der ‚Fitchburg Sentinel'

sen·try ['sentri] *n* Wache *f,* Wachposten *m;* **to relieve a ~** eine Wache ablösen; **to stand ~, to be on ~ duty** Wache stehen, Wachdienst haben

'sen·try box *n* Wachhäuschen *nt* **'sen·try duty** *n* Wachdienst *m;* **to have** [*or* **be on**] **~** Wachdienst haben, Wache stehen

'sen·try-go *n* BRIT Wachdienst *m;* **to be on ~** Wachdienst haben, Wache stehen

sep·al ['sepəl, AM *also Brit* 'si:pᵊl] *n* BOT Kelchblatt *nt*

sepa·rable ['sepᵊrəbl] *adj* ❶ (*form: able to separate*) [ab]trennbar; **political rights are not ~ from other rights** politische Rechte können nicht von anderen Rechten getrennt werden ❷ LING trennbar

sepa·rate **I.** *adj* ['sepᵊrət, AM -ɚɪt] (*not joined*) getrennt, separat; (*independent*) einzeln *attr,* gesondert *attr,* verschieden *attr;* **~ bedrooms** getrennte Schlafzimmer; **to retain a ~ entity** eine Einheit für sich *akk* bleiben; **a ~ piece of paper** ein extra Blatt Papier *fam;* **to go ~ ways** eigene Wege gehen; **to keep sth ~** etw auseinanderhalten **II.** *n* ['sepᵊrət, AM -ɚɪt] ■**~s** *pl* ≈ Einzelteile *ntpl;* **ladies' ~s** Röcke, Blusen, Hosen **III.** *vt* ['sepᵊreɪt, AM -əreɪt] ■**to ~ sb/sth** jdn/etw trennen; **they look so alike I can't ~ them in my mind** sie sehen sich so ähnlich, ich kann sie einfach nicht auseinanderhalten; **you can't ~ ethics from politics** du kannst doch die Ethik nicht von der Politik abspalten; **to ~ egg whites from yolks** Eigelb vom Eiweiß trennen **IV.** *vi* ['sepᵊreɪt, AM -əreɪt] ❶ (*become detached*) sich *akk* trennen; CHEM sich *akk* scheiden ❷ (*of cohabiting couple*) sich *akk* trennen, auseinandergehen; (*divorce*) sich *akk* scheiden lassen; **she is ~d from her husband** sie lebt von ihrem Mann getrennt

◆**separate off** *vt* ■**to ~ off ⊂ sth** [**from sth**] etw [von etw *dat*] abtrennen; **the flood has ~d off the village from the rest of the world** die Überschwemmung hat das Dorf vom Rest der Welt abgeschnitten

◆**separate out** *vt* ■**to ~ out ⊂ sth** [**from sth**] etw [von etw *dat*] absondern; **to ~ out the good from the bad** die Guten von den Schlechten trennen

sepa·rate 'cov·er *n* (*form*) gesonderter Umschlag; **to send sth under ~** etw mit separater Post schicken

sepa·rate·ly ['sepᵊrətli, AM -ɚɪt-] *adv* (*apart*) getrennt; (*individually*) gesondert, einzeln

sepa·rate 'school *n* CAN *Bezeichnung für eine römisch-katholische Schule in Ontario*

sepa·ra·tion [ˌsepᵊr'eɪʃᵊn, AM -ə'reɪ-] *n* ❶ (*act of separating*) Trennung *f;* (*state*) Getrenntsein *nt;* **racial ~** Rassentrennung *f* ❷ (*living apart*) [eheliche] Trennung ❸ CHEM Scheidung *f;* TECH Abtrennung *f*

sepa·'ra·tion anxi·ety *n* Trennungsangst *f*

sepa·rat·ism ['sepᵊrətɪzᵊm] *n no pl* Separatismus *m*

sepa·rat·ist ['sepᵊrətɪst] **I.** *n* Separatist(in) *m(f)* **II.** *adj* separatistisch

sepa·ra·tor ['sepᵊreɪtəʳ, AM -əreɪṭɚ] *n* TECH Separator *m fachspr*

se·pia ['si:piə] *adj* sepia[farben]

sep·sis ['sepsɪs] *n no pl* MED Blutvergiftung *f,* Sepsis *f fachspr*

Sept. *n abbrev of* **September** Sept.

Sep·tem·ber [sep'tembəʳ, AM -bɚ] *n* September *m; see also* **February**

sep·tet [sep'tet] *n + pl/sing vb* MUS Septett *nt*

sep·tic ['septɪk] *adj* septisch *fachspr;* **to go** [*or* **become**] ~

eitern

sep·ti·cae·mia [ˌseptɪ'siːmiə], AM **sep·ti·ce·mia** [-tə'-] *n no pl* MED Blutvergiftung *f*

sep·tic 'tank *n* Klärbehälter *m*, Faulbehälter *m*

sep·tua·genar·ian [ˌseptjʊədʒə'neəriən, AM -tuədʒə'neri-] *n* Siebzigjährige(r) *f(m)*; **to be a ~** ein Siebziger/eine Siebzigerin sein

sep·tu·plet [sep'tjʊplət, AM sep'tʌplɪt] *n* Siebenling *m*; **to have ~s** Siebenlinge bekommen

sep·ul·cher *n* AM *see* **sepulchre**

se·pul·chral [sɪ'pʌlkrᵊl, AM sə-] *adj* (*liter: of burial, tombs*) Grab-; (*gloomy*) düster; **~ silence** Grabesstille *f*; **[in a] ~ tone** [mit] Grabesstimme

sep·ul·chre ['sepᵊlkəʳ], AM **sep·ul·cher** [-kɚ] *n* (*old: tomb*) Grab *nt*, Grabstätte *f*; (*monument*) Grabmal *nt*; **the Holy S~** das Heilige Grab

se·quel ['siːkwᵊl] *n* ❶ (*continuation*) Fortsetzung *f*; *of a novel, film* Folge *f*; **the ~ of an earlier success** die Fortsetzung eines früheren Erfolges ❷ (*fig: follow-up*) Nachspiel *nt*; **there was a dramatic ~ to last week's scandalous revelations** es gab ein dramatisches Nachspiel zu den skandalösen Enthüllungen der letzten Woche

se·quence ['siːkwən(t)s] *n* ❶ (*order of succession*) Reihenfolge *f*; (*connected series*) Abfolge *f*; ■**to be in/out of ~** innerhalb/außerhalb der Reihenfolge sein; **a ~ of events** eine Reihe von Ereignissen; **to be in chronological ~** in chronologischer Reihenfolge sein ❷ (*part of film*) Sequenz *f*; **the opening/closing ~** (*spec*) Anfangs-/Schlussszene *f* ❸ MATH Reihe *f*; MUS Sequenz *f*

se·quenc·ing ['siːkwən(t)sɪŋ] *n no pl* Sequenzbildung *f*; **~ of letters** Aufeinanderfolge *f* von Buchstaben

se·quen·tial [sɪ'kwen(t)ʃᵊl] *adj* (*form*) [aufeinander] folgend *attr*

se·quen·tial·ly [sɪ'kwen(t)ʃᵊli] *adv* (*form*) [aufeinander] folgend

se·ques·ter [sɪ'kwestəʳ, AM -ɚ] *vt usu passive* ❶ LAW (*temporarily confiscate*) ■**to ~ sth** etw beschlagnahmen [*o geh* konfiszieren]; **to ~ an estate/sb's property** ein Grundstück/jds Vermögen beschlagnahmen ❷ AM (*isolate*) ■**to ~ sb** jdn absondern [*o* isolieren]

se·ques·tered [sɪ'kwestəd, AM -ɚd] *adj* (*liter: isolated*) *location, place* abgeschieden *geh*; (*withdrawn, secluded*) *life* zurückgezogen

se·ques·trate ['siːkwəstreɪt, AM *also Brit* sɪ'kwestreɪt] *vt* ❶ LAW (*temporarily confiscate*) ■**to ~ sth** etw beschlagnahmen [*o geh* konfiszieren]; *see also* **sequester** ❷ AM (*isolate*) ■**to ~ sb** jdn absondern [*o* isolieren]

se·ques·tra·tion [ˌsiːkwes'treɪʃᵊn, AM -kwə'streɪ-] *n no pl* ❶ LAW (*temporary confiscation*) Beschlagnahme *f*, Einziehung *f* ❷ AM (*isolation*) Absonderung *f*, Isolation *f*; **to keep in ~** abgesondert [*o* isoliert] halten

se·quin ['siːkwɪn] *n* Paillette *f*

se·quined ['siːkwɪnd] *adj* mit Pailletten besetzt; **a ~ dress** ein paillettenbesetztes Kleid

se·quoia [sɪ'kwɔɪə] *n* BOT Sequoia *f*, Mammutbaum *m*

sera ['sɪərə, AM 'sɪrə] *n pl of* **serum**

se·ra·glio [se'rɑːliəʊ, AM sɪ'ræljoʊ] *n* ❶ (*harem*) Harem *m* ❷ (*hist: Turkish palace*) Serail *nt*

ser·aph <*pl* -im *or* -s> ['serəf, *pl* -fɪm] *n* Seraph *m*

se·raph·ic [sə'ræfɪk] *adj* (*approv liter*) seraphisch *geh o a. fig*, engelhaft, engelgleich *geh*; **~ smile** verzücktes Lächeln

se·raphi·cal·ly [sə'ræfɪkli] *adv* (*approv liter*) seraphisch *geh o a. fig*, engelhaft, engelgleich *fig*; **to smile ~** verzückt lächeln

ser·aphim ['serəfɪm] *n pl of* **seraph**

Serb [sɜːb, AM sɜːrb], **Ser·bian** ['sɜːbiən, AM 'sɜːrb-] **I.** *adj inv* serbisch **II.** *n* ❶ (*person*) Serbe, -in *m, f* ❷ *no pl* (*language*) Serbisch *nt*

Ser·bia ['sɜːbiə, AM 'sɜːrb-] *n* Serbien *nt*

ser·enade [ˌserə'neɪd] **I.** *n* ❶ (*classical music*) Serenade *f* ❷ (*music of lover*) Ständchen *nt*; **to sing [*or* play] sb a ~** jdm ein Ständchen bringen **II.** *vt* (*sing*) ■**to ~ sb** jdm ein Ständchen bringen; (*play music*) für jdn Musik spielen

ser·en·dipi·tous [ˌserᵊn'dɪpətəs, AM -ən'dɪpət̬əs] *adj* (*form*) glücklich [getroffen]

ser·en·dip·ity [ˌserᵊn'dɪpəti, AM -ən'dɪpət̬i] *n no pl* (*form*) glücklicher Zufall

se·rene <-r, -st *or* more ~, most ~> [sə'riːn] *adj* (*calm*) ruhig; (*untroubled*) gelassen; **~ sea** ruhige See; **~ sky** klarer Himmel

se·rene·ly [sə'riːnli] *adv* gelassen

se·ren·ity [sə'renɪti, AM -ət̬i] *n no pl* (*calmness*) Ruhe *f*; (*untroubled state*) Gelassenheit *f*

serf [sɜːf, AM sɜːrf] *n* (*hist*) Leibeigene(r) *f(m) hist*

serf·dom ['sɜːfdəm, AM 'sɜːrf-] *n no pl* (*hist*) Leibeigenschaft *f hist*

serge [sɜːdʒ, AM sɜːrdʒ] *n no pl* (*fabric type*) Serge *f fachspr*

ser·geant ['sɑːdʒᵊnt, AM 'sɑːr-] *n* ❶ (*military officer*) Sergeant *m*, Unteroffizier *m* ❷ (*police officer*) ≈ Polizeimeister(in) *m(f)*

ser·geant 'ma·jor *n* Oberfeldwebel *m*

se·rial ['sɪəriəl, AM 'sɪri-] **I.** *n* MEDIA, PUBL Fortsetzungsgeschichte *f*; **TV ~** TV-Serie *f* **II.** *adj* ❶ (*broadcasting, publishing*) Serien-; **~ rights** Rechte *ntpl* zur Veröffentlichung in Fortsetzungen; *of publishing* Fortsetzungs- ❷ (*repeated*) Serien-

se·riali·za·tion [ˌsɪəriᵊlaɪ'zeɪʃᵊn, AM ˌsɪriᵊlɪ'-] *n* Veröffentlichung *f* in Fortsetzungen

se·rial·ize ['sɪəriᵊlaɪz, AM 'sɪriəlaɪz] *vt usu passive* ■**to ~ sth** *in newspapers* etw in Fortsetzungen veröffentlichen; *on TV, radio* etw in Fortsetzungen senden

'se·rial kill·er *n* Serienmörder(in) *m(f)* **se·rial mo·'noga·my** *n* (*hum*) Reihe *f* von monogamen Beziehungen; **to be into ~** *ein Mensch sein, der eine Reihe von monogamen Beziehungen hintereinander hat* **se·rial 'mur·der** *n* Serienmord *m* **se·rial 'mur·der·er** *n* Serienmörder(in) *m(f)* **'se·rial num·ber** *n* Seriennummer *f*

se·ries <*pl* -> ['sɪəriːz, AM 'sɪriːz] *n* ❶ (*set of events*) Reihe *f*; (*succession*) Folge *f*; **a ~ of scandals** eine Reihe Skandale ❷ SPORTS Serie *f* ❸ RADIO, TV Serie *f*; **comedy/TV ~** Comedyserie *f*/Fernsehserie *f* ❹ PUBL Reihe *f* (**on** über +*akk*) ❺ (*line of products*) *of machines, vehicles* Serie *f* ❻ ELEC Reihe *f*; ■**in ~** in Reihe [geschaltet]

se·rio·com·ic [ˌsɪəriəʊ'kɒmɪk, AM 'sɪrioʊ'kɑːm-] *adj* tragikomisch *geh*, halb ernst, halb komisch

se·ri·ous ['sɪəriəs, AM 'sɪriəs] *adj* ❶ (*earnest*) *person* ernst; (*solemn, not funny*) *comment, situation* ernst; **please don't laugh – I'm being ~** bitte lach nicht – ich meine das ganz ernst; **to wear a ~ expression** ernst blicken [*o fam* dreinschauen]; **~ matter** ernste Angelegenheit; **a ~ threat** eine ernsthafte Bedrohung ❷ (*grave*) *accident, crime, offence, setback* schwer; (*dangerous*) gefährlich; (*not slight*) [*medical*] *condition, problem* ernst; *allegation* schwerwiegend; *argument, disagreement* ernsthaft; **~ trouble** ernsthafte Schwierigkeiten *fpl* ❸ *attr* (*careful*) ernsthaft; **to give sth a ~ thought** ernsthaft über etw *akk* nachdenken ❹ *pred* (*determined*) ernst; ■**to be ~ about sb/sth** es mit jdm/etw ernst meinen; **is she ~ about going to live abroad?** ist das ihr Ernst, im Ausland leben zu wollen? ❺ (*fam: substantial*) gründlich *fam*, mächtig *fam*; **she's planning on doing some ~ drinking tonight** sie hat vor, heute Abend gründlich einen drauf zu machen; **to have some ~ difficulty** mächtig[e] Schwierigkeiten haben *fam*; **a ~ haircut** ein extremer Kurzhaarschnitt; (*excellent*) super *fam*, bombig *fam*; **that's a ~ jacket, man!** eh, das ist eine starke Jacke! *fam* ❻ (*significant*) bedeutend; (*thought-provoking*) tiefgründig; *literature, writer* anspruchsvoll

se·ri·ous·ly ['sɪəriəsli, AM 'sɪriəs-] *adv* ❶ (*in earnest*) ernst; (*not lightly*) ernst; **to take sb/sth ~** jdn/etw ernst nehmen ❷ (*gravely, badly*) schwer; (*dangerously*) ernstlich; **~ ill/wounded** schwer krank/verletzt ❸ (*really*) ernsthaft, im Ernst, allen Ernstes; **no, ~, ...** nein, [ganz] im Ernst, ...; **I'm ~ concerned about my father's health** ich bin ernstlich um die Gesundheit meines Vaters besorgt; **it would be ~ wrong of him to leave her** es wäre wirklich ganz falsch von ihm, sie zu verlassen; **you don't ~ expect me to iron your shirt!** du erwartest doch nicht im Ernst von mir, dass ich dein Hemd bügle! ❹ (*fam: very, extremely*) äußerst; ~ **funny** urkomisch

se·ri·ous·ness ['sɪəriəsnəs, AM 'sɪriəs-] *n no pl* ❶ (*serious nature*) *of person* Ernst *m;* (*critical state*) *of problem, threat* Ernst *m; of situation* Ernsthaftigkeit *f,* Schwere *f* ❷ (*sincerity*) Ernsthaftigkeit *f,* Ernst *m; of offer* Seriosität *f geh;* **in all ~** ganz im Ernst

ser·mon ['sɜːmən, AM 'sɜːr-] *n* ❶ (*religious speech*) Predigt *f* (**on** über +*akk*); **to deliver** [*or* **preach**] **a ~** eine Predigt halten ❷ (*pej: moral lecture*) [Moral]predigt *f oft pej;* **to deliver** [*or* **give sb**] **a ~** jdm eine [Moral]predigt halten *pej*

ser·mon·ize ['sɜːmənaɪz, AM 'sɜːr-] *vi* (*pej: lecture*) moralisieren *oft pej;* (*preach*) predigen *fam*

sero·to·nin [ˌserə'təʊnɪn, AM -'toʊ-] *n* BIOL, CHEM Serotonin *nt*

ser·pent ['sɜːpᵊnt, AM 'sɜːr-] *n* (*old*) Schlange *f*

ser·pen·tine ['sɜːpᵊntaɪn, AM 'sɜːr-] *adj* (*liter*) ❶ (*snake-like*) schlangenförmig; (*twisting, winding*) *movement* sich *akk* windend [*o* schlängelnd] *attr; path, river* gewunden; *road* kurvenreich; *garden, park* verschlungen ❷ (*fig: complicated, subtle*) gewunden *fig;* (*cunning*) tückisch; ~ **explanation** gewundene Erklärung *fig*

ser·rat·ed [sə'reɪtɪd, AM 'sereɪt̬ɪd] *adj inv* gezackt; ~ **knife** Sägemesser *nt;* **knife with a ~ edge** Messer *nt* mit Wellenschliff

ser·ried ['serɪd] *adj* (*liter*) dicht; ~ **ranks** dicht gedrängte Reihen *fpl*

se·rum <*pl* -s *or* sera> ['sɪərəm, AM 'sɪr-, *pl* -rə] *n* MED (*watery part of blood*) [Blut]serum *nt;* (*infection-fighting agent*) [Heil]serum *nt*

serv·ant ['sɜːvᵊnt, AM 'sɜːr-] *n* ❶ (*household helper*) Diener *m,* Bediensteter *m;* (*female*) Dienerin *f,* Bedienstete *f,* Dienstmädchen *nt* ❷ (*for public*) Angestellte(r) *f(m)* (*im öffentlichen Dienst*); **public ~, ~ of the State** Staatsdiener(in) *m(f),* Staatsbeamte(r) *m,* Staatsbeamte [*o* -in] *f*

serve [sɜːv, AM sɜːrv] **I.** *n* (*in tennis, etc*) Aufschlag *m;* (*in volleyball*) Angabe *f* **II.** *vt* ❶ (*in hotel, restaurant, shop*) ■**to ~ sb** jdn bedienen; **are you being ~d, madam?** werden Sie schon bedient, gnädige Frau? ❷ (*present food, drink*) ■**to ~ sth** etw servieren [*o geh* auftragen]; (*make ready to eat*) etw anrichten; **what's a good wine to ~ with this dish?** welchen Wein kann man zu diesem Gericht reichen?; **dinner is ~d** es ist angerichtet; **to ~ alcohol** Alkohol ausschenken; **to ~ a meal** ein Essen servieren ❸ (*be enough for*) ■**to ~ sb** für jdn reichen; **all recipes will ~ 4 to 5 people** alle Rezepte ergeben 4 bis 5 Portionen ❹ (*work for*) ■**to ~ sth** etw *dat* dienen; (*stronger*) etw *dat* treue Dienste erweisen; **she ~d the church faithfully for many years** sie war jahrelang im Dienst der Kirche aktiv; **to ~ sb's interests** jds Interessen dienen; **to ~ the public** im Dienste der Öffentlichkeit stehen ❺ (*complete due period*) ■**to ~ sth** etw ableisten; **to ~ one's apprenticeship** seine Lehrzeit absolvieren; **to ~ five years as president** eine fünfjährige Amtszeit als Präsident/Präsidentin durchlaufen; **to ~ a prison sentence** eine Haftstrafe absitzen *fam;* **to ~ terms in office** Amtszeiten *fpl* durchlaufen ❻ (*provide for*) ■**to ~ sth** etw versorgen ❼ (*perform a function*) **to ~ a purpose** einen Zweck erfüllen; **this does not ~ any useful purpose** das hat keinen praktischen Wert; **if my memory ~s me right** wenn ich mich recht erinnere ❽ SPORTS **to ~ the ball** Aufschlag haben; (*in volleyball*) Angabe haben ❾ LAW (*formally deliver*) ■**to ~ sb with sth,** ■**to ~ sth on** [*or* **upon**] **sb** jdm etw zustellen; **to ~ sb with papers** jdm Papiere zustellen; **to ~ sb with a subpoena** [*or* **summons**] [*or* **writ**] LAW jdn vorladen ▶ PHRASES: **to ~ <u>time</u>** [**for sth**] (*fam*) eine Haftstrafe [wegen einer S. *gen*] absitzen *fam;* **this ~s him <u>right</u>** (*fam*) das geschieht ihm recht **III.** *vi* ❶ (*provide food, drink*) servieren; ~ **hot or cold** kalt oder warm servieren ❷ (*work for*) dienen; ■**to ~ as sth** als etw fungieren; **she ~d as an interpreter** sie fungierte als Dolmetscherin; ■**to ~ on sth** etw *dat* angehören; **to ~ in the army** in der Armee dienen; **to ~ on a committee** einem Ausschuss angehören; **to ~ on the council** im Stadtrat sein; **to ~ on a jury** Geschworene(r) *f(m)* sein ❸ (*function*) ■**to ~ as** [*or* **for**] **sth** als etw dienen; **are these boxes sturdy enough to ~ as tables?** sind diese Kisten stabil genug, um als Tische zu dienen?; **to ~ as a reminder/warning** als Erinnerung/Mahnung dienen ❹ (*be acceptable*) seinen Zweck erfüllen, gehen *fam;* (*suffice*) genügen; (*be of use*) helfen; **this old penknife will ~** dieses alte Taschenmesser tut's *fam* ❺ (*in tennis, etc.*) aufschlagen; (*in volleyball*) angeben

◆**serve out** *vt* ❶ (*in restaurant, pub*) ■**to ~ out** ⊂ **sth** etw servieren; *drink* etw ausschenken; *food* etw ausgeben ❷ (*complete a due period*) ■**to ~ out sth** etw ableisten; **to ~ out a jail sentence** eine Gefängnisstrafe absitzen *fam;* **to ~ out a term of office** eine Amtszeit beenden

◆**serve up** *vt* ■**to ~ up** ⊂ **sth** etw servieren [*o* auftischen]; **I'm about to ~ up!** das Essen kommt gleich!

serv·er ['sɜːvəʳ, AM 'sɜːrvɚ] *n* ❶ (*utensil*) Vorlegebesteck *nt;* (*spoon*) Vorlegelöffel *m;* (*fork*) Vorlegegabel *f;* **salad ~s** Salatbesteck *nt* ❷ (*person*) Servierer(in) *m(f)* ❸ (*central computer*) Server *m* ❹ (*in tennis*) Aufschläger(in) *m(f)* ❺ REL Ministrant(in) *m(f)*

ser·vice ['sɜːvɪs, AM 'sɜːr-] **I.** *n* ❶ *no pl* (*help for customers*) Service *m;* (*in hotels, restaurants, shops*) Bedienung *f;* **customer ~** Kundendienst *m;* **to be at sb's ~** (*hum*) jdm zu Diensten stehen *hum;* **to offer ~** Hilfe anbieten ❷ (*act of working*) Dienst *m,* Dienstleistung *f* ❸ (*form: assistance*) Unterstützung *f;* (*aid, help*) Hilfe *f;* (*being useful*) Gefälligkeit *f,* [guter] Dienst; ■**to be of ~** [**to sb**] [jdm] von Nutzen sein [*o* nützen]; **I'm just glad to have been of ~** es freut mich, dass ich mich ein wenig nützlich machen konnte; **to need the ~s of a surveyor** einen Gutachter/eine Gutachterin brauchen; **to do sb a ~** jdm einen Dienst erweisen; **to see some** [*or* **give good**] **~** (*fig*) viel im Einsatz sein; **these boots have seen some ~!** diese Stiefel sind ziemlich strapaziert worden! ❹ (*public or government department*) Dienst *m;* **civil/diplomatic ~** öffentlicher/diplomatischer Dienst ❺ (*system for public*) Dienst *m;* (*organization for public*) Beratungsdienst *m,* Beratungsstelle *f;* **ambulance ~** Rettungsdienst *m;* **bus/train ~** Bus-/Zugverbindung *f;* **counselling ~** psychologischer Beratungsdienst; **health ~** Gesundheitsdienst *m;* **prison ~** Strafvollzug *m;* [**public**] **transport ~** [öffentliches] Transportwesen ❻ (*operation*) Betrieb *m;* **postal ~** Postwesen *nt,* Post *f fam;* **to operate a** [**normal/reduced**] **~** *bus, train* eine [normale/eingeschränkte] Verbindung unterhalten [*o* betreiben] ❼ (*roadside facilities*) ■**~s** *pl* Raststätte *f* ❽ (*tennis, etc.*) Aufschlag *m;* **to lose one's ~** seinen Aufschlag abgeben ❾ (*armed forces*) Militär *nt;* ■**the ~s** das Militär *nt kein pl;* **to spend time** [*or* **be**] **in the ~** beim Militär sein; **to be** [**un**]**fit for ~** militär[un]tauglich sein; **military ~** Militärdienst *m;* **a career in the ~s** eine militärische Laufbahn ❿ (*religious ceremony*) Gottesdienst *m,* Messe *f;* **funeral ~** Trauergottesdienst *m;* **morning/evening ~** Frühmesse *f*/Abendandacht *f;* **to go to** [*or* **attend**] **a ~** zu einem Gottesdienst gehen, einen Gottesdienst besuchen; **to hold a ~** einen Gottesdienst [ab]halten ⓫ *esp* BRIT (*maintenance check*) Wartung *f;* AUTO Inspektion *f;* **to take one's car in for a ~** sein Auto zur Inspektion bringen ⓬ (*set of crockery*) Service *nt;* **tea ~** Teeservice *nt* ▶ PHRASES: **to <u>be</u> in ~** (*employed as servant*) in Stellung sein; (*be in use, in operation*) im Einsatz sein **II.** *vt* ■**to ~ sth** etw überholen [*o* überprüfen]; *appliances* etw warten

ser·vice·able ['sɜːvɪsəbl̩, AM 'sɜːr-] *adj* strapazierfähig

'ser·vice area *n* ❶ (*on motorway*) Raststätte *f* ❷ RADIO, TV Sendegebiet *nt* **'ser·vice bus** *n,* **'ser·vice car** *n* AUS, NZ Linienbus *m* **'ser·vice cen·ter** AM, **'ser·vice cen·tre** *n* BRIT ❶ AM (*on freeway*) Raststätte *f* ❷ (*for repairs*) Reparaturwerkstatt *f;*

S

(*garage*) Werkstatt *f* **'ser·vice charge** *n* Bedienungsgeld *nt,* Bedienung *f* **'ser·vice con·tract** *n* ❶ (*employment*) Arbeitsvertrag *m,* Beschäftigungsvertrag *m* ❷ (*warranty*) Garantie *f,* Garantieschein *m* **'ser·vice de·part·ment** *n* Kundendienstabteilung *f* **'ser·vice el·eva·tor** *n* AM (*service lift*) *for employees* Personallift *m,* Personalaufzug *m; for goods* Warenaufzug *m,* Lastenaufzug *m* **'ser·vice en·trance** *n* Personaleingang *m* **'ser·vice hand·book** *n* Wartungshandbuch *nt* **'ser·vice in·dus·try** *n* Dienstleistungsindustrie *f;* (*company*) Dienstleistungsbetrieb *m* **'ser·vice lift** *n for employees* Personallift *m,* Personalaufzug *m; for goods* Warenaufzug *m,* Lastenaufzug *m* **'ser·vice·man** *n* Militärangehöriger *m* **'ser·vice manu·al** *n* Wartungshandbuch *nt* **'ser·vice per·son·nel** *n* Militärpersonal *nt* **'ser·vice road** *n* (*subsidiary road*) Nebenstraße *f;* (*access road*) Zufahrtsstraße *f;* (*for residents only*) Anliegerstraße *f* **'ser·vice sec·tor** *n* Dienstleistungsindustrie *f* **'ser·vice sta·tion** *n* Tankstelle *f* **'ser·vice·wom·an** *n* MIL Militärangehörige *f*

ser·vic·ing ['sɜːvɪsɪŋ, AM 'sɜːr-] *n no pl esp* AM Wartung *f*

ser·vi·ette [ˌsɜːvi'et, AM ˌsɜːr-] *n esp* BRIT Serviette *f*

ser·vile ['sɜːvaɪl, AM 'sɜːr-] *adj* (*pej*) *manner* unterwürfig *pej,* duckmäuserisch *pej; obedience* sklavisch *pej*

ser·vil·ity [sɜː'vɪləti, AM sɜːr'vɪləṭi] *n no pl* (*pej form*) Unterwürfigkeit *f pej*

serv·ing ['sɜːvɪŋ, AM 'sɜːr-] **I.** *n of food* Portion *f* (**of** +*gen*) **II.** *adj attr, inv* ❶ (*person working*) dienend; **the longest-~ minister** der am längsten im Amt befindliche Minister/die am längsten im Amt befindliche Ministerin ❷ (*imprisoned*) [ein]sitzend, inhaftiert; **a short-~ prisoner** ein Häftling, der/die eine kurze Gefängnisstrafe absitzt

'serv·ing bowl *n* [Servier]schüssel *f* **'serv·ing spoon** *n* Vorlegelöffel *m* **'serv·ing tray** *n* [Servier]tablett *nt*

ser·vi·tude ['sɜːvɪtjuːd, AM 'sɜːrvətuːd, -tjuːd] *n no pl* (*form*) Sklaverei *f,* Knechtschaft *f geh;* **to be sold into ~** in die Sklaverei verkauft werden

ser·vo ['sɜːvəʊ, AM 'sɜːrvoʊ] *n* AUTO, TECH ❶ *short for* **servomechanism** Servomechanismus *m* ❷ *short for* **servomotor** Servomotor *m*

'ser·vo·mecha·nism *n* AUTO, TECH Servomechanismus *m* **'ser·vo·mo·tor** *n* AUTO, TECH Servomotor *m*

sesa·me ['sesəmi] **I.** *n no pl* Sesam *m* **II.** *n modifier paste, roll* Sesam-

'sesa·me oil *n* Sesamöl *nt* **'sesa·me seed** *n* Sesamkorn *nt*

ses·sion ['seʃᵊn] *n* ❶ (*formal meeting of organization*) Sitzung *f;* (*period for meetings*) Sitzungsperiode *f;* **parliamentary ~** parlamentarische Sitzungsperiode; (*term of office*) Legislaturperiode *f;* **to meet in ~** zu einer Sitzung zusammenkommen ❷ (*period for specific activity*) Stunde *f,* Session *f;* **the press was allowed a short photo ~** man gewährte der Presse kurz Zeit, um Aufnahmen zu machen; **recording ~** Aufnahme *f;* **training ~** Trainingsstunde *f;* **to sign up for a ~** sich *akk* für eine Sitzung eintragen ❸ (*fam: bout of drinking*) Sauftour *f fam* ❹ MUS Session *f;* **~ musician** Sessionmusiker(in) *m(f)* ❺ AM, SCOT (*period for classes*) SCH Unterricht *m;* UNIV Seminar *nt;* (*teaching year*) SCH Schuljahr *nt;* UNIV Vorlesungszeit *f;* (*of two terms*) Semester *nt;* (*of three terms*) Trimester *nt;* **afternoon ~** Nachmittagsunterricht *m*

ses·ti·na <*pl* - s *or* -ne> [se'stiːnə] *n* LIT Sestine *f*

set [set] **I.** *adj* ❶ *pred* (*ready*) bereit; ■**to be [all] ~ [for sth]** [für etw *akk* [*o* zu etw *dat*]] bereit [*o* vorbereitet] sein, startklar sein *fam;* **to get ~ [to do sth]** sich *akk* fertig machen[, etw zu tun]; **at the beginning of the race the starter says 'ready, get ~, go!'** zu Beginn des Rennens sagt der Ansager „auf die Plätze, fertig, los!" ❷ (*fixed*) bestimmt, fest[gesetzt]; **~ expression** [*or* **phrase**] feststehender Ausdruck; **~ meal/menu** Tageskarte *f;* **~ smile** aufgesetztes Lächeln; BRIT (*unlikely to change*) **to look ~ ...** so aussehen, als ob ...; **the weather looks ~ fair for the rest of the week** das Wetter bleibt wahrscheinlich für den Rest der Woche beständig ❸ *attr, inv* (*assigned*) vorgegeben, bestimmt; **~ task** vorgeschriebene Aufgabe; SCH Aufgabe *f;* **~ book/text** Standardbuch *nt*/Standardtext *m* ❹ (*determined*) ■**to be ~ on sth** zu etw *dat* entschlossen sein; **to be ~ on marrying sb** entschlossen sein, jdn zu heiraten ►PHRASES: **to be ~ in one's ways** in seinen Gewohnheiten festgefahren sein *fig* **II.** *n* ❶ THEAT Bühnenbild *nt,* Bühnenausstattung *f;* FILM Szenenaufbau *m;* (*film location*) Drehort *m;* **on the ~** am Drehort ❷ ANAT Stellung *f;* **the ~ of sb's jaw** jds Kieferstellung *f* ❸ (*hair arrangement*) Legen *nt;* **shampoo and ~** Waschen und Legen ❹ (*collection, group*) *of stamps, stickers, spoons* Kollektion *f,* Sammlung *f; of games, etc* Set *nt,* Satz *m;* **chemistry ~** Chemiekasten *m;* **chess ~** Schachspiel *nt;* **~ of encyclopaedias** Enzyklopädiereihe *f;* **~ of glasses** Satz *m* Gläser; **~ of golf clubs** Satz *m* Golfschläger; **~ of stamps** Satz *m* Briefmarken; **~ of teeth** Gebiss *nt;* **tool ~** Werkzeugsatz *m;* **~ of twins** Zwillingspaar *nt;* **boxed ~** Kasten *m;* **to collect a ~** eine Kollektion sammeln ❺ + *pl/sing vb* (*group of people*) Gruppe *f,* [Personen]kreis *m,* Clique *f fam;* **the smart ~** die [klugen] Köpfchen *ntpl fam;* **she's got in with a very arty ~** sie verkehrt in einer sehr künstlerisch angehauchten Clique ❻ MATH [Zahlen]reihe *f* ❼ (*television receiver*) [Fernseh]gerät *nt;* **to adjust one's ~** das Gerät richtig einstellen; **do not adjust your ~** ändern Sie nichts an der Einstellung Ihres Geräts ❽ SPORTS Satz *m;* **to win a ~** einen Satz gewinnen ❾ (*musical performance*) Stück *nt;* **to play a ~** ein Stück spielen **III.** *vt* <set, set> ❶ (*place*) ■**to ~ sb/sth** jdn/etw stellen; **the cat ~ a dead mouse in front of us** die Katze legte uns eine tote Maus vor; **in this game you have to ~ the bricks one on top of the other** bei diesem Spiel musst du einen Klotz auf den anderen setzen; **to ~ the groceries on a chair** die Lebensmittel auf einen Stuhl stellen; **a house that is ~ on a steep cliff** ein Haus, das auf einer steilen Klippe liegt ❷ *usu passive* FILM, LIT, THEAT ■**to be ~** (*take place in*) spielen; **'West Side Story' is ~ in New York** ‚West Side Story' spielt in New York; **the film 'Gone with the Wind' is ~ against the background of the American Civil War** der Film ‚Vom Winde verweht' spielt sich vor dem Hintergrund des amerikanischen Bürgerkriegs ab ❸ (*cause to be, start*) **to ~ a boat afloat** ein Boot zu Wasser lassen; **to ~ sth on fire** etw in Brand setzen; **to ~ sth in motion** etw in Bewegung bringen [*o* setzen], etw ins Rollen bringen *fam;* **to ~ changes in motion** Neuerungen in Gang bringen [*o* in die Wege leiten]; **these changes will ~ the country on the road to economic recovery** diese Änderungen werden das Land zum wirtschaftlichen Aufschwung führen; ■**to ~ sb/sth doing sth** jdn/etw veranlassen [*o fam* dazu bringen], etw zu tun; **his remarks ~ me thinking** seine Bemerkungen gaben mir zu denken; **to ~ sb loose** [*or* **free**] jdn freilassen [*o* auf freien Fuß setzen] ❹ (*adjust*) ■**to ~ sth** etw einstellen; (*prepare*) etw herrichten; **to ~ the alarm for 7.00 a.m.** den Wecker auf 07.00 Uhr stellen; **to ~ the stage** THEAT die Bühne herrichten; **to ~ the table** den Tisch decken; **to ~ a thermostat/timer** einen Thermostat/Zeitmesser einstellen; **to ~ a trap** eine Falle aufstellen; **to ~ a clock/watch** eine Uhr/[Armband]uhr stellen ❺ (*arrange, establish*) ■**to ~ sth** etw festsetzen [*o* angeben]; **to ~ the budget** das Budget festlegen; **to ~ a date/time** einen Termin/eine Zeit ausmachen; **they still haven't ~ a date for their wedding** sie haben immer noch keinen Termin für die Hochzeit bestimmt; **to ~ a deadline for sb** jdm eine Frist setzen; **to ~ an example to sb** jdm ein Beispiel geben; **to ~ oneself a goal** sich *dat* ein Ziel setzen; **to ~ a limit/norm** eine Grenze/Norm setzen; **to ~ the margin** den Rand einstellen; **to ~ the pace** das Tempo angeben [*o* bestimmen]; **to ~ the policy** die [Geschäfts]politik festlegen; **to ~ a price [on sth]** einen Preis [für etw *akk*] festsetzen; **the price for this painting has been ~ at £ 125,000** der Preis für dieses Gemälde ist auf 125 000 Pfund festgesetzt worden; **to ~ a**

record einen Rekord aufstellen ❻ ANAT ■ **to ~ sth** etw einrenken; **to ~ a broken bone** einen gebrochenen Knochen richten; **sb ~s his/her face/jaw** jds Gesicht versteinert sich; **his face was ~ in determination** sein Gesicht war starr vor Entschlossenheit ❼ (*arrange*) **to ~ sb's hair** jds Haar legen; **to have one's hair** ~ sich *dat* die Haare legen lassen ❽ (*adorn*) ■ **to ~ sth with sth** etw mit etw *dat* besetzen; **to ~ a watch with sapphires** eine Uhr mit Saphiren besetzen ❾ (*insert*) ■ **to ~ sth in** [*or* **into**] **sth** etw in etw *akk* einarbeiten [*o* einfügen]; **she was wearing a bracelet with rubies ~ into it** sie trug ein Armband mit eingearbeiteten Rubinen ❿ (*make oppose*) ■ **to ~ sth against sth** etw etw *dat* gegenüberstellen; (*incite*) etw gegen etw *akk* aufwiegeln; **to ~ the advantages against the disadvantages** die Vorteile den Nachteilen gegenüberstellen; ■ **to ~ sb against sb/sth** jdn gegen jdn/etw aufbringen; **to ~ members of a family against each other** Zwietracht zwischen Familienmitgliedern säen; (*not favour*) ■ **to be** [**dead**] ~ **against sb/sth** [völlig] gegen jdn/etw sein ⓫ MUS **to ~ sth to music** etw vertonen; **to ~ a poem/words to music** ein Gedicht/einen Text vertonen ⓬ *esp* BRIT, AUS (*assign*) **to ~ homework** Hausaufgaben [auf]geben; **to ~ a task** eine Aufgabe stellen; **to ~ sb to work** jdn an die Arbeit setzen ▸ PHRASES: **to ~ <u>course</u> for sth** auf etw *akk* Kurs nehmen; **to ~ <u>eyes</u> on sb/sth** jdn/etw sehen; **to ~ <u>foot</u> in** [*or* **on**] **sth** etw betreten; **to ~ one's <u>mind</u> at ease** sich *akk* beruhigen; **to ~ one's <u>mind</u> to** [*or* **on**] **sth** (*concentrate on*) sich auf etw *akk* konzentrieren; (*approach with determination*) etw entschlossen angehen; **if you would only ~ your mind to it, I'm sure you could do it** ich bin sicher, dass du es schaffen kannst, wenn du dich nur anstrengst; **to ~ <u>sail</u> for/from ...** losfahren nach/von ...; **to ~ the <u>scene</u>** [*or* **stage**] **for sth** (*create conditions*) die Bedingungen für etw *akk* schaffen; (*facilitate*) den Weg für etw *akk* frei machen; **the scene is ~ for the summit next week** alles ist unter Dach und Fach für das Gipfeltreffen nächste Woche; **to ~ the <u>world</u>** [*or* **the <u>Thames</u>**] **ablaze** [*or* **on fire**] [*or* **alight**] die Welt aus den Angeln heben; **to ~ sth <u>right</u>** etw in Ordnung bringen [*o fam* ausbügeln]; **to ~ sb <u>straight</u>** [**about sth**] jdn [über etw *akk*] aufklären **IV.** *vi* <set, set> ❶ (*grow together*) *bones, limbs* zusammenwachsen ❷ (*become firm*) *concrete, jelly* fest [*o* hart] werden; **leave the jelly in the fridge to ~** lass das Gelee im Kühlschrank, damit es fest wird ❸ (*sink*) *moon, sun* untergehen

◆**set about** *vi* ❶ (*begin, start work upon*) ■ **to ~ about sth** etw anfangen, sich *akk* an etw *akk* machen; ■ **to ~ about doing sth** sich *akk* daranmachen, etw zu tun ❷ (*fam: attack*) ■ **to ~ about sb** [**with sth**] jdn [mit etw *dat*] angreifen, [mit etw *dat*] über jdn herfallen

◆**set apart** *vt* ❶ (*distinguish*) ■ **to ~ sb/sth apart** jdn/etw abheben [*o* unterscheiden]; **his intelligence ~ him apart from other children** seine Intelligenz hob ihn von anderen Kindern ab ❷ (*reserve*) ■ **to ~ apart ○ sth** etw reservieren; **these clothes have been ~ apart to use as costumes** diese Kleidungsstücke sind als Kostüme gedacht

◆**set aside** *vt* ■ **to ~ aside ○ sth** ❶ (*keep for special use*) etw auf die Seite legen; *time* etw einplanen; **to ~ aside money** Geld beiseitelegen ❷ (*ignore*) etw außer Acht lassen; **to ~ one's differences aside** die Differenzen beiseiteschieben [*o* außer Acht lassen] ❸ LAW (*annul*) *conviction* etw aufheben ❹ (*put to side*) etw beiseitelegen; *clothes* sich etw zurücklegen lassen; **to ~ the glasses aside** die Gläser beiseitesetzen

◆**set back** *vt* ❶ (*delay*) ■ **to ~ back ○ sb/sth** jdn/etw zurückwerfen; **the opening of the new swimming pool has been ~ back by a few weeks** die Eröffnung des neuen Schwimmbades hat sich um einige Wochen verzögert ❷ (*position*) ■ **to ~ back ○ sth** [**from sth**] etw [von etw *dat*] zurücksetzen; **our house is ~ back from the road** unser Haus ist ein Stück von der Straße zurückgesetzt ❸ (*fam: cost*) ■ **to ~ sb back** jdn einiges [*o fam* eine [schöne] Stange Geld] kosten; **that coat must have ~ you back a fair bit!** dieser Mantel muss dich ja einiges gekostet haben!

◆**set down** *vt* ❶ (*land*) **to ~ a plane down** ein Flugzeug landen ❷ (*drop off*) ■ **to ~ down ○ sb** jdn absetzen ❸ (*write down*) ■ **to ~ down ○ sth** etw aufschreiben [*o* niederschreiben]; **to ~ down one's thoughts** seine Gedanken niederschreiben [*o* festhalten] ❹ (*esteem*) ■ **to ~ down ○ sb as sth** jdn als etw *akk* einschätzen, jdn für etw *akk* halten

◆**set forth I.** *vt* (*form*) ■ **to ~ forth ○ sth** etw darlegen **II.** *vi* (*liter*) aufbrechen

◆**set in** *vi* einsetzen; **complications have ~ in since the operation** nach der Operation haben sich Komplikationen eingestellt; **exhaustion ~ in and the climbers were forced to give up** Erschöpfung machte sich bemerkbar und die Kletterer waren gezwungen, aufzugeben

◆**set off I.** *vi* (*begin journey*) aufbrechen, sich *akk* auf den Weg machen; (*in car*) losfahren; **we ~ off early for the glaciers** wir machten uns früh auf den Weg zu den Gletschern; ■ **to ~ off on sth** zu etw *dat* aufbrechen; **they've just ~ off on a round-the-world trip** sie haben gerade eine Weltreise angetreten **II.** *vt* ❶ ■ **to ~ off ○ sth** (*initiate*) etw auslösen; (*detonate*) etw zünden; **to ~ off an alarm/a blast** einen Alarm/eine Explosion auslösen; **to ~ off an explosive** eine Sprengladung zur Explosion bringen ❷ (*cause to do*) ■ **to ~ off ○ sb** [**doing sth**] jdn zu etw *dat* bringen, jdn dazu bringen, etw zu tun; **that joke always ~s me off laughing** bei diesem Witz muss ich immer lachen ❸ ■ **to ~ off ○ sth** (*enhance*) etw hervorheben; (*attractively contrast*) etw unterstreichen; **she ~ off her suntan by wearing a white dress** ihr weißes Kleid brachte ihre Bräune noch mehr zur Geltung ❹ ■ **to ~ off ○ sth against sth** (*offset*) etw als Ausgleich für etw *akk* nehmen; (*write off*) etw gegen etw *akk* aufrechnen [*o* anrechnen]; **she is able to ~ off her expenses against her tax liability** sie kann ihre Ausgaben von der Steuer absetzen

◆**set on I.** *vt* ❶ (*be determined*) ■ **to be ~ on sth** zu etw *dat* entschlossen sein; **to be ~ on marrying sb** entschlossen sein, jdn zu heiraten ❷ (*cause to attack*) ■ **to ~ sb/an animal on sb** jdn/ein Tier auf jdn ansetzen; **to ~ the dogs on sb** die Hunde auf jdn hetzen **II.** *vi* ■ **to ~ on sb** jdn anfallen [*o* angreifen]

◆**set out I.** *vt* ■ **to ~ out ○ sth** ❶ (*lay out, display*) etw auslegen; (*arrange*) etw aufstellen ❷ (*explain*) etw darlegen **II.** *vi* ❶ (*begin journey*) aufbrechen, sich *akk* auf den Weg machen; (*in car*) losfahren; **they ~ out for the station ten minutes ago** sie haben sich vor 10 Minuten auf [den Weg] zum Bahnhof gemacht; ■ **to ~ out on sth** zu etw *dat* aufbrechen ❷ (*intend*) ■ **to ~ out with sth** *aim, idea, plan* mit etw *dat* antreten; ■ **to ~ out to do sth** sich *dat* vornehmen, etw zu tun

◆**set to** *vi* ❶ (*begin work*) sich *akk* daranmachen [*o fam* ranhalten]; **if we all ~ to, we should be able to finish the job in a week** wenn wir uns alle ranhalten, dann können wir das in einer Woche erledigen ❷ (*fam: begin fighting*) **to ~ to with feet/fists** mit Füßen/Fäusten drauflosкämpfen [*o fam* loslegen]

◆**set up** *vt* ❶ (*erect*) **to ~ up a camp** ein Lager aufschlagen; **to ~ up a tripod** ein Stativ aufbauen ❷ (*establish*) ■ **to ~ up ○ sth** *business, school* etw einrichten; *fund, public enquiry* etw arrangieren; (*cause*) *reaction* etw hervorrufen [*o* auslösen]; ■ **to ~ oneself up as sb/sth** sich *akk* als jdn/etw etablieren [*o* niederlassen]; **she ~ herself up as an interior designer** sie etablierte sich als Innenarchitektin; **to ~ up a committee** einen Ausschuss bilden; **to ~ up a corporation** eine [Handels]gesellschaft gründen; **to ~ up a dictatorship** eine Diktatur errichten ❸ (*claim to be*) ■ **to ~ oneself up as sth** sich *akk* als etw ausgeben; (*make pretensions to be sth*) sich *akk* als etw aufspielen ❹ (*make healthy*) ■ **to ~ up ○ sb**

S

jdn wiederherstellen; **a few days in the country will surely ~ you up** ein paar Tage auf dem Land werden dir sicher gut tun ❺ (*provide*) ■**to ~ up ⊂ sb [with sth]** jdn [mit etw *dat*] versorgen; **his father ~ him up in the family business** sein Vater brachte ihn im Familienbetrieb unter; **to ~ sb up for life** jdn für sein ganzes Leben versorgen ❻ (*fam: deceive*) ■**to ~ up ⊂ sb** jdn reinlegen [*o fam* übers Ohr hauen]; (*frame*) jdm etw anhängen *fam*

◆**set upon** *vi* ■**to ~ upon sb** jdn überfallen [*o fig* bestürmen]; ■**to ~ an animal upon sb** ein Tier auf jdn hetzen

'set-aside *n* ❶ HORT stillgelegte Fläche ❷ POL Flächenstilllegung *f* **'set·back** *n* Rückschlag *m;* **to be** [*or* **prove**] **a ~ in sth** sich *akk* als Rückschlag für etw *akk* erweisen; **to experience** [*or* **suffer**] [*or* **receive**] [*or* **encounter**] **a ~** einen Rückschlag erleiden **'set de·sign·er** *n* Bühnenbildner(in) *m(f);* (*for film/TV*) [Film]ausstatter(in) *m(f)* **set-in 'sleeve** *n* FASHION eingesetzter Ärmel **set 'piece** *n* FILM, LIT, THEAT Standardszene *f* **set 'point** *n* SPORTS Satzball *m;* **to convert a ~** einen Satzball verwandeln; **to lose a ~** einen Satzball verlieren; **to overcome a ~** einen Satzball abwehren **'set·square** *n* AUS, BRIT [Zeichen]dreieck *nt*

set·tee [set'iː] *n* Sofa *nt,* Couch *f*

set·ter ['setəʳ, AM 'set̬ɚ] *n* Setter *m*

'set theo·ry *n* Mengenlehre *f*

set·ting ['setɪŋ, AM 'set̬ɪŋ] *n usu sing* ❶ (*location*) Lage *f;* (*immediate surroundings*) Umgebung *f;* (*for a wedding*) Rahmen *m* ❷ (*in film, novel, play*) Schauplatz *m* ❸ (*adjustment on appliance*) Einstellung *f;* **to adjust the ~** die Einstellung anpassen ❹ (*place at table*) Gedeck *nt* ❺ (*frame for jewel*) Fassung *f* ❻ MUS Vertonung *f*

'set·ting lo·tion *n* [Haar]festiger *m*

set·tle ['setl̩, AM 'set̬l̩] **I.** *vi* ❶ (*get comfortable*) es sich *dat* bequem machen; **we ~d in front of the television** wir machten es uns vor dem Fernseher bequem *fam* ❷ (*calm down*) *person* sich *akk* beruhigen; *anger, excitement* sich *akk* legen; *weather* beständig werden ❸ AUS, BRIT (*apply oneself*) ■**to ~ to sth** sich *akk* etw *dat* widmen; **to ~ to work** sich *akk* an die Arbeit machen ❹ (*end dispute*) sich *akk* einigen ❺ (*decide on*) ■**to ~ on sth** sich *akk* für etw *akk* entscheiden; (*agree on*) sich *akk* auf etw *akk* einigen; **to ~ on a name** sich *akk* für einen Namen entscheiden; ■**to ~ for sth** mit etw *dat* zufrieden sein; **I'll ~ for chicken and chips** ich nehme Hähnchen mit Pommes frites ❻ (*form: pay*) begleichen *geh;* ■**to ~ with sb** mit jdm abrechnen [*o fam* Kasse machen] ❼ (*take up residence*) sich *akk* niederlassen; **after they got married, they ~d in Brighton** nach ihrer Hochzeit zogen sie nach Brighton ❽ (*get used to*) ■**to ~ into sth** sich *akk* an etw *akk* gewöhnen; **it took Ed a long time to ~ into living in London** es dauerte lange, bis sich Ed an das Leben in London gewöhnt hatte ❾ (*alight on surface*) sich *akk* niederlassen; (*build up*) sich *akk* anhäufen [*o* ansammeln]; (*sink*) [ab]sinken; *particles in liquid* sich *akk* senken; *house, wall* sich *akk* setzen; **do you think the snow will ~?** glaubst du, dass der Schnee liegen bleibt?; **a peaceful expression ~d on her face** (*fig*) ein friedlicher Ausdruck legte sich auf ihr Gesicht; **to let dust/sediment ~** Staub/Ablagerungen sich *akk* setzen lassen **II.** *vt* ❶ (*calm down*) ■**to ~ sb/sth** jdn/etw beruhigen; **to ~ the children for the night** die Kinder für die Nacht zurechtmachen; **to ~ one's stomach** seinen Magen beruhigen ❷ (*decide, agree upon*) ■**to ~ sth** etw entscheiden; (*deal with*) etw regeln; **it's been ~d that we'll spend Christmas at home** wir haben vereinbart, Weihnachten zu Hause zu verbringen; ■**to ~ when/where/why ...** entscheiden, wann/wo/warum ...; **to ~ the details of a contract** die Einzelheiten eines Vertrags aushandeln ❸ (*bring to conclusion*) ■**to ~ sth** etw erledigen; (*resolve*) etw beilegen; **that ~s that** damit hat sich das erledigt, und damit hat sich's! *fam;* **to ~ one's affairs** (*form*) seine Angelegenheiten regeln [*o* in Ordnung bringen]; **to ~ an argument** [*or* **a dispute**]/**differences** einen Streit/Unstimmigkeiten beilegen; **to ~ a crisis/a problem** eine Krise/ein Problem lösen; **to ~ a grievance** einen Missstand beseitigen; **to ~ a lawsuit** einen Prozess durch einen Vergleich beilegen; **to ~ a matter** eine Angelegenheit regeln; **to ~ a strike** einen Streik beenden ❹ (*pay*) ■**to ~ sth** etw begleichen *geh;* ■**to ~ sth on sb** (*bequeath*) jdm etw hinterlassen [*o* vererben] [*o fam* vermachen]; **to ~ an account** ein Konto ausgleichen; **to ~ money/property on sb** jdm Geld/Besitz übertragen ❺ (*colonize*) **to ~ a place** einen Ort besiedeln ▸ PHRASES: **to ~ an account** [*or* **a score**] [*or* **old scores**] **[with sb]** [mit jdm] abrechnen *fig*

◆**settle back** *vi* sich *akk* zurücklehnen; **to ~ back in a chair** sich *akk* in einem Sessel bequem zurücklegen

◆**settle down I.** *vi* ❶ (*get comfortable*) es sich *dat* bequem [*o* gemütlich] machen ❷ (*adjust*) sich *akk* eingewöhnen [*o* einleben]; **we've just about ~d down to a steady routine with the baby** mit dem Baby hat sich mittlerweile eine gewisse Routine eingespielt ❸ (*calm down*) sich *akk* beruhigen; **the teacher told the children to ~ down** der Lehrer ermahnte die Kinder zur Ruhe ❹ (*adopt steady lifestyle*) sich *akk* [häuslich] niederlassen **II.** *vt* ■**to ~ oneself down** es sich *dat* bequem [*o* gemütlich] machen; **he ~d himself down with a newspaper** er machte es sich mit der Zeitung bequem

◆**settle in I.** *vi people* sich *akk* eingewöhnen [*o* einleben]; *things* sich *akk* einpendeln **II.** *vt* ■**to ~ in ⊂ sb** jdm helfen, sich *akk* einzugewöhnen [*o* einzuleben]

◆**settle up** *vi* abrechnen; ■**to ~ up with sb** mit jdm abrechnen

set·tled ['setl̩d, AM 'set̬-] *adj* ❶ *pred* (*comfortable, established*) *of people* eingewöhnt, eingelebt; *of things* eingependelt; ■**to be ~** sich *akk* eingewöhnt [*o* eingelebt] haben; **to feel ~** sich *akk* heimisch fühlen ❷ (*calm*) ruhig ❸ (*with steady lifestyle*) geregelt, beständig

set·tle·ment ['setl̩mənt, AM 'set̬-] *n* ❶ (*resolution*) Übereinkunft *f;* (*agreement*) Vereinbarung *f;* LAW Vergleich *m;* **they reached an out-of-court ~** sie einigten sich außergerichtlich; **the ~ of a conflict** die Lösung eines Konflikts; **the ~ of a matter** die Regelung einer Angelegenheit; **pay ~** *esp* BRIT Tarifvereinbarung *f,* Tarifabschluss *m;* **the ~ of a question** die Klärung einer Frage; **the ~ of a strike** die Schlichtung eines Streiks; **to negotiate** [*or* **reach**] **a ~ [with sb]** [mit jdm] eine Einigung erzielen ❷ FIN, ECON Bezahlung *f,* Begleichung *f geh* ❸ (*colony*) Siedlung *f;* (*colonization*) Besiedlung *f;* (*people*) Ansiedlung *f;* **the ~ of the American West** die Besiedlung des Westens Amerikas ❹ *no pl* (*subsidence*) Absinken *nt* ▸ PHRASES: **to make a ~ on sb** jdm eine Schenkung machen

set·tler ['setl̩əʳ, AM 'set̬l̩ɚ] *n* Siedler(in) *m(f)*

'set-to *n* (*fam*) Streit *m;* **to have a ~ [with sb]** [mit jdm] Streit haben **'set-up** *n* ❶ (*way things are arranged*) Aufbau *m;* **when I started my new job, it took me a while to get used to the ~** als ich meine neue Stelle antrat, dauerte es eine Weile, bis ich mich an die Situation gewöhnte; (*arrangement*) Einrichtung *f;* **"nice little ~ you've got here," he said as we showed him round the house** „nette Bude habt ihr hier", sagte er, als wir ihm das Haus zeigten ❷ (*fam: act of deception*) abgekartetes Spiel *fam*

sev·en ['sevᵊn] **I.** *adj* sieben **II.** *n* Sieben *f;* **I think the movie starts at ~** ich glaube, der Film fängt um sieben [Uhr] an; **~ of clubs** Kreuz-Sieben *f*

sev·en dead·ly 'sins *npl* sieben Todsünden *fpl*

sev·en·fold ['sevᵊnfəʊld, AM -foʊld] **I.** *adj* siebenfache(r, s) **II.** *adv* siebenfach; **to increase ~** um das Siebenfache ansteigen

sev·en·teen ['sevᵊntiːn] **I.** *adj* siebzehn **II.** *n* Siebzehn *f*

sev·en·teenth ['sevᵊntiːn(t)θ] **I.** *adj* siebzehnte(r, s); **~ competitor** siebzehnter Teilnehmer/siebzehnte Teilnehmerin; **to be in ~ place** auf dem siebzehnten Platz liegen; **to come** [*or* **go**] [*or* **finish**] **~** Siebzehnte(r) *f(m)* werden **II.** *n* ❶ (*date*) ■**the ~ [of a month]** der Siebzehnte [eines Monats] ❷ (*fraction*) Siebzehntel *nt;* **a ~ of a company** ein Siebzehntel *nt* einer Firma; **to cut sth into ~s** etw in Siebzehntel [*o* siebzehn Teile] schneiden

sev·enth ['sevən(t)θ] **I.** *adj* siebte(r, s); **to be** [*or* **come**] [*or* **finish**] **~** Siebte(r) *f(m)* werden ▸PHRASES: **to be in ~ heaven** im siebten Himmel sein **II.** *n* ❶ (*date*) ■**the ~** [**of a month**] der Siebte [eines Monats] ❷ (*fraction*) Siebtel *nt;* **to divide sth into ~s** etw in Siebtel [*o* sieben Teile] teilen

Sev·enth-Day 'Ad·vent·ist [ˌsevən(t)θdeɪ'ædvəntɪst] **I.** *n* Adventist(in) *m(f)* vom Siebenten Tag **II.** *adj* Siebenten-Tags-Adventisten-; **~ church** Kirche der Adventisten vom Siebten Tag

sev·en·ties ['sevəntiz, AM -t̬-] *npl* ■**the ~** ❶ (*temperature*) *siebzig Grad Fahrenheit;* **to reach** [*or* **approach**] **the ~** um die siebzig Grad Fahrenheit erreichen ❷ (*decade*) die Siebziger, die siebziger Jahre; **in the ~** in den siebziger Jahren [*o fam* Siebzigern] ❸ (*age range*) die Siebziger; **a man/woman in his/her ~** ein Mann/eine Frau in den Siebzigern

sev·en·ti·eth ['sevəntiəθ, AM -t̬i-] **I.** *adj* siebzigste(r, s); **~ customer** siebzigster Kunde/siebzigste Kundin **II.** *n* ❶ (*ordinal number*) Siebzigste(r, s); **to be ranked ~** den siebzigsten Rang belegen ❷ (*fraction*) Siebzigstel *nt*

sev·en·ty ['sevənti, AM -t̬-] **I.** *adj* siebzig **II.** *n* Siebzig *f*

sev·en·ty-'eight *n Schallplatte mit 78 Umdrehungen in der Minute*

sev·en-year 'itch *n* (*hum fam*) verflixtes siebtes Jahr *fam;* **to have the ~** im verflixten siebten Jahr sein *fam*

sev·er ['sevə(r), AM -ɚ] *vt* ■**to ~ sth** etw abtrennen; (*cut through*) etw durchtrennen; **electricity cables have been ~ed by the storm** Stromkabel sind beim Sturm durchtrennt worden; **to ~ links/relationships/ties with sb** (*fig*) die Verbindungen/Beziehungen/Bande mit jdm lösen

sev·er·al ['sevərəl] **I.** *adj inv* ❶ (*some*) einige, mehrere; (*various*) verschiedene; **I've seen 'Gone with the Wind' ~ times** ich habe ‚Vom Winde verweht' ein paar Mal gesehen; **the author of ~ books** der Autor mehrerer Bücher; **we saw ~ students** wir sahen einige Studenten; **to have ~ reasons for doing sth** verschiedene Gründe haben, warum man etw tut ❷ *attr* (*form, liter: respective*) einzeln; (*separate*) getrennt; (*distinct*) verschieden; **they decided to go their ~ ways** sie beschlossen, getrennte Wege zu gehen; **the two levels of government sort out their ~ responsibilities** die beiden Regierungsebenen ordnen ihre unterschiedlichen Aufgaben **II.** *pron* ein paar; **you can take one of these brochures if you want to – we've got ~** Sie können eine dieser Broschüren mitnehmen, wenn Sie wollen – wir haben ein paar davon; **I offered him one piece of candy but he took ~** ich bot ihm ein Bonbon an, aber er nahm mehrere; ■**~ of sth/sb** ein paar von etw/jdm; **~ of us want to go to the movies tonight – do you want to come too?** einige von uns wollen heute Abend ins Kino gehen – möchtest du mitkommen?; **~ of the new books out are really worth reading** einige der neuen Bücher sind es wirklich wert, dass man sie liest

sev·er·al·ly ['sevərəli] *adv inv* (*form, liter: respectively*) einzeln; (*separately*) getrennt, gesondert; **~ operated** gesondert betrieben; **~ owned** im Besitz von mehreren Eigentümern/-innen

sev·er·ance ['sevərən(t)s] **I.** *n no pl* (*form*) ❶ (*act of ending*) Abbruch *m* (**of** +*gen*); **the ~ of aid** [**to sb/sth**] die Kürzung der Zuwendungen *fpl* [an jdn/etw] ❷ (*separation*) Trennung *f* ❸ (*payment by employer*) Abfindung *f* **II.** *n modifier* Abfindungs-; **~ agreement/deal/package** Abfindungsübereinkunft *f,* Abfindungsabkommen *nt*

'sev·er·ance pay *n no pl* Abfindung *f*

se·vere [sə'vɪə(r), AM -'vɪr] *adj* ❶ (*very serious*) schwer, schlimm; (*intense*) heftig, stark; **~ blow/concussion** schwerer Schlag/schwere Gehirnerschütterung; **~ cutbacks in** [**public**] **spending** drastische Kürzungen der [öffentlichen] Ausgaben; **~ headache** heftige Kopfschmerzen; **~ injury** schwere Verletzung; **~ pain** starker Schmerz; **to be under ~ strain** unter starkem Druck stehen ❷ (*harsh*) hart; (*strict*) streng; METEO (*harsh*) rau; (*extreme*) heftig, stark; **his indecision was a ~ test of her patience** seine Unentschlossenheit strapazierte ihre Geduld bis aufs Äußerste; (*violent*) gewaltig; ■**to be ~ with sb** streng mit jdm sein; **~ cold** eisige Kälte; **~ criticism/punishment/sentence** harte Kritik/Strafe/hartes Urteil; **~ frost/winter** strenger Frost/Winter; **~ judge** strenger Richter/strenge Richterin; **~ reprimand** scharfer Tadel; **~ storm** heftiger Sturm; **~ tone** barscher Ton ❸ (*very plain*) *building, dress* schlicht

se·vere·ly [sə'vɪəli, AM -'vɪr-] *adv* ❶ (*seriously*) schwer; **~ disabled/injured** schwer behindert/schwer verletzt ❷ (*harshly*) hart; (*extremely*) heftig, stark; **to be ~ restricted** enorm eingeschränkt [*o* beschränkt] sein; (*strictly*) streng; **to be ~ punished** hart bestraft werden ❸ (*in a plain manner*) schlicht; **she had her hair ~ pulled back from her face** sie hatte das Haar streng aus dem Gesicht zurückgekämmt; **to dress ~** sich *akk* schlicht kleiden; **to frown ~** streng die Stirn runzeln

se·ver·ity [sə'verəti, AM -ət̬i] *n no pl* ❶ (*seriousness*) Schwere *f;* (*of situation, person*) Ernst *m* ❷ (*harshness*) Härte *f;* (*strictness*) Strenge *f; of criticism* Schärfe *f;* (*extreme nature*) Rauheit *f;* **~ of the climate** Rauheit des Klimas ❸ (*plainness*) Schlichtheit *f*

sew <sewed, sewn *or* sewed> [səʊ, AM soʊ] **I.** *vt* ■**to ~ sth** [**on sth**] etw [an etw *akk*] nähen; **I made this skirt by simply ~ing two pieces of material together** ich habe für diesen Rock einfach zwei Stoffteile aneinandergenäht; **hand/machine ~n** hand-/maschinengenäht; **to ~ a button on** einen Knopf annähen; **to ~ on a patch** einen Flicken aufnähen **II.** *vi* nähen; **she taught me to ~** sie hat mir das Nähen beigebracht

◆**sew up** *vt* ■**to ~ sth** ↻ **up** ❶ (*repair*) etw zunähen; **the doctor ~ed the wound up** der Arzt nähte die Wunde; **to ~ up a hole** ein Loch zunähen ❷ (*fam: complete successfully*) etw zum Abschluss bringen; **it's going to take another week or two to ~ up this deal** man wird noch eine oder zwei Wochen brauchen, um den Deal perfekt zu machen ❸ (*fam: make sure of winning*) sich *dat* etw sichern; **the team had the match ~n up by half-time** die Mannschaft hatte schon zur Halbzeit den Sack zugemacht *fam;* **the Democrats appear to have the election ~n up** die Demokraten scheinen die Wahl bereits für sich entschieden zu haben ❹ (*gain control of*) sich *akk* einer Sache *gen* bemächtigen, etw einsacken *fam;* **to ~ up the market** den Markt unter seine Kontrolle bringen

'sew·age ['suːɪdʒ] *n no pl* Abwasser *nt;* **raw** [*or* **untreated**] **~** ungeklärte Abwässer; **raw ~ is being pumped into the sea** Abwässer werden ungeklärt ins Meer gepumpt; **to treat ~** Abwasser aufbereiten

'sew·age farm *n,* **'sew·age plant** *n* ECOL Rieselfeld *nt* **'sew·age sys·tem** *n* Kanalisation *f* **sew·age 'treat·ment plant** *n,* **'sew·age works** *n + sing/pl vb* BRIT ECOL Rieselfeld *nt*

sew·er[1] ['sʊə(r), AM 'suːɚ] *n* Abwasserkanal *m,* Kloake *f;* **open ~s** oberirdische Abwasserkanäle, offene Kanalisation ▸PHRASES: **to have a mind like a ~** ein Gemüt wie ein Fleischerhund haben

sew·er[2] ['səʊə(r), AM 'soʊɚ] *n* Näher(in) *m(f)*

sew·er·age ['sʊərɪdʒ, AM 'suːɚ-] *n no pl* Kanalisation *f;* **~ system** Kanalisation *f; see also* **sewage**

'sew·er gas *n* Faulgas *nt* **'sew·er pipe** *n* Abwasserrohr *nt* **'sew·er rat** *n* Kanalratte *f* **'sew·er ser·vices** *npl* BRIT [kommunale] Abwasserentsorgung

sew·ing ['səʊɪŋ, AM 'soʊ-] **I.** *n no pl* ❶ (*activity*) Nähen *nt;* **I'm not very good at ~** ich kann nicht besonders gut nähen ❷ (*things to sew*) Näharbeit *f* **II.** *adj attr, inv* Näh-; **~ class** Nähunterricht *m,* Nähkurs *m*

'sew·ing bas·ket *n* Nähkorb *m* **'sew·ing ma·chine** *n* Nähma-

S

schine *f* **'sew·ing nee·dle** *n* Nähnadel *f*

sewn [səʊn, AM soʊn] *pp of* **sew**

sex [seks] **I.** *n* <*pl* -es> ❶ (*gender*) Geschlecht *nt;* **the battle of the ~es** (*fig*) der Kampf der Geschlechter; **members of the male/female ~** Angehörige des männlichen/weiblichen Geschlechts; **the fair[er] ~** (*dated*) das schöne Geschlecht *hum fam;* **the opposite ~** das andere Geschlecht; **the weaker ~** das schwache Geschlecht *hum fam* ❷ *no pl* (*intercourse*) Sex *m,* Geschlechtsverkehr *m;* **~ and drugs and rock and roll** Sex, Drogen und Rock and Roll; **group ~** Gruppensex *m;* **~ before/outside marriage** Sex vor/außerhalb der Ehe; **extramarital/premarital ~** außerehelicher/vorehelicher Geschlechtsverkehr; **casual ~** gelegentlicher Sex; **gay ~** homosexueller Geschlechtsverkehr; **unprotected ~** ungeschützter Geschlechtsverkehr; **unsafe ~** ungeschützter Sex; **to have ~** Sex haben; **to have ~ with sb** mit jdm schlafen ❸ (*euph: genitals*) Geschlechtsteil[e] *nt[pl],* Scham *f* **II.** *vt* (*determine gender of*) ■**to ~ sb/an animal** jds Geschlecht *nt*/das Geschlecht eines Tieres bestimmen **III.** *n modifier* (*partner, hormone, life*) Sexual-; (*problems*) sexuell; **~ differences** Geschlechtsmerkmale *ntpl;* **explicit ~ scenes** eindeutige Sexszenen

◆**sex up** *vt* (*fam*) ■**to ~ up** ↻ **sth** etw sexyer machen *fam*

sexa·genar·ian [ˌseksədʒɪ'neəriən, AM -'ner-] **I.** *n* Sechzigjährige(r) *f(m)* **II.** *adj attr* sechzigjährig *attr,* in den Sechzigern *nach n*

'sex aid *n* Mittel *nt* zur sexuellen Stimulation **'sex ap·peal** *n no pl* Sexappeal *m* **'sex change** *n,* **'sex change op·era·tion** *n* Geschlechtsumwandlung *f* **'sex dis·crimi·na·tion** *n no pl* Diskriminierung *f* aufgrund des Geschlechts **'sex drive** *n* Sexualtrieb *m,* Geschlechtstrieb *m;* **to have a high/low ~** einen starken/schwachen Geschlechtstrieb haben **'sex edu·ca·tion** *n no pl* Sexualerziehung *f,* Sexualkunde *f* **sex-e'quali·ty law** *n* Gesetz *nt* zur Gleichstellung der Geschlechter **'sex hor·mone** *n* Geschlechtshormon *nt*

sexi·ly ['seksɪli] *adv* (*fam*) sexy; **to dress ~** sich *akk* sexy kleiden

'sex in·dus·try *n* ■**the ~** die Sexindustrie

sex·ism ['seksɪzᵊm] *n no pl* Sexismus *m;* **it's blatant ~ that the company has no female directors** es ist der blanke Sexismus, dass keine Frauen in der Firmendirektion sitzen; **overt/covert ~** offener/verborgener Sexismus

sex·ist ['seksɪst] **I.** *adj* (*pej*) sexistisch; **~ language** sexistische Sprache **II.** *n* Sexist(in) *m(f)*

'sex kit·ten *n* (*esp hum*) Betthäschen *nt hum sl,* Mieze *f sl*

sex·less ['sekslǝs] *adj* ❶ (*without gender*) geschlechtslos ❷ (*without physical attractiveness*) unerotisch ❸ (*without sexual desire*) sexuell desinteressiert

'sex life *n* Sexualleben *nt* **'sex-linked** *adj* geschlechtsspezifisch **sex 'ma·ni·ac** *n* (*a. hum, iron*) Sexbesessene(r) *f(m)* **'sex ob·ject** *n* Sexualobjekt *nt* **'sex of·fend·er** *n* Sexualtäter(in) *m(f)*

sex·olo·gist [sek'sɒlədʒɪst, AM -'ɑːlə-] *n* Sexologe, -in *m, f*

'sex or·gan *n* Geschlechtsorgan *nt*

sex·ploi·ta·tion [ˌseksplɔɪ'teɪʃᵊn] *n no pl der Sexualbereich als kommerzielles Phänomen*

'sex·pot *n* (*fam*) Sexbombe *f sl* **'sex role** *n* Geschlechtsrolle *f,* Geschlechterrolle *f;* **male/female ~** männliches/weibliches Rollenverhalten **'sex shop** *n* Sexshop *m* **'sex-starved** *adj* sexhungrig **'sex sym·bol** *n* Sexsymbol *nt*

sex·tant ['sekstǝnt] *n* Sextant *m*

sex·tet(te) [sek'stet] *n* ❶ (*group*) Sextett *nt* ❷ (*piece of music*) Sextett *nt;* **a ~ for strings, oboe and flute** ein Sextett für Streicher, Oboe und Flöte

'sex thera·pist *n* Sexual[psycho]therapeut(in) *m(f)* **'sex thera·py** *n no pl* Sexual[psycho]therapie *f*

sex·ton ['sekstᵊn] *n* Küster *m,* Friedhofswärter *m*

'sex tour·ism *n no pl* Sextourismus *m*

sex·tu·plet ['sekstjʊplet, AM sek'stʌplɪt] *n* Sechsling *m*

sex·ual ['sekʃʊəl, AM -ʃuəl] *adj* ❶ (*referring to gender*) geschlechtlich, Geschlechts-; **~ discrimination** Diskriminierung *f* [*o* Benachteiligung *f*] aufgrund des Geschlechts, sexuelle Benachteiligung; **~ equality** Gleichheit *f* [*o* Gleichstellung *f*] der Geschlechter; **~ stereotypes** sexuelle Klischeevorstellungen *fpl* ❷ (*erotic*) sexuell; **~ attraction** sexuelle Anziehung; **~ climax** sexueller Höhepunkt, Orgasmus *m;* **~ desire** sexuelles Verlangen; **~ pervert** sexuell Abartige(r) *f(m);* **~ promiscuity** sexuelle Freizügigkeit; **~ relations** sexuelle Beziehungen; **~ relationship** sexuelle Beziehung; **~ stimulation** sexuelle Erregung

sex·ual a'buse *n no pl* sexueller Missbrauch **sex·ual 'aid** *n* Mittel *nt* zur sexuellen Stimulation **sex·ual as·'sault** *n* sexueller Übergriff *f* **sex·ual 'har·ass·ment** *n no pl* sexuelle Belästigung **sex·ual 'hy·giene** *n no pl* Intimhygiene *f,* Intimpflege *f* **sex·ual 'inter·course** *n no pl* Geschlechtsverkehr *m,* Intimverkehr *m*

sex·ual·ity [ˌsekʃu'ælǝti, AM -ǝṱi] *n no pl* Sexualität *f*

sex·ual·ly ['sekʃʊǝli, AM -ʃuǝli] *adv* ❶ (*referring to gender*) geschlechtlich; **~ stereotyped behaviour** [*or* AM **behavior**] geschlechtsspezifisches Verhalten; **~ segregated school** Schule *f* mit Geschlechtertrennung ❷ (*erotically*) sexuell; **the film director was told not to be so ~ explicit** der Filmdirektor wurde angewiesen, auf eindeutige Sexszenen zu verzichten; **~ aroused** sexuell erregt; **~ attractive** sexy; **~ suggestive** anzüglich

sex·ual·ly trans·mit·ted dis·'ease *n* Geschlechtskrankheit *f* **'sex·ual or·gan** *n* Geschlechtsorgan *nt* **sex·ual ori·en·'ta·tion** *n* sexuelle Veranlagung **sex·ual 'poli·tics** *npl Sexualität als Machtmittel im Geschlechterkampf* **sex·ual 'pref·er·ence** *n* sexuelle Neigung, sexuelle Vorliebe **sex·ual re·pro·'duc·tion** *n no pl* geschlechtliche Fortpflanzung **sex·ual revo·'lu·tion** *n* sexuelle Revolution

sexy ['seksi] *adj* ❶ (*fam: physically appealing*) sexy ❷ (*fam: aroused*) erregt ❸ (*fig: exciting*) aufregend, heiß *fam,* angesagt *fam;* **~ issue** heißes Thema

SF [ˌes'ef] *n no pl abbrev of* **science fiction**

sh, shh [ʃ] *interj* pst!

Shab·bat [ʃǝ'bæt] *n no pl* Sabbat *m*

shab·bi·ly ['ʃæbɪli] *adv* ❶ (*poorly*) **~ dressed** ärmlich gekleidet ❷ (*unfairly*) schäbig, gemein; **to treat sb ~** sich jemandem gegenüber schäbig verhalten

shab·bi·ness ['ʃæbɪnǝs] *n no pl* Schäbigkeit *f*

shab·by ['ʃæbi] *adj* ❶ (*worn*) schäbig ❷ (*poorly dressed*) ärmlich gekleidet ❸ (*unfair*) schäbig; **~ excuse** fadenscheinige Ausrede; **~ trick** billiger [*o* schäbiger] Trick

shab·by-gen·'teel *adj* arm aber edel

shack [ʃæk] **I.** *n* Bretterbude *f,* Hütte *f* **II.** *vi* (*fam*) ■**to ~ up together** zusammenziehen; ■**to ~ up with sb** mit jdm zusammenziehen

shacked up *adj pred, inv* ■**to be ~ with sb** mit jdm zusammenleben

shack·le ['ʃækḷ] *vt* ❶ (*chain*) ■**to ~ sb** jdn [mit Ketten] fesseln ❷ (*fig: restrict*) ■**to ~ sb/sth** jdn/etw behindern [*o* hemmen]; **the government is ~d by its own debts** der Regierung sind durch eigene Schulden die Hände gebunden; **to be ~d by convention/outmoded attitudes** an Konventionen/überholten Ansichten haften

shack·les ['ʃækḷz] *npl* ❶ (*fetters*) Fesseln *fpl,* Ketten *fpl* ❷ (*fig: restrictions*) Fesseln *fpl,* Zwänge *mpl;* **the ~ of censorship** die Beschränkungen durch die Zensur; **the ~ of convention** gesellschaftliche Zwänge; **to shake off one's ~** seine Fesseln abstreifen

shade [ʃeɪd] **I.** *n* ❶ *no pl* (*area out of sunlight*) Schatten *m;* **an area/a patch of ~** ein schattiger Ort/ein schattiges Plätzchen; **in** [*or* **under**] **the ~** im Schatten (**of** +*gen*) ❷ *no pl* (*darker area of picture*) Schatten *m,* Schattierung *f;* **light and ~** Licht und Schatten; (*fig*) Licht- und Schattenseiten; (*in music*) Kontraste *fpl* ❸ (*lampshade*) [Lampen]schirm *m* ❹ AM (*roller blind*) Rollladen *m* ❺ (*variation of colour*) Tönung *f*, Farbton *m*; **the kitchen is painted an unusual ~ of yellow** die Küche ist in einem ungewöhnlichen Gelb[ton] gestrichen; **~s of grey** Grautöne *mpl*, Zwischentöne *mpl*; **pastel ~s** Pastellfarben *fpl* ❻ (*variety*) Nuance *f*; **~[s] of meaning** Bedeutungsnuancen *fpl*; **they are trying to satisfy all ~s of public opinion** man versucht, allen Spielarten der öffentlichen Meinung gerecht zu werden ❼ (*a little*) ■**a ~** ein wenig; **don't you think those trousers are a ~ too tight?** ob die Hose nicht eine Idee zu stramm sitzt?; **I suggest you move the sofa this way just a ~** ich schlage vor, Sie schieben das Sofa leicht in diese Richtung; **a ~ under/over three hours** knapp unter/über drei Stunden ❽ (*fam: sunglasses*) ■**~s** *pl* Sonnenbrille *f* ❾ *pl* (*fam*) **~s of the Beatles!** die Beatles lassen grüßen! *fam* ❿ (*liter: ghost*) Schatten *m*, Seele *f* ⓫ (*poet: darkness*) ■**~s** *pl* Dunkel *nt kein pl*; **the ~s of night** das Schattenreich der Nacht *liter* ▸PHRASES: **to leave** [*or* **put**] **sb/sth in the ~** jdn/etw in den Schatten stellen **II.** *vt* ❶ (*protect from brightness*) ■**to ~ sth/sb** etw/jdn [vor der Sonnen] schützen; **an avenue ~d by trees** eine von Bäumen beschattete Allee; **to ~ one's eyes** seine Augen beschirmen ❷ (*in picture*) ■**to ~ sth** etw schattieren [*o* schraffieren] ❸ BRIT (*win narrowly*) ■**to ~ sth** bei etw *dat* mit hauchdünnem Vorsprung siegen; **the game became close, but she ~d it** das Spiel wurde eng, aber sie schaffte es doch noch **III.** *vi* ❶ (*alter colour*) ■**to ~ [off] into sth** allmählich in etw *akk* übergehen; **the sky ~d from pink into dark red** die Farbe des Himmels spielte von Rosa in Dunkelrot hinüber *geh* ❷ (*fig: gradually become*) ■**to ~ [away] into sth** allmählich in etw *akk* übergehen, allmählich etw *dat* weichen ❸ (*fig: be very similar*) ■**to ~ into sth** kaum von etw *dat* zu unterscheiden sein; **their views ~ into those of the extreme left of the party** ihre Ansichten waren denen der Parteilinken sehr stark angenähert

◆**shade in** *vt* ■**to ~ sth** ↻ **in** etw dunkel [ein]färben [*o* schraffieren]

shad·ed ['ʃeɪdɪd] *adj* ❶ (*in shadow*) schattig, beschattet ❷ (*with shading*) dunkel getönt

'shade tree *n* AM, AUS Schatten spendender Baum, Schattenspender *m*

shad·ing ['ʃeɪdɪŋ] *n no pl* Schattierung *f*

shad·ow ['ʃædəʊ, AM -oʊ] **I.** *n* ❶ (*produced by light*) Schatten *m*; **to be in ~** im Schatten sein [*o* liegen]; **to cast a ~ on** [*or* **over**] **sth/sb** [s]einen Schatten auf etw/jdn werfen; (*fig*) **her father's illness cast a ~ over the birth of the baby** die Geburt ihres Babys war von der Krankheit ihres Vaters überschattet; **memories of the war still cast a long/dark ~ over relations between the two countries** die Erinnerung an den Krieg wirft noch immer einen langen/dunklen Schatten auf die Beziehungen beider Länder; **to follow sb like a ~** jdm wie ein Schatten folgen; **to throw a ~ across sth** einen Schatten auf etw *akk* werfen; **in** [*or* **under**] **the ~ of sth** im Schatten von etw *dat*; **into the/out of ~s** in den/aus dem Schatten ❷ (*under eye*) Augenring *m*, Augenschatten *m*; **she had dark ~s under her eyes** sie hatte dunkle Ringe unter den Augen ❸ (*on X-ray*) Schatten *m* ❹ (*smallest trace*) Hauch *m*, Anflug *m*; **there isn't even a ~ of doubt** es besteht nicht der leiseste [*o* geringste] Zweifel ❺ (*secret follower*) Schatten *m*, Beschatter(in) *m(f)*; (*constant follower*) ständiger Begleiter/ständige Begleiterin; **Nina was her big sister's ~** Nina wich ihrer großen Schwester nicht von der Seite ❻ (*trainee observing employee*) *Auszubildender, der einem bestimmten Angestellten zugeordnet ist und durch Beobachtung von ihm lernt* ▸PHRASES: **to be a ~ of one's former self** [nur noch] ein Schatten seiner selbst sein; **to be afraid** [*or* **frightened**] [*or* **scared**] **of one's own ~** sich *akk* vor seinem eigenen Schatten fürchten; **to be a pale ~ of sb/sth** im Vergleich zu jdm/etw schlecht abschneiden; **to be under** [*or* **in**] **sb's ~** in jds Schatten *m* stehen; **to be/live in** [*or* **under**] **the ~ of sth** von etw *dat* bedroht sein; **a ~ hangs over sb/sth** ein Schatten liegt auf jdm/etw; **to wear oneself to a ~** sich *akk* kaputtmachen [*o* gesundheitlich ruinieren] **II.** *vt* ❶ (*overshadow*) ■**to ~ sth** etw verdunkeln [*o* überschatten]; **a glade ~ed by trees** eine von Bäumen beschattete Lichtung ❷ (*follow secretly*) ■**to ~ sb/sth** jdn/etw beschatten; **his every move was ~ed by a private detective** er wurde auf Schritt und Tritt von einem Privatdetektiv beschattet ❸ SPORTS (*stay close to*) ■**to ~ sb** jdn decken [*o* bewachen] ❹ FIN (*be closely linked to*) ■**to ~ sth** mit etw *dat* verknüpft sein, mit etw *dat* einhergehen ❺ (*at work*) ■**to ~ sb** sich *akk* ständig an jdn halten **III.** *adj attr, inv* BRIT, AUS Schatten-; **~ cabinet** Schattenkabinett *nt*; **S~ Foreign Minister** Außenminister(in) *m(f)* im Schattenkabinett

'shad·ow-box *vi* schattenboxen **'shad·ow-box·ing** *n no pl* Schattenboxen *nt*; (*fig*) Spiegelfechterei *f* **'shad·ow pup·pet** *n* Schattenspielfigur *f*

shad·owy ['ʃædəʊi, AM -oʊi] *adj* ❶ (*out of sun*) schattig; (*dark*) dämmerig, düster; **~ figure** schemenhafte Figur; (*fig*) rätselhaftes Wesen; **King Arthur is a somewhat ~ figure** König Artus ist historisch nicht recht fassbar; **~ outline** Schattenriss *m*; **~ photograph** verblasste Fotografie ❷ (*dubious*) zweifelhaft, fragwürdig

shady ['ʃeɪdi] *adj* ❶ (*in shade*) schattig ❷ (*fam: dubious*) fragwürdig; **~ character** fragwürdiger [*o* zweifelhafter] Charakter

shaft [ʃɑːft, AM ʃæft] **I.** *n* ❶ (*hole*) Schacht *m*; **lift** [*or* AM **elevator**] **~** Aufzugsschacht *m*; **ventilation** [*or* **air**] **~** Lüftungsschacht *m*; **well ~** Brunnenschacht *m*; **to sink a ~** einen Schacht abteufen ❷ (*of tool*) Schaft *m*; (*of weapon*) Schaft *m*; **~ of an arrow** Pfeilschaft *m* ❸ (*in engine*) Welle *f* ❹ (*ray*) Strahl *m*; **~ of sunlight** Sonnenstrahl *m* ❺ (*esp liter: witty remark*) treffende Bemerkung, schlagende Antwort; **John came out with an unexpected ~ of wisdom** John wartete mit einer erstaunlich klugen Pointe auf; **a scornful ~** Pfeil *m* des Spottes; **a ~ of wit** Seitenhieb *m*, geistreiche Spitze; **he demolished their arguments with devastating ~s of wit** er zerpflückte ihre Argumente mit vernichtenden satirischen Ausfällen ❻ (*poet: arrow*) Pfeil *m* ❼ AM (*fam: unfair treatment*) **to get** [*or* **be given**] **the ~** leer ausgehen, nicht bekommen, was einem zusteht **II.** *vt* ■**to ~ sb** jdn betrügen [*o* über den Tisch ziehen]; **we were ~ed on that deal** wir sind bei dem Deal regelrecht abgezockt worden *fam*; ■**to ~ sb out of sth** jdn um etw *akk* betrügen

shag[1] [ʃæg] BRIT, AUS **I.** *n* ❶ (*sl: act*) **to have a ~ [with sb]** mit jdm eine Nummer schieben *sl*; **he just came up to me and said, 'fancy a ~?'** er kam einfach zu mir her und sagte, „wie wär's mit 'ner kleinen Bett-Einlage?" ❷ (*sl: sex partner*) Bettgenosse, -in *m, f* **II.** *vi* <-gg-> (*sl*) bumsen *derb* **III.** *vt* <-gg-> (*sl*) ■**to ~ sb** jdn vögeln *derb*; **he was later discovered ~ging one of the waitresses in the shrubbery** er wurde später dabei erwischt, wie er es einer der Kellnerinnen im Gebüsch besorgte *sl*

shag[2] [ʃæg] **I.** *adj attr, inv* **~ carpet** [*or* **rug**] Veloursteppich *m*; **~ pile** Flor *m* **II.** *n no pl* Shag *m*

shag[3] [ʃæg] *n* ORN Krähenscharbe *f* ▸PHRASES: **like a ~ on a rock** AUS (*sl*) völlig allein

shagged out [ʃægd'aʊt] *adj pred* BRIT, AUS (*sl, fam!*) ausgepumpt *fam*

shag·gy ['ʃægi] *adj* ❶ (*hairy*) struppig, zottelig; **the ~ coat of a sheep** das Zottelfell eines Schafes; **a lion's ~ mane** die Zottelmähne eines Löwen; **~ rug** Langflorteppich *m* ❷ (*unkempt*) zottig, zerzaust; **~ hair** Zottelhaar *nt*

shag·gy 'dog sto·ry *n* Witz *m* ohne Pointe

Shah [ʃɑː] *n* (*hist*) Schah *m*

shake [ʃeɪk] **I.** *n* ❶ (*action*) Schütteln *nt kein pl*; **she gave the box a ~** sie schüttelte die Schachtel; **to say sth with a ~ of**

S

one's head etw mit einem Kopfschütteln sagen ❷ (*nervousness*) ■**the ~s** *pl* das große Zittern *kein pl;* **to get/have the ~s** (*fam*) Muffensausen [*o* einen Flattermann] [*o* den Tatterich] kriegen/haben *fam* ❸ *esp* AM (*fam: milkshake*) Shake *m* ▶ PHRASES: **in two ~s [of a lamb's** [*or* **duck's**] **tail]** (*fam*) sofort, im Handumdrehen; **to be no great ~s as** [*or* **at**] **sth** als etw [*o* bei etw *dat*] nicht besonders gut sein **II.** *vt* <shook, shaken> ❶ (*vibrate*) ■**to ~ sb/sth** jdn/etw schütteln; **she shook her hair loose from its ribbon** sie schüttelte das Band von ihrem Haar ab; **~ well before using** vor Gebrauch gut schütteln; ■**to ~ oneself** sich *akk* schütteln; ■**to ~ sth over sth** etw über etw *akk* streuen; **to ~ buildings** *detonation* Gebäude erschüttern; **to ~ one's fist [at sb]** [jdm] mit der Faust drohen; **the demonstrators shook their fists** die Demonstranten schwangen die Fäuste; **to ~ hands** einander die Hände schütteln; **to ~ hands with sb, to ~ sb by the hand** jdm die Hand schütteln; **to ~ one's head** den Kopf schütteln; **to ~ one's hips** die Hüften schwingen; **to ~ sb awake** jdn wachrütteln ❷ (*undermine*) ■**to ~ sth** etw erschüttern [*o* ins Wanken bringen]; **after six defeats in a row the team's confidence has been badly ~n** nach sechs Niederlagen in Folge ist das [Selbst]vertrauen des Teams schwer angeschlagen ❸ (*shock*) ■**to ~ sb** jdn erschüttern; **the news has ~n the whole country** die Nachricht hat das ganze Land schwer getroffen ❹ (*fam: get rid of*) ■**to ~ sth** etw loswerden [*o fig* abschütteln] [*o geh* überwinden] ▶ PHRASES: **to ~ a leg** (*fam*) sich *akk* beeilen; **more than you can ~ a stick at** (*fam*) jede Menge *fam* **III.** *vi* <shook, shaken> ❶ (*quiver*) beben; ■**to ~ with sth** vor etw *dat* beben [*o* zittern]; **the child's body shook with sobs** das Kind bebte vor Schluchzen am ganzen Körper; **his voice shook with emotion** seine Stimme zitterte vor Rührung; **to ~ violently** heftig beben ❷ (*shiver with fear*) zittern, beben ❸ (*fam: agree*) ■**to ~ [on sth]** sich *dat* [in einer Sache] die Hand reichen; **they shook on the deal** sie besiegelten den Deal per Handschlag ▶ PHRASES: **to ~ in one's boots** [*or* **shoes**] vor Angst schlottern; **to ~ like a leaf** [*or* BRIT, AUS **like jelly**] wie Espenlaub zittern

◆**shake down** (*fam*) **I.** *vt* AM ■**to ~ down ↔ sb/sth** jdn/etw [gründlich] ausnehmen [*o* schröpfen] *fam* **II.** *vi* ❶ (*achieve harmony*) *person* sich *akk* einleben [*o* eingewöhnen]; *situation* sich einpendeln ❷ BRIT (*spend the night*) auswärts übernachten; **can I ~ down with you for a couple of nights?** kann ich mich für ein paar Nächte bei dir einquartieren?

◆**shake off** *vt* ❶ (*remove*) ■**to ~ off ↔ sth** etw abschütteln ❷ (*get rid of*) ■**to ~ off ↔ sth** etw überwinden [*o* loswerden]; ■**to ~ off ↔ sb** jdn loswerden; *pursuer* jdn abschütteln; **to ~ off a cold** eine Erkältung loswerden; **to ~ off a habit** eine Angewohnheit ablegen; **to ~ off an illness** eine Krankheit besiegen; **to ~ off an image/a reputation** ein Image/einen Ruf loswerden; **to ~ off restraints** sich *akk* von Beschränkungen befreien

◆**shake out** *vt* ■**to ~ sth ↔ out** etw ausschütteln

◆**shake up** *vt* ❶ (*mix*) ■**to ~ sth ↔ up** etw mischen ❷ (*shock*) ■**to ~ sb ↔ up** jdn aufwühlen; (*give salutary shock*) jdn aufrütteln [*o* zur Besinnung bringen]; **I think she was quite ~n up by the accident** ich glaube, der Unfall hat sie ziemlich mitgenommen ❸ (*significantly alter*) ■**to ~ sth ↔ up** etw umkrempeln; (*significantly reorganize*) etw umstellen [*o* neu formieren]

'shake·down ['ʃeɪkdaʊn] AM **I.** *n* (*fam*) ❶ (*tests and trials*) Erprobung *f; machinery* Testlauf *m; aircraft* Testflug *m; vehicle* Testfahrt *f* ❷ (*extortion*) *by tricks* Abzocken *nt sl; by threats* Erpressung *f* ❸ (*police search*) Razzia *f* ❹ (*bed*) Notbett *nt* **II.** *adj attr, inv* ❶ (*settling down*) Eingewöhnungs- ❷ (*trial*) Test-, Probe-; **~ flight** Testflug *m*

shak·en ['ʃeɪkᵊn] **I.** *vi, vt pp of* **shake II.** *adj* erschüttert, aufgewühlt; **the child seemed nervous and visibly ~** das Kind schien nervös und sichtlich erregt

'shake·out ['ʃeɪkaʊt] *n* ECON *wettbewerbsbedingte Veränderung der Firmenstruktur;* **~ of staff** Personalabbau *m*

shak·er ['ʃeɪkəʳ, AM -ɚ] *n* ❶ (*for mixing liquids*) Mixbecher *m;* **cocktail ~** Cocktailshaker *m* ❷ (*dispenser*) **salt/pepper ~** Salz-/Pfefferstreuer *m* ❸ (*for dice*) Würfelbecher *m*

Shake·spear·ean, Shake·spear·ian [ˌʃeɪk'spɪəriən, AM -'spɪr-] **I.** *adj* Shakespeare- **II.** *n* (*expert*) Shakespearekenner(in) *m(f)*

'shake-up ['ʃeɪkʌp] *n* Veränderung *f,* Umstellung *f,* Umstrukturierung *f;* **management ~** personelle Veränderungen *fpl* im Management; **the firm would clearly benefit from a thorough ~ in** [*or* **of**] **its public relations department** die Firma könnte bei einer völligen Umbesetzung ihrer Werbeabteilung nur gewinnen

shaki·ly ['ʃeɪkɪli] *adv* ❶ (*unsteadily*) wack[e]lig; *voice, hands* zittrig ❷ (*uncertainly*) unsicher; **their relationship has survived if somewhat ~** ihre Beziehung hat überdauert, wenn auch etwas angeschlagen

shaki·ness ['ʃeɪkɪnəs] *n no pl* ❶ (*unsteadiness*) Wack[e]ligkeit *f; voice, hands* Zittrigkeit *f* ❷ (*precariousness*) Instabilität *f,* Unsicherheit *f*

shaky ['ʃeɪki] *adj* ❶ (*unsteady*) *hands, voice, handwriting* zittrig; *ladder, table* wack[e]lig; **his voice was a bit ~ on the high notes** bei den hohen Tönen war seine Stimme leicht brüchig; **to be ~ on one's feet** unsicher auf den Beinen sein; **to feel a bit ~** (*physically*) noch etwas wack[e]lig auf den Beinen sein; (*emotionally*) beunruhigt sein ❷ (*fig: unstable*) *basis, foundation* schwankend, unsicher; *economy, government* instabil; **his English is rather ~** sein Englisch ist etwas holprig; **on ~ ground** auf unsicherem Boden; **to get off to a ~ start** mühsam in Gang kommen

shale [ʃeɪl] *n no pl* Schiefer *m*

'shale oil *n* Schieferöl *nt*

shall [ʃæl, ʃᵊl] *aux vb* ❶ *usu* BRIT (*future*) ■**I ~ ...** ich werde ...; ■**we ~ ...** wir werden ... ❷ *esp* BRIT (*ought to, must*) ■**I/he/she ~ ...** ich/er/sie soll ...; ■**you ~ ...** du sollst ...; ■**we/they ~ ...** wir/sie sollen ... ❸ (*expressing what is mandatory*) **it ~ be unlawful ...** es ist verboten, ...

shal·lot [ʃə'lɒt, AM -'lɑːt] *n* Schalotte *f*

shal·low ['ʃæləʊ, AM -oʊ] *adj* ❶ (*not deep*) seicht, flach; **~ bath** Bad *nt* mit wenig Wasser; **~ ditch** flacher Graben; **the ~ end** der seichte Rand; **~ grave** flaches Grab; **~ pan** flache Pfanne; **~ pool** Planschbecken *nt,* Kinderbecken *nt;* **~ roots** Flachwurzeln *fpl* ❷ (*light*) **~ breathing** flacher Atem ❸ (*superficial*) oberflächlich; **~ film/play** seichter Film/seichtes Theaterstück

'shal·low-fry *vt* ■**to ~ sth** etw in wenig Öl braten

shal·low·ly ['ʃæləʊli, AM -oʊli] *adv* ❶ (*not deeply*) seicht; **he's been breathing ~ for several hours now** sein Atem geht seit Stunden flach ❷ (*superficially*) oberflächlich

shal·low·ness ['ʃæləʊnəs, AM -loʊ-] *n no pl* ❶ (*shallow depth*) Seichtheit *f;* **the ~ of her breathing concerned the doctors** die Ärzte waren wegen ihres flachen Atems besorgt ❷ (*superficiality*) Seichtheit *f,* Oberflächlichkeit *f*

shal·lows ['ʃæləʊz, AM -loʊz] *npl* ■**the ~** die Untiefe *f;* ■**in the ~** im seichten Wasser, im flachen Gewässer

sha·lom [ʃæ'lɒm, AM ʃɑː'loʊm] *interj* Schalom

shalt [ʃælt, ʃᵊlt] *aux vb* (*dated*) **thou ~ not kill** du sollst nicht töten; (*hum*) **he's one of those people who believes that thou ~ not serve red wine with fish** er gehört zu den Menschen, die glauben, dass es eine Sünde ist, Rotwein zu Fisch zu reichen

sham [ʃæm] (*pej*) **I.** *n* ❶ *usu sing* (*fake thing*) Trug *m kein pl,* Täuschung *f kein pl,* Betrug *m kein pl;* **she appears to be rich with her fine clothes, but it's only a ~** sie sieht reich aus in ihren schönen Kleidern, aber das ist nur Schein; **the American dream is a ~** der amerikanische Traum ist nur ein schöner Schein ❷ *no pl* (*pretence*) Verstellung *f;* **I have no time for all this ~** ich habe keine Zeit für so ein Theater

Shakespeare-Glossar Shakespeare's English

Wichtige Wörter und Wendungen, die in den Werken von William Shakespeare und anderen Autoren des 16. Jahrhunderts häufig benutzt wurden

to **affect** *sb*	an jdm Gefallen finden, jdn vorziehen
to **affright** *sb*	jdn erschrecken, jdm Angst machen
alarum	Getümmel
ally	Verwandter
to **avouch** *sth*	etw behaupten, bekräftigen
aweary *of sth*	einer Sache überdrüssig
beaver	Visier, Helmsturz
bedfellow	Bettgenosse, Schlafkamerad
to **beshrew** *sb/sth*	jdn/etw verfluchen
to **bespeak** *sb (bespoke, bespoken)*	jdn ansprechen, anreden
to **bethink** *one(self) of sth (bethought, bethought)*	sich an etw erinnern
to **betide** *sb*	jdm geschehen, widerfahren
blazon	Schilderung, Darstellung
brake	Dickicht
brave	fein, prächtig
bravery	Pracht
broil	Zank, Streit
to **brook** *sth*	etw ertragen
choler	Zorn
to keep sth **close**	etw geheim halten
clout	Lappen
coil	Tumult, Durcheinander
mortal **coil**	Mühsal des Irdischen
continent	Gefäß, Behälter
to **cope** *sb*	jdm begegnen
to **counterfeit** *(sth)*	sich verstellen; (etw) vortäuschen
coxcomb	Stutzer; Narrenkappe; Kopf
to **cozen** *sb (of sth)*	jdn (um etw) betrügen, täuschen
dam	*abwertend für:* Mutter
darkling	im Dunkeln
to **deliver** *sb*	jdn befreien, erlösen
sth **dislikes** *sb*	etw missfällt jdm
distemper; *to ~ sb/sth*	Krankheit, Leiden; jdn/etw stören
to **doff** *sth*	etw ablegen
dole	Kummer, Plage
durance; *in ~*	Haft; in Haft
to **enfranchise** *sb*	jdn befreien
to **enlarge** *sb*	jdn freilassen
fell	fürchterlich, grausam
to **fleer** *at sth*	etw verspotten
front	Stirn
to **gall** *sb*	jdn ärgern, reizen
gamesome	lebenslustig
gaud	Flitter, Schmuckstück
gin *(gan, gun)*	beginnen
to **glister**	glänzen, glitzern
gossip	Gevatterin
gull	Gimpel, Tölpel
to **gull** *sb*	jdn reinlegen, betrügen
to **gyve** *sb*	jdn fesseln
gyves *(Plural)*	Fesseln
hap	Glück; geschehen
harness	Harnisch
hight	genannt
invention	Fantasie; Schöpfung
knavish	schalkhaft, schelmisch
to **lie** *(lay, lain)*	schlafen, übernachten
to **lie with** *sb*	mit jdm übernachten; mit jdm schlafen
to **list**	zuhören
to **list** *sb*	jdn gelüsten, jdm belieben
to **mend**	sich bessern
to **mew (up)** *sb*	jdn einsperren
minion	Liebling, Günstling; Geliebte
to **miscarry**	sterben
to **misgive** *that …*	befürchten, dass …
the **morrow;** *good ~*	der nächste Tag; guten Morgen
to make **mouths**	Grimassen schneiden
to **owe** *sth*	etw haben, besitzen
to **palter** *with sb*	mit jdm tändeln, mit jdm sein Spiel treiben
part	weggehen
parts *(Plural)*	(geistige) Fähigkeiten
perpend	gib Acht
physic	Heilkunde, Medizin; Arznei
to **physic** *sb*	jdn ärztlich behandeln
poniard	Dolch
points *(Plural)*	*Schnüre zum Befestigen der Beinkleider*
powers *(Plural)*	Heer
pox	Syphilis
to **prick** *sb*	jdn (aus einer Liste) auswählen
to **prick** *sb* **on**	jdn antreiben
to **rate** *sb*	jdn ausschelten, ausschimpfen
revels *(Plural)*	Vergnügungen, Lustbarkeiten
to **rive** *sth (rived, riven)*	etw spalten
rude	von niedriger Herkunft
wise **saws**	weise Sprüche

shaft; love-shaft	Pfeil; Liebespfeil
sooth	Wahrheit
sport; *to make* **sport**	Tändelei, angenehmer Zeitvertreib; sich belustigen
to **stay** *sb/sth*	jdn/etw aufhalten
to **stint**	aufhören
stoup	Becher
strange	reserviert, zurückhaltend
to **be suited**	bekleidet sein
to **swinge** *sb*	jdn durchprügeln, (aus)peitschen
tabor	Handtrommel
tall	kühn, mutig
to **tarry** *for sth; ~ somewhere*	auf etw warten; irdendwo bleiben
twain	zwei
twelvemonth	Jahr
undone	ruiniert; zugrunde gerichtet
visage	Antlitz, Angesicht
visor	Maske
wanton	Tändler, Schelm
weed	Kleidungsstück, Gewand
welkin	Himmel, Firmament
whoreson	Bankert, Bastard; gemein, niedrig
wittol	Hahnrei
wood	rasend, wahnsinnig
ycleped/yclept	genannt, namens

Redewendungen und Ausdrücke

anon anon	ich komme sofort
what **boots** *it?*	was nützt es?
commend *me to my brother*	empfehle mich meinem Bruder
by my **faith!**	wahrlich, meiner Treu!
at one **fell** *swoop*	auf einen Schlag
fie	pfui, schäm dich
I am not gamesome	ich habe keine Lust am Spiel
go *to*	hör auf
to catch sb upon the **hip**	jdn an seiner schwachen Stelle angreifen
this **likes** *me well*	das gefällt mir gut
marry!	fürwahr!
to think **meet** *to do sth*	es für angemessen halten, etw zu tun
I cry you **mercy**	es tut mir leid
methinks *(methought, methought)*	mich dünkt, mir scheint
to **say** *sb* **nay**	jdm nein sagen
what's thy **pleasure***?*	was wünschst du?
pox	verflucht!
prithee	bitte/ich bitte dich
save thee/you	Gott grüß dich
sirrah	he du, du Bursche
in **sooth**	wahrhaftig, wahrlich
by my **troth!**	meiner Treu!, wahrlich
zounds!	sapperlot!, verflucht!

Grammatische Wörter

Verben

art	(du) bist
wast	(du) warst
beest	(du) seist
wert	(du) wärst
dost	(du) tust
doth	(er/sie/es) tut
hast	(du) hast
hath	(er/sie/es) hat

Präpositionen

ere	vor
ere *this*	zuvor, vorher
thorough	durch
withal	mit

Pronomina

a, a'	er

Konjunktionen

an	wenn
ere	ehe, bevor

Adverbien

anon	bald
aright	zu Recht
for **aye**	für immer
belike	vielleicht, wahrscheinlich
betimes	früh; beizeiten
eke	auch
even now	vor kurzem
haply	vielleicht
hard by	ganz in der Nähe
incontinent(ly)	sofort
ne'er	nie
passing	äußerst, sehr
withal	außerdem, dazu

❸ (*impostor*) Schwindler(in) *m(f)* **II.** *adj inv* falsch, gefälscht; ~ **deal** Scheingeschäft *nt;* ~ **sympathy** geheuchelte Sympathie; ~ **marriage** Scheinehe *f* **III.** *vt* <-mm-> ■**to** ~ **sth** etw vortäuschen [*o* simulieren] **IV.** *vi* <-mm-> sich *akk* verstellen; **he isn't really upset – he's just ~ming** er ist nicht wirklich gekränkt – er tut nur so

sham·an [ˈʃæmən, AM ˈʃɑː-] *n* ❶ (*ethnic priest*) Schamane *m* ❷ (*guru*) Guru *m*

sham·an·ism [ˈʃæmənɪzᵊm, AM ˈʃɑː-] *n no pl* Schamanismus *m*

sham·an·is·tic [ʃæmənˈɪstɪk, AM ʃɑː-] *adj inv* schamanistisch

sham·ble [ˈʃæmbl̩] *vi* (*walk*) watscheln; (*shuffle*) schlurfen; **with a shambling gait** mit einem watschelnden Gang

sham·bles [ˈʃæmbl̩z] *n + sing vb* (*fam*) ■**a** ~ heilloses Durcheinander; **the flat was a** ~ in der Wohnung herrschte ein wüstes Durcheinander; **the morning after the party the house was a total** [*or* **complete**] ~ am Morgen nach dem Fest war das Haus ein einziges Schlachtfeld; **to be in a** ~ sich *akk* in einem chaotischen Zustand befinden; **to degenerate into a** ~ in ein wüstes Chaos ausarten; **to be reduced to a** ~ nur noch ein einziges Chaos sein

sham·bol·ic [ʃæmˈbɒlɪk] *adj* BRIT (*fam*) chaotisch

sham·boli·cal·ly [ʃæmˈbɒlɪkli] *adv* BRIT (*fam*) chaotisch

shame [ʃeɪm] **I.** *n no pl* ❶ (*feeling*) Scham *f,* Schamgefühl *nt;* **have you no ~?** schämst du dich nicht?, hast du kein Schamgefühl?; ~ **on you!** (*a. hum*) schäm dich!; **to hang/bow one's head in** ~ beschämt den Kopf senken/hängen lassen; **to be filled with a deep sense of** ~ sich zutiefst schämen; **to die of** ~ vor Scham sterben; **to feel no** ~ sich *akk* nicht schämen; **to put sb to** ~ jdn beschämen; **your cooking puts mine to** ~ deine Kochkünste lassen meine dilettantisch erscheinen ❷ (*disgrace*) Schmach *f geh,* Schande *f;* **the** ~ **of the scandal was so great that he shot himself a few weeks later** der Skandal war für ihn eine derart unerträgliche Schmach, dass er sich wenige Wochen später erschoss; **to my ~, I said nothing** zu meiner Schande muss ich gestehen, dass ich geschwiegen habe; **to bring** ~ **on sb** Schande über jdn bringen ❸ (*a pity*) Jammer *m;* **it would be a** ~ **to spoil the party** es wäre doch das Letzte, den Leuten den Spaß zu verderben *fam;* **what a ~!** wie schade!; **what a** ~ **that sth/sb ...** wie schade, dass etw/jd ...; **it's a** [**great**] ~ **that ...** es ist jammerschade, dass ...; **it's a crying** ~ **that ...** es ist empörend, dass ... **II.** *interj esp* BRIT pfui!; **cries of** ~ Buhrufe *mpl* **III.** *vt* ❶ (*make ashamed*) ■**to** ~ **sb** jdn beschämen; **the number of people out of work has ~d the government into taking action** ihre Beschämung über die Zahl der Arbeitslosen hat die Regierung zum Handeln veranlasst; **she's trying to** ~ **her husband out of his drinking** sie versucht, ihren Mann vom Trinken abzubringen ❷ (*bring shame on*) ■**to** ~ **sb/sth** jdm/etw Schande machen; **the city is ~d by the large number of homeless people living on its streets** die große Zahl von Obdachlosen, die auf den Straßen leben, ist eine Schande für die Stadt ❸ (*put to shame*) ■**to** ~ **sb/sth** jdn/etw weit übertreffen; **she ~s me with her efficiency** mit ihrer Tüchtigkeit kann ich nicht mithalten; **our neighbour's garden ~s ours** gegen den Garten unseres Nachbarn sieht der unsrige alt aus *fam*

shame·faced [ʃeɪmˈfeɪst, AM ˈʃeɪmfeɪst] *adj* verschämt, betreten

shame·faced·ly [ʃeɪmˈfeɪstli, AM ˈʃeɪmfeɪ-] *adv* schamhaft, verlegen, betreten

shame·ful [ˈʃeɪmfᵊl] *adj* ❶ (*causing shame*) schimpflich; ~ **defeat** schmachvolle Niederlage ❷ (*disgraceful*) empörend, schandbar; ■**it's** ~ **that ...** es ist eine Schande, dass ...

shame·ful·ly [ˈʃeɪmfᵊli] *adv* schändlich; **I'm** ~ **behind with my work** ich bin mit meiner Arbeit schmählich im Rückstand; **to be** ~ **neglected** sträflich vernachlässigt werden

shame·ful·ness [ˈʃeɪmfᵊlnəs] *n no pl* ❶ (*humiliating nature*) Schmach *f* ❷ (*disgracefulness*) Schändlichkeit *f,* Anstößigkeit *f*

shame·less [ˈʃeɪmləs] *adj* schamlos; **a** ~ **hussy** ein schamloses Flittchen *pej fam;* ■**to be** ~ **about sth** sich *akk* wegen einer S. *gen* nicht schämen

shame·less·ly [ˈʃeɪmləsli] *adv* schamlos

shame·less·ness [ˈʃeɪmləsnəs] *n no pl* Schamlosigkeit *f*

sham·my [ˈʃæmi] *n* (*fam*), **sham·my 'leath·er** *n no pl* (*fam*) Sämischleder *nt,* Wildleder *nt*

sham·poo [ʃæmˈpuː] **I.** *n* ❶ *no pl* (*for hair*) Shampoo *nt* ❷ (*type*) Shampoo *nt;* **a carpet/car** ~ ein Teppich-/Autoshampoo ❸ (*wash*) **my hair needs a** ~ ich muss mir die Haare waschen; **a** ~ **and set** Waschen und Legen **II.** *vt* **to** ~ **hair** Haare shampoonieren; **to** ~ **a sofa** ein Sofa mit einem Shampoo reinigen

sham·rock [ˈʃæmrɒk, AM -rɑːk] *n* weißer Feldklee; ■**the** ~ der Shamrock (*Kleeblatt als Symbol Irlands*)

shan·dy [ˈʃændi] *n esp* BRIT, AUS Radler *nt bes* SÜDD, Alsterwasser *nt* NORDD

shang·hai [ʃæŋˈhaɪ] *n* AUS Schleuder *f*

Shangri-La [ʃæŋgriˈlɑː] *n no art* Paradies *nt;* **shopper's** ~ Einkaufsparadies *nt*

shank [ʃæŋk] *n* ❶ (*of tool*) Schaft *m,* Griff *m* ❷ (*dated: leg*) Bein *nt;* (*under knee*) Unterschenkel *m;* (*shin*) Schienbein *nt*

shank's 'mare *n,* **shank's 'pony** *n no pl* (*fam*) Schusters Rappen *m;* **to use** ~ auf Schusters Rappen reiten

shan't [ʃɑːnt, AM ʃænt] = **shall not** *see* **shall**

shan·ty¹ [ˈʃænti, AM -t̬i] *n* [Elends]hütte *f,* Baracke *f*

shan·ty² [ˈʃænti, AM -t̬i] *n* Seemannslied *nt*

'shan·ty town *n* Elendssiedlung *f,* Barackensiedlung *f*

shape [ʃeɪp] **I.** *n* ❶ (*outline*) Form *f;* BIOL Gestalt *f;* MATH Figur *f,* Form *f;* **circular/triangular** ~ Kreis-/Dreiecksform *f;* **to be different ~s** eine unterschiedliche Form haben; **to be oval/square in** ~ eine ovale/quadratische Form haben; **all ~s and sizes** alle Formen und Größen; **we sell all ~s and sizes of teddy bears** wir verkaufen alle möglichen Teddybären; **to come in all ~s and sizes** völlig verschieden voneinander sein; **to lose its** ~ die Form verlieren; **to take** ~ Form annehmen; **the vase began to take** ~ **in the potter's hands** die Vase nahm unter den Händen des Töpfers Gestalt an; **in order to tempt Faust, the devil took the** ~ **of a man** um Faust zu versuchen, nahm der Teufel Menschengestalt an; **life on earth takes many ~s** das Leben auf der Erde ist sehr vielfältig; ■**in the** ~ **of sth** in Form [*o* Gestalt] einer S. *gen;* **in any** ~ **or form** (*fig*) in jeder Form; **out of** ~ verformt; *metal* verbogen ❷ *no pl* (*nature*) Form *f,* Art *f;* **technological developments have changed the** ~ **of the industry** technologische Entwicklungen haben die Branche in ihrer ganzen Art verändert; **to show the** ~ **of things to come** das Gepräge der Zukunft tragen ❸ *no pl* (*condition*) **to be in bad** [*or* **poor**]/**good** ~ *things* in schlechtem/gutem Zustand sein; *people* in schlechter/guter Verfassung sein; SPORTS nicht in Form/in Form sein; **to be in great** ~ in Hochform sein; **to be out of** ~ nicht in Form sein; **to be in no** ~ **to do sth** [gesundheitlich] nicht in der Verfassung sein, etw zu tun; **to get into** ~ in Form kommen; **to get sb/oneself into** ~ jdn/sich in Form bringen; **to get sth into** ~ etw wieder auf die Reihe kriegen *sl;* **to knock** [*or* **whip**] **sth into** ~ etw in Ordnung bringen; **to knock** [*or* **whip**] **sb into** ~ jdn zurechtstutzen *fam* **II.** *vt* ❶ (*mould*) ■**to** ~ **sth** etw [aus]formen; ■**to** ~ **sth into sth** etw zu etw *dat* formen; ■**to** ~ **sth out of sth** etw aus etw *dat* formen; (*from clay*) etw aus etw *dat* modellieren ❷ (*influence*) ■**to** ~ **sb/sth** jdn/etw prägen; **we are all ~d by the times in which we live** wir sind alle geprägt von der Zeit, in der wir leben; **to** ~ **sb's character/personality** jds Charakter *m*/Persönlichkeit *f* formen; **to** ~ **one's destiny** sein Schicksal [selbst] gestalten; **to** ~ **a policy** eine Politik [*o* einen politischen Kurs] bestimmen ❸ (*style*) **to** ~ **sb's hair** jds Haar *nt* stylen ❹ (*tailor*) ■**to** ~ **sth** etw entwerfen; **the skirt has been ~d so that it hangs loosely** der Rock ist so geschnitten, dass er lose fällt **III.** *vi* sich *akk* entwickeln

S

◆**shape up** *vi* ❶ (*develop*) sich *akk* entwickeln; **the election is shaping up to be a close contest** die Wahl entwickelt sich zu einem Kopf-an-Kopf-Rennen; ■**to ~ up as sth** sich *akk* als etw herausstellen [*o* erweisen]; **to ~ up well** sich *akk* gut entwickeln; **Colin has ~d up well in his new job** Colin hat sich in seinem neuen Job gut gemacht *fam* ❷ (*fam: improve*) Fortschritte machen; **to ~ up one's act** *esp* AM *performance* mehr Leistung zeigen; *behaviour* sich *akk* besser benehmen; **if the company doesn't soon ~ up its act it will go out of business** wenn die Firma nicht endlich etwas zustande bringt, war sie die längste Zeit im Geschäft *fam* ▶PHRASES: **~ up or ship out!** (*fam*) entweder Sie bringen endlich was oder Sie gehen! *fam*

shaped [ʃeɪpt] *adj inv* ❶ (*in shape*) geformt; **~ like a heart** herzförmig; **to be ~ like a sausage** wurstförmig sein; **oddly/perfectly ~** seltsam/vollkommen geformt ❷ (*likely to become*) ■**to be ~ like sth/sb** wie etw/jd aussehen; **to be ~ like a winner** ein Siegertyp sein

-shaped [ʃeɪpt] *in compounds* -förmig; **an L-/S-~ bend** eine L-/S-Kurve; **egg-~** eiförmig

shape·less [ˈʃeɪpləs] *adj* ❶ (*not shapely*) unförmig; **a ~ dress** ein Kleid *nt* ohne Form; **a ~ mass** eine unförmige Masse ❷ (*without shape*) formlos; **his ideas are interesting but rather ~** seine Ideen sind interessant, aber ziemlich vage

shape·less·ly [ˈʃeɪpləsli] *adv* formlos; **her clothes hung ~ on her** die Kleider hingen ihr lose am Körper

shape·less·ness [ˈʃeɪpləsnəs] *n no pl* Formlosigkeit *f*, Unstrukturiertheit *f*

shape·ly [ˈʃeɪpli] *adj* (*approv*) wohlgeformt; **~ legs** schöne Beine; **a ~ woman** eine gut gebaute Frau

shard [ʃɑːd, AM ʃɑːrd] *n* Scherbe *f*; **~ of metal** Metallsplitter *m*

share [ʃeəʳ, AM ʃer] **I.** *n* ❶ (*part*) Teil *m*, Anteil *m*; *of food* Portion *f*; **she's not doing her ~ of the work** sie macht ihren Teil der Arbeit nicht; **he should take his ~ of the blame for what happened** er sollte die Verantwortung für seine Mitschuld am Geschehen übernehmen; **the lion's ~ of sth** der Löwenanteil von etw *dat*; **~ of the market** Marktanteil *m*; **~ of the vote** Stimmenanteil *m*; **to go ~s on sth** sich *dat* die Kosten für etw *akk* teilen; **to have one's ~ of sth** (*a. fig*) seinen Teil von etw *dat* abbekommen haben; **they've had their ~ of trouble in the past** sie hatten einst auch ihr Päckchen zu tragen *dat*; **to have more than one's ~ of sth** mehr von etw *dat* haben, als einem zusteht; **to have had one's fair ~ of sth** (*iron*) etw reichlich abbekommen haben; **to have had more than one's fair ~** (*iron*) etw mehr als genug haben *fam*; ■**a ~ in sth** ein Anteil *m* an etw *dat*; **to give sb a ~ in sth** jdn an etw *dat* beteiligen [*o* teilhaben lassen]; **to have a ~ in sth** an etw *dat* teilhaben ❷ *usu pl* (*in company*) Anteil *m*, Aktie *f*; **stocks and ~s** Wertpapiere *ntpl*, Effekten *pl* **II.** *vi* ❶ (*with others*) teilen; **you must learn to ~** du musst lernen zu teilen; **we don't mind sharing if there aren't enough copies for everyone** wir teilen gern, falls es nicht genügend Exemplare für alle gibt; **there aren't enough rooms for the children to have one each, so they have to ~** es sind nicht genügend Zimmer für jedes Kind vorhanden – sie müssen sie sich eben teilen; **~ and ~ alike** gerecht teilen; ■**to ~ with sb** mit jdm teilen ❷ (*have part of*) ■**to ~ in sth** an etw *dat* teilhaben; **as he found the money he should ~ in the reward** da er das Geld gefunden hat, sollte er etwas von der Belohnung abbekommen; **to ~ in sb's joy/sorrow/triumph** die Freude/den Kummer/den Triumph mit jdm teilen ❸ (*participate*) ■**to ~ in sth** an etw *dat* beteiligt sein **III.** *vt* ❶ (*divide*) ■**to ~ sth** etw teilen; **shall we ~ the driving?** sollen wir uns beim Fahren abwechseln?; **to ~ the expenses** sich *dat* die Kosten teilen; **to ~ resources** Mittel gemeinsam nutzen; **to ~ responsibility** Verantwortung gemeinsam tragen; ■**to ~ sth among** [*or* **between**] **sb** etw unter jdm verteilen; ■**to ~ sth with sb** etw mit jdm teilen; **I ~d a flat with Sue when we were at university** als wir an der Uni waren, hatte ich mit Sue eine gemeinsame Wohnung ❷ (*have in common*) ■**to ~ sth** etw gemeinsam haben; **to ~ a birthday** am gleichen Tag Geburtstag haben; **to ~ [common] characteristics** Gemeinsamkeiten haben; **to ~ sb's concern** jds Besorgnis *f* teilen; **to ~ an experience** eine gemeinsame Erfahrung haben; **to ~ an interest** ein gemeinsames Interesse haben; **to want to ~ one's life with sb** sein Leben mit jdm teilen wollen; **to ~ sb's sorrow** jds Kummer *m* teilen; **to ~ sb's view** [*or* **belief**] jds Ansicht [*o* Meinung] teilen ❸ (*communicate*) ■**to ~ sth with sb** *information, news* etw an jdn weitergeben; **to ~ one's problems/thoughts with sb** jdm seine Probleme/Gedanken anvertrauen; **to ~ a joke** einen Witz zum Besten geben; **to ~ a secret [with sb]** jdn in ein Geheimnis einweihen ▶PHRASES: **a problem ~d is a problem halved** (*prov*) geteiltes Leid ist halbes Leid *prov*

◆**share out** *vt* ■**to ~ sth** ↻ **out** etw aufteilen

share cer·ˈtifi·cate *n* Aktienzertifikat *nt*, Anteilschein *m*

ˈshare·crop·per *n* AM *Pächter einer kleinen Farm, der die Pacht teilweise in Naturalien begleicht* **ˈshare·crop·ping** *n no pl* AM *Bewirtschaftung kleiner Farmen durch Pächter, die ihre Pacht mit einem Teil der Ernte bezahlen*

shared [ʃeəd, AM ʃerd] *adj inv* ❶ (*not singly owned*) Gemeinschafts-; **~ ownership** Gemeinschaftsbesitz *m* ❷ (*common*) gemeinsam

ˈshare deal·ing *n no pl* Aktienhandel *m* **ˈshare·hold·er** *n* Aktionär(in) *m(f)*, Anteilseigner(in) *m(f)* **ˈshare in·dex** *n* Aktienindex *m* **ˈshare is·sue** *n* Aktienausgabe *f*, Aktienemission *f* **ˈshare-out** *n* (*distribution*) Verteilung *f*; (*division*) Aufteilung *f*; **~ of the profits/tasks** Gewinn-/Aufgabenverteilung *f* **ˈshare price** *n* Aktienkurs *m*; **~s rise/fall** Aktienkurse steigen/fallen **ˈshare price in·dex** *n* STOCKEX Aktienindex *m* **ˈshare·ware** *n no pl* COMPUT Shareware *f*

sha·ria(h) [ʃəˈriːə] *n no pl* Scharia *f*

shark <*pl* -s *or* -> [ʃɑːk, AM ʃɑːrk] *n* ❶ (*fish*) Hai[fisch] *m*; **man-eating ~** Menschen fressender Hai ❷ (*pej fam: person*) **local property ~** Immobilienhai *m*

ˈshark fence *n Netz zum Schutz gegen Haie* **ˈshark·skin** *n no pl* FASHION *glänzendes Gewebe aus Kunstfaser* **ˈshark·spot·ter** *n* AUS *Hubschrauber, der zum Schutz der Schwimmer vor Haien den Strand überfliegt*

sharp [ʃɑːp, AM ʃɑːrp] **I.** *adj* ❶ (*cutting*) *blade, knife* scharf ❷ (*pointed*) *end, point* spitz; **~ features** kantige Gesichtszüge; **~ nose** spitze Nase; **~ pencil** spitzer Bleistift ❸ (*acute*) **~ angle** spitzer Winkel; **~ bend** [*or* **curve**] scharfe Kurve; **to make a ~ right turn** [*or* **turn to the right**] scharf rechts abbiegen ❹ (*severe*) *attack, rebuff, rebuke* scharf; **the terrorist attack was a ~ reminder of how dangerous the world can be** der terroristische Überfall erinnerte in drastischer Weise daran, wie gefährlich die Welt sein kann; **~ blow** heftiger [*o* starker] Schlag; **~ criticism** beißende Kritik; **to have a ~ tongue** eine scharfe [*o* spitze] Zunge haben, scharfzüngig sein; ■**to be ~ with sb** unfreundlich zu jdm sein, jdm eine schroffe Antwort geben ❺ (*stabbing*) stechend; **~ pain** stechender Schmerz; **~ stab [of pain]** [schmerzhaftes] Stechen ❻ (*sudden*) plötzlich; (*marked*) drastisch; **~ deterioration** drastische Verschlechterung; **~ downturn/upturn** starker Abschwung/Aufschwung; **~ drop** [*or* **fall**] [*or* **decline**] starker [*o* drastischer] Rückgang; **~ rise** [*or* **increase**] starker [*o* drastischer] Anstieg ❼ (*clear-cut*) scharf, deutlich, klar; **her pro-European views are in ~ contrast to those of many of her colleagues** ihre proeuropäischen Ansichten sind denen vieler ihrer Kollegen diametral entgegengesetzt; **a ~ television picture** ein scharfes Fernsehbild; **to bring sth into ~ focus** etw klar und deutlich herausstellen ❽ (*perceptive*) raffiniert, scharfsinnig; **~ eyes/ears** scharfe Augen/Ohren; **to have a ~ eye for sth** etw sofort erkennen; **~ mind** scharfer Verstand; **to keep a ~ watch** [*or* **eye**] **on sb/sth** jdn/etw immer im Auge behalten, jdn/etw genau beobachten ❾ (*fam: trendy*) elegant; **a ~-suited business executive** ein sorgfältig gekleideter Manager; **to be a very ~ dresser** immer sehr schick angezogen sein ❿ (*piquant*) *taste* scharf [gewürzt] ⓫ (*penetrating*) schrill; **a ~ noise** ein schrilles Geräusch; **~ voice** schrille Stimme ⓬ (*cold*) schneidend; **a ~ frost** ein durchdringender Frost ⓭ MUS **C ~** Cis *nt;* **F ~** Fis *nt;* **G ~** Gis *nt;* **D ~** Dis *nt;* ■ **to be ~** zu hoch intonieren ▶ PHRASES: **the ~ end** (*fam: cutting edge*) das Zentrum des Geschehens; BRIT (*of ship*) Bug *m* **II.** *adv* ❶ *inv* (*exactly*) genau; **the performance will start at 7.30 ~** die Aufführung beginnt um Punkt 7.30 Uhr ❷ (*suddenly*) **to pull up ~** *car* scharf ranfahren *fam;* **to turn ~ right/left** scharf rechts/links abbiegen ❸ MUS zu hoch; **she sang ~ at the top notes** bei den oberen Tönen sang sie zu hoch **III.** *n* MUS Kreuz *nt*

sharp·en [ˈʃɑːpᵊn, AM ˈʃɑːrp-] *vt* ■ **to ~ sth** ❶ (*make sharp*) etw schärfen; **to ~ a pencil** einen Bleistift spitzen; **to ~ scissors** eine Schere schleifen; **to ~ a knife** ein Messer schärfen [*o* schleifen] [*o* wetzen] ❷ (*intensify*) etw verschärfen [*o* verstärken]; **to ~ one's appetite** den Appetit anregen; **to ~ competition** den Wettbewerb verschärfen; **to ~ a debate** eine Debatte verschärfen [*o fam* anheizen] ❸ (*make more distinct*) etw scharf einstellen; **how do you ~ the focus on this camera?** wie stellt man bei dieser Kamera die Bildschärfe ein? ❹ (*improve*) etw schärfen; **to ~ one's mind** den Verstand schärfen; **to ~ the senses** die Sinne schärfen; **to ~ one's skills** an seinem Können feilen ❺ MUS etw um einen Halbton erhöhen

◆**sharpen up I.** *vt* ■ **to ~ sth ↔ up** ❶ (*improve*) etw verbessern; **to ~ up one's act** *esp* BRIT *performance* bei etw *dat* mehr Leistung zeigen; *behaviour* sich *akk* besser benehmen; **if the company doesn't soon ~ up its act it will go out of business** wenn die Firma nicht endlich etwas zustande bringt, war sie die längste Zeit im Geschäft; **my sister told me to ~ up my act** meine Schwester wollte, dass ich mich endlich am Riemen reiße ❷ (*make sharper*) etw schärfen [*o* schleifen] **II.** *vi* besser werden, zulegen

sharp·en·er [ˈʃɑːpᵊnəʳ, AM ˈʃɑːrpᵊnɚ] *n* **pencil ~** Bleistiftspitzer *m;* **knife ~** Messerschleifgerät *nt*

sharp·er [ˈʃɑːpəʳ, AM ˈʃɑːrpɚ] *n* (*fam: cheat*) Betrüger(in) *m(f);* (*at cards*) Falschspieler(in) *m(f)*

sharp-ˈeyed *adj* scharfsichtig **sharp-ˈfea·tured** *adj* mit scharfen Gesichtszügen *nach n;* ■ **to be ~** scharfe Gesichtszüge haben

sharp·ish [ˈʃɑːpɪʃ] *adv* BRIT (*fam*) schnellstmöglich; **I think we'd better get out of here pretty ~** ich glaube, wir sollten so schnell wie möglich von hier verschwinden

sharp·ly [ˈʃɑːpli, AM ˈʃɑːrp-] *adv* ❶ (*having an edge*) **~ pointed** scharf [zu]gespitzt ❷ (*severely*) scharf; **to criticize sb/sth ~** jdn/etw scharf kritisieren; **to cross-examine sb ~** jdn einem scharfen Kreuzverhör unterziehen; **a ~ worded letter** ein Brief in schneidenden Tönen ❸ (*abruptly*) abrupt; (*suddenly*) plötzlich; **she looked up ~** sie blickte unvermittelt auf; **I had to brake ~ to avoid running into the car in front** ich musste voll auf die Bremse treten, um einen Aufprall auf den Wagen vor mir zu vermeiden; **to bend ~ to the left** eine scharfe Linksbiegung machen ❹ (*markedly*) drastisch; **to deteriorate ~** sich *akk* drastisch verschlechtern ❺ (*clearly*) klar, deutlich; **men contrasted ~ with women on the issues they felt to be important** Männer und Frauen unterschieden sich krass nach dem, was für sie wichtig war; **~ differing** deutlich unterschiedlich, stark divergierend; **to be ~ divided on sth** über etw *akk* sehr unterschiedlicher Meinung sein; **~ focused** scharf eingestellt ❻ (*perceptively*) scharfsinnig; **her ears are ~ attuned to her baby's cry** sie hört sofort, wenn ihr Baby schreit; **a ~ observant comment** eine scharfsinnige Bemerkung ❼ (*fashionably*) **~ dressed** elegant gekleidet

sharp·ness [ˈʃɑːpnəs, AM ˈʃɑːrp-] *n no pl* ❶ (*of blade, edge, angle, point, curve*) Schärfe *f* ❷ (*of pain*) Heftigkeit *f,* Stärke *f,* Intensität *f* ❸ (*acerbity*) Schärfe *f,* Härte *f* ❹ (*markedness*) Stärke *f,* Heftigkeit *f* ❺ (*clarity*) Schärfe *f* ❻ (*perceptiveness*) Intelligenz *f,* Scharfsinn *m;* **~ of mind** Geistesschärfe *f,* scharfer Verstand ❼ (*stylishness*) Eleganz *f,* Schick *m* ❽ (*of taste*) Würzigkeit *f,* Würze *f*

sharp-nosed ˈpli·ers *n* Spitzzange *f* **sharp ˈprac·tice** *n no pl* üble Geschäftspraktiken *pl,* Tricks *mpl* **ˈsharp·shoot·er** *n* Scharfschütze *m* **sharp-ˈsight·ed** *adj* ❶ (*very observant*) scharfsichtig ❷ (*fig: alert*) scharfsinnig **sharp-ˈtem·pered** *adj* leicht erregbar **sharp-ˈtongued** *adj* scharfzüngig **sharp-ˈwit·ted** *adj* scharfsinnig

shat [ʃæt] *vi esp* BRIT *pt, pp of* **shit**

shat·ter [ˈʃætəʳ, AM -t̬ɚ] **I.** *vi* zerspringen, zerbrechen; **the glass ~ed into a thousand tiny pieces** das Glas zerbrach in tausend winzige Stücke **II.** *vt* ❶ (*smash*) ■ **to ~ sth** etw zertrümmern [*o* zerschmettern]; *health, nerves* etw zerrütten ❷ (*fig*) ■ **to ~ sth** etw vernichten; **to ~ the calm** die Ruhe zerstören; **to ~ sb's dreams/illusions** jds Träume/Illusionen *fpl* zunichte machen; **to ~ the world record** den Weltrekord brechen ❸ BRIT (*fam: exhaust*) ■ **to ~ sb** jdn entkräften, jdn schlauchen; **walking all this way in the heat has absolutely ~ed me** ich bin ganz zerschlagen, nachdem ich bei dieser Hitze den ganzen Weg gelaufen bin

shat·tered [ˈʃætəd, AM -t̬ɚd] *adj* (*fam*) ❶ (*upset*) am Boden zerstört; **the family are just too ~ to want to talk to the press** die Familie ist viel zu aufgelöst, um mit der Presse reden zu wollen ❷ BRIT (*exhausted*) völlig erschöpft, fix und fertig *präd fam*

shat·ter·ing [ˈʃætᵊrɪŋ, AM -t̬ɚ-] *adj* (*fam*) ❶ (*very upsetting*) erschütternd, aufwühlend ❷ (*destructive*) vernichtend, tödlich ❸ BRIT (*exhausting*) aufreibend, stressig *fam*

shat·ter·proof [ˈʃætəpruːf, AM -t̬ɚ-] *adj inv* bruchsicher; **~ windscreen** splitterfreie Windschutzscheibe

shave [ʃeɪv] **I.** *n* Rasur *f;* **I need a ~** ich muss mich rasieren; **a close ~** eine Glattrasur [*o* gründliche Rasur]; **to have a ~** sich *akk* rasieren ▶ PHRASES: **a close ~** ein knappes Entkommen; **to have a close ~** mit knapper Not entkommen, gerade noch davonkommen **II.** *vi* sich *akk* rasieren; **to ~ under one's arms** sich *dat* die Achselhaare rasieren **III.** *vt* ❶ (*remove hair*) ■ **to ~ sth/sb** etw/jdn rasieren; **to ~ one's legs** sich *dat* die Beine rasieren ❷ (*decrease by stated amount*) ■ **to ~ sth** etw verringern, etw kürzen; **our prices have been ~d by 5%** unsere Preise wurden um 5% herabgesetzt

◆**shave off** *vt* ❶ (*remove completely*) ■ **to ~ off ↔ sth** *hair, moustache* etw abrasieren; **to ~ off one's beard** sich *dat* den Bart abnehmen ❷ (*slice off*) ■ **to ~ off ↔ sth** etw abhobeln ❸ (*decrease*) ■ **to ~ sth off [sth]** [*or* **off sth [from sth]**] etw [von etw *dat*] abziehen; **the new high speed trains will ~ 25 minutes off the journey time** mit den neuen Hochgeschwindigkeitszügen verringert sich die Reisezeit um 25 Minuten

shav·en [ˈʃeɪvᵊn] *adj inv* rasiert; **~ head** kahl geschorener Kopf

shav·en-ˈhead·ed *adj inv* kahl geschoren

shav·er [ˈʃeɪvəʳ, AM -ɚ] *n* Rasierapparat *m*

ˈshav·er out·let *n* AM, **ˈshav·er point** *n* BRIT Steckdose *f* für den Rasierapparat

shav·ing [ˈʃeɪvɪŋ] **I.** *adj attr, inv* Rasier- **II.** *n usu pl* Hobelspan *m*

ˈshav·ing brush *n* Rasierpinsel *m* **ˈshav·ing cream** *n* Rasiercreme *f* **ˈshav·ing foam** *n no pl* Rasierschaum *m* **ˈshav·ing kit** *n* Rasierzeug *nt kein pl* **ˈshav·ing mir·ror** *n* Rasierspiegel *m* **ˈshav·ing soap** *n,* **ˈshav·ing stick** *n* BRIT Rasierseife *f*

shawl [ʃɔːl, AM *esp* ʃɑːl] *n* Schultertuch *nt*

she [ʃiː, ʃi] **I.** *pron* ❶ (*female person, animal*) sie; ■ **~ who ...** (*particular person*) diejenige, die ...; **~ who told me this wasn't there herself** diejenige, die mir das erzählt hat, war selber nicht anwesend; (*any person*) wer; **~ who rocks the**

S

cradle rules the world die Hand an der Wiege regiert die Welt ❷ (*inanimate thing*) es; (*for moon*) er; (*for country*) es; (*for ship with name*) sie; (*for ship with no name*) es ❸ (*of unspecified sex*) es; **that's a cute dog! what's ~ called?** was für ein süßer Hund! wie heißt er denn? ❹ AUS, NZ (*fam: it*) es ▶ PHRASES: **who's ~, the cat's mother?** BRIT (*fam*) und wer soll sie sein? *fam;* (*expressing that she is putting on airs*) für wen hält sie sich denn? **II.** *n usu sing* ■**a ~** (*person*) eine Sie; (*animal*) ein Weibchen *nt*

she- [ʃiː] *in compounds with animal names* (*-bear, -wolf*) weiblich

s/he [ˈʃiːəʳhiː, AM -ɚhiː] *pron* er/sie

sheaf <*pl* sheaves> [ʃiːf] *n* Bündel *nt; of corn* Garbe *f*

shear <-ed, -ed *or* shorn> [ʃɪəʳ, AM ʃɪr] **I.** *vt* ❶ (*remove fleece*) **to ~ a sheep** ein Schaf scheren ❷ (*hum fam: cut hair short*) ■**to ~ sb** jds Haare *pl* kurz scheren; **he's been shorn** er ist die Treppe hinuntergefallen *hum* **II.** *vi* TECH abbrechen

◆**shear off I.** *vt* ❶ (*cut off*) **to ~ off wool** Wolle abscheren ❷ *usu passive* (*tear off*) **the wing of the plane had been ~ed off** die Tragfläche des Flugzeugs wurde abgerissen **II.** *vi* abbrechen

shear·er [ˈʃɪərəʳ, AM ˈʃɪrɚ] *n* ❶ (*for sheep*) [Schaf]scherer *m* ❷ TECH (*for metal*) Metallschneider *m*

shear·ing [ˈʃɪərɪŋ, AM ˈʃɪr-] *n no pl* Schur *f*

shears [ʃɪəz, AM ʃɪrz] *npl* TECH [große] Schere; *metal* Metallschere *f*, Blechschere *f;* **[garden] ~** Gartenschere *f*

sheath [ʃiːθ] *n* ❶ (*for knife, sword*) Scheide *f* ❷ (*casing*) Hülle *f*, Ummantelung *f;* (*case*) Futteral *nt;* **nerve ~s** MED Nervenhüllen ❸ BRIT (*condom*) Kondom *nt* ❹ FASHION **~ [dress]** enges Kleid

sheathe [ʃiːð] *vt* ❶ (*put into sheath*) **to ~ a knife/sword** ein Messer/Schwert in die Scheide stecken ❷ (*cover*) ■**to ~ sth in [*or* with] sth** etw mit etw *dat* umhüllen [*o* überziehen]; **to be ~d in [*or* with] ice** eisbedeckt sein

sheath·ing [ˈʃiːðɪŋ] *n* Überzug *m*

ˈsheath knife *n* Dolch *m*

sheaves [ʃiːvz] *n pl of* **sheaf**

she·bang [ʃɪˈbæŋ] *n no pl esp* AM (*fam*) Drum und Dran *nt*, Krempel *m hum sl;* **the whole ~** der ganze Kram *fam;* **to take care of the whole ~** den ganzen Laden schmeißen *fam*

she'd [ʃiːd] ❶ = **she would** *see* **would** ❷ = **she had** *see* **have I., II.**

shed¹ [ʃed] *n* Schuppen *m;* **garden ~** Gartenhäuschen *nt;* **lambing ~** Stall *m* für Lämmer; **lean-to ~** Schuppen *m* mit einem Pultdach; **tool ~** Geräteschuppen *m*

shed² <-dd-, shed, shed> [ʃed] **I.** *vt* ❶ (*cast off*) ■**to ~ sth** etw abstoßen, etw ablegen; **to ~ its antlers** das Geweih abwerfen; **to ~ one's disguise** sich *akk* zu erkennen geben; **to ~ hair** Haare verlieren; **to ~ leaves** Blätter abwerfen; **to ~ a few pounds/kilos** ein paar Pfund/Kilo abnehmen; **to ~ one's skin** sich häuten; **to ~ one's winter coat** das Winterfell verlieren ❷ (*get rid of*) ■**to ~ sth** etw ablegen; **to ~ one's insecurity/inhibitions** seine Unsicherheit/Hemmungen verlieren [*o* loswerden]; **to ~ jobs** Stellen streichen ❸ (*generate*) **to ~ blood/tears** Blut/Tränen vergießen; **to ~ light** Licht verbreiten ❹ BRIT (*drop accidentally*) **a lorry has ~ a load of gravel across the road** ein LKW hat eine Ladung Kies auf der Straße verloren **II.** *vi snakes* sich häuten; *cats* haaren

ˈshe-dev·il *n* Teufelin *f*

sheen [ʃiːn] *n no pl* (*approv*) ❶ (*gloss*) Glanz *m*, Schimmer *m* ❷ (*fig: aura*) Patina *f*

sheep <*pl* -> [ʃiːp] *n* Schaf *nt;* **flock of ~** Schafherde *f;* **to be [like] ~** *people* sich *akk* wie Schafe verhalten ▶ PHRASES: **to separate [*or* tell] [*or* sort out] the ~ from the goats** die Schafe von den Böcken trennen

ˈsheep-dip *n* AGR Desinfektionsbad *nt* für Schafe **ˈsheep·dog** *n* Schäferhund *m* **ˈsheep farm** *n* Schaffarm *f* **ˈsheep farm·ing** *n no pl* Schafzucht *f* **ˈsheep·fold** *n* Schafhürde *f*

sheep·ish [ˈʃiːpɪʃ] *adj* unbeholfen, belämmert *fam;* **~ smile** verlegenes Lächeln

sheep·ish·ly [ˈʃiːpɪʃli] *adv* verlegen, betreten

sheep·ish·ness [ˈʃiːpɪʃnəs] *n no pl* Verlegenheit *f*, Schüchternheit *f*

ˈsheep·shear·ing *n* Schafschur *f* **ˈsheep·skin** *n* Schaffell *nt*, Schafpelz *m* **sheep·skin ˈcoat** *n* Schafpelzmantel *m* **ˈsheep sta·tion** *n* AUS große Schaffarm

sheer¹ [ʃɪəʳ, AM ʃɪr] **I.** *adj* ❶ (*utter*) bloß, pur, rein, schier; **the ~ size of the thing takes your breath away** schon allein die Größe von dem Ding ist atemberaubend; **~ accident** purer Zufall; **~ blather** reines Gewäsch; **~ bliss** eine wahre Wonne; **~ boredom** schiere [*o* pure] Langeweile; **~ coincidence** reiner [*o* purer] Zufall; **~ despair** blanke [*o* schiere] Verzweiflung; **~ drudgery** reine Schinderei; **~ lunacy** purer Wahnsinn; **~ misery** blankes Elend; **~ nonsense [*or* rubbish]** blanker Unsinn; **~ willpower** pure Willenskraft ❷ (*vertical*) steil; **~ cliff** steile Klippe; **~ drop** steiles Gefälle ❸ (*thin*) *material* hauchdünn; (*diaphanous*) durchscheinend **II.** *adv inv* (*liter*) steil, jäh

sheer² [ʃɪəʳ, AM ʃɪr] *vi* ■**to ~ off [*or* away]** ❶ NAUT abscheren, abgieren ❷ (*avoid*) ausweichen; **to ~ away from an unpleasant topic** einem unangenehmen Thema aus dem Weg gehen

sheet [ʃiːt] **I.** *n* ❶ (*for bed*) Laken *nt;* **between the ~s** (*sexually*) im Bett *fam* ❷ (*of paper*) Blatt *nt;* (*of heavy paper*) Bogen *m;* **information ~** [Informations]blatt *nt;* **~ of instructions** Merkblatt *nt;* **a ~ of paper** ein Blatt *nt* Papier ❸ (*of material*) Platte *f;* **~ of glass** Glasplatte *f;* **polythene ~** Polyethylenplatte *f* ❹ (*large area*) **the rain is coming down in ~s** es regnet in Strömen; **~ of flame** Flammenwand *f;* **~ of ice** Eisschicht *f;* **~ of water** ausgedehnte Wasserfläche ❺ (*set of stamps*) Bogen *m;* **souvenir ~** Gedenkblock *m* **II.** *vi* **the rain was ~ing against the windows** der Regen prasselte gegen die Fenster; **to ~ down** *rain* in Strömen regnen

sheet·ing [ˈʃiːtɪŋ, AM -t̬ɪŋ] *n no pl* ❶ (*for bedsheets*) Betttuchstoff *m* ❷ (*thin material*) Verkleidungsmaterial *nt;* (*casing*) Verschalung *f;* **plastic ~** Plastiküberzug *m*

ˈsheet light·ning *n no pl* Wetterleuchten *nt* **ˈsheet met·al** *n* Blech *nt* **ˈsheet mu·sic** *n* Noten *fpl*, Notenblätter *ntpl*

sheik(h) [ʃeɪk, ʃiːk, AM *esp* ʃiːk] *n* ❶ (*Arab leader*) Scheich *m* ❷ (*religious leader*) Scheich *m*

sheikh·dom [ˈʃeɪkdəm, ʃiːk-, AM *esp* ˈʃiːk-] *n* Scheichtum *nt*

shei·la [ˈʃiːlə] *n* AUS (*pej! sl*) Puppe *pej sl*

shek·el [ˈʃekᵊl] *n* ❶ (*Israeli currency*) Schekel *m* ❷ (*hum sl*) ■**~s** *pl* (*money*) Zaster *m kein pl*

shelf <*pl* shelves> [ʃelf] *n* ❶ (*for storage*) [Regal]brett *nt*, Bord *nt;* (*set of shelves*) Regal *nt;* **to buy sth off the ~** etw ab Lager kaufen; *clothing* etw von der Stange kaufen; **to stack [*or* stock] shelves** Regale einräumen ❷ GEOL (*horizontal portion of rock*) Schelf *m o nt* ▶ PHRASES: **to be [left] on the ~** (*fam: worker*) zum alten Eisen gehören; (*girl*) eine alte Jungfer sein, sitzen geblieben sein; **to leave/put sth on the ~** etw auf die lange Bank schieben

ˈshelf life *n no pl* Haltbarkeit *f;* **to have a short ~** eine kurze Haltbarkeit haben; (*fig*) bald wieder in Vergessenheit geraten

ˈshelf space *n no pl* Regalfläche *f*

shell [ʃel] **I.** *n* ❶ (*exterior case*) *of an egg, nut* Schale *f; of a tortoise, turtle* Panzer *m;* (*mother of pearl*) Perlmutt *nt; of a pea* Hülse *f*, Schote *f; of an insect wing* Flügeldecke *f;* **to pick up ~s on the beach** Muscheln am Strand sammeln; **crab ~** Krebsschale *f;* **snail ~** Schneckenhaus *nt* ❷ (*of a building*) Mauerwerk *nt;* (*unfinished building*) Rohbau *m;* (*damaged building*) Ruine *f; of a vehicle* Karosserie *f;* **the burnt-out ~ of a car** ein ausgebranntes Autowrack ❸ (*for artillery*) Granate *f* ❹ AM (*cartridge*) Patrone *f* ❺ (*boat*) Rennruderboot *nt* ❻ FOOD **[pastry] ~** [Mürbteig]boden *m* ▶ PHRASES: **to bring sb out of their ~** jdn aus der Reserve locken; **to come out of one's ~** aus sich *dat* herausgehen; **to go [back] [*or* crawl [back]] [*or* retreat] **into one's ~** sich *akk* in sein Schneckenhaus zurückziehen **II.** *vt* ■**to ~ sth** ① (*remove shell*) etw schälen; **to ~ nuts** Nüsse knacken; **to ~ peas** Erbsen enthülsen ② (*bombard*) etw [mit Granaten] bombardieren **III.** *vi* **to ~ easily** sich *akk* leicht schälen lassen

◆**shell out** (*fam*) **I.** *vt* ■**to ~ sth** ○ **out** für etw *akk* blechen *fam;* **you'll have to ~ out a few thousand for your engine** du wirst ein paar Tausender für deinen Motor hinlegen müssen *fam* **II.** *vi* ■**to ~ out for sth/sb** für etw/jdn bezahlen

she'll [ʃi:l] = **she shall, she will** *see* **will**[1], **shall**

shel·lac [ʃə'læk] *n* Schellack *m*

shel·lack·ing [ʃə'lækɪŋ] *n usu sing* AM, AUS (*sl*) [eine Tracht] Prügel; **to give sb a ~** jdm [eine Tracht] Prügel verabreichen; **to take a ~** Prügel einstecken [*o* beziehen]

'shell·fire *n no pl* Geschützfeuer *nt,* Granatenbeschuss *m;* **to come under heavy ~** unter schweren Beschuss geraten

'shell·fish <*pl* -> *n* Schalentier *nt*

shell·ing ['ʃelɪŋ] *n no pl* (*bombardment*) Bombardierung *f;* (*shellfire*) Geschützfeuer *nt*

'shell-like *n* BRIT (*hum*) **may I have a word in your ~ ear?** wenn Sie mir huldvoll Ihr Ohr leihen würden? *hum* **'shell·proof** *adj* bombensicher **'shell shock** *n no pl* Kriegsneurose *f* **'shell-shocked** *adj* ① (*after battle*) kriegsneurotisch ② (*fam: dazed*) schockiert, völlig geschockt *fam;* ■**to be ~** wie vom Blitz getroffen sein **'shell suit** *n* Trainingsanzug *m* (*mit Wasser abweisender Nylonoberfläche*)

shel·ter ['ʃeltəʳ, AM -ɚ] **I.** *n* ① *no pl* Schutz *m;* **to find ~** Schutz finden; **we found ~ in an abandoned house** in einem verlassenen Haus fanden wir Schutz; **to give** [*or* **provide**] **~ from sth** vor etw *dat* Schutz bieten; **to take ~** Schutz suchen ② (*structure*) Unterstand *m;* (*sth to sit in*) Häuschen *nt;* **bus ~** Häuschen *nt* an der Bushaltestelle; (*hut*) Schutzhütte *f;* MIL Unterstand *m;* **air raid ~** Luftschutzraum *m;* (*building for the needy*) Heim *nt,* Unterkunft *f;* **a ~ for the homeless** ein Obdachlosenheim *nt;* **a ~ for battered wives** ein Frauenhaus *nt* **II.** *vi* Schutz suchen; **to ~ under the eaves** sich *akk* unter einen Dachvorsprung stellen; **to ~ under a tree** sich *akk* unter einen Baum flüchten; **to ~ under an umbrella** sich *akk* unter einem Schirm verstecken; ■**to ~ from sth/sb** vor etw/jdm Schutz suchen **III.** *vt* ① (*protect*) ■**to ~ sth/sb** [**from sth**] etw/jdn [vor etw *dat*] schützen ② AM (*from tax*) **to ~ income from tax** Einkommen steuerlich nicht abzugsfähig machen

shel·tered ['ʃeltəd, AM -ɚd] *adj* ① (*against weather*) geschützt ② (*pej: overprotected*) behütet ③ AM (*tax-protected*) steuerfrei

shel·tered ac·com·mo·'da·tion *n,* **shel·tered 'hous·ing** *n no pl* Heim *nt* **shel·tered 'work·shop** *n* Behindertenwerkstatt *f*

shelve[1] [ʃelv] *vt* ■**to ~ sth** ① (*postpone*) etw aufschieben [*o* auf später verschieben]; POL etw vertagen; **to ~ a bill** die Beratung über einen Gesetzesentwurf verschieben ② (*erect shelves*) etw mit Regalen ausstatten

shelve[2] [ʃelv] *vi* GEOL abfallen

shelves [ʃelvz] *n pl of* **shelf**

shelv·ing ['ʃelvɪŋ] *n no pl* Regale *ntpl;* **adjustable ~** variable Regale *ntpl*

she·nani·gans [ʃɪ'nænɪgənz] *npl* (*pej fam*) ① (*fraud*) Betrug *m kein pl,* Betrügereien *fpl;* (*trickery*) Gaunereien *fpl,* krumme Dinger *ntpl fam* ② (*pranks*) [derbe] Späße *pl,* Streiche *pl*

shep·herd ['ʃepəd, AM -ɚd] **I.** *n* Schäfer(in) *m(f),* Schafhirte, -in *m, f;* (*fig*) [Seelen]hirte *m;* **the Lord is my ~** der Herr ist mein Hirte **II.** *vt* ① (*look after*) **to ~ sheep** Schafe hüten ② (*drive*) **to ~ a herd into sth** eine Herde in etw *akk* treiben ③ (*guide*) **to ~ sb towards the door** jdn zur Tür führen [*o* begleiten]

shep·herd·ess <*pl* -es> [ˌʃepə'des, AM 'ʃepɚdɪs] *n* Schäferin *f,* Schafhirtin *f*

shep·herd's 'pie *n Auflauf aus Hackfleisch und Kartoffelbrei*

sher·bet, sher·bert ['ʃɜ:bət, AM 'ʃɜ:r-, -bɚt] *n* ① *no pl* BRIT, AUS (*sweet powder*) Brausepulver *nt* ② AM (*sorbet*) Sorbet[t] *m o nt*

sher·iff ['ʃerɪf] *n* ① AM (*law officer*) Sheriff *m* ② BRIT (*county official*) Grafschaftsvogt, -vögtin *m, f* ③ SCOT (*judge*) Amtsrichter(in) *m(f)*

Sher·pa <*pl* - *or* -s> ['ʃɜ:pə, AM 'ʃɜ:r-] *n* Sherpa *m*

sher·ry ['ʃeri] *n* Sherry *m*

'sher·ry glass *n* Sherryglas *nt*

she's [ʃi:z, ʃɪz] = **she is, she has** *see* **be, have I., II.**

Shet·land Is·lands *npl,* **Shet·lands** ['ʃetləndz] *npl* ■**the ~** die Shetlandinseln *pl*

Shet·land 'pony *n* Shetlandpony *nt*

Shia <*pl* - *or* -s> ['ʃi:ə] *n* ① *no pl* (*branch of Islam*) Schia *f* ② (*Muslim*) Schiit(in) *m(f)*

shi·at·su [ʃi'ætsu, AM -'ɑ:t-] *n no pl* Shiatsu *nt*

shib·bo·leth ['ʃɪbəleθ, AM -bə-] *n* (*form*) ① (*pej: outmoded doctrine*) Klischee *nt;* **outworn ~** überholte [*o* veraltete] Ansicht, alter Zopf *fam* ② (*password*) Losungswort *nt,* Schibboleth *nt*

shic·er ['ʃaɪsəʳ] *n* AUS Schwindler(in) *m(f),* Betrüger(in) *m(f)*

shield [ʃi:ld] **I.** *n* ① (*defensive weapon*) [Schutz]schild *m* ② (*with coat of arms*) [Wappen]schild *m o nt* ③ (*protective device*) Schutz *m kein pl,* Schutzvorrichtung *f;* (*screen*) Schutzschirm *m,* Schutzschild *m;* ELEC Abschirmung *f;* MIN Schutzdach *nt* ④ (*fig: protection*) Schutz *m kein pl* (**against** gegen +*akk*); **the ozone layer acts as a ~ protecting the earth from the sun's radiation** die Ozonschicht schirmt die Erde vor der Sonneneinstrahlung ab ⑤ SPORTS Trophäe *f,* Abzeichen *nt* (*in Form eines Wappenschildes*) ⑥ AM (*police officer's badge*) Polizeiabzeichen *nt* **II.** *vt* ■**to ~ sth/sb** [**from sth/sb**] etw/jdn [vor etw/jdm] beschützen; **to ~ one's eyes** die Augen schützen [*o* abschirmen]; **to ~ sb from criticism** jdn vor Kritik schützen

'shield-bear·er *n* (*hist*) Schildknappe *m hist*

shift [ʃɪft] **I.** *vt* ① (*move*) ■**to ~ sth** etw [weg]bewegen; (*move slightly*) *furniture* etw verschieben; **we ~ed all the furniture into the spare bedroom** wir haben die ganzen Möbel in das freie Zimmer gebracht; **to ~ sth out of the way** etw aus dem Weg räumen [*o* wegräumen] ② (*transfer elsewhere*) **to ~ the blame** die Schuld abwälzen; **to ~ the blame onto sb** die Schuld auf jdn abwälzen, jdm die Schuld zuschieben; **to ~ the emphasis** die Betonung [*o* Gewichtung] verlagern [*o* verändern]; **to ~ one's ground** seinen Standpunkt ändern; **to ~ one's weight** das Gewicht verlagern ③ *esp* AM MECH **to ~ gears** schalten ④ BRIT, AUS (*fam: get rid of*) ■**to ~ sth** etw entfernen [*o fam* wegmachen]; **to ~ stains** Flecken entfernen [*o fam* rausmachen] ⑤ BRIT, AUS (*fam: sell*) ■**to ~ sth** etw verkaufen **II.** *vi* ① (*move*) sich *akk* bewegen; (*change position*) die [*o* seine] Position verändern; **it won't ~** es lässt sich nicht bewegen; **she ~ed uneasily from one foot to the other** sie trat unruhig von einem Fuß auf den anderen; **the wind is ~ing to the east** der Wind dreht nach Osten; **the balance of power has ~ed in China's favour** das Gleichgewicht der Kräfte hat sich zugunsten Chinas verlagert; **media attention has ~ed recently onto environmental issues** die Medien haben ihr Interesse neuerdings den Umweltthemen zugewandt; **his eyes kept ~ing to the clock** seine Augen wanderten ständig zur Uhr ② *esp* AM AUTO ■**to ~ up/down** hinauf-/hinunterschalten; **to ~ into reverse** den Rückwärtsgang einlegen ③ BRIT (*sl: move over*) **would you ~** mach mal bitte Platz *fam,* rutsch mal rüber *fam* ④ (*dated: fend*) **to ~ for oneself** für sich *akk* selbst sorgen, allein zurechtkommen ⑤ BRIT (*fam: move very fast*) schnell fahren; **that car can really ~!** dieses Auto zieht wirklich gut **III.** *n* ① (*alteration*) Wechsel *m,* Änderung *f;* **there was an abrupt ~ of economic policy in November** im November kam es zu einem plötzlichen Kurswechsel in der Wirtschaftspolitik; **a ~ in the temperature is expected tonight** heute Nacht soll die Temperatur umschlagen; **a fundamental ~ in people's attitudes to drinking and driving**

has taken place die Einstellung der Leute gegenüber Alkohol am Steuer hat sich grundlegend geändert; **a ~ in the balance of power** eine Verlagerung im Gleichgewicht der Kräfte; **a ~ in opinion** ein Meinungsumschwung *m* ❷ LING Lautverschiebung *f;* **consonant/vowel ~** Konsonanten-/Vokalverschiebung *f* ❸ (*period of work*) Schicht *f;* **day/night ~** Tag-/Nachtschicht *f;* **to be on the night ~** Nachtschicht haben; **to work in ~s** Schicht arbeiten, Schichtdienst machen ❹ + *sing/pl vb* (*people working a shift*) Schicht *f* ❺ (*type of dress*) Hänger *m*

shifti·ly ['ʃɪftɪli] *adv* (*evasively*) ausweichend; (*suspiciously*) verdächtig

shifti·ness ['ʃɪftɪnəs] *n no pl* Unaufrichtigkeit *f,* Verschlagenheit *f; of person, character* Fragwürdigkeit *f*

shift·ing ['ʃɪftɪŋ] *adj attr, inv* sich *akk* verändernd, veränderlich; **~ values** Wertewandel *m*

shift·ing cul·ti·'va·tion *n no pl* AGR Wanderfeldbau *m* **shift·ing 'sands** *npl* Treibsand *m kein pl*

'shift key *n of a typewriter* Umschalter *m;* COMPUT Shifttaste *f*

shift·less ['ʃɪftləs] *adj* (*pej: idle*) träge; (*lacking purpose*) ziellos

'shift·work *n no pl* Schichtarbeit *f,* Schichtdienst *m* **'shift·work·er** *n* Schichtarbeiter(in) *m(f)*

shifty ['ʃɪfti] *adj* verschlagen, falsch, hinterhältig; **~ eyes** unsteter Blick; **to look ~** verdächtig aussehen

shifty-'eyed *adj* ■**to be ~** unstet [*o* rastlos] umherblicken; **she avoided the ~ man** sie vermied den Mann, der ständig seine Blicke umherschweifen ließ **'shifty-look·ing** *adj* verdächtig aussehend *attr*

Shi·ism ['ʃi:ɪzᵊm] *n no pl* Schiismus *m*

Shi·ite ['ʃi:aɪt] **I.** *n* Schiit(in) *m(f)* **II.** *adj inv* schiitisch

shill [ʃɪl] *n* AM (*fam*) Zugpferd *nt fig*

shil·ling ['ʃɪlɪŋ] *n* (*hist*) Schilling *m* (*alte britische Münze im Wert von 5 Pence*)

shilly-shal·ly <-ie-> ['ʃɪli,ʃæli] *vi* (*pej fam*) unentschlossen sein, schwanken

shim·mer ['ʃɪməʳ, AM -ɚ] **I.** *vi* schimmern; **~ing heat haze** flimmernde [*o* flirrende] Hitze **II.** *n usu sing* Schimmer *m,* Schimmern *nt*

shim·my ['ʃɪmi] **I.** *n* ❶ (*dance*) ■**the ~** der Shimmy; **to do the ~** den Shimmy tanzen ❷ *no pl* TECH Flattern *nt* **II.** *vi* <-ie-> ❶ (*dance the shimmy*) den Shimmy tanzen; (*walk with sway*) *sich beim Gehen in den Hüften wiegen;* **she shimmied through the door** mit einem eleganten Hüftschwung ging sie durch die Tür ❷ TECH (*shake*) *wheel* flattern; (*vibrate*) *wheel* vibrieren

shin [ʃɪn] **I.** *n* ❶ (*of leg*) Schienbein *nt;* **to kick sb on the ~** jdm gegen das Schienbein treten ❷ *no pl* (*of beef*) Hachse *f;* **a ~ of beef** eine Rinderhachse **II.** *vi* <-nn-> ■**to ~ down [sth]** [rasch] [etw] hinunterklettern; ■**to ~ up [sth]** [rasch] [auf etw *akk*] hinaufklettern

'shin bone *n* Schienbein *nt,* Schienbeinknochen *m*

shin·dig ['ʃɪndɪg] *n* (*fam*), **shin·dy** ['ʃɪndi] *n* (*fam*) ❶ (*loud party*) [wilde] Party [*o fam* Fete] ❷ (*argument*) erregte Auseinandersetzung, Krach *m fam;* **to kick up a ~** lautstark protestieren, Krach schlagen *fam*

shine [ʃaɪn] **I.** *n no pl* Glanz *m* ►PHRASES: **[come] rain or ~** komme, was da wolle; **to take a ~ to sb** jdn ins Herz schließen **II.** *vi* <shone *or* shined, shone *or* shined> ❶ (*give off light*) *moon, sun* scheinen; *stars* glänzen, leuchten; *gold, metal* glänzen; *light* leuchten, scheinen; **the floodlights shining on the Parthenon** das Flutlicht, das den Parthenon anstrahlt; **the light shone in my eyes** das Licht schien mir in die Augen; **their bodies were shining with sweat** ihre Körper glänzten vor Schweiß; **he polished the brass till it shone** er polierte das Messing, bis es glänzte ❷ (*fig: be gifted*) glänzen, brillieren; **she ~s at science** sie ist hervorragend in Naturwissenschaften ❸ (*fig: show happiness*) **her eyes shone with happiness** ihre Augen strahlten vor Glück; (*be obvious*) **her honesty and sincerity ~ out of her** sie strahlt Ehrlichkeit und Aufrichtigkeit aus **III.** *vt* <shone *or* shined, shone *or* shined> ❶ (*point light*) **to ~ a beam of light at sth/sb** etw/jdn anstrahlen; **to ~ a light down a well** in einen Brunnen hinunterleuchten; **to ~ a torch** [*or* AM **flashlight**] **into sth** in etw *akk* hineinleuchten; **to ~ a torch** [*or* AM **flashlight**] **on[to] sth/sb** etw/jdn mit einer Taschenlampe anstrahlen ❷ (*polish*) ■**to ~ sth** etw polieren; **to ~ shoes** Schuhe polieren

◆**shine out** *vi* ❶ (*be easily seen*) [auf]leuchten ❷ (*fig: excel, stand out*) herausragen

◆**shine through** *vi* gut sichtbar sein, auffallen; ■**to ~ through sth** durch etw *akk* [hin]durchscheinen

shin·er ['ʃaɪnəʳ, AM -ɚ] *n* (*fam*) blaues Auge, Veilchen *nt fam*

shin·gle ['ʃɪŋgl] *n* ❶ *no pl* (*pebbles*) Kies *m;* **~ beach** Kiesstrand *m* ❷ (*tile*) Schindel *f*

shin·gle 'roof *n* Schindeldach *nt*

shin·gles ['ʃɪŋglz] *npl* + *sing vb* MED Gürtelrose *f,* Zoster *m fachspr*

shin·gly ['ʃɪŋgli] *adj* kiesig, Kies-; **~ beach** Kiesstrand *m*

shini·ness ['ʃaɪnɪnəs] *n no pl* Glanz *m,* Glänzen *nt*

shin·ing ['ʃaɪnɪŋ] *adj* ❶ (*gleaming*) glänzend ❷ (*with happiness*) strahlend; **~ eyes** strahlende Augen ❸ (*outstanding*) hervorragend; **~ example** leuchtendes [*o* glänzendes] Beispiel ►PHRASES: **a knight in ~ armour** ein edler Ritter

shin·ny <-ie-> ['ʃɪni] *vi* AM, AUS (*shin*) klettern; ■**to ~ up/down sth** etw hinauf-/hinunterklettern

'shin splints *npl* + *sing/pl vb Entzündung der Schienbein- und Zehenstreckmuskeln*

Shin·to ['ʃɪntəʊ, AM -toʊ] *n,* **Shin·to·ism** ['ʃɪntəʊɪzᵊm, AM -toʊ-] *n no pl* Schintoismus *m*

shiny ['ʃaɪni] *adj* glänzend; (*very clean*) *surface, metal* [spiegel]blank; **~ bright** hell leuchtend *attr,* hell glänzend *attr;* **a ~ bright silver dollar** ein blanker Silberdollar; ■**to be ~** glänzen

ship [ʃɪp] **I.** *n* Schiff *nt;* **~'s papers** Schiffspapiere *ntpl;* **passenger ~** Passagierschiff *nt;* **merchant ~** Handelsschiff *nt;* **naval ~** Schiff *nt* der Marine; **sailing ~** Segelschiff *nt;* **to board a ~** an Bord eines Schiffes gehen; ■**by ~** mit dem Schiff; (*goods*) per Schiff **II.** *vt* <-pp-> ■**to ~ sth** ❶ (*send by boat*) etw verschiffen, etw per Schiff versenden; **to ~ freight** [*or* **merchandise**] Frachtgut [*o* Waren] verschiffen ❷ (*transport*) etw transportieren

◆**ship in** *vt* ■**to ~ sth ↔ in** etw einschiffen, etw per Schiff einführen

◆**ship off** *vt* ❶ (*send by ship*) ■**to ~ off ↔ sb/sth** jdn/etw verschiffen; **to ~ off goods** Waren per Schiff verschicken ❷ (*fam: send away*) ■**to ~ off ↔ sb** jdn wegschicken; **the children had already been ~ped off to stay with their grandparents** die Kinder hatte man bereits zu den Großeltern geschickt

◆**ship out I.** *vt* ■**to ~ out ↔ sth** [*or* **to ~ sth out**] etw per Schiff senden [*o* schicken] **II.** *vi* (*fam*) sich *akk* verziehen *fam*

'ship·board *adj attr, inv* Bord-; **~ activities** Veranstaltungen *fpl* an Bord [eines Schiffes]; **a ~ romance** eine Liebesaffäre während einer Schiffsreise **'ship·build·er** *n* ❶ (*person*) Schiff[s]bauer(in) *m(f)* ❷ (*business*) Schiff[s]baufirma *f,* Werft *f* **'ship·build·ing** *n no pl* Schiffbau *m* **'ship ca·nal** *n* Schifffahrtskanal *m* **'ship chan·dler** *n* ❶ (*person*) Schiffsausrüster(in) *m(f)* ❷ (*business*) Schiffsausrüster *m* **'ship·load** *n* Schiffsladung *f* **'ship·mate** *n* Schiffskamerad(in) *m(f)*

ship·ment ['ʃɪpmənt] *n* ❶ (*consignment*) Sendung *f,* Ladung *f* ❷ *no pl* (*dispatching*) Transport *m,* Versand *m*

'ship·own·er *n* ❶ (*inland navigation*) Schiffseigner(in) *m(f)* ❷ (*ocean navigation*) Reeder(in) *m(f)*

ship·per ['ʃɪpəʳ, AM -ɚ] *n* ❶ (*person*) Spediteur(in) *m(f)* ❷ (*business*) Spediteur *m;* **wine ~** Weinlieferant *m*

ship·ping ['ʃɪpɪŋ] *n no pl* ❶ (*ships*) Schiffe *ntpl* [eines Landes]; **this stretch of water is heavily used by ~** dies ist eine stark befahrene Wasserstraße; **weather forecast for ~** Seewetterbericht *m* ❷ (*transportation of goods*) Versand *m;* (*by ship*) Verschiffung *f*

'ship·ping agen·cy *n* Schiffsagentur *f;* (*courier*) Zustelldienst *m,* Kurierdienst *m;* (*for packages also*) Paketdienst *m* **'ship·ping agent** *n* ❶ (*courier*) Zustelldienst *m,* Kurierdienst *m* ❷ (*shipper*) Schiffsagent(in) *m(f);* (*company also*) Seehafenspediteur *m* **ship·ping and 'han·dling** *n no pl* Porto *nt* und Versand *m* **'ship·ping clerk** *n* Expedient(in) *m(f)* **'ship·ping ex·penses** *npl* Versandkosten *pl* **'ship·ping lane** *n* Schifffahrtsweg *m* **'ship·ping line** *n* Schifffahrtslinie *f* **'ship·ping mas·ter** *n* Seeamtsleiter(in) *m(f);* (*shipping agent*) Schiffsmakler(in) *m(f)* **'ship·ping of·fice** *n* ❶ (*of shipping master*) Seemannsamt *nt,* [staatlich überwachtes] Heuerbüro *nt* ❷ (*of shipping agent*) Schiffsmaklerbüro *nt,* Schiffsagentur *f* ❸ (*courier*) Kurierdienst *m;* (*for packages also*) Paketdienst *m* **'ship·ping ter·mi·nal** *n* Einschiffungshafen *m*

ship's 'bis·cuit *n no pl esp* Brit Schiffszwieback *m* **ship's 'cap·tain** *n* Schiffskapitän(in) *m(f)* **ship's 'chan·dler** *n* ❶ (*person*) Schiffsausrüster(in) *m(f)* ❷ (*business*) Schiffsausrüster *m* **ship's 'chap·lain** *n* Schiffsgeistliche(r) *m* **ship's 'crew** *n + sing/pl vb* Schiffsmannschaft *f,* Schiffsbesatzung *f,* Crew *f*

'ship·shape *adj pred* (*fam*) aufgeräumt; **to get sth ~** etw aufräumen ▶ PHRASES: **~ and Bristol fashion!** Brit (*dated*) in tadellosem Zustand, tadellos!

ship's 'log *n* Logbuch *nt,* Schiffstagebuch *nt;* **to write up the ~** das Logbuch führen

ship-to-'shore *adj inv* **~ attack** Beschießung *f* der Küste von See aus; **~ radio** Seefunk *m* **'ship·way** *n* naut Stapel *m,* Helling *f* **'ship·wreck I.** *n* ❶ (*accident*) Schiffbruch *m;* **the danger of ~ is much greater in fog** die Gefahr, Schiffbruch zu erleiden, ist bei Nebel weitaus größer ❷ (*remains*) [Schiffs]wrack *nt* **II.** *vt usu passive* ■**to be ~ed** ❶ naut Schiffbruch erleiden ❷ (*fig: fail*) Schiffbruch erleiden, scheitern **'ship·wrecked** *adj inv* schiffbrüchig; **a ~ sailor** ein schiffbrüchiger Seemann **ship·wright** ['ʃɪpraɪt] *n* Schiffszimmermann **'ship·yard** *n* [Schiffs]werft *f*

shire ['ʃaɪəʳ] *n* Brit (*hist*) Grafschaft *f*

shire 'coun·ty *n* Brit ländliche Grafschaft **'shire horse** *n* Shire[horse] *nt* (*schweres englisches Zugpferd*)

shirk [ʃɜːk, am ʃɜːrk] (*pej*) **I.** *vt* ■**to ~ sth** etw meiden; **to ~ one's responsibilities** sich *akk* seiner Verantwortung entziehen **II.** *vi* ■**to ~ from sth** etw meiden, sich *akk* etw *dat* entziehen

shirk·er ['ʃɜːkəʳ, am 'ʃɜːrkɚ] *n* (*pej*) Drückeberger(in) *m(f) fam;* **she is no ~ of a tough decision** sie scheut vor unangenehmen Entscheidungen nicht zurück

shirt [ʃɜːt, am ʃɜːrt] *n* (*with buttons*) Hemd *nt;* (*without buttons*) Pulli *m;* **silk ~** Seidenhemd *nt;* **short-/long-sleeved ~** kurzärmeliges/langärmeliges Hemd ▶ PHRASES: **to give sb the ~ off one's back** sein letztes Hemd für jdn hergeben *fam;* **to have the ~ off sb's back** jdm das Hemd über den Kopf ziehen *fam;* **keep your ~ on!** (*stay calm*) reg dich ab!; (*have patience*) einen Moment bitte!; **to lose one's ~** sein ganzes Geld verlieren; **to put one's ~ on sth** Brit sich *dat* einer S. *gen* sicher sein, auf etw *akk* wetten *fam*

'shirt col·lar *n* Hemdkragen *m* **'shirt dress** ['ʃɜːtˌdres, am 'ʃɜːrt-] *n* Hemdkleid *nt* **'shirt front** *n* Hemdbrust *f*

shirt·ing ['ʃɜːtɪŋ, am 'ʃɜːrt̬-] *n no pl* Hemdenstoff *m*

shirt 'pock·et *n* Hemdtasche *f* **'shirt·sleeve** *n usu pl* Hemdsärmel *m,* Hemdärmel *m* österr; **to be in ~s** in Hemdsärmeln sein ▶ PHRASES: **to roll up one's ~s** die Ärmel hochkrempeln *fam* **'shirt·sleeved** *adj inv* in Hemdsärmeln *nach n* **'shirt tail** *n usu pl* Hemd[en]schoß *m* **'shirt·waist** *n esp* Am Hemdbluse *f* **'shirt·waist·er** *n* Hemdblusenkleid *nt*

shirty ['ʃɜːti] *adj* Brit, Aus (*pej fam*) verärgert, sauer *sl;* **don't get ~ with me!** sei nicht so griesgrämig! *fam*

shish ke·bab ['ʃiːʃkɪˌbæb, am 'ʃɪʃkəˌbɑːb] *n* Schaschlik *nt*

shit [ʃɪt] (*fam!*) **I.** *n* ❶ *no pl* (*faeces*) Scheiße *f derb,* Kacke *f derb;* **dog ~** Hundescheiße *f derb,* Hundekacke *f fam;* **to have** [*or* Am **take**] **a ~** scheißen *derb* ❷ (*diarrhoea*) ■**the ~s** *pl* Dünnschiss *m kein pl derb,* Durchfall *m kein pl* ❸ *no pl* (*nonsense*) Scheiße *m derb,* Quatsch *m fam;* **a load of ~** ein einziger Mist *derb,* ein Haufen *m* Scheiße *derb* ❹ *no pl* (*flak*) Anschiss *m sl;* **Nicky gets a lot of ~ from his parents** Nicky muss sich von seinen Eltern ganz schön was anhören *fam* ❺ *no pl* (*unfairness*) Ungerechtigkeit *f;* **Jackie doesn't take any ~ from anyone** Jackie lässt sich von niemandem was gefallen *fam* ❻ *no pl* Am (*anything*) **he doesn't know ~ about what's going on** er hat keinen blassen Schimmer, was los ist *fam* ❼ *no pl esp* Am (*things*) Zeug *nt kein pl fam;* **quit doing that ~** hör auf, so einen Quatsch zu machen *fam* ❽ (*pej!: contemptible person*) Scheißkerl *m fam,* Arschloch *nt derb;* **little ~** kleines Arschloch ❾ *no pl* (*cannabis*) Haschisch *nt* ▶ PHRASES: **to have ~ for brains** nur Stroh im Kopf haben *fam;* **to be up ~[s] creek** [**without a paddle**] [tief] in der Scheiße stecken *derb;* **big ~!** scheißegal! *derb;* **to get one's ~ together** *esp* Am (*fam!*) besser werden, sich *akk* zusammenreißen; **to have one's ~ together** *esp* Am (*approv*) etw zustande bringen; **to beat** [*or* **kick**] [*or* **knock**] **the ~ out of sb** jdn zu Hackfleisch machen *derb,* jdm die Eier polieren *derb;* **eat ~!** Am leck mich am Arsch! *derb;* **go eat ~!** verpiss dich! *derb;* [**the**] **~ flies** [*or* **hits the fan**] es gibt Ärger; **if Dad finds out how much money you've spent, the ~ will really hit the fan** wenn Papa rausfindet, wie viel Geld du ausgegeben hast, dann kannst du dich auf was gefasst machen *fam;* **to frighten** [*or* **scare**] **the ~ out of sb** jdn zu Tode erschrecken; **to give sb the ~s** Aus jdn ärgern; **to not give a ~ about sth/sb** sich *akk* einen Dreck um etw/jdn scheren *derb;* **I couldn't give a ~** [**about**] **what happens to her now** es ist mir scheißegal, was jetzt mit ihr passiert *derb;* **to shoot the ~** Am plaudern; **no ~!** tatsächlich? *a. iron* **II.** *interj* Scheiße *derb* **III.** *vi* <-tt-, shit *or* shitted *or* Brit *a.* shat, shit *or* shitted *or* Brit *a.* shat> scheißen *derb;* **to need to ~** dringend müssen *fam;* ■**to ~ on sb** *esp* Am (*fig sl*) jdn wie Dreck behandeln *fam* **IV.** *vt* <-tt-, shit *or* shitted *or* Brit *a.* shat, shit *or* shitted *or* Brit *a.* shat> ❶ *esp* Am (*scare*) **to ~ bricks** [*or* **a brick**] zu Tode erschrocken sein, sich *dat* vor Angst in die Hosen machen *fam;* ■**to ~ oneself** sich *dat* in die Hosen machen *fam* ❷ (*vulg sl: bullshit*) ■**to ~ sb** jdn verarschen *derb* **V.** *adv* **to be ~ out of luck** (*fam!*) ein Scheißpech haben *derb*

'shit·bag *n* (*pej! sl*) Scheißkerl *m derb*

shite [ʃaɪt] Brit **I.** *n* ❶ *no pl* (*fam!: shit*) Scheiße *f derb,* Kacke *f derb* ❷ *no pl* (*fam!: rubbish*) Scheiße *f derb;* **a pile of ~** ein Haufen *m* Scheiße *derb* ❸ (*pej! fam!: person*) Scheißkerl *m derb,* Arschloch *nt derb* **II.** *interj* (*fam!*) Scheiße *derb*

shit-eat·ing 'grin *n* Am (*fam!*) überhebliches [*o* arrogantes] Lächeln; **to have** [*or* **wear**] **a ~** überheblich lächeln **'shit·face** *n* (*pej! fam!*) Arschloch *nt derb,* Scheißkerl *m derb* **'shit-faced** *adj* (*fam!*) stockbesoffen *fam* **'shit·head** *n* (*pej! fam!*) Scheißkerl *m pej derb,* Mistkerl *m pej derb* **'shit·hole** *n* (*pej! fam!*) Loch *nt fam,* Bruchbude *f sl* **'shit·house** *n* (*fam!*) ❶ (*outhouse*) Scheißhaus *nt derb* ❷ (*pej: disgusting place*) Loch *nt fam,* Bruchbude *f sl;* **those unofficial casinos are complete ~s** diese inoffiziellen Casinos sind die letzten Bruchbuden *fam* ▶ PHRASES: **to be in the ~** in der Scheiße stecken *derb* **'shit·kick·ers** *npl* Springerstiefel *mpl* **'shit·list** *n* Am (*pej! fam!*) schwarze Liste *fam;* **he's on my ~** bei mir ist er unten durch **'shit·load** *n no pl* (*fam!*) Haufen *m fam;* **to be in a ~ of trouble** jede Menge [*o* einen Haufen] Ärger haben *fam* **'shit stir·rer** *n* Brit (*fam!*) Denunziant(in) *m(f)* **'shit stir·ring** *n no pl* Brit (*fam!*) Denunzierung *f*

shit·ty ['ʃɪti, am -t̬-] *adj* (*fam!*) ❶ (*nasty*) beschissen *derb* ❷ (*ill*) beschissen *derb;* **to feel ~** sich *akk* beschissen fühlen

shiv·er ['ʃɪvəʳ, am -ɚ] **I.** *n* ❶ (*shudder*) Schauder *m,* Schauer *m;*

S

a ~ **went up and down my spine** mir lief es kalt den Rücken hinunter; **a ~ ran through the leaves** die Blätter erzitterten; **to feel a ~** erschaudern ② MED ■**the ~s** *pl* Schüttelfrost *m kein pl;* **to give sb the ~s** (*fig fam*) jdn das Fürchten lehren **II.** *vi* zittern; **to ~ with cold** frösteln; **he ~ed with cold in his thin cotton shirt** ihn fröstelte in seinem dünnen Baumwollhemd; **to ~ like a leaf** [*or* **jelly**] wie Espenlaub zittern

shiv·ery ['ʃɪvᵊri, AM -ɚi] *adj* fröstelnd; **to be/feel ~** frösteln

shi·voo [ʃɪ'vu:] *n* AUS (*fam*) Party *f,* Fete *f fam*

shlep <-pp-> *vt, vi* AM (*fam*) *see* **schlep(p)**

shoal[1] [ʃəʊl, AM ʃoʊl] *n* ① (*of fish*) Schwarm *m;* ■**in ~s** in Schwärmen ② (*many*) ■**~s of ...** *pl* Massen von ... [*o* Unmengen]; ■**in ~s** in Scharen, massenweise

shoal[2] [ʃəʊl, AM ʃoʊl] **I.** *n* ① (*area of shallow water*) seichte Stelle ② (*sand bank*) Sandbank *f* **II.** *vi water* flacher werden

shock[1] [ʃɒk, AM ʃɑ:k] **I.** *n* ① (*unpleasant surprise*) Schock *m;* **be prepared for a ~** mach dich auf etwas Schlimmes gefasst; **she slowly recovered from the ~ of losing her husband** sie erholte sich nur langsam von dem Schock, den der Verlust ihres Mannes für sie bedeutete; **it was a ~ to see her look so ill** es war erschreckend, sie so krank zu sehen; **this gave me a ~** das hat mir einen Schock versetzt; **the ~ of one's life** der Schock seines Lebens; **to give sb the ~ of their life** jdn zu Tode erschrecken; **look of ~** entsetzter Blick; **a ~ to the system** eine schwierige Umstellung; **to come as a ~** ein Schock [*o* schwerer Schlag] sein; **to get a ~** einen Schock bekommen ② (*fam: electric shock*) Elektroschock *m,* elektrischer Schlag ③ *no pl* (*serious health condition*) Schock[zustand] *m;* **the survivors were taken to hospital suffering from ~** die Überlebenden wurden mit einem Schock ins Krankenhaus eingeliefert; **in [a state of] ~** in einem Schockzustand; **to be in [a state of] ~** unter Schock stehen ④ *no pl* (*impact*) Aufprall *m,* Stoß *m* ⑤ *usu pl* (*fam: shock absorber*) Stoßdämpfer *m* ▸ PHRASES: **~, horror!** (*iron*) oh Schreck, oh Graus! *hum* **II.** *vt* ■**to ~ sb** jdn schockieren; **it ~s him to hear women talking about sex** es schockiert ihn, Frauen über Sex reden zu hören; **to ~ sb deeply** [*or* **profoundly**] jdn zutiefst erschüttern **III.** *vi* schockieren; (*deeply*) erschüttern; **the play is intended to ~** das Stück soll schockieren [*o* provozieren] **IV.** *adj attr, inv esp* BRIT, AUS (*surprising*) überraschend, unerwartet; **~ defeat** völlig unerwartete Niederlage; (*frightening*) erschreckend; **another ~ fall in the value of the euro** wieder ein erschreckender Kursverlust des Euro

shock[2] [ʃɒk, AM ʃɑ:k] *n* **~ of hair** [Haar]schopf *m*

shock·able ['ʃɒkəbl̩, AM 'ʃɑ:k-] *adj* (*fam*) ■**to be ~** leicht zu schockieren [*o* erschüttern] sein; **to be easily ~** leicht aus der Fassung zu bringen sein

'shock ab·sorb·er *n* AUTO Stoßdämpfer *m*

shocked [ʃɒkt, AM ʃɑ:kt] *adj* schockiert, entsetzt; **we were ~ to see smoke pouring out of a hole in our roof** wir waren entsetzt, als wir sahen, wie Rauch aus einem Loch in unserem Dach drang; **a ~ silence** erschrockenes Schweigen

shock·er ['ʃɒkəʳ, AM 'ʃɑ:kɚ] *n* (*fam*) ① (*shocking thing*) Schocker *m fam;* **the Sun's headline was a deliberate ~** die Schlagzeile der Sun sollte schockieren ② (*very bad thing*) Katastrophe *f;* **the match was a ~** das Match war katastrophal [*o* schrecklich] ③ (*crazy person*) abgedrehter Typ *sl;* **to be a ~** die Leute schockieren *fam*

'shock-head·ed *adj inv* strubbelig; ■**to be ~** strubbelige Haare [*o* einen Strubbelkopf] haben

shock·ing ['ʃɒkɪŋ, AM 'ʃɑ:k-] *adj* ① (*distressing*) schockierend; **~ accident** entsetzlicher Unfall; **~ news** schockierende Nachricht ② *esp* AM (*surprising*) völlig überraschend ③ (*offensive*) schockierend; **~ affront** unerhörte Beleidigung; **~ crime** abscheuliches Verbrechen; **~ scene** anstößige Szene ④ *esp* BRIT (*fam: appallingly bad*) schrecklich, furchtbar; **my memory is ~** ich habe ein furchtbar schlechtes Gedächtnis; **what ~ weather!** was für ein scheußliches Wetter!; **to be in a ~ state** in sehr schlechter Verfassung sein

shock·ing·ly ['ʃɒkɪŋli, AM 'ʃɑ:k-] *adv* ① (*distressingly*) erschreckend; **the animals had been ~ mistreated** die Tiere waren schrecklich misshandelt worden; **stories of battered children are ~ familiar** Geschichten über misshandelte Kinder sind uns leider nur allzu vertraut; **~ realistic** erschreckend realistisch ② (*extremely*) extrem; **they charge ~ high prices** sie verlangen unverschämt hohe Preise; **~ bad** furchtbar schlecht

shock·ing 'pink **I.** *n no pl* Bonbonrosa *nt* **II.** *adj inv* bonbonrosa

'shock·proof *adj inv* ① (*undamageable*) bruchsicher, stoßsicher; **~ watch** stoßfeste Uhr ② (*not producing electric shock*) berührungssicher **'shock tac·tics** *n + sing vb* Stoßtaktik *f* **'shock thera·py** *n,* **'shock treat·ment** *n* Schocktherapie *f,* Schockbehandlung *f* **'shock troops** *npl* Stoßtruppen *fpl* **'shock wave** *n* ① PHYS Druckwelle *f* ② (*fig*) Welle *f* der Erschütterung; **the news sent ~s through the financial world** die Nachricht erschütterte die Finanzwelt

shod [ʃɒd, AM ʃɑ:d] **I.** *pt, pp of* **shoe** **II.** *adj inv* beschuht; **~ in boots** in Stiefeln; **he went riding, ~ in leather boots** er ritt in Lederstiefeln aus; **to be well-/poorly ~** gute/schlechte Schuhe tragen

shod·di·ly ['ʃɒdɪli, AM 'ʃɑ:d-] *adv* (*pej*) ① (*slipshod*) schlampig *fam;* **to be ~ made** schlecht gemacht sein *fam* ② (*inconsiderately*) schäbig; **to treat sb ~** jdn schäbig behandeln

shod·di·ness ['ʃɒdɪnəs, AM 'ʃɑ:d-] *n no pl* (*pej*) ① (*bad quality*) schlechte Qualität; *of goods* Minderwertigkeit *f* ② (*lack of respect*) Schäbigkeit *f*

shod·dy ['ʃɒdi, AM 'ʃɑ:di] *adj* (*pej*) ① (*poorly produced*) schlecht [*o fam* schlampig] [gearbeitet]; **~ goods** schlechte [*o* minderwertige] Ware; **~ little house** schäbiges Häuschen; **~ workmanship** schlechte Verarbeitung ② (*inconsiderate*) schäbig, schofelig *fam*

shoe [ʃu:] **I.** *n* ① (*for foot*) Schuh *m;* **a pair of ~s** ein Paar *nt* Schuhe; **flat ~s** flache Schuhe; **high-heeled ~s** Schuhe *mpl* mit hohen Absätzen; **training ~s** Turnschuhe *mpl;* **to do** [*or* **lace**] **up** [*or* AM *a.* **tie**] **one's ~s** die Schuhe zubinden; **to put on/take off one's ~s** seine Schuhe anziehen/ausziehen; **to repair ~s** Schuhe reparieren ② (*horseshoe*) Hufeisen *nt* ③ TRANSP [**brake**] ~ [Brems]backe *f* ▸ PHRASES: **it's dead men's ~s** *jd muss auf den Tod eines Menschen warten, um an eine Position oder an Besitztümer zu kommen;* **to fill** [*or* **step into**] **sb's ~s** in jds Fußstapfen *pl* treten; **I wouldn't like to be in your/her ~s** ich möchte nicht in deiner/ihrer Haut stecken; **to put oneself in sb's ~s** sich *akk* in jds Lage *f* versetzen; **to shake** [*or* **quake**] **in one's ~s** vor Angst schlottern; **if I were in your ~s** (*fam*) wenn ich du wäre, an deiner Stelle; **if I were in your ~s, I'd write to her** an deiner Stelle würde ich ihr schreiben **II.** *vt* <shod *or* AM *a.* shoed, shod *or* AM *a.* shoed> **to ~ a horse** ein Pferd beschlagen

'shoe·black *n esp* BRIT Schuhputzer(in) *m(f)* **'shoe·box** *n* Schuhkarton *m* **'shoe·brush** *n* Schuhbürste *f* **'shoe·horn** **I.** *n* Schuhlöffel *m* **II.** *vt usu passive* ■**to ~ sb/sth into sth** jdn/etw in etw *akk* hineinzwängen [*o* hineinquetschen] **'shoe·lace** *n usu pl* Schnürsenkel *m,* Schuhband *nt* SÜDD, ÖSTERR, Schuhbändel *nt* SCHWEIZ; **to tie** [*or* **do up**] **one's ~s** sich *dat* die Schuhe zubinden **'shoe·mak·er** *n* Schuster(in) *m(f),* Schuhmacher(in) *m(f)* **'shoe pol·ish** *n no pl* Schuhcreme *f* **shoe-re·'pair shop** *n* Schusterwerkstatt *f* **'shoe·shine** *n esp* AM Schuhputzen *nt kein pl;* **to have a ~** sich *dat* die Schuhe putzen lassen **'shoe·shine boy** *n esp* AM Schuhputzer *m* **'shoe shop** *n,* **'shoe store** *n* Schuhgeschäft *nt* **'shoe size** *n* Schuhgröße *f* **'shoe·string** *n usu pl* AM Schnürsenkel *m,* Schuhband *nt* SÜDD, ÖSTERR, Schuhbändel *nt* SCHWEIZ ▸ PHRASES: **to do sth on a ~** (*fam*) etw mit wenig Geld machen; **to start on a ~** klein anfangen **shoe·string 'budg·et** *n* **to be on a ~** mit wenig Geld auskommen müssen; **to do sth on a ~**

etw mit wenig Geld machen **shoe·string 'com·pa·ny** *n* finanzschwache Firma **shoe·string po·'ta·toes** *npl* frittierte Kartoffeln **'shoe tree** *n* Schuhspanner *m*

shone [ʃɒn, AM ʃoʊn] *pt, pp of* **shine**

shonky ['ʃɒŋki] *adj* AUS (*fam*) minderwertig

shoo [ʃu:] (*fam*) **I.** *interj* (*to child*) husch [husch] **II.** *vt* ■**to ~ sb/sth** jdn/etw wegscheuchen [*o* verscheuchen]; **she ~ed the cat out of the kitchen** sie verscheuchte die Katze aus der Küche

◆**shoo away** *vt* ■**to ~ sb/sth** ⊂ **away** jdn/etw wegscheuchen [*o* verscheuchen]

shoo-in ['ʃu:ɪn] *n* AM (*fam*) ❶ (*sure win*) sicherer Sieg; **the elections should be a ~ for the Republicans** der Wahlsieg der Republikaner ist so gut wie sicher ❷ (*person*) *jd, der sicher gewinnt* ❸ (*obvious choice*) Favorit(in) *m(f)* (*ein als sicher geltender Kandidat/eine als sicher geltende Kandidatin*)

shook [ʃʊk] *n pt of* **shake**

shoot [ʃu:t] **I.** *n* ❶ (*on plant*) Trieb *m;* **tender/young ~** zarter/junger Trieb; **green ~s** (*fig*) erste [hoffnungsvolle] Anzeichen ❷ (*hunt*) Jagd *f;* **to go on a ~** auf die Jagd gehen ❸ PHOT Aufnahmen *fpl;* **to do a ~** Aufnahmen machen **II.** *interj* (*euph: shit*) Scheibenkleister! *fam* **III.** *vi* <shot, shot> ❶ (*discharge weapon*) schießen; **don't move or I'll ~** nicht bewegen oder ich schieße; **to ~ to kill** mit Tötungsabsicht schießen; **to ~ on sight** auf Sicht schießen; ■**to ~ at sth/sb** auf etw/jdn schießen ❷ SPORTS schießen ❸ + *adv/prep* (*move rapidly*) **the car shot along the street** das Auto jagte die Straße entlang; **to ~ to fame** über Nacht berühmt werden; **to ~ forwards** nach vorne preschen; ■**to ~ past** [*or* **by**] *car* vorbeischießen; ■**to ~ past sth/sb** an etw/jdm vorbeischießen ❹ (*film*) filmen, drehen; (*take photos*) fotografieren; **to ~ on location** am Schauplatz drehen ❺ AM (*aim*) ■**to ~ for** [*or* **at**] **sth** nach etw *dat* streben, etw anstreben ❻ (*say it*) **~!** schieß/schießen Sie los! *fam* ▶ PHRASES: **to ~ from the hip** kein Blatt vor den Mund nehmen; **to shoot for the moon** AM nach den Sternen greifen **IV.** *vt* <shot, shot> ❶ (*fire*) ■**to ~ sth** *bow, gun* mit etw *dat* schießen; *arrow* etw abschießen; **to ~ a bullet** eine Kugel abfeuern ❷ (*hit*) ■**to ~ sb/an animal** jdn/ein Tier anschießen; **to ~ sb/an animal** [**dead**] jdn/ein Tier erschießen; **you should be shot for that** (*fam*) dafür gehörst du erschossen! *fam;* **to be shot in the head/leg** am Kopf/ins Bein getroffen werden ❸ PHOT **to ~ a film** einen Film drehen; **to ~ a picture** ein Foto machen; **these scenes were shot in the studio** diese Aufnahmen wurden im Studio gemacht ❹ (*direct*) **to ~ a glance at sb** einen schnellen Blick auf jdn werfen; **to ~ questions at sb** jdn mit Fragen bombardieren ❺ (*pass quickly over*) ■**to ~ sth: he shot three sets of traffic lights** er raste über drei Ampelanlagen hinweg; **to ~** [**the**] **rapids** [mit einem Boot] Stromschnellen befahren ❻ (*score*) **to ~ a goal** ein Tor schießen ❼ *esp* AM (*fam: play*) **to ~ baskets** Basketball spielen; **to ~ pool/craps** Poolbillard/Craps spielen (*eine Art Würfelspiel*) ❽ (*sl: inject illegally*) **to ~ heroin** sich *dat* Heroin spritzen ▶ PHRASES: **to ~ one's <u>bolt</u>** sein Pulver verschießen; **to ~ the <u>breeze</u>** [*or* **the <u>shit</u>**] AM (*fam!*) einfach daherreden *fam;* **to ~ <u>darts</u> at sb** AM (*fam*) jdm böse Blicke zuwerfen; **to ~ a <u>line</u> to sb** vor jdm prahlen; **to ~ one's <u>load</u>** [*or* AM **<u>wad</u>**] (*pej! vulg*) ejakulieren; **to ~ the <u>works</u>** AM (*fam*) aufs Ganze gehen

◆**shoot back** *vi* zurückschießen [*o* -feuern] *fig*

◆**shoot down** *vt* ❶ (*kill*) ■**to ~ down** ⊂ **sb** jdn erschießen ❷ AVIAT, MIL ■**to ~ down** ⊂ **sb/sth** jdn/etw abschießen ❸ (*fam: refute*) ■**to ~ down** ⊂ **sb/sth** jdn/etw niedermachen *fam;* **Jane was able to ~ their argument down in flames** Jane konnte ihre Argumente in der Luft zerreißen *fam*

◆**shoot off I.** *vt usu passive* **to ~ off an arm/a leg** ein Arm/ein Bein wegschießen; **to ~ a hat off** einen Hut herunterschießen ▶ PHRASES: **to ~ one's <u>mouth</u> off** (*sl*) sich *dat* das Maul zerreißen *derb* **II.** *vi vehicle* schnell losfahren; *people* eilig aufbrechen

◆**shoot out I.** *vi* ❶ (*emerge suddenly*) ■**to ~ out** [**of sth**] plötzlich [aus etw *dat*] herauskommen [*o* hervorschießen] ❷ (*gush forth*) ■**to ~ out** [**of sth**] *water* [aus etw *dat*] herausschießen; *flames* [aus etw *dat*] hervorbrechen **II.** *vt* ❶ (*extend*) ■**to ~ out** ⊂ **sth: he shot out a hand to catch the cup** er streckte blitzschnell die Hand aus, um die Tasse aufzufangen; **the chameleon shot out its tongue** das Chamäleon ließ seine Zunge hervorschnellen ❷ (*have gunfight*) ■**to ~ it out** etw [mit Schusswaffen] ausfechten ❸ (*cause to move suddenly*) ■**to ~ out** ⊂ **sb: they were shot out of the car** sie wurden aus dem Auto geschleudert

◆**shoot up I.** *vi* ❶ (*increase rapidly*) schnell ansteigen, emporschnellen; *skyscraper* in die Höhe schießen ❷ (*fam: grow rapidly*) *child* schnell wachsen ❸ (*sl: inject narcotics*) [sich *akk*] spritzen, sich *dat* Rauschgift spritzen, sich *dat* einen Schuss verpassen *sl,* drücken *sl* **II.** *vt* ■**to ~ up** ⊂ **sth** ❶ (*pepper with shots*) **to ~ up a town** in einer Stadt wild herumschießen ❷ (*inject illegally*) sich *dat* etw spritzen; **to ~ up heroin** drücken *sl*

shoot·er ['ʃu:təʳ, AM -t̬ɚ] *n* ❶ BRIT (*fam: gun*) Schießeisen *nt fam* ❷ SPORTS (*in netball*) [Tor]schütze, -in *m, f;* (*in basketball*) Korbschütze, -in *m, f*

shoot·ing ['ʃu:tɪŋ, AM -t̬-] **I.** *n* ❶ (*attack with gun*) Schießerei *f;* **there have been a number of ~s** es gab einige Schießereien; (*from more than one side*) Schusswechsel *m;* (*killing, execution*) Erschießung *f* ❷ *no pl* (*firing guns*) Schießen *nt* ❸ *no pl* (*sport*) Jagen *nt;* **grouse ~** Moorhuhnjagd *f,* Jagd *f* auf Moorhühner; **to go ~** auf die Jagd gehen ❹ *no pl* FILM Drehen *nt,* Shooting *nt fachspr;* **we lost a whole day's ~** wir haben einen ganzen Drehtag verloren **II.** *adj attr, inv* **~ pain** stechender Schmerz

'shoot·ing box *n* Jagdhütte *f* **'shoot·ing gal·lery** *n* ❶ (*for target practice*) Schießstand *m* ❷ (*sl: for narcotics users*) *Ort, an dem man sich Rauschgift spritzt* **'shoot·ing iron** *n* AM (*sl*) Schießeisen *nt fam* **'shoot·ing jack·et** *n* Jägerjacke *f* **'shoot·ing lodge** *n* Jagdhütte *f* **'shoot·ing range** *n* Schießstand *m* **'shoot·ing script** *n* Drehbuch *nt* **'shoot·ing sea·son** *n* Jagdzeit *f* **'shoot·ing star** *n* ❶ (*meteor*) Sternschnuppe *f* ❷ (*person*) Shootingstar *m,* Senkrechtstarter(in) *m(f)* **'shoot·ing stick** *n* Jagdstock *m* **'shoot·ing war** *n* Krieg *m,* kriegerische Auseinandersetzung

'shoot-out *n* Schießerei *f*

shop [ʃɒp, AM ʃɑ:p] **I.** *n* ❶ (*store*) Geschäft *nt,* Laden *m;* **his latest novel will be in the ~s by Christmas** sein neuester Roman wird bis Weihnachten erscheinen; **baker's ~** *esp* BRIT Bäckerei *f;* **betting ~** BRIT Wettbüro *nt;* **book ~** Buchladen *m;* **record ~** Schallplattengeschäft *nt;* **sweet** [*or* AM **candy**] **~** Süßwarenladen *m;* **to go to the ~s** einkaufen gehen; **to set up ~** (*open a shop*) ein Geschäft eröffnen [*o fam* aufmachen]; (*start out in business*) ein Unternehmen eröffnen; *lawyer* eine Kanzlei eröffnen; **to set up ~ as a baker** eine Bäckerei eröffnen; **to set up ~ on one's own** sich *akk* selbständig machen; **to shut** [*or* AM **close**] **up ~** sein Geschäft [*o* Unternehmen] schließen; **she shut up ~ as a software consultant** sie hörte auf, als Softwareberaterin zu arbeiten; **the only lawyer in town shut up ~** der einzige Anwalt der Stadt schloss seine Kanzlei ❷ BRIT, AUS (*shopping*) Einkauf *m;* **to do the ~** einkaufen [gehen]; **to do the weekly ~** die wöchentlichen Einkäufe erledigen ❸ (*workshop*) Werkstatt *f;* **engineering ~** BRIT Konstruktionsbüro *nt;* **repair ~** [Reparatur]werkstatt *f;* **closed ~** gewerkschaftspflichtiger Betrieb ▶ PHRASES: **to be <u>all</u> over the ~** BRIT (*fam*) ein [völliges] Durcheinander sein; **to <u>talk</u> ~** über die Arbeit reden **II.** *vi* <-pp-> einkaufen; **to ~ at the market** auf dem Markt einkaufen; **to ~ at Marks and Spencers** bei Marks and Spencers einkaufen; **to ~ till you drop** (*hum*) eine Shoppingorgie veranstalten *hum;* ■**to ~ for sth** etw einkaufen; **to ~ for bargains** auf Schnäppchenjagd

S

sein *fam* **III.** *vt* <-pp-> ❶ BRIT (*sl: inform*) ■**to ~ sb to sb** jdn bei jdm verpfeifen *fam* ❷ (*go shopping somewhere*) ■**to ~ sth** *certain shop* irgendwo einkaufen gehen

shopaholic *n* Einkaufssüchtige(r) *f(m)*

◆**shop around** *vi* ❶ (*visit shops*) einen Einkaufsbummel machen ❷ (*compare offers*) Preise vergleichen

'shop as·sis·tant *n* Verkäufer(in) *m(f)*

'shop-bought ['ʃɒpbɔːt, AM 'ʃɑːpbɑːt] *adj inv* gekauft (*und nicht selbst gemacht*) **'shop·break·ing** *n no pl esp* BRIT Einbruch *m* in einen Laden [*o* ein Geschäft] **'shop·fit·ter** *n* Ladenausstatter(in) *m(f)* **'shop·fit·tings** *npl* Ladeneinrichtung *f* **shop 'floor** *n* ❶ (*work area*) Produktionsstätte *f* ❷ + *sing/pl vb* (*manual workers*) ■**the ~** die Belegschaft **'shop·front** *n* Ladenfront *f* **'shop girl** *n* (*dated*) Verkäuferin *f* **'shop·keep·er** *n* Ladeninhaber(in) *m(f)* **'shop·keep·ing** *n no pl* Führen *nt* eines Geschäfts **'shop·lift I.** *vt* ■**to ~ sth** etw stehlen (*in einem Geschäft*) **II.** *vi* Ladendiebstahl begehen **'shop·lift·er** *n* Ladendieb(in) *m(f)* **'shop·lift·ing** *n no pl* Ladendiebstahl *m*

shop·per ['ʃɒpəʳ, AM 'ʃɑːpɚ] *n* Käufer(in) *m(f)*; **Christmas ~s** Weihnachtseinkäufer, -innen *mpl, fpl*

shop·ping ['ʃɒpɪŋ, AM 'ʃɑːp-] *n no pl* ❶ (*buying in shops*) Einkaufen *nt*; **the department store is open for late night ~ on Wednesdays** das Kaufhaus hat am Mittwoch lange geöffnet; **Christmas ~** Weihnachtseinkäufe *pl*; **~ days** verkaufsoffene Tage; **to do the ~** einkaufen [gehen]; **to go ~** einkaufen gehen ❷ (*purchases*) Einkäufe *mpl*; **bags of ~** volle Einkaufstaschen

'shop·ping area *n* Geschäftsviertel *nt* **'shop·ping bag** *n* ❶ Einkaufstasche *f*; **plastic ~** Plastiktragetasche *f*; **string ~** Einkaufsnetz *nt* ❷ AM (*carrier bag*) Tragetasche *f* **'shop·ping bas·ket** *n* Einkaufskorb *m* **'shop·ping cart** *n* AM Einkaufswagen *m* **'shop·ping cen·ter** AM, **'shop·ping cen·tre** *n* Einkaufszentrum *nt* **'shop·ping chan·nel** *n* Werbesender *m* **'shop·ping list** *n* ❶ (*of goods to be purchased*) Einkaufsliste *f* ❷ (*fig: agenda*) geplanter Maßnahmenkatalog **'shop·ping mall** *n esp* AM, AUS überdachtes Einkaufszentrum **'shop·ping street** *n* Geschäftsstraße *f* **'shop·ping trip** *n* Einkaufstrip *m* **'shop·ping trol·ley** *n* BRIT Einkaufswagen *m*

'shop-soiled *adj inv* BRIT, AUS leicht beschädigt **shop 'stew·ard** *n* Gewerkschaftsvertreter(in) *m(f)* **'shop talk** *n no pl* Fachsimpelei *f fam* **'shop·walk·er** *n* BRIT [Kaufhaus]abteilungsleiter(in) *m(f)* **shop 'win·dow** *n* ❶ (*display area*) Schaufenster *nt*, Auslage *f* ❷ (*fig: showcase*) Schaufenster *nt* **'shop·worn** *adj* ❶ *inv* AM (*shop-soiled*) leicht beschädigt ❷ (*fig: overused*) abgedroschen

shore[1] [ʃɔːʳ, AM ʃɔːr] *n* ❶ (*coast*) Küste *f*; *of a river, lake* Ufer *nt*; (*beach*) Strand *m*; **polluted ~** verschmutzter Strand; **off [the] ~** vor der Küste; **on ~** (*on land*) an Land; (*towards land*) auf die Küste/das Ufer zu ❷ (*fig: country*) ■**~s** *pl* Land *nt*; **the first to visit these ~s** der/die Erste, der dieses Land besucht

shore[2] [ʃɔːʳ, AM ʃɔːr] **I.** *n* Strebe *f*, Strebebalken *m* **II.** *vt* ■**to ~ sth up** [*or* **to ~ up sth**] etw abstützen; (*fig*) etw aufbessern; **to ~ up the image of sth** das Image einer S. *gen* aufpolieren

'shore leave *n no pl* Landurlaub *m* **'shore·line** *n* Küstenlinie *f* **'shore pa·trol** *n* Küstenpatrouille *f*

shorn [ʃɔːn, AM ʃɔːrn] *pp of* **shear**

short [ʃɔːt, AM ʃɔːrt] **I.** *adj* ❶ (*not long*) kurz; **Jo's ~ for Josephine** Jo ist die Kurzform von Josephine ❷ (*not tall*) klein ❸ (*not far*) kurz; **~ distance** kurze Strecke; **a ~ haul** eine kurze Strecke [*o* Fahrt]; **a ~ hop** ein Katzensprung *m*; **at ~ range** aus kurzer Entfernung ❹ (*brief*) kurz; **to have a ~ memory** ein kurzes Gedächtnis haben; **at ~ notice** kurzfristig; **in the ~ term** kurzfristig, in nächster Zeit; **~ trip** Kurztrip *m*; **~ and sweet** kurz und schmerzlos ❺ (*not enough*) **we're £15 ~ to pay the bill** uns fehlen 15 Pfund, um die Rechnung bezahlen zu können; **we're still one person ~ to make up a quiz team** uns fehlt noch eine Person für ein Quizteam; **to be ~ [of cash]** (*fam*) knapp bei Kasse sein; **we're a bit ~ of coffee** wir haben nur noch wenig Kaffee; **to be ~ of breath** außer Atem sein; **to be ~ of space** wenig Platz haben, räumlich beengt sein; **to be in ~ supply** schwer zu beschaffen sein, knapp sein; **to be ~ of time** wenig Zeit haben; ■**to be ~ on sth** von etw *dat* wenig haben; **to be ~ on brains** nur wenig im Kopf haben ❻ LING **~ vowel** kurzer Vokal, Kurzvokal *m* ❼ *pred* (*not friendly*) ■**to be ~ [with sb]** [jdm gegenüber] kurz angebunden sein ▸ PHRASES: **the ~ answer is 'no'** die Antwort ist kurz und bündig ‚nein'; **to not be ~ of a bob or two** BRIT, AUS (*fam*) reich sein; **to have a ~ fuse** sich *akk* schnell aufregen; **he has a ~ fuse** bei ihm brennt leicht die Sicherung durch *fam*; **to have sb by the ~ hairs** [*or* **by the ~ and curlies**] *esp* BRIT (*sl*) jdn in der Hand haben; **to get** [*or* **be given**] **~ shrift** kurz abgefertigt werden; **to make ~ shrift of sth** mit etw *dat* kurzen Prozess machen, etw schnell erledigen; **to draw** [*or* **get**] **the ~ straw** den Kürzeren ziehen; **to make ~ work of sb** mit jdm kurzen Prozess machen; **to make ~ work of sth** etw schnell erledigen **II.** *n* ❶ FILM Kurzfilm *m* ❷ ELEC (*fam*) Kurzer *m* ❸ BRIT (*fam: alcoholic drink*) Kurzer *m* **III.** *adv* **to cut sth ~** etw abkürzen; **I had to cut our holiday ~** ich musste unseren Urlaub unterbrechen; **they never let the children go ~** sie ließen es den Kindern an nichts fehlen; **to fall ~ of sth** etw nicht erreichen, hinter etw *dat* zurückbleiben; *of expectations* etw *dat* nicht entsprechen; **to go** [*or* AM *usu* **be**] **~ [of sth]** etw zu wenig haben; **to stop sb ~** jdn unterbrechen; **to stop sth ~** etw abbrechen; **she stopped ~ of accusing him of lying** beinahe hätte sie ihm vorgeworfen, dass er log ▸ PHRASES: **to be caught** [*or* **taken**] **~** BRIT (*hum fam*) dringend [aufs Klo] müssen *fam*; **in ~** kurz gesagt

short·age ['ʃɔːtɪdʒ, AM 'ʃɔːrt̬-] *n* Knappheit *f kein pl*, Mangel *m kein pl* (**of** an +*dat*); **water ~** Wassermangel *m*

short and 'curlies to grab sb by the ~ BRIT (*hum fam*) jdn faszinieren

'short-arse *n* BRIT (*pej! sl*) Zwerg *m*; *see also* **shorty short back and 'sides** *n* BRIT (*hair cut*) Topfschnitt *m fam* **'short·bread** *n no pl* Shortbread *nt* (*Buttergebäck*); **~ finger** *rechteckiges, längliches Stück Shortbread* **'short·cake** *n* ❶ (*biscuit*) Shortbread *nt* (*Buttergebäck*) ❷ *esp* AM (*layer cake*) Kuchen *m* mit Belag; (*with fruit*) [Torten]boden *m* **short-'change** *vt* ■**to ~ sb** ❶ (*after purchase*) jdm zu wenig Wechselgeld herausgeben ❷ (*fig fam: treat unfairly*) jdm zu wenig Geld bezahlen

short-'cir·cuit *vt* (*fig: to shorten or avoid sth*) abkürzen **short 'cir·cuit** *n* Kurzschluss *m* **short-'cir·cuit I.** *vi* einen Kurzschluss haben **II.** *vt* ■**to ~ sth** ❶ ELEC etw kurzschließen ❷ (*fig: shorten*) etw abkürzen [*o* verkürzen] **short·'com·ing** *n usu pl* Mangel *m*; *of person* Fehler *m*; *of system* Schwäche *f*, Unzulänglichkeit *f* **'short·crust** *n*, **short·crust 'pas·try** *n no pl* Mürbeteig *m* **'short cut** *n* Abkürzung *f*; **there are no ~s to success** (*fig*) es gibt keinen einfachen Weg zum Erfolg **short-'dat·ed** *n* FIN kurzfristig [zahlbar]; **~ bill** Wechsel *m* auf kurze Sicht, kurzfristiger Wechsel **short di·'vi·sion** *n Verkürzung des Rechenwegs beim Dividieren*

short·en ['ʃɔːtᵊn, AM 'ʃɔːr-] **I.** *vt* (*make shorter*) ■**to ~ sth** etw kürzen; **to ~ a name** einen Namen abkürzen **II.** *vi* ❶ (*become shorter*) kürzer werden ❷ (*reduce odds*) **the odds have ~ed on the German team winning the European Championship** die Chancen des deutschen Teams, die Europameisterschaft zu gewinnen, sind gestiegen

short·en·ing ['ʃɔːtᵊnɪŋ, AM 'ʃɔːr-] *n no pl* AM, AUS Backfett *nt*

'short·fall *n* ❶ (*shortage*) Mangel *m kein pl*; **~ in food supply** Nahrungsmittelknappheit *f* ❷ FIN (*deficit*) Fehlbetrag *m*, Defizit *nt*; **~ in trade** Handelsdefizit *nt* **short 'fuse** *n* (*fam*) cholerisches Temperament; **he has a ~** er wird leicht wütend, bei ihm brennt schnell die Sicherung durch *fam* **'short·hand I.** *n no pl* Kurzschrift *f*, Stenografie *f*; ■**~ for sth** (*fig*) eine Abkürzung für etw *akk*; **to do ~** stenografieren; **to take sth down in ~** etw [mit]stenografieren **II.** *n modifier* (*class, notes*) Kurzschrift-, Steno-; ~ **letter** Kürzel *nt;* ~ **pad** Steno[gramm]block *m* **short·'hand·ed** *adj* unterbesetzt; ■**to be** ~ zu wenig Personal haben **short·hand 'typ·ist** *n* BRIT, AUS Stenotypist(in) *m(f)* **'short haul** *n* ❶ *(transport)* Nahtransport *m* ❷ *(fig: short distance)* Katzensprung *m kein pl* **'short-haul** *adj attr* ❶ *(covering a short distance)* Nahverkehrs-, Kurzstrecken-; ~ **flight** Kurzstreckenflug *m;* ~ **route** Kurzstrecke *f;* ~ **trip** kurze Fahrt ❷ *(short-term)* Kurzzeit-; ~ **effort** kurze Anstrengung

short·ish [ˈʃɔːtɪʃ, AM ˈʃɔːrt̬-] *adj inv* ❶ *(in length)* ziemlich kurz ❷ *(in duration)* recht kurz; **a** ~ **film** ein eher kurzer Film

'short list *n* Liste *f* der aussichtsreichsten Bewerber/Bewerberinnen; **to be on the** ~ in der engeren Wahl sein; **to draw up a** ~ eine Liste der aussichtsreichsten Bewerber/Bewerberinnen anfertigen **'short-list** *vt* ■**to** ~ **sb/sth** jdn/etw in die engere Wahl ziehen **short-lived** [-ˈlɪvd, AM -laɪvd, -lɪvd] *adj* kurzlebig; ~ **happiness/triumph** kurzes Glück/kurzer Triumph; ■**to be** ~ von kurzer Dauer sein

short·ly [ˈʃɔːtli, AM ˈʃɔːrt-] *adv inv* ❶ *(soon)* in Kürze, bald; ~ **after .../afterwards** kurz nachdem .../danach ❷ *(curtly)* kurz angebunden

short·ness [ˈʃɔːtnəs, AM ˈʃɔːrt-] *n no pl* ❶ *(in length, brevity)* Kürze *f* ❷ *(insufficiency)* Knappheit *f;* MED Insuffizienz *f;* ~ **of supplies** Lieferengpass *m;* ~ **of breath** Atemnot *f,* Atembeschwerden *pl*

short 'or·der *n* AM ❶ *(order)* Bestellung *f (eines Schnellgerichts)* ❷ *(food)* Schnellgericht *nt* **short-or·der 'cook** *n* AM Koch *m*/Köchin *f* in einem Schnellrestaurant **short-or·der 'dish** *n* AM Schnellgericht *nt*

'short-range *adj* ❶ MIL Kurzstrecken-; ~ **missile** Kurzstreckenrakete *f* ❷ *(short-term)* kurzfristig; ~ **estimate/policy** kurzfristige Prognose/Maßnahmen *fpl;* ~ **weather forecast** Wettervorhersage *f* für die nächsten Tage

shorts [ʃɔːts, AM ʃɔːrts] *n pl* ❶ *(short trousers)* kurze Hose, Shorts *pl;* **a pair of** ~ eine kurze Hose ❷ AM *(underpants)* Unterhose *f*

short-'sight·ed *adj* kurzsichtig *a. fig* **short-'sight·ed·ness** *n no pl* Kurzsichtigkeit *f a. fig* **short-staffed** [-ˈstɑːft, AM -ˈstæft] *adj* unterbesetzt **short 'sto·ry** *n* Kurzgeschichte *f* **short-'tem·pered** [-ˈtempəd, AM -ˈtempɚd] *adj* cholerisch **'short-term** *adj* kurzfristig; ~ **loan** kurzfristiges Darlehen; ~ **memory** Kurzzeitgedächtnis *nt;* ~ **outlook** Aussichten *fpl* für die nächste Zeit; ~ **policy** kurzfristige Maßnahmen *fpl* **short 'time** *n no pl* Kurzarbeit *f;* **to be on** ~ kurzarbeiten **short 'ton** *n esp* AM *2000 amerikanische Pfund, entspricht 907,185 kg* **'short wave I.** *n* ❶ *(radio wave)* Kurzwelle *f* ❷ *(radio)* Kurzwellenempfänger *m* **II.** *n modifier* ■**short-wave** *(signal)* Kurzwellen-; ~ **radio** [*or* **receiver**] Kurzwellenempfänger *m* **short-wind·ed** [-ˈwɪndɪd] *adj* kurzatmig

shorty [ˈʃɔːti, AM ˈʃɔːrt̬i] *n (pej fam)* Kleine(r) *f(m) hum fam;* (*sl*) *Kleinkrimineller, der für einen anderen Kriminellen arbeitet*

shot¹ [ʃɒt, AM ʃɑːt] **I.** *n* ❶ *of a weapon* Schuss *m;* **to fire a** ~ einen Schuss abgeben [*o* abfeuern] ❷ SPORTS *(heavy metal ball)* Kugel *f;* **to put the** ~ kugelstoßen ❸ SPORTS *(attempt at scoring) tennis, golf* Schlag *m; handball, basketball* Wurf *m; football, ice hockey* Schuss *m* ❹ *no pl (ammunition)* Schrot *m o nt;* **lead** ~ Bleischrot *m o nt;* **round of** ~ Schrotladung *f* ❺ *(photograph)* Aufnahme *f;* FILM Einstellung *f;* **to get** [*or* **take**] **a** ~ ein Foto machen [*o* schießen] ❻ *(fam: injection)* Spritze *f;* (*fig*) Schuss *m;* **the campaign needs to be injected with a** ~ **of professionalism** ein bisschen mehr Professionalität würde der Kampagne nicht schaden; **a** ~ **of heroin** ein Schuss *m* Heroin *sl;* **to give sb a** ~ jdm eine Spritze verabreichen ❼ *(fam: attempt)* Gelegenheit *f,* Chance *f;* **to give it a** ~, **to have a** ~ **at it** es mal versuchen *fam;* **to give sth one's best** ~ *esp* AM bei etw *dat* sein Bestes geben; **to hope for a** ~ **at sth** auf eine Chance bei etw *dat* hoffen ❽ *(of alcohol)* Schuss *m;* **a** ~ **of whisky** ein Gläschen *nt* Whisky ▶ PHRASES: ~ **in the arm** Anreiz *m,* Motivation *f;* **to take a** ~ **in the dark** (*fam*) ins Blaue hinein raten *fam;* **to be a good/poor** ~ ein guter/schlechter Schütze/eine gute/schlechte Schützin sein; **like a** ~ (*fam*) wie der Blitz *fam* **II.** *vt, vi pp, pt of* **shoot**

shot² [ʃɒt, AM ʃɑːt] *adj* ❶ *(with colour)* schillernd *attr;* ~ **silk** changierende Seide; **to be** ~ **with silver** silbrig glänzen ❷ *inv (fam: worn out)* ausgeleiert *fam;* **my nerves are** ~ ich bin mit meinen Nerven am Ende ▶ PHRASES: **to be/get** ~ **of sb/sth** jdn/etw los sein/loswerden

'shot glass *n* Schnapsglas *nt,* Stamperl *nt* ÖSTERR, SÜDD **'shot·gun** *n* Schrotflinte *f;* **a sawn-off** [*or* **sawed-off**] ~ eine abgesägte Schrotflinte ▶ PHRASES: **to ride** ~ AM (*fam*) vorne sitzen (*im Auto*) **shot·gun 'mar·riage** (*dated fam*), **shot·gun 'wed·ding** *n (dated fam)* Mussheirat *f;* **they had a** ~ sie ‚mussten' heiraten **'shot put** *n* SPORTS ■**the** ~ Kugelstoßen *nt kein pl,* Kugelstoßwettbewerb *m* **'shot put·ter** *n* Kugelstoßer(in) *m(f)*

should [ʃʊd] *aux vb* ❶ *(expressing advisability)* ■**sb/one** ~ **...** jd/man sollte ...; **if you're annoyed with him, you** ~ **tell him** wenn du dich über ihn ärgerst, solltest du ihm das sagen; **I** ~ **have written to her** ich hätte ihr schreiben sollen; **I recommend that there** ~ **be an investigation** ich denke, dass eine Untersuchung hier angebracht wäre; **it's essential that the project** ~ **not be delayed any further** es ist wichtig, dass das Projekt nicht weiter verzögert wird; **he suggested that I** ~ **see a doctor** er meinte, dass ich zu einem Arzt gehen sollte; **she** ~ **worry! she hasn't a problem in the world** (*hum, iron*) was braucht sie sich schon Sorgen zu machen! sie hat doch keinerlei Probleme; **chocolates! how kind! you really** ~**n't have!** Schokolade! das ist aber nett! das war doch nicht nötig! ❷ *(asking for advice)* ■~ **I/we ...?** soll ich/sollen wir ...?; ~ **I apologize to him?** soll ich mich bei ihm entschuldigen? ❸ *(expressing expectation)* ■**sb/one** ~ **...** jd/man sollte [*o* müsste] [eigentlich] ...; **you** ~ **find this guidebook helpful** dieser Führer wird dir sicher nützlich sein; **this shirt's made of very good quality silk – I** ~ **think it is, considering how much it cost** dieses Hemd ist aus hochwertiger Seide – das will ich wohl meinen, wenn man bedenkt, was es gekostet hat; **I don't like to drink more than one bottle of wine in an evening – I** ~ **think not!** ich mag pro Abend nicht mehr als eine Flasche Wein trinken – ich meine auch, dass das reicht; **Colleen wants to see us in her office immediately – this** ~ **be good!** wir sollen sofort in Colleens Büro kommen – das kann ja heiter werden! *fam;* **I** ~ **be so lucky** (*fam*) schön wär's! *fam;* **there** ~**n't be any problems** es dürfte eigentlich keine Probleme geben ❹ *(form: expressing a condition)* ■**sb/one** ~ jd/man sollte; **it seems very unlikely to happen, but if it** ~, **we need to be well-prepared** es scheint unwahrscheinlich, aber für den Fall, dass es doch passieren sollte, müssen wir gut vorbereitet sein ❺ *(rhetorical)* ■**why** ~ **sb/one ...?** warum sollte jd/man ...?; **why** ~ **anyone want to eat something so horrible?** warum sollte irgendjemand so etwas Scheußliches essen wollen?; (*exclamatory*) **I was just getting off the bus when who** ~ **I see but my old school friend Pat Grantham!** was glaubst du, wen ich gesehen habe, als ich aus dem Bus ausstieg – niemand anderen als meinen alten Schulfreund, Pat Grantham! ❻ *(could)* können; **it's odd that she** ~ **think I would want to see her again** es ist seltsam, dass sie meint, ich wolle sie wiedersehen; **it's so unfair that she** ~ **have died so young** es ist so ungerecht, dass sie so jung sterben musste; **it worries me that he** ~ **drive all that way on his own** *esp* BRIT es beunruhigt mich, dass er die ganze Strecke alleine fährt; **I suggest that you** ~ **leave** *esp* BRIT (*form*) du solltest besser gehen; **I prefer that Jane** ~ **do it** *esp* BRIT (*form*) es wäre mir lieber, wenn Jane es täte; **for fear that** [*or form* **lest**] **I** ~ **miss my flight, I was prepared to spend a couple of extra nights in London** aus Furcht, ich könnte mein Flugzeug verpassen, war ich bereit, einige Nächte zusätzlich in London zu verbringen; **he took his cap in case it** ~ **snow** er nahm seine

Mütze für den Fall mit, dass es zu schneien anfing; **he took his umbrella so that he ~n't get wet** er nahm seinen Schirm mit, um nicht nass zu werden ❼ (*dated form: would*) ■**I/we ~ [...]** ich würde/wir würden [...]; **I ~ like a whisky before I go to bed** ich hätte gern einen Whisky, bevor ich schlafen gehe; **I ~n't expect you to pay, of course** Sie brauchen natürlich nicht zu zahlen; **we ~ like to invite you for dinner next week** wir würden uns freuen, Sie für nächste Woche zum Abendessen einladen zu dürfen *form;* **I ~n't worry about it if I were you** ich würde mir deswegen an deiner Stelle keine Sorgen machen

shoul·der ['ʃəʊldəʳ, AM 'ʃoʊldɚ] **I.** *n* ❶ (*joint*) Schulter *f;* **~ joint** Schultergelenk *nt;* **a ~ to cry on** (*fig*) eine Schulter zum Ausweinen; **to dislocate one's ~** sich *dat* die Schulter ausrenken; **to glance over one's ~** einen Blick über die Schulter werfen; **to hunch one's ~s** die Schultern hochziehen; **to lay/rest one's head on sb's ~** den Kopf an jds Schulter *f* legen/lehnen; **to lift a burden from sb's ~s** (*fig*) eine Last von jds Schultern nehmen; **to rest squarely on sb's ~** (*fig*) *responsibility* schwer auf jds Schultern lasten; **to put one's arm around sb's ~** den Arm um jds Schulter *f* legen; **to shrug one's ~s** mit den Achseln zucken; **to sling sth over one's ~** sich *dat* etw über die Schulter werfen; **to stand ~ to ~ with sb** (*fig*) zu jdm halten; **to fight ~ to ~ with sb** (*fig*) Seite an Seite mit jdm kämpfen ❷ FASHION (*in clothing*) Schulter *f;* **padded ~s** gepolsterte Schultern ❸ (*meat*) Schulter *f,* Schulterstück *nt; of beef* Bug *m;* **~ of lamb** Lammschulter *f* ❹ *of a road* Bankett *nt,* Bankette *f;* **soft/hard ~** unbefestigtes/befestigtes Bankett ❺ (*part*) Vorsprung *m;* **~ of a mountain** Bergrücken *m* **II.** *vt* ❶ (*push*) ■**to ~ sb/sth** jdn/etw [mit den Schultern] stoßen; **to ~ one's way somewhere** sich *akk* irgendwohin drängen; ■**to ~ sb aside** (*fig*) jdn links liegen lassen *fam* ❷ (*carry*) ■**to ~ sth** etw schultern; ■**to ~ sb** jdn auf die Schultern nehmen ❸ (*accept*) ■**to ~ sth** etw auf sich *akk* nehmen; **to ~ the cost of sth** die Kosten für etw *akk* tragen; **to ~ responsibility** Verantwortung übernehmen

'shoul·der bag *n* Umhängetasche *f* **'shoul·der blade** *n* Schulterblatt *nt* **'shoul·der brace** *n* Stützverband *m* für Schulter **shoul·der-'high** *inv* **I.** *adj* schulterhoch **II.** *adv* schulterhoch; **to carry sb ~** jdn auf den Schultern tragen **'shoul·der hol·ster** *n* Schulterhalfter *f o nt* **'shoul·der-length** *adj* schulterlang; **~ hair** schulterlanges Haar **'shoul·der pad** *n* Schulterpolster *nt o* ÖSTERR *m;* SPORTS *a.* Schulterschoner *m* **'shoul·der patch** *n* Schulterflicken *m;* MIL Schulterklappe *f* **'shoul·der strap** *n* Riemen *m;* **a dress with thin ~s** ein Trägerkleid *nt*

shouldn't ['ʃʊdᵊnt] = **should not** *see* **should**

shout [ʃaʊt] **I.** *n* ❶ (*loud cry*) Ruf *m,* Schrei *m;* **a ~ from the audience** ein Zuruf *m* aus dem Publikum; **~ of joy** Freudenschrei *m;* **~ of laughter** lautes Gelächter; **~ of pain** Schmerzensschrei *m* ❷ BRIT, AUS (*fam: round of drinks*) Runde *f;* **whose ~ is it?** wer bezahlt die nächste Runde?; **it's my ~** ich bin dran[, eine Runde zu schmeißen] *fam* ▶ PHRASES: **to give sb a ~** (*fam*) jdm Bescheid sagen; (*phone*) jdn anrufen **II.** *vi* schreien; ■**to ~ at sb** jdn anschreien; ■**to ~ to sb** jdm zurufen; **to ~ above noise** Lärm überschreien; **to ~ for help** um Hilfe rufen; **to ~ loud** laut jammern ▶ PHRASES: **to give sb sth to ~ about** für jdn ein Grund zum Jubeln sein **III.** *vt* ❶ (*yell*) ■**to ~ sth** etw rufen [*o* schreien]; **her clothes absolutely ~ money** (*fig*) ihre Kleider sehen sehr teuer aus; **to ~ abuse at sb** jdn lautstark beschimpfen; **to ~ sth from the rooftops** etw laut ausposaunen *fam;* **to ~ slogans** Parolen rufen; **to ~ a warning to sb** jdm eine Warnung zurufen; **to ~ oneself hoarse** sich *akk* heiser schreien ❷ AUS (*fam: treat to*) **to ~ [sb] a drink** [jdm] ein Getränk spendieren [*o* ausgeben]

◆**shout down** *vt* ■**to ~ down** ⊂ **sb** jdn niederschreien [*o* niederbrüllen] *fam*

◆**shout out** *vt* ■**to ~ out** ⊂ **sth** etw [aus]rufen

shout·ing ['ʃaʊtɪŋ, AM -t̬-] **I.** *n no pl* Schreien *nt,* Geschrei *nt* **II.** *adj* **in** [*or* **within**] **~ distance** [**of sth**] in Rufweite [einer S. *gen*]; (*fig*) nahe [an etw *dat*]; **they are within ~ distance of a solution to their problem** sie sind nahe an einer Lösung ihres Problems

'shout·ing match *n* (*pej*) Schreiduell *nt;* (*fig*) heftige Kontroverse

shouty ['ʃaʊti] *adj* (*fam*) *person* laut

shove [ʃʌv] **I.** *n* Ruck *m;* **to give sth a ~** etw [weg]rücken **II.** *vt* ❶ (*push*) ■**to ~ sb** jdn schieben; (*fig*) jdn abdrängen; **to ~ one's way through sth** sich *dat* [mit Gewalt] einen Weg durch etw *akk* bahnen; ■**to ~ sb around** jdn herumstoßen [*o* herumschubsen] *fam;* (*intimidate*) jdn herumkommandieren; ■**to ~ sth aside** etw beiseiteschieben ❷ (*place*) **to ~ sth into a bag** etw in eine Tasche stecken; **to ~ sth onto the table** etw auf den Tisch [ab]stellen; (*throw*) etw auf den Tisch schmeißen *fam;* ■**to ~ sth** [**down**] **somewhere** etw irgendwohin stellen ▶ PHRASES: **~ it** [**up your arse**]! (*fam! sl*) steck dir das sonst wohin! *sl* **III.** *vi* ❶ (*push*) drängen, drängeln *fam* ❷ (*fam: move aside*) ■**to ~ along** [*or* **over**] beiseiterücken; **~ over, Martha** rutsch rüber, Martha *fam*

◆**shove down** *vt* BRIT ■**to ~ down** ⊂ **sth** etw hinschreiben

◆**shove off** *vi* ❶ (*fam!, sl: go away*) weggehen, abhauen *sl;* **just ~ off, Chris!** hau schon ab, Chris! *sl* ❷ NAUT (*push away*) [vom Ufer] abstoßen

◆**shove up** *vi* BRIT (*fam*) Platz machen

shov·el ['ʃʌvᵊl] **I.** *n* ❶ (*tool*) Schaufel *f; of an earthmoving machine* Baggerschaufel *f* ❷ (*shovelful*) **a ~ of coal/dirt/snow** eine Schaufel [voll] Kohle/Erde/Schnee **II.** *vt* <BRIT -ll- *or* AM *usu* -l-> ■**to ~ sth** etw schaufeln *a. fig;* **to ~ food into one's mouth** sich *dat* Essen in den Mund schaufeln **III.** *vi* <BRIT -ll- *or* AM *usu* -l-> schaufeln

shov·el·ful ['ʃʌvᵊlfʊl] *n* **a ~ of coal/dirt/snow** eine Schaufel [voll] Kohle/Erde/Schnee

show [ʃəʊ, AM ʃoʊ] **I.** *n* ❶ (*display*) Bekundung *f,* Demonstration *f;* **~ of force/strength/unity** Demonstration *f* der Gewalt/Stärke/Einigkeit; **~ of solidarity** Solidaritätsbekundung *f;* **just** [*or* **only**] **for ~** nur für die Optik [*o* der Schau wegen]; **do those lights have a function or are they just for ~?** haben die Lichter irgendeine nützliche Funktion, oder sollen sie nur Eindruck machen?; ■**to make** [*or* **put on**] **a ~ of** [**doing**] **sth** so tun, als ob ❷ (*exhibition*) Schau *f,* Ausstellung *f;* **dog/fashion ~** Hunde-/Modenschau *f;* **slide ~** Diavorführung *f,* Diavortrag *m;* **retrospective ~** Retrospektive *f;* ■**to be on ~** ausgestellt sein ❸ (*entertainment*) Show *f;* (*on television*) Unterhaltungssendung *f,* Show *f;* **puppet ~** Puppenspiel *nt,* Marionettentheater *nt;* **quiz ~** Quizsendung *f,* Quizshow *f;* **radio/stage ~** Radio-/Bühnenshow *f;* **talent ~** Talentwettbewerb *m;* **to stage a ~** THEAT eine Show auf die Bühne bringen ❹ (*fam: activity*) Angelegenheit *f;* **who will run the ~ when she retires?** wer wird den Laden schmeißen, wenn sie in Pension geht? *fam;* **sb's** [**own**] **~** jds [eigene] Angelegenheit; **she prefers to be in charge of her own ~** sie zieht es vor, unabhängig schalten und walten zu können ❺ AM (*sl: Major League Baseball*) ■**the ~** die Baseballoberliga ▶ PHRASES: **~ of hands** [Abstimmung *f* per] Handzeichen *nt;* **who here has been to Europe? let me see a ~ of hands** wer von euch war schon in Europa? bitte mal die Hand hochheben; **by** [*or* **on**] **a ~ of hands** durch Handzeichen; **let's get the** [*or* **this**] **~ on the road** (*fam*) lasst uns die Sache [endlich] in Angriff nehmen; **to put on** [*or* **up**] **a good ~** sich *akk* bemühen, Einsatz zeigen; **to make** [*or* **put on**] **a ~** eine Schau abziehen *fam;* **to make** [*or* **put on**] **a ~ of doing sth** vortäuschen, etw zu tun; **the ~ must go on** (*prov*) die Show [*o* das Leben] muss weitergehen **II.** *vt* <showed, shown> ❶ (*display*) ■**to ~ sth** etw zeigen [*o* sehen lassen]; **to ~ sb an ability** jdm eine Fähigkeit vorführen; **to ~ a flag** eine Flagge hissen; **to ~ slides** Dias vorführen; **to ~ one's work** ART eine Ausstellung machen, ausstellen ❷ (*reveal*) ■**to ~ sth** etw zeigen [*o* erkennen lassen];

he started to ~ his age man begann, ihm sein Alter anzusehen; to ~ common sense/courage/initiative gesunden Menschenverstand/Mut/Unternehmungsgeist beweisen; to ~ genius/originality Genie/Originalität beweisen; to ~ promise viel versprechend sein; to ~ no signs of improvement keine Anzeichen einer Besserung aufweisen; to ~ one's ticket/one's passport seine Fahrkarte/seinen Pass vorzeigen; he ~ed his ticket to the conductor er zeigte dem Schaffner seine Fahrkarte ❸ (*express*) ■to ~ sth etw zeigen; to ~ a bias/enthusiasm for sth eine Vorliebe/Begeisterung für etw *akk* zeigen; to ~ clemency Milde walten lassen; to ~ compassion [for sb] [mit jdm] Mitleid haben; to ~ compunction Gewissensbisse haben; to ~ one's gratitude sich *akk* als dankbar erweisen; to ~ sb respect jdm Respekt erweisen ❹ (*expose*) ■to ~ sth etw sehen lassen; your shirt's so thin that it ~s your bra dein Hemd ist so dünn, dass man deinen BH durchsieht; this carpet ~s all the dirt bei dem Teppich kann man jedes bisschen Schmutz sehen ❺ (*point out*) ■to ~ sth to sb jdm etw zeigen; ~ me where it hurts zeig mir, wo es wehtut; she sent us a map which ~ed where her house is sie schickte uns eine Karte, auf der ihr Haus zu sehen war; on this map, urban areas are ~n in grey auf dieser Karte sind die Stadtgebiete grau dargestellt; it's ~ing signs of rain es sieht nach Regen aus ❻ (*explain*) ■to ~ sb sth jdm etw zeigen [*o* erklären]; to ~ sb the way jdm den Weg zeigen ❼ (*record*) ■to ~ sth etw anzeigen; *statistics* etw [auf]zeigen; to ~ a loss/profit einen Verlust/Gewinn aufweisen ❽ (*prove*) ■to ~ sth etw beweisen; she has ~n herself [to be] a highly competent manager sie hat sich als sehr kompetente Geschäftsführerin erwiesen; ■to ~ sb that ... jdm zeigen [*o* beweisen], dass ...; ■to ~ [sb] how/why ... [jdm] zeigen, wie/warum ...; to ~ cause LAW seine Gründe vorbringen; order to ~ cause gerichtliche Verfügung; to ~ one's mettle zeigen, was in einem steckt ❾ (*escort*) ■to ~ sb somewhere jdn irgendwohin führen [*o* bringen]; I'll ~ myself out ich finde schon allein hinaus; ■to ~ sb over [*or* AM *usu* around] a place jdm einen Ort zeigen; they ~ed us over the estate sie führten uns auf dem Anwesen herum ❿ (*project*) to ~ a film einen Film zeigen [*o fam* bringen]; this film has never been ~n on television dieser Film kam noch nie im Fernsehen ►PHRASES: to ~ one's true colours Farbe bekennen; to ~ sb the door jdm die Tür weisen; to dare [to] ~ one's face es wagen, irgendwo aufzukreuzen *fam;* to ~ one's hand [*or* cards] seine Karten aufdecken; to have nothing to ~ for it [*or* one's efforts] [am Ende] nichts vorzuweisen haben; you've had this job for five years, and what have you got to ~ for your efforts? du hast diesen Job nun seit fünf Jahren, und was hast du nun von all der Mühe?; to ~ [sb] no quarter (*liter*) kein Erbarmen [mit jdm] haben; to ~ one's teeth die Zähne zeigen *fam;* to ~ the way [forward] den Weg weisen *fig;* that will ~ sb (*fam*) das wird jdm eine Lehre sein **III.** *vi* <showed, shown> ❶ (*be visible*) zu sehen sein; the trees ~ blue on these photographs die Bäume erscheinen auf diesen Fotos blau; she's four months pregnant and starting to ~ sie ist im vierten Monat schwanger und allmählich sieht man es auch; to let sth ~ sich *dat* etw anmerken lassen ❷ *esp* AM, AUS (*fam: arrive*) auftauchen *fam* ❸ (*be shown*) *film* gezeigt werden, laufen *fam;* now ~ing at a cinema near you! jetzt in einem Kino in Ihrer Nähe! ❹ AM (*in horse racing*) Dritte(r) *f(m)* werden

◆**show around** *vt* AM *see* **show round**

◆**show in** *vt* ■to ~ in ○ sb (*towards speaker*) jdn hereinführen; (*away from speaker*) jdn hineinführen

◆**show off I.** *vt* ■to ~ off ○ sb/sth mit jdm/etw angeben **II.** *vi* angeben

◆**show out** *vt* ■to ~ out ○ sb jdn hinausführen; will you ~ Ms Nester out please? würden Sie Frau Nester bitte zur Tür bringen?

◆**show round** *vt* ❶ (*take on tour*) ■to ~ sb round jdn herumführen; to ~ sb round the house jdm das Haus zeigen ❷ (*pass round*) ■to ~ sth round etw herumzeigen

◆**show through** *vi* durchschimmern; her sadness ~ed through (*fig*) man merkte ihr ihre Traurigkeit an

◆**show up I.** *vi* ❶ (*appear*) sich *akk* zeigen; the drug does not ~ up in blood tests das Medikament ist in Blutproben nicht nachweisbar ❷ (*fam: arrive*) erscheinen, auftauchen *fam;* to fail to ~ up nicht erscheinen [*o fam* aufkreuzen] **II.** *vt* ❶ (*make visible*) ■to ~ up ○ sth etw zeigen [*o* zum Vorschein bringen] ❷ (*expose*) ■to ~ up ○ sth etw aufdecken; ■to ~ up ○ sb jdn entlarven; to ~ sb up as [being] a cheat jdn als Lügner entlarven ❸ (*embarrass*) ■to ~ up ○ sb jdn bloßstellen [*o geh* kompromittieren]

show-and-'tell *n no pl* AM, AUS *Unterrichtsmethode, bei der Schüler ein Anschauungsobjekt mit in die Schule bringen und den anderen Schülern erklären* **show·biz** ['ʃəʊbɪz, AM 'ʃoʊ-] *n no pl* (*fam*) *short for* **show business** Showbiz *nt fam* **show·biz per·son·'al·ity** *n* (*fam*) Prominente(r) *f(m)* (*aus dem Showgeschäft*) **'show·boat** AM **I.** *n* ❶ (*ship*) Theaterschiff *nt* ❷ (*fam: show-off*) Angeber(in) *m(f)* **II.** *adj* (*fam*) angeberisch *fam* **III.** *vi* (*fam*) angeben *fam* **'show·boat·ing** *n no pl* AM Prahlerei *f,* Angeberei *f fam* **'show busi·ness** *n no pl* Showbusiness *nt,* Showgeschäft *nt,* Unterhaltungsbranche *f;* in ~ im Showgeschäft **'show·case I.** *n* ❶ (*container*) Schaukasten *m,* Vitrine *f* ❷ (*fig: place/opportunity for presentation*) Schau *f,* Schaufenster *nt* **II.** *vt* ■to ~ sth etw ausstellen; to ~ one's talent seine Begabung unter Beweis stellen **'show·down** *n* Showdown *m,* Kraftprobe *f;* ■a ~ with sb ein Entscheidungskampf *m* gegen jdn; to prepare for a ~ [with sb] sich *akk* auf einen Showdown [mit jdm] vorbereiten

show·er ['ʃaʊəʳ, AM 'ʃaʊɚ] **I.** *n* ❶ (*brief fall*) Schauer *m;* ~ of rain/snow Regen-/Schneeschauer *m;* thunder ~ Gewitterschauer *m;* hard [*or* heavy] ~ heftiger Schauer; thundery ~s gewittrige Schauer *mpl* ❷ (*spray*) Regen *m;* to bring a ~ of praise upon sb (*fig*) jdm viel Lob einbringen; ~ of sparks Funkenregen *m* ❸ (*for bathing*) Dusche *f;* to be in the ~ unter der Dusche sein; to have [*or* take] a ~ duschen ❹ AM (*party*) *Frauenparty vor einer Hochzeit, Geburt etc., bei der Geschenke überreicht werden* **II.** *vt* ❶ (*with liquid*) ■to ~ sb/sth etw/jdn bespritzen; to ~ sb with champagne jdn mit Champagner bespritzen ❷ (*fig*) ■to ~ sb/sth with sth, ■to ~ sth on sb/sth (*rain down*) etw auf jdn/etw niederregnen lassen; (*lavish*) jdn/etw mit etw *dat* überhäufen; to ~ compliments on sb jdn mit Komplimenten überhäufen; to ~ sb with presents/praise jdn mit Geschenken/Lob überhäufen; to ~ a town with missiles einen Raketenhagel auf eine Stadt niedergehen lassen, eine Stadt unter Raketenbeschuss nehmen **III.** *vi* ❶ (*take a shower*) duschen ❷ (*spray*) ■to ~ down niederregnen, niederfallen

'show·er at·tach·ment *n* Duschvorrichtung *f* **'show·er cap** *n* Duschhaube *f* **'show·er cream** *n* Duschcreme *f* **'show·er cur·tain** *n* Duschvorhang *m* **'show·er gel** *n* Duschgel *nt* **'show·er·head** *n* Duschkopf *m* **'show·er·proof** *adj* AUS, BRIT Wasser abweisend *attr* **'show·er tea** *n* AUS *Frauenparty, bei der einer Braut Geschenke überreicht werden*

show·ery ['ʃaʊəri, AM 'ʃaʊri] *adj* mit vereinzelten Regenschauern *nach n;* ~ weather regnerisches Wetter

'show·girl *n* Revuegirl *nt* **'show·ground** *n* Veranstaltungsgelände *nt* **'show home** *n,* **'show house** *n* BRIT Musterhaus *nt*

showi·ly ['ʃəʊɪli, AM 'ʃoʊ-] *adv* auffällig, protzig *meist pej fam*

showi·ness ['ʃəʊɪnəs, AM 'ʃoʊ-] *n no pl* Pomp *m,* Protzerei *f*

show·ing ['ʃəʊɪŋ, AM 'ʃoʊ-] *n usu sing* ❶ (*exhibition*) Ausstellung *f* ❷ (*broadcasting*) Übertragung *f* ❸ (*performance in competition*) Vorstellung *f;* to make [*or* manage] a good/strong/dismal ~ eine gute/eindrucksvolle/schwache Vorstellung geben

'show jump·er *n* ❶ (*horse*) Springpferd *nt* ❷ (*rider*) Springrei-

S

ter(in) *m(f)* **'show jump·ing** *n no pl* Springreiten *nt* **'show·man** *n (esp approv)* Showman *m* **show·man·ship** ['ʃəʊmənʃɪp, AM 'ʃoʊ-] *n no pl (esp approv)* publikumswirksames Auftreten

shown ['ʃəʊn, AM 'ʃoʊn] *vt, vi pp of* **show**

'show-off *n* Angeber(in) *m(f)* **'show·piece I.** *n* Paradebeispiel *nt* **II.** *n modifier (hospital, jail)* Vorzeige- **'show pony** *n* AUS Blender(in) *m(f)* **'show·room** *n* Ausstellungsraum *m* **'show·stop·per** *n* sensationelle Darbietung **'show·stop·ping** *adj attr, inv* sensationell; **his recital of Shakespeare in the middle of the play was a ~ performance** für seinen Shakespeare-Monolog im Stück erhielt er stürmischen Szenenapplaus **'show trial** *n* Schauprozess *m*

showy ['ʃəʊi, AM 'ʃoʊi] *adj* auffällig, protzig *meist pej fam*

shrank [ʃræŋk] *vt, vi pt of* **shrink**

shrap·nel ['ʃræpnᵊl] *n no pl* Granatsplitter *pl;* **to be hit by ~** von Granatsplittern getroffen werden

shred [ʃred] **I.** *n* ❶ *usu pl (thin long strip)* Streifen *m;* **to leave sb's reputation in ~s** jds Ruf *m* ruinieren; **to be in ~s** zerfetzt sein; **to rip** [*or* **tear**] **sth to ~s** etw in Fetzen reißen; **to tear sb to ~s** *(fig)* jdn in Stücke reißen ❷ *no pl (tiny bit) of hope* Funke *m;* **there isn't a ~ of evidence** es gibt nicht den geringsten Beweis; **without a ~ of clothing on** splitter[faser]nackt; **every ~ of credibility** jedes bisschen Glaubwürdigkeit **II.** *vt* <-dd-> ■**to ~ sth** etw zerkleinern; **to ~ a document** ein Dokument vernichten [*o* schredden]; **to ~ vegetables** Gemüse hacken

shred·ded wheat [ʃredɪd'(h)wi:t] *n* AM Weizenschrot *m o nt kein pl*

shred·der ['ʃredəʳ, AM -ɚ] *n* Reißwolf *m,* Shredder *m;* **garden ~** Häcksler *m*

shrew [ʃru:] *n* ❶ *(animal)* Spitzmaus *f* ❷ *(pej: woman)* Hexe *f pej,* Xanthippe *f pej*

shrewd [ʃru:d] *adj (approv)* schlau, klug, gewieft *fam;* **~ comment** kluge [*o* scharfsinnige] Bemerkung; **~ decision** kluge Entscheidung; **~ eye** scharfes Auge; **to make a ~ guess** gut raten; **~ move** geschickter Schachzug

shrewd·ly ['ʃru:dli] *adv (approv)* schlau, klug; **she ~ predicted the stock market crash** sie sah den Zusammenbruch des Börsenmarkts scharfsinnig voraus

shrewd·ness ['ʃru:dnəs] *n no pl (approv)* Klugheit *f*

shrew·ish ['ʃru:ɪʃ] *adj (pej)* zänkisch *pej*

shriek [ʃri:k] **I.** *n* [schriller, kurzer] Schrei; *seagull* Kreischen *nt kein pl;* **~ of delight** Freudenschrei *m* **II.** *vi* kreischen; **to ~ with laughter** vor Lachen brüllen; **to ~ in pain** vor Schmerzen schreien **III.** *vt* ■**to ~ sth** etw schreien; **to ~ abuse at sb** jdn lauthals beschimpfen

shrift [ʃrɪft] *n* ▶ PHRASES: **to get short ~ from sb** von jdm wenig Mitleid bekommen; **to give short ~ to sb** jdm wenig Beachtung schenken, jdn kurz abfertigen; **to give short ~ to sth** etw *dat* wenig Beachtung schenken; **to make short ~ of sth** mit etw *dat* kurzen Prozess machen

shrill [ʃrɪl] *adj* schrill; **~ attack** *(fig)* heftige Attacke, scharfer Angriff

shrill·ness ['ʃrɪlnəs] *n no pl* schriller Ton

shril·ly ['ʃrɪli] *adv* schrill; **to utter/yell sth ~** etw mit schriller Stimme äußern/schreien

shrimp [ʃrɪmp] **I.** *n* ❶ <*pl* -s *or* -> *(crustacean)* Garnele *f,* Shrimp *m* ❷ *(pej fam: very short person)* Zwerg *m hum* **II.** *n modifier (casserole, dip, dish, soup)* Garnelen-; **~ salad** Shrimpssalat *m*

shrimp 'cock·tail *n* AM Shrimpscocktail *m*

shrine [ʃraɪn] *n* Heiligtum *nt; (casket for relics)* Schrein *m a. fig; (tomb)* Grabmal *nt; (place of worship)* Pilgerstätte *f*

shrink [ʃrɪŋk] **I.** *vi* <shrank *or esp* AM shrunk, shrunk *or* AM *a.* shrunken> ❶ *(become smaller)* schrumpfen; *sweater* eingehen; **to ~ dramatically** *(fig)* drastisch zusammenschrumpfen [*o* sinken] ❷ *(liter: cower)* sich *akk* ducken; ■**to ~ at sth** bei etw *dat* zusammenzucken ❸ *(pull back)* ■**to ~ away** zurückweichen, zurückschrecken; ■**to ~ away from sb/sth** vor jdm/etw zurückschrecken ❹ *(show reluctance)* ■**to ~ from** [**doing**] **sth** sich *akk* vor etw *dat* drücken *fam;* **to ~ from a difficulty** einer Schwierigkeit aus dem Weg gehen **II.** *vt* <shrank *or* AM *esp* shrunk, shrunk *or* AM *a.* shrunken> ■**to ~ sth** etw schrumpfen lassen; **I shrank another shirt today** mir ist heute schon wieder ein Hemd eingegangen; **to ~ costs** die Kosten senken **III.** *n (fam)* Psychiater(in) *m(f)*

shrink·age ['ʃrɪŋkɪdʒ] *n no pl* Schrumpfen *nt; of a sweater* Eingehen *nt*

shrink·ing ['ʃrɪŋkɪŋ] *adj* schrumpfend *attr*

shrink·ing 'vio·let *n (fam)* Mimose *f oft pej*

'shrink-wrap I. *n* Plastikfolie *f* **II.** *vt* **to ~ food** Nahrungsmittel in Frischhaltefolie einpacken; **to ~ a book** ein Buch in Folie einschweißen

shriv·el <BRIT -ll- *or* AM *usu* -l-> ['ʃrɪvᵊl] **I.** *vi* [zusammen]schrumpfen; *fruit* schrumpeln; *plants* welken; *skin* faltig werden; *(fig) profits* schwinden **II.** *vt* ■**to ~ sth** etw zusammenschrumpfen lassen; **to ~ the crops** die Ernte vertrocknen lassen; **to ~ the skin** die Haut faltig werden lassen

◆**shrivel up** *vi* zusammenschrumpfen; *fruit* vertrocknen, schrumpeln; **~led-up leaf** verwelktes Blatt ▶ PHRASES: **to want to ~ up and die** in den Boden versinken wollen

shriv·eled AM, **shriv·elled** ['ʃrɪvᵊld] *adj fruit* verschrumpelt; *leaf* verwelkt; *skin* faltig

shroud [ʃraʊd] **I.** *n* ❶ *(burial wrapping)* Leichentuch *nt* ❷ *(covering)* Hülle *f;* **~ of dust** Staubschicht *f;* **~ of fog** Nebelschleier *m;* **a ~ of secrecy** *(fig)* ein Mantel *m* der Verschwiegenheit *fig* **II.** *vt* ■**to ~ sth** etw einhüllen; **~ed in darkness** in Dunkelheit eingehüllt; **~ed in fog** in Nebel gehüllt, nebelverhangen *geh;* **~ed in mystery** *(fig)* geheimnisumwoben *geh,* geheimnisumwittert *geh;* **to ~ sth in scaffolding** etw einrüsten; **to ~ sth in secrecy** *(fig)* etw geheim halten

Shrove·tide ['ʃrəʊvtaɪd, AM 'ʃroʊv-] *n* Fastnacht *f,* Karneval *m bes* MITTELD, Fasching *m* SÜDD, ÖSTERR, Fasnacht *f* SCHWEIZ

Shrove Tues·day [ʃrəʊv'tju:zdeɪ, AM ʃroʊv'tu:-, tju:-] *n no art* Fastnachtsdienstag *m,* Faschingsdienstag *m* SÜDD, ÖSTERR, Fasnachtsdienstag *m* SCHWEIZ

shrub [ʃrʌb] *n* Strauch *m,* Busch *m;* **a flowering ~** ein blühender Busch

shrub·bery ['ʃrʌbᵊri] *n no pl* ❶ *(area planted with bushes)* Gebüsch *nt,* Buschwerk *nt* ❷ *(group of bushes)* Sträucher *mpl*

shrug [ʃrʌg] **I.** *n of one's shoulders* Achselzucken *nt kein pl;* **~ of contempt** verächtliches Achselzucken **II.** *vi* <-gg-> die Achseln zucken **III.** *vt* <-gg-> **to ~ one's shoulders** die Achseln zucken; *(fig)* tatenlos zusehen

◆**shrug aside** *vt* ■**to ~ aside** ◌ **sth** etw mit einem Achselzucken abtun

◆**shrug off** *vt* ❶ *see* **shrug aside** ❷ *(get rid of)* ■**to ~ off** ◌ **sth** etw loswerden

shrunk [ʃrʌŋk] *vt, vi pp, pt of* **shrink**

shrunk·en ['ʃrʌŋkən] **I.** *adj* geschrumpft; **~ figure** in sich zusammengesunkene Gestalt; **~ profits** niedrigere Gewinne **II.** *vt, vi* AM *pp of* **shrink**

shtick [ʃtɪk] *n* AM *(sl)* Trick *m,* Show *f fam;* **Tom went into his ~ about his mother-in-law again** Tom zog wieder mal seine Schwiegermuttershow ab *fam*

shtook [ʃtʊk] *no pl* BRIT *(sl),* **shtuck** *n no pl* BRIT *(sl)* Ärger *m,* Stunk *m pej fam;* **to be in ~** Schwierigkeiten bekommen, Stunk haben *pej fam*

shuck [ʃʌk] *vt* AM ❶ FOOD ■**to ~ sth** *corn* etw schälen; **to ~ beans** Bohnen enthülsen; **to ~ oysters** Austern aus der Schale herauslösen ❷ *(remove)* **to ~ one's clothes** seine Kleider ausziehen [*o* ablegen]

◆**shuck off** *vt* AM ■**to ~ off** ◌ **sth** sich *akk* von etw *dat* befreien, etw abschütteln; **to ~ a bad habit off** eine schlechte Angewohnheit ablegen

shucks [ʃʌks] *interj* AM (*fam*) ach Quatsch! *fam;* ~, **I wish I could have gone to the party** ach Mensch, hätte ich doch nur zur Party gehen können *fam*

shud·der ['ʃʌdəʳ, AM -ɚ] **I.** *vi* zittern, erschaudern *geh; ground* beben; **I ~ to think what would have happened if ...** mir graut vor dem Gedanken, was passiert wäre, wenn ...; **she ~ed at the thought of kissing him** es schauderte sie bei dem Gedanken, ihn zu küssen; **to ~ with disgust/horror/loathing** vor Ekel/Grauen/Abscheu erschaudern *geh;* **to ~ to a halt** mit einem Rucken zum Stehen kommen; **the economy has ~ed to a halt** (*fig*) die Wirtschaft ist zum Erliegen gekommen; **to ~ at the memory of sth** mit Schaudern an etw *akk* zurückdenken **II.** *n* Schauder *m geh,* Schaudern *nt kein pl;* **Wendy gave a ~ of disgust** Wendy schüttelte sich vor Ekel; **to send a ~ down one's spine** jdm einen Schauder den Rücken hinunterjagen; **to send a ~ through sb** jdn erschaudern lassen *geh*

shuf·fle ['ʃʌfl] **I.** *n* ❶ CARDS Mischen *nt kein pl* (*von Karten*); **to give the cards a ~** die Karten mischen ❷ (*rearrangement*) Neuordnung *f kein pl;* **she gave her papers a quick ~** sie sortierte ihre Papiere rasch neu ❸ *esp* AM, AUS, CAN (*shake-up*) **cabinet ~** Kabinettsumbildung *f;* **management ~** personelle Umstrukturierung in der Geschäftsleitung ❹ *no pl of feet* Schlurfen *nt* **II.** *vt* ❶ (*mix*) **to ~ cards** [*or* AM **a deck**] Karten mischen ❷ (*move around*) ■**to ~ sth** [**around**] etw hin- und herschieben; **paper-shuffling employee** Angestellte(r) *f(m),* die/der nur Papier umschichtet ❸ (*drag*) **to ~ one's feet** schlurfen **III.** *vi* ❶ CARDS Karten mischen ❷ (*sort through*) ■**to ~ through sth** etw durchblättern ❸ (*drag one's feet*) schlurfen; ■**to ~ along** (*fig*) sich *akk* dahinschleppen; ■**to ~ around** unruhig sein, herumzappeln *fam*

◆**shuffle off** *vt* ■**to ~ off** ○ **sth** etw abschütteln; **to ~ off a burden** sich *akk* von einer Last befreien; **to ~ off responsibility** [**onto sb**] Verantwortung [auf jdn] abwälzen ▶ PHRASES: **when we have ~d off this mortal coil** (*quotation from Hamlet*) wenn wir den Drang des Irdischen abgeschüttelt

shuf·fle·board ['ʃʌflbɔːd, AM -bɔːrd] *n no pl* AM, CAN (*shovelboard*) Beilkespiel *nt*

shuf·ti *no pl* BRIT (*dated fam*), **shuf·ty** ['ʃʊfti] *n no pl* BRIT (*dated fam*) Blick *m;* **to have a ~** [**at sth**] einen Blick [auf etw *akk*] werfen

shun <-nn-> [ʃʌn] *vt* ■**to ~ sth** etw meiden, etw *dat* ausweichen; ■**to ~ sb** jdm aus dem Weg gehen; **to ~ publicity** die Öffentlichkeit meiden

shunt [ʃʌnt] **I.** *vt* ❶ RAIL ■**to ~ sth** etw verschieben; **to ~ a train/carriages** einen Zug/Waggons rangieren ❷ (*fig: move*) ■**to ~ sth** etw abschieben; ■**to ~ sb** jdn schieben; (*get rid of*) jdn abschieben *fam;* **I spent most of my childhood being ~ed between my parents** den größten Teil meiner Kindheit wurde ich von einem Elternteil zum anderen geschoben; **to be ~ed to later times** auf einen späteren Zeitpunkt verschoben werden; ■**to ~ sb aside** jdn aufs Abstellgleis stellen *fam* **II.** *n* ❶ RAIL Rangieren *nt kein pl,* Verschieben *nt kein pl;* **to give a train/carriages a ~** einen Zug/Waggon verschieben ❷ BRIT AUTO (*fam*) Bums *m fam*

shunt·er ['ʃʌntəʳ, AM -ɚ] *n* Rangierlok[omotive] *f*

shunt·ing ['ʃʌntɪŋ] *n* Rangieren *nt kein pl,* Verschieben *nt kein pl*

'shunt·ing en·gine *n* Rangierlok[omotive] *f* **'shunt·ing sta·tion** *n,* **'shunt·ing yard** *n* Rangierbahnhof *m*

shush [ʃʊʃ] **I.** *interj* sch!, pst! **II.** *vt* (*fam*) ■**to ~ sb** jdm sagen, dass er/sie still sein soll **III.** *vi* (*fam*) still sein

shut [ʃʌt] **I.** *adj inv* geschlossen; **~ curtains** zugezogene Vorhänge; **to slam a door ~** eine Tür zuschlagen; **to slide ~** sich *akk* automatisch schließen ▶ PHRASES: **to be** [*or* **get**] **~ of sb/sth** jdn/etw loswerden **II.** *vt* <-tt-, shut, shut> ❶ (*close*) ■**to ~ sth** etw schließen [*o* zumachen]; **to ~ a book** ein Buch zuklappen; **to ~ one's eyes/ears to sth** seine Augen/Ohren vor etw *dat* verschließen ❷ COMM (*stop operating*) ■**to ~ sth** etw schließen [*o* zusperren] ❸ (*pinch*) **to ~ one's finger/hand in sth** sich *dat* den Finger/die Hand in etw *dat* einklemmen ▶ PHRASES: **~ your face!** (*fam!*) halt die Klappe! *fam;* **~ your gob!** (*fam!*) halt's Maul! *derb,* halt die Fresse! *derb;* **~ it!** (*fam!*) Klappe! *sl;* **~ your mouth!** (*fam!*) halt den Mund! *fam;* **~ your yap!** AM (*fam!*) halt die Schnauze! *fam* **III.** *vi* <-tt-, shut, shut> ❶ (*close*) schließen, zumachen ❷ COMM (*stop operating*) schließen, zusperren

◆**shut away** *vt* ■**to ~ away** ○ **sb** jdn einschließen [*o* einsperren]; ■**to ~ oneself away** sich *akk* einschließen

◆**shut down I.** *vt* ■**to ~ down** ○ **sth** ❶ (*stop operating*) etw schließen; **to ~ down an airport** einen Flughafen sperren ❷ (*turn off*) etw abstellen; **to ~ the system down** das System herunterfahren **II.** *vi business, factory* zumachen; *engine* sich *akk* abstellen

◆**shut in** *vt* ■**to ~ in** ○ **sb** jdn einschließen [*o* einsperren]; ■**to ~ oneself in** sich *akk* einsperren

◆**shut off** *vt* ❶ (*isolate*) ■**to ~ off** ○ **sb/sth** [**from sth**] jdn/etw [von etw *dat*] isolieren; (*protect*) jdn/etw [von etw *dat*] abschirmen; **to ~ oneself off** [**from one's friends**] sich *akk* [von seinen Freunden] zurückziehen ❷ (*turn off*) ■**to ~ off** ○ **sth** etw abstellen [*o* ausmachen]; **to ~ off a computer/system** einen Computer/ein System herunterfahren ❸ (*stop sending*) ■**to ~ off** ○ **sth** etw einstellen; **to ~ off humanitarian aid** humanitäre Hilfe unterbinden; **to ~ off funds** Geldmittel sperren; **to ~ off signals** Signale verhindern

◆**shut out** *vt* ❶ (*block out*) ■**to ~ out** ○ **sth** etw ausschließen; (*fig*) *thoughts* etw verdrängen; **the double glazing ~s out most of the traffic noise** die doppelten Fenster halten den größten Teil des Verkehrslärms ab; **to ~ out the light** das Licht abschirmen; **to ~ out the memory of sth** die Erinnerung an etw *akk* ausschalten; **to ~ out pain** Schmerz ausschalten ❷ (*exclude*) ■**to ~ out sb** [**from** [*or* **of**] **sth**] jdn [von etw *dat*] ausschließen *a. fig;* **to ~ sb out of power** jdn nicht an der Macht teilhaben lassen ❸ SPORTS (*prevent from scoring*) ■**to ~ out** ○ **sb** jdn zu null schlagen

◆**shut up I.** *vt* ❶ (*confine*) ■**to ~ up** ○ **sb/an animal** [**in sth**] jdn/ein Tier [in etw *dat*] einsperren ❷ AUS, BRIT (*close* [*for day*]) ■**to ~ up** ○ **sth** etw schließen; **to ~ up shop** das Geschäft schließen; (*fig: stop business*) seine Tätigkeit einstellen ❸ (*fam: cause to stop talking*) ■**to ~ up** ○ **sb** jdn zum Schweigen bringen; **to ~ up a baby** (*fig*) ein Baby beruhigen; **to ~ sb up for good** jdn für immer zum Schweigen bringen **II.** *vi* ❶ AUS, BRIT (*close for day*) [seinen Laden] zuschließen ❷ (*fam: stop talking*) den Mund halten *fam*

'shut·down *n* Schließung *f,* Stilllegung *f* **'shut·down pro·cedure** *n* Vorgehen *nt* im Fall eines Versagens der Anlage **'shut·eye** *n no pl esp* AM (*dated fam*) Nickerchen *nt fam;* **to get** [*or* **grab**] **some ~** eine Mütze voll Schlaf nehmen *fam,* ein Nickerchen machen *fam* **shut in** *adj pred,* **'shut-in** *adj attr* **a ~ feeling** ein Gefühl *nt* des Eingesperrtseins [*o* der Enge]; **to feel ~** sich *akk* eingesperrt fühlen **'shut-in** *n Person, die an das Haus gefesselt ist* **'shut-off I.** *n* Abstellvorrichtung *f,* Abschaltmechanismus *m* **II.** *n modifier* Abstell-, Abschalt-; **~ switch** Aus-Schalter *m* **'shut-off valve** *n* Sperrventil *nt* **'shut·out** *n* AM SPORTS Niederlage *f* zu null [*o* ohne Punkt]

shut·ter ['ʃʌtəʳ, AM 'ʃʌt̬ɚ] *n* ❶ PHOT Kameraverschluss *m,* Blende *f;* **to open the ~** die Blende öffnen ❷ *usu pl* (*window cover*) Fensterladen *m;* **to close/open the ~s** die Fensterläden schließen/öffnen; **to pull down/put up the ~s** die Rollläden herunterlassen/hochziehen

shut·tered ['ʃʌtəd, AM 'ʃʌt̬ɚd] *adj inv* ❶ (*with shutters closed*) ■**to be ~** geschlossene Fensterläden haben, die Rollläden heruntergelassen haben ❷ (*having shutters*) mit Fensterläden *nach n*

'shut·ter speed *n* PHOT Belichtungszeit *f;* **high ~** kurze Belichtungszeit

S

shut·tle ['ʃʌtl̩, AM 'ʃʌt̬l̩] **I.** *n* ❶ (*train*) Pendelzug *m;* (*plane*) Pendelmaschine *f;* **air** ~ [**service**] Shuttleflug *m;* **space** ~ Raumfähre *f* ❷ (*weaving bobbin*) Weberschiffchen *nt;* (*sewing-machine bobbin*) Schiffchen *nt* ❸ (*fam*) Federball *m* **II.** *vt* ■**to** ~ **sb** jdn hin- und zurückbefördern; **passengers were** ~**d by bus from the bus stop to the airport** die Passagiere wurden mit dem Bus von der Bushaltestelle zum Flughafen gebracht **III.** *vi* hin- und zurückfahren; **there are trains which** ~ **from the airport to the city centre** zwischen dem Flughafen und der Innenstadt verkehren Züge

'shut·tle bus *n* Zubringerbus *m* **'shut·tle·cock** [-kɒk, AM -kɑ:k] *n* Federball *m* **shut·tle di·'plo·ma·cy** *n* Reisediplomatie *f;* **to be involved** [*or* **engaged**] **in** ~ Reisediplomatie betreiben **'shut·tle flight** *n* Shuttleflug *m* **'shut·tle ser·vice** *n* Zubringerdienst *m,* Shuttleservice *nt* **'shut·tle train** *n* Zubringerzug *m*

shy[1] [ʃaɪ] (*dated*) **I.** *vt* <-ie-> (*fam*) ■**to** ~ **sth at sb/sth** etw auf jdn/etw werfen **II.** *n* (*fam*) Wurf *m;* **to have** [*or* **take**] **a** ~ **at sth** auf etw *akk* werfen; (*fig*) etw angreifen

shy[2] [ʃaɪ] **I.** *adj* ❶ (*timid*) schüchtern; **to be** ~ **of** [*or* **with**] **people** menschenscheu sein; *children* fremdeln; ~ **smile** scheues Lächeln; **to be too** ~ **of doing** [*or* **to do**] **sth** zu schüchtern sein, etw zu tun ❷ *after n, inv* (*lacking*) **we're only £100** ~ **of the total amount** uns fehlen nur noch 100 Pfund vom Gesamtbetrag **II.** *vi* <-ie-> ❶ *horse* scheuen ❷ (*avoid*) ■**to** ~ **away from** [**doing**] **sth** vor etw *dat* zurückschrecken, etw scheuen

shy·ly [ʃaɪli] *adv* schüchtern; **to smile** ~ scheu lächeln

shy·ness ['ʃaɪnəs] *n no pl* Schüchternheit *f;* (*esp of horses*) Scheuen *nt*

shys·ter ['ʃaɪstəʳ, AM -ɚ] (*fam*) **I.** *n* Gauner(in) *m(f),* Ganove *m* **II.** *adj attr, inv* gaunerhaft, ganovenhaft

SI [ˌes'aɪ] *n no pl* SCI *abbrev of* **Système International**

Sia·mese [ˌsaɪə'mi:z] **I.** *n* <*pl* -> ❶ (*person*) Siamese, -in *m, f;* (*cat*) Siamkatze *f* ❷ *no pl* (*language*) Siamesisch *nt* **II.** *adj inv* siamesisch

Sia·mese 'cat *n* Siamkatze *f* **Sia·mese 'twins** *npl* siamesische Zwillinge

sib [sɪb] *n* (*sl*) *short for* **sibling** Geschwister *nt*

Si·berian [saɪ'bɪəriən, AM -'bɪri-] **I.** *n* Sibir[i]er(in) *m(f)* **II.** *adj inv* sibirisch; ~ **cold** sibirische Kälte

Si·berian 'ti·ger *n* sibirischer Tiger

sib·ling ['sɪblɪŋ] *n* Geschwister *nt meist pl*

sib·ling 'ri·val·ry *n* Geschwisterrivalität *f*

sic [sɪk] **I.** *adv inv* sic **II.** *vt* ■**to** ~ **sb on sb** jdn auf jdn ansetzen

Si·cil·ian [sɪ'sɪliən] **I.** *n* Sizilianer(in) *m(f)* **II.** *adj inv* sizilianisch

Sici·ly ['sɪsɪli, AM -əli] *n no pl* Sizilien *nt*

sick[1] [sɪk] **I.** *adj* ❶ (*physically*) krank; (*fig: in poor condition*) *machine, engine* angeschlagen; **to be off** ~ krankgemeldet sein; **to call in** [*or* **report**] ~ sich *akk* krankmelden; **to fall** [*or* **take**] [*or form* **be taken**] ~ erkranken *geh* ❷ (*mentally*) geisteskrank; (*fig*) krank; **are you** ~ **or something?** (*fam!*) spinnst du oder was? ❸ *pred* (*in stomach*) **to be** [*or* **get**] ~ sich *akk* erbrechen, spucken *fam;* **to feel** ~ sich *akk* schlecht fühlen; **I feel** ~ mir ist schlecht [*o* übel]; **I feel** ~ **to my stomach** mir ist im Magen schlecht; **to make oneself** ~ sich *dat* den Magen verderben; (*fig*) **it makes me** ~ **to my stomach when I think of ...** mir dreht sich der Magen um, wenn ich daran denke, ... ❹ *pred* (*fam: upset*) erschüttert, entsetzt; **it makes me** ~ **the way he always complains** ich kann sein Gejammer nicht mehr hören; ■**to be** ~ **about** [*or* **at**] [*or* AM **over**] **sth** über etw *akk* entsetzt sein ❺ *pred* (*fam: fed up*) ■**to be** ~ **of doing sth** es satthaben, etw zu tun; **to be** ~ **and tired** [*or* ~ **to death**] **of sth** etw [gründlich] satthaben; ■**to be** ~ **of sth/sb** von etw/jdm die Nase voll haben *fam* ❻ (*angry*) [wahnsinnig] wütend; **it makes me** ~ **...** es regt mich auf ... ❼ (*fam: cruel and offensive*) geschmacklos; *person* pervers; *mind* abartig; ~ **humour** schwarzer Humor; ~ **joke** makab[e]rer Witz ▶ PHRASES: **to feel** [**as**] ~ **as a dog** AM, AUS sich hundeelend fühlen; **I was** ~ **as a dog** mir ging es hundeelend; **to be** ~ **at heart** [äußerst] niedergeschlagen sein; **to be** ~ **as a parrot** BRIT (*hum*) völlig fertig sein; **to be worried** ~ (*fam*) krank vor Sorge sein **II.** *n* ❶ (*ill people*) ■**the** ~ *pl* die Kranken *pl* ❷ *no pl* BRIT (*fam: vomit*) Erbrochenes *nt* **III.** *vt* BRIT (*fam*) ■**to** ~ **up** ⊂ **sth** etw erbrechen

sick[2] [sɪk] *vt* **to** ~ **a dog on sb** auf jdn einen Hund hetzen

'sick bag *n* MED, AVIAT Speibeutel *m,* Spucktüte *f fam* **'sick·bay** *n* MIL Krankenstation *f,* Krankenraum *m* **'sick·bed** *n* Krankenbett *nt*

sick 'build·ing *n* kontaminiertes Gebäude

sick-build·ing 'syn·drome *n* Sick Building Syndrom *nt* (*durch kontaminierte Bürogebäude ausgelöste Krankheit*) **'sick call** *n* MED ❶ (*doctor's visit*) Visite *f;* **to be on** ~ auf Visite sein ❷ (*in military*) Krankenappell *m* **'sick day** *n* ADMIN, MED Krankheitstag *m*

sick·en ['sɪkᵊn] **I.** *vi* ❶ MED (*become sick*) erkranken; ■**to** ~ **of sth** (*fig*) einer S. *gen* überdrüssig werden ❷ BRIT MED (*become sick with*) **to** ~ **for measles/a cold** an Masern/einer Erkältung erkranken **II.** *vt* ■**to** ~ **sb** (*upset greatly*) jdn krank machen *fam;* (*turn sb's stomach*) jdn anekeln [*o* anwidern]; ■**to be** ~**ed at** [*or* **by**] **sth** von etw *dat* angeekelt sein

sick·en·ing ['sɪkᵊnɪŋ] *adj* (*repulsive*) *cruelty, smell* entsetzlich, ekelhaft; *prices, frequency* unerträglich; (*annoying*) [äußerst] ärgerlich; **it's** ~ **that I can't go to the party** es ist wirklich blöd, dass ich nicht auf die Party kann *fam*

sick·en·ing·ly ['sɪkᵊnɪŋli] *adv* (*repulsive*) entsetzlich, ekelhaft; (*fig*) unerträglich; ~ **sweet** widerlich süß; **now it's** ~ **obvious** das schreit ja schon zum Himmel *fam*

sick 'head·ache *n* Migräneanfall *m*

sickie ['sɪki] *n* ❶ (*childspeak fam: sick person*) Kranke(r) *f(m)* ❷ BRIT (*fam: sick leave*) Krankheitstag *m;* **to take a** ~ krank machen ❸ (*fam: crazy person*) Geistesgestörte(r) *f(m),* Verrückte(r) *f(m)*

sick·le ['sɪkl̩] *n* Sichel *f*

'sick leave *n no pl* MED Genesungsurlaub *m;* **to be on** [*or* **take**] ~ krankgeschrieben sein

sick·le-cell an(a)emia [ˌsɪkl̩sel-] *n,* **sickle-'cell dis·ease** *n* MED *no pl* Sichelzellenanämie *f*

'sick list *n* MED Krankenliste *f;* **to be on the** ~ krankgemeldet sein

sick·ly ['sɪkli] *adj* ❶ (*not healthy*) kränklich; (*pale*) *complexion, light* blass; **her face was a** ~ **colour** sie war kreidebleich; ■**to be** ~ kränkeln; ~ **climate** ungesundes Klima ❷ (*causing nausea*) ekelhaft, widerlich; ~ **smell/taste** ekelhafter Geruch/Geschmack ❸ (*full of emotion*) schmalzig *pej,* rührselig *pej*

'sick-mak·ing *adj* BRIT (*fam*) unerhört; **it's** ~ **that ...** es ist eine Sauerei, dass ... *fam*

sick·ness <*pl* -es> ['sɪknəs] *n* ❶ (*illness*) Krankheit *f;* (*nausea*) Übelkeit *f* ❷ (*fig*) Schwäche *f;* **the economic** ~ **of our society** die wirtschaftliche Anfälligkeit unserer Gesellschaft ❸ *no pl* (*vomiting*) Erbrechen *nt* ❹ *no pl* (*perverseness*) Abartigkeit *f*

'sick·ness ben·efit *n* BRIT, AUS Krankengeld *nt*

'sick note *n* Krankmeldung *f*

sicko ['sɪkəʊ, AM -oʊ] (*sl*) **I.** *n* Geistesgestörte(r) *f(m),* Verrückte(r) *f(m) fam* **II.** *adj* geistesgestört, verrückt *fam*

'sick-out *n geschlossene Krankmeldung der Mitarbeiter einer Firma* **'sick pa·rade** *n* BRIT MIL, MED Krankenappell *m* **'sick pay** *n no pl* ADMIN, MED Krankengeld *nt* **'sick·room** *n* Krankenzimmer *nt*

sicky ['sɪki] *n* **to throw a** ~ (*fam!*) blaumachen *fam*

side [saɪd] **I.** *n* ❶ (*vertical surface*) *of a car, box* Seite *f; of a house, wall* [Seiten]wand *f; of a hill, cliff* Hang *m;* **I have a small table at the** ~ **of my bed** ich habe einen kleinen Tisch neben meinem Bett; ~ **by** ~ Seite an Seite; **to do sth** ~ **by** ~

etw Seite an Seite tun; **to stay at sb's ~** jdm zur Seite stehen ❷ (*flat surface*) *of a coin, record* Seite *f;* **this ~ up!** (*on parcel*) oben!; (*page*) Seite *f;* **please write on one ~ of the paper only** bitte beschreiben Sie das Papier nur einseitig; **right/wrong ~** *of cloth* rechte/linke Seite ❸ (*edge, border*) *of a plate, clearing, field* Rand *m; of a table, square* Seite *f; of a river* [Fluss]ufer *nt; of a road* [Straßen]rand *m;* **on all ~s** [*or* **every ~**] auf allen Seiten; **they were surrounded on all ~s by the children** sie wurden von allen Seiten von Kindern umringt; **from ~ to ~** von rechts nach links ❹ (*half*) *of a bed, house* Hälfte *f; of a town, brain, room* Seite *f; of a butchered animal* [Tier]hälfte *f;* (*fig: part*) *of a deal, agreement* Anteil *m;* **this is the best pizza I've tasted this ~ of Italy** das ist die beste Pizza, die ich außerhalb Italiens gegessen habe; **in Britain, cars drive on the left ~ of the road** in Großbritannien fahren die Autos auf der linken Straßenseite; (*in time, space*) **we don't expect to see him this ~ of Christmas** wir erwarten nicht, ihn vor Weihnachten zu sehen; **to keep one's ~ of a bargain** seinen Anteil eines Geschäftes behalten; **to be on the right/wrong ~ of 40/50** jung/alt für 40/50 aussehen *fam* ❺ (*direction*) Seite *f;* **move to one ~ please** bitte treten Sie zur Seite; **don't just stand to the ~ – help me** stehen Sie doch nicht nur rum – helfen Sie mir!; **to put sth on** [*or* **to**] **one ~** etw beiseitelassen; **to put money on** [*or* **to**] **one ~** Geld auf die Seite [*o fam* auf die hohe Kante] legen; **to take sb on** [*or* **to**] **one ~** jdn auf die Seite nehmen; **from/on all ~s** [*or* **every ~**] von/auf allen Seiten ❻ + *sing/pl vb* (*opposing party*) *of a dispute, contest* Partei *f,* Seite *f;* **to be on the ~ of sb** [*or* **on sb's ~**] auf jds Seite *f* sein [*o* stehen]; **whose ~ are you on anyway?** auf wessen Seite stehst du eigentlich?; **don't worry, time is on our ~** keine Angst, die Zeit läuft für uns; **to change** [*or* **switch**] **~s** sich *akk* auf die andere Seite schlagen; **to take ~s** Partei ergreifen; **to take sb's ~** sich *akk* auf jds Seite *f* schlagen *fam* ❼ + *sing/pl vb* (*team*) Mannschaft *f,* Seite *f;* **our ~ lost again on Saturday** unsere Seite hat am Samstag wieder verloren ❽ (*aspect*) Seite *f;* **there are at least two ~s to every question** jede Frage kann von mindestens zwei Seiten beleuchtet werden; **I've listened to your ~ of the story** ich habe jetzt deine Version der Geschichte gehört; **I've looked at life from both ~s** ich habe das Leben von beiden Seiten kennen gelernt; **to be on the right/wrong ~ of the law** auf der richtigen/falschen Seite des Gesetzes stehen; **to look on the brighter ~ of life** zuversichtlich sein; **sb's good/bad/romantic/funny ~** jds gute/schlechte/romantische/komische Seite ❾ + *sing/pl vb* (*in family*) **the maternal/paternal ~ of the family** die mütterliche/väterliche Seite der Familie; **the rich/religious/Irish ~ of the family** der reiche/religiöse/irische Teil der Familie; **on one's mother's/father's ~** mütterlicherseits/väterlicherseits ❿ BRIT (*TV station*) Sender *m;* **what ~ is 'Coronation Street' on?** auf welchem Sender läuft ‚Coronation Street'? ⓫ *esp* AM (*served separately*) **I'd like some sauce on the ~, please** ich hätte gerne etwas Soße extra; **a ~ of broccoli/rice/French fries** Brokkoli/Reis/Pommes frites als Beilage ▶ PHRASES: **the other ~ of the coin** die Kehrseite der Medaille; **to come down on one ~ of the fence or other** sich *akk* für das eine oder andere entscheiden; **this ~/the other ~ of the grave** im Diesseits/Jenseits; **on the large/small ~** zu groß/klein; **to get/keep on the right ~ of sb** jdn für sich *akk* einnehmen/es sich *dat* mit jdm nicht verderben; **to be on the safe ~** sichergehen; **to stay on the safe ~** vorsichtshalber; **to get on the wrong ~ of sb** es sich *dat* mit jdm verderben; **to let the ~ down** *esp* BRIT Ärger verursachen; **on the ~** nebenbei; **to have a bit on the ~** einen Seitensprung machen; (*long-term*) noch nebenher etwas laufen haben; **to make a little money on the ~** sich *dat* etwas Geld nebenher verdienen; **to have sb on the ~** nebenher mit jdm eine Affäre haben **II.** *n modifier* (*door, window, entrance*) Seiten-; (*job, issue, room, road*) Neben- **III.** *vi* ■**to ~ against sb** sich *akk* gegen jdn stellen; ■**to ~ with sb** zu jdm halten

'side·arm *n* an der Seite getragene Waffe **'side·bar** *n* AM JOURN Zusatzinformation *f* (*zu einem gegebenen Artikel*) **'side·board** *n* ❶ (*buffet*) Anrichte *f,* Sideboard *nt;* (*in a bar*) Tresen *m* ❷ BRIT (*fam: sideburns*) ■**~s** *pl* Koteletten *pl* **'side·burns** *npl* Koteletten *pl* **'side·car** *n* AUTO Seitenwagen *m,* Beiwagen *m*

-sid·ed ['saɪdɪd] *in compounds* -seitig; **one-~** einseitig; **many-~ questions** komplizierte [*o* vielschichtige] Fragen; **a steep-~ mountain** ein steilwandiger Berg

'side dish *n* FOOD Beilage *f* **'side door** *n* Seitentür *f,* Nebeneingang *m;* (*exit*) Nebenausgang *m;* (*fig*) Hintertür *f;* **through the ~** durch die Hintertür **'side drum** *n* MUS [kleine] Trommel **'side ef·fect** *n* PHARM Nebenwirkung *f* **side 'en·trance** *n,* **side 'en·try** *n* Seiteneingang *m* **'side horse** *n* AM (*pommel horse*) Pferd *nt* **'side is·sue** *n* Nebensache *f* **'side·kick** *n* (*fam*) ❶ (*subordinate*) Handlanger *m* ❷ (*friend*) Kumpan *m fam,* Kumpel *m fam* **'side·light** *n* ❶ BRIT AUTO Standlicht *nt* ❷ (*extra information*) Streiflicht *nt;* **what he said threw an interesting ~ on what had happened** was er sagte, beleuchtete die Ereignisse von einem interessanten Blickwinkel aus **'side·line I.** *n* ❶ (*secondary job*) Nebenbeschäftigung *f;* (*money*) Nebenerwerb *m;* **to do sth as a ~** etw nebenher tun ❷ *esp* AM SPORTS (*boundary line*) Begrenzungslinie *f;* (*area near field*) Seitenlinie *f* ❸ (*fig*) **on the ~s** auf der Seitenlinie, im Abseits; **to watch sth from the ~s** etw als unbeteiligter Außenstehender/unbeteiligte Außenstehende beobachten **II.** *vt* ■**to ~ sb** ❶ SPORTS (*keep from playing*) jdn auf die Ersatzbank verbannen ❷ (*fig: ignore opinions*) jdn kaltstellen *fam* [*o* ruhigstellen] **'side·long** *inv* **I.** *adj* seitlich; **he gave her a ~ glance** er warf ihr einen Blick aus dem Augenwinkel zu **II.** *adv* seitlich; **he glanced at her ~ and smiled** er sah sie von der Seite an und grinste **side-'on** *adv inv* (*hit, collide*) seitlich, von der Seite **'side or·der** *n esp* AM FOOD (*side dish*) Beilage *f* **'side plate** *n* [Beilagen]teller *m* **side 'pock·et** *n* Seitentasche *f*

si·dereal [saɪ'dɪəriəl, AM -'dɪri-] *adj inv* ASTRON siderisch *fachspr;* **~ clock** siderische Uhr; **~ year** Sternjahr *nt*

'side road *n* Seitenstraße *f* **'side-sad·dle I.** *n* Damensattel *m* **II.** *adv inv* **to ride ~** im Damensattel reiten **'side sal·ad** *n* Beilagensalat *m* **'side shoot** *n* BOT Seitentrieb *m* **'side·show** *n* (*not main show*) Nebenaufführung *f;* (*fig*) Ablenkung *f;* (*exhibition*) Sonderausstellung *f* **'side-slip I.** *n* ❶ (*on ice*) Schleudern *nt* ❷ (*by airplane*) Slippen *nt,* Seitenrutsch *m* **II.** *vi* <-pp-> *car* schleudern; *airplane* slippen

'sides·man *n* BRIT Kirchendiener *m*

'side spin *n no pl* SPORTS Drall *m* **'side-split·ting** *adj* (*fam*) *film, story* urkomisch **'side·step I.** *vt* <-pp-> ■**to ~ sb/sth** jdm/etw ausweichen; **to ~ a question** (*fig*) einer Frage ausweichen **II.** *vi* <-pp-> ausweichen **III.** *n* Schritt *m* zur Seite; (*fig*) Ausweichmanöver *nt;* (*in dancing*) Seitenschritt *m;* (*in sports*) Ausfallschritt *m* **'side street** *n* Seitenstraße *f* **'side·stroke** *n usu sing* SPORTS Seitenschwimmen *nt;* **to swim a ~** auf der Seite schwimmen **'side·swipe I.** *n* ❶ (*remark*) Seitenhieb *m;* **to take a ~ at sb** jdm einen Seitenhieb versetzen ❷ (*hit*) Seitenprall *m* **II.** *vt* **to ~ a car** mit einem Auto seitlich zusammenprallen **'side ta·ble** *n* Beistelltisch *m*

'side·track I. *vt* ❶ (*distract*) ■**to ~ sb** jdn ablenken; **to be** [*or* **get**] **~ed** abgelenkt werden; **I'm sorry I'm late – I got ~ed** entschuldige die Verspätung – ich wurde aufgehalten ❷ (*put on ice*) **to ~ an issue/a plan** eine Angelegenheit/einen Plan auf Eis legen ❸ RAIL **to ~ a train** einen Zug rangieren **II.** *n* ❶ (*distraction*) Abschweifung *f,* Exkurs *m* ❷ RAIL (*siding*) Rangiergleis *nt*

'side trip *n* Tagesausflug *m* **'side view** *n* Seitenansicht *f* **'side·walk** *n esp* AM (*pavement*) Bürgersteig *m* **'side·walk art·ist** *n* AM Straßenkünstler(in) *m(f)* **'side wall** *n* Seitenwand *f*

S

side·ward *adj inv* seitlich; *see also* **sidewards II. side·wards, side·ways** *inv* **I.** *adv* ❶ (*to, from a side*) seitwärts, zur Seite; **the fence is leaning ~** der Zaun steht schief; **could you move ~ to the left?** könntest du mehr nach links gehen?; **I had to look ~ to the left and right** ich musste nach rechts und links zur Seite schauen ❷ (*facing a side*) seitwärts **II.** *adj* seitlich; **he gave her a ~ glance** er sah sie von der Seite an; **~ movement** Seitwärtsbewegung *f,* Bewegung *f* zur Seite **'side-wheel·er** *n* AM NAUT (*paddle steamer*) Raddampfer *m* **'side whisk·ers** *npl* Koteletten *pl* **'side wind** *n* Seitenwind *m* **'side·wind·er** ['saɪdwaɪndəʳ, AM -ɚ] *n* ❶ ZOOL (*rattlesnake*) Klapperschlange *f* ❷ AM (*punch*) Seitenhieb *m*

sid·ing ['saɪdɪŋ] *n* ❶ RAIL Rangiergleis *nt;* (*dead end*) Abstellgleis *nt* ❷ *no pl* AM (*wall covering*) Außenverkleidung *f;* **aluminum ~** Aluminiumverkleidung *f*

si·dle ['saɪdḷ] *vi* schleichen; **she ~d past him** sie schlich sich an ihm vorbei; **he ~d off without anyone's noticing it** er verdrückte sich, ohne dass es jemand bemerkte *fam;* ■**to ~ up** [*or* **over**] sich *akk* anschleichen; ■**to ~ over** [*or* **up**] **to sb** sich *akk* zu jdm hinschleichen

SIDS *n* MED *abbrev of* **sudden infant death syndrome** plötzlicher Kindstod

siege [siːdʒ] *n* MIL Belagerung *f;* **to lay ~ to sth** etw belagern; **to raise the ~** die Belagerung aufheben; **to be under** [*or* **in a state of**] **~** unter Belagerung stehen; **she was under ~ by photographers** (*fig*) sie wurde von Fotografen belagert

siege e'cono·my *n* Belagerungswirtschaft *f* **siege men·'tal·ity** *n* Verfolgungswahn *m*

si·en·na [si'enə] *n no pl* Siena *nt,* Sienaerde *f*

si·er·ra [si'eərə, AM -'erə] *n* Sierra *f*

Si·er·ra Le·one [siˌeərəli'əʊn, AM -'erəli'oʊn] *n no pl* Sierra Leone *f*

Si·er·ra Le·on·ean [siˌeərəli'əʊniən, AM -'erəli'oʊn-] **I.** *n* Sierra-Leoner(in) *m(f)* **II.** *adj inv* sierra-leonisch

si·es·ta [si'estə] *n* Siesta *f;* **to close for ~** zur Siesta schließen; **to take a ~** eine Siesta [ab]halten [*o* machen]

sieve [sɪv] **I.** *n* Sieb *nt;* **to put** [*or* **pass**] **sth through a ~** etw [durch]sieben ▶ PHRASES: **to have a memory** [*or* **mind**] **like a ~** ein Gedächtnis wie ein Sieb haben **II.** *vt* **to ~ flour/sand** Mehl/Sand sieben **III.** *vi* (*fig*) **to ~ through a contract** einen Vertrag genau durchgehen

◆**sieve out** *vt* ■**to ~ out** ↻ **sth** etw heraussieben

sift [sɪft] **I.** *n usu sing* Sieben *nt* **II.** *vt* ❶ (*using sieve*) **~ some icing sugar over the top of the cake** bestäuben Sie den Kuchen mit Puderzucker; **to ~ flour/sand** Mehl/Sand sieben; **she lay on the beach ~ing the sand through her fingers** sie lag am Strand und ließ den Sand durch ihre Finger rieseln ❷ (*examine closely*) ■**to ~ sth** etw durchsieben; *evidence, documents* etw [gründlich] durchgehen **III.** *vi* **to ~ through archives** Archive durchsehen; **to ~ through evidence/papers** Beweismaterial/Papiere durchforsten; **to ~ through ruins** Ruinen durchkämmen

◆**sift out** *vt* ■**to ~ out** ↻ **sth** etw aussieben; **to ~ out applicants** (*fig*) Bewerber aussieben [*o* aussondern]

sift·er ['sɪftəʳ, AM -ɚ] *n* Sieb *nt*

sigh [saɪ] **I.** *n* Seufzer *m;* **a ~ of relief** ein Seufzer *m* der Erleichterung; **to let out** [*or* **give**] [*or* **heave**] **a ~** einen Seufzer ausstoßen **II.** *vi person* seufzen; *wind* säuseln; ■**to ~ for sb** (*fig form*) sich *akk* nach jdm sehnen; **to ~ with relief** vor Erleichterung [auf]seufzen

sight [saɪt] **I.** *n* ❶ *no pl* (*faculty of seeing*) Sehleistung *f,* Sicht *f;* **he's got very good ~** er sieht sehr gut; **sense of ~** Sehvermögen *nt;* **second ~** das zweite Gesicht ❷ *no pl* (*range of vision*) Sichtweite *f;* **don't let the baby out of your ~** behalte das Baby im Auge; **land in ~!** Land in Sicht!; **to come into/be in ~** in Sichtweite kommen/sein; **to disappear from ~** außer Sichtweite verschwinden; **out of ~** außer [*o* nicht in] Sichtweite; **to keep out of ~** sich *akk* nicht sehen lassen; **to put sth out of ~** etw wegräumen [*o* verstecken] ❸ (*fig*) Sicht *f;* **in the ~ of God** vor Gott; **in the ~ of the law** vor dem Gesetz; **a house within ~ of the mountains** ein Haus, von dem aus man die Berge sehen kann ❹ (*view*) Anblick *m;* **the question seemed easy at first ~** auf den ersten Blick schien die Frage einfach zu sein; **they can't stand the ~ of each other** sie können einander nicht ertragen; **she faints at the ~ of blood** sie wird ohnmächtig, wenn sie Blut sieht; **get out of my ~!** (*fam*) geh mir aus den Augen!; **love at first ~** Liebe auf den ersten Blick; **to not be a pretty ~** kein angenehmer Anblick sein; **to be** [*or* **look**] **a ~** (*ridiculous*) lächerlich aussehen; (*terrible*) furchtbar aussehen; **a ~ to behold** (*thing*) ein herrlicher Anblick sein; (*sth, sb funny*) ein Bild [*o* Anblick] für die Götter sein *fam;* **to catch ~ of sb/sth** jdn/etw erblicken; **if I ever catch ~ of you again ...** wenn du mir noch einmal unter die Augen kommst, ...; **to hate** [*or* **loathe**]/**be sick of the ~ of sb/sth** den Anblick einer Person/einer S. *gen* hassen/nicht mehr ertragen; **to keep ~ of sth** etw im Auge behalten; **to know sb by ~** jdn vom Sehen her kennen; **to play** [**music**] **at** [*or* **from**] **~** [Musik] vom Blatt spielen; **to do sth on ~** etw sofort tun ❺ *no pl* (*form: viewing*) *of document, contract* Einsicht *f;* **the lawyer requested ~ of the papers** der Rechtsanwalt verlangte Einsicht in die Unterlagen ❻ (*attractions*) ■**~s** *pl* Sehenswürdigkeiten *fpl;* **the ~s and sounds of London/Berlin** alle Sehenswürdigkeiten von London/Berlin ❼ (*on gun*) Visiereinrichtung *f,* Visier *nt;* **to line up the ~s** das Visier ausrichten; **to lower one's ~s** seine Ziele zurückschrauben; **to set one's ~s on sth** (*fig*) sich *dat* etw zum Ziel machen ❽ *no pl* (*fam: a lot*) **food is a darn ~ more expensive than it used to be** Essen ist um etliches teurer, als es früher war; **he's a ~ better than he was yesterday** er ist heute deutlich besser als gestern ▶ PHRASES: **to be a ~ for sore eyes** (*fam*) ein willkommener Anblick sein; **out of ~, out of mind** (*prov*) aus den Augen, aus dem Sinn; **~ unseen** ungesehen; **I never buy anything ~ unseen** ich kaufe niemals etwas ungesehen; **to be within** [*or* **in**] **~ of sth** kurz vor etw *dat* stehen; **to lose ~ of sth** etw aus den Augen verlieren; **out of ~** außerhalb jeglicher Möglichkeiten; (*sl: excellent!*) spitze, irre *sl;* **the price of the house is out of ~** der Preis für das Haus ist unbezahlbar; **the group's new record is out of ~!** die neue Platte der Gruppe ist der Wahnsinn! **II.** *vt* ❶ (*find*) **to ~ land/a criminal** Land/einen Kriminellen sichten ❷ (*with a gun*) ■**to ~ sth** etw mit einem Visier versehen

'sight bill *n* Sichtwechsel *m*

sight·ed ['saɪtɪd, AM -t̬-] **I.** *adj inv* sehend *attr* **II.** *n* ■**the ~** *pl* die Sehenden *pl*

sight·ing ['saɪtɪŋ, AM -t̬-] *n* Sichten *nt;* **at the first ~ of land** als zum ersten Mal Land gesichtet wurde

sight·less ['saɪtləs] *adj inv* blind

sight·ly ['saɪtli] *adj* ansehnlich

'sight-read I. *vi* MUS vom Blatt spielen **II.** *vt* ■**to ~ sth** etw vom Blatt spielen **'sight-read·er** *n* MUS *jd, der Musik vom Blatt spielen kann* **'sight-read·ing** *n* MUS Spielen *nt* vom Blatt; **I've never been any good at ~** ich konnte noch nie gut vom Blatt spielen **'sight·see·ing I.** *n no pl* TOURIST Besichtigungen *pl,* Sightseeing *nt;* **to go ~** auf Besichtigungstour gehen **II.** *adj attr, inv* Sightseeing-; **~ trip** Besichtigungstour *f* **sight·seer** ['saɪtˌsiːəʳ, AM -ɚ] *n* Tourist(in) *m(f)* **'sight·wor·thy** *adj* sehenswürdig

sign [saɪn] **I.** *n* ❶ (*gesture*) Zeichen *nt;* **to make the ~ of the cross** sich *akk* bekreuzigen; **a rude ~** eine unverschämte Geste; **to give/make a ~ to sb** jdm ein Zeichen geben/machen ❷ (*notice*) [Straßen-/Verkehrs]schild *nt;* (*signboard*) Schild *nt;* **danger ~** Gefahrenschild *nt;* **stop ~** Stoppschild *nt* ❸ (*symbol*) Zeichen *nt,* Symbol *nt;* **plus ~** Pluszeichen *nt* ❹ ASTROL (*of the zodiac*) Sternzeichen *nt;* **the ~ of Leo** das Sternzeichen des Löwen ❺ (*indication*) [An]zeichen *nt;* (*from God*) Zeichen *nt;* **the children's restlessness is a ~ that**

they're getting bored die Unruhe der Kinder ist ein Zeichen dafür, dass ihnen langweilig wird; (*trace*) Spur *f; of an animal* Fährte *f;* **the search team could not find any ~ of the climbers** die Suchmannschaft konnte keine Spur der Kletterer finden; **the least** [*or* **slightest**] **~ of confidence** das geringste Anzeichen von Vertrauen; **~ of life** Lebenszeichen *nt;* **a ~ of the times** ein Zeichen *nt* der Zeit; **a sure ~ of sth** ein sicheres Zeichen für etw *akk;* **to read the ~s** die Zeichen erkennen; **to show ~s of improvement** Anzeichen der Besserung erkennen lassen [*o* zeigen] ❻ *no pl* (*sign language*) Gebärdensprache *f* ❼ (*in maths*) Zeichen *nt* **II.** *vt* ❶ (*with signature*) ■**to ~ sth** etw unterschreiben; *contract, document* etw unterzeichnen; *book, painting* etw signieren; **he ~ed himself 'Mark Taylor'** er unterschrieb mit ‚Mark Taylor'; **~ your name on the dotted line** unterschreiben Sie auf der gestrichelten Linie; **to ~ a guest book** sich *akk* ins Gästebuch eintragen; **to ~ a ceasefire** einen Waffenstillstand unterzeichnen; **to ~ a cheque** einen Scheck unterzeichnen; **to ~ a letter** einen Brief unterschreiben [*o form* unterzeichnen]; **to ~ a register** sich *akk* eintragen ❷ (*employ under contract*) ■**to ~ sb** *athlete, musician* jdn [vertraglich] verpflichten ❸ (*gesticulate*) ■**to ~ sb to do sth** jdm ein Zeichen machen, etw zu tun; **he ~ed the waiter to bring him another drink** er machte dem Kellner ein Zeichen, ihm noch einen Drink zu bringen ❹ (*in sign language*) ■**to ~ sth** etw in der Gebärdensprache ausdrücken ▶ PHRASES: **to ~ one's own death warrant** (*fam*) sein eigenes Todesurteil unterschreiben; **~ed, sealed and delivered** unter Dach und Fach **III.** *vi* ❶ (*write signature*) unterschreiben; **~ here, please** unterschreiben Sie bitte hier; ■**to ~ for** [*or* **with**] **sb/sth** *athlete, musician* sich *akk* für jdn/etw [vertraglich] verpflichten ❷ (*accept*) **to ~ for a delivery** eine Lieferung gegenzeichnen ❸ (*use sign language*) die Zeichensprache benutzen ❹ (*make motion*) gestikulieren; ■**to ~ to sb** jdm ein Zeichen geben

◆**sign away** *vt* ■**to ~ away** ⟳ **sth** auf etw *akk* verzichten; **he decided to ~ away ownership of his house away to his sister** er entschloss sich dazu, seiner Schwester das Besitzrecht an seinem Haus abzutreten; **I'm not going to ~ away my life with a mortgage** ich werde mich nicht ein ganzes Leben lang mit einer Hypothek belasten; **to ~ away rights** auf Rechte [*o* Ansprüche] verzichten

◆**sign in I.** *vi* sich *akk* eintragen **II.** *vt* ■**to ~ sb** ⟳ **in** jdn eintragen

◆**sign off I.** *vi* ❶ RADIO, TV (*from broadcast*) sich *akk* verabschieden; (*end a letter*) zum Schluss kommen; (*end work*) Schluss machen, aufhören; **to ~ off a radio show** eine Radiosendung beenden ❷ BRIT (*at unemployment office*) sich *akk* beim Arbeitsamt abmelden ❸ AM (*fam: support*) ■**to ~ off on sth** sich *akk* etw *dat* verschreiben **II.** *vt* ■**to ~ off** ⟳ **sb** jdn krankschreiben

◆**sign on I.** *vi* ❶ (*for work*) sich *akk* verpflichten; (*for a course*) ■**to ~ on for sth** sich *akk* für etw *akk* einschreiben; **to ~ on as a soldier** sich *akk* als Soldat verpflichten ❷ (*begin broadcasting*) *station* auf Sendung gehen; *disc jockey* sich *akk* melden ❸ BRIT (*fam: register unemployment*) sich *akk* melden **II.** *vt* ■**to ~ on** ⟳ **sb** jdn verpflichten [*o fam* anheuern]; **shall we ~ you on for a year?** sollen wir Sie für ein Jahr einstellen?

◆**sign out I.** *vi* sich *akk* austragen; **to ~ out of a hotel** [aus einem Hotel] abreisen; (*at work*) sich *akk* abmelden **II.** *vt* **to ~ out books** Bücher ausleihen

◆**sign over** *vt* ■**to ~ over** ⟳ **sth** etw übertragen [*o* überschreiben]; **to ~ property over to sb** jdm Besitz überschreiben

◆**sign up I.** *vi* (*for work*) sich *akk* verpflichten; (*for a course*) sich *akk* einschreiben **II.** *vt* ■**to ~ sb** ⟳ **up** jdn verpflichten; **to ~ sb up for a course** jdn für einen Kurs anmelden; **to ~ up a large order** einen Großauftrag abschließen

sign·age ['saɪnɪdʒ] *n no pl* AM Schilder *ntpl* (*bes Werbung*)

sig·nal ['sɪgnᵊl] **I.** *n* ❶ (*gesture*) Zeichen *nt,* Signal *nt* (**for** für +*akk*) ❷ (*indication*) [An]zeichen *nt;* **they are demanding a clear ~ that the issues are being addressed** sie verlangen ein klares [An]zeichen dafür, dass die Probleme angegangen wurden ❸ (*traffic light*) Ampel *f;* (*for trains*) Signal *nt* ❹ ELEC, RADIO (*transmission*) Signal *nt;* (*reception*) Empfang *m* ❺ AM AUTO (*indicator*) Blinker *m* **II.** *vt* <BRIT -ll- *or* AM *usu* -l-> ❶ (*indicate*) ■**to ~ sth** [**to sb**] [jdm] etw signalisieren; **he ~led left, but turned right** er blinkte nach links, bog aber nach rechts ab; **to ~ impatience** Ungeduld zu erkennen geben ❷ (*gesticulate*) ■**to ~ sb to do sth** jdm signalisieren, etw zu tun **III.** *vi* <BRIT -ll- *or* AM *usu* -l-> signalisieren; **she ~led to them to be quiet** sie gab ihnen ein Zeichen, ruhig zu sein; ■**to ~ for sth** ein Zeichen *nt* zu etw *dat* geben **IV.** *adj attr* (*form*) *achievement, success* bemerkenswert, beachtlich

'sig·nal box *n* RAIL Stellwerk *nt*

sig·nal·er *n* AM *see* **signaller**

sig·nal·ize ['sɪgnəlaɪz] *vt* (*form*) ■**to ~ sb from sb** jdn von jdm unterscheiden [*o* abheben]

sig·nal·ler ['sɪgnələʳ, AM -ɚ] *n* ❶ RAIL Bahnwärter(in) *m(f)* ❷ (*in military*) Fernmelder(in) *m(f),* Funker(in) *m(f)*

sig·nal·ly ['sɪgnᵊli] *adv* eindeutig

'sig·nal·man *n* RAIL Bahnwärter *m* **'sig·nal tow·er** *n* AM RAIL (*signal box*) Stellwerk *nt*

sig·na·tory ['sɪgnətᵊri, AM -tɔːri] **I.** *n* Unterzeichner(in) *m(f),* Signatar(in) *m(f) form;* **a ~ to a treaty** ein Unterzeichner *m*/eine Unterzeichnerin *f* eines Vertrages **II.** *n modifier* (*state, power*) Signatar-; **the ~ countries of an agreement** die Signatarstaaten *pl* eines Abkommens *geh*

sig·na·ture ['sɪgnətʃəʳ, AM -tʃɚ] **I.** *n* ❶ (*person's name*) Unterschrift *f; of an artist* Signatur *f;* **to give sth one's ~** etw unterschreiben ❷ (*characteristic*) Erkennungszeichen *nt* ❸ AM (*on prescriptions*) Signatur *f* ❹ (*in printing*) Signatur *f* **II.** *n modifier* (*music, pattern*) Erkennungs-

'sig·na·ture tune *n* RADIO, TV [Erkennungs]melodie *f*

'sign·board *n* [Firmen]schild *nt*

sig·net ring ['sɪgnət,-] *n* Siegelring *m*

sig·nifi·cance [sɪg'nɪfɪkən(t)s, AM 'nɪfə-] *n no pl* ❶ (*importance*) Wichtigkeit *f,* Bedeutung *f;* **to be of great ~ for sb/sth** von großer Bedeutung für jdn/etw sein; **to be of no ~** belanglos [*o* bedeutungslos] sein ❷ (*meaning*) Bedeutung *f;* **what's the ~ of that gesture?** was bedeutet diese Geste?; **to give ~ to sth/sb** etw/jdm Bedeutung beimessen

sig·nifi·cant [sɪg'nɪfɪkənt, AM 'nɪfə-] *adj* ❶ (*considerable*) beachtlich, bedeutend; (*important*) bedeutsam; **~ contribution** bedeutender Beitrag; **~ date/event** wichtiges Datum/Ereignis; **~ decrease** beachtlicher Rückgang; **~ difference** deutlicher Unterschied; **~ improvement** beachtliche Verbesserung; **~ increase** beträchtlicher Anstieg; **~ other** (*fig*) Partner(in) *m(f);* (*hum*) bessere Hälfte *hum fam;* **~ part** beachtlicher [An]teil; **to be historically ~** eine historisch bedeutende Rolle spielen ❷ (*meaningful*) bedeutsam; **do you think it's ~ that ...** glaubst du, es hat etwas zu bedeuten, dass ...; **a ~ look** ein viel sagender Blick

sig·nifi·cant·ly [sɪg'nɪfɪkəntli, AM 'nɪfə-] *adv* ❶ (*considerably*) bedeutend, deutlich; **it is not ~ different** da besteht kein wesentlicher Unterschied; **~ better** deutlich besser; **~ cheaper** bedeutend billiger; **~ fewer** wesentlich weniger; **to not be ~ lower** kaum niedriger sein; **~ more** deutlich mehr; **to differ ~** sich *akk* deutlich unterscheiden; **to improve ~** sich *akk* deutlich verbessern ❷ (*in a meaningful way*) bedeutungsvoll; **to smile ~** viel sagend lächeln

sig·ni·fi·cant 'oth·er *n* (*hum, euph*) bessere Hälfte *fam*

sig·ni·fi·ca·tion [,sɪgnɪfɪ'keɪʃᵊn, AM -nə-] *n* Bedeutung *f*

sig·ni·fy <-ie-> ['sɪgnɪfaɪ, AM -nə-] **I.** *vt* ■**to ~ sth** ❶ (*form: mean*) etw bedeuten; **in Christianity, the dove signifies the Holy Spirit** im Christentum steht die Taube für den Heiligen Geist ❷ (*indicate*) etw andeuten [*o* erkennen lassen]; **to ~**

S

agreement/disapproval Einverständnis/Missbilligung signalisieren; **to ~ change** Änderungen erkennen lassen **II.** *vi* ❶ (*make known*) [etw] zeigen; **all those in favour, please ~** alle, die dafür sind, sollen bitte ein Zeichen geben ❷ (*form: matter*) eine Rolle spielen; **it doesn't ~** es macht nichts ❸ AM DIAL (*exchange insults*) sich *akk* anpöbeln *fam*

sign·ing ['saɪnɪŋ] *n* ❶ *no pl of a document* Unterzeichnung *f* ❷ *no pl* SPORTS *of an athlete* Verpflichten *nt* ❸ (*athlete*) verpflichteter Spieler/verpflichtete Spielerin ❹ (*book signing*) Buchsignierung *f* ❺ *no pl of a street, town* Beschilderung *f*

'sign lan·guage *n* Gebärdensprache *f*, Zeichensprache *f* **'sign paint·er** *n* Plakatmaler(in) *m(f)* **'sign·post I.** *n* Wegweiser *m;* (*fig: advice*) Hinweis *m* **II.** *vt usu passive* **to ~ a route** eine Strecke beschildern [*o* ausschildern]; ■**to ~ sth** (*fig*) etw aufzeigen [*o* darlegen] **'sign-up fee** *n* Einschreibungsgebühr *f* **'sign writ·er** *n* Schriftenmaler(in) *m(f)*, Schildermaler(in) *m(f)*

Sikh [siːk] *n* REL Sikh *m*

sil·age ['saɪlɪdʒ] *n no pl* AGR Silage *f*

si·lence ['saɪlən(t)s] **I.** *n no pl* (*absolute*) Stille *f;* (*by an individual*) Schweigen *nt;* (*on a confidential matter*) Stillschweigen *nt;* (*calmness*) Ruhe *f;* **~ reigned in the church** in der Kirche herrschte Stille; **~ will be considered to mean agreement** Schweigen wird als Zustimmung gewertet; **"~!" shouted the teacher** „Ruhe!" schrie der Lehrer; **a minute** [*or* **moment**] **of ~** eine Schweigeminute; **to break the ~** die Stille zerreißen [*o* durchbrechen]; **to break one's ~** sein Schweigen brechen; **to eat/sit/work in ~** still essen/sitzen/arbeiten; **to keep one's ~** Stillschweigen bewahren; **to be reduced to ~** verstummen; **to reduce sb to ~** jdn zum Schweigen bringen ▸ PHRASES: **~ is golden** (*prov*) Schweigen ist Gold **II.** *vt* ■**to ~ sb** jdn zum Schweigen bringen; **to ~ one's critics** seine Kritiker mundtot machen; **to ~ doubts** Zweifel verstummen lassen

si·lenc·er ['saɪlən(t)səʳ, AM -ɚ] *n* ❶ (*on gun*) Schalldämpfer *m* ❷ BRIT (*on car*) [Auspuff]schalldämpfer *m*, Auspufftopf *m*

si·lent ['saɪlənt] *adj* ❶ (*without noise*) still; (*not active*) ruhig; **the empty house was completely ~** in dem leeren Haus herrschte absolute Stille; **to keep ~** still sein, sich *akk* still verhalten ❷ (*not talking*) schweigsam, still; ■**to be ~** schweigen; **to be ~ as the grave** schweigen wie ein Grab; ■**to be ~ on** [*or* **about**] **sth** über etw *akk* verschwiegen sein, sich *akk* über etw *akk* ausschweigen; **to fall ~** in Schweigen verfallen; **to go ~** verstummen; **to keep ~ about sth** sich *akk* über etw *akk* nicht äußern; (*on a confidential matter*) über etw *akk* Stillschweigen bewahren *geh*

si·lent a'larm *n* stummer Alarm; **to trip a ~ alarm** einen stummen Alarm auslösen **si·lent 'film** *n* Stummfilm *m* **si·lent 'let·ter** *n* LING stummer Laut

si·lent·ly ['saɪləntli] *adv* (*quietly*) lautlos; (*without talking*) schweigend; (*with little noise*) leise

si·lent ma·'jor·ity *n + sing/pl vb* ■**the ~** die schweigende Mehrheit **si·lent 'part·ner** *n* AM (*sleeping partner*) stiller Gesellschafter/stille Gesellschafterin **'si·lent treat·ment** *n* **to get the ~** mit Schweigen bestraft werden; **to give sb the ~** jdn mit Schweigen strafen

sil·hou·ette [ˌsɪlu'et] **I.** *n* (*shadow*) Silhouette *f;* (*picture*) Schattenriss *m;* (*outline*) Umriss *m* **II.** *vt* ■**to be ~d against** [*or* **on**] **sth** sich *akk* gegen etw *akk* [*o* von etw *dat*] abheben; **the goats high up in the mountains were ~d against the snow** die Ziegen hoch oben in den Bergen hoben sich vom Schnee ab

sili·ca ['sɪlɪkə] *n no pl* CHEM Kieselerde *f*, Siliziumoxyd *nt fachspr*

sili·cate ['sɪlɪkət] *n* CHEM Silikat *nt*

sili·con ['sɪlɪkən] *n no pl* CHEM Silizium *nt*

sili·con 'chip *n* COMPUT, ELEC Siliziumchip *m*

sili·cone ['sɪlɪkəʊn, AM -koʊn] *n no pl* CHEM Silikon *nt*

sili·cone 'im·plant *n* Silikonimplantat *nt*

Sili·con 'Val·ley *n no pl* Silicon Valley *nt*

sili·co·sis [ˌsɪlɪ'kəʊsɪs, AM -'koʊ-] *n no pl* MED Staublunge *f*, Silikose *f fachspr*

silk [sɪlk] **I.** *n* ❶ (*material*) Seide *f* ❷ BRIT LAW (*Queen's, King's Counsel*) Kronanwalt, -anwältin *m, f;* **to receive** [*or* **take**] **~** Kronanwalt/Kronanwältin werden ❸ (*racing colours*) ■**~s** *pl* [Renn]farben *pl* **II.** *n modifier* (*scarf, stockings, tie*) seiden, Seiden-; **~ dress** seidenes Kleid ▸ PHRASES: **you can't make a ~ purse out of a sow's ear** (*prov*) aus einem Ackergaul kann man kein Rennpferd machen *prov*

silk·en ['sɪlkᵊn] *adj* (*approv: silk-like*) seiden *liter;* (*dated: made of silk*) seiden; **~ dress** seidenes Kleid; **~ hair** seidenes Haar; **~ voice** (*fig*) seidene [*o* samtige] Stimme

silk 'hat *n* Zylinder *m*

silki·ness ['sɪlkɪnəs] *n no pl of appearance* seidiger Glanz; (*to the touch*) seidige Weichheit; *of voice* Sanftheit *f; of manner* Glätte *f*

'silk moth *n* ZOOL Seidenspinner *m* **'Silk Road** *n*, **'Silk Route** *n no pl* ■**the ~** die Seidenstraße **silk 'screen** *n* [Seiden]sieb *nt* **'silk-screen** *vt* **to ~ a T-shirt** ein T-Shirt [im Siebdruckverfahren] bedrucken **silk-screen 'print·ing** *n no pl* Siebdruckverfahren *nt*, Siebdruck *m* **'silk-stock·ing** *adj attr, inv* AM vornehm **'silk·worm** *n* ZOOL Seidenraupe *f*

silky ['sɪlki] *adj* (*approv*) seidig; **~ fur** seidiges Fell; **to be ~ smooth** seidenweich sein; **~ voice** (*fig*) seidige [*o* samtige] Stimme

sill [sɪl] *n* (*of a door*) Türschwelle *f;* (*of a window*) Fensterbank *f*, Fenstersims *m*

sil·li·ness ['sɪlɪnəs] *n no pl* Albernheit *f*

sil·ly ['sɪli] **I.** *adj* ❶ (*foolish*) albern, dumm; **don't be ~!** (*make silly suggestions*) red keinen Unsinn!; (*ask silly questions*) frag nicht so dumm!; (*do silly things*) mach keinen Quatsch! *fam;* **a ~ idea** eine blöde Idee; **to look ~** albern aussehen ❷ *pred* (*senseless*) **to be bored ~** zu Tode gelangweilt sein *fam;* **to be worried ~** außer sich *dat* vor Sorge sein; **to knock sb ~** jdn ohnmächtig schlagen; **to laugh oneself ~** sich *akk* totlachen *fam* **II.** *n* Dussel *m;* **to be a ~** sich *akk* kindisch benehmen

sil·ly 'bil·ly *n esp* BRIT (*fam*) Kindskopf *m;* **to be a ~** sich *akk* kindisch benehmen **'sil·ly sea·son** *n* MEDIA Sommerloch *nt fam*

silo ['saɪləʊ, AM -loʊ] *n* ❶ AGR Silo *nt* ❷ MIL [Raketen]silo *nt*

silt [sɪlt] **I.** *n no pl* Schlick *m*, Schlamm *m* **II.** *vi* ■**to ~** [**up**] verschlicken, verschlammen **III.** *vt* **to ~ a canal** einen Kanal verschlammen

sil·van ['sɪlvən] *adj inv* (*liter or dated*) Wald-; **~ glade** Waldlichtung *f*

sil·ver ['sɪlvəʳ, AM -ɚ] **I.** *n no pl* ❶ (*metal*) Silber *nt* ❷ (*coins*) Münzgeld *nt*, Kleingeld *nt fam* ❸ (*cutlery*) ■**the ~** das [Tafel]silber **II.** *n modifier* ❶ (*of silver*) (*mine*) Silber-; (*made of silver*) (*spoon, ring*) silbern; **~ brooch** Silberbrosche *f* ❷ (*silver-coloured*) (*dress, car*) silbern; **~ foil** Silberfolie *f*, Alufolie *f fam;* **~ hair** silbergraues Haar ▸ PHRASES: **to be born with a ~ spoon in one's mouth** mit einem silbernen Löffel im Mund geboren sein **III.** *vt* ■**to ~ sth** *cutlery, candlesticks* etw versilbern; **the years had ~ed her hair** die Jahre hatten ihr Haar silbergrau werden lassen

sil·ver 'birch *n* Weißbirke *f* **sil·ver 'fir** *n* Weißtanne *f*, Edeltanne *f* **'sil·ver·fish** <*pl* -> *n* ZOOL Silberfischchen *nt* **sil·ver 'ju·bi·lee** *n* silbernes Jubiläum **sil·ver 'lin·ing** *n* Lichtblick *m;* **to look for the ~** die positive Seite sehen ▸ PHRASES: **every cloud has a ~** (*saying*) kein Unglück ist so groß, es hat sein Glück im Schoß *prov* **sil·ver 'med·al** *n* SPORTS Silbermedaille *f* **sil·ver 'pa·per** *n no pl* Silberpapier *nt* **sil·ver 'plate** *n no pl* ❶ (*coating*) Silberüberzug *m*, Versilberung *f* ❷ (*object*) versilberter Gegenstand **sil·ver-'plate** *vt* **to ~ a plate** einen Teller versilbern **sil·ver-'plat·ed** *adj inv* versilbert **sil·ver 'screen** *n* FILM ■**the ~** die Leinwand **sil·ver 'ser·vice** *n no pl* *Servieren nach allen Regeln der Kunst* **'sil·ver·side** *n no pl* BRIT, AUS

FOOD *Stück vom Rind, das vom oberen, äußeren Teil der Keule geschnitten wird* **'sil·ver·smith** *n* Silberschmied(in) *m(f)* **'sil·ver stand·ard** *n* FIN Silberwährung *f* **sil·ver-'tongued** *adj* sprachgewandt **'sil·ver·ware** *n no pl* ❶ (*articles*) Silberwaren *pl* ❷ (*cutlery*) Silberbesteck *nt,* Silber *nt* ❸ AM (*utensils*) Silberwaren *pl,* Silber *nt* **sil·ver 'wed·ding an·ni·ver·sa·ry** *n* silberne Hochzeit

sil·very ['sɪlvəri] *adj* (*in appearance*) silbrig; (*in sound*) silbern

sim·ian ['sɪmiən] (*form*) **I.** *n* Menschenaffe *m* **II.** *adj inv* ❶ (*monkey-like*) affenartig; ~ **appearance** affenartiges Aussehen ❷ (*of monkeys*) Affen-; ~ **disease** Affenkrankheit *f*

simi·lar ['sɪmɪləʳ, AM -ɚ] *adj* ähnlich; ■**to be ~ to sb/sth** jdm/etw ähnlich sein; **my bike is ~ to yours, only it's blue** mein Fahrrad ist wie deines, nur blau; **to be ~ in appearance to sb** jdm ähnlich sehen; **to be ~ in size/length/height** ungefähr gleich groß/lang/hoch

simi·lar·ity [ˌsɪmɪ'lærəti, AM -mə'lerət̬i] *n* Ähnlichkeit *f* (**to** mit +*dat*), Parallele *f;* **there were no points of ~ between the politicians' arguments** es gab keine Gemeinsamkeiten in den Argumenten der Politiker

simi·lar·ly ['sɪmɪləli, AM -lɚli] *adv* (*almost the same*) ähnlich; (*likewise*) ebenso; **~, you could maintain ...** genauso gut könnten Sie behaupten, ...

simi·le ['sɪmɪli, AM -əli] *n* LIT, LING Gleichnis *nt*

si·mili·tude [sɪ'mɪlɪtjuːd, AM sə'mɪlətuːd, -tjuːd] *n* ❶ (*similarity*) Ähnlichkeit *f* ❷ (*comparison*) Vergleich *m*

sim·mer ['sɪməʳ, AM -ɚ] **I.** *n usu sing* Sieden *nt;* **to bring sth to a ~** etw zum Sieden bringen; **to keep at a ~** sieden [*o fam* köcheln] lassen **II.** *vi* ❶ (*not quite boil*) sieden; (*fig*) **New York ~ed in the summer heat** New York brütete in der Sommerhitze; **to ~ with anger** vor Wut kochen ❷ (*fig: build up*) sich *akk* anbahnen **III.** *vt* ■**to ~ sth** *food* etw auf kleiner Flamme kochen lassen; **to ~ water** Wasser sieden lassen

◆**simmer down** *vi* (*fam: calm down*) sich *akk* abregen *fam;* (*quiet down*) sich *akk* beruhigen

sim·nel cake ['sɪmnəl,-] *n* BRIT marzipanüberzogener Früchtekuchen

sim·pa·ti·co [sɪm'pætɪkəʊ, AM -koʊ] *adj attr* (*sl*) sympathisch

sim·per ['sɪmpəʳ, AM -ɚ] **I.** *vi* ■**to ~ at sb** jdn albern anlächeln **II.** *n* Gehabe *nt*

sim·per·ing ['sɪmpərɪŋ] **I.** *adj smile, manner* albern, geziert **II.** *n* Gehabe *nt*

sim·ple <-r, -st *or* more ~, most ~> ['sɪmpl̩] *adj* ❶ (*not elaborate*) *food, dress* einfach, simpel *pej;* **I want an explanation, but keep it ~** ich möchte eine einfache Erklärung ❷ (*not difficult*) einfach; **it's not as ~ as that** das ist nicht ganz so einfach; **in ~ English** in einfachem Englisch ❸ *attr* (*not complex*) einfach; **a ~ life form** eine schlichte Lebensform ❹ *attr, inv* (*honest*) schlicht; **that's the truth, pure and ~** das ist die reine Wahrheit; **the ~ fact is that ...** Tatsache ist, dass ...; **for the ~ reason that ...** aus dem schlichten [*o* einfachen] Grund, dass ... ❺ (*approv: ordinary*) einfach; **he was just a ~ fisherman** er war nur ein einfacher Fischer; **the ~ things in life** die einfachen Dinge im Leben ❻ (*foolish*) naiv

sim·ple 'frac·ture *n* MED einfacher Bruch, einfache Fraktur *fachspr* **sim·ple-'heart·ed** *adj* gutherzig; (*honest*) aufrichtig **sim·ple 'in·ter·est** *n no pl* FIN Kapitalzins *m* **sim·ple ma·'jor·ity** *n + sing/pl vb* einfache Mehrheit **sim·ple-'mind·ed** *adj* (*fam*) ❶ (*dumb*) einfach, dümmlich ❷ (*naive*) einfältig, naiv **sim·ple 'sen·tence** *n* LING Aussagesatz *m*

sim·ple·ton ['sɪmpl̩tən, AM -tən] *n* ❶ (*dated: handicapped*) [geistig] Behinderte(r) *f(m)* ❷ (*pej fam: not intelligent*) einfältige Person, Einfaltspinsel *m fam*

sim·plic·ity [sɪm'plɪsəti, AM -ət̬i] *n no pl* ❶ (*plainness*) Einfachheit *f,* Schlichtheit *f* ❷ (*easiness*) Einfachheit *f;* **to be ~ itself** die Einfachheit selbst sein ❸ (*humbleness*) Bescheidenheit *f,* Einfachheit *f*

sim·pli·fi·ca·tion [ˌsɪmplɪfɪ'keɪʃən, AM -plə-] *n* Vereinfachung *f,* Simplifikation *f geh*

sim·pli·fy <-ie-> ['sɪmplɪfaɪ, AM -plə-] *vt* ■**to ~ sth** etw vereinfachen; **to ~ matters** um die Angelegenheit zu vereinfachen

sim·plis·tic [sɪm'plɪstɪk] *adj* simpel, simplistisch *form;* **am I being ~?** sehe ich das zu einfach?

sim·ply ['sɪmpli] *adv* ❶ (*not elaborately*) einfach ❷ *inv* (*just*) nur; (*absolutely*) einfach; **I ~ do my job for the money** ich mache meinen Job nur wegen des Geldes; **I ~ don't know what happened** ich weiß schlichtweg nicht, was passiert ist; **you look ~ beautiful in that dress** du siehst in dem Kleid einfach bezaubernd aus; **you ~ must try this!** du musst das einfach versuchen! ❸ (*in a natural manner*) einfach, schlicht; (*humbly*) bescheiden, einfach; **he lived ~ in a small hut** er lebte sehr bescheiden in einer kleinen Hütte

simu·la·cra [ˌsɪmjə'leɪkrə] *n* (*form*) *pl of* **simulacrum**

simu·la·crum <*pl* -s *or* -cra> [ˌsɪmjə'leɪkrəm, *pl* -krə] *n* (*form*) ❶ (*representation*) Nachahmung *f* ❷ (*pretence*) Vorwand *m,* Vortäuschung *f*

simu·late ['sɪmjəleɪt] *vt* ■**to ~ sth** ❶ (*resemble*) etw nachahmen [*o* imitieren]; **in cheap furniture, plastic is often used to ~ wood** bei billigen Möbeln wird häufig Holzimitat aus Plastik verwendet ❷ (*feign*) etw vortäuschen; **she ~d pleasure at seeing him** sie tat erfreut, ihn zu sehen ❸ COMPUT (*on a computer*) etw simulieren

simu·lat·ed ['sɪmjəleɪtɪd, AM -t̬-] *adj inv leather, wood* nachgemacht, imitiert; *sorrow, pleasure* vorgetäuscht, gespielt; (*on computer*) simuliert; ~ **fur** Pelzimitat *nt*

simu·la·tion [ˌsɪmjə'leɪʃən] *n of leather, a diamond* Imitation *f; of a feeling* Vortäuschung *f;* COMPUT Simulation *f*

simu·la·tor ['sɪmjəleɪtəʳ, AM -t̬ɚ] *n* COMPUT, TECH Simulator *m;* **flight ~** Flugsimulator *m*

sim·ul·cast ['sɪməlkɑːst, AM 'saɪməlkæst] RADIO, TV **I.** *n esp* AM, AUS zeitgleiche Übertragung **II.** *vt* <-cast, -cast *or* -casted> **to ~ a programme** ein Programm zeitgleich übertragen

sim·ul·ta·neity [ˌsɪməltə'neɪəti, AM ˌsaɪməltə'niːət̬i] *n no pl* Gleichzeitigkeit *f*

sim·ul·ta·neous [ˌsɪməl'teɪniəs, AM ˌsaɪməl'teɪnjəs] *adj inv* gleichzeitig, zeitgleich; ■**to be ~ with sth** zeitgleich mit etw *dat* stattfinden

sim·ul·ta·neous e'qua·tions *npl* Simultangleichungen *pl* **sim·ul·ta·neous in·'ter·pret·er** *n* Simultandolmetscher(in) *m(f)* **sim·ul·ta·neous in·'ter·pret·ing** *n no pl* Simultandolmetschen *nt*

sim·ul·ta·neous·ly [ˌsɪməl'teɪniəsli, AM ˌsaɪməl'teɪnjəs-] *adv inv* gleichzeitig, simultan *geh*

sim·ul·ta·neous·ness [ˌsɪməl'teɪniəsnəs, AM ˌsaɪməl'teɪnjəs-] *n no pl* Gleichzeitigkeit *f,* Simultaneität *f geh*

sin [sɪn] **I.** *n* Sünde *f;* **the sick are being thrown out on the streets – yes, it's a ~!** die Kranken werden auf die Straße gesetzt – ja, das ist unerhört!; **is that your work? – yes, for my ~s** ist das Ihre Arbeit? – ja, leider; **it would be a ~ not to go out on such a nice day** (*fig*) es wäre eine Sünde, an so einem schönen Tag nicht rauszugehen; **he's [as] ugly as ~** er ist unglaublich hässlich; **a ~ of omission** eine Unterlassungssünde; **to commit/confess a ~** eine Sünde begehen/beichten; **to live in ~** in wilder Ehe leben **II.** *vi* <-nn-> sündigen

sin *n* MATH *abbrev of* **sine**

Si·nai ['saɪnaɪ] *n no pl* GEOG ■**the ~** der Sinai

'sin bin *n* BRIT, AUS SPORTS (*sl*) Strafbank *f*

since [sɪn(t)s] **I.** *adv inv* ❶ (*from that point on*) seitdem, seither; **she went to New York a year ago, and we haven't seen her ~** sie ist vor einem Jahr nach New York gegangen, seitdem haben wir sie nicht mehr gesehen; **ever ~** seit dieser Zeit, seitdem ❷ (*ago*) **long ~** seit langem, schon lange; **not long ~** vor kurzem [erst] **II.** *prep* seit; ~ **Saturday/last week** seit Samstag/letzter Woche **III.** *conj* ❶ (*because*) da, weil ❷ (*from time that*) seit, seitdem; **ever ~ she started her new job, ...** seitdem sie mit dem neuen Job angefangen hat, ...

S

sin·cere [sɪn'sɪəʳ, AM -'sɪr] *adj person* ehrlich, aufrichtig; *congratulations, gratitude* aufrichtig; **she is ~ in her political beliefs** sie meint es ernst mit ihrer politischen Überzeugung; **~ believer** ernsthafter Gläubiger

sin·cere·ly [sɪn'sɪəli, AM -'sɪr-] *adv* ❶ (*in a sincere manner*) ehrlich, aufrichtig; **I ~ appreciate all your help** ich weiß eure Hilfe wirklich zu schätzen ❷ (*ending letter*) **[yours] ~** [*or* **~ [yours]**] mit freundlichen Grüßen

sin·cer·ity [sɪn'serəti, AM -ət̬i] *n no pl* Ehrlichkeit *f,* Aufrichtigkeit *f;* **in all ~, ...** ganz ehrlich, ..., offen gesagt, ...

sine [saɪn] *n* MATH Sinus *m*

si·necure ['saɪnɪkjʊəʳ, AM -nəkjʊr] *n* Sinekure *f geh,* Pfründe *f*

sine die [ˌsaɪnɪ'daɪiː, AM -ni'daɪ] *adv* LAW **to be adjourned ~** auf unbestimmte Zeit vertagt werden

sine qua non [ˌsɪnikwɑː'nəʊn, AM -neɪkwɑː'noʊn] *n* (*form*) unabdingbare Voraussetzung, notwendige Bedingung, Conditio *f* sine qua non *geh*

sin·ew ['sɪnjuː] *n* ❶ (*tendon*) Sehne *f* ❷ (*liter or fig: constituent parts*) ■**~s** *pl* Kräfte *pl;* **these steel cables are the ~s holding the whole construction together** diese Stahlseile halten die gesamte Konstruktion zusammen; **the ~s of war** Kampfmittel *ntpl,* Kriegsmaterial *nt*

sin·ewy ['sɪnjuːi] *adj* ❶ (*muscular*) sehnig ❷ (*tough*) zäh; *meat* sehnig

sin·ful ['sɪnfᵊl] *adj* ❶ (*immoral*) sündig, sündhaft; **is it ~ to want what other people have?** ist es eine Sünde, das zu wollen, was andere besitzen?; **~ thoughts** sündhafte Gedanken ❷ (*deplorable*) sündhaft; **a ~ waste of money** eine schreckliche Geldverschwendung ❸ (*fam: bad for one*) **to be absolutely ~** die reinste Sünde sein *hum, iron*

sing¹ LING **I.** *n abbrev of* **singular** Sg., Sing. **II.** *adj abbrev of* **singular** im Sing. [*o* Sg.] *nach n;* **to be in the ~** im Sing. stehen

sing² <sang *or* AM *a.* sung, sung> [sɪŋ] **I.** *vi* ❶ (*utter musical sounds*) singen; ■**to ~ to** [*or* **for**] **sb** jdm etw vorsingen; ■**to ~ to oneself** vor sich *dat* hinsingen; ■**to ~ of sb/sth** (*poet*) von jdm/etw singen ❷ (*high-pitched noise*) *kettle* pfeifen; *locusts* zirpen; *wind* pfeifen ❸ (*ringing noise*) dröhnen; **my ears were ~ing** mir dröhnten die Ohren ❹ (*sl: confess*) singen *sl* **II.** *vt* ❶ (*utter musical sounds*) ■**to ~ sth** etw singen; **to ~ alto/tenor/soprano** Alt/Tenor/Sopran singen; **to ~ the praises of sb/sth** ein Loblied auf jdn/etw singen; **to ~ sb asleep** [*or* **to sleep**] jdn in den Schlaf singen ❷ (*poet: describe in verse*) ■**to ~ sb/sth** von jdm/etw singen, jdn/etw besingen *poet o veraltend* ▶ PHRASES: **to ~ another** [*or* **a different**] **tune** (*to be less friendly*) einen anderen Ton anschlagen; (*change opinion*) seine Einstellung [*o* Meinung] ändern

◆**sing along** *vi* mitsingen

◆**sing out I.** *vi* ❶ (*sing loudly*) laut [*o* aus voller Kehle] singen ❷ (*fam: call out*) Bescheid geben **II.** *vt* (*fam*) ■**to ~ out** ◌ **sth** über etw *akk* Bescheid geben

◆**sing up** *vi esp* BRIT, AUS lauter singen

sing·along ['sɪŋəlɒŋ, AM -lɑːŋ] *n* gemeinsames Liedersingen; **to have a ~** zusammen singen

Sin·ga·pore [ˌsɪŋə'pɔːʳ, AM 'sɪŋəpɔːr] *n* Singapur *nt*

Sin·ga·po·rean [ˌsɪŋəpɔː'riːən] **I.** *adj* singapurisch, aus Singapur *nach n;* **the ~ economy** die Wirtschaft Singapurs **II.** *n* Singapurer(in) *m(f)*

singe [sɪndʒ] **I.** *vt* ■**to ~ sth** ❶ (*burn surface of*) etw ansengen; (*burn sth slightly*) etw versengen; **to ~ one's eyebrows** sich *dat* die Augenbrauen versengen ❷ (*burn off deliberately*) etw absengen; **to have one's hair ~d** sich *dat* die Haare ansengen **II.** *vi* (*burn*) *hair, fur* angesengt werden; (*burn lightly*) versengen **III.** *n* angesengte Stelle, Brandfleck *m*

sing·er ['sɪŋəʳ, AM -ɚ] *n* Sänger(in) *m(f);* **pop ~** Popsänger(in) *m(f)*

sing·er-'song·writ·er *n* Liedermacher(in) *m(f)*

'sing·fest *n* AM Treffen *nt* zum gemeinsamen Liedersingen; **family ~** [gemeinsames] Liedersingen im Familienkreis

Sin·gha·lese *adj, n see* **Sinhalese**

sing·ing ['sɪŋɪŋ] *n no pl* Singen *nt,* Gesang *m*

'sing·ing bird *n* Singvogel *m* **'sing·ing club** *n* Gesang[s]verein *m* **'sing·ing les·son** *n* Gesang[s]stunde *f* **'sing·ing so·ci·ety** *n* Gesang[s]verein *m* **'sing·ing teach·er** *n* Gesang[s]lehrer(in) *m(f)* **'sing·ing voice** *n* Singstimme *f*

sin·gle ['sɪŋgl] **I.** *adj inv* ❶ *attr* (*one only*) einzige(r, s); **she didn't say a ~ word all evening** sie sprach den ganzen Abend kein einziges Wort; **patience is the ~ most important quality** Geduld ist die absolut wichtigste Eigenschaft; **with a ~ blow** mit nur einem Schlag; **not a ~ person** [überhaupt] niemand; **not a ~ soul** keine Menschenseele; **every ~ thing** [absolut] alles; **every ~ time** jedes Mal ❷ (*having one part*) einzelne(r, s); **in ~ figures** im einstelligen [Zahlen]bereich; **~-flowered** BOT einblütig ❸ *inv* (*unmarried*) ledig, unverheiratet, solo *fam;* **she's 35 and still ~** sie ist 35 und immer noch nicht verheiratet ❹ *inv* (*raising child alone*) allein erziehend; **he is a ~ parent** er ist allein erziehend; **~ father/mother** allein erziehender Vater/allein erziehende Mutter **II.** *n* ❶ BRIT, AUS (*one-way ticket*) Einzelfahrkarte *f,* Einzelfahrschein *m;* **do you want a ~ or a return?** möchten Sie eine einfache Fahrkarte oder eine Hin- und Rückfahrkarte? ❷ (*one-unit dollar note*) Eindollarschein *m,* Eindollarnote *f* ❸ (*record*) Single *f* ❹ SPORTS (*in cricket*) *Schlag für einen Lauf;* (*in baseball*) *Lauf zum ersten Base* ❺ (*single measure of drink*) Einheit *f* (*eine Maßeinheit eines alkoholischen Getränks*) ❻ (*single room*) Einzelzimmer *nt* **III.** *vi* SPORTS mit einem Schlag das erste Base erreichen

◆**single out** *vt* ■**to ~ out** ◌ **sb/sth** (*for positive characteristics*) jdn/etw auswählen; (*for negative reasons*) jdn/etw herausgreifen; **why were they of all people ~d out for punishment?** warum wurden eigentlich ausgerechnet sie bestraft?; **to ~ sb out for special treatment** jdm eine Sonderbehandlung zukommen lassen

sin·gle 'bed *n* Einzelbett *nt* **sin·gle-'breast·ed** *adj inv* einreihig; **~ suit** Einreiher *m* **sin·gle 'com·bat** *n no pl* Einzelkampf *m;* (*duel*) Zweikampf *m;* **to challenge sb to ~** jdn zum Zweikampf herausfordern **sin·gle 'cream** *n* BRIT Sahne *f,* Obers *nt* ÖSTERR (*mit niedrigem Fettgehalt*) **sin·gle 'cur·ren·cy** *n* FIN gemeinsame Währung **sin·gle-'deck·er** *n* Bus *m* (*mit einem Deck*)

sin·gle·dom ['sɪŋgldəm] *n* (*fam or hum*) Single-Dasein *nt*

sin·gle-'en·gined *adj* einmotorig **sin·gle-en·try 'book·keep·ing** *n* einfache Buchführung **Sin·gle Euro·pean 'Mar·ket** *n* Europäischer Binnenmarkt **sin·gle-fami·ly 'house** *n* Einfamilienhaus *nt* **sin·gle-'fig·ure** *adj inv* einstellig; **~ inflation rate** Inflationsrate *f* unter zehn Prozent **sin·gle 'file** *n no pl* **in ~** im Gänsemarsch **sin·gle-'hand·ed I.** *adv inv* [ganz] allein, ohne Hilfe [von außen], im Alleingang; **he sailed round the world ~** er segelte als Einhandsegler um die Welt **II.** *adj inv* allein, ohne Hilfe *nach n,* eigenhändig **sin·gle-'hand·ed·ly** *adv inv* [ganz] allein, ohne Hilfe [von außen] **sin·gle-'hand·er** *n* ❶ (*boat*) Einhandsegler *m* ❷ (*person*) Einhandsegler(in) *m(f)*

sin·gle·hood ['sɪŋglhʊd] *n no pl* AM Singletum *nt*

sin·gle-'lane *adj inv* einspurig **sin·gle-lens 're·flex** *n,* **sin·gle-lens re·flex 'cam·era** *n* PHOT einäugige Spiegelreflexkamera **sin·gle-'mind·ed** *adj* zielstrebig, zielbewusst; **to be ~ in sth** etw unbeirrbar tun **sin·gle-'mind·ed·ly** *adv* zielstrebig, zielbewusst; (*unwaveringly*) unbeirrbar **sin·gle-'mind·ed·ness** *n,* **sin·gle·ness of 'mind** *n no pl* Zielstrebigkeit *f;* (*pursuing sth unwaveringly*) Unbeirrbarkeit *f*

sin·gle·ness of 'pur·pose *n no pl* Zielstrebigkeit *f*

sin·gle-par·ent 'fami·ly *n* Familie *f* mit [nur] einem Elternteil

sin·gle 'room *n* Einzelzimmer *nt*

sin·gles ['sɪŋglz] **I.** *n* <*pl* -> SPORTS (*in tennis*) Einzel *nt;* (*in golf*) Single *nt;* **men's/ladies' ~** Herren-/Dameneinzel *nt;* **to play a ~ against sb** ein Einzel gegen jdn spielen **II.** *n modifier*

SPORTS **ladies' ~ champion** Siegerin *f* im Dameneinzel; **~ match** Einzel *nt*
'sin·gles bar *n* Singlekneipe *f,* Singletreff *m*
sin·gle-'seat·er *n* Einsitzer *m* **sin·gle-'sex** *adj inv* nach Geschlechtern getrennt; **~ school [for boys/girls]** reine Jungen-/Mädchenschule **sin·gle 'spac·ing** *n* COMPUT, TYPO einzeiliger [Zeilen]abstand **sin·gle-'stage** *adj* einstufig; **a ~ rocket** eine einstufige Rakete
sin·glet ['sɪŋglɪt] *n esp* BRIT, AUS ärmelloses Trikot; (*underwear*) Unterhemd *nt*
sin·gle 'tick·et *n* BRIT einfache Fahrkarte, Einzelfahrkarte *f,* Einzelfahrschein *m*
sin·gle·ton ['sɪŋg|tən] *n* CARDS blanke Karte (*einzige Karte einer Farbe*)*;* **to have a ~ in hearts** eine Herzkarte blank haben
sin·gle-'track *adj inv* ❶ RAIL eingleisig ❷ BRIT (*road*) einspurig
sin·gly ['sɪŋgli] *adv inv* einzeln
sing·song ['sɪŋsɒŋ, AM -sɑ:ŋ] **I.** *n* ❶ BRIT, AUS (*singing session*) gemeinsames Liedersingen; **to have a ~** gemeinsam Lieder singen ❷ *no pl* (*way of speaking*) Singsang *m;* **to speak in a ~** in einem Singsang sprechen **II.** *adj attr* **to speak in a ~ voice** in einem Singsang sprechen; **the Welsh ~ voices** der walisische Singsang (*melodischer Klang der Sprache*)
sin·gu·lar ['sɪŋgjələʳ, AM -ɚ] **I.** *adj* ❶ LING (*referring to one person or thing*) Singular-; **to be ~** im Singular stehen; **~ ending** Singularendung *f;* **~ form** Singularform *f;* **~ noun** Substantiv *nt* im Singular; **~-only noun** Singularetantum *nt fachspr;* **the third person ~** die dritte Person Singular ❷ (*form: extraordinary*) einzigartig; **of ~ beauty** von einmaliger [*o* einzigartiger] Schönheit; **a ~ lack of tact** eine beispiellose Taktlosigkeit ❸ (*form: strange*) eigenartig, sonderbar; **a most ~ affair** eine höchst merkwürdige Angelegenheit **II.** *n no pl* LING Singular *m,* Einzahl *f;* **to be in the ~** im Singular [*o* in der Einzahl] stehen
sin·gu·lar·ity [ˌsɪŋgjə'lærəti, AM -'lerət̬i] *n no pl* (*form*) Eigenartigkeit *f,* Sonderbarkeit *f;* **the ~ of sb's behaviour** jds sonderbares Verhalten
sin·gu·lar·ly ['sɪŋgjələli, AM -ɚli] *adv* (*form*) ❶ (*extraordinarily*) außerordentlich; **~ beautiful** einmalig schön; **he was ~ lacking in good sense** ihm fehlte [wirklich] jede Spur guten Geschmacks ❷ (*strangely*) eigenartig, sonderbar
Sin·ha·lese [ˌsɪŋ(h)ə'li:z, AM ˌsɪn-] **I.** *adj inv* singhalesisch **II.** *n* ❶ *no pl* (*language*) Singhalesisch *nt* ❷ <*pl* -> (*person*) Singhalese, -in *m, f*
sin·is·ter ['sɪnɪstəʳ, AM -ɚ] *adj* ❶ (*scary*) unheimlich, sinister *geh* ❷ (*fam: ominous*) unheilvoll, drohend; *forces* dunkel
sink <sank *or* sunk, sunk> [sɪŋk] **I.** *n* ❶ (*in kitchen*) Spüle *f,* Spülbecken *nt* ❷ AM (*washbasin*) Waschbecken *nt* **II.** *vi* ❶ (*not float*) untergehen, sinken; **cork won't ~** Kork schwimmt [oben] ❷ (*go downward*) absinken, sich *akk* senken; (*fig*) fallen; **the sun sank below the horizon** die Sonne versank hinter dem Horizont; **to ~ to the bottom** auf den Boden sinken; (*sediments*) sich *akk* auf dem Boden absetzen; **to ~ to the bottom of the table** ans Tabellenende rutschen ❸ (*drop down*) fallen; **to ~ to one's knees** auf den Boden sinken ❹ (*decrease*) sinken, fallen; **the pound sank two cents against the dollar** das Pfund hat zwei Cent gegenüber dem Dollar verloren; **the yen sank to a new low against the dollar** der Yen hat gegenüber dem Dollar einen neuen Tiefstand erreicht ❺ (*get softer*) sich *akk* senken; **his voice sank to a whisper** seine Stimme senkte sich zu einem leisen Flüstern ❻ (*decline*) sinken; **I didn't think he'd ~ so low** ich hätte nicht gedacht, dass er so tief sinken würde; **you are ~ing to his level!** du begibst dich auf das gleiche niedrige Niveau wie er!; **to ~ in sb's estimation** [*or* **esteem**] in jds Achtung *f* sinken ❼ (*decline in health*) ■**to be ~ing [fast]** [gesundheitlich] stark abbauen; **Mrs Jones is ~ing fast** Mrs. Jones' Zustand verschlechtert sich zusehends ▶ PHRASES: **sb's heart ~s** (*gets sadder*) jdm wird das Herz schwer; (*becomes discouraged*) jdm rutscht das Herz in die Hose *fam;* **sb's spirits ~** jds Stimmung sinkt [auf null]; **to ~ like a stone** untergehen wie ein Stein; **to ~ without trace** *ship* mit Mann und Maus untergehen *fam; person* von der Bildfläche verschwinden *fam;* **to leave sb/sth to ~ or swim** jdn/etw seinem Schicksal überlassen; **we ~ or swim together** wir werden gemeinsam untergehen oder gemeinsam überleben **III.** *vt* ❶ (*cause to submerge*) ■**to ~ sth** etw versenken; **to ~ a ship** ein Schiff versenken ❷ (*ruin*) ■**to ~ sth** etw zunichte machen [*o* ruinieren] ❸ (*dig*) **to ~ a shaft** MIN einen Schacht abteufen *fachspr;* **to ~ a well** einen Brunnen anlegen ❹ SPORTS **to ~ a ball** (*into a hole*) einen Ball einlochen; (*into a pocket*) einen Ball versenken; **to ~ the black/red** die schwarze/rote Kugel versenken ❺ BRIT, AUS (*fam: drink*) **to ~ a bottle of wine/a pint** eine Flasche Wein/ein Pint herunterspülen *fam* ❻ (*lower*) **to ~ one's voice to a whisper** seine Stimme zu einem Flüsterton senken ▶ PHRASES: **to ~ one's differences** die [gegenseitigen] Differenzen beilegen
◆**sink back** *vi* ❶ (*lean back*) zurücksinken; **he sank back and was soon lost in reverie** er lehnte sich zurück und versank bald in Träumereien; **to ~ back in a deep armchair/the cushions** in einen tiefen Armsessel/in die Kissen sinken; **to ~ back on the sofa** auf das Sofa sinken ❷ (*relapse*) ■**to ~ back into sth** [wieder] in etw *akk* [zurück]verfallen; **I don't want him to ~ back into his old bad habits** ich möchte nicht, dass er wieder in seine schlechten Gewohnheiten von früher verfällt
◆**sink down** *vi* ❶ (*descend gradually*) sinken; *sun* versinken ❷ (*go down on the ground*) herabsinken; **he went to stand up, then sank back down on his chair** er wollte aufstehen, sank dann aber auf seinen Stuhl zurück
◆**sink in I.** *vi* ❶ (*go into surface*) einsinken ❷ (*be absorbed*) *liquid* einziehen ❸ (*be understood*) bewusst werden; **the news may take a while to ~ in** es kann eine Weile dauern, bis sich die Neuigkeiten gesetzt haben; **I had to tell him several times before it finally sank in** ich musste es ihm mehrere Male sagen, bevor er es endlich begriffen hatte **II.** *vt* ❶ (*force into sth*) **to ~ one's teeth in sth** *animal* seine Zähne in etw *akk* hineinschlagen; **he looks as if he'd like to ~ a knife in your back** er sieht aus, als würde er dir am liebsten ein Messer in den Rücken rammen ❷ (*invest*) **to ~ one's money in sth** sein Geld in etw *akk* stecken *fam*
◆**sink into I.** *vi* ■**to ~ into sth** ❶ (*go deeper into*) in etw *dat* einsinken [*o* versinken]; **I sank into the snow up to my waist** ich versank bis zur Hüfte im Schnee; **let the cream ~ into your skin** lass die Creme gut einziehen ❷ (*lie back in*) in etw *akk* [hinein]sinken; **to ~ into an armchair** in einen Sessel sinken; **to ~ into a hot bath** sich *akk* in einem heißen Bad entspannen ❸ (*pass gradually into*) in etw *akk* sinken; **he sank into deep despair** er fiel in tiefe Verzweiflung; **to ~ into a coma** ins Koma fallen; **to ~ into debt** in Schulden geraten; **to ~ into [a] depression** in Depressionen verfallen **II.** *vt* ❶ (*pierce*) **to ~ one's teeth into sth** seine Zähne in etw *akk* hineinschlagen; **I'd love to ~ my teeth into a nice juicy steak** ich würde gern in ein schönes, saftiges Steak beißen; **she sank her spoon into a large bowl of cream** sie tauchte ihren Löffel in eine große Schale Sahne ❷ (*embed*) ■**to ~ sth into sth** etw in etw *akk* einlassen; **to ~ a post into the ground** einen Pfosten in den Boden schlagen ❸ FIN **to ~ one's money into sth** sein Geld in etw *akk* stecken *fam*
sink·able ['sɪŋkəb|] *adj* versenkbar; **~ putt** SPORTS *Putt, bei dem der Ball eingelocht werden kann*
sink·er ['sɪŋkəʳ, AM -ɚ] *n* Senker *m,* Senkgewicht *nt*
sink·ing ['sɪŋkɪŋ] *adj attr, inv* ❶ (*not floating*) sinkend ❷ (*emotion*) **that goal revived the ~ spirits of the team** das Tor brachte neuen Schwung in die angeschlagene Mannschaft; **a ~ feeling** ein flaues Gefühl [in der Magengegend]; **with a ~ heart** resigniert ❸ *attr* (*declining*) sinkend, fallend ▶ PHRASES: **to leave the ~ ship** das sinkende Schiff verlassen

'sink·ing fund *n* FIN Tilgungsfonds *m,* Amortisationsfonds *m fachspr*
'sink unit *n* Spüle *f*
sin·ner ['sɪnəʳ, AM -ɚ] *n* Sünder(in) *m(f)*; **the repentant** ~ der reuige Sünder/die reuige Sünderin
Sinn Féin [ʃɪn'feɪn] *n no pl,* + *sing/pl vb* Sinn Féin *f*

i Kultur

Sinn Féin („Wir allein") ist eine irische Unabhängigkeitspartei, die 1905 gegründet wurde. Sie bildete 1919 ihre eigene Versammlung und war für den Beginn der Verhandlungen des *Anglo-Irish Treaty – anglo-irisches Abkommen* und 1921 für die Gründung des *Irish Free State* verantwortlich. Die *IRA* (*Irish Republican Army*), Sinn Féins Guerrillatruppe, entstand 1919, wurde aber 1922 zurückgedrängt. 1969 spaltete sich jedoch ein *provisional wing* ab und war bis zum Waffenstillstand 1994 in Nordirland aktiv.

si·nolo·gist [saɪ'nɒlədʒɪst, AM -'nɑːl-] *n* Sinologe, -in *m, f*
si·nol·ogy [saɪ'nɒlədʒi, AM -'nɑːl-] *n no pl* Sinologie *f*
'sin tax *n* AM (*fam*) Genussmittelsteuer *f*
sinu·ous ['sɪnjuəs] *adj* ❶ (*winding*) gewunden; **the river winds its ~ course through the countryside** der Fluss schlängelt sich [in zahlreichen Windungen] durch die Landschaft; **a ~ path** ein verschlungener Pfad ❷ (*curving and twisting*) geschmeidig
sinu·ous·ly ['sɪnjuəsli] *adv* gewunden; **to dance ~** geschmeidig [*o* schlangenartig] tanzen; **to move ~ along sth** *snake* sich etw *akk* entlang schlängeln
si·nus <*pl* -es> ['saɪnəs] **I.** *n* ANAT Nasennebenhöhle *f,* Sinus *m fachspr* **II.** *n modifier* Nasennebenhöhlen-, Sinus- *fachspr;* **~ operation** Nasennebenhöhlenoperation *f;* **~ pain** Schmerzen *pl* im Nasennebenhöhlenbereich; **~ problems** Probleme mit den Nasennebenhöhlen
si·nusi·tis [ˌsaɪnə'saɪtɪs, AM -t̬-] *n no pl* MED Nasennebenhöhlenentzündung *f,* Sinusitis *f fachspr*
Sioux [suː] **I.** *adj inv* (*tribe*) Sioux-; **~ Indian** Siouxindianer(in) *m(f)* **II.** *n* ❶ <*pl* -> (*person*) Sioux *m o f* ❷ *no pl* (*language*) Sioux *nt*
sip [sɪp] **I.** *vt* <-pp-> ■**to ~ sth** an etw *dat* nippen; (*drink carefully*) etw in kleinen Schlucken trinken **II.** *vi* <-pp-> ■**to ~ at sth** an etw *dat* nippen **III.** *n* kleiner Schluck, Schlückchen *nt;* **to drink sth in ~s** etw schlückchenweise trinken; **to have** [*or* **take**] **a ~** einen kleinen Schluck nehmen
si·phon ['saɪfᵊn] **I.** *n* ❶ (*bent pipe*) Saugheber *m* ❷ BRIT (*soda siphon*) Siphon *m* **II.** *vt* ■**to ~ sth** etw [mit einem Saugheber] absaugen [*o* abpumpen]
◆**siphon off** *vt* ❶ (*remove*) ■**to ~ off** ⊂ **sth** etw absaugen [*o* abpumpen] ❷ FIN **to ~ off money** Gelder abziehen; **to ~ off profits** Gewinne abschöpfen
sir [sɜːʳ, səʳ, AM sɜːr, sɚ] *n no pl* ❶ BRIT (*fam: reference to schoolteacher*) **~!** Herr Lehrer!; **I told ~** ich hab's dem Lehrer erzählt ❷ (*form of address*) Herr *m;* **can I get you anything, ~?** kann ich Ihnen etwas bringen, mein Herr?; **can I see your driving licence, ~?** kann ich bitte ihren Führerschein sehen? ❸ (*not at all*) **no, ~!** AM (*fam*) keinesfalls!, auf keinen Fall!
Sir [sɜːʳ, səʳ, AM sɜːr, sɚ] *n* ❶ BRIT (*title of knight*) Sir *m* ❷ (*on letters*) **Dear ~** [*or* **Dear ~ or Madam**] [*or* **Dear ~s**] Sehr geehrte Damen und Herren
sire [saɪəʳ, AM -ɚ] **I.** *n* ❶ (*horse's father*) Vatertier *nt;* (*designated for breeding*) Deckhengst *m,* Zuchthengst *m* ❷ (*old liter: father*) Vater *m;* (*forefather*) Ahn *m veraltet* ❸ (*old: form of address*) Sire *m,* Majestät *f* **II.** *vt* (*esp hum*) **to ~ children** Kinder in die Welt setzen *fam;* **to ~ a foal** ein Fohlen zeugen
si·ren ['saɪ(ə)rən, AM 'saɪrən] *n* ❶ (*warning device*) Sirene *f;* **air-raid ~** Luftschutzsirene *f;* **police ~** Polizeisirene *f* ❷ (*in mythology*) Sirene *f a. fig*
'si·ren call *n,* **'si·ren song** *n* Sirenengesang *m fig geh*
sir·loin ['sɜːlɔɪn, AM 'sɜːr-] *n no pl* Lendenfilet *nt,* Lendenstück *nt* (*vom Rind*)
sir·loin 'steak *n* Lendensteak *nt,* Beefsteak *nt*
si·roc·co [sɪ'rɒkəʊ, AM sə'rɑːkoʊ] *n* METEO Schirokko *m*
sir·rah ['sɪrə] *n* (*old*) Kerl *m,* Bursche *m veraltend*
sis [sɪs] *n esp* AM (*fam*) *short for* **sister** Schwesterherz *nt hum*
SIS [ˌesaɪ'es] *n* BRIT *abbrev of* **Secret Intelligence Service** britischer Auslandsgeheimdienst
si·sal ['saɪsᵊl] **I.** *n no pl* ❶ (*tropical plant*) Sisal *m,* Sisalagave *f* ❷ (*strong fibre*) Sisal *m* **II.** *n modifier* (*hemp, mat, plant*) Sisal-
sis·sy ['sɪsi] **I.** *n* (*pej fam*) Weichling *m pej,* Waschlappen *m pej fam* **II.** *adj* (*pej fam*) weibisch *pej,* verweichlicht *pej*
sis·ter ['sɪstəʳ, AM -ɚ] **I.** *n* ❶ (*female sibling*) Schwester *f* ❷ (*fellow feminist*) Schwester *f;* (*trade unionist*) Kollegin *f* ❸ (*nun*) [Ordens]schwester *f;* **S~ Catherine** Schwester Catherine; (*form of address*) ■**S~!** Schwester! *f* ❹ BRIT, AUS (*nurse*) [Kranken]schwester *f;* **S~ Jones** Schwester Jones *f;* **day ~** Tagesschwester *f* ❺ AM (*dated fam: form of address to woman*) Schwester *f sl* **II.** *n modifier* (*party, ship*) Schwester-; **~ company** Schwestergesellschaft *f,* Schwesterfirma *f*
sis·ter·hood ['sɪstəhʊd, AM -tɚ-] *n* ❶ *no pl* (*sisterly bond*) Zusammenhalt *m* unter Schwestern ❷ *no pl* (*female solidarity*) Solidarität *f* unter Frauen ❸ + *sing/pl vb* (*feminists*) ■**the ~** die Frauenbewegung ❹ REL (*religious society*) Schwesternorden *m,* Frauenorden *m*
'sis·ter-in-law <*pl* sisters- *or* -s> *n* Schwägerin *f*
sis·ter·ly ['sɪstᵊli, AM -ɚli] *adj* schwesterlich; **I felt quite ~ towards him** er war für mich wie ein Bruder
sit <-tt, sat, sat> [sɪt] **I.** *vi* ❶ (*seated*) sitzen; **don't just ~ there!** sitz doch nicht so tatenlos herum!; **to ~ in an armchair** im Sessel sitzen; **to ~ at the desk/table** am Schreibtisch/Tisch sitzen; **to ~ on the sofa** auf dem Sofa sitzen; ■**to ~ for sb** für jdn Modell sitzen; **to ~ for one's portrait** jdm Porträt sitzen, sich *akk* porträtieren lassen; **to ~ for an exam** *esp* BRIT eine Prüfung ablegen ❷ (*fam: babysit*) ■**to ~ for sb** für jdn babysitten ❸ (*sit down*) sich *akk* hinsetzen; (*to a dog*) **~!** Platz!, Sitz!; **would you all please ~!** würden Sie sich bitte alle hinsetzen!; **he sat [down] next to me** er setzte sich neben mich; **where would you like us to ~?** wo sollen wir Platz nehmen? ❹ (*perch*) hocken, sitzen ❺ (*on a nest*) brüten ❻ (*be located*) liegen; **to ~ in the bottom of a valley** am Fuße eines Tals liegen ❼ (*remain undisturbed*) stehen; **that car's been ~ting there for days** dieses Auto steht schon seit Tagen dort; **to ~ on the shelf/on sb's desk** im [*o* auf dem] Regal stehen/auf jds Schreibtisch liegen ❽ (*in session*) tagen, eine Sitzung abhalten; *court* zusammenkommen; **Parliament is ~ting** das Parlament tagt ❾ AM (*be in office*) *senator, representative* einen Sitz haben; ■**to ~ for sth** Abgeordnete(r) *f(m)* für etw *akk* sein; **she ~s for Ashley East** sie ist Abgeordnete für Ashley East ❿ (*fit*) passen; *clothes* sitzen ⓫ AM (*be agreeable*) **the idea didn't ~ well with any of us** die Idee behagte keinem von uns so recht ▶ PHRASES: **to ~ at sb's feet** jds Schüler/Schülerin sein; **to ~ on the fence** sich *akk* nicht entscheiden können; **to ~ on one's hands** [*or* BRIT *vulg* **arse**] [*or* AM *vulg* **ass**] keinen Finger krumm machen *fam;* **to ~ in judgment on** [*or* **over**] **sb** über jdn zu Gericht sitzen [*o* urteilen]; **to be ~ting pretty** fein heraus sein *fam;* **to ~ tight** (*not move*) sitzen bleiben, sich *akk* nicht rühren; (*not change opinion*) stur bleiben **II.** *vt* ❶ (*put on seat*) **to ~ a child on a chair** ein Kind auf einen Stuhl setzen ❷ BRIT (*take exam*) **to ~ an exam** eine Prüfung ablegen
◆**sit about** *esp* BRIT, **sit around** *vi* herumsitzen
◆**sit back** *vi* ❶ (*lean back in chair*) sich *akk* zurücklehnen ❷ (*do nothing*) die Hände in den Schoß legen *fig*
◆**sit by** *vi* untätig zusehen, tatenlos dabeistehen

◆**sit down** I. *vi* ❶ (*take a seat*) sich *akk* [hin]setzen; **to ~ down to dinner** sich *akk* zum Essen an den Tisch begeben ❷ (*be sitting*) sitzen ❸ (*fig: take time*) sich *akk* [in Ruhe] hinsetzen; **I need time to ~ down and think about this** ich brauche Zeit, um in Ruhe darüber nachzudenken; ■**to ~ down with sb** sich *akk* mit jdm zusammensetzen II. *vt* ❶ (*put in a seat*) ■**to ~ sb down** jdn irgendwohin setzen; (*fig*) sich *dat* jdn vornehmen *fam;* **to ~ a child down** ein Kind [irgendwo] hinsetzen ❷ (*take a seat*) ■**to ~ oneself down** sich *akk* hinsetzen

◆**sit in** *vi* ❶ (*attend*) dabeisitzen, dabeisein; **to ~ in on a conference/meeting** einer Konferenz/einem Treffen beisitzen ❷ (*represent*) ■**to ~ in for sb** jdn vertreten ❸ (*hold sit-in*) ein Sit-in [*o* einen Sitzstreik] veranstalten

◆**sit on** *vi* ❶ (*be member of*) **to ~ on a board/a committee** einem Ausschuss/Komitee angehören, Mitglied eines Ausschusses/Komitees sein ❷ (*fam: not act on sth*) ■**to ~ on sth** auf etw *akk* nicht reagieren [*o fam* sitzen] ❸ (*fam: unaware of value*) ■**to be ~ting on sth** auf etw *dat* sitzen *fig fam;* **has anybody had the land valued? we could be ~ting on a goldmine here** hat jemand das Land schätzen lassen? wir könnten hier auf einer Goldmine sitzen ❹ (*fam: rebuke*) ■**to ~ on sb** jdm einen Dämpfer verpassen *fam,* jdm den Kopf zurechtrücken *fam;* **to ~ on an idea** (*stop*) eine Idee abwürgen *fam* ❺ (*feel heavy*) **to ~ on sb's stomach** jdm schwer im Magen liegen

◆**sit out** I. *vi* ❶ (*sit outdoors*) draußen sitzen ❷ (*not dance*) einen Tanz auslassen II. *vt* ■**to ~ out ↔ sth** ❶ (*not participate*) etw auslassen; *in game, competition* bei etw *dat* aussetzen ❷ (*sit until end*) bei etw *dat* bis zum Ende ausharren [*o* durchhalten]

◆**sit over** *vi* ❶ (*spend time*) **to ~ over a meal** [lange Zeit] über einer Mahlzeit sitzen ❷ (*monitor*) ■**to ~ over sb** auf jdn Acht geben, jdn beaufsichtigen

◆**sit round** *vi* BRIT, AUS *see* **sit about**

◆**sit through** *vi* ■**to ~ through sth** etw über sich *akk* ergehen lassen

◆**sit under** *vi* AM ■**to ~ under sb** etw von jdm lernen; **to ~ under a teacher** jds Schüler/Schülerin sein

◆**sit up** I. *vi* ❶ (*sit erect*) aufrecht [*o* gerade] sitzen; **~ up!** sitz gerade!; **to ~ up straight** sich *akk* gerade [*o* aufrecht] hinsetzen ❷ (*fig fam: pay attention*) **to ~ up and take notice** aufhorchen; **to make sb ~ up [and take notice]** jdn aufhorchen lassen ❸ (*remain up*) aufbleiben; **I'll be late, so don't ~ up for me!** ich komme spät zurück, also warte nicht auf mich! II. *vt* ■**to ~ sb up** jdn aufrichten [*o* aufsetzen]

si·tar [sɪˈtɑːʳ, AM -ˈtɑːr] *n* MUS Sitar *m*

sit·com [ˈsɪtkɒm, AM -kɑːm] *n* ❶ (*fam*) *short for* **situation comedy** Sitcom *f* ❷ *short for* **single income, two children, oppressive mortgage** (*finanziell schwierige Situation von großstädtischen Berufstätigen, wenn ein Ehepartner wegen der Kinder zu Hause bleibt*)

ˈsit-down *n* ❶ *no pl esp* BRIT (*fam: rest*) [Verschnauf]pause *f;* **to have a ~** sich *akk* einen Moment hinsetzen, [für] einen Moment verschnaufen ❷ (*fam: sit-down strike*) Sitzstreik *m,* Sit-in *nt* ❸ (*sit-down meal*) eine richtige Mahlzeit **sit-down ˈmeal** *n* **a ~** eine richtige Mahlzeit **sit-down ˈstrike** *n* Sitzstreik *m,* Sit-in *nt;* **to hold a ~** einen Sitzstreik veranstalten

site [saɪt] I. *n* ❶ (*place*) Stelle *f,* Platz *m,* Ort *m; of crime* Tatort *m;* **~ of a battle** Kampfplatz *m* ❷ (*plot*) Grundstück *nt;* **archaeological ~** archäologische Fundstätte; **building ~** Baugelände *nt;* **caravan** [*or* AM **camping**] **~** Campingplatz *m;* **greenfield ~** Baugelände *nt* auf der grünen Wiese; **industrial ~** Industriegelände *nt;* **vacant ~** unbebautes Grundstück ❸ (*building location*) Baustelle *f;* **on ~** vor Ort; **no unauthorized persons are allowed on the ~** Unbefugten ist das Betreten der Baustelle verboten ❹ (*on Internet*) [**web**] **~** Website *f;* **fan ~** Fanpage *f* II. *vt* ■**to ~ sth** einen Standort für etw *akk* bestimmen; **we ~d our tent under a tree** wir schlugen unser Zelt unter einem Baum auf; **to be ~d out of town** außerhalb der Stadt liegen; **to be badly ~d** ungünstig gelegen sein

site de·ˈvel·op·ment *n no pl* Grundstückserschließung *f,* Geländeerschließung *f* **site en·gi·ˈneer** *n* Bauingenieur(in) *m(f)* **ˈsite of·fice** *n* Büro *nt* der Bauleitung, Bauleitung *f* **Site of Spe·cial Sci·en·tif·ic ˈIn·ter·est** *n* BRIT Naturschutzgelände *nt* **ˈsite own·er** *n* Grundstückseigentümer(in) *m(f)* **ˈsite plan** *n* Lageplan *m*

ˈsit-in *n* Sit-in *nt;* **to hold a ~** ein Sit-in veranstalten

sit·ing [ˈsaɪtɪŋ, AM -t̬-] *n no pl* Standortwahl *f*

sit·ter [ˈsɪtəʳ, AM -t̬ɚ] *n* ❶ (*model for portrait*) Modell *nt* ❷ (*babysitter*) Babysitter(in) *m(f)* ❸ SPORTS ■**a ~** (*fam: easy catch*) ein leichter Ball; (*easy shot*) ein todsicherer [*o* hundertprozentiger] Treffer *fam;* **to miss a ~** eine idiotensichere Chance vergeben *fam*

sit·ting [ˈsɪtɪŋ, AM -t̬-] *n* ❶ (*meal session*) Ausgabe *f;* **dinner is served in two ~s** das Essen wird zweimal ausgegeben ❷ (*session*) Sitzung *f;* **in** [*or* **at**] **one ~** in einer Sitzung

sit·ting ˈduck *n* leicht zu treffendes Ziel; (*fig*) leichte Beute **sit·ting ˈmem·ber** *n* BRIT POL derzeitige(r) Abgeordnete(r) *f(m)* **ˈsit·ting po·si·tion** *n no pl* Sitzposition *f* **ˈsit·ting room** *n esp* BRIT Wohnzimmer *nt* **sit·ting ˈtar·get** *n* leicht zu treffendes Ziel; **to be a ~ for sb/sth** (*fig: easy prey*) eine leichte Beute für jdn/etw abgeben **sit·ting ˈten·ant** *n* derzeitiger Mieter/derzeitige Mieterin

situ·ate [ˈsɪtjueɪt, AM ˈsɪtʃ-] *vt* ❶ (*form: position*) ■**to ~ sth** etw platzieren; *patch, bed* etw anlegen; **they ~d the garden table under the tree** sie haben den Gartentisch unter den Baum gestellt ❷ (*form: place in context*) ■**to ~ sb/sth in sth** jdn/etw im Zusammenhang zu etw sehen

situ·at·ed [ˈsɪtjueɪtɪd, AM -tʃueɪt̬-] *adj pred, inv* ❶ (*located*) gelegen; **to be ~ near the church** in der Nähe der Kirche liegen ❷ (*in a state*) **to be well/badly ~** [finanziell] gut/schlecht gestellt sein; **to be well ~ to do sth** gute Voraussetzungen besitzen, etw zu tun ❸ (*have available*) ■**to be ~ for sth** etw zur Verfügung haben; **how are you ~ for time?** wie ist es bei Ihnen mit der Zeit bestellt?

situa·tion [ˌsɪtjuˈeɪʃᵊn, AM -tʃuˈ-] *n* ❶ (*circumstances*) Situation *f,* Lage *f;* **he got himself into this ~** er hat sich selbst in diese Lage gebracht; **the ~ here is very tense** die Lage hier ist sehr gespannt; **the economic/political ~** die wirtschaftliche/politische Lage ❷ (*location*) Lage *f,* Standort *m* ❸ (*old: job*) Stelle *f*

situa·tion ˈcom·edy *n* Situationskomödie *f*

situa·tions ˈva·cant *npl* BRIT, AUS Stellenangebote *ntpl*

ˈsit-up *n* SPORTS Sit-up *m* (*Bauchmuskelübung*)

six [sɪks] I. *adj* sechs; **he is over ~ feet tall** er ist über 1 Meter 80 ▶ PHRASES: **to be ~ feet under** (*hum*) sich *dat* die Radieschen von unten anschauen *hum sl* II. *pron* sechs; **there were ~ of us** wir waren zu sechst; **of the ~, only one was any good** von den sechs[en] war nur einer/eine/eines in Ordnung ▶ PHRASES: **~ of one and half a dozen of the other** Jacke wie Hose *fam,* gehupft wie gesprungen *fam;* **to get ~ of the best** BRIT (*dated*) eine Tracht Prügel kassieren; **to give sb ~ of the best** BRIT jdm eine Tracht Prügel verabreichen; **to knock** [*or* **hit**] **sb for ~** BRIT (*amaze*) jdn umhauen *fig fam;* (*defeat completely*) jdn vernichtend schlagen III. *n* ❶ (*number*) Sechs *f;* (*route number*) **the number ~ bus** der Sechser, die Sechs; (*tram, dice*) die Sechs; **to throw a ~** eine Sechs würfeln; (*playing cards*) **the ~ of spades/hearts** die Pik/Herz Sechs ❷ (*in cricket*) Sechserschlag *m* (*durch einen Schlag sechs Läufe erzielen*) ▶ PHRASES: **to be at ~es and sevens** völlig durcheinander sein

six·fold I. *adj inv* sechsfach; **a ~ increase** ein Anstieg *m* um das Sechsfache II. *adv inv* um das Sechsfache; **to increase ~** um das Sechsfache ansteigen **ˈsix-foot** *adj attr, inv* einsachtzig;

S

an ordinary ~ **bed** ein gewöhnliches Zwei-Meter-Bett; **a ~ man** ein Zwei-Meter-Mann **six-'foot·er** *n* (*tall male person*) Zwei-Meter-Mann *m*, [langer] Lulatsch *fam*; (*tall, powerful male*) Hüne *m*; (*tall female*) Zwei-Meter-Frau *f*, Riesin *f*; ■**to be a ~** [fast] zwei Meter groß sein **'six-pack** *n* Sechserpackung *f*, Sechserpack *m*; *of beer* Sixpack *m* **six·pence** *n* ❶ (*former coin*) Sixpencestück *nt* ❷ *no pl* BRIT (*fig: not much*) **that old thing's not worth ~** das alte Ding ist keine müde Mark wert *fam* **'six-shoot·er** *n* sechsschüssiger Revolver

six·teen [ˌsɪk'stiːn] **I.** *adj* sechzehn; **she'll be ~ next birthday** an ihrem nächsten Geburtstag wird sie sechzehn [Jahre] **II.** *pron* sechzehn; **they had ~ to dinner** sie hatten sechzehn Personen zum Abendessen da; **there were ~ of us on the trip** wir waren mit sechzehn Leuten bei der Tour; **the last ~** TENNIS das Achtelfinale **III.** *n* Sechzehn *f*

six·teenth [ˌsɪk'stiːnθ] **I.** *adj* sechzehnte(r, s) **II.** *pron* ■**the ~ ...** der/die/das sechzehnte ...; **the ~ of April** der sechzehnte April **III.** *adv inv* als sechzehnte(r, s); **they finished ~ out of a hundred** sie wurden Sechzehnter von hundert **IV.** *n* Sechzehntel *nt* SCHWEIZ *a. m*

six·'teenth note *n* AM MUS (*semiquaver*) Sechzehntelnote *f*, Sechzehntel *nt o* SCHWEIZ *a. m*

sixth [sɪksθ, AM -stθ] **I.** *adj* sechste(r, s); **Peter's ~ birthday** Peters sechster Geburtstag; **this is about the ~ time I've told you** das sage ich dir jetzt schon zum sechsten Mal; **your name is ~ on the list** Ihr Name ist der sechste auf der Liste **II.** *pron* ■**the ~ ...** der/die/das sechste ...; **the ~ of June** der sechste Juni **III.** *adv inv* als sechste(r, s); **they finished ~ out of a hundred** sie wurden Sechster von hundert **IV.** *n* Sechstel *nt o* SCHWEIZ *a. m*; **cut the cake into ~s!** schneide den Kuchen in sechs Stücke!

'sixth form *n* BRIT SCH Abschlussklasse *f* (*das letzte Schuljahr, das mit A-Levels abgeschlossen wird*)

i Kultur

In Großbritannien ist ein **sixth-form college** ein College für 16-18-jährige Schüler, die oft von Schulen kommen, an denen es keine *sixth form – Abiturstufe* gibt. An dem College können sie dann ihre *A-levels – ≈ Abitur* machen oder sie belegen vergleichbare zweijährige Kurse und bereiten sich so für die Aufnahme an einer Universität vor.

'sixth form·er *n* BRIT SCH Schüler(in) *m(f)* der zwölften/dreizehnten Klasse (*Schüler der englischen Oberstufe, die sich auf den A-Level-Abschluss vorbereiten*) **sixth 'grade** *n* AM SCH sechste Klasse **sixth 'sense** *n no pl* sechster Sinn

six·ties ['sɪkstiz] **I.** *npl* ❶ (*decade*) ■**the ~** die Sechziger, die 60er-Jahre ❷ (*temperature*) **the temperature was in the high ~** die Temperatur lag bei guten sechzig Grad Fahrenheit ❸ (*age range*) ■**the ~** die Sechziger; **to be in one's ~** in den Sechzigern sein **II.** *adj inv* 60er-Jahre-, aus den Sechzigern *nach n*; **~ music** Musik *f* aus den Sechzigern

six·ti·eth ['sɪkstiəθ] **I.** *adj* sechzigste(r, s); **Mary's ~ birthday** Marys sechzigster Geburtstag; **your name is ~ on the list** Ihr Name steht an sechzigster Stelle **II.** *pron* ■**the ~** der/die/das sechzigste **III.** *adv inv* als sechzigste(r, s); **they finished ~ out of a hundred** sie wurden Sechzigster von hundert **IV.** *n* Sechzigstel *nt* SCHWEIZ *a. m*

six·ty ['sɪksti] **I.** *adj* sechzig; **she'll be ~ next birthday** sie wird sechzig **II.** *pron* sechzig; **they had ~ at the wedding reception** sie hatten sechzig Gäste auf dem Hochzeitsempfang; **there were ~ of us on the trip** wir waren mit sechzig Leuten auf der Tour **III.** *n* Sechzig *f*

six·ty-four-thou·sand-dol·lar 'ques·tion *n* (*fam*) alles entscheidende Frage, Hunderttausend-Mark-Frage *f hum*

siz·able *adj see* **sizeable**

size¹ [saɪz] **I.** *n no pl* [Grundier]leim *m*; (*textiles*) Schlichte *f fachspr* **II.** *vt* ■**to ~ sth** etw mit [Grundier]leim bestreichen [*o* grundieren]; **to ~ textiles** Textilien schlichten *fachspr*

size² [saɪz] **I.** *n* ❶ *usu sing* (*magnitude*) Größe *f*; *amount, debt* Höhe *f*; **what is the ~ of that window?** wie groß ist das Fenster?; **a company of that ~** eine Firma dieser Größenordnung; **six inches in ~** sechs Zoll lang; **the ~ of a thumbnail** daumennagelgroß; **to be a good ~** (*quite big*) ziemlich groß sein; (*suitable size*) die richtige Größe haben; **to be the same ~** genauso groß sein; **to increase/decrease in ~** größer/kleiner werden, an Größe gewinnen/verlieren; **to cut sth to ~** etw [auf die richtige Größe] zu[recht]schneiden; **to double in ~** seine Größe verdoppeln; **of a ~** (*dated*) gleich groß; **of any ~** relativ groß; **the nearest town of any ~ is Plymouth** die nächstgrößere Stadt ist Plymouth ❷ (*measurement*) Größe *f*; **a ~ 12 dress** ein Kleid *nt* [der] Größe 42; **the shirt is a couple of ~s too big** das Hemd ist ein paar Nummern zu groß; **what ~ are you? – I'm a ~ 10** welche Größe haben Sie? – ich habe Größe 40; **children's ~** Kindergröße *f*; **collar/shoe ~** Kragenweite *f*/Schuhgröße *f*; **he takes a ~ 17 collar** er hat Kragenweite 17; **economy ~ pack** Sparpackung *f*; **to try sth for ~** etw anprobieren, ob es passt ▶ PHRASES: **that's about the ~ of it** so könnte man sagen **II.** *vt* ■**to ~ sth** etw nach Größe ordnen

◆**size up** *vt* ■**to ~ up** ○ **sb/sth** jdn/etw taxieren [*o* [prüfend] abschätzen]; **to ~ each other up** sich *akk* gegenseitig taxieren

size·able ['saɪzəbl] *adj* ziemlich groß; **a ~ amount** eine beträchtliche [*o* beachtliche] Summe

siz·ing ['saɪzɪŋ] *n no pl* ❶ (*action*) Grundieren *nt*; *textiles* Schlichten *nt fachspr* ❷ (*coat of size*) [Grundier]leim *m*; (*for textiles*) Schlichte *f fachspr*

siz·zle ['sɪzl] **I.** *vi* brutzeln **II.** *n no pl* Zischen *nt*, Brutzeln *nt*

siz·zler ['sɪzləʳ, AM -ɚ] *n* (*fam*) knallheißer Tag *fam*

siz·zling 'hot *adj* (*fam*) knallheiß *fam*

skate¹ [skeɪt] *n* (*flat fish*) Rochen *m*

skate² [skeɪt] **I.** *n* ❶ (*ice skate*) Schlittschuh *m* ❷ (*roller skate*) Rollschuh *m*; (*with stopper*) Rollerskate *m* ▶ PHRASES: **to get** [*or* **put**] **one's ~s on** BRIT (*fam*) einen Zahn zulegen *sl* **II.** *vi* ❶ (*on ice*) Schlittschuh laufen ❷ (*on roller skates*) Rollschuh fahren; (*on skates with stopper*) Rollerskate fahren ▶ PHRASES: **to be skating on thin ice** sich *akk* auf dünnem Eis bewegen *fig* **III.** *vt* **to ~ a figure** eine Figur laufen; **to ~ a figure of eight** [*or* AM **figure eight**] eine Acht laufen

◆**skate around** *vi* ■**to ~ around sth** über etw *akk* [bewusst] hinweggehen; **to ~ around a problem** ein Problem ignorieren; **to ~ around a question** einer Frage ausweichen

◆**skate over** *vi* ■**to ~ over sth** etw nur streifen [*o* flüchtig behandeln]

◆**skate round** *vi* BRIT *see* **skate around**

◆**skate through** *vi* ■**to ~ through sth** etw problemlos bewältigen; **don't worry, you'll ~ through it!** mach dir keine Sorgen, das schaffst du spielend!; **to ~ through an exam/a test** eine Prüfung/einen Test mit Leichtigkeit schaffen

skate·board ['skeɪtbɔːd, AM -bɔːrd] *n* Skateboard *nt*

skate·board·er ['skeɪtˌbɔːdəʳ, AM -ˌbɔːrdɚ] *n* Skateboardfahrer(in) *m(f)*, Skateboarder(in) *m(f)*

skate·board·ing ['skeɪtˌbɔːdɪŋ, AM -ˌbɔːrd-] *n no pl* Skateboardfahren *nt*; **street ~** Street-Skaten *nt* (*Skateboardfahren auf der Straße*); **vertical ~** Vert-Skaten *nt* (*Skateboardfahren auf Rampen und in Parks*)

skat·er ['skeɪtəʳ, AM -t̬ɚ] *n* ❶ (*on ice*) Schlittschuhläufer(in) *m(f)*; **figure ~** Eiskunstläufer(in) *m(f)*; **speed ~** Eisschnellläufer(in) *m(f)* ❷ (*on roller skates*) Rollschuhfahrer(in) *m(f) veraltet* ❸ (*on roller blades*) Skater(in) *m(f)*

skat·ing ['skeɪtɪŋ, AM -t̬-] *n no pl* ❶ (*ice*) Schlittschuhlaufen *nt*, Eislaufen *nt*; **figure ~** Eiskunstlauf *m*; **speed ~** Eisschnelllauf *m*; **to go ~** Schlittschuhlaufen [*o* Eislaufen] gehen ❷ (*roller* *skates*) Rollschuhlaufen *nt;* (*with modern roller skates*) Rollerskaten *nt;* **to go ~** Rollschuhlaufen/Rollerskaten gehen

'skat·ing rink *n* ❶ (*ice skating*) Eisbahn *f,* Schlittschuhbahn *f* ❷ (*roller skating*) Rollschuhbahn *f*

ske·dad·dle [skɪ'dædl] *vi* (*fam*) Reißaus nehmen *fam,* türmen *sl,* sich *akk* verdünnisieren *sl*

skeet·er ['ski:təʳ, AM -t̬ɚ] *n* AM, AUS (*fam*) Stechmücke *f*

skeet·ing ['ski:tɪŋ, AM -t̬-] *n,* **skeet shoot·ing** *n no pl* SPORTS Skeetschießen *nt,* Tontaubenschießen *nt*

skein [skeɪn] *n* ❶ (*coil*) Strang *m;* **a ~ of wool** ein Strang *m* Wolle ❷ (*birds*) Schwarm *m;* **~ of birds** Vogelschwarm *m;* **~ of geese** Gänseschar *f*

skel·etal ['skelɪtᵊl, AM -ət̬ᵊl] *adj* ❶ *inv* (*pertaining to skeleton*) Skelett-; **~ muscle** Skelettmuskel *m;* **~ remains** Gebeine *pl geh,* Gerippe *nt* ❷ (*emaciated*) ausgemergelt, knochendürr *fam* ❸ (*bare outline*) stichpunktartig; **~ account** knapper [Übersichts]bericht

skel·eton ['skelɪtᵊn] *n* ❶ (*bones*) Skelett *nt;* **to develop a strong ~** einen kräftigen Knochenbau ausbilden ❷ (*fig: thin person*) [wandelndes] Gerippe *fam;* **to be reduced to a ~** bis auf die Knochen abgemagert sein ❸ (*framework*) *of a boat, plane* Gerippe *nt fig; of a building* Skelett *nt fig* ❹ (*outline sketch*) *of a book, report* Entwurf *m* ▸ PHRASES: **to have ~s in the cupboard** [*or* AM *a.* **closet**] eine Leiche im Keller haben *fam*

skel·eton 'form *n* **to be in ~** in Grundzügen bestehen [*o* feststehen] **skel·eton 'key** *n* Dietrich *m* **skel·eton 'ser·vice** *n* stark eingeschränkter Service, Grundservice *m* **skel·eton 'staff** *n* Rumpfbelegschaft *f,* Minimalbesetzung *f*

skep·tic *n* AM, AUS *see* **sceptic**

skep·ti·cal *adj* AM, AUS *see* **sceptical**

skep·ti·cal·ly *n* AM, AUS *see* **sceptically**

skep·ti·cism *n no pl* AM, AUS *see* **scepticism**

sker·rick ['skerɪk] *n* AUS (*fam*) **not a ~** nicht ein bisschen; **there wasn't a ~ left** es war nichts übrig geblieben

sketch [sketʃ] **I.** *n* <*pl* -es> ❶ (*rough drawing*) Skizze *f;* **to make** [*or* **draw**] **a ~ of sth** eine Skizze von etw *dat* machen [*o geh* anfertigen] ❷ (*written piece*) Skizze *f* ❸ (*outline*) Überblick *m,* knappe [zusammenfassende] Darstellung ❹ (*performance*) Sketch *m* **II.** *vt* ❶ (*rough drawing*) ■**to ~ sb/sth** jdn/etw skizzieren ❷ (*write in outline*) ■**to ~ sth** etw skizzieren [*o* umreißen] **III.** *vi* Skizzen machen

◆**sketch in** *vt* ■**to ~ in** ○ **sth** ❶ (*draw in*) etw [andeutungsweise] einzeichnen ❷ (*outline*) etw in groben Zügen darstellen, etw umreißen

◆**sketch out** *vt* ■**to ~ out** ○ **sth** ❶ (*draw roughly*) etw [in groben Zügen] skizzieren ❷ (*outline*) etw umreißen

'sketch·book *n* Skizzenbuch *nt*

sketch·er ['sketʃəʳ, AM -ɚ] *n* Skizzenmaler(in) *m(f)*

sketchi·ly ['sketʃɪli] *adv* flüchtig, skizzenhaft

sketch·ing ['sketʃɪŋ] *n no pl* Skizzenzeichnen *nt,* Anfertigen *nt* von Skizzen

'sketch map *n* Kartenskizze *f,* Faustskizze *f* **'sketch·pad** *n* Skizzenblock *m*

sketchy ['sketʃi] *adj* ❶ (*not detailed*) flüchtig, oberflächlich; (*incomplete*) lückenhaft; **to have a ~ idea of sth** eine vage Vorstellung von etw *dat* haben ❷ (*not fully realized*) skizzenhaft dargestellt, angedeutet

skew [skju:] **I.** *vt* ❶ (*give slant to*) ■**to ~ sth** etw krümmen; TECH etw abschrägen ❷ (*distort*) ■**to ~ sth** etw verdrehen [*o* verzerren] **II.** *vi* **to ~ around** sich *akk* drehen; **the vehicle ~ed right around** das Fahrzeug geriet ins Schleudern und drehte sich um sich selbst; **the lines ~ to the left** die Linien gehen nach links weg; **we ~ed to the right** wir schwenkten nach rechts **III.** *adj pred* schräg, schief **IV.** *adv inv* schräg, schief

skew·bald ['skju:bɔ:ld, AM -bɑ:ld] *n* Schecke *m o f*

skew·er ['skju:əʳ, AM -ɚ] **I.** *n* Spieß *m* **II.** *vt* ❶ (*pierce*) ■**to ~ sb/sth** jdn/etw aufspießen ❷ (*pierce with skewer*) ■**to ~ sth** etw anstechen

skew-whiff [ˌskju:'(h)wɪf] BRIT, AUS **I.** *adj pred* (*fam*) schief **II.** *adv* (*fam*) schief

ski [ski:] **I.** *n* Ski *m,* Schi *m;* **a pair of ~s** ein Paar Skier; **on ~s** auf Skiern **II.** *vi* Ski fahren [*o* laufen]; **to ~ down the slope** die Piste herunterfahren

'ski bind·ing *n* Skibindung *f;* **to adjust the ~** die Skibindung einstellen **'ski·bob** *n* Skibob *m* **'ski boot** *n* Skischuh *m,* Skistiefel *m* **'ski car·ri·er** *n* Skiträger *m* **'ski club** *n* Skiclub *m*

skid [skɪd] **I.** *vi* <-dd-> ❶ (*slide while driving*) rutschen, schlittern; (*skew around*) schleudern; **to ~ to a halt** schlitternd zum Stehen kommen; **to ~ off the road** von der Straße geschleudert werden; **to ~ on the wet road** auf der nassen Straße ins Rutschen kommen ❷ (*slide over surface*) ■**to ~ along/across sth** (*in a controlled fashion*) über etw *akk* [hinweg]gleiten; (*out of control*) über etw *akk* rutschen **II.** *n* ❶ (*slide while driving*) Rutschen *nt,* Schlittern *nt;* (*skewing round*) Schleudern *nt;* **to correct a ~** ein Fahrzeug wieder unter Kontrolle bringen; **to go into a ~** ins Schleudern geraten ❷ AVIAT (*on aircraft*) Gleitkufe *f* ❸ (*set of wooden rollers*) Rolle *f* ▸ PHRASES: **to put the ~s under sb/sth** BRIT, AUS (*fam*) jdn/etw zu Fall bringen; **to be on the ~s** (*fam*) auf dem absteigenden Ast sein *fam*

'skid lid *n* BRIT (*sl*) Sturzhelm *m* **'skid mark** *n* Reifenspur *f;* (*from braking*) Bremsspur *f*

ski-doo® [skɪ'du:] *n* CAN Schneemobil *nt* **'skid·pan** *n* BRIT Übungsanlage *f* (*für Sicherheitsfahrtraining*) **skid 'row** *n no pl esp* AM heruntergekommene Gegend, Pennerviertel *nt fam;* **to be on ~** heruntergekommen sein *fam;* **to end up on ~** auf der Straße enden *fam*

ski·er ['ski:əʳ, AM -ɚ] *n* Skifahrer(in) *m(f),* Skiläufer(in) *m(f)*

skiff [skɪf] *n* ❶ (*rowing boat*) Skiff *nt* ❷ (*sailing boat*) Einer *m*

skif·fle ['skɪfl̩] *n no pl* MUS Skiffle *m o nt*

'skif·fle group *n* Skiffleband *f*

'ski fly·ing *n no pl* Skifliegen *nt* **'ski gog·gles** *npl* Skibrille *f*

ski·ing ['ski:ɪŋ] **I.** *n no pl* Skifahren *nt,* Skilaufen *nt* **II.** *n modifier* (*accident, equipment*) Ski-

'ski·ing holi·day *n* Skiurlaub *m* **'ski·ing trip** *n* Skiausflug *m*

'ski in·struc·tor *n* Skilehrer *m* **'ski in·struc·tress** *n* Skilehrerin *f*

ski·jor·ing ['ski:dʒɔ:rɪŋ] *n no pl* SPORTS Skijoring *nt* (*Art des Skilaufens, bei der die Skifahrer durch ein Motorrad oder ein Pferdegespann gezogen werden*)

'ski jump *n* ❶ (*runway*) Sprungschanze *f* ❷ *no pl* (*jump*) Skisprung *m;* (*event*) Skispringen *nt* **'ski jump·er** *n* Skispringer(in) *m(f)* **'ski jump·ing** *n no pl* Skispringen *nt*

skil·ful ['skɪlfᵊl], AM **skill·ful** *adj* ❶ (*adroit*) geschickt; **I became more ~ at tennis** ich bin im Tennis besser geworden; **to be ~ at dealing with difficult customers** geschickt im Umgang mit schwierigen Kunden sein ❷ (*showing skill*) gekonnt, kunstvoll

skil·ful·ly ['skɪlfᵊli], AM **skill·ful·ly** *adv* geschickt, gekonnt

'ski lift *n* Skilift *m*

skill [skɪl] *n* ❶ *no pl* (*expertise*) Geschick *nt,* Geschicklichkeit *f;* **to involve some ~** einige Geschicklichkeit erfordern; **to show a lot of ~** viel Geschick beweisen ❷ (*particular ability*) Fähigkeit *f;* (*technique*) Fertigkeit *f;* **communication ~s** Kommunikationsfähigkeit *f;* **language ~s** Sprachkompetenz *f;* **negotiating ~s** Verhandlungsgeschick *nt*

skilled [skɪld] **I.** *adj* ❶ (*trained*) ausgebildet; (*skilful*) geschickt; **~ in electronics** in Elektronik geschult ❷ (*requiring skill*) Fach-, qualifiziert; **a highly ~ job** eine hoch qualifizierte Tätigkeit; **semi-~ occupation** Anlernberuf *m* **II.** *n* ■**the ~** *pl* qualifiziertes [*o* ausgebildetes] [Fach]personal

skil·let ['skɪlɪt] *n* ❶ BRIT (*saucepan*) Kasserolle *f,* Topf *m* ❷ AM (*frying pan*) Bratpfanne *f*

skill·ful *adj* AM *see* **skilful**

S

skill·ful·ly *adv* AM *see* **skilfully**
skim <-mm-> [skɪm] **I.** *vt* ❶ (*move lightly above*) ■**to ~ sth** etw streifen, über etw *akk* streichen; **to ~ the surface of sth** (*fig*) nur an der Oberfläche von etw *dat* kratzen; (*deal with*) etw nur oberflächlich behandeln; **to ~ the surface of the water** die Wasseroberfläche kaum berühren ❷ (*bounce off water*) **to ~ stones on the water** Steine über das Wasser hüpfen lassen ❸ (*read*) ■**to ~ sth** etw überfliegen ❹ FOOD (*remove from surface*) ■**to ~ sth** etw abschöpfen; **to ~ the cream from the milk** die Milch entrahmen **II.** *vi* ■**to ~ over** [*or* **along**] **sth** über etw *akk* hinwegstreifen
◆**skim off** *vt* ❶ FOOD (*remove from surface*) ■**to ~ off** ↔ **sth** etw abschöpfen; **the cream has been ~med off the milk** die Milch ist entrahmt worden ❷ (*fig: remove from group*) **to ~ off the best people** die besten Leute [irgendwo] abziehen; **to ~ off money** Geld absahnen [*o* abschöpfen]
◆**skim through** *vi* **to ~ through a book** ein Buch überfliegen
skimmed milk *n*, **skim 'milk** *n no pl* entrahmte Milch, Magermilch *f*
skim·mer ['skɪməʳ, AM -ɚ] *n* Schaumlöffel *m*
skim·ming ['skɪmɪŋ] *n no pl* Kreditkartenbetrug *m*
skimp [skɪmp] **I.** *vt* ■**to ~ sth** etw nachlässig erledigen; **to ~ the work** schlud[e]rig arbeiten **II.** *vi* knausern *fam*, sparen; ■**to ~ on sth** an etw *dat* sparen, mit etw *dat* knaus[e]rig sein *fam*
skimpy ['skɪmpi] *adj* ❶ (*not big enough*) dürftig, spärlich; **~ meal** karge Mahlzeit ❷ (*small and tight-fitting*) knapp, winzig [klein]
skin [skɪn] **I.** *n* ❶ *usu sing* (*on body*) Haut *f*; **to be soaked** [*or* **drenched**] **to the ~** nass bis auf die Haut sein; **to have a thin ~** dünnhäutig sein *fam*; **to have a thick ~** ein dickes Fell haben; **to strip to the ~** sich *akk* nackt ausziehen ❷ (*animal hide*) Fell *nt*; **lion ~** Löwenfell *nt* ❸ (*rind*) *of a fruit, potato* Schale *f*; *of a boiled potato* Pelle *f*, Schale *f*; *of sausage* [Wurst]haut *f*, Pelle *f* DIAL; *of almonds, tomatoes* Haut *f*; **to slip on a banana ~** auf einer Bananenschale ausrutschen; **to cook potatoes in their ~s** Pellkartoffeln kochen ❹ (*outer covering*) *aircraft, ship* [Außen]haut *f* ❺ *usu sing* (*film on hot liquid*) Haut *f* ❻ (*sl: neo-nazi*) Skinhead *m* ► PHRASES: **to be all** [*or* **just**] [*or* **nothing but**] **~ and bone**[**s**] nur noch Haut und Knochen sein *fam*; **it's no ~ off my nose** [*or* **teeth**] [*or* AM *a.* **back**] das ist nicht mein Problem; **by the ~ of one's teeth** nur mit knapper Not; **to get under sb's ~** (*irritate or annoy sb*) jdm auf die Nerven gehen [*o* fallen] *fam*; (*move or affect sb*) jdm unter die Haut gehen; **to jump** [*or* **leap**] **out of one's ~** erschreckt hochfahren **II.** *vt* <-nn-> ❶ (*remove skin*) **to ~ an animal** ein Tier häuten; **to ~ fruits** Obst schälen; **to ~ sb alive** (*fig, hum*) Hackfleisch aus jdm machen *hum fam* ❷ (*graze*) **to ~ one's elbow/knees** sich *dat* den Ellbogen/die Knie aufschürfen
◆**skin up** *vi* BRIT (*sl*) sich *dat* eine Tüte bauen *sl*, sich *dat* einen [Joint] drehen [*o* ÖSTERR, SÜDD wuzeln] *fam*
'skin can·cer *n no pl* Hautkrebs *m* **'skin com·plaint** *n* MED Hautkrankheit *f* **skin-'deep** *adj pred, inv* oberflächlich; **beauty is only ~** man darf nicht nur nach den Äußerlichkeiten urteilen **'skin dis·ease** *n* Hautkrankheit *f* **'skin-div·er** *n* SPORTS Taucher(in) *m(f)* (*ohne Anzug*) **'skin-div·ing** *n no pl* Tauchen *nt* (*ohne Anzug*) **'skin flick** *n* (*fam*) Porno *m fam* **'skin·flint** *n* (*pej*) Geizhals *m pej*, Geizkragen *m pej fam*
skin·ful ['skɪnfʊl] *n no pl* BRIT (*sl*) **to have had a ~** einen sitzen haben *sl*, voll sein *sl*
'skin game *n* AM ❶ (*fam: rigged gambling game*) [manipuliertes [*o* betrügerisches]] Glücksspiel ❷ (*fam: swindle*) Schwindel *m* **'skin graft** *n* MED ❶ (*skin transplant*) Hauttransplantation *f* ❷ (*skin section*) Hauttransplantat *nt* **'skin·head** *n* Skinhead *m*
skink [skɪŋk] *n* Glattechse *f*, Skink *m fachspr*
skin·less ['skɪnləs] *adj inv fruits, potatoes* geschält; *fish fillet* enthäutet; *sausage* ohne Haut [*o* Darm] *nach n*
skin·ny ['skɪni] *adj* dünn, mager
'skin·ny-dip <-pp-> *vi* (*fam*) im Adams-/Evakostüm baden *hum sl*, nackt baden
'skin·ny-dip·ping *n no pl* (*fam*) Nacktbaden *nt*
skint [skɪnt] *adj pred* BRIT (*sl*) ■**to be ~** blank [*o* pleite] sein *fam*
'skin-tight *adj* hauteng
skip[1] [skɪp] **I.** *vi* <-pp-> ❶ (*hop*) hüpfen ❷ BRIT, AUS (*hop with rope*) seilhüpfen, seilspringen ❸ (*fig: jump*) *gramophone needle* springen ❹ (*fig: omit*) springen; ■**to ~ about** hin- und herspringen; ■**to ~ over sth** etw überspringen; **let's ~ to the interesting bits** lasst uns direkt zu den interessanten Dingen übergehen; **I ~ped forward to see how the story ended** ich übersprang einen Teil, um zu sehen, wie die Geschichte endete; **to ~ from one subject to another** von einem Thema zum nächsten springen ❺ (*fam: go quickly*) ■**to ~ somewhere** auf einen Sprung irgendwohin gehen/fahren; **to ~ over to France** eine Spritztour nach Frankreich machen; **to ~ across to a shop** kurz bei einem Geschäft vorbeigehen **II.** *vt* <-pp-> ❶ AM (*hop with rope*) **to ~ rope** seilspringen, seilhüpfen ❷ (*leave out*) ■**to ~ sth** etw überspringen [*o* auslassen] ❸ (*not participate in*) ■**to ~ sth** an etw *dat* nicht teilnehmen; [**let's**] **~ it!** lass uns da einfach nicht hingehen!; **oh, ~ it, I can't be bothered!** oh, bitte nicht, ich habe wirklich keine Lust!; **to ~ breakfast** das Frühstück auslassen; **to ~ classes** den Unterricht schwänzen *fam* ❹ (*fam: leave hurriedly*) **to ~ town** aus der Stadt verschwinden *sl* ❺ AM, AUS (*bounce off water*) **to ~ stones on the lake** Steine über das Wasser springen lassen **III.** *n* Hüpfer *m*; **to give a ~ of joy** einen Freudensprung machen
skip[2] [skɪp] *n* BRIT, AUS (*rubbish container*) [Müll]container *m*
skip[3] [skɪp] *n* (*fam*) *short for* **skipper** Kapitän *m*; (*sailing ship, yacht*) Skipper *m sl*
'ski pants *npl* Skihose *f* **'ski pass** *n* Skipass *m*
skip-gen·era·tion 'fami·ly [ˌskɪpdʒenəreɪʃᵊn'fæmɪli] *n Familie, in der die Großeltern die Kinder aufziehen*
'ski-plane *n* Kufenflugzeug *nt* **'ski pole** *n* Skistock *m*
skip·per ['skɪpəʳ, AM -ɚ] **I.** *n* NAUT Kapitän *m* [zur See]; AVIAT [Flug]kapitän *m*; SPORTS [Mannschafts]kapitän *m*; (*form of address*) Kapitän *m* **II.** *vt* ■**to ~ sth** etw befehligen; **to ~ a ship** Kapitän eines Schiffes sein; **to ~ an aircraft** Flugkapitän sein; **to ~ a team** Mannschaftsführer sein
skip·ping *n no pl* Seilspringen *nt*
'skip·ping rhyme *n* Kinderreim *m* (*zum Seilspringen*) **'skip·ping rope** *n* BRIT, **'skip rope** *n* AM Springseil *nt*, Sprungseil *nt*, Hüpfseil *nt fam*
'skip pro·tec·tion *n no pl* Antischocksystem *nt*
'ski rack *n* Skiträger *m* **'ski re·sort** *n* Wintersportort *m*
skir·mish <*pl* -es> ['skɜːmɪʃ, AM 'skɜːr-] **I.** *n* MIL Gefecht *nt*, [tätliche] Auseinandersetzung; (*fig: argument*) Wortgefecht *nt*; **a ~ with an enemy patrol** ein Gefecht *nt* mit einer feindlichen Patrouille **II.** *vi* ■**to ~** [**with sb**] MIL sich *dat* [mit jdm] Gefechte liefern; (*fig: argue*) sich *dat* [mit jdm] heftige Wortgefechte liefern, sich *akk* heftig streiten
skir·mish·er ['skɜːmɪʃəʳ, AM 'skɜːrmɪʃɚ] *n* Kämpfende(r) *f(m)*; (*verbal scrap*) Streitende(r) *f(m)*, Streithahn *m fam*
skirt [skɜːt, AM skɜːrt] **I.** *n* ❶ (*garment*) Rock *m*; (*part of coat*) Schoß *m* ❷ TECH (*on hovercraft*) Schürzen *fpl* (*am Luftkissenfahrzeug*) ❸ *no pl* (*pej! sl: woman*) Weibsbild *nt pej fam* **II.** *vt* ❶ (*encircle*) ■**to ~ sth** um etw *akk* herumführen, etw umgeben; (*proceed around edge of*) etw umfahren, um etw *akk* herumfahren; **to ~ a road** um eine Straße herumführen ❷ (*avoid*) ■**to ~ sth** *questions* etw [bewusst] umgehen
◆**skirt around, skirt round** *vi* BRIT, AUS ❶ (*encircle*) ■**to ~ around** [*or* **round**] **sth** *path, road* um etw *akk* herumführen, an etw *dat* entlang verlaufen; (*proceed around edge of*) etw umfahren, um etw *akk* herumfahren; **take the road that ~s around the village** nimm die Straße, die um das Dorf herum-

führt ❷ (*avoid*) ■**to ~ around** [*or* **round**] **sth** *questions* etw [bewusst] umgehen

skirt·ing ['skɜːtɪŋ] *n* BRIT, AUS, **skirt·ing board** *n* BRIT, AUS Fußleiste *f*

'ski run *n* Skipiste *f* **'ski school** *n* Skischule *f* **'ski stick** *n* BRIT Skistock *m* **'ski suit** *n* Skianzug *m*

skit [skɪt] *n* [satirischer] Sketch (**on** über +*akk*), [satirische] Parodie (**on** auf +*akk*)

'ski tour·ing *n no pl* Skitouren *nt* **'ski tow** *n* Schlepplift *m*

skit·ter ['skɪtəʳ, AM -t̬ɚ] *vi* umherschwirren, dahinjagen; *papers* flattern; **we could hear the sound of tiny feet ~ing across the floor** wir konnten hören, wie ein Paar kleine Füße über den Flur huschten; ■**to ~ about** *insect, leaves* umherschwirren

skit·tish ['skɪtɪʃ, AM -t̬-] *adj* ❶ (*nervous*) *horse, person* nervös, unruhig ❷ (*playful*) *person* übermütig, aufgekratzt *fam*

skit·tish·ly ['skɪtɪʃli, AM -t̬-] *adv* ❶ (*nervously*) nervös, unruhig ❷ (*playfully*) übermütig, ausgelassen

skit·tish·ness ['skɪtɪʃnəs, AM -t̬-] *n no pl* ❶ (*nervousness*) Nervosität *f,* Unruhe *f* ❷ (*playfulness*) Übermütigkeit *f,* Ausgelassenheit *f*

skit·tle ['skɪtl̩, AM -t̬l̩] *n esp* BRIT ❶ (*target*) Kegel *m* ❷ (*bowling game*) ■**~s** *pl* Kegeln *nt kein pl*

'skit·tle al·ley *n* BRIT Kegelbahn *f* **'skit·tle-ball** *n* BRIT [Kegel]kugel *f*

skive [skaɪv] *vi* BRIT (*fam*) sich *akk* drücken *fam;* **no skiving!** keine faulen Ausreden!

◆**skive off** *vi* BRIT (*fam*) sich *akk* verdrücken [*o* abseilen] *fam;* **to ~ off school** die Schule schwänzen *sl;* **to ~ off work** sich *akk* vor der Arbeit drücken

skiv·er ['skaɪvəʳ] *n* BRIT (*fam*) Drückeberger(in) *m(f) fam*

skiv·vy ['skɪvi] **I.** *n* ❶ BRIT (*low-grade servant*) Dienstmädchen *nt a. pej* ❷ AM (*fam: men's underwear*) ■**skivvies** *pl* Unterwäsche *f* **II.** *vi* BRIT ■**to ~** [**for sb**] [für jdn] niedere Arbeiten erledigen; **I'm not going to ~ for you any more** ich werde nicht länger die Dienstmagd für dich spielen

skol <-ll-> [skɒl] *vt* AUS (*fam*) **to ~ a beer** ein Bier in einem Zug herunterkippen [*o* [auf] ex trinken] *fam*

skua ['skjuːə] *n* ORN Skua *f,* Raubmöwe *f*

skul·dug·gery [skʌl'dʌgəri, AM -ɚi] *n no pl* üble Tricks *pl;* (*dishonesty*) Hinterlist *f*

skulk [skʌlk] *vi* ❶ (*lurk*) herumschleichen *fam,* herumlungern *fam;* **he was ~ing around outside the bank** er schlich unauffällig um die Bank herum ❷ (*move furtively*) schleichen

◆**skulk off** *vi* sich *akk* davonschleichen

skull [skʌl] *n* Schädel *m;* **to be bored out of one's ~** (*fam*) sich *akk* zu Tode langweilen *fam;* **to get sth into one's/sb's** [**thick**] **~** (*fam*) etw in seinen/jds Schädel hineinbekommen *fam*

skull and 'cross·bones <*pl* skulls-> *n* ❶ (*symbol*) Totenkopf *m* ❷ (*pirate flag*) Piratenflagge *f* **'skull·cap** *n* ❶ (*top of skull*) Schädeldecke *f* ❷ REL Scheitelkäppchen *nt;* (*for Jews*) Kippa[h] *f;* (*for jockeys*) Kopfschutz *m*

skull·dug·gery *n no pl see* **skulduggery**

skunk [skʌŋk] **I.** *n* ❶ (*animal*) Stinktier *nt,* Skunk *m* ❷ (*fig fam: person*) Schweinehund *m fam* ❸ *no pl* (*sl: marijuana*) Shit *m o nt sl* **II.** *vt* ■**to ~ sb** jdn besiegen

sky [skaɪ] **I.** *n* ❶ (*the sky*) Himmel *m;* **to look up into the ~** zum Himmel aufblicken; **a blue/clear ~** ein blauer/klarer Himmel; **in the ~** am Himmel ❷ (*area above earth*) ■**skies** *pl* Himmel *m;* **sunny skies** sonniges Wetter; **cloudy skies** bewölkter Himmel; **we're off to the sunny skies of Spain** wir fahren ins sonnige Spanien ▶ PHRASES: **the ~'s the limit** alles ist möglich, nach oben ist alles offen; **red ~ at night, shepherd's delight** (*prov*) Abendrot deutet auf gutes Wetter, Abendrot, gut Wetterbot' SÜDD, ÖSTERR; **red ~ in the morning, shepherd's warning** (*prov*) Morgenrot deutet auf schlechtes Wetter; **to praise sb/sth to the skies** jdn/etw in den Himmel heben **II.** *vt* <-ie-> SPORTS **to ~ the ball** den Ball in den Himmel schlagen

sky 'blue I. *n no pl* Himmelblau *nt* **II.** *adj pred, inv* himmelblau

'sky-blue *adj attr, inv* himmelblau **'sky·box** ['skaɪbɑːks] *n* AM Ehrentribüne *f* **'sky·cap** *n* AM *Gepäckträger an amerikanischen Flughäfen* **'sky·div·er** *n* Fallschirmspringer(in) *m(f)*

'sky·div·ing *n no pl* Fallschirmspringen *nt* **sky-'high I.** *adv* (*direction*) [hoch] in die Luft; (*position*) [hoch] am Himmel; **to blow a building ~** etw in die Luft sprengen; **to blow sth ~** (*fig*) etw wie ein Kartenhaus in sich *akk* zusammenfallen lassen; **to go ~** *prices* in die Höhe schnellen **II.** *adj* (*fig*) *prices, premiums* Schwindel erregend hoch **'sky·jack I.** *vt* **to ~ plane** ein Flugzeug entführen **II.** *n* Flugzeugentführung *f*

'sky·jack·er *n* Flugzeugentführer(in) *m(f),* Luftpirat(in) *m(f)*

'sky·jack·ing *n* ❶ (*instance*) Flugzeugentführung *f* ❷ *no pl* (*action*) Flugzeugentführungen *fpl* **'sky·lark I.** *n* Feldlerche *f* **II.** *vi* (*dated*) Possen reißen *veraltet* **'sky·light** *n* Oberlicht *nt; in roof* Dachfenster *nt* **'sky·line** *n of a city* Skyline *f;* (*horizon*) Horizont *m* **'sky pi·lot** *n* (*fam*) Schwarzrock *m fam* **'sky·rock·et I.** *vi cost, price* in die Höhe schießen; *person* [auf einen Schlag] berühmt werden **II.** *vt* **to ~ sb to fame/to power** jdn [mit einem Schlag] berühmt machen/zur Macht verhelfen **III.** *n* [Feuerwerks]rakete *f* **'sky·scrap·er** *n* Wolkenkratzer *m* **'sky-surf·ing** ['skaɪsɜːfɪŋ, AM -sɜːrf-] *n no pl* SPORTS Skysurfing *nt* (*Extremsportart, bei der man mit einem an den Füßen angeschnallten Brett aus dem Flugzeug springt und damit durch die Luft reitet*) **'sky·walk** *n* Verbindungsbrücke *f* (*zwischen Gebäuden*) **sky·ward**(**s**) ['skaɪwəd(z), AM -wɚd(z)] **I.** *adv inv* zum [*o geh* gen] Himmel *präd, nach n;* **he raised his eyes slowly ~** er richtete die Augen langsam zum Himmel empor; **to go/shoot ~** (*fig*) *prices* in die Höhe gehen/schnellen **II.** *adj attr, inv* himmelwärts, zum [*o geh* gen] Himmel **sky·watch·ing** ['skaɪwɒtʃɪŋ, AM -wɑːtʃ-] *n no pl* Himmelsbeobachtung *f*

'sky·way *n* AM ❶ (*airway*) Flugroute *f* ❷ (*highway*) Autobahnbrücke *f* ❸ (*between buildings*) Verbindungsbrücke *f* (*zwischen Gebäuden*) **'sky-writ·ing** *n no pl* Himmelsschrift *f*

slab [slæb] *n* ❶ (*of rock*) Platte *f;* (*of wood*) Tafel *f;* **concrete/marble ~** Beton-/Marmorplatte *f;* **paving ~** Pflasterstein *m;* **a butcher's/fishmonger's ~** BRIT ein Hackklotz *m;* (*in a mortuary*) Tisch *m* ❷ (*of food*) [dicke] Scheibe; **a ~ of cheese/meat** eine Scheibe Käse/Fleisch; **a ~ of cake** ein [großes] Stück Kuchen; **a ~ of chocolate** eine Tafel Schokolade ❸ (*foundation of house*) Plattenfundament *nt*

slack [slæk] **I.** *adj* ❶ (*not taut*) schlaff ❷ (*pej: lazy*) *person* träge; **discipline has become very ~ lately** die Disziplin hat in letzter Zeit sehr nachgelassen; **to have a ~ attitude towards sth** etw gegenüber *dat* eine lockere Einstellung haben ❸ (*not busy*) ruhig; *market* flau; **business is always ~ after Christmas** nach Weihnachten geht das Geschäft immer schlecht; **~ demand** schwache Nachfrage **II.** *adv* schlaff; **to get ~** schlaff werden, erschlaffen *geh;* **to hang ~** schlaff herunterhängen **III.** *n no pl* ❶ (*looseness*) Schlaffheit *f;* **the men pulled on the rope to take up the ~** die Männer zogen am Seil, um es zu spannen; **to take** [*or* **pick**] **up the ~** (*fig*) die Differenz ausgleichen; *money* für die Restsumme aufkommen; **to cut sb some ~** AM (*fam*) jdm Spielraum einräumen ❷ (*coal*) [Kohlen]grus *m* **IV.** *vi* bummeln *fam,* faulenzen

◆**slack off I.** *vi* ❶ (*at work*) es langsamer angehen lassen; **everyone ~s off a bit on Fridays** jeder lässt es freitags etwas ruhiger angehen ❷ (*move slower*) *person* langsamer gehen; *car* langsamer fahren; *speed, pace* langsamer werden; *demand, intensity* nachlassen, abflauen; *see also* **slacken II. 2** ❸ (*fam: be lazy*) bummeln *fam,* faulenzen **II.** *vt* ■**to ~ off** ⊂ **sth** etw reduzieren; *speed* etw drosseln

◆**slack up** *vi* (*in effort*) es langsamer angehen lassen; (*in speed*) *person* langsamer gehen; *car* langsamer fahren

slack·en ['slækən] **I.** *vt* ❶ (*make less tight*) **to ~ the reins/a**

S

rope die Zügel/ein Seil locker lassen; **to ~ one's grip** [*or* **hold**] seinen Griff lockern; **to ~ sail** NAUT die Segel einholen ❷ (*reduce*) **to ~ one's pace** seinen Schritt verlangsamen; **to ~ speed** die Geschwindigkeit drosseln; **to ~ vigilance** unaufmerksam werden; **we must not ~ our efforts** wir dürfen in unseren Bemühungen nicht nachlassen **II.** *vi* ❶ (*become less tight*) sich *akk* lockern; **her grip on the reins ~ed** sie lockerte die Zügel ❷ (*diminish*) langsamer werden; *demand, intensity* nachlassen, abflauen; **the car's speed ~ed** das Auto wurde langsamer; **their enthusiasm had not ~ed** ihre Begeisterung war ungebrochen

◆ **slacken off I.** *vi* ❶ (*at work*) *person* es langsamer angehen lassen; **everyone ~s off a bit towards the end of the week** gegen Ende der Woche lässt es jeder etwas langsamer angehen ❷ (*move slower*) *person* langsamer gehen; *car* langsamer fahren; *speed, pace* langsamer werden; *demand, intensity* nachlassen **II.** *vt* ■**to ~ off** ↻ **sth** etw reduzieren; *speed* etw drosseln

◆ **slacken up** *vi* (*in effort*) es langsamer angehen lassen; (*in speed*) *person* langsamer gehen; *car* langsamer fahren

slack·en·ing ['slæk^{ə}nɪŋ] *n no pl* ❶ (*loosening*) Lockern *nt* ❷ *of speed* Verlangsamung *f; of demand* Nachlassen *nt,* Abflauen *nt;* **there must be no ~ of our efforts to reach a solution** wir müssen uns immer weiter bemühen, eine Lösung zu finden

slack·er ['slækə^{r}, AM -ɚ] *n* (*fam*) Faulenzer(in) *m(f)*

slack-'jawed *adj inv* **to be ~** völlig erstaunt sein

slack·ly ['slækli] *adv* ❶ (*not tightly*) schlaff, locker; **to hang ~** schlaff herunterhängen ❷ (*pej: lazily*) träge

slack·ness ['slæknəs] *n no pl* ❶ (*looseness*) Schlaffheit *f,* Durchhängen *nt* ❷ (*lack of activity*) Nachlassen *nt; in demand* Flaute *f* ❸ (*pej: laziness*) Trägheit *f*

slacks [slæks] *npl* Hose *f;* **a pair of ~** eine Hose

slag [slæg] **I.** *n* ❶ *no pl* (*in mining, smelting*) Schlacke *f* ❷ BRIT (*pej fam!: slut*) Schlampe *f pej derb* ❸ *no pl* AUS (*fam: spit*) Spucke *f fam* **II.** *vt* <-gg-> (*fam*) ■**to ~** [**off**] ↻ **sb/sth** über jdn/etw herziehen *fam*

'slag·heap ['slæghi:p] *n* Schlackehügel *m*

slain [sleɪn] **I.** *vi, vt pp of* **slay II.** *n* (*liter*) ■**the ~** *pl* die Gefallenen *pl;* **a monument to the ~** ein Kriegerdenkmal *nt*

slake [sleɪk] *vt* ■**to ~ sth** *needs, wants* etw befriedigen; **to ~ one's thirst** seinen Durst stillen

slaked lime *n no pl* Löschkalk *m*

sla·lom ['slɑ:ləm] *n* SPORTS Slalom *m*

slam [slæm] **I.** *n* ❶ (*sound*) Knall *m; of door* Zuschlagen *nt* ❷ (*punch*) Schlag *m;* (*push*) harter Stoß ❸ (*fig: insult*) vernichtende Kritik ❹ (*in cards*) Schlemm *m fachspr* **II.** *vt* <-mm-> ❶ (*close*) **to ~ a door** eine Tür zuschlagen [*o fam* zuknallen]; **to ~ the door in sb's face** jdm die Tür vor der Nase zuschlagen ❷ (*hit hard*) ■**to ~ sth** etw schlagen; **he ~med the ball into the net** er schlug den Ball ins Netz; **she ~med her fist into his face** sie schlug ihn mit der Faust ins Gesicht ❸ (*fam: criticize*) ■**to ~ sth/sb** jdn/etw heruntermachen [*o* niedermachen] *fam* **III.** *vi* <-mm-> ❶ (*shut noisily*) zuschlagen, zuknallen *fam;* **the window ~med shut** das Fenster schlug zu; **to ~ out of the house** wütend aus dem Haus stürmen ❷ (*hit hard*) **to ~ against a wall** gegen eine Wand schlagen; **the shutter ~med against the wall** der Fensterladen schlug gegen die Wand; **to ~ into a car/tree/building** ein Auto/einen Baum/ein Gebäude rammen; **to ~ on the brakes** voll auf die Bremsen treten, eine Vollbremsung machen

◆ **slam down** *vt* ■**to ~ down** ↻ **sth** etw hinknallen *fam;* **he ~med his fist down on the table** er schlug mit der Faust auf den Tisch; **to ~ the phone** [*or* **receiver**] **down** den Hörer auf die Gabel knallen *fam*

slam 'dunk I. *n* Korbleger *m* **II.** *vt* ❶ (*score in basketball*) **to ~ the ball/a basket** einen Korbleger machen ❷ AM (*fig: defeat*) **to ~ a proposal** einen Vorschlag niederschmettern

slam·mer ['slæmə^{r}, AM -ɚ] *n* ❶ (*sl: prison*) ■**the ~** das Kittchen *fam* ❷ (*tequila drink*) Slammer *m*

slan·der ['slɑ:ndə^{r}, AM 'slændɚ] LAW **I.** *n* ❶ *no pl* (*action*) üble Nachrede, Verleumdung *f;* **to sue sb for ~** jdn wegen Verleumdung anzeigen; **a campaign of ~ against sth** eine Hetzkampagne gegen etw *akk* ❷ (*statement*) Verleumdung *f* **II.** *vt* ■**to ~ sb/sth** jdn/etw verleumden

'slan·der ac·tion *n* Verleumdungsprozess *m;* **to bring a ~ against sb** einen Prozess wegen Verleumdung gegen jdn anstrengen

slan·der·er ['slɑ:nd^{ə}rə^{r}, AM 'slændɚɚ] *n* Verleumder(in) *m(f)*

slan·der·ous ['slɑ:nd^{ə}rəs, AM 'slændɚ-] *adj remark, accusation* verleumderisch

slan·der·ous·ly ['slɑ:nd^{ə}rəsli, AM 'slændɚ-] *adv* verleumderisch

slang [slæŋ] **I.** *n no pl* Slang *m;* **army ~** Militärjargon *m;* **teenage ~** Jugendsprache *f* **II.** *adj attr, inv* Slang-; **~ expression** [*or* **term**] [*or* **word**] Slangausdruck *m* **III.** *vt* (*fam*) ■**to ~ sb** jdn anmeckern *fam*

'slang·ing match *n esp* BRIT, AUS Schlagabtausch *m*

slangy ['slæŋi] *adj* (*fam*) salopp; **~ expression** salopper Ausdruck

slant [slɑ:nt, AM slænt] **I.** *vi* sich *akk* neigen; **the evening sun ~ed through the narrow window** die Abendsonne fiel schräg durch das schmale Fenster ein; **to ~ to the right/outwards/down** sich *akk* nach rechts/vornüber/nach unten neigen **II.** *vt* ❶ (*make diagonal*) ■**to ~ sth** etw ausrichten; **to ~ sth to the right/left** etw nach rechts/links ausrichten; **she ~s her letters to the left/right** sie schreibt nach links/rechts ❷ (*present for*) ■**to ~ sth** etw zuschneiden; **we can ~ this in such a way as to make it more interesting to children** wir können es so gestalten, dass es interessanter für Kinder ist; (*pej: in biased way*) etw zurechtbiegen *fig fam;* **to ~ a report** einen Bericht frisieren *fam* **III.** *n* ❶ (*slope*) Neigung *f;* **to have a ~** eine Schräge haben, abgeschrägt sein; **the kitchen floor has a distinct ~ towards the outer wall** der Küchenboden fällt zur Außenwand hin deutlich ab; **to be on the** [*or* **at a**] **~** sich *akk* neigen, schräg sein ❷ (*perspective*) Tendenz *f;* **we gave the story an environmentalist ~** wir gaben der Geschichte einen umweltbewussten Anstrich; **a political ~** eine politische Orientierung; **to have a right-wing ~** *newspaper, information* rechtsgerichtet sein

slant·ed ['slɑ:ntɪd, AM 'slæ-] *adj* ❶ (*sloping*) geneigt; **~ eyes** schräg gestellte Augen; **~ handwriting** geneigte Handschrift ❷ (*pej: biased*) gefärbt *fig;* **~ report** frisierter Bericht

slant·ing ['slɑ:ntɪŋ, AM 'slæ-] *adj* schräg; **~ roof** Schrägdach *nt*

slant·ways ['slɑ:ntweɪz, AM 'slæ-] *adv esp* AM, **slant·wise** ['slɑ:ntwaɪz, AM 'slæ-] *adv* quer

slap [slæp] **I.** *n* ❶ (*with hand*) Klaps *m fam;* **to give sb a ~ on the back** jdm [anerkennend] auf den Rücken klopfen; (*fig*) jdn loben; **a ~ on the bottom/hand** ein Klaps auf den Hintern/die Hand; **a ~ in the face** eine Ohrfeige; (*fig*) ein Schlag ins Gesicht *fig;* **to give sb a ~** jdm eine Ohrfeige geben; **to be given** [*or* **get**] **a ~ on the wrist** (*fig*) eine Verwarnung bekommen ❷ (*noise*) Klatschen *nt;* **the ~ of water against the side of the boat** das Klatschen des Wassers gegen die Bootseite **II.** *adv inv* (*fam*) genau *fam;* **the child sat down ~ in the middle of the floor** das Kind setzte sich mitten auf den Boden; **to run ~ into sth** genau in etw *akk* hineinrennen **III.** *vt* <-pp-> ❶ (*with hand*) ■**to ~ sb** jdn schlagen; (*less hard*) jdm einen Klaps geben; **to ~ sb on the bottom/hand** jdn auf den Hintern/die Hand schlagen; **to ~ sb's face** [*or* **sb in the face**] jdn ohrfeigen; **to ~ sb on the back** jdn auf den Rücken schlagen; (*in congratulation*) jdm [anerkennend] auf die Schulter klopfen; **to ~ sb's wrist** [*or* **sb on the wrist**] jdn zurechtweisen ❷ (*strike*) ■**to ~ sth against sth** etw gegen etw *akk* schlagen; **to ~ sth on the table/in sb's hands** etw auf den Tisch/jdm in die Hände knallen *fam* ❸ (*fam: do* *quickly*) she ~**ped a couple pieces of salami between some bread** sie klatschte ein paar Scheiben Salami zwischen zwei Scheiben Brot; **he ~ped his bookbag down** er knallte seine Büchertasche hin ❹ (*fam: impose*) ■**to ~ sth on sb** jdm etw aufhalsen *fam;* **to ~ a fine/tax on sth** eine Geldstrafe/eine Steuer auf etw *akk* draufschlagen *fam* **IV.** *vi water* schlagen, klatschen; ■**to ~ against sth** gegen etw *akk* schlagen

◆**slap down** *vt* ❶ (*put down*) ■**to ~ sth ↔ down** etw hinknallen *fam* ❷ (*silence rudely*) ■**to ~ sb down** jdn zusammenstauchen *fig fam*

◆**slap on** *vt* (*fam*) ■**to ~ on ↔ sth** etw draufklatschen *fam;* **to ~ make-up/paint/suncream on** Make-up/Farbe/Sonnencreme draufklatschen *fam*

slap-'bang *adv* BRIT (*fam*) genau *fam; see also* **slap II.** **'slap·dash** *adj* (*pej fam*) schlampig, schludrig *fam;* ~ **work** schlampige Arbeit, Schlamperei *f* **slap-'hap·py** *adj inv* (*fam*) ❶ (*irresponsible*) unbekümmert ❷ (*giggly*) überdreht *fam* **'slap·head** *n* BRIT (*pej sl*) Glatzkopf *m fam* **'slap·jack** *n* AM ❶ *usu pl* (*pancake*) Pfannkuchen *m* ❷ *no pl* (*card game*) Slapjack *nt*

slap·per [slæpəʳ] *n* (*pej sl: promiscuous woman*) Schlampe *f pej fam* **'slap·stick I.** *n no pl* Slapstick *m* **II.** *adj attr, inv* Slapstick-; ~ **comedy** Slapstickkomödie *f;* ~ **gag** Slapstickgag *m* **'slap-up** *adj attr* BRIT, AUS **a ~ meal** ein Essen mit allem Drum und Dran *fam,* ein opulentes Mahl *geh*

slash [slæʃ] **I.** *vt* ❶ (*cut deeply*) ■**to ~ sb/sth** jdn/etw aufschlitzen *fam;* **to ~ a painting/a seat/sb's tyres** [*or* AM **tires**] ein Gemälde/einen Sitz/jds Reifen aufschlitzen; **to ~ one's wrists** sich *dat* die Pulsadern aufschneiden; **to ~ sth to ribbons** [*or* **shreds**] etw zerfetzen *fig;* **to ~ one's way through sth** sich *dat* seinen Weg durch etw *akk* schlagen [*o* bahnen] ❷ (*fig: reduce*) **to ~ a budget** ein Budget kürzen; **to ~ prices/spending** Preise/Ausgaben senken; **to ~ staff/the workforce** Personal abbauen/die Belegschaft verringern; **to ~ an article/story** einen Artikel/eine Geschichte kürzen **II.** *vi* (*with a knife*) ■**to ~ at sb/sth** auf jdn/etw losgehen; (*with a bat*) **to ~ at the ball** wild nach dem Ball schlagen **III.** *n* <*pl* -es> ❶ (*cut on person*) Schnittwunde *f;* (*in object*) Schnitt *m* ❷ (*swinging blow*) Hieb *m;* **he took a wild ~ at the ball** er schlug wild nach dem Ball ❸ *in prices, costs* Reduzierung *f; in budget* Kürzung *f* ❹ FASHION (*in clothing*) Schlitz *m* ❺ (*punctuation mark*) Schrägstrich *m* ❻ BRIT, AUS (*sl: act of urinating*) Pinkeln *nt fam;* **to go for/have a ~** pinkeln gehen *fam*

slashed [slæʃt] *adj* geschlitzt; ~ **skirt** geschlitzter Rock; ~ **sleeve** Ärmel *m* mit Schlitz

slash·er ['slæʃəʳ, AM -ɚ] *n* (*fam*) Messerstecher *m fam*

'slash·er book *n Buch mit vielen Schilderungen von Gewalt* **'slash·er film** *n,* **'slash·er movie** *n* Gewaltfilm *m*

slash·ing ['slæʃɪŋ] *adj attr* vernichtend *attr;* ~ **blow** vernichtender Schlag; ~ **attack/criticism** vernichtende Attacke/Kritik

'slash mark *n* ❶ (*cut*) Schnittwunde *f* ❷ (*punctuation mark*) Schrägstrich *m*

slat [slæt] *n* Leiste *f; in grid* Stab *m;* **wooden/plastic ~** Holz-/Plastiklatte *f*

slate [sleɪt] **I.** *n* ❶ *no pl* (*rock*) Schiefer *m* ❷ (*on roof*) [Dach]schindel *f* ❸ (*dated: for writing*) Schiefertafel *f* ❹ AM, AUS POL (*list of candidates*) Kandidatenliste *f* ❺ AM (*of products*) Auswahl *f* ❻ (*in film production*) Klappe *f* ▸ PHRASES: **to have a clean ~** eine weiße Weste haben; **to wipe the ~ clean** reinen Tisch machen; **to have a ~ loose** BRIT eine Schraube locker haben; **to put sth on the ~** BRIT etw anschreiben **II.** *n modifier* (*shingle, production*) Schiefer-; ~ **quarry** Schieferbruch *m* **III.** *adj inv* Schiefer-, schief[e]rig **IV.** *vt* ❶ (*cover with slates*) **to ~ a roof** ein Dach decken ❷ *usu passive* AM, AUS (*assign*) **she's been ~d to lose her job** sie wird wahrscheinlich ihren Job verlieren; **he is ~d to be the next captain of the football team** er wird aller Voraussicht nach der nächste Kapitän der Fußballmannschaft; ■**to be ~d for sth** für etw *akk* vorgesehen sein; (*schedule*) *event* für etw *akk* angesetzt sein; **the election is ~d for next Thursday** die Wahl ist auf nächsten Dienstag angesetzt ❸ BRIT, AUS (*fam: criticize severely*) ■**to ~ sb** jdn zusammenstauchen *fam;* **to ~ a book** ein Buch verreißen *fam*

slate 'blue *adj inv* blaugrau **'slate-col·ored** AM, **'slate-col·oured** *adj inv* schiefergrau **slate 'gray** AM, **slate 'grey I.** *n* Schiefergrau *nt* **II.** *adj inv* schiefergrau **slate 'pen·cil** *n* Griffel *m* **slate 'roof** *n* Schieferdach *nt*

slath·er ['slæðəʳ, AM -ɚ] *vt* ❶ *esp* AM (*smear thickly*) ■**to ~ sth on** [*or* **over**] **sth** *paint, glue* etw dick auf etw *akk* streichen; *bread* etw dick mit etw *dat* bestreichen; **he ~ed suncream all over his body** er cremte seinen ganzen Körper dick mit Sonnencreme ein ❷ AM (*spend wastefully*) **to ~ one's money around** sein Geld mit vollen Händen ausgeben, mit Geld um sich *akk* werfen

slat·ted ['slætɪd, AM -t̬-] *adj inv* ~ **blind** Jalousie *f;* ~ **fence** Bretterzaun *m;* ~ **floor** Bretterboden *m*

slat·tern ['slætən, AM -t̬ɚn] *n* (*pej*) Schlampe *f pej fam*

slat·tern·ly ['slætənli, AM -t̬ɚn-] *adj* (*pej*) schlampig, liederlich

slaty ['sleɪti, AM -t̬] *adj* (*in colour*) schieferfarben, dunkelgrau; ~ **colour** [*or* AM **color**] Schieferfarbe *f;* ~ **grey** [*or* AM **gray**] Schiefergrau *nt;* (*in texture*) schieferartig; ~ **rock** schieferartiges Gestein

slaugh·ter ['slɔːtəʳ, AM 'slɑːt̬ɚ] **I.** *vt* ❶ (*kill*) ■**to ~ sb** jdn abschlachten [*o* niedermetzeln]; **to ~ an animal** ein Tier schlachten ❷ SPORTS (*fig fam*) ■**to ~ sb** jdn vom Platz fegen *fam* **II.** *n no pl* ❶ (*killing*) *of people* Abschlachten *nt,* Gemetzel *nt; of animals* Schlachten *nt;* **to fatten an animal for ~** ein Tier für die Schlachtung mästen ❷ (*fig fam: in sports*) Schlappe *f fam*

'slaugh·ter·house *n* Schlachthaus *nt,* Schlachthof *m*

Slav [slɑːv] **I.** *n* Slawe, -in *m, f* **II.** *adj inv* slawisch

slave [sleɪv] **I.** *n* Sklave, -in *m, f;* **to become a real ~ of sth** (*fig*) ein wirklicher Sklave von etw *dat* werden **II.** *vi* schuften; ■**to ~ [away] at sth** sich *akk* mit etw *dat* abmühen [*o* herumschlagen]; **to ~ over a hot stove** (*hum*) [den ganzen Tag] am Herd stehen

'slave driv·er *n* Sklaventreiber(in) *m(f)* **slave 'la·bor** AM, **slave 'la·bour** *n no pl* (*forced work*) Sklavenarbeit *f;* (*fig fam*) Schinderei *f fam*

slav·er¹ ['slævəʳ, AM -ɚ] **I.** *vi* ❶ (*drool*) *animal* geifern; *person* speicheln, sabbern *sl* ❷ (*pej: show excitement*) ■**to ~ over sb/sth** nach jdm/etw gieren; **she was just ~ing to be introduced to the big cheese himself** sie konnte es kaum abwarten, dem wichtigsten Mann persönlich vorgestellt zu werden **II.** *n no pl animal* Geifer *m; person* Speichel *m,* Sabber *m sl*

slav·er² ['sleɪvəʳ, AM -ɚ] *n* (*hist*) ❶ (*ship*) Galeere *f hist* ❷ (*trader*) Sklavenhändler(in) *m(f)*

slav·ery ['sleɪvᵊri, AM -ɚi] *n no pl* Sklaverei *f;* (*fig*) sklavische Abhängigkeit; **to sell sb into ~** jdn in die Sklaverei verkaufen

'slave ship *n* Sklavenschiff *nt* **'slave trade** *n* (*hist*) Sklavenhandel *m* **'slave trad·er** *n* (*hist*) Sklavenhändler(in) *m(f)*

Slav·ic ['slɑːvɪk] *adj inv* slawisch

slav·ish ['sleɪvɪʃ] *adj* ❶ (*without originality*) sklavisch; ~ **adherence to the guidelines** sklavische Befolgung der Richtlinien ❷ (*servile*) sklavisch; **to develop a ~ devotion to sth** etw *dat* sklavisch ergeben sein

slav·ish·ly ['sleɪvɪʃli] *adv* ❶ (*without change*) sklavisch ❷ (*with dependence*) sklavisch; **to be ~ devoted to sb/sth** jdm/etw unterwürfig ergeben sein

Sla·von·ic [slə'vɒnɪk, AM -'vɑːn-] *adj inv* slawisch

slaw [slɔː, AM slɑː] *n* AM, AUS (*fam*) *short for* **coleslaw** Krautsalat *m*

slay [sleɪ] *vt* ❶ <slew, slain> (*liter or old: kill*) **to ~ a dragon** einen Drachen erlegen *liter;* **to ~ an enemy** einen Feind bezwingen *liter* ❷ <slew, slain> AM (*murder*) ■**to be slain** ermordet werden; **to be found ~** ermordet aufgefunden wer-

S

den ③ <-ed, -ed> (*fam: amuse*) **that guy just ~s me!** ich könnte mich über den Typ totlachen!

slay·ing ['sleɪɪŋ] *n* AM (*murder*) Mord *m*

sleaze [sliːz] *n* ① *no pl* (*immorality*) Korruption *f* ② AM (*fam: person*) schmieriger Typ *fam* ③ (*fam*) Schmutzkampagne *f*

'sleaze·bag *n* (*sl*), **'sleaze·ball** *n* AM (*sl*) schmieriger Typ *fam*

'sleaze fac·tor *n no pl* Korruption *f*

sleaz·oid ['sliːzɔɪd] **I.** *n esp* AM (*fam*) schmierige Person **II.** *adj esp* AM (*fam*) schmierig

sleazy ['sliːzi] *adj* anrüchig; ~ **area** zweifelhafte Gegend; ~ **bar** Spelunke *f fam;* ~ **affair** unappetitliche Angelegenheit; ~ **person** [*or* **character**] schäbige Person

sled [sled] AM **I.** *n* Schlitten *m* **II.** *vi* <-dd-> **to go ~ding** Schlittenfahren [*o* DIAL Rodeln] gehen **III.** *vt* <-dd-> ■**to ~ sth** etw mit dem Schlitten transportieren

sledge [sledʒ] **I.** *n* ① (*for snow*) Schlitten *m* ② (*fam: sledgehammer*) Vorschlaghammer *m* **II.** *vi esp* BRIT **to go sledging** Schlittenfahren [*o* DIAL Rodeln] gehen **III.** *vt* **to ~ sth** etw mit dem Schlitten transportieren

'sledge·ham·mer *n* Vorschlaghammer *m;* **he tends to tackle problems with a ~** (*fig*) er geht an Probleme gerne mit der Holzhammermethode heran ▶PHRASES: **to use a ~ to crack a nut** mit Kanonen auf Spatzen schießen **sledge·ham·mer 'blow** *n* ① (*hit*) Schlag *m* ② (*fig: setback*) Rückschlag *m*

sleek [sliːk] **I.** *adj* ① (*glossy*) *fur, hair* geschmeidig; (*streamlined*) elegant; ~ **car** schnittiges Auto ② (*fig: in manner*) [aal]glatt ③ (*well-groomed*) gepflegt; **he looked incredibly ~** er sah unglaublich adrett aus **II.** *vt* ■**to ~ sth** etw glätten; *horse* etw striegeln; **the cat ~ed her fur with her tongue** die Katze leckte ihr Fell, bis es glänzte; **to ~ one's hair back/down** sich *dat* die Haare zurückstreichen/glätten

sleek·ly ['sliːkli] *adv* sanft; **his hair was swept back ~** sein Haar war glatt zurückgekämmt; **to be ~ groomed** sehr gepflegt sein

sleep [sliːp] **I.** *n* ① *no pl* (*resting state*) Schlaf *m;* **I must get some ~** ich brauche etwas Schlaf; **I didn't get to ~ until 4 a.m.** ich bin erst um 4 Uhr morgens eingeschlafen; **to fall** [*or* **drift off**] **into a deep ~** in einen tiefen Schlaf fallen; **to go to ~** einschlafen; **to go back to ~** wieder einschlafen; **go back to ~!** (*fig*) träume weiter! *fig;* **to lose ~ over sth** wegen einer S. *gen* schlaflose Nächte haben; **to put sb to ~** jdn in Schlaf versetzen; **to put an animal to ~** ein Tier einschläfern; **to send sb to ~** jdn einschlafen lassen *fig;* **to talk/walk in one's ~** im Schlaf sprechen/schlafwandeln ② *usu sing* (*nap*) Nickerchen *nt;* **to have a ~** ein Nickerchen machen ③ *no pl* (*in eyes*) Schlaf *m;* **to rub** [*or* **wipe**] **the ~ from one's eyes** sich *dat* den Schlaf aus den Augen reiben ▶PHRASES: **to be <u>able</u> to do sth in one's ~** etw im Schlaf beherrschen **II.** *vi* <slept, slept> schlafen; (*fig: be buried*) ruhen; **~ tight!** schlaf schön!; **we'll be ~ing at Sally and Steve's on Saturday night** Samstagnacht werden wir bei Sally und Steve übernachten; **to ~ in a bed/on the floor** in einem Bett/auf dem Boden schlafen; **to ~ like a log** [*or* **baby**] (*fam*) wie ein Stein [*o* Baby] schlafen *fam;* **to ~ late** lange schlafen, ausschlafen; **to ~ sound[ly]** [tief und] fest schlafen; **to ~ rough** BRIT auf der Straße schlafen; ■**to ~ with sb** (*have sex*) mit jdm schlafen; (*share bedroom*) mit jdm das Zimmer teilen ▶PHRASES: **to ~ with one's <u>eyes</u> open** leicht schlafen; **to ~ on <u>it</u>** eine Nacht darüber schlafen **III.** *vt* **to ~ two/four/ten** zwei/vier/zehn Personen beherbergen können; **the caravan ~s four comfortably** in dem Wohnwagen haben vier Personen bequem Platz; **to ~ three to a bed** zu dritt in einem Bett schlafen; **to ~ the night with sb** bei jdm übernachten

◆**sleep around** *vi* (*fam*) sich *akk* herumtreiben *fam,* herumschlafen *fam*

◆**sleep in** *vi* ① (*sleep late*) ausschlafen ② (*sleep at work*) im Hause wohnen; **none of the servants ~s in** keiner der Bediensteten wohnt im Hause

◆**sleep off** *vt* ■**to ~ off** ○ **sth** *a hangover* etw ausschlafen; *a cold, headache* sich *akk* gesund schlafen; **to ~ it off** seinen Rausch ausschlafen

◆**sleep out** *vi* draußen [*o* im Freien] schlafen

◆**sleep over** *vi* über Nacht bleiben, übernachten

◆**sleep through** *vi* weiterschlafen; **to ~ through noise/a storm** trotz des Lärms/eines Sturms weiterschlafen; **I must have slept through the alarm** ich muss den Wecker verschlafen haben; **to ~ through a boring film/lecture** einen langweiligen Film/eine langweilige Vorlesung verschlafen

◆**sleep together** *vi* (*have sex*) miteinander schlafen; (*share bedroom*) zusammen [in einem Zimmer] schlafen

'sleep debt *n* Schlafdefizit *nt*

sleep·er ['sliːpəʳ, AM -ɚ] *n* ① (*person*) Schläfer(in) *m(f);* (*pill*) Schlaftablette *f;* (*sofa*) Bettsofa *nt,* ausklappbares Sofa; **to be a heavy/light ~** einen festen/leichten Schlaf haben; **to be a late ~** ein Langschläfer sein ② *esp* AM (*pyjamas*) ■**~s** *pl* Schlafanzug *m* ③ (*train*) Zug *m* mit Schlafwagenabteil; (*sleeping car*) Schlafwagen *m;* (*berth*) Schlafwagenplatz *m* ④ BRIT, AUS (*on railway track*) Schwelle *f* ⑤ (*earring*) Kreole *f* ⑥ PUBL (*unexpected success*) Sensationserfolg *m* ⑦ (*spy*) Sleeper *m* (*inaktiver Spion, der jederzeit für einen Auftrag reaktiviert werden kann*) ⑧ (*fam: tip*) Geheimtipp *m* **'sleep·er plane** *n* MIL Aufklärungsflugzeug *nt,* Aufklärer *m*

sleepi·ly ['sliːpɪli] *adv* schläfrig

sleepi·ness ['sliːpɪnəs] *n no pl* Schläfrigkeit *f*

sleep·ing ['sliːpɪŋ] *adj attr, inv* schlafend *attr* ▶PHRASES: **let ~ <u>dogs</u> lie** (*prov*) schlafende Hunde soll man nicht wecken *prov*

'sleep·ing ac·com·moda·tion *n* Übernachtungsmöglichkeit *f* **'sleep·ing ar·range·ments** *npl* Schlafgelegenheit *f* **'sleep·ing bag** *n* Schlafsack *m* **'sleep·ing car** *n* Schlafwagen *m* **'sleep·ing com·part·ment** *n* Schlafwagenabteil *nt* **'sleep·ing part·ner** *n* BRIT COMM stiller Teilhaber **'sleep·ing pill** *n* Schlaftablette *f* **sleep·ing po·'lice·man** *n* BRIT Bodenschwelle *f* **'sleep·ing sick·ness** *n no pl* Schlafkrankheit *f* **'sleep·ing tab·let** *n* Schlaftablette *f*

sleep·less ['sliːpləs] *adj inv* schlaflos

'sleep-out *n* AUS *Schlafplatz außer Haus* **'sleep-over** *n* Übernachtung *f;* **why not make it a ~?** warum bleiben wir nicht über Nacht? **'sleep-over par·ty** *n* Party *f* mit Übernachtung **'sleep·walk** *vi* schlafwandeln **'sleep·walk·er** *n* Schlafwandler(in) *m(f)* **'sleep·walk·ing** *n no pl* Schlafwandeln *nt* **'sleep·wear** *n no pl* Schlafkleidung *f*

sleepy ['sliːpi] *adj* ① (*drowsy*) schläfrig; ~ **eyes** müde Augen; **to feel ~** müde sein ② (*quiet*) *town, village* verschlafen *fig fam*

'sleepy·head ['sliːpihed] *n* (*fam*) Schlafmütze *f hum fam*

sleet [sliːt] **I.** *n no pl* Eisregen *m* **II.** *vi impers* **it is ~ing** es fällt Eisregen

sleety ['sliːti, AM -t̬-] *adj* ~ **rain** Eisregen *m*

sleeve [sliːv] *n* ① (*on clothing*) Ärmel *m;* **with short/long ~s** mit kurzen/langen Ärmeln; **to roll up one's ~s** seine Ärmel hochkrempeln; (*fig: for hard work*) die Ärmel hochkrempeln ② (*for rod, tube*) Muffe *f,* Manschette *f* ③ (*for record*) [Schallplatten]hülle *f* ▶PHRASES: **to <u>have</u> sth up one's ~** etw im Ärmel [*o* auf Lager] haben

sleeve·less ['sliːvləs] *adj inv blouse, dress* ärmellos *attr*

'sleeve notes *npl* BRIT Begleittext *m*

sleigh [sleɪ] *n* Pferdeschlitten *m*

'sleigh bell *n* Schlittenglocke *f* **'sleigh ride** *n* Schlittenfahrt *f;* **to go for a ~** eine Schlittenfahrt machen

sleight of 'hand [ˌslaɪtəv'hænd] *n no pl* (*in tricks*) Fingerfertigkeit *f;* (*fig*) Trick *m*

slen·der ['slendəʳ, AM -ɚ] *adj* ① *legs, waist* schlank; *railings, poles* schmal ② *means, resources* knapp; ~ **majority** knappe Mehrheit

slen·der·ize ['slendəraɪz] AM **I.** *vi* (*fam*) abnehmen **II.** *vt* (*fam*) **to ~ one's figure** seine Figur trimmen; ■**to ~ sb** *colours* jdn schlank machen; **to ~ a budget** (*fig: reduce*) ein Budget kürzen

slen·der·ness ['slendənəs, AM -dɚ-] *n no pl* ❶ (*slimness*) *of legs, waist* Schlankheit *f* ❷ (*smallness*) Knappheit *f;* **the ~ of her income** ihr geringes Einkommen

slept [slept] *pt, pp of* **sleep**

sleuth [slu:θ] *n* Detektiv(in) *m(f)*

sleuth·ing ['slu:θɪŋ] *n no pl* Detektivarbeit *f,* Nachforschungen *fpl*

slew¹ [slu:] *pt of* **slay**

slew² [slu:] *n* AM (*fam*) Haufen *m fam*

slew³ [slu:] BRIT, AUS **I.** *vi* schleudern; ■**to ~ round** herumschleudern **II.** *vt* ■**to ~ sth** [**round**] *car, vehicle* etw herumreißen; *heavy object* etw herumdrehen

slewed [slu:d] *adj pred* (*dated sl*) blau *fam*

slice [slaɪs] **I.** *n* ❶ *of bread, ham, meat* Scheibe *f;* **~ of cake/pizza** ein Stück *nt* Kuchen/Pizza ❷ (*portion*) Anteil *m;* **~ of a market** Marktanteil *m* ❸ (*tool*) Pfannenwender *m;* **a cake ~** ein Tortenheber *m;* **a fish ~** eine Fischgabel ❹ (*in golf, cricket*) verschlagener Ball ❺ (*in tennis*) Slice *nt* ► PHRASES: **a ~ of the cake** ein Stück vom großen Kuchen; **a ~ of life** Milieuschilderung *f* **II.** *vt* ❶ (*cut in slices*) ■**to ~ sth** etw in Scheiben schneiden; **to ~ cake/pizza** Kuchen/Pizza in Stücke schneiden ❷ (*fig: reduce by*) **he ~d three seconds off the previous record** er verbesserte den früheren Rekord um drei Sekunden; **they've ~d two hundred thousand pounds off our budget** sie haben unser Budget um zweihunderttausend Pfund gekürzt ❸ SPORTS **to ~ the ball** (*in golf, cricket*) den Ball verschlagen; (*in tennis*) den Ball anschneiden ► PHRASES: **any way** [*or* AM **no matter how**] **you ~ it** wie man es auch dreht und wendet **III.** *vi* ❶ (*food*) **to ~ easily** [*or* **well**] sich *akk* gut schneiden lassen ❷ (*cut*) ■**to ~ through sth** etw durchschneiden; **the prow of the yacht ~d through the waves** (*fig*) der Bug der Jacht pflügte durch die Wellen; **he ~d through the Liverpool defence and scored** er durchbrach die Verteidigung der Liverpooler Mannschaft und schoss ein Tor

◆**slice off** *vt* ■**to ~ off** ↺ **sth** etw abschneiden

◆**slice up** *vt* ■**to ~ up** ↺ **sth** ❶ (*make slices*) etw in Scheiben schneiden; **to ~ up bread** Brot aufschneiden; **to ~ up cake/pizza** den Kuchen/die Pizza in Stücke schneiden ❷ (*divide*) *profits* etw aufteilen

sliced [slaɪst] *adj inv* FOOD geschnitten; *bread* aufgeschnitten

slic·er ['slaɪsəʳ, AM -ɚ] *n* FOOD (*machine*) Schneidemaschine *f;* (*knife*) Bratenmesser *nt;* **egg ~** Eierschneider *m;* **bread ~** Brotschneidemaschine *f*

slick [slɪk] **I.** *adj* ❶ (*approv: skilful*) gekonnt; (*great*) geil *sl;* **a ~ pass** SPORTS ein gekonnter Pass; **~ performance/show** tadellose Aufführung/Show ❷ (*pej: overly-polished*) *talk, answer, manner* glatt; (*clever*) gewieft; **~ sales talk** cleveres Verkaufsgespräch ❸ (*shiny*) *hair* geschniegelt *fam;* AM (*slippery*) *road, floor* glatt, rutschig **II.** *n* ❶ (*oil slick*) Ölteppich *m* ❷ AM (*glossy*) Hochglanzmagazin *nt,* Journal *nt* ❸ (*tyre*) Slick *m* **III.** *vt* **to ~ back/down one's hair** sich *dat* die Haare nach hinten klatschen/anklatschen *fam*

slick·er ['slɪkɚ] *n* AM ❶ (*city slicker*) feiner Pinkel aus der [Groß]stadt *fam* ❷ (*raincoat*) Regenmantel *m*

slick·ly ['slɪkli] *adv* (*polished*) routiniert; (*overly-polished*) *talk, answer* professionell; (*clever*) raffiniert

slick·ness ['slɪknəs] *n no pl* ❶ (*deftness*) Routine *f;* **~ of a performance/show** routinierter Ablauf einer Aufführung/Show ❷ (*pej: glibness*) Gewieftheit *f fam*

slid [slɪd] *pp, pt of* **slide**

slide [slaɪd] **I.** *vi* <slid, slid> ❶ (*glide*) rutschen; (*smoothly*) gleiten; **to ~ down the hill/banisters** den Hügel/das Geländer herunterrutschen ❷ (*move quietly*) **to ~ into a room/along an alley** *person* in ein Zimmer/eine Gasse entlang schleichen; **to ~ out of the room** sich *akk* aus dem Zimmer stehlen ❸ (*decline in value*) *currency* sinken ❹ (*get into*) **to ~ into chaos** in ein Chaos geraten; **to ~ back into one's old habits** in seine alten Gewohnheiten zurückverfallen; **to ~ into recession** in die Rezession abrutschen; **to ~ into war** in einen Krieg schlittern ❺ (*fig*) **to let sth/things ~** etw/die Dinge schleifen lassen **II.** *vt* <slid, slid> **can you ~ your seat forward a little?** können Sie mit Ihrem Sitz etwas nach vorne rutschen?; **he slid the drawer in** er schob die Schublade zu; **she slid the hatch open** sie schob die Luke auf **III.** *n* ❶ (*act of sliding*) Rutschen *nt* ❷ (*on ice*) Eisbahn *f* ❸ (*at playground*) Rutschbahn *f,* Rutsche *f* ❹ GEOG (*landslide*) **earth ~** Erdrutsch *m;* **mud/rock ~** Schlamm-/Felslawine *f* ❺ *usu sing* (*decline*) Sinken *nt; of a currency* Wertverlust *m;* **what we are witnessing is a country's slow ~ into civil war** wir beobachten im Moment, wie ein Land allmählich in einen Bürgerkrieg schlittert ❻ (*in photography*) Dia *nt,* Diapositiv *nt geh* ❼ (*for microscope*) Objektträger *m* ❽ (*moving part*) *of a trombone* Zug *m; of a machine* Schlitten *m* ❾ MUS (*glissando*) Glissando *nt* ❿ BRIT (*hair clip*) Haarspange *f*

'slide con·trol *n* Schieberegler *m* **slide 'fast·en·er** *n* AM (*zip*) Reißverschluss *m* **'slide pro·jec·tor** *n* Diaprojektor *m* **'slide rule** *n* Rechenschieber *m* **'slide show** *n* Diavortrag *m*

slid·ing ['slaɪdɪŋ] *adj attr, inv* Schiebe-; **~ sunroof** Schiebedach *nt;* **~ window** Schiebefenster *nt*

slid·ing 'door *n* Schiebetür *f* **slid·ing 'scale** *n* FIN gleitende Skala [*o* Tabelle]

slight [slaɪt] **I.** *adj* ❶ (*small*) gering; **there's been a ~ improvement in the situation** die Situation hat sich geringfügig verbessert; **I'm not the ~est bit sorry about it** das tut mir kein bisschen leid; **~ chance/possibility** geringe Chance/Möglichkeit; **not the ~est interest** nicht das geringste Interesse; **the ~est thing** die kleinste Kleinigkeit; **not in the ~est** nicht im Geringsten; **it didn't faze him in the ~est** es berührte ihn nicht im Geringsten; **to not have the ~est idea** nicht die geringste Idee [*o* Ahnung] haben ❷ (*barely noticeable*) klein; **there was a ~ smell of onions in the air** es roch ein wenig nach Zwiebeln; **to have a ~ accent** einen leichten Akzent haben; **after a ~ hesitation** nach einer kurzen Unterbrechung ❸ (*minor*) leicht; **their injuries were ~** sie waren nur leicht verletzt; **he has a ~ tendency to exaggerate** er neigt zu Übertreibungen; **~ mistake** kleiner Fehler *iron* ❹ (*slim and delicate*) *person* zierlich ❺ (*not profound*) *play, plot* bescheiden; **~ work** leichte Arbeit **II.** *n* Beleidigung *f;* **to take sth as a ~** etw als Beleidigung auffassen **III.** *vt* ■**to ~ sb** jdn beleidigen

slight·ed ['slaɪtɪd, AM -t̬-] *adj* beleidigt

slight·ing ['slaɪtɪŋ, AM -t̬-] *adj attr comment, remark* beleidigend; **to be the target of ~ remarks** [die] Zielscheibe von Spott sein, verspottet werden

slight·ing·ly ['slaɪtɪŋli, AM -t̬-] *adv* beleidigend; **to refer ~ to** [*or* **remark ~ on**] **sth** eine spitze Bemerkung über etw *akk* machen

slight·ly ['slaɪtli] *adv* ein wenig, etwas; **I feel ~ peculiar** ich fühle mich irgendwie komisch; **~ bigger/shorter** etwas größer/kürzer; **to know sb ~** jdn flüchtig kennen; **ever so ~** (*iron*) allmählich; **I think he may have been exaggerating ever so ~** ich denke, er hat wohl ein klein wenig übertrieben

slight·ly 'built *adj inv* zierlich

slight·ness ['slaɪtnəs] *n no pl* ❶ (*small extent*) Geringfügigkeit *f* ❷ (*physical*) Zierlichkeit *f*

slim [slɪm] **I.** *adj* <-mm-> ❶ *person, figure* schlank; *waist* schmal; *object* dünn; **a ~ volume** ein dünnes Buch ❷ *chance, possibility* gering; *profits, income* mager; **~ pickings** magere Ausbeute; (*inferior*) **a ~ excuse** eine schwache Ausrede **II.** *vi* <-mm-> abnehmen

◆**slim down I.** *vi* abnehmen **II.** *vt* **to ~ one's hips/waist/legs down** an den Hüften/der Taille/den Beinen abnehmen; **to ~ down a workforce** Personal reduzieren

S

slime [slaɪm] *n no pl* ❶ (*substance*) Schleim *m;* **the primeval ~** der Urschlamm; **a trail of ~** eine Schleimspur ❷ (*pej fam: person*) Schleimer(in) *m(f) pej fam*

'slime ball *n* (*pej fam*) Schleimer(in) *m(f) pej fam* **'slime mold** AM, **'slime mould** *n* Schleimpilz *m*

slimi·ness ['slaɪmɪnəs] *n no pl of fish, mud* Glitschigkeit *f;* (*fig, pej*) *of person* Schleimigkeit *f pej fam*

'slim·line ['slɪmlaɪn] *adj inv* schlank, schmal

slim·mer ['slɪməʳ, AM -ɚ] *n* figurbewusste Person

slim·ming ['slɪmɪŋ] **I.** *n no pl* Abnehmen *nt* **II.** *adj* ❶ *inv* (*for slimmers*) schlank machend *attr;* **~ pill** Schlankheitspille *f* ❷ (*fam: non-fattening*) schlank machend *attr;* **have a salad – that's ~** nimm einen Salat – das hält schlank; **~ food** Diätkost *f* ❸ (*in appearance*) *colours* schlank machend

slim·ness ['slɪmnəs] *n no pl of body* Schlankheit *f; of chances, profits* Geringfügigkeit *f*

slimy ['slaɪmi] *adj* ❶ (*covered in slime*) *slug, pond, seaweed* schleimig ❷ (*fig, pej fam*) *character, person* schleimig *pej fam;* **~ git** BRIT Schleimer(in) *m(f) pej fam*

sling [slɪŋ] **I.** *n* ❶ (*for broken arm*) Schlinge *f;* (*for baby*) Tragetuch *nt;* (*for camera, gun*) Tragegurt *m;* (*for lifting*) Schlinge *f* ❷ (*weapon*) Schleuder *f* **II.** *vt* <slung, slung> ❶ (*fling*) ■**to ~ sth** etw werfen [*o* schleudern]; **~ me a pen, will you?** könntest du mir mal einen Kugelschreiber 'rüberwerfen?; **to ~ sth in the bin/on the floor** etw in den Mülleimer/auf den Boden werfen; **to ~ sb in prison** jdn ins Gefängnis werfen [*o sl* stecken] *fam* ❷ (*hang*) **soldiers with rifles slung over their shoulders** Soldaten mit geschulterten Gewehren; **she sat next to him on the sofa, her legs slung over his** sie saß neben ihm auf dem Sofa, ihre Beine über seine geschlagen ❸ (*suspend*) ■**to be slung from sth** von etw *dat* herunterhängen; **to ~ a hammock** eine Hängematte aufhängen ▶ PHRASES: **to ~ beer** AM (*fam*) Bier ausschenken; **to ~ hash** AM in einer Küche arbeiten; **to ~ one's hook** BRIT (*sl*) die Fliege machen *sl*

◆**sling off** *vt* (*fam*) ■**to ~ sb** ↻ **off** jdn rauswerfen *fam*

◆**sling out** *vt* (*fam*) ■**to ~ out** ↻ **sb/sth** jdn/etw rauswerfen *fam;* **she was slung out of college** sie flog vom College *fam*

◆**sling together** *vt* (*fam*) ■**to ~ together** ↻ **sth** etw zusammenwerfen; **I'll just ~ together a few things and I'll be ready to go** ich suche mir nur eben ein paar Sachen zusammen, dann bin ich so weit

sling·backs ['slɪŋbæks] *npl,* **sling·back 'san·dals** *npl* Sandaletten *pl*

'sling·shot ['slɪŋʃɑːt] *n* AM, AUS (*catapult*) [Stein]schleuder *f*

slink <slunk, slunk> [slɪŋk] *vi* schleichen; **to ~ back to one's room/out of the office** [sich *akk*] zurück in sein Zimmer/aus dem Büro schleichen; ■**to ~ away** [sich *akk*] davonschleichen

slinky ['slɪŋki] *adj* verführerisch; **~ dress** verführerisches Kleid; **~ walk** aufreizender Gang

slip [slɪp] **I.** *n* ❶ (*fall*) **to have a ~** ausrutschen und hinfallen; (*in price, value*) Fall *m* ❷ (*for ordering*) Formular *nt;* (*sales slip*) Kassenzettel *m;* **a ~ of paper** ein Stück *nt* Papier; **paying-in** [*or* **deposit**] **~** Einzahlungsformular *nt* ❸ (*mistake*) Flüchtigkeitsfehler *m,* Schnitzer *m;* **a ~ of the pen** ein Schreibfehler *m;* **a ~ of the tongue** ein Versprecher *m;* **to make a ~** einen Schnitzer machen ❹ (*petticoat*) Unterrock *m* ❺ HORT (*of plant*) Ableger *m* ❻ (*person*) zierliche Person; **a ~ of a girl** eine halbe Portion von einem Mädchen; **a ~ of a thing** ein schmales Ding ❼ (*in cricket*) ■**the ~s** *pl Bereich neben dem Torwächter* ❽ (*in flying*) Slippen *nt,* Seitenrutsch *m* ❾ *no pl* (*in pottery*) geschlämmter Ton ▶ PHRASES: **there's many a ~ ['twixt cup and lip]** (*prov*) man soll den Tag nicht vor dem Abend loben *prov;* **to give sb the ~** jdn abhängen **II.** *vi* <-pp-> ❶ (*lose position*) *person* ausrutschen; *knife, hand* abrutschen; *tyres* wegrutschen; *clutch* schleifen; **to ~ on the ice/in the mud** auf dem Eis/im Schlamm ausrutschen; ■**to ~ off sth** von etw *dat* abrutschen; **the books keep ~ping off the shelf** die Bücher rutschen immer vom Regal herunter ❷ (*move quietly*) **to ~ out the door/into a house** zur Tür hinausschleichen/ins Haus schleichen; **to ~ through a gap** durch ein Loch schlüpfen; **to ~ into a seat** sich *akk* in einen Sitz drücken; **to ~ downstairs/upstairs** die Treppe hinunter-/heraufschleichen; **why don't you ~ along to the manager's office and ask him?** warum huschst du nicht schnell mal im Büro des Managers vorbei und fragst ihn? ❸ (*decline*) *dollar, price, productivity* sinken; **the song has ~ped to number 17 this week** das Lied ist diese Woche auf die Nummer 17 gefallen ❹ (*make mistake*) *person* sich *akk* versprechen; **he ~ped and accidentally mentioned the surprise party** ihm rutschte aus Versehen etwas über die Überraschungsparty heraus; **you're ~ping** du bist nachlässig geworden; **to let sth ~** *secret* etw ausplaudern; **to let one's attention/concentration/guard ~** seine Aufmerksamkeit/Konzentration/Aufsicht schleifen lassen; **he let his guard ~ for just a moment** er war nur für einen Moment unaufmerksam; **you can't afford to let your concentration ~ for a second** man darf keine Sekunde lang unkonzentriert sein ❺ (*start to have*) ■**to ~ into sth** sich *dat* etw angewöhnen; **the country is ~ping into recession** das Land driftet in die Rezession ab; **everything seemed to ~ into place** alles schien [plötzlich] zusammenzupassen; **to ~ into a coma** ins Koma fallen; **to ~ into a habit** sich *dat* etw angewöhnen; **to ~ into bad habits** sich *dat* schlechte Gewohnheiten aneignen ❻ (*change clothing*) **to ~ out of a bathrobe/suit** den Bademantel/Anzug ausziehen; **to ~ into one's pyjamas/a skirt** in seinen Schlafanzug/einen Rock hineinschlüpfen; **to ~ into something more comfortable** in etwas Bequemeres schlüpfen ▶ PHRASES: **to ~ through the cracks** unters Fußvolk geraten *fam;* **to ~ through sb's fingers** jdm entkommen; **to let sth ~ through one's fingers** sich *dat* etw entgehen lassen; **to let sb ~ through one's fingers** jdn entwischen lassen **III.** *vt* <-pp-> ❶ (*put smoothly*) ■**to ~ sth: he ~ped his arm around her waist** er legte seinen Arm um ihre Taille; **someone had ~ped a piece of paper between the pages of the book** jemand hatte ein Stück Papier zwischen die Buchseiten gelegt; **~ the key through the letter box** werfen Sie den Schlüssel in den Briefkasten; **she ~ped the key under the mat** sie schob den Schlüssel unter die Matte; **she ~ped her hand into his** sie nahm ihn verstohlen bei der Hand; **he ~ped the letter into his pocket** er steckte den Brief in seine Tasche; **she ~ped a ten pound note into his hand** sie drückte ihm eine Zehnpfundnote in die Hand; **to ~ sb money/a note** jdm Geld/eine Nachricht zustecken ❷ (*escape from*) ■**to ~ sth** sich *akk* aus etw *dat* befreien; *chain[s]* sich *akk* von etw *dat* befreien; **to ~ sb's attention** jds Aufmerksamkeit entgehen; **it must have ~ped my attention, madam** es muss mir entgangen sein, Madam; **to ~ sb's mind** [*or* **memory**] etw vergessen ❸ AUTO **to ~ the car into gear** den Gang schnell einlegen; **to ~ the clutch** die Kupplung lösen ❹ NAUT **to ~ the anchor** den Anker lichten ❺ MED **to ~ a disk** sich *dat* einen Bandscheibenschaden zuziehen ❻ (*in knitting*) **to ~ a stitch** abketten ▶ PHRASES: **to ~ one over on sb** jd reinlegen

◆**slip away** *vi* ❶ (*leave unnoticed*) *person* sich *akk* wegstehlen; **we ~ped away down a side street** wir schlichen uns eine Seitenstraße hinunter ❷ (*not be kept*) ■**to ~ away [from sb]** *control, power* [jdm] entgleiten; **they wouldn't let this chance of victory ~ away from them** sie würden sich diese Siegeschance nicht entgehen lassen ❸ (*time*) verstreichen *geh* ❹ (*euph: be dying*) im Sterben liegen

◆**slip by** *vi* ❶ (*pass quickly*) *years* verfliegen ❷ (*move past*) *person* vorbeihuschen ❸ (*go unnoticed*) *mistake, remark* durchgehen

◆**slip down** *vi* ❶ *trousers, socks* herunterrutschen ❷ (*food,* *drink*) **a cool beer ~s down wonderfully easily** ein kühles Bier geht runter wie nichts

◆**slip in I.** *vt* ■**to ~ in** ◯ **sth** etw einbringen [*o* einflechten]; **to ~ in a joke** einen Witz anbringen [*o* zum Besten geben] **II.** *vi person* sich *akk* hereinschleichen

◆**slip off I.** *vi* ❶ (*leave unnoticed*) sich *akk* davonstehlen ❷ (*fall off*) herunterrutschen; **he tilted the tray and let the plates ~ off onto the table** er kippte das Tablett und ließ die Teller auf den Tisch rutschen **II.** *vt* ■**to ~ off** ◯ **sth** etw abstreifen [*o* ausziehen]

◆**slip on** *vt* ■**to ~ on** ◯ **sth** etw anziehen [*o* überstreifen]; **to ~ on a ring** sich *dat* einen Ring anstecken

◆**slip out** *vi* ❶ (*for short time*) **I'm just ~ping out to get a paper** ich geh' nur kurz eine Zeitung holen; **I'll ~ out the back way** ich nehme den Hinterausgang; **to ~ out for a moment** kurz weggehen; (*stealthily*) sich *akk* hinausschleichen ❷ *words, secret* herausrutschen

◆**slip through** *vi* ❶ *person* durchschlüpfen ❷ *mistake* durchgehen

◆**slip up** *vi* einen Fehler begehen; **he's been ~ping up lately** er hat in letzter Zeit einige Schnitzer gemacht

'slip·car·riage *n* BRIT (*hist*) Anhängerwaggon *m* **'slip·case** *n* Schuber *m* **'slip·coach** *n* Anhängerwaggon *m* **'slip·cov·er** *n* Schonbezug *m* **'slip·knot** *n* Schlaufe *f*, Schlippstek *m fachspr* **'slip-on I.** *adj attr, inv* **~ shoes** Slipper *mpl* **II.** *n* ■**~s** *pl* Slipper *mpl* **'slip·over** *n* Pullunder *m*

slip·page ['slɪpɪdʒ] *n no pl* ❶ (*in popularity, price*) Sinken *nt* ❷ (*delay*) Verzögerung *f*

slipped disc *n* MED Bandscheibenvorfall *m*

slip·pers ['slɪpəz, AM -ɚz] *npl* Hausschuhe *mpl*

slip·pery ['slɪpᵊri, AM -ɚi] *adj* ❶ (*of surface, object*) rutschig; (*fig*) *situation* unsicher; **~ road/surface** glatte Straße/Oberfläche; **~ soap** glitschige Seife ❷ (*fig, pej: untrustworthy*) windig *fig fam*; **a ~ person** eine unzuverlässige Person, ein Windhund *m* ▸ PHRASES: **to be as ~ as an eel** aalglatt sein; **to be on the** [*or* **a**] **~ slope** auf der schiefen Bahn sein

slip·py ['slɪpi] *adj* ❶ (*slippery*) glatt ❷ BRIT (*dated: quick*) **to be** [*or* **look**] **~** sich *akk* beeilen

'slip road *n* BRIT Zubringer *m* **'slip·shod** *adj* schludrig; **~ work** schlampige Arbeit **'slip·stream** *n* AUTO Windschatten *m*; AVIAT Sog *m* **'slip-up** *n* Fehler *m*; **there's been a ~** es ist uns ein Fehler unterlaufen **'slip·way** *n* NAUT Ablaufbahn *f*

slit [slɪt] **I.** *vt* <-tt-, slit, slit> ■**to ~ sth** etw aufschlitzen; **to ~ one's wrist** sich *dat* die Pulsadern aufschneiden; **to ~ an envelope open** einen Briefumschlag aufreißen **II.** *n* ❶ (*tear*) Schlitz *m* ❷ (*narrow opening*) *eyes* Schlitz *m*; *door* Spalt *m*

'slit-eyed *adj inv* (*pej*) schlitzäugig

slith·er ['slɪðəʳ, AM -ɚ] *vi lizard, snake* kriechen; *person* rutschen, schlittern; **to ~ on the ice** auf dem Eis herumschlittern

slith·ery ['slɪðᵊri, AM -ɚi] *adj inv* kriechend *attr*; *animal* Kriech-

slit 'skirt *n* geschlitzter Rock

slit·ty-eyed ['slɪti,aɪd, AM -t̬-] *adj* (*pej! fam*) schlitzäugig *fam*

sliv·er ['slɪvəʳ, AM -ɚ] *n* ❶ (*shard*) Splitter *m*; **~ of glass/wood** Glas-/Holzsplitter *m*; **a ~ of light** ein Lichtschimmer ❷ (*small piece*) **a ~ of cheese** ein Scheibchen *nt* Käse; **a ~ of cake** ein Stückchen *nt* Kuchen

Sloane [sləʊn] *n* BRIT (*pej fam*), **Sloane 'Rang·er** *n* BRIT (*pej fam*) *wohlhabendes weibliches Mitglied der gehobenen Mittelschicht*

Sloaney ['sləʊni] *adj* BRIT (*pej fam*) yuppiemäßig *fam*

slob [slɒb, AM slɑ:b] **I.** *n* (*pej fam*) Gammler(in) *m(f) fam o pej* **II.** *vi* ■**to ~ around** [*or* **about**] herumgammeln *fam o pej*

slob·ber ['slɒbəʳ, AM 'slɑ:bɚ] **I.** *vi* sabbern; ■**to ~ over sb** (*fig fam*) von jdm schwärmen; ■**to ~ over sth** etw anschmachten **II.** *n no pl* Sabber *m*

slob·bery ['slɒbᵊri, AM 'slɑ:bɚi] *adj* (*wet*) feucht; (*slobbered on*) voll gesabbert *fam*; **~ kiss** feuchter Kuss

slob·bish ['slɒbɪʃ, AM 'slɑ:b-] *adj* (*pej fam*) ungehobelt *pej*; **~ lifestyle** lockere Lebensart

sloe [sləʊ, AM sloʊ] *n* Schlehe *f*

sloe 'gin *n no pl* Schlehdornschnaps *m*

slog [slɒg, AM slɑ:g] **I.** *n* ❶ *no pl* (*fam: hard work*) Schufterei *f fam*, Plackerei *f fam*; (*strenuous hike*) Marsch *m hum fam* ❷ (*hit*) wuchtiger Schlag **II.** *vi* <-gg-> (*fam*) ❶ (*walk*) **to ~ to the village/up the hill** sich *akk* ins Dorf/auf den Hügel schleppen *fam* ❷ (*work*) ■**to ~ through sth** sich *akk* durch etw *akk* durcharbeiten **III.** *vt* <-gg-> (*fam*) **to ~ the ball** SPORTS den Ball schleudern; (*in fighting*) **to ~ sb in the belly/face** jdn in den Bauch/ins Gesicht schlagen

◆**slog away** *vi* (*fam*) sich *akk* abrackern *fam*; ■**to ~ away at** [*or* **on**] **sth** sich *akk* mit etw *dat* abmühen *fam*

◆**slog on** *vi* (*fam: continue working*) weitermachen; **we ~ged on with the digging** wir gruben weiter; (*continue walking*) weiterlatschen *fam*

slo·gan ['sləʊgən, AM 'sloʊ-] *n* Slogan *m*; **advertising ~** Werbeslogan *m*; **campaign ~** Wahlspruch *m*

slo·gan·eer·ing [,sloʊgə'ni:rɪŋ] *n no pl* AM (*fam*) Sprücheklopfen *nt fam*

slog·ger ['slɒgəʳ, AM 'slɑ:gɚ] *n* SPORTS ❶ (*fam: in cricket*) Schläger(in) *m(f)* ❷ (*fam: boxer*) Preisboxer(in) *m(f)*

slo-mo ['sləʊməʊ, AM 'sloʊmoʊ] *n* ❶ (*fam*) *short for* **slow motion** Zeitlupe *f* ❷ *esp* BRIT (*pej sl: person*) lahme Ente *hum fam*

sloop [slu:p] *n* NAUT Slup *f*

slop [slɒp, AM slɑ:p] **I.** *n* ❶ (*waste*) ■**~s** *pl* Abfälle *mpl*; (*food waste*) Essensreste *mpl* ❷ *no pl* (*pej fam: food*) Schlabber *m fam* ❸ (*sentimental material*) rührseliges Zeug *fam* **II.** *vt* <-pp-> (*fam*) **to ~ water** Wasser verschütten; **to ~ sth on the floor/table** *a liquid* etw auf den Boden schütten/auf dem Tisch verschütten **III.** *vi* <-pp-> (*fam*) *a liquid* überschwappen; **to ~ out of the bucket/onto the floor** aus dem Eimer/auf den Boden schwappen

◆**slop about** BRIT, AUS (*fam*), **slop around** *vi* BRIT, AUS (*fam*) herumhängen *fam*

◆**slop out** *vi* BRIT *in prison* den/die Toiletteneimer [aus]leeren

◆**slop over** *vi* überschwappen

'slop ba·sin *n* BRIT, **'slop bowl** *n* AM Abgussschale *f*

slope [sləʊp, AM sloʊp] **I.** *n* ❶ (*hill*) Hang *m*; **a steep ~** ein steiler Hang; **the southern ~s of the Alps** die südlichen Hänge/die Südseite der Alpen; **ski ~** Skipiste *f* ❷ *no pl* (*angle*) Neigung *f*; **~ of a roof** Dachschräge *f*; **a 30° ~** eine 30°-Neigung; **to be at a ~** eine Schräge haben; **is that shelf supposed to be at a ~?** hängt das Regal extra so schief? ❸ MATH (*on graph*) Gefälle *nt* ❹ MIL **to hold a rifle at the ~** ein Gewehr geschultert haben ❺ AM, AUS (*pej! sl: Asian person*) Schlitzauge *nt pej fam* **II.** *vi* ❶ (*incline/decline*) *ground* abfallen; *roof* geneigt sein; ■**to ~ down/up** abfallen/ansteigen ❷ (*lean*) sich *akk* neigen; **to ~ to the right/left/forwards/backwards** sich *akk* nach rechts/links/vorne/hinten neigen; **my handwriting ~s to the left** ich schreibe nach links **III.** *vt* ❶ (*make sloping*) ■**to ~ sth** *roof, path* etw schräg anlegen ❷ MIL **to ~ arms** Gewehre schultern

◆**slope off** *vi* sich *akk* verziehen *fam* [*o fam* wegstehlen]

'slope·head *n* AM, AUS (*pej! sl*) Schlitzauge *nt pej fam*

slop·ing ['sləʊpɪŋ, AM 'sloʊ-] *adj attr, inv* schräg; (*upwards*) *hill, road* ansteigend; (*downwards*) abfallend; **~ hand** schräge Handschrift; **a ~ roof** ein Schrägdach *nt*; **~ shoulders** hängende Schultern

slop·pi·ly ['slɒpɪli, AM 'slɑ:-] *adv dressed, written* schlampig

slop·pi·ness ['slɒpɪnəs, AM 'slɑ:-] *n no pl* Schlampigkeit *f*; *of work* Nachlässigkeit *f*

slop·py ['slɒpi, AM 'slɑ:pi] *adj* ❶ (*careless*) schlampig ❷ (*hum o pej: overly romantic*) rührselig, kitschig; **~ love song** Schnulze *f fam*; **~ romance novel** Groschenroman *m fam*; **~ sentimentality** Rührseligkeit *f* ❸ (*pej: too wet*) triefend *attr*; **~ food** schlabberiges Essen *fam*; **a ~ kiss** ein feuchter

S

Kuss ④ (*fam: loose-fitting*) *clothing* schlabberig *fam*

slosh [slɒʃ, AM slɑːʃ] **I.** *vt* ① (*fam: pour carelessly*) **I ~ed some water on my face** ich habe mir etwas Wasser ins Gesicht geworfen; **to ~ sth into a glass/onto the floor** etw in ein Glas/auf den Boden schütten; (*spill*) **to ~ one's coffee/milk** seinen Kaffee/seine Milch verschütten ② BRIT (*sl: hit*) ■**to ~ sb** jdm eine verpassen *sl* **II.** *vi* ① (*splash around*) *a liquid* [herum]schwappen; *person* [herum]planschen *fam* ② (*move through water*) waten

◆**slosh about, slosh around I.** *vi* herumspritzen; *person* herumplanschen *fam;* (*in container*) herumschwappen **II.** *vt* ■**to ~ sth about** [*or* **around**] etw umrühren

sloshed [slɒʃt, AM slɑːʃt] *adj pred* (*fam*) besoffen *sl;* **to get ~** sich *akk* besaufen [*o sl* voll laufen lassen]

slot [slɒt, AM slɑːt] **I.** *n* ① (*narrow opening*) Schlitz *m;* (*groove*) Rille *f;* (*for money*) Geldeinwurf *m;* (*for mail*) Briefschlitz *m* ② COMPUT Slot *m,* Steckplatz *m* ③ (*in TV programming*) Sendezeit *f;* **advertising ~** Werbepause *f* ④ AVIAT Slot *m* **II.** *vt* <-tt-> ■**to ~ sth into sth** etw in etw *akk* [hinein]stecken **III.** *vi* <-tt-> ■**to ~ into sth** in etw *akk* hineinpassen; **he ~ted perfectly into the team** er passte perfekt in das Team; **it won't ~ into our schedule** es passt nicht in unseren Ablauf

◆**slot in I.** *vi* hineinstecken; **the legs of the chair are meant to ~ in here** die Stuhlbeine gehören hier hinein **II.** *vt* ① (*into frame*) ■**to ~ in ⇔ sth** etw einpassen; **~ the legs of the chair in here!** passen Sie die Stuhlbeine hier ein! ② (*into schedule*) ■**to ~ in ⇔ sb/sth** jdn/etw dazwischenschieben *fam*

◆**slot together I.** *vi parts* ineinanderpassen, zusammenpassen **II.** *vt* ■**to ~ together ⇔ sth** etw ineinanderstecken

sloth [sləʊθ, AM slɑːθ] *n* ① *no pl* (*laziness*) Trägheit *f,* Faulheit *f* ② (*animal*) Faultier *nt;* (*fig, pej: person*) Faultier *nt fig, a. hum o iron*

sloth·ful ['sləʊθfᵊl, AM 'slɑːθ-] *adj* faul

'slot ma·chine *n* ① (*for gambling*) Spielautomat *m* ② BRIT, AUS (*vending machine*) [Münz]automat *m* **'slot me·ter** *n* Münzautomat *m*

slot·ted ['slɒtɪd, AM 'slɑːt̬-] *adj inv* mit einem Spalt versehen; **~ screw** Schlitzschraube *f*

slouch [slaʊtʃ] **I.** *n* <*pl* -es> ① (*bad posture*) krumme Haltung ② (*person*) Niete *f fam;* **to be no ~ at sth** etw gut können; **she's no ~ when it comes to organizing parties** sie ist ganz groß im Organisieren von Partys **II.** *vi* ① (*have shoulders bent*) gebeugt stehen; (*with sadness*) sich *akk* hängen lassen *fig;* **quit ~ing** steh nicht so krumm da; **she saw him ~ing in the corner** sie sah ihn in der Ecke herumsitzen; ■**to ~ over** sich *akk* gehen lassen; **she sat ~ed over her desk** sie hing über ihrem Schreibtisch ② (*walk*) **to ~ along the street** die Straße entlangschlendern

◆**slouch about, slouch around** *vi* herumhängen *fam*

slouched [slaʊtʃt] *adj pred, inv* gebeugt; **he sat ~ed in an armchair** er saß zurückgelehnt in einem Lehnstuhl

'slouch hat *n* AM, AUS Schlapphut *m*

slough¹ [slaʊ, AM *esp* sluː] *n* ① (*old: bog*) Sumpf *m* ② (*fig: depressed state*) Sumpf *m liter;* **a ~ of despair/self-pity** ein Sumpf *m* der Verzweiflung/des Selbstmitleids *liter*

slough² [slʌf] *vt* **to ~ old skin** ZOOL alte Haut abstreifen, sich *akk* häuten

◆**slough off** *vt* ① ZOOL **to ~ old skin off** alte Haut abstreifen, sich *akk* häuten ② (*fig: get rid of*) **to ~ off old acquaintances** alte Bekanntschaften lösen; **to ~ off an image** ein Image hinter sich *dat* lassen; **to ~ off one's responsibilities** seine Verpflichtungen über Bord werfen

Slo·vak ['sləʊvæk, AM 'sloʊvɑːk] **I.** *n* ① (*person*) Slowake, -in *m, f* ② *no pl* (*language*) Slowakisch *nt* **II.** *adj inv* slowakisch

Slo·vakia [slə(ʊ)'vækiə, AM sloʊ'vɑːk-] *n no pl* die Slowakei

Slo·vak·ian [slə(ʊ)'vækiən, AM sloʊ'vɑːk-] **I.** *n* ① (*person*) Slowake, -in *m, f* ② *no pl* (*language*) Slowakisch *nt* **II.** *adj inv* slowakisch

slov·en ['slʌvᵊn] *n* (*dated: messy*) schlampige Person; (*unkempt*) ungepflegte Person

Slo·vene [slə(ʊ)'viːn, AM 'sloʊviːn] **I.** *n* ① (*person*) Slowene, -in *m, f* ② *no pl* (*language*) Slowenisch *nt* **II.** *adj inv* slowenisch

Slo·venia [slə(ʊ)'viːniə, AM sloʊ-] *n no pl* Slowenien *nt*

Slo·ven·ian [slə(ʊ)'viːniən, AM sloʊ-] **I.** *n* ① (*person*) Slowene, -in *m, f* ② *no pl* (*language*) Slowenisch *nt* **II.** *adj inv* slowenisch

slov·en·li·ness ['slʌvᵊnlɪnəs] *n no pl* Schlampigkeit *f*

slov·en·ly ['slʌvᵊnli] *adj* schlampig; **a ~ appearance** ein ungepflegter Eindruck

slow [sləʊ, AM sloʊ] **I.** *adj* ① (*without speed*) langsam; *business, market* flau; **it's ~ going** es geht nur langsam voran; ■**to be ~ to do sth** lange brauchen, um etw zu tun; **~ poison** langsam wirkendes Gift; **to make ~ progress** [nur] langsam vorankommen; **~ track** SPORTS Außenbahn *f* ② (*not quick-witted*) begriffsstutzig, langsam; **to be ~ off the mark** [*or* **on the uptake**] schwer von Begriff sein ③ (*behind the correct time*) **to be** [*or* **run**] **[10 minutes] ~** *clock, watch* [10 Minuten] nachgehen ▶PHRASES: **~ and steady wins the** <u>**race**</u> (*prov*) langsam, aber sicher **II.** *vi* langsamer werden; **to ~ to a crawl** [*or* **trickle**] fast zum Stillstand [*o* Erliegen] kommen **III.** *vt* ■**to ~ sb/sth** jdn/etw verlangsamen; **drivers on the main roads are to be ~ed to 50 km per hour** die Geschwindigkeit auf Hauptstraßen soll auf 50 Stundenkilometer reduziert werden

◆**slow down I.** *vt* ■**to ~ sb/sth ⇔ down** jdn/etw verlangsamen; **I don't like working with him, he ~s me down** ich arbeite nicht gerne mit ihm, er hält mich auf **II.** *vi* ① (*reduce speed*) langsamer werden; (*speak*) langsamer sprechen; (*walk*) langsamer laufen [*o* gehen]; *inflation* abflauen ② (*relax more*) kürzertreten *fam,* sich *akk* schonen

◆**slow up I.** *vt* ■**to ~ sth ⇔ up** etw verlangsamen; **the changes have ~ed up our progress on the project** durch die Änderungen sind wir mit dem Projekt in Verzug geraten **II.** *vi* langsamer werden; (*drive*) langsamer fahren; (*walk*) langsamer gehen; **I'm ~ing up a bit now that I'm getting older** jetzt, wo ich älter werde, brauche ich für alles etwas länger

'slow·coach *n* BRIT, AUS (*childspeak fam*) lahme Ente *fam*

'slow·down *n* ① ECON (*business activity*) Verlangsamung *f;* **economic ~** Konjunkturabschwächung *f* ② AM ECON (*go-slow*) Bummelstreik *m* **slow 'hand·clap** *n* rhythmisches Klatschen (*zum Ausdruck des Protests*) **'slow lane** *n* Kriechspur *f*

slow·ly ['sləʊli, AM 'sloʊ-] *adv* langsam; **~ but surely** langsam, aber sicher

slow-mo ['sloʊmoʊ] *esp* AM **I.** *n no pl* FILM (*fam*) Zeitlupe *f;* **in ~** in Zeitlupe **II.** *adj* FILM (*fam*) Zeitlupen- **slow 'mo·tion I.** *n no pl* FILM Zeitlupe *f;* **in ~** in Zeitlupe **II.** *adj* Zeitlupen- **slow-'mov·ing** <slower-, slowest-> *adj* sich *akk* [nur] langsam bewegend; *story, film, plot* langatmig; **~ traffic** zähflüssiger Verkehr

slow·ness ['sləʊnəs, AM 'sloʊ-] *n no pl* ① (*lack of speed*) Langsamkeit *f* ② (*lack of intelligence*) Begriffsstutzigkeit *f*

'slow·poke *n* AM (*childspeak fam: slowcoach*) lahme Ente *fam*

'slow train *n* TRANSP Personenzug *m,* Bummelzug *m fam*

slow-'wit·ted *adj* begriffsstutzig, schwer von Begriff *nach n*

'slow-worm *n* Blindschleiche *f*

SLR [ˌeselˈɑːʳ, AM -ˈɑːr] *n,* **SLR cam·era** *n* PHOT *abbrev of* **single lens reflex (camera)** Spiegelreflexkamera *f*

sludge [slʌdʒ] *n no pl* Schlamm *m,* Matsch *m;* **sewage ~** Klärschlamm *m*

sludgy ['slʌdʒi] *adj* schlammig, matschig

slue *vt, vi* AM *see* **slew**

slug [slʌg] **I.** *vt* <-gg-> (*fam*) ① (*hit with hard blow*) ■**to ~ sb** jdm eine verpassen *sl* ② (*fight physically or verbally*) **to ~ it out** es untereinander ausfechten ③ AUS (*overcharge*) ■**to ~ sb** jdn abzocken *sl* **II.** *n* ① (*mollusc*) Nacktschnecke *f;* (*fig*) lahme Schnecke *fam* ② (*fam: bullet*) Kugel *f* ③ AM (*counterfeit coin*)

gefälschte Münze ❹ (*swig*) Schluck *m*
slug·gard ['slʌgəd, AM -ɚd] *n* (*dated*) Faulpelz *m*
slug·gard·ly ['slʌgədli, AM -ɚd-] *adj* (*dated*) faul, träge
slug·gish ['slʌgɪʃ] *adj* träge; *market* flau; *engine* lahm, langsam; ~ **trading** stagnierender Handel
slug·gish·ly ['slʌgɪʃli] *adv* träge; **to walk** ~ schwerfällig gehen
slug·gish·ness ['slʌgɪʃnəs] *n no pl* Trägheit *f;* ECON Flaute *f*
'slug pel·lets *npl* Schneckengift *nt*
sluice [slu:s] **I.** *n* Schleuse *f* **II.** *vi* ■**to** ~ **out** [**from sth**] *water* herausschießen [aus etw *dat*] **III.** *vt* ■**to** ~ **sth down** etw [mit dem Schlauch] abspritzen
'sluice gate *n* Schleusentor *nt* **'sluice·way** *n* [Schleusen]kanal *m*
slum [slʌm] **I.** *n* Slum *m,* Elendsviertel *nt;* **to live in** ~ **conditions** in elenden Verhältnissen leben **II.** *vi* <-mm-> ❶ (*at lower social level*) **to be** [*or* **go**] ~**ming** sich *akk* unters gemeine Volk mischen ❷ (*trying to be overly casual*) ■**to be** ~**ming** sich *akk* allzu salopp geben **III.** *vt* <-mm-> **to** ~ **it** (*iron*) primitiv leben
slum·ber ['slʌmbəʳ, AM -bɚ] (*poet*) **I.** *vi* schlummern *geh* **II.** *n* ❶ (*sleep*) Schlummer *m geh;* (*fig*) Dornröschenschlaf *m;* ~ **party** AM Party *f* mit Übernachtung ❷ (*dreams*) ■~**s** *pl* Träume *mpl*
'slum child *n* Slumkind *nt* **slum 'clear·ance** *n no pl* Beseitigung *f* der Slums; ~ **project** [Stadt]sanierungsprojekt *nt* **'slum dwell·er** *n* Slumbewohner(in) *m(f)* **slum 'land·lord** *n* Vermieter *m* von Elendsquartieren
slum·my ['slʌmi] *adj* verwahrlost, heruntergekommen
slump [slʌmp] **I.** *n* ECON ❶ (*decline*) [plötzliche] Abnahme; **there has been a** ~ **in demand for beef** die Nachfrage nach Rindfleisch ist drastisch zurückgegangen; ~ **in prices** Preissturz *m* ❷ (*recession*) Rezession *f;* **economic** ~ Wirtschaftskrise *f;* **to be in a** ~ sich *akk* in einer Krise befinden **II.** *vi* ❶ (*fall dramatically*) *prices* stürzen, fallen; *numbers, sales* zurückgehen; **the value of property has** ~**ed** Immobilien haben drastisch an Wert verloren ❷ (*fall heavily*) fallen, zusammensacken; **to** ~ **into a chair** sich *akk* in einen Stuhl fallen lassen
slumped ['slʌmpt] *adj inv, pred* zusammengesackt, zusammengesunken
slung [slʌŋ] *pt, pp of* **sling**
slunk [slʌŋk] *pt, pp of* **slink**
slur [slɜːʳ, AM slɜːr] **I.** *vt* <-rr-> ❶ (*pronounce unclearly*) ■**to** ~ **sth** etw undeutlich artikulieren; (*because of alcohol*) etw lallen ❷ (*damage sb's reputation*) ■**to** ~ **sb** jdn verleumden **II.** *n* Verleumdung *f;* **a** ~ **against** [*or* **on**] **sb/sth** eine beleidigende Äußerung über jdn/etw; **to cast a** ~ **on sb/sth** jdn/etw in einem schlechten Licht erscheinen lassen
slurp [slɜːp, AM slɜːrp] (*fam*) **I.** *vi* ❶ (*drink noisily*) schlürfen ❷ (*move slowly and loudly*) schwappen **II.** *vt* ■**to** ~ **sth** etw schlürfen **III.** *n* Schlürfen *nt;* **to take** [*or* **have**] **a** ~ **of tea** einen Schluck Tee schlürfen
Slurpee *n Erfrischungsgetränk mit gestoßenem Eis*
slur·ry ['slʌri, AM 'slɜːri] *n no pl* TECH Brei *m,* Schlamm *m;* **farm** ~ Gülle *f,* Jauche *f;* **ore** ~ Erzschlamm *m*
slush [slʌʃ] *n no pl* ❶ (*melting snow*) [Schnee]matsch *m* ❷ (*pej: oversentimental language*) Gefühlsduselei *f*
'slush fund *n* (*pej*) Schmiergeldfonds *m*
slushy ['slʌʃi] *adj* ❶ (*melting*) matschig ❷ (*oversentimental*) kitschig
slut [slʌt] *n* (*pej*) ❶ (*promiscuous woman*) Schlampe *f pej derb* ❷ (*lazy, untidy woman*) [liederliche] Schlampe *sl*
slut·tish ['slʌtɪʃ, AM 'slʌt̬-] *adj* (*pej*), **slut·ty** ['slʌti] *adj* (*pej*) ❶ (*promiscuous*) schlampenhaft *pej* ❷ (*untidy*) schlampig *pej*
sly [slaɪ] *adj* ❶ (*secretive*) verstohlen; ~ **humour** versteckter Humor; ~ **smile** verschmitztes Lächeln; **on the** ~ heimlich ❷ (*cunning*) gerissen, verschlagen ▶ PHRASES: **as** ~ **as a** <u>**fox**</u> schlau wie ein Fuchs
'sly·boots <*pl* -> *n* Schlauberger(in) *m(f) fam* **sly 'grog** *n no pl* AUS (*sl*) *illegal verkaufter Alkohol*
sly·ly ['slaɪli] *adv* ❶ (*secretively*) verstohlen; *grin* verschmitzt ❷ (*deceptively*) gerissen, verschlagen
sly·ness ['slaɪnəs] *n no pl* ❶ (*secretiveness*) Heimlichtuerei *f* ❷ (*pej: clever deceptiveness*) Gerissenheit *f*
SM [ˌes'em] **I.** *n no pl abbrev of* **sadomasochism** SM *m;* **to be into** ~ auf SM stehen *fam* **II.** *adj abbrev of* **sadomasochistic** SM-; ~ **fantasies** SM-Fantasien *fpl*
smack[1] [smæk] *n no pl* (*sl*) Heroin *nt;* **to be on** ~ heroinabhängig sein
smack[2] [smæk] **I.** *n* ❶ (*slap*) [klatschender] Schlag; **a** ~ **on the bottom** ein fester Klaps auf den Hintern; **to give sb a** ~ **on the jaw** jdm eine knallen *fam* ❷ (*hearty kiss*) Schmatz[er] *m* ❸ (*loud noise*) Knall *m* **II.** *adv inv* ❶ (*exactly*) direkt; **his shot landed** ~ **in the middle of the target** sein Schuss landete haargenau im Zentrum der Zielscheibe ❷ (*forcefully*) voll *fam;* **I walked** ~ **into a lamp post** ich lief voll gegen einen Laternenpfahl **III.** *vt* ❶ (*slap*) ■**to** ~ **sb** jdm eine knallen *fam;* **to** ~ **sb's bottom** jdm den Hintern versohlen; **to** ~ **a ball** *esp* AM SPORTS einen Ball schlagen ❷ (*slap sth against sth*) ■**to** ~ **sth on sth** etw auf etw *akk* knallen; **to** ~ **one's lips** mit den Lippen schmatzen **IV.** *vi* ■**to** ~ **of sth** nach etw *dat* riechen *fam;* **he avoids anything that** ~**s of commitment** er geht allem aus dem Weg, was nach Bindung riecht
'smack-bang *adv,* AM **'smack-dab** *adv inv* ❶ (*exactly*) genau; **she lives** ~ **in the middle of London** sie wohnt mitten in London ❷ (*directly and forcefully*) voll *fam;* **he drove** ~ **into the garden gate** er fuhr voll in das Gartentor
smack·er ['smækəʳ, AM -ɚ] *n* (*sl*) ❶ *usu pl* BRIT (*pound*) Pfund *nt;* AM (*dollar*) Dollar *m* ❷ (*loud kiss*) Schmatz[er] *m fam* ❸ AM (*lips, mouth*) Schnute *f bes* DIAL *fam*
'smack head *n* (*sl*) Heroinabhängige(r) *f(m)*
smack·ing ['smækɪŋ] *adj inv* kräftig; ~ **breeze** steife Brise
small [smɔːl, AM *also* smɑːl] **I.** *adj* ❶ (*not large*) klein; **he's quite** ~ **for his age** er ist ziemlich klein für sein Alter; ~ **amount** geringer Betrag; ~ **circulation** MEDIA niedrige Auflage; ~ **craft** NAUT [kleines] Boot; ~ **fortune** kleines Vermögen; ~ **number/quantity** kleine [*o* geringe] Menge/Zahl; ~ **percentage** geringe Prozentzahl; **in** ~ **quantities** in kleinen Mengen; ~ **street** enge Straße; ~ **town** Kleinstadt *f;* ~ **turnout** geringe Beteiligung ❷ (*young*) klein; ~ **child** Kleinkind *nt* ❸ (*insignificant*) klein, unbedeutend; ~ **consolation** ein schwacher Trost; **no** ~ **feat** keine schlechte Leistung; ~ **wonder** kein Wunder; **to feel** ~ sich *dat* klein und unbedeutend vorkommen; **to look** ~ schlecht dastehen; **to make sb look** ~ jdn niedermachen *fam* ❹ (*on a limited scale*) klein, bescheiden; ~ **investor** Kleinanleger(in) *m(f);* **in a** ~ **way** bescheiden, im Kleinen; **in sb's own** ~ **way** auf jds eigene bescheidene Art ❺ TYPO ~ **letter** Kleinbuchstabe *m* ▶ PHRASES: **to be grateful** [*or* **thankful**] **for** ~ <u>**mercies**</u> mit wenig zufrieden sein; **it's a** ~ <u>**world!**</u> (*prov*) die Welt ist klein! **II.** *n no pl* **the** ~ **of the** [*or* **one's**] **back** ANAT, ZOOL das Kreuz
'small ad *n* Kleinanzeige *f* **'small arms** *npl* Handfeuerwaffen *fpl* **small 'beer** *n no pl* BRIT Kleinigkeit *f,* Klacks *m fam* **small 'busi·ness** *n* Kleinunternehmen *nt* **small 'change** *n no pl* Kleingeld *nt;* (*fig: small amount*) Klacks *m fam* **small 'claims** *npl* LAW Bagatellsachen *fpl;* ~ **court** *Zivilgericht für Bagatellfälle* **small·est 'room** *n no pl* BRIT, AUS (*euph sl*) ■**the** ~ das stille Örtchen *hum* **'small fry** *n no pl,* + *sing/pl vb* (*fam*) ❶ (*children*) junges Gemüse *hum* ❷ (*unimportant people*) kleine Fische *fam* **'small·hold·er** *n* BRIT Kleinbauer, -bäuerin *m, f* **'small·hold·ing** *n* BRIT kleiner Landbesitz **'small hours** *npl* **the** [**wee**] ~ die frühen Morgenstunden **small in·'tes·tine** *n* Dünndarm *m*
small·ish ['smɔːlɪʃ, AM 'smɑːl-] *adj* [eher] klein; **she is on the** ~ **side** sie ist eher klein
small 'loan *n* Kleinkredit *m* **small-'mind·ed** *adj* (*pej*) engstirnig; ~ **opinions** kleinkarierte Ansichten **small-'mind·ed·**

ness *n no pl* (*pej*) Engstirnigkeit *f*
small·ness [ˈsmɔːlnəs, AM *also* ˈsmɑːl-] *n no pl* Kleinheit *f*
small po·ˈta·toes *npl* + *sing vb* AM (*small beer*) Kleinigkeit *f*
ˈsmall·pox *n no pl* Pocken *fpl*; ~ **vaccination** Pockenschutzimpfung *f* **small ˈprint** *n no pl* ■**the** ~ das Kleingedruckte; **to read the** ~ das Kleingedruckte lesen
smalls [smɔːlz] *npl* BRIT (*hum dated*) Unterwäsche *f kein pl*
ˈsmall-scale <smaller-, smallest-> *adj* ~ **drawing** Zeichnung *f* im verkleinerten Maßstab; ~ **map** Karte *f* in einem kleinen Maßstab; **a** ~ **operation** (*fig*) ein kleiner Betrieb **small ˈscreen** *n no pl* [Fernseh]bildschirm *m* **ˈsmall talk** *n no pl* oberflächliche Konversation, Smalltalk *m o nt*; ■**to make** ~ Smalltalk machen **ˈsmall-time** *adj* mickerig *fam*; *person* unbedeutend; ~ **crook** kleiner Gauner **ˈsmall-tim·er** *n* kleiner Fisch **ˈsmall-town** *adj attr* kleinstädtisch, Kleinstadt-; ~ **politics** Lokalpolitik *f*
smarm [smɑːm, AM smɑːrm] *vt* (*pej*) **to** ~ **one's way into sth** sich *dat* etw erschleichen; **she thinks that she can** ~ **her way into the smart set** sie glaubt, sie könne sich bei der Schickeria einschmeicheln
smarmi·ly [ˈsmɑːmɪli, AM ˈsmɑːrm-] *adv* (*pej*) schmeichlerisch
smarmy [ˈsmɑːmi, AM ˈsmɑːrmi] *adj* (*pej*) schmeichlerisch; ~ **charm** schmieriger Charme
smart [smɑːt, AM smɑːrt] **I.** *adj* ❶ (*intelligent*) schlau, clever *fam*; **a** ~ **child** ein intelligentes Kind; **to make a** ~ **move** klug handeln; **to be too** ~ **for sb** zu clever für jdn sein; **to be/get** ~ **with sb** (*pej*) jdm gegenüber frech sein/werden ❷ (*stylish*) schick ❸ (*quick and forceful*) [blitz]schnell; **we'll have to work at a** ~ **pace** wir werden zügig arbeiten müssen; **the soldier gave a** ~ **salute** der Soldat salutierte zackig **II.** *n* ❶ AM (*sl: intelligence*) ■**the** ~**s** *pl* die [nötige] Intelligenz ❷ (*sharp pain*) Schmerz *m* **III.** *vi eyes, wound* brennen; (*fig*) leiden; ■**to** ~ **from sth** unter etw *dat* leiden
smart alec(k) [ˈsmɑːtˌælek, AM ˌsmɑːrtˈælek] *n* (*pej fam*) Schlauberger(in) *m(f) fam*, Besserwisser(in) *m(f)* **ˈsmart arse** BRIT, AUS (*pej fam!*), **ˈsmart ass** *n* (*pej fam!*) Klugscheißer(in) *m(f) sl* **ˈsmart bomb** *n* MIL [laser]gelenkte Bombe **ˈsmart card** *n* COMPUT Chipkarte *f* **ˈsmart cir·cles** *npl* Schickeria *f fam* **ˈsmart drug** *n Medikament, das ganz gezielt auf bestimmte Bereiche wirkt*
smart·en [ˈsmɑːtᵊn, AM ˈsmɑːrt-] **I.** *vt* ■**to** ~ **sth** ↔ **up** etw herrichten; *house, town* etw verschönern; ■**to** ~ **sb/oneself** ↔ **up** jdn/sich herausputzen [*o fam* in Schale werfen]; **to** ~ **up one's act** sich *akk* ins Zeug legen *fam* **II.** *vi* ■**to** ~ **up** mehr Wert auf sein Äußeres legen
smart·ly [ˈsmɑːtli, AM ˈsmɑːrt-] *adv* ❶ (*stylishly*) schick ❷ (*quickly*) [blitz]schnell
ˈsmart mon·ey *n no pl* FIN rentabel angelegtes Geld; (*fig*) Expertenmeinung *f*; **the** ~ **says ...** nach Ansicht der Experten ... **ˈsmart mouth** *n no pl* AM (*pej fam*) **to have a** ~ eine große Klappe haben *fam*
smart·ness [ˈsmɑːtnəs, AM ˈsmɑːrt-] *n no pl* ❶ BRIT, AUS (*neatness*) Schick *m*, Eleganz *f* ❷ (*intelligence*) Schlauheit *f*; **the** ~ **of his reply** seine kluge Antwort
ˈsmart set *n*, **smart so·ˈci·ety** *n* + *sing/pl vb* Schickeria *f fam*
ˈsmarty-pants <*pl* -> *n* (*pej fam*) Besserwisser(in) *m(f)*, Klugscheißer(in) *m(f) sl*
smash [smæʃ] **I.** *n* <*pl* -es> ❶ (*crashing sound*) Krachen *nt*; **I was awakened by the** ~ **of glass** ich wurde durch das Geräusch von splitterndem Glas geweckt ❷ (*traffic or rail accident*) Unfall *m*; **car** ~ Autounfall *m*; **rail** ~ Zugunglück *nt* ❸ SPORTS Schlag *m*; TENNIS Schmetterball *m* ❹ (*smash hit*) Superhit *m fam*; **box-office** ~ Kassenschlager *m* **II.** *vt* ❶ (*break into pieces*) ■**to** ~ **sth** etw zerschlagen; **to** ~ **a window** ein Fenster einschlagen ❷ (*strike against sth*) ■**to** ~ **sth against sth** etw gegen etw *akk* schmettern [*o* schleudern] ❸ POL (*destroy, crush*) ■**to** ~ **sth** etw zerschlagen; **to** ~ **a rebellion** eine Rebellion niederschlagen ❹ SPORTS **to** ~ **a record** einen Rekord brechen ❺ SPORTS (*hit forcefully*) **to** ~ **a ball** einen Ball schmettern **III.** *vi* ❶ (*break into pieces*) zerbrechen; **she dropped her cup and it** ~**ed to pieces on the floor** sie ließ ihre Tasse fallen, und sie zersprang in Stücke ❷ (*strike against*) prallen; ■**to** ~ **into sth** gegen etw *akk* prallen; ■**to** ~ **through sth** etw durchbrechen
◆**smash down** *vt* ■**to** ~ **sth** ↔ **down** etw niederschlagen; (*destroy*) etw kaputtmachen; **to** ~ **down a door** eine Tür eintreten
◆**smash in** *vt* ■**to** ~ **sth** ↔ **in** etw einschlagen; **to** ~ **in a window** ein Fenster einschlagen; **to** ~ **sb's face in** (*fam!*) jdm die Fresse polieren *derb*
◆**smash up** *vt* ■**to** ~ **sth** ↔ **up** etw zertrümmern; **to** ~ **up a car** ein Auto zu Schrott fahren
smash-and-ˈgrab raid *n* BRIT, AUS Schaufenstereinbruch *m*
smashed [smæʃt] *adj pred* sternhagelvoll *fam*; **to get** ~ sich *akk* voll laufen lassen *fam*
smash·er [ˈsmæʃəʳ, AM -ɚ] *n* BRIT (*approv dated fam: man*) toller Typ; (*woman*) Klassefrau *f*; **to be a** ~ eine Wucht sein *fam*
smash ˈhit *n* Superhit *m fam*; ~ **at the box-office** Kassenschlager *m*
smash·ing [ˈsmæʃɪŋ] *adj* BRIT (*approv dated fam*) klasse *fam*, toll *fam*; **a** ~ **view** eine fantastische Aussicht
ˈsmash-up *n* schwerer Unfall; (*pile-up*) Karambolage *f*
smat·ter·ing [ˈsmætᵊrɪŋ, AM ˈsmæt̬-] *n usu sing* ❶ (*very small amount*) **a** ~ **of applause** [ein] schwacher Applaus ❷ (*slight knowledge*) **to have a** ~ **of sth** eine oberflächliche Kenntnis von etw *dat* haben; **to have a** ~ **of a language** ein paar Brocken einer Sprache können
smear [smɪəʳ, AM smɪr] **I.** *vt* ❶ (*spread messily*) ■**to** ~ **sth on** [*or* **over**] **sth** etw mit etw *dat* beschmieren ❷ (*attack reputation*) ■**to** ~ **sb/sth** jdn/etw verunglimpfen; **to** ~ **sb's good name** jds guten Namen beschmutzen **II.** *n* ❶ (*blotch*) Fleck *m*; ~ **of ketchup** Ketschupfleck *m* ❷ (*public accusations*) Verleumdung *f*; ~ **campaign** Verleumdungskampagne *f* ❸ MED (*smear test*) Abstrich *m*
ˈsmear test *n* MED Abstrich *m*
smeary [ˈsmɪəri, AM ˈsmɪri] *adj* verschmiert
smeg·ma [ˈsmegmə] *n no pl* MED Smegma *nt fachspr*
smell [smel] **I.** *n* ❶ (*sense of smelling*) Geruch *m*; **sense of** ~ Geruchssinn *m*; **to have a** ~ **of sth** an etw *dat* riechen ❷ (*characteristic odour*) Geruch *m*; *perfume* Duft *m*; **the** ~ **of success** (*fig*) der Ruhm des Erfolgs; **delicious** ~ herrlicher Duft ❸ (*pej: bad odour*) Gestank *m* **II.** *vi* <smelt *or* AM -ed, smelt *or* AM -ed> ❶ (*perceive*) riechen ❷ + *adj* (*give off odour*) riechen; (*pleasantly*) duften; ■**to** ~ **of** [*or* **like**] **sth** nach etw *dat* riechen; **evil-**~**ing** übel riechend, stinkend; **sweet-**~**ing** duftend, wohlriechend ❸ (*pej: have an unpleasant smell*) stinken; **your feet** ~ du hast Käs[e]füße ▸PHRASES: **to** ~ **fishy** verdächtig sein; **to come up** [*or* **out of sth**] ~**ing of** [*or* AM **like**] **roses** frei von jedem Verdacht aus etw *dat* hervorgehen **III.** *vt* <smelt *or* AM -ed, smelt *or* AM -ed> ■**to** ~ **sth** etw riechen; **can't you** ~ **something burning?** riechst du nicht, dass etwas brennt? ▸PHRASES: **to** ~ **blood** Blut riechen; **to** ~ **sth a mile** [*or* **long way**] **off** etw schon von weitem riechen; **to** ~ **a rat** Lunte [*o* den Braten] riechen *fam*
◆**smell out** *vt* ■**to** ~ **sth** ↔ **out** ❶ (*a. fig: discover by smelling*) etw aufspüren *a. fig* ❷ (*pej: cause to smell bad*) etw verpesten
◆**smell up** *vt* AM ■**to** ~ **up** ↔ **sth** etw verpesten
ˈsmell·ing bot·tle *n*, **ˈsmell·ing salts** *npl* Riechfläschchen *nt*
smelly [ˈsmeli] *adj* (*pej*) stinkend *attr*, übel riechend; ~ **feet** Schweißfüße *mpl*
smelt¹ [smelt] *vi, vt* BRIT, AUS *pt, pp of* **smell**
smelt² [smelt] *vt* ■**to** ~ **sth** *metal* etw [aus]schmelzen; **to** ~ **iron from its ores** Eisenerze zu Eisen verhütten
smelt³ <*pl* - *or* -s> [smelt] *n* ZOOL Stint *m*
smelt·er [ˈsmeltəʳ, AM -ɚ] *n* Schmelzhütte *f*, Schmelzerei *f*

smelt·ing ['smeltɪŋ] *n no pl of metal* Schmelzen *nt*; ~ **plant** Hütte *f*

smid·gen ['smɪdʒən], **smid·geon**, **smid·gin** *n* ■ **a ~ ...** ein [klitzekleines] bisschen ...; *of liquid* ein winziges Schlückchen

smile [smaɪl] **I.** *n* Lächeln *nt*; **we exchanged knowing ~s** wir lächelten uns wissend an; **his face was wreathed in ~s** er strahlte über das ganze Gesicht; **wipe that ~ off your face!** hör auf, so zu grinsen!; **to bring a ~ to sb's face** jdn zum Lächeln bringen; **~ of pleasure/satisfaction** freudiges/zufriedenes Lächeln; **to be all ~s** über das ganze Gesicht strahlen; **embarrassed/pained/sad ~** verlegenes/gequältes/trauriges Lächeln; **to give sb a ~** jdm zulächeln **II.** *vi* ❶ (*produce a smile*) lächeln; ■ **to ~ at sb** jdn anlächeln; ■ **to ~ to oneself** in sich *akk* hineinlächeln; ■ **to ~ over sth** über etw *akk* lächeln; **to ~ in the face of adversity** [*or* **disaster**] (*fig*) sich *akk* nicht unterkriegen lassen ❷ (*look favourably upon*) ■ **to ~ on sb** es gut mit jdm meinen **III.** *vt* ❶ (*express with a smile*) **he ~d his congratulations** er gratulierte mit einem Lächeln; **the hostess ~d a welcome** die Gastgeberin lächelte einladend ❷ (*express with a particular smile*) **he ~d a peculiarly joyless smile** er legte ein auffällig freudloses Lächeln auf; **he ~d the smile of a man who knew victory was within reach** er lächelte siegesgewiss

smiley ['smaɪli] *adj* immer lächelnd *attr*

'smiley-face *adj attr* lächelnd

'smiley face *n* COMPUT Smiley *m*

smil·ing ['smaɪlɪŋ] *adj* lächelnd *attr*; ~ **faces** strahlende Gesichter

smil·ing·ly ['smaɪlɪŋli] *adv* lächelnd

smirch [smɜːtʃ, AM smɜːrtʃ] *vt* (*dated*) ■ **to ~ sth** etw besudeln *veraltend*

smirk [smɜːk, AM smɜːrk] (*pej*) **I.** *vi* grinsen; ■ **to ~ at sb** jdn süffisant anlächeln **II.** *n* Grinsen *nt*

smite <smote, smitten> [smaɪt] *vt* (*liter*) ■ **to ~ sb/sth** jdn/etw schlagen; **to be smitten by** [*or* **with**] **a disease** mit einer Krankheit geschlagen sein *geh*; **to ~ sb dead** (*dated*) jdn totschlagen

smith [smɪθ] *n* Schmied *m*

smith·er·eens [ˌsmɪðə'riːnz] *npl* **to blow/smash sth to ~** etw in tausend Stücke sprengen/schlagen; **the city was bombed to ~** die Stadt wurde in Schutt und Asche gelegt

smithy ['smɪði, AM 'smɪθi] *n* Schmiede *f*

smit·ten ['smɪtən] **I.** *adj pred* (*in love*) ■ **to be ~ by sb** von jdm hingerissen sein; ■ **to be ~ with sb/sth** in jdn/etw vernarrt sein; **she was ~ with jazz at a very early age** sie wurde schon in frühen Jahren zum Jazzfan **II.** *pp of* **smite**

smock [smɒk, AM smɑːk] *n* Kittel *m*

smock·ing ['smɒkɪŋ, AM 'smɑːk-] *n no pl* FASHION Smokarbeit *f*

smog [smɒg, AM smɑːg] *n no pl* Smog *m*

'smog alert *n* Smogalarm *m*

smog·gy ['smɒgi, AM 'smɑːgi] *adj* ❶ (*high levels of smog*) ■ **to be ~** hohe Smogwerte aufweisen; **today will be particularly ~** die Smogwerte werden heute besonders hoch sein ❷ (*tending toward smog*) **Mexico City is one of the world's smoggiest capitals** Mexico City gehört zu den Hauptstädten der Welt mit dem größten Smogproblem

'smog warn·ing *n* Smogwarnung *f*

smoke [sməʊk, AM smoʊk] **I.** *n* ❶ *no pl* (*from burning*) Rauch *m*; **cigarette ~** Zigarettenrauch *m*; **drifts of ~** Rauchschwaden *pl*; **~ inhalation** Einatmen *nt* von Rauch; **a pall of ~** eine Rauchwolke; **plumes of ~** [dichte] Rauchwolken *fpl*; **~ poisoning** Rauchvergiftung *f*; **a puff of ~** ein Rauchwölkchen *nt*; **~ ring** Rauchring *m*; **wisp of ~** Rauchfahne *f* ❷ (*act of smoking*) **to have a ~** eine rauchen *fam* ❸ (*fam: cigarettes*) ■ **~s** *pl* Glimmstängel *mpl* ❹ (*fam*) ■ **the ~** AUS (*big city*) die Großstadt; BRIT (*London*) London *nt* ▶ PHRASES: **there's no ~ without fire** BRIT, AUS (*prov*), **where there's ~, there's fire** AM (*prov*) wo Rauch ist, da ist auch Feuer *prov*; **~ and mirrors** *esp* AM Lug und Trug; **to vanish in a puff of ~** sich *akk* in Rauch auflösen; **to go up in ~** in Rauch [und Flammen] aufgehen **II.** *vt* ❶ (*use tobacco*) ■ **to ~ sth** etw rauchen ❷ FOOD ■ **to ~ sth** etw räuchern ❸ (*sl: defeat*) ■ **to ~ sb** jdn besiegen ▶ PHRASES: **to ~ the peace pipe** AM die Friedenspfeife rauchen; **put that in your pipe and ~ it!** schreib dir das hinter die Ohren! **III.** *vi* ❶ (*produce smoke*) rauchen ❷ (*action of smoking*) rauchen; **do you mind if I ~?** stört es Sie, wenn ich rauche?

◆**smoke out** *vt* ■ **to ~ sth** ↻ **out** etw ausräuchern; ■ **to ~ sb out** (*fig*) jdn entlarven

'smoke bomb *n* MIL Rauchbombe *f*

smoked [sməʊkt, AM smoʊkt] *adj inv* geräuchert; **~ fish** Räucherfisch *m*

'smoke de·tec·tor *n* Rauchmelder *m*

smoked 'glass *n no pl* Rauchglas *nt*

'smoke-dried *adj inv* geräuchert

smoke-filled 'room *n* POL (*pej*) **decisions made in ~s** Entscheidungen, die hinter geschlossenen Türen getroffen werden

'smoke·free ['sməʊkfriː, AM 'smoʊk-] *adj attr* rauchfrei, Nichtraucher-

smoke·less ['sməʊkləs, AM 'smoʊk-] *adj inv* ❶ (*without smoke*) rauchfrei ❷ AM **~ tobacco** Kautabak *m*

smoke·less 'zone *n* rauchfreie Zone

smok·er ['sməʊkəʳ, AM 'smoʊkɚ] *n* ❶ (*person*) Raucher(in) *m(f)*; **~'s cough** Raucherhusten *m*; **heavy ~** starker Raucher/starke Raucherin; **non-~** Nichtraucher(in) *m(f)* ❷ (*compartment in train*) Raucherabteil *nt* ❸ (*device*) Räuchergefäß *nt*

'smoke room *n* Rauchzimmer *nt*

'smoke·screen *n* ❶ (*pretext*) Vorwand *m*; **to hide behind a ~** sich *akk* hinter einem Deckmantel verstecken ❷ MIL (*smoke cloud*) Rauchvorhang *m*, Nebelwand *f*

'smoke sig·nal *n* Rauchzeichen *nt*

'smoke·stack *n* Schornstein *m*

smoke·stack e'mis·sion *n* Schornsteinemission *f*

smoke·stack 'in·dus·try *n esp* AM Schwerindustrie *f*

'smoke-stained *adj* rauchgeschwärzt

smok·ing ['sməʊkɪŋ, AM 'smoʊk-] **I.** *n no pl* Rauchen *nt*; **~ ban** Rauchverbot *nt*; **to give up** [*or* **quit**] [*or* **stop**] **~** mit dem Rauchen aufhören, das Rauchen aufgeben **II.** *adj inv* **non-~** Nichtraucher-

'smok·ing com·part·ment *n* Raucherabteil *nt*

smok·ing 'gun *n* schlagender Beweis

'smok·ing jack·et *n* (*dated*) Hausjacke *f veraltet*

'smok·ing room *n* Rauchzimmer *nt*

'smok·ing sec·tion *n* AM Raucherzone *f*

smoky ['sməʊki, AM 'smoʊki] *adj* ❶ (*filled with smoke*) verraucht, verqualmt ❷ (*producing smoke*) rauchend *attr*; **the fire is very ~** das Feuer qualmt sehr ❸ (*appearing smoke-like*) rauchartig; **~ blue** graublau ❹ (*tasting of smoke*) rauchig

smol·der *vi* AM *see* **smoulder**

smooch [smuːtʃ] **I.** *vi* ❶ (*kiss vigorously*) knutschen *fam*; (*tenderly*) schmusen *fam* ❷ BRIT (*dance closely*) eng umschlungen tanzen **II.** *n usu sing* ❶ (*vigorous*) Knutschen *nt fam*; (*tender*) Schmusen *nt fam*; **to have a ~** rumschmusen, rumknutschen *fam* ❷ BRIT (*intimate dance*) Blues *m fam*, Schieber *m fam*

smoochy ['smuːtʃi] *adj* ❶ (*gushy, romantic*) romantisch ❷ BRIT (*suited to intimate dancing*) schmusig *fam*

smooth [smuːð] **I.** *adj* ❶ (*not rough*) glatt; **as ~ as a baby's bottom** so glatt wie ein Kinderpopo; **~ sea** ruhige See; **as ~ as silk** seidenweich; **~ skin** glatte Haut; **~ surface/texture** glatte Oberfläche/Textur; **to be worn ~** glatt gewetzt sein ❷ (*well-mixed*) sämig; **~ sauce** glatte Soße ❸ (*free from difficulty*) problemlos, reibungslos; **~ flight** ruhiger Flug; **~ landing** glatte Landung; **to get off to a ~ start** wie geplant beginnen ❹ (*mild flavour*) mild; **~ whisky** weicher Whiskey; **~ wine** Wein *m* mit einem weichen Geschmack ❺ (*polished, suave*) [aal]glatt *pej*; **~ operator** gewiefte Person; **to be a ~ talker** ein Schönredner/eine Schönrednerin sein **II.** *vt* ❶ (*make less difficult*) **to ~ the path** [**to sth**] den Weg [zu etw *dat*] leichter machen; **to ~ the way** den Weg ebnen; **to ~ sb's**

S

way jdm den Weg ebnen ❷ (*rub in evenly*) ■**to ~ sth into sth** etw in etw *akk* einmassieren; ■**to ~ sth over sth** etw gleichmäßig auf etw *dat* verreiben [*o* verteilen]

◆**smooth away** *vt* ■**to ~ away ↔ sth** etw glätten; (*fig*) etw besänftigen

◆**smooth down** *vt* ■**to ~ down ↔ sth** etw glätten [*o* glatt streichen]

◆**smooth out** *vt* ■**to ~ out ↔ sth** etw ausbügeln *fam*

◆**smooth over** *vt* ■**to ~ over ↔ sth** etw in Ordnung bringen; **to ~ things over between two persons** die Sache zwischen zwei Leuten geradebiegen

smoothie ['smu:θi] *n* ❶ (*pej: charmer*) Charmeur *m* ❷ *esp* AM, AUS, NZ (*drink*) Shake *m*

smooth 'jazz *n no pl* Smooth Jazz *m*

smooth·ly ['smu:ðli] *adv* ❶ (*without difficulty*) reibungslos; **to go ~** glatt laufen *fam;* **if all goes ~** wenn alles glatt läuft; **to run ~** *engine* einwandfrei laufen ❷ (*suavely*) aalglatt *pej*

smooth·ness ['smu:ðnəs] *n no pl* ❶ (*evenness*) Glätte *f; silk* Weichheit *f; skin* Glattheit *f* ❷ (*lack of difficulty*) problemloser Verlauf [*o* Ablauf] ❸ (*pleasant consistency*) *taste* Milde *f; texture* Glätte *f*

smooth 'sail·ing *n no pl* **to be ~** glatt [*o* reibungslos] laufen *fam* **smooth-'shav·en** *adj* glatt rasiert **smooth-'spok·en** *adj* ■**to be ~** ein Schönredner/eine Schönrednerin sein

'smooth-talk ['smu:ðtɔ:k] *vi* (*fam*) sich *akk* einschmeicheln; **to ~ one's way into sth** *a room* sich *dat* durch Schmeicheleien Zutritt zu etw *dat* verschaffen **smooth-'tongued** *adj* (*pej*) schmeichlerisch

smoothy ['smu:ði] *n* Charmeur *m*

smor·gas·bord ['smɔ:gəsbɔ:d, AM 'smɔ:rgəsbɔ:rd] *n* FOOD Smörgåsbord *m;* ■**a ~ of sth** (*fig*) eine große Auswahl an etw *dat*

smote [sməʊt, AM smoʊt] *pt of* **smite**

smoth·er ['smʌðəʳ, AM -ɚ] *vt* ❶ (*suffocate*) ■**to ~ sb** [**with sth**] jdn [mit etw *dat*] ersticken; **to ~ a flame** eine Flamme ersticken ❷ (*prevent from growing*) ■**to ~ sth** etw unterdrücken ❸ (*suppress*) **to ~ a cough** ein Husten unterdrücken; **to ~ hopes** Hoffnungen zerstören ❹ (*cover*) ■**to be ~ed in sth** von etw *dat* völlig bedeckt sein; **during the summer months, the city is ~ed in smog** während der Sommermonate liegt die Stadt unter einer Dunstglocke; **when she saw her boyfriend at the arrivals gate she ~ed him in kisses** als sie ihren Freund im Ankunftsbereich erblickte, bedeckte sie ihn mit Küssen

smoul·der ['sməʊldəʳ, AM 'smoʊldɚ] *vi* ❶ (*burn slowly*) schwelen; *cigarette* glimmen; (*fig*) *dispute* schwelen ❷ (*fig: repressed emotions*) **to ~ with desire/jealousy/passion/rage** vor Verlangen/Eifersucht/Leidenschaft/Zorn glühen; (*sexual feelings*) **he gazed at her with ~ing eyes** er starrte sie mit glühenden Augen an

SMS [ˌesem'es] *n abbrev of* **short message service**: **~ messaging** SMS-Messaging *nt*

smudge [smʌdʒ] **I.** *vt* ■**to ~ sth** ❶ (*smear, blur*) *lipstick* etw verwischen ❷ (*soil*) etw beschmutzen; **to ~ sb's reputation** (*fig*) jds Ruf *m* besudeln [*o* beschädigen] **II.** *vi* verlaufen; *ink* klecksen; **her mascara had ~d** ihre Wimperntusche war verschmiert **III.** *n* (*a. fig*) Fleck *m a. fig;* **~ of blood** Blutfleck *m*

smudged [smʌdʒd] *adj* verwischt, verschmiert; (*fig*) *outline* verschwommen

smudge-proof ['smʌdʒpru:f] *adj lipstick* kussecht; *mascara* wischfest

smudg·ing ['smʌdʒɪŋ] *n no pl* Verwischen *nt*

smudgy ['smʌdʒi] *adj* verschmiert

smug <-gg-> [smʌg] *adj* selbstgefällig; **~ self-satisfaction** eitle Selbstzufriedenheit; ■**to be ~ about sth** sich *dat* auf etw *akk* viel einbilden

smug·gle ['smʌgl] *vt* ■**to ~ sb/sth** jdn/etw schmuggeln; **to ~ arms/drugs/illegal aliens** Waffen/Drogen/illegale Einwanderer schmuggeln

smug·gler ['smʌgləʳ, AM -lɚ] *n* Schmuggler(in) *m(f)*

smug·gling ['smʌglɪŋ] *n no pl* Schmuggel *m*

'smug·gling ring *n* Schmugglerring *m*

smug·ly ['smʌgli] *adv* selbstgefällig

smug·ness ['smʌgnəs] *n no pl* Selbstgefälligkeit *f*

smut [smʌt] *n* ❶ *no pl* (*pej: indecent material*) Schweinereien *fpl*, Schweinkram *m* NORDD *fam* ❷ (*soot from burning*) Rußflocke *f;* (*stains made by smut*) Rußfleck *m* ❸ *no pl* (*fungal disease*) [Getreide]brand *m*

smut·ti·ness ['smʌtɪnəs, AM 'smʌt̬ɪ-] *n no pl* (*pej*) *person* Unflätigkeit *f; joke* Obszönität *f*

smut·ty ['smʌti, AM 'smʌt̬i] *adj* (*pej*) schmutzig; **~ joke** dreckiger Witz *fam*

snack [snæk] **I.** *n* Snack *m*, Imbiss *m;* **bar ~s** Knabberzeug *nt fam;* **to have a ~** eine Kleinigkeit essen **II.** *vi* naschen; ■**to ~ on sth** etw naschen

'snack bar *n* Imbissstube *f* **'snack count·er** *n* Imbisstheke *f* **'snack food** *n* Snacks *mpl* **snack 'meal** *n* Imbiss *m*

snaf·fle ['snæfl] *vt* BRIT, AUS (*fam*) ■**to ~ sth** sich *dat* etw unter den Nagel reißen *fam;* **who's ~d my pen?** wer hat mir meinen Stift geklaut?

sna·fu [snæf'u:] *n* AM, AUS (*sl*) Schlamassel *m fam*

snag [snæg] **I.** *n* ❶ (*hidden disadvantage*) [verborgenes] Problem (**with** mit +*dat*), Haken *m fam* (**with** an +*dat*); **to hit** [*or* **run into**] **a ~** auf Schwierigkeiten stoßen ❷ (*damage to textiles*) gezogener Faden **II.** *vt* <-gg-> ■**to ~ sth** ❶ (*cause problems*) etw belasten; **financial problems have ~ged the project for the past six months** in den letzten sechs Monaten hat das Projekt unter finanziellen Problemen gelitten ❷ (*damage by catching*) an etw *dat* Fäden ziehen; **be careful not to ~ your coat on the barbed wire** pass auf, dass du mit deiner Jacke nicht am Stacheldraht hängen bleibst ❸ AM (*get*) sich *dat* etw schnappen *fam;* ■**to ~ sth from sb** jdm etw wegschnappen *fam* **III.** *vi* <-gg-> ■**to ~ on sth** durch etw *akk* belastet sein

snail [sneɪl] *n* Schnecke *f;* **garden ~** Gartenschnecke *f;* **at a ~'s pace** im Schneckentempo

'snail mail *n no pl* Snail-Mail *f*, traditioneller Brief

'snail shell *n* Schneckenhaus *nt*

snake [sneɪk] **I.** *n* ❶ (*reptile*) Schlange *f* ❷ (*pej: untrustworthy person*) **~ in the grass** falsche Schlange *pej* ❸ **plumber's ~** Spiralrohrschlange *f* **II.** *vi* sich *akk* schlängeln

'snake bite *n* Schlangenbiss *m* **'snake charm·er** *n* Schlangenbeschwörer(in) *m(f)* **'snake oil** *n no pl* AM (*fig*) unwirksames Heilmittel; **~ salesman** (*sl*) Bauernfänger *m fam*, Quacksalber *m fam* **'snake pit** *n* Schlangengrube *f a. fig* **'snake poi·son** *n no pl* Schlangengift *nt* **'snake ranch** *n* Schlangenzucht *f* **snakes and 'lad·ders** *npl + sing vb* (*games*) *Brettspiel, auf dem sich Schlangen und Leitern befinden* **'snake·skin** *n* ❶ (*skin*) Schlangenhaut *f* ❷ FASHION Schlangenleder *nt* **'snake ven·om** *n no pl* Schlangengift *nt*

snaky ['sneɪki] *adj* ❶ (*winding*) gewunden; **~ road** kurvenreiche Straße ❷ AUS (*fam: irritable*) reizbar; **he's been acting ~ lately** in letzter Zeit reagiert er gereizt

snap [snæp] **I.** *n* ❶ *usu sing* (*act*) Knacken *nt;* (*sound*) Knacks *m* ❷ (*photograph*) Schnappschuss *m* ❸ AM (*snap fastener*) Druckknopf *m* ❹ METEO **cold ~** Kälteeinbruch *m* ❺ AM (*fam: very easy*) **to be a ~** ein Kinderspiel sein ❻ *no pl* BRIT (*games*) Schnippschnapp *nt* **II.** *interj* (*fam: games*) schnippschnapp!; (*fig*) **~! we're wearing the same shirts!** Volltreffer! wir tragen das gleiche Hemd! **III.** *vi* <-pp-> ❶ (*break cleanly*) auseinanderbrechen; (*with less force*) entzweigehen; **her patience finally ~ped** (*fig*) ihr riss schließlich der Geduldsfaden ❷ (*spring into position*) einrasten, einschnappen; **to ~ to attention** MIL [zackig] Haltung annehmen; **to ~ back** zurückschnellen; **to ~ shut** zuschnappen; *mouth* zuklappen ❸ (*make a whip-like motion*) peitschen; **broken cables were ~ping back and forth in winds** abgerissene Kabel peitschten im

Wind hin und her ④ (*sudden bite*) schnappen; ■**to ~ at sb/sth** nach jdm/etw schnappen; **to ~ at sb's heels** nach jds Fersen *fpl* schnappen; (*fig*) jdm auf den Fersen sein ⑤ (*speak sharply*) bellen *fam;* **to ~ [back] that ...** [zurück]schnauzen, dass ... *fam;* ■**to ~ at sb** jdn anfahren *fam;* **there's no need to ~ at me like that** du brauchst mich nicht gleich so anzufahren ⑥ (*take many photographs*) ■**to ~ away** drauflos fotografieren, knipsen *fam* ▶PHRASES: **~ to it!** ein bisschen dalli! *fam* **IV.** *vt* <-pp-> ① (*break cleanly*) ■**to ~ sth** etw entzweibrechen; ■**to ~ sth ↻ off** etw abbrechen ② (*close sharply*) **to ~ sth shut** etw zuknallen; *book* etw zuklappen ③ (*attract attention*) **to ~ one's fingers** mit den Fingern schnippen; **she just has to ~ her fingers and he'll do whatever she wants** (*fig*) sie muss nur mit den Fingern schnippen und er macht, was sie will ④ (*crack a whip*) **to ~ a whip** mit einer Peitsche knallen ⑤ (*speak unreasonably sharply*) **to ~ sb's head off** jdm den Kopf abreißen *fam* ⑥ (*take a photograph*) **to ~ a/sb's picture** ein Bild/ein Bild von jdm schießen

◆**snap out** *vi* ① (*in anger*) brüllen ② (*get over*) ■**to ~ out of sth** etw überwinden, aus etw *dat* herauskommen *fam;* **now come on, ~ out of it** nun komm schon, krieg dich wieder ein; **to ~ out of a recession** (*fig*) eine Rezession überwinden

◆**snap up** *vt* ■**to ~ up ↻ sth** etw schnell kaufen; **to be ~ped up** vergriffen sein

'snap bean *n* AM Brechbohne *f* **'snap bolt** *n* Schnappschloss *nt* **snap de·'ci·sion** *n* schneller Entschluss **'snap·drag·on** *n* HORT Löwenmaul *nt* **snap e'lec·tion** *n* BRIT POL *kurzfristig angesetzte Wahl* **'snap fast·en·er** *n* BRIT Druckknopf *m* **'snap lock** *n* Schnappschloss *nt*

snap·per ['snæpəʳ, AM -ɚ] *n* FOOD, ZOOL **red ~** Rotbarsch *m*

snap·pi·ly ['snæpɪli] *adv* ① (*approv fam: stylishly*) **to be ~ dressed** schick gekleidet sein ② (*approv: in an eye-catching manner*) auffallend; **to be ~ titled** einen kurzen und treffenden Titel haben ③ (*pej: irritably*) gereizt

snap·ping tur·tle *n* ZOOL, BIOL Schnappschildkröte *f*

snap·pish ['snæpɪʃ] *adj* gereizt, bissig

snap·pish·ly ['snæpɪʃli] *adv* gereizt

snap·py ['snæpi] *adj* ① (*approv fam: smart, fashionable*) schick; **to be a ~ dresser** immer schick gekleidet sein ② (*quick*) zackig; **make it ~!** mach fix! *fam;* **~ salute** zackiger Gruß; **to look ~** sich *akk* ranhalten *fam* ③ (*approv: eye-catching*) peppig *fam* ④ (*pej: irritable*) gereizt, bissig

'snap·shot *n* PHOT Schnappschuss *m*

snare [sneəʳ, AM sner] **I.** *n* ① (*animal trap*) Falle *f;* (*noose*) Schlinge *f* ② (*fig: trap, pitfall*) Falle *f,* Fallstrick *m* **II.** *vt* ① (*catch animals*) ■**to ~ an animal** ein Tier [mit einer Falle] fangen ② (*capture*) ■**to ~ sb/sth** jdn/etw fangen, sich *dat* jdn/etw angeln

'snare drum *n* MUS kleine Trommel, Schnarrtrommel *f*

snarl[1] [snɑːl, AM snɑːrl] **I.** *vi* ① (*growl*) *dog* knurren ② (*fig: speak angrily*) ■**to ~ at sb** jdn anknurren; **'go to hell!' he ~ed** „fahr zur Hölle!" knurrte er **II.** *n* ① (*growl*) Knurren *nt;* **the dog gave a low ~** der Hund knurrte leise ② (*fig: angry utterance*) Knurren *nt;* **to say sth with a ~** etw knurren ③ (*growling sound*) Knurren *nt*

snarl[2] [snɑːl, AM snɑːrl] **I.** *n* ① (*traffic jam*) **traffic ~** Verkehrschaos *nt* ② (*knot*) Knoten *m;* (*tangle*) Gewirr *nt;* **my fishing line had many ~s in it** meine Angelschnur hatte sich an vielen Stellen verheddert **II.** *vi* (*become tangled*) sich *akk* verheddern

◆**snarl up** *vi usu passive* durcheinandergeraten; **traffic was ~ed up for several hours after the accident** nach dem Unfall herrschte ein stundenlanges Verkehrschaos

snarled [snɑːld, AM snɑːrld] *adj* ① (*tangled*) verheddert; **~ hair** verfilztes Haar ② (*piled up*) gestaut

'snarl-up *n* **traffic ~** Verkehrschaos *nt*

snatch [snætʃ] **I.** *n* <*pl* -es> ① (*sudden grab*) schneller Griff; **to make a ~ at sth** nach etw *dat* greifen ② (*theft*) Diebstahl *m* (*durch Entreißen*) ③ (*fragment*) Fetzen *m;* **I only managed to catch a few ~es of the conversation** ich konnte nur ein paar Gesprächsfetzen mitbekommen ④ (*spell of activity*) **to do sth in ~es** etw mit Unterbrechungen tun ⑤ (*vulg: vulva*) Möse *f vulg* **II.** *vt* ① (*grab quickly*) ■**to ~ sth** etw schnappen; **to ~ sth out of sb's hand** jdm etw aus der Hand reißen ② (*steal*) ■**to ~ sth** sich *dat* etw greifen [*o* schnappen]; (*fig*) **he ~ed the gold medal from the Canadian champion** er schnappte dem kanadischen Champion die Goldmedaille weg ③ (*kidnap*) ■**to ~ sb** jdn entführen ④ (*take quick advantage of sth*) ■**to ~ sth** etw ergattern; **perhaps you'll be able to ~ a couple of hours' sleep before dinner** vielleicht schaffst du es, vor dem Abendessen noch zwei Stunden Schlaf zu kriegen ▶PHRASES: **to ~ victory from the jaws of defeat** eine drohende Niederlage in einen Sieg verwandeln **III.** *vi* (*grab quickly*) greifen; ■**to ~ at sth** nach etw *dat* greifen; **when this job came along I ~ed at it** (*fig*) als sich mir dieser Job bot, griff ich zu

◆**snatch away** *vt* ■**to ~ away ↻ sth** etw an sich *akk* reißen; ■**to ~ sth away from sb** jdm etw entreißen

◆**snatch up** *vt* ■**to ~ up ↻ sth** sich *dat* etw schnappen, etw an sich *akk* reißen

snatch·er ['snætʃəʳ, AM -ɚ] *n* [Taschen]dieb(in) *m(f)*

snaz·zi·ly ['snæzɪli] *adv* (*usu approv sl*) schick *fam*

snaz·zy ['snæzi] *adj* (*usu approv sl*) schick *fam*

sneak [sniːk] **I.** *vi* <-ed *or esp* AM snuck, -ed *or esp* AM snuck> ① (*move stealthily*) schleichen; **to ~ away** [*or* **off**] sich *akk* davonstehlen; **to ~ in/out** [sich *akk*] hinein-/hinausschleichen; **to ~ up on sb/sth** sich *akk* an jdn/etw heranschleichen ② BRIT (*pej fam: denounce*) petzen *fam;* ■**to ~ on sb** jdn verpetzen **II.** *vt* <-ed *or esp* AM snuck, -ed *or esp* AM snuck> ① (*view secretly*) **to ~ a look** [*or* **glance**] **at sb/sth** einen verstohlenen Blick auf jdn/etw werfen ② (*move secretly*) ■**to ~ sb/sth in/out** jdn/etw hinein-/herausschmuggeln **III.** *n* BRIT (*childspeak pej fam*) Petze(r) *f(m) pej fam*

'sneak at·tack *n* (*fig*) Überraschungsangriff *m*

sneak·er ['sniːkɚ] *n* ① *usu pl* AM (*shoe*) Turnschuh *m* ② (*fam: sneaky trick*) **to pull a ~ on sb** jdn austricksen *fam,* jdm einen Streich spielen

sneaki·ly ['sniːkɪli] *adv* raffiniert

sneak·ing ['sniːkɪŋ] *adj attr, inv* heimlich; **I have a ~ admiration for her** ich hege eine heimliche Bewunderung für sie; **~ feeling** leises Gefühl; **~ suspicion** leiser Verdacht

sneak 'pre·view *n* FILM [inoffizielle] Vorschau *f* **'sneak thief** *n* [Taschen]dieb(in) *m(f)*

sneaky ['sniːki] *adj* raffiniert

sneer [snɪəʳ, AM snɪr] **I.** *vi* ① (*smile derisively*) spöttisch grinsen ② (*express disdain*) spotten; ■**to ~ at sth/sb** etw/jdn verhöhnen [*o* verspotten], über etw/jdn spotten **II.** *n* spöttisches Lächeln

sneer·ing ['snɪərɪŋ, AM 'snɪr-] *adj* höhnisch, spöttisch

sneer·ing·ly ['snɪərɪŋli, AM 'snɪr-] *adv* höhnisch, spöttisch

sneeze [sniːz] **I.** *vi* niesen ▶PHRASES: **not to be ~d at, nothing to ~ at** nicht zu verachten sein **II.** *n* Nieser *m;* ■**the ~s** *pl* Niesen *nt*

snick [snɪk] *vt* BRIT, AUS SPORTS **to ~ a ball** einen Ball auf Kante schlagen (*beim Kricket*)

snick·er ['snɪkɚ] *vi, n* AM *see* **snigger**

snide [snaɪd] *adj* (*pej*) **~ remark** abfällige Bemerkung

snide·ly ['snaɪdli] *adv* (*pej*) abfällig

snide·ness ['snaɪdnəs] *n no pl* Abfälligkeit *f*

sniff [snɪf] **I.** *n* ① (*smell deliberately*) Riechen *nt; dog* Schnüffeln *nt;* **he took a deep ~ of the country air** er atmete die Landluft tief ein; **to have a ~ of sth** an etw *dat* riechen ② (*smell a trace*) **to catch a ~ of sth** etw wittern; **when I arrived I caught a ~ of perfume** als ich kam, roch es leicht nach Parfüm ③ (*fig: expression of disdain*) Naserümpfen *nt* **II.** *vi* ① (*inhale sharply*) die Luft einziehen; *animal* wittern;

S

■**to ~ at sth** an etw *dat* schnuppern; *animal* die Witterung von etw *dat* aufnehmen ❷ (*show disdain*) die Nase rümpfen; ■**to ~ at sth** über etw *akk* die Nase rümpfen ▶ PHRASES: **not to be ~ed at** nicht zu verachten sein **III.** *vt* (*test by smelling*) ■**to ~ sth** an etw *dat* riechen [*o* schnuppern]
◆**sniff out** *vt* ■**to ~ out** ↔ **sth** etw aufspüren; (*fig*) etw entdecken; **he thought he could hide his affair, but his wife ~ed it out** er dachte, er könne seine Affäre geheim halten, aber seine Frau kam dahinter

sniff·er ['snɪfəʳ, AM -ɚ] *n* ❶ (*junky*) **glue ~** Klebstoffschnüffler(in) *m(f)* ❷ (*device*) Suchgerät *nt*

'sniff·er dog *n* Spürhund *m*

snif·fle ['snɪfl̩] **I.** *vi* schniefen **II.** *n* ❶ (*repeated sniffing*) Schniefen *nt* ❷ MED ■**the ~s** *pl* leichter Schnupfen

snif·fy ['snɪfi] *adj* (*fam*) naserümpfend *attr;* ■**to be ~ about sth** über etw *akk* die Nase rümpfen

snif·ter ['snɪftəʳ, AM -ɚ] *n* ❶ *esp* AM (*glass*) Schwenker *m;* **brandy ~** Kognakschwenker *m* ❷ (*drink of alcohol*) Gläschen *nt hum*

snig·ger ['snɪgəʳ, AM -ɚ] **I.** *vi* kichern; ■**to ~ at** [*or* **about**] **sth** über etw *akk* kichern; **what are you two ~ing about?** worüber kichert ihr beiden? **II.** *n* Kichern *nt,* Gekicher *nt;* **to have a ~ at sth** über etw *akk* kichern

snip [snɪp] **I.** *n* ❶ (*cut*) Schnitt *m;* **to give sth a ~** etw [ab]schneiden ❷ (*piece*) **a ~ of cloth** ein Stück *nt* Stoff ❸ BRIT (*fam: bargain*) Schnäppchen *nt fam;* ■**to be a ~** ein echtes Schnäppchen sein ❹ *no pl* BRIT (*hum fam: vasectomy*) ■**the ~** der Schnitt **II.** *vt* ■**to ~ sth** etw schneiden [*o fam* schnippeln]
◆**snip off** *vt* ■**to ~ off** ↔ **sth** etw abschneiden [*o fam* abschnippeln]

snipe [snaɪp] **I.** *vi* ❶ MIL aus dem Hinterhalt schießen; ■**to ~ at sb** aus dem Hinterhalt auf jdn schießen; ■**to be ~d** aus dem Hinterhalt beschossen werden ❷ (*fig: criticize*) ■**to ~ at sb** jdn attackieren **II.** *n* <*pl* - *or* -es> Schnepfe *f*

snip·er ['snaɪpəʳ, AM -ɚ] **I.** *n* MIL Heckenschütze *m,* Scharfschütze *m* **II.** *n modifier* (*shot, fire*) von Scharfschützen [*o* Heckenschützen] *nach n,* Scharfschützen-; **~ attacks** Angriffe *mpl* durch Heckenschützen

snip·pet ['snɪpɪt] *n* ❶ (*small piece*) Stückchen *nt;* **~s of cardboard/paper** Karton-/Papierschnipsel *mpl;* **~s of cloth** Stofffetzen *mpl* ❷ (*fig: information*) Bruchstück *nt; of gossip, information, knowledge also* Brocken; **~s of a conversation** Gesprächsfetzen *mpl* ❸ LIT (*of a text*) Ausschnitt *m* (**from** aus +*dat*); **~ from a newspaper** Zeitungsausschnitt *m*

snit [snɪt] *n* AM, AUS (*fam*) üble [*o* schlechte] Laune; **to be in/get into a ~** üble Laune haben/bekommen

snitch [snɪtʃ] **I.** *vt* (*fam*) ■**to ~ sth** [**from sb**] [jdm] etw klauen *fam* **II.** *vi* (*pej sl*) petzen *pej sl;* ■**to ~ to sb** jdm etw verraten [*o fam* stecken]; ■**to ~ on sb** jdn verpfeifen *pej fam* **III.** *n* <*pl* -es> ❶ (*fam: thief*) Dieb(in) *m(f)* ❷ (*pej sl: informer*) Petze *f pej sl,* Tratsche *f pej fam*

'snit fit *n* (*fam*) Wutanfall *m,* Ausbruch *m fig*

sniv·el ['snɪvᵊl] **I.** *vi* <BRIT -ll- *or* AM *usu* -l-> ❶ (*sniffle*) schniefen *fam* ❷ (*cry*) flennen *pej fam,* plärren *pej fam;* (*whine*) heulen *fam* **II.** *n* ❶ *no pl* AM (*snivelling*) Geplärre *nt pej fam* ❷ (*sad sniffle*) Schniefen *nt,* Schnüffeln *nt*

sniv·el·ing AM, **sniv·el·ling** ['snɪvᵊlɪŋ] **I.** *n no pl* Geheul *nt pej fam,* Geplärre *nt pej fam* **II.** *adj attr, inv person, manner* weinerlich; **that ~ coward!** diese Memme!

snob [snɒb, AM snɑːb] *n* Snob *m;* **I'm a bit of a wine ~** bei Wein habe doch recht hohe Ansprüche

'snob ap·peal *n no pl* Snobappeal *m*

snob·bery ['snɒbᵊri, AM 'snɑːbɚi] *n* ❶ *no pl* (*self-superiority*) Snobismus *m;* **she accused me of ~** sie warf mir vor, snobistisch zu sein; **intellectual ~** geistiger Hochmut; **inverted ~** *Bekenntnis zu und Höherbewertung von Dingen und Attributen der unteren Gesellschaftsschichten* ❷ (*act of snobbery*) Snobismus *m,* snobistisches Verhalten

snob·bi·ly ['snɒbɪli, AM 'snɑːb-] *adv* snobistisch

snob·bish ['snɒbɪʃ, AM 'snɑːb-] *adj* snobistisch, versnobt; **my brother is very ~ about cars** mein Bruder ist ein ziemlicher Snob, was Autos betrifft

snob·bish·ly ['snɒbɪʃli, AM 'snɑːb-] *adv* snobistisch, versnobt

snob·bish·ness ['snɒbɪʃnəs, AM 'snɑːb-] *n no pl* Versnobtheit *f*

snob·by ['snɒbi, AM 'snɑːbi] *adj* (*fam*) snobistisch, versnobt

'snob value *n no pl* **to have ~** gesellschaftliche Überlegenheit symbolisieren; *thing* als Statussymbol gelten

snog [snɒg] **I.** *vi* <-gg-> BRIT (*fam*) [rum]knutschen *fam;* ■**to ~ with sb** mit jdm rumknutschen *fam* **II.** *vt* <-gg-> BRIT (*fam*) ■**to ~ sb** jdn küssen; **don't you want to ~ me?** willst du mich nicht küssen? **III.** *n* Kuss *m;* **to have a ~** rumknutschen *fam*

snook [snuːk] *n no pl* ▶ PHRASES: **to cock a ~ at sb** BRIT (*fam*) jdm eine lange Nase drehen; **to cock a ~ at sb/sth** (*fig*) sich *akk* über jdn/etw lustig machen

snook·er ['snuːkəʳ, AM 'snʊkɚ] **I.** *vt* ❶ *usu passive* ■**to be ~ed** BRIT, AUS (*fig: be defeated*) festsitzen ❷ AM (*fig fam: trick*) ■**to ~ sb** jdn übers Ohr hauen *fam* ❸ (*in snooker*) ■**to ~ sb** jdn abblocken; ■**to be ~ed** abgeblockt werden; ■**to ~ oneself** sich *akk* selbst ausmanövrieren **II.** *n* ❶ (*game*) Snooker *nt* ❷ (*shot*) Abblocken *nt;* **well, you've got me in a ~** du hast mich eingesperrt

snoop [snuːp] **I.** *n* (*fam*) ❶ (*look*) Herumschnüffeln *nt kein pl fam;* **to take** [*or* **have**] **a ~** sich *akk* [mal] ein bisschen umschauen *fam;* **I think someone's been having a ~ around my office** ich glaube, in meinem Büro hat jemand rumgeschnüffelt *fam* ❷ (*interloper*) Schnüffler(in) *m(f) fam;* (*spy*) Spion(in) *m(f);* (*investigator*) Schnüffler(in) *m(f) fam* **II.** *vi* (*fam*) ❶ (*look secretly*) [herum]schnüffeln *fam;* (*pry*) [herum]spionieren; **I don't mean to ~, but ...** ich will ja nicht neugierig sein, aber ... ❷ (*spy on*) ■**to ~ on sb** hinter jdm herspionieren *fam,* jdn ausspionieren ❸ (*investigate*) sich *akk* umsehen; *police* Nachforschungen anstellen; ■**to ~ for sth** sich *akk* nach etw *dat* umsehen, nach etw *dat* suchen; ■**to ~ on sth** etw ausspionieren [*o* auskundschaften] ❹ (*look around*) *customer* sich *akk* umschauen *fam*
◆**snoop about, snoop around** *vi* (*fam*) ❶ (*look secretly*) ■**to ~ around somewhere** irgendwo herumschnüffeln *fam* ❷ (*investigate*) *police* sich *akk* umsehen ❸ (*look around*) *customer* sich *akk* umschauen *fam*

snoop·er ['snuːpəʳ, AM -ɚ] *n* (*fam*) ❶ (*interloper*) Schnüffler(in) *m(f) fam;* **there has been a ~ here in my room** hier in meinem Zimmer hat einer rumgeschnüffelt *fam* ❷ (*spy*) Spion(in) *m(f)* ❸ (*investigator*) Schnüffler(in) *m(f) fam,* Spion(in) *m(f)*

snoot [snuːt] *n* (*fam*) ❶ (*nose*) Nase *f;* **get your ~ out of my business** hör auf, deine Nase in meine Angelegenheiten zu stecken ❷ (*snob*) Snob *m;* **don't be such a ~** sei nicht so hochnäsig

snooti·ly ['snuːtɪli, AM -ţ-] *adv* (*fam*) hochnäsig

snooty ['snuːti, AM -ţ-] *adj* (*fam*) arrogant, hochnäsig, großkotzig *pej sl*

snooze [snuːz] (*fam*) **I.** *vi* ein Nickerchen machen *fam,* dösen **II.** *n* Nickerchen *nt fam,* Schläfchen *nt;* **to have a ~** ein Nickerchen machen [*o* halten] *fam*

'snooze but·ton *n* Schlummertaste *f* (*am Wecker*)

snore [snɔːʳ, AM snɔːr] **I.** *vi* schnarchen **II.** *n* Schnarchen *nt kein pl*

snor·er ['snɔːrəʳ, AM 'snɔːrɚ] *n* Schnarcher(in) *m(f)*

snor·ing ['snɔːrɪŋ] *n no pl* Schnarchen *nt*

snor·kel ['snɔːkᵊl, AM 'snɔːr-] SPORTS **I.** *n* Schnorchel *m* **II.** *vi* <BRIT -ll- *or* AM *usu* -l-> schnorcheln

snor·kel·ing AM, **snor·kell·ing** ['snɔːkᵊlɪŋ, AM 'snɔːr-] *n no pl* SPORTS Schnorcheln *nt;* **to go ~** schnorcheln gehen

snort [snɔːt, AM snɔːrt] **I.** *vi* schnauben, prusten; *horse* schnauben; **to ~ with anger/disbelief/disgust** wütend/ungläubig/verächtlich schnauben; **to ~ with laughter** vor Lachen

[los]prusten **II.** *vt* ❶ (*sl: inhale*) **to ~ cocaine/heroin/speed** Kokain/Heroin/Speed schnupfen ❷ (*disapprovingly*) ■**to ~ sth** etw [verächtlich] schnauben **III.** *n* ❶ (*noise*) Schnauben *nt kein pl;* **to give a ~** ein Schnauben von sich *dat* geben, schnauben; **the horse gave a ~** das Pferd schnaubte ❷ (*fam: drink*) Gläschen *nt fam;* **a ~ of bourbon/whiskey** ein Gläschen Bourbon/Whisky

snort·er ['snɔːtəʳ] *n* BRIT (*fam*) Wahnsinnsding *nt fam;* **this is a ~ of a riddle** das ist ja ein Hammer von einem Rätsel *fam;* **that was a ~ of a storm** das war vielleicht ein Wahnsinnssturm *fam*

snot [snɒt, AM snɑːt] *n* ❶ *no pl* (*fam: mucus*) Rotz *m fam* ❷ (*pej sl: person*) miese Type *pej fam*

'snot-nosed *adj,* **'snot·ty-nosed** *adj attr, inv* (*pej fam*) rotznasig *fam;* **~ answer/reply** (*fig*) patzige [*o* pampige] Antwort *pej fam;* **~ boy** Rotzbengel *m pej sl;* **~ child** [*or* **kid**] rotznasiges Gör *pej sl;* **~ girl** Rotzgöre *f pej sl* **'snot-rag** *n* (*sl*) Rotzfahne *f fam*

snot·ty ['snɒti, AM 'snɑːṭi] *adj* (*fam*) ❶ (*full of mucus*) Rotz- *fam;* **~ handkerchief** vollgerotztes Taschentuch *fam;* **~ nose** Rotznase *f fam,* laufende Nase ❷ (*pej: rude*) rotzfrech *pej sl;* **~ answer** patzige [*o* pampige] Antwort *pej fam;* **~ clerk** AM pampiger Verkäufer/pampige Verkäuferin *pej fam;* **~ customer** unverschämter Kunde/unverschämte Kundin; **~ look** unverschämter Blick; **~ manner** unverschämte Art; **~ question** [rotz]freche Frage *fam*

snout [snaʊt] *n* (*nose*) *of an animal* Schnauze *f; of a person* Rüssel *m sl,* Zinken *m hum fam;* **dog's ~** Hundeschnauze *f;* **pig's ~** Schweinerüssel *m sl*

snow [snəʊ, AM snoʊ] **I.** *n* ❶ *no pl* (*frozen vapour*) Schnee *m;* **outside the ~ was falling** draußen schneite es; **a blanket of ~ lay on the ground** der Boden war schneebedeckt; **as white as ~** weiß wie Schnee, schneeweiß ❷ (*snowfall*) Schneefall *m* ❸ TV Schnee *m,* Flimmern *nt* ❹ *no pl* (*sl: cocaine*) Schnee *m sl* **II.** *vi impers* schneien; **it's ~ing** es schneit **III.** *vt* AM (*fam*) ■**to ~ sb** jdm Honig um's Maul schmieren *fam;* ■**to be ~ed into doing sth** [mit schönen Worten] zu etw *dat* überredet werden

◆**snow in** *vt usu passive* **to be/get ~ed in** eingeschneit sein/werden

◆**snow under** *vt usu passive* **to be ~ed under with work** mit Arbeit eingedeckt sein

◆**snow up** *vt usu passive* **to be/get ~ed up** eingeschneit sein/werden

'snow·ball I. *n* Schneeball *m* ►PHRASES: **not to have a ~'s chance in hell [of doing sth]** (*fam*) nicht die allerkleinste Chance [*o fam* null Chancen] haben[, etw zu tun] **II.** *n modifier* Schneeball-; **~ fight** Schneeballschlacht *f* **III.** *vi* (*fig*) lawinenartig anwachsen [*o* zunehmen]; **to keep ~ing** eskalieren **'snow·ball ef·fect** *n no pl* Schneeballeffekt *m* **'snow bank** *n esp* AM (*snow drift*) Schneewehe *f*

'snow·bike ['snəʊbaɪk, AM 'snoʊ-] *n* Snowbike *nt fachspr* (*Fahrrad mit Kufen*)

'snow·bird [snoʊbɜːrd] *n* AM (*fam*) *Nordamerikaner, der z.T. den ganzen Winter im Süden der Vereinigten Staaten verbringt* (*insbesondere in Florida*)*, um der winterlichen Kälte zu entkommen* **'snow-blind** *adj inv* schneeblind; **to go ~** schneeblind werden **'snow blind·ness** *n no pl* Schneeblindheit *f* **'snow·board** *n* Snowboard *nt* **'snow·board·er** *n* Snowboarder(in) *m(f)* **'snow·board·ing** *n* Snowboarding *nt* **'snow·bound** *adj inv* (*snowed-in*) eingeschneit; (*blocked*) durch Schneemassen abgeschnitten; *road* wegen Schnees gesperrt; **large areas are still ~** große Gebiete sind wegen der Schneemassen noch immer von der Außenwelt abgeschnitten **'snow-capped** *adj inv* schneebedeckt **'snow·cat** *n* SKI Pistenwalze *f* **'snow chains** *npl* AUTO Schneeketten *fpl;* **to put on ~** Schneeketten anlegen **'snow-clad** *adj* (*poet*), **'snow-cov·ered** *adj inv* verschneit; *mountain* schneebedeckt **'snow·drift** *n* Schneewehe *f* **'snow·drop** *n* Schneeglöckchen *nt* **'snow·fall** *n* ❶ *no pl* (*amount*) Schneemenge *f;* **annual/average/regional ~** jährliche/durchschnittliche/örtliche Schneemenge ❷ (*snowstorm*) Schneefall *m;* **heavy/light ~s** heftige/leichte Schneefälle **'snow fence** *n* Schneezaun *m* **'snow·field** *n* GEOL, METEO Schneefeld *nt* **'snow·flake** *n* Schneeflocke *f* **'snow gog·gles** *npl* Schneebrille *f*

'snow gun *n* Schneekanone *f* **'snow job** *n* (*fam*) freundliches Getue *pej fam;* **my boss did a ~ on me** mein Chef hat mich eingewickelt *fam* **'snow leop·ard** *n* Schneeleopard *m* **'snow·line** *n* Schneefallgrenze *f* **'snow·man** *n* Schneemann *m;* **the abominable ~** der Schneemensch [*o* Yeti] **snow·mo·bile** *n* Schneemobil *nt* **'snow pea** *n* AM Zuckererbse *f* **'snow·plough,** AM **'snow·plow·** *n* ❶ (*vehicle*) Schneepflug *m* ❷ SKI [Schnee]pflug *m* **'snow·shoe I.** *n usu pl* Schneeschuh *m* **II.** *vi* mit Schneeschuhen gehen **'snow show·er** *n* Schneegestöber *nt* **'snow·storm** *n* Schneesturm *m* **'snow·suit** *n* Schneeanzug *m* **'snow tire** AM, **'snow tyre** *n* BRIT Winterreifen *m* **snow-'white I.** *adj* schneeweiß; *blouse, sheets also* blütenweiß; *hair also* schlohweiß; *face* kalkweiß; **to be/look ~** schneeweiß sein/aussehen **II.** *n no pl* Schneeweiß *nt* **Snow 'White** *n no pl* Schneewittchen *nt*

snowy ['snəʊi, AM 'snoʊ-] *adj* ❶ (*with much snow*) *country, region, month* schneereich; **January is usually a very ~ month** im Januar fällt normalerweise sehr viel Schnee ❷ (*snow-covered*) *field, street* verschneit; *mountain* schneebedeckt ❸ (*colour*) schneeweiß

Snr *adj abbrev of* **Senior** sen., Sr.

snub [snʌb] **I.** *vt* <-bb-> ■**to ~ sb** (*offend by ignoring*) jdn brüskieren [*o* vor den Kopf stoßen]; (*insult*) jdn beleidigen **II.** *n* Brüskierung *f;* **to take sth as a ~** sich *akk* durch etw *akk* beleidigt [*o* brüskiert] fühlen

snub 'nose *n* (*pej*) Stupsnase *f*

'snub-nosed *adj attr, inv* ❶ *person* stupsnasig, mit einer Stupsnase *nach n* ❷ MIL *gun, revolver* mit kurzem Lauf *nach n* ❸ TECH **~ pliers** Rundzange *f*

snuck [snʌk] *vt, vi esp* AM *pp of* **sneak**

snuff [snʌf] **I.** *n* Schnupftabak *m;* **a pinch of ~** eine Prise Schnupftabak; **to take ~** schnupfen **II.** *vt* **to ~ it** BRIT, AUS (*fam*) abkratzen *sl*

◆**snuff out** *vt* ■**to ~ out** ↻ **sth** ❶ (*extinguish*) etw auslöschen; **to ~ out ashes/candles** glühende Asche/Kerzen löschen ❷ (*fig: end*) etw *dat* ein Ende bereiten; **to ~ out one's hopes** seine Hoffnungen begraben; **to ~ out sb's hopes** jds Hoffnungen zunichte machen ❸ AM (*die*) **to ~ one's life out** sein Leben aushauchen *geh*

'snuff box *n* Schnupftabak[s]dose *f*

snuf·fle ['snʌfl] **I.** *vi* ❶ (*sniffle*) schniefen *fam,* die Nase hochziehen ❷ (*speak nasally*) ■**to ~ [out]** näseln **II.** *n* ❶ (*runny nose*) laufende Nase; **to have [a case of] the ~s** einen Schnupfen haben ❷ (*noisy breathing*) Schnüffeln *nt kein pl*

'snuff movie *n Pornofilm, der einen wirklichen* [*nicht gestellten*] *Mord zeigt*

snug [snʌg] **I.** *adj* ❶ (*cosy*) kuschelig, behaglich, gemütlich; (*warm*) mollig warm ❷ FASHION (*tight*) eng; **the boots look good but they're just a bit too ~** die Stiefel sehen gut aus, aber sie sind ein wenig zu klein; **to be a ~ fit** eng anliegen ❸ *esp* AM (*adequate*) passend; **~ income/salary** gutes [*o fam* schönes] Einkommen/Gehalt; **~ wage** guter Verdienst ►PHRASES: **to be [***or* **feel] ~ as a bug in a rug** es urgemütlich [*o* so richtig mollig warm und gemütlich] haben **II.** *n* BRIT kleines, gemütliches Nebenzimmer (*in einem Pub oder Gasthaus*)

snug·gery ['snʌgəri] *n* BRIT (*old*) kleines, gemütliches Nebenzimmer (*in einem Pub oder Gasthaus*)

snug·gle ['snʌgl] **I.** *vi* sich *akk* kuscheln [*o* schmiegen]; **let's ~ [up] together on the sofa** komm, wir machen es uns auf dem Sofa gemütlich; ■**to ~ with sb** mit jdm kuscheln; **to ~ under the covers** sich *akk* unter die Bettdecke kuscheln **II.** *vt*

S

❶ (*hold*) ■**to ~ sb/sth** jdn/etw an sich *akk* drücken; **he ~d the package under his arm** er klemmte sich das Paket unter den Arm ❷ *usu passive* (*nestle*) ■**to be ~d** sich *akk* schmiegen **III.** *n* (*sl*) Umarmung *f*

◆**snuggle down** *vi* sich *akk* ins Bett kuscheln

◆**snuggle up** *vi* sich *akk* aneinanderkuscheln; ■**to ~ up to sb** sich *akk* an jdn kuscheln [*o* schmiegen]; ■**to ~ up with sb** mit jdm kuscheln; ■**to ~ up against sb** sich *akk* an jdn schmiegen [*o* kuscheln]

snug·ly ['snʌgli] *adv* ❶ (*comfortably*) gemütlich, behaglich; **they wrapped blankets ~ around her** sie packten sie warm in Decken ein ❷ (*tightly*) eng; **to fit ~** *clothes* wie angegossen passen [*o* sitzen]; **the fridge will fit ~ into this space** der Kühlschrank passt genau in diesen Zwischenraum

so [səʊ, AM soʊ] **I.** *adv inv* ❶ (*to such a degree*) so; **your hair is ~ soft** dein Haar ist so [unglaublich] weich; **what are you looking ~ pleased about?** was freut dich denn so?; **she's ~ beautiful** sie ist so [wunder]schön; **I am ~ cold** mir ist dermaßen kalt; **she's ever ~ kind and nice** sie ist so unglaublich freundlich und nett; **she's quite reasonable to work with – more ~ than I was led to believe** man kann ganz gut mit ihr zusammenarbeiten – viel besser als mir zuerst erzählt wurde; **I was ~ excited** ich war so dermaßen aufgeregt; **he's not ~ stupid as he looks** er ist nicht [ganz] so dumm, wie er aussieht; **~ fair a face he could not recall** (*liter or old*) niemals zuvor hatte er ein so liebreizendes Gesicht gesehen *liter;* **what's ~ bad about sport?** was ist so schlecht am Sport?; **are things really ~ wonderful?** ist wirklich alles so wunderbar?; **why do you complain ~?** warum beklagst du dich so sehr?; **is that why you hate him ~?** ist das der Grund, warum du ihn so sehr hasst?; **and I love you ~** und ich liebe dich so sehr; **you worry ~** du machst dir so viele Sorgen; **to be ~ hungry/thirsty/tired** unglaublich hungrig/durstig/müde sein ❷ (*in such a way*) so; **we've ~ planned our holiday that the kids will have just as much fun as us** wir haben unsere Ferien so geplant, dass die Kinder genauso viel Spaß haben werden wie wir; (*like this*) so; **gently fold in the eggs like ~** rühren Sie so die Eier vorsichtig unter; (*with hand motions*) so; **'the table that I liked best was about ~ wide,'** „der Tisch, der mir am besten gefallen hat, war ungefähr so breit" ❸ (*perfect*) **to be just ~** genau richtig sein; **I want everything just ~** ich will alles ganz ordentlich haben; **if you don't do things just ~, he comes along and yells at you** wenn du nicht alles genau richtig machst, kommt er und schreit dich an ❹ (*also*) auch; **I'm hungry as can be and ~ are the kids** ich habe einen Riesenhunger und die Kinder auch; **I've got an enormous amount of work to do – ~ have I** ich habe jede Menge Arbeit – ich auch; **I'm allergic to nuts – ~ is my brother** ich bin allergisch gegen Nüsse – mein Bruder auch ❺ (*yes*) ja; **should we get going now? – I should say ~** sollen wir jetzt anfangen? – ja, ich finde schon; **I'm afraid ~** (*as a reply*) ich fürchte ja; **I hope they stay together – I hope ~, too** ich hoffe, sie bleiben zusammen – das hoffe ich auch ❻ AM (*fam: as contradiction*) doch; **haha, you don't have a bike – I do ~** haha, du hast ja gar kein Fahrrad – hab' ich wohl! ❼ (*that*) das, es; **~ they say ...** man sagt ..., wie man sich erzählt ...; **~ I believe** glaube ich jedenfalls; **I'm sorry I'm late – ~ you should be** es tut mir leid, dass ich so spät dran bin – das will ich auch schwer hoffen; **well then, ~ be it** nun gut ❽ (*true*) wahr; **is that ~?** ist das wahr?, stimmt das?; **~ it is** das stimmt; **if ~ ...** wenn das so ist ...; **he looks like James Dean – ~ he does** er sieht aus wie James Dean – stimmt!; **to be quite ~** wirklich stimmen; **that being ~** nachdem das geschehen war, und dann ▶PHRASES: **~ <u>far</u> ~ good** so weit, so gut; **~ <u>long</u>** bis dann [*o* später]; **~ <u>much</u> for sth** so viel zu etw *dat;* **~ to <u>speak</u>** [*or* <u>**say**</u>] sozusagen; **and ~ <u>on</u>** [*or* <u>**forth**</u>] und so weiter; **~ <u>what?</u>** na und?, na wenn schon? **II.** *conj* ❶ (*therefore*) daher, folglich, [und] so; **I couldn't find you ~ I left** ich konnte dich nicht finden, deshalb bin ich gegangen; **my landlord kicked me out and ~ I was forced to seek yet another apartment** mein Vermieter hat mich rausgeworfen, weshalb ich mir eine neue Wohnung suchen musste ❷ (*fam*) **he said he wanted to come along, ~ I told him that ...** er sagte, er wolle mitfahren, worauf ich ihm mitteilte, dass ... ▶PHRASES: **~** [*or* **as**] <u>**long**</u> **as ...** (*if*) sofern; **I'll join the army ~ long as you do too** ich gehe zum Militär, sofern du auch gehst; (*for the time*) solange; **~ long ~ he doesn't go too far, ...** solange er nicht zu weit geht, ...; **~ <u>there</u> mine's bigger than yours, ~ there!** meiner ist größer als deiner, ätsch! **III.** *adj* (*sl*) **that's ~ 70's** das ist so typisch für die 70er

soak [səʊk, AM soʊk] **I.** *n* ❶ (*immersion*) Einweichen *nt kein pl;* **there's nothing like a good long ~ in the bath** (*hum*) es geht doch nichts über ein genüssliches langes Bad ❷ (*fam: drinker*) Säufer(in) *m(f) pej derb;* (*drinking bout*) Sauftour *f fam* **II.** *vt* ❶ (*immerse*) **to ~ dry beans/stains** getrocknete Bohnen/Flecken einweichen; **to ~ a fruit in brandy** eine Frucht in Brandy einlegen ❷ (*make wet*) ■**to ~ sb/sth** jdn/etw durchnässen ❸ (*fam: demand money*) ■**to ~ sb** jdn schröpfen *fam* ❹ (*study*) ■**to ~ oneself in sth** sich *akk* in etw *akk* vertiefen **III.** *vi* ❶ (*immerse*) einweichen lassen; **to leave sth to ~ [overnight]** etw [über Nacht] einweichen [lassen] ❷ (*fam: booze*) saufen *derb*

◆**soak in I.** *vi* ❶ (*absorb*) aufgesogen werden, einziehen ❷ (*understand*) in den Schädel gehen *fam;* **it just seems not to ~ in** es will einfach nicht in seinen Schädel *fam;* **will it ever ~ in?** ob er/sie das wohl jemals kapiert? *fam* **II.** *vt* ■**to ~ in** ⊂ **sth** etw einsaugen; (*fig*) etw in sich *akk* aufnehmen; **to ~ in culture** Kultur tanken *fam*

◆**soak off** *vt* ■**to ~ off** ⊂ **sth** etw [mit Wasser] ablösen

◆**soak through** *vi* durchsickern, durchtropfen; ■**to ~ through sth** durch etw *akk* [hindurch]sickern; ■**to be ~ed through** völlig durchnässt sein

◆**soak up** *vt* ❶ (*absorb*) ■**to ~ up** ⊂ **sth** etw aufsaugen; (*fig*) etw [gierig] in sich *akk* aufnehmen [*o* aufsaugen]; **I ~ed up most of the spilt milk with a cloth** ich nahm den größten Teil der verschütteten Milch mit einem Lappen auf; **we unconsciously ~ up stereotypes** wir verinnerlichen Klischees unbewusst ❷ (*bask in*) **to ~ up the atmosphere** die Atmosphäre in sich *akk* aufnehmen [*o* genießen]; **to ~ up the sun[shine]** sonnenbaden, sich *akk* in der Sonne aalen *fam* ❸ (*use up*) **to ~ up money/resources** Geld/Mittel aufbrauchen [*o fam* schlucken]; **to ~ up sb's time** jds Zeit in Anspruch nehmen

soak·away ['səʊkəˌweɪ, AM 'soʊk-] *n* BRIT ECOL Abflussgrube *f*

soaked [səʊkt, AM soʊkt] *adj* ❶ (*wet*) ■**to be ~** pitschnass sein *fam;* **to be ~ to the skin** [*or* **bone**] bis auf die Haut nass sein; **to be ~ in sweat** schweißgebadet sein; *shirt* völlig durchgeschwitzt sein ❷ (*fam: drunk*) stockbetrunken *fam,* völlig blau *fam*

soak·ing ['səʊkɪŋ, AM 'soʊk-] **I.** *n* ❶ (*immersion*) Einweichen *nt kein pl;* **to give sth a ~** etw einweichen ❷ (*becoming wet*) Nasswerden *nt kein pl;* **to get a ~** patschnass werden *fam* **II.** *adj inv* **~ [wet]** klatschnass *fam,* patschnass *fam*

so-and-so ['səʊən(d)səʊ, AM 'soʊən(d)soʊ] *n* (*fam*) ❶ (*unspecified person*) Herr/Frau Soundso; (*unspecified thing*) das und das ❷ (*pej fam: disliked person*) Miststück *nt derb,* gemeines Biest *fam;* **oh, he was a right old ~ that Mr Baker** ja, dieser Mr. Baker war ein richtiger alter Fiesling *sl* ❸ AM (*pej*) **Mr/Mrs ~** (*nit-picker*) du alter Besserwisser/alte Besserwisserin *fam*

soap [səʊp, AM soʊp] **I.** *n* ❶ *no pl* (*substance*) Seife *f;* **to wash one's hands with ~** sich *dat* die Hände mit Seife waschen; **a piece** [*or* **bar**] [*or* **tablet**] **of ~** ein Stück *nt* Seife; **liquid ~** Flüssigseife *f* ❷ TV, MEDIA (*soap opera*) Seifenoper *f;* **afternoon ~** Nachmittagsserie *f* (*im Fernsehen*) ▶PHRASES: <u>**soft**</u> **~** Schmeichelei *f* **II.** *vt* ■**to ~ sb/oneself/sth** jdn/sich/etw einseifen;

to ~ oneself all over sich *akk* von oben bis unten einseifen
'soap·box *n* ❶ (*hist: container*) Seifenkiste *f* ❷ (*cart*) Seifenkiste *f* ❸ (*pedestal*) Obstkiste *f* (*improvisierte Rednerbühne, z.B. in Speaker's Corner im Hyde Park*) ▶ PHRASES: **to get on/off one's ~** anfangen/aufhören, große Reden zu schwingen
'soap bub·ble *n* Seifenblase *f;* **to turn out to be only a ~** (*fig*) sich *akk* als Seifenblase erweisen *fig* **'soap dish** *n* Seifenschale *f* **'soap dis·pens·er** *n* Seifenspender *m* **'soap flakes** *npl* Seifenflocken *fpl* **'soap op·era** *n* TV, MEDIA Seifenoper *f* **'soap pow·der** *n no pl* Seifenpulver *nt* **'soap·stone** *n no pl* GEOL Speckstein *m* **'soap·suds** *npl* Seifenschaum *m kein pl*
soapy ['səʊpi, AM 'soʊp-] *adj* ❶ (*lathery*) seifig, Seifen-; **~ water** Seifenwasser *nt,* Seifenlauge *f* ❷ (*like soap*) seifig, wie Seife; **to feel ~** sich *akk* wie Seife anfühlen; **to taste ~** nach Seife schmecken ❸ (*pej: flattering*) schmeichlerisch; *smile, voice* ölig *pej*
soar [sɔːʳ, AM sɔːr] *vi* ❶ (*rise*) aufsteigen; (*fig*) *mountain peaks* sich *akk* erheben; **to ~ into the sky** zum [*o liter* gen] Himmel steigen ❷ (*increase*) *temperature, prices, profits* in die Höhe schnellen, rapide steigen; *consumer awareness* zunehmen ❸ (*glide*) *bird* [*of prey*] [in großer Höhe] segeln [*o* [dahin]schweben]; *glider, hang-glider* gleiten, schweben ❹ (*excel*) sehr erfolgreich sein; **to ~ in school** sehr gute Schulleistungen erbringen
soar·ing ['sɔːrɪŋ] *adj attr, inv* ❶ (*increasing*) rasch steigend, in die Höhe schnellend ❷ (*gliding*) [dahin]gleitend
S.O.B. [ˌesoʊ'biː] *n* AM (*pej fam*) *abbrev of* **son of a bitch**
sob [sɒb, AM sɑːb] **I.** *n* Schluchzen *nt kein pl,* Schluchzer *m* **II.** *vi* <-bb-> schluchzen **III.** *vt* <-bb-> ❶ (*cry*) **to ~ one's heart out** sich *dat* die Seele aus dem Leib weinen; **to ~ oneself to sleep** sich *akk* in den Schlaf weinen ❷ (*say while crying*) ■**to ~ sth** etw schluchzen; **'no, please don't go,' she ~bed** „nein, bitte geh nicht“, stieß sie schluchzend hervor
so·ber ['səʊbəʳ, AM 'soʊbɚ] **I.** *adj* ❶ *inv* (*not drunk*) nüchtern; **I've been ~ for 5 years now** ich bin jetzt seit fünf Jahren trocken; **to be [as] ~ as a judge** stocknüchtern sein *fam;* **to be stone cold ~** stocknüchtern sein *fam* ❷ (*fig: unemotional*) *thought, judgement, opinion* sachlich, nüchtern; *person* nüchtern, besonnen; **~ realization** nüchterne Erkenntnis ❸ (*plain*) *clothes* unauffällig, schlicht; *colour* gedeckt; (*simple*) *truth* schlicht, einfach **II.** *vt* ■**to ~ sb** jdn ernüchtern **III.** *vi person* ruhiger werden
◆**sober up I.** *vi* ❶ (*become less drunk*) nüchtern werden ❷ (*become serious*) zur Vernunft kommen **II.** *vt* ■**to ~ sb up** ❶ (*make less drunk*) jdn nüchtern machen ❷ (*make serious*) jdn ernüchtern [*o* zur Vernunft bringen]
so·ber·ing ['səʊbərɪŋ, AM 'soʊ-] *adj effect, thought* ernüchternd; **to have a ~ effect on sb** wie eine kalte Dusche auf jdn wirken
so·ber·ly ['səʊbəli, AM 'soʊbɚ-] *adv* ❶ (*seriously*) vernünftig, ruhig; (*down-to-earth*) nüchtern ❷ (*plainly*) unauffällig, einfach
so·ber·ness ['səʊbənəs, AM 'soʊbɚ-] *n no pl* ❶ (*sobriety*) Nüchternheit *f* ❷ (*seriousness*) Ernst *m;* **the ~ of the news slowly sunk in** langsam wurde ihnen der Ernst der Nachricht bewusst ❸ (*plainness*) Schlichtheit *f;* **she chose the grey suit for its ~** sie wählte das graue Kostüm, weil es so dezent war
so·ber·sides <*pl* -> ['səʊbəsaɪdz, AM 'soʊbɚ-] *n usu sing* (*old fam*) Muffel *m fam,* Trauerkloß *m hum fam*
so·bri·ety [sə(ʊ)'braɪəti, AM sə'braɪət̬i] *n no pl* (*form or hum*) ❶ (*soberness*) Nüchternheit *f;* (*life without alcohol*) Abstinenz *f;* **to achieve ~** trocken werden *fam* ❷ (*seriousness*) Ernst *m;* **his ~ often dampened the others' good moods** seine Ernsthaftigkeit dämpfte oft die gute Laune der anderen
so·'bri·ety test *n* AM Alkoholtest *m;* **to give sb a ~** jdn einem Alkoholtest unterziehen [*o fam* [ins Röhrchen] blasen lassen]
so·bri·quet ['səʊbrɪkeɪ, AM 'soʊ-] *n* (*form or hum*) Spitzname *m*
'sob sis·ter *n* (*fam: journalist*) Verfasserin *f* rührseliger Geschichten; (*agony aunt*) Briefkastentante *f;* (*actress*) *Schauspielerin, die sentimentale Rollen spielt* **'sob sto·ry** *n* (*fam*) ❶ (*story*) rührselige Geschichte ❷ (*excuse*) Ausrede *f;* **to tell a ~** mit einer Mitleid heischenden Ausrede daherkommen *fam*
'sob stuff *n no pl* (*fam*) rührselige Geschichten
so-called *adj attr, inv* ❶ (*supposed*) so genannt, angeblich; **one of his ~ friends** einer seiner angeblichen Freunde ❷ (*with neologisms*) so genannt; **people smugglers, ~ coyotes** Schlepper, Kojoten genannt
soc·cer ['sɒkəʳ, AM 'sɑːkɚ] **I.** *n no pl* Fußball *m;* **a game of ~** ein Fußballspiel *nt* **II.** *n modifier* (*field, game, match, player, team*) Fußball-; **~ ball** Fußball *m;* **~ coach** [Fußball]trainer *m,* Trainer *m* einer Fußballmannschaft
'soc·cer mom *n* AM (*pej fam*) *Bezeichnung für Mütter aus den Vorortsiedlungen, die viel Zeit damit verbringen, ihre Kinder von einer Sportveranstaltung zur nächsten zu fahren*
so·cia·bil·ity [ˌsəʊʃə'bɪləti, AM 'soʊʃə'bɪlət̬i] *n no pl* Geselligkeit *f*
so·cia·ble ['səʊʃəbl̩, AM 'soʊ-] **I.** *adj* ❶ (*keen to mix*) gesellig; **I wasn't feeling very ~** mir war nicht nach Geselligkeit zumute; **~ mood** gesellige Stimmung ❷ (*friendly*) freundlich, umgänglich; **she invited her new neighbours round for coffee just to be ~** sie lud ihre neuen Nachbarn zum Kaffee ein, um nicht unfreundlich zu erscheinen ❸ (*of an event*) gesellig; **~ evening** bunter [*o* geselliger] Abend; **~ occasion** gesellschaftliches Ereignis **II.** *n* ❶ (*hist: carriage*) Kutsche *f* ❷ BRIT (*sofa*) **~ [couch]** *Sofa in S-Form für zwei Personen, die sich darauf gegenübersitzen* ❸ AM (*party*) Treffen *nt,* Zusammenkunft *f;* **church ~** Gemeindefest *nt*
so·cial ['səʊʃəl, AM 'soʊ-] **I.** *adj* ❶ (*of human contact*) Gesellschaft-, gesellschaftlich; **I'm a ~ drinker** ich trinke nur, wenn ich in Gesellschaft bin; **~ activities** gesellschaftliche Aktivitäten; **~ calendar** Veranstaltungskalender *m* (*für die gesellschaftliche Saison*)*;* **~ connections** Beziehungen *fpl;* **~ elite** gesellschaftliche Elite; **~ event** [*or* **function**] Veranstaltung *f,* [gesellschaftliches] Ereignis; **~ gatherings** gesellschaftliche Zusammenkünfte; **to climb the ~ ladder** die soziale Leiter hinaufklettern, gesellschaftlich aufsteigen; **~ obligation** gesellschaftliche Verpflichtung ❷ SOCIOL (*concerning society*) gesellschaftlich, Gesellschafts-; **~ anthropology/psychology** Sozialanthropologie *f*/-psychologie *f;* **~ class** Gesellschaftsklasse *f;* **~ differences/problems** soziale Unterschiede/Probleme; **~ equality/justice/movement** soziale Gleichheit/Gerechtigkeit/Bewegung; **~ group** gesellschaftliche Gruppe; **~ reform** Sozialreform *f;* **~ reformer** Sozialreformer(in) *m(f);* **~ revolution** soziale Revolution; **~ studies** AM SCH Gemeinschaftskunde *f,* Sozialkunde *f;* UNIV Gesellschaftswissenschaften *fpl* ❸ SOCIOL (*of human behaviour*) sozial, Sozial-; **~ critic** Gesellschaftskritiker(in) *m(f);* **~ disease** (*old fam*) Geschlechtskrankheit *f;* **~ disorder** [*or* **unrest**] soziale Unruhen; **~ problem** gesellschaftliches Problem; **~ skills** soziale Fähigkeiten ❹ (*concerning the public*) Sozial-, sozial; **~ institution** soziale Einrichtung; **~ insurance/legislation** Sozialversicherung *f*/-gesetzgebung *f;* **~ policy** Sozialpolitik *f* ❺ ZOOL, BIOL (*living together*) Herden-; **~ animal** Herdentier *nt* **II.** *n* BRIT Treffen *nt,* Zusammenkunft *f;* **church ~** Gemeindefest *nt*
so·cial 'climb·er *n* (*pej*) sozialer Aufsteiger/soziale Aufsteigerin *fam* **so·cial 'con·science** *n no pl* soziales Gewissen **So·cial 'Demo·crat** *n* Sozialdemokrat(in) *m(f);* BRIT (*hist*) *Mitglied der britischen Sozialdemokratischen Partei* **So·cial Demo·'crat·ic Par·ty** *n no pl* BRIT (*hist*) Sozialdemokratische Partei **so·cial en·gi·'neer·ing** *n no pl* angewandte Sozialwissenschaft
so·cial·ism ['səʊʃəlɪzəm, AM 'soʊ-] *n no pl* Sozialismus *m*
so·cial·ist ['səʊʃəlɪst, AM 'soʊ-] **I.** *n* Sozialist(in) *m(f)* **II.** *adj* sozialistisch
so·cial·ite ['səʊʃəlaɪt, AM 'soʊʃə-] *n* Persönlichkeit *f* des öffentlichen Lebens

so·ciali·za·tion [ˌsəʊʃəlaɪˈzeɪʃən, AM ˌsoʊʃəlɪ-] *n no pl* ❶ POL Sozialisierung *f,* Vergesellschaftung *f* ❷ SOCIOL Sozialisation *f;* **process of** ~ (*for criminals*) Resozialisierungsprozess *m;* (*for babies*) Sozialisationsprozess *m,* Prozess *m* der Sozialisation

so·cial·ize [ˈsəʊʃəlaɪz, AM ˈsoʊʃəl-] **I.** *vi* unter Leuten sein; **Adrian seems to spend most of his time socializing** Adrian scheint ja ein ziemlich reges gesellschaftliches Leben zu haben; ■ **to** ~ **with sb** mit jdm gesellschaftlich verkehren **II.** *vt* ❶ SOCIOL, BIOL ■ **to** ~ **sb** jdn sozialisieren; **to** ~ **an offender** einen Straftäter/eine Straftäterin [re]sozialisieren; ■ **to** ~ **an animal** ein Tier zähmen [*o* an den Menschen gewöhnen] ❷ POL ■ **to** ~ **sth** etw sozialistisch machen; (*nationalize*) etw verstaatlichen [*o* vergesellschaften]

so·cial·ized ˈmedi·cine *n no pl* AM (*usu pej*) *beitragsfreie Krankenversicherung*

ˈso·cial life *n* gesellschaftliches Leben, Privatleben *nt*

so·cial·ly [ˈsəʊʃəli, AM ˈsoʊ-] *adv* ❶ (*convivially*) gesellschaftlich; ~ **they're a great company** was das Betriebsklima angeht, ist das eine tolle Firma; **to be** ~ **active** ein reges gesellschaftliches Leben führen ❷ (*behaviourally*) was das Sozialverhalten betrifft; ~ **she's a disaster** sie fällt in Gesellschaft immer unangenehm auf ❸ (*privately*) **to meet** [*or* **see**] **sb** ~ jdn privat [*o* außerhalb der Arbeit] treffen ❹ (*of the public*) gesellschaftlich; **to be** ~ **acceptable** gesellschaftlich akzeptabel sein

so·cial ˈsci·ence *n* Sozialwissenschaft *f;* ■ **the** ~**s** *pl* die Sozialwissenschaften *pl* **so·cial se·ˈcur·ity** *n no pl* ❶ BRIT, AUS (*welfare*) Sozialhilfe *f* ❷ AM (*pension*) Sozial[versicherungs]rente *f* **so·cial ˈser·vice** *n* ❶ (*community help*) gemeinnützige Arbeit ❷ (*welfare*) ■ ~**s** *pl* staatliche Sozialleistungen; ~**s office** Sozialamt *nt* **so·cial ˈstand·ing** *n no pl* gesellschaftliche Stellung, Rang *m* in der Gesellschaft **so·cial ˈsys·tem** *n* Gesellschaftssystem *nt* **ˈso·cial work** *n no pl* Sozialarbeit *f* **ˈso·cial work·er** *n* Sozialarbeiter(in) *m(f)*

so·ci·etal [səˈsaɪətəl, AM -t̬əl] *adj inv* gesellschaftlich

so·ci·ety [səˈsaɪəti, AM -ət̬i] **I.** *n* ❶ (*all people*) Gesellschaft *f;* **consumer** ~ Konsumgesellschaft *f;* **a member of** ~ ein Mitglied *nt* der Gesellschaft; **to be a menace** [*or* **danger**] **to** ~ eine Bedrohung für die Allgemeinheit darstellen; **American/British** ~ die amerikanische/britische Gesellschaft; **capitalist/classless/multicultural** ~ kapitalistische/klassenlose/multikulturelle Gesellschaft; **to do sth for the good** [*or* **benefit**] **of** ~ etw zum Nutzen der Allgemeinheit tun ❷ (*elite*) die [feine] Gesellschaft; **high** ~ High Society *f* ❸ (*form: company*) Gesellschaft *f;* **she prefers her own** ~ sie ist am liebsten alleine; **to avoid sb's** ~ jdn meiden; **he avoids** ~ **when possible** wann immer möglich, vermeidet er es, unter Menschen zu gehen ❹ (*organization*) Verein *m,* Vereinigung *f;* **the S~ of Friends** die Gesellschaft der Freunde [*o* Quäker]; **literature** ~ Literaturzirkel *m;* **music** ~ Musikverein *m,* Musikkreis *m;* **writers'** ~ Schriftstellervereinigung *f,* Schriftstellerverband *m* **II.** *n modifier* (*ball*) Gesellschafts-; ~ **column/reporter** Klatschspalte *f*/-reporter(in) *m(f);* ~ **event** gesellschaftliche Veranstaltung; ~ **news** Illustrierte *f*

so·cio·cul·tur·al [ˌsəʊʃiəʊˈkʌltʃərəl, -si-, AM ˌsoʊsioʊ-, -ʃi-] *adj inv* soziokulturell

so·cio·eco·no·mic [ˌsəʊʃiəʊˌiːkəˈnɒmɪk, -si-, AM ˌsoʊsioʊˌekəˈnɑːmɪk, -ʃi-] *adj inv* sozioökonomisch; ~ **group** sozioökonomische Gruppierung

so·cio·eco·nomi·cal·ly [ˌsəʊʃiəʊˌiːkəˈnɒmɪkli, -si-, AM ˌsoʊsioʊˌekəˈnɑːmɪk-, -ʃi-] *adv inv* sozioökonomisch

so·cio·lin·guis·tic [ˌsəʊʃiəʊlɪŋˈɡwɪstɪk, -si-, AM ˌsoʊsioʊ-, -ʃi-] *adj inv* soziolinguistisch

so·cio·logi·cal [ˌsəʊʃiəˈlɒdʒɪkəl, -si-, AM ˌsoʊsiəˈlɑːdʒɪ-, -ʃi-] *adj inv* soziologisch

so·cio·logi·cal·ly [ˌsəʊʃiəˈlɒdʒɪkəli, -si-, AM ˌsoʊsiəˈlɑːdʒɪ-, -ʃi-] *adv inv* soziologisch

so·ci·olo·gist [ˌsəʊʃiˈɒlədʒɪst, -si-, AM ˌsoʊsiˈɑːlə-, -ʃi-] *n* Soziologe, -in *m, f*

so·ci·ol·ogy [ˌsəʊʃiˈɒlədʒi, -si-, AM ˌsoʊsiˈɑːlə-, -ʃi-] *n no pl* Soziologie *f*

so·cio·path [ˈsəʊʃiə(ʊ)pæθ, -si-, AM ˌsoʊsiəpæθ, -ʃi-] *n* Soziopath(in) *m(f),* gesellschaftsunfähiger Mensch

so·cio·path·ic [ˌsəʊsiə(ʊ)ˈpæθɪk, AM ˌsoʊsiəˈ-] *adj* soziopathisch

so·ci·opa·thy [ˌsəʊsiˈɒpəθi, AM ˌsoʊsiˈɑː-] *n* Soziopathie *f*

so·cio·po·liti·cal [ˌsəʊʃiəʊpəˈlɪtɪkəl, -si-, AM ˌsoʊsioʊpəlɪt̬-, -ʃi-] *adj inv* soziopolitisch

sock[1] [sɒk, AM sɑːk] *n* Socke *f;* **ankle** ~ Söckchen *nt,* Socke *f;* **cotton** ~ Baumwollsocke *f;* **knee** ~ Kniestrumpf *m;* **nylon** ~ Nylonsöckchen *nt;* **a pair of** ~**s** ein Paar *nt* Socken; **toe** ~ Socke *f* mit Zehen; **odd** [*or* **mismatched**] ~**s** zwei verschiedene Socken; **wool[l]en** ~ Wollsocke *f* ▶ PHRASES: **to blow** [*or* **knock**] **sb's** ~**s off** (*fam*) jdn vom Hocker reißen *fam;* **to pull one's** ~**s up** (*fam*) sich *akk* am Riemen reißen *fam;* **put a** ~ **in it!** (*hum fam*) halt die Klappe! *sl;* **put a** ~ **in it, Dad** ach, jetzt hör doch auf, Papa

sock[2] [sɒk, AM sɑːk] **I.** *vt* ❶ (*dated fam: punch*) ■ **to** ~ **sb** jdn hauen *fam;* **to** ~ **sb in the eye** jdm eins aufs Auge geben *fam;* **to** ~ **sb on the jaw** jdm einen Kinnhaken verpassen *fam* ❷ AM SPORTS **to** ~ **the ball** den Ball schlagen ▶ PHRASES: **to** ~ **it to sb** (*fam*) jdm zeigen, was man kann, es jdm zeigen *fam* **II.** *n* (*dated fam*) Schlag *m;* **to give sb a** ~ jdm eine verpassen *fam*

◆ **sock away** *vt* ■ **to** ~ **sth** ○ **away** *money* etw wegpacken

sock·et [ˈsɒkɪt, AM ˈsɑː-] *n* ❶ ELEC (*for a plug*) Steckdose *f;* (*for lamps*) Fassung *f;* MECH Sockel *m;* **mains/wall** ~ Netz-/Wandsteckdose *f;* **single/double/triple** ~ Einfach-/Zweifach-/Dreifachsteckdose *f* ❷ ANAT, MED **arm/hip/knee** ~ Arm-/Hüft-/Kniegelenkpfanne *f;* **eye** ~ Augenhöhle *f;* **tooth** ~ Zahnfach *nt*

ˈsock·et span·ner *n* BRIT, **ˈsock·et wrench** *n* AM MECH Steckschlüssel *m*

sod[1] [sɒd, AM sɑːd] **I.** *n* Grassode *f,* Grasnarbe *f;* **to be under the** ~ (*euph*) unter der Erde liegen *euph* **II.** *vt* <-dd-> ■ **to** ~ **sth** etw mit Gras bedecken

sod[2] [sɒd] **I.** *n* BRIT ❶ (*sl: mean person*) Sau *f derb;* (*vexing thing*) blödes Ding *fam,* Mist *m fam;* **this is a** ~ **of a car** das ist vielleicht eine Mistkarre! *sl;* **silly** [*or* **stupid**] ~ blöde Sau *derb* ❷ (*fam: person*) **lucky** ~ Glückspilz *m;* **poor** ~ armer Kerl, armes Schwein *fam* ▶ PHRASES: **to give** [*or* **care**] **a** ~ [**about sth**] (*sl*) [auf etw *akk*] pfeifen *fam;* **I don't give a** ~ **about what Tom said** es ist mir scheißegal, was Tom gesagt hat *derb;* ~ **all** (*sl*) nicht das kleinste bisschen **II.** *vt* BRIT (*sl*) ■ **to** ~ **sb/sth** jdn/etw verfluchen; ~ **it!** verdammter Mist! *sl*

◆ **sod off** *vi* BRIT (*sl*) abhauen *sl,* Leine ziehen *sl;* ~ **off!** zieh Leine! *sl,* hau ab! *sl*

soda [ˈsəʊdə, AM ˈsoʊ-] *n* ❶ *no pl* (*water*) Sodawasser *nt* ❷ AM (*sweet drink*) Limonade *f,* Limo *f fam*

ˈsoda bread *n no pl mit Backpulver gebackenes Brot* **ˈsoda foun·tain** *n esp* AM ❶ (*device*) Siphon *m* ❷ (*dated: counter*) Erfrischungshalle *f veraltend,* Eisbar *f* **ˈsoda pop** *n no pl* AM Limo *f fam* **ˈsoda si·phon** *n* Siphon *m* **ˈsoda wa·ter** *n no pl* Sodawasser *nt*

sod·den [ˈsɒdən, AM ˈsɑː-] *adj inv* ❶ (*soaked*) durchnässt; ~ **grass** durchweichter Rasen ❷ FOOD (*pej*) pampig; (*doughy*) teigig, klitschig ❸ AM (*sl: not interesting*) fad ❹ (*sl: drunk*) besoffen *sl,* voll *fam;* ~ **with drink** total besoffen *sl,* sternhagelvoll *fam*

sod·ding [ˈsɒdɪŋ] *adj attr, inv* BRIT (*sl*) verdammt *sl,* Scheiß- *derb*

so·dium [ˈsəʊdiəm, AM ˈsoʊ-] *n no pl* Natrium *nt*

so·dium bi·ˈcar·bon·ate *n no pl* Natriumhydrogenkarbonat *nt fachspr,* doppeltkohlensaures Natrium; (*baking soda*) Natron *nt* **so·dium ˈcar·bon·ate** *n no pl* Soda *nt,* Natriumkarbonat *nt fachspr* **so·dium ˈchlo·ride** *n no pl* Kochsalz *nt,* Natriumchlorid *nt fachspr*

sodo·mite [ˈsɒdəmaɪt, AM ˈsɑː-] *n* Sodomit(in) *m(f)*

sodo·mize [ˈsɒdəmaɪz, AM ˈsɑː-] *vt usu passive* ■ **to** ~ **sb** Analverkehr mit jdm haben

sodo·my ['sɒdəmi, AM 'sɑ:-] *n no pl* (*form*) Sodomie *f*

sod's 'law, Sod's 'law *n no pl* (*hum*) *Gesetz, nach dem alles, was danebengehen kann, auch danebengeht;* **that's ~** das musste ja passieren

sofa ['səʊfə, AM 'soʊ-] *n* Sofa *nt,* Couch *f*

'sofa bed *n* Schlafcouch *f*

soft [sɒft, AM sɑ:ft] *adj* ❶ (*not hard*) weich; **the ice cream had gone ~** das Eis war geschmolzen; **~ contact lenses** weiche Kontaktlinsen; **~ tissue** MED Weichteile *ntpl* ❷ (*smooth*) weich; *cheeks, skin* zart; *cloth, dress* weich; *leather* geschmeidig; **~ hair** seidiges Haar ❸ (*weak*) weich, schlaff; **to go** [*or* **get**] **~** schlaff werden ❹ (*not bumpy*) **~ landing** weiche Landung ❺ (*of weather*) *climate* mild; **~ rain** leichter [*o* sanfter] Regen; **~ wind** sanfte Brise ❻ (*subtle*) *colour* zart; **~ blue/lilac/yellow** zartes Blau/Lila/Gelb; **~ pastel colours** zarte [*o* weiche] Pastelltöne; **~ glow** zartes Leuchten; **~ light** weiches [*o* gedämpftes] Licht ❼ (*not loud*) **~ music** gedämpfte Musik; **~ rock** Softrock *m;* **~ sound** leises Geräusch; **~ voice** leise [*o* sanfte] [*o* gedämpfte] Stimme; **~ words** sanfte Worte ❽ (*lenient*) nachgiebig; ■**to be ~ with sb** jdm gegenüber nachgiebig sein; **you can't be ~ with those kids** du kannst diesen Kindern nicht immer alles durchgehen lassen; ■**to be ~ on sb/sth** jdm/etw gegenüber nachsichtig sein; **this government is too ~ on crime** diese Regierung geht nicht energisch genug gegen die Kriminalität vor; **to have a ~ time of it** es leicht [*o* bequem] haben ❾ (*easy*) leicht, einfach; **he's got a pretty ~ job** er hat eine ziemlich leichte Arbeit; **the ~ option** der Weg des geringsten Widerstandes ❿ (*not firm in opinion*) **to go ~ on sth** bei etw *dat* zu nachgiebig sein; **the ~ left** (*pej*) die schwache Linke ⓫ (*compassionate*) weich; **she's got a ~ heart** sie hat ein weiches Herz; **to have ~ feelings for sb** Mitgefühl für jdn haben; **to be a ~ touch** (*fam*) leicht rumzukriegen sein *fam* ⓬ (*unfinished*) grob; **~ design/plan** grober Entwurf/Plan ⓭ STOCKEX, FIN (*falling*) **~ currency** weiche Währung; **~ market** rückläufiger Aktienmarkt; **~ prices** nachgiebige Preise ▶ PHRASES: **to be ~ in the head** (*fam*) nicht ganz richtig im Kopf sein *fam;* **to have a ~ spot for sb** eine Schwäche für jdn haben; **to be ~ on sb** *esp* AM (*fam*) jdn sehr gern haben, eine Schwäche für jdn haben

'soft·back *adj inv* Taschenbuch *nt* **'soft·ball** *n* Softball *m* **soft-'boiled** *adj inv* weich [gekocht]; **~ egg** weich gekochtes [*o* weiches] Ei **'soft·cov·er** *adj inv* AM (*softback*) Taschenbuch *nt* **'soft drink** *n* alkoholfreies Getränk **soft 'drug** *n* weiche Droge

sof·ten ['sɒfᵊn, AM 'sɑ:f-] **I.** *vi* ❶ (*melt*) weich werden; *ice cream* schmelzen ❷ (*moderate*) nachgiebiger werden; **to ~ with age** mit dem Alter nachsichtiger werden **II.** *vt* ■**to ~ sth** ❶ (*melt*) etw weich werden lassen; **to ~ skin** Haut weich und geschmeidig machen ❷ (*moderate*) etw mildern; *manner, behaviour* sich *akk* mäßigen; **to ~ a colour/light** eine Farbe/Licht dämpfen; **to ~ one's heart** sich *akk* erweichen lassen; **to ~ one's opinion** einen moderateren Standpunkt vertreten; **to ~ one's voice** seine Stimme dämpfen; **to ~ words** Worte [etwas] abschwächen ❸ (*alleviate*) etw erträglicher machen; **how can we ~ the news for her?** wie können wir ihr die Nachricht möglichst schonend beibringen?; **to ~ the blow** den Schock mildern

◆**soften up I.** *vt* ❶ (*make less hard*) ■**to ~ up** ↻ **sth** etw weicher machen ❷ (*win over*) ■**to ~ up** ↻ **sb** jdn erweichen; (*persuade*) jdn rumkriegen *fam* ❸ MIL (*weaken*) ■**to ~ up** ↻ **sth** etw schwächen; **to ~ up the enemy** den Feind schwächen **II.** *vi* weich werden

sof·ten·er ['sɒfᵊnəʳ, AM 'sɑ:fᵊnɚ] *n* ❶ (*softening agent*) Weichmacher *m;* **fabric ~** Weichspüler *m* ❷ (*mineral reducer*) Enthärter *m;* **water ~** Wasserenthärter *m*

sof·ten·ing ['sɒfᵊnɪŋ, AM 'sɑ:f-] **I.** *n no pl* ❶ (*making less hard*) Weichmachen *nt; of clothes* Weichspülen *nt; of leather* Geschmeidigmachen *nt; of a voice* Dämpfen *nt; of an attitude, opinion* Mäßigen *nt; of a manner* Mäßigung *f* ❷ (*making less bright*) *of a colour, light* Dämpfen *nt; of a contrast* Abschwächen *nt* **II.** *adj attr, inv* Enthärtungs-, enthärtend; **~ agent** Weichmacher *m*

soft 'fruit *n esp* BRIT Beeren *fpl,* Beerenobst *nt kein pl* **soft 'furn·ish·ings** *n* BRIT, AUS, **'soft goods** *npl* AM Heimtextilien *fpl* **soft-'head·ed** *adj* blöd *fam,* doof *fam* **soft-'heart·ed** *adj* ❶ (*compassionate*) weichherzig ❷ (*gullible*) leichtgläubig; **don't be so ~ with those boys** lass dich von diesen Jungs nicht um den Finger wickeln *fam*

softie ['sɒfti, AM 'sɑ:fti] *n* (*fam*) Softie *m fam,* Weichling *m pej*

soft 'loan *n* günstiger Kredit, Anleihe *f* zu günstigen Bedingungen

soft·ly ['sɒftli, AM 'sɑ:ft-] *adv* ❶ (*not hard*) sanft; **please place the computer down on the desk ~** bitte stellen Sie den Computer vorsichtig auf dem Tisch ab; **it was raining ~** es regnete leicht [*o* nieselte]; **the wind blew ~** es wehte ein leichter Wind ❷ (*quietly*) leise; **to speak ~** ruhig sprechen ❸ (*dimly*) schwach; **the room was ~ lit** der Raum war schwach beleuchtet ❹ (*leniently*) nachsichtig, nachgiebig ▶ PHRASES: **to tread ~** mit Bedacht vorgehen

soft·ly-sof·tly *adj attr, inv* BRIT, AUS vorsichtig

soft·ness ['sɒftnəs, AM 'sɑ:ft-] *n no pl* ❶ (*not hardness*) Weichheit *f* ❷ (*smoothness*) Weichheit *f; of skin* Zartheit *f,* Glätte *f; of hair* Seidigkeit *f* ❸ (*subtlety*) *of lighting* Gedämpftheit *f; of the sun* Schwäche *f; of colours* Zartheit *f* ❹ (*wishy-washyness*) Schwächlichkeit *f,* Laschheit *f pej fam,* Schlaffheit *f*

'soft ped·al *n* Dämpfer *m* (*Pedal am Klavier*) **'soft-ped·al** <BRIT -ll- *or* AM *usu* -l-> **I.** *vi* mit Dämpfer [Klavier] spielen **II.** *vt* ■**to ~ sth** MUS etw mit Dämpfer [auf dem Klavier] spielen; (*fig*) etw herunterspielen *fam;* **we'd better ~ it for the moment on this sensitive issue** wir sollten diese heikle Frage im Moment lieber mit Zurückhaltung behandeln **soft 'porn** *n* Softporno *m* **soft 'sell** *n* ECON weiche [*o* unaufdringliche] Verkaufstaktik **'soft-sell I.** *adj inv* **~ philosophy** Philosophie *f* der unaufdringlichen Verkaufstaktik; **~ style** unaufdringliche Verkaufstaktik **II.** *vt* <-sold, -sold> ■**to ~ sth** etw auf die sanfte Tour an den Mann bringen *fam* **soft 'soap** *n no pl* ❶ (*cleanser*) flüssige Seife ❷ (*fig fam: flattery*) Schmeichelei *f,* Schleimerei *f pej* **'soft-soap** *vt* (*fig fam*) ■**to ~ sb** jdm Honig um's Maul schmieren *fam* **soft-'spok·en** *adj* (*person*) ■**to be ~** leise sprechen; (*sound*) leise gesprochen; **~ manner** freundliche und sanfte Art

soft 'tar·get *n* MIL leicht verwundbares Ziel

'soft-top *n* AUTO ❶ (*vehicle*) Kabrio[lett] *nt* ❷ (*roof*) *beim Kabriolett: hochklappbares Verdeck aus weichem Material* **soft 'toy** *n* BRIT Plüschtier *nt,* Kuscheltier *nt*

soft·ware ['sɒf(t)weəʳ, AM 'sɑ:ftwer] COMPUT **I.** *n no pl* Software *f,* Programmausstattung *f;* **computer ~** Computersoftware *f,* Computerprogramme *ntpl;* **accounting/foreign language ~** Buchhaltungs-/Fremdsprachensoftware *f* **II.** *n modifier* (*company, component, development, market, problem, publisher*) Software-; **~ house** Softwarefirma *f;* **~ tool** Programmentwicklungssystem *nt;* **~ writer** Programmierer(in) *m(f)* **'soft·ware pack·age** *n* Softwarepaket *nt* **soft·ware 'pi·ra·cy** *n no pl* Software-Piraterie *f* **soft 'wa·ter** *n no pl* CHEM weiches Wasser **'soft·wood I.** *n* ❶ *no pl* (*wood*) Weichholz *nt* ❷ (*tree*) immergrüner Baum, Baum *m* mit weichem Holz; ■**~s** Weichhölzer *ntpl* **II.** *n modifier* (*frame*) Weichholz-; **~ chair** Stuhl *m* aus Weichholz

softy *n see* **softie**

sog·gi·ly ['sɒgɪli, AM 'sɑ:g-] *adv* matschig *fam,* glitschig *fam*

sog·gi·ness ['sɒgɪnəs, AM 'sɑ:g-] *n no pl* ❶ (*wetness*) triefende Nässe; (*bogginess*) Matschigkeit *f fam,* Glitschigkeit *f fam* ❷ FOOD (*mushiness*) Matschigkeit *f fam;* **the pasta has been cooked to the point of ~** die Nudeln waren zu Matsch verkocht *fam*

S

sog·gy ['sɒgi, AM 'sɑ:gi] *adj* ❶ (*sodden*) durchnässt; (*boggy*) glitschig *fam;* ~ **soil** aufgeweichter [Erd]boden ❷ AM METEO feucht, schwül; BRIT feucht, regnerisch; ~ **summer** verregneter Sommer ❸ FOOD matschig, pampig; **to go** ~ matschig werden

soi-disant [ˌswɑ:'di:zɑ̃(n)] *adj attr, inv* (*form*) selbst ernannt, angeblich

soil[1] [sɔɪl] **I.** *vt* (*form*) ❶ (*dirty*) ■**to** ~ **sth** etw verschmutzen; **to** ~ **one's clothes/shoes** sich *dat* seine Kleider/Schuhe schmutzig [*o* dreckig] machen ❷ (*foul*) ■**to** ~ **sth** etw verunreinigen; **the kittens** ~**ed the carpet** die Kätzchen haben auf den Teppich gemacht; **to** ~ **one's diapers/pants** in die Windeln/Hose machen ❸ *usu passive* (*fig: ruin*) **to** ~ **sb's name/reputation** jds Namen/guten Ruf beschmutzen [*o fig* besudeln] *fig* ▶ PHRASES: **to not** ~ **one's hands with sth** sich *dat* nicht die Hände an etw *dat* schmutzig machen *fig* **II.** *vi* **the puppies have** ~**ed on the carpet** die kleinen Hunde haben auf den Teppich gemacht

soil[2] [sɔɪl] *n no pl* ❶ (*earth*) Boden *m,* Erde *f,* Erdreich *nt;* **clay/sandy** ~ Lehm-/Sandboden *m,* lehmiger/sandiger Boden; **fertile/heavy** ~ fruchtbarer/schwerer Boden ❷ (*form: farming*) ■**the** ~ die Scholle *liter* ❸ (*territory*) Boden *m;* **she didn't want to leave her native** ~ sie wollte ihre Heimat nicht verlassen; **foreign** ~ fremdes Land

'soil con·ser·va·tion *n no pl* AGR Bodenschutz *m* **'soil creep** *n no pl* Erdrutsch *m* **'soil ero·sion** *n no pl* GEOL Bodenerosion *f* **'soil ex·haus·tion** *n no pl* AGR Auslaugen *nt* des Bodens **soil fer·'til·ity** *n no pl* AGR Ertrag[s]fähigkeit *f* des Bodens

soil·less gar·den·ing [ˌsɔɪlləs'-] *n no pl* Anbau *m* von Hydrokulturen

'soil pipe *n* Abflussrohr *nt,* Fallrohr *nt* **'soil sci·ence** *n no pl* Bodenkunde *f*

soi·rée ['swɑ:reɪ, AM swɑ:'reɪ], **soi·ree** *n* (*form or hum*) Soiree *f geh*

so·journ ['sɒdʒɜ:n, AM 'soʊdʒɜ:rn] **I.** *vi* (*liter*) ■**to** ~ **somewhere** irgendwo [ver]weilen *geh,* sich *akk* irgendwo [vorübergehend] aufhalten **II.** *n* (*liter or hum*) [vorübergehender] Aufenthalt

sol·ace ['sɒləs, AM 'sɑ:lɪs] **I.** *n no pl* Trost *m;* **I know it isn't much** ~**, but ...** ich weiß, das ist kein großer Trost, aber ...; **to find** ~ **in sth** Trost in etw *dat* finden **II.** *vt* ■**to** ~ **oneself with sth** sich *akk* mit etw *dat* trösten; **to** ~ **sb's anxiety** [*or* **worries**]**/fear** jd's Sorgen/Angst zerstreuen

so·lar ['səʊləʳ, AM 'soʊlɚ] *adj inv* ❶ (*relating to sun*) Solar-, Sonnen-; ~ **calculator** Rechner *m* mit Solarzellen; ~ **car** Solarauto *nt,* mit Solarenergie betriebenes Auto; ~ **light** durch Solarenergie gewonnenes Licht ❷ ASTRON ~ **day/time** Sonnentag *m/* -zeit *f*

so·lar 'bat·tery *n* Solarbatterie *f,* Sonnenbatterie *f* **so·lar 'cell** *n* Solarzelle *f* **so·lar e'clipse** *n* Sonnenfinsternis *f;* **full/partial** ~ totale/partielle Sonnenfinsternis **so·lar 'en·er·gy** *n no pl* Sonnenenergie *f,* Solarenergie *f* **so·lar 'heat·ing** *n no pl* Solarheizung *f*

so·laria [sə(ʊ)'leəriə, AM soʊ'leri-] *n pl of* **solarium**

so·lar·ium <*pl* -aria *or* -s> [sə(ʊ)'leəriəm, AM soʊ'leri-, *pl* -iə] *n* ❶ (*tanning room*) Solarium *nt,* Sonnenstudio *nt* ❷ AM (*conservatory*) Glashaus *nt,* Gewächshaus *nt*

so·lar 'pan·el *n* Sonnenkollektor *m*

so·lar plex·us [ˌsəʊlə'pleksəs, AM ˌsoʊlɚ'-] *n no pl* ANAT, MED Solarplexus *m fachspr;* **punch in the** ~ Schlag *m* in die Magengrube

so·lar 'pow·er *n no pl* Sonnenkraft *f* **so·lar 'pow·er s·ta·tion** *n* Sonnenkraftwerk *nt,* Solarkraftwerk *nt* **so·lar ra·di'a·tion** *n no pl* Sonnenstrahlung *f* **'so·lar sys·tem** *n* Sonnensystem *nt* **so·lar 'wind** *n no pl* ASTRON Sonnenwind *m* **so·lar 'year** *n* ASTRON Sonnenjahr *nt*

sold [səʊld, AM soʊld] *pt, pp of* **sell**

sol·der ['səʊldəʳ, AM 'sɑ:dɚ] **I.** *vt* ■**to** ~ **sth** etw löten; ■**to** ~ **sth on** etw anlöten; ■**to** ~ **sth together** etw zusammenlöten [*o* verlöten] **II.** *n no pl* Lötmetall *nt,* Lötzinn *nt*

sol·der·ing iron *n* Lötkolben *m*

sol·dier ['səʊldʒəʳ, AM 'soʊldʒɚ] **I.** *n* ❶ MIL Soldat(in) *m(f);* ~ **of fortune** Söldner *m;* **tin** ~ Zinnsoldat *m* ❷ (*fig: active member*) Aktivist(in) *m(f);* **S**~ **of Christ** Streiter *m* Christi ❸ (*well-behaved person*) braver [*o* tapferer] Junge/braves [*o* tapferes] Mädchen; **my boss expects me to be a good** ~ **and work the necessary overtime** mein Chef erwartet, dass ich schön brav meine Überstunden mache **II.** *vi* Soldat sein, in der Armee dienen

◆**soldier on** *vi* sich *akk* durchkämpfen, unermüdlich [und unbeirrt] weitermachen, bei der Stange bleiben

sol·dier·ing ['səʊldʒərɪŋ, AM 'soʊl-] *n no pl* Leben *nt* als Soldat [*o* in der Armee]; **to go** ~ zur Armee gehen, Soldat werden

sole[1] [səʊl, AM soʊl] *adj attr, inv* ❶ (*only*) einzig, alleinig; **to take** ~ **charge of sb/sth** die alleinige Verantwortung für jdn/etw übernehmen, allein für jdn/etw sorgen; ~ **exception** einzige Ausnahme; ~ **surviving relative** einziger überlebender Verwandter/einzige überlebende Verwandte; ~ **responsibility** alleinige Verantwortung; ~ **survivor** einziger Überlebender/einzige Überlebende ❷ (*exclusive*) Allein-; ~ **agency** Alleinvertretung *f;* ~ **agent** Alleinvertreter(in) *m(f);* ~ **right** alleiniges Recht; ~ **right to sell** Alleinverkaufsrecht *nt*

sole[2] [səʊl, AM soʊl] *n* ❶ FASHION [Schuh]sohle *f* ❷ ANAT [Fuß]sohle *f*

sole[3] <*pl* - *or* -s> [səʊl, AM soʊl] *n* ❶ (*fish*) Seezunge *f;* **Dover** ~ [Dover]seezunge *f;* **lemon** ~ Seezunge *f* ❷ *no pl* FOOD Seezunge *f;* **filet of** ~ Seezungenfilet *nt*

sol·ecism ['sɒlɪsɪzəm, AM 'sɑ:lə-] *n* (*form*) ❶ LING (*mistake*) Fehler *m,* Solözismus *m fachspr* ❷ (*faux pas*) Fauxpas *m*

sole·ly ['səʊlli, AM 'soʊl-] *adv inv* einzig und allein, nur; **to be** ~ **in charge of sth** für etw *akk* allein verantwortlich sein; **to be** ~ **responsible for sth** die alleinige Verantwortung für etw *akk* tragen

so·lemn ['sɒləm, AM 'sɑ:ləm] *adj* ❶ (*ceremonial*) feierlich; ~ **commitment** heilige Verpflichtung; ~ **oath** heiliger Eid; ~ **occasion** feierlicher Anlass; ~ **promise** heiliges Versprechen; **to make a** ~ **promise to sb to do sth** jdm hoch und heilig versprechen, etw zu tun; ~ **undertaking** heiliges Unternehmen ❷ (*grave*) ernst; **his** ~ **face betrayed the seriousness of the matter** seine düstere Miene verriet den Ernst der Angelegenheit; ~ **look** ernster Blick; ~ **voice** getragene Stimme

so·lem·nity [sə'lemnəti, AM -t̬-] *n* ❶ *no pl* (*gravity*) Feierlichkeit *f,* Erhabenheit *f;* ■**to do sth with** ~ etw mit großem Ernst tun ❷ (*ceremony*) ■**solemnities** *pl* Trauerfeierlichkeiten *fpl;* REL [kirchliche] Feierlichkeiten

so·lem·ni·za·tion [ˌsɒləmnaɪ'zeɪʃən, AM ˌsɑ:ləmnɪ'-] *n no pl* (*form*) ❶ (*carrying out*) feierlicher Vollzug; *of marriage* Zeremonie *f* ❷ (*celebration*) Feier *f*

so·lem·nize ['sɒləmnaɪz, AM 'sɑ:-] *vt* (*form*) ■**to** ~ **sth** etw feiern; **to** ~ **a marriage** eine Trauung [feierlich] vollziehen

so·lemn·ly ['sɒləmli, AM 'sɑ:-] *adv* ❶ (*ceremonially*) feierlich; **to** ~ **promise sth** etw hoch und heilig versprechen; **to** ~ **swear sth** etw bei allem, was einem heilig ist, schwören ❷ (*gravely*) ernst

so·lemn·ness ['sɒləmnəs, AM 'sɑ:-] *n no pl* Feierlichkeit *f,* feierlicher Ernst; ■**to do sth with** ~ etw mit großem Ernst tun

so·lenoid ['səʊlənɔɪd, AM 'soʊ-] *n* ELEC Magnetspule *f*

so·lenoid 'switch *n* ELEC Magnetschalter *m*

sol-fa [ˌsɒl'fɑ:, AM ˌsoʊl-] MUS **I.** *n* Tonleiter *f,* Solmisation *f fachspr* **II.** *vi* die Tonleiter singen, solmisieren *fachspr* **III.** *vt* **to** ~ **a song** ein Lied als Tonleiternoten singen

so·lic·it [sə'lɪsɪt] *vt* (*form*) ❶ (*ask for*) ■**to** ~ **sth** um etw *akk* bitten, etw erbitten; **during an oral exam, a professor will** ~ **detailed answers from a student** in einer mündlichen Prüfung verlangt ein Professor ausführliche Antworten von einem Studenten; ■**to** ~ **sth for sth from sb** von jdm etw für etw *akk* erbitten; **he tried to ~ support for the restructuring from his employees** er versuchte, bei seinen Angestellten um Verständnis für die Umstrukturierung zu werben; **to ~ donations/gifts** [dringend] um Spenden/Gaben bitten; **to ~ support** um Unterstützung bitten; **to ~ votes** um [Wähler]stimmen werben ❷ (*sell*) **to ~ sex** sich *akk* anbieten [*o geh* prostituieren]

so·lici·ta·tion [səˌlɪsɪˈteɪʃᵊn] *n* (*form*) ❶ *no pl* (*seeking*) [dringende] Bitte; **~ of donations** Spendenaufruf *m* ❷ (*selling*) Kundenwerbung *f*; **~ of orders** Einholung *f* von Aufträgen ❸ (*prostitution*) Ansprechen *nt* von Männern (*durch Prostituierte*)

so·lic·it·ing [səˈlɪsɪtɪŋ, AM -t̬-] *n no pl* Ansprechen *nt* von Männern (*durch Prostituierte*)

so·lici·tor [səˈlɪsɪtəʳ, AM -t̬ɚ] *n* ❶ *esp* BRIT, AUS LAW Rechtsanwalt, -anwältin *m, f* (*der/die seine/ihre Mandanten nur in den unteren Instanzen vertreten darf, im Gegensatz zum Barrister*); **a firm of ~s** eine [Anwalts]kanzlei; **S~ General** BRIT Zweiter Kronanwalt; AM (*ranghöchster [beamteter] Staatssekretär im Justizministerium*) ❷ AM POL Rechtsreferent(in) *m(f)* (*einer Stadt*)

so·lici·tous [səˈlɪsɪtəs, AM -t̬-] *adj* (*form*) ❶ (*anxious*) besorgt ❷ (*careful*) sorgfältig; **to give ~ attention to the wording in the contract** sehr genau auf den Wortlaut des Vertrags achten ❸ (*attentive*) aufmerksam; **~ service** zuvorkommende Bedienung

so·lici·tous·ly [səˈlɪsɪtəsli, AM -t̬-] *adv* (*form*) ❶ (*anxiously*) besorgt ❷ (*carefully*) sorgfältig

so·lici·tous·ness [səˈlɪsɪtəsnəs, AM -t̬-] *n no pl* (*form*) ❶ (*anxiousness*) Besorgtheit *f*; (*care*) Fürsorglichkeit *f* ❷ (*attentiveness*) *of a waiter* Zuvorkommenheit *f*, zuvorkommende Art

so·lici·tude [səˈlɪsɪtjuːd, AM *esp* -tuːd] *n* (*form*) ❶ *no pl* (*attentiveness*) *of a waiter* zuvorkommende Art ❷ (*anxiety*) Sorge *f* (**about** um +*akk*), Besorgtheit *f* (**about** über +*akk*)

sol·id [ˈsɒlɪd, AM ˈsɑː-] **I.** *adj* ❶ (*hard*) fest; *chair, door, wall* solide; **~ foundation** stabile [*o* solide] Grundlage; **~ punch** kräftiger Schlag; **~ rock** massiver [*o* harter] Fels; **to be ~ as a rock** *person* hart wie Stahl sein ❷ (*not hollow*) massiv ❸ (*not liquid*) fest; **~ waste** Festmüll *m*; **to be frozen ~** zugefroren sein ❹ (*completely*) ganz; **~ gold** Massivgold *nt*; **~ silver** massives [*o* reines] Silber; **~ black/blue/red** rein schwarz/blau/rot ❺ (*substantial*) verlässlich; **~ argument** stichhaltiges [*o* triftiges] Argument; **~ evidence** handfester Beweis; **~ facts** zuverlässige Fakten; **~ footing** stabile Basis; **~ grounding** solides [*o* fundiertes] Grundwissen; **~ meal** ordentliche [*o* richtige] Mahlzeit; **~ reasoning** fundierte Argumentation; **~ reasons** vernünftige [*o* stichhaltige] Gründe ❻ (*concrete*) *plan* konkret ❼ (*uninterrupted*) *line, wall* durchgehend; *month, week* ganz; **he slept for 12 hours ~** er schlief 12 Stunden am Stück; **it rained for a month ~** es regnete einen ganzen Monat lang ohne Unterbrechung; **a ~ line of cars** eine Autoschlange; **~ record** ungebrochener Rekord; **~ success/winning streak** anhaltender Erfolg/anhaltende Glückssträhne ❽ (*unanimous*) **~ approval** volle [*o* geschlossene] Zustimmung; **~ support** volle Unterstützung ❾ (*dependable*) *person* solide, zuverlässig; *democrat, socialist* hundertprozentig; *marriage, relationship* stabil; **~ bond** festes Band; **~ conservative** Erzkonservative(r) *f(m)* ❿ ECON (*financially strong*) *company* solide, gesund; (*financially sound*) *investment* solide, sicher ⓫ (*sound*) solide, gut; **~ performance** gediegene Vorstellung **II.** *adv* voll; **the lecture hall was packed ~ with students** der Vorlesungssaal war randvoll mit Studenten; **the hotel was booked ~ throughout January** das Hotel war den ganzen Januar hindurch ausgebucht **III.** *n* ❶ PHYS fester Stoff, Festkörper *m* ❷ MATH Körper *m* ❸ FOOD ■**~s** *pl* feste Nahrung *kein pl*

soli·dar·ity [ˌsɒlɪˈdærəti, AM ˌsɑːləˈderət̬i] *n no pl* ❶ (*unity*) Solidarität *f* (**with** mit +*dat*) ❷ (*movement*) **S~** Solidarität *f*

sol·id 'food *n* ❶ *no pl* (*non-liquid food*) feste Nahrung ❷ (*food items*) ■**~s** *pl* feste Nahrung **sol·id 'fuel** *n* ❶ *no pl* (*power source*) fester Brennstoff ❷ (*pieces*) feste Brennstoffe *mpl* **sol·id 'ge·om·etry** *n no pl* räumliche Geometrie

so·lidi·fi·ca·tion [səˌlɪdɪfɪˈkeɪʃᵊn, AM -ˌlɪdə-] *n no pl* Festwerden *nt*, Verfestigung *f*; *of cement* Hartwerden *nt*

so·lidi·fy <-ie-> [səˈlɪdɪfaɪ, AM -ˈlɪdə-] **I.** *vi* ❶ (*harden*) fest werden; *lava* erstarren; *cement* hart werden; *water* gefrieren ❷ (*fig: take shape*) *plans* sich *akk* konkretisieren; *project* [konkrete] Gestalt annehmen; *idea, thought* konkret[er] werden; *support* sich *akk* festigen **II.** *vt* ■**to ~ sth** ❶ (*harden*) etw fest werden [*o* erstarren] lassen; **to ~ water** Wasser gefrieren lassen ❷ (*fig: reinforce*) etw festigen; **to ~ one's commitment** sein Engagement bekräftigen; **to ~ an idea/an opinion/a thought** eine Idee/eine Meinung/einen Gedanken konkretisieren [*o* klar herausarbeiten]; **to ~ a plan** einen Plan konkretisieren

so·lid·ity [səˈlɪdɪti, AM -ˈlɪdət̬i] *n no pl* ❶ (*hardness*) fester Zustand; *of wood* Härte *f*; *of a foundation, table* Stabilität *f*; *of a wall* Stabilität *f*, Festigkeit *f* ❷ (*reliability*) Zuverlässigkeit *f*; *of facts, evidence* Stichhaltigkeit *f*, Zuverlässigkeit *f*; *of an argument, reasons, reasoning* Stichhaltigkeit *f*; *of a judgement* Fundiertheit *f*; *of commitment* Verlässlichkeit *f* ❸ (*strength*) Stabilität *f* ❹ (*soundness*) Gediegenheit *f* ❺ (*financial soundness*) *of an investment* Solidität *f*; (*financial strength*) *of a company* finanzielle Stärke

sol·id·ly [ˈsɒlɪdli, AM ˈsɑː-] *adv* ❶ (*sturdily*) solide; **to be ~ built** solide gebaut sein ❷ (*uninterruptedly*) *win, work* ununterbrochen ❸ (*fully*) voll, geschlossen; **to be ~ behind sb** geschlossen hinter jdm stehen

sol·id·ness [ˈsɒlɪdnəs, AM ˈsɑːl-] *n no pl see* **solidity**

sol·id 'state *n* PHYS fester Zustand

'sol·id-state *adj* Festkörper-; **~ circuit** Festkörperschaltkreis *m*, monolithischer Schaltkreis; **~ device/physics** Festkörperbauteil *nt*/-physik *f*

soli·dus <*pl* -di> [ˈsɒlɪdəs, AM ˌsɑːl-, *pl* -daɪ] *n esp* BRIT Schrägstrich *m*

so·lilo·quize [səˈlɪləkwaɪz] *vi* Selbstgespräche führen; THEAT monologisieren

so·lilo·quy [səˈlɪləkwi] *n* Selbstgespräch *nt*; THEAT Monolog *m*

sol·ip·sism [ˈsɒlɪpsɪzᵊm, AM ˈsɑːl-] *n* PHILOS Solipsismus *m*

sol·ip·sis·tic [ˌsɒlɪpˈsɪstɪk, AM ˌsɑːl-] *adj inv* PHILOS solipsistisch

soli·taire [ˌsɒlɪˈteəʳ, AM ˈsɑːləter] *n* ❶ (*jewel*) Solitär *m*; **~ diamond** Diamantsolitär *m* ❷ *no pl esp* AM (*card game*) Patience *f*

soli·tary [ˈsɒlɪtᵊri, AM ˈsɑːləteri] **I.** *adj* ❶ (*single*) einzelne(r, s) *attr*; ZOOL solitär *fachspr*; **one ~ figure** eine einzelne Person; **one ~ tree** ein allein stehender Baum ❷ (*lonely*) einsam; (*remote*) abgeschieden, abgelegen; **~ life** Einsiedlerleben *nt*; **to go for a ~ stroll** [*or* **walk**] allein spazieren gehen **II.** *n* ❶ *no pl* (*fam: in prison*) Einzelhaft *f*; **to do two weeks in ~** zwei Wochen in Einzelhaft sein *fam* ❷ (*liter: hermit*) Einsiedler(in) *m(f)*

soli·tary con·'fine·ment *n* Einzelhaft *f*; **to keep sb in ~** jdn in Einzelhaft halten; **to spend** [*or fam* **do**] **three months in ~** drei Monate in Einzelhaft verbringen [*o* sein]

soli·tude [ˈsɒlɪtjuːd, AM ˈsɑːlətuːd, -tjuːd] *n* ❶ *no pl* (*being alone*) Alleinsein *nt*; **in ~** alleine; **to live in ~** in völliger Abgeschiedenheit leben ❷ *no pl* (*loneliness*) Einsamkeit *f* ❸ (*liter: remote place*) Einöde *f*

solo [ˈsəʊləʊ, AM ˈsoʊloʊ] **I.** *adj attr, inv* ❶ (*unaccompanied*) Solo-; **~ attempt** Einzelversuch *m*; **~ flight** Alleinflug *m*; **~ walking** Alleinwanderung *f* ❷ MUS Solo-; **~ career/performance** Solokarriere *f*/-vorstellung *f* **II.** *adv inv* (*single-handed*) allein; MUS solo; **to fly ~** einen Alleinflug machen; **to go ~** als Einzelkünstler(in) *m(f)* auftreten **III.** *n* MUS Solo *nt*; **guitar/piano ~** Gitarren-/Klaviersolo *nt* **IV.** *vi* (*play unaccompanied*) solo spielen; (*sing unaccompanied*) solo singen

solo·ist ['səʊləʊɪst, AM 'soʊloʊ-] *n* Solist(in) *m(f)*
solo 'whist *n no pl* CARDS Solo[whist] *nt*
sol·stice ['sɒlstɪs, AM 'sɑːl-] *n* Sonnenwende *f*, Solstitium *nt fachspr;* **summer/winter** ~ Sommer-/Wintersonnenwende *f*
sol·ubil·ity [ˌsɒljə'bɪləti, AM ˌsɑːljə'bɪləṭi] *n no pl* CHEM Löslichkeit *f*
sol·uble ['sɒljəbl̩, AM 'sɑːl-] *adj* ❶ *(that dissolves)* löslich, solubel *fachspr;* ~ **aspirin**® Aspirin® *nt* in Brausetablettenform; ~ **in water** wasserlöslich ❷ *(solvable)* lösbar
so·lus ['səʊləs, AM 'soʊ-] *adj attr* THEAT allein
sol·ute ['sɒljuːt, AM 'sɑːl-] *n* CHEM gelöster Stoff
so·lu·tion [sə'luːʃᵊn, AM -'luː-] *n* ❶ *(to problem)* Lösung *f;* *(to riddle/puzzle)* [Auf]lösung *f* ❷ *no pl (act of solving)* Lösen *nt* ❸ *(in business)* Vorrichtung *f;* **software** ~**s** Softwareanwendungen *fpl* ❹ CHEM *(liquid)* Lösung *f;* **in** ~ gelöst, in einer Lösung
solv·able ['sɒlvəbl̩, AM 'sɑːl-] *adj* lösbar
solve [sɒlv, AM sɑːlv] *vt* ■**to** ~ **sth** etw lösen; **complaining won't** ~ **anything** Meckern allein hilft nicht *fam;* **to** ~ **a crime** ein Verbrechen aufklären; **to** ~ **a mystery** ein Geheimnis aufdecken; **to** ~ **a problem** ein Problem lösen
sol·ven·cy ['sɒlvᵊn(t)si, AM 'sɑːl-] *n no pl* FIN Zahlungsfähigkeit *f*, Solvenz *f fachspr*
sol·vent ['sɒlvᵊnt, AM 'sɑːl-] **I.** *n* CHEM Lösungsmittel *nt* **II.** *adj* ❶ FIN solvent *geh*, zahlungsfähig; **to be barely** ~ an der Liquiditätsgrenze [*o* [gerade] noch solvent] sein ❷ *(fam: having sufficient money)* flüssig *fam*
'sol·vent abuse *n esp* BRIT Missbrauch *m* von Lösungsmitteln *(als Rauschgift)* **'sol·vent-free** *adj inv* lösungsmittelfrei, ohne Lösungsmittel *nach n*
So·ma·li [sə'mɑːli, AM soʊ'-] **I.** *n* <*pl* - *or* -s> ❶ *(person)* Somalier(in) *m(f)* ❷ *no pl (language)* Somali *nt* **II.** *adj* somalisch
So·ma·lia [sə'mɑːliə, AM soʊ'-] *n* Somalia *nt*
som·ber *adj* AM *see* **sombre**
som·ber·ly *adv* AM *see* **sombrely**
som·ber·ness *n* AM *see* **sombreness**
som·bre ['sɒmbəʳ], AM **som·ber** ['sɑːmbɚ] *adj* ❶ *(sad)* düster; **he replied in a** ~ **tone** er antwortete mit ernster Stimme; ~ **mood** düstere [*o* melancholische] Stimmung; ~ **setting** ernster Rahmen ❷ *(dark-coloured)* dunkel; ~ **day** trüber [*o* finsterer] Tag
som·bre·ly ['sɒmbəli], AM **som·berly** ['sɑːmbɚ-] *adv* ❶ *(sad)* düster, ernst ❷ *(dark-coloured)* ~ **dressed** dunkel gekleidet
som·bre·ness ['sɒmbənəs], AM **som·ber·ness** ['sɑːmbɚ-] *n no pl* ❶ *(sadness, mournfulness)* Düsterkeit *f*, Betrübtheit *f*, Trübseligkeit *f* ❷ *(of colour)* Düsterkeit *f*
som·brero [sɒm'breərəʊ, AM sɑːm'breroʊ] *n* Sombrero *m*
some [sʌm, sᵊm] **I.** *adj inv* ❶ *(unknown amount)* **there's** ~ **cake in the kitchen if you'd like it** es ist noch Kuchen in der Küche, wenn du welchen möchtest; **here's** ~ **news you might be interested in** ich habe Neuigkeiten, die dich interessieren könnten; **I made** ~ **money running errands** ich habe mit Gelegenheitsjobs etwas Geld verdient; **he played** ~ **records for me** er spielte mir Platten vor; ~ **more sth** noch etw; **I've got to do** ~ **more work before I can go out** ich muss noch etwas arbeiten, bevor ich ausgehen kann ❷ *(general)* irgendein(e, er); **could you give me** ~ **idea of when the building work will finish?** können Sie mir ungefähr sagen, wann die Bauarbeiten abgeschlossen sein werden?; **clearly the treatment has had** ~ **effect** sicher hatte die Behandlung irgendeine Wirkung; **to** ~ **extent** bis zu einem gewissen Grad ❸ *(a, an)* ein, eine, einer; **there must be** ~ **mistake** da muss ein Fehler vorliegen; ~ **idiot's locked the door** irgendein Idiot hat die Tür verschlossen; ~ **kind of sth** irgendein(e, er); **he's in** ~ **kind of trouble** es gibt irgendein Problem; ~ **sth or [an]other** *(one of several or many)* irgendein(e, er); ~ **day or another we'll meet again** irgendwann werden wir uns wiedersehen ❹ *(considerable amount, number)* beträchtlich; **he went to** ~ **trouble** er gab sich beträchtliche Mühe; **it was** ~ **years later when they next met** sie trafen sich erst viele Jahre später wieder; **we discussed the problem at** ~ **length** wir diskutierten das Problem ausgiebig; **I've known you for** ~ **years now** ich kenne dich nun schon seit geraumer Zeit ❺ *(a small amount)* etwas; **he liked** ~ **music but generally wasn't musical** ihm gefielen ein paar Musikstücke, aber generell war er nicht musikalisch ❻ *(fam: intensifies noun)* ziemlich; **that was** ~ **meal!** das war vielleicht ein Essen!; **that was** ~ **goal** das war ein großes Ziel ❼ *(showing annoyance)* ~ **mother she turned out to be** sie ist eine richtige Rabenmutter; ~ **people just don't know when to shut up** manche Menschen wissen einfach nicht, wann sie ruhig sein sollen; ~ **hotel that turned out to be – it was dreadful** das war vielleicht ein Hotel – es war schrecklich; ~ **chance [of that]!** tolle Aussichten!; ~ **chance! we have about one chance in a hundred of getting away** tolle Aussichten! die Chancen stehen eins zu hundert, dass wir davonkommen; ~ **hopes!** *(that's unlikely!)* sehr unwahrscheinlich!; **perhaps there'll be some left for us –** ~ **hopes!** vielleicht bleibt was für uns übrig – sehr unwahrscheinlich! **II.** *pron* ❶ + *pl vb (unspecified number of persons or things)* welche; **we're looking for road signs to the Smoky Mountains – if you see** ~**, let me know** wir suchen Schilder zu den Smoky Mountains – wenn du welche siehst, sag es mir; **I'm looking to buy old jazz records – if you know of** ~**, please tell me** ich möchte alte Jazzplatten kaufen – wenn du weißt, wo es welche gibt, sag's mir; ~ **have compared his work to Picasso's** manche haben sein Werk mit Picasso verglichen; + *sing vb (unspecified amount of sth)* welche(r, s); **if you want whisky I'll give you** ~ wenn du Whisky möchtest, gebe ich dir welchen; **if you need more paper then just take** ~ wenn du mehr Papier brauchst, nimm es dir einfach ❷ + *pl vb (at least a small number)* einige; **surely** ~ **have noticed** sicher haben es einige bemerkt ❸ + *pl vb (proportionate number)* ein paar; **no, I don't want all the green beans –** ~ **are enough** nein, ich möchte nicht alle grünen Bohnen – ein paar sind genug; **here are** ~ **of your suggestions** hier sind einige deiner Vorschläge; ~ **of you have already met Imran** einige von euch kennen Imran bereits; ■~ **of ...** einige der ... ❹ + *sing vb (proportionate number)* ein bisschen; **no, I don't want all the mashed potatoes –** ~ **is enough** nein, ich möchte nicht das ganze Püree – ein bisschen ist genug; **have** ~ **of this champagne – it's very good** trink ein wenig Champagner – er ist sehr gut; ~ **of the prettiest landscape in Germany is found in ...** einer der schönsten Landschaften Deutschlands liegt ... ▶ PHRASES: **and then** ~ *(fam)* mehr als; **we got our money's worth and then** ~ wir bekamen mehr als unser Geld wert war **III.** *adv inv* ❶ *(roughly)* ungefähr, in etwa; ~ **twenty or thirty metres deep/high** ungefähr zwanzig oder dreißig Meter tief/hoch; ~ **thirty different languages are spoken** etwa dreißig verschiedene Sprachen werden gesprochen ❷ AM *(fam: a little)* etwas, ein bisschen; **I'm feeling** ~ **better** ich fühle mich [wieder] etwas besser; **we could turn the heat down** ~ wir könnten die Heizung etwas herunterstellen ❸ AM *(fam: a lot)* viel; **he sure does talk** ~**, your brother** dein Bruder spricht wirklich viel; **he needs feeding up** ~ er muss ganz schön aufgepäppelt werden ❹ *(fast)* schnell; **we were really going** ~ **when we got out of the city** wir fuhren wirklich schnell, als wir die Stadt hinter uns gelassen hatten ▶ PHRASES: ~ **little we are going to be working together for** ~ **little time yet** wir werden ziemlich viel zusammenarbeiten müssen
some·body ['sʌmbədi, AM -ˌbɑːdi] **I.** *pron indef* ❶ *(anyone)* jemand; **if** ~ **should find out what we're doing, we'd get in a lot of trouble** wenn jemand draufkommt, was wir machen, bekommen wir ganz schöne Schwierigkeiten ❷ *(one person)* irgendwer; ~ **must have seen what happened** irgendwer muss gesehen haben, was geschehen ist; **surely** ~

knows where the documents are sicher weiß jemand, wo die Dokumente sind; ~ **from the audience shouted out** jemand aus dem Publikum schrie heraus; (*fam*) **we'll need a software engineer or ~ on the project team** wir brauchen einen Informatiker oder so in unserem Projektteam; **we need ~ English to check our translation** wir brauchen jemand Englischsprachigen, der die Übersetzung prüft ❸ (*unnamed, unknown person*) jemand; ~ **told me that you were moving** jemand hat mir erzählt, dass ihr umzieht; **there's ~ at the door** jemand ist an der Tür; ~ **or other** irgendwer; ~ **or other called for you while you were out and wouldn't leave a name** irgendwer hat angerufen, als du fort warst, und den Namen nicht hinterlassen ❹ (*some non-specified person of a group*) irgendwer; ~ **should take care of that – it looks terrible** jemand sollte sich darum kümmern – es sieht schrecklich aus; **I wish ~ would finally tell the boss what an idiot he was!** ich wünschte, irgendwer würde dem Chef endlich sagen, was für ein Idiot er ist!; ~ **else** jemand anders; ~ **or other** jemand anders ❺ (*important person*) **to be ~** jemand sein; **I'd like to be ~** ich möchte jemand werden **II.** *n* <*pl* -dies> (*important person*) wichtige Person; **nobodies who want to become somebodies** Nobodys, die wichtig werden wollen

some·day ['sʌmdeɪ] *adv inv* eines Tages, irgendwann einmal

some·how ['sʌmhaʊ] *adv inv* ❶ (*by unknown means*) irgendwie; ~ **the dogs had escaped** die Hunde sind irgendwie entkommen ❷ (*for some reason or other*) irgendwie, aus irgendeinem Grund; **I know what we're doing is legal but ~ it doesn't feel right** ich weiß, dass das, was wir tun, legal ist, aber es kommt mir irgendwie nicht richtig vor ❸ (*come what may*) irgendwie; **I'll get it done ~** irgendwie schaffe ich das schon

some·one ['sʌmwʌn] *pron see* **somebody**

some·place ['sʌmpleɪs] *adv inv* Am irgendwo; ~ **else** (*in a different place*) woanders, irgendwo anders; (*to a different place*) woandershin, irgendwo anders hin; **is there ~ we can talk?** können wir irgendwo miteinander sprechen?; ~ **around here** irgendwo hier

som·er·sault ['sʌməsɔːlt, AM -ɚsɑːlt] **I.** *n* (*on ground*) Purzelbaum *m;* (*in air*) Salto *m;* **to turn** [*or* **do**] **a ~** einen Purzelbaum schlagen; (*in air*) einen Salto springen [*o* machen] **II.** *vi* einen Purzelbaum schlagen; (*in air*) einen Salto springen [*o* machen]; *vehicle, car* sich *akk* überschlagen

some·thing ['sʌm(p)θɪŋ] **I.** *pron indef* ❶ (*object*) etwas; **I need ~ to write with** ich brauche etwas zum Schreiben; **we stopped for ~ to eat** wir hielten an, um etwas zu essen; **she has ~ for you** sie hat etwas für dich; **or ~ of the kind** oder etwas Ähnliches; **I'll need a credit card or ~ of the kind to break into the apartment** ich brauche eine Kreditkarte oder etwas Ähnliches, um in die Wohnung einzubrechen; ~ **for nothing** (*want without working for*) alles für nichts; ~ **else** etwas anderes; **would you like some coffee or perhaps there's ~ else you'd like?** möchtest du Kaffee oder etwas anderes?; **a little ~** (*food*) eine Kleinigkeit; **time for a little ~** Zeit für eine Kleinigkeit zu essen; ~ **a little stronger** (*alcoholic drink*) etwas Stärkeres; **we have fruit juice but perhaps you'd like ~ a little stronger?** wir haben Fruchtsaft oder vielleicht willst du was Stärkeres; **there's ~ sharp in my shoe** in meinem Schuh ist etwas Scharfes ❷ (*message*) etwas; **he told me ~ but I can't remember what** er erzählte mir etwas, aber ich kann mich nicht erinnern, was es war; **is there ~ you'd like to say?** möchtest du mir etwas sagen? ❸ (*situation*) etwas; **there's ~ wrong with the engine – it's making strange noises** mit dem Motor stimmt was nicht – er gibt seltsame Töne von sich; ~ **happens ...** etwas passiert ...; ~ **happens every time she sees him** jedes Mal, wenn sie ihn sieht, passiert etwas ❹ (*action*) etwas; **to do ~** [**about sth/sb**] etwas [gegen etw/jdn] unternehmen; **don't just stand there, do ~ – can't you see he's hurt?** steh nicht nur herum, tu etwas – siehst du nicht, dass er sich verletzt hat?; **to have** [**got**] **~ to do with sth/sb** etwas mit etw/jdm zu tun haben; **didn't she have ~ to do with that scandal?** hatte sie nicht etwas mit dem Skandal zu tun? ❺ (*unknown thing*) etwas; ~ **tells me tomorrow is going to be a difficult day** etwas sagt mir, dass Morgen ein schwieriger Tag wird; **I've been looking for that special ~ for your birthday** ich suche etwas ganz Besonderes für deinen Geburtstag; ~ **about her frightened me** etwas an ihr machte mir Angst; **I knew ~ terrible had happened** ich wusste, dass etwas Schreckliches passiert war; **there's ~ unusual about him** er hat etwas Ungewöhnliches an sich ❻ (*outstanding quality*) etwas; **there's ~ about her which many men find appealing** sie hat etwas, das die meisten Männer attraktiv finden; **to be really** [*or* **quite**] **~** (*approv fam*) etwas darstellen; **as a violinist, she's really ~** als Geigerin ist sie wirklich etwas Besonderes; **it was quite ~ for her to remember us after all these years** dass sie sich nach all den Jahren noch an uns erinnerte! ❼ (*not exact*) **a wry look, ~ between amusement and regret** ein scheeler Blick, irgendwas zwischen Belustigung und Bedauern; **she has ~ of her mother's facial features** sie hat etwas von den Gesichtszügen ihrer Mutter; **he always was ~ of a moaner** er war immer ein bisschen ein Raunzer; **it was ~ of a surprise** es war eine kleine Überraschung; **the building materials cost ~ under $4500** das Baumaterial kostet etwas unter $4.500; **she works for a bank or ~** sie arbeitet für eine Bank oder so was; **hey, are you drunk or ~?** he, bist du betrunken oder was?; **I don't know why she's acting like that – she must be jealous or ~** ich weiß nicht, warum sie sich so verhält – sie muss eifersüchtig sein oder so was; ~ **like ...** (*similar*) ungefähr wie ..., in etwa wie ...; **he sounds ~ like his father on the phone** er klingt am Telefon in etwa wie sein Vater; ~ **like** [*or fam* **around**] **...** (*approximately*) um die ...; **there were ~ like fifty applicants** es gab um die fünfzig Bewerber/Bewerberinnen ▸ PHRASES: **to be ~ else** (*be exceptionally good*) wirklich was sein; (*be exceptionally bad*) unpackbar sein *fam;* **the reaction from the crowd was ~ else** die Reaktion des Publikums war echt beeindruckend; **to have ~ going on with sb** (*have a relationship with sb*) etwas mit jdm haben; **they say he's got ~ going on with his boss** es heißt, dass er etwas mit seiner Chefin hat; **to have** [**got**] **~ there** ein Hammer sein; **to make ~ of oneself** (*succeed in life*) etwas aus sich *dat* machen; **to make ~ out of sth** aus einer Mücke einen Elefanten machen; **that's ~** das ist schon was; **there's ~ in sth** an etw *dat* ist etwas dran; **there's ~ in catching the earlier train** es macht in der Tat Sinn, den früheren Zug zu nehmen **II.** *adv inv* (*fam: very*) ganz; **my back hurts ~ terrible** mein Rücken schmerzt ganz furchtbar

some·time ['sʌmtaɪm] **I.** *adv inv* irgendwann; **come up and see me ~** komm mich mal besuchen; ~ **in the summer/in August** irgendwann im Sommer/im August; ~ **soon** demnächst irgendwann, bald einmal **II.** *adj attr, inv* (*form*) ehemalige(r, s) *attr,* frühere(r, s) *attr,* einstige(r, s) *attr*

some·times ['sʌmtaɪmz] *adv inv* manchmal

some·way(s) ['sʌmweɪ(z)] *adv inv* Am (*fam*) irgendwie; **I'll get it done ~ or another** irgendwie schaffe ich das schon

some·what ['sʌm(h)wɒt, AM -(h)wɑːt] *adv inv* etwas, ein wenig [*o* bisschen]; ~ **to my surprise, I found the whole house empty** ich war etwas überrascht, das ganze Haus leer zu finden; **the foul-up has annoyed him more than ~** das Durcheinander hat ihn ganz schön aufgeregt; **this is ~ of a new departure for the group** das ist so etwas wie ein neuer Anfang für die Gruppe; **she's ~ more confident than she used to be** sie ist doch etwas selbstsicherer als früher; **she was well known as being ~ of a strange character** sie war für ihre etwas seltsame Art bekannt

some·where ['sʌm(h)weəʳ, AM -(h)wer] *adv inv* ❶ (*in unspeci-*

fied place) irgendwo; **I think we've met ~ before** ich glaube, wir sind uns irgendwo schon mal begegnet *fam;* **~ around here** hier irgendwo; **~ else** woanders, irgendwo anders; **~ nice/warm** irgendwo, wo es nett/warm ist; **can we go ~ special for dinner?** können wir in ein besonderes Restaurant zum Essen gehen? ❷ (*to unspecified place*) irgendwohin; **~ else** woandershin, irgendwo anders hin ❸ (*roughly*) ungefähr; **the turnover is ~ around** [*or* **in the region of**] **£70.7 million** die Umsätze liegen bei ungefähr 70,7 Millionen Pfund; **~ between 30 and 40** so zwischen 30 und 40 ▶PHRASES: **to get** ~ Fortschritte machen, weiterkommen

som·melier [sɒm'eliəʳ, AM ˌsʌməl'jeɪ] *n* (*wine waiter*) Sommelier *m*

som·nam·bu·lism [sɒm'næmbjəlɪzəm, AM sɑːm'-] *n no pl* (*spec*) MED Somnambulismus *m fachspr,* Schlafwandeln *nt*

som·nam·bu·list [sɒm'næmbjəlɪst, AM sɑːm'-] *n* (*spec*) MED Somnambule *f o m fachspr,* Schlafwandler(in) *m(f)*

som·no·lence ['sɒmnələn(t)s, AM 'sɑːm-] *n no pl* Schläfrigkeit *f*

som·no·lent ['sɒmnələnt, AM 'sɑːm-] *adj* ❶ (*sleepy*) schläfrig; **~ village** verschlafenes Dorf ❷ (*inducing drowsiness*) einschläfernd

son [sʌn] *n* ❶ (*male offspring*) Sohn *m* ❷ (*said to a younger male*) Junge *m,* Sohnemann *m* ❸ (*native*) Sohn *m fig* ❹ AM (*pej sl: wimp*) Schwächling *m pej,* Waschlappen *m pej fam*

Son [sʌn] *n* REL **the ~ of God** der Sohn Gottes

so·nar ['səʊnɑːʳ, AM 'soʊnɑːr] *n no pl* Sonar[gerät] *nt,* Unterwasserortungsgerät *nt*

so·na·ta [sə'nɑːtə, AM -t̬-] *n* Sonate *f*

son et lu·mi·ère [ˌsɒneɪ'luːmjeəʳ, AM ˌsɑːneɪ'luːmjer] *n no pl Lichtshow mit Musik*

song [sɒŋ, AM sɑːŋ] *n* ❶ Lied *nt;* **folk/love ~** Volks-/Liebeslied *nt;* **pop ~** Popsong *m;* **to give sb a ~** jdm etw vorsingen [*o* ein Lied singen]; **to sing a ~** ein Lied singen ❷ (*singing*) Gesang *m;* **to burst** [*or* **break**] **into ~** ein Lied anstimmen ❸ *of bird* Gesang *m; of cricket* Zirpen *nt* ▶PHRASES: [**to go**] **for a ~** für einen Apfel und ein Ei [weggehen] *fam;* **to be on ~** BRIT in Topform sein *fam*

song and 'dance *n no pl* AM (*fam*) alte Leier *fam,* altes Lied *fam;* **the court didn't swallow his ~ about having lousy parents** das Gericht nahm ihm seine Story vom schrecklichen Elternhaus nicht ab *fam* ▶PHRASES: **to make a ~ about sb/sth** BRIT um jdn/etw viel Trara machen *fam* **'song·bird** *n* Singvogel *m* **'song·book** *n* Liederbuch *nt* **'song cy·cle** *n* Liederzyklus *m* **'song·fest** *n* AM *Treffen zum gemeinsamen Liedersingen* **Song of Solomon** *n,* **Song of 'Songs** *n* REL Hohelied *nt,* Lied *nt* der Lieder

song·ster ['sɒŋ(k)stəʳ, AM 'sɑːŋ(k)stɚ] *n* (*liter*) Sänger *m*

song·stress <*pl* -es> ['sɒŋ(k)strɪs, AM 'sɑː-] *n* (*liter*) Sängerin *f*

'song thrush *n* Singdrossel *f* **'song·writ·er** *n* Texter(in) *m(f)* und Komponist(in) *m(f),* Songwriter *m;* **singer-~** Liedermacher(in) *m(f)* **'song·writ·ing** *n no pl* Texten *nt* und Komponieren *nt*

son·ic ['sɒnɪk, AM 'sɑːn-] *adj inv* Schall-; **~ wave** Schallwelle *f*

son·ic 'bar·ri·er *n* Schallmauer *f* **son·ic 'boom** *n* Überschallknall *m* **son·ic 'speed** *n* Schallgeschwindigkeit *f*

'son-in-law <*pl* sons- *or* -s> *n* Schwiegersohn *m*

son·net ['sɒnɪt, AM 'sɑːn-] *n* Sonett *nt*

son·ny ['sʌni] *n no pl* (*fam*) Kleiner *m fam*

son of a 'bitch <*pl* sons of bitches> *n esp* AM (*vulg*), **son·ofa·'bitch** <*pl* -es> *n* AM (*vulg*) Scheißkerl *m derb* **son of a 'gun** <*pl* sons of guns> **I.** *n* AM (*fam*) alter Gauner *fam* **II.** *interj* AM heiliges Kanonenrohr *fam o veraltend*

so·no·gram ['səʊnəgræm, AM 'sɑːn-] *n* Sonogramm *nt*

so·nor·ity [sə(ʊ)'nɒrəti, AM sə'nɔːrət̬i] *n* ❶ *no pl* (*sound of a voice*) Klangfülle *f,* Sonorität *f geh* ❷ MUS (*type of sound*) Klang *m*

son·or·ous ['sɒnərəs, AM sə'nɔːr-] *adj* klangvoll; *voice* sonor, volltönend

son·or·ous·ly ['sɒnərəsli, AM sə'nɔːr-] *adv* klangvoll; *voice* sonor, volltönend

sook [sʊk] *n* AUS (*pej*) Memme *f pej fam*

soon [suːn] *adv* ❶ (*in a short time*) bald; **~ after sth** kurz nach etw *dat;* **~ after agreeing to go, she ...** kurz nachdem sie zugestimmt hatte mitzugehen, ...; **no ~er said than done** gesagt, getan; **no ~er had I started mowing the lawn than it started raining** kaum hatte ich angefangen, den Rasen zu mähen, begann es zu regnen; **how ~** wie bald [*o* schnell]; **~er or later** früher oder später; **~er rather than later** lieber früher als später ❷ (*early*) früh; **Monday is the ~est we can deliver the chairs** wir können die Stühle frühestens am Montag liefern; **the ~er we leave, the ~er we'll get there** je eher wir fahren, desto schneller sind wir dort; **the ~er the better** je eher [*o* früher], desto besser; **not a moment too ~** gerade noch rechtzeitig ❸ **as ~ as possible** so bald wie möglich; **they'd shoot you as ~ as look at you** (*fam*) die würden dich abknallen, ohne mit der Wimper zu zucken *fam* ❹ (*rather*) lieber; **I'd ~er not speak to him** ich würde lieber nicht mit ihm sprechen

soon-to-be ['suːntəbiː] *adj attr, inv* künftige(r, s)

soot [sʊt] *n no pl* Ruß *m*

soothe [suːð] *vt* ❶ (*calm*) ■**to ~ sb/sth** jdn/etw beruhigen [*o* beschwichtigen] ❷ (*relieve*) **to ~ the pain** den Schmerz lindern

◆**soothe down** *vt* ■**to ~ down** ◯ **sb** jdn beruhigen [*o* beschwichtigen] [*o* besänftigen]

sooth·ing ['suːðɪŋ] *adj* ❶ (*calming*) beruhigend; **a nice ~ bath** ein schönes entspannendes Bad; **to have a ~ effect on sb** beruhigend auf jdn wirken; **~ rhetoric** besänftigende Worte, Beschwichtigungen *fpl* ❷ (*pain-relieving*) [Schmerz] lindernd; **~ balm** [*or* **ointment**] Schmerz lindernde Creme

sooth·ing·ly ['suːðɪŋli] *adv* beruhigend, besänftigend

sooth·say·er ['suːθˌseɪəʳ, AM -ɚ] *n* (*hist*) Wahrsager(in) *m(f)*

sooty ['sʊti, AM -t̬-] *adj* rußig, verrußt

sop [sɒp, AM sɑːp] **I.** *n* (*pej*) Beschwichtigungsmittel *nt;* **he gave some money to charity which was a ~ to his bad conscience** er spendete etwas Geld für wohltätige Zwecke, nur um sein Gewissen zu beruhigen **II.** *vt* ■**to ~ up** ◯ **sth** etw aufsaugen

SOP [ˌesoʊ'piː] *n* AM *no pl abbrev of* **standard operating procedure** übliches Prozedere

soph·ism ['sɒfɪzəm, AM 'sɑːf-] *n* (*form*) Sophismus *m geh*

soph·ist ['sɒfɪst, AM 'sɑːf-] *n* (*hist*) Sophist(in) *m(f) a. pej*

so·phist·ic(al) [sə(ʊ)'fɪstɪk(əl), AM sə'-] *adj* (*a. pej form*) sophistisch *a. pej geh,* haarspalterisch *pej*

so·phis·ti·cate [sə'fɪstɪkət, AM -təkɪt] *n* (*esp approv*) kultivierte Person

so·phis·ti·cat·ed [sə'fɪstɪkeɪtɪd, AM -təkeɪt̬ɪd] *adj* (*approv*) ❶ (*urbane*) [geistig] verfeinert, weltklug *selten;* (*cultured*) kultiviert, gebildet; *audience, readers* niveauvoll, anspruchsvoll; *restaurant* gepflegt; **~ wit** intellektueller Humor ❷ (*highly developed*) hoch entwickelt, ausgeklügelt; *method* raffiniert; (*complex*) *approach* differenziert

so·phis·ti·ca·tion [səˌfɪstɪ'keɪʃən, AM -tə'-] *n no pl* (*approv*) ❶ (*urbanity*) Kultiviertheit *f;* (*finesse*) Gepflegtheit *f,* Feinheit *f* ❷ (*complexity*) hoher Entwicklungsstand; **the ~ of computers is increasing** Computer werden technisch immer ausgefeilter

soph·ist·ry ['sɒfɪstri, AM 'sɑːf-] *n* (*form*) ❶ *no pl* (*pej: nitpicking*) Sophisterei *f pej geh* ❷ (*sophistical argument*) Augenwischerei *f*

sopho·more ['sɑːfəmɔːr] **I.** *n* AM (*in college*) Student(in) *m(f)* im zweiten Studienjahr; (*at high school*) Schüler(in) *m(f)* einer Highschool im zweiten Jahr **II.** *adj attr, inv* im zweiten Studienjahr *nach n* (*an einer Highschool bzw. Universität*); **~ year** zweites Studienjahr (*an einer Highschool bzw. Universität*)

sopo·rif·ic [ˌsɒpᵊrˈɪfɪk, AM ˌsɑːpəˈrɪf-] *adj* einschläfernd *a. fig;* **to have a ~ effect** eine einschläfernde Wirkung haben

sopo·ri·fi·cal·ly [ˌsɒpᵊrˈɪfɪkᵊli, AM ˌsɑːpəˈrɪf-] *adv* einschläfernd

sop·pi·ly [ˈsɒpɪli, AM ˈsɑːp-] *adv (fam)* [übertrieben] sentimental

sop·pi·ness [ˈsɒpɪnəs, AM ˈsɑːp-] *n no pl (fam)* [übertriebene] Sentimentalität, Gefühlsduselei *f pej fam*

sop·ping [ˈsɒpɪŋ, AM ˈsɑːp-] *(fam)* **I.** *adj* klatschnass *fam,* [völlig] durchnässt **II.** *adv inv* **~ wet** klatschnass *fam,* triefnass

sop·py [ˈsɒpi, AM ˈsɑːpi] *adj (fam)* [übertrieben] sentimental, gefühlsdus[e]lig *pej fam; story, film* schmalzig

so·pra·no [səˈprɑːnəʊ, AM -ˈprænoʊ] **I.** *n* ❶ *(vocal range)* Sopran *m* ❷ *(singer)* Sopranistin *f* **II.** *adj inv* Sopran-; **~ part/voice** Sopranpart *m*/-stimme *f* **III.** *adv inv* **to sing ~** Sopran singen

sor·bet [ˈsɔːbeɪ, AM ˈsɔːr-] *n* Sorbet[t] *nt, selten m;* **lemon ~** Zitronensorbet[t] *nt o selten m*

sor·cer·er [ˈsɔːsᵊrəʳ, AM ˈsɔːrsɚɚ] *n (esp liter)* Zauberer *m,* Magier *m,* Hexenmeister *m*

sor·cer·ess <*pl* -es> [ˈsɔːsᵊrɪs, AM ˈsɔːrsɚ-] *n (esp liter)* Zauberin *f,* Magierin *f*

sor·cery [ˈsɔːsᵊri, AM ˈsɔːrsɚi] *n no pl (esp liter)* Zauberei *f,* Magie *f,* Hexerei *f*

sor·did [ˈsɔːdɪd, AM ˈsɔːr-] *adj* ❶ *(dirty)* schmutzig; *(squalid)* schäbig; *apartment* verkommen, heruntergekommen ❷ *(pej: disreputable)* schmutzig *fig;* **all the ~ detail[s]** all die peinlichen Details

sor·did·ly [ˈsɔːdɪdli, AM ˈsɔːr-] *adv (pej)* schäbig

sor·did·ness [ˈsɔːdɪdnəs, AM ˈsɔːr-] *n no pl* ❶ *(dirtiness)* Schmutzigkeit *f;* *(squalidness)* Schäbigkeit *f,* Verkommenheit *f* ❷ *(pej: dishonourableness)* Schändlichkeit *f,* Schmutzigkeit *f fig*

sore [sɔːʳ, AM sɔːr] **I.** *adj* ❶ *(hurting)* schlimm, weh; *(through overuse)* wund [gescheuert], entzündet; **all the dust has made my eyes ~** von dem ganzen Staub brennen mir die Augen; **~ muscles** Muskelkater *m;* **~ nipples** wunde Brustwarzen; **~ point** *(fig)* wunder Punkt; **to be a ~ point with sb** jds wunder Punkt sein ❷ AM *(fam: annoyed)* verärgert, sauer *fam;* *(aggrieved)* verletzt; ■**to be** [*or* **feel**] **~ about sth** sich *akk* von etw *dat* betroffen fühlen; **to get ~ with sb** sich *akk* über jdn ärgern, auf jdn sauer sein *fam;* **~ loser** schlechter Verlierer/schlechte Verliererin ❸ *(liter: serious)* schwer; **to be in ~ need of sth** etw dringend benötigen, einer S. *gen* dringend bedürfen ▸ PHRASES: **sth stands** [*or* **sticks**] **out like a ~ thumb** etw fällt [unangenehm] ins Auge; **sb stands** [*or* **sticks**] **out like a ~ thumb** jd fällt [total] aus dem Rahmen **II.** *n* wunde Stelle; **running ~** eiternde [*o* nässende] Wunde; *(fig)* offener Skandal, ständiges Ärgernis; **to open** [*or* **reopen**] **an old ~** *(fig)* alte Wunden aufreißen

sore·head [ˈsɔːrhed] *n* AM *(fam)* Brummbär *m fam, a. hum,* mürrische Person

sore·ly [ˈsɔːli, AM ˈsɔːr-] *adv* sehr, arg; **to be ~ felt** schmerzlich zu spüren sein; **to be ~ missed** schmerzlich vermisst werden; **to be ~ needed** dringend benötigt werden; **to be ~ tempted to do sth** stark versucht sein, etw zu tun

sore·ness [ˈsɔːnəs, AM ˈsɔːr-] *n no pl* Schmerz *m*

sore ˈthroat *n* Halsschmerzen *mpl;* **to have a ~** Halsschmerzen haben

sor·ghum [ˈsɔːgəm, AM ˈsɔːr-] *n no pl* Sorghum *nt,* Sorghumhirse *f*

so·ror·ity [səˈrɔːrəṭi] *n* AM Studentinnenvereinigung *f*

so·ˈror·ity house *n* Haus *nt* der Studentinnenvereinigung

sor·rel [ˈsɒrᵊl, AM ˈsɔːr-] *n no pl* Sauerampfer *m,* Wiesenampfer *m*

sor·row [ˈsɒrəʊ, AM ˈsɑːroʊ] **I.** *n (form)* ❶ *(feeling)* Kummer *m,* Betrübnis *f,* Traurigkeit *f;* **more in ~ than in anger** mehr aus Kummer [*o* Betrübnis] als aus Zorn; **to feel ~ over** [*or* **at**] **sth** über etw *akk* traurig [*o* betrübt] sein; **to my ~** *(dated)* zu meinem größten Bedauern ❷ *(sad experience)* Leid *nt;* **it was a great ~ to us when ...** es war sehr schmerzlich für uns, als ... **II.** *vi* ■**to ~ over** [*or* **for**] **sb/sth** über jdn/etw betrübt [*o* traurig] sein

sor·row·ful [ˈsɒrə(ʊ)fᵊl, AM ˈsɑːrəfᵊl] *adj (form)* traurig, betrübt (**at** über +*akk*); **with a ~ sigh** mit einem schweren Seufzer

sor·row·ful·ly [ˈsɒrə(ʊ)fᵊli, AM ˈsɑːrəfᵊli] *adv (form)* traurig, betrübt

sor·row·ing [ˈsɒrəʊɪŋ, AM ˈsɑːroʊ-] *adj attr (liter)* trauernd

sor·ry [ˈsɒri, AM ˈsɑːri] **I.** *adj* ❶ *pred (regretful)* **I'm/she's ~** es tut mir/ihr leid; **say you're ~** sag, dass es dir leid tut; **you'll be ~** das wird dir noch leid tun; ■**to be ~ about** [*or* **for**] **sth** etw bedauern; **I'm ~ about the mix-up** ich möchte mich für das Durcheinander entschuldigen; **[I'm] ~ about that** ich bitte um Entschuldigung, das tut mir leid; ■**to be ~ [that] ...** bedauern, dass ...; **I'm only ~ that we can't stay for the final** es tut mir nur leid, dass wir nicht bis zum Finale bleiben können; **he began to feel ~ he had ever given the man the job** er fing an zu bereuen, dass er dem Mann den Job jemals gegeben hatte; **to say ~ [to sb]** sich *akk* [bei jdm] entschuldigen ❷ *pred (sad)* traurig; **we were ~ to hear [that] you've not been well** es tat uns leid, zu hören, dass es dir nicht gut ging; **most people, I'm ~ to say, give up within the first two weeks** die meisten Leute, das muss ich leider sagen, geben innerhalb der ersten beiden Wochen auf; ■**to be ~ for oneself** *(esp pej)* sich *akk* selbst bemitleiden; **he sounded very ~ for himself** er tat sich wohl selbst sehr leid; **sb feels** [*or* **is**] **~ for sb/sth** jd/etw tut jdm leid; **her mother's the one I feel ~ for!** um ihre Mutter tut es mir leid! ❸ *pred (polite preface to remark)* **I'm ~ [but] I don't agree** [es] tut mir leid, aber da bin ich anderer Meinung; **I'm ~, I think you have made a little mistake there** Entschuldigung, ich glaube, Sie haben da einen kleinen Fehler gemacht ❹ *attr (wretched)* traurig, armselig, jämmerlich; **~ figure** bedauernswerte [*o* armselige] Erscheinung; **to be in a ~ mess** in Schwierigkeiten stecken; **~ sight** bedauernswerter Anblick; **a ~ state of affairs** eine traurige Angelegenheit **II.** *interj* ❶ *(expressing apology)* ■**~!** Verzeihung!, Entschuldigung!; **~ for the inconvenience** entschuldige die Unannehmlichkeiten; **~, but I have to stop you there** es tut mir leid, aber ich muss Sie da unterbrechen ❷ *(prefacing refusal)* **~ you can't go in there** bedaure, aber Sie können da nicht hinein ❸ *esp* BRIT, AUS *(asking sb to repeat sth)* ■**~?** wie bitte?, Entschuldigung?

sort [sɔːt, AM sɔːrt] **I.** *n* ❶ *(type)* Sorte *f,* Art *f;* **what ~ of day did you have?** wie war dein Tag?; **what ~ of person is he/she?** was für ein Mensch ist er/sie?; **is there any ~ of food which you don't like?** gibt es irgendein Essen, das du nicht magst?; ■**to be sb's ~** *person* jds Typ sein *fam; thing* [nach] jds Geschmack sein; **I never thought he was her ~** ich hätte nie gedacht, dass er ihr Typ ist *fam;* **all ~s of people** alle möglichen Leute; **sb's favourite** [*or* AM **favorite**] **~** jds Lieblingssorte *f* ❷ *(fam: expressing vagueness)* **I had a ~ of feeling that ...** ich hatte so ein Gefühl, dass ...; **it's a ~ of machine for peeling vegetables and things** es ist so eine Art Maschine, mit der man Gemüse und anderes schälen kann ❸ *(person)* **she's a very generous ~ really** sie ist ein ausgesprochen großzügiger Mensch; **I know your ~!** Typen wie euch kenne ich [zur Genüge]! *fam;* **to be not the ~ to do sth** nicht der Typ [Mensch] sein, etw zu tun ▸ PHRASES: <u>**nothing**</u> **of the ~** nichts dergleichen; <u>**something**</u> **of the ~** so etwas in der Art; **it takes all ~s to make a <u>world</u>** *esp* BRIT *(prov)* es gibt solche und solche *fam;* <u>**of**</u> **~s** [*or* <u>**of**</u> **a ~**] eine Art von, so etw wie; **he's an artist of ~s** er nennt sich Künstler; **to be** [*or* **feel**] <u>**out**</u> **of ~s** *(not well, sick)* sich *akk* nicht fit fühlen, nicht ganz auf der Höhe [*o* auf dem Posten] sein *fam;* *(crotchety)* nicht besonders gut gelaunt sein **II.** *adv (fam)* ■**~ of** ❶ *(rather)* irgendwie; **that's ~ of difficult to explain** das ist nicht so einfach zu erklären; **it's getting ~ of late** es ist schon recht spät; **the walls were painted ~ of pink** die Wände waren in

S

einem Rosaton gestrichen ❷ (*not exactly*) mehr oder weniger, so ungefähr, sozusagen; **is he inviting you? – well, ~ of** lädt er dich ein? – mehr oder weniger **III.** *vt* ❶ (*classify*) ■**to ~ sth** etw sortieren; **I'm going to ~ these old books into those to be kept and those to be thrown away** ich sortiere diese Bücher nach solchen, die ich behalte und solchen, die ich wegwerfe; **to ~ the mail** die Post sortieren ❷ *usu passive* BRIT (*fam: restore to working order*) ■**to ~ sth** etw in Ordnung bringen; **can you ~ the car by tomorrow?** können Sie das Auto bis morgen reparieren? ▶PHRASES: **sth ~s the men from the boys** an etw *dat* zeigt sich, wer ein ganzer Kerl ist *fam* **IV.** *vi* ■**to ~ through sth** etw sortieren [*o* durchsehen]

◆**sort out** *vt* ❶ (*arrange*) ■**to ~ out** ⊂ **sth** etw ordnen [*o* sortieren]; (*choose, select*) etw aussuchen; (*for throwing or giving away*) etw aussortieren; **to ~ out one's priorities** seine Prioritäten [neu] setzen ❷ (*tidy up mess*) ■**to ~ out** ⊂ **sth** etw in Ordnung bringen; **will you please ~ your room out!** räum bitte dein Zimmer auf! ❸ (*resolve*) ■**to ~ out sth** etw klären [*o* regeln]; ■**to ~ out whether/how/what/who ...** klären [*o* regeln], ob/wie/was/wer ...; **to ~ out the details** die Details [ab]klären; **to ~ out initial difficulties** Anfangsschwierigkeiten beheben; **to ~ out a problem** ein Problem lösen ❹ (*help*) ■**to ~ out** ⊂ **sb** jdm [weiter]helfen; **to ~ oneself out** zur Ruhe kommen, seine Gedanken ordnen ❺ (*fam: beat up*) ■**to ~ sb out** jdm zeigen, wo es lang geht *fam*, sich *dat* jdn zur Brust nehmen [*o* vorknöpfen] *fam*

'sort code *n* FIN ≈ Bankleitzahl *f*

sort·ed ['sɔːtɪd] *adj pred* BRIT (*sl*) ❶ (*arranged*) erledigt; ■**to get sth ~** etw geregelt [*o* auf die Reihe] bekommen *fam* ❷ *usu pred* (*stoned on drugs*) ■**to get ~** sich *akk* volldröhnen lassen *sl*

sort·er ['sɔːtəʳ, AM 'sɔːrt̬ɚ] *n* ❶ AM (*postal employee*) Sortierer(in) *m(f)* ❷ (*machine*) Sortiermaschine *f*; **grain ~** [Getreide]trieur *m*

sor·tie ['sɔːtiː, AM 'sɔːrt̬i] *n* ❶ MIL Ausfall *m*; (*flight*) Einsatz *m* ❷ BRIT (*fam: short trip*) [kurzer] Abstecher [*o* Ausflug]; **to make a ~ into town** einen kurzen Abstecher in die Stadt machen ❸ BRIT (*fam: attempt*) Versuch *m*, Anlauf *m fig*

sort·ing ['sɔːtɪŋ, AM 'sɔːrt̬-] *n no pl* Sortieren *nt* (*der Post*)

'sort·ing code *n* FIN ≈ Bankleitzahl *f* **'sort·ing of·fice** *n* Sortierstelle *f*; (*central office*) Verteilerpostamt *f* **sort·ing-'out** *n* AM (*fam*), **'sort-out** *n* BRIT (*fam*) Aufräumaktion *f*; **this cupboard needs a ~** dieser Schrank muss mal gründlich aufgeräumt werden

SOS [ˌesəʊ'es, AM -oʊ'-] *n* SOS *nt*; (*fig*) Hilferuf *m*; **to send an ~** SOS funken

SO'S call *n*, **SO'S mes·sage** *n* SOS-[Not]ruf *m*; (*fig*) Hilferuf *m*

so-so ['səʊsəʊ, AM 'soʊsoʊ] (*fam*) **I.** *adj inv* so lala *präd fam*, mittelprächtig *hum fam* **II.** *adv inv* so lala *fam*

sot [sɒt, AM sɑːt] *n* (*pej*) Trunkenbold *m pej*

sot·tish ['sɒtɪʃ, AM 'sɑːt-] *adj* (*pej*) versoffen *pej sl*

sot·to voce [ˌsɒtəʊ'vəʊtʃeɪ, AM ˌsɑːt̬oʊ'voʊ-] (*form*) **I.** *adj* ❶ (*speaking very quietly*) leise, gedämpft; **~ comment** kaum hörbarer Kommentar; **in a ~ voice** mit gedämpfter Stimme ❷ MUS sotto voce **II.** *adv* ❶ (*quietly*) leise, mit gedämpfter Stimme ❷ MUS sotto voce

sou [suː] *n no pl* (*fam*) Sou *m*; **to not have a ~** keinen roten Heller besitzen *fam*

sou·bri·quet *n* (*form*) *see* **sobriquet**

souf·flé ['suːfleɪ, AM suː'fleɪ] *n* Soufflé *nt*, Soufflee *nt*

sough [saʊ] *vi* rauschen

sought [sɔːt, AM sɑːt] *pt, pp of* **seek**

'sought-after *adj* begehrt; **much ~** heiß begehrt *fam*

soul [səʊl, AM soʊl] **I.** *n* ❶ (*spirit*) Seele *f*; **her ~ is now at peace** ihre Seele ruht nun in Frieden; **to pray for sb's ~** für jds Seele beten; **to sell one's ~ [to sb]** seine Seele [an jdn] verkaufen ❷ *no pl* (*approv: profound feeling*) Seele *f*, Gefühl *nt*; **her paintings lack ~** ihre Bilder wirken [kalt und] seelenlos ❸ (*person*) Seele *f fig*; **a town of five thousand ~s** eine Stadt mit fünftausend Seelen; **not a ~** keine Menschenseele ❹ (*essence*) **to be the ~ of discretion/honesty** die Verschwiegenheit/die Ehrlichkeit in Person sein ❺ *no pl* MUS Soul *m* ❻ AM (*black culture*) *Anerkennung der afroamerikanischen Kultur;* **to have got ~** *sich als Afroamerikaner der afroamerikanischen Kultur bewusst sein* ▶PHRASES: **to throw oneself <u>body</u> and ~ into sth** sich *akk* etw *dat* mit Leib und Seele widmen; **<u>upon</u> my ~!** (*dated*) meiner Treu! *veraltet* **II.** *adj attr, inv* AM (*relating to black Americans*) *sich auf die afroamerikanische Kultur beziehend;* **~ cooking** [*or* **food**] die traditionelle afroamerikanische Küche

'soul broth·er *n* ❶ (*black male*) Schwarzer *m* ❷ (*close friend*) Seelenbruder *m* **'soul-de·stroy·ing** *adj esp* BRIT (*pej*) nervtötend *pej*; *work* geisttötend *pej*; (*destroying sb's confidence*) zermürbend

soul·ful ['səʊlfᵊl, AM 'soʊl-] *adj* gefühlvoll

soul·ful·ly ['səʊlfᵊli, AM 'soʊl-] *adv* gefühlvoll

soul·ful·ness ['səʊlfᵊlnəs, AM 'soʊl-] *n no pl* gefühlsbetonter Charakter

soul·less ['səʊlləs, AM 'soʊl-] *adj* (*pej*) seelenlos; *building, town, person* kalt; (*dull*) öde

soul·less·ly ['səʊlləsli, AM 'soʊl-] *adv* (*pej*) gefühllos

soul·less·ness ['səʊlləsnəs, AM 'soʊl-] *n* (*pej*) Gefühllosigkeit *f*

'soul mate *n* Seelenverwandte(r) *f(m)*, Gleichgesinnte(r) *f(m)*

'soul mu·sic *n* Soulmusik *f*, Soul *m*

soul-scar·ring ['səʊlˌskɑːrɪŋ, AM 'soʊl-] *adj* (*fam*) verletzend *attr*; **it was a ~ experience** die Erfahrung hat tiefe Narben hinterlassen **'soul-search·ing** *n no pl* Prüfung *f* des Gewissens; **after much ~** nach eingehender Prüfung des [eigenen] Gewissens **'soul sis·ter** *n* ❶ AM (*female black*) Schwarze *f* ❷ (*close friend*) ≈ Seelenverwandte *f* **'soul-stir·ring** *adj* aufwühlend, bewegend

sound¹ [saʊnd] *n* (*sea channel*) Meerenge *f*, Sund *m*; (*inlet*) Meeresarm *m*; **Plymouth ~** Bucht *f* von Plymouth

sound² [saʊnd] **I.** *n* ❶ (*noise*) Geräusch *nt*; (*musical tone*) *of a bell* Klang *m*; (*verbal, TV, film*) Ton *m*; **we heard the ~ of someone climbing the stairs** wir hörten, wie jemand die Treppe hinaufging; **there wasn't a ~ to be heard** es war nicht das geringste Geräusch zu hören; **not a ~ escaped her lips** ihre Lippen waren fest versiegelt; **we heard the ~ of voices on the terrace** wir hörten Stimmen auf der Terrasse; **to like the ~ of one's own voice** sich *akk* selbst gern[e] reden hören; **a knocking ~** Klopfgeräusch *nt*; **to make a ~** einen Laut [*o* Ton] von sich *dat* geben; **don't make a ~!** sei still! ❷ LING Laut *m* ❸ *no pl* PHYS Schall *m*; **speed of ~** Schallgeschwindigkeit *f* ❹ *no pl* RADIO, TV (*volume*) Ton *m*; **the ~ of the TV was very loud** der Fernseher war sehr laut; **to turn the ~ down/up** den Ton leiser/lauter stellen; **~ interference** Tonstörung *f* ❺ *no pl* (*on film*) Sound *m*; **who did the ~ on that commercial?** wer hat die Musik zu diesem Werbespot geschrieben? ❻ (*characteristic of musicians' style*) Sound *m*; **the ~ of the eighties** der Sound der Achtziger ❼ *no pl* (*impression*) **I don't like the ~ of it** das klingt gar nicht gut; **by** [*or* **from**] **the ~ of it** so wie sich das anhört **II.** *n modifier* ❶ MEDIA (*assistant, mixer, specialist*) Ton- ❷ PHYS (*spectrograph, velocity*) Schall- **III.** *vi* ❶ (*resonate*) erklingen; *alarm* ertönen; *alarm clock* klingeln; *bell* läuten ❷ (*fam: complain*) ■**to ~ off** herumtönen; ■**to ~ off about sth/sb** sich *akk* [lauthals] über etw/jdn auslassen ❸ + *adj* (*seem*) klingen, sich *akk* anhören; **he ~s Canadian** er hört sich wie ein Kanadier an; **I know it ~s silly but ...** ich weiß, es klingt albern, aber ...; **it ~s to me like a case of homesickness** für mich klingt das nach Heimweh; **they ~ like just the sort of people we're looking for** das klingt, als sei das genau die Art von Leuten, nach denen wir suchen; **it ~s to me from the rumours that ...** den Gerüchten nach zu urteilen scheint es fast so, als ...;

that ~s good [das] klingt gut; that ~s fun das hört sich nach Spaß an; to ~ as though [*or* if] ... so klingen [*o* sich *akk* anhören], als ob ... **IV.** *vt* ❶ (*produce sound from*) **to ~ the alarm** den Alarm auslösen; **to ~ the bell** die Glocke läuten; **to ~ the buzzer** den Summer betätigen; **to ~ the death-knell for sth** (*fig*) etw *dat* den Todesstoß versetzen; **to ~ the [car] horn** hupen; **to ~ the gong** den Gong schlagen; **to ~ the retreat** MIL zum Rückzug blasen; **the siren was being ~ed** die Sirene ging los ❷ LING ■**to ~ sth: the 'b' in the word 'plumb' is not ~ed** das ‚b' in dem Wort ‚plumb' wird nicht ausgesprochen

sound³ [saʊnd] **I.** *adj* ❶ (*healthy*) gesund; (*in good condition*) intakt, in gutem Zustand; **as ~ as a bell** (*fam*) völlig intakt, in einwandfreiem Zustand; *animal, person* kerngesund; **to be of ~ mind** bei klarem Verstand sein ❷ (*trustworthy*) solide, verlässlich; (*reasonable*) vernünftig; **~ advice** guter Rat; **~ argument** schlagendes Argument; **~ basis** solide [*o* vernünftige] Basis; **~ economy** gesunde Wirtschaft; **to have a ~ grasp of the subject** über ein eingehendes Verständnis des Themas verfügen; **~ investment** kluge Investition; **a person of ~ judgement** ein Mensch *m* mit einem guten Urteilsvermögen; **~ knowledge** fundiertes Wissen; **~ method** wirksame Methode; **to have ~ views on sth** vernünftige Ansichten über etw *akk* vertreten; **environmentally ~** umweltfreundlich; ■**to be ~ on sth** in etw *dat* versiert sein ❸ (*severe*) **~ defeat** [*or* **thrashing**] schwere Niederlage; **to give sb a ~ thrashing** jdm eine ordentliche Tracht Prügel verpassen ❹ (*undisturbed*) **~ sleep** tiefer [*o* fester] Schlaf; **to be a ~ sleeper** einen gesunden Schlaf haben **II.** *adv* **to be ~ asleep** tief [und fest] schlafen

sound⁴ [saʊnd] *vt* NAUT ■**to ~ sth** etw [aus]loten

◆**sound out** *vt* ■**to ~ out** ⊃ **sb** bei jdm vorfühlen [*o fam* auf den Busch klopfen]; (*ask*) bei jdm anfragen; **I just wanted to ~ you out about Alice Bates** ich wollte nur mal Ihre Meinung über Alice Bates hören; **to ~ out public opinion** die öffentliche Meinung sondieren

'sound ar·chives *npl* Tonarchiv *nt* **'sound bar·ri·er** *n* Schallmauer *f;* **to break the ~** die Schallmauer durchbrechen **'sound·bite** *n* prägnanter Ausspruch (*eines Politikers*) **'sound·board** *n* MUS Resonanzboden *m* **'sound·box** *n* Resonanzkörper *m,* Schallkörper *m* **'sound card** *n* COMPUT Soundkarte *f* **'sound·check** *n* Tonprobe *f,* Soundcheck *m* **'sound ef·fect** *n* Geräuscheffekt *m,* Toneffekt *m* **'sound en·gi·neer** *n* Toningenieur(in) *m(f)* **'sound film** *n* Tonfilm *m*

sound·ing ['saʊndɪŋ] *n usu pl* NAUT [Aus]loten *nt,* Lotung *f;* **to take ~s** Lotungen vornehmen, loten; **to make** [*or* **take**] **~s** (*fig*) sondieren *fig*

'sound·ing board *n* ❶ (*resonator*) Resonanzboden *m* ❷ (*fig*) *Gruppe von Testpersonen für eine erste Meinungssondierung;* **she would often use her family as a ~ for new recipes** sie pflegte neue Rezepte erst einmal an ihrer Familie auszuprobieren

sound·less ['saʊndləs] *adj* lautlos, geräuschlos

sound·less·ly ['saʊndləsli] *adv* lautlos, geräuschlos

sound·ly ['saʊndli] *adv* ❶ (*thoroughly*) gründlich, ordentlich; (*clearly*) eindeutig, klar; (*severely*) schwer *fam,* gehörig *fam;* **to be ~ defeated** vernichtend [*o* klar] geschlagen werden ❷ (*reliably*) fundiert *geh;* **to be ~ based** auf einer soliden Basis beruhen ❸ (*deeply*) **to sleep ~** fest [*o* tief] schlafen

sound·ness ['saʊndnəs] *n no pl* Solidität *f geh,* Verlässlichkeit *f,* Zuverlässigkeit *f;* **the ~ of sb's judgement** jds gutes Urteilsvermögen

sound 'prac·tice *n* vernünftige Vorgehensweise **'sound·proof** **I.** *adj* schalldicht, schallisoliert **II.** *vt* ■**to ~ sth** etw schallisolieren [*o* schalldicht machen] **'sound·proof·ing** *n no pl* Schallisolierung *f* **'sound re·cord·ing** *n* Tonaufnahme *f,* Tonaufzeichnung *f* **'sound re·pro·duc·tion** *n* Tonwiedergabe *f,* Klangwiedergabe *f* **'sound shift** *n* LING Lautverschiebung *f* **'sound·stage** ['saʊndsteɪdʒ] *n* Fernsehbühne *f* **'sound sys·tem** *n* Hi-Fi-Anlage *f,* Stereoanlage *f* **'sound·track** *n* ❶ (*on film*) Tonspur *f* ❷ (*film music*) Filmmusik *f,* Soundtrack *m* **'sound wave** *n* Schallwelle *f*

soup [su:p] **I.** *n* ❶ (*fluid food*) Suppe *f;* **oxtail/vegetable ~** Ochsenschwanz-/Gemüsesuppe *f;* **packet ~** Tütensuppe *f,* Packerlsuppe *f* ÖSTERR; **clear ~** klare Brühe [*o* ÖSTERR Suppe]; **home-made ~** selbst gemachte Suppe; **instant ~** Fertigsuppe *f;* **thick ~** angedickte Suppe ❷ PHYS (*fig*) **cosmic ~** Urschlamm *m* ❸ *esp* AM (*fig: fog*) Suppe *f fig* ▶ PHRASES: **to be in the ~** (*fam or dated*) in der Patsche sitzen *fam* **II.** *vt* (*fam*) **to ~ up** ⊃ **a car/an engine** ein Auto/einen Motor frisieren *fam*

'soup bowl *n* Suppentasse *f*

soup·çon ['su:psɔ̃:(ŋ), AM su:p'sɔ̃ʊn] *n no pl* Spur *f,* Hauch *m;* **a ~ of garlic** eine Spur Knoblauch; **a ~ of irony** ein Anflug *m* von Ironie; **a ~ of wine** ein kleiner Schuss Wein

souped-up *adj attr* aufgemöbelt *fam,* aufgemotzt *fam; auto, engine* frisiert *fam;* **~ version** aufpolierte Version *fam* **'soup kit·chen** *n* Armenküche *f,* Suppenküche *f* **'soup plate** *n* Suppenteller *m* **'soup spoon** *n* Suppenlöffel *m* **'soup tu·reen** *n* Suppenterrine *f,* Suppenschüssel *f*

sour ['saʊəʳ, AM -ɚ] **I.** *adj* ❶ (*in taste*) sauer; **~ milk** saure Milch; **~ taste** säuerlicher Geschmack; **to go** [*or* **turn**] **~** sauer werden ❷ (*fig: bad-tempered*) griesgrämig, missmutig; (*embittered*) verbittert; **~ look** saure Miene, säuerlicher Blick; **~ note** bitterer Beigeschmack; **sth goes** [*or* **turns**] **~ on sb** jd verliert die Lust an etw *dat* ▶ PHRASES: **it's ~ grapes** die Trauben hängen zu hoch *fig* **II.** *n esp* AM *saures, alkoholisches Getränk;* **whisky ~** Whisky *m* mit Zitrone **III.** *vt* ❶ (*give sour taste*) ■**to ~ sth** etw sauer machen [*o* säuern] ❷ (*fig: make unpleasant*) etw trüben [*o* beeinträchtigen]; **his tactless remark ~ed the atmosphere** seine taktlose Bemerkung ruinierte die Stimmung **IV.** *vi* ❶ (*become sour*) sauer werden ❷ (*fig*) getrübt [*o* beeinträchtigt] werden

source [sɔ:s, AM sɔ:rs] **I.** *n* ❶ (*origin*) Quelle *f;* (*reason*) Grund *m* (**of** für +*akk*); **oranges are a good ~ of Vitamin C** Orangen sind reich an Vitamin C; **to be a ~ of disappointment/ embarrassment to sb** jdn ständig enttäuschen/in Verlegenheit bringen; **energy/light ~** Energie-/Lichtquelle *f;* **a ~ of inspiration** eine Quelle der Inspiration *geh;* **to be a ~ of pride for sb** jdn stolz machen; **to trace sth back to its ~** etw an seinen Ursprung zurückverfolgen; **to track down** [*or* **trace**] **the ~ of sth** den Ursprung einer S. *gen* zurückverfolgen, die Ursache einer S. *gen* ausfindig machen; **at ~** an der Quelle; **tax deducted at ~** BRIT, AUS FIN Quellensteuer *f;* **to tax at ~** Quellensteuer erheben ❷ (*of information*) [Informations]quelle *f;* ■**~s** *pl* LIT (*for article, essay*) Quellen[angaben] *fpl,* Literaturangaben *fpl;* **primary/secondary ~s** Primär-/ Sekundärliteratur *f;* **to list** [*or* **acknowledge**] **one's ~s** Quellenangaben machen, die [verwendete] Literatur angeben ❸ *usu pl* (*person*) Quelle *f;* **according to Government ~s** wie in [*o* aus] Regierungskreisen verlautete; **from a reliable ~** aus zuverlässiger Quelle; **well-informed ~s** gut unterrichtete Kreise [*o* informierte Quellen]; **to disclose** [*or* **reveal**] [*or* **identify**] **one's ~s** seine Quellen preisgeben ❹ (*spring*) Quelle *f* **II.** *vt usu passive* ■**to be ~d** ❶ (*have origin stated*) belegt sein; **the quoted results weren't ~d** zu den zitierten Ergebnissen fehlten die Quellenangaben; ■**to ~ sth** [**to sb**] auf jdn zurückgehen ❷ ECON (*be obtained*) stammen; **the produce used in our restaurant is very carefully ~d** die in unserem Restaurant verwendeten Produkte werden sorgfältig nach ihrer Herkunft ausgewählt

'source code *n* COMPUT Quellcode *m,* Source Code *m fachspr* **'source disk** *n* COMPUT Quelldiskette *f* **'source docu·ment** *n* Quelle *f* **'source file** *n* COMPUT Ursprungsdatei *f* **'source lan·guage** *n* Ausgangssprache *f* **'source ma·terial** *n no pl* Quellenmaterial *nt*

sourc·ing ['sɔ:sɪŋ, AM 'sɔ:rs-] *n* ❶ (*study of sources*) Quellenarbeit *f,* Quellenstudium *nt* ❷ (*econ*) Ermitteln *nt*

sour 'cream *n* Sauerrahm *m,* saure Sahne **'sour·dough** *n no*

pl Sauerteig *m;* ~ **bread** Sauerteigbrot *nt*
soured cream *n* BRIT Sauerrahm *m,* saure Sahne
sour·ly ['saʊəli, AM -əli] *adv* (*fig*) griesgrämig *fam,* missmutig
sour·ness ['saʊənəs, AM -ɚ-] *n no pl* ❶ (*acidity*) Säuerlichkeit *f,* saurer Geschmack ❷ (*fig: churlishness*) Griesgrämigkeit *f,* Missmutigkeit *f;* **to have a note of ~ in one's voice** einen bitteren Unterton in seiner Stimme haben
sour·puss <*pl* -es> ['saʊəpʊs, AM -ɚ-] *n* (*fam*) Miesepeter *m pej fam,* Griesgram *m pej*
sou·sa·phone ['su:zəfəʊn, AM -foʊn] *n* Sousaphon *nt*
souse [saʊs] *vt* ❶ (*drench*) ■**to ~ sb/sth [in/with sth]** jdn/etw [mit etw *dat*] übergießen ❷ (*pickle*) ■**to ~ sth** etw einlegen [*o* marinieren]
soused [saʊst] *adj inv* ❶ (*marinated*) eingelegt ❷ (*drenched*) durchnässt ❸ (*sl or dated: very drunk*) sturzbetrunken *fam,* [sternhagel]voll *fam*
south [saʊθ] **I.** *n no pl* ❶ (*compass direction*) Süden *m;* **Canberra lies to the ~ of Sydney** Canberra liegt südlich von Sydney; **the ~ of England** der Süden von England, Englands Süden; **in the ~ of France** in Südfrankreich ❷ BRIT ■**the S~** (*the Third World*) die Dritte Welt ❸ HIST (*southern American states*) ■**the S~** die Südstaaten *pl* **II.** *adj* (*opposite of north*) Süd-, südlich; **on the ~ coast** an der Südküste; **on the ~ side** auf der Südseite; **on the ~ side of the town** im Süden der Stadt **III.** *adv* ❶ (*toward the south*) **my room faces ~** mein Zimmer ist nach Süden ausgerichtet; **due ~** direkt nach Süden; **to drive** [*or* **travel**] **~** Richtung Süden [*o* südwärts] fahren ❷ BRIT (*fam: to south England*) nach Südengland; **I've moved down ~** ich bin in den Süden umgezogen
South 'Af·ri·ca *n* Südafrika *nt* **South 'Af·ri·can I.** *adj* südafrikanisch **II.** *n* Südafrikaner(in) *m(f)* **South A'meri·ca** *n* Südamerika *nt* **South A'meri·can I.** *adj* südamerikanisch **II.** *n* Südamerikaner(in) *m(f)* **'south·bound** *adj inv* [in] Richtung Süden; **~ passengers** Richtung Süden reisende Passagiere; **~ train** Zug *m* in Richtung Süden **south-'east I.** *n no pl* Südosten *m;* **in the ~** im Südosten; **the ~ of England** der Südosten Englands **II.** *adj inv* Südost-, südöstlich; **~ Asia** Südostasien *nt;* **~ wind** Südostwind *m,* Wind *m* aus südöstlicher Richtung **III.** *adv inv* südostwärts, nach Südosten **south-'east·er** *n* Südostwind *m;* NAUT Südost *m kein pl* **south-'east·er·ly** *adj inv* südöstlich **south-'east·ern** *adj inv* südöstlich **south-'east·ward(s)** *inv* **I.** *adj* südostwärts *präd;* **in a ~ direction** in südöstlicher Richtung **II.** *adv* südostwärts *präd,* nach Südosten *nach n*
south·er·ly ['sʌðəli, AM -əli] **I.** *adj* südlich; **in a ~ direction** in südlicher Richtung; **the most ~ place** der südlichste Punkt; **~ wind** Wind *m* aus südlicher Richtung, Südwind *m* **II.** *adv* südlich; (*going south*) südwärts; (*coming from south*) von Süden **III.** *n* Südwind *m;* NAUT Süd *m kein pl*
south·ern ['sʌðən, AM -ɚn] *adj* südlich, Süd-; **~ England** Südengland *nt;* **~ motorway** Autobahn *f* nach Süden
South·ern 'Cross *n* ASTRON Kreuz *nt* des Südens, Südliches Kreuz
south·ern·er ['sʌðənəʳ, AM -ɚnɚ] *n* **to be a ~** aus dem Süden kommen; AM ein Südstaatler sein
south·ern 'hemi·sphere *n* **the ~** die südliche [Erd]halbkugel **south·ern 'lights** *npl* Südlicht *nt kein pl* **south·ern·most** *adj* ■**the ~ ...** der/die/das südlichste ...
south-'fac·ing *adj* nach Süden gelegen [*o* zeigend] [*o* ausgerichtet]; **~ wall** Südwand *f* **'south·paw** *n* AM SPORTS (*fam*) Linkshänder(in) *m(f)* **South 'Pole** *n* Südpol *m* **south·ward(s)** *inv* **I.** *adj* südlich; **in a ~ direction** in Richtung Süden **II.** *adv* südwärts, nach [*o* [in] Richtung] Süden **south-'west I.** *n no pl* Südwesten *m* **II.** *adj inv* südwestlich, Südwest- **III.** *adv inv* südwestwärts, nach Südwesten **south-'west·er** *n* Südwestwind *m;* NAUT Südwest *m kein pl* **south-'west·er·ly I.** *adj* südwestlich, Südwest- **II.** *adv* südwestlich, nach Südwesten **south-'west·ern** *adj inv* südwestlich **south-'west·ward(s) I.** *adj* südwestlich; **~ migration** Zug *m* in südwestliche Richtung [*o* nach Südwesten] **II.** *adv* südwestlich, nach Südwesten **'south wind** *n* Südwind *m;* NAUT Süd *m kein pl*
sou·ve·nir [ˌsu:vᵊn'ɪəʳ, AM -'nɪr] *n* Andenken *nt,* Souvenir *nt* (**of** an +*akk*); **tourist ~** Reiseandenken *nt*
sou·ve·'nir hunt·er *n* Souvenirjäger(in) *m(f)* **sou·ve·'nir shop** *n* Souvenirladen *m*
sou'west·er [ˌsaʊ'westəʳ, AM -ɚ] *n* ❶ (*wind*) Südwest *m poet o fachspr,* Südwestwind *m* ❷ (*hat*) Südwester *m*
sov·er·eign ['sɒvᵊrɪn, AM 'sɑ:vrən] **I.** *n* ❶ (*ruler*) Herrscher(in) *m(f),* Souverän *m veraltend* ❷ (*hist: British coin*) Zwanzigshillingmünze *f* **II.** *adj attr, inv* ❶ (*chief*) höchste(r, s), oberste(r, s); **~ power** Hoheitsgewalt *f* ❷ (*thorough*) uneingeschränkt, tiefste(r, s); **~ contempt** tiefste Verachtung ❸ POL (*independent*) *state* souverän ❹ (*good*) **~ remedy** Allheilmittel *nt*
sov·er·eign 'good *n no pl* ■**the ~** die Oberhoheit **sov·er·eign 'rights** *npl* Hoheitsrechte *ntpl* **sov·er·eign 'ter·ri·tory** *n* Hoheitsgebiet *nt*
sov·er·eign·ty ['sɒvrᵊnti, AM 'sɑ:v-] *n* ❶ *no pl* (*supremacy*) höchste Gewalt, Oberhoheit *f;* (*right of self-determination*) Souveränität *f,* Eigenstaatlichkeit *f;* **to have ~ over sb/sth** oberste Herrschaftsgewalt über jdn/etw besitzen ❷ (*independent state*) souveräner Staat
'sov·er·eign·ty as·so·cia·tion *n* CAN *geplante wirtschaftliche und politische Beziehungen zwischen einem unabhängigen Québec und den Rest Kanadas*
so·vi·et ['səʊviət, AM 'soʊ-] *n* (*hist*) Sowjet *m hist*
So·vi·et ['səʊviət, AM 'soʊ-] (*hist*) **I.** *n* Sowjetbürger, -in *m, f hist;* ■**the ~s** *pl* die Sowjets *pl hist;* **the Supreme ~** der Oberste Sowjet *hist* **II.** *adj attr, inv* sowjetisch, Sowjet- *hist*
So·vi·et 'bloc *n no pl* (*hist*) ■**the ~** der Sowjetblock *hist* **So·vi·et 'Un·ion** *n no pl* (*hist*) ■**the ~** die Sowjetunion *hist*
sow[1] <sowed, sown *or* sowed> [səʊ, AM soʊ] **I.** *vt* ■**to ~ sth** ❶ (*plant*) etw säen; MIL *mines* etw legen; **we'll ~ this field with barley** auf diesem Feld werden wir Gerste säen; **to ~ seeds** Samen aussäen ❷ (*fig: cause*) etw säen *fig;* **to ~ dissension** Meinungsverschiedenheiten verursachen; **to ~ doubts [in sb's mind]** Zweifel [in jdm] wecken; **to ~ suspicion** Misstrauen wecken; **to ~ terror** panische Angst hervorrufen ▸PHRASES: **to ~ the seeds of discord/hatred** Zwietracht/Hass säen; **he's ~n the seeds of his own downfall** er hat sich selbst das Wasser abgegraben; **to ~ one's wild oats** sich *dat* die Hörner abstoßen **II.** *vi* säen; **when is the best time to ~?** wann ist die beste Zeit der Aussaat? ▸PHRASES: **as you ~, so you reap** (*prov*) was du säst, das wirst du ernten *prov*
sow[2] [saʊ] *n* ❶ (*pig*) Sau *f* ❷ TECH (*block*) Massel *f fachspr;* (*trough*) Kokille *f fachspr*
sow·er ['səʊəʳ, AM 'soʊɚ] *n* (*a. fig*) Sämann, -frau *m, f a. fig,* Säer(in) *m(f) selten;* **she is a ~ of hatred** sie sät Hass
sow·ing ['səʊɪŋ, AM 'soʊ-] *n no pl* Aussaat *f;* (*action also*) [Aus]säen *f*
'sow·ing ma·chine *n* Sämaschine *f* **'sow·ing time** *n* Saatzeit *f*
sown [səʊn, AM soʊn] *vt, vi pp of* **sow**[1]
sox [sɒks, AM sɑ:ks] *npl* (*fam*) Socken *fpl*
soy [sɔɪ] AM, **soya** ['sɔɪə] BRIT **I.** *n no pl* Soja *f* **II.** *n modifier* Soja-
'soya bean *n* Sojabohne *f* **soya 'bean curd** *n,* **'soya curd** *n no pl* Sojaquark *m* **'soya flour** *n no pl* Sojamehl *nt* **'soya milk** *n no pl* Sojamilch *f* **'soya oil** *n no pl* Sojaöl *nt* **soya 'sauce** *n esp* BRIT Sojasoße *f*
'soy·bean *n esp* AM Sojabohne *f* **soy 'sauce** *n esp* AM Sojasoße *f*
soz·zled ['sɒzl̩d, AM 'sɑ:-] *adj pred* (*fam*) beschwipst, besoffen *fam;* **to get ~** sich *akk* besaufen *fam*
spa [spɑ:] *n* ❶ (*spring*) Heilquelle *f* ❷ (*place*) [Bade]kurort *m,* Bad *nt* ❸ AM (*health centre*) Heilbad *nt*
'spa bath *n* Mineralbad *nt*

space [speɪs] **I.** *n* ① *no pl* (*expanse*) Raum *m;* **outside ~ and time** außerhalb von Raum und Zeit ② (*gap*) Platz *m;* (*between two things*) Zwischenraum *m;* **parking ~** Parkplatz *m,* Parklücke *f* ③ *no pl* (*vacancy*) Platz *m,* Raum *m;* **storage ~** Stauraum *m;* **empty ~** [freier] Platz; **to leave** [*or* **save**] **~ for sb/sth** Platz für jdn/etw lassen; **to take up ~** Platz einnehmen ④ (*seat*) [Sitz]platz *m* ⑤ *no pl* (*country*) Land *nt;* (*bigger extent*) Fläche *f;* **wide open ~** das weite, offene Land ⑥ *no pl* (*premises*) Fläche *f;* (*for living*) Wohnraum *m;* **prime office ~** Hauptbüroräume *mpl;* **commercial ~** Gewerbefläche *f* ⑦ *no pl* (*cosmos*) Weltraum *m;* **the first person to go into ~** der erste Mensch im Weltraum; ■**in ~** im Weltraum; **outer ~** Weltall *nt,* Weltraum *m* ⑧ *no pl* (*interim*) Zeitraum *m;* **during** [*or* **in**] [*or* **within**] **the ~ of four hours** innerhalb von vier Stunden; **in** [*or* **within**] **a short ~ of time** in kurzer Zeit ⑨ (*blank*) Platz *m; for a photo* freie Stelle; TYPO (*between words*) Zwischenraum *m,* Spatium *nt fachspr;* **blank ~** Lücke *f;* **~ between the lines** Abstand *m* zwischen den Zeilen, Durchschuss *m fachspr* ⑩ *no pl* MEDIA (*for report*) Raum *m;* **advertising ~** Reklamefläche *f;* (*in newspaper*) Anzeigenfläche *f* ⑪ *no pl* (*fig: freedom*) [Frei]raum *m,* Freiheit *f;* **breathing ~** (*fig*) Atempause *f;* **to give sb ~ to develop his/her own life** jdm Freiraum für die eigene Entwicklung lassen ▶ PHRASES: **to gaze** [*or* **stare**] **into ~** ins Leere starren **II.** *vt see* **space out I.**

◆**space out I.** *vt* ■**to ~ out** ↔ **sth** ① (*position at a distance*) etw in Abständen verteilen; **they've ~d out their family well** sie haben ihre Kinder in vernünftigen Zeitabständen bekommen; **to ~ out a payment over two years** eine Rechnung innerhalb von zwei Jahren [nach und nach] abbezahlen; **to be evenly ~d out** gleichmäßig verteilt sein ② TYPO (*put blanks*) *page* etw auseinanderschreiben [*o fachspr* spationieren]; **that page looks badly ~d out** die Aufteilung dieser Seite ist sehr schlecht; **the letter has to be evenly ~d out** die Zeilenabstände des Briefes müssen regelmäßig sein ③ AM (*sl: forget*) etw verpennen *fam* ④ *usu passive* (*sl*) ■**to be ~d out** (*in excitement*) geistig weggetreten sein *fam;* (*scatter-brained*) schusselig sein *fam;* (*drugged*) high sein *fam* **II.** *vi* AM (*sl*) *person* Löcher in die Luft starren

'space age *n no pl* ■**the ~** das Weltraumzeitalter **'space-age** *adj attr* Weltraum-; **~ technology** Weltraumtechnologie *f* **'space bar** *n* Leertaste *f* **'space blan·ket** *n* Rettungsdecke *f* **'space ca·det** *n* ① (*astronaut*) Astronaut(in) *m(f)* ② (*sl: drug addict*) Druggie *m sl* **'space cap·sule** *n* Weltraumkapsel *f* **'space cen·ter** AM, **'space cen·tre** *n* Weltraumzentrum *nt* **'space·craft** <*pl* -> *n* Raumfahrzeug *nt;* **manned/unmanned ~** [bemanntes] Raumfahrzeug/[unbemannte] Raumkapsel **'space de·fence** *n no pl* Weltraumverteidigung *f*

spaced out *adj pred,* **spaced-out** [ˌspeɪst'aʊt] *adj attr* (*sl: scatter-brained*) schusselig *pej fam;* (*on drugs*) high *fam;* **to be ~ on drugs** high [*o* auf dem Trip] sein; **to look totally ~** total high aussehen

space ex·plo·'ra·tion *n* Raumforschung *f* **'space flight** *n* [Welt]raumflug *m* **'space-flight pro·gram** AM, **'space-flight pro·gramme** *n* AUS Raumflugprogramm *nt* **'space frame** *n* AUTO Gitterrohrrahmen *m fachspr* **'space heat·er** *n* Heizlüfter *m* **'space lab** *n,* **'space la·bora·tory** *n* Weltraumlabor *nt* **'space·man** *n* [Welt]raumfahrer *m* **space 'medi·cine** *n no pl* Raumfahrtmedizin *f* **'space plat·form** *n* Raumstation *f* **'space probe** *n* Raumsonde *f* **'space pro·gram** AM, **'space pro·gramme** *n* Raumfahrtprogramm *nt*

spac·er ['speɪsə^r, AM -ɚ] *n* ① TYPO Leerzeichen *nt;* **intelligent ~** geschütztes Leerzeichen ② TECH Distanzstück *nt fachspr*

'space race *n no pl* ■**the ~** der Wettlauf um die Eroberung des Weltalls **'space re·search** *n no pl* [Welt]raumforschung *f* **'space sav·er** *n* Platzsparendes *nt;* **to be a ~** Platz sparend sein **'space-sav·ing** *adj* Platz sparend; *furniture* Raum sparend **'space·ship** *n* Raumschiff *nt;* **~ earth** Raumschiff *nt* Erde **'space shut·tle** *n* [Welt]raumfähre *f* **'space sta·tion** *n* [Welt]raumstation *f* **'space·suit** *n* Raumanzug *m* **space 'tele·scope** *n* Weltraumteleskop *nt* **space-'time** *n no pl* PHYS Raum-Zeit-Kontinuum *nt fachspr* **'space trav·el** *n no pl* Raumfahrt *f* **'space trav·el·er** *esp* AM, **'space trav·el·ler** *n* Raumfahrer(in) *m(f)* **'space ve·hi·cle** *n* Raumfahrzeug *nt* **'space walk** *n* Weltraumspaziergang *m* **'space weap·on** *n* Weltraumwaffe *f* **'space·wom·an** *n* Raumfahrerin *f*

spacey ['speɪsi] *adj* ① (*roomy*) geräumig ② *esp* AM (*sl: freaky*) ausgeflippt *fam* ③ (*forgetful*) schusselig *fam,* verträumt

spac·ing ['speɪsɪŋ] *n no pl* Abstände *mpl;* TYPO Spationierung *f fachspr;* **single/double/treble ~** TYPO einzeiliger/zweizeiliger/dreizeiliger Abstand

spa·cious ['speɪʃəs] *adj* (*approv*) *house, room* geräumig; *area* weitläufig

spa·cious·ly ['speɪʃəsli] *adv* (*approv*) weitläufig

spa·cious·ness ['speɪʃəsnəs] *n no pl* (*approv*) *of house, room* Geräumigkeit *f; of area* Weitläufigkeit *f*

spacy *adj* (*sl*) *see* **spacey**

spade [speɪd] *n* ① (*tool*) Spaten *m;* **a bucket and ~** Eimer und Schaufel; **garden ~** Gartenschaufel *f* ② CARDS Pik *nt;* ■**~s** *pl* Pik *nt kein pl;* **the queen of ~s** Pikdame *f* ③ (*pej! dated: black*) Nigger *m pej* ▶ PHRASES: **to call a ~ a ~** das Kind beim [rechten] Namen nennen, kein Blatt vor den Mund nehmen; **in ~s** AM (*fam*) mit Zins und Zinseszinsen *fam;* **I don't get colds very often but when I do I get them in ~s** ich erkälte mich nicht oft, aber wenn, dann kommt's dicke

spade·ful ['speɪdfʊl] *n* ein Spaten voll; **a ~ of soil** einen Spaten [voll] Erde

spade·work ['speɪdwɜːk, AM -wɜːrk] *n no pl* Vorarbeit *f;* **to do the ~** die mühevolle Vorarbeit leisten

spag bol ['spæg,bɒl] *n* BRIT (*fam*) Spaghetti *pl* Bolognese

spa·ghet·ti [spə'geti, AM -t̬-] *n no pl* ① FOOD Spaghetti *pl* ② (*fig, hum fam*) Kabelsalat *m fam*

spa·ghet·ti bo·lo·gnese [-bɒlə'neɪz, AM -boʊlə'-] *n no pl* Spaghetti *pl* Bolognese **spa·ghet·ti 'junc·tion** *n* BRIT (*fam*) Autobahnknotenpunkt *m* **spa·'ghet·ti strap** *n* Spaghettiträger *m* **spa·ghet·ti 'west·ern** *n* (*fam*) Italowestern *m fam*

Spain [speɪn] *n no pl* Spanien *nt*

spake [speɪk] *vt, vi* (*old or hum*) *pt of* **speak**

Spam® [spæm] *n no pl* Frühstücksfleisch *nt*

spam [spæm] **I.** *n no pl* COMPUT (*sl*) Spammail *f,* Spam *m* **II.** *vt* COMPUT (*sl*) ■**to ~ sb** jdn zuspammen *sl,* jdn [mit E-Mails] überhäufen

span¹ [spæn] **I.** *n usu sing* ① (*period of time*) Spanne *f;* **the ~ of years between them seemed to act as a separation** der Altersabstand zwischen ihnen schien sie zu trennen; **attention** [*or* **concentration**] **~** Konzentrationsspanne *f;* **~ of history** Geschichtsspanne *f;* **life ~** Lebensspanne *f;* **over a ~ of several months** über einen Zeitraum von einigen Monaten; **~ of office** Amtszeit *f;* **~ of time** Zeitspanne *f* ② (*distance*) Breite *f;* (*as measurement*) Spanne *f selten;* **finger ~** Fingerbreite *f;* **wing ~** Flügelspannweite *f;* **broad ~** große Spannbreite [der Hand] ③ (*fig: scope*) Umfang *m,* Spannweite *f fig;* **enormous** [*or* **wide**] **~ of responsibility** umfassender Verantwortungsbereich ④ ARCHIT (*arch of bridge*) Brückenbogen *m;* (*full extent*) Spannweite *f;* **the bridge crosses the river in a single ~** die Brücke überspannt den Fluss in einem Bogen; **a single-~ bridge** eine eingespannte Brücke **II.** *vt* <-nn-> ① (*stretch over*) ■**to ~ sth** *bridge, arch* etw überspannen; (*cross*) über etw *akk* führen ② (*time*) ■**to ~ sth** etw umfassen [*o* umspannen], sich *akk* über etw *akk* erstrecken ③ (*contain*) ■**to ~ sth** *knowledge* etw umfassen ④ (*place hands round*) **to ~ sth with one's hands** etw mit den Händen umspannen **III.** *adj* ▶ PHRASES: **spick and ~** blitz[e]blank *fam*

span² [spæn] *n* SA (*yoke*) Gespann *nt*

span³ [spæn] *vt, vi* BRIT *pt of* **spin**

span·gle ['spæŋgl] **I.** *n* Paillette *f* **II.** *vt* ■**to ~ sth** etw mit Pail-

letten besetzen
span·gled ['spæŋgl̩d] *adj* ❶ (*with spangles*) mit Pailletten besetzt ❷ (*shiny*) glitzernd ❸ (*fig: covered*) ■ **to be ~ with sth** mit etw *dat* übersät sein
Span·iard ['spænjəd, AM -jɚd] *n* Spanier(in) *m(f)*
span·iel ['spænjəl] *n* Spaniel *m*
Span·ish ['spænɪʃ] **I.** *n* ❶ *no pl* (*language*) Spanisch *nt* ❷ + *pl vb* (*people*) ■ **the ~** die Spanier *pl* **II.** *adj* spanisch; **~ omelette** Tortilla *f;* **~ teacher** Spanischlehrer(in) *m(f)*
Span·ish A'meri·ca *n* ≈ Lateinamerika *nt* (*Spanisch sprechende Länder Mittel- und Südamerikas*) **Span·ish 'chest·nut** *n* Edelkastanie *f* **Span·ish 'fly** *n no pl* Spanische Fliege **Span·ish gui·'tar** *n* akustische Gitarre **Span·ish In·qui·'si·tion** *n no pl* HIST ■ **the ~** die Inquisition **Span·ish 'Main** *n* HIST *Nordküste und Gewässer Südamerikas zwischen dem Orinoko und Panama* **Span·ish 'on·ion** *n* Gemüsezwiebel *f*
spank [spæŋk] **I.** *vt* (*slap*) ■ **to ~ sb** jdn verprügeln, jdm den Hintern versohlen; (*sexually*) jdm einen Klaps auf den Hintern geben; ■ **to be ~ed for doing sth** für etw *akk* verprügelt werden **II.** *n* Klaps *m fam;* **to give sb a ~** jdm einen Klaps auf den Hintern geben; (*beating*) jdm den Hintern versohlen
spank·ing [spæŋkɪŋ] **I.** *adj* (*fam*) ❶ (*approv: fast*) schnell; **at a ~ pace** in einem hohen Tempo ❷ (*dated fam: good*) *time* toll; **~ performance** tolle [*o* herausragende] Leistung **II.** *adv inv* (*dated fam: very*) **~ good yarn** tolle Lügengeschichte; **brand ~ new** funkelnagelneu; **~ new** brandneu *fam;* **~ white** blitzsauber **III.** *n* Tracht *f* Prügel; **to give sb a good** [*or* **sound**] **~** jdm eine ordentliche Tracht Prügel verpassen
span·ner [spænəʳ] *n* BRIT, AUS Schraubenschlüssel *m;* **ring ~** Ringschlüssel *m;* **adjustable ~** Rollgabelschlüssel *m fachspr;* **open ended ~** Gabelschlüssel *m* ▶ PHRASES: **to put** [*or* **throw**] **a ~ in the works** jdm Knüppel zwischen die Beine werfen
span 'roof *n* Satteldach *nt*
spar¹ [spɑːʳ, AM spɑːr] *n* ❶ NAUT Rundholz *nt,* Spiere *f fachspr* ❷ AVIAT Holm *m fachspr*
spar² [spɑːʳ, AM spɑːr] **I.** *vi* <-rr-> ❶ BOXING sparren *fachspr,* ein Sparring machen *fachspr* ❷ (*argue*) ■ **to ~** [**with sb**] sich *akk* [mit jdm] zanken **II.** *n* Sparring *nt kein pl fachspr,* Sparren *nt kein pl fachspr;* **to practise** [*or* AM **practice**] **in ~s** Sparren üben
spar³ [spɑːʳ, AM spɑːr] *n* GEOL Spat *m fachspr*
spare [speəʳ, AM sper] **I.** *vt* ❶ (*not kill*) ■ **to ~ sb** jdn verschonen ❷ (*go easy on*) ■ **to ~ sb** jdn schonen; ■ **to not ~ oneself** [**in sth**] (*form*) sich *akk* selbst [bei etw *dat*] nicht schonen; **to ~ sb's feelings** jds Gefühle schonen, Rücksicht auf jds Gefühle nehmen ❸ (*avoid*) ■ **to ~ sb sth** jdm etw ersparen; **the government troops have been ~d loss of life** bis jetzt sind den Regierungstruppen Verluste [an Menschenleben] erspart geblieben; **~ us the suspense and tell us who won the first prize** spann uns nicht auf die Folter und erzähl uns, wer den ersten Preis gewonnen hat; **to ~ sb embarrassment/worry** jdm Peinlichkeiten/Sorgen ersparen ❹ (*not use*) ■ **to ~ sth** mit etw *dat* sparen; **to ~ no costs** [*or* **expense**] keine Kosten scheuen; **to ~ no effort**[**s**] [*or* **pains**] [**in sth**] [bei etw *dat*] keine Mühen scheuen ❺ (*do without*) ■ **to ~ sb/sth** jdn/etw entbehren, auf jdn/etw verzichten; **can you ~ one of those apples?** kannst du mir einen dieser Äpfel geben?; **to ~ room for sth** für etw *akk* Platz [frei] haben; **to have sth to ~** etw übrig haben ❻ (*make free*) **there's no time to ~** es ist keine Zeit übrig; **to ~** [**the**] **time** [**for sth**] Zeit [für etw *akk*] übrig haben; **to not have time to ~** keine Zeit zu verlieren haben ❼ (*give*) ■ **to ~ sb sth** jdm etw geben; **could you ~ me £10** [*or* **£10 for me**]? kannst du mir 10 Pfund leihen?; **to ~ a thought for sb** an jdn denken ▶ PHRASES: **to ~ sb's blushes** BRIT jdn nicht in Verlegenheit bringen; **to ~ one's breath** (*iron*) sich *dat* die Worte sparen; **~ the rod and spoil the child** (*prov*) wer mit der Rute spart, verzieht das Kind *prov;* **to ~** übrig haben; **I caught the plane with only two minutes to ~** ich erreichte das Flugzeug zwei Minuten vor dem Abflug **II.** *adj* ❶ *inv* (*extra*) Ersatz-; **all children should bring a ~ set of clothes** alle Kinder sollten Kleider zum Wechseln mitbringen; **is this seat ~?** ist dieser Platz noch frei?; **~** [**bed**]**room** Gästezimmer *nt;* **to have some ~ cash** noch etwas Geld übrig haben; **~ key** Ersatzschlüssel *m;* **to have a ~ minute** [*or* **moment**] einen Moment Zeit haben; **to be going ~** BRIT (*fam*) übrig bleiben; **do you want this piece of cake? – yes, if it's going ~** willst du dieses Stück Kuchen? – ja, wenn es sonst keiner will ❷ (*liter: thin*) hager; **~ build** hagerer Körperbau ❸ (*liter: meagre*) mager; **to survive on a ~ diet** mit dürftiger Kost auskommen; **~ meal** mageres Essen ❹ (*usu approv liter: modest*) einfach; **the room was ~ in design** der Raum war sparsam ausgestattet ❺ *inv* BRIT (*sl: crazy*) **to drive sb ~** jdn wahnsinnig machen *fam;* **to go ~** durchdrehen *sl* **III.** *n* ❶ (*reserve*) Reserve *f;* **I seem to have lost my key but luckily I always carry a ~** ich habe wohl meinen Schlüssel verloren, aber glücklicherweise trage ich immer einen Ersatzschlüssel bei mir ❷ (*parts*) ■ **~s** *pl* Ersatzteile *ntpl*
spare·ly ['speəli, AM 'sper-] *adv* **~ built** schlank gebaut
spare 'parts *npl* Ersatzteile *ntpl* **spare-part 'sur·gery** *n no pl* BRIT Ersatzteilchirurgie *f* **spare·'ribs** *npl* Spareribs *pl,* Rippchen *ntpl;* **barbecued ~** gegrillte Rippchen *pl* **spare 'time** *n no pl* Freizeit *f* **'spare-time** *adj attr, inv* Freizeit-; **~ hobby** Hobby *nt* **spare 'tire** AM, **spare 'tyre** *n* ❶ AUTO Reserverad *nt,* Ersatzreifen *m* ❷ (*fig, hum fam: fat*) Rettungsring *m iron fam* **spare 'wheel** *n* Ersatzrad *nt*
spar·ing ['speərɪŋ, AM 'sper-] *adj* (*economical*) sparsam; ■ **to be ~ in** [*or* **with**] **sth** mit etw *dat* geizen, an etw *dat* sparen; **to be ~ with one's praise** mit Lob geizen; **~ use of sth** sparsamer Umgang mit etw *dat*
spar·ing·ly ['speərɪŋli, AM 'sper-] *adv* sparsam; **the ointment should be used ~** die Salbe sollte sparsam aufgetragen werden
spark [spɑːk, AM spɑːrk] **I.** *n* ❶ (*fire, electricity*) Funke[n] *m* ❷ (*fig: cause*) *of riots* Auslöser *m* ❸ (*fig: trace*) ■ **a ~ of sth** eine Spur einer S. *gen;* **there was a ~ of decency in them** sie besaßen einen Rest von Anstand; **a ~ of hope** ein Fünkchen *nt* Hoffnung; **a ~ of inspiration** ein Hauch *m* an Inspiration; **a ~ of sympathy** eine Spur [von] Mitgefühl; **not a ~ of vitality** nicht die geringste Spur von Lebendigkeit ❹ (*fig: person*) **a bright ~** ein Intelligenzbolzen *m fam;* BRIT (*iron: idiot*) ein Tollpatsch *m* ▶ PHRASES: **when the ~s fly** wenn die Funken fliegen **II.** *vt* ❶ (*ignite, cause*) ■ **to ~ sth** etw entfachen *a. fig;* **to ~ interest** Interesse wecken; **to ~ an outrage** Empörung hervorrufen; **to ~ problems** Probleme verursachen; **to ~ a protest** einen Protest auslösen ❷ (*provide stimulus*) **to ~ sb into action** jdn zum Handeln bewegen **III.** *vi* Funken sprühen
◆ **spark off** *vt* ■ **to ~ off ↔ sth** etw entfachen *a. fig;* **to ~ off** [**an**] **outrage** Empörung hervorrufen; **to ~ off a protest** einen Protest auslösen
'spark-gap *n* Funkenstrecke *f*
spark·ing plug *n* BRIT (*dated*) Zündkerze *f*
spar·kle ['spɑːkl̩, AM 'spɑːr-] **I.** *vi* ❶ (*a. fig: glitter*) funkeln, glitzern; *fire* sprühen ❷ (*fig: be witty*) ■ **to ~** [**with sth**] [vor etw *dat*] sprühen *fig;* (*be lively*) [vor Lebensfreude] sprühen; **his speech ~d with wit** seine Rede sprühte vor Geist **II.** *n no pl* ❶ (*a. fig: light*) Funkeln *nt,* Glitzern *nt* ❷ (*fig: liveliness*) **with a bit of ~** mit etwas Pep *fam;* **the ~ goes out of** [*or* **leaves**] **sb** jd verliert an Energie; **to have ~** Schwung haben; **sth lacks ~** einer S. *dat* fehlt es an Schwung
spar·kler ['spɑːkləʳ, AM 'spɑːrlɚ] *n* ❶ (*firework*) Wunderkerze *f* ❷ (*sl: diamond*) Klunker *m fam*
spar·kling ['spɑːklɪŋ, AM 'spɑːr-] *adj* ❶ (*shining*) glänzend; *eyes* funkelnd, glitzernd; **~ white teeth** strahlend weiße Zähne ❷ (*fig, approv: lively*) *person* vor Leben sprühend; **he's a ~ conversationalist** er ist ein geistreicher Gesprächspart-

ner; ~ **conversation/wit** spritzige Unterhaltung/sprühender Geist; ~ **performance** glänzende Leistung ❸ *(bubbling) drink* mit Kohlensäure *nach n; lemonade* perlend; *wine, champagne* schäumend, moussierend; ~ **mineral water** Mineralwasser *nt* mit Kohlensäure

spar·kling 'wine *n* Schaumwein *m*

'spark plug *n* ❶ AUTO Zündkerze *f* ❷ AM *(fam: person)* Energiebündel *nt;* **she's the ~ of the team** sie treibt das ganze Team an

sparky ['spɑːki, AM 'spɑːrki] *adj (approv fam)* anregend; ~ **personality** sprühende Persönlichkeit

spar·ring ['spɑːrɪŋ] *n no pl* ❶ BOXING [Trainings]boxen *nt,* Sparring *nt fachspr* ❷ *(fig: row)* Wortgefecht *nt*

'spar·ring match *n* ❶ BOXING [Trainings]boxkampf *m,* Sparringskampf *m fachspr* ❷ *(fig: row)* Wortgefecht *nt* **'spar·ring part·ner** *n* ❶ BOXING Sparringspartner(in) *m(f) fachspr* ❷ *(fig: arguer)* Kontrahent(in) *m(f);* **Bill and Eric are ~s because they enjoy disagreeing with each other** Bill und Eric liegen ständig miteinander im Clinch, denn sie lieben es, gegenteiliger Meinung zu sein

spar·row ['spærəʊ, AM 'speroʊ] *n* Spatz *m,* Sperling *m;* **house ~** Haussperling *m,* Hausspatz *m* ▸ PHRASES: **at ~'s fart** BRIT *(fam)* früh morgens

spar·row·hawk ['spærəʊhɔːk, AM 'speroʊhɑːk] *n* ❶ *(in Europe)* Sperber *m* ❷ *(in North America)* Falke *m*

sparse [spɑːs, AM spɑːrs] *adj* ❶ *(scattered)* spärlich; **the population of Greenland is ~** Grönland ist nur dünn besiedelt ❷ *(small)* spärlich; ~ **audience/crowd** spärliches Publikum/spärliche Menge ❸ *(meagre) information* dünn, dürftig; ~ **hair** dünnes [*o* schütteres] Haar

sparse·ly ['spɑːsli, AM 'spɑːr-] *adv* ❶ *(thinly)* spärlich; **the plain is ~ covered with some shrubs** in der Ebene wachsen nur hier und da ein paar Sträucher; **to be ~ populated** dünn besiedelt sein ❷ *(meagrely)* dürftig; ~ **furnished** dürftig eingerichtet

sparse·ness ['spɑːsnəs, AM 'spɑːr-] *n,* **spar·sity** ['spɑːsəti, AM 'spɑːrsəṭi] *n no pl* ❶ *(thinness)* Spärlichkeit *f;* ~ **of the population** geringe Bevölkerungsdichte ❷ *(meagreness)* Dürftigkeit *f*

Spar·ta ['spɑːtə, AM 'spɑːrṭə] *n* Sparta *nt*

Spar·tan ['spɑːtən, AM 'spɑːr-] **I.** *adj life* spartanisch; *meal* frugal *geh* **II.** *n* Spartaner(in) *m(f)*

spasm ['spæzəm] *n* ❶ MED *(cramp)* Krampf *m,* Spasmus *m fachspr;* **muscle** [*or* **muscular**] ~ Muskelkrampf *m;* **to go into ~** BRIT, AUS einen Krampf bekommen ❷ *(surge)* Anfall *m;* ~ **of anger** Wutanfall *m;* ~ **of coughing/pain** krampfartige Hustenanfälle/Schmerzen *pl* ❸ *(fam: activity)* **a ~ of activity** eine hektische Tätigkeit ❹ *(fam: fluctuation)* **~s of brief trade** sporadische Umsätze

spas·mod·ic [spæz'mɒdɪk, AM -'mɑː-] *adj* ❶ MED krampfartig, spasmodisch *fachspr* ❷ *(fig: occasional) attempts* sporadisch ❸ *(fig, pej: erratic) feelings* schwankend; **to have ~ interest in sth** wechselndes Interesse an etw *dat* haben

spas·modi·cal·ly [spæz'mɒdɪkli, AM -'mɑː-] *adv* ❶ MED krampfartig, spasmodisch *fachspr* ❷ *(fig: occasionally)* sporadisch, ab und zu

spas·tic ['spæstɪk] **I.** *adj inv* ❶ MED *(dated)* spastisch *fachspr* ❷ *(fig, pej! sl: stupid)* schwach *sl* **II.** *n* ❶ MED *(dated)* Spastiker(in) *m(f) fachspr* ❷ *(pej! sl)* Spastiker(in) *m(f) pej sl*

spat[1] [spæt] *vt, vi pt, pp of* **spit**

spat[2] [spæt] *n usu pl* HIST *(gaiter)* Gamasche *f*

spat[3] [spæt] **I.** *n (fam)* Krach *m fam;* **to have a ~ with sb about sth** sich *akk* mit jdm um etw *akk* streiten **II.** *vi* <-tt-> [sich *akk*] streiten [*o* zanken]; ▪**to ~ with sb** sich *akk* mit jdm streiten

spat[4] [spæt] **I.** *n* Muschellaich *m* **II.** *vi* laichen

spate [speɪt] *n no pl* ❶ *esp* BRIT *(flood)* **to be in full ~** Hochwasser führen ❷ *(fig: large number)* ▪**a ~ of sth** eine Flut [*o* Reihe] von etw *dat* ▸ PHRASES: **to be in full ~** in vollem Redefluss sein

spa·tial ['speɪʃəl] *adj inv* räumlich; ~ **arrangements** Raumanordnung *f*

spa·tial·ly ['speɪʃəli] *adv* räumlich

spa·tio-tem·por·al [ˌspeɪʃiəʊ'tempərəl, AM -oʊ'-] *adj* raum-zeitlich

'spa town *n* [Bade]kurort *m*

spat·ter ['spætəʳ, AM -ṭɚ] **I.** *vt* ▪**to ~ sb/sth [with sth]** jdn/etw [mit etw *dat*] bespritzen; ▪**to ~ sth on sb/sth** etw auf jdn/etw spritzen; ▪**to ~ sth over sb** jdn mit etw *dat* voll spritzen; **to ~ sb with water** jdn nass spritzen **II.** *vi raindrops* prasseln **III.** *n (dirt)* Spritzer *m;* *(sound)* Prasseln *nt kein pl;* **a ~ of rain** ein paar Tropfen Regen

spat·tered ['spætəd, AM -ṭɚd] *adj* bespritzt; **blood-~** blutbespritzt; **ink-~** tintenverschmiert; **mud-~** matschig

'spat·ter movie *n esp* AM Splattermovie *m (blutrünstiger Horrorfilm)*

spatu·la ['spætjələ, AM -tʃə-] *n* ❶ ART, FOOD Spachtel *m o f* ❷ MED *(doctor's instrument)* Spatel *m o f*

spav·in ['spævɪn] *n no pl* MED Spat *m fachspr*

'spa wa·ter *n no pl* Quellwasser *nt,* Heilwasser *nt*

spawn [spɔːn, AM spɑːn] **I.** *vt* ❶ *(lay eggs)* ▪**to ~ sth** *fish, mollusc, frog* etw ablegen ❷ *(fig: produce)* ▪**to ~ sth** etw hervorbringen [*o* produzieren]; **to ~ offshoots** Ausläufer hervorbringen ❸ *(pej: offspring)* ▪**to ~ sb** jdn erzeugen *pej* **II.** *vi* ❶ *frog* laichen ❷ *(fig: grow)* entstehen **III.** *n* <*pl* -> ❶ *no pl (eggs)* Laich *m* ❷ *(liter or pej: offspring)* Nachwuchs *m,* Brut *f pej*

'spawn·ing ground *n* Laichplatz *m*

spay [speɪ] *vt* **to ~ an animal** ein Tier sterilisieren

spaz(z) <*pl* -es> [spæz] *n (pej! fam)* ❶ *(cripple)* Krüppel *m pej* ❷ *(oaf)* Trampel *m pej fam*

speak <spoke, spoken> [spiːk] **I.** *vi* ❶ *(say words)* sprechen, reden; **~ when you're spoken to** antworte, wenn man dich etwas fragt!; ▪**to ~ about sth** über etw *akk* sprechen; **to ~ over a loudspeaker** über Lautsprecher sprechen; **to ~ into a microphone** in ein Mikrofon sprechen; **to ~ in platitudes** Allgemeinplätze verwenden; **to ~ in riddles** in Rätseln sprechen; **to ~ in** [*or* **with**] **a whisper** flüstern, im Flüsterton sprechen; **to ~ quickly** schnell sprechen ❷ *(converse)* sich *akk* unterhalten; ▪**to ~ to** [*or esp* AM **with**] **sb** mit jdm reden [*o* sprechen]; **I'll never ~ to you again!** ich rede nie wieder mit dir!; **can I ~ to Ian please? – ~ing!** kann ich bitte [mit] Ian sprechen? – am Apparat!; ▪**to ~ to** [*or esp* AM **with**] **sb about sth** mit jdm über etw *akk* sprechen; **to ~ on** [*or* **over**] **the telephone** telefonieren; **to ~ to each other once more** wieder miteinander reden ❸ *(rebuke)* ▪**to ~ to sb [about sth]** jdn [für etw *akk*] zurechtweisen ❹ *(know language)* sprechen; **she ~s with an American accent** sie spricht mit amerikanischem Akzent; **to ~ in dialect** einen Dialekt sprechen; **to ~ in jargon** einen Jargon benutzen; **to ~ in a foreign language** in einer fremden Sprache sprechen ❺ + *adv (view)* **broadly** [*or* **generally**] **~ing** im Allgemeinen; **geographically ~ing** vom geographischen Standpunkt aus; **scientifically ~ing** wissenschaftlich gesehen; **strictly ~ing** genau genommen ❻ *(make speech)* reden, sprechen; **the Queen ~s to the nation on television every Christmas** die Queen richtet jedes Weihnachten das Wort an die Nation; **to ~ on behalf of sb/sth** in jds Namen/im Namen einer S. *gen* reden; **to ~ in the debate** in der Debatte das Wort ergreifen; **to ~ from memory** frei sprechen; **to ~ from notes** von einer Vorlage ablesen; **to ~ from a platform** vom Podium sprechen ❼ *(appeal)* ▪**to ~ to sb** jdn ansprechen; **the story spoke to her directly** die Geschichte sprach sie direkt an ▸ PHRASES: **actions ~ louder than words** *(prov)* Taten sagen mehr als Worte *prov;* **to ~ too soon** voreilig urteilen; **to know sb to ~ to** jdn näher kennen; **~ing as sb ...** als jd ...; **~ing as a mother of four, I can tell you that children are exhausting** als Mutter von vier Kin-

S

dern kann ich sagen, dass Kinder anstrengend sind; **so to ~** sozusagen **II.** *vt* ❶ (*say*) ■**to ~ sth** etw sagen; **to not ~ a word** kein Wort herausbringen ❷ (*language*) ■**to ~ sth** etw sprechen; **'English spoken'** „hier wird Englisch gesprochen"; **I couldn't ~ a word of English when I first arrived in Australia** ich sprach kein Wort Englisch, als ich zum ersten Mal in Australien ankam; **to ~ dialect** Dialekt sprechen; **to ~ English fluently** fließend Englisch sprechen; **to ~ a foreign language** eine Fremdsprache sprechen [können]; **to ~ the lingo** (*fam*) die Sprache drauf haben *fam* ❸ (*represent*) **to ~ one's mind** sagen, was man denkt; **to ~ the truth** die Wahrheit sagen ❹ (*reveal*) ■**to ~ sth** etw aussprechen; **she was silent but her eyes spoke her real feelings for him** sie schwieg, aber ihre Augen verrieten ihre wahren Gefühle für ihn ▶ PHRASES: **to ~ the same language** die gleiche Sprache sprechen; **to ~ volumes [for [*or* AM about] sth]** Bände [über etw *akk*] sprechen

◆**speak against** *vi* ■**to ~ against sth** sich *akk* gegen etw *akk* aussprechen; **to ~ against a motion/proposal** einen Antrag/Vorschlag ablehnen

◆**speak for** *vt* ❶ (*support*) ■**to ~ for sb/sth** jdn/etw unterstützen, sich *akk* für jdn/etw aussprechen; **to ~ for a motion** einen Antrag unterstützen ❷ (*represent*) ■**to ~ for sb** in jds Namen [*o* für jdn] sprechen; **I think I ~ for everyone when I say he was a fine man** ich denke, ich spreche im Namen aller, wenn ich sage, dass er ein feiner Mann war; **I can help on Saturday but I can't ~ for my wife** ich kann am Samstag helfen, aber was meine Frau angeht, kann ich nichts sagen; ■**to ~ for oneself** für sich *akk* selbst sprechen; **to ~ for the accused** (*form*) den Angeklagten/die Angeklagte vertreten ❸ (*verify*) ■**to ~ for sb's sth: her report ~s well for her understanding of the problem** ihr Bericht lässt deutlich ihr Verständnis des Problems erkennen ❹ (*allocated*) ■**to be spoken for** [bereits] vergeben sein ▶ PHRASES: **~ for yourself!** (*hum, pej fam*) das mag vielleicht für dich stimmen!, du vielleicht!

◆**speak of** *vt* ❶ (*opinion*) **to ~ ill/[very] highly [*or* well] of sb/sth** schlecht/[sehr] gut von jdm/etw reden [*o* sprechen]; **she ~s highly of the new director** sie lobt den neuen Direktor in den höchsten Tönen ❷ (*form: mention*) ■**to ~ of sb/sth** von jdm/etw reden [*o* sprechen]; **he didn't ~ of his father all evening** er hat seinen Vater den ganzen Abend nicht erwähnt; **to ~ of certain things** bestimmte Dinge ansprechen ❸ (*suggest*) ■**to ~ of sth** für etw *akk* sprechen, etw zeigen; **the whole robbery spoke of inside knowledge on the part of the criminals** der ganze Einbruch lässt erkennen, dass die Verbrecher über interne Informationen verfügten ▶ PHRASES: **not to ~ of ...** ganz zu schweigen von ...; **~ing of sth** da wir gerade von etw *dat* sprechen; **~ of films ...** da wir gerade beim Thema Film sind ...; **~ing of which ...** in diesem Zusammenhang ..., apropos ...; **none [*or* nothing] to ~ of** nicht der Rede wert

◆**speak out** *vi* seine Meinung deutlich vertreten; ■**to ~ out against sth** sich *akk* gegen etw *akk* aussprechen; ■**to ~ out on sth** sich *akk* über etw *akk* äußern

◆**speak through** *vi* ❶ (*speak into*) ■**to ~ through sth** durch etw *akk* sprechen; **to ~ through a megaphone** durch ein Megaphon sprechen ❷ (*be represented*) ■**to ~ through sb** durch jdn sprechen

◆**speak up** *vi* ❶ (*raise voice*) lauter sprechen; **can you ~ up, please?** können Sie bitte etwas lauter sprechen? ❷ (*support*) seine Meinung sagen [*o* äußern]; **to ~ up for [*or* in favour of] sb/sth** für jdn/etw eintreten, sich *akk* für jdn/etw aussprechen; **he spoke up for me when I was in trouble** als ich in Schwierigkeiten war, hat er sich für mich eingesetzt

speak·easy ['spi:kˌi:zi] *n* AM (*hist sl*) Mondscheinkneipe *f fam* (*während der Prohibition wurde dort illegal Alkohol ausgeschenkt*)

speak·er ['spi:kəʳ, AM -ɚ] *n* ❶ (*orator*) Redner(in) *m(f)*; **guest ~** Gastredner(in) *m(f)*; **keynote ~** Hauptsprecher(in) *m(f)*, politischer Programmredner/politische Programmrednerin; **to be a plain ~** die Dinge offen beim Namen nennen; **public ~** öffentlicher Redner/öffentliche Rednerin ❷ *of language* Sprecher(in) *m(f)*; **he's a French ~** er spricht Französisch; **she's a [fluent] ~ of various languages** sie spricht mehrere Sprachen [fließend]; **the couple there are non-English ~s** dieses Paar dort spricht kein Englisch; **native ~** Muttersprachler(in) *m(f)* ❸ (*chair*) ■**S~** Sprecher(in) *m(f)*; **Madame ~** Frau Vorsitzende; **the S~ of the House** AM POL der Vorsitzende des Repräsentantenhauses ❹ (*loudspeaker*) Lautsprecher *m*

speak·er·phone *n* Freisprechanlage *f*

speak·ing ['spi:kɪŋ] **I.** *n no pl* (*act*) Sprechen *nt*; (*hold a speech*) Reden *nt*; **unaccustomed as I am to public ~ ...** ungeübt wie ich es bin, in der Öffentlichkeit zu reden ... **II.** *adj attr, inv* ❶ (*able to speak*) sprechend ❷ (*involving speech*) **~ tour** Vortragsreihe *f*; **~ voice** Sprechstimme *f* ❸ (*fig: lifelike*) verblüffend; **~ likeness** verblüffende Ähnlichkeit ▶ PHRASES: **to be on ~ terms** (*acquainted*) miteinander bekannt sein; (*friendly*) miteinander reden; **they are no longer on ~ with each other** sie reden nicht mehr miteinander

-speak·ing ['spi:kɪŋ] *in compounds* ❶ *foreign language* -sprechend; *mother tongue* -sprachig; **German-~** (*as foreign language*) Deutsch sprechend; (*as mother tongue*) deutschsprachig ❷ (*with respect to*) gesprochen; **medically ~** aus medizinischer Sicht; **strictly ~** streng genommen

'speak·ing ac·quaint·ance *n* ❶ (*person*) flüchtige(r) Bekannte(r) ❷ (*relationship*) flüchtige Bekanntschaft **speak·ing 'clock** *n* ❶ (*device*) sprechende Uhr ❷ BRIT (*service*) telefonische Zeitansage **'speak·ing en·gage·ment** *n* Vortragstermin *m*; **to have ~s** Vorträge halten müssen **'speak·ing part** *n* Sprechrolle *f* **'speak·ing trum·pet** *n* (*hist*) Hörrohr *nt* **'speak·ing tube** *n* Sprachrohr *nt* (*zwischen zwei Räumen oder Gebäuden*)

spear [spɪəʳ, AM spɪr] **I.** *n* ❶ (*weapon*) Speer *m*, Lanze *f* ❷ BOT (*leaf*) Halm *m*; (*shoot*) Stange *f*; **asparagus ~s** Spargelstangen *fpl* **II.** *vt* ■**to ~ sth/an animal** etw/ein Tier aufspießen; ■**to ~ sb** jdn durchbohren; **she ~ed a piece of cake with her fork** sie spießte ein Stück Kuchen auf ihre Gabel

'spear car·ri·er *n* ❶ THEAT Statist(in) *m(f)* ❷ (*minion*) Lakai *m* **'spear-fish·ing** *n no pl* Speerfischen *nt* **'spear·head I.** *n* ❶ (*point of spear*) Speerspitze *f* ❷ (*fig: leading group or thing*) Spitze *f*; **to form the ~ of an attack** die Angriffsspitze bilden **II.** *vt* (*a. fig*) ■**to ~ sth** etw anführen, etw *dat* vorstehen; **Joe has been chosen to ~ our new marketing initiative** Joe wurde als Leiter unserer neuen Marketinginitiative gewählt; **to ~ an attack** einen Angriff leiten **'spear·mint I.** *n no pl* grüne Minze **II.** *n modifier* (*mouthwash, sweet, toothpaste*) Pfefferminz-; **~ chewing-gum** Spearmint-Kaugummi *m*

spec¹ [spek] *n no pl* (*fam*) **on ~** auf Verdacht; **to buy [*or* get] sth on ~** etw auf gut Glück kaufen

spec² [spek] *n* (*fam*) ❶ (*data*) *short for* **specification:** ■**~s** *pl* technische Daten ❷ (*plan*) *short for* **specification** detaillierter Plan; **has the engineer brought the ~s with him?** hat der Ingenieur die Entwürfe dabei?; **to draw up a ~** einen Bauplan erstellen

'spec build·er *n esp* AUS (*fam*) Bauspekulant(in) *m(f)*

spec·cy *adj attr, inv* (*fam*) *see* **specky**

spe·cial ['speʃᵊl] **I.** *adj* ❶ (*more*) besondere(r, s); **to be in need of ~ attention** ganz besondere Aufmerksamkeit verlangen; **to pay ~ attention to sth** bei etw *dat* ganz genau aufpassen; **to attach ~ significance to sth** etw *dat* besondere Bedeutung beimessen ❷ (*unusual*) besondere(r, s); **what's so ~ about that?** na und?, das ist doch nichts Besonderes!; **~ aptitude** besondere Fähigkeit; **~ case** Ausnahme *f*; **to be a ~ case** ein Ausnahmefall sein; **~ character** außergewöhnlicher Charakter; **~ charm** ungewöhnlicher Charme; **~ circumstances**

außergewöhnliche Umstände; ~ **needs** spezielle Bedürfnisse; **on ~ occasions** zu besonderen Gelegenheiten; ~ **order** Sonderauftrag *m;* **to ~ order** auf Sonderbestellung; **nothing ~** nichts Besonderes ❸ (*dearest*) beste(r, s); **Linda is my ~ friend** Linda ist meine beste Freundin; ■**to be ~ to sb** jdm sehr viel bedeuten ❹ (*characteristic*) speziell; **to do sth one's own ~ way** etw auf seine/ihre eigene Weise machen ❺ *attr, inv* (*for particular purpose*) speziell; (*for particular use*) *tyres, equipment* Spezial-; **could I ask you a ~ favour?** könnte ich dich um einen ganz besonderen Gefallen bitten?; ~ **assignment** Sonderauftrag *m;* ~ **clinic** Spezialklinik *f;* ~ **committee** Sonderausschuss *m;* ~ **deputy** Sonderbeauftragte(r) *f(m);* ~ **session** Sondersitzung *f;* ~ **staff** Fachkräfte *fpl;* ~ **train** Sonderzug *m* ❻ *inv* (*extra*) gesondert; **a ~ privilege** ein besonderes Privileg; ~ **rates** besondere Tarife; **to get ~ treatment** bevorzugt behandelt werden ❼ *attr, inv* SCH Sonder-; ~ [*or fam* ~**ed**] **education** Sonder[schul]erziehung *f* ❽ *attr, inv* POL Sonder-; ~ **adviser** Sonderberater(in) *m(f);* ~ **agent** Sonderbevollmächtigte(r) *f(m);* ~ **envoy** Sonderbotschafter(in) *m(f)* **II.** *n* ❶ MEDIA (*programme*) Sonderprogramm *nt,* Sondersendung *f;* (*newspaper*) Sonderausgabe *f* ❷ *esp* AM, AUS (*meal*) Tagesgericht *nt;* **what do you have on ~ today?** was steht heute auf der Speisekarte? ❸ *pl esp* AM (*bargains*) ■~**s** Sonderangebote *ntpl* ❹ (*extra transport*) Sondertransport *m;* (*train*) Sonderzug *m*

Spe·cial 'Air Ser·vice *n* BRIT MIL Spezialluftеinheit *f* **'Spe·cial Branch** *n no pl usu* BRIT ■**the ~** der Sicherheitsdienst, die Sicherheitspolizei **spe·cial 'cha·rac·ter** *n* COMPUT Sonderzeichen *nt* **spe·cial 'con·sta·ble** *n* BRIT Hilfspolizist(in) *m(f)* **spe·cial cor·re·'spond·ent** *n* Sonderberichterstatter(in) *m(f)* **spe·cial de·'liv·ery** *n* ❶ *no pl* (*service*) Eilzustellung *f* ❷ (*letter*) Eilbrief *m;* **to sign for a ~** einen Eilbrief entgegennehmen **spe·cial-de·'liv·ery** *adj attr, inv* ~ **letter** Eilbrief *m;* **to send sth ~ mail** etw per Eilpost verschicken **spe·cial 'draw·ing rights** *npl* FIN Sonderziehungsrechte *ntpl* **spe·cial 'ed** *n* AM *short for* **special education** Förderunterricht *m* **spe·cial e'di·tion** *n* Sonderausgabe *f* **spe·cial edu·'ca·tion** AM **I.** *n no pl* Sondererziehung *f* **II.** *n modifier* Sonder-; ~ **teacher** Sonderschullehrer(in) *m(f);* ~ **program** Sondererziehungsprogramm *nt* **spe·cial edu·ca·tion·al 'needs** BRIT **I.** *npl* ❶ (*for exceptional children*) Sondererziehungsanforderungen *fpl* ❷ (*for below-average children*) Sonderanforderungen *fpl* **II.** *n modifier* (*teacher*) Sonderschul-; (*for disabled children*) Behinderten-; ~ **teaching** Sonderschulwesen *nt* **spe·cial ef·'fect** *n usu pl* Spezialeffekt *m,* Special Effect *m fachspr* **spe·cial 'in·ter·est group** *n* POL Interessengemeinschaft *f* **spe·cial 'in·ter·ests** *npl* AM Interessengemeinschaften *fpl*

spe·cial·ism ['speʃəlɪzəm] *n* ❶ *no pl* (*studies*) Spezialisierung *f;* ~ **in sth** Spezialisierung *f* in etw *dat* ❷ (*speciality*) Spezialgebiet *nt*

spe·cial is·sue 'stamps *npl* Sonderbriefmarken *fpl*

spe·cial·ist ['speʃəlɪst] **I.** *n* ❶ (*expert*) Fachmann, -frau *m, f,* Spezialist(in) *m(f)* (**in** für +*akk,* **on** in +*dat*) ❷ (*doctor*) Spezialist(in) *m(f),* Facharzt, -ärztin *m, f;* **eye ~** Facharzt *m*/Fachärztin *f* für Augenkrankheiten; **heart ~** Herzspezialist(in) *m(f)* **II.** *adj attr* (*bookshop, knowledge, lawyer, shop*) Fach-; ~ **skills** fachliche Fähigkeiten

spe·ci·al·ity [ˌspeʃi'æləti] *n esp* BRIT ❶ (*product, quality*) Spezialität *f;* ~ **of the house** (*food*) Spezialität *f* des Hauses; **local ~** (*food*) örtliche Spezialität ❷ (*feature*) besonderes Merkmal; (*iron o pej*) Spezialität *f iron;* **unkind remarks are one of his specialities** unfreundliche Bemerkungen sind eine seiner Spezialitäten; **that's my ~** darin bin ich wirklich ein Meister ❸ (*skill*) Fachgebiet *nt,* Fachbereich *m*

spe·ciali·za·tion [ˌspeʃəlaɪ'zeɪʃən, AM -lɪ'-] *n* ❶ *no pl* (*studies*) Spezialisierung *f* (**in** auf +*akk*) ❷ (*skill*) Spezialgebiet *nt*

spe·cial·ize ['speʃəlaɪz, AM -ʃəl-] **I.** *vi* sich *akk* spezialisieren (**in** auf +*akk*); **he ~s in divorce cases** er ist auf Scheidungsrecht spezialisiert **II.** *vt* ❶ *usu passive* BIOL (*adapted*) ■**to become ~d** *organ* sich *akk* gesondert ausbilden ❷ (*modify*) ■**to ~ sth** *statement* etw spezifizieren

spe·cial·ized ['speʃəlaɪzd, AM -ʃəl-] *adj* ❶ (*skilled*) spezialisiert; **her job is very ~** ihre Arbeit ist hoch spezialisiert; ~ **care** fachliche Betreuung; ~ **knowledge** Fachwissen *f;* ~ **skills** fachliche Fähigkeiten ❷ (*particular*) spezial; ~ **magazine** Fachzeitschrift *f;* ~ **software** Spezialsoftware *f*

spe·cial·ly ['speʃəli] *adv* ❶ *inv* (*specifically*) speziell, extra, eigens; **I came here ~ to see you** ich bin extra hierher gekommen, um dich zu sehen; **a ~ invited audience** ein ausgewähltes Publikum; ~ **designed/made** speziell angefertigt/hergestellt; ~ **educated** besonders gebildet; ~ **equipped/trained** speziell ausgerüstet/ausgebildet; **to ~ ask sb not to do sth** jdn explizit [*o* ausdrücklich] darum bitten, etw [gerade] nicht zu tun ❷ (*particularly*) besonders, insbesondere; **not ~** nichts Besonderes; **is there anything you want to do this evening? – not ~** hast du heute Abend irgendetwas vor? – nichts Besonderes ❸ (*very*) besonders; **a ~ good wine** ein ganz besonders guter Wein

spe·cial 'needs I. *npl* ❶ (*teaching*) Sondererziehungsanforderungen *fpl* ❷ (*requirements*) Sonderanforderungen *fpl,* spezielle Bedürfnisse **II.** *n modifier* (*disabled*) behindert; ~ **child** behindertes Kind; (*exceptional*) Sonder-; ~ **teacher** SCH Sonderschullehrer(in) *m(f);* ~ **teaching** SCH Sonderschulwesen *nt*

spe·cial 'of·fer *n* Sonderangebot *nt;* **on ~** im Sonderangebot **Spe·cial O'lym·pics** *npl* Behindertenolympiade *f* **spe·cial 'plead·ing** *n no pl* ❶ LAW Beibringung *f* neuen Beweismaterials ❷ (*unfair argument*) Berufung *f* auf einen Sonderfall **'spe·cial school** *n* Sonderschule *f*

spe·cial·ty ['speʃəlti] *n* AM, AUS *see* **speciality**

spe·cia·tion [ˌspi:ʃi'eɪʃən] *n* Artenbildung *f*

spe·cie ['spi:ʃi:] *n no pl* Hartgeld *nt*

spe·cies <*pl* -> ['spi:ʃi:z] *n* ❶ BIOL Art *f,* Spezies *f fachspr;* **bird ~** Vogelart[en] *f[pl];* **rare ~ of insect** seltene Insektenart; **endangered ~** vom Aussterben bedrohte [Tier]art; **extinct ~** ausgestorbene Spezies; **mammalian ~** Säugetierart[en] *f[pl]* ❷ (*fig fam: kind*) Art *f;* **she was wearing a strange ~ of hat** sie trug einen sehr merkwürdigen Hut; **to be a rare ~** eine Seltenheit sein

spe·cif·ic [spə'sɪfɪk] **I.** *adj* ❶ (*exact*) genau; **could you be a bit more ~?** könntest du dich etwas klarer ausdrücken?; **can you be more ~ about where your back hurts?** können Sie mir genauer sagen, wo Sie Schmerzen im Rücken haben?; **to fix a ~ date** ein genaues Datum festmachen ❷ *attr* (*particular*) bestimmte(r, s), speziell; **are you doing anything ~ this weekend?** hast du etwas Bestimmtes vor dieses Wochenende?; ■**to be ~ to sth** sich *akk* auf etw *akk* beschränken; ~ **details** besondere Einzelheiten; **for ~ purposes** für einen bestimmten Zweck ❸ (*characteristic*) spezifisch, typisch (**to** für +*akk*); ~ **knowledge** Fachwissen *nt* **II.** *n* MED (*hist*) Spezifikum *nt fachspr*

spe·cifi·cal·ly [spə'sɪfɪkli] *adv* ❶ (*particularly*) speziell, extra; **~, we'd like to know ...** insbesondere interessiert uns ... ❷ (*clearly*) ausdrücklich; **to ~ ask sb not to do sth** jdn ausdrücklich [darum] bitten, etw nicht zu tun; **to ~ mention/prohibit sth** etw ausdrücklich erwähnen/verbieten

speci·fi·ca·tion [ˌspesɪfɪ'keɪʃən, AM -fə'-] *n* ❶ (*specifying*) Angabe *f,* Spezifizierung *f geh* ❷ (*plan*) detaillierter Entwurf; (*for building*) Bauplan *m;* **to conform to** [*or* **match**] [*or* **meet**] **the ~** dem Entwurf entsprechen; **to draw up a ~** einen Entwurf erstellen ❸ *no pl* (*description*) genaue Angabe; (*for patent*) Patentschrift *f;* (*for machines*) Konstruktionsplan *m;* **detailed ~** detaillierte Beschreibung ❹ *no pl* (*function*) detaillierter Entwurf; **to be almost identical in ~** vom Entwurf her fast identisch sein

speci·fi·ca·tions [ˌspesɪfɪ'keɪʃənz, AM -fə'-] *npl* (*details*) *of a plan* genaue Angaben; *of a building* Raum- und Materialangaben *fpl;* TECH technische Daten [*o* Angaben], Leistungsbeschreibung *f*

spe·cif·ic 'grav·ity *n* PHYS spezifisches Gewicht

speci·fic·ity [ˌspesɪˈfɪsəti, AM -əṱi] *n no pl* Spezifität *f;* **level of ~** Grad *m* an Spezifität

spe·cif·ics [spəˈsɪfɪks] *npl* Einzelheiten *fpl* (**about/on** über *+akk*); **the President's speech was lacking in ~** die Rede des Präsidenten hielt sich zu sehr an der Oberfläche; **to get down to ~** auf die näheren Einzelheiten zurückkommen

speci·fied [ˈspesɪfaɪd] *adj attr* vorgeschrieben; (*particular*) bestimmte(r, s); **~ date** bestimmtes Datum; **within a ~ period** innerhalb eines vorgeschriebenen Zeitraums

speci·fy <-ie-> [ˈspesɪfaɪ] *vt* ■**to ~ sth** etw angeben [*o* über etw *dat* Angaben machen]; (*list in detail*) etw spezifizieren; (*list expressly*) etw ausdrücklich angeben; **she did not ~ reasons for resigning** sie nannte keine Gründe für ihren Rücktritt; **my contract specifies [that] I must give a month's notice if I leave my job** mein Arbeitsvertrag sieht einen Monat Kündigungsfrist vor; **to ~ conditions** Bedingungen festlegen; **to ~ requirements** Anforderungen darlegen; **to ~ a time** eine feste Zeit angeben; **to clearly ~ sth** etw klar darlegen [*o geh* spezifizieren]

speci·men [ˈspesəmɪn, AM -mən] *n* ❶ (*example*) Exemplar *nt;* **collection of rare insect ~s** Sammlung *f* seltener Insekten; **~ of earth** Bodenprobe *f* ❷ MED Probe *f;* **~ of blood/urine** Blut-/Urinprobe *f;* **to provide/take a ~** eine Probe abliefern/nehmen ❸ (*usu pej fam: person*) Exemplar *nt fam;* **a fine ~** ein Prachtexemplar *nt,* ein Prachtkerl *m a. hum;* **to be a miserable ~** ein jämmerlicher Kauz sein

speci·men 'copy *n* Belegexemplar *nt,* Probeexemplar *nt;* **~ of a form** Musterformular *nt* **'speci·men jar** *n* Probenbehälter *m* **speci·men 'page** *n* Probeseite *f* **speci·men 'sig·na·ture** *n* Unterschriftenprobe *f*

spe·cious [ˈspiːʃəs] *adj* (*pej form*) *allegation, argument* fadenscheinig *pej;* **~ claim** unfundierte Forderung; **~ reasoning** vordergründige Schlussfolgerungen *pl*

spe·cious·ly [ˈspiːʃəsli] *adv* (*form*) trügerisch *geh*

spe·cious·ness [ˈspiːʃəsnəs] *n no pl* (*form*) Fadenscheinigkeit *f; of promise* Oberflächlichkeit *f; of theory* Vordergründigkeit *f*

speck [spek] *n* ❶ (*spot*) Fleck *m; of blood, mud* Spritzer *m,* Sprenkel *m;* **the island in the distance had become a mere ~ on the horizon** in der Ferne war die Insel zu einem bloßen Pünktchen am Horizont geworden; **a ~ of light at the end of the tunnel** ein Fünkchen *nt* Licht am Ende des Tunnels; **~ of paint** Farbspritzer *m* ❷ (*stain*) Fleck *m;* **to have ~s** fleckig sein ❸ (*particle*) Körnchen *nt;* **not a ~ of dirt/dust** kein Körnchen Schmutz/Staub; **a ~ of soot** eine Rußflocke; **not a ~ of truth** (*fig*) kein Fünkchen [*o* Körnchen] Wahrheit

specked [spekt] *adj* gefleckt, gesprenkelt; **the floor was ~ with paint** auf dem Boden waren Farbspritzer

speck·le [ˈspekḷ] *n* Tupfen *m,* Tupfer *m fam,* Sprenkel *m;* **with brown ~s** braun gesprenkelt

speck·led [ˈspekḷd] *adj* gesprenkelt; **to be ~ with yellow** gelb gesprenkelt sein

specky [ˈspeki] *adj attr, inv* BRIT (*fam*) eine Brille tragend *attr;* **~ four eyes** Brillenschlange *f*

specs[1] [speks] *npl* (*fam*) *short for* **specifications** technische Daten

specs[2] [speks] *npl esp* BRIT (*fam*) *short for* **spectacles** Brille *f;* **hey ~, ...** hey, du mit der Brille, ... *fam*

spec·ta·cle [ˈspektəkḷ] *n* ❶ (*display*) Spektakel *nt;* **a magnificent ~** ein großartiges Spektakel; **to be mere/pure ~** ein reines/wirkliches Spektakel sein ❷ (*event*) Schauspiel *nt geh,* Spektakel *nt pej;* (*sight*) Anblick *m;* **public ~** öffentliches Spektakel; **to make a real ~ of oneself** unangenehm auffallen; **a strange ~** ein ungewöhnlicher Anblick

'spec·ta·cle case *n* BRIT Brillenetui *nt*

spec·ta·cled [ˈspektəkḷd] *adj* ❶ *esp* BRIT (*with glasses*) bebrillt; **the person you want to speak to is the ~ man** derjenige, mit dem du reden willst, ist der Mann mit der Brille ❷ ZOOL *animal* mit brillenähnlichem Muster *nach n*

spec·ta·cles [ˈspektəkḷz] *npl* BRIT Brille *f;* **horn-rimmed ~** Hornbrille *f;* **steel-rimmed ~** Metallbrille *f;* **to put on one's ~** seine Brille aufsetzen

spec·tacu·lar [spekˈtækjələʳ, AM -ɚ] **I.** *adj* ❶ (*wonderful*) *dancer, scenery* atemberaubend, fantastisch, großartig ❷ (*striking*) *increase, failure, success* spektakulär, sensationell **II.** *n film, play* Schauspiel *nt*

spec·tacu·lar·ly [spekˈtækjələli, AM -ɚli] *adv* ❶ (*wonderfully*) wundervoll; **at night the city is ~ lit** bei Nacht ist die Stadt herrlich erleuchtet ❷ (*extremely*) sensationell; **you were ~ wrong in your judgement** bei deiner Beurteilung hast du absolut daneben gelegen; **~ well-paid job** außergewöhnlich gut bezahlte Arbeit; **to be ~ fit** ungewöhnlich fit sein; **to rise ~** sensationell ansteigen

spec·tate [spekˈteɪt] *vi* BRIT zuschauen (**at** bei *+dat*)

spec·ta·tor [spekˈteɪtəʳ, AM -ṱɚ] *n* Zuschauer(in) *m(f)* (**at** bei *+dat*)

spec·'ta·tor sport *n no pl* Publikumssport *m*

spec·ter *n* AM *see* **spectre**

spec·tra [ˈspektrə] *n pl of* **spectrum**

spec·tral [ˈspektrᵊl] *adj* ❶ (*ghostly*) geisterhaft, gespenstisch; **a ~ figure** eine gespenstische Gestalt ❷ *inv* (*able to detect ghosts*) **~ machine** Geistermaschine *f* ❸ *inv* PHYS spektral *fachspr;* **~ colours** [*or* AM **colors**] Spektralfarben *fpl fachspr*

spec·tre [ˈspektəʳ], AM **spec·ter** [-ɚ] *n* ❶ (*liter or old: ghost*) Gespenst *nt* ❷ (*fig liter: threat*) [Schreck]gespenst *nt fig;* **the awful ~ of civil war hangs over the country** über dem Land liegt das Schreckgespenst des Bürgerkriegs

spec·tro·gram [ˈspektrə(ʊ)græm, AM -əgræm] *n* PHYS Spektrogramm *nt fachspr*

spec·tro·graph [ˈspektrə(ʊ)grɑːf, AM -trəgræf] *n* PHYS Spektrograph *m fachspr*

spec·tro·scope [ˈspektrəskəʊp, AM -skoʊp] *n* PHYS Spektroskop *nt fachspr*

spec·tro·scop·ic analy·sis [ˌspektrəskɒpɪk-, AM -skɑːp-] *n* PHYS Spektralanalyse *f fachspr*

spec·trum <*pl* -tra *or* -s> [ˈspektrəm, *pl* -trə] *n* ❶ PHYS (*band of colours*) Spektrum *nt;* **~ analysis** Spektralanalyse *f;* **the visible ~** das sichtbare Spektrum ❷ (*frequency band*) Palette *f,* Skala *f* ❸ (*fig: range*) Spektrum *nt fig;* **a wide ~ of opinions** ein breites Meinungsspektrum ❹ POL, SOCIOL Spektrum *nt;* **the political/social ~** das politische/soziale Spektrum

specu·late [ˈspekjəleɪt] *vi* ❶ (*guess*) spekulieren; **it has been ~d that ...** es wird vermutet, dass ...; ■**to ~ about** [*or* **on**] **sth** Vermutungen über etw *akk* anstellen, etw mutmaßen ❷ FIN (*trade*) spekulieren (**in** mit *+dat*); **to ~ on the gold/stock market** am Goldmarkt/an der Börse spekulieren

specu·la·tion [ˌspekjəˈleɪʃᵊn] *n* ❶ (*guess*) Spekulation *f,* Vermutung *f* (**about** über *+akk*); **there have been ~s [that] he's looking for a new job** man vermutet, dass er eine neue Arbeit sucht; **to be pure ~** reine Vermutung sein; **to fuel** [*or* **prompt**] **~** die Spekulationen anheizen ❷ (*trade*) Spekulation *f;* **stock-market ~** Börsenspekulation *f;* **to protect sth from ~** etw vor Spekulation schützen

specu·la·tive [ˈspekjələtɪv, AM -leɪṱɪv] *adj* ❶ (*conjectural*) spekulativ *geh;* PHILOS hypothetisch *geh;* **a highly ~ story** eine höchst spekulative Geschichte; **to be purely ~** reine Vermutung sein ❷ (*risky*) spekulativ; **~ deals** Spekulationsgeschäfte *ntpl;* **for ~ property development** zur Entwicklung der Grundstücksspekulation; **~ venture** spekulatives Unternehmen

specu·la·tive·ly [ˈspekjələtɪvli, AM -leɪṱɪv-] *adv* ❶ (*conjecturally*) spekulativ *geh;* PHILOS hypothetisch *geh;* **he writes rather ~** er schreibt eher theoretisch ❷ (*riskily*) spekulativ

specu·la·tor [ˈspekjəleɪtəʳ, AM -leɪṱɚ] *n* Spekulant(in) *m(f);*

currency/property ~ Währungs-/Grundstücksspekulant(in) *m(f)*

specu·lum <*pl* -ula> ['spekjələm, *pl* -jələ] *n* ① MED (*instrument*) Spekulum *nt fachspr* ② (*mirror*) [Metall]spiegel *m*

sped [sped] *pt, pp of* **speed**

speech <*pl* -es> [spi:tʃ] *n* ① *no pl* (*faculty of speaking*) Sprache *f*; (*act of speaking*) Sprechen *nt*; ■ **in** ~ mündlich; **to lose/recover the power of** ~ die Sprechfähigkeit [*o* die Sprache] verlieren/wiedererlangen; **in everyday** ~ in der Alltagssprache; **to be slow in** [*or* **of**] ~ langsam reden ② *no pl* (*spoken style*) Sprache *f*, Redestil *m* ③ (*oration*) Rede *f*; (*shorter*) Ansprache *f* (**about/on** über +*akk*); (*in court*) Plädoyer *nt*; **acceptance** ~ Aufnahmerede *f*; **after-dinner** ~ Tischrede *f*; **freedom of** ~ POL Redefreiheit *f*; **keynote** ~ Hauptrede *f*; **eloquent** ~ ausdrucksvolle Rede; **rousing** ~ stürmische Rede; **to deliver** [*or* **give**] [*or* **make**] **a** ~ eine Rede halten ④ *of actor* Rede *f*; (*longer*) Monolog *m*; **Hamlet's** ~ Hamlets Monolog *m* ⑤ *no pl* LING **direct/indirect** [*or* **reported**] ~ direkte/indirekte Rede ⑥ *no pl* AM (*speech therapy*) Sprachtherapie *f*

'speech act *n* LING Sprechakt *m fachspr* **'speech bal·loon** *n*, **'speech bub·ble** *n* Sprechblase *f* **'speech com·mun·ity** *n* LING Sprachgemeinschaft *f fachspr* **'speech day** *n* BRIT Schulfeier *f* **'speech de·fect** *n* Sprachfehler *m*

speechi·fy <-ie-> ['spi:tʃɪfaɪ, AM -tʃə-] *vi* (*pej o hum*) salbadern *pej fam*; **please talk normally, don't** ~**!** bitte sprich normal und halte keine langen Reden!; **my uncle's always** ~**ing about what's wrong with the world today** mein Onkel hält immer große Vorträge über die Fehler in der heutigen Welt

'speech im·pedi·ment *n* Sprachfehler *m*

speech·less ['spi:tʃləs] *adj inv* ① (*shocked*) sprachlos; **to be** ~ **with indignation/rage** sprachlos vor Empörung/vor Wut sein; **sth leaves** [*or* **renders**] **sb** ~ etw verschlägt jdm die Sprache; **to be left** ~ sprachlos sein ② (*mute*) stumm; **to be** ~ **from birth** von Geburt an stumm sein

speech·less·ly ['spi:tʃləsli] *adv* wortlos; (*from shock*) sprachlos; **to look at sb** ~ jdn sprachlos anschauen

speech·less·ness ['spi:tʃləsnəs] *n no pl* ① (*shock*) Sprachlosigkeit *f* ② (*muteness*) Stummheit *f*

'speech mak·ing *n* Redenhalten *nt*; **he's good/bad at** ~ er ist ein guter/schlechter Redner **'speech rec·og·ni·tion** *n no pl* COMPUT Spracherkennung *f* **'speech thera·pist** *n* Sprachtherapeut(in) *m(f)*, Logopäde, -in *m, f fachspr* **'speech thera·py** *n* Sprachtherapie *f*, Logopädie *f fachspr* **'speech writ·er** *n* Redenschreiber(in) *m(f)*

speed [spi:d] **I.** *n* ① (*velocity*) Geschwindigkeit *f*, Tempo *nt*; **at a** ~ **of seventy kilometres per hour** mit einer Geschwindigkeit von 70 km/h; **cruising** ~ Reisegeschwindigkeit *f*; ~ **of light/sound** Licht-/Schallgeschwindigkeit *f*; **average traffic** ~ durchschnittliche Verkehrsgeschwindigkeit; **high** ~ hohe Geschwindigkeit; **maximum** [*or* **top**] ~ Höchstgeschwindigkeit *f*; **steady** ~ gleich bleibende Geschwindigkeit; **to gain** [*or* **gather**] [*or* **pick up**] ~ an Geschwindigkeit gewinnen; *vehicle* beschleunigen; *person* schneller werden; **to lower** [*or* **reduce**] **one's** ~ seine Geschwindigkeit verringern; *vehicle* langsamer fahren; *person* langsamer werden ② *no pl* (*high velocity*) hohe Geschwindigkeit; **at** ~ *esp* BRIT bei voller Geschwindigkeit; **at breakneck** ~ (*fam*) mit einem Mordstempo *fam*; **at lightning** ~ schnell wie der Blitz; **at full** ~ mit Höchstgeschwindigkeit; **at supersonic** ~ mit Überschallgeschwindigkeit; **up to** ~ bis Höchstgeschwindigkeit ③ *no pl* (*quickness*) Schnelligkeit *f*; **with** ~ schnell; **with all possible** ~ so schnell wie möglich ④ TECH (*operating mode*) Drehzahl *f*; **full** ~ **ahead/astern!** NAUT volle Kraft voraus/achteraus! ⑤ (*gear*) Gang *m*; **I have a ten-~ bicycle** ich habe ein Fahrrad mit Zehngangschaltung ⑥ PHOT [Licht]empfindlichkeit *f*; **shutter** ~ Belichtungszeit *f* ⑦ *no pl* (*sl: drug*) Speed *nt sl*; **to be on** ~ auf Speed sein ▸ PHRASES: **to travel at the** ~ **of light** sich *akk* mit Lichtgeschwindigkeit verbreiten; **to be heading** [**at**] **full** ~ **for sth** mit vollen Schritten auf etw *akk* zusteuern; **to be up to** ~ [**with sth**] [mit etw *dat*] auf dem Laufenden sein; **to bring** [*or* **get**] **sb/sth up to** ~ *esp* BRIT (*update*) jdn/etw auf den neuesten Stand bringen; (*repair*) etw wieder zum Laufen bringen; **to pick up** ~ Ergebnisse verbessern **II.** *vi* <sped, sped> ① (*rush*) sausen, flitzen; **we sped down the ski slopes** wir sausten die Piste herunter; ■ **to** ~ **along** vorbeisausen; ■ **to** ~ **off** davonbrausen ② (*drive too fast*) die Geschwindigkeit überschreiten, rasen **III.** *vt* <-ed *or* sped, -ed *or* sped> ① (*quicken*) ■ **to** ~ **sth** etw beschleunigen ② (*transport*) ■ **to** ~ **sb somewhere** jdn schnell irgendwo hinbringen ▸ PHRASES: **God** ~ **you** (*old*) Gott sei mit dir *liter o veraltet*; **to** ~ **sb on his/her way** jdn verabschieden

◆**speed away I.** *vi* davonrasen **II.** *vt* ■ **to** ~ **away** ○ **sb/sth** jdn/etw schnellstens abtransportieren

◆**speed by** *vi* ① (*travel*) vorbeisausen ② *time* schnell vergehen, verfliegen; **this year simply seems to be** ~**ing by** dieses Jahr scheint wie im Flug zu vergehen

◆**speed up I.** *vt* ■ **to** ~ **up** ○ **sth** etw beschleunigen; **can the job be** ~**ed up?** kann die Arbeit schneller verrichtet werden?; ■ **to** ~ **up** ○ **sb** jdn antreiben **II.** *vi* ① (*accelerate*) beschleunigen, schneller werden; *person* sich *akk* beeilen ② (*improve*) sich *akk* verbessern, eine Steigerung erzielen

'speed·boat *n* Rennboot *nt* **'speed bump** *n* Bodenschwelle *f* **'speed cam·era** *n* BRIT Radargerät *nt* zur Geschwindigkeitsmessung, Starenkasten *m fam* **'speed check** *n*, **'speed con·trol** *n* Geschwindigkeitskontrolle *f* **'speed cop** *n* (*fam*) Verkehrsbulle *m pej sl* **'speed curb** *n* Geschwindigkeitsbegrenzung/-beschränkung *f* **'speed-dial but·ton** ['spi:d,daɪəl,bʌtən, AM -,daɪ(ə)l-] *n* Kurzwahltaste *f* **'speed freak** *n* (*sl*) ① (*fast driving person*) Speed-Freak *m sl* ② (*drug addict*) Speed-Süchtige(r) *f(m) sl* **'speed hump** *n* BRIT Bodenschwelle *f*

speedi·ly ['spi:dɪli] *adv* (*rapidly*) schnell; (*without delay*) prompt, sofort

speedi·ness ['spi:dɪnəs] *n no pl* Schnelligkeit *f*; ~ **of delivery** Lieferungsgeschwindigkeit *f*

speed·ing ['spi:dɪŋ] *n no pl* Geschwindigkeitsüberschreitung *f*, Rasen *nt*; **to catch sb** ~ jdn beim Zuschnellfahren erwischen

speed·ing 'car *n* Fahrzeug, das die Höchstgeschwindigkeit überschreitet **speed·ing 'driv·er** *n* Fahrer/Fahrerin, der/die die Höchstgeschwindigkeit überschreitet **'speed·ing tick·et** *n* Strafzettel *m* für zu schnelles Fahren

'speed lim·it *n* Geschwindigkeitsbegrenzung *f*, Tempolimit *nt*; ~ **of eighty kilometres per hour** Geschwindigkeitsbegrenzung von achtzig Kilometern die Stunde; **to be over** [*or* **break**] **the** ~ die [angegebene] Höchstgeschwindigkeit überschreiten **'speed mer·chant** *n esp* BRIT (*sl*) Raser(in) *m(f) fam*; **to be a** ~ wie eine gesengte Sau fahren *sl*

speedo ['spi:dəʊ] *n* BRIT (*fam*) *short for* **speedometer** Tacho *m fam*

speed·om·eter [spi:'dɒmɪtə^r, AM -'dɑ:mət̬ɚ] *n* Tachometer *m o nt*, Geschwindigkeitsmesser *m*

'speed range *n* Geschwindigkeitsbereich *m* **'speed rec·ord** *n* Geschwindigkeitsrekord *m* (**for** für +*akk*) **'speed re·stric·tion** *n* Geschwindigkeitsbegrenzung *f*, Tempolimit *nt*; *see also* **speed limit** **'speed rum·ble** *n* BRIT Bodenschwelle *f* **'speed skat·er** *n* Eisschnellläufer(in) *m(f)* **'speed skat·ing** *n no pl* Eisschnelllauf *m* **'speed trap** *n* Radarfalle *f* **'speed-up** *n no pl* ① (*rate*) schnelleres Tempo, Beschleunigung *f* ② (*increase*) Anstieg *m*, Zuwachs *m* ③ *esp* AM ECON Produktivitätszuwachs *m*, Produktivitätssteigerung *f* **'speed·way** *n* ① *no pl* (*sport*) Speedwayrennen *nt* ② (*racetrack*) Speedwaybahn *f*, Aschen[renn]bahn *f* ③ AM (*highway*) Schnellstraße *f*

speedy ['spi:di] *adj* schnell; *decision, action, solution also* rasch; *delivery, service, recovery* prompt; ~ **trial** AM LAW zügige Verhandlung

spe·leo·logi·cal [,spi:liə'lɒdʒɪkəl, AM -'lɑ:dʒɪ-] *adj inv* speläologisch *fachspr*

spe·leolo·gist [ˌspiːliˈɒlədʒɪst, AM -ˈɑːlə-] *n* Höhlenforscher(in) *m(f)*, Speläologe, -in *m, f fachspr*

spe·leol·ogy [ˌspiːliˈɒlədʒi, AM -ˈɑːlə-] *n no pl* Höhlenkunde *f,* Speläologie *f fachspr*

spell¹ [spel] *n* (*state*) Zauber *m*, Bann *m geh;* (*words*) Zauberspruch *m;* **to be** [*or* **lie**] **under a** ~ unter einem Bann stehen; **to break the** ~ den Bann brechen; **to cast** [*or* **put**] **a** ~ **on sb** jdn verzaubern; **to be under sb's** ~ (*fig*) von jdm verzaubert sein, in jds Bann stehen

spell² [spel] **I.** *n* ① (*period of time*) Weile *f;* **she had a brief** ~ **as captain of the team** sie war eine Zeit lang Mannschaftskapitänin; **to go through a bad** ~ eine schwierige Zeit durchmachen; **for a** ~ für ein Weilchen, eine Zeit lang ② (*period of sickness*) Anfall *m;* **to suffer from dizzy** ~**s** unter Schwindelanfällen leiden ③ (*period of weather*) ~ **of sunny weather** Schönwetterperiode *f;* **cold/hot** ~ Kälte-/Hitzewelle *f* ④ (*turn*) Schicht *f;* **to take** ~**s** [**with**] **doing sth** sich *akk* bei etw *dat* abwechseln; **to take a** ~ **at the wheel** eine Zeit lang das Steuer übernehmen **II.** *vt* <-ed, -ed> *esp* AM, AUS ■**to** ~ **sb** jdn ablösen

spell³ <spelled *or* BRIT *a.* spelt, spelled *or* BRIT *a.* spelt> [spel] **I.** *vt* ■**to** ~ **sth** ① (*using letters*) etw buchstabieren; **could you** ~ **that please?** könnten Sie das bitte buchstabieren? ② (*signify*) etw bedeuten; **to** ~ **disaster/trouble** Unglück/Ärger bedeuten; **to** ~ **the end of sth** das Ende einer S. *gen* bedeuten; **NO** ~**s no** (*fam*) wenn ich nein sage, dann meine ich auch nein! *fam* **II.** *vi* (*in writing*) richtig schreiben; (*aloud*) buchstabieren; **he** ~**s poorly** seine Rechtschreibung ist sehr schwach; **to** ~ **incorrectly** Rechtschreibfehler machen

◆**spell out** *vt* ■**to** ~ **out** ↔ **sth** ① (*using letters*) etw buchstabieren ② (*explain*) etw klarmachen; **do I have to** ~ **it out for you?** (*fam*) muss ich noch deutlicher werden?; **to** ~ **out one's ideas/plans/thoughts** seine Ideen/Pläne/Gedanken darlegen; **to** ~ **out a problem** ein Problem verdeutlichen

spell·bind <-bound, -bound> [ˈspelbaɪnd] *vt* ■**to** ~ **sb** jdn hypnotisieren

spell·bind·er [ˈspelbaɪndəʳ, AM -ɚ] *n* (*fam: speaker*) fesselnder Redner/fesselnde Rednerin; (*actor*) faszinierender Schauspieler/faszinierende Schauspielerin; (*film*) spannender Film; **to be a real** ~ *game, event* der reinste Krimi sein *fam*

spell·bind·ing [ˈspelbaɪndɪŋ] *adj film, performance, speech* fesselnd

spell·bound [ˈspelbaʊnd] *adj inv* gebannt, fasziniert; **to be** ~ **by sth** von etw *dat* wie verzaubert sein; **to hold sb** ~ jdn fesseln [*o* in seinen Bann ziehen]

ˈspell check *n* COMPUT Rechtschreibprüfung *f*

ˈspell-check *vt* **to** ~ **a document/a file/a letter** die Rechtschreibung eines Dokuments/einer Datei/ eines Briefes überprüfen

ˈspell-check·er *n* COMPUT Rechtschreibhilfe *f;* **to run the** ~ die Rechtschreibüberprüfung machen

spell·er [ˈspeləʳ, AM -ɚ] *n* ① (*person*) **to be a good/weak** ~ gut/schlecht in Orthographie sein ② AM (*spelling book*) Rechtschreib[e]buch *nt*

spell·ing [ˈspelɪŋ] **I.** *n* ① *no pl* (*orthography*) Rechtschreibung *f,* Orthographie *f;* **to correct sb's** ~ jds Rechtschreibung [*o* Orthographie] korrigieren ② (*lesson*) Rechtschreibunterricht *m* ③ (*activity*) Buchstabieren *nt kein pl;* **this is the correct** ~ dies ist die richtige Schreibweise **II.** *adj attr, inv* Rechtschreib-

ˈspell·ing bee *n* AM, AUS Buchstabierwettbewerb *m* **ˈspell·ing book** *n* AM Rechtschreib[e]buch *nt* **ˈspell·ing check** *n* COMPUT Rechtschreibüberprüfung *f* **ˈspell·ing er·ror** *n,* **ˈspell·ing mis·take** *n* Rechtschreibfehler *m* **spell·ing pro·nun·ci'a·tion** *n* buchstabengetreue Aussprache

spelt [spelt] *pp, pt of* **spell**

spe·lunk·er [spəlʌŋkəʳ] *n* AM (*potholer*) Hobbyhöhlenforscher(in) *m(f)*

spe·lunk·ing [spəlʌŋkɪŋ] *n no pl* AM (*potholing*) Hobbyhöhlenforschung *f;* **to do** [*or* **go**] ~ Höhlen erforschen

spend [spend] **I.** *vt* <spent, spent> ① (*pay out*) **to** ~ **a fortune/money** [**on sb/sth**] [für jdn/etw] ein Vermögen/Geld ausgeben ② (*pass time*) **to** ~ **the night with sb** bei jdm übernachten; (*have sex*) die Nacht mit jdm verbringen; **to** ~ **time** Zeit verbringen; **my sister always** ~**s ages in the bathroom** meine Schwester braucht immer eine Ewigkeit im Bad *fam;* **to** ~ **time doing sth** Zeit damit verbringen, etw zu tun ③ (*dedicate to*) **to** ~ **one's energy/one's money/one's time on sth** seine Energie/sein Geld/seine Zeit in etw *akk* investieren; **to** ~ **all one's force** [*or* **strength**] **doing sth** seine ganze Kraft darauf verwenden, etw zu tun ④ (*use up*) ■**to** ~ **sth** etw aufbrauchen; **the storm spent its fury** der Sturm ließ nach; ■**sth** ~**s itself** *storm, anger, fury* etw legt sich *akk;* **her anger soon spent itself** ihr Zorn verrauchte rasch; **the stock's potential for growth has finally spent itself** das Wachstumspotenzial der Aktien ist endgültig erschöpft ▸PHRASES: **to** ~ **a penny** *esp* BRIT (*dated fam*) pinkeln gehen *sl* **II.** *vi* <spent, spent> Geld ausgeben **III.** *n* BRIT Ausgabe *f;* **the total** ~ **on sth** die Gesamtkosten *pl* für etw *akk*

spend·er [ˈspendəʳ, AM -ɚ] *n* ■**to be a** ~ **on sth** Geld für etw *akk* springen lassen *fam;* **to be a** [**big/low**] ~ [viel/wenig] Geld ausgeben; **the local council has been criticized for being a low** ~ **on education** dem Gemeinderat wurde vorgeworfen, an der Bildung zu sparen

spend·ing [ˈspendɪŋ] *n no pl* Ausgaben *pl* (**on** für +*akk*); **to control/limit/rein in one's** ~ seine Ausgaben kontrollieren/ einschränken/ reduzieren; **to reduce** [*or* **slash**] ~ **on sth** die Ausgaben für etw *akk* kürzen

ˈspend·ing cuts *npl* FIN Kürzungen *fpl* **ˈspend·ing mon·ey** *n no pl* (*as allowance*) Taschengeld *nt;* (*for special circumstances*) frei verfügbares Geld **ˈspend·ing pow·er** *n no pl* ECON Kaufkraft *f* **ˈspend·ing spree** *n* Großeinkauf *m;* **to go on a** ~ groß einkaufen gehen *fam*

spend·thrift [ˈspen(d)θrɪft] (*pej*) **I.** *adj* (*fam*) verschwenderisch **II.** *n* (*fam*) Verschwender(in) *m(f)*

spent [spent] **I.** *pp, pt of* **spend** **II.** *adj* ① (*used up*) *match, cartridge* verbraucht; *bullets* verschossen; *creativity* verbraucht, versiegt; **to be a** ~ **force: after several defeats, people are saying the team is a** ~ **force** nach mehreren Niederlagen heißt es nun, dass das Team am Ende ist; **is communism a** ~ **force?** ist der Kommunismus passé? *fam* ② (*tired*) *person* ausgelaugt; (*prematurely old*) müde und verbraucht; **to feel** ~ sich *akk* erschöpft fühlen ③ (*without inspiration*) ■**to be** ~ *poet, artist, musician* keine Ideen mehr haben

sperm <*pl* - *or* -s> [spɜːm, AM spɜːrm] *n* ① (*male reproductive cell*) Samenzelle *f* ② (*fam: semen*) Sperma *nt*

sper·ma·ceti [ˌspɜːməˈseti, AM ˌspɜːrməˈsiːti] *n no pl* Walrat *m o nt,* Spermazeti *nt geh*

sper·ma·to·zoa [ˌspɜːmətə(ʊ)ˈzəʊə, AM ˌspɜːrmət̬əˈzoʊə] *n pl of* **spermatozoon**

sper·ma·to·zo·on <*pl* -zoa> [ˌspɜːmətə(ʊ)ˈzəʊɒn, AM ˌspɜːrmət̬əˈzoʊɑːn, *pl* -ə] *n* BIOL Spermatozoon *nt fachspr,* Spermium *nt*

ˈsperm bank *n* Samenbank *f* **ˈsperm count** *n* Spermienzählung *f* **ˈsperm do·nor** *n* Samenspender *m*

sper·mi·ci·dal [ˌspɜːmɪˈsaɪdᵊl, AM ˌspɜːrmə'-] *adj inv* spermatötend, spermatozid *fachspr*

sper·mi·cide [ˌspɜːmɪˈsaɪd, AM ˌspɜːrmə'-] *n* Spermizid *nt fachspr,* spermientötendes Mittel

ˈsperm oil *n no pl* Walratöl *nt* **ˈsperm whale** *n* Pottwal *m*

spew [spjuː] **I.** *vt* ① (*emit*) ■**to** ~ **sth** etw ausspeien; *lava* etw auswerfen [*o fam* spucken]; *exhaust* etw ausstoßen; **to** ~ **sewage into a river** Abwässer in einen Fluss ableiten ② (*vomit*) ■**to** ~ **sth** etw erbrechen [*o* ausspucken]; **to** ~ **blood** Blut spucken ③ (*fam: say angrily*) ■**to** ~ **sth at sb** jdm etw ins Gesicht schleudern *fig* **II.** *vi* ① (*flow out*) *exhaust, lava, gas* austreten; *ash, dust* herausgeschleudert werden; *flames* hervorschlagen; *fire* hervorzüngeln; *water* hervorsprudeln; (*fig*) *paper, information* sich *akk* ergießen *geh* ❷ (*vomit*) erbrechen ❸ (*be said*) heraussprudeln

◆**spew out I.** *vt* ❶ (*emit*) **to ~ out** ○ **exhaust** Abgase ausstoßen; **to ~ out flames** Flammen spucken [*o* speien]; **to ~ out information** Informationen ausgeben; **to ~ out lava** Lava auswerfen [*o fam* spucken]; **to ~ out paper** Papier auswerfen; **to ~ out waste water** Abwasser ablassen ❷ (*fam: say angrily*) ■**to ~ sth** ○ **out at sb** jdm etw ins Gesicht schleudern *fig* **II.** *vi lava, gas, exhaust* austreten; *ash, dust* herausgeschleudert werden; *waste water, water* hervorsprudeln; *flames* hervorschlagen; *fire* hervorzüngeln; *paper, information* sich *akk* ergießen *geh*

◆**spew up I.** *vt* ■**to ~ up** ○ **sth** etw erbrechen **II.** *vi* sich *akk* übergeben, kotzen *sl*

SPF [ˌespiːˈef] *n acr for* **sun protection factor** LSF *m*

sphag·num [ˈsfægnəm] *n no pl* Torfmoos *nt,* Bleichmoos *nt*

sphere [sfɪəʳ, AM sfɪr] *n* ❶ (*round object*) Kugel *f;* (*representing earth*) Erdkugel *f;* (*celestial body*) Himmelskörper *m;* **heavenly ~** Gestirn *nt geh* ❷ (*area*) Bereich *m,* Gebiet *nt;* **~ of influence/interest/responsibility** Einfluss-/Interessen-/Verantwortungsbereich *m;* **~ of knowledge** Wissensgebiet *nt;* **this is outside my ~ of knowledge** das entzieht sich meiner Kenntnis; **~ of life** Lebensbereich *m;* **social ~** soziales Umfeld

spheri·cal [ˈsferɪkəl, AM ˈsfɪr-] *adj* kugelförmig, sphäroidisch *fachspr*

sphe·roid [ˈsfɪərɔɪd, AM ˈsfɪr-] *n* MATH Sphäroid *nt*

sphinc·ter [ˈsfɪŋ(k)təʳ, AM -tɚ] *n* ANAT Schließmuskel *m,* Sphinkter *m fachspr*

sphinx <*pl* - *or* -es> [sfɪŋks] *n* Sphinx *f*

ˈsphinx-like *adj* sphinxartig

spic [spɪk] *n* (*pej! sl*) ❶ AM (*Hispanic person*) Latino *m* ❷ AUS (*not English language*) Fremdsprache *f*

spice [spaɪs] **I.** *n* ❶ (*aromatic*) Gewürz *nt;* **to add ~ to sth** etw würzen ❷ *no pl* (*fig: excitement*) Pep *m fam,* Schwung *m;* **to add ~ to sth** etw *dat* Schwung geben; **to give ~ to sth** etw *dat* Würze verleihen *fig* ▶ PHRASES: **variety is the ~ of life** (*saying*) Abwechslung ist die Würze des Lebens **II.** *n modifier* (*cupboard, rack, mixture, shelf*) Gewürz-; **~ trade** Gewürzhandel *m* **III.** *vt* ■**to ~ sth** ❶ (*flavour*) etw würzen (**with** mit +*dat*) ❷ (*fig: add excitement to*) etw aufpeppen *fam;* **the best man ~d his speech with some jokes** der Trauzeuge würzte seine Rede mit einigen Witzen

◆**spice up** *vt* ■**to ~ up** ○ **sth** ❶ (*make tastier*) etw nachwürzen ❷ (*fig: make more exciting*) etw *dat* mehr Würze verleihen *fig,* etw aufpeppen

spiced [spaɪst] *adj* ❶ (*with pepper, curry etc*) gewürzt; (*hot*) scharf ❷ (*fig: made exciting*) gepfeffert *fig;* **~ account** ausgeschmückter Bericht

spici·ness [ˈspaɪsɪnəs] *n no pl* ❶ (*spicy quality*) Würzigkeit *f;* (*hotness*) Schärfe *f* ❷ (*fig: sensationalism*) Pikanterie *f*

spick [spɪk] *n see* **spic**

spick and ˈspan *adj* (*fam*) ❶ *house, kitchen* blitzsauber *fam;* **to keep sth ~** etw tipptopp in Ordnung halten *fam;* **to look ~** vor Sauberkeit blitzen ❷ *person* wie aus dem Ei gepellt *fam*

spicy [ˈspaɪsi] *adj* ❶ *food* würzig; (*hot*) scharf ❷ (*fig: sensational*) *tale, story* pikant

spi·der [ˈspaɪdəʳ, AM -ɚ] *n* Spinne *f*

ˈspi·der mon·key *n* Klammeraffe *m* **ˈspi·der plant** *n* Grünlilie *f* **ˈspi·der's web, ˈspi·der·web** *n* Spinnennetz *nt;* (*fig*) Wirrwarr *m*

spi·dery [ˈspaɪdəri] *adj* ❶ (*like a spider*) *writing* krakelig; *drawing, design* fein, spinnwebartig; *arms, legs* spinnenhaft ❷ (*with many spiders*) *room* voller Spinnen

spiel [ʃpiːl] **I.** *n* (*pej fam*) Leier *f pej fam;* **marketing/sales ~** Marketing-/Verkaufsmasche *f fam;* **to give sb a long ~ about sth** jdm etw lang und breit darlegen; **to launch into a ~ about sth** in eine Geschichte über etw *akk* verfallen **II.** *vi* (*pej*) ■**to ~ sth** etw herunterrasseln *fam*

spi·er [ˈspaɪɚ] *n* AM (*fam*) Spanner *m sl*

spiff [spɪf] *vt* AM (*fam*) ■**to ~ up** ○ **sth** etw aufpeppen *fam;* ■**to ~ sb/oneself** ○ **up** jdn/sich herausputzen; **to be/get all ~ed up** komplett ausstaffiert sein/werden *fam*

spif·fy [ˈspɪfi] *adj* AM (*fam*) ❶ (*stylish*) schick ❷ (*fabulous*) toll *fam,* super *fam*

spig·ot [ˈspɪgət] *n* ❶ (*stopper*) Zapfen *m* ❷ AM (*faucet*) Wasserhahn *m*

spik [spɪk] *n* (*pej!*) *see* **spic**

spike [spaɪk] **I.** *n* ❶ (*nail*) Nagel *m; of a rail* Spitze *f; of a plant, animal* Stachel *m;* MED (*fam: needle*) Nadel *f* ❷ (*on shoes*) Spike *m* ❸ (*running shoes*) ■**~s** *pl* Spikes *mpl* ❹ AM (*stiletto heels*) ■**~s** *pl* Pfennigabsätze *mpl,* Bleistiftabsätze *mpl* ÖSTERR ❺ (*increase*) Steigerung *f;* **~ in productivity** Produktivitätssteigerung *f* ❻ ELEC Spannungsspitze *f* **II.** *vt* ❶ (*with pointy object*) ■**to ~ sth** etw aufspießen; ■**to ~ sb** SPORTS jdn mit Spikes verletzen ❷ JOURN (*fam: reject*) ■**to ~ sth** etw durchkreuzen *fam;* **to ~ an article/a story** einen Artikel/eine Geschichte ablehnen; (*stop*) **to ~ a plan/a project** einen Plan/ein Projekt einstellen ❸ (*fam: secretly add alcohol*) **to ~ sb's drink/the punch** einen Schuss Alkohol in jds Getränk/die Bowle geben ❹ (*fig: make more interesting*) ■**to ~ sth with sth** etw mit etw *dat* würzen *fig* ❺ (*in volleyball*) **to ~ a ball** einen Ball schmettern ❻ (*increase*) ■**to ~ sth** etw hochjagen ▶ PHRASES: **to ~ sb's guns** (*fam*) jdm einen Strich durch die Rechnung machen *fam*

spiked [spaɪkt] *adj* ❶ (*with spikes*) mit Spitzen versehen; *shoes* mit Spikes *nach n;* **~ helmet** Pickelhaube *f* ❷ (*with alcohol*) mit Schuss *nach n*

spike ˈheels *npl* Pfennigabsätze *mpl,* Bleistiftabsätze *mpl* ÖSTERR

spiky [ˈspaɪki] *adj* ❶ (*with spikes*) *railing, wall, fence* mit Metallspitzen *nach n; branch, plant* dornig; *animal, bush* stachelig ❷ (*pointy*) *grass* spitz; *flower* mit spitzen Blütenblättern *nach n; plant* spitzblättrig; *leaf* spitz; *handwriting* steil; **~ hair** Igelfrisur *f* ❸ (*fig: irritable*) *person* kratzbürstig *fam*

spill¹ [spɪl] *n* Holzspan *m*

spill² [spɪl] **I.** *n* ❶ (*spilled liquid*) Verschüttete(s) *nt;* (*pool*) Lache *f;* (*stain*) Fleck *m;* **oil ~** Ölteppich *m;* **to wipe up the ~** das Verschüttete aufwischen ❷ (*fam: fall*) Sturz *m;* **to have** [*or* **take**] **a ~** stürzen **II.** *vt* <spilt *or* AM, AUS *usu* spilled, spilt *or* AM, AUS *usu* spilled> ❶ (*tip over*) ■**to ~ sth** etw verschütten; **I spilt coffee on my shirt** ich schüttete Kaffee auf mein Hemd; **you've spilt sth down your tie** du hast etw auf deiner Krawatte vergossen ❷ (*scatter*) ■**to ~ sth** etw verstreuen ❸ (*fam: reveal*) ■**to ~ sth** etw verraten [*o* ausplaudern]; **to ~ a secret** ein Geheimnis ausplaudern ❹ (*by horse*) ■**to ~ sb** jdn abwerfen ❺ NAUT **to ~ the sails** die Segel killen lassen ▶ PHRASES: **to ~ the beans** (*esp hum fam*) auspacken *fam;* **to ~ blood** (*esp liter*) Blut vergießen; **to ~ one's guts** (*fam*) seine Geheimnisse preisgeben **III.** *vi* ❶ (*flow out*) *liquid* überlaufen; *flour, sugar* verschüttet werden; *newspapers, blocks, papers* verstreut werden; **tears spilt onto her cheeks at the news** als sie die Nachricht vernahm, strömten Tränen über ihre Wangen ❷ (*fig: spread*) *crowd* strömen; *conflict, violence* sich *akk* ausbreiten; **the fighting threatens to ~ into neighbouring regions** die Kämpfe drohen auf die Nachbarregionen überzugreifen ❸ (*fam: reveal secret*) auspacken *fam* ❹ SPORTS den Ball fallen lassen

◆**spill out I.** *vi* ❶ (*flow out*) *wine, milk, juice* herausschwappen; *flour, sugar* herausrieseln; *papers, groceries* herausfallen; *people* herausströmen ❷ (*fig: become communicated*) *anger, worries* heraussprudeln; **all his resentment ~ed out** sein ganzer Ärger sprudelte aus ihm heraus **II.** *vt* ❶ (*empty out*) ■**to ~ sth** ○ **out** etw ausschütten; (*tip over*) etw verschütten ❷ (*fig: communicate*) **to ~ out** ○ **one's anger/despair/worries** seinem Ärger/seiner Verzweiflung/seinen Sorgen

S

Luft machen; **to ~ out a secret** ein Geheimnis ausplaudern
◆**spill over** *vi* ❶ (*overflow*) überlaufen ❷ (*spread to*) ■**to ~ over into sth** *conflict, violence* sich *akk* auf etw *akk* ausdehnen; **I try not to let my work ~ over into my private life** ich versuche zu vermeiden, dass meine Arbeit auch noch auf mein Privatleben übergreift

spill·age ['spɪlɪdʒ] *n* ❶ *no pl* (*action*) Verschütten *nt; of a liquid* Vergießen *nt;* **oil ~** Auslaufen *nt* von Öl; **chemical ~** Austreten *nt* von Chemikalien ❷ (*amount spilled*) verschüttete Menge

spill·over ['spɪləʊvəʳ, AM -oʊvɚ] **I.** *n* ❶ *no pl* (*spreading*) *of ideas, values* Verbreitung *f; of a war, conflict* Übergreifen *nt* ❷ (*surplus*) Überschuss *m* ❸ *esp* AM (*excess water*) Hochwasser *nt* **II.** *adj attr, inv* **~ effect** Nachwirkung *f;* **~ population** überquellende Bevölkerung

'spill·way ['spɪlweɪ] *n* Überlaufrinne *f*

spilt [spɪlt] **I.** *pp, pt of* **spill II.** *adj* ▶PHRASES: **don't cry** [*or* **there's no use crying**] **over ~ milk** (*saying*) was passiert ist, ist passiert

spin [spɪn] **I.** *n* ❶ (*rotation*) Drehung *f;* **we made the decision on the basis of a ~ of the coin** wir ließen die Münze entscheiden; **to put ~ on a ball** einem Ball Drall geben; **to send a car into a ~** ein Auto zum Schleudern bringen; **to go into a** [BRIT, AUS **flat**] **~** *car* ins Schleudern geraten; *aeroplane* ins Trudeln geraten; **to throw sb into a** [**flat**] **~** (*fig fam*) jdn in Panik versetzen ❷ (*in washing machine*) Schleudern *nt kein pl;* **to give the clothes/wash a ~** die Kleidung/Wäsche schleudern ❸ (*sharp decrease*) Absturz *m;* **to send a price into a ~** einen Preis abstürzen lassen; **to go into a ~** abstürzen ❹ *no pl* (*fam: positive slant*) **to put a ~ on sth** etw ins rechte Licht rücken [*o* setzen] ❺ (*drive*) Spritztour *f fam;* **to go for a ~** eine Spritztour machen *fam* ❻ *no pl* (*fam: nonsense*) Erfindung *f;* **that's pure ~** das ist völliger Blödsinn **II.** *vi* <-nn-, spun *or* BRIT *a.* span, spun> ❶ (*rotate*) *earth, wheel* rotieren; *washing machine* schleudern; *aeroplane* trudeln; **the wheels just spun in the snow** die Reifen drehten im Schnee einfach durch; **his car spun off the road** sein Auto kam von der Straße ab; **to ~ out of control** außer Kontrolle geraten ❷ (*fig: be dizzy*) **my head is ~ning** mir dreht sich alles *fam;* **these new computers will make your head ~** von diesen neuen Computern schwirrt einem der Kopf *fam* ❸ (*fam: drive*) ■**to ~ along** dahinsausen ❹ (*make thread*) spinnen **III.** *vt* <-nn-, spun *or* BRIT *a.* span, spun> ❶ (*rotate*) ■**to ~ sth** etw drehen; **to ~ a ball** einem Ball einen Drall geben; **to ~ clothes** Wäsche schleudern; **to ~ a coin** eine Münze werfen; **to ~ records** Platten spielen ❷ (*give positive slant*) ■**to ~ sth** etw ins rechte Licht rücken ❸ (*make thread of*) **to ~ a cocoon/web** einen Kokon/ein Netz spinnen; **to ~ cotton/silk/wool** Baumwolle/Seide/Wolle spinnen ▶PHRASES: **to ~ a story** [*or* **tale**] [*or* **yarn**] eine Geschichte spinnen; **to ~ one's wheels** AM (*fam: waste time*) seine Zeit verplempern *fam;* (*waste efforts and energy*) seine Energie verplempern *fam*
◆**spin around** *vi* sich *akk* drehen; *person* sich *akk* umdrehen; (*suddenly*) herumfahren; **my head is ~ning around** (*fig*) in meinem Kopf dreht sich alles
◆**spin off** *vt* ■**to ~ off ↔ sth** ❶ (*produce spontaneously*) etw hervorbringen [*o fam* aus dem Ärmel schütteln]; **to ~ off an excuse/a story** sich schnell eine Entschuldigung/eine Geschichte ausdenken ❷ *esp* AM, AUS ECON etw ausgliedern [*o* ausgründen]
◆**spin out I.** *vi* AM **to ~ out of control** *car* außer Kontrolle geraten **II.** *vt* (*prolong*) ■**to ~ out ↔ sth** etw ausdehnen; **to ~ out the morning/afternoon/night** den Morgen/Nachmittag/die Nacht aussitzen
◆**spin round** *vi esp* BRIT *see* **spin around**

spi·na bi·fi·da [ˌspaɪnə'bɪfɪdə] *n no pl* MED offene Wirbelsäule, Spina bifida *f fachspr*

spin·ach ['spɪnɪtʃ] **I.** *n no pl* Spinat *m* **II.** *n modifier* (*quiche, leaf, plant*) Spinat-

spi·nal ['spaɪnᵊl] **I.** *adj inv muscle, vertebrae* Rücken-; *injury* Rückgrat-, spinale(r, s) *fachspr; nerve, anaesthesia* Rückenmark[s]-; **~ fluid** Rückenmarksflüssigkeit *f* **II.** *n* AM Spinalnarkose *f*

'spi·nal col·umn *n* Wirbelsäule *f* **'spi·nal cord** *n* Rückenmark *nt* **'spi·nal tap** *n* AM (*lumbar puncture*) Lumbalpunktion *f*

spin 'bowl·er *n* (*in cricket*) *Werfer, der dem Ball einen Drall gibt* **spin 'bowl·ing** *n no pl* (*in cricket*) *Werfen des Balls mit Drall* **'spin con·trol** *n no pl* ❶ (*team*) Schadensbegrenzungsteam *nt* ❷ (*action*) **to exercise ~ on sth** etw ins rechte Licht rücken

spin·dle ['spɪndl] *n* Spindel *f*

spin·dly ['spɪndli] *adj legs, stem* spindeldürr

'spin doc·tor I. *n* ≈ Pressesprecher(in) *m(f);* POL *a.* Spin doctor *m* **II.** *vt* (*fam*) ■**to ~ sth** das Image einer S. *gen* verbessern [*o fig fam* aufpolieren] **spin-'dri·er** *n* Wäscheschleuder *f* **'spin·drift** *n* Gischt *m o f* **spin-'dry** *vt* **to ~ clothes/the wash** Kleider/die Wäsche schleudern **spin-'dry·er** *n* Wäscheschleuder *f*

spine [spaɪn] *n* ❶ (*spinal column*) Wirbelsäule *f;* **~ of a country** (*fig*) Rückgrat *nt* eines Landes; **to send shivers up** [*or* **down**] **sb's ~** jdm einen Schauer den Rücken runterlaufen lassen [*o* Gänsehaut verursachen] *fam;* **to send tingles up** [*or* **down**] **sb's ~** jdm wohlige Schauer über den Rücken jagen ❷ (*spike*) *of a plant, fish, hedgehog* Stachel *m* ❸ (*back*) *of a book* Buchrücken *m* ❹ *no pl* (*fig: strength of character*) Rückgrat *nt fig*

spine-chill·er [-ˌtʃɪləʳ, AM -ɚ] *n* (*story*) Gruselgeschichte *f;* (*film*) Gruselfilm *m*

spine-chil·ling [-ˌtʃɪlɪŋ] *adj film, tale* gruselig, Schauer-

spine·less ['spaɪnləs] *adj* ❶ *inv* (*without backbone*) wirbellos; (*without spines*) *plant, fish* ohne Stacheln *nach n* ❷ (*fig, pej: weak*) *person* rückgratlos *pej;* **they are a ~ lot** die haben alle kein Rückgrat; **to be a ~ jellyfish** AM (*esp hum*) ein Mensch ohne Rückgrat sein

spine·less·ly ['spaɪnləsli] *adv* (*pej*) rückgratlos *pej*

spine·less·ness ['spaɪnləsnəs] *n no pl* Rückgratlosigkeit *f pej*

spine-tin·gling [-ˌtɪŋlɪŋ] *adj* gruselig

spini·fex ['spɪnɪfeks] *n no pl* AUS Stachelkopfgras *nt,* Spinifex *m fachspr*

spin·meis·ter ['spɪnmaɪstɚ] *n* (*fam*) [erfolgreicher] Imagepfleger [*o* Publicity-Agent]/[erfolgreiche] Imagepflegerin [*o* Publicity-Agentin]

spin·na·ker ['spɪnəkəʳ, AM -ɚ] *n* NAUT Spinnaker *m*

spin·ner ['spɪnəʳ, AM -ɚ] *n* ❶ (*threadmaker*) Spinner(in) *m(f)* ❷ (*spin-dryer*) Wäscheschleuder *f* ❸ (*in cricket*) *Werfer, der den Bällen einen Drall gibt* ❹ (*fish bait*) Spinnköder *m*

spin·ney ['spɪni] *n* BRIT Dickicht *nt*

spin·ning ['spɪnɪŋ] *n no pl* Spinnen *nt*

spin·ning 'jen·ny *n* (*dated*) Feinspinnmaschine *f* **'spin·ning top** *n* Kreisel *m* **'spin·ning wheel** *n* Spinnrad *nt*

'spin-off I. *n* ❶ (*by-product*) Nebenprodukt *nt* ❷ MEDIA, PUBL (*derived show*) Ableger *m,* Nebenprodukt *nt* ❸ ECON Firmenableger *m* **II.** *adj attr, inv* **~ business** *esp* AM, AUS ausgegliedertes Unternehmen; **~ effect** Folgewirkung *f*

spin·ster ['spɪn(t)stəʳ, AM -stɚ] *n* (*usu pej*) alte Jungfer *veraltet o pej;* **Martha Smith, S~** LAW die ledige [*o* unverheiratete] Martha Smith

spin·ster·hood ['spɪn(t)stəhʊd, AM -stɚ-] *n no pl* Ehelosigkeit *f*

spin·ster·ish ['spɪn(t)stərɪʃ] *adj* altjüngferlich *pej*

spin the 'bot·tle *n no pl* Flaschendrehen *nt*

spiny ['spaɪni] *adj* ❶ BIOL stach[e]lig, Stachel-; *plant also* dornig ❷ (*fig: difficult*) heikel

spiny 'ant·eat·er *n* Ameisenigel *m* **spiny 'lob·ster** *n* Gemeine Languste

spi·ral ['spaɪərᵊl, AM 'spaɪrᵊl] **I.** *n* Spirale *f;* **downward ~** *of prices, profits* Abwärtsspirale *f* **II.** *adj attr, inv* spiralförmig **III.** *vi* <BRIT -ll- *or* AM *usu* -l-> ❶ (*move up*) sich *akk* hochwinden; *smoke, hawk* spiralförmig aufsteigen; *airplane* sich *akk* in die Höhe schrauben; ~ **downwards** spiralförmig absteigen; *plane* zu Boden trudeln ② (*fig: increase*) ansteigen; **to ~ downwards** sich *akk* spiralförmig nach unten bewegen

'spi·ral-bound *adj* PUBL spiralgebunden **spi·ral 'note·book** *n* Ringbuch *nt* **'spi·ral-shaped** *adj* spiralförmig **spi·ral 'stair·case** *n* Wendeltreppe *f*

spire [spaɪər, AM spaɪr] *n* Turmspitze *f*

spir·it ['spɪrɪt] **I.** *n* ① (*sb's soul*) Geist *m;* **his ~ will be with us always** sein Geist wird uns immer begleiten; **to be with sb in ~** im Geiste bei jdm sein ② (*ghost*) Geist *m,* Gespenst *nt;* **evil ~** böser Geist ③ (*the Holy Spirit*) ■**the S~** der Heilige Geist ④ *no pl* (*mood*) Stimmung *f;* **that's the ~** das ist die richtige Einstellung; **we acted in a ~ of co-operation** wir handelten im Geiste der Zusammenarbeit; **the ~ of the age** der Zeitgeist; **the ~ of brotherhood/confidence/forgiveness** der Geist der Brüderlichkeit/des Vertrauens/der Vergebung; **the ~ of Christmas** die weihnachtliche Stimmung; **fighting ~** Kampfgeist *m;* **party ~** Partystimmung *f;* **team ~** Teamgeist *m;* **to enter** [*or* **get into**] **the ~ of sth** Gefallen an etw *dat* finden; **try to get into the ~ of things!** versuch dich in die Sachen hineinzuversetzen! ⑤ (*mood*) ■**~s** *pl* Gemütsverfassung *f kein pl;* **her ~s rose as she read the letter** sie bekam neuen Mut, als sie den Brief las; **keep your ~s up** lass den Mut nicht sinken; **to be in high/low ~s** in gehobener/gedrückter Stimmung sein; **to be out of ~s** schlecht gelaunt sein; **to dash sb's ~s** auf jds Stimmung drücken; **to lift sb's ~s** jds Stimmung heben ⑥ (*person*) Seele *f;* **brave/generous ~** mutige/gute Seele; **the moving ~ of sth** die treibende Kraft einer S. *gen* ⑦ *no pl* (*character*) Seele *f;* **to have a broken ~** seelisch gebrochen sein; **to be troubled in ~** etw auf der Seele lasten haben; **to be young in ~** geistig jung geblieben sein ⑧ *no pl* (*vitality*) Temperament *nt; of a horse* Feuer *nt;* **to perform/sing with ~** mit Inbrunst spielen/singen; **with ~** voller Enthusiasmus; *horse* feurig ⑨ *no pl* (*intent*) Sinn *m;* **you did not take my comment in the ~ in which it was meant** du hast meine Bemerkung nicht so aufgenommen, wie sie gemeint war; **the ~ of the law** der Geist [*o* Sinn] des Gesetzes ⑩ (*whisky, rum, etc*) ■**~s** *pl* Spirituosen *fpl* ⑪ (*alcoholic solution*) Spiritus *m;* **~s of turpentine** Terpentinöl *nt* ▶PHRASES: **the ~ is willing but the flesh is weak** (*saying*) der Geist ist willig, aber das Fleisch ist schwach **II.** *n modifier* (*world*) Geister- **III.** *vt* ■**to ~ sb/sth away** [*or* **off**] jdn/etw verschwinden lassen [*o* wegzaubern]

spir·it·ed ['spɪrɪtɪd, AM -t̬-] *adj* (*approv*) temperamentvoll; *discussion* lebhaft; *horse* feurig; *person* beherzt; **~ performance** lebendige Aufführung; **~ reply** mutige Antwort

spir·it·ism ['spɪrɪtɪzəm, AM -tɪ-] *n no pl* Spiritismus *m*

'spir·it lamp *n* Petroleumlampe *f*

spir·it·less ['spɪrɪtləs] *adj* (*pej*) schwunglos; *person, performance, book* saft- und kraftlos; *answer, defence, reply* lustlos; *horse* brav, lahm *pej*

'spir·it lev·el *n* Wasserwaage *f*

spir·itu·al ['spɪrɪtʃuəl] **I.** *adj* ① (*relating to the spirit*) geistig, spirituell; **~ expression** vergeistigter Ausdruck ② REL **~ leader** religiöser Führer **II.** *n* MUS Spiritual *nt*

spir·itu·al 'heal·er *n* Geisterheiler(in) *m(f)* **spir·itu·al 'heal·ing** *n no pl* Geisterheilung *f* **spir·itu·al 'home** *n* geistige Heimat

spir·itu·al·ism ['spɪrɪtʃuəlɪzəm] *n no pl* ① (*communication with dead*) Spiritismus *m* ② PHILOS Spiritualismus *m*

spir·itu·al·ist ['spɪrɪtʃuəlɪst] *n* ① (*medium*) Spiritist(in) *m(f)* ② PHILOS Spiritualist(in) *m(f)*

spir·itu·al·is·tic ['spɪrɪtʃuəlɪstɪk] *adj inv* ① (*supernatural*) spiritistisch ② PHILOS spiritualistisch

spir·itu·al·ity [ˌspɪrɪtʃu'æləti, AM -ət̬i] *n no pl* Geistigkeit *f,* Spiritualität *f geh*

spir·itu·al·ize ['spɪrɪtʃuəlaɪz] *vt* ■**to ~ sth** etw vergeistigen

spir·itu·al·ly ['spɪrɪtʃuəli] *adv* geistig

spit[1] [spɪt] *n* ① (*rod for roasting*) Bratspieß *m;* **chicken roasted on the ~** am Spieß gebratenes Hähnchen ② (*beach*) Sandbank *f*

spit[2] [spɪt] **I.** *n* (*fam*) Spucke *f fam;* **to give sth a bit of ~ and polish** etw polieren [*o fam* wienern] ▶PHRASES: **to be the** [**dead**] **~** [**and image**] **of sb** jdm wie aus dem Gesicht geschnitten sein **II.** *vi* <-tt-, spat *or* spit, spat *or* spit> ① (*expel saliva*) spucken; ■**to ~ at sb** jdn anspucken; **to ~ in sb's face** jdm ins Gesicht spucken ② (*fig: be angry*) ■**to ~ with anger/frustration/fury** vor Ärger/Enttäuschung/Wut schäumen; **to be ~ting mad** stinksauer sein *fam* ③ *impers* (*fam: raining*) **it is ~ting** [**with rain**] es tröpfelt ④ (*crackle*) *bacon, fat* brutzeln; *fire* zischen; (*hiss*) *cat* fauchen **III.** *vt* <-tt-, spat *or* spit, spat *or* spit> ■**to ~ sth** ① (*out of mouth*) etw ausspucken ② (*fig: say angrily*) etw ausstoßen; **to ~ abuse/curses/insults at sb** gegen jdn Beschimpfungen/Flüche/Beleidigungen ausstoßen ▶PHRASES: **to ~ blood** [*or* **venom**] [*or* AM *a.* **nails**] [*or* AUS *a.* **tacks**] vor Wut platzen *fam*

◆**spit out** *vt* ■**to ~ out** ↻ **sth** ① (*from mouth*) etw ausspucken ② (*fig: say angrily*) etw fauchen [*o* ÖSTERR, SÜDD pfauchen]; **come on, ~ it out!** (*fam*) jetzt spuck's schon aus! *fam*

◆**spit up** AM **I.** *vi baby* aufstoßen **II.** *vt* ■**to ~ sth** ↻ **up** *baby* etw aufstoßen

'spit·ball *n* ① (*chewed piece of paper*) gekautes Papierkügelchen ② AM (*in baseball*) *mit Speichel oder Schweiß angefeuchteter Ball;* **to throw** [*or* **pitch**] **a ~** einen angefeuchteten Ball werfen

spite [spaɪt] **I.** *n no pl* ① (*desire to hurt*) Bosheit *f;* **to do sth from** [*or* **out of**] **~** etw aus Bosheit tun ② (*despite*) ■**in ~ of sth** trotz einer S. *gen;* **it's raining but in ~ of that, I think we should go on our picnic** es regnet zwar, aber ich finde, wir sollten trotzdem picknicken gehen; ■**in ~ of oneself** unwillkürlich **II.** *vt* ■**to ~ sb** jdn ärgern ▶PHRASES: **to cut off one's nose to ~ one's face** sich *dat* ins eigene Fleisch schneiden

spite·ful ['spaɪtfəl] *adj* gehässig

spite·ful·ly ['spaɪtfəli] *adv* gehässig

spite·ful·ness ['spaɪtfəlnəs] *n no pl* Gehässigkeit *f*

'spit·fire *n* (*fig*) Hitzkopf *m;* (*woman also*) Giftnudel *f fam*

'spit-roast *vt* **to ~ a piece of beef/a chicken/lamb** ein Stück Rindfleisch/ein Huhn/Lammfleisch braten

'spit·ting dis·tance *n* **to be in** [*or* **within**] **~ of sth** (*fam*) nur einen Steinwurf [*o* Katzensprung] von etw *dat* entfernt sein

spit·ting 'im·age *n* Ebenbild *nt;* ■**to be the ~ of sb** jds Ebenbild [*o* jdm wie aus dem Gesicht geschnitten] sein

spit·tle ['spɪtl̩, AM 'spɪt̬l̩] *n no pl* Spucke *f fam*

spit·toon [spɪ'tu:n] *n* Spucknapf *m*

spiv [spɪv] *n* BRIT (*pej fam*) Lackaffe *m pej fam*

splash [splæʃ] **I.** *n* <*pl* -es> ① (*sound*) Platschen *nt kein pl,* Platscher *m;* **he dived into the pool with a big ~** es platschte, als er in den Pool sprang ② (*water*) Spritzer *m* ③ (*fam: swim*) **a ~ in the pool** eine Runde im Becken ④ (*small amount*) *of sauce, dressing, gravy* Klecks *m fam; of water, lemonade, juice* Spritzer *m;* **a ~ of brandy/rum/vodka** ein Schuss *m* Weinbrand/Rum/Wodka; **~ of colour** Farbklecks *m,* Farbtupfer *m* ⑤ (*sensational news*) Sensation *f;* (*attracting attention*) Aufsehen *nt;* **to make a ~** Furore machen **II.** *adv inv* platschend; **to fall ~ into sth** in etw *akk* hineinplatschen *fam* **III.** *vt* ① (*scatter liquid*) ■**to ~ sth** etw verspritzen; **~ a little paint on that wall** klatsch etwas Farbe auf die Wand *fam;* **to ~ soda into a drink** Sodawasser in ein Getränk spritzen ② (*stain with liquid*) ■**to ~ sth** etw bespritzen; **a stream of coffee ~ed the counter** ein Kaffeestrahl ergoss sich über die Theke ③ (*spray*) ■**to ~ sb/sth** jdn/etw bespritzen; **to ~ one's face with water** sich *dat* Wasser ins Gesicht spritzen; **to ~ water all over sb** jdn mit Wasser voll spritzen ④ (*fig: print prominently*) **the press has ~ed the**

story on the front page die Presse hat die Geschichte auf der ersten Seite groß rausgebracht *fam;* **her picture was ~ed all over the newspapers** ihr Bild erschien groß in allen Zeitungen **IV.** *vi* ❶ (*hit ground*) *rain, waves* klatschen; *tears* tropfen ❷ (*play in water*) ■**to ~ [about]** [herum]planschen ❸ (*spill*) spritzen; **a stream of juice ~ed over the counter** ein Strahl von Saft ergoss sich über die Theke

◆**splash down** *vi* AEROSP wassern

◆**splash out** BRIT, AUS **I.** *vi* ■**to ~ out on sth** (*fam*) Geld für etw *akk* hinauswerfen *fam* **II.** *vt* ■**to ~ out money on sth** Geld für etw *akk* hinauswerfen *fam*

'splash·back *n* BRIT Spritzwand *f* **'splash·board** *n* ❶ (*on vehicle, in kitchen*) Spritzschutz *m* ❷ (*on boat*) Wellenbrecher *m* **'splash·down** *n* AEROSP Wasserung *f* **'splash·guard** *n* AM Schmutzfänger *m*

splashy ['splæʃi] *adj* ❶ (*with water*) spritzend ❷ (*with patches of colour*) klecksig *fam* ❸ (*attention-attracting*) sensationell

splat [splæt] (*fam*) **I.** *n no pl* Klatschen *nt*, Platschen *nt* **II.** *adv inv* klatsch, platsch **III.** *vt* <-tt-> **to ~ a bug/a fly** einen Käfer/eine Fliege totklatschen *fam*

splat·ter ['splætəʳ, AM -ɚ] **I.** *vt* ■**to ~ sth** etw bespritzen; **her photograph was ~ed across the front pages of newspapers** (*fig*) ihr Bild prangte groß auf allen Titelseiten; **to ~ sth with mud** etw mit Schlamm bespritzen **II.** *vi* spritzen

splay [spleɪ] **I.** *vt* **to ~ one's fingers/legs** die Finger/Beine spreizen **II.** *vi* ■**to ~ out** *legs, fingers* weggestreckt sein; *river, pipe* sich *akk* weiten; **there he lay ~ed out on the floor** er lag auf dem Boden und hatte alle Viere von sich gestreckt **III.** *n* (*in road*) Abschrägung *f*, Neigung *f;* (*in window opening*) Ausschrägung *f*

splayed [spleɪd] *adj* ARCHIT ausgeschrägt

'splay-foot *n* Spreizfuß *m*

spleen [spliːn] *n* ❶ ANAT Milz *f;* **to rupture one's ~** sich *dat* einen Milzriss zuziehen ❷ *no pl esp* BRIT, AUS (*fig: anger*) Wut *f;* **a burst** [*or* **fit**] **of ~** ein Wutanfall *m;* **to vent one's ~ on sb** seine Wut an jdm auslassen

splen·did ['splendɪd] *adj* großartig *a. iron;* **it's a ~ day for a picnic** es ist ein herrlicher Tag für ein Picknick; **a ~ idea** eine ausgezeichnete Idee

splen·did·ly ['splendɪdli] *adv* großartig; (*magnificently*) herrlich; **the dinner went off ~** das Abendessen ging großartig über die Bühne

splen·dif·er·ous [splen'dɪfᵊrəs] *adj* (*hum fam*) prächtig

splen·dor ['splendɚ] AM, **splen·dour** ['splendəʳ] *n* ❶ *no pl* (*beauty*) Pracht *f* ❷ (*beautiful things*) ■**~s** *pl* Herrlichkeiten *fpl*

sple·net·ic [splə'netɪk, AM splɪ'net̬-] *adj* ❶ (*bad-tempered*) mürrisch, unwirsch ❷ MED Milz-

splice [splaɪs] **I.** *vt* ❶ (*unite*) **to ~ DNA/wires** die DNA/Drähte verbinden; **to ~ a film** einen Film kleben; **to ~ a rope** ein Seil spleißen; **to ~ pieces of wood** Holzstücke verfugen; ■**to ~ sth ↷ together** etw zusammenfügen ❷ (*fig: combine*) ■**to ~ sth with sth** etw mit etw *dat* verbinden ❸ (*fig fam*) **to get ~d** heiraten **II.** *n* Verbindung *f; of ropes* Spleiß *m; of wood* Fuge *f; of tapes* Klebestelle *f;* **to join sth with a ~** etw kleben

splic·er ['splaɪsəʳ, AM -ɚ] *n* ❶ FILM (*person*) Löter(in) *m(f);* (*machine*) Klebepresse *f* ❷ (*telecom*) Spleißer(in) *m(f)*

spliff [splɪf] *n* (*sl*) Joint *m sl*

splint [splɪnt] **I.** *n* ❶ MED Schiene *f;* **to put a ~ on sb/sth** jdn/etw schienen ❷ (*for lighting fire*) Splintkohle *f* ❸ (*for basket weaving*) Span *m* **II.** *vt* **to ~ an arm/a finger/a leg** einen Arm/einen Finger/ein Bein schienen

splin·ter ['splɪntəʳ, AM -ɚ] **I.** *n* Splitter *m;* **~ [of wood]** Holzsplitter *m*, Schiefer *m* ÖSTERR **II.** *vi* splittern; **the conservatives have ~ed into several smaller political parties** (*fig*) die Konservativen sind in mehrere kleinere Parteien zersplittert

'splin·ter group *n*, **'splin·ter par·ty** *n* POL Splittergruppe *f*
'splin·ter-proof *adj* splittersicher

split [splɪt] **I.** *n* ❶ (*crack*) Riss *m* (**in** in +*dat*); (*in wall, cement, wood*) Spalt *m* ❷ (*division in opinion*) Kluft *f;* POL Spaltung *f;* **there was a three-way ~ in the voting** die Wählerschaft zerfiel in drei Lager ❸ (*marital separation*) Trennung *f* ❹ ECON, STOCKEX Aktiensplit *m* ❺ (*share*) Anteil *m;* **a two/three/four-way ~** eine Aufteilung in zwei/drei/vier Teile ❻ (*with legs*) ■**the ~s** *pl* [*or* AM **a ~**] Spagat *m;* **to do the ~s** [einen] Spagat machen ❼ FOOD **[banana] ~** Bananensplit *m* ❽ (*small bottle*) kleine Flasche; *of champagne* Pikkolo *m fam* **II.** *vt* <-tt-, split, split> ❶ (*divide*) ■**to ~ sth** etw teilen; **the teacher ~ the children into three groups** der Lehrer teilte die Kinder in drei Gruppen [ein]; **to ~ an atom** ein Atom spalten; **to ~ the difference** (*fig*) sich *akk* auf halbem Weg einigen; **to ~ sth in half** etw halbieren; **to ~ sth down the middle** etw in der Mitte [durch]teilen; **to ~ a muffin/a roll in two** einen Muffin/ein Brötchen in der Mitte durchschneiden; **to ~ shares** Aktien splitten; **to ~ the vote** AM POL die Stimme auf mehrere Kandidaten/Kandidatinnen verteilen; **to ~ wood** Holz spalten ❷ (*fig: create division*) **to ~ a group/a party** eine Gruppe/eine Partei spalten; **the issue has ~ the employers' group** die Arbeitgeber haben sich über die Frage entzweit; ■**to be ~ over sth** in etw *dat* gespalten sein ❸ (*rip, crack*) **to ~ a seam** eine Naht aufplatzen lassen; **to ~ one's head open** sich *dat* den Kopf aufschlagen; **to ~ a log open** ein Holzscheit spalten ▶ PHRASES: **to ~ a gut** AM (*fam*) Bauchweh vor Lachen haben; **to ~ hairs** (*pej*) Haarspalterei betreiben *pej;* **to ~ one's sides** vor Lachen fast platzen *fam* **III.** *vi* <-tt-, split, split> ❶ (*divide*) *wood, board, wall, stone* [entzwei]brechen; *seam, cloth* aufplatzen; *fabric* zerreißen; *hair* splissen; **to ~ into groups** sich *akk* aufteilen; **to ~ in half** entzweibrechen; **to ~ open** aufplatzen, aufbrechen; (*fig*) sich *akk* entzweien ❷ (*become splinter group*) ■**to ~ from sth** sich *akk* von etw *dat* abspalten ❸ (*end relationship*) sich *akk* trennen ❹ (*dated fam: leave*) abhauen *fam;* **hey man, let's ~ before the cops come** Mann, lass uns abhauen, bevor die Bullen kommen ❺ BRIT, AUS (*dated fam: inform*) ■**to ~ on sb [to sb]** jdn [bei jdm] verpfeifen [*o* verpetzen] *pej fam*

◆**split off I.** *vt* ■**to ~ off ↷ sth** (*break off*) etw abbrechen; (*with axe*) etw abschlagen; (*with knife*) etw abtrennen; (*separate*) etw abtrennen; **the river ~s the suburbs off from the city** der Fluss trennt die Vororte von der Stadt ab **II.** *vi* ❶ (*become detached*) *rock, brick* sich *akk* lösen ❷ (*leave*) ■**to ~ off from sth** *party, group, faction* sich *akk* von etw *dat* abspalten

◆**split up I.** *vt* ❶ (*share*) **to ~ up ↷ money/work** Geld/Arbeit aufteilen ❷ (*separate*) **to ~ up a group/a team** eine Gruppe/eine Mannschaft teilen; **the teacher ~ the children up into three groups** der Lehrer teilte die Kinder in drei Gruppen ein **II.** *vi* ❶ (*divide up*) sich *akk* teilen; **to ~ up into groups** sich *akk* in Gruppen aufteilen ❷ (*end relationship*) sich *akk* trennen; ■**to ~ up with sb** sich *akk* von jdm trennen

split de·'ci·sion *n* BOXING *nicht einstimmiges Urteil beim Boxen* **split 'ends** *npl* gespaltene Haarspitzen **split 'im·age** *n* PHOT Schnittbild *nt* **split in·'fini·tive** *n* LING gespaltener Infinitiv **'split-lev·el I.** *adj* mit Zwischengeschossen *nach n* **II.** *n* Haus *nt* mit Zwischengeschossen **split 'pea** *n* Schälerbse *f* **split per·son·'al·ity** *n* PSYCH gespaltene Persönlichkeit **split 'pin** *n* Splint *m* **split 'screen** *n* geteilter Bildschirm **split 'sec·ond** *n no pl* Bruchteil *m* einer Sekunde; **I'll be back in a ~** ich bin sofort wieder da **'split-sec·ond** *adj inv decision, answer* auf die Sekunde; *break, moment* von Sekundenbruchteilen *nach n* **split 'shift** *n* geteilte Schicht **split 'tick·et** *n* AM POL (*candidacy*) Wahlzettel *m* mit Kandidaten verschiedener Parteien; (*voter's ballot*) Wahlzettel *m* mit Stimmen für die Kandidaten verschiedener Parteien

split·ting 'head·ache *n* (*fam*) rasende Kopfschmerzen

'split-up *n* Trennung *f*

splodge [splɒdʒ] **I.** *n esp* BRIT (*fam*) *of paint, colour* Klecks *m; of ketchup, blood, grease, mud* Fleck *m;* **a ~ of whipped**

cream ein Klecks *m* Sahne **II.** *vt esp* BRIT *(fam)* ■**to ~ sth** etw bespritzen; **to be ~d with blood/grease/paint** mit Blut/Fett/Farbe bekleckst sein

splosh [splɒʃ] **I.** *vi esp* BRIT *(fam)* ■**to ~ about** herumspritzen **II.** *n* <*pl* -es> *esp* BRIT *(fam)* Spritzer *m*

splotch [splɒtʃ, AM splɑ:tʃ] *esp* AM, AUS **I.** *n (fam)* ❶ *(mark) of paint, colour* Klecks *m; of ketchup, blood, grease, mud* Fleck *m; (daub) of whipped cream* Klacks *m,* Klecks *m* ❷ *(rash)* Fleck *m* **II.** *vt (fam)* ■**to ~ sth** etw bespritzen; **to be ~ed with blood/grease/paint** mit Blut/Fett/Farbe bekleckst sein

splotchy [splɒtʃi, AM splɑ:tʃi] *adj* fleckig

splurge [splɜ:dʒ, AM splɜ:rdʒ] *(fam)* **I.** *vt* **to ~ money/one's savings/$100 on sth** Geld/sein Gespartes/$100 für etw *akk* verprassen *fam* **II.** *vi* prassen *fam;* ■**to ~ on sth** viel Geld für etw *akk* ausgeben **III.** *n* Prasserei *f fam;* **to go on a ~** groß einkaufen gehen *fam;* **to have a ~ on sth** Geld für etw *akk* verprassen *fam*

splut·ter ['splʌtəʳ, AM -t̬ɚ] **I.** *vi* ❶ *(make noises)* stottern; **to ~ sth with indignation** etw entrüstet hervorstoßen ❷ *(spit)* spucken; **to cough and ~** husten und spucken ❸ *(backfire) car, lorry* stottern; *(make crackling noise) fire* zischen; *bacon, sausages* brutzeln, zischen **II.** *vt* ❶ *(say)* **to ~ an excuse** eine Entschuldigung hervorstoßen; **'but ... er ... when ... um ... how?' he ~ed** „aber ... em ... wann ... äh ... wie?" stotterte er; *(in indignation)* **'well I never!' she ~ed** „na so was!" platzte sie los ❷ *(spit out)* ■**to ~ sth** *water* etw ausspucken **III.** *n of a person* Prusten *nt kein pl; of a car* Stottern *nt kein pl; of fire, bacon* Zischen *nt kein pl;* **to give a ~** zischen

spoil [spɔɪl] **I.** *n* ❶ *no pl (debris)* Schutt *m* ❷ *(profits)* ■**~s** *pl* Beute *f kein pl;* **to divide the ~s** die Beute aufteilen ❸ AM POL *(advantages)* ■**~s** *pl* Vorteile *mpl* **II.** *vt* <spoiled *or* BRIT *usu* spoilt, spoiled *or* BRIT *usu* spoilt> ❶ *(ruin)* ■**to ~ sth** etw verderben; **to ~ sb's afternoon/day/morning** jdm den Nachmittag/Tag/Morgen verderben; **to ~ one's appetite** sich *dat* den Appetit verderben; **to ~ one's ballot paper** BRIT seinen Stimmzettel ungültig machen; **to ~ sb's chances for sth** jds Chancen für etw *akk* zerstören; **to ~ the coastline** die Küste verschandeln *fam;* **to ~ sb's fun** jdm den Spaß verderben; **to ~ sb's life** jds Leben ruinieren; **to ~ the news/a secret** die Neuigkeit/ein Geheimnis ausplaudern; **to ~ sb's party** [*or* **to ~ the party for sb**] jdm den Spaß verderben ❷ *(treat well)* ■**to ~ sb/oneself** jdn/sich verwöhnen; **to ~ a child** *(pej)* ein Kind verziehen; **to be spoilt for choice** eine große Auswahl haben **III.** *vi* <spoiled *or* BRIT *usu* spoilt, spoiled *or* BRIT *usu* spoilt> ❶ *food* schlecht werden, verderben; *milk* sauer werden ❷ *(want)* **to be ~ing for a fight/trouble** Streit/Ärger suchen

spoil·age ['spɔɪlɪdʒ] *n no pl* ❶ *(act of rotting)* Verderben *nt* ❷ *(food)* Verdorbene(s) *nt,* Verfaulte(s) *nt; (milk)* Sauergewordene(s) *nt* ❸ PUBL Makulatur *f*

spoiled 'brat *n* verzogenes Gör *pej fam*

spoil·er ['spɔɪləʳ, AM -ɚ] *n (on aeroplane)* Unterbrecherklappe *f; (on car)* Spoiler *m*

'spoil heap *n* Schutthaufen *m*

'spoil·sport ['spɔɪlspɔ:t, AM -spɔ:rt] *n (pej fam)* Spielverderber(in) *m(f)*

spoils sys·tem *n no pl* AM Ämterpatronage *f*

spoilt [spɔɪlt] **I.** *vt, vi esp* BRIT *pp, pt of* **spoil II.** *adj appetite* verdorben; *view, coastline* verschandelt *fam; meat, milk* verdorben; *child* verwöhnt; *(pej)* verzogen; **to be ~ for the choice** BRIT die Qual der Wahl haben *fam*

spoke¹ [spəʊk, AM spoʊk] *n* Speiche *f* ▶ PHRASES: **to put a ~ in sb's wheel** [*or* **plan**] BRIT jdm einen Knüppel zwischen die Beine werfen

spoke² [spəʊk, AM spoʊk] *pt of* **speak**

spok·en [spəʊkᵊn, AM spoʊk-] **I.** *pp of* **speak II.** *adj* ❶ *attr, inv (not written)* gesprochen; **~ English/German** gesprochenes Englisch/Deutsch; **the ~ word** das gesprochene Wort ❷ *pred, inv (sold)* ■**to be ~ for** verkauft sein ❸ *pred, inv (involved in relationship)* ■**to be ~ for** *person* vergeben sein *hum*

spokes·man ['spəʊks-, AM 'spoʊks-] *n* Sprecher *m* **'spokes·per·son** <*pl* -people> *n* Sprecher(in) *m(f)* **'spokes·wom·an** *n* Sprecherin *f*

spo·lia·tion [ˌspəʊli'eɪʃᵊn, AM ˌspoʊ-] *n no pl (form)* Plünderung *f*

spon·du·licks [spɒn'dju:lɪks, AM spɑ:n'du:-], **spon·du·lix** *npl (hum fam)* Zaster *m kein pl sl,* Moneten *pl fam*

sponge [spʌndʒ] **I.** *n* ❶ *(foam cloth)* Schwamm *m;* **to give sth a ~** *car* etw waschen; *floor* etw wischen; *table, wall* etw abwischen; **to give sth a ~ with a cloth** etw mit einem Tuch abreiben ❷ *(soft cake)* Rührkuchen *m; (without fat)* Biskuit[kuchen] *m* ❸ *(fam: parasitic person)* Schnorrer(in) *m(f) fam,* Schmarotzer(in) *m(f) pej* ❹ *(fam: heavy drinker)* Schluckspecht *m hum fam* **II.** *vt* ❶ *(clean)* ■**to ~ sth** etw [mit einem Schwamm] abwaschen [*o* abwischen]; ■**to ~ oneself** sich *akk* [mit einem Schwamm] waschen; **to ~ the ceiling/a wall** die Decke/eine Wand [mit einem Schwamm] abwischen ❷ *(get for free)* **to ~ cigarettes/lunch/money off of sb** von jdm Zigaretten/ein Mittagessen/Geld schnorren **III.** *vi (pej fam)* ■**to ~ on sb** jdn ausnutzen

◆**sponge down, sponge off** *vt* ■**to ~ down** [*or* **off**] ↻ **sth** etw schnell [mit einem Schwamm] abwaschen [*o* abwischen]; ■**to ~ down** [*or* **off**] ↻ **sb** jdn schnell [mit einem Schwamm] waschen

'sponge bag *n* BRIT, AUS Waschbeutel *m,* Kulturbeutel *m* **'sponge bath** *n* AM **to give oneself/sb a ~** sich/jdn mit einem Schwamm waschen **'sponge cake** *n* Biskuitkuchen *m*

spong·er ['spʌndʒəʳ, AM -ɚ] *n (pej)* Schmarotzer(in) *m(f) pej*

sponge 'rub·ber *n* AM Schaumgummi *m*

spon·gy ['spʌndʒi] *adj* schwammig; *grass, moss* weich, nachgiebig; *pudding* locker; *skin* schwammig; **~ pastry** lockerer Teig

spon·sor ['spɒn(t)səʳ, AM 'spɑ:n(t)sɚ] **I.** *vt* ❶ *(support)* ■**to ~ sb/sth** *person* jdn/etw sponsern; *government* jdn/etw unterstützen; **to join the club, you first need to be ~ed by two people** damit du in den Klub eintreten kannst, müssen erst zwei Leute für dich bürgen; **to ~ a bill** POL ein Gesetz befürworten ❷ POL *(host)* **to ~ negotiations/talks** die Schirmherrschaft über Verhandlungen/Gespräche haben **II.** *n* ❶ *(supporter)* Sponsor(in) *m(f); (of a charity)* Förderer, -in *m, f; (for an immigrant)* Bürge, -in *m, f; (for membership)* Bürge, -in *m, f; (of a match, event)* Sponsor(in) *m(f); (of a bill)* Befürworter(in) *m(f)* ❷ *(host)* Schirmherr(in) *m(f)* ❸ REL Pate, -in *m, f*

spon·sor·ship ['spɒn(t)səʃɪp, AM 'spɑ:n(t)sɚ-] *n no pl (by corporation, people)* Unterstützung *f; (at fund-raiser)* Förderung *f; (for immigrants)* Bürgschaft *f; (for potential member)* Empfehlung *f;* POL *(of a match, event)* Sponsern *nt; (of a bill)* Befürwortung *f; (of negotiations)* Schirmherrschaft *f;* **corporate ~** Firmenunterstützung *f;* **government/private ~** staatliche/private Unterstützung; **to get ~** gefördert werden

spon·ta·neity [ˌspɒntə'neɪəti, AM ˌspɑ:ntᵊn'eɪət̬i] *n no pl (approv)* Spontaneität *f,* Ungezwungenheit *f*

spon·ta·neous [spɒn'teɪniəs, AM spɑ:n-] *adj* ❶ *(unplanned)* spontan ❷ *(approv: unrestrained)* impulsiv ❸ MED Spontan-; **~ miscarriage** Spontanabort *m fachspr*

spon·ta·neous com·'bus·tion *n no pl* TECH spontane Verbrennung

spon·ta·neous·ly [spɒn'teɪniəsli, AM spɑ:n-] *adv* spontan; *(voluntarily)* von sich *dat* aus; **he just offered to help ~** er bot seine Hilfe von sich aus an

spoof [spu:f] **I.** *n* ❶ *(satire)* Parodie *f;* **to do a ~ on** [*or* **of**] **sth** etw parodieren ❷ *(trick)* Scherz *m* **II.** *vt* ❶ *(do satire of)* ■**to ~ sth** etw parodieren ❷ *(fam: imitate mockingly)* ■**to ~ sth** etw nachäffen *fam* ❸ AM *(fam: trick)* ■**to ~ sb** jdn auf die Schippe nehmen *fam* **III.** *vi* AM *(fam)* schwindeln *fam*

S

spook [spuːk] **I.** *n* ① (*fam: ghost*) Gespenst *nt* ② AM (*spy*) Spion(in) *m(f)* **II.** *vt esp* AM ■**to ~ sb/an animal** (*scare*) jdn/ein Tier erschrecken; (*make uneasy*) jdn beunruhigen **III.** *vi horse, deer* sich *akk* erschrecken

'spook sto·ry *n* Spukgeschichte *f*

spooky ['spuːki] *adj* (*fam*) ① (*scary*) schaurig; *house, woods, person* unheimlich; *story, film, novel* gespenstisch; *feeling* eigenartig; (*weird*) sonderbar, eigenartig ② (*easily frightened*) *person, horse* schreckhaft

spool [spuːl] **I.** *n* Rolle *f;* **a ~ of film** eine Filmrolle **II.** *vt* ① (*wind*) **to ~ a cassette/a thread** eine Kassette/einen Faden aufspulen ② COMPUT **to ~ a file** eine Datei spulen

spoon [spuːn] **I.** *n* ① (*for eating*) Löffel *m;* **kitchen ~** Kochlöffel *m;* **perforated/slotted ~** durchlöcherter/geschlitzter Löffel; **wooden ~** Holzlöffel *m* ② (*spoonful*) Löffel *m* ③ ■**~s** *pl* MUS Löffel *mpl* **II.** *vt* ① (*with a spoon*) **to ~ sth** etw löffeln ② SPORTS **to ~ the ball** den Ball schlenzen **III.** *vi* (*dated fam*) schmusen *fam*

◆**spoon out** *vt* ■**to ~ out** ↻ **sth** *food* etw verteilen

◆**spoon up** *vt* ■**to ~ up** ↻ **sth** etw löffeln

'spoon·bill ['spuːnbɪl] *n* ORN Löffelreiher *m*

'spoon bread *n no pl* AM Maisfladen *m*

spoon·er·ism ['spuːnᵊrɪzᵊm] *n* lustiger Versprecher; **to produce a ~** sich *akk* versprechen

'spoon-feed <-fed, -fed> ['spuːnfiːd] *vt* ■**to ~ sb** ① (*feed with spoon*) jdn mit einem Löffel füttern ② (*supply*) jdm alles vorgeben [*o fam* vorkauen]; **to ~ sb with answers/information** jdn mit Antworten/Informationen füttern

spoon·ful <*pl* -s *or* spoonsful> ['spuːnfʊl] *n* Löffel *m;* **a ~ of sugar** ein Löffel Zucker; **a ~ of hope/patience** (*fig*) ein Funken Hoffnung/Geduld *fam*

spoor [spɔːʳ, AM spɔːr] *n* Fährte *f;* **to follow a ~** einer Fährte folgen

spo·rad·ic [spəˈrædɪk] *adj* sporadisch; **~ gunfire** vereinzelte Schüsse; **~ showers** gelegentliche Regenschauer

spo·radi·cal·ly [spəˈrædɪkᵊli] *adv* sporadisch; (*occasionally*) immer wieder; *rain, snow* vereinzelt

spore [spɔːʳ, AM spɔːr] *n* BIOL Spore *f*

spor·ran [spɒrən] *n* SCOT Felltasche *f* (*die über dem Schottenrock getragen wird*)

sport [spɔːt, AM spɔːrt] **I.** *n* ① (*game*) Sport *m;* (*type of*) Sportart *f;* **contact/team ~** Kontakt-/Mannschaftssport *m;* **summer/winter ~** Sommer-/Wintersport *m;* **indoor ~** Hallensport *m;* **outdoor ~** Sport *m* im Freien ② *no pl* BRIT, AUS ■AM **~s** *pl* (*athletic activity*) Sport *m;* **to be good/bad at ~** sportlich/unsportlich sein; **to do** [*or* **play**] **~** Sport treiben ③ *no pl* (*fun*) Vergnügen *nt;* **wrestling with Dad was always great ~** mit dem Vater zu ringen hat immer sehr großen Spaß gemacht; **to do sth for ~** [*or* **just for the ~ of it**] etw nur zum Vergnügen tun ④ (*fam: co-operative person*) **to be a** [**good**] **~** kein Spielverderber/keine Spielverderberin sein; **to be a bad ~** ein Spielverderber/eine Spielverderberin sein; **he's a good ~** er ist ein feiner Kerl *fam* ⑤ *no pl* (*joke*) Spaß *m;* **to be just in ~** nur zum Spaß sein; **to do sth in ~** etw aus Spaß machen; **to make ~ of sb/sth** sich *akk* über jdn/etw lustig machen ⑥ AUS (*form of address*) **hello ~** na, Sportsfreund *fam* **II.** *vt* (*esp hum*) ■**to ~ sth** (*wear*) etw tragen; (*be decorated with*) mit etw *dat* geschmückt sein; **to ~ a black eye/a huge moustache** mit einem blauen Auge/einem riesigen Schnurrbart herumlaufen *fam*

sport·ing ['spɔːtɪŋ, AM 'spɔːrt̬ɪŋ] *adj* SPORTS ① *attr, inv* (*involving sports*) Sport-; **~ event** Sportveranstaltung *f* ② (*approv dated: fair*) fair; (*nice*) anständig *fam*

sport·ing 'chance *n* faire Chance

spor·tive ['spɔːtɪv, AM 'spɔːrt̬ɪv] *adj* verspielt

sports an·nounc·er *n* Sportreporter(in) *m(f)* **'sports arena** *n* Sportstadion *nt* **'sports bar** *n Bar mit Fernseher für Sportübertragungen* **'sports bra** *n* Sport-BH *m* **'sports car** *n* Sportwagen *m* **'sports·cast** [-kæst] *n esp* AM Sportübertragung *f* **sports·cast·er** [-kæstɚ] *n esp* AM Sportreporter(in) *m(f)* **'sports cen·ter, 'sports cen·tre** *n* Sportcenter *nt* **'sports coat** *n* Sportsakko *nt* **'sports com·men·ta·tor** *n* Sportkommentator(in) *m(f)* **'sports day** *n* BRIT SCH Sportfest *nt* **'sports drink** *n* AM (*mineral replacement drink*) elektrolytisches Getränk, Sportlergetränk *nt fam* **'sports equip·ment** *n no pl* Sportausrüstung *f* **'sports field** *n,* **'sports ground** *n* Sportplatz *m* **'sports jack·et** *n* Sportsakko *nt* **'sports·man** *n* Sportler *m* **'sports·man·like** *adj* fair **'sports·man·ship** *n no pl* Fairness *f* **sports 'medi·cine** *n no pl* Sportmedizin *f* **'sports page** *n* Sportseite *f* **'sports·per·son** *n* Sportler(in) *m(f)* **'sports sec·tion** *n* Sportteil *m*

sport·ster ['spɔːtstəʳ, AM 'spɔːrtstɚ] *n* Sportwagen *m*

'sports truck *n* Sports Truck *m* (*sportwagenähnlicher Laster*)

'sports·wear *n no pl* Sportkleidung *f* **'sports·wear depart·ment** *n* Sportabteilung *f* **'sports·wom·an** *n* Sportlerin *f* **'sports writ·er** *n* Sportjournalist(in) *m(f)*

sport u'til·ity ve·hi·cle *n,* **SUV** *n* Geländewagen *m*

sporty ['spɔːti, AM 'spɔːrti] *adj* ① (*athletic*) sportlich; **~ clothing** sportliche Kleidung ② (*fast*) **~ car** schneller Wagen

spot [spɒt, AM spɑːt] **I.** *n* ① (*mark*) Fleck *m;* **~ of blood/grease** Blut-/Fettfleck *m* ② (*dot*) Punkt *m;* (*pattern*) Tupfen *m* ③ BRIT (*pimple*) Pickel *m;* (*pustule*) Pustel *f;* **to pick a ~** einen Pickel ausdrücken ④ *esp* BRIT (*little bit*) ein wenig [*o* bisschen]; **shall we stop for a ~ of lunch?** sollen wir schnell eine Kleinigkeit zu Mittag essen?; **I'm having a ~ of bother with one of my back teeth** einer meiner Backenzähne macht mir etwas Ärger; **a ~ of rain** ein bisschen Regen ⑤ (*place*) Stelle *f;* **on the ~** an Ort und Stelle ⑥ (*small town, village*) Flecken *m* ⑦ TV, RADIO Beitrag *m;* **guest ~** Gastauftritt *m;* **to have sb on the guest ~** jdn als Gast haben; **to do/have a ~** einen Beitrag gestalten/haben ⑧ (*fam: spotlight*) Scheinwerfer *m* ▶ PHRASES: **to put sb on the ~** jdn in Verlegenheit bringen; **on the ~** auf der Stelle **II.** *vi* <-tt-> *impers* BRIT **it's ~ting** [**with rain**] es tröpfelt *fam* **III.** *vt* <-tt-> ■**to ~ sb/sth** jdn/etw entdecken; ■**to ~ sb doing sth** jdn bei etw *dat* erwischen; ■**to ~ why/what ...** dahinterkommen, warum/was ... *fam;* (*notice*) ■**to ~ that ...** bemerken, dass ...

spot 'cash *n no pl* FIN, COMM Sofortliquidität *f fachspr* **spot 'check** *n* Stichprobe *f;* **to do** [*or* **perform**] **~s** [**on sb/sth**] [bei jdm/etw] Stichproben machen [*o geh* vornehmen] **'spot-check** *vt* ■**to ~ sb/sth** jdn/etw stichprobenweise überprüfen **spot 'deal** *n* FIN, ECON Kassageschäft *nt fachspr* **spot 'fine** *n* sofort fällige Strafe **spot 'height** *n* ① (*elevation*) Höhe *f* ② (*on a map*) Höhenangabe *f*

spot·less ['spɒtləs, AM 'spɑːt-] *adj* ① (*clean*) makellos ② (*unblemished*) untadelig, makellos, tadellos; **to have a ~ record/reputation** einen makellosen [*o* tadellosen] Ruf haben

spot·less·ly ['spɒtləsli, AM 'spɑːt-] *adv* makellos

'spot·light I. *n* Scheinwerfer *m;* **to be in/out of the ~** (*fig*) im/nicht im Rampenlicht stehen; **to turn the ~ to sb/sth** die Aufmerksamkeit auf jdn/etw richten **II.** *vt* <-lighted *or* -lit, -lighted *or* -lit> ■**to ~ sth** etw beleuchten; (*fig*) auf etw *akk* aufmerksam machen, etw ins Bewusstsein der Öffentlichkeit rücken **'spot mar·ket** *n* FIN Lokomarkt *m fachspr* **spot-'on** *adj pred* BRIT, AUS (*fam*) ① (*exact*) haargenau *fam,* exakt; (*correct*) richtig, goldrichtig *fam;* **what you said was ~** was du gesagt hast stimmt haargenau; **her estimate was ~** sie lag mit ihrer Schätzung genau richtig [*o fam* goldrichtig] ② (*on target*) punktgenau **'spot price** *n* FIN Lokopreis *m fachspr*

spot·ted ['spɒtɪd, AM 'spɑːt̬ɪd] *adj inv* ① (*pattern*) getupft, gepunktet; **~ dog** Dalmatiner *m* ② *pred* (*covered*) ■**to be ~ with sth** mit etw *dat* gesprenkelt sein

spot·ted 'dick *n* BRIT *mit Talg zubereiteter Pudding, der Rosinen enthält* **spot·ted hy·'ena** *n* Tüpfelhyäne *f*

spot·ter ['spɒtəʳ, AM 'spɑːt̬ɚ] *n* SPORTS Stütze *f*

spot·ty ['spɒti, AM 'spɑːt̬i] *adj* ① BRIT, AUS (*pimply*) pickelig

❷ AM, AUS (*patchy*) bescheiden *iron;* ~ **progress/sales** schleppender Fortschritt/Verkauf

'spot-weld·ing *n no pl* Punktschweißen *nt*

spouse [spaʊs] *n* (*form*) [Ehe]gatte, -in *m, f*

spout [spaʊt] **I.** *n* ❶ (*opening*) Ausguss *m;* (*of a teapot, coffeepot, jug*) Schnabel *m* ❷ (*discharge*) Strahl *m* ▶ PHRASES: **to be up the** ~ BRIT, AUS (*sl: spoiled*) im Eimer sein *sl;* BRIT (*sl: pregnant*) ein Kind kriegen *fam* **II.** *vt* ■ **to** ~ **sth** ❶ (*pej: hold forth*) etw faseln *fam;* **to** ~ **facts and figures** mit Belegen und Zahlen um sich *akk* werfen *fam* ❷ (*discharge*) etw speien; **the geysers were ~ing jets of hot water into the air** aus den Geysiren schossen Strahlen von heißem Wasser in die Luft **III.** *vi* ❶ (*pej: hold forth*) Reden schwingen *fam* ❷ (*gush*) hervorschießen; **the tears were ~ing from her eyes** sie zerfloss in Tränen [*o* war in Tränen aufgelöst]

◆**spout out I.** *vi* hervorschießen **II.** *vt* ■ **to** ~ **out** ○ **sth** etw gedankenlos daherplappern *pej fam*

sprain [spreɪn] **I.** *vt* ■ **to** ~ **sth** sich *dat* etw verstauchen; **to** ~ **one's ankle** sich *dat* den Knöchel verstauchen **II.** *n* Verstauchung *f*

sprang [spræŋ] *vi, vt pt of* **spring**

sprat [spræt] *n* Sprotte *f*

sprawl [sprɔːl, AM sprɑːl] **I.** *n* ❶ *no pl* (*slouch*) **to lie in a** ~ ausgestreckt daliegen ❷ *usu sing* (*expanse*) Ausdehnung *f;* **urban** ~ (*phenomenon*) unkontrollierte Ausbreitung einer Stadt; (*town*) riesiges Stadtgebiet; (*area*) Ballungsraum *m* **II.** *vi* ❶ (*slouch*) ■ **to** ~ **on sth** auf etw *dat* herumlümmeln *pej fam,* sich *akk* auf etw *dat* rekeln *fam;* **to send sb ~ing** jdn zu Boden strecken ❷ (*expand*) sich *akk* ausbreiten

◆**sprawl out** *vi* ■ **to** ~ **out** [**on sth**] [auf etw *dat*] herumlümmeln *pej fam*

sprawled [sprɔːld, AM sprɑːld] *adj pred* ■ **to be** ~ **across/on sth** auf etw *dat* ausgestreckt sein

sprawl·ing ['sprɔːlɪŋ, AM 'sprɑːl-] *adj* (*pej*) ❶ (*expansive*) ausgedehnt ❷ (*irregular*) unregelmäßig

spray¹ [spreɪ] **I.** *n* ❶ *no pl* (*mist, droplets*) Sprühnebel *m; of fuel, perfume* Wolke *f; of water* Gischt *m o f* ❷ (*spurt*) *of perfume* Spritzer *m;* ~ **of bullets** (*fig*) Kugelhagel *m* ❸ (*aerosol*) Spray *m o nt;* **chemical** ~ Spritzmittel *nt* ❹ (*sprinkler*) Sprühvorrichtung *f;* (*for irrigation*) Bewässerungsanlage *f* **II.** *vt* ❶ (*cover*) ■ **to** ~ **sth** etw besprühen; *plants* etw spritzen; ■ **to** ~ **sb/oneself/sth with sth** jdn/sich/etw mit etw *dat* besprühen [*o* bespritzen]; **a car went past and ~ed me with water!** ein Auto fuhr vorbei und bespritzte mich mit Wasser!; **the car was ~ed with bullets** (*fig*) das Auto wurde von Kugeln durchsiebt; **to** ~ **crops** Getreide spritzen ❷ (*disperse in a mist*) ■ **to** ~ **sth** etw sprühen; (*in a spurt*) etw spritzen; **to** ~ **insecticide** Insektizide sprühen ❸ (*draw, write*) ■ **to** ~ **sth on sth** etw mit etw *dat* besprühen; **vandals had ~ed graffiti on the wall** Vandalen hatten ein Graffiti auf die Wand gesprüht ❹ (*shoot all around*) **to** ~ **sb with bullets** jdn mit Kugeln durchsieben **III.** *vi* spritzen

spray² [spreɪ] *n* ❶ (*branch*) Zweig *m* ❷ (*bouquet*) Strauß *m;* **a** ~ **of red roses** ein Strauß *m* rote [*o geh* roter] Rosen

spray·er [spreɪəʳ, AM -ɚ] *n* Zerstäuber *m*

'spray gun *n* Spritzpistole *f* **'spray paint** *n* Spritzlack *m* **'spray-paint** *vt* ■ **to** ~ **sth** etw mit Farbe besprühen [*o* spritzlackieren]

spread [spred] **I.** *n* ❶ (*act of spreading*) Verbreitung *f* ❷ (*range*) Vielfalt *f;* ~ **of opinion** Meinungsvielfalt *f* ❸ JOURN Doppelseite *f* ❹ (*soft food to spread*) Aufstrich *m* ❺ AM (*ranch*) Ranch *f;* (*farm*) Farm *f* ❻ BRIT, AUS (*dated fam: meal*) Mahl *nt;* **to lay** [*or* **put**] **on a** ~ ein Festessen auftischen **II.** *vi* <spread, spread> ❶ (*extend over larger area*) *fire* sich *akk* ausbreiten; *news, panic* sich *akk* verbreiten; **to** ~ **like wildfire** sich *akk* wie ein Lauffeuer verbreiten ❷ (*stretch*) sich *akk* erstrecken ❸ FOOD streichbar sein, sich *akk* streichen lassen **III.** *vt* <spread, spread> ■ **to** ~ **sth** ❶ (*open, extend*) *arms, legs, blanket, papers, wings* etw ausbreiten; **to** ~ **a net** ein Netz auslegen ❷ (*cover with spread*) **to** ~ **toast with jam** Toast mit Marmelade bestreichen; **to** ~ **a layer of jam on the toast** Marmelade auf den Toast streichen ❸ (*distribute*) *sand* etw verteilen; *fertilizer* etw streuen; *disease* etw übertragen; **to** ~ **a civilization/culture** eine Zivilisation/Kultur verbreiten; **to** ~ **panic** Panik verbreiten ❹ (*make known*) **to** ~ **a rumour** ein Gerücht verbreiten; **to** ~ **the word** es allen mitteilen ▶ PHRASES: **to** ~ **one's wings** sich *akk* auf neues Terrain vorwagen

◆**spread out I.** *vt* ■ **to** ~ **out** ○ **sth** ❶ (*open out*) etw ausbreiten; **to** ~ **out one's arms/legs** die Arme/Beine ausstrecken; **to** ~ **out a newspaper** eine Zeitung öffnen ❷ (*share*) etw aufteilen ❸ (*distribute*) etw verteilen; ■ **to** ~ **out sth** [**over a period of time**] etw [über einen Zeitraum] verteilen **II.** *vi* ❶ (*expand*) sich *akk* erstrecken ❷ (*disperse*) sich *akk* aufteilen

◆**spread over** *vt* ■ **to** ~ **over** ○ **sth** etw verteilen; **the course is** ~ **over two years** der Kurs dauert zwei Jahre; **to** ~ **the cost over a period of time** die Kosten auf eine bestimmte Zeitspanne verteilen

spread-eagled [-'iːgl̩d] *adj* ausgestreckt

spread·er ['spredəʳ, AM -ɚ] *n* ❶ (*fam: person*) **whoever the** ~ **of the rumours is ought to be punished somehow** wer auch immer die Gerüchte verbreitet hat, sollte irgendwie bestraft werden ❷ (*machine*) Spritzgerät *nt*

'spread·sheet *n* Tabellenkalkulation *f*

spree [spriː] *n* Gelage *nt;* **to go** [**out**] **on a drinking** ~ auf Sauftour gehen *fam;* **killing** ~ Gemetzel *nt;* **shopping** ~ Einkaufstour *f*

sprig [sprɪg] *n* Zweig *nt*

spright·li·ness ['spraɪtlɪnəs] *n no pl* Elan *m geh*

spright·ly ['spraɪtli] *adj* munter; *old person* rüstig

spring [sprɪŋ] **I.** *n* ❶ (*season*) Frühling *m;* **in the** ~ im Frühling ❷ TECH (*part in machine*) Feder *f* ❸ (*elasticity*) Sprungkraft *f,* Elastizität *f;* **to have** [*or* **walk with**] **a** ~ **in one's step** beschwingt gehen ❹ (*source of water*) Quelle *f* **II.** *n modifier* ❶ (*of season*) (*fashion, flowers, weather*) Frühlings-; ~ **thaw** Frühlingstauwetter *nt* ❷ (*of water source*) (*water*) Quell- ❸ (*with springs*) (*seat*) gefedert; ~ **mattress** Federkernmatratze *f* **III.** *vi* <sprang *or* AM *a.* sprung, sprung> ❶ (*move quickly*) springen; **to** ~ **into action** den Betrieb aufnehmen; **to** ~ **to sb's defence** zu jds Verteidigung eilen; **to** ~ **to one's feet** aufspringen; **to** ~ **open** aufspringen; **to** ~ **shut** zufallen ❷ (*suddenly appear*) auftauchen; **where did you** ~ **from?** wo kommst du denn plötzlich her?; **to** ~ **to mind** in den Kopf schießen ❸ (*old: attack*) ■ **to** ~ **on** [*or* **upon**] **sb** jdn angreifen ❹ (*have as source*) ■ **to** ~ **from sth** von etw *dat* herrühren **IV.** *vt* ■ **to** ~ **sth** ❶ (*operate*) etw auslösen; **to** ~ **a trap** eine Falle zuschnappen lassen ❷ (*suddenly do*) ■ **to** ~ **sth on** [*or* **upon**] **sb** jdn mit etw *dat* überfallen *fig;* **to** ~ **the news on sb** jdn mit Neuigkeiten überfallen; **to** ~ **a trick on sb** jdm einen unverhofften Streich spielen ❸ (*provide with springs*) ■ **to** ~ **sth** etw federn ❹ (*fam: help to escape*) ■ **to** ~ **sb** jdn rausholen *fam* ▶ PHRASES: **to** ~ **a leak** *ship* [plötzlich] ein Leck bekommen; *pipe* [plötzlich] undicht werden

◆**spring back** *vi* zurückschnellen

◆**spring out** *vi* ■ **to** ~ **out of sth: I sprang out of bed to answer the door** ich sprang aus dem Bett, um die Tür zu öffnen

◆**spring up** *vi* plötzlich auftauchen; *business* aus dem Boden schießen; **suddenly, a strong gust sprung up** plötzlich kam starker Wind auf

spring 'bal·ance *n* Federwaage *f* **'spring·board** *n* (*a. fig*) Sprungbrett *nt a. fig;* **to be** [*or* **act as**] **a** ~ **for sth** (*fig*) ein Sprungbrett für etw *akk* sein

spring·bok <*pl* -s *or* -> ['sprɪŋbɒk, AM -bɑːk] *n* Springbock *m*

spring 'chick·en *n* ❶ (*fowl*) junges Hähnchen ❷ (*fam*) **to be**

S

no ~ (*not young*) [auch] nicht mehr der/die Jüngste sein, kein junger Hüpfer sein *fam* **spring-'clean** I. *vi* Frühjahrsputz machen II. *vt* **to ~ a house/room** in einem Haus/einem Zimmer Frühjahrsputz machen **spring-'clean·ing** *n no pl* Frühjahrsputz *m*

spring·er [sprɪŋəʳ] *n* AM junges Hähnchen

spring 'greens *npl* BRIT Frühkohl *m kein pl* **spring 'mat·tress** *n* Federkernmatratze *f* **spring 'on·ion** *n* BRIT, AUS Frühlingszwiebel *f* **spring 'roll** *n* Frühlingsrolle *f* **spring 'tide** *n* Springflut *f* **'spring·time** *n no pl* Frühling *m;* **in [the] ~** im Frühling **'spring wa·ter** *n no pl* Quellwasser *nt*

springy ['sprɪŋi] *adj* federnd *attr,* elastisch

sprin·kle ['sprɪŋkl] I. *vt* ❶ (*scatter*) ■**to ~ sth on sth** (*on cake, pizza*) etw auf etw *akk* streuen; *a liquid* etw mit etw *dat* besprengen ❷ (*cover*) ■**to ~ sth with sth** *cake* etw mit etw *dat* bestreuen; (*with a liquid*) etw mit etw *dat* besprengen; **to ~ a speech with jokes** (*fig*) eine Rede mit Scherzen auflockern ❸ (*water*) **to ~ the lawn** den Rasen sprengen II. *n usu sing* **a ~ of rain/snow** leichter Regen/Schneefall

sprin·kler ['sprɪŋkləʳ, AM -klɚ] *n* ❶ AGR Beregnungsanlage *f;* (*for a lawn*) Sprinkler *m* ❷ (*for fires*) Sprinkler *m;* ■**~s** *pl* (*system*) Sprinkleranlage *f*

'sprin·kler sys·tem *n* Sprinkleranlage *f*

sprin·kling ['sprɪŋklɪŋ] *n* ❶ *see* **sprinkle** ❷ *usu sing* (*light covering*) **top each ice cream with a generous ~ of fresh mint** bestreuen Sie jedes Eis mit reichlich frischer Minze; **a ~ of salt** eine Prise Salz ❸ *usu sing* (*smattering*) ■**a ~ of ...** ein paar ...; **a ~ of grey hairs/men** ein paar graue Haare/Männer; **a ~ of knowledge** eine leise Ahnung

sprint [sprɪnt] I. *vi* sprinten II. *n* ❶ SPORTS Sprint *m;* **100-metre ~** Hundertmeterlauf *m,* 100-m-Lauf *m* ❷ BRIT, AUS (*dash*) Sprint *m;* **to break into a ~** zu sprinten beginnen; **to put on a ~** einen Sprint einlegen III. *n modifier* (*race, track, training*) Sprint-; **~ relay** Sprintstaffel *f;* **~ runner** Sprinter(in) *m(f)*

sprint·er ['sprɪntəʳ, AM 'sprɪnt̬ɚ] *n* Sprinter(in) *m(f)*

sprite [spraɪt] *n* (*liter*) Naturgeist *m;* **sea/water ~** Wassergeist *m*

spritz [sprɪts] I. *vi* AM besprühen II. *n* AM *of perfume* Spritzer *m*

spritz·er ['sprɪtsəʳ, AM -sɚ] *n* Schorle *f,* Gespritzte(r) *m* DIAL, ÖSTERR

spritz·ig ['sprɪtsɪg] *adj* AUS spritzig

sprock·et ['sprɒkɪt, AM 'sprɑ:-] *n,* **sprock·et wheel** *n* Zahnrad *nt*

sprog [sprɒg] I. *n* BRIT, AUS (*sl*) Balg *m o nt meist pej fam* II. *vi* <-gg-> BRIT, AUS (*sl*) gebären

sprout [spraʊt] I. *n* ❶ (*shoot*) Spross *m* ❷ *esp* BRIT (*vegetable*) Rosenkohl *m kein pl* II. *vi* ❶ (*grow*) sprießen *geh,* wachsen ❷ (*germinate*) keimen III. *vt* ■**sb/an animal ~s sth** jdm/einem Tier wächst etw, jd/ein Tier bekommt etw; **he's beginning to ~ a beard** er bekommt einen Bart; **your hair is sticking up as if you're ~ing horns!** deine Haare stehen so ab, als würden dir Hörner wachsen; **to ~ buds/flowers/leaves** BOT Knospen/Blüten/Blätter treiben

◆**sprout up** *vi* aus dem Boden schießen

spruce¹ [spru:s] *n* Fichte *f*

spruce² [spru:s] *adj* adrett, schmuck *veraltend*

spruce up *vt* ■**to ~ up ↔ sth** ❶ (*tidy*) etw auf Vordermann bringen *fam;* ■**to ~ up ↔ oneself** sich *akk* zurechtmachen *fam* ❷ (*improve*) etw aufpolieren *fig fam*

sprung [sprʌŋ] I. *adj* BRIT gefedert II. *pp, pt of* **spring**

spry [spraɪ] *adj* agil *geh; old person* rüstig; **~ footwork** gute Beinarbeit

spud [spʌd] *n* BRIT (*fam*) Kartoffel *f,* Erdapfel *m* DIAL, ÖSTERR

spume [spju:m] *n no pl* Schaum *m*

spun [spʌn] *pp, pt of* **spin**

spunk [spʌŋk] *n* ❶ *no pl* (*dated fam: bravery*) Mumm *m fam* ❷ *no pl* (*vulg sl: semen*) Sperma *nt* ❸ AUS (*fam: hunk*) attraktiver Mann

spunki·ness ['spʌŋkinəs] *n no pl* Lebhaftigkeit *f,* Spritzigkeit *f*

spunky ['spʌŋki] *adj* (*fam*) ❶ (*brave*) mutig ❷ AUS (*hunky*) attraktiv

spur [spɜ:ʳ, AM spɜ:r] I. *n* ❶ (*on a heel*) Sporn *m* ❷ (*fig: encouragement*) Ansporn *m kein pl* (**to** zu +*dat*) ❸ (*projection*) Vorsprung *m;* **~ of rock** Felsvorsprung *m* ❹ RAIL Nebengleis *nt* ▶ PHRASES: **on the ~ of the moment** spontan; **to gain** [*or* **win**] **one's ~s** sich *dat* die Sporen verdienen II. *vt* <-rr-> ❶ (*encourage*) ■**to ~ sb [to do sth]** jdn anspornen[, etw zu tun]; (*persuade*) ■**to ~ sb [to do sth]** jdn bewegen[, etw zu tun]; (*incite*) ■**to ~ sb [to do sth]** jdn anstacheln[, etw zu tun]; (*stimulate*) ■**to ~ sth** etw beschleunigen; **~red by her early success, she went on to enjoy further glory** von ihrem frühen Erfolg angespornt, erntete sie schließlich noch mehr Ruhm; **to ~ the economy** die Wirtschaft ankurbeln ❷ (*urge to go faster*) **to ~ a horse** einem Pferd die Sporen geben, ein Pferd anspornen

◆**spur on** *vt* ❶ (*urge to go faster*) **to ~ a horse on** einem Pferd die Sporen geben, ein Pferd anspornen ❷ (*encourage*) ■**to ~ sb on [to do sth]** jdn anspornen[, etw zu tun]

spu·ri·ous ['spjʊəriəs, AM 'spjʊri-] *adj* falsch

spurn [spɜ:n, AM spɜ:rn] *vt* (*form*) ■**to ~ sb/sth** jdn/etw zurückweisen; (*contemptuously*) jdn/etw verschmähen *geh*

spur-of-the-'mo·ment *adj* spontan

spurt [spɜ:t, AM spɜ:rt] I. *n* ❶ (*jet*) Strahl *m;* **~ of water** Wasserstrahl *m* ❷ (*surge*) Schub *m;* **there was a sudden ~ of activity in the housing market** plötzlich kam der Immobilienmarkt in Schwung; **in a ~ of effort** [*or* **energy**], **I finally finished the essay** ich bot all meine Energie auf und schrieb endlich den Aufsatz zu Ende; **growth ~** Wachstumsschub *m;* **~ of speed** Spurt *m;* **to do sth in ~s** etw schubweise machen ❸ (*run*) **to put on a ~** einen Spurt hinlegen II. *vt* ■**to ~ sth** etw [ver]spritzen; **his arm was ~ing blood** aus seinem Arm schoss [*o* spritzte] Blut III. *vi* ❶ (*fig: increase by*) plötzlich steigen ❷ (*gush*) spritzen; **the water was ~ing everywhere** das Wasser spritzte überall hin

◆**spurt out** *vi* herausspritzen; **blood was ~ing out all over the place** alles war mit Blut voll gespritzt

sput·ter ['spʌtəʳ, AM 'spʌt̬ɚ] I. *n* Knattern *nt kein pl,* Stottern *nt kein pl;* **to give a ~** stottern II. *vi* zischen; (*car, engine*) stottern III. *vt* ■**to ~ sth** etw heraussprudeln; (*stutter*) etw stottern [*o* stammeln]

◆**sputter out** *vi* (*car, engine*) den Geist aufgeben *hum fam;* (*candle*) ausbrennen

sput·ter·ing ['spʌtᵊrɪŋ] *adj attr* schwankend

spu·tum ['spju:təm, AM -t̬-] *n no pl* MED Schleim *m,* Auswurf *m geh,* Sputum *nt fachspr;* **to cough up ~** Schleim husten

spy [spaɪ] I. *n* Spion(in) *m(f)* II. *n modifier* (*adventure, story, film, organization, camera, scandal*) Spionage-; **~ swap** Austausch *m* von Spionen, -innen *mpl, fpl* III. *vi* ❶ (*gather information*) spionieren; ■**to ~ into sth** in etw *dat* herumspionieren *fam;* ■**to ~ on** [*or* **upon**] **sb** jdm nachspionieren ❷ (*peep*) ■**to ~ into sth** in etw *akk* spähen IV. *vt* ■**to ~ sb/sth** (*see*) jdn/etw sehen; (*spot*) jdn/etw entdecken

◆**spy out** *vt* ■**to ~ out ↔ sth** ❶ (*find out about*) etw auskundschaften; **to ~ out the land** das Land erkunden ❷ (*find out, discover*) etw ausspionieren

'spy·glass *n* Fernglas *nt* **'spy·hole** *n* BRIT, AUS Guckloch *nt,* Spion *m* **'spy net·work** *n,* **'spy ring** *n* Spionagenetz *nt* **'spy sat·el·lite** *n* Spionagesatellit *m*

sq *n abbrev of* **square** Pl.

squab [skwɒb, AM skwɑ:b] *n* Täubchen *nt*

squab·ble [skwɒbl, AM skwɑ:bl] I. *n* Zankerei *f,* Streiterei *f;* **to have a ~ [about/over sth]** eine Auseinandersetzung [über/um etw *akk*] haben II. *vi* sich *akk* zanken; ■**to ~ [about/over sth]** sich *akk* [über/um etw *akk*] zanken

squad [skwɒd, AM skwɑ:d] *n + pl/sing vb* ❶ (*group*) Einheit *f;* **anti-terrorist ~** Antiterroreinheit *f* ❷ SPORTS Mannschaft *f*

❸ MIL Gruppe *f,* Trupp *m*
'squad car *n* BRIT Streifenwagen *m*
squad·die ['skwɒdi] *n* BRIT (*sl*) Soldat *m,* Bundesheerler *m* ÖSTERR *pej fam*
squad·ron ['skwɒdrᵊn, AM 'skwɑ:d-] *n* + *pl/sing vb* (*cavalry*) Schwadron *f;* (*air force*) Staffel *f;* (*navy*) Geschwader *nt*
'squad·ron lead·er *n* Luftwaffenmajor *m*
squal·id ['skwɒlɪd, AM 'skwɑ:-] *adj* ❶ (*pej: dirty*) schmutzig; (*neglected*) verwahrlost ❷ (*immoral*) verkommen
squall [skwɔ:l] **I.** *n* ❶ (*gust*) Bö *f;* ~ **of rain** Regenschauer *m* ❷ (*shriek*) Kreischen *nt kein pl* **II.** *vi* schreien
squally ['skwɔ:li] *adj* böig
squal·or ['skwɒləʳ, AM 'skwɑ:lɚ] *n no pl* ❶ (*foulness*) Schmutz *m* ❷ (*immorality*) Verkommenheit *f*
squan·der ['skwɒndəʳ, AM 'skwɑ:ndɚ] *vt* ■**to** ~ **sth** etw verschwenden [*o* vergeuden]; **to** ~ **a chance/an opportunity** eine Chance vertun
square [skweəʳ, AM skwer] **I.** *n* ❶ (*shape*) Quadrat *nt;* **to cut sth into** ~**s** etw in Quadrate zerschneiden; **to fold sth into a** ~ etw zu einem Quadrat falten ❷ (*street*) Platz *m;* **town** ~ zentraler Platz ❸ (*marked space*) Spielfeld *nt;* **to go back to** ~ **one, to start again from** ~ **one** (*fam*) wieder von vorne beginnen ❹ AM, AUS (*tool*) Winkelmaß *nt* ❺ (*dated fam: boring person*) Langweiler(in) *m(f)* ❻ (*number times itself*) Quadratzahl *f* ►PHRASES: **to be there or be** ~ (*sl*) einfach dabei sein müssen **II.** *adj* ❶ (*square-shaped*) *piece of paper, etc.* quadratisch; *face* kantig; ~ **shoulders** (*of person*) breite Schultern; (*of coat*) gepolsterte Schultern ❷ *inv* (*on each side*) im Quadrat; (*when squared*) zum Quadrat; *metre, mile* Quadrat- ❸ (*fam: level*) plan; **to be [all]** ~ auf gleich sein *fam;* **they're all** ~ **at thirty points each** sie liegen mit je dreißig Punkten gleichauf ❹ (*fam or dated: stupid*) bescheuert *sl;* **to look** ~ bescheuert aussehen *sl* ❺ (*straight*) gerade; **to keep sth** ~ etw gerade halten **III.** *adv inv* direkt, geradewegs **IV.** *vt* ❶ (*make square*) ■**to** ~ **sth** etw quadratisch machen; (*make right-angled*) etw rechtwinklig machen; **to** ~ **one's shoulders** die Schultern straffen; ■**to** ~ **sth with sth** etw mit etw *dat* in Übereinstimmung bringen ❷ (*settle*) ■**to** ~ **sth** *matter* etw in Ordnung bringen; **let's** ~ **our accounts** rechnen wir ab ❸ MATH ■**to** ~ **sth** etw quadrieren, die Quadratzahl einer S. *gen* berechnen ❹ SPORTS (*tie*) ■**to** ~ **sth** etw ausgleichen; **to** ~ **a match** ein Match auf Gleichstand bringen ►PHRASES: **to attempt to** ~ **the circle** die Quadratur des Kreises versuchen *geh* **V.** *vi* ■**to** ~ **with sth** mit etw *dat* übereinstimmen
◆**square off** *vi esp* AM in die Offensive gehen
◆**square up** *vi* ❶ (*fam: settle debt*) abrechnen ❷ *esp* BRIT, AUS (*compete*) in die Offensive gehen ❸ BRIT (*deal with*) ■**to** ~ **up to sth** mit etw *dat* zurande kommen *fam*
square 'brack·et *n* eckige Klammer
'square-built *adj* stämmig; ~ **shoulders** breite Schultern
squared [skweəd, AM skwerd] *adj inv* kariert
'square dance *n* Squaredance *m* **square 'deal** *n* fairer Handel; **to get a** ~ (*fair exchange*) ein gutes Geschäft machen; (*fair treatment*) fair behandelt werden **'square-eyed** *adj pred, inv* BRIT, AUS (*hum fam*) **to go** ~ rechteckige Augen bekommen *fam* **'square-jawed** *adj inv* ■**to be** ~ ein prägnantes Kinn haben; ~ **masculinity** kantige [*o* markante] Männlichkeit **'square knot** *n* AM (*reef knot*) Kreuzknoten *m;* **to tie a** ~ einen Kreuzknoten machen
square·ly ['skweəli, AM 'skwer-] *adv* ❶ (*straight*) aufrecht ❷ *inv* (*directly*) direkt; **to look sb** ~ **in the eyes** jdm gerade in die Augen blicken
square 'meal *n* anständige Mahlzeit **square 'meas·ure** *n* Flächenmaß *nt,* Fläche *f* **Square 'Mile** *n* BRIT ■**the** ~ die Londoner City **square 'num·ber** *n* MATH Quadratzahl *f* **square 'peg** *n* Außenseiter(in) *m(f);* **to be a** ~ **[in a round hole]** ein Außenseiter/eine Außenseiterin sein **square-'rig·ger** *n* NAUT Rahsegler *m fachspr* **square 'root** *n* MATH Quadratwurzel *f*
'square-shaped *adj* quadratisch
squash¹ [skwɒʃ, AM skwɑ:ʃ] *n esp* AM (*pumpkin*) Kürbis *m*
squash² [skwɒʃ, AM skwɑ:ʃ] **I.** *n* ❶ *no pl* (*dense pack*) Gedränge *nt* ❷ *no pl* (*racket game*) Squash *nt* ❸ BRIT, AUS (*concentrate*) Fruchtsaftkonzentrat *nt;* **lemon/orange** ~ Zitronen-/Orangensaftkonzentrat *nt;* (*diluted drink*) Fruchtsaftgetränk *nt* **II.** *vt* ❶ (*crush*) ■**to** ~ **sth** etw zerdrücken; **to** ~ **sth flat** etw platt drücken ❷ (*fig: end*) **to** ~ **a rumour** ein Gerücht aus der Welt schaffen ❸ (*push*) ■**to** ~ **sth/oneself into sth** etw/sich *akk* in etw *akk* [hinein]zwängen [*o* quetschen]; **can you** ~ **this into your bag for me?** kannst du das für mich in deine Tasche stecken?; **I should be able to** ~ **myself into this space** ich glaube, ich kann mich da hineinzwängen ❹ (*humiliate*) ■**to** ~ **sb** jdn bloßstellen; (*silence*) jdm über den Mund fahren *fam* **III.** *vi* sich *akk* in etw *akk* [hinein]zwängen [*o* quetschen]
◆**squash in I.** *vi* sich *akk* hineinquetschen [*o* hineinzwängen] **II.** *vt* ■**to** ~ **in** ↔ **sb/sth** jdn/etw hineinquetschen [*o* hineinzwängen]
◆**squash up I.** *vi* zusammenrücken **II.** *vt* ■**to** ~ **oneself up** zusammenrücken; **we** ~**ed ourselves up on the sofa** wir rückten auf dem Sofa zusammen
'squash club *n* Squashclub *m* **'squash court** *n* Squashcourt *m* **'squash rack·et, 'squash rac·quet** *n* ❶ (*equipment*) Squashschläger *m* ❷ SPORTS (*form: squash*) ■~**s** *pl* Squash *nt kein pl*
squashy ['skwɒʃi, AM 'skwɑ:ʃi] *adj* weich
squat [skwɒt, AM skwɑ:t] **I.** *vi* <-tt-> ❶ (*crouch*) hocken; ■**to** ~ **[down]** sich *akk* hinhocken ❷ (*occupy land*) **to** ~ **[on land]** sich *akk* illegal ansiedeln; **to** ~ **[in a house/on a site]** [ein Haus/ein Grundstück] besetzen **II.** *n* ❶ *no pl* (*position*) Hocke *f;* **to get into a** ~ in Hockstellung gehen ❷ SPORTS (*exercise*) Kniebeuge *f,* Squat *m fachspr* ❸ (*abode*) besetztes Haus ❹ (*house occupation*) Hausbesetzung *f* ❺ (*fam: not know anything*) **to [not] know** ~ **about sth** keinen blassen [Schimmer] von etw *dat* haben *fam* **III.** *adj* <-tt-> niedrig; *person* gedrungen, untersetzt
squat·ter ['skwɒtəʳ, AM 'skwɑ:t̬ɚ] *n* ❶ (*house-occupier*) Hausbesetzer(in) *m(f)* ❷ AM, AUS (*land-user*) illegaler Siedler/illegale Siedlerin, Squatter(in) *m(f) fachspr*
'squat·ter camp *n* Squattersiedlung *f fachspr*
squat·toc·ra·cy [skwɒ'tɒkrəsi] *n* AUS illegale Siedler
squaw [skwɔ:, AM skwɑ:] *n* (*pej!*) Squaw *f,* Indianerfrau *f*
squawk [skwɔ:k, AM skwɑ:k] **I.** *vi* ❶ (*cry*) kreischen ❷ (*fam: complain*) ■**to** ~ **about sth** lautstark gegen etw *akk* protestieren **II.** *n* ❶ (*cry*) Kreischen *nt kein pl* ❷ (*complaint*) Geschrei *nt kein pl fam;* ~ **of outrage** Gezeter *nt pej;* ~ **of protest** Protestgeschrei *nt fam*
'squawk box *n* (*fam*) Sprechanlage *f*
squeak [skwi:k] **I.** *n* Quietschen *nt kein pl; of an animal* Quieken *nt kein pl; of a mouse* Pieps[er] *m fam; of a person* Quiekser *m fam;* **to let out a** ~ **[of fright]** einen [Angst]schrei ausstoßen; (*fig*) **if I hear one more** ~ **out of you, there'll be trouble!** wenn ich noch einen Mucks[er] von dir höre, gibt's Ärger! *fam* **II.** *vi* ❶ (*make sound*) quietschen; *animal, person* quieken; *mouse* piepsen ❷ (*just pass*) **to** ~ **through an exam/test** ein Examen/eine Prüfung mit knapper Not bestehen
◆**squeak by** *vi esp* AM (*just pass*) mit Müh und Not [*o fam* mit Ach und Krach] durchkommen
squeak·er ['skwi:kɚ] *n* AM (*success*) knapper Erfolg; **to lose/win a** ~ knapp verlieren/gewinnen
squeaky ['skwi:ki] *adj* ❶ (*high-pitched*) quietschend; *voice* piepsig *fam;* ■**to be** ~ quietschen ❷ AM (*narrow*) äußerst knapp, hauchdünn *fig* ►PHRASES: **the** ~ **wheel gets the grease** AM (*prov*) nur wer am lautesten schreit wird gehört
'squeaky-clean *adj* (*a. fig*) blitzsauber *fam*
squeal [skwi:l] **I.** *n* [schriller] Schrei; *of tyres* Quietschen *nt kein*

S

pl; of brakes Kreischen *nt kein pl,* Quietschen *nt kein pl; of a pig* Quieken *nt kein pl;* **with a ~ of brakes/tyres** mit quietschenden Bremsen/Reifen; **to let out a ~** einen schrillen Schrei ausstoßen **II.** *vi* ❶ *(scream)* kreischen; *pig* quieken; *tyres* quietschen; *brakes* kreischen, quietschen; **to ~ to a halt** mit quietschenden Reifen anhalten; **to ~ with joy** vor Freude jauchzen; **to ~ with pain** vor Schmerz schreien; **to ~ with pleasure** vor Vergnügen kreischen ❷ *(complain, protest)* ■**to ~ [about sth]** [über etw *akk*] jammern; **to ~ [in protest]** lautstark protestieren, entrüstet aufschreien ❸ *(pej sl: rat)* ■**to ~ to sb** bei jdm singen *fam;* ■**to ~ on sb** jdn verpfeifen *pej fam*

squeal·er ['skwi:lə^r, AM -ɚ] *n (pej sl)* Petze *f pej*

squeam·ish ['skwi:mɪʃ] **I.** *adj* zimperlich *pej,* zart besaitet; ■**to be ~ about doing sth** sich *akk* vor etw *dat* ekeln; **he is ~ about seeing blood** er ekelt sich vor Blut; **sb feels ~** jdm ist schlecht [*o* übel] **II.** *npl* **the morally ~** die Moralisten *pl meist pej;* **to not be for the ~** nichts für schwache Nerven sein

squeam·ish·ly ['skwi:mɪʃli] *adv* zimperlich *pej*

squeam·ish·ness ['skwi:mɪʃnəs] *n no pl* Empfindlichkeit *f;* **to overcome one's ~** seine Empfindlichkeit ablegen

squee·gee ['skwi:dʒi:] **I.** *n* Gummiwischer *m;* **to wipe sth with a ~** etw mit einem Gummiwischer putzen **II.** *vt* ■**to ~ sth** etw mit einem Gummiwischer putzen

'squee·gee mop *n* Bodenschrubber *m*

squeeze [skwi:z] **I.** *n* ❶ *(press)* Drücken *nt kein pl;* **to give sth a ~** etw drücken ❷ *(amount)* Spritzer *m;* **a ~ of lemon** ein Spritzer *m* Zitronensaft ❸ ECON *(limit)* Beschränkung *f,* Restriktion *f;* **~ on jobs** Personalfreisetzung *f euph;* **a ~ on spending** eine Beschränkung der Ausgaben; **to impose** [*or* **put**] **a ~ [on sb/sth]** [jdm/etw] eine Beschränkung auferlegen ❹ *no pl (fit)* Gedränge *nt;* **it'll be a tight ~** es wird eng werden; **it's quite a ~ to get into these old jeans!** in diese alten Jeans muss ich mich ganz schön reinzwängen! *fam* ❺ *(fam: person)* Eroberung *f hum* **II.** *vt* ❶ *(press)* ■**to ~ sth** etw drücken; **to ~ sb's hand** jds [*o* jdm die] Hand drücken; **to ~ a lemon/an orange** eine Zitrone/eine Orange auspressen; **to ~ a sponge** einen Schwamm ausdrücken; **to ~ a toothpaste tube** eine Zahnpastatube ausdrücken; **to ~ the trigger** auf den Abzug drücken ❷ *(extract)* **freshly ~d orange juice** frisch gepresster Orangensaft; **to ~ water out of a cloth/sponge** einen Lappen auswringen/einen Schwamm ausdrücken; **to ~ profit [from sth]** *(fig)* Profit [aus etw *dat*] schlagen; ■**to ~ sth from** [*or* **out of**] **sb** *(fam)* etw aus jdm herausquetschen [*o* herauspressen]; **to ~ information from sb** aus jdm Informationen herauspressen ❸ *(push)* ■**to ~ sth/sb into sth** etw/jdn in etw *akk* [hinein]zwängen; ■**to ~ sth/sb through sth** etw/jdn durch etw *akk* [durch]zwängen; **to ~ a rival out of the market** *(fig)* einen Rivalen/eine Rivalin aus dem Markt drängen ❹ *(burden financially)* ■**to ~ sth** etw belasten; **small businesses are being ~d by heavy taxation** hohe Steuern bringen kleine Unternehmen in Bedrängnis ❺ *(constrict)* ■**to ~ sth** etw einschränken; **high interest rates are squeezing consumer spending** die hohen Zinsen wirken sich negativ auf das Kaufverhalten aus ❻ *(fam: threaten)* ■**to ~ sb** jdn unter Druck setzen ▸ PHRASES: **to ~ sb dry** [*or* **until the pips squeak**] jdn ausnehmen wie eine Weihnachtsgans *fam* **III.** *vi (fit into)* ■**to ~ into sth** sich *akk* in etw *akk* [hinein]zwängen; **we ~d into the back seat of his car** wir quetschten uns auf den Rücksitz seines Wagens; ■**to ~ past sth** sich an etw *dat* vorbeizwängen; ■**to ~ through sth** sich *akk* durch etw *akk* [durch]zwängen; **to ~ under sth** sich *akk* unter etw *dat* durchzwängen

◆**squeeze in I.** *vt* ■**to ~ in** ↻ **sb/sth** ❶ *(force in)* jdn/etw hineinzwängen; **we'll be able to ~ you in** wir bringen Sie schon noch irgendwie unter ❷ *(fit in)* jdn/etw einschieben; **I should be able to ~ you in this afternoon** ich glaube ich kann Sie heute Nachmittag noch einschieben **II.** *vi* sich *akk* hineinzwängen

◆**squeeze out** *vt* ■**to ~ out** ↻ **sth** ❶ *(wring)* etw auswringen; *(press)* etw ausdrücken ❷ *(extract)* **to ~ out** ↻ **juice** Saft auspressen

'squeeze bot·tle *n* AM Spritzflasche *f* **'squeeze box** *n (dated fam)* Quetschkommode *f hum sl*

squeez·er ['skwi:zə^r, AM -ɚ] *n* Fruchtpresse *f;* **lemon ~** Zitronenpresse *f*

squelch [skweltʃ] **I.** *vi mud, water* patschen *fam; person, animal* patschen; ■**to ~ through sth** durch etw *akk* waten [*o fam* patschen] **II.** *vt* AM ■**to ~ sth** etw abwürgen; ■**to ~ sb** jdm den Mund stopfen *fam,* jdn zum Schweigen bringen **III.** *n usu sing* Gepatsche *nt kein pl fam;* **she could hear the ~ of their boots in the mud** sie hörte den Schlamm unter ihren Füßen patschen

squelchy ['skweltʃi] *adj attr* **to make a ~ sound** ein platschendes Geräusch machen

squib [skwɪb] *n* ❶ *(satire)* Satire *f* ❷ AM *(filler)* Füllartikel *m* ❸ *(firework)* Knallkörper *m* ▸ PHRASES: **to be a damp ~** ein Reinfall sein *fam*

squid <*pl* - *or* -s> [skwɪd] *n* Tintenfisch *m*

squidgy ['skwɪdʒi] *adj* BRIT *(fam)* matschig *fam; (slippery)* glitschig *fam*

squiffed [skwɪft] *esp* AM, **squiffy** ['skwɪfi] *adj (fam)* angesäuselt *fam;* **to feel ~** angesäuselt sein *fam*

squig·gle ['skwɪgl̩] *n* Schnörkel *m*

squig·gly ['skwɪgl̩i] *adj* schnörkelig

squinch ['skwɪntʃ] *vt* AM *(squeeze together)* **to ~ up one's face** das Gesicht verziehen

squint [skwɪnt] **I.** *vi* ❶ *(close one's eyes)* blinzeln ❷ *(look)* ■**to ~ at sb/sth** einen Blick auf jdn/etw werfen **II.** *n* ❶ *(glance)* kurzer Blick; **to have** [*or* **take**] **a ~ at sth** einen kurzen Blick auf etw *akk* werfen ❷ *(eye condition)* Schielen *nt kein pl;* **to have a [bad] ~** [stark] schielen

squint-'eyed [ˌskwɪnt'aɪd] *adj* schielend *attr;* ■**to be ~** schielen

squire [skwaɪə^r, AM skwaɪɚ] *n (old)* ❶ *(landowner)* Gutsherr *m* ❷ BRIT *(dated fam: greeting)* gnädiger Herr *veraltet; (iron)* Chef *m sl*

squirm [skwɜ:m, AM skwɜ:rm] **I.** *vi* sich *akk* winden; **seeing all that blood made Irene ~** beim Anblick des vielen Blutes wurde Irene übel; **rats make him ~** er ekelt sich vor Ratten; **to ~ with embarrassment** sich *akk* vor Verlegenheit winden; **to ~ in pain** sich *akk* vor Schmerzen krümmen **II.** *n* Krümmen *nt kein pl;* **to give a ~** zusammenzucken; **to give a ~ of embarrassment** sich *akk* vor Verlegenheit winden

squir·rel ['skwɪr^əl, AM 'skwɜr-] **I.** *n* Eichhörnchen *nt* **II.** *vt* ■**to ~ away** ↻ **sth** *(fam)* etw wegpacken *fig fam*

squirt [skwɜ:t, AM skwɜ:rt] **I.** *vt* ❶ *(spray)* ■**to ~ sth** etw spritzen; **to ~ perfume** Parfüm auftragen ❷ *(cover)* ■**to ~ sb with sth** jdn mit etw *dat* bespritzen; **to ~ oneself with perfume** ein paar Spritzer Parfüm auftragen **II.** *vi* ■**to ~ out** herausspritzen, herausschießen **III.** *n* ❶ *(quantity)* Spritzer *m;* **to give sb a ~ with a water pistol** jdn mit einer Wasserpistole anspritzen ❷ *(pej dated: jerk)* Nichts *nt pej; (boy)* Pimpf *m fam*

'squirt gun *n* AM *(water pistol)* Wasserpistole *f*

squish [skwɪʃ] *(fam)* **I.** *vt* ■**to ~ sth** etw zermatschen *fam* **II.** *vi* patschen *fam* **III.** *n* Gepatsche *nt kein pl fam*

squishy ['skwɪʃi] *adj (fam)* matschig *fam*

Sr *n attr, inv esp* AM *abbrev of* **senior** Sr.

Sri Lan·ka *n* Sri Lanka *nt*

Sri Lan·kan I. *adj* sri-lankisch; **to be ~** aus Sri Lanka sein **II.** *n* Sri-Lanker(in) *m(f)*

SRN [ˌesɑ:'en] *n* BRIT *abbrev of* **state registered nurse** staatl. geprüft. Krankenschwester/-pfleger

SRV [ˌesɑ:'vi:, AM -ɑ:r'-] *n abbrev of* **Sport Recreation Vehicle** ≈ Wohnmobil *nt*

SS [ˌes'es] *n abbrev of* **steam ship** SS *f*

ssh [ʃ] *interj* sch

St *n* ① *abbrev of* **saint** St. ② *abbrev of* **street** Str.
st <*pl* -> *n* BRIT *abbrev of* **stone I. 7**
stab [stæb] **I.** *vt* <-bb-> ① (*pierce*) ■**to ~ sb** auf jdn einstechen; **the victim was ~bed** das Opfer erlitt eine Stichverletzung; **to ~ sb in the back** (*fig*) jdm in den Rücken fallen; **to ~ sb to death** jdn erstechen; **to ~ sth with a fork** mit einer Gabel in etw *dat* herumstochern ② (*make thrusting movement*) **to ~ the air** [**with sth**] [mit etw *dat*] in der Luft herumfuchteln **II.** *vi* <-bb-> ■**to ~ at sb/sth** [**with sth**] auf jdn/etw [mit etw *dat*] einstechen; *with finger* auf jdn/etw [mit etw *dat*] einhämmern **III.** *n* ① (*with weapon*) Stich *m;* (*fig: attack*) Angriff *m* (**at** auf +*akk*) ② (*wound*) Stichwunde *f* ③ (*with object*) Stich *m* ④ (*pain*) Stich *m;* **~ of envy** Anflug *m* von Neid; **she felt a ~ of envy when ...** sie fühlte Neid in ihr aufkommen, als ...; **~ of pain** stechender Schmerz ► PHRASES: **to have** [*or* **make**] **a ~ at** [**doing**] **sth** etw probieren [*o* versuchen]
stab·bing ['stæbɪŋ] **I.** *n* (*assault*) Messerstecherei *f* **II.** *adj pain* stechend; *fear, memory* durchdringend
sta·bil·ity [stə'bɪləti, AM -əṭi] *n no pl* Stabilität *f;* **emotional/psychological ~** emotionales/psychologisches Gleichgewicht; **mental ~** [seelische] Ausgeglichenheit; **political ~** politische Stabilität
sta·bi·li·za·tion [ˌsteɪbᵊlaɪ'zeɪʃᵊn, AM -lɪ'-] *n no pl* Stabilisierung *f;* **currency ~** Währungsstabilisierung *f*
sta·bi·lize ['steɪbəlaɪz] **I.** *vt* ■**to ~ sth** ① (*make firm*) etw stabilisieren ② (*maintain level*) etw festigen [*o* stabilisieren]; **to ~ the population** das Bevölkerungswachstum konstant halten **II.** *vi* sich *akk* stabilisieren; **his condition has now ~d** MED sein Zustand ist jetzt stabil; **to ~ at 50%** sich auf 50 % einpendeln
sta·bi·liz·er ['steɪbəlaɪzəʳ, AM -ɚ] *n* ① AM AVIAT Stabilisator *m* ② NAUT Stabilisierungsflosse *f* ③ BRIT ■**~s** *pl* Stützräder *ntpl* ④ (*substance*) Stabilisator *m* ⑤ BRIT ECON Stabilitätspolitik *f*
sta·bi·liz·ing ['steɪbəlaɪzɪŋ] *adj* stabilisierend; **to have a ~ effect** [**on sth/sb**] eine stabilisierende Wirkung [auf etw/jdn] haben
'sta·bi·liz·ing fin *n* NAUT Stabilisierungsflosse *f*
sta·ble[1] <-r, -st *or* more ~, most ~> ['steɪbl̩] *adj* ① (*firmly fixed*) stabil ② MED *condition* stabil ③ PSYCH ausgeglichen ④ (*steadfast*) stabil; **~ job/relationship** feste Anstellung/Beziehung; **~ birth rate** gleich bleibende Geburtenrate; ECON *inflation* konstant; **~ currency** stabile Währung ⑤ CHEM stabil
sta·ble[2] ['steɪbl̩] **I.** *n* ① (*building*) Stall *m,* Box *f* ② (*business*) Rennstall *m* ③ (*horses*) Stall *m* ④ + *sing/pl vb* (*group*) Equipe *f geh;* ADMIN Stab *m;* **~ of singers** Sängertruppe *f fam* **II.** *vt* **to ~ a horse** ein Pferd unterstellen
'sta·ble boy *n* Stalljunge *m* **sta·ble 'door** *n* Stalltür *f* **'sta·ble girl** *n* Stallmädchen *nt* **'sta·ble lad** *n* BRIT Stallbursche *m veraltend*
sta·bling ['steɪblɪŋ] *n no pl* Stallung[en] *f*[*pl*]
'stab wound *n* Stichwunde *f*
stac·ca·to [stə'kɑːtəʊ, AM -ṭoʊ] MUS **I.** *adv* stakkato **II.** *adj* stakkato; (*fig*) einsilbig; **she gave brief ~ replies to every question** sie antwortete kurz und stockend auf alle Fragen; **~ rhythm** Stakkatorhythmus *m;* **~ style** abgehackter Stil **III.** *n* <*pl* -os> ① *no pl* (*performance*) Stakkato *nt* ② (*passage*) Stakkato *nt*
stac·'ca·to mark *n* MUS Stakkatozeichen *nt*
stack [stæk] **I.** *n* ① *of videos* Stapel *m;* *of papers* Stoß *m* ② (*fam: large amount*) Haufen *m sl;* **we've got ~s of time** wir haben massenhaft Zeit *fam* ③ *of hay, straw* Schober *m* ④ MUS *of hi-fi equipment* Stereoturm *m* ⑤ MIL [Gewehr]pyramide *f* ⑥ (*in library*) ■**the ~s** *pl* Magazin *nt;* **University Library ~s** Magazin *nt* der Universitätsbibliothek ⑦ COMPUT Stapelspeicher *m* ⑧ (*chimney*) Schornstein *m* ⑨ BRIT (*measure*) *britische Maßeinheit: 108 cu.ft.* ⑩ AUS (*fam: road accident*) Crash *m sl* **II.** *vt* ① (*arrange in pile*) ■**to ~ sth** etw [auf]stapeln; **to ~ hay** (*dated*) Heu aufschobern ② (*fill*) **the fridge is ~ed with food** der Kühlschrank ist randvoll mit Lebensmitteln; **to ~ a dishwasher** eine Spülmaschine einräumen; **to ~ shelves** Regale auffüllen ③ *usu passive* AVIAT **planes are often ~ed over Gatwick airport** Flugzeuge müssen über dem Flughafen Gatwick oft Warteschleifen ziehen ► PHRASES: **to ~ the cards** [*or* AM **deck**] jdm übel mitspielen; **the cards** [*or* **odds**] **are ~ed against sb** es spricht alles gegen jdn
◆**stack up I.** *vt* ■**to ~ up** ○ **sth** etw aufstapeln **II.** *vi* ① (*build up*) sich *akk* zusammen[ballen]; **traffic always ~s up around this time of day** um diese Tageszeit herrscht immer dichter Verkehr ② *esp* AM (*fam: compare*) ■**to ~ up against sth** im Vergleich zu etw *dat* gut abschneiden ③ (*make sense*) Sinn ergeben
stacked [stækt] *adj* ① *inv* (*in piles*) gestapelt; **~ cans** aufgestapelte Dosen ② *inv* (*filled with goods*) **~ shelves** gefüllte Regale ③ (*biased*) voreingenommen ④ AM, AUS (*fam!*) vollbusig; **she is really ~!** die hat aber Holz vor der Hütte! *sl* ⑤ *inv* COMPUT im Stapelspeicher abgelegt
'stack sys·tem *n* MUS Hi-Fi-Anlage *f,* Stereoturm *m* **'stack-up** *n* AUS (*fam*) Auffahrunfall *m*
sta·dia ['steɪdiə] *n* SPORTS *pl of* **stadium**
sta·dium <*pl* -s *or* -dia> ['steɪdiəm, *pl* -iə] *n* Stadion *nt*
staff[1] [stɑːf, AM stæf] **I.** *n* ① + *sing/pl vb* (*employees*) Belegschaft *f,* Mitarbeiterstab *m;* ECON Stab *m;* **members of ~** Mitarbeiter *pl;* **office ~** Bürobelegschaft *f;* **the editorial ~** die Herausgeber *pl;* **nursing ~** Pflegepersonal *nt* ② + *sing/pl vb* SCH, UNIV Lehrkörper *m,* Lehrerkollegium *nt;* **teaching ~** Lehrpersonal *nt* ③ + *sing/pl vb* MIL Stab *m;* **chief of ~** Stabschef *m;* **general's ~** Generalstab *m* ④ (*stick*) [Spazier]stock *m* ⑤ (*symbol*) **~ of office** Amtsstab *m* ⑥ (*flagpole*) Fahnenmast *m;* **to be at half ~** AM auf Halbmast gesetzt sein ⑦ (*for surveying*) Messstab *m* ⑧ BRIT (*spindle in a watch*) Unruhewelle *f* ⑨ AM MUS Notensystem *nt* ► PHRASES: **the ~ of life** (*liter*) das tägliche Brot *liter,* Grundnahrungsmittel *nt* **II.** *n modifier* ECON (*canteen*) Betriebs-; **~ employee** Stabsstellenmitarbeiter(in) *m(f);* **~ pension scheme** betriebliche Rente **III.** *vt usu passive* ■**to be ~ed by** [*or* **with**] **sb** jdn beschäftigen; **many charity shops are ~ed with volunteers** viele Wohltätigkeitseinrichtungen beschäftigen ehrenamtliche Mitarbeiter
◆**staff up** *vi* mehr Personal einstellen
staff[2] [stɑːf, AM stæf] *n no pl* ART Stange *f*
'staff as·so·cia·tion *n* + *sing/pl vb* Betriebsrat *m* **'staff costs** *npl* Personalkosten *pl*
staff·ing ['stɑːfɪŋ, AM 'stæf-] *n no pl* Personalpolitik *f,* Personalbeschaffung *f*
'staff·ing levels *npl* Belegschaftsstärke *f kein pl*
'staff meet·ing *n* (*for employees*) Mitarbeiterrunde *f;* (*for teachers*) Lehrerkonferenz *f* **'staff nurse** *n* BRIT MED examinierte Krankenschwester **'staff of·fic·er** *n* MIL Stabsoffizier(in) *m(f)* **'staff·room** *n* SCH ① (*room*) Lehrerzimmer *nt* ② + *sing/pl vb* (*teachers*) ■**the ~** das Lehrerkollegium *nt* **'staff ser·geant** *n* MIL [Ober]feldwebel *m*
stag [stæg] **I.** *n* ① (*deer*) Hirsch *m* ② *esp* AM (*unaccompanied person*) *ein Mann, der solo ist* ③ BRIT, AUS STOCKEX Spekulant(in) *m(f),* Broker(in) *m(f)* **II.** *adv inv esp* AM **to go somewhere ~** ohne [weibliche] Begleitung irgendwohin gehen **III.** *vt* <-gg-> STOCKEX **to ~ shares** [*or* **stock**] mit Aktien handeln **IV.** *vi* <-gg-> STOCKEX mit Aktien handeln, spekulieren
'stag bee·tle *n* Hirschkäfer *m*
stage [steɪdʒ] **I.** *n* ① (*period*) Etappe *f,* Station *f;* **crucial ~** entscheidende Phase; **early ~** Frühphase *f;* **editing ~** Drucklegung *f;* **final** [*or* **last**] **~** Endphase *f,* Endstadium *nt;* **first** [*or* **initial**] **~** Anfangsphase *f;* **late ~** Spätphase *f;* **to be at** [*or* **reach**] **the ~ where ...** an dem Punkt sein [*o* den Punkt erreichen], an dem ...; **to go through a ~** eine [bestimmte] Phase durchmachen; **at some ~** irgendwann; **to do sth in ~s** etw in

S

Etappen [*o* etappenweise] [*o* in einzelnen Schritten] tun ❷ *of a journey, race* Etappe *f,* Abschnitt *m* ❸ *of a rocket* [Raketen]triebwerk *nt;* **three-~ rocket** Dreistufenrakete *f* ❹ ELEC Schaltstufe *f,* Verstärkerstufe *f* ❺ (*hist*) *see* **stagecoach** ❻ THEAT (*platform*) Bühne *f;* **to go on ~** die Bühne betreten; **to take the ~** auftreten; **to take centre ~** (*fig*) im Mittelpunkt [des Interesses] stehen ❼ (*profession*) ■**the ~** die Bühne; **the London ~** das Londoner Theater; **to be on the ~** auf der Bühne stehen; **to go to the ~** zum Theater gehen ❽ (*scene*) Geschehen *nt kein pl;* **the world ~** die [ganze] Welt; **the political ~** die politische Bühne ❾ (*on microscope*) Objektträger *m* ❿ GEOL Stufe *f* **II.** *vt* ❶ THEAT ■**to ~ sth** etw aufführen; **to ~ a concert** ein Konzert geben [*o geh* veranstalten]; **to ~ a play/an opera** ein Theaterstück/eine Oper aufführen [*o* inszenieren] ❷ (*organize*) **to ~ a comeback** ein Come-back starten; **to ~ a congress/meeting** einen Kongress/eine Tagung veranstalten; **to ~ a coup d'état** einen Staatsstreich durchführen; **to ~ a match** ein Spiel austragen; **to ~ the Olympic Games** die Olympischen Spiele ausrichten; **to ~ a party** eine Party geben; **to ~ a recovery** eine Erholung[sphase] einleiten; **to ~ a strike/a demonstration** einen Streik/eine Demonstration organisieren [*o* inszenieren]; **to ~ war games** ein Manöver abhalten ❸ MED **to ~ a patient/disease** einen Patienten/eine Krankheit diagnostisch einordnen **III.** *n modifier* (*career, curtain, version*) Bühnen-; **~ adaptation** Bühnenfassung *f;* **~ crew** Bühnenteam *nt;* **~ scenery** Kulisse[n] *f[pl]*; **~ setting** Bühnenbild *nt*

'stage·coach *n* (*hist*) Postkutsche *f hist* **'stage·coach line** *n* (*hist*) *Unternehmen, das Postkutschenreisen organisiert* **'stage di·rec·tion** *n* Bühnenanweisung *f;* **in the ~s it says that ...** in der Bühnenanweisung steht, dass ... **stage 'door** *n* Bühneneingang *m* **stage-door 'John·ny** *n* (*hist*) Fan *m,* Verehrer *m* **'stage ef·fect** *n* (*on stage*) Bühneneffekt *m;* (*fig, pej: in real life*) Taktik *f* **'stage fright** *n no pl* Lampenfieber *nt* **'stage·hand** *n* Bühnenarbeiter(in) *m(f)* **stage 'left** *adv inv der vom Schauspieler aus gesehene linke Teil der Bühne;* **to exit ~** links [von der Bühne] abgehen; **to stand ~** links auf der Bühne stehen **stage-'man·age I.** *vt* ❶ THEAT **to ~ a musical/play** ein Musical/Theaterstück inszenieren ❷ (*control*) ■**to ~ sth** etw inszenieren **II.** *vi* (*act as stage manager*) Regie führen **stage 'man·ag·er** *n* Bühnenmeister(in) *m(f),* Inspizient(in) *m(f) fachspr* **'stage name** *n* Künstlername *m* **'stage play** *n* THEAT Bühnenstück *nt* **stage 'pres·ence** *n no pl* THEAT Bühnenpräsenz *f*

stag·er ['steɪdʒəʳ, AM -ɚ] *n* (*dated*) Mime *m veraltet;* **an old ~** ein alter Theaterhase *fam*

stage 'right *adv inv der vom Schauspieler aus gesehene rechte Teil der Bühne;* **to enter ~** die Bühne von rechts betreten

'stage-struck *adj* theaterbesessen *fam;* ■**to be ~** vom Theater begeistert sein **stage 'whis·per** *n* ❶ THEAT Beiseitesprechen *nt,* Bühnenflüstern *nt* ❷ (*whisper*) unüberhörbares Flüstern; **to say sth in a ~** etw deutlich hörbar flüstern

stagey ['steɪdʒi] *adj see* **stagy**

stag·fla·tion [stæg'fleɪʃᵊn] *n no pl* ECON Stagflation *f*

stag·ger ['stægəʳ, AM -ɚ] **I.** *vi* ❶ (*totter*) ■**to ~ somewhere** irgendwohin wanken [*o* torkeln]; **the company is ~ing under a $15 million debt** (*fig*) auf der Firma lasten 15 Millionen Dollar Schulden; **to ~ to one's feet** sich *akk* aufrappeln ❷ (*waver*) schwanken, wanken **II.** *vt* ❶ (*cause to totter*) ■**to ~ sb** jdn zum Wanken bringen; **he was ~ed by the blow** er wurde von dem Schlag zum Wanken gebracht ❷ (*shock*) ■**to ~ sb** jdn erstaunen; **it ~s the imagination to consider what their home life must be like** man darf gar nicht darüber nachdenken, wie sich ihr Leben zu Hause gestaltet *geh* ❸ (*arrange*) ■**to ~ sth** etw staffeln **III.** *n* ❶ (*lurch*) Wanken *nt kein pl,* Taumeln *nt kein pl* ❷ (*arrangement*) Staffelung *f*

stag·gered ['stægəd, AM -ɚd] *adj inv* gestaffelt; **~ holidays** gestaffelte Ferien; **~ working hours** gestaffelte Arbeitszeiten, [Wechsel]schicht *f;* **~ start** gestaffelter Start

stag·gered 'junc·tion *n* BRIT *Kreuzung mit versetzt angeordneten Straßen*

stag·ger·ing ['stægᵊrɪŋ] *adj* ❶ (*amazing*) erstaunlich, umwerfend *fam; news* unglaublich; **she won the race by a ~ seven seconds** sie gewann das Rennen mit einem Vorsprung von sage und schreibe sieben Sekunden *fam* ❷ (*shocking*) erschütternd; **~ blow** erschütternder Schlag

stag·ger·ing·ly ['stægᵊrɪŋli] *adv* erstaunlich, unglaublich *fam;* **~ high** unglaublich hoch

stag·ing ['steɪdʒɪŋ] *n* ❶ THEAT Inszenierung *f* ❷ (*scaffolding*) [Bau]gerüst *nt* ❸ BRIT (*shelf*) Regal *nt* ❹ *no pl* MED Diagnose *f* ❺ *no pl* AEROSP Abkoppelung *f*

'stag·ing area *n,* **'stag·ing point** *n* MIL Stützpunkt *m* **'stag·ing post** *n* Zwischenstop *m;* (*fig*) Zwischenschritt *m*

stag·nant ['stægnənt] *adj* ❶ *inv* (*not flowing*) stagnierend; **~ air** stehende Luft; **~ pool** stiller Teich; **~ water** stehendes Wasser ❷ (*sluggish*) träge, langweilig; **~ property market** ECON stagnierender Immobilienmarkt

stag·nate [stæg'neɪt, AM 'stæg-] *vi* ❶ (*stop flowing*) stauen ❷ (*stop developing*) stagnieren; **he didn't want to spend his life stagnating in the isolated village** er wollte nicht sein ganzes Leben damit verbringen, in diesem abgelegenen Dorf zu versauern *fam*

stag·na·tion [stæg'neɪʃᵊn] *n no pl* Stagnation *f*

'stag night *n,* **'stag par·ty** *n* Junggesellenabschiedsparty *f*

stagy ['steɪdʒi] *adj* (*pej*) theatralisch *pej;* **~ farewell** sentimentaler Abschied

staid [steɪd] *adj* seriös, gesetzt; (*pej*) spießig; **~ image** konservatives Image; **to lead a ~ life** ein spießbürgerliches Leben führen

stain [steɪn] **I.** *vt* ❶ (*discolour*) ■**to ~ sth** etw verfärben; (*cover with spots*) Flecken auf etw *dat* machen; **his teeth are ~ed yellow** seine Zähne sind gelb verfärbt; **her coat had become ~ed with oil** ihr Mantel hatte Ölflecken ❷ (*blemish*) **to ~ an image/a reputation** einem Image/Ruf schaden; **several important politicians have had their reputations ~ed by this scandal** das Ansehen einiger wichtiger Politiker hat durch diesen Skandal gelitten ❸ (*colour*) ■**to ~ sth** etw [ein]färben **II.** *vi* ❶ (*cause discolouration*) abfärben, Flecken machen; **tomato sauce ~s terribly** Tomatensauce hinterlässt scheußliche Flecken ❷ (*discolour*) sich *akk* verfärben ❸ (*take dye*) Farbe annehmen, sich *akk* färben **III.** *n* ❶ (*discoloration*) Verfärbung *f,* Fleck *m;* **blood/grease/red wine ~** Blut-/Fett-/Rotweinfleck *m* ❷ (*blemish*) Makel *m;* **this affair has left a ~ on her reputation** ihr Ansehen hat durch diese Affäre gelitten *form;* **without a ~ on sb's character** ohne einen Makel ❸ (*dye*) Beize *f,* Färbemittel *nt*

stained [steɪnd] *adj* ❶ (*discoloured*) verfärbt; (*with spots*) fleckig ❷ *inv* (*dyed*) gefärbt, gebeizt; **~ oak** gebeizte Eiche ❸ (*blemished*) befleckt; **~ reputation** ramponiertes Ansehen *fam*

stained 'glass *n no pl* Buntglas *nt*

'stained-glass *adj attr, inv* Buntglas-; **~ window** Buntglasfenster *nt*

stain·less ['steɪnləs] *adj* makellos; **~ character** tadelloser Charakter

stain·less 'steel *n no pl* rostfreier [*o* verchromter] Stahl

'stain re·mov·er *n* Fleckenentferner *m* **stain-re·'sist·ant** *adj* farbecht

stair [steəʳ, AM ster] *n* ❶ (*set of steps*) ■**~s** *pl* Treppe *f;* **a flight of ~s** eine Treppe; **the top/foot of the ~s** der Kopf/Fuß der Treppe, oben/unten an der Treppe ❷ (*step*) Treppenstufe *f* ▸ PHRASES: **above ~s** BRIT (*dated*) bei den Herrschaften; **below ~s** BRIT (*dated*) bei den Bediensteten

'stair car·pet *n* Treppenläufer *m* **'stair·case** *n* ❶ (*stairs*) Treppenhaus *nt,* Treppenaufgang *m;* **spiral ~** Wendeltreppe *f;* **secret ~** Geheimtreppe *f* ❷ BRIT SCH, UNIV *Studentenzimmer,* *die über eine Treppe zu erreichen sind* **'stair-rail** *n* Treppengeländer *nt* **'stair·way** *n* Treppe *f* **'stair·well** *n* Treppenhausschacht *m*

stake¹ [steɪk] **I.** *n* ① (*stick*) Pfahl *m*, Pflock *m*; **wooden ~** Holzpfahl *m* ② (*in basket-making*) Gerte *f* ③ TECH [kleiner] Amboss *m* ④ (*hist: for punishment*) ■**the ~** der Scheiterhaufen *hist*; **to be burnt at the ~** auf dem Scheiterhaufen verbrannt werden; **to go to the ~** auf den Scheiterhaufen kommen; **to go to the ~ for sb/sth** (*fig*) für etw/jdn die Hand ins Feuer legen *fam* **II.** *vt* ■**to ~ sth** *animal* etw anbinden; *plant* etw hochbinden ▸ PHRASES: **to ~ one's claim** [**to sth**] sein Recht [auf etw *akk*] einfordern; **to pull up ~s** AM seine Zelte abbrechen

◆**stake out** *vt* ① (*mark territory*) **to ~ out ↻ frontiers** Grenzen abstecken; **to ~ out a position** eine Position behaupten ② (*establish*) **to ~ out an opinion** eine Meinung vertreten; **to ~ out a position** eine Position einnehmen [*o* beziehen]; **to ~ out a role** eine Rolle übernehmen ③ (*fam: watch*) ■**to ~ sb/sth ↻ out** jdn/etw überwachen [*o* beobachten]

stake² [steɪk] **I.** *n* ① *usu pl* (*wager*) Einsatz *m*; **he knows how high the ~s are** er weiß, was auf dem Spiel steht; (*in games*) [Wett]einsatz *m*; **high/low ~s** hoher/geringer Einsatz; **to play for high ~s** um einen hohen Einsatz spielen; **to double one's ~s** seinen Einsatz verdoppeln; **to raise the ~s** (*fam*) den Einsatz erhöhen; (*fig*) etw auf die Spitze treiben ② (*interest*) Anteil *m*; FIN, ECON Anteil *m*; **he holds a 40% ~ in the company** ihm gehören anteilsmäßig 40 % der Firma; **majority/minority ~** Mehrheits-/Minderheitsanteil *m*; **to have a ~ in sth** einen Anteil an etw *dat* haben [*o* nehmen] ③ (*prize money*) ■**~s** *pl* Preis *m* ④ (*horse race*) ■**~s** *pl* Pferderennen *nt* ⑤ (*fam: competitive situation*) **to be high in the popularity ~s** weit oben auf der Beliebtheitsskala stehen; **this will give her a definite advantage in the management ~s** dies wird ihr im Management einen definitiven Vorteil verschaffen ▸ PHRASES: **to be at ~** (*in question*) zur Debatte stehen; (*at risk*) auf dem Spiel stehen; **everything was at ~** es ging um alles oder nichts; **the real issue at ~ is not ...** die eigentliche Frage lautet nicht, ... **II.** *vt* ① (*wager*) **to ~ money** Geld setzen; **she has ~d everything on her friend's good faith** sie verlässt sich voll und ganz auf die Treue ihres Freundes; **to ~ one's future on sth** seine Zukunft auf etw *akk* aufbauen; **to ~ one's honour on sth** sein Ehrenwort für etw *akk* geben; **to ~ one's life on sth** sein Leben für etw *akk* einsetzen; **to ~ one's good name on sth** sich *akk* mit seinem guten Namen für etw *akk* verbürgen; **to ~ one's name on sth** sein Wort auf etw *akk* geben ② AM (*fig fam: support*) ■**to ~ sb to sth** jdm zu etw *dat* verhelfen, jdm etw ermöglichen

'stake·hold·er *n* Teilhaber(in) *m(f)* **'stake-out** *n* (*fam*) Belagerung *f fam*; **media ~** Medienbeschuss *m*; ■**to be on a ~** überwachen; *of house, suspect* observieren **'stakes-win·ning** *adj attr, inv* **the ~ horse** *Pferd, das das Rennen gewonnen hat*

stal·ac·tite ['stæləktaɪt, AM *esp* stə'læktaɪt] *n* GEOL Tropfstein *m*, Stalaktit *m fachspr*

Sta·lag ['stælæg, AM *Brit also* 'stɑ:-] *n* MIL (*hist*) Gefangenenlager *nt*

stal·ag·mite ['stæləgmaɪt, AM *esp* stə'læg-] *n* GEOL Tropfstein *m*, Stalagmit *m fachspr*

stale¹ [steɪl] **I.** *adj* ① (*not fresh*) fade, schal; *beer, lemonade* abgestanden; **their relationship had become ~ and predictable** ihre Beziehung ist fade und langweilig geworden; **~ air** muffige [*o* verbrauchte] Luft; **~ bread** altbackenes Brot; **~ cigarette smoke** kalter Zigarettenrauch ② (*unoriginal*) fantasielos; **~ idea** abgegriffene Idee *fam*; **~ joke** abgedroschener Witz; **to be ~ news** [bereits] allseits bekannt sein ③ (*without zest*) abgestumpft; **I'm feeling ~ and played-out** ich fühle mich schlapp und ausgebrannt; **to get ~** abstumpfen; **to go ~** stumpfsinnig werden ④ *inv* LAW verjährt **II.** *vt* ■**to ~ sth** etw schal werden lassen **III.** *vi* schal werden

stale² [steɪl] **I.** *vi* harnen **II.** *n no pl* Harn *m*

stale·mate ['steɪlmeɪt] **I.** *n* ① CHESS Patt *nt* ② (*deadlock*) Stillstand *m*; **the situation remains a ~** die Lage bleibt unentschieden; **diplomatic ~** diplomatische Sackgasse; **to end in ~** in einer Sackgasse enden; **to be locked in ~** sich *akk* in einer Sackgasse befinden **II.** *vt* ① CHESS ■**to ~ sb** jdn patt setzen ② (*bring to deadlock*) ■**to ~ sth** etw zum Stillstand bringen

stale·ness ['steɪlnəs] *n no pl* ① (*lack of freshness*) Abgestandenheit *f*; *of bread* Altbackenheit *f* ② (*lack of originality*) Abgegriffenheit *f fam*; *of ideas* Fantasielosigkeit *f* ③ (*dullness*) Abgestumpftheit *f*

stalk¹ [stɔ:k, AM *also* stɑ:k] *n* ① *of a plant* Stängel *m*, Stiel *m*; **~ of celery** Selleriestange *f* ② *of a leaf, fruit* Stiel *m* ③ (*shaft*) Stiel *m* ▸ PHRASES: **sb's eyes are out on ~s** BRIT, AUS jd bekommt Stielaugen

stalk² [stɔ:k, AM *also* stɑ:k] **I.** *vt* ① (*hunt*) ■**to ~ sth** etw jagen [*o* anpirschen]; **to go ~ing** auf die Pirsch gehen ② (*harass*) ■**to ~ sb** jdm nachstellen ③ (*fig liter: move about*) **to ~ a place** einen Ort heimsuchen *liter*; **danger ~s the streets of the city** eine Gefahr geht in den Straßen der Stadt um **II.** *vi* ■**to ~ by** vorbeistolzieren; **she ~ed furiously out of the room** sie marschierte zornentbrannt aus dem Zimmer **III.** *n* ① (*pursuit*) Pirsch *f* ② (*gait*) Stolzieren *nt*

stalk·er [stɔ:kəʳ, AM stɑ:kɚ] *n* ① (*hunter*) Jäger(in) *m(f)* ② *of people jd, der prominente Personen verfolgt und belästigt*

'stalk·ing horse *n* ① HUNT Jagdschirm *m* ② (*pretext*) Täuschungsmanöver *nt*, Vorwand *m* ③ POL Strohmann *m*

stall [stɔ:l, AM *also* stɑ:l] **I.** *n* ① (*for selling*) [Verkaufs]stand *m*; **book/market/newspaper ~** Bücher-/Markt-/Zeitungsstand *m* ② (*for an animal*) Stall *m*, Verschlag *m*; **pig ~** Schweinestall *m* ③ AM (*for parking*) [markierter] Parkplatz ④ (*for racehorse*) Box *f* ⑤ (*in a room*) Nische *f*; **shower ~** Nasszelle *f* ⑥ (*in a church*) Chorstuhl *m*; **the canon's ~** der Sitz des Domherrn; **choir ~s** Chorgestühl *nt* ⑦ BRIT, AUS (*in a theatre*) ■**the ~s** *pl* das Parkett *kein pl* ⑧ (*engine*) **the car's in a ~** das Auto springt nicht an **II.** *vi* ① (*stop running*) *motor* stehen bleiben; *aircraft* abrutschen ② (*come to standstill*) zum Stillstand kommen ③ (*fam: delay*) zaudern, zögern; **to ~ for time** Zeit gewinnen **III.** *vt* ① (*cause to stop running*) **to ~ a car/a motor** ein Auto/einen Motor abwürgen ② (*delay*) ■**to ~ sth** etw aufhalten [*o* verzögern]; **a tax increase may ~ economic recovery** eine Steuererhöhung könnte die Erholung der Wirtschaft bremsen ③ (*fam: keep waiting*) ■**to ~ sb** jdn hinhalten *fam* ④ (*put in enclosure*) **to ~ an animal** ein Tier einsperren

◆**stall off** *vt* (*fam*) ■**to ~ off ↻ sb** jdn hinhalten *fam*

'stall hold·er *n* BRIT Markthändler(in) *m(f)*; (*woman*) Marktfrau *f*

stal·lion ['stæljən] *n* Hengst *m*

stall·keep·er [-ki:pəʳ, AM -ki:pɚ] *n* ① (*stable owner*) Stallbesitzer(in) *m(f)* ② ECON Markthändler(in) *m(f)*; (*woman*) Marktfrau *f*

stal·wart ['stɔ:lwət, AM 'stɑ:lwɚt] (*form*) **I.** *adj* ① (*loyal*) unentwegt; **~ supporter** treuer Anhänger/treue Anhängerin ② (*sturdy*) robust, unerschütterlich **II.** *n* Anhänger(in) *m(f)*

stal·wart·ly ['stɔ:lwətli, AM 'stɑ:lwɚt-] *adv* eisern, felsenfest; (*loyal*) treu, loyal; **to cling ~ to sth** an etw *dat* festhalten; **to stand by sb ~** jdm treu zur Seite stehen

sta·men <*pl* -s *or* -mina> ['steɪmən, *pl* -mənə] *n* Staubgefäß *nt*

stami·na¹ ['stæmɪnə, AM -mənə] *n no pl* Durchhaltevermögen *nt*, Ausdauer *f*; **test of ~** Belastungsprobe *f*, Härtetest *m*

stami·na² *n pl of* **stamen**

stam·mer ['stæməʳ, AM -ɚ] **I.** *n* Stottern *nt*; **to have a ~** stottern **II.** *vi* stottern, stammeln **III.** *vt* **to ~ words** Worte stammeln [*o* hervorstoßen]

◆**stammer out** *vt* ■**to ~ out ↻ sth** etw hervorstoßen

stam·mer·er ['stæmərəʳ, AM -ɚɚ] *n* Stotterer, Stotterin *m, f*

stam·mer·ing·ly ['stæməʳrɪŋli] *adv* stotternd

stamp [stæmp] **I.** *n* ① (*implement*) Stempel *m*; **rubber ~** Stempel *m* ② (*mark*) Stempel *m*; **~ of approval** Genehmi-

S

gungsstempel *m;* **date** ~ Datumsstempel *m* ❸ (*quality*) Zug *m,* Stempel *m;* **this painting bears the ~ of genius** dieses Gemälde trägt die Handschrift eines Genies; **to leave one's ~ on sth/sb** seine Spur bei etw/jdm hinterlassen ❹ (*adhesive*) **food** ~ Lebensmittelstempel *m;* **postage** ~ Briefmarke *f* ❺ (*step*) Stampfer *m fam;* (*sound*) Stampfen *nt* ❻ MIN Pochstempel *m fachspr* **II.** *vt* ❶ (*crush*) ■**to ~ sth** etw zertreten; (*stomp*) **to ~ one's foot** mit dem Fuß aufstampfen ❷ (*mark*) ■**to ~ sth** etw [ab]stempeln; **it is necessary to ~ your passport** Sie müssen Ihren Pass abstempeln lassen; **all washing machines are ~ed with the inspector's name** alle Waschmaschinen erhalten einen Stempel mit dem Namen des Kontrolleurs; **it would be too early to ~ the changes with approval** (*fig*) es wäre zu früh, die Veränderungen mit Zustimmung zu begrüßen ❸ (*impress on*) ■**to ~ sth on sth** etw auf etw *akk* stempeln; **our new administrator tries to ~ her authority on every aspect of the department** unsere neue Verwalterin versucht jedem Bereich der Abteilung ihren Stempel aufzudrücken; **that will be ~ed on her memory for ever** das wird sich ihr für immer einprägen ❹ (*identify*) ■**to ~ sb/sth as [being] sb/sth** jdn/etw als jdn/etw ausweisen; **glaze of this colour would ~ the pot as being from the Song dynasty** eine Lasierung dieser Farbe würde darauf hindeuten, dass dieser Topf aus der Zeit der Song-Dynastie stammt ❺ (*affix postage to*) **to ~ a letter** einen Brief frankieren; **to ~ an envelope** einen Umschlag freimachen [*o* frankieren] ❻ MIN **to ~ ore** Erz schürfen [*o fachspr* pochen] **III.** *vi* ❶ (*step*) stampfen; ■**to ~ [up]on sth** auf etw *akk* treten; (*fig: suppress*) etw abwehren [*o* abschmettern]; **to ~ [up]on opposition** die Opposition niederknüppeln ❷ (*walk*) stampfen, stapfen; **she ~ed out of the room** sie stapfte aus dem Zimmer; ■**to ~ about** [*or* **around**] herumstapfen

◆**stamp down** *vt* ■**to ~ down** ⇆ **sth** etw niedertrampeln; *earth* etw festtreten

◆**stamp out** *vt* ■**to ~ out** ⇆ **sth** ❶ (*eradicate*) etw ausmerzen; **to ~ out crime/corruption** Verbrechen/Korruption bekämpfen; **to ~ out a disease** eine Krankheit ausrotten; **to ~ out a fire** ein Feuer austreten ❷ (*produce*) etw [aus]stanzen

'Stamp Act *n no pl* (*hist*) ■**the ~** *US-Gesetz aus der Kolonialzeit, das Steuern vorsieht* **'stamp al·bum** *n* Briefmarkenalbum *nt* **'stamp col·lect·ing** *n no pl* Briefmarkensammeln *nt* **'stamp col·lec·tion** *n* Briefmarkensammlung *f* **'stamp col·lec·tor** *n* Briefmarkensammler(in) *m(f)* **'stamp deal·er** *n* Briefmarkenhändler(in) *m(f)* **'stamp duty** *n* LAW Stempelgebühr *f* **stamped ad·dressed 'en·velope** *n* frankierter Rückumschlag

stam·pede [stæm'pi:d] **I.** *n* ❶ *of animals* wilde Flucht ❷ *of people* [Menschen]auflauf *m* **II.** *vi animals* durchgehen; *people* irgendwohin stürzen; **at quitting time, everybody ~s into the parking lot** nach Feierabend gibt es einen Ansturm auf die Parkplätze **III.** *vt* ❶ (*cause to rush*) ■**to ~ sb/an animal** jdn/ein Tier aufschrecken ❷ (*force into action*) ■**to ~ sb into [doing] sth** jdn zu etw *dat* drängen

'stamp·ing ground *n usu pl* Schauplatz *m* der Vergangenheit, alte Umgebung

'stamp mill *n* MIN Stampfwerk *nt,* Pochwerk *nt fachspr* **'stamp pad** *n* Stempelkissen *nt* **'stamp tax** *n* Stempelsteuer *f*

stance [stɑ:n(t)s, AM stæn(t)s] *n* ❶ (*posture*) Haltung *f kein pl;* AM SPORTS *Schlagpositur beim Baseball, Golf usw.;* **batting ~** Schlag[bereitschafts]stellung *f,* Schlagauslage *f;* **to take [up] one's ~** in Positur gehen ❷ (*attitude*) Standpunkt *m,* Einstellung *f* (**on** zu +*dat*); **negotiating ~** Verhandlungsposition *f* ❸ SCOT (*site*) Sitz *m* ❹ (*in climbing*) Position *f,* Haltung *f*

stanch[1] *vt* AM *see* **staunch**

stanch[2] *adj see* **staunch**

stan·chion [stæn(t)ʃᵊn] *n* Pfosten *m*

stand [stænd] **I.** *n* ❶ (*physical position*) Stellung *f;* **to take up a ~ somewhere** sich *akk* irgendwo hinstellen ❷ (*position on an issue*) Einstellung *f* (**on** zu +*dat*); **what's her ~ on sexual equality?** wie steht sie zur Gleichberechtigung?; **to make a ~ against sth** sich *akk* gegen etw *akk* auflehnen; **to take a ~ on sth** sich *akk* für etw *akk* einsetzen; **it's her civic duty to take a ~ on civil rights** es ist ihre Bürgerpflicht, die Bürgerrechte zu verteidigen; **to take a ~ with sb** jdm gegenübertreten; **I had to take a firm ~ with my son and forbid him to attend that party** ich musste meinem Sohn gegenüber hart bleiben und ihm verbieten, diese Party zu besuchen ❸ (*form: standstill*) Stillstand *m;* **to bring sb/sth to a ~** jdm/etw Einhalt gebieten *geh* ❹ *usu pl* (*raised seating for spectators*) [Zuschauer]tribüne *f* ❺ (*support*) Ständer *m;* **music/revolving ~** Noten-/Drehständer *m* ❻ (*stall*) [Verkaufs]stand *m;* **candy/news ~** Süßwaren-/Zeitungsstand *m* ❼ (*for vehicles*) Stand *m;* **taxi ~** Taxistand *m* ❽ AM (*series of performances*) Gastspiel *nt;* **one-night ~** One-Night-Stand *m fam* ❾ AM LAW ■**the ~** der Zeugenstand; **to take the ~** vor Gericht aussagen ❿ MIL (*resistance*) Widerstand *m;* **to make** [*or* **take**] **a ~** (*fig*) klar Stellung beziehen ⓫ (*group of plants*) **~ of clover** Büschel *nt* Klee; **~ of trees** Baumgruppe *f* **II.** *vi* <stood, stood> ❶ (*be upright*) stehen; **~ against the wall** stell dich an die Wand; **~ in front of the house** stell dich vor das Haus; **~ in a straight line!** stellen Sie sich in einer Reihe auf!; **the team will ~ or fall by the success of their new model** das Team steht und fällt mit dem Erfolg seines neuen Modells; **~ and deliver!** (*dated*) Hände hoch und Geld her!; **to ~ to [or at] attention** MIL stillstehen; **to ~ guard** [*or* **watch**] **[over sb/sth]** [bei jdm/etw] Wache halten; **he felt it necessary to ~ watch over the cash box** er hielt es für nötig, die Kasse im Auge zu behalten; **to ~ on one's hands/head** einen Hand-/Kopfstand machen; **to ~ clear** [*or* **aside**] aus dem Weg gehen, beiseitetreten; **to ~ erect** [*or* **tall**] aufrecht [*o* gerade] stehen; **to ~ motionless** regungslos dastehen; **to ~ still** stillstehen ❷ + *n* (*be a stated height*) messen *geh;* **he ~s over seven feet** er misst über sieben Fuß ❸ FOOD (*remain untouched*) stehen ❹ (*be located*) liegen; **an old hut stood by the river** am Fluss stand eine alte Hütte; **the train is ~ing at platform 8** der Zug steht auf Gleis 8; **to ~ in sb's way** jdm im Weg stehen; **to ~ in the way of sth** etw *dat* im Weg[e] stehen [*o* hinderlich sein]; **to ~ open** offen stehen ❺ (*have a viewpoint*) **how** [*or* **where**] **do you ~ on the issue of foreign policy?** was ist Ihre Meinung zur Außenpolitik?; **from where she ~s it seemed reasonable to ask** von ihrer Warte aus schien es vernünftig zu fragen ❻ + *adj* (*be in a specified state*) stehen; **I never know where I ~ with my boss** ich weiß nie, wie ich mit meinem Chef dran bin *fam;* **how do you think your chances ~ of being offered the job?** wie, glaubst du, stehen deine Chancen, dass man dir die Stelle anbietet?; **with the situation as it ~s right now ...** so wie die Sache im Moment aussieht, ...; **to ~ high/low in sb's opinion** bei jdm sehr [*o* hoch]/wenig [*o* schlecht] angesehen sein; **to ~ alone** beispiellos [*o* einzigartig] sein; **to ~ aloof from sb/sth** (*form*) sich *akk* von jdm/etw distanzieren; **to ~ empty** [*or* **idle**] leer stehen; **to ~ fast** [*or* **firm**] standhaft sein; **~ firm on your decision** steh fest zu deinem Entschluss; **to ~ pat** *esp* AM hart [*o* standfest] bleiben; **to ~ second/third** an zweiter/dritter Stelle stehen; **to ~ accused of sth** wegen einer S. *gen* unter Anklage stehen; **to ~ accused of murder** des Mordes angeklagt sein; **to ~ corrected** (*form*) sich *akk* geschlagen geben *fam;* **I ~ corrected** ich muss mich korrigieren [*o* gebe meinen Fehler zu]; **to ~ to gain** [*or* **win**]/**lose sth** wahrscheinlich etw gewinnen/verlieren ❼ (*separate from*) ■**to ~ between sb/sth** zwischen jdm/etw stehen; **the handouts he got from his parents were all that stood between Dan and destitution** es waren allein die Zuwendungen, die Dan von seinen Eltern erhielt, was ihn vor völliger Mittellosigkeit bewahrte ❽ (*remain valid*) gelten, Bestand haben; **does that still ~?** ist das noch gültig?, gilt das noch?; **his work still ~s as one of the greatest**

advances in medical theory seine Arbeit gilt immer noch als eine der größten Leistungen in der Medizin; **Newtonian mechanics stood for over two hundred years** die Newtonsche Mechanik galt zweihundert Jahre lang unangefochten ❾ BRIT, AUS (*be a candidate for office*) ■**to ~ for sth** für etw *akk* kandidieren; **to ~ for election** sich *akk* zur Wahl stellen ▶ PHRASES: **to ~ on one's own two feet** auf eigenen Füßen stehen; **to be able to do sth ~ing on one's head** (*fam*) etw mit links machen können *fam;* **it ~s to reason [that] ...** es ist logisch [*o* leuchtet ein], dass ...; **to not leave one stone ~ing on another** keinen Stein auf dem anderen lassen **III.** *vt* <stood, stood> ❶ (*place upright*) ■**to ~ sth somewhere** etw irgendwohin hinstellen; **she stood the yardstick upright against the wall** sie stellte den Messstab gegen die Wand; **to ~ sth on its head** etw auf den Kopf stellen ❷ (*refuse to be moved*) **to ~ one's ground** wie angewurzelt stehen bleiben; (*refuse to yield*) standhaft bleiben ❸ (*bear*) ■**to ~ sth** etw ertragen [*o fam* aushalten]; ■**to not [be able to] ~ sth** etw nicht ertragen können; **our tent won't ~ another storm** unser Zelt wird keinen weiteren Sturm überstehen; **she can't ~ anyone touching her** sie kann es nicht leiden, wenn man sie anfasst; **to not be able to ~ the sight of sth** den Anblick von etw *dat* nicht ertragen können; **to ~ the test of time** die Zeit überdauern ❹ (*pay for*) ■**to ~ sb sth** jdm etw ausgeben [*o* spendieren]; **Steven stood us all a drink** Steven lud uns alle zu einem Drink ein; **to ~ bail for sb** für jdn Kaution stellen [*o* Sicherheit leisten] ❺ (*fam*) **to ~ a chance of doing sth** gute Aussichten haben, etw zu tun ❻ LAW **to ~ trial [for sth]** sich *akk* vor Gericht [für etw *akk*] verantworten müssen ▶ PHRASES: **to ~ sb in good stead** jdm von Nutzen [*o* Vorteil] sein

◆**stand about, stand around** *vi* herumstehen; **we were just ~ing around talking** wir haben nur dagestanden und uns unterhalten

◆**stand aside** *vi* ❶ (*move aside*) zur Seite treten; **please ~ aside** bitte treten Sie [einen Schritt] zur Seite ❷ (*not get involved*) ■**to ~ aside [from sth]** sich *akk* [aus etw *dat*] heraushalten ❸ (*resign*) zurücktreten

◆**stand at** *vi* ■**to ~ at sth** *sum* sich *akk* auf etw *akk* belaufen

◆**stand back** *vi* ❶ (*move backwards*) zurücktreten ❷ (*fig: take detached view*) ■**to ~ back** Abstand nehmen; ■**to ~ back from sth** etw aus der Distanz betrachten ❸ (*not get involved*) tatenlos zusehen [*o* danebenstehen] ❹ (*be located away from*) ■**to ~ back from sth** abseits von etw *dat* liegen; **the hotel ~s well back from the road** das Hotel liegt ziemlich abseits der Straße

◆**stand behind** *vi* (*a. fig*) ■**to ~ behind sb/sth** hinter jdm/etw stehen *a. fig*

◆**stand by** *vi* ❶ (*observe*) dabeistehen, zugucken *fam* ❷ (*be ready*) bereitstehen; **cabin crew, please ~ by for take-off** Besatzung, bitte fertig machen zum Start ❸ (*support*) ■**to ~ by sb** zu jdm stehen; **to ~ by each other** zueinander stehen ❹ (*abide by*) **to ~ by one's promise** sein Versprechen halten; **to ~ by one's word** zu seinem Wort stehen

◆**stand down** **I.** *vi* ❶ BRIT, AUS (*resign*) zurücktreten ❷ (*relax*) entspannen ❸ LAW den Zeugenstand verlassen **II.** *vt* ■**to ~ down** ○ **sb** jdn entspannen

◆**stand for** *vi* ❶ (*tolerate*) ■**to not ~ for sth** sich *dat* etw nicht gefallen lassen ❷ (*represent*) ■**to ~ for sth** für etw *akk* stehen; **you know what this party ~s for** du weißt, wofür diese Partei [ein]steht

◆**stand in** *vi* ■**to ~ in for sb** für jdn einspringen

◆**stand off** **I.** *vi* sich *akk* entfernen **II.** *vt* ■**to ~ off** ○ **sb** ❶ (*repel*) jdn abweisen [*o fam* abwimmeln] ❷ (*lay off*) jdn [vorübergehend] entlassen

◆**stand on** *vi* **to ~ on ceremony** die Form wahren; **to not ~ on ceremony** sich *dat* keinen Zwang antun *fam;* **please sit down and make yourself comfortable, we don't ~ on ceremony here** bitte setzen Sie sich und machen Sie es sich bequem, bei uns geht es nicht so förmlich zu *fam;* **to ~ on one's dignity** (*usu pej*) auf seine Autorität pochen *pej*

◆**stand out** *vi* ❶ (*be noticeable*) hervorragen; **one stood out from the rest** unter den Übrigen ragte einer heraus; **to ~ out in a crowd** sich *akk* von der Menge abheben ❷ (*oppose*) ■**to ~ out against sb/sth** sich *akk* gegen jdn/etw wehren ❸ (*insist on*) ■**to ~ out for sth** auf etw *dat* bestehen [*o* beharren]

◆**stand over** *vi* ■**to ~ over sb** jdm auf die Finger schauen *fam*

◆**stand round** *vi see* **stand around**

◆**stand up** **I.** *vi* ❶ (*rise*) aufstehen; (*be standing*) stehen ❷ (*endure*) ■**to ~ up [to sth]** [etw *dat*] standhalten; **to ~ up in court** gerichtlich anerkannt werden; **her claim didn't ~ up in court** ihr Anspruch ließ sich gerichtlich nicht durchsetzen ▶ PHRASES: **to ~ up and be counted** sich *akk* zu seiner Meinung bekennen **II.** *vt* ■**to ~ up** ○ **sb** jdm einen Korb geben *fam*

◆**stand up for** *vt* ■**to ~ up for sb/sth** sich *akk* für jdn/etw einsetzen; **to ~ up for oneself** sich *akk* durchsetzen

◆**stand up to** *vt* ❶ (*confront*) ■**to ~ up to sb** sich *akk* jdm widersetzen ❷ (*resist damage*) ■**to ~ up to sth** etw überstehen; **to ~ up to rough treatment** einer rauen Behandlung standhalten

'stand-alone *adj attr, inv* COMPUT **~ computer** Computer *m* im Stand-alone-Betrieb **stand-alone 'ter·mi·nal** *n* COMPUT eigenständiges Terminal, Terminal *nt* im Stand-alone-Betrieb

stand·ard ['stændəd, AM -dɚd] **I.** *n* ❶ (*level of quality*) Standard *m,* Qualitätsstufe *f;* **this essay is of an acceptable ~** dieser Essay ist von durchschnittlicher Qualität; **to be up to [sb's] ~** an jds Standard *m* heranreichen; **to raise ~s** das Niveau heben ❷ (*criterion*) Gradmesser *m,* Richtlinie *f,* Maßstab *m;* **~s of behaviour** Verhaltensmaßstäbe *mpl;* **safety ~** Maß *nt* an Sicherheit; **by today's ~s** nach heutigen Maßstäben [*o* Begriffen]; **to set high/low ~s** hohe/geringe Ansprüche stellen; **to be above/below ~** über/unter der Norm liegen; **to be up to ~** der Norm entsprechen ❸ (*principles*) ■**~s** *pl* Wertvorstellungen *fpl;* **~s of behaviour** Verhaltensnormen *fpl;* **moral ~s** moralische Prinzipien [*o* Normen] ❹ (*currency basis*) Währungsstandard *m;* **gold/silver ~** Gold-/Silberwährung *f* ❺ (*in forestry*) Eichmaß *nt,* Richtmaß *nt* ❻ (*flag*) Standarte *f* ❼ HORT [Hoch]stamm *m* ❽ BOT Blumenblatt *nt* ❾ MUS Klassiker *m;* **old ~** Oldie *m fam* ❿ AM (*car*) Schaltwagen *m* **II.** *adj inv* ❶ (*customary*) Standard-; **your new TV comes with a two-year guarantee as ~** *esp* BRIT Ihr neuer Fernseher wird mit der üblichen Zweijahresgarantie geliefert; **~ colour/size/unit** Standardfarbe/-größe/-einheit *f;* **~ procedures** Standardvorschriften *fpl* ❷ (*average*) durchschnittlich ❸ (*authoritative*) **~ book/work** Standardwerk *m;* **~ text** Standardtext *m* ❹ LING Standard-; **~ English** die englische Hochsprache; **~ American** die US-amerikanische Hochsprache ❺ AM (*manual*) **~ shift** Standardschaltung *f;* **~ transmission** Standardgetriebe *nt*

stand·ard a'gree·ment *n* LAW, ECON Standardvertrag *m* **'stand·ard-bear·er** *n* ❶ MIL (*dated*) Standartenträger *m veraltet* ❷ (*leader*) Vorkämpfer(in) *m(f)* **stand·ard 'con·tract** *n* LAW, ECON Standardvertrag *m* **stand·ard de·vi'a·tion** *n* Standardabweichung *f* **stand·ard 'er·ror** *n* statistischer Fehler **stand·ard 'gauge** *n* Standardgleis *nt*

i Kultur

In Schottland ist der Schulabschluss **Standard Grade** das Gegenstück zum *GCSE*-Abschluss in England.

stand·ardi·za·tion [ˌstændədaɪ'zeɪʃᵊn, AM -dɚdɪ'-] *n no pl* Standardisierung *f,* Normierung *f*

stand·ard·ize ['stændədaɪz, AM -dɚ-] **I.** *vt* ■**to ~ sth** ❶ (*make* *conform*) etw standardisieren [*o* norm[ier]en] ❷ (*compare*) etw vereinheitlichen **II.** *vi* ■**to ~ on sth** etw zum Vorbild nehmen

stand·ard·ized ['stændədaɪzd, AM -dɚ-] *adj inv* standardisiert; **~ components** genormte Komponenten; **~ language** Standardsprache *f*

stand·ard·ized 'test *n* Standardtest *m*

'stand·ard lamp *n* BRIT, AUS Stehlampe *f* **stand·ard 'letter** *n* vorformulierter Brief **stand·ard of 'liv·ing** <*pl* standards of living> *n* Lebensstandard *m*

stand·ard 'op·er·at·ing pro·cedure *n*, **SOP** *n no pl* übliches Prozedere **stand·ard 'qual·ity** *n no pl* Standardqualität *f* **stand·ard 'size** *n* Standardgröße *f*, Einheitsgröße *f* **'stand·ard time** *n* Standardzeit *f* **stand·ard 'wire gauge** *n* BRIT *standardisierte Drahtdichte in Großbritannien*

stand·by <*pl* -s> ['stæn(d)baɪ] **I.** *n* ❶ *no pl* (*readiness*) **on ~** in Bereitschaft; **to be [put [*or* placed]] on ~** Bereitschaftsdienst haben ❷ (*backup*) Reserve *f* ❸ (*plane ticket*) Stand-by-Ticket *nt* ❹ (*traveller*) *Fluggast mit Stand-by-Ticket* **II.** *adj attr, inv* Ersatz-; **~ generator** Ersatzgenerator *m* **III.** *adv inv* AVIAT, TOURIST **to fly ~** mit einem Stand-by-Ticket fliegen

'stand·by tick·et *n* Stand-by-Ticket *nt*

standee ['stændi] *n esp* AM (*fam*) *jemand, der einen Stehplatz hat*

'stand-in *n* Vertretung *f*; FILM, THEAT Ersatz *m*

stand·ing ['stændɪŋ] **I.** *n no pl* ❶ (*status*) Status *m*, Ansehen *nt*; **to be in good ~ with sb** gute Beziehungen zu jdm haben; **to be of high social ~** hohes soziales Ansehen genießen; **to shake sb's ~** jds Ansehen *nt* erschüttern ❷ (*duration*) Dauer *f*; **one member, of twelve years' ~ on the committee, resigned** ein Mitglied, das zwölf Jahre zum Komitee gehörte, ist zurückgetreten; **to be of long/short ~** von langer/kurzer Dauer sein **II.** *adj attr, inv* ❶ (*upright*) [aufrecht] stehend; **to do sth from a ~ position** etw im Stehen machen ❷ (*permanent*) ständig ❸ (*stationary*) stehend; **~ water** stehendes Wasser ❹ AGR **~ corn** Getreide *nt* auf dem Halm

stand·ing 'army *n* + *sing/pl vb* stehendes Heer **stand·ing com·'mit·tee** *n* + *sing/pl vb* ständiger Ausschuss **stand·ing 'joke** *n* Insiderwitz *m fam*; **the fact that Debbie is always late has become a ~ among her friends** die Tatsache, dass Debbie immer zu spät kommt, ist unter ihren Freunden sprichwörtlich geworden **stand·ing 'O** *n* AM MUS, THEAT *short for* **standing ovation** stehende Ovationen *pl* **stand·ing 'or·der** *n* ❶ *esp* BRIT (*for money*) Dauerauftrag *m*; **to pay sth by ~** etw per Dauerauftrag bezahlen ❷ (*for goods*) Vorbestellung *f*, Abonnement *nt* **stand·ing o'va·tion** *n* stehende Ovationen *pl* **'stand·ing room** *n no pl* Stehplatz *m*; **~ only** nur Stehplätze **stand·ing 'start** *n* Start *m* aus dem Stand heraus; ■**to do sth from a ~** etw aus dem Stand heraus tun **stand·ing 'stone** *n* ARCHEOL Hinkelstein *m*

'stand-off *n* Patt *nt*

stand-off·ish [-'ɒfɪʃ, AM -'ɑːfɪʃ] *adj* (*pej fam*) kühl, reserviert

stand-off·ish·ly [-'ɒfɪʃli, AM -'ɑːfɪʃ-] *adv* (*pej fam*) kühl, distanziert; **to sniff ~ at sth** über etw *akk* verächtlich die Nase rümpfen

stand-off·ish·ness [-'ɒfɪʃnəs, AM -'ɑːfɪʃ-] *n no pl* (*pej fam*) kühle Distanziertheit

'stand·out AM **I.** *n* Favorit(in) *m(f)* **II.** *adj attr, inv* Vorzeige-; **~ goalie** Vorzeigetorwart *m* **'stand·pipe** *n* Steigrohr *nt* **'stand·point** *n* ❶ (*attitude*) Standpunkt *m*; **depending on your ~, ...** je nachdem, wie man es betrachtet, ... ❷ (*physical position*) [Stand]punkt *m* **'stand·still** *n no pl* Stillstand *m*; **to be at a ~** zum Erliegen kommen; **work has been at a ~** die Arbeit ist niedergelegt worden; **to bring sth to a ~** etw zum Erliegen bringen [*o fam* lahmlegen]; **to come to a ~** zum Stillstand kommen **'stand-up** *adj attr, inv* ❶ (*eaten standing*) Fastfood-; **~ meal** Fastfoodsnack *m* (*im Stehen eingenommene Mahlzeit*) ❷ (*performed standing*) **~ comedy** Stegreifkomödie *f*, Improvisationskomödie *f*; **~ comedy show** One-Man-Show *f*; **~ routine** Stegreifroutine *f* ❸ (*performing while standing*) **~ comedian** Alleinunterhalter(in) *m(f)* ❹ (*designed for standing*) **~ bar** Stehbar *f*; **~ lunch counter** Stehimbiss *m* ❺ (*violent*) **~ fight/argument** handfester Kampf/Streit ❻ FASHION Steh-; **~ collar** Stehkragen *m*

stank [stæŋk] *pt of* **stink**

Stanley Cup [,stænli-] *n* AM Stanley Cup *m* (*Eishockeytrophäe*)

'Stanley knife® *n* BRIT, AUS Schillermesser *nt*, Stanleymesser *nt*

stan·za ['stænzə] *n* Strophe *f*; **~ of a song** Liedstrophe *f*

sta·ple¹ ['steɪpl̩] **I.** *n* ❶ (*for paper*) Heftklammer *f*; **a box of ~s** eine Schachtel Heftklammern ❷ (*not for paper*) Krampe *f* **II.** *vt* ■**to ~ sth** etw heften; ■**to ~ sth together** etw zusammenheften; **to ~ sth by hand** etw von Hand zusammenheften

sta·ple² ['steɪpl̩] **I.** *n* ❶ (*main component*) Grundstock *m*; FOOD Grundnahrungsmittel *nt* ❷ ECON Hauptartikel *m*, Hauptprodukt *nt*; **commercial ~s** Handelsgüter *ntpl* ❸ *no pl* (*of cotton*) Rohbaumwolle *f*; (*of wool*) Rohwolle *f* **II.** *adj attr, inv* ❶ (*principal*) Haupt-; **~ diet** [*or* **food**] Hauptnahrung *f*; **~ foods** Grundnahrungsmittel *pl*; **~ source of income** Haupteinnahmequelle *f* ❷ ECON **~ crop/commodity** Hauptgetreide/-erzeugnis *nt*

'sta·ple gun *n* Heftmaschine *f*

sta·pler ['steɪpləʳ, AM -plɚ] *n* Hefter *m*, Tacker *m fam*

star [stɑːʳ, AM stɑːr] **I.** *n* ❶ ASTRON Stern *m*; **shooting ~** Sternschnuppe *f* ❷ (*symbol*) Stern *m*; **four-~ hotel** Viersternehotel *nt* ❸ (*asterisk*) Sternchen *nt*; **to mark sth with a ~** etw mit einem Sternchen versehen ❹ (*mark on animal*) *Stirnfleck eines Tieres* ❺ (*performer*) Star *m*; **film/rock ~** Film-/Rockstar *m*; **a ~ of stage and screen** ein berühmter Bühnen- und Filmschauspieler; **a rising ~** *jemand, der auf dem besten Wege ist, ein Star zu werden* ❻ (*horoscope*) ■**the ~s** *pl* die Sterne, Horoskop *nt* ▶ PHRASES: **to be born under a lucky/an unlucky ~** (*fam*) unter einem/keinem glücklichen Stern geboren sein **II.** *vt* <-rr-> ❶ THEAT, FILM **the new production of 'King Lear' will ~ John Smith as [*or* in the role of] Lear** die neue Produktion von ‚King Lear' zeigt John Smith in der Rolle des Lear ❷ (*mark with asterisk*) ■**to ~ sth** etw mit einem Sternchen versehen **III.** *vi* <-rr-> ❶ THEAT, FILM **to ~ in a film/play** in einem Film/Theaterstück die Hauptrolle spielen ❷ (*be brilliant*) brillieren **IV.** *adj attr, inv* Star-; **Natalie is the ~ student in this year's ballet class** Natalie ist die hervorragendste Schülerin der diesjährigen Ballettklasse; **~ witness** Hauptzeuge, -in *m, f*

star 'bill·ing *n no pl* **to get ~** auf Plakaten groß herausgestellt werden

star·board ['stɑːbəd, AM 'stɑːrbɚd] **I.** *n* Steuerbord *nt kein pl*; **to list to ~** Schlagseite nach Steuerbord haben **II.** *n modifier* (*not port*) Steuerbord-; **~ engine** Steuerbordmotor *m*; **~ side** Steuerbord *nt*

star·board 'tack *n* Steuerbordkurs *m*

starch [stɑːtʃ, AM stɑːrtʃ] **I.** *n no pl* ❶ FOOD Stärke *f*; **corn ~** Stärkemehl *nt*, Maisstärke *f* ❷ FASHION Stärke *f*; **spray ~** Sprühstärke *f* ❸ (*fig: formality*) Steifheit *f* **II.** *vt* FASHION **to ~ a collar** einen Kragen stärken

Star 'Cham·ber *n no pl*, + *sing/pl vb* BRIT LAW ❶ (*hist: in England*) ■**the ~** der Geheime Rat *hist* ❷ (*pej: anywhere*) Femegericht *nt*

starched [stɑːtʃt, AM stɑːrtʃt] *adj collar, shirt* gestärkt

starchi·ly ['stɑːtʃɪli, AM 'stɑːrtʃ-] *adv* (*fig, pej fam*) *behaviour* steif *fam*

starchy ['stɑːtʃi, AM 'stɑːrtʃi] *adj* ❶ FOOD stärkehaltig ❷ FASHION gestärkt ❸ (*pej fam: formal*) *people* reserviert; **~ image** angestaubtes Image *fam*

'star-crossed *adj inv* (*liter*) unheilvoll *liter*; ■**to be ~: this plan was ~ right from the beginning** dieser Plan war von Anfang an zum Scheitern verurteilt; **~ lovers** unglücklich Liebende

star·dom ['stɑːdəm, AM 'stɑːr-] *n no pl* Starruhm *m*, Leben *nt* als Star

'star·dust *n no pl* ① (*cloud*) Sternennebel *m*, Goldstaub *m* ② (*dreamy feeling*) Fantasiewelt *f*, Traumwelt *f*; **to have ~ in one's eyes** bis über beide Ohren verliebt sein

stare [steəʳ, AM ster] **I.** *n* Starren *nt*; **she gave him a long ~** sie starrte ihn unverwandt an; **accusing ~** vorwurfsvoller Blick **II.** *vi* ① (*look at*) starren; ■**to ~ at sb/sth** jdn/etw anstarren; (*fig: confront*) sich *akk* jdm/etw gegenüber sehen; **United were staring at a seven-goal deficit** United sahen sich einem Rückstand von sieben Toren gegenüber ② (*eyes wide open*) große Augen machen ③ (*be conspicuous*) ■**to ~ out at sb** jdm ins Auge stechen [*o* springen] **III.** *vt* ① (*look at*) **to ~ sb in the eye** [*or* **face**] jdn anstarren; **to ~ sb up and down** jdn anstieren *fam* ② (*reduce to*) **to ~ sb into silence** jdn durch einen vernichtenden Blick zum Schweigen bringen ▶ PHRASES: **to be staring sb in the face** (*be evident*) auf der Hand liegen; (*be imminent*) jdn bedrohen; **without water, death would be staring them in the face** ohne Wasser blickten sie dem Tod ins Auge

◆**stare down, stare out** *vt* BRIT, AUS ① (*outstare*) ■**to ~ sb** ⊂ **down** [*or* **out**] jdn zum Wegsehen zwingen ② (*hum: make go away*) ■**to ~ sth** ⊂ **down** [*or* **out**] etw wegdiskutieren

'star·fish *n* Seestern *m*

'star·gaze *vi* sich *dat* die Sterne angucken *fam*

star·gaz·er [-geɪzəʳ, AM -geɪzɚ] *n* ① (*hum fam*) Sterngucker(in) *m(f) hum fam* ② AUS (*sl: horse*) Gaul *m* ③ (*fish*) Seestern *m*

star·ing ['steərɪŋ, AM 'sterɪŋ] *adj eyes* starrend

stark [stɑːk, AM stɑːrk] **I.** *adj* ① (*bare*) *landscape* karg; (*austere*) schlicht; **~ room** spartanisch eingerichtetes Zimmer ② (*obvious*) krass; **in ~ contrast to sb/sth** in krassem Gegensatz zu jdm/etw; **~ reality** die harte Realität; **the ~ reality is that ...** Tatsache ist, dass ...; **~ reminder** ernst zu nehmende Erinnerung ③ *attr, inv* (*sheer*) total; **~ madness** absoluter Wahnsinn *fam* **II.** *adv inv* **~ naked** splitterfasernackt *fam*; **~ raving** [*or* **staring**] **mad** (*hum, iron*) völlig übergeschnappt *fam*

stark·ers ['stɑːkəz] *adj pred, inv* BRIT, AUS (*fam*) im Adams-/Evaskostüm *hum fam*, nackert ÖSTERR *fam*

stark·ly ['stɑːkli, AM 'stɑːrk-] *adv* krass; **to make it ~ obvious that ...** klipp und klar sagen, dass ... *fam*; **to contrast ~ with sth** in krassem Gegensatz zu etw *dat* stehen

stark·ness ['stɑːknəs, AM 'stɑːrk-] *n no pl* ① (*bare desolation*) Kargheit *f*, Herbheit *f*; (*austerity*) Schlichtheit *f* ② (*obviousness*) Krassheit *f*

star·less ['stɑːləs, AM 'stɑːr-] *adj inv* ASTRON **the night sky was ~** es waren keine Sterne am Nachthimmel zu sehen; **~ heavens** sternenloser Himmel

star·let ['stɑːlət, AM 'stɑːr-] *n* ① (*actress*) Starlet *nt*, Filmsternchen *nt* ② ASTRON Sternchen *nt*

'star·light *n no pl* ASTRON Sternenlicht *nt*

star·ling[1] ['stɑːlɪŋ, AM 'stɑːr-] *n* (*bird*) Star *m*

star·ling[2] ['stɑːlɪŋ, AM 'stɑːr-] *n* (*pile*) Pfeilerkopf *m*

star·lit ['stɑːlɪt, AM 'stɑːr-] *adj inv* ASTRON sternenklar

Star of 'David <*pl* Stars of David> *n* REL ■**the ~** der David[s]stern

starred [stɑːd, AM stɑːrd] *adj inv* mit einem Sternchen versehen

star·ring ['stɑːrɪŋ] *adj attr, inv* Haupt-; **the ~ role in a movie/play** die Hauptrolle in einem Film/Stück

star·ry ['stɑːri] *adj* ① ASTRON sternenklar; **~ night** sternenklare Nacht; **the ~ sky** der mit Sternen übersäte Himmel ② (*starlike*) sternförmig ③ FILM, THEAT mit Stars besetzt; **~ cast** Starbesetzung *f*

'star·ry-eyed *adj idealist* blauäugig, verzückt; *lover* hingerissen

Stars and Stripes *npl + sing vb* ■**the ~** die Stars and Stripes *pl* (*Nationalflagge der USA*)

'star sign *n* ASTROL Sternzeichen *nt* **'star-span·gled** [-spæŋgl̩d] *adj* (*liter, poet*) ① *inv* (*covered with stars*) mit Sternen übersät ② (*fig: successful*) höchst erfolgreich **Star-Span·gled 'Ban·ner** *n no pl* ■**the ~** ① (*US flag*) das Sternenbanner (*die Nationalflagge der USA*) ② (*US national anthem*) der Star Spangled Banner (*die Nationalhymne der USA*) **'star-struck** *adj* euphorisch *geh*, begeistert **'star-stud·ded** *adj inv* ① ASTRON mit Sternen übersät; **~ sky** sternenübersäter Himmel ② FILM, THEAT (*fam*) mit Stars besetzt; **~ cast** Starbesetzung *f*; **~ concert** Konzert *nt* mit großem Staraufgebot

start [stɑːt, AM stɑːrt] **I.** *n usu sing* ① (*beginning*) Anfang *m*, Beginn *m*; **the race got off to an exciting ~** das Rennen fing spannend an; **promising ~** viel versprechender Anfang; **to give sb a ~** jdm Starthilfe geben *fig*; **Uncle Bill has agreed to give Jenny a ~ in his business** Onkel Bill ist einverstanden, Jenny bei ihrem Start ins Berufsleben zu helfen, indem er sie in seinem Unternehmen anfangen lässt; **to make a ~ on sth** mit etw *dat* anfangen [*o* beginnen]; **to make an early/late ~** früh/spät beginnen; **to make a fresh ~** einen neuen Anfang machen, noch einmal beginnen; **at the [very] ~ of sth** [ganz] am Anfang einer S. *gen*; **at the ~ of the opera** zu Beginn der Oper; **at the ~ of the week** [am] Anfang der Woche; **from the ~** von Anfang an; **from ~ to finish** von Anfang bis Ende; **for a ~** zunächst [einmal]; **we'll take names and phone numbers for a ~** wir notieren zunächst einmal Namen und Telefonnummern ② (*foundation*) *of a company* Gründung *f* ③ SPORTS (*beginning place*) Start *m* ④ (*beginning time*) Start *m*; **early/late ~** früher/später Start; **false ~** Fehlstart *m* ⑤ (*beginning advantage*) Vorsprung *m*; **to have a good ~ in life** einen guten Start ins Leben haben; **to have a ~ [on sb]** [jdm gegenüber] einen Vorsprung haben; **to get the ~ of sb** BRIT jdn überrunden; **to give sb a ~** jdm einen Vorsprung geben ⑥ (*sudden movement*) Zucken *nt*; **he woke with a ~** er schreckte aus dem Schlaf hoch; **to give a ~** zusammenzucken; **to give sb a ~** jdn erschrecken; **you gave me such a ~!** du hast mich so erschreckt! ▶ PHRASES: **to do sth by fits and ~s** etw stoßweise tun; **a rum** [*or* **queer**] **~** BRIT, AUS (*fam*) eine komische Sache; **it's a rum ~, John's wife turning up alone in Manchester like that** es ist schon komisch, dass Johns Frau so allein in Manchester auftaucht; **it's a queer ~ when the boss suddenly comes all over friendly** irgendetwas stimmt nicht, wenn der Chef auf einmal so freundlich ist **II.** *vi* ① (*begin*) anfangen; **there are performances all day on the hour ~ing at 10 o'clock** ab 10 Uhr gibt es stündlich den ganzen Tag Aufführungen; **we only knew two people in London to ~ with** anfangs kannten wir nur zwei Leute in London; **don't ~!** hör auf [damit]! *fam*; **don't ~ – I've already told you why it's not possible** fang nicht schon wieder [damit] an – ich habe dir schon gesagt, warum es nicht geht; **don't you ~!** jetzt fang du nicht auch noch an! *fam*; **to ~ at the beginning** (*said to begin a narration*) vorn anfangen; **well, to ~ at the beginning, ...** nun, zunächst einmal muss man sagen, dass ...; **to ~ afresh** [*or* [**all over**] **again**] von neuem beginnen; ■**to ~ to do sth** anfangen[,] etw zu tun; ■**to ~ by doing sth** mit etw *dat* beginnen; **you could ~ by weeding the flowerbeds** du könntest mit dem Unkrautjäten in den Blumenbeeten beginnen; **to get ~ed [on sth]** [mit etw *dat*] beginnen; **let's get ~ed on this load of work** lasst uns mit der vielen Arbeit anfangen; **let's ~** lass uns anfangen, packen wir's an *fam*; ■**to ~ on sth** mit etw *dat* beginnen; **to ~ with, ...** (*fam*) zunächst einmal ... ② (*fam: begin harassing, attacking*) ■**to ~ on sb** sich *dat* jdn vornehmen *fam* [*o fam* vorknöpfen] ③ (*begin a journey*) losfahren; **we'll need to ~ early** wir müssen früh los[fahren]; ■**to ~ after sb/sth** jdm/etw folgen ④ (*begin to operate*) *vehicle, motor* anspringen ⑤ (*begin happening*) beginnen; **the relaxation class is ~ing [up] next month** die Entspannungsgymnastik findet nächsten Monat zum ersten Mal statt ⑥ (*jump in surprise*) zusammenfahren, hochfahren; **he ~ed at the sound of the phone** er fuhr beim Klingeln des Telefons hoch; **to ~ out of sleep** aus dem Schlaf hochfahren [*o*

S

hochschrecken] **III.** *vt* ❶ (*begin*) ■**to ~ [doing] sth** anfangen[,] etw zu tun; **when do you ~ your new job?** wann fängst du mit deiner neuen Stelle an?; **he ~ed his career as an accountant** er begann seine Karriere als Buchhalter; **he ~ed work at 16** mit 16 begann er zu arbeiten; **we ~ work at 6.30 every morning** wir fangen jeden Morgen um 6.30 Uhr mit der Arbeit an; **to ~ a family** eine Familie gründen ❷ (*set in motion*) ■**to ~ sth** etw ins Leben rufen; **the new magazine will ~ publication in November** das neue Magazin wird im November zum ersten Mal erscheinen; **to ~ a fashion/a tradition/a trend** eine Moderichtung/eine Tradition/einen Trend begründen; **to ~ a fight** [*or* **quarrel**] Streit anfangen [*o fam* anzetteln]; **to ~ a fire** Feuer machen; **to ~ litigation** einen Prozess anstrengen, vor Gericht gehen; **to ~ legal proceedings** gerichtliche Schritte unternehmen [*o* einleiten]; **to ~ a meeting** eine Sitzung eröffnen; **to ~ trouble** Ärger machen; **to ~ something** (*fam*) etwas ins Rollen bringen *fam* ❸ MECH ■**to ~ sth** etw einschalten; **to ~ a car** ein Auto starten; **to ~ a machine** eine Maschine anstellen; **to ~ a motor** einen Motor anlassen ❹ ECON **to ~ a business** ein Unternehmen gründen; ■**to ~ sb in sth** jdm bei etw *dat* Starthilfe geben; **Paul ~ed him in the dairy business** Paul verschaffte ihm einen Start in der Molkerei ❺ (*fam: cause sb to do sth*) ■**to ~ sb doing sth** jdn dazu veranlassen, etw zu tun

◆**start back** *vi* ❶ (*jump back*) zurückschrecken; **she ~ed back in shock** sie wich erschrocken zurück ❷ (*return*) sich *akk* auf den Rückweg machen; **no one was there so we ~ed back home** niemand war da, also fuhren wir wieder nach Hause

◆**start in** *vi* (*fam*) ■**to ~ in about sth** anfangen, über etw *akk* zu sprechen

◆**start in on** *vi* AM ❶ (*begin*) ■**to ~ in on sth** mit etw *dat* beginnen; **I can ~ in on the garden work** ich kann mit der Gartenarbeit anfangen ❷ (*attack*) ■**to ~ in on sb** anfangen, über jdn herzuziehen *fam*; **I've put up with your bad-mouthing all your co-workers, but don't you dare ~ in on my wife** ich habe es hingenommen, dass Sie über all ihre Kollegen lästern, aber wagen Sie es bloß nicht, jetzt auch noch über meine Frau herzuziehen

◆**start off I.** *vi* ❶ (*begin activity*) ■**to ~ off with sb/sth** bei [*o* mit] jdm/etw anfangen; **give me your answers one by one, ~ing off with Lucy** gebt mir eure Antworten eine nach der anderen, angefangen bei Lucy; ■**to ~ off by doing sth** als Erstes etw tun; **they ~ed off by reading the script through** zuerst lasen sie das Skript durch ❷ (*begin career*) ■**to ~ off as sth** seine Laufbahn als etw beginnen ❸ (*embark*) losfahren; **they ~ed off in New Orleans** sie starteten in New Orleans ❹ (*begin meal*) **to ~ off with sth** etw als Erstes essen, mit etw *dat* beginnen **II.** *vt* ❶ (*begin*) ■**to ~ sth ⟲ off [with sth]** etw [mit etw *dat*] beginnen; **to ~ a meeting off with sth** eine Versammlung mit etw *dat* eröffnen ❷ (*cause to begin*) ■**to ~ sb off on sth** jdn zu etw *dat* veranlassen ❸ (*upset*) ■**to ~ sb off [on sth]** jdn wegen einer S. *gen* auf die Palme bringen *fam*; **don't ~ her off on the injustice of the class system** gib ihr bloß nicht das Stichwort von der Ungerechtigkeit des Klassensystems ❹ (*help to begin*) ■**to ~ sb off** jdm den Start erleichtern [*o fig* Starthilfe geben]

◆**start out** *vi* ❶ (*embark*) sich *akk* auf die Reise machen, aufbrechen ❷ (*begin*) anfangen; ■**to ~ out as sth** als etw beginnen; *on a job* als etw anfangen; **he ~ed out driving a truck** er fing als Lastwagenfahrer an; **her illness ~ed out as a simple case of flu** ihre Krankheit sah zunächst nach einer einfachen Grippe aus ❸ (*intend*) ■**to ~ out to do sth** sich *dat* etw vornehmen; **our committee has achieved what we ~ed out to do** unser Komitee hat erreicht, was wir uns zum Ziel gesetzt hatten

◆**start over** *vi* AM ■**to ~ [all] over** (*begin again*) von neuem anfangen; (*fig: start a new career*) umschulen, umsatteln *fam*

◆**start up I.** *vt* ❶ (*organize*) **to ~ up a business/a club** ein Unternehmen/einen Club gründen ❷ MECH **to ~ up a motor** einen Motor anlassen **II.** *vi* ❶ (*jump*) aufspringen; **she ~ed up from the sofa** sie sprang vom Sofa auf; **to ~ up out of sleep** aus dem Schlaf hochschrecken ❷ (*occur*) beginnen; **drug smuggling has ~ed up along this stretch of the border** an diesem Grenzabschnitt wird neuerdings Drogenschmuggel getrieben ❸ (*begin running*) *motorized vehicle* anspringen

'start date *n* Anfangsdatum *nt*

start·er ['stɑ:təʳ, AM 'stɑ:rtɚ] *n* ❶ *esp* BRIT FOOD (*fam*) Vorspeise *f*; **we had soup as a ~** wir hatten Suppe als Vorspeise ❷ MECH Anlasser *m* ❸ (*starting race*) Starter *m* ❹ (*participant*) Wettkämpfer(in) *m(f)*, Wettkampfteilnehmer(in) *m(f)*; AM (*in baseball*) Starter *m*; **possible ~s** mögliche Wettkampfteilnehmer ❺ (*sb who starts*) **she is a slow ~ in the morning** sie kommt morgens nur langsam in Schwung; **to be a late ~** ein Spätzünder sein *fam* ▶ PHRASES: **to be under ~'s orders** in den Startlöchern sitzen *fam*, auf den Startschuss warten; **for ~s** (*fam*) erstmal *fam*; **... and that's just for ~s ...** und das ist noch nicht alles

'start·er mo·tor *n* Anlasser *m*, Starter *m*

start·ing ['stɑ:tɪŋ, AM 'stɑ:rt̬ɪŋ] *adj attr, inv* SPORTS Start-; **~ block** Startblock *m*; **~ pistol** Startpistole *f*

'start·ing date *n* Anfangsdatum *nt*; ECON Einstellungsdatum *nt* **'start·ing gate** *n* SPORTS Startmaschine *f* **'start·ing line** *n* SPORTS Startlinie *f* **'start·ing point** *n* Ausgangspunkt *m*; **a ~ for discussion** ein Diskussionsansatz *m* **'start·ing sala·ry** *n* Anfangsgehalt *nt* **'start·ing time** *n* Anfangszeit *f*

star·tle ['stɑ:tl̩, AM 'stɑ:rt̬l̩] *vt* ■**to ~ sb** jdn erschrecken; **the noise ~d the birds** der Lärm schreckte die Vögel auf; **I was ~d to see the fire** mit Entsetzen erblickte ich das Feuer

star·tling ['stɑ:tl̩ɪŋ, AM 'stɑ:rt̬l̩-] *adj* (*surprising*) überraschend, verblüffend; (*alarming*) erschreckend; **~ disclosure/discovery** Aufsehen erregende [*o* spektakuläre] Enthüllung/Entdeckung; **~ resemblance** frappierende Ähnlichkeit

star·tling·ly ['stɑ:tl̩ɪŋli, AM 'stɑ:rt̬l̩-] *adv* (*surprisingly*) überraschend, verblüffend; (*alarmingly*) bestürzend, erschreckend; **~ dressed** aufregend angezogen

'start point *n* Ausgangspunkt *m*; **a ~ for discussion** ein Diskussionsansatz *m* **'start time** *n* Anfangszeit *f*

'start-up I. *n* ❶ COMM [Neu]gründung *f*, Existenzgründung *f*, Start-up[-Unternehmen] *nt* ❷ MECH Start *m*, Inbetriebnahme *f* ❸ COMPUT Hochfahren *nt kein pl*, Start *m*; **~ disk** Startdiskette *f*, Systemdiskette *f* **II.** *n modifier* (*in beginning stages*) *firm* aufstrebend **'start-up capi·tal** *n no pl* Startkapital *nt* **'start-up costs** *npl* Anlaufkosten *pl*, Startkosten *pl*

star·va·tion [stɑ:'veɪʃᵊn, AM stɑ:r-] *n no pl* ❶ (*death from hunger*) Hungertod *m*, Verhungern *nt*; **to die of ~** verhungern, den Hungertod sterben *liter* ❷ (*serious malnutrition*) Unterernährung *f*, Mangelernährung *f*

star·'va·tion diet *n* Hungerkur *f*, Fastenkur *f*; **to go on a ~** eine Abmagerungskur machen; **to be kept on a ~** mangelhaft ernährt werden **star·'va·tion wages** *npl* Hungerlohn *m*, Hungerlöhne *mpl*

starve [stɑ:v, AM stɑ:rv] **I.** *vi* ❶ (*die of hunger*) verhungern; **to ~ to death** verhungern ❷ (*suffer from hunger*) hungern, Hunger leiden; (*be malnourished*) unterernährt sein ❸ (*fam: be very hungry*) ■**to be starving** [*or* **~d**] ausgehungert [*o* am Verhungern] sein; **I'm starving! what's for dinner?** ich sterbe vor Hunger! was gibt's zu essen? *fam* ❹ (*crave*) ■**to ~ for sth** nach etw *dat* hungern; **to be starving for affection/love/sympathy** nach Zuneigung/Liebe/Sympathie hungern **II.** *vt* ❶ (*deprive of food*) ■**to ~ sb** jdn aushungern; **the besieging army ~d the city into surrender** die belagernde Armee hungerte die Stadt aus, bis sie sich ergab; ■**to ~ oneself** sich *akk* abhungern; ■**to ~ oneself to death** sich *akk* zu Tode hungern ❷ *usu passive* (*fig: deprive*) ■**to be ~d of** [*or* AM **for**] **sth** um etw *akk* gebracht werden; **people ~d of sleep start to lose**

their concentration Menschen, die unter Schlafmangel leiden, können sich nicht mehr konzentrieren ❸ *usu passive* AM (*fig: crave*) ■**to be ~d for sth** nach etw *dat* hungern, sich *akk* nach etw *dat* sehnen; **after all those exams, she's ~d for sleep** nach all diesen Prüfungen will sie nur noch schlafen

◆**starve out** *vt* ■**to ~ out ○ sb** jdn aushungern

starv·ing ['stɑːvɪŋ, AM 'stɑːr-] *adj* ❶ *inv* (*malnourished*) ausgehungert, unterernährt; ~ **children** hungernde Kinder ❷ (*fam: very hungry*) [ganz] ausgehungert *fam;* **I'm ~!** ich bin am Verhungern! ❸ BRIT DIAL (*very cold*) eiskalt; **I'm ~!** ich sterbe vor Kälte!

star 'wit·ness *n* Kronzeuge, -in *m, f*

stash [stæʃ] **I.** *n* <*pl* -es> ❶ (*dated: hiding place*) Versteck *nt* ❷ (*cache*) [geheimes] Lager, Vorrat *m* **II.** *vt* (*fam*) ■**to ~ sth** etw verstecken [*o* verbergen]; *money* etw horten *pej* [*o fam* bunkern]

◆**stash away** *vt* ■**to ~ away ○ sb/sth** jdn/etw verschwinden lassen *fam;* **to ~ away money** Geld beiseiteschaffen

sta·sis <*pl* -ses> ['steɪsɪs] *n* ❶ *no pl* (*unchanging equilibrium*) Stagnation *f geh,* Stillstand *m;* ■**to be in ~** stagnieren; **her life was in ~** in ihrem Leben bewegte sich nichts ❷ MED Stauung *f,* Stase *f fachspr*

state [steɪt] **I.** *n* ❶ (*existing condition*) Zustand *m;* **they complained about the untidy ~ that the house had been left in** sie beschwerten sich über die Unordnung, in der das Haus zurückgelassen worden war; **the car was in a good ~ of repair** das Auto war in gutem Zustand; **a sorry ~ of affairs** traurige Zustände; **~ of siege/war** Belagerungs-/Kriegszustand *m;* **economic ~** wirtschaftliche Lage; **original ~** ursprünglicher Zustand ❷ (*physical condition*) körperliche [*o* physische] Verfassung; **in a ~ of dormancy** im Schlafzustand; **~ of exhaustion/fatigue** Erschöpfungs-/Ermüdungszustand *m;* **to be in a poor/good ~ of health** in einem schlechten/guten Gesundheitszustand sein; **her mother is in a poor ~ of health** ihrer Mutter geht es nicht gut; **~ of intoxication** Vergiftung *f;* **~ of rest** Ruhezustand *m* ❸ PSYCH (*frame of mind*) Gemütszustand *m;* **we were worried by his depressed ~ of mind** seine niedergeschlagene Stimmung machte uns Sorgen; **she has been in a ~ of euphoria ever since hearing the news** sie ist ganz euphorisch, seit sie die Neuigkeit erfahren hat; **conscious ~** [volles] Bewusstsein; **semi-conscious ~** Dämmerzustand *m;* **unconscious ~** Bewusstlosigkeit *f;* **to [not] be in a fit ~ to do sth** [nicht] in der Lage sein, etw zu tun ❹ (*fam: upset state*) **to be in a ~** mit den Nerven fertig sein *fam;* **to get in[to] a ~ [about sth]** [wegen einer S. *gen*] durchdrehen ❺ CHEM **solid/liquid/gaseous ~** fester/flüssiger/gasförmiger Zustand ❻ SOCIOL **~ of matrimony** Stand *m* der Ehe; **married ~** Ehestand *m;* **how do you enjoy the married ~?** wie bekommt dir die Ehe?; **single ~** Leben *nt* als Single ❼ REL **~ of grace** Stand *m* der Gnade ❽ (*nation*) Staat *m;* **one-party/member ~** Einparteien-/Mitgliedsstaat *m* ❾ (*unit within nation: USA*) [Bundes]staat *m;* (*Germany*) Land *nt;* ■**the S~s** *pl* (*fam: the United States of America*) die Staaten *pl fam* ❿ (*civil government*) Staat *m,* Regierung *f;* **affairs** [*or* **matters**] **of ~** Staatsangelegenheiten *fpl,* Staatsgeschäfte *ntpl;* **office of ~** Staatsamt *nt;* **the separation of Church and S~** die Trennung von Kirche und Staat ⓫ (*dignified rank*) Würde *f,* Rang *m;* **the Queen rode in ~ to open Parliament** die Königin ritt in vollem Staat zur Parlamentseröffnung; **the pomp befitting a queen's ~** die einer Königin angemessene Pracht; **to lie in ~** aufgebahrt sein **II.** *adj attr, inv* ❶ (*pertaining to a nation*) staatlich, Staats-; **~ monopoly** Staatsmonopol *nt,* staatliches Monopol; **~ ownership** Staatseigentum *nt,* staatliches Eigentum; **~ religion** Staatsreligion *f* ❷ (*pertaining to unit*) **the ~ capital of Texas** die Hauptstadt von Texas; **~ fishing license** *für einen US-Bundesstaat gültige Angelerlaubnis;* **~ forest/park** *von einem US-Bundesstaat finanzierter Wald/Park;* **~ police** *Polizei eines US-Bundesstaates;* **~ sales tax** *von einem US-Bundesstaat erhobene Umsatzsteuer* ❸ (*pertaining to civil government*) Regierungs-; **~ document** Regierungsdokument *nt,* amtliches Schriftstück; **~ enrolled/registered nurse** BRIT staatlich zugelassene/geprüfte [*o* examinierte] Krankenschwester; **~ records** Regierungsunterlagen *fpl;* **~ secret** (*a. fig*) Staatsgeheimnis *nt;* **~ subsidy** [staatliche] Subvention; **~ support** staatliche Unterstützung ❹ (*showing ceremony*) Staats-; **~ banquet** Staatsbankett *nt;* **~ funeral** Staatsbegräbnis *nt;* **the S~ Opening of Parliament** die offizielle Eröffnung des Parlaments; **~ visit** Staatsbesuch *m* **III.** *vt* ❶ (*express*) ■**to ~ sth** etw aussprechen [*o* äußern]; **the problem can be ~d in one sentence** man kann das Problem in einen Satz fassen; **to ~ one's case** seine Sache vortragen; **to ~ one's objections** seine Einwände vorbringen; **to ~ one's opinion** seine Meinung sagen; **to ~ the source** die Quelle angeben; **to ~ sth clearly/emphatically** etw deutlich/mit Nachdruck sagen; **to ~ the obvious** [*or* **a commonplace**] eine Binsenweisheit von sich *dat* geben; ■**to ~ that ...** erklären, dass ...; **to ~ formally that ...** offiziell bekannt geben, dass ...; ■**to ~ why/what/how ...** darlegen, warum/was/wie ... ❷ (*specify, fix*) ■**to ~ sth** etw nennen [*o* angeben]; **to ~ conditions** [*or* **terms**] Bedingungen nennen; **to ~ demands** Forderungen stellen

state-con·'trol·led *adj inv* (*controlled by the government*) staatlich gelenkt [*o* kontrolliert], unter staatlicher Aufsicht *nach n, präd;* (*owned by the state*) staatseigen *attr* **'state·craft** *n no pl* POL Staatskunst *f,* Kunst *f* der Staatsführung

stat·ed ['steɪtɪd] *adj inv* ❶ (*declared*) genannt, angegeben; **~ date** angegebenes Datum; **as ~ above** wie oben angegeben ❷ (*fixed*) festgelegt, festgesetzt; **tours will depart from the cathedral square at ~ intervals** die Führungen beginnen in regelmäßigen Abständen auf dem Vorplatz der Kathedrale; **at the ~ time** zur festgesetzten Zeit

'State De·part·ment *n no pl, + sing/pl vb* AM ■**the ~** das US-Außenministerium **state edu·'ca·tion** *n no pl* staatliches Bildungswesen

state·hood ['steɪthʊd] *n no pl* Eigenstaatlichkeit *f,* Souveränität *f;* **Texas ~** texanische Eigenstaatlichkeit; **to achieve ~** ein selbständiger Staat werden

state·less ['steɪtləs] *adj inv* staatenlos; **~ person** Staatenlose(r) *f(m)*

state·li·ness ['steɪtlɪnəs] *n no pl* ❶ (*dignity*) Würde *f;* **~ of manner** würdevolle Haltung ❷ (*splendour*) Pracht *f,* Glanz *m*

state·ly ['steɪtli] *adj* ❶ (*formal and imposing*) würdevoll, majestätisch; **~ bearing/manner** würdevolle Haltung; **at a ~ pace** gemessenen Schrittes ❷ (*splendid*) prächtig, imposant; **~ home** Herrensitz *m,* herrschaftliches Anwesen

state·ment ['steɪtmənt] *n* ❶ (*act of expressing sth*) Äußerung *f,* Erklärung *f* ❷ (*formal declaration*) Stellungnahme *f,* Verlautbarung *f;* **to make a ~ [about sth] [to sb]** sich *akk* [über etw *akk*] [gegenüber jdm] äußern; **I have no further ~ to make at this time** ich habe dazu im Moment nichts mehr zu sagen; **to make a ~ to the press** eine Presseerklärung abgeben ❸ (*formal description*) Beschreibung *f,* Schilderung *f;* LAW Aussage *f;* **I think your story is a fair ~ of what happened** ich denke, Sie haben das Geschehen getreu wiedergegeben; **~ of facts** Tatbestand *m,* Sachverhalt *m;* **to make a ~ [in court]** [vor Gericht] aussagen [*o* eine Aussage machen]; **to make a ~ about sth** eine Erklärung zu etw *dat* abgeben ❹ (*bank statement*) [Konto]auszug *m;* **bank ~** Konto-/Bankauszug *m*

state oc·'ca·sion *n* Staatsakt *m,* Staatsfeierlichkeit *f* **state of a'lert** <*pl* states of alert> *n* AM, **state of e'mer·gen·cy** <*pl* states of emergency> *n* BRIT Ausnahmezustand *m;* **to declare a ~** den Ausnahmezustand erklären **state of the 'art** *adj pred, inv,* **state-of-the-'art** *adj attr, inv* auf dem neuesten Stand der Technik *nach n,* hoch entwickelt, hochmodern; **~ technology** Spitzentechnologie *f* **state-owned** [-ˌəʊnd, AM -ˌoʊnd] *adj inv* staatseigen *attr,* staatlich, in Staatsbesitz *präd;*

S

~ **enterprise** staatliches Unternehmen; ~ **industry/utilities** staatliche Industrie/Einrichtungen **state 'pen·sion** *n* Brit gesetzliche Rente **state 'prem·ier** *n* Aus *höchster Regierungsbeamter einer australischen Provinz* **state 'pris·on** *n* ❶ Am (*prison on the state level*) Staatsgefängnis *nt* (*eines US-Bundesstaates*) ❷ (*prison for political offenders*) Gefängnis *nt* für politische Gefangene, Staatsgefängnis *nt* **'state·room** *n* ❶ (*in a hotel*) Empfangszimmer *nt;* (*in a palace*) Prunkraum *m,* Empfangssaal *m* ❷ naut Privatkabine *f,* Luxuskabine *f* ❸ rail Privatabteil *nt,* Luxusabteil *nt* **'state school** *n* öffentliche [*o* staatliche] Schule **State's 'evi·dence** *n no pl* Am Aussage *f* eines Kronzeugen/einer Kronzeugin; **to turn** ~ als Kronzeuge/Kronzeugin aussagen [*o* auftreten] **'state·side I.** *adj inv* Am (*fam*) in den Staaten *präd fam,* zu Hause *präd fam;* **I can't wait till we're** ~ **again** ich kann es nicht erwarten, bis wir wieder zu Hause in den Staaten sind; **a** ~ **newspaper** eine Zeitung aus den Staaten **II.** *adv* Am (*fam*) in die Staaten *fam,* nach Hause *fam*

'states·man *n* Staatsmann *m;* **an elder** ~ ein erfahrener Staatsmann

'states·man·like *adj* staatsmännisch

'states·man·ship ['steɪtsmənʃɪp] *n no pl* Staatskunst *f*

states' 'rights *npl* Am *den US-Bundesstaaten vorbehaltene Rechte*

'states·wom·an *n* Staatsfrau *f*

state uni·'ver·sity *n* Am *von einem US-Bundesstaat finanzierte Universität* **state 'vis·it** *n* Staatsbesuch *m* **'state·wide** *adj inv* landesweit; Am im ganzen Bundesstaat *nach n, präd;* ~ **elections** landesweite Wahlen

stat·ic ['stætɪk, Am -t̬-] **I.** *adj* (*fixed*) statisch; (*not changing*) konstant; **oil prices were fairly** ~ **worldwide at that time** die Ölpreise waren zu der Zeit auf der ganzen Welt ziemlich stabil; **to remain** ~ unverändert bleiben, stagnieren **II.** *n* ❶ phys ■ ~**s** + *sing vb* Statik *f kein pl* ❷ *no pl* (*electrical charge*) statische Elektrizität; (*atmospherics*) atmosphärische Störungen

stat·ic elec·'tric·ity *n no pl* statische Elektrizität

sta·tion ['steɪʃᵊn] **I.** *n* ❶ rail Bahnhof *m;* **mainline** [*or* **central**] ~ Hauptbahnhof *m;* **railway** Brit, Aus [*or* Am **train**] ~ Bahnhof *m;* **subway** [*or* **metro**] **station** Am U-Bahn-Haltestelle *f,* U-Bahn-Station *f;* **tube** [*or* **underground**] ~ Brit U-Bahn-Haltestelle *f,* U-Bahn-Station *f* ❷ (*for designated purpose*) -station *f;* **atomic energy** ~ Atomkraftwerk *nt,* Kernkraftwerk *nt;* **petrol** Brit [*or* Am **gas**] ~ Tankstelle *f;* **police** ~ Polizeiwache *f,* Polizeirevier *nt;* **power** ~ Kraftwerk *nt;* **research** ~ Forschungsstation *f* ❸ (*broadcasting station*) Sender *m,* Sendestation *f;* ~ **manager** Intendant(in) *m(f);* **radio** ~ Radiosender *m,* Rundfunksender *m;* **TV** ~ Fernsehsender *m* ❹ (*position*) Position *f,* Platz *m;* **action** [*or* **battle**] ~**s** mil Kampfstätte *f;* **to take up one's** ~ seine Position [*o* seinen Platz] einnehmen; ■ **to be on** ~ mil stationiert sein; **several destroyers are on** ~ **off the coast of Norway** mehrere Zerstörer liegen vor der Küste Norwegens ❺ (*dated: social position*) Stellung *f,* Rang *m;* **she married below her** ~ sie heiratete unter ihrem Stand ❻ Aus, NZ agr (*large farm*) [große] Farm; **sheep** ~ Schaffarm *f* **II.** *vt* ■ **to** ~ **sb** jdn postieren [*o* aufstellen]; **to** ~ **soldiers/troops** mil Soldaten/Truppen stationieren

sta·tion·ary ['steɪʃᵊnᵊri, Am -ʃəneri] *adj* (*not moving*) ruhend; **we were** ~ **at a set of traffic lights** wir standen an einer Ampel; (*not changing*) unverändert; ~ **bicycle** Heimfahrrad *nt,* Heimtrainer *m*

'sta·tion break *n* Am, Aus Sendepause *f,* Funkstille *f kein pl*

sta·tion 'buf·fet *n* Brit Bahnhofsrestaurant *nt*

sta·tion·er ['steɪʃᵊnəʳ, Am -ʃənɚ] *n* Brit ❶ (*person*) Schreibwarenhändler(in) *m(f)* ❷ (*shop*) Schreibwarenladen *m*

sta·tion·ery ['steɪʃᵊnᵊri, Am -ʃəneri] **I.** *n no pl* Schreibwaren *fpl;* (*writing paper*) Schreibpapier *nt* **II.** *n modifier* (*department, shop*) Schreibwaren-; ~ **pad** Schreibblock *m;* ~ **products** Schreibwaren *fpl;* ~ **set** Briefmappe *f*

'sta·tion house *n* Am Polizeiwache *f,* Polizeirevier *nt* **'sta·tion·mas·ter** *n* Stationsvorsteher(in) *m(f),* Bahnhofsvorsteher(in) *m(f)* **'sta·tion po·lice** *n* + *sing/pl vb* Bahnpolizei *f* **'sta·tion se·lec·tor** *n* [Sender]suchlauf *m* **Sta·tions of the 'Cross** *npl* rel Kreuzweg *m,* Kreuzwegstationen *fpl* **'sta·tion wag·on** *n* Am, Aus Kombi[wagen] *m*

stat·ism ['steɪtɪzᵊm] *n no pl* Verstaatlichung *f*

sta·tis·tic [stə'tɪstɪk] *n* Statistik *f;* **to be [just] another** ~ **[in sth]** nur eine Nummer [bei [*o* in] etw *dat*] sein

sta·tis·ti·cal [stə'tɪstɪkᵊl] *adj inv* statistisch; ~ **analysis/weight** statistische Analyse/statistisches Gewicht

sta·tis·ti·cal·ly [stə'tɪstɪkᵊli] *adv inv* statistisch; **to analyse sth** ~ etw statistisch auswerten; **to present sth** ~ etw als Statistik darstellen

stat·is·ti·cian [ˌstætɪ'stɪʃᵊn] *n* Statistiker(in) *m(f)*

sta·tis·tics [stə'tɪstɪks] *npl* ❶ + *sing vb* (*science*) Statistik *f kein pl* ❷ (*data*) Statistik *f;* **the** ~ **show/suggest that, ...** aus der Statistik geht hervor, dass ...; **according to official** ~**, ...** offiziellen Statistiken zufolge ...; **employment** ~ Beschäftigungsstatistik *f;* **to collect/analyse/publish** ~ Statistiken führen/auswerten/veröffentlichen

stats [stæts] *npl* (*fam*) *short for* **statistics** Statistiken *fpl*

statu·ary ['stætʃuᵊri, Am -eri] (*form*) **I.** *n no pl* ❶ (*statues collectively*) Statuen *fpl,* Plastiken *fpl,* Skulpturen *fpl;* **contemporary** ~ zeitgenössische Plastik ❷ (*art of making statues*) Plastik *f,* Bildhauerei *f* **II.** *adj inv* statuarisch *geh,* plastisch; ~ **art** Bildhauerkunst *f,* Plastik *f;* ~ **technique** Bildhauertechnik *f*

statue ['stætʃuː] *n* Statue *f,* Standbild *nt;* **to erect** [*or* **put up**] **a** ~ **of** [*or* **to**] **sb** jdm ein Denkmal setzen; **to stand like a** ~ wie angewurzelt dastehen

statu·esque [ˌstætʃu'esk] *adj* (*approv form*) stattlich; **a** ~ **blond** eine majestätische Blondine *hum*

statu·ette [ˌstætʃu'et] *n* Statuette *f*

stat·ure ['stætʃəʳ, Am -ʃɚ] *n* ❶ (*height*) Statur *f,* Gestalt *f;* **large/short** ~ großer/kleiner Wuchs; **to reach one's full** ~ seine volle Größe erreichen ❷ (*reputation*) Format *nt,* Geltung *nt,* Prestige *nt;* **his** ~ **as an art critic was tremendous** er genoss großes Ansehen als Kunstkritiker; **to gain in** ~ an Ansehen gewinnen

sta·tus ['steɪtəs, Am 'stæt̬əs, 'steɪ-] *n no pl* Status *m;* (*prestige also*) Prestige *nt;* **what's the** ~ **of these green parking permits – are they still valid?** was ist mit diesen grünen Parkausweisen – sind die noch gültig?; **to have a high** ~ **in a company** in einem Unternehmen eine hohe Stellung haben; **legal** ~ Rechtsposition *f,* rechtliche Stellung; **refugee** ~ Flüchtlingsstatus *m;* **social** ~ gesellschaftliche Stellung, sozialer Status

'sta·tus bar *n* comput Statusleiste *f* **'sta·tus in·quiry** *n* comput Statusabfrage *f;* fin Bitte *f* um Kreditauskunft **'sta·tus line** *n* comput Statuszeile *f*

sta·tus quo [ˌsteɪtəs'kwəʊ, Am ˌstæt̬əs'kwoʊ, ˌsteɪ-] *n no pl* Status quo *m;* **to maintain/change the** ~ den Status quo erhalten/verändern

'sta·tus re·port *n* comput Statusbericht *m* **'sta·tus seek·er** *n* (*pej*) Emporkömmling *m pej,* Karrierist(in) *m(f) pej* **'sta·tus sym·bol** *n* Statussymbol *nt*

stat·ute ['stætjuːt, Am 'stætʃuːt] *n* ❶ (*written rules*) Statut *nt meist pl,* Satzung *f;* ■ **by** ~ satzungsgemäß ❷ (*law*) Gesetz *nt,* Gesetzesvorschrift *f;* **to come** [*or* **fall**] **under a** ~ unter ein Gesetz fallen; ■ **by** ~ gesetzlich; **set by** ~ gesetzlich festgelegt ❸ law, econ (*permanent corporate rule*) Betriebsverfassung *f*

'stat·ute book *n* Gesetzbuch *nt;* **to put a law on the** ~ ein Gesetz durchbringen; **to reach** [*or* **be on**] **the** ~ geltendes Recht sein **stat·ute 'law** *n* law ❶ *no pl* (*not common law*) geschriebenes [*o* kodifiziertes] Gesetz ❷ (*statute*) Statut *nt,* Satzung *f* **stat·ute 'mile** *n* britische Meile **stat·ute of limi·'ta·tions** *n* Verjährungsgesetz *nt,* Verjährungsvorschrift *f;* (*period*) Verjährungsfrist *f*

statu·tory ['stætjətəri, AM 'stætʃu:tɔ:ri] *adj inv* gesetzlich; ~ **duty** [*or* **obligation**] gesetzliche Verpflichtung; ~ **law** kodifiziertes Recht; ~ **sick pay** gesetzlich vorgeschriebenes Krankengeld; ~ **right** positives Recht

statu·tory 'rape *n* AM LAW Geschlechtsverkehr *m* mit Minderjährigen

staunch[1] [stɔ:ntʃ, AM *also* stɑ:ntʃ] *adj* ❶ (*steadfastly loyal*) standhaft, zuverlässig; ~ **ally** loyaler Verbündeter/loyale Verbündete; ~ **Catholic** überzeugter Katholik/überzeugte Katholikin; ~ **defender of individual rights** zäher Verfechter/zähe Verfechterin von Persönlichkeitsrechten; ~ **friend** treuer Freund/treue Freundin; ~ **opponent** erbitterter Gegner/erbitterte Gegnerin; ~ **refusal** strikte Weigerung ❷ NAUT (*dated*) *ship* seetüchtig

staunch[2] [stɔ:ntʃ, AM *also* stɑ:ntʃ] *vt* ■**to** ~ **sth** etw stauen; **to** ~ **blood** das Blut stillen; **to** ~ **the flood of immigrants** die Einwanderungsflut stoppen; **to** ~ **the flow of blood** die Blutung stoppen; **to** ~ **a wound** eine Wunde abbinden

staunch·ly [stɔ:ntʃli, AM *also* stɑ:ntʃ-] *adv* standhaft; **my staff is** ~ **loyal** auf meine Belegschaft ist hundertprozentig Verlass; ~ **independent** völlig unabhängig; **to defend sth** ~ etw unerschrocken verteidigen

staunch·ness [stɔ:ntʃnəs, AM *also* stɑ:ntʃ-] *n no pl* ❶ (*persistence*) Standhaftigkeit *f*, Hartnäckigkeit *f* ❷ (*loyalty*) Treue *f*, Loyalität *f*

stave [steɪv] **I.** *n* ❶ (*musical staff*) Notenlinien *fpl* ❷ (*in construction*) Sprosse *f*, Querholz *nt;* (*curved piece of wood*) [Fass]daube *f;* (*used as a weapon*) Knüppel *m* **II.** *vt* ■**to** ~ **in** ⊂ **sth** etw eindrücken; **the ship was** ~**d in** das Schiff schlug leck; **to** ~ **in sb's head** jdm den Kopf einschlagen; **to** ~ **a hole in sth** ein Loch in etw *akk* schlagen

◆**stave off** *vt* ■**to** ~ **off** ⊂ **sth** (*postpone*) etw hinauszögern [*o* aufschieben]; (*prevent*) etw abwenden [*o* abwehren]; **to** ~ **off a decision** eine Entscheidung aufschieben; **to** ~ **off hunger** den Hunger stillen; **to** ~ **off a panic attack** eine Panikattacke abwenden; ■**to** ~ **off** ⊂ **sb** jdn hinhalten [*o* vertrösten] *fam*

staves [steɪvz] *n* ❶ *pl of* **staff** ❷ *pl of* **stave**

stay[1] [steɪ] *n* NAUT, TRANSP Stütztau *nt*, Stag *nt fachspr*

stay[2] [steɪ] **I.** *n* ❶ (*act of remaining*) Aufenthalt *m;* **a** ~ **with one's family** ein Familienbesuch *m;* **overnight** ~ Übernachtung *f* ❷ JUR Aussetzung *f;* ~ **of death penalty** Hinrichtungsaufschub *m;* ~ **of execution** Aussetzung *f* der Zwangsvollstreckung, Gewährung *f* von Vollstreckungsschutz; ~ **of proceedings** Ruhen *nt* des Verfahrens ❸ (*hist: corset*) ■~**s** *pl* Korsett *nt*, Mieder *nt;* **to lace/unlace one's** ~**s** sein Mieder schnüren/aufschnüren **II.** *vi* ❶ (*remain present*) bleiben; ~ **until the rain has stopped** bleib doch, bis der Regen aufgehört hat; **why don't you** ~ **for dinner?** warum bleibst du nicht zum Abendessen?; **fax machines are here to** ~ Faxgeräte haben Einzug gehalten; **he is convinced that computer-aided design has come to** ~ er ist überzeugt, dass CAD auf Dauer unverzichtbar ist; **to** ~ **at home/in bed** zu Hause/im Bett bleiben; **to** ~ **home** *esp* AM zu Hause bleiben; **to** ~ **on message** (*fig*) aufmerksam bleiben; **to** ~ **put** (*fam: keep standing*) stehen bleiben; (*not stand up*) sitzen bleiben; (*not move*) sich *akk* nicht vom Fleck rühren ❷ (*persevere*) ■**to** ~ **with sth** an etw *dat* dranbleiben, bei der Sache bleiben; **you have to** ~ **with a language and practise it regularly** Sprachkenntnisse muss man pflegen und regelmäßig anwenden ❸ (*reside temporarily*) untergebracht sein, wohnen; **where are you** ~**ing while you're in town?** wo wohnen Sie während Ihres Aufenthaltes in der Stadt?; **the children usually** ~ **with their grandparents for a week in the summer** die Kinder verbringen gewöhnlich im Sommer eine Woche bei ihren Großeltern; **to** ~ **overnight** [*or* **the night**] übernachten, über Nacht bleiben; **can we** ~ **with you overnight ?** können wir bei Ihnen übernachten?; **to come to** ~ zu Besuch kommen ❹ + *n or adj* (*remain*) bleiben; **the shops** ~ **open until 9 p.m.** die Läden haben bis 21 Uhr geöffnet; **how can we get this post to** ~ **upright?** was müssen wir tun, damit dieser Pfosten stehen bleibt?; **this far north it** ~**s light until 10 p.m. in high summer** so hoch im Norden ist es im Hochsommer bis um 10 Uhr abends hell; **he's decided not to** ~ **in teaching** er hat sich entschieden, nicht mehr zu unterrichten; **to** ~ **within budget** im Rahmen des Budgets bleiben; **to** ~ **friends** Freunde bleiben; **to** ~ **in touch** [*or* **contact**] in Verbindung [*o* Kontakt] bleiben; **to** ~ **awake/cool/healthy** wach/ruhig/gesund bleiben; **to** ~ **tuned** RADIO, TV, MEDIA am Apparat bleiben; ~ **tuned – we'll be right back** bleiben Sie dran – wir sind gleich wieder da **III.** *vt* ❶ (*assuage*) **to** ~ **one's hunger/thirst** seinen Hunger/Durst stillen ❷ (*dated liter: curb*) ■**to** ~ **sth** etw in Schranken halten; **to** ~ **one's hand** sich *akk* zurückhalten ❸ JUR **to** ~ **proceedings** das Verfahren aussetzen ▶ PHRASES: **to** ~ **the course** [*or* **distance**] durchhalten

◆**stay ahead** *vi* ■**to** ~ **ahead of sb/sth** den Vorsprung vor jdm/etw halten

◆**stay away** *vi* ❶ (*keep away*) wegbleiben, fernbleiben; **the customers are** ~**ing away** die Kunden bleiben aus; **to** ~ **away in droves** scharenweise wegbleiben ❷ (*avoid*) ■**to** ~ **away from sb/sth** jdn/etw meiden, sich *akk* von jdm/etw fernhalten; **my boss told me to** ~ **away from company policy** mein Chef sagte mir, ich solle mich aus der Unternehmenspolitik heraushalten; ~ **away from my girlfriend!** lass die Finger von meiner Freundin!

◆**stay back** *vi* zurückbleiben; **I'd rather** ~ **back here out of the way** ich gehe hier lieber aus dem Weg

◆**stay behind** *vi* [noch] [da]bleiben; SCH nachsitzen; **will somebody** ~ **behind to help with the washing-up?** bleibt noch jemand da und hilft beim Abwasch?

◆**stay down** *vi* ❶ (*not be vomited*) *food* im Magen bleiben; **if this** ~**s down, you can have a little more in half an hour** wenn du das bei dir behältst, bekommst du in einer halben Stunde noch etwas mehr ❷ (*remain lowered*) unten bleiben; (*underwater also*) unter Wasser bleiben ❸ SCH sitzen bleiben, wiederholen

◆**stay in** *vi* zu Hause bleiben

◆**stay off** *vi* ❶ (*not attend*) wegbleiben; **I felt bad enough to** ~ **off yesterday** ich habe mich so schlecht gefühlt, dass ich gestern zu Hause geblieben bin; **to** ~ **off school** nicht in die Schule gehen, die Schule schwänzen; **to** ~ **off work** nicht zur Arbeit gehen, blaumachen *fam* ❷ (*hold off*) *rain, storm* ausbleiben ❸ (*not consume*) sich *akk* fernhalten; **he can't** ~ **off the booze** er kann das Trinken nicht sein lassen; **to** ~ **off drugs** die Finger von Drogen lassen

◆**stay on** *vi* ❶ (*remain longer*) [noch] bleiben ❷ (*remain in place*) *lid, top* halten, darauf bleiben; *sticker* haften ❸ (*remain in operation*) *light* an bleiben; *device* eingeschaltet bleiben

◆**stay out** *vi* ❶ (*not come home*) ausbleiben, wegbleiben; **our cat usually** ~**s out at night** unsere Katze bleibt nachts gewöhnlich draußen; **to** ~ **out late/past midnight/all night** lange/bis nach Mitternacht/die ganze Nacht wegbleiben ❷ (*continue a strike*) weiter streiken; **the workers have vowed to** ~ **out another week** die Arbeiter haben geschworen, eine weitere Woche im Ausstand zu bleiben ❸ (*not go somewhere*) ~ **out of the kitchen!** bleib aus der Küche!; ~ **out of the water if nobody's around** geh nicht ins Wasser, wenn sonst keiner da ist ❹ (*not become involved*) ■**to** ~ **out of sth** sich *akk* aus etw *dat* heraushalten; **you'd better** ~ **out of this** halte dich da besser heraus; **to** ~ **out of trouble** [*or* **mischief**] sich *dat* Ärger vom Hals halten *fam;* **to** ~ **out of sb's way** jdm aus dem Wege gehen

◆**stay over** *vi esp* AM übernachten, über Nacht bleiben

◆**stay up** *vi* aufbleiben, wach bleiben; **they** ~**ed up all night** sie machten die Nacht durch

'stay-at-home I. *n* (*pej*) Stubenhocker(in) *m(f) pej fam* **II.** *adj*

S

inv ungesellig, menschenscheu

stay·er ['steɪəʳ, AM -ɚ] *n* ❶ (*approv: persevering person*) ausdauernder Mensch; (*horse*) Steher *m* ❷ (*visitor*) Besucher(in) *m(f)*

stay·ing power *n no pl* ❶ (*physical stamina*) Durchhaltevermögen *nt*, Ausdauer *f* ❷ (*mental stamina*) Mut *m*, Durchsetzungsvermögen *nt*

stay of ex·e'cu·tion *n* LAW Aussetzung *f* der Zwangsvollstreckung, Gewährung *f* von Vollstreckungsschutz

St Bernard [sᵊn(t)'bɜ:nəd, AM ˌseɪntbɚ'nɑ:rd] *n* Bernhardiner *m*

std *adj, n abbrev of* **standard**

STD [ˌesti:'di:] *n* ❶ MED *abbrev of* **sexually transmitted disease** ❷ *no pl* BRIT, AUS TECH *abbrev of* **subscriber trunk dialling**

stead [sted] *n no pl* Stelle *f;* **the deputy ran the meeting in her ~** der Vertreter leitete die Konferenz an ihrer Stelle ▸ PHRASES: **to stand sb in good ~ [for sth]** jdm [bei etw *dat*] zugutekommen

stead·fast ['stedfɑ:st, AM -fæst] *adj* fest, standhaft, unerschütterlich; **~ ally** loyaler Verbündeter/loyale Verbündete; **~ courage** unbezwingbarer Mut; **~ critic** unerbittlicher Kritiker/unerbittliche Kritikerin; **~ friend** treuer Freund/treue Freundin; **~ look** unverwandter Blick; **~ love** immer währende Liebe; **~ opponent** unversöhnlicher Gegner/unversöhnliche Gegnerin; **~ opposition** erbitterte Opposition; **to be/remain ~** standhaft sein/bleiben; **to prove oneself ~** sich *akk* als zuverlässig erweisen

stead·fast·ly ['stedfɑ:stli, AM -fæst-] *adv* fest, standhaft, unerschütterlich; **to refuse ~ to do sth** kategorisch ablehnen, etw zu tun; **to remain ~ at sb's side** jdm treu zur Seite stehen

stead·fast·ness ['stedfɑ:stnəs, AM -fæst-] *n no pl* Standhaftigkeit *f*, Loyalität *f;* **sb's ~ in the face of sth** jds Standhaftigkeit *f* angesichts einer S. *gen*

steadi·ly ['stedɪli] *adv* ❶ (*gradually*) stetig, unaufhaltsam; **his condition is growing ~ worse** sein Zustand verschlechtert sich zusehends ❷ (*unwaveringly*) fest, unerschütterlich; **he walked ~ out of the room** er ging festen Schrittes aus dem Zimmer

steadi·ness ['stedɪnəs] *n no pl* ❶ (*stability*) *of prices* Stabilität *f;* (*firmness*) Festigkeit *f;* (*unwaveringness*) Standhaftigkeit *f;* **the ~ of my family's support during this difficult time has been a blessing** die ständige Unterstützung meiner Familie in diesen schwierigen Zeiten war ein Segen; **~ of hand is an absolute requirement for a jeweller and watchmaker** für Goldschmiede und Uhrmacher ist es unbedingt erforderlich, eine ruhige Hand zu haben ❷ (*regularity*) Regelmäßigkeit *f*, Stetigkeit *f;* **the ~ of his pulse gives us grounds for hope** sein Puls ist stabil, und das gibt uns Grund zur Hoffnung

steady ['stedi] **I.** *adj* ❶ (*stable*) fest, stabil; **the doctors are now letting her get out of bed, but she's not yet ~ on her legs** die Ärzte lassen sie jetzt aufstehen, aber sie ist noch etwas wackelig auf den Beinen; **~ employment/job** feste Anstellung [*o* Arbeit]/Stelle; **~ relationship** feste Beziehung; **~ temperature** gleich bleibende Temperatur ❷ (*regular*) kontinuierlich, gleich bleibend; **progress has been slow but ~** es ging langsam, aber stetig voran; **~ breathing/pulse** regelmäßiges Atmen/regelmäßiger Puls; **~ flow** regelmäßiger Fluss; **~ increase/decrease** stetige Zunahme/Abnahme; **~ rain** anhaltender Regen; **~ speed** konstante Geschwindigkeit ❸ (*not wavering*) fest; **he gave her a ~ look** er sah sie unverwandt an; **~ ache** [*or* **pain**] andauernder [*o* permanenter] Schmerz; **~ hand** ruhige Hand; **~ voice** feste Stimme ❹ (*calm and dependable*) verlässlich, solide; **~ nerves** starke Nerven ❺ (*regular*) regelmäßig; **~ client** [*or* **customer**] Stammkunde, -in *m, f;* **~ patron** Mäzen(in) *m(f)*, Gönner(in) *m(f);* **~ beau** AM ständiger Begleiter; **~ boyfriend/girlfriend** fester Freund/feste Freundin **II.** *vt* <-ie-> ❶ (*stabilize*) ■**to ~ sth/sb** etw/jdn stabilisieren; **Mike used to be really wild, but marriage and fatherhood have steadied him** Mike war immer ziemlich verrückt, aber Ehe und Vaterschaft haben ihn ausgeglichener gemacht; **to ~ oneself** ins Gleichgewicht kommen, Halt finden; **to ~ the ladder** die Leiter festhalten ❷ (*make calm*) **to ~ one's aim** sein Ziel fixieren; **to ~ one's nerves** seine Nerven beruhigen **III.** *adv* ❶ (*still*) **to hold ~** *prices* stabil bleiben; **to hold sth ~** etw festhalten ❷ BRIT (*be sparing*) **to go ~ on sth** mit etw *dat* sparsam umgehen [*o* vorsichtig sein]; **I'd like a gin and tonic, please, and go ~ on the ice** ich hätte gerne einen Gin Tonic, aber bitte mit wenig Eis ❸ NAUT, TRANSP (*on course*) auf Kurs; **keep her ~ as she goes!** halte sie auf Kurs! ❹ (*dated: have regular boyfriend, girlfriend*) **to go ~ with sb** fest mit jdm gehen *fam* **IV.** *interj* (*warning*) sachte!; **~ on!** BRIT halt! **V.** *n* (*dated fam*) fester Freund/feste Freundin, Liebste(r) *f(m) veraltet*

steady state 'theo·ry *n no pl* ■**the ~** die Theorie des stationären Kosmos

steak [steɪk] *n* ❶ *no pl* (*superior cut of beef*) *zum Kurzbraten geeignetes Stück vom Rind;* **rump ~** Rumpsteak *nt* ❷ *no pl* (*poorer-quality beef*) Rindfleisch *nt;* **braising ~** Schmorfleisch *nt*, Rinderschmorbraten *m* ❸ (*thick slice*) [Beef]steak *nt; of fish* Filet *nt;* **fillet ~** Filetsteak *nt;* **salmon ~** Lachsfilet *nt*, Lachssteak *nt;* **turkey ~** Putensteak *nt*

steak and kid·ney 'pie *n* BRIT, **steak and kid·ney 'pud·ding** *n* BRIT Rindfleisch-Nieren-Pastete *f* **'steak house** *n* Steakhaus *nt* **'steak knife** *n* Steakmesser *nt* **steak 'sauce** *n* Steaksoße *f* **steak 'tar·tare** *n no pl* Steak *nt* Tatar

steal [sti:l] **I.** *n esp* AM (*fam*) Schnäppchen *nt;* **it's a ~!** das ist ja geschenkt! *fam* **II.** *vt* <stole, stolen> ❶ (*take illegally*) ■**to ~ sth** etw stehlen [*o form* entwenden]; **to ~ [sb's] ideas** [jds] Ideen *fpl* klauen *fam* ❷ (*gain artfully*) **to ~ a base** SPORTS *zu einem ungewöhnlichen Zeitpunkt unbemerkt zur nächsten Base rennen;* **to ~ sb's heart [away]** jds Herz *nt* erobern; **to ~ a kiss from sb** (*dated*) jdm einen Kuss rauben *veraltend* ❸ (*do surreptitiously*) **to ~ a glance** [*or* **look**] **[at sb/sth]** verstohlen [zu jdm/etw] hinschauen; **she stole a glance at her watch** sie lugte heimlich auf ihre Armbanduhr ▸ PHRASES: **to ~ the limelight** alles andere in den Schatten stellen; **to ~ a march on sb** jdm den Rang ablaufen; **to ~ the scene** [*or* **show**] **from sb** jdm die Schau stehlen; **to ~ sb's thunder** jdm den Wind aus den Segeln nehmen **III.** *vi* <stole, stolen> ❶ (*take things illegally*) stehlen; **he has been convicted of ~ing** er ist des Diebstahls überführt worden ❷ (*move surreptitiously*) sich *akk* wegstehlen; **he stole out of the room** er stahl sich aus dem Zimmer; **she stole onto the balcony** sie schlich auf den Balkon; ■**to ~ over sth** über etw *akk* gleiten; **as the moon rose, moonlight stole over the scene** als der Mond aufging, ergoss sich das Mondlicht über die Landschaft; **a crafty expression stole over his face** ein raffinierter Ausdruck huschte über sein Gesicht; **anxiety was ~ing over her** sie überkam Angst

◆**steal away** *vi* ■**to ~ away** sich *akk* wegstehlen; *quietly* sich *akk* wegschleichen; **to ~ away from home** sich *akk* von zu Hause davonstehlen [*o* fortstehlen]

◆**steal up** *vi* ■**to ~ up [on sb]** sich *akk* [an jdn] heranschleichen

steal·ing ['sti:lɪŋ] *n no pl* Stehlen *nt*

stealth [stelθ] *n no pl* ❶ (*trick*) List *f;* **these thieves operate with terrifying ~** diese Diebe gehen ausgesprochen gerissen vor ❷ (*furtiveness*) Heimlichkeit *f;* ■**to do sth by ~** etw heimlich tun

'stealth bomb·er *n* Tarnkappenbomber *m* **'stealth fight·er** *n* Tarnkappenjäger *m*

stealthi·ly ['stelθɪli] *adv* heimlich, verstohlen

stealthy ['stelθi] *adj* heimlich, verstohlen; **~ footsteps** schleichende Schritte; **~ look** verstohlener Blick

steam [sti:m] **I.** *n no pl* Dampf *m;* **he ran out of ~** ihm ging die Puste aus; **full ~ ahead!** mit Volldampf voraus!; NAUT volle

Kraft voraus!; **the age of** ~ das Zeitalter der Dampfmaschine; **to let off** ~ Dampf ablassen *a. fig;* **to pick** [*or* **get**] **up** ~ (*generate steam*) feuern; (*gain impetus*) in Schwung kommen ▶PHRASES: **to do sth under one's own** ~ etw in eigener Regie tun **II.** *n modifier* Dampf-; ~ **locomotive** Dampflok[omotive] *f* **III.** *vi* ❶ (*produce steam*) dampfen ❷ (*move using steam power*) dampfen; **the ship** ~**ed into the port** das Schiff lief [dampfend] in den Hafen ein **IV.** *vt* **to** ~ **fish/vegetables** Fisch/Gemüse dämpfen; **to** ~ **open a letter** einen Brief über Wasserdampf öffnen

◆**steam away** *vi* ❶ (*produce steam*) vor sich *dat* hin dampfen; **can't you hear the tea kettle** ~**ing away?** hörst du nicht, dass der Teekessel immer weiterkocht? ❷ NAUT, TRANSP davondampfen

◆**steam off I.** *vt* ■**to** ~ **off** ↔ **sth** etw mit Dampf ablösen; **to** ~ **off stamps** Briefmarken über Wasserdampf ablösen **II.** *vi* NAUT, TRANSP davondampfen

◆**steam up I.** *vi mirror, window* beschlagen **II.** *vt* ❶ (*cause to become steamy*) **the windows are** ~**ed up** die Fenster sind beschlagen ❷ (*fam: cause to become excited*) ■**to** ~ **up** ↔ **sb** jdn auf die Palme bringen *fam;* **to get all** ~**ed up** [**about sth**] sich *akk* [über etw *akk*] unheimlich aufregen, [wegen einer S. *gen*] in die Luft gehen *fam*

'steam bath *n* Dampfbad *nt* **'steam·boat** *n* Dampfschiff *nt,* Dampfer *m*

steamed [sti:md] *adj* ❶ *inv* (*cooked in steam*) gedämpft; ~ **fruit** Dünstobst *nt,* Dunstobst *nt* ÖSTERR; ~ **vegetables** gedämpftes [*o* in Dampf gegartes] Gemüse ❷ *pred* AM (*fam: very angry*) wütend

'steam en·gine *n* ❶ (*engine*) Dampfmaschine *f* ❷ (*locomotive*) Dampflok[omotive] *f*

steam·er ['sti:məʳ, AM -ɚ] *n* ❶ (*boat*) Dampfer *m,* Dampfschiff *nt* ❷ (*for cooking*) Dampfkochtopf *m*

'steam·er rug *n* AM NAUT [grobe] [Woll]decke

steam·ing ['sti:mɪŋ] **I.** *adj* ❶ *inv* (*producing steam*) dampfend *attr* ❷ (*fam: very angry*) wütend; **he was really** ~ er kochte vor Wut **II.** *adv* ~ **hot** kochend [*o* dampfend] heiß

'steam iron *n* Dampfbügeleisen *nt* **'steam·roll·er I.** *n* ❶ (*road machinery*) Dampfwalze *f* ❷ (*fig: extremely forceful person*) Agitator(in) *m(f) geh* **II.** *vt* ■**to** ~ **sb into doing sth** jdn unter Druck setzen, etw zu tun; **I hate being** ~**ed into doing something I don't want to** ich hasse es, so überfahren zu werden und etwas tun zu müssen, was ich nicht will; **to** ~ **a bill through parliament** ein Gesetz im Parlament durchpeitschen [*o* durchdrücken]; **to** ~ **a country into reforms** ein Land zu Reformen zwingen; **to** ~ **the opposition** die Opposition niederwalzen **'steam room** *n* (*in sauna*) Saunaraum *m;* (*in Turkish bath*) Dampfbad *nt* **'steam·ship I.** *n* Dampfschiff *nt,* Dampfer *m* **II.** *n modifier* Dampfschiff-, Dampfer-; ~ **captain** Dampferkapitän(in) *m(f);* ~ **cruise** Dampferkreuzfahrt *f;* ~ **line** Dampferlinie *f;* ~ **ride** Dampferfahrt *f;* ~ **trip** Dampferreise *f* **'steam shov·el** *n* Löffelbagger *m* **'steam train** *n* RAIL von einer Dampflok gezogener Zug **steam 'tur·bine** *n* Dampfturbine *f*

steamy ['sti:mi] *adj* ❶ (*full of steam*) dampfig, dunstig ❷ (*hot and humid*) feuchtheiß; ~ **climate/weather** schwüles [*o* drückendes] Klima/Wetter ❸ (*fam: torrid, sexy*) heiß *fam,* scharf *fam; affair, love scene, novel also* prickelnd

steed [sti:d] *n* (*dated liter*) Ross *nt liter*

steel [sti:l] **I.** *n* ❶ *no pl* (*iron alloy*) Stahl *m* ❷ *no pl* (*firmness of character*) Härte *f,* Stärke *f;* **nerves of** ~ Nerven *pl* wie Drahtseile ❸ (*knife sharpener*) Wetzstahl *m* ▶PHRASES: **to be worthy of sb's** ~ (*liter*) jdm gewachsen sein **II.** *n modifier* (*factory, grille, industry, products, rod*) Stahl-; ~ **beam** [*or* **girder**] Stahlträger *m;* ~ **pipe** Stahlrohr *nt;* ~ **strut** Stahlstrebe *f* **III.** *vt* ■**to** ~ **oneself against/for sth** sich *akk* gegen/für etw *akk* wappnen; ■**to** ~ **oneself** [**to do sth**] all seinen Mut zusammennehmen[, um etw zu tun]

steel 'band *n* MUS Steelband *f* **'steel-clad** *adj inv* (*dated*) stahlgepanzert **steel 'drum** *n* MUS Steeldrum *f* **steel 'grey I.** *adj* stahlgrau **II.** *n* Stahlgrau *nt* **steel gui·'tar** *n* Hawaiigitarre *f* **'steel mill** *n* Stahl[walz]werk *nt* **steel-'plat·ed** *adj inv* stahlgepanzert **steel 'wool** *n no pl* Stahlwolle *f* **'steel·work·er** *n* Stahlarbeiter(in) *m(f)* **'steel·works** *npl + sing/pl vb* Stahlwerk *nt,* Stahlfabrik *f*

steely ['sti:li] *adj* ❶ (*of steel*) stählern ❷ (*hard, severe*) stahlhart; ~ **determination** eiserne Entschlossenheit; ~ **expression** harter Ausdruck; ~ **glance** stählerner Blick; ~ **nerves** stählerne Nerven

steep[1] [sti:p] *adj* ❶ (*sharply sloping*) steil; ~ **ramp** steile Rampe; ~ **slope** abschüssiger Hang; ~ **steps** hohe Stufen ❷ (*dramatic*) drastisch, dramatisch; ~ **climb** Steilflug *m;* ~ **ecline** deutliche Abnahme, starke Senkung; ~ **dive** Sturzflug *m;* ~ **increase** steiler Anstieg, enormer Zuwachs; ~ **increase in prices** drastische Preissteigerung ❸ (*unreasonably expensive*) überteuert; ~ **bill** gepfefferte [*o* gesalzene] Rechnung *fam;* ~ **demand** unverschämte Forderung; ~ **membership fees** überzogene Mitgliedsbeiträge; ~ **taxes** überhöhte Steuern

steep[2] [sti:p] **I.** *vt* ❶ (*soak in liquid*) ■**to** ~ **sth** etw tränken; *washing* etw einweichen; **his hands are** ~**ed in blood** (*fig liter*) an seinen Händen klebt Blut *fig* ❷ *usu passive* (*imbue*) ■**to be** ~**ed in sth** von etw *dat* durchdrungen sein; **the college is** ~**ed in tradition** die Tradition spielt am College eine große Rolle; ~**ed in history** geschichtsträchtig; **to be** ~**ed in work** in der Arbeit versunken sein **II.** *vi* einweichen; **she never lets the tea** ~ **long enough** sie lässt den Tee nie lang genug ziehen; **leave the cloth to** ~ **in the dye overnight** legen Sie den Stoff in die Farblösung und lassen Sie sie über Nacht einwirken

steep·en ['sti:pᵊn] **I.** *vi* ❶ (*become steeper*) steiler werden; *road, slope* ansteigen ❷ (*fam: increase in cost*) steigen, sich *akk* erhöhen **II.** *vt* ■**to** ~ **sth** *steps* etw steiler machen

stee·ple ['sti:pl] *n* ARCHIT (*spire*) Turmspitze *f; of a church* Kirchturm *m;* **church** ~ Kirchturm *m*

'stee·ple·chase I. *n* ❶ (*for horses*) Hindernisrennen *nt,* Jagdrennen *nt,* Steeplechase *f fachspr* ❷ (*for runners*) Hindernislauf *m* **II.** *n modifier* ~ **rider** Jockey *m* in einem Hindernisrennen; ~ **runner** Hindernisläufer(in) *m(f)* **'stee·ple·chas·er** *n* ❶ (*jockey*) Jockey *m* in einem Hindernisrennen ❷ (*horse*) Steepler *m fachspr* ❸ (*runner*) Hindernisläufer(in) *m(f)* **'stee·ple·jack** *n* Turmarbeiter(in) *m(f),* Hochbauarbeiter(in) *m(f)*

steep·ly ['sti:pli] *adv* steil; (*dramatically*) drastisch; **to decline/rise** ~ drastisch zurückgehen/steigen

steep·ness ['sti:pnəs] *n no pl* Steilheit *f,* Steile *f;* **the value of shares plunged with dizzying** ~ (*fig*) der Aktienkurs ist drastisch gefallen

steer [stɪəʳ, AM stɪr] **I.** *n* ZOOL junger Ochse **II.** *vt* ❶ (*direct*) ■**to** ~ **sth** etw steuern [*o* lenken]; **it's hard to** ~ **the car through these narrow streets** es ist gar nicht so einfach, das Auto durch diese engen Straßen zu manövrieren; **I'd like to** ~ **our discussion back to our original topic** ich möchte wieder auf unser ursprüngliches Thema zurückkommen; **she** ~**ed her guests into the dining room** sie führte ihre Gäste ins Esszimmer; **to** ~ **a bill through Parliament** eine Gesetzesvorlage im Parlament durchbringen ❷ (*follow*) **to** ~ **a course** einen Kurs einschlagen; **to** ~ **a course for sth** NAUT Kurs auf etw *akk* nehmen **III.** *vi* steuern, lenken; *vehicle* sich *akk* lenken lassen; **my car isn't** ~**ing very well on bends** mein Auto fährt sich in Kurven nicht gut; **to** ~ **clear of sb/sth** sich *akk* von jdm/etw fernhalten, jdn/etw meiden; **to** ~ **clear of trouble/danger** Ärger/Gefahr aus dem Weg gehen; **I promise we'll** ~ **clear of trouble** ich verspreche, dass wir keinen Ärger machen werden; ■**to** ~ **toward[s]** [*or* **in the direction of**] **sth** Kurs auf etw *akk* nehmen

◆**steer away** *vt* ■**to** ~ **away** ↔ **sb from sth** jdn von etw *dat* abbringen; **to ~ a conversation away from sth** das Gespräch von etw *dat* ablenken

steer·age ['stɪərɪdʒ, AM 'stɪr-] **I.** *n no pl* NAUT (*hist*) Zwischendeck *nt* **II.** *adj* NAUT (*hist*) Zwischendeck-; ~ **passenger** *Passagier, der auf dem Zwischendeck untergebracht ist*

steer·ing ['stɪərɪŋ, AM 'stɪr-] **I.** *n no pl* AUTO Lenkung *f;* NAUT Steuerung *f* **II.** *adj attr, inv* AUTO Lenk-; NAUT Ruder-, Steuerungs-; ~ **compass** Steuerkompass *m;* ~ **knuckle** Achsschenkel *m fachspr*

'steer·ing col·umn *n* AUTO Lenksäule *f* **'steer·ing com·mit·tee** *n* Lenkungsausschuss *m* **'steer·ing gear** *n* AUTO Lenkgetriebe *nt;* AVIAT Leitwerk *nt;* NAUT Ruderanlage *f* **'steer·ing lock** *n* AUTO Lenkradschloss *nt* **'steer·ing wheel** *n* Steuer[rad] *nt; of a car also* Lenkrad *nt*

'steers·man *n* NAUT Steuermann *m*

stein [staɪn] *n* Bierkrug *m,* Maßkrug *m*

stel·lar ['steləʳ, AM -ɚ] *adj* ❶ *inv* ASTRON (*form*) stellar *fachspr;* ~ **spectroscopy** Stellarspektroskopie *f fachspr* ❷ (*fam: exceptionally good*) grandios, phänomenal; ~ **career** Traumkarriere *f;* ~ **performance** bravouröse Aufführung; ~ **performer** brillanter Schauspieler/brillante Schauspielerin

stem [stem] **I.** *n* ❶ *of a tree, bush, shrub* Stamm *m; of a leaf, flower, fruit* Stiel *m,* Stängel *m; of grain, corn* Halm *m; of a glass* [Glas]stiel ❷ LING [Wort]stamm *m* ❸ NAUT Vordersteven *m fachspr;* **from ~ to stern** von vorne bis achtern, vom Bug bis zum Heck ❹ AM (*watch part*) [Aufzieh]welle *f* **II.** *vt* <-mm-> ■**to ~ sth** etw eindämmen [*o* aufhalten]; **to ~ the flow of blood** die Blutung stillen; **to ~ the tide/flow [of sth]** den Fluss [von etw *dat*] stoppen, etw zum Stillstand bringen; **they are looking for ways of ~ming the flow of drugs into the country** sie suchen nach Wegen, der Drogeneinfuhr ins Land Einhalt zu gebieten **III.** *vi* <-mm-> ❶ (*be traced back*) ■**to ~ back to sth** sich *akk* zurückverfolgen lassen, auf etw *akk* zurückgehen; ■**to ~ from sb/sth** auf jdn/etw zurückzuführen sein, auf jdn/etw zurückgehen; **their disagreement ~med from her difficult childhood** der Ursprung ihrer Unstimmigkeiten lag in ihrer schwierigen Kindheit ❷ (*slide a ski outwards*) stemmen

'stem cell *n* MED Stammzelle *f*

stem 'turn *n* SKI Stemmbogen *m* **'stem·ware** *n no pl* AM Stielglaswaren *fpl,* Stielgläser *ntpl*

stench [stentʃ] *n no pl* Gestank *m a. fig*

sten·cil ['sten(t)sᵊl] **I.** *n* Schablone *f;* (*picture*) Schablonenzeichnung *f;* **a floral ~** ein Blumenmuster *nt* **II.** *vt* <-ll- *or* AM *usu* -l-> ■**to ~ sth [on sth]** etw mit einer Schablone [auf etw *akk*] zeichnen **III.** *n modifier* (*pattern, picture*) Schablonen-

Sten gun ['sten,gʌn] *n* leichte Maschinenpistole *f*

steno <*pl* -os> ['stenəʊ, AM -oʊ] AM **I.** *n* (*dated*) *short for* **stenographer** Stenograf(in) *m(f)* **II.** *n modifier short for* **stenography** Stenographie- *f*

ste·nog·ra·pher [stə'nɒgrəfəʳ, AM -'nɑːgrəfɚ] *n* AM (*dated*) Stenograf(in) *m(f)*

steno·graph·ic 'pool *n + sing/pl vb* AM (*dated*) Stenoabteilung *f*

ste·nog·ra·phy [stə'nɒgrəfi, AM -'nɑː-] *n no pl* AM (*dated*) Stenografie *f,* Kurzschrift *f*

sten·to·rian [sten'tɔːriən] *adj* (*form*) überlaut, schallend; ~ **voice** gewaltige Stimme, Stentorstimme *f geh*

step [step] **I.** *n* ❶ (*foot movement*) Schritt *m;* **they walked with hurried ~s** sie gingen eiligen Schrittes; **Sophie took her first ~s when she was eleven months old** Sophie fing mit elf Monaten an zu laufen; **to retrace one's ~s** seine Schritte zurückverfolgen; **to take a ~ toward sb** einen Schritt auf jdn zu machen; **to take a ~ [*or* ~s] towards sth** (*fig*) auf etw *akk* zusteuern; **the country is taking its first tentative ~s towards democracy** das Land unternimmt erste vorsichtige Schritte in Richtung Demokratie; **to turn one's ~s somewhere** (*liter*) sich *akk* irgendwohin aufmachen; **to be/walk in ~** im Gleichschritt sein/laufen ❷ (*distance*) Schritt *m;* **our house is just a ~ from the station** unser Haus liegt nur ein paar Schritte vom Bahnhof weg; **to go a few ~s** ein paar Schritte gehen ❸ *no pl* (*manner of walking*) Gang *m;* **his ~ was slow and heavy** er ging langsam und schleppend; **to watch [*or* mind] one's ~** (*fig*) aufpassen, sich *akk* vorsehen ❹ (*dance movement*) [Tanz]schritt *m;* **basic dance ~** Grundschritt *m;* ■**in/out of ~** im/aus dem Takt; (*fig*) im/nicht im Einklang; **to keep in ~ with sth** (*fig*) mit etw *dat* Schritt halten ❺ (*stair*) Stufe *f; of a ladder* Sprosse *f;* **'mind the ~'** „Vorsicht, Stufe!"; **a flight of ~s** eine Treppe; **the front ~** die Stufe vor der Eingangstür; **stone ~s** Steinstufen *fpl* ❻ (*stage in a process*) Schritt *m;* **a ~ in the right/wrong direction** ein Schritt *m* in die richtige/falsche Richtung; **one [*or* a] ~ at a time** eins nach dem anderen; **let's take things a ~ at a time** lass uns eins nach dem anderen erledigen; **every ~ of the way** voll und ganz; **we're behind you every ~ of the way!** wir stehen voll und ganz hinter dir!; **to be a [*or* one] ~ ahead [of sb]** [jdm] einen Schritt voraus sein; **to be a ~ forward/backwards** ein Fort-/Rückschritt sein; **to go a ~ further** einen Schritt weiter gehen; **~ by ~** Schritt für Schritt ❼ (*measure, action*) Schritt *m,* Vorgehen *nt;* **do you think that was a wise ~?** denkst du, dass das ein kluger Schritt war?; ■**to take ~s [to do sth]** Schritte unternehmen[, um etw zu tun]; **to take decisive ~s** entschieden vorgehen; **to take drastic ~s** zu drastischen Mitteln greifen ❽ BRIT (*stepladder*) ■**~s** *pl* Trittleiter *f* ❾ *esp* AM MUS (*tone, semitone*) Ton *m;* **whole/half ~** Ganz-/Halbton *m* **II.** *vi* <-pp-> ❶ (*tread*) ■**to ~ somewhere** irgendwohin treten; ■**to ~ over sth** über etw *akk* steigen; **to ~ on sb's foot** jdm auf den Fuß treten ❷ (*walk*) ■**to ~ somewhere** irgendwohin gehen; **would you care to ~ this way please, sir?** würden Sie bitte hier entlanggehen, Sir?; **she ~ped backwards** sie machte einen Schritt zurück; **they ~ped out onto the balcony** sie traten auf den Balkon hinaus; **to ~ aside** zur Seite gehen; ■**to ~ into sth** (*fig*) sich *akk* in etw *akk* stürzen; **to ~ into the breach** in die Bresche springen; **to ~ out of line** sich *akk* danebenbenehmen *fam* **III.** *vi* ❶ AUTO, TRANSP (*tread on*) ■**to ~ on sth** auf etw *akk* treten; **to ~ on the accelerator/brake** aufs Gaspedal/auf die Bremse treten; **~ on it** gib Gas! *fam* ❷ (*take advantage of*) ■**to ~ on sb** jdn skrupellos ausnutzen

◆**step aside** *vi* zur Seite treten, Platz machen; **to ~ aside in favour of sb** jdm Platz machen; (*fig*) zugunsten von jdm zurücktreten, seinen Posten für jdn räumen

◆**step back** *vi* ❶ (*move back*) zurücktreten ❷ (*gain a new perspective*) Abstand nehmen; **she wants to ~ back from the committee's activities** sie möchte sich von den Aktivitäten des Komitees zurückziehen ❸ (*emotionally re-visit*) ■**to ~ back into sth** sich *akk* in etw *akk* zurückversetzen; **to ~ back in time** sich *akk* in die Vergangenheit zurückversetzen

◆**step down I.** *vi* ❶ (*resign*) zurücktreten, sein Amt niederlegen; **he ~ped down as captain/from the captaincy** er trat als Kapitän/vom Amt des Kapitäns zurück ❷ LAW *witness* den Zeugenstand verlassen **II.** *vt* ■**to ~ down** ↔ **sth** etw verringern [*o* reduzieren]; **to ~ down production** die Produktion drosseln [*o fam* zurückfahren]; **to ~ down voltage** die Spannung heruntertransformieren

◆**step forward** *vi* vortreten; (*fig*) sich *akk* [freiwillig] melden; **the assistant ~ped forward to take over the project** der Assistent erbot sich, das Projekt zu übernehmen

◆**step in** *vi* ❶ (*enter building*) eintreten; (*enter vehicle*) einsteigen ❷ (*intervene*) eingreifen, einschreiten, intervenieren *geh*

◆**step out** *vi* ❶ (*leave temporarily*) [kurz] weggehen ❷ AM (*fam: date*) ■**to ~ out with sb** mit jdm ausgehen ❸ (*walk vigorously*) ausschreiten

◆**step up** *vt* ■**to ~ up** ↔ **sth** etw verstärken; **the pace of the reforms is being ~ped up** die Reformen werden jetzt beschleunigt; **to ~ up the fighting** die Kämpfe verschärfen; **to ~ up sales** die Verkaufszahlen steigern; **to ~ up the tempo** das Tempo erhöhen; **to ~ up the voltage** die Spannung erhöhen

step ae'ro·bics I. *n + sing vb* Step-Aerobic *nt* II. *n modifier* (*class, teacher*) Step-Aerobic- **'step·broth·er** *n* Stiefbruder *m* **'step·child** *n* Stiefkind *nt* **'step·daugh·ter** *n* Stieftochter *f* **step-down trans·'form·er** *n* ELEC Abwärtstransformator *m fachspr,* Abspanntrafo *m fachspr* **'step·fa·ther** *n* Stiefvater *m* **'step·lad·der** *n* Stehleiter *f,* Trittleiter *f* **'step·moth·er** *n* Stiefmutter *f* **'step·par·ent** *n* Stiefelternteil *m*

steppe [step] *n* Steppe *f;* **the Russian ~s** die russische Steppe

'step·ping stone *n* ① (*stone*) [Tritt]stein *m* ② (*fig: intermediate stage*) Sprungbrett *nt;* ■ **to be a ~ to sth** ein Sprungbrett *nt* für etw *akk* sein

'step·sis·ter *n* Stiefschwester *f* **'step·son** *n* Stiefsohn *m* **step-up trans·'form·er** *n* ELEC Aufwärtstrafo *m fachspr,* Aufspanntransformator *m fachspr*

ste·reo[1] <*pl* -os> ['steriəʊ, AM -oʊ] *n* ① *no pl* (*transmission*) Stereo *nt;* ■ **in ~** in Stereo ② (*fam: unit*) Stereoanlage *f;* **car ~** Autoradio *nt*

ste·reo[2] ['steriəʊ, AM -oʊ] *adj inv short for* **stereophonic** Stereo-; **~ broadcast** Stereoübertragung *f;* **~ headphones** Stereokopfhörer *m*

ste·reo·phon·ic [ˌsteriə(ʊ)'fɒnɪk, AM ˌsteriə'fɑːnɪk] *adj inv* MUS, MEDIA (*form*) stereophon *fachspr;* **~ broadcast** Stereoübertragung *f;* **~ sound** Stereoklang *m,* Raumklang *m*

ste·reoph·ony [ˌsteri'ɒfəni, AM -'ɑːf-] *n no pl* Stereophonie *f fachspr,* Raumklang *m*

ste·reo·scope ['steriə(ʊ)skəʊp, AM 'steriəskoʊp] *n* Stereoskop *nt*

ste·reo·scop·ic [ˌsteriə(ʊ)'skɒpɪk, AM ˌsteriə'skɑː-] *adj inv* stereoskopisch; **~ photographs** stereoskopische Fotografien

ste·reo·type ['steriə(ʊ)taɪp, AM 'steriə-] I. *n* Stereotyp *nt,* Klischee *nt;* (*character*) stereotype Figur; **racist ~s** rassistische Vorurteile; **to conform to** [*or* **fit**] **a ~ of sb** jds Klischeevorstellung *f* entsprechen; **the ~ of a Frenchman** das Klischee des typischen Franzosen II. *vt* **to ~ sb/sth** jdn/etw in ein Klischee zwängen [*o* klischeehaft darstellen]; **the police have been accused of stereotyping black people as criminals** der Polizei wird vorgeworfen, sie stempele Schwarze als Kriminelle ab

ste·reo·typed ['steriə(ʊ)taɪpt, AM 'steriə-] *adj attr, inv* (*pej*) stereotyp, klischeehaft; **to have ~ images of sb** eine vorgefasste Meinung von jdm haben; **sexually ~d toys** geschlechtsspezifisches Spielzeug

ste·reo·typi·cal [ˌsteriə(ʊ)'tɪpɪkəl, AM ˌsteriə'-] *adj* stereotyp; **~ family** Durchschnittsfamilie *f;* **~ male response** typisch männliche Antwort

ste·reo·typi·cal·ly [ˌsteriə(ʊ)'tɪpɪkəli, AM ˌsteriə'-] *adv* stereotyp

ster·ile [steraɪl, AM -rəl] *adj inv* ① MED (*unable to reproduce*) unfruchtbar, steril *fachspr* ② AGR **~ soil** unfruchtbarer Boden ③ MED (*free from bacteria*) steril, keimfrei; **~ environment** sterile Umgebung; **~ until opened** vakuumverpackt ④ (*fig, pej: unproductive*) steril *pej geh,* unproduktiv; **~ argument** fruchtloser Streit; **~ campaign** erfolglose Kampagne; **~ capital** totes Kapital

ste·ril·ity [stə'rɪləti, AM -əṭi] *n no pl* ① MED Unfruchtbarkeit *f,* Sterilität *f fachspr* ② AGR Unfruchtbarkeit *f* ③ (*fig, pej: lack of creativity*) Fantasielosigkeit *f,* Einfallslosigkeit *f,* Sterilität *f geh*

steri·li·za·tion [ˌsterəlaɪ'zeɪʃən, AM -əlɪ'-] *n no pl* ① (*operation*) Sterilisation *f,* Sterilisierung *f* ② (*making sth chemically clean*) Desinfizierung *f,* Sterilisierung *f*

steri·lize ['sterəlaɪz] *vt* MED ① *usu passive* (*make infertile*) ■ **to be ~d** sterilisiert sein/werden ② (*disinfect*) ■ **to ~ sth** etw desinfizieren; **~d milk** sterilisierte Milch; **to ~ water** Wasser abkochen

steri·liz·er ['sterəlaɪzəʳ, AM -ɚ] *n* MED Sterilisator *m,* Sterilisierungsapparat *m*

steri·liz·ing ['sterəlaɪzɪŋ] *adj inv* keimtötend, sterilisierend; **~ solution** Desinfektionslösung *f*

'steri·liz·ing unit *n* MED Sterilisator *m,* Sterilisierungsapparat *m*

ster·ling ['stɜːlɪŋ, AM 'stɜːr-] I. *n no pl* ① FIN Sterling *m,* [britisches] Pfund; **in pound ~** in Pfund Sterling ② (*metal*) Sterlingsilber *nt* II. *n modifier* Sterling-; **~ silver** Sterlingsilber *nt;* **~ silver cutlery** Silberbesteck *nt* III. *adj* (*approv*) gediegen, meisterhaft; **this old television has done ~ service** dieser alte Fernseher ist [noch immer] Gold wert; **to make a ~ effort** beachtliche Anstrengungen unternehmen; **to do a ~ job** eine Meisterleistung vollbringen; **~ work** erstklassige Arbeit

stern[1] [stɜːn, AM stɜːrn] *adj* (*severe*) ernst; (*strict*) streng, unnachgiebig; (*difficult*) *test* hart, schwierig; **his manner is ~ and forbidding** sein Umgangston ist rau und abweisend; **Paul is known as a ~ taskmaster** Paul verlangt alles von seinen Mitarbeitern; **~ discipline** eiserne Disziplin; **~ measures** scharfe Maßnahmen; **to say sth in a ~ voice** etw nachdrücklich sagen; **a ~ warning** eine eindringliche Warnung ▶ PHRASES: **to be made of ~er stuff** aus härterem Holz geschnitzt sein

stern[2] [stɜːn, AM stɜːrn] *n* NAUT Heck *nt*

ster·na ['stɜːnə, AM 'stɜːrnə] *n* ANAT, MED *pl of* **sternum**

stern·ly ['stɜːnli, AM 'stɜːrn-] *adv* (*severely*) ernst[haft]; (*strictly*) streng, ernst[haft]; **to be ~ rebuked** einen scharfen Verweis bekommen

stern·ness ['stɜːnnəs, AM 'stɜːrn-] *n no pl* ① (*severity*) Strenge *f,* Härte *f* ② (*earnestness*) Ernst *m,* Ernsthaftigkeit *f*

ster·num <*pl* -s *or* -na> ['stɜːnəm, AM 'stɜːr-, *pl* -nə] *n* ANAT Brustbein *nt,* Sternum *nt fachspr*

ster·oid ['sterɔɪd] I. *n* CHEM, MED, PHARM Steroide *pl fachspr;* **anabolic ~s** Anabolika *pl fachspr;* ■ **to be on ~s** [**for sth**] regelmäßig Steroide [gegen etw *akk*] nehmen II. *n modifier* Steroid-; **~ creams** steroidhaltige Cremes; **~ use** Steroideinnahme *f*

stetho·scope ['steθəskəʊp, AM -skoʊp] *n* MED Stethoskop *nt fachspr*

Stet·son® ['stetsən] *n* FASHION Stetson *m fachspr,* Cowboyhut *m*

ste·vedore ['stiːvədɔːʳ, AM -dɔr] *n* Stauer(in) *m(f)*

stew [stjuː, AM *esp* stuː] I. *n* Eintopf *m;* **Irish S~** *irischer Eintopf aus Kartoffeln, Fleisch und Gemüse;* **Spanish fish ~** spanische Fischpfanne ▶ PHRASES: **to be in a ~** [**about** [*or* **over**] **sth**] sich *akk* [über etw *akk*] unheimlich aufregen; **to get sb into a ~** jdn in Schwierigkeiten bringen II. *vt* **to ~ fruit** Obst dünsten; **to ~ meat** Fleisch schmoren; **to ~ plums** Pflaumenkompott kochen III. *vi* ① (*simmer*) *meat* [vor sich *dat* hin] schmoren; *fruit* simmern; BRIT *tea* zu lange ziehen [und bitter werden] ② (*fam: be upset*) schmollen ③ (*fam: do nothing productive*) herumhängen ▶ PHRASES: **to ~ in one's own juice** im eigenen Saft schmoren

stew·ard ['stjuːəd, AM 'stuːɚd, 'stjuː-] *n* ① (*on flight, cruise*) Flug-/Schiffsbegleiter *m,* Steward *m* ② (*at an event*) Ordner(in) *m(f)* ③ (*at a race*) ■ **~s** *pl* die Rennleitung *kein pl* ④ (*for property*) Verwalter(in) *m(f)* ⑤ BRIT (*for food service*) Oberkellner(in) *m(f)*

stew·ard·ess <*pl* -es> ['stjuːədes, AM 'stuːɚdɪs, 'stjuː-] *n* Flug-/Schiffsbegleiterin *f,* Stewardess *f*

stew·ard·ship ['stjuːədʃɪp, AM 'stuːɚd-, 'stjuː-] *n no pl* Verwaltung *f;* ■ **to be under sb's ~** unter der Leitung von jdm stehen

stewed [stjuːd, AM stuːd, 'stjuː-] *adj* ① *inv* (*cooked by stewing*) **~ apples** Apfelkompott *nt;* **~ fruit** gedünstetes Obst; **~ meat** geschmortes Fleisch ② *inv* BRIT, AUS (*overdone*) **~ tea** *Tee, der zu lange gezogen hat* ③ *esp* AM (*fam: drunk*) besoffen *fam,* blau *fam*

stewed 'fruit *n no pl* gedünstetes Obst

'stew·ing steak *n no pl* BRIT, AUS Schmorfleisch *nt,* [Rinder]schmorbraten *m*

stick[1] [stɪk] *n* ① (*small thin tree branch*) Zweig *m;* (*thin piece of wood*) Stock *m;* **to gather ~s** Brennholz [*o* Reisig] sam-

S

meln; **to throw ~s and stones at sb** mit Stöcken und Steinen nach jdm werfen ❷ *no pl* BRIT (*fam: punishment*) **to get the ~** den Stock bekommen; **to give sb the ~, to take a ~ to sb** jdm eine Tracht Prügel verpassen ❸ (*fig: means of coercion*) Zwangsmaßnahme *f* (*geeignetes Mittel, um etw zu erreichen*) ❹ (*severe criticism*) **to give sb ~** jdn heruntermachen [*o* herunterputzen] *fam;* **to get** [*or* **take**] [*or* **come in for some**] **~** herbe Kritik einstecken müssen, den Marsch geblasen bekommen *fam;* (*come under fire*) unter Beschuss geraten ❺ (*a piece of sth*) **a ~ of cinnamon** eine Stange Zimt; **carrot ~s** lange Mohrrübenstücke; **a ~ of celery/rhubarb** eine Stange Sellerie/Rhabarber; **celery ~s** Selleriestangen *mpl;* **a ~ of chewing gum** ein Stück Kaugummi; **a ~ of chalk** ein Stück Kreide; **a ~ of dynamite** eine Stange Dynamit; **cocktail ~** Cocktailspieß *m;* **lollipop ~** Stiel *m* eines Lutschers ❻ (*used in a certain function*) Stock *m;* **walking ~** Spazierstock *m;* **white ~** Blindenstock *m;* **hockey/polo ~** SPORTS Hockey-/Poloschläger *m;* ■ **~s** *pl* SPORTS die Hürden *pl* ❼ MUS Taktstock *m* ❽ AUTO, MECH Hebel *m;* **gear ~** Hebel *m* der Gang[schaltung] ❾ (*furniture*) [Möbel]stück *nt;* **a few ~s** [**of furniture**] ein paar [Möbel]stücke; **to not have a ~ of furniture** kein einziges Möbelstück besitzen ❿ (*esp pej fam: guy*) Kerl *m fam;* **an old ~** ein alter Knacker *pej sl;* **he's a good old ~** (*dated*) er ist ein netter alter Kerl ⓫ (*pej fam: remote area*) **in the** [**middle of the**] **~s** [dort,] wo sich Fuchs und Hase gute Nacht sagen; **out in the ~s** [ganz] weit draußen ▸ PHRASES: **to get the shit-end of the ~** AM (*fam!*) immer [nur] den schlechten Rest abbekommen; **~s and stones may break my bones, but words can never hurt me** (*prov*) also, damit kannst du mich wirklich nicht treffen; **not enough ... to shake a ~ at** nur ganz wenig ...; **there are just a few flakes, not enough snow to shake a ~ at** bei den paar Flocken kann man wohl kaum von Schnee sprechen; **more people/things than you/one can shake a ~ at** jede Menge Leute/Sachen *fam;* **to up ~s** BRIT (*fam*) mit Sack und Pack umziehen

stick² <stuck, stuck> [stɪk] **I.** *vi* ❶ (*fix by adhesion*) kleben; (*be fixed*) zugeklebt bleiben; **this glue won't ~** dieser Klebstoff hält nicht; **the flap of this envelope won't ~** dieser Umschlag geht immer wieder auf; **careful that the sauce doesn't ~ to the pan** pass auf, dass die Soße nicht anbrennt ❷ (*fig: attach oneself*) ■ **to ~ to sb** [**like a leech**] an jdm kleben *fam;* **to ~ with the group** bei der Gruppe bleiben; ■ **to ~ with sb** *thought, idea, memory* jdm nicht mehr aus dem Kopf [*o* Sinn] gehen ❸ (*be unable to move*) feststecken, festhängen; *car* stecken bleiben, feststecken, festsitzen; (*be unmovable*) festsitzen; *door, window* klemmen; *gear* klemmen; **help me up – I'm stuck** hilf mir mal – ich stecke fest!; **there's a bone stuck in my throat** mir ist eine Gräte im Hals stecken geblieben; **he tried to speak but his voice stuck in his throat** er versuchte zu sprechen, aber die Worte blieben ihm im Halse stecken ❹ (*fig: be unable to continue*) nicht weiter wissen [*o* können]; (*unable to leave*) nicht weg können; **can you help me with my maths – I'm stuck** kannst du mir mal bei Mathe helfen – ich komme alleine nicht mehr weiter; **I am stuck here all day with three screaming kids** ich bin hier den ganzen Tag mit drei kreischenden Kindern eingesperrt; **I was stuck there for nearly an hour** ich saß hier fast eine ganze Stunde fest; CARDS **do you want to play or are you ~ing?** willst du spielen oder kannst du nicht mehr herausgeben? ❺ (*endure*) hängen bleiben; **her little sister called her Lali, and somehow the name stuck** ihre kleine Schwester nannte sie Lali, und irgendwie blieb es dann bei diesem Namen; **they'll never make these accusations ~** das werden sie nie beweisen können; **to ~ in sb's memory** [*or* **mind**] jdm in Erinnerung bleiben ❻ (*persevere*) ■ **to ~ at sth** an etw *dat* dranbleiben; **to ~ to an idea** an einer Idee festhalten ❼ (*keep within limits*) **to ~ to one's budget** sich *akk* an sein Budget halten; **to ~ to a diet** eine Diät einhalten ❽ (*not give up*) **I think I'll ~ with my usual brand** ich denke, ich werde bei meiner [üblichen] Marke bleiben; **he has managed to ~ with the task** es ist ihm gelungen, die Sache durchzuziehen; **to ~ with traditions** an Traditionen festhalten ❾ (*continue to support, comply with*) ■ **to ~ by sb/sth** zu jdm/etw halten; **I ~ by what I said** ich stehe zu meinem Wort; **we must ~ by our policy** wir dürfen unsere Taktik jetzt nicht ändern; **to ~ by the rules** sich *akk* an die Regeln halten; **to ~ by sb through thick and thin** mit jdm durch dick und dünn gehen; **he should ~ to what he's good at** er sollte bei dem bleiben, was er kann; **to ~ to the point** beim Thema bleiben; **to ~ to sb** jdm treu bleiben ❿ (*stop*) ■ **to ~ at sth** *price* gleich bleiben ⓫ (*fam: need, be at a loss for*) ■ **to be stuck for sth** etw brauchen; **I'm stuck for an idea** mir fällt gerade nichts ein; **I'm stuck for money at the moment** im Moment bin ich ein bisschen knapp bei Kasse *fam;* **he was stuck for words** er suchte [vergeblich] nach Worten ▸ PHRASES: **let the cobbler ~ to his last** *esp* BRIT (*prov*) Schuster bleib bei deinen Leisten *prov;* **everybody knows that money ~s to his fingers** jeder weiß, dass er gerne Geld mitgehen lässt; **to ~ in sb's throat** [*or* BRIT *a.* **gizzard**] [*or* BRIT *a.* **craw**] jdn wurmen *fam;* **to ~ to one's guns** (*refuse to give up*) nicht lockerlassen; **I'm ~ing to my guns** ich stehe zu dem, was ich gesagt habe; **to ~ to one's last** bei dem bleiben, was man wirklich kann; **mud ~s** irgendwie bleibt doch immer etwas hängen; **to ~ in sb's throat** jdm gegen den Strich gehen *fam* **II.** *vt* ❶ (*affix*) ■ **to ~ sth** etw kleben; **I forgot to ~ on a stamp** ich habe vergessen, eine Briefmarke darauf zu kleben; ■ **to ~ sth into sth** etw in etw *akk* einkleben; **to ~ sth into place/position** etw an die richtige Stelle kleben; ■ **to ~ sth to sth** etw an etw *dat* [an]kleben ❷ BRIT (*fam: tolerate*) ■ **to ~ sth/sb** etw/jdn ertragen [*o* aushalten]; **I can't ~ much more of this** ich halt's nicht mehr aus! *fam;* **I can't ~ her** ich kann sie nicht ausstehen ❸ (*fam: put*) ■ **to ~ sth somewhere: ~ your things wherever you like** stellen Sie Ihre Sachen irgendwo ab; **she stuck her fingers in her ears** sie steckte sich die Finger in die Ohren; **very young children often ~ things up their noses** Kleinkinder stecken sich oft irgendetwas in die Nase; **to ~ sth into a bag** etw in eine Tasche packen; **to ~ one's head around the door** seinen Kopf durch die Tür stecken; ■ **to ~ sth down sth** etw in etw *akk* stecken; ■ **to ~ sth on sth** etw auf etw *akk* legen; (*add*) **the sellers stuck another £5000 on the price** die Verkäufer verlangten noch einmal 5000 Pfund mehr; **I'll pay for lunch – I can ~ it on my expenses** ich zahle das Mittagessen – ich kann es absetzen ❹ (*pierce*) ■ **to ~ sth through sth** etw durch etw *akk* [hindurch]stoßen ❺ (*like very much*) ■ **to be stuck on sth** sich *dat* etw in den Kopf gesetzt haben; **the boss is stuck ~ on his plan to reorganize the office** der Chef will um jeden Preis das Büro umstrukturieren; ■ **to be stuck on sb** in jdn total verknallt sein *sl* ❻ *passive* ■ **to be stuck with sth** (*unable to get rid of*) etw [ungern] tun müssen *fam;* (*given an unpleasant task*) etw aufgehalst bekommen *fam;* ■ **to be stuck with doing sth** zu etw *dat* verdonnert werden ▸ PHRASES: **to ~ an accusation/a charge on sb** LAW jdm etw zur Last legen; **to ~ one's nose into sb's business** seine Nase in jds Angelegenheiten stecken; **I'll tell him where he can ~ his job** (*fam!*) den Job kann er sich sonst wohin stecken *sl*

◆ **stick around** *vi* (*fam*) da bleiben *fam*

◆ **stick back** *vt* ❶ (*fix*) ■ **to ~ sth ↔ back** etw zurückstecken; **he used to ~ his hair back with hair cream** er hat sich seine Haare immer mit Pomade zurückgeschmiert; **she stuck her hair back behind her ear** sie steckte sich die Haare hinter das Ohr ❷ (*fam: return to it's place*) ■ **to ~ sth back** etw zurückstellen

◆ **stick down** *vt* ❶ (*glue*) ■ **to ~ sth ↔ down** etw festkleben; **don't ~ down the flap** kleben Sie den Umschlag nicht zu ❷ (*fix hair*) **to ~ one's hair down** sein Haar feststecken

❸ (*fam: write hastily*) **to ~ sth down** [**on paper**] etw sofort aufschreiben

◆**stick in I.** *vi dart* stecken bleiben ▸ PHRASES: **to get stuck in** BRIT (*fam: start*) anfangen; (*start eating*) [mit dem Essen] anfangen; **get stuck in – don't let it get cold!** fangt schon mal an – lasst es nicht kalt werden! **II.** *vt* (*fam*) ❶ (*affix*) ■**to ~ sth in sth** etw in etw *akk* einkleben; **to ~ photographs in an album** Fotos in ein Album kleben ❷ (*put into*) ■**to ~ sth in**[**to**] **sth** etw in etw *akk* hineinstecken; **the killer stuck a knife into his victim's back** der Mörder stieß dem Opfer ein Messer in den Rücken; **the nurse stuck the needle into my arm** die Krankenschwester stach mir mit einer Nadel in den Arm

◆**stick out I.** *vt* ❶ (*make protrude*) **to ~ out one's hand** die Hand ausstrecken; **at a request bus stop you must ~ out your hand** wenn Sie an einer Bedarfshaltestelle aussteigen möchten, müssen Sie ein Handzeichen geben; **to ~ one's tongue out** die Zunge herausstrecken ❷ (*endure*) ■**to ~ it out** es [bis zum Ende] durchhalten **II.** *vi* ❶ (*protrude*) [her]vorstehen; *hair, ears* abstehen; *nail* herausstehen; **there was a handkerchief ~ing out of his jacket pocket** aus der Tasche seines Jacketts hing ein Taschentuch heraus; **I wish my stomach didn't ~ out so much** ich wünschte, mein Bauch würde nicht so hervorstehen; **I could see Bill's legs ~ing out from underneath his car** ich konnte Bills Beine unter dem Auto hervorragen sehen ❷ (*fig: be obvious*) offensichtlich sein; **the thing that really ~s out is the clashing colours** es fällt einem sofort auf, dass die Farben nicht zueinander passen; **to ~ out a mile** [*or* **like a sore thumb**] wie ein bunter Pudel auffallen *fam;* **she's in love with him – it ~s out a mile** sie ist in ihn verliebt – das sieht doch ein Blinder *fam* ❸ (*endure*) ■**to ~ out for sth** hartnäckig auf etw *dat* bestehen ▸ PHRASES: **to ~ one's neck out** eine Menge riskieren *fam*

◆**stick through** *vi* ■**to ~ through sth** durch etw *akk* ragen

◆**stick together I.** *vt* ■**to ~ sth** ↻ **together** etw zusammenkleben **II.** *vi* ❶ (*adhere*) zusammenkleben ❷ (*fig: not separate*) immer zusammen sein; (*inseparable*) unzertrennlich sein; **everybody must ~ together in the town** wenn wir in der Stadt sind, müsst ihr alle zusammenbleiben ❸ (*fig: remain loyal to each other*) zusammenhalten, zueinander stehen; (*help each other*) einander helfen

◆**stick up I.** *vt* (*fam*) ❶ (*attach*) ■**to ~ up** ↻ **sth** etw aufhängen; **to ~ up a notice** einen Aushang machen, eine Mitteilung aushängen ❷ (*raise*) ■**to ~ up** ↻ **sth** etw in die Höhe strecken; **to ~ up an umbrella in the air** einen Schirm in die Luft halten; **to ~ up** ↻ **one's hand** die Hand heben; **if you have a question, ~ your hand up** meldet euch, wenn ihr eine Frage habt; **~ your hands up** Hände hoch!; **~ 'em up!** (*fam*) Hände hoch! ❸ (*commit armed robbery against*) ■**to ~ up** ↻ **sb/sth** jdn/etw überfallen ▸ PHRASES: **to ~ one's nose up** [**in the air**] die Nase rümpfen; **to have one's nose stuck up in the air** hochnäsig sein **II.** *vi* ❶ (*protrude*) hochragen, emporragen; **to ~ up into the sky** in den Himmel ragen; **to ~ up out of the ground/water** aus dem Boden/Wasser ragen ❷ (*stand on end*) abstehen; **your hair's ~ing up all over the place** deine Haare stehen in alle Richtungen ab ❸ (*defend*) ■**to ~ up for sb/sth** sich *akk* für jdn/etw einsetzen, für etw *akk* eintreten; **I can ~ up for myself** ich komme schon allein zurecht ❹ (*support*) ■**to ~ up for sb** jdn unterstützen ❺ (*show defiance*) ■**to ~ up to sb** jdm trotzen [*o* die Stirn bieten]

sticka·bil·ity [ˌstɪkəˈbɪləti, AM -ət̬i] *n no pl* Durchhaltevermögen *nt*

stick·er [ˈstɪkəʳ, AM -ɚ] *n* ❶ (*adhesive label*) Aufkleber *m;* (*for collecting*) Sticker *m,* Klebebildchen *nt;* **~ album** Stickeralbum *nt;* **disabled ~** Behindertenaufkleber *m* (*am Auto*)*;* **price ~** Preisschild[chen] *nt* ❷ (*perseverer*) **to be a ~** Durchhaltevermögen haben, zäh sein ❸ (*fam: thorn*) Dorn *m*

'stick·er price *n* AM (*manufacturer's price*) Fabrikpreis *m*

'stick fig·ure *n* Strichmännchen *nt*

sticki·ness [ˈstɪkɪnəs] *n no pl* ❶ (*ability to adhere*) Klebefähigkeit *f;* (*texture*) Klebrigkeit *f;* (*fig: of a problem*) Brenzligkeit *f* ❷ (*sticky substance*) Klebrige(s) *nt kein pl* ❸ (*humidity*) *of the weather* Schwüle *f; of the air* Stickigkeit *f*

'stick·ing-out *adj attr ears* abstehend

'stick·ing plaster *n* BRIT [Heft]pflaster *nt* **'stick·ing point** *n* Streitfrage *f*

'stick in·sect *n* Gespenstheuschrecke *f* ▸ PHRASES: **to be as thin as a ~** BRIT spindeldürr sein **'stick-in-the-mud I.** *n* (*fam*) Muffel *m,* Spaßverderber(in) *m(f) pej fam* **II.** *adj attr, inv* altmodisch, rückständig

stick·le·back [ˈstɪk|bæk] *n* ZOOL Stichling *m*

stick·ler [ˈstɪkləʳ, AM -ɚ] *n* Pedant(in) *m(f) pej;* **to be a ~ about being on time/keeping records** es mit der Pünktlichkeit/dem Buchführen peinlich genau nehmen; **to be a ~ for accuracy/punctuality** pingelig auf Genauigkeit/Pünktlichkeit achten

'stick-on *adj attr, inv* Klebe-; **~ label** Klebeetikett *nt;* **~ price label** Preisaufkleber *m;* **~ name tag** Namensschild *nt* zum Ankleben; **~ sole** Schuhsohle *f* mit Haftschicht **'stick·pin** *n* AM (*tiepin*) Krawattennadel *f* **'stick shift** *n* AM (*gear lever*) Schalthebel *m* **stick-to-it-ive·ness** *n no pl* AM (*fam: perseverance*) Durchhaltevermögen *nt* **'stick-up** *n esp* AM (*fam*) Überfall *m*

sticky [ˈstɪki] *adj* ❶ (*texture*) klebrig; ■**to be ~ with sth** mit etw *dat* verklebt [*o* verschmiert] sein; **~ mass** klebrige Masse; **~ paint** [noch] feuchte Farbe ❷ (*sugary*) klebrig ❸ (*sweaty*) *person* verschwitzt; (*humid*) *weather* schwül; *air* stickig; **hot and ~** (*of weather*) heiß und stickig ❹ (*fig: difficult*) *person* schwierig; *question, situation* heikel; ■**to be ~ about doing sth** bei etw *dat* sehr zögern; **my dad was rather ~ about letting me go to the party** mein Vater ließ mich nur sehr ungern zu der Party gehen; **~ moment** kritischer Moment; **~ patch** schwierige Phase; **~ problem** kompliziertes Problem ▸ PHRASES: **to come to** [*or* **meet**] **a ~ end** ein böses Ende nehmen; **you'll come to a ~ end** mit dir wird es noch einmal ein schlimmes Ende nehmen; **to have ~ fingers** lange Finger haben *fam*

sticky 'bun *n* FOOD süßes Teilchen **'sticky tape** *n* BRIT, AUS Klebeband *nt* **sticky 'wick·et** *n* ❶ (*in cricket*) schwer bespielbare Spielbahn ❷ (*fig: difficult situation*) Klemme *f fam;* **this is something of a ~ you've got us into** du hast uns da ganz schön was eingebrockt *fam;* **to be batting on a ~** sich *dat* Schwierigkeiten einhandeln

stiff [stɪf] **I.** *n* ❶ (*fam: corpse*) Leiche *f* ❷ AM (*fig: conventional person*) Langweiler(in) *m(f);* **working ~** Prolet *m pej* ❸ AM (*fam: person*) **you lucky ~!** du Glückspilz! *fam* **II.** *adj* ❶ (*rigid*) steif (**with** vor +*dat*); *paper, lid* fest; **his clothes were ~ with dried mud** seine Kleidung starrte vor angetrocknetem Schmutz; **the handle on this door is rather ~** der Türgriff lässt sich schlecht bewegen; **to be** [**as**] **~ as a board** [*or* **poker**] steif wie ein Brett sein; **~ brush** harte Bürste; **~ cardboard** fester Karton; **~ collar** steifer Kragen ❷ (*sore*) *neck, joints* steif; *muscles* hart ❸ (*dense*) *paste* dick; *batter, mixture, dough* fest ❹ (*formal, reserved*) *manner* steif; *letter* unpersönlich, förmlich; (*forced*) *smile* gezwungen; **to keep a ~ upper lip** Haltung bewahren; **come on Richard, keep a ~ upper lip** komm, Richard, lass dir nichts anmerken ❺ (*strong*) *opposition* stark; *penalty, punishment* hart, schwer; *wind* stark, heftig; **~ brandy** starker Weinbrand; **~ breeze** steife Brise; **~ challenge** große Herausforderung; **~ criticism** herbe Kritik; **~ competition** harter Wettbewerb; **~ drink** harter Drink; **~ resistance** erbitterter Widerstand; **a ~ right/left** BOXING eine harte Rechte/Linke ❻ (*high*) [extrem] hoch; **~ cuts** einschneidende Kürzungen; **~ fee/tax** überzogene Gebühr/Steuer; **~ price** Wucherpreis *m pej,* gesalzener Preis *fam* ❼ (*difficult*) *question* schwer, schwierig; **~ climb/**

S

work-out anstrengende Klettertour/anstrengendes Fitnesstraining; ~ **test** SCH schwere Prüfung; TECH harter Test **III.** *adv inv* zu Tode *fam;* **I got frozen ~ waiting at the bus stop** ich wäre fast erfroren, als ich an der Bushaltestelle wartete; **I've been worried** ~ ich habe mir wahnsinnige Sorgen gemacht; **to be scared** ~ zu Tode erschrocken sein **IV.** *vt* AM (*fam*) ❶ (*cheat*) ■**to be ~ed** betrogen werden ❷ (*not tip*) **to ~ a porter/taxi driver/waiter** einem Gepäckträger/Taxifahrer/Kellner kein Trinkgeld geben ❸ (*snub*) ■**to ~ sb** jdn schneiden *fam* ❹ (*kill*) ■**to ~ sb** jdn kaltmachen *sl*

stiff·en ['stɪfᵊn] **I.** *vi* ❶ (*tense up*) sich *akk* versteifen; *muscles* sich *akk* verspannen; (*with nervousness*) *person* sich *akk* verkrampfen; (*with fear, fright*) erstarren; **his body ~ed in fear** er erstarrte vor Angst ❷ (*become denser*) *cream, egg whites* fest [*o* steif] werden ❸ (*become stronger*) stärker werden, sich *akk* verstärken; *resistance* wachsen **II.** *vt* ❶ (*make rigid*) **to ~ one's arms/legs** die Arme/Beine versteifen; **to ~ a collar** einen Kragen stärken [*o* steifen]; **to ~ one's muscles** die Muskeln anspannen ❷ (*make more difficult*) **to ~ criteria/requirements/standards** Kriterien/Anforderungen/Normen höherschrauben; **to ~ an exam** den Schwierigkeitsgrad einer Prüfung erhöhen ❸ (*make more severe*) **to ~ a fine** eine Geldstrafe erhöhen; **to ~ a penalty** [*or* **punishment**]**/the rules** eine Strafe/die Regeln verschärfen ❹ (*strengthen*) ■**to ~ sth** etw stärken [*o* verstärken]; *character* etw festigen; **these events have ~ed our resolve to succeed** diese Ereignisse haben uns in unserer Entschlossenheit zu siegen bestärkt; **to ~ competition** den Wettbewerb verschärfen; **to ~ the spine of sb** [*or* **sb's spine**] (*fig*) jdm den Rücken stärken

stiff·en·ing ['stɪfᵊnɪŋ] **I.** *n no pl* ❶ (*becoming rigid*) *of muscles, joints* Versteifung *f* ❷ FASHION (*rigid material*) Einlage *f,* Vliesstoff *m* **II.** *adj attr, inv* (*fig*) **~ing competition/resistance** sich *akk* verschärfender Wettbewerb/Widerstand; ~ **defence** SPORTS stärker werdende Abwehr; ~ **resolve** zunehmende Entschlossenheit

stiff-'joint·ed [-'dʒɔɪntɪd] *adj* steif, ungelenkig

stiff·ly ['stɪfli] *adv* ❶ (*rigidly*) **to sit/stand** ~ steif dasitzen/dastehen; (*with difficulty*) **to move** ~ sich *akk* steif bewegen ❷ (*fig: unfriendly*) steif; **I wrote a ~ worded letter of complaint** ich schrieb einen scharf formulierten Beschwerdebrief; **to smile** ~ steif [*o* gezwungen] lächeln

stiff-necked [-'nekt] *adj* (*pej*) ❶ (*stubborn*) halsstarrig *pej,* stur *pej* ❷ (*arrogant*) hochnäsig *pej fam,* arrogant *pej*

stiff·ness ['stɪfnəs] *n no pl* ❶ (*rigidity*) Steifheit; *of brakes* Steifigkeit *f; of dough, batter* Festigkeit *f; of muscles* Verspanntheit *f;* **to have ~ in one's muscles** (*from illness*) Muskelschmerzen haben; (*after exercise*) einen Muskelkater haben ❷ (*formal behaviour*) Steifheit *f,* Förmlichkeit *f* ❸ (*severity*) Härte *f; of a punishment, penalty, sentence* Schwere *f; of taxes, fees* Höhe *f*

stiff-up·per-lipped ['stɪfʌpəˌlɪpt, AM -ʌpɚ-] *adj* steif *fig*

stif·fy ['stɪfi] *n* (*vulg*) **to get/have a ~** einen Steifen kriegen/haben *vulg*

sti·fle ['staɪfl] **I.** *vi* ersticken; **we ~d in the heat of the city** (*fig*) wir sind in der Hitze der Stadt fast umgekommen *fam* **II.** *vt* ❶ (*smother*) ■**to ~ sb** jdn ersticken; **to ~ a fire/flames** ein Feuer/Flammen ersticken; **to be ~d by fumes/smoke** an Dämpfen/am Rauch ersticken ❷ (*fig: suppress*) ■**to ~ sth** etw unterdrücken; **I don't know how I managed to ~ my anger** ich weiß nicht, wie ich es geschafft habe, meinen Zorn hinunterzuschlucken; **to ~ competition** die Konkurrenz ausschalten; **to ~ a desire** sich *dat* einen Wunsch versagen; **to ~ a scream/yawn** einen Aufschrei/ein Gähnen unterdrücken; **to ~ the urge to laugh** sich *dat* das Lachen verbeißen

sti·fling ['staɪflɪŋ] *adj* ❶ (*smothering*) *fumes, smoke* erstickend; *air* zum Ersticken *nach n, präd;* (*fig*) *heat, humidity* drückend; *room* stickig; **it was hot and ~ in the train** im Zug war es heiß und stickig ❷ (*fig: repressive*) erdrückend; **we had to deal with a lot of ~ bureaucracy** wir mussten uns oft mit einer Bürokratie herumschlagen, die jede Initiative im Keim erstickte

sti·fling·ly ['staɪflɪŋli] *adv* ~ **hot/humid** drückend heiß/schwül; (*fig*) erdrückend

stig·ma ['stɪgmə] *n* ❶ MED (*of a disease*) Symptom *nt,* Stigma *nt fachspr;* (*mark on skin*) Mal *nt* ❷ (*shame*) Stigma *nt geh;* **the ~ of unemployment** das Stigma der Arbeitslosigkeit; **social ~** gesellschaftlicher Makel ❸ BOT Narbe *f*

stig·ma·ta [stɪg'mɑːtə, AM -t̬ə] *npl* REL Wundmale *ntpl,* Stigmata *ntpl*

stig·ma·tize ['stɪgmətaɪz] *vt* ■**to ~ sb** ❶ (*mark*) jdn brandmarken; **to ~ sb as dishonest/a delinquent/an alcoholic** jdn als unehrlich/Kriminellen/Alkoholiker abstempeln [*o geh* brandmarken] ❷ REL jdn stigmatisieren

stile [staɪl] *n* Pfosten *m; of a door* Höhenfries *m*

sti·let·to <*pl* -os> [stɪ'letəʊ, AM -'let̬oʊ] *n* ❶ (*knife*) Stilett *nt* ❷ (*shoe*) Pfennigabsatz *m;* ■**~s** *pl* Schuhe *mpl* mit Pfennigabsätzen

sti·let·to 'heel *n* Pfennigabsatz *m*

still[1] [stɪl] **I.** *n* ❶ *no pl* (*peace and quiet*) Stille *f;* **in the ~ of the night** in der Stille der Nacht ❷ *usu pl* (*photo of film scene*) Standfoto *nt;* (*single frame*) Einzelaufnahme *f* **II.** *adj* ❶ (*quiet and peaceful*) ruhig, friedlich; *lake, sea* ruhig; *air* windstill ❷ (*motionless*) reglos, bewegungslos; ~ **photo** Standfoto *nt;* **to be ~ as a statue** regungslos wie eine Statue sein; **to keep** ~ still halten, sich *akk* nicht bewegen; **to keep ~ about sth** (*fig*) über etw *akk* schweigen; **to sit/stand** ~ still sitzen/stehen ❸ *inv* (*not fizzy*) *drink* ohne Kohlensäure *nach n; mineral water* still, ohne Kohlensäure *nach n; wine* nicht moussierend ▶ PHRASES: **a ~ small voice** ein leises Stimmchen; ~ **waters run deep** (*prov*) stille Wasser sind tief *prov* **III.** *vt* ❶ (*stop movement*) ■**to ~ sb** jdn zur Ruhe bringen; ■**to ~ sth** etw zum Stillstand bringen ❷ (*calm*) **to ~ sb's doubts/fears/worries** jdm seine Ängste/Zweifel/Bedenken nehmen; **to ~ public anxiety about sth** die allgemeine Besorgnis über etw *akk* zerstreuen; **to ~ sb's complaining/protests** jds Beschwerden/Proteste zum Verstummen bringen; **she cuddled her baby to ~ its cries** sie knuddelte ihr Baby, damit es aufhörte zu schreien

still[2] [stɪl] *adv inv* ❶ (*continuing situation*) [immer] noch, noch immer; (*in future as in past*) nach wie vor; **I'm ~ hungry** ich habe immer noch Hunger; **we've ~ got some wine left over from the party** wir haben von dem Fest noch ein paar Flaschen Wein übrig; **there's ~ time for us to get to the cinema before the film starts** wir können es noch schaffen, ins Kino zu kommen, bevor der Film anfängt; **to be ~ alive** noch leben [*o* am Leben sein]; **to be ~ possible** immer noch möglich sein ❷ (*nevertheless*) trotzdem; **I know you don't like her but you ~ don't have to be so rude to her** ich weiß, du kannst sie nicht leiden, aber deswegen brauchst du nicht gleich so unhöflich zu ihr zu sein; **..., but he's ~ your brother ...** er ist immer noch dein Bruder; **even though she hasn't really got the time, she ~ offered to help** obwohl sie eigentlich gar keine Zeit hat, hat sie dennoch angeboten zu helfen; ~ **and all** *esp* AM [und] dennoch [*o* doch] ❸ (*greater degree*) noch; ~ **further/higher/more** noch weiter/höher/mehr; **to want ~ more** immer noch mehr wollen; **better/worse** ~ noch besser/schlimmer, besser/schlimmer noch; **I'll meet you at the theatre – no, better ~, let's meet in a pub** ich treffe dich im Theater – oder nein, treffen wir uns besser in einem Pub

still[3] [stɪl] *n* ❶ (*distillery*) Brennerei *f;* **moonshine/whisky ~** Schwarz-/Whiskybrennerei *f;* **illicit ~** Schwarzbrennerei *f,* illegale Brennerei ❷ (*appliance*) Destillierapparat *m*

'still·birth *n* Totgeburt *f* **'still·born** *adj inv baby, animal young* tot geboren; (*fig*) *ideas, plans, proposals* nicht umsetzbar [*o* realisierbar]; **she gave birth to a ~ baby** sie hatte eine Totgeburt **still 'life** <*pl* -s> *n* ① (*painting*) Stillleben *nt* ② *no pl* (*style*) Stilllebenmalerei *f* **'still-life** *adj attr, inv* ~ **drawing** Stillleben *nt*, Zeichnung *f* eines Stilllebens; ~ **painting** Stillleben *nt;* ~ **painter** Maler(in) *m(f)* von Stillleben

still·ness ['stɪlnəs] *n no pl* ① (*tranquillity*) Stille *f*, Ruhe *f* ② (*lack of movement*) *of the air, trees* Unbewegtheit *f*, Bewegungslosigkeit *f; of a person* Reglosigkeit *f*

Stillson ['stɪlsᵊn] *n*, **Stillson wrench** *n* Stillson-Schlüssel *m*

stilt [stɪlt] *n usu pl* ① (*post*) Pfahl *m;* **to be built on** ~**s** auf Pfählen gebaut sein; **house built on** ~**s** Pfahlbau *m* ② (*for walking*) Stelze *f;* **a pair of** ~**s** Stelzen *fpl;* **to walk on** ~**s** auf Stelzen laufen

stilt·ed ['stɪltɪd] *adj* (*pej: stiff and formal*) *way of talking* gestelzt *pej;* (*not natural*) *behaviour* unnatürlich, gespreizt *pej;* **to have a** ~ **conversation** eine hochtrabende Unterhaltung führen

stilt·ed·ly ['stɪltɪdli] *adv* gestelzt *pej*, geschraubt *pej fam*

Stil·ton ['stɪltᵊn] *n no pl* Stilton *m* (*Käsesorte*)

stimu·lant ['stɪmjələnt] **I.** *n* ① (*boost*) Stimulanz *f*, Anreiz *f;* **to act as** [*or* **be**] **a** ~ **to development/the economy/growth** die Entwicklung/die Wirtschaft/das Wachstum ankurbeln ② MED (*drug*) Stimulans *nt;* SPORTS Aufputschmittel *nt;* **to act as a** ~ **to sth** auf etw *akk* anregend wirken **II.** *adj attr* anregend, belebend

stimu·late ['stɪmjəleɪt] **I.** *vt* ① (*encourage*) ■**to** ~ **sth** etw beleben [*o* ankurbeln]; ■**to** ~ **sb to do sth** jdn anspornen [*o* anregen], etw zu tun; ■**to** ~ **sb into doing sth** jdn dazu bringen, etw zu tun; **we want to** ~ **the authorities into taking action** wir wollen die Behörden zum Handeln bringen; **to** ~ **discussion of a problem** eine Diskussion über ein Problem in Gang bringen; **to** ~ **the economy** die Wirtschaft ankurbeln; **to** ~ **enthusiasm/interest** Begeisterung/Interesse erregen ② (*excite*) ■**to** ~ **sb/sth** jdn/etw stimulieren; ■**to be** ~**d by sth** (*mentally*) durch etw *akk* stimuliert werden; (*sexually*) durch etw *akk* erregt werden; **to** ~ **the conversation** die Unterhaltung beleben; **to** ~ **sb's mind** jds Geist *m* anregen ③ MED (*activate*) **the drugs** ~ **the damaged tissue into repairing itself** die Medikamente regen das beschädigte Gewebe dazu an, sich zu regenerieren; **to** ~ **a gland/the immune system** eine Lymphdrüse/das Immunsystem aktivieren [*o* stimulieren]; **to** ~ **a nerve** einen Nerv reizen **II.** *vi* begeistern, mitreißen

stimu·lat·ing ['stɪmjəleɪtɪŋ, AM -t̬-] *adj* ① (*mentally*) stimulierend; *conversation, discussion* anregend; *atmosphere, environment* animierend; **she is a really** ~ **teacher** sie ist eine begeisternde Lehrerin; ■**to be** ~ *experience, time* neue Impulse geben; *ideas* zum Nachdenken anregen ② (*sexually*) erregend, stimulierend ③ (*physically*) *shower, exercise* belebend; *drug* stimulierend

stimu·la·tion [ˌstɪmjə'leɪʃᵊn] *n no pl* ① (*mental*) Anregung *f;* (*physical*) belebende Wirkung; (*sexual*) Stimulieren *nt*, Erregen *nt;* **intellectual** ~ geistige Anregung ② (*motivation*) *of the economy* Ankurbelung *m;* (*of interest, enthusiasm*) Erregung *f* ③ MED *of a gland, the immune system* Stimulation *f; of a nerve* Reizen *nt;* **electric** ~ Elektrostimulation *f*

stimu·la·tive ['stɪmjələtɪv, AM -leɪt̬ɪv] **I.** *n* ① (*mental*) Anreiz *m kein pl* ② (*drug*) Stimulans *nt* **II.** *adj* anregend, belebend

stimu·li ['stɪmjəlaɪ] *n pl of* **stimulus**

stimu·lus <*pl* -li> ['stɪmjələs, *pl* -laɪ] *n* ① (*economic boost*) Anreiz *m*, Stimulus *m geh;* **foreign investment has been a** ~ **to the industry** ausländische Investitionen haben der Industrie Aufschwung gegeben ② (*motivation*) Ansporn *m kein pl*, Antrieb *m kein pl* ③ BIOL, MED Reiz *m*, Stimulus *m fachspr*

sting [stɪŋ] **I.** *n* ① BIOL *of a bee, hornet* Stachel *m; of a jellyfish* Brennfaden *m; of a plant* Brennhaar *nt* ② (*wound*) Stich *m; of jellyfish* Brennen *nt;* **bee/hornet/wasp** ~ Bienen-/Hornissen-/Wespenstich *m* ③ *no pl* (*from antiseptic, ointment*) Brennen *nt;* (*from needle*) Stechen *nt;* (*from whip*) brennender Schmerz; ~ **of defeat** (*fig*) schmerzliche Niederlage; ~ **of remorse** Gewissensbisse *mpl* ④ *no pl* (*harshness*) *of a remark, irony, satire* Stachel *m; of a voice, criticism* Schärfe *f;* **I will never forget the** ~ **of his words** ich werde die Kränkung durch seine Worte niemals vergessen ⑤ AM (*fam: theft*) großer Coup ⑥ AM (*fam: police operation*) Undercovereinsatz *m* ▶ PHRASES: **to have a** ~ **in the tail** (*have surprising end*) eine Pointe haben; (*have negative aspect*) eine Kehrseite haben; **to take the** ~ **out of sth** etw *dat* den Stachel nehmen **II.** *vi* <stung, stung> *bee, hornet* stechen; *disinfectant, sunburn* brennen; *wound, cut* schmerzen, wehtun; (*fig*) *words, criticism* schmerzen **III.** *vt* <stung, stung> ① (*wound*) ■**to** ~ **sb** *insect* jdn stechen; *jellyfish* jdn brennen; **I was stung by the nettles** ich habe mich an den Nesseln verbrannt ② (*cause pain*) **the vodka stung her throat** der Wodka brannte ihr im Hals; **his conscience stung him for weeks after the incident** (*fig*) sein Gewissen plagte ihn nach dem Unfall noch wochenlang; **to** ~ **sb's eyes** *sand, wind, hail* jdm in den Augen brennen ③ (*upset*) ■**to** ~ **sb** jdn verletzen [*o* kränken]; **he was stung by her criticisms** ihre Kritik hat ihn tief getroffen ④ BRIT, AUS (*goad*) ■**to** ~ **sb into sth** jdn zu etw *dat* aufstacheln; **the negative comments stung me into action** die abfälligen Bemerkungen ließen mich aktiv werden ⑤ (*swindle*) ■**to** ~ **sb** jdn übers Ohr hauen *fam* [*o sl* abzocken]; (*overcharge*) jdn schröpfen *fam;* ■**to** ~ **sb** [**for**] **sth** jdm etw abknöpfen *fam;* **the bank stung me £50 in charges when I went overdrawn** als ich das Konto überzogen hatte, hat mir die Bank eine Überziehungsgebühr von 50 Pfund aufgebrummt; **to** ~ **sb with higher fees/surcharges/new taxes** jdm höhere Gebühren/Zuschläge/neue Steuern aufbrummen *fam*

sting·er ['stɪŋəʳ, AM -ɚ] *n* ① (*fam: animal*) stechendes Insekt; (*plant*) brennende Pflanze ② AM, AUS (*insect part*) Stachel *m* ③ (*slap*) Ohrfeige *f* ▶ PHRASES: **to have a** ~ **in it** AM (*have surprise ending*) überraschend enden; (*have negative aspect*) einen Haken haben *fam*

stin·gi·ly ['stɪndʒɪli] *adv* (*pej fam*) knaus[e]rig *pej fam*, knick[e]rig *pej fam*

stin·gi·ness ['stɪndʒɪnəs] *n no pl* Geiz *m*, Knaus[e]rigkeit *f pej fam*, Knick[e]rigkeit *f pej fam*

sting·ing ['stɪŋɪŋ] *adj attr* ① *inv* ZOOL *insect* stechend ② (*painful*) *pain* brennend; *cut, wound* schmerzend ③ (*fig: hurtful*) *remark, words, criticism* verletzend, kränkend; *reply, rebuke* scharf; (*harsh*) *voice, tone* scharf

'sting·ing net·tle *n* Brennnessel *f*

sting·ray ['stɪŋreɪ] *n* Stachelrochen *m*

stin·gy ['stɪndʒi] *adj* (*fam*) geizig, knaus[e]rig *pej fam*, knick[e]rig *pej fam;* **to be** ~ **with money** mit Geld knausern; **to be** ~ **with praise/compliments** mit Lob/Komplimenten geizen

stink [stɪŋk] **I.** *n* ① *usu sing* (*smell*) Gestank *m;* **what's that** ~**?** was ist das für ein Gestank? ② *usu sing* (*fam: trouble*) Stunk *m pej fam*, Knatsch *m* DIAL; **to cause a** ~ Stunk geben *fam*, Staub aufwirbeln *fam;* **to create** [*or* **kick up**] [*or* **raise**] **a** ~ [**about sth**] [wegen einer S. *gen*] Stunk machen *fam;* **please don't raise a** ~ bitte mach jetzt keinen Aufstand *fam;* **to work like** ~ BRIT hart [*o* wie ein Verrückter] schuften *fam* ③ BRIT (*fam: chemistry*) ■~**s** + *sing vb* Chemie *f* **II.** *vi* <stank *or* stunk, stunk> ① (*smell bad*) stinken; **your feet** ~**!** du hast Käs[e]füße *pej sl;* ■**to** ~ **of sth** nach etw *dat* stinken; **to** ~ **to high heaven** furchtbar [*o sl* zum Himmel] stinken ② (*fig fam: be bad*) sauschlecht [*o* miserabel] sein *fam;* **his acting** ~**s** er ist ein miserabler Schauspieler; **to** ~ **at cooking** ein miserabler Koch sein *fam;* **to** ~ **at maths/sports** in Mathe/Sport eine Niete sein *fam* ③ (*fig fam: be disreputable*) stinken *fam;* (*be wrong*) zum Himmel stinken *sl*, faul sein *fam;* **I think her whole attitude** ~**s** ich finde ihre ganze Einstellung einfach zum Kotzen *sl;* **I think the whole business** ~**s** ich finde, die

S

ganze Angelegenheit stinkt *sl* ❹ (*fig fam: have a lot*) **to ~ of money** vor Geld stinken *sl*, Geld wie Heu haben *fam;* **to ~ of wealth** stinkreich sein *sl*

◆**stink out** *vt* BRIT, AUS, **stink up** *vt* AM ■**to ~ out** [*or* **up**] ◯ **sth** *a room* etw verstänkern [*o* verstinken] *fam*

'stink bomb *n* Stinkbombe *f*

stink·er ['stɪŋkəʳ, AM -ɚ] *n* ❶ (*pej fam: person*) Fiesling *m pej sl;* **what a ~ that man is!** was ist er nur für ein Ekel! *pej fam;* **you little ~** du kleines Ekel *pej fam* [*o pej derb* mieses kleines Stück] ❷ (*fam: sth difficult*) harter Brocken; **the first question was a real ~** die erste Frage war echt happig *fam* ❸ (*fam!: flatulation*) Furz *m derb*

stink·ing ['stɪŋkɪŋ] **I.** *adj attr, inv* ❶ (*bad smelling*) stinkend ❷ (*fam: bad*) beschissen *pej sl;* **I hate this ~ job!** ich hasse diese Scheißarbeit! *pej derb;* **she had a ~ cold** sie hatte eine saumäßige Erkältung *sl* **II.** *adv* (*fam*) stink- *sl;* **~ drunk** stockbetrunken *fam*, sturzbesoffen *derb;* **~ rich** stinkreich *sl*

stinko ['stɪŋkoʊ] *adj* (*fam*) sturzbesoffen *derb*, sternhagelvoll *sl*

'stink·pot *n esp* AM (*fam*) ❶ (*car*) Dreckschleuder *f pej derb* ❷ (*pej: person*) Stinker *m pej sl*, widerlicher Kerl *pej*

stinky ['stɪŋki] *adj* (*fam*) ❶ (*smelly*) stinkig *pej sl* ❷ (*unpleasant*) beschissen *pej sl*

stint [stɪnt] **I.** *n* ❶ (*restricted amount of work*) [Arbeits]pensum *nt*, Aufgabe *f;* (*share*) [Arbeits]beitrag *m;* **to do one's ~** seinen Teil beitragen ❷ (*restricted time of work*) Zeit *f;* **he has just finished his ~ of compulsory military service** er hat soeben die vorgeschriebene Wehrdienstzeit abgeleistet; **her most productive period was her five-year ~ as a foreign correspondent** ihre produktivste Zeit waren die fünf Jahre, die sie als Auslandskorrespondentin verbrachte ❸ *no pl* (*limitation*) ■**without ~** ohne Einschränkung **II.** *vt* ■**to ~ sth** mit etw *dat* sparen [*o fam* knausern]; **the company ~s money on safety measures in the factory** die Firma spart bei den Sicherheitsmaßnahmen in der Fabrik; ■**to ~ oneself** sich *akk* zurückhalten; **don't ~ yourself – help yourself!** nur zu – bedienen Sie sich! **III.** *vi* ■**to ~ on sth** mit etw *dat* sparen [*o* geizen]

sti·pend ['staɪpend] *n* ❶ (*income*) Gehalt *nt;* BRIT (*for a priest*) Gehalt *nt* eines Priesters, Priestergehalt *nt* ❷ (*scholarship*) Stipendium *nt*

sti·pen·di·ary [staɪ'pendiᵊri, AM -dieri] **I.** *adj inv* nicht ehrenamtlich; **~ magistrate** BRIT besoldeter Friedensrichter/besoldete Friedensrichterin **II.** *n* Stipendiat(in) *m(f)*

stip·ple ['stɪpl] ART **I.** *vt* ■**to ~ sth** etw in Tupfentechnik malen [*o* tupfen]; **fish ~d in gold and black** (*fig*) gold und schwarz gepunktete Fische **II.** *n no pl* Tupfentechnik *f*

stip·pled ['stɪpl̩d] *adj* ART getupft, mit Tupfen *nach n*

stip·pling ['stɪpl̩ɪŋ] *n no pl* ART Tupfentechnik *f*, Technik *f* des Pointillismus *fachspr*

stipu·late ['stɪpjəleɪt] *vt* ■**to ~ sth** *person* etw verlangen [*o* fordern] [*o* zur Bedingung machen]; *contract* etw festlegen [*o fachspr* stipulieren]; *law, legislation* etw zur Auflage machen [*o* vorschreiben]; **to ~ conditions** Bedingungen festlegen [*o* festsetzen]

stipu·la·tion [ˌstɪpjə'leɪʃᵊn] *n* Auflage *f*, Bedingung *f; in contract* Klausel *f;* **with the ~ that ...** unter der Bedingung, dass ...

stir [stɜːʳ, AM stɜːr] **I.** *n usu sing* ❶ (*with spoon*) [Um]rühren *nt;* **to give sth a ~** etw umrühren ❷ (*physical movement*) Bewegung *f;* (*of emotion*) Erregung *f;* **a ~ of anger** ein Anflug *m* von Wut; **to cause a ~ of interest** Interesse wecken ❸ (*excitement*) Aufruhr *f;* **to cause** [*or* **create**] **a ~** Aufsehen erregen ❹ (*fam*) Knast *m fam;* **to be in ~** sitzen *fam* **II.** *vt* <-rr-> ❶ (*mix*) ■**to ~ sth** etw rühren; ■**to ~ sth into sth** etw in etw *akk* [hin]einrühren; **~ the eggs into the batter one at a time** rühren Sie die Eier einzeln unter den Teig; **to ~ the batter/the dough** den [Ausback]teig/den Teig rühren; **to ~ the coffee/the soup/the tea** den Kaffee/die Suppe/den Tee umrühren; **to ~ a fire** ein Feuer [an]schüren; **he ~red the coals with a poker** er stocherte mit einem Schürhaken in den Kohlen ❷ (*physically move*) ■**to ~ sth** etw rühren [*o* bewegen]; **she wouldn't ~ a finger to help anyone** sie würde keinen Finger rühren, um jemandem zu helfen; ■**to ~ oneself** sich *akk* bewegen; **come on, ~ yourselves, or you'll be late** kommt, macht voran, sonst kommt ihr noch zu spät *fam;* **to ~ the curtains/the leaves** *wind, breeze* die Vorhänge/die Blätter bewegen; **to ~ one's stumps** BRIT (*fam*) sich *akk* in Bewegung setzen *fam;* **to ~ water** Wasser kräuseln ❸ (*awaken*) **to ~ sb from a dream/reverie** jdn aus einem Traum/Träumereien reißen ❹ (*arouse*) ■**to ~ sb** jdn bewegen [*o* rühren]; **I was deeply ~red by her moving performance** ich war von ihrem ergreifenden Auftritt tief bewegt; **to ~ anger/curiosity** Ärger/Neugier erregen; **to ~ the blood** das Blut in Wallung versetzen; **to ~ emotions** Emotionen aufwühlen; **to ~ sb's heart** jds Herz *nt* rühren [*o* bewegen]; **to ~ the imagination** die Fantasie anregen; **to ~ memories** [alte] Erinnerungen wachrufen [*o* wecken]; **to ~ pity** Mitleid erregen ❺ (*inspire*) **to ~ sb into action** jdn zum Handeln bewegen; **to ~ trouble** AM Unruhe stiften; ■**to ~ sb to do sth** jdn dazu bewegen, etw zu tun **III.** *vi* <-rr-> ❶ (*mix*) rühren ❷ (*move*) sich *akk* regen; *person also* sich *akk* rühren [*o* bewegen]; *grass, water, curtains* sich *akk* bewegen; **after three years of recession, the property market is beginning to ~ again** (*fig*) nach drei Jahren Rezession kommt der Immobilienmarkt wieder in Bewegung; **to ~ from** [*or* **out of**] **one's bed/house/room** das Bett/Haus/Zimmer verlassen ❸ (*awaken*) wach werden, aufwachen; **it was so early, not a soul was ~ring** es war so früh, dass noch keine Menschenseele wach war; ■**to ~ within sb** (*fig*) *emotions* sich *akk* in jdm regen ❹ (*circulate*) *rumour, news* die Runde machen *fam* ❺ BRIT, AUS (*cause trouble*) Unruhe stiften; (*spread gossip*) Gerüchte in Umlauf bringen

◆**stir in** *vt* ■**to ~ sth** ◯ **in** etw einrühren; *ingredients* etw unterrühren

◆**stir up** *vt* ❶ (*mix*) ■**to ~ up** ◯ **sth** etw umrühren ❷ (*raise*) **to ~ up dust/leaves** Staub/Blätter aufwirbeln ❸ (*cause intentionally*) **to ~ up discontent** Unzufriedenheit entfachen; **to ~ up dissention** Zwietracht säen; **to ~ up a mutiny/revolution/riot** eine Meuterei/eine Revolution/einen Aufstand anzetteln; **to ~ up sedition** Volksverhetzung betreiben; **to ~ up trouble/unrest** Ärger/Unruhe stiften ❹ (*start*) **to ~ up a crisis** eine Krise auslösen; **to ~ up a dispute/feud** einen Streit/eine Fehde entfachen; **to ~ up rivalry between sb and sb** zu einer Rivalität zwischen jdm und jdm führen ❺ (*agitate*) **to ~ up the crowd/mob** die Menge/den Pöbel aufhetzen [*o* aufwiegeln] ❻ (*arouse*) **to ~ up anger/interest/resentment** Ärger/Interesse/Groll erregen; **to ~ up enthusiasm/hope/sympathy** Begeisterung/Hoffnung/Sympathie wecken; **to ~ up excitement/ill-feeling** Aufregung/Unbehagen verursachen; **to ~ up hatred** Hass hervorrufen; **to ~ up support** Unterstützung gewinnen ❼ (*cause a commotion*) ■**to ~ sb** ◯ **up** jdn in Aufregung versetzen [*o fam* aufmischen]; **to ~ things up** einen Wirbel verursachen ▶ PHRASES: **to ~ up a hornet's nest** in ein Wespennest stechen

'stir-cra·zy *adj* AM (*fam*) ■**to be ~** einen Gefängniskoller haben *fam;* **to go ~** meschugge werden *fam*, einen Koller kriegen *fam* **'stir-fried** *adj inv* FOOD [unter Rühren] kurz angebraten **'stir-fry I.** *n* Chinapfanne *f;* **vegetable ~** chinesische Gemüsepfanne **II.** *vi* <-ie-> kurz anbraten **III.** *vt* <-ie-> **to ~ chicken/pork/vegetables** Huhn/Schweinefleisch/Gemüse kurz anbraten

stir·rer ['stɜːrəʳ, AM 'stɜːrɚ] *n* ❶ (*kitchen tool*) Rührlöffel *m* ❷ (*troublemaker*) Störenfried *m*, Unruhestifter(in) *m(f) pej;* (*agitator*) Scharfmacher(in) *m(f) pej fam*

stir·ring ['stɜːrɪŋ] **I.** *n* Regung *f;* **he felt the ~ of national pride within him** er fühlte Nationalstolz in sich aufkommen; **to feel a faint ~ of envy** einen Anflug von Neid verspüren; **a ~ of interest** ein erstes Interesse **II.** *adj appeal, song, sermon,* *speech* bewegend, aufwühlend

stir·ring·ly ['stɜːrɪŋli] *adv* bewegend; **to preach/speak ~** eine bewegende Predigt/Rede halten

stir·rup ['stɪrəp, AM 'stɜːr-] *n* ❶ *(on saddle)* Steigbügel *m* ❷ ANAT Steigbügel *m* ❸ *(leggings)* ■ **~s** *pl* Steghose *f*

'stir·rup cup *n esp* BRIT Abschiedstrunk *m* **'stir·rup pants** *npl* Steghose *f* **'stir·rup pump** *n* TECH Handspritze *f*

stitch [stɪtʃ] **I.** *n* <*pl* -es> ❶ *(in sewing)* Stich *m;* *(in knitting, crocheting)* Masche *f;* **to cast on/off a ~** eine Masche anschlagen/abketten; **to drop a ~** eine Masche fallen lassen ❷ *(method)* Stichart *f;* *(style)* Stich *m;* **blanket/cross ~** Langetten-/Kreuzstich *m;* **lazy daisy ~** Millefleursstickerei *f;* **satin ~** *(sewing)* Raupenstich *m;* *(embroidery)* Plattstich *m* ❸ *(knitting pattern)* Strickmuster *nt;* **cable ~** Zopfmuster *nt* ❹ *(for a wound)* Stich *m;* **her head wounds needed 5 ~es** ihre Kopfwunde musste mit 5 Stichen genäht werden; **to have one's ~es taken out** die Fäden gezogen bekommen ❺ *(fam: the smallest amount)* Geringste(s) *nt;* **I haven't got a ~ to wear** ich habe gar nichts anzuziehen; **to not have a ~ on** splitterfasernackt sein; **without a ~ on** splitter[faser]nackt ❻ *(pain)* Seitenstechen *nt kein pl;* **to get a ~** Seitenstechen bekommen; **to be in ~es** *(fig)* sich *akk* schieflachen [*o* [halb] totlachen] *fam;* **to have** [*or* **keep**] **sb in ~es** *(fig)* jdn furchtbar zum Lachen bringen *fam* ▸ PHRASES: **a ~ in time saves nine** *(prov)* was du heute kannst besorgen, das verschiebe nicht auf morgen *prov* **II.** *vi* sticken; *(sew)* nähen **III.** *vt* ❶ *(in sewing)* ■ **to ~ sth** etw nähen; **to ~ a button onto sth** einen Knopf an etw *akk* [an]nähen; **to ~ a hem** einen Saum nähen; **to ~ a hole** ein Loch stopfen; **to ~ a rip** [*or* **tear**] einen Riss nähen [*o* DIAL flicken] ❷ *(by doctor)* **to ~ a cut/wound** eine Schnittwunde/Wunde nähen ❸ *(in books)* ■ **to ~ sth** etw [zusammen]heften [*o* broschieren]

◆ **stitch together** *vt* ■ **to ~ sth** ⊂ **together** ❶ *(in sewing)* etw zusammennähen ❷ *(fig: make hastily)* etw zusammenschustern *pej fam;* **to ~ together a deal** einen Handel zusammenschustern

◆ **stitch up I.** *vt* ❶ *(sew)* **to ~ up** ⊂ **a hem** einen Saum hoch nähen; **to ~ up a hole** ein Loch stopfen; **to ~ up a rip** einen Riss nähen; **they are attempting to ~ up the political fabric in the Middle East** *(fig)* sie versuchen das politische Gefüge im Nahen Osten wieder zu kitten ❷ MED **to ~ up** ⊂ **sth** *wound, cut* etw nähen; **she was ~ed up** sie wurde genäht *fam* ❸ *(fam: finalize)* ■ **to ~ up** ⊂ **sth** etw durchziehen *fam;* **to ~ up an agreement** einen Vertrag unter Dach und Fach bringen; **to ~ up a deal** einen Handel durchziehen *fam* ❹ BRIT *(fam: frame)* ■ **to ~ sb** ⊂ **up** jdn linken [*o* reinlegen] *fam;* **he claims he was ~ed up by the police** er behauptet, dass die Polizei ihm etwas angehängt hat **II.** *vi* vernähen

stitch·ing ['stɪtʃɪŋ] *n* *(sewing)* Naht *f;* *(decorative sewing)* Ziernaht *f;* *(embroidery)* Stickerei *f*

'stitch-up *n* BRIT *(fam)* abgekartete Sache *fam;* **he claimed that it was a ~** er behauptete, dass er hereingelegt worden sei

St John's wort [sᵊnt'dʒɒnz,wɜːt, AM seɪnt'dʒɑːnz,wɜːrt] *n* Johanniskraut *nt*

stoat [stəʊt, AM stoʊt] *n* Hermelin *nt*

stock[1] [stɒk, AM stɑːk] *n* ❶ *no pl* FOOD Brühe *f;* **beef/chicken/vegetable ~** Fleisch-/Hühner-/Gemüsebrühe *m;* **fish ~** Fischfond *m* ❷ *(garden flower)* Levkoje *f;* **Brompton ~** Brompton Levkoje *f* ❸ *(stem of tree)* Stamm *m;* *(for grafting)* Wildling *m,* Unterlage *f;* **dwarfing ~** Pfropfunterlage *f* für einen Zwergbaum ❹ *(handle)* *of a tool* [Werkzeug]griff *m;* *of a gun* Gewehrkolben *m,* [Gewehr]schaft *m* ❺ *(neckwear)* steifer Kragen; *(for clergy)* Halsbinde *f* ❻ *(hist: for punishment)* ■ **the ~s** *pl* der Stock *kein pl* ❼ NAUT *(on dry dock)* ■ **~s** *pl* Baudock *nt*

stock[2] [stɒk, AM stɑːk] **I.** *n* ❶ *(reserves)* Vorrat *m* (**of** an +*dat*); **a ~ of canned food/oil/wine/wood** ein Konserven-/Öl-/Wein-/Holzvorrat *m;* **housing ~** Bestand *m* an Wohnhäusern; **a ~ of data/information** *(fig)* Daten-/Informationsmaterial *nt;* **a ~ of knowledge** *(fig)* ein Wissensschatz *m* ❷ *no pl* *(inventory)* Bestand *m;* **there has been such a demand for this item that we've run out of ~** die Nachfrage nach diesem Artikel war so groß, dass er uns ausgegangen ist; **to be in/out of ~** vorrätig/nicht vorrätig sein; **to have sth in ~** etw führen; **to take ~** Inventur machen; **to take ~ of one's life** *(fig)* Bilanz aus seinem Leben ziehen ❸ ■ **~s** *pl* AM *(shares in a company)* Aktien *fpl;* BRIT *(government shares)* Staatspapiere *ntpl,* Staatsanleihen *fpl;* **~s and bonds** Aktien *fpl* und Obligationen *fpl;* **~ and shares** Wertpapiere *ntpl,* Börsenpapiere *ntpl,* Effekten *pl* ❹ *no pl* *(money invested in government)* Anleiheschuld *f* des Staates ❺ *no pl* *(capital from shares)* Grundkapital *nt* *(einer AG)* ❻ *no pl* *(livestock)* Viehbestand *m* ❼ *no pl* *(line of descent)* Abstammung *f,* Herkunft *f;* *(breeding line)* *of animals* Stammbaum; **she's of noble/peasant ~** sie stammt aus einer Adels-/Bauernfamilie ❽ *no pl* *(fig: popularity)* Popularität *f;* **the Chancellor's ~ was pretty low** der Kanzler schnitt bei den Meinungsumfragen ziemlich schlecht ab ❾ *no pl* *(undealt cards)* Stoß *m* ▸ PHRASES: **to put ~ in sth** viel auf etw *akk* geben; **to not take ~ in sth** etw *dat* keinen Glauben schenken; **to be on the ~s** *(in construction)* in Bau sein; *(in preparation)* in Arbeit sein **II.** *adj attr, inv* ❶ *(in inventory)* Lager-, Vorrats- ❷ *(standard)* Standard-; **~ phrase** Standardsatz *m;* **~ response** Standardantwort *f,* stereotype Antwort **III.** *vt* ❶ *(keep in supply)* ■ **to ~ sth** etw führen [*o* vorrätig haben] ❷ *(fill up)* ■ **to ~ sth** etw füllen; **his wine cellar is well-~ed** sein Weinkeller ist gut gefüllt; ■ **to ~ sth with sth** *(fill with)* etw mit etw *dat* bestücken; *(equip with)* *library, school* etw mit etw *dat* ausstatten; **he ~ed his pond with trout** er setzte Forellen in seinen Teich; **to ~ a farm** eine Farm mit einem Viehbestand versehen; **to ~ a pond/river** einen Teich/Fluss [mit Fischen] besetzen; **to ~ the shelves** die Regale auffüllen ❸ *(supply goods to)* ■ **to ~ sb/sth** jdn/etw beliefern

◆ **stock up I.** *vi* [neue] Vorräte anlegen, sich *akk* eindecken *fam;* ■ **to ~ up on** [*or* **with**] **sth** sich *akk* mit etw *dat* eindecken **II.** *vt* ■ **to ~ up** ⊂ **sth** ❶ *(fill)* etw wieder füllen [*o* auffüllen]; **we're ~ing up the store for the Christmas season** wir füllen den Laden für die Weihnachtszeit auf ❷ *(increase inventory)* das Inventar einer S. *gen* erweitern [*o* anreichern]; **to ~ up a farm/river** den Viehbestand einer Farm/Fischbestand in einem Fluss vergrößern

stock·ade [stɒk'eɪd, AM stɑː'keɪd] *n* ❶ *(wooden fence)* Palisade *f,* Palisadenzaun *m;* *(enclosed area)* umzäuntes Gebiet ❷ AM *(prison)* Militärgefängnis *nt*

'stock boy *n* ❶ AUS *(shepherd)* [Vieh]hirt *m* ❷ AM *(in warehouse, supermarket)* Regalfüller *m* **'stock·breed·er** *n* Viehzüchter(in) *m(f)* **'stock·breed·ing** *n no pl* Viehzucht *f* **'stock·bro·ker** *n* Börsenmakler(in) *m(f)* **'stock·bro·ker belt** *n* BRIT *(fam)* ■ **the ~** die reichen Villenvororte *pl* **'stock·brok·ing** *n no pl* Wertpapierhandel *m,* Effektenhandel *m*

'stock car *n* AUTO Stockcar *m* **'stock-car race** *n* Stockcarrennen *nt* **'stock-car rac·ing** *n no pl* Stockcarrennen *nt*

'stock cer·tifi·cate *n* FIN ❶ BRIT *(treasury certificate)* Schatzanweisung *f* ❷ AM *(share certificate)* Aktienzertifikat *nt* **'stock com·pa·ny** *n* AM ❶ FIN Aktiengesellschaft *f* ❷ THEAT Repertoiretheater *nt* **'stock con·trol** *n no pl* Bestandskontrolle *f,* [regelmäßige] Bestandsaufnahme **'stock cube** *n esp* BRIT Brühwürfel *m,* Suppenwürfel *m* ÖSTERR; **beef/chicken/vegetable ~** Fleisch-/Hühner-/Gemüsebrühwürfel *m* **'stock divi·dend** *n* Dividende *f*

stock·er ['stɒkəʳ, AM 'stɑːkɚ] *n* ❶ AM AGR Schlachttier *nt* ❷ *(stock boy)* Regalfüller *m* ❸ AM *(fam: auto)* Stockcar *m*

'stock ex·change *n* Börse *f;* **on the ~** an der Börse **'stock·farm·er** *n* Viehhalter(in) *m(f)* **'stock·fish** *n* Stockfisch *m* **'stock·hold·er** *n* AM *(shareholder)* Aktionär(in) *m(f);* **~s' meeting** Aktionärsversammlung *f*

S

Stock·holm syn·drome ['stɒkhəʊm-, AM 'stɑːkhoʊm-] *n no pl* MED Stockholmer Syndrom *nt*
stocki·ly ['stɒkɪli, AM 'stɑːk-] *adv* stämmig; **a ~ built man** ein stämmiger Mann
stocki·ness ['stɒkɪnəs, AM 'stɑːk-] *n no pl* Stämmigkeit *f*
stocki·net(te) [ˌstɒkɪ'net, AM ˌstɑːk-] *n esp* BRIT [Baumwoll]trikot *nt*
stock·ing ['stɒkɪŋ, AM 'stɑːk-] *n* ❶ (*leg garment*) ■**~s** *pl* Strümpfe *mpl;* **nylon/silk ~s** Nylon-/Seidenstrümpfe *mpl* ❷ (*dated: sock*) Strumpf *m;* (*knee-length*) Kniestrumpf *m;* **Christmas ~** Weihnachtsstrumpf *m* ❸ (*on horse*) Färbung *f* am Fuß; **a horse with a white ~** ein Pferd *nt* mit einer weißen Fessel
'stock·ing cap *n* AM (*bobble hat*) Wollmütze *f*
stock·inged feet *npl,* **stock·ing feet** *npl* **in one's ~** in Strümpfen
'stock·ing fill·er *n* BRIT kleines Geschenk (*für den Weihnachtsstrumpf*) **'stock·ing mask** *n* Strumpfmaske *f* **'stock·ing stitch** *n no pl* glatt rechts gestricktes Muster; **in ~** glatt rechts **'stock·ing stuff·er** *n* AM (*stocking filler*) kleines Geschenk (*für den Weihnachtsstrumpf*)
stock-in-'trade *n no pl* ❶ (*tools of trade*) Handwerkszeug *nt;* (*fig*) Rüstzeug *nt;* **a butcher's/cobbler's/plumber's ~** das Handwerkszeug eines Metzgers/Schusters/Installateurs ❷ (*goods*) [Waren]bestand *m;* **sorry, that's not my ~** es tut mir leid, aber diesen Artikel führe ich nicht ❸ (*fig: typical characteristic*) Eigenart *f*
stock·ist ['stɒkɪst] *n* BRIT, AUS [Fach]händler(in) *m(f)*
'stock keep·er *n* ❶ (*in warehouse*) Lagerverwalter(in) *m(f)* ❷ AUS, NZ (*shepherd*) Hirt(in) *m(f)* **'stock·list** *n* Warenliste *f* **'stock·man** *n* ❶ AUS, NZ (*shepherd*) Hirt *m* ❷ AM (*livestock owner*) Viehhalter *m* ❸ AM (*in warehouse*) Lagerverwalter(in) *m(f),* Lagerist(in) *m(f)* **'stock mar·ket** *n* [Wertpapier]börse *f* **stock mar·ket 'crash** *n* Börsenkrach *m* **'stock op·tion** *n usu pl* Aktienoption *f* **'stock·pile I.** *n* Vorrat *m;* **~ of ammunition** Munitionsdepot *nt;* **~ of weapons** Waffenarsenal *nt,* Waffenlager *nt;* **~ of wheat** Weizenvorrat *m* **II.** *vt* ■**to ~ sth** Vorräte an etw *dat* anlegen, etw horten *pej;* **to ~ weapons** ein Waffenarsenal anlegen **'stock·pot** *n* Suppentopf *m* **'stock price** *n* AM (*share price*) Aktienpreis *m* **'stock·room** *n* Lager *nt,* Lagerraum *m* **'stock route** *n* AUS Viehroute *f* (*Straße, auf der querende Rinder- oder Schafherden Vorrang haben*) **'stock split** *n* AM Aktiensplit *m* **stock-'still** *adj pred, inv* stocksteif **'stock·take** *n* BRIT Inventur *f,* Bestandsaufnahme *f* **'stock·tak·ing** *n no pl* Inventur *f,* Bestandsaufnahme *f;* (*fig*) [Selbst]besinnung *f;* **closed for ~** wegen Inventur geschlossen
stocky ['stɒki, AM 'stɑːki] *adj* stämmig, kräftig
'stock·yard *n* AM Viehhof *m;* (*at slaughterhouse*) Schlachthof *m*
stodge [stɒdʒ, AM stɑːdʒ] *n no pl esp* BRIT (*pej fam*) Pampe *f pej fam*
stodgi·ness ['stɒdʒɪnəs, AM 'stɑːdʒ-] *n no pl* (*pej fam*) Schwerverdaulichkeit *f;* (*fig*) Schwerfälligkeit *f*
stodgy ['stɒdʒi, AM 'stɑːdʒi] *adj* ❶ *food* schwer [verdaulich], pampig *pej fam* ❷ (*dull*) langweilig, fad; **the company is ~ and inflexible** die Firma ist schwerfällig und unflexibel
sto·gie *n* AM, **sto·gy** ['stoʊgi] *n* AM Zigarillo *m o nt*
stoic ['stəʊɪk, AM 'stoʊ-] **I.** *n* (*reserved person*) stoischer Mensch; ■**S~** PHILOS Stoiker *m* **II.** *adj* (*in general*) stoisch *geh;* (*about sth specific*) gelassen; **to be ~ about sth** etw gelassen [*o* mit Gelassenheit] aufnehmen
stoi·cal ['stəʊɪkəl, AM 'stoʊ-] *adj* stoisch *geh*
stoi·cal·ly ['stəʊɪkəli, AM 'stoʊ-] *adv* stoisch *geh,* mit stoischer Ruhe *geh*
stoi·cism ['stəʊɪsɪzəm, AM 'stoʊ-] *n no pl* ❶ (*in general*) stoische Ruhe *geh;* (*about sth specific*) Gleichmut *m,* Gelassenheit *f* ❷ PHILOS ■**S~** Stoizismus *m*
stoke [stəʊk, AM stoʊk] *vt* ❶ (*add fuel to*) **to ~ a boiler** einen Boiler anheizen; **to ~ a fire** ein Feuer schüren; **to ~ a furnace** einen Hochofen beschicken ❷ (*fig: encourage*) **to ~ sb's anger/hatred** jds Zorn/Hass *m* schüren; **to ~ the fire of sth** etw schüren [*o* anheizen]; **to ~ sb's prejudice** jds Vorurteil *nt* Nahrung geben ❸ (*sl: excite*) ■**to be ~d** aufgeregt sein
◆**stoke up I.** *vt* ❶ (*add to fire*) **to ~ up a boiler** einen Boiler anheizen; **to ~ up a fire** ein Feuer schüren; **to ~ up a furnace** einen Hochofen beschicken ❷ (*fig: encourage*) **to ~ up sb's anger/hatred** jds Zorn/Hass *m* schüren; **to ~ up sb's prejudice** jds Vorurteil *nt* Nahrung geben ❸ (*fig sl: excite*) ■**to be/get ~d up** aufgeregt sein/werden **II.** *vi* **to ~ up on** [*or* **with**] **a big breakfast/sweets** sich *akk* an einem üppigen Frühstück/an Süßigkeiten satt essen; **to ~ up on** [*or* **with**] **coffee** sich *akk* an Kaffee satt trinken
stok·er ['stəʊkəʳ, AM 'stoʊkɚ] *n* RAIL Heizer(in) *m(f)*
stole[1] [stəʊl, AM stoʊl] *pt of* **steal**
stole[2] [stəʊl, AM stoʊl] *n* ❶ (*scarf*) Stola *f;* **ermine/mohair ~** Nerz-/Mohärstola *f* ❷ (*priest's vestments*) [Priester]stola *f*
stol·en ['stəʊlən, AM 'stoʊ-] **I.** *vt pp of* **steal II.** *adj* ❶ (*by thief*) gestohlen; **~ goods** [*or* **property**] Diebesgut *nt* ❷ (*fig: quick and secret*) *glance, kiss* verstohlen
stol·id ['stɒlɪd, AM 'stɑːl-] *adj* (*not emotional*) *person* stumpf *pej;* (*calm*) gelassen, phlegmatisch *pej; silence, determination* beharrlich
stom·ach ['stʌmək] **I.** *n* ❶ (*digestive organ*) Magen *m;* **my ~ hurts** ich habe Bauchschmerzen; **he felt a knot of nervousness in the pit of his ~** er fühlte eine nervöse Spannung in der Magengrube; **I feel sick to my ~** mir ist schlecht [*o* übel] *fam;* **to have a pain in one's ~** Magenschmerzen [*o* Bauchschmerzen] haben; **to have a delicate ~** einen empfindlichen Magen haben; **to drink alcohol on an empty ~** auf leeren [*o* nüchternen] Magen Alkohol trinken; **on a full ~** mit vollem Magen; **to have an upset ~** eine Magenverstimmung haben; **last night's meal has given me an upset ~** ich habe mir gestern beim Abendessen den Magen verdorben; **to churn** [*or* **turn**] **sb's ~** jdm Übelkeit verursachen [*o* den Magen umdrehen] *fam;* **to pump sb's ~** jdm den Magen auspumpen; **to settle the ~** den Magen beruhigen ❷ (*abdomen*) Bauch *m; of a baby* Bäuchlein *nt;* **to have a big/flat ~** einen dicken/flachen Bauch haben; **to hold** [*or* **suck**] **one's ~ in** den Bauch einziehen; **to lie on one's ~** auf dem Bauch liegen ❸ (*appetite*) **to have no** [*or* **not have the**] **~ for sth** keinen Appetit auf etw *akk* haben; (*fig: desire*) nicht willens sein, etw zu tun; **I've got no ~ for this heavy food** dieses Essen ist mir zu schwer; **she had no ~ to visit her family** ihr war nicht danach zumute, ihre Familie zu besuchen ▸ PHRASES: **an army marches on its ~** (*prov*) mit leerem Magen kann man nichts Ordentliches zustande bringen; **sb's eyes are bigger than their ~** die Augen sind größer als der Mund; **to have a strong/weak ~** etw/nichts aushalten, starke/schwache Nerven haben **II.** *n modifier* (*cramp, operation*) Magen-; **~ doctor** Internist(in) *m(f);* **~ flu/virus** Magen-Darm-Grippe *f/*-Virus *nt;* **~ muscles** Bauchmuskeln *mpl;* **~ problems** Magenbeschwerden *pl* **III.** *vt* (*fam*) **to not be able to ~ sb's arrogance/manner** jds Arroganz *f*/Art *f* nicht ertragen können; **to not be able to ~ bloody films/violence** brutale Filme/Gewalt nicht vertragen; **to not be able to ~ sb** jdn nicht ausstehen können; **to be hard to ~** schwer zu verkraften sein
'stom·ach ache *n usu sing* Magenschmerzen *mpl,* Bauchschmerzen *mpl* **'stom·ach bug** *n* Magen-Darm-Infektion *f* **'stom·ach can·cer** *n no pl* Magenkrebs *m* **'stom·ach pain** *n* Magenschmerzen *mpl,* Bauchschmerzen *mpl* **'stom·ach pump** *n* Magenpumpe *f* **'stom·ach ul·cer** *n* Magengeschwür *nt* **'stom·ach up·set** *n* Magenverstimmung *f*
stomp [stɒmp, AM stɑːmp] **I.** *n* ❶ (*with foot*) Stampfen *nt* ❷ *no pl* (*jazz dance*) Stomp *m;* (*type of music*) Stomp *m* **II.** *vi* ❶ (*walk heavily*) stapfen; (*intentionally*) trampeln, stampfen;

■ **to ~ off** davonstapfen ❷ *esp* AM *(kick)* ■ **to ~ on sb/sth** auf jdn/etw treten; *(fig: suppress)* jdn/etw niedertrampeln [*o* kaputtmachen] *fam* **III.** *vt* AM **to ~ one's feet** mit den Füßen [auf]stampfen

stone [stəʊn, AM stoʊn] **I.** *n* ❶ *no pl* GEOL Stein *m;* **to have a heart of ~** *(fig)* ein Herz aus Stein haben; **as if turned to ~** wie versteinert ❷ ARCHIT [Bau]stein *m* ❸ *(piece of rock)* Stein *m;* **to be a ~'s throw away** [nur] einen Steinwurf [*o* Katzensprung] [weit] entfernt sein; **to drop** [*or* **fall**] [*or* **sink**] **like a ~** wie ein Stein zu Boden fallen; **to throw ~s at sb** mit Steinen nach jdm werfen ❹ MED Stein *m;* **bladder/kidney ~** Blasen-/Nierenstein *m* ❺ *(jewel)* [Edel]stein *m* ❻ *(in fruit)* Stein *m,* Kern *m;* **cherry/peach/plum ~** Kirsch-/Pfirsich-/Pflaumenkern *m* ❼ <*pl* -> BRIT *(14 lbs)* *britische Gewichtseinheit, die 6,35 kg entspricht* ❽ *no pl (colour)* Steingrau *nt* ▶ PHRASES: **a rolling ~ gathers no moss** *(prov)* wer rastet, der rostet *prov;* **people who live in glass houses shouldn't throw ~s** *(prov)* wer selbst im Glashaus sitzt, sollte nicht mit Steinen werfen *prov;* **to be carved** [*or* **set**] **in tablets of ~** ein ehernes Gesetz sein *geh;* **to cast** [*or* **throw**] **the first ~** den ersten Stein werfen; **to leave no ~ unturned** nichts unversucht lassen **II.** *n modifier (floor, staircase, tablet, wall)* Stein-; **~ statue** Statue *f* aus Stein, steinerne Statue **III.** *adj attr, inv* steingrau **IV.** *adv inv* ❶ *(like a stone)* stein-; **~ hard** steinhart; **~ still** wie versteinert ❷ *(completely)* **~ crazy** total verrückt *fam,* übergeschnappt *fam;* **~ drunk** sturzbetrunken *fam,* stockbesoffen *sl* **V.** *vt* ❶ *(throw stones at)* ■ **to ~ sb/sth** mit Steinen nach jdm/etw werfen, jdn/etw mit Steinen bewerfen; *(in execution)* **to ~ sb [to death]** jdn steinigen ❷ *(remove pit)* **to ~ cherries/plums/olives** Kirschen/Pflaumen/Oliven entsteinen ▶ PHRASES: **~ the crows** [*or* **me**]**!** BRIT *(dated fam)* ich glaub, mich laust der Affe! *sl*

'Stone Age I. *n* ■ **the ~** die Steinzeit **II.** *n modifier* ❶ *(of era)* *(rite, ritual, settlement)* Steinzeit- ❷ *(fig, pej: not very advanced)* *(computer, TV, washing machine)* steinzeitlich *fam,* vorsintflutlich *fam* **stone-'blind** *adj inv* stockblind *fam* **stone-'broke** *adj* AM *(stony-broke)* völlig pleite *fam,* total blank [*o* abgebrannt] *sl* **'stone·chat** *n* ZOOL Steinschmätzer *m* **stone 'cir·cle** *n* Steinkreis *m* **stone-'cold** *inv* **I.** *adj* eiskalt **II.** *adv* **to be ~ sober** stocknüchtern sein *fam* **'stone·crop** *n* Steinkraut *nt*

stoned [stəʊnd, AM stoʊnd] *adj* ❶ *inv (without pits)* *olives, cherries* entsteint ❷ *(sl: drugged)* high *sl;* **he was ~ out of his mind** er war völlig high *sl;* **to get ~** kiffen *sl* ❸ *(sl: drunk)* betrunken, besoffen *sl*

stone 'dead *adj pred, inv* mausetot *fam;* **to kill sb/sth ~** jdm/etw den Garaus machen; **to kill sth ~** *(fig)* etw völlig zum Erliegen bringen [*o* scheitern lassen]

stone 'deaf *adj inv* stocktaub *fam* **'stone face** *n* versteinertes Gesicht **'stone·fish** *n* Steinfisch *m* **'stone fruit** *n* Steinobst *nt kein pl* **'stone-ground** *adj inv flour* steingemahlen **'stone·ma·son** *n* Steinmetz(in) *m(f)* **'stone·ma·son·ry** *n no pl* Steinmetzarbeit *f* **'stone pit** *n,* **'stone quar·ry** *n* Steinbruch *m*

ston·er ['stəʊnəʳ, AM 'stoʊnɚ] *n (fam)* Kiffer(in) *m(f) sl*

stone-'wall I. *vi* ❶ *(in answering questions)* ausweichen ❷ BRIT POL obstruieren ❸ SPORTS mauern *fam* **II.** *vt* ■ **to ~ sth** etw abblocken **'stone·ware** ['stəʊnweəʳ, AM 'stoʊnwer] **I.** *n no pl* Steingut *nt* **II.** *n modifier (pot)* Steingut-; **~ jar** Steinkrug *m;* **~ jug** Stein[gut]kanne *f* **'stone·washed** *adj inv denim, jeans* stonewashed **'stone·work** *n no pl* ❶ *(masonry)* Steinmetzarbeiten *fpl* ❷ *(parts of a building)* Mauerwerk *nt*

ston·kered ['stɒŋkəd] *adj pred* BRIT, AUS *(fam)* ❶ *(decisively defeated)* haushoch [*o* vernichtend] geschlagen ❷ *(very tired)* ausgepowert *fam*

stonk·ing ['stɒŋkɪŋ] *inv* **I.** *adj* BRIT *(fam)* wahnsinnig *fam* **II.** *adv* BRIT *(fam)* wahnsinnig *fam,* verdammt *fam;* **to have a ~ good time** sich *akk* verdammt gut amüsieren

stony ['stəʊni, AM 'stoʊni] *adj* ❶ *(with many stones)* *beach, ground* steinig ❷ *(fig: unfeeling)* *look, eyes, face* steinern; *person, welcome* kalt, eisig; **~ expression** steinerne Miene; **~ silence** eisiges Schweigen; **to give sb a ~ stare** jdn kalt anstarren ▶ PHRASES: **to fall on ~ ground** auf unfruchtbaren Boden fallen; **her speech fell on ~ ground** ihre Rede stieß auf taube Ohren

stony-'broke *adj pred, inv* BRIT, AUS *(fam)* völlig pleite *fam,* total blank [*o* abgebrannt] *sl* **stony-'faced** *adj inv* mit steinerner [*o* unbeweglicher] Miene **stony-'heart·ed** *adj* eiskalt, ohne jede Gefühlsregung *nach n*

stood [stʊd] *pt, pp of* **stand**

stooge [stu:dʒ] **I.** *n* ❶ *(comedian partner)* Stichwortgeber(in) *m(f)* ❷ *(fig, pej: puppet)* Handlanger(in) *m(f) pej,* Marionette *f pej* ❸ AM *(fam: informer)* Spitzel *m pej* **II.** *vi* ❶ *(act for someone else)* ■ **to ~ for sb** [nur] der Handlanger für jdn sein *pej* ❷ THEAT als Stichwortgeber(in) *m(f)* fungieren

stool [stu:l] **I.** *n* ❶ *(seat)* Hocker *m;* **bar ~** Barhocker *m;* **kitchen ~** Küchenschemel *m;* **piano ~** Klavierstuhl *m;* **three-legged ~** dreibeiniger Schemel [*o* Hocker] ❷ *(faeces)* Stuhl *m,* Kot *m;* **~ sample** Stuhlprobe *f;* **to pass ~s** Stuhlgang haben ❸ BOT, HORT Wurzelstock *m* ❹ AM HUNT Lockvogel *m* ▶ PHRASES: **to fall between two ~s** BRIT sich *akk* zwischen zwei Stühle setzen **II.** *vi tree, plant* treiben

stoolie ['stu:li] *n* AM *(pej fam),* **stool pi·geon** *n* AM *(pej fam)* Spitzel *m pej*

stoop[1] [stu:p] **I.** *n usu sing* krummer Rücken, Buckel *m;* **she walks with a pronounced ~** sie geht sehr stark gebeugt **II.** *vi* sich *akk* beugen; **we had to ~ to go through the doorway** wir mussten den Kopf einziehen, um durch die Tür zu gehen; **my mother told me not to ~** meine Mutter sagte mir, ich solle keinen Buckel machen; ■ **to ~ down** sich *akk* bücken; **to ~ to blackmail/bribery** *(fig)* sich *akk* zu Bestechungen/Erpressungen hergeben; **to ~ to sb's level** sich *akk* auf jds Niveau *nt* herablassen; ■ **to ~ to do sth** sich *akk* dazu hergeben, etw zu tun; **to ~ so low as to do sth** so weit sinken, dass man etw tut

stoop[2] [stu:p] *n* AM *(porch)* offene Veranda

stop [stɒp, AM stɑ:p] **I.** *vt* <-pp-> ❶ *(stop from moving)* **to ~ a ball** einen Ball stoppen; *goalkeeper* einen Ball halten; **to ~ a blow** einen Schlag abblocken; **to ~ sb/a car** jdn/ein Auto anhalten; **to ~ one's car** anhalten; **to ~ the enemy** den Feind aufhalten; **to ~ a thief/the traffic** einen Dieb/den Verkehr aufhalten; **~ thief!** haltet den Dieb!; **~ that man!** haltet den Mann! ❷ *(make cease)* ■ **to ~ sth** etw stoppen [*o* beenden]; *(temporarily)* etw unterbrechen; **this will ~ the pain** das wird dir gegen die Schmerzen helfen; **~ that nonsense!** hör auf mit dem Unsinn!; **~ it!** hör auf [damit]!; **what can I do to ~ this nosebleed?** was kann ich gegen dieses Nasenbluten tun?; **something must be done to ~ the fighting** den Kämpfen muss ein Ende gesetzt werden; **this fighting has to be ~ped!** die Kämpfe müssen aufhören!; **~ being silly!** hör auf mit dem Unsinn!; **I just couldn't ~ myself** ich konnte einfach nicht anders; **to ~ the bleeding** die Blutung stillen; **to ~ the clock** die Uhr anhalten; **the clock is ~ped when a team scores a goal** die Spielzeit wird unterbrochen, wenn ein Team ein Tor schießt; **to ~ the engine** den Motor abstellen; **to ~ the fighting** die Kämpfe einstellen; **to ~ inflation/progress** die Inflation/den Fortschritt aufhalten; **to ~ a machine** eine Maschine abstellen; **to ~ a match** ein Spiel beenden; *referee* ein Spiel abbrechen; **to ~ the production of sth** die Produktion einer S. *gen* einstellen; **to ~ a rumour** ein Gerücht ein Ende machen; **to ~ a speech** eine Rede unterbrechen; **to ~ a subscription** ein Abonnement kündigen; **to ~ a war** einen Krieg beenden ❸ *(cease an activity)* ■ **to ~ sth** etw beenden, mit etw *dat* aufhören; **what time do you usually ~ work?** wann hören Sie normalerweise auf zu arbeiten?; **you just can't ~ it, can you** du kannst es einfach nicht lassen, oder?

S

❹ (*prevent*) ■**to ~ sb [from] doing sth** jdn davon abhalten, etw zu tun; **if she really wants to leave, I don't understand what's ~ping her** wenn sie wirklich weggehen will, verstehe ich nicht, was sie davon abhält; **some people smoke because they think it ~s them putting on weight** manche rauchen, weil sie meinen, dass sie dann nicht zunehmen; **I couldn't ~ myself from having another piece of cake** ich musste einfach noch ein Stück Kuchen essen; **he handed in his resignation – I just couldn't ~ him** er hat gekündigt – ich konnte ihn einfach nicht davon abhalten; **you can't ~ me from doing that** du kannst mich nicht davon abhalten ❺ (*refuse payment*) **to ~ sb's allowance/pocket money** jdm den Unterhalt/das Taschengeld streichen; **to ~** [AM **payment on**] **a cheque** einen Scheck sperren; **to ~ wages** keine Löhne mehr zahlen; **the money will be ~ped out of his salary** das Geld wird von seinem Gehalt abgezogen ❻ (*block*) ■**to ~ sth** etw verstopfen; *gap, hole, leak* etw [zu]stopfen; **to ~ one's ears** sich *dat* die Ohren zuhalten; **when he starts shouting I just ~ my ears** wenn er anfängt zu schreien, mache ich einfach die Ohren zu! *fam;* **to have a tooth ~ped** BRIT (*dated*) eine Füllung bekommen ❼ BOXING ■**to ~ sb** jdn schlagen; **he was ~ped by a knockout in the fourth round** er schied durch K.o. in der vierten Runde aus; **to ~ a left/right** eine Linke/Rechte parieren; **to ~ a punch** einen Hieb einstecken [müssen] ❽ MUS **~ped pipe** gedackte Pfeife *fachspr;* **to ~ a string** eine Saite greifen ▸ PHRASES: **to ~ a bullet** eine Kugel abbekommen; **to ~ sb's mouth** jdm den Mund stopfen *fam;* **to ~ the rot** die Talfahrt stoppen *fig;* **to ~ the show** der absolute Höhepunkt einer Show sein **II.** *vi* <-pp-> ❶ (*cease moving*) *person* stehen bleiben; *car* [an]halten; **~!** halt!; **to ~ dead** abrupt innehalten; ■**to ~ to do sth** stehen bleiben, um etw zu tun; *car* anhalten, um etw zu tun; **I ~ped to pick up the letter that I had dropped** ich blieb stehen und hob den Brief auf, den ich hatte fallen lassen; (*fig*) **~ to** [*or* **and**] **think before you speak** erst denken, dann reden! ❷ (*cease, discontinue*) *machine* nicht mehr laufen; *clock, heart, watch* stehen bleiben; *rain* aufhören; *pain* abklingen, nachlassen; *production, payments* eingestellt werden; *film, programme* zu Ende sein; *speaker* abbrechen; **I will not ~ until they set them free** ich werde keine Ruhe geben, bis sie sie freigelassen haben; **she doesn't know where to ~** sie weiß nicht, wann sie aufhören muss; **his heart ~ped during the operation** während der Operation hatte er einen Herzstillstand; **rain has ~ped play** das Spiel wurde wegen Regens unterbrochen; **she ~ped right in the middle of the sentence** sie hielt mitten im Satz inne ❸ (*cease an activity*) ■**to ~ [doing sth]** aufhören[, etw zu tun], [mit etw *dat*] aufhören; **once I start eating chocolate I can't ~** wenn ich einmal anfange, Schokolade zu essen, kann ich einfach nicht mehr aufhören; **I just couldn't ~ laughing** ich habe mich echt totgelacht *sl;* **if you have to keep ~ping to answer the telephone, you 'll never finish** wenn du ständig unterbrechen musst, um ans Telefon zu gehen, wirst du nie fertig werden; **I wish you'd ~ telling me what to do** ich wünschte, du würdest endlich damit aufhören, mir zu sagen, was ich tun soll; **~ being silly!** hör auf mit dem Unsinn!; **~ shouting!** hör auf zu schreien; **I ~ped seeing him last year** wir haben uns letztes Jahr getrennt; **I've ~ped drinking alcohol** ich trinke keinen Alkohol mehr; **she ~ped drinking** sie trinkt nicht mehr; **please, ~ crying** hör doch bitte auf zu weinen!; **to ~ smoking** mit dem Rauchen aufhören; (*on plane etc.*) das Rauchen einstellen; **to ~ working** aufhören zu arbeiten ❹ BRIT (*stay*) bleiben; **I'm not ~ping** ich bleibe nicht lange; **I can't ~ – Malcolm's waiting for me outside** ich kann nicht bleiben, Malcolm wartet draußen auf mich; **we ~ped for a quick bite at a motorway services** wir machten kurz bei einer Autobahnraststätte Station, um etwas zu essen; **I ~ped at a pub for some lunch** ich habe an einem Pub Halt gemacht und was zu Mittag gegessen; **can you ~ at the fish shop on your way home?** kannst du auf dem Nachhauseweg kurz beim Fischladen vorbeigehen?; **he usually ~s at a bar for a quick drink on the way home** normalerweise schaut er auf dem Nachhauseweg noch kurz auf ein Gläschen in einer Kneipe vorbei; **are you ~ping here** bleibst du hier?; **to ~ for dinner/tea** zum Abendessen/Tee bleiben; **to ~ at a hotel** in einem Hotel übernachten; **to ~ the night** BRIT (*fam*) über Nacht bleiben ❺ TRANSP *bus, train* halten; **does this train ~ at Finsbury Park?** hält dieser Zug in Finsbury Park?; **the train to Glasgow ~s at platform 14** der Zug nach Glasgow hält am Gleis 14 ❻ (*almost*) **to ~ short of doing sth** sich *akk* [gerade noch] bremsen, etw zu tun; **I ~ped short of telling him my secrets** beinahe hätte ich ihm meine Geheimnisse verraten ▸ PHRASES: **to ~ at nothing** vor nichts zurückschrecken **III.** *n* ❶ (*cessation of movement, activity*) Halt *m;* **please wait until the airplane has come to a complete ~** bitte warten Sie, bis das Flugzeug seine endgültige Parkposition erreicht hat; **emergency ~** Notbremsung *f;* **to bring sth to a ~** etw stoppen; *project* etw *dat* ein Ende bereiten; **to bring a car to a ~** ein Auto anhalten; **to bring a conversation to a ~** ein Gespräch beenden; **to bring the traffic to a ~** den Verkehr zum Erliegen bringen; **to bring sth to a sudden ~** etw *dat* ein jähes Ende bereiten; **to come to a ~** stehen bleiben; *car also* anhalten; *rain* aufhören; *traffic, business* zum Erliegen kommen; *project, production* eingestellt werden; **the conversation came to a ~** das Gespräch verstummte; **to come to a sudden** [*or* **dead**] **~** *car* abrupt anhalten [*o* stehen bleiben]; *project, undertaking* ein jähes Ende finden; **to make a ~** anhalten; **to put a ~ to sth** etw *dat* ein Ende setzen [*o* einen Riegel vorschieben] ❷ (*break*) Pause *f;* AVIAT Zwischenlandung *f;* (*halt*) Halt *m;* **we made two ~s** wir haben zweimal Halt gemacht; **... including a thirty minute ~ for lunch ...** inklusive einer halben Stunde Pause für das Mittagessen; **there were a lot of ~s and starts throughout the project** die Entwicklung des Projekts verlief sehr stockend; **to be at** [*or* **on**] **~** *signal* auf Halt stehen; **to drive without a ~** durchfahren; **to have a ~** Halt machen; **to have a ~ for coffee** ein Kaffeepause machen; **to make a ~ at a service station** an einer Raststätte Halt machen; **without a ~** ohne Pause [*o* Unterbrechung] ❸ TRANSP Haltestelle *f;* (*for ship*) Anlegestelle *f;* **the ship's first ~ is Sydney** das Schiff läuft als Erstes Sydney an; (*for plane*) Zwischenlandung *f;* **the plane's first ~ is Birmingham** das Flugzeug wird zunächst in Birmingham zwischenlanden; **I'm getting off at the next ~** bei der nächsten Haltestelle steige ich aus; **is this your ~?** steigen Sie hier aus?; **is this our ~?** müssen wir hier aussteigen?; **bus/tram ~** Bus-/Straßenbahnhaltestelle *f;* **request ~** Bedarfshaltestelle *f* (*Haltestelle, bei der man den Bus herwinken muss, da er nicht automatisch hält*) ❹ (*punctuation mark*) Satzzeichen *nt* (*im Besonderen: Punkt*); (*in telegram*) stop ❺ TYPO (*prevent from moving*) Feststelltaste *f;* (*for furniture*) Sperre *f* ❻ MUS (*knob on an organ*) Register *nt;* **~ [knob]** Registerzug *m;* (*of wind instrument*) Griffloch *nt* ❼ (*phonetics*) Verschlusslaut *m* ❽ PHOT Blende *f* ▸ PHRASES: **to pull out all the ~s** alle Register ziehen

◆**stop away** *vi* ■**to ~ away [from sth]** [etw *dat*] fernbleiben, [von etw *dat*] wegbleiben; **to ~ away from school** nicht zur Schule gehen

◆**stop behind** *vi* [noch] dableiben, noch bleiben

◆**stop by** *vi* vorbeischauen; **if you're ever in our area, do ~ by** wenn Sie mal in unserer Gegend sind, kommen Sie doch einfach vorbei; **to ~ by for coffee** auf einen Kaffee vorbeikommen

◆**stop down** *vi* PHOT **to ~ down [to f/11]** [auf Blende 11] abblenden

◆**stop in** *vi* zuhause bleiben, daheimbleiben *bes* ÖSTERR, SCHWEIZ, SÜDD

◆**stop off** *vi* kurz bleiben, Halt machen; (*while travelling*) Zwischenstation machen; **we're going to ~ off in Paris for a couple of days before heading south** wir werden ein paar Tage in Paris bleiben, bevor wir weiter gen Süden fahren

◆**stop on** *vi* [noch] dableiben; **to ~ on at school** mit der Schule weitermachen

◆**stop out** *vi* BRIT (*fam*) wegbleiben; **he ~ped out all weekend** er ist das ganze Wochenende nicht nach Hause gekommen; **to ~ out all night** die ganze Nacht wegbleiben

◆**stop over** *vi* ❶ (*stay overnight*) Zwischenstation machen ❷ BRIT (*stay the night*) über Nacht bleiben ❸ (*stay for a short time*) kurz vorbeikommen; **to ~ over for coffee** auf einen Kaffee vorbeikommen

◆**stop up** **I.** *vi* ❶ BRIT (*not go to bed*) aufbleiben ❷ PHOT eine größere Blende einstellen **II.** *vt* ■**to ~ sth ○ up** etw verstopfen; **to ~ up a hole** ein Loch [zu]stopfen

stop-and-'go *adj inv* AM Stop-and-go-; **~ driving** Fahren *nt* im Stop-and-go-Verkehr, ständiges Anfahren und Anhalten; **~ traffic** Stop-and-go-Verkehr *m*, stockender Verkehr **'stop·cock** *n* Absperrhahn *m* **'stop·gap** **I.** *n* Notlösung *f*, Notbehelf *m* **II.** *adj attr, inv* Überbrückungs-; **~ measure** Überbrückungsmaßnahme *f*; **~ solution** Zwischenlösung *f* **'stop-go** *adj attr, inv* ❶ *esp* BRIT AUTO **~ traffic** Stop-and-go-Verkehr *m*, stockender Verkehr ❷ BRIT ECON (*fig*) ständiger Wechsel von Inflation und Deflation; **~ policy** Ankurbelung *f* und Bremsen *nt* der Wirtschaftspolitik **'stop·light** *n* ❶ AM (*traffic lights*) [Verkehrs]ampel *f* ❷ (*brake light*) Bremslicht *nt* **'stop-off** *n* Unterbrechung *f*, Halt *m*; **to make a ~** Rast [*o* Halt] machen **'stop·over** *n plane* Zwischenlandung *f*; *person* Zwischenstation *f*; (*length of break*) Zwischenaufenthalt *m*

stop·page ['stɒpɪdʒ, AM 'stɑ:p-] *n* ❶ (*act of stopping*) *of pay, a cheque* Sperrung *f*; *of a delivery, supplies, an order* Stopp *m*; **power ~** Stromsperre *f* ❷ (*cessation of work*) Arbeitseinstellung *f*; (*strike*) Streik *m* ❸ (*unintentional*) Unterbrechung *f*; **power/water ~** Unterbrechung *f* der Strom-/Wasserversorgung; **~ in production** Produktionsstillstand *m* ❹ BRIT (*deductions from pay*) ■**~s** *pl* Lohn-/Gehaltsabzüge *mpl* ❺ (*blockage*) Verstopfung *f*; (*in traffic*) Stau *m*, Stockung *f*; MED Stauung *f*, Blutstau *m*

'stop·page time *n* BRIT SPORTS Auszeit *f*

'stop pay·ment *n* Zahlungssperre *f*; *of a cheque* Schecksperrung *f*

stop·per ['stɒpəʳ, AM 'stɑ:pɚ] **I.** *n* ❶ (*bottletop*) Stöpsel *m*, Korken *m*; (*fig*) **to put a ~ on sth** (*fam*) etw *dat* ein Ende setzen; **to put a ~ on sb** dafür sorgen, dass jd den Mund hält *fam* ❷ AM, AUS (*to seal*) Pfropfen *m* ❸ (*fam: one who stops*) Stopper(in) *m(f)*; (*fig*) Blickfang *m* **II.** *vt* ■**to ~ sth** etw zustöpseln

stop·ping ['stɒpɪŋ, AM 'stɑ:p-] **I.** *n no pl* Anhalten *nt*; **~ and going** Verkehrsstockung *f* **II.** *adj attr, inv* Nahverkehrs-; **~ service** Nahverkehr *m*; **~ train** Nahverkehrszug *m*

'stop·ping dis·tance *n* Sicherheitsabstand *m*

stop 'press *n no pl* ❶ (*last minute news*) letzte Meldungen ❷ (*space in newspaper*) *für letzte Meldungen reservierte Spalte* **'stop sign** *n* Stoppschild *nt* **'stop·watch** *n* Stoppuhr *f*

stor·age ['stɔ:rɪdʒ] *n no pl* ❶ (*for future use*) *of food, goods* Lagerung *f*; *of books* Aufbewahrung *f*; *of water, electricity* Speicherung *f*, Speichern *nt*; **to be in ~** auf Lager sein; **to put sth into ~** etw [ein]lagern; *furniture* etw unterstellen ❷ (*cost of storing*) Lagergeld *nt* ❸ COMPUT *of data* Speicherung *f*, Speichern *nt* **'stor·age bat·tery** *n*, **'stor·age cell** *n* Akku[mulator] *m* **'stor·age bin** *n* Lagerbehälter *m* **'stor·age ca·pac·ity** *n* (*in computer*) Speicherkapazität *f*; (*for furniture, books*) Lagerraum *m*, Lagerkapazität *f*; (*in tank*) Fassungsvermögen *nt*; **what is the ~ of this tank?** wie viel fasst dieser Tank? **'stor·age charge** *n* Lagergebühr *f* **'stor·age de·vice** *n* COMPUT Speichergerät *nt* **'stor·age drawer** *n* Schublade *f* **'stor·age heat·er** *n* BRIT [Nacht]speicherofen *m* **'stor·age life** *n* ECON Lagerfähigkeit *f*; **to have a long/short ~** eine lange/kurze Haltbarkeit haben **'stor·age room** *n*, **'stor·age space** *n* ❶ *no pl* (*capacity*) Stauraum *m* ❷ (*room in house*) Abstellraum *m*; (*in warehouse*) Lagerraum *m* **'stor·age tank** *n* Vorratstank *m* **'stor·age unit** *n* ❶ (*cupboard*) Schrank *m* ❷ COMPUT Speichereinheit *f* ❸ (*room in warehouse*) Lagerraum *m*

store [stɔ:ʳ, AM stɔ:r] **I.** *n* ❶ (*supply*) Vorrat *m* (**of** an +*dat*); (*fig*) Schatz *m*; **he has a great ~ of wit** er hat ständig geistreiche Sprüche parat; ■**~s** *pl* Vorräte *mpl*, Bestände *mpl*; ■**to be in ~ [for sb]** (*fig*) [jdm] bevorstehen; **food ~s** Lebensmittelvorräte *mpl*; **to lay in a ~ of coal/wine** einen Kohlen-/Weinvorrat anlegen; **~ of knowledge** (*fig*) Wissensreichtum *m*; **to keep** [*or* **have**] **sth in ~** etw lagern; (*in shop*) etw auf Lager halten [*o* haben]; (*fig*) **we have a surprise in ~ for your father** wir haben für deinen Vater eine Überraschung auf Lager ❷ *esp* AM, AUS (*any shop*) Laden *m*; (*grocery store*) [Lebensmittel]geschäft *nt*, Laden *m*; **clothing ~** Bekleidungshaus *nt*; **health-food ~** Reformhaus *nt*, Bioladen *m*; **liquor ~** Spirituosenhandlung *f* ❸ *esp* BRIT (*large shop*) Geschäft *nt*; (*department store*) Kaufhaus *nt*, Warenhaus *nt* ❹ (*warehouse*) Lager *nt*; ■**in ~** BRIT, AUS (*in a safe place*) untergestellt, eingelagert; **grain ~** Getreidespeicher *m*; **supply ~** Vorratslager *nt*; **weapons ~** Waffenarsenal *nt*; **to put sth in ~** etw einlagern ❺ *no pl* (*importance*) **to set** [*or* **put**] [*or* **lay**] **~ by sth** etw *dat* [eine] große Bedeutung beimessen; **Jim lays little ~ by appearance** Jim legt wenig Wert auf das äußere Erscheinungsbild ❻ COMPUT Speicher *m* **II.** *vt* ■**to ~ sth** ❶ (*keep for future use*) *heat, information, electricity* etw [auf]speichern; *furniture* etw unterstellen; *supplies* etw lagern; (*lay in the cellar*) etw einkellern; (*remember*) sich *dat* etw merken ❷ COMPUT (*file*) etw speichern; **to ~ data** Daten [ab]speichern

◆**store away** *vt* ■**to ~ away ○ sth** etw verwahren; *food* einen Vorrat von [*o* an] etw *dat* anlegen; **my grandmother always keeps a few bags of sugar ~d away** meine Großmutter hat immer ein paar Tüten Zucker auf Vorrat; **we haven't got room to ~ away much stuff** wir haben leider nicht viel Stauraum

◆**store up** *vt* ■**to ~ up ○ sth** etw [ein]lagern, einen Vorrat von [*o* an] etw *dat* anlegen; **to ~ up trouble for sb/oneself** (*fig*) jdn/sich *akk* in Schwierigkeiten bringen

'store-bought *adj inv* AM (*fam*) gebrauchsfertig, Fertig-; **~ pastry** Fertigteig *m* **'store brand** *n* Markenzeichen *nt* (*eines bestimmten Kaufhauses oder Vertriebs*) **'store card** *n* Kreditkarte *f* eines Kaufhauses **'store de·tec·tive** *n* Kaufhausdetektiv(in) *m(f)* **'store·front** AM **I.** *n* ❶ (*shop front*) Schaufenster *nt*; (*larger*) Schaufensterfront *f* ❷ (*front room*) Verkaufsraum *m* [eines Ladens], Ladenlokal *nt* **II.** *n modifier* (*clinic, church, eatery*) in Geschäftslage *nach n* **'store·house** *n* AM (*warehouse*) Kaufhaus *nt*, Warenhaus *nt*; (*fig form*) Fundgrube *f*, Schatzkammer *f fig* **'store·keep·er** [-ˌki:pəʳ, AM -ˌki:pɚ] *n* ❶ (*in warehouse*) Lagerist(in) *m(f)*, Lagerverwalter(in) *m(f)* ❷ AM (*shopkeeper*) Ladenbesitzer(in) *m(f)*, Geschäftsinhaber(in) *m(f)* **'store la·bel** *n* AM (*store brand*) Marke *f* (*eines bestimmten Kaufhauses oder Vertriebs*) **'store·man** *n* Lagerist *m*, Lagerverwalter *m* **'store·room** *n* Lagerraum *m*; (*for food*) Vorratskammer *f*, Speisekammer *f*; (*for personal items*) Abstellkammer *f*

'store·wide ['stɔ:waɪd, AM 'stɔ:r-] *adj inv* in allen [Kaufhaus]filialen *präd*; **our ~ sale starts on Thursday** am Donnerstag beginnt in allen unseren Filialen der Schlussverkauf

sto·rey ['stɔ:ri], AM **sto·ry** *n* Stockwerk *nt*, Stock *m*, Etage *f*; **a three-~ house** ein dreistöckiges Haus; **the upper ~** das Obergeschoss; BRIT (*fig fam*) das Oberstübchen *fam*; (*pej fam*) **he's a bit weak in the upper ~** er hat sie nicht ganz alle *pej fam*

-sto·reyed ['stɔ:rid], *esp* AM **-sto·ried** *in compounds with numbers* (*two, three, four*) -stöckig

sto·ried ['stɔ:rid] *adj attr esp* AM (*liter: illustrious*) sagenumwoben *geh*

-sto·ried *in compounds esp* AM *see* **-storeyed**

S

stork [stɔːk, AM stɔːrk] *n* Storch *m*

storm [stɔːm, AM stɔːrm] **I.** *n* ① (*strong wind*) Sturm *m;* (*with thunder*) Gewitter *nt;* (*with rain*) Unwetter *nt;* **the ~ raged for twelve hours** der Sturm tobte zwölf Stunden lang; **to brave the ~** (*a. fig*) dem Sturm trotzen *a. fig* ② (*fig: bombardment*) *of missiles* Hagel *m* (**of** von +*dat*); *of arguments* [Protest]sturm *m;* *of shouting* Ausbruch *m kein pl;* **a ~ of applause** ein wahrer Beifallssturm; **to die in a ~ of bullets** im Kugelhagel umkommen; **~ of protest** Proteststurm *m;* **~ and stress** LIT Sturm und Drang ③ MIL (*attack*) Sturm *m* (**on** auf +*akk*); **to take sth by ~** etw im Sturm nehmen [*o* erobern] ▸ PHRASES: **the lull** [*or* **calm**] **before the ~** (*saying*) die Ruhe vor dem Sturm; **any port in a ~** (*saying*) in der Not frisst der Teufel Fliegen *prov;* **a ~ in a teacup** BRIT ein Sturm im Wasserglas; **to cook up a ~** AM (*fam*) sich *akk* beim Kochen richtig ins Zeug legen; **my wife's cooking up a ~ for the party tonight** meine Frau kocht wie eine Weltmeisterin für die Party heute Abend; **to go down a ~** [**with sb**] [bei jdm] sehr gut ankommen; **to take sb by ~** jdn im Sturm erobern **II.** *n modifier* (*damage, signal*) Sturm-; **~ force** Sturmstärke *f;* **~ force** [**wind**] Sturm *m* mit Windstärke zehn; **~ warning** Sturmwarnung *f* **III.** *vi* ① (*speak angrily*) toben; ■**to ~ against sb/sth** gegen jdn/etw wettern ② (*move fast*) stürmen, jagen; **they ~ed to an early lead** sie waren nicht aufzuhalten; ■**to ~ in** hereinstürmen; ■**to ~ off** davonstürmen; ■**to ~ out** hinausstürmen ③ *impers esp* AM *strong winds* stürmen; **it was ~ing again last night** letzte Nacht war wieder ein heftiger Sturm **IV.** *vt* ■**to ~ sth** etw stürmen

'storm-beat·en *adj attr, inv* vom Sturm beschädigt **'storm-bound** *adj inv* vom Sturm aufgehalten **'storm cen·ter** AM, **'storm cen·tre** *n* METEO Zentrum *nt* des Wirbelsturms; (*fig*) Unruheherd *m* **'storm cloud** *n* Gewitterwolke *f;* (*fig liter*) dunkle Wolken *pl;* (*fig*) **the ~s of war seem to be gathering** scheinbar braut sich ein Krieg zusammen **'storm door** *n* AM *zusätzliche Tür zur Sturmsicherung*

stormi·ly ['stɔːmɪli, AM 'stɔːr-] *adv* stürmisch, heftig, hitzig

storm·ing ['stɔːmɪŋ, AM 'stɔːr-] *adj attr* BRIT (*fam*) sagenhaft *fam,* spitzenmäßig *fam*

'storm lan·tern *n* BRIT (*hurricane lamp*) Sturmlaterne *f* **'storm sail** *n* Sturmsegel *nt* **'storm sig·nal** *n* Sturmsignal *nt* **storm-tossed** [-ˌtɒst, AM -ˌtɑːst] *adj attr, inv* (*liter*) sturmgepeitscht *liter,* vom Sturm hin und hergeworfen **'Storm Troop·er** *n* (*hist*) SA-Mann *m hist* **'storm win·dow** *n* AM *äußeres Doppelfenster zur Sturmsicherung*

stormy ['stɔːmi, AM 'stɔːr-] *adj* ① *weather, night, sea* stürmisch; **the sky was dark and ~** der Himmel war düster und zeigte Sturm an ② (*fig: fierce*) stürmisch; *life* bewegt; **~ argument** heftige Auseinandersetzung; **~ debate** hitzige Debatte

sto·ry¹ ['stɔːri] *n* ① (*tale*) Geschichte *f;* (*narrative*) Erzählung *f;* (*plot*) Handlung *f,* Fabel *f fachspr;* **the film is based on a true ~** der Film beruht auf einer wahren Begebenheit; **that's another ~** das ist eine andere Geschichte; **bedtime ~** Gutenachtgeschichte *f;* **children's ~** Kindermärchen *nt;* **fairy ~** Märchen *nt;* **short ~** Kurzgeschichte *f;* **a tall ~** eine unglaubliche Geschichte; **to read/tell** [**sb**] **a ~** [jdm] eine Geschichte vorlesen/erzählen ② (*rumour*) Gerücht *nt;* **the ~ goes that ...** man erzählt sich, dass ... ③ (*version*) Version *f,* Fassung *f;* **he keeps changing his ~** er tischt immer wieder neue Geschichten auf; **according to her ~ she left the party at midnight** sie will die Party um Mitternacht verlassen haben; **that's my ~ and I'm sticking to it!** so sehe ich die Sache, und dazu stehe ich!; **sb's half** [*or* **side**] **of the ~** jds Version *f* der Geschichte; **let me tell you my side of the ~** lass mich dir die Dinge mal aus meiner Sicht schildern ④ (*news report*) Beitrag *m,* Story *f sl;* (*in newspaper*) Artikel *m* ⑤ (*lie*) Geschichte *f,* [Lügen]märchen *nt fam* ▸ PHRASES: **end of ~!** und damit Schluss!; **that's the ~ of my life!** so geht's mir jedes Mal!; **it's a long ~** (*fam*) das ist eine lange Geschichte!; **it's the same old ~** es ist immer das gleiche [alte] Lied; **to cut a long ~ short** um es kurz zu machen; **to tell one's own ~** für sich *akk* sprechen

sto·ry² *n* AM *see* **storey**

'sto·ry·board *n* FILM, TV Storyboard *nt fachspr* **'sto·ry·book** **I.** *n* Geschichtenbuch *nt,* Buch *nt* mit Kindergeschichten **II.** *n modifier ending, romance* märchenhaft, wie im Märchen *nach n* **'sto·ry line** *n* Handlung *f* **'sto·ry·tell·er** *n* ① (*narrator*) Geschichtenerzähler(in) *m(f)* ② (*fam: liar*) Lügner(in) *m(f),* Lügenbold *m pej fam* **'sto·ry·tell·ing** *n no pl* Geschichtenerzählen *nt;* *of lies* Lügen[geschichten]erzählen *nt*

stoup [stuːp] *n* REL Weihwasserbecken *nt*

stout¹ [staʊt] *n* Stout *m* (*dunkles Bier*)

stout² [staʊt] *adj* ① (*corpulent*) beleibt, korpulent *geh;* *woman* füllig *euph* ② (*stocky*) untersetzt, stämmig ③ (*thick and strong*) kräftig, stabil; *door, stick* massiv; *shoes, boots* fest ④ (*determined, brave*) *person* tapfer, mutig; *heart, defence, opposition* tapfer, unerschrocken; *denial, belief, refusal* beharrlich; *support* nachdrücklich; **~ fellow** (*dated fam*) tapfrer [*o veraltet* braver] Kerl; **with a ~ heart** festen Herzens, mutig; **~ resistance** unbeugsamer [*o* entschiedener] Widerstand

stout-heart·ed [ˌstaʊt'hɑːtɪd, AM -'hɑːrt̬ɪd] *adj* (*dated form, liter*) tapfer, beherzt, wacker *veraltet*

stout·ly ['staʊtli] *adv* ① (*of person*) **~ built** stämmig gebaut ② (*strong*) stabil; **~ made boots** feste Stiefel; **~ built house** solide gebautes Haus ③ (*firmly*) entschieden, steif und fest *fam;* **to believe ~ in sth** fest an etw *akk* glauben

stove [stəʊv, AM stoʊv] *n* ① (*heater*) Ofen *m;* **oil ~** Ölofen *m* ② *esp* AM, AUS (*for cooking*) Herd *m;* **electric/gas ~** Elektro-/Gasherd *m*

'stove·pipe *n* Ofenrohr *nt* **stove·pipe 'hat** *n* FASHION (*fam*) Zylinder *m,* Angströhre *f hum veraltet fam* **stove·pipe 'trou·sers** *npl* AM Röhrenhose[n] *f*[*pl*]

'stove·top AM, AUS **I.** *n* (*hob*) Herdplatte *f* **II.** *n modifier* für den Herd *nach n;* **this packet has a ~ method as well as an oven method of preparation** der Inhalt dieser Packung kann entweder auf dem Herd oder in der Backröhre zubereitet werden; **~ recipe** Kochrezept *nt*

stow [stəʊ, AM stoʊ] *vt* ① (*put away*) ■**to ~ sth** etw verstauen; (*hide*) etw verstecken ② (*fill*) ■**to ~ sth** etw voll machen; NAUT etw befrachten; *goods* etw verladen ③ (*sl: desist*) **~ it!** hör auf damit!

◆**stow away** **I.** *vt* ■**to ~ away** ↻ **sth** etw verstauen [*o* wegpacken]; (*hide*) etw verstecken **II.** *vi* ① (*store*) verstaubar sein ② (*travel without paying*) als blinder Passagier reisen

stow·age ['stəʊɪdʒ, AM 'stoʊ-] *n no pl* ① (*stowing*) Verstauen *nt;* NAUT [Be]laden *nt* ② (*place*) Stauraum *m*

stow·away ['stəʊəˌweɪ, AM 'stoʊ-] *n* blinder Passagier/blinde Passagierin

strad·dle ['strædl̩] **I.** *vt* ① ■**to ~ sth** (*standing*) mit geöffneten [*o* gespreizten] Beinen über etw *dat* stehen; (*sitting*) rittlings auf etw *dat* sitzen; (*jumping*) [mit gestreckten Beinen] springen; **his horse ~d the fence with ease** sein Pferd setzte mit Leichtigkeit über den Zaun ② (*bridge*) ■**to ~ sth** *a border* etw überbrücken [*o geh* überspannen]; (*fig*) *difficulties* etw überkommen; **the National Park ~s the Tennessee-North Carolina border** der Nationalpark verläuft zu beiden Seiten der Grenze zwischen Tennessee und North Carolina ③ (*part one's legs*) ■**to ~ sth** etw spreizen [*o* grätschen] ④ MIL **to ~ a target** um ein Ziel herum einschlagen ⑤ *esp* AM (*fig: equivocal position*) ■**to ~ sth** bei etw *dat* keine klare Position beziehen; **to ~ an issue** bei einer Frage nicht klar Stellung beziehen, zwischen zwei Alternativen schwanken **II.** *vi* (*stand*) breitbeinig [da]stehen; (*sit*) mit gegrätschten [*o* gespreizten] Beinen [da]sitzen **III.** *n* Grätsche *f;* (*jump*) Scherensprung *m;* (*in athletics*) Straddle[sprung] *m fachspr*

strafe [strɑːf, streɪf, AM streɪf] *vt* ① MIL ■**to ~ sth** etw [im Tiefflug] unter Beschuss nehmen ❷ *(fig: abuse)* ■**to ~ sb [with sth]** jdn [mit etw *dat*] bombardieren

strag·gle ['stræɡl̩] **I.** *vi* ❶ *(move as a disorganized group)* umherstreifen; *(fall back)* hinterhertrotten, [nach]zockeln *fam;* *(neglect time)* [herum]bummeln; **the ducklings ~d behind their mother** die Küken watschelten hinter ihrer Mutter her; **to ~ in/out** nach und nach kommen/gehen ❷ *(be dispersed)* *houses* verstreut stehen; *settlements* verstreut liegen ❸ *(come in small numbers)* sich *akk* sporadisch einstellen ❹ *(hang untidily)* *hair, beard* zottelig herunterhängen; *(grow)* *plant* wuchern **II.** *n* *(of things)* Sammelsurium *nt;* *(of people)* Ansammlung *f;* **a ~ of crumbling buildings is all that remains of the village** hier und da ein paar verfallende Häuser sind alles, was von dem Dorf übrig geblieben ist

strag·gler ['stræɡlə^r^, AM -ɚ] *n* Nachzügler(in) *m(f)*

strag·gly ['stræɡl̩i] *adj hair* zottelig, zerzaust; *beard* [wild] wuchernd, struppig; *eyebrows* zersaust

straight [streɪt] **I.** *n* ❶ *(race track)* Gerade *f;* **in the finishing** [*or* **home**] **~** in der Zielgeraden ❷ CARDS Sequenz *f;* *(in poker)* Straight *m* ▸ PHRASES: **stay on** [*or* **keep to**] **the ~ and narrow** bleibe im Lande und nähre dich redlich **II.** *adj* ❶ *(without curve)* gerade; *back, nose* gerade; *hair* glatt; *skirt* gerade geschnitten; *line* gerade; *road, row, furrow* [schnur]gerade; **is my tie ~?** sitzt mein Schlips richtig?; **the picture isn't ~** das Bild hängt schief; **he landed a ~ punch to the face** sein Hieb landete geradewegs im Gesicht; **as ~ as a die** [*or* AM **pin**] *(of posture)* kerzengerade; *(honest)* grundehrlich, absolut ehrlich ❷ *(frank)* *advice, denial, refusal* offen, freimütig; *(honest)* ehrlich; **I think we better do a bit of ~ talking** ich finde, wir sollten einmal ganz offen miteinander reden; ■**to be ~ with sb** aufrichtig [*o* ehrlich] mit jdm sein; **a ~ answer** eine offene [und ehrliche] Antwort; **to do ~ dealings with sb** mit jdm offen und ehrlich verhandeln; **to go ~** *(fam)* keine krummen Sachen machen *fam,* sich *dat* nichts zu Schulden kommen lassen ❸ *inv (fam: conventional)* brav *pej;* **he looks pretty ~ wearing a tie** mit Krawatte sieht er ziemlich spießig aus ❹ *(heterosexual)* heterosexuell, hetero *fam* ❺ *(plain)* einfach; *(undiluted)* pur; **~ gin/Scotch** Gin *m*/Scotch *m* pur; **vodka ~** Wodka *m* pur ❻ *(simply factual)* tatsachengetreu, nur auf Fakten basierend *attr;* **~ reporting** objektive Berichterstattung ❼ *(clear, uncomplicated)* klar; **well done, Tim, that was ~ thinking** gut gemacht, Tim, da hast du wirklich scharf überlegt; **just give me a ~ yes or no** sag doch ganz einfach ja oder nein!; **we both liked each other's jumpers, so we did a ~ swap** uns gefiel jeweils der Pullover des anderen und da haben wir einfach getauscht; **~ answer** eindeutige Antwort; *(in exams)* **~ A's** glatte Einser; **he's a ~ A candidate** er ist ein Einserkandidat ❽ *attr, inv (consecutive)* aufeinanderfolgend, in Folge *nach n;* **the team has won ten ~ games this season** das Team hat in dieser Saison zehn Spiele hintereinander gewonnen; **~ flush** CARDS Straight[flush] *m;* **the ~ line of succession to the throne** die Thronfolge in direkter Linie; **to win/lose in ~ sets** TENNIS mehrere Sätze hintereinander gewinnen/verlieren ❾ *(fam: serious)* ernst[haft]; *(not laughing)* ernst; *(traditional)* traditionell, konventionell; **there's a lot of ~ theatre at the festival** beim Festival wird viel Althergebrachtes geboten; **to keep a ~ face** [*or* **one's face ~**] ernst bleiben; **to make** [*or* **put on**] **a ~ face** ein ernstes Gesicht machen, eine ernste Miene aufsetzen; **~ actor/actress** THEAT Schauspieler/Schauspielerin des ernsten Fachs; **~ production** [*or* **play**] ernstes Stück ❿ *pred (fam: quits)* ■**to be ~** quitt sein *fam* ⓫ *(fam: no drugs or alcohol)* sauber, clean *sl;* **'Getting S~' programme** [*or* AM **program**] Entziehungskur *f* ⓬ *pred (in order)* in Ordnung; *(clarified)* geklärt; **to put things ~** *(tidy)* Ordnung schaffen; *(organize)* etwas auf die Reihe kriegen *fam;* **let's get this ~, you need £500 tomorrow or else ...** stellen wir einmal klar: entweder du hast bis morgen 500 Pfund, oder ...; **and get this ~, I'm not lending you any more money** damit das klar ist: ich leihe dir keine müde Mark mehr; **to put** [*or* **set**] **sb ~ about sth** jdm Klarheit über etw *akk* verschaffen **III.** *adv* ❶ *(in a line)* gerade[aus]; **go ~ along this road** folgen Sie immer dieser Straße; **he drove ~ into the tree** er fuhr frontal gegen den Baum; **the village lay ~ ahead of us** das Dorf lag genau vor uns; **after a couple of gins, I was having difficulty walking ~** nach ein paar Gins konnte ich kaum noch gerade gehen; **the dog seemed to be coming ~ at me** der Hund schien direkt auf mich zuzukommen; **the arrow went ~ through the canvas** der Pfeil ging glatt durch die Leinwand; **she told me to go ~ ahead with designing the dress** sie befahl mir, auf der Stelle mit dem Entwerfen des Kleides anzufangen; **to look ~ ahead** geradeaus schauen ❷ *inv (directly)* direkt *fam;* **shall we go ~ to the party or stop off at a pub first?** sollen wir gleich zur Party fahren oder schauen wir zuerst in einer Kneipe vorbei?; **to look sb ~ in the eye** jdm direkt in die Augen sehen ❸ *inv (immediately)* sofort; **I got home and went ~ to bed** ich kam nach Hause und ging sofort schlafen; **we've got to leave ~ away** wir müssen unverzüglich aufbrechen; **she said ~ off** [*or* **away**] **that she had no time on Friday** sie sagte von vornherein, dass sie am Freitag keine Zeit habe; **to get ~ to the point** sofort [*o* ohne Umschweife] zur Sache kommen ❹ *(fam: honestly)* offen [und ehrlich]; **tell me ~, would you rather we didn't go out tonight?** nun sag mal ganz ehrlich, wäre es dir lieber, wenn wir heute Abend nicht weggingen?; **I told him ~ that I didn't like his tie** ich sagte ihm geradeheraus, dass mir seine Krawatte nicht gefiele; **~ up, I only paid £20 for the fridge** für den Kühlschrank habe ich echt nur 20 Pfund bezahlt ❺ *(clearly)* klar; **after five glasses of wine I couldn't see ~** nach fünf Gläsern Wein konnte ich nicht mehr richtig sehen; **I'm so tired I can't think ~ any more** ich bin so müde, dass ich nicht mehr klar denken kann

straight 'an·gle *n* gestreckter Winkel

straight·away [ˌstreɪtə'weɪ, AM -t̬ə'-] **I.** *adv esp* BRIT sofort, auf der Stelle; **we don't have to go ~, do we?** wir müssen doch nicht jetzt gleich gehen, oder? **II.** *n* AM *(straight)* Gerade *f*

straight·en ['streɪtᵊn] **I.** *vt* ■**to ~ sth** ❶ *(make straight, level)* etw gerade machen; **to ~ one's arm/leg** den Arm/das Bein ausstrecken; **to ~ one's body** den Körper aufrichten; **to ~ one's hair** sein Haar glätten; **to ~ a hem** einen Saum gerade nähen; **to ~ a picture** ein Bild gerade hängen; **to ~ a river/road** einen Fluss/eine Straße begradigen; **to ~ a seam** eine Naht glatt ziehen ❷ *(arrange in place)* etw richten [*o* ordnen]; **to ~ one's clothes** seine Kleider richten; **to ~ one's hair** sein Haar in Ordnung bringen; **to ~ a room/flat** [*or* AM **apartment**] *(tidy up)* ein Zimmer/eine Wohnung aufräumen [*o* in Ordnung bringen]; **to ~ one's tie** seine Krawatte zurechtrücken **II.** *vi person* sich *akk* aufrichten; *road, river* gerade werden; *hair* sich *akk* glätten

◆**straighten out I.** *vt* ■**to ~ out ⟷ sth** ❶ *(make straight)* etw gerade machen; **to ~ out one's arms/legs** die Arme/Beine ausstrecken; **to ~ out one's clothes** seine Kleider glatt streichen; **to ~ out a dent in the bumper** die Stoßstange ausbeulen; **to ~ out a road** eine Straße begradigen; **to ~ out a wire** einen Draht ausziehen ❷ *(put right)* etw in Ordnung bringen; *(clarify)* etw klarstellen; **I think we should get matters ~ed out between us** ich finde, wir sollten die Dinge zwischen uns klären; ■**to ~ sb out** *(explain a situation)* jdm die Sachlage erklären; *(explain the truth)* jdn aufklären; *(make behave)* jdn [wieder] auf den rechten Weg bringen; **to ~ out one's affairs** Klarheit in seine Finanzen bringen; **to ~ out a misunderstanding** ein Missverständnis aus der Welt schaffen; **to ~ out a problem/situation** ein Problem/eine Situation bereinigen **II.** *vi* gerade werden

◆**straighten up I.** *vi* ❶ *(stand upright)* sich *akk* aufrichten ❷ *(move straight)* *vehicle, ship* [wieder] geradeaus fahren; *aircraft* [wieder] geradeaus fliegen **II.** *vt* ■**to ~ up ⟷ sth**

S

❶ (*make level*) etw gerade machen; **to ~ up a picture** ein Bild gerade hängen ❷ (*tidy up*) etw aufräumen; (*fig: put in order*) etw regeln [*o* in Ordnung bringen]; **to ~ up leftover matters** aufarbeiten, was liegen geblieben ist

straight 'face *n* unbewegte Miene, Pokerface *nt;* **with a ~** ohne eine Miene zu verziehen

straight-faced [-'feɪst] **I.** *adj* gleichmütig, cool *sl;* **to be ~** keine Miene verziehen **II.** *adv* mit unbeweglicher Miene

straight·for·ward *adj* ❶ (*direct*) direkt; *explanation* unmittelbar; *look* gerade ❷ (*honest*) *answer, person* aufrichtig, ehrlich ❸ (*easy*) einfach, leicht; **it's quite ~** es ist ganz einfach; **a ~ choice** eine leichte Wahl; **~ process** unkomplizierter Vorgang; **~ question** verständliche Frage

straight·for·ward·ly [-'fɔːwədli, AM -'fɔːrwɚdli] *adv* ❶ (*candidly*) freimütig, offen; **to explain quite ~ that ...** ohne Umschweife erklären, dass ... ❷ (*simply*) einfach; **to explain the situation ~** die Lage klipp und klar umreißen ❸ (*honestly*) aufrichtig, ehrlich

straight·forward·ness [-'fɔːwədnəs, AM -'fɔːrwɚd-] *n* ❶ (*candidness*) Freimütigkeit *f,* Offenheit *f* ❷ (*simplicity*) Einfachheit *f* ❸ (*honesty*) Aufrichtigkeit *f,* Ehrlichkeit *f*

straight·jack·et *n see* **straitjacket** **straight-line de·pre·ci'a·tion** *n* FIN lineare Abschreibung *fachspr* **'straight man** *n* THEAT *ernster Gegenpart eines Komikers, der diesem die Stichwörter gibt* **straight 'off** *adv inv* (*fam*) sofort, auf der Stelle; **we don't need to go ~** wir müssen nicht jetzt gleich gehen **straight 'out** *adv* offen, [ganz] direkt **'straight-out** *adj esp* AM (*fam*) offen, unverblümt; **~ answer** ehrliche Antwort **straight 'ra·zor** *n* AM (*cut-throat razor*) Rasiermesser *nt* **'straight stitch** *n* gerader Stich **straight 'tick·et** *n* AM *Liste mit den Kandidaten einer Partei;* **he voted the straight Republican ticket** er stimmte für die Liste der Republikaner **straight 'up** *adv* AM (*fam: honestly*) echt *fam,* ehrlich *fam;* **you're an attractive woman, ~!** Sie sind eine attraktive Frau, ganz ehrlich!; **you're not telling me he's sixty! – ~!** du willst mir doch nicht erzählen, dass er schon sechzig ist! – doch, wirklich!

strain¹ [streɪn] *n* ❶ BIOL (*breed*) *of animals* Rasse *f; of plants* Sorte *f; of virus* Art *f* ❷ (*inherited characteristic*) Anlage *f,* [Charakter]zug *m;* **a ~ of eccentricity/puritanism** ein Hang *m* zum Exzentrischen/Puritanismus

strain² [streɪn] **I.** *n usu sing* ❶ *no pl* (*physical pressure*) Druck *m,* Belastung *f;* **to put a ~ on sth** einen Druck auf etw *akk* ausüben ❷ (*fig: emotional pressure*) Druck *m,* Belastung *f;* **I found it quite a ~ having her to stay with us** ich habe es als ziemliche Belastung empfunden, sie bei uns zu haben; **stresses and ~s** Strapazen *fpl;* **to be under a lot of ~** stark unter Druck stehen; (*emotional*) unter großem Druck stehen ❸ (*overexertion*) [Über]beanspruchung *f,* [Über]belastung *f;* **excess weight puts a lot of ~ on the heart** Übergewicht stellt eine große Belastung für das Herz dar ❹ *no pl* PHYS (*degree of distortion*) Zug *m,* Spannung *f,* [Über]dehnung *f;* **stress and ~** Zug und Druck ❺ (*pulled tendon, muscle*) Zerrung *f;* **back/groin ~** Rücken-/Leistenzerrung *f;* **hamstring ~** Zerrung *f* der Achillessehne ❻ (*liter: stretch of music*) Weise *f liter;* ■**~s** *pl* Melodie[n] *f[pl]* **II.** *vi* ❶ (*pull*) ziehen, zerren; *dress* spannen; **the dog is ~ing at the leash** der Hund zerrt an der Leine ❷ (*try hard*) sich *akk* anstrengen; **to ~ for** [*or* BRIT **after**] **effect** Effekthascherei betreiben *pej* **III.** *vt* ■**to ~ sth** ❶ (*pull*) an etw *dat* ziehen; MED, SPORTS etw überdehnen [*o* zerren]; **I ~ed a muscle in my back** ich habe mir eine Rückenmuskelzerrung zugezogen; **he ~ed the rope until he was sure that it would hold fast** er belastete das Seil, bis er sicher war, dass es halten würde; **to ~ a ligament** sich *dat* eine Bänderzerrung zuziehen ❷ (*overexert*) etw [stark] beanspruchen [*o* überanstrengen]; (*fig: exaggerate*) etw übertreiben; **she's ~ing every nerve to get the work finished on time** sie strengt sich ungeheuer an, um die Arbeit rechtzeitig fertig zu bekommen; **to ~ one's ears** die Ohren spitzen [*o fam* aufsperren]; **to ~ one's eyes** die Augen überanstrengen; **to ~ the truth** übertreiben; **I agree she's lost weight, but I think it's ~ing the truth a little to describe her as slim** ich finde auch, dass sie abgenommen hat, aber sie als schlank zu bezeichnen, das wäre denn doch etwas zu viel ❸ (*fig: tear at*) etw strapazieren [*o* belasten]; **his conduct couldn't but ~ their relationship** sein Benehmen musste eine Belastungsprobe für ihre Beziehung sein; **to ~ sb's credulity** für jdn sehr unglaubhaft klingen ❹ (*remove solids from liquids*) *coffee* etw [aus]sieben [*o* ausziehen]; (*remove liquid from solids*) *vegetables* etw abgießen

◆**strain off** *vt* ■**to ~ off** ⊂ **sth** etw abgießen

strained [streɪnd] *adj* ❶ (*forced*) bemüht, angestrengt; (*artificial*) gekünstelt *pej;* **~ efforts** forcierte Bemühungen; **a ~ smile** ein gequältes Lächeln ❷ (*tense*) *relations* belastet, angespannt; **they are having a ~ friendship** ihre Freundschaft leidet unter Spannungen ❸ (*stressed*) abgespannt, mitgenommen, gestresst ❹ (*far-fetched*) *interpretation* weit hergeholt

strain·er ['streɪnəʳ, AM -ɚ] *n* Sieb *nt;* **fine mesh ~** feines Drahtsieb; **tea ~** Teesieb *nt*

strait [streɪt] *n* ❶ GEOG (*narrow sea*) Meerenge *f,* Straße *f;* **the Bering S~** die Beringstraße; **the S~s of Gibraltar** die Straße von Gibraltar ❷ *usu pl* (*bad situation*) Notlage *f,* Zwangslage *f;* **to be in a ~** in der Klemme stecken *fam;* **to be in desperate/dire ~s** sich *akk* in einer verzweifelten/schlimmen Notlage befinden; **to be in a difficult ~** in Bedrängnis sein

strait·ened ['streɪtᵊnd] *adj* (*form: poor*) knapp; (*restricted*) beschränkt, dürftig; **to find oneself in ~ circumstances** sich *akk* einschränken müssen

'strait·jack·et *n* (*a. fig*) Zwangsjacke *f a. fig, pej;* **the police are concerned that the new regulation will act as a ~ in combating crime** die Polizei befürchtet, dass sich die neue Regelung als Hemmschuh für die Kriminalitätsbekämpfung erweisen wird **strait-laced** [-'leɪst] *adj* (*pej*) prüde *pej,* puritanisch *pej*

strand¹ [strænd] **I.** *vt* **to ~ a boat** ein Boot auf Grund setzen; **to ~ a whale** einen Wal stranden lassen **II.** *vi* stranden **III.** *n* (*liter: shore*) Gestade *nt meist pl liter, poet*

strand² [strænd] *n* ❶ (*single thread*) Faden *m; of rope* Strang *m; of tissue* Faser *f; of hair* Strähne *f; of grass* Halm *m; of wire* Litze *f fachspr;* AM, AUS (*string*) Schnur *f;* **she idly plucked ~s of grass** gedankenverloren zupfte sie Grashalme aus; **~ of hair** Haarsträhne *f;* **~ of pearls** Perlenkette *f;* **~ of wool** Wollfaden *m* ❷ (*element of whole*) Strang *m;* **~ of life** Lebensschiene *f;* **you have your work and your home and rarely do those two ~s of your life come together** Sie haben Ihre Arbeit und Ihr Zuhause, und beides läuft fast immer auf getrennten Schienen; **~ of melody** Melodienstrang *m;* **~ of the plot** Handlungsstrang *m*

strand·ed ['strændɪd] *adj inv* (*beached*) gestrandet *a. fig; ship also* aufgelaufen; ■**to be ~** (*fig*) festsitzen; (*without money*) auf dem Trockenen sitzen *hum;* **to leave sb ~** jdn sich *dat* selbst überlassen, jdn seinem Schicksal überlassen; **the strike kept** [*or* **had left**] **the tourists ~** wegen des Streiks saßen die Touristen fest

strange [streɪndʒ] *adj* ❶ (*peculiar, odd*) sonderbar, merkwürdig; (*unusual*) ungewöhnlich, außergewöhnlich; (*weird*) unheimlich, seltsam; **I had a ~ feeling that we'd met before** ich hatte irgendwie das Gefühl, dass wir uns schon einmal begegnet waren; **~r things have happened** da sind schon ganz andere Dinge passiert; **it's ~ that ...** es ist schon merkwürdig, dass ...; **~ accent** sonderbarer [*o* komischer] Akzent ❷ (*exceptional*) erstaunlich, bemerkenswert; **you say the ~st things sometimes** manchmal sagen Sie die erstaunlichsten Dinge; **a ~ coincidence** ein seltsamer Zufall; **a ~ twist of fate** eine besondere Laune des Schicksals; **~ to say** seltsamerweise; ~ **to say, I don't really like strawberries** es ist kaum zu glauben, aber ich mag Erdbeeren nicht besonders ❸ (*uneasy*) komisch; (*unwell*) seltsam, unwohl; **to feel ~** sich *akk* unwohl [*o* schlecht] fühlen; **I hope that fish was all right – my stomach feels a bit ~** ich hoffe, der Fisch war in Ordnung – mir ist so komisch ❹ *inv* (*not known*) fremd, unbekannt; (*unfamiliar*) nicht vertraut, ungewohnt; **I never sleep well in a ~ bed** ich schlafe in fremden Betten grundsätzlich schlecht; ~ **face** unbekanntes Gesicht ▶PHRASES: **to make ~ bedfellows** ein seltsames Paar [*o* Gespann] abgeben

strange·ly ['streɪndʒli] *adv* ❶ (*oddly*) merkwürdig, sonderbar ❷ (*unexpectedly*) **she was ~ calm** sie war auffällig still; ~ **enough** seltsamerweise, sonderbarerweise

strange·ness ['streɪndʒnəs] *n no pl* ❶ (*unfamiliarity*) Fremdheit *f*, Fremdartigkeit *f* ❷ (*peculiarity*) Seltsamkeit *f*, Merkwürdigkeit *f*

strang·er ['streɪndʒəʳ, AM -ɚ] *n* ❶ (*unknown person*) Fremde(r) *f(m)*; (*person new to a place*) Neuling *m a. pej*; **she is a ~ to me** ich kenne sie nicht; **they were complete ~s to me** sie waren mir alle gänzlich unbekannt; **are you a ~ here, too?** sind Sie auch fremd hier?; **hello, ~!** (*fam*) hallo, lange nicht gesehen!; **hello ~, I haven't seen you for weeks!** hallo, dich habe ich ja schon wochenlang nicht mehr gesehen ❷ (*form*) **to be a ~ in sth** in etw *dat* unerfahren sein; **to be no ~ to sth** etw [schon] kennen; **she is no ~ to hard work** sie ist [an] harte Arbeit gewöhnt ❸ BRIT POL Besucher(in) *m(f)*; **S~'s Gallery** Besuchertribüne *f* (*im britischen Parlament*)

stran·gle ['stræŋgl̩] *vt* ❶ (*murder*) ■**to ~ sb** jdn erdrosseln [*o* erwürgen] [*o geh* strangulieren]; **this tie is strangling me** diese Krawatte schnürt mir die Luft ab ❷ (*fig: suppress*) ■**to ~ sth** etw unterdrücken [*o* ersticken]; **their protests should have been ~d at birth** man hätte ihre Proteste schon im Keim ersticken sollen; **to ~ a scream** einen Schrei unterdrücken

stran·gled ['stræŋgl̩d] *adj* ❶ (*constricted*) erstickt; **with a ~ voice** mit erstickter Stimme ❷ *inv* AM, AUS (*strangulated*) erdrosselt, erwürgt, stranguliert *geh*

'strangle·hold *n* ❶ (*grip*) Würgegriff *m*; **to have sb in a ~** (*fig*) jdn [völlig] in der Hand [*o* an der Kandare] haben ❷ (*fig: complete control*) Vormacht[stellung] *f kein pl*; **to tighten one's ~** seine Vormachtstellung ausbauen

stran·gler ['stræŋgləʳ, AM -ɚ] *n* Würger(in) *m(f) pej veraltet*

stran·gu·late ['stræŋgjəleɪt] *vt* MED ■**to ~ sth** etw abschnüren [*o* abbinden]

stran·gu·lat·ed ['stræŋgjəleɪtɪd, AM -t̬-] *adj* ❶ *inv* MED abgeschnürt; ~ **hernia** eingeklemmter Bruch ❷ (*fig: constricted*) erstickt; **with a ~ voice** mit erstickter Stimme

stran·gu·la·tion [ˌstræŋgjə'leɪʃᵊn] *n no pl* ❶ (*strangling*) Erdrosselung *f*, Strangulierung *f*; (*death from throttling*) Tod *m* durch Erwürgen ❷ MED (*strangulating*) Abschnüren *nt*, Abbinden *nt*

strap [stræp] **I.** *n* ❶ (*for fastening*) Riemen *m*; (*for safety*) Gurt *m*; (*for clothes*) Träger *m*; (*for hanging up*) Schlaufe *f*; (*hold in a vehicle*) Halteschlaufe *f*; **ankle ~** Schuhriemen *m*, Schuhriemchen *nt*; **bra ~** BH-Träger *m*; **shoulder ~** Träger *m*; **watch ~** Uhrarmband *nt* ❷ (*punishment*) **to get the ~** mit dem Gürtel [*o* Lederriemen] verprügelt werden; **to give sb the ~** jdn [mit einem Gürtel] verprügeln **II.** *vt* <-pp-> ❶ (*fasten*) ■**to ~ sth [to sth]** etw [an etw *dat*] befestigen ❷ (*hit*) ■**to ~ sb** jdn schlagen; (*punish*) jdn verprügeln ❸ (*bandage*) ■**to ~ sb/sth** jdn/etw bandagieren; (*with plaster*) jdn/etw verpflastern

◆**strap in** *vt* ■**to ~ in ↔ sb** (*in a certain position*) jdn festschnallen; (*in a car*) jdn anschnallen; ■**to ~ oneself in** sich *akk* anschnallen

◆**strap on** *vt* ■**to ~ on ↔ sth** etw festschnallen; *watch* etw anlegen; *rucksack* etw schultern [*o* aufschnallen]; *belt* etw anlegen; *girdle* etw umlegen

◆**strap up** *vt* BRIT ■**to ~ up ↔ sth** ❶ (*fasten*) etw festschnallen [*o* festbinden] ❷ MED (*bandage*) etw bandagieren; (*with plaster*) etw verpflastern

strap·hang ['stræphæŋ] *vi* TRANSP (*fam*) im Stehen fahren (*in öffentlichen Verkehrsmitteln*)

strap·hang·er ['stræpˌhæŋəʳ, AM -ɚ] *n* TRANSP (*fam*) ❶ (*passenger*) stehender Fahrgast ❷ *usu* AM (*commuter*) Pendler(in) *m(f)* (*als Benutzer des öffentlichen Nahverkehrs*)

strap·less ['stræpləs] *adj inv* trägerlos; ~ **bra** trägerloser BH; ~ **dress** schulterfreies Kleid

strapped [stræpt] *adj* (*fam*) knapp bei Kasse *präd fam*, pleite *präd fam*; **a financially ~ company** eine Firma mit finanziellen Engpässen; **to be ~ for cash** [so gut wie] blank sein *fam*

strap·ping ['stræpɪŋ] **I.** *n no pl* ❶ (*punishment*) Züchtigung *f* mit einem Lederriemen [*o* Gürtel] ❷ (*bandage*) Bandage *f* **II.** *adj* (*hum fam*) kräftig, stämmig; ~ **girl** dralles Mädchen; ~ **lad** strammer Bursche

strap·py ['stræpi] *adj attr* Riemchen-; ~ **sandals** Riemchensandalen *fpl*

Stras·bourg ['stræzbɜːg, AM 'strɑːsbʊrg] *n* Straßburg *nt*

stra·ta ['strɑːtə, AM 'streɪt̬ə] *n pl of* **stratum**

strata·gem ['strætədʒəm, AM -t̬-] *n* ❶ (*scheme*) Strategem *nt geh*, [Einzel]strategie *f* ❷ *no pl* (*scheming*) List *f*; MIL Kriegslist *f*

stra·tegic [strə'tiːdʒɪk] *adj* strategisch, taktisch; **both countries want control of this ~ city** beide Länder möchten diese strategisch wichtige Stadt unter ihrer Kontrolle haben; **the ~ balance** MIL das strategische Gleichgewicht; ~ **bombing** MIL Bombardierung *f* des feindlichen Gebiets; ~ **expertise** taktisches Geschick; ~ **forces** Streitkräfte *fpl*; ~ **weapons** strategische Waffen; **a ~ withdrawal** ein strategischer Rückzug

stra·tegi·cal·ly [strə'tiːdʒɪkᵊli] *adv* taktisch, strategisch; (*fig*) **her scarf was ~ placed to hide a tear in her shirt** sie hatte ihren Schal so geschickt umgelegt, dass er den Riss in ihrer Bluse verbarg

strat·egist ['strætədʒɪst, AM -t̬-] *n* Stratege, -in *m, f*, Taktiker(in) *m(f)*; **political ~** politischer Stratege/politische Strategin; **military ~** Militärstratege, -in *m, f*

strat·egy ['strætədʒi, AM -t̬ə-] *n* ❶ (*plan of action*) Strategie *f*; (*less comprising scheme*) Taktik *f*; **marketing/sales ~** Marketing-/Verkaufsstrategie *f* ❷ *no pl* (*art of planning*) Taktieren *nt*; (*of war*) Kriegsstrategie *f*; **she accused the government of lacking any coherent industrial ~** sie warf der Regierung vor, sie habe keine klare Linie im Umgang mit der Industrie; **military ~** Militärstrategie *f*

strati·fi·ca·tion [ˌstrætɪfɪ'keɪʃᵊn, AM -t̬əfɪ'-] *n no pl* ❶ (*arrangement in layers*) Schichtung *f* ❷ GEOL Schichtung *f*, Stratifikation *f fachspr* ❸ SOCIOL **social ~** gesellschaftliche Schichtenbildung

strati·fied ['strætɪfaɪd, AM -t̬ə-] *adj inv* geschichtet, in Schichten aufgeteilt; ~ **sample** SOCIOL gesamtgesellschaftliche Stichprobe

strati·fy <-ie-> ['strætɪfaɪ, AM -t̬ə-] *vt* ❶ (*arrange in layers*) ■**to ~ sth** etw schichten ❷ *usu passive* GEOL ■**to be stratified** geschichtet [*o fachspr* stratifiziert] sein ❸ (*place in groups*) ■**to ~ sb/sth [by sth]** jdn/etw [nach etw *dat*] klassifizieren; **stratified society** mehrschichtige Gesellschaft

strato·sphere ['strætə(ʊ)ˌsfɪəʳ, AM 'strætəsfɪr] *n* METEO Stratosphäre *f fachspr*; **to go [***or* **be sent] into the ~** (*fig*) astronomische Höhen erreichen

strato·spher·ic [ˌstrætə(ʊ)'sferɪk, AM ˌstræt̬ə'sfɪr-] *adj* METEO stratosphärisch; (*fig*) astronomisch [hoch]

stra·tum <*pl* -ta> ['strɑːtəm, *pl* -tə, AM 'streɪt̬-, *pl* -t̬ə] *n* ❶ (*layer*) Schicht *f* ❷ GEOL (*layer of rock*) [Gesteins]schicht *f* ❸ SOCIOL (*class*) Schicht *f*; **[higher/lower] ~ of society** [höhere/niedrigere] Gesellschaftsschicht

straw [strɔː, AM *esp* strɑː] **I.** *n* ❶ *no pl* (*crop, fodder*) Stroh *nt*; **bale of ~** Strohballen *m* ❷ (*single dried stem*) Strohhalm *m*; **to chew a ~** auf einem Strohhalm kauen; **to draw ~s** losen, Streichhölzchen ziehen ❸ (*drinking tube*) Strohhalm *m*,

S

Trinkhalm *m* ❹ (*fam: worthless thing*) Belanglosigkeit *f;* **sb doesn't care a ~ [*or* two ~s], what ...** jdm ist völlig schnuppe, was ... *fam* ❺ (*fam: straw hat*) Strohhut *m* ▶ PHRASES: **to make bricks without ~** auf Sand bauen; **to be the ~ that breaks the camel's back** (*prov*) der Tropfen sein, der das Fass zum Überlaufen bringt *prov;* **to have ~s in one's hair** *esp* BRIT übergeschnappt sein *fam;* **a ~ in the wind** ein Vorzeichen *nt;* **to be the final [*or* last] ~** das Fass zum Überlaufen bringen; **to draw the short ~** den Kürzeren ziehen; **to catch [*or* clutch] [*or* grab] at ~s** nach jedem Strohhalm greifen **II.** *n modifier* (*bale, hat, mat, roof*) Stroh-; **~ basket** geflochtener Korb; **~ boater** steifer Strohhut

'straw bal·lot *n* Probeabstimmung *f*

straw·berry ['strɔːbᵊri, AM 'strɑːˌberi] **I.** *n* Erdbeere *f;* **strawberries and cream** Erdbeeren mit Schlagsahne; **alpine ~** einblättrige Walderdbeere; **climbing ~** Klettererdbeere *f;* **perpetual fruiting ~** ganzjährige Erdbeere; **wild ~** Walderdbeere *f* **II.** *n modifier* (*farm, ice cream, jam, tart*) Erdbeer-; **~ patch** Erdbeerbeet *nt;* **~ preserves** eingemachte Erdbeeren; **~ sundae** Eisbecher *m* mit Erdbeeren

straw·berry 'blonde *n* Rotblonde *f;* **she's a ~** sie hat rotblondes Haar **'straw·berry-blonde** *adj* rotblond, rötlich blond **'straw·berry mark** *n* [rotes] Muttermal

'straw boss *n* AM (*fam: foreman*) Vorarbeiter(in) *m(f)* **'straw-col·ored** [-ˈkʌlɚd] AM, **'straw-col·oured** [-ˈkʌləd] *adj* strohfarben; *hair* strohblond **straw 'hat** *n* Strohhut *m* **'straw man** *n* ❶ (*cover person*) Strohmann *m* ❷ (*discussion tactic*) Scheinargument *nt* (*als rhetorischer Kniff*) **'straw poll** *n,* **'straw vote** *n* Probeabstimmung *f;* (*test of opinion*) [Meinungs]umfrage *f*

stray [streɪ] **I.** *vi* ❶ (*wander*) streunen; (*escape from control*) frei herumlaufen; (*go astray*) sich *akk* verirren; **most visitors to the park do not ~ more than a few yards away from their cars** die meisten Parkbesucher entfernen sich gerade mal ein paar Meter von ihren Autos; **a herd of cattle ~ed into the road** eine Viehherde hat sich auf die Straße verirrt; **to ~ off course** vom Kurs abkommen ❷ (*move casually*) umherstreifen; **her eyes kept ~ing to the clock** ihre Blicke wanderten immer wieder zur Uhr ❸ (*fig: digress*) abweichen; *orator, thoughts* abschweifen; **to ~ from the original plan** vom ursprünglichen Plan abweichen ❹ (*to be immoral*) *person* fremdgehen; (*touch*) *hands* herumfummeln; **men who ~ cannot be trusted** auf untreue Männer ist kein Verlass; **watch out for his ~ing hands!** pass bloß auf, dass er dir nicht an die Wäsche geht! *fam* **II.** *n* ❶ (*animal*) streunendes [Haus]tier ❷ (*person*) Umherirrende(r) *f(m);* (*homeless*) Heimatlose(r) *f(m)* ❸ RADIO ■ **~s** *pl* Störeffekte *mpl,* Störungen *fpl* (*beim Rundfunkempfang*) **III.** *adj attr, inv* ❶ (*homeless*) *animal* streunend, herrenlos; (*lost*) *person* verirrt ❷ (*isolated*) vereinzelt; *socks* einzeln; (*occasional*) gelegentlich; **to be hit by a ~ bullet** von einem Blindgänger [*o* einer verirrten Kugel] getroffen werden; **a ~ lock of hair** eine widerspenstige Locke; **~ remarks/sentences** einzelne Bemerkungen/Sätze

streak [striːk] **I.** *n* ❶ (*line*) Streifen *m;* (*mark of colour*) Spur *f;* (*on window*) Schliere *f;* **~ of blood** Blutspur *f* ❷ (*strip*) Strahl *m,* Streif *m liter;* **~ of light** Lichtstrahl *m;* **~ of lightning** Blitz *m,* Blitzstrahl *m geh;* **like a ~ [of lightning]** (*fig*) wie der [*o* ein geölter] Blitz *fam* ❸ (*coloured hair*) ■ **~s** *pl* Strähnen *fpl,* Strähnchen *ntpl* ❹ (*character tendency*) [Charakter]zug *m,* Ader *f fig;* **there's an aggressive ~ in him** er hat etwas Aggressives an sich; ■ **a ~ of sth** eine Spur von etw *dat;* **there's a ~ of German blood in him** in seinen Adern fließt auch etwas deutsches Blut; **a ~ of madness** ein Hang *m* zum Wahnsinn ❺ (*run of fortune*) Strähne *f;* **losing ~** Pechsträhne *f;* **lucky/winning ~** Glückssträhne *f;* **to extend one's unbeaten ~** seinen Erfolgskurs fortsetzen; **to be on a winning ~** eine Glückssträhne haben **II.** *vt usu passive* ■ **to be ~ed** gestreift sein; **his cheeks were ~ed with tears** seine Wangen waren tränenüberströmt; **white marble is frequently ~ed with grey, black or green** weißer Marmor ist oft von grauen, schwarzen oder grünen Adern durchzogen; **to have one's hair ~ed** sich *dat* Strähnchen in die Haare machen [lassen]; **~ed with grey** *hair* von grauen Strähnen durchzogen; **~ed with mud** *clothes* von Dreck verschmiert **III.** *vi* ❶ (*move very fast*) flitzen *fam;* ■ **to ~ ahead** (*fig*) eine Blitzkarriere machen; **to ~ across the street** über die Straße fegen; **to ~ past the window** am Fenster vorbeischießen ❷ (*fam: run naked in public*) flitzen

streak·er ['striːkəʳ, AM -ɚ] *n* (*fam*) Flitzer(in) *m(f)*

streak·ing ['striːkɪŋ] *n no pl* (*fam*) Flitzen *nt*

streaky ['striːki] *adj* ❶ (*with irregular stripes*) streifig; *pattern* gestreift; *face* verschmiert; *hair* strähnig; *window, mirror* schlierig ❷ BRIT FOOD **~ bacon** durchwachsener Speck

stream [striːm] **I.** *n* ❶ (*small river*) Bach *m,* Flüsschen *nt;* **mountain ~** Bergbach *m* ❷ (*flow*) *of liquid* Strahl *m; of people* Strom *m;* **a ~ of oil gushed out of the ruptured tank** eine Ölfontäne schoss aus dem geplatzten Tank; **the blood ~** der Blutkreislauf; **~ of consciousness** LIT Bewusstseinsstrom *m fachspr;* **~ of light** breiter Lichtstrahl; **~ of visitors** Besucherstrom *m;* **~ of water** Wasserstrahl *m* ❸ (*continuous series*) Flut *f,* Schwall *m;* **there has been a steady ~ of phone calls asking about the car I'm selling** seit ich den Wagen verkaufen will, steht das Telefon nicht mehr still; **a ~ of abuse** eine Schimpfkanonade; **a ~ of insults [*or* invective]** ein Schwall *m* von Beleidigungen ❹ (*a. fig: current*) Strömung *f a. fig;* **The Gulf S~** der Golfstrom; **against the ~** gegen die Strömung; **with the ~** mit der Strömung; **it's easier go with the ~ than against it** (*fig*) es ist leichter mit dem Strom als gegen ihn zu schwimmen ❺ + *sing/pl vb* BRIT, AUS SCH (*group*) Leistungsgruppe *f* ❻ POL, ADMIN (*civil service career*) Vorrücken *nt* (*in der Beamtenlaufbahn*)*;* **the fast ~** die steile Beamtenkarriere ❼ COMPUT **to be on ~** in Betrieb sein; **to come on ~** den Betrieb aufnehmen, hochladen **II.** *vi* ❶ (*flow*) *blood, tears* strömen; *water* fließen, rinnen; **with tears ~ing down one's face** mit tränenüberströmtem Gesicht; **~ing rain** strömender Regen ❷ (*run*) *nose* laufen; *eyes* tränen ❸ (*move in numbers*) strömen ❹ (*shine*) *light, sun* strömen; **the curtains were not drawn and light ~ed into the room** die Vorhänge waren nicht zugezogen, und Licht durchflutete das Zimmer ❺ (*flutter*) *clothing* flattern; *hair* wehen; **his hair ~ed behind him** sein Haar wehte im Wind **III.** *vt* BRIT, AUS SCH ■ **to ~ sb** jdn in Leistungsgruppen einteilen

◆**stream down** *vi* in Strömen fließen, herunterströmen; **the rain is ~ing down** es regnet in Strömen

◆**stream in** *vi* hineinströmen

◆**stream out** *vi* ■ **to ~ out of sth** aus etw *dat* herausströmen; *liquid* aus etw *dat* herausfließen

◆**stream past** *vi* vorbeiströmen

stream·er ['striːməʳ, AM -ɚ] *n* ❶ (*pennant*) Wimpel *m,* Fähnchen *nt* ❷ (*decoration*) *of ribbon* Band *nt; of paper* Luftschlange *f* ❸ (*heading*) **~ [headline]** Schlagzeile *f* ❹ BRIT SCH *Schulkind einer bestimmten Leistungsgruppe;* **the A/B ~s** *die Kinder der Gruppe A/B*

stream·ing ['striːmɪŋ] **I.** *n* BRIT SCH Einteilung *f* in Leistungsgruppen **II.** *adj* laufend; **my eyes are ~** meine Augen tränen; **a ~ing cold** eine schwere Erkältung

stream·let ['striːmlət, AM -lɪt] *n* (*liter*) Rinnsal *nt liter,* Bächlein *nt*

stream·line ['striːmlaɪn] **I.** *vt* ■ **to ~ sth** ❶ (*shape aerodynamically*) etw stromlinienförmig [aus]formen ❷ (*fig: improve efficiency*) etw rationalisieren; (*simplify*) etw vereinfachen **II.** *n* ❶ PHYS (*flow*) Stromlinie *f fachspr* ❷ (*shape*) Stromlinienform *f*

stream·lined ['striːmlaɪnd] *adj* ❶ (*aerodynamic*) stromlinienförmig; *car also* windschnittig ❷ (*efficient*) rationalisiert; (*simplified*) vereinfacht

stream·lin·ing ['stri:mlaɪnɪŋ] *n* ❶ (*aerodynamic*) stromlinienförmige [Aus]gestaltung ❷ (*efficiency*) Rationalisierung[smaßnahme] *f;* ~ **operations** Betriebsrationalisierungen *fpl*

street [stri:t] *n* ❶ (*road*) Straße *f;* ■**in the** ~ auf der Straße; STOCKEX nach Börsenschluss; ■**on the** ~**s** auf den Straßen; **I live in** [*or* AM **on**] **King S~** ich wohne in der King Street; **our daughter lives just across the** ~ **from us** unsere Tochter wohnt direkt gegenüber [auf der anderen Straßenseite]; **the** ~**s were deserted** die Straßen waren wie leer gefegt; **the** ~**s are quiet at the moment** im Moment ist es ruhig auf den Straßen; **cobbled** [*or* AM **cobblestone**] ~ Straße *f* mit Kopfsteinpflaster; **main** ~ Hauptstraße *f;* **narrow** ~ enge Straße; **shopping** ~ Einkaufsstraße *f;* **side** ~ Seitenstraße *f;* **to cross the** ~ die Straße überqueren; **to line the** ~ die Straße säumen; **to roam the** ~**s** durch die Straßen ziehen; **to take to the** ~**s** auf die Straße gehen *a. fig;* **to walk down the** ~ die Straße hinuntergehen ❷ + *sing/pl vb* (*residents*) Straße *f;* **the whole** ~ die ganze Straße ▶ PHRASES: **the man/woman in the** ~ der Mann/die Frau von der Straße; **to be** ~**s ahead** [**of sb/sth**] BRIT [jdm/etw] meilenweit voraus sein; **to not be in the same** ~ **as sb** BRIT (*fam*) an jdn nicht herankönnen; **to be on** [*or* **walk**] **the** ~**s** (*be homeless*) obdachlos sein, auf der Straße sitzen *fam;* (*be a prostitute*) auf den Strich gehen *fam;* **to be** [**right**] **up sb's** ~ genau das Richtige für jdn sein; **carpentry isn't really up my** ~ das Schreinern ist eigentlich nicht so ganz mein Fall; **to dance in the** ~[**s**] einen Freudentanz aufführen, [ganz] aus dem Häuschen sein

'street bat·tle *n* Straßenschlacht *f;* **to turn into a** ~ in eine Straßenschlacht ausarten **'street·car** *n* AM (*tram*) Straßenbahn *f;* **to take a** ~ die Straßenbahn nehmen **'street clean·er** *n* Straßenkehrer(in) *m(f),* Straßenfeger(in) *m(f)* **street 'cor·ner** *n* Straßenecke *f;* **to hang about on** ~**s** auf der Straße [herum]hängen *fam* **'street cred** *n no pl* (*sl*) *short for* **street credibility** In-Sein *nt sl* **street cred·i'bil·ity** *n no pl* In-Sein *nt sl;* **that jacket won't do much for your** ~ mit diesem Jackett bist du einfach nicht in **street 'cred·ible** *adj* imagefördernd, in *präd sl* **'street cries** *npl* BRIT Schreie *mpl* der Straßenverkäufer **'street crime** *n no pl* Straßenkriminalität *f* **street dem·on·'stra·tion** *n* [Protest]demonstration *f* **street di·'rec·tory** *n* Straßenverzeichnis *nt* **street 'door** *n* Haustür *f,* Vordereingang *m* **street en·ter·'tain·er** *n* Straßenkünstler(in) *m(f)* **'street fight** *n* (*occurring regularly*) Straßenkampf *m;* (*individual occurrence*) Straßenschlacht *f* **'street fight·er** *n* Straßenkämpfer(in) *m(f)* **'street fight·ing** *n no pl* Straßenkämpfe *mpl;* ~ **broke out** es kam zu Straßenkämpfen **street 'floor** *n* AM (*ground floor*) Erdgeschoss *nt* **street 'fur·ni·ture** *n no pl* BRIT *allgemein nutzbare Installationen im Straßenbereich* (*wie Briefkästen, Bänke, Telefonzellen*) **'street lamp** *n* Straßenlaterne *f* **'street lev·el** *n* ■**at** ~ ❶ (*ground-floor level*) in Straßenhöhe, ebenerdig ❷ (*amongst the public*) nach Auffassung der Öffentlichkeit; **we must find out what opinions are at** ~ wir müssen herausfinden, was die breite Masse darüber denkt ❸ (*area of operation*) auf der Straße; **to get drugs to** ~ Drogen auf den Markt bringen **'street light** *n* Straßenlaterne *f* **'street light·ing** *n no pl* Straßenbeleuchtung *f;* **inadequate** ~ unzureichende Straßenbeleuchtung **'street map** *n* Stadtplan *m* **'street mar·ket** *n* Straßenmarkt *m* **'street par·ty** *n* Straßenfest *nt* **'street peo·ple** *npl* AM (*homeless*) Obdachlose *pl* **'street plan** *n* Stadtplan *m* **'street price** *n* ❶ (*for illegal goods*) *Verkaufspreis für illegale Waren, z.B. Drogen;* **the** ~ **of heroin has doubled in the last year** im Straßenverkauf hat sich der Heroinpreis im letzten Jahr verdoppelt ❷ FIN, STOCKEX (*stock price*) Aktienpreis *m;* **to quote the** ~ den Aktienpreis notieren **'street pro·test** *n* Demonstration *f* **'street-smart** *adj* AM (*streetwise*) gewieft, raffiniert; **he's** ~ er weiß, wo es langgeht *fam;* **a** ~ **youngster** ein ganz ausgekochtes Bürschchen; **to be** ~ Köpfchen haben **'street smarts** *npl* AM **to not have the** ~ **to do sth** nicht clever genug sein, etw zu tun **'street sweep·er** *n* ❶ (*cleaner*) Straßenkehrer(in) *m(f),* Straßenfeger(in) *m(f)* ❷ (*machine*) Straßenkehrmaschine *f* **street 'thea·ter** AM, **street 'thea·tre** *n no pl* Straßentheater *nt* **'street ur·chin** *n* Straßenkind *nt;* (*boy also*) Gassenjunge *m* **'street value** *n no pl Verkaufspreis für illegale Waren, z.B. Drogen;* **heroin with a** ~ **of £6 million** Heroin mit einem Schwarzmarktwert von 6 Millionen Pfund **'street ven·dor** *n* Straßenhändler(in) *m(f)* **'street·walk·er** *n* (*dated*) Straßendirne *f meist pej veraltend,* Prostituierte *f* (*auf dem Straßenstrich*) **'street·wear** ['stri:tweəʳ] *n* Streetwear *f* **'street·wise** *adj* gewieft, raffiniert, ausgekocht **'street work·er** *n* Streetworker(in) *m(f)*

strength [streŋ(k)θ] *n* ❶ *no pl* (*muscle power*) Kraft *f,* Stärke *f;* **you don't know your own** ~**!** du weißt nicht, wie stark du bist!; **his** ~ **failed him in the final straight** auf der Zielgeraden verließen ihn seine Kräfte; **save your** ~**!** schone deine Kräfte!; **brute** ~ schiere Muskelkraft; **physical** ~ körperliche Kraft, Muskelkraft *f* ❷ *no pl* (*health and vitality*) Robustheit *f,* Lebenskraft *f;* **to be back to full** ~ wieder ganz zu Kräften gekommen sein; **to gain** ~ wieder zu Kräften [*o* auf die Beine] kommen; **to get one's** ~ **back** [wieder] genesen; **when he's got his** ~ **back we'll have a holiday in America** sobald er wieder ganz der Alte ist, machen wir Urlaub in Amerika; **to lose** ~ geschwächt werden ❸ *no pl* (*effectiveness, influence*) Wirkungsgrad *m,* Stärke *f;* **to summarize the** ~ **of a proposal** die Vorteile eines Vorschlags auflisten; **military** ~ militärische Stärke; **to gather** ~ an Stabilität gewinnen; **to go from** ~ **to** ~ sich *akk* immer stärker [*o* kräftiger] entwickeln; **from** ~ aus einer starken Position heraus ❹ *no pl* (*mental firmness*) Stärke *f;* **she has recently found** ~ **in religion** sie hat neuerdings in der Religion eine Stütze gefunden; **to show great** ~ **of character** große Charakterstärke zeigen [*o* beweisen]; ~ **of will** [*or* **mind**] Willensstärke *f;* **to draw** ~ **from sth** aus etw *dat* Kraft ziehen [*o geh* schöpfen]; **to draw on one's inner** ~ seine ganze Kraft zusammennehmen ❺ (*number of members*) [Mitglieder]zahl *f;* (*number of people*) [Personen]zahl *f;* MIL [Personal]stärke *f;* **we're below** ~ **for today's match** wir treten beim heutigen Spiel nicht in voller Mannschaftsstärke an; **at full** ~ mit voller Kraft; MIL in voller Stärke; **to turn out in** ~ in Massen [*o* in Scharen] [*o* massenweise] anrücken ❻ (*potency*) *of tea* Stärke *f; of alcoholic drink also* Alkoholgehalt *m; of a drug* Konzentration *f; of medicine* Wirksamkeit *f* ❼ (*attribute*) *of a person* Stärke *f;* **one's** ~**s and weaknesses** jds Stärken und Schwächen ❽ (*withstand force*) Widerstandskraft *f,* Belastbarkeit *f* ❾ (*intensity*) Intensität *f; of a colour* Leuchtkraft *f; of a feeling* Intensität *f,* Stärke *f; of belief* Stärke *f,* Tiefe *f* ❿ (*cogency*) ~ **of an argument** Überzeugungskraft *f* eines Arguments; ~ **of a case** Durchsetzbarkeit *f* eines Anliegens; **the** ~ **of our case will be the fact that our client has a perfect alibi** unser Verfahren ist aussichtsreich, weil unser Klient ein perfektes Alibi hat ⓫ ECON ~ **of a currency/an economy** Stärke *f* einer Währung/einer Volkswirtschaft; ~ **of prices** Preisstabilität *f* ▶ PHRASES: **to be a tower** [*or* **pillar**] **of** ~ wie ein Fels in der Brandung stehen; **give me** ~**!** BRIT (*annoyance*) jetzt mach aber mal 'nen Punkt! *fam;* (*exasperation*) das halte ich nicht aus! *fam;* **give me** ~**! look who's here!** ist denn das die Möglichkeit! sieh doch mal, wer da ist! *fam;* **on the** ~ **of sth** aufgrund einer S. *gen;* **I got into Oxford on the** ~ **of my excellent exam results** ich wurde wegen meiner ausgezeichneten Prüfungsergebnisse in Oxford aufgenommen

strength·en ['streŋ(k)θᵊn] **I.** *vt* ❶ (*make stronger*) ■**to** ~ **sth** etw kräftigen [*o* stärken]; (*fortify*) etw befestigen [*o* verstärken]; **to** ~ **the defences** [*or* AM **defenses**] die Abwehr verstärken; **to** ~ **one's muscles** seine Muskeln kräftigen ❷ (*increase*) ■**to** ~ **sth** etw [ver]stärken; (*intensify*) etw intensivieren; (*improve*) etw verbessern; **security has been** ~**ed** die Sicherheitsvorkehrungen wurden verstärkt; **the economy has been** ~**ed** die Wirtschaftslage hat sich verbessert; **to** ~

S

sb's belief/power jds Glauben/Macht stärken; **to ~ a currency** eine Währung stabilisieren; **to ~ a democracy** eine Demokratie stärken; **to ~ relations/ties** Beziehungen/Bindungen festigen [*o* intensivieren] ❸ (*support*) ■**to ~ sb** jdn bestärken; ■**to ~ sth** etw untermauern; **to ~ the case for sth** gute Gründe für etw *akk* beibringen ▶ PHRASES: **to ~ one's grip on sth** etw besser in den Griff bekommen; **to ~ sb's hand** jdm mehr Macht geben; **the police want tougher laws to ~ their hand against drug traffickers** die Polizei will härtere Gesetze, damit sie effizienter gegen Drogenhändler vorgehen kann **II.** *vi* ❶ (*become stronger*) stärker werden, erstarken *geh; muscles* kräftiger werden; *wind* auffrischen; **the wind ~ed in the night** der Wind hat über Nacht aufgefrischt ❷ FIN, STOCKEX (*increase in value*) *stock market* an Wert gewinnen; *currency* zulegen

'strength·sap·ping *adj* kräftezehrend

strenu·ous [ˈstrenjuəs] *adj* ❶ (*exhausting*) anstrengend; **~ exercise** Belastungstraining *nt* ❷ (*energetic*) energisch, heftig; **~ opposition** energischer Widerstand; **he made ~ efforts to disguise his fear of heights** er bemühte sich redlich, seine Höhenangst zu verbergen; **to be a ~ campaigner for sth** unermüdlich für etw *akk* eintreten; **despite ~ efforts** trotz aller Bemühungen

strenu·ous·ly [ˈstrenjuəsli] *adv* ❶ (*exhaustingly*) mit voller Kraft; **to exercise ~** bis an die Belastungsgrenze trainieren ❷ (*vigorously*) energisch, heftig; **to be ~ defended** energisch verteidigt werden; **to be ~ opposed** auf massiven Widerstand stoßen

strep [strep] *n esp* AM MED (*fam*) *short for* **streptococcus** Streptokokkus *m fachspr*

strep 'throat *n esp* AM MED (*fam*) Halsentzündung *f*

strep·to·coc·cal [ˌstreptə(ʊ)ˈkɒkəl, AM -təˈkɑːk-] *adj inv* MED Streptokokken-

strep·to·coc·ci [ˌstreptə(ʊ)ˈkɒksaɪ, AM -təˈkɑːk-] *n* MED *pl of* **streptococcus**

strep·to·coc·cus <*pl* -cci> [ˌstreptə(ʊ)ˈkɒkəs, AM -təˈkɑːk-, *pl* -ksaɪ] *n usu pl* MED Streptokokkus *m fachspr*

stress [stres] **I.** *n* <*pl* -es> ❶ (*mental strain*) Stress *m*, Druck *m*, Belastung *f*; **~[es] and strain[s]** Stress *m*; **my job involves a lot of ~ and strain** mein Job bringt viel Stress mit sich; **to be under ~** starken Belastungen [*o* großem Druck] ausgesetzt sein; (*at work*) unter Stress stehen ❷ *no pl* (*emphasis*) Bedeutung *f*, Gewicht *nt*; **to lay ~ on sth** etw besonders betonen [*o* hervorheben] ❸ LING (*pronunciation*) Betonung *f*, Akzent *m fachspr*; **primary/secondary ~** Haupt-/Nebenbetonung *f* ❹ PHYS (*force causing distortion*) Belastung *f*; (*tension*) Spannung *f*; (*pressure*) Druck *m kein pl*; **metal fatigue develops in a metal structure that has been subjected to many repeated ~es** Materialermüdung tritt in Metallstrukturen auf, die immer wieder auf die gleiche Art belastet werden; **~ and strain** Druck und Überdehnung; **Hooke's law expresses the relationship between ~ and strain** das Hook'sche Gesetz stellt eine Beziehung zwischen Druck und Zug bzw. Verlängerung oder Verkürzung eines Materials her **II.** *vt* ❶ (*emphasize*) ■**to ~ sth** etw betonen [*o* hervorheben]; **I'd just like to ~ that ...** ich möchte lediglich darauf hinweisen, dass ... ❷ (*strain*) ■**to ~ sth** etw belasten [*o* beanspruchen]; ■**to ~ sb** jdn stressen

◆**stress out** *vt* (*fam*) ■**to ~ sb out** jdn stressen; ■**to be ~ed out [by sb/sth]** [von jdm/etw] völlig [*o fam* total] gestresst sein

'stress dis·ease *n* Stresskrankheit *f*, Managerkrankheit *f kein pl fam*

stressed [strest] *adj* ❶ (*under mental pressure*) gestresst ❷ (*forcibly pronounced*) betont, akzentuiert *fachspr*

'stress frac·ture *n* MED Ermüdungsbruch *m*; PHYS Spannungsriss *m* **stress-'free** *adj* stressfrei, ohne Stress *nach n* **stress·ful** [ˈstresfʊl] *adj* stressig *fam*, anstrengend, aufreibend; **this work is physically demanding and ~** diese Arbeit ist körperlich anstrengend und nervenaufreibend; **~ situation** Stresssituation *f* **stress 'man·age·ment** *n no pl* Stressmanagement *nt* **'stress mark** *n* LING Betonungszeichen *nt*, Akzent *m fachspr* **'stress pup·py** *n* (*sl*) Stresssüchtige(r) *f(m)* **stress-re·'lat·ed** *adj* stressbedingt; **~ illness** durch Stress verursachte Krankheit

stretch [stretʃ] **I.** *n* <*pl* -es> ❶ *no pl* (*elasticity*) Dehnbarkeit *f*; *of fabric* Elastizität *f* ❷ (*muscle extension*) Dehnungsübungen *fpl*, Strecken *nt kein pl*; (*gymnastic exercise*) Stretching *nt kein pl*; (*extension of muscles*) Dehnung *f*; **to have a ~** sich *akk* [recken und] strecken ❸ (*an extended area*) Stück *nt*; (*section of road*) Streckenabschnitt *m*, Wegstrecke *f*; **traffic is at a standstill along a five-mile ~ of the M11** auf der M11 gibt es einen fünf Meilen langen Stau; **~ of coast** Küstenabschnitt *m*; **~ of land** Stück *nt* Land; **~ of railway** Bahnstrecke *f*; **~ of road** Strecke *f*; **vast ~es of wasteland** ausgedehnte Flächen Ödland; **~ of water** Wasserfläche *f* ❹ SPORTS (*stage of a race*) Abschnitt *m*; **to enter the final ~** in die Zielgerade einlaufen; **the home ~** die Zielgerade; **the last ~ of an election campaign** (*fig*) die [letzte] heiße Phase eines Wahlkampfs ❺ AM (*straight part of a race track*) Gerade *f* ❻ (*period of time*) Zeitraum *m*, Zeitspanne *f*; (*time in jail*) Knastzeit *f fam*; **short ~es** kurze Zeitabschnitte; **at a ~** am Stück, ohne Unterbrechung; **there's no way I could work for ten hours at a ~** ich könnte nie zehn Stunden am Stück arbeiten; **to do a ~** eine Haftstrafe absitzen *fam* ❼ (*exertion*) Bemühung *f*, Einsatz *m*; **by every ~ of the imagination** unter Aufbietung aller Fantasie; **not by any** [*or* **by no**] **~** beim besten Willen nicht, nie im Leben *fam*; **by no ~ of the imagination could he be seriously described as an artist** man konnte ihn beim besten Willen nicht als Künstler bezeichnen; **at full ~** mit Volldampf [*o* voller Kraft] *fam*; **to work at full ~** auf Hochtouren arbeiten ▶ PHRASES: **down the ~** AM kurz vor Ablauf der Zeit **II.** *adj attr, inv* Stretch-; **~ nylon stockings** elastische Nylonstrümpfe **III.** *vi* ❶ (*become longer, wider*) *rubber, elastic* sich *akk* dehnen; *clothes* weiter werden; **my T-shirt's ~ed in the wash** mein T-Shirt ist beim Waschen völlig ausgeleiert ❷ (*extend the muscles*) Dehnungsübungen machen, sich *akk* recken [und strecken] ❸ (*take time*) sich *akk* hinziehen; **the restoration work could ~ from months into years** die Renovierungsarbeiten könnten sich statt über Monate sogar noch über Jahre hinziehen; **the dispute ~es back over many years** diese Streitereien dauern nun schon viele Jahre; **this ancient tradition ~es back hundreds of years** diese alte Tradition reicht Hunderte von Jahren zurück ❹ (*cover an area*) sich *akk* erstrecken; **the refugee camps ~ as far as the eye can see** so weit das Auge reicht sieht man Flüchtlingslager; **the mountains ~ the entire length of the country** die Berge ziehen sich über die gesamte Länge des Landes hin **IV.** *vt* ❶ (*extend*) ■**to ~ sth** etw [aus]dehnen [*o* strecken]; (*extend by pulling*) etw dehnen; (*tighten*) etw straff ziehen [*o* straffen]; **that elastic band will snap if you ~ it too far** dieses Gummi[band] wird reißen, wenn du es überdehnst; **they ~ed a rope across the river** sie spannten ein Seil über den Fluss; **to ~ one's legs** sich *dat* die Beine vertreten ❷ (*increase number of portions*) ■**to ~ sth** etw strecken; *sauce, soup* etw verlängern ❸ (*demand a lot of*) ■**to ~ sb/sth** jdn/etw bis zum Äußersten fordern; **we're already fully ~ed** wir sind schon voll ausgelastet; **my job doesn't ~ me as much as I'd like** mein Beruf fordert mich nicht so, wie ich es mir wünschen würde; **to ~ sb's budget** jds Budget *nt* strapazieren; **to ~ sb's patience** jds Geduld *f* auf eine harte Probe stellen [*o geh* strapazieren]; **to ~ sth to breaking point** etw bis zum Äußersten belasten; **many families' budgets are already ~ed to breaking point** viele Familien kommen mit dem Haushaltsgeld kaum noch über die Runden ❹ SPORTS (*to improve*) **to ~ one's lead** seinen Vorsprung ausbauen; *football, rugby* mit noch mehr Toren in Führung gehen ❺ (*go beyond*) ■**to ~ sth**

über etw *akk* hinausgehen; **that is ~ing the definition of negotiation** das hat mit dem, was man unter einer Verhandlung versteht, nichts mehr zu tun; **to ~ a point** [*or* **the rules**] ausnahmsweise ein Auge zudrücken *fam;* **to ~ a point** (*exaggerate*) übertreiben; **to ~ it a bit** [*or* **the truth**] ein wenig zu weit gehen, übertreiben

◆**stretch out** **I.** *vi* ❶ (*relax*) sich *akk* ausstrecken; **to ~ out on the sofa** es sich *dat* auf dem Sofa bequem machen ❷ (*be sufficient*) [aus]reichen; **will the money ~ out?** reicht das Geld? **II.** *vt* ■**to ~ out** ↻ **sth** ❶ (*extend*) etw ausstrecken; **to ~ out one's arms/hand/legs** die Arme/Hand/Beine ausstrecken; **he ~ed out his arms to embrace her** er breitete die Arme aus, um sie zu umarmen; **she ~ed out her hand and helped him from his chair** sie reichte ihm die Hand und half ihm aus dem Sessel; **to ~ out a blanket** eine Decke ausbreiten ❷ (*prolong*) etw verlängern [*o* ausdehnen]; **to ~ out money** Geld strecken; **to ~ out payments** die Zahlungen über einen längeren Zeitraum fortsetzen

stretch·er [ˈstretʃəʳ, AM -ɚ] **I.** *n* ❶ MED (*for carrying*) Tragbahre *f* ❷ (*in rowing boat*) Stemmbrett *nt* ❸ (*for chair legs*) Steg *m* ❹ ART (*for canvas*) Rahmen *m* **II.** *vt* ■**to ~ sb** [**off**] jdn auf einer Tragbahre [weg]tragen [*o* [ab]transportieren]

ˈstretch·er-bear·er *n* Krankenträger(in) *m(f)*

stretch ˈfab·ric *n* Stretch *m,* elastischer Stoff **stretch ˈlimo** *n* (*fam*) *short for* **stretch limousine** Großraumlimousine *f* **stretch lim·ou·ˈsine** *n* Großraumlimousine *f* (*mit verlängerter Karosserie*) **ˈstretch·marks** *npl* Dehnungsstreifen *mpl;* (*during pregnancy*) Schwangerschaftsstreifen *mpl*

stretchy [ˈstretʃi] *adj* elastisch, dehnbar, Stretch-; **~ material** Elastik *nt o f*

streu·sel [ˈstruːzəl] *n* ❶ (*crumbly topping*) Streusel *m o nt* ❷ (*cake*) Streuselkuchen *m;* **apple ~** Apfelstreusel *m*

strew <strewed, strewn *or* strewed> [struː] *vt* ❶ (*scatter*) ■**to ~ sth** etw [ver]streuen; **to ~ flowers** Blumen streuen ❷ (*cover*) ■**to ~ sth with sth** etw mit etw *dat* bestreuen; **the park was ~n with litter after the concert** nach dem Konzert war der Park mit Abfall übersät; **the path to a lasting peace settlement is ~n with difficulties** (*fig*) der Weg zu einem dauerhaften Friedensabkommen ist mit Schwierigkeiten gepflastert

strewth [struːθ] *interj* (*fam*) wow! *sl;* **~, you could have told me sooner that you didn't want to go to the party!** also, das hättest du mir echt früher sagen können, dass du nicht auf die Party gehen willst! *sl*

stri·at·ed [ˈstrieɪtɪd, AM -t̬-] *adj inv* ❶ (*in striped formation*) gestreift; (*furrowed*) gefurcht, geriefelt; (*fig*) durchzogen; **the novel is ~ with all kinds of emotion** der Roman verleiht vielerlei Gefühlen Ausdruck; **~ cliffs** mit Furchen durchzogene Klippen ❷ *attr* MED **~ muscle** längsgestreifter Muskel

stria·tion [ˌstraɪˈeɪʃən] *n* ❶ GEOL Furche *f,* Riefung *f* ❷ MED (*lesion*) Schramme *f,* Läsion *f fachspr*

strick·en [ˈstrɪkən] **I.** *vt, vi* (*old*) *pp of* **strike** **II.** *adj* ❶ (*be overcome*) geplagt; ■**to be ~ by sth** von etw *dat* heimgesucht werden; ■**to be ~ with sth** von etw *dat* erfüllt sein; **~ with fear/grieve/guilt** angsterfüllt/gramgebeugt/von Schuld gequält; **to be ~ with fever** vom Fieber geschüttelt werden; **to be ~ with an illness** mit einer Krankheit geschlagen sein *geh;* **~ with remorse** von Reue erfüllt; **~ tanker** leckgeschlagener Tanker; **to be ~ in years** vom Alter gezeichnet sein ❷ (*liter: wounded*) versehrt *geh* ❸ (*distressed*) leidgeprüft; **her ~ face** ihr leidender Gesichtsausdruck ❹ AM LAW (*deleted*) abgelehnt, nicht zugelassen (*Vermerk bei der Zusammenstellung einer Geschworenenliste*)

-strick·en [ˈstrɪkən] *in compounds* (*emotions*) -erfüllt; **catastrophe-~** von einer Katastrophe heimgesucht; **drought-~ region** Dürregebiet *nt;* **famine-~ countries** Länder *ntpl,* in denen Hungersnot herrscht; **grief-~** gramerfüllt, gramgebeugt; **panic-~** von Panik erfüllt; **poverty-~ area** sehr arme Gegend

strict [strɪkt] *adj* ❶ (*severe*) streng; *boss* strikt, herrisch; ■**to be ~ with sb** streng zu jdm sein, mit jdm streng sein; **~ penalty** harte Strafe; **~ upbringing** strenge Erziehung ❷ (*demanding compliance*) streng, genau; **there is ~ enforcement of the regulations here** hier wird streng auf die Einhaltung der Vorschriften geachtet; **~ censorship** strenge Zensur; **~ controls** strikte Kontrollen; **~ conventions** strenge Konventionen; **~ criteria** rigorose Kriterien; **~ curfew** strenge Ausgangssperre; **~ deadline** unbedingt einzuhaltender Termin; **~ guidelines** strenge Richtlinien; **~ laws** strenge Gesetze; **~ time limit** festgesetzte Frist; **~ neutrality** strikte Neutralität; **to give ~ orders** strenge Anweisungen geben ❸ (*absolute*) streng, absolut; **in its ~ sense 'frost' refers to ...** streng genommen bezeichnet das Wort ‚Frost' ...; **in the ~est confidence** [*or* **confidentiality**] streng vertraulich; **to take place in ~ secrecy** unter absoluter Geheimhaltung stattfinden ❹ (*unswerving*) streng; **~ Catholics** strenggläubige Katholiken; **~ vegetarian** überzeugter Vegetarier/überzeugte Vegetarierin

strict·ly [ˈstrɪktli] *adv* ❶ (*demanding compliance*) streng; **we will ~ enforce all the rules in this establishment** wir werden streng darauf achten, dass die Hausordnung genauestens eingehalten wird; **to act ~ in accordance with sth** sich *akk* genauestens an etw *akk* halten; **for a ~ limited period** für sehr kurze Zeit; **to adhere ~ to the terms** sich *akk* genau an die Bedingungen halten; **~ forbidden** streng verboten ❷ (*precisely*) **not ~ comparable** nicht ohne weiteres vergleichbar; **~ defined** genau definiert; **~ speaking** genau genommen, streng genommen ❸ (*absolutely*) streng; **~ confidential** streng vertraulich ❹ (*severely*) streng; **his parents brought him up very ~** seine Eltern haben ihn sehr autoritär erzogen

strict·ness [ˈstrɪktnəs] *n no pl* Strenge *f; precision* Genauigkeit *f; severity* Härte *f*

stric·ture [ˈstrɪktʃəʳ, AM -ɚ] *n usu pl* (*form*) ❶ (*criticism*) Kritik *f* (**on** an +*dat*); **to pass ~s on sb** jdn kritisieren ❷ (*constraints*) Einschränkung *f;* **~s on freedom of expression** Einschränkungen *fpl* der freien Meinungsäußerung

stride [straɪd] **I.** *vi* <strode, stridden> **to ~ purposefully up to sth** zielstrebig auf etw *akk* zugehen; ■**to ~ ahead** davonschreiten; ■**to ~ across sth** über etw *akk* hinwegschreiten; ■**to ~ forward** (*fig*) vorankommen, Fortschritte machen **II.** *n* ❶ (*step*) Schritt *m;* **to break one's ~** stehen bleiben, anhalten; **to lengthen one's ~** größere Schritte machen; **to get into** [*or* AM *usu* **hit**] **one's ~** (*fig*) in Schwung kommen, seinen Rhythmus finden; **to put sb off their ~** *esp* BRIT (*fig*) jdn aus dem Konzept bringen; **to take sth in** [BRIT **one's**] **~** (*fig*) mit etw *dat* gut fertigwerden, etw spielend [leicht] schaffen ❷ (*approv: progress*) Fortschritt *m;* **to make ~s forward** Fortschritte machen

stri·den·cy [ˈstraɪdən(t)si] *n no pl* ❶ (*harsh tone*) Schrillheit *f* ❷ (*forcefulness*) Schärfe *f,* Eindringlichkeit *f;* **the ~ of the demands is increasing** die Forderungen werden mit vergrößerter Schärfe gestellt

stri·dent [ˈstraɪdənt] *adj* ❶ (*harsh*) grell, schrill, durchdringend ❷ (*forceful*) scharf, schneidend; **they are becoming increasingly ~ in their criticism** ihre Kritik wird immer schärfer; **a ~ newspaper article** ein polemischer Zeitungsartikel; **to adopt a ~ tone** harte Töne anschlagen

stri·dent·ly [ˈstraɪdəntli] *adv* ❶ (*harshly*) grell, schrill, durchdringend ❷ (*forcefully*) heftig, scharf; **to be ~ against sth** etw eindeutig ablehnen; **to deny sth ~** etw entschieden bestreiten

ˈstride pi·ano *n no pl* MUS *eine Art Ragtime-Klavierstil*

strides [straɪdz] *npl* BRIT, AUS (*fam*) Hose *f;* **a pair of ~** ein Paar *nt* Hosen

strife [straɪf] *n no pl* Streit *m,* Zwist *m geh;* **the recent elections took place without ~** die derzeitigen Wahlen verliefen ohne Störungen; **civil ~** Auseinandersetzungen *fpl* in der Bevölkerung; **domestic ~** häusliche Streitigkeiten *pl;* **ethnic ~** ethnische Unruhen *pl;* **industrial ~** Auseinandersetzungen *fpl* in der Industrie

S

strike[1] [straɪk] **I.** *n* ❶ (*of labour*) Streik *m,* Ausstand *m;* **sit-down** ~ Sitzstreik *m;* **solidarity** ~ Solidaritätsstreik *m;* **steel** ~ Stahlarbeiterstreik *m;* **sympathy** ~ Sympathiestreik *m;* **a wave of** ~**s** eine Streikwelle; **wildcat** ~ *esp* AM wilder Streik; **to be** [**out**] **on** ~ streiken; **to be on** ~ **against sth/sb** AM etw/jdn bestreiken; **to call a** ~ einen Streik ausrufen; **to call for a** ~ zu einem Streik aufrufen; **to go** [*or* **come out**] **on** ~ in [den] Streik treten, streiken ❷ (*occurrence*) **one-~-and-you're-out policy** Politik *f* des harten Durchgreifens **II.** *vi* streiken, in den Ausstand treten *form;* ■**to** ~ **for sth** für etw *akk* streiken; **the right to** ~ das Recht zu streiken, das Streikrecht; **striking workers** streikende Arbeiter

strike[2] [straɪk] **I.** *n* ❶ MIL Angriff *m,* Schlag *m;* **air** ~ Luftangriff *m;* **missile** ~ Raketenangriff *m;* **military** ~ **against sth/sb** Militärschlag *m* gegen etw/jdn; **nuclear** ~ Atomschlag *m,* Atomangriff *m;* **pre-emptive** ~ Präventivschlag *m;* (*fig*) vorbeugende Maßnahme; **to launch a pre-emptive** ~ einen Präventivschlag durchführen; **retaliatory** ~ Vergeltungsschlag *m,* Vergeltungsangriff *m;* **surgical** ~ gezielter Angriff ❷ (*discovery*) Fund *m;* **to make a gold** ~ auf Gold stoßen, Gold finden; **oil** ~ Ölfund *m* ❸ AM LAW Verurteilung *f a. fig;* (*fig fam*) **if you're poor and you've been to prison you've already got two** ~**s against you** wenn man arm und im Gefängnis gewesen ist, ist man von vornherein doppelt benachteiligt ❹ AM (*in baseball*) Fehlschlag *m* **II.** *vt* <struck, struck> ❶ (*hit*) ■**to** ~ **sth** mit etw *dat* zusammenstoßen; *vehicle* gegen etw *akk* fahren; *ship* auf etw *akk* auflaufen; **the flood struck Birmingham** die Flut brach über Birmingham herein; **to** ~ **a ball** einen Ball schießen; **to** ~ **a blow against** [*or* **at**] **sb/sth** (*fig*) jdm/etw einen Schlag versetzen; **to** ~ **a blow for sth** (*fig*) eine Lanze für etw *akk* brechen *geh;* **the judge's ruling** ~**s a blow for racial equality** das Urteil des Richters fördert die Rassengleichheit; **to** ~ **sb in the face** jdn ins Gesicht schlagen; **to** ~ **sb's fancy** jds Interesse *nt* erregen; **to** ~ **fear** [*or* **terror**] **into sb** jdn in Angst versetzen, jdn mit Angst erfüllen *geh;* **to be struck by lightning** vom Blitz getroffen werden; **to** ~ **a note of warning** eine Warnung aussprechen; **to** ~ **sb forcibly** jdn sehr beeindrucken ❷ (*achieve*) ■**to** ~ **sth** etw erreichen; **how can we** ~ **a balance between economic growth and environmental protection?** wie können wir einen Mittelweg zwischen Wirtschaftswachstum und Umweltschutz finden?; **one of the tasks of a chairperson is to** ~ **a balance between the two sides** es gehört zu den Aufgaben eines Vorsitzenden, beiden Seiten gerecht zu werden; **to** ~ **a deal** [*or* AM *a.* **bargain**] **with sb** mit jdm eine Vereinbarung treffen ❸ (*manufacture*) **to** ~ **coins/a medal** Münzen/eine Medaille prägen ❹ (*of feelings*) ■**sb** ~**s sb as sth: how does Ursula** ~ **you?** wie findest du Ursula?; **almost everything he said struck me as absurd** fast alles, was er sagte, schien mir ziemlich verworren; ■**to be struck by sth** von etw *dat* beeindruckt sein; ■**it** ~**s sb that ...** jdm scheint, dass ..., jd hat den Eindruck, dass ... ❺ (*discover*) ■**to** ~ **sth** *minerals* etw finden, auf etw *akk* stoßen; **to** ~ **oil** auf Öl stoßen; **to** ~ **gold** (*fig*) einen Glückstreffer landen; (*at Olympics*) die Goldmedaille gewinnen; **to** ~ **it lucky** [*or* BRIT, AUS *a.* **to** ~ **lucky**] einen Glückstreffer landen; **to** ~ **it rich** das große Geld machen *fam* ❻ (*adopt*) **to** ~ **an attitude** (*pej*) sich *akk* in Szene setzen *pej;* **to** ~ **a pose** eine Pose einnehmen; **they have chosen to** ~ **a pose of resistance** (*fig*) sie haben sich zu einer ablehnenden Haltung entschieden ❼ <struck, stricken> (*cause suffering*) ■**to** ~ **sb** jdn heimsuchen; **a large earthquake could** ~ **the east coast** die Ostküste könnte von einem großen Erdbeben heimgesucht werden ❽ (*of a timepiece*) **a clock** ~**s the hour** eine Uhr schlägt die [volle] Stunde ❾ (*remember*) ■**sth** ~**s sb** etw fällt jdm ein; **she was suddenly struck by the thought that ...** plötzlich kam ihr der Gedanke, dass ...; **it's just struck me that ...** mir ist gerade eingefallen, dass ... ❿ (*remove*) **the dentist has been struck off the register** dem Zahnarzt wurde die Approbation entzogen; **to** ~ **camp** das Lager abbrechen; **to** ~ **one's flag** die Flaggen streichen; **to** ~ **sb off a list** jdn von einer Liste streichen; **to** ~ **a name from a list** einen Namen von einer Liste streichen; **to** ~ **sth from the record** AM LAW etw aus den Aufzeichnungen streichen ⓫ (*light*) **to** ~ **a match** ein Streichholz anzünden ▶ PHRASES: **to** ~ **a chord with sb** (*of memories*) bei jdm Erinnerungen wecken; (*of agreement*) bei jdm Anklang finden; **to** ~ **a responsive chord among** [*or* **with**] **sb/sth** bei jdm/etw auf großes Verständnis stoßen; **to** ~ **a note** eine Tonart anschlagen; **to** ~ **the right note** den richtigen Ton treffen **III.** *vi* <struck, struck> ❶ (*hit*) treffen; **lightning never** ~**s in the same place** ein Blitz schlägt nie zweimal an derselben Stelle ein; **to** ~ **at the heart of sth** etw vernichtend treffen; **we need to** ~ **at the heart of this problem** wir müssen dieses Problem an der Wurzel packen; **to** ~ **at the heart of sb** (*fig*) jdn ins Herz treffen; **to** ~ **home** ins Schwarze treffen, sein Ziel erreichen; **the message seems to have struck home** (*fig*) die Botschaft ist offensichtlich angekommen ❷ (*attack*) angreifen; ■**to** ~ **at sth** *missiles* auf etw *akk* zielen; **the snake** ~**s quickly** die Schlange beißt schnell zu; ■**to** ~ **at sb/sth** nach jdm/etw schlagen; **sometimes terrorists** ~ **at civilians** manchmal greifen Terroristen Zivilisten an ❸ (*cause suffering*) *illness, disaster* ausbrechen; (*fig*) zuschlagen; **fate** ~**s again** wieder schlägt das Schicksal zu ❹ (*of clock*) schlagen; **midnight has just struck** es hat gerade Mitternacht geschlagen ❺ (*rendered speechless*) **to be struck dumb** sprachlos sein ❻ (*find*) ■**to** ~ **on sth** etw finden; ■**to** ~ **upon sth** etw entdecken; **she has just struck upon an idea** ihr ist gerade eine Idee gekommen ▶ PHRASES: **to** ~ **while the iron is hot** das Eisen schmieden, so lange es heiß ist

◆**strike back** *vi* zurückschlagen, sich *akk* wehren; ■**to** ~ **back at sb** sich *akk* gegen jdn zur Wehr setzen

◆**strike down** *vt usu passive* ❶ (*die*) ■**to** ~ **sb down** jdn dahinraffen; ■**to be struck down** aus dem Leben gerissen werden ❷ (*become ill*) ■**to be struck down** dahinsiechen *geh;* ■**to be struck down by sth** von etw *dat* [schwer] getroffen werden; **he was struck down by polio** er war schwer an Polio erkrankt ❸ AM LAW **to** ~ **down** ↔ **a law** ein Gesetz aufheben

◆**strike off** *vt usu passive* BRIT, AUS ■**to** ~ **sb off for sth** jdm wegen einer S. *gen* die Zulassung [*o* Lizenz] entziehen; **to** ~ **a doctor off the register** einem Arzt die Approbation entziehen

◆**strike out I.** *vt* ❶ (*delete*) ■**to** ~ **out** ↔ **sth** etw [aus]streichen ❷ AM (*in baseball*) ■**to** ~ **out** ↔ **sb** jdn ausmachen (*bezeichnet die Tatsache, dass im Baseball der Schlagmann nach drei Versuchen vom Feld genommen wird*) **II.** *vi* ❶ (*start afresh*) neu beginnen; **she felt it was time to** ~ **out on her own** sie spürte, dass es Zeit war, eigene Wege zu gehen; **to** ~ **out in a new direction** eine neue Richtung einschlagen ❷ (*set off*) aufbrechen; **it was getting dark, so we struck out directly down the side of the mountain** es wurde langsam dunkel, und so sind wir direkt den Bergabhang runtergegangen ❸ (*hit out*) zuschlagen; **to** ~ **out in all directions** wild um sich *akk* schlagen; ■**to** ~ **out at sb** nach jdm schlagen; (*fig*) jdn scharf angreifen ❹ AM (*in baseball*) aus sein ❺ (*fig: fail*) ■**to** ~ **out with sb** es sich *dat* mit jdm verderben

◆**strike up I.** *vt* ❶ (*initiate*) **to** ~ **up a conversation** ein Gespräch anfangen, eine Unterhaltung beginnen; **to** ~ **up a friendship with sb** sich *akk* mit jdm anfreunden, mit jdm Freundschaft schließen; **to** ~ **up a good rapport with sb** ein gutes Verhältnis zu jdm aufbauen; **to** ~ **up a relationship with sb** eine Beziehung mit jdm eingehen ❷ (*of music*) **to** ~ **up a song** ein Lied anstimmen **II.** *vi* beginnen

'strike ac·tion *n no pl* Streikaktionen *fpl,* Streikmaßnahmen *fpl;* **call for** ~ Streikaufruf *m;* **to threaten** ~ mit Streikmaßnahmen drohen, Streikaktionen androhen **'strike·bound** *adj inv* bestreikt **'strike·break·er** *n* Streikbrecher(in) *m(f)* **'strike·**

break·ing *n no pl* Streikbruch *m* **'strike call** *n* Streikaufruf *m,* Aufruf *m* zum Streik **'strike com·mit·tee** *n + sing/pl vb* Streikausschuss *m* **'strike force** *n + sing/pl vb esp* AM, AUS Einsatzkommando *nt* **'strike fund** *n* Streikkasse *f* **'strike-lead·er** *n* Streikführer(in) *m(f)* **'strike·out** *n* AM (*in baseball*) *bezeichnet die Tatsache, dass der Schlagmann drei vergebliche Versuche hinter sich hat* **'strike pay** *n no pl* Streikgeld *nt*

strik·er ['straɪkəʳ, AM -ɚ] *n* ❶ (*in football*) Stürmer(in) *m(f);* **to sign a ~** einen Stürmer/eine Stürmerin unter Vertrag nehmen ❷ (*of a worker*) Streikende(r) *f(m)*

strik·ing ['straɪkɪŋ] *adj* ❶ (*unusual*) bemerkenswert, auffallend; **there's a ~ contrast between what he does and what he says he does** es besteht ein himmelweiter Unterschied zwischen dem, was er macht, und dem, was er sagt, das er macht; **there were ~ discrepancies between the suspect's story and evidence** es gab nicht zu übersehende Diskrepanzen zwischen der Aussage des Verdächtigten und den Beweisen; **the most ~ aspect of sth** das Bemerkenswerteste an etw *dat;* **~ differences** erhebliche [*o* gewaltige] Unterschiede; **~ example** treffendes Beispiel; **~ feature** herausragendes Merkmal; **~ resemblance** verblüffende Ähnlichkeit; **to bear a ~ resemblance to sb** jdm verblüffend ähnlich sein; **~ parallels** erstaunliche Parallelen; **~ personality** beeindruckende Persönlichkeit; **~ result** erstaunliches [*o* überraschendes] Ergebnis; **~ similarity** verblüffende Ähnlichkeit ❷ (*good-looking*) umwerfend; **~ beauty** bemerkenswerte Schönheit ❸ (*close*) **within ~ distance [of sth]** in unmittelbarer Nähe [von etw *dat*]; (*short distance*) einen Katzensprung [von etw *dat*] entfernt; **both sides believe they are within ~ distance of a lasting peace agreement** beide Seiten glauben, eine dauerhafte Friedenslösung stehe unmittelbar bevor; **to put sb within ~ distance of sth** jdm etw zum Greifen nahe bringen

strik·ing·ly ['straɪkɪŋli] *adv* auffallend, erstaunlich; **~ beautiful/handsome** außergewöhnlich schön/gut aussehend; **~ different/similar** deutlich anders/erstaunlich ähnlich

strim·mer® ['strɪməʳ] *n* BRIT Rasentrimmer *m*

Strine [straɪn] *n* (*fam*) ❶ *no pl* (*Australian English*) australisches Englisch; (*accent*) australischer Akzent ❷ (*an Australian*) Australier(in) *m(f)*

i Kultur

Strine heißt der australische Slang, bei dem viele Wörter verkürzt und zusammengezogen werden. So sagt man z.B. *G'day* für *Good day, arvo* für *afternoon, cuppa* für *cup of coffee/tea, barbie* für *barbecue, brekky* für *breakfast* oder *veggies* für *vegetables. Oz* steht für *Australia, Aussie* für *Australian* und *roo* für *kangaroo.*

string [strɪŋ] **I.** *n* ❶ *no pl* (*twine*) Schnur *f,* Kordel *f;* **ball/piece of ~** Knäuel *m o nt*/Stück *nt* Schnur ❷ (*fig: controls*) **to pull ~s** seine Beziehungen spielen lassen; **to pull the ~s** die Fäden in der Hand haben; **to pull all the ~s** alle Hebel in Bewegung setzen; **with ~s attached** mit Bedingungen verknüpft; **most of these so-called special offers come with ~s attached** die meisten so genannten Sonderangebote sind mit versteckten Bedingungen verknüpft; **with no ~s attached** ohne Bedingungen ❸ *usu pl* (*of a puppet*) Fäden *mpl;* **puppet on ~s** Marionette *f* ❹ (*in music*) Saite *f;* **guitar ~** Gitarrensaite *f;* **four-~ violin** viersaitige Violine; **to pluck a ~** eine Saite zupfen ❺ (*in an orchestra*) ■**the ~s** *pl* (*instruments*) die Streichinstrumente *ntpl;* (*players*) die Streicher *pl* ❻ SPORTS (*on a racket*) Saite *f* ❼ (*chain*) Kette *f;* **~ of pearls** Perlenkette *f* ❽ (*fig: series*) Kette *f,* Reihe *f;* **he experienced a ~ of setbacks** er erlebte einen Rückschlag nach dem anderen; **a ~ of disappointments** eine Reihe von Enttäuschungen; **a ~ of hits** eine Reihe von Hits; **~ of scandals** Reihe *f* von Skandalen; **~ of successes** Erfolgsserie *f;* **~ of oaths** Schwall *m* von Flüchen ❾ COMPUT Zeichenfolge *f;* **search ~** Suchbegriff *m* ▸ PHRASES: **to have another** [*or* **a second**] **~ to one's bow** BRIT noch ein Eisen im Feuer haben; **to have two ~s to one's bow** BRIT zwei Eisen im Feuer haben; **to have sb on a ~** jdn an der Leine haben **II.** *vt* <strung, strung> ■**to ~ sth** ❶ (*fit*) etw besaiten, auf etw *akk* Saiten aufziehen; **to ~ a racket** SPORTS einen Schläger bespannen ❷ (*attach*) etw auffädeln [*o* aufziehen]; *usu passive* (*arrange in a line*) etw aufreihen; **to ~ beads** Perlen auffädeln

◆**string along** (*fam*) **I.** *vi* ■**to ~ along with sb** sich *akk* jdm anschließen, mit jdm mitgehen *fam* **II.** *vt* ■**to ~ sb ↔ along** ❶ (*deceive*) jdn täuschen [*o fam* einwickeln], jdn übers Ohr hauen *fam;* (*in relationships*) jdn an der Nase herumführen *fam* ❷ (*delay*) jdn hinhalten

◆**string out I.** *vi* sich verteilen **II.** *vt* ■**to ~ sth ↔ out** etw verstreuen; (*prolong*) etw ausdehnen

◆**string together** *vt* ■**to ~ sth ↔ together** etw auffädeln [*o* aufziehen]; (*tie together*) etw zusammenbinden; **she can ~ together a couple of sentences in German** sie kann ein paar zusammenhängende Sätze auf Deutsch sagen

◆**string up** *vt* ❶ (*hang*) ■**to ~ up ↔ sth** etw aufhängen ❷ ■**to ~ up ↔ sb** (*fam: execute*) jdn [auf]hängen [*o* aufknüpfen]; (*fig fam: punish*) jdn bestrafen; **he ought to be strung up for what he said** man sollte ihn für das, was er gesagt hat, zur Rechenschaft ziehen

string 'bag *n* Einkaufsnetz *nt* **string 'bean** *n* AM, AUS grüne Bohne, Gartenbohne *f*

stringed in·stru·ment *n* Saiteninstrument *nt*

strin·gen·cy ['strɪndʒən(t)si] *n no pl* ❶ (*strictness*) Strenge *f;* **of test** Gewissenhaftigkeit *f* ❷ (*thriftiness*) Knappheit *f,* Verknappung *f;* **financial ~** Geldknappheit *f*

strin·gent ['strɪndʒənt] *adj* ❶ (*strict*) streng, hart; **~ conditions** harte Bedingungen; **~ laws** strenge Gesetze; **~ measures** drastische Maßnahmen; **~ regulations** rigide [*o* strenge] Vorschriften; **to be subject to ~ rules** strengen Regeln unterliegen; **~ standards** strenge Normen ❷ *inv* (*thrifty*) hart, streng; (*financial situation*) angespannt; **~ monetary policy** Politik *f* des knappen Geldes; **~ economic reforms** harte Wirtschaftsreformen

strin·gent·ly ['strɪndʒəntli] *adv* streng, energisch; **to deal ~ with sb** mit jdm hart umgehen; **to enforce sth ~** etw energisch durchsetzen

string·er ['strɪŋəʳ, AM -ɚ] *n* JOURN (*sl*) freiberuflicher Korrespondent/freiberufliche Korrespondentin

string 'in·stru·ment *n* Saiteninstrument *nt* **string 'or·ches·tra** *n* Streichorchester *nt;* **nine-piece ~** neunköpfiges Streichorchester **'string play·er** *n* Streicher(in) *m(f)* **'string-pull·er** *n* Drahtzieher(in) *m(f)* **'string quar·tet** *n* Streichquartett *nt* **'string sec·tion** *n + sing/pl vb* Streicher *pl* **'string theo·ry** *n no pl* PHYS Stringtheorie *f* **string 'vest** *n* Netzhemd *nt*

stringy ['strɪŋi] *adj* (*tough*) *food* faserig, voller Fäden; *consistence* zäh; (*wiry*) *person* sehnig, drahtig; *hair* strähnig

'stringy-bark *n* AUS BOT *australische Eukalyptusbaumart mit faseriger Rinde*

strip [strɪp] **I.** *n* ❶ (*narrow piece*) Streifen *m;* **~ of cloth** Stoffstreifen *m;* **Gaza S~** Gaza-Streifen *m;* **narrow ~ of land** schmales Stück Land; **~ of metal** Metallstreifen *m;* **coastal ~** Küstenstreifen *m;* **magnetic ~** Magnetstreifen *m;* **thin ~** schmaler Streifen ❷ BRIT, AUS (*soccer kit*) Trikot *nt* ❸ (*undressing*) Strip[tease] *m* ❹ *esp* AM (*long road*) *sehr lange, belebte Einkaufsstraße* **II.** *vt* <-pp-> ❶ (*lay bare*) ■**to ~ sth** *house, cupboard* etw leer räumen [*o* ausräumen]; **to ~ a bed** die Bettlaken [*o* ein Bett] abziehen; **to ~ a tree** einen Baum entrinden; **to ~ a tree of fruit** einen Baum abernten; **~ped pine** abgebeizte Kiefer; **~ped pine furniture** Möbel *pl* aus abgebeizter Kiefer; **to ~ sth bare** etw kahl fressen ❷ (*undress*) ■**to ~ sb** jdn ausziehen; **to ~ sb naked/to the skin** jdn nackt/splitter-

S

nackt ausziehen ❸ (*dismantle*) ■**to ~ sth** etw auseinandernehmen; **we ~ped the engine down to see what was wrong with it** wir nahmen den Motor auseinander, um herauszufinden, was ihm fehlte ❹ *usu passive* (*remove*) ■**to ~ sb of sth** jdn einer S. *gen* berauben; **the court ruled that she should be ~ped of all her property** das Gericht bestimmte, dass ihr ihr gesamtes Eigentum abgenommen werden sollte; **to ~ sb of their office** jdn seines Amtes entheben; **to ~ sb of their power** jdn seiner Macht berauben, jdm die Macht nehmen; **to ~ sb of their title** jdm seinen Titel aberkennen **III.** *vi* <-pp-> AM, AUS sich *akk* ausziehen; **~ped to the waist** mit nacktem Oberkörper; **to ~ [down] to one's underwear** sich *akk* bis auf die Unterwäsche ausziehen

◆**strip away** *vt* ■**to ~ sth** ↔ **away** etw entfernen; (*fig*) *rights* etw aufheben; **to ~ away the paint** die Farbe abbeizen; **to ~ away the wallpaper** die Tapete abziehen

◆**strip down I.** *vt* ■**to ~ down** ↔ **sth** etw auseinandernehmen **II.** *vi* AM sich *akk* ausziehen

◆**strip off I.** *vt* ■**to ~ sth** ↔ **off** ❶ (*remove*) etw abziehen [*o* abreißen]; **to ~ off the bark** die Rinde abschälen [*o* abziehen]; **to ~ off the paint** die Farbe abbeizen; **to ~ the sheets off the bed** die Bettlaken [*o* das Bett] abziehen ❷ (*undress*) etw ausziehen **II.** *vi* BRIT, AUS sich *akk* ausziehen

◆**strip out** *vt* ❶ (*disregard*) ■**to ~ sth** ↔ **out** etw beiseitelassen ❷ (*remove*) **to ~ out a room** ein Zimmer *nt* ausräumen [*o* leer räumen]

'strip car·toon *n* BRIT Comic[strip] *m* **'strip club** *n* Strip[tease]club *m*, Strip[tease]lokal *nt*

stripe [straɪp] *n* ❶ (*band*) Streifen *m* ❷ MIL (*chevron*) [Ärmel]streifen *m* ❸ AM (*type*) Schlag *m*; **what else can you expect from a man of that ~?** was soll man sonst schon von einem Mann seines Schlages erwarten?; **of every ~** [*or* **all ~s**] aller Art; *politician, government* aller Couleurs, jeder Richtung

striped [straɪpt] *adj inv* gestreift, Streifen-; *clothes* streifig; **~ hyena** Streifenhyäne *f*; **~ shirt** gestreiftes Hemd

stripey *adj see* **stripy**

'strip joint *n* (*fam*) Stripteasebar *f*, Strip[tease]club *m*, Striplokal *nt* **'strip light** *n* BRIT Neonröhre *f* **'strip light·ing** *n no pl* Neonlicht *nt*, Neonbeleuchtung *f*

strip·ling ['strɪplɪŋ] *n* (*dated or hum*) Bürschchen *nt hum fam*, Jüngelchen *nt hum fam*

'strip mall *n* Einkaufsstraße *f*, Geschäftsstraße *f* **'strip mill** *n* Walzwerk *nt* **'strip min·ing** *n no pl* AM (*opencast mining*) Tagebau *m*

'stripped-down ['strɪpt,daʊn] *adj* vereinfacht

strip·per ['strɪpəʳ, AM -ɚ] *n* ❶ (*person*) Stripperin *f*, Stripteasetänzerin *f*; **male ~** Stripper *m*, Stripteasetänzer *m* ❷ *no pl* (*solvent*) Farbentferner *m*; (*for wallpaper*) Tapetenlöser *m*; **paint ~** Farbentferner ❸ (*tool*) Kratzer *m*; **wallpaper ~** Tapetenkratzer *m*

strip·per·gram *n*, **strip·pa·gram** ['strɪpəgræm, AM -pɚ-] *n durch eine Stripperin/einen Stripper mit Striptease überbrachter Gruß*

strip 'pok·er *n no pl* Strippoker *nt* **'strip-search I.** *n Leibesvisitation, bei der sich der/die Durchsuchte ausziehen muss*; **to undergo a ~** sich *akk* zu einer Durchsuchung ausziehen müssen **II.** *vt* ■**to ~ sb** *jdn einer Durchsuchung unterziehen, bei der sich der Betreffende ausziehen muss*; **we were ~ed at the airport** wir mussten uns am Flughafen zu einer Durchsuchung ausziehen **'strip show** *n* Strip[tease]show *f* **'strip·tease** *n* Striptease *m*; **to do a ~** strippen *fam* **'strip·tease art·ist** *n* Stripteasekünstler(in) *m(f)* **'strip·tease club** *n* Strip[tease]club *m*, Stripteasebar *f*

stripy ['straɪpi] *adj* gestreift, Streifen-; *clothes* streifig

strive <strove *or* -d, striven *or* -d> [straɪv] *vi* sich *akk* bemühen; ■**to ~ to do sth** sich *akk* bemühen, etw zu tun, bestrebt sein, etw zu tun; **we will continue striving to meet the very highest standards** wir werden uns weiterhin darum bemühen, die höchsten Ansprüche zu erfüllen; ■**to ~ after** [*or* **for**] **sth** nach etw *dat* streben, etw anstreben; ■**to ~ for sth** um etw *akk* ringen; **to ~ for statehood** eine eigene staatliche Souveränität anstreben; **~ as we might** [*or* **may**] trotz all unserer Bemühungen; ■**to ~ against sth** gegen etw *akk* ankämpfen

striv·en ['strɪvᵊn] *pp of* **strive**

strobe [strəʊb, AM stroʊb] *n* (*fam*) *short for* **stroboscope** ❶ PHYS Stroboskop *nt* ❷ (*flashing lamp*) Stroboskoplicht *nt*

'strobe light *n* Stroboskoplicht *nt*

stro·bo·scope ['strəʊbəskəʊp, AM 'stroʊbəskoʊp] *n* ❶ PHYS Stroboskop *nt* ❷ (*flashing lamp*) Stroboskoplicht *nt*

stro·bo·scop·ic [,strəʊbə'skɒpɪk, AM ,stroʊbə'skɑː-] *adj inv* PHYS stroboskopisch *fachspr*; **~ lamp** Stroboskoplicht *nt*

strode [strəʊd, AM stroʊd] *pt of* **stride**

stroke [strəʊk, AM stroʊk] **I.** *vt* ❶ (*rub*) ■**to ~ sth/sb** etw/jdn streicheln; **to ~ one's beard** sich *akk* über den Bart streichen; **to ~ one's hair down** [*or* **into place**] sich *akk* das Haar glatt streichen ❷ (*hit*) **to ~ the ball** den Ball [leicht] streifen **II.** *n* ❶ (*rub*) Streicheln *nt kein pl*; **to give sb a ~** jdn streicheln; (*fig*) jdm Honig ums Maul schmieren *fam*; **to give sth a ~** über etw *akk* streichen ❷ MED (*attack*) Schlaganfall *m*; **to have/suffer a ~** einen Schlaganfall bekommen/erleiden ❸ (*mark*) Strich *m*; **brush ~** Pinselstrich *m* ❹ (*hitting a ball*) Schlag *m*; **you've won by three ~s** (*in golf*) du hast über drei Schläge gewonnen ❺ (*form: blow*) Schlag *m*, Hieb *m* ❻ *no pl* (*swimming style*) [Schwimm]stil *m*; **breast ~** Brustschwimmen *nt* ❼ (*swimming movement*) Zug *m*; **with powerful ~s she set out across the lake** mit kräftigen Zügen schwamm sie durch den See ❽ (*piece*) **by a ~ of fate** [*or* **good fortune**] durch eine Fügung des Schicksals, durch einen glücklichen Zufall; **a ~ of luck** ein Glücksfall [*o* Glückstreffer] *m*; **a ~ of bad luck** Pech *nt*; **by a ~ of [bad] luck** [un]glücklicherweise ❾ (*action*) [geschickter] Schachzug *m*; **policy ~** politischer Schachzug; **a ~ of genius** ein genialer Einfall; **bold ~** mutiger Vorstoß ❿ *no pl, usu in neg* (*fam: of work*) Handschlag *m*; **she hasn't done a ~ of work** sie hat noch keinen Handschlag getan ⓫ (*of a clock*) Schlag *m*; **at the ~ of ten** um Punkt zehn Uhr ⓬ BRIT (*oblique*) [Schräg]strich *m* ⓭ AM (*fam: praise*) [**positive**] **~s** Lob *nt* ▸ PHRASES: **at** [*or* **with**] **the ~ of a pen** mit einem Federstrich; **to be off one's ~** nicht in Form sein; **to put sb off their ~** jdn aus dem Konzept bringen; **at a** [**single**] [*or* **in one**] **~** mit einem Schlag, auf einen Streich

stroll [strəʊl, AM stroʊl] **I.** *n* Spaziergang *m*; **to go for** [*or* **to take**] **a ~** einen Spaziergang machen, spazieren gehen **II.** *vi* (*amble*) schlendern, bummeln; (*fig: win easily*) **the favourite ~ed to an easy victory in the final at Wimbledon** der Sieg im Finale von Wimbledon war für die Favoritin ein regelrechter Spaziergang; **to ~ along the promenade** die Promenade entlangschlendern [*o* entlangspazieren]; **to ~ into town** in die Stadt gehen, einen Stadtbummel machen

stroll·er ['strəʊləʳ, AM 'stroʊlɚ] *n* ❶ (*person*) Spaziergänger(in) *m(f)* ❷ *esp* AM, AUS (*pushchair*) Sportwagen *m*

stroll·ing ['strəʊlɪŋ, AM 'stroʊl-] *adj attr, inv* fahrend; **~ musicians** fahrende Musikanten

strong [strɒŋ, AM strɑːŋ] **I.** *adj* ❶ (*powerful*) stark; **this put him under a ~ temptation to steal it** er geriet stark in Versuchung, es zu stehlen; **danger! ~ currents – do not swim here!** Achtung! starke Strömung – Schwimmen verboten!; **~ bonds** starke Bande; **~ character** [*or* **personality**] starke Persönlichkeit; **~ coffee** starker Kaffee; **~ competition** starker Wettbewerb; **~ desire** brennendes Verlangen; **~ doubts** erhebliche Zweifel; **~ economy** leistungsfähige [*o* gesunde] Wirtschaft; **~ evidence** schlagender Beweis; **~ impression** prägender Eindruck; (*impressive*) sehr guter Eindruck; **~ incentive** großer Anreiz; **~ influence** großer Einfluss; **~ language** (*vulgar*) derbe Ausdrucksweise; **~ lenses** starke [Brillen]gläser; **~ likeness** frappierende [*o* verblüffende] Ähnlichkeit; **to take ~ measures against sb/sth** energisch gegen jdn/etw vorgehen; **~ medicine** starkes Medikament; **to produce ~ memories** lebhafte Erinnerungen hervorrufen; **~ policies** überzeugende Politik; **~ praise** großes Lob; **~ protest** scharfer [*o* energischer] Protest; **~ reaction** heftige Reaktion; **to have ~ reason to do sth** gute Gründe haben, etw zu tun; **there is ~ reason to ...** es gibt einige Anzeichen dafür, dass ...; **~ resistance** erbitterter Widerstand; **~ rivalry** ausgeprägte Rivalität; **~ smell** strenger Geruch; **in the ~est of terms** sehr energisch; **~ trading links** umfangreiche Handelsbeziehungen; **a ~ will** ein starker Wille; **~ winds** heftige [*o* starke] Winde; **~ wish** großer Wunsch; **~ yearning** starke Sehnsucht ❷ (*effective*) gut, stark; **she's the ~est candidate** sie ist die beste Kandidatin; ■**to be ~ on sth** gut in etw *dat* sein; **~ favourite** [*or* AM **favorite**] aussichtsreicher Favorit/aussichtsreiche Favoritin; **sb's ~ point** [*or* BRIT, AUS *a.* **suit**] jds Stärke *f;* **tact is not her ~ point** Takt ist nicht gerade ihre Stärke ❸ (*physically powerful*) kräftig, stark; (*healthy*) gesund, kräftig; **~ constitution** robuste Konstitution; **~ eyes** gute Augen; **to be as ~ as a horse** [*or* **an ox**] bärenstark sein; **to have ~ nerves** [*or* **a ~ stomach**] (*fig*) allerhand verkraften können, sehr belastbar sein ❹ (*robust*) stabil; (*tough*) *person* stark ❺ (*deep-seated*) überzeugt; **I felt ~ sympathy for him after all his misfortune** er tat mir sehr leid nach all seinem Pech; **~ antipathy** [*or* **dislike**] unüberwindliche Abneigung; **~ bias** [*or* **prejudice**] unüberwindliches Vorurteil; **~ conviction** feste Überzeugung; **~ emotions** [*or* **feelings**] starke Gefühle; **~ fear** große Angst; **~ objections** starke Einwände; **~ opinion** vorgefasste Meinung; **~ tendency** deutliche [*o* klare] Tendenz; **to have ~ views on sth** eine Meinung über etw *akk* energisch vertreten ❻ (*staunch*) **to be a ~ believer in sth** fest an etw *akk* glauben; **~ friends** loyale [*o* treue] Freunde; **~ friendship** unerschütterliche Freundschaft; **~ opponent** überzeugter Gegner/überzeugte Gegnerin; **~ supporter** überzeugter Anhänger/überzeugte Anhängerin ❼ (*very likely*) groß, hoch, stark; **~ chances of success** hohe [*o* gute] Erfolgsaussichten; **~ likelihood** [*or* **probability**] hohe Wahrscheinlichkeit ❽ *after n, inv* (*in number*) stark; **our club is currently about eighty ~** unser Club hat derzeit 80 Mitglieder [*o* ist derzeit 80 Mann stark] ❾ (*marked*) stark; **~ accent** starker Akzent ❿ (*bright*) hell, kräftig; **~ colour** [*or* AM **color**] kräftige [*o* leuchtende] Farbe; **~ light** grelles Licht ⓫ (*pungent*) streng; **~ flavour** [*or* AM **flavor**] intensiver [*o* kräftiger] Geschmack; **~ odour** penetranter [*o* strenger] Geruch; **~ smell** beißender [*o* stechender] Geruch ⓬ FIN hart, stabil, stark; **~ currency** harte [*o* starke] Währung **II.** *adv* (*fam*) **to come on ~** (*sexually*) rangehen *fam;* (*aggressively*) in Fahrt kommen *fam;* **he's always coming on ~ to me** er macht mich permanent an; **to come on too ~** sich *akk* zu sehr aufregen, übertrieben reagieren; **still going ~** noch gut in Form [*o fam* Schuss]

'strong-arm I. *adj attr* (*pej*) brutal, gewaltsam, Gewalt-; **~ man** Schläger *m;* **~ method[s]** [*or* **tactic[s]**] brutale Methode[n]; **~ style of government** autoritärer Regierungsstil **II.** *vt* ■**to ~ sb** jdn unter Druck setzen, jdn einschüchtern **'strong·box** *n* [Geld]kassette *f* **'strong·hold** *n* ❶ (*bastion*) Stützpunkt *m,* Bollwerk *nt,* Festung *f;* (*fig*) Hochburg *f,* Zentrum *nt* ❷ (*sanctuary*) Zufluchtsort *m,* Refugium *nt*

strong·ly ['strɒŋli, AM 'strɑ:-] *adv* ❶ (*powerfully*) stark; **it is ~ believed that ...** es wird allgemein angenommen, dass ...; **it is ~ doubted that ...** es bestehen erhebliche Zweifel, dass; **to ~ advise sb to do sth** jdm nachdrücklich [*o* dringend] dazu raten, etw zu tun; **to ~ condemn sb/sth** jdn/etw scharf verurteilen; **to ~ criticize sb** jdn heftig kritisieren; **to ~ deny sth** etw energisch bestreiten [*o* leugnen]; **to ~ disapprove of sth** etw entschieden missbilligen; **to ~ establish sth/oneself within sth** etw/sich fest in etw *dat* etablieren; **to be ~ opposed to sth** entschieden gegen etw *akk* sein; **to ~ recommend sth** etw dringend empfehlen ❷ (*durably*) robust, stabil ❸ (*muscularly*) kräftig, stark; **~ built** kräftig gebaut ❹ (*pungently*) stark; **to smell ~ of sth** stark nach etw *dat* riechen ❺ (*deep-seatedly*) nachdrücklich; **to be ~ biased against sb** erhebliche Vorurteile gegen jdn haben; **to ~ believe sth** von etw *dat* fest überzeugt sein; **to ~ desire** [*or* **yearn for**] **sth** sich *akk* sehr nach etw *dat* sehnen; **to ~ feel that ...** den starken Verdacht haben, dass ...; **to be ~ influenced to do sth** stark beeinflusst werden, etw zu tun

'strong·man *n* ❶ (*leader*) starker Mann, führender Kopf ❷ (*for protection*) Muskelmann *m fam;* (*entertainer*) starker Mann **strong-'mind·ed** *adj* willensstark, entschlossen, energisch **'strong·room** *n* Stahlkammer *f,* Tresor[raum] *m* **strong-'willed** *adj* willensstark, entschlossen

stron·tium ['strɒntiəm, AM 'strɑ:n(t)ʃi-] *n no pl* Strontium *nt*

strop [strɒp] *n* BRIT, AUS (*fam*) Schmollen *nt kein pl;* **are you having another of your ~s?** bist du wieder mal eingeschnappt? *fam;* **to be in a ~** eingeschnappt sein *fam,* schmollen; **to get [such] a ~ on** saumäßig gelaunt sein *pej fam*

strop·pi·ly ['strɒpɪli] *adv* BRIT, AUS (*fam*) muffig *fam,* gereizt

strop·pi·ness ['strɒpɪnəs] *n no pl* BRIT, AUS (*fam*) Gereiztheit *f,* Übellaunigkeit

strop·py ['strɒpi] *adj* BRIT, AUS (*fam*) muffig *fam,* gereizt; **to get ~** pampig werden *fam*

strove [strəʊv, AM stroʊv] *pt of* **strive**

struck [strʌk] *pt, pp of* **strike**

struc·tur·al ['strʌktʃərəl, AM -ərəl] *adj inv* ❶ (*organizational*) strukturell, Struktur-; **~ change** Strukturwandel *m,* strukturelle Veränderung; **~ reforms** Strukturreformen *fpl;* **~ laws** LING Strukturregeln *fpl* ❷ (*of a construction*) baulich, Bau-, Konstruktions-; **the houses suffered ~ damage** die Struktur der Häuser wurde beschädigt; **~ condition** baulicher Zustand; **~ defects** bauliche Schäden

struc·tur·al en·gi·'neer *n* Statiker(in) *m(f)*

struc·tur·al·ism ['strʌktʃərəlɪzəm, AM -ərəl-] *n no pl* Strukturalismus *m*

struc·tur·al·ist ['strʌktʃərəlɪst, AM -ərəl-] **I.** *n* Strukturalist(in) *m(f)* **II.** *adj inv* strukturalistisch

struc·tur·al·ly ['strʌktʃərəli, AM -ərəli] *adv inv* ❶ (*organizationally*) strukturell ❷ (*of a construction*) baulich; **few buildings were left ~ safe after the earthquake** nach dem Erdbeben waren nur noch wenige Gebäude in einem sicheren baulichen Zustand

struc·tur·al un·em·'ploy·ment *n no pl* ECON, SOCIOL strukturelle Arbeitslosigkeit

struc·ture ['strʌktʃəʳ, AM -ɚ] **I.** *n* ❶ (*arrangement*) Struktur *f,* Aufbau *m;* **~ of a cell** Zellaufbau *m;* **course ~** Kursaufbau *m,* Kursstruktur *f;* **~ of society** Gesellschaftsstruktur *f;* **social ~** Sozialstruktur *f,* soziales Gefüge ❷ (*system*) Struktur *f;* **management ~** Leitungsstruktur *f* ❸ (*construction*) Bau[werk] *nt;* (*make-up of a construction*) Konstruktion *f* **II.** *vt* ■**to ~ sth** etw strukturieren; (*construct*) etw konstruieren [*o* bauen]; *life* etw regeln; **we must carefully ~ and rehearse each scene** wir müssen jede Szene sorgfältig aufbauen und proben; **well-~d argument** gut aufgebaute [*o* gegliederte] Argumentation

struc·tured ['strʌktʃəd, AM -ɚd] *adj* strukturiert, gegliedert; **~ life** geregeltes Leben; **~ questionnaire** gegliederter Fragebogen

stru·del ['stru:dəl] *n* Strudel *m*

strug·gle ['strʌgl] **I.** *n* ❶ (*great effort*) Kampf *m* (**for** um +*akk*); **trying to accept her death was a terrible ~ for him** ihren Tod zu akzeptieren fiel ihm unendlich schwer; **these days it's a desperate ~ just to keep my head above water** im Moment kämpfe ich ums nackte Überleben; ■**it is a ~ to do sth** es ist mühsam [*o* keine leichte Aufgabe], etw zu tun; **to be a real ~** wirklich Mühe kosten, sehr anstrengend sein; **uphill ~** mühselige Aufgabe, harter Kampf; **to give up the ~ to do sth** den Kampf um etw *akk* aufgeben; **without a ~** kampflos

S

❷ (*fight*) Kampf *m* (**against** gegen +*akk*, **with** mit +*dat*); **he put up a desperate ~ before his murder** er hatte sich verzweifelt zur Wehr gesetzt, bevor er ermordet wurde; **~ between good and evil** Kampf *m* zwischen Gut und Böse; **power ~** Machtkampf *m* **II.** *vi* ❶ (*toil*) sich *akk* abmühen [*o* quälen]; **he ~d along the rough road** er kämpfte sich auf der schlechten Straße vorwärts; **he ~d to find the right words** es fiel ihm schwer, die richtigen Worte zu finden; ■**to ~ with sth** sich *akk* mit etw *dat* herumschlagen [*o* herumquälen] *fam;* **to ~ to make ends meet** Mühe haben, durchzukommen; **to ~ to one's feet** mühsam auf die Beine kommen, sich *akk* mühsam aufrappeln [*o* hochrappeln] ❷ (*fight*) kämpfen, ringen; ■**to ~ against sth/sb** gegen etw/jdn kämpfen; ■**to ~ with sth/sb** mit etw/jdm kämpfen; **he ~d for some time with his conscience** er kämpfte eine Zeit lang mit seinem Gewissen; **to ~ for survival** ums Überleben kämpfen

◆**struggle on** *vi* weiterkämpfen; **the company ~d on with the help of subsidies** das Unternehmen schlug sich weiter mit Subventionen durch

strug·gling ['strʌglɪŋ] *adj inv for survival* ums Überleben kämpfend; *for recognition* um Anerkennung kämpfend

strum [strʌm] MUS **I.** *vt* <-mm-> **to ~ a stringed instrument** auf einem Saiteninstrument herumzupfen *fam;* **to ~ a guitar** auf einer Gitarre herumklimpern *fam* **II.** *vi* <-mm-> [herum]klimpern *fam* **III.** *n usu sing* ❶ (*sound of strumming*) Klimpern *nt*, Geklimper *nt pej fam* ❷ (*act of strumming*) **she gave a few ~s of her guitar** sie schlug ein paar Akkorde auf ihrer Gitarre an

strum·ming ['strʌmɪŋ] *n no pl* Geklimper *nt pej fam*, Klimpern *nt*

strum·pet ['strʌmpɪt] *n* (*old: prostitute*) Dirne *f veraltend*, Hure *f pej;* (*hum o pej: provocative dresser*) Flittchen *nt pej fam*

strung [strʌŋ] *pt, pp of* **string**

strung out *adj pred* ❶ (*sl*) süchtig, abhängig; **to be ~ on heroin** heroinsüchtig sein ❷ *inv* (*in line*) **to be ~ in a line** aufgereiht dastehen

strung up *adj pred* BRIT (*fam: nervous*) nervös; (*tense*) angespannt

strut [strʌt] **I.** *vi* <-tt-> ■**to ~ about** [*or* **around**] herumstolzieren; ■**to ~ past** vorbeistolzieren **II.** *vt* <-tt-> **to ~ one's stuff** (*esp hum fam: dance*) zeigen, was man hat; (*showcase*) zeigen, was man kann **III.** *n* (*in a car, vehicle*) Strebe *f*, Stütze *f;* (*in a building, structure*) Verstrebung *f*, Pfeiler *m*

struth [stru:θ] *interj* BRIT (*dated*) *see* **strewth**

strych·nine ['strɪkni:n, AM *esp* -naɪn] *n no pl* Strychnin *nt*

stub [stʌb] **I.** *n* (*of a ticket, cheque*) [Kontroll]abschnitt *m*, Abriss *m;* (*of a cigarette*) [Zigaretten]stummel *m*, Kippe *f fam;* (*of a pencil*) Stummel *m*, Stumpf *m* **II.** *vt* <-bb-> **to ~ one's toes** sich die Zehen anstoßen; **to ~ one's toe against** [*or* **on**] **sth** sich *dat* die Zehe an etw *dat* anstoßen, mit der Zehe gegen etw *akk* stoßen

◆**stub out** *vt* **to ~ out a/one's cigar/cigarette** eine/seine Zigarre/Zigarette ausdrücken; *with one's foot* seine Zigarette/Zigarre austreten

stub·ble ['stʌbl] **I.** *n no pl* ❶ (*hair*) Stoppeln *mpl* ❷ (*of crops*) Stoppeln *mpl* **II.** *n modifier* Stoppel-; **~ burning** Abbrennen *nt* der Stoppelfelder; **~ field** Stoppelfeld *nt*

stub·bly ['stʌbli] *adj* ❶ (*bristly*) stoppelig, Stoppel-; **~ beard** Stoppelbart *m* ❷ *inv* (*of crops*) Stoppel-; **~ field** Stoppelfeld *nt*

stub·born ['stʌbən, AM -ɚn] *adj* (*esp pej*) ❶ (*obstinate*) *of a person* stur *fam*, dickköpfig *fam*, starrköpfig, störrisch; **his ~ insistence that he was right ended our friendship** unsere Freundschaft ging zu Bruch, weil er stur darauf bestand, im Recht zu sein; **~ child** störrisches Kind; **to be ~ as a mule** so stur wie ein Esel sein ❷ (*persistent*) hartnäckig; **~ hair** widerspenstiges Haar; **~ pain** hartnäckiger Schmerz; **~ problem** vertracktes Problem; **~ refusal** hartnäckige Weigerung; **~ resistance** hartnäckiger Widerstand; **~ stains** hartnäckige Flecken

stub·born·ly ['stʌbənli, AM -ɚn-] *adv* (*esp pej*) ❶ (*obstinately*) stur, starrköpfig, störrisch; **she ~ clings on to her outdated views** sie klammert sich verbissen an ihre veralteten Ansichten ❷ (*persistently*) *refuse* hartnäckig

stub·born·ness ['stʌbənnəs, AM -ɚn-] *n no pl* (*esp pej*) Sturheit *f*, Starrköpfigkeit *f*, Widerspenstigkeit *f*, Halsstarrigkeit *f pej*, Starrsinn *f pej*

stub·by ['stʌbi] **I.** *adj* **~ fingers** Wurstfinger *mpl fam;* **~ legs** stämmige Beine; **~ person** gedrungene [*o geh* untersetzte] [*o* stämmige] Person; **~ tail** Stummelschwanz *m* **II.** *n* AUS *375 ml fassende Bierflasche*

stuc·co ['stʌkəʊ, AM -koʊ] *n no pl* (*fine plaster*) Stuck *m;* (*coarse plaster*) Putz *m;* (*work*) Stuckarbeit *f*, Stukkatur *f*

stuc·coed ['stʌkəʊd, AM -koʊd] *adj inv* mit Stuck verziert, Stuck-; **~ relief** Stuckrelief *nt* **'stuc·co work** *n no pl* Stuckarbeit *f*, Stuckverzierung *f*, Stukkatur *f*

stuck [stʌk] **I.** *pt, pp of* **stick II.** *adj* ❶ *inv* (*unmovable*) fest; **the door is ~** die Tür klemmt ❷ *inv, pred* (*trapped*) **we got ~ on** [*or* **at**] **a station for a few hours** wir saßen für ein paar Stunden auf einem Bahnhof fest; **I hate being ~ behind a desk** ich hasse Schreibtischarbeit; ■**to be ~ in sth** in etw *dat* feststecken; **to be ~ in the mire** (*fig*) in der Klemme stecken [*o* sitzen] *fam;* ■**to be ~ with sb** jdn am [*o* auf dem] Hals haben *fam* ❸ *pred* (*at a loss*) ■**to be ~** nicht klarkommen *fam;* **I'm really ~** ich komme einfach nicht weiter ❹ *pred* (*dated fam: crazy about*) ■**to be ~ on sb** in jdn verknallt sein *fam* ❺ *inv, pred* BRIT, AUS (*fam: show enthusiasm for*) **to get ~ in**[**to**] **sth** sich *akk* in etw *akk* richtig reinknien *fam;* **they got ~ into the job straight away** sie stürzten sich gleich in die Arbeit; **you really got ~ into your food** du hast das Essen ja richtig verschlungen

stuck-'up *adj* (*pej fam*) hochnäsig *pej fam*, eingebildet *pej*, arrogant *pej*

stud[1] [stʌd] *n* ❶ (*horse*) Deckhengst *m*, Zuchthengst *m;* **to be put to ~** zu Zuchtzwecken verwendet werden ❷ (*breeding farm*) Gestüt *nt*, Stall *m* ❸ (*sl: man*) geiler Typ *sl*, Sexprotz *m pej fam*, Weiberheld *m pej fam*

stud[2] [stʌd] *n* ❶ (*decoration*) Niete *f;* (*jewellery*) Stecker *m* ❷ *esp* BRIT, AUS (*on shoes*) Stollen *m* ❸ (*fastener*) *for a collar* Kragenknopf *m; for a shirt* Hemdknopf *m; for a cuff* Manschettenknopf *m* ❹ TECH Stift *m* ❺ AM (*in a tyre*) Spike *m*

stud·ded ['stʌdɪd] *adj inv* [mit Nieten] verziert, besetzt; ■**to be ~ with sth** mit etw *dat* verziert [*o* besetzt] sein; ■**to be ~ with sth** (*fig*) von etw *dat* übersät sein; **~ dog collar** Hundehalsband *nt* mit Nieten

stud 'ear·ring *n usu pl* Ohrstecker *m*

stu·dent ['stju:dᵊnt, AM *esp* 'stu:] **I.** *n* ❶ (*at university*) Student(in) *m(f)*, Studierende(r) *f(m);* (*pupil*) Schüler(in) *m(f);* **she is a ~ at Oxford University** sie studiert an der Oxford University; **the ~ body** die Studentenschaft, die Studierenden *pl;* **graduate ~** AM *Doktorand oder Student eines Magisterstudiengangs;* **postgraduate ~** Habilitand(in) *m(f);* **undergraduate ~** Student(in) *m(f)* ❷ (*unofficial learner*) **to be a ~ of sth** sich *akk* mit etw *dat* befassen; **to be a ~ of human nature** die menschliche Natur studieren [*o* beobachten] **II.** *n modifier* (*activities, counselling, demonstration, housing, protest*) Studenten-; **~ politics** Hochschulpolitik *f;* **~ rate** [*or* **discount**] Studentenermäßigung *f;* **~ season ticket** Semesterticket *nt*

stu·dent 'loan *n* Studiendarlehen *nt*, Ausbildungsdarlehen *nt* **stu·dent 'teach·er** *n* Referendar(in) *m(f)* **stu·dent 'un·ion** *n*, **stu·dents' 'un·ion** *n* Studentenvereinigung *f*

'stud farm *n* Gestüt *nt* **'stud horse** *n* Zuchthengst *m*

stud·ied ['stʌdid] *adj* wohl überlegt, [gut] durchdacht; **she listened to his remarks with ~ indifference** sie hörte ihm mit gestellter Gleichgültigkeit zu; **~ answer** wohl überlegte [*o* durchdachte] Antwort; ~ **elegance** kunstvolle Eleganz; ~ **insult** gezielte Beleidigung; ~ **politeness** gewollte Höflichkeit

studies ['stʌdiz] *npl* ❶ (*studying*) Studium *nt kein pl;* **he enjoys his** ~ ihm macht sein Studium Spaß ❷ (*academic area*) **business** ~ Betriebswirtschaft *f;* **peace** ~ Friedensforschung *f;* **transport** ~ Studium *nt* des Transportwesens; **social** ~ Sozialwissenschaft *f*

stu·dio ['stju:diəʊ, AM 'stu:dioʊ] *n* ❶ (*artist's room*) Atelier *nt* ❷ (*photography firm*) Studio *nt;* **graphics** ~ Grafikstudio *nt* ❸ (*film-making location*) Studio *nt* ❹ (*film company*) Studio *nt,* Filmgesellschaft *f* ❺ (*recording area*) Studio *nt* ❻ *esp* AM (*studio flat*) Appartement *nt*

stu·dio a'part·ment *n esp* AM Appartement *nt* **stu·dio 'audi·ence** *n + sing/pl vb* Studiopublikum *nt* **'stu·dio couch** *n* Schlafcouch *f,* Bettcouch *f* **'stu·dio flat** *n* BRIT Appartement *nt*

stu·di·ous ['stju:diəs, AM *esp* 'stu:-] *adj* ❶ (*bookish*) *of a person* lernbegierig, lerneifrig; *of an environment* gelehrt; ~ **atmosphere** dem Lernen zuträgliche Atmosphäre; ~ **child** wissbegieriges Kind ❷ (*earnest*) ernsthaft; (*intentional*) bewusst; **the report was prepared with** ~ **care and attention** der Bericht wurde mit größter Sorgfalt vorbereitet; ~ **avoidance of sth** gezielte Vermeidung einer S. *gen;* **to make a** ~ **effort to not do sth** etw ganz bewusst vermeiden

stu·di·ous·ly ['stju:diəsli, AM *esp* 'stu:-] *adv* ❶ (*bookishly*) gebildet, intellektuell ❷ (*carefully*) sorgsam, sorgfältig; (*deliberately*) bewusst, gezielt; **to avoid sth** ~ etw bewusst [*o* geflissentlich] vermeiden; **to ignore sb** ~ jdn absichtlich [*o* geflissentlich] übersehen [*o* übergehen]; **to listen** ~ aufmerksam zuhören

stu·di·ous·ness ['stju:diəsnəs, AM *esp* 'stu:-] *n no pl* ❶ (*bookishness*) Lerneifer *m,* Lernbegierde *f* ❷ (*carefulness*) Beflissenheit *f;* (*deliberateness*) Gewissenhaftigkeit *f,* Sorgfalt *f*

'stud·muf·fin *n* AM (*hum sl*) geiler Typ *sl*

study ['stʌdi] **I.** *vt* <-ie-> ❶ (*scrutinize*) ■**to** ~ **sth/sb** etw/jdn studieren, sich *akk* mit etw/jdm befassen; (*look at*) etw eingehend betrachten; ■**to** ~ **whether/what/how/when ...** erforschen [*o* untersuchen], ob/was/wie/wann ...; **to** ~ **a contract/an instruction** sich *dat* einen Vertrag/eine Anleitung genau durchlesen ❷ (*learn*) ■**to** ~ **sth** etw studieren; (*at school*) etw lernen; **to** ~ **one's part** seine Rolle lernen **II.** *vi* <-ie-> lernen; (*at university*) studieren; **I studied at Bristol University** ich habe an der Universität von Bristol studiert; ■**to** ~ **for sth** sich *akk* auf etw *akk* vorbereiten, für etw *akk* lernen; ■**to** ~ **under sb** bei jdm studieren **III.** *n* ❶ (*investigation*) Untersuchung *f;* (*academic investigation*) Studie *f,* wissenschaftliche Untersuchung ❷ *no pl* (*studying*) Lernen *nt;* (*at university*) Studieren *nt;* **find somewhere quiet for** ~ such dir ein ruhiges Plätzchen zum Lernen ❸ (*room*) Arbeitszimmer *nt* ❹ (*pilot drawing*) Studie *f,* Entwurf *m;* **preparatory** ~ Vorentwurf *m,* Vorstudie *f* ❺ (*literary portrayal*) Untersuchung *f,* Studie *f* ❻ (*example*) **to be a** ~ **in sth** ein Musterbeispiel für etw *akk* sein; **when she works, she's a** ~ **in concentration** wenn sie arbeitet, ist sie ein Muster an Konzentration ❼ BRIT (*hum*) **his face was a** ~ **when he saw her new punk hairstyle** sein Gesicht war sehenswert, als er ihre neue Punkfrisur sah

'study group *n + sing/pl vb* Arbeitsgruppe *f,* Arbeitskreis *m,* Arbeitsgemeinschaft *f* **'study hall** *n* AM Lesesaal *m* **'study vis·it** *n* Studienreise *f*

stuff [stʌf] **I.** *n no pl* ❶ (*fam: indeterminate matter*) Zeug *nt oft pej fam;* **we've heard all this** ~ **before** das haben wir doch alles schon mal gehört!; **there is a lot of** ~ **about it on TV** im Fernsehen wird dauernd darüber berichtet; **his latest book is good** ~ sein neues Buch ist echt gut; **that's the** ~**!** BRIT (*fam*) so ist's richtig!; **to do one's** ~ (*fam*) seine Sache gut machen; **to know one's** ~ sich *akk* auskennen; **he certainly knows his** ~ er weiß, wovon er spricht ❷ (*possessions*) Sachen *fpl,* Zeug *nt oft pej fam;* **camping** ~ Campingsachen *pl* ❸ (*material*) Material *nt,* Stoff *m;* **sticky** ~ klebriges Zeug ❹ (*characteristics*) **he's made of the same** ~ **as his father** er ist aus demselben Holz geschnitzt wie sein Vater; **she's a nice bit of** ~ BRIT (*sl*) sie ist nicht ohne *fam;* **the** [**very**] ~ **of sth** das Wesentliche [*o* der Kern] einer S. *gen;* **the** ~ **of which heroes are made** der Stoff, aus dem Helden sind ▶ PHRASES: ~ **and nonsense** BRIT (*dated*) dummes Zeug *pej fam,* Blödsinn *pej fam;* **sb doesn't give a** ~ **about sth** BRIT (*fam*) jdm ist etw scheißegal *fam* **II.** *vt* ❶ (*fam: gorge*) ■**to** ~ **sb/oneself** jdn/sich voll stopfen; ■**to** ~ **down** ↻ **sth** etw in sich *akk* hineinstopfen *pej,* etw verschlingen *pej* [*o hum fam* verdrücken]; **to** ~ **one's face** sich *dat* den Bauch vollschlagen *fam;* **to** ~ **sb with food** jdn mästen *pej* ❷ *esp* BRIT, AUS (*vulg: have sex*) ■**to** ~ **sb** jdn vögeln *vulg* [*o sl* bumsen] ❸ (*vulg: strong disapproval*) ~ **it** [*or* BRIT *a.* **that**]! Scheiß drauf! *derb; esp* BRIT, AUS ~ **him!** der kann mich mal! *derb,* zum Teufel mit ihm! *sl;* BRIT, AUS **get** ~**ed!** du kannst mich mal! *derb,* leck mich am Arsch! *derb* ❹ (*push inside*) ■**to** ~ **sth** etw stopfen; (*fill*) etw ausstopfen; (*in cookery*) etw füllen; **they** ~**ed the money into a bag and ran from the bank** sie stopften das Geld in eine Tasche und rannten aus der Bank; ~**ed chicken** gefülltes Hähnchen; **to** ~ **sb's head with sth** (*fig*) jdm etw eintrichtern *fam* ❺ (*in taxidermy*) **to** ~ **animals** Tiere ausstopfen

stuffed [stʌft] *adj inv* ❶ (*filled*) ausgestopft; ~ **furry toy** Stofftier *nt,* Plüschtier *nt* ❷ (*of food*) gefüllt; ~ **turkey** gefüllter Truthahn

stuffed 'shirt *n* (*pej fam*) Wichtigtuer(in) *m(f) pej fam*

'stuffed-up *adj* (*fam*) verschnupft

stuff·er ['stʌfɚ] *n* AM Werbebeilage *f,* Reklamebeilage *f*

stuffi·ly ['stʌfɪli] *adv* (*pej*) spießig *pej fam,* kleinkariert *pej fam*

stuffi·ness ['stʌfɪnəs] *n no pl* ❶ (*primness*) Spießigkeit *f* ❷ (*airlessness*) Stickigkeit *f;* **the** ~ **of the rooms** die schlechte Luft in den Räumen

stuff·ing ['stʌfɪŋ] *n no pl* (*filling*) Füllung *f,* Füllmaterial *nt; of food* Füllung *f* ▶ PHRASES: **to beat** [*or* **kick**] [*or* **knock**] **the** ~ **out of sb** (*fam*) jdn fertigmachen *fam,* jdn brutal zusammenschlagen; **to knock** [*or* **take**] **the** ~ **out of sb** (*fam*) jdn umhauen [*o* mitnehmen] *fam*

stuffy ['stʌfi] *adj* (*pej*) ❶ (*prim*) spießig ❷ (*airless*) stickig, miefig, muffig; ~ **room** stickiges Zimmer

stul·ti·fy <-ie-> ['stʌltɪfaɪ] *vt* (*form*) ■**to** ~ **sth/sb** ❶ (*ridicule*) etw/jdn der Lächerlichkeit preisgeben [*o* ins Lächerliche ziehen] ❷ (*paralyse*) etw/jdn lähmen; *technique, mind, ability* etw/jdn verkümmern lassen; **to** ~ **the mind** den Geist lähmen

stul·ti·fy·ing ['stʌltɪfaɪɪŋ] *adj* (*pej form*) lähmend; ~ **atmosphere** lähmende Atmosphäre; **to have a** ~ **effect on sth** sich *akk* auf etw *akk* lähmend auswirken

stum·ble ['stʌmbl̩] *vi* ❶ (*trip*) stolpern, straucheln; ■**to** ~ **on sth** über etw *akk* stolpern ❷ (*fig*) **the judges noticed the violinist** ~ die Schiedsrichter bemerkten, dass die Violinistin einen Fehler machte; **to** ~ **from one mistake to another** (*fig*) vom einen Fehler zum nächsten stolpern; **to** ~ **over the rhythm** aus dem Rhythmus kommen ❸ (*stagger*) ■**to** ~ **about** [*or* **around**] herumtappen ❹ (*falter: when talking*) stocken, holpern; ■**to** ~ **over sth** über etw *akk* stolpern; **the poet** ~**d over a line in the poem** der Dichter stolperte über eine Zeile in dem Gedicht ❺ (*find*) ■**to** ~ **across** [*or* [**up**]**on**] **sb/sth** über jdn/etw stolpern *fam,* [zufällig] auf jdn/etw stoßen

'stum·bling block *n* Stolperstein *m,* Hemmschuh *m,* Hindernis *nt;* ■**to be a** ~ **to sth** ein Hindernis für etw *akk* [*o* bei etw *dat*] sein

stump [stʌmp] **I.** *n* ❶ (*part left*) *of a tree* Stumpf *m,* Strunk *m; of an arm* Armstumpf *m; of a leg* Beinstumpf *m; of a tooth* Zahnstummel *m* ❷ AM POL **out on the** ~ im Wahlkampf **II.** *vt* ❶ (*usu fam: baffle*) ■**to** ~ **sb** jdn verwirren [*o* durcheinanderbringen]; **you've** ~**ed me** da bin ich überfragt; **we're all completely** ~**ed** wir sind mit unserem Latein am Ende ❷ *esp*

S

AM POL **to ~ the country/a state** Wahlkampfreisen durch das Land/einen Staat machen **III.** *vi* ❶ (*stamp*) **she ~ed out of the room** sie stapfte aus dem Raum hinaus ❷ POL Wahlreden halten

◆**stump up** BRIT **I.** *vi* (*fam*) blechen *fam,* löhnen *sl* **II.** *vt* (*fam*) ■**to ~ up** ↻ **sth** etw blechen *fam* [*o sl* berappen] [*o sl* locker machen]

stump 'foot *n* Klumpfuß *m*

stumps [stʌmps] *npl* (*in cricket*) Stäbe *mpl*

'stump speech *n* Wahl[kampf]rede *f,* parteipolitische Rede

stumpy ['stʌmpi] *adj* (*usu pej fam*) [klein und] gedrungen, untersetzt, stämmig; **~ fingers** dicke Finger; **~ person** untersetzte [*o* stämmige] Person; **~ tail** Stummelschwanz *m*

stun <-nn-> [stʌn] *vt* ❶ (*shock*) ■**to ~ sb** jdn betäuben [*o* lähmen]; (*amaze*) jdn verblüffen [*o* überwältigen]; **news of the disaster ~ned the nation** die Nachricht von der Katastrophe schockte das Land; **she was ~ned by the amount of support she received** sie war überwältigt davon, wie viel Unterstützung sie erhielt; **~ned silence** fassungsloses Schweigen ❷ (*make unconscious*) ■**to ~ sb/an animal** jdn/ein Tier betäuben

stung [stʌŋ] *pp, pt of* **sting**

'stun gre·nade *n* MIL Blendgranate *f fachspr* **'stun gun** *n* Betäubungsgewehr *nt,* Betäubungspistole *f*

stunk [stʌŋk] *pt, pp of* **stink**

stunned [stʌnd] *adj* fassungslos, sprachlos, geschockt

stun·ner ['stʌnəʳ, AM -ɚ] *n* ❶ (*fam: good-looker*) *of a person* toller Mann/tolle Frau *fam; of a thing, an event* tolle Sache *fam;* **to be a ~** Spitze [*o* eine Wucht] sein *fam* ❷ (*surprise*) [Riesen]überraschung *f;* **to come as a ~** eine [große] Überraschung sein

stun·ning ['stʌnɪŋ] *adj* ❶ (*approv: gorgeous*) toll *fam,* fantastisch *fam,* umwerfend *fam,* überwältigend, sensationell; **~ dress** hinreißendes [*o* umwerfendes] Kleid; **~ view** toller Ausblick *fam;* **to look ~** umwerfend aussehen ❷ (*amazing*) unfassbar ❸ (*hard*) **a ~ blow/punch/left hook** ein betäubender Schlag/Faustschlag/linker Haken

stun·ning·ly ['stʌnɪŋli] *adv* ❶ (*gorgeous*) atemberaubend, umwerfend *fam;* **she's ~ dressed** sie ist umwerfend angezogen ❷ (*horrible*) unfassbar

stunt¹ [stʌnt] *n* ❶ FILM Stunt *m;* **to perform a ~** einen Stunt vollführen ❷ (*for publicity*) Gag *m,* Trick *m pej;* **advertising ~** Werbegag *m,* Trick *m pej;* **publicity ~** Werbegag *m;* (*pej*) Trick *m;* **to pull a ~** (*fig fam*) etwas Verrücktes tun

stunt² [stʌnt] *vt* ■**to ~ sth** etw hemmen [*o* beeinträchtigen] [*o* behindern]; **to ~ economic growth** das Wirtschaftswachstum hemmen; **to ~ one's growth** das Wachstum hemmen

stunt·ed ['stʌntɪd, AM -t̬ɪd] *adj* (*deteriorated*) verkümmert; (*limited in development*) unterentwickelt; **~ child** unterentwickeltes Kind; **~ tree** verkümmerter Baum; **emotionally ~** seelisch verkümmert; **to become ~** verkümmern

'stunt fly·ing *n no pl* Kunstflug *m* **'stunt·man** *n* Stuntman *m* **'stunt·wom·an** *n* Stuntfrau *f*

stu·pefac·tion [ˌstjuːpɪ'fækʃᵊn, AM ˌstuːpə'-, ˌstjuː-] *n no pl* ❶ (*befuddled state*) Benommenheit *f;* **state of ~** benommener Zustand ❷ (*astonishment*) Verblüffung *f;* (*involving intense shock*) Bestürzung *f;* **to sb's ~** zur jds Bestürzung [*o* Erstaunen]

stu·pefy <-ie-> ['stjuːpɪfaɪ, AM 'stuːpə-, ˌstjuː-] *vt usu passive* ■**to be stupefied by sth** ❶ (*render numb*) von etw *dat* benommen sein ❷ (*astonish*) über etw *akk* verblüfft sein; (*shocked*) über etw *akk* bestürzt sein, von etw *dat* wie vor den Kopf geschlagen sein; **we were stupefied by the news** die Nachricht hatte uns die Sprache verschlagen

stu·pefy·ing·ly ['stjuːpɪfaɪɪŋli, AM 'stuːpə-, ˌstjuː-] *adv* einschläfernd *fig;* **~ boring** [*or* **dull**] todlangweilig, stumpfsinnig

stu·pen·dous [stjuː'pendəs, AM stuː'-, ˌstjuː-] *adj* (*immense*) gewaltig, enorm; (*amazing*) erstaunlich; **~ beauty** außergewöhnliche Schönheit; **~ debts** enorme Schulden; **~ news** tolle Nachricht *fam*

stu·pen·dous·ly [stjuː'pendəsli, AM *esp* stuː'-] *adv* (*immensely*) *high, productive* enorm; (*amazingly*) *successful* erstaunlich

stu·pid ['stjuːpɪd, AM *esp* 'stuː-] **I.** *adj* <-er, -est *or* more ~, most ~> ❶ (*slow-witted*) dumm, blöd *fam,* einfältig; **whose ~ idea was it to travel at night?** wer hatte die bescheuerte Idee, nachts zu reisen? *sl;* **it would be ~ not to take the threats seriously** es wäre töricht, die Drohungen nicht ernst zu nehmen; **don't be ~!** sei doch nicht blöd! *fam;* **a ~ mistake** ein dummer Fehler; **to do a ~ thing** etwas Dummes [*o fam* Blödes] machen ❷ (*silly*) blöd *fam;* **have your ~ book!** behalte doch dein blödes Buch! *fam;* **~ exercise** blöde Übung; **to drink oneself ~** sich *akk* bis zur Bewusstlosigkeit betrinken **II.** *n* (*fam*) Blödmann *m pej fam,* Dummkopf *m pej*

stu·pid·ity [stjuː'pɪdəti, AM stuː'pɪdət̬i, ˌstjuː-] *n no pl* Dummheit *f,* Blödheit *f fam,* Einfältigkeit *f;* **his ~ is beyond belief sometimes** er ist manchmal unglaublich doof *pej fam*

stu·pid·ly ['stjuːpɪdli, AM *esp* 'stuː-] *adv* dummerweise, blöderweise *fam;* **I ~ forgot to bring a copy of my report** ich habe dummerweise vergessen, meinen Bericht mitzubringen; **he ~ refused** er war so dumm abzulehnen

stu·por ['stjuːpəʳ, AM 'stuːpɚ, ˌstjuː-] *n usu sing* Benommenheit *f;* **state of ~** benommener Zustand, Benommenheit *f;* **in a drunken ~** im Vollrausch

stur·di·ly ['stɜːdɪli, AM 'stɜːr-] *adv* ❶ (*durably*) stabil; **~-built** *building, furniture* solide gebaut, stabil; *person* stämmig, kräftig ❷ (*resolutely*) *say* bestimmt; *fight* entschlossen; **to ~ refuse to do sth** sich *akk* standhaft weigern, etw zu tun

stur·di·ness ['stɜːdɪnəs, AM 'stɜːr-] *n no pl* ❶ (*durability*) Stabilität *f* ❷ (*physical strength*) Kräftigkeit *f; of constitution* Robustheit *f*

stur·dy ['stɜːdi, AM 'stɜːr-] *adj* ❶ (*robust*) *box, chair, wall* stabil; *material* robust; **~ shoes** festes Schuhwerk ❷ (*physically*) *arms, legs* kräftig; *body, person, legs also* stämmig ❸ (*resolute*) *opposition* standhaft, unerschütterlich; **they put up a ~ defence of their proposal** sie haben ihren Vorschlag entschlossen verteidigt; **~ gait** entschlossener Gang

stur·geon ['stɜːdʒᵊn, AM 'stɜːr-] *n* Stör *m*

stut·ter ['stʌtəʳ, AM -t̬ɚ] **I.** *vi person, engine* stottern **II.** *vt* ■**to ~ sth** etw stottern **III.** *n* Stottern *nt kein pl;* **to have a bad ~** stark stottern

stut·ter·er ['stʌtᵊrəʳ, AM -t̬ɚɚ] *n* Stotterer *m,* -in *f*

stut·ter·ing ['stʌtᵊrɪŋ, AM -t̬ɚ-] *adj* stotternd; **~ productivity figures** stark schwankende Produktivitätszahlen; **to reply in a ~ voice** mit stockender Stimme antworten

stut·ter·ing·ly ['stʌtᵊrɪŋli, AM -t̬ɚ-] *adv* ❶ (*with a stutter*) stotternd ❷ (*unevenly, hesitantly*) zögernd, stockend

sty [staɪ] *n* ❶ (*pig pen*) Schweinestall *m* ❷ MED (*in eye*) Gerstenkorn *nt*

stye <*pl* sties *or* -s> [staɪ] *n* MED Gerstenkorn *nt*

Styg·ian ['stɪdʒiən] *adj* (*liter*) stygisch, finster *geh, poet;* **~ depression** schlimme Depression

style [staɪl] **I.** *n* ❶ (*distinctive manner*) Stil *m,* Art *f;* **his office is very utilitarian in ~** sein Büro ist sehr praktisch eingerichtet; **company** [*or* **house**] **~** hauseigener [*o* firmeneigener] Stil, Stil *m* des Hauses; **~ of life** Lebensstil *m,* Lebensweise *f;* **~ of teaching** Unterrichtsstil *m;* **in the ~ of sb/sth** im Stil von jdm/etw; **that's not my ~** (*fig fam*) das ist nicht mein Stil *fig;* **in the Gothic ~** ARCHIT, ART im gotischen Stil ❷ (*approv: stylishness*) Stil *m;* **to have real ~** Klasse [*o* Format] haben; **to have no ~** keinen Stil haben; **it takes ~ to make a mistake like that and still go on to win** es braucht schon Format, so einen Fehler zu machen und trotzdem noch zu gewinnen; ■**in** [*or* **with**] **~** stilvoll; **to do things in ~** alles im großen Stil tun; **to live in** [**grand** [*or* **great**]] **~** auf großem Fuß leben; **to travel in ~** mit allem Komfort [ver]reisen ❸ (*fashion*) Stil *m;* **the latest ~** die neueste Mode, der letzte Schrei *fam* ❹ *no pl* (*be fashionable*) **to be in ~** Mode [*o* modisch] sein; **to be out of ~** aus der Mode kommen ❺ (*specific type*) Art *f*, Ausführung *f* **II.** *vt* ❶ (*arrange*) ■**to ~ sth** *plan, design* etw entwerfen; (*shape*) etw gestalten; **to ~ a car** ein Auto entwerfen; **to ~ hair** die Haare frisieren; **elegantly ~d jackets** elegant geschnittene Jacken ❷ (*designate*) ■**to ~ sb/sth/oneself sth** jdn/etw/sich etw nennen, jdn/etw/sich als etw *akk* bezeichnen

-style [staɪl] *in compounds* (*Victorian, Impressionist*) nach ... Art, im ... Stil; **he was dressed cowboy-~ for the party** er hatte sich für die Party wie ein Cowboy angezogen; **French-~ cooking** französische Küche; **Japanese~ management** japanisches Management; **modern-~** modern

'style con·sult·ant *n* Modeberater(in) *m(f)*

style·less ['staɪlləs] *adj* (*pej*) stillos, geschmacklos

styl·ing ['staɪlɪŋ] **I.** *n* Styling *nt*, Design *nt; of hair* Frisur *f* **II.** *adj attr, inv* Styling-; **~ mousse** Schaumfestiger *m*

'styl·ing spray *n* Haarspray *nt*

styl·ish ['staɪlɪʃ] *adj* (*approv*) ❶ (*chic*) elegant; (*smart*) flott *fam;* (*fashionable*) modisch; **she is a ~ dresser** sie zieht sich immer sehr elegant/flott/modisch an ❷ (*polished*) stilvoll, mit Stil *nach n;* **the writer is ~** der Autor hat Stil

styl·ish·ly ['staɪlɪʃli] *adv* (*approv*) ❶ (*chic*) elegant; (*smartly*) flott *fam;* (*fashionably*) modisch; **~-designed dress** elegant geschnittenes Kleid ❷ (*in a polished manner*) stilvoll

styl·ish·ness ['staɪlɪʃnəs] *n no pl* (*approv*) ❶ (*elegance*) *of appearance, dress* Eleganz *f* ❷ (*polished quality*) *of person, appearance, place* Stil *m;* **~ of a film** stilvolle Art eines Films

styl·ist ['staɪlɪst] *n* ❶ (*arranger of hair*) Friseur(in) *m(f)*, Friseuse *f;* **hair ~** Friseur, Friseuse *m, f,* Coiffeur, Coiffeuse *m, f;* (*designer*) Designer(in) *m(f)* ❷ (*writer*) Stilist(in) *m(f)*

styl·is·tic ['staɪlɪstɪk] *adj* stilistisch, Stil-; **~ range** stilistische Vielfalt

styl·is·ti·cal·ly ['staɪlɪstɪkli] *adv* stilistisch

styl·ize ['staɪlaɪz] *vt* ■**to ~ sth** etw stilisieren

styl·ized ['staɪlaɪzd] *adj* (*non-realistic*) stilisiert; (*fig: according to convention*) konventionell, herkömmlich

sty·lus <*pl* -es> ['staɪləs] *n* Stylus *m*

sty·mie <-y-> ['staɪmi] *vt* ■**to ~ sb** jdn matt setzen *fig;* ■**to be ~d by sth** durch etw *akk* behindert werden [*o* nicht vorankommen]; ■**to ~ sth** etw vereiteln; **to ~ sb's efforts** jds Bemühungen behindern

styp·tic ['stɪptɪk] MED **I.** *n* blutstillendes Mittel **II.** *adj* blutstillend, Blutstill-

Sty·ro·foam® ['staərəfoʊm] AM **I.** *n no pl* (*polystyrene*) Styropor® *nt* **II.** *n modifier* (*cup, packaging*) Styropor-

suave [swɑːv] *adj* (*urbane*) weltmännisch; (*polite*) verbindlich; **~ appearance** weltmännische Erscheinung; **~ manner** weltmännische/zuvorkommende Art

suave·ly ['swɑːvli] *adv* (*urbane*) weltmännisch; (*polite*) verbindlich, zuvorkommend

suav·ity ['swɑːvəti, AM -ət̬i] *n no pl* (*urbanity*) weltmännisches Auftreten; (*politeness*) Verbindlichkeit *f*, Zuvorkommenheit *f*

sub [sʌb] **I.** *n* ❶ (*fam*) *short for* **substitute** Vertretung *f* ❷ (*fam*) *short for* **submarine** U-Boot *nt;* **nuclear ~** Atom-U-Boot *nt* ❸ AM (*fam*) *short for* **submarine sandwich** Jumbo-Sandwich *nt* ❹ *usu pl* BRIT, AUS (*fam*) *short for* **subscription** Abo *nt fam;* (*membership fee*) [Mitglieds]beitrag *m* **II.** *vi* <-bb-> *short for* **substitute:** ■**to ~ for sb** für jdn einspringen, jdn vertreten

sub·agen·cy [ˌsʌb'eɪdʒ^ən(t)si] *n esp* AM Untervertretung *f*, Unteragentur *f*

sub·agent [ˌsʌb'eɪdʒ^ənt] *n* Untervertreter(in) *m(f)*, Unteragent(in) *m(f)*

sub·al·tern ['sʌb^əltən, AM səb'ɔːtɚn] *n* BRIT MIL Subalternoffizier *m fachspr*

sub·aqua [sʌb'ækwə] *adj attr, inv* BRIT Tauch-; **~ diving** Tauchen *nt;* **~ sports** Tauchsport *m*

sub·ar·id [sʌb'ærɪd, AM -'erɪd] *adj* GEOG halbtrocken, semiarid *fachspr*

sub·atom·ic [ˌsʌbə'tɒmɪk, AM -'tɑːm-] *adj inv* PHYS subatomar; **~ particle** subatomares Teilchen

sub·class ['sʌbklɑːs, AM -klæs] *n* BIOL Unterklasse *f*, Unterabteilung *f*

sub·com·mit·tee ['sʌbkəˌmɪti, AM -ɪt̬i] *n* Unterausschuss *m*

sub·com·pact [ˌsʌb'kɑːmpækt] *n* AM, **sub·com·pact 'car** *n* AM (*small car*) Kleinwagen *m*

sub·con·scious [sʌb'kɒn(t)ʃəs, AM -'kɑːn-] **I.** *n no pl* Unterbewusstsein *nt*, [das] Unterbewusste **II.** *adj attr, inv* unterbewusst; **to exist only at the ~ level** nur im Unterbewusstsein existieren; **~ mind** Unterbewusstsein *nt*

sub·con·scious·ly [sʌb'kɒn(t)ʃəsli, AM -'kɑːn-] *adv inv* (*not wholly consciously*) unterbewusst; (*intuitively*) unterbewusst, intuitiv

sub·con·ti·nent [sʌb'kɒntɪnənt, AM -'kɑːnt^ən-] *n* GEOG Subkontinent *m;* **the Indian ~** der Indische Subkontinent

sub·con·tract I. *vt* [ˌsʌbkən'trækt, AM sʌb'kɑːn-] ■**to ~ sth to sb/sth** etw an jdn/etw untervergeben; ■**to ~ sth out to sb/sth** etw an jdn/etw als Untervertrag hinausgeben **II.** *n* ['sʌbˌkɒntækt, AM -ˌkɑːn-] Subkontrakt *m*, Untervertrag *m*

sub·con·trac·tor [ˌsʌbkən'træktəʳ, AM sʌb'kɑːntræktɚ] *n* Subunternehmer(in) *m(f)*

sub·cul·ture ['sʌbˌkʌltʃəʳ, AM -ɚ] *n* Subkultur *f*

sub·cu·ta·neous [ˌsʌbkjuː'teɪniəs] *adj inv* MED subkutan *fachspr;* **~ injection** Injektion *f* unter die Haut, subkutane Injektion *fachspr*

sub·di·vide [ˌsʌbdɪ'vaɪd] *vt* ■**to ~ sth** etw unterteilen; ■**to ~ sth among persons** etw nochmals unter [mehreren] Personen aufteilen; ■**to ~ sth into sth** etw in etw *akk* unterteilen

sub·di·vi·sion [ˌsʌbdɪ'vɪʒ^ən] *n* ❶ (*secondary division*) erneute Teilung; (*in aspects of a whole*) Aufgliederung *f*, Unterteilung *f* ❷ AM, AUS (*housing estate*) Wohngebiet *nt*, Wohnsiedlung *f*

sub·due [sʌb'djuː, AM *esp* -'duː] *vt* ■**to ~ sth/sb** (*get under control*) etw/jdn unter Kontrolle bringen; (*bring into subjection*) etw/jdn unterwerfen; (*suppress*) etw/jdn unterdrücken; **to ~ an animal/emotion** ein Tier/Gefühl bändigen; **to ~ a fire** ein Feuer unter Kontrolle bringen; **to ~ a mob** eine Menge bändigen

sub·dued [sʌb'djuːd, AM *esp* -'duːd] *adj* (*controlled*) beherrscht; (*reticent*) zurückhaltend; (*toned down*) gedämpft; (*quiet*) leise, ruhig; *noise* gedämpft; **~ colours** [*or* AM **colors**] düstere Farben; **~ conversation** gedämpfte Unterhaltung; **~ light/sound** gedämpftes Licht/gedämpfte Töne; **~ mood** gedrückte Stimmung; **to speak in a ~ voice** mit gedämpfter Stimme sprechen

sub·edit [sʌb'edɪt] *vt* JOURN, PUBL ■**to ~ sth** etw redigieren

sub·edi·tor [sʌb'edɪtəʳ, AM -t̬ɚ] *n* ❶ (*assistant editor*) Redaktionsassistent(in) *m(f)* ❷ (*sb who edits copy for printing*) Redakteur(in) *m(f)*

sub·frame ['sʌbfreɪm] *n* ARCHIT Untergestell *nt*

sub·group ['sʌbgruːp] *n* Untergruppe *f*, Unterabteilung *f*

sub·head [sʌb'hed] *n*, **sub·head·ing** ['sʌbˌhedɪŋ] *n* Untertitel *m*

sub·hu·man [sʌb'hjuːmən] *adj inv* unmenschlich, menschenunwürdig; **to treat sb as ~** jdn wie einen Untermenschen behandeln

sub·ject I. *n* ['sʌbdʒɪkt, -dʒekt] ❶ (*theme, topic*) Thema *nt;* ■**on the ~ of sb/sth** über jdn/etw; **while we're on the ~** wo wir gerade beim Thema sind; **the planes have been the ~ of their concern** die Flugzeuge waren Gegenstand ihrer Befürchtungen; **the guest lecturer took as her ~ 'imprisonment in modern society'** die Gastsprecherin hatte ‚die Freiheitsstrafe in der modernen Gesellschaft' zu ihrem Thema gewählt; **~ of debate** [*or* **discussion**] Diskussionsthema *nt;* **the plan has been the ~ of debate recently** über den Plan wurde vor kurzem diskutiert; **to change the ~** das Thema

S

wechseln; **to wander off the ~** vom Thema abschweifen ❷ *(person)* Versuchsperson *f,* Testperson *f* ❸ *(field)* Fach *nt;* *(at school)* [Schul]fach *nt;* *(specific research area)* Spezialgebiet *nt,* Fachgebiet *nt;* **he's better at arts ~s than science** in den künstlerischen Fächern ist er besser als in den naturwissenschaftlichen; **her ~ is low-temperature physics** sie hat sich auf Kältephysik spezialisiert; **favourite** [*or* AM **favorite**] **~** Lieblingsfach *nt* ❹ *(under monarchy)* Untertan(in) *m(f);* *(rare: not under monarchy)* Staatsbürger(in) *m(f)* ❺ LING Subjekt *nt,* Satzgegenstand *m* **II.** *adj* ['sʌbdʒɪkt] ❶ *attr, inv* POL *(dominated) people* unterworfen ❷ *pred, inv (exposed to)* ■**to be ~ to sth** etw *dat* ausgesetzt sein; **these flights are ~ to delay** bei diesen Flügen muss mit Verspätung gerechnet werden; **the goods are ~ to a 20% discount** die Waren sind um 20% herabgesetzt; **to be ~ to colds** sich *akk* leicht erkälten; **to be ~ to many dangers** vielen Gefahren ausgesetzt sein; **to be ~ to depression** zu Depressionen neigen; **to be ~ to a high rate of tax** einer hohen Steuer unterliegen; **to be ~ to prosecution** LAW *offence* strafbar sein; *person* strafrechtlich verfolgt werden ❸ *(contingent on)* ■**to be ~ to sth** von etw *dat* abhängig sein; **to be ~ to approval** genehmigungspflichtig sein; **~ to payment** vorbehaltlich einer Zahlung, unter dem Vorbehalt einer Zahlung **III.** *adv* ['sʌbdʒɪkt] ■**~ to** wenn; **we plan to go on Wednesday ~ to your approval** wir haben vor, am Mittwoch zu gehen, wenn du nichts dagegenhast; **~ to your consent** vorbehaltlich Ihrer Zustimmung **IV.** *vt* [səb'dʒekt] ❶ *(subjugate)* ■**to ~ sb/sth** jdn/etw unterwerfen [*o geh* unterjochen] ❷ *usu passive (cause to undergo)* ■**to ~ sb/sth to sth** jdn/etw etw *dat* aussetzen; ■**to be ~ed to sb/sth** jdm/etw ausgesetzt [*o* unterworfen] sein; **everyone interviewed had been ~ed to unfair treatment** alle Interviewten waren unfair behandelt worden; **to ~ sb/sth to criticism** jdn/etw kritisieren; **to ~ sb to a lie-detector test** jdn einem Lügendetektortest unterziehen; **to ~ sb to torture** jdn foltern

'sub·ject cata·log AM, **'sub·ject cata·logue** *n* Schlagwortkatalog *m* **'sub·ject in·dex** *n* Sachregister *nt*

sub·jec·tion [səb'dʒekʃ^ə^n] *n no pl* POL Unterwerfung *f;* **to be in ~ to sth/sb** von etw/jdm abhängig sein

sub·jec·tive [səb'dʒektɪv] *adj* subjektiv

sub·jec·tive·ly [səb'dʒektɪvli, AM -t̬ɪv-] *adv* subjektiv; **~ speaking, I don't like him** ich persönlich mag ihn nicht

sub·jec·tiv·ity [ˌsʌbdʒek'tɪvəti, AM -ət̬i] *n no pl* Subjektivität *f*

'sub·ject mat·ter *n* Thema *nt; of a meeting* Gegenstand *m; of a book* Inhalt *m; of a film* Stoff *m* eines Films

sub ju·di·ce [ˌsʌb'dʒu:dɪsi, AM -əsi] *adj pred, inv* LAW [noch] anhängig, [noch] nicht entschieden, rechtshängig

sub·ju·gate ['sʌbdʒəgeɪt] *vt* ❶ *(make subservient)* ■**to ~ sb/sth** jdn/etw unterwerfen [*o* unterjochen] ❷ *(make subordinate to)* ■**to ~ sth to sth/sb** etw zu Gunsten einer S. *gen/*zu jds Gunsten einschränken; ■**to ~ oneself to sb/sth** sich *akk* jdm/etw unterwerfen

sub·ju·ga·tion [ˌsʌbdʒə'geɪʃ^ə^n] *n* Unterwerfung *f,* Unterjochung *f*

sub·junc·tive [səb'dʒʌŋ(k)tɪv] **I.** *n no pl* LING Konjunktiv *m;* **to be in the ~** im Konjunktiv stehen **II.** *adj inv* LING konjunktivisch, Konjunktiv-; **~ construction** Konjunktivkonstruktion *f;* **~ mood** Konjunktiv *m*

sub·lease I. *vt* ['sʌbli:s] ■**to ~ sth** *(sublet)* etw untervermieten; *(give leasehold)* etw unterverpachten **II.** *n* [sʌb'li:s] *(sublet)* Untermiete *f,* Untervermietung *f;* *(give leasehold)* Unterverpachtung *f*

sub·let [sʌb'let] **I.** *vt* <-tt-, sublet, sublet> ■**to ~ sth** etw untervermieten **II.** *n* untervermietetes Objekt *f*

sub·let·ting [sʌb'letɪŋ, AM -t̬ɪŋ] *n* Untervermietung *f*

sub·lieu·ten·ant [ˌsʌblef'tenənt] *n* BRIT MIL Oberleutnant *m* zur See; **acting ~** Leutnant *m* zur See

sub·li·mate ['sʌblɪmeɪt] *vt* PSYCH ■**to ~ sth** etw sublimieren *geh o fachspr*

sub·li·ma·tion [ˌsʌblɪ'meɪʃ^ə^n] *n no pl* PSYCH Sublimierung *f fachspr*

sub·lime [sə'blaɪm] **I.** *adj* ❶ *(imposing, majestic)* erhaben ❷ *(usu iron: very great)* komplett *fam,* vollendet *iron;* **a ~ idiot** ein kompletter Idiot *fam* **II.** *n* ■**the ~** das Erhabene; **to go from the ~ to the ridiculous** tief sinken

sub·lime·ly [sə'blaɪmli] *adv* *(majestic)* erhaben; *(moving)* ergreifend; **the play is ~ funny** das Stück ist unglaublich lustig *fam;* *(altogether)* ganz und gar; **to be ~ unaware of sth** von etw *dat* überhaupt keine Ahnung haben

sub·limi·nal [sʌb'lɪmɪn^ə^l, AM -m^ə^n-] *adj* PSYCH *(covert)* unterschwellig; **~ message** unterschwellige Botschaft; *(subconscious)* unterbewusst; **the ~ self** das Unterbewusste

sub·limi·nal 'ad·ver·tis·ing *n* unterschwellige Werbung

sub·lim·ity [sə'blɪməti, AM -ət̬i] *n no pl (liter)* Erhabenheit *f geh*

sub·ma·chine gun [ˌsʌbmə'ʃi:n,-] *n* Maschinenpistole *f*

sub·ma·rine [ˌsʌbm^ə^r'i:n, AM 'sʌbməri:n] **I.** *n* ❶ *(boat)* U-Boot *nt,* Unterseeboot *nt;* **nuclear ~** Atom-U-Boot *nt* ❷ AM *(doorstep sandwich)* Jumbo-Sandwich *nt* **II.** *n modifier (crew, navigation, radar)* U-Boot-; **~ chaser** U-Boot-Jäger *m;* **~ fleet** U-Boot-Flotte *f;* **~ navigation** Unterwassernavigation *f;* **~ radar** Sonar *nt* **III.** *adj inv* Unterwasser-, unterseeisch, submarin *fachspr;* **~ blasting** Unterwassersprengung *f;* **~ mine** Unterwassermine *f;* **~ telephone cable** Tiefseetelefonkabel *nt,* Unterwassertelefonkabel *nt*

sub·ma·rine 'sand·wich *n* AM *(doorstep sandwich)* Jumbo-Sandwich *nt*

sub·menu [ˌsʌb'menju:] *n* COMPUT Untermenü *nt*

sub·merge [səb'mɜ:dʒ, AM -'mɜ:rdʒ] **I.** *vt* ❶ *(place under water)* ■**to ~ sth/sb** etw/jdn tauchen (**in** in +*akk*) ❷ *(override)* ■**to ~ sth** etw vereinnahmen; **work on the dictionary began to ~ his other interests** die Arbeit an dem Wörterbuch ließ ihn seine anderen Interessen allmählich vernachlässigen ❸ *(immerse)* ■**to ~ oneself in sth** sich *akk* in etw *akk* vertiefen, in etw *akk* eintauchen ❹ *(inundate)* ■**to ~ sth** etw überschwemmen [*o* überfluten] [*o* unter Wasser setzen] **II.** *vi* abtauchen, untertauchen

sub·merged [səb'mɜ:dʒd, AM -'mɜ:r-] *adj inv* ❶ *(under water)* unter Wasser *nach n;* *(sunken)* versunken; **~ fields** überschwemmte Felder; **~ wreck** Wrack *nt* unter Wasser ❷ *(hidden)* versteckt, verborgen; **the ~ parts of the personality** die verborgenen Teile der Persönlichkeit

sub·mers·ible [səb'mɜ:səbl̩, AM -'mɜ:r-] *n* Tauchboot *nt,* Unterseeboot *nt*

sub·mer·sion [səb'mɜ:ʃ^ə^n, AM -'mɜ:rʒ-] *n no pl* Eintauchen *nt,* [Unter]tauchen *nt*

sub·mis·sion [səb'mɪʃ^ə^n] *n no pl* ❶ *(compliance)* Unterwerfung *f,* Unterordnung *f; to orders, wishes etc.* Gehorsam *m;* **to force sb into ~** jdn zwingen, sich *akk* zu unterwerfen; **to frighten sb into ~** jdn durch Einschüchterung fügsam machen; **to starve sb into ~** jdn aushungern ❷ *no pl (handing in)* Einreichung *f,* Abgabe *f;* **~ of an application** Einreichung *f* eines Antrags; **~ of an offer** Angebotsabgabe *f* ❸ *(sth submitted)* Vorlage *f,* Eingabe *f* ❹ LAW *(form: hypothesis)* Behauptung *f;* *(petition)* Antrag *m;* **in my ~** LAW *(form)* meiner Meinung nach

sub·mis·sive [səb'mɪsɪv] *adj* *(subservient)* unterwürfig *pej;* *(humble)* demütig; *(obedient)* gehorsam

sub·mis·sive·ly [səb'mɪsɪvli] *adv* *(in a subservient manner)* unterwürfig *pej;* *(humbly)* demütig; *(obediently)* gehorsam

sub·mis·sive·ness [səb'mɪsɪvnəs] *n no pl (obedience)* Gehorsam *m;* *(subservience)* Unterwürfigkeit *f pej;* *(humbleness)* Demut *f*

sub·mit <-tt-> [səb'mɪt] **I.** *vt* ❶ *(yield)* ■**to ~ oneself to sth/sb** sich *akk* etw/jdm unterwerfen; **to ~ oneself to the new rules** sich *akk* den neuen Regeln anpassen ❷ *(agree to undergo)* **to ~ oneself to a treatment** sich *akk* einer Behandlung unterziehen ③ (*hand in*) ■**to ~ sth** etw einreichen; ■**to ~ sth to sb** jdm etw vorlegen; **to ~ a bid** ein Angebot vorlegen; **to ~ an entry form** ein Anmeldeformular abgeben [*o* einreichen]; **to ~ a report** einen Bericht vorlegen; **to ~ a request in triplicate** ein Gesuch in dreifacher Ausfertigung einreichen ④ (*form: state*) ■**to ~ that ...** behaupten, dass ...; (*for consideration*) zu bedenken geben, dass ... **II.** *vi* (*resign*) aufgeben; (*yield*) nachgeben, sich *akk* beugen; (*yield unconditionally*) sich *akk* unterwerfen; ■**to ~ to sth** sich *akk* etw *dat* beugen/unterwerfen/etw *dat* nachgeben; **to ~ to sb's will** jds Willen nachgeben/sich *akk* jds Willen unterwerfen/beugen

sub·nor·mal [sʌbˈnɔːməl, AM -ˈnɔːrm-] *adj* ① (*mentally*) minderbegabt; **educationally ~** lernbehindert ② (*below average*) unterdurchschnittlich

sub·or·di·nate I. *n* [səˈbɔːdᵊnət, AM -ˈbɔːrdᵊnɪt] Untergebene(r) *f(m)* **II.** *vt* [səˈbɔːdɪneɪt, AM -ˈbɔːrdᵊn-] ■**to ~ sth to sth** etw etw *dat* unterordnen; ■**to be ~d to sb/sth** jdm/etw untergeordnet sein; **to ~ one's private life to one's career** sein Privatleben seiner Karriere unterordnen **III.** *adj* [səˈbɔːdᵊnət, AM -ˈbɔːrdᵊnɪt] ① (*secondary*) zweitrangig, nebensächlich; **to be ~ to sth** etw *dat* untergeordnet sein ② (*lower in rank*) untergeordnet, rangniedriger; **~ role** untergeordnete Rolle

sub·or·di·nate ˈclause *n* Nebensatz *m*

sub·or·di·na·tion [səˌbɔːdɪˈneɪʃᵊn, AM -ˌbɔːrdᵊnˈeɪ-] *n no pl* ① (*inferior status*) Unterordnung *f* (**to** unter +*akk*) ② (*submission*) Zurückstellung *f*

sub·orn [səˈbɔːn, AM -ˈbɔːrn] *vt* LAW (*spec*) ■**to ~ sb to do sth** jdn dazu anstiften, etw zu tun; **to ~ witnesses** Zeugen bestechen

sub·par [sʌbˈpɑːʳ, AM -ˈpɑːr] *adj inv* suboptimal *geh*

sub·plot [ˈsʌbplɒt, AM -plɑːt] *n* Nebenhandlung *f*

sub·poe·na [səbˈpiːnə, AM səˈp-] LAW **I.** *vt* <-ed, -ed *or* -'d, -'d> ① (*order to attend*) **to ~ sb to testify** jdn als Zeugen vorladen ② (*order to submit*) **to ~ documents from sb** von jdm die Vorlage von Dokumenten verlangen **II.** *n* Vorladung *f*, Ladung *f fachspr;* **to issue a ~** eine Ladung erlassen *fachspr;* **to serve a ~ on sb** jdn vorladen

sub-Sa·har·an [ˌsʌbsəˈhɑːrən, AM -ˈherən] *adj* südlich der Sahara *nach n;* **~ region** Region *f* südlich der Sahara

sub·scribe [səbˈskraɪb] **I.** *vt* ■**to ~ sth** ① PUBL (*arrange to offer*) etw subskribieren *fachspr;* **to ~ a book** ein Buch subskribieren ② (*form: sign*) etw unterzeichnen [*o* unterschreiben] ③ (*appeal*) etw spenden; ■**to be ~d** als Spende zugesichert sein; **to ~ one's signature to a document** eine Unterschrift leisten **II.** *vi* ① (*pay regularly for*) ■**to ~ to sth** *newspaper, magazine* etw abonnieren; *TV channels* Gebühren bezahlen ② (*pay regularly to organisations*) Beiträge zahlen; **to ~ to the RSPCA** zahlendes Mitglied bei der RSPCA sein ③ ■**to ~ for sth** PUBL etw vorbestellen; ECON etw zeichnen ④ (*agree*) ■**to ~ to sth** etw *dat* beipflichten [*o* zustimmen]; **I cannot ~ to what you have just stated** ich kann dir in diesem Punkt nicht zustimmen; **to ~ to an opinion** eine Meinung unterstützen ⑤ STOCKEX (*offer to purchase*) **to ~ to shares** Aktien *fpl* zeichnen

sub·scrib·er [səbˈskraɪbəʳ, AM -ɚ] *n* ① (*regular payer*) *newspaper, magazine* Abonnent(in) *m(f); TV channels* Gebührenentrichter(in) *m(f) form;* **~ to a magazine** Zeitschriftenabonnent(in) *m(f)* ② (*form: signatory*) Unterzeichnete(r) *f(m)*, Unterzeichner(in) *m(f)* ③ (*to a fund*) Spender(in) *m(f)* ④ (*to an opinion*) Befürworter(in) *m(f)* ⑤ (*paying for service*) Kunde, -in *m, f* ⑥ STOCKEX (*of shares*) Zeichner(in) *m(f)*

sub·scrib·er trunk ˈdial·ling *n* BRIT Selbstwählferndienst *m*

sub·script [ˈsʌbskrɪpt] *adj* TYPO tiefgestellt

sub·scrip·tion [səbˈskrɪpʃᵊn] *n* ① (*amount paid*) *newspaper, magazine* Abonnementgebühr *f*, Abonnementbeitrag *m; TV channels* Fernsehgebühr *f* ② (*agreement to receive*) Abonnement *nt;* **~ to a magazine** Zeitschriftenabonnement *nt;* **to buy sth by ~** BRIT etw im Abonnement beziehen; **to cancel/renew a ~** ein Abonnement kündigen/verlängern; **to take out a ~ to sth** etw abonnieren ③ (*membership fee*) [Mitglieds]beitrag *m;* **~ to the tennis club** Mitgliedsbeitrag für den Tennisclub; **annual ~ to sth** Jahresbeitrag *m* für etw *akk* ④ (*money raised*) Spende *f*, Spendenbetrag *m;* **by public ~** mit Hilfe von Spenden ⑤ PUBL (*advance agreement to buy book*) Subskription *f fachspr,* Vorbestellung *f* ⑥ STOCKEX (*agreement to purchase*) **~ to shares** Zeichnung *f* von Aktien

sub·ˈscrip·tion con·cert *n* Abonnementkonzert *nt* **sub·ˈscrip·tion rate** *n* Bezugspreis *m; newspaper, magazine, theatre, football, cinema* Abonnementpreis *m*

sub·sec·tion [ˈsʌbˌsekʃᵊn] *n* Unterabschnitt *m*, Unterabteilung *f; legal text* Paragraph *m*

sub·se·quent [ˈsʌbsɪkwənt] *adj inv* (*resulting*) [nach]folgend, anschließend; (*later*) später; **~ events confirm original doubts** spätere Ereignisse bestätigen die anfänglichen Zweifel; ■**~ to sth** im Anschluss an etw *akk*, nach etw *dat;* **~ treatment** Nachbehandlung *f*

sub·se·quent·ly [ˈsʌbsɪkwəntli] *adv inv* (*later*) später, anschließend, danach

sub·ser·vi·ence [səbˈsɜːviən(t)s, AM -ˈsɜːrv-] *n no pl* Unterwürfigkeit *f pej;* ■**~ to sth/sb** Unterwürfigkeit etw/jdm gegenüber

sub·ser·vi·ent [səbˈsɜːviənt, AM -ˈsɜːrv-] *adj* ① (*pej: servile*) unterwürfig *pej*, servil *pej geh;* ■**to be ~ to sth/sb** etw/jdm dienen ② (*serving as means*) ■**to be ~ to sth** etw *dat* dienen; **the cable is ~ to the transmission of electrical energy** das Kabel dient der Leitung von Elektrizität

sub·ser·vi·ent·ly [səbˈsɜːviəntli, AM -ˈsɜːrv-] *adv* (*pej*) unterwürfig *pej*, servil *pej geh*

sub·set [ˈsʌbset] *n* (*sub-classification*) Untermenge *f;* MATH (*special type of set*) Teilmenge *f*

sub·side [səbˈsaɪd] *vi* ① (*abate*) nachlassen, sich *akk* legen, abklingen; **the pain in my foot ~d** der Schmerz in meinem Fuß ließ nach; **the fever has ~d** das Fieber ist gesunken; **the commotion will soon ~** der Aufruhr wird sich bald legen; **the flooding has begun to ~** die Flut geht allmählich zurück; **the storm is subsiding** der Sturm flaut ab ② (*into sth soft or liquid*) absinken, einsinken, absacken, sich *akk* senken [*o* setzen]; **the ground was in danger of subsiding** der Boden war in Gefahr, abzusacken

sub·sid·ence [səbˈsaɪdᵊn(t)s, AM ˈsʌbsɪd-] *n no pl* Senkung *f*, Absenken *nt*, Absacken *nt*

sub·sidi·ar·ity [səbˌsɪdiˈærəti, AM -ˈerət̬i] *n no pl* POL Subsidiarität *f fachspr*

sub·sidi·ary [səbˈsɪdiᵊri, AM -eri] **I.** *adj* untergeordnet, Neben-, subsidiär *fachspr;* **~ company** ECON Tochtergesellschaft *f;* **~ reasons** zweitrangige Gründe **II.** *n* ECON Tochtergesellschaft *f*

sub·si·di·za·tion [ˌsʌbsɪdaɪˈzeɪʃᵊn, AM -dɪˈzeɪ-] *n* FIN (*financial support*) Subvention *f;* (*to reduce prices*) Subventionierung *f*, Bezuschussung *f*, Förderung *f*

sub·si·dize [ˈsʌbsɪdaɪz, AM -sə-] *vt* ■**to ~ sth** etw subventionieren [*o* finanziell unterstützen]; **~d housing** Sozialwohnungen *fpl*

sub·si·diz·er [ˈsʌbsɪdaɪzəʳ, AM -sədaɪzɚ] *n* FIN Subventionsträger *m*, Subventionszahler *m*

sub·si·dy [ˈsʌbsɪdi, AM -sə-] *n* Subvention *f* (**to** für +*akk*); **to grant** [*or* **pay**] **a ~ to sb/sth** jdn/etw subventionieren; **to receive a ~** subventioniert werden

sub·sist [səbˈsɪst] *vi* ① (*exist*) existieren ② (*make a living*) leben; ■**to ~ on sth** von etw *dat* leben; **he ~s by writing novels** er lebt vom Romaneschreiben ③ (*nourish*) sich *akk* ernähren

sub·sist·ence [səbˈsɪstən(t)s] **I.** *n* ① (*minimum for existence*) [Lebens]unterhalt *m;* **they produced food for their own ~** sie erzeugten Nahrungsmittel für den eigenen Bedarf; **enough for a bare ~** gerade genug zum [Über]leben ② (*livelihood*) **means of ~** Lebensgrundlage *f* **II.** *adj attr, inv* Existenz-; ~

S

farming Subsistenzwirtschaft *f fachspr*
sub·'sist·ence al·low·ance *n esp* BRIT Unterhaltszuschuss *m*
sub·'sist·ence lev·el *n* Existenzminimum *nt* **sub·'sist·ence wage** *n* Mindestlohn *m*
sub·soil ['sʌbsɔɪl] *n no pl* Untergrund *m*
sub·son·ic [sʌb'sɒnɪk, AM -'sɑːn-] *adj inv* Unterschall-; **at ~ speed** mit Unterschallgeschwindigkeit
sub·spe·cies ['sʌbˌspiːʃiːz] *n* Unterart *f,* Subspezies *f*
sub·stance ['sʌbstᵊn(t)s] *n* ❶ (*material element*) Substanz *f,* Stoff *m;* (*material*) Materie *f kein pl;* **chemical ~** Chemikalie *f;* **organic ~** organische Substanz; **polluting ~s** Umweltgifte *ntpl* ❷ (*narcotic*) **illegal ~** (*form*) Droge *f* ❸ *no pl* (*essence*) Substanz *f,* Gehalt *m;* **~ of a novel** Gehalt *m* eines Romans ❹ *no pl* (*significance*) Substanz *f;* (*decisive significance*) Gewicht *nt;* **the book lacks ~** das Buch hat keine Substanz; **there is no ~ in this allegation** diese Behauptung entbehrt jeder Grundlage; **to give ~ to sth** etw *dat* Gewicht verleihen ❺ *no pl* (*main point*) Wesentliche *nt,* Kern *m,* Essenz *f;* **the ~ of the conversation** das Wesentliche der Unterhaltung; **in ~** im Wesentlichen ❻ *no pl* (*wealth*) Vermögen *nt;* **a man of ~** ein vermögender Mann
'sub·stance abuse *n* Drogenkonsum *m,* Drogenmissbrauch *m* **'sub·stance abus·er** *n* Drogenkonsument(in) *m(f)*
sub·stand·ard [sʌb'stændəd, AM -ɚd] *adj* unterdurchschnittlich, minderwertig; **~ English** (*colloquial*) umgangssprachliches Englisch; (*not received*) nicht dem hochsprachlichen Englisch entsprechend; **~ goods** Ausschussware *f;* **~ language** Umgangssprache *f;* **~ quality** unzulängliche Qualität
sub·stan·tial [səb'stæn(t)ʃᵊl] *adj attr* ❶ (*significant*) bedeutend; **~ contribution** wesentlicher Beitrag; **~ difference** erheblicher Unterschied; **~ evidence** hinreichender Beweis; **~ improvement** deutliche Verbesserung ❷ (*weighty*) überzeugend, stichhaltig; **~ argument** stichhaltiges Argument ❸ (*large amount*) beträchtlich, erheblich; **his novel needed a ~ amount of rewriting** ein beträchtlicher Teil seines Romans musste umgeschrieben werden; **~ breakfast** gehaltvolles Frühstück; **~ decrease** deutlicher Rückgang; **~ fortune** bedeutendes Vermögen; **~ increase** erhebliche Zunahme; **~ number** bedeutende Anzahl; **~ sum** stattliche Summe ❹ (*of solid material or structure*) solide; (*physically also*) kräftig, stark ❺ (*largely true*) **the ~ truth** die reine Wahrheit ❻ (*concerning most significant points*) wesentlich; **to be in ~ agreement** sich *akk* weitgehend einig sein, im Wesentlichen übereinstimmen
sub·stan·tial·ly [səb'stæn(t)ʃᵊli] *adv* ❶ (*significantly*) beträchtlich, erheblich; **the new rules will ~ change how we do things** die neuen Regeln werden unsere Vorgehensweise von Grund auf ändern ❷ (*in the main*) im Wesentlichen
sub·stan·ti·ate [səb'stæn(t)ʃieɪt] *vt* ■**to ~ sth** etw bekräftigen [*o* erhärten] [*o* untermauern]; *report* etw bestätigen; **to ~ a claim** einen Anspruch begründen
sub·stan·tia·tion [səbˌstæn(t)ʃi'eɪʃᵊn] *n no pl* ❶ (*evidence*) Erhärtung *f,* Untermauerung *f* ❷ (*support*) **in ~ of sth** zur Erhärtung einer S. *gen*
sub·stan·tive ['sʌbstᵊntɪv, AM -t̬ɪv] *adj* beträchtlich, wesentlich, bedeutend; **~ argument** stichhaltiges Argument; **~ information** wichtige Informationen; **~ law** materielles Recht
sub·sta·tion ['sʌbˌsteɪʃᵊn] *n* ❶ (*organisation branch*) Nebenstelle *f,* Außenstelle *f;* **police ~** AM Polizeidienststelle *f* ❷ ELEC (*relay station*) Hochspannungsverteilungsanlage *f*
sub·sti·tute ['sʌbstɪtjuːt, AM -stətuːt, -tjuːt] **I.** *vt* ■**to ~ sth/sb for sth/sb** etw/jdn durch etw/jdn ersetzen, etw/jdn gegen etw/jdn austauschen; ■**to ~ sth/sb with sth/sb** (*fam*) etw/jdn durch etw/jdn ersetzen; **to ~ margarine for butter** anstelle von Butter Margarine benutzen/essen/etc.; ■**to ~ sb for sb** FBALL, SPORTS jdn gegen jdn auswechseln [*o* austauschen] **II.** *vi* (*take over from*) als Ersatz dienen, einspringen (**for** für +*akk*); (*deputize*) als Stellvertreter fungieren (**for** für +*akk*); ■**to ~ for sb** jdn vertreten, für jdn einspringen **III.** *n* ❶ (*replacement*) Ersatz *m;* **meat ~** Fleischersatz *m;* **there's no ~ for sth/sb** es geht nichts über etw/jdn; **to be a poor ~ for sth** kein guter Ersatz für etw *akk* sein ❷ (*replacement player*) Ersatzspieler(in) *m(f),* Auswechselspieler(in) *m(f);* **to bring on** [*or* AM **send in**] **a ~** einen Ersatzspieler einwechseln; **to come on as a ~** als Auswechselspieler ins Spiel kommen
sub·sti·tute 'teach·er *n* AM (*supply teacher*) Vertretung *f,* Aushilfslehrer(in) *m(f)*
sub·sti·tu·tion [ˌsʌbstɪ'tjuːʃᵊn, AM -stə'tuːʃᵊn, -tjuː-] *n* ❶ (*replacement*) Ersetzung *f* ❷ SPORTS (*action of replacing*) Austausch *m,* [Spieler]wechsel *m,* Auswechs[e]lung *f;* **the ~ of Smith by Brown was a last desperate attempt to save the match** Smith gegen Brown auszuwechseln war ein letzter, verzweifelter Versuch, das Spiel zu retten ❸ LAW (*illegal switching*) Ersetzung *f,* Vertauschen *nt*
sub·stra·tum [sʌb'strɑːtəm, AM -'streɪt̬-] *n* ❶ GEOL (*deep[er] layer*) Unterschicht *f* ❷ (*fig: common basis*) Grundlage *f,* Basis *f*
sub·struc·ture ['sʌbˌstrʌktʃəʳ, AM -ɚ] *n* ❶ (*supporting construction*) Unterbau *m,* Fundament *nt* ❷ (*fig: basis, foundation*) Grundlage *f,* Fundament *nt,* Basis *f*
sub·sume [səb'sjuːm, AM -'suːm] *vt usu passive* (*form*) ■**to ~ sth/sb into sth** etw/jdn in etw *akk* einordnen; (*several*) etw/jdn zu etw *dat* zusammenfassen; **to ~ sth under a category** etw einer Kategorie zuordnen, etw unter einer Kategorie zusammenfassen
sub·ten·ant [sʌb'tenᵊnt, AM 'sʌbˌt-] *n* Untermieter(in) *m(f)*
sub·ter·fuge ['sʌbtəfjuː(d)ʒ), AM -tɚ-] *n* List *f,* Trick *m;* **to resort to ~** zu einer List greifen; **by ~** arglistig
sub·ter·ra·nean [ˌsʌbtᵊr'eɪniən, AM -tə'rei-] *adj inv* ❶ GEOL (*below ground*) unterirdisch ❷ (*fig: sub-cultural, alternative*) Untergrund-; **~ economy** Untergrundwirtschaft *f*
sub·text ['sʌbtekst] *n* Botschaft *f;* ■**to have a ~ with sb** eine Verbindung zu jdm haben
sub·ti·tle ['sʌbˌtaɪtl̩, AM -t̬l̩] **I.** *vt* ❶ (*add captions*) **to ~ a film** einen Film untertiteln [*o* mit Untertiteln versehen] ❷ (*add secondary book title*) **to ~ a work** einem Werk einen Untertitel geben **II.** *n* ❶ (*secondary title on book*) Untertitel *m* ❷ (*caption*) ■**~s** *pl* Untertitel *mpl;* **with English ~s** mit englischen Untertiteln
sub·ti·tled ['sʌbˌtaɪtl̩d, AM -t̬l̩d] *adj inv* ❶ (*bearing secondary title*) mit Untertitel *nach n* ❷ (*captioned*) untertitelt
sub·tle <-er, -est *or* more ~, most ~> ['sʌtl̩, AM -t̬l̩] *adj* ❶ (*approv: understated*) fein[sinnig], subtil; **~ humour** [*or* AM **humor**] subtiler Humor; **~ irony** hintersinnige Ironie ❷ (*approv: delicate*) **~ flavour** [*or* AM **flavor**] feines Aroma; **~ nuance** feine Nuance; **~ tact** ausgeprägtes Taktgefühl; (*elusive*) subtil; **~ charm** unaufdringlicher Charme ❸ (*slight but significant*) fein, subtil; **~ difference** [*or* **distinction**] feiner Unterschied; **~ hint** kleiner Hinweis ❹ (*approv: astute*) scharfsinnig, raffiniert; **~ plan** raffinierter Plan; **~ question** scharfsinnige Frage; **~ strategy** geschickte Strategie; **~ suggestion** raffinierter Vorschlag
sub·tle·ty ['sʌtl̩ti, AM -t̬l̩-] *n* (*approv*) ❶ (*discernment*) Scharfsinnigkeit *f,* Raffiniertheit *f* ❷ (*delicate but significant*) Feinheit *f,* Subtilität *f;* **the subtleties of language** die Feinheiten der Sprache
sub·tly ['sʌtl̩i, AM -t̬l̩i] *adv* (*approv*) auf subtile Weise, geschickt, subtil; **~ perfumed** zart duftend
sub·to·tal ['sʌbˌtəʊtᵊl, AM -ˌtoʊt̬-] *n* Zwischensumme *f*
sub·tract [səb'trækt] *vt* ■**to ~ sth** [**from sth**] etw [von etw *dat*] abziehen [*o geh* subtrahieren]; **four ~ed from ten equals six** zehn minus vier ergibt sechs
sub·trac·tion [səb'trækʃᵊn] *n no pl* Subtraktion *f*
sub·tropi·cal [sʌb'trɒpɪkᵊl, AM -'trɑːp-] *adj inv* subtropisch; **~ regions** Subtropen *pl*
sub·urb ['sʌbɜːb, AM -bɜːrb] *n* (*outlying area*) Vorstadt *f,* Vorort

m; **outer** ~ Stadtrandsiedlung *f;* ■**the** ~**s** *pl* der Stadtrand, die Randbezirke *mpl;* **to live in the** ~**s** am Stadtrand wohnen

sub·ur·ban [sə'bɜ:bən, AM -'bɜ:rb-] *adj* ❶ *(of the suburbs)* Vorstadt-, Vorort-, vorstädtisch; **they live in** ~ **Washington** sie wohnen in einem Vorort von Washington; ~ **commuters** Pendler *pl (aus den Vororten);* ~ **housing estate** BRIT Stadtrandsiedlung *f;* ~ **life** Leben *nt* in den Vororten [*o* Vorstädten]; ~ **line** Vorort[s]bahn *f;* ~ **sprawl** Zersiedelung *f* ❷ *(pej: provincial)* spießig *pej fam,* kleinbürgerlich *pej,* provinziell *meist pej*

sub·ur·ban·ite [sə'bɜ:bənaɪt, AM -'bɜ:rb-] *n* AM, AUS Vorstädter(in) *m(f)*

sub·ur·bia [sə'bɜ:biə, AM -'bɜ:rb-] *n no pl (esp pej)* ❶ *(areas)* Vororte *mpl,* Randbezirke *mpl;* **to live in the heart of** ~ mitten in einem Vorort wohnen ❷ *(people)* Vorstadtbewohner *pl;* **London** ~ die Vorstadtbewohner von London

sub·ven·tion [səb'ven(t)ʃən] *n* [staatliche] Subvention, öffentliche Finanzbeihilfe

sub·ver·sion [səb'vɜ:ʃən, AM -'vɜ:rʒ-] *n no pl* ❶ *(undermining)* Subversion *f geh,* Unterwanderung *f;* **he was found guilty of** ~ er wurde des Landesverrats für schuldig befunden; ~ **of democracy** Gefährdung *f* der Demokratie; ~ **of the state** Staatsgefährdung *f;* ~ **of the system** Unterwanderung *f* des Systems ❷ *(successful putsch)* [Um]sturz *m;* ~ **of a government** Sturz *m* einer Regierung

sub·ver·sive [səb'vɜ:sɪv, AM -'vɜ:r-] **I.** *adj* subversiv *geh,* umstürzlerisch, staatsgefährdend; ~ **activities** subversive [*o* staatsgefährdende] Tätigkeiten *geh;* ~ **elements** subversive Elemente; ~ **ideas** umstürzlerische Ideen **II.** *n* Umstürzler(in) *m(f),* subversives Element *pej*

sub·ver·sive·ly [səb'vɜ:sɪvli, AM -'vɜ:r-] *adv* subversiv *geh*

sub·ver·sive·ness [səb'vɜ:sɪvnəs, AM -'vɜ:r-] *n no pl* subversives Wesen *geh,* staatsgefährdende Natur; ~ **of a book** staatsgefährdende Natur eines Buches

sub·vert [sʌb'vɜ:t, AM -'vɜ:rt] *vt* ■**to** ~ **sth** ❶ *(overthrow)* etw stürzen; **to** ~ **a government** eine Regierung stürzen ❷ *(undermine principle)* etw unterminieren [*o* untergraben]; **to** ~ **the Christianity of the established church** das Christentum der etablierten Kirche unterminieren ❸ *(destroyed)* etw zunichtemachen

sub·way ['sʌbweɪ] *n* ❶ BRIT, AUS *(subterranean walkway)* Unterführung *f* ❷ *esp* AM *(underground railway)* U-Bahn *f;* ~ **system** U-Bahnnetz *nt*

sub-zero [sʌb'zɪərəʊ, AM -'zɪroʊ] *adj* unter null [Grad] *nach n,* unter dem Gefrierpunkt *nach n;* ~ **temperatures** Minusgrade *mpl,* Minustemperaturen *fpl*

suc·ceed [sək'si:d] **I.** *vi* ❶ *(achieve purpose)* Erfolg haben, erfolgreich sein; ■**to** ~ **in sth** mit etw *dat* Erfolg haben; **they** ~**ed in their attempt** ihr Versuch war ein Erfolg; ■**to** ~ **in doing sth** etw mit Erfolg tun; **they will only** ~ **in making things worse** damit erreichen sie nur, dass alles noch schlimmer wird; **with a single remark you've** ~**ed in offending everyone** *(iron)* mit einer einzigen Bemerkung hast du es geschafft, alle vor den Kopf zu stoßen; **to** ~ **in business** geschäftlich erfolgreich sein; **to** ~ **whatever the circumstances** unter allen Umständen Erfolg haben; **the plan** ~**ed** der Plan ist gelungen ❷ *(follow)* nachfolgen, die Nachfolge antreten, Nachfolger/in werden; ■**to** ~ **to sth** die Nachfolge in etw *dat* antreten; **to** ~ **to an office** die Nachfolge in einem Amt antreten; **to** ~ **to the throne** die Thronfolge antreten; **to** ~ **to [great] wealth** [große] Reichtümer erben ▸ PHRASES: **if at first you don't** ~**, try, try again** *(prov)* wirf die Flinte nicht gleich ins Korn *fam* **II.** *vt* ■**to** ~ **sb [as sth]** jds Nachfolge [als etw] antreten; **to** ~ **sb in office** jds Amt übernehmen, jdm im Amt nachfolgen; **to** ~ **sb in a post** jds Stelle antreten

suc·ceed·ing [sək'si:dɪŋ] *adj attr* ❶ *(next in line)* [nach]folgend; ~ **monarchs** nachfolgende Monarchen ❷ *(subsequent)* aufeinanderfolgend; ~ **generations** spätere Generationen; **in the** ~ **weeks** in den darauf folgenden Wochen

suc·cess <*pl* -es> [sək'ses] *n* ❶ *no pl (attaining goal)* Erfolg *m;* **the second round of peace talks met with no better** ~ **than the first** die zweite Runde Friedensverhandlungen war ebenso wenig erfolgreich wie die erste; **to be a big** ~ **with sb** bei jdm einschlagen [*o* gut ankommen] *fam;* **to be a great** [*or* **huge**] ~ ein großer Erfolg sein; **to not have much** ~ **in doing sth** wenig erfolgreich bei etw *dat* sein; **a soaraway** ~ ein durchschlagender Erfolg; **to achieve** [*or* **meet with**] ~ erfolgreich sein; **to enjoy** ~ [**with sth**] Erfolge [mit etw *dat*] feiern, [mit etw *dat*] erfolgreich sein; **to make a** ~ **of sth** mit etw *dat* Erfolg haben; **to wish sb** ~ **with sth** jdm Erfolg bei etw *dat* wünschen ❷ *(successful person or thing)* Erfolg *m;* **box-office** ~ Kassenerfolg *m,* Kassenschlager *m fam;* **to be a** ~ *food* eine Glanzleistung [*o fam* ein Riesenerfolg] sein

suc·cess·ful [sək'sesfəl] *adj* ❶ *(having success)* erfolgreich; ■**to be** ~ erfolgreich sein, Erfolg haben; **he is** ~ **in everything he does** er hat mit allem Erfolg ❷ *(lucrative, profitable)* erfolgreich, einträglich, lukrativ; **he is an author of several hugely** ~ **children's books** er ist Autor einiger enorm erfolgreicher Kinderbücher; ~ **harvest** einträgliche Ernte; **commercially** ~ kommerziell erfolgreich ❸ *(effective)* erfolgreich, gelungen, geglückt; **to bring sth to a** ~ **conclusion** etw zu einem glücklichen Abschluss bringen; ~ **experiment** gelungenes Experiment ❹ *(selected due to success)* erfolgreich, siegreich; ~ **candidate** ausgewählter Bewerber/ausgewählte Bewerberin; ~ **participant** Gewinner(in) *m(f)*

suc·cess·ful·ly [sək'sesfəli] *adv* erfolgreich, mit Erfolg; **to complete sth** ~ *course, interview, project* etw erfolgreich abschließen

suc·ces·sion [sək'seʃən] *n no pl* ❶ *(sequence)* Folge *f,* Reihe *f; of events, things also* Serie *f;* **she is the latest in a** ~ **of girlfriends** sie ist die Neuste in einer langen Reihe von Freundinnen; **an endless** ~ **of visitors** eine endlose Folge [*o* Reihe] von Besuchern; **a** ~ **of rulers** aufeinanderfolgende Herrscher; ~ **of scandals** Skandalserie *f,* Reihe *f* von Skandalen; ■**in** ~ hintereinander, nacheinander; **in close** [*or* **quick**] [*or* **rapid**] ~ dicht [*o* kurz] hintereinander ❷ *(line of inheritance)* Nachfolge *f,* Erbfolge *f;* ~ **to the throne** Thronfolge *f*

suc·'ces·sion rights *npl* Erbrechte *ntpl*

suc·ces·sive [sək'sesɪv] *adj attr, inv* aufeinanderfolgend; **the third** ~ **defeat** die dritte Niederlage in Folge; **six** ~ **weeks** sechs Wochen hintereinander

suc·ces·sive·ly [sək'sesɪvli] *adv inv* hintereinander, nacheinander

suc·ces·sor [sək'sesə^r, AM -ɚ] *n* Nachfolger(in) *m(f);* ■~ **to sb** jds Nachfolger/Nachfolgerin; ~ **in office** Amtsnachfolger(in) *m(f);* ~ **to the throne** Thronfolger(in) *m(f)*

suc·'ces·sor state *n* Nachfolgestaat *m*

suc·'cess rate *n* Erfolgsquote *f* **suc·'cess sto·ry** *n* Erfolgsgeschichte *f,* Erfolgsstory *f*

suc·cinct [sək'sɪŋ(k)t] *adj (approv)* knapp, prägnant, kurz [und bündig]; ~ **reply** knappe Antwort

suc·cinct·ly [sək'sɪŋ(k)tli] *adv (approv)* in knappen Worten, kurz und bündig, prägnant

suc·cinct·ness [sək'sɪŋ(k)tnəs] *n no pl (approv)* Knappheit *f,* Kürze *f,* Prägnanz *f*

suc·cor ['sʌkɚ] AM, **suc·cour** [-ə^r] **I.** *n* Beistand *m,* Unterstützung *f,* Hilfe *f* **II.** *vt* ■**to** ~ **sb** jdm beistehen; ■**to be** ~**ed** Hilfe erhalten

suc·cu·lence ['sʌkjələn(t)s] *n no pl (approv)* Saftigkeit *f*

suc·cu·lent ['sʌkjələnt] **I.** *adj (approv)* saftig; ~ **peach/steak** saftiger Pfirsich/saftiges Steak **II.** *n* BOT Sukkulente *f fachspr,* Fettpflanze *f*

suc·cumb [sə'kʌm] *vi* ❶ *(surrender)* sich *akk* beugen; MIL kapitulieren; *(be defeated)* unterliegen; *(yield to pressure)* ■**to** ~ **to sb/sth** jdm/etw nachgeben, sich *akk* jdm/etw beugen; **to** ~ **to sb's charms** jds Charme erliegen; **to** ~ **to parental pressure** dem Druck der Eltern nachgeben; **to** ~ **to temptation**

S

der Versuchung erliegen ❷ (*die from*) erliegen, versterben; **he finally ~ed after weeks of suffering** er verstarb schließlich nach wochenlangem Leiden; ■**to ~ to sth** einer S. *dat* erliegen *geh*, an etw *dat* sterben; **to ~ to one's injuries** seinen Verletzungen erliegen

such [sʌtʃ, sətʃ] **I.** *adj attr, inv* ❶ (*of that kind*) solch(er, es); **I said no ~ thing** das habe ich nie gesagt; **I'm looking for a cloth for cleaning silver – do you have ~ a thing?** ich suche ein Tuch, mit dem ich das Silber putzen kann – hast du etwas Derartiges?; **present on this grand occasion were Andrew Davies, Melissa Peters and other ~ stars** bei dieser großen Gelegenheit waren Andrew Davies, Melissa Peters und andere Stars dieser Größenordnung zugegen; **I have been involved in many ~ courses** ich habe viele Kurse dieser Art gemacht; **he said she had a cold, superior manner or some ~ remark** er sagte, sie sei kalt und überheblich oder so was in der Richtung; **it's one of those shops that sells ~ things as smoked salmon and expensive biscuits** dieses Geschäft verkauft solche Dinge wie Räucherlachs und teure Kekse; **I tried to tell her in ~ a way that she wouldn't be offended** ich versuchte es ihr so zu sagen, dass sie nicht beleidigt war; **there's no ~ thing as ghosts** so etwas wie Geister gibt es nicht; **~ a book/person** so ein Buch/eine Person ❷ (*so great*) so; **she's ~ an arrogant person** sie ist so arrogant; **why are you in ~ a hurry?** warum bist du so in Eile?; **that's ~ a good film** das ist so ein guter Film; **~ beauty is rare** solch' Schönheit ist selten *geh;* **~ beauty!** welch' Schönheit! *geh;* **~ a big city!** was für eine große Stadt!; **I'd put on ~ a lot of weight that I ...** ich hatte so viel zugenommen, dass ich ...; **it was ~ nice weather that we ...** das Wetter war so schön, dass wir ... ▸PHRASES: **there's no ~ <u>thing</u> as a free lunch** (*prov*) nichts ist umsonst **II.** *pron* ❶ (*of that type*) solche(r, s); (*form*) **~ was not my intention** das war nicht meine Absicht; **~ being the case** wenn das so ist; **we were second-class citizens and they treated us as ~** wir waren Bürger zweiter Klasse und wurden auch so behandelt; **what is the reward for ~ a one as Fox?** was ist der Lohn für jemanden wie Fox?; **~ is life** so ist das Leben; (*form*) **our lunch was ~ that we don't really need an evening meal** unser Mittagessen war so üppig, dass wir kein Abendessen brauchen; **the wound was ~ that ...** die Wunde war so groß, dass ...; **~ is the elegance of his typeface that ...** seine Schrift ist so elegant, dass ...; **small companies ~ as ours are ...** Kleinunternehmen wie unseres sind ...; **people ~ as Derek** Menschen wie Derek; **we didn't have any money left – ~ as it was, we had no alternative but to call our parents** wir hatten kein Geld mehr – so wie die Dinge lagen, mussten wir einfach unsere Eltern anrufen; **we talked about our kids, the weather and ~** wir sprachen über unsere Kinder, das Wetter und Ähnliches ❷ (*strictly speaking*) **there was no vegetarian food as ~** es gab kein extra vegetarisches Essen; **we don't have a secretary as ~** im Grunde genommen haben wir keine richtige Sekretärin; **you're welcome to borrow my tennis racket, ~ as it is** du kannst dir gerne meinen Tennisschläger ausborgen – ob er viel taugt, kann ich dir aber auch nicht sagen **III.** *adv inv* **~ that ...** insofern, dass ...; **the linking of sentences ~ that they constitute a narrative** die Verbindung der Sätze auf die Art und Weise, dass sie eine Erzählung darstellen

'such and such *adj attr, inv* (*fam*) der und der/die und die/das und das; **so many enterprises to be sold by ~ a date** so viele Firmen sollen an dem und dem Tag verkauft werden; **to arrive at ~ a time** um die und die Zeit ankommen; **to meet in ~ a place** sich *akk* an dem und dem Ort treffen

such·like ['sʌtʃlaɪk] **I.** *pron* derlei, dergleichen; **in the shop they sell chocolates and ~** in dem Laden gibt es Schokolade und dergleichen **II.** *adj attr, inv* derlei; **food, drink, clothing and ~ provisions** Essen, Trinken, Kleidung und Ähnliches

suck [sʌk] **I.** *n* ❶ (*draw in*) Saugen *nt;* (*keep in the mouth*) Lutschen *nt;* **to have** [*or* **take**] **a ~ at sth** an etw *dat* saugen/lutschen ❷ CAN (*fam!*) Heulsuse *f fam* **II.** *vt* ❶ (*draw into mouth*) ■**to ~ sth** an etw *dat* saugen; **she was sitting on the grass ~ing lemonade through a straw** sie saß im Gras und trank mit einem Strohhalm Limonade ❷ (*roll tongue around*) ■**to ~ sth** etw lutschen; **to ~ sweets** Bonbons lutschen; **to ~ one's teeth** an den Zähnen saugen; **to ~ one's thumb** [am] Daumen lutschen ❸ (*fig: denude*) **to ~ sth dry of sth** (*fig*) etw *dat* etw abziehen; **the city has been ~ed dry of local talent** der talentierte Nachwuchs der Stadt wurde abgeworben ❹ (*strongly attract*) ■**to ~ sb/sth somewhere** jdn/etw irgendwohin ziehen; ■**to ~ sb/sth under** jdn/etw in die Tiefe ziehen; ■**to ~ sb into sth** (*fig*) jdn in etw *akk* hineinziehen; **he was ~ed into a conspiracy** er wurde in eine Verschwörung hineingezogen ▸PHRASES: **~ it and <u>see</u>!** BRIT, AUS erst mal ausprobieren! **III.** *vi* ❶ (*draw into mouth*) saugen, nuckeln *fam;* ■**to ~ on** [*or* BRIT **at**] **sth** an etw *dat* saugen [*o* nuckeln] ❷ (*roll tongue around*) etw lutschen; **to ~ on a pacifier** AM am Schnuller saugen; **to ~ at sweets** Bonbons lutschen; **to ~ at one's teeth** an den Zähnen saugen ❸ (*be compelled to participate*) ■**to be ~ed into sth** in etw *akk* hineingezogen werden ❹ *esp* AM (*sl: be disagreeable*) ätzend sein *sl;* **man this job ~s!** Mann, dieser Job ist echt Scheiße! ▸PHRASES: **to ~ sb's <u>brains</u>** jdn ausnutzen

◆**suck in** *vt* ■**to ~ sth** ⊂ **in** ❶ (*draw in*) **jet engines ~ vast quantities of air** Strahltriebwerke ziehen große Mengen Luft ein ❷ *usu* ECON (*import*) etw anziehen

◆**suck off** *vt* (*vulg*) ■**to ~ sb** ⊂ **off** jdm einen ablutschen [*o vulg* blasen] *vulg*

◆**suck up I.** *vt* ■**to ~ up** ⊂ **sth** ❶ (*consume*) etw aufsaugen ❷ (*absorb*) **to ~ up gases** Gase ansaugen; **to ~ up a liquid/moisture** eine Flüssigkeit/Feuchtigkeit aufsaugen **II.** *vi* (*pej fam*) ■**to ~ up to sb** sich *akk* bei jdm einschmeicheln, jdm in den Arsch kriechen *derb*

suck·er ['sʌkəʳ, AM -ɚ] **I.** *n* ❶ (*pej fam: gullible person*) Einfaltspinsel *m fam,* Simpel *m* DIAL *fam,* Naivling *m pej fam* ❷ (*fam: sb finding sth irresistible*) Fan *m* (**for** von +*dat*); **to be a ~ for sth** nach etw *dat* verrückt sein *fam,* für etw *akk* eine Schwäche haben; **he is a ~ for women** er kann keiner Frau widerstehen ❸ AM (*pej fam: nasty person*) Widerling *m pej,* Kotzbrocken *m pej derb* ❹ AM (*fam: sth requiring hard work*) Riesenaufgabe *f* ❺ ZOOL (*organ*) Saugnapf *m* ❻ BRIT, AUS (*fam: sticking device*) Saugfuß *m,* Saugglocke *f* ❼ AM, AUS (*fam: lollipop*) Lutscher *m;* **all-day ~** Dauerlutscher *m* ❽ BOT (*part of plant*) [Wurzel]schößling *m,* unterirdischer Ausläufer, Wurzelspross *m* ▸PHRASES: **never give a ~ an even <u>break</u>** (*prov fam*) schlafende Hunde soll man nicht wecken *prov;* **there's a ~ born every <u>minute</u>** (*prov*) die Dummen sterben nie aus **II.** *vt* AM ❶ (*trick*) ■**to ~ sb into sth** jdn zu etw *dat* verleiten; ■**to ~ sb into doing sth** jdn dazu bringen, etw zu tun ❷ (*swindle*) ■**to ~ sb out of sth** jdm etw entlocken [*o fam* abluchsen]

'suck·ing-pig *n* Spanferkel *nt*

suck·le ['sʌkl̩] **I.** *vt* ■**to ~ sth/sb** etw/jdn säugen; **to ~ a baby/young animal** ein Baby stillen/ein Jungtier säugen **II.** *vi* trinken, saugen

suck·ling ['sʌklɪŋ] *n* Baby *nt;* (*child*) Säugling *m;* (*animal*) Jungtier *nt*

'suck·ling pig *n* AM Frischling *m;* (*for roasting*) Spanferkel *nt*

suck·up ['sʌkʌp] *n* (*fam!*) Schleimer(in) *m(f) pej,* Arschkriecher(in) *m(f) derb*

su·crose ['su:krəʊs, AM -roʊs] *n no pl* Rohr- und Rübenzucker *m*

suc·tion ['sʌkʃᵊn] *n no pl* ❶ (*act of removal by sucking*) [Ab]saugen *nt;* (*initiating act of sucking*) Ansaugen *nt* ❷ (*force*) Saugwirkung *f,* Sog *m*

'suc·tion cup *n* Saugnapf *m* **'suc·tion ma·chine** *n,* **'suc·tion pump** *n* Saugpumpe *f*

Su·dan [su:'dɑ:n, AM -'dæn] *n* Sudan *m*

Su·da·nese [ˌsuːdənˈiːz] I. *n* Sudanese, -in *m, f* II. *adj* sudanesisch, sudanisch
sud·den [ˈsʌdən] *adj* plötzlich, jäh; **so why the ~ change?** wieso plötzlich diese Änderung?; **it was so ~** es kam so überraschend; **it's all a bit ~** (*fam*) das geht alles ein bisschen schnell; ~ **death** plötzlicher Tod, unerwartetes Ableben *form;* ~ **departure** überhastete Abreise; ~ **drop in temperature** unerwarteter Temperatureinbruch; **to get a ~ fright** plötzlich Angst bekommen; ~ **mood swing** plötzlicher Stimmungswechsel; ~ **movement** abrupte Bewegung; **to put a ~ stop to sth** etw abrupt beenden; **all of a ~** (*fam*) [ganz] plötzlich, urplötzlich
sud·den 'death *n* SPORTS ❶ FBALL Elfmeterschießen *nt* ❷ (*determination of winner*) *Festlegung des Siegers bei Gleichstand durch Münzwurf oder Los* **sud·den in·fant 'death syn·drome** *n* MED (*spec*) plötzlicher Kindstod
sud·den·ly [ˈsʌdənli] *adv* plötzlich, auf einmal
sud·den·ness [ˈsʌdənnəs] *n no pl* Plötzlichkeit *f; of movement* Abruptheit *f*
Su·deten·land [sʊˈdeɪtənlænd, AM suːˈ-] *n* Sudetenland *nt*
suds [sʌdz] *npl* ❶ (*soapy mixture*) Seifenwasser *nt kein pl,* [Seifen]lauge *f;* (*mostly foam*) Schaum *m kein pl* ❷ AM (*dated fam: beer*) Bier *nt,* Gerstensaft *m hum*
sudsy [ˈsʌdzi] *adj esp* AM seifig, schaumig
sue [suː] I. *vt* ■**to ~ sb for sth** jdn wegen einer S. *gen* verklagen; **to ~ sb for damages** jdn auf Schadenersatz verklagen; **to ~ sb for divorce** gegen jdn die Scheidung einreichen; **to ~ sb for libel** jdn wegen Beleidigung verklagen II. *vi* ❶ (*legal action*) klagen, prozessieren, Klage erheben, einen Prozess anstrengen; **she was forced to ~ to get her property back** sie war gezwungen vor Gericht zu gehen, um ihr Eigentum zurückzubekommen; ■**to ~ for sth** *damages etc.* auf etw *akk* klagen; *a particular criminal act* wegen einer S. *gen* klagen; **he ~d for libel** er klagte wegen Beleidigung ❷ (*entreat*) **to ~ for peace** um Frieden bitten
suede [sweɪd] I. *n* Wildleder *nt,* Veloursleder *nt* II. *n modifier* (*gloves, jacket*) Wildleder-, Veloursleder-; ~ **shoes** Wildlederschuhe *mpl*
suet [ˈsuːɪt] *n no pl* Talg *m,* Nierenfett *nt*
suet 'pud·ding *n aus Rindertalg, Mehl und Brotkrumen zubereitete Süßspeise*
suf·fer [ˈsʌfər, AM -ɚ] I. *vi* ❶ (*experience trauma*) leiden; **I think he ~ed quite a lot when his wife left him** ich glaube, er litt ziemlich, als seine Frau ihn verließ; **to ~ in silence** still vor sich *akk* hinleiden ❷ (*be ill with*) ■**to ~ from sth** an etw *dat* leiden; (*get attacks of*) unter etw *dat* leiden; **Johnny ~s from asthma** Johnny leidet unter Asthma ❸ (*deteriorate*) leiden, Schaden erleiden; **his work ~s from it** seine Arbeit leidet darunter; **his reputation has ~ed** sein Ruf hat gelitten ❹ (*be the worse for*) ■**to ~ from sth** an etw *dat* kranken; (*be handicapped*) von etw *dat* in Mitleidenschaft gezogen werden; **the people who will ~ if the road is built are those who live locally** die Leute, die am meisten betroffen sind, falls die Straße gebaut wird, sind die Anwohner ❺ (*experience sth negative*) ■**to ~ from sth** unter etw *dat* zu leiden haben; **the economy ~ed from the strikes** die Streiks machten der Wirtschaft zu schaffen ❻ (*be punished*) ■**to ~ for sth** für etw *akk* büßen; **you'll ~ for this!** dafür wirst du bezahlen! II. *vt* ■**to ~ sth** ❶ (*experience sth negative*) etw erleiden [*o* durchmachen]; **the president ~ed an affront** es kam zu einem Affront gegen den Präsidenten; **both sides ~ed considerable casualties** auf beiden Seiten kam es zu erheblichen Opfern; **to ~ defeat** eine Niederlage einstecken [müssen]; **to ~ hunger** Hunger leiden; **to ~ misfortune** Pech haben; **to ~ neglect** vernachlässigt werden; **to ~ a setback** einen Rückschlag erleiden; (*physical condition*) **to ~ a breakdown** MED einen Zusammenbruch haben; **to ~ a fracture** einen Bruch erleiden, sich *dat* etwas brechen; **to ~ a heart attack** einen Herzschlag erleiden; **to ~ injury** verletzt werden ❷ (*put up with*) etw ertragen; **I had to ~ him moaning for half an hour** ich musste eine halbe Stunde lang sein Gejammer ertragen; **not to ~ fools gladly** mit dummen Leuten keine Geduld haben
suf·fer·ance [ˈsʌfərən(t)s, AM -ɚ-] *n* ❶ **on ~** (*with unspoken reluctance*) stillschweigend geduldet; (*with unwilling tolerance*) nur geduldet; **I was there on ~** ich wurde dort nur geduldet ❷ (*with little enthusiasm*) **under ~** (*dated*) widerwillig, widerstrebend
suf·fer·er [ˈsʌfərər, AM -ɚɚ] *n* (*with a chronic condition*) Leidende(r) *f(m);* (*with an acute condition*) Erkrankte(r) *f(m);* **AIDS ~** AIDS-Kranke(r) *f(m);* **asthma ~** Asthmatiker(in) *m(f);* **hay-fever ~s** an Heuschnupfen Leidende *mpl o fpl*
suf·fer·ing [ˈsʌfərɪŋ, AM -ɚ-] *n* ❶ (*pain*) Leiden *nt* ❷ *no pl* (*distress*) Leid *nt;* **years of ~** Jahre *ntpl* des Leidens, leidvolle Jahre; **human ~** menschliches Leid; **to cause ~** Leid verursachen
suf·fice [səˈfaɪs] *vi* genügen, [aus]reichen; ~ **[it] to say that ...** es genügt [*o* reicht] wohl, wenn ich sage, dass ...
suf·fi·cien·cy [səˈfɪʃən(t)si] *n no pl* ❶ (*adequacy*) Hinlänglichkeit *f,* Zulänglichkeit *f* ❷ (*sufficient quantity*) ausreichende Menge; **to have a ~** genug haben
suf·fi·cient [səˈfɪʃənt] I. *adj inv* genug, ausreichend, genügend, hinreichend; **there wasn't ~ evidence to convict him** die Beweise reichten nicht zu einer Verurteilung; **to wear ~ clothes** warm genug angezogen sein; **to have ~ heating** ausreichend beheizbar sein; ■**to be ~ for sth/sb** für etw/jdn ausreichen [*o* genügen] [*o* genug sein]; **this recipe should be ~ for five people** dieses Rezept sollte für fünf Leute ausreichen II. *n* genügende Menge; **they didn't have ~ to live on** sie hatten nicht genug zum Leben
suf·fi·cient·ly [səˈfɪʃəntli] *adv inv* genug *nach adj,* ausreichend, genügend; ~ **large** groß genug; **to be ~ cooked** gar sein
suf·fix [ˈsʌfɪks] I. *n* ❶ LING Suffix *nt fachspr,* Nachsilbe *f* ❷ BRIT MATH Zusatz *m,* tief gestellte Zahl II. *vt* ■**to ~ sth** etw anfügen [*o* anhängen]
suf·fo·cate [ˈsʌfəkeɪt] I. *vi* ersticken *a. fig* II. *vt* ❶ (*asphyxiate*) ■**to ~ sb** jdn ersticken; **to feel ~d** (*fig*) das Gefühl haben zu ersticken ❷ (*fig: suppress*) ■**to ~ sb/sth** jdn/etw ersticken [*o* erdrücken] *fig;* **her overpowering devotion ~d him** ihre überschwängliche Liebe erdrückte ihn
suf·fo·cat·ing [ˈsʌfəkeɪtɪŋ, AM -t̬-] *adj* ❶ *usu attr* (*life-threatening*) erstickend ❷ (*fig: uncomfortable*) erstickend *fig,* zum Ersticken *präd; air* stickig; *atmosphere* erdrückend ❸ (*stultifying*) erdrückend *fig; regulations, traditions* lähmend *attr*
suf·fo·ca·tion [ˌsʌfəˈkeɪʃən] *n no pl* Ersticken *nt,* Erstickung *f;* **to die of ~** ersticken
suf·frage [ˈsʌfrɪdʒ] *n no pl* ❶ (*right to vote*) Wahlrecht *nt,* Stimmrecht *nt;* **female ~** Frauenwahlrecht *nt;* **male ~** Wahlrecht *nt* für Männer; **universal ~** allgemeines Wahlrecht ❷ (*dated: vote*) Wahl *f,* Abstimmung *f* ❸ REL Gebet *nt*
suf·fra·gette [ˌsʌfrəˈdʒet] *n* (*hist*) Suffragette *f hist,* Frauenrechtlerin *f*
suf·fra·gist [ˈsʌfrədʒɪst] *n* (*hist: suffrage supporter*) Befürworter(in) *m(f)* des allgemeinen Stimmrechts; (*suffragette supporter*) Befürworter(in) *m(f)* der Frauenrechtsbewegung (*zu Beginn des 20. Jh.*)
suf·fuse [səˈfjuːz] *vt usu passive* (*liter*) ■**to be ~d with sth** von etw *dat* erfüllt sein; **her face was ~d with colour** ihr Gesicht war gerötet; **each dish was ~d with a different herb** jedes Gericht war anders gewürzt; **~d with happiness** voll des Glücks *liter,* glückselig *geh;* **~d with joy/passion** von Freude/Leidenschaft erfüllt *liter;* **~d with light** lichtdurchflutet, in Licht getaucht *poet*
Sufi [ˈsuːfi] *n* REL Sufi *m*
Su·fic [ˈsuːfɪk] *adj* REL Sufi-; ~ **order** Sufiorden *m*
Su·fism [ˈsuːfɪzəm] *n no pl* REL Sufismus *m*
sug·ar [ˈʃʊgər, AM -ɚ] I. *n* ❶ *no pl* (*sweetener*) Zucker *m;* **cast-**

S

suggestions

making suggestions	etwas vorschlagen
How about/What about a cup of tea?	**Wie wär's** mit einer Tasse Tee?
What do you think about going out for dinner?	**Was hältst du davon,** essen zu gehen?
Would you like to go for a walk?	**Hättest du Lust,** spazieren zu gehen?
I suggest we postpone the meeting.	**Ich schlage vor,** wir vertagen die Sitzung.

er ~ BRIT Streuzucker *f;* **demerara** [*or* AM **brown**] ~ brauner Zucker, Rohrzucker *m;* **granulated** ~ Kristallzucker *m,* Zuckerraffinade *f;* **icing** [*or* AM **powdered**] ~ Puderzucker *m;* **reduced-~ products** weniger Zucker enthaltende Produkte; **a lump/spoonful of** ~ ein Stück *nt*/Löffel *m* Zucker ❷ (*lump*) Stück *nt* [Würfel]zucker; (*spoonful*) Löffel *m* Zucker ❸ *esp* AM (*sl: term of affection*) Schätzchen *nt fam* ❹ (*sl: narcotic*) Rauschgift *nt* ❺ CHEM Kohle[n]hydrat *nt* ▸ PHRASES: **to be all ~ and spice** zuckersüß sein *fig* **II.** *vt* ■**to ~ sth** ❶ (*sweeten*) etw zuckern; **to ~ coffee/tea** Kaffee/Tee süßen ❷ (*fig: make agreeable*) etw versüßen **III.** *interj* (*fam*) Mist *m fam;* **oh ~!** so ein Mist!

'sug·ar ba·sin *n* BRIT Zuckerdose *f* **'sug·ar beet** *n no pl* Zuckerrübe *f* **'sug·ar bowl** *n* Zuckerdose *f* **'sug·ar cane** *n* Zuckerrohr *nt* **'sug·ar-coat** *vt* ■**to ~ sth** ❶ FOOD etw mit einem Zuckerguss versehen ❷ (*make acceptable*) etw versüßen ❸ (*make sentimental*) sentimental werden lassen [*o* machen] **'sug·ar-coat·ed** *adj* ❶ FOOD mit Zucker überzogen, verzuckert ❷ (*fig, pej: acceptable*) viel versprechend, verheißungsvoll; *offer, promises* verführerisch ❸ (*sentimental*) sentimental **'sug·ar cube** *n* Stück *nt* Zucker, Zuckerwürfel *m* **'sug·ar dad·dy** *n wohlhabender älterer Mann, der ein junges Mädchen aushält*

sug·ared ['ʃʊgəd, AM -ɚd] *adj* gezuckert; *coffee, tea* gesüßt; **~ almonds** Zuckermandeln *fpl*

'sug·ar-free *adj* ohne Zucker *nach n,* zuckerfrei **sug·ar·ing-off** [ʃʊgərɪŋɑːf] *n* CAN *das Auffangen des Safts von Zuckerahornbäumen und anschließendes Einkochen zu Ahornsirup* **'sug·ar·loaf** *adj* (*liter*) Zuckerhut *m;* ~ **hat** kegelförmiger Hut **Sug·ar·loaf 'Moun·tain** *n* GEOG ■**the S~ Mountain** der Zuckerhut **'sug·ar lump** *n esp* BRIT Stück *nt* Zucker, Zuckerwürfel *m* **'sug·ar pea** *n* Zuckererbse *f* **sug·ar 'pie** *n* CAN *gedeckter Mürbeteigkuchen mit einer cremigen Karamellfüllung* **'sug·ar·plum** *n* (*dated*) ❶ (*plum*) kandierte Pflaume ❷ (*sweet*) Bonbon *nt,* Süßigkeit *f* ❸ *esp* BRIT (*fig: enticing thing*) Lockspeise *f,* Köder *m fig;* (*enticing words*) schöne [*o* leere] Worte *pej,* Augenwischerei *f pej* **'sug·ar snap** *n,* **sug·ar snap 'pea** *n* Zuckererbse *f* **'sug·ar tongs** *npl* Zuckerzange *f*

sug·ary ['ʃʊgəri, AM -ɚi] *adj* ❶ (*sweet*) zuckerhaltig; **the cake was far too ~** der Kuchen war viel zu süß; **~ snack** süße Zwischenmahlzeit ❷ (*sugar-like*) zuckerig ❸ (*fig, pej: insincere*) honigsüß *fig, pej,* zuckersüß *fig, pej; smile* süßlich *fig, pej*

sug·gest [sə'dʒest, AM *also* seg'-] *vt* ❶ (*propose*) ■**to ~ sth** [**to sb**] [jdm] etw vorschlagen; **might I ~ a white wine with your salmon, sir?** darf ich Ihnen zum Lachs einen Weißwein empfehlen, mein Herr?; **what time do you ~ we arrive?** was meinst du, wann wir dort ankommen?; **can you ~ where I might find a chemist's?** können Sie mir vielleicht sagen, wo ich eine Drogerie finden kann?; ■**to ~ [to sb] that ...** [jdm] vorschlagen, dass ...; **what do you ~ we do with them?** was, meinst du, sollen wir mit ihnen machen?; ■**to ~ doing sth** vorschlagen, etw zu tun; **to ~ an idea to sb** jdm eine Idee vortragen ❷ (*indicate*) ■**to ~ sth** auf etw *akk* hinweisen; **the footprints ~ that ...** den Fußspuren nach zu urteilen, ..., die Fußspuren lassen darauf schließen, dass ... ❸ (*indirectly state*) ■**to ~ sth** etw andeuten [*o pej* unterstellen], auf etw *akk* hindeuten; ■**to ~ that ...** darauf hindeuten, dass ...; **I'm not ~ing that you were flirting with Adrian, but ...** ich will ja nicht behaupten, dass du mit Adrian geflirtet hast, aber ...; **are you ~ing that ...?** willst du damit sagen, dass ...? ❹ (*form: evoke*) ■**to ~ sth** etw nahelegen; **his story ~ed the plot for a new novel** seine Geschichte lieferte die Handlung für einen neuen Roman; **to ~ an idea/a thought** eine Idee/einen Gedanken aufkommen lassen ❺ (*come to mind*) ■**to ~ itself** *idea, thought* sich *akk* aufdrängen; *solution* sich *akk* anbieten; **does anything ~ itself?** fällt euch dazu etwas ein?

sug·gest·ible [sə'dʒestəbl̩, AM *also* seg'-] *adj* (*pej form*) beeinflussbar, zu beeinflussen, suggestibel *geh;* **highly ~** sehr leicht zu beeinflussen

sug·ges·tion [sə'dʒestʃən, AM *also* seg'-] *n* ❶ (*idea*) Vorschlag *m;* **to have/make/reject a ~** einen Vorschlag haben/machen/ablehnen; **to be always open to ~** immer ein offenes Ohr haben; **to be [always] open to new ~s** [immer] für neue Vorschläge offen [*o* zu haben] sein; **at sb's ~** auf jds Vorschlag hin ❷ *no pl* (*hint*) Andeutung *f,* Anspielung *f* ❸ (*indication*) Wink *m,* Hinweis *m* ❹ (*trace*) Spur *f fig;* **she speaks German with a ~ of a foreign accent** sie spricht Deutsch mit einem kaum hörbaren ausländischen Akzent; **a ~ of garlic** (*smell*) ein Hauch von Knoblauch; (*taste*) eine Spur Knoblauch ❺ *no pl* (*association*) **the power of ~** die Macht der Suggestion ❻ *no pl* PSYCH Suggestion *f*

sug·'ges·tion box *n* Kasten *m* für Verbesserungsvorschläge

sug·ges·tive [sə'dʒestɪv, AM *also* seg'-] *adj* ❶ (*that suggests*) andeutend ❷ *usu pred* (*form: evocative*) hinweisend; ■**to be ~ of sth** auf etw *akk* hindeuten, an etw *akk* denken lassen ❸ (*risqué*) anzüglich, zweideutig

sug·ges·tive·ly [sə'dʒestɪvli, AM *also* seg'-] *adv* ❶ (*evocatively*) eine suggestive Wirkung ausübend *attr* ❷ (*in a risqué manner*) anzüglich

sui·cid·al [ˌsuːɪ'saɪdəl, AM -ə'-] *adj* ❶ (*depressed*) Selbstmord-, suizidal *geh,* selbstmörderisch *a. fig; person* selbstmordgefährdet; **to feel ~** sich *akk* am liebsten umbringen wollen ❷ (*of suicide*) Selbstmord-; **to have ~ tendencies** selbstmordgefährdet sein ❸ (*disastrous*) [selbst]zerstörerisch; **that would be ~** das wäre glatter Selbstmord

sui·cide ['suːɪsaɪd, AM -əs-] **I.** *n* ❶ (*killing*) Selbstmord *m a. fig,* Suizid *m geh;* **executive ~** *Selbstmord von Managern;* **mass ~** Massenselbstmord *m;* **physician-assisted ~** [aktive] Sterbehilfe, Euthanasie *f fachspr;* **to attempt ~** einen Selbstmordversuch machen [*o* unternehmen]; **to commit ~** Selbstmord begehen ❷ (*form: person*) Selbstmörder(in) *m(f),* Suizidant(in) *m(f) fachspr,* Suizident(in) *m(f) fachspr* ❸ (*disastrous action*) selbstmörderische Aktion *fam;* **it would be ~ to ...** es wäre [glatter] Selbstmord, wenn ... *fam;* **to commit financial/political ~** finanziellen/politischen Selbstmord begehen **II.** *vi* sich *akk* umbringen

'sui·cide bomb·er *n* Selbstmordattentäter(in) *m(f)* **'sui·cide bomb·ing** *n* Selbstmordanschlag *m* **'sui·cide mis·sion** *n* Kamikazeaktion *f* **'sui·cide note** *n* Abschiedsbrief *m* **'sui·cide pact** *n* Selbstmordabkommen *nt;* **to have a ~** gemeinsamen Selbstmord verabredet haben **'sui·cide rate** *n* Selbstmordrate *f* **'sui·cide squad** *n* Selbstmordkommando *nt*

sui·ci·dol·ogy [ˌsuːɪsaɪ'dɑːlədʒi] *n no pl* Suizidologie *f*

suit [suːt] **I.** *n* ❶ (*jacket and trousers*) Anzug *m;* **dress** ~ Abendanzug *m;* **pin-stripe** ~ Nadelstreifenanzug *m;* **three-piece** ~ Dreiteiler *m;* **trouser** [*or* AM **pant**] ~ Hosenanzug *m;* (*jacket and skirt*) Kostüm *nt* ❷ (*for sports*) Anzug *m;* **bathing/diving/ski** ~ Bade-/Taucher-/Skianzug *m* ❸ (*covering*) ~ **of armour** [*or* AM **armor**] [Ritter]rüstung *f,* Harnisch *m* ❹ NAUT Satz *m* Segel ❺ *usu pl* (*fam: executive*) leitender Angestellter, Führungskraft *f* ❻ CARDS Farbe *f;* **to follow** ~ eine Farbe bedienen, eine Karte derselben Farbe ausspielen ❼ LAW Prozess *m,* Verfahren *nt,* Rechtsstreit *m;* **to bring** [*or* AM *usu* **file**] **a** ~ einen Prozess anstrengen, Klage erheben; ~ **for libel** Verleumdungsklage *f;* ~ **for negligence** Schadensersatzklage *f* wegen Fahrlässigkeit; **paternity** ~ Vaterschaftsklage *f* ❽ (*act of courting*) **to pay** ~ **to sb** jdn umwerben ❾ (*liter, poet: entreaty*) Flehen *nt,* dringende Bitte ▸PHRASES: **to follow** ~ (*form*) dasselbe tun, nachziehen *fam* **II.** *vt* ❶ (*be convenient for*) ■**to** ~ **sb** jdm passen [*o* recht sein]; **what time** ~**s you best?** wann passt es Ihnen am besten?; **that** ~**s me fine** das passt mir gut; **she remembers her manners when it** ~**s her** sie benimmt sich nur dann gut, wenn es ihr gerade passt ❷ (*choose*) ■**to** ~ **oneself** tun, was man will; **you can** ~ **yourself about when you work** man kann selbst bestimmen, wann man arbeitet; ~ **yourself** (*hum o pej*) [ganz,] wie du willst *hum o pej,* mach, was du willst *pej* ❸ (*enhance*) ■**to** ~ **sb** *clothes* jdm stehen; **black** ~**s you with your blonde hair** Schwarz passt gut zu deinen blonden Haaren; ■**to** ~ **sth** zu etw *dat* passen ❹ (*be right*) ■**to** ~ **sb** jdm [gut] bekommen; ■**to** ~ **sth** sich *akk* für etw *akk* eignen; **married life seems to** ~ **him very well** das Eheleben scheint ihm gut zu bekommen ▸PHRASES: **to** ~ **the action to the word** Wort halten; **to** ~ **sb** [**right**] **down to the ground** BRIT für jdn ideal sein, jdm ausgezeichnet in den Kram passen *fam* **III.** *vi* angemessen sein, passen

◆**suit up** *vi* AM sich *akk* anziehen

suit·abil·ity [ˌsuːtə'bɪləti, AM -t̬ə'bɪlət̬i] *n no pl of an object* Geeignetheit *f,* Tauglichkeit *f; of a person* Eignung *f,* Tauglichkeit *f; of clothes* Angemessenheit *f*

suit·able ['suːtəbl̩, AM -t̬-] *adj* geeignet, passend; *clothes* angemessen; **what's a** ~ **present for a couple celebrating their twenty-fifth wedding anniversary?** was eignet sich als Geschenk für ein Paar, das seinen fünfundzwanzigsten Hochzeitstag feiert?; **my mother doesn't like me wearing short skirts to church – she doesn't think they're** ~ meine Mutter will nicht, dass ich in die Kirche kurze Röcke anziehe – sie findet sie unschicklich; ■**to be** ~ **for sb** für jdn geeignet sein, sich *akk* für jdn eignen; **not** ~ **for children under 14** nicht geeignet für Kinder unter 14

suit·ably ['suːtəbli, AM -t̬-] *adv* entsprechend *attr*

'suit bag *n* Handkoffer *m* **'suit·case** *n* Koffer *m;* **leather** ~ Lederkoffer *m;* **to pack/unpack one's** ~ seinen Koffer packen/auspacken; **to live out of a** ~ aus dem Koffer leben

suite [swiːt] *n* ❶ (*rooms*) Suite *f;* **bridal** ~ Hochzeitssuite *f;* **hotel** ~ Hotelsuite *f;* ~ **of offices** Reihe *f* von Büroräumen ❷ (*furniture*) Garnitur *f;* **bathroom** ~ Badezimmergarnitur *f;* **bedroom** ~ Schlafzimmereinrichtung *f* ❸ MUS Suite *f* ❹ (*retinue*) Gefolge *nt*

suit·ed ['suːtɪd, AM -t̬-] *adj* ❶ *pred* (*fitting*) ■**to be** ~ **to sth** für etw *akk* geeignet sein, sich *akk* für etw *akk* eignen; **to be** ~ [**to each other**] zueinander passen ❷ FASHION gekleidet; **grey-**~ in Grau gekleidet; **pinstripe-**~ **businessmen** Geschäftsleute *pl* in Nadelstreifenanzügen; **trouser-**~ in Hosen *nach n*

suit·or ['suːtəʳ, AM -t̬ɚ] *n* ❶ (*liter or hum: wooer*) Freier *m veraltend o hum,* Bewerber *m* ❷ LAW Kläger *m,* [Prozess]partei *f* ❸ ECON (*buyer*) Interessent *m* (*für einen Firmenkauf*)

su·ki·ya·ki [ˌsuːki'jæki, AM -'jɑːki] *n no pl* FOOD Sukiyaki *nt*

sul·fate *n* AM CHEM *see* **sulphate**

sul·fide *n* AM CHEM *see* **sulphide**

sul·fona·mide *n* AM MED *see* **sulphonamide**

sul·fur *n* AM CHEM *see* **sulphur**

sul·fu·reous *n* AM CHEM *see* **sulphureous**

sul·fu·ric *adj* AM CHEM *see* **sulphuric**

sul·fur·ous *adj* AM CHEM *see* **sulphurous**

sulk [sʌlk] **I.** *vi* schmollen *fam,* beleidigt [*o fam* eingeschnappt] sein **II.** *n* **to be in a** ~ beleidigt [*o fam* eingeschnappt] sein, schmollen *fam;* **to go into a** ~ einschnappen *fam;* **to have** [**a fit of**] **the** ~**s** die Eingeschnappte/den Eingeschnappten spielen *fam*

sulki·ness ['sʌlkɪnəs] *n no pl* Schmollen *nt pej fam*

sulky ['sʌlki] **I.** *adj person* beleidigt, eingeschnappt *fam,* schmollend *attr fam; face* mürrisch, verdrießlich; *weather* trübe, düster **II.** *n* SPORTS Sulky *nt*

sul·len ['sʌlən] **I.** *adj* ❶ (*pej: bad-tempered*) missmutig, verdrießlich, mürrisch; ~**-faced** missmutig [*o* mürrisch] [drein]blickend *attr* ❷ (*liter: dismal*) *sky* düster, finster; (*slow-moving*) *stream, water* trübe **II.** *n* BRIT (*dated*) ■**the** ~**s** *pl* Depression *f,* depressive Verstimmung

sul·len·ly ['sʌlənli] *adv* missmutig, verdrießlich, mürrisch

sul·len·ness ['sʌlənnəs] *n no pl* Missmutigkeit *f,* Verdrießlichkeit *f*

sul·ly <-ie-> ['sʌli] *vt* (*liter, poet or iron*) ■**to** ~ **sth** etw beschmutzen [*o geh* besudeln]; **to** ~ **sb's name/reputation** (*fig form*) jds Namen/Ansehen beschmutzen

sul·phate ['sʌlfeɪt], AM **sul·fate** *n* Sulfat *nt,* schwefelsaures Salz

sul·phide ['sʌlfaɪd], AM **sul·fide** *n* Sulfid *nt;* **hydrogen** ~ Hydrogensulfid *nt,* Schwefelwasserstoff *m*

sul·phona·mide [sʌl'fɒnəmaɪd], AM **sul·fona·mide** [-'fɑːn-] *n* MED Sulfonamid *nt*

sul·phur ['sʌlfəʳ], AM **sul·fur** [-ɚ] *n* ❶ *no pl* CHEM Schwefel *m* ❷ (*colour*) Schwefelgelb *nt*

sul·phur-crest·ed cocka·'too *n* Gelbhaubenkakadu *m* **sul·phur di·ox·ide** *n no pl* Schwefeldioxid *nt;* ~ **emission** Schwefeldioxidemission *f*

sul·phu·reous [sʌl'fjʊəriəs], AM **sul·fu·reous** [-'fjʊr-] *adj* schwefelhaltig, schwefelig, Schwefel-; ~ **smell** Schwefelgeruch *m*

sul·phu·ric [sʌl'fjʊərɪk], AM **sul·fu·ric** [-'fjʊr-] *adj* Schwefel-

sul·phu·ric 'acid *n no pl* Schwefelsäure *f*

sul·phur·ous ['sʌlfᵊrəs], AM **sul·fur·ous** [-ɚəs] *adj* ❶ CHEM schwefelhaltig, schwefelig, Schwefel- ❷ (*colour*) schwefelfarben, schwefelgelb ❸ (*angry*) wütend, zornig

sul·tan ['sʌltᵊn] *n* Sultan *m*

sul·tana¹ [sᵊl'tɑːnə, AM sʌl'tænə] *n* (*grape*) Sultanine *f*

sul·tana² [sʌl'tɑːnə, AM sʌl'tænə] *n* (*sultan's wife*) Sultanin *f*

sul·tan·ate ['sʌltənət, AM -tᵊnɪt] *n* Sultanat *nt*

sul·tri·ness ['sʌltrɪnəs] *n* ❶ METEO Schwüle *f* ❷ *of a woman, a woman's voice* Erotik *f*

sul·try ['sʌltri] *adj* ❶ METEO schwül ❷ (*sexy*) *woman, woman's voice* erotisch, sinnlich; **a** ~**-voiced woman** eine Frau mit einer erotischen Stimme

sum [sʌm] **I.** *n* ❶ (*money*) Summe *f,* Betrag *m;* **five-figure** ~ fünfstelliger Betrag; **huge** ~**s of money** riesige Summen; **substantial** ~ namhafte [*o* beträchtliche] Summe; **tidy** ~ hübsches Sümmchen *fam;* **undisclosed** ~ nicht genannte Summe; **the princely** ~ **of $100** (*iron*) die fürstliche Summe von $100 *iron* ❷ *no pl* (*total*) Summe *f,* Ergebnis *nt;* **the entire** ~ **of sth** (*fig, iron*) alles, was bei etw *dat* herausgekommen ist *iron;* **so is that the entire** ~ **of three day's work?** das ist also das Ergebnis von drei Tagen Arbeit? *iron;* **grand** ~ Endsumme *f* ❸ *usu pl* (*calculation*) Rechenaufgabe *f;* **to do** ~**s** rechnen; **to get one's** ~**s right** BRIT richtig rechnen; **to get one's** ~**s wrong** BRIT sich *akk* verrechnen ▸PHRASES: **in** ~ mit einem Wort **II.** *vt* <-mm-> **to** ~ **an equation** MATH eine Gleichung berechnen **III.** *vi* <-mm-> ■**to** ~ **to sth** MATH etw ergeben

◆**sum up I.** *vi* ❶ (*summarize*) resümieren *geh,* zusammenfas-

S

sen ❷ LAW *judge* resümieren; *lawyer* das Schlussplädoyer halten **II.** *vt* ■**to ~ up** ◯ **sth** etw zusammenfassen; ■**to ~ sb** ◯ **up** (*evaluate*) jdn einschätzen; (*characterize*) jdn charakterisieren; **to ~ up a situation at a glance** eine Situation auf einen Blick erfassen, sofort wissen, was los ist *fam*

sum·ma cum lau·de [ˌsʊmɑːkʊmˈlaʊdeɪ, AM -məˌkʊmˈ-] *esp* AM **I.** *adv* summa cum laude, mit Bestnote **II.** *adj* Summa cum laude-

sum·mari·ly [ˈsʌmərɪli, AM ˌsʌmˈer-] *adv* ohne viel Federlesen; **to ~ dismiss sb** jdn fristlos entlassen; **to ~ execute/sentence sb** LAW jdn im Schnellverfahren hinrichten/aburteilen

sum·ma·rize [ˈsʌməraɪz, AM -mər-] **I.** *vt* ■**to ~ sth** etw [kurz] zusammenfassen; ■**to ~ sb** jdn [mit wenigen Worten] charakterisieren **II.** *vi* zusammenfassen, resümieren; **to ~, ...** kurz gesagt, ...

sum·mary [ˈsʌməri, AM -ɚi] **I.** *n* Zusammenfassung *f; of a plot, contents* [kurze] Inhaltsangabe **II.** *adj* ❶ (*brief*) knapp, gedrängt, summarisch; *dismissal* fristlos ❷ LAW *conviction, execution* im Schnellverfahren *nach n;* **~ powers to do sth** *Vollmacht, etw im Schnellverfahren zu entscheiden;* **~ proceedings** Schnellverfahren *nt*

sum·mat [ˈsʌmət] *pron* NBRIT, DIAL *see* **something**

sum·ma·tion [sʌmˈeɪʃən, AM səˈmeɪ-] *n* (*form*) ❶ *no pl* (*addition*) Summierung *f* ❷ (*sum*) Summe *f* ❸ (*summary*) Zusammenfassung *f*

sum·mer [ˈsʌməʳ, AM -ɚ] **I.** *n* ❶ (*season*) Sommer *m;* **a ~'s day** ein Sommertag *m;* **in [the] ~** im Sommer; **last ~** letzten Sommer; **in late ~** im Spätsommer; **in the ~ of '68** im Sommer '68; **two ~s ago** im vorletzten Sommer ❷ ASTRON Sommer *m,* Sommerzeit *f* ❸ (*poet, liter*) ■**~s** *pl* Jahre *ntpl,* Lenze *mpl poet, liter;* **a girl of sixteen ~s** ein Mädchen, das 16 Lenze zählt **II.** *n modifier* (*dress, evening, months, night*) Sommer-; **~ clothing** Sommerkleidung *f,* Sommersachen *fpl fam* **III.** *vi* den Sommer verbringen; **to ~ in the hills** den Sommer in den Bergen verbringen; **to ~ outdoors** *animals, plants* im Sommer im Freien bleiben **IV.** *vt* **to ~ cattle/sheep** Vieh/Schafe übersommern

sum·mer 'fete *n* BRIT Sommerfest *nt* (*für wohltätige Zwecke*) **sum·mer 'holi·day** *n,* **sum·mer 'holi·days** *npl* Sommerurlaub *m;* SCH, UNIV Sommerferien *pl* **'sum·mer house** *n* Gartenhaus *nt,* Gartenlaube *f;* AM Ferienhaus *nt,* Sommerhaus *nt* **sum·mer 'pud·ding** *n no pl* BRIT *Süßspeise aus Weißbrot, Beeren und [Eis]creme* **sum·mer·sault** *n, vi* (*dated*) *see* **somersault** **'sum·mer school** *n* Ferienkurs *m,* Sommerkurs *m;* **to do a ~ course** einen Ferienkurs besuchen **sum·mer 'sea·son** *n* Sommersaison *f* **sum·mer 'sol·stice** *n* ASTRON Sommersonnenwende *f* **'sum·mer time** *n no pl* BRIT (*daylight savings time*) Sommerzeit *f* **'sum·mer·time** *n* Sommerzeit *f;* **in the ~** im Sommer **sum·mer va·'ca·tion** *n* AM Sommerurlaub *m;* SCH, UNIV Sommerferien *pl*

sum·mery [ˈsʌməri, AM -ɚi] *adj weather* sommerlich

sum·ming-up <*pl* summings-> [ˌsʌmɪŋˈʌp] *n* LAW (*by a judge*) Resümee *nt;* (*by a lawyer*) [Schluss]plädoyer *nt*

sum·mit [ˈsʌmɪt] *n* ❶ *of a mountain* Gipfel *m;* (*fig: highest point*) Gipfel *m fig,* Höhepunkt *m* ❷ POL Gipfel *m;* **economic ~** Wirtschaftsgipfel *m*

'sum·mit meet·ing *n* POL Gipfeltreffen *nt*

sum·mon [ˈsʌmən] *vt* ❶ (*call*) ■**to ~ sb** jdn rufen [*o* zu sich *dat* bestellen]; LAW jdn vorladen; **to ~ a council/meeting** einen Rat/eine Versammlung einberufen; **to be ~ed to appear in court** vor Gericht geladen werden; **to ~ sb to appear as witness** jdn als Zeugen laden ❷ (*demand*) **to ~ help** Hilfe holen ❸ (*gather*) **to ~ up the courage/the strength to do sth** den Mut/die Kraft aufbringen, etw zu tun

sum·mons [ˈsʌmənz] **I.** *n* <*pl* -es> ❶ LAW [Vor]ladung *f;* **to issue a ~** [vor]laden, eine Ladung ergehen lassen; **to receive a ~** eine Vorladung erhalten; **to serve sb with a ~** [*or* **a ~ on sb**] jdm eine Ladung zustellen ❷ (*call*) Aufforderung *f;* (*iron, hum*) Befehl *m iron, hum;* **I was awaiting my ~** ich wartete darauf, aufgerufen zu werden **II.** *vt* LAW ■**to ~ sb** jdn vorladen lassen

sumo wres·tler [ˈsuːməʊ,-, AM -moʊ,-] *n* Sumoringer *m*

sumo wrestl·ing *n no pl* Sumo[ringen] *nt*

sump [sʌmp] *n* ❶ (*container*) [**collection**] **~** Sammelbehälter *m;* (*hole*) Senkgrube *f* ❷ AUTO Ölwanne *f;* **to drain the ~** das [Motor]öl ablassen

sump·tu·ous [ˈsʌm(p)tʃuəs] *adj* luxuriös, kostspielig; *dinner* üppig, opulent *geh; gown* festlich, prächtig

sump·tu·ous·ly [ˈsʌm(p)tʃuəsli] *adv* luxuriös, kostspielig; **to dine ~** opulent speisen *geh;* **~ furnished** luxuriös eingerichtet

sump·tu·ous·ness [ˈsʌm(p)tʃuəsnəs] *n no pl* Luxus *m,* Kostspieligkeit *f; of a meal, dinner* Üppigkeit *f,* Opulenz *f geh;* **to be furnished with ~** luxuriös eingerichtet sein

sum 'to·tal *n* Summe *f fig,* Gesamtheit *f*

sun [sʌn] **I.** *n* ❶ (*star*) Sonne *f;* **the rising/setting ~** die aufgehende/untergehende Sonne ❷ *no pl* ■**the ~** (*sunshine*) die Sonne, der Sonnenschein; **to sit in the ~** in der Sonne sitzen; **to have the ~ in one's eyes** von der Sonne geblendet werden; **to get/have a touch of the ~** einen Sonnenbrand bekommen/haben ❸ (*liter, poet: source of splendour*) Sonnenlicht *nt,* Strahlen *nt* der Sonne ❹ (*liter, poet: day*) Tag *m;* (*year*) Jahr *nt* ►PHRASES: **never let the ~ go down on your <u>anger</u>** (*saying*) Missstimmungen sollte man möglichst bald bereinigen, man sollte nicht im Streit auseinandergehen; **to think that the ~ shines out of sb's <u>arse</u>** BRIT (*fig fam!*) jdn für den Größten halten *fam;* **to call sb every <u>name</u> under the ~** jdn mit allen erdenklichen Schimpfnamen belegen; **<u>against</u>/with the ~** mit der/gegen die Sonne; **<u>under</u> the ~** unter der Sonne *liter,* auf Erden *liter;* **to do/try everything under the ~** alles Mögliche [*o* Erdenkliche] tun/versuchen; **nothing new under the ~** nichts Neues unter der Sonne, alles schon dagewesen **II.** *vt* <-nn-> ❶ (*sit in sun*) ■**to ~ oneself** sich *akk* sonnen ❷ (*expose to sun*) ■**to ~ sth** etw der Sonne aussetzen **III.** *vi* sich *akk* sonnen

Sun *n abbrev of* **Sunday** So

'sun-baked *adj* [von der Sonne] ausgedörrt **'sun·bathe** *vi* sonnenbaden **'sun·bath·er** *n* Sonnenanbeter(in) *m(f) hum* **'sun·bath·ing** *n no pl* Sonnenbaden *nt* **'sun·beam** *n* Sonnenstrahl *m* **'sun·bed** *n esp* BRIT ❶ (*chair*) Liegestuhl *m* ❷ (*bed*) Sonnenbank *f* **'sun·belt** *n no pl* GEOG ■**the S~** der Sonnengürtel (*Südstaaten der USA*) **'sun·blind** *n* BRIT Markise *f* **'sun·block** *n no pl* Sunblocker *m* **'sun bon·net** *n* Sonnenhut *m* **'sun·burn I.** *n no pl* Sonnenbrand *m;* **to get/prevent ~** einen Sonnenbrand bekommen/vermeiden **II.** *vi* <-ed *or* -burnt, -ed *or* -burnt> sich *dat* verbrennen [*o fam* einen Sonnenbrand holen] **'sun·burned, 'sun·burnt** *adj* (*tanned*) sonnengebräunt; (*red*) sonnenverbrannt, sonnverbrannt SCHWEIZ, von der Sonne verbrannt; **to be/get ~** einen Sonnenbrand haben/bekommen **'sun·cream** *n no pl* Sonnen[schutz]creme *f*

sun·dae [ˈsʌndeɪ, AM *esp* -di] *n* Eisbecher *m;* **hot-fudge ~** AM Schokobecher *m*

Sun·day [ˈsʌndeɪ] *n* ❶ (*day*) Sonntag *m; see also* **Tuesday, month** ❷ ■**the ~** BRIT (*fam: newspaper*) Sonntagszeitung *f*

Sun·day 'best *n no pl,* **Sun·day 'clothes** *npl* (*dated*) Sonntagsstaat *m kein pl veraltend o hum,* Sonntagskleider *ntpl veraltend* **Sun·day 'driv·er** *n* (*pej*) Sonntagsfahrer(in) *m(f) pej* **Sun·day 'joint** *n* BRIT Sonntagsbraten *m*

Sun·day 'pa·per *n* Sonntagszeitung *f*

i Kultur

Der Begriff **Sunday papers** – *Sonntagszeitungen* bezieht sich mehr auf die anspruchsvollen Sonntagszeitungen als auf die Boulevardzeitungen. Einige sind die Sonntagsausgaben von großen Tageszeitungen (z.B. die *Independent on Sunday*). Sonntagszeitungen bestehen meist aus einem Hauptteil und vielen Sonderteilen sowie einem Magazin. Die ältesten **Sunday papers** sind der 1791 gegründete *Observer* und die *Sunday Times* von 1822.

Sun·day 'roast *n* Sonntagsbraten *m* **'Sun·day school** *n* REL, SCH Sonntagsschule *f* **Sun·day 'trad·ing** *n* BRIT Öffnung *f* der Geschäfte am Sonntag

'sun deck *n* ❶ NAUT Sonnendeck *nt* ❷ AM (*balcony*) Sonnenterrasse *f* **'sun·dew** *n* BOT Sonnentau *m* **'sun·dial** *n* Sonnenuhr *f* **'sun·down** *n esp* AM, AUS Sonnenuntergang *m;* **at/before** ~ bei/vor Sonnenuntergang **'sun·down·er** *n* ❶ BRIT (*fam: drink*) ≈ Dämmerschoppen *m* ❷ AUS, NZ (*fam: tramp: in city/town*) Penner *m;* (*in the country*) Landstreicher *m* **'sun-drenched** *adj* ❶ (*bright*) sonnenüberflutet ❷ (*exposed to sun*) sonnig, sonnenverwöhnt **'sun·dress** *n* Strandkleid *nt,* [ärmelloses] Sommerkleid **'sun-dried** *adj* an der Sonne getrocknet; ~ **tomatoes** getrocknete Tomaten *fpl*

sun·dry ['sʌndri] **I.** *adj attr, inv* verschiedene(r, s) ▶ PHRASES: **all and** ~ (*fam*) Hinz und Kunz *pej fam,* jedermann **II.** *n* Verschiedenes *nt kein pl*

'sun·fast *adj colours, textiles* lichtecht **'sun·flow·er** *n* Sonnenblume *f* **'sun·flow·er oil** *n* Sonnenblumenöl *nt* **'sun·flow·er seeds** *npl* Sonnenblumenkerne *mpl*

sung [sʌŋ] *pp of* **sing**

sun·glasses *npl* Sonnenbrille *f;* **a pair of** ~ eine Sonnenbrille; **to wear** ~ eine Sonnenbrille tragen **'sun-god** *n* Sonnengott *m* **'sun hat** *n* Sonnenhut *m* **'sun hel·met** *n* (*dated*) Tropenhelm *m*

sunk [sʌŋk] *pp of* **sink**

sunk·en ['sʌŋkən] *adj* ❶ *attr* (*submerged*) *ship* gesunken; *ship, treasure* versunken ❷ *attr* (*below surrounding level*) tief[er] liegend *attr;* ~ **bath** eingelassene Badewanne ❸ (*hollow*) ~ **cheeks** eingefallene [*o* hohle] Wangen; ~ **eyes** tief liegende Augen

'sun-kissed *adj* (*esp hum*) *person* sonnengebräunt; *place* sonnig, sonnenverwöhnt; **the** ~ **shores of Spain** die sonnigen Küsten Spaniens **'sun·lamp** *n* ❶ (*for therapy*) Höhensonne *f;* **to lie under the** ~ unter der Höhensonne liegen ❷ FILM Jupiterlampe® *f*

sun·less ['sʌnləs] *adj* (*liter*) ohne Sonne *nach n; day* trüb, grau

'sun·light *n no pl* Sonnenlicht *nt;* **early morning** ~ Morgensonne *f;* **in the bright** ~ im hellen Sonnenlicht, in der hellen Sonne; **dappled** ~ vereinzelte Sonnenstrahlen; **direct** [*or* **strong**] ~ pralle Sonne **'sun·lit** *adj inv* sonnenbeschienen; ~ **room** sonniges Zimmer **'sun lounge** *n* BRIT Glasveranda *f,* Wintergarten *m;* (*solarium*) Solarium *nt* **'sun loung·er** *n* BRIT Sonnenliege *f*

Sun·ni ['sʊni] **I.** *n* <*pl* - *or* -s> Sunnit(in) *m(f)* **II.** *adj inv* sunnitisch; ~ **Muslim** sunnitischer Moslem

sun·ni·ness ['sʌnɪnəs] *n no pl* ❶ METEO Sonnigkeit *f;* **the** ~ **of the weather** das sonnige Wetter ❷ (*cheeriness*) Heiterkeit *f,* Unbeschwertheit *f;* **the** ~ **of his disposition cheered her up** sein sonniges Gemüt munterte sie auf; **the** ~ **of sb's character** jds Frohnatur *f*

sun·ny ['sʌni] *adj* ❶ (*bright*) sonnig; ~ **intervals** Aufheiterungen *fpl;* **a few** ~ **spells** einige sonnige Abschnitte ❷ (*exposed to sun*) *plateau, room* sonnig ❸ (*cheery*) *person* heiter, unbeschwert; *character, disposition* heiter, sonnig; **to have a** ~ **disposition** eine Frohnatur sein, ein sonniges Gemüt haben

'sun·ny side *n* ❶ (*part exposed to sun*) die Sonnenseite; **the** ~ **of life** (*fig*) die Sonnenseite des Lebens ❷ AM FOOD **eggs** ~ **up** Spiegeleier *ntpl*

sun pro·'tec·tion fac·tor *n* Sonnenschutzfaktor *m* **'sun·ray** *n* Sonnenstrahl *m* **'sun·ray lamp** *n* Höhensonne *f* **'sun·ray treat·ment** *n no pl* Bestrahlung *f* mit Infrarotlicht **'sun·rise** *n* Sonnenaufgang *m;* **at/before** ~ bei/vor Sonnenaufgang **sun·rise 'in·dus·try** *n* Zukunftsindustrie *f,* Zukunftsbranche *f* **'sun·roof** *n* Schiebedach *nt* **'sun room** *n* AM, **'sun par·lor** *n* AM, **'sun porch** *n* AM Glasveranda *f,* Wintergarten *m* **'sun·screen** *n* ❶ *no pl* (*cream*) Sonnenschutzmittel *nt* ❷ (*ingredient*) Zusatzstoff *m* gegen Sonnenbrand **'sun·set** *n* ❶ (*time*) Sonnenuntergang *m;* **at/before** ~ bei/vor Sonnenuntergang ❷ (*fig: final stage*) Endphase *f* ▶ PHRASES: **to ride/walk** [**off**] **into the** ~ dem Sonnenuntergang entgegenreiten/-gehen; **to ride** [*or* **walk**] [**off**] **into the** ~ **together** miteinander glücklich werden **sun·set 'in·dus·try** *n* sterbende Industrie **'sun·shade** *n* ❶ (*umbrella*) Sonnenschirm *m* ❷ AM (*awning*) Markise *f,* Sonnenblende *f*

'sun·shine ['sʌnʃaɪn] *n no pl* ❶ (*sunlight*) Sonnenschein *m;* **in the** ~ in der Sonne; **blazing** [*or* **brilliant**] ~ strahlender Sonnenschein; **to bask in the** ~ sich *akk* in der Sonne aalen *fam* ❷ METEO (*sunny weather*) sonniges Wetter; **three days of unbroken** ~ drei volle Sonnentage ❸ (*fig: cheerfulness*) Freude *f,* Glück *nt;* **to bring** ~ **into sb's life** Freude in jds Leben bringen ❹ (*fam: to express friendliness*) Schatz *m,* mein Sonnenschein *liter o hum;* BRIT (*to express irritation*) mein Lieber/meine Liebe

'sun·shine roof *n* BRIT Schiebedach *nt* **'sun·spot** *n* ASTRON Sonnenfleck *m* **'sun·stroke** *n no pl* Sonnenstich *m;* **to have** [*or* **suffer from**] ~ einen Sonnenstich haben **'sun·tan I.** *n* Sonnenbräune *f;* **deep** ~ tiefe Bräune; **to get a** ~ braun werden **II.** *vi* <-nn-> sich *akk* von der Sonne bräunen lassen **'sun·tan cream** *n,* **'sun·tan lo·tion** *n* Sonnencreme *f* **'sun·tanned** *adj* sonnengebräunt, braun gebrannt **'sun·tan oil** *n* Sonnenöl *nt* **'sun·trap** *n* BRIT, AUS sonniges Plätzchen **'sun·up** *n* AM Sonnenaufgang *m* **'sun vi·sor** *n* AUTO Sonnenblende *f* **'sun wor·ship·per** *n* (*hum*) Sonnenanbeter(in) *m(f) hum*

sup[1] [sʌp] **I.** *vt* <-pp-> *esp* NBRIT (*hum*) ■**to** ~ **sth** etw trinken; **to** ~ **one's beer** sein Bierchen schlürfen *hum fam;* **to** ~ **one's soup** seine Suppe löffeln; **to** ~ **one's tea** seinen Tee trinken **II.** *vi* <-pp-> *esp* NBRIT trinken; ■**to** ~ **up** austrinken **III.** *n* Schluck *m*

sup[2] [sʌp] *vi* (*dated*) (*eat*) zu Abend essen; ■**to** ~ **on** [*or* **off**] **sth** etw zu Abend essen ▶ PHRASES: **if you** ~ **with the devil, you need a long spoon** (*saying*) ≈ wer sich in Gefahr begibt, kommt darin um *prov*

su·per ['suːpəʳ, AM -ɚ] **I.** *adj* ❶ (*fam: excellent*) super *sl,* klasse *sl,* spitzenmäßig *sl,* fantastisch *fam* ❷ COMM von hervorragender Qualität, Qualitäts- **II.** *interj* super!, spitze! **III.** *adv* (*fam*) besonders **IV.** *n* (*fam*) ❶ BRIT (*superintendent*) Aufseher(in) *m(f),* Kommissar(in) *m(f);* AM Hausmeister(in) *m(f)* ❷ AUS (*superannuation*) Pension *f,* Ruhestand *m* ❸ *no pl* AGR Superphosphat *nt* ❹ *no pl* COMM Gewebe *nt* ❺ (*petrol*) Super[benzin] *nt*

super- ['suːpəʳ, AM -ɚ] *in compounds* ❶ (*above*) über-, Über- ❷ (*very*) super-, Super-; ~**-absorbent** supersaugfähig *fam;* ~**-concentrated** hoch konzentriert; ~**fast** superschnell *fam;* ~**rich** schwerreich; ~**-soft** superweich *fam*

super·abun·dance [ˌsuːpᵊrəˈbʌndən(t)s, AM -ɚəˈ-] *n no pl* Überfluss *m;* ■**a** ~ **of sth** eine Unmenge von [*o* an] etw *dat;* **in** ~ im Überfluss

super·abun·dant [ˌsuːpᵊrəˈbʌndənt, AM -ɚəˈ-] *adj inv* überreichlich

super·an·nu·ate [ˌsuːpᵊrˈænjueɪt, AM -ɚˈ-] *vt usu passive* ■**to be** ~**d** pensioniert werden

super·an·nu·at·ed [ˌsuːpᵊrˈænjueɪtɪd, AM -ɚˈænjueɪt̬-] *adj* ❶ (*part of superannuation scheme*) pensioniert ❷ (*hum: obsolete*) überholt, veraltet

super·an·nua·tion [ˌsuːpᵊrˌænjuˈeɪʃᵊn, AM -ɚˌ-] *n no pl* ❶ (*payment*) Rentenbeitrag *m;* **to pay** ~ Rentenbeiträge bezahlen ❷ (*pension*) [Alters]rente *f; of civil servants* Pension *f,* Ruhegeld *nt,* Ruhegehalt *nt* ❸ (*process*) Ruhestand *m*

super·an·nu'a·tion fund *n* Rentenkasse *f,* Pensionskasse *f* **super·an·nu'a·tion plan** *n* AM, **super·an·nu'a·tion scheme** *n* BRIT (*for employees*) Rentenkasse *f;* (*for civil serv-*

S

ants) Pensionskasse *f;* **to pay into a ~** in die Rentenkasse [*o* Pensionskasse] einzahlen

su·perb [suːˈpɜːb, AM səˈpɜːrb] *adj* ① (*excellent*) ausgezeichnet, hervorragend ② (*impressive*) erstklassig; *building, view* großartig

su·perb·ly [suːˈpɜːbli, AM səˈpɜːr-] *adv* ausgezeichnet, hervorragend

ˈSu·per Bowl SPORTS **I.** *n* (*NFL's championship football game*) Super Bowl *m* **II.** *n modifier* Super-Bowl-

super·cede *vt see* **supersede**

super·charge [ˈsuːpətʃɑːdʒ, AM -ɚtʃɑːrdʒ] *vt* AUTO **to ~ sth** *engine* etw aufladen

super·charged [ˈsuːpətʃɑːdʒd, AM -ɚtʃɑːr-] *adj* ① (*more powerful*) *car* mit Lader *nach n; engine* aufgeladen ② (*emotional*) *atmosphere* gereizt; **at a ~ pace** mit atemberaubender Geschwindigkeit

super·charg·er [ˈsuːpəˌtʃɑːdʒəʳ, AM -ɚˌtʃɑːrdʒɚ] *n* AUTO Lader *m,* Aufladegebläse *nt*

super·cili·ous [ˌsuːpəˈsɪliəs, AM -ɚˈ-] *adj* (*pej*) eingebildet *pej,* hochnäsig *pej*

super·cili·ous·ly [ˌsuːpəˈsɪliəsli, AM -ɚˈ-] *adv* (*pej*) hochnäsig *pej*

super·cili·ous·ness [ˌsuːpəˈsɪliəsnəs, AM -ɚˈ-] *n no pl* (*pej*) Hochnäsigkeit *f pej*

super·com·put·er [ˈsuːpəkəmˈpjuːtəʳ, AM -ɚkəmˈpjuːt̬ɚ] *n* COMPUT Supercomputer *m fam*

super·con·duc·tiv·ity [ˌsuːpəˌkɒndʌkˈtɪvəti, AM -ɚˌkɑːndʌkˈtɪvət̬i] *n no pl* PHYS Supraleitfähigkeit *f*

super·con·duc·tor [ˌsuːpəkənˈdʌktəʳ, AM -ɚkənˈdʌktɚ] *n* PHYS Supraleiter *m*

super-duper [ˌsuːpəˈduːpəʳ, AM -ɚˈduːpɚ] *adj* (*hum fam*) ganz toll *fam,* absolut super *fam*

super·ego [ˌsuːpᵊrˈiːgəʊ, AM -ɚˈiːgoʊ] *n* PSYCH Überich *nt*

super·fi·cial [ˌsuːpəˈfɪʃᵊl, AM -ɚˈ-] *adj* ① (*on the surface*) oberflächlich, an der Oberfläche; MED *cuts, injury, wound* oberflächlich; **~ damage** geringfügiger Schaden ② (*apparent*) äußerlich; **~ similarity** äußerliche Ähnlichkeit ③ (*cursory*) *knowledge* oberflächlich; *treatment* flüchtig ④ (*pej: shallow*) *person* oberflächlich *pej* ⑤ BRIT COMM quadratisch, rechtwinklig

super·fi·ci·al·ity [ˌsuːpəˌfɪʃiˈæləti, AM -ɚˌfɪʃiˈælət̬i] *n no pl* ① (*being on surface*) *of damage* Geringfügigkeit *f;* MED Oberflächlichkeit *f* ② (*pej: shallowness*) Oberflächlichkeit *f pej*

super·fi·cial·ly [ˌsuːpəˈfɪʃᵊli, AM -ɚˈ-] *adv* ① (*cursorily*) oberflächlich betrachtet, auf den ersten Blick ② (*pej: in a shallow manner*) oberflächlich *pej*

super·flu·ity [ˌsuːpəˈfluːəti, AM -ɚˈfluːət̬i] *n no pl* (*form*) ① (*excess*) Überfluss *m;* **a ~ of alcohol** übermäßiger Alkoholgenuss; **a ~ of staff** ein Überhang *m* an Arbeitskräften ② (*sth unnecessary*) Überflüssigkeit *f;* ■**to be a ~** überflüssig sein ③ (*state*) Zuviel *nt*

super·flu·ous [suːˈpɜːfluəs, AM -ˈpɜːr-] *adj* überflüssig

super·flu·ous·ly [suːˈpɜːfluəsli, AM -ˈpɜːr-] *adv* überflüssigerweise

super·fluous·ness [suːˈpɜːfluəsnəs, AM -ˈpɜːr-] *n no pl* Überflüssigkeit *f*

ˈsuper·glue® **I.** *n* Sekundenkleber *m;* (*fig*) Klette *f fig, pej;* **to stick like ~ to sb** an jdm wie eine Klette hängen **II.** *vt* ■**to ~ sth** etw festkleben **ˈsuper·grass** *n* BRIT (*fam*) Informant(in) *m(f),* Polizeispitzel *m fam* **ˈsuper·group** [ˈsuːpəgruːp, AM ˈsuːpɚ-] *n* Supergroup *f* **ˈsuper·he·ro** *n* Superheld *m fam* **ˈsuper·high·way** *n* ① AM AUTO Autobahn *f* ② COMPUT [**information**] **~** Datenautobahn *f* **super·ˈhu·man** *adj* übermenschlich

super·im·pose [ˌsuːpᵊrɪmˈpəʊz, AM -ɚɪmˈpoʊz] *vt* **to ~ images** Bilder überlagern; **national boundaries are ~d over the map of Europe** die Grenzen der einzelnen Staaten wurden auf die Europakarte kopiert

super·in·tend [ˌsuːpᵊrɪnˈtend, AM -ɚɪnˈ-] *vt* ■**to ~ sth** etw beaufsichtigen [*o* überwachen]; **to ~ a department** eine Abteilung leiten

super·in·ten·dence [ˌsuːpᵊrɪnˈtendᵊn(t)s, AM -ɚɪnˈ-] *n no pl* [Ober]aufsicht *f; of a department* Leitung *f*

super·in·ten·dent [ˌsuːpᵊrɪnˈtendᵊnt, AM -ɚɪnˈ-] *n* ① (*person in charge*) Aufsicht *f; of schools* Oberschulrat, -rätin *m, f; of an office, department* Leiter(in) *m(f);* **park ~** Parkwächter(in) *m(f)* ② BRIT (*police officer*) Hauptkommissar(in) *m(f);* **S~ Lewis** Hauptkommissar Lewis; AM Polizeipräsident(in) *m(f),* Polizeichef(in) *m(f)* ③ AM (*caretaker*) Hausverwalter(in) *m(f)*

su·peri·or [suːˈpɪəriəʳ, AM səˈpɪriɚ] **I.** *adj inv* ① (*higher in rank*) höhergestellt, vorgesetzt; **~ officer** Vorgesetzte(r) *f(m);* MIL vorgesetzter Offizier/vorgesetzte Offizierin; ■**to be ~ [to sb]** [jdm] vorgesetzt sein; (*higher in status*) höher; **to be socially ~ to sb** gesellschaftlich über jdm stehen, einer höheren [Gesellschafts]schicht angehören als jd; (*higher in quality*) besser sein [als jd/etw] ② (*excellent*) *artist* überragend; *taste* erlesen, gehoben ③ (*better*) *weapons* überlegen; **to be ~ in numbers** zahlenmäßig überlegen [*o* in der Überzahl] sein; **to be ~ in strength** kräftemäßig überlegen sein ④ *pred* (*not susceptible*) ■**to be ~ to sth** über etw *akk* erhaben sein ⑤ (*pej: arrogant*) überheblich *pej,* arrogant *pej* ⑥ ANAT höher ⑦ TYPO hochgestellt **II.** *n* ① (*higher person*) Vorgesetzte(r) *f(m);* **social ~** gesellschaftlich höher stehende Person ② REL **Mother/Father S~** *Vorsteherin/Vorsteher eines Klosters oder Ordens*

su·peri·or ˈcourt *n* LAW höhere Instanz; AM (*in the U.S.*) Berufungsgericht *nt,* Revisionsgericht *nt* (*in einigen Bundesstaaten der USA*)

su·peri·or·ity [suːˌpɪəriˈɒrəti, AM səˌpɪriˈɔːrət̬i] *n no pl* ① (*position*) Überlegenheit *f* (**over** über +*akk*), Superiorität *f geh;* **to demonstrate one's ~** seine Überlegenheit zeigen; **~ in numbers** zahlenmäßige Überlegenheit; (*rank*) höhere Stellung [*o* Position] ② (*pej: arrogance*) Überheblichkeit *f pej,* Arroganz *f pej*

su·peri·ˈor·ity com·plex *n* PSYCH (*fam*) Superioritätskomplex *m fachspr;* **to have a ~** einen Superioritätskomplex haben *fachspr,* sich *akk* für etwas Besseres halten

super·la·tive [suːˈpɜːlətɪv, AM səˈpɜːrlət̬-] **I.** *adj inv* ① (*best*) unübertrefflich, sagenhaft, fantastisch ② LING superlativisch *fachspr;* **~ form** Superlativ *m fachspr* **II.** *n* LING ① (*form*) Superlativ *m fachspr;* (*word*) Superlativ *m* ② *usu pl* (*hyperbole*) Übertreibung *f*

super·la·tive·ly [suːˈpɜːlətɪvli, AM səˈpɜːrlət̬-] *adv inv* sagenhaft, fantastisch; **~ successful** höchst erfolgreich; **to cook ~** sagenhaft gut kochen

ˈsuper·man *n* ① PHILOS Übermensch *m* ② (*cartoon character*) **S~** Superman *m* ③ (*fam*) ■**a ~** (*exceptional man*) ein Superman

super·mar·ket [ˈsuːpəˌmɑːkɪt, AM -ɚˌmɑːr-] *n* Supermarkt *m;* **at the ~** im Supermarkt **ˈsuper·mar·ket cart** *n* AM Einkaufswagen *m* **ˈsuper·mar·ket chain** *n* Supermarktkette *f* **ˈsuper·mar·ket tab·loid** *n* AM Wochenblatt *nt* **ˈsuper·mar·ket trol·ley** *n* BRIT Einkaufswagen *m*

ˈsu·per max *n* (*fam*), **su·per maxi·mum se·ˈcur·ity pris·on** *n* Hochsicherheitsgefängnis *nt* **ˈsuper·mod·el** *n* FASHION Supermodel *nt* **ˈsuper·mom** *n* AM *Frau, die Familie, Haushalt und Karriere gleichermaßen meistert*

super·natu·ral [ˈsuːpəˌnætʃᵊrᵊl, AM -ɚˌnætʃɚᵊl] **I.** *adj* ① (*mystical*) übernatürlich ② (*extraordinary*) außergewöhnlich **II.** *n* ■**the ~** das Übernatürliche

super·natu·ral·ly [ˈsuːpəˌnætʃᵊrᵊli, AM -ɚˌnætʃɚ-] *adv* ① (*mystically*) übernatürlich ② (*extraordinarily*) **~ large/strong** außergewöhnlich groß/stark

super·no·va <*pl* -s *or* -vae> [ˌsuːpəˈnəʊvə, AM -ɚˈnoʊ-, *pl* -viː] *n* ASTRON Supernova *f*

super·nu·mer·ary [ˌsuːpəˈnjuːmᵊrᵊri, AM -ɚˈnuːməreri] **I.** *adj* (*form*) ① (*extra*) zusätzlich ② (*not wanted*) überzählig ③ BOT, ZOOL zu viel *nach n;* **her right foot had a ~ toe** an ihrem rechten Fuß war eine Zehe zu viel ❹ FILM, THEAT Statisten- **II.** *n* (*form*) ❶ (*employee*) [Aus]hilfskraft *f* ❷ (*person*) überzählige Person; (*thing*) überzählige Sache ❸ FILM, THEAT Statist(in) *m(f)*

super·or·di·nate [ˌsuːpəʳˈɔːdənət, AM -ɚˈɔːr-] **I.** *n* ❶ (*thing*) übergeordnete Sache ❷ (*person*) übergeordnete Person ❸ LING übergeordnetes Wort **II.** *adj* übergeordnet

su·per 'pet·rol *n* BRIT Superbenzin *nt*

super·phos·phate [ˌsuːpəˈfɒsfeɪt, AM -ɚˈfɑːs-] *n no pl* AGR Superphosphat *nt*

'super·pow·er *n* Supermacht *f* **'super·sav·er** *n* ❶ (*ticket*) Sparticket *nt* ❷ BRIT (*offer*) Supersparangebot *nt* **super·sav·er 'fare** *n* TOURIST Sondersparttarif *m,* ermäßigter Fahrpreis **super·sav·er 'tick·et** *n* TOURIST ermäßigtes Ticket, Sparticket *nt*

super·script [ˈsuːpəskrɪpt, AM -pɚ-] **I.** *adj inv* hochgestellt **II.** *n* hochgestelltes Zeichen; **in ~** hochgestellt

super·sede [ˌsuːpəˈsiːd, AM -ɚˈ-] *vt* ■**to ~ sb/sth** jdn/etw ersetzen [*o* ablösen]

super·son·ic [ˌsuːpəˈsɒnɪk, AM -ɚˈsɑːn-] *adj inv* Überschall-; **~ aircraft** Überschallflugzeug *nt;* **the ~ travel age** das Zeitalter des Reisens mit Überschallgeschwindigkeit

super·star [ˈsuːpəstɑːʳ, AM -ɚstɑːr] *n* Superstar *m*

super·star·dom [ˈsuːpəˌstɑːdəm, AM -ɚˌstɑːr-] *n no pl* Leben *nt* als Superstar; **to shoot to ~** zum Superstar werden

super·sti·tion [ˌsuːpəˈstɪʃən, AM -ɚˈ-] *n* ❶ *no pl* (*belief*) Aberglaube[n] *m;* **according to ~** dem Aberglauben nach; **out of ~** aus Aberglauben ❷ (*practice*) Aberglaube *m kein pl*

super·sti·tious [ˌsuːpəˈstɪʃəs, AM -ɚˈ-] *adj* abergläubisch; ■**to be ~ about doing sth** glauben, dass es Unglück bringt, etw zu tun

super·sti·tious·ly [ˌsuːpəˈstɪʃəsli, AM -ɚˈ-] *adv* abergläubisch

super·store [ˈsuːpəstɔːʳ, AM -ɚstɔːr] *n* Großmarkt *m,* Verbrauchermarkt *m*

super·struc·ture [ˈsuːpəˌstrʌktʃəʳ, AM -ɚˌstrʌktʃɚ] *n* ❶ (*upper structure*) Oberbau *m* ❷ NAUT [Deck]aufbauten *mpl* ❸ ARCHIT Oberbau *m* ❹ (*concept*) Überbau *m*

super·tank·er [ˈsuːpəˌtæŋkəʳ, AM -ɚˌtæŋkɚ] *n* NAUT Riesentanker *m,* Supertanker *m*

super·ti·tle [ˈsuːpɚˌtaɪt̬l] *n* AM Oberüberschrift *f*

Su·per 'Tues·day *n* AM POL (*fam*) *im Wahljahr der zweite Dienstag im März, an dem in vielen Staaten eine Vorwahl für den Präsidentschaftskandidaten abgehalten wird*

super·un·lead·ed [ˈsuːpərʌnˌledɪd, AM -ɚʌnˌ-] AUTO **I.** *adj* superbleifrei **II.** *n* Super *nt* bleifrei

super·vene [ˌsuːpəˈviːn, AM -ɚˈ-] *vi* (*form*) dazwischenkommen; **events have ~d** es sind unvermutete Ereignisse eingetreten

super·vise [ˈsuːpəvaɪz, AM -pɚ-] *vt* ■**to ~ sb/sth** jdn/etw beaufsichtigen; **to ~ the distribution of aid** die Verteilung von Hilfsgütern überwachen; **to ~ an exam** bei einer Prüfung die Aufsicht haben

super·vi·sion [ˌsuːpəˈvɪʒən, AM -ɚˈ-] *n no pl of children* Beaufsichtigung *f; of prisoners, work* Überwachung *f;* ■**under the ~ of sb** unter [der] Aufsicht einer Person *gen;* ■**without ~** unbeaufsichtigt

super·vi·sor [ˈsuːpəvaɪzəʳ, AM -ɚvaɪzɚ] *n* ❶ (*person in charge*) Aufsichtsbeamte(r) *m,* Aufsichtsbeamte [*o* -in] *f;* (*in shop*) Abteilungsleiter(in) *m(f);* (*in factory*) Vorarbeiter(in) *m(f);* SCH Betreuungslehrer(in) *m(f);* UNIV Betreuer(in) *m(f);* (*for doctoral candidates*) Doktorvater *m;* BRIT Tutor(in) *m(f)* ❷ AM POL leitender Verwaltungsbeamter/leitende Verwaltungsbeamte [*o* -in]

super·vi·sory [ˌsuːpəˈvaɪzəri, AM -ɚˈvaɪzɚi] *adj inv* Aufsichts-, aufsichtsführend *attr;* **~ body** Aufsichtsorgan *nt,* Kontrollinstanz *f;* **~ staff** Aufsichtspersonal *nt*

'super·wom·an *n* (*fam*) ❶ (*woman of extraordinary powers*) Superwoman *f* ❷ (*successful woman*) *Frau, die Familie und Karriere gleichermaßen meistert*

su·pine [ˈsuːpaɪn, AM suːˈpaɪn] *adj* ❶ *inv* (*lying on back*) **to be/lie ~** auf dem Rücken liegen; **he was ~ on the floor** er lag ausgestreckt auf dem Boden ❷ (*fig, pej: indolent*) träge *pej,* gleichgültig *pej*

su·pine·ly [ˈsuːpaɪnli, AM suːˈpaɪnliː] *adv inv* (*fig, pej form*) träge *pej,* gleichgültig *pej*

sup·per [ˈsʌpəʳ, AM -ɚ] *n* ❶ FOOD (*meal*) Abendessen *nt,* Abendbrot *nt,* Nachtmahl *nt* ÖSTERR; **to have ~** zu Abend essen, das Nachtmahl einnehmen ÖSTERR; **we're having pasta for ~** bei uns gibt es heute Nudeln zum Abendessen ❷ FOOD (*dated: snack*) später Imbiss ▸ PHRASES: **to sing for one's ~** (*in return for payment*) etw tun für sein Geld; (*in return for a favour*) sich *akk* revanchieren

'sup·per·time [ˈsʌpətaɪm, AM -ɚ-] *n no pl* Abendbrotzeit *f,* Abendessenszeit *f*

sup·plant [səˈplɑːnt, AM -ˈplænt] *vt* ■**to ~ sb/sth** jdn/etw ersetzen [*o* ablösen]; **to feel ~ed** sich *akk* zurückgesetzt fühlen

sup·ple [ˈsʌpl̩] *adj* ❶ (*flexible*) *human body* gelenkig, geschmeidig; (*fig*) *mind* flexibel, beweglich; **to have a ~ mind** geistig beweglich [*o* flexibel] sein ❷ (*not stiff*) *leather* geschmeidig; *skin* weich

sup·ple·ly [ˈsʌpl̩li] *adv* weich, geschmeidig

sup·ple·ment **I.** *n* [ˈsʌplɪmənt, AM -lə-] ❶ (*something extra*) Ergänzung *f* (**to** zu +*dat*); (*book*) Supplement *nt,* Supplementband *m,* Ergänzungsband *m;* (*information*) Nachtrag *m,* Anhang *m;* **a ~ to one's income** ein zusätzliches Einkommen ❷ MED **vitamin ~** Nahrungsmittelergänzung *f* ❸ (*section*) Beilage *f;* **advertising/sports ~** Werbe-/Sportbeilage *f;* **the Sunday ~** die Sonntagsbeilage ❹ BRIT (*surcharge*) Zuschlag *m;* **to pay a ~** einen Zuschlag zahlen **II.** *vt* [ˈsʌplɪment, AM -lə-] ■**to ~ sth** etw ergänzen; **to ~ one's diet with sth** seine Nahrung durch etw *akk* ergänzen; **to ~ one's income by doing sth** sein Einkommen aufbessern, indem man etw tut

sup·ple·men·tal [ˈsʌpləment̬əl] *adj* AM, **sup·ple·men·ta·ry** [ˈsʌpləmentəri, AM -t̬ɚi] *adj inv* ❶ (*additional*) ergänzend *attr,* zusätzlich, Zusatz-; **~ charge** Zuschlag *m;* **~ income** Zusatzeinkommen *nt;* **~ reading** ergänzende Lektüre; ■**to be ~ [to sth]** eine Ergänzung [zu etw *dat*] sein ❷ MATH supplementär

sup·ple·men·ta·ry 'an·gle *n* MATH Supplementwinkel *m,* Ergänzungswinkel *m*

sup·ple·ness [ˈsʌpl̩nəs] *n no pl* ❶ (*flexibility*) *of the human body* Gelenkigkeit *f,* Geschmeidigkeit *f;* (*fig*) *of mind* Flexibilität *f fig,* Beweglichkeit *f fig* ❷ (*softness*) *of leather* Geschmeidigkeit *f; of skin* Weichheit *f*

sup·pli·ant [ˈsʌpliənt] (*form*) **I.** *n* Bittsteller(in) *m(f)* **II.** *adj* ■**to be ~** demütig bitten, flehen *geh*

sup·pli·cant [ˈsʌplɪkənt, AM -lə-] *n* (*form, liter*) Bittsteller(in) *m(f);* **a ~ for mercy** ein um Gnade Flehender/eine um Gnade Flehende *geh*

sup·pli·cate [ˈsʌplɪkeɪt, AM -lə-] (*form, liter*) **I.** *vi* flehen *geh,* inständig bitten **II.** *vt* ■**to ~ sb/sth** jdn/etw anflehen *geh;* **to ~ sb for forgiveness** jdn [demütig] um Verzeihung bitten; **to ~ assistance from sb** jdn inständig um Hilfe bitten *geh*

sup·pli·ca·tion [ˌsʌplɪˈkeɪʃən, AM -ləˈ-] *n* (*form, liter*) Flehen *nt kein pl geh* (**for** um +*akk*); **they have made a ~ for help** sie haben eindringlich um Hilfe gebeten; **in ~** flehentlich *geh*

sup·pli·er [səˈplaɪəʳ, AM -ɚ] *n* ❶ (*provider*) Lieferant(in) *m(f);* **~ of services** Erbringer *m* von Dienstleistungen; **main ~** Hauptlieferant *m;* **steel ~** Stahllieferant *m* ❷ (*company*) Lieferfirma *f,* Zulieferbetrieb *m;* ■**~s** *pl* Lieferanten *mpl,* Zulieferer *mpl* ❸ (*drug peddler*) [Drogen]lieferant(in) *m(f)*

sup·ply¹ [səˈplaɪ] **I.** *vt* <-ie-> ❶ (*provide sth*) ■**to ~ sth** für etw *akk* sorgen, etw bereitstellen; **to ~ an answer to a question** eine Antwort auf eine Frage geben; **to ~ information about sth** Informationen über etw *akk* geben; **to come supplied with sth** *car, radio* mit etw *dat* ausgestattet [*o* ausgerüstet] sein; ■**to ~ sth to sb** *arms, drugs* jdm etw beschaffen; **to be accused of ~ing drugs** des Drogenhandels beschuldigt werden, wegen Drogenhandel[s] angeklagt sein ❷ (*provide sb with*

S

sth) ■**to ~ sb** jdn versorgen, jdm etw geben; ECON jdn mit etw *dat* beliefern; ■**to be supplied with sth** etw erhalten; **to ~ sb with food** jdn mit Nahrung versorgen ③ (*act as source*) liefern; **this cereal supplies plenty of vitamins** dieses Getreide ist ein großer Vitaminspender ④ (*satisfy*) **to ~ a demand** eine Nachfrage befriedigen; **to ~ a requirement** einer Forderung nachkommen **II.** *n* ① (*stock*) Vorrat *m* (**of** an +*dat*); **a month's ~ of tablets** eine Monatspackung Tabletten; **water ~** Wasservorrat *m* ② *no pl* (*action*) Versorgung *f*, Bereitstellung *f*; **electricity** [*or* **power**]**/water ~** Strom-/Wasserversorgung *f*; **oil/petrol ~** Öl-/Benzinzufuhr *f*; (*action of providing*) Belieferung *f*; **source of ~** Bezugsquelle *f* ③ ECON Angebot *nt*; **~ and demand** Angebot und Nachfrage; **to be in plentiful ~** im Überfluss [*o* reichlich] vorhanden sein; **to be in short ~** Mangelware sein ④ ■**supplies** *pl* (*provision*) Versorgung *f kein pl*; MIL Nachschub *m*; (*amount needed*) Bedarf *m*; **food supplies** Versorgung *f* mit Lebensmitteln, Lebensmittellieferungen *fpl*; **to be urgently in need of medical supplies** dringend medizinischer Versorgung bedürfen; **to cut off supplies** die Lieferungen einstellen; **to cut off gas/water supplies** das Gas/Wasser abstellen; **office supplies** Bürobedarf *m* ⑤ (*amount available*) ■**supplies** *pl* Vorräte *mpl*, Bestände *mpl*; **food supplies** Lebensmittelvorräte *mpl*; (*for camping, journey*) Proviant *m* ⑥ BRIT POL ■**supplies** *pl* Budget *nt*, bewilligter Etat ⑦ BRIT, AUS (*teacher*) Vertretungslehrer(in) *m(f)*, Aushilfslehrer(in) *m(f)*; **to be on ~** vertretungsweise unterrichten

sup·ply² [ˈsʌpḷi] *adv see* **supplely**

sup·'ply base *n* MIL Versorgungsbasis *f*, Nachschubbasis *f* **sup·'ply chain** *n* ECON Versorgungskette *f* **sup·'ply de·pot** *n* MIL Versorgungsbasis *f*, Nachschubbasis *f* **sup·'ply in·dus·try** *n* Zuliefer[er]industrie *f* **sup·'ply line** *n usu pl* Transportweg *m* (*für die Versorgung mit Gütern*); MIL Nachschubweg *m* **sup·'ply ship** *n* NAUT Versorgungsschiff *nt* **sup·'ply-side** *adj inv* ECON angebotsorientiert; **~ economics** Angebotswirtschaft *f*, angebotsorientierte Wirtschaft **sup·ply-sid·er** [səˈplaɪˌsaɪdəʳ, AM -ɚ] *n* AM *Befürworter von Steuersenkungen zur Ankurbelung der Wirtschaft* **sup·'ply teach·er** *n* BRIT, AUS Aushilfslehrer(in) *m(f)*, Vertretungslehrer(in) *m(f)*

sup·port [səˈpɔːt, AM -ˈpɔːrt] **I.** *vt* ① (*hold up*) ■**to ~ sb/sth** jdn/etw stützen; ■**to be ~ed on** [*or* **by**] **sth** von etw *dat* gestützt werden; ■**to ~ oneself on sth** sich *akk* auf etw *akk* stützen; **to ~ a currency** ECON eine Währung stützen; **to ~ a roof** ein Dach abstützen; **to ~ sb's weight** jds Gewicht tragen; **the ice is thick enough to ~ our weight** das Eis ist so dick, dass es uns trägt ② (*sustain*) **to ~ life** für den Lebensunterhalt sorgen ③ (*fulfil*) **to ~ a role** eine Rolle spielen ④ *usu neg* (*form: tolerate*) **to not/no longer ~ sth** etw nicht/nicht länger ertragen [*o geh* erdulden] [*o fam* aushalten] ⑤ (*provide with money*) **to ~ sb/sth** jdn/etw [finanziell] unterstützen; **to ~ one's lifestyle** seinen Lebensstil Sucht finanzieren ⑥ (*provide with necessities*) ■**to ~ sb** für jds Lebensunterhalt *m* aufkommen; ■**to ~ oneself** seinen Lebensunterhalt [selbst] bestreiten; **to ~ a family** eine Familie unterhalten ⑦ (*comfort*) ■**to ~ sb/sth** jdn/etw unterstützen; ■**to ~ sb in sth** jdn bei etw *dat* unterstützen; **the union is ~ing Linda in her claim that she was unfairly dismissed** die Gewerkschaft unterstützt Lindas Behauptung, sie sei zu Unrecht entlassen worden ⑧ (*encourage*) ■**to ~ sb/sth** jdn/etw unterstützen; **to ~ a cause** für eine Sache eintreten; **to ~ a plan** einen Plan befürworten ⑨ (*corroborate*) ■**to ~ sth** etw belegen; **to ~ a theory** eine Theorie beweisen ⑩ SPORTS **to ~ a sportsman/team** für einen Sportler/ein Team sein ⑪ COMPUT **to ~ a device/language/program** ein Gerät/eine Sprache/ein Programm unterstützen **II.** *n* ① (*prop*) Stütze *f*; ARCHIT Träger *m*; FASHION Stütze *f*; **knee ~** Kniestrumpf *m*; **~ stockings** Stützstrümpfe *mpl* ② *no pl* (*act of holding*) Halt *m*; **to give sth ~** etw *dat* Halt geben ③ *no pl* (*material assistance*) Unterstützung *f*; **financial ~** finanzielle Unterstützung; **a** [**visible**] **means of ~** eine [bekannte] Einnahmequelle; **to withdraw ~ from sb/sth** jdm/etw die weitere Unterstützung entziehen; LAW Unterhalt *m*; **action for ~** Unterhaltsklage *f*; **to receive ~** Unterhalt bekommen ④ *no pl* (*comfort*) Halt *m fig*, Stütze *f fig*; ■**to be a ~ to sb** jdm eine Stütze sein; **letters of ~** Sympathieschreiben *ntpl*; **moral ~** moralische Unterstützung; **to give sb a lot of ~** jdm großen Rückhalt geben; **to give sb moral ~** jdn moralisch unterstützen ⑤ *no pl* (*encouragement*) Unterstützung *f*; (*proof of truth*) Beweis *m*; **to drum up ~ for sth** Unterstützung für etw *akk* auftreiben; **to enlist the ~ of sb** jds Unterstützung gewinnen; **to lend ~ to a theory** eine Theorie erhärten; **to pledge ~ for sth** etw *dat* seine Unterstützung zusichern ⑥ COMPUT Support *m* ▶ PHRASES: **in ~ of** (*to assist*) als Unterstützung; (*to express approval*) zur Unterstützung; **to vote in ~ of the President** für den Präsidenten stimmen; (*to obtain*) um etw zu erreichen; **the miners have come out on strike in ~ of their pay claim** die Bergarbeiter sind in den Streik getreten, um ihrer Lohnforderung Nachdruck zu verleihen

sup·port·able [səˈpɔːtəbḷ, AM -ˈpɔːrt̬-] *adj* (*form*) vertretbar

sup·port·er [səˈpɔːtəʳ, AM -ˈpɔːrt̬ɚ] *n* ① (*encouraging person*) Anhänger(in) *m(f)*; *of a campaign, policy* Befürworter(in) *m(f)*; *of a theory* Verfechter(in) *m(f)*; **strong ~** energischer Verfechter/energische Verfechterin ② SPORTS Fan *m* ③ (*jockstrap*) Suspensorium *nt*

sup·'port group *n* ① (*group of sympathisers*) Hilfsvereinigung *f* ② (*music group*) Vorgruppe *f*

sup·port·ing [səˈpɔːtɪŋ, AM -ˈpɔːrt̬-] *adj attr, inv* BRIT FILM Vor-, Bei-; **~ programme** Vorprogramm *nt*, Beiprogramm *nt*

sup·'port·ing act *n* MUS Vorgruppe *f* **sup·'port·ing ac·tor** *n* FILM Nebendarsteller(in) *m(f)* **sup·'port·ing cast** *n* Nebendarsteller *mpl*, Ensemble *nt* **sup·port·ing docu·men·'ta·tion** *n* Belege *mpl* **sup·'port·ing film** *n* BRIT FILM Vorfilm *m*, Beifilm *m* **sup·'port·ing part** *n*, **sup·'port·ing role** *n* Nebenrolle *f* **sup·port·ing 'tis·sue** *n* ANAT Stützgewebe *nt*

sup·por·tive [səˈpɔːtɪv, AM -ˈpɔːrt̬-] *adj* (*approv*) ■**to be ~ of sb** jdm eine Stütze sein, jdn unterstützen; **children with ~ parents often do better at school** Kinder, die von ihren Eltern unterstützt werden, kommen oft besser in der Schule zurecht; ■**to be ~ of sth** etw unterstützen [*o* befürworten]; **~ member** Anhänger(in) *m(f)*

sup·por·tive·ly [səˈpɔːtɪvli, AM -ˈpɔːrt̬-] *adv* **to behave ~ towards sb** jdm Rückhalt geben

sup·por·tive·ness [səˈpɔːtɪvnəs, AM -ˈpɔːrt̬-] *n no pl* Unterstützung *f*

sup·'port net·work *n* Hilfsnetz *nt* **sup·'port price** *n* BRIT AGR garantierter Mindestpreis **sup·'port sys·tem** *n* Hilfsnetz *nt*

sup·pose [səˈpəʊz, AM -ˈpoʊz] *vt* ① (*think likely*) ■**to ~** [**that**] **...** annehmen [*o* vermuten], dass ...; **what time do you ~ he'll be arriving?** wann, glaubst du, wird er ankommen?; **I had always ~ed that he was innocent** ich war immer der Meinung, dass er unschuldig ist; **I ~ you think that's funny** du hältst das wohl auch noch für komisch; **that's not a very good idea – no, I ~ not** das ist keine sehr gute Idee – ja, das glaube ich auch; **will they have arrived by now? – I don't ~ so** ob sie jetzt wohl angekommen sind? – das glaube ich eigentlich nicht; **I ~/don't ~** wohl/wohl kaum; **I ~ all the tickets will be sold by now** die Tickets werden wohl inzwischen ausverkauft sein; **I ~ you couldn't ...** [*or* **I don't ~ you could ...**] Sie könnten mir nicht zufällig ... ② (*as admission*) denken, annehmen; **I'm very popular, I ~** ich bin sehr beliebt, nehm' ich mal an ③ (*to introduce hypothesis*) annehmen; **~ he was there ...** angenommen er war hier ... ④ (*as a suggestion*) **~ we leave right away?** wie wär's, wenn wir jetzt gleich fahren würden? ⑤ (*form: require*) ■**to ~ sth** etw voraussetzen ⑥ (*believe*) ■**to ~ sth** etw glauben [*o* vermuten]; **I ~ she would have been about 70 when she died** ich vermute, sie war so um die 70, als sie starb; ■ **to ~ sb/sth to be sth** jdn/etw für etw *akk* halten; **we all ~ed him to be German** wir hatten alle gedacht, dass er Deutscher sei; **her new book is ~ed to be very good** ihr neues Buch soll sehr gut sein; **it is commonly ~ed that ...** es wird allgemein angenommen, dass ... ❼ *pred* (*expected*) ■ **to be ~d to do sth** etw tun sollen; **you're ~d to be asleep** du solltest eigentlich schon schlafen; **how am I ~d to find that much money?** woher soll ich nur das ganze Geld nehmen? ❽ *pred, usu neg* (*allowed*) ■ **to be not ~d to do sth** etw nicht tun dürfen; **you're not ~d to park here** sie dürfen hier nicht parken ▶ PHRASES: **I ~ so** wahrscheinlich, wenn du meinst

sup·posed [sə'pəʊzd, AM -'poʊ-] *adj attr, inv* vermutet, angenommen; **~ killer** mutmaßlicher Mörder/mutmaßliche Mörderin

sup·pos·ed·ly [sə'pəʊzɪdli, AM -'poʊ-] *adv inv* ❶ (*allegedly*) angeblich ❷ (*apparently*) anscheinend, scheinbar

sup·pos·ing [sə'pəʊzɪŋ, AM -'poʊ-] *conj* angenommen; **~ he doesn't show up?** was, wenn er nicht erscheint?; **but ~ ...** aber wenn ...; **always ~ ...** immer unter der Annahme, dass ...

sup·po·si·tion [ˌsʌpə'zɪʃᵊn] *n* ❶ *no pl* (*act*) Spekulation *f,* Mutmaßung *f;* **to be based on pure ~** auf reiner Spekulation beruhen ❷ (*belief*) Vermutung *f,* Annahme *f;* **unfounded ~** unbegründete Annahme; **on the ~ that ...** vorausgesetzt, dass ...

sup·posi·tory [sə'pɒzɪtᵊri, AM -'pɑːzɪtɔːri] *n* MED Zäpfchen *nt,* Suppositorium *nt fachspr;* **to insert a ~** ein Zäpfchen einführen

sup·press [sə'pres] *vt* ■ **to ~ sth** ❶ (*end*) etw unterdrücken; **to ~ a revolution** eine Revolution niederschlagen; **to ~ terrorism** den Terrorismus bekämpfen; **to ~ human rights** die Menschenrechte missachten ❷ (*restrain*) **to ~ feelings/impulses/urges** Gefühle/Impulse/Verlangen unterdrücken ❸ (*prevent from spreading*) **to ~ evidence/information** Beweismaterial/Informationen zurückhalten ❹ (*inhibit*) etw hemmen; **to ~ the immune system** das Immunsystem schwächen; **to ~ a process/reaction** einen Prozess/eine Reaktion abschwächen ❺ ELEC **to ~ electrical interference** etw entstören, eine elektrische Störung beheben ❻ PSYCH **to ~ ideas/memories** Vorstellungen/Erinnerungen verdrängen

sup·pres·sant [sə'presᵊnt] *n* hemmendes Medikament; **appetite ~** Appetitzügler *m,* Appetithemmer *m;* **cough ~** Hustenmittel *nt*

sup·pres·sion [sə'preʃᵊn] *n no pl* ❶ (*act of ending*) Unterdrückung *f; of an uprising, a revolution* Niederschlagung *f; of terrorism* Bekämpfung *f* ❷ *of anger, individuality* Unterdrückung *f* ❸ *of evidence, information* Zurückhaltung *f* ❹ MED Hemmung *f* ❺ ELEC Entstörung *f* ❻ PSYCH Verdrängung *f*

sup·pres·sor [sə'presəʳ, AM -ɚ] *n* ❶ (*restrainer*) **noise ~** Rauschunterdrücker *m* ❷ (*inhibitor*) **weed ~** Unkrautbekämpfungsmittel *nt* ❸ ELEC Entstörvorrichtung *f,* Entstörer *m*

sup·pu·rate ['sʌpjəreɪt] *vi* eitern

supra·na·tion·al [ˌsuːprə'næʃᵊnᵊl] *adj inv* supranational *geh,* übernational, überstaatlich

supra·or·bit·al [ˌsuːprə'ɔːbɪtᵊl, AM -t̬ᵊl] *adj* ANAT supraorbital

su·prema·cist [suː'preməsɪst, AM sə'-] (*esp pej*) **I.** *n jd, der an die Überlegenheit einer bestimmten Gruppe glaubt* **II.** *adj* sich *akk* überlegen fühlend; **to have a ~ attitude towards sb** sich jdm gegenüber überlegen fühlen

su·prema·cy [suː'preməsi, AM sə'-] *n no pl* Vormachtstellung *f,* Supremat *m o nt geh;* SPORTS Überlegenheit *f;* **to establish air ~** MIL sich *dat* die Luftherrschaft sichern

su·preme [suː'priːm, AM sə'-] **I.** *adj inv* ❶ (*superior*) höchste(r, s), oberste(r, s); **~ authority** höchste [Regierungs]gewalt; **~ commander** Oberbefehlshaber(in) *m(f);* **~ ruler** oberster Herrscher/oberste Herrscherin ❷ (*strongest*) **to reign ~** absolut herrschen; (*fig*) [unangefochten] an erster Stelle stehen ❸ (*extreme*) äußerste(r, s), größte(r, s); **the ~ irony was that ...** die größte Ironie bestand darin, dass ...; (*causing great pleasure*) überragend, unübertroffen, unvergleichlich; **to show ~ courage** größten Mut beweisen; **to require a ~ effort of will** höchste Willenskraft erfordern; **~ moment** einzigartiger Moment, Höhepunkt *m* ❹ (*fatal*) **to make the ~ sacrifice** (*liter*) [sein Leben] opfern **II.** *n no pl* FOOD **turkey ~** ≈ Putengeschnetzeltes *nt* (*in Sahnesauce*)

Su·preme 'Be·ing *n* REL (*liter*) ■ **the ~** das Höchste Wesen *liter*

Su·preme 'Court *n* Oberster Gerichtshof

su·preme·ly [suː'priːmli, AM sə'-] *adv* äußerst; **James plays the violin ~ well** James spielt außerordentlich gut Geige

Su·preme 'So·vi·et *n* (*hist*) ■ **the ~** der Oberste Sowjet *hist*

su·pre·mo [suː'priːməʊ, AM sə'priːmoʊ] *n esp* BRIT, AUS (*fam*) ❶ (*boss*) Oberboss *m fam* ❷ (*expert*) **tennis ~** Tenniscrack *m*

Supt *n abbrev of* **superintendent 2**

sur·charge ['sɜːtʃɑːdʒ, AM 'sɜːrtʃɑːrdʒ] **I.** *n* ❶ (*extra charge*) Zuschlag *m* (**for** für +*akk*), Aufschlag *m* (**on** auf +*akk*); **~ for a single room** Einzelzimmerzuschlag *m* ❷ (*penalty*) [Steuer]zuschlag *m* ❸ BRIT (*refund*) Rückerstattung *f* ❹ (*omission*) Zuschlag *m,* Aufschlag *m* ❺ (*mark on stamp*) Nachporto *nt,* Strafporto *nt* **II.** *vt* ❶ *usu passive* ■ **to ~ sb** einen Zuschlag von jdm verlangen; ■ **to ~ sth** einen Zuschlag auf etw *akk* erheben, etw mit einem Zuschlag belegen; ■ **to be ~d on** [*or* **for**] **sth** für etw *akk* einen Zuschlag bezahlen müssen; **to be ~d for a single room** einen Einzelzimmerzuschlag bezahlen müssen ❷ (*mark*) **to ~ a stamp** eine Marke mit einem Zuschlagsstempel versehen **III.** *vi* einen Zuschlag erheben [*o* fordern]

sure [ʃʊəʳ, AM ʃʊr] **I.** *adj* ❶ *pred* (*confident*) sicher; ■ **to be ~ [that] ...** [sich *dat*] sicher sein, dass ...; **are you ~?** bist du sicher?; **I'm not really ~** ich weiß nicht so genau; **to feel ~ [that] ...** überzeugt [davon] sein, dass ...; **to seem ~ [that] ...** als sicher erscheinen, dass ...; ■ **to be ~/not ~ how/what/when/where/whether/who/why ...** genau/nicht genau wissen, wie/was wann/wo/ob/wer/warum ...; ■ **to be ~/not ~ if ...** genau/nicht genau wissen, ob...; ■ **to be ~/not ~ about** [*or* **of**] **sth** sich *dat* einer S. *gen* sicher/nicht sicher sein; **are you ~ about this?** sind Sie sich dessen sicher?; **I'm not ~ about what to do for the best** ich weiß nicht genau, was am besten zu tun ist; ■ **to be ~/not ~ about** [*or* **of**] **sb** sich *dat* über jdn im Klaren/nicht im Klaren sein; **you can always be ~ of Kay** du kannst dich immer auf Kay verlassen ❷ (*expect to get*) ■ **to be ~ of sth** etw sicher bekommen; ■ **sb is ~ of sth** etw ist jdm sicher; **we arrived early to be ~ of getting a good seat** wir waren frühzeitig da, um auch ja gute Plätze zu bekommen ❸ (*certain*) sicher, gewiss; ■ **to be ~ to do sth** überzeugt [davon] sein, etw zu tun; **where are we ~ to have good weather?** wo werden wir aller Voraussicht nach gutes Wetter haben?; **we're ~ to see you again before we leave** bestimmt sehen wir Sie noch einmal, bevor wir abreisen ❹ (*true*) sicher; **one ~ way [of doing sth]** ein sicherer Weg [etw zu tun] ❺ *attr* (*reliable*) **a ~ sign of sth** ein sicheres Zeichen für etw *akk;* **to have a ~ understanding of sth** sich *dat* über etw *akk* im Klaren sein ▶ PHRASES: **[as] ~ as <u>eggs</u> is eggs** [*or* **<u>God</u> made little apples**] BRIT (*dated*), **as ~ as the <u>day</u> is long** so sicher wie das Amen in der Kirche *fam;* **[as] ~ as <u>hell</u>** (*sl*) todsicher *fam;* **~ <u>thing</u>** (*fam: certainty*) sicher!; *esp* AM (*of course*) [aber] natürlich!, [na] klar! *fam;* **~ <u>enough</u>** (*fam*) tatsächlich; **to <u>be</u> ~** (*form: to concede truth*) sicherlich, gewiss; (*as emphasis*) klar; **that was a great movie, to be ~!** eines ist klar: das war ein großartiger Film!; **to <u>be</u> ~ of oneself** selbstbewusst sein; (*pej*) sehr von sich *dat* überzeugt sein *pej;* **to <u>make</u> ~** sich versichern; **to <u>make</u> ~ [that] ...** darauf achten, dass ...; **make ~ you lock the door when you go out** denk daran, die Tür abzuschließen, wenn du weggehst; **as ~ as I'm <u>standing</u>/sitting here** so wahr ich hier stehe/sitze; **<u>for</u> ~** (*fam*) bestimmt, ganz sicher; **to know for ~ that ...** ganz sicher [*o* genau] wissen, dass ...; **and that's for ~!** das ist mal sicher! *fam;* **one thing's for ~** eines ist [schon] mal sicher [*o* steht schon mal fest] *fam* **II.** *adv esp* AM (*fam: certainly*) echt

S

fam; **I ~ am hungry!** hab ich vielleicht einen Hunger! **III.** *interj* (*fam: certainly!*) **oh** [*or* **yeah**] **~!** [aber] natürlich! *iron,* na klar [doch]! *iron;* **~ I will!** natürlich!, aber klar doch! *fam*
'sure-fire *adj attr, inv* (*fam*) todsicher *fam* **sure-'foot·ed** *adj* ❶ (*able to walk*) trittsicher ❷ (*confident*) sicher, souverän *geh* **sure-'foot·ed·ly** *adv* ❶ (*walking confidently*) [tritt]sicher; *person* sicheren Fußes *geh* ❷ (*confidently*) sicher, souverän *geh;* **to deal with sth very ~** sehr souverän mit etw *dat* umgehen **sure-'foot·ed·ness** *n no pl* ❶ (*ability to walk*) [Tritt]sicherheit *f* ❷ (*confidence*) Sicherheit *f,* Souveränität *f geh*
sure·ly ['ʃɔːli, 'ʃʊə-, AM 'ʃʊr-] *adv* ❶ *inv* (*certainly*) sicher[lich], bestimmt; **that ~ can't be a good idea** das ist bestimmt keine gute Idee; **you must agree, ~?** Sie stimmen doch wohl zu?; **it must ~ be possible for you to get this finished today** es ist doch bestimmt möglich, dass du das heute noch fertig bekommst; **slowly but ~** langsam, aber sicher ❷ *inv* (*showing astonishment*) doch; **~ you don't expect me to believe that** du erwartest doch wohl nicht, dass ich dir das abnehme! *fam;* **there must be some mistake, ~** da stimmt doch etwas nicht!; **he's seventy-five next birthday – sixty-five ~!** er wird fünfundsiebzig – fünfundsechzig wolltest du sagen!; **~ not!** das darf doch wohl nicht wahr sein! ❸ (*confidently*) sicher; **he seemed to speak very ~** er schien sich seiner Sache sehr sicher ❹ *inv esp* AM (*yes, certainly*) [aber] natürlich [*o* sicher]; **may I sit here? – yes, ~** darf ich mich hierhin setzen? – aber sicher doch! ▶ PHRASES: **~ to God** [*or* **goodness**] (*dated fam*) na, hören Sie mal!; **why, ~ to goodness, child, this is no way to carry on!** also Kind, das ist doch kein Benehmen!; **~ to God you could have called to say you'd be late** du hättest doch wenigstens anrufen können, dass du später kommst
sure·ness ['ʃʊənəs, AM 'ʃʊr-] *n no pl* ❶ (*steadiness*) Sicherheit *f,* Verlässlichkeit *f;* **she has an enviable ~ of touch** sie hat die Dinge beneidenswert fest im Griff ❷ (*confidence*) Sicherheit *f,* Souveränität *f*
sure·ty ['ʃɔːrəti, 'ʃʊə-, AM 'ʃʊrəṭi] *n* LAW ❶ (*person*) Bürge, -in *m, f;* **to stand ~** [**for sb**] [für jdn] bürgen ❷ (*money*) Bürgschaft *f,* Kaution *f,* Sicherheitsleistung *f;* **to provide ~** eine Kaution stellen, Sicherheit leisten; **they had to provide $5000 as ~** sie mussten 5000 Dollar als Sicherheit hinterlegen ❸ *no pl* (*certainty*) Gewissheit *f*
surf [sɜːf, AM sɜːrf] **I.** *n* Brandung *f;* **the crash** [*or* **roar**] **of the ~** das Tosen der Brandung **II.** *vi* ❶ (*on surfboard*) surfen; **to go ~ing** surfen gehen ❷ (*windsurf*) windsurfen **III.** *vt* COMPUT **to ~ the Internet** [*or* **the World Wide Web**] im Internet surfen
sur·face ['sɜːfɪs, AM 'sɜːrf-] **I.** *n* ❶ (*top layer*) Oberfläche *f; of a lake, the sea* Spiegel *m;* **the earth's ~** die Erdoberfläche; **the ~ of the moon** die Mondoberfläche; **road ~** Straßenbelag *m,* Straßendecke *f;* **non-stick ~** Antihaftbeschichtung *f;* **polished ~** polierte [Ober]fläche; **to bring sth to the ~** etw [von unten] heraufholen; (*fig*) etw zutage fördern *geh* [*o* ans Licht bringen]; **to come** [*or* **rise**] **to the ~** an die Oberfläche kommen, zutage treten; **below** [*or* **beneath**] [*or* **under**]**/on the ~** (*a. fig*) unter/auf der Oberfläche *a. fig;* MIN unter/über Tage ❷ SPORTS (*of playing area*) Untergrund *m;* **all-weather/artificial ~** Allwetter-/Kunststoffboden *m* ❸ (*superficial qualities*) Oberfläche *f;* **on the ~** äußerlich [*o* oberflächlich] betrachtet ▶ PHRASES: **to scratch** [*or* **scrape**] **the ~** [**of sth**] *topic, problem* [etw] streifen [*o* oberflächlich behandeln] **II.** *vi* ❶ (*come to top*) auftauchen ❷ (*fig: become apparent*) auftauchen, aufkommen; **a rumour has ~d that ...** es ist das Gerücht aufgetreten, dass ... ❸ (*fig fam: get out of bed*) aufstehen **III.** *vt* ■**to ~ sth** ❶ (*cover*) etw mit einem Belag versehen; **to ~ a road** eine Straße asphaltieren; **to ~ a room** einen Raum auslegen ❷ (*make even*) etw ebnen [*o* glätten] **IV.** *adj attr, inv* ❶ (*of outer part*) oberflächlich; (*outward*) äußerlich ❷ (*not underwater*) Überwasser-; **~ fleet/ships** Überwasserflotte *f*/-fahrzeuge *ntpl* ❸ MIN (*at ground level*) über Tage *nach n* ❹ (*superficial*) oberflächlich; **a ~ impression of sb/sth** ein erster Eindruck von jdm/etw
'sur·face area *n* Fläche *f;* MATH Flächeninhalt *m* **'sur·face mail** *n Postsendung, die auf dem Land- bzw. Seeweg befördert wird;* **by ~** auf dem Landweg [*o* Seeweg] **'sur·face noise** *n of a record, CD* Rauschen *nt kein pl,* Abspielgeräusch *nt* **sur·face 'tem·pera·ture** *n* Oberflächentemperatur *f* **sur·face 'ten·sion** *n* PHYS Oberflächenspannung *f* **sur·face-to-air 'mis·sile** *n* MIL Boden-Luft-Rakete *f* **sur·face-to-'sur·face mis·sile** *n* MIL Boden-Boden-Rakete *f* **'sur·face wa·ter** *n* ❶ *no pl* (*on ground*) stehende Nässe ❷ (*of lake, sea*) [Wasser]oberfläche *f,* Spiegel *m*
'surf and turf *n no pl* AM *Gericht, das sowohl Fisch/Meeresfrüchte als auch Fleisch enthält, typischerweise gegrillten Hummer und Rindersteak*
surf·board ['sɜːfbɔːd, AM 'sɜːrfbɔːrd] *n* Surfbrett *nt*
surf·board·er ['sɜːfbɔːdəʳ, AM 'sɜːrfbɔːrdɚ] *n* Surfer(in) *m(f)*
sur·feit ['sɜːfɪt, AM 'sɜːr-] (*form*) **I.** *n no pl* Übermaß *nt* (**of** an +*dat*); **to have a ~ of sth** etw im Übermaß haben, von etw *dat* mehr als genug haben **II.** *vt* ■**to be ~ed with sth** etw satthaben *fam,* von etw *dat* übersättigt sein; ■**to ~ oneself with sth** sich *akk* mit etw *dat* überfüttern
surf·er ['sɜːfəʳ, AM 'sɜːrfɚ] *n,* AUS *fam* **surfie** ['sɜːfi] *n* Surfer(in) *m(f);* (*windsurfer*) Windsurfer(in) *m(f)*
surf·ing ['sɜːfɪŋ, AM 'sɜːr-] *n no pl* Surfen *nt,* Wellenreiten *nt;* (*windsurfing*) Windsurfen *nt*
'surf-rid·ing *n no pl* Wellenreiten *nt,* Surfen *nt*
surge [sɜːdʒ, AM sɜːrdʒ] **I.** *vi* ❶ (*move powerfully*) *sea* branden; *waves* wogen, sich *akk* auftürmen; (*fig*) *people* wogen; **an angry crowd ~d through the gates of the president's palace** eine aufgebrachte Menschenmenge drängte durch die Tore des Präsidentenpalastes; **to ~ into the lead** sich *akk* im Sturm an die Spitze setzen ❷ (*increase strongly*) *profits* [stark] ansteigen ❸ (*fig*) ■**to ~** [**up**] (*well up*) *emotion* aufwallen; (*grow louder*) *cheer, roar* aufbrausen; **a wave of resentment surged up inside her** eine Woge des Zorns stieg in ihr hoch **II.** *n* ❶ (*sudden increase*) [plötzlicher] Anstieg ❷ (*large wave*) Woge *f;* (*breakers*) Brandung *f;* (*tidal breaker*) Flutwelle *f* ❸ *no pl* (*activity of water*) Wogen *nt,* [An]branden *nt* ❹ *no pl* (*fig: pressing movement*) Drängen *nt,* Ansturm *m* ❺ (*fig: wave of emotion*) Welle *f,* Woge *f;* **she was overwhelmed by a ~ of remorse** plötzlich überkam sie starke Reue; **to feel a ~ of anger** Zorn in sich *dat* hochsteigen fühlen; **to feel a ~ of sympathy for sb** plötzlich eine starke Zuneigung zu jdm empfinden ❻ ELEC Spannungsanstieg *m*/-stoß *m*
sur·geon ['sɜːdʒᵊn, AM 'sɜːr-] *n* Chirurg(in) *m(f);* **brain/heart ~** Gehirn-/Herzchirurg(in) *m(f)*
Sur·geon 'Gen·er·al *n* AM Gesundheitsminister(in) *m(f)*
sur·gery ['sɜːdʒᵊri, AM 'sɜːrdʒɚi] *n* ❶ BRIT, AUS (*doctor's premises*) [Arzt]praxis *f* ❷ BRIT, AUS (*treatment session*) Sprechstunde *f;* **to hold** [*or* **take**] [**a**] **~** Sprechstunde haben ❸ *no pl* (*surgical treatment*) chirurgischer Eingriff; **brain/eye/heart ~** Gehirn-/Augen-/Herzoperation *f;* **major/minor ~** größerer/kleinerer Eingriff; **to carry out** [*or* **perform**] **~** operieren; **to need** [*or* **require**] **~** *disease* einen chirurgischen Eingriff nötig machen; *person* operiert werden müssen; **to undergo ~** sich *akk* einer Operation unterziehen, operiert werden ❹ BRIT POL (*discussion time*) Sprechzeit *f;* **to hold a ~** einen Gesprächstermin haben [*o* abhalten]
'sur·gery hours *npl* BRIT Sprech[stunden]zeiten *fpl*
sur·gi·cal ['sɜːdʒɪkᵊl, AM 'sɜːr-] *adj inv* ❶ (*used by surgeons*) *gloves, instruments* chirurgisch ❷ (*orthopaedic*) medizinisch; **~ collar** Halskrause *f;* **~ shoes** orthopädische Schuhe ❸ MIL (*very precise*) **~ strike** [*or* **attack**] gezielter Angriff [*o* Schlag]
sur·gi·cal·ly ['sɜːdʒɪkli, AM 'sɜːr-] *adv inv* operativ, chirurgisch
sur·gi·cal 'spir·it *n* BRIT medizinischer Alkohol **sur·gi·cal 'stock·ing** *n* Stützstrumpf *m*
sur·li·ness ['sɜːlɪnəs, AM 'sɜːr-] *n no pl* unwirsche Art, Ruppig-

keit *f pej*

sur·ly ['sɜːli, AM 'sɜːr-] *adj* unwirsch, ruppig *pej*

sur·mise (*form*) I. *vt* [sɜː'maɪz, AM sɚ'-] ■**to ~ sth** etw vermuten [*o* annehmen]; ■**to ~ that ...** vermuten [*o* annehmen], dass ...; ■**to ~ what/when/where ...** vermuten, was/wann/wo ... II. *n* ['sɜːmaɪz, AM sɚ'-] ❶ (*guess*) Vermutung *f* ❷ *no pl* (*guessing*) Vermutung *f*, Mutmaßung *f*; **that article is all just wild ~** dieser Artikel ist nur wilde Spekulation

sur·mount [sə'maʊnt, AM sɚ'-] *vt* ❶ (*overcome*) **to ~ a challenge/difficulty/problem** eine Herausforderung/eine Schwierigkeit/ein Problem meistern; **to ~ an obstacle/opposition** ein Hindernis/einen Widerstand überwinden ❷ (*form: stand on top of*) ■**to ~ sth** etw überragen; ARCHIT etw krönen

sur·mount·able [sə'maʊntəbl̩, AM sɚ'maʊnt̬-] *adj* (*form*) überwindbar, zu überwinden *präd*

sur·name ['sɜːneɪm, AM 'sɜːr-] *n* Familienname *m*, Nachname *m*

sur·pass [sə'pɑːs, AM sɚ'pæs] *vt* ❶ (*form: be better than*) ■**to ~ sb/sth** jdn/etw übertreffen; **to ~ all expectations** alle Erwartungen übertreffen ❷ (*be better than ever*) ■**to ~ oneself** sich *akk* selbst übertreffen

sur·pass·ing [sə'pɑːsɪŋ, AM sɚ'pæs-] *adj attr* (*liter*) unerreicht, vortrefflich

sur·pass·ing·ly [sə'pɑːsɪŋli, AM sɚ'pæs-] *adv* (*liter*) hervorragend, exzellent

sur·plice ['sɜːplɪs, AM 'sɜːr-] *n* REL Chorhemd *nt*, Überwurf *m*

sur·plus ['sɜːpləs, AM 'sɜːr-] I. *n* <*pl* -es> ❶ (*excess*) Überschuss *m* (**of** an +*dat*) ❷ (*financial*) Überschuss *m*; **budget/trade ~** Haushalts-/Handelsüberschuss *m* II. *adj inv* ❶ (*extra*) zusätzlich ❷ (*dispensable*) überschüssig; **~ stock** Lagerbestände *mpl*; **to be ~ to requirements** BRIT den eigenen Bedarf übersteigen, nicht mehr benötigt werden

sur·plus 'value *n* ECON Mehrwert *m*

sur·prise [sə'praɪz, AM sɚ'-] I. *n* Überraschung *f*; **~! ~!** (*fam*) Überraschung! *a. iron*; **element of ~** Überraschungsmoment *nt*; **to be full of ~s** (*approv*) voller Überraschungen stecken; **to come as a ~ [to sb]** völlig überraschend [für jdn] kommen; **to express ~ at sth** seine Überraschung über etw *akk* zum Ausdruck bringen; **to spring a ~ on sb** jdn vollkommen überraschen; **to take sb by ~** jdn überraschen; **in [*or* with] ~** überrascht, erstaunt; **to sb's [great] ~** zu jds [großem] Erstaunen II. *vt* ■**to ~ sb** ❶ (*amaze*) jdn überraschen; **it will not ~ anyone to learn that the offer has been rejected** es wird wohl niemanden verwundern, dass das Angebot abgelehnt wurde; **well, you do ~ me** nun, das erstaunt mich! ❷ (*take unawares*) jdn überraschen; ■**to ~ sb doing sth** jdn bei etw *dat* überraschen [*o* ertappen] III. *adj attr, inv* überraschend, unerwartet; **~ visit** Überraschungsbesuch *m*; **~ winner** Überraschungssieger(in) *m(f)*

sur·prised [sə'praɪzd, AM sɚ'-] *adj* ❶ (*taken unawares*) überrascht; (*amazed*) erstaunt; **I'm not ~ that he didn't keep his promise** es überrascht mich nicht, dass er nicht Wort gehalten hat; **I'm ~ to see you here** ich bin überrascht, dich hier zu sehen; **I wouldn't be ~ if it snowed tomorrow** es würde mich nicht wundern, wenn es morgen schneite; **you'd be ~ how many people were there** du würdest kaum glauben, wie viele Leute da waren; **pleasantly ~** angenehm überrascht; ■**to be ~ at sth** über etw *akk* erstaunt sein; **we were very ~ at the result** das Ergebnis hat uns sehr überrascht ❷ *pred* (*disappointed*) enttäuscht; ■**to be ~ at sb/sth** von jdm/etw enttäuscht sein; **it's not like you to behave like this – I'm ~ at you** es sieht dir gar nicht ähnlich, dich so aufzuführen – du enttäuschst mich

sur·pris·ing [sə'praɪzɪŋ, AM sɚ'-] *adj* überraschend; **it's hardly ~ that he broke up** es ist kaum verwunderlich, dass er Schluss gemacht hat; **I must say that it's ~ to find you agreeing with me for once** ich muss sagen, es ist erstaunlich, dass du mir mal zustimmst

sur·pris·ing·ly [sə'praɪzɪŋli, AM sɚ'-] *adv* ❶ (*remarkably*) erstaunlich ❷ (*unexpectedly*) überraschenderweise; **not ~, the jury found them guilty** wie zu erwarten [war], befand das Gericht sie für schuldig

sur·real [sə'rɪəl, AM -'riːəl] *adj* surreal *geh*, [traumhaft-]unwirklich

sur·re·al·ism [sə'rɪəlɪzᵊm, AM -'riːəl-] *n no pl* Surrealismus *m*

sur·re·al·ist [sə'rɪəlɪst, AM -'riːəl-] I. *n* Surrealist(in) *m(f)* II. *adj* surrealistisch

sur·re·al·is·tic [səˌrɪə'lɪstɪk, AM -ˌriːə'-] *adj* surrealistisch

sur·ren·der [sᵊr'endəʳ, AM sə'rendɚ] I. *vi* ❶ MIL aufgeben, kapitulieren; ■**to ~ to sb** sich *akk* jdm ergeben ❷ (*fig: give in*) nachgeben, kapitulieren; **to ~ to temptation** der Versuchung erliegen II. *vt* (*form*) ❶ (*give*) ■**to ~ sth [to sb]** [jdm] etw übergeben [*o* aushändigen]; **to ~ a claim** auf einen Anspruch verzichten; **to ~ a territory** ein Gebiet abtreten; **to ~ weapons** Waffen abgeben ❷ (*abandon*) ■**to ~ oneself to sth** sich *akk* etw *dat* überlassen [*o* hingeben]; **he ~ed himself to fate** er ergab sich seinem Schicksal III. *n no pl* ❶ (*capitulation*) Kapitulation *f* (**to** vor +*dat*); **no ~!** Kapitulieren kommt nicht in Frage!; **unconditional ~** bedingungslose Kapitulation ❷ (*form: giving up*) Preisgabe *f geh* (**to** an +*akk*)

sur·rep·ti·tious [ˌsʌrəp'tɪʃəs, AM ˌsɜːr-] *adj* heimlich; **~ glance** verstohlener Blick

sur·rep·ti·tious·ly [ˌsʌrəp'tɪʃəsli, AM ˌsɜːr-] *adv* heimlich; *glance* verstohlen

sur·rep·ti·tious·ness [ˌsʌrəp'tɪʃəsnəs, AM ˌsɜːr-] *n no pl* Heimlichkeit *f*; *of a glance* Verstohlenheit *f*

sur·ro·ga·cy ['sʌrəgəsi, AM 'sɜːr-] *n no pl* Leihmutterschaft *f*

sur·ro·gate ['sʌrəgɪt, AM 'sɜːr-] I. *adj attr, inv* Ersatz-; **~ children** Ersatzkinder *ntpl*; **~ family** Ersatzfamilie *f* II. *n* Ersatz *m*, Surrogat *nt geh* (**for** für +*akk*)

sur·ro·gate 'birth *n Geburt eines Kindes, das von einer Leihmutter ausgetragen wurde* **sur·ro·gate 'moth·er** *n* Leihmutter *f* **sur·ro·gate 'moth·er·hood** *n no pl* Leihmutterschaft *f*

sur·round [sə'raʊnd] I. *vt* ❶ (*enclose*) ■**to ~ sb/sth** jdn/etw umgeben ❷ (*encircle*) ■**to ~ sb/sth** jdn/etw einkreisen; MIL jdn/etw umstellen [*o* umzingeln] ❸ (*fig: be associated with*) ■**to ~ sb/sth** jdn/etw umgeben; **mystery still ~s the circumstances of his death** die Umstände seines Todes liegen noch immer im Dunkeln; **to be ~ed by [*or* with] controversy/speculation** Kontroversen/Spekulationen hervorrufen ❹ (*have as companions*) ■**to ~ oneself with sb** sich *akk* mit jdm umgeben; ■**to be ~ed by sb** von jdm umgeben sein; **she wanted to celebrate ~ed by the people she loved** sie wollte im Kreis ihrer Lieben feiern II. *n esp* BRIT ❶ (*border*) Rahmen *m*; **brass ~** Messingrahmen *m* ❷ (*area around sth*) Umrahmung *f*, Umrandung *f*, Einfassung *f*

sur·round·ing [sə'raʊndɪŋ] I. *adj attr, inv* umgebend; **~ area [*or* district]** Umgebung *f*; **the ~ buildings/gardens** die umliegenden Gebäude/Gärten II. *n* ■**~s** *pl* ❶ (*area*) Umgebung *f*; **to be back in familiar ~s** wieder in vertrauter Umgebung sein ❷ (*living conditions*) Umgebung *f*, [Lebens]verhältnisse *ntpl*

sur·rounds [sə'raʊndz] *npl* AM ■**the ~** die Umgebung

sur·'round sound I. *n no pl* Raumklang *m*, Surround-sound *m fachspr* II. *n modifier headphones* Surround-Sound- *fachspr*

sur·tax <*pl* -es> ['sɜːtæks, AM 'sɜːr-] *n* ❶ *no pl* FIN (*extra income tax*) Zusatzabgabe *f* (*zur Einkommenssteuer*) ❷ FIN (*additional tax*) Sondersteuer *f*

sur·ti·tle ['sɜːˌtaɪtl̩, AM 'sɜːrˌtaɪt̬l̩] *n Übersetzungstext, der bei fremdsprachig gesungenen Opern für die Zuschauer sichtbar eingeblendet wird*

sur·veil·lance [sɜː'veɪlən(t)s, AM sɚ'-] *n no pl* Überwachung *f*, Kontrolle *f*; **electronic ~** elektronische Überwachung; **to be under ~** unter Beobachtung stehen, beobachtet [*o* überwacht] werden; **to keep sb/sth under ~** jdn/etw beobachten [*o* überwachen]

sur·'veil·lance air·craft *n* MIL Aufklärungsflugzeug *nt* **sur·**

'veil·lance cam·era *n* Überwachungskamera *f* **sur·'veil·lance sat·el·lite** *n* Aufklärungssatellit *m*

sur·vey I. *vt* [sə'veɪ, AM sɚ'-] ❶ *usu passive* (*carry out research*) ■**to ~ sb** jdn befragen ❷ (*look at*) ■**to ~ sb/sth** jdn/etw betrachten; (*carefully*) jdn/etw begutachten ❸ (*give overview*) ■**to ~ sth** etw umreißen; **the book ~s the history of feminism** das Buch gibt einen Überblick über die Geschichte des Feminismus ❹ (*map out*) ■**to ~ sth** etw vermessen ❺ BRIT **to ~ a building/house** ein Gebäude/Haus begutachten, ein Gutachten von einem Gebäude/Haus erstellen ▶ PHRASES: **to be lord** [*or* **master/mistress**] [*or* **king/queen**] **of all one ~s** BRIT alles rundum sein Eigen nennen **II.** *n* ['sɜːveɪ, AM 'sɜːr-] ❶ (*opinion poll*) Untersuchung *f;* (*research*) Studie *f;* **local/nationwide ~** örtliche/landesweite Umfrage; **public opinion ~** öffentliche Meinungsumfrage; **to carry out a ~** eine Studie durchführen ❷ (*overview*) Übersicht *f; of a topic* Überblick *m* (**of** über +*akk*) ❸ (*of land*) Vermessung *f;* **to carry out a ~** eine Vermessung durchführen ❹ BRIT (*of building*) [Grundstücks]gutachten *nt;* **to have a ~ carried out** [*or fam* **done**] **on a house** ein Gutachten von einem Haus erstellen lassen

sur·vey·or [sə'veɪəʳ, AM sɚ'veɪɚ] *n* ❶ (*of land*) [Land]vermesser(in) *m(f)* ❷ BRIT (*of buildings*) Gutachter(in) *m(f)*

sur·viv·able [sə'vaɪvəbl̩, AM sɚ'-] *adj pred* (*form*) ■**to not be ~** tödlich sein; **the accident was not ~** der Unfall bedeutete den sicheren Tod

sur·viv·al [sə'vaɪvᵊl, AM sɚ'-] *n* ❶ *no pl* (*not dying*) Überleben *nt;* **chance of ~** Überlebenschance *f;* **to fight for ~** ums Überleben kämpfen ❷ *no pl* (*fig: not being defeated*) Überleben *nt;* **her chances of ~ as prime minister now look slim** ihre Chancen, Ministerpräsidentin zu bleiben, stehen schlecht ❸ (*relic*) Überrest *m,* Überbleibsel *nt fam* (**from** aus +*dat*) ▶ PHRASES: **the ~ of the fittest** das Überleben des Stärkeren; (*fig*) der Sieg der Tüchtigsten

sur·'viv·al in·stinct *n* Überlebensinstinkt *m* **sur·'viv·al kit** *n* Überlebensausrüstung *f* **sur·'viv·al rate** *n* (*a. fig*) Überlebenschance *f*

sur·vive [sə'vaɪv, AM sɚ'-] **I.** *vi* ❶ (*stay alive*) überleben, am Leben bleiben; ■**to ~ on sth** sich *akk* mit etw *dat* am Leben halten ❷ (*fig: not be destroyed*) überleben, erhalten bleiben; *monument* überdauern; *tradition* fortbestehen ❸ (*fig: keep going*) sich *akk* behaupten; **how are you? – oh, I'm surviving** (*fam*) wie geht's dir? – ach, ich schlag mich so durch *fam;* ■**to ~ on sth** mit etw *dat* auskommen **II.** *vt* ❶ (*stay alive after*) ■**to ~ sth** *accident, crash* etw überleben; (*fig*) über etw *akk* hinwegkommen ❷ (*still exist after*) ■**to ~ sth** *fire, flood* etw überstehen ❸ (*outlive*) ■**to ~ sb** jdn überleben

sur·viv·ing [sə'vaɪvɪŋ, AM sɚ'-] *adj inv* ❶ (*still living*) noch lebend; **the rhinoceros is one of the oldest ~ species** das Nashorn ist eine der ältesten überlebenden Spezies; ■**to be ~** noch am Leben sein ❷ *inv* (*outliving relative*) hinterblieben; **~ dependant** unterhaltspflichtige(r) Hinterbliebene(r) ❸ *inv* (*fig: still existing*) [noch] vorhanden [*o* existent]; **this is one of the few ~ photographs of my grandfather** dies ist eines der wenigen Fotos, die es von meinem Großvater noch gibt ❹ *inv* (*fig: still continuing*) noch amtierend

sur·vi·vor [sə'vaɪvəʳ, AM sɚ'vaɪvɚ] *n* ❶ (*person still alive*) Überlebende(r) *f(m);* **she's a ~ of cancer** sie hat den Krebs besiegt ❷ (*fig: tough person*) Stehaufmännchen *hum fam,* Überlebenskünstler(in) *m(f);* **he's one of life's ~s** er lässt sich vom Leben nicht kleinkriegen *fam* ❸ (*person outliving relative*) Hinterbliebene(r) *f(m)*

sus·cep·tibil·ity [səˌseptə'bɪləti, AM -ət̬i] *n* ❶ *no pl* (*ability to be influenced*) Empfänglichkeit *f* (**to** für +*akk*) ❷ *no pl* MED Anfälligkeit *f* (**to** für +*akk*) ❸ (*feelings*) ■**susceptibilities** *pl* Gefühle *ntpl;* **to hurt/offend sb's ~** jds Gefühle *ntpl* verletzen/beleidigen

sus·cep·tible [sə'septəbl̩] *adj* ❶ *usu pred* (*easily influenced*) ■**to be ~ to sth** für etw *akk* empfänglich sein; **children are very ~ to TV** Kinder sind durch das Fernsehen leicht beeinflussbar ❷ MED anfällig; **to be ~ to pain** schmerzempfindlich sein ❸ *pred* (*form: open*) ■**to be ~ of sth** BRIT etw zulassen; **the facts are ~ of other explanations** die Fakten lassen auch andere Erklärungen zu; ■**to be ~ to sth** offen für etw *akk* sein

su·shi ['suːʃi] *n no pl* FOOD Sushi *nt*

'su·shi bar *n* Sushibar *f*

sus·pect I. *vt* [sə'spekt] ❶ (*think likely*) ■**to ~ sth** etw vermuten; **I ~ed as much** das habe ich mir gedacht; **I ~ not/so** ich nehme an [*o* denke] nein/ja; **so far, the police do not ~ foul play** bislang geht die Polizei noch nicht von einem Verbrechen aus; ■**to ~ that ...** vermuten [*o* mutmaßen], dass ...; **I half ~ed that he was lying** ich hatte irgendwie den Eindruck, dass er log; **to strongly ~ sth** etw stark annehmen ❷ (*consider guilty*) ■**to ~ sb** jdn verdächtigen; ■**to ~ sb of doing sth** jdn verdächtigen, etw getan zu haben; ■**to be ~ed of sth** einer S. *gen* verdächtigt werden; ■**to be ~ed of having done sth** im Verdacht stehen, etw getan zu haben ❸ (*doubt*) ■**to ~ sth** etw anzweifeln; *motives* einer S. *dat* misstrauen **II.** *n* ['sʌspekt] Verdächtige(r) *f(m);* (*fig*) Verursacher(in) *m(f);* **prime** [*or* **main**] **~** Hauptverdächtige(r) *f(m)* **III.** *adj* ['sʌspekt] ❶ *usu attr* (*possibly dangerous*) verdächtig, suspekt ❷ (*possibly defective*) zweifelhaft

sus·pect·ed [sə'spektɪd] *adj attr, inv* ❶ (*under suspicion*) verdächtigt; **~ terrorists** mutmaßliche Terroristen ❷ MED **he has a ~ broken leg** es besteht bei ihm der Verdacht auf einen Beinbruch

sus·pend [sə'spend] *vt* ❶ (*stop temporarily*) ■**to ~ sth** etw [vorübergehend] aussetzen [*o* einstellen]; **to ~ judgement** mit seiner Meinung zurückhalten; **to ~ proceedings** LAW die Verhandlung unterbrechen ❷ LAW (*make temporarily inoperative*) **to ~ a constitution/right** eine Verfassung/ein Recht zeitweise außer Kraft setzen; **to ~ a sentence** eine Strafe [zur Bewährung] aussetzen; **to ~ disbelief** (*fig*) die Vernunft [zeitweilig] ausschalten ❸ *usu passive* ■**to ~ sb** (*from work*) jdn suspendieren; (*from school*) jdn [zeitweilig] [vom Unterricht] ausschließen; SPORTS jdn sperren; **to ~ sb from duty** jdn vom Dienst suspendieren ❹ *usu passive* (*hang*) ■**to ~ sth** etw aufhängen; ■**to be ~ed** [**from sth**] [von etw *dat*] herabhängen; **a bare light bulb was ~ed from the ceiling** eine nackte Glühbirne hing von der Decke; **to be** [*or* **hang**] **~ed in mid-air** frei schwebend aufgehängt sein ❺ *usu passive* CHEM ■**to be ~ed in sth** in etw *dat* gelöst [*o fachspr* suspendiert] sein

sus·pend·ed ani·'ma·tion *n no pl* BIOL [Winter]starre *f;* MED Scheintod *m;* (*fig*) Erstarrung *f* **sus·pend·ed 'sen·tence** *n* LAW aufgeschobene Urteilsverkündung

sus·pend·er [sə'spendəʳ, AM -ɚ] *n* ❶ (*for stockings*) Strumpfbandhalter *m* ❷ AM (*braces*) ■**~s** *pl* Hosenträger *mpl* ❸ BRIT (*dated: for men's socks*) Kniestrumpfhalter *m*

sus·'pend·er belt *n* BRIT, AUS Strumpfbandhalter *m*

sus·pense [sə'spen(t)s] *n no pl* Spannung *f;* **the ~ is killing me** ich sterbe vor Neugier; **to be/wait in ~** voller Spannung sein/warten; **to keep sb in ~** jdn im Ungewissen [*o fam* zappeln] lassen; **to put sb out of their ~** jdn nicht länger auf die Folter spannen

sus·pen·sion [sə'spen(t)ʃᵊn] *n* ❶ *no pl* (*temporary stoppage*) [zeitweilige] Einstellung [*o* Aussetzung]; **there have been calls for the drug's immediate ~** es wurde gefordert, das Medikament sofort aus dem Verkehr zu ziehen; **~ of fighting** Waffenruhe *f;* **~ of payment** Zahlungseinstellung *f* ❷ (*from work, school*) Suspendierung *f,* Beurlaubung *f;* SPORTS Sperrung *f;* **to be under ~** *worker, student* [zeitweilig] suspendiert [*o* beurlaubt] sein; *player* [zeitweilig] gesperrt sein ❸ CHEM Suspension *f fachspr;* **to be in ~** [**in sth**] [in etw *dat*] [auf]gelöst [*o fachspr* suspendiert] sein ❹ AUTO Radaufhängung *f;* [**spring**] **~** Federung *f*

sus·'pen·sion bridge *n* Hängebrücke *f* **sus·pen·sion 'rail·way** *n* Schwebebahn *f*

sus·pi·cion [səˈspɪʃᵊn] *n* ❶ (*unbelief*) Verdacht *m;* **this has confirmed my worst ~s about him** das hat meine schlimmsten Erwartungen über ihn bestätigt; **there is a growing ~ that ...** es verstärkt sich der Verdacht, dass ...; **a lurking/nagging/sneaking ~** ein heimlicher/nagender/schleichender Verdacht; **to arouse sb's ~s** jds Verdacht *m* erregen; **to have one's ~s about sb/sth** bezüglich einer Person/einer S. *gen* seine Zweifel haben; **to have a ~ that ...** den Verdacht haben, dass ... ❷ *no pl* (*being suspected*) Verdacht *m;* **to arouse ~** Verdacht erregen; **to arrest sb on ~ of sth** jdn wegen des Verdachts auf etw *akk* verhaften; **to be above** [*or* **beyond**] **~** über jeglichen Verdacht erhaben sein; **to be under ~** unter Verdacht stehen; **she is under ~ of murder** sie steht unter Mordverdacht ❸ *no pl* (*mistrust*) Misstrauen *nt;* **to have a ~ of sb/sth** jdm/etw gegenüber misstrauisch sein; **to regard/view sth with ~** etw mit Misstrauen betrachten; **to regard sb with ~** jdm mit Misstrauen begegnen ❹ (*small amount*) ■**a ~ of sth** ein Anflug *m* [*o* ein Hauch *m*] von etw *dat* ▶ PHRASES: **the finger of ~ is pointing at sb all the cake has gone and I'm afraid the finger of ~ rests on you** der ganze Kuchen ist weg und ich fürchte, alles deutet auf dich

sus·pi·cious [səˈspɪʃəs] *adj* ❶ (*causing suspicion*) verdächtig; **have you seen anything ~?** haben Sie irgendetwas Verdächtiges beobachtet?; **to look ~** verdächtig aussehen ❷ (*feeling suspicion*) misstrauisch, argwöhnisch; **my mother has a very ~ nature** meine Mutter ist von Natur aus sehr misstrauisch; **to become** [*or* **get**] **~** [**about sth**] [wegen einer S. *gen*] misstrauisch werden; ■**to be ~ of sth** etw mit Skepsis betrachten, einer S. *dat* gegenüber skeptisch sein

sus·pi·cious·ly [səˈspɪʃəsli] *adv* ❶ (*so as to cause suspicion*) verdächtig; **to act** [*or* **behave**] **~** sich *akk* verdächtig benehmen; **to look ~ like sth** verdächtig nach etw *dat* aussehen ❷ (*mistrustfully*) *look, ask* misstrauisch, argwöhnisch

sus·pi·cious·ness [səˈspɪʃəsnəs] *n no pl* ❶ (*suspectness*) Verdächtigkeit *f* ❷ (*mistrustfulness*) Misstrauen *nt,* Argwohn *m geh*

suss [sʌs] **I.** *adj* AUS (*fam*) *see* **suspicious 1 II.** *vt esp* BRIT, AUS ■**to ~** [**out**] ↔ **sb/sth** ❶ (*understand*) jdn/etw durchschauen; **she thinks she's got me ~ed** sie glaubt, sie hätte mich durchschaut ❷ (*discover*) jdm/etw auf die Spur kommen; ■**to ~** [**out**] **how/what/where/why ...** herauskriegen, wie/was/wo/warum ... *fam;* ■**to ~** [**out**] **that ...** herausfinden, dass ...

sussed [sʌst] *adj* BRIT (*fam*) gut informiert

sus·tain [səˈsteɪn] *vt* ❶ (*form: suffer*) **to ~ damages** Schäden erleiden [*o* davontragen]; *object* beschädigt werden; **to ~ injuries/losses** Verletzungen/Verluste erleiden ❷ (*maintain*) ■**to ~ sth** etw aufrechterhalten; **the economy looks set to ~ its growth next year** es sieht so aus, als würde das Wirtschaftswachstum im nächsten Jahr anhalten ❸ (*keep alive*) ■**to ~ sb/sth** jdn/etw [am Leben] erhalten; **to ~ a family** eine Familie unterhalten [*o* versorgen] ❹ (*support emotionally*) ■**to ~ sb** jdn unterstützen, jdm [unterstützend] helfen ❺ AM LAW (*uphold*) ■**to ~ sth** etw zulassen; **objection ~ed!** Einspruch stattgegeben!; **to ~ a case against sb** jdn anklagen ❻ MUS **to ~ a note** eine Note halten

sus·tain·abil·ity [səˌsteɪnəˈbɪləti, AM -əṭi] *n no pl* ❶ (*ability to be maintained*) Tragbarkeit *f* ❷ ECOL Möglichkeit *f* der Erhaltung

sus·tain·able [səˈsteɪnəbl̩] *adj* ❶ (*maintainable*) haltbar; *argument* stichhaltig; ■**sth is ~** etw kann aufrechterhalten werden ❷ ECOL erhaltbar; *resources* erneuerbar

sus·tain·able de·ˈvel·op·ment *n no pl,* **sus·tain·able ˈgrowth** *n no pl* ECON, ECOL nachhaltige Entwicklung

sus·tained [səˈsteɪnd] *adj* ❶ (*long-lasting*) anhaltend; **~ applause** anhaltender Applaus; **~ fire** Dauerbeschuss *m* ❷ (*determined*) nachdrücklich; **a ~ attempt** ein entschlossener Versuch; **to make a ~ effort to do sth** entschieden an etw *akk* herangehen

sus·tain·ing [səˈsteɪnɪŋ] *adj* nahrhaft; **a ~ meal** eine kräftige Mahlzeit

sus·ˈtain·ing pedal *n* MUS Fortepedal *nt*

sus·te·nance [ˈsʌstɪnən(t)s, AM -tᵊn-] *n no pl* ❶ (*form: food*) Nahrung *f* ❷ (*form: nutritious value*) Nährwert *m* ❸ (*emotional support*) Unterstützung *f;* **to draw ~ from sth** Unterstützung aus etw *dat* ziehen; **to find ~ in sth** eine Stütze an etw *dat* finden

sut·tee [ˈsʌtiː, AM səˈtiː] *n* (*hist*) Sati *nt* (*Witwenverbrennung im alten Indien*)

su·ture [ˈsuːtʃəʳ, AM -ɚ] MED **I.** *n* Naht *f* **II.** *vt* ■**to ~ sth** etw [ver]nähen

SUV [ˌesjuːˈviː] *n abbrev of* **sport utility vehicle**

su·ze·rain [ˈsuːzᵊreɪn, AM -zɚɪn] *n* POL (*form*) Oberherr *m,* Protektor *m;* (*hist*) [Ober]lehnsherr *m hist*

su·ze·rain·ty [ˈsuːzᵊreɪnti, AM -zɚɪnti] *n no pl* POL (*form*) Oberhoheit *f,* Oberherrschaft *f*

svelte [ˈsvelt] *adj* (*approv*) *woman* schlank, grazil

SVTS [ˌesviːtiːˈes] *adj attr, inv abbrev of* **Secure Videoteleconference System**

SW [ˌesˈdʌbljuː] **I.** *n* GEOG *abbrev of* **south-west** SW *m* **II.** *adj abbrev of* **south-western**

swab [swɒb, AM swɑːb] **I.** *n* MED ❶ (*pad*) Tupfer *m* ❷ (*test sample*) Abstrich *m;* **to take a ~ of sb's ear/throat** bei jdm einen Ohr-/Rachenabstrich vornehmen **II.** *vt* <-bb-> ❶ MED (*clean*) ■**to ~ sth** etw abtupfen ❷ *esp* NAUT (*wash down*) ■**to ~** [**down**] ↔ **sth** etw scheuern; **to ~ the deck** das Deck schrubben

◆**swab out** *vt* ■**to ~ out** ↔ **sth** ❶ MED *wound* etw säubern ❷ (*wash out*) *container, room* etw [feucht] auswischen

Swa·bia [ˈsweɪbiə] *n no pl* GEOG Schwaben *nt*

Swa·bian [ˈsweɪbiən] **I.** *adj inv* schwäbisch; **~ dialect** schwäbischer Dialekt **II.** *n* ❶ (*person*) Schwabe, Schwäbin *m, f* ❷ *no pl* (*dialect*) Schwäbisch *nt,* das Schwäbische

swad·dle [ˈswɒdl̩, AM ˈswɑː-] *vt* (*dated*) ■**to ~ sb/sth** [**in sth**] jdn/etw [in etw *akk*] einwickeln; **to ~ a baby** ein Baby wickeln

swad·dling clothes *npl* (*dated*) Windeln *fpl;* **to wrap a baby in ~** einen Säugling in Windeln wickeln

swag [swæg] *n no pl* ❶ *no pl* (*dated: stolen goods*) Beute *f,* Diebesgut *nt* ❷ AUS (*dated: bundle*) Bündel *nt* (*mit Habseligkeiten, Siebensachen*) ❸ ARCHIT (*ornament*) girlandenähnliche Verzierung

swag·ger [ˈswægəʳ, AM -ɚ] **I.** *vi* ❶ (*walk boastfully*) stolzieren ❷ (*behave boastfully*) angeben *fam,* prahlen **II.** *n no pl* Angeberei *f pej fam,* Prahlerei *f pej*

swag·ger·ing [ˈswægᵊrɪŋ, AM -ɚ-] *adj* ❶ *gait, walk* stolzierend *attr* ❷ (*boastful*) angeberisch; **~ self-confidence** prahlerische Zuversicht

swag·ger·ing·ly [ˈswægᵊrɪŋli, AM -ɚ-] *adv* in prahlerischer Weise

ˈswag·ger stick *n* MIL Offiziersstöckchen *nt*

swag·man [ˈswægmæn] *n* AUS (*dated*) Landstreicher *m*

swal·low¹ [ˈswɒləʊ, AM ˈswɑːloʊ] *n* Schwalbe *f* ▶ PHRASES: **one ~ doesn't make a summer** (*prov*) eine Schwalbe macht noch keinen Sommer *prov*

swal·low² [ˈswɒləʊ, AM ˈswɑːloʊ] **I.** *n* ❶ (*action*) Schlucken *nt kein pl;* **he gave a ~, then began speaking** er schluckte und fing dann an zu sprechen ❷ (*quantity*) Schluck *m;* **to take** [*or* **have**] **a ~ of sth** einen Schluck von etw *dat* nehmen **II.** *vt* ❶ (*eat*) ■**to ~ sth** etw [hinunter]schlucken; (*greedily*) etw verschlingen; **to ~ sth whole** etw als Ganzes [*o* unzerkaut] [hinunter]schlucken ❷ *usu passive* ECON (*fig: take over*) ■**to be ~ed** [**up**] **by sth** von etw *dat* geschluckt werden *fam* ❸ (*fig: engulf*) ■**to ~** [**up**] ↔ **sb/sth** jdn/etw verschlingen; **she was soon ~ed up in the crowds** sie war schnell in der Menschenmenge verschwunden ❹ (*fig: use up*) ■**to ~** [**up**] ↔

S

sth etw aufbrauchen [*o geh* aufzehren] [*o pej* verschlingen] ❺ (*fig fam: believe unquestioningly*) ■**to ~ sth** etw schlucken *fam;* **he ~ed her story whole** er hat ihr die ganze Geschichte abgekauft *fam* ❻ (*fig fam: suffer*) ■**to ~ sth** etw einstecken *fam;* **I found it hard to ~ his insults** es fiel mir schwer, seine Beleidigungen wegzustecken *fam* ❼ (*fig: suppress*) **to ~ one's anger/disappointment** seinen Ärger/seine Enttäuschung hinunterschlucken *fam;* **to ~ one's pride** seinen Stolz überwinden; **to ~ one's words** sich *dat* eine Bemerkung verkneifen *fam* ▶ PHRASES: **to ~ the bait** anbeißen *fam;* **to ~ sth hook, line and sinker** etw bedenkenlos glauben; **she ~ed his story hook, line and sinker** sie hat ihm die ganze Geschichte ohne Wenn und Aber abgekauft *fam* **III.** *vi* schlucken

◆**swallow down** *vt* ■**to ~ down** ↻ **sth** etw hinunterschlucken; (*gulp down*) etw hinunterschlingen

'swal·low dive *n* BRIT, AUS SPORTS Schwalbensprung *m,* Flügelsprung *m*

swam [swæm] *vi, vt pt of* **swim**

swa·mi ['swɑ:mi] *n* REL Swami *m;* (*as form of address*) ■**S~** Swami

swamp [swɒmp, AM swɑ:mp] **I.** *vt* ❶ (*fill with water*) **to ~ a boat/canoe** ein Boot/Kanu voll laufen lassen ❷ (*flood*) ■**to ~ sth** etw überschwemmen [*o* unter Wasser setzen] ❸ (*fig: overwhelm*) ■**to ~ sb/sth [with sth]** jdn/etw [mit etw *dat*] überschwemmen; **I'm ~ed with work at the moment** im Moment ersticke ich in Arbeit; **to be ~ed with presents** mit Geschenken überhäuft werden ❹ (*fig: cause to break down*) ■**to ~ sth** etw überlasten ❺ BRIT (*fig fam: be too big for*) ■**to ~ sb** jdn untergehen lassen; **the new dress absolutely ~s her** in dem neuen Kleid geht sie völlig unter **II.** *n* ❶ (*bog*) Sumpf *m,* Morast *m;* **mangrove ~** Mangrovensumpf *m* ❷ *no pl* (*boggy land*) Sumpf *m,* Sumpfland *nt*

'swamp fe·ver *n no pl* Sumpffieber *nt* **'swamp·land** *n,* **'swamp·lands** *npl* Sumpfland *nt,* Sumpfgebiet *nt*

swampy ['swɒmpi, AM 'swɑ:-] *adj* sumpfig, morastig

swan [swɒn, AM swɑ:n] **I.** *n* Schwan *m* **II.** *vi* <-nn-> BRIT, AUS (*usu pej fam*) **to ~ down the street** die Straße hinunterschlendern; **to ~ into the room** ins Zimmer spaziert kommen; ■**to ~ about** [*or* **around**] (*pej fam*) herumtrödeln *fam;* ■**to ~ along** umherschlendern, lustwandeln *hum geh;* ■**to ~ off** (*pej fam*) sich *akk* davonmachen *fam,* sich *akk* trollen *fam,* abdampfen *fam*

'swan dive *n* AM SPORTS (*swallow dive*) Schwalbensprung *m,* Flügelsprung *m*

swank [swæŋk] (*pej*) **I.** *vi* (*fam*) angeben *fam,* herumprotzen *pej fam;* ■**to ~ about sth** mit etw *dat* angeben **II.** *n no pl* (*fam*) Prahlerei *f pej,* Protzerei *f pej fam;* **I think these threats are just ~** ich glaube, diese Drohungen sind nur heiße Luft *fam*

swanky ['swæŋki] *adj* (*fam*) ❶ (*stylish*) schick *fam;* **a ~ car** ein flotter Schlitten *fam* ❷ (*pej: boastful*) protzig *pej fam; talk, manner* großspurig *pej*

swan·nery ['swɒnəri, AM 'swɑ:nəri] *n* Schwanenteich *m*

'swan·song *n* (*fig*) Schwanengesang *m geh*

swap [swɒp, AM swɑ:p] **I.** *n* ❶ (*exchange*) Tausch *m;* (*interchange*) Austausch *m;* **to do a ~ [with sb]** [mit jdm] tauschen [*o* einen Tausch machen] ❷ (*deal*) Tauschhandel *m,* Tauschgeschäft *nt* ❸ (*thing*) Tauschobjekt *nt* **II.** *vt* <-pp-> ❶ (*exchange*) ■**to ~ sth** etw tauschen; ■**to ~ sth for sth** etw gegen etw *akk* eintauschen; ■**to ~ sth with sb** etw mit jdm tauschen; **to ~ places with sb** mit jdm Platz tauschen ❷ (*tell one another*) ■**to ~ sth** etw austauschen; **we ~ped addresses** wir haben unsere Adressen ausgetauscht; **to ~ reminiscences** Erinnerungen austauschen; **to ~ stories** sich *dat* gegenseitig Geschichten erzählen **III.** *vi* <-pp-> tauschen; ■**to ~ with sb** (*exchange objects*) mit jdm tauschen; (*change places*) mit jdm [Platz] tauschen

◆**swap around I.** *vt* ■**to ~ around** ↻ **sth** etw umstellen **II.** *vi* BRIT *see* **swap round**

◆**swap over** BRIT **I.** *vt* ■**to ~ over** ↻ **sth** etw austauschen **II.** *vi* tauschen

◆**swap round** BRIT **I.** *vt see* **swap around II.** *vi* [die Plätze] tauschen; **after the meal, we all ~ped round** nach dem Essen tauschten wir alle die Plätze

'swap meet *n* AM (*car boot sale*) privater Flohmarkt

swarm [swɔ:m, AM swɔ:rm] **I.** *n* ❶ (*insects*) Schwarm *m;* **~ of bees/insects/wasps** Bienen-/Insekten-/Wespenschwarm *m* ❷ + *sing/pl vb* (*fig: people*) Schar *f;* **a ~ of journalists followed the car** Journalisten folgten dem Auto in Scharen **II.** *vi* ❶ ZOOL *insects* schwärmen ❷ (*fig*) *people* schwärmen; **children ~ed round the ice-cream stand** Kinder schwärmten um den Eisstand herum ❸ (*be full of*) ■**to be ~ing with sth** von etw *dat* [nur so] wimmeln; **the garden is ~ing with wasps** im Garten wimmelt es von Wespen ❹ (*climb*) ■**to ~ up sth** etw hinaufklettern [*o* hochklettern], auf etw *akk* klettern

swarthy ['swɔ:ði, AM 'swɔ:r-] *adj* dunkel[häutig]

swash·buck·ling ['swɒʃ,bʌklɪŋ, AM 'swɑ:ʃ,-] *adj attr, inv hero, pirate* verwegen, säbelrasselnd; *pseudo-hero* großschnäuzig *pej*

swas·ti·ka ['swɒstɪkə, AM 'swɑ:-] *n* Hakenkreuz *nt*

swat [swɒt, AM swɑ:t] **I.** *vt* <-tt-> ❶ (*kill*) **to ~ an insect** ein Insekt totschlagen [*o* zerquetschen] ❷ (*hit*) ■**to ~ sb/sth** jdn/etw hart schlagen; **to ~ a ball** einen Ball schmettern ❸ (*fig: destroy*) ■**to ~ sth** etw [zerstörerisch] treffen **II.** *n* ❶ (*blow*) [heftiger] Schlag; **to give sb/sth a ~** jdm/etw einen heftigen Schlag versetzen ❷ (*swatter*) Fliegenklatsche *f*

swatch <*pl* -es> [swɒtʃ, AM swɑ:tʃ] *n* [Textil]muster *nt,* [Textil]probe *f*

swath [swɒθ, AM swɑ:θ] *n see* **swathe**

swathe [sweɪð] **I.** *vt* ■**to ~ sth in sth** etw in etw *akk* einwickeln; ■**to ~ oneself in sth** sich *akk* in etw *akk* einhüllen **II.** *n* ❶ (*long strip*) Bahn *f,* Streifen *m* ❷ (*wide area*) Gebiet *nt,* Gegend *f;* **these people represent a wide ~ of opinion** (*fig*) diese Leute repräsentieren einen großen Teil der öffentlichen Meinung ▶ PHRASES: **to cut a ~ through sth** durch etw *akk* eine Schneise der Zerstörung legen

swat·ter ['swɒtəʳ, AM 'swɑ:t̬ɚ] *n* Fliegenklatsche *f*

sway [sweɪ] **I.** *vi person* schwanken; *trees* sich *akk* wiegen; **to ~ from side to side** hin und her schwanken; **to ~ backwards and forwards** hin und her schaukeln **II.** *vt* ❶ (*swing*) ■**to ~ sth** etw schwenken; *wind* etw wiegen; **to ~ one's hips** sich *akk* in den Hüften wiegen ❷ *usu passive* (*influence*) ■**to be ~ed by sb/sth** sich *akk* von jdm/etw beeinflussen lassen; (*change mind*) von jdm/etw umgestimmt werden; **were you ~ed by her arguments?** haben ihre Argumente dich rumgekriegt? *fam* ❸ (*fig: alter*) ■**to ~ sth** etw ändern **III.** *n no pl* (*liter: control*) beherrschender Einfluss, Einflussbereich *m;* **to come under the ~ of sb/sth** unter den Einfluss einer Person/einer S. *gen* geraten; **to hold ~ [over sb/sth]** [über jdn/etw] herrschen; **Newtonian physics held ~ until the advent of Einstein and relativity** die Newtonsche Physik war vorherrschend, bis Einstein mit der Relativitätstheorie auftrat

swear <swore, sworn> [sweəʳ, AM swer] **I.** *vi* ❶ (*curse*) fluchen; ■**to ~ at sb** auf jdn fluchen ❷ (*take an oath*) schwören, einen Eid ablegen; ■**to ~ to sth** etw beschwören; **I wouldn't ~ to it** (*fam*) ich könnte es nicht beschwören; **to ~ by God/on the Bible** bei Gott/auf die Bibel schwören **II.** *vt* ■**to ~ sth** etw schwören; **to ~ allegiance** [*or* **loyalty**] Treue schwören; **to ~ an oath** einen Eid leisten [*o* ablegen]; **to ~ sb to secrecy** jdn zur Verschwiegenheit verpflichten; **to ~ blind that ...** BRIT (*fam*) Stein und Bein schwören, dass ...; **she swore blind she didn't know what had happened to the money** sie schwor hoch und heilig, dass sie nicht wüsste, was mit dem Geld

geschehen sei
◆**swear in** *vt usu passive* ■**to ~ in** ⊂ **sb** jdn vereidigen
◆**swear off** *vi* **to ~ off alcohol/cigarettes/drugs** dem Alkohol/den Zigaretten/den Drogen abschwören
'swear word *n* derbes Schimpfwort, Fluch *m*
sweat [swet] **I.** *n no pl* ❶ (*perspiration*) Schweiß *m;* **beads of ~** Schweißperlen *fpl;* **to be covered in ~** in Schweiß gebadet sein; **to be dripping** [*or* **pouring**] **with ~** vor Schweiß triefen ❷ (*fig fam: worried state*) ■**to be in a ~** [vor Aufregung] schwitzen; **to bring sb out** [*or* Am **to make sb break out**] **in a ~** jdn zum Schwitzen bringen; **just thinking about the exams brings me out in a cold ~** wenn ich nur ans Examen denke, bricht mir der kalte Schweiß aus; **to get in a ~** [**about sth**] [wegen einer S. *gen*] ins Schwitzen geraten *fam;* **to work oneself into a ~** [**about sth**] sich *akk* [wegen einer S. *gen*] verrückt machen *fam* ❸ (*fig: hard effort*) schweißtreibende Angelegenheit, Plackerei *f fam;* **no ~** (*fam*) kein Problem! **II.** *vi* ❶ (*perspire*) schwitzen; **to ~ with fear** vor Angst schwitzen; **to make sb ~** (*fig fam*) jdn ins Schwitzen bringen *fam* ❷ (*work hard*) ■**to ~ over sth** (*fig*) über etw *dat* schwitzen [*o* brüten] *fam* ❸ (*form condensation*) *wall* schwitzen ▸ PHRASES: **to ~ like a** <u>**pig**</u> (*fam*) schwitzen wie ein Schwein *sl* **III.** *vt* ▸ PHRASES: **to ~** <u>**blood**</u> Blut [und Wasser] schwitzen *fam;* **to ~** <u>**buckets**</u> [*or* Am <u>**bullets**</u>] (*fam*) schwitzen, was das Zeug hält *fam;* **the high temperatures soon had us ~ing bullets** bei der Hitze waren wir bald klatschnass geschwitzt *fam;* **don't ~** <u>**it**</u> mach dir nichts draus *fam*
◆**sweat off** *vt* ■**to ~ off** ⊂ **sth** ❶ (*lose weight*) **to ~ off pounds** Pfunde abschwitzen *fam* ❷ (*get rid of*) **to ~ off a cold/flu** eine Erkältung/Grippe ausschwitzen
◆**sweat out** *vt* ❶ (*exercise hard*) **to ~ it out** sich *akk* verausgaben ❷ (*suffer while waiting*) **to ~ it out** zittern *fam;* **my exams finish next week then I'll be ~ing it out for a month waiting for the results** nächste Woche sind meine Prüfungen vorbei, dann heißt es einen Monat lang zittern, bis die Ergebnisse da sind ▸ PHRASES: **to ~ one's** <u>**guts**</u> **out** (*sl*) sich *dat* große Mühe geben, sich *dat* den Arsch aufreißen *derb*
'sweat band *n* Schweißband *nt*
sweat·ed ['swetɪd, Am -t̬-] *adj attr, inv* **~ labour** [*or* Am **labor**] [schlechtbezahlte] Schwerarbeit, Maloche *f sl,* Ausbeutung *f*
sweat·er ['swetəʳ, Am -t̬ɚ] *n* Pullover *m,* Sweater *m*
'sweat gland *n* Schweißdrüse *f* **'sweat·shirt** *n* Sweatshirt *nt* **'sweat·shop** *n* Ausbeuterbetrieb *m pej* **'sweat suit** *n* Trainingsanzug *m*
sweaty ['sweti, Am -t̬-] *adj* ❶ (*covered in sweat*) *person* verschwitzt ❷ (*causing sweat*) *work* schweißtreibend
swede [swi:d] *n* Brit, Aus Kohlrübe *f*
Swede [swi:d] *n* Schwede, -in *m, f*
Swe·den ['swi:dᵊn] *n no pl* Schweden *nt*
Swe·dish ['swi:dɪʃ] **I.** *n no pl* Schwedisch *nt,* das Schwedische **II.** *adj inv* schwedisch; **I think he's ~** ich glaube, er ist Schwede
sweep [swi:p] **I.** *n* ❶ *no pl* (*a clean with a brush*) Kehren *nt,* Fegen *nt* NORDD; **to give the floor a ~** den Boden kehren ❷ (*dated: chimney sweep*) Schornsteinfeger(in) *m(f)* ❸ (*movement*) schwungvolle Bewegung, Schwingen *nt kein pl;* (*with sabre, scythe*) ausholender Hieb; (*all-covering strike*) Rundumschlag *m a. fig* ❹ (*area*) Gebiet *nt,* Gelände *nt* ❺ (*range*) Reichweite *f a. fig,* Spielraum *m;* **the film showed the breadth of Arab culture and the ~ of its history** der Film zeigte die Vielfältigkeit der arabischen Kultur und die weitreichende Bedeutung ihrer Geschichte ❻ (*search*) Suchaktion *f;* **a ~ of a house** eine Hausdurchsuchung ❼ (*fam*) *see* **sweepstake** ▸ PHRASES: **to make a** <u>**clean**</u> **~ of sth** (*start afresh*) gründlich mit etw *dat* aufräumen; (*win everything*) etw völlig für sich *akk* entscheiden; **the new prime minister is expected to make a clean ~ of the government** man erwartet, dass der neue Premierminister die Regierung komplett auswechselt; **Romania made a clean ~ of the medals** Rumänien räumte alle Medaillen ab *fam* **II.** *vt* <swept, swept> ❶ (*with a broom*) ■**to ~ sth** etw kehren [*o* NORDD fegen]; **to ~ the chimney** den Kamin kehren; **to ~ the floor** den Boden fegen ❷ (*take in powerful manner*) **smiling, he swept me into his arms** lächelnd schloss er mich in seine Arme; **she swept the pile of papers into her bag** sie schaufelte den Stapel Papiere in ihre Tasche; **the party was swept to power** (*fig*) die Partei kam erdrutschartig an die Macht ❸ (*remove*) ■**to ~ back** ⊂ **sth** etw zurückwerfen; **she swept back her long hair from her face** energisch strich sie sich ihre langen Haare aus dem Gesicht ❹ (*spread*) ■**to ~ sth** über etw *akk* kommen; **a 1970s fashion revival is ~ing Europe** ein Modetrend wie in den 70ern rollt derzeit über Europa hinweg ❺ (*travel and search*) ■**to ~ sth** etw absuchen [*o fam* durchkämmen]; **police have swept the woodland area** die Polizei hat das Waldgebiet abgesucht ❻ Am (*fam: win*) ■**to ~ sth** etw abräumen *fam* [*o pej fam* einsacken] ▸ PHRASES: **to ~ the** <u>**board**</u> allen Gewinn einstreichen; **to ~ sth under the** <u>**carpet**</u> [*or* Am *a.* <u>**rug**</u>] [*or* Aus *a.* <u>**mat**</u>] etw unter den Teppich kehren *fam;* **to ~ sb off his/her** <u>**feet**</u> jdm den Kopf verdrehen *fam* **III.** *vi* <swept, swept> ❶ (*move smoothly*) gleiten; *person* rauschen *fam; eyes* gleiten; **her gaze swept across the assembled room** ihr Blick glitt über den voll besetzten Raum; **the beam of the lighthouse swept across the sea** der Lichtstrahl des Leuchtturms strich über das Wasser; **to ~ into power** an die Spitze der Macht getragen werden ❷ (*follow path*) sich *akk* [da]hinziehen; **the road ~s down to the coast** die Straße führt zur Küste hinunter; **the path swept along the river** der Weg verlief entlang des Flusses; **the fire swept through the house** das Feuer breitete sich schnell im Haus aus ▸ PHRASES: **a new** <u>**broom**</u> **~s clean** (*prov*) neue Besen kehren gut *prov*
◆**sweep along I.** *vt* ■**to ~ sb along** jdn mitreißen **II.** *vi wind, rain* dahinfegen, dahinjagen; *water* dahinrollen; *troops* vorwärtsmarschieren; *epidemics* grassieren
◆**sweep aside** *vt* ❶ (*cause to move*) ■**to ~ aside** ⊂ **sb/sth** jdn/etw [hin]wegfegen ❷ (*fig: dismiss*) **to ~ aside** ⊂ **doubts/objections** Zweifel/Einwände beiseiteschieben [*o* abtun]
◆**sweep away** *vt* ❶ (*remove*) ■**to ~ away** ⊂ **sth** etw [hin]wegfegen; *water* etw fortspülen; **to ~ away** ⊂ **doubts/objections** (*fig*) Zweifel/Einwände beiseiteschieben [*o* abtun] ❷ (*fig: carry away*) ■**to ~ sb** ⊂ **away** jdn mitreißen
◆**sweep by** *vi* vorbeiziehen; (*majestically*) vorbeigleiten; (*haughtily*) vorbeirauschen
◆**sweep down I.** *vt* ■**to ~ down** ⊂ **sth** etw mitreißen **II.** *vi* ❶ (*move*) ■**to ~ down** [**on sb/sth**] [über jdn/etw] niedergehen; (*suddenly*) [über jdn/etw] hereinbrechen ❷ (*roll towards*) abfallen; **the mountains ~ down to the sea** die Berge fallen zum Meer hin ab
◆**sweep in** *vi* ❶ (*approach*) [heran]kommen; **in spring the wind ~s in from the east** im Frühling strömt der Wind aus Richtung Osten ein ❷ (*enter*) *person* hereinrauschen *fam*
◆**sweep off** *vt* ■**to ~ sb/sth off** sich *dat* jdn schnappen *fam,* jdn abschleppen *sl;* **to ~ sb off his/her feet** jdn mitreißen; (*fig*) jdn begeistern
◆**sweep out I.** *vt* ■**to ~ out** ⊂ **sth** etw auskehren [*o* NORDD ausfegen] **II.** *vi* hinausstürmen; **to ~ out of the room** aus dem Zimmer stürzen
◆**sweep past** *vi* vorbeiziehen; (*majestically*) vorbeigleiten; (*haughtily*) vorbeirauschen
◆**sweep through** *vi* sich *akk* ausbreiten; (*fig*) seinen Weg nehmen
◆**sweep up I.** *vt* ■**to ~ up** ⊂ **sth** ❶ (*brush and gather*) etw zusammenkehren [*o* NORDD zusammenfegen] ❷ (*gather*) etw zusammensammeln; **he swept up his family** (*fig*) er ließ seine Familie antreten **II.** *vi* heranrauschen; **the car swept up and she got in** der Wagen kam vorgefahren und sie stieg ein

S

sweep·er ['swi:pəʳ, AM -ɚ] *n* ❶ *(device)* Kehrmaschine *f;* **carpet ~** Teppichkehrmaschine *f* ❷ *(person)* [Straßen]feger(in) *m(f),* [Straßen]kehrer(in) *m(f)* ❸ FBALL Libero *m*
'sweep hand *n* Sekundenzeiger *m*
sweep·ing ['swi:pɪŋ] *adj* ❶ *(large-scale)* weitreichend; **~ changes** einschneidende Veränderungen; **~ cuts** drastische Einsparungen; **a ~ victory** ein Sieg *m* auf der ganzen Linie ❷ *(very general)* pauschal; **~ accusations** pauschale Anschuldigungen; **~ generalization** grobe Vereinfachung ❸ *attr (broad)* **~ curve** weiter Bogen
sweep·ings ['swi:pɪŋz] *npl* ❶ *(dirt)* Kehricht *m* ❷ *(refuse)* Reste *mpl* ❸ *(fig: people at bottom of society)* ■**the ~** der Abschaum *kein pl pej*
sweeps [swi:ps] *npl* AM Hauptsendezeiten *fpl*
sweep·stake ['swi:psteɪk] *n Art Lotterie, wobei mit kleinen Einsätzen z. B. auf Pferde gesetzt wird und diese Einsätze an den Gewinner gehen*
sweet [swi:t] **I.** *adj* ❶ *(like sugar)* süß ❷ *(not dry) sherry, wine* süß, lieblich ❸ *(fig: pleasant)* süß, angenehm; **~ dreams!** träume süß!; **~ sound** lieblicher Klang; **~ temper** sanftes Wesen; **~ voice** süße [*o iron* holde] Stimme ❹ *(fig: endearing)* süß, niedlich, goldig *fam;* **a ~ little house** ein schnuck[e]liges kleines Häuschen *fam* ❺ *(fig: kind)* freundlich, lieb; **it was ~ of you to help me** es war sehr lieb von dir, mir zu helfen; **they were very ~ to us when we stayed with them** sie waren reizend zu uns, als wir bei ihnen zu Besuch waren ❻ *(dated: in love)* ■**to be ~ on sb** in jdn verliebt sein ❼ *(individual)* **in one's own ~ time** wenn es einem zeitlich passt; **in one's own ~ way** auf seine eigene Art; **to go one's own ~ way** seinen eigenen Weg gehen; **no matter how often you warn her, she'll still go her own ~ way** du kannst sie noch so oft warnen, sie macht doch immer, was sie will ▶ PHRASES: **to keep sb ~** jdn bei Laune halten **II.** *n* ❶ *esp* BRIT, AUS *(candy)* Süßigkeit *f meist pl;* **boiled ~** Bonbon *nt* ❷ *(sweet things)* ■**~s** *pl* Süßigkeiten *fpl* ❸ BRIT, AUS *(dessert)* Nachspeise *f,* Süßspeise *f* ❹ *(fam: term of endearment)* Liebling *m,* Schatz *m fam*
'sweet-and-sour *adj inv* süßsauer **'sweet·bread** *n usu pl* Bries *nt* **sweet·briar, sweet·brier** ['swi:tbraɪəʳ, AM -ɚ] *n* Heckenrose *f* **sweet 'but·ter** *n no pl* AM Süßrahmbutter *m* **sweet 'chest·nut** *n* Esskastanie *f* **'sweet·corn** *n no pl esp* AM [Zucker]mais *m*
sweet·en ['swi:tᵊn] *vt* ❶ *(make sweet)* ■**to ~ sth** etw süßen ❷ *(make more amenable)* ■**to ~ [up]** ◌ **sb** jdn günstig stimmen; **to ~ sb's temper** jds Laune heben [*o* bessern] ❸ *(make more attractive)* ■**to ~ sth** etw versüßen [*o* schmackhaft machen]
sweet·en·er ['swi:tᵊnəʳ, AM -ɚ] *n* ❶ *no pl (sugar substitute)* Süßstoff *m* ❷ *(sweet pill)* Süßstofftablette *f* ❸ *(inducement)* Lockspeise *f geh,* Versuchung *f*
sweet F 'A *n no pl* BRIT *(fam) short for* **Sweet Fanny Adams** nix *sl*
Sweet Fanny Adams *n no pl* BRIT ganz und gar nichts, nicht das Geringste; **I know ~ about it** ich habe nicht die leiseste Ahnung
'sweet·heart *n* ❶ *(dated: girl-, boyfriend)* Freund(in) *m(f);* **childhood ~** Jugendfreund(in) *m(f)* ❷ *(kind person)* Schatz *m fam;* **would you be an absolute ~ and fetch me my hot-water bottle?** bist du mal ein echter Schatz und holst mir meine Wärmflasche? ❸ *(term of endearment)* Liebling *m,* Schatz *m fam*
'sweet·heart agree·ment *n (fam),* **'sweet·heart deal** *n (fam)* beiderseitiges Entgegenkommen
sweetie ['swi:ti, AM -ţ-] *n* ❶ *(childspeak: candy)* etwas Süßes, Bonbon *m o nt* ❷ *(nice person)* Schatz *m fam;* **he's a real ~!** er ist ein echter Schatz! ❸ *(fam: term of endearment)* Liebling *m,* Schatz *m fam*
'sweetie-pie *n* ❶ *(nice person)* Goldstück *nt fam,* Schatz *m fam* ❷ *(fam: term of endearment)* Liebling *m,* Schatz *m fam*
sweet·ly ['swi:tli] *adv* ❶ *(pleasantly)* süß; **to sing ~** schön singen; **to smile ~** nett lächeln ❷ *esp* BRIT *(smoothly)* **the engine's been running very ~ since it was tuned** seit der Motor eingestellt wurde, läuft er ganz ruhig; **she's striking the ball very ~ today** ihre Ballarbeit heute ist eins A *fam*
'sweet·meat *n (dated)* Zuckerwerk *nt kein pl,* Konfekt *nt*
sweet·ness ['swi:tnəs] *n no pl* ❶ *(sweet taste)* Süße *f* ❷ *(fig: pleasantness) of sb's nature* Freundlichkeit *f; of freedom, victory* süßes [*o* wohliges] Gefühl ▶ PHRASES: **to be all ~ and light** eitel Sonnenschein [*o fam* Friede, Freude, Eierkuchen] sein
sweet 'noth·ing *n* ❶ *usu pl (romantic talk)* ■**~s** süße Worte; **stop whispering ~s in her ear and help me!** hör auf, Süßholz zu raspeln und hilf mir lieber! ❷ *(pej: absolutely nothing)* rein gar nichts **sweet 'pea** *n* Wicke *f* **sweet 'pep·per** *n* Pfefferschote *f* **sweet po·'ta·to** *n* Süßkartoffel *f* **'sweet shop** *n* Süßwarenladen *m* **'sweet talk** *n no pl* Schmeichelei *f,* schöne Worte *ntpl;* **don't let the ~ fool you!** lass dich nicht einwickeln! *fam* **'sweet-talk** *vt* ■**to ~ sb** jdn einwickeln *fam;* ■**to ~ sb into doing sth** jdn beschwatzen etw zu tun; **to ~ sb into buying sth** jdm etw andrehen [*o* aufschwatzen] *fam* **sweet 'tooth** *n* **to have a ~** gerne Süßigkeiten essen, eine Naschkatze sein **'sweet trol·ley** *n* BRIT *kleines fahrbares Tischchen in Restaurants, auf welchem verschiedene Süßigkeiten und Süßspeisen zum Nachtisch angeboten werden* **sweet 'wil·liam** *n* HORT [Bart]nelke *f*
swell <swelled, swollen *or* swelled> [swel] **I.** *vt* ■**to ~ sth** ❶ *(enlarge)* etw anwachsen lassen; *water, rain* etw anschwellen lassen; *fruit* etw wachsen [und gedeihen] lassen ❷ *(fig: increase)* etw [an]steigen lassen; *sales* etw steigern **II.** *vi* ❶ *(become swollen)* ■**to ~ [up]** anschwellen; *(fig)* **his breast ~ed with pride** vor Stolz schwoll ihm die Brust ❷ *(increase)* zunehmen; *population* ansteigen ❸ *(get louder)* lauter werden, anschwellen; **the music ~ed along the corridor as she walked towards the stage** die Musik im Flur wurde immer lauter, während sie auf die Bühne zuging **III.** *n no pl* ❶ *(increase in sound)* zunehmende Lautstärke; *of music* Anschwellen *nt kein pl,* Crescendo *nt fachspr* ❷ *(of sea)* Dünung *f,* Seegang *m* **IV.** *adj* AM *(dated fam)* spitze *fam,* klasse *fam;* **that's a ~ idea!** das ist eine bombige Idee! *fam* **V.** *adv* AM *(dated fam)* prima *fam;* **everything's going real ~** alles läuft bestens *fam*
'swell box *n* MUS Schwellwerk *nt* **'swell·head** *n esp* AM *(pej)* Angeber(in) *m(f)*
swell·ing ['swelɪŋ] *n* ❶ MED *(lump)* Schwellung *f,* Geschwulst *f; (sudden growth)* Beule *f* ❷ *no pl (activity)* Anschwellen *nt* ❸ *(lasting form)* Wölbung *f,* Ausbauchung *f*
swel·ter ['sweltəʳ, AM -ɚ] *vi* verschmachten, [vor Hitze] umkommen; **I'm ~ing in this pullover** in diesem Pullover gehe ich ein! *fam*
swel·ter·ing ['sweltᵊrɪŋ, AM -ɚ-] *adj* drückend heiß; *heat, weather* schwül; **it's ~ in here!** hier [drin] ist es wie in einer Sauna!; **~ hot** kochend heiß
swept [swept] *vt, vi pt of* **sweep**
'swept-back *adj inv* ❶ *aircraft wing* zurückgeklappt, angelegt ❷ *(hair)* **~ hair** zurückgekämmte Haare *ntpl;* **~ hairstyle** Tangofrisur *f* **'swept-wing** *adj attr, inv* AVIAT mit Pfeilflügeln *nach n*
swerve [swɜ:v, AM swɜ:rv] **I.** *vi* ❶ *(change direction)* [plötzlich] ausweichen; *horse* seitlich ausbrechen; *car* ausscheren; **the ball ~d into the net** der Ball beschrieb einen Bogen und landete im Netz; **the car ~d into the crash barrier** das Auto schlitterte in die Leitplanke; **she swerved to avoid a dog who ran into the road** sie riss den Wagen herum, um einem Hund, der in die Straße lief, auszuweichen ❷ *(fig liter: deviate)* eine Schwenkung vollziehen *geh;* **to ~ from one's policies/principles** von seiner Politik/seinen Grundsätzen abweichen **II.** *n* ❶ *(sudden move)* plötzliche Seitenbewegung,

Schlenker *m;* (*evading move*) Ausweichbewegung *f;* **a ~ to the left/right** ein Ausscheren *nt* nach links/rechts; **the ~ around an obstacle** die Umgehung eines Hindernisses ❷ (*fig*) Abweichung *f;* POL Richtungswechsel *m* ❸ (*in billiards*) Effet *m*

swift¹ [swɪft] *adj* ❶ (*fast-moving*) schnell ❷ (*occurring quickly*) schnell, rasch; **a ~ reply** eine prompte Antwort

swift² [swɪft] *n* Mauersegler *m*

swift·ly ['swɪftli] *adv* schnell, rasch

swift·ness ['swɪftnəs] *n no pl* Schnelligkeit *f*

swig [swɪg] (*fam*) **I.** *vt* <-gg-> ■**to ~ sth** etw schlucken **II.** *n* Schluck *m;* **to take a ~** einen Schluck nehmen

swill [swɪl] **I.** *n no pl* ❶ (*pig feed*) Schweinefutter *nt;* (*fig, pej: untasty drink*) Gesöff *nt pej fam;* (*untasty food*) Fraß *m pej fam* ❷ (*long draught*) Schluck *m* ❸ (*rinsing*) Spülung *f;* (*act of rinsing*) Spülen *nt* **II.** *vt* ❶ (*usu pej fam: drink fast*) ■**to ~ sth [down]** etw hinunterstürzen; **to ~ [down] alcohol/beer** Alkohol/Bier hinunterkippen *fam* ❷ (*swirl a liquid*) ■**to ~ sth around** [*or* **round and round**] etw [hin und her] schwenken ❸ (*rinse*) ■**to ~ sth out** etw ausspülen

swim [swɪm] **I.** *vi* <swam *or* AUS *a.* swum, swum, -mm-> ❶ SPORTS schwimmen; **to go ~ming** schwimmen gehen; ■**to ~ under sth** unter etw *dat* hindurchschwimmen ❷ (*pej: be immersed*) ■**to ~ in sth** *food* in etw *dat* schwimmen; **to ~ with tears** *eyes* in Tränen schwimmen ❸ (*whirl*) verschwimmen; (*be dizzy*) schwindeln; **my head begins to ~** mir dreht sich alles, mir wird schwindelig **II.** *vt* <swam *or* AUS *a.* swum, swum, -mm-> ❶ (*cross*) ■**to ~ sth** etw durchschwimmen; **he swam 700 metres to shore** er schwamm 700 Meter zum Ufer; **to ~ a river/channel** einen Fluss/Kanal durchschwimmen ❷ (*do*) **to ~ a few strokes** ein paar Züge schwimmen; **to ~ the butterfly stroke** Delphin schwimmen **III.** *n* Schwimmen *nt kein pl;* **to have** [*or* **go for**] **a ~** schwimmen gehen ▶ PHRASES: **to be <u>in</u>/<u>out</u> of the ~** auf dem/nicht mehr auf dem Laufenden sein

swim·mer ['swɪmə^r^, AM -ɚ] *n* ❶ (*person*) Schwimmer(in) *m(f);* **to be a strong ~** ein guter Schwimmer/eine gute Schwimmerin sein ❷ AUS (*fam: clothes*) ■**~s** *pl* Schwimmsachen *pl*

swim·ming ['swɪmɪŋ] *n no pl* Schwimmen *nt*

'swim·ming bath(s) *n* BRIT (*dated form*) Schwimmbecken *nt; see also* **swimming pool** **'swim·ming cap** *n* Bademütze *f,* Badekappe *f,* Badehaube *f* ÖSTERR **'swim·ming cos·tume** *n* BRIT, AUS Badeanzug *m*

swim·ming·ly ['swɪmɪŋli] *adv* (*fam or dated*) glatt *fam;* **to go ~** glattgehen *fam*

'swim·ming match *n* Schwimmwettbewerb *m,* Schwimmwettkampf *m* **'swim·ming pool** *n* Schwimmbecken *nt;* (*private*) Swimmingpool *m;* (*public*) Schwimmbad *nt;* **indoor/outdoor ~** Hallen-/Freibad *nt* **'swim·ming trunks** *npl* Badehose *f*

'swim·suit *n esp* AM (*swimming costume*) Badeanzug *m;* (*swimming trunks*) Badehose *f* **'swim team** *n* AM Schwimmmannschaft *f* **'swim trunks** *npl* AM Badehose *f* **'swim·wear** *n no pl* Badebekleidung *f;* **a [new] line of ~** eine [neue] Badekollektion

swin·dle ['swɪndl̩] **I.** *vt* ■**to ~ sb** jdn betrügen; ■**to ~ sb out of sth** [*or* **sth from sb**] jdn um etw *akk* betrügen **II.** *n* Betrug *m kein pl außer* SCHWEIZ

swin·dler ['swɪndlə^r^, AM -l̩ɚ] *n* (*pej*) Betrüger(in) *m(f)*

swine [swaɪn] *n* ❶ <*pl* - *or* -s> (*pej fam: person*) Schwein *nt pej fam;* **filthy ~** dreckiges Schwein *pej derb* ❷ <*pl* -> (*liter or old: pig*) Schwein *nt*

swing [swɪŋ] **I.** *n* ❶ (*movement*) Schwingen *nt kein pl;* **with a ~ of his axe ...** mit einem Schwung seiner Axt ... ❷ (*punch*) Schlag *m;* **to take a ~ at sb** zum Schlag gegen jdn ausholen ❸ (*hanging seat*) Schaukel *f;* **porch ~** Hollywoodschaukel *f;* **to go on a ~** schaukeln ❹ (*change*) Schwankung *f;* **mood ~** Stimmungsschwankung *f;* POL Umschwung *m* ❺ *esp* AM (*quick trip*) Stippvisite *f fam;* **to take a ~ through the southern states** eine kurze Tour durch die Südstaaten machen ❻ *no pl* MUS Swing *m* ❼ AM (*in baseball*) Swing *m* ▶ PHRASES: **what you lose on the ~s, you gain on the <u>roundabouts</u>** [*or* **it's ~s and <u>roundabouts</u>**] BRIT (*prov*) das hält sich die Waagschale *prov,* das ist gehopst wie gesprungen *fam;* **to get [back] into the ~ of <u>things</u>** [*or* **<u>it</u>**] (*fam*) sich *akk* [wieder] an etwas gewöhnen, [wieder] in etwas reinkommen *fam;* **to be in <u>full</u> ~** voll im Gang sein; **to <u>go</u> with a ~** BRIT (*fam: be exciting*) Schwung haben; (*be well done*) ein voller Erfolg sein **II.** *vi* <swung, swung> ❶ (*move*) [hin und her] schwingen; (*move circularly*) sich *akk* drehen; **the monkey was ~ing from tree to tree** der Affe schwang sich von Baum zu Baum; **the door swung open in the wind** die Tür ging durch den Wind auf ❷ (*attempt to hit*) zum Schlag ausholen; ■**to ~ at sb [with sth]** [mit etw *dat*] nach jdm schlagen ❸ (*in playground*) schaukeln ❹ (*alternate*) *mood* schwanken ❺ MUS swingen ❻ (*fam: be exciting*) swingen *sl;* **you need music to make a party ~** man braucht Musik, um eine Party in Schwung zu bringen ❼ *esp* AM (*stop shortly*) ■**to ~ by somewhere** irgendwo kurz anhalten ❽ (*hang*) hängen, baumeln *fam;* ■**to ~ for sth** für etw *akk* gehängt werden; AM (*fig: be reprimanded*) für etw *akk* gerügt [*o* getadelt] werden ▶ PHRASES: **to ~ into <u>action</u>** loslegen *fam* **III.** *vt* <swung, swung> ❶ (*move*) ■**to ~ sth** etw [hin- und her]schwingen; **to ~ one's arms** die Arme schwingen ❷ MUS etw als Swing spielen ❸ (*fam: arrange*) ■**to ~ sth: do you think you could ~ the job for me?** glaubst du, du könntest die Sache für mich schaukeln? *fam;* **to ~ it** es arrangieren [*o fam* deichseln]; **to ~ an election** (*pej*) eine Wahl herumreißen *fam* ▶ PHRASES: **to ~ the <u>balance</u>** den Ausschlag geben; **to ~ the <u>lead</u>** BRIT sich *akk* vor etw *dat* drücken **IV.** *adj voter, state* entscheidend

◆**swing around, swing round I.** *vi* ❶ (*turn around*) sich *akk* schnell umdrehen; (*in surprise, fright*) herumfahren ❷ (*go fast*) **she swung around the corner at full speed** sie kam mit vollem Tempo um die Ecke geschossen **II.** *vt* ❶ (*turn round*) ■**to ~ sth around** etw [her]umdrehen; (*move in a circle*) etw herumschwingen [*o* herumwirbeln] ❷ (*change*) **to ~ a conversation around** [*or* **round**] **to sth** ein Gespräch auf etw *akk* bringen

◆**swing up** *vt* ■**to ~ oneself up into/onto sth** *seat* sich *akk* auf etw *akk* hochschwingen

'swing bridge *n* Drehbrücke *f* **swing 'door** *n* BRIT, AUS Schwingtür *f,* Pendeltür *f*

swinge·ing ['swɪndʒɪŋ] *adj* BRIT (*form*) extrem; **~ cuts/economic sanctions** drastische Kürzungen/Wirtschaftssanktionen; **~ penalties** exorbitante Strafen *geh*

swing·er ['swɪŋə^r^, AM -ɚ] *n* (*dated fam: fashionably social person*) lebenslustiger Typ *fam;* (*sexually*) lockerer Vogel *fam*

swing·ing ['swɪŋɪŋ] *adj* (*dated fam: fun, exciting*) schwungvoll; (*promiscuous*) freizügig; **the ~ sixties** die Swinging Sixties

swing·ing 'door *n* BRIT, AUS Schwingtür *f,* Pendeltür *f*

'swing·set *n* Schaukel *f;* (*structure*) Schaukelgestell *nt*

'swing shift *n* AM Spätschicht *f* **'swing vote** *n esp* AM entscheidende Stimme **swing-'wing** *n* AVIAT Schwenkflügler *m*

swin·ish ['swaɪnɪʃ] *adj* (*pej dated fam*) schweinisch *pej fam*

swipe [swaɪp] **I.** *vi* schlagen; ■**to ~ at sth** nach etw *dat* schlagen **II.** *vt* ❶ (*swat*) ■**to ~ sb** BRIT jdn [hart] schlagen; **she ~ed him round the head** sie gab ihm ein paar hinter die Ohren ❷ *esp* AM (*graze*) ■**to ~ sth** *car* etw streifen ❸ (*fam: steal*) ■**to ~ sth** etw klauen *fam* ❹ (*pass through*) ■**to ~ sth** *magnetic card* etw durchziehen [*o* einlesen] **III.** *n* Schlag *m;* **to take a ~ at sb/sth** auf jdn/etw losschlagen; (*fig*) zum Schlag gegen jdn/etw ausholen; (*criticize*) jdn/etw kritisieren

swirl [swɜːl, AM swɜːrl] **I.** *vi* wirbeln **II.** *vt* ❶ (*move circularly*) ■**to ~ sth around** etw herumwirbeln ❷ (*twist together*) ■**to ~ sth together** etw miteinander vermischen **III.** *n of water*

S

Strudel *m; of snow, wind* Wirbel *m; of dust* Wolke *f*

swirl·ing ['swɜːlɪŋ, AM 'swɜːrl-] *adj inv* wirbelnd *attr;* ~ **mist** wogender Nebel

swish [swɪʃ] **I.** *vi* ❶ (*make hissing noise*) zischen ❷ (*make brushing noise*) rascheln **II.** *vt* ■**to** ~ **sth** *liquid* etw hin und her schwenken; **the horses ~ed their tails to get rid of the flies** die Pferde schlugen mit ihrem Schweif, um die Fliegen loszuwerden **III.** *adj* <-er, -est> (*fam*) ❶ (*posh*) todschick *fam* ❷ (*pej: too extravagant*) nobel *oft iron* **IV.** *n* ❶ (*sound*) Rascheln *nt kein pl* ❷ AM (*pej sl: effeminate man*) Schwuchtel *f pej sl*

swishy ['swɪʃi] *adj* AM (*pej sl*) schwul *fam,* tuntig *pej sl*

Swiss [swɪs] **I.** *adj* Schweizer-, schweizerisch **II.** *n* ❶ <*pl* -> Schweizer(in) *m(f);* ■**the** ~ die Schweizer *pl* ❷ *no pl* FOOD Schweizer Käse *m*

Swiss 'army knife *n* Schweizer Offiziersmesser *nt* **Swiss 'ball** *n* Gymnastikball *m,* Pezziball *m;* (*with handles*) Hüpfball *m* **Swiss 'chard** *n no pl* Mangold *m* **Swiss 'cheese** *n* Schweizer Käse *m* **Swiss 'franc** *n* [Schweizer] Franken **Swiss 'roll** *n esp* BRIT Biskuitrolle *f,* Biskuitroulade *f* ÖSTERR

switch [swɪtʃ] **I.** *n* <*pl* -es> ❶ (*control*) Schalter *m;* **to flick** [*or* **flip**] **a** ~ (*turn on*) einen Schalter anknipsen; (*turn off*) einen Schalter ausknipsen; **to throw a** ~ einen Schalter betätigen ❷ (*substitution*) Wechsel *m meist sing,* Austausch *m kein pl* ❸ (*alteration*) Änderung *f;* (*change*) Wechsel *m,* Wandel *m kein pl* ❹ (*thin whip*) Rute *f,* Gerte *f* ❺ AM RAIL (*points*) Weiche *f* **II.** *vi* wechseln; **the country seemed to ~ from dictatorship to democracy** das Land schien von einer Diktatur zu einer Demokratie zu werden; ■**to ~ with sb** mit jdm tauschen **III.** *vt* ❶ (*adjust settings*) ■**to** ~ **sth** etw umschalten; ~ **the heater to maximum** stell' die Heizung auf die höchste Stufe ❷ (*change abruptly*) ■**to** ~ **sth** etw wechseln; **in the 1980s, several companies ~ed their attention to the US market** in den 80er-Jahren richteten zahlreiche Unternehmen ihre Aufmerksamkeit auf den amerikanischen Markt ❸ (*substitute*) ■**to** ~ **sth** etw auswechseln [*o* eintauschen]

◆**switch around** *vt* ■**to** ~ **around** ⊂ **sth** etw umstellen [*o* umräumen]; **to** ~ **around a room** ein Zimmer umräumen

◆**switch off I.** *vt* ■**to** ~ **off** ⊂ **sth** ❶ (*turn off power*) etw ausschalten ❷ (*cease*) etw abschalten [*o* abstellen]; **some people can just ~ off their emotions** manche Leute können ihre Gefühle einfach ausschalten **II.** *vi* ❶ (*turn off*) ausschalten ❷ (*stop paying attention*) abschalten *fam;* **if he gets bored, he just ~es off** wenn ihm langweilig wird, schaltet er einfach ab

◆**switch on I.** *vt* ■**to** ~ **on** ⊂ **sth** ❶ (*turn on power*) etw einschalten; **to** ~ **on the light** das Licht anschalten; **to** ~ **on the TV** den Fernseher anmachen ❷ (*use*) etw einschalten; **to** ~ **on the charm** seinen ganzen Charme aufbieten **II.** *vi* einschalten, anschalten

◆**switch over** *vi* wechseln; TV umschalten; ■**to** ~ **over to sth** zu etw *dat* wechseln, auf etw *akk* umstellen; **to** ~ **over to another channel** auf ein anderes Programm umschalten

◆**switch round** *vt see* **switch around**

'switch·back *n* (*road*) Serpentinenstraße *f;* (*path*) Serpentinenweg *m* **'switch·blade** *n* AM (*flick knife*) Klappmesser *nt,* Schnappmesser *nt* **'switch·board** *n* ELEC Schaltbrett *nt;* TELEC [Telefon]zentrale *f,* Vermittlung *f;* **to jam the** ~ die Telefonleitungen blockieren **'switch·board op·era·tor** *n* Telefonist(in) *m(f)*

switched on *pred,* **switched-on** ['swɪtʃtɒn, AM -ɑːn] *adj attr* (*dated fam*) trendbewusst

Swit·zer·land ['swɪtsᵊlənd, AM -ɚlənd] *n* Schweiz *f*

swiv·el ['swɪvᵊl] **I.** *n* Drehring *m,* Drehgelenk *nt* **II.** *n modifier* Gelenk- **III.** *vt* <BRIT, AUS -ll- *or* AM *usu* -l-> ■**to** ~ **sth** etw drehen **IV.** *vi* <BRIT, AUS -ll- *or* AM *usu* -l-> sich *akk* drehen

◆**swivel around, swivel round I.** *vt* ■**to** ~ **sth around** [*or* **round**] etw herumdrehen **II.** *vi* sich *akk* herumdrehen

swiv·el 'chair *n* Drehstuhl *m* **'swiv·el joint** *n* Drehgelenk *nt*

swiz(z) [swɪz], **swiz·zle** ['swɪzl̩] *n no pl* BRIT (*esp childspeak sl*) ■**a** ~ eine Gemeinheit

'swiz·zle stick *n* Sektquirl *m*

swol·len ['swəʊlən, AM 'swoʊ-] **I.** *pp of* **swell II.** *adj* ❶ (*puffy*) geschwollen; **a** ~ **face** ein aufgequollenes Gesicht ❷ (*larger than usual*) angeschwollen; **a** ~ **river/stream** ein angeschwollener Fluss/Strom

swol·len 'head *n* (*pej fam*) Hochnäsigkeit *f kein pl fam;* **to have a** ~ sehr eingebildet sein; **to get a** ~ völlig eingebildet werden; **don't compliment him any more or he'll get a** ~ mach ihm keine Komplimente mehr, sonst bildet er sich noch was [drauf] ein

swol·len-head·ed [-'hedɪd] *adj* (*pej fam*) eingebildet, hochnäsig *fam*

swoon [swuːn] **I.** *vi* ❶ (*dated: faint*) ohnmächtig werden, in Ohnmacht fallen ❷ (*fig*) ■**to** ~ **over sb/sth** für jdn/etw schwärmen; **British audiences ~ with delight over films like this** das britische Publikum ist von Filmen wie diesem völlig begeistert **II.** *n* (*dated liter*) Ohnmacht *f;* **to fall down in a** ~ in Ohnmacht fallen

swoop [swuːp] **I.** *n* ❶ (*dive*) Sturzflug *m;* **to make a** ~ [**down**] herabstoßen ❷ (*fam: attack*) Überraschungsangriff *m;* (*by police*) Razzia *f* **II.** *vi* ❶ (*dive*) niederstoßen, herabstoßen ❷ (*fam: attack*) ■**to** ~ **on sb/sth** jdn/etw angreifen; *police* bei jdm/etw eine Razzia machen

◆**swoop down** *vi* herabstoßen

swoosh [swuːʃ] **I.** *vi* rauschen **II.** *n* <*pl* -es> Rauschen *nt kein pl*

swoosh·ing ['swuːʃɪŋ] *adj* rauschend *attr*

swop <-pp-> [swɒp, AM swɑːp] *vt, vi esp* BRIT, CAN *see* **swap**

sword [sɔːd, AM sɔːrd] *n* Schwert *nt;* **to draw a** ~ ein Schwert ziehen; **to put sb to the** ~ jdn mit dem Schwert töten ► PHRASES: **to have a ~ of Damocles hanging over one's head** ein Damoklesschwert über seinem Kopf schweben haben; **to beat** [*or* **turn**] **~s into ploughshares** Schwerter zu Pflugscharen umschmieden

'sword dance *n* Schwert[er]tanz *m* **'sword·fish** *n* Schwertfisch *m* **'sword·play** *n no pl* ❶ (*fencing*) Fechten *nt* ❷ (*sparring*) Gefecht *nt;* **verbal** ~ Wortgefecht *nt* **'sword-point** *n no pl* Schwertspitze *f;* (*fig*) **the only way you'll get him to leave that job is at** ~ nur wenn du ihm das Messer auf die Brust setzt, kannst du ihn dazu bewegen, die Arbeit aufzugeben; ■**to do sth at** ~ etw gezwungenermaßen tun

swords·man ['sɔːdzmən, AM 'sɔːrdz-] *n* ❶ (*hist: sword fighter*) Schwertkämpfer *m* ❷ (*fencer*) Fechter *m;* **a skilled** ~ ein guter Fechter

swords·man·ship ['sɔːdzmənʃɪp, AM 'sɔːrdz-] *n no pl* ❶ (*hist: in swordfighting*) Schwertkunst *f* ❷ (*in fencing*) Fechtkunst *f*

'sword·stick *n* Stockdegen *m*

swords·wom·an ['sɔːdzwʊmən, AM 'sɔːrdz-] *n* Fechterin *f;* **a skilled** ~ eine gute Fechterin

swore [swɔːʳ, AM swɔːr] *pt of* **swear**

sworn [swɔːn, AM swɔːrn] **I.** *pp of* **swear II.** *adj attr, inv* beschworen, beeidet; **a** ~ **affidavit** eine eidesstattliche Versicherung; **a** ~ **statement** eine eidliche [*o* beschworene] Aussage; ~ **testimony** beeidete Zeugenaussage

sworn 'en·emy *n* Todfeind(in) *m(f)*

swot <-tt-> [swɒt] *vi* BRIT, AUS (*fam*) büffeln *fam,* pauken *fam;* **to** ~ **for an exam** für eine Prüfung pauken *fam*

◆**swot up** BRIT, AUS **I.** *vt* (*fam*) ■**to** ~ **up** ⊂ **sth** etw büffeln [*o* pauken] *fam* **II.** *vi* (*fam*) ■**to** ~ **up on sth** etw büffeln [*o* pauken] *fam*

swum [swʌm] *pp, also Aus pt of* **swim**

swung [swʌŋ] *pt, pp of* **swing**

syba·rite ['sɪbᵊraɪt, AM -əraɪt] *n* (*form*) Genussmensch *m,* Sybarit *m geh*

syba·rit·ic [ˌsɪbᵊ'rɪtɪk, AM -ərɪt̬-] *adj* (*form*) *person* genusssüchtig; ~ **taste** erlesener Geschmack

syca·more ['sɪkəmɔːʳ, AM -mɔːr] *n* Sykomore *f fachspr,* Maulbeerfeigenbaum *m;* AM Platane *f*

syco·phant ['sɪkəfænt, 'saɪkə-, AM -fᵊnt] *n* (*pej form*) Schmeichler(in) *m(f);* (*pej*) Schleimer(in) *m(f) pej,* Kriecher(in) *m(f) pej*

syco·phan·tic [ˌsɪkə(ʊ)'fæntɪk, 'saɪkə-, AM -ə'fænt̬ɪk] *adj* (*pej form*) kriecherisch *pej*

syl·lab·ic [sɪ'læbɪk] *adj inv* LING Silben-, silbisch; ~ **verse** Silbenstrophe *f*

syl·labi·fi·ca·tion [sɪˌlæbɪfɪ'keɪʃᵊn, AM -ˌlæbə-] *n* LING Silbentrennung *f*

syl·la·ble ['sɪləbl̩] *n* Silbe *f;* **they haven't spoken one ~ to each other all day** (*fig*) sie haben den ganzen Tag über noch keinen Ton miteinander gesprochen; **stressed/unstressed ~** betonte/unbetonte Silbe

syl·la·bub ['sɪləbʌb] *n no pl* ❶ (*dessert*) Weinschaumcreme *f* ❷ (*topping*) Weincreme *f* ❸ (*drink*) ≈ Eierflip *m*

syl·la·bus <*pl* -es *or form* syllabi> ['sɪləbəs, *pl* -aɪ] *n* ❶ (*course outline*) Lehrplan *m* ❷ (*course reading list*) Leseliste *f;* **to be on the ~** auf der Leseliste stehen

syl·lo·gism ['sɪlədʒɪzᵊm] *n* PHILOS Syllogismus *m fachspr*

syl·lo·gis·tic [ˌsɪlə'dʒɪstɪk] *adj* PHILOS syllogistisch *fachspr*

sylph [sɪlf] *n* Sylphide *f geh*

sylph·like ['sɪlflaɪk] *adj* (*usu hum*) grazil, sylphidenhaft *geh*

sym·bio·sis [ˌsɪmbaɪ'əʊsɪs, AM -bi'oʊ-] *n no pl* Symbiose *f*

sym·bi·ot·ic [ˌsɪmbaɪ'ɒtɪk, AM -bi'ɑːt̬ɪk] *adj inv* symbiotisch

sym·bi·oti·cal·ly [ˌsɪmbaɪ'ɒtɪkᵊli, AM -bi'ɑːt̬ɪk-] *adv inv* symbiotisch

sym·bol ['sɪmbᵊl] *n* Symbol *nt,* Zeichen *nt;* ~ **of freedom/life/love** Symbol *nt* der Freiheit/des Lebens/der Liebe; ~ **of peace** Friedenssymbol *nt;* ~ **of wealth/wisdom** Symbol *nt* für Reichtum/Weisheit; MATH, SCI, MUS Symbol *nt,* [grafisches] Zeichen

sym·bol·ic [sɪm'bɒlɪk, AM -'bɑː-] *adj* symbolisch, symbolhaft; **a ~ gesture** eine symbolische Geste

sym·boli·cal·ly [sɪm'bɒlɪkli, AM -'bɑː-] *adv* symbolisch

sym·bol·ism ['sɪmbᵊlɪzᵊm] *n no pl* Symbolik *f;* ■**S~** ART, LIT Symbolismus *m*

Sym·bol·ist ['sɪmbᵊlɪst] ART, LIT **I.** *n* Symbolist(in) *m(f)* **II.** *adj inv* symbolistisch

sym·bol·ize ['sɪmbᵊlaɪz, AM -bə-] *vt* ■**to ~ sth** etw symbolisieren

sym·met·ri·cal [sɪ'metrɪkᵊl] *adj* symmetrisch; ~ **face** ebenmäßiges Gesicht

sym·met·ri·cal·ly [sɪ'metrɪkᵊli] *adv* symmetrisch

sym·me·try ['sɪmətri] *n no pl* (*balance*) Symmetrie *f;* (*evenness*) Ebenmäßigkeit *f;* (*correspondence*) Übereinstimmung *f;* MATH Symmetrie *f*

sym·pa·thet·ic [ˌsɪmpə'θetɪk, AM -t̬-] *adj* ❶ (*understanding*) verständnisvoll; ■**to be ~ about sth** für etw *akk* Verständnis haben; (*sympathizing*) mitfühlend, teilnahmsvoll; **to lend a ~ ear to sb** ein offenes Ohr für jdn haben ❷ (*likeable*) *fictional characters* sympathisch ❸ (*approving*) wohlgesonnen *geh;* ■**to be ~ towards** [*or* **to**] **sb/sth** mit jdm/etw sympathisieren; **to give sth a ~ hearing** ein offenes Ohr für etw *akk* haben

sym·pa·theti·cal·ly [ˌsɪmpə'θetɪkᵊli, AM -t̬-] *adv* (*understanding*) verständnisvoll; (*sympathizing*) teilnahmsvoll

sym·pa·thize ['sɪmpəθaɪz] *vi* ❶ (*show understanding*) Verständnis haben; (*show compassion*) Mitleid haben, mitfühlen; ■**to ~ with sb** [**over** [*or* **about**] **sth**] mit jdm [wegen einer S. *gen*] mitfühlen ❷ (*agree with*) ■**to ~ with sb/sth** mit jdm/etw sympathisieren

sym·pa·thiz·er ['sɪmpəθaɪzəʳ, AM -ɚ] *n* Sympathisant(in) *m(f)*

sym·pa·thy ['sɪmpəθi] *n* ❶ *no pl* (*compassion*) Mitleid *nt;* ■**~ for sb** Mitleid mit jdm; (*commiseration*) Mitgefühl *nt;* **to look for ~** Mitgefühl suchen; (*understanding*) Verständnis *nt;* ■**~ for sb** Verständnis für jdn; **to look for ~** Verständnis suchen ❷ *no pl* (*agreement*) Übereinstimmung *f;* **to be in ~ with sb/sth** in Übereinstimmung mit jdm/etw sein; (*affection*) Sympathie *f;* **to have ~ with sb/sth** für jdn/etw Sympathie hegen *geh* ❸ (*condolences*) ■**sympathies** *pl* Beileid *nt kein pl;* **to offer** [*or* **send**] **sb one's sympathies** jdm sein Beileid aussprechen, jdm kondolieren ❹ (*support*) ■**sympathies** *pl* Sympathien *fpl;* **93% said their sympathies were with the teachers** 93 % sagten, dass sie auf der Seite der Lehrer stünden

'sym·pa·thy card *n* Beileidskarte *f* **'sym·pa·thy strike** *n* Solidaritätsstreik *m* **'sym·pa·thy vote** *n* BRIT, AUS (*fam*) Sympathiebekundung *f*

sym·phon·ic [sɪm'fɒnɪk, AM -'fɑːn-] *adj inv* symphonisch, sinfonisch

sym·phon·ic 'poem *n* MUS symphonische [*o* sinfonische] Dichtung

sym·pho·ny ['sɪm(p)fəni] *n* Symphonie *f,* Sinfonie *f;* (*orchestra*) Symphonieorchester *nt,* Sinfonieorchester *nt*

'sym·pho·ny con·cert *n* Symphoniekonzert *nt,* Sinfoniekonzert *nt* **'sym·pho·ny or·ches·tra** *n* Symphonieorchester *nt,* Sinfonieorchester *nt*

sym·po·sium <*pl* -s *or* -sia> [sɪm'pəʊziəm, AM -'poʊ-, *pl* -ziə] *n* (*form*) Symposium *nt,* Symposion *nt*

symp·tom ['sɪm(p)təm] *n* ❶ MED Symptom *nt,* Krankheitszeichen *nt;* **the ~s of a cold** die Symptome einer Erkältung; **to develop ~s** Symptome ausbilden [*o* zeigen] ❷ (*fig: indicator*) [An]zeichen *nt,* Symptom *nt geh*

symp·to·mat·ic [ˌsɪm(p)tə'mætɪk, AM -'mæt̬-] *adj* symptomatisch; ■**to be ~ of sth** bezeichnend [*o geh* symptomatisch] für etw *akk* sein

syna·gogue ['sɪnəgɒg, AM -gɑːg] *n* Synagoge *f*

syn·apse ['saɪnæps, 'sɪn-, AM 'sɪn-] *n* ANAT, MED Synapse *f*

syn·ap·tic [sɪ'næptɪk] *adj inv* MED synaptisch

sync(h) [sɪŋk] *n no pl* (*fam*) *short for* **synchronization** Synchronisation *f,* Übereinstimmung *f;* ■**to be in/out of ~ with sth/sb** mit etw/jdm übereinstimmen/nicht übereinstimmen

syn·chro·nic·ity [ˌsɪŋkrə'nɪsəti, AM -əṯi] *n no pl* Gleichzeitigkeit *f,* Synchronizität *f geh*

syn·chro·ni·za·tion [ˌsɪŋkrənaɪzeɪʃᵊn, AM -nɪ-] *n no pl* ❶ (*state*) Synchronisation *f,* Übereinstimmung *f;* **to be in ~** völlig synchron sein, in völliger Übereinstimmung sein ❷ (*process*) Synchronisation *f,* zeitliches Zusammentreffen

syn·chro·nize ['sɪŋkrənaɪz] **I.** *vt* ■**to ~ sth** etw aufeinander abstimmen **II.** *vi* zeitlich zusammenfallen; **the show was designed so that the lights ~d with the music** die Show war so ausgerichtet, dass die Lichter mit der Musik synchron geschaltet waren

syn·chro·nized swim·ming *n no pl* Synchronschwimmen *nt*

syn·chro·nous ['sɪŋkrənəs] *adj inv* gleichzeitig, synchron

syn·co·pate ['sɪŋkəpeɪt] *vt* MUS ■**to ~ sth** etw synkopieren *fachspr*

syn·co·pat·ed ['sɪŋkəpeɪtɪd, AM -t̬-] *adj inv* MUS synkopisch *fachspr*

syn·co·pa·tion [ˌsɪŋkə'peɪʃᵊn] *n no pl* MUS ❶ (*form*) Synkope *f fachspr* ❷ (*act*) Synkopierung *f fachspr*

syn·cope ['sɪŋkəpi] *n* ❶ *no pl* LING (*omission of sounds, letters*) Synkope *f fachspr* ❷ MED Ohnmacht *f,* Synkope *f fachspr*

syn·di·cate I. *n* ['sɪndɪkət, AM -dəkɪt] ❶ + *sing/ pl vb* COMM, FIN Syndikat *nt,* Verband *m* ❷ JOURN Pressesyndikat *nt* **II.** *vt* ['sɪndɪkeɪt, AM -də-] ■**to ~ sth** ❶ JOURN etw an mehrere Zeitungen verkaufen; **her weekly column is ~d in 200 newspapers throughout North America** ihre wöchentliche Kolumne erscheint in 200 Zeitungen in ganz Nordamerika ❷ (*finance*) etw über ein Syndikat finanzieren

syn·di·cat·ed ['sɪndɪkeɪtɪd, AM -dəkeɪt̬ɪd] *adj attr, inv* ❶ JOURN an viele Zeitungen verkauft; **a ~ article** *ein Artikel, der in mehreren Zeitungen erscheint;* **a ~ columnist** *ein Kolumnist, der eine Kolumne in mehreren Zeitungen veröffentlicht* ❷ *esp*

AM TV an mehrere Programmanbieter verkauft
syn·di·ca·tion [ˌsɪndɪˈkeɪʃᵊn, AM -dəˈ-] *n no pl* ❶ JOURN Verkauf *m* an mehrere Zeitungen ❷ (*financing*) Finanzierung *f* durch ein Syndikat
syn·drome [ˈsɪndrəʊm, AM -droʊm] *n* ❶ MED Syndrom *nt;* **acquired immune deficiency** ~ erworbenes Immunschwächesyndrom; **post-traumatic stress** ~ posttraumatisches Stresssyndrom; **premenstrual** ~ prämenstruelles Syndrom; **toxic shock** ~ toxisches Schocksyndrom ❷ (*fig: condition*) Syndrom *nt*
syn·er·gism [ˈsɪnədʒɪzᵊm, AM -ɚdʒɪ-], **syn·er·gy** [ˈsɪnədʒi, AM -ɚdʒi] *n no pl* Synergismus *m fachspr,* Synergie *f fachspr*
syn·er·gis·tic [ˌsɪnəˈdʒɪstɪk, AM ˌsɪnɚˈ-] *adj* synergistisch
syn·er·gis·ti·cal·ly [ˌsɪnəˈdʒɪstɪkᵊli, AM ˌsɪnɚˈ-] *adv* synergistisch
syn·od [ˈsɪnəd] *n* Synode *f*
syno·nym [ˈsɪnənɪm] *n* Synonym *nt*
syn·ony·mous [sɪˈnɒnɪməs, AM -ˈnɑːnə-] *adj inv* ❶ (*meaning the same*) synonym ❷ (*closely associated with*) gleichbedeutend, synonym
syn·op·sis <*pl* -ses> [sɪˈnɒpsɪs, AM -ˈnɑːp-, *pl* -siːz] *n* Synopse *f geh,* Zusammenfassung *f,* Übersicht *f*
syn·tac·tic [sɪnˈtæktɪk] *adj inv* syntaktisch, Syntax-
syn·tac·ti·cal·ly [sɪnˈtæktɪkᵊli] *adv inv* syntaktisch
syn·tax [ˈsɪntæks] *n no pl* Syntax *f*
syn·the·sis <*pl* -theses> [ˈsɪn(t)θəsɪs, *pl* -siːz] *n* ❶ (*combination*) Synthese *f,* Verbindung *f* ❷ *no pl* SCI (*creation*) Synthese *f*
syn·the·size [ˈsɪn(t)θəsaɪz] *vt* ■**to** ~ **sth** etw künstlich herstellen [*o fachspr* synthetisieren]
syn·the·siz·er [ˈsɪn(t)θəsaɪzəʳ, AM -ɚ] *n* MUS Synthesizer *m*
syn·thet·ic [sɪnˈθetɪk, AM -t̬-] **I.** *adj* ❶ (*man-made*) synthetisch, künstlich; ~ **fibre** Kunstfaser *f;* ~ **flavourings** künstliche Aromastoffe *mpl* ❷ (*fig, pej: fake*) künstlich, gekünstelt **II.** *n* synthetischer Stoff
syn·theti·cal·ly [sɪnˈθetɪkᵊli, AM -t̬-] *adv* synthetisch, künstlich
syphi·lis [ˈsɪfɪlɪs, AM -ᵊlɪs] *n no pl* Syphilis *f*
syphi·lit·ic [ˌsɪfɪˈlɪtɪk, AM -əˈlɪt̬-] *adj inv* syphilitisch
sy·phon [ˈsaɪfᵊn] *n see* **siphon**
Syria [ˈsɪriə] *n* Syrien *nt*
Syr·ian [ˈsɪriən] **I.** *adj* syrisch **II.** *n* Syr[i]er(in) *m(f)*
sy·ringe [sɪˈrɪndʒ, AM səˈ-] **I.** *n* MED Spritze *f* **II.** *vt* MED ■**to** ~ **sth** etw [aus]spülen
syr·up [ˈsɪrəp] *n no pl* ❶ (*sauce*) Sirup *m* ❷ (*medicine*) Saft *m,* Sirup *m;* **cough** ~ Hustensaft *m*
syr·upy [ˈsɪrəpi] *adj* ❶ (*usu pej*) *food* süßlich ❷ (*pej: overly sweet*) zuckersüß *fig;* (*sentimental*) sentimental, rührselig
sys·tem [ˈsɪstəm] *n* ❶ (*network*) System *nt;* **a music/sound** ~ eine [Musik]anlage; **rail/road** ~ TRANSP Schienen-/Straßennetz *nt;* COMPUT System *nt* ❷ (*method of organization*) System *nt;* POL System *nt,* Regime *nt;* **the caste** ~ das Kastensystem; **the legal** ~ das Rechtssystem ❸ ASTRON System *nt;* **solar** ~ Sonnensystem *nt* ❹ (*way of measuring*) System *nt;* **binary/decimal** ~ Binär-/Dezimalsystem *nt* ❺ (*approv: order*) System *nt,* Ordnung *f* ❻ MED [Organ]system *nt;* ■**the** ~ der Organismus; **digestive/immune/nervous** ~ Verdauungs-/Immun-/Nervensystem *nt* ❼ (*pej*) ■**the** ~ (*the establishment*) das System; **to beat the** ~ sich *akk* gegen das System durchsetzen ▸ PHRASES: **to get something out of one's** ~ (*fam*) etw loswerden *fam*
sys·tem·at·ic [ˌsɪstəˈmætɪk, AM -t̬-] *adj* systematisch
sys·tem·ati·cal·ly [ˌsɪstəˈmætɪkᵊli, AM -t̬-] *adv* systematisch
sys·tem·ati·za·tion [ˌsɪstəmətaɪˈzeɪʃᵊn, AM -tɪˈ-] *n no pl* Systematisierung *f*
sys·tema·tize [ˈsɪstəmətaɪz] *vt* ■**to** ~ **sth** etw systematisieren
ˈsys·tem check *n* Systemüberprüfung *f* **ˈsys·tem crash** *n* COMPUT Systemabsturz *m* **ˈsys·tem disk** *n* Systemdiskette *f* **ˈsys·tem er·ror** *n* Systemfehler *m*
sys·tem·ic [sɪˈstemɪk] *adj inv* MED systemisch; ~ **diseases** Systemerkrankungen *fpl*
sys·tems aˈnaly·sis *n* Systemanalyse *f* **sys·tems ˈana·lyst** *n* Systemanalytiker(in) *m(f)* **sys·tem ˈsoft·ware** *n* Systemsoftware *f* **ˈsys·tem tray** *n* COMPUT Taskleiste *f fachspr*

Tt

T <*pl* 's>, **t** <*pl* -'s *or* -s> [tiː] *n* T *nt,* t *nt;* ~ **for Tommy** [*or* AM **as in Tare**] T für Theodor ▸ PHRASES: **to a** ~ (*fam*) **that fits him to a** ~ das passt ihm wie angegossen; **that's Philipp to a** ~ das ist Philipp, wie er leibt und lebt; **that's it to a** ~ genau so ist es
t *n abbrev of* **metric ton** t
ta [tɑː] *interj* ❶ BRIT (*fam: thanks*) danke ❷ AM (*pej fam: expression of disbelief*) wirklich, echt *fam*
tab¹ *n* [tæb] AM (*fam*) *short for* **tabloid newspaper** Schmierblatt *nt pej,* Boulevardzeitung *f fam*
tab² [tæb] **I.** *n* ❶ (*flap*) Lasche *f;* (*on file*) [Kartei]reiter *m;* (*for the purpose of hanging*) Aufhänger *m;* (*label*) Etikett *nt,* Schildchen *nt* ❷ (*recording device*) Überspielschutz *m;* COMPUT Schreibschutz *m* ❸ AM, AUS (*fam: bill*) Rechnung *f;* **to pick up the** ~ die Rechnung übernehmen; **to put sth on the** ~ etw auf die Rechnung setzen ❹ AM (*ringpull*) Dosenring *m* ❺ BRIT DIAL (*cigarette*) Zigarette *f* ▸ PHRASES: **to keep** ~**s on sth/sb** ein wachsames Auge auf etw/jdn haben, etw/jdn [genau] im Auge behalten **II.** *vt* <-bb-> *esp* AM (*fam*) ■**to** ~ **sb/sth** [**as sth**] jdn/etw [zu etw *dat*] bestimmen; **he was** ~**bed by the president as the next chairman** er wurde vom Präsidenten zum neuen Vorsitzenden bestellt **III.** *vi* <-bb-> COMPUT mit dem Tabulator springen
ta·bas·co® [təˈbæskəʊ, AM -koʊ] *n,* **ta·bas·co ˈsauce®** *n no pl* Tabasco® *m,* Tabascosauce® *f*
tab·by [ˈtæbi] **I.** *adj inv* (*with stripes*) gestreift; ~ **cat** getigerte Katze; (*with spots*) gefleckt; ~ **cat** gescheckte Katze **II.** *n* (*striped*) Tigerkatze *f,* getigerte Katze; (*spotted*) gescheckte Katze
tab·er·nac·le [ˈtæbəˌnækl̩, AM -bɚˌ] *n* ❶ (*old form: Jewish place of worship*) Stiftshütte *f* ❷ (*container*) Tabernakel *m* ❸ (*Christian church*) Kirche *f;* **the Mormon** ~ der Mormonentempel
ˈtab key *n* COMPUT Tabulatortaste *f*
ta·ble [ˈteɪbl̩] **I.** *n* ❶ (*furniture*) Tisch *m;* **to clear the** ~ den Tisch abräumen; **to set** [*or* **lay**] **the** ~ den Tisch decken ❷ (*fig: people*) Tischrunde *f;* **the whole** ~ **was looking at the speaker** die ganze Runde sah auf den Sprecher ❸ (*information*) Tabelle *f;* (*list*) Liste *f,* Verzeichnis *nt* ▸ PHRASES: **to keep** [*or* AM **set**] **a good** ~ eine gute Küche führen; **to do sth under the** ~ etw unter der Hand tun; **to drink someone under the** ~ (*fam*) jdn unter den Tisch trinken *fam;* **to lay** [*or* **put**] **sth on the** ~ etw vorlegen; **to turn the** ~**s on sb** jdm gegenüber den Spieß umdrehen *fam* **II.** *vt* ■**to** ~ **sth** ❶ BRIT, AUS (*propose for discussion*) etw vorlegen ❷ AM (*postpone discussion*) etw zurückstellen; **to** ~ **a plan/proposal** einen Plan/Vorschlag zurückstellen
tab·leau <*pl* -x *or* -s> [ˈtæbləʊ, AM -loʊ] *n* Tableau *nt*
ˈta·ble·cloth *n* Tischdecke *f,* Tischtuch *nt*
ta·ble d'hôte [ˌtɑːbl̩ˈdəʊt, AM -ˈdoʊt] *n* [Tages]menü *nt*
ˈta·ble fork *n* Gabel *f* (*für den Hauptgang*) **ˈta·ble knife** *n* Messer *nt* (*für den Hauptgang*) **ˈta·ble lamp** *n* Tischlampe *f,* Tischleuchte *f* **ˈta·ble·land** *n* Hochebene *f,* Plateau *nt* **ˈta·ble lin·en** *n no pl* Tischwäsche *f* **ˈta·ble man·ners** *npl* Tischmanieren *pl* **ˈta·ble mat** *n* Set *nt,* Platzdeckchen *nt* **ta·ble of ˈcon·tents** *n* Inhaltsverzeichnis *nt* **ˈta·ble·spoon** *n* ❶ (*for measuring*) Esslöffel *m;* (*for serving*) Servierlöffel *m*

❷ *(amount)* Esslöffel *m* **'ta·ble·spoon·ful** <*pl* -spoonsful *or* -s> *n* Esslöffel[voll] *m*

tab·let ['tɒblət, AM -lɪt] *n* ❶ *(pill)* Tablette *f;* **sleeping ~** Schlaftablette *f* ❷ *(flat slab)* Block *m; of metal* Platte *f;* *(commemorative)* [Gedenk]tafel *f;* *(prehistoric)* Schrifttafel *f;* **~ of soap** BRIT Stück *nt* Seife ❸ *(writing pad)* Notizblock *m* ❹ *esp* SCOT FOOD Karamellbonbon *nt*

'ta·ble talk *n* Tischgespräch *nt* **'ta·ble ten·nis** *n no pl* Tischtennis *nt* **'ta·ble·ware** *n no pl* *(form)* *Tafelgeschirr, Besteck und Gläser* **'ta·ble wine** *n* Tafelwein *m,* Tischwein *m*

tab·loid ['tæblɔɪd] **I.** *n* Boulevardzeitung *f,* Klatschzeitung *f fam* **II.** *n modifier* *(article, quality)* Boulevard-; **~ reporter** Klatschreporter(in) *m(f) fam*

tab·loid 'news·pa·per *n* Boulevardzeitung *f,* Klatschzeitung *f fam* **tab·loid 'press** *n no pl* Regenbogenpresse *f fam,* Boulevardpresse *f*

ta·boo [tə'bu:], **ta·bu** **I.** *n* Tabu *nt;* **to break a ~** ein Tabu brechen, gegen ein Tabu verstoßen **II.** *adj* tabu, Tabu-; **a ~ subject** ein Tabuthema *nt*

tabu·lar ['tæbjələʳ, AM -lɚ] *adj inv* tabellarisch

tabu·late ['tæbjəleɪt] *vt* *(form)* ■**to ~ sth** etw tabellarisch [an]ordnen [*o* tabellarisieren]

tabu·la·tion [ˌtæbjə'leɪʃᵊn] *n no pl* *(form)* tabellarische Anordnung, Tabellarisierung *f*

tabu·la·tor ['tæbjəleɪtəʳ] *n* *(form)* ❶ *(tab key)* Tabulator *m* ❷ *(processor)* Tabellenprozessor *m*

tacho ['tækəʊ] *n* BRIT *(fam)* ❶ *short for* **tachograph** Fahrtenschreiber *m,* Tachograph *m* ❷ *short for* **tachometer** Tacho *m fam*

tacho·graph ['tækə(ʊ)grɑ:f, AM -əgræf] *n* Fahrtenschreiber *m,* Tachograph *m*

ta·chom·eter [tæk'ɒmɪtəʳ, AM -'ɑ:mət̬ɚ] *n* Tachometer *m,* Tacho *m fam*

tac·it ['tæsɪt] *adj* stillschweigend; **~ agreement/approval/consent** stillschweigende Vereinbarung/Billigung/Zustimmung

tac·it·ly ['tæsɪtli] *adv* stillschweigend

taci·turn ['tæsɪtɜ:n, AM -ətɜ:rn] *adj* schweigsam, wortkarg

taci·turn·ity [ˌtæsɪ'tɜ:nɪti, AM -ə'tɜ:rnət̬i] *n no pl* *(form)* Schweigsamkeit *f,* Wortkargheit *f*

tack [tæk] **I.** *n* ❶ *(nail)* kurzer Nagel; *(pin)* Reißzwecke *f,* Reißnagel *m;* **a box of ~s** eine Schachtel Reißzwecken [*o* Reißnägel] ❷ *no pl* *(riding gear)* Sattel- und Zaumzeug *nt* ❸ NAUT Schlag *m fachspr* ❹ *(approach, policy)* Weg *m,* Richtung *f;* **to try a different ~** eine andere Richtung einschlagen *fig* ❺ *(loose stitch)* Heftstich *m* **II.** *vt* ❶ *(nail down)* ■**to ~ sth** etw festnageln ❷ *(sew loosely)* ■**to ~ sth** etw anheften; **to ~ the hem** den Saum heften **III.** *vi* NAUT wenden, kreuzen *fachspr*

◆**tack down** *vt* ■**to ~ down** ↻ **sth** etw festnageln

◆**tack on** *vt* ■**to ~ on** ↻ **sth** [**to sth**] ❶ *(fam: add afterwards)* etw [an etw *akk*] anfügen [*o* anhängen], etw [zu etw *dat*] hinzufügen ❷ *(sew loosely)* etw [an etw *akk*] anheften

◆**tack up** *vt* ■**to ~ up** ↻ **sth** *poster* etw aufhängen [*o fam* aufmachen]; ■**to ~ up** ↻ **sth** [**on sth**] etw [an etw *akk*] heften

tacki·ness ['tækɪnəs] *n no pl* ❶ *(lack of taste)* Geschmacklosigkeit *f;* *(shabbiness)* Schäbigkeit *f* ❷ *(stickiness)* Klebrigkeit *f*

tack·ing ['tækɪŋ] *n no pl* Heften *nt;* *(stitch)* Heftstich *m*

tack·le ['tækl] **I.** *n no pl* ❶ *(gear, equipment)* Gerät *nt,* Ausrüstung *f,* Zeug *nt a. pej fam;* NAUT Tauwerk *nt;* **fishing ~** Angelausrüstung *f;* **shaving ~** Rasierzeug *nt* ❷ *(lifting device)* Winde *f;* **block and ~** Flaschenzug *m* ❸ SPORTS *(act of tackling)* Angriff *m,* Tackling *nt fachspr* ❹ AM *(line position)* Halbstürmer(in) *m(f)* ❺ BRIT *(fam! sl: genitals)* Gehänge *nt derb, sl* **II.** *vt* ❶ *(deal with)* ■**to ~ sth** etw in Angriff nehmen; *(manage)* mit etw *dat* fertigwerden, etw bewältigen [*o* schaffen]; ■**to ~ sb** [**about sth**] jdn [wegen einer S. *gen*] zur Rede stellen; **to ~ a job** eine Arbeit in Angriff nehmen; **to ~ a problem** ein Problem angehen [*o fam* anpacken] ❷ SPORTS *(challenge for ball)* ■**to ~ sb** jdn angreifen; **to ~ a thief** sich *akk* auf einen Dieb stürzen

'tack·le box *n* Angelkasten *m,* Angelbehälter *m*

tack·ling ['tæklɪŋ] *n* SPORTS Tackling *nt fachspr*

'tack room *n* Sattelkammer *f*

tacky¹ ['tæki] *adj* *(sticky)* klebrig

tacky² ['tæki] *adj esp* AM *(pej fam)* ❶ *(in bad taste)* billig, geschmacklos ❷ *(shoddy)* schäbig

taco ['tækəʊ, AM 'tɑ:koʊ] *n* Taco *nt*

tact [tækt] *n no pl* *(diplomacy)* Takt *m,* Taktgefühl *nt;* *(sensitiveness)* Feingefühl *nt*

tact·ful ['tæktfᵊl] *adj* taktvoll

tact·ful·ly ['tæktfᵊli] *adv* taktvoll

tact·ful·ness ['tæktfᵊlnəs] *n* *(diplomacy)* Takt *m,* Taktgefühl *nt;* *(sensitiveness)* Feingefühl *nt*

tac·tic ['tæktɪk] *n* ❶ *(strategy)* Taktik *f;* ■**~s** Taktiken *fpl;* **delaying ~s** Verzögerungstaktik *f;* **dubious ~s** zweifelhafte Methoden ❷ MIL ■**~s** + *sing/pl vb* Taktik *f kein pl*

tac·ti·cal ['tæktɪkᵊl] *adj* taktisch; *(skilful)* geschickt; **a ~ retreat** MIL ein taktischer Rückzug; **~ voting** POL taktische Abstimmung

tac·ti·cal al·'li·ance *n* strategisches Bündnis

tac·ti·cal·ly ['tæktɪkᵊli] *adv* taktisch; **to vote ~** POL taktisch wählen, eine Wahltaktik verfolgen

tac·ti·cal 'weap·ons *n no pl* taktische Waffen

tac·ti·cian [tæk'tɪʃᵊn] *n* Taktiker(in) *m(f)*

tac·tile ['tæktaɪl] *adj* *(form)* ❶ BIOL Tast-, taktil *fachspr;* **~ organs** Tastorgane *ntpl;* **~ sense** Tastsinn *m* ❷ *(tangible)* tastbar, fühlbar ❸ *(liking to touch)* **she's a very ~ person** sie mag Körperkontakt sehr gerne ❹ *(pleasing to touch)* berührungsfreundlich; **~ materials** sich *akk* angenehm anfühlende Materialien ❺ ART *(three-dimensional)* [wie] zum Anfassen *präd*

tact·less ['tæktləs] *adj* taktlos

tact·less·ly ['tæktləsli] *adv* taktlos

tact·less·ness ['tæktləsnəs] *n no pl* Taktlosigkeit *f*

tac·tual ['tæktjuəl, AM -tʃu-] *adj* ❶ BIOL taktil *fachspr* ❷ *(touchable)* tastbar, fühlbar

tad [tæd] *n no pl* *(fam)* ■**a ~** etwas, ein bisschen; **just a ~ more sugar** nur noch ein kleines bisschen Zucker

tad·pole ['tædpəʊl, AM -poʊl] *n* Kaulquappe *f*

Tae-Bo [taɪ'bəʊ, AM -'boʊ] *n* Tae-Bo *nt*

taf·fe·ta ['tæfɪtə, AM -ɪt̬ə] *n no pl* Taft *m*

taff·rail ['tæfreɪl] *n* NAUT Heckreling *f fachspr*

taf·fy ['tæfi] *n* AM Toffee *nt*

Taf·fy ['tæfi], **Taff** ['tæf] *n* BRIT *(pej fam)* Waliser(in) *m(f)*

tag [tæg] **I.** *n* ❶ *(label)* Schild[chen] *nt;* *(of metal)* Marke *f;* *(on food, clothes)* Etikett *nt;* *(on suitcase)* [Koffer]anhänger *m;* *(fam: epithet)* Beiname *m;* **price ~** Preisschild *nt* ❷ *(loop)* Schlaufe *f;* *(hanger)* Aufhänger *m* ❸ AM *(number-plate)* Nummernschild *nt* ❹ *(electronic device)* *for person* elektronische Fessel; *for thing* Sicherungsetikett *nt,* elektronische Sicherung ❺ *(phrase)* Redensart *f,* geflügeltes Wort; LING Bestätigungszusatz *m;* **question ~** Bestätigungsfrage *f,* Refrainfrage *f fachspr* ❻ *no pl* *(children's game)* Fangen *nt;* **to play ~** Fangen spielen **II.** *vt* <-gg-> ❶ *(label)* ■**to ~ sth** etw markieren [*o* kennzeichnen]; ■**to ~ sth on to sth** etw an etw *akk* anhängen [*o* anfügen]; **to ~ cattle** Vieh zeichnen; **to ~ goods** Waren auszeichnen [*o* etikettieren]; **to ~ a suitcase** einen Kofferanhänger [an einem Koffer] anbringen ❷ *(electronically)* ■**to ~ sb** jdm eine elektronische Fessel anlegen; ■**to ~ sth** etw mit einer elektronischen Sicherung versehen, ein Sicherungsetikett an etw *akk* anbringen ❸ *(fam: follow)* ■**to ~ sb/sth** jdm/etw [dicht] hinterherlaufen [*o fam* hinterhertrotten] [*o fam* hinterherlatschen] ❹ COMPUT ■**to ~ sth** etw markieren [*o fachspr* taggen] ❺ *(touch)* ■**to ~ sb** jdn berühren; *(in children's game)* jdn [fangen und] abschlagen

◆**tag along** *vi* *(fam)* hinterherlaufen, hinterhertrotten *fam,*

T

hinterherlatschen *fam;* ■**to ~ along with** [*or* **after**] [*or* **behind**] **sb** hinter jdm herzockeln [*o* hertrotten] *fam*

◆**tag on I.** *vt* ■**to ~ on ↔ sth** etw anhängen [*o* anfügen]; ■**to ~ oneself on to sb** sich *akk* an jdn anhängen **II.** *vi* **to ~ on to a group** sich *akk* an eine Gruppe [an]hängen [*o* einer Gruppe anschließen]

◆**tag together** *vt* AM ■**to ~ together ↔ sth** etw zusammenheften

'tag day *n* AM (*flag day*) *Tag, an dem eine öffentliche Spendensammlung für wohltätige Zwecke durchgeführt wird* **tag 'end** *n* AM (*fag end*) [letztes] bisschen, [kümmerlicher] Rest

ta·glia·tel·le [ˌtæljəˈteli, AM ˌtɑːljəˈ-] *n no pl* Tagliatelle *pl*

tag 'ques·tion *n* LING Bestätigungsfrage *f,* Refrainfrage *f fachspr*

Ta·hi·ti [tɑːˈhiːtiː, AM təˈhiːt̬iː] *n* Tahiti *nt*

Ta·hi·tian [tɑːˈhiːʃən, AM təˈhiː-] **I.** *adj* tahitisch **II.** *n* ① (*person*) Tahitianer(in) *m(f)* ② (*language*) Tahitisch *nt*

t'ai chi [ˌtaɪˈtʃiː, AM *also* -ˈdʒiː] *n no pl* Tai-chi *nt*

tai·ga [taɪɡə] *n no pl* Taiga *f*

tail [teɪl] **I.** *n* ① (*of animal*) Schwanz *m; of a horse also* Schweif *m geh; of a bear, badger, wild boars* Bürzel *m; of a dog, predatory game, and a squirrel also* Rute *f fachspr; of an insect* Hinterleib *m;* **to wag/swish one's ~** mit dem Schwanz wedeln/schlagen ② (*fig: rear*) Schwanz *m fig; of an aeroplane also* Rumpfende *nt; of a car* Heck *nt; of a comet* Schweif *m; of a kite* Schwanz *m; of a hurricane* Ausläufer *m; of a letter* Unterlänge *f fachspr; of a note* Notenhals *m;* **get off my ~!** musst du so dicht auffahren! *m fam* ③ FASHION (*lower part of a dress*) Schleppe *f; of a shirt* [Hemd]zipfel *m fam; of a coat* Schoß *m* ④ FASHION (*fam: tail coat*) ■**~s** *pl* Frack *m,* Schwalbenschwanz *m hum veraltend* ⑤ (*fam: buttocks*) Hintern *m fam* ⑥ ■**~s** *pl* (*reverse of coin*) Zahlseite *f;* **heads or ~s?** Kopf oder Zahl?; **heads I win, ~s you lose!** (*saying*) ich gewinne auf jeden Fall ⑦ (*fam: person following sb*) Schatten *m a. hum,* Beschatter(in) *m(f);* **to put a ~ on sb** jdn beschatten lassen ⑧ *no pl* (*pej sl: women*) Weiber *ntpl pej fam;* **they're chasing ~** (*sl*) sie sind auf Weiberjagd *sl* ▸ PHRASES: **it's a case of the ~ wagging the dog** da wedelt ja der Schwanz mit dem Hund; **to not be able to make head or ~** [*or* **heads or ~s**] **of sth** aus etw *dat* nicht schlau werden *fam,* sich *dat* keinen Reim auf etw *akk* machen können *fam;* **to go off** [*or* **away**] **with one's ~ between one's legs** sich *akk* mit eingezogenem Schwanz [*o* wie ein geprügelter Hund] davonschleichen [*o* davonmachen] *fam;* **to turn ~** [**and run**] die Flucht ergreifen, Fersengeld geben *fam;* **to be/keep on sb's ~** jdm auf den Fersen sein/bleiben; **to have sb on one's ~** jdn auf den Fersen haben **II.** *vt* ① (*remove the stalks of fruit*) ■**to ~ sth** etw putzen ② (*fam*) ■**to ~ sb** jdn beschatten, jdm folgen

◆**tail after** *vi* (*fam*) ■**to ~ after sb** (*shadow*) jdn beschatten; (*follow*) jdm hinterherlaufen [*o fam* hinterhertrotten]

◆**tail away** *vi see* **tail off**

◆**tail back** *vi* BRIT sich *akk* stauen

◆**tail off** *vi* abnehmen, nachlassen; *sound, voice* schwächer werden; *interest* abflauen, schwinden, zurückgehen; *race participant* zurückfallen

'tail·back *n* BRIT [Rück]stau *m* **'tail·board** *n* BRIT Ladeklappe *f; of a van* Laderampe *f* **'tail coat** *n* Frack *m,* Schwalbenschwanz *m hum veraltend* **tail 'end** *n* Schwanz *m fig,* Ende *nt,* Schluss *m;* **to come in at the ~ of sth** erst am Ende einer S. *gen* [dazu]kommen **'tail feath·er** *n* Schwanzfeder *f* **'tail fin** *n* Heckflosse *f,* Schwanzflosse *f* **'tail·gate I.** *n* AM, AUS (*tailboard*) *of a car* Heckklappe *f,* Hecktür *f; of a lorry* Ladeklappe *f; of a van* Laderampe *f;* **to lower/raise the ~** die Heck-/Ladeklappe herunter-/hochklappen **II.** *vt esp* AM (*fam*) ■**to ~ sb** auf jdn [zu] dicht auffahren **III.** *vi* ① *esp* AM (*fam: follow too close to*) [zu] dicht auffahren ② AM (*picnic*) *während einer Sportveranstaltung ein Picknick von der Ladefläche eines Wagens aus veranstalten* **'tail·gate par·ty** *n* AM *Picknick während einer Sportveranstaltung von der Ladefläche eines Wagens aus* **tail 'heavy** *adj of a plane* schwanzlastig, hinten zu schwer beladen *präd*

tail·ing [ˈteɪlɪŋ] *n no pl* ① (*secretly following*) Beschatten *nt,* Beschattung *f* ② (*waste material*) ■**~s** *pl* Abfallprodukte *ntpl,* Rückstände *mpl* ③ (*of a beam or brick*) eingemauertes Ende

'tail lamp *n esp* AM (*tail light*) Rücklicht *nt,* Schlusslicht *nt* **tail·less** [ˈteɪlləs] *adj* schwanzlos, ohne Schwanz *nach n* **'tail light** *n* Rücklicht *nt,* Schlusslicht *nt*

tai·lor [ˈteɪləʳ, AM -ɚ] **I.** *n* Schneider(in) *m(f);* **~'s chalk** Schneiderkreide *f;* **~'s dummy** Schneiderpuppe *f* **II.** *vt* ■**to ~ sth for sb** ① (*make clothes*) etw für jdn [nach Maß] schneidern ② (*fig: modify*) etw auf jdn abstimmen [*o* zuschneiden] *fig;* **to ~ sth to sb's needs** [*or* **requirements**] etw auf jds Bedürfnisse [*o* Anforderungen] abstimmen

tai·lored [ˈteɪləd, AM -ɚd] *adj inv* maßgeschneidert *a. fig;* **~ suit** Maßanzug *m;* (*close-fitting*) gut sitzender Anzug

tai·lor·ing [ˈteɪlərɪŋ] *n* Schneidern *nt,* Schneiderei *f*

tai·lor-'made *adj inv* ① (*made-to-measure*) maßgeschneidert, nach Maß angefertigt; **all his suits are ~** er hat nur Maßanzüge; **to have sth ~** [sich *dat*] etw [maß]schneidern lassen ② (*fig: suited*) ■**to be ~ for sb/sth** für jdn/etw maßgeschneidert sein *fig;* **it sounds as though you're ~ for the job** es klingt so, als ob du genau der/die Richtige für den Job wärst

tai·lor-'make *vt* ■**to ~ sth** etw [maß]schneidern *fig* [*o* [individuell] zusammenstellen]

'tail·piece *n* ① (*addition*) Anhang *m* ② AVIAT Heck *nt* ③ TYPO Schlussvignette *f* ④ MUS Saitenhalter *m* **'tail·pipe** *n* AM AUTO Auspuffrohr *nt* **'tail·plane** *n* Höhenleitwerk *nt* **'tail·spin I.** *n* AVIAT (*a. fig*) Trudeln *nt kein pl;* **to go into a ~** (*a. fig*) ins Trudeln kommen **II.** *vi irreg* trudeln, abtrudeln *fachspr* **'tail wheel** *n* Spornrad *nt* **'tail wind** *n* Rückenwind *m*

taint [teɪnt] **I.** *n no pl* (*flaw*) Makel *m;* (*trace*) Spur *f,* Anflug *m;* **there is a ~ of insanity in their family** in der Familie gibt es eine Veranlagung zu Geisteskrankheiten; **the ~ of suspicion** die Spur eines Verdachts **II.** *vt* (*a. fig*) ■**to ~ sth/sb** jdn/etw verderben *a. fig;* **to ~ sb's reputation** jds Ruf beflecken [*o* beschmutzen]

taint·ed [ˈteɪntɪd, AM -t̬-] *adj inv* ① (*decayed*) verdorben; ■**to become ~** *food* schlecht werden; **~ air** verpestete Luft ② (*fig: flawed*) belastet; ■**to be ~ with sth** mit etw *dat* belastet sein; **~ reputation** beschädigter Ruf

taint·less [ˈteɪntləs] *adj inv* (*poet*) rein, unbefleckt *geh*

Tai·wan [ˌtaɪˈwɒn, AM -ˈwɑːn] *n* Taiwan *nt*

Tai·wan·ese [ˌtaɪwəˈniːz] **I.** *adj* taiwanisch **II.** *n* Taiwaner(in) *m(f)*

Ta·jiki·stan [tɑːˈdʒiːkiˈstɑːn] *n* Tadschikistan *nt*

take [teɪk] **I.** *n* ① *no pl* (*money received*) Einnahmen *fpl* ② (*filming of a scene*) Aufnahme *f,* Take *m o nt fachspr* ▸ PHRASES: **to be on the ~** AM (*fam*) korrupt sein *pej,* Bestechungsgelder nehmen **II.** *vt* <took, taken> ① (*accept*) ■**to ~ sth** etw annehmen; **this restaurant ~s credit cards** dieses Restaurant akzeptiert Kreditkarten; **would you ~ an offer?** darf ich Ihnen ein Angebot machen?; **to ~ sb's advice** jds Rat annehmen; **not to ~ no for an answer** ein Nein nicht akzeptieren; **to ~ a bet** eine Wette annehmen; **to ~ criticism** Kritik akzeptieren; **to ~ responsibility** [**for sth**] die Verantwortung [für etw *akk*] übernehmen; **~ my word for it** [*or* **~ it from me**] das kannst du mir glauben; **to ~ sth badly/well** etw schlecht/gut aufnehmen; **to ~ sth seriously** etw ernst nehmen ② (*transport*) ■**to ~ sb/sth somewhere** jdn/etw irgendwohin bringen; **could you ~ this drink over to Marsha?** könntest du Marsha diesen Drink 'rüberbringen? *fam;* **will you ~ me swimming tomorrow?** nimmst du mich morgen zum Schwimmen mit?; **to ~ sb to hospital/the station/home** jdn ins Krankenhaus/zum Bahnhof/nach Hause fahren; **to ~ sb to the cinema** jdn ins Kino einladen; **to ~ sb for a meal** jdn zum Essen einladen (*im Restaurant*) ③ (*seize*) ■**to ~ sth** etw nehmen; **he took my arm and led me to the**

door er nahm meinen Arm und führte mich zur Tür; **may I ~ your coat?** darf ich Ihnen den Mantel abnehmen?; **to ~ sb by the hand/throat** jdn bei der Hand nehmen/am Kragen packen; **to ~ hold of sb** (*fig*) jdn ergreifen ④ (*tolerate*) ■**to ~ sth** etw ertragen [*o* verkraften]; *abuse, insults* etw hinnehmen; **you don't have to take his insults, you know** du brauchst dir seine Beleidigungen nicht gefallen lassen; **I just can't take it anymore** ich bin am Ende, ich kann einfach nicht mehr; **he couldn't ~ it anymore** er konnte es nicht länger ertragen; **to be able to ~ a joke** einen Spaß verstehen [*o fam* vertragen] ⑤ (*hold*) ■**to ~ sth** etw aufnehmen; **my car ~s five people** mein Auto hat Platz für fünf Leute ⑥ (*require*) ■**to ~ sth** etw erfordern [*o* benötigen]; **his story took some believing** seine Geschichte ist kaum zu glauben; **I ~ [a] size five** (*in shoes*) ich habe Schuhgröße fünf; **to ~ one's time** sich *dat* Zeit lassen; **to ~ the time to do sth** sich *dat* die Zeit nehmen, etw zu tun ⑦ ■**it ~s ...** man braucht ...; **it ~s more than that to convince me** das überzeugt mich noch lange nicht; **it ~s me an hour** ich brauche eine Stunde; **it took me a long time [to ...]** es hat lange gedauert [bis ...]; **hold on, it won't ~ long** warten Sie, es dauert nicht lange; **it will ~ some persuasion** er/sie wird schwer zu überreden sein; **it took a lot of courage** dazu gehörte viel Mut ⑧ LING ■**to ~ sth: here, 'sich' ~s the dative** hier wird ‚sich' mit dem Dativ gebraucht; **this verb ~s 'haben'** dieses Verb wird mit ‚haben' konjugiert ⑨ (*receive*) ■**to ~ sth** etw erhalten [*o* bekommen]; **we've stopped taking the newspaper** wir beziehen die Zeitung nicht mehr ⑩ (*remove*) ■**to ~ sth** etw [weg]nehmen; (*steal a.*) etw stehlen; **~ your books off the table please** nimm bitte deine Bücher vom Tisch; MATH **~ three from five** ziehe drei von fünf ab; **to ~ a chesspiece** eine Schachfigur schlagen ⑪ (*travel by*) ■**to ~ sth** *taxi, train* etw nehmen; **she took the 10.30 flight to Edinburgh** sie nahm den Flug um 10:30 Uhr nach Edinburg; **~ the M1 motorway up to Newcastle** nehmen Sie die Autobahn M1 bis Newcastle; **he took that last bend too fast** er nahm die letzte Kurve zu schnell; **to ~ the bus/car** mit dem Bus/Auto fahren ⑫ (*eat, consume*) ■**to ~ sth** *food, drink* etw zu sich *dat* nehmen; *medicine* etw einnehmen; **~ a sip** trink [*o* nimm] einen Schluck; **we'll ~ the tea in the sitting room** wir trinken den Tee im Wohnzimmer; **not to be ~n internally** MED nur zur äußerlichen Anwendung ⑬ BRIT (*rent*) **to ~ a flat/house** eine Wohnung/ein Haus mieten ⑭ (*let stay*) ■**to ~ sb** jdn [auf]nehmen; **my mother takes lodgers** meine Mutter vermietet [ein] Zimmer ⑮ (*capture*) ■**to ~ sb** jdn gefangen nehmen; **to ~ prisoners** Gefangene machen; **the terrorists took him prisoner** die Terroristen nahmen ihn gefangen; **to ~ a city** eine Stadt einnehmen; **to ~ power** die Macht ergreifen ⑯ (*assume*) **to ~ office** ein Amt antreten ⑰ BRIT, AUS (*teach*) ■**to ~ sth** etw unterrichten; **Mr Marshall ~s us for physics** in Physik haben wir Herrn Marshall *fam;* **she ~s private pupils** sie gibt Privatstunden ⑱ (*officiate at*) **to ~ a church service** einen Gottesdienst halten ⑲ (*have*) **to ~ a rest** eine Pause machen; **to ~ a walk** einen Spaziergang machen; **to ~ a cold** sich erkälten ⑳ (*tackle*) **to ~ a hurdle/fence** eine Hürde/einen Zaun überspringen; **to ~ an obstacle** ein Hindernis nehmen ㉑ BRIT (*sit exam*) **to ~ a test** einen Test machen; **to ~ an exam** eine Prüfung ablegen; **to ~ a test** einen Test machen; **she took her degree in May** sie hat im Mai [ihr] Examen gemacht ㉒ (*achieve*) **to ~ first prize** den ersten Preis erhalten ㉓ (*feel*) **to ~ an interest in sb/sth** sich *akk* für jdn/etw interessieren, Interesse an jdm/etw haben; **to ~ notice of sb/sth** jdn/etw beachten; **to ~ offence** beleidigt sein; **to ~ pity on sb/sth** mit jdm/etw Mitleid haben; **to ~ the view that ...** der Ansicht sein, dass ..., auf dem Standpunkt stehen, dass ... ㉔ (*earn*) ■**to ~ sth** etw einnehmen; **she ~s £300 a week** sie nimmt 300 Pfund die Woche ein ㉕ (*write*) **to ~ notes** sich *dat* Notizen machen ㉖ (*photograph*) **to ~ pictures** [*or* **photos**] Bilder machen, fotografieren; **this photo was taken last summer** dieses Foto ist vom letzten Sommer; **to have one's photo ~n** sich *akk* fotografieren lassen ㉗ THEAT, MUS, FILM **let's ~ that scene again** lass uns die Szene nochmal machen; **can you ~ me through my lines?** kannst du mit mir meine Rolle durchgehen?; **let's ~ it from the third act** fangen wir mit dem dritten Akt an ㉘ (*for example*) **~ last week/me, ...** letzte Woche/ich zum Beispiel ... ㉙ (*assume to be*) ■**to ~ sb/sth for sb/sth** [*or* **to be sb/sth**] jdn/etw für jdn/etw halten; **I took him to be more intelligent than he turned out to be** ich hielt ihn für intelligenter, als er tatsächlich war; **I ~ it [that] ...** ich nehme an, [dass] ...; **I ~ it that you're coming with us** ich nehme an, du kommst mit ㉚ (*understand*) **to ~ sb's/the point** jds/den Standpunkt verstehen; **I ~ your point, but ...** ich verstehe, was du meinst, aber ...; **point ~n** [habe] verstanden; **if you ~ my meaning** BRIT wenn du verstehst, was ich meine ▸ PHRASES: **to ~ sb by surprise** [*or* **unawares**] jdn überraschen; **to ~ one thing at a time** eins nach dem anderen erledigen; **to ~ it as it comes** es nehmen, wie es kommt; **he's got what it ~s** er bringts *fam*, er kann was; **~ it or leave it** entweder du akzeptierst es, oder du lässt es bleiben *fam;* **to ~ sth lying down** etw stillschweigend hinnehmen; **what do you ~ me for?** wofür hältst du mich?; **~ it from me** das kannst du mir glauben **III.** *vi* <took, taken> ① (*have effect*) wirken; *plant* angehen; *dye* angenommen werden; *medicine* anschlagen; **the ink won't take on this paper** dieses Papier nimmt die Tinte nicht an ② (*become*) **to ~ ill** krank werden ③ (*detract*) ■**to ~ from sth** etw schmälern; **will that not ~ from it's usefulness?** würde das nicht den Gebrauchswert vermindern?

◆**take aback** *vt* ■**to ~ sb aback** (*surprise*) jdn verblüffen; (*shock*) jdn schockieren; ■**to be ~n aback** verblüfft [*o fam* baff] sein

◆**take after** *vi* ■**to ~ after sb** jdm nachschlagen, nach jdm kommen; **she ~s after her father's side of the family** sie schlägt in die väterliche Seite

◆**take against** *vi* BRIT ■**to ~ against sb** eine Abneigung gegen jdn entwickeln

◆**take along** *vt* ■**to ~ sb/sth along [with oneself]** jdn/etw mitnehmen

◆**take apart I.** *vt* ① (*disassemble*) ■**to ~ apart ↻ sth** etw auseinandernehmen [*o* zerlegen] ② (*fam: analyse critically*) ■**to ~ apart ↻ sb/sth** jdn/etw auseinandernehmen *fig;* **to ~ apart an argument/article** ein Argument/einen Artikel zerpflücken **II.** *vi* ■**to ~ apart** zerlegbar sein; **stop, that doesn't ~ apart** halt, das kann man nicht auseinandernehmen

◆**take around** *vt* ■**to ~ sb around** (*take along*) jdn [überallhin] mitnehmen; (*show around*) jdn herumführen

◆**take aside** *vt* ■**to ~ sb aside** jdn beiseitenehmen

◆**take away I.** *vt* ① (*remove*) ■**to ~ away ↻ sth** etw wegnehmen ② (*deprive of*) ■**to ~ away ↻ sth [from sb]** [jdm] etw [weg]nehmen; ■**to ~ away ↻ sb from sb** jdn jdm wegnehmen ③ (*lead away*) ■**to ~ away ↻ sb** jdn mitnehmen; (*force to come*) jdn wegbringen [*o fam* fortschaffen]; *police* jdn abführen; (*criminal act*) jdn verschleppen ④ (*fig: have as a result*) ■**to ~ away ↻ sth** etw mitnehmen ⑤ (*cause to be away*) ■**to ~ sb away [from sth]** jdn [von etw *dat*] abhalten; **her work ~s her away from her family a lot on weekends** durch ihre Arbeit kann sie nur selten an den Wochenenden bei ihrer Familie sein ⑥ (*remove*) ■**to ~ away ↻ sth** etw verringern; **to ~ away sb's fear/pain** jdm die Angst/den Schmerz nehmen ⑦ BRIT, AUS (*buy to eat elsewhere*) ■**to ~ away ↻ sth** *food* etw mitnehmen; **to ~ away** zum Mitnehmen ⑧ (*subtract from*) ■**to ~ away ↻ sth from sth** etw von etw *dat* abziehen; **10 ~ away 7** 10 weniger 7 ▸ PHRASES: **to ~ sb's breath away** jdm den Atem verschlagen **II.** *vi* (*detract from*) ■**to ~ away from sth** etw schmälern; **to ~ away from the beauty of sth** der Schönheit einer S. *gen* Abbruch tun; **to**

T

~ **away from sb's personality** jds Persönlichkeit beeinträchtigen; **to ~ away from the importance/worth of sth** die Bedeutung/den Wert einer S. *gen* mindern

◆**take back** *vt* ❶ (*retract*) ■**to ~ back ↔ sth** *remark* etw zurücknehmen; **ok, I ~ that back** o.k., ich nehme das zurück ❷ (*return*) ■**to ~ back ↔ sb/sth** jdn/etw [wieder] zurückbringen; **to ~ sb back [home]** jdn nach Hause bringen; **sb ~s sb back with him/her** jd nimmt jdn mit nach Hause ❸ (*transmit in thought*) ■**to ~ sb back** jdn zurückversetzen ❹ (*accept*) ■**to ~ back ↔ sth** *merchandise* etw zurücknehmen; (*let return*) **to ~ an employee back** eine[n] Angestellte[n] wieder einstellen; **to ~ one's husband/wife back** seinen Mann/seine Frau wieder aufnehmen ❺ (*repossess*) ■**to ~ back ↔ sth** [sich *dat*] etw zurückholen; *territory* etw zurückerobern

◆**take down** *vt* ❶ (*write down*) ■**to ~ down ↔ sth** [sich *dat*] etw notieren [*o* aufschreiben]; *particulars* etw aufnehmen; **to ~ down notes** sich *dat* Notizen machen ❷ (*remove*) ■**to ~ down ↔ sth** etw abnehmen [*o fam* abmachen]; **he took down a book from the shelf** er nahm ein Buch vom Regal [herunter]; **to ~ down the Christmas tree** den Weihnachtsbaum abschmücken; **to ~ down the curtains/a picture** die Gardinen/ein Bild abhängen ❸ (*disassemble*) **to ~ down a tent** ein Zelt abschlagen; **to ~ down the scaffolding** das Gerüst abbauen ❹ (*bring downstairs*) ■**to ~ sb/sth down** jdn/etw hinunterbringen [*o* herunterbringen] ❺ (*fam: demoralize*) ■**to ~ sb down** jdm einen Dämpfer versetzen ❻ (*lower*) **to ~ down a flag** eine Fahne einholen; **to ~ one's trousers down** seine Hosen [her]runterlassen

◆**take in** *vt* ❶ (*bring inside*) ■**to ~ sb in** jdn hineinführen [*o* hereinführen]; ■**to ~ in ↔ sth** etw hineinbringen [*o* hereinholen] ❷ (*accommodate*) ■**to ~ in ↔ sb** jdn [bei sich *dat*] aufnehmen; **to ~ in a child** ein Kind zu sich *dat* nehmen; **to ~ in lodgers** Zimmer vermieten ❸ (*admit*) ■**to ~ in ↔ sb** *hospital* jdn aufnehmen; *university* jdn zulassen ❹ (*bring to police station*) ■**to ~ sb in** jdn festnehmen; **they took the suspect in for questioning** sie nahmen den Verdächtigen zum Verhör mit auf die Wache ❺ (*deceive*) ■**to ~ in ↔ sb** jdn hereinlegen; ■**to be ~n in [by sb/sth]** [auf jdn/etw] hereinfallen, sich *akk* [von jdm/etw] täuschen lassen ❻ (*go to see*) ■**to ~ in ↔ sth** sich *akk* etw noch ansehen; (*visit*) etw noch besuchen; **to ~ in a cabaret/film** [*or* **movie**] noch schnell ein Kabarett/einen Film mitnehmen *fig;* **to ~ in a play/show** sich *dat* noch schnell ein Stück/eine Show ansehen ❼ (*understand*) ■**to ~ in ↔ sth** etw aufnehmen; **to ~ sth in at a glance** etw auf einen Blick erfassen; **to ~ in impressions** Eindrücke aufnehmen; **to ~ in a lecture** einen Vortrag begreifen; **to ~ in a situation** eine Situation erfassen ❽ (*evaluate*) ■**to ~ in ↔ sb** jdn in Augenschein nehmen *geh* ❾ (*include*) ■**to ~ in ↔ sth** etw einschließen [*o* umfassen] ❿ (*earn*) ■**to ~ in ↔ sth** etw einnehmen; **to ~ in washing/ironing/typing** Wäsche/Wäsche zum Bügeln/Tipparbeiten übernehmen [*o* [als Nebenbeschäftigung] annehmen] ⓫ (*have examined or repaired*) ■**to ~ in ↔ sth** etw zur Reparatur bringen; **something's wrong with the engine – I'll ~ the car in tomorrow** etwas stimmt nicht mit dem Motor – ich werde das Auto morgen zur Reparatur bringen ⓬ (*absorb*) ■**to ~ in ↔ sth** etw aufnehmen; *nutrients, vitamins* etw zu sich nehmen; **to ~ in some fresh air** etwas frische Luft schnappen ⓭ FASHION ■**to ~ in ↔ sth** etw enger machen

◆**take into** *vt* ❶ (*transport*) **to ~ sb/sth into town** jdn/etw in die Stadt mitnehmen ❷ (*accept*) **to be ~n into hospital** ins Krankenhaus eingeliefert werden ❸ (*absorb into body*) ■**to ~ sth into sth** etw in etw *akk* aufnehmen ❹ (*introduce to*) ■**to ~ sb into sth** jdn in etw *akk* einführen ❺ (*last until*) ■**to ~ sb into ...** jdm bis ... reichen; **these supplies should ~ you into spring** mit diesen Vorrat solltest du bis zum Frühling über die Runden kommen; **she hoped that the new shoes would ~ the kids at least into June** sie hoffte, dass die neuen Schuhe der Kinder zumindest bis zum Juni halten würden

◆**take off I.** *vt* ❶ (*remove*) ■**to ~ off ↔ sth** etw abnehmen; *clothes* etw ausziehen; *coat a.* etw ablegen; **to ~ off a hat** einen Hut absetzen; ■**to ~ sth off [of] sth** etw von etw *dat* [herunter]nehmen [*o* entfernen]; **the hairdresser took off about an inch** der Frisör hat etwa 2,5 cm abgeschnitten; **the 9:45 service to Woking has been ~n off the schedule** der Zug um 9:45 nach Woking wurde vom Fahrplan gestrichen; **to ~ sb off a list** jdn von einer Liste streichen; **to ~ sth off the market** etw vom Markt nehmen; **to ~ sth off the menu** etw von der Speisekarte streichen; ■**to ~ sth off sb** (*fam: take away*) jdm etw wegnehmen ❷ (*bring away*) ■**to ~ sb off** jdn wegbringen [*o* fortschaffen]; *police* jdn abführen; ■**to ~ sb off somewhere** jdn irgendwohin bringen; **he was ~n off to hospital** er wurde ins Krankenhaus gebracht; ■**to ~ oneself off** (*fam*) sich *akk* davonmachen ❸ (*stop*) ■**to ~ sb off sth** *position, job* jdn von etw *dat* abziehen; *medication* etw bei jdm absetzen; **to ~ sb off a diet** jdn von einer Diät absetzen; **to ~ a play off** ein Stück absetzen; **he's been ~n off call at the hospital this weekend** dieses Wochenende hat er keinen Bereitschaftsdienst im Krankenhaus ❹ (*not work*) **to ~ a day/a week off [work]** [sich *dat*] einen Tag/eine Woche freinehmen; **I'm taking Monday off** ich werde mir Montag freinehmen ❺ (*subtract*) ■**to ~ off ↔ sth** etw abziehen; **they ~ the taxes off his salary** die Steuern werden von seinem Gehalt abgezogen ❻ BRIT (*imitate*) ■**to ~ off ↔ sb** jdn nachmachen *fam* **II.** *vi* ❶ (*leave the ground*) *airplane* abheben, starten ❷ (*fam: leave*) verschwinden *fam,* weggehen; (*fam: flee*) abhauen *fam,* sich *akk* davonmachen; **she just took off without saying goodbye** sie ist einfach abgehauen, ohne sich zu verabschieden ❸ (*fig: have sudden success*) *idea, plan, project* ankommen; *product a.* einschlagen

◆**take on I.** *vt* ❶ (*agree to do*) ■**to ~ on ↔ sth** *responsibility* etw auf sich *akk* nehmen; *work, job* etw annehmen [*o* übernehmen]; **to ~ on too much** zu viel auf sich *akk* nehmen, sich *dat* zu viel zumuten ❷ (*assume*) ■**to ~ on ↔ sth** *colour, expression* etw annehmen ❸ (*employ*) ■**to ~ on ↔ sb** jdn einstellen ❹ (*compete against*) ■**to ~ sb ↔ on** es mit jdm aufnehmen, gegen jdn antreten ❺ (*load*) **to ~ on fuel** auftanken; **to ~ on goods** Waren aufnehmen [*o* laden]; **to ~ on passengers** Passagiere aufnehmen; *bus* Fahrgäste zusteigen lassen **II.** *vi* (*dated*) sich *akk* aufregen

◆**take out** *vt* ❶ (*remove*) ■**to ~ out ↔ sth** etw herausnehmen; **he took his hands out of his pockets** er nahm die Hände aus den Taschen; **to take out sb's teeth** jdm die Zähne ziehen ❷ (*bring outside*) ■**to ~ out ↔ sth** etw hinausbringen [*o* herausbringen]; **Peter's ~n the Porsche out for a spin** Peter ist eine Runde mit dem Porsche gefahren; **to ~ out the rubbish** [*or* AM **garbage**] [*or* AM **trash**] den Müll hinausbringen; **dad's taking the dog out [for a walk]** Papa geht gerade mit dem Hund spazieren ❸ (*invite*) ■**to ~ out ↔ sb** jdn ausführen; **to ~ sb out for** [*or* **to**] **dinner/for a drink** jdn zum Abendessen/auf einen Drink einladen; **to ~ sb out to the cinema/theatre** jdn ins Kino/Theater einladen [*o* ausführen] ❹ AM FOOD (*take away*) ■**to ~ out ↔ sth** etw mitnehmen; **we could ~ out a pizza** wir könnten uns eine Pizza holen; **would you like to eat here or to ~ out?** möchten Sie's hier essen oder mitnehmen? ❺ (*deduct*) ■**to ~ out ↔ sth** etw herausnehmen [*o* entfernen]; **why don't you ~ it out of the housekeeping money?** warum nimmst du es nicht aus der Haushaltskasse?; **to ~ time out [to do sth]** sich *dat* eine Auszeit nehmen[, um etw zu tun] ❻ (*obtain*) ■**to ~ out ↔ sth** etw erwerben; **to ~ out a licence** eine Lizenz erwerben; **to ~ out a life insurance policy** eine Lebensversicherung abschließen; **to ~ out a loan** ein Darlehen aufnehmen; **to ~ out cash/money** Geld abheben ❼ (*vent anger*) ■**to ~ sth out on sb** etw an jdm auslassen *fam;* **don't take it out on the children** lass es nicht an den Kindern aus ⑧ (*fam: exhaust*) ■**to ~ it** [*or* **a lot**] **out of sb** jdn sehr anstrengen, jdm viel abverlangen ⑨ MIL ■**to ~ out** ↔ **sb/sth** jdn/etw außer Gefecht setzen ⑩ (*distract*) ■**to ~ sb out of himself/herself** jdn von sich *dat* selbst ablenken [*o* auf andere Gedanken bringen]

◆**take over I.** *vt* ① (*seize control*) ■**to ~ over** ↔ **sth** etw übernehmen; **the military took over the country** das Militär hat die Macht im Lande ergriffen; **to ~ over a company** eine Firma übernehmen; **to be ~n over by an idea/the devil** (*fig*) von einer Idee/vom Teufel besessen sein; **to ~ over a room/seat** (*fig*) ein Zimmer/ein Sitzplatz in Beschlag nehmen; **to ~ over the show** (*fig*) das Regiment an sich reißen; **to be ~n over by one's work** (*fig*) sich *akk* von seiner Arbeit vereinnahmen lassen ② (*assume*) ■**to ~ over** ↔ **sth** [**for sb**] etw [für jdn] übernehmen; **to ~ over sb's debts** jds Schulden begleichen **II.** *vi* ① (*assume responsibility*) ■**to ~ over** [**from sb**] jdn ablösen; **can you ~ over for an hour?** kannst du mich eine Stunde ablösen?; **the night shift ~s over at six o'clock** die Nachtschicht übernimmt um sechs Uhr ② (*assume control*) das Regiment an sich *dat* reißen; **she's now completely taken over** sie führt mittlerweile das Regiment

◆**take round** *vt see* **take around**

◆**take through** *vi* ■**to ~ sb through sth** etw mit jdm durchgehen

◆**take to** *vi* ① (*start to like*) ■**to ~ to sb/sth** sich *akk* für jdn/etw erwärmen können, an jdm/etw Gefallen finden; **he took to the new teacher instantly** der neue Lehrer war ihm auf Anhieb sympathisch ② (*begin as a habit*) ■**to ~ to sth** etw anfangen; ■**to ~ to doing sth** anfangen etw zu tun; **to ~ to drink/drugs** anfangen zu trinken/Drogen zu nehmen; **to ~ to a life of crime** kriminell werden ③ (*go to*) ■**to ~ to sth** irgendwohin fliehen [*o* flüchten]; **to ~ to one's bed** sich *akk* ins Bett legen; **to ~ to the countryside/forest/hills** aufs Land/in den Wald/in die Berge flüchten; **to ~ to the streets** [**in protest**] (*fig*) auf die Straße gehen *fig* ▸ PHRASES: **to ~ to sth like a duck to water** bei etw *dat* gleich in seinem Element sein

◆**take up I.** *vt* ① (*bring up*) ■**to ~ up** ↔ **sb/sth** jdn/etw hinaufbringen [*o* heraufbringen]; **to ~ up the floorboards/carpet** den Holzboden/Teppich herausreißen; **to ~ up a skirt** einen Rock kürzen ② (*pick up*) ■**to ~ up** ↔ **sth** etw aufheben; **to ~ up arms against sb** die Waffen gegen jdn erheben [*o* ergreifen] ③ (*start doing*) ■**to ~ up** ↔ **sth** etw anfangen [*o* beginnen]; **to ~ up a job** eine Stelle antreten; **to ~ up the piano/fishing** anfangen Klavier zu spielen/zu angeln; **to ~ up a collection** für etw *akk* sammeln; *church* eine Kollekte abhalten ④ (*start to discuss*) ■**to ~ up** ↔ **sth** sich *akk* mit etw *dat* befassen; ■**to ~ sth up with sb** etw mit jdm erörtern; **to ~ up a point/question** einen Punkt/eine Frage aufgreifen; **I'd like to ~ up the point you made earlier** ich würde gerne noch einmal auf das eingehen, was Sie vorhin sagten; ■**to ~ sb up on sth** BRIT, AUS mit jdm über etw *akk* reden wollen ⑤ (*accept*) ■**to ~ up** ↔ **sth** etw annehmen; **to ~ up a challenge/offer** eine Herausforderung/ein Angebot annehmen; **to ~ up an opportunity** eine Gelegenheit wahrnehmen; **to ~ sb up on an invitation/offer/suggestion** auf jds Einladung/Angebot/Vorschlag zurückkommen ⑥ (*adopt*) ■**to ~ up** ↔ **sth** etw annehmen; **to ~ up an attitude** eine Haltung einnehmen; **to ~ up a belief/habit** einen Glauben/eine Gewohnheit annehmen; **to ~ up a position** eine Stellung einnehmen; **to ~ up the rear** den Schluss bilden ⑦ (*continue*) ■**to ~ up** ↔ **sth** etw fortführen; **the clarinet took up the tune** die Klarinette nahm die Melodie wieder auf; **he took up reading where he had left off last night** er las da weiter, wo er am Abend vorher aufgehört hatte; **to ~ up a refrain/song** in einen Refrain/ein Lied einstimmen ⑧ (*occupy*) ■**to be ~n up with sb/sth** mit jdm/etw beschäftigt sein; **to ~ up room/space** Raum [*o* Platz] einnehmen; **to ~ up time** Zeit beanspruchen; **my job ~s up all my time** mein Beruf frisst meine ganze Zeit auf ⑨ (*patronize*) ■**to ~ sb up** jdn protegieren *geh* ⑩ (*absorb*) ■**to ~ up** ↔ **sth** *nutrients, alcohol* etw aufnehmen **II.** *vi* (*start to associate with*) ■**to ~ up with sb** sich *akk* mit jdm einlassen *meist pej;* ■**to ~ up with sth** sich *akk* auf etw *akk* einlassen

◆**take upon** *vt* (*usu pej*) ■**to ~ it upon oneself to do sth** meinen, etw tun zu müssen, ungebeten etw tun; **he took it upon himself to correct everyone at length** er meinte, jeden immer ausführlich verbessern zu müssen; **she took the planning of the office party upon herself** sie hat die Planung der Party [selbst] in die Hand genommen

'take·away I. *n* BRIT, AUS ① (*shop*) Imbissbude *f;* (*restaurant*) Restaurant *nt* mit Straßenverkauf ② (*food*) Essen *nt* zum Mitnehmen; **let's have a ~ for dinner tonight** lass uns für heute Abend etwas zum Essen holen; **Chinese ~** chinesisches Essen zum Mitnehmen **II.** *n modifier* (*food*) zum Mitnehmen *nach n*

take-home 'pay *n no pl* Nettoeinkommen *nt; of an employee* Nettogehalt *nt; of a worker* Nettolohn *m*

'take-in *n* AM Betrug *m,* Schwindel *m*

tak·en ['teɪkᵊn] **I.** *vt, vi pp of* **take II.** *adj pred* begeistert; ■**to be ~ with** [*or* **by**] **sb/sth** von jdm/etw angetan [*o* begeistert] sein

'take-off *n* ① AVIAT Start *m,* Abflug *m,* Take-off *m o nt fachspr;* **to be cleared for ~** zum Start freigegeben sein, Starterlaubnis haben; **to be ready for ~** startklar [*o* startbereit] sein ② BRIT, AUS (*imitation*) Parodie *f* (**of** auf +*akk*) ③ SPORTS (*place for jumping*) Absprung *m,* Absprungstelle *f* **'take-out** *n* AM ① (*shop*) Imbissbude *f;* (*restaurant*) Restaurant *nt* mit Straßenverkauf ② (*food*) Essen *nt* zum Mitnehmen

'take·over *n* Übernahme *f;* **hostile/friendly ~** feindliche/freundliche Übernahme **'take·over bid** *n* Übernahmeangebot *nt* **'take·over tar·get** *n* [anvisiertes] Übernahmeobjekt

tak·er ['teɪkəʳ, AM -ɚ] *n* ① (*at betting*) Wettende(r) *f(m);* **any ~s?** wer nimmt die Wette an? ② (*at an auction*) Interessent(in) *m(f);* (*when buying*) Käufer(in) *m(f);* **any ~s?** wer bietet? ③ (*fig: person interested in an offer*) Interessent(in) *m(f);* **I'm fixing ice-cream – any ~s?** ich mache Eis – möchte jemand?; **any ~s for a movie?** hat jemand Lust auf einen Film?

'take-up *n* ① (*claiming*) Inanspruchnahme *f form* ② (*process of winding up*) Aufwickeln *nt,* Aufspulen *nt* ③ TECH Spanner *m* ④ FILM Aufwickelspule *f* ⑤ (*product acceptance*) Aufnahme *f*

'take-up rate *n* ① *of claims* Rate *f* der Inanspruchnahmen ② *of winding up* Aufspulgeschwindigkeit *f,* Aufwickelgeschwindigkeit *f* **'take-up spool** *n* Aufwickelspule *f*

tak·ing ['teɪkɪŋ] **I.** *n* ① (*receipts*) ■**~s** *pl* Einnahmen *fpl,* Einkünfte *fpl* ② MED (*consumption*) Einnehmen *nt,* Einnahme *f* ▸ PHRASES: **to be there for the ~** (*for free*) zum Mitnehmen [*o* umsonst] sein; (*not settled*) offen sein; **we made lots of fudge – it's there for the ~** wir haben jede Menge Karamellbonbons gemacht – nimm so viel, wie du willst; **with the favourite injured, the race is there for the ~** nach der Verletzung des Favoriten ist bei dem Rennen wieder alles drin **II.** *adj* einnehmend, gewinnend; **she has a ~ way about her** sie hat eine bezaubernde Art

talc [tælk], **tal·cum** ['tælkəm] **I.** *n no pl* ① MED Talkum *nt,* Talkpuder *m;* (*perfumed*) Körperpuder *m* ② (*mineral*) Talk *m* **II.** *vt* ■**to ~ sb/sth** jdn/etw [ein]pudern

'tal·cum pow·der I. *n no pl* Talkpuder *m;* (*perfumed*) [Körper]puder *m* **II.** *vt* ■**to ~ sb/sth** jdn/etw [ein]pudern

tale [teɪl] *n* ① (*story*) Geschichte *f;* LIT Erzählung *f;* (*true story*) Bericht *m;* **fairy ~** Märchen *nt;* **~ of woe** Leidensgeschichte *f;* **to tell a ~** [**about** [*or* **of**] **sth**] etw [über etw *akk* [*o* von etw *dat*]] erzählen ② (*lie*) Märchen *nt,* Lügengeschichte *f;* (*gossip*) Geschichte[n] *f[pl];* **tall ~s** Lügenmärchen *ntpl,* Lügengeschichten *fpl;* **to tell ~s** (*tell on sb*) petzen; (*dated: tell lies*) Märchen erzählen ▸ PHRASES: **dead men tell no ~s** Tote reden nicht; **to live to tell the** ~ (*a. hum fam*) überleben *a. hum;* **to tell its own** ~ für sich *akk* sprechen; **to tell ~s out of school** (*saying fam*) aus der Schule plaudern *fam,* Interna ausplaudern

tale·bear·er ['teɪl,beərəʳ, AM -,berɚ] *n* Klatsche *f fam,* Klatschweib *nt pej fam;* (*at school*) Petze(r) *f(m)*

tale·bear·ing ['teɪl,beərɪŋ, AM -,ber-] *n* Klatschen *nt pej;* (*at school*) Petzen *nt pej*

tal·ent ['tælənt] *n* ① (*natural ability*) Talent *nt,* Begabung *f;* **she is a young dancer of great** ~ sie ist eine junge, sehr talentierte Tänzerin; **artistic ~s** künstlerische Fähigkeiten; ~ **for music** musikalisches Talent ② *no pl* (*talented person*) Talente *ntpl,* Begabungen *fpl;* **we are looking for fresh** ~ wir sind auf der Suche nach neuen Talenten; **new/promising/young** ~ neue/viel versprechende/junge Talente ③ BRIT, AUS (*hum sl: sexually attractive girls*) Mädels *fpl fam,* Miezen *fpl sl;* (*boys*) Jungs *pl fam,* Typen *mpl sl* ④ (*hist: weight and currency*) Talent *nt*

'tal·ent con·test *n* Talentwettbewerb *m,* Talentschau *f*

tal·ent·ed ['tæləntɪd, AM -t̬-] *adj* talentiert, begabt

'tal·ent scout *n* Talentsucher(in) *m(f)* **'tal·ent show** *n* Talentwettbewerb *m,* Talentschau *f* **'tal·ent spot·ter** *n* Talentsucher(in) *m(f)*

'tale·tell·er *n* ① (*storyteller*) Geschichtenerzähler(in) *m(f)* ② (*gossip*) Klatsche *f fam,* Klatschweib *nt pej fam*

tal·is·man <*pl* -s> ['tælɪzmən] *n* Talisman *m*

talk [tɔ:k, AM *usu* tɑ:k] **I.** *n* ① (*discussion*) Gespräch *nt;* (*conversation*) Unterhaltung *f;* (*private*) Unterredung *f;* **to have a ~ [with sb] [about sth]** [mit jdm] [über etw *akk*] reden [*o* sprechen], ein Gespräch [mit jdm] [über etw *akk*] führen *form;* (*conversation*) sich *akk* [mit jdm] [über etw *akk*] unterhalten; (*private*) eine Unterredung [mit jdm] [über etw *akk*] haben; **heart-to-heart** ~ offene Aussprache ② (*lecture*) Vortrag *m;* **to give a ~ [on [*or* about] sth]** einen Vortrag [über etw *akk*] halten ③ *no pl* (*discussion*) Reden *nt,* Gerede *nt fam;* (*things said*) Worte *pl;* **big** ~ große Töne *pej fam;* **idle** ~ leeres Gerede *fam;* **to make small** ~ Konversation betreiben ④ (*subject of conversation*) ■**the** ~ Gespräch[sthema] *nt;* **her behaviour is the ~ of the neighbourhood** ihr Verhalten ist das Gespräch des ganzen Viertels ⑤ (*formal discussions*) ■**~s** *pl* Gespräche *ntpl;* **peace ~s** Friedensverhandlungen *fpl;* **to hold ~s [on [*or* about] sth]** Gespräche [über etw *akk*] führen ▸ PHRASES: **to be the ~ of the town** Stadtgespräch sein; **to be all ~ [and no action]**, **to be just** ~ immer nur reden [und nie handeln] **II.** *vi* ① (*speak*) sprechen, reden; (*converse*) sich *akk* unterhalten; ■**to ~ about sb/sth** über jdn/etw reden [*o* sprechen]; **what the hell are you ~ing about?** wovon zum Teufel sprichst du eigentlich? *fam;* **to ~ about sb behind his/her back** über jdn hinter seinem/ihrem Rücken reden [*o fam* herziehen]; ■**to ~ to [*or* with] sb** mit jdm reden [*o* sprechen]; **she ~s to her mother on the phone every week** sie telefoniert jede Woche mit ihrer Mutter; ■**to ~ to oneself** mit sich *dat* selbst reden, Selbstgespräche führen ② (*imitate speech*) *parrot* plappern *fam* ③ (*speak privately or seriously*) reden; **can we ~?** können wir reden?; **I think we need to** ~ ich denke, wir sollten einmal miteinander reden ▸ PHRASES: **to be ~ing through one's hat** [*or* BRIT *a.* **neck**] (*pej! fam*) nur so daherreden *fam;* **to ~ dirty [to sb]** obszön [mit jdm] reden; **look who's ~ing, you're a fine one to ~, you can't** [*or* AM **should**] ~ (*fam*) du hast es gerade nötig, etwas zu sagen *fam;* **to set sb ~ing** BRIT jdm Grund zum Tratschen geben *fam;* **~ing of sb/sth ...** *esp* BRIT wo [*o* da] wir gerade von jdm/etw reden [*o* sprechen] ... **III.** *vt* ① (*speak*) **to ~ a language** eine Sprache sprechen; **she ~s English at work and French at home** in der Arbeit spricht sie Englisch und zu Hause Französisch ② (*fam: discuss*) **to ~ business/money/politics** über Geschäfte/Geld/Politik sprechen ▸ PHRASES: **to be able to ~ the hind leg[s] off a donkey** BRIT (*fam*) jdm ein Loch in den Bauch reden können *fam;* **to ~ one's head off** (*fam*) ununterbrochen reden, losquatschen *fam;* **to ~ sb's ear off** (*fam*) jdm ein Loch in den Bauch reden *fam;* **to ~ nonsense** [*or esp* BRIT **rubbish**] (*pej*) Unsinn reden; **to ~ sense [into sb's head]** vernünftig [mit jdm] reden; **to ~ some sense into sb's head** jdm Vernunft einimpfen *fam;* **to ~ shop** übers Geschäft reden *fam,* fachsimpeln *fam;* **to ~ a blue streak** AM ohne Punkt und Komma reden *fam;* **to ~ turkey** *esp* AM (*fam*) offen [*o fam* Tacheles] reden; **to give sb something to ~ about** jdm Gesprächsstoff liefern; ~ **about ...** so was von ... *fam;* **what a film – ~ about boring!** was für ein Film – so was von langweilig! *fam*

◆**talk around** *vi* ■**to ~ around sth** um etw *akk* herumreden *fam*

◆**talk at** *vi* ■**to ~ at sb** auf jdn einreden

◆**talk away** *vi* ununterbrochen reden

◆**talk back** *vi* eine freche Antwort geben

◆**talk down I.** *vt* ■**to ~ down** ◯ **sb** ① (*speak louder*) jdn übertönen ② (*talk to and help to safety*) jdn durch Reden herunterlotsen; **the policeman ~ed the girl down after she had been on the roof for two hours** der Polizeibeamte konnte das Mädchen überreden, vom Dach herunterzukommen, nachdem sie zwei Stunden dort gestanden hatte; **to ~ a pilot down** AVIAT einen Piloten zur Landung einweisen ③ (*dissuade*) ■**to ~ sb down from sth** jdn von etw *dat* abbringen, jdm etw ausreden **II.** *vi* (*pej*) ■**to ~ down to sb** mit jdm herablassend [*o* von oben herab] reden

◆**talk into** *vt* ■**to ~ sb into sth** jdn zu etw *dat* überreden; ■**to ~ sb into doing sth** jdn überreden, etw zu tun

◆**talk out** *vt* ① (*discuss thoroughly*) ■**to ~ out** ◯ **sth** etw ausdiskutieren; **to ~ one's way out of sth** sich *akk* aus etw *dat* herausreden ② (*convince not to*) ■**to ~ sb out of sth** jdm etw ausreden; ■**to ~ sb out of doing sth** jdm ausreden, etw zu tun

◆**talk over** *vt* ■**to ~ over** ◯ **sth [with sb]** etw [mit jdm] durchsprechen [*o* besprechen]

◆**talk round I.** *vt* (*convince*) ■**to ~ sb round [to sth]** jdn [zu etw *dat*] überreden; ■**to ~ sb round to doing sth** jdn überreden, etw zu tun **II.** *vi* ■**to ~ around sth** um etw *akk* herumreden *fam*

◆**talk through** *vt* ① (*discuss thoroughly*) ■**to ~ through** ◯ **sth** etw durchsprechen ② (*reassure with talk*) ■**to ~ sb through sth** jdm bei etw *dat* gut zureden; **he ~ed her through the birth of their first child** er half ihr bei der Geburt ihres ersten Kindes, indem er ihr beruhigend zuredete

◆**talk up** *vt* ■**to ~ up** ◯ **sth** für etw *akk* werben; **they ~ed up the concert a lot, but it was kind of a disappointment** sie hatten viel Werbung für das Konzert gemacht, aber es war eine ziemliche Enttäuschung

talka·tive ['tɔ:kətɪv, AM -t̬-] *adj* gesprächig, redselig, geschwätzig *pej*

talka·tive·ness ['tɔ:kətɪvnəs, AM tɑ:kət̬ɪv-] *n* Gesprächigkeit *f,* Redseligkeit *f,* Geschwätzigkeit *f pej*

'talk·back ['tɔ:kbæk, AM *usu* 'tɑ:k-] *n* ① (*device with loudspeakers*) Gegensprechanlage *f* ② AUS (*phone-in programme*) *Rundfunk- bzw. Fernsehprogramm, bei dem die Hörer direkt anrufen können*

'talked-about, 'talked-of *adj attr, inv* **much** ~ (*approv*) viel gerühmt; (*famous*) berühmt

talk·er ['tɔ:kəʳ, AM 'tɑ:kɚ] *n* (*person who speaks*) Sprechende(r) *f(m),* Sprecher(in) *m(f),* Redner(in) *m(f);* (*talkative person*) Schwätzer(in) *m(f) pej;* **to be a good/fluent** ~ gut/flüssig reden können

talkie ['tɔ:ki, AM *usu* 'tɑ:ki] *n* (*dated fam*) Tonfilm *m*

talk·ing ['tɔ:kɪŋ, AM *usu* 'tɑ:k-] **I.** *adj* sprechend **II.** *n no pl* Sprechen *nt,* Reden *nt,* Geschwätz *nt pej;* **'no ~, please!'** „Ruhe bitte!"; **to let sb [else] do the** ~ das Reden jd anderem überlassen

talk·ing 'head *n* Papagei *m pej fam* **'talk·ing point** *n* ① (*topic*) Gesprächsthema *nt,* Diskussionsthema *nt* ② (*fig: feature*) *of a* *product* wesentlicher Vorzug, Hauptvorteil *m;* (*support*) [zusätzliches] gutes Argument; **the study provided the management with a ~ in urging mass dismissals** die Studie lieferte der Geschäftsleitung einen weiteren guten Grund, Massenentlassungen zu forcieren **'talk·ing shop** *n* BRIT (*fig fam*) *Gruppe von Personen, die nur redet und nicht handelt* **'talk·ing-to** *n* (*pej*) Strafpredigt *f fam,* Standpauke *f fam;* **to give sb a [good] ~** jdm eine [ordentliche] Standpauke halten

talks [tɔːks, AM *esp* 'tɑːks] *npl* Gespräche *ntpl,* Verhandlungen *fpl;* **to adjourn/break off/call off ~** Gespräche [*o* Verhandlungen] vertagen/abbrechen/absagen; **to be involved in ~** Gespräche führen, in Verhandlungen stehen *form;* **to enter into/resume ~** Gespräche [*o* Verhandlungen] aufnehmen/wieder aufnehmen; **to hold ~** Besprechungen abhalten, Verhandlungen führen; **to hold ~ with sb** sich *akk* mit jdm besprechen; **to take part in ~** an Gesprächen teilnehmen; **~ about ~** AM POL Sondierungsgespräche *ntpl*

'talk show *n* TV Talkshow *f*

tall [tɔːl] *adj* ❶ (*high*) *building, fence, grass, ladder, tree* hoch; *person* groß, hoch gewachsen; **to be [*or* stand] six feet ~** 1,83 m groß sein; **to be ~ in [*or* of] stature** (*form*) von hoher Statur [*o* hohem Wuchs] sein *geh;* **to grow ~[er]** [noch] wachsen, groß [*o* [größer]] werden ❷ (*fig: considerable*) *amount, price* ziemlich [*o fam* ganz schön] hoch ❸ (*long*) *rod, stick* lang; **~ blade/stalk** langer Grashalm/Stängel ❹ (*fig: confident*) **to stand [*or* walk] ~** selbstbewusst [*o* [selbst]sicher] auftreten ❺ (*fig: unlikely*) unglaublich, haarsträubend; **to spin ~ yarns, to tell ~ tales** abenteuerliche Geschichten erzählen, Seemannsgarn spinnen ❻ (*fig: pretentious*) *talk, way of speaking* großtuerisch, prahlerisch ❼ (*fig: difficult*) *problem* schwer [*o* schwierig] [zu lösen]

'tall·boy *n* ❶ BRIT (*chest*) hohe Kommode; (*chest on chest*) Doppelkommode *f,* Aufbaukommode *f;* (*closet*) Kleiderschrank *m,* Wäscheschrank *m* ❷ ARCHIT (*piece of chimney*) Zugaufsatz *m fachspr* ❸ (*glass*) langstieliges Trinkglas **'tall drink** *n* AM Cocktail *m*

tall·ish ['tɔːlɪʃ] *adj inv building, fence, plant* ziemlich hoch; *person* ziemlich groß [*o* hoch gewachsen]

tall·ness ['tɔːlnəs] *n no pl of a person* Größe *f; of a building, plant* Höhe *f; of a blade of grass, stick* Länge *f*

tall 'or·der *n* (*fig*) schwierige [*o* schwer lösbare] Aufgabe; **to get the work done on time will be a ~** die pünktliche Fertigstellung der Arbeit wird schwierig werden

tal·low ['tæləʊ, AM -loʊ] *n no pl* Talg *m veraltend;* MECH, TECH Schmiere *f,* Schmierstoff *m*

tall 'sto·ry *n,* **tall 'tale** *n* haarsträubende [*o* unglaubliche] [*o* abenteuerliche] Geschichte, Märchen *nt*

tal·ly[1] <-ie-> ['tæli] **I.** *vi* [überein]stimmen; ▪**to ~ [with sth]** *figures, statements, signatures* [mit etw *dat*] übereinstimmen **II.** *vt* (*a. fig a. dated*) ❶ COMM (*count*) ▪**to ~ [up] sth [*or* sth [up]]** *amounts, sums* etw zusammenzählen; *figures* etw zusammenrechnen; *items* etw auflisten [*o* tabellieren]; **to ~ up the for and against** (*fig*) das Für und Wider abwägen ❷ COMM (*check off*) ▪**to ~ sth** *goods, items* etw nachzählen; NAUT (*register*) *cargo, load, shipment* etw kontrollieren [*o fachspr* tallieren]; SPORTS *point, score* etw notieren [*o* festhalten] ❸ COMM (*mark*) ▪**to ~ sth** *goods* etw auszeichnen [*o* kennzeichnen] [*o* etikettieren]

tal·ly[2] ['tæli] *n usu sing* ❶ COMM (*list for goods, items*) [Strich]liste *f,* Stückliste *f;* (*for single item*) [Zähl]strich *m;* (*hist: record for transactions*) Kerbholz *nt hist;* (*for single transaction*) Kerbe *f hist;* (*account*) Abrechnung *f* ❷ COMM (*mark on goods*) Etikett *nt,* Auszeichnung *f,* Kennzeichnung *f* ❸ BRIT ECON (*dated*) Abzahlungsgeschäft *nt fachspr* ❹ (*count*) [zahlenmäßige] Aufstellung; **his ~ today is three fish** sein heutiger Fang besteht aus drei Fischen; **to keep a ~ [of sth]** eine [Strich]liste [über etw *akk*] führen; **I should have kept a ~ of what I spent** ich hätte Buch über meine Ausgaben führen sollen

tal·ly-ho [,tæli'həʊ, AM -'hoʊ] *interj* ▪**~!** (*when sighting game*) halali!; (*when facing a challenge*) auf geht's! *a. hum fam* **'tal·ly·man** *n* ❶ (*keeper of record*) Kontrolleur *m;* NAUT *of a cargo* Ladungskontrolleur *m; of goods* Warenkontrolleur *m* ❷ BRIT ECON *Vertreter, der Waren auf Kredit verkauft* **'tal·ly-room** *n* AUS POL Auszählungsraum *m* **'tal·ly sheet** *n* Kontrollliste *f,* Stückliste *f*

Tal·mud ['tælmʊd, AM *esp* 'tɑːl-] *n no pl* REL Talmud *m fachspr*

tal·on ['tælən] *n* ❶ ORN (*claw*) Klaue *f,* Kralle *f;* ANAT (*finger*) Finger *m;* **long ~s** (*fig, pej*) lange Krallen *fig, pej fam* ❷ BRIT STOCKEX Erneuerungsschein *m,* Talon *m fachspr* ❸ CARDS Talon *m fachspr;* (*in dealing also*) Kartenrest *m;* (*in gambling also*) Kartenstock *m* ❹ ARCHIT (*groove*) Hohlkehle *f,* Karnies *nt fachspr,* S-Profil *nt fachspr*

tam·able *adj see* **tameable**

tama·rind ['tæmərɪnd, AM -mə-] *n* ❶ (*tropical tree*) Tamarinde *f* ❷ (*fruit*) Frucht *f* der Tamarinde

tama·risk ['tæmərɪsk, AM -mə-] *n* Tamariske *f*

tam·bour ['tæmbʊər, AM -bʊr] *n* ❶ MUS (*instrument*) Trommel *f;* (*musician*) Trommler(in) *m(f)* ❷ ARCHIT Säulentrommel *f fachspr*

tam·bou·rine [,tæmbər'iːn, AM -bə'riːn] *n* flache Handtrommel, Tamburin *nt fachspr*

tame [teɪm] **I.** *adj* ❶ (*domesticated*) *animal* gezähmt, zahm; (*harmless*) *animal, person* friedlich, zahm; **the lion was as ~ as a house cat** der Löwe war zahm wie eine Hauskatze; **~ superior** zahmer Vorgesetzter/zahme Vorgesetzte ❷ (*tractable*) *child* folgsam; *person* fügsam, gefügig; (*under control*) *elements, river* gezähmt, gebändigt ❸ (*unexciting*) *book, joke, person* lahm, fad[e], geistlos; (*mild*) *film* harmlos, brav; *criticism, report* zahm, ohne Biss *nach n;* (*amenable*) [sehr] umgänglich [*o* zuvorkommend] [*o* entgegenkommend] **II.** *vt* (*a. fig*) ▪**to ~ sb/sth** jdn/etw zähmen [*o* bändigen] *a. fig;* **he'll need to ~ his temper** er wird sein Temperament zügeln müssen; **to ~ one's anger** seine Wut [be]zähmen [*o* bändigen]; **to ~ one's curiosity/hunger** seine Neugier/seinen Hunger bezähmen; **to ~ one's impatience/passions** seine Ungeduld/Leidenschaft zügeln; **to ~ a river** einen Fluss zähmen [*o* bändigen] *fig;* **to ~ a tiger** einen Tiger zähmen [*o* bändigen]

tame·able ['teɪməbl] *adj* zähmbar; **gambling is a ~ passion** Spielleidenschaft ist kontrollierbar; *curiosity, hunger* bezähmbar; ▪**to be ~** *animal* sich *akk* zähmen lassen; *emotions* sich *akk* [be]zähmen [*o* bändigen] [*o* zügeln] lassen

tame·ly ['teɪmli] *adv* ❶ (*a. fig: without opposition*) zahm; **to capitulate ~** kampflos kapitulieren *fig* ❷ (*a. fig: mildly*) harmlos, brav, ohne Biss *nach n;* **he reacted ~ to the criticism levelled at him** er reagierte sehr verhalten auf die gegen ihn gerichtete Kritik; **a ~ written article** ein harmloser Artikel

tam·er ['teɪmər, AM -ɚ] *n* Tierbändiger(in) *m(f),* Dompteur, Dompteuse *m, f;* **lion-~** Löwenbändiger(in) *m(f)*

tam-o'-shanter [,tæmə'ʃæntər, AM 'tæməʃæntɚ] *n* [runde wollene] Schottenmütze

tamp [tæmp] *vt* ❶ (*fill*) ▪**to ~ sth** etw [zu]stopfen [*o* [ver]stopfen]; **to ~ a pipe** eine Pfeife stopfen; **to ~ a drill hole** MIN ein Bohrloch [zu]stopfen [*o fachspr* besetzen]; **to ~ a well** MIN eine Bohrung verdämmen *fachspr* ❷ (*compact*) ▪**to ~ sth [down]** [*or* **to ~ [down] sth**] etw [fest]stampfen; **to ~ down tobacco** Tabak festklopfen; **to ~ concrete/loam** Beton/Lehm stampfen *fachspr*

tamped [tæmpt] *adj inv* [fest]gestampft; *earth also* festgetreten

tam·per ['tæmpər, AM -ɚ] *vi* ▪**to ~ with sth** ❶ (*handle improperly*) sich *akk* an etw *dat* zu schaffen machen, an etw *dat* herummachen *fam* ❷ (*engage improperly*) sich *akk* [insgeheim] in etw *akk* einmischen, in etw *akk* hineinpfuschen *fam* ❸ (*manipulate*) etw [in betrügerischer Absicht] verändern [*o* [ver]fälschen]; **to ~ with witnesses** LAW Zeugen/Zeuginnen beeinflussen [*o* bestechen] [wollen]

T

'tam·per-proof *adj,* **tam·per re·'sist·ant** *adj* Sicherheits-; ~ **cap** Sicherheitsverschluss *m;* ~ **lock** Sicherheitsschloss *nt*

tam·pon ['tæmpɒn, AM -pɑ:n] *n* Tampon *m*

tan¹ [tæn] **I.** *vi* <-nn-> braun werden **II.** *vt* <-nn-> ❶ *(make brown)* ■**to** ~ **sb/sth** jdn/etw bräunen; **to be** ~**ned** braun gebrannt sein ❷ CHEM *(convert)* ■**to** ~ **sth** *hides, leather* etw gerben ❸ *(fig fam: beat)* **to** ~ **sb's hide** jdm das Fell gerben *fig;* **to** ~ **the hide off sb** jdn verdreschen [*o* versohlen] [*o* vertrimmen] *fam* **III.** *n* ❶ *(brown colour)* [Sonnen]bräune *f;* **to get a** ~ braun werden, Farbe bekommen ❷ *(light brown)* Gelbbraun *nt,* Hellbraun *nt* ❸ CHEM *(agent)* Gerbstoff *m,* Gerbmittel *nt;* *(bark)* [Gerber]lohe *f fachspr,* [Eichen]lohe *f fachspr* **IV.** *adj clothing, shoes* gelbbraun, hellbraun

tan² [tæn] MATH *short for* **tangent** tan

tan·dem ['tændəm] **I.** *n* ❶ *(vehicle) as a bicycle* Tandem *nt; as a carriage* [Wagen]gespann *nt; as a team of horses* [Pferde]gespann *nt* ❷ TECH *(arrangement) of cylinders, drives* Reihe[nanordnung] *f;* **to swim in** ~ hintereinander schwimmen; **to make an ideal** ~ ein ideales Gespann bilden; **to operate** [*or* **work**] **in** ~ MECH, TECH *of mechanisms* im Tandembetrieb arbeiten; *of people* im Team [*o fig* Hand in Hand] arbeiten **II.** *adv* **to ride** ~ Tandem fahren

tan·doori [tæn'dʊəri, AM tɑ:n'dʊri] *n* Tandoori[gericht] *nt*

tang [tæŋ] *n* ❶ *(a. pej: smell)* [scharfer [*o* penetranter] [*o* durchdringender]] Geruch; *(taste)* [scharfer [*o* intensiver]] Geschmack; **there was this** ~ **of the sea in the air** es roch so unverwechselbar nach Seeluft; **salty/spicy** ~ salziger/würziger Geschmack ❷ *(fig form: distinctive quality)* Eigenart *f,* Wesen *nt;* **the American way of life has its own** ~ die amerikanische Lebensart hat etwas Eigenes ❸ *(fig form: suggestion)* Andeutung *f,* Hauch *m;* **she was beginning to get a** ~ **of enjoyment out of her job** allmählich fand sie ein ganz klein wenig Freude an ihrer Arbeit; **a** ~ **of autumn/jasmine/irony** ein Hauch von Herbst/Jasmin/Ironie; **a** ~ **of mockery** ein Anflug *m* von Spott; **the** ~ **of a smile** der Anflug eines Lächelns

tan·gent ['tændʒᵊnt] *n* ❶ MATH Tangente *f fachspr* ❷ *(fig: change)* **to fly** [*or* AM, AUS *a.* **go**] **off on** [*or* BRIT *a.* **at**] **a** ~ [plötzlich] das Thema wechseln, sich *akk* [plötzlich] eines anderen besinnen

tan·gen·tial [tæn'dʒen(t)ʃᵊl] *adj* nebensächlich, nicht zur Sache gehörend *attr,* tangential *geh*

tan·ge·rine [ˌtændʒᵊr'i:n, AM -dʒə'ri:n] **I.** *n* Mandarine *f* **II.** *adj inv* orangerot

tan·gible ['tændʒəbl] *adj* ❶ *(a. fig: perceptible)* fassbar; *advantages, benefits, results* greifbar; *lack, loss, swelling* fühlbar; *disappointment, effects, improvement* spürbar; **a** ~ **difference** ein spürbarer [*o* merklicher] Unterschied; **a** ~ **relief** eine fühlbare Erleichterung; **a** ~ **success** ein greifbarer Erfolg ❷ *(real)* real, materiell; ~ **advantage** realer [*o* echter] Vorteil; ~ **gain** realer [*o* materieller] Gewinn; ~ **property** LAW Sachvermögen *nt* ❸ *(definite)* klar, eindeutig, deutlich; **to have** ~ **evidence** [*or* **proof**] LAW klare [*o* eindeutige] [*o* handfeste] Beweise haben

tan·gible 'as·sets *n* ECON materielle [Vermögens]werte, Sachanlagen *fpl,* Sachanlagevermögen *nt fachspr*

tan·gibly ['tændʒəbli] *adv* ❶ *(a. fig: perceptibly)* spürbar, merklich; **to be** ~ **colder** spürbar [*o* merklich] kälter sein ❷ *(clearly)* klar, eindeutig, deutlich; **to be** ~ **better/worse** eindeutig [*o* deutlich] besser/schlechter sein

tan·gle ['tæŋgl] **I.** *n* ❶ *(a. fig, pej: mass) of hair, wool* [wirres] Knäuel; *of branches, roads, wires* Gewirr *nt;* ■**to be in a** ~ *hair, wool* verfilzt sein; **to brush out** ~**s of hair** verfilztes Haar ausbürsten ❷ *(a. fig, pej: confusion)* Durcheinander *nt,* Wirrwarr *nt,* Unordnung *f;* **their financial affairs are in a complete** ~ ihre finanziellen Angelegenheiten sind ein einziges Chaos; **a** ~ **of lies** ein Lügengewebe *nt,* ein Gespinst *nt* von Lügen; **to be in a** ~ **of lies** in ein Netz von Lügen verstrickt sein; **a diplomatical/political** ~ diplomatische/politische Verwicklungen; **to get into a** ~ sich *akk* verfangen [*o* verstricken] [*o fam* verheddern]; **we got into a complete** ~ **driving through Paris** bei der Fahrt durch Paris haben wir uns total verfranst *fam* ❸ *(fig, pej: disagreement)* Streit *m,* Auseinandersetzung *f;* **to get into a** ~ **with sb** mit jdm in einen Streit geraten [*o* aneinandergeraten] **II.** *vt (a. fig, pej)* ■**to** ~ **sth** etw durcheinanderbringen [*o* in Unordnung bringen]; **to** ~ **threads/yarn** Fäden/Garn verwickeln **III.** *vi* ❶ *(a. fig, pej: knot up) hair, wool* verfilzen; *threads, wires* sich *akk* verwickeln; *animal, person* sich *akk* verfangen [*o fam* verheddern]; *groups, people* sich *akk* verstricken; **to** ~ **in a net/rope** sich *akk* in einem Netz/Strick verfangen ❷ *(fig, pej: quarrel)* ■**to** ~ **with sb** sich *akk* mit jdm anlegen

◆**tangle up I.** *vt (a. fig, pej)* ■**to** ~ **up** ◌ **sth** etw durcheinanderbringen [*o* in Unordnung bringen] **II.** *vi (a. fig, pej) hair, wool* verfilzen; *threads, wires* sich *akk* verwickeln; *animal, person* sich *akk* verfangen [*o fam* verheddern]; *groups, people* sich *akk* verstricken; **to be/become** ~**d up in sth** *affair, scandal* in etw *akk* verwickelt [*o* verstrickt] sein/werden; **to become** ~**d up in an investigation** in eine Untersuchung hineingezogen werden

tan·gled ['tæŋgld] *adj (a. fig, pej) hair, wool* verfilzt; *cord, threads, wires* verwickelt; *affair* verworren; ~ **bedclothes** zerwühltes Bett; ~ **hair** zerzaustes Haar; ~ **path** verschlungener Pfad; ~ **undergrowth** dichtes Unterholz ▶ PHRASES: **oh what a** ~ **web we weave, when first we practise to deceive** *(saying)* welche Netze wir doch spinnen, wenn erstmal wir auf Täuschung sinnen *prov;* **to become** ~ **in the web of one's own lies** sich *akk* im Netz der eigenen Lügen verstricken

tan·go ['tæŋgəʊ, AM -goʊ] **I.** *n* Tango *m;* **to do** [*or* **dance**] **the** ~ Tango tanzen **II.** *vi* Tango tanzen

tangy ['tæŋi] *adj (approv) taste* scharf, kräftig; *smell* durchdringend, streng

tank [tæŋk] **I.** *n* ❶ *(container) for liquid* [Flüssigkeits]behälter *m; for gas, oil* Tank *m;* *(pool)* [Wasser]becken *nt,* Teich *m,* Reservoir *nt;* *(sl: prison)* [Gemeinschafts]zelle *f;* *(for drunks)* Ausnüchterungszelle *f;* **fish** ~ Fischbecken *nt,* Aquarium *nt;* **hot-water** ~ Heißwasserspeicher *m;* **storage** ~ Sammelbehälter *m* ❷ MIL Panzer *m,* Tank *m hist* ❸ *(tank top)* Pullunder *m* **II.** *n modifier* MIL *(corps, gun)* Panzer-; ~ **buster** *(sl)* Panzerknacker *m fam;* ~ **mock-up** Panzerattrappe *f;* ~ **recovery vehicle** Bergepanzer *m fachspr;* ~ **squadron** BRIT Panzerkompanie *f* **III.** *vi (sl)* ❶ *(fill)* voll tanken ❷ *(get drunk)* sich *akk* voll laufen lassen [*o* besaufen] *fam* ❸ AM *(fam)* Schiffbruch erleiden *fig,* baden gehen *fig fam; market* abrutschen

tank·ard ['tæŋkəd, AM -ɚd] *n* [Deckel]krug *m,* [Bier]krug *m,* Humpen *m*

tanked 'up *adj pred* AM *(sl),* **'tanked-up** *adj attr* AM *(sl)* voll [getankt] *fam,* besoffen *fam;* ■**to be** ~ ganz schön einen sitzen haben *fam*

tank·er ['tæŋkəʳ, AM -ɚ] **I.** *n* ❶ AVIAT *(aircraft)* Tanker *m,* Tankflugzeug *nt* ❷ NAUT *(ship)* Tanker *m,* Tankschiff *nt;* **oil** ~ Öltanker *m* ❸ TRANSP *(truck)* Tankwagen *m,* Tanklastzug *m* **II.** *n modifier* NAUT *(accident, cargo, route)* Tanker-; ~ **berth** Tankerliegeplatz *m*

tank·ful ['tæŋkfʊl] *n* Tankfüllung *f;* **how much petrol, sir? – a** ~**, please** wie viel Benzin möchten Sie? – einmal voll tanken, bitte

tan·ki·ni [tæŋ'ki:ni] *n* Tankini *m (zweiteiliger Badeanzug)*

'tank suit *n* Einteiler *m,* einteiliger Badeanzug **'tank top** *n* Pullunder *m*

tanned [tænd] *adj* ❶ *(brown) skin* braun [gebrannt], [sonnen]gebräunt ❷ CHEM *(converted) hides, leather* gegerbt ❸ *(sl: drunk)* voll *fam,* besoffen *fam*

tan·ner ['tænəʳ, AM -ɚ] *n* Gerber(in) *m(f)*

tan·nery ['tænᵊri, AM -ɚi] *n* Gerberei *f*

tan·nic 'acid [ˌtænɪk'-] *n* CHEM [Gallus]gerbsäure *f fachspr*

tan·nin ['tænɪn] *n* CHEM Tannin *nt fachspr*
tan·ning ['tænɪŋ] *n no pl* ❶ (*making brown*) *of skin* Bräunung *f,* Bräunen *nt* ❷ CHEM (*converting*) *of hides, leather* Gerben *nt fachspr* ❸ (*fig fam: beating*) Verdreschen *nt;* **to give sb a [good]** ~ jdm eine [ordentliche] Tracht Prügel verpassen **'tan·ning bed** *n* Sonnenbank *f* **'tan·ning lo·tion** *n* Sonnencreme *f*
tan·noy® BRIT, **Tan·noy**® ['tænɔɪ] *n* BRIT [öffentliche] Lautsprecheranlage [*o* Rufanlage]; **an announcement on** [*or* **made over**] **the T~** eine Ansage über Lautsprecher
tan·ta·lize ['tæntəlaɪz, AM -t̬əl-] **I.** *vt* ■**to** ~ **sb** ❶ (*torment*) jdn quälen [*o* peinigen]; **stop asking me – don't** ~ **me** hör auf, mich zu fragen – quäl mich nicht ❷ (*excite*) jdn reizen; (*fascinate*) jdn in den Bann ziehen; **the novel** ~**d him** der Roman ließ ihn nicht mehr los ❸ (*keep in suspense*) jdn auf die Folter spannen *fig* [*o fam* zappeln lassen]; **tell me what you know – don't** ~ **me** sag mir, was du weißt – spann mich nicht länger auf die Folter **II.** *vi* ❶ (*torment*) quälen, peinigen ❷ (*excite*) reizen, einen Reiz ausüben
tan·ta·liz·ing ['tæntəlaɪzɪŋ, AM -t̬əl-] *adj* ❶ (*painful*) quälend, peinigend; ~ **thought** quälender Gedanke ❷ (*enticing*) verlockend; **her charm was** ~ man konnte sich ihrem Charme nicht entziehen; ~ **fragrance** verlockender [*o* unwiderstehlicher] Duft; ~ **offer/prospect** verlockendes Angebot/verlockende Aussicht; ~ **smile** verführerisches Lächeln
tan·ta·liz·ing·ly ['tæntəlaɪzɪŋli, AM -t̬əl-] *adv* ❶ (*tormentingly*) quälend ❷ (*enticingly*) verlockend
tan·ta·mount ['tæntəmaʊnt, AM -t̬ə-] *adj inv* ■**to be** ~ **to sth** mit etw *dat* gleichbedeutend sein, etw *dat* gleichkommen
Tan·tra ['tæntrə, AM *esp* 'tʌn-] *n* REL Tantra *nt*
Tan·trism ['tæntrɪzəm, AM *esp* 'tʌn-] *n no pl* REL Tantrismus *m*
Tan·trist ['tæntrɪst, AM *esp* 'tʌn-] *n* REL Tantrist(in) *m(f)*
tan·trum ['tæntrəm] *n* Wutanfall *m,* Tobsuchtsanfall *m,* Koller *m fam;* **to have/throw a** ~ einen Wutanfall haben/bekommen
Taoi·seach ['ti:ʃək, *Irish* -ʃəx] *n* IRISH POL Premierminister(in) *m(f)* [der Republik Irland]
Tao·ism ['taʊɪzəm] *n no pl* Taoismus *m*
tap¹ [tæp] **I.** *n* ❶ (*outlet*) Hahn *m;* **beer on** ~ Bier *nt* vom Fass; **a dripping** ~ ein tropfender Wasserhahn; **to turn the** ~ **on/off** den Hahn auf-/zudrehen; **to be on** ~ (*fig*) [sofort [*o* jederzeit]] verfügbar sein; **there are a lot of interesting projects on** ~ es laufen zurzeit viele interessante Projekte ❷ TELEC (*intercepting device*) Abhörgerät *nt;* (*interception of phone calls*) Telefonüberwachung *f* **II.** *vt* <-pp-> ❶ TELEC (*intercept*) ■**to** ~ **sth** *conversation* etw abhören [*o* mithören]; **to** ~ **a line/phone** [*or* **telephone**] eine Leitung/ein Telefon anzapfen ❷ (*fig fam: try to obtain*) ■**to** ~ **sb** (*for information, money*) jdn anzapfen *fam;* **to** ~ **sb for advice/support** jdn um Rat/Unterstützung angehen ❸ ECON (*fig: make available*) ■**to** ~ **sth** *energy, sources* etw erschließen; **to** ~ **the market/new resources** den Markt/neue Quellen erschließen ❹ (*let out*) ■**to** ~ **sth** etw [ab]zapfen; **to** ~ **a barrel** ein Fass anstechen [*o* anzapfen]; **to** ~ **beer** Bier zapfen ❺ MED ■**to** ~ **sth** *spinal canal* etw punktieren [*o fachspr* drainieren] **III.** *vi* (*fig fam: gain access*) vorstoßen; ■**to** ~ **into sb** mit jdm enger in Kontakt treten [*o* vertraut [*o fam* warm] werden]; **to** ~ **into new markets** in neue Märkte vorstoßen, neue Märkte erschließen
tap² [tæp] **I.** *n* ❶ (*light hit*) [leichter] Schlag, [leichtes] Klopfen ❷ (*tap-dancing*) Stepp[tanz] *m* **II.** *adj attr* Stepp- **III.** *vt* <-pp-> ❶ (*strike lightly*) ■**to** ~ **sth** *door, wall, window* [leicht] an [*o* gegen] etw *akk* klopfen [*o* pochen]; *floor, table* [leicht] auf etw *akk* klopfen; **to** ~ **one's fingers [on sth]** mit den Fingern [auf etw *akk*] klopfen; **to** ~ **sb on the shoulder** jdm auf die Schulter tippen ❷ MED *chest* etw beklopfen [*o* abklopfen] [*o fachspr* perkutieren] **IV.** *vi* <-pp-> [leicht] klopfen [*o* schlagen]; **to** ~ **against a door** [leicht] anklopfen [*o* an eine Tür klopfen]; **to** ~ **one's foot on the floor** mit dem Fuß [rhythmisch] auf den Boden klopfen
◆**tap away** *vi* [drauflos] tippen, vor sich *akk* hin tippen
◆**tap in** *vt* ❶ (*knock in*) **to** ~ **a nail in** einen Nagel einschlagen ❷ (*enter: on a keyboard*) ■**to** ~ **sth** ↔ **in** etw eintippen; **to** ~ **in a code/password** einen Code/ein Passwort eingeben
◆**tap out I.** *vt* ■**to** ~ **sth** ↔ **out** ❶ (*produce repeated sound*) *rhythm, tune* etw klopfen; **to** ~ **out the beat** den Takt klopfen [*o* schlagen]; **to** ~ **out Morse [code]** Morsezeichen geben, morsen ❷ (*write on a typewriter*) etw tippen; **to** ~ **out a letter** einen Brief tippen ❸ (*clean*) *clothes, pipe* etw ausklopfen **II.** *vi* AM (*fig sl*) [eine Menge] Geld verlieren; **boy, did I** ~ **out on those oil shares!** Junge, bin ich mit diesen Ölaktien baden gegangen! *fam*
tapa ['tæpæ] *n* Tapa *f;* ■~**s** *pl* Tapas *fpl* **tapas bar** *n* Tapas-Bar *f*
'tap dance *n* Stepptanz *m*
'tap danc·er *n* Stepptänzer(in) *m(f)*
'tap danc·ing *n no pl* Stepptanzen *nt*
tape [teɪp] **I.** *n* ❶ (*strip*) Band *nt;* SPORTS (*for marking*) Zielband *nt;* (*for measuring*) Maßband *nt,* Bandmaß *nt;* (*adhesive*) Klebeband *nt;* TYPO Lochstreifen *m;* **to break** [*or* **breast**] **the** ~ als Erste(r) durchs Ziel gehen; **insulating** ~ Isolierband *nt;* **masking** ~ [selbsthaftendes] Abdeckband *nt,* Kreppband *nt;* **Scotch** ~® AM Tesafilm® *m,* Tixo® *nt* ÖSTERR; **sticky** ~ BRIT, AUS Klebeband *nt* ❷ (*spool*) *for recording* [Ton-/Magnet]band *nt;* **I've got that film on** ~ ich habe diesen Film auf Video; **audio** ~ Audiokassette *f;* ~ **of music** Musikkassette *f;* **blank** ~ leeres [*o* unbespieltes] [Ton]band; **to get** [*or* **put**] **sth on** ~ etw aufnehmen; **to make** [*or* **tape-record**] **a** ~ eine Aufnahme machen; **to record sth on** ~ etw auf Band aufnehmen **II.** *vt* ■**to** ~ **sth** ❶ (*support*) etw mit einem [Klebe]band versehen; **she** ~**d a note to the door** sie heftete eine Nachricht an die Tür ❷ (*record*) etw aufnehmen; **to have [got] sb/sth** ~**d** BRIT, AUS (*fig fam*) jdn/etw durchschauen, über jdn/etw Bescheid wissen; **to have sth** ~**d** AM (*fig fam*) *appointment* einen Termin festmachen; *deal* ein Geschäft [*o* eine Sache] unter Dach und Fach bringen
◆**tape up** *vt* ■**to** ~ **up** ↔ **sth** *box, parcel* etw mit einem Band umwickeln [*o* [mit einem Klebeband] zukleben]; *leak* etw abdichten; *border, skirting board* etw abdecken
'tape-cas·sette *n* Tonbandkassette *f* **'tape-deck** *n* Kassettendeck *nt,* Tapedeck *nt* **'tape de·lay** *n* Bandverzögerung *f* **'tape meas·ure** *n* Maßband *nt,* Bandmaß *nt*
tap·er ['teɪpər, AM -ɚ] **I.** *n* ❶ (*candle*) [spitz zulaufende] Wachskerze; (*stick*) wachsüberzogener Span; (*wick*) wachsüberzogener Docht ❷ (*diminution*) *of a spire, steeple* Verjüngung *f* ❸ (*fig: decrease*) *of activities, interest* Verringerung *f,* Abnahme *f* **II.** *vt* ■**to** ~ **sth** *column, spire* etw verjüngen [*o* spitz zulaufen lassen] **III.** *vi* ❶ (*become pointed*) *column, spire* sich *akk* verjüngen (**into** zu +*dat*) ❷ (*a. fig: decrease*) *activities, interest* [allmählich] abnehmen [*o* geringer werden]
◆**taper off I.** *vt* (*fig*) ■**to** ~ **sth** ↔ **off** *production, series* etw auslaufen lassen; *enthusiasm, interest* etw abklingen lassen **II.** *vi* ❶ (*become pointed*) *column, road, spire* sich *akk* verjüngen (**into** zu +*dat*) ❷ (*a. fig: decrease*) [allmählich] abnehmen [*o* geringer werden]; *interest* abflauen, nachlassen
'tape-read·er *n* Bandleser *m,* Lochstreifenleser *m* **'tape-re·cord** *vt* ■**to** ~ **sb/sth** jdn/etw [auf Band] aufnehmen **'tape re·cord·er** *n* Band[aufzeichnungs]gerät *nt,* Tonbandgerät *nt;* **cassette** ~ Kassettenrekorder *m;* **video** ~ Videorekorder *m* **'tape re·cord·ing** *n* [Magnet]bandaufzeichnung *f,* Tonbandaufnahme *f;* **video** ~ Videoaufzeichnung *f*
tap·es·tried ['tæpɪstrid, AM -pə-] *adj* ❶ (*decorated*) gobelingeschmückt *attr;* *furniture* mit Dekorationsstoff bespannt [*o* bezogen] *attr;* ~ **walls** Wände *fpl* mit Wand[bild]teppichen ❷ (*illustrated*) *scene* bildlich dargestellt *attr*
tap·es·try ['tæpɪstri, AM -pə-] *n* ❶ (*fabric*) Gobelingewebe *nt;* (*for furniture*) Dekorationsstoff *m* ❷ (*carpet*) Gobelin *m,* Wand[bild]teppich *m,* Tapisserie *f fachspr* ❸ (*fig: illustration*) bildliche Darstellung

'tape·worm *n* Bandwurm *m*

tapio·ca [ˌtæpi'əʊkə, AM -'oʊ-] *n no pl* Tapioka *f* (*Stärkemehl aus den Wurzeln des Maniokstrauches*)

tapio·ca 'pud·ding *n* Tapioka-Pudding *m*

ta·pir ['teɪpəʳ, AM -ɚ] *n* Tapir *m*

tap·pet ['tæpɪt] *n* MECH Daumen *m,* Zapfen *m,* Mitnehmer *m fachspr;* (*on car engine*) [Ventil]stößel *m fachspr;* (*on loom*) Nadelschloss *nt fachspr;* (*on sewing machine*) Exzenter *m fachspr,* Nocken *m fachspr*

'tap·room *n* Schankstube *f,* Schankraum *m* **'tap root** *n* Pfahlwurzel *f* **'tap wa·ter** *n* Leitungswasser *nt*

tar [tɑːʳ, AM tɑːr] **I.** *n no pl* ❶ (*for paving*) Teer *m,* Asphalt *m* ❷ (*in cigarettes*) Teer *m* ❸ NAUT (*fig, hum sl or dated: sailor*) Teerjacke *f hum fam o veraltet;* **a jolly Jack T~** BRIT ein lustiger Seemann ▶ PHRASES: **to spoil the ship for a ha'porth of ~** BRIT am falschen Ende sparen; **to beat** [*or* **knock**] [*or* **whale**] **the ~ out of sb** AM (*fam*) jdn grün und blau schlagen [*o* windelweich prügeln] **II.** *vt* <-rr-> (*pave*) ■**to ~ sth** *parking area, road* etw teeren [*o* asphaltieren] ▶ PHRASES: **to ~ and feather sb** (*hist*) jdn teeren und federn *hist;* **to be ~red with the same brush** [*or* **stick**] (*pej*) um kein Haar besser sein

ta·ra·ma·sa·la·ta [ˌtærəməsə'lɑːtə, AM ˌtɑːrɑːmɑːsɑː'lɑːtɑː] *n no pl* Fischeierpaste *f*

ta·ran·tu·la [tə'ræntjələ, AM -tʃələ] *n* Tarantel *f*

tar·di·ness ['tɑːdɪnəs, AM 'tɑːr-] *n no pl* ❶ (*slowness*) Langsamkeit *f,* Trägheit *f* ❷ (*lateness*) Unpünktlichkeit *f;* (*overdueness*) Verspätung *f* ❸ (*sluggishness*) Säumigkeit *f*

tar·dy ['tɑːdi, AM 'tɑːrdi] *adj* ❶ (*slow*) langsam, träge; **~ progress** schleppender Fortschritt ❷ (*late*) unpünktlich; (*overdue*) verspätet; **~ arrival/response** verspätete Ankunft/Reaktion ❸ (*sluggish*) säumig; **~ payer** säumiger Zahler/säumige Zahlerin

tare [teəʳ, AM ter] *n* ECON Leergewicht *nt,* Tara *f fachspr*

tar·get ['tɑːgɪt, AM 'tɑːr-] **I.** *n* ❶ MIL (*mark aimed at*) Ziel *nt;* ■**to be on/off ~** *bullet, shot* das Ziel treffen/verfehlen; *radar* ein Ziel erfasst/nicht erfasst haben; **to acquire a ~** *radar* ein Ziel erfassen; **to aim at a ~** ein Ziel anstreben; *soldier* ein Ziel anvisieren ❷ (*fig*) Ziel *nt;* ■**to be on ~** auf [Ziel]kurs liegen; *analysis, description* zutreffen; *decision* [genau] richtig sein; **the amount of spare parts we ordered was on ~** die Zahl der von uns bestellten Ersatzteile war genau richtig; **to be/become a ~ for criticism/mockery** eine Zielscheibe der Kritik/des Spotts sein/werden; **to hit the ~** ins Schwarze treffen *fig* ❸ ECON (*a. fig: goal*) Zielsetzung *f,* [Plan]ziel *nt,* Soll *nt;* ■**to be on ~** im Zeitplan liegen; **sales ~** Verkaufsziel *nt;* **long-term/short-term ~** langfristiges/kurzfristiges Ziel; **to fix a ~** ein Planziel festlegen; **to meet** [*or* **reach**] **a ~** ein [Plan]ziel erreichen [*o* Soll erfüllen]; **to miss a ~** ein Ziel verfehlen [*o* Planziel nicht einhalten]; **to overshoot a ~** über ein Ziel hinausschießen *fig;* **to set oneself a ~** sich *dat* ein Ziel setzen **II.** *vt* <BRIT -tt- *or* AM *usu* -t-> (*address, direct*) ■**to ~ sb/sth** *consumers, group of buyers* auf jdn/etw [ab]zielen, sich *akk* an jdn richten; **to ~ a weapon at** [*or* **on**] **sb/sth** (*a. fig*) eine Waffe auf jdn/etw richten **III.** *n modifier* (*group, velocity*) Ziel-; **~ location** MIL Zielortung *f;* **~ range** Zielentfernung *f;* **~ tracking** Zielverfolgung *f;* **~ figures** COMM Sollzahlen *fpl*

tar·get 'audi·ence *n* COMM Zielgruppe *nt* **'tar·get date** *n* COMM (*for completion*) Stichtag *m,* Termin *m;* (*for delivery*) Liefertermin *m;* (*for payment*) Fälligkeitsdatum *nt* **tar·get 'lan·guage** *n* LING Zielsprache *f* **'tar·get prac·tice** *n* MIL Übungsschießen *nt,* Zielschießen *nt* **'tar·get price** *n* COMM Richtpreis *m,* Orientierungspreis *m;* (*in process costing*) Kostenpreis *m* **tar·get pro·'jec·tile** *n* MIL Übungsgeschoss *nt*

tar·iff ['tærɪf, AM *esp* 'ter-] *n* ❶ (*form: table of charges*) *of a business, hotel* Preisliste *f,* Preisverzeichnis *nt; of an insurance* [Versicherungs]tarif *m;* (*for services*) [Gebühren]satz *m; esp* BRIT (*charges*) *of a bus line, railroad* Tarif *m,* Fahrpreis *m; of a hotel* Preis *m;* **~ for rooms** Zimmerpreis *m* ❷ ECON, LAW (*table of customs*) Zolltarif *m;* (*customs*) Zoll *m kein pl,* Zollgebühr *f;* **import ~s** Einfuhrzoll *m;* **preferential ~** Vorzugszoll *m,* Präferenzzoll *m fachspr;* **retaliatory ~** Kampfzoll *m,* Retorsionszoll *m fachspr*

'tar·iff bar·ri·ers *npl* ECON Zollschranken *fpl*

tar·mac® ['tɑːmæk, AM 'tɑːr-], **tar·mac·ad·am®** [ˌtɑːmə'kædəm, AM ˌtɑːr-] **I.** *n no pl* ❶ BRIT (*paving material*) Asphalt *m* ❷ (*paved surface*) ■**the ~** (*road*) die Fahrbahn; AVIAT das Rollfeld *nt,* die Start- und Landebahn *f* **II.** *vt* <-ck-> BRIT **to ~ a road** eine Straße asphaltieren

tarn, Tarn [tɑːn, AM tɑːrn] *n* GEOL Bergsee *m,* Karsee *m fachspr*

tar·nish ['tɑːnɪʃ, AM 'tɑːr-] **I.** *vi* ❶ (*dull*) *metal* matt [*o* stumpf] werden; (*discolour*) anlaufen ❷ (*fig, pej: lose shine*) *success* an Glanz verlieren; (*lose purity*) *honour, name, reputation* beschmutzt [*o* befleckt] werden *fig* **II.** *vt* ■**to ~ sth** ❶ (*dull*) *metals* etw trüben [*o* stumpf werden lassen]; (*discolour*) etw anlaufen lassen ❷ (*fig, pej: diminish shine*) *success* etw *dat* den Glanz nehmen; **to ~ sb's reputation** jds Ruf beflecken [*o* Ansehen beschmutzen] **III.** *n* ❶ (*dull condition*) Stumpfheit *f,* Beschlag *m* ❷ (*coating*) Überzug *m,* Belag *m* ❸ (*fig, pej: loss of shine*) Glanzlosigkeit *m;* (*loss of purity*) Fleck *m,* Makel *m*

tar·nished ['tɑːnɪʃt, AM 'tɑːr-] *adj* ❶ (*dull*) *metal* matt, stumpf; (*discoloured*) angelaufen ❷ (*fig, pej: lacking shine*) *life* glanzlos geworden *attr; success* getrübt; (*impure*) *honour, name, reputation* beschmutzt, befleckt; **~ image** getrübtes Bild

taro ['tærəʊ, AM -oʊ] *n* Taro *m,* Wasserbrotwurzel *f fachspr*

ta·rot ['tærəʊ, AM -oʊ] *n* CARDS Tarot *nt o m;* **to read ~ cards** Tarotkarten lesen

tarp [tɑːp, AM tɑːrp] *n esp* AM [Abdeck]plane *f,* [Schutz]decke *f,* Abdeckung *f*

tar·pau·lin [tɑː'pɔːlɪn, AM tɑːr'pɑːl-] *n* ❶ *no pl* (*fabric*) [wasserdichtes] geteertes Leinwandgewebe ❷ (*covering*) [Abdeck]plane *f,* [Schutz]decke *f,* Abdeckung *f;* NAUT (*for hatches, as railings*) Persenning *f fachspr;* **a sheet of ~** eine Plane ❸ BRIT NAUT (*clothing*) ■**~s** Ölzeug *nt*

tar·ra·gon ['tærəgən, AM 'terəgɑːn] *n no pl* Estragon *m*

tar·ry ['tæri, AM 'teri] *vi* (*liter*) ❶ (*remain*) sich *akk* aufhalten, verweilen *liter,* weilen *poet* ❷ (*delay*) zögern, zaudern *geh* ❸ (*wait*) [ab]warten

tar·sus <*pl* -si> ['tɑːsəs, AM 'tɑːr-, *pl* -saɪ] *n* ANAT Fußwurzel *f,* Tarsus *m fachspr*

tart¹ [tɑːt, AM tɑːrt] **I.** *n* ❶ (*small pastry*) [Obst]törtchen *nt;* **jam ~** Marmeladentörtchen *nt* ❷ BRIT (*cake*) [Obst]torte *f,* Obstkuchen *m;* **custard ~** Vanillecremetorte *f;* **honey ~** gefüllter Honigkuchen; **jam ~** Marmeladenkuchen *m;* **strawberry ~** Erdbeertorte *f,* Erdbeerkuchen *m* **II.** *adj* ❶ (*sharp*) *sauce, soup* scharf; *apples, grapes, wine* sauer, säuerlich; *perfume, smell, wine* herb ❷ (*cutting*) scharf, beißend, bissig; **~ irony** beißende Ironie; **~ remark** bissige Bemerkung; **~ reply** scharfe Erwiderung, schroffe Antwort; **~ wit** scharfer Verstand

tart² [tɑːt, AM tɑːrt] **I.** *n* (*fig, usu pej*) ❶ (*fam: loose female*) leichtes Mädchen, Schlampe *f pej fam* ❷ (*fam: attractive female*) süßes Ding *veraltend,* flotte Biene *veraltend fam,* flotter Käfer *veraltend fam* ❸ (*sl: sex object*) Biene *f veraltend fam,* Puppe *f veraltend fam* ❹ (*fam: prostitute*) Dirne *f veraltend fam,* Nutte *f fam* **II.** *vt esp* BRIT (*fam or fig, a. pej*) ■**to ~ oneself up** *woman* sich *akk* zurechtmachen [*o fam* aufdonnern]; ■**to ~ up** ○ **sth** etw aufmotzen *fam;* **to ~ up a pizza** [**with some olives**] eine Pizza [mit ein paar Oliven] aufpeppen *fam*

tar·tan ['tɑːtᵊn, AM 'tɑːr-] **I.** *n* ❶ *no pl* (*cloth*) [bunt karierter] Schottenstoff, Tartan *m fachspr* ❷ (*design*) Schottenkaro *nt* ❸ (*blanket*) bunt karierte Wolldecke [*o* Reisedecke], Tartan *m fachspr,* Plaid *m fachspr* ❹ (*cape*) bunt karierter Umhang, Tartan *m fachspr,* Plaid *m fachspr* **II.** *adj* Schotten-; **the Macdonald and Stewart ~s are famous** die Schottenmuster der Macdonalds und Stewarts sind berühmt

tar·tar¹ ['tɑːtəʳ, AM 'tɑːrt̬ɚ] *n no pl* ❶ MED (*on teeth*) Zahnstein *m* ❷ CHEM Weinstein *m*

tar·tar², **Tar·tar** ['tɑːtəʳ, AM 'tɑːrt̬ɚ] *n* ❶ (*person*) Tatar(in) *m(f)*; (*language*) Tatarisch *nt* ❷ (*fig, pej dated: ill-tempered person*) Choleriker(in) *m(f)*, Hitzkopf *m* ▶ PHRASES: **to catch a ~** an den Falschen/die Falsche geraten

tar·tar(e) 'sauce *n no pl* Remouladensoße *f*

tar·tar·ic [tɑː'tærɪk, AM tɑːr'-] *adj attr, inv* CHEM Weinstein-; **~ acid** Wein[stein]säure *f*

tart·ly ['tɑːtli, AM 'tɑːr-] *adv* scharf, bissig; **to remark ~ that ...** bissig bemerken, dass ...; **to say sth ~** etw in scharfem Ton sagen

tart·ness ['tɑːtnəs, AM 'tɑːr-] *n no pl* ❶ (*sharpness*) *of apples, wine* Säure *f*, Säuerlichkeit *f*; *of smell* Herbheit *f* ❷ (*fig: cuttingness*) Schärfe *f*, Schroffheit *f*; *of a remark* Bissigkeit *f*; **the ~ of tone** die Schärfe des Tons

tarty ['tɑːti, AM 'tɑːrt̬i] *adj* (*pej*) nuttig *pej fam*

task [tɑːsk, AM tæsk] **I.** *n* ❶ (*work*) [Arbeits]aufgabe *f*, [auferlegte] Arbeit; SCH [Prüfungs]aufgabe *f*; **~ in hand** zu erledigende Arbeit [*o* Aufgabe]; **arduous ~** mühsame [*o* anstrengende] Arbeit; **daunting ~** entmutigende Aufgabe; **menial ~s** niedrige Arbeiten; **to perform a ~** eine Aufgabe erfüllen [*o* Arbeit erledigen]; **to set oneself the ~ of doing sth** es sich *dat* zur Aufgabe machen, etw zu tun; **to set sb the ~ of doing sth** jdn [damit] beauftragen, etw zu tun ❷ *no pl* (*reprimand*) **to bring** [*or* **call**] [*or* **take**] **sb to ~** [**for sth**] jdn [wegen einer S. *gen*] zur Rede stellen **II.** *vt* ❶ (*order*) ■**to ~ sb with** [*or* **to do**] **sth** jdn mit etw *dat* beauftragen ❷ (*strain*) **stop ~ing your mind with details!** hör auf, deinen Kopf mit Details zu belasten!; **to ~ one's memory** sein Gedächtnis anstrengen; **to ~ one's powers** seine Kräfte beanspruchen; **to ~ sb's powers of endurance** jds Durchhaltevermögen auf eine harte Probe stellen

'task force *n* ❶ MIL (*unit*) Einsatzverband *m*, Eingreiftruppe *f*; *in police* Einsatzgruppe *f*, Spezialeinheit *f*, Sonderdezernat *nt fachspr* ❷ COMM (*group*) Arbeitsgruppe *f*, Projektgruppe *f*

'task mas·ter *n* ❶ ECON, COMM (*superior*) [strenger] Aufseher [*o* Vorgesetzter]; **to be a hard ~** (*fig, usu pej*) ein strenger Meister sein ❷ (*fig: strain*) [große] Belastung, harte Arbeit; **the profession of medicine is a stern ~** der Arztberuf ist ein hartes Geschäft

Tas·ma·nia [tæz'meɪniə] *n* Tasmanien *nt*

Tas·ma·nian [tæz'meɪniən] **I.** *n* (*person*) Tasmanier(in) *m(f)* **II.** *adj* (*of Tasmania*) tasmanisch

Tas·ma·nian 'dev·il *n* ZOOL Beutelteufel *m fachspr* **Tas·ma·nian 'wolf** *n* ZOOL Beutelwolf *m fachspr*

tas·sel ['tæsᵊl] *n* (*on caps, curtains, cushions*) Quaste *f*, Troddel *f*; (*on carpets, cloths, skirts*) Franse *f*

tas·seled AM, **tas·selled** ['tæsᵊld] *adj inv* mit Quasten [*o* Troddeln] versehen [*o* geschmückt] *attr*, Fransen-; **~ carpet/skirt** Fransenteppich/-rock *m*; **~ curtain** Vorhang *m* mit Quasten [*o* Troddeln]

taste [teɪst] **I.** *n* ❶ *no pl* (*flavour*) Geschmack *m*; **she still had the ~ of onions in her mouth** sie hatte immer noch den Zwiebelgeschmack im Mund; **sense of ~** Geschmackssinn *m*; **to leave a bad ~ in the mouth** (*fig*) einen üblen Nachgeschmack hinterlassen ❷ (*small portion/mouthful of food*) [kleiner] Bissen; **just a ~ of cake for me, please** für mich bitte nur ein kleines Stückchen Kuchen ❸ (*liking, fondness*) Vorliebe *f*; **I've never understood Liz's ~ in men** ich habe Liz' Geschmack, was Männer anbelangt, nie verstanden; **these olives are an acquired ~** diese Oliven sind gewöhnungsbedürftig; **to be a question of ~** Geschmackssache sein; **to have different ~s** verschiedene Geschmäcker haben; **to have an expensive ~** einen teuren Geschmack haben; **to acquire a ~ for sth** an etw *dat* Geschmack finden; **to get a ~ for sth** Gefallen an etw *dat* finden; **to lose the ~ for sth** den Gefallen an etw *dat* verlieren ❹ *no pl* (*aesthetic quality/discernment*) Geschmack *m*; **jokes about death are rather in poor ~** Witze über den Tod sind ziemlich geschmacklos; **to be a matter of** [**personal**] **~** Geschmackssache sein; **bad ~** schlechter Geschmack; **to be in excellent ~** von exzellentem Geschmack zeugen; **to be in terrible ~** äußerst geschmacklos sein; **to have** [**good**] **~** [einen guten] Geschmack haben ❺ *no pl* (*fig: short encounter*) Kostprobe *f fig*; **to give sb a ~ of the whip** jdn die Peitsche spüren lassen; **to have a ~ of sth** einen Vorgeschmack von etw *dat* bekommen **II.** *vt* ❶ (*perceive flavour*) ■**to ~ sth** etw schmecken; (*test*) etw probieren [*o geh* kosten]; **I can't ~ anything** ich schmecke gar nichts ❷ (*experience briefly*) ■**to ~ sth** *luxury, success* [einmal] etw erleben **III.** *vi* schmecken; ■**to ~ of sth** nach etw *dat* schmecken; **to ~ bitter/salty/sweet** bitter/salzig/süß schmecken; **to ~ like sth** wie etw schmecken

'taste bud *n* ANAT Geschmacksknospe *f*

taste·ful ['teɪstfᵊl] *adj* (*approv*) ❶ (*appetizing*) schmackhaft, lecker ❷ (*decorous*) geschmackvoll, stilvoll; **~ clothing** geschmackvolle Kleidung; **~ furnishing** geschmackvolle [*o* stilvolle] Einrichtung; **~ room** geschmackvoll [*o* stilvoll] eingerichteter Raum

taste·ful·ly ['teɪstfᵊli] *adv* (*approv*) ❶ (*appetizingly*) schmackhaft, lecker; **~ cooked** [*or* **prepared**] schmackhaft zubereitet ❷ (*decorously*) geschmackvoll, stilvoll; **~ dressed** geschmackvoll gekleidet; **~ furnished** geschmackvoll [*o* stilvoll] eingerichtet

taste·less ['teɪstləs] *adj* ❶ (*without physical taste*) geschmacksneutral, ohne Geschmack *nach n*; (*pej: unappetizing*) *food, meal* wenig schmackhaft, fad[e]; *beer, wine* schal ❷ (*pej: unstylish*) *clothing, furnishing* geschmacklos, stillos; (*offensive*) *behaviour, remark* geschmacklos, taktlos; **~ joke** geschmackloser Witz

taste·less·ly ['teɪstləsli] *adv* ❶ (*pej: unappetizingly*) wenig schmackhaft, fad[e] ❷ (*pej: unstylishly*) geschmacklos, stillos; **~ dressed** geschmacklos gekleidet; **~ furnished** geschmacklos [*o* stillos] eingerichtet

taste·maker ['teɪstmeɪkəʳ, AM -ɚ] *n* Trendsetter(in) *m(f)*

tast·er ['teɪstəʳ, AM -ɚ] *n* ❶ (*quality expert*) Vorkoster *m hist*, Koster(in) *m(f)*; **wine-~** Weinkoster(in) *m(f)* ❷ (*device for sampling butter, cheese*) Stecher *m*; (*for sampling wine*) Probierschälchen *nt*, Probiergläschen *nt* ❸ (*a. fig: sample*) *of drink, food* Kostprobe *f*; BRIT kleine Portion Eis (*in flacher Glasschale*)

-tast·ing ['teɪstɪŋ] *in compounds* (*bitter-, sour-, sweet-*) -schmeckend *attr*; **pleasant-~** wohlschmeckend, schmackhaft; **smoky-~** rauchig schmeckend

tasty ['teɪsti] *adj* ❶ (*approv: appetizing*) schmackhaft, lecker; **this soup is so ~** diese Suppe schmeckt wirklich lecker ❷ BRIT (*fam: attractive*) gut aussehend *attr*

tat [tæt] *n no pl* BRIT (*pej fam*) Ramsch *m fam*

ta-ta [tə'tɑː, AM tɑː'tɑː] *interj esp* BRIT (*fam*) tschüs *fam*; (*childspeak*) winke, winke *Kindersprache*

tat·ter ['tætəʳ, AM -t̬ɚ] *n usu pl* ❶ (*pej: piece*) *of cloth, a flag* Fetzen *m*; ■**to be in ~s** in Fetzen [*o* zerfetzt] sein; (*fig*) **his reputation was in ~s** sein Ruf war ruiniert; **to hang in ~s** in Fetzen herunterhängen; **to tear sth to ~s** (*a. fig*) *argument, report* etw verreißen ❷ (*pej: clothing*) ■**~s** abgerissene Kleidung; **to be dressed in ~s** in Lumpen gehüllt sein

tat·tered ['tætəd, AM -t̬ɚd] *adj* (*a. fig, pej*) *clothing* zerlumpt, abgerissen; *cloth, flag* zerfetzt, zerrissen; **~ clouds** Wolkenfetzen *mpl*; **~ reputation** ramponierter Ruf

tat·ter·sall ['tætəsɔːl, AM 'tæt̬ɚ-] *n* Tattersall *kein art*

tat·tle ['tætl, AM -t̬l] **I.** *n* (*pej*) Gerede *nt*, Klatsch *m*, Tratsch *m fam* **II.** *vi* AM (*esp childspeak fam*) ■**to ~ on sb** jdn verpetzen *fam*

tat·tler ['tætləʳ, AM -t̬lɚ] *n* ❶ (*gossip*) Klatschmaul *nt fam*, Tratsche *f fam* ❷ AM (*esp childspeak fam: informer*) Petzer(in) *m(f) fam*

tat·tle-tale ['tæt̬lteɪl] *n* AM (*pej*) ❶ (*tell-tale*) Klatschmaul *nt*

T

fam; **you are such a** ~ du bist vielleicht eine Tratsche ❷ *(informer)* Zuträger(in) *m(f),* Denunziant(in) *m(f); (among children)* Petze *f fam*

tat·too¹ [tæt'u:] *n* ❶ MIL *(signal)* Zapfenstreich *m;* BRIT *(display)* [Musik]parade *f;* **to beat** [*or* **sound**] **the** ~ den Zapfenstreich schlagen [*o* blasen] ❷ *(noise)* Trommeln *nt kein pl,* Getrommel *nt kein pl;* **someone was beating a** ~ **on the door** es trommelte jemand gegen die Tür ❸ *(pulsation)* [starkes] Klopfen [*o* Pochen] *kein pl;* **her heart beat a** ~ **on her ribs** ihr Herz pochte gegen ihre Brust

tat·too² [tæt'u:] **I.** *n* Tattoo *m o nt,* Tätowierung *f* **II.** *vt* ■**to** ~ **sb** jdn tätowieren

tat·'too art·ist *n* Tätowierer(in) *m(f)*

tat·tooed [tæt'u:d] *adj inv* tätowiert

tat·too·ist [tæt'u:ɪst] *n* Tätowierer(in) *m(f)*

tat·ty ['tæti, AM -ṭ-] *adj (a. fig, pej)* ❶ *(tawdry)* geschmacklos [*o* billig] [aufgemacht]; ~ **production of a play** billige Inszenierung eines Stücks ❷ *(showing wear) newspaper* zerfleddert; *book also* abgegriffen; *furnishing, room* schäbig; *clothing* zerschlissen, abgetragen *attr*

taught [tɔ:t, AM *esp* tɑ:t] *pt, pp of* **teach**

taunt [tɔ:nt, AM *esp* tɑ:nt] **I.** *vt* ❶ *(mock)* ■**to** ~ **sb** jdn verhöhnen [*o* verspotten] ❷ *(tease)* **to** ~ **sb about** [*or* **over**] [*or* **with**] **sth** jdn mit etw *dat* aufziehen [*o* wegen einer S. *gen* hänseln] ❸ *(provoke)* ■**to** ~ **sb** gegen jdn sticheln **II.** *n* höhnische [*o* spöttische] Bemerkung; *(tease)* Hänselei *f; (provocation)* Stichelei *f*

Tau·rean ['tɔ:riən] ASTROL, ASTRON **I.** *n* Stier *m;* **his mother is a** ~ seine Mutter ist ein Stier **II.** *adj* ■**to be** ~ Stier sein

tau·roma·chy [tɔ:'rɒməki, AM -'rɑ:-] *n (rare)* ❶ *no pl (art of fighting)* Kunst *f* des Stierkampfs ❷ *(fight)* Stierkampf *m*

Taurus ['tɔ:rəs] *n* ASTROL, ASTRON Stier *m;* **under** [**the sign of**] ~ im Zeichen des Stier[e]s

taut [tɔ:t, AM *esp* tɑ:t] *adj* ❶ *(tight) cable, rope, string* straff [gespannt]; *elastic, rope* stramm; ~ **muscle** gespannter Muskel; ~ **skin** gespannte Haut ❷ *(fig, pej: tense) expression, face, nerves* angespannt ❸ *(approv, fig: tidy) house, ship, village* schmuck, [sehr] gepflegt ❹ *(fig: strict)* streng [*o* straff] [geführt]; ~ **discipline** strenge [*o* stramme] Disziplin; ~ **order/organization** straffe Ordnung/Organisation ❺ *(fig: economical) style* knapp

taut·en ['tɔ:tᵊn, AM 'tɑ:tᵊn] **I.** *vi (a. fig) cable, rope, string* sich *akk* straffen; *muscle, skin* sich *akk* spannen; *expression, face, nerves* sich *akk* anspannen **II.** *vt (a. fig)* ■**to** ~ **sth** *cable, rope, string* etw straffen [*o* straff spannen]; *muscle, skin* etw spannen; *expression, face, nerves* etw anspannen

taut·ly ['tɔ:tli, AM *esp* 'tɑ:-] *adv* ❶ *(tightly)* straff; ~ **drawn rope** straff gespanntes Seil ❷ *(fig)* knapp, prägnant; ~ **written article** prägnant geschriebener Artikel

taut·ness ['tɔ:tnəs, AM *esp* 'tɑ:-] *n of cables, ropes, strings* Straffheit *f,* Spannung *f; (fig)* Straffheit *f,* Strenge *f;* ~ **of discipline** disziplinarische Strenge; ~ **of organization** organisatorische Straffheit

tau·to·logi·cal [ˌtɔ:tə'lɒdʒɪkᵊl, AM 'tɑ:ṭə'lɑ:-] *adj* doppelt gesagt [*o* ausgedrückt] *attr,* tautologisch *fachspr;* **it is** ~ **to talk about 'little droplets'** es ist doppelt gemoppelt, wenn man von ‚kleinen Tröpfchen' spricht *fam*

tau·to·logi·cal·ly [ˌtɔ:tə'lɒdʒɪkᵊli, AM 'tɑ:ṭə'lɑ:-] *adv* tautologisch *fachspr*

tau·tolo·gous [tɔ:'tɒləgəs, AM tɑ:'tɑ:-] *adj* tautologisch *fachspr*

tau·tol·ogy [tɔ:'tɒlədʒi, AM tɑ:'tɑ:-] *n* Doppelaussage *f,* Wiederholung *f* [von bereits Gesagtem], Tautologie *f fachspr*

tav·ern ['tævᵊn, AM -ɚn] *n* ❶ BRIT *(old: pub)* Schenke *f,* Schankwirtschaft *f veraltend;* AM Bar *f* ❷ AM *(inn)* Gasthaus *nt,* Gasthof *m*

taw·dri·ness ['tɔ:drɪnəs, AM *esp* 'tɑ:-] *n no pl (pej)* ❶ *(gaudiness) of clothing, finery, trappings* Protzigkeit *f* ❷ *(cheapness) of a show, stage performance* Geschmacklosigkeit *f,* Schäbigkeit *f* ❸ *(baseness)* Niederträchtigkeit *f,* Gemeinheit *f*

taw·dry ['tɔ:dri, AM *esp* 'tɑ:-] *adj (pej)* ❶ *(gaudy)* protzig ❷ *(cheap)* geschmacklos, schäbig ❸ *(base)* niederträchtig, gemein; ~ **motives** niedere Beweggründe

taw·ny ['tɔ:ni, AM *esp* 'tɑ:-] *adj* lohfarben, gelbbraun, dunkelgelb

'taw·ny owl *n* ORN Waldkauz *m*

tax [tæks] **I.** *n* <*pl* -es> ❶ FIN *(levy)* Steuer *f,* Abgabe *f;* ~ **on business capital** Gewerbekapitalsteuer *f;* **council** BRIT [*or* AM **local**] ~**es** Kommunalabgaben *fpl;* **income** ~ Einkommenssteuer *f;* **motor vehicle** ~ Kraftfahrzeugsteuer *f;* **indirect** [*or* AM *a.* **hidden**] ~**es** indirekte Steuern; **to collect/levy** ~**es** Steuern einziehen/erheben; **to cut/increase** ~**es** Steuern senken/erhöhen; **to impose** [*or* **put**] **a** ~ **on sth** etw besteuern [*o* mit einer Steuer belegen]; **to pay** [**one's**] ~**es** [seine] Steuern zahlen ❷ *no pl (levying)* Besteuerung *f;* **double** ~ Doppelbesteuerung *f;* **after/before** ~[**es**] nach/vor Abzug von Steuern, netto/brutto ❸ *(fig: burden: on a person)* Belastung *f* (**on** für +*akk*); *(on patience, resources, time)* Beanspruchung *f* (**on** +*gen*); **the preparations for the meeting were a heavy** ~ **on him** die Vorbereitungen für die Konferenz nahmen in stark in Anspruch; **to be a** ~ **on one's nerves** eine nervliche Belastung sein **II.** *n modifier (advantages, declaration, progression)* Steuer-; **pre-**~ **profit** Gewinn *m* vor Abzug von Steuern **III.** *vt* ■**to** ~ **sb/sth** ❶ *(levy)* jdn/etw besteuern; **to be** ~**ed** [**heavily/lightly**] [hoch/niedrig] besteuert werden ❷ *(fig: burden)* jdn/etw belasten; *(make demands)* jdn/etw beanspruchen [*o* in Anspruch nehmen]; *(confront)* ■**to** ~ **sb with sth** jdn einer S. *gen* beschuldigen [*o* bezichtigen]

tax·able ['tæksəbl] *adj inv* steuerpflichtig, abgabenpflichtig, Steuer-; ~ **article/entity** Steuerobjekt/-subjekt *nt fachspr;* ~ **income** zu versteuerndes Einkommen; ~ **period** Steuerperiode *f,* Veranlagungszeitraum *m fachspr;* ~ **profit** zu versteuernder Gewinn

'tax ad·vis·er *n* Steuerberater(in) *m(f)* **'tax al·low·ance** *n* FIN Steuerfreibetrag *m* **'tax ar·rears** *n* FIN Steuerrückstände *mpl* **'tax as·sess·ment** *n* FIN ❶ *(valuation)* Steuerveranlagung *f,* Steuerfestsetzung *f* ❷ *(bill)* Steuerbescheid *m*

taxa·tion [tæk'seɪʃᵊn] *n no pl* ❶ *(levying)* Besteuerung *f* ❷ *(money obtained)* Steuereinnahmen *fpl,* Steuern *fpl;* **direct/indirect** ~ direkte/indirekte Steuern

'tax avoid·ance *n* FIN [legale] Steuerumgehung **'tax bill** *n* FIN Steuerbescheid *m* **'tax brack·et** *n* FIN Steuerklasse *f* **'tax break** *n (fam)* vorübergehende Steuerbefreiung **'tax col·lec·tor** *n* FIN Steuerbeamte(r), -beamtin *m, f,* Finanzbeamte(r), -beamtin *m, f* **'tax con·sult·ant** *n* Steuerberater(in) *m(f)* **'tax cut** *n* Steuersenkung *f* **tax-de·'duct·ed** *adj* FIN quellenbesteuert *attr,* nach Abzug der Quellensteuer *nach n fachspr;* ~ **income** Einkommen *nt* nach Abzug der Quellensteuer **tax-de·'duc·tible** *adj* AM, AUS FIN steuerlich absetzbar **'tax disc** *n* BRIT FIN *(on motor vehicle)* Steuerplakette *f,* Vignette *f* ÖSTERR, SCHWEIZ *fachspr* **'tax dodg·er** *n* FIN *(fam)* Steuerhinterzieher(in) *m(f)* **'tax dodg·ing** *n (fam)* Steuerhinterziehung *f* **'tax evad·er** *n* FIN Steuerhinterzieher(in) *m(f)* **'tax eva·sion** *n* FIN [illegale] Steuervermeidung, Steuerhinterziehung *f* **'tax ex·emp·tion** *n* FIN Steuerbefreiung *f,* Steuerfreiheit *f;* AM Freibetrag *m* **'tax ex·ile** *n* FIN Steuerflüchtige(r) *f(m)* **'tax form** *n* FIN Steuererklärungsformular *nt* **tax-'free** *adj* steuerfrei **'tax ha·ven** *n* Steueroase *f* **tax 'holi·day** *n* BRIT FIN vorübergehende Steuerbefreiung

taxi ['tæksi] **I.** *n* Taxi *nt;* **to call a** ~ ein Taxi rufen; **to hail a** ~ ein Taxi herbeiwinken; **to take a** ~ ein Taxi nehmen; **to go by** ~ mit dem Taxi fahren **II.** *vi* ❶ *(ride)* mit dem Taxi fahren ❷ AVIAT *(move)* rollen

'taxi·cab *n* Taxi *nt; see also* **taxi**

taxi·der·mist ['tæksidɜ:mɪst, AM -dɜ:r-] *n* [Tier]präparator(in) *m(f)*

taxi·der·my ['tæksidɜ:mi, AM -dɜ:rmi] *n* Präparation *f* [von Tierkörpern], Taxidermie *f fachspr*

'taxi-driv·er *n* Taxifahrer(in) *m(f)* **taxi·me·ter** ['tæksi,mi:tər, AM -t̬ər] *n* Fahrpreisanzeiger *m,* Zähler *m,* Taxameter *m fachspr* **'tax in·cen·tive** *n* FIN Steueranreiz *m*

tax·ing ['tæksɪŋ] *adj* ❶ (*burdensome*) anstrengend, beschwerlich ❷ (*hard*) schwierig, anspruchsvoll; **her latest novel was a very ~ read** ihr neuester Roman war eine sehr anspruchsvolle Lektüre

'taxi·plane *n* Lufttaxi *nt* **'taxi rank** *n* BRIT Taxistand *m* **'taxi ride** *n* Taxifahrt *f* **'taxi stand** *n* AM Taxistand *m* **'taxi·strip** *n* AVIAT Rollbahn *f* **'taxi·way** *n* AVIAT Rollbahn *f*

'tax·man *n* Finanzbeamte(r), -beamtin *m, f;* ■**the ~** (*fig*) das Finanzamt

tax·ono·my [tæk'sɒnəmi, AM -'sɑ:n-] *n* BIOL Taxonomie *f fachspr;* COMPUT Systematik *f fachspr*

'tax·pay·er *n* Steuerzahler(in) *m(f)* **'tax pe·ri·od** *n* FIN Steuerperiode *f,* Veranlagungszeitraum *m fachspr* **'tax rate** *n* FIN Steuersatz *m* **'tax re·bate** *n* FIN Steuernachlass *m* **'tax re·fund** *n* FIN Steuerrückerstattung *f,* Steuerrückzahlung *f* **'tax re·lief** *n* FIN Steuererleichterung *f,* Steuervergünstigung *f* **'tax re·turn** *n* FIN Steuererklärung *f;* **to do one's ~** seine Steuererklärung machen **'tax shel·ter** *n* FIN Steuerbegünstigung *f* **'tax-shel·tered** *adj* FIN steuerbegünstigt **'tax year** *n* FIN Steuerjahr *nt,* Veranlagungsjahr *nt fachspr*

TB [,ti:'bi:] *n no pl* MED *abbrev of* **tuberculosis** TB

tba, t.b.a. [,ti:bi:'eɪ] *abbrev of* **to be announced** Einzelheiten werden noch bekannt gegeben

'T-bar *n,* **T-bar 'lift** *n* ❶ ARCHIT (*support*) T-Träger *m fachspr,* T-Stück *nt fachspr* ❷ (*on ski lift*) [Sicherheits]bügel *m* ❸ (*lift*) Schlepplift *m*

tbsp <*pl* -> *n abbrev of* **tablespoonful** Essl., EL

tchotch·ke ['tʃɑ:tʃkə] *n* AM (*sl: trinket*) Nippes *pl*

tea [ti:] **I.** *n* ❶ *no pl* (*plant*) Tee *m,* Teepflanze *f* ❷ (*drink*) Tee *m;* **a cup of ~** eine Tasse Tee; **fennel/peppermint ~** Fenchel-/Pfefferminztee *m;* **strong/weak ~** starker/schwacher Tee; **to have/make [the] ~** Tee trinken/machen; **to sip ~** Tee trinken ❸ (*cup of tea*) Tasse *f* Tee; **two ~s, please** zwei Tee, bitte ❹ BRIT (*afternoon meal*) Tee *m,* Zwischenmahlzeit *f* am Nachmittag (*mit Tee, Sandwiches, Kuchen*); ■**for ~** zum Tee; **afternoon** [*or* **five o'clock**] **~** Fünfuhrtee *m* ❺ BRIT, AUS (*early evening meal*) [frühes] Abendessen; **high** [*or* **meat**] **~** [warmes] Abendessen (*mit warmer Mahlzeit, Brot, Butter und Tee*) ▶ PHRASES: **not for all the ~ in China** nicht um alles in der Welt; **to [not] be sb's cup of ~** [nicht] jds Fall sein; **~ and sympathy alone will not do** (*dated*) Verständnis und Mitgefühl allein reichen nicht aus **II.** *n modifier* (*biscuit, company, production, set*) Tee- **'tea bag** *n* Teebeutel *m* **'tea ball** *n esp* AM Teeei *nt* **'tea break** *n* Teepause *f* **'tea cad·dy** *n* Teedose *f* **'tea·cake** *n* ❶ BRIT (*bun*) [getoastetes] Rosinenbrötchen ❷ (*biscuit*) Keks *m;* (*tart*) Teekuchen *m;* ■**~s** *pl* Teegebäck *nt kein pl* **'tea cart** *n* AM Teewagen *m,* Servierwagen *m*

teach <taught, taught> [ti:tʃ] **I.** *vt* ❶ (*impart knowledge*) ■**to ~ sb** jdn unterrichten; ■**to ~ sb sth** jdm etw beibringen, jdn in etw *dat* unterrichten; ■**to ~ oneself sth** sich *dat* selbst etw beibringen; **to ~ French/history** Französisch/Geschichte unterrichten; **to ~ school** AM Lehrer(in) *m(f)* sein, [Schul]unterricht geben; **to ~ sb to read/write** jdm das Lesen/Schreiben beibringen ❷ (*fig: show*) ■**to ~ sb that ...** jdn lehren [*o* jdm zeigen], dass ...; **I'll ~ you to lie!** dich werde ich das Lügen lehren!; **that will ~ him [not] to wait** das wird ihn lehren, [nicht] zu warten; **this has taught him a lot** daraus hat er viel gelernt; **to ~ sb a lesson** jdm eine Lehre erteilen ▶ PHRASES: **you can't ~ an old dog new tricks** (*saying*) einen alten Menschen kann man nicht mehr ändern; **~ your grandmother to suck eggs** (*saying*) das Ei will klüger sein als die Henne; **to ~ one's grandmother to suck eggs** [immer] klüger sein [*o* alles besser wissen] wollen als die anderen **II.** *vi* Unterricht geben, unterrichten

teach·er ['ti:tʃər, AM -ər] *n* Lehrer(in) *m(f);* **my father is a physics ~** mein Vater ist Physiklehrer; **supply** [*or* AM **substitute**] **~** Aushilfslehrer(in) *m(f),* Ersatzlehrer(in) *m(f)* **teach·er's 'manu·al** *n* SCH Lehrerhandbuch *nt* **teach·er's 'pet** *n* (*pej*) Streber(in) *m(f) pej* **teach·er 'train·ing** *n* Lehrerausbildung *f* **teach·er 'train·ing col·lege** *n,* **'teach·er's col·lege** *n* SCH, UNIV pädagogische Hochschule

'tea chest *n* Teekiste *f*

'teach-in *n* POL, UNIV Podiumsdiskussion *f,* Teach-in *nt sl*

teach·ing ['ti:tʃɪŋ] **I.** *n* ❶ *no pl* (*imparting knowledge*) Lehren *nt,* Unterrichten *nt,* Ausbilden *nt;* **student ~** AM SCH, UNIV Schulpraktikum *nt,* Unterrichtspraktikum *nt* ❷ *no pl* (*profession*) Lehrberuf *m* ❸ *usu pl* (*precept*) Lehre *f;* **Buddha's ~s** die Lehren des Buddha **II.** *adj aids, methods* Lehr-, Unterrichts-

'teach·ing cer·tifi·cate *n* UNIV Lehrbefähigungszeugnis *nt,* Lehrbefähigungsnachweis *m* **'teach·ing fel·low** *n* AM UNIV Tutor(in) *m(f)* **'teach·ing hos·pi·tal** *n* MED, UNIV Lehrkrankenhaus *nt* **'teach·ing ma·chine** *n* COMPUT, TECH Lernmaschine *f* **'teach·ing prac·tice** *n usu* BRIT SCH, UNIV Schulpraktikum *nt,* Unterrichtspraktikum *nt* **'teach·ing pro·fes·sion** *n* Lehrberuf *m* **'teach·ing staff** *n + sing/pl vb* Lehrkörper *m,* Lehrerkollegium *nt*

'tea cloth *n* ❶ BRIT (*for dishes*) Geschirrtuch *nt* ❷ (*for table*) [kleine] Tischdecke **'tea cosy** *n* Teewärmer *m,* Teemütze *f* **'tea·cup** *n* Teetasse *f* **'tea drink·er** *n* Teetrinker(in) *m(f);* **I'm not much of a ~** ich trinke nicht sonderlich gerne Tee **'tea gar·den** *n* ❶ (*cafe*) Gartenrestaurant *nt* ❷ (*cultivated area*) Teeplantage *f* **'tea-house** *n* Teehaus *nt*

teak [ti:k] **I.** *n no pl* ❶ (*wood*) Teak[holz] *nt* ❷ (*tree*) Teakbaum *m* **II.** *n modifier* (*chair, dresser, furniture, table*) Teakholz-; **~ veneer** Teakholzfurnier *nt;* **~-panelled** mit Teakholz getäfelt

'tea·ket·tle *n* Teekessel *m*

teal [ti:l] *n* ORN Krickente *f,* Kriekente *f*

'tea-leaves *npl* [zurückgebliebene] Teeblätter *ntpl*

team [ti:m] **I.** *n + sing/pl vb* ❶ (*number of persons*) Team *nt;* (*in an action also*) [Arbeits]gruppe *f;* SPORTS *a.* Mannschaft *f;* **football/reserve ~** SPORTS Fußball-/Ersatzmannschaft *f;* **research ~** Forschungsgruppe *f,* Forschungsteam *nt;* **road ~** AM SPORTS auswärtige Mannschaft; **a ~ of scientists** eine Gruppe [*o* ein Team *nt*] von Wissenschaftlern/Wissenschaftlerinnen; **away/home ~** SPORTS auswärtige/einheimische Mannschaft ❷ (*harnessed animals*) Gespann *nt;* **~ of horses** Pferdegespann *nt* **II.** *n modifier* Team-, Gruppen-, Gemeinschafts-; (*in sports*) Mannschafts- **III.** *vi* ❶ *usu* AM (*fam: gather*) sich *akk* zusammentun, ein Team bilden ❷ (*drive*) einen Lkw fahren ❸ (*match*) sich *akk* [in eine Gruppe] einfügen
◆**team up** *vi* ■**to ~ up with sb** sich *akk* [mit jdm] zusammentun, [mit jdm] ein Team bilden

team 'cap·tain *n* Mannschaftskapitän *m,* Mannschaftsführer(in) *m(f)* **team 'ef·fort** *n* Teamarbeit *f* **'team game** *n* Mannschaftsspiel *nt* **'team-mate** *n* Mannschaftskamerad(in) *m(f),* Mitspieler(in) *m(f)* **'team play** *n* Mannschaftsspiel *nt,* Zusammenspiel *nt* **'team spir·it** *n* Teamgeist *m,* Mannschaftsgeist *m* **'team sports** *n* Mannschaftssport *m*

team·ster ['ti:mstər] *n* AM Lastwagenfahrer(in) *m(f)*

team 'teach·ing *n* AM SCH Unterricht *m* im Team, gemeinsamer Unterricht **'team work** *n* Teamarbeit *f*

'tea par·ty *n* ❶ (*gathering*) Teegesellschaft *f* ❷ AM (*sl: something easy*) Kinderspiel *nt fam* **'tea plan·ta·tion** *n* Teeplantage *f* **'tea·pot** *n* Teekanne *f*

tear[1] [tɪər, AM tɪr] **I.** *n* ❶ (*watery fluid*) Träne *f;* **her eyes filled with ~s** ihre Augen füllten sich mit Tränen; **~s ran down his face** [*or* **rolled down his cheek**] ihm liefen [die] Tränen über das Gesicht [*o* rannen [die] Tränen über die Wangen]; ■**to be in ~s** weinen; **to have ~s in one's eyes** Tränen in den Augen haben; **~s of frustration/remorse** Tränen *fpl* der Enttäuschung/Reue; **~s of happiness/joy** Glücks-/Freudentränen *fpl;* **to be all ~s** in Tränen aufgelöst sein; **to shed** [*or* **weep**]

T

bitter/crocodile ~s bittere Tränen/Krokodilstränen vergießen [*o* weinen]; **to burst into ~s** in Tränen ausbrechen; **to dissolve into ~s** sich *akk* in Tränen auflösen; **to move** [*or* **reduce**] **sb to ~s** jdn zum Weinen bringen; **to not shed** [**any**] **~s over sb/sth** jdm/etw keine Träne nachweinen; **to squeeze a ~** eine Träne [im Auge] zerdrücken ❷ TECH (*hardened matter*) *of glass* [Glas]träne *f*, [Glas]tropfen *m; of resin* [Harz]tropfen *m;* TECH (*in glass*) Luftblase *f* **II.** *vi* ❶ (*from the cold, smoke*) tränen; **the wind made her eyes ~** durch den Wind begannen ihre Augen zu tränen ❷ (*in grief, joy*) sich *akk* mit Tränen füllen

tear² [teəʳ, AM ter] **I.** *n* (*in cloth, wall*) Riss *m;* (*in wall*) Spalte *f*, Sprung *m*, Ritze *f;* **~ in a muscle/tissue** MED Riss *m* in einem Muskel/Gewebe **II.** *vt* <tore, torn> ■**to ~ sth** ❶ (*rip*) *piece of fabric, letter, paper* etw zerreißen; (*fig: disrupt*) *country, party, team* etw auseinanderreißen; **to ~ sth to bits** [*or* **pieces**] [*or* **shreds**] *brochure, catalogue* etw zerreißen [*o* in Stücke reißen]; **to ~ a hole in one's trousers** sich *dat* ein Loch in die Hose reißen ❷ (*injure*) **to ~ one's fingernail** sich *dat* den Fingernagel einreißen; **to ~ a gash on one's leg** sich *dat* eine [tiefe] Wunde am Bein beibringen; **to ~ a muscle** sich *dat* einen Muskelriss zuziehen ❸ (*fig: shatter*) **to ~ sth to pieces** *alibi, argument* etw auseinandernehmen [*o* zerpflücken] *fig* ❹ (*fig: attack*) **to ~ sth to pieces** [*or* **shreds**] *article, book, play* etw verreißen; **to ~ sb to pieces** [*or* **shreds**] (*fam*) jdn in der Luft zerreißen [*o* auseinandernehmen] *fig* **III.** *vi* <tore, torn> ❶ (*rip*) *piece of fabric, paper, rope* [zer]reißen; *buttonhole, lining, tab* ausreißen; *biscuit, slab* [zer]brechen ❷ (*fig fam: rush*) rasen; ■**to ~ away** losrasen, lossausen *fam;* **to ~ down the stairs** die Treppe hinunterstürmen; **to ~ in** hineinstürmen, hineinstürzen; **to ~ off** [vorzeitig] Leine ziehen [*o sl* abhauen] *fam;* **I hate to ~ off, but I'm late** ich haue ungern schon ab, aber ich bin spät dran ❸ (*pull*) ■**to ~ at sth** (*a. fig*) *bandage, clasp, fastener* an etw *dat* herumreißen [*o* herumzerren]; **to ~ at sb's heartstrings** [*or* **heart**] jdm das Herz zerreißen; **to ~ at sb's soul** jdm auf der Seele liegen; **to ~ at each other's throats** aufeinander losgehen; (*physically also*) sich *dat* an die Gurgel springen; (*verbally also*) übereinander herziehen ❹ (*fig fam: eat*) ■**to ~ at** [*or* **into**] **sth** sich *akk* über etw *akk* hermachen *fam* ❺ (*criticise*) ■**to ~ into sb** jdn heftig kritisieren [*o fam* zur Schnecke machen]; **I was late, and my boss tore into me like a mad dog** ich kam zu spät, und mein Chef ging wie ein Wilder auf mich los

◆**tear apart** *vt* ■**to ~ sth ↔ apart** ❶ (*rip*) *piece of fabric, paper* etw zerreißen [*o* zerfetzen] ❷ (*fig: disrupt*) *country, party, team* etw auseinanderreißen ❸ (*fig: attack*) *article, book, play* etw verreißen; ■**to ~ sb apart** [*or* **to ~ apart sb**] (*fam*) jdn in der Luft zerreißen [*o* auseinandernehmen] *fig*

◆**tear away** *vt* ❶ (*fig: make leave*) ■**to ~ sb ↔ away** jdn wegreißen; ■**to ~ oneself away** [**from sth**] sich *akk* [von etw *dat*] losreißen ❷ (*rip from*) ■**to ~ sth ↔ away** *page of calendar, poster* etw abreißen; ■**to ~ sth away from sb** jdm etw entreißen

◆**tear down** *vt* ❶ (*destroy*) ■**to ~ sth ↔ down** *building, wall* etw abreißen [*o* einreißen]; **my fence was torn down in the storm** mein Zaun wurde vom Sturm umgerissen; **to ~ down the forest** den Wald abholzen ❷ (*fig: discredit*) ■**to ~ sb ↔ down** jdn schlechtmachen

◆**tear off** *vt* ❶ (*rip from*) ■**to ~ sth ↔ off** *strip, tape* etw abreißen ❷ (*undress*) **to ~ off one's clothes** sich *dat* die Kleider vom Leib reißen ❸ (*fig, pej sl: perform*) **to ~ off a poem** ein Gedicht herunterrasseln; **to ~ off a workout** ein Training herunterreißen *fam*

◆**tear open** *vt* ■**to ~ sth ↔ open** *envelope, parcel* etw aufreißen

◆**tear out** *vt* ■**to ~ sth ↔ out** *hair, nail* etw ausreißen; *page* etw herausreißen; **to ~ one's hair out over sth** (*fig*) sich *dat* die Haare über etw *akk* [aus]raufen; **to ~ sb's heart out** jdm das Herz zerreißen *fig*

◆**tear up** *vt* ■**to ~ sth ↔ up** ❶ (*rip*) *bill, letter, ticket* etw zerreißen [*o* in Stücke reißen] ❷ (*destroy*) etw kaputtmachen *fam; bar, furniture* etw kurz und klein hauen *fam; flowerbed* etw zertreten [*o* zerwühlen]; *pavement, road* etw aufreißen ❸ (*fig: annul*) *agreement, contract* etw zerreißen

tear·away [ˈteərəweɪ] *n* BRIT, AUS (*fam*) Randalierer(in) *m(f)*, Rabauke *m fam*

'tear·drop *n* ❶ (*tear*) Träne *f* ❷ (*on earring*) Tropfenanhänger *m* **'tear·drop-shaped** *adj* tropfenförmig **'tear duct** *n* ANAT Tränenkanal *m*, Tränennasengang *m fachspr*

tear·ful [ˈtɪəfəl, AM ˈtɪr-] *adj* ❶ (*inclined to cry*) den Tränen nah *präd;* (*crying*) weinend; (*pej*) weinerlich *pej;* **she was looking ~** sie schien den Tränen nah zu sein; **he felt guilty when he saw her ~ face** er hatte Schuldgefühle, als er sah, dass ihr die Tränen in den Augen standen; **to become ~** Tränen in die Augen bekommen ❷ (*accompanied by crying*) unter Tränen *präd; farewell, reunion* tränenvoll, tränenreich; **a ~ confession** ein Geständnis *nt* unter Tränen ❸ (*fig: moving*) *story* ergreifend, [zu Tränen] rührend

tear·ful·ly [ˈtɪəfəli, AM ˈtɪr-] *adv* ❶ (*crying*) **to smile ~** unter Tränen lächeln; **to tell sth ~** etw mit Tränen in den Augen erzählen ❷ (*sadly*) den Tränen nah, zu Tränen gerührt

tear·ful·ness [ˈtɪəfəlnəs, AM ˈtɪr-] *n no pl* ❶ (*sadness*) weinerliche Verfassung, Rührung *f*, Ergriffenheit *f* ❷ (*pej: tendency to cry*) Weinerlichkeit *f*

'tear gas *n no pl* Tränengas *nt*

tear·ing 'hur·ry *n usu sing* (*fam*) ■**to be in a ~** schrecklich in Eile sein

'tear jerk·er *n* (*fam*) Schnulze *f fig*

tear·less [ˈtɪələs, AM ˈtɪr-] *adj inv* tränenlos; **~ parting** Abschied *m* ohne Tränen

'tea room *n*, **'tea shop** *n* Teestube *f*

tease [tiːz] **I.** *n* Quälgeist *m fam;* (*playfully*) neckische Person; (*pej: erotic arouser*) Aufreißer(in) *m(f)* **II.** *vt* ❶ (*make fun of*) ■**to ~ sb** [**about sth**] jdn [wegen einer S.] *gen* aufziehen [*o* hänseln]; (*playfully*) jdn necken [*o* ärgern] ❷ (*provoke*) ■**to ~ sb/an animal** jdn/ein Tier provozieren ❸ *esp* AM (*backcomb*) **to ~ hair** Haare toupieren **III.** *vi* sticheln, foppen

◆**tease out** *vt* ■**to ~ out ↔ sth** (*pull*) etw herausziehen; (*fig: find out*) etw herauskitzeln; **to ~ the truth out of sb** die Wahrheit aus jdm herauskitzeln

tea·sel [ˈtiːzəl] *n* ❶ (*plant*) Kardendistel *f* ❷ (*seed container*) Kardensamenkapsel *f*

teas·er [ˈtiːzəʳ, AM -ɚ] *n* ❶ (*riddle*) harte Nuss *fam*, schwierige Denkaufgabe ❷ (*provoker*) **she's a ~** sie zieht gern andere Leute auf; (*playfully*) sie ist eine neckische Person

'tea ser·vice *n*, **'tea set** *n* Teeservice *nt* **'tea·spoon** *n* Teelöffel *m* **'tea·spoon·ful** *n* Teelöffelvoll *m;* **add a ~ of sugar to the sauce** geben Sie einen Teelöffel Zucker in die Soße **'tea·strain·er** *n* Teesieb *nt*

teat [tiːt] *n* ❶ (*nipple of breast*) Zitze *f* ❷ (*artificial nipple*) Sauger *m*

'tea tent *n* BRIT *Zelt, in dem man Erfrischungen zu sich nehmen kann* **'tea·time** *n* Teestunde *f* **'tea tow·el** *n* Geschirrtuch *nt* **'tea tray** *n* Tablett *nt* zum Teeservieren **'tea trol·ley** *n esp* BRIT Teewagen *m* **'tea urn** *n esp* BRIT Teespender *m* **'tea wag·on** *n* AM (*tea trolley*) Teewagen *m*

tea·zel, tea·zle *n see* **teasel**

tech [tek] (*fam*) **I.** *adj short for* **technical II.** *n* ❶ *short for* **technical college** ❷ *short for* **technology** ❸ *short for* **technician**

tech-heavy [ˈtek,hevi] *adj* technologielastig

techie [ˈteki] *n* (*fam*) Technikfreak *m fam*

tech·ni·cal [ˈteknɪkəl] *adj* ❶ (*concerning applied science*) technisch ❷ (*detailed*) Fach-; **some parts of the book were too ~ to follow** einige Teile des Buches waren fachlich zu anspruchsvoll, als dass man hätte folgen können; **~ aspects**

fachliche Aspekte; ~ **term** Fachausdruck *m* ❸ (*in technique*) technisch; ~ **skill** technisches Können
'tech·ni·cal college *n* technische Hochschule **tech·ni·cal 'dic·tion·ary** *n* Fachwörterbuch *nt* **tech·ni·cal 'ex·pert** *n* Fachmann, -frau *m, f*
tech·ni·cal·ity [ˌteknɪ'kæləti, AM -nə'kæləṭi] *n* LAW ❶ (*unimportant detail*) Formsache *f* ❷ (*confusing triviality*) unnötiges Detail; **don't confuse me with technicalities** bringe mich nicht durcheinander mit technischen Einzelheiten
tech·ni·cal·ly ['teknɪkəli] *adv* ❶ (*of technology*) technologisch; ~ **backward countries** Länder *ntpl* auf technologisch niedrigem Stand ❷ (*relating to technique*) technisch; ~ **she's very good** in der Technik ist sie sehr gut; ~ **brilliant** SPORTS technisch brillant ❸ (*strictly speaking*) eigentlich; ~ **speaking** genau [*o* streng] genommen
'tech·ni·cal school *n* Technikum *nt,* technische Fachschule
tech·ni·cal sup·'port *n no pl* technischer Service
tech·ni·cian [tek'nɪʃən] *n* ❶ (*sb trained in technology*) Techniker(in) *m(f)* ❷ (*sb skilled in technique*) Experte, -in *m, f*
Tech·ni·col·or® ['teknɪˌkʌləʳ, AM -ɚ] **I.** *n no pl* Technicolor[verfahren] *nt* **II.** *n modifier* (*film, production*) Technicolor-
tech·ni·col·or ['teknɪˌkʌlɚ] AM, **tech·ni·col·our** [-ləʳ] *adj attr, inv* farbenprächtig **tech·ni·col·our 'yawn** *n* BRIT, AUS (*sl*) Kotzerei *f derb*
tech·nique [tek'ni:k] *n* Technik *f,* Verfahren *nt;* (*method*) Methode *f;* **air-brush** ~ Airbrushtechnik *f;* **old-fashioned** ~ altmodisches Verfahren; **to acquire** ~ sich *dat* Geschick aneignen; **to work on one's** ~ an seiner Technik arbeiten
tech·no ['teknəʊ, AM -noʊ] *n no pl* Techno *m o nt*
tech·noc·ra·cy [tek'nɒkrəsi, AM -'nɑ:k-] *n* Technokratie *f kein pl*
tech·no·crat ['teknəʊ, AM -noʊ] *n* Technokrat(in) *m(f)*
tech·no·logi·cal [ˌteknə'lɒdʒɪkəl, AM -'lɑ:dʒ-] *adj* technologisch
tech·no·logi·cal·ly [ˌteknə'lɒdʒɪkəli, AM -'lɑ:dʒ-] *adv* technologisch
tech·nolo·gist [tek'nɒlədʒɪst, AM -'nɑ:l-] *n no pl* Technologe, -in *m, f;* **computer** ~ Computerfachmann, -fachfrau *m, f*
tech·nol·ogy [tek'nɒlədʒi, AM -'nɑ:l-] **I.** *n* Technologie *f,* Technik *f;* **computer** ~ Computertechnik *f;* **science and** ~ Wissenschaft und Technik; **state-of-the-art** ~ Spitzentechnologie *f;* **advanced** ~ Zukunftstechnologie *f;* **modern** ~ moderne Technologie; **nuclear** ~ Atomtechnik *f* **II.** *n modifier* (*research, transfer*) Technologie-; ~ **college** technische Hochschule
tech·nol·ogy shar·ing [tek'nɒlədʒiʃeərɪŋ, AM -'nɑ:lədʒiʃer-] *n* gemeinsame Technologienutzung **tech·nol·ogy-shar·ing** *n modifier* (*programme*) zur gemeinsamen Technologienutzung *nach n*
tech·no·phile ['teknə(ʊ)faɪl, AM -nəfaɪl] *n* Technologieliebhaber(in) *m(f)*
tech·no·philia [ˌteknə(ʊ)'fɪliə, AM -nə'-] *n no pl* Technikbesessenheit *f*
tech·no·phobe ['teknə(ʊ)fəʊb, AM -nəfoʊb] *n* Technologiehasser(in) *m(f)*
tech·no·pho·bia [ˌteknə(ʊ)'fəʊbiə, AM -nə'foʊ-] *n no pl* Technophobie *f*
techy ['teki] *n* TECH Technikbesessene(r) *f(m)*
ted BRIT, **Ted** [ted] *n* BRIT (*hist*) *short for* **teddy boy** Teddyboy *m*
ted·dy ['tedi] *n* ❶ (*female undergarment*) Body *m* ❷ (*teddy bear*) Teddybär *m*
'ted·dy bear *n* Teddybär *m*
ted·dy-bear·ish ['tediˌbeərɪʃ, AM -ˌber-] *adj* (*person*) wie ein Teddybär *nach n* **Ted·dy Bears' 'pic·nic** *n Picknick für Kinder mit ihren Stoffteddybären* **'ted·dy boy** BRIT, **'Ted·dy boy** *n* BRIT (*hist*) Teddyboy *m* (*Rock-'n'-Roll-Anhänger in den 1950ern*)
te·di·ous ['ti:diəs] *adj* langweilig; *job also* öde; *journey* lang und langweilig; ~ **conversation** zähes Gespräch
te·di·ous·ly ['ti:diəsli] *adv* langweilig
te·di·ous·ness ['ti:diəsnəs] *n no pl* Langweiligkeit *f*
te·dium ['ti:diəm] *n no pl* Langeweile *f*
tee [ti:] **I.** *n* (*in golf*) Tee *nt fachspr,* Abschlagstelle *f* **II.** *vi* ■ **to** ~ **off** ❶ (*in golf*) den Ball vom Tee schlagen *fachspr,* abschlagen; **we'll** ~ **off at ten o'clock** wir eröffnen das Golfspiel um zehn Uhr ❷ (*fig fam: begin*) anfangen, beginnen ❸ AM (*fam: become irritated*) **to get** ~**d off** sauer werden *fam* **III.** *vt* AM (*fam*) ■ **to** ~ **sb off** jdn verärgern
◆**tee up I.** *vi* den Golfball [auf das Tee] auflegen **II.** *vt* **to** ~ **the ball up** den Ball abschlagen
teem [ti:m] *vi* ❶ *impers* **it's** ~**ing** [**with rain**] es gießt [in Strömen] *fam* ❷ (*be full*) ■ **to** ~ **with sth** von etw *dat* wimmeln
◆**teem down** *vi* schütten *fam;* **the rain** ~**ed down all through lunch** es schüttete die ganze Mittagszeit hindurch
teem·ing ['ti:mɪŋ] *adj inv place, streets* überfüllt, von Menschen wimmelnd *attr*
teen [ti:n] *n* Teenager *m*
teen·age(d) ['ti:neɪdʒ(d)] *adj attr, inv* (*characteristic of a teenager*) jugendlich; (*sb who is a teenager*) im Teenageralter *nach n;* ~ **interests** Interessen *ntpl* von Jugendlichen; ~ **star** Teenagerstar *m*
teen·ager ['ti:nˌeɪdʒəʳ, AM -ɚ] *n* Teenager *m*
teens [ti:nz] *npl* Jugendjahre *ntpl;* ■ **to be in/out of one's** ~ im Teenageralter/aus dem Teenageralter heraus sein; **both my daughters are in their** ~ meine beiden Töchter sind Teenager; **he's in his early** ~ er ist gerade ins Teenageralter gekommen
teen·sy *adj,* **teen·sy ween·sy** [ˌti:nzi'wi:nsi] *adj,* **tee·ny** *adj,* **tee·ny wee·ny** [ˌti:ni'wi:ni] *adj* (*fam*) klitzeklein, winzig; **a** ~ **bit** (*hum*) ein klein wenig *fam,* ein bisschen
tee·ny·bop·per ['ti:niˌbɒpəʳ, AM -ˌbɑ:pɚ] *n* (*dated fam*) *Teenager, der gerne tanzt*
tee·pee *n see* **tepee**
tee shirt *n* T-Shirt *nt; see also* **T-shirt**
tee·ter ['ti:təʳ, AM -ṭɚ] *vi* + *adv/prep* taumeln, schwanken; **the old couple** ~**ed down the road** das ältere Paar torkelte die Straße hinunter; ■ **to** ~ **around** herumschwanken; ■ **to** ~ **between sth** (*fig*) zwischen etw *dat* schwanken; **to** ~ **on the brink** [*or* **edge**] **of a disaster** (*fig*) sich *akk* am Rande einer Katastrophe bewegen
tee·ter-tot·ter ['ti:ṭɚˌtɑ:ṭɚ] *n* AM (*see-saw*) Wippe *f*
teeth [ti:θ] *npl* ❶ *pl of* **tooth** ❷ (*effective power*) Macht *f kein pl* ▶ PHRASES: **in the** ~ **of sth** (*against*) angesichts einer S. *gen;* (*despite*) trotz einer S. *gen*
teethe [ti:ð] *vi* zahnen
teeth·er ['ti:ðəʳ, AM -ɚ] *n* Beißring *m*
'teeth·ing prob·lems *npl* BRIT, AUS (*fig*), **'teeth·ing trou·bles** *npl* BRIT, AUS (*fig*) Anfangsschwierigkeiten *fpl,* Kinderkrankheiten *fpl fig*
tee·to·tal [ˌti:'təʊtəl, AM -'toʊṭəl] *adj inv* ■ **to be** ~ abstinent sein
tee·to·tal·ler [ˌti:'təʊtələʳ], AM **tee·to·tal·er** [-'toʊṭəlɚ] *n* Antialkoholiker(in) *m(f),* Abstinenzler(in) *m(f)*
TEFL ['tefl] **I.** *n no pl abbrev of* **Teaching English as a Foreign Language** Fremdsprachenunterricht *m* in Englisch **II.** *n modifier abbrev of* **Teaching English as a Foreign Language** (*certificate, course*) TEFL-; ~ **programme** [*or* AM **program**] TEFL-Kursinhalt *m;* ~ **teacher** Lehrer(in) *m(f)* für Englisch als Fremdsprache
tef·lon® **I.** *n* ['teflɒn, AM -lɑ:n] Teflon® *nt fig* **II.** *n modifier* **a** ~ **person** jd, an dem alles abgleitet
tel *n abbrev of* **telephone number** Tel.
tele·cast ['telɪkæst] AM **I.** *n* TV-Sendung *f* **II.** *vt* (*form*) ■ **to** ~ **sth** etw [im Fernsehen] übertragen
tele·cen·tre ['telɪsentəʳ, AM -ɚ] *n* Computerzentrum *nt*
tele·com·muni·ca·tions [ˌtelɪkəˌmju:nɪ'keɪʃənz] **I.** *npl* + *sing vb* Fernmeldewesen *nt kein pl* **II.** *n modifier* (*industry, market, sector*) Fernmelde-; ~ **company** Telekommunikationsunternehmen *nt*

tele·con·fer·ence [ˌtelɪˈkɒnfᵊrᵊn(t)s, AM ˈtelɪˌkɑːn-] *n* Konferenzschaltung *f*

tele·copi·er® [ˈtelɪˌkɑːpiɚ] *n* AM Telekopierer *m*

tele·cot·tage [ˈtelɪkɒtɪdʒ, AM -kɑː-] *n* Computerzentrum *nt*

tele·fax® [ˈtelɪfæks] *n* ❶ *(device)* [Tele]faxgerät *nt,* [Tele]fax *nt* ❷ *(message)* Tele[fax] *nt;* **to send a ~** ein Fax schicken, etw faxen

tele·gen·ic [ˌtelɪˈdʒenɪk, AM -əˈ-] *adj (approv)* telegen

tele·gram [ˈtelɪgræm] *n* Telegramm *nt;* **by ~** telegrafisch; **we sent them a message by ~** wir schickten ihnen ein Telegramm

tele·gram·ese [ˌtelɪgræmˈiːz] *n no pl* Telegrammstil *m*

ˈtele·gram form *n* Telegrammformular *nt*

tele·gram·mat·ic [ˌtelɪgrəˈmætɪk, AM -əgrəˈmæt̬ɪk] *adj (typical of telegrams) formulation, manner* im Telegrammstil *nach n;* **abrupt ~ style** abgehackter, telegrammartiger Stil

tele·graph [ˈtelɪgrɑːf, AM -græf] **I.** *n no pl* Telegraf *m;* **by ~** telegrafisch **II.** *vt* ❶ *(send by telegraph)* ■**to ~ sth [to sb]** [jdm] etw telegrafieren; *(fig: make intentions clear)* etw signalisieren [*o* zu verstehen geben]; *(fig: give advance indication of)* etw ankündigen ❷ *(inform by telegraph)* ■**to ~ sb** jdm telegrafieren, jdn telegrafisch benachrichtigen **III.** *n modifier (key)* Telegrafen-; **~ cable** Telegrafenleitung *f;* **~ message** Telegramm *nt;* **~ operator** Telegrafist(in) *m(f);* **~ system** Telegrafennetz *nt*

tele·graph·ese [ˌtelɪgrɑːˈfiːz, AM -græfˈ-] *n no pl* Telegrammstil *m*

tele·graph·ic [ˌtelɪˈgræfɪk, AM -əˈ-] *adj* telegrafisch; **~ address** Telegrammadresse *f*

ˈtele·graph pole *n* BRIT, AUS, **ˈtele·graph post** *n* BRIT, AUS Telegrafenmast *m*

te·leg·ra·phy [tɪˈlegrəfi, AM təˈ-] *n no pl* Telegrafie *f*

tele·mar·ket·er [ˌtelɪˈmɑːkɪtəʳ, AM ˌteləˈmɑːrkət̬ɚ] *n* Telefonverkäufer(in) *m(f)*

ˈtele·mar·ket·ing *n no pl esp* AM Telemarketing *nt (Verkauf über das Telefon)*

tele·mat·ics [ˌteləˈmætɪks, AM -t̬-] *n + sing vb* Telematik *f kein pl*

tele·medi·cine [ˈtelɪmedsᵊn, AM -medɪsən] *n no pl* Telemedizin *f fachspr (medizinische Behandlung, auch chirurgisch, mittels Telekommunikation)*

tele·mes·sage BRIT, **Tele·mes·sage** [ˈtelɪˌmesɪdʒ] *n* BRIT Telex *nt*

teleo·logi·cal [ˌteliəˈlɒdʒɪkᵊl, AM ˌtiːliəˈlɑː-] *adj* teleologisch *geh*

tele·ol·ogy [ˌteliˈɒlədʒi, AM ˌtiːliˈɑː-] *n no pl* Teleologie *f geh*

tele·or·der·ing [ˌtelɪˈɔːdᵊrɪŋ, AM ˈteləˌɔːrdɚ-] *n* telefonische Bestellung

tele·path·ic [ˌtelɪˈpæθɪk, AM -əˈ-] *adj* telepathisch; ■**to be ~** telepathische Fähigkeiten besitzen

te·lepa·thy [tɪˈlepəθi, AM təˈ-] *n no pl* Telepathie *f*

tele·phone [ˈtelɪfəʊn, AM -əfoʊn] **I.** *n* ❶ *(device)* Telefon *nt;* **mobile** [*or* AM *a.* **cell[ular]**] **~** Handy *nt fam,* Mobiltelefon *nt;* **to pick up the ~** das Telefon abnehmen [*o* abheben] ❷ *no pl (system)* ■**by ~** per Telefon, telefonisch; ■**on the ~** am Telefon; **we were on the ~ together for an hour** wir telefonierten eine Stunde lang miteinander; **to be wanted on the ~** am Telefon verlangt werden **II.** *vt* ■**to ~ sb** jdn anrufen **III.** *vi* telefonieren; **to ~ long-distance** ein Ferngespräch führen **IV.** *n modifier (bill, connection, conversation)* Telefon-; **~ booking** telefonische Buchung

tele·phone ˈbank·ing *n no pl* Telefonbanking *nt* **ˈtele·phone book** *n* Telefonbuch *nt* **ˈtele·phone booth** *n* AM, **ˈtele·phone box** *n* BRIT Telefonzelle *f* **ˈtele·phone call** *n* Telefonanruf *m;* **to make a ~** telefonieren **ˈtele·phone con·nec·tion** *n* Telefonverbindung *f* **ˈtele·phone di·rec·tory** *n* Telefonverzeichnis *nt* **ˈtele·phone ex·change** *n* Fernsprechvermittlung *f* **tele·phone in·for·ˈma·tion ser·vice** *n (form)* Telefonauskunft *f* **ˈtele·phone ki·osk** *n* BRIT Telefonhäuschen *nt fam,* Telefonzelle *f* **ˈtele·phone line** *n* Telefonleitung *f* **tele·phone ˈmar·ket·ing** *n no pl* Telefonmarketing *nt* **ˈtele·phone mes·sage** *n (form)* telefonische Nachricht **ˈtele·phone num·ber** *n* Telefonnummer *f* **ˈtele·phone op·era·tor** *n* AM Vermittlung *f* **ˈtele·phone rates** *npl* Telefontarife *mpl* **ˈtele·phone re·ceiv·er** *n* Telefonhörer *m* **tele·phone ˈsex** *n no pl* Telefonsex *m* **ˈtele·phone tag** *n no pl (fam) vergeblicher Versuch zweier Personen, einander telefonisch zu erreichen*

tele·phon·ing *n* **Net ~** Internettelefonie *f*

te·lepho·nist [tɪˈlefᵊnɪst] *n* BRIT Telefonist(in) *m(f)*

te·lepho·ny [tɪˈlefᵊni, AM təˈ-] *n no pl* Telefonie *f,* Fernmeldewesen *nt*

tele·pho·to ˈlens [ˌtelɪfəʊtəʊˈ-, AM -əfoʊt̬oʊˈ-] *n* Teleobjektiv *nt*

tele·print·er [ˈtelɪˌprɪntəʳ, AM -əˌprɪntɚ] *n* Fernschreiber *m*

tele·prompt·er AM, AUS, **Tele·Prompt·er®** [ˈteləˌprɑːm(p)tɚ] *n* AM, AUS *(autocue)* Teleprompter *m fachspr*

tele·re·cord·ing [ˈtelɪrɪˌkɔːdɪŋ, AM -ˌkɔːrd-] *n* [Fernseh]aufzeichnung *f*

tele·sales [ˈtelɪseɪlz] *npl* Telefonmarketing *nt kein pl*

tele·scope [ˈtelɪskəʊp, AM -skoʊp] **I.** *n* Teleskop *nt* **II.** *vt* ■**to ~ sth** etw ineinanderschieben [*o* komprimieren]; *(fig)* **we had to ~ five visits into two days** wir mussten fünf Besuche in zwei Tage zwängen **III.** *vi* sich *akk* ineinanderschieben

tele·scop·ic [ˌtelɪˈskɒpɪk, AM -əˈskɑː-] *adj inv* ❶ *(done by telescope)* **~ observation** Teleskopbeobachtung *f* ❷ *(concerning telescopes)* **~ lens** Teleobjektiv *nt* ❸ *(folding into each other)* Teleskop-, zusammenschiebbar; *(automatic)* ausfahrbar; **~ ladder** Teleskopleiter *f,* ausziehbare Leiter

tele·text® *no pl,* **Tele·text®** [ˈtelɪtekst] *n no pl* Videotext *m*

tele·thon [ˈtelɪθɒn, AM -θɑːn] *n ausgedehnte Wohltätigkeitsveranstaltung im Fernsehen*

tele·type®, Tele·type® [ˈtelɪtaɪp, AM -lə-] *n (machine)* Fernschreibegerät *nt; (message)* Telex *nt,* Fernschreiben *nt*

tele·type·writ·er [ˌtelɪˈtaɪpˌraɪtəʳ, AM -ləˈtaɪpˌraɪt̬ɚ] *n esp* AM Fernschreibegerät *nt*

tele·van·gel·ism [ˌtelɪˈvændʒəlɪzᵊm] *n no pl esp* AM Fernsehpredigt *f*

tele·van·gel·ist [ˌtelɪˈvændʒəlɪst] *n esp* AM Fernsehprediger(in) *m(f)*

tele·view·er [ˈtelɪˌvjuːəʳ, AM -əˌvjuːɚ] *n* Fernsehzuschauer(in) *m(f)*

tele·vise [ˈtelɪvaɪz, AM -lə-] *vt* ■**to ~ sth** etw [im Fernsehen] übertragen

tele·vised [ˈtelɪvaɪzd, AM -lə-] *adj inv* im Fernsehen übertragen

tele·vi·sion [ˈtelɪvɪʒᵊn, AM -lə-] **I.** *n* ❶ *(device)* Fernsehgerät *nt,* Fernsehapparat *m,* Fernseher *m fam;* **colour** [*or* AM **color**] **~** Farbfernseher *m;* **to turn down/up the ~** den Fernseher leiser/lauter stellen; **to turn on/off the ~** den Fernseher an-/ausschalten ❷ *no pl (TV broadcasting)* Fernsehen *nt;* ■**on ~** im Fernsehen; **to watch ~** fernsehen; **to work in ~** für das Fernsehen arbeiten **II.** *n modifier (advertisement, journalism, reporter)* Fernseh-; **~ broadcasting** Fernsehübertragung *f*

tele·vi·sion ˈad·ver·tis·ing *n no pl* Fernsehwerbung *f* **tele·vi·sion an·ˈnounc·er** *n* Fernsehansager(in) *m(f),* Fernsehsprecher(in) *m(f)* **tele·vi·sion ˈcam·era** *n* Fernsehkamera *f* **tele·vi·sion ˈcam·era·man** *n* Fernsehkameramann *m* **tele·vi·sion ˈcam·era·wom·an** *n* Fernsehkamerafrau *f* **tele·vi·sion ˈchan·nel** *n (TV station)* Fernsehsender *m; (frequency range)* [Fernseh]kanal *m* **tele·vi·sion de·ˈbate** *n* Fernsehdiskussion *f* **ˈtele·vi·sion film** *n* Fernsehfilm *m* **tele·vi·sion ˈinter·view** *n* Fernsehinterview *nt* **tele·vi·sion ˈli·cence** *n* BRIT Fernsehgenehmigung *f* **tele·vi·sion ˈpro·duc·er** *n* Fernsehproduzent(in) *m(f)* **tele·vi·sion ˈpro·gram** AM, **tele·vi·sion ˈpro·gramme** *n* Fernsehprogramm *nt* **tele·vi·sion re·ˈceiv·er** *n* Fernsehapparat *m,* Fernsehgerät *nt,* Fernseher *m* **ˈtele·vi·sion screen** *n* Fernsehbildschirm *m* **tele·vi·sion ˈse·rial** *n* Fernsehserie *f* **tele·vi·sion ˈse·ries** *n* Fernsehreihe *f,* Fernsehserie *f* **ˈtele·vi·sion set** *n* Fernsehapparat *m,* Fernsehgerät *nt,* Fernseher *m* **ˈtele·vi·sion show** *n* Fernsehsendung *f* **tele·vi·sion**

'sta·tion *n* Fernsehsender *m* **tele·vi·sion 'stu·dio** *n* Fernsehstudio *nt* **tele·vi·sion trans·'mit·ter** *n* Fernsehsender *m* **tele·vi·sion 'view·er** *n* Fernsehzuschauer(in) *m(f)*
tele·vis·ual [ˌtelɪ'vɪzjuəl, AM -ə'vɪʒu-] *adj* TV-
tele·work·er ['telɪˌwɜːkəʳ, AM -ˌwɜːrkɚ] *n* Telearbeiter(in) *m(f)*, Teleworker *m*
tele·work·ing ['telɪˌwɜːkɪŋ, AM -əˌwɜːrk-] *n no pl* Telearbeit *f*
tel·ex ['teleks] **I.** *n* <*pl* -es> Telex *nt;* (*device also*) Fernschreiber *m;* (*message also*) Fernschreiben *nt;* **by ~** per Fernschreiber [*o* Telex] **II.** *n modifier* (*machine*) Telex- **III.** *vt* ■**to ~ sb** jdm ein Fernschreiben [*o* Telex] schicken; ■**to ~ sth** etw per Fernschreiben [*o* Telex] schicken; ■**to ~ sb sth** jdm etw per Fernschreiben [*o* Telex] mitteilen **IV.** *vi* ein Telex verschicken
tell [tel] **I.** *vt* <told, told> ① (*express in words*) **to ~ a lie** lügen; **to ~ the truth** die Wahrheit sagen; **to ~ [you] the truth** ehrlich gesagt; **to ~ sth like it is** (*fam*) Bescheid sagen; ■**to ~ sb sth** jdm etw erzählen; **can you ~ me the way to the station?** können Sie mir sagen, wie ich zum Bahnhof komme? ② (*narrate, relate*) **to ~ an anecdote** eine Anekdote wiedergeben; **to ~ a joke/story** einen Witz/eine Geschichte erzählen; ■**to ~ sth to sb** jdm etw erzählen; ■**to ~ sb about sth** jdm etw über etw *akk* erzählen; ■**to ~ sb of sth** (*form*) jdm von etw *dat* erzählen; ■**to ~ sb that/whether ...** (*to let sb know*) jdm sagen, dass/ob ..., jdm erzählen, dass/ob ...; (*in confidence*) jdm erzählen, dass/ob...; **that would be ~ing** das wäre Verrat ③ (*command, instruct*) ■**to ~ sb to do sth** jdm sagen, dass er/sie etw tun soll; **I was told not to talk to strangers** ich soll nicht mit Fremden reden; **do as you're told** (*fam*) mach, was man dir sagt! *fam* ④ (*discern*) **I could ~ [that] you were unhappy** ich habe gemerkt, dass du unglücklich warst; **it was too dark for me to ~ what it said on the sign** in der Dunkelheit konnte ich nicht erkennen, was auf dem Schild stand; **it's easy to ~ a non-native speaker** einen Nichtmuttersprachler kann man leicht erkennen; **you can never** [*or* **never can**] **~** man kann nie wissen; **there is no ~ing what the future will bring** man weiß nie, was die Zukunft bringt; **my daughter has just learned to ~ the time** meine Tochter hat gerade gelernt, die Uhr zu lesen; **to ~ the difference** einen Unterschied feststellen; **to ~ fortunes** wahrsagen; **to ~ sb's fortune** jds Zukunft vorhersagen ⑤ (*count*) **to ~ votes** [Wähler]stimmen auszählen ⑥ (*added up*) **all told** alles in allem; **how much do you earn all told?** wie viel verdienst du insgesamt? ▸ PHRASES: **what <u>did</u> I ~ you?** (*fam*) das hab' ich doch gleich gesagt! *fam;* **<u>didn't</u> I ~ you?** habe ich es dir nicht gleich gesagt?; **~ me <u>another</u>** [**one**] wer's glaubt, wird selig; **you're ~ing <u>me</u>!** (*fam*) wem sagst du das!; **I told you <u>so</u>** ich habe es [Ihnen] ja gleich gesagt **II.** *vi* <told, told> ① (*liter: give account, narrate*) ■**to ~ of sth/sb** von jdm/etw erzählen ② (*inform on*) ■**to ~ on sb** jdn verraten [*o sl* verpetzen] ③ (*have an effect*) sich *akk* bemerkbar machen; **these exercises really told on you** diese Übungen haben dich sichtlich mitgenommen ④ BRIT (*form: reflect unfavourably on*) ■**to ~ against sb** sich nachteilig für jdn auswirken
◆**tell apart** *vt* ■**to ~ sth/sb apart** etw/jdn auseinanderhalten
◆**tell off** *vt* ■**to ~ sb** ↻ **off** jdn ausschimpfen; ■**to ~ sb off about sth** jdm wegen einer S. *gen* die Leviten lesen; ■**to ~ sb off for sth** jdn wegen einer S. *gen* ausschimpfen
tell-all ['telɔːl] *adj attr, inv* enthüllend
tell·er ['teləʳ, AM -ɚ] *n* ① (*vote counter*) Stimmenzähler(in) *m(f)* ② AM, AUS (*bank employee*) Kassierer(in) *m(f)*
tell·ing ['telɪŋ] **I.** *adj* (*revealing*) aufschlussreich; (*effective*) wirkungsvoll; **~ argument** schlagendes Argument **II.** *n* Erzählung *f*
tell·ing-off <*pl* tellings-> [ˌtelɪŋ'ɒf, AM -'ɑːf] *n* Tadel *m;* **to give sb a ~ for [doing] sth** jdm einen Tadel für etw *akk* erteilen, jdn für etw *akk* tadeln
tell·tale ['telteɪl] **I.** *n* (*pej*) Verräter(in) *m(f)*, Petze *f pej* **II.** *adj* verräterisch
tell·tale 'sign *n* Anzeichen *nt*
tel·ly ['teli] *n* BRIT, AUS (*fam*) ① (*television set*) Fernseher *m*, Glotze *f pej fam* ② *no pl* (*TV broadcasting*) ■**on ~** im Fernsehen; **what's on ~ tonight?** was gibt's heute Abend im Fernsehen?
tel no *n abbrev of* **telephone number** Tel.
tem·blor ['temblɚ] *n* AM (*earthquake*) Erdbeben *nt*
te·mer·ity [tɪ'merəti, AM tə'merəṭi] *n no pl* (*pej form: recklessness*) Tollkühnheit *f;* (*cheek*) Frechheit *f;* **to have the ~ to do sth** die Tollkühnheit/Frechheit besitzen, etw zu tun
temp [temp] (*fam*) **I.** *n* (*temporary employee*) Zeitarbeiter(in) *m(f);* (*temporary secretary*) Aushilfssekretär(in) *m(f)* **II.** *vi* aushilfsweise arbeiten
tem·per ['tempəʳ, AM -ɚ] **I.** *n* ① *usu sing* (*state of mind*) Laune *f;* (*angry state*) Wut *f kein pl;* (*predisposition to anger*) Reizbarkeit *f kein pl;* **what a foul ~ you're in!** hast du eine üble Laune!; **~s were getting [rather] frayed** [*or* **short**] die Stimmung wurde [ziemlich] gereizt; **display** [*or* **fit**] **of ~** Temperamentsausbruch *m;* (*angry*) Wutanfall *m;* **to be in a bad/good ~** schlecht [*o* übel]/gut gelaunt sein; **to get into a ~ [about sth]** sich *akk* [über etw *akk*] aufregen; **to control one's ~** sein Temperament zügeln; **to have a ~** in gereizter Stimmung sein; **to keep one's ~** sich *akk* beherrschen, ruhig bleiben; **to lose one's ~** die Geduld verlieren; **in a ~** wütend ② *usu sing* (*characteristic mood*) Naturell *nt;* **she has a very sweet ~** sie hat ein sehr sanftes Wesen; **he is a man of violent ~** er hat ein ungezügeltes Temperament ③ *no pl of metal* Härte *f* **II.** *vt* ① (*form: mitigate*) ■**to ~ sth with sth** etw durch etw *akk* ausgleichen; **to ~ one's criticism** seine Kritik abschwächen; **to ~ one's enthusiasm** seine Begeisterung zügeln [*o* im Zaum halten] ② (*make hard*) ■**to ~ sth** etw härten [*o fachspr* tempern]; **to ~ iron** Eisen glühfrischen *fachspr* ③ (*add water*) ■**to ~ sth** etw anrühren; **to ~ colours** [*or* AM **colors**] Farben anrühren ④ MUS ■**to ~ sth** etw temperieren
tem·pera ['tempᵊrə] *n no pl* Temperamalerei *f*
tem·pera·ment ['tempᵊrəmənt, -prə-, AM -pɚ-, prə-] *n* ① (*person's nature*) Temperament *nt*, Naturell *nt*, Charakter *nt;* **she's quiet by ~** sie hat ein stilles Wesen; **to be of an artistic ~** eine Künstlerseele sein ② *no pl* (*pej: predisposition to anger*) [aufbrausendes] Temperament, Reizbarkeit *f;* **fit of ~** Temperamentsausbruch *m;* (*angry*) Wutanfall *m*
tem·pera·men·tal [ˌtempᵊrə'mentᵊl, AM -pɚə'menṭᵊl, prə-] *adj* ① (*moody*) *person* launenhaft, launisch; (*hum*) *thing* launisch *hum;* **to be rather ~** so seine Launen haben ② (*engendered by character*) anlagebedingt; **I have a ~ dislike of crowds** ich habe von Natur aus eine Abneigung gegen Menschenmengen; **~ differences** Temperamentsunterschiede *mpl*
tem·pera·men·tal·ly [ˌtempᵊrə'mentᵊli, AM -prə'menṭᵊli] *adv* ① (*concerning character*) charakterbedingt, von Natur aus ② (*pej: done moodily*) launisch *a. hum;* **she behaved ~ as a diva** sie benahm sich launisch wie eine Diva
tem·per·ance ['tempᵊrᵊn(t)s] **I.** *n no pl* (*form*) Mäßigung *f;* (*in eating, drinking*) Maßhalten *nt* (**in** bei +*dat*); (*abstinence from alcohol*) Abstinenz *f* **II.** *n modifier* (*movement*) Abstinenz-; **~ advocate** Abstinenzverfechter(in) *m(f)*
tem·per·ate ['tempᵊrət] *adj* ① (*usu approv form: self-restrained*) maßvoll ② (*mild*) *climate, zone* gemäßigt; **~ species** Art, die in einer gemäßigten Klimazone beheimatet ist
tem·pera·ture ['temprətʃəʳ, AM -pɚətʃɚ] **I.** *n* Temperatur *f;* **~s have been very mild for this time of year** für diese Jahreszeit sind die Temperaturen sehr mild; (*fig*) **the ~ of the discussion started to rise** die Diskussion erhitzte sich; **body ~** Körpertemperatur *f;* **sudden fall/rise in ~** plötzlicher Temperaturabfall/-anstieg; **to have** [*or* **run**] **a ~** Fieber haben; **to take sb's ~** jds Temperatur messen **II.** *n modifier* (*change, control, decline, rise*) Temperatur-; **~ gauge** Temperaturanzeiger *m;* **~ variation** Temperaturschwankung *f*

T

tem·pest ['tempɪst] *n* Sturm *m a. fig*

tem·pes·tu·ous [tem'pestjuəs, -tʃu-, AM -tʃu-] *adj* ❶ (*liter: very stormy*) stürmisch, tosend *attr;* **we set sail in ~ conditions** wir setzten Segel unter Sturm ❷ (*fig: turbulent*) turbulent, stürmisch; **a ~ career** eine bewegte Laufbahn; **a ~ discussion** eine hitzige Diskussion

tem·pes·tu·ous·ly [tem'pestjuəsli, -tʃu-, AM -tʃu-] *adv* ungestüm; **to behave ~** sich ungestüm gebärden *geh*

tem·pi ['tempi:] *n pl of* **tempo**

tem·plate ['templeɪt, AM -plɪt], **tem·plet** ['templɪt] *n* Schablone *f;* **to serve as a ~ for sth** (*fig*) als Muster für etw *akk* dienen

tem·ple[1] ['templ] *n* (*place of worship*) Tempel *m*

tem·ple[2] ['templ] *n* (*part of head*) Schläfe *f*

tem·po <*pl* -s *or* -pi> ['tempəʊ, AM -poʊ, *pl* -pi:] *n* ❶ (*rate of motion*) Tempo *nt;* **rapid ~** schnelles Tempo; **to up the ~** das Tempo erhöhen ❷ MUS Tempo *nt;* **change in ~** Tempowechsel *m;* **to increase the ~** das Tempo erhöhen

tem·po·ral ['tempᵊrᵊl] *adj* (*form*) weltlich

tem·po·rari·ly ['tempᵊrᵊli] *adv* vorübergehend

tem·po·rary ['tempᵊrᵊri, AM -pəreri] *adj* (*not permanent*) zeitweilig, vorübergehend; (*with specific limit*) befristet; **~ ceasefire** vorübergehender Waffenstillstand; **a ~ lapse in concentration** ein zeitweiliger Konzentrationsverlust; **~ staff** Aushilfspersonal *nt*

tem·po·rize ['tempᵊraɪz, AM -pər-] *vi* (*form*) Verzögerungstaktiken einsetzen; ■**to ~ with sb** jdn hinhalten

tempt [tempt] *vt* ❶ (*entice*) ■**to ~ sb** jdn in Versuchung führen; ■**to be ~ed** schwach werden; ■**to be ~ed to do sth** versucht sein, etw zu tun; ■**to ~ sb to do** [*or* **into doing**] **sth** jdn dazu verleiten [*o* verführen] [*o* bringen], etw zu tun; **to ~ the appetite** den Appetit anregen ❷ (*attract*) ■**to ~ sb** jdn reizen [*o* locken]; **the sunny day ~ed me into shorts and T-shirt** der sonnige Tag verlockte mich dazu, Shorts und T-Shirt zu tragen ►PHRASES: **to ~ fate** [*or* **providence**] das Schicksal herausfordern

temp·ta·tion [temp'teɪʃᵊn] *n* ❶ (*enticement*) Versuchung *f;* **advertising relies heavily on ~** die Werbung versucht hauptsächlich durch Verführungsstrategien zu wirken; **to be an irresistible ~** eine zu große Versuchung sein; **to give in to ~** der Versuchung erliegen; **to resist the ~** [**to do sth**] der Versuchung widerstehen[, etw zu tun] ❷ (*sth tempting*) Verlockung *f;* **to succumb to the ~s of life in the country** den Verlockungen des Landlebens erliegen ►PHRASES: **I can resist everything except ~** ich kann allem widerstehen, außer der Versuchung; **and lead us not into ~** REL und führe uns nicht in Versuchung

tempt·er ['temptəʳ, AM -ɚ] *n* Verführer(in) *m(f);* ■**the T~** REL der Versucher

tempt·ing ['temptɪŋ] *adj* verführerisch, verlockend; **~ offer** verlockendes Angebot

tempt·ing·ly ['temptɪŋli] *adv* verführerisch, verlockend; **to move ~** sich *akk* aufreizend bewegen

temp·tress <*pl* -es> ['temptrəs, AM -trɪs] *n* (*liter or hum*) Verführerin *f*

'temp work *n no pl* Zeitarbeit *f*

ten [ten] **I.** *adj inv* zehn; **a ~-seater** ein Zehnsitzer ►PHRASES: **to be ~ a penny** BRIT (*fig*) wertlos sein; **people who say they know the President are ~ a penny** Leute, die behaupten, den Präsidenten zu kennen, gibt es wie Sand am Meer **II.** *n* Zehn *f;* **what's the time? – it's ~** wie viel Uhr ist es? – es ist zehn; (*fam*) **~ to one he won't be there tonight** zehn zu eins, dass er heute Abend nicht da sein wird; **~s of thousands** zehntausende; **to count** [**up to**] **~** bis zehn zählen

ten·able ['tenəbl] *adj* ❶ (*defendable*) *approach* vertretbar; *argument* haltbar ❷ *pred* (*to be held*) *office, position* zu besetzen *präd;* (*to be maintained*) **the university scholarship is ~ for three years** das Stipendium für die Universität wird für drei Jahre verliehen

te·na·cious [tɪ'neɪʃəs, AM tə'-] *adj* ❶ (*gripping tightly*) *grip* fest; **the baby took my finger in its ~ little fist** der Säugling nahm meinen Finger fest in seine kleine Faust ❷ (*persistent*) *person, legend, theory* hartnäckig; *person also* beharrlich

te·na·cious·ly [tɪ'neɪʃəsli, AM tə'-] *adv* ❶ (*gripping tightly*) fest ❷ (*persistently*) unermüdlich, beharrlich

te·nac·ity [tɪ'næsəti, AM tə'næsəţi] *n no pl* Beharrlichkeit *f,* Hartnäckigkeit *f*

ten·an·cy ['tenən(t)si] *n* ❶ (*status concerning lease*) Pachtverhältnis *nt;* (*rented lodgings*) Mietverhältnis *nt* ❷ (*right of possession*) Eigentum *nt* ❸ (*duration of lease*) Pachtvertrag *m;* (*of rented lodgings*) Mietvertrag *m;* **I have a two year ~ on the house** ich habe einen Mietvertrag auf zwei Jahre für dieses Haus

ten·ant ['tenənt] *n of rented accommodation* Mieter(in) *m(f); of leasehold* Pächter(in) *m(f);* **council ~** BRIT Mieter(in) *m(f)* einer Sozialwohnung

ten·ant 'farm·er *n* Pächter(in) *m(f)*

tench <*pl* -> [ten(t)ʃ] *n* Schleie *f*

Ten Com·'mand·ments *npl* ■**the ~** die Zehn Gebote *ntpl*

tend[1] [tend] *vi* ❶ (*be directed towards*) tendieren; **to ~ downwards** eine Tendenz nach unten aufweisen ❷ (*incline*) ■**to ~ to** [*or* **towards**] **sth** zu etw *dat* neigen [*o* tendieren]; **I ~ to think he's right** ich bin dazu geneigt, ihm Recht zu geben

tend[2] [tend] **I.** *vi* ■**to ~ to sb/sth** sich *akk* um jdn/etw kümmern **II.** *vt* ■**to ~ sb/sth** sich *akk* um jdn/etw kümmern, jdn/etw pflegen; **to ~ sheep** Schafe hüten; **to ~ a road accident victim** dem Opfer eines Verkehrsunfalls Hilfe leisten

ten·den·cy ['tendən(t)si] *n* Tendenz *f;* (*inclination*) Neigung *f,* Hang *m;* (*trend*) Trend *m* (**to**[**wards**] zu +*akk*); **she showed musical tendencies from an early age** schon von früh an ließ sie eine Neigung zur Musik erkennen; **there is a growing ~ to invest in shares** der Trend wächst, in Aktien zu investieren; ■**to have a ~ to**[**wards**] **sth** zu etw *dat* neigen; **he has always had a ~ towards fast cars** er hatte schon immer einen Hang zu schnellen Autos; **alarming ~** alarmierende Tendenz; **hereditary ~** erbliche Veranlagung

ten·den·tious [ten'den(t)ʃəs] *adj* (*pej form*) tendenziös *pej geh*

ten·den·tious·ly [ten'den(t)ʃəsli] *adv* (*pej form*) tendenziös *pej geh*

ten·den·tious·ness [ten'den(t)ʃəsnəs] *n no pl* (*form*) einseitige Orientierung

ten·der[1] ['tendəʳ, AM -ɚ] *adj* ❶ (*not tough*) *meat, vegetable* zart ❷ (*easily hurt*) *skin, plants* zart; (*sensitive to pain*) *part of body* [schmerz]empfindlich ❸ (*liter: youthful*) zart; **at a ~ age of 5** im zarten Alter von 5 Jahren; **of ~ years** (*form*) in sehr jungen Jahren ❹ (*requiring tact*) heikel; **~ subject** heikles Thema ❺ (*affectionate*) zärtlich; **she gave him a ~ look** sie warf ihm einen liebevollen Blick zu; **~ love story** gefühlvolle Liebesgeschichte; **to have a ~ heart** ein weiches Herz besitzen; **~ kiss** zärtlicher Kuss

ten·der[2] ['tendəʳ, AM -ɚ] **I.** *n* COMM (*price quote*) Angebot *nt;* **to invite ~s** Angebote einholen; **to put in** [*or* **submit**] **a ~** ein Angebot machen; **to put sth out for ~** etw ausschreiben; **to win the ~** den Zuschlag bekommen **II.** *vt* (*form*) **to ~ an apology** eine Entschuldigung aussprechen; **to ~ the exact fare** das Fahrgeld genau abgezählt bereithalten; **to ~ one's resignation** die Kündigung einreichen; **the minister ~ed his resignation** der Minister bot seinen Rücktritt an **III.** *vi* COMM ein Angebot machen; *goods* andienen; ■**to ~ for sth** sich *akk* an einer Ausschreibung für etw *akk* beteiligen

ten·der[3] ['tendəʳ, AM -ɚ] *n* ❶ (*railway waggon*) Kohlenwagen *m* ❷ (*boat*) Begleitschiff *nt* ❸ (*behind fire engine*) Wassertankanhänger *m*

'ten·der·foot <*pl* -s *or* -feet> *n* Neuling *m* **ten·der-'heart·ed** *adj* weichherzig

ten·der·ize ['tendᵊraɪz, AM -dər-] *vt* ■**to ~ sth** etw zart [*o* weich] machen; **leave the beef overnight in a marinade to ~ it** las-

sen Sie das Rindfleisch über Nacht in einer Marinade, damit es zart wird
ten·der·iz·er ['tendəraɪzəʳ, AM -dəraɪzɚ] *n* Weichmacher *m*
ten·der·loin ['tendəlɔɪn, AM -dɚ-] *n no pl* Filet *nt*, Lendenstück *nt*
ten·der·ly ['tendəli, AM -ɚli] *adv* sanft, zärtlich; (*lovingly*) liebevoll
ten·der·ness ['tendənəs, AM -dɚ-] *n no pl* ❶ (*fondness*) Zärtlichkeit *f*, Güte *f* ❷ (*physical sensitivity*) [Schmerz]empfindlichkeit *f*; **there was an area of ~ and swelling on her left leg** an ihrem linken Bein war eine Stelle, die schmerzempfindlich und geschwollenen war ❸ (*succulence*) Zartheit *f*; **the ~ of the steak was mouth-watering** das Steak war so zart, dass einem das Wasser im Munde zusammenlief
ten·don ['tendən] *n* Sehne *f*
ten·do·ni·tis ['tendən,aɪtɪs, AM -t̬-] *n no pl* Sehnenentzündung *f*, Tendinitis *f fachspr*
ten·dril ['tendrəl] *n* Ranke *f*
ten·ement ['tenəmənt] *n* Mietwohnung *f*; AM *a.* (*run-down*) heruntergekommene Mietwohnung
'ten·ement block *n* Wohnblock *m*; AM *a.* Mietskaserne *f pej*
'ten·ement house *n* AM, SCOT Mietshaus *nt*; AM *a.* heruntergekommenes Mietshaus *nt*
Ten·erife [,tenəˈri:f, AM -əˈri:f] *n no pl* Teneriffa *nt*
ten·et ['tenɪt] *n* (*form*) Lehre *f*
'ten·fold *inv* **I.** *adj* zehnfach **II.** *adv* (*by ten times*) um das Zehnfache; (*ten times*) zehnfach **ten-'four** *interj esp* AM (*fam*) okay; (*on CB radio*) Roger *sl*
ten·ner ['tenəʳ, AM -ɚ] *n* (*fam*) Zehner *m*
ten·nis ['tenɪs] **I.** *n no pl* Tennis *nt* **II.** *n modifier* (*ball, facilities, instructor*) Tennis-; ~ **class** Tennisstunde *f*
'ten·nis court *n* Tennisplatz *m* **ten·nis 'el·bow** *n no pl* MED Tennisarm *m* **'ten·nis match** *n* Tennisspiel *nt*, Tennismatch *nt* **'ten·nis rack·et** *n* Tennisschläger *m* **'ten·nis shoe** *n* Tennisschuh *m*
ten·on ['tenən] *n* Zapfen *m*
'ten·on saw *n* Furniersäge *f*
ten·or[1] ['tenəʳ, AM -ɚ] **I.** *n* Tenor *m*; (*voice also*) Tenorstimme *f* **II.** *n modifier* (*saxophone, tuba, trombone, violin*) Tenor-
ten·or[2] ['tenəʳ, AM -ɚ] *n no pl* ❶ (*form: general meaning*) Tenor *m geh*; (*content also*) Inhalt *m*; **the general ~ of the discussion** der allgemeine Tenor der Diskussion ❷ (*settled nature*) *of life* Stil *m*, Verlauf *m*; **to raise the ~ of the proceedings** die Vorgehensweise verbessern
ten·pin ['tenpɪn] *n* Kegel *m* **ten·pin 'bowl·ing** *n no pl* Bowling *nt*
ten·pins ['tenpɪnz] *npl + sing vb* AM Bowling *nt kein pl*
tense[1] [ten(t)s] *n* LING Zeitform *f*, Tempus *nt fachspr*
tense[2] [ten(t)s] **I.** *adj finger, muscle, person, voice* angespannt; ~ **moment** spannungsgeladener Moment; **to defuse a ~ situation** eine gespannte Lage entschärfen **II.** *vt* **to ~ a muscle** einen Muskel anspannen **III.** *vi muscle, person* sich *akk* [an]spannen
◆**tense up** *vi muscle, person* sich *akk* [an]spannen
tensed up *adj* (*mentally*) angespannt; (*physically*) verspannt; **to appear ~** angespannt wirken
tense·ly ['ten(t)sli] *adv* angespannt; (*nervously*) nervös
tense·ness ['ten(t)snəs] *n no pl* ❶ (*stiffness*) Steifheit *f*; **you should always warm up before a race to lose any ~ you may have** vor einem Wettlauf sollte man sich immer aufwärmen, um alle Muskeln zu lockern ❷ (*anxiousness*) Angespanntheit *f*
ten·sile ['ten(t)saɪl, AM -sɪl] *adj* (*form*) dehnbar; (*lengthwise*) streckbar
ten·sile 'strength *n* Zugfestigkeit *f*
ten·sion ['ten(t)ʃən] *n no pl* ❶ (*tightness*) Spannung *f*; ~ **in the neck muscles can lead to a headache** eine Verspannung der Nackenmuskulatur kann zu Kopfschmerzen führen; ~ **of a rope** Seilspannung *f* ❷ (*uneasiness*) [An]spannung *f* ❸ (*strain*) Spannung[en] *f[pl]* (**between** zwischen +*dat*); **to ease ~** Spannungen reduzieren ❹ (*emotional excitement*) Spannung *f*; **to maintain the ~ in a film** die Spannung in einem Film aufrechterhalten
tent [tent] *n* Zelt *nt*; **beer ~** Bierzelt *nt*; **two-man ~** Zweipersonenzelt *nt*; **to pitch a ~** ein Zelt aufschlagen
ten·ta·cle ['tentəkl̩] *n* Fangarm *m*, Tentakel *m fachspr*; (*as a sensor*) Fühler *m*; **to have one's ~s in sth** (*fig*) die Finger in etw *dat* haben *fig*
ten·ta·tive ['tentətɪv, AM -t̬ət̬ɪv] *adj* ❶ (*provisional*) vorläufig; **a ~ agreement** eine vorläufige Vereinbarung ❷ (*hesitant*) vorsichtig; ~ **attempt** [*or* **effort**] zaghafter Versuch
ten·ta·tive·ly ['tentətɪvli, AM -t̬et̬ɪv-] *adv* ❶ (*provisionally*) provisorisch ❷ (*hesitatingly*) zögernd
ten·ta·tive·ness ['tentətɪvnəs, AM -t̬et̬ɪv-] *n no pl* Unentschlossenheit *f*
tent·ed ['tentɪd] *adj inv* mit Zelten belegt
ten·ter·hooks ['tentəhʊks, AM -tɚ-] *npl* Spannhaken *m*; ■ **to be [kept] on ~** wie auf glühenden Kohlen sitzen; ■ **to be on ~ to do sth** es kaum abwarten können, etw zu tun; **to keep sb on ~** jdn auf die Folter spannen
tenth [ten(t)θ] **I.** *n* ■ **the ~** der Zehnte; **on the ~ of May** am zehnten Mai; ■ **a ~** ein Zehntel *nt* **II.** *adj attr, inv* zehnte(r, s); ■ **to be ~** Zehnte(r, s) sein **III.** *adv inv* als Zehnte(r, s)
tenth·ly ['ten(t)θli] *adv inv* zehntens
'tent peg *n* Hering *m* **'tent pole** *n* Zeltstange *f*
tenu·ous ['tenjuəs] *adj* spärlich; *argument, excuse* schwach, dürftig; *cloud* dünn
ten·ure ['tenjəʳ, AM -ɚ] *n* (*form*) ❶ *no pl* (*right of title*) Besitz *m*; **security of ~** Kündigungsschutz *m* ❷ *no pl* (*term of possession*) Pachtdauer *f*; **they have another two years ~** sie haben noch zwei weitere Jahre Pachtrecht ❸ (*holding of office*) Amtszeit *f*; ~ **as a commander** Dienstzeit *f* als Kommandeur; **her tenure of the premiership was threatened** ihr Amt als Premierministerin war in Gefahr ❹ UNIV (*permanent position*) feste Anstellung; **the only position in the department having ~ is the chair** die einzige feste Stelle in der Abteilung ist der Vorsitz
ten·ured ['tenjəd, AM -ɚd] *adj inv* (*form*) *civil servant, teacher* unkündbar; ~ **position** feste Anstellung
te·pee ['ti:pi:] *n* Indianerzelt *nt*
tep·id ['tepɪd] *adj* lau[warm] *a. fig*; ~ **applause** schwacher Applaus; ~ **reaction** laue Reaktion
te·pid·ity [tep'ɪdəti, AM tə'pɪdət̬i] *n no pl* lauwarme Temperatur
te·qui·la [tə'ki:lə] *n* Tequila *m*
ter·cen·te·nary [,tɜ:sen'ti:nəri, AM tɚ'sentəneri], AM *esp* **ter·cen·ten·nial** [,tɜ:sen'teniəl, AM ,tɜ:r-] **I.** *n* Dreihundertjahrfeier *f* **II.** *adj attr, inv* Dreihundertjahr-; ~ **anniversary** dreihundertjähriges Jubiläum
term [tɜ:m, AM tɜ:rm] **I.** *n* ❶ (*of two*) Semester *nt*; (*of three*) Trimester *nt*; **half-~** *kurze Ferien, die zwischen den langen Ferien liegen, z.B. Pfingst-/Herbstferien* ❷ (*set duration of job*) Amtszeit *f*; ~ **of office** Amtsperiode *f* ❸ (*period of sentence*) ~ **of imprisonment** Haftdauer *f*; **prison ~** Gefängnisstrafe *f* ❹ (*form: duration of contract*) Laufzeit *f* ❺ *no pl* (*anticipated date of birth*) Geburtstermin *m*; **her last pregnancy went to ~** bei ihrer letzten Schwangerschaft hat sie das Kind bis zum Schluss ausgetragen; (*period*) ~ **of pregnancy** Schwangerschaft *f* ❻ (*range*) Dauer *f*; **in the long/medium/short ~** lang-/mittel-/kurzfristig ❼ (*phrase*) Ausdruck *m*; ~ **of abuse** Schimpfwort *nt*; ~ **of endearment** Kosewort *nt*; **in layman's ~s** einfach ausgedrückt; **to be on friendly ~s with sb** mit jdm auf freundschaftlichem Fuß stehen; **generic ~** Gattungsbegriff *m*; **in glowing ~s** mit Begeisterung; **legal ~** Rechtsbegriff *m*; **technical ~** Fachausdruck *m*; **in no uncertain ~s** unmissverständlich; **she told him what she thought in no uncertain ~s** sie gab ihm unmissverständlich zu verste-

T

hen, was sie dachte **II.** *vt* ■**to ~ sth: I would ~ his behaviour unacceptable** ich würde sein Verhalten als inakzeptabel bezeichnen; ■**to ~ sb [as] sth** jdn als etw bezeichnen, jdn etw nennen

ter·ma·gant ['tɜːmәgәnt, AM 'tɜːr-] *n* (*pej*) Drachen *m pej*, Xanthippe *f pej*

term de·'pos·it *n* FIN Terminguthaben *nt*

ter·mi·nable ['tɜːmɪnәbl̩, AM 'tɜːr-] *adj* (*form*) kündbar

ter·mi·nal ['tɜːmɪnᵊl, AM 'tɜːr-] **I.** *adj inv* ❶ (*fatal*) End-; **she has ~ cancer** sie ist unheilbar an Krebs erkrankt; **~ disease** [*or* **illness**] tödlich verlaufende Krankheit; **~ patient** Sterbepatient(in) *m(f)* ❷ (*fig fam: extreme*) **the shipbuilding industry is in ~ decline** die Schiffsbaubranche befindet sich unaufhaltsam im Niedergang; **~ boredom** tödliche Langeweile ❸ (*concerning travel terminals*) Terminal-; **~ building** Flughafengebäude *nt* **II.** *n* ❶ AVIAT, TRANSP Terminal *m o nt*; **air ~** Flughafengebäude *nt*; **ferry ~** Bestimmungshafen *m*; **rail ~** Endstation *f* ❷ (*part of computer*) Terminal *nt* ❸ (*point in circuit*) [Anschluss]pol *m*

ter·mi·nal·ly ['tɜːmɪnᵊli, AM 'tɜːr-] *adv* tod-; **~ ill** todkrank; **~ stupid** (*fig*) rettungslos bescheuert *fam*

ter·mi·nate ['tɜːmɪneɪt, AM 'tɜːr-] **I.** *vt* ■**to ~ sth** etw beenden; **to ~ a contract** einen Vertrag aufheben; **to ~ a pregnancy** eine Schwangerschaft abbrechen **II.** *vi* enden; **this train will ~ at the next stop** der nächste Bahnhof ist Endstation

ter·mi·na·tion [ˌtɜːmɪ'neɪʃᵊn, AM ˌtɜːr-] *n no pl* Beendigung *f*; *of a contract* Aufhebung *f*; **~ of a pregnancy** Schwangerschaftsabbruch *m*

ter·mi·ni ['tɜːmɪnaɪ, AM 'tɜːr-] *n pl of* **terminus**

ter·mi·no·logi·cal [ˌtɜːmɪnә'lɒdʒɪkᵊl, AM ˌtɜːrmɪnә'lɑː-] *adj* terminologisch *fachspr*

ter·mi·no·logi·cal·ly [ˌtɜːmɪnә'lɒdʒɪkᵊli, AM ˌtɜːrmɪnә'lɑː-] *adv* terminologisch *fachspr*

ter·mi·nol·ogy [ˌtɜːmɪ'nɒlәdʒi, AM ˌtɜːrmɪ'nɑː-] *n* Terminologie *f geh*, Fachsprache *f*

term in·'sur·ance *n no pl* AM Zeitversicherung *f*

ter·mi·nus <*pl* -es *or* -ni> ['tɜːmɪnәs, AM 'tɜːr-, *pl* -naɪ] *n* Endstation *f*; *of a train also* Endbahnhof *m*

ter·mite ['tɜːmaɪt, AM 'tɜːr-] *n* Termite *f*

'term pa·per *n* AM Seminararbeit *f*

terms [tɜːmz, AM tɜːrmz] *npl* Bedingungen *fpl*; **~ of an agreement** Vertragsbedingungen *fpl*; **on equal** [*or* **the same**] **~** unter den gleichen Bedingungen; **on favourable** [*or* AM **favorable**] **~** zu günstigen Bedingungen; **to be back on level ~** SPORTS den Ausgleich erzielt haben; **on one's [own] ~** zu seinen/ihren [eigenen] Bedingungen; **to bring sb to ~** jdn zur Annahme der Bedingungen zwingen; **to comply with the ~** die Bedingungen erfüllen; **to state ~** Bedingungen nennen ▶ PHRASES: **to be on bad/good ~ with sb** sich *akk* schlecht/gut mit jdm verstehen; **to come to ~ with sth** sich *akk* mit etw *dat* abfinden; **to come to ~ with sb** sich *akk* mit jdm einigen; **to talk** [*or* **think**] **in ~ of doing sth** sich *akk* mit dem Gedanken tragen, etw zu tun; **in ~ of sth, in ... ~** (*as*) als etw; **consider it in ~ of an instrument** betrachten Sie es als Instrument; (*with regard to*) was etw angeht *dat*; **in ~ of costs** was die Kosten angeht; **a 200-year old building is very old in American ~** für amerikanische Verhältnisse ist ein 200 Jahre altes Gebäude sehr alt

terms of 'ref·er·ence *npl* ❶ (*form: topic area*) Aufgabenbereich *m*; **~ of the report** Berichtsgrundlagen *fpl* ❷ (*basis for decision*) Kriterien *fpl*; **he is always concerned about money – finance is his only ~** er macht sich immer Sorgen ums Geld – die Finanzen sind sein einziges Kriterium **'term time** *n* (*at university*) Semesterzeit *f*; (*at school*) Schulhalbjahr *nt*

tern [tɜːn, AM tɜːrn] *n* Seeschwalbe *f*

ter·race ['terɪs] **I.** *n* ❶ (*patio*) Terrasse *f* ❷ (*on a slope*) Terrasse *f* ❸ (*geol*) Terrasse *f* ❹ BRIT ■**~s** *pl* (*in a stadium*) Tribüne *f*; **spectators'** [*or* **viewing**] **~** Besucherränge *mpl* ❺ *esp* BRIT (*row of houses*) Reihenhäuser *ntpl*; **end-of-~** letztes Reihenhaus **II.** *vt* ■**to ~ sth** etw terrassenförmig anlegen

ter·raced ['terɪst] *adj inv* Terrassen-; **~ property** Reihenhaus *nt*; **~ road** BRIT Straße *f* mit Reihenhäusern

ter·raced 'house *n* Reihenhaus *nt*

ter·ra·cot·ta [ˌterә'kɒtә, AM -'kɑːt̬ә] **I.** *n no pl* ❶ (*clay product*) Terrakotta *f* ❷ (*colour*) Terrakotta *f* **II.** *n modifier* ❶ (*clay*) (*pot, sculpture, tile*) Terrakotta-, aus Terrakotta *nach n, präd* ❷ (*reddish*) Terrakotta-; **~ shade** Terrakottaton *m*

ter·ra fir·ma [ˌterә'fɜːmә, AM -'fɜːr-] *n no pl* festes Land; **to get back on ~ again** wieder festen Boden unter den Füßen haben

ter·ra·form·ing ['terәˌfɔːmɪŋ, AM -'fɔːr-] *n no pl Anpassung eines Planeten an menschliche Lebensbedingungen*

ter·rain [tә'reɪn, AM ter'eɪn] *n* Gelände *nt*, Terrain *nt a. fig*; **ski ~** Skigebiet *nt*; **marshy ~** Sumpfgebiet *nt*

ter·ra·pin <*pl* - *or* -s> ['terәpɪn] *n* Dosenschildkröte *f*

ter·rar·ium <*pl* -s *or* -ria> [tә'reәriәm, AM -'reri-] *n* Terrarium *nt*

ter·res·trial [tә'restriәl] (*form*) **I.** *adj inv* ❶ (*of, on, or relating to the earth*) terrestrisch *geh*, Erd-; **~ conditions** Bedingungen *fpl* auf der Erde ❷ (*living on the ground*) *animal, plant* Land-, an Land lebend *attr*; **to live in ~ habitats** Landbewohner sein ❸ TV, MEDIA terrestrisch *geh* **II.** *n* Erdling *m*, Erdbewohner(in) *m(f)*

ter·ri·ble ['terәbl̩] *adj* ❶ (*shockingly bad*) schrecklich, furchtbar; **~ news** schreckliche Nachricht; **to give a ~ smile** Furcht erregend grinsen; **to look/feel ~** schlimm aussehen/sich *akk* schrecklich fühlen ❷ (*fam: very great*) schrecklich, fürchterlich; **what a ~ mess your room is in!** in deinen Zimmer herrscht eine fürchterliche Unordnung!; **she is ~ at managing her money** sie kann mit Geld überhaupt nicht umgehen; **to be a ~ nuisance** schrecklich lästig sein

ter·ri·ble 'twins *npl* BRIT (*fam*) Skandalpaar *nt* (*Zweiergespann, das sich einen notorischen Ruf erworben hat*) **ter·ri·ble 'twos** *npl* ■**the ~** das Trotzalter

ter·ri·bly ['terәbli] *adv* ❶ (*awfully*) schrecklich; **I slept ~ last night** ich habe letzte Nacht sehr schlecht geschlafen; **he did ~ in the race** er hat im Rennen sehr schlecht abgeschnitten ❷ (*fam: extremely*) außerordentlich; **she was ~ sorry** es tat ihr fürchterlich leid; **to be ~ pleased** sich *akk* außerordentlich freuen ❸ (*fam: really, truly*) wirklich; **were you ~ in love with him?** warst du richtig in ihn verliebt?; **not ~** nicht wirklich

ter·ri·er ['terɪәʳ, AM -ɚ] *n* Terrier *m*

ter·rif·ic [tә'rɪfɪk] *adj* (*fam*) ❶ (*excellent*) großartig, fantastisch, toll *fam*, super *sl*; **we had a ~ time at the zoo** es war einfach toll im Zoo ❷ (*very great*) gewaltig, ungeheuer, unglaublich; **at a ~ speed** mit einer ungeheuren Geschwindigkeit

ter·ri·fi·cal·ly [tә'rɪfɪkᵊli] *adv* ❶ (*fam: extremely well*) fantastisch, großartig, super *sl*; **we get on ~** wir verstehen uns großartig ❷ (*extremely*) ungeheuer, unglaublich; **my tooth is ~ painful** mein Zahn schmerzt gewaltig; **she's been ~ busy lately** sie hat in letzter Zeit ungeheuer viel zu tun

ter·ri·fied ['terәfaɪd] *adj* (*through sudden fright*) erschrocken; (*scared*) verängstigt; ■**to be ~ of sth** [große] Angst vor etw *dat* haben; ■**to be ~ of doing sth** [große] Angst haben, etw zu tun; ■**to be ~ that ...** [große] Angst haben, dass ...; **a ~ child** ein verängstigtes Kind; **to be too ~ to do sth** zu verängstigt sein, etw zu tun

ter·ri·fy <-ie-> ['terәfaɪ] *vt* ■**to ~ sb** jdn fürchterlich erschrecken, jdm Angst [*o* einen Schrecken] einjagen; **it terrifies me to think about what could've happened** wenn ich mir vorstelle, was alles hätte passieren können, läuft es mir kalt den Rücken runter

ter·ri·fy·ing ['terәfaɪɪŋ] *adj thought, sight* entsetzlich; *speed* Angst erregend, Furcht einflößend; **a ~ experience** ein schreckliches [*o* furchtbares] Erlebnis

ter·ri·fy·ing·ly ['terәfaɪɪŋli] *adv* erschreckend, beängstigend

ter·rine [tər'i:n] *n* ❶ (*pâté dish*) Terrine *f* ❷ (*cooking vessel*) Steinguttopf *m,* Terrine *f*

ter·ri·to·rial [ˌterɪ'tɔ:riəl, AM -ə'-] **I.** *n* BRIT Territorialsoldat *m,* Landwehrsoldat *m,* Soldat *m* der Heimatschutztruppe **II.** *adj inv* ❶ GEOG, POL territorial, Gebiets-; ~ **aggrandizement** territoriale Vergrößerung, Gebietserweiterung *f* ❷ ZOOL regional begrenzt; ~ **bird** Vogel *m* mit Territorialverhalten ❸ *esp* AM (*relating to a Territory*) ■**T**~ Territorial-, Landes-; ~ **law** Territorialrecht *nt,* Landesrecht *nt*

Ter·ri·to·rial 'Army *n* BRIT Territorialarmee *f,* Territorialheer *nt,* Landwehr *f;* ■**the** ~ die Heimatschutztruppe **ter·ri·to·rial 'wa·ters** *npl* Hoheitsgewässer *ntpl,* Territorialgewässer *ntpl*

ter·ri·tory ['terɪtəri, AM -ətɔ:ri] *n* ❶ (*area of land*) Gebiet *nt,* Territorium *nt;* **uncharted/unknown** ~ unerforschtes/unbekanntes Gebiet ❷ *no pl* POL Hoheitsgebiet *nt,* Staatsgebiet *nt,* Territorium *nt;* **in enemy** ~ auf feindlichem Gebiet; **forbidden** ~ (*fig*) verbotenes Terrain *fig;* **maritime** ~ Hoheitsgewässer *ntpl;* **private** ~ Privatsphäre *f* ❸ BIOL Revier *nt,* Territorium *nt* ❹ (*of activity or knowledge*) Bereich *m,* Gebiet *nt;* **familiar** ~ (*fig*) vertrautes Gebiet [*o* Terrain] *fig;* **new/uncharted** ~ Neuland *nt fig* ❺ AUS **Northern** ~ Nordterritorium *nt* ▶ PHRASES: **to go** [*or* **come**] **with the** ~ dazugehören, einhergehen; **the public attention that famous people get just goes with the** ~ Prominente stehen zwangsläufig im Mittelpunkt der Öffentlichkeit

ter·ror ['terəʳ, AM -ɚ] *n* ❶ *no pl* (*great fear*) schreckliche Angst; **to strike** ~ **in** [*or* **into**] **sb's heart** jdn mit großer Angst erfüllen; **to be** [*or* **go**] [*or* **live**] **in** ~ **of one's life** Todesängste ausstehen; **to have a** ~ **of spiders** panische Angst vor Spinnen haben; **abject/sheer** ~ furchtbare [*o fam* irre] Angst; **there was sheer** ~ **in her eyes when he came back into the room** in ihren Augen stand das blanke Entsetzen, als er in den Raum zurückkam; **to flee in** ~ in panischer Angst fliehen; **to have a** ~ **of sth** vor etw *dat* große Angst haben; **to strike** ~ [schreckliche] Angst auslösen; **to strike sb with** ~ jdn in Angst und Schrecken versetzen ❷ (*political violence*) Terror *m;* **campaign of** ~ Terrorkampagne *f;* **reign of** ~ Terrorherrschaft *f,* Schreckensherrschaft, f; **weapon of** ~ Terrorinstrument *nt* ❸ (*cause of fear*) Schrecken *m;* **the** ~**s of captivity** die Schrecken *mpl* der Gefangenschaft; **to have** [*or* **hold**] **no** ~**s** [**for sb**] [jdn] nicht [ab]schrecken; **the tiger was the** ~ **of the villagers for several months** der Tiger versetzte die Dorfbewohner monatelang in Angst und Schrecken ❹ (*fam: child*) Satansbraten *m pej;* **he is the** ~ **of the neighbourhood** er ist der Schrecken der Nachbarschaft; **holy** ~ Plage *f fig,* Alptraum *m fig* ❺ HIST ■**the T**~ [*or* **the Reign of T**~] Schreckensherrschaft *f*

'ter·ror at·tack *n* Terroranschlag *m*

ter·ror·ism ['terərɪzəm] *n no pl* Terrorismus *m;* **act of** ~ Terrorakt *m,* Terroranschlag *m*

ter·ror·ist ['terərɪst] **I.** *n* Terrorist(in) *m(f)* **II.** *adj attr, inv* terroristisch

ter·ror·is·tic [ˌterər'ɪstɪk] *adj* terroristisch

ter·rori·za·tion [ˌterəraɪ'zeɪʃən, AM -rɪ'-] *n no pl* Terrorisierung *f*

ter·ror·ize ['terəraɪz, AM -əraɪz] *vt* ■**to** ~ **sb** (*frighten*) jdn in Angst und Schrecken versetzen; (*coerce by terrorism*) jdn terrorisieren

'ter·ror-strick·en *adj,* **'ter·ror-struck** *adj* starr vor Schreck, zu Tode erschrocken

ter·ry ['teri], **ter·ry cloth I.** *n no pl* (*type*) Frottierstoff *m,* Frottee *m o nt;* (*cloth*) Frottiertuch *nt* **II.** *n modifier* (*towel, bathrobe*) Frottee-, Frottier-; ~ **velvet** Kräuselsamt *m*

ter·ry 'nap·py *n* BRIT Frotteewindel *f* **ter·ry 'tow·el·ling** BRIT **I.** *n no pl* Frottierstoff *m,* Frottee *m o nt* **II.** *n modifier* Frottee-, Frottier-

terse [tɜ:s, AM tɜ:rs] *adj* kurz und bündig; ~ **and to the point** kurz und prägnant; ~ **reply** kurze [*o* knappe] Antwort

terse·ly ['tɜ:sli, AM 'tɜ:rs-] *adv* knapp, kurz und bündig; **to be** ~ kurz angebunden sein

terse·ness ['tɜ:snəs, AM 'tɜ:rs-] *n no pl* (*curtness*) Knappheit *f,* Kürze *f;* (*conciseness*) Prägnanz *f*

ter·tiary ['tɜ:ʃəri, AM 'tɜ:rʃieri] **I.** *adj inv* ❶ (*third in place/degree*) drittrangig, tertiär *geh* ❷ MED tertiär, dritten Grades *nach n;* ~ **burns** Verbrennungen *fpl* dritten Grades; ~ **syphilis** Syphilis *f* im Tertiärstadium ❸ ORN ~ **feathers** Flaumfedern *fpl* ❹ GEOL ■**T**~ Tertiär-; **T**~ **deposit** Tertiärablagerung *f;* **the T**~ **period** das Tertiär **II.** *n* ❶ (*tertiary feather*) Flaumfeder *f* ❷ GEOL Tertiär *nt;* ■**Tertiaries** *pl* tertiäre Überreste

ter·tiary edu·'ca·tion *n* BRIT Hochschulbildung *f,* Studium *nt* **ter·tiary 'in·dus·try** *n* BRIT Dienstleistungsbranche *f* **'ter·tiary sec·tor** *n* BRIT Dienstleistungssektor *m,* Dienstleistungsbereich *m,* tertiärer Sektor *fachspr*

Tery·lene® ['terəli:n] *n no pl* BRIT Terylen® *nt*

TESL ['tesl] *n no pl acr for* **teaching English as a second language** TESL *nt* (*das Unterrichten von Englisch als zweite Sprache*); ~ **certificate** TESL-Zeugnis *nt;* ~ **course** TESL-Kurs *m*

TESOL ['ti:sɒl, AM -sɑ:l] *n no pl acr for* **teaching English to speakers of other languages** TESOL *nt* (*das Unterrichten von Englisch als Fremdsprache*)

TESSA ['tesə] *n* BRIT *abbrev of* **Tax Exempt Special Savings Account** TESSA *nt* (*Sparkonto für steuerfreie Zinserträge bei einer Mindestlaufzeit von fünf Jahren*)

tes·sel·late ['tesəleɪt, AM -əleɪt] **I.** *vt* ■**to** ~ **sth** etw tessellieren [*o* mit Mosaiksteinen auslegen] **II.** *vi* sich *akk* ohne Zwischenraum aneinanderfügen lassen

tes·sel·lat·ed ['tesəleɪtɪd, AM -əleɪt̬ɪd] *adj inv* mosaikartig, Mosaik-

tes·sel·la·tion [ˌtesəl'eɪʃən, AM -ə'leɪ-] *n* ❶ *no pl* (*covering surface*) Mosaik *nt,* Mosaikarbeit *f;* (*act of covering*) Mosaikarbeit *f* ❷ (*arrangement*) Mosaikmuster *nt,* Mosaikstruktur *f*

test [test] **I.** *n* ❶ (*of knowledge, skill*) Prüfung *f,* Test *m;* SCH Klassenarbeit *f;* UNIV Klausur *f;* **aptitude** ~ Eignungstest *m;* **driving** ~ Fahrprüfung *f;* **IQ** ~ Intelligenztest *m;* **oral/practical/written** ~ mündliche/praktische/schriftliche Prüfung; **to fail a** ~ eine Prüfung nicht bestehen; **to give sb a** ~ jdn prüfen; **I'll give the kids a vocabulary** ~ **today** ich lasse die Kinder heute einen Vokabeltest schreiben; **to pass a** ~ eine Prüfung bestehen; **to take a** ~ an einem Test [*o* einer Prüfung] teilnehmen ❷ MED, SCI (*examination*) Untersuchung *f,* Test *m;* **I'm going to have an eye** ~ **tomorrow** ich lasse mir morgen die Augen untersuchen; **blood** ~ Blutuntersuchung *f;* **pregnancy** ~ Schwangerschaftstest *m;* **urine** ~ Urinprobe *f;* **to do** [*or* **perform**] [*or* **carry out**] **a** ~ eine Untersuchung durchführen; **to have a** ~ sich *akk* untersuchen lassen, sich *akk* einer Untersuchung unterziehen *geh* ❸ (*of metallurgy*) Versuchstiegel *m,* Kapelle *f* ❹ (*of efficiency*) Test *m;* **safety** ~ Sicherheitsprüfung *f,* Sicherheitstest *m;* **to undergo a** ~ sich *akk* einem Test unterziehen ❺ (*challenge*) Herausforderung *f,* Prüfung *f fig;* **to be a real** ~ **of sth** eine echte Herausforderung für etw *akk* sein, etw auf eine harte Probe stellen; **that was a real** ~ **of his endurance** das war für ihn eine wirkliche Belastungsprobe; **to put sth to the** ~ etw auf die Probe stellen ❻ SPORTS (*cricket*) ■**T**~ Testmatch *nt* ▶ PHRASES: **the acid** ~ die Feuerprobe; **to stand the** ~ **of time** die Zeit überdauern **II.** *vt* ❶ (*for knowledge, skill*) ■**to** ~ **sb** jdn prüfen [*o* testen]; **I expect they will want to** ~ **my shorthand and typing** ich denke, man wird mich in Steno und Schreibmaschine prüfen ❷ (*try to discover*) ■**to** ~ **sth** etw untersuchen [*o geh* erkunden]; **we should** ~ **the parents' reaction before we go ahead with the changes** wir sollten erst einmal die Reaktion der Eltern abwarten, bevor wir weitere Änderungen vornehmen ❸ (*check performance*) ■**to** ~ **sth** etw testen [*o* überprüfen] ❹ (*for medical purposes*) ■**to** ~ **sth** etw untersuchen; **I was** ~**ed for HIV before I gave blood** vor dem Blutspenden wurde ich auf Aids untersucht; **to** ~ **sb's blood** eine Blutunter-

T

suchung durchführen; **to ~ sb's eyes** jds Augen untersuchen; **to ~ sb's hearing** jds Hörvermögen testen ❺ SCH ■**to ~ sth** etw abfragen [*o* prüfen]; ■**to ~ sb** jdn prüfen; **to ~ sb's IQ** [*or* **intelligence**] jds IQ testen; ■**to ~ sth** SCI etw testen [*o* untersuchen]; **how can we ~ the presence of oxygen in this sample?** wie können wir den Sauerstoffgehalt in dieser Probe ermitteln?; **they ~ed the strength of the acid samples** sie analysierten die Konzentration der Säureproben ❻ (*try to prove*) ■**to ~ sth** etw überprüfen; **to ~ a theory** eine Theorie zu beweisen versuchen ❼ ■**to ~ sth** (*by touching*) etw prüfen; (*by tasting*) etw probieren [*o geh* kosten]; **she ~ed the water by dipping her toes into the pool** sie testete mit ihren Zehen die Wassertemperatur im Becken ❽ (*try to the limit*) ■**to ~ sb/sth** jdn/etw auf die Probe stellen ▸ PHRASES: **to ~ the patience of a saint** [*or* **of Job**] eine harte Geduldsprobe sein; **those kids' behaviour would ~ the patience of Job** bei diesen Kindern muss man wirklich eine Engelsgeduld haben; **to ~ the water(s)** die Stimmung testen **III.** *vi* MED einen Test machen; **she ~ed positive for HIV** ihr Aidstest ist positiv ausgefallen

tes·ta·ment ['testəmənt] *n* ❶ (*will*) Testament *nt*, letzter Wille; **last will and ~** LAW letztwillige Verfügung, Testament *nt*; **the reading of the last will and ~** die Verlesung des Testaments ❷ (*evidence*) Beweis *m*; ■**to be** [**a**] **~ to sth** etw beweisen; **the detail of her wildlife paintings is a ~ to her powers of observation** ihre detaillierten Naturbilder zeugen von einer hervorragenden Beobachtungsgabe ❸ REL **the New/Old T~** das Neue/Alte Testament

tes·ta·men·tary [ˌtestə'mentᵊri, AM -t̬ɚi] *adj* testamentarisch, letztwillig

tes·tate ['testeɪt] **I.** *adj pred, inv* ■**to die ~** ein Testament hinterlassen **II.** *n* LAW *Erblasser/Erblasserin, der/die ein gültiges Testament hinterlässt*

tes·ta·tion [tes'teɪʃᵊn] *n no pl* LAW testamentarische Übertragung

tes·ta·tor [tes'teɪtəʳ, AM 'testeɪt̬ɚ] *n* LAW (*form*) Erblasser *m form*

tes·ta·trix <*pl* -trices> [tes'teɪtrɪks, *pl* -trɪsi:z] *n* LAW (*form*) Erblasserin *f form*

'test ban *n* Teststopp *m*, Versuchsverbot *nt* **'Test-Ban Trea·ty** *n* Teststoppabkommen *nt* **'test card** *n* TV Testbild *nt* **'test case** *n* LAW (*case establishing a precedent*) Musterprozess *m*, Musterklage *f*; (*precedent*) Präzedenzfall *m* **'test drive** *n* Testfahrt *f*, Probefahrt *f*; **to take sth for a ~** (*fig*) *product* etw testen **'test-drive** *vt* **to ~ a vehicle** ein Fahrzeug Probe fahren

test·er¹ ['testəʳ, AM -ɚ] *n* ❶ (*person*) Prüfer(in) *m(f)* ❷ (*machine*) Prüfgerät *nt*, Testvorrichtung *f* ❸ (*sample*) Muster *nt*, Probe *f*

test·er² ['testəʳ, AM -ɚ] *n* (*canopy*) Baldachin *m*

'test-fire ['tes(t)faɪəʳ, AM -faɪɚ] *vt* ■**to ~ sth** etw probeweise abfeuern

'test flight *n* Testflug *m*, Probeflug *m*

tes·ti·cle ['testɪkl] *n* Hoden *m*, Testikel *m fachspr*

tes·ti·fy <-ie-> ['testɪfaɪ] *vi* ❶ LAW (*give evidence*) [als Zeuge, -in *m, f*] aussagen, eine Aussage machen; ■**to ~ against/for sb** gegen/für jdn aussagen; ■**to ~ on behalf of sb** an jds Stelle [*o* für jdn] aussagen; **to be called upon to ~** als Zeuge, -in *m, f* aufgerufen werden; **he testified to having seen the man** er sagte aus, den Mann gesehen zu haben; ■**to ~ that ...** aussagen, dass ... ❷ (*prove*) ■**to ~ to sth** von etw *dat* zeugen *geh*, auf etw *akk* hindeuten; LAW etw bezeugen; ■**to ~ that ...** *person* bezeugen, dass ...; *object* darauf hindeuten, dass ...

tes·ti·ly ['testɪli] *adv* gereizt, ärgerlich

tes·ti·mo·nial [ˌtestɪ'məʊniəl, AM -'moʊ-] *n* ❶ (*dated: character reference*) Zeugnis *nt*, Referenz *f*, Empfehlungsschreiben *nt* ❷ (*assurance of quality*) Bestätigung *f*, Anerkennung *f*; **after hearing his ~ to the treatment's effectiveness, I decided to try it myself** nachdem er mir die Wirksamkeit der Behandlung bestätigt hatte, entschloss ich mich, sie selbst auszuprobieren ❸ (*tribute for achievements*) Ehrengabe *f*, Geschenk *nt* als Zeichen der Anerkennung

tes·ti·'mo·nial game *n*, **tes·ti·'mo·nial match** *n* SPORTS *Spiel, das zu Ehren einer Person ausgetragen wird, die auch einen Teil des eingespielten Geldes erhält*

tes·ti·mo·ny ['testɪməni, AM -moʊni] *n* ❶ (*statement in court*) [Zeugen]aussage *f*; **to bear ~ to sth** etw bezeugen; **to give ~** aussagen ❷ (*fig: proof*) Beweis *m*; ■**to be a ~ of sth** von etw *dat* zeugen, ein Beweis für etw *akk* sein; ■**to be ~ to sth** etw beweisen

tes·ti·ness ['testɪnəs] *n no pl* Gereiztheit *f*

test·ing ['testɪŋ] **I.** *n no pl* Testen *nt*, Prüfen *nt* **II.** *adj attr* hart; **~ situation** schwierige Situation; **~ times** harte Zeiten

'test·ing ground *n* Testgebiet *nt*, Versuchsgelände *nt*; (*fig*) Versuchsfeld *nt*

tes·tis <*pl* -tes> ['testɪs, *pl* -ti:z] *n* (*spec*) Hoden *m*

'test match *n* Testspiel *nt*, Testmatch *nt* **'test meal** *n* MED Testmahlzeit *f*

tes·tos·ter·one [tes'tɒstᵊrəʊn, AM -'tɑ:stəroʊn] *n no pl* Testosteron *nt* **'test pa·per** *n* ❶ (*written questions*) Prüfungsbogen *m*; SCH Klassenarbeit *f*, Übungsarbeit *f*; UNIV Übungsklausur *f* ❷ CHEM Reagenzpapier *nt*, Indikatorpapier *nt* **'test pat·tern** *n* AM, AUS TV Testbild *nt*; PUBL Testvorlage *f* **'test piece** *n* ❶ MUS Stück *nt* zum Vorspielen ❷ (*sample*) Probestück *nt*, Muster *nt* **'test pi·lot** *n* Testpilot(in) *m(f)* **'test stage** *n* Teststadium *nt*, Versuchsstadium *nt*; ■**to be at the ~** sich *akk* im Versuchsstadium befinden **'test tube** *n* BIOL, CHEM Reagenzglas *nt* **test tube 'baby** *n* Retortenbaby *nt*

tes·ty ['testi] *adj person* leicht reizbar; *answer* gereizt; **to make a ~ comment** eine unwirsche Bemerkung machen; **to give a ~ reply** gereizt reagieren

teta·nus ['tetᵊnəs] *n no pl* Wundstarrkrampf *m*, Tetanus *m fachspr*; **~ injection** Tetanusspritze *f*

tetchi·ly ['tetʃɪli] *adv* gereizt

tetchi·ness ['tetʃɪnəs] *n no pl* Gereiztheit *f*, Reizbarkeit *f*

tetchy ['tetʃi] *adj* gereizt, reizbar

tête-à-tête [ˌteɪtɑ:'teɪt, AM -ə'-] **I.** *n* ❶ (*conversation*) Tête-à-tête *nt veraltet*; **we had an interesting ~ about the situation** wir hatten ein interessantes Gespräch unter vier Augen über die Situation ❷ (*sofa*) *S-förmiges Sofa* **II.** *adj modifier* (*drink, meal*) privat; **~ conversation** vertrauliches Gespräch **III.** *adv* unter vier Augen

teth·er ['teðəʳ, AM -ɚ] **I.** *n* [Halte]seil *nt*, [Halte]strick *m* ▸ PHRASES: **to be at** [*or* **come to**] **the end of one's ~** am Ende seiner Kräfte sein **II.** *vt* **to ~ an animal** [**to sth**] ein Tier [an etw *dat*] anbinden; **to be ~ed to sth** (*fig*) an etw *akk* gebunden sein *fig*

teth·ered ['teðəd, AM -ɚd] *adj inv* angebunden

tetra- ['tetrə] *in compounds* CHEM, MATH Tetra-, Vier-

tetra·cy·cline [ˌtetrə'saɪkli:n] *n no pl* MED Tetrazyklin *nt* (*Breitbandantibiotikum*)

'Tet·ra Pak® *n* Tetra-Pak® *m*

Teu·ton·ic [tju:'tɒnɪk, AM tu:'tɑ:-, tju:-] *adj inv* ❶ (*Germanic*) germanisch ❷ (*showing German characteristics*) deutsch; (*hist or hum*) teutonisch; (*pej*) typisch deutsch; **~ efficiency** deutsche Tüchtigkeit

Tex·an ['teksᵊn] **I.** *n* Texaner(in) *m(f)* **II.** *adj inv* texanisch

Tex·as ['teksəs] *n* Texas *nt*

Tex-Mex [ˌteks'meks] **I.** *n* (*fam*) Tex-Mex *fam* **II.** *adj inv* texanisch-mexikanisch

text [tekst] **I.** *n* ❶ *no pl* (*written material*) Text *m*; *of document* Wortlaut *m*, Inhalt *m*; **main ~** Hauptteil *m* ❷ (*book*) Schrift *f*; **set ~** Pflichtlektüre *f* ❸ (*version of book*) Fassung *f* ❹ (*Bible extract*) Bibelstelle *f* ❺ *no pl* COMPUT Text[teil] *m* ❻ (*subject*) Thema *nt* **II.** *vt* INET ■**to ~** [**sb**] **sth** [jdm] eine SMS[-Nachricht] senden *fachspr*

'text·book I. *n* Lehrbuch *nt* (**on** für/über +*akk*) **II.** *adj attr, inv* ❶ (*very good*) Parade-; **~ landing** Bilderbuchlandung *f* ❷ (*usual*) Lehrbuch-; **~ methods** Schulbuchmethoden *fpl*

text·book ex·'am·ple *n* Paradebeispiel *nt* **'text edi·tor** *n* COMPUT Texteditor *m*
tex·tile ['tekstaɪl] **I.** *n* ❶ *(fabric)* Stoff *m,* Gewebe *nt;* ■**~s** *pl* Textilien *pl,* Textilwaren *pl;* ECON Textilwerte *pl;* **the production of ~s used to be a cottage industry in this area** die Textilherstellung erfolgte in dieser Gegend in Heimarbeit; **woollen** [*or* AM **woolen**] **~s** Wollkleidung *f* ❷ *(fam: person)* *bekleidete Person am FKK-Strand* **II.** *n modifier* (*manufacturing, producer, product*) Textil-, Gewebe-; **~ mill** [*or* **plant**] Textilfabrik *f;* **~ tape** Gewebeband *nt;* **~ waste products** Textilabfallprodukte *ntpl* **'tex·tile in·dus·try** *n* Textilindustrie *f,* Bekleidungsindustrie *f*
text-message I. *n* SMS **II.** *vt* ■**to ~ sth** etw per SMS schicken
'text-mes·sag·ing ['tekstˌmesɪdʒɪŋ] *n no pl* Versenden *nt* von SMS-Nachrichten *fachspr* **'text pro·cess·ing** *n* COMPUT Textverarbeitung *f*
tex·tu·al ['tekstjuəl, AM -tʃu-] *adj inv* textlich, Text-; **we checked the two books and found several ~ differences** beim Überprüfen der beiden Bücher fanden wir einige abweichende Textstellen; **~ analysis** Textanalyse *f*
tex·tu·al·ist ['tekstjuəlɪst, AM -tʃu-] *n streng am Wortlaut festhaltende Person*
tex·ture ['tekstʃəʳ, AM -ɚ] *n* ❶ *(feel)* Struktur *f,* Textur *f geh;* **coarse/soft ~** grobe/feine Struktur ❷ *(consistency)* Konsistenz *f* ❸ *no pl (surface appearance)* [Oberflächen]beschaffenheit *f;* **skin ~** Teint *m* ❹ *no pl* LIT, MUS Gestalt *f,* Textur *f geh;* **the play has a rich and complex dramatic ~** das Schauspiel verfügt über eine ausgeprägte und komplexe dramatische Struktur
tex·tured ['tekstʃəd, AM -ɚd] *adj* strukturiert, Struktur-; **her note paper had a ~ finish** ihr Briefpapier hatte eine strukturierte Oberfläche; **~ wallpaper** Strukturtapete *f*
tex·tured veg·eta·ble 'pro·tein *n no pl* Sojafleisch *nt*
tex·tur·ize ['tekstʃəraɪz, AM -ɚaɪz] *vt* ■**to ~ sth** ❶ *(give texture to)* etw texturieren; **to ~ fabric/foodstuff** ein Gewebe/Nahrungsmittel texturieren ❷ *(cut)* etw ausschneiden; **to ~ hair** dem Haar durch Schneiden Fülle geben
'text wrap *n no pl* COMPUT Textumbruch *m*
TGWU [ˌtiːdʒiːdʌbljuː'juː] *n* BRIT *abbrev of* **Transport and General Workers' Union** TGWU *f*
Thai [taɪ] **I.** *n* ❶ *(person)* Thai *m o f,* Thailänder(in) *m(f)* ❷ *(language)* Thai *nt* **II.** *adj inv* thailändisch
Thai·land ['taɪlænd] *n* Thailand *nt*
thal·as·so·thera·py [θəˌlæsə(ʊ)'θerəpi, AM -ə'-] *n no pl* Thalassotherapie *f fachspr*
tha·lido·mide [θə'lɪdə(ʊ)maɪd, AM -əmaɪd] *n no pl* MED Thalidomid *nt,* Contergan® *nt*
tha·lido·mide 'baby *n* Contergankind *nt fam*
Thames [temz] *n no pl* Themse *f;* **the River ~** die Themse
Thames 'Bar·ri·er *n no pl* Themsesperre *f*
than [ðæn, ðən] **I.** *prep* ❶ *after superl* (*in comparison to*) als; **her car is bigger ~ mine** ihr Auto ist größer als meines; **you're earlier ~ usual** du bist früher dran als gewöhnlich; **she invited more ~ 30 people** sie lud mehr als 30 Leute ein ❷ *(instead of)* **rather ~ sth** anstatt etw *dat* ❸ *(besides)* **other ~ sb/sth** außer jdm/etw; **tell no one other ~ your mother** erzähle es niemandem außer deiner Mutter; **other ~ that ...** abgesehen davon ..., ansonsten ... **II.** *conj* als
thank [θæŋk] *vt* ■**to ~ sb** [**for sth**] jdm [für etw *akk*] danken, sich *akk* bei jdm [für etw *akk*] bedanken; ■**to ~ sb for doing sth** jdm [dafür] danken, dass er/sie etw getan hat; **~ you** [**very much**]! danke [sehr]!; **~ you very much indeed for your help!** vielen herzlichen Dank für Ihre Hilfe!; **~ you for having me!** danke für deine Gastfreundschaft!; **how are you – I'm fine, ~ you** wie geht es dir – danke, [mir geht es] gut; **no, ~ you** nein, danke; **yes, ~ you** ja, bitte; **I don't want to hear that kind of language, ~ you!** auf diesen Ton kann ich verzichten, vielen Dank! *iron;* **he's only got himself to ~ for losing his job** seine Entlassung hat er sich selbst zuzuschreiben; **you have John to ~ for this job** diese Arbeit hast du John zu verdanken; **I'll ~ you not to mention the subject** ich wäre dir dankbar, wenn du das Thema nicht erwähnen würdest; **Mum won't ~ you if you break that cup** Mama wird nicht gerade erfreut sein, wenn du diese Tasse kaputtmachst ▸ PHRASES: **thank goodness** [*or* **God**] [*or* **heaven**(**s**)] **!** Gott sei Dank!; **to ~ one's lucky stars** von Glück sagen [*o* reden] können
thank·ful ['θæŋkfəl] *adj* ❶ *(pleased)* froh; ■**to be ~ that ...** [heil]froh sein, dass ...; **she was ~ to be at home again** sie war froh, wieder daheim zu sein ❷ *(grateful)* dankbar; ■**to be ~ for sth** für etw *akk* dankbar sein
thank·ful·ly ['θæŋkfəli] *adv* ❶ *(fortunately)* glücklicherweise, zum Glück ❷ *(gratefully)* dankbar
thank·ful·ness ['θæŋkfəlnəs] *n no pl* ❶ *(relief)* Erleichterung *f* ❷ *(gratitude)* Dankbarkeit *f*
thank·less ['θæŋkləs] *adj* ❶ *(not rewarding)* wenig lohnend; **a ~ job** [*or* **task**] eine undankbare Aufgabe ❷ *(ungrateful) person, behaviour* undankbar
thank·less·ness ['θæŋkləsnəs] *n no pl* Undankbarkeit *f*
thanks [θæŋks] *npl* ❶ *(gratitude)* Dank *m kein pl;* **her campaign for road safety earned her the ~ of her community** ihr Einsatz für die Verkehrssicherheit brachte ihr den Dank der örtlichen Bevölkerung ein; **letter of ~** Dankesbrief *m;* **to express one's ~** seinen Dank zum Ausdruck bringen *geh;* **to give ~s** [**to God**] [Gott] danken ❷ *(thank you)* danke; **~ for your card!** danke für deine Karte!; **~ a lot!** vielen Dank!; **many ~!** vielen Dank!; **~ very much** [**indeed**]! [vielen] herzlichen Dank!; **no, ~!** nein, danke!; **~ a bunch!** vielen Dank!; **~ for nothing!** *(iron fam)* vielen Dank! *iron;* **~ a million!** *(a. iron fam)* tausend Dank!
thanks·giv·ing [ˌθæŋks'gɪvɪŋ] *n no pl* ❶ *(gratitude)* Dankbarkeit *f;* **a prayer of ~** ein Dankgebet *nt;* **General T~** BRIT Dankgottesdienst *m* ❷ AM *(public holiday)* ■**T~** Thanksgiving *nt;* *(celebration of harvest)* amerikanisches Erntedankfest

i Kultur

Thanksgiving – *Erntedank* ist einer der höchsten Feiertage in den USA. Er wird am vierten Donnerstag im November gefeiert. Der erste **Thanksgiving Day** wurde 1621 von den *Pilgrims* – *Pilger* in Plymouth Colony zum Dank an Gott für Beistand und Hilfe in schweren Zeiten gefeiert. Traditionell trifft man sich mit der Familie zu einem Festessen mit *stuffed turkey* – *gefüllter Truthahn, cranberry sauce* – *Cranberrysoße, yams* – *Süßkartoffeln* und *corn* – *Mais.*

Thanks·'giv·ing Day *n* AM Thanksgiving *nt*
'thanks to *prep* dank *gen,* wegen *gen;* **~ her efforts ...** aufgrund ihrer Bemühungen ..., weil sie sich so bemüht hat ...; **it's ~ you that I got the job** dir verdanke ich, dass ich die Stelle bekommen habe; **the baby's awake, ~ your shouting!** wegen deinem Geschrei ist das Baby jetzt wach!; **it's not ~ you that I arrived on time** deinetwegen bin ich bestimmt nicht pünktlich angekommen
'thank you *n* Danke[schön] *nt;* **to say a ~ to sb** jdm danke sagen, sich *akk* bei jdm bedanken; **I'd like to say a big ~ to everyone** ich möchte mich bei allen recht herzlich bedanken; **now say "~" to your aunt for the nice present!** sag deiner Tante „Dankeschön" für das schöne Geschenk!
'thank-you ['θæŋkju] *n modifier* Dank-, Dankes-; **~ card** Dankkarte *f;* **~ speech** Dankesrede *f*
'thank-you note *n,* **'thank-you let·ter** *n* Dankschreiben *nt geh,* Dankesbrief *m*
that [ðæt, ðət] **I.** *pron dem* ❶ *(thing, person over there)* das; **I don't want this – give me ~** ich möchte nicht das – gib' mir

T

das; ~'s **not right – three times five is fifteen not sixteen** das stimmt nicht – drei Mal fünf ist fünfzehn, nicht sechzehn; **who's ~? is ~ the girl you're looking for?** wer ist das? ist das das Mädchen, das du suchst?; **~'s his wife over there** das da drüben ist seine Frau ❷ (*indicating time*) **~ was yesterday that we talked on the phone, not last week** wir haben gestern, nicht letzte Woche telefoniert!; **ah, 1985, ~ was a good year** ah, 1985, das war ein gutes Jahr ❸ (*familiar referent*) das; **who's ~ on the phone?** wer spricht?; **hello, is ~ Ben?** hallo, ist da Ben?; **is ~ you making all the noise, John?** machst du so einen Lärm, John?; **~ was a difficult problem to resolve** dieses Problem war schwierig zu lösen; **~'s a good idea** das ist eine gute Idee ❹ *after prep* **before ~** davor; **after ~** danach; **like ~** derartig; **we need more people like ~** wir brauchen mehr derartige Leute; **don't talk like ~** sprich nicht so; (*fam*) **he can't just leave like ~** er kann nicht einfach so verschwinden ❺ (*form: the one*) **his appearance was ~ of an undergrown man** er sah aus, als ob er zu klein gewachsen wäre; **his handwriting is like ~ of a child** seine Handschrift gleicht der eines Kindes; **we are often afraid of ~ which we cannot understand** wir fürchten uns oft vor dem, was wir nicht verstehen ❻ (*with an action*) das; **why did you do ~?** warum hast du das gemacht?; **if you hold it like ~, it will break** wenn du das so hältst, wird es kaputtgehen; **~'s more like it** das ist doch gleich schon viel besser!; **you switch the computer on at the back – ~'s it** schalte den Computer auf der Rückseite an – ja, so; **~ will do** [*or* **~'s enough**] das reicht; **he gave his mom a kiss and with ~ drove off to college** er küsste seine Mutter und fuhr dann zum College; (*when hitting sb*) **take ~!** für dich! ❼ (*with a situation*) **~ is** [**to say**] das heißt; **the hotel is closed during low season, ~ is from October to March** das Hotel ist in der Nebensaison, also von Oktober bis März, geschlossen ❽ (*the previous thing*) das; **I heard ~!** das habe ich gehört!; **I just said ~ because ...** ich habe das nur gesagt, weil ...; **it's just a gimmick – ~ said, I'd love to do it** das ist nur ein Trick – dennoch würde ich es gerne machen; **the garage still isn't finished – ~'s builders for you** die Garage ist noch immer nicht fertig – typisch Bauarbeiter!; **~'s why ...** deshalb; **~'s terrible** das ist ja furchtbar; **~'s a pity** das ist aber schade ❾ *esp* BRIT (*fam: expressing strong agreement*) **are you relieved? – oh yes, I am ~** bist du erleichtert? – das kannst du [aber] laut sagen ❿ (*which, who*) der/die/das; **that's the car** [**~**] **John wants to buy** das ist das Auto, das John kaufen möchte; **I can't find the books** [**~**] **I got from the library** ich finde die Bücher nicht, die ich mir von der Bibliothek ausgeliehen habe; **the baby smiles at anyone ~ smiles at her** das Baby lächelt alle an, die es anlächeln; (*as formerly known*) **General Dunstaple married Miss Hughes ~ was** General Dunstaple heiratete die frühere Miss Hughes ⓫ (*when*) als; **the year ~ Anna was born** das Jahr, in dem Anna geboren wurde ⓬ (*when finished*) **well, ~'s it, we've finished** o.k., das war's, wir sind fertig; **~'s it – I'm not putting up with any more of her rudeness** jetzt reicht's! – ich lasse mir ihre Unverschämtheit nicht mehr gefallen; **she left the room and ~ was ~, I never saw her again** sie verließ den Raum und das war's, ich sah sie nie wieder; **I won't agree to it and ~'s ~** ich stimme dem nicht zu, und damit Schluss; **~'ll do** das wird reichen; **do you need anything else? – no thanks, ~'ll do** brauchst du sonst noch etwas? – nein danke, das ist alles ▸PHRASES: **this and ~** dies und das; **at ~** noch dazu; **she was a thief and a clever one at ~** sie war eine Diebin, und eine kluge noch dazu; **and** [**all**] **~** (*fam*) und so weiter **II.** *conj* ❶ (*as subject/as object*) dass; **~ such a wonderful thing could happen, ...** dass etwas so Wunderbares passieren konnte, ...; **I knew** [**~**] **he'd never get here on time** ich wusste, dass er niemals rechtzeitig hier sein würde; **the fact is** [**~**] **we ...** Fakt ist, dass wir ... ❷ *after adj/vb* (*as result*) **it was so dark** [**~**] **I couldn't see anything** es war so dunkel, dass ich nichts sehen konnte ❸ (*with a purpose*) **let's go over the rules again in order ~ ...** gehen wir die Regeln nochmal[s] durch, damit ... ❹ *after adj* (*in apposition to it*) **it's possible** [**~**] **there'll be a vacancy** es ist möglich, dass eine Stelle frei wird; **is it true** [**~**] **she's gone back to teaching?** stimmt es, dass sie wieder als Lehrerin arbeitet? ❺ *after participle* **supposing** [**~**] **...** angenommen, dass ...; **considering** [**~**] **...** wenn man bedenkt, dass ...; **given ~** vorausgesetzt, dass ❻ (*as reason*) weil, da [ja]; **not ~ I have any objection** nicht, dass ich etwas dagegenhätte; **it's rather ~ I'm not well today** es ist eher deshalb, weil ich mich heute nicht wohl fühle; **I'd like to go – it's just ~ I don't have any time** ich würde ja gern hingehen – ich hab' bloß [einfach] keine Zeit; **now ~ we've bought a house** jetzt, wo wir ein Haus gekauft haben; **we can't increase our production quantities in ~ the machines are presently working to full capacity** wir können die Produktion nicht hochfahren, da [nämlich] die Maschinen derzeit voll ausgelastet sind; **except** [**~**] außer, dass; **his plan sounds perfect except** [**~**] **I don't want to be involved in such a scheme** sein Plan hört sich großartig an, nur will ich mit so einem Vorhaben nichts zu tun haben; **to the extent ~** in dem Maße wie; **apes are like people to the extent ~ they have some human characteristics** Affen sind wie Menschen, insofern [als] sie gewisse menschliche Eigenschaften haben ❼ (*however*) **where do you get your hair cut? – not ~ it really matters** wo lässt du dir die Haare schneiden? – nicht, dass es sonderlich wichtig wäre; **not ~ it's actually my business, but ...** nicht, dass es mich etwas anginge, aber ... ❽ (*form, liter or dated: expressing a wish*) **oh ~ I were young again!** wäre ich [doch] nochmal jung!; **oh ~ they would listen!** wenn sie [doch] nur zuhören würden! **III.** *adv inv* so; **she's too young to walk ~ far** sie ist zu jung, um so weit laufen zu können; **it wasn't** [**all**] **~ good** so gut war es auch wieder nicht; **it hurt me ~ much I cried** es hat mich so verletzt, dass ich weinte

thatch [θætʃ] **I.** *n no pl* ❶ (*roof*) Strohdach *nt*, Reetdach *nt* ❷ (*fig fam: thick hair*) Matte *f fig fam*, Mähne *f fig fam*; **~ of hair** Haarschopf *m*, Mähne *f fig fam* **II.** *vt* **to ~ a roof** ein Dach mit Stroh [*o* Reet] decken

thatched [θætʃt] *adj inv* strohgedeckt, reetgedeckt

thatch·er [ˈθætʃəʳ, AM -ɚ] *n* Dachdecker(in) *m(f)*

thatch·ing [ˈθætʃɪŋ] *n* ❶ (*process*) Strohdachdecken *nt*, Reetdachdecken *nt* ❷ (*roof*) Strohdach *nt*, Reetdach *nt*

thaw [θɔː, AM θɑː] **I.** *n* ❶ (*weather*) Tauwetter *nt* ❷ *no pl* (*fig: improvement in relations*) Tauwetter *nt fig*; **there are signs of a ~ in relations between the two countries** zwischen den beiden Ländern gibt es Anzeichen für eine Entspannung **II.** *vi* ❶ (*unfreeze*) auftauen; *ice* schmelzen ❷ (*fig: become friendlier*) auftauen *fig* **III.** *vt* FOOD ■**to ~ sth** etw auftauen

◆**thaw out** **I.** *vt* ■**to ~ sth** ↻ **out** *food* etw auftauen; (*fig*) **it took me ages to ~ out my fingers after that cold walk** es hat ewig gedauert, bis meine Finger nach dem kalten Spaziergang wieder aufgetaut waren **II.** *vi* ❶ (*get warm*) auftauen *fig*; **I came in from the cold half an hour ago, but I'm only just beginning to ~ out** ich kam vor einer halben Stunde aus der Kälte herein, aber jetzt erst wird mir langsam schön warm ❷ (*become more friendly*) auftauen *fig*, sich *akk* entspannen

the [ðiː, ði, ðə] **I.** *art def* ❶ (*denoting thing mentioned*) der/die/das; **at ~ cinema** im Kino; **at ~ corner** an der Ecke; **in ~ fridge** im Kühlschrank; **on ~ shelf** im Regal; **on ~ table** auf dem Tisch ❷ (*particular thing/person*) ■**~ ...** der/die/das ...; **Harry's Bar is ~ place to go** Harry's Bar ist in der Szene total in *fam* ❸ (*with family name*) **~ Smiths are away on vacation** die Schmidts sind im Urlaub ❹ (*before relative clause*) der/die/das; **I really enjoyed ~ book I've just finished reading** das Buch, das ich gerade gelesen habe, war wirklich interessant ❺ (*before name with adjective*) der/die; **~ unfortunate Mr Jones was caught up in the crime** der bedauernswerte Mr. Jones wurde in das Verbrechen verwickelt ❻ (*in title*) der/die; **Edward ~ Seventh** Eduard der Siebte; **Elizabeth ~ second** Elisabeth die Zweite ❼ (*before adjective*) der/die/das; **I suppose we'll just have to wait for ~ inevitable** ich vermute, wir müssen einfach auf das Unvermeidliche warten ❽ (*to represent group*) der/die/das; (*with mass group*) die; **~ panda is becoming an increasingly rare animal** der Pandabär wird immer seltener; **~ democrats/poor/townspeople** die Demokraten/Armen/Städter; **a home for ~ elderly** Altersheim *nt* ❾ (*with superlative*) der/die/das; **~ highest mountain in Europe** der höchste Berg Europas; **~ happiest** der/die Glücklichste ❿ (*instead of possessive*) **how's ~ leg today, Mrs. Steel?** wie geht es Ihrem Bein denn heute, Frau Steel?; **he held his daughter tightly by ~ arm** er hielt seine Tochter am Arm fest ⓫ (*with dates*) der; **~ 24th of May** der 24. Mai; **May ~ 24th** der 24. Mai; (*with time period*) die; **in ~ eighties** in den Achtzigern [*o* achtziger Jahren] ⓬ (*with ordinal numbers*) der/die/das; **you're ~ fifth person to ask me that** du bist die Fünfte, die mich das fragt ⓭ (*with measurements*) pro; **these potatoes are sold by ~ kilo** diese Kartoffeln werden kiloweise verkauft; **by ~ hour** pro Stunde; **twenty miles to ~ gallon** zwanzig Meilen auf eine Gallone ⓮ (*enough*) der/die/das; **I haven't got ~ energy to go out this evening** ich habe heute Abend nicht mehr die Energie auszugehen **II.** *adv + comp* **all ~ better/worse** umso besser/schlechter; **I feel all ~ better for getting that off my chest** nachdem ich das losgeworden bin, fühle ich mich gleich viel besser; **any the better/worse** in irgendeiner Weise besser/schlechter; **she doesn't seem to be any ~ worse for her bad experience** ihre schlimme Erfahrung scheint ihr in keiner Weise geschadet zu haben; ■ **~ ..., ~ ...** je ..., desto ...; **~ lower ~ price, ~ poorer ~ quality** je niedriger der Preis, umso schlechter die Qualität; **~ colder it got, ~ more she shivered** je kälter es wurde, desto mehr zitterte sie; **bring the family with you! ~ more ~ merrier!** bring die Familie mit! je mehr Leute, desto besser; ■ **~ more ... , ~ more ...** je mehr ..., desto mehr ...; **~ more I see of his work, ~ more I like it** je mehr ich von seiner Arbeit sehe, desto besser gefällt sie mir

thea·ter [ˈθiːət̬ɚ] AM, **thea·tre** [ˈθɪətəʳ] **I.** *n* ❶ (*for performances*) Theater *nt;* **open-air ~** Freilichtbühne *f,* Freilichttheater *nt;* **to go to the ~** ins Theater gehen ❷ AM, AUS, NZ (*cinema*) Kino *nt;* **at the ~** im Kino ❸ UNIV **lecture ~** Hörsaal *m,* Auditorium *nt geh* ❹ BRIT MED Operationssaal *m* ❺ *no pl* (*dramatic art*) Theater *nt;* **the Greek ~** das griechische Theater; **to be in the ~** beim Theater arbeiten; **to make good ~** bühnenwirksam sein, sich *akk* für die Bühne eignen ❻ (*theatrical company*) Ensemble *nt,* Theatertruppe *f* ❼ (*fig: for dramatic effect*) Theater *nt,* Schau *f pej;* **her tears were pure ~** ihre Tränen waren reines Theater ❽ (*fig: where events happen*) Schauplatz *m;* **~ of operations** Schauplatz *m* der Handlungen; MIL Operationsgebiet *nt;* **~ of war** Kriegsschauplatz *m* **II.** *n modifier* ❶ (*of/for the theatre*) (*location, production, visit*) Theater-; **long ~ night** lange Theaternacht; **~ seat** Sitzplatz *m* im Theater, Theatersitzplatz *m* ❷ BRIT MED (*aiding surgery*) **~ sister** [*or* **nurse**] Operationsschwester *f* ❸ MIL (*of weapons*) **~ nuclear weapon** taktische Atomwaffe; **~ weapon** Kurzstreckenrakete *f*

ˈthea·tre audi·ence *n* [Theater]publikum *nt kein pl,* Theaterbesucher *mpl* **ˈthea·tre com·pa·ny** *n* [Theater]ensemble *nt,* Schauspieltruppe *f* **ˈthea·tre crit·ic** *n* Theaterkritiker(in) *m(f)* **ˈthea·tre·goer** *n* Theaterbesucher(in) *m(f)* **thea·tre-in-the-ˈround** *n no pl esp* BRIT (*seating arrangement*) Arenatheater *nt,* Amphitheater *nt;* (*type of performance*) Aktionstheater *nt*

the·at·ri·cal [θiˈætrɪkəl] **I.** *adj* ❶ (*of theatre*) Theater-; **~ agent** Theateragent(in) *m(f);* **~ digs** Unterkunft *f* für reisende Schauspieler; **~ make-up** (*technique*) Theater-Make-up *nt;* (*substance*) Theaterschminke *f* ❷ (*exaggerated*) theatralisch **II.** *n usu pl* Berufsschauspieler(in) *m(f)*

the·at·ri·cal·ity [θiˌætrɪˈkæləti, AM -əţi] *n* (*form*) Theatralik *f*

the·at·ri·cal·ly [θiˈætrɪkəli] *adv* theatralisch

the·at·ri·cals [θiˈætrɪkəlz] *n,* **the·at·rics** [θiˈætrɪks] *npl* ❶ (*theatre performance*) Theateraufführungen *fpl;* **amateur ~** Laientheater *nt,* Amateurtheater *nt* ❷ (*pej: behaviour*) Theatralik *f,* Theater *nt pej*

thee [ðiː, ði] *pron object pronoun* DIAL (*old: you*) dir *in dat,* dich *in akk;* **with this ring, I ~ wed** mit diesem Ring vermähle ich dich; **we beseech ~ O lord** wir bitten dich, oh Herr

theft [θeft] *n* Diebstahl *m*

their [ðeəʳ, ðəʳ, AM ðer, ðɚ] *adj poss* ❶ (*of them*) ihr(e); **the children brushed ~ teeth** die Kinder putzten sich die Zähne; **she took ~ picture** sie fotografierte sie ❷ (*his or her*) **has everybody got ~ passport?** hat jeder seinen Pass dabei?

theirs [ðeəz, AM ðerz] *pron* ihr(e, es); **here's my car – where's ~?** das ist mein Auto – wo ist ihres?; **they think everything is ~** sie glauben, dass ihnen alles gehört; **I think she's a relation of ~** ich glaube, sie ist mit ihnen verwandt; **a favourite game of ~** eines ihrer Lieblingsspiele

the·ism [ˈθiːɪzəm] *n no pl* Theismus *m geh*

them [ðem, ðəm] **I.** *pron object pronoun* ❶ (*persons, animals*) sie *in akk,* ihnen *in dat;* **I told ~ I was leaving next week** ich habe ihnen gesagt, dass ich nächste Woche wegfahre; **who? oh ~!** wer? ach die!; **I bathed the kids and read ~ stories** ich habe die Kinder gebadet und ihnen Geschichten vorgelesen; **we went fishing with ~ last year** wir fuhren letztes Jahr mit ihnen fischen; **both/neither/a few/a couple/some/none of ~** beide/keiner/ein paar/zwei/einige/niemand von ihnen; **we're better than ~** wir sind besser als sie; **you reckon that's ~?** glaubst du, dass sie das sind?; **the cows are getting restless – could you feed ~?** die Kühe werden unruhig – könntest du sie füttern? ❷ (*objects*) sie *in akk;* **I've lost my keys – I can't find ~ anywhere** ich habe meine Schlüssel verloren – ich kann sie nirgends finden; **both/neither/a few/a couple/some/none of ~** beide/keiner/ein paar/zwei/einige/niemand davon ❸ (*him*) ihm/ihr *in dat,* ihn/sie *in akk;* **we want to show every customer that we appreciate ~** wir wollen jedem Kunden zeigen, wie sehr wir ihn schätzen; **how well do you have to know someone before you call ~ a friend?** wie gut musst du jemanden kennen, bevor du ihn als Freund bezeichnest? ❹ (*fam: the other side*) **it's definitely a case of ~ and us** manche sind eben gleicher; **us against ~** wir gegen sie; **I don't want it to be us against ~ but ...** ich möchte keinen Streit mit ihnen, aber ... ❺ (*old: themselves*) sich *in dat o akk* **II.** *adj attr, inv* DIAL (*fam: those*) diese *pl;* **who gave you ~ sweets?** wer hat euch diese Süßigkeiten gegeben?; **look at ~ eyes** schau dir diese Augen an

them-and-ˈus situ·tion [ˌðemənd,ʌssɪtjuˈeɪʃən, AM -sɪtʃu'-] *n* Konfliktsituation *f*

the·mat·ic [θɪˈmætɪk, AM θiːˈmæţ-] **I.** *adj inv* thematisch **II.** *n* ■ **~s** + *sing/pl vb* Themengebiet *nt*

theme [θiːm] *n* ❶ (*subject*) Thema *nt,* Motto *nt;* **he has written several stories on the ~ of lost happiness** er hat mehrere Geschichten über das verlorene Glück geschrieben ❷ MUS Thema *nt;* FILM, TV Melodie *f* ❸ AM SCH (*essay*) Aufsatz *m*

themed [θiːmd] *adj inv hotel, restaurant* Themen-

ˈtheme mu·sic *n no pl* FILM, TV Titelmusik *f* **ˈtheme park** *n* Themenpark *m* **ˈtheme song** *n* FILM, TV Titelmelodie *f* **ˈtheme tune** *n* Erkennungsmelodie *f*

them·selves [ðəmˈselvz] *pron reflexive* ❶ (*direct object*) sich; **did they enjoy ~ at the theatre?** hat ihnen das Theater gefallen?; **the children behaved ~ very well** die Kinder benahmen sich sehr gut; **the kids looked at ~ in the mirror and made funny faces** die Kinder schauten sich in den Spiegel und schnitten Gesichter ❷ (*form: them*) sie selbst; **besides their parents and ~, no one else will attend their wedding** außer ihren Eltern und ihnen selbst wird niemand zu ihrer Hochzeit kommen ❸ (*emph: personally*) selbst; **they collected the evidence** ~ sie sammelten selbst die Beweise; **they ~ ...** sie selbst ...; **they ~ had no knowledge of what was happening** sie wussten selbst nicht, was passierte; **to see/taste/feel/try sth for ~** etw selbst sehen/kosten/fühlen/versuchen ❹ (*himself or herself*) sich selbst; **anyone who fancies ~ as a racing driver** jeder, der sich selbst für einen Rennfahrer hält ❺ (*alone*) **to keep sth for ~** sich *dat* etw behalten; **to keep** [~] **to ~** sich *akk* zurückziehen; **keeping to ~, they shunned offers of friendship from others** sie zogen sich zurück und wiesen alle Freundschaftsangebote von anderen zurück; ■ [**all**] **by ~** [ganz] allein; ■ **sth to ~: they had the whole campsite to ~** sie hatten den ganzen Campingplatz für sich; ■ **in ~** selbst; **these facts are unimportant in ~, but if you put them together, they may mean more** die Fakten selbst sind unwichtig, zusammengenommen bedeuten sie vielleicht mehr ❻ (*normal*) **to be ~** sie selbst sein; **to not be/feel/seem ~** nicht sie selbst sein/zu sein scheinen; **to look ~** wie sie selbst aussehen

then [ðen] **I.** *adj inv* (*form*) damalige(r, s); **her ~ husband** ihr damaliger Ehemann **II.** *adv inv* ❶ (*at an aforementioned time*) damals; **before ~** davor, vorher; **by ~** bis dahin; **I'll phone you tomorrow – I should have the details by ~** ich rufe dich morgen an – bis dahin weiß ich sicher Genaueres; **from ~ on** seit damals; **until ~** bis dahin ❷ (*after that*) dann, danach, darauf ❸ (*additionally*) außerdem, ferner *geh;* **this is the standard model, ~ there's the deluxe version** das hier ist das Standardmodell, außerdem haben wir dort noch die Luxusausführung; **and ~ some** *esp* AM und noch viel mehr; **he gave it his best effort and ~ some** er übertraf sich selbst dabei ❹ **but ~** aber schließlich; **but ~ again** aber andererseits; **she types accurately, but ~ again she's very slow** sie tippt zwar genau, aber doch ziemlich langsam ❺ (*as a result*) dann; **you'll be selling your house, ~?** ihr werdet also euer Haus verkaufen?; **have you heard the news, ~?** habt Ihr denn die Nachrichten gehört?; **you spoke to John ~** du hast also mit John gesprochen ❻ (*unwilling agreement*) **all right** [*or* **ok**] **~** na gut, [also] meinetwegen ❼ (*used to end conversation*) **see you next Monday ~** dann bis nächsten Montag *fam*

then and 'there *adv inv* sofort, auf der Stelle; **she sewed the button on ~** sie nähte den Knopf an Ort und Stelle an

thence [ðen(t)s] *adv inv* (*dated form*) ❶ (*from there*) von dort [*o* da] ❷ (*from then on*) von da an, seit jener Zeit ❸ (*therefore*) daher, deshalb

thence·forth [ˌðen(t)sˈfɔːθ, AM -ˈfɔːrθ] *adv inv* (*form*), **thence·for·ward** [ˌðen(t)sˈfɔːwəd, AM -ˈfɔːrwɚd] *adv inv* (*form*) seit jener [*o* dieser] Zeit, seitdem

the·oc·ra·cy [θiˈɒkrəsi, AM -ˈɑːk-] *n no pl* Theokratie *f*

the·odo·lite [θiˈɒdəlaɪt, AM -ˈɑːdə-] *n* Winkelmessgerät *nt*, Theodolit *m fachspr*

theo·lo·gian [ˌθiːəˈləʊdʒən, AM -ˈloʊ-] *n* Theologe, -in *m, f*

theo·logi·cal [ˌθiːəˈlɒdʒɪkəl, AM -ˈlɑː-] *adj* theologisch, Theologie-; **~ college** Priesterseminar *nt;* **~ studies** Theologiestudium *nt kein pl*

theo·logi·cal·ly [ˌθiːəˈlɒdʒɪkəli, AM -ˈlɑː-] *adv* theologisch

the·ol·ogy [θiˈɒlədʒi, AM -ˈɑːl-] *n* ❶ (*principle*) Glaubenslehre *f* ❷ *no pl* (*study*) Theologie *f*

theo·rem [ˈθɪərəm, AM ˈθiːɚ-] *n* MATH Lehrsatz *m*, Theorem *nt fachspr;* **Pythagoras' ~** der Satz des Pythagoras

theo·reti·cal [θɪəˈretɪkəl, AM ˌθiːəˈreṭ-] *adj* theoretisch; **to be a ~ possibility** theoretisch möglich sein

theo·reti·cal·ly [θɪəˈretɪkəli, AM ˌθiːəˈreṭ-] *adv* theoretisch

theo·reti·cian [ˌθɪərəˈtɪʃən, AM ˌθiːərəˈ-] *n* Theoretiker(in) *m(f)*

theo·rist [ˈθɪərɪst, AM ˈθiːɚ-] *n* Theoretiker(in) *m(f);* **economic ~** Wirtschaftstheoretiker(in) *m(f)*

theo·rize [ˈθɪəraɪz, AM ˈθiːə-] *vi* theoretisieren; ■ **to ~ about sth** Theorien über etw *akk* aufstellen

theo·ry [ˈθɪəri, AM ˈθiːə-] *n* ❶ *no pl* (*rules*) Theorie *f*, Lehre *f;* **economic ~** Wirtschaftstheorie *f* ❷ (*possible explanation*) Theorie *f*, Annahme *f;* ■ **the ~ is that ...** die Theorie besagt, dass ...; **in ~** in der Theorie, theoretisch

theo·ry of evo·ˈlu·tion *n* Evolutionslehre *f*, Evolutionstheorie *f*

theo·ry of rela·ˈtiv·ity *n* PHYS Relativitätstheorie *f*

thera·peut·ic [ˌθerəˈpjuːtɪk, AM -ṭɪk] *adj* ❶ (*healing*) therapeutisch ❷ (*beneficial to health*) gesundheitsfördernd ❸ (*beneficial to mood*) entspannend ❹ (*for health reasons*) aus gesundheitlichen Gründen; **~ abortion** Schwangerschaftsabbruch *m* aus medizinischer Indikation

thera·peut·ics [ˌθerəˈpjuːtɪks, AM -ṭɪks] *n + sing vb* Therapielehre *f*, Therapeutik *f*

thera·pist [ˈθerəpɪst] *n* Therapeut(in) *m(f);* **behaviour** [*or* AM **behavior**] **~** Verhaltenstherapeut(in) *m(f)*

thera·py [ˈθerəpi] *n* Therapie *f*, Behandlung *f;* **the course of ~ usually lasts three months** die Behandlung dauert normalerweise drei Monate; **joining a club can be a ~ for loneliness** einem Verein beizutreten, ist oft die beste Therapie gegen Einsamkeit; **occupational ~** Beschäftigungstherapie *f*

there [ðeəʳ, ðəʳ, AM ðer, ðɚ] **I.** *adv inv* ❶ (*in, at that place*) dort; **where are my glasses? – right ~ beside you!** wo ist meine Brille? – gleich dort neben dir!; **~'s that book you were looking for** hier ist das Buch, das du gesucht hast; **the opportunity is right ~ in front of you** die Möglichkeit liegt unmittelbar vor dir; **~ or thereabouts** (*at or near place*) in der Gegend dort, dort irgendwo *fam;* (*approximately*) so ungefähr; **forty years, ~ or thereabouts, had elapsed** so ungefähr vierzig Jahre waren vergangen; **here and ~** hier und da; **~ and then** [*or* **then and ~**] (*immediately*) auf der Stelle, sofort ❷ (*at the place indicated*) dort; **I've left the boxes under ~** ich habe die Schachteln dort unten hingestellt; **if anyone wants out, ~'s the door!** wenn jemand gehen möchte, dort ist die Tür!; **in ~** da drin[nen]; **out ~** da draußen; **over ~** da [*o* dort] drüben; **up ~** dort oben ❸ (*to a place*) dahin, dorthin; **put the chair ~** stell den Stuhl dahin; **the museum was closed today – we'll go ~ tomorrow** das Museum ist heute zu – wir gehen morgen hin; **to get ~** (*arrive*) hinkommen; **we'll never get ~ in time** wir kommen sicher nicht pünktlich; (*fig: succeed*) es schaffen; **try again, you'll get ~ in the end** versuch es nochmal, du schaffst es schon; (*understand*) es verstehen; **you'll get ~ if you think about it hard enough** du verstehst es schon, wenn du lange genug darüber nachdenkst; **~ and back** hin und zurück; **it was 20 miles ~ and back** hin und zurück waren es 20 Meilen; **in ~** dort hinein; **I'm not going in ~ – it's freezing** ich gehe dort hinein – es ist bitterkalt ❹ (*in speech or text*) an dieser Stelle; **read out the rest of the letter, don't stop ~!** lies' den Brief fertig, hör' nicht hier auf; (*on that subject*) in diesem Punkt; **I'd have to disagree with you ~** in dieser Hinsicht [*o* da] muss ich Ihnen leider widersprechen; **I don't agree with you ~** in diesem Punkt stimme ich Ihnen nicht zu ❺ (*used to introduce sentences*) **~'s someone on the phone for you** Telefon für dich; **~'s no doubt as to who is the best candidate** es besteht kein Zweifel, wer der beste Kandidat/die beste Kandidatin ist; **~ are lives at stake** es stehen Leben auf dem Spiel; **~'s a good boy/girl/dog** (*used to show approval or encouragement*) braver Junge/braves Mädchen/braver Hund; **~ once was/lived ...** (*liter: in fairytales*) einst lebte ..., es war einmal ...; **~ appears** [*or* **seems**] **to be ...** es scheint ...; **~ appeared/seemed to be some difficulty in fixing a date for the meeting** es scheint Schwierigkeiten zu geben, einen Termin für die Sitzung zu finden; **~ comes a point where ...** (*form*) es kommt der Punkt, an dem ... ❻ (*said to attract attention*) **hello ~!** hallo!; **~ goes the phone** das ist das Telefon ▶ PHRASES: **~ you go <u>again</u>[, doing sth]** (*used to criticize sb for behaving in a way typical of them*) das übliche Spiel; **~ she goes again – she never knows when to stop** das übliche Spiel – sie weiß nie, wann es genug ist; **to have been ~ <u>before</u>** (*fam*) alles schon wissen *fam;* **to be neither here nor ~** keine Rolle spielen; **~ you are** [*or* **go**] (*fam: what you wanted*) hier bitte; **~ you are – that'll be £3.80 please** hier bitte – das macht £3.80; (*expressing confirmation, triumph or resignation*) aber bitte; **we didn't win the competition, but ~ you go – we can always try again next year** wir haben den Wettkampf zwar nicht gewonnen, aber bitte – wir können es nächstes Jahr nochmals versuchen; **~ you are! I told you the problem was a political one** ich wusste es! ich sagte dir, das wäre ein politisches Problem; **sometimes it is embarrassing, but ~ you go** manchmal ist es peinlich, aber so ist es nun mal; **to not be ~ yet** noch nicht bereit sein; **to be ~ to do sth** dazu da sein, etw zu tun; **at the end of the day we are ~ to make money** schließlich sind wir dazu da, Geld zu verdienen; **to be ~ for sb** für jdn da sein; **best friends are** [**always**] **~ for each other in times of trouble** gute Freunde sind in schweren Zeiten [immer] füreinander an; **been ~, done that** (*fam*) kalter Kaffee *fam;* **~ goes sth** etw ist im Begriff, den Bach runter zu gehen *fam;* **~ goes my career** das war's wohl mit meiner Karriere! *fam;* **~ you have it** na siehst du; **simply turn the handle three times and ~ you have it** drehe einfach dreimal den Griff und schon geht's; **~ it is** was soll's; **pretty ridiculous, I know, but ~ it is** ziemlich lächerlich, ich weiß, aber was soll's; **to be all ~** [**up top**] (*fam*) geistig voll da sein *fam;* **to not be all ~** (*fam: mentally lacking*) nicht ganz da sein *fam;* (*no longer mentally fit*) nicht mehr ganz auf der Höhe sein **II.** *interj* ❶ (*expressing sympathy*) da!, schau!; **~, ~!** [*or* **~ now!**] ganz ruhig!, schon gut!; **~, ~** [*or* **~ now**], **don't cry, it won't hurt for long** schon gut, weine nicht, es wird nicht lang wehtun ❷ (*expressing satisfaction*) na bitte!, siehst du!; **~, I've made it work at last** na also, ich hab's wieder repariert; **~, I told you she wouldn't mind!** siehst du, ich habe dir gesagt, dass es ihr nichts ausmacht ❸ (*annoyance*) also bitte; **~, now you've broken it!** da, jetzt hast du es kaputtgemacht! *fam* ❹ (*fam*) **so ~!** und damit basta!; **you can't share, so ~!** du kannst nicht teilen, und damit basta!

there·abouts ['ðeərəbaʊt, AM 'ðerə-] *adv* ❶ (*in that area*) dort in der Nähe, dort irgendwo; **the soil is very fertile ~** der Boden ist in dieser Gegend sehr fruchtbar; **or ~** in der Umgebung von; **we'll stop for a picnic in Saltford or ~** wir machen irgendwo bei Saltford ein Picknick ❷ (*approximate time*) **or ~** oder so; **he's lived in Norwich for 40 years, or ~** er lebt seit ungefähr vierzig Jahren in Norwich

there·'after *adv* (*form*) danach, darauf *geh;* **shortly ~** kurz danach, kurze Zeit später **there and 'back** *adv* hin und zurück **there and 'then** *adv* auf der Stelle, sofort **'there·by** *adv* dadurch; **the actors' unions had failed to agree pay levels and had ~ deprived over 250 people of work** die Schauspielergewerkschaft hatte keine festen Lohnvereinbarungen getroffen und dadurch mehr als 250 Menschen ihrer Jobs beraubt ▶ PHRASES: **~ hangs a tale** *esp* BRIT (*hum*) das ist eine lange Geschichte **there·fore** ['ðeəfɔːʳ, AM 'ðerfɔːr] *adv inv* deshalb, deswegen, daher; **to decide ~ to do sth** deshalb beschließen, etw zu tun **there·in** [ˌðeə'rɪn, AM ˌðer'-] *adv* (*form or dated*) darin; (*fig*) **Susan is a socialist but her boyfriend votes Conservative – ~ lies the reason why they argue** Susan ist Sozialistin, aber ihr Freund wählt die Konservativen – deswegen streiten sich die beiden auch **there·in·'after** *adv* (*form or dated*) weiter unten, später; LAW nachstehend; **~ referred to as the deceased** im Folgenden als der/die Verstorbene bezeichnet **there·of** [ˌðeə'rɒv, AM ˌðer'ɑːv] *adv* (*form*) davon; **I was quite unaware ~ until I received your letter** bevor ich deinen Brief erhielt, war ich mir darüber nicht im Klaren **there·under** [ˌðeə'rʌndəʳ, AM ˌðer'ʌndɚ] *adv* (*form or dated*) ❶ (*in accordance with aforementioned*) demzufolge, demgemäß ❷ (*under the aforementioned*) darunter **there·upon** [ˌðeərə'pɒn, AM ˌðerə'pɑːn] *adv* (*form*) daraufhin

therm [θɜːm, AM θɜːrm] *n* (*unit of heat*) *veraltete britische Einheit für Arbeit und Energie;* BRIT (*dated: 100,000 thermal units*) 100.000 Wärmeeinheiten (*ca. 100 Megajoule*)

ther·mal ['θɜːməl, AM 'θɜːrm-] **I.** *n* ❶ (*air current*) Thermik *f* ❷ (*underwear*) ■ **~s** *pl* Thermounterwäsche *f kein pl;* MED Rheumaunterwäsche *f kein pl* **II.** *adj attr* ❶ MED thermal, Thermal-; **~ bath** Thermalbad *nt* ❷ PHYS thermisch, Thermo-, Wärme-; **~ conductivity** Wärmeleitfähigkeit *f;* **~ pollution** thermische Verunreinigung

ther·mal ca·'pac·ity *n* Wärmekapazität *f* **ther·mal 'imag·ing** *n* Thermographie *f* **ther·mal in·su·'la·tion** *n no pl* Wärmedämmung *f,* Wärmeisolierung *f*

ther·mal·ly ['θɜːməli, AM 'θɜːrm-] *adv* ❶ MED thermal ❷ PHYS thermisch; **to be ~ insulated** wärmeisoliert sein

ther·mal 'pa·per *n no pl* Thermopapier *nt* **ther·mal 'spring** *n* Thermalquelle *f* **ther·mal 'under·wear** *n no pl* Thermounterwäsche *f;* MED Rheumaunterwäsche *f* **'ther·mal unit** *n* PHYS Wärmeeinheit *f*

ther·mo- ['θɜːməʊ, AM 'θɜːrmoʊ] *in compounds* Wärme-, Hitze-, Thermo-

ther·mo·dy·nam·ic [ˌθɜːmə(ʊ)daɪ'næmɪk, AM ˌθɜːrmoʊ-] *adj attr, inv* thermodynamisch

ther·mo·dy·nam·ics [ˌθɜːmə(ʊ)daɪ'næmɪks, AM ˌθɜːrmoʊ-] *n + sing vb* Thermodynamik *f*

ther·mo·elec·tric [ˌθɜːməʊɪ'lektrɪk, AM ˌθɜːrmoʊ-] *adj* thermoelektrisch

ther·mom·eter ['θɜːmɒmɪtəʳ, AM 'θɜːrmɑːmət̬ɚ] *n* ❶ (*device*) Thermometer *nt* SCHWEIZ *a. m;* **clinical ~** Fieberthermometer *nt;* **minimum and maximum ~** Minimum-Maximum-Thermometer *nt,* Minimax-Thermometer *nt;* **the ~ falls/rises** das Thermometer fällt/steigt ❷ (*fig: record*) Barometer *nt fig;* **~ of inflation** Inflationsbarometer *nt* **ther·'mom·eter scale** *n* Thermometerskala *f*

ther·mo·nu·clear [ˌθɜːmə(ʊ)njuːkliəʳ, AM ˌθɜːrmoʊ'nuːkliɚ] *adj* thermonuklear; **~ bomb** Wasserstoffbombe *f*

Thermos® ['θɜːmɒs, AM 'θɜːrməs] *n,* **Thermos® bot·tle** *n,* **Thermos® flask** *n* Thermosflasche *f*

ther·mo·stat ['θɜːməstæt, AM 'θɜːr-] *n* Thermostat *m*

ther·mo·stat·ic ['θɜːməstætɪk, AM 'θɜːrməstæt̬-] *adj* thermostatisch, Thermostat-

ther·mo·stati·cal·ly ['θɜːməstætɪkəli, AM 'θɜːrməstæt̬-] *adv* thermostatisch; **~ controlled** thermostatgesteuert

the·sau·rus <*pl* -es *or pl* -ri> [θɪ'sɔːrəs, *pl* -raɪ] *n* Synonymwörterbuch *nt,* Thesaurus *m fachspr*

these [ðiːz] **I.** *adj pl of* **this II.** *pron dem pl of* **this** ❶ (*the things here*) diese; **take ~ and put them on my desk please** nimm die[se] hier und stell sie bitte auf meinen Tisch; **are ~ your bags?** gehören diese Taschen dir?, sind das hier deine Taschen; **~ here** die da ❷ (*the people here*) das; **~ are my kids, Bob, Charles and Mary** das sind meine Kinder Bob, Charles und Mary ❸ (*current times*) diese; **in times like ~ ...** in Zeiten wie diesen ...; **~ are hard times for us** wir machen harte Zeiten durch ❹ (*familiar referent*) diese; **~ are some of the reasons I'm against the idea** das sind die Gründe, warum ich gegen die Idee bin; **don't try to walk on ~ – they're prickly and sticky plants** versuche nicht, über diese zu gehen – das sind stachlige, klebrige Pflanzen

the·sis <*pl* -ses> ['θiːsəs, *pl* -siːz] *n* ❶ (*written study*) wissenschaftliche Arbeit; (*for diploma*) Diplomarbeit *f;* (*for PhD*) Doktorarbeit *f,* Dissertation *f;* **doctoral ~** Doktorarbeit *f,* Dissertation *f* ❷ (*proposition*) These *f,* Behauptung *f*

thesp [θesp] *n* (*pej fam*) *short for* **thespian** Schmierenkomödiant(in) *m(f) pej fam*

thes·pian ['θespiən] **I.** *n* (*form*) Schauspieler(in) *m(f);* (*mime*) Mime, -in *m, f liter;* (*hum*) Vollblutschauspieler(in) *m(f)* **II.** *adj inv* dramatisch, Schauspiel-, Theater-; **~ talent** schauspielerisches Talent

they [ðeɪ] *pron pers* ❶ (*3rd person plural*) sie; **where are my glasses? ~ were on the table just now** wo ist meine Brille?

T

sie lag doch gerade noch auf dem Tisch; **see those people sitting over there? are ~ the ones you were talking about?** siehst du die Leute da drüben? sind das die, über die du sprachst?; **it's ~** (*form*) das sind sie; **~ who ...** (*form*) wer ...; **~ who look closely, will see the difference** wer genau schaut, kann den Unterschied erkennen ❷ (*he or she*) er, sie; **ask a friend if ~ could help** frag einen Freund/eine Freundin, ob er/sie helfen kann; **anyone can join if ~ are a resident** jeder, der hier lebt, kann beitreten ❸ (*people in general*) sie; **the rest, as ~ say, is history** der Rest ist Geschichte, wie es so schön heißt; **~ say ...** es heißt ... ❹ (*fam: those with authority*) **~'ve decided to change the bus route into town** es wurde beschlossen, die Busroute in die Stadt zu ändern; **do ~ really notice if you leave some of your income off your tax forms?** merkt das wirklich jemand, wenn du nicht dein gesamtes Einkommen auf dem Steuerbescheid angibst?; **~ cut my water off** man hat mir das Wasser abgestellt

they'll [ðeɪl] = **they will** *see* **will**[1]

they're [ðeəʳ, AM ðer] = **they are** *see* **be**

they've [ðeɪv] = **they have** *see* **have I., II.**

thick [θɪk] **I.** *adj* ❶ (*not thin*) *coat, layer, volume* dick; **with a ~ helping of butter** dick mit Butter bestrichen; **to have a ~ skin** (*fig*) ein dickes Fell haben *fig* ❷ (*bushy*) *eyebrows* dicht; **~ hair** volles [*o* dichtes] Haar ❸ *after n* (*measurement*) dick, stark; **the walls are two metres ~** die Wände sind zwei Meter dick ❹ (*not very fluid*) dick, zähflüssig ❺ (*dense*) dicht; **the air in the banqueting hall was ~ with smoke** die Luft im Festsaal war völlig verraucht; **the atmosphere was ~ with unspoken criticism** (*fig*) unausgesprochene Kritik belastete die Atmosphäre; **~ clouds** dichte Wolkendecke; **~ fog** dichter Nebel ❻ (*extreme*) deutlich, ausgeprägt; **~ accent** starker Akzent; **~ darkness** tiefe Dunkelheit ❼ *voice* belegt, heiser; **he spoke and his voice was ~ with fear** er sprach mit angstvoller Stimme ❽ (*headache*) **to have a ~ head** einen Brummschädel [*o* dicken Kopf] haben *fam;* **I've got a ~ head** mir brummt der Schädel *fam* ❾ (*pej sl: mentally slow*) dumm; **to be [a bit] ~** [ein bisschen] begriffsstutzig sein; **to be as ~ as two short planks** dumm wie Bohnenstroh sein ❿ BRIT (*fam: plentiful*) reichlich, massenhaft; **female engineers are not too ~ on the ground** weibliche Ingenieure sind dünn gesät ⓫ BRIT (*exaggerated*) **to be a bit ~** etwas übertrieben sein; **hiring four Rolls Royces for a village wedding was a bit ~** vier Rolls Royce für eine Dorfhochzeit zu mieten, war schon etwas dick aufgetragen ▸ PHRASES: **blood is ~er than water** (*saying*) Blut ist dicker als Wasser *prov;* **to get a ~ ear** BRIT ein paar auf [*o* hinter] die Ohren bekommen *fam;* **to give sb a ~ ear** BRIT jdm ein paar [*o* eins] hinter die Ohren geben *fam;* **to be as ~ as thieves** wie Pech und Schwefel zusammenhalten; **to be ~ with sb** mit jdm eng befreundet sein; **Peter is ~ with Tom** Peter und Tom sind dicke Freunde **II.** *n no pl* (*fam*) ■**in the ~ of sth** mitten[drin] in etw *dat;* **an argument had ensued at the bar and in the ~ of it stood my husband** an der Bar war ein Streit ausgebrochen und mein Mann steckte mittendrin; **in the ~ of the battle** im dichtesten Kampfgetümmel ▸ PHRASES: **to stick together through ~ and thin** zusammen durch dick und dünn gehen **III.** *adv* (*heavily*) dick; **the snow lay ~ on the path** auf dem Weg lag eine dicke Schneedecke; **to spread bread ~ with butter** Brot dick mit Butter bestreichen ▸ PHRASES: **to come ~ and fast** hart auf hart kommen; **the complaints were coming ~ and fast** es hagelte Beschwerden; **to lay it on ~** dick auftragen *fam*

thick·en ['θɪkᵊn] **I.** *vt* FOOD ■**to ~ sth** *sauce* etw eindicken **II.** *vi* ❶ (*become less fluid*) dick[er] [*o* dickflüssig[er]] werden ❷ (*become denser*) dicht[er] werden, sich *akk* verdichten; **traffic in town has ~ed** die Verkehrsdichte in der Stadt hat zugenommen ❸ (*become less slim*) [an Umfang] zunehmen; **her waist has ~ed** ihre Taille ist dicker geworden ▸ PHRASES: **the plot ~s** (*saying*) die Sache wird langsam interessant

thick·en·er ['θɪkᵊnəʳ, AM -ɚ] *n*, **thick·en·ing** ['θɪkᵊnɪŋ] *n* Verdickungsmittel *nt*, Bindemittel *nt;* **gravy ~** Soßenbinder *m*

thick·et ['θɪkɪt] *n* Dickicht *nt*

thick-'head·ed *adj* ❶ (*mentally slow*) begriffsstutzig ❷ (*stupid*) dumm, doof *fam*

thick·ly ['θɪkli] *adv* ❶ (*in a deep layer*) dick; **don't put the butter on too ~, please** schmier bitte nicht zu viel Butter drauf; **the woods were ~ carpeted with bluebells** der Wald war mit Glockenblumen übersät ❷ (*indistinctly*) mit belegter Stimme; (*with fear*) angstvoll; (*with emotion*) bewegt; **to speak ~** undeutlich [*o* mit schwerer Zunge] sprechen

thick·ness ['θɪknəs] *n* ❶ *no pl* (*size*) Dicke *f*, Stärke *f* ❷ *no pl* (*depth*) Dicke *f*, Höhe *f;* (*denseness*) Dichte *f* ❸ (*layer*) Lage *f*, Schicht *f*

thicko ['θɪkəʊ, AM -koʊ] *n esp* BRIT (*pej sl*) Dummkopf *m pej fam*, Schwachkopf *m pej fam*

thick·'set *adj person* gedrungen, stämmig; *plant* dicht[gepflanzt] **thick-'skinned** *adj* dickhäutig *fig*, dickfellig *fig;* **to be ~** ein dickes Fell haben

thief <*pl* thieves> [θi:f] *n* Dieb(in) *m(f);* **den of thieves** Mördergrube *f*, Räuberhöhle *f;* (*disreputable place*) Spelunke *f* ▸ PHRASES: **[there is] honour** [*or* AM **honor**] **among thieves** (*saying*) jeder hat seine eigene Moral; **like a ~ in the night** wie ein Dieb in der Nacht; **procrastination is the ~ of time** *esp* BRIT (*saying*) was du heute kannst besorgen, das verschiebe nicht auf morgen *prov;* **to be as thick as thieves** dicke Freunde sein *fam;* **to set a ~ to catch a ~** (*saying*) einen vom Fach benutzen

thieve [θi:v] **I.** *vi* (*liter*) stehlen **II.** *vt* (*liter*) ■**to ~ sth** etw stehlen

thiev·ing ['θi:vɪŋ] **I.** *n* (*liter, form*) Stehlen *nt* **II.** *adj attr, inv* diebisch; **take your ~ hands off my cake!** (*hum*) lass deine Finger von meinem Kuchen!

thigh [θaɪ] *n* [Ober]schenkel *m;* **this exercise will help to combat those thunder ~s** mit dieser Übung bekämpfen Sie die Fettpolster an Hüfte und Oberschenkel

'thigh bone *n* Oberschenkelknochen *m* **'thigh-high** *adj* hüfthoch **'thigh in·ju·ry** *n* Oberschenkelverletzung *f*

thim·ble ['θɪmbl̩] *n* Fingerhut *m*

thim·ble·ful ['θɪmbl̩fʊl] *n* (*hum*) Fingerhut [voll] *m;* **he poured a ~ of whisky into the glass** er goss einen Schluck Whiskey in das Glas

thin <-nn-> [θɪn] **I.** *adj* ❶ (*not thick*) dünn; **~ line** feine [*o* schmale] Linie; **there's a ~ line between love and hate** die Grenze zwischen Liebe und Hass ist fließend; (*fig*) schmaler Grat ❷ (*slim*) *person* dünn; **a ~ man** ein hagerer Mann ❸ (*not dense*) *fog* leicht; *crowd* klein; **~ rain** feiner Regen; (*lacking oxygen*) *air* dünn ❹ (*sparse*) spärlich; **~ hair** (*on head*) schütteres Haar; (*on body*) spärlicher Haarwuchs; **he is already ~ on top** sein Haar lichtet sich schon langsam ❺ (*very fluid*) dünn[flüssig] ❻ (*feeble*) schwach *fig;* **~ disguise** dürftige Verkleidung; **~ excuse** fadenscheinige Ausrede; **~ smile** leichtes Lächeln; **~ sound** leiser Ton; **~ voice** zarte Stimme ❼ (*come to an end*) **to wear ~** (*a. fig*) [langsam] zu Ende gehen, erschöpft sein; **the soles of my shoes are wearing ~** mein Schuhsohlen werden immer dünner ▸ PHRASES: **out of ~ air** aus dem Nichts; **to disappear** [*or* **vanish**] **into ~ air** sich *akk* in Luft auflösen; **the ~ end of the wedge** BRIT ein erster Anfang; **to be ~ on the ground** BRIT, AUS dünn gesät sein *fig;* **to be on ~ ice** sich *akk* auf dünnem Eis bewegen; **the ~ blue line** BRIT (*fam*) die Polizei; **to have a ~ time [of it]** eine schlimme Zeit durchmachen; **to be ~-skinned** dünnhäutig sein; **through thick and ~** durch dick und dünn **II.** *vt* <-nn-> ❶ (*make more liquid*) ■**to ~ sth [down]** etw verdünnen ❷ (*remove some*) ■**to ~ sth [out]** etw ausdünnen [*o* lichten]; **they've ~ned the forest** der Wald wurde gelichtet; **to ~ sb's hair** jds Haare ausdünnen ❸ (*in golf*) **to ~ the ball** den Ball oberhalb der Mitte treffen **III.** *vi* <-nn-> ❶ (*become weaker*) *soup, blood* dünner werden; *crowd* sich *akk* zerstreuen; *fog* sich *akk* lichten; *hair* dünner werden, sich *akk* lichten ❷ (*become worn*) *material* sich *akk* verringern, abnehmen

◆**thin down I.** *vi* abnehmen, dünner werden **II.** *vt* ■**to ~ sth ⟲ down** etw verdünnen

◆**thin out I.** *vt* ■**to ~ sth ⟲ out** etw ausdünnen; **to ~ out plants** Pflanzen pikieren **II.** *vi* weniger werden, sich *akk* verringern; *crowd* kleiner werden, sich *akk* verlaufen

thine [ðaɪn] DIAL **I.** *adj det* (*old*) dein; **inquire into ~ own heart** befrage dein Herz **II.** *pron* (*old*) der/die/das Deinige [*o* Deine]; **for ~ is the kingdom, the power and the glory** denn Dein ist das Reich, die Macht und die Herrlichkeit

thing [θɪŋ] *n* ❶ (*unspecified object*) Ding *nt,* Gegenstand *m;* (*fam*) Dings[bums] *nt fam;* **she behaved like a mad ~** sie benahm sich wie eine Verrückte; **you cannot be all ~s to all men** man kann es nicht allen recht machen ❷ (*possessions*) ■**~s** *pl* Besitz *m kein pl,* Habe *f kein pl;* (*objects for special purpose*) Sachen *fpl,* Zeug *nt kein pl;* **I haven't got a ~ to wear** ich habe nichts zum Anziehen; **she put all his ~s in suitcases and put them outside the door** sie packte alle seine Sachen in Koffer und stellte diese vor die Tür; **swimming ~s** Schwimmzeug *nt kein pl,* Schwimmsachen *pl fam* ❸ (*unspecified idea, event*) Sache *f;* **this ~ called love** das, was man so Liebe nennt; **if there's one ~ I want to know it's this** wenn es etwas gibt, das ich wissen will, dann ist es das; **it was just one ~ after another** da kam eben eins zum anderen; **one ~ leads to another** das Eine führt zum Andern; **don't worry about a ~!** mach dir keine Sorgen!; **learning to ride a bike was a difficult ~ for me to do** ich habe lange gebraucht, bis ich Rad fahren konnte; **I value my freedom above all ~s** meine Freiheit steht für mich an erster Stelle; **if it's not one ~, it's another** ständig ist [et]was los; **to not be sb's ~** nicht jds Ding *nt* sein *fam;* **to be a ~ of the past** der Vergangenheit angehören; **in all ~s** in jeder Hinsicht, in [*o* bei] allem; **the whole ~** das Ganze ❹ (*unspecified activity*) Sache *f;* **the last ~ I want to do is hurt his feelings** ich möchte auf keinen Fall seine Gefühle verletzen; **that was a close ~!** das war knapp!; **walking in stormy weather along a beach just does ~s to me** bei stürmischem Wetter am Strand spazieren zu gehen macht mir unheimlich Spaß; **plenty of ~s** vieles; **to do sth first/last ~** etw als Erstes/Letztes tun; **I'll phone him first ~ tomorrow** ich rufe ihn morgen gleich als Erstes an; **to call sb last ~ at night** jdn spät nachts noch anrufen; **to do one's own ~** (*fam*) seinen [eigenen] Weg gehen, sein Ding machen *fam* ❺ (*fam: what is needed*) das [einzig] Wahre; **the real ~** das einzig Wahre; **the very** [*or* **just the**] **~** genau das Richtige ❻ (*matter*) Thema *nt,* Sache *f;* **sure ~!** *esp* AM na klar!; **what a lovely ~ to say!** wie nett, so etwas zu sagen!; **I have a ~ or two on my mind** mir geht so einiges durch den Kopf; **and another ~, ...** und noch [et]was, ...; **why don't you come with me? – for one ~, I don't like flying, and for another, I can't afford it** warum kommst du nicht mit? – einerseits fliege ich nicht gerne und außerdem kann ich es mir nicht leisten; **to be able to tell sb a ~ or two** jdm noch so einiges [*o* manches] erzählen können; **to know a ~ or two** eine ganze Menge wissen, sich *akk* gut auskennen ❼ (*social behaviour*) ■**the ~** das Richtige; **it's the done ~** (*a. iron*) das gehört sich so [*o* gehört zum guten Ton]; **smoking during meals is not the done ~** es gehört sich nicht, während des Essens zu rauchen; **the in** [*or* **latest**] **~** [**to do**] der letzte Schrei ❽ (*the important point*) ■**the ~ about doing sth is ...** das Wichtigste bei etw *dat* ist ... ❾ (*something non-existent*) ■**~s** *pl* **to be hearing** [*or* **imagining**] **~s** Gespenster sehen *fig* ❿ (*the situation*) ■**~s** *pl* die Dinge, die Lage; **~s ain't what they used to be** (*fam*) nichts ist mehr so wie es war; **how are ~s** [**with you**]? (*fam*) wie geht's [dir]? *fam;* **what are ~s like?** wie sieht's aus? [*o* läuft's?] *fam;* **all ~s considered** alles in allem; **as ~s stand, the way ~s are** so wie die Dinge stehen ⓫ (*confectionery*) **sweet ~s** Süßigkeiten *pl* ⓬ (*person*) **you lucky ~!** du Glückliche(r) [*o* Glückspilz]!; **she's a dear little ~** sie ist ein Schatz; **lazy ~** Faulpelz *m;* **old ~** BRIT altes Haus *fam,* alter Knabe *fam;* **the poor ~** (*fam*) der/die Ärmste; (*man*) der arme Kerl; (*young woman, child*) das arme Ding; **the poor ~s** die Ärmsten; **stupid ~** Dummkopf *m,* Idiot *m*

▸ PHRASES: **a ~ of beauty is a joy forever** (*saying*) etwas Schönes macht immer wieder Freude; **to be the greatest ~ since sliced bread** (*fam*) einfach Klasse sein *fam;* **chance would be a fine ~!** BRIT (*saying*) schön wär's! *fam;* **there are more ~s in heaven and earth** [**than are dreamt of in your philosophy**] BRIT (*saying*) es gibt mehr Dinge zwischen Himmel und Erde [als deine Schulweisheit sich träumen lässt]; **a little learning** [*or* **knowledge**] **is a dangerous ~** (*saying*) zu wenig Wissen kann gefährlich werden; **the best ~s in life are free** (*saying*) die besten Dinge im Leben sind umsonst; **to be just one of those ~s** (*be unavoidable*) einfach unvermeidlich sein; (*typical happening*) typisch sein; **this is just one of those ~s** da kann man halt nichts machen *fam;* **to the pure all ~s are pure** (*saying*) dem Reinen ist alles rein; **worse ~s happen at sea** (*saying*) davon geht die Welt nicht unter *fam;* **all** [*or* **other**] **~s being equal** wenn nichts dazwischen kommt; **to be onto a good ~** (*fam*) etwas Gutes auftun; **you can have too much of a good ~** man kann es auch übertreiben; **to do one's own ~** sich *akk* selbst verwirklichen; **to have a** [*or* **this**] **~ about sb** (*fam: dislike*) jdn nicht ausstehen können *fam;* (*like very much*) verrückt nach jdm sein *fam;* **to have a** [*or* **this**] **~ about sth** etw nicht ausstehen können *fam;* **to make a** [**big**] **~ out of sth** aus etw *dat* eine große Sache machen, um etw *akk* viel Wirbel machen; **these ~s are sent to try us** BRIT (*saying*) das sind die Prüfungen, die uns das Schicksal auferlegt; **to take ~s easy** nicht alles so schwer nehmen

thinga·ma·bob [ˈθɪŋəməˌbɒb, AM -ˌbɑːb] *n,* **thinga·ma·jig** [ˈθɪŋəməˌdʒɪg] *n,* **thingum·my** [ˈθɪŋəmi] *n* BRIT, **thingy** [ˈθɪŋi] *n esp* BRIT der/die/das Dings[da] [*o* Dingsbums] *fam*

think [θɪŋk] **I.** *n* BRIT (*fam*) Nachdenken *nt;* **to have a ~ about sth** sich *dat* etw überlegen, über etw *akk* nachdenken; **to have another ~ coming** sich *akk* gewaltig irren, auf dem Holzweg sein *fam;* **you have got another ~ coming!** da bist du aber schief gewickelt! *fam* **II.** *vi* <thought, thought> ❶ (*believe*) denken, glauben; **yes, I ~ so** ich glaube [*o* denke] schon; **no, I don't ~ so** ich glaube [*o* denke] nicht; **I asked him if he was likely to get the job and he said he thought not** ich fragte ihn, ob er die Stelle wohl bekommen werde und er antwortete, er glaube nicht; **she is thought to be on holiday in Scotland** man nimmt an, dass sie gerade in Schottland Urlaub macht ❷ (*hold an opinion*) meinen, denken, glauben; (*judge*) einschätzen; **I ~ she's stupid** ich finde sie dumm; **I'd ~ again if I were you** ich würde mir das an deiner Stelle noch einmal überlegen; **I want you to ~ of me as a friend** ich möchte, dass du mich als Freund siehst; **what do you ~ of Jane?** wie findest du Jane?; **what do you ~ you're doing?** (*iron*) was glaubst du eigentlich, was du da tust?; **who do you ~ you are?** (*iron*) für wen hältst du dich eigentlich?; **to ~ better of sth** sich *dat* etw anders überlegen; **to ~ fit** es für angebracht halten; **to ~ highly** [*or* **well**] **of sb/sth** viel von jdm/etw halten, eine gute Meinung von jdm/etw haben; **to ~ oneself lucky** [*or* **fortunate**] sich *akk* glücklich schätzen; **to ~ positive** optimistisch [*o* zuversichtlich] sein, nicht den Mut verlieren ❸ (*expect*) denken, annehmen; **who would have thought** [**that**] **...?** wer hätte gedacht[, dass] ...?; **who would have thought it?** wer hätte das gedacht?; **I thought as much!** (*usu pej: as a reply*) das habe ich mir schon gedacht!; **I'm going out to play – that's what you ~!** ich gehe raus spielen – denkste! ❹ (*introducing a decision*) denken; **it was such a lovely day I thought I'd go for a walk** es war so ein schöner Tag, dass ich [mir] gedacht habe, ich mache einen Spaziergang ❺ (*exercise one's mind*) denken; (*decide*) entscheiden; **I'd ~ long and hard** ich würde mir das wirklich reiflich überlegen; **that'll give him something to ~ about** das sollte ihm etwas zu denken geben; **I haven't seen him for weeks, in fact, come to ~ of it, since last Christmas** ich habe ihn seit Wochen nicht mehr gesehen, wenn ich es mir recht überlege, seit letzten Weihnachten; **I shudder to ~ what might have happened** mir läuft es kalt den Rücken runter, wenn ich mir ausmale, was alles hätte passieren können; **I can't ~ how/when/where/why ...** ich weiß nicht, wie/wann/wo/warum ...; ■**to be ~ing** [nach]denken, überlegen; **to ~ on one's feet** (*fig*) eine schnelle Entscheidung treffen; **to ~ fast** schnell überlegen; **to be unable to hear oneself ~** sein eigenes Wort nicht mehr verstehen; **to be unable to ~ straight** etw nicht richtig einschätzen können, keinen klaren Gedanken fassen können; **to ~ for oneself** selbständig denken, seine eigenen Entscheidungen treffen; **to ~ to oneself** [bei] sich *dat* denken ❻ (*plan*) nachdenken, überlegen; (*consider*) erwägen; ■**to ~ of doing sth** erwägen [*o* überlegen], etw zu tun; **he's ~ing of selling his car** er überlegt, sein Auto zu verkaufen; **we were ~ing of starting a family** wir spielten mit dem Gedanken, eine Familie zu gründen; **to ~ big** im großen Stil planen ❼ (*have in mind*) ■**to ~ about** [*or* **of**] **sb/sth** an jdn/etw denken; **I always ~ about Roz in that long pink coat** ich stelle mir immer Roz in seinem langen rosa Mantel vor; **don't even ~ about it** schlag dir das aus dem Kopf *fam,* das kannst du vergessen *fam;* **can you ~ of anything?** fällt dir etwas ein? ❽ (*be alert*) aufpassen; **without ~ing** gedankenlos, ohne nachzudenken ❾ (*make up*) ■**to ~ of sth** sich *dat* etw einfallen lassen; **just a minute – I ~ I've thought of something** warte mal – ich glaube, ich habe eine Idee; **how clever! I never thought of that** wie schlau! daran habe ich nie gedacht ▸ PHRASES: **what will they ~ of next?** (*saying*) was lassen sie sich wohl noch alles einfallen? **III.** *vt* <thought, thought> ❶ (*consider*) ■**to ~ sb [to be] sth** jdn für etw *akk* halten; **I always thought him to be a charmer** ich fand ihn immer sehr charmant; **to ~ the world of sb/sth** große Stücke auf jdn/etw halten; **to not ~ much of sb/sth** auf jdn/etw nicht viel geben *fam;* **to not ~ much of doing sth** nicht [gerade] begeistert davon sein, etw zu tun; **to ~ nothing of sth** von etw *dat* nichts halten; **~ nothing of it** keine Ursache, gern geschehen; **to ~ nothing of doing sth** nichts dabei finden, etw zu tun; **she'll manage** (**~ Mrs. Kern**) sie wird es schaffen (wie Frau Kern auch) ❷ (*exercise mind*) **to ~ beautiful** [*or* **great**] [*or* **interesting**] **thoughts** in Gedanken versunken sein ▸ PHRASES: **to ~ the world well lost** BRIT den lieben Gott einen guten Mann sein lassen

◆**think ahead** *vi* vorausdenken, vorausplanen

◆**think back** *vi* ■**to ~ back to sth** an etw *akk* zurückdenken; ■**to ~ back over sth** sich *dat* etw noch einmal vergegenwärtigen, etw Revue passieren lassen *geh*

◆**think on** *vt* NBRIT, AM (*fam*) ■**to ~ on sth** über etw *akk* nachdenken

◆**think out** *vt* ■**to ~ sth** ⊂ **out** ❶ (*consider carefully*) etw durchdenken, sich *dat* etw durch den Kopf gehen lassen ❷ (*plan carefully*) etw vorausplanen

◆**think over** *vt* ■**to ~ sth** ⊂ **over** sich *dat* etw überlegen, etw überdenken *geh;* **I'll ~ it over** ich überleg's mir nochmal *fam*

◆**think through** *vt* ■**to ~ sth through** etw [gründlich] durchdenken

◆**think up** *vt* (*fam*) ■**to ~ up** ⊂ **sth** sich *dat* etw ausdenken [*o* einfallen lassen]; **to ~ up an idea** auf eine Idee kommen

think·able ['θɪŋkəbl̩] *adj* denkbar, vorstellbar

think·er ['θɪŋkəʳ, AM -ɚ] *n* Denker(in) *m(f)*

think·ing ['θɪŋkɪŋ] **I.** *n no pl* ❶ (*using thought*) Denken *nt;* **to do some ~ about sth** sich *dat* über etw *akk* Gedanken machen ❷ (*reasoning*) Überlegung *f;* **what's the ~ behind the decision to combine the two departments?** aus welchem Grund sollen die beiden Abteilungen zusammengelegt werden?; **good ~! that's a brilliant idea!** nicht schlecht! eine geniale Idee! ❸ (*opinion*) Meinung *f;* **I don't agree with his ~ on that point** ich stimme mit ihm in diesem Punkt nicht überein; **to my way of ~** meiner Ansicht [*o* Meinung] nach **II.** *adj attr, inv* denkend, vernünftig; **as a ~ woman, you must realize that our situation is becoming worse** als Frau mit Verstand müssen Sie doch erkennen, dass sich unsere Situation verschlechtert; **the ~ man's/woman's crumpet** BRIT *attraktiver, intelligenter Mann/attraktive, intelligente Frau*

'think·ing cap *n* **to put one's ~ on** (*fam*) scharf nachdenken *fam*

'think piece *n* JOURN [ausführlicher] Kommentar **'think tank** *n* (*fig*) Expertenkommission *f*

thin·ly ['θɪnli] *adv* dünn **thin·ly-'sliced** *adj* dünn geschnitten

thin·ner ['θɪnəʳ, AM -ɚ] **I.** *n* Verdünner *m,* Verdünnungsmittel *nt;* **paint ~** Farbverdünner *m* **II.** *adj comp of* **thin**

thin·ness ['θɪnnəs] *n no pl* ❶ (*not fat*) Magerkeit *f* ❷ (*fig: lack of depth*) Dünnheit *f*

thin·ning ['θɪnɪŋ] *n* Ausdünnen *nt,* Vereinzeln *nt; of forest* Lichten *nt,* Durchforsten *nt;* **~ of tree tops** Auslichten *nt* der Baumkronen; ■**~s** *pl* HORT Ausschnitte *pl,* Abschnitte *pl*

thin 'sec·tion *n* Dünnschliff *m*

thin-'sec·tion *vt* ■**to ~ sth** etw dünner machen [*o* dünn schleifen]

thin-'skinned *adj* empfindlich, dünnhäutig; **be careful what you say to her – she's a bit ~** pass auf, was du zu ihr sagst – sie ist ein bisschen sensibel

third [θɜːd, AM θɜːrd] **I.** *n* ❶ (*number 3*) Dritte(r, s); **George the T~** Georg der Dritte; **the ~ of September** der dritte September ❷ (*fraction*) Drittel *nt* ❸ (*gear position*) dritter Gang; **now put it into ~** schalten Sie jetzt in den dritten Gang ❹ (*in ballet*) dritte [Tanz]position; (*in baseball*) dritte Base ❺ MUS Terz *f* ❻ BRIT UNIV (*class of degree*) dritter [akademischer] Grad **II.** *adj inv* dritte(r, s); **~ best** drittbeste(r, s); **the ~ time** das dritte Mal; **~ time lucky!** beim dritten Anlauf klappt's!; **she's been married twice, let's hope that the ~ time around, she'll stay married!** sie war zweimal verheiratet, hoffen wir mal, dass es beim dritten Mal hält!

third 'class I. *n* ❶ (*group*) dritte Klasse ❷ BRIT UNIV (*university degree*) akademischer Grad dritter Klasse ❸ AM (*mail*) Drucksachen *fpl* ❹ TRANSP (*dated*) dritte Klasse **II.** *adj inv* ❶ *quality, status* drittklassig ❷ BRIT *university degree* dritten Grades *nach n* ❸ AM *mail* Drucksachen- ❹ TRANSP dritter Klasse *nach n*

third de·'gree *n* Polizeimaßnahme *f* (*zur Erzwingung eines Geständnisses*); **to get the ~** (*hum fam*) verhört werden; **I got the ~ when I got home last night** als ich heute Nacht nach Hause kam, wurde ich erst mal gründlich verhört *hum;* **to give sb the ~** (*fam*) jdn in die Mangel nehmen *fam*

third-de·gree 'burn *n* Verbrennung *f* dritten Grades **third 'eye** *n* drittes Auge **third-'hand I.** *adj goods* gebraucht; *information* unsicher, unzuverlässig **II.** *adv goods* aus dritter Hand; *information* gerüchteweise

third·ly ['θɜːdli, AM 'θɜːrdli] *adv* drittens

third 'par·ty I. *n* dritte Person; LAW Dritte(r) *f(m);* POL dritte Partei [*o* Kraft]; **~ acting in good faith** gutgläubiger Dritter *f* **II.** *adj attr* Haftpflicht-; **~ accident insurance** Unfall-Fremdversicherung **third-par·ty in·'sur·ance** *n no pl* Haftpflichtversicherung *f* **third-par·ty lia·'bil·ity** *n no pl* Haftpflicht *f;* **to be covered for ~** haftpflichtversichert sein **third 'per·son** *n* ❶ (*person*) dritte Person; LAW Dritte(r) *f(m); see also* **third party** ❷ LING dritte Person **third-'rate** *adj inv* drittklassig, minderwertig **Third 'World I.** *n* ■**the ~** die Dritte Welt **II.** *n modifier* **~ countries/industry/pollution** Länder *ntpl*/Industrie *f*/Umweltverschmutzung *f* in der Dritten Welt; **~ problem** Dritte-Welt-Problem *nt;* **~ product** Produkt *nt* aus der Dritten Welt; **~ store** Dritte-Welt-Laden *m*

thirst [θɜːst, AM θɜːrst] **I.** *n no pl* ❶ (*need for a drink*) Durst *m;* **they collapsed from ~ and hunger** sie brachen vor Hunger und Durst zusammen; **raging ~** schrecklicher Durst; **to die of ~** verdursten; **to quench** [*or* **slake**] **one's ~** seinen Durst löschen [*o liter* stillen] ❷ (*fig: strong desire*) Verlangen *nt,* Gier *f;* **to have a ~ for adventure** abenteuerlustig sein; **~ after fame** Ruhmsucht *f;* **~ for knowledge** Wissensdurst *m;* **~ for power** Machthunger *m,* Machtgier *f* **II.** *vi* (*fig liter*) ■**to ~ after** [*or* **for**] **sth** nach etw *dat* verlangen [*o liter* dürsten]; **I was ~ing after new experiences** ich wollte unbedingt neue Erfahrungen machen

thirsti·ly ['θɜːstɪli, AM 'θɜːrst-] *adv* durstig; (*fig*) gierig

thirsty ['θɜːsti, AM 'θɜːrsti] *adj* durstig; **gardening is ~ work** Gartenarbeit macht durstig; ■**to be ~ for sth** (*fig*) nach etw *dat* hungern [*o liter* dürsten]; **he was ~ for power** er war machtgierig

thir·teen [θɜː'tiːn, AM θɜːr'-] **I.** *n* Dreizehn *f;* **page/lesson/number ~** Seite/Lektion/Nummer dreizehn **II.** *adj inv* dreizehn

thir·teenth [θɜː'tiːn(t)θ, AM θɜːr'-] **I.** *n* ❶ (*after twelfth*) ■**the ~** der/die/das Dreizehnte; **Edward the ~** Edward der Dreizehnte ❷ (*fraction*) Dreizehntel *nt* **II.** *adj inv* dreizehnte(r, s) **III.** *adv* als Dreizehnte(r, s)

thir·ti·eth ['θɜːtiəθ, AM 'θɜːrt̬i-] **I.** *n* ❶ (*after twenty-ninth*) Dreißigste(r, s); **he came ~** er wurde Dreißigster ❷ (*date*) **the ~ of May** der dreißigste Mai; **on the ~** am dreißigsten ❸ (*fraction*) Dreißigstel *nt* **II.** *adj* dreißigste(r, s); **a ~ part** ein Dreißigstel *nt* **III.** *adv* als Dreißigste(r, s); **she did it ~** sie hat es als Dreißigste gemacht

thir·ty ['θɜːti, AM 'θɜːrt̬i] **I.** *n* ❶ (*number*) Dreißig *f* ❷ TENNIS **~ all** dreißig beide ❸ (*age*) **to be in one's thirties** in den Dreißigern sein ❹ (*time period*) ■**the thirties** *pl* die dreißiger Jahre; **in the thirties** in den dreißiger Jahren ❺ (*speed*) **he was doing ~ kph** er fuhr gerade dreißig **II.** *adj* dreißig

'thir·ty·some·thing I. *adj attr* über dreißigjährig, über dreißig *nach n* **II.** *n* **to be a ~** über dreißig sein; **she's a ~ professional mum** sie ist eine berufstätige Mutter über dreißig

this [ðɪs, ðəs] **I.** *adj attr, inv* ❶ (*close in space*) diese(r, s); **let's go to ~ cafe here on the right** lass uns doch in das Café hier rechts gehen; **can you sign ~ form** [**here**] **for me?** kannst du dieses Formular für mich unterschreiben?; **~ here sb/sth** (*fam: drawing attention to*) diese(r, s); **I've slept in ~ here bed for forty years** ich schlafe seit vierzig Jahren in diesem Bett; **the cat has always liked ~ old chair of mine/my mother's** die Katze mochte immer meinen alten Stuhl/den alten Stuhl meiner Mutter ❷ (*close in future*) diese(r, s); **I'm busy all ~ week** ich habe die ganze Woche keine Zeit; **I'll do it ~ Monday/week/month/year** ich erledige es diesen Montag/diese Woche/diesen Monat/dieses Jahr; (*of today*) **~ morning/evening** heute Morgen/Abend; **how are you ~ morning?** wie geht es dir heute?; (*just past*) **I haven't made my bed ~ last week** ich habe die ganze letzte Woche mein Bett nicht gemacht; **~ minute** sofort; **stop fighting ~ minute** hört sofort auf zu raufen ❸ (*referring to specific*) diese(r, s); **she was not long for ~ world** ihre Tage waren gezählt; **don't listen to ~ guy** hör nicht auf diesen Typen; **by ~ time** dann; **I'd been waiting for over an hour and by ~ time, I was very cold and wet** ich hatte über eine Stunde gewartet und war dann total unterkühlt und durchnässt ❹ (*fam: a*) diese(r, s); **~ friend of hers** dieser Freund von ihr *fam;* **~ lady came up to me and asked me where I got my tie** da kam so eine Frau auf mich zu und fragte mich nach meiner Krawatte; **we met ~ girl in the hotel** wir trafen dieses Mädchen im Hotel; **I've got ~ problem and I need help** ich habe da so ein Problem und brauche Hilfe ▸ PHRASES: **watch ~ <u>space</u>** BRIT man darf gespannt sein **II.** *pron* ❶ (*the thing here*) das; **~ is my purse not yours** das ist meine Geldbörse, nicht Ihre; **~ is the one I wanted** das hier ist das, was ich wollte; **is ~ your bag?** ist das deine Tasche? ❷ (*the person here*) das; **~ is my husband, Stefan** das ist mein Ehemann Stefan; **~ is the captain speaking** hier spricht der Kapitän ❸ (*this matter here*) das; **what's ~?** was soll das?; **what's all ~ about?** was soll das [Ganze] hier?; **~ is what I was talking about** davon spreche ich ja; **my parents are always telling me to do ~, do that – I can't stand it anymore** meine Eltern sagen mir immer, ich soll dies oder jenes tun – ich halte das nicht mehr aus ❹ (*present time*) **how can you laugh at a time like ~?** wie kannst du in einem solchen Moment lachen?; **~ is Monday, not Tuesday** heute ist Montag, nicht Dienstag; **~ has been a very pleasant evening** das war ein sehr angenehmer Abend; **from that day to ~** seit damals; **before ~** früher; **I thought you'd have finished before ~** ich dachte, du würdest schneller fertig ❺ (*with an action*) das; **every time I do ~, it hurts – what do you think is wrong?** jedes Mal, wenn ich das mache, tut es weh – was, denken Sie, fehlt mir?; **like ~** so; **if you do it like ~, it'll work better** wenn du das so machst, funktioniert es besser ❻ (*the following*) das; **~ is my address ...** meine Adresse lautet ...; **listen to ~ ... how does it sound?** hör dir das an ... wie klingt das? ▸ PHRASES: **~ and <u>that</u>** [*or* **~, <u>that</u> and the other**] (*fam*) dies und das; **they stayed up chatting about ~ and that** sie blieben auf und plauderten über dies und das **III.** *adv inv* so; **"it was only about ~ high off the ground," squealed Paul excitedly** „es war nur so hoch über dem Boden", rief Paul aufgeregt; **will ~ much be enough for you?** ist das genug für dich?; **he's not used to ~ much attention** er ist so viel Aufmerksamkeit nicht gewöhnt; **~ far and no further** (*a. fig*) bis hierher und nicht weiter

this·tle ['θɪsl] *n* Distel *f*

this·tle·down *n* Distelwolle *f;* **as light as ~** federleicht

thith·er ['θɪðəʳ, AM -ɚ] *adv* (*old*) dorthin; **hither and ~** hierhin und dorthin

tho' [ðəʊ, AM ðoʊ] *conj short for* **though** obwohl, obgleich, obschon

thong [θɒŋ, AM θɑːŋ] *n* ❶ (*strip of leather*) Lederband *nt,* [Leder]riemen *m* ❷ (*part of whip*) Peitschenschnur *f,* Peitschenriemen *m* ❸ (*G-string panty*) Tanga *m* ❹ AM, AUS (*flip-flop*) ■**~s** *pl* [Zehen]sandalen *fpl,* Badeschuhe *mpl* (*mit Leder- oder Plastikriemen zwischen ersten beiden Zehen*)

tho·rac·ic [θɔː'ræsɪk] *adj attr, inv* Brust-, thorakal *fachspr;* **~ cavity** Brusthöhle *f*

thor·ax <*pl* -es *or* -races> ['θɔːræks, *pl* -rəsiːz] *n* ANAT Brustraum *m,* Brustkorb *m,* Thorax *m fachspr*

thorn [θɔːn, AM θɔːrn] *n* ❶ (*prickle*) Dorn *m* ❷ (*bush with prickles*) Dornenstrauch *m,* Dornbusch *m* ❸ (*fig: nuisance*) Ärgernis *nt* ▸ PHRASES: **to be a ~ in sb's <u>flesh</u>** [*or* **<u>side</u>**] jdm ein Dorn im Auge sein; **there is no <u>rose</u> without a ~** (*prov*) keine Rose ohne Dornen *prov*

thorny ['θɔːni, AM 'θɔːrni] *adj* ❶ (*with thorns*) dornig ❷ (*fig: difficult*) schwierig; **~ issue** heikles Thema

thor·ough ['θʌrə, AM 'θɜːroʊ] *adj inv* ❶ (*detailed*) genau, exakt; **you need a ~ training to be able to do the job** Sie benötigen für diese Arbeit eine umfassende Ausbildung; **~ description** eingehende Beschreibung ❷ (*careful*) sorgfältig, gründlich; **~ reform** durchgreifende Reform ❸ *attr* (*complete*) komplett; **it was a ~ waste of time** das war reine Zeitverschwendung; **he behaved like a ~ fool** er benahm sich wie ein Vollidiot *fam*

'thor·ough·bred I. *n* Vollblut[pferd] *nt* **II.** *adj inv* ❶ *horse* reinrassig, Vollblut-; **~ horse** Vollblutpferd *nt* ❷ (*fam: excellent*) rassig, elegant **'thor·ough·fare** *n* (*form*) Durchgangsstraße *f;* **"no ~"** „keine Durchfahrt" **'thor·ough·go·ing** *adj* (*form*) ❶ (*complete*) gründlich, sorgfältig; **~ reform** durchgreifende Reform; **~ revision** grundlegende Überarbeitung ❷ *attr* (*absolute*) radikal, kompromisslos; **a ~ idiot** ein Vollidiot *m pej;* **a ~ housewife** die perfekte Hausfrau; **a ~ rascal** ein ausgemachter Halunke

thor·ough·ly ['θʌrəli, AM 'θɜːroʊli] *adv inv* ❶ (*in detail*) genau, sorgfältig ❷ (*completely*) völlig, vollständig; **to ~ enjoy sth** etw ausgiebig [*o* richtig] genießen

thor·ough·ness [ˈθʌrənəs, AM ˈθɜːroʊ-] *n no pl* Gründlichkeit *f,* Sorgfältigkeit *f*

those [ðəʊz, AM ðoʊz] **I.** *adj det* ① *pl of* **that** (*to identify specific persons/things*) diese; **look at ~ chaps over there** schau' dir die Typen da drüben an; **how much are ~ brushes?** wie viel kosten diese Bürsten; (*more distant*) **I'd like ~ please, not these** ich hätte lieber die da, nicht diese ② *pl of* **that** (*familiar referent*) jene; **several people died in ~ riots** mehrere Menschen starben bei jenen Unruhen; **where are ~ children of yours?** wo sind deine Kinder? ③ *pl of* **that** (*singling out*) ■**~ ... who/which** [*or* **that**] **...** diejenigen ... die ...; **~ people who would like to go on the trip should put their names on the list** die Personen, die die Reise machen wollen, müssen sich in der Liste eintragen; **I've always liked ~ biscuits with the almonds in them** ich mag die Kekse mit den Mandeln drinnen **II.** *pron* ① *pl of* **that** (*the things over there*) diejenigen; **what are ~? are they edible?** was ist das? kann man die essen?; **these peaches aren't ripe enough to eat, try ~ on the table** diese Pfirsiche sind noch nicht reif genug, versuch' die auf dem Tisch ② *pl of* **that** (*the people over there*) das; **~ are my kids over there** das sind meine Kinder da drüben ③ *pl of* **that** (*past times*) damals; **~ were the days** das war eine tolle Zeit; **~ were the olden days** das war die gute alte Zeit; **~ were some good times we had** wir hatten eine gute Zeit damals ④ *pl of* **that** (*familiar referent*) das; **~ are the hard things in life** das sind die schwierigen Dinge des Lebens ⑤ *pl of* **that** (*the people*) ■**~ who ...** diejenigen, die ...; **~ who follow the rules will be rewarded with privileges** diejenigen, die die Regeln befolgen, werden mit Privilegien belohnt; **~ who want to can come back by a later train** wer will, kann mit einem späteren Zug zurückfahren; ■**one of ~** (*belonging to a group*) eine(r) davon; **there are many Mormons here, in fact, he's one of ~** hier sind viele Mormonen, tatsächlich gehört er dazu; **to be one of ~ who ...** eine(r) von denen sein, die ...; **he's one of ~ who make you feel good by just smiling and saying hello** er gehört zu denen, bei denen man sich schon gut fühlt, wenn sie nur lächeln und hallo sagen ⑥ *pl of* **that** (*the ones*) diejenigen; **the coldest hours are ~ just before dawn** die kältesten Stunden sind die vor Tagesanbruch; **~ which ...** diejenigen, die ...; **my favourite chocolates are ~ which have cherries and brandy inside them** meine Lieblingsschokolade ist die mit Kirschen und Brandy

thou¹ [ðaʊ] *pron pers* DIAL (*old: you*) du; **~ art sad, fair Rosalind** bist du traurig, edle Rosalind

thou² <*pl* -> [θaʊ] *n* (*fam*) ① *abbrev of* **thousand** ② *abbrev of* **thousandth**

though [ðəʊ, AM ðoʊ] **I.** *conj* ① (*despite the fact that*) obwohl; **strange ~ it may seem but ...** so seltsam es auch erscheinen mag, ...; **sad ~ I was ...** so traurig [wie] ich [auch] war ... ② (*however*) [je]doch; **I'm rather shy, ~ I'm not as bad as I used to be** ich bin ziemlich schüchtern, wenn auch nicht mehr so wie früher ③ (*fam: nevertheless*) dennoch, immerhin; **the report was fair, ~** der Bericht war trotz allem fair; **I wish you had told me, ~** es wäre mir allerdings lieber gewesen, Sie hätten es mir gesagt ④ (*if*) ■**as ~** als ob [*o* wenn] **II.** *adv inv* trotzdem, dennoch; **this wine's very sweet – it's nice, ~, isn't it?** dieser Wein ist ziemlich süß – er schmeckt aber trotzdem gut, nicht wahr?

thought [θɔːt, AM *esp* θɑːt] **I.** *n* ① *no pl* (*thinking*) Nachdenken *nt,* Überlegen *nt;* **I'm worried at the ~ of the interview** der Gedanke an das Vorstellungsgespräch beunruhigt mich; **with no ~ for his own safety, he rushed towards the burning car** ohne Rücksicht auf seine eigene Sicherheit eilte er zum brennenden Auto; **food for ~** Denkanstöße *mpl;* **freedom of ~** Gedankenfreiheit *f;* **line** [*or* **train**] **of ~** Gedankengang *m;* **school of ~** Lehrmeinung *f;* **to be deep** [*or* **lost**] **in ~** tief in Gedanken versunken sein; **to give sth some ~** sich *dat* Gedanken über etw *akk* machen, über etw *akk* nachdenken ② (*opinion, idea*) Gedanke *m;* **I've just had a ~** mir ist eben was eingefallen; **that's a ~!** das ist eine gute Idee!; **has the ~ ever crossed your mind that you would need some help** ist dir jemals in den Sinn gekommen, dass du Hilfe brauchen könntest; **thanks very much! – don't give it another ~!** vielen Dank! – keine Ursache!; **it's a sobering ~** der Gedanke ist ganz schön ernüchternd *fam;* **on second ~s** nach reiflicher Überlegung; **I wanted to go but on second ~s decided to stay at home** ich wollte eigentlich gehen, habe es mir dann aber anders überlegt und bin daheimgeblieben; **to spare a ~ for sb/sth** an jdn/etw denken ▸ PHRASES: **two minds but a single ~!** zwei Seelen, ein Gedanke!; **a penny for your ~s!** (*saying*) ich wüsste zu gern, was du gerade denkst!; **the wish is father to the ~** (*saying*) der Wunsch ist der Vater des Gedankens *prov;* **it's the ~ that counts** (*fam*) der gute Wille zählt; **perish the ~** [**that ...**]! (*esp iron*) Gott bewahre[, dass...]! **II.** *vt, vi pt, pp of* **think**

'thought con·trol *n no pl* Meinungszensur *f* **'thought·crime** *n* Denkverstoß *m*

thought·ful [ˈθɔːtfəl, AM *esp* ˈθɑːt-] *adj* ① (*mentally occupied*) nachdenklich, gedankenvoll ② (*careful*) sorgfältig, wohl überlegt ③ (*considerate*) aufmerksam; **bringing me a bunch of flowers was a very ~ thing for him to do** es war sehr aufmerksam von ihm, mir einen Strauß Blumen zu bringen

thought·ful·ly [ˈθɔːtfəli, AM *esp* ˈθɑːt-] *adv* ① (*in thought*) nachdenklich ② (*kindly*) aufmerksam[erweise]; **I had one or two sandwiches, ~ provided by my colleagues** ich hatte ein oder zwei belegte Brote, die mir meine Kollegen zuvorkommenderweise besorgt hatten

thought·ful·ness [ˈθɔːtfəlnəs, AM *esp* ˈθɑːt-] *n no pl* ① (*mental occupation*) Nachdenklichkeit *f* ② (*attentiveness*) Aufmerksamkeit *f;* (*consideration*) Rücksichtnahme *f*

thought·less [ˈθɔːtləs, AM *esp* ˈθɑːt-] *adj* ① (*inconsiderate*) rücksichtslos ② (*without thinking*) gedankenlos, unüberlegt

thought·less·ly [ˈθɔːtləsli, AM *esp* ˈθɑːt-] *adv* ① (*without thinking of others*) rücksichtslos ② (*without thinking*) gedankenlos, unüberlegt

thought·less·ness [ˈθɔːtləsnəs, AM *esp* ˈθɑːt-] *n no pl* ① (*without considering others*) Rücksichtslosigkeit *f* ② (*without thinking*) Gedankenlosigkeit *f,* Unüberlegtheit *f*

thought-'out *adj* durchdacht, wohl überlegt **'thought po·lice** *n + pl vb* Gesinnungshüter *mpl* **'thought-pro·vok·ing** *adj* nachdenklich stimmend; **she made some very ~ remarks** ihre Bemerkungen gaben mir zu denken **'thought-read·er** *n* Gedankenleser(in) *m(f)* **'thought-read·ing** *n no pl* Gedankenlesen *nt*

thou·sand [ˈθaʊzənd] **I.** *n* ① *no pl* (*number*) Tausend *f;* **page/number one ~** Seite/Nummer [ein]tausend; **one ~/two ~** [ein]tausend/zweitausend; **as a father, he's one in a ~** er ist ein fantastischer Vater ② *no pl* (*year*) **two ~ and one** [das Jahr] zweitausend und eins ③ *no pl* (*quantity*) **a ~ pounds** [ein]tausend Pfund ④ *pl* (*lots*) ■**~s** Tausende *pl;* **a crowd of ~s watched the procession** mehrere tausend Menschen kamen zu der Prozession **II.** *adj det, attr, inv* (*numbering 1000*) tausend; **I've said it a ~ times** ich habe es jetzt unzählige Male gesagt; **not** [*or* **never**] **in a ~ years** nie im Leben ▸ PHRASES: **the sixty-four ~ dollar question** die [alles] entscheidende Frage

Thou·sand Is·land 'dress·ing *n no pl* Thousand-Island-Dressing *nt*

thou·sandth [ˈθaʊzən(d)θ] **I.** *n* (*in series*) Tausendste(r, s); (*fraction*) Tausendstel *nt* **II.** *adj* (*in series*) tausendste(r, s); ■**the ~ ...** der/die/das tausendste ...; **a ~ part** ein Tausendstel *nt;* **the ~ time** das tausendste Mal

thrall [θrɔːl] *n no pl* ▸ PHRASES: **to hold** [*or* **have**] **sb in one's ~** (*to have somebody's attention*) jdn fesseln *fig,* jds ungeteilte Aufmerksamkeit haben

thrash [θræʃ] **I.** *vt* ■**to ~ sb** ❶ (*beat*) jdn verprügeln [*o fam* verdreschen]; **to ~ the life out of sb** jdm die Seele aus dem Leib prügeln; **to ~ sb to within an inch of his/her life** jdn windelweich prügeln *fam;* **to get ~ed** Prügel beziehen ❷ (*fig fam: defeat*) jdn haushoch [*o* vernichtend] schlagen **II.** *vi* (*liter*) sausen, rasen

◆**thrash about, thrash around I.** *vi* ■**to ~ about** [*or* **around**] um sich *akk* schlagen; *fish* zappeln; (*in bed*) sich *akk* hin und her werfen [*o* wälzen]; **he slept badly, ~ing about all night** er schlief schlecht und drehte sich im Bett die ganze Nacht von einer Seite auf die andere **II.** *vt* ■**to ~ sth about: the injured animal ~ed its legs about in agony** das verletzte Tier schlug voller Qual um sich

◆**thrash out** *vt* ■**to ~ sth** ↻ **out** ❶ (*fam: discuss*) etw ausdiskutieren ❷ (*produce by discussion*) etw aushandeln [*o* vereinbaren]

thrash·ing [ˈθræʃɪŋ] *n* Prügel *pl,* Dresche *f;* **to give sb a [good] ~** jdm eine [anständige] Tracht Prügel verpassen

thread [θred] **I.** *n* ❶ *no pl* (*for sewing*) Garn *nt,* Zwirn *m* ❷ (*fibre*) Faden *m,* Faser *f;* **a ~ of light** (*fig*) ein feiner Lichtstrahl ❸ (*fig: theme*) roter Faden, Handlungsfaden *m;* **to lose the ~ [of what one is saying]** den Faden verlieren; **we lost the ~ of his argument** uns war nicht klar, worauf er hinaus wollte ❹ (*groove*) Gewinde *nt;* (*part of groove*) Gewindegang *m* ❺ COMPUT Thread *m,* Prozessstrang *m* **II.** *vt* ❶ (*put through*) ■**to ~ sth** etw einfädeln; **the sari had gold strands ~ed through the hem** der Saum des Sari war mit Goldfäden durchwirkt; **she ~ed her way through the crowd** sie schlängelte sich durch die Menge hindurch; **to ~ a needle** einen Faden in eine Nadel einfädeln; **to ~ a rope through a pulley** ein Seil durch einen Flaschenzug ziehen ❷ (*put onto a string*) ■**to ~ sth** etw auffädeln; **to ~ beads onto a chain** Perlen auf einer Kette aufreihen

ˈthread·bare *adj* ❶ *material* abgenutzt; *clothes* abgetragen; *carpet* abgelaufen; **~ argument** (*fig*) fadenscheiniges Argument ❷ *person, building* schäbig ❸ (*fig: too often used*) abgedroschen **ˈthread vein** *n* Kapillare *f* **ˈthread·worm** *n* Madenwurm *m*

threat [θret] *n* ❶ (*warning*) Drohung *f;* **she left the country under ~ of arrest if she returned** als sie das Land verließ, drohte man ihr, sie bei ihrer Rückkehr zu verhaften; **there was a ~ of thunder in the heavy afternoon air** an dem Nachmittag lag ein Gewitter in der Luft; **death ~** Morddrohung *f,* Todesdrohung *f;* **the ~ of jail** die Androhung einer Haftstrafe; **an empty ~** eine leere Drohung; **to carry out a ~** eine Drohung wahrmachen ❷ LAW (*menace*) Bedrohung *f;* **~ of [legal] proceedings** Klagedrohung *f* ❸ *no pl* (*potential danger*) Gefahr *f,* Bedrohung *f;* **~ of war** Kriegsgefahr *f;* **to pose a ~ to sb/sth** eine Gefahr [*o* Bedrohung] für jdn/etw darstellen; ■**to be under ~ of sth** von etw *dat* bedroht sein; **they're under ~ of eviction because they can't pay the rent** ihnen wurde die Zwangsräumung angedroht, weil sie ihre Miete nicht bezahlen können

threat·en [ˈθretᵊn] **I.** *vt* ❶ (*warn*) ■**to ~ sb** jdn bedrohen, jdm drohen; ■**to ~ sb with sth** jdm mit etw *dat* drohen; **the bank robber ~ed the staff with a gun** der Bankräuber bedrohte das Personal mit einer Schusswaffe; **to ~ sb with violence** jdm Gewalt androhen ❷ (*be a danger*) ■**to ~ sb/sth** jdn/etw gefährden, für jdn/etw eine Bedrohung sein ❸ (*present risk*) **the sky ~s rain** am Himmel hängen dunkle Regenwolken **II.** *vi* drohen; **a storm is ~ing** ein Sturm ist im Anzug; ■**to ~ to do sth** damit drohen, etw zu tun; **it's ~ing to rain** es sieht bedrohlich nach Regen aus

threat·ened [ˈθretᵊnd] *adj* bedroht, gefährdet; **~ species** [vom Aussterben] bedrohte Art

threat·en·ing [ˈθretᵊnɪŋ] *adj* ❶ (*hostile*) drohend, Droh-; **~ behaviour** [*or* AM **behavior**] Drohungen *fpl;* **~ letter** Drohbrief *m* ❷ (*menacing*) bedrohlich; **~ clouds** dunkle Wolken; **~ behaviour** [*or* AM **behavior**] LAW Bedrohung *f*

threat·en·ing·ly [ˈθretᵊnɪŋli] *adv* bedrohlich, drohend

three [θriː] **I.** *n* ❶ (*number 3*) Drei *f* ❷ (*quantity*) drei; **I'd like ~ of those, please** ich hätte gerne drei von diesen; **come on John – we need one more to make up a ~** komm schon John, einen brauchen wir noch, damit wir zu dritt sind; **in ~s** in Dreiergruppen ❸ (*score*) Drei *f;* CARDS Drei *f;* **the ~ of diamonds** die Karodrei ❹ (*the time*) drei [Uhr]; **at ~** um drei [Uhr]; **at ~ pm** um drei Uhr [nachmittags], um fünfzehn Uhr ❺ (*the third*) drei; **lesson/number ~** Lektion/[Haus]nummer drei ▸ PHRASES: **two's company, ~'s a crowd** drei sind einer zu viel **II.** *adj inv* drei; **I'll give you ~ guesses** dreimal darfst du raten ▸ PHRASES: **~ cheers!** (*a. iron*) das ist ja großartig! *a. iron;* **to be ~ sheets in the wind** total durch den Wind sein *fam*

three-ˈcor·nered *adj inv* ❶ (*triangular*) dreieckig; **~ hat** Dreispitz *m;* **~ arrangement** Dreiecksvereinbarung *f* ❷ SPORTS Drei-; **~ battle** Dreikampf *m;* **~ contest** Wettkampf *m* mit drei Teilnehmern **three-ˈD** *adj inv* (*fam*) *short for* **three-dimensional** 3-D- **three-di·ˈmen·sion·al** *adj inv* dreidimensional **ˈthree·fold I.** *adj inv* dreifach **II.** *adv* ■**the ~** das Dreifache **three-leg·ged race** *n* Dreibeinrennen *nt* **three-line ˈwhip** *n* BRIT Fraktionszwang *m* **ˈthree-part** *adj attr* dreistimmig, für drei Stimmen *nach n* **three·pence** [ˈθrepᵊn(t)s] *n* BRIT ❶ (*hist: three old pence*) drei [alte] Pence ❷ (*three new pence*) drei [neue] Pence **three·pen·ny** [ˈθrepᵊni] *adj attr* BRIT (*hist*) Dreipence-; **get me a piece of cod and a ~ bag of chips, will you?** könnte ich bitte ein Stück Kabeljau und eine kleine Tüte Pommes haben? **three·pen·ny ˈbit** *n* BRIT (*hist*) Dreipencestück *nt* **ˈthree-piece I.** *adj inv* ❶ (*of three items*) dreiteilig ❷ (*of three people*) Dreimann-; **~ band** Dreimannband *f* **II.** *n* Dreiteiler *m,* dreiteiliger Anzug **three-piece ˈsuit** *n* (*man's*) Dreiteiler *m,* Anzug *m* mit Weste; (*lady's*) dreiteiliges Ensemble **three-piece ˈsuite** *n* dreiteilige Polstergarnitur [*o* Sitzgruppe] **ˈthree-ply I.** *adj inv* ❶ (*of three layers*) **~ wood** dreischichtiges Holz; **~ tissue** dreilagiges Gewebe ❷ (*of three strands*) **~ wool** Dreifachwolle *f,* dreifädige Wolle **II.** *n no pl* (*wool*) Dreifachwolle *f,* dreifädige Wolle; (*wood*) dreischichtiges Sperrholz [*o* Spanholz] **three-point ˈturn** *n* AUTO Wenden *nt* in drei Zügen, volle Kehrtwende **three-ˈquar·ter I.** *adj attr* dreiviertel; **~ portrait** Halbbild *nt* **II.** *n* SPORTS (*in rugby*) Dreiviertelspieler *m* **three-ˈquar·ter-face** *adj inv* Halbprofil-; **~ portrait** Halbporträt *nt* **three-ˈquar·ter length** *adj inv* dreiviertellang; **~ coat** Dreiviertelmantel *m,* Maxi-Mantel *m* **three-ˈquar·ters I.** *n* Dreiviertel *nt;* **~ of the book is about the sea voyage** drei Viertel des Buches handeln von der Seereise **II.** *adv* dreiviertel, zu drei Vierteln; **the bottle is still ~ full** die Flasche ist noch dreiviertel voll **three ˈRs** *npl* ■**the ~** Lesen, Schreiben und Rechnen; **the Prime Minister seems very keen to put the ~ back at the top of the list of primary education priorities** der Premierminister scheint sehr darauf bedacht zu sein, den Grundlagen in der Bildung wieder größeres Gewicht zu verleihen **three·some** [ˈθriːsəm] *n* ❶ (*three people*) Dreiergruppe *f,* Trio *nt;* **in** [*or* **as**] **a ~** zu dritt ❷ (*fam: sexual act*) Dreier *m fam* ❸ SPORTS (*in golf*) Dreier *m,* Dreierspiel *nt* **ˈthree-star I.** *adj* ❶ (*good quality*) Dreisterne- ❷ (*military rank*) Dreisterne- **II.** *n no pl* BRIT (*hist*) [früheres] Superbenzin (*Treibstoff mit der Oktanzahl 94*) **ˈthree-way** *adj* ELEC Dreiwege-; **~ adapter** Dreifachstecker *m;* **~ switch** Dreiwegeschalter *m* **three-ˈwheel·er** *n* (*car*) dreirädriges Auto; (*tricycle*) Dreirad *nt*

thresh [θreʃ] **I.** *vt* ■**to ~ sth** *cereal, crop* etw dreschen; **to ~ a donkey** auf einen Esel einschlagen; ■**to ~ sb** jdn verprügeln **II.** *vi* ❶ (*beat*) ■**to ~ at sth** auf etw *akk* einschlagen ❷ *see* **thrash II.**

◆**thresh over** *vt* ■**to ~ sth over** etw analysieren

thresh·er [ˈθreʃəʳ, AM -ɚ] *n* AGR Dreschmaschine *f*

thresh·ing [ˈθreʃɪŋ] *n no pl* AGR Dreschen *nt*

T

'thresh·ing floor *n* AGR Dreschboden *nt,* Tenne *f* **'thresh·ing ma·chine** *n* AGR Dreschmaschine *f*

thresh·old ['θreʃ(h)əʊld, AM -(h)oʊld] *n* ❶ (*of doorway*) [Tür]schwelle *f* ❷ (*fig: beginning*) Anfang *m,* Beginn *m;* (*limit*) Grenze *f,* Schwelle *f;* **she is on the ~ of a new career** sie steht am Anfang einer neuen Karriere; **I have a low boredom ~** ich langweile mich sehr schnell; **~ country** Schwellenland *nt;* **pain ~** Schmerzschwelle *f,* Schmerzgrenze *f;* **tax ~** *esp* BRIT Steuereingangsstufe *f* ❸ PHYS, COMPUT Schwellenwert *m*

'thresh·old agree·ment *n* ECON Stufenabkommen *nt* **'thresh·old price** *n* AGR Schwellenpreis *m*

threw [θru:] *pt of* **throw**

thrice [θraɪs] *adv inv* (*old*) dreimal

thrift [θrɪft] *n no pl* ❶ (*use of resources*) Sparsamkeit *f* ❷ (*plant*) Grasnelke *f*

thrifti·ly ['θrɪftɪli] *adv* sparsam

thrifti·ness ['θrɪftɪnəs] *n no pl* Sparsamkeit *f*

thrift·less ['θrɪftləs] *adj* verschwenderisch

thrift·less·ness ['θrɪftləsnəs] *n* Verschwendung *f*

'thrift shop *n* AM [unkommerzieller] Secondhandladen

thrifty ['θrɪfti] *adj* sparsam

thrill [θrɪl] **I.** *n* (*wave of emotion*) Erregung *f;* (*titillation*) Nervenkitzel *m,* Kick *m fam;* **it gave me a real ~ to see her again after so many years** ich war ganz aufgeregt, als ich sie nach so langer Zeit wiedersah; **I felt a ~ of excitement as the overture began** [freudige] Erregung durchfuhr mich, als die Ouvertüre begann *geh;* **the ~ of the chase** der besondere Reiz der Jagd; **~ of emotion** Gefühlswallung *f;* **~ of fear** Angstschauder *m;* **a ~ of fear ran through her** sie erschauderte vor Angst ► PHRASES: **all the ~s and spills** all der Nervenkitzel und all die Aufregung **II.** *vt* ■**to ~ sb** (*excite*) jdn erregen [*o* aufregen]; (*fascinate*) jdn faszinieren [*o* fesseln]; (*frighten*) jdm Angst machen [*o* einen Schrecken einjagen]; (*delight*) jdn entzücken [*o* begeistern]; **the idea ~s me** die Idee ist genial **III.** *vi* ■**to ~ to sth** (*be excited*) bei etw *dat* wie elektrisiert sein, von etw *dat* erregt werden; (*be frightened*) vor etw *dat* erschauern; **she ~ed to his voice** seine Stimme erregte sie; **a shiver ~ed through the crowd as the prisoner was led to the gallows** ein Schauer ging durch die Menge, als der Gefangene zum Galgen geführt wurde

thrilled [θrɪld] *adj* ■**to be ~** außer sich *dat* vor Freude sein, sich *akk* wahnsinnig darüber freuen; **she was ~ to find that the bouquet was for her** sie freute sich wahnsinnig, als sie sah, dass das Bukett für sie war; **to be ~ to bits** [vor Freude] ganz aus dem Häuschen sein *fam;* ■**to be ~ that ...** sich *akk* riesig freuen, dass ...

thrill·er ['θrɪləʳ, AM -ɚ] *n* Thriller *m*

thrill·ing ['θrɪlɪŋ] *adj* aufregend; **~ sight** überwältigender Anblick; **~ story** spannende [*o* fesselnde] Geschichte; **~ touch** erregende Berührung

'thrill-seek·er *n* sensationslüsterner Mensch; **to be a ~** sensationslüstern sein

thrive <-d *or* throve, -d *or* thriven> [θraɪv] *vi* gedeihen; (*fig*) *business* florieren, blühen; **she seems to ~ on stress and hard work** Stress und harte Arbeit scheinen ihr gut zu tun

thriv·ing ['θraɪvɪŋ] *adj* **it's a ~ community** das ist eine gut funktionierende Gemeinschaft; ■**to be ~** gedeihen, blühen; **business is ~** das Geschäft floriert

throat [θrəʊt, AM θroʊt] *n* ❶ (*inside the neck*) Rachen *m,* Hals *m;* **the words stuck in my ~** die Worte blieben mir im Halse stecken; **to have a sore ~** Halsschmerzen haben; **to clear one's ~** sich *akk* räuspern ❷ (*front of the neck*) Kehle *f,* Hals *m;* **around her pale creamy ~ she wore a black choker** um ihren blass schimmernden Hals trug sie einen schwarzen Halsreif *liter;* **with one's ~ cut** [*or* **slit**] mit durchgeschnittener [*o* aufgeschlitzter] Kehle; **to grab sb by the ~** jdn an der Kehle [*o fam* Gurgel] packen; (*hold attention*) jdn packen [*o* fesseln]; **his speech really grabbed me by the ~** seine Rede hat mich wirklich mitgerissen; **to grab sth by the ~** (*fig: succeed*) etw in Angriff nehmen ❸ (*liter: voice*) Kehle *f;* **the cry came, as if from one ~: "blood! blood!"** wie aus einer Kehle riefen alle: „Blut! Blut!" ❹ (*narrow passage*) verengte Öffnung, Durchlass *m* ► PHRASES: **to have a frog in one's ~** einen Frosch im Hals haben *fam;* **to have a lump in one's ~** einen Kloß im Hals haben; **to be at each other's ~s** sich *dat* in den Haaren liegen; **to cut one's own ~** (*fam*) sich *dat* ins eigene Fleisch schneiden *fam;* **to force** [*or* **ram**] [*or* **thrust**] **sth down sb's ~** jdm etw aufzwingen wollen; **to jump down sb's ~** jdn anblaffen [*o* anfahren] [*o* anschnauzen] *fam*

throati·ly ['θrəʊtɪli, AM 'θroʊt̬-] *adv* (*produced in throat*) kehlig, rau, guttural *fachspr;* (*hoarse*) heiser, rau

throati·ness ['θrəʊtɪnəs, AM 'θroʊt̬-] *n no pl* (*hoarseness*) Heiserkeit *f;* (*sound*) kehliger Klang, Gutturalität *f fachspr*

throaty ['θrəʊti, AM 'θroʊt̬i] *adj* ❶ (*harsh-sounding*) kehlig, rau, guttural *fachspr;* **outside she heard the ~ roar of a motorbike engine** von außen hörte sie das dröhnende Röhren eines Motorrads; **a ~ chuckle** [*or* **laugh**] kehliges Lachen ❷ (*hoarse*) heiser, rau

throb [θrɒb, AM θrɑ:b] **I.** *n* Klopfen *nt,* Hämmern *nt; of heart, pulse* Schlagen *nt,* Pochen *nt; of bass* Dröhnen *nt; of engine* Hämmern *nt,* Dröhnen *nt* **II.** *vi* <-bb-> klopfen, pochen; *pulse, heart* pochen, schlagen; *bass* dröhnen; *engine* hämmern, dröhnen; **his head ~bed** er hatte rasende Kopfschmerzen; **a ~bing pain** ein pochender [*o* pulsierender] Schmerz; **the town ~s with life in the summer months** (*fig*) in den Sommermonaten pulsiert in der Stadt das Leben

throes [θrəʊz, AM θroʊz] *npl* **death ~** Todeskampf *m,* Agonie *f kein pl;* **the ~ of passion** (*hum*) die Qualen der Leidenschaft *hum;* **to be in the ~ of sth** (*fig*) mitten in etw *dat* stecken; **to be in its final ~** (*fig*) in den letzten Zügen liegen; **we're in the final ~ of selling our house** wir sind gerade kurz davor, unser Haus zu verkaufen

throm·bo·sis <*pl* -ses> [θrɒm'bəʊsɪs, AM θrɑ:m'boʊ-, *pl* -si:z] *n* MED Thrombose *f*

throne [θrəʊn, AM θroʊn] **I.** *n* Thron *m;* REL Stuhl *m;* **bishop's ~** bischöflicher Stuhl; **heir to the ~** Thronerbe, -in *m, f;* **to ascend** [*or* **come**] **to the ~** den Thron besteigen; **to succeed to the ~** die Thronfolge antreten **II.** *vt usu passive* (*liter*) ■**to be ~d** inthronisiert werden

throng [θrɒŋ, AM θrɑ:ŋ] **I.** *n + sing/pl vb* [Menschen]menge *f;* **~s of people** Scharen *fpl* von Menschen **II.** *vt* ■**to ~ sth** sich *akk* in etw *akk* drängen, etw dicht bevölkern [*o* belagern]; **summer visitors ~ed the narrow streets** die engen Straßen wimmelten nur so von Menschen; **the market square was ~ed with stallholders** der Marktplatz war voll von Ständen **III.** *vi* sich *akk* drängen; **the public is ~ing to see the new musical** die Besucher strömen in Massen in das neue Musical; ■**to ~ into sth** in etw *akk* hineinströmen

throt·tle ['θrɒtl̩, AM 'θrɑ:t̬l̩] **I.** *n* ❶ AUTO (*control of petrol*) Drosselklappe *f,* Drosselventil *nt;* (*dated: speed pedal*) Gaspedal *nt* ❷ (*speed*) **at full ~** mit voller Geschwindigkeit; (*fig*) mit Volldampf *fam;* **at half ~** mit halber Geschwindigkeit; (*fig*) mit halbem Einsatz **II.** *vt* ❶ (*in engine*) **to ~ the engine** Gas wegnehmen ❷ ■**to ~ sb** (*try to strangle*) jdn würgen; (*strangle*) jdn erdrosseln [*o* erwürgen] ❸ (*fig: stop, hinder*) ■**to ~ sth** etw drosseln; **to ~ free speech** die Redefreiheit behindern

◆**throttle back I.** *vi* Gas wegnehmen, den Motor drosseln **II.** *vt* ■**to ~ back sth** etw drosseln; **to ~ back an engine** eine Maschine herunterfahren, einen Motor drosseln

through [θru:] **I.** *prep* ❶ (*from one side to other*) durch *+akk;* **we drove ~ the tunnel** wir fuhren durch den Tunnel; **she looked ~ the camera** sie sah durch die Kamera ❷ (*in*) ■**~ sth** durch etw *akk;* **they took a trip ~ Brazil** sie machten eine Reise durch Brasilien; **they walked ~ the store** sie gingen durch den Laden; **her words kept running ~ my head** ihre Worte gingen mir ständig durch den Kopf; **he went ~ the**

streets er ging durch die Straßen; **they took a walk ~ the woods** sie machten einen Spaziergang im Wald ❸ *esp* AM (*up until*) bis; **she works Monday ~ Thursday** sie arbeitet von Montag bis Donnerstag; **the sale is going on ~ next week** der Ausverkauf geht bis Ende nächster Woche ❹ (*during*) während; **it rained right ~ June** es regnete den ganzen Juni über; **they drove ~ the night** sie fuhren nachts ❺ (*because of*) wegen *+gen,* durch *+akk;* **~ fear** aus Angst; **she couldn't see anything ~ the smoke** sie konnte durch den Rauch nichts erkennen; **I can't hear you ~ all this noise** ich kann dich bei diesem ganzen Lärm nicht verstehen ❻ (*into pieces*) **he cut ~ the string** er durchschnitt die Schnur; **he shot a hole ~ the tin can** er schoss ein Loch in die Dose ❼ (*by means of*) über *+dat;* **I got my car ~ my brother** ich habe mein Auto über meinen Bruder bekommen; **we sold the bike ~ advertising** wir haben das Fahrrad über eine Anzeige verkauft; **~ chance** durch Zufall ❽ (*at*) durch *+akk;* **she looked ~ her mail** sie sah ihre Post durch; **he skimmed ~ the essay** er überflog den Aufsatz; **to go ~ sth** etw durchgehen ❾ (*involved in*) durch *+akk;* **to go ~ hell** durch die Hölle gehen; **to go ~ a hard time/a transition** eine harte Zeit/eine Übergangsphase durchmachen ❿ (*to the finish*) **to be ~ sth** durch etw *akk* durch sein; **to get ~ sth** [*or* **to make it ~ sth**] etw durchstehen ⓫ (*to be viewed by*) **we'll put your proposition ~ the council** wir werden Ihren Vorschlag dem Rat vorlegen; **the bill went ~ parliament** der Gesetzentwurf kam durchs Parlament ⓬ (*into*) **we were cut off halfway ~ conversation** unser Gespräch wurde mittendrin unterbrochen; **she was halfway ~ the article** sie war halb durch den Artikel durch; **I'm not ~ the book yet** ich bin noch nicht durch das Buch durch ⓭ MATH (*divided into*) durch *+akk;* **five ~ ten is two** Zehn durch Fünf gibt Zwei **II.** *adj inv* ❶ *pred* (*finished*) fertig; **we're ~** (*fam: finished relationship*) mit uns ist es aus *fam;* (*finished job*) es ist alles erledigt; **as soon as the scandal was made public he was ~ as a politician** als der Skandal publik wurde, war er als Politiker erledigt; ■**to be ~ with sb/sth** *esp* AM mit jdm/etw fertig sein; **are you ~ with that atlas?** hast du diesen Atlas durch? ❷ *pred* (*successful*) durch; ■**to be ~** bestanden haben; ■**to be ~ to sth** zu etw *dat* vorrücken, eine Prüfung bestehen; **Henry is ~ to the final** Henry hat sich für das Finale qualifiziert ❸ *attr* TRANSP (*without stopping*) durchgehend; **~ coach** [*or* **carriage**] Kurswagen *m;* **~ flight** Direktflug *m;* **~ station** Durchgangsbahnhof *m;* **~ traveller** [*or* AM **traveler**] Transitreisende(r) *f(m)* ❹ *attr* (*of room*) Durchgangs- **III.** *adv inv* ❶ (*to a destination*) durch; **I battled ~ the lesson with the class** ich habe die Lektion mit der Klasse durchgepaukt; **to go ~ to sth** bis zu etw *dat* durchgehen; **the train goes ~ to Hamburg** der Zug fährt bis nach Hamburg durch; **go right ~, I'll be with you in a minute** gehen Sie schon mal durch, ich bin gleich bei Ihnen ❷ (*from beginning to end*) [ganz] durch; **Paul saw the project ~ to its completion** Paul hat sich bis zum Abschluss um das Projekt gekümmert; **to be halfway ~ sth** etw halb durch haben; **to flick ~ sth** etw [schnell] durchblättern; **to get ~ to sb** TELEC eine Verbindung zu jdm bekommen; **to put sb ~ to sb** TELEC jdn mit jdm verbinden; **to read sth ~** etw [ganz] durchlesen; **to think sth ~** etw durchdenken ❸ (*from one side to another*) ganz durch; **the tree, only half cut ~, would fall as soon as the next storm arrived** der Baum war nur halb abgeschnitten und würde beim nächsten Sturm umbrechen ❹ (*from outside to inside*) durch und durch, ganz, völlig; **the pipes have frozen ~** die Rohre sind zugefroren; **cooked ~** durchgegart; **when she cut the cake she found that it was not cooked right ~** als sie den Kuchen aufschnitt, merkte sie, dass er noch nicht ganz durch war; **soaked ~** völlig durchnässt; **thawed ~** ganz aufgetaut; **to be wet ~** durch und durch nass sein

through and 'through *adv inv* durch und durch, ganz und gar, völlig

'through·flow *n no pl* Durchfluss *m*

through·'out [θruːˈaʊt] **I.** *prep* ❶ (*all over in*) **people ~ the country** Menschen im ganzen Land; **he's famous ~ the world** er ist in der ganzen Welt berühmt ❷ (*at times during*) während *+gen;* **several times ~ the year** mehrmals während des Jahres; **~ his life** sein ganzes Leben lang; **~ the performance** die ganze Vorstellung über **II.** *adv inv* ❶ (*in all parts*) ganz [und gar], vollständig; **the school has been repainted ~** die Schule ist vollkommen neu gestrichen worden ❷ (*the whole time*) die ganze Zeit [über]; **the concert was wonderful but my husband yawned ~** das Konzert war fantastisch, aber mein Mann hat dauernd gegähnt

'through·put *n no pl* Verarbeitungsmenge *f,* Durchsatz *m;* COMPUT Datendurchlauf *m,* Datendurchsatz *m* **'through road** *n* Durchgangsstraße *f;* **"no ~!"** „keine Durchfahrt!" **'through route** *n* Durchgangsstrecke *f* **'through street** *n* AM (*crossing a town*) Durchgangsstraße *f;* (*major road*) Vorfahrtsstraße *f* **'through tick·et** *n* Fahrkarte *f* für die gesamte Strecke **through 'traf·fic** *n no pl* Durchgangsverkehr *m;* **'no ~!'** „keine Durchfahrt!" **'through train** *n* durchgehender Zug, Durchgangszug *m,* D-Zug *m* **'through way** *n* BRIT, AUS Durchgangsstraße *f;* **'no ~!'** „keine Durchfahrt!"

'through·way *n* AM Autobahn *f*

throve *pt of* **thrive**

throw [θrəʊ, AM θroʊ] **I.** *n* ❶ (*act of throwing*) Wurf *m;* **discus ~** Diskuswurf *m;* **a stone's ~** [**away**] (*fig*) nur einen Steinwurf von hier ❷ SPORTS (*in wrestling, cricket*) Wurf *m* ❸ (*fam: each*) ■**a ~** pro Stück; **they're charging nearly £100 a ~ for concert tickets!** eine Konzertkarte kostet fast 100 Pfund! ❹ (*furniture cover*) Überwurf *m* **II.** *vi* <threw, thrown> werfen **III.** *vt* <threw, thrown> ❶ (*propel with arm*) ■**to ~ sth** etw werfen; (*hurl*) etw schleudern; **my friend threw the ball back over the fence** mein Freund warf den Ball über den Zaun zurück; ■**to ~ sb sth** [*or* **sth to sb**] jdm etw zuwerfen; **to ~ oneself into sb's arms** sich *akk* jdm in die Arme werfen; **to ~ a haymaker** einen Schwinger schlagen; **to ~ a jab/left/right** (*boxing*) eine Gerade/Linke/Rechte schlagen; **to ~ money at sth** etw mit Geld ausgleichen; **we can't solve this problem by ~ing money at it** wir können dieses Problem nicht mit Geld lösen; **to ~ a punch at sb** jdm einen Schlag versetzen; **to ~ punches** Schläge austeilen; **to ~ sb a kiss** jdm eine Kusshand zuwerfen; **to ~ one's voice** seine Stimme zum Tragen bringen ❷ (*pounce upon*) ■**to ~ oneself onto sb** sich *akk* auf jdn stürzen; ■**to ~ oneself onto sth** sich *akk* auf etw *akk* werfen; **exhausted after the long day she threw herself onto the sofa** nach dem langen Tag ließ sie sich erschöpft auf das Sofa fallen ❸ SPORTS ■**to ~ sb** (*in wrestling*) jdn zu Fall bringen [*o* werfen]; **to ~ a rider** einen Reiter abwerfen ❹ (*of dice*) **to ~ a** [*or* **the**] **dice** würfeln; **to ~ an eight** eine Acht würfeln ❺ (*fam: lose on purpose*) **to ~ a game** ein Spiel absichtlich verlieren ❻ (*direct*) ■**to ~ sb sth** [*or* **sth to sb**] jdm etw zuwerfen; **to ~ sb a cue** jdm ein Stichwort geben; **to ~ sb a glance** [*or* **look**] jdm einen Blick zuwerfen; **to ~ a glance** [*or* **look**] **at sb/sth** einen Blick auf jdn/etw werfen; **to ~ an angry look at sb** jdm einen wütenden Blick zuwerfen; **to ~ sb a line** jdm ein Seil zuwerfen; THEAT jdm soufflieren; ■**to ~ oneself at sb** (*embrace*) sich *akk* jdm an den Hals werfen; (*attack*) sich *akk* auf jdn werfen [*o* stürzen]; (*seek comfort, protection*) bei jdm Halt suchen; **to ~ a remark at sb** jdm gegenüber eine Bemerkung fallen lassen ❼ (*dedicate*) ■**to ~ oneself into sth** sich *akk* in etw *akk* stürzen; **she was ~n into the funeral preparations and so had no time to grieve** die Vorbereitungen für die Beerdigung ließen ihr keine Zeit zum Trauern; **to ~ one's energy/one's resources into sth** seine Energie/sein Vermögen in etw *akk* stecken *fam* ❽ (*move violently*) ■**to ~ sth against sth** etw gegen etw *akk* schleudern; **the ship was ~n against the cliffs** das Schiff wurde gegen die Klippen geschleudert ⑨ ART (*pottery*) ■**to ~ sth** etw töpfern [*o* auf der Drehscheibe formen]; **hand-~n pottery** handgetöpferte Keramik ⑩ (*bewitch*) **to ~ a spell on sb** jdn verzaubern [*o* in seinen Bann ziehen] ⑪ SA (*foretell future*) **to ~ the bones** die Zukunft vorhersagen ⑫ (*a. fig: cause*) **to ~ a shadow over sth** einen Schatten auf etw *akk* werfen ⑬ (*turn on, off*) **to ~ a switch** einen Schalter betätigen ⑭ (*show emotion*) **to ~ a fit** (*fam*) einen Anfall bekommen; **to ~ a tantrum** einen Wutanfall bekommen [*o fam* Koller kriegen]; **to ~ a wobbly** BRIT (*fam: become angry*) einen Wutanfall bekommen; (*become nervous*) nur noch ein Nervenbündel sein ⑮ (*give*) **to ~ a party** eine Party geben [*o fam* schmeißen] ⑯ (*fig fam: confuse*) ■**to ~ sb** jdn durcheinanderbringen *fam;* **to ~ sb into confusion** jdn verwirren; **to ~ sb into a state of panic** jdn in Panik versetzen; **to ~ sb off balance** jdn aus der Fassung [*o* dem Gleichgewicht] bringen ⑰ (*cast off*) **to ~ its skin** *snake* sich *akk* häuten ⑱ (*give birth*) **to ~ a calf/cub/lamb/piglet** ein Kalb/Junges/Lamm/Ferkel werfen ▸ PHRASES: **to ~ the book at sb** jdn nach allen Regeln der Kunst fertigmachen; **to ~ the book at sth** etw heftig kritisieren; **to ~ caution to the winds** eine Warnung in den Wind schlagen; **to ~ dust in sb's eyes** jdm Sand in die Augen streuen; **to ~ one's hat into the ring** seine Kandidatur anmelden; **people who live in glass houses shouldn't ~ stones** (*saying*) wer im Glashaus sitzt, sollte nicht mit Steinen werfen *prov;* **to ~ good money after bad** noch mehr Geld rausschmeißen *fam;* **to ~ mud at sb** jdn mit Schmutz bewerfen; **to ~ cold water on sth** etw *dat* einen Dämpfer versetzen; **to not trust sb further than one could ~ them** jdm nicht über den Weg trauen

◆**throw about** *vt,* **throw around** *vt* ■**to ~ sth about** [*or* **around**] ① (*in various directions*) mit etw *dat* um sich *akk* werfen; **to ~ a ball about** [*or* **around**] einen Ball hin- und herwerfen; **to ~ money around** (*fig*) mit Geld um sich *akk* werfen ② (*move violently*) etw herumwerfen; **stop ~ing the crockery about** hör auf, mit dem Geschirr rumzuschmeißen *fam;* ■**to ~ oneself about** [*or* **around**] sich *akk* hin- und herwerfen; **to ~ one's arms around** mit den Armen herumfuchteln *fam;* **to ~ one's head about** den Kopf hin und her werfen ▸ PHRASES: **to ~ one's weight around** [*or* **about**] sich *akk* wichtigmachen

◆**throw aside** *vt* ■**to ~ sth ⊂ aside** etw in die Ecke werfen [*o fam* schmeißen]

◆**throw away I.** *vt* ① (*discard*) ■**to ~ away ⊂ sth** etw wegwerfen [*o* fortwerfen]; (*discard temporarily*) etw beiseitelegen; ■**to ~ sb/sth away from oneself** (*liter*) jdn/etw von sich *dat* [weg]stoßen ② (*fig: waste*) ■**to ~ away ⊂ sth** etw verschwenden [*o* vergeuden]; **to ~ money away on sth** Geld für etw *akk* zum Fenster hinauswerfen; **to ~ oneself away** (*have an unsuitable partner*) sich *akk* wegwerfen; (*have an unsuitable occupation*) sich *akk* unter Wert verkaufen ③ (*speak casually*) **the actor threw away the line for dramatic effect** der Schauspieler verstärkte mit seiner Bemerkung die Dramatik der Szene; **to ~ away ⊂ a comment** [*or* **remark**] BRIT eine beiläufige Bemerkung machen ④ (*in card games*) **to ~ away ⊂ a card** eine Karte abwerfen **II.** *vi* (*in card games*) abwerfen

◆**throw back** *vt* ① (*move with force*) **to ~ one's hair/head back** seine Haare/den Kopf nach hinten werfen [*o* zurückwerfen] ② (*open*) **to ~ the blanket back** die Bettdecke zurückschlagen; **to ~ the curtains back** die Vorhänge aufreißen ③ (*drink*) **to ~ back ⊂ a whisky** einen Whisky hinunterstürzen ④ (*reflect*) **to ~ back ⊂ light/sound** Licht/Schall reflektieren [*o* zurückwerfen] ⑤ *esp passive* (*delay*) ■**to ~ sb ⊂ back** jdn zurückwerfen *fig* ⑥ (*remind unkindly*) ■**to ~ sth back at sb** jdm etw vorhalten [*o* vorwerfen]; (*retort angrily*) jdm etw wütend entgegnen ▸ PHRASES: **to ~ sth back in sb's face** jdm etw wieder auftischen; **to be ~n back on one's own resources** sich *dat* selbst überlassen sein, auf sich *akk* selbst zurückgeworfen sein; **to be ~n back on sb** auf jdn angewiesen sein

◆**throw down** *vt* ■**to ~ sth ⊂ down** ① (*throw from above*) etw herunterwerfen; **to ~ oneself down** sich *akk* niederwerfen; **to ~ oneself down on the floor** sich *akk* zu Boden werfen ② (*deposit forcefully*) etw hinwerfen; **they threw a stone down the shaft** sie warfen einen Stein in den Schacht; **to ~ down one's arms** sich *akk* ergeben; **to ~ down one's weapons** die Waffen strecken [*o* wegwerfen] ③ (*drink quickly*) etw hinunterstürzen; (*eat quickly*) etw hinunterschlingen ▸ PHRASES: **to ~ down the gauntlet to sb** jdm den Fehdehandschuh hinwerfen

◆**throw in I.** *vt* ① (*put into*) ■**to ~ sth in[to] sth** etw in etw *akk* [hinein]werfen; **hurriedly she threw her clothes into the case** hastig warf sie ihre Kleider in den Koffer ② (*include in price*) ■**to ~ sth ⊂ in** etw gratis dazugeben; **when I bought this car the stereo was ~n in** als ich das Auto kaufte, war das Radio im Preis enthalten ③ SPORTS (*throw onto pitch*) **to ~ the ball ⊂ in** den Ball einwerfen ④ (*put into*) **to ~ in a quotation** ein Zitat einfließen lassen; **to ~ in a comment** eine Bemerkung einwerfen ⑤ (*a. fig: give up*) **to ~ in one's hand** aufgeben, sich *akk* geschlagen geben; CARDS aussteigen *fam* ▸ PHRASES: **to ~ in one's lot with sb** sich *akk* mit jdm zusammentun; **to ~ in the towel** [*or esp* BRIT **sponge**] das Handtuch werfen **II.** *vi* [den Ball] einwerfen

◆**throw off** *vt* ① (*remove forcefully*) ■**to ~ sb/sth off sth** jdn/etw aus etw *dat* hinauswerfen; ■**to ~ sth ⊂ off** *clothing* etw schnell ausziehen ② (*jump*) ■**to ~ oneself off sth** sich *akk* von etw *dat* hinunterstürzen ③ (*cause to lose balance*) **to ~ sb off balance** jdn aus dem Gleichgewicht bringen; (*fig*) jdn aus dem Konzept bringen ④ (*escape*) ■**to ~ sb ⊂ off** jdn abschütteln ⑤ (*rid oneself of*) ■**to ~ off ⊂ sth** etw loswerden; **to ~ off an idea** sich *akk* von einer Idee lösen [*o* befreien] ⑥ (*speak, write*) ■**to ~ sth ⊂ off** etw schnell hinwerfen [*o fam* aus dem Ärmel schütteln]; **to ~ off a comment** eine Bemerkung fallen lassen ⑦ (*radiate*) **to ~ energy/heat/warmth ⊂ off** Energie/Hitze/Wärme abgeben ▸ PHRASES: **to ~ off one's shackles** seine Fesseln abwerfen; **to ~ off the shackles** [*or* **the yoke**] **[of sth]** sich *akk* von den Fesseln [einer S. *gen*] befreien

◆**throw on** *vt* ① (*place*) ■**to ~ sth on[to] sth** etw auf etw *akk* werfen; **~ a log on the fire, will you?** legst du bitte noch einen Scheit aufs Feuer? ② (*pounce upon*) ■**to ~ oneself on sb** sich *akk* auf jdn stürzen; ■**to ~ oneself on[to] sth** sich *akk* auf etw *akk* niederwerfen; **we threw ourselves onto the cool grass** wir ließen uns ins kühle Gras fallen; **to ~ oneself on[to] sb's mercy** sich *akk* jdm auf Gnade und Ungnade ausliefern; **to ~ oneself on sb's hospitality** jds Gastfreundschaft *f* in Anspruch nehmen ③ (*get dressed*) ■**to ~ sth ⊂ on** etw eilig anziehen [*o* überwerfen] ④ (*cast*) **to ~ light on[to] sth** Licht in etw *akk* bringen; **to ~ light on a crime** (*fig*) ein Verbrechen aufklären; **to ~ suspicion on[to] sb** den Verdacht auf jdn lenken

◆**throw open** *vt* ■**to ~ sth ⊂ open** etw aufreißen; (*fig*) etw zugänglich machen; **to ~ open a door** eine Tür aufstoßen; **to ~ one's house open to the public** sein Haus für die Öffentlichkeit zugänglich machen

◆**throw out** *vt* ① (*fling outside*) ■**to ~ sth ⊂ out** etw hinauswerfen ② (*eject*) ■**to ~ sb ⊂ out** jdn hinauswerfen [*o fam* rauswerfen]; (*dismiss*) jdn entlassen [*o fam* rauswerfen]; **to ~ sb out of the house** jdn aus dem Haus werfen ③ (*discard*) ■**to ~ sth ⊂ out** etw wegwerfen; **to ~ out a bill** LAW einen Gesetzesentwurf ablehnen; **to ~ out a case** einen Fall abweisen [*o* ablehnen] ④ (*offer*) ■**to ~ sth ⊂ out** etw äußern; **to ~ out an idea/a suggestion** eine Idee/einen Vorschlag in den Raum stellen; **the meeting didn't ~ out any suggestions worth speaking about** bei dem Gespräch wurden keine nennenswerten Vorschläge gemacht ⑤ *esp* BRIT (*confuse*) ■**to ~**

sb out jdn aus dem Konzept bringen [*o* durcheinanderbringen]; ■**to ~ sth ○ out** etw über den Haufen werfen ❻ (*emit*) **to ~ out ○ sth** etw abgeben [*o* ausstrahlen]; **your car's ~ing out filthy exhaust fumes** aus deinem Auto kommen schmutzige Abgase; **to ~ out heat/warmth** Hitze/Wärme abgeben [*o* ausstrahlen]; **to ~ out light** Licht ausstrahlen [*o* aussenden] ❼ (*of plant*) **to ~ out a leaf/root/shoot** ein Blatt/eine Wurzel/einen Keim treiben ❽ SPORTS (*in cricket, baseball*) ■**to ~ sb ○ out** jdn abwerfen ► PHRASES: **to ~ the baby out with the bath water** das Kind mit dem Bade ausschütten; **to ~ out a feeler** seine Fühler ausstrecken

◆**throw over** *vt* ❶ (*propel across top*) ■**to ~ sth over sth** etw über etw *akk* werfen; **he tried to ~ the ball over the fence** er wollte den Ball über den Zaun werfen ❷ (*fam: pass*) ■**to ~ sth ○ over** etw herwerfen; **~ that book over here, can you?** könntest du mir bitte das Buch zuwerfen? ❸ (*leap*) ■**to ~ oneself over sth** über etw *akk* [hinüber]springen ❹ (*cover*) ■**to ~ sth over sth** etw über etw *akk* legen; **to ~ sth over one's shoulder** (*carry*) etw schultern; (*discard*) etw hinter sich *akk* werfen ❺ (*fig fam: leave*) **to ~ sb over** [**for sth**] jdn [wegen etw *gen*] sitzen lassen *fam;* **to ~ a party over** einer Partei den Rücken kehren; **to ~ a project over** ein Projekt aufgeben

◆**throw overboard** *vt* ■**to ~ sb/sth overboard** jdn/etw über Bord werfen; ■**to ~ sth overboard** (*fig*) etw aufgeben

◆**throw round** *vt esp* BRIT ❶ (*cover*) ■**to ~ sth round sth** etw um etw *akk* werfen; **she threw a shawl round her shoulders** sie warf sich einen Schal um die Schultern ❷ (*embrace*) **to ~ one's arms round sb** jdn umarmen; **to ~ one's arms round sth** die Arme um etw *akk* schlingen *poet*

◆**throw together** *vt* ❶ (*fam: make quickly*) **to ~ an article together** einen Artikel runterschreiben; **to ~ clothes together** Kleider zusammenpacken; **to ~ ingredients together** Zutaten zusammenwerfen *fam;* **to ~ a meal together** eine Mahlzeit zaubern ❷ (*cause to meet*) ■**to ~ sb ○ together** jdn zusammenbringen [*o* zusammenführen]

◆**throw up** I. *vt* ❶ (*project upwards*) ■**to ~ sth ○ up** etw hochwerfen; **to ~ up one's hands** die Hände hochreißen ❷ (*cause to rise*) ■**to ~ sth ○ up** etw hochschleudern; *dust* etw aufwirbeln ❸ (*deposit on beach*) ■**to ~ sth ○ up** etw anschwemmen [*o* anspülen] ❹ (*build quickly*) **to ~ up a building** ein Gebäude schnell errichten [*o fam* hochziehen] ❺ (*fam: give up*) ■**to ~ sth ○ up** etw hinwerfen [*o fam* hinschmeißen] ❻ (*fam: vomit*) ■**to ~ up ○ sth** etw erbrechen [*o* ausspucken] II. *vi* (*fam*) erbrechen, sich *akk* übergeben

◆**throw upon** *vt* (*form*) *see* **throw on**

'throw·away ['θrəʊəweɪ, AM 'θroʊ-] I. *adj attr, inv* ❶ (*disposable*) Wegwerf-, wegwerfbar; **~ nappy** [*or* AM **diaper**] Wegwerfwindel *f;* **~ razor** Einwegrasierer *m;* **~ culture** (*fig*) Wegwerfkultur *f* ❷ (*unimportant*) achtlos dahingeworfen *attr;* **~ line** [*or* **remark**] achtlos dahingeworfene Bemerkung II. *n usu pl* Wegwerfgut *nt*

'throw-back *n* Rückschritt *m*

throw·er ['θrəʊəʳ, AM 'θroʊɚ] *n* Töpferscheibe *f*

'throw-in *n* SPORTS Einwurf *m*

throw·ing ['θrəʊɪŋ, AM 'θroʊ-] *n no pl* ❶ (*hurling action*) Werfen *nt* ❷ *of clay* Töpfern an der Drehscheibe

thrown [θrəʊn, AM θroʊn] *pp of* **throw**

throw·outs ['θrəʊaʊts, AM 'θroʊ-] *npl* Waren *fpl* zweiter Wahl

thru [θru:] *prep, adv, adj usu* AM (*fam*) *see* **through**

thrum [θrʌm] I. *vt* <-mm-> ■**to ~ sth** auf etw *dat* herumklimpern *pej fam;* **to ~ a stringed instrument** auf einem Saiteninstrument herumklimpern *pej fam* II. *vi* <-mm-> *engine, machine* dröhnen III. *n no pl* ❶ (*thrumming sound*) Geklimper *nt pej fam* ❷ (*machines*) Dröhnen *nt*

thrush[1] <*pl* -es> [θrʌʃ] *n* ORN Drossel *f*

thrush[2] <*pl* -es> [θrʌʃ] *n* MED Soor *m;* (*of vagina*) Pilzinfektion *f*

thrust [θrʌst] I. *n* ❶ (*forceful push*) Stoß *m;* **sword ~** Schwerthieb *m* ❷ *no pl* (*fig: impetus, purpose*) Stoßrichtung *f fig;* **main ~** Gewicht *nt fig;* **the main ~ of an argument** die Hauptaussage eines Arguments ❸ *no pl* TECH (*propulsive power*) Schubkraft *f* II. *vi* <thrust, thrust> ■**to ~ at sb/sth with sth** mit etw *dat* nach jdm/etw stoßen; **to ~ at sb with a knife** nach jdm mit einem Messer stoßen III. *vt* <thrust, thrust> ❶ (*push with force*) ■**to ~ sth/sb forward** [*or* **to ~ forward sb/sth**] jdn/etw nach vorne schieben; **he ~ back the chair and ran out of the room** er schob den Stuhl heftig zurück und rannte aus dem Zimmer; ■**to ~ sth/sb into sth** etw/jdn in etw *akk* stopfen *fam;* **to ~ one's hands into one's pockets** die Hände in die Taschen stecken; **to ~ the money into sb's hand** jdm das Geld in die Hand stecken; ■**to ~ sb through sth** jdn durch etw *akk* drängen; **he ~ his injured friend through the crowd desperately trying to reach the first-aid post** in einem verzweifelten Versuch, die Erste-Hilfe-Station zu erreichen, schob er seinen verletzten Freund rasch durch die Menge; ■**to ~ oneself through sth** sich *akk* durch etw *akk* drängen; **I ~ myself through the dense crowd trying to reach my friend** ich bahnte mir einen Weg durch die Menge, um meinen Freund zu erreichen; ■**to ~ oneself forward** sich *akk* vordrängen ❷ (*fig: compel to do*) ■**to ~ sth** [**up**]**on sb** jdm etw *akk* auferlegen; ■**to ~ oneself** [**up**]**on sb** sich *akk* jdm aufdrängen ❸ (*stab, pierce*) ■**to ~ sth into sb/sth** mit etw *dat* zustoßen; **to ~ a knife into sb** jdn mit einem Messer stechen ❹ (*fig: impel*) hineinstoßen; **she was suddenly ~ into a position of responsibility** sie wurde plötzlich in eine sehr verantwortungsvolle Position hineingedrängt

◆**thrust aside, thrust away** *vt* ■**to ~ sb/sth ○ aside** [*or* **away**] jdn/etw beiseitestoßen; **to ~ temptation aside** [*or* **away**] (*liter*) der Versuchung widerstehen *geh*

◆**thrust out, thrust up** *vi* (*liter*) emporragen *geh*

thrust·ful ['θrʌstfəl] *adj,* **thrust·ing** ['θrʌstɪŋ] *adj* zielstrebig

thru·way *n esp* AM *see* **throughway**

thud [θʌd] I. *vi* <-dd-> dumpf aufschlagen; **I could hear his feet ~ding along the corridor** ich konnte den dumpfen Aufschlag seiner Schritte hören, wie er den Flur entlangging; **to ~ on the table with one's fist** mit der Faust auf den Tisch hauen *fam* II. *n* dumpfer Schlag, Bums *m fam;* **~ of hooves/shoes** Geklapper *nt* von Hufen/Schuhen

thug [θʌg] *n* Schlägertyp *m pej,* Rüpel *m pej fam*

thug·gish ['θʌgɪʃ] *adj* (*fam*) rüpelhaft *pej;* **a ~ looking guy** ein Schlägertyp *m pej*

thumb [θʌm] I. *n* (*body part*) Daumen *m;* **~ of a glove** Daumen *m* eines Handschuhs ► PHRASES: **to be all** [BRIT **fingers and**] **~s** zwei linke Hände haben *fig fam;* **to stand** [*or* **stick**] **out like a sore ~** unangenehm auffallen; **to be under sb's ~** unter jds Fuchtel stehen *fig fam;* **to twiddle one's ~** Däumchen drehen *fam* II. *vt* ❶ (*hitchhike*) **to ~ a lift/ride** per Anhalter fahren, trampen ❷ (*mark by handling*) ■**to ~ sth** etw abgreifen; **to ~ a book** ein Buch abgreifen; **well-~ed** abgegriffen ► PHRASES: **to ~ one's nose at sb/sth** jdm/etw die kalte Schulter zeigen *fam* III. *vi* ❶ (*glance through*) **to ~ through a newspaper** durch die Zeitung blättern ❷ (*hitchhike*) ■**to ~ it to somewhere** irgendwohin trampen

thumb-'in·dex *n* Daumenregister *nt* **thumb-'in·dexed** *adj* mit Daumenregister *nach n* **'thumb·nail** *n* Daumennagel *m* **thumb·nail 'sketch** *n* Abriss *m* **'thumb-print** *n* ❶ (*impression*) Daumenabdruck *m* ❷ (*fig: identifying feature*) Erkennungsmerkmal *nt* **'thumb·screw** *n usu pl* Daumenschraube *f* **thumbs 'down** *n* Ablehnung *f;* **to give sb/sth the ~** jdn/etw ablehnen; **plans to build a house on the site have been given the ~** die Baupläne für dieses Grundstück sind abgelehnt worden **thumbs 'up** *n* Zustimmung *f;* **to give sb the ~ to do sth** jdm für etw *akk* die Zustimmung erteilen; **we have been given the ~ to go ahead with the project** man hat uns das Startlicht für das Projekt erteilt **'thumb·tack** *n* AM,

T

AUS (*drawing-pin*) Reißnagel *m*
thump [θʌmp] I. *n* dumpfer Knall; **to give sb a ~** jdm eine knallen [*o* schmieren] *sl* II. *vt* ■**to ~ sth/sb** etw/jdn schlagen III. *vi* ■**to ~ on sth** auf etw *akk* schlagen; **the heart ~s** das Herz klopft [*o* pocht]
◆**thump out** *vt* ❶ (*play loudly*) **to ~ out a tune on a piano** eine Melodie auf dem Klavier hämmern ❷ (*communicate forcefully*) ■**to ~ sth ○ out** etw hinaustrompeten *fam*
thump·ing ['θʌmpɪŋ] (*fam*) I. *adj* kolossal; **to have a ~ headache** grässliches Kopfweh haben; **to tell ~ lies** faustdicke Lügen verbreiten *fam* II. *adv* unglaublich *fam*, mega- *sl*
thun·der ['θʌndəʳ, AM -ɚ] I. *n no pl* ❶ METEO Donner *m;* **clap** [*or* **crash**] [*or* **peal**] **of ~** Donnerschlag *m;* **~ and lightning** Blitz und Donner; **rumble of ~** Donnergrollen *nt* ❷ (*fig: loud sound*) Getöse *nt;* **I couldn't hear what he said over the ~ of the waterfall** das Getöse des Wasserfalls war so laut, dass ich ihn nicht verstehen konnte ❸ (*fig: aggressive voice*) Donnerstimme *f;* **he shouted at the burglar with a voice like ~** er brüllte den Einbrecher mit Donnerstimme an ❹ (*fig: heavy criticism*) Wettern *nt fam* ❺ (*fig: angry expression*) **his face was like ~** sein Gesicht war bitterböse ▸PHRASES: **to steal sb's ~** jdm die Schau stehlen II. *vi* ❶ (*make rumbling noise*) donnern; ■**to ~ along** [*or* **by**] [*or* **past**] vorbeidonnern ❷ (*declaim*) schreien; ■**to ~ about sth** sich *akk* lautstark über etw *akk* äußern; **the newspaper was ~ing about the rise in violent crime** die Zeitung wetterte gegen die steigende Anzahl von Gewaltverbrechen; ■**to ~ against sth** gegen etw *akk* wettern *fam* III. *vt* ■**to ~ sth** etw brüllen; **'I never want to see you again' he ~** „ ich will dich niemals wiedersehen", donnerte er; ■**to ~ sth at sb** jdm etw *akk* entgegenschleudern *fig*
'thun·der·bolt *n* ❶ (*lightning*) Blitzschlag *m;* **the news came like a ~** die Nachricht schlug wie eine Bombe ein ❷ SPORTS (*fig: powerful shot*) Bombe *f sl;* **the new striker settled the match with a ~ from twenty yards** der neue Stürmer entschied das Spiel mit einer Bombe aus einer Entfernung von 18 Metern ▸PHRASES: **to drop a ~ on sb** jdm einen Schock versetzen **'thun·der·clap** *n* Donnerschlag *m* **'thun·der·cloud** *n usu pl* Gewitterwolke *f*
thun·der·ing ['θʌndᵊrɪŋ, AM -dɚ-] I. *n no pl* Donnern *nt* II. *adj* ❶ (*extremely loud*) tosend; **~ applause** tosender Applaus; **~ voice** dröhnende Stimme ❷ (*fig: enormous*) enorm; **to be in a ~ great rage** BRIT vor Zorn schäumen *geh;* **~ success** riesiger Erfolg
thun·der·ous ['θʌndᵊrəs, AM -dɚ-] *adj attr* donnernd; **~ applause** [*or* **ovation**] Beifallsstürme *mpl*
'thun·der·show·er *n esp* AM Gewitterregen *m kein pl* **'thun·der·storm** *n* Gewitter *nt* **'thun·der·struck** *adj pred* wie vom Donner gerührt
thun·dery ['θʌndᵊri, AM -ɚi] *adj* gewittrig; **~ shower/weather** gewittriger Schauer/gewittriges Wetter
Thurs·day ['θɜːzdeɪ, AM 'θɜːr-] *n* Donnerstag *m; see also* **Tuesday**
thus [ðʌs] *adv inv* ❶ (*therefore*) folglich ❷ (*in this way*) so, auf diese Weise **thus 'far** *adv* ❶ (*up till now*) bisher ❷ (*up to this point*) so weit
thwack [θwæk] I. *vt* ■**to ~ sth** etw *dat* einen Hieb versetzen; **she ~ed the hedge with her stick in a bad-tempered sort of way** schlecht gelaunt versetzte sie der Hecke mit ihrem Stock einen Hieb II. *n* Schlag *m; of belt, whip* Knall *m*
thwart [θwɔːt, AM θwɔːrt] *vt* ■**to ~ sth** etw vereiteln; **to ~ sb's efforts** jds Bemühungen vereiteln; **to ~ an escape/a kidnapping** eine Flucht/eine Entführung verhindern; **to ~ a plan** einen Plan durchkreuzen [*o* vereiteln]; ■**sb is ~ed in sth** jds etw wird vereitelt; **he was ~ed in his plans to build a porch** seine Pläne, ein Portal zu bauen, wurden vereitelt
thy [ðaɪ] *adj poss* DIAL (*old*) dein; **honour ~ father and ~ mother** du sollst Vater und Mutter ehren
thyme [taɪm] *n no pl* Thymian *m*
thy·roid ['θaɪrɔɪd] I. *n* Schilddrüse *f* II. *adj attr, inv* Schilddrüsen-
'thy·roid gland *n* Schilddrüse *f*
thy·rox·ine [θaɪ'rɒksiːn, AM -'rɑːk-] *n no pl* MED Thyroxin *nt fachspr*
thy·self [ðaɪ'self] *pron reflexive* (*old: yourself*) du selbst; **thou shalt love thy neighbour as ~** du sollst deinen Nächsten lieben wie dich selbst
ti·ara [ti'ɑːrə, AM -'erə] *n* Tiara *f*
tibia <*pl* -biae> ['tɪbiə, *pl* -biiː] *n* Schienbein *nt*
tic [tɪk] *n* [nervöses] Zucken
tick[1] [tɪk] *n* ZOOL Zecke *f*
tick[2] [tɪk] *n* BRIT (*dated fam: credit*) **on ~** auf Pump *sl*
tick[3] [tɪk] I. *n* ❶ (*sound of watch*) Ticken *nt kein pl;* **'~ tock'** (*fam*) ‚ticktack'; **hang** [*or* **hold**] **on** [**just**] **a ~** [*or* **two ~s**] BRIT (*fam*) warte einen Moment; **I'll be with you in a couple of** [*or* **in two**] **~s** ich bin gleich bei dir ❷ (*mark*) Haken *m;* **to put a ~ against** [*or* **by**] **sth** neben etw *dat* einen Haken setzen II. *vi* ticken; AM **the hand of the timer ~ed round to twelve** der Uhrzeiger rückte auf zwölf ▸PHRASES: **what makes sb ~** was jdn bewegt III. *vt* ■**to ~ sth** etw abhaken
◆**tick away** *vi* ticken; **a time bomb ~s away** eine Zeitbombe tickt; **time ~s away** die Zeit verrinnt
◆**tick by** *vi* verstreichen
◆**tick off** *vt* ❶ (*mark with tick*) ■**to ~ sth ○ off** etw abhaken; **to ~ off sth on one's fingers** etw an den Fingern abzählen ❷ BRIT, AUS (*fam: reproach*) ■**to ~ sb ○ off** jdn schelten ❸ AM (*fam: irritate*) ■**to ~ sb ○ off** jdn auf die Palme bringen *fig fam*
◆**tick on** *vi* sich *akk* dahinziehen
◆**tick over** I. *vi esp* BRIT ❶ TECH (*operate steadily*) auf Leerlauf geschaltet sein; **I've left the car with the engine ~ing over** ich habe das Auto mit laufendem Motor abgestellt ❷ (*fig: function at minimum level*) am Laufen halten II. *vt* (*fig*) **to keep things ~ing over** die Dinge am Laufen halten
tick·er ['tɪkəʳ, AM -ɚ] *n* (*fam*) Pumpe *f sl*
'tick·er tape *n no pl* ❶ (*paperstrip*) Lochstreifen *m* ❷ (*confetti*) Konfetti *nt* **tick·er-tape pa·'rade** *n* AM Konfettiparade *f*
tick·et ['tɪkɪt] I. *n* ❶ (*card*) Karte *f;* **cinema/concert ~** Kino-/Konzertkarte *f;* **cloakroom ~** Garderobenmarke *f;* **lottery ~** Lottoschein *m;* **plane ~** Flugticket *nt;* **season ~** Saisonkarte *f;* **half-price/return ~** Halbpreiskarte/Rückfahrkarte *f;* **by ~ only** nur mit Eintrittskarte ❷ (*fig: means of progress*) Chance *f;* **her incredible memory was her ~ to success** ihr unglaublich gutes Gedächtnis ebnete ihr den Weg zum Erfolg ❸ (*price tag*) Etikett *nt;* **price ~** Preisschild *nt* ❹ (*notification of offence*) Strafzettel *m;* **parking ~** Strafzettel *m* für Falschparken ❺ (*agenda for elections*) Liste *f* ▸PHRASES: **just the ~** (*dated*) passt perfekt II. *n modifier* Karten-; **~ barrier** Sperre *f;* **~ stub** abgerissene Karte
'tick·et agen·cy *n* Kartenbüro *nt* **'tick·et agent** *n* Kartenhändler(in) *m(f)* **'tick·et-col·lec·tor** *n* (*on the train*) Schaffner(in) *m(f);* (*on the platform*) Bahnsteigschaffner(in) *m(f)* **'tick·et count·er** *n* Fahrkartenschalter *m* **'tick·et hold·er** *n* Kartenbesitzer(in) *m(f)* **'tick·et ma·chine** *n* Fahrkartenautomat *m* **'tick·et-num·ber** *n* Kartennummer *f* **'tick·et-of·fice** *n* RAIL Fahrkartenschalter *m;* THEAT Vorverkaufsschalter *m* **'tick·et tout** *n* BRIT Schwarzhändler(in) *m(f)* (*für Eintrittskarten*)
tick·ing ['tɪkɪŋ] I. *n no pl* ❶ *of clock* Ticken *nt* ❷ (*for mattress*) Matratzenüberzug *m* II. *adj* tickend; **~ bomb** Zeitbombe *f*
tick·ing-'off <*pl* tickings-> *n* BRIT (*fam*) Tadel *m*, Anschiss *m sl;* **to get a ~ from sb** von jdm getadelt werden [*o sl* einen Anschiss bekommen]; **to give sb a ~** jdn zusammenstauchen *fam*
tick·le ['tɪkl̩] I. *vi* kitzeln II. *vt* ❶ (*touch lightly*) ■**to ~ sb** jdn kitzeln; **to ~ an animal** ein Tier kraulen ❷ (*fig fam: appeal to sb*) **to ~ sb's fancy** jdn reizen ❸ (*amuse*) ■**to be ~d that ...** sich *akk* darüber amüsieren, dass ... ▸PHRASES: **to be ~d pink**

[*or* **to death**] (*fam*) vor Freude völlig aus dem Häuschen sein *fam* **III.** *n no pl* ❶ (*itching sensation*) Jucken *nt* ❷ (*action causing laughter*) **to give sb a ~** jdn amüsieren ❸ (*irritating cough*) **a ~ in one's throat** ein Kratzen *nt* im Hals

tick·lish [ˈtɪklɪʃ] *adj* ❶ (*sensitive to tickling*) kitzlig ❷ (*awkward*) heikel

tick-tack-toe [ˌtɪkˌtækˈtoʊ] *n* AM (*noughts and crosses*) Tic Tac Toe *nt* (*Strategiezeichenspiel für zwei Personen*)

tid·al [ˈtaɪdəl] *adj* von Gezeiten abhängig; **~ basin** Tidebecken *nt;* **~ flow** zyklisches Verkehrsaufkommen; **~ harbour** [*or* AM **harbor**] den Gezeiten unterworfener Hafen

tid·al ˈen·er·gy *n no pl* Elektrizität *f* aus den Gezeiten **ˈtid·al wave** *n* Flutwelle *f;* (*fig*) Flut *f;* **a ~ of complaints** eine Flut von Beschwerden

tid·bit *n* AM *see* **titbit**

tid·dler [ˈtɪdləʳ] *n* BRIT ❶ (*small fish*) winziger Fisch ❷ (*sth tiny*) winziges Ding ❸ (*fam: infant*) Knirps *m fam*

tid·dly [ˈtɪdli] *adj* ❶ (*fam: tiny*) winzig ❷ BRIT, AUS (*dated fam: slightly drunk*) beschwipst

tid·dly·wink [ˈtɪdliwɪŋk] *n* ❶ (*flat disc*) Spielstein *m* ❷ (*game*) ■ **~s** *pl* Flohhüpfen *nt kein pl*

tide [taɪd] **I.** *n* ❶ (*of sea*) Gezeiten *pl;* **flood ~** Springflut *f;* **high ~** Flut *f;* **low ~** Ebbe *f;* **strong ~** starke Strömung; **the ~ is in/out** es ist Flut/Ebbe; **the ~ comes in/goes out** die Flut/Ebbe kommt; **the ~ turns** es ist Gezeitenwechsel *m;* **with** [*or* **on**] **the ~** bei Flut ❷ (*fig: main trend of opinion*) öffentliche Meinung; **the ~ has turned** die Meinung ist umgeschlagen; **to stem the ~ of events** den Lauf der Dinge aufhalten; **~ of history** Lauf *m* der Geschichte; **to go** [*or* **swim**] **against/with the ~** gegen den/mit dem Strom schwimmen *fig fam* ❸ (*powerful trend*) Welle *f fig;* **to fight the ~ of crime** die Welle von Verbrechen bekämpfen ▶ PHRASES: **time and ~ wait for no man** [*or* **one**] (*prov*) man muss die Gelegenheit beim Schopf packen **II.** *vt* ■ **to ~ sb over** jdm über die Runden helfen *fam*

ˈtide·land *n* AM (*mud-flats*) Watt *nt* **ˈtide·mark** *n* ❶ (*mark left by tide*) Gezeitenmarke *f* ❷ *esp* BRIT (*fig: scum on bath*) schwarzer Rand **ˈtide·ta·ble** *n* Tidenkalender *m,* Gezeitentafel *f* **ˈtide·wa·ter** *n* Flutwasser *nt kein pl* **ˈtide·way** *n* Priel *m*

tidi·ly [ˈtaɪdɪli] *adv* ordentlich

tidi·ness [ˈtaɪdɪnəs] *n no pl* Ordnung *f*

tid·ings [ˈtaɪdɪŋz] *npl* (*old*) Neuigkeiten *fpl;* **~ of joy** frohe Kunde *veraltet geh;* **glad/sad ~** gute/schlechte Nachrichten

tidy [ˈtaɪdi] **I.** *adj* ❶ (*in order*) ordentlich; **clean** [*or* **neat**] **and ~** sauber und ordentlich; **~ mind** (*fig*) methodisches Denken ❷ (*fam: considerable*) beträchtlich; **~ sum** hübsche Summe *fam* **II.** *n* ❶ BRIT (*little receptacle*) Abfallbehälter *m* ❷ (*period of cleaning*) Aufräumen *nt kein pl;* **he gave his room a good ~** er räumte sein Zimmer gründlich auf **III.** *vt* ■ **to ~ sth** etw aufräumen

◆**tidy away** *vt* ■ **to ~ away ○ sth** etw wegräumen

◆**tidy out** *vt* BRIT ■ **to ~ out ○ sth** etw ausräumen

◆**tidy up I.** *vt* ❶ (*put in order*) ■ **to ~ up ○ sth/sb** etw aufräumen/jdn zurechtmachen; **to ~ one's make-up** sich *dat* das Make-up auffrischen; ■ **to ~ oneself up** sich *akk* zurechtmachen ❷ (*add finishing touches*) ■ **to ~ up ○ sth** etw überprüfen [*o* durchsehen] [*o form* endkorrigieren] **II.** *vi* aufräumen

tidy-up *n no pl* Aufräumen *nt*

tie [taɪ] **I.** *n* ❶ (*necktie*) Krawatte *f;* **bow ~** Fliege *f,* Mascherl *nt* ÖSTERR; **the old school ~** BRIT (*fig*) *Cliquenwirtschaft unter Personen, die Schüler an hochkarätigen Privatschulen waren* ❷ (*cord*) Schnur *f* ❸ *pl* (*links*) ■ **~s** *pl* Bande *ntpl;* **closer ~s with sth** engere Anbindung an etw *akk;* **diplomatic ~s** diplomatische Beziehungen; **family ~s** Familienbande *pl* (**to** an +*akk*) ❹ (*equal score*) Punktegleichstand *m kein pl* ❺ BRIT (*match in a competition*) Ausscheidungsspiel *nt* ❻ (*structural support*) Schwelle *f* **II.** *vi* <-y-> ❶ (*fasten*) schließen; **this sleeping bag ~s at the top** diesen Schlafsack kann man oben verschließen ❷ (*equal in points*) ■ **to ~ with sb/sth** denselben Platz wie jd/etw belegen; **Jane and I ~d in the spelling test** Jane und ich schnitten im Orthographietest gleich gut ab **III.** *vt* <-y-> ❶ (*fasten together*) **to ~ an umbilical cord** die Nabelschnur abschnüren; **to ~ the flowers into a bunch** die Blumen zu einem Strauß binden; **to be ~d hand and foot** an Händen und Füßen gefesselt sein; **to ~ sb's hands** jds Hände [*o* jdn an den Händen] fesseln; **to ~ a knot** einen Knoten machen [*o geh* schlingen]; **to ~ a string in a loop** eine Schnur zu einer Schleife verknoten; **to ~ one's** [**shoe**]**laces** sich *dat* die Schuhe [*o* Schnürsenkel] [*o* ÖSTERR, DIAL Schuhbänder] zubinden; **to ~ a notice to a post** eine Nachricht an einer Anschlagsäule anbringen ❷ (*connect to*) ■ **to ~ sth to sth** eine Verbindung zwischen etw *dat* und etw *dat* herstellen; ■ **sth is ~d to sth** zwischen etw *dat* und etw *dat* besteht eine Verbindung ❸ (*fig: restrict*) ■ **to ~ sb by/to sth** jdn durch/an etw *akk* binden ❹ (*restrict in movement*) ■ **to be ~d to sth/somewhere** an etw *akk*/einen Ort gebunden sein ▶ PHRASES: **to be ~d to sb's apron strings** (*pej*) an jds Rockzipfel hängen; **sb's hands are ~d** jds Hände sind gebunden; **to ~ the knot** sich das Ja-Wort geben; **to ~ sb in knots** jdn in Verlegenheit bringen

◆**tie back** *vt* ■ **to ~ sth ○ back** etw zurückbinden

◆**tie down** *vt* ❶ (*secure to ground*) ■ **to ~ sth ○ down** etw festbinden; **make sure you ~ down anything that might blow away in the storm** binde bloß alles fest, was im Sturm weggeweht werden könnte ❷ (*fig*) ■ **to be ~d down** gebunden sein; ■ **to ~ sb down to sth** (*fam*) jdn auf etw *akk* festlegen; **I'll try to ~ her down on her plans** ich versuche, sie dazu zu bringen, ihre Pläne auch in die Tat umzusetzen ❸ MIL (*restrict mobility of*) ■ **to ~ sb ○ down** jdn binden

◆**tie in I.** *vt* **to ~ a comment in with a previous statement** mit einem Kommentar in einer früheren Aussage übereinstimmen; **I can't ~ in what he said today with what he told me last week** was er heute gesagt hat, stimmt nicht mit dem überein, was er mir letzte Woche sagte **II.** *vi* ■ **to ~ in with sth** mit etw *dat* übereinstimmen; **it all ~s in with what we've told you** das stimmt alles mit dem überein, was wir dir gesagt haben

◆**tie up** *vt* ❶ (*bind*) ■ **to ~ up ○ sth** etw festbinden; **to ~ up hair** die Haare hochbinden; (*fig*) Licht ins Dunkel bringen ❷ (*delay*) ■ **to ~ sb up** jdn aufhalten; **I don't want to ~ you up but before I go, let me just tell you this one story ...** ich will dich nicht aufhalten, aber bevor ich gehe, möchte ich dir noch Folgendes erzählen ...; ■ **to be ~d up by sth** durch etw *akk* aufgehalten werden ❸ (*busy*) ■ **to be ~d up** beschäftigt sein ❹ TRANSP (*limit mobility*) **to ~ up traffic** den Verkehr behindern ❺ FIN, ECON (*restrict*) **to ~ up capital/money** Kapital/Geld binden; ■ **to be ~d up in sth: the father wisely ~d the children's money up in a trust fund** der Vater legte das Geld der Kinder klugerweise in einem Treuhandfonds an ❻ *esp* BRIT (*fig: find link between*) ■ **to ~ sth ○ up with sth** eine Verbindung zwischen etw *dat* und etw *dat* herstellen; **can you ~ the allergy up with anything you've eaten?** kannst du die Allergie mit irgendetwas in Verbindung bringen, das du gegessen hast; ■ **to be ~d up with sth** mit etw *dat* zusammenhängen; **why did the stock market rise sharply today? – it's ~d up with the decrease in interest rates** warum ist der Aktienmarkt heute stark angestiegen? – das hängt mit dem Sinken der Zinssätze zusammen ▶ PHRASES: **to ~ up some loose ends** etw erledigen

ˈtie-break *n* BRIT, **ˈtie-break·er** *n* Verlängerung *f;* TENNIS Tiebreak *m o nt* **ˈtie clip** *n* Krawattennadel *f*

tied cot·tage *n* BRIT *Haus zur Unterbringung von Angestellten, z.B. eines Hausmeisters; in Deutschland zumeist eine Dienstwohnung* **tied ˈhouse** *n* ❶ BRIT *see* **tied cottage** ❷ BRIT, AUS (*brew pub*) Brauereigaststätte *f*

ˈtie-dye *vt* ■ **to ~ sth** etw [mit Abschnürtechnik] batiken **ˈtie-**

T

dye·ing *n* Schnürbatik *f* **'tie-in** *n* Verbindung *f,* Zusammenhang *m* **tie-on 'la·bel** *n* Etikett *nt* **'tie·pin** *n* Krawattennadel *f*

tier [tɪəʳ, AM tɪr] **I.** *n* (*row*) Reihe *f;* (*level*) Lage *f;* ~ **of management** Managementebene *f;* **to rise in** ~ in Reihen aufsteigen **II.** *vt* ■**to** ~ **sth** (*next to each other*) etw aufreihen; (*on top of each other*) etw aufschichten

'tie-up *n* ① (*connection*) Verbindung *f* ② (*fam: traffic jam*) Stau *m* ③ (*delay*) Verspätung *f*

tiff [tɪf] *n* (*fam*) Plänkelei *f,* Geplänkel *nt;* **lovers'** ~ Ehekrach *m fam;* **to have a** ~ eine Meinungsverschiedenheit haben

ti·ger ['taɪgəʳ, AM -ɚ] *n* Tiger *m* ▶ PHRASES: **to have a** ~ **by the tail** vor einer unerwartet schwierigen Situation stehen

tight [taɪt] **I.** *adj* ① (*firm*) fest; ~ **knot** fester Knoten; (*closely fitting*) eng; ~ **shoes/trousers** enge Schuhe/Hose; **to be a** ~ **squeeze** sehr eng sein ② (*close together*) dicht; **in** ~ **formation** in geschlossener Formation; **in** ~ **groups** in dicht gedrängten Gruppen ③ (*stretched tautly*) gespannt; ~ **muscles** verspannte Muskeln ④ (*closely integrated*) eng verbunden; ~ **circle** enger Kreis ⑤ (*severe*) streng; ~ **bend** [*or* **turn**] enge Kurve; ~ **budget** knappes Budget; (*fig: difficult situation*) ~ **corner** [*or* **situation**] [*or* **spot**] Zwickmühle *f fam;* **to keep a** ~ **hold on sth** etw streng kontrollieren; **the government are trying to keep a** ~ **hold on spending** die Regierung versucht, die Ausgaben streng unter Kontrolle zu halten; **to be** ~ **for money/time** wenig Geld/Zeit haben; **to be** ~ **with one's money** knaus[e]rig sein; ~ **schedule** gedrängter Terminkalender ⑥ (*tense*) ~ **face** angespanntes Gesicht; ~ **voice** angespannte Stimme ⑦ (*hard-fought, keenly competitive*) knapp; ~ **finish** knapper Zieleinlauf ⑧ (*fam or dated: drunk*) betrunken ▶ PHRASES: **to keep a** ~ **rein over sb** jdn fest an die Kandare nehmen; **to run a** ~ **ship** ein strenges Regime führen **II.** *adv pred* straff; **to screw a nut** ~ eine Mutter fest anziehen; **to cling/hang on** ~ **to sb/sth** sich *akk* an jdm/etw festklammern; **to close/seal sth** ~ etw fest verschließen/versiegeln ▶ PHRASES: **sleep** ~ schlaf gut

tight·en ['taɪtᵊn] **I.** *vt* ① (*make tight*) ■**to** ~ **sth** etw festziehen; **to** ~ **a rope** ein Seil festbinden; **to** ~ **a screw** eine Schraube anziehen ② (*increase pressure*) ■**to** ~ **sth** etw verstärken; **to** ~ **one's grip on sth** den Druck auf etw *akk* verstärken; **to** ~ **one's lips** die Lippen zusammenkneifen, die Zügel anziehen *fig* ▶ PHRASES: **to** ~ **one's belt** den Gürtel enger schnallen *fig;* **to** ~ **the net** das Netz zusammenziehen *fig;* **to** ~ **the reins** die Zügel anziehen *fig* **II.** *vi* straff werden; **sb's lips** ~ jd kneift die Lippen zusammen ▶ PHRASES: **a noose** ~**s around sb's neck** die Schlinge um jds Hals wird enger *fig*

◆**tighten up I.** *vt* ■**to** ~ **sth** ↔ **up** ① (*make firmer*) etw fester ziehen; **to** ~ **up one's muscles** die Muskeln straffen ② (*make stricter*) etw verschärfen; **to** ~ **up the law on advertising** strengere Verordnungen in der Werbung einführen **II.** *vi* ① (*introduce stricter regime*) schärfere Maßnahmen ergreifen; **it's time we** ~**ed up around here** es ist an der Zeit, hier ein strengeres Regime einzuführen; ■**to** ~ **up on sth** etw einschränken ② (*become tense*) sich *akk* anspannen

tight-'fist·ed *adj* (*pej fam*) geizig **tight 'fit** *n* enge Passform; **this skirt is a** ~ dieser Rock liegt eng an **tight-'fit·ting** *adj* eng anliegend **tight-'knit** *adj* engmaschig; ~ **community** verschworene Gemeinschaft **tight-'lipped** *adj* ① (*compressing lips*) schmallippig ② (*saying little*) ~ **silence** eisiges Schweigen; ■**to be** ~ **about sth** wortkarg auf etw *akk* reagieren

tight·ly ['taɪtli] *adv* ① (*holding sth firmly*) fest ② (*close together*) eng; **to be** ~ **packed** voll gepackt sein ③ (*firm control*) mit festem Griff

tight·ness ['taɪtnəs] *n no pl* ① (*firmness, strength*) Festigkeit *f* ② (*close fitting*) enge Passform ③ (*tight sensation*) Spannen *nt;* ~ **in the chest area is a sign of heart disease** Atembeklemmung ist ein Anzeichen einer Herzerkrankung

'tight·rope *n* Drahtseil *nt;* ■**on a** ~ auf einem Seil; **to walk the** ~ auf dem Drahtseil tanzen; **diplomatic/legal** ~ (*fig*) diplomatischer/rechtlicher Drahtseilakt ▶ PHRASES: **to tread** [*or* **walk**] **a** ~ einen Drahtseilakt vollziehen, eine Gradwanderung machen **'tight·rope walk·er** *n* Seiltänzer(in) *m(f)*

tights [taɪts] *npl* ① (*leggings*) Strumpfhose *f;* **pair of** ~ Strumpfhose *f;* **to have a hole** [*or* **run**] [*or* BRIT **ladder**] **in one's** ~ eine Laufmasche in der Strumpfhose haben ② AM, AUS (*for dancing/aerobics etc*) Leggings *pl,* Gymnastikhose *f*

tight·wad ['taɪtwɑːd] *n* AM, AUS (*pej sl*) Geizkragen *m pej fam*

ti·gress <*pl* -es> ['taɪgres, AM -grɪs] *n* ① (*female tiger*) Tigerin *f* ② (*fig: woman*) Megäre *f geh,* Drachen *m fig, pej sl*

tike *n see* **tyke**

til·de ['tɪldə] *n* Tilde *f*

tile [taɪl] **I.** *n* Fliese *f;* **roof** ~ Dachziegel *m* ▶ PHRASES: **to have a night** [**out**] **on the** ~**s, to be** [**out**] **on the** ~**s** BRIT auf den Putz hauen *fam* **II.** *vt* ■**to** ~ **sth** etw fliesen

tiled [taɪld] *adj inv* gefliest

til·er ['taɪləʳ, AM -ɚ] *n* Fliesenleger(in) *m(f)*

till[1] [tɪl] **I.** *prep see* **until II.** *conj see* **until**

till[2] [tɪl] *n* Kasse *f* ▶ PHRASES: **to be caught with one's hand in the** ~ auf frischer Tat ertappt werden *fam*

till[3] [tɪl] *vt* **to** ~ **the soil** den Boden bestellen [*o* bearbeiten] [*o* bebauen]

till·er ['tɪləʳ, AM -ɚ] *n* Ruderpinne *f fachspr;* **at the** ~ am Ruder

'till roll *n* Kassenrolle *f*

tilt [tɪlt] **I.** *n* ① (*slope*) Neigung *f* ② (*fig: movement of opinion*) Schwenk *m* ▶ PHRASES: [**at**] **full** ~ mit voller Kraft **II.** *vt* ■**to** ~ **sth** etw neigen; **to** ~ **a pinball machine** einen Flipper kippen; **to** ~ **the balance in favour of sth/sb** (*fig*) einen Meinungsumschwung zugunsten einer S./Person *gen* herbeiführen **III.** *vi* ① (*slope*) sich *akk* neigen ② (*movement of opinion*) ■**to** ~ **away from sth/sb** sich *akk* von etw/jdm abwenden; ■**to** ~ **towards sth/sb** sich *akk* etw/jdm zuwenden ▶ PHRASES: **to** ~ **at windmills** (*fam*) gegen Windmühlen kämpfen *fig*

tilth [tɪlθ] *n* Bodenbestellung *f*

tim·ber ['tɪmbəʳ, AM -ɚ] **I.** *n* ① *no pl esp* BRIT (*wood for building*) Bauholz *nt,* Nutzholz *nt;* **to fell** ~ Holz fällen; **for** ~ für kommerzielle Nutzung ② (*elongated piece of wood*) Holzplanke *f* **II.** *interj* **"T~!"** „Achtung, Baum!"

tim·bered ['tɪmbəd, AM -ɚd] *adj* Fachwerk-

'tim·ber forest *n* Hochwald *m* **tim·ber-'framed** *adj* Fachwerk-; **the buildings were all** ~ die Gebäude waren alle mit Fachwerk gebaut **'tim·ber·line** *n* AM (*treeline*) Baumgrenze *f* **'tim·ber mer·chant** *n* Holzhändler(in) *m(f)* **'tim·ber-work** *n no pl* Gebälk *nt*

time [taɪm] **I.** *n* ① *no pl* (*chronological dimension of existence*) Zeit *f;* ~ **stood still** die Zeit stand still; **in the course of** ~ mit der Zeit; **over the course of** ~ im Lauf der Zeit; **to be a matter** [*or* **question**] **of** ~ eine Frage der Zeit sein; ~ **is on one's side** die Zeit arbeitet für jdn; **to have** ~ **on one's side** die Zeit auf seiner Seite haben; **space and** ~ Raum und Zeit; **for all** ~ für immer, für alle Zeiten; **of all** ~ aller Zeiten; **he was the greatest player of all** ~ er war der größte Spieler aller Zeiten; ~**-tested** [alt]bewährt; **as** ~ **goes by** [*or* **on**] mit der Zeit; **to make** ~ **for sth/to do sth** sich *dat* die Zeit für etw *akk* nehmen/nehmen, um etw zu tun; **to spend** ~ Zeit verbringen; [**only**] ~ **can** [*or* **will**] **tell** es wird sich mit der Zeit zeigen; **in** ~ mit der Zeit; **over** [*or* **with**] ~ im Lauf der Zeit ② *no pl* (*time period, duration*) Zeit *f;* ~**'s up** (*fam*) die Zeit ist vorüber; **injury** ~ BRIT SPORTS Nachspielzeit *f;* **to have the** ~ **of one's life** sich *akk* großartig amüsieren; **most of the** ~ meistens; **part** [*or* **some**] [**of the**] ~ einen Teil der Zeit; **for a short/long period of** ~ kurze/lange Zeit; **to take the** ~ **and trouble to do sth** sich *dat* die Mühe machen, etw zu tun; **in one week's** ~ in einer Woche; **to have all the** ~ **in the world** alle Zeit der Welt haben; **all the** [*or* **this**] ~ die ganze Zeit; **to have an easy/hard** ~ **of it** [**with sth**] keine Probleme/Probleme [mit etw *dat*] haben; **extra** ~ SPORTS Verlängerung *f;* **they played extra** ~ sie mussten in die Verlängerung; **three min-**

utes into extra ~, Ricardo scored the decisive goal nach drei Minuten Verlängerung erzielte Ricardo das entscheidende Tor; **free** [*or* **spare**] ~ Freizeit *f;* **to have a good** ~ sich *akk* amüsieren; **to give sb a hard** ~ (*fam*) jdm Schwierigkeiten bereiten; **a long ~ ago** vor langer Zeit; **it takes a long/short** ~ es dauert lange/nicht lange; **for** [*or* **in**] **a long** ~ lange Zeit; **I haven't seen one of those in a long** ~ so einen/eine/eines habe ich schon seit langem nicht mehr gesehen; **in** [*or* **next to**] [*or* **less than**] **no** ~ [**at all**] im Nu; **running** ~ Spielzeit *f;* **for a short** ~ kurze Zeit; **some ~ ago** vor einiger Zeit; **to be** [**all**] **out of** ~ AM, AUS (*fam*) über der Zeit sein; **for the ~ being** vorläufig; **to do sth for a** ~ etw eine Zeitlang machen; **to find the ~ to do sth** die Zeit [dazu] finden, etw zu tun; **to give sb ~ to do sth** jdm Zeit geben, um etw zu tun; **given** [*or* **in**] ~ mit der Zeit; **to have** [*or* **have got**] **the** ~ die Zeit haben; **to have ~ to do sth** Zeit haben, etw zu tun; **to have** [*or* **take**] **~ off** sich *dat* frei nehmen; **there's no ~ to lose** [*or* **to be lost**] wir dürfen [jetzt] keine Zeit verlieren, es ist höchste Zeit; **to pass the** ~ sich *dat* die Zeit vertreiben; **to be pressed for** ~ in Zeitnot sein; **to run out of** ~ nicht genügend Zeit haben; **to save** ~ Zeit sparen; **to take one's** ~ sich *dat* Zeit lassen; **to take one's ~ in doing sth** sich *dat* bei etw *dat* Zeit lassen; **to take one's ~ to do sth** sich *dat* mit etw *dat* Zeit lassen; **to take more ~ over** [*or* **with**] **sth** sich *dat* mehr Zeit für etw *akk* nehmen, mehr Zeit für etw *akk* aufwenden; **to waste** ~ Zeit vergeuden [*o* verschwenden]; **to waste ~ doing sth** die Zeit mit etw *dat* vergeuden [*o* verschwenden]; **after a** ~ nach einer gewissen Zeit ❸ (*hour registration method*) Zeit *f;* **daylight saving** ~ Sommerzeit *f;* **Greenwich Mean T~** Greenwicher Zeit ❹ TRANSP (*schedule*) Zeit *f;* **arrival/departure** ~ Ankunfts-/Abfahrtszeit *f;* **bus/train ~s** Bus-/Zugzeiten *fpl* ❺ (*pertaining to clocks*) **to keep bad/good** ~ falsch/richtig gehen; **the right** ~ die korrekte Zeit; **wrong** ~ falsche Zeit; **to gain/lose** ~ Zeit gewinnen/verlieren; ■**the** ~ die Uhrzeit; **what's the ~?** wie spät ist es?; **to have** [**got**] **the ~ on one** eine Uhr haben; **to tell the** ~ die Uhr lesen ❻ (*specific time or hour*) Uhr *f;* **the best ~ of day** die beste Uhrzeit; **what are you doing here at this ~ of the day/night?** was machst du um diese Uhrzeit hier?; **for the** [*or* **this**] **~ of the day/year** für diese Tages-/Jahreszeit; **at sb's ~ of life** in jds Alter; **this ~ tomorrow/next month** morgen/nächsten Monat um diese Zeit; **the ~ is drawing near when we'll have to make a decision** der Zeitpunkt, zu dem wir uns entscheiden müssen, rückt näher; **he recalled the ~ when they had met** er erinnerte sich daran, wie sie sich kennen gelernt hatten; **at all ~s** immer; **at any** ~ immer, jederzeit; **at any given ~, at** [**any**] **one** ~ jederzeit; **a bad/good** ~ eine schlechte/gute Zeit; **at a different** ~ zu einer anderen Zeit; **the last/next** ~ letztes/nächstes Mal; **at other ~s** manchmal andererseits; **at the present** [*or* AM **this**] ~ diesmal; **~ and** [~] **again** immer wieder; **ahead of** ~ *esp* AM vorher; **to know at the** [*or* **that**] ~ zur betreffenden Zeit wissen; **to remember the ~ ...** sich *akk* erinnern, wie [*o* als] ...; **do you remember the ~ Alastair fell in the river?** erinnerst du dich, als Alastair in den Fluss fiel?; **at the** ~ damals, zu jener Zeit; **by the** ~ als; **it is about** [*or* **high**] **~ that ...** es ist höchste Zeit, dass ...; **~s when ...** Zeiten, zu denen ... ❼ (*frequency*) Mal *nt;* **the ~s I've** [*or* **how many ~s have I**] **told you ...** wie oft habe ich dir schon gesagt ...; **three ~s champion** BRIT, AUS [*or* AM **three ~ champion**] dreimaliger Meister/dreimalige Meisterin; **four/three ~s** vier/drei Mal; **for the hundredth/thousandth/umpteenth** ~ zum hundertsten/tausendsten/*fam* x-ten Mal; **lots of** [*or* **many**] **~s** oft, viele Male; **at the same** ~ um dieselbe Zeit; **from ~ to ~** von Zeit zu Zeit ❽ *no pl* (*correct moment*) Zeitpunkt *m;* BRIT, AUS (*not before ~*) **about ~** [**too**] (*tasks etc. yet to be accomplished*) wird aber auch [langsam] Zeit; (*tasks etc. accomplished*) wurde aber auch [langsam] Zeit; **the ~ is ripe** die Zeit ist reif; **breakfast/holiday** ~ Frühstücks-/Urlaubszeit *f;* **in good** ~ rechtzeitig; **in good ~ for sth** rechtzeitig zu etw *dat;* **high ~ for sth** höchste Zeit für etw *akk;* **ahead of** ~ vorzeitig; **to do sth dead** [*or* **exactly**] [*or* **right**] **on** ~ etw pünktlich machen; **it is ~ that ...** es ist [an der] Zeit, dass ...; **it is ~ to do sth** es ist [an der] Zeit, etw zu tun; **the ~ has come** der Zeitpunkt kommt; **to see when the ~ comes** etw sehen, wenn es aktuell ist; ■**~ for sth** Zeit für etw *akk;* **in** ~ rechtzeitig; **in ~ to do sth** rechtzeitig [*o* früh genug], um etw zu machen; **on** ~ pünktlich ❾ *usu pl* (*era*) Zeit *f;* **~s were difficult** [*or* **hard**] das waren harte Zeiten; **to set a book/film at the ~ of the Russian Revolution** ein Buch/Film spielt zur Zeit der Russischen Revolution; **from** [**since**] **~ immemorial** [*or esp* BRIT **out of mind**] seit undenklichen Zeiten; **during** [*or* **in**] **former/medieval ~s** früher/im Mittelalter *nt;* **in modern** [*or* **our**] **~s** in der Gegenwart; **she is one of the best writers of modern ~s** sie ist eine der besten Schriftstellerinnen der Gegenwart; **at one** ~ früher; **in ~s past** in der Vergangenheit, früher; **to be behind the ~s** hinter seiner Zeit zurück sein; **in ~s gone by** in der Vergangenheit; **to keep up** [*or* **move**] [*or* AM **change**] **with the ~s** mit der Zeit gehen; **~ was when sth could be done** früher war alles besser ❿ SPORTS (*duration of race*) Zeit *f;* **record** ~ Rekordzeit *f;* **he won the 100 metres in record** ~ er gewann das 100-Meter-Rennen in einer neuen Rekordzeit ⓫ (*lifetime*) Zeit *f;* **my grandmother has seen a few things in her** ~ meine Großmutter hat in ihrem Leben schon einiges gesehen; **at sb's ~ of life** in jds Alter; **old ~s** alte Zeiten; **if one had one's ~ over again** wenn man nochmals beginnen könnte; **to be ahead of** [*or esp* BRIT **before**] **one's** ~ seiner Zeit voraus sein; **~ marches** [*or* **moves**] **on** die Zeit hat sich geändert; **before** [*or* **ahead of**] **sb's** ~ (*advanced ideas*) seiner Zeit voraus; **the ideas of Galileo were ahead of his** ~ in seinem Denken war Galileo seiner Zeit weit voraus; **before sb's** ~ (*occurring prematurely*) vor der Zeit, frühzeitig; **she has grown old before her** ~ sie ist frühzeitig gealtert; **during sb's** ~ zu jds Zeit; **in my** ~ zu meiner Zeit; **in sth's** ~ zu seiner Zeit; **in its ~ the flying boat was the fastest means of transport** zu seiner Zeit war das Amphibienflugzeug das schnellste Transportmittel ⓬ *no pl* MUS (*rhythm*) Takt *m;* **to be/play out of** ~ aus dem Takt sein; **to beat** ~ den Rhythmus schlagen; **to get out of** ~ aus dem Takt kommen; **to keep** ~ den Takt halten; **in ~ with sth** im Takt mit etw *dat* ⓭ ECON (*remunerated work*) Zeit *f;* **~ and a half** Überzeit *f;* **double** ~ doppelte Bezahlung *f* (*an Feiertagen*); **part** ~ Teilzeit *f;* **short** ~ BRIT Kurzzeit *f;* **to work** [*or* **be on**] **short** ~ BRIT Kurzzeit arbeiten; **to take ~ off** sich *dat* frei nehmen ⓮ BRIT (*end of pub hours*) Sperrstunde *f;* **'~** [**please**]**!'** „Sperrstunde!" ▶ PHRASES: **not to give sb the ~ of day** jdn ignorieren; **~ is of the essence** die Zeit drängt; **to have ~ on one's hands** viel Zeit zur Verfügung haben; **~ is a great healer** (*saying*), **~ heals all wounds** (*prov*) die Zeit heilt alle Wunden *prov;* **~ and tide wait for no man** [*or* **one**] (*prov*) man sollte jede Gelegenheit beim Schopf packen; **~ is money** (*prov*) Zeit ist Geld *prov;* **there's a ~ and a place** [**for everything**] (*prov*) alles zu seiner Zeit; **a week is a long ~ in politics** (*saying*) eine Woche ist lang in der Politik; **there's no ~ like the present** (*saying*) was du heute kannst besorgen, das verschiebe nicht auf morgen *prov;* **all good things in all good** ~ alles zu seiner Zeit; **not to have much ~ for sb** jdn nicht mögen; **to have a lot of ~ for sb** großen Respekt vor jdm haben; **~ hangs heavy** die Zeit steht still; **~s are changing** die Zeiten ändern sich; **to do** [*or* **serve**] ~ (*fam*) sitzen *fig fam;* **~ flies, doesn't ~ fly?** (*saying*) die Zeit fliegt; **to kill** ~ die Zeit totschlagen; **~ moves on** [*or* **passes**] wie die Zeit vergeht **II.** *vt* ❶ SPORTS (*measure duration*) ■**to ~ sb over 100 metres** für jdn die Zeit beim 100-Meter-Lauf nehmen [*o* stoppen]; **the winning team was ~d at 5 minutes 26 seconds** die Gewinnermannschaft wurde mit 5 Minuten und 26 Sekunden gestoppt ❷ (*choose best moment for*) ■**to ~ sth**

T

für etw *akk* den richtigen Zeitpunkt auswählen

-time [taɪm] *in compounds* (*lunch-, story-*) -zeit; **bed**~ Schlafenszeit *f;* **lunch**~ Mittagspause *f;* **it's nap**~ es ist Zeit für ein Nickerchen

time af·ter 'time *adv inv* immer wieder **time and a'gain** *adv inv* immer wieder **time and a 'half** *n no pl* 50 % Zuschlag *m;* **to pay sb** ~ jdm 150 % bezahlen **time and 'mo·tion study** *n* Zeitstudie *f* **'time bomb** *n* (*a. fig*) Zeitbombe *f a. fig;* **to create** [*or* **set**] **a** ~ eine Zeitbombe legen *fig;* **to be sitting on a** ~ auf einem Schleudersitz [*o* einer Zeitbombe] sitzen *fig* **'time cap·sule** *n* Kassette *f* mit Zeitdokumenten **'time card** *n* AM Stechkarte *f* **'time clock** *n* Stechuhr *f* **'time-con·sum·ing** *adj* zeitintensiv **'time de·pos·it** *n* FIN Festgeld *nt,* Termingeld *nt* **'time dif·fer·ence** *n* Zeitunterschied *m* **timed-re·lease cap·sule** *n* Retardkapsel *f,* Depotkapsel *f* **timed 'tick·et** *n* zeitlich begrenzte Karte **'time ex·po·sure** *n* Langzeitbelichtung *f; photograph* Langzeitaufnahme *f* **'time fa·mine** *n no pl* Zeitnot *f,* Zeitknappheit *f* **'time frame** *n* Zeitrahmen *m;* **all changes will be introduced in** [*or* **within**] **a fairly short** ~ alle Änderungen werden innerhalb eines kurzen Zeitrahmens eingeführt werden; **to set a** ~ **for sth** einen Zeitrahmen für etw *akk* festlegen **'time fuse,** AM **'time fuze** *n* Zeitzünder *m* **'time-hon·oured** *adj attr, inv* altehrwürdig *geh;* ~ **custom** alter Brauch **'time·keep·er** *n* ❶ (*in sports*) Zeitnehmer *m* ❷ (*clock, watch*) Zeitmesser *m;* **this watch is not an accurate** ~ diese Uhr geht nicht genau; **to be a bad/good** ~ *person* sein Zeitsoll nie/immer erfüllen **'time·keep·ing** *n no pl* ❶ (*measuring of time*) Zeitmessung *f* ❷ (*punctuality*) Erfüllung *f* des Zeitsolls; **bad** ~ ständiges Zuspätkommen **'time lag** *n* Zeitdifferenz *f* **'time-lapse** *adj attr, inv film, photography* Zeitraffer-

time·less ['taɪmləs] *adj* ❶ (*not dated*) *book, dress, values* zeitlos ❷ (*unchanging*) *landscape, beauty* immer während *attr*

time·less·ly ['taɪmləsli] *adv* zeitlos

time·less·ness ['taɪmləsnəs] *n no pl* Zeitlosigkeit *f*

'time lim·it *n* Zeitbeschränkung *f*

time·li·ness ['taɪmlɪnəs] *n no pl* Rechtzeitigkeit *f*

'time lock I. *n* (*on a safe*) Zeitschloss *nt;* (*on a computer*) Abschaltzeit *f* **II.** *vt* **to** ~ **a safe** einen Safe mit einem Zeitschloss versehen

time·ly ['taɪmli] *adj* rechtzeitig; ~ **arrival** Ankunft *f* zur rechten Zeit; **in a** ~ **fashion** [*or* **manner**] rasch; ~ **remark** passende Bemerkung

'time ma·chine *n* Zeitmaschine *f* **time 'out** *n no pl* Auszeit *f fam;* **to take some** ~ eine kleine Pause machen **'time-out I.** *n* <*pl* times- *or* -s> (*in sports*) Auszeit *f;* **to call a** ~ eine Auszeit fordern **II.** *interj* AM Stopp **'time·piece** *n* Chronometer *nt geh m,* Uhr *f*

tim·er ['taɪməʳ, AM -ɚ] *n* ❶ (*for lights, VCR*) Timer *m;* (*for cooking eggs*) Eieruhr *f;* **the** ~ **goes off** die Uhr klingelt ❷ (*time recorder*) Zeitmesser *m;* (*person*) Zeitnehmer(in) *m(f)* ❸ AM (*time switch*) Zeitschalter *m*

'time-re·lease cap·sule *n* PHARM Retardkapsel *f,* Depotkapsel *f*

times [taɪmz] *vt* (*fam*) ■ **to** ~ **sth** etw multiplizieren

'time-sav·ing *adj device, gadget* Zeit sparend **'time scale** *n* Zeitrahmen *m,* Zeitspanne *f;* ~ **of events** zeitliche Abfolge von Ereignissen **'time-serv·er** *n* ❶ (*employee*) *jd, der bei der Arbeit seine Zeit nur absitzt* ❷ (*opportunist*) Opportunist(in) *m(f) geh* **'time-serv·ing** *adj attr, inv* ❶ (*employee*) **my** ~ **boss can't seem to make any decisions anymore** mein Chef, der seine Zeit nur noch absitzt, scheint keine Entscheidungen mehr fällen zu können ❷ (*opportunistic*) opportunistisch **'time share** *n* Timeshare-Projekt *nt* **'time-shar·ing** *n no pl* Timesharing *nt* **'time sheet** *n* Arbeitsblatt *nt* **'time sig·nal** *n* RADIO Zeitzeichen *nt* **'time sig·na·ture** *n* MUS Taktvorzeichnung *f* **'time span** *n* Zeitspanne *f* **'time switch** *n* BRIT, AUS Zeitschalter *m* **'time·ta·ble I.** *n* ❶ (*for bus, train*) Fahrplan *m;* (*for events, project*) Programm *nt;* (*for appointments*) Zeitplan *m;* **I've got a very busy** ~ **for next week** ich habe ein volles Programm für nächste Woche ❷ BRIT, AUS (*at school/university*) Stundenplan *m* **II.** *vt usu passive* ■ **to** ~ **sth** etw planen; **the lecture is** ~**d for 5.00 p.m.** die Vorlesung ist für 17:00 Uhr angesetzt; **we are** ~**d to go to the museum on Thursday** wir sind eingeteilt, am Donnerstag ins Museum zu gehen **'time trav·el** *n no pl* Zeitreise *f* **'time warp** *n* ❶ (*for time travel*) Zeitverschiebung *f* ❷ (*fig: lifestyle*) Zeitsprung *m;* **he's living in a** ~ er lebt in einer anderen Zeit **'time·worn** *adj* abgenutzt; ~ **excuse** abgedroschene Entschuldigung **'time zone** *n* Zeitzone *f*

tim·id <-er, -est *or* more ~, most ~> ['tɪmɪd] *adj* ängstlich; (*shy*) schüchtern; (*lacking courage*) zaghaft; **to be a** ~ **soul** eine scheue Seele sein

ti·mid·ity [tɪ'mɪdəti, AM -ət̬i] *n no pl* Ängstlichkeit *f;* (*shyness*) Schüchternheit *f;* (*lack of courage*) Zaghaftigkeit *f*

tim·id·ly ['tɪmɪdli] *adv* ängstlich; (*shyly*) schüchtern; (*lacking courage*) zaghaft

tim·ing ['taɪmɪŋ] *n* ❶ *no pl* (*of words, actions*) Timing *nt,* Wahl *nt* des richtigen Zeitpunkts; **perfect** ~**! I was just hoping someone would call** dein Anruf kommt gerade richtig! ich hatte gehofft, dass jemand anrufen würde; **good** ~ gutes Timing ❷ *no pl* (*musical rhythm*) Einsatz *m;* **your** ~ **is off** dein Einsatz ist vorbei ❸ *no pl* AUTO Steuerung *f* der Kraftstoffverbrennung ❹ (*measuring of time*) Zeitmessung *f,* Zeitabnahme *f; of a race, runners also* Stoppen *nt kein pl;* (*in factories*) Zeitkontrolle *f*

'tim·ing de·vice *n* Zeitzünder *m*

tim·or·ous ['tɪmᵊrəs, AM -ɚəs] *adj* (*form, liter: shy*) schüchtern; (*fearful*) ängstlich

tim·or·ous·ly ['tɪmᵊrəsli, AM -ɚəs-] *adv* (*form, liter: shyly*) schüchtern; (*fearfully*) ängstlich

tim·or·ous·ness ['tɪmᵊrəsnəs, AM -ɚəs-] *n no pl* (*form, liter: shyness*) Schüchternheit *f;* (*fearfulness*) Ängstlichkeit *f*

tim·pa·ni ['tɪmpəni] *npl* MUS Timpani *mpl,* Pauken *fpl*

tim·pa·nist ['tɪmpənɪst] *n* MUS Timpanist(in) *m(f),* Paukist(in) *m(f)*

tin [tɪn] **I.** *n* ❶ *no pl* (*metal*) Zinn *nt* ❷ *esp* BRIT (*can*) Büchse *f,* Dose *f;* **a** ~ **of beans/sardines** eine Dose Bohnen/eine Büchse Sardinen ❸ (*for baking*) Backform *f;* **cake** ~ Kuchenform *f* **II.** *n modifier* (*mine, pot, toy*) Zinn- ▶ PHRASES: **to have a** ~ **ear** ein taubes Ohr haben; **to put the** ~ **lid on** die Luft anhalten **III.** *vt* <-nn-> *esp* BRIT **to** ~ **meat/vegetables** Fleisch/Gemüse eindosen [*o* in Dosen konservieren]

tin 'can *n* Blechdose *f*

tinc·ture ['tɪŋktʃəʳ, AM -ɚ] *n* ❶ (*mixture*) Tinktur *f;* **a** ~ **of iodine** eine Jodtinktur ❷ (*fig: trace*) *of an emotion* Spur *f*

tin·der ['tɪndəʳ, AM -ɚ] *n no pl* Zunder *m;* ~**-dry** staubtrocken

'tin·der·box *n* Pulverfass *nt fig*

tine [taɪn] *n of fork* Zinke *f; of antlers* Sprosse *f*

'tin·foil ['tɪnfɔɪl] *n no pl* Alufolie *f*

ting [tɪŋ] **I.** *adv inv* **to go** ~ ‚bing' machen **II.** *n* Klingen *nt kein pl* **III.** *vi* klingen

ting-a-ling ['tɪŋəlɪŋ] *interj* klingeling

tinge [tɪndʒ] **I.** *n* ❶ (*of colour*) Hauch *m,* Spur *f;* ~ **of red** [leichter] Rotstich ❷ (*of emotion*) Anflug *m kein pl;* **a** ~ **of sadness** ein Anflug *m* von Traurigkeit **II.** *vt usu passive* ❶ (*with an emotion*) ~**d with admiration/regret** mit einer Spur von Bewunderung/Bedauern; **his last letter to his former fiancée was** ~**d with sadness** sein letzter Brief an seine ehemalige Verlobte hatte einen traurigen Unterton ❷ (*with colours*) **to be** ~**d with orange/pink/red** mit Orange/Pink/Rot [leicht] getönt sein

tin·gle ['tɪŋgl̩] **I.** *vi* kribbeln; **mint makes my mouth** ~ **with freshness** Minze gibt meinem Mund prickelnde Frische; **to** ~ **with desire** vor Verlangen brennen; **to** ~ **with excitement** vor Aufregung zittern; **to** ~ **with fear** vor Angst beben; **sb's spine** ~**s** jdm läuft ein Schauer über den Rücken **II.** *n no pl*

Kribbeln *nt,* Prickeln *nt*

tin·gling ['tɪŋglɪŋ] *n* Kribbeln *nt kein pl*

tin·gly ['tɪŋgli] *adj* kribbelnd *attr;* **to go all ~, to go ~ all over** ganz kribbelig werden; **to feel ~** ein Prickeln spüren

tin 'god *n (fam)* Abgott *m pej;* **little ~** kleiner Gott *iron* **tin 'hat** *n* Stahlhelm *m* **'tin·horn** *esp* AM **I.** *adj attr, inv (fam)* angeberisch *fam* **II.** *n (fam)* Angeber(in) *m(f) fam*

tink·er ['tɪŋkəʳ, AM -ɚ] **I.** *n* ❶ *(attempt to repair)* Tüftelei *f;* ■**to have a ~ with sth** an etw *dat* herumbasteln ❷ *(repairman)* wandernder Kesselflicker *hist;* BRIT *(pej: gypsy)* Zigeuner(in) *m(f)* ❸ BRIT *(fam: mischievous person)* kleiner Stromer/kleine Stromerin, Bosnigl *m* ÖSTERR *pej* ▶ PHRASES: **to not give a ~'s damn** [*or* BRIT *a.* **cuss**] **about sb/sth** sich *akk* einen Kehricht um jdn/etw scheren *fam* **II.** *vi* ■**to ~** [**about** [*or* **around**]] [**with** [*or* **on**] **sth**] [an etw *dat*] herumbasteln, herumpfuschen *pej fam*

tin·kle ['tɪŋkl̩] **I.** *vi* ❶ *(make sound) piano* klimpern; *bell* klingen, bimmeln *fam; fountain* plätschern; *breaking glass* klirren ❷ *(childspeak fam: urinate)* Pipi machen *Kindersprache* **II.** *vt* **to ~ a bell** mit einer Glocke klingeln **III.** *n* ❶ *(of bell)* Klingen *nt kein pl; (of water)* Plätschern *nt kein pl; (of breaking glass)* Klirren *nt kein pl;* **to give sb a ~** *(dated fam)* jdn anklingeln *fam* ❷ *(childspeak fam: urine)* Pipi *nt Kindersprache;* **to have** [*or* **go for**] **a ~** Pipi machen gehen *Kindersprache*

tin·kling ['tɪŋklɪŋ] **I.** *n no pl of a piano* Klimpern *nt; of a bell* Klingen *nt; of a fountain* Plätschern *nt; of breaking glass* Klirren *nt* **II.** *adj attr, inv* **~ sound** Klirren *nt*

tin liz·zie [ˌtɪn'lɪzi] *n* AM *(dated fam)* Klapperkiste *f fam*

tinned [tɪnd] *adj inv* BRIT, AUS konserviert, eingedost; **~ fruit** Dosenfrüchte *fpl;* **~ milk** Büchsenmilch *f*

tin·ni·tus [tɪ'naɪtəs, AM -t̬-] *n no pl* MED *(spec)* Ohrensausen *nt,* Tinnitus *m fachspr*

tin·ny ['tɪni] *adj* ❶ *recording* blechern ❷ *taste, food* nach Blech schmeckend *attr;* **to taste ~** nach Blech schmecken ❸ *(cheap)* **~ car** Blechkiste *f pej fam;* **~ toys** minderwertige Spielsachen

'tin-open·er *n* BRIT, AUS Dosenöffner *m* **tin pan 'al·ley** *n (fam)* Schlagerindustrie *f; (district)* ■**T~** Zentrum *nt* der Schlagerindustrie **tin·'plate** *n no pl* Zinnblech *nt* **tin·'plat·ed** *adj inv* verzinnt **'tin·pot** *adj inv (pej fam)* schäbig *pej,* billig *pej;* **he's a ~ dictator** er ist ein Westentaschendiktator *pej*

tin·sel ['tɪn(t)səl] *n no pl* ❶ *(for magic wand)* Flitter *m; (for Christmas tree)* Lametta *nt* ❷ *(fig: sth showy)* Prunk *m;* **to be all ~ and glitter** prunk- und glanzvoll sein

'Tin·sel·town *n (sl)* Hollywood *nt*

tin·sely ['tɪn(t)səli] *adj* kitschig

'tin smith *n* Blechschmied(in) *m(f)* **tin 'sol·dier** *n* Zinnsoldat *m*

tint [tɪnt] **I.** *n* ❶ *(hue)* Farbton *m;* **warm ~** warme Farbe ❷ *(dye)* Tönung *f* **II.** *vt* **to ~ one's hair** seine Haare tönen

tint·ed ['tɪntɪd] *adj inv* getönt; **~ glass** Rauchglas *nt;* **~ glasses/lenses/windows** getönte Brillengläser/Linsen/Scheiben

tin 'whis·tle *n* (irische) Blechflöte

tiny ['taɪni] *adj* winzig; **a ~ bit** ein klein wenig; **~ little** winzig klein; **teeny ~** klitzeklein *fam*

tip¹ [tɪp] **I.** *vt* <-pp-> ❶ *(attach to extremity of)* ■**to ~ sth with sth** etw an der Spitze mit etw *dat* versehen; **to ~ an arrow/spear with poison** einen Pfeil/Speer in Gift [ein]tauchen; **to ~ sth with black/red/white** etw in schwarze/rote/weiße Farbe eintauchen; **to ~ sth with silver/steel** etw mit einer Silber-/Stahlspitze versehen; **mountains ~ped with snow** Berge *mpl* mit schneebedeckten Gipfeln ❷ *(dye one's hair)* **to ~ one's hair** sich *dat* die Spitzen färben **II.** *n* ❶ *(pointed end)* Spitze *f;* **asparagus ~** Spargelspitze *f;* **filter ~** Filtermundstück *nt;* **the southern ~ of Florida** die Südspitze von Florida ❷ *(of hair)* ■**~s** *pl* gefärbte Spitzen ▶ PHRASES: **to the ~s of sb's fingers** durch und durch; **he's a conservative to the ~s of his fingers** er ist erzkonservativ; **the ~ of the iceberg** die Spitze des Eisbergs; **it's on the ~ of my tongue** es liegt mir auf der Zunge

tip² [tɪp] **I.** *n* BRIT ❶ *(garbage dump)* Deponie *f;* **rubbish** [*or* **waste**] **~** Mülldeponie *f* ❷ *(fam: mess)* Saustall *m fig, pej sl* **II.** *vt* <-pp-> ❶ *(empty out)* ■**to ~ sth into sth** etw in etw *akk* ausschütten [*o* ausleeren]; **the child ~ped the toys all over the floor** das Kind kippte die Spielsachen über den ganzen Boden aus; *impers;* **it's ~ping it down** BRIT, AUS *(fam)* es schüttet [*o* gießt] *fam* ❷ *(tilt)* ■**to ~ sth** etw neigen; **to ~ the balance** [*or* **scales**] *(fig)* den Ausschlag geben; **two quick goals ~ped the balance in favour of England** zwei schnelle Tore brachten die Entscheidung zugunsten Englands; **to ~ the scales at 80 kilos** 80 Kilo auf die Waage bringen *fam;* **to ~ one's chair back** seinen Stuhl nach hinten kippen; **to ~ one's hat over one's eyes** sich *dat* den Hut über die Augen ziehen; **to ~ the window** das Fenster kippen ❸ *(touch)* ■**to ~ sth** etw antippen; *(tap)* etw abklopfen; **to ~ one's cap** [*or* **hat**] an den Hut tippen; **to ~ one's cigarette** die Asche von seiner Zigarette abklopfen **III.** *vi* <-pp-> ❶ BRIT *(dump)* **'No ~ping'** „Müll abladen verboten" ❷ *(tilt)* umkippen

◆**tip out I.** *vi* herauskippen **II.** *vt* ■**to ~ sth** ◯ **out** etw ausleeren

◆**tip over I.** *vt* ■**to ~ sth** ◯ **over** etw umschütten **II.** *vi* umkippen

◆**tip up I.** *vt* ■**to ~ up** ◯ **sth** etw kippen; **to ~ up** ◯ **a leaf/a seat** eine Ausziehplatte/einen Sitz hochklappen **II.** *vi* kippen

tip³ [tɪp] **I.** *n* ❶ *(money)* Trinkgeld *nt;* **to give** [*or* **leave**] **a 10% ~** 10% Trinkgeld geben ❷ *(suggestion)* Rat[schlag] *m,* Tipp *m fam;* **a ~ about buying a house/growing vegetables** ein Tipp für den Hauskauf/Gemüseanbau; **helpful/useful ~** hilfreicher/nützlicher Tipp [*o* Hinweis]; **hot ~** heißer Tipp *fam;* **to give sb a ~** jdm einen Tipp geben *fam;* **to take a ~ from sb** jds Rat befolgen; **if you take my ~, you'll avoid that part of the city** wenn du mich fragst, solltest du diesen Teil der Stadt meiden **II.** *vt* <-pp-> ❶ *(give money to)* ■**to ~ sb** jdm Trinkgeld geben; **they ~ped the waiter £5** sie gaben dem Ober 5 Pfund Trinkgeld ❷ *esp* BRIT *(predict)* ■**to ~ sth** auf etw *akk* tippen; **Davis is being ~ped to win the championship** Davis ist Favorit auf den Meistertitel; **he is being ~ped as the next Prime Minister** er gilt als der nächste Premierminister; **to be ~ped for success** auf Erfolgskurs sein ▶ PHRASES: **to ~ one's hand** AM sich *akk* festlegen; **to ~ sb the wink** BRIT jdm einen Wink geben **III.** *vi* <-pp-> Trinkgeld geben

◆**tip off** *vt* ■**to ~ sb** ◯ **off** jdm einen Wink [*o fam* Tipp] geben

'tip-off *n (fam)* Wink *m,* Tipp *m*

tip·per ['tɪpəʳ, AM -ɚ] *n* ❶ *(person)* Trinkgeldgeber(in) *m(f);* **Mr Smith is a good ~** Herr Smith gibt großzügige Trinkgelder ❷ BRIT *(truck)* Kipper *m*

'tip·per lor·ry *n* BRIT, **'tip·per truck** *n* BRIT Kipper *m*

Tipp-Ex® ['tɪpeks] *n* BRIT Tipp-Ex® *nt*

tip·ple ['tɪpl̩] **I.** *vi* ❶ *(drink alcohol)* trinken, saufen *fam* ❷ BRIT *(fam)* **it is tippling down** es gießt [*o* schüttet] *fam* **II.** *vt* **to ~ beer/champagne** Bier/Champagner süffeln *fam* **III.** *n (fam)* **favourite** [*or* AM **favorite**] **~** Lieblingsdrink *m;* **white wine is her ~** sie trinkt am liebsten Weißwein

tip·pler ['tɪpləʳ, AM -ɚ] *n (fam)* Säufer(in) *m(f) pej fam*

'tip sheet *n* Wettliste *f*

tip·si·ly ['tɪpsɪli] *adv (fam)* beschwipst

tip·si·ness ['tɪpsɪnəs] *n no pl (fam)* Schwips *m*

tip·ster ['tɪpstəʳ, AM -ɚ] *n (in sports)* Tippgeber(in) *m(f); (to authorities)* Informant(in) *m(f)*

tip·sy ['tɪpsi] *adj* beschwipst

tip·toe ['tɪptəʊ, AM -toʊ] **I.** *n* **on ~**[**s**] auf Zehenspitzen **II.** *vi* auf Zehenspitzen gehen; ■**to ~ in/out** hinein-/hinausschleichen

tip-'top *adj (fam)* erstklassig, Spitzen-, Spitze *präd fam,* tipptopp *fam;* **~ condition/shape** erstklassiger Zustand/erstklassige Form **'tip truck** *n* AUS Kipper *m* **'tip-up seat** *n* Klappsitz *m*

ti·rade [taɪ'reɪd, AM 'taɪreɪd] *n* Tirade *f geh;* **angry ~** Schimpfka-

T

nonade *f;* **to deliver a** ~ sich *akk* in einer Tirade ergehen

tire[1] ['taɪəʳ, AM -ɚ] **I.** *n* AM Reifen *m* **II.** *n modifier* (*pressure, store*) Reifen-; ~ **chain** Schneekette *f;* ~ **pressure gauge** Reifendruckmesser *m;* ~ **tracks** Reifenspuren *fpl;* ~ **tread** Reifenprofil *nt*

tire[2] ['taɪəʳ, AM -ɚ] **I.** *vt* ■**to** ~ **sb** jdn ermüden; **to** ~ **oneself doing sth** von etw *dat* müde werden **II.** *vi* ermüden, müde werden; ■**to** ~ **of sth/sb** etw/jdn satthaben *fam;* **to never** ~ **of doing sth** nie müde werden, etw zu tun

◆**tire out I.** *vt* ■**to** ~ **sb** ↻ **out** jdn müde machen; **to** ~ **oneself out working** sich *akk* durch das Arbeiten erschöpfen **II.** *vi* erschöpft sein

tired <-er, -est *or* more ~, most ~> ['taɪəd, AM -ɚd] *adj* ❶ (*exhausted*) müde; ~ **and emotional** BRIT (*hum: drunk*) betrunken; (*impatient*) **you make me** ~**!** du regst mich auf! ❷ (*bored with*) ■**to be** ~ **of sth/sb** einer S.*gen*/jds überdrüssig sein; **to be** ~ **to death of sth** etw gründlich leid sein; **to be sick and** ~ **of sth/sb** von etw/jdm die Nase gestrichen voll haben *fam;* **to get** [*or* **grow**] ~ **of sb/sth** jdn/etw sattbekommen *fam* ❸ (*over-used*) ~ **excuse** lahme Ausrede; **the same** ~ **old faces** dieselben langweiligen Gesichter; ~ **phrase** abgedroschene Phrase

tired·ly ['taɪədli, AM -ɚd-] *adv* müde

tired·ness ['taɪədnəs, AM -ɚd-] *n no pl* Müdigkeit *f*

tired 'out *adj inv person* völlig erschöpft; *idea, cliche* abgegriffen

tire·less ['taɪələs, AM -ɚ-] *adj* unermüdlich (**in** bei +*dat*)

tire·less·ly ['taɪələsli, AM -ɚ-] *adv* unermüdlich

tire·some ['taɪəsəm, AM -ɚ-] *adj* mühsam; **how** ~**!** das ist aber dumm!; ~ **habit** unangenehme Angewohnheit

tire·some·ly ['taɪəsəmli, AM -ɚ-] *adv* langweilig

tir·ing ['taɪərɪŋ, AM -ɚ-] *adj* ermüdend

'tis [tɪz] (*old*) = **it is** *see* **be**

ti·sane [tɪ'zæn] *n* Kräutertee *m*

tis·sue ['tɪʃuː, -sjuː, AM 'tɪʃuː] *n* ❶ (*for wrapping*) Seidenpapier *nt* ❷ (*for wiping noses*) Papiertaschentuch *nt;* **a piece of** ~ ein Papiertuch *nt* ❸ *no pl* (*of animals or plants*) Gewebe *nt;* **scar** ~ vernarbtes Gewebe ❹ (*fig: complex mass*) Netz *nt;* **a** ~ **of lies** ein Lügengewebe *nt*

'tis·sue cul·ture *n* Gewebekultur *f* **'tis·sue pa·per** *n* (*for cleaning*) Papiertuch *nt;* (*for wrapping*) Seidenpapier *nt* **'tis·sue type** *n* Gewebeart *f*

tit [tɪt] *n* ❶ (*bird*) Meise *f;* **blue** ~ Blaumeise *f;* **coal** ~ Tannenmeise *f* ❷ (*vulg: breast*) Titte *f vulg* ❸ BRIT (*fam!: fool*) dumme Sau *derb,* Idiot(in) *m(f) fam;* **to feel a right** ~ sich *dat* total bescheuert vorkommen *fam* ▸ PHRASES: ~ **for tat** wie du mir, so ich dir; **to get on sb's** ~**s** BRIT (*sl*) jdm auf den Sack gehen *derb*

ti·tan ['taɪtᵊn] *n* Titan *m,* Gigant *m;* **clash of** [**the**] ~**s** Kampf *m* der Giganten; **financial** ~ Finanzriese *m;* **media** ~ Mediengigant *m*

ti·tan·ic [taɪ'tænɪk] *adj* gigantisch

ti·ta·nium [tɪ'teɪniəm, AM taɪ'-] *n no pl* Titan *nt*

tit·bit ['tɪtbɪt] *n esp* BRIT ❶ (*snack*) Leckerbissen *m* ❷ *usu pl* (*of information*) Leckerbissen *m fig;* **juicy** ~**s** pikante Einzelheiten

titch [tɪtʃ] *n* BRIT Knirps *m fam;* **come on** ~**!** BRIT komm Kleiner! *fam*

titchy ['tɪtʃi] *adj* BRIT (*fam*) winzig

tit-for-tat [ˌtɪtfə'tæt, AM -fɚ'-] *adj inv insults, killings* Rache-; **he always has this** ~ **attitude** er hat immer diese ‚wie du mir, so ich dir' Einstellung

tithe [taɪð] **I.** *vi* den Zehnten bezahlen [*o* abgeben] **II.** *n* ■~**s** *pl* Zehnte *m*

ti·tian, Ti·tian ['tɪʃᵊn] *adj inv* tizianrot

ti·tian-'haired, Ti·tian-'haired *adj* mit tizianrotem Haar *nach n*

tit·il·late ['tɪtɪleɪt, AM -tᵊl-] **I.** *vt* ■**to** ~ **sb/sth** jdn/etw anregen; **to** ~ **the palate** den Gaumen kitzeln **II.** *vi* erregen

tit·il·lat·ing ['tɪtɪleɪtɪŋ, AM -tᵊleɪt̬-] *adj pictures* stimulierend, erregend; *information* pikant

tit·il·la·tion [ˌtɪtɪ'leɪʃᵊn, AM -tᵊl'eɪ-] *n no pl* (*sexual*) Erregung *f,* Stimulation *f;* (*intellectual*) Anregung *f*

tit·ivate ['tɪtɪveɪt, AM 'tɪt̬ə-] **I.** *vi* sich *akk* zurechtmachen **II.** *vt* ■**to** ~ **oneself** sich *akk* fein machen; **to** ~ **a display/a dress/one's hair** eine Anzeige/ein Kleid/sein Haar verschönern [*o* herausputzen]

ti·tle ['taɪtl̩, AM -t̬l̩] **I.** *n* ❶ *of a book, film* Titel *m* ❷ (*film credits*) ■~**s** *pl* Vor-/Nachspann *m* ❸ (*status, rank*) Titel *m;* **job** ~ Berufsbezeichnung *f* ❹ (*in sports event*) Titel *m;* **to hold the** ~ den Titel verteidigen ❺ *no pl* Rechtsanspruch *m* (**to** auf +*akk*); (*to a car*) Fahrzeugbrief *m;* (*to a house, property*) Eigentumsrecht *nt;* **to research a** ~ ein Eigentum prüfen **II.** *vt* **to** ~ **a book/film/novel** ein Buch/einen Film/Roman betiteln; **the report is** ~**d 'Streetchildren'** der Bericht hat den Titel ‚Straßenkinder'; **to be aptly** ~**d** (*usu iron*) den treffenden Titel haben

ti·tled ['taɪtl̩d, AM -t̬l̩d] *adj inv person* adelig

ti·tle 'deed *n* LAW Eigentumsurkunde *f* **'ti·tle fight** *n* Titelkampf *m* **'ti·tle·hold·er** *n* Titelverteidiger(in) *m(f)* **ti·tle in·'sur·ance** *n no pl* Versicherung *f* der Eigentumsrechte **'ti·tle mu·sic** *n no pl* Titelmusik *f* **'ti·tle page** *n* Titelblatt *nt* **'ti·tle role** *n* Titelrolle *f* **'ti·tle track** *n* Titelsong *m*

tit·ter ['tɪtəʳ, AM -t̬ɚ] **I.** *vi* kichern **II.** *n* Gekicher *nt kein pl*

'tit·tle-tat·tle *n no pl* (*fam*) Geschwätz *nt pej*

tit·ty ['tɪti, AM -t̬-] *n* (*vulg*) Titte *f vulg;* **that's tough titties!** (*fam!*) das ist ein Scheißpech [aber auch]! *derb*

titu·lar ['tɪtjələʳ, AM -tʃələ] *adj attr, inv* nominell, Titular-

tizz [tɪz] *n* BRIT, **tiz·zy** ['tɪzi] *n no pl* (*fam*) Aufregung *f;* ■**to be in a** ~ in heller Aufregung sein; **to get oneself in a real** ~ sich *akk* schrecklich aufregen

TM [ˌtiː'em] *n abbrev of* **Transcendental Meditation** transzendentale Meditation

TNT [ˌtiːen'tiː] *n no pl* CHEM *abbrev of* **trinitrotoluene** TNT *nt*

to [tuː, tu, tə] **I.** *prep* ❶ (*moving towards*) in +*akk,* nach +*dat,* zu +*dat;* **she walked over** ~ **the window** sie ging [hinüber] zum Fenster [*o* ans Fenster]; ~ **the right/left** nach rechts/links; **there** ~ **the right** dort rechts; **he's standing** ~ **the left of Adrian** er steht links neben Adrian; ~ **the north/south** nördlich/südlich; **twenty miles** ~ **the north of the city** zwanzig Meilen nördlich der Stadt; **the suburbs are** ~ **the west of the city** die Vororte liegen im Westen der Stadt; **parallel** ~ **the x axis** parallel zur x-Achse; **we're going** ~ **town** wir gehen/fahren in die Stadt; ~ **the mountains** in die Berge; ~ **the sea** ans Meer; ~ **the park** in den Park; **from here** ~ **the station** von hier [bis] zum Bahnhof; **the way** ~ **the town centre** der Weg ins Stadtzentrum; **they go** ~ **work on the bus** sie fahren mit dem Bus zur Arbeit; **I'm going** ~ **a party/concert** ich gehe auf eine Party/ein Konzert; **she has to go** ~ **a meeting now** sie muss jetzt zu einem Meeting [gehen]; **we moved** ~ **Germany last year** wir sind letztes Jahr nach Deutschland gezogen; **he flew** ~ **the US** er flog in die USA; **she's never been** ~ **Mexico before** sie ist noch nie [zuvor] in Mexiko gewesen; **my first visit** ~ **Africa** mein erster Aufenthalt in Afrika; **this is a road** ~ **nowhere!** diese Straße führt nirgendwohin! ❷ (*attending regularly*) zu +*dat,* in +*dat;* **she goes** ~ **kindergarten** sie geht in den Kindergarten; **he goes** ~ **college** er geht zur Hochschule [*o* studiert an der Hochschule]; **do you go** ~ **church?** gehst du in die Kirche?; **I go** ~ **the gym twice a week** ich gehe zweimal wöchentlich in die Turnhalle ❸ (*inviting to*) zu +*dat;* **an invitation** ~ **a wedding** eine Einladung zu einer Hochzeit; **I've asked them** ~ **dinner** ich habe sie zum Essen eingeladen; **she took me out** ~ **lunch yesterday** sie hat mich gestern zum Abendessen ausgeführt [*o* eingeladen] ❹ (*in direction of*) auf +*akk;* **she pointed** ~ **a distant spot on the horizon** sie zeigte auf einen fernen Punkt am Horizont; **to have one's back ~ sth/sb** etw/jdm den Rücken zudrehen; **back ~ front** verkehrt herum ❺ (*in contact with*) an +*dat;* **they were dancing cheek ~ cheek** sie tanzten Wange an Wange; **she put her hand ~ his breast** sie legte die Hand auf seine Brust; **she clasped the letter ~ her bosom** sie drückte den Brief an ihren Busen ❻ (*attached to*) an +*akk;* **tie the lead ~ the fence** mache die Leine am Zaun fest; **they fixed the bookshelves ~ the wall** sie brachten die Bücherregale an der Wand an; **stick the ads ~ some paper** klebe die Anzeigen auf ein Blatt Papier ❼ (*with indirect object*) mit +*dat;* **I lent my bike ~ my brother** ich habe meinem Bruder mein Fahrrad geliehen; **give that gun ~ me** gib mir das Gewehr; **he is married ~ his cousin Emma** er ist mit seiner Kusine Emma verheiratet; **I told that ~ Glyn** ich habe das Glyn erzählt; **you should show that rash ~ the doctor** du solltest den Ausschlag dem Arzt zeigen; **what have they done ~ you?** was haben sie dir [an]getan?; **children are often cruel ~ each other** Kinder sind oft grausam zueinander; **who's the letter addressed ~?** an wen ist der Brief gerichtet [*o* adressiert]?; **her knowledge proved useful ~ him** ihr Wissen erwies sich als hilfreich für ihn; **I am deeply grateful ~ my parents** ich bin meinen Eltern zutiefst dankbar; **a threat ~ world peace** eine Bedrohung des Weltfriedens [*o* für den Weltfrieden]; **they made a complaint ~ the manager** sie reichten beim Geschäftsleiter eine Beschwerde ein ❽ (*with respect to*) zu +*dat;* **and what did you say ~ that?** und was hast du dazu gesagt?; **he finally confessed ~ the crime** er gestand schließlich das Verbrechen; **this is essential ~ our strategy** dies ist ein wesentlicher Bestandteil unserer Strategie; (*in response*) auf +*akk;* **a reference ~ Psalm 22:18** ein Verweis auf Psalm 22:18; **her reply ~ the question** ihre Antwort auf die Frage; **and what was her response ~ that?** und wie lautete ihr Antwort darauf? ❾ (*belonging to*) zu +*dat;* **the keys ~ his car** seine Autoschlüssel; **the top ~ this pen** die Kappe zu diesem Stift; **she has a mean side ~ her** sie kann auch sehr gemein sein; **there is a very moral tone ~ this book** dieses Buch hat einen sehr moralischer Ton; **there's a funny side ~ everything** alles hat auch seine komische Seite ❿ (*compared to*) mit +*dat;* **I prefer beef ~ seafood** ich ziehe Rindfleisch Meeresfrüchten vor; **frogs' legs are comparable ~ chicken** Froschschenkel sind mit Hühnerfleisch vergleichbar; **a colonel is superior ~ a sergeant** ein Oberst ist ein höherer Dienstgrad als ein Unteroffizier; **she looked about thirty ~ his sixty** gegenüber seinen sechzig Jahren wirkte sie wie dreißig; **[to be] nothing ~ sth** nichts im Vergleich zu etw *dat* [sein]; **her wage is nothing ~ what she could earn** ihr Einkommen steht in keinem Vergleich zu dem, was sie verdienen könnte ⓫ (*in scores*) zu +*dat;* **Paul beat me by three games ~ two** Paul hat im Spiel drei zu zwei gegen mich gewonnen; **Manchester won three ~ to one** Manchester hat drei zu eins gewonnen ⓬ (*until*) bis +*dat,* zu +*dat;* **I read up ~ page 100** ich habe bis Seite 100 gelesen; **unemployment has risen ~ almost 8 million** die Arbeitslosigkeit ist auf fast 8 Millionen angestiegen; **count ~ 20** bis 20 zählen; **it's about fifty miles ~ New York** es sind [noch] etwa fünfzig Meilen bis New York ⓭ (*expressing change of state*) zu +*dat;* **he converted ~ Islam** er ist zum Islam übergetreten; **his expression changed from amazement ~ joy** sein Ausdruck wechselte von Erstaunen zu Freude; **the change ~ the metric system** der Wechsel zum metrischen System; **her promotion ~ department manager** ihre Beförderung zur Abteilungsleiterin; **the meat was cooked ~ perfection** das Fleisch war perfekt zubereitet [worden]; **he drank himself ~ death** er trank sich zu Tode; **she nursed me back ~ health** sie hat mich [wieder] gesund gepflegt; **smashed ~ pieces** in tausend Stücke geschlagen; **she was close ~ tears** sie war den Tränen nahe; **he was thrilled ~ bits** er freute sich wahnsinnig ⓮ (*to point in time*) bis +*dat;* **the shop is open ~ 8.00 p.m.** der Laden hat bis 20 Uhr geöffnet; **we're in this ~ the end** wir führen dies bis zum Ende; **and ~ this day ...** und bis auf den heutigen Tag ...; **it's only two weeks ~ your birthday!** es sind nur noch zwei Wochen bis zu deinem Geburtstag! ⓯ (*including*) ■ **from ... ~ ...** von ... bis ...; **from beginning ~ end** von Anfang bis Ende; **from morning ~ night** von Kopf bis Fuß; **front ~ back** von vorne bis hinten, von allen Seiten; **I read the document front ~ back** ich habe das Dokument von vorne bis hinten gelesen; **he's done everything from snowboarding ~ windsurfing** er hat von Snowboarden bis Windsurfen alles [mal] gemacht; **from simple theft ~ cold-blooded murder** vom einfachen Diebstahl bis zum kaltblütigen Mord ⓰ Brit (*in clock times*) vor +*dat; in Southern Germany* bis +*dat;* **it's twenty ~ six** es ist zwanzig vor sechs ⓱ (*causing*) zu +*dat;* **~ my relief/horror/astonishment** zu meiner Erleichterung/meinem Entsetzen/meinem Erstaunen; **much ~ her surprise** zu ihrer großen Überraschung ⓲ (*according to*) für +*akk;* **~ me, it sounds like he's ending the relationship** für mich hört sich das an, als ob er die Beziehung beenden wollte; **that outfit looks good ~ me** das Outfit gefällt mir gut; **if it's acceptable ~ you** wenn Sie einverstanden sind; **this would be ~ your advantage** das wäre zu deinem Vorteil, das wäre für dich von Vorteil; **does this make any sense ~ you?** findest du das auf irgendeine Weise einleuchtend?; **fifty pounds is nothing ~ him** fünfzig Pfund bedeuten ihm nichts; **what's it ~ you?** (*fam*) was geht dich das an? ⓳ (*serving*) für +*akk;* **as a personal trainer ~ the rich and famous** als persönlicher Trainer der Reichen und Berühmten; **they are hat makers ~ Her Majesty the Queen** sie sind Hutmacher Ihrer Majestät, der Königin; **economic adviser ~ the president** Wirtschaftsberater des Präsidenten; FILM (*next to*) **she was Ophelia ~ Olivier's Hamlet** sie spielte die Ophelia neben Oliviers Hamlet ⓴ (*in honour of*) auf +*akk;* **here's ~ you!** auf dein/Ihr Wohl!; **~ the cook!** auf den Koch/die Köchin!; **the record is dedicated ~ her mother** die Schallplatte ist ihrer Mutter gewidmet; **I propose a toast ~ the bride and groom** ich bringe einen Toast auf die Braut und den Bräutigam aus; **a memorial ~ all the soldiers who died in Vietnam** ein Denkmal für alle im Vietnamkrieg gefallenen Soldaten ㉑ (*per*) **the car gets 25 miles ~ the gallon** das Auto verbraucht eine Gallone auf 25 Meilen; **three parts oil ~ one part vinegar** drei Teile Öl auf einen Teil Essig; **the odds are 2 ~ 1 that you'll lose** die Chancen stehen 2 zu 1, dass du verlierst ㉒ (*as a result of*) von +*dat;* **she awoke ~ the sound of screaming** sie erwachte von lautem Geschrei; **he left the stage ~ the sound of booing** er ging unter den Buhrufen von der Bühne; **I like exercising ~ music** ich trainiere gern zu [*o* mit] Musik; **I can't dance ~ this sort of music** ich kann zu dieser Art Musik nicht tanzen; **the band walked on stage ~ rapturous applause** die Band zog unter tosendem Applaus auf die Bühne ㉓ (*roughly*) bis +*dat;* **thirty ~ thirty-five people** dreißig bis fünfunddreißig Leute ㉔ MATH (*defining exponent*) hoch; **ten ~ the power of three** zehn hoch drei ▸ PHRASES: **that's all there is ~ it** das ist schon alles; **there's not much [*or* nothing] ~ it** das ist nichts Besonderes, da ist nichts Besonderes dabei **II.** *in forming infinitives* ❶ (*expressing future intention*) zu; **she agreed ~ help** sie erklärte sich bereit zu helfen; **I'll have ~ tell him** ich werde es ihm sagen müssen; **I don't expect ~ be finished any later than seven** ich denke, dass ich spätestens um sieben fertig sein werde; **sadly she didn't live ~ see her grandchildren** leider war es ihr nicht vergönnt, ihre Enkel noch zu erleben; **I have ~ go on a business trip** ich muss auf eine Geschäftsreise; **the company is ~ pay over £500,000** die Firma muss über £500.000 bezahlen; **he's going ~ write his memoirs** er wird seine Memoiren schreiben; **I have some things ~ be fixed** ich habe einige Dinge zu reparieren; **Blair ~ meet with**

T

Putin Blair trifft Putin; **be about ~ do sth** gerade etw tun wollen, im Begriff sein etw zu tun ❷ (*forming requests*) zu; **she was told ~ have the report finished by Friday** sie wurde gebeten, den Bericht bis Freitag fertig zu stellen; **he told me ~ wait** er sagte mir, ich solle warten; **I asked her ~ give me a call** ich bat sie, mich anzurufen; **we asked her ~ explain** wir baten sie, es uns zu erklären; **you've not ~ do that** du sollst das nicht tun; **that man is not ~ come here again** der Mann darf dieses Haus nicht mehr betreten; **young man, you're ~ go to your room right now** junger Mann, du gehst jetzt auf dein Zimmer ❸ (*expressing wish*) zu; **I need ~ eat something first** ich muss zuerst etwas essen; **I'd love ~ live in New York** ich würde liebend [*o* nur zu] gern in New York leben; **would you like ~ dance?** möchten Sie tanzen?; **that child ought ~ be in bed** das Kind sollte [schon] im Bett sein; **I want ~ go now** ich möchte jetzt gehen; **I need ~ go to the bathroom** ich muss noch einmal zur [*o* auf die] Toilette; **do you want ~ come with us?** willst du [mit uns] mitkommen?; **I'd love ~ go to France this summer** ich würde diesen Sommer gern nach Frankreich fahren ❹ (*omitting verb*) **are you going tonight? – I'm certainly hoping ~** gehst du heute Abend? – das hoffe ich sehr; **would you like to go and see the Russian clowns? – yes, I'd love ~** möchtest du gern die russischen Clowns sehen? – ja, sehr gern; **can you drive? – yes I'm able ~ but I prefer not ~** kannst du Auto fahren? – ja, das kann ich, aber ich fahre nicht gern ❺ *after adj* (*to complete meaning*) **it's not likely ~ happen** es ist unwahrscheinlich, dass das geschieht, das wird wohl kaum geschehen; **I was afraid ~ tell her** ich hatte Angst, es ihr zu sagen; **he's able ~ speak four languages** er spricht vier Sprachen; **she's due ~ have her baby** sie soll bald ihr Baby bekommen; **I'm afraid ~ fly** ich habe Angst vorm Fliegen; **she's happy ~ see you back** sie ist froh, dass du wieder zurück bist; **I'm sorry ~ hear that** es ist tut mir leid, das zu hören; **easy ~ use** leicht zu bedienen; **languages are fun ~ learn** Sprachenlernen macht Spaß; **it is interesting ~ know that** es ist interessant, das zu wissen; **three months is too long ~ wait** drei Monate zu warten ist zu lang; **I'm too nervous ~ talk right now** ich bin zu nervös, um jetzt zu sprechen ❻ (*expressing purpose*) **I'm going there ~ see my sister** ich gehe dort hin, um meine Schwester zu treffen; **she's gone ~ pick Jean up** sie ist Jean abholen gegangen; **my second attempt ~ make flaky pastry** mein zweiter Versuch, einen Blätterteig zu machen; **they have no reason ~ lie** sie haben keinerlei Grund zu lügen; **I have the chance ~ buy a house cheaply** ich habe die Gelegenheit, billig ein Haus zu kaufen; **something ~ eat** etwas zu essen; **the first person ~ arrive** die erste Person, die ankam [*o* eintraf]; **Armstrong was the first man ~ walk on the moon** Armstrong war der erste Mann, der je den Mond betrat ❼ (*expressing intent*) **we tried ~ help** wir versuchten zu helfen; **~ make this cake, you'll need ...** für diesen Kuchen braucht man ...; **he managed ~ escape** es gelang ihm zu entkommen ❽ (*after wh- words*) **I don't know what ~ do** ich weiß nicht, was ich tun soll; **I don't know where ~ begin** ich weiß nicht, wo ich anfangen soll; **she was wondering whether ~ ask David about it** sie fragte sich, ob sie David deswegen fragen sollte; **can you tell me how ~ get there?** könne Sie mir sagen, wie ich dort hinkomme? ❾ (*introducing clause*) **~ tell the truth** [*or* **~ be truthful**] um die Wahrheit zu sagen; **~ be quite truthful with you, Dave, I never really liked the man** ich muss dir ehrlich sagen, Dave, ich konnte diesen Mann noch nie leiden; **~ be honest** um ehrlich zu sein ❿ (*in consecutive acts*) um zu; **he looked up ~ greet his guests** er blickte auf, um seine Gäste zu begrüßen; **she reached out ~ take his hand** sie griff nach seiner Hand; **they turned around ~ find their car gone** sie drehten sich um und bemerkten, dass ihr Auto verschwunden war **III.** *adv inv* zu; **to push** [*or* **pull**] **the door ~** die Tür zuschlagen; **to come ~** zu sich *dat* kommen; **to set ~** sich *akk* daranmachen *fam;* **they set ~ with a will, determined to finish the job** sie machten sich mit Nachdruck daran, entschlossen, die Arbeit zu Ende zu bringen

toad [təʊd, AM toʊd] *n* ❶ (*animal*) Kröte *f* ❷ (*fig, pej: person*) Ekel *nt pej fam;* **lying ~** verlogenes Miststück *derb*

toad-in-the-'hole *n* BRIT *in Teig gebackene Wurst* **'toad·stool** *n* Giftpilz *m*

toady ['təʊdi, AM 'toʊdi] (*pej*) **I.** *n* Speichellecker *m pej fam,* Arschkriecher *m pej derb* **II.** *vi* <-ie-> ■**to ~ to sb** vor jdm kriechen *pej*

to and 'fro I. *adv inv* hin und her; (*back and forth*) vor und zurück **II.** *vi* (*move*) ■**to be toing and froing** vor- und zurückgehen; (*be indecisive*) hin und her schwanken **III.** *n* ■**toing and froing** Hin und Her *nt*

toast [təʊst, AM toʊst] **I.** *n* ❶ *no pl* (*bread*) Toast *m;* **slice of ~** Scheibe *f* Toast; **to be warm as ~** mollig warm sein ❷ (*when drinking*) Toast *m,* Trinkspruch *m;* **the ~ was the success of the future** es wurde auf den zukünftigen Erfolg getrunken; **to drink a ~ to sb/sth** auf jdn/etw trinken; **to propose a ~ to sb/sth** einen Trinkspruch auf jdn/etw ausbringen; **the ~ of the town** (*dated*) der Star der Stadt ▶PHRASES: **to be ~** AM (*fam!*) erledigt sein *fam;* **to have sb on ~** BRIT (*fam*) jdn in der Hand haben **II.** *vt* ❶ (*cook over heat*) **to ~ almonds/walnuts** Mandeln/Walnüsse rösten; **to ~ bread/a muffin** Brot/ein Muffin toasten ❷ (*fig: warm up*) **to ~ oneself/one's feet by the fire** sich *akk/*seine Füße am Feuer wärmen ❸ (*drink to*) ■**to ~ sb/sth** auf jdn/etw trinken [*o* anstoßen]; **to be ~ed as a beauty/success** (*fig*) als eine Schönheit/Erfolg gefeiert werden

toast·ed 'cheese *n,* **toast·ed cheese 'sand·wich** *n* BRIT Käsetoast *m*

toast·er ['təʊstəʳ, AM 'toʊstɚ] *n* Toaster *m*

'toast·er oven *n* AM Toastergrill *m*

toastie ['təʊsti, AM 'toʊ-] *n esp* BRIT (*fam*) Snack *m*

'toast·ing fork *n* Fleischgabel *f*

'toast·mas·ter *n ein Mann, der Tischredner ankündigt und Toasts ausspricht* **'toast·mis·tress** *n eine Frau, die Tischredner ankündigt und Toasts ausspricht* **'toast rack** *n* Toastständer *m*

toasty ['təʊsti, AM 'toʊ-] **I.** *adj* ❶ (*in taste*) geröstet ❷ *esp* AM (*fig: warm*) wohlig warm **II.** *n* (*fam*) Snack *m*

to·bac·co [tə'bækəʊ, AM -koʊ] **I.** *n no pl* ❶ (*for smoking, chewing*) Tabak *m* ❷ (*plant*) Tabak *m* **II.** *n modifier* (*company, industry, plant*) Tabak-; **~ smoke** Tabakrauch *m*

to·bac·co·nist [tə'bækᵊnɪst] *n* Tabakwarenhändler(in) *m(f),* Trafikant(in) *m(f)* ÖSTERR

-to-be [tə'biː] *in compounds* (*boss-, husband-*) zukünftige(r, s) *attr;* **bride-~** zukünftige Braut; **mother-~** werdende Mutter

to·bog·gan [tə'bɒgᵊn, AM -'bɑː-] **I.** *n* Schlitten *m,* Rodel *f* ÖSTERR **II.** *vi* Schlitten fahren, rodeln; **to ~ down a hill/run** einen Hügel/eine Bahn hinunterrodeln

to·bog·gan·ing [tə'bɒgᵊnɪŋ, AM -'bɑː-] *n* Schlittenfahren *nt kein pl,* Rodeln *nt kein pl;* **to go ~** Rodeln gehen

to·'bog·gan race *n* Rodelrennen *nt* **to·'bog·gan run** *n,* **to·'bog·gan slide** *n* Rodelbahn *f*

toby ['təʊbi, AM 'toʊbi] *n,* **toby jug** *n* Figurkrug *m*

tod [tɒd] *n no pl* BRIT (*fam*) **on one's ~** allein; **to be on one's ~** allein sein

to·day [tə'deɪ] **I.** *adv inv* ❶ (*on this day*) heute; **a month from ~** heute in einem Monat; **five years ago ~** heute vor fünf Jahren; **to be here ~ and gone tomorrow** heute da und morgen dort sein ❷ (*nowadays*) heutzutage **II.** *n no pl* ❶ (*this day*) heutiger Tag; **~'s the day** heute ist der große Tag; **~'s date** heutiges Datum; **what's ~'s date?** welches Datum haben wir heute?; **~'s paper** Zeitung *f* von heute; **~'s special** Angebot *nt* des Tages ❷ (*present period of time*) Heute *nt;* **cars/computers/youth of ~** Autos *ntpl/*Computer *mpl/*Jugend *f* von heute; ~'s **cars/computers/youth** heutige Autos/Computer/Jugend

to·day 'week *adv* BRIT heute in einer Woche

tod·dle ['tɒdl̩, AM 'tɑːdl̩] *vi child* wackeln, tapsen; (*fam*) *adult* schlappen *fam*, tappen *fam*

tod·dler ['tɒdlər, AM 'tɑːdlɚ] *n* Kleinkind *nt*

'tod·dler's pool *n* Planschbecken *nt*

tod·dy ['tɒdi, AM 'tɑːdi] *n* Toddy *m*

to-do [tə'duː] *n usu sing* (*fam*) ❶ (*fuss*) Getue *nt pej fam;* **to make a great ~ about sth** ein großes Theater um etw *akk* machen; **what's the big ~ about?** was soll denn das ganze Theater? ❷ (*confrontation*) Wirbel *m*

to-'do list *n* Besorgungsliste *f*

toe [təʊ, AM toʊ] **I.** *n* ❶ (*on foot*) Zehe *f;* **to stub one's ~s** sich *dat* die Zehen anstoßen; **to tap one's ~s** mit den Zehen wippen ❷ (*of sock, shoe*) Spitze *f* ▶PHRASES: **to make one's ~s curl** jdm peinlich sein; **to keep sb on their ~s** jdn auf Zack halten *fam;* **to stay on one's ~s** auf Zack bleiben *fam;* **to step on** [*or* **tread**] **sb's ~s** jdm zu nahe treten; **to turn up one's ~s** (*fam*) den Löffel abgeben *fam* **II.** *vt* **to ~ the party line** der Parteilinie folgen **III.** *vi* ■**to ~ in/out** X-/O-Beine haben

'toe cap *n* Schuhkappe *f* **'toe clip** *n* Rennbügel *m* **'toe-curl·ing** *adj* BRIT (*fam*) peinlich

-toed [təʊd, AM toʊd] *in compounds* **a two-/three-/four-~ animal** ein zwei-/drei-/vierzehiges Tier

'toe·hold *n* ❶ (*in climbing*) Halt *m* für die Zehen ❷ (*fig: starting point*) Ausgangspunkt *m;* **to get a ~ in** Fuß fassen **'toe·nail** *n* Zehennagel *m* **'toe·rag** *n* BRIT (*pej vulg sl*) Widerling *m pej*, Miesling *m pej fam*

toff [tɒf] *n* BRIT, AUS feiner Pinkel *pej fam*, Schnösel *m pej fam*

tof·fee, tof·fy ['tɒfi, AM 'tɑː-] *n* Toffee *nt* ▶PHRASES: **sb cannot do sth for ~** BRIT (*fam*) jd kann etw absolut [*o* überhaupt] nicht tun

'tof·fee ap·ple *n* kandierter Apfel **'tof·fee-nosed** *adj* BRIT (*pej fam*) hochnäsig

tofu ['təʊfuː, AM 'toʊ-] *n no pl* Tofu *m*

tog [tɒg, AM tɑːg] **I.** *n* ■**~s** *pl* (*fam*) Klamotten *pl fam; esp* AUS (*fam: swimming costume*) Schwimmsachen *pl* **II.** *vt* <-gg-> ■**to ~ sb out** [*or* **up**] jdn herausputzen; ■**to ~ oneself up** sich *akk* in Schale werfen

to·geth·er [tə'geðər, AM -ɚ] **I.** *adv inv* ❶ (*with each other*) zusammen; ■**~ with sth** zusammen mit etw *dat;* **the telephone bill ~ with the rent equals £300** die Telefonrechnung und die Miete macht zusammen 300 Pfund; **close ~** nah beisammen ❷ (*collectively*) zusammen, gemeinsam; **she's got more sense than the rest of you put ~** sie hat mehr Verstand als ihr alle zusammen; **all ~ now** jetzt alle miteinander ❸ (*as to combine*) **to add sth ~** etw zusammenzählen; **to go ~** zusammenpassen; **to mix sth ~** etw zusammenmischen; **to stick sth ~** etw zusammenkleben ❹ (*in relationship*) zusammen; **to be ~** zusammen sein; **to be back ~** wieder zusammen sein; **to get ~** zusammenkommen; **to live ~** zusammenleben; **to sleep ~** (*fam*) miteinander schlafen *fam* ❺ (*simultaneously*) gleichzeitig; **to speak ~** gleichzeitig reden ❻ (*continuously*) **for hours ~** stundenlang **II.** *adj* (*approv fam*) ausgeglichen; **he's a fairly ~ sort of guy** er ist ein eher ausgeglichener Typ

to·geth·er·ness [tə'geðənəs, AM -ðɚ-] *n no pl* Zusammengehörigkeit *f;* **feeling** [*or* **sense**] **of ~** Zusammengehörigkeitsgefühl *nt*

tog·gle ['tɒgl̩, AM 'tɑːgl̩] **I.** *n* ❶ (*switch*) Kippschalter *m;* COMPUT (*key*) Umschalttaste *f* ❷ (*fastener*) Knebel *m* **II.** *vi* COMPUT hin- und herschalten

'tog·gle joint *n* hebelübersetztes Gelenk **'tog·gle key** *n* Umschalttaste *f* **'tog·gle switch** *n* Kippschalter *m*

Togo ['təʊgəʊ, AM 'toʊgoʊ] *n* Togo *nt*

toil [tɔɪl] **I.** *n no pl* Mühe *f*, Plackerei *f fam*, Schufterei *f fam;* **hard/honest ~** harte/ehrliche Arbeit; **~ and tribulation** Mühsal *f* **II.** *vi* ❶ (*work hard*) hart arbeiten, schuften *fam* ❷ (*go with difficulty*) **to ~ along the cliff/up a hill** sich *akk* eine Klippe entlang-/einen Hügel hochschleppen **III.** *vt* **to ~ one's way through sth** sich *akk* durch etw *akk* durcharbeiten
◆**toil away** *vi* sich *akk* abrackern *fam*

toi·let ['tɔɪlɪt] **I.** *n* ❶ (*lavatory, bowl*) Toilette *f*, Klo *nt fam;* [**public**] **~s** *esp* BRIT, AUS öffentliche Toiletten; **to go to the ~** *esp* BRIT auf die Toilette gehen; **to flush the ~** spülen; **to flush sth down the ~** etw die Toilette hinunterspülen ❷ *no pl* (*form or dated: preparation*) Toilette *f geh* **II.** *n modifier* ❶ (*of a lavatory*) (*brush, stall, window*) Toiletten-, Klo- *fam* ❷ (*concerned with cleanliness*) (*articles*) Toiletten-; **~-case** Reisenecessaire *nt*

'toi·let bag *n* Kulturbeutel *m*, Toilettentasche *f* **'toi·let pa·per** *n* Toilettenpapier *nt*, Klopapier *nt fam*

toi·let·ries ['tɔɪlɪtriz] *npl* Toilettenartikel *mpl*

'toi·let roll *n* BRIT, AUS Rolle *f* Toilettenpapier [*o fam* Klopapier] **'toi·let-roll hold·er** *n* BRIT, AUS Klopapierhalter *nt fam* **'toi·let seat** *n* Toilettensitz *m*, Klobrille *f fam* **'toi·let soap** *n* Toilettenseife *f* **'toi·let tis·sue** *n no pl esp* BRIT, AUS Toilettenpapier *nt*, Klopapier *nt fam* **'toi·let-train** *vt* **to ~ a child** ein Kind zur Sauberkeit erziehen **'toi·let-trained** *adj inv* sauber; **is Sammy ~ yet?** geht Sammy schon auf den Topf? **'toi·let wa·ter** *n no pl* Eau *nt* de Toilette

toil·ing 'masses *npl* (*liter*) arbeitendes Volk

to-ing and fro-ing ['tuːɪŋən(d),frəʊɪŋ, AM -,froʊ-] *n no pl* (*a. fig*) Hin und Her *nt a. fig;* (*back and forth*) Vor und Zurück *nt*

toke [təʊk, AM toʊk] *n* (*sl*) Joint *m sl*, Tüte *f sl*

to·ken ['təʊkən, AM 'toʊ-] **I.** *n* ❶ (*symbol*) Zeichen *nt fig;* **a ~ of sb's affection** ein Zeichen *nt* für jds Zuneigung; **a ~ of sb's regret** ein Zeichen *nt* des Bedauerns ❷ BRIT, AUS (*voucher*) Gutschein *m* ❸ (*money substitute*) Chip *m;* **coffee/jukebox/subway ~** Kaffeemarke *f*/Musikboxmarke *f*/U-Bahn-Marke *f* ▶PHRASES: **by the same ~** aus demselben Grund **II.** *adj attr, inv* ❶ (*symbolic*) nominell; *fine, gesture, resistance* symbolisch; **~ rent** Friedenszins *m;* **~ stoppage** [*or* **strike**] Warnstreik *m;* **~ troop presence** symbolische Truppenpräsenz ❷ (*pej: an appearance of*) Schein-; **a ~ offer** ein Pro-Forma-Angebot *nt;* **the ~ black/woman** der/die Alibischwarze/die Alibifrau *pej fam;* **~ effort** Anstrengung *f* zum Schein; **~ gesture** leere Geste

to·ken·ism ['təʊkənɪzəm, AM 'toʊ-] *n no pl* Alibihandlung *f*

told [təʊld, AM toʊld] *pt, pp of* **tell** ▶PHRASES: **all** [**said and**] **~** alles in allem

tol·er·able ['tɒlərəbl̩, AM 'tɑːlɚ-] *adj* erträglich; (*fairly good*) annehmbar, [ganz] passabel

tol·er·ably ['tɒlərəbli, AM 'tɑːlɚ-] *adv* recht, ganz

tol·er·ance ['tɒlərən(t)s, AM 'tɑːlɚ-] **I.** *n* ❶ *no pl* (*open-mindedness*) Toleranz *f* (**of/towards** gegenüber +*dat*); **~ of children** Nachsicht *f* mit Kindern; **~ of dissent** Toleranz *f* gegenüber Andersdenkenden; **racial ~** Toleranz *f* gegenüber Menschen aller Rassen ❷ (*capacity to endure*) Toleranz *f*, Widerstandsfähigkeit *f* (**to** gegen +*dat*); **~ to alcohol/a drug** Alkohol-/Medizinverträglichkeit *f;* **pain-~ threshold** Schmerzschwelle *f* ❸ (*in quantity, measurement*) Toleranz *f*, zulässige Abweichung **II.** *n modifier* **~ level** [*or* **threshold**] Toleranzschwelle *f*

tol·er·ant ['tɒlərənt, AM 'tɑːlɚ-] *adj* ❶ (*open-minded*) tolerant (**of/towards** gegenüber +*dat*); **to have a ~ attitude** eine tolerante Haltung haben ❷ (*resistant*) *person* widerstandsfähig; *plant* resistent (**of** gegen +*akk*)

tol·er·ant·ly ['tɒlərəntli, AM 'tɑːlɚ-] *adv* tolerant; **to be ~ disposed towards sb/sth** gegen jdn/etw tolerant eingestellt sein

tol·er·ate ['tɒləreɪt, AM 'tɑːlə-] *vt* ❶ (*accept*) ■**to ~ sth** etw tolerieren [*o* dulden]; **I won't ~ lying** Lügen werde ich nicht dulden; **he couldn't ~ his wife speaking to strange men** er konnte es nicht hinnehmen, dass seine Frau mit fremden Männern sprach; ■**to ~ sb** jdn ertragen; **to ~ sb's behaviour** [*or*

AM **behavior**] jds Verhalten tolerieren; **to ~ no dissent** keine Widerrede dulden ❷ (*resist*) **to ~ a drug** eine Medizin vertragen; **to ~ heat/noise/pain/stress** Hitze/Geräusch/Schmerz/Stress aushalten; **to ~ cold/drought/insects** *plant* Kälte/Dürre/Insekten widerstehen

tol·era·tion [ˌtɒlᵊrˈeɪʃᵊn, AM ˌtɑːləˈreɪ-] *n no pl* Toleranz *f*

toll¹ [təʊl, AM toʊl] *n* ❶ (*for bridges, motorways*) Zoll *m,* Maut *f bes* ÖSTERR ❷ AM (*for phone call*) [Fernsprech]gebühr *f* ❸ *no pl* (*deaths, loss*) Tribut *m fig;* **malaria exacts a heavy ~ of illness and death in this region** Malaria fordert viele Krankheits- und Todesfälle in dieser Region; **casualty ~** Opferzahl *f;* **to take its** [*or* **a**] **~** [**on sb/sth**] seinen/ihren Tribut [von jdm/etw] fordern

toll² [təʊl, AM toʊl] **I.** *vt* **to ~ a bell** eine Glocke läuten; **to ~ midnight/the hour** *bell* Mitternacht einläuten/die Stunde läuten ▸ PHRASES: **to ~ the knell** das Ende bedeuten **II.** *vi bell* läuten

'toll-bar *n* Zahlschranke *f,* Mautstelle *f bes* ÖSTERR **'toll·booth** *n* Zahlstelle *f,* Mauthäuschen *nt bes* ÖSTERR **'toll bridge** *n* gebührenpflichtige Brücke, Mautbrücke *f bes* ÖSTERR **'toll call** *n* AM Ferngespräch *nt* **'toll col·lec·tor** *n* Zöllner(in) *m(f)*

tolled [təʊld, AM toʊld] *adj inv* gebührenpflichtig, Maut- *bes* ÖSTERR

'toll-free *adj inv* gebührenfrei **toll-free 'call** *n* AM gebührenfreier Anruf **toll-free 'num·ber** *n* AM gebührenfreie Nummer **'toll·gate** *n* Schlagbaum *m,* Mautschranke *f bes* ÖSTERR **'toll·house** *n* Zollstelle *f,* Mautstelle *f bes* ÖSTERR **'toll road** *n* gebührenpflichtige Straße, Mautstraße *f bes* ÖSTERR

tom [tɒm, AM tɑːm] *n* (*male animal*) Männchen *nt;* (*cat*) Kater *m*

toma·hawk [ˈtɒməhɔːk, AM ˈtɑːməhɑːk] *n* Tomahawk *m,* Kriegsbeil *nt*

to·ma·to <*pl* -es> [təˈmɑːtəʊ, AM -ˈmeɪt̬oʊ] *n* Tomate *f,* Paradeiser *m* ÖSTERR; **~ and cheese sandwich** Tomaten-Käse-Sandwich *nt*

to·'ma·to juice *n no pl* Tomatensaft *m* **to·ma·to 'ketch·up** *n no pl* Tomatenketchup *nt* **to·ma·to 'sauce** *n no pl* Tomatensoße *f* **to·ma·to 'soup** *n no pl* Tomatensuppe *f*

tomb [tuːm] *n* Grab *nt;* (*mausoleum*) Gruft *f;* (*below ground*) Grabkammer *f;* ■**the ~** (*fig*) der Tod; **~ of the unknown soldier** Grab *nt* des unbekannten Soldaten

tom·bo·la [tɒmˈbəʊlə] *n* BRIT, AUS Tombola *f*

tom·boy [ˈtɒmbɔɪ, AM ˈtɑːm-] *n* Wildfang *m*

tomb·stone [ˈtuːmstəʊn, AM -stoʊn] *n* Grabstein *m*

tom·cat [ˈtɒmkæt, AM ˈtɑːm-] *n* Kater *m*

Tom, Dick and 'Harry, Tom, Dick or 'Harry *n no pl* Hinz und Kunz; **any** [*or* **every**] **~** jeder x-Beliebige

tome [təʊm, AM toʊm] *n* (*usu hum*) Schmöker *m fam;* **weighty ~** dicker Wälzer *fam*

tom·fool·ery [ˌtɒmˈfuːlᵊri, AM ˌtɑːmˈfuːlᵊi] *n no pl* Albernheit *f*

tom·my gun *n* Maschinenpistole *f* **'tom·my·rot** *n no pl* (*fam or dated*) Unsinn *m,* dummes Zeug *fam*

tomo·graph [ˈtəʊməgræf, AM ˈtoʊ-] *n* MED ❶ (*device*) Tomograph *m fachspr* ❷ (*image*) Tomographie *f fachspr*

to·mog·ra·phy [təˈmɒgrəfi, AM -ˈmɑːg-] *n no pl* MED Tomographie *f fachspr*

to·mor·row [təˈmɒrəʊ, AM -ˈmɑːroʊ] **I.** *adv inv* morgen **II.** *n* morgiger Tag; **a month from ~** morgen in einem Monat; **~'s problems/technology/youth** Probleme *ntpl*/Technologie *f*/Jugend *f* von morgen; **a week ago ~** morgen vor einer Woche; **a better ~** eine bessere Zukunft; **to do sth like there was** [*or* **were**] **no ~** etw machen, als ob es das letzte Mal wäre ▸ PHRASES: **~ is another day** (*saying*) morgen ist auch noch ein Tag; **never put off until ~ what you can do today** (*saying*) was du heute kannst besorgen, das verschiebe nicht auf morgen *prov;* **who knows what ~ will bring?** wer weiß, was die Zukunft bringt? **III.** *n modifier* (*afternoon, evening*) morgen; **~ morning** morgen früh; **~ week** BRIT morgen in einer Woche

tom-tom [ˈtɒmtɒm, AM ˈtɑːmtɑːm] *n* Tamtam *nt*

ton <*pl* - *or* -s> [tʌn] *n* ❶ (*unit of measurement*) Tonne *f;* **long ~** *1016,05 kg;* **short ~** *907,185 kg* ❷ (*fig fam*) ■**a ~** [*or* **~s**] **of sth: how many cars does he have? – ~s** wie viele Autos besitzt er? – jede Menge; **to weigh a ~** Unmengen wiegen ▸ PHRASES: **to come down on sb like a ~ of bricks** jdn völlig fertigmachen; **to do a ~** *esp* BRIT (*fam*) mit 160 Sachen fahren *veraltend fam*

to·nal [ˈtəʊnᵊl, AM ˈtoʊ-] *adj* MUS tonal *fachspr;* **~ music** tonale Musik

tone [təʊn, AM toʊn] **I.** *n* ❶ (*of instrument*) Klang *m* ❷ (*manner of speaking*) Ton *m;* **I don't like your ~ of voice** dein Ton gefällt mir nicht; **an apologetic/a disrespectful/friendly ~** ein entschuldigender/respektloser/freundlicher Ton ❸ (*voice*) ■**~s** *pl* Stimme *f;* **to speak in hushed ~s** mit gedämpfter Stimme sprechen ❹ (*character*) Ton *m;* **there is a very moral ~ to this book** dieses Buch hat einen sehr moralischen Unterton; **to lower/raise the ~ of sth** der Qualität einer S. *gen* schaden/die Qualität einer S. *gen* heben; **~ of a celebration/party** Stimmung *f* bei einer Feier/Party; **~ of an event** Niveau *nt* einer Veranstaltung ❺ (*of colour*) Farbton *m* ❻ *no pl* (*of muscles*) Tonus *m fachspr;* **muscle ~** Muskeltonus *m fachspr* ❼ MUS (*difference in pitch*) Ton *m;* **half/whole ~** Halb-/Ganzton *m* ❽ (*of a telephone*) Ton *m;* **dialling** [*or* AM **dial**] **~** Wähltоn *m;* **engaged** [*or* AM **busy**] **~** Besetztzeichen *nt;* **ringing ~** Klingelzeichen *nt* **II.** *vt* **to ~ the body/muscles/nerves** den Körper/die Muskeln/Nerven fit halten **III.** *vi* ■**to ~ with sth** mit etw *dat* harmonieren

◆**tone down** *vt* ■**to ~ sth** ↔ **down** etw abmildern; *colour, sound* etw abschwächen; *criticism, language, protests* etw mäßigen

◆**tone in** *vi* sich *akk* anpassen; ■**to ~ in with sth** mit etw *dat* harmonieren

◆**tone up I.** *vt* **to ~ up one's body/muscles** seinen Körper/seine Muskeln kräftigen **II.** *vi* sich *akk* in Form bringen

'tone arm *n* Tonarm *m* **'tone con·trol** *n* Klangregler *m*

toned [təʊnd, AM toʊnd] *adj* gestärkt; **~ body** muskulöser Körper

tone-'deaf *adj* ■**to be ~** unmusikalisch sein **'tone lan·guage** *n* Tonsprache *f*

tone·less [ˈtəʊnləs, AM ˈtoʊn-] *adj* (*liter*) tonlos

tone of 'voice *n* Ton *m;* **don't speak to me in that ~!** sprich nicht in diesem Ton mit mir! **'tone poem** *n* Tondichtung *f*

ton·er [ˈtəʊnəʳ, AM ˈtoʊnɚ] *n* ❶ (*for skin*) Gesichtswasser *nt* ❷ (*for photographs*) Toner *m*

'ton·er car·tridge *n,* **'ton·er cas·sette** *n* TYPO Tonerpatrone *f*

'tone-row *n* MUS Tonreihe *f*

tongs [tɒŋz, AM tɑːŋz] *npl* Zange *f;* **fire ~** Feuerzange *f;* **a pair of ~** eine Zange

tongue [tʌŋ] **I.** *n* ❶ (*mouth part*) Zunge *f;* **have you lost your ~?** hat es dir die Sprache verschlagen?; **his name is on the tip of my ~** sein Name liegt mir auf der Zunge; **a few whiskies should loosen his ~** ein paar Whiskys werden ihm schon die Zunge lösen; **to bite one's ~** sich *dat* in die Zunge beißen; **to burn one's ~** sich *dat* die Zunge verbrennen; **to find one's ~** die Sprache wiederfinden; **to hold one's ~** den Mund halten; **to stick one's ~ out** [**at sb**] [jdm] die Zunge herausstrecken ❷ (*tongue-shaped object*) **~ of land** Landzunge *f;* **~ of a shoe** Zunge *f* eines Schuhs ❸ (*language*) Sprache *f;* **the gift of ~s** REL die Gabe, mit fremden Zungen zu sprechen ❹ *no pl* (*expressive style*) Ausdrucksweise *f;* **to have a sharp ~** eine spitze Zunge haben ▸ PHRASES: **to say sth ~ in cheek** [*or* **with one's ~ in one's cheek**] etw als Scherz meinen; **to get one's ~ around** [*or* **round**] **a word** ein Wort kaum aussprechen können; **to set** [*or* **start**] **~s wagging** Gerede verursachen **II.** *vt* MUS ■**to ~ sth** etw mit Zungenschlag spielen

'tongue-de·pres·sor *n* MED Zungenspatel *m,* Zungendepressorium *nt fachspr* **tongue-in-'cheek** *adj* humoristisch **'tongue-lash·ing** *n* Standpauke *f fam;* **to give sb a ~** jdm eine Standpauke halten *fam* **'tongue-tied** *adj* sprachlos; **to be/get ~ with surprise** vor Überraschung kein Wort herausbekommen **'tongue twist·er** *n* Zungenbrecher *m*

tongu·ing ['tʌŋɪŋ] *n no pl* MUS Zungenschlag *m*

ton·ic¹ ['tɒnɪk, AM 'tɑ:-] *n* ❶ *(medicine)* Tonikum *nt geh;* **to prescribe a ~** ein Tonikum verschreiben ❷ *(sth that rejuvenates)* Erfrischung *f,* Energiespritze *f fig*

ton·ic² ['tɒnɪk, AM 'tɑ:-] MUS **I.** *n* ■**the ~** der Grundton, die Tonika *fachspr* **II.** *adj inv* Grundton-, Tonika- *fachspr;* **~ chord** Grundakkord *m*

ton·ic³ ['tɒnɪk, AM 'tɑ:-] *n,* **ton·ic wa·ter** *n* Tonic[water] *nt*

to·night [tə'naɪt] **I.** *adv inv (during today's night)* heute Abend; *(till after midnight)* heute Nacht **II.** *n (today's night)* der heutige Abend; **~'s meeting** das Treffen des heutigen Abends

ton·nage ['tʌnɪdʒ] *n no pl* Tonnage *f*

tonne <*pl* -s *or* -> [tʌn] *n (1000 kg)* Tonne *f*

ton·sil·lec·to·my [ˌtɒn(t)sᵊ'lektəmi, AM ˌtɑ:n(t)sə-] *n* Mandeloperation *f,* Tonsillektomie *f fachspr*

ton·sil·li·tis [ˌtɒn(t)sᵊ'laɪtɪs, AM ˌtɑ:n(t)sə'laɪt̬ɪs] *n no pl* Mandelentzündung *f,* Tonsillitis *f fachspr*

ton·sils ['tɒn(t)sᵊlz, AM 'tɑ:n(t)-] *npl* MED Mandeln *fpl,* Tonsillen *fpl fachspr;* **to have one's ~ out** die Mandeln entfernt bekommen

ton·sure ['tɒn(t)ʃəʳ, AM 'tɑ:n(t)ʃɚ] *n* REL *(bare patch on head)* Tonsur *f*

tony ['toʊni] *adj* <-ier, -iest> *attr* AM *(fam: classy) clothing* todschick; *restaurant, boutique, resort* nobel, exklusiv

too [tu:] *adv inv* ❶ *(overly) big, heavy, small* zu; *(form)* **it was ~ expensive a desk for a child's room** der Tisch war für ein Kinderzimmer viel zu teuer; **to be ~ good an opportunity to miss** eine Chance sein, die man nicht auslassen darf; **to be ~ bad** wirklich schade sein; **to be in ~ deep** zu tief [in einer Sache] drinstecken *fam;* **far ~ difficult** viel zu schwierig; **to be only** [*or* **all**] **~ easy** nur zu einfach sein; **to be ~ good to be true** zu gut um wahr zu sein; **~ late** zu spät; **to be ~ much** zu viel sein ❷ *(very)* sehr; **my mother hasn't been ~ well recently** meiner Mutter geht es in letzter Zeit nicht allzu gut; *(form)* **thank you, you're ~ kind!** danke, das ist wirklich zu nett von Ihnen!; **to not be ~ sure if ...** sich *dat* nicht ganz sicher sein, ob ... ❸ *(also)* auch; **I'd like to come ~** ich möchte ebenfalls kommen; **me ~!** *(fam)* ich auch! ❹ *(moreover)* überdies; **it's a wonderful picture – and by a child ~!** es ist ein wunderschönes Bild – und dabei von einem Kind gemalt! ❺ AM *(fam: said for emphasis, to contradict)* und ob; **I'm not going to school today – you are ~!** ich gehe heute nicht in die Schule – und ob du gehst!; **she is ~ a professional basketball player!** und ob sie eine Profibasketballspielerin ist! ▸PHRASES: **to have ~ much of a good __thing__** zu viel des Guten sein; **to be ~ much like hard __work__** *(fam)* zu anstrengend sein; **to be ~ __little__** [**and**] **~ late** völlig unzureichend sein; **~ __right__!** AUS stimmt genau!

took [tʊk] *vt, vi pt of* **take**

tool [tu:l] **I.** *n* ❶ *(implement)* Werkzeug *nt;* **power ~** Elektrowerkzeug *nt* ❷ *(aid)* Mittel *nt* ❸ *(fig, pej: instrument)* Spielball *m fig,* Marionette *f fig* ❹ *(occupational necessity)* Instrument *nt;* **to be a ~ of the trade** zum Handwerkszeug gehören ❺ *(vulg, sl: penis)* Schwanz *m vulg* **II.** *vt* ■**to ~ sth** etw bearbeiten

◆**tool up** *vi* ❶ *(equip)* aufrüsten ❷ *(sl: arm oneself)* sich *akk* bewaffnen

'tool bag *n* Werkzeugtasche *f* **'tool bar** *n* COMPUT Symbolleiste *f* **'tool box** *n* Werkzeugkiste *f*

tooled [tu:ld] *adj inv* verziert

tooled 'up *adj pred (sl)* bewaffnet

'tool kit *n* Werkzeugkasten *m* **'tool·mak·er** *n* Werkzeugmacher(in) *m(f)* **'tool shed** *n* Geräteschuppen *m*

toonie ['tu:ni] *n* CAN *(fam)* Zweidollarmünze *f*

toot [tu:t] **I.** *n* Hupen *nt kein pl;* **to give a ~** hupen **II.** *vt* ❶ *(sound)* ■**to ~ sb** jdn anhupen; **to ~ a horn** auf die Hupe drücken ❷ *(fam: blow wind instrument)* ■**to ~ sth** [in] etw [*akk*] blasen **III.** *vi* ❶ *(honk)* hupen, tuten ❷ MUS *(fam: blow)* blasen

tooth <*pl* teeth> [tu:θ, *pl* ti:θ] *n* ❶ *(in mouth)* Zahn *m;* **to bare one's teeth** die Zähne fletschen; **to brush one's teeth** die Zähne putzen; **to fill a ~** einen Zahn plombieren; **to give sth teeth** *(fig)* etw *dat* Biss geben; **to grind one's teeth** mit den Zähnen knirschen *a. fig;* **to grit one's teeth** die Zähne zusammenbeißen; **to have a ~ out** [*or* AM **pulled**] einen Zahn gezogen bekommen ❷ *usu pl of a comb* Zinke *f; of a saw* [Säge]zahn *m;* **~ of a cog** Zahn *m* eines Zahnrads ▸PHRASES: **to set sb's teeth on __edge__** jdm den letzten Nerv rauben *fam;* **to fight ~ and __nail__** [**to do sth**] mit aller Macht [um etw *akk*] kämpfen; **to be** [**a bit**] **__long__ in the ~** in die Jahre gekommen sein; **to __cut__ one's teeth on sth** Erfahrungen bei etw *dat* sammeln; **to __get__ one's teeth into sth** sich *akk* in etw *akk* hineinstürzen; **__in__ the teeth of sth** trotz einer S. *gen*

'tooth·ache *n no pl* Zahnschmerzen *mpl* **'tooth·brush** *n* Zahnbürste *f* **'tooth·comb** *n* NBRIT Staubkamm *m;* **to go through sth with a fine ~** *(fig)* etw genau unter die Lupe nehmen *fig* **'tooth de·cay** *n no pl* MED Zahnverfall *m* **toothed 'whale** *n* Zahnwal *m* **'tooth fairy** *n Fee, die in der Nacht die ausgefallenen Milchzähne der Kinder gegen Süßigkeiten oder Geldmünzen austauscht*

tooth·less ['tu:θləs] *adj inv* zahnlos; *(fig: having no power)* wirkungslos, ohne Saft und Kraft *nach n, präd fig*

'tooth·paste *n no pl* Zahnpasta *f* **'tooth·pick** *n* Zahnstocher *m* **'tooth pow·der** *n* Zahnpulver *nt kein pl* **tooth·some** ['tu:θsəm] *adj* köstlich, schmackhaft

toothy ['tu:θi] *adj* zähnefletschend; **a ~ grin** ein breites Grinsen; **a ~ face** ein Gesicht mit vorstehenden Zähnen

too·tle ['tu:tl̩, AM 'tu:t̬l̩] *vi (fam)* ■**to ~ along** [*or* **around**] dahinzockeln *fam*

toots [tʊtz] *n esp* AM *(fam)* Schnuckelchen *nt fam,* Süße *f fam*

toot·sie ['tʊtsi] *n* ❶ *(childspeak fam: foot or toe)* Füßchen *nt* ❷ *esp* AM *(dated fam: woman)* Schnuckelchen *nt fam,* Süße *f fam*

toot·sy ['tʊtsi] *n (childspeak fam)* Füßchen *nt*

top¹ [tɒp, AM tæ:p] *n* ❶ *(toy)* Kreisel *m* ❷ *(dated fam)* **to sleep like a ~** schlafen wie ein Murmeltier

top² [tɒp, AM tæ:p] **I.** *n* ❶ *(highest part)* oberes Ende, Spitze *f; of a mountain* [Berg]gipfel *m; of a tree* [Baum]krone *f,* Wipfel *m;* **she waited for me at the ~ of the stairs** sie wartete oben am Ende der Treppe auf mich; **from ~ to bottom** von oben bis unten; **to feel on ~ of the world** Bäume ausreißen können *fam;* **to get on ~ of sth** etw in den Griff bekommen ❷ *(upper surface)* Oberfläche *f;* **~ of a desk** [*or* **table**] Tischplatte *f;* **there was a pile of books on ~ of the table** auf dem Tisch lag ein Stoß Bücher; **put the letter on ~ of that pile of books** leg den Brief auf diesen Stoß Bücher ❸ *no pl (highest rank)* Spitze *f;* **to be at the ~ of the class** Klassenbeste(r) *f(m)* sein; **to be at the ~** an der Spitze sein; **to go to the ~** an die Spitze kommen; ■**the ~s** *pl (dated)* die Besten ❹ FASHION Top *nt* ❺ *(head end) of a bed, table* Kopfende *nt;* **to live at the ~ of a street** am Ende der Straße wohnen ❻ BOT oberer Teil einer Pflanze; ■**~s** *pl* [Rüben]kraut *nt kein pl* ❼ *(lid)* Deckel *m;* **bottle ~** Flaschenverschluss *m;* **screw-on ~** Schraubverschluss *m* ❽ *(in addition to)* **on ~ of that ...** obendrein ...; **we missed the train, and on ~ of that we had to ...** wir verpassten den Zug, und als wäre das noch nicht genug gewesen, mussten wir auch noch ... ▸PHRASES: **off the ~ of one's __head__** *(fam)* aus dem Stegreif; **from ~ to __toe__** von Kopf bis Fuß; **at the ~ of one's __voice__** aus vollem Halse; **she shouted his name at the ~ of her voice** sie rief, so laut sie konnte, seinen

T

Namen; **the Big T**~ das Großzelt; **to be off one's** ~ BRIT (*pej fam*) kindisch sein *meist pej;* **over the** ~ (*fam*) zu viel des Guten; **to go over the** ~ überreagieren **II.** *adj* ❶ *attr, inv* (*highest*) oberste(r, s); ~ **floor** oberstes Stockwerk; ~ **layer** oberste Schicht; **the** ~ **rung of the ladder** (*fig*) die Spitze der Karriereleiter ❷ (*best*) beste(r, s); **sb's** ~ **choice** jds erste Wahl; ~ **university** Eliteuniversität *f* ❸ (*most successful*) Spitzen-; ~ **athlete** Spitzensportler(in) *m(f)* ❹ (*maximum*) höchste(r, s); ~ **speed** Höchstgeschwindigkeit *f* **III.** *adv* BRIT **to come** ~ **[of the class]** Klassenbeste(r) *f(m)* sein **IV.** *vt* <-pp-> ❶ (*be at top of*) ■**to** ~ **sth** etw anführen; **to** ~ **the bill** der Star des Abends sein; **to** ~ **a list** obenan auf einer Liste stehen ❷ (*cover*) ■**to** ~ **sth with sth** etw mit etw *dat* überziehen; **to** ~ **a cake with cream** einen Kuchen mit Sahne garnieren ❸ (*surpass*) ■**to** ~ **sth** etw übertreffen; **they've offered me £1000 – I'm afraid we can't** ~ **that** sie haben mir 1000 Pfund geboten – das können wir leider nicht überbieten ❹ *esp* BRIT (*sl: kill*) ■**to** ~ **sb/oneself** jdn/sich umbringen ❺ *esp* BRIT (*remove top and bottom of*) **to** ~ **and tail food** Nahrungsmittel putzen

◆**top off** *vt* ■**to** ~ **off** ↻ **sth with sth** ❶ FOOD (*give topping to*) etw mit etw *dat* garnieren ❷ *esp* AM, AUS (*fig: conclude satisfactorily*) etw mit etw *dat* abrunden; (*more than satisfactorily*) etw mit etw *dat* krönen; **would you care to** ~ **off your meal with one of our fine desserts?** würden Sie ihr Essen noch gerne mit einem unserer köstlichen Desserts beschließen?

◆**top out** *vt* ❶ BRIT (*mark building's completion*) **to** ~ **out** ↻ **a house** bei einem Haus Richtfest feiern [*o* ÖSTERR Gleichenfeier haben] ❷ (*to extreme*) ■**to** ~ **out at sth** den Höchstwert einer S. *gen* erreichen

◆**top up** *vt* ❶ (*fill up again*) **to** ~ **up** ↻ **a glass** ein Glas nachfüllen; ■**to** ~ **sb up** (*fam*) jdm nachschenken ❷ (*bring to a certain level*) ■**to** ~ **up** ↻ **sth** etw aufbessern; **students are able to take out loans to** ~ **up their grants** Studierende können Kredite aufnehmen, um ihre Studienbeihilfe aufzubessern

to·paz ['təʊpæz, AM 'toʊ-] **I.** *n* Topas *m* **II.** *n modifier* (*ring, necklace*) Topas-

top 'brass *n + sing/pl vb* (*people with highest authority*) ■**the** ~ die Oberen; (*highest-ranking people*) die hohen Tiere *fam;* **to get approval from the top** die Genehmigung von oben bekommen **top-'class** *adj* spitze; ~ **athlete** Spitzensportler(in) *m(f)* **'top·coat** *n* ❶ (*outer layer*) Deckanstrich *m* ❷ (*paint*) Deckfarbe *f* **top 'copy** *n* Original[manuskript] *nt* **top 'dog** *n* (*fam*) Boss *m fam;* ■**to be a** ~ etw zu sagen haben **'top-down** *adj attr, inv* hierarchisch **top 'draw·er** *n* ❶ (*uppermost drawer*) oberste [Schub]lade ❷ *esp* BRIT (*fam: social position*) Oberschicht *f* **'top-draw·er** *adj attr esp* BRIT ❶ (*dated: upper class*) Nobel- ❷ (*excellent*) beste(r, s); *see also* **top-flight**

to·pee ['təʊpiː, AM 'toʊ-] *n* Tropenhelm *m*

'top-flight *adj attr* beste(r, s); **he's one of our** ~ **engineers** er ist einer unserer fähigsten Ingenieure **top 'form** *n no pl* Höchstform *f;* ■**to be on** [*or* AM **in**] ~ in Höchstform sein **top 'gear** *n* BRIT MECH höchster Gang **top 'hat** *n* Zylinder *m* **top-'heavy** *adj* ❶ (*usu pej: unbalanced*) kopflastig *a. fig* ❷ (*fam: big-breasted*) **a** ~ **woman** eine Frau mit großem Vorbau *fam*

topi *n see* **topee**

to·pi·ary ['təʊpjəri, AM 'toʊpieri] *n* Formschnitt *m*

top·ic ['tɒpɪk, AM 'tɑːp-] *n* Thema *nt*

topi·cal ['tɒpɪkəl, AM 'tɑːp-] *adj* ❶ (*currently of interest*) aktuell; **to be of** ~ **interest** von aktuellem Interesse sein ❷ (*by topics*) thematisch; **the organization of the book is** ~ das Buch ist nach Themenbereichen aufgebaut ❸ MED (*applied locally*) lokal, topisch *fachspr*

topi·cal·ity [ˌtɒpɪ'kæləti, AM ˌtɑːpɪ'kæləţi] *n no pl* Aktualität *f*

topi·cal·ly ['tɒpɪkəli, AM 'tɑːp-] *adv* aus aktuellem Anlass

'top·knot ['tɒpnɒt, AM 'tɑːpnɑːt] *n* Haarknoten *m*

top·less ['tɒpləs, AM 'tɑːp-] **I.** *adj* topless, schulterfrei; (*with exposed breasts*) oben ohne *präd,* barbusig, Oben-ohne- **II.** *adv inv* **to go** ~ oben ohne gehen

'top-lev·el *adj negotiations, talks* Spitzen-, auf höchster Ebene *nach n* **top 'load·er** *n* Toplader *m* **top 'man·age·ment** *n usu no pl* Topmanagement *nt,* Spitze *f* der Unternehmensleitung **'top·most** *adj attr, inv* oberste(r, s) **'top-notch** *adj* (*fam*) erstklassig

to·pog·raph·er [tə'pɒgrəfəʳ, AM -'pɑːgrəfɚ] *n* Topograph(in) *m(f) fachspr,* Vermessungsingenieur(in) *m(f)*

topo·graphi·cal [ˌtɒpə(ʊ)'græfɪkəl, AM ˌtɑːpə'-] *adj inv* topographisch *fachspr*

topo·graphi·cal·ly [ˌtɒpə(ʊ)'græfɪkəli, AM ˌtɑːpə'-] *adv inv* topographisch *fachspr*

to·pog·ra·phy [tə'pɒgrəfi, AM -'pɑːg-] *n no pl* Topographie *f fachspr*

top·per ['tɒpəʳ, AM 'tɑːpɚ] *n* (*fam*) Zylinder *m*

top·ping ['tɒpɪŋ, AM 'tɑːp-] **I.** *n* Garnierung *f* **II.** *adj* BRIT (*dated fam*) famos *veraltend fam,* großartig

top·ple ['tɒpl, AM 'tɑːpl] **I.** *vt* ■**to** ~ **sth/sb** ❶ (*knock over*) etw/jdn umwerfen ❷ POL (*overthrow*) etw/jdn stürzen; **to** ~ **a government** eine Regierung zu Fall bringen **II.** *vi* stürzen; *prices* fallen

◆**topple over I.** *vt* ■**to** ~ **sth over** etw umwerfen **II.** *vi* umfallen; ■**to** ~ **over sth** über etw *akk* stürzen

top pri·'or·ity *n* höchste Priorität; **give this report** ~ räumen Sie diesem Bericht höchste Priorität ein **top-'rank·ing** *adj* Spitzen-; ~ **university** Eliteuniversität *f* **'top·sail** *n* Toppsegel *nt fachspr* **top 'se·cret** *adj* streng geheim **top-se·'cur·ity** *adj* Hochsicherheits-; ~ **prison** Hochsicherheitsgefängnis *nt* **'top·soil** *n no pl* Mutterboden *m* **top 'speed** *n* Höchstgeschwindigkeit *f* **'top·spin** *n no pl* SPORTS Topspin *m*

topsy-turvy [ˌtɒpsi'tɜːvi, AM ˌtɑːpsi'tɜːr-] (*fam*) **I.** *adj* chaotisch; ~ **priorities** unklare Prioritäten **II.** *adv* **to turn sth** ~ etw auf den Kopf stellen *a. fig*

top 'ten I. *n* Top Ten *pl sl;* **to be in the** ~ in den Top Ten sein **II.** *n modifier* (*singers, records*) Top-Ten-; **'Casablanca' is one of my** ~ **films** ‚Casablanca' ist einer meiner Lieblingsfilme; ~ **books** Bücher *ntpl* der Bestsellerliste **'top-up** *n esp* BRIT, AUS **can I give you a** ~**?** darf ich dir noch nachschenken? **'top-up loan** *n* Zusatzkredit *m* **top 'whack** *n* BRIT (*fam*) Spitzengehalt *nt;* **we're paying £65,000,** ~ wir bezahlen maximal 65.000 Pfund

toque [toʊk] *n* CAN *see* **tuque**

To·rah ['tɔːrə] *n no pl* (*Jewish holy book*) ■**the** ~ die Thora *fachspr*

torch [tɔːtʃ, AM tɔːrtʃ] **I.** *n* <*pl* -es> ❶ AUS, BRIT (*hand-held light*) Taschenlampe *f;* **to shine a** ~ mit einer Taschenlampe leuchten ❷ (*burning stick*) Fackel *f;* **Olympic** ~ olympisches Feuer; **to carry a** ~ eine Fackel tragen; **to pass the** ~ **[to sb]** [jdm] den Stab übergeben; (*fig*) etw [an jdn] weitergeben; **to put sth to the** ~ (*form*) etw niederbrennen ❸ AM (*blowlamp*) Lötlampe *f* ❹ (*fig: source of well-being*) heller Glanz; **the** ~ **illuminating this country at the moment is that of liberty and democracy** momentan erstrahlt dieses Land im hellen Licht der Freiheit und Demokratie ▸PHRASES: **to carry a** ~ **for sb** nach jdm schmachten **II.** *n modifier* Taschenlampen- **III.** *vt* (*fam*) ■**to** ~ **sth** etw in Brand setzen

'torch-bear·er *n* Fackelträger(in) *m(f)* **'torch·light I.** *n no pl* Fackelschein *m;* ■**to do sth by** ~ etw im Fackelschein tun **II.** *adj attr, inv* Fackel- **'torch·lit** *adj inv* von Fackeln beleuchtet; ~ **procession** Fackelzug *m* **'torch song** *n* sentimentales Liebeslied

tore [tɔːʳ, AM tɔːr] *vi, vt pt of* **tear**

torea·dor ['tɒriədɔːʳ, AM 'tɔːriədɔːr] *n* (*bullfighter*) Toreador(in) *m(f),* Stierkämpfer(in) *m(f)*

tor·ment ['tɔːment, AM 'tɔːr-] **I.** *n* ❶ (*mental suffering*) Qual *f;* **to suffer the** ~**s of the damned** (*fig*) Höllenqualen ausstehen;

the ~s of jealousy die Qualen *fpl* der Eifersucht; **to endure ~** Qualen *fpl* erleiden; **to go through ~s** durch die Hölle gehen ❷ *(physical pain)* starke Schmerzen *mpl;* ■**to be in ~** unter starken Schmerzen leiden ❸ *(torture)* Tortur *f* **II.** *vt* *(cause to suffer)* ■**to ~ sb/an animal** jdn/ein Tier quälen; **to be ~ed by grief** großen Kummer haben

tor·men·tor [tɔːˈmentəʳ, AM tɔːrˈmentɚ] *n* Peiniger(in) *m(f)*

torn [tɔːn, AM tɔːrn] **I.** *vi, vt pp of* **tear II.** *adj pred (unable to choose)* [innerlich] zerrissen *fig;* **I'm ~ between staying in and going to Erika's party** ich bin hin- und hergerissen, ob ich zu Hause bleiben oder zu Erikas Party gehen soll

tor·na·do [tɔːˈneɪdəʊ, AM tɔːrˈneɪdoʊ] **I.** *n* <*pl* -s *or* -es> Tornado *m* **II.** *n modifier (programme, aircraft)* Tornado-; **~ alert** Tornadowarnung *f;* **~ damage** durch einen Tornado verursachter Schaden

tor·'na·do cel·lar *n,* **tor·'nado shel·ter** *n* Tornadoschutzraum *m*

tor·pe·do [tɔːˈpiːdəʊ, AM tɔːrˈpiːdoʊ] MIL, NAUT **I.** *n* <*pl* -es> Torpedo *m;* **to fire a ~** einen Torpedo abschießen **II.** *n modifier (warning, launch, strike)* Torpedo-; **~ launch** Torpedoabschuss *m,* Torpedierung *f;* **~ strike** *(hit)* Treffer *m* mit einem Torpedo; *(attack)* Torpedoangriff *m* **III.** *vt* ■**to ~ sth** etw torpedieren *a. fig*

tor·'pe·do boat *n* Torpedoboot *nt*

tor·pid [ˈtɔːpɪd, AM ˈtɔːr-] *adj (form)* träge

tor·pid·ity [tɔːˈpɪdəti, AM tɔːrˈpɪdət̬i] *n no pl (form) see* **torpor**

tor·pid·ly [ˈtɔːpɪdli, AM ˈtɔːr-] *adv (form)* träge

tor·por [ˈtɔːpəʳ, AM ˈtɔːrpɚ] *n no pl (form)* Trägheit *f;* *(hibernation)* Winterschlaf *m;* **to rouse oneself from a general state of ~** sich *akk* aus seiner Apathie lösen

torque [tɔːk, AM tɔːrk] *n no pl* PHYS Drehmoment *nt*

tor·rent [ˈtɒrᵊnt, AM ˈtɔːr-] *n* ❶ *(large amount of water)* Sturzbach *m;* **~s [of rain]** sintflutartige Regenfälle; **to come down** [*or* **fall**] **in ~s** in Strömen gießen, wie aus Kübeln schütten *fam* ❷ *(large amount)* Strom *m fig;* **to let out a ~ of tears** einen Schwall Tränen vergießen; **to come in ~s** in Massen kommen

tor·ren·tial [təˈren(t)ʃᵊl, AM tɔːˈ-] *adj* sintflutartig; **~ rain** sintflutartige Regenfälle

tor·rid [ˈtɒrɪd, AM ˈtɔːr-] *adj* ❶ *(form: hot and dry)* ausgedörrt; **~ heat** sengende Hitze ❷ *(fig: strongly emotional)* glühend; **a ~ love scene** eine heiße Liebesszene *fig;* **~ topics** heiße [*o* gefühlsgeladene] Themen

tor·rid 'time *n* BRIT, AUS **to give sb a ~** jdm Schwierigkeiten bereiten; **to have a ~** eine schwere Zeit haben

tor·sion [ˈtɔːʃᵊn, AM ˈtɔːr-] *n no pl* MECH, MED Torsion *f fachspr,* Verdrehung *f*

'tor·sion bar *n* Drehstabfeder *f,* Torsionsfeder *f fachspr*

tor·so [ˈtɔːsəʊ, AM ˈtɔːrsoʊ] *n* ❶ *(body)* Rumpf *m* ❷ *(statue)* Torso *m*

tor·til·la [tɔːˈtiːə, AM tɔːrˈtiːjə] *n* Tortilla *f*

tor·'til·la chip *n usu pl* Tortilla Chip *m*

tor·toise [ˈtɔːtəs, AM ˈtɔːrt̬əs] *n* [Land]schildkröte *f*

'tor·toise·shell I. *n no pl* Schildpatt *nt* **II.** *adj attr, inv* Schildpatt- **tor·toise·shell 'but·ter·fly** *n* amerikanischer Fuchs **tor·toise·shell 'cat** *n* Schildpattkatze *f*

tor·tuous [ˈtɔːtʃuəs, AM ˈtɔːr-] *adj* gewunden; *(complicated)* umständlich; **to have a ~ mind** verschlagen sein; **a ~ process** ein langwieriger Prozess

tor·tuous·ly [ˈtɔːtʃuəsli, AM ˈtɔːr-] *adv* gewunden; *(in a complicated manner)* umständlich

tor·tuous·ness [ˈtɔːtʃuəsnəs, AM ˈtɔːr-] *n no pl* Gewundenheit *f*

tor·ture [ˈtɔːtʃəʳ, AM ˈtɔːrtʃɚ] **I.** *n* ❶ *no pl (act of cruelty)* Folter *f;* **to divulge secrets under ~** unter Folter Geheimnisse preisgeben; **mental ~** seelische Folter ❷ *(painful suffering)* Qual *f,* Tortur *f* **II.** *n modifier (method)* Folter-; **~ device** Folterinstrument *nt;* **~ technique** Foltermethode *f* **III.** *vt* ■**to ~ sb** ❶ *(cause suffering to)* jdn foltern; **to ~ sb to death** jdn zu Tode foltern ❷ *(greatly disturb)* jdn quälen; ■**to be ~d by sth** von etw *dat* gequält werden; **to ~ oneself with a thought** sich *akk* mit einem Gedanken quälen

'tor·ture cham·ber *n* Folterkammer *f*

tor·tured [ˈtɔːtʃəd, AM ˈtɔːrtʃɚd] *adj* gequält

tor·tur·er [ˈtɔːtʃᵊrəʳ, AM ˈtɔːrtʃɚɚ] *n* Folterer *m*

Tory [ˈtɔːri] POL **I.** *n* ❶ BRIT *(British Conservative)* Tory *m;* **he's a lifelong ~** er ist ein eingefleischter Konservativer; ■**the Tories** *pl* die Tories *pl* ❷ CAN *Mitglied der ‚Progressive Conservative Party'* **II.** *adj inv* Tory-

Tory·ism [ˈtɔːriɪzᵊm] *n no pl* Torysmus *m fachspr*

tosh [tɒʃ] *n no pl* BRIT *(dated fam)* Unsinn *m,* dummes Zeug

toss <*pl* -es> [tɒs, AM tɑːs] **I.** *n* Wurf *m;* **'I don't care,' she said with a ~ of her head** „das ist mir gleich", sagte sie und warf den Kopf zurück; **to win/lose the ~** den Münzwurf gewinnen/verlieren ▶PHRASES: **I don't care** [*or* **give**] **a ~** BRIT *(fam)* das ist mir piepegal *fam* **II.** *vt* ❶ *(throw)* ■**to ~ sb/sth** jdn/etw werfen; *(fling)* jdn/etw schleudern; *horse* jdn/etw abwerfen; ■**to ~ sth to sb** [*or* **to ~ sb sth**] jdm etw zuwerfen; **to ~ one's head** den Kopf zurückwerfen; **to ~ one's hat in the ring** *esp* AM *(fig)* in den Wahlkampf einsteigen ❷ *(to make a decision)* ■**to ~ sb [for sth]** mit jdm [um etw *akk*] knobeln; **to ~ a coin** eine Münze werfen ❸ *(move up and back)* ■**to ~ sth** etw hin und her schleudern; **carrots ~ed in butter** Karotten in Butter geschwenkt; **to ~ a pancake** einen Pfannkuchen [*o* ÖSTERR eine Palatschinke] wenden *(durch Hochwerfen)* **III.** *vi* ■**to ~ for sth** um etw *akk* knobeln ▶PHRASES: **to ~ and turn** sich *akk* hin und her wälzen

◆**toss about, toss around** *vt* ■**to ~ sth ↔ around** [*or* **about**] etw hin und her werfen [*o* schleudern]; **to ~ a proposal around** *(fig)* einen Vorschlag zur Debatte stellen

◆**toss aside** *vt* ■**to ~ aside ↔ sth** etw beiseitelegen; **to ~ aside one's scruples** seine Skrupel ablegen

◆**toss away** *vt* ■**to ~ away ↔ sth** etw wegwerfen

◆**toss back** *vt* ❶ *(throw back sharply)* **to ~ back one's hair/head** das Haar/den Kopf zurückwerfen ❷ *(drink quickly)* **to ~ back a drink** ein Getränk hinunterschütten

◆**toss down** *vt* **to ~ down a drink** ein Getränk hinunterschütten

◆**toss in** *vt* **to ~ in a comment** eine Bemerkung einwerfen ▶PHRASES: **to ~ in the towel** das Handtuch werfen *fig*

◆**toss off I.** *vt* ❶ *(fam: do quickly)* ■**to ~ off ↔ sth** *text* etw hinwerfen *fig* ❷ BRIT, AUS *(vulg sl: excite sexually)* ■**to ~ sb off** jdn [durch Anfassen] scharfmachen *sl* ❸ *(drink quickly)* **to ~ off a drink** ein Getränk hinunterschütten **II.** *vi* BRIT, AUS *(vulg sl)* sich *dat* einen runterholen *vulg*

◆**toss out** *vt* ❶ *(throw out)* ■**to ~ out ↔ sb/sth** jdn/etw hinauswerfen ❷ *(offer unsolicited)* ■**to ~ out ↔ sth** *remark* etw rauslassen *fig fam;* **to ~ out a suggestion** einen Vorschlag einwerfen

◆**toss up** *vi* eine Münze werfen

tossed sal·ad *n* angemachter Salat

toss·er [ˈtɒsəʳ] *n* BRIT *(sl)* Vollidiot *m pej fam*

'toss-up *n* ❶ *(uncertain situation)* ungewisse Situation; ■**to be a ~** [noch] unentschieden [*o* offen] sein ❷ *(tossing a coin)* Werfen *nt* einer Münze

tot [tɒt, AM tɑːt] **I.** *n* ❶ *(fam: small child)* Knirps *m fam* ❷ *esp* BRIT *(small amount of alcohol)* Schlückchen *nt* **II.** *vt (fam)* ■**to ~ up ↔ sth** etw zusammenrechnen [*o* addieren] **III.** *vi* ausmachen; **that ~s up to £20** das macht zusammen 20 Pfund

to·tal [ˈtəʊtᵊl, AM ˈtoʊt̬ᵊl] **I.** *n* Gesamtsumme *f;* **a ~ of 21 horses was** [*or* **were**] **entered for the race** im Ganzen wurden 21 Pferde zum Rennen zugelassen; **~ of an amount** Gesamtsumme *f;* **in ~** insgesamt **II.** *adj* ❶ *attr, inv (complete)* gesamt; **~ cost** Gesamtkosten *pl* ❷ *(absolute)* völlig; **to be a ~ disaster** die reinste Katastrophe sein; **to be a ~ stranger** vollkommen fremd sein **III.** *vt* <BRIT -ll- *or* AM *usu* -l-> ❶ *(add up)* ■**to ~ sth** etw zusammenrechnen [*o* addieren]; **their debts ~**

T

£8,000 ihre Schulden belaufen sich auf 8.000 Pfund ② AM (*fam*) **to ~ a car** einen Wagen zu Schrott fahren

◆**total up** *vt* ■**to ~ up** ⊂ **sth** etw zusammenrechnen [*o* addieren]

to·tal e'clipse *n of the sun* totale Sonnenfinsternis; *of the moon* totale Mondfinsternis

to·tali·tar·ian [tə(ʊ),tælɪ'teəriən, AM toʊ,tælə'teri-] *adj* POL totalitär

to·tali·tar·ian·ism [tə(ʊ),tælɪ'teəriənɪzᵊm, AM toʊ,tælə'teri-] *n no pl* POL Totalitarismus *m*

to·tal·ity [tə(ʊ)'tæləti, AM toʊ'tæləṯi] *n no pl* ① (*whole amount*) Gesamtheit *f;* **to consider sth in its ~** etw im Ganzen [*o* als Ganzes] betrachten ② (*form: be all-important*) **it's the ~ of his life** es ist sein Lebensinhalt ③ (*total eclipse*) totale Verfinsterung

to·tali·za·to·r ['təʊtᵊlaɪzeɪtəʳ, AM 'toʊṯəlɪzeɪṯɚ] *n,* **to·tal·iz·er** ['təʊtᵊlaɪzəʳ, AM 'toʊṯəlaɪzɚ] *n* SPORTS ① (*machine*) Zählwerk *nt* ② (*betting system*) Totalisator *m*

to·tal·ly ['təʊtᵊli, AM 'toʊṯᵊli] *adv inv* völlig

tote¹ [təʊt, AM toʊt] *n no pl* SPORTS ■**the ~** das Toto

tote² [təʊt, AM toʊt] *vt esp* AM (*fam*) ■**to ~ sth** etw schleppen

◆**tote along** *vt* ■**to ~ along** ⊂ **sth/sb** etw/jdn mitschleppen *fam*

◆**tote around** *vt* ■**to ~ around** ⊂ **sb/sth** jdn/etw herumschleppen *fam*

'tote bag *n* Einkaufstasche *f*

to·tem ['təʊtəm, AM 'toʊṯəm] *n* Totem *nt*

to·tem·ic [tə(ʊ)'temɪk, AM toʊ'-] *adj* Totem-

'to·tem pole *n* Totempfahl *m*

toto ['təʊtəʊ, AM 'toʊtoʊ] *n no pl* ■**in ~** insgesamt

tot·ter ['tɒtəʳ, AM 'tɑːṯɚ] *vi* wanken, stolpern *a. fig;* **to ~ from crisis to crisis** (*fig*) von einer Krise in die andere schlittern; **to ~ towards extinction** (*fig*) kurz vor dem Aussterben sein

tot·ter·ing ['tɒtᵊrɪŋ, AM 'tɑːṯ-] *adj inv* schwankend, wackelig *a. fig*

tot·tery ['tɒtᵊri, AM 'tɑːṯ-] *adj* wackelig; (*tatterig*) *person* zittrig

tot·ty ['tɒti] *n no pl* BRIT (*fam*) Schnecke *f oft pej sl,* Schnalle *f oft pej sl*

tou·can ['tuːkæn] *n* (*bird*) Tukan *m*

touch [tʌtʃ] **I.** *n* <*pl* -es> ① *no pl* (*ability to feel*) Tasten *nt;* **the sense of ~** der Tastsinn; **the material was soft to the ~** das Material fühlte sich weich an ② (*instance of touching*) Berührung *f;* **at** [*or* **with**] **a** [*or* **the**] **~ of a button** auf Knopfdruck ③ *no pl* (*communication*) Kontakt *m;* **to be in ~ with sb/sth** mit jdm/etw in Kontakt sein; **to get/keep in ~** [**with sb/sth**] [mit jdm/etw] in Kontakt treten/bleiben; **he's not really in ~ with what young people are interested in** er ist nicht mehr richtig auf dem Laufenden über die Interessen der jungen Leute ④ *no pl* (*skill*) Gespür *nt;* **I admire her lightness/sureness of ~ as a cook** ich bewundere ihre leichte/sichere Hand beim Kochen; **to have the magic ~** magische Fähigkeiten haben; **to lose one's ~** sein Gespür verlieren ⑤ *no pl* (*small amount*) ■**a ~ of ...** ein wenig ...; **a ~ of bitterness/irony** eine Spur Bitterkeit/Ironie; **a ~ of flu** (*fam*) eine leichte Grippe; **a ~ of the sun** ein Sonnenbrand *m* ⑥ *no pl* (*rather*) ■**a ~** ziemlich; **the weather has turned a ~ nasty** das Wetter ist ziemlich schlecht geworden ⑦ (*valuable addition*) Ansatz *m;* **a ~ of genius** ein genialer Einfall; **the final** [*or* **finishing**] **~** der letzte Schliff ⑧ *no pl* FBALL Aus *nt;* **he kicked the ball into ~** er schlug den Ball ins Aus ▶PHRASES: **to be a soft ~** (*fam*) leichtgläubig sein **II.** *vt* ① (*feel with fingers*) ■**to ~ sb/sth** jdn/etw berühren; **to ~ the brake** auf die Bremse steigen *fam;* ■**to ~ sb somewhere** jdn irgendwo berühren; ■**to ~ sb/sth with sth** jdn/etw mit etw *dat* berühren; **the setting sun ~ed the trees with red** (*fig*) die untergehende Sonne tauchte die Bäume in Rot ② (*come in contact with*) ■**to ~ sth** mit etw *dat* in Berührung kommen; **the edge of the town ~es the forest** die Stadt grenzt an den Wald; **tragedy ~ed their lives when their son was 16** (*fig*) ihre Tragödie begann, als ihr Sohn 16 war ③ (*consume*) ■**to ~ sth** etw anrühren; **no thanks, I never ~ chocolate** nein danke, ich esse keine Schokolade ④ (*move emotionally*) ■**to ~ sb** jdn bewegen *fig* ⑤ (*rival in quality*) ■**to ~ sth** an etw *akk* heranreichen; ■**to ~ sb** jdm das Wasser reichen; **there's no one to ~ him as an illustrator of children's books** als Illustrator von Kinderbüchern ist er einfach unschlagbar ⑥ (*deal with*) ■**to ~ sth** etw anpacken; **to ~ problems** Probleme in Angriff nehmen; ■**to ~ sb for sth** (*pej fam*) jdn um etw *akk* bitten ▶PHRASES: **to ~ base with sb** mit jdm in Kontakt treten; **to ~ bottom** auf Grund stoßen; (*fig*) auf seinem absoluten Tiefpunkt angelangt sein; **to ~ a** [**raw**] **nerve** einen wunden Punkt berühren; **not to ~ sb/sth with a barge** [*or* AM **ten-foot**] **pole** [von] jdm/etw fernbleiben; **~ wood** BRIT wenn alles gut geht; **everybody has got the flu right now except me, ~ wood** alle außer mir haben im Moment die Grippe, toi, toi, toi! **III.** *vi* ① (*feel with fingers*) berühren; **don't ~** nicht berühren ② (*come in contact*) sich *akk* berühren

◆**touch at** *vi* NAUT **to ~ at a port** in einem Hafen anlegen

◆**touch down** *vi* AVIAT landen

◆**touch in** *vt* ART ■**to ~ in** ⊂ **sth** etw skizzieren

◆**touch off** *vt* ■**to ~ off** ⊂ **sth** etw auslösen; **to ~ off a storm of protest** einen Proteststurm entfachen

◆**touch on, touch upon** *vi* ■**to ~ on sth** etw ansprechen

◆**touch up** *vt* ① (*improve*) ■**to ~ up** ⊂ **sth** etw auffrischen; **to ~ up a photograph** ein Foto retuschieren ② BRIT (*fam: assault sexually*) ■**to ~ sb up** jdn abtasten [*o* DIAL *pej* begrapschen]

◆**touch upon** *vi see* **touch on**

touch-and-'go *adj* unentschieden; ■**to be ~ whether ...** auf Messers Scheide stehen, ob ... **'touch·down** *n* ① (*landing*) Landung *f* ② *esp* AM SPORTS (*scoring play*) Versuch *m;* **to score a ~** einen Versuch erzielen

tou·ché [tu'ʃeɪ] *interj* eins zu null für dich

touched [tʌtʃt] *adj pred* ① (*emotionally moved*) bewegt, gerührt ② (*dated fam: crazy*) ■**to be ~** nicht ganz richtig [im Kopf] sein *fam*

touch 'foot·ball *n* AM, AUS *Form des American Football, bei dem der Gegner nicht zu Fall gebracht wird*

touchi·ly ['tʌtʃɪli] *adv* (*fam*) überempfindlich, leicht gereizt

touchi·ness ['tʌtʃɪnəs] *n no pl* (*fam*) ① (*sensitive nature*) Überempfindlichkeit *f* ② (*delicacy*) Empfindlichkeit *f;* **everyone is aware of the ~ of the situation** jeder ist sich darüber im Klaren, wie heikel die Situation ist

touch·ing ['tʌtʃɪŋ] **I.** *adj* berührend **II.** *n* Berühren *nt kein pl;* **'No T~!'** ‚Nicht anfassen!'

touch·ing·ly ['tʌtʃɪŋli] *adv* auf rührende Weise; **to care ~ for sb** sich *akk* rührend um jdn kümmern

'touch·line *n* BRIT SPORTS Seitenlinie *f* **'touch·pa·per** *n* Zündpapier *nt* **'touch·screen** ['tʌtʃ,skriːn] **I.** *n* Touchscreen *m fachspr,* Berührungsbildschirm *m* **II.** *n modifier* **~ display** Touchscreen Display *nt* **touch-'sen·si·tive** *adj* COMPUT Touch-; **~ screen** Touchscreen *m fachspr* **'touch·stone** *n* Kriterium *nt geh* (**for** für +*akk*) **Touch-Tone 'phone**® *n* Tastentelefon *nt* **'touch-type** *vi* blind schreiben

touchy ['tʌtʃi] *adj* (*fam*) ① (*oversensitive*) *person* empfindlich (**about** in Bezug auf +*akk*); **she's very ~ about the fact that her husband has been married before** es ist ihr wunder Punkt, dass ihr Mann schon einmal verheiratet war ② (*delicate*) *situation, topic* heikel

touchy-feely *adj* (*pej fam*) gefühlsduselig *oft pej fam; topic* distanzlos; ■**to be ~** auf Tuchfühlung gehen *pej fam*

tough [tʌf] **I.** *adj* ① (*strong*) robust; **~ plastic** Hartplastik *nt* ② (*hardy*) *person, animal* robust, zäh; **to be as ~ as old boots** nicht unterzukriegen sein ③ (*stringent*) *law* streng, strikt; **to get ~er with sb/sth** bei jdm/etw härter durchgreifen ④ (*hard to cut*) *meat* zäh; **these apples have ~ skins**

diese Äpfel haben eine harte Schale; **to be as ~ as old boots** [*or* AM *a.* **shoe leather**] zäh wie Schuhsohlen sein ⑤ (*difficult*) schwierig, hart; ~ **bargaining** harte Verhandlungen *pl;* ~ **competition** harte Konkurrenz; ~ **climate/winter** raues Klima/strenger Winter ⑥ (*violent*) rau, brutal; **a ~ neighbourhood** eine üble Gegend ⑦ (*fam: unlucky*) **that's a bit ~!** da hast du wirklich Pech!; **it's ~ on Geoff that ...** es ist wirklich schade für Geoff, dass ...; **if you get a cold, that'll be your ~** wenn du dich erkältest, dann bist du selbst schuld; ~ **luck!** so ein Pech! *a. iron;* ~ **shit!** *esp* AM (*vulg sl*) scheiße für dich! *derb* **II.** *n esp* AM (*fam*) Rowdy *m pej* **III.** *vt* (*fam*) ■**to ~ out** ↔ **sth** etw aussitzen [*o* durchstehen]; ~ **it out** da musst du durch *fam*

tough 'cookie *n esp* AM (*fam*) zähe Person; ■**to be a ~** ein zäher Typ sein **tough 'cus·tom·er** *n* (*fam*) harter Brocken *fam*

tough·en ['tʌfᵊn] **I.** *vt* ■**to ~ sth** ① (*strengthen*) etw verstärken; ~**ed glass** gehärtetes Glas ② (*make difficult to cut*) etw hart werden lassen **II.** *vi* stärker werden
◆**toughen up** *vt* ① (*strengthen*) ■**to ~ up** ↔ **sth/sb** etw/jdn härter machen ② (*make more stringent*) ■**to ~ up** ↔ **sth** *controls, rules* etw verschärfen

'tough guy *n* ① (*strong-willed person*) zäher Bursche ② (*violent person*) Rowdy *m pej*

toughie ['tʌfi] *n* (*fam*) ① (*issue*) schwierige Sache ② *esp* AM (*fam: person*) Rowdy *m pej*

tough·ly ['tʌfli] *adv* stabil, robust, hart *a. fig;* ~ **made** *boots* robust verarbeitet; ~ **run** *company* von starker Hand geführt; ~ **worded** *article* scharf formuliert

tough-'mind·ed *adj* [durch und durch] realistisch

tough·ness ['tʌfnəs] *n no pl* ① (*strength*) Härte *f,* Robustheit *f* ② (*determination*) Härte *f,* Entschlossenheit *f;* **the ~ of the competition** die Härte der Konkurrenz ③ (*of meat*) Zähheit *f*

tough 'nut *n* harter Brocken *fam* **tough-'talk·ing** *adj attr* ■**to be ~** kein Blatt vor den Mund nehmen; **she's a ~ businesswoman** sie ist eine harte Geschäftsfrau

toughy *n* (*fam*) *see* **toughie**

tou·pée ['tu:peɪ, AM tu:'peɪ] *n* Toupet *nt*

tour [tɔ:ʳ, tʊəʳ, AM tʊr] **I.** *n* ① (*journey*) Reise *f,* Tour *f;* **a ~ of the factory** eine Fabrikführung; **guided ~** Führung *f;* **sightseeing ~** Rundfahrt *f;* **walking ~** Rundwanderung *f;* **to go** [*or* **be taken**] **on a ~** eine Reise machen ② (*spell of duty*) Tournee *f;* **a ~ of inspection** ein Inspektionsrundgang *m;* **lecture ~** Vortragsreise *f;* **to be/go on ~** auf Tournee sein/gehen; **to serve a ~** [**somewhere**] [irgendwo] dienen **II.** *n modifier* (*group, destination*) Reise- **III.** *vt* ■**to ~ sth** ① (*travel around*) etw bereisen, durch etw *akk* reisen ② (*visit professionally*) etw besuchen, etw *dat* einen Besuch abstatten ③ (*perform*) **to ~ Germany** in Deutschland auf Tournee gehen, eine Deutschlandtournee machen **IV.** *vi* ■**to ~** [**with sb**] [mit jdm] auf Tournee gehen; ■**to ~ in** [*or* **around**] **somewhere** irgendwo eine Tournee machen
◆**tour around,** BRIT *a.* **tour round** *vi* herumreisen

tour de force <*pl* tours-> [ˌtɔ:də'fɔ:s, ˌtʊə-, *pl* ˌtɔ:z-, AM ˌtʊrdə'fɔ:rs, *pl* ˌtʊrz-] *n* Glanzleistung *f*

Tourette's syn·drome [tɔ:'rets,-, tʊə-, AM tʊ'-] *n no pl* MED Tourette-Syndrom *nt fachspr*

'tour guide *n* Reiseleiter(in) *m(f)*

tour·ing ['tɔ:rɪŋ, 'tʊə-, AM 'tʊr-] **I.** *adj attr, inv* THEAT, MUS Tournee-; ~ **company** Wandertheater *nt* **II.** *n* Reisen *nt kein pl;* **to do some ~** herumreisen

tour·ism ['tɔ:rɪzᵊm, 'tʊə-, AM 'tʊr-] *n no pl* Tourismus *m;* **mass ~** Massentourismus *m*

tour·ist ['tɔ:rɪst, 'tʊə-, AM 'tʊr-] **I.** *n* ① (*traveller*) Tourist(in) *m(f)* ② AUS, BRIT (*member of sports team*) Mitglied *nt* einer Tourneemannschaft **II.** *n modifier* Touristen-; ~ **destination** Reiseziel *nt;* ~ **group** Reisegruppe *f;* **to travel ~** in der Touristenklasse reisen

'tour·ist agen·cy *n* Reisebüro *nt* **'tour·ist at·trac·tion** *n* Touristenattraktion *f* **'tour·ist class** *n* Touristenklasse *f* **'tour·ist des·ti·na·tion** *n* Reiseziel *nt* **'tour·ist guide** *n* ① (*book*) Reiseführer *m* ② (*person*) Fremdenführer(in) *m(f)* **'tour·ist in·dus·try** *n* Tourismusindustrie *f* **tour·ist in·for·'ma·tion of·fice** *n,* **'tour·ist of·fice** *n* Touristeninformation *f* **'tour·ist sea·son** *n* Hauptsaison *f* **'tour·ist track** *n* (*esp pej*) Touristenpfad *m* **'tour·ist trap** *n* (*pej*) Touristenfalle *f pej* **'tour·ist visa** *n* Reisevisum *nt*

tour·isty ['tɔ:rɪsti, 'tʊə-, AM 'tʊr-] *adj* (*pej*) touristisch; ~ **souvenirs** Reiseandenken *ntpl*

tour·ma·line ['tʊəməli:n, AM 'tʊrməlɪn] *n* Turmalin *m*

tour·na·ment ['tɔ:nəmənt, 'tʊə-, AM 'tɜ:r-] *n* SPORTS Turnier *nt*

tour·ney ['tɜ:rni] *n* AM Turnier *nt*

tour·ni·quet ['tɔ:nɪkeɪ, 'tɜ:-, AM 'tɜ:r-] *n* MED Stauschlauch *m,* Tourniquet *m fachspr;* **to apply a ~ to sth/sb** etw/jdm einen Tourniquet anlegen

tour of 'duty <*pl* tours-> *n* MIL, POL Verpflichtung *f;* **to serve a ~** Militärdienst leisten, dienen **tour of in·'spec·tion** <*pl* tours-> *n* MIL Inspektionsrundgang *m* **'tour op·era·tor** *n* Reiseveranstalter *m*

tour·tière [tu:r'tjer] *n* CAN *Pastete mit Hackfleischfüllung, die in Québec traditionell zu Weihnachten gegessen wird*

tou·sle ['taʊzl] *vt* **to ~ one's hair** sich *dat* das Haar zerzausen

tou·sled ['taʊzld] *adj* zerzaust; ~ **hair** zerzaustes Haar

tout [taʊt] **I.** *n* (*pej*) Schwarzhändler(in) *m(f)* **II.** *vt* ① (*advertise*) ■**to ~ sth/sb** für etw/jdn Reklame machen; ■**to ~ sb as sth** jdn als etw preisen; ■**to ~ sb for sth** jdn für etw *akk* preisen; **she is being ~ed for an Oscar** sie wird als Kandidatin für den Oskar gehandelt; **to ~ ideas** Ideen propagieren ② BRIT (*pej: sell unofficially*) ■**to ~ sth** etw unter der Hand verkaufen **III.** *vi* ■**to ~ for sth/sb** um etw/jdn werben; **to ~ for business** [*or* **custom**] [*or* **customers**] um Kunden kämpfen
◆**tout around, tout round** *vi* ■**to ~ around for sth** nach etw *dat* suchen

tow¹ [təʊ, AM toʊ] *n* (*fibre*) Werg *nt*

tow² [təʊ, AM toʊ] **I.** *n* Schleppen *nt kein pl;* ■**to be on** [*or* AM **in**] [*or* AUS *a.* **under**] ~ abgeschleppt werden; **to give sb a ~** jdn abschleppen; **to take sth in ~** etw ins Schlepptau nehmen; **to have sb in ~** (*fig*) jdn im Schlepptau haben *fig* **II.** *vt* ■**to ~ sb/sth** jdn/etw ziehen; **to ~ a vehicle** ein Auto abschleppen
◆**tow away, tow off** *vt* ■**to ~ sth** ↔ **away** [*or* **off**] etw abschleppen

to·ward(s) [tə'wɔ:d(z), AM tɔ:rd(z), tə'wɔ:rd(z)] *prep* ① (*in direction of*) in Richtung; **she kept glancing ~ the telephone** sie sah immerzu in Richtung Telefon; **she walked ~ him** sie ging auf ihn zu; **he leaned ~ her** er lehnte sich zu ihr ② (*near*) nahe +*dat;* **our seats were ~ the back** unsere Plätze waren recht weit hinten; **we're well ~ the front of the queue** wir sind nahe dem Anfang der Schlange ③ (*just before*) gegen +*akk;* ~ **midnight/the end of the year** gegen Mitternacht/Ende des Jahres; ~ **Easter/August** um Ostern/August herum ④ (*to goal of*) **they are working ~ a degree** sie arbeiten auf einen Abschluss hin; **to count ~ sth** auf etw *akk* angerechnet werden; **to work ~ a solution** auf eine Lösung hinarbeiten; **there has been little progress ~ finding a solution** es gab wenig Fortschritt in Richtung einer Lösung ⑤ (*to trend of*) zu +*dat;* **a trend ~ healthier eating** ein Trend zu gesünderer Ernährung ⑥ *after adj* (*in relation to*) gegenüber +*dat;* **they've always been friendly ~ me** mir gegenüber waren sie immer freundlich; **to feel sth ~ sb** jdm gegenüber etw *akk* empfinden [*o* fühlen] ⑦ (*to be used for*) für +*akk;* **he has given me some money ~ it** er hat mir etwas Geld dazugegeben; **would you like to make a contribution ~ a present for Linda?** möchtest du einen Beitrag für ein Geschenk für Linda leisten?

'tow-away I. *n* Abschleppen *nt kein pl* **II.** *n modifier* Abschlepp-; ~ **zone** [*or* **area**] Abschleppzone *f* **'tow bar** *n*

T

Abschleppstange *f*
'tow boat *n* AM NAUT Schlepper *m*
tow·el ['taʊəl] **I.** *n* Handtuch *nt;* **paper** ~ Papiertuch *nt;* **tea** ~ Geschirrtuch *nt* ▶ PHRASES: **to throw** [*or* **chuck**] **in the** ~ das Handtuch werfen *fig* **II.** *vt* <-ll-> **to** ~ **sth dry** etw trockenreiben
◆**towel down** *vt* ■**to** ~ **sb down** jdn abtrocknen
tow·el·ette [ˌtaʊə'let, AM ˌtaʊ(ə)-] *n* Erfrischungstuch *nt*
tow·el·ing AM, **tow·el·ling** ['taʊəlɪŋ] **I.** *n no pl* Frottee *nt o m* **II.** *n modifier* Frottee-
'tow·el rack *n* AM, **'tow·el rail** *n* BRIT, AUS Handtuchhalter *m*
tow·er [taʊəʳ, AM taʊɚ] **I.** *n* Turm *m;* **office** ~ Bürohochhaus *nt* ▶ PHRASES: **a** ~ **of strength** ein Fels in der Brandung *fig* **II.** *vi* aufragen; ■**to** ~ **above** [*or* **over**] **sb/sth** jdn/etw überragen *a. fig*
'tow·er block *n* BRIT Hochhaus *nt*
tow·er·ing ['taʊərɪŋ, AM 'taʊɚ-] *adj* ① (*very high*) hoch aufragend ② (*very great*) überragend; ~ **rage** maßloser Zorn; **a** ~ **temper** ein zügelloses Temperament
tow·head ['taʊhed, AM 'toʊ-] *n* Flachskopf *m*
town [taʊn] *n* ① (*small city*) Stadt *f;* **home** ~ Heimatstadt *f;* **resort** ~ Fremdenverkehrsort *m* ② *no art* (*residential or working location*) Stadt *f;* ■**in/out of** ~ in/außerhalb der Stadt; ■**to be in/out of** ~ in der/nicht in der Stadt sein ③ (*downtown*) ■[**the**] ~ das Zentrum; **to go to** [*or* **into**] ~ ins Zentrum fahren; **to be** [*or* **have a night**] **out on the** ~ einen draufmachen *fam* ④ (*major city in area*) Stadt *f;* **to go up to** [*or* **into**] ~ in die Stadt fahren ⑤ + *pl/sing vb* (*residents of a town*) Stadt *f* ▶ PHRASES: **to go to** ~ [**on sth**] sich *akk* [bei etw *dat*] ins Zeug legen
town 'cen·tre *n* BRIT ■**the** ~ das Stadtzentrum **town 'clerk** *n* BRIT Magistratsbeamte(r), -beamtin *m, f* **town 'coun·cil** *n* BRIT Stadtrat *m* **town 'coun·cil·lor** *n* Stadtrat, -rätin *m, f* **town 'cri·er** *n* (*hist*) Ausrufer *m hist*
townee *n* BRIT (*pej fam*) *see* **townie**
town 'hall *n* Rathaus *nt* **'town house** *n* ① (*residence*) Stadthaus *nt* ② *esp* AM (*row house*) Reihenhaus *nt*
townie ['taʊni] *n* (*pej fam*) ① (*not academic*) *jd, der in einer Universitätsstadt wohnt, jedoch nicht mit der Universität in Verbindung steht* ② BRIT (*person*) Städter(in) *m(f)*
town 'meet·ing *n* AM Gemeindeversammlung *f* **town 'plan·ner** *n* Stadtplaner(in) *m(f)* **town 'plan·ning** *n no pl* Stadtplanung *f* **town·scape** ['taʊnskeɪp] *n* Stadtbild *nt;* (*picture of town*) Stadtansicht *f* **'towns·folk** *npl* Stadtbevölkerung *f kein pl,* Städter *mpl*
town·ship ['taʊnʃɪp] *n* ① AM, CAN (*local government*) Gemeinde *f* ② SA (*settlement for blacks*) Township *f* (*von Farbigen bewohnte abseits der Stadt gelegene Siedlung*)
'towns·peo·ple *npl* Stadtbevölkerung *f kein pl,* Städter *mpl*
town 'twin·ning *n no pl* Städtepartnerschaft *f*
towny ['taʊni] *n* (*pej fam*) *see* **townie**
'tow·path *n* Treidelpfad *m,* Treppelweg *m* ÖSTERR **'tow·rope** *n* Abschleppseil *nt* **'tow truck** *n* AM, AUS Abschleppwagen *m*
tox·aemia [tɒk'siːmiə], **tox·emia** [tɑːk-] *n no pl esp* AM Blutvergiftung *f,* Toxämie *f fachspr*
tox·ic ['tɒksɪk, AM 'tɑːk-] *adj* giftig, toxisch *fachspr;* ~ **waste** Giftmüll *m*
tox·ic·ity [tɒk'sɪsəti, AM tɑːk'sɪsəṱi] *n no pl* Giftigkeit *f,* Toxizität *f fachspr*
toxi·co·ge·nom·ics [ˌtɒksɪkə(ʊ)dʒɪ'nɒmɪks, AM ˌtɑːksɪkoʊdʒɪ'nɑːm-] *n* + *sing vb* Toxicogenomics *pl*
toxi·colo·gist [ˌtɒksɪ'kɒlədʒɪst, AM ˌtɑːksɪ'kɑːlə-] *n* Toxikologe, -in *m, f*
toxi·col·ogy [ˌtɒksɪ'kɒlədʒi, AM ˌtɑːksɪ'kɑːlə-] *n no pl* Toxikologie *f*
tox·ic 'shock syn·drome *n* MED toxisches Schocksyndrom *fachspr*
tox·in ['tɒksɪn, AM 'tɑːk-] *n* Toxin *nt fachspr*
toxo·plas·mo·sis [ˌtɒksə(ʊ)plæz'məʊsɪs, AM ˌtɑːksoʊplæzmoʊ-] *n* MED Toxoplasmose *f fachspr*
toy [tɔɪ] **I.** *n* Spielzeug *nt a. fig;* **cuddly** ~ Schmusespielzeug *nt* **II.** *n modifier* ① (*used as a toy*) (*car, farm, gun, plane*) Spielzeug-; ~ **book** Kinderbuch *nt* ② ZOOL (*tiny*) (*poodle, spaniel*) Zwerg-; ~ **dog** Schoßhund *m;* (*stuffed*) Stoffhund *m* **III.** *vt* ① (*consider*) ■**to** ~ **with sth** mit etw *dat* herumspielen *a. fig;* **to** ~ **with an idea** mit einem Gedanken spielen; **to** ~ **with one's food** in seinem Essen herumstochern ② (*not treat seriously*) ■**to** ~ **with sb** mit jdm spielen; **he's just** ~**ing with my affections** er spielt nur mit meinen Gefühlen
toy 'blocks *npl* AM, AUS (*toy bricks*) Bauklötze *mpl* **'toy boy** *n* (*fam*) jugendlicher Liebhaber **toy 'bricks** *npl* BRIT Bauklötze *mpl* **'toy·shop** *n* Spielwarengeschäft *nt* **toy 'sol·dier** *n* Spielzeugsoldat *m*
trace¹ [treɪs] *n* Zugriemen *m,* Strang *m;* **to kick over the** ~**s** (*fig*) über die Stränge schlagen
trace² [treɪs] **I.** *n* ① (*sign*) Zeichen *nt,* Spur *f;* **to disappear without a** ~ spurlos verschwinden ② (*slight amount*) Spur *f,* Anflug *m kein pl;* ~**s of cocaine/poison** Kokain-/Giftspuren *fpl;* ~ **of emotion** Gefühlsregung *f;* ~ **of a smile** Anflug *m* eines Lächelns; **without any** ~ **of sarcasm/humour** ohne jeglichen Sarkasmus/Humor ③ (*electronic search*) Aufzeichnung *f;* **to put a** ~ **on a phone call** ein Telefongespräch verfolgen ④ (*measurement line*) Aufzeichnung *f* ⑤ *esp* AM (*path*) [Trampel]pfad *m* ⑥ (*in math*) Kurve *f* **II.** *vt* ① (*follow trail*) ■**to** ~ **sb** jds Spur verfolgen; (*find*) jdn aufspüren [*o* ausfindig machen]; **she was** ~**d to Manchester** ihre Spur führte nach Manchester; **to** ~ **a letter/package** einen Brief/ein Paket auffinden ② (*track back*) ■**to** ~ **sth** etw zurückverfolgen; **the outbreak of food poisoning was** ~**d to some contaminated shellfish** man fand heraus, dass verseuchte Meeresfrüchte die Ursache der Lebensmittelvergiftung waren; **to** ~ **a call/computer virus** einen Anruf/Computervirus zurückverfolgen ③ (*describe*) ■**to** ~ **sth** etw beschreiben ④ (*draw outline*) ■**to** ~ **sth** etw skizzieren [*o* zeichnen]; (*through paper*) etw durchpausen; (*with a finger*) etw nachmalen; (*with one's eye/mind*) etw *dat* folgen ⑤ (*take route*) **to** ~ **a path** einem Weg folgen
◆**trace back** *vt* ■**to** ~ **sth** ↔ **back** [**to sth**] etw zurückverfolgen [bis zu etw *dat*]
◆**trace out** *vt* ■**to** ~ **out** ↔ **sth** (*draw*) etw [nach]zeichnen; (*describe*) etw beschreiben
trace·able ['treɪsəbl̩] *adj* zurückverfolgbar; ■**to be** ~ **to sth** sich *akk* auf etw *dat* zurückführen lassen
'trace el·ement *n* Spurenelement *nt*
trac·er ['treɪsəʳ, AM -ɚ] **I.** *n* ① MIL Leuchtspurgeschoss *nt* ② MED Isotopenindikator *m fachspr* ③ (*transmission device*) Sender *m* ④ (*enquiry form*) Laufzettel *m* ⑤ COMPUT (*monitoring programme*) Überwacher *m,* Überwachungsprogramm *nt* **II.** *n modifier* MIL (*ammunition, fire, shell*) Leuchtspur-
'trac·er bul·let *n* MIL Leuchtspurgeschoss *nt*
trac·ery ['treɪsəri] *n* ① *no pl* (*ornamental work*) Maßwerk *nt* ② (*pattern*) Filigranmuster *nt*
tra·chea <*pl* -s *or* -chae> [trə'kiə, *pl* -i, AM 'treɪkiə, *pl* -i] *n* Luftröhre *f,* Trachea *f fachspr*
tra·che·oto·my [ˌtræki'ɒtəmi, AM ˌtreɪki'ɑːṱə-] *n* MED Luftröhrenschnitt *m*
trac·ing ['treɪsɪŋ] *n* Skizze *f*
'trac·ing pa·per *n no pl* Pauspapier *nt*
track [træk] **I.** *n* ① (*path*) Weg *m,* Pfad *m;* **dirt** ~ Sandstraße *f* ② (*rails*) Schienen *fpl;* **'keep off the** ~**s'** „Betreten der Gleise verboten"; **to leave the** ~**s** entgleisen; **to live/be on the wrong side of the** ~**s** (*fam*) aus ärmlichen Verhältnissen stammen ③ AM RAIL (*platform*) Bahnsteig *m* ④ *usu pl* (*mark*) Spur *f; of deer* Fährte *f;* **to be on the** ~ **of sb** [*or* **sb's** ~] jdm auf der Spur sein; **to cover up one's** ~**s** seine Spuren verwischen; **to leave** ~**s** Spuren hinterlassen ⑤ (*path*) *of hurricane*

Bahn *f; of comet* [Lauf]bahn *f; of airplane* Route *f* ❻ (*for curtains*) Schiene *f* ❼ (*fig: course*) Gang *m;* **I tried to follow the ~ of his argument** ich versuchte, seinem Gedankengang zu folgen; **the company is on ~ to make record profits** die Firma ist auf dem Weg, Rekordgewinne zu erzielen; **to be on the right/wrong ~** auf der richtigen/falschen Spur sein; **to get off** [**the**] **~** vom Thema abweichen; **to get back on ~** wieder in den Zeitplan kommen ❽ (*educational path*) Laufbahn *f;* (*career path*) Berufsweg *m;* **Germany has a three-~ educational system** Deutschland hat ein dreigleisiges Bildungssystem; **the fast ~** die Überholspur *fig;* **to change ~** eine neue Richtung einschlagen ❾ SPORTS (*racing path*) *for running* Laufbahn *f; for race cars* Piste *f; for bikes* Radrennbahn *f* ❿ *no pl* (*sports*) Leichtathletik *f* ⓫ (*song*) Nummer *f;* (*soundtrack*) Stück *nt* ⓬ (*magnetic strip*) Tonspur *f* ⓭ (*between wheels*) Spurweite *f* ▶ PHRASES: **off the beaten ~** abwegig; **to keep ~ of sb/sth** (*follow*) jdn/etw im Auge behalten; (*count*) jdn/etw zählen; **to lose ~ of sb/sth** jdn/etw aus den Augen verlieren; **to make ~s** (*fam*) sich *akk* auf die Socken machen; **to throw sb off the ~** jdn täuschen; **in one's ~s** an Ort und Stelle; **to stop sb dead in his/her ~s** jdn vor Schreck erstarren lassen **II.** *n modifier* SPORTS (*competition, team, star*) Lauf-; **~ medal** Rennsportmedaille *f* **III.** *vt* ❶ (*pursue*) **to ~ a criminal/an animal** einen Kriminellen/ein Tier verfolgen; **the terrorists were ~ed to Amsterdam** die Terroristen wurden in Amsterdam aufgespürt ❷ *esp* AM (*make a track*) **to ~ sand/dirt in the house** Sand-/Schmutzspuren im Haus hinterlassen ❸ (*follow trail*) **to ~ sb's record/career** jds Vorgeschichte *f*/Karriere *f* verfolgen; **to ~ a storm/hurricane** einen Sturm/Orkan verfolgen; **to ~ a target** ein Ziel aufspüren **IV.** *vi* ❶ (*in filming*) *camera* heranfahren ❷ (*adjust settings*) einstellen ❸ (*move*) *storm, hurricane* ziehen; *stylus* sich *akk* bewegen; *car* spurgenau laufen

◆**track down** *vt* ■**to ~ down sb/sth** [*or* **to ~ sb/sth down**] jdn/etw aufspüren

◆**track in I.** *vt* AM **to ~ mud/dirt/sand ○ in** Matsch/Schmutz/Sand reintragen **II.** *vi* FILM *camera* heranfahren

◆**track up** *vt* AM **to ~ up ○ the house/kitchen** Schmutzspuren *fpl* im Haus/in der Küche hinterlassen

track and 'field I. *n no pl* SPORTS Leichtathletik *f* **II.** *n modifier* SPORTS (*club, competition, team*) Leichtathletik-; **~ athletics** Leichtathletikdisziplinen *fpl* **'track ball** *n* COMPUT Rollkugel *f*

track·er ['trækəʳ, AM -ɚ] *n* Fährtenleser(in) *m(f)*

'track·er dog *n* Spürhund *m*

'track event *n* SPORTS Laufwettbewerb *m*

'track·ing shot *n* FILM Schwenk *m* **'track·ing sta·tion** *n* AEROSP Bodenstation *f*

track·less ['trækləs] *adj inv* ❶ (*having no paths*) *desert, forest* spurenlos ❷ *esp* AM (*not running on tracks*) *vehicle* schienenlos; **~ trolley** Oberleitungsbus *m*

'track·man *n* Streckenarbeiter *m* **'track meet** *n* AM Leichtathletikwettkampf *m* **'track race** *n* Rennen *nt;* (*for cars, athletes*) Lauf *m* **track 'rec·ord** *n* ❶ SPORTS Streckenrekord *m* ❷ *of company, person* Erfolgsbilanz *f;* **what's his ~ like?** was hat er vorzuweisen?; (*hum*) **it's hardly surprising your wife doesn't trust you, given your ~!** es ist kaum verwunderlich, dass dir deine Frau nicht vertraut – bei deiner Karriere! *hum* **'track rod** *n* Spurstange *f* **'track shoe** *n* Laufschuh *m* **'track·suit** *n* Trainingsanzug *m* **'track walk·er** *n* RAIL Streckenläufer(in) *m(f)*

tract¹ [trækt] *n* Traktat *nt o m geh* (**on** über +*akk*); **he wrote a ~ against feminism** er verfasste eine Schrift gegen den Feminismus

tract² [trækt] *n* ❶ (*area of land*) Gebiet *nt;* AM (*property*) Grundstück *nt;* (*small lot*) Parzelle *f;* **a large ~ of time** (*fig*) eine Menge Zeit ❷ ANAT (*bodily system*) Trakt *m;* **respiratory ~** Atemwege *pl,* Atemtrakt *m*

trac·tabil·ity [ˌtræktə'bɪləti, AM -əṭi] *n no pl* (*form*) *of child* Lenkbarkeit *f; of metal* Formbarkeit *f*

trac·table ['træktəbl̩] *adj* (*form*) *person, child* lenkbar; *metal* formbar; *problem* lösbar; *situation* in den Griff zu kriegen *präd*

'tract house *n* AM Reihenhaus *nt*

trac·tion ['trækʃən] *n no pl* ❶ *of car, wheels* Bodenhaftung *f;* **to lose ~** Bodenhaftung *f* verlieren ❷ MECH (*pulling*) Antrieb *m;* **electric ~** Elektroantrieb *m* ❸ (*medical treatment*) Strecken *nt;* **to be in** [*or* **on**] **~** im Streckverband liegen

'trac·tion con·trol *n no pl* Antriebsschlupfregelung *f fachspr* **'trac·tion en·gine** *n* Zugmaschine *f* **'trac·tion pow·er** *n no pl* Zugkraft *f*

trac·tor ['træktəʳ, AM -ɚ] *n* Traktor *m*

trac·tor-'trail·er *n* AM Sattelschlepper *m*

trad [træd] *adj* BRIT, AUS (*fam*) *short for* **traditional** traditionell

trade [treɪd] **I.** *n* ❶ *no pl* (*buying and selling*) Handel *m* (**in/with** mit +*dat*); **the balance of ~** die Handelsbilanz ❷ *no pl* (*business activity*) Umsatz *m* ❸ (*type of business*) Branche *f;* **building ~** Baugewerbe *nt;* **fur ~** Pelzgeschäft *nt* ❹ *no pl* (*particular business*) ■**the ~** die Branche; **the rules of the ~** die Regeln der Branche ❺ (*handicraft*) Handwerk *nt;* **he's a carpenter by ~** er ist Schreiner von Beruf; ■**to be in ~** BRIT (*esp pej dated*) Handwerker(in) *m(f)* sein; **to learn a ~** ein Handwerk erlernen ❻ *esp* AM (*swap*) Tauschgeschäft *nt;* **it's a ~** abgemacht!; **to take/give sth in ~** etw zum Tausch nehmen/geben ❼ AM SPORTS (*transfer*) Transfer *m* ❽ (*trade wind*) ■**the ~s** *pl* der Passat **II.** *n modifier* (*enquiry, mission*) Handels- **III.** *vi* ❶ (*exchange goods*) tauschen; ■**to ~ with sb** mit jdm tauschen ❷ (*do business*) Geschäfte machen; **to ~ in oil/luxury goods/tobacco** mit Öl/Luxusgütern/Tabak Handel betreiben ❸ STOCKEX (*be bought and sold*) handeln; **shares in the company ~d actively** Firmenaktien wurden lebhaft gehandelt ❹ (*use*) ■**to ~ on** [*or* **upon**] **sth** etw ausnutzen **IV.** *vt* ❶ (*exchange*) ■**to ~ sth** [**for sth**] etw [durch etw *akk*] austauschen; **I wouldn't ~ you for the world** ich würde dich für nichts auf der Welt eintauschen; **I'll ~ you some of my chocolate for some of your ice cream** ich gebe dir etwas von meiner Schokolade für etwas von deinem Eis; **to ~ bets** Wetten abschließen; **to ~ places** [**with sb**] [mit jdm] den Platz tauschen; **to ~ stories/insults/punches** Geschichten/Beleidigungen/Schläge austauschen ❷ (*buy and sell*) **to ~ commodity futures/options/shares** mit Warentermingeschäften/Optionen/Aktien handeln ❸ AM SPORTS (*transfer*) **to ~ a football player** einen Fußballspieler verkaufen

◆**trade down** *vi* sich *akk* verkleinern *fig;* **my car is costing me too much, so I'm going to ~ down for a cheaper model** mein Auto ist zu teuer, ich hole mir ein billigeres Modell

◆**trade in** *vt* ■**to ~ in ○ sth** etw in Zahlung geben

◆**trade off** *vt* ■**to ~ off ○ sth against sth** etw gegen etw *akk* tauschen

◆**trade up** *vi* sich *akk* vergrößern *fig*

'trade agree·ment *n* Handelsabkommen *nt* **'trade as·so·cia·tion** *n* Wirtschaftsverband *m* **'trade bal·ance** *n* Handelsbilanz *f* **'trade bar·ri·er** *n* Handelsschranke[n] *f*[*pl*] **'trade cy·cle** *n* Konjunkturzyklus *m* **trade 'defi·cit** *n* Handelsbilanzdefizit *nt* **trade di·'rec·tory** *n* Branchenverzeichnis *nt* **trade 'dis·count** *n* Händlerrabatt *m* **'trade dis·pute** *n* Handelsstreitigkeit *f;* (*between union and employer*) Tarifkonflikt *m*

trad·ed op·tion *n* übertragbare Option

'trade em·bar·go *n* Handelsembargo *nt* **'trade fair** *n* ECON Messe *f* **'trade fig·ures** *npl* Außenhandelszahlen *pl* **'trade gap** *n* Außenhandelsdefizit *nt* **'trade-in** ECON **I.** *n* Tauschware *f* **II.** *adj attr, inv* Eintausch- **trade 'jour·nal** *n* Handelsblatt *nt* **trade 'lan·guage** *n* Verhandlungssprache *f* **'trade·mark I.** *n* ❶ (*of a company*) Warenzeichen *nt;* **registered ~** eingetragenes Warenzeichen ❷ (*of a person, music*) charakteristisches Merkmal, Handschrift *f fig* **II.** *n modifier* (*guarantee, service*) [handels]üblich **'trade mis·sion** *n* Handelsmission *f* **'trade**

T

name *n* Handelsname *m,* Markenname *m* **'trade-off** *n* Einbuße *f* **trade 'pa·per** *n* Handelsblatt *nt* **'trade poli·cy** *n* Handelspolitik *f* **trade 'press** *n no pl* Wirtschaftspresse *f* **'trade price** *n* BRIT Großhandelspreis *m;* **to buy sth at ~** etw zum Großhandelspreis kaufen **trade pub·li·'ca·tion** *n* Handelsblatt *nt*

trad·er ['treɪdəʳ, AM -ɚ] *n* ❶ *(person)* Händler(in) *m(f);* STOCKEX Wertpapierhändler(in) *m(f)* ❷ *(ship)* Handelsschiff *nt*

'trade reg·is·ter *n* Handelsregister *nt* **'trade route** *n* Handelsweg *m* **'trade school** *n* AM Gewerbeschule *f* **trade 'se·cret** *n* Betriebsgeheimnis *nt a. fig* **'trade show** *n* AM [Handels]messe *f*

trades·man ['treɪdzmən] *n* *(shopkeeper)* Händler *m;* *(craftsman)* Handwerker *m;* *(supplier)* Lieferant *m* **trades·men's 'en·trance** *n* BRIT *(esp dated)* Lieferanteneingang *m* **'trades·peo·ple** *npl* Händler *mpl* **trades 'un·ion** *n* Gewerkschaft *f* **trade 'sur·plus** *n* Handelsbilanzüberschuss *m* **trade 'un·ion I.** *n* Gewerkschaft *f* **II.** *n modifier* *(member, meeting, official, rally)* Gewerkschafts-; **~ activity** gewerkschaftliche Betätigung **trade 'un·ion·ism** *n no pl* Gewerkschaftswesen *nt* **trade 'un·ion·ist** *n* Gewerkschaftler(in) *m(f)* **trade un·ion 'move·ment** *n* Gewerkschaftsbewegung *f* **'trade war** *n* Handelskrieg *m* **'trade wind** *n* Passat *m*

trad·ing ['treɪdɪŋ] *n no pl* Handel *m;* STOCKEX **~ was heavy/light today on Wall Street** an der Wall Street war der Handel heute stark/schwach; **Sunday ~** BRIT Offenhalten *nt* der Geschäfte am Sonntag; **insider ~** Insidergeschäft *nt*

'trad·ing es·tate *n* BRIT Industriegelände *nt* **'trad·ing floor** *n* Börsenparkett *nt* **'trad·ing li·cence** *n* Gewerbekonzession *f* **'trad·ing part·ner** *n* Handelspartner(in) *m(f)* **'trad·ing post** *n* *(usu hist)* Laden *m,* Handelsniederlassung *f* **'trad·ing stamp** *n* Rabattmarke *f*

tra·di·tion [trə'dɪʃᵊn] *n* ❶ *no pl* *(customary behaviour)* Tradition *f;* ■**by ~** aus Tradition; **according to ~ ...** der Überlieferung nach ...; **to be rooted in ~** in der Tradition verwurzelt sein ❷ *(custom)* Tradition *f,* Brauch *m;* **to break [with] a ~** mit einer Tradition brechen ❸ *(style)* Tradition *f,* Stil *m* ❹ *(in religion)* Überlieferung *f*

tra·di·tion·al [trə'dɪʃᵊnᵊl] *adj belief, costume, food* traditionell; *person* konservativ; *story* alt; **~ jazz** Dixieland[jazz] *m*

tra·di·tion·al·ism [trə'dɪʃᵊnᵊlɪzᵊm] *n no pl* Traditionalismus *m geh*

tra·di·tion·al·ist [trə'dɪʃᵊnᵊlɪst] **I.** *n* Traditionalist(in) *m(f) geh* **II.** *adj inv* traditionalistisch *geh*

tra·di·tion·al·ly [trə'dɪʃᵊnᵊli] *adv* traditionell; *(usually)* üblicherweise, normalerweise; **this area is ~ liberal** diese Region war schon immer liberal

trad 'jazz *n no pl* BRIT Dixieland[jazz] *m*

tra·duce [trə'djuːs, AM *esp* -duːs] *vt* *(form)* ■**to ~ sb/sth** jdn/etw verleumden

traf·fic ['træfɪk] **I.** *n no pl* ❶ *(vehicles)* Verkehr *m;* **air/rail ~** Luft-/Bahnverkehr *m;* **commercial ~** Handelsverkehr *m;* **heavy ~** starker Verkehr; **passenger ~** Personenverkehr *m;* **to get stuck in ~** im Verkehr stecken bleiben; **to direct ~** den Verkehr regeln ❷ *(on telephone)* Fernsprechverkehr *m;* **data ~** COMPUT Datenverkehr *m* ❸ *(in illegal items)* illegaler Handel (**in** mit +*dat*); **drug ~** Drogenhandel *m* ❹ *(form: dealings)* ■**to have ~ with sth/sb** mit etw/jdm zu tun haben [*o* in Verbindung stehen] **II.** *n modifier* *(casualties, flow, hazard, offence, problems, tie-ups)* Verkehrs-; **~ lane** Fahrstreifen *m* **III.** *vi* <-ck-> handeln; **to ~ in weapons** [*or* **arms**] Waffenhandel betreiben; **to ~ in drugs** mit Drogen handeln; **to ~ in pornography** Pornografie vertreiben

'traf·fic ac·ci·dent *n* Verkehrsunfall *m*

traf·fi·ca·tor ['træfɪkeɪtəʳ] *n* BRIT *(dated)* Blinker *m*

traf·fic-calmed [-ˌkɑːmd] *adj attr, inv* BRIT verkehrsberuhigt **'traf·fic-calm·ing** BRIT **I.** *n no pl* Verkehrsberuhigung *f* **II.** *adj attr, inv* zur Verkehrsberuhigung *nach n;* **~ measures** verkehrsberuhigende Maßnahmen **'traf·fic cir·cle** *n* AM Kreisverkehr *m* **'traf·fic cone** *n* AUTO Leitkegel *m,* Pylon *m,* Pylone *f* **'traf·fic con·ges·tion** *n no pl* Stau *m* **'traf·fic cop** *n* AM *(fam)* Verkehrspolizist(in) *m(f)* **'traf·fic court** *n* AM Gericht *nt* für Straßenverkehrssachen **'traf·fic di·ver·sion** *n* Umleitung *f* **'traf·fic en·gi·neer** *n* Verkehrsingenieur(in) *m(f)* **traf·fic en·gi·'neer·ing** *n no pl* Verkehrsplanung *f* **'traf·fic in·di·ca·tor** *n* Blinker *m* **'traf·fic is·land** *n* ❶ *(pedestrian island)* Verkehrsinsel *f* ❷ AM *(central reservation)* Mittelstreifen *m* **'traf·fic jam** *n* Stau *m;* **to be/get stuck in a ~** in einem Stau stecken

traf·ficked *vi pp, pt of* **traffic**

traf·fick·er ['træfɪkəʳ, AM -ɚ] *n* *(pej)* Händler(in) *m(f);* **arms ~** Waffenschieber(in) *m(f);* **drug ~** Drogenhändler(in) *m(f),* Dealer(in) *m(f) fam*

traf·fick·ing ['træfɪkɪŋ] *n no pl* *(pej)* Handel *m;* **arms ~** Waffenschieberei *f;* **drug ~** Drogenhandel *m*

'traf·fic light *n* Ampel *f* **'traf·fic pa·trol** *n* Verkehrspolizei *f* **'traf·fic pat·tern** *n* ❶ *(for airplanes)* Flugroute *f* ❷ *(for road traffic)* Verkehrslage *f* **'traf·fic po·lice** *npl* Verkehrspolizei *f kein pl* **'traf·fic po·lice·man** *n* Verkehrspolizist *m* **'traf·fic regu·la·tion** *n* Straßenverkehrsordnung *f* **'traf·fic re·port** *n* Verkehrsbericht *m* **'traf·fic sign** *n* Verkehrszeichen *nt* **'traf·fic sig·nal** *n* Ampel *f* **'traf·fic war·den** *n* BRIT Verkehrspolizist(in) *m(f)*

trag·edy ['trædʒədi] *n* Tragödie *f a. fig,* Trauerspiel *nt a. fig;* **it's a ~ that ...** es ist tragisch, dass ...; **Greek ~** griechische Tragödie; **a human ~** eine menschliche Tragödie

trag·ic ['trædʒɪk] *adj* tragisch; *(suffering sorrow)* leidgeprüft; **he's a ~ actor** er spielt tragische Rollen

tragi·cal·ly ['trædʒɪkᵊli] *adv* ❶ *(sadly)* tragischerweise ❷ *(in theatre)* tragisch

tragi·com·edy [ˌtrædʒɪ'kɒmədi, AM -'kɑːmə-] *n* Tragikomödie *f*

tragi·com·ic [ˌtrædʒɪ'kɒmɪk, AM -'kɑː-] *adj* tragikomisch

trail [treɪl] **I.** *n* ❶ *(path)* Weg *m,* Pfad *m* ❷ *(track)* Spur *f;* ■**to be on the ~ of sth/sb** etw/jdm auf der Spur sein; **~ of dust/smoke** Staubwolke *f*/Rauchfahne *f;* **a paper ~** ein schriftlicher Beweis; **to be hot on the ~ of sb** jdm dicht auf den Fersen sein; **to follow a ~** HUNT einer Fährte folgen; **to leave a ~** eine Spur hinterlassen **II.** *vt* ❶ *(follow)* ■**to ~ sb/an animal** jdm/einem Tier auf der Spur sein ❷ *(drag)* ■**to ~ sth** etw nachziehen; *(leave behind)* etw hinterlassen ❸ *(in a competition)* ■**to ~ sb/sth** hinter jdm/etw liegen **III.** *vi* ❶ *(drag)* schleifen; *(plant)* sich *akk* ranken ❷ *(be losing)* zurückliegen ❸ *(move sluggishly)* ■**to ~ [after sb]** [hinter jdm her] trotten; **to ~ along the street/into a room** die Straße entlangschlendern/in ein Zimmer schlurfen

◆**trail away** *vi* verstummen; **her voice ~ed away into silence** ihre Stimme wurde immer leiser, bis sie verstummte

◆**trail behind** *vi* zurückbleiben; ■**to ~ behind sb/sth** jdm/etw hinterherlaufen

◆**trail off** *vi* verstummen; *see also* **trail away**

'trail bike *n* Motocross-Motorrad *nt* **trail·blaz·er** [-ˌbleɪzəʳ, AM -ɚ] *n* Wegbereiter(in) *m(f)*

trail·er ['treɪləʳ, AM -ɚ] *n* ❶ *(wheeled container)* Anhänger *m* ❷ AM *(caravan)* Wohnwagen *m* ❸ *(advertisement)* Trailer *m fachspr*

'trail·er camp *n,* **'trail·er park** *n* AM Wohnwagenabstellplatz *m* **'trail·er-truck** *n* AM Sattelschlepper *m*

trail·ing ['treɪlɪŋ] *adj attr, inv* HORT Kletter-; **~ plant** Kletterpflanze *f;* **~ rose** Schlingrose *f*

'trail mix *n no pl* Studentenfutter *nt*

train [treɪn] **I.** *n* ❶ RAIL Zug *m;* ■**to be on a ~** in einem Zug sitzen; **to board a ~** in einen Zug einsteigen; **to change ~s** umsteigen; **to miss/take** [*or* **catch**] **a ~** einen Zug verpassen/nehmen ❷ *(series)* Serie *f;* ■**to be in ~** im Gange sein; **a ~ of events** eine Kette von Ereignissen; **~ of thought** Gedankengang *m;* **to put** [*or* **set**] **sth in ~** etw in Gang setzen ❸ *(reti-*

nue) Gefolge *nt kein pl;* (*procession*) Zug *m;* **an elephant/camel** ~ ein Elefanten-/Kamelzug; **a** ~ **of barges** ein Schleppzug *m;* **waggon** ~ Wagenkolonne *f;* **to bring sth in its/one's** ~ (*fig*) etw nach sich *dat* ziehen ❹ (*part of dress*) Schleppe *f* **II.** *n modifier* (*connection, journey, ride*) Zug-; ~ **schedule** Fahrplan *m;* ~ **driver** Lokführer(in) *m(f)* **III.** *vi* ❶ (*learn*) ■**to** ~ **for sth** für etw *akk* trainieren; **she** ~**ed as a pilot** sie machte eine Pilotenausbildung ❷ (*travel by train*) **to** ~ **to London/New York** mit dem Zug nach London/New York fahren **IV.** *vt* ❶ (*teach*) ■**to** ~ **sb** [**in sth**] jdn [in etw *dat*] ausbilden; ■**to** ~ **oneself to do sth** sich *dat* [selbst] beibringen, etw zu tun; ■**to** ~ **sb for** [*or* **to do**] **sth** jdn für etw *akk* ausbilden; (*hum*) **you must** ~ **your husband to do housework!** du musst deinen Mann zur Hausarbeit erziehen!; **to** ~ **children to be polite** Kinder zur Höflichkeit erziehen; **to** ~ **dogs** Hunde abrichten; **to** ~ **lions/tigers/elephants** Löwen/Tiger/Elefanten dressieren; **to** ~ **one's mind** seinen Verstand schulen ❷ HORT **to** ~ **roses/grape vines** Rosen/Weintrauben ziehen ❸ (*point at*) **to** ~ **a gun/light/telescope on** [*or* **upon**] **sb/sth** eine Waffe/ein Licht/Teleskop auf jdn/etw richten

◆**train up** *vt* ■**to** ~ **up** ⊂ **sb** jdn einschulen

'train-bear·er *n* Schleppenträger(in) *m(f)*

trained [treɪnd] *adj* ❶ (*educated*) ausgebildet; *animal* abgerichtet; (*hum*) **I've got my husband well-~** ich habe meinen Ehemann gut erzogen; **to be** ~ **in nursing/teaching** als Krankenschwester/Lehrer ausgebildet sein ❷ (*expert*) *ear, eye, mind* geschult; *voice* ausgebildet

trainee [ˌtreɪ'niː] **I.** *n* Trainee *m,* Praktikant(in) *m(f);* **nurse** ~ Krankenpflegeschüler(in) *m(f)* **II.** *n modifier* ~ **manager** Management-Trainee *m;* ~ **teacher** Referendar(in) *m(f),* Probelehrer(in) *m(f)* ÖSTERR

trainee·ship [ˌtreɪ'niːʃɪp] *n* Praktikum *nt*

train·er ['treɪnəʳ, AM -ɚ] *n* ❶ (*teacher*) Trainer(in) *m(f);* (*of animals*) Dresseur(in) *m(f);* (*in circus*) Dompteur, Dompteuse *m, f;* **personal** ~ Privattrainer(in) *m(f)* ❷ (*fam: flight simulator*) Schulflugzeug *nt* ❸ BRIT (*shoe*) Turnschuh *m* ❹ (*training pants*) ■~**s** *pl* Turnhose *f*

'train fer·ry *n* Zugfähre *f*

train·ing ['treɪnɪŋ] **I.** *n no pl* ❶ (*education*) Ausbildung *f; of new employee* Schulung *f; of dogs* Abrichten *nt; of elephants, lions* Dressur *f;* **on-the-job** ~ Ausbildung *f* am Arbeitsplatz; **basic** ~ MIL Grundwehrdienst *m* ❷ SPORTS (*practice*) Training *nt;* ■**to be in** ~ **for sth** für etw *akk* trainieren; **to be out of/in** ~ nicht/gut in Form sein **II.** *adj attr, inv* Schulungs-

'train·ing camp *n* SPORTS Trainingscamp *nt* **'train·ing col·lege** *n* BRIT Lehrerbildungsanstalt *f* **'train·ing course** *n* Vorbereitungskurs *m* **'train·ing manu·al** *n* Lehrbuch *nt* **'train·ing mis·sion** *n* MIL Übungsmission *f* **'train·ing pants** *npl* Sporthose *f* **'train·ing plane** *n* Schulflugzeug *nt* **'train·ing pro·gram** *n* AM, **'train·ing pro·gramme** *n* BRIT, AUS Ausbildungsprogramm *nt* **'train·ing ship** *n* Schulschiff *nt* **'train·ing shoe** *n* BRIT Turnschuh *m* **'train·ing ta·ble** *n* AM Tisch *m* mit Sportlernahrung **'train·ing wheels** *npl* AM, AUS Stützräder *ntpl;* **to get off one's** ~ (*fig*) den Kinderschuhen entwachsen

'train·load *n* Zugladung *f* **'train·man** *n* AM Eisenbahnbedienstete(r) *f(m)* **'train-oil** *n no pl* Tran *m* **'train ser·vice** *n no pl* Zugverkehr *m;* (*between two towns*) [Eisen]bahnverbindung *f* **'train set** *n* Spielzeugeisenbahn *f* **'train shed** *n* Lokschuppen *m* **'train·sick** *adj* reisekrank (*beim Zugfahren*) **'train·sick·ness** *n no pl* Reisekrankheit *f* (*beim Zugfahren*) **'train·spot·ter** [-ˌspɒtəʳ] *n* BRIT *jd, der als Hobby die Nummern von Lokomotiven und Eisenbahnen sammelt* **'train·spot·ting** [-ˌspɒtɪŋ] *n das Sammeln von Lokomotiven- und Eisenbahnnummern als Hobby* **'train sta·tion** *n* Bahnhof *m* **'train tick·et** *n* Zugfahrkarte *f*

traipse [treɪps] **I.** *vi* latschen *fam* **II.** *n no pl* Latschen *nt fam*

trait [treɪ, treɪt, AM treɪt] *n* Eigenschaft *f;* **character** ~ Charakterzug *m;* **genetic** ~ genetisches Merkmal

trai·tor ['treɪtəʳ, AM -t̬ɚ] *n* Verräter(in) *m(f);* ■**to be a** ~ **to sth/sb** etw/jdn verraten; **to brand sb** [**as**] **a** ~ jdn als Verräter anprangern; **to turn** ~ zu einem Verräter/einer Verräterin werden

trai·tor·ous ['treɪtᵊrəs, AM -t̬ɚ-] *adj* verräterisch *a. fig*

trai·tress <*pl* -es> ['treɪtrɪs] *n* (*dated*) Verräterin *f*

tra·jec·tory [trə'dʒektəri, AM -ɚi] *n* PHYS Flugbahn *f;* MATH Kurve *f*

tram [træm] BRIT, AUS **I.** *n* Straßenbahn *f;* **to go by** ~ mit der Straßenbahn fahren **II.** *n modifier* (*accident, fare, ride, route, service, system*) Straßenbahn-; ~ **stop** Straßenbahnhaltestelle *f*

'tram car *n* BRIT, AUS Straßenbahnwagen *m* **'tram driv·er** *n* BRIT, AUS Straßenbahnfahrer(in) *m(f)* **'tram·line** *n* BRIT, AUS ❶ (*route*) Straßenbahnlinie *f* ❷ (*tracks*) ■~**s** *pl* Straßenbahnschienen *fpl* ❸ SPORTS (*boundary lines*) ■~**s** *pl* Seitenlinien *fpl*

tram·mel ['træmᵊl] **I.** *n* ❶ (*liter*) ■~**s** *pl* (*restrictions*) *of etiquette, religion* Fesseln *fpl fig* ❷ (*trammel net*) Schleppnetz *nt* **II.** *vt* <-ll-> (*liter*) ■**to** ~ **sb/sth** jdn/etw einschränken

'tram·mel net *n* Schleppnetz *nt*

tramp [træmp] **I.** *vi* ❶ (*walk*) marschieren; (*walk heavily*) trampeln; **to** ~ **on sb's toes** auf jds Zehen trampeln ❷ (*live as vagabond*) umherziehen **II.** *vt* ■**to** ~ **sth: you're** ~**ing dirt and mud all over the house!** du schleppst den Schmutz und Matsch durch das ganzen Haus!; **to** ~ **the country/streets** das Land/die Straßen durchwandern **III.** *n* ❶ *no pl* (*stomping sound*) schwere Schritte *pl* ❷ *no pl* (*long walk*) Wanderung *f;* (*tiring walk*) Fußmarsch *m;* **to go for a** ~ [**somewhere**] [irgendwo] eine Wanderung machen ❸ (*poor person*) Vagabund(in) *m(f),* Sandler(in) *m(f)* ÖSTERR ❹ *esp* AM (*pej: woman*) Flittchen *nt pej fam* ❺ (*ship*) Trampdampfer *m*

tram·ple ['træmpl] **I.** *vt* **to** ~ **sb/sth** jdn/etw niedertrampeln; **to** ~ **grass/flowers/crops** Gras/Blumen/Getreide zertrampeln; **to be** ~**d to death** zu Tode getrampelt werden; **to** ~ **sb/sth underfoot** jdn/etw niedertrampeln **II.** *vi* ❶ (*step on*) ■**to** ~ **on** [*or* **all over**] **sth** auf etw *dat* herumtrampeln ❷ (*fig: treat contemptuously*) ■**to** ~ **on sb/sth** auf jdm/etw herumtrampeln *fig*

◆**trample down** *vt* ■**to** ~ **down** ⊂ **sth** etw zertrampeln

tram·po·line ['træmpᵊliːn, AM -pə-] *n* Trampolin *nt*

tram·po·lin·ist [ˌtræmpᵊ'liːnɪst, AM -pə-] *n* Trampolinspringer(in) *m(f)*

'tramp steam·er *n* Trampdampfer *m*

'tram·way *n* (*rails*) Straßenbahnschienen *fpl;* (*route*) Straßenbahnstrecke *f;* (*system*) Straßenbahnnetz *nt*

trance [trɑːn(t)s, AM træn(t)s] *n* ❶ (*mental state*) Trance *f;* **to be in a** ~ in Trance sein; **to go** [*or* **fall**] **into a** ~ in Trance fallen; **to put** [*or* **send**] **sb into a** ~ jdn in Trance versetzen ❷ *no pl* (*music*) Trance-Musik *f*

tranche [trɑːn(t)ʃ] *n* ❶ *of money* Rate *f* ❷ STOCKEX Tranche *f fachspr* ❸ *of fish* Scheibe *f*

tran·ny ['træni] *n esp* BRIT (*sl*) *short for* **transistor radio** Transistorradio *nt*

tran·quil ['træŋkwɪl] *adj setting, lake, neighbourhood* ruhig; *voice, expression* gelassen

tran·quil·ity *n* AM *see* **tranquillity**

tran·quil·ize *vt* AM *see* **tranquillize**

tran·quil·iz·er *n* AM *see* **tranquillizer**

tran·quil·lity [træŋ'kwɪləti], AM *a.* **tran·quil·ity** [-ət̬i] *n no pl* Ruhe *f,* Gelassenheit *f*

tran·quil·lize ['træŋkwɪlaɪz], AM *usu* **tran·quil·ize** *vt* MED ■**to** ~ **sb/an animal** jdn/ein Tier ruhigstellen

tran·quil·liz·er ['træŋkwɪlaɪzəʳ], AM *usu* **tran·quil·iz·er** [-ɚ] *n* Tranquilizer *m,* Beruhigungsmittel *nt;* ■**to be on** ~**s** unter Beruhigungsmitteln stehen

'tran·quil·liz·ing dart *n* Betäubungspfeil *m*

tran·quil·ly ['træŋkwɪli] *adv* ruhig; **to live** ~ friedlich leben

trans·act [træn'zækt] **I.** *vt* **to** ~ **business** Geschäfte abwickeln;

T

to ~ a deal ein Geschäft abschließen; **to ~ negotiations/money exchange** Verhandlungen/einen Geldwechsel durchführen **II.** *vi* **to ~ with sb** mit jdm verhandeln

trans·ac·tion [trænˈzækʃᵊn] *n* ❶ ECON Transaktion *f*; **business ~** Geschäft *nt*; **~ of business** Geschäftsbetrieb *m* ❷ (*published report*) ■**~s** *pl* Sitzungsbericht *m*

trans·ac·tion·al analy·sis [træn,zækʃᵊnᵊl-] *n no pl* PSYCH Transaktionsanalyse *f fachspr*

trans·al·pine [trænˈzælpaɪn] *adj* transalpin

trans·at·lan·tic [ˌtrænzətˈlæntɪk, AM ˌtræn(t)sæt'-], **trans-At·lan·tic** *adj inv* transatlantisch; **~ flight** Transatlantikflug *m*; **our ~ allies/partners** (*said by British*) unsere amerikanischen Alliierten/Partner; (*said by Americans*) unsere britischen Alliierten/Partner

trans·ceiv·er [trænˈsiːvəʳ, AM -ɚ] *n* Sende-und Empfangsgerät *nt*

trans·cend [trænˈsend] *vt* ❶ (*go beyond*) ■**to ~ sth** über etw *akk* hinausgehen; **love ~s all** [*or* **everything else**] die Liebe überwindet alle Grenzen; **to ~ barriers/limitations** Grenzen/Einschränkungen überschreiten ❷ (*surpass*) ■**to ~ sb/sth** jdn/etw überragen

trans·cen·dence [trænˈsendən(t)s] *n no pl* (*form*) Transzendenz *f geh*

trans·cen·dent [trænˈsendənt] *adj* ❶ (*supreme*) *authority, being* übernatürlich ❷ (*exceptional*) *love, genius* überragend ❸ (*in philosophy*) transzendent *geh*

trans·cen·den·tal [ˌtræn(t)senˈdentᵊl, AM -t̬ᵊl] *adj* transzendent[al] *geh*, übersinnlich

trans·cen·den·tal medi·ˈta·tion *n no pl* transzendentale Meditation **trans·cen·den·tal ˈnum·ber** *n* transzendente Zahl, Transzendente *f fachspr*

trans·con·ti·nen·tal [ˌtræns,kɒntɪˈnentᵊl, AM ˌtræn(t)s,kɑːntᵊnˈentᵊl] *adj inv* transkontinental

tran·scribe [trænˈskraɪb] *vt* ❶ (*put in written form*) **to ~ a conversation/a recording** ein Gespräch/eine Aufnahme niederschreiben [*o* protokollieren] ❷ MUS **to ~ a quartet for clarinet/piano** ein Quartett für Klarinette/Klavier umschreiben [*o fachspr* transkribieren] ❸ LING **to ~ characters** Zeichen transkribieren *fachspr*; **to ~ shorthand** Kurzschrift [in Langschrift] übertragen; **to ~ a text phonetically** einen Text in phonetische Schrift übertragen ❹ BIOL **to ~ genetic information** genetische Informationen transkribieren *fachspr* [*o* übertragen]

tran·script [ˈtræn(t)skrɪpt] *n* ❶ (*copy*) Abschrift *f*, Protokoll *nt* ❷ (*in genetics*) Transkription *f fachspr* ❸ AM (*school records*) ■**~s** *pl* Zeugnisse *ntpl*; **high school/college ~s** High School-/Collegezeugnisse

tran·scrip·tion [trænˈskrɪpʃᵊn] *n* ❶ (*copy*) Abschrift *f*, Protokoll *nt* ❷ *no pl* (*putting into written form*) Abschrift *f*; BIOL, LING, MUS Transkription *f fachspr*; *of genetic information also* Übertragung *f*; **phonetic ~** Umsetzung *f* in Lautschrift

trans·duc·er [trænzˈdjuːsəʳ, AM træn(t)sˈduːsɚ, -djuːs-] *n* ELEC Wandler *m*

tran·sept [træn(t)ˈsept] *n* ARCHIT Querschiff *nt*

trans·fer I. *vt* <-rr-> [træn(t)sˈfɜːʳ, AM -ˈfɜːr] ❶ (*move*) ■**to ~ sb/sth** jdn/etw transferieren *geh*; **she ~red her gun from its shoulder holster to her handbag** sie nahm ihre Waffe aus dem Schulterhalfter heraus und steckte sie in ihre Handtasche; **all passengers were ~red out of one bus and into another** alle Passagiere mussten von einem Bus in einen anderen umsteigen; **to ~ a drawing/design/pattern** eine Zeichnung/ein Design/Muster übertragen; **to ~ sb to a hospital** jdn in ein Krankenhaus einweisen; **to ~ money** Geld überweisen ❷ (*re-assign*) ■**to ~ sb** jdn versetzen; ■**to be/get ~red** versetzt werden; ■**to ~ sth** etw übertragen; **to ~ power** die Macht abgeben; **to ~ responsibility** die Verantwortung übertragen ❸ (*redirect*) **to ~ anger/hate/mistrust** Ärger/Hass/Misstrauen übertragen; **to ~ a call** ein Gespräch weiterleiten; **to ~ one's emotions/affections to sb new** jd anderem seine Gefühle/Zuneigung schenken ❹ (*change ownership*) **to ~ a house/property to sb** ein Haus/Eigentum auf jdn überschreiben; **to ~ a title/rights** einen Titel/Rechte übertragen ❺ SPORTS (*sell*) ■**to ~ sb** jdn verkaufen ❻ LING (*adapt*) **~ed meaning/use of a word or phrase** übertragene Bedeutung/übertragener Gebrauch eines Wortes oder Satzes **II.** *vi* <-rr-> [træn(t)sˈfɜːʳ, AM -fɜːr] ❶ (*change jobs*) *employee* überwechseln; (*change club, university*) wechseln (**to** in/nach +*akk*) ❷ (*change buses, trains*) umsteigen ❸ (*change systems*) umstellen **III.** *n* [ˈtræn(t)sfɜːʳ, AM -fɜːr] ❶ *no pl* (*process of moving*) *of hospital patients, prisoners* Verlegung *f* (**to** in/nach +*akk*) ❷ (*reassignment*) *of money* Überweisung *f*; **~ of capital** Kapitaltransfer *m*; **~ of ownership/a title** Übertragung *f* eines Besitzes/Titels; **~ of power** Machtübertragung *f* ❸ (*at work*) Versetzung *f*; *of teams, clubs* Transfer *m*; **to request a ~** um Transfer bitten ❹ *no pl* (*distribution*) Transfer *m*; **~ of information** Informationstransfer *m* ❺ SPORTS (*player*) Transferspieler(in) *m(f)* ❻ AM (*ticket*) Umsteige[fahr]karte *f* ❼ (*pattern*) Abziehbild *nt*

trans·fer·able [træn(t)sˈfɜːrəbl] *adj inv* übertragbar; *rights, stocks, property also* transferierbar *geh*

trans·fer·ence [trɑːn(t)sˈfᵊrᵊn(t)s, ˈtræn(t)sfɜːrᵊnts, AM ˈtræn(t)sfɚ-, træn(t)sˈfɜːr-] *n no pl* ❶ (*act of changing*) Übergabe *f*; **~ of power** Machtübergabe *f* ❷ PSYCH *of emotions* Übertragung *f* ❸ *of property, stocks, money* Überschreibung *f*

ˈtrans·fer fee *n* BRIT SPORTS Ablösesumme *f* **ˈtrans·fer list** *n* BRIT SPORTS Transferliste *f* **ˈtrans·fer-list** *vt* BRIT ■**to ~ sb** jdn auf die Transferliste setzen **ˈtrans·fer rate** *n* COMPUT Übertragungsgeschwindigkeit *f*

trans·ferred charge call *n* BRIT R-Gespräch *nt*

trans·fer RNˈA *n no pl* BIOL Übertragungs-RNS *f* **ˈtrans·fer speed** *n* COMPUT Übertragungsgeschwindigkeit *f* **ˈtrans·fer sta·tion** *n* Umsteigestation *f* **ˈtrans·fer stu·dent** *n* AM Schüler/Schülerin, der/die die Schule gewechselt hat

trans·figu·ra·tion [ˌtræn(t)sfɪgᵊrˈeɪʃᵊn, AM -figjɚ'-] *n no pl* ❶ (*of Christ*) ■**the T~** die Verklärung; (*church festival*) die Transformation ❷ (*change*) Verwandlung *f*

trans·fig·ure [træn(t)sˈfɪgəʳ, AM -ˈfigjɚ] *vt* ■**to ~ sb/sth** [**into sth**] jdn/etw [in etw *akk*] verwandeln

trans·fix [træn(t)sˈfɪks] *vt usu passive* ❶ (*spellbind*) ■**to be ~ed with sth/sb** von etw/jdm fasziniert sein; **to be ~ed with horror** starr [*o* gelähmt] vor Entsetzen sein ❷ (*form: impale*) ■**to be ~d by sth** von etw *dat* durchbohrt sein

trans·form [træn(t)sˈfɔːm, AM -ˈfɔːrm] *vt* ❶ (*change*) ■**to ~ sth/sb** etw/jdn verwandeln ❷ ELEC **to ~ voltage** Spannung transformieren *fachspr* ❸ MATH **to ~ an equation/fraction** eine Gleichung/einen Bruch umwandeln

trans·for·ma·tion [ˌtræn(t)sfəˈmeɪʃᵊn, AM -fɚ'-] *n* ❶ (*great change*) Verwandlung *f* ❷ (*in theatre*) Verwandlungsszene *f* ❸ ELEC *of voltage* Transformation *f* ❹ (*in math*) Umwandlung *f* ❺ (*in linguistics*) Umformung *f*

trans·for·ma·tion·al [ˌtræn(t)sfəˈmeɪʃᵊnᵊl, AM -fɚ'-] *adj inv* Transformations-; **~ grammar** Transformationsgrammatik *f fachspr*

trans·for·ˈma·tion scene *n* Verwandlungsszene *f*

trans·form·er [træn(t)sˈfɔːməʳ, AM -ˈfɔːrmɚ] *n* ELEC Transformator *m fachspr*

trans·fuse [træn(t)sfjuːz] *vt* ❶ MED (*transfer*) **to ~ blood** Blut übertragen [*o* transfundieren *fachspr*] ❷ (*impart*) **to ~ respect/values/honesty to sb** jdm Respekt/Werte/Ehrlichkeit vermitteln ❸ *usu passive* (*liter: permeate*) **to be ~d with happiness/joy** von Zufriedenheit/Freude erfüllt sein; **his voice was ~d with emotion** seine Stimme war emotionsgeladen

trans·fu·sion [træn(t)sˈfjuːʒᵊn] *n* ❶ *no pl* MED (*transferring*) Transfusion *f fachspr* ❷ (*blood*) Blutübertragung *f*, Bluttransfusion *f* ❸ (*fig*) Investition *f*

trans·gen·dered [trænzˈdʒendəd, AM -dɚd] *adj inv* transsexuell

trans·gen·der·ing [trænzˈdʒendərɪŋ] *n no pl* Geschlechtsumwandlung *f*

trans·ge·net·ic [ˌtrænzdʒəˈnetɪk, AM -t̬-] *adj inv* transgen

trans·ge·net·ics I. *n* [ˌtrænzdʒəˈnetɪks, AM -t̬-] + *sing vb* Transgenetik *f* II. *n modifier* Transgenetik-

trans·gress [trænzˈgres, AM *also* træn(t)s-] I. *vt* (*form*) **to ~ industry standards** gegen Industrienormen verstoßen; **to ~ a law** ein Gesetz übertreten II. *vi* ❶ (*form: break rule*) die Regeln verletzen ❷ REL sündigen; **to ~ against God** [*or* **the Lord**] gegen Gottes Gebote sündigen [*o* verstoßen]

trans·gres·sion [trænzˈgreʃᵊn, AM *also* træn(t)s-] *n* ❶ *no pl* (*form: violation*) Übertretung *f;* **~ of the law** Gesetzesverstoß *m;* **~ of the rules** Übertretung *f* der Regeln ❷ REL (*sin*) Sünde *f,* Verstoß *m*

trans·gres·sor [trænzˈgresəʳ, AM *usu* træn(t)sˈgresɚ] *n* ❶ (*form: violator*) Schuldige(r) *f(m)* ❷ REL (*sinner*) Sünder(in) *m(f)*

tran·ship [træn(t)sˈʃɪp, AM trænˈ-] I. *vi* umladen II. *vt* ■**to ~ sth** etw umladen

tran·si·ence [ˈtrænziən(t)s, AM ˈtrænʃᵊn(t)s, -ʒᵊn(t)s, -ziən(t)s] *n no pl* Vergänglichkeit *f*

tran·si·ent [ˈtrænziənt, AM ˈtrænʃᵊnt, -ʒᵊnt, --ziənt] I. *adj* ❶ (*temporary*) vergänglich; **a glass of whisky has only a ~ warming effect** ein Glas Whisky wärmt nur vorübergehend; **the ~ nature of beauty/youth/life** die Vergänglichkeit von Schönheit/der Jugend/des Lebens ❷ (*mobile*) **~ population/work force** nicht ansässiger Teil der Bevölkerung/nicht ansässige Arbeitskräfte eines Ortes II. *n* Durchreisende(r) *f(m)*

tran·sis·tor [trænˈzɪstəʳ, AM -ɚ] *n* ELEC Transistor *m fachspr*

tran·sis·tor·ize [trænˈzɪstᵊraɪz, AM -təraɪz] *vt* ELEC **to ~ a radio/television/tape recorder** einen Radio/Fernseher/Kassettenrekorder transistorisieren *fachspr*

tran·sis·tor·ized [trænˈzɪstᵊraɪzd, AM -təraɪzd] *adj inv amplifier, radio, TV* Transistor-

tran·sis·tor ˈra·dio *n* Transistorradio *nt*

tran·sit [ˈtræn(t)sɪt] I. *n* ❶ *no pl of people, goods* Transit *m* ❷ (*crossing*) Transit *m* ❸ AM (*public transport*) öffentliches Verkehrswesen; **mass ~** öffentlicher Nahverkehr II. *vt* **to ~ a canal/ocean/territory** einen Kanal/Ozean/ein Gebiet durchqueren

ˈtran·sit camp *n* Auffanglager *nt* **ˈtran·sit duty** *n* Transitzoll *m*

tran·si·tion [trænˈzɪʃᵊn] *n* Übergang *m,* Wechsel *m;* (*in music*) Übergang *m;* ■**to be in ~** in einer Übergangsphase sein; **a period** [*or* **time**] **of ~** eine Übergangsphase

tran·si·tion·al [trænˈzɪʃᵊnᵊl] *adj inv* Übergangs-; **~ government** Übergangsregierung *f*

tran·ˈsi·tion point *n* CHEM Ablösungspunkt *m;* (*fig*) Wechselpunkt *m* **tran·ˈsi·tion stage** *n* Übergangsstadium *nt*

tran·si·tive [ˈtræn(t)sətɪv, AM -t̬-] LING I. *adj inv* transitiv; **~ verb** transitives Verb II. *n* Transitiv *nt*

tran·si·tive·ly [ˈtræn(t)sətɪvli, AM -t̬-] *adv inv* LING transitiv

tran·si·tiv·ity [ˌtræn(t)səˈtɪvəti, AM -t̬ɪvət̬i] *n no pl* LING Transitivität *f*

ˈtran·sit lounge *n* Transitraum *m*

tran·si·tory [ˈtræn(t)sɪtᵊri, AM -sətɔ:ri] *adj* vergänglich; *see also* **transient**

ˈtran·sit pas·sen·ger *n* Transitreisende(r) *f(m)* **ˈtran·sit sys·tem** *n* AM öffentliches Verkehrssystem **ˈtran·sit visa** *n* Transitvisum *nt*

trans·lat·able [trænzˈleɪtəbl̩, AM træn(t)sleɪt̬əbl̩] *adj* übersetzbar

trans·late [trænzˈleɪt, AM træn(t)s-] I. *vt* ❶ (*change language*) **to ~ a book/document/word** ein Buch/Dokument/Wort übersetzen; **to ~ sth from Greek into Spanish** etw aus dem Griechischen ins Spanische übersetzen ❷ (*interpret*) ■**to ~ sth** etw interpretieren; **to ~ sth as agreement** etw als Zustimmung interpretieren ❸ (*adapt*) ■**to ~ sth** etw adaptieren; **to ~ a stage play into film** ein Bühnenstück für den Film adaptieren ❹ (*make a reality*) ■**to ~ sth** etw umsetzen; **to ~ a plan into action** einen Plan in die Tat umsetzen ❺ (*move*) **to be ~d from one state to another** aus einem Zustand in einen anderen versetzt werden ❻ REL **to ~ a bishop** einen Bischof in eine andere Diözese berufen II. *vi* ❶ (*change words*) übersetzen; **to ~ from Hungarian into Russian** aus dem Ungarischen ins Russische übersetzen; **to ~ easily/only with difficulty** sich *akk* einfach/schwierig übersetzen lassen; **to ~ simultaneously** simultan dolmetschen ❷ (*transfer*) sich *akk* umsetzen lassen; **hopefully these advertisements will ~ into increased sales** hoffentlich werden diese Anzeigen zu erhöhtem Verkauf führen

trans·la·tion [trænzˈleɪʃᵊn, AM træn(t)s-] I. *n* ❶ (*of a text, word*) Übersetzung *f* ❷ *no pl* (*process*) Übersetzen *nt;* ■**in ~** bei der Übersetzung; **simultaneous ~** Simultandolmetschen *nt* ❸ (*conversion*) Umsetzung *f* ►PHRASES: **to get lost in the ~** das ursprüngliche Ziel aus den Augen verlieren II. *n modifier* (*agency, company, problem, work*) Übersetzungs-

trans·ˈla·tion ta·ble *n* COMPUT Umsetzungstabelle *f*

trans·la·tor [trænzˈleɪtəʳ, AM træn(t)sˈleɪt̬ɚ] *n* Übersetzer(in) *m(f);* **simultaneous ~** Simultandolmetscher(in) *m(f)*

trans·lit·er·ate [trænzˈlɪtᵊreɪt, AM trænsˈlɪt̬ə-] *vt* LING ■**to ~ sth** etw transliterieren *fachspr*

trans·lit·era·tion [trænzˈlɪtᵊrˈeɪʃᵊn, AM trænsˈlɪt̬əˈreɪʃᵊn] *n* LING Transliteration *f fachspr* (**into** in +*akk*)

trans·lu·cence [trænzˈlu:sᵊn(t)s, AM trænˈslu:-] *n no pl* Lichtdurchlässigkeit *f*

trans·lu·cent [trænzˈlu:sᵊnt, AM trænˈslu:-] *adj* lichtdurchlässig; (*fig*) *writing, logic, prose* klar; **~ glass** Milchglas *nt;* **~ skin** durchsichtige Haut

trans·mi·grate [ˌtrænzmaɪˈgreɪt, AM ˌtræn(t)sˈmaɪgreɪt] *vi* ❶ *soul* [in einen anderen Körper] wandern ❷ (*migrate*) übersiedeln

trans·mi·gra·tion [ˌtrænzmaɪˈgreɪʃᵊn, AM ˌtræn(t)s-] *n* ❶ *of soul* Seelenwanderung *f* ❷ (*emigration*) Auswanderung *f*

trans·mis·sible [trænzˈmɪsəbl̩, AM trænˈsmɪs-] *adj* übertragbar; **~ disease** übertragbare Krankheit

trans·mis·sion [trænzˈmɪʃᵊn, AM trænˈsmɪʃ-] *n* ❶ *no pl* (*act of broadcasting*) Übertragen *nt* ❷ (*broadcast*) Sendung *f,* Übertragung *f* ❸ *no pl* MED *of a disease* Übertragung *f; of a hereditary disease* Vererbung *f,* Weitergabe *f* ❹ (*in a car engine*) Getriebe *nt;* **automatic/manual ~** AUTO Automatik-/Schaltgetriebe *nt*

trans·ˈmis·sion flu·id *n no pl* Getriebeöl *nt* **trans·ˈmis·sion shaft** *n* AUTO Kardanwelle *f fachspr*

trans·mit <-tt-> [trænzˈmɪt, AM trænˈsmɪt] I. *vt* ❶ (*pass on*) **to ~ cholera/an infection** Cholera/eine Infektion übertragen ❷ (*impart*) **to ~ information** Informationen übermitteln; **to ~ knowledge** Wissen vermitteln II. *vi* senden; **Radio Seven ~s on 210 medium wave** Radio Sieben sendet auf Mittelwelle 210

trans·mit·ter [trænzˈmɪtəʳ, AM trænˈsmɪt̬ɚ] *n* Sender *m*

trans·mog·ri·fi·ca·tion [ˌtrænzmɒgrɪfɪˈkeɪʃᵊn, AM trænˌsmɑ:grə-] *n no pl* (*hum*) wundersame Wandlung *hum*

trans·mo·gri·fy <-ie-> [trænzˈmɒgrɪfaɪ, AM trænˌsmɑ:grə-] *vt* ■**to ~ sb/sth** [**into sth**] jdn/etw [in etw *akk*] verwandeln

trans·mu·ta·tion [ˌtrænzmju:ˈteɪʃᵊn, AM ˌtræn(t)s-] *n* (*form: change*) Umwandlung *f;* (*spec*) *of elements, metals, species* Transmutation *f fachspr*

trans·mute [trænzˈmju:t, AM træn(t)s-] (*form*) I. *vt* ■**to ~ sth** [**into sth**] etw [in etw *akk*] verwandeln; **to ~ lead into gold** (*hist*) Blei in Gold umwandeln II. *vi* ❶ (*change completely*) ■**to ~ into sth** sich *akk* in etw *akk* verwandeln ❷ (*spec*) transmutieren *geh;* ■**to ~ into** [*or* **to**] **sth** zu etw *dat* transmutieren *fachspr*

trans·ocean·ic [ˌtrænzəʊsiˈænɪk, AM ˌtræn(t)soʊʃi-] *adj attr, inv people, cultures* aus Übersee *nach n; communications, flight, travel* Übersee-

tran·som [ˈtræn(t)səm] *n* ❶ (*on boat*) Querbalken *m* ❷ AM (*fanlight*) Oberlicht *nt* ►PHRASES: **over the ~** AM (*fam*) unaufgefordert

tran·som ˈwin·dow *n* AM Oberlicht *nt*

T

trans·par·en·cy [træns'pærᵊn(t)si, AM træn'sper-] *n* ① *no pl* (*quality*) Lichtdurchlässigkeit *f*, Transparenz *f geh* ② (*slide*) Dia *nt* ③ *no pl* (*obviousness*) Durchschaubarkeit *f*

trans·par·ent [træns'pærᵊnt, AM træn'sper-] *adj* ① *inv* (*see-through*) durchsichtig, transparent *geh* ② (*fig*) transparent *geh*, durchschaubar; ~ **lie** leicht zu durchschauende Lüge

trans·par·ent·ly [træns'pærᵊntli, AM træn'sper-] *adv* offensichtlich

tran·spi·ra·tion [ˌtræn(t)spɪ'reɪʃᵊn] *n no pl* BIOL Transpiration *f geh*; (*sweat*) Schwitzen *nt*

tran·spire [træn'spaɪəʳ, AM -ɚ] *vi* ① (*occur*) passieren, sich *akk* ereignen ② (*become known*) sich *akk* herausstellen, bekannt werden, durchsickern *fam* ③ BIOL transpirieren *geh*; *person also* schwitzen

trans·plant **I.** *vt* [træn'splɑːnt, AM -'splænt] ① (*re-plant*) ■**to** ~ **sth** etw umpflanzen [*o* umsetzen] ② MED (*from donor*) ■**to** ~ **sth** [**into sb/sth**] etw [in jdn/etw] verpflanzen [*o fachspr* transplantieren] ③ (*relocate*) ■**to** ~ **sb/sth** jdn/etw umsiedeln **II.** *vi* [træn'splɑːnt, AM -'splænt] **beetroot doesn't** ~ **well** Rote Bete lässt sich nicht gut umpflanzen **III.** *n* ['træn(t)splɑːnt, AM -splænt] ① (*surgery*) Verpflanzung *f*, Transplantation *f fachspr*; **to have a** ~ sich *akk* einer Transplantation unterziehen ② (*organ*) Transplantat *nt* ③ (*plant*) umgesetzte Pflanze

trans·plan·ta·tion [ˌtræn(t)splɑːn'teɪʃᵊn, AM -splæn'-] *n no pl* Verpflanzung *f*, Transplantation *f fachspr* (**from** von +*dat*)

'trans·plant op·era·tion *n* Transplantation[soperation] *f*

'trans·plant pa·tient *n* Transplantatempfänger(in) *m(f)*

'trans·plant sur·gery *n no pl* Transplantationschirurgie *f*

tran·spond·er [træn'spɒndəʳ, AM -'spɑːndɚ] *n* AVIAT, TECH Transponder *m*

trans·port **I.** *vt* [træn'spɔːt, AM -'spɔːrt] ① (*carry*) ■**to** ~ **sth** [**somewhere**] etw [irgendwohin] transportieren [*o* befördern]; ■**to** ~ **sb** [**somewhere**] jdn [irgendwohin] transportieren; *prisoner* jdn [irgendwohin] überführen ② (*remind*) **to** ~ **sb to a place/time** jdn an einen Ort/in eine Zeit versetzen; **the film** ~**ed us back to the New York of the 1950s** der Film versetzte uns in das New York der 50er Jahre zurück ③ *usu passive* (*liter: infuse*) **to be** ~**ed with grief** gramerfüllt sein; **to be** ~**ed with joy** entzückt sein ④ *usu* BRIT (*hist: deport*) **to** ~ **sb** [**to a country**] jdn [in ein Land] deportieren **II.** *n* ['træn(t)spɔːt, AM -spɔːrt] ① *no pl* (*conveying*) Transport *m*, Beförderung *f* ② *no pl* (*traffic*) Verkehrsmittel *nt*; **means of** ~ Transportmittel *nt*; **public** ~ öffentliche Verkehrsmittel *ntpl* ③ (*vehicle*) [Transport]fahrzeug *nt*; **do you have your own** ~**?** hast du ein eigenes Fahrzeug?; **a troop** ~ ein Truppentransporter *m*; (*plane*) Transportflugzeug *nt*; (*ship*) Transportschiff *nt* ④ *usu pl* (*form: emotion*) Gefühlsausbruch *m*; **to be in** ~**s of delight** [*or* **joy**] vor Freude außer sich *dat* sein **III.** *n* ['træn(t)spɔːt, AM -spɔːrt] *modifier* (*company, costs, facilities, link, network, service, route*) Transport-

trans·port·able [træn'spɔːtəbḷ, AM -'spɔːrṭ-] *adj* ① (*movable*) transportabel; *phones* mobil ② *esp* BRIT (*hist: punishable*) mit Deportation bestrafbar; **a** ~ **crime/offence** *ein Verbrechen/ Vergehen, auf das Deportation steht*

trans·por·ta·tion [ˌtræn(t)spɔː'teɪʃᵊn, AM -spɚ'-] *n no pl* ① (*conveying*) Transport *m*, Beförderung *f* ② *esp* AM, AUS (*traffic*) Transportmittel *nt*, Verkehrsmittel *nt*; **means of** ~ Transportmittel *nt*, Verkehrsmittel *nt*; **to provide** ~ ein Beförderungsmittel zur Verfügung stellen ③ *usu* BRIT (*hist: deportation*) Deportation *f* (**to** nach +*dat*)

'trans·port café *n* BRIT Fernfahrerraststätte *f*, Fernfahrerlokal *nt*

trans·port·er [træn'spɔːtəʳ, AM -'spɔːrṭɚ] *n* Transporter *m*

'trans·port plane *n* Transportflugzeug *nt* **'trans·port ship** *n* Transportschiff *nt* **'trans·port sys·tem** *n* Verkehrswesen *nt*

trans·pose [træn'spəʊz, AM -'spoʊz] *vt* ① (*form: swap*) ■**to** ~ **sth** *numbers* etw vertauschen [*o* umstellen] ② (*form: relocate*) ■**to** ~ **sth** [**somewhere**] etw [irgendwohin] versetzen ③ MUS ■**to** ~ **sth** etw transponieren *fachspr*; **to** ~ **a piece of music into C** ein Musikstück in C-Dur transponieren; **to** ~ **a song up/down** ein Lied höher/tiefer transponieren ④ MATH ■**to** ~ **sth** etw umstellen; **to** ~ **a term/number** einen Term/ eine Zahl umstellen

trans·po·si·tion [ˌtræn(t)spə'zɪʃᵊn] *n* ① (*swap*) Vertauschung *f*, Umstellung *f* ② MUS Transposition *f fachspr* ③ (*math*) Umstellung *f*

tran·sput·er [træn'spjuːtəʳ, AM -ṭɚ] *n* COMPUT Transputer *m fachspr*

trans·ra·cial [trænz'reɪʃᵊl] *adj inv* gemischtrassig; ~ **adoption** Adoption *f* eines Kindes einer anderen Rasse

trans·sexu·al [træn'sekʃʊəl] **I.** *n* Transsexuelle(r) *f(m)* **II.** *adj inv* transsexuell

tran·sub·stan·tia·tion [ˌtræn(t)səbˌstæn(t)ʃi'eɪʃᵊn] *n no pl* REL Wandlung *f*, Transsubstantiation *f fachspr*

trans·verse [trænz'vɜːs, AM -n(t)s'vɜːrs] *adj inv* TECH Quer-, querlaufend; ~ **beam** Querbalken *m*

trans·verse 'co·lon *n* ANAT Querdarm *m* **trans·verse 'wave** *n* PHYS Schubwelle *f fachspr*

trans·ves·tism [trænz'vestɪzᵊm, AM træn(t)s'-] *n no pl* (*form*) Transvestismus *m*

trans·ves·tite [trænz'vestaɪt, AM træn(t)s'-] *n* Transvestit *m*

trap [træp] **I.** *n* ① (*snare*) Falle *f*; **to set a** ~ eine Falle aufstellen ② (*trick*) Falle *f*; (*ambush*) Hinterhalt *m*; **to fall** [*or* **walk**] **into a** ~ in die Falle gehen ③ BRIT (*fam!: mouth*) Klappe *f fam*, Maul *nt derb*, Schnauze *f derb*; **oh, shut your** ~**!** ach, halt's Maul! *derb*; **to keep one's** ~ **shut** die Schnauze halten *derb* ④ (*part of drain*) Siphon *m* ⑤ SPORTS (*caster*) Wurfmaschine *f*; (*for clay pigeons*) Wurftaubenanlage *f* ⑥ (*hist: carriage*) [zweirädriger] Einspänner **II.** *vt* <-pp-> ① (*snare*) ■**to** ~ **an animal** ein Tier [in einer Falle] fangen ② *usu passive* (*confine*) ■**to be** ~**ped** eingeschlossen sein; **to feel** ~**ped** sich *akk* gefangen fühlen; **Jack left the job because he was beginning to feel** ~**ped** Jack kündigte, weil er begann sich eingeengt zu fühlen ③ (*trick*) ■**to** ~ **sb** jdn in die Falle locken; ■**to** ~ **sb into sth/ doing sth** jdn dazu bringen, etw zu tun ④ (*catch and hold*) **to** ~ **the ball** SPORTS den Ball stoppen; **to** ~ **one's finger/foot in the door** sich *dat* den Finger/Fuß in der Tür einklemmen; **to** ~ **a nerve** sich *dat* einen Nerv einklemmen

'trap·door *n* ① (*door*) Falltür *f*; THEAT Versenkung *f* (**into** in +*dat*) ② COMPUT Fangstelle *f*

tra·peze [trə'piːz, AM træp'iːz] *n* Trapez *nt*; **on the** [**flying**] ~ auf dem [fliegenden] Trapez

tra·'peze art·ist *n* Trapezkünstler(in) *m(f)*

tra·pezium <*pl* -s *or* -zia> [trə'piːziəm, *pl* -ziə] *n* BRIT, AUS, AM **trap·ezoid** ['træpɪzɔɪd] *n* MATH Trapez *nt*

trap·per ['træpəʳ, AM -ɚ] *n* Trapper(in) *m(f)*, Fallensteller(in) *m(f)*; **fur** ~ Pelztierjäger(in) *m(f)*

trap·pings ['træpɪŋz] *npl* Drumherum *nt kein pl fam* (**of** +*gen*); **the** ~ **of power** die Insignien *ntpl* der Macht

Trap·pist ['træpɪst] *n*, **Trap·pist 'monk** *n* Trappist *m*

'trap·shoot·ing *n no pl* Wurftaubenschießen *nt*, Tontaubenschießen *nt*

trash [træʃ] **I.** *n no pl* ① AM (*waste*) Müll *m*, Abfall *m*; **to take out the** ~ den Müll rausbringen *fam* ② AM (*pej fam: people*) Gesindel *nt*; **poor white** ~ armes weißes Gesindel ③ (*pej fam: junk*) Ramsch *m* ④ (*pej fam: art*) Kitsch *m*, Plunder *m*; (*literature*) Schund *m pej* ⑤ (*pej fam: nonsense*) Unsinn *m*, Mist *m fam*; **to talk** ~ Mist reden *fam* **II.** *vt* (*fam*) ① (*wreck*) ■**to** ~ **sth** etw kaputt machen [*o fam* auseinandernehmen]; *place* etw verwüsten ② (*criticize*) ■**to** ~ **sb/sth** jdn/etw auseinandernehmen *fam* ③ AM (*sl: to speak badly about*) ■**to** ~ **sb** über jdn herziehen, schlecht über jdn sprechen

'trash bag *n* AM (*dustbin bag*) Müllsack *m* **'trash can** *n* AM (*dustbin*) Mülltonne *f* **'trash can lin·er** *n* AM (*dustbin liner*) Müllsack *m* **'trash dump** *n* AM (*dated fam*) Schuttabladeplatz *m*, Müllkippe *f* **trash-talk·ing** ['træʃtɔːkɪŋ] **I.** *n no pl* blödes Geschwätz **II.** *adj attr, inv* (*silly talk*) Schwachsinn sprechend *fam;* (*insulting talk*) schimpfend

trashy ['træʃi] *adj* (*pej fam*) wertlos; ~ **literature** Schundliteratur *f fam;* ~ **music/soap operas** kitschige Musik/Seifenopern *fpl;* ~ **novels** Kitschromane *mpl*

trau·ma ['trɔːmə, AM 'trɑː-] **I.** *n* <*pl* -s *or* -ta> ❶ *no pl* (*shock*) Trauma *nt,* seelischer Schock ❷ MED (*injury*) Trauma *nt* **II.** *n modifier* (*experience, therapy*) Trauma-

'trau·ma cen·ter *n* AM Unfallklinik *f,* Notfallklinik *f*

trau·mat·ic [trɔː'mætɪk, AM 'trɑː'mæt̬-] *adj* ❶ (*disturbing*) traumatisierend; ~ **experience** traumatische Erfahrung ❷ (*upsetting*) furchtbar

trau·ma·tize ['trɔːmətaɪz, AM 'trɑː-] *vt usu passive* ■**to be** ~**d by sth** durch etw *akk* traumatisiert sein

trav·ail ['træveɪl, AM trə'-] *n* (*liter*) ❶ *pl* (*problems*) ■~**s** *pl* Mühen *pl* ❷ (*labour pains*) [Geburts]wehen *fpl;* **to be in** ~ in den Wehen liegen

trav·el ['trævᵊl] **I.** *vi* <BRIT -ll- *or* AM *usu* -l-> ❶ (*journey*) *person* reisen; **to** ~ **by air** fliegen; **to** ~ **on business** geschäftlich reisen [*o* unterwegs sein]; **to** ~ **by car/train** mit dem Auto/Zug fahren [*o* reisen]; **to** ~ **first-class** erster Klasse reisen; **to** ~ **light** mit leichtem Gepäck reisen; ■**to be** ~**ling with sb** mit jdm auf Reisen sein ❷ (*move*) sich *akk* [fort]bewegen ❸ (*fam: speed*) rasen *fam;* **this car is really** ~**ling!** dieses Auto hat einen ganz schönen Zahn drauf! *sl* ❹ (*react to travelling*) **to** ~ **well/badly** *person* lange Reisen vertragen/nicht vertragen; *freight* lange Transporte vertragen/nicht vertragen ❺ (*dated: deal in*) Vertreter/Vertreterin sein; **he** ~**s in wines and spirits** er arbeitet als Vertreter für Wein und Spirituosen **II.** *vt* <BRIT -ll- *or* AM *usu* -l-> **to** ~ **a country/the world** ein Land/die Welt bereisen; **to** ~ **the length and breadth of a country** kreuz und quer durch ein Land reisen; **to** ~ **20 km** 20 km fahren [*o* zurücklegen] **III.** *n* ❶ *no pl* (*travelling*) Reisen *nt* ❷ *pl* (*journey*) ■~**s** *pl* Reise *f* **IV.** *n modifier* (*firm, industry, statistics*) Reise-

'trav·el agen·cy *n* Reisebüro *nt* **'trav·el agent** *n* Reisebürokaufmann, -frau *m, f* **'trav·el al·low·ance** *n* Reisekostenzuschuss *m* **'trav·el book** *n* Reisebeschreibung *f* **'trav·el bu·reau** *n* Reisebüro *nt* **'trav·el card** *n* Tages-/Wochen-/Monatskarte *f;* (*for train also*) Netzkarte *f;* **one-day** ~ Tageskarte *f* **'trav·el cot** *n* BRIT Kinderreisebett[chen] *nt* **'trav·el docu·ments** *npl* Reisedokumente *ntpl,* Reiseunterlagen *pl*

trav·eled *adj* AM *see* **travelled**

trav·el·er *n* AM *see* **traveller**

'trav·el ex·penses *npl* Reisekosten *pl* **'trav·el guide** *n* Reiseführer *m*

trav·el·ing *n* AM *see* **travelling**

'trav·el in·sur·ance *n no pl* Reiseversicherung *f;* (*for cancellations*) Reiserücktrittsversicherung *f* **'trav·el jour·nal** *n* Reisebericht *m;* **to keep a** ~ ein Reisetagebuch führen

trav·elled, AM **trav·eled** ['trævᵊld] *adj* **widely** ~ weit gereist; **a widely** [*or* **well-**]~ **couple** ein weit gereistes Pärchen; **a little-/much-/well-~ route** eine wenig/viel/gut befahrene Strecke

trav·el·ler ['trævᵊləʳ], AM **trav·el·er** [-ɚ] *n* ❶ (*organized*) Reisende(r) *f(m);* **commercial** ~ BRIT Vertreter(in) *m(f),* Handlungsreisende(r) *f(m)* ❷ BRIT (*gypsy*) Zigeuner(in) *m(f)*

trav·el·ler's 'cheque, AM **trav·el·er's 'check** *n* Reisescheck *m*

trav·el·ling, AM **trav·el·ing** ['trævᵊlɪŋ] **I.** *n no pl* Reisen *nt* **II.** *n modifier* Wander-

trav·el·ling 'cir·cus *n* Wanderzirkus *m* **'trav·el·ling clock** *n* Reisewecker *m* **trav·el·ling 'crane** *n* Rollkran *m* **trav·el·ling ex·hi·'bi·tion** *n* Wanderausstellung *f* **'trav·el·ling kit** *n* Reiseausstattung *f,* Reiseausrüstung *f;* (*baggage*) Reisegepäck *nt* **trav·el·ling 'sales·man** *n* (*dated*) Vertreter(in) *m(f),* Handlungsreisende(r) *f(m)*

trav·elog ['trævəlɑːg] *esp* AM, **trav·elogue** [-vᵊlɒg] *n* (*book*) Reisebericht *m;* (*film*) Reisebeschreibung *f*

'trav·el plug *n* Reisestecker *m,* [Steckdosen]adapter *m* **'trav·el-sick** *adj* reisekrank **'trav·el sick·ness** *n no pl* Reisekrankheit *f*

trav·erse [trə'vɜːs, AM -'vɜːrs] **I.** *vt* (*form*) ■**to** ~ **sth** ❶ (*travel*) etw bereisen ❷ (*consider*) *a subject* etw beleuchten *fig* ❸ (*cross*) *a foundation* etw überspannen ❹ (*in mountaineering*) *ice, slope* queren, traversieren **II.** *n* ❶ (*in mountaineering*) Queren *nt,* Traversieren *nt* ❷ ARCHIT Querbalken *m,* Traverse *f*

trav·es·ty ['trævəsti, AM -vɪ-] *n* Karikatur *f,* Zerrbild *nt;* (*burlesque*) Travestie *f;* **a** ~ **of justice** ein Hohn *m* auf die Gerechtigkeit

trawl [trɔːl, AM trɑːl] **I.** *vt* ❶ (*fish*) ■**to** ~ **sth** etw mit dem Schleppnetz fangen; **to** ~ **the sea for cod** das Meer nach Kabeljau abfischen ❷ (*search*) ■**to** ~ **sth** [**for sth**] etw [nach etw *dat*] durchkämmen [*o* durchforsten] **II.** *vi* ❶ (*fish*) ■**to** ~ [**for sth**] mit dem Schleppnetz [nach etw *dat*] fischen ❷ (*search*) ■**to** ~ **through sth** *data* etw durchsuchen **III.** *n* ❶ (*net*) Schleppnetz *nt* ❷ (*fishing*) Trawl *nt* ❸ (*search*) Suche *f;* (*process*) [Ab]suchen *nt kein pl* (**for** nach +*dat*)

trawl·er ['trɔːləʳ, AM 'trɑːlɚ] *n* Trawler *m*

'trawl net *n* Schleppnetz *nt*

tray [treɪ] *n* ❶ (*for serving*) Tablett *nt,* Servierbrett *nt* ❷ *esp* BRIT (*for papers*) Ablage *f;* **in-~/out-~** Ablage für Posteingänge/-ausgänge; (*drawer*) Schubfach *nt*

tray 'ta·ble *n* Serviertisch *m*

treach·er·ous ['tretʃᵊrəs, AM -ɚəs] *adj* ❶ (*esp old: deceitful*) verräterisch; (*disloyal*) treulos; ■**to be** ~ **to sb** jdm gegenüber treulos sein ❷ (*dangerous*) tückisch; *sea, weather* trügerisch *geh;* **snow and ice has left many roads** ~ Schnee und Eis haben viele Straßen gefährlich gemacht

treach·er·ous·ly ['tretʃᵊrəsli, AM -ɚ-] *adv* ❶ (*esp old: deceitfully*) verräterisch ❷ (*dangerously*) tückisch

treach·ery ['tretʃᵊri, AM -ɚi] *n no pl* (*esp old*) Verrat *m*

trea·cle ['triːkl̩] *n no pl* BRIT ❶ (*black*) Melasse *f* ❷ (*golden*) Sirup *m*

trea·cly ['triːkli] *adj* ❶ (*sticky*) sirupartig ❷ (*pej: sentimental*) zuckersüß

tread [tred] **I.** *vi* <trod *or* AM *a.* treaded, trodden *or* AM, AUS trod> ❶ (*step*) ■**to** ~ **somewhere** irgendwohin treten; **he trod all over my nice clean floor in his filthy boots!** er trampelte mit seinen dreckigen Stiefeln über meinen schönen sauberen Fußboden!; **to** ~ **carefully** vorsichtig auftreten; ■**to** ~ **in/on sth** in/auf etw *akk* treten ❷ (*maltreat*) ■**to** ~ **on sb** jdn treten ▸ PHRASES: **to** ~ **carefully** vorsichtig vorgehen; *see also* **toe II.** *vt* <trod *or* AM *a.* treaded, trodden *or* AM, AUS trod> ■**to** ~ **sth down** *grass* etw niedertreten; ■**to** ~ **sth into sth** etw in etw *akk* [hinein]treten; **a load of food had been trodden into the carpet** eine Ladung voll Essen war im Teppich festgetreten worden; **to** ~ **the boards** (*hum*) auf den Brettern stehen; **to** ~ **grapes** Trauben stampfen; **to** ~ **water** Wasser treten; **to** ~ **one's weary way** (*liter*) mühselig seinen Weg gehen ▸ PHRASES: **to** ~ **water** in einer Sackgasse stecken **III.** *n* ❶ *no pl* (*walking*) Tritt *m,* Schritt *m;* **a heavy** ~ ein schwerer Schritt ❷ (*step*) Stufe *f* ❸ (*profile*) *of tyre* [Reifen]profil *nt; of shoe* [Schuh]profil *nt*

trea·dle ['tredl̩] *n* Pedal *nt*

trea·dle 'sew·ing ma·chine *n* pedalbetriebene Nähmaschine

tread·mill ['tredmɪl] *n* ❶ (*hist: wheel*) Tretmühle *f,* Tretwerk *nt* ❷ (*exerciser*) Heimtrainer *m* ❸ (*boring routine*) Tretmühle *f fam;* **the same old** ~ derselbe alte Trott

trea·son ['triːzᵊn] *n no pl* [Landes]verrat *m;* **an act of** ~ Verrat *m;* **high** ~ LAW (*form*) Hochverrat *m*

trea·son·able ['triːzᵊnəbl̩] *adj,* **trea·son·ous** ['triːzᵊnəs] *adj inv* (*form*) verräterisch

treas·ure ['treʒəʳ, AM -ɚ] **I.** *n* ❶ *no pl* (*hoard*) Schatz *m;* **buried** ~ vergrabener Schatz ❷ (*valuables*) ■~**s** *pl* Schätze *mpl,* Kostbarkeiten *fpl;* **art** ~**s** Kunstschätze *mpl* ❸ (*fam: person*) Schatz *m; esp* BRIT **she is an absolute** ~**!** sie ist ein richtiger

Schatz! **II.** *vt* ■**to ~ sth** etw [hoch]schätzen; **to ~ the memory/memories of sb/sth** die Erinnerung[en] an jdn/etw bewahren

◆**treasure up** *vt* ■**to ~ up** ○ **sth** etw [an]sammeln

'treas·ure house *n* ❶ *(building)* Schatzhaus *nt* ❷ *(room)* Schatzkammer *f* ❸ *(fig: collection)* Fundgrube *f* **'treas·ure hunt** *n* Schatzsuche *f*

treas·ur·er ['treʒᵊrəʳ, AM -ɚɚ] *n* Schatzmeister(in) *m(f); of club* Kassenwart(in) *m(f)*

'treas·ure trove *n* ❶ *(find)* Schatzfund *m* ❷ *(fig: collection)* Fundgrube *f*

treas·ury ['treʒᵊri, AM -ɚi] *n* ❶ *(office)* ■**the ~** die Schatzkammer ❷ *(funds)* ■**the ~** die Kasse ❸ *no pl* POL ■**the T~** das Finanzministerium

i Kultur

Das britische **Treasury** – *Finanzministerium* wird von dem *Chancellor of the Exchequer – Finanzminister* geleitet, der wiederum dem *First Lord of the Treasury*, dem *Prime Minister – Premierminister*, verantwortlich ist. Im *House of Commons – Unterhaus* steht die *Treasury bench*, auf der der *Prime Minister*, der *Chancellor of the Exchequer* und andere Regierungsmitglieder sitzen.

treas·ury 'bill *n* AM [kurzfristiger] Schatzwechsel **treas·ury 'bond** *n* AM [langfristige] Schatzanleihe [*o* Schatzanweisung] **treas·ury 'note** *n* AM [mittelfristiger] Schatzschein **Treas·ury 'Sec·re·tary** *n* AM Finanzminister(in) *m(f)* **treas·ury 'spokes·per·son** *n* Sprecher(in) *m(f)* des Finanzministeriums

treat [tri:t] **I.** *vt* ❶ *(handle)* ■**to ~ sb/sth somehow** jdn/etw irgendwie behandeln; **my parents ~ed us all the same** meine Eltern behandelten uns alle gleich; **to ~ sb like dirt** *(fam)* jdn wie Dreck behandeln *fam;* **to ~ sb like royalty** für jdn den roten Teppich ausrollen; **to ~ sb/sth badly** jdn/etw schlecht behandeln, schlecht mit jdm/etw umgehen; ■**to ~ sb/sth as if ...** jdn/etw [so] behandeln, als ob ...; **they ~ her as if she was still a child** sie behandeln sie immer noch wie ein Kind ❷ *(regard)* ■**to ~ sth [as sth]** etw [als etw] betrachten [*o* auffassen]; **to ~ sth with contempt** etw *dat* mit Verachtung begegnen ❸ MED *(heal)* ■**to ~ sb/an animal [for sth]** jdn/ein Tier [wegen etw *dat o gen*] behandeln; **he was being ~ed for a skin disease** er war wegen einer Hautkrankheit in Behandlung ❹ *often passive (process)* ■**to ~ sth [with sth]** *material* etw [mit etw *dat*] behandeln; **to ~ sewage** Abwässer klären ❺ *(present)* **to ~ a topic** ein Thema behandeln ❻ *(discuss)* ■**to ~ sth** *a question* etw erörtern ❼ *(pay for)* ■**to ~ sb [to sth]** jdn [zu etw *dat*] einladen, jdm etw spendieren *fam;* ■**to ~ oneself [to sth]** sich *dat* etw gönnen [*o fam* genehmigen] **II.** *vi* ❶ *(deal with)* ■**to ~ of sth** von etw *dat* handeln ❷ *(fam: pay)* einen ausgeben *fam;* **drink up, everyone! Jack's ~ing!** alle austrinken! Jack gibt einen aus! **III.** *n (approv)* ❶ *(event)* ≈ [Extra]vergnügen *nt;* **to give oneself a ~** sich *dat* etw gönnen; **[it's] my ~** das geht auf meine Rechnung, ich lade Sie ein; ■**it is a ~ to do sth** es ist ein Vergnügen, etw zu tun; ■**to be a ~ for sb** für jdn ein Vergnügen sein ❷ *no pl* BRIT *(fam: very well)* ■**a ~** prima; **to go down a ~** prima schmecken *fam;* **to work a ~** gut funktionieren

trea·tise ['tri:tɪz, AM -t̬ɪz] *n* Abhandlung *f* (**on** über +*akk*)

treat·ment ['tri:tmənt] *n* ❶ *no pl (handling)* Behandlung *f,* Umgang *m;* **to get rough ~ from sb** von jdm grob behandelt werden; **special ~** Sonderbehandlung *f* ❷ *usu sing (cure)* Behandlung *f* (**for** gegen +*akk*); **a course of ~** eine Behandlungsmethode; **to respond to ~** auf eine Behandlung ansprechen; ■**to be under ~** in Behandlung sein ❸ *no pl (processing)* Behandlung *f; of waste* Verarbeitung *f* ❹ *(examination)* Behandlung *f,* Bearbeitung *f* ►PHRASES: **to give sb the full ~** *(fam)* für jdn keine Kosten [und Mühen] scheuen

'treat·ment cen·tre *n* PSYCH, MED Behandlungszentrum *nt*

trea·ty ['tri:ti, AM -t̬i] *n* Vertrag *m* (**between** zwischen +*dat,* **on** über +*akk,* **with** mit +*dat*); **peace ~** Friedensvertrag *m;* **to ratify/sign a ~** einen Vertrag ratifizieren/schließen

tre·ble ['trebl̩] **I.** *adj inv* ❶ *(three)* dreifach ❷ *attr (high-pitched) notes* Diskant-; **~ voice** Sopranstimme *f* **II.** *adv inv* ❶ *(three)* das Dreifache; **he earns almost ~ the amount that I do** er verdient fast dreimal so viel wie ich ❷ *(high-pitched)* **to sing ~** hoch singen **III.** *vt* ■**to ~ sth** etw verdreifachen **IV.** *vi price* sich *akk* verdreifachen **V.** *n* Sopran *m*

tre·ble 'clef *n* MUS Violinschlüssel *m* **tre·ble re·'cord·er** *n* MUS Altflöte *f*

tree [tri:] **I.** *n* Baum *m;* **to climb [up] a ~** auf einen Baum klettern; **money doesn't grow on ~s** Geld wächst nicht an Bäumen ►PHRASES: **to be <u>out</u> of one's ~** nicht [mehr] ganz dicht sein *fam,* spinnen *fam; see also* **bark II.** *n modifier* ❶ *(of animals)* Baum-, Laub-; **~ toad** Laubfrosch *m* ❷ *(of trees) (planting, surgery, damage, growth)* Baum- **III.** *vt* HUNT ■**to ~ an animal** ein Tier auf einen Baum jagen

'tree fern *n* Baumfarn *m* **'tree frog** *n* Laubfrosch *m* **'tree house** *n* Baumhaus *nt* **tree·less** ['tri:ləs] *adj inv* baumlos **'tree·line** *n no pl* ■**the ~** die Baumgrenze **'tree-lined** *adj inv* von Bäumen gesäumt; **a ~ street** eine von Bäumen gesäumte Straße *geh* **Tree of 'Knowl·edge** *n no pl* REL ■**the ~** der Baum der Erkenntnis **'tree prun·er** *n* Baumschere *f* **'tree ring** *n* Jahresring *m* **'tree stump** *n* Baumstumpf *m* **'tree sur·geon** *n* Baumchirurg(in) *m(f)* **'tree·tops** *npl* ■**the ~** die [Baum]wipfel *mpl* **'tree trunk** *n* Baumstamm *m*

tre·foil ['trefɔɪl, AM 'tri:-] *n* ❶ BOT Dreiblatt *nt* ❷ ARCHIT Dreipass *m*

trek [trek] **I.** *vi* <-kk-> ■**to ~ somewhere** irgendwohin wandern; **to go ~king** wandern gehen **II.** *vt (fam)* **I ~ked all the way into town** ich latschte den ganzen Weg in die Stadt *fam* **III.** *n* Wanderung *f; (fam: long way)* Marsch *m*

trel·lis ['trelɪs] **I.** *n* <*pl* -es> Gitter *nt; (for plants)* Spalier *nt* **II.** *vt* HORT ■**to ~ vines** Reben am Spalier ziehen

trem·ble ['trembl̩] **I.** *vi* ❶ *(shake)* zittern; *lip, voice* beben; **to ~ with anger/cold** vor Wut/Kälte zittern; **to ~ like a leaf** zittern wie Espenlaub ❷ *(fear)* **I ~ to think what will happen when he finds out** mir wird Angst [und Bange], wenn ich daran denke, was passieren wird, wenn er es herausfindet **II.** *n* Zittern *nt,* Beben *nt;* **to be all of a ~** *(fam)* am ganzen Körper zittern

trem·bling ['tremblɪŋ] *adj attr* zitternd; *lip, voice* bebend

tre·men·dous [trɪ'mendəs] *adj* ❶ *(big)* enorm; *crowd, scope* riesig; *help* riesengroß *fam; success* enorm; **a ~ amount of money** wahnsinnig viel Geld ❷ *(good)* klasse *fam;* **that's ~!** das ist klasse!

tre·men·dous·ly [trɪ'mendəsli] *adv* äußerst, enorm, riesig *fam*

tremo·lo <*pl* -s> ['tremᵊləʊ, AM -əloʊ] *n* Tremolo *nt*

trem·or ['treməʳ, AM -ɚ] *n* ❶ *(shiver)* Zittern *nt;* MED Tremor *m* ❷ *(earthquake)* Beben *nt,* Erschütterung *f* ❸ *(thrill)* Schauer *m;* **a ~ of excitement** ein aufgeregtes Beben ❹ *(fluctuation)* Schwanken *nt*

tremu·lous ['tremjələs] *adj hand* zitternd, bebend; **~ voice** zittrige Stimme

tremu·lous·ly ['tremjələsli] *adv* zaghaft, ängstlich; **to speak ~** mit zitternder Stimme sprechen

trench <*pl* -es> [tren(t)ʃ] *n* ❶ *(hole)* Graben *m* ❷ MIL Schützengraben *m;* **in the ~es** im Schützengraben

trench·an·cy ['tren(t)ʃən(t)si] *n no pl (form)* Schärfe *f*

trench·ant ['tren(t)ʃənt] *adj (form)* energisch; *criticism, wit* scharf

trench·ant·ly ['tren(t)ʃəntli] *adv (form)* energisch

'trench coat *n* Trenchcoat *m*

trench·er ['tren(t)ʃəʳ, AM -ɚ] *n* ❶ *(hist: platter)* Schneidebrett *nt,* Tranchierbrett *nt* ❷ AUS *(mortarboard)* Doktorhut *m*

trench·er·man ['tren(t)ʃəmən, AM -ɚ-, *pl* -mən] *n* (*hum*) **good/poor** ~ guter/schlechter Esser

trench 'fe·ver *n no pl* MIL, MED Schützengrabenfieber *nt* **trench 'war·fare** *n no pl* Grabenkrieg *m*

trend [trend] **I.** *n* ❶ (*tendency*) Trend *m,* Richtung *f,* Tendenz *f;* **downward** ~ Abwärtstrend *m;* **general** ~ allgemeiner Trend; **upward** ~ Aufwärtstrend *m;* ■**a** ~ **away from/towards sth** ein Trend weg von/hin zu etw *dat;* **surveys show a** ~ **away from home-ownership and towards rented accommodation** Untersuchungen zeigen einen Trend weg vom Hausbesitz hin zu gemieteten Wohnungen ❷ (*style*) Mode *f,* Trend *m;* **the latest** ~ der letzte Schrei *fam;* **to set a new** ~ einen neuen Trend auslösen **II.** *vi* ■**to** ~ **to[wards] sth** nach etw *akk* verlaufen; SOCIOL zu etw *dat* tendieren *geh;* **birth rates are** ~**ing toward negative population growth** die Geburtsraten tendieren zu einem negativen Bevölkerungswachstum

'trend-con·scious ['trendkɒn(t)ʃəs, AM -kɑːn(t)-] *adj* trendbewusst, modebewusst

'trend·set·ter ['trend,setəʳ, AM -t̬ɚ] *n* Trendsetter(in) *m(f)*

trendy ['trendi] **I.** *adj* modisch; **it's one of those ultra** ~ **bars** es ist eines dieser Lokale, die wahnsinnig in sind **II.** *n* (*esp pej*) Schickimicki *m oft pej fam*

trepi·da·tion [,trepɪ'deɪʃᵊn] *n no pl* (*form*) Ängstlichkeit *f,* Beklommenheit *f;* **a feeling of** ~ ein beklommenes Gefühl; ■**to do sth with** ~ etw mit Angst tun

tres·pass **I.** *n* <*pl* -es> ['trespəs] ❶ LAW (*intrusion*) unbefugtes Betreten (**on** +*akk*) ❷ (*old: sin*) Sünde *f* (**against** gegen +*akk*); **forgive us our** ~**es** vergib uns unsere Schuld **II.** *vi* ['trespəs, AM -pæs] ❶ (*intrude*) unbefugt eindringen; ■**to** ~ **on sth** unbefugt in etw *akk* eindringen; **to** ~ **on sb's land** jds Land unerlaubt betreten ❷ (*form: exploit*) ■**to** ~ **[up]on sth** etw übermäßig in Anspruch nehmen; **to** ~ **upon sb's good nature** jds Gutmütigkeit überstrapazieren ❸ (*old: sin*) ■**to** ~ **against sb** gegen jdn sündigen; **as we forgive them that** ~ **against us** wie wir vergeben unseren Schuldigern ❹ (*old: violate*) ■**to** ~ **against sth** gegen etw verstoßen

tres·pass·er ['trespəsəʳ, AM -pæsɚ] *n* Eindringling *m,* Unbefugte(r) *f(m);* **"**~**s will be prosecuted!"** „unbefugtes Betreten wird strafrechtlich verfolgt!"

tress <*pl* -es> [tres] *n usu pl* (*liter*) Locke *f;* ■~**es** *pl* Lockenkopf *m*

tres·tle ['tresl̩] *n* [Auflage]bock *m*

tres·tle 'ta·ble *n auf Böcke gestellter Tisch*

trews [truːz] *npl* (*hum*) *eng anliegende Hose im Schottenkaro*

tri·ad ['traɪæd] *n* MUS Dreiklang *m*

Tri·ad ['traɪæd] *n* Triade *f* (*chinesisches Verbrechersyndikat*)

tri·age ['triːɑːʒ] *n no pl* MED Triage *f*

tri·al [traɪəl] **I.** *n* ❶ (*in court*) Prozess *m,* [Gerichts]verhandlung *f,* [Gerichts]verfahren *nt;* ~ **by jury** Schwurgerichtsverhandlung *f;* **to await** ~ **for sth** einem Prozess wegen etw *akk* entgegensehen; **to bring sb to** ~ jdn vor Gericht bringen; **to go to** ~ vor Gericht gehen; **to put sb on** ~ jdn unter Anklage stellen; **to stand** [*or* **be on**] ~ vor Gericht stehen; **to stand** [*or* **be on**] ~ **for sth** wegen etw *dat* unter Anklage stehen; **she's standing** ~ **for fraud** sie steht wegen Betrug[e]s unter Anklage; **to be on** ~ **for one's life** wegen eines Verbrechens, auf das die Todesstrafe steht, angeklagt sein ❷ (*test*) Probe *f,* Test *m;* **clinical** ~**s** klinische Tests *mpl;* ~ **of strength** Kraftprobe *f;* **to be on** ~ *product* getestet werden; (*employee*) auf Probe eingestellt sein ❸ (*problem*) Problem *nt;* (*nuisance*) Plage *f;* ■**to be a** ~ **to sb** eine Plage für jdn sein; **it's been a real** ~ **having my mother staying with us** der Besuch meiner Mutter war die reinste Strapaze; ~**s and tribulations** Schwierigkeiten *fpl* ❹ (*competition*) Qualifikationsspiel *nt* **II.** *n modifier* ❶ (*legal*) Verhandlungs-, Prozess- ❷ (*test*) Probe-, Test- **III.** *vt* <-ll- *or* -l-> ■**to** ~ **sth** *drugs* etw testen

tri·al and 'er·ror *n no pl* Ausprobieren *nt;* ■**to do sth by** ~ etw durch Versuch und Irrtum ausprobieren **'tri·al bal·loon** *n* (*experiment* [*to test response*]) Versuchsballon *m fig* **'tri·al basis** *n* AM, AUS ■**to do sth on a** ~ etw auf Versuchsbasis machen **tri·al by 'com·bat** *n* HIST Probekampf *m* **'tri·al flight** *n* Testflug *m* **tri·al 'mar·riage** *n* (*dated*) Ehe *f* auf Probe **'tri·al pe·ri·od** *n* Probezeit *f* **tri·al 'run** *n* ❶ (*preparation*) Generalprobe *f* (**for** für +*akk*) ❷ (*test drive*) Probefahrt *f,* Testfahrt *f;* (*test flight*) Testflug *m* **tri·al sepa·'ra·tion** *n* Trennung *f* auf Probe

tri·an·gle ['traɪæŋgl̩] *n* ❶ (*shape*) Dreieck *nt* ❷ (*object*) dreieckiges Objekt ❸ (*percussion*) Triangel *f* ❹ AM (*setsquare*) Zeichendreieck *nt* ❺ (*relationship*) Dreiecksbeziehung *f,* Dreiecksverhältnis *nt*

tri·an·gu·lar [traɪ'æŋgjələʳ, AM -ɚ] *adj* dreieckig

tri·an·gu·la·tion [traɪ,æŋgjə'leɪʃᵊn] *n no pl* ❶ (*subdivision*) Triangulation *f* ❷ (*measurement*) Triangulierung *f*

tri·ath·lon [traɪ'æθlɒn, AM -lɑːn] *n* Triathlon *nt*

trib·al ['traɪbᵊl] *adj inv* ❶ (*ethnic*) Stammes-; ~ **customs** Stammesbräuche *mpl* ❷ (*fam: group*) *attitudes* Gruppen-

trib·al·ism ['traɪbᵊlɪzᵊm] *n no pl* ❶ (*organization*) Stammesorganisation *f,* Stammessystem *nt* ❷ (*loyalty*) Stammesverbundenheit *f*

tribe [traɪb] *n* + *sing/pl vb* ❶ (*community*) Stamm *m* ❷ (*fam: group*) Sippe *f,* Sippschaft *f a. hum fam*

tribes·man *n* Stammesangehöriger *m* **tribes·wom·an** *n* Stammesangehörige *f*

tribu·la·tion [,trɪbjə'leɪʃᵊn] *n* ❶ *no pl* (*state*) Leiden *nt* ❷ *usu pl* (*cause*) Kummer *m; see also* **trial**

tri·bu·nal [traɪ'bjuːnᵊl] *n* ❶ (*court*) Gericht *nt* ❷ (*investigative body*) Untersuchungsausschuss *m*

trib·une¹ ['trɪbjuːn] *n* (*hist*) ~ [**of the people**] [Volks]tribun *m*

trib·une² ['trɪbjuːn] *n* ❶ (*dais*) Tribüne *f* ❷ REL (*throne*) Bischofsthron *m*

tribu·tary ['trɪbjətᵊri, AM -teri] **I.** *n* ❶ (*river*) Nebenfluss *m* ❷ (*hist: person*) Tributpflichtige(r) *m;* (*state*) tributpflichtiger Staat **II.** *adj* (*form*) ❶ (*secondary*) Neben-; ~ **river** [*or* **stream**] Nebenfluss *m* ❷ (*hist: paying tribute*) tributpflichtig, zinspflichtig

trib·ute ['trɪbjuːt] *n* ❶ (*respect*) Tribut *m;* **floral** ~**s** Blumen als Zeichen der Anerkennung/des Dankes; **to pay** ~ **to sb/sth** jdm/etw Tribut zollen *geh* ❷ *no pl* (*beneficial result*) ■**to be a** ~ **to sb/sth** jdm/etw Ehre machen; **he is a** ~ **to his father** er macht seinem Vater alle Ehre ❸ *no pl* (*hist: payment*) Tribut *m,* Abgabe *f*

trice [traɪs] *n no pl* (*dated fam*) **in a** ~ im Handumdrehen *fam*

tri·ceps <*pl* - *or* -es> ['traɪseps] *n* Trizeps *m*

tri·chi·na <*pl* -nae> [trɪ'kaɪnə, *pl* -niː] *n* ZOOL Trichine *f,* Fadenwurm *m*

trichi·no·sis [,trɪkɪ'nəʊsɪs, AM -'noʊ-] *n no pl* MED Trichinenkrankheit *f,* Trichinose *f fachspr*

trick [trɪk] **I.** *n* ❶ (*ruse*) Trick *m,* List *f;* **to play a** ~ **on sb** jdm einen Streich spielen ❷ (*feat*) Kunststück *nt;* **to do a** ~ [**for sb**] [jdm] ein Kunststück vorführen ❸ (*knack*) Kunstgriff *m,* Kniff *m fam,* Dreh *m fam;* **the** ~**s of the trade** einschlägige Tricks ❹ (*illusion*) **a** ~ **of the light** eine optische Täuschung ❺ (*quirk*) ■**to have a** ~ **of doing sth** eine Art [*o* Eigenheit] haben etw zu tun ❻ (*cards*) Stich *m;* **to take a** ~ einen Stich machen ❼ (*sl: sex*) **to turn a** ~ einen Freier bedienen [*o euph* abfertigen] *fam;* **to turn** ~**s** anschaffen [*o* auf den Strich] gehen *fam* ►PHRASES: **every** ~ **in the book** alle [nur erdenklichen] Tricks; **the oldest** ~ **in the book** der älteste Trick, den es gibt; **to be up to one's** [**old**] ~**s again** wieder in seine [alten] Fehler verfallen; **a dirty** [*or* **mean**] ~ ein gemeiner Trick; **not to miss a** ~ keine Gelegenheit auslassen; **to do the** ~ (*fam*) hinhauen *fam,* klappen *fam;* **that should do the** ~**!** damit müsste es [eigentlich] hinhauen!; **how's** ~**s?** (*dated sl*) wie geht's? **II.** *adj attr, inv* ❶ (*deceptive*) *question* Fang- ❷ (*acrobatic*) Kunst-; ~ **riding** Kunstreiten *nt* ❸ AM (*fam: weak*) schwach; ~ **ankle/knee** schwacher Knöchel/schwaches Knie **III.** *vt* ■**to**

~ sb ❶ (*deceive*) jdn täuschen; ■ **to ~ sb into doing sth** jdn dazu bringen, etw zu tun ❷ (*fool*) jdn reinlegen *fam*
◆**trick out** *vt* ❶ (*fam: dress*) ■ **to ~ out** ⊂ **sb/sth** jdn/etw herausputzen ❷ (*deceive*) ■ **to ~ sb out of sth** jdn um etw *akk* betrügen; **the con man ~ed the old couple out of their nest egg** der Hochstapler hat das alte Ehepaar um seine Ersparnisse gebracht

trick 'cy·clist *n* BRIT (*hum fam*) Seelenklempner(in) *m(f) pej fam*

tricked-out ['trɪktaʊt] *adj* (*stylishly dressed*) herausgeputzt *fam*, aufgebrezelt *pej sl*

trick·ery ['trɪkᵊri, AM -ɚi] *n no pl* (*pej*) Betrug *m;* (*repeated*) Betrügerei *f;* **to resort to ~** sich *akk* auf Betrügereien verlegen

trick·le ['trɪkḷ] **I.** *vi* ❶ (*flow*) sickern; (*in drops*) tröpfeln; *sand* rieseln; **she felt a tear escape and ~ down her cheek** sie merkte, dass ihr eine Träne über die Wange kullerte ❷ (*come*) in kleinen Gruppen kommen; **people ~d back into the theatre** die Leute kamen in kleinen Gruppen in den Theatersaal zurück ❸ (*become known*) durchsickern **II.** *vt* ■ **to ~ sth somewhere** *liquid* etw irgendwohin tröpfeln [*o* träufeln] **III.** *n* ❶ (*flow*) Rinnsal *nt geh;* (*in drops*) *of blood* Tropfen *mpl* ❷ (*few, little*) ■ **a ~ of people/things** wenige Leute/Sachen; ■ **a ~ of sth** ein kleine Menge einer S. *gen;* **to be down** [*or* **dwindle**] **to a ~** auf ein Minimum gesunken sein [*o* absinken]

'trick·le-down *adj attr, inv* ECON Durchsickerungs- **'trick·le-down ef·fect** *n* Durchsickerungseffekt *m*

trick or 'treat I. *n no pl Spiel zu Halloween, bei dem Kinder von Tür zu Tür gehen und von den Bewohnern entweder Geld oder Geschenke erhalten oder ihnen einen Streich spielen* **II.** *vi* **to go ~ing** von Tür zu Tür gehen (*an Halloween*)

trick pho·'tog·ra·phy *n no pl* Trickfotografie *f* **trick 'ques·tion** *n* Fangfrage *f*

trick·ster ['trɪkstəʳ, AM -ɚ] *n* (*pej*) Betrüger(in) *m(f)*, Schwindler(in) *m(f); see also* **confidence**

trick·sy ['trɪksi] *adj* ❶ (*devious*) *plan* durchtrieben ❷ (*delicate*) *question* knifflig ❸ (*smartly dressed*) schick angezogen

tricky ['trɪki] *adj* ❶ (*deceitful*) betrügerisch ❷ (*sly*) verschlagen, raffiniert; **a ~ customer** ein schwieriger Zeitgenosse ❸ (*awkward*) *situation* schwierig, kompliziert ❹ (*fiddly*) knifflig, verzwickt *fam* ❺ (*skilful*) geschickt

tri·col·or ['traɪˌkʌlɚ] AM, **tri·col·our** ['trɪkᵊləʳ] *n* Trikolore *f*

tri·cy·cle ['traɪsɪkḷ] *n* Dreirad *nt*

tri·dent ['traɪdᵊnt] *n* ❶ (*fork*) Dreizack *m* ❷ (*missile*) ■ **T~** Trident *f* (*ballistische Rakete, die von U-Booten abgefeuert wird*)

tried [traɪd] *vi, vt pt, pp of* **try**

tried and 'test·ed *adj inv recipe* erprobt, bewährt **tried and 'true I.** *adj inv friend* treu **II.** *n no pl* ■ **the ~** das Altbewährte; **to stick to the ~** sich *akk* an das Altbewährte halten **tried and 'trust·ed** *adj inv see* **tried and tested**

tri·en·nial [traɪ'eniəl] *adj inv* alle drei Jahre stattfindend, dreijährlich

tri·er ['traɪəʳ, AM ɚ] *n* (*approv*) Kämpfernatur *f;* ■ **to be a ~** sich *dat* sehr viel Mühe geben

tri·fec·ta *n* AM Hattrick *m*

tri·fle ['traɪfḷ] **I.** *n* ❶ BRIT (*dessert*) Trifle *nt* ❷ (*form: petty thing*) Kleinigkeit *f* ❸ (*money*) ■ **a ~** ein paar Pfennige *mpl* ❹ + *adj* (*form: slightly*) ■ **a ~** ein bisschen, etwas; **I'm a ~ surprised about your proposal** ich bin über deinen Vorschlag etwas erstaunt **II.** *vt* ■ **to ~ away** ⊂ **sth** etw verschwenden [*o geh* vergeuden]; **to ~ one's time away** seine Zeit vertrödeln *fam* **III.** *vi* (*form*) ■ **to ~ with sb/sth** mit jdm/etw spielen; **Caroline is not a woman to be ~d with** mit Caroline ist nicht zu spaßen; **to ~ with sb's affections** [*or* **heart**] mit jds Gefühlen spielen

tri·fling ['traɪflɪŋ] *adj* (*form*) unbedeutend; **~ matter** belanglose Angelegenheit; **a ~ sum of money** eine geringfügige Menge Geld

trig [trɪg] *n no pl* (*fam*) *short for* **trigonometry** Trigonometrie *f*

trig·ger ['trɪgəʳ, AM -ɚ] **I.** *n* ❶ (*gun part*) Abzug *m;* **to pull the ~** abdrücken ❷ (*start*) Auslöser *m* (**for** für +*akk*) ▸ PHRASES: **to be quick on the ~** (*fam*) fix sein *fam* **II.** *n modifier* Abzugs- **III.** *vt* ■ **to ~ sth** etw auslösen; **to ~ an alarm** einen Alarm auslösen
◆**trigger off** *vt* ■ **to ~ off** ⊂ **sth** *protest* etw auslösen

'trig·ger fin·ger *n* Zeigefinger *m* **'trig·ger-hap·py** <more ~, most ~> *adj* (*fam*) ❶ (*shooting*) schießfreudig *fam* ❷ (*using force*) schießwütig *fam* **'trig·ger mecha·nism** *n* TECH Abzugsmechanismus *m*

trigo·no·met·ric [ˌtrɪgənə(ʊ)'metrɪk, AM -nə'-] *adj inv* trigonometrisch

trigo·nom·etry [ˌtrɪgə'nɒmɪtri, AM -'nɑːmə-] *n no pl* Trigonometrie *f*

trike [traɪk] *n short for* **tricycle** Dreirad *nt*

tri·lat·er·al [traɪ'lætᵊrᵊl, AM -'læţɚ-] *adj inv* ❶ POL trilateral ❷ MATH dreiseitig

tril·by ['trɪlbi] *n esp* BRIT [weicher] Filzhut

tri·lin·gual [traɪ'lɪŋgwᵊl] *adj inv* dreisprachig

trill [trɪl] **I.** *n* ❶ (*chirp*) Trillern *nt* ❷ MUS (*note*) Triller *m* **II.** *vi* ❶ (*sing*) trillern; *lark* tirilieren *geh* ❷ (*liter: speak*) trillern **III.** *vt* ❶ MUS ■ **to ~ sth** etw trillern ❷ LING **to ~ one's r's** das R rollen

tril·lion ['trɪljən] *n* ❶ <*pl* - *or* -s> (10^{12}) Billion *f* ❷ <*pl* - *or* -s> BRIT (*dated:* 10^{18}) Trillion *f* ❸ *pl* (*fam: many*) ■ **~s** *pl* Tausende *pl* (**of** von +*dat*); **there were ~s of birds** es gab dort Tausende von Vögeln

tril·lionth ['trɪljən(t)θ] **I.** *n* ❶ (10^{12}) Billionstel *nt* ❷ BRIT (*dated:* 10^{18}) Trillionstel *nt* **II.** *adj inv* billionste(r, s)/trillionste(r, s)

tri·lo·bite ['traɪə(ʊ)baɪt, AM -loʊ-] *n* ZOOL Trilobit *m fachspr*

tril·ogy ['trɪlədʒi] *n* Trilogie *f*

trim [trɪm] **I.** *n no pl* ❶ (*cutting*) Nachschneiden *nt;* **to give sb a ~** jdm die Spitzen schneiden; **to give sth a ~** etw nachschneiden; **just give the ends a ~, please!** bitte nur die Spitzen nachschneiden! ❷ (*edging*) Applikation *f* ❸ (*ready*) ■ **to be in ~** [**for sth**] [für etw *akk*] bereit sein; **to be in fighting ~** kampfbereit sein ❹ AVIAT, NAUT Trimmung *f;* ■ **to be out of ~** nicht richtig [aus]getrimmt sein **II.** *adj* <-mer, -mest> ❶ (*neat*) ordentlich; *lawn* gepflegt ❷ (*approv: slim*) schlank **III.** *vt* <-mm-> ❶ (*cut*) ■ **to ~ sth** etw [nach]schneiden; **my hair needs to be ~med** mein Haar muss nachgeschnitten werden; **to ~ one's beard** sich *dat* den Bart stutzen; **to ~ a hedge** eine Hecke stutzen ❷ (*reduce*) ■ **to ~ sth** etw kürzen [*o* verringern]; **to ~ costs** Kosten verringern ❸ (*decorate*) ■ **to ~ sth** [**with sth**] etw [mit etw *dat*] schmücken; **to ~ the Christmas tree** den Weihnachtsbaum schmücken ❹ AVIAT **to ~ an aircraft** ein Flugzeug [aus]trimmen ❺ NAUT **to ~ a boat** ein Boot trimmen; **to ~ the sails** die Segel richtig stellen ▸ PHRASES: **to ~ the fat from one's budget** den Gürtel enger schnallen; **to ~ one's sails** [**to the wind**] sich *akk* neuen Umständen anpassen
◆**trim away** *vt* ■ **to ~ away** ⊂ **sth** ❶ (*cut*) etw wegschneiden ❷ (*edit*) etw zusammenstreichen
◆**trim down** *vi* abnehmen
◆**trim off** *vt* ❶ (*cut*) ■ **to ~ off** ⊂ **sth** etw abschneiden; **to ~ the fat off the meat** das Fett wegschneiden ❷ (*reduce*) **to ~ off the budget** das Budget kürzen; **to ~ off taxes** die Steuern senken

tri·ma·ran ['traɪməræn] *n* Trimaran *m*

tri·mes·ter [trɪ'mestəʳ, AM traɪ'mestɚ] *n* ❶ (*period of time*) Zeitraum *m* von drei Monaten, Vierteljahr *nt* ❷ AM SCH, UNIV Trimester *nt*

trimmed [trɪmd] *adj inv, pred of cloth* mit Bordüre versehen

trim·mer¹ ['trɪməʳ, AM -ɚ] *n* ❶ (*tool*) Schneidegerät *nt;* **hedge ~** Heckenschere *f* ❷ NAUT Trimmer *m*

trim·mer² ['trɪməʳ, AM -ɚ] *adj comp of* **trim III.**

trim·ming ['trɪmɪŋ] *n* ❶ *no pl* (*cutting*) Nachschneiden *nt*

② *(pieces)* ■ **~s** *pl* Abfälle *mpl;* **lawn ~s** Rasenabfälle ③ *usu pl* *(edging)* Besatz *m;* **a jumper with ~s** ein Pullover *m* mit Verzierungen ④ *(appearance)* ■ **~s** *pl,* ■ **the ~s** der Anstrich ⑤ *(accompaniment)* ■ **the ~s** *pl* das Zubehör; **turkey with all the ~s** Truthahn *m* mit allem Drum und Dran *fam*

Trini·dad ['trɪnɪdæd] *n no pl* Trinidad *nt*

trini·ty ['trɪnɪti] *n* ① *usu sing (liter: trio)* Dreiheit *f* ② *no pl* ■ **the [Holy] T~** die [Heilige] Dreifaltigkeit [*o* Dreieinigkeit] ► PHRASES: **the unholy ~ of sth** die ungeweihte Dreieinigkeit von etw *dat*

trin·ket ['trɪŋkɪt] *n* ① *(bauble)* wertloser Schmuckgegenstand ② *(rubbish)* ■ **~s** *pl* Plunder *m kein pl*

trio <*pl* -s> ['triəʊ, AM -oʊ] *n* ① *(three)* Trio *nt* (**of** von +*dat*) ② *(performers)* Trio *nt;* **string/piano ~** Streich-/Klaviertrio *nt* ③ *(music)* Trio *nt*

trip [trɪp] **I.** *n* ① *(stumble)* Stolpern *nt* ② *(journey)* Reise *f,* Fahrt *f;* **business ~** Geschäftsreise *f;* **round ~** Rundreise *f* ③ *esp* BRIT *(outing)* Ausflug *m,* Trip *m;* **to go on** [*or* **take**] **a ~** einen Ausflug machen ④ *(experience)* Erfahrung *f* ⑤ *(self-indulgence)* Trip *m;* **an ego ~** ein Egotrip *m;* **to be on a power ~** auf einem starken Egotrip sein ⑥ *(hallucination)* Trip *m sl;* **to have a bad ~** auf einen schlimmen Trip kommen *sl* **II.** *vi* <-pp-> ① *(unbalance)* stolpern; ■ **to ~ on** [*or* **over**] **sth** über etw *akk* stolpern; **to ~ over one's own feet** über seine eigenen Füße stolpern ② *(be hindered)* ■ **to ~ over sb/sth** über jdn/etw stolpern; **to ~ over each other** übereinander stolpern ③ *(mispronounce)* **to ~ over one's tongue** sich *akk* versprechen; **to ~ over one's words** über seine Worte stolpern ④ *(be uttered)* **to ~ off the tongue** leicht von der Zunge gehen ⑤ *(walk)* ■ **to ~ somewhere** irgendwohin tänzeln ⑥ *(fam: be on drugs)* auf einem Trip sein *sl;* **to ~ [out] on LSD** auf einem LSD-Trip sein *sl* ⑦ *(journey)* ■ **to ~ somewhere** irgendwohin reisen **III.** *vt* <-pp-> ① *(unbalance)* ■ **to ~ sb** jdm ein Bein stellen ② *(activate)* ■ **to ~ sth** etw anschalten ► PHRASES: **to ~ the light fantastic** *(dated or hum)* das Tanzbein schwingen *hum fam*

◆**trip up I.** *vt* ① *(unbalance)* ■ **to ~ up** ↔ **sb** jdm ein Bein stellen ② *(foil)* ■ **to ~ up** ↔ **sb/sth** jdn/etw zu Fall bringen **II.** *vi* ① *(stumble)* stolpern ② *(blunder)* ■ **to ~ up [on sth]** [bei etw *dat*] einen Fehler machen

tri·par·tite [ˌtraɪ'pɑːtaɪt, AM -'pɑːr-] *adj inv* ① *(form: three-part) structure* dreiteilig ② POL *meetings, coalition* Dreiparteien-, Dreier-; **~ agreement** dreiseitiges Abkommen

tripe [traɪp] *n no pl* ① *(food)* Kutteln *fpl,* Kaldaunen *fpl* SÜDD, ÖSTERR, SCHWEIZ ② *(fam: nonsense)* Mist *m fam,* Quatsch *m fam;* **to talk ~** Mist [*o fam* Quatsch] reden

tri·ple ['trɪpl] **I.** *adj inv* ① *attr (threefold)* dreifach ② *attr (of three parts)* Dreier- **II.** *adv (three times greater)* dreimal so viel; **in 2001 the number of one-parent U.S. households reached nearly ~ that of 1971** die Anzahl der allein erziehenden Amerikaner erreichte 2001 fast das Dreifache von 1971 **III.** *vt* ■ **to ~ sth** etw verdreifachen **IV.** *vi* sich *akk* verdreifachen

tri·ple 'glaz·ing *n no pl* Dreifachverglasung *f* **'tri·ple jump** *n no pl* ■ **the ~** der Dreisprung **'tri·ple jump·er** *n* Dreispringer(in) *m(f)* **tri·ple 'play** *n Baseballspiel, in dem drei Spieler hintereinander ‚aus' gemacht werden*

tri·plet ['trɪplət] *n* ① *usu pl (baby)* Drilling *m;* **a set of ~s** Drillinge *mpl;* **to have ~s** Drillinge bekommen ② MUS Triole *f*

trip·li·cate ['trɪplɪkət] *adj attr, inv (form) samples* dreifach; **in ~** in dreifacher Ausfertigung

tri·pod ['traɪpɒd, AM -pɑːd] *n* Stativ *nt;* **to mount sth on a ~** etw auf ein Stativ montieren

trip·per ['trɪpəʳ, AM -ɚ] *n esp* BRIT Ausflügler(in) *m(f),* [Massen]tourist(in) *m(f);* **coach ~s** Bustouristen *pl*

'trip switch *n* Sicherung *f,* Sicherungsschalter *m*

trip·tych ['trɪptɪk] *n* ARCHIT Triptychon *nt*

'trip·wire *n* Stolperdraht *m*

tripy ['traɪpi] *adj (fam)* schwachsinnig *fam*

tri·quar·ter·ly [traɪ'kwɔːtəli, AM -'kwɔːrt̬ɚli] *adv inv* alle neun Monate, neunmonatlich

tri·sect [traɪ'sekt] *vt* ■ **to ~ sth** etw dreiteilen [*o* in drei [gleiche] Teile teilen]

tris·tesse [trɪ'stes] *n no pl (liter)* Melancholie *f*

trite [traɪt] *adj (pej)* platt; *cliché, phrase* abgedroschen *fam;* **to sound ~** abgedroschen klingen

trite·ly ['traɪtli] *adv (pej)* platt; *(clichéd)* abgedroschen *fam*

trite·ness ['traɪtnəs] *n no pl (pej)* Plattheit *f,* Trivialität *f geh,* Banalität *f; of cliché* Abgedroschenheit *f*

tri·umph ['traɪəm(p)f] **I.** *n* ① *(victory)* Triumph *m,* Sieg *m* (**for** für +*akk,* **over** über +*akk*); **to hail sth as a ~ [for sb]** etw als Triumph [für jdn] feiern; ■ **to do sth in ~** etw triumphierend tun ② *(feat)* **a ~ of engineering/medicine** ein Triumph *m* der Ingenieurskunst/Medizin ③ *no pl (joy)* Triumph *m,* Siegesfreude *f;* ■ **to do sth in ~** etw in Siegesfreude tun **II.** *vi* ① *(win)* triumphieren, den Sieg davontragen; ■ **to ~ over sb/sth** über jdn/etw triumphieren ② *(exult)* ■ **to ~ over sb** über jdn triumphieren

tri·um·phal [traɪ'ʌm(p)fəl] *adj* triumphal; **~ entry/return** triumphaler Einzug/triumphale Rückkehr

tri·um·phal 'arch *n* Triumphbogen *m*

tri·um·phal·ist [traɪ'ʌm(p)fəlɪst] *(pej)* **I.** *adj inv* triumphierend **II.** *n jd, der seinen Sieg extrem auskostet*

tri·um·phant [traɪ'ʌm(p)fənt] *adj* ① *(victorious)* siegreich; **~ return** triumphale Rückkehr; **to emerge ~ from sth** *a fight* aus etw *dat* siegreich hervorgehen ② *(successful)* erfolgreich ③ *(exulting) smile* triumphierend

tri·um·phant·ly [traɪ'ʌm(p)fəntli] *adv* triumphierend

tri·um·vi·rate [traɪ'ʌmvɪrət, AM -rɪt] *n* ① HIST Triumvirat *nt* ② *(group)* Dreimännerbund *m*

triv·et ['trɪvɪt] *n* FOOD Untersetzer *m*

trivia ['trɪvɪə] *npl* Lappalien *fpl;* **the ~ of everyday life** die Trivialitäten des täglichen Lebens *geh*

triv·ial ['trɪvɪəl] *adj* ① *(unimportant)* trivial *geh,* banal; *dispute, issue* belanglos; *details* bedeutungslos ② *(petty)* kleinlich; *remark* oberflächlich ③ *(easy) problem* leicht, einfach

trivi·al·ity [ˌtrɪvɪ'æləti, AM -ət̬i] *n* ① *no pl (unimportance)* Belanglosigkeit *f,* Bedeutungslosigkeit *f;* **the ~ of the offence** die Geringfügigkeit des Vergehens ② *(unimportant thing)* Trivialität *f geh*

trivi·al·ize ['trɪvɪəlaɪz] *vt (pej)* ■ **to ~ sth** etw trivialisieren; **to ~ a problem** ein Problem bagatellisieren

tro·cha·ic [trə(ʊ)'keɪɪk, AM troʊ-] *adj inv* LIT *meter* trochäisch

tro·chee ['trəʊkiː, AM 'troʊ-] *n* LIT Trochäus *m*

trod [trɒd, AM trɑːd] *pt, pp of* **tread I., II.**

trod·den ['trɒdən, AM 'trɑːd-] *pp of* **tread I., II.**

trog <-gg-> [trɒg] *vi* BRIT *(fam)* ■ **to ~ somewhere** irgendwohin schlendern

trog·lo·dyte ['trɒglə(ʊ)daɪt, AM 'trɑːglə-] *n* ① *(cave dweller)* Höhlenbewohner(in) *m(f)* ② *(loner)* Einsiedler(in) *m(f)*

troi·ka ['trɔɪkə] *n* ① *(group)* Troika *f* ② *(carriage)* Dreigespann *nt,* Troika *f*

Tro·jan ['trəʊdʒən, AM 'troʊ-] **I.** *n* Trojaner(in) *m(f);* **to work like a ~** arbeiten wie ein Pferd *fam* **II.** *adj inv legends* trojanisch

Tro·jan 'horse *n* ① *no pl* HIST ■ **the ~** das Trojanische Pferd ② *(trick)* Trojanisches Pferd *geh,* Danaergeschenk *nt geh* ③ *(spy)* Spion *m* ④ COMPUT Trojanisches Pferd **Tro·jan 'War** *n no pl* ■ **the ~** der Trojanische Krieg

troll [trəʊl, AM troʊl] *n* Troll *m*

trol·ley ['trɒli, AM 'trɑːli] *n* ① *esp* BRIT, AUS *(cart)* Karren *m;* **luggage ~** Gepäckwagen *m;* *(on platform)* Kofferkuli *m;* **shopping/supermarket ~** Einkaufswagen *m* ② *esp* BRIT, AUS *(table)* Servierwagen *m;* **drinks ~** Getränkewagen *m* ③ *esp* BRIT, AUS *(bed)* fahrbares [Kranken]bett ④ AM *(tram)* Straßenbahn *f* ► PHRASES: **to be off one's ~** *esp* BRIT, AUS nicht mehr

T

ganz dicht sein *fam*

'trol·ley·bus *n* Oberleitungsbus *m* **'trol·ley·car** *n* AM (*tram*) Straßenbahn *f*

trol·lop ['trɒləp, AM 'trɑ:-] *n* (*pej*) Flittchen *nt pej fam;* (*slut*) Schlampe *f pej fam*

trom·bone [trɒm'bəʊn, AM trɑ:m'boʊn] **I.** *n* ❶ (*instrument*) Posaune *f* ❷ (*player*) Posaunist(in) *m(f)* **II.** *n modifier* (*lessons, player, solo*) Posaunen-

trom·bon·ist [trɒm'bəʊnɪst, AM trɑ:m'boʊn-] *n* Posaunist(in) *m(f)*

trompe l'oeil <-s> [ˌtrɒmp'lɔɪ, AM ˌtrɔ:mp'-] *n* Trompe-l'oeil *m*

troop [tru:p] **I.** *n* ❶ (*group*) Truppe *f; of animals* Schar *f; of soldiers* Trupp *m;* **cavalry** ~ Schwadron *f;* **a** ~ **of scouts** eine Pfadfindergruppe ❷ (*soldiers*) ■~**s** *pl* Truppen *fpl;* **to withdraw** ~**s** Truppen abziehen **II.** *n modifier* (*movements, reduction, supplies, withdrawal*) Truppen- **III.** *vi* ■**to** ~ **somewhere** [in Scharen] irgendwohin strömen; *soldiers* irgendwohin marschieren; ■**to** ~ **off** abziehen *fam;* **the fans gave their team a loud cheer as they** ~**ed off the field** die Fans spendeten ihrer Mannschaft lauten Beifall, als sie vom Feld abzog **IV.** *vt* BRIT **to** ~ **the colour** die Fahnenparade abhalten

'troop car·ri·er *n* Truppentransporter *m*

troop·er ['tru:pəʳ, AM -ɚ] *n* ❶ (*soldier*) [einfacher] Soldat ❷ AM (*police officer*) **state** ~ Polizist(in) *m(f)* ▸PHRASES: **to swear like a** ~ wie ein Landsknecht fluchen

'troop·ship *n* Truppentransportschiff *nt*

trope [trəʊp, AM troʊp] *vt* **to** ~ **towards sth** sich *akk* etw *dat* zuwenden

tro·phy ['trəʊfi, AM 'troʊ-] *n* ❶ (*prize*) Trophäe *f*, Preis *m* ❷ (*memento*) Trophäe *f;* **war** ~ Kriegsbeute *f kein pl*

tro·phy 'girl·friend *n* Vorzeigefreundin *f fam* **tro·phy 'wife** *n* Vorzeigefrau *f fam*

trop·ic ['trɒpɪk, AM 'trɑ:-] *n* ❶ (*latitude*) Wendekreis *m* ❷ (*hot region*) ■~**s** *pl*, ■**the** ~**s** *pl* die Tropen *pl*

tropi·cal ['trɒpɪkəl, AM 'trɑ:-] *adj inv* ❶ (*of tropics*) Tropen-; ~ **climate** Tropenklima *nt;* ~ **disease/medicine** Tropenkrankheit/-medizin *f;* ~ **hardwoods** tropische Harthölzer ❷ (*hot*) *weather* heiß ❸ (*passionate*) *style* leidenschaftlich

tropi·cal 'fruit *n* Tropenfrucht *f* **tropi·cal 'rain·for·est** *n* tropischer Regenwald

Trop·ic of 'Can·cer *n no pl* ■**the** ~ der Wendekreis des Krebses, der nördliche Wendekreis **Trop·ic of 'Cap·ri·corn** *n no pl* ■**the** ~ der Wendekreis des Steinbocks, der südliche Wendekreis

tropo·sphere ['trɒpə(ʊ)sfɪəʳ, AM 'trɑ:pəsfɪr] *n no pl* SCI Troposphäre *f*

trop·po ['trɒpəʊ, AM 'trɑ:poʊ] *adj* AUS (*fam*) verrückt *fam*, übergeschnappt *fam;* **to go** ~ verrückt werden

trot [trɒt, AM trɑ:t] **I.** *n* ❶ *no pl* (*pace*) Trab *m;* **to go at a** ~ *horse* traben ❷ (*walk*) kleiner Spaziergang; *of horse* Trott *m* ❸ (*run*) Trab *m fam;* **the team warmed up for the match with a** ~ **around the pitch** die Mannschaft wärmte sich mit einem Lauf um das Spielfeld auf ❹ (*fam: diarrhoea*) ■**the** ~**s** *pl* Durchfall *m*, Dünnpfiff *m fam*, die Renneritis *hum fam* ▸PHRASES: **on the** ~ (*in succession*) in einer Tour *fam;* (*busy*) auf Trab *fam;* **she worked 30 hours on the** ~ sie arbeitete 30 Stunden in einer Tour durch; **to be on the** ~ **all day** den ganzen Tag auf Trab sein **II.** *vi* <-tt-> ❶ (*walk*) trotten; *horse* traben ❷ (*ride*) im Trab reiten ❸ (*run*) laufen; **the athlete** ~**ted slowly around the track** der Athlet lief langsam um die Bahn ❹ (*fam: go*) traben *fam;* **to** ~ **down to the end of the street** die Straße bis zum Ende 'runterlaufen **III.** *vt* <-tt-> **to** ~ **a horse** ein Pferd traben lassen

◆**trot off** *vi* (*fam*) losziehen *fam*, abtraben *fam;* **he's just** ~**ted off to the supermarket** er hat sich gerade auf den Weg zum Supermarkt gemacht

◆**trot out** *vt* (*pej*) ■**to** ~ **out** ⟲ **sb/sth** jdn/etw vorführen; **to** ~ **out arguments/excuses** Argumente/Ausreden herauskramen *fam*

troth [trəʊθ, trɒθ, AM troʊθ, trɑ:θ] *n no pl* (*form or old*) Treue *f;* **by my** ~**!** bei meiner Ehre!; **to plight one's** ~ [**to sb**] (*old or hum*) [jdm] ewige Treue schwören *veraltet o hum*, [jdn] heiraten; *see also* **plight**

trot·ter ['trɒtəʳ, AM 'trɑ:tɚ] *n* ❶ *usu pl* (*food*) ■~**s** *pl* Schweinshaxen *pl* ❷ (*horse*) Traber *m*

trou·ba·dour ['tru:bədɔ:ʳ, AM -dɔ:r] *n* (*hist*) Troubadour *m*

trou·ble ['trʌbl] **I.** *n* ❶ *no pl* (*difficulties*) Schwierigkeiten *fpl;* (*annoyance*) Ärger *m;* **to be in serious** ~ in ernsten Schwierigkeiten sein; **to head** [*or* **be heading**] **for** ~ auf dem besten Weg sein, Schwierigkeiten zu bekommen; **to ask** [*or* **be asking**] **for** ~ Ärger herausfordern; **to be in/get into** ~ in Schwierigkeiten sein/geraten; ■**to be in** ~ **with sb** mit jdm Schwierigkeiten [*o* Ärger] haben; **to have a lot of** ~ [**to do sth**] große Schwierigkeiten haben[, etw zu tun]; **to get into** ~ **with sb** mit jdm in Schwierigkeiten geraten; **to land sb in** ~ [**with sb**] jdn [bei jdm] in Schwierigkeiten bringen; **to keep sb out of** ~ jdn vor Schwierigkeiten bewahren; **to spell** ~ (*fam*) Ärger verheißen *geh*, nichts Gutes bedeuten; **to stay out of** ~ sauber bleiben *hum fam;* **to store up** ~ [**for the future**] sich *dat* Schwierigkeiten einhandeln ❷ (*problem*) Problem *nt;* (*cause of worry*) Sorge *f;* **that's the least of my** ~**s** das ist meine geringste Sorge; **the only** ~ **is that we ...** der einzige Haken [dabei] ist, dass wir ...; **I don't want to be a** ~ **to anybody** ich möchte niemandem zur Last fallen; **to tell sb one's** ~**s** jdm seine Sorgen erzählen ❸ *no pl* (*inconvenience*) Umstände *mpl*, Mühe *f;* **it's no** ~ **at all** das macht gar keine Umstände; **he's been no** ~ **at all** er war ganz lieb; **it's more** ~ **than it's worth to take it back to the shop** es lohnt sich nicht, es ins Geschäft zurückzubringen; **to go to the** ~ [**of doing sth**], **to take the** ~ [**to do sth**] sich *dat* die Mühe machen, [etw zu tun]; **to go to some/a lot of** ~ **for sth/sb** sich *dat* für etw/jdn große Mühe geben; **to put sb to the** ~ **of doing sth** jdn bemühen, etw zu tun *geh;* **I don't want to put you to any** ~ ich möchte dir keine Umstände machen; **to take** ~ **with sth/sb** sich *dat* mit etw/jdm Mühe geben; **to be** [**not**] **worth the** ~ [**of doing sth**] [nicht] der Mühe wert sein, [etw zu tun] ❹ *no pl* (*physical ailment*) Leiden *nt;* **my eyes have been giving me some** ~ **recently** meine Augen haben mir in letzter Zeit zu schaffen gemacht; **stomach** ~ Magenbeschwerden *pl* ❺ *no pl* (*malfunction*) Störung *f;* **engine** ~ Motorschaden *m* ❻ (*strife*) Unruhe *f;* **at the first sign of** ~ beim ersten [*o* geringsten] Anzeichen von Unruhe; **to look** [*or* **go looking**] **for** ~ Ärger [*o* Streit] suchen; **to stir up** ~ Unruhe stiften ❼ *no pl* (*dated: pregnancy before marriage*) **to be in** ~ in Schwierigkeiten sein; **to get a girl into** ~ ein Mädchen ins Unglück stürzen *geh* **II.** *vt* ❶ (*form: cause inconvenience*) ■**to** ~ **sb for sth** jdn um etw *akk* bemühen *geh;* ■**to** ~ **sb to do sth** jdn bemühen etw zu tun *geh* ❷ (*make an effort*) ■**to** ~ **oneself about sth** sich *akk* um etw *akk* kümmern ❸ (*cause worry*) ■**to** ~ **sb** jdn beunruhigen; (*grieve*) jdn bekümmern; **to be** [**deeply**] ~**ed by sth** wegen einer S. *gen* tief besorgt [*o* beunruhigt] sein ❹ *usu passive* (*cause problems*) ■**to be** ~**d by sth** durch etw *akk* in Bedrängnis geraten ❺ (*cause pain*) ■**to** ~ **sb** jdn plagen **III.** *vi* sich *akk* bemühen; ■**to** ~ **to do sth** sich *dat* die Mühe machen, etw zu tun

trou·bled ['trʌbld] *adj* ❶ (*beset*) *marriage* bewegt; *situation* bedrängt; *times* unruhig ❷ (*worried*) besorgt; *look* beunruhigt

'trou·ble-free *adj inv car* problemlos; *holiday* reibungslos; *machine* störungsfrei **'trou·ble·mak·er** *n* Unruhestifter(in) *m(f)*

Trou·bles ['trʌblz] *npl* ■**the** ~ *die Unruhen in Nordirland ab den 60ern* **'trou·ble·shoot** <-shot, -shot> **I.** *vt* ■**to** ~ **sth** bei etw *dat* die Störung suchen und beheben **II.** *vi* eine Störung suchen und beheben **'trou·ble·shoot·er** *n* ❶ (*examiner*) *jd, der Störungen aufspürt und beseitigt* ❷ (*mediator*) Vermittler(in) *m(f)* **'trou·ble·shoot·ing** *n no pl* ❶ (*fixing*) Fehler-/Störungsbeseitigung *f* ❷ (*mediation*) Vermittlung *f*

trou·ble·some ['trʌbl̩səm] *adj* schwierig; *scandal* peinlich

'trou·ble spot *n* ❶ (*in a region*) Unruheherd *m* ❷ (*in traffic*) Störung *f*

trou·bling ['trʌbl̩ɪŋ] *adj* beunruhigend; ■**to be ~ to sb** für jdn beunruhigend sein

trou·bling·ly ['trʌbl̩ɪŋli] *adv* beunruhigenderweise

trough [trɒf, AM trɑːf] *n* ❶ (*bin*) Trog *m;* **a feeding/water ~** ein Futter-/Wassertrog *m* ❷ (*usu pej: benefits*) **to feed at the public ~** sich *akk* aus öffentlichen Mitteln bereichern ❸ (*low*) Tiefpunkt *m;* (*in economy*) Tiefstand *m,* Talsohle *f* ❹ METEO Trog *m*

trounce [traʊn(t)s] *vt* (*fam*) ❶ (*beat*) ■**to ~ sb/sth** jdn/etw vernichtend schlagen ❷ (*rebuke*) ■**to ~ sth** etw heftig tadeln

trounc·ing ['traʊn(t)sɪŋ] *n usu sing* (*fam*) vernichtende Niederlage; **to be given a ~** vernichtend geschlagen werden

troupe [truːp] *n + sing/pl vb* THEAT Truppe *f*

troup·er ['truːpəʳ, AM -ɚ] *n* ❶ (*actor*) **an old ~** ein alter Hase *fam* ❷ (*approv: reliable*) treue Seele

trou·ser clip *n* (*bicycle clip*) Hosenklammer *f* **'trou·ser leg** *n* Hosenbein *nt* **'trou·ser press** *n* Hosenbügler *m*

trou·sers ['traʊnzəz, AM -zɚz] *npl* Hose *f;* **a pair of ~** eine Hose ▶ PHRASES: **to <u>wear</u> the ~** die Hosen anhaben *fam; see also* **catch**

'trou·ser suit *n* BRIT Hosenanzug *m*

trous·seau <*pl* -s *or* -x> ['truːsəʊ, *pl* -səʊz, AM '-soʊ, *pl* -soʊz] *n* (*dated*) Aussteuer *f kein pl veraltend*

trout [traʊt] *n* ❶ <*pl* -s *or* -> (*fish*) Forelle *f* ❷ BRIT (*fam: woman*) **old ~** alte Schachtel *fam*

'trout farm *n* Forellenzucht[anlage] *f* **'trout farm·ing** *n no pl* Forellenzucht *f* **'trout fish·ing** *n no pl* Forellenfang *m;* ■**to go ~** auf Forellenfang gehen

trow·el ['traʊəl] *n* ❶ (*building*) Maurerkelle *f* ❷ (*gardening*) kleiner Spaten

Troy [trɔɪ] *n no pl* (*hist*) Troja *nt*

troy 'ounce *n Troygewichtseinheit* **troy 'weight** *n* Troygewicht *nt*

tru·an·cy ['truːən(t)si] *n no pl* unentschuldigtes Fehlen [von der Schule], [Schule]schwänzen *nt fam*

tru·ant ['truːənt] **I.** *n* Schulschwänzer(in) *m(f) fam;* **to play ~ [from school]** *esp* BRIT, AUS [die Schule] schwänzen *fam* **II.** *adj inv children* schwänzend **III.** *vi esp* BRIT, AUS [die Schule] schwänzen *fam*

tru·ant·ing ['truːəntɪŋ] *n no pl* [Schule]schwänzen *nt fam*

'tru·ant of·fic·er *n* (*dated*) *Beamter einer Schulbehörde, der Schulschwänzer wieder in die Schule zurückbringt*

truce [truːs] *n* Waffenstillstand *m* (**between** zwischen +*dat*); **a flag of ~** eine Parlamentärflagge; **to agree** BRIT [*or* AM, AUS **agree to**] **a ~** einen Waffenstillstand vereinbaren; **to call** [*or* **declare**]/**sign a ~** einen Waffenstillstand ausrufen/unterzeichnen

truck[1] [trʌk] **I.** *n* ❶ (*lorry*) Last[kraft]wagen *m,* Laster *m fam;* **pickup ~** Lieferwagen *m* ❷ BRIT (*train*) Güterwagen *m,* Güterwaggon *m* **II.** *n modifier* (*accident, motor*) Lastwagen- **III.** *vt esp* AM ■**to ~ sth somewhere** etw per Lastwagen irgendwohin transportieren **IV.** *vi* AM (*fam*) gehen; **she was ~ing on down the avenue** sie ging immer weiter die Allee entlang ▶ PHRASES: **to <u>keep</u> on ~ing** ≈ vor sich *dat* hin arbeiten

truck[2] [trʌk] *n no pl* ▶ PHRASES: **to <u>have</u>** [*or* **<u>want</u>**] **no ~ with sb/sth** (*fam*) mit jdm/etw nichts zu tun haben

'truck driv·er *n* Lastwagenfahrer(in) *m(f);* (*long-distance*) Fernfahrer(in) *m(f)*

truck·er ['trʌkəʳ, AM -ɚ] *n* Lastwagenfahrer(in) *m(f),* Trucker(in) *m(f) fam;* (*long-distance*) Fernfahrer(in) *m(f)*

'truck farm *n* AM, CAN Gemüsefarm *f,* Gemüseanbaubetrieb *m* **'truck farm·er** *n* AM, CAN Gemüsegärtner(in) *m(f)* **'truck farm·ing** *n no pl* AM, CAN Gemüseanbau *m* **'truck gar·den** *n* AM Gemüsegarten *m*

truckie ['trʌki] *n* AUS Lastwagenfahrer(in) *m(f),* Trucker(in) *m(f) fam;* (*long-distance*) Fernfahrer(in) *m(f)*

truck·ing ['trʌkɪŋ] AM, AUS **I.** *n no pl* Lkw-Transport *m* **II.** *n modifier* Speditions-

'truck·ing com·pa·ny *n* AM, AUS Spedition[sfirma] *f* **'truck·ing in·dus·try** *n no pl* AM, AUS ■**the ~** die Lastwagenindustrie

truck·le ['trʌkl] *vi* ■**to ~ to sb** jdm gegenüber klein beigeben

truck·le 'bed *n esp* BRIT [niedriges] Rollbett

'truck·load *n* Wagenladung *f* (**of** mit +*dat*); **~s of rice** Wagenladungen voller Reis; **by the ~** in ganzen Wagenladungen **'truck shop** *n* (*hist*) *Geschäft, in dem Angestellte mit Firmengutscheinen einkaufen können* **'truck stop** *n* AM, AUS [Fernfahrer]raststätte *f* **truck 'trail·er** *n* AM Lkw-Anhänger *m*

trucu·lence ['trʌkjələn(t)s] *n no pl* ❶ (*aggression*) Wildheit *f* ❷ (*defiance*) Aufsässigkeit *f*

trucu·lent ['trʌkjələnt] *adj* ❶ (*aggressive*) wild ❷ (*defiant*) aufsässig

trucu·lent·ly ['trʌkjələntli] *adv* ❶ (*aggressively*) wild ❷ (*defiantly*) aufsässig

trudge [trʌdʒ] **I.** *vi* ❶ (*walk*) wandern; **to ~ along/down sth** etw entlang-/hinuntertrotten [*o fam* -latschen]; **to ~ through sth** durch etw *akk* [hindurch]laufen; *mud, water* durch etw *akk* [hindurch]waten ❷ (*work*) ■**to ~ through sth** etw durchackern *fam* **II.** *n* ❶ (*walk*) [anstrengender] Fußmarsch ❷ (*work*) mühseliger Weg **III.** *vt* ■**to ~ sth** *streets* etw entlangtrotten

true [truː] **I.** *adj* <-r, -st> ❶ *inv* (*not false*) wahr; ■**to be ~ for sb/sth** für jdn/etw wahr sein; ■**to be ~ of sb/sth** auf jdn/etw zutreffen, für jdn/etw gelten; **it is ~ [to say] that ...** es stimmt [*o* ist richtig], dass ...; **partly ~** teilweise wahr; **to hold ~ [for sb/sth]** [auf jdn/etw] zutreffen; **to ring ~** glaubhaft klingen ❷ (*exact*) richtig; *aim* genau; **to be a ~ likeness of sb** (*dated*) ein genaues Ebenbild von jdm sein ❸ *attr* (*actual*) echt, wahr, wirklich; **the ~ faith** der wahre Glaube; **~ grit** echter Mumm *fam;* **~ heir** rechtmäßiger Erbe; **~ identity** wahre Identität; **~ love** wahre Liebe; **one's ~ self** sein wahres Selbst; *see also* **faith 2, grit I.2** ❹ (*loyal*) treu; **good men and ~** (*old*) redliche [*o* rechtschaffene] Leute; ■**to be/remain ~ to sb/sth** jdm/etw treu sein/bleiben; **to be ~ to one's word** zu seinem Wort stehen; ■**to be ~ to oneself** sich *dat* selbst treu bleiben ❺ *attr* (*conforming*) echt; **in ~ Hollywood style** in echter Hollywoodmanier; **in the ~ sense of a word** im wahrsten Sinne des Wortes ❻ *pred* (*straight*) genau; **none of the drawers were ~** keine der Schubladen war genau eingepasst ▶ PHRASES: **sb's ~ <u>colours</u>** jds wahres Gesicht; **~ to <u>form</u>, <u>type</u>** wie zu erwarten; **to <u>come</u> ~** wahr werden; **he's so fat/rich it's <u>not</u> ~!** *esp* BRIT er ist unglaublich fett/reich!; *see also* **jest II.** *adv* ❶ *inv* (*admittedly*) stimmt ❷ (*straight*) gerade ❸ (*exactly*) genau; **to aim ~** genau zielen ❹ (*old: truly*) ehrlich; **tell me ~ – do you really love me?** sag mir die Wahrheit – liebst du mich wirklich? **III.** *n no pl* **to be out of ~** schief sein; **the frame must be out of ~** der Rahmen muss verzogen sein

'true-blue *adj attr* ❶ (*loyal*) treu ❷ (*typical*) waschecht *fam* **'true-born** *adj attr, inv criminal* echt **true-'false** *adj inv* Wahr-Falsch- **true-'false test** *n* Ja-Nein-Test *m* **true-'heart·ed** *adj* (*liter*) *servant* treu

'true-life *adj inv* lebenswahr **true-life ad·'ven·ture** *n* aus dem Leben gegriffenes Abenteuer **true-life 'sto·ry** *n* wahre Geschichte

'true·love *n* (*liter*) ■**sb's ~** jds Geliebte(r) *f(m)* **true 'north** *n no pl* geographischer Norden **true-to-'life** *adj novel* lebensnah, lebensecht

truf·fle ['trʌfl] *n* Trüffel *f o m*

tru·ism ['truːɪzəm] *n* Binsenweisheit *f;* (*platitude*) Platitude *f geh,* Gemeinplatz *m;* ■**it's a ~ that ...** es ist eine Binsenweisheit, dass ...

T

tru·ly ['tru:li] *adv* ❶ *inv* (*not falsely*) wirklich, wahrhaftig; **I can't ~ say I love him** ich müsste lügen, um zu sagen, dass ich ihn liebe ❷ (*genuinely*) wirklich, echt; **mushrooms aren't ~ vegetables** Pilze sind kein Gemüse ❸ (*emph: very*) wirklich; **the river is ~ a beautiful sight** der Fluss ist wirklich ein wunderschöner Anblick ❹ (*form: sincerely*) ehrlich, aufrichtig; **I'm ~ sorry about the accident** das mit dem Unfall tut mir wirklich leid; **Yours ~,** (*in private letter*) dein(e)/Ihr(e) Jane May; (*in business letter*) mit freundlichen Grüßen ▶ PHRASES: **yours ~** (*fam*) meine Wenigkeit *hum*

trump¹ [trʌmp] **I.** *n* ❶ (*card*) Trumpf *m;* **to draw/play a ~** einen Trumpf ziehen/ausspielen ❷ (*suit*) ■**~s** *pl* Trumpf *m,* Trumpffarbe *f* ▶ PHRASES: **to come** [*or* **turn**] **up ~s** BRIT Glück haben; (*help out*) die Situation retten **II.** *vt* ■**to ~ sb/sth** ❶ (*cards*) jdn/etw übertrumpfen ❷ (*better*) jdn/etw ausstechen

◆**trump up** *vt* ■**to ~ up** ⟲ **sth** etw erfinden; **to ~ up an accusation** sich *dat* eine Beschuldigung aus den Fingern saugen *fam*

trump² [trʌmp] *n no pl* (*liter or old*) ❶ (*trumpet*) Posaune *f* ❷ (*fanfare*) Posaunenstoß *m,* Trompetenstoß *m;* **at the Last T~** REL wenn die Posaunen des Jüngsten Gerichts erklingen

'trump card *n* ❶ (*card*) Trumpfkarte *f,* Trumpf *m* ❷ (*advantage*) Trumpf *m*

trump·ery ['trʌmpᵊri] **I.** *n* (*old*) ❶ (*baubles*) Plunder *m kein pl,* Flitterkram *m kein pl fam* ❷ (*customs*) Unsinn *m* **II.** *adj* (*form: worthless*) billig; (*flashy*) kitschig *pej*

trum·pet ['trʌmpɪt, AM -pət] **I.** *n* ❶ (*instrument*) Trompete *f; see also* **blow** ❷ (*player*) Trompeter(in) *m(f)* ❸ (*bellow*) *of an elephant* Trompeten *nt* **II.** *n modifier* (*lessons, player, solo*) Trompeten- **III.** *vi* ❶ (*play*) trompeten ❷ *elephant* trompeten **IV.** *vt* (*esp pej*) ■**to ~ sth** etw ausposaunen *fam*

trum·pet·er ['trʌmpɪtəʳ, AM -pət̬ɚ] *n* Trompeter(in) *m(f)*

'trump suit *n* Trumpf *m,* Trumpffarbe *f*

trun·cate [trʌŋ'keɪt, AM 'trʌŋkeɪt] *vt* ■**to ~ sth** *match, book, discussion* etw kürzen

trun·cat·ed [trʌŋ'keɪtɪd, AM 'trʌŋkeɪt̬ɪd] *adj version* gekürzt

trun·ca·tion [trʌŋ'keɪʃᵊn] *n no pl* Kürzung *f*

trun·cheon ['trʌn(t)ʃᵊn] *n* BRIT, AUS Schlagstock *m*

trun·dle ['trʌndl] **I.** *vi* ■**to ~ somewhere** irgendwohin zuckeln *fam;* **to ~ along** [*or* **on**] (*proceed leisurely*) sich *akk* hinziehen; (*drag on*) sich *akk* dahinschleppen **II.** *vt* ■**to ~ sth somewhere** etw irgendwohin rollen

◆**trundle out I.** *vt* (*pej*) ■**to ~ out** ⟲ **sth** etw hervorkramen *fam* **II.** *vi* herausrollen

'trun·dle bed *n* AM, AUS (*truckle bed*) [niedriges] Rollbett

trunk [trʌŋk] *n* ❶ (*stem*) Stamm *m;* **tree ~** Baumstamm *m* ❷ (*body*) Rumpf *m* ❸ (*nose*) Rüssel *m* ❹ (*box*) Schrankkoffer *m* ❺ AM (*boot of car*) Kofferraum *m* ❻ (*pants*) ■**~s** *pl* Shorts *pl;* **a pair of swimming ~s** eine Badehose

'trunk call *n* BRIT (*dated*) Ferngespräch *nt* **'trunk line** *n esp* BRIT ❶ RAIL Hauptstrecke *f* ❷ TELEC Fernleitung *f* **'trunk road** *n* BRIT Fern[verkehrs]straße *f*

truss [trʌs] **I.** *n* ❶ (*belt*) Bruchband *nt* ❷ ARCHIT (*frame*) Gerüst *nt* **II.** *vt* ■**to ~ sb** jdn fesseln; **to ~ poultry** Geflügel dressieren

◆**truss up** *vt* ■**to ~ up** ⟲ **sb** jdn fesseln

trust [trʌst] **I.** *n* ❶ *no pl* (*belief*) Vertrauen *nt;* **to be built** [*or* **based**] **on ~** auf Vertrauen basieren; **to abuse** [*or* **betray**] **sb's ~** jds Vertrauen missbrauchen; **to gain** [*or* **win**] **sb's ~** jds Vertrauen gewinnen; **to place** [*or* **put**] **one's ~ in sb/sth** sein Vertrauen in jdn/etw setzen; **to take sth on ~** etw einfach glauben, etw für bare Münze nehmen *fam;* ■**to do sth in the ~ that ...** etw in dem Vertrauen tun, dass ... ❷ *no pl* (*responsibility*) **a position of ~** ein Vertrauensposten *m;* ■**in sb's ~** in jds Obhut *f;* **to have sth in ~** etw zur Verwahrung haben ❸ (*arrangement*) Treuhand *f kein pl,* Treuhandschaft *f;* **investment ~** Investmentfonds *m;* **to hold** [*or* **keep**] **sth in ~** etw treuhänderisch verwalten; **to set up a ~** eine Treuhandschaft übernehmen ❹ (*trustees*) Treuhandgesellschaft *f;* **charitable ~** Stiftung *f* ❺ AM (*union*) Ring *m;* BRIT (*trust company*) Trust *m* ❻ AM (*bank name*) *Zusatz bei Banknamen* ▶ PHRASES: **a brains ~** (*hum*) geballte Intelligenz *fam* **II.** *vt* ❶ (*believe*) ■**to ~ sb/sth** jdm/etw vertrauen ❷ (*rely on*) ■**to ~ sth** einer S. *dat* trauen, auf etw *akk* vertrauen; **you must ~ your own feelings** du musst auf deine Gefühle vertrauen; ■**to ~ sb to do sth** jdm zutrauen, dass er/sie etw tut; ■**to ~ oneself to do sth** sich *dat* zutrauen, etw zu tun; ■**to ~ sb with sth** jdm etw anvertrauen ❸ (*commit*) ■**to ~ sb/sth to sb** jdm jdn/etw anvertrauen ▶ PHRASES: **to not ~ sb an inch** *esp* BRIT, AUS jdm nicht über den Weg trauen *fam;* **I wouldn't ~ him as far as I can** [*or* **could**] **throw him** ich würde ihm nicht über den Weg trauen; **~ her/him/you etc. to do that!** (*fam*) das musste sie/er/musstest du natürlich machen! *iron;* **~ you to upset her by talking about the accident!** du musst sie natürlich auch noch mit deinem Gerede über den Unfall aus der Fassung bringen **III.** *vi* ❶ (*form: believe*) ■**to ~ in sb/sth** auf jdn/etw vertrauen ❷ (*rely*) ■**to ~ to sb/sth** auf jdn/etw vertrauen, sich *akk* auf jdn/etw verlassen; **to ~ to luck** sich *akk* auf sein Glück verlassen, auf sein Glück vertrauen ❸ (*form: hope*) **the meeting went well, I ~** das Treffen verlief gut, hoffe ich [doch]; ■**to ~** [**that**] ... hoffen, [dass] ...; **I ~** [**that**] **you slept well?** du hast doch hoffentlich gut geschlafen?

'trust·bust·er *n* AM FIN (*fam*) *Beamter/Beamtin, der/die gegen Trusts vorgeht*

trust·ed ['trʌstɪd] *adj attr* ❶ (*loyal*) getreu *geh o veraltet* ❷ (*proved*) bewährt; *see also* **tried and trusted**

trus·tee [trʌs'ti:] *n* Treuhänder(in) *m(f);* **board of ~s** Kuratorium *nt*

trus·tee·ship [trʌs'ti:ʃɪp] *n* Treuhänderschaft *f*

trust·ful ['trʌstfᵊl] *adj see* **trusting**

trust·ful·ly ['trʌstfᵊli] *adv* ❶ (*artlessly*) zutraulich ❷ (*gullibly*) leichtgläubig

trust·ful·ness ['trʌstfᵊlnəs] *n no pl* ❶ (*artlessness*) Zutraulichkeit *f* ❷ (*gullibility*) Vertrauensseligkeit *f* ❸ (*trust*) Vertrauen *nt*

'trust fund *n* Treuhandfonds *m*

trust·ing ['trʌstɪŋ] *adj* ❶ (*artless*) vertrauensvoll, zutraulich; **to give a ~ smile** vertrauensselig lächeln ❷ (*gullible*) leichtgläubig, vertrauensselig

trust·wor·thi·ness ['trʌstˌwɜ:ðɪnəs, AM -ˌwɜr-] *n no pl* ❶ (*honesty*) Vertrauenswürdigkeit *f* ❷ (*accuracy*) Zuverlässigkeit *f*

trust·wor·thy ['trʌstˌwɜ:ði, AM -ˌwɜr-] *adj* ❶ (*honest*) vertrauenswürdig ❷ (*accurate*) zuverlässig

trusty ['trʌsti] *adj attr* (*dated or hum*) ❶ (*reliable*) *machine* zuverlässig ❷ (*loyal*) *servant* getreu *liter*

truth <*pl* -s> [tru:θ] *n* ❶ *no pl* (*not falsity*) Wahrheit *f* (**of** über +*akk*); **there is some/no ~ in what she says** es ist etwas/nichts Wahres an dem, was sie sagt; **a grain of ~** ein Körnchen *nt* Wahrheit *geh* ❷ *no pl* (*facts*) ■**the ~** die Wahrheit (**about/of** über +*akk*); ■**the ~ is that ...** die Wahrheit ist, dass ...; **the Gospel ~** die reine Wahrheit; **to tell** [**sb**] **the ~** [jdm] die Wahrheit sagen; **to tell the ~, the whole ~, and nothing but the ~** LAW die Wahrheit und nichts als die Wahrheit sagen; **to tell** [**you**] **the ~** [*or form* **if the ~ be told**], *form or dated* **~ to tell** um die Wahrheit zu sagen ❸ (*belief*) Wahrheit *f* (**about** über +*akk*) ❹ (*principle*) Grundprinzip *nt* ▶ PHRASES: **~ is stranger than fiction** (*prov*) im Leben passieren oft seltsame Dinge; **~ will out** (*prov*) die Sonne bringt es an den Tag *prov,* Lügen haben kurze Beine *prov;* **in ~** (*form*) in Wahrheit [*o* Wirklichkeit]

truth·ful ['tru:θfᵊl] *adj* ❶ (*true*) *answer* wahr ❷ (*sincere*) ehrlich; ■**to be ~ with sb** zu jdm ehrlich sein ❸ (*not lying*) ehrlich ❹ (*accurate*) wahrheitsgetreu; **a ~ portrait of sth** ein wahrheitsgetreues Abbild einer S. *gen*

truth·ful·ly ['tru:θfᵊli] *adv* wahrheitsgemäß; **~, I don't know**

what happened ehrlich, ich weiß nicht, was passiert ist

truth·ful·ness ['tru:θfᵊlnəs] *n no pl* ❶ (*veracity*) Wahrhaftigkeit *f* ❷ (*sincerity*) Ehrlichkeit *f* ❸ (*accuracy*) Wahrheit *f*

truth-in-'pack·ag·ing *adj attr, inv* unverfälscht

try [traɪ] **I.** *n* ❶ (*attempt*) Versuch *m;* **it's worth a ~** es ist einen Versuch wert; **to give sth a ~** etw ausprobieren; **to have a ~ at sth** etw versuchen ❷ (*in rugby*) Versuch *m* **II.** *vi* <-ie-> ❶ (*attempt*) versuchen; **please ~ and keep clean** bitte versuch, sauber zu bleiben *hum fam;* ■**to ~ for sth** sich *akk* um etw *akk* bemühen; **to ~ for a job** sich *akk* um eine Stelle bewerben ❷ (*make an effort*) sich *akk* bemühen; **she wasn't even ~ing** sie hat sich überhaupt keine Mühe gegeben **III.** *vt* <-ie-> ❶ (*attempt to do sth*) ■**to ~ sth** etw versuchen; ■**to ~ to do sth** versuchen, etw zu tun; **to ~ one's best** [*or* **hardest**] [*or* **damnedest**] sein Bestes versuchen; **to ~ one's hand at sth** sich *akk* in etw *dat* versuchen; **she tried her hand at cooking** sie versuchte sich im Kochen; **to ~ one's luck** [*or* **fortune**] sein Glück versuchen ❷ (*test sth by experiment*) ■**to ~ sth** etw probieren [*o* versuchen] ❸ (*sample*) ■**to ~ sth** etw [aus]probieren; **we don't sell newspapers, but have you tried the shop on the corner?** wir verkaufen keine Zeitungen, aber haben Sie es schon einmal bei dem Laden an der Ecke versucht? ❹ (*put to test*) ■**to ~ sb** jdn auf die Probe stellen; **to ~ sb's patience** jds Geduld auf die Probe stellen ❺ (*put on trial*) ■**to ~ sb** jdn vor Gericht stellen

◆**try on** *vt* ■**to ~ on** ○ **sth** *clothes* etw anprobieren ▸PHRASES: **to ~ on** ○ **sth for size** AM, AUS etw versuchsweise ausprobieren; **to ~ it on** BRIT, AUS (*fam*) [aus]probieren, wie weit man gehen kann

◆**try out I.** *vt* ■**to ~ out** ○ **sth** etw ausprobieren; ■**to ~ out** ○ **sb** jdn testen; ■**to ~ out** ○ **sth on sb** etw an jdm ausprobieren **II.** *vi* AM, AUS **to ~ out for a post/a role/a team** sich *akk* auf einem Posten/in einer Rolle/ bei einer Mannschaft versuchen

try·ing ['traɪɪŋ] *adj* ❶ (*annoying*) anstrengend ❷ (*difficult*) *time* schwierig

'try-on *n* BRIT, AUS (*fam*) [Täuschungs]versuch *m;* **it was a ~ to see how far he could go** er probierte nur aus, wie weit er gehen konnte **'try-out** *n* (*fam*) ❶ SPORTS Testspiel *nt,* Probespiel *nt* ❷ (*test run*) Erprobung *f; of play* Probevorstellung *f*

tryp·to·phan ['trɪptəfæn] *n modifier* Tryptophan-

tryst [trɪst] *n* (*old or hum*) Rendezvous *nt veraltend* (**with** mit +*dat*), Stelldichein *nt veraltet* (**with** mit +*dat*); **to keep a ~** ein Rendezvous haben

tsar [zɑ:ʳ] *n* BRIT, AUS Zar *m;* **antidrug ~** Drogenbekämpfungsbeauftragte(r) *f(m);* **drug ~** Drogenzar *m;* **economic ~** Wirtschaftszar *m*

tsa·ri·na [zɑ:'ri:nə] *n* BRIT, AUS Zarin *f*

tsar·ist ['zɑ:rɪst] BRIT, AUS **I.** *adj inv* zaristisch **II.** *n* Zarist(in) *m(f)*

tset·se fly ['tetsi-, AM 'tsetsi-] *n* Tsetsefliege *f*

T-shirt ['ti:ʃɜ:t, AM -ʃɜrt] *n* T-Shirt *nt*

tsk [tɪsk] *interj* (*dated*) ■~[, ~] tsts

tsp <*pl* - *or* -s> *n abbrev of* **teaspoon** Teel.

T-square ['ti:skweəʳ, AM -skwer] *n* Reißschiene *f*

tsu·na·mi [tsu:'nɑ:mi] *n* Tsunami *m*

tub [tʌb] *n* ❶ (*vat*) Kübel *m* ❷ (*fam: bath*) [Bade]wanne *f* ❸ (*carton*) Becher *m;* **a ~ of ice cream/yoghurt** ein Eis-/Joghurtbecher *m* ❹ (*pej fam: boat*) Kahn *m*

tuba ['tju:bə, AM *esp* 'tu:-] *n* Tuba *f*

tub·by ['tʌbi] *adj* (*fam*) pummelig *fam*

tube [tju:b, AM *esp* tu:b] *n* ❶ (*pipe*) Röhre *f;* (*bigger*) Rohr *nt;* **inner ~** Schlauch *m;* **test ~** Reagenzglas *nt* ❷ (*container*) Tube *f* ❸ BIOL Röhre *f;* (*fam: fallopian tube*) Eileiter *m;* **bronchial ~s** Bronchien *pl;* **to have one's ~s tied** sich *akk* unfruchtbar machen lassen ❹ *no pl* BRIT (*fam: railway*) ■**the ~** die [Londoner] U-Bahn ❺ *no pl* AM (*fam: TV*) ■**the ~** die Glotze *sl* ❻ AUS (*fam: can*) Dose *f* [Bier]; (*bottle*) Flasche *f* [Bier] ▸PHRASES: **to go <u>down</u> the ~**[s] den Bach runter gehen *fam*

tube·less ['tju:bləs, AM *esp* 'tu:b-] *adj inv* **~ tyre** schlauchloser Reifen

tu·ber ['tju:bəʳ, AM 'tu:bɚ, 'tju:-] *n* BOT Knolle *f*

tu·ber·cu·lar [tju:'bɜ:kjələʳ, AM tu:'bɜ:rkjəlɚ, tju:-] *adj inv* tuberkulös

tu·ber·cu·lo·sis [tju:ˌbɜ:kjə'ləʊsɪs, AM tu:ˌbɜ:rkjə'loʊsɪs, tju:-] *n no pl* Tuberkulose *f,* Schwindsucht *f veraltend*

tu·ber·cu·lous [tju:'bɜ:kjələs, AM tu:'bɜ:r-, tju:-] *adj inv* tuberkulös

tu·ber·ose ['tju:bᵊrəʊz, AM 'tu:broʊz] *n* Tuberose *f*

tu·ber·ous ['tju:bᵊrəs, AM 'tu:-, tju:-] *adj* knollig

'tube sta·tion *n* U-Bahnstation *f,* U-Bahnhof *m*

tub·ing ['tju:bɪŋ, AM *esp* 'tu:-] *n no pl* ❶ (*material*) Schlauch *m* ❷ (*tubes*) Rohre *ntpl*

'tub-thump·er *n* (*pej fam*) Demagoge, -in *m, f* **'tub-thump·ing I.** *n no pl* (*pej fam*) Demagogie *f* **II.** *adj attr* (*pej fam*) demagogisch

tubu·lar ['tju:bjələʳ, AM 'tu:bjəlɚ, tju:-] *adj flower* Rohr-, Röhren-; **~ chair** Stahlrohrstuhl *m*

tubu·lar 'bells *npl* Glockenspiel *nt*

TUC [ˌti:ju:'si:] *n no pl* BRIT *abbrev of* **Trades Union Congress:** ■**the ~** ≈ der DGB, der ÖGB ÖSTERR

tuck [tʌk] **I.** *n* ❶ (*pleat*) Abnäher *m;* (*ornament*) Biese *f* ❷ (*med*) **a tummy ~** *Operation, bei der am Bauch Fett abgesaugt wird* ❸ *no pl* BRIT (*dated: sweets*) Süßigkeiten *fpl* **II.** *vt* ❶ (*fold*) ■**to ~ sth somewhere** etw irgendwohin stecken; **she had a napkin ~ed in the neck of her blouse** sie hatte eine Serviette in den Ausschnitt ihrer Bluse gesteckt; **she ~ed her doll under her arm** sie klemmte sich ihre Puppe unter den Arm; **to ~ sb into bed** jdn ins Bett [ein]packen *fam* ❷ (*stow*) ■**to ~ sth somewhere** etw irgendwohin verstauen; **to ~ one's legs under one** seine Beine unterschlagen ❸ *usu passive* (*be situated*) ■**to be ~ed somewhere** irgendwo versteckt liegen; **~ed along this alley are some beautiful houses** entlang dieser Allee liegen versteckt einige wunderschöne Häuser

◆**tuck away** *vt* ❶ (*stow*) ■**to ~ away** ○ **sth** [**somewhere**] etw [irgendwo] verstauen; (*hide*) etw [irgendwo] verstecken; **he always keeps a bit of money ~ed away in case there's an emergency** er hält immer etwas Geld für eventuelle Notfälle versteckt ❷ *usu passive* (*lie*) ■**to be ~ed away somewhere** irgendwo versteckt liegen; **a group of tiny brick houses is ~ed away behind the factory** eine Gruppe winziger Ziegelhäuser liegt versteckt hinter der Fabrik

◆**tuck in I.** *vt* ❶ (*fold*) ■**to ~ in** ○ **sth** etw hineinstecken; **to ~ in one's shirt** sein Hemd in die Hose stecken; *see also* **tuck II.1** ❷ (*put to bed*) ■**to ~ in** ○ **sb** jdn zudecken ❸ (*fam: hold in*) **to ~ in** ○ **one's tummy** seinen Bauch einziehen **II.** *vi* (*fam*) reinhauen *fam,* zulangen *fam;* **there's plenty of food so please ~ in!** es ist genug Essen da, also bitte langt zu!

◆**tuck into** *vt* (*fam*) ■**to ~ into sth** etw verschlingen

◆**tuck up** *vt* ❶ (*fold*) **to ~ up one's feet/legs** seine Füße/Beine anziehen ❷ BRIT (*put to bed*) ■**to ~ up** ○ **sb** jdn ins Bett stecken *fam*

tuck·er ['tʌkəʳ, AM -ɚ] (*fam*) **I.** *n no pl* AUS Essen *nt,* Futter *nt sl* **II.** *vt* AM ■**to ~ out** ○ **sb** jdn fix und fertig machen *fam;* ■**to be ~ed out** erledigt [*o* fix und fertig] sein *fam*

'tuck-in *n* BRIT (*fam*) großes Essen **'tuck shop** *n* BRIT (*dated*) Schulkiosk *nt* (*für Süßwaren*)

Tue(s) *n abbrev of* **Tuesday** Di.

Tues·day ['tju:zdeɪ] *n* Dienstag *m;* [**on**] **~ afternoon/evening/morning/night** [am] Dienstagnachmittag/-abend/-morgen [*o* -vormittag]/-nacht; **on ~ afternoons/evenings/mornings/nights** dienstagnachmittags/-abends/-morgens [*o* -vormittags]/-nachts, dienstags nachmittags/abends/morgens [*o* vormittags]/nachts; [**around**] **noon on ~** Dienstagmittag;

[around] noon on ~s dienstagmittags; **in the early hours of ~ morning** in der Nacht [von Montag] auf [*o* zu] Dienstag; **a week/fortnight on ~** [*or* BRIT *a.* ~ **week/fortnight**] Dienstag in einer Woche [*o* acht Tagen]/zwei Wochen [*o* vierzehn Tagen]; **a week/fortnight last** [*or* BRIT *a.* **ago on**] ~ Dienstag vor einer Woche [*o* acht Tagen]/zwei Wochen [*o* vierzehn Tagen]; **early ~ [morning]** [am] Dienstag früh; **every ~** jeden Dienstag; **last/next/this ~** [am] letzten [*o* vorigen]/[am] nächsten/diesen [*o* an diesem] [*o* kommenden] Dienstag; **~ before last/after next** vorletzten/übernächsten Dienstag; **since last ~** seit letzten [*o* letztem] Dienstag; **from next ~ [on]** ab nächsten [*o* nächstem] Dienstag; **to fall** [*or* **be**] **on a ~** auf einen Dienstag fallen; **one** [*or* **on a**] **~** an einem Dienstag, eines Dienstags; **[on] ~** [am] Dienstag; **we're meeting [on] ~** wir treffen uns [am] Dienstag; **on ~ 4th March** [*or esp* AM **March 4**] am Dienstag, den 4. März; **[on] ~s** dienstags

tuft [tʌft] *n* Büschel *nt;* ~ **of feathers** Federbüschel *nt*

tuft·ed ['tʌftɪd] *adj* mit Federbüschel; ~ **duck** Haubenente *f*

tug [tʌg] **I.** *n* ❶ (*pull*) Ruck *m* (**at** an +*dat*); **to give sth a ~** an etw *dat* zerren ❷ (*boat*) Schlepper *m* **II.** *vt* <-gg-> ■**to ~ sb/sth** jdn/etw ziehen **III.** *vi* <-gg-> ■**to ~ at sth** an etw *dat* zerren [*o* ziehen]; **her children were ~ging at her hair** ihre Kinder zerrten an ihren Haaren ►PHRASES: **to tug at sb's heartstrings** bei jdm auf die Tränendrüse drücken *fam; see also* **heartstrings**

◆**tug off** *vt* ■**to ~ off** ◌ **sth** etw abziehen

'tug·boat *n* Schlepper *m* **tug of 'love** *n* BRIT (*fam*) *Streit um das Sorgerecht für das Kind* **'tug-of-love** *adj attr, inv* BRIT (*fam*) *sich auf einen Sorgerechtsstreit beziehend;* ~ **parents** *Eltern, die um das Sorgerecht streiten* **tug-of-'war** *n* ❶ (*sport*) Tauziehen *nt* ❷ (*face-off*) Konfrontation *f* ❸ (*fluctuation*) Tauziehen *nt,* Hin und Her *nt fam*

tui·tion [tju'ɪʃᵊn, AM tu'-] *n no pl* ❶ *esp* BRIT (*teaching*) Unterricht *m* (**in** in +*dat*) ❷ *esp* AM (*tuition fee*) Studiengebühr *f; of school* Schulgeld *nt kein pl*

tu'i·tion fee *n esp* BRIT Studiengebühr *f; of school* Schulgeld *nt kein pl*

tu·lip ['tju:lɪp, AM *esp* 'tu:-] *n* Tulpe *f*

tulle [tju:l, AM tu:l] *n no pl* Tüll *m*

tum [tʌm] *n* (*fam*) *see* **tummy**

tum·ble ['tʌmbl̩] **I.** *vi* ❶ (*fall*) fallen; (*faster*) stürzen ❷ (*rush*) ■**to ~ somewhere** irgendwohin stürzen; **the children ~d out of school** die Kinder stürzten aus der Schule ❸ (*decline*) *prices* [stark] fallen, purzeln *fam* ❹ (*dated fam: understand*) kapieren; ■**to ~ that ...** kapieren, dass ... *fam; see also* **tumble to II.** *n* ❶ (*fall*) Sturz *m;* **to take a ~** stürzen ❷ (*decline*) *prices* Sturz *m* (**in** +*gen*); **to take a ~** stürzen

◆**tumble down I.** *vi building* einstürzen **II.** *vt* ■**to ~ down sth** etw hinabstürzen

◆**tumble over I.** *vi* (*unbalance*) hinfallen; (*collapse*) umfallen **II.** *vt* ■**to ~ over sb/sth** über jdn/etw stürzen

◆**tumble to** *vi* (*dated fam*) ■**to ~ to sth** ❶ (*notice*) etw merken ❷ (*understand*) etw kapieren *fam* ❸ (*find out*) etw spitzkriegen *fam*

'tum·ble·down *adj attr building* baufällig **tum·ble 'dri·er, tum·ble 'dry·er** *n* Wäschetrockner *m*

tum·bler ['tʌmbl̩əʳ, AM -ɚ] *n* ❶ (*glass*) [Trink]glas *nt* ❷ (*acrobat*) Bodenakrobat(in) *m(f)* ❸ (*dryer*) Wäschetrockner *m* ❹ TECH (*in lock*) Zuhaltung *f fachspr*

tum·ble·weed ['tʌmbl̩wi:d] *n no pl* Steppenhexe *f,* Steppenläufer *m*

tum·bling ['tʌmbl̩ɪŋ] *n no pl* Bodenturnen *nt*

tu·mes·cence [tju:'mesᵊn(t)s, AM *esp* tu:-] *n no pl* ANAT Schwellung *f*

tu·mes·cent [tju:'mesᵊnt, AM *esp* tu:-] *adj* ANAT anschwellend

tu·mid ['tju:mɪd, AM *esp* 'tu:-] *adj* ANAT *see* **tumescent**

tum·my [tʌmi] *n* (*esp childspeak fam*) Bauch *m*

'tum·my ache *n* (*esp childspeak fam*) Bauchweh *nt kein pl,* Bauchschmerzen *mpl* **'tum·my but·ton** *n* BRIT (*esp childspeak fam*) Bauchnabel *m*

tu·mor ['tu:mɚ, 'tju:-] AM, **tu·mour** ['tju:məʳ] *n* BRIT, AUS Geschwulst *f,* Tumor *m;* **brain ~** Hirntumor *m;* **benign/malignant ~** gutartiger/bösartiger Tumor

tu·mult ['tju:mʌlt, AM *esp* 'tu:-] *n usu sing* ❶ (*noise*) Krach *m* ❷ (*disorder*) Tumult *m;* ■**to be in ~** sich *akk* in Aufruhr befinden ❸ (*uncertainty*) Verwirrung *f* ❹ (*agitation*) Aufruhr *m kein pl* (**over** wegen +*dat*); **her feelings were in a ~** ihre Gefühle waren in Aufruhr

tu·mul·tu·ous [tju:'mʌltjuəs, AM tu:'mʌltʃu:əs, tju:-] *adj* ❶ (*loud*) lärmend; ~ **applause** stürmischer Applaus ❷ (*confused*) *crowd* turbulent ❸ (*excited*) *life* aufgeregt

tu·mul·tu·ous·ly [tju:'mʌltjuəsli, AM tu:'mʌltʃu:əsli, tju:-] *adv* stürmisch

tu·mu·lus <*pl* -li> ['tju:mjələs, AM *esp* 'tu:-] *n* ARCHEOL Grabhügel *m,* Tumulus *m fachspr*

tun [tʌn] *n* ❶ (*vat*) Fass *nt;* (*of metal*) Tonne *f;* (*for brewing*) Gärfass *nt* ❷ (*measure*) Tonne *f*

tuna ['tju:nə, AM *esp* 'tu:-] *n* ❶ <*pl* -s *or* -> (*fish*) Thunfisch *m* ❷ *no pl* (*meat*) Thunfisch *m*

tuna 'melt *n* mit Käse überbackener Thunfischtoast

tun·dra ['tʌndrə] **I.** *n no pl* Tundra *f* **II.** *n modifier region* Tundra-

tune [tju:n, AM *esp* tu:n] **I.** *n* ❶ (*melody*) Melodie *f;* **signature ~** Kennmelodie *f;* **theme ~** Titelmelodie *f,* Titelmusik *f;* **a catchy ~** eine Melodie, die ins Ohr geht, ein Ohrwurm *m;* **not to be able to carry a ~ [in a bucket]** [total] unmusikalisch sein; **to hum a ~** eine Melodie [vor sich *akk* hin] summen ❷ *no pl* MUS (*pitch*) ■**to be in/out of ~** richtig/falsch spielen; ■**to be in/out of ~ with sth** (*fig*) mit etw *dat* in Einklang/nicht in Einklang sein; **he's in ~ with what his customers want** er hat eine Antenne dafür, was seine Kunden wünschen; ■**to be in ~ with sb** mit jdm auf einer Wellenlänge liegen *fam* ❸ BRIT TECH (*adjustment of car engine*) Einstellung *f;* **to give a car a ~** einen Wagen neu einstellen ❹ (*amount*) ■**to the ~ of £2 million** in Höhe von 2 Millionen Pfund ►PHRASES: **to change one's** [*or* **sing a different**] **~** einen anderen Ton anschlagen *fig* **II.** *vt* ❶ MUS **to ~ an instrument/a piano** ein Instrument/Klavier stimmen ❷ RADIO **to ~ a radio** ein Radio einstellen [*o fachspr* tunen]; **she ~d the radio to her favourite station** sie stellte ihren Lieblingssender im Radio ein ❸ AUTO **to ~ an engine** einen Motor einstellen **III.** *vi* [sein Instrument/die Instrumente] stimmen

◆**tune in I.** *vi* ❶ RADIO, TV einschalten; **to ~ in to a channel/station** einen Kanal/Sender einstellen; **the video automatically ~s itself in to the next channel** der Videorekorder stellt sich automatisch auf den nächsten Kanal ein; **to ~ in to a programme** eine Sendung einschalten ❷ (*fig fam: be sensitive to sth*) ■**to be ~d in to sth** eine Antenne für etw *akk* haben *fig* **II.** *vt* AUS RADIO, TV ■**to ~ in** ◌ **a programme** eine Sendung einschalten

◆**tune out** *vt* ■**to ~ out** ◌ **sb/sth** jdn/etw ignorieren

◆**tune up I.** *vi* [sein Instrument/die Instrumente] stimmen; (*fig*) **he didn't bother to ~ up before his lesson** er hielt es nicht für nötig, sich auf die nächste Stunde vorzubereiten; **to get ~d up** sich *akk* aufeinander einstimmen **II.** *vt* ❶ AUTO **to ~ up the engine** den Motor einstellen ❷ MUS **to ~ up an instrument** ein Instrument stimmen

tune·ful ['tju:nfᵊl, AM *esp* 'tu:n-] *adj* melodisch

tune·less ['tju:nləs, AM *esp* 'tu:n-] *adj* unmelodisch

tun·er ['tju:nəʳ, AM *esp* 'tu:nɚ] *n* ❶ TECH (*for selecting stations*) Empfänger *m,* Tuner *m fachspr* ❷ MUS (*person*) Stimmer(in) *m(f);* **harpsichord/organ/piano ~** Cembalo-/Orgel-/Klavierstimmer(in) *m(f)*

'tune-up *n* TECH Einstellung *f;* **to give a car a ~** einen Wagen [neu] einstellen

tung·sten ['tʌŋ(k)stᵊn] *n no pl* Wolfram *nt;* ~ **steel** Wolframstahl *m*

tu·nic ['tju:nɪk, AM *esp* 'tu:-] *n* Kittel *m,* Kasack *m;* HIST Tunika *f*

tun·ing ['tju:nɪŋ, AM *esp* 'tu:n-] *n no pl* ❶ MUS Stimmen *nt;* (*correctness of pitch*) Klangreinheit *f* ❷ TECH Einstellen *nt*

'tun·ing fork *n* MUS Stimmgabel *f;* **to strike the ~** die Stimmgabel anschlagen **'tun·ing peg, 'tun·ing pin** *n* MUS Stimmstock *m fachspr,* Seele *f fachspr*

Tu·ni·sia [tju:'nɪziə, AM tu:'ni:ʒə] *n* Tunesien *nt*

Tu·ni·sian [tju:'nɪziən, AM tu:'ni:ʒən] **I.** *n* Tunesier(in) *m(f)* **II.** *adj* tunesisch

tun·nel ['tʌnᵊl] **I.** *n* Tunnel *m;* ZOOL, BIOL Gang *m;* **to dig** [*or* **make**] **~s** *ants, gophers* Gänge graben ▶ PHRASES: **to see** [**the**] **light at the end of the ~** das Licht am Ende des Tunnels sehen *fig* **II.** *vi* <BRIT -ll- *or* AM *usu* -l-> einen Tunnel graben; **to ~ under a river** einen Fluss untertunneln **III.** *vt* <BRIT -ll- *or* AM *usu* -l-> ■**to ~ sth: they ~ed a passage through the debris** sie gruben einen Tunnel durch die Trümmer; **to ~ one's way out** [**of sth**] sich *akk* [aus etw *akk*] herausgraben

tun·nel·(l)er ['tʌnᵊləʳ, AM -ɚ] *n* ❶ (*person*) Tunnelbauer(in) *m(f)* ❷ (*burrowing animal*) Grab[e]tier *nt*

tun·nel 'vi·sion *n no pl* ❶ (*pej: way of thinking*) Scheuklappendenken *nt* ❷ MED Tunnelblick *m*

tun·ny <*pl* - *or* -nies> ['tʌni] *n* (*fam*) Thunfisch *m*

tup·pence ['tʌpᵊn(t)s] *n no pl* BRIT (*fam*) zwei Pence; (*fig*) **I don't care ~ about his problems** seine Probleme interessieren mich nicht für fünf Pfennig *fam;* **to not give ~ for sth** keinen Pfifferling auf etw *akk* geben *fam;* **to not matter ~** überhaupt keine Rolle spielen

tup·pen·ny ['tʌpᵊni] *adj attr, inv* BRIT (*fam or dated*) *coin* Zwei-Pence -; *stamp* zu zwei Pence *nach n*

Tup·per·ware® ['tʌpəweəʳ, AM -ɚwer] **I.** *n no pl* Tupperware® *f;* **~ party** Tupperware-Party *f* **II.** *n modifier* (*container, party*) Tupperware-; **~ cup** verschließbarer Plastikbecher

tuque [tu:k] *n* CAN (*bobble hat*) (*meist spitz zulaufende*) *Strickmütze*

tur·ban ['tɜ:bən, AM 'tɜ:r-] *n* Turban *m*

tur·baned ['tɜ:bənd, AM 'tɜ:r-] *adj inv* mit Turban *nach n*

tur·bid ['tɜ:bɪd, AM 'tɜ:r-] *adj* ❶ (*cloudy*) *liquid* trüb ❷ (*liter: dense and dark*) **~ clouds gathered off the coast** vor der Küste brauten sich dicke Wolken zusammen; **~ smoke** Rauchschwaden *mpl* ❸ (*liter: confused*) *emotions, thoughts* verworren, wirr; **his writings were ~** er schrieb [lauter] wirres Zeug

tur·bid·ity [tɜ:'bɪdəti, AM tɜ:r'bɪdəṭi] *n no pl* (*liter*) ❶ (*cloudy state*) Trübheit *f,* Trübe *f;* **the ~ of the river mirrored the troubled state of his soul** seine Stimmung war so trüb wie das Wasser des Flusses ❷ (*thickness and darkness*) *of clouds, smoke* Dichte *f;* **the ~ of the clouds indicated a bad storm was arriving** die dunkle Wolkenwand deutete darauf hin, dass sich ein heftiges Gewitter zusammenbraute ❸ (*troubled state*) *of emotions, thoughts* Verworrenheit *f,* Wirrheit *f*

tur·bine ['tɜ:baɪn, AM 'tɜ:rbɪn] *n* TECH Turbine *f;* **gas/steam ~** Gas-/Dampfturbine *f*

'tur·bine en·gine *n* TECH Maschine *f* mit Turbinenantrieb *fachspr*

tur·bo·car ['tɜ:beʊ-, AM 'tɜ:rboʊ-] *n* AUTO Wagen *m* mit Turboantrieb *fachspr* **tur·bo·charge** ['tɜ:bəʊtʃɑ:dʒ, AM 'tɜ:rboʊtʃɑ:rdʒ] *vt* ■**to ~ sth** etw ankurbeln **'tur·bo·charged** *adj inv* ❶ TECH mit Turboaufladung *nach n fachspr* ❷ (*approv sl: energetic*) Turbo-, [super]dynamisch *fam* **'tur·bo·charg·er** *n* TECH Turbolader *m fachspr* **tur·bo 'die·sel** *n* TECH ❶ (*engine*) Dieselmotor *m* mit Turboaufladung *fachspr,* Turbodiesel *m fachspr* ❷ (*vehicle*) Diesel[wagen] *m* mit Turbomotor *fachspr,* Turbodiesel *m fachspr* **'tur·bo en·gine** *n* TECH Turbomotor *m fachspr* **'tur·bo·fan** *n* ❶ AVIAT Turbofan *m fachspr;* (*aircraft*) Turbofan-Flugzeug *nt fachspr* ❷ TECH (*fan*) Turbinen-Kreiselgebläse *nt fachspr* **'tur·bo·jet** *n* ❶ TECH (*engine*) Turbojet *m fachspr* ❷ AVIAT (*aircraft*) Turbojet-Flugzeug *nt* **'tur·bo·prop** *n* ❶ (*propeller*) Turbopropeller *m fachspr,* Turboprop *m fachspr* ❷ (*aircraft*) Turbinenpropeller-Flugzeug *nt fachspr,* Turboprop-Flugzeug *nt fachspr*

tur·bot <*pl* - *or* -s> ['tɜ:bət, AM 'tɜ:r-] *n* ZOOL Steinbutt *m*

tur·bu·lence ['tɜ:bjələn(t)s, AM 'tɜ:r-] *n no pl* Turbulenz *f a. fig;* **air ~** Turbulenzen *fpl;* **~ in a marriage** Sturm *m* in einer Ehe; **economic/political ~** wirtschaftliche/politische Turbulenzen *fpl*

tur·bu·lent ['tɜ:bjələnt, AM 'tɜ:r-] *adj* turbulent, stürmisch; *sea also* unruhig; **~ times** (*fig*) stürmische Zeiten

turd [tɜ:d, AM tɜ:rd] *n* (*vulg sl*) ❶ (*excrement*) Scheißhaufen *m derb* ❷ (*vulg: vile person*) Scheißkerl *m derb,* Scheißtyp *m derb;* **little ~** kleiner Scheißer *m derb,* Wichser *m vulg*

tu·reen [tə'ri:n, AM tʊ-] *n* FOOD Terrine *f;* **soup ~** Suppenterrine *f*

turf <*pl* -s *or* BRIT *usu* turves> [tɜ:f, AM tɜ:rf] **I.** *n* ❶ *no pl* (*grassy earth*) Rasen *m* ❷ (*square of grass*) Sode *f;* **to lay ~s** Rasen[flächen] anlegen ❸ (*fam: personal territory*) Revier *nt;* (*field of expertise*) Spezialgebiet *f,* Domäne *f,* Reich *nt;* **to win a game on home ~** ein Spiel auf dem eigenen Platz gewinnen; **to cover different ~** in unterschiedlichen Bereichen tätig sein; **to defend one's ~ against sb** sein Revier gegen jdn verteidigen ❹ *no pl* SPORTS ■**the ~** (*horse racing*) der Pferderennsport **II.** *vt* ■**to ~ the backyard** im Hinterhof Rasen verlegen

◆**turf out** *vt esp* BRIT (*fam*) ■**to ~ sb/sth out** [**of sth**] jdn/etw [aus etw *dat*] rauswerfen *fam*

'turf ac·count·ant *n* BRIT (*form: bookmaker*) Buchmacher(in) *m(f)*

'turf war *n* Kompetenzstreit *m,* Kompetenzgerangel *nt pej*

tur·gid ['tɜ:dʒɪd, AM 'tɜ:r-] *adj* ❶ MED (*form: swollen*) [an]geschwollen; **~ river** angeschwollener Fluss ❷ (*fig, pej: tediously pompous*) *speech, style, writing* überladen *fig, pej,* schwülstig *fig, pej*

tur·gid·ity [tɜ:'dʒɪdəti, AM tɜ:r'dʒɪdəṭi] *n no pl* (*form*) ❶ (*pej: pomposity*) Schwülstigkeit *f,* geschwollene Ausdrucksweise ❷ (*state of being swollen*) Schwellung *f;* **the ~ of the growth alarmed the doctor** der Arzt war wegen der Größe der Geschwulst beunruhigt

tur·gid·ly ['tɜ:dʒɪdli, AM 'tɜ:r-] *adv* (*form or pej*) geschwollen, schwülstig

Turk [tɜ:k, AM tɜ:rk] *n* Türke, -in *m, f*

tur·key ['tɜ:ki, AM 'tɜ:r-] *n* ❶ ZOOL Truthahn, -henne *m, f,* Pute(r) *f(m)* ❷ *no pl* (*meat*) Truthahn *m,* Pute *f,* Putenfleisch *nt* ❸ *esp* AM, AUS (*pej fam: total failure*) Flop *m fam,* Pleite *f fam* ❹ AM, AUS (*fam: stupid person: woman*) dumme Pute [*o* Gans] *pej fam;* (*man*) Blödmann *m fam,* Idiot *m*

Tur·key ['tɜ:ki, AM 'tɜ:r-] *n no pl* Türkei *f*

Turk·ish ['tɜ:kɪʃ, AM 'tɜ:r-] **I.** *adj* (*pertaining to Turkey*) türkisch **II.** *n* (*language of Turkey*) Türkisch *nt*

Turk·ish 'bath *n* türkisches Bad **Turk·ish de·'light** *n no pl* Lokum *nt* (*geleeartiges, mit Puderzucker bestäubtes Konfekt*)

tur·mer·ic ['tɜ:mᵊrɪk, AM 'tɜ:r-] *n no pl* Kurkuma *f,* Gelbwurz *f*

tur·moil ['tɜ:mɔɪl, AM 'tɜ:r-] *n* Tumult *m,* Aufruhr *m;* ■**to be in** [**a**] **~** in Aufruhr sein; **the Stock Exchange was in complete ~** die Börse stand buchstäblich Kopf; **her mind was in a ~** sie war völlig durcheinander; **the ~s of war** die Wirren des Krieges; **to be thrown into ~** völlig durcheinandergeraten; **his heart was thrown into ~ by her conflicting signals** ihre widersprüchlichen Signale stürzten ihn in ein Gefühlschaos

turn [tɜ:n, AM tɜ:rn] **I.** *n* ❶ (*rotation*) *of a wheel* Drehung *f;* **give the screw a couple of ~s** drehen Sie die Schraube einige Male um; **to give the handle a ~** den Griff [herum]drehen ❷ (*change in direction: in road*) Kurve *f;* SPORTS Wende *f;* **'no left/right ~'** „Links/Recht abbiegen verboten"; **the path had many twists and ~s** der Pfad wand und schlängelte sich dahin; (*fig*) **the novel has many twists and ~s of plot** die Handlung des Romans ist total verwickelt *fam;* (*fig*) **things took an ugly turn** die Sache nahm eine üble Wendung; (*fig*) **I find the ~ of events most unsatisfactory** ich mag nicht,

T

wie sich die Dinge gerade entwickeln; **to make a ~** abbiegen; **to make a wrong ~** falsch abbiegen; **to make a ~ to port/starboard** NAUT nach Backboard/Steuerbord abdrehen; **to take a ~ [to the left/right]** [nach links/rechts] abbiegen; **to take a ~ for the better/worse** (*fig*) sich zum Besseren/Schlechteren wenden; **she's taken a ~ for the worse since ...** mit ihr ist es ziemlich bergab gegangen, seit ... *fam;* **to take a new ~** eine [ganz] neue Wendung nehmen ❸ (*changing point*) **the ~ of the century** die Jahrhundertwende; **at the ~ of the century** zur Jahrhundertwende; **at the ~ of the 19th century** Anfang des 19. Jahrhunderts; **the ~ of the tide** der Gezeitenwechsel; **the tide was on the ~** die Flut/Ebbe setzte gerade ein; (*fig*) **the ~ of the tide occurred when ...** das Blatt wandte sich, als ... ❹ (*allotted time*) **it's my ~ now!** jetzt bin ich an der Reihe [*o fam* dran]!; **it's Jill's ~ next** Jill kommt als Nächste dran; **your ~ will come!** du kommst schon auch noch dran! *fam;* (*in desperate situations*) du wirst auch noch zum Zuge kommen! *fam;* **whose ~ is it?** wer ist dran?; **I want everyone to take their ~ nicely without any fighting** ich will, dass ihr euch schön abwechselt, ohne Streitereien; **you can have a ~ at the computer now** Sie können jetzt den Computer benutzen; **to do sth in ~** [*or* **by ~s**] etw abwechselnd tun; **to miss a ~** eine Runde aussetzen; **to take ~s** [*or esp* BRIT **it in ~s**] **doing sth** etw abwechselnd tun; **to take a ~ at the wheel** für eine Weile das Steuer übernehmen; **to wait one's ~** warten, bis man an der Reihe ist; ■**in ~** wiederum; **she told Peter and he in ~ told me** sie hat es Peter erzählt und er wiederum hat es dann mir erzählt; **he's all sweet and cold in ~s** [*or* **by turn[s]**] er ist abwechselnd total nett und dann wieder total kalt *fam* ❺ ([*dis*]*service*) **to do sb a good/bad ~** jdm einen guten/schlechten Dienst erweisen; **to do a good ~** eine gute Tat tun ❻ (*odd sensation, shock*) Schreck[en] *m;* **to give sb a ~** jdm einen gehörigen Schrecken einjagen ❼ (*feeling of queasiness*) Anfall *m;* (*fam*) **she was having one of her ~s** sie hatte wieder einmal einen ihrer Anfälle ❽ (*performance on stage*) Nummer *f;* **to do comic ~s** Sketche aufführen; **to perform a ~** eine Nummer aufführen ❾ (*not appropriate*) ■**out of ~: what you've just said was completely out of ~** was du da gerade gesagt hast, war wirklich völlig unpassend; **sorry, have I been talking out of ~?** tut mir leid, habe ich was Falsches gesagt?; **he really was speaking out of ~** es war völlig unangebracht, dass er sich dazu äußerte ❿ (*character*) ■**to be of a ... ~ of mind** einen Hang zu etw *dat* haben; **to be of a humorous ~** eine Frohnatur sein; **to have a logical ~ of mind** ein logischer Mensch sein ⓫ (*stroll*) Runde *f;* **to take a ~ [in the park]** eine [kleine] Runde [durch den Park] drehen ⓬ (*round in coil, rope*) Umwickelung *f* ⓭ (*expression well put together*) **a nice** [*or* **elegant**] [*or* **good**] **~ of phrase** elegante Ausdrucksweise; (*wording*) elegante Formulierung; **to have a nice ~ of phrase** sich *akk* sehr gut ausdrücken können ⓮ (*purpose*) **to serve sb's ~** jdm dienen; **that'll serve my ~** das ist gerade genau das Richtige für mich ⓯ MUS Doppelschlag *m* ⓰ STOCKEX Gewinnspanne *f* ⓱ (*cooked perfectly*) **to be done** [*or* **cooked**] **to a ~** *food* gut durch[gebraten] sein ▶ PHRASES: **a ~ of the screw** eine weitere Verschärfung [einer Maßnahme]; **the raising of their rent was another ~ of the screw in the landlord's attempt to get them evicted** die Mieterhöhung war ein weiterer Versuch, ihnen Daumenschrauben anzulegen und sie allmählich aus der Wohnung zu drängen; **at every ~** (*continually*) ständig; (*again and again*) jedes Mal; **to fight at every ~** mit aller Macht kämpfen; **one good ~ deserves another** (*saying*) eine Hand wäscht die andere; **to be on the ~** sich *akk* wandeln; *milk* einen Stich haben; *leaves* gelb werden **II.** *vt* ❶ (*rotate, cause to rotate*) ■**to ~ sth** *knob, screw* etw drehen; **he ~ed the key quietly in the lock** er drehte den Schlüssel vorsichtig im Schloss um; **she ~ed the wheel sharply** sie riss das Steuer herum ❷ (*switch direction*) ■**to ~ sth: he ~ed his head in surprise** überrascht wendete er den Kopf; **my mother can still ~ heads** nach meiner Mutter drehen sich die Männer noch immer um; **he ~ed the car** er wendete den Wagen; **the little girl just ~ed her back to her** das kleine Mädchen wandte ihr einfach den Rücken zu; **she ~ed the chair to the window so that she could look outside** sie drehte den Stuhl zum Fenster, so dass sie hinausschauen konnte; **to ~ one's car into a road** [in eine Straße] abbiegen; **to ~ round the corner** um die Ecke biegen; **to ~ the course of history** den Gang der Geschichte [ver]ändern; **to ~ one's eyes towards sb** jdn anblicken; **to ~ somersaults** einen Purzelbaum schlagen; SPORTS einen Salto machen; (*fig*) **he ~ed somersaults in his joy** er machte vor Freude Luftsprünge ❸ (*aim*) ■**to ~ sth on sb** *lamp, hose* etw auf jdn richten; **she ~ed her full anger onto him** ihr ganzer Zorn richtete sich gegen ihn; **the stranger ~ed a hostile stare on him** der Fremde warf ihm einen feindseligen Blick zu; **to ~ one's attention** [*or* **mind**] **to sth** seine Aufmerksamkeit etw *dat* zuwenden; **to ~ a gun on sb** ein Gewehr auf jdn richten; **to ~ one's steps homewards** sich *akk* nach Hause begeben; **to ~ one's thoughts to sth** sich *akk* etw *dat* zuwenden ❹ (*sprain*) ■**to ~ sth** sich *dat* etw verrenken; **to ~ one's ankle** sich *dat* den Knöchel verrenken ❺ + *adj* (*cause to become*) ■**to ~ sb/sth sth: the shock ~ed her hair grey overnight** durch den Schock wurde sie über Nacht grau; **the cigarette smoke had ~ed the walls grey** durch den Zigarettenrauch waren die Wände ganz grau geworden; **the hot weather has ~ed the milk sour** durch die Hitze ist die Milch sauer geworden; **the news ~ed her pale** als sie die Nachricht hörte, wurde sie ganz bleich; **his comment ~ed her angry** sein Kommentar verärgerte sie ❻ (*cause to feel nauseous*) **to ~ sb's stomach** jdn den Magen umdrehen; **the smell ~ed her stomach** bei dem Gestank drehte sich ihr der Magen um ❼ (*change*) ■**to ~ sth/sb into sth** etw/jdn in etw *akk* umwandeln; **the wizard ~ed the ungrateful prince into a frog** der Zauberer verwandelte den undankbaren Prinzen in einen Frosch; **to ~ a book into a film** ein Buch verfilmen; **to ~ sth into German/English** etw ins Deutsche/Englische übertragen; **to ~ the light[s] low** das Licht dämpfen ❽ (*reverse*) ■**to ~ sth** *garment, mattress* etw wenden [*o* umdrehen]; **to ~ the page** umblättern; **to ~ sth inside out** *bag* etw umdrehen, von etw *dat* das Innere nach Außen kehren ❾ (*gain*) **to ~ a profit** einen Gewinn machen ❿ (*send*) **to ~ a dog on sb** einen Hund auf jdn hetzen; **to ~ sb loose on sth** jdn auf etw *akk* loslassen; **to be ~ed loose** losgelassen werden *akk* ⓫ (*stop sb*) ■**to ~ sb from sth** jdn von etw *dat* abbringen ⓬ TECH (*create by rotating*) ■**to ~ sth** *wood* etw drechseln; *metal* etw drehen ▶ PHRASES: **to ~ one's back on sb/sth** sich *akk* von jdm/etw abwenden *fig;* **it is time for you to ~ your back on childish pursuits** es wird langsam Zeit, dass du deine kindischen Spiele hinter dir lässt; **to ~ the other cheek** die andere Wange hinhalten *fig;* **to know how to ~ a compliment** wissen, wie man Komplimente macht; **to ~ the corner** [allmählich] über dem Berg sein; **to ~ a deaf ear [to sth]** sich *akk* [gegenüber etw *dat*] taub stellen; **to ~ a blind eye** sich *akk* blind stellen; **to ~ a blind eye to sth** die Augen vor etw *dat* verschließen; **to not ~ a hair** keine Miene verziehen; **without ~ing a hair ...** ohne auch nur mit der Wimper zu zucken; **to ~ one's hand to sth** sich *akk* in etw *dat* versuchen; **to be able to ~ one's hand to anything** ein Händchen für alles haben; **to ~ sb's head** jdm den Kopf verdrehen; **sth has ~ed sb's head** etw ist jdm zu Kopf[e] gestiegen; **to ~ sth on its head** etw [vollkommen] auf den Kopf stellen; **to ~ a phrase** sprachgewandt sein; **to ~ the spotlight on sb/sth** die [allgemeine] Aufmerksamkeit auf jdn/etw lenken; **to ~ the tables [on sb]** den Spieß umdrehen; **to ~ tail and run** auf der Stelle kehrtmachen und die Flucht ergreifen; **to ~ a trick** *prostitute* sich *akk* prostituieren; **to ~ sth upside down** [*or* **inside out**] etw gründlich durchsuchen;

room etw auf den Kopf stellen *fam* **III.** *vi* ❶ (*rotate*) sich drehen; *person* sich *akk* umdrehen; **this tap won't ~** dieser Hahn lässt sich nicht drehen; ■**to ~ on sth** sich *akk* um etw *akk* drehen; **the ballerina ~ed on her toes** die Ballerina drehte auf den Zehenspitzen Pirouetten; **the chickens were being ~ed on a spit** die Hähnchen wurden auf einem Spieß gedreht; **the earth ~s on its axis** die Erde dreht sich um ihre Achse; ■**to ~ to sb** sich *akk* zu jdm [um]drehen; **to ~ upside down** *boat* umkippen; *car* sich überschlagen ❷ (*switch the direction faced*) *person* sich *akk* umdrehen; *car* wenden; (*in bend*) abbiegen; *wind* drehen; (*fig*) sich *akk* wenden; **she ~ed onto the highway** sie bog auf die Autobahn ab; **she ~ed into a little street** sie bog in ein Sträßchen ein; **heads still ~ when she walks along** die Männer schauen ihr noch immer nach; **when the tide ~s** (*high tide*) wenn die Flut kommt; (*low tide*) wenn es Ebbe wird; (*fig*) wenn sich das Blatt wendet; **the path down the mountain twisted and ~ed** der Pfad schlängelte sich den Berghang hinab; **to ~ on one's heel** auf dem Absatz kehrtmachen; **to ~ right/left** [nach] rechts/links abbiegen; *ship* nach rechts/links abdrehen; MIL **~ right!** rechts um!; ■**to ~ towards sb/sth** sich *akk* zu jdm/etw umdrehen; (*turn attention to*) sich *akk* jdm/etw zuwenden; **plants ~ toward the light** Pflanzen wenden sich dem Licht zu ❸ (*fig: for aid or advice*) ■**to ~ to sb [for sth]** sich *akk* [wegen einer S. *gen*] an jdn wenden; **he has no one to ~ to** er hat niemanden, an den er sich wenden kann; **he ~ed to me for help** er wandte sich an mich und bat um Hilfe; **I don't know which way to ~** ich weiß keinen Ausweg mehr; **to ~ to drink** sich *akk* in den Alkohol flüchten; **to ~ to God** sich *akk* Gott zuwenden; **to ~ to sb for money** jdn um Geld bitten ❹ (*change*) werden; *milk* sauer werden; *leaves* gelb werden, sich verfärben; **his mood ~ed quite nasty** er wurde richtig schlecht gelaunt; **his face ~ed green** er wurde ganz grün im Gesicht *fam;* **my hair is ~ing grey!** ich kriege graue Haare!; **the friendship between the two neighbours ~ed sour** das freundschaftliche Verhältnis zwischen den beiden Nachbarn kühlte sich erheblich ab; **my luck has ~ed** das Blatt hat sich gewandt; **to ~ informer/traitor** zum Informanten/zur Informantin/zum Verräter/zur Verräterin werden; **to ~ Muslim** Muslim werden; **to ~ cold/warm/pale** kalt/warm/blass werden; **to ~ red** *person, traffic lights* rot werden; ■**to ~ into sth** zu etw *dat* werden; **the frog ~ed into a handsome prince** der Frosch verwandelte sich in einen schönen Prinzen; **he ~ed from a sweet boy into a sullen brat** aus dem süßen kleinen Jungen wurde ein mürrischer Flegel; **all this ~ed into a nightmare** das alles ist zum Albtraum geworden; **when there's a full moon, he ~s into a werewolf** bei Vollmond verwandelt er sich in einen Werwolf ❺ (*turn attention to*) ■**to ~ to sth** *conversation, subject* sich *akk* etw *dat* zuwenden; **my thoughts ~ed to him and his family** meine Gedanken gingen an ihn und seine Familie ❻ (*attain particular age*) **to ~ 20/40** 20/40 werden ❼ (*pass particular hour*) **it had already ~ed eleven** es war schon kurz nach elf; **it has just ~ed past five o'clock** es ist gerade fünf vorbei; **just as it ~ed midnight ...** genau um Mitternacht ... ❽ (*make feel sick*) **my stomach ~ed at the grisly sight** bei dem grässlichen Anblick drehte sich mir der Magen um; **this smell makes my stomach ~** bei diesem Geruch dreht sich mir der Magen um ▶PHRASES: **to ~ on a dime** AM auf der Stelle kehrt machen; **to ~ [over] in one's grave** sich *akk* im Grabe umdrehen; **to ~ tattle-tail** AM (*usu childspeak fam*) petzen *fam*

◆**turn about I.** *vi* sich *akk* umdrehen; (*when walking*) kehrtmachen; (*fig*) eine Kehrtwendung machen **II.** *vt* ■**to ~ sth about** etw wenden; ■**to ~ oneself about** sich *akk* umdrehen

◆**turn against I.** *vi* ■**to ~ against sb/sth** sich *akk* gegen jdn/etw wenden; **she ~ed against her parents at an early age** sie lehnte sich schon sehr früh gegen ihre Eltern auf **II.** *vt* ■**to ~ sb against sb/sth** jdn gegen jdn/etw aufwiegeln [*o* aufbringen]; **she succeeded in ~ing him against the idea** es gelang ihr, ihm die Idee madigzumachen *fam;* **to ~ sb's own argument against him/her** jds eigenes Argument gegen ihn/sie verwenden

◆**turn around I.** *vi* ❶ (*move*) sich *akk* umdrehen; (*while walking*) umdrehen; **to ~ around and around** [*or* **around in circles**] sich *akk* im Kreis drehen ❷ (*fam: suddenly do sth*) **he said he loved her but then he ~ed around and started dating the cheerleader** er sagte, dass er sie liebt, doch begann dann, sich mit einer Cheerleaderin zu treffen; **to ~ around and go back** umkehren **II.** *vt* ❶ (*move*) ■**to ~ sb/sth ↔ around** jdn/etw umdrehen; **to ~ one's car ↔ around** sein Auto wenden ❷ (*reverse situation*) ■**to ~ sth/sb around** etw/jdn umkrempeln; **she took over management of the nearly bankrupt business and ~ed it around** sie übernahm die Leitung des beinahe bankrotten Betriebs und brachte ihn wieder auf Vordermann; **to ~ one's life around** sein Leben umkrempeln ❸ (*change sense*) ■**to ~ sth around** *argument* etw verdrehen *fam;* **he's ~ed my words all around!** er hat mir das Wort im Munde herumgedreht! ❹ (*un-/reload*) **to ~ a car around** ein Auto be- und entladen; **to ~ a ship around** ein Schiff abfertigen

◆**turn aside I.** *vi* ■**to ~ aside [from sth]** sich *akk* [von etw *dat*] abwenden *a. fig* **II.** *vt* ■**to ~ sth aside** etw abwenden

◆**turn away I.** *vi* ■**to ~ away [from sb/sth]** sich *akk* [von jdm/etw] abwenden; **she ~ed away from fatty foods** sie verzichtet jetzt auf fetthaltige Nahrungsmittel; **to ~ away from a fight** einen Kampf ausschlagen **II.** *vt* ❶ (*move*) ■**to ~ sth ↔ away** etw wegrücken; **he ~ed his chair away from the fire** er rückte seinen Stuhl vom Feuer weg; **to ~ one's face away** seinen Blick abwenden ❷ (*refuse entry*) ■**to ~ sb ↔ away** jdn abweisen; **he was ~ed away from the posh restaurant** man verweigerte ihm den Zutritt zu dem piekfeinen Restaurant ❸ (*deny help*) ■**to ~ sb away** jdn abweisen

◆**turn back I.** *vi* ❶ (*return to starting point*) umkehren, [wieder] zurückgehen; (*fig*) **there's no ~ing back now!** jetzt gibt es kein Zurück [mehr]! ❷ (*in book*) zurückblättern **II.** *vt* ❶ (*send back*) ■**to ~ sb ↔ back** jdn zurückschicken; (*at the frontier*) jdn zurückweisen ❷ (*fold*) ■**to ~ sth ↔ back** *bedcover* etw zurückschlagen; **to ~ the corner of a page back** ein Eselsohr in eine Seite machen ❸ (*put back*) **to ~ back ↔ the clocks** die Uhren zurückstellen; **to ~ back time** (*fig*) die Zeit zurückdrehen

◆**turn down** *vt* ❶ (*reject*) ■**to ~ sb/sth ↔ down** jdn/etw abweisen; **she ~ed down his proposal of marriage** sie lehnte seinen Heiratsantrag ab; **to ~ down an invitation** eine Einladung ausschlagen ❷ (*reduce level*) ■**to ~ sth ↔ down** etw niedriger stellen; **to ~ down the air conditioning** die Klimaanlage herunterdrehen; **to ~ the radio/stereo down** das Radio/die Stereoanlage leiser stellen ❸ (*fold*) ■**to ~ sth ↔ down** etw umschlagen; **to ~ down a blanket** eine Decke zurückschlagen; **to ~ down one's collar** seinen Kragen herunterschlagen ❹ CARDS **to ~ down a card** eine Karte verdeckt ablegen

◆**turn in I.** *vt* ❶ (*give to police etc*) ■**to ~ sth ↔ in** etw abgeben [*o* abliefern] ❷ (*submit*) ■**to ~ sth ↔ in** *assignment, essay* etw einreichen; **to ~ in one's resignation** seinen Rücktritt einreichen; **to ~ in good results** gute Ergebnisse abliefern ❸ (*fam: to the police*) ■**to ~ sb ↔ in** jdn verpfeifen *fam;* **to ~ oneself in to the police** sich *akk* der Polizei stellen ❹ (*inwards*) ■**to ~ in ↔ sth** etw nach innen drehen ❺ (*quit*) **to ~ in one's job** seinen Job hinschmeißen *fam* ▶PHRASES: **~ it in!** (*fam*) jetzt mach aber mal einen Punkt! *fam* **II.** *vi* ❶ (*fam: go to bed*) sich *akk* in die Falle hauen *fam* ❷ (*drive in*) *car* einbiegen ❸ (*inwards*) nach innen gebogen sein; **his toes ~ in when he walks** er läuft über den großen Onkel *fam* ❹ (*become introspective*) ■**to ~ in on oneself** sich *akk* in sich *akk* selbst zurückziehen

T

◆**turn off I.** *vt* ❶ (*switch off*) ■**to ~ off ⊂ sth** etw abschalten; **to ~ off the alarm/a computer** den Alarm/einen Computer abschalten; **to ~ off the engine/the power** den Motor/den Strom abstellen; **to ~ off the gas** das Gas abdrehen; **to ~ the light[s] off** das Licht ausmachen; **to ~ the radio/TV off** das Radio/den Fernseher ausschalten ❷ (*cause to lose interest*) ■**to ~ off ⊂ sb** jdm die Lust nehmen; (*disgust*) jdn anekeln; **the salesman's high-pressure pitch really ~ed her off** die harte Verkaufstaktik des Händlers stieß sie wirklich ab; **that kind of approach to learning ~s students off** bei dieser Art der Wissensvermittlung verlieren die Studenten die Lust am Lernen ❸ (*fam: be sexually unappealing*) ■**to ~ off ⊂ sb** jdn abtörnen *sl* **II.** *vi* ❶ (*leave one's path*) abbiegen; **she ~ed off the road/onto a small dirt road** sie bog von der Straße/in einen kleinen Feldweg ab; **she ~ed off the path to gather berries** sie verließ den Weg, um Beeren zu pflücken ❷ (*lose interest*) [innerlich] abschalten *fam*

◆**turn on I.** *vt* ❶ (*switch on*) ■**to ~ on ⊂ sth** *air conditioning, computer* etw einschalten; **to ~ on the gas** das Gas aufdrehen; **to ~ on the heat** die Heizung aufdrehen [*o* anmachen]; **to ~ the light[s] on** das Licht anmachen; **to ~ on the radio/TV** das Radio/den Fernseher anmachen [*o* einschalten]; **to ~ on the water** (*tub*) das [Bade]wasser einlassen ❷ (*fam: excite*) ■**to ~ on ⊂ sb** jdn anmachen *fam;* (*sexually also*) jdn antörnen *sl;* **ok, whatever ~ you on!** o.k., wenn's dir Spaß macht! ❸ (*start to use*) ■**to ~ on ⊂ sth** etw einschalten *fig;* **to ~ on the charm** seinen Charme spielen lassen ❹ (*drugs*) ■**to ~ on ⊂ sb** jdn antörnen *sl* **II.** *vi* ❶ (*switch on*) einschalten ❷ (*attack*) ■**to ~ on sb** auf jdn losgehen ❸ (*turn against*) ■**to ~ on sb/sth** sich *akk* gegen jdn/etw wenden ❹ (*be dependent on*) ■**to ~ on sth** von etw *dat* abhängen, auf etw *akk* ankommen ❺ (*be preoccupied with*) ■**to ~ on sth** *problems* sich *akk* [im Geiste] etw *dat* zuwenden; **his thoughts ~ed on Mabel** seine Gedanken wanderten zu Mabel

◆**turn out I.** *vi* ❶ (*work out*) sich *akk* entwickeln; **things didn't really ~ out the way we wanted** die Dinge haben sich nicht so entwickelt, wie wir es uns gewünscht haben; **nothing ever ~s out right for me** bei mir läuft's nie so, wie's laufen soll! *fam;* **how did it ~ out?** wie ist es gelaufen? *fam;* **thank God everything ~ed out well** zum Glück war am Ende alles gut; **it depends how things ~ out** das kommt drauf an, wie sich die Dinge entwickeln; **the evening ~ed out pleasant** es wurde ein netter Abend ❷ (*be revealed*) sich *akk* herausstellen; **he ~ed out to be quite a nice guy** am Ende war er doch eigentlich ganz nett; **it ~ed out that ...** es stellte sich heraus, dass ... ❸ (*come to*) erscheinen; **thousands ~ed out for the demonstration against the government's new policy** Tausende gingen auf die Straße, um gegen die neue Politik der Regierung zu demonstrieren ❹ (*point*) sich *akk* nach außen drehen **II.** *vt* ❶ (*switch off*) ■**to ~ out ⊂ sth** etw ausschalten; **to ~ out the gas** das Gas abstellen; **to ~ out a lamp/the radio/the TV** eine Lampe/das Radio/den Fernseher ausschalten [*o* ausmachen]; **to ~ out the light[s]** das Licht ausmachen ❷ (*kick out*) ■**to ~ sb out [of sth]** jdn [aus etw *dat*] [hinaus]werfen *fam;* **to ~ sb out on the street** jdn auf die Straße setzen *fam* ❸ (*empty contents*) ■**to ~ out ⊂ sth** etw [aus]leeren; **he ~ed out the kitchen cabinet** er räumte den Küchenschrank aus; **to ~ out one's pockets** die Taschen umdrehen ❹ (*manufacture, produce*) ■**to ~ sth ⊂ out** etw produzieren; ■**to ~ sb ⊂ out** *specialists, experts* jdn hervorbringen; **he ~s out about ten articles a week for the paper** er schreibt in der Woche etwa zehn Artikel für die Zeitung; **to ~ out sth by the dozens/hundreds/thousands** etw dutzendweise/in großer Zahl/in Unmengen produzieren ❺ FOOD ■**to ~ sth ⊂ out** *cake, jelly* etw stürzen ❻ (*turn outwards*) **she ~s her feet out** sie läuft nach außen ❼ (*clean*) ■**to ~ sth ⊂ out** *room* etw gründlich putzen ❽ MIL **to ~ the guard out** die Wache antreten lassen ❾ *usu passive* FASHION (*be dressed*) **he is normally ~ed out very smartly** meistens zieht er sich sehr schick an

◆**turn over I.** *vi* ❶ (*move*) *person* sich *akk* umdrehen; *boat* kentern, umkippen; *plane, car* sich überschlagen; **the dog ~ed over on its back** der Hund drehte sich auf den Rücken ❷ (*sell*) laufen; **French cheese ~s over quite slowly in American supermarkets** französischer Käse geht in den amerikanischen Supermärkten nicht so gut ❸ (*operate*) *engine* laufen; (*start*) anspringen ❹ BRIT TV (*change TV channel*) umschalten ❺ (*feel nauseous*) **at the mere thought of it my stomach ~ed over** schon bei dem Gedanken daran drehte sich mir der Magen um ❻ (*in book*) umblättern **II.** *vt* ❶ (*move*) ■**to ~ over ⊂ sth/sb** etw/jdn umdrehen; **to ~ a burger over** einen Burger wenden; **to ~ a mattress over** eine Matratze wenden; **to ~ a page over** eine Seite umblättern; **to have ~ed over two pages** eine Seite übersprungen haben; **to ~ over the soil** den Boden umgraben ❷ (*cause to fall over*) ■**to ~ over ⊂ sth** etw umwerfen; **they ~ed the car over** sie überschlugen sich ❸ (*take to authorities*) ■**to ~ over ⊂ sb [to the police]** jdn [der Polizei] übergeben ❹ (*delegate responsibility*) ■**to ~ over ⊂ sth to sb** jdm etw übertragen; **to ~ over control of a department to sb** jdm die Kontrolle über eine Abteilung übergeben; **to ~ over pieces of evidence for analysis** Beweisstücke zur Untersuchung übergeben ❺ (*give*) ■**to ~ sth ⊂ over to sb** jdm etw [über]geben; **the boy was forced to ~ his water gun over to the teacher** der Junge musste dem Lehrer seine Wasserpistole aushändigen ❻ (*ponder*) ■**to ~ over ⊂ sth** etw sorgfältig überdenken; **to ~ sth over in one's head/mind** sich *dat* etw durch den Kopf gehen lassen ❼ ECON (*alter function*) ■**to ~ over ⊂ sth to sth** *factory* etw auf etw *akk* umstellen ❽ FIN, ECON ■**to ~ over ⊂ sth: they ~ over £1,500 a month** sie haben einen Umsatz von 1.500 Pfund im Monat ❾ (*operate*) **to ~ over the engine** einen Motor laufen lassen ❿ BRIT (*fam: burglarize destructively*) ■**to ~ over ⊂ sth** etw [völlig verwüsten und] ausräumen; **the agents ~ed over the office** die Agenten stellten das ganze Büro auf den Kopf ▶PHRASES: **to ~ over a new <u>leaf</u>** einen [ganz] neuen Anfang machen

◆**turn round** *vt, vi see* **turn around**

◆**turn up I.** *vi* ❶ (*show up*) erscheinen, auftauchen *fam;* **five months later she ~ed up again** fünf Monate später tauchte sie wieder auf ❷ (*become available*) sich *akk* ergeben; *solution* sich finden; **I'll let you know if something ~s up** ich lass dich wissen, wenn sich was ergibt; **he is getting desperate enough to take any job that ~s up** er ist allmählich so verzweifelt, dass er bereit ist, jede Arbeit anzunehmen, die sich ihm bietet ❸ (*occur in*) auftreten, auftauchen ❹ (*happen*) passieren **II.** *vt* ❶ (*increase volume*) ■**to ~ up ⊂ sth** etw aufdrehen; **hey, ~ it up – this is my favourite song!** he, mach mal lauter – das ist mein Lieblingslied! *fam;* **could you ~ up the heat a little, please?** könnten Sie die Heizung bitte etwas höher stellen?; **to ~ up the gas** das Gas aufdrehen ❷ (*hem clothing*) **to ~ up a dress/trousers** ein Kleid/eine Hose aufnähen ❸ (*point to face upwards*) **to ~ up one's collar** den Kragen hochschlagen; **to ~ up one's palms** die Handflächen nach oben drehen ❹ (*find*) ■**to ~ up ⊂ sth** etw finden; **I'll see if I can ~ something up for you** ich schau mal, ob ich etwas Geeignetes für Sie finden kann ❺ (*find out*) ■**to ~ up ⊂ sth** etw herausfinden; **he wasn't able to ~ up any information on the businessman** es gelang ihm nicht, an irgendwelche Informationen über den Geschäftsmann heranzukommen ▶PHRASES: **~ <u>it</u> up!** BRIT (*sl*) hör auf damit! *fam*

◆**turn upon** *vi see* **turn on**

'turn·about *n* COMM Umschwung *m,* Wende *f* **'turn·around** *n no pl* ❶ (*improvement*) Wende *f,* Umschwung *m; of health* Besserung *f; of company* Aufschwung *m;* (*sudden reversal*) Kehrtwendung *f* ❷ COMM Bearbeitungszeit *f,* Lieferzeit *f;* **~ time** Wartezeit *f* (*nach der Bewerbung um einen Studien-*

platz bis die Zusage seitens der Universität erteilt wird) ③ AVIAT ~ **time** Wartezeit *f* (*eines Flugzeugs am Boden zwischen zwei Flügen*) **'turn·coat** *n* Überläufer(in) *m(f)*, jd, der sein Fähnchen nach dem Wind hängt

turn·er ['tɜːnəʳ, AM 'tɜːrnɚ] *n* (*fam*) FOOD Wender *m*

i Kultur

Der **Turner Prize**, der nach dem englischen Maler JMW Turner (1775–1851) benannt wurde, ist seit 1984 ein mit 20.000 Pfund dotierter Preis für zeitgenössische Kunst und wird jedes Jahr einem britischen Künstler unter 50 Jahren verliehen. Der Wettbewerb wird von der Londoner *Tate Gallery* organisiert und das Werk des Gewinners wird dort auch ausgestellt.

turn·ing ['tɜːnɪŋ, AM 'tɜːrn-] *n* ① (*road*) Abzweigung *f*, Biegung *f*; **the ~ she took was too early** sie bog zu früh ab ② *no pl* (*changing direction*) Abbiegen *nt*

'turn·ing area *n* AUTO Wendeplatz *m* **'turn·ing cir·cle** *n* AUTO Wendekreis *m* **'turn·ing lathe** *n* Drehbank *f* **'turn·ing point** *n* Wendepunkt *m* **'turn·ing ra·dius** *n esp* AM AUTO Wendekreis *m*, Wenderadius *m*

tur·nip ['tɜːnɪp, AM 'tɜːr-] *n* [Steck]rübe *f*; ~ **greens** Rübstielgemüse *nt*

turn·key ['tɜːnkiː, AM 'tɜːrn-] *adj attr, inv* schlüsselfertig, Fertig-; ~ **housing unit** Fertigbau *m*; ~ **operation** *Auftrag, bei dem eine Firma für einen bestimmten Teil die gesamte Fertigung und die Bereitstellung des Personals übernimmt*; ~ **system** Fertigteilsystem *nt*

'turn-off ['tɜːnɒf, AM 'tɜːrnɑːf] *n* ① (*sth unappealing*) Gräuel *nt*; **they find computers a ~** ihnen sind Computer ein Gräuel ② (*sth sexually unappealing*) **to be a real ~** unattraktiv sein, abtörnen *sl*

'turn-on ['tɜːnɒn, AM 'tɜːrnɑːn] *n* ■**a ~** ① (*sth appealing*) etwas Interessantes ② (*sth sexually appealing*) etwas, was einen so richtig anmacht [*o* antörnt] *sl*; **to find sth a ~** etw unwiderstehlich finden, auf etw *akk* total abfahren *sl*

'turn·out ['tɜːnaʊt, AM 'tɜːrn-] *n no pl* ① (*attendance*) Teilnahme *f*, Beteiligung *f* (**for** an +*dat*); **the ~ for the concert was good** das Konzert war gut besucht ② POL (*in voting*) Wahlbeteiligung *f*

'turn·over ['tɜːnˌəʊvəʳ, AM 'tɜːrnˌoʊvɚ] *n* ① (*rate change in staff*) Fluktuation *f geh*; **staff ~** Personalwechsel *m* ② (*volume of business*) Umsatz *m*; **annual ~** Jahresumsatz *m* ③ (*rate of stock movement*) Absatz *m*, [Lager]umschlag *m* ④ FOOD (*pastry*) **apple ~** Apfeltasche *f*

'turn·pike *n* AM TRANSP Mautschranke *f*; **the New Jersey T~** *die Mautschranke bei New Jersey, die berühmt für ihr besonders hohes Verkehrsaufkommen ist* **'turn·round** *n no pl* BRIT *see* **turnaround** **'turn sig·nal** *n* AM AUTO Blinker *m*, Blinklicht *nt*; **she flipped the ~ to the right** sie betätigte den rechten Blinker; **to use the ~** den Blinker betätigen, blinken **'turn·stile** *n* SPORTS Drehkreuz *nt* **'turn·ta·ble** *n* ① TECH, RAIL Drehscheibe *f* ② (*on record player*) Plattenteller *m* **'turn·ta·ble lad·der** *n* Drehleiter *f*

'turn-up ['tɜːnʌp] *n esp* BRIT Aufschlag *m*; **trouser ~** Hosenaufschlag *m* ▸ PHRASES: **to be a ~ for the book[s]** mal ganz was Neues sein *fam*

tur·pen·tine ['tɜːpəntaɪn, AM 'tɜːr-] *n no pl* Terpentin *nt*

tur·pi·tude ['tɜːpɪtjuːd, AM 'tɜːrpɪtuːd, -tjuːd] *n no pl* (*form*) Verworfenheit *f*; **moral ~** [moralische] Verderbtheit [*o* Verdorbenheit]

turps [tɜːps, AM tɜːrps] *n no pl* (*fam*) *short for* **turpentine** Terpentin *nt*

tur·quoise ['tɜːkwɔɪz, AM 'tɜːr-] I. *n* ① GEOL (*stone*) Türkis *m* ② (*colour*) Türkis *nt* II. *n modifier* (*mine, ring*) Türkis-; ~ **necklace** Kette *f* aus/mit Türkisen; ~ **stone** Türkis *m* III. *adj inv* türkis[farben]

tur·ret ['tʌrɪt, AM 'tɜːrɪt] *n* ① (*poet*) [Mauer]turm *m* ② MIL **bomber's/ship's ~** Geschützturm *m* eines Bombers/eines Schiffes; **tank's ~** Panzerturm *m*

tur·ret·ed ['tʌrɪtɪd, AM 'tɜːrɪt̬ɪd] *adj* (*poet*) mit [Eck]türmen *nach n*

tur·tle <*pl* - *or* -s> ['tɜːtl̩, AM 'tɜːrt̬l̩] *n* Schildkröte *f*; **snapping ~** Schnappschildkröte *f*

'tur·tle·dove *n* Turteltaube *f* **'tur·tle·neck** I. *n* ① BRIT (*tight garment neck*) Stehkragen *m*; (*pullover*) Stehkragenpullover *m* ② AM (*polo neck*) Rollkragen *m*; (*pullover*) Rollkragenpullover *m* II. *n modifier* BRIT Stehkragen-; AM Rollkragen-; ~ **sweater** BRIT Stehkragenpullover *m*; AM Rollkragenpullover *m*

turves ['tɜːvz] *n* BRIT *pl of* **turf**

tush [tʊʃ] *n* AM (*sl*) Hintern *m fam*, Hinterteil *nt fam*; **get off your ~ and come help me** beweg deinen Hintern und hilf mir mal *fam*

tusk [tʌsk] *n* Stoßzahn *m*

tus·sle ['tʌsl̩] I. *vi* ① (*scuffle*) sich *akk* balgen; ■**to ~ with sb [for sth]** sich *akk* mit jdm [um etw *akk*] balgen ② (*fig: quarrel*) ■**to ~ [with sb] over sth** [mit jdm] über etw *akk* streiten; **sb ~s with an idea** jdm macht eine Vorstellung zu schaffen; **to ~ with a problem** sich *akk* mit einem Problem herumschlagen II. *n* ① (*struggle*) Rauferei *f*, Gerangel *nt*; ■**to be in a ~** in eine Rauferei verwickelt sein ② (*quarrel*) Streiterei *f*, Gerangel *nt fig* (**for** um +*akk*, **over** wegen +*gen*)

tus·sock ['tʌsək] *n* ① (*of grass*) [Gras]büschel *nt* ② (*rare: of hair*) [Haar]büschel *nt*

tut [tʌt] I. *interj* (*pej*) ~ ~ na, na!, aber, aber! II. *vi* <-tt-> ■**to ~ at sth** sich *akk* über etw *akk* mokieren

tu·telage ['tjuːtɪlɪdʒ, AM 'tuːt̬əlɪdʒ, 'tjuː-] *n no pl* [An]leitung *f*; ■**to be under the ~ of sb** bei jdm Unterricht nehmen

tu·tor ['tjuːtəʳ, AM 'tuːt̬ɚ, 'tjuː-] I. *n* (*giving extra help*) Nachhilfelehrer(in) *m(f)*; (*private teacher*) Privatlehrer(in) *m(f)*; BRIT UNIV (*supervising teacher*) Tutor(in) *m(f)*; **home ~** Privatlehrer(in) *m(f)*, Hauslehrer(in) *m(f)* II. *vt* ■**to ~ sb [in sth]** (*in addition to school lessons*) jdm [in etw *dat*] Nachhilfestunden geben; (*private tuition*) jdm [in etw *dat*] Privatunterricht erteilen

tu·to·rial [tjuːˈtɔːriəl, AM *esp* tuː'-] *n* Tutorium *nt geh*

tutu ['tuːtuː] *n* Ballettröckchen *nt*

tu-whit tu-whoo [tʊˌ(h)wɪtʊ'(h)wuː] *interj Eulenruf*

tux <*pl* -es> [tʌks] *n* AM (*fam*) *short for* **tuxedo** Smoking *m*

tux·edo [tʌk'siːdoʊ] *n* AM (*dinner jacket*) Smoking *m*

TV [ˌtiː'viː] I. *n* ① (*appliance*) *abbrev of* **television** Fernseher *m* ② *no pl* (*programming*) *abbrev of* **television** Fernsehen *nt*; **what's on ~ tonight?** was kommt denn heute Abend im Fernsehen?; **satellite ~** Satellitenfernsehen *nt* II. *n modifier abbrev of* **television** (*film, interviewer, reporter, series, show*) TV-, Fernseh-; ~ **channel** [Fernseh]kanal *m*; ~ **commercial** Fernsehwerbung *f*; ~ **producer** Fernsehproduzent(in) *m(f)*; ~ **production** Fernsehproduktion *f*; ~ **screen** Bildschirm *m*; ~ **set** Fernseher *m*, Fernsehapparat *m*; ~ **station** [Fernseh]sender *m*

TV 'din·ner *n* Fertiggericht *nt* **TV 'guide** *n* Fernsehzeitschrift *f*

TVP [ˌtiːviː'piː] FOOD *abbrev of* **textured vegetable protein**

TV 'sat·el·lite *n* Satellitenschüssel *f*; **to receive sth via ~** etw über Satellit empfangen **TV 'star** *n* Fernsehstar *m*

twad·dle ['twɒdl̩, AM 'twɑːdl̩] *n no pl* (*fam*) Unsinn *m*, dummes Zeug; **a bunch [*or* load] of [old] ~** ein Haufen dummes Gerede; **utter ~** vollkommener Quatsch

twain [tweɪn] *n* (*old*) zwei; **Kipling wrote that 'East is East, and West is West, and never the ~ shall meet'** Kipling schrieb „Osten ist Osten und Westen ist Westen, die zwei werden nie zueinander finden"

twang [twæŋ] I. *n no pl* ① (*sound*) Doing *nt*, Ploing *nt*; **to give sth a ~** an etw *dat* zupfen ② LING (*nasal accent*) Näseln *nt*; **to speak with a ~** mit näselnder Stimme sprechen II. *vt* ■**to ~**

T

sth etw zupfen; **to ~ someone's nerves** (*fig*) an jds Nerven zerren; **~ed nerves** angespannte Nerven **III.** *vi* einen sirrenden Ton von sich geben

twat [twæt] *n* ❶ ANAT (*vulg sl: female genitals*) Möse *f vulg* ❷ BRIT, AUS (*pej! vulg sl: idiot*) Idiot(in) *m(f) pej;* **he's a bloody ~** er ist ein verdammter Idiot

tweak [twi:k] **I.** *vt* ❶ (*pull sharply*) ■**to ~ sth: the rider ~ed the horse's reins in exasperation** der Reiter riss verzweifelt die Zügel zurück; **he was nervously ~ing his ear again** er zupfte wieder nervös an seinem Ohr; (*fig*) **this proposal still needs some ~ing** an diesem Vorschlag muss noch etwas herumgefeilt werden; ■**to ~ sth out** etw ausreißen ❷ (*adjust*) ■**to ~ sth** etw gerade ziehen; **he ~ed his tie straight** er zog seine Krawatte zurecht **II.** *n* Zupfen *nt kein pl;* **she gave her eyebrows a few ~s with the tweezers** sie zupfte hier und da mit der Pinzette an den Augenbrauen herum; **Billy gave Jane's ponytail a playful ~** Billy zog Jane im Spaß an ihrem Pferdeschwanz

twee [twi:] *adj esp* BRIT (*fam or pej*) niedlich, auf putzig gemacht *pej*

tweed [twi:d] **I.** *n* ❶ *no pl* (*cloth*) Tweed *m* ❷ (*clothes*) ■**~s** *pl* Tweedkleidung *f kein pl* **II.** *n modifier* Tweed-; **~ jacket** Tweedjacke *f*

tweedy ['twi:di] *adj* ❶ (*made of tweed*) Tweed-; **~-nubby** aus grobem Tweed *nach n* ❷ (*casually rich*) *elegant im Stil des englischen Landadels*

tween [twi:n] *n acht- bis zwölfjähriges Kind*

tweet [twi:t] **I.** *vi* piepsen, ziepen **II.** *n* Piepsen *nt kein pl,* Ziepen *nt kein pl*

tweet·er ['twi:təʳ, AM -ɚ] *n* TECH Hochtonlautsprecher *m fachspr*

tweez·er ['twi:zɚ] *n* AM Pinzette *f*

tweez·ers ['twi:zəz] *npl* Pinzette *f;* **a pair of ~** eine Pinzette

twelfth [twelfθ] **I.** *adj inv* zwölfte(r, s) **II.** *adv inv* als zwölfte(r, s); **to come in ~** SPORTS als Zwölfte(r) ins Ziel einlaufen **III.** *n* ■**the ~** der/die/das Zwölfte; **I'll be home on the ~** ich komme am Zwölften nach Hause

twelfth 'man *n* BRIT, AUS SPORTS Ersatzspieler(in) *m(f)* **Twelfth 'Night** *n* REL Dreikönigsnacht *f,* Dreikönigsabend *m*

twelve [twelv] **I.** *adj inv* zwölf; **~-seater van** Bus *m* mit zwölf Sitzen **II.** *n* Zwölf *f;* **the England ~** SPORTS die England-Zwölf; **the number ~** die Zahl Zwölf; (*representing sth specific*) die Nummer zwölf

twen·ties ['twenti:z, AM -t̬i:z] *npl* ❶ (*aged 20 to 29*) ■**to be in one's ~** in den Zwanzigern sein; **early/mid/late ~** Anfang/Mitte/Ende Zwanzig; **he's in his late ~** er ist Ende Zwanzig ❷ (*temperature*) *Temperaturen zwischen 20 und 29 Grad;* **low/mid/upper ~** etwas über 20 Grad/[so] um die 25 Grad/beinahe schon 30 Grad ❸ (*period*) ■**the ~** die Zwanziger[jahre]; ■**in the ~** in den Zwanzigerjahren; **the early/late ~** die frühen/späten Zwanziger; **in the mid ~** Mitte der Zwanzigerjahre

twen·ti·eth ['twentiɪθ, AM -t̬i-] **I.** *adj inv* zwanzigste(r, s) **II.** *adv inv* an zwanzigster Stelle **III.** *n* ■**the ~** der/die/das Zwanzigste; **they made an appointment for the ~** sie verabredeten sich für den Zwanzigsten

twen·ti·eth 'cen·tu·ry *adj pred* **sb is very ~** jd ist aus dem letzten Jahrhundert [*o fam* lebt hinter dem Mond]

twen·ty ['twenti, AM -t̬i-] **I.** *adj inv* zwanzig **II.** *n* Zwanzig *f;* **the number ~** die Zahl Zwanzig; (*representing sth specific*) die Nummer zwanzig; **on one's ~-first** an seinem/ihrem einundzwanzigsten Geburtstag

twen·ty-four-hour 'clock *n Uhrzeit, die auf der Zählung von 24 Stunden basiert;* **I'll meet you at one – that's 13 hours on the ~!** wir treffen uns um eins, d.h. um 13 Uhr!; **the US military uses the ~** die Streitkräfte der Vereinigten Staaten geben die Uhrzeit im 24-Stundentakt an

24/7 [ˌtwentifɔ:'sevᵊn, AM -fɔ:r-] *short for* **24 hours per day, 7 days per week** rund um die Uhr [und sieben Tage die Woche]

twen·ty·some·thing ['twentisʌm(p)θɪŋ] *n modifier* über zwanzigjährig **twen·ty-twen·ty 'vi·sion** *n no pl* hundertprozentige Sehschärfe

twerp [twɜ:p, AM twɜ:rp] *n* (*pej sl*) Blödmann *m pej fam;* **don't be such a ~** sei nicht so blöd *fam;* **little ~** dummes Ding

twice [twaɪs] **I.** *adv inv* zweimal; **~ a day** zweimal täglich **II.** *adj inv* doppelt; **she is ~ his age** sie ist doppelt so alt wie er

'twice-told *adj story* altbekannt, oft erzählt *attr*

twid·dle ['twɪdl] **I.** *vt* ■**to ~ sth** an etw *dat* [herum]drehen; **she ~d her pencil out of nervousness** sie spielte nervös mit ihrem Bleistift herum; **to ~ one's thumbs** Däumchen drehen **II.** *vi* ■**to ~ with sth** an etw *dat* [herum]drehen; **she was twiddling with her pen** sie spielte mit ihrem Füllfederhalter herum **III.** *n* [Herum]drehen *nt kein pl;* **to give a knob a ~** an einem Knopf herumdrehen

twid·dly ['twɪdli] *adj* (*fam*) schnuckelig, niedlich

twig¹ [twɪg] *n* ❶ (*of a tree*) Zweig *m* ❷ (*skinny person*) Bohnenstange *f;* **she's such a ~** sie ist dürr wie eine Bohnenstange

twig² <-gg-> [twɪg] (*fam*) **I.** *vt* ■**to ~ sth** etw kapieren *fam;* (*hear*) etw mitbekommen **II.** *vi* ❶ (*understand*) kapieren *fam;* **Ann's expecting a baby – had you ~ged?** Ann bekommt ein Baby – hast du das schon mitbekommen? ❷ AM (*realize*) ■**to ~ to sth** etw merken [*o fam* spitzkriegen]

twig·gy ['twɪgi] *adj branch* dürr; *person also* klapperdürr *fam*

twi·light ['twaɪlaɪt] *n no pl* Dämmerung *f,* Zwielicht *nt;* ■**in the ~** in der Dämmerung, im Zwielicht; (*fig*) **he was in the ~ of his career as a painter** er befand sich in seiner letzten Schaffensperiode als Maler; **the ~ of sb's life** jds Lebensabend

twi·light ex·'ist·ence *n* unsichere Existenz **twi·light 'world** *n* Bohemewelt *f;* **the ~ of nightclubs** die zwielichtige Welt der Nachtklubs **twi·light 'years** *npl* Lebensabend *m kein pl* **twi·light 'zone** *n* ❶ (*urban area*) Stadtgebiet, das immer mehr verfällt ❷ *no pl* (*undefined conceptual area*) Grauzone *f;* ■**the ~** REL die Welt zwischen Diesseits und Jenseits

twi·lit ['twaɪlɪt] *adj inv mountains, streets* von der Abendsonne beschienen, im Licht der untergehenden Sonne leuchtend *attr;* **~ hours** Dämmerstunden *fpl*

twill [twɪl] *n no pl* FASHION Köper *m*

twin [twɪn] **I.** *n* ❶ (*one of two siblings*) Zwilling *m;* (*similar or connected thing*) Pendant *nt geh;* **identical/fraternal ~s** eineiige/zweieiige Zwillinge ❷ (*room*) Zweibettzimmer *nt* **II.** *adj inv* ❶ (*born at the same*) Zwillings-; **~ daughter/son** Zwillingstochter *f*/-sohn *m* ❷ (*connected*) miteinander verbunden; **the ~ problems of poverty and ignorance** die untrennbaren Probleme der Armut und Bildungsschwäche **III.** *vt* <-nn-> ■**to ~ sth [with sth]** etw [mit etw *dat*] [partnerschaftlich] verbinden; ■**to ~ sb with sb: she ~ned her students with visiting foreign students** sie bildete Paare aus je einem ihrer Studenten und einem der ausländischen Studenten, die auf Besuch waren **IV.** *vi* <-nn-> eine Städtepartnerschaft bilden

twin 'bed *n* Einzelbett *nt* (*eines von zwei gleichen Betten*) **twin-bed·ded 'room** *n* Zweibettzimmer *nt* **twin 'broth·er** *n* Zwillingsbruder *m* **twin car·bu·'ret·tors** *npl* AUTO Doppelvergaser *mpl fachspr* **twin-cyl·in·der 'en·gine** *n* AUTO Zweizylindermotor *m fachspr*

twine [twaɪn] **I.** *vi* (*twist around*) ■**to ~ around sth** sich *akk* um etw *akk* schlingen [*o* winden]; ■**to ~ up sth** sich *akk* an etw *dat* hochranken **II.** *vt* ■**to ~ sth together** etw ineinanderschlingen [*o* umeinanderschlingen] **III.** *n no pl* Schnur *f*

'twin-en·gined *adj inv* zweimotorig

twinge [twɪndʒ] *n* Stechen *nt kein pl;* **a ~ of anxiety** ein plötzlich einsetzendes Angstgefühl; **a ~ of conscience** Gewissensbisse *mpl;* **a ~ of doubt** ein leiser Zweifel; **a ~ of fear** eine leise Furcht; **a ~ of guilt** ein Anflug *m* eines schlechten Gewissens; **a ~ of pain** ein stechender Schmerz; **a ~ of regret** ein leises Bedauern; **a ~ of shame** eine leise Scham

twin·kle ['twɪŋkl] **I.** *vi star, diamond* funkeln, glitzern; *lights* *also* glimmern; *eyes* funkeln, blitzen **II.** *n no pl* Glitzern *nt,* Glimmern *nt; of diamonds, stars* Funkeln *nt;* **to do sth with a ~ in one's eye** (*fig*) etw mit einem [verschmitzten] Augenzwinkern tun ▶ PHRASES: **to be just** [*or* **no more than**] **a ~ in one's father's eye** noch gar nicht auf der Welt sein

twin·kling ['twɪŋklɪŋ] **I.** *adj inv* ❶ (*glittering*) *eyes, light, star* glitzernd, funkelnd ❷ (*quick*) *tap dancer* leichtfüßig **II.** *n no pl* kurzer Augenblick [*o* Moment]; **wait here a sec – I'll be back in a ~** warte hier einen Moment – ich bin gleich wieder zurück ▶ PHRASES: **to do sth in the ~ of an eye** etw im Handumdrehen [*o* im Nu] tun

twin·ning ['twɪnɪŋ] *n no pl* gemeinsame [*o* partnerschaftliche] Durchführung

twin 'room *n* Zweibettzimmer *nt* **'twin·set** *n* BRIT, AUS Twinset *nt* **twin 'sis·ter** *n* Zwillingsschwester *f* **twin 'town** *n* BRIT Partnerstadt *f* **'twin-tub, twin-tub 'wash·ing ma·chine** *n* Waschmaschine *f* mit zwei Trommeln

twirl [twɜːl, AM twɜːrl] **I.** *vi* wirbeln; **the spinning top ~ed across the table** der Kreisel tanzte über den Tisch **II.** *vt* ■**to ~ sth** etw rotieren lassen; **to ~ one's moustache** sich *dat* den Schnurrbart zwirbeln; **to ~ a pencil** an einem Bleistift drehen; (*in dancing*) ■**to ~ sb** jdn [herum]wirbeln **III.** *n* Wirbel *m;* (*in dancing*) Drehung *f;* (*in writing*) Schnörkel *m;* **give us a ~** dreh dich doch mal

twirl·er ['twɜːrlɚ] *n* AM (*majorette*) Majorette *f*

twirl·ing ['twɜːlɪŋ, AM 'twɜːrl-] *n no pl* AM *Hochwerfen des Taktstocks, um ihn durch die Luft wirbeln zu lassen*

twirly ['twɜːli, AM 'twɜːrl-] *adj handwriting* schnörkelig; *moustache* gezwirbelt

twirp [twɜːp, AM twɜːrp] *n* (*pej sl*) *see* **twerp**

twist [twɪst] **I.** *vt* ❶ (*wind*) ■**to ~ sth** etw [ver]drehen; *towel* etw auswringen; ■**to ~ sth on/off** etw auf-/zudrehen; **to ~ sb's arm** jdm den Arm verdrehen ❷ (*coil*) ■**to ~ sth around sth** etw um etw *akk* herumwickeln; ■**to be ~ed around one another** *strands* sich *akk* umeinanderwinden ❸ (*sprain*) ■**to ~ sth** sich *dat* etw verrenken [*o* [ver]zerren]; **to ~ one's ankle** sich *dat* den Fuß vertreten ❹ (*fig: manipulate*) ■**to ~ sth** etw verdrehen *fig;* **don't ~ my words!** dreh mir nicht die Worte im Mund herum!; **to ~ the facts/the truth** die Tatsachen/die Wahrheit verdrehen; **to ~ the rules** die Regeln manipulieren ▶ PHRASES: **to ~ sb's arm** auf jdn Druck ausüben; **to ~ sb [a]round one's [little] finger** jdn um den kleinen Finger wickeln; **to ~ oneself into knots** sich *akk* in lange[n] Erklärungen verstricken; **to be left ~ing in the wind** blamiert sein **II.** *vi* ❶ (*squirm*) sich *akk* winden; **she ~ed away from his embrace** sie wand sich aus seiner Umarmung; **to ~ in agony/pain** *person* sich *akk* vor Qual/Schmerz krümmen; *face* sich *akk* vor Qual/Schmerz verzerren; **to ~ with grief** *face* vor Kummer verzerrt sein; **to ~ and turn** *road* sich *akk* schlängeln ❷ (*dance*) twisten, Twist tanzen **III.** *n* ❶ (*rotation*) Drehung *f;* **~ of the pelvis** Hüftschwung *m;* **to give sth a ~** etw [herum]drehen ❷ (*sharp bend*) Kurve *f,* Biegung *f;* **with ~s and turns** mit vielen Kurven und Biegungen ❸ (*fig: complication*) Komplikationen *fpl,* ewiges Hin und Her; **~s and turns** Irrungen und Wirrungen ❹ (*fig: unexpected change*) Wendung *f;* **a cruel ~ of fate** [*or* **fortune**] eine grausame Wendung des Schicksals; **~ of the rules** [*or* **regulations**] Abänderung *f* der Vorschriften; **to take a new/surprise ~** eine neue/überraschende Wendung nehmen ❺ BRIT (*drink*) Mixgetränk *nt* (*aus zwei Zutaten*)*;* **what's this? – it's called a margarita, it's like lemonade, but with a ~** was ist das? – das heißt Margarita, es ist wie Limonade, aber mit Schuss ❻ (*curl*) *of hair* Locke *f; of ribbon* Schleife *f;* **~ of lemon** Zitronenspirale *f* ❼ DANCE (*dance*) ■**the ~** der Twist; **to do the ~** [den] Twist tanzen, twisten ▶ PHRASES: **to be in a ~** verwirrt sein; **he's all in a ~ about his in-laws surprise visit** er ist ganz aufgelöst, weil seine Schwiegereltern überraschend zu Besuch kommen; **to be/go** BRIT **round the ~** (*fam or dated*) verrückt sein/werden *fig fam;* **to send sb round the ~** BRIT (*fam or dated*) jdn verrückt machen *fam*

twist·ed ['twɪstɪd] *adj* ❶ (*bent and turned*) verdreht; **the car was just a pile of ~ metal after the accident** nach dem Unfall war der Wagen nur noch ein Haufen ineinander verkeiltes Metall; **~ ankle** gezerrter Knöchel ❷ (*winding*) verschlungen; **~ course of events** (*fig*) verwickelter Ablauf von Geschehnissen; **~ path** gewundener Pfad ❸ (*perverted*) verwirrt, verdreht; **a ~ mind** ein verworrener Geist

twist·er ['twɪstəʳ, AM -ɚ] *n* ❶ (*tornado*) Tornado *m* ❷ (*pej fam: swindler*) Schwindler(in) *m(f)*

twist·ing ['twɪstɪŋ] *adj inv* sich *akk* windend *attr*

'twist-tie *n esp* AM, AUS Verschlussstreifen *m*

twisty ['twɪsti] *adj* (*fam*) *road* kurvenreich, gewunden

twit [twɪt] *n esp* BRIT (*pej fam*) Trottel *m pej fam*

twitch ['twɪtʃ] **I.** *vi* zucken; **to ~ violently** heftig zucken **II.** *vt* ■**to ~ sth** ❶ (*jerk*) mit etw *dat* zucken; **to ~ one's nose** *rabbit* schnuppern ❷ (*tug quickly*) etw zupfen; **she ~ed her skirt to straighten it** sie zupfte ihren Rock glatt; SPORTS **she ~ed the reins to the right** sie zog die Zügel nach rechts **III.** *n* <*pl* -es> ❶ (*jerky spasm*) **to have a [nervous** [*or* **facial**]] **~** nervöse Zuckungen haben ❷ (*quick tug*) Ruck *m;* **a ~ of the crop** SPORTS ein leichter Schlag mit der Reitpeitsche; **a ~ of the reins** SPORTS ein rasches Ziehen an den Zügeln

twitchy ['twɪtʃi] *adj* nervös, zappelig

twit·ter ['twɪtəʳ, AM -ɚ] **I.** *vi* ❶ (*chirp*) zwitschern; ■**to ~ away** vor sich *akk* hin zwitschern ❷ (*talk rapidly*) ■**to ~ away** vor sich *akk* hinplappern; **he just sat there ~ing away** er saß da und redete wie ein Wasserfall; ■**to ~ on about sth** unentwegt von etw *dat* reden **II.** *n* Zwitschern *nt kein pl,* Gezwitscher *nt kein pl*

twixt [twɪkst] *prep* (*old poet*) *see* **between**

two [tuː] **I.** *adj* zwei; **no ~ kids are alike** kein Kind ist wie das andere; **are you coming over, you ~?** kommt ihr 'rüber, ihr zwei?; **a movie or ~** ein oder zwei [*o* ein paar] Filme; **~ [o'clock]** zwei [Uhr]; **the terrible ~s** das Trotzalter; **to be/turn ~ [years old]** zwei [Jahre alt] sein/werden; **to break sth in ~** etw entzwei brechen; **to cut sth in ~** etw durchschneiden; **to divide** [*or* **split**] **sth in ~** etw in zwei [Teile] teilen; **to walk by ~** in Zweierreihen gehen; **in ones or ~s** allein oder zu zweit [*o* in Zweiergruppen]; **the ~ of you** ihr beide ▶ PHRASES: **to put** [*or* **throw**] **in one's ~ cents worth** AM, AUS (*fam*) seinen Senf dazugeben *fam;* **~'s company three's a crowd** (*prov*) drei sind einer zu viel; **to put** [*or* **stick**] **~ fingers up** [*or* **in the air**], **to give sb ~ fingers** BRIT, AUS jdm den Mittelfinger zeigen (*als beleidigende Geste*)*;* **~ can play at that game** wie du mir, so ich dir *prov;* **~ heads are better than one** (*prov*) vier Augen sehen mehr als zwei *prov;* **to be ~ of a kind** aus dem gleichen Holz geschnitzt sein; **to be in** [*or* **of**] **~ minds** hin- und hergerissen sein; **to be sb's number ~** die Nummer zwei nach jdm sein; **there are no ~ ways about it** es gibt keine andere Möglichkeit [*o* Alternative]; **to put ~ and ~ together** (*fam*) zwei und zwei zusammenzählen; **to put ~ and ~ together and make five** (*hum fam*) einen falschen Schluss ziehen; **it takes ~ to tango** (*prov*) dazu gehören immer zwei **II.** *n* Zwei *f,* Zweier *m*

'two-bit *adj attr,inv* AM (*pej fam*) billig *fig, pej,* zweitklassig, mies *pej fam* **'two-by-four** *n ein Stück Holz mit einer Dicke von 2 Inches und einer Breite von 4 Inches* **two-di·'men·sion·al** *adj inv* zweidimensional *a. fig;* (*pej*) *character, plot* flach **'two-door I.** *adj attr, inv* AUTO zweitürig **II.** *n* zweitüriges Auto **'two-edged** *adj inv* ❶ (*with two blades*) *knife, sword* zweischneidig, doppelschneidig ❷ (*fig: with pros and cons*) *argument* zweischneidig; (*ambiguous*) *comment, remark* zweideutig, doppeldeutig **'two-faced** *adj* (*pej*) falsch, heuchlerisch

two·fold ['tuːfəʊld, AM -foʊld] **I.** *adj inv* (*double*) zweifach, doppelt; (*with two parts*) zweiteilig; **we are looking for ~**

results from this new advertising campaign – a more modern image and a younger clientele** wir erwarten uns zweierlei von dieser neuen Werbekampagne – ein moderneres Image und eine jüngere Klientel **II.** *adv* (*double*) zweifach; **to increase one's income** ~ sein Einkommen verdoppeln

'two-four ['tu:fɔ:r] *n* CAN (*fam*) *ein Karton mit 24 Flaschen Bier*

'two-hand·ed I. *adj attr, inv* ❶ (*needing two hands*) ~ **backhand** TENNIS, SPORTS beidhändige Rückhand; ~ **saw** Zugsäge *f;* ~ **sword** Zweihänder *m* ❷ (*ambidextrous*) beidhändig **II.** *adv* mit beiden Händen **two-'hand·er** *n* BRIT THEAT Zweipersonenstück *nt*

twoo·nie *n* CAN (*fam*) *see* **toonie**

'two-part *adj attr, inv* zweiteilig; ~ **aria** Arie *f* für zwei Stimmen **two-par·ty 'sys·tem** *n* Zweiparteiensystem *nt* **two·pence** *n* BRIT (*tuppence*) zwei Pence; (*fig*) **this thing isn't worth** ~ dieses Ding ist keinen Pfifferling wert ▸PHRASES: **to not care** [*or* **give**] ~ **about sth** sich *akk* den Teufel um etw *akk* scheren *fam;* **to not give** ~ **for sth** keinen Pfifferling auf etw *akk* geben; **to not matter** ~ überhaupt keine Rolle spielen, vollkommen egal sein **two·pen·ny** *adj attr, inv* BRIT ❶ (*dated: worth two pennies*) ~ **piece** Zweipencestück *nt;* ~ **stamp/sweet** Briefmarke *f*/Süßigkeit *f* zu zwei Pence ❷ (*fam: worthless*) wertlos; **what, you want to marry some** ~ **salesman?** was, du willst so einen dahergelaufenen Verkäufer heiraten? **'two-phase** *adj attr, inv* ELEC Zweiphasen- **'two-piece** *n* ❶ (*suit*) Zweiteiler *m* ❷ (*bikini*) Bikini *m* **'two-pin** *adj* zweipolig; ~ **plug** Zweipolstecker *m* **'two-ply** *adj inv* doppelt; *tissues* zweilagig; *wool* zweifädig; *rope* zweisträhnig **two-'seat·er** *n* (*car, sofa*) Zweisitzer *m*

two·some ['tu:səm] *n* ❶ (*duo*) Duo *nt;* (*couple*) Paar *nt,* Pärchen *nt* ❷ (*dance for two*) Paartanz *m;* (*game for two*) Spiel *nt* für zwei Personen

'two-stroke I. *n* (*car, engine*) Zweitakter *m* **II.** *n modifier* Zweitakt-; ~ **car** Zweitakter *m;* ~ **engine** Zweitaktmotor *m,* Zweitakter *m;* ~ **motorbike** Motorrad *nt* mit Zweitaktmotor **two-'thirds I.** *n* zwei Drittel; **they were** ~ **of the way home** sie hatten schon zwei Drittel ihres Nachhausewegs hinter sich **II.** *n modifier* Zweidrittel-; ~ **majority** Zweidrittelmehrheit *f* **'two-tiered** *adj inv* (*two levels*) zweistufig, Zweistufen-; (*pej: two standards*) Zweiklassen-; ~ **management structure** zweistufige Managementstruktur; ~ **education/health system** Zweiklassenbildungs-/gesundheitssystem *nt* **'two-time I.** *vt* (*fam*) ■**to** ~ **sb** [**with sb**] jdn [mit jdm] betrügen **II.** *adj* zweifach; ~ **winner** zweifacher Gewinner/zweifache Gewinnerin **two-'tim·er** *n* (*pej fam*) Betrüger(in) *m(f);* (*having a lover*) Ehebrecher(in) *m(f);* ■**to be a** ~ fremdgehen *fam* **'two-tim·ing** *adj attr, inv* (*pej fam*) untreu; **you** ~ **son of a bitch** du mieser Ehebrecher *pej fam*

'two-way *adj attr, inv* ❶ (*traffic*) ~ **street/tunnel** Straße *f*/Tunnel *m* mit Gegenverkehr ❷ *communication, conversation, exchange, process* wechselseitig; **negotiations are a** ~ **thing** Verhandlungen beruhen auf Gegenseitigkeit; ~ **trade deal** bilaterales Handelsabkommen ❸ ELEC ~ **switch** Wechselschalter *m* **two-way 'mir·ror** *n* Spionspiegel *m* **two-way 'ra·dio** *n* Funksprechgerät *nt* **two-way 'street** *n* ❶ (*road*) *Straße, bei der der Verkehr in beide Richtungen verläuft* ❷ (*fig: joint responsibility*) wechselseitige Angelegenheit; **friendships are a** ~ Freundschaften beruhen immer auf Gegenseitigkeit; **this agreement is a** ~**, you know** diese Übereinkunft gilt für beide, das weißt du

ty·coon [taɪ'ku:n] *n* [Industrie]magnat(in) *m(f),* Tycoon *m*

tyke [taɪk] *n* ❶ BRIT, AUS (*fam: mischievous child*) Gör *nt oft pej,* Range *f;* (*boy*) Lausejunge *m;* **come here, you cheeky little** ~ komm her, du kleiner Frechdachs ❷ AM (*small child*) kleines Kind ❸ (*dog*) Hund *m;* (*mongrel*) Mischling[shund] *m,* Promenadenmischung *f hum*

tym·pa·num <*pl* -s *or* tympana> ['tɪmpᵊnəm, *pl* -nə] **I.** *n* ❶ ANAT (*spec: middle ear*) Paukenhöhle *f* im Mittelohr, Tympanum *nt fachspr;* **infection in the** ~ Mittelohrentzündung *f* ❷ ARCHIT (*ornamental panel*) Tympanon *nt fachspr* **II.** *n modifier* (*examination, infection*) Mittelohr-

i Kultur

Tynwald (Altnordisch: *thing-völlr,* „Versammlungsfeld") ist der Name des 1.000 Jahre alten Parlaments der *Isle of Man,* das von den Wikingern gegründet wurde, als die Insel das Zentrum des nordischen Königreichs war. Das *House of Keys – Unterhaus* hat 24 Abgeordnete; das *Legislative Council – Oberhaus* hat elf Abgeordnete, einschließlich dem *Anglican Bishop of Sodor and Man.* Neben den regelmäßigen Sitzungen findet jedes Jahr am 5. Juli ein Treffen des **Tynwald** unter freiem Himmel statt.

type [taɪp] **I.** *n* ❶ (*kind*) Art *f; of hair, skin* Typ *m; of food, vegetable* Sorte *f;* **what** ~ **of clothes does she wear?** welche Art von Kleidern trägt sie?; **he's the** ~ **of man you could take home to your mother** er gehört zu der Sorte Mann, die du mit nach Hause bringen und deiner Mutter vorstellen kannst; **that** ~ **of behaviour** ein solches Benehmen; ~ **of car** Autotyp *m;* ~ **of grain** Getreideart *f;* **for all different skin** ~**s** für jeden Hauttyp ❷ (*character*) Typ *m;* **he's not the** ~ **to cause trouble** er ist nicht der Typ, der Ärger macht; ■**to be one's** ~ jds Typ sein *fam;* **quiet/reserved** ~ ruhiger/zurückhaltender Typ [*o* Mensch] ❸ PHILOS Typus *m fachspr,* Urbild *nt* ❹ THEAT, LIT Typus *m* ❺ TYPO (*lettering*) Schriftart *f;* (*stamp*) [Druck]type *f fachspr;* **italic** ~ Kursivschrift *f;* **I wouldn't believe everything I read in** ~ ich würde nicht alles glauben, was so geschrieben wird **II.** *vt* ❶ (*write with machine*) ■**to** ~ **sth** etw tippen [*o* mit der Maschine schreiben] ❷ (*categorize*) ■**to** ~ **sb/sth** jdn/etw typisieren [*o* in Kategorien einteilen] *geh;* **to** ~ **blood** MED die Blutgruppe bestimmen ❸ (*be example for*) ■**to** ~ **sth** für etw *akk* typisch sein **III.** *vi* Maschine schreiben, tippen

◆**type away** *vi* [eifrig] vor sich *akk* hin tippen *fam*

◆**type in** *vt* COMPUT ■**to** ~ **in** ○ **sth** etw eingeben

◆**type out** *vt* ■**to** ~ **out** ○ **sth** etw tippen [*o* mit der Schreibmaschine schreiben]; (*copy*) etw abtippen

◆**type up** *vt* ■**to** ~ **up** ○ **sth** etw komplett abtippen

type 'A *adj* PSYCH unruhig und leicht erregbar

type 'B *adj* PSYCH ruhig und ausgeglichen

'type·cast <-cast, -cast> *vt usu passive* FILM, THEAT (*pej*) ■**to be** ~ auf eine Rolle festgelegt sein/werden; **with her blonde good looks she has tended to be** ~ **as the young bimbo** als blonde, gut aussehende Frau wurde sie meist als das junge Dummchen besetzt **'type·face** *n no pl* Schrift[art] *f;* **italic** ~ Kursivschrift *f* **'type·script** *n* Typoskript *nt geh,* Maschine geschriebenes Manuskript **'type·set·ter** *n* TYPO ❶ (*machine*) Setzmaschine *f* ❷ (*printer*) [Schrift]setzer(in) *m(f)* **'type·set·ting** TYPO **I.** *n no pl* Setzen *nt* **II.** *adj attr, inv* (*machine, technique*) Satz-

'type·write <-wrote, -written> *vt* ■**to** ~ **sth** etw tippen [*o* mit der Maschine schreiben]

'type·writ·er *n* Schreibmaschine *f;* **electric/manual** ~ elektrische/manuelle Schreibmaschine

'type·writ·er rib·bon *n* Farbband *nt*

'type·writ·ing pa·per *n* Schreibmaschinenpapier *nt;* [**non-**]**erasable** ~ [nicht] radierfähiges Schreibmaschinenpapier

'type·writ·ten *adj inv* Maschine geschrieben

ty·phoid ['taɪfɔɪd] *n,* **ty·phoid 'fe·ver** *n no pl* Typhus *m*

ty·phoon [taɪ'fu:n] **I.** *n* Taifun *m* **II.** *n modifier* ~ **damage** durch einen Taifun verursachter Schaden; ~ **season** [Jahres]zeit *f* der Taifune

ty·phus ['taɪfəs] *n no pl* Typhus *m,* Fleckfieber *nt*

typi·cal ['tɪpɪkᵊl] *adj* typisch; *symptom also* charakteristisch (**of**

für +*akk*); (*pej fam*) ~ **male chauvinist!** typisch Macho! *fig fam*
typi·cal·ly ['tɪpɪkəli] *adv* typisch; **~, ...** normalerweise ...; **~ English** typisch Englisch
typi·fy <-ie-> ['tɪpɪfaɪ] *vt* ■**to ~ sth** etw kennzeichnen; (*symbolize*) für etw *akk* ein Symbol sein
typ·ing ['taɪpɪŋ] **I.** *n no pl* (*typewriting*) Maschineschreiben *nt*, Tippen *nt* **II.** *adj attr, inv* Tipp-; **~ error** [*or* **mistake**] Tippfehler *m;* **~ speed** Schnelligkeit *f* beim Maschineschreiben
typ·ist ['taɪpɪst] *n* Schreibkraft *f*
ty·pog·ra·pher [taɪ'pɒgrəfəʳ, AM -'pɑːgrəfɚ] *n* Typograf(in) *m(f)*, [Schrift]setzer(in) *m(f)*
ty·po·graph·ic(al) [ˌtaɪpə(ʊ)'græfɪkəl, AM -pə'-] *adj inv* typografisch, Druck-; **~ error** Druckfehler *m*
ty·pog·ra·phy [taɪ'pɒgrəfi, AM -'pɑː-] *n no pl* Typografie *f*, Buchdruckerkunst *f*
ty·ran·ni·cal [tɪ'rænɪkəl, AM tə'-] *adj* (*pej*) tyrannisch, despotisch; **~ regime** Tyrannei *f*, Gewaltherrschaft *f*
ty·ran·ni·cal·ly [tɪ'rænɪkəli, AM tə'-] *adv* (*pej*) tyrannisch, despotisch; **stop behaving so ~** hör auf, deine Umwelt zu tyrannisieren
tyr·an·nize ['tɪrənaɪz] *vt* ■**to ~ sb** jdn tyrannisieren
ty·ran·no·saur(·us) [tɪˌrænə'sɔːrəs, AM təˌ-] *n* Tyrannosaurus *m;* **~ rex** Tyrannosaurus Rex *m*
tyr·an·nous ['tɪrənəs] *adj* tyrannisch
tyr·an·ny ['tɪrəni] *n* Tyrannei *f a. fig*, Gewaltherrschaft *f*
ty·rant ['taɪrənt] *n* Tyrann(in) *m(f)*, Despot(in) *m(f);* (*fig: bossy man*) [Haus]tyrann *m pej;* (*bossy woman*) [Haus]drachen *m pej fam*
tyre [taɪəʳ], AM **tire** [taɪɚ] **I.** *n* BRIT, AUS Reifen *m;* **summer/winter ~** Sommer-/Winterreifen *m;* **back/front ~** Hinter-/Vorderreifen *m;* **spare ~** Ersatzreifen *m;* **worn ~s** abgefahrene Reifen **II.** *n modifier* (*tracks, shop*) Reifen-; **~ chain** Schneekette[n] *f[pl]*; **~ mark** Reifenabdruck *m;* **~ valve** Reifenventil *nt;* **~ wear** Reifenabnutzung *f*
'tyre gauge *n* BRIT, AUS Reifendruckmesser *m* **'tyre pres·sure** *n no pl* Reifendruck *m*
tzar [zɑːʳ, AM zɑːr] *n see* **tsar**
tzet·ze fly ['tetsiˌflaɪ, AM tset-] *n see* **tsetse fly**

Uu

U [juː], **u** <*pl* -'s> *n* ❶ (*letter*) U *nt* ❷ (*sl: you*) du
U¹ [juː] *n* ❶ BRIT (*for general audience*) jugendfrei; **the film is rated ~** der Film ist jugendfrei ❷ CHEM *see* **uranium** U *nt*
U² [juː] AM, AUS (*fam*) *abbrev of* **university** Uni *f fam*
U³ [juː] *adj inv* BRIT, AUS (*dated*) **~ behaviour** kultiviertes Benehmen; **~ speech** gepflegter Sprachstil
UAE [ˌjuːeɪ'iː] *n abbrev of* **United Arab Emirates** VAE
UB40 [ˌjuːbiː'fɔːti] *n* BRIT ❶ (*card*) Arbeitslosenausweis *m* ❷ (*unemployed person*) Arbeitslose(r) *f(m)*
U-bend ['juːbend] *n* ❶ (*of a pipe*) U-Rohr *nt*, Knie *nt* ❷ (*of a street*) Haarnadelkurve *f*
ubiqui·tous [juː'bɪkwɪtəs, AM -wət̬əs] *adj* allgegenwärtig
ubiqui·tous·ly [juː'bɪkwɪtəsli, AM -wət̬əs-] *adv* überall
ubiquity [juː'bɪkwɪti, AM -wət̬i] *n no pl* (*form*) Allgegenwart *f*
U-boat ['juːbəʊt, AM -boʊt] *n* U-Boot *nt*
ud·der ['ʌdəʳ, AM -ɚ] *n* Euter *nt*
UFO [ˌjuːef'əʊ, AM -'oʊ] **I.** *n* <*pl* s *or* -'s> *abbrev of* **unidentified flying object** UFO *nt* **II.** *n modifier abbrev of* **unidentified flying object** Ufo-
ufolo·gist [juː'fɒlədʒɪst, AM -'fɑː-] *n* Ufologe, -in *m, f* **ufol·ogy** [juː'fɒlədʒi, AM -'fɑː-] *n no pl* Ufologie *f*
Ugan·da [juː'gændə] *n* Uganda *nt*
Ugan·dan [juː'gændən] **I.** *n* Ugander(in) *m(f)* **II.** *adj inv* ugandisch, aus Uganda *nach n, präd;* **they're ~** sie sind Ugander
ugh [ʊg, ʊh, AM *also* ʊk] *interj* (*fam*) i! *fam*, igitt! *fam*
ugli·ness ['ʌglɪnəs] *n no pl* ❶ (*in appearance*) Hässlichkeit *f* ❷ (*fig: unpleasantness*) Hässlichkeit *f fig*, Unschönheit *f*, Scheußlichkeit *f*
ugly ['ʌgli] *adj* ❶ (*not attractive*) hässlich; **to be ~ as sin** hässlich wie die Nacht sein *fam;* **to feel/look ~** sich *akk* hässlich fühlen/hässlich aussehen ❷ (*fig: unpleasant*) *incident, scene* hässlich *fig; weather, wound also* scheußlich; *rumours, story* übel; **he's an ~ customer** er ist ein unangenehmer Kunde; **I just had an ~ thought** mir kam gerade ein ganz schrecklicher Gedanke; **~ mood** unerfreuliche Stimmung; **an ~ look** ein böser Blick; **the ~ truth** die unangenehme Wahrheit; (*terrible*) die schreckliche Wahrheit; **to turn ~** eine üble Wendung nehmen
ugly A'meri·can *n* (*pej*) *Amerikaner/in, der/die im Ausland durch lautes und unsensibles Auftreten unangenehm auffällt*
ugly 'duck·ling *n* (*fig*) hässliches Entlein *fam*
uh-huh [ʊ'hʊ, ə'hʊ] *interj* (*fam: non-committal response*) mmh *fam*
UHT [ˌjuːeɪtʃ'tiː] **I.** *adj inv abbrev of* **ultra-heat-treated**: **~ milk** H-Milch *f* **II.** *n* H-Milch *f*
uh-uh *interj* (*fam*) ne[, ne] *fam*, nö *fam*
UK [juː'keɪ] **I.** *n abbrev of* **United Kingdom**: ■**the ~** das Vereinigte Königreich **II.** *n modifier* (*policy, product*) des Vereinigten Königreichs *nach n;* **~ citizen** Bürger(in) *m(f)* des Vereinigten Königreichs
uke·lele [ˌjuːkə'leɪli], **uku·lele** *n* MUS Ukulele *f*
Ukraine [juː'kreɪn] *n* ■**the ~** die Ukraine; ■**from/in the ~** aus/in der Ukraine
Ukrain·ian [juː'kreɪniən] **I.** *n* ❶ (*person*) Ukrainer(in) *m(f)* ❷ (*language*) Ukrainisch *nt* **II.** *adj inv* ukrainisch, aus der Ukraine *nach n, präd;* **she's ~** sie ist Ukrainerin
ul·cer ['ʌlsəʳ, AM -sɚ] *n* ❶ MED (*open sore*) Geschwür *nt;* **mouth ~** Mundfäule *f*, Stomatitis *f fachspr;* **stomach** [*or* **peptic**] **~** Magengeschwür *nt;* **duodenal ~** Zwölffingerdarmgeschwür *nt* ❷ (*fig: blemish*) Schandfleck *m; of a person* Makel *m*
ul·cer·ate ['ʌlsəreɪt, AM -sə-] *vi* ulzerieren *fachspr;* **the stress, coffee and alcohol were causing his stomach to ~** durch Stress, Kaffee und Alkohol hat er ein Magengeschwür bekommen
ul·cer·at·ed ['ʌlsəreɪtɪd, AM -sə-] *adj inv* geschwürig, ulzerös *fachspr*
ul·cera·tion [ˌʌlsə'reɪʃən, AM -sə-] *n* MED ❶ *no pl* (*process*) Geschwürbildung *f*, Ulzeration *f fachspr* ❷ (*open sore*) Geschwür *nt; of skin* offene Stellen
ul·cer·ous ['ʌlsərəs] *adj inv* geschwürig, ulzerös *fachspr*
ul·lage ['ʌlɪdʒ] *n no pl die Menge, die in einem Flüssigkeitsbehälter bis zum Gefülltsein fehlt;* **the cask was not completely full, it's ~ amounting to about three centimetres** das Fass war nicht bis zum äußersten Rand gefüllt, es fehlten etwa drei Zentimeter; (*liquid loss*) Flüssigkeitsschwund *m*, Leckage *f fachspr;* (*in brewery*) Restbier *nt;* NAUT Ullage *f fachspr* (*Abstand von Unterkante Tankdeck bis zur Oberfläche einer Tankladung*)
ulna <*pl* -nae *or* -s> ['ʌlnə, *pl* -niː] *n* Elle *f*, Ulna *f fachspr*
ul·te·ri·or [ʌl'tɪəriəʳ, AM 'tɪriɚ] *adj inv* ❶ (*secret*) versteckt, heimlich; **~ measures** geheime Maßnahmen ❷ (*form: subsequent*) weitere(r, s); (*coming later*) spätere(r, s); **the political leaders will decide ~ measures** die politischen Führer werden über weitere Maßnahmen entscheiden ❸ (*form: beyond scope*) ■**to be ~ to sth** für etw *akk* nicht von Bedeutung sein
ul·te·ri·or 'mo·tive *n* Hintergedanke *m*
ul·ti·mate ['ʌltɪmət, AM -təmɪt] **I.** *adj attr, inv* ❶ (*unbeatable*) beste(r, s), optimal, vollendet; *experience, feeling* umwerfend,

unvergleichlich; **parachuting is the ~ experience** Fallschirmspringen ist das absolute Nonplusultra ❷ (*highest degree*) höchste(r, s); *deterrent, weapon* wirksamste(r, s), stärkste(r, s); **infidelity is the ~ betrayal** Untreue ist die schlimmste Form des Betrugs ❸ (*final*) ultimativ *geh,* letzte(r, s); *decision also* endgültig; *effect* eigentlich; **the ~ destination** das Endziel; **the ~ say** das letzte Wort; **the ~ truth** die letzte Wahrheit ❹ (*fundamental*) grundlegend, grundsätzlich, Grund-; *aim, cause* eigentlich; **the ~ problem** das Grundproblem **II.** *n* (*the best*) ■**the ~** das Nonplusultra; (*highest degree*) **the ~ in happiness** das größte [*o* höchste] Glück; **the ~ of bad taste** der Gipfel der Geschmacklosigkeit

ul·ti·mate·ly [ˈʌltɪmətli, AM -əmɪt-] *adv inv* (*in the end*) letzten Endes; (*eventually*) letztlich, schließlich; **~, he'd like to have his own business** sein Fernziel ist es, eine eigene Firma aufzumachen

ul·ti·ma·tum <*pl* -ta *or* -tums> [ˌʌltɪˈmeɪtəm, AM -təˈmeɪt̬əm] *n* Ultimatum *nt;* **to give sb an ~** jdm ein Ultimatum stellen; **to issue an ~** (*form*) ein Ultimatum stellen

ul·ti·mo [ˈʌltɪməʊ, AM -tɪmoʊ] *adj inv, after n* ECON (*dated*) des letzten [*o* vergangenen] Monats *nach n*

ul·tra [ˈʌltrə] **I.** *adj inv* extrem; **he is ~ in his conservative views** er hat ultrakonservative Ansichten **II.** *n* Radikale(r) *f(m),* Extremist(in) *m(f)*

ultra- [ˈʌltrə] *in compounds* ultra-; *modern* hyper-; *rich* super-; **~expensive** irrsinnig [*o* wahnsinnig] teuer *fam;* **~sensitive** hypersensibel

ultra·con·'ser·va·tive [ˌʌltrəkənˈsɜːvətɪv, AM ˈsɜːrvət̬ɪv] *adj* ultrakonservativ **ultra·high 'fre·quen·cy I.** *n no pl* RADIO Ultrahochfrequenz *f* **II.** *adj attr, inv* **~ wave** Ultrahochfrequenzwelle *f* **ultra·ma·'rine I.** *adj* ultramarin[blau] **II.** *n no pl* Ultramarin[blau] *nt* **ultra·'mod·ern** *adj inv* hypermodern, ultramodern **ultra-'short wave** *n* Ultrakurzwelle *f* **ultra·'son·ic** *adj inv* Ultraschall-; **~ wave** Ultraschallwelle *f*

'ultra·sound *n no pl* Ultraschall *m* **ultra·sound 'pic·ture** *n* Ultraschallaufnahme *f,* Ultraschallbild *nt* **ultra·sound 'scan** *n* Ultraschalluntersuchung *f*

ultra·vio·let *adj inv* ultraviolett; **~ lamp** UV-Lampe *f,* Höhensonne *f;* **~ rays** ultraviolette Strahlen; **~ treatment** Ultraviolettbestrahlung *f*

ultra·vio·let pro·'tec·tion fac·tor *n* Schutzfaktor *m* vor UV-Strahlung

um [əm] **I.** *interj* (*fam*) hm, äh **II.** *vi* (*fam*) **to ~ and err** herumdrucksen *fam*

um·bel [ˈʌmbəl] *n* Dolde *f*

um·ber [ˈʌmbəʳ, AM -ɚ] **I.** *adj* umbra[braun] **II.** *n no pl* Umbra *nt;* **shades of ~** Umbratöne *mpl;* **raw ~** Umbra natur *nt;* **to dye sth ~** etw umbra[braun] färben

um·bili·cal [ʌmˈbɪlɪkl] **I.** *adj attr, inv* ❶ MED (*near navel*) Nabel-; **~ hernia** Nabelbruch *m;* **~ region** Nabelgegend *f* ❷ AEROSP (*link*) Versorgungs-; *plug, connection* Verbindungs-; **~ cable** Versorgungs- und Steuerkabel *nt;* **~ pipe** Verbindungsleitung *f* ❸ (*fig: very close*) [extrem] eng; **~ relationship** symbiotische Beziehung **II.** *n* AEROSP Versorgungs-/Verbindungskabel *nt;* (*hose*) Versorgungs-/Verbindungsleitung *f*

um·bili·cal 'cord *n* ❶ MED, ANAT Nabelschnur *f;* **to cut the ~** die Nabelschnur durchschneiden ❷ AEROSP Versorgungskabel *nt;* (*hose*) Versorgungsleitung *f*

um·brage [ˈʌmbrɪdʒ] *n no pl* (*form*) Anstoß *m;* **to give ~ to sb** bei jdm Anstoß erregen; **to take ~ at sth** Anstoß an etw *dat* nehmen

um·brel·la [ʌmˈbrelə] **I.** *n* ❶ (*protection from rain*) Regenschirm *m;* **folding ~** Knirps® *m;* **to put one's ~ up** den Regenschirm aufspannen; **to take one's ~ down** den Regenschirm [wieder] zumachen; (*sun protection*) Sonnenschirm *m* ❷ (*fig: protection*) Abschirmung *f,* Schutz *m;* MIL Jagdschutz *m;* **air ~** Luftschirm *m;* **West Germany was protected by the nuclear ~ of the US** Westdeutschland stand unter dem Schutz amerikanischer Atomwaffen **II.** *n modifier* ❶ (*belonging to an umbrella*) (*stand, handle*) Schirm-; **~ cover** Schirmhülle *f* ❷ POL, ADMIN (*including many elements*) Dach-; **~ fund** FIN Investmentfonds *m;* **~ term** Sammelbegriff *m*

um·brel·la or·gani·'za·tion *n* Dachorganisation *f*

um·laut [ˈʊmlaʊt] *n* LING Umlaut *m*

um·pire [ˈʌmpaɪəʳ, AM -paɪɚ] **I.** *n* ❶ SPORTS Schiedsrichter(in) *m(f)* ❷ (*arbitrator*) Vermittler(in) *m(f),* Schlichter(in) *m(f)* **II.** *vi* als Schiedsrichter/Schiedsrichterin fungieren **III.** *vt* **to ~ a game/match** ein Spiel/Match leiten

ump·teen [ʌm(p)ˈtiːn] *adj* (*fam*) zig *fam,* x *fam;* **most people have one toothbrush but he's got ~** die meisten Leute haben eine Zahnbürste, aber er hat Dutzende; **to do sth ~ times** etw x-mal [*o* zigmal] tun *fam*

ump·teenth [ʌm(p)ˈtiːnθ] *adj* x-te(r, s) *fam;* **for the ~ time, Anthony, ...** zum hundertsten Mal, Anthony, ...

UN [ˌjuːˈen] **I.** *n abbrev of* **United Nations:** ■**the ~** die UNO [*o* UN]; **ambassador to the ~** UN[O]-Botschafter(in) *m(f)* **II.** *n modifier abbrev of* **United Nations** UNO-, UN-; **the ~ General Assembly** die UN-Vollversammlung; **~ peace-keeping mission** UNO-Friedensmission *f;* **~ observer** UNO-Beobachter(in) *m(f);* **~ report** UN-Bericht *m;* **~ sanction** UN-Sanktion *f;* **~ Security Council** UN-Sicherheitsrat *m;* **~ troops** UNO-Truppen *fpl*

'un [ən] *pron* DIAL (*fam: one*) ein(e, r); **she's a only a little ~** sie ist ja nur so ein kleines Ding; **this fish really is a big ~** dieser Fisch ist wirklich ein Riesenbrocken *fam;* **the little ~s** die Kleinen *pl;* **the young ~s** die jungen Leute *pl;* (*girls*) die jungen Dinger *pl*

un·abashed [ˌʌnəˈbæʃt] *adj* ❶ (*not ashamed*) unverfroren, unverschämt, dreist; **to be completely ~ about doing sth** überhaupt keine Hemmungen haben, etw zu tun ❷ (*not influenced*) ■**to be ~ by sth** von etw *dat* unbeeindruckt sein

un·abash·ed·ly [ˌʌnəˈbæʃɪdli] *adv* unverfroren

un·abat·ed [ˌʌnəˈbeɪtɪd, AM -t̬-] *adj* (*form*) unvermindert, nicht nachlassend *attr;* **the storm was ~** der Sturm tobte unvermindert weiter; **to continue** [*or* **go on**] **~** *fighting, recession* unvermindert anhalten

un·able [ʌnˈeɪbl̩] *adj* unfähig; ■**to be ~ to do sth** unfähig [*o* außerstande] sein, etw zu tun; **he was ~ to look her in the eye** er konnte ihr nicht in die Augen schauen

un·abridged [ˌʌnəˈbrɪdʒd] *adj* LIT, PUBL *edition, speech, version* ungekürzt

un·ac·cep·table [ˌʌnəkˈseptəbl̩] *adj behaviour, excuse* inakzeptabel; *offer* unannehmbar; *conditions* untragbar; ■**sth is ~ to sb** etw ist für jdn inakzeptabel, jd kann etw nicht hinnehmen; **the ~ face of sth** BRIT, AUS die Kehrseite einer S. *gen*

un·ac·cep·tably [ˌʌnəkˈseptəbli] *adv* inakzeptabel, untragbar

un·ac·com·pa·nied [ˌʌnəˈkʌmpᵊnɪd] *adj inv* ❶ (*without companion* [*of adult*]) ohne Begleitung [einer erwachsenen Person] *nach n, präd; baggage, luggage* herrenlos; (*fig*) *condition, event* nicht begleitet [*o* gefolgt] *präd* ❷ MUS (*solo*) ohne Begleitung *nach n;* **~ flute** Soloflöte *f*

un·ac·count·able [ˌʌnəˈkaʊntəbl̩, AM -t̬ə-] *adj* ❶ (*not responsible*) nicht verantwortlich; ■**to be ~ to sb** jdm gegenüber keine Rechenschaft schuldig sein ❷ (*inexplicable*) unerklärlich; **for some ~ reason** aus unerfindlichen Gründen

un·ac·count·ably [ˌʌnəˈkaʊntəbli, AM -t̬ə-] *adv* unerklärlicherweise

un·ac·count·ed for [ˌʌnəˈkaʊntɪdˌfɔːʳ, AM -t̬ɪdˌfɔːr] *adj inv* ❶ (*unexplained*) ungeklärt; **~ absence from work** unentschuldigtes Fehlen auf der Arbeit ❷ (*not included in count*) nicht erfasst; (*missing*) fehlend *attr; person* vermisst; ■**to be ~** fehlen; *person* vermisst werden

un·ac·cus·tomed [ˌʌnəˈkʌstəmd] *adj* ❶ (*seldom seen*) **an ~ pleasure** ein seltenes Vergnügen; **well, that's an ~ face, Susie!** Susie, wir haben uns ja seit Ewigkeiten nicht gesehen! ❷ (*something new*) *luxury, silence* ungewohnt; ■**to be ~ to**

sth an etw *akk* nicht gewöhnt sein; ■**to be ~ to doing sth** es nicht gewohnt sein, etw zu tun

un·ac·knowl·edged [ˌʌnək'nɒlɪdʒd, AM -'nɑːlɪdʒd] *adj inv* unbeachtet; (*unrecognized*) nicht anerkannt; **to go** [*or* **remain**] ~ unbeachtet bleiben; (*not recognized*) nicht anerkannt werden; **her greeting remained** ~ ihr Gruß wurde nicht erwidert

un·ad·dressed [ˌʌnə'drest] *adj inv* ❶ *envelope* nicht adressiert, ohne Anschrift *nach n* ❷ (*not dealt with*) *question* unbeantwortet; **this issue remained** ~ dieses Thema wurde nicht angesprochen

un·adopt·ed [ˌʌnə'dɒptɪd, AM -'dɑːp-] *adj inv* ❶ *child* nicht adoptiert ❷ (*not passed*) *measure, law* nicht verabschiedet ❸ BRIT TRANSP ~ **road** *Straße, für deren Instandhaltung die Anlieger aufkommen müssen*

un·adorned [ˌʌnə'dɔːnd, AM -'dɔːrnd] *adj inv* (*plain*) einfach, schlicht; *story* nicht ausgeschmückt; *beauty* natürlich; **the ~ truth** die ungeschminkte Wahrheit

un·adul·ter·at·ed [ˌʌnə'dʌltᵊreɪtɪd, AM -təreɪt̬ɪd] *adj inv* (*absolute*) unverfälscht; (*pure*) *substance, alcohol* rein, unvermischt; *wine* nicht gepanscht; ~ **jealousy** schiere Eifersucht; ~ **nonsense** blanker Unsinn; **the ~ truth** die reine Wahrheit

un·ad·ven·tur·ous [ˌʌnəd'ventʃᵊrəs] *adj person* wenig unternehmungslustig; *life* unspektakulär, ereignislos; *style* bieder, hausbacken *pej; prose, performance* fade, einfallslos; **don't be so ~ and give it a try!** gib dir doch einen Ruck und versuch's mal!

un·ad·vis·able [ˌʌnəd'vaɪzəbl̩] *adj* nicht ratsam [*o* empfehlenswert]

un·af·fect·ed [ˌʌnə'fektɪd] *adj inv* ❶ (*unchanged*) unberührt; (*unmoved*) unbeeindruckt, ungerührt; MED nicht angegriffen; (*not influenced*) nicht beeinflusst; ■**to be/remain ~ by sth** von etw *dat* nicht betroffen sein; **this city was largely ~ by the bombing** diese Stadt blieb von den Bomben weitgehend verschont ❷ (*down to earth*) natürlich; *manner, speech* ungekünstelt; (*sincere*) echt; ~ **joy** echte Freude; ~ **modesty** natürliche Bescheidenheit

un·af·fect·ed·ly [ˌʌnə'fektɪdli] *adv* (*sincerely*) echt; (*naturally*) natürlich, ungekünstelt; **she ~ welcomed each guest** sie begrüßte jeden Gast mit aufrichtiger Herzlichkeit

un·afraid [ˌʌnə'freɪd] *adj inv* unerschrocken; ■**to be ~ of sb/sth** vor jdm/etw keine Angst haben, sich *akk* vor jdm/etw nicht fürchten; ■**to be ~ of doing sth** keine Angst davor haben, etw zu tun

un·aid·ed [ʌn'eɪdɪd] *adj inv* ohne fremde Hilfe *nach n*

un·alike [ˌʌnə'laɪk] *adj* unähnlich

un·al·loyed [ˌʌnə'lɔɪd] *adj inv* ❶ (*liter: complete*) rein; *bliss, pleasure* ungetrübt ❷ (*pure*) *metal* rein

un·al·tered [ʌn'ɔːltəd, AM -tɚd] *adj inv* unverändert; **to leave sth** ~ etw lassen, wie es ist; **to remain** ~ unverändert bleiben

un·am·bigu·ous [ˌʌnæm'bɪgjuəs] *adj* unzweideutig; *language, statement, terms* eindeutig, klar und unmissverständlich

un·am·bigu·ous·ly [ˌʌnæm'bɪgjuəsli] *adv* eindeutig, unmissverständlich

un-Ameri·can [ˌʌnə'merɪkən] *adj* (*pej*) unamerikanisch; ~ **activities** ≈ Landesverrat *m* (*gegen den amerikanischen Staat gerichtete Umtriebe*)

una·nim·ity [ˌjuːnə'nɪməti, AM -ət̬i] *n no pl* (*form*) Einstimmigkeit *f*

unani·mous [juː'nænɪməs, AM -nəməs] *adj inv* einstimmig, einmütig

unani·mous·ly [juː'nænɪməsli, AM -nəməs-] *adv inv* einstimmig; ■**to be ~ for/against sth** einstimmig für/gegen etw *akk* sein

un·an·nounced [ˌʌnə'naʊn(t)st] **I.** *adj inv* ❶ (*without warning*) unangekündigt, ohne Vorankündigung *nach n;* (*unexpected*) unerwartet; ~ **guest** [*or* **visitor**] unerwarteter Gast; (*not wanted*) ungebetener Gast ❷ (*not made known*) unangekündigt; **the exact date of the fair will remain** ~ das genaue Datum der Messe wird erst später bekannt gegeben; **as yet** ~ derzeit noch nicht bekannt **II.** *adv inv* unangemeldet, ohne [Vor]ankündigung; (*unexpected*) unerwartet

un·an·swer·able [ʌn'ɑːn(t)sᵊrəbl̩, AM 'æn(t)-] *adj* ❶ (*without an answer*) unbeantwortbar; ■**to be** ~ nicht zu beantworten sein; **an ~ question** eine Frage, auf die es keine Antwort gibt ❷ (*form: irrefutable*) zwingend, unwiderlegbar; *proof* eindeutig; **there is ~ proof that ...** es ist eindeutig nachgewiesen, dass ...

un·an·swered [ʌn'ɑːn(t)sᵊd, AM 'æn(t)sɚd] *adj inv* unbeantwortet; **to go** [*or* **remain**] ~ unbeantwortet bleiben

un·ap·pe·tiz·ing [ʌn'æpətaɪzɪŋ] *adj* unappetitlich

un·ap·pre·cia·tive [ˌʌnə'priːʃiətɪv, AM -t̬-] *adj* undankbar; (*uncomprehending*) verständnislos; ■**to be ~ of sth** für etw *akk* kein Verständnis haben; **to cast an ~ look at sth** einen gleichgültigen Blick auf etw *akk* werfen; **to remain ~ of sth** etw nicht zu schätzen wissen

un·ap·proach·able [ˌʌnə'prəʊtʃəbl̩, AM -'proʊ-] *adj place* unzugänglich; *person also* unnahbar

un·ar·gu·able [ʌn'ɑːgjuːəbl̩, AM -'ɑːr-] *adj* unbestreitbar; **an ~ case** ein eindeutiger Fall; **an ~ theory** eine unstrittige Theorie

un·armed [ʌn'ɑːmd, AM -'ɑːrmd] *adj inv* (*without weapons*) unbewaffnet; (*not prepared*) unvorbereitet, nicht gewappnet; ~ **combat** Nahkampf *m* ohne Waffe

un·ashamed [ˌʌnə'ʃeɪmd] *adj* schamlos; *attitude, feeling* unverhohlen; ■**to be ~ about** [*or* **of**] **sth** sich *akk* einer S. *gen* überhaupt nicht schämen; **with ~ delight** mit unverhohlener Freude

un·asham·ed·ly [ˌʌnə'ʃeɪmɪdli] *adv* ganz offen, unverhohlen; ■**to be ~ for/against sth** ganz offen für/gegen etw *akk* sein

un·asked [ʌn'ɑːskt] **I.** *adj inv* ❶ (*not questioned*) ungefragt; **an ~ question** eine Frage, die keiner zu stellen wagt ❷ (*not requested*) ■**~-for** ungebeten; **~-for advice** ungebetene Ratschläge *pl;* **~-for help** Hilfe, um die man nicht gebeten hat **II.** *adv inv* ❶ (*spontaneously*) spontan, unaufgefordert ❷ (*unwanted*) ungebeten; **to come ~ to a party** uneingeladen auf eine Party gehen

un·as·sail·able [ˌʌnə'seɪləbl̩] *adj* ❶ (*irrefutable*) *argument, conclusion* unwiderlegbar, zwingend; *conviction* unerschütterlich; *reputation* unangreifbar, unantastbar; ~ **alibi** stichfestes Alibi ❷ (*impregnable*) *fortification, fortress* uneinnehmbar, unbezwingbar

un·as·sum·ing [ˌʌnə'sjuːmɪŋ, AM *esp* -'suː-] *adj* (*approv*) bescheiden

un·at·tached [ˌʌnə'tætʃt] *adj inv* ❶ (*not connected*) einzeln; **to come** ~ als Einzelteile [mit]geliefert werden ❷ (*independent*) unabhängig ❸ (*unmarried*) ledig, ungebunden

un·at·tain·able [ˌʌnə'teɪnəbl̩] *adj inv* unerreichbar; **an ~ dream** ein ferner Traum

un·at·tend·ed [ˌʌnə'tendɪd] *adj inv* ❶ (*without participants*) *meeting, reading* nicht besucht; (*with few participants*) kaum besucht ❷ (*without companion*) unbegleitet, ohne Begleitung *nach n, präd;* **to leave sth/sb** ~ (*alone*) etw/jdn allein lassen ❸ (*not taken care of*) *child, luggage* unbeaufsichtigt; *homework, work* unerledigt; (*unmanned*) *switchboard, counter* nicht besetzt; **to go** [*or* **be**] ~ *patient, wound* unbehandelt bleiben; *work* liegen bleiben; **to leave sb/sth ~ [to]** sich *akk* nicht um jdn/etw kümmern; (*to child, suitcase also*) jdn/etw unbeaufsichtigt lassen; (*to work also*) etw liegen lassen

un·at·trac·tive [ˌʌnə'træktɪv] *adj person, offer* unattraktiv; *place also* ohne Reiz *nach n, präd; character, personality* wenig anziehend; **to find sth extremely** ~ etw richtig hässlich finden

un·at·trac·tive·ly [ˌʌnə'træktɪvli] *adv* unattraktiv; **the house was ~ painted** das Haus hatte einen hässlichen Anstrich

un·audit·ed [ʌn'ɔːdɪtɪd, AM *also* -'ɑː-] *adj inv* FIN *account, tax return* ungeprüft; **to go** ~ nicht geprüft werden

un·author·ized [ʌn'ɔːθᵊraɪzd, AM -'ɑːθə-] *adj inv* nicht autorisiert, unerlaubt; *person* unbefugt *attr,* nicht befugt; **to obtain ~ access to sth** sich *dat* unbefugt Zugang zu etw *dat* verschaf-

U

fen; ~ **biography/version** nicht autorisierte Biografie/Fassung; ~ **person** Unbefugte(r) *f(m)*

un·avail·able [ˌʌnəˈveɪləbl̩] *adj* ❶ (*not in*) nicht verfügbar; *person* nicht erreichbar; (*busy*) beschäftigt; *library book* nicht zur Ausleihe verfügbar; (*lent out*) ausgeliehen; **I'm sorry, Mr Smith is ~ at the moment** es tut mir leid, Herr Smith ist im Moment nicht zu sprechen; ■**to be ~ for sth** für etw *akk* nicht zur Verfügung stehen ❷ (*not for the public*) *records, information* [der Öffentlichkeit] nicht zugänglich; ■**to be ~ to sb** für jdn nicht zugänglich sein ❸ (*in relationship*) ■**to be ~** vergeben [*o fam* nicht mehr zu haben] sein

un·avail·ing [ˌʌnəˈveɪlɪŋ] *adj* (*liter*) vergeblich

un·avoid·able [ˌʌnəˈvɔɪdəbl̩] *adj* unvermeidlich, nicht zu vermeiden *präd*

un·avoid·ably [ˌʌnəˈvɔɪdəbli] *adv* unausweichlich, unvermeidlich

un·aware [ˌʌnəˈweəʳ, AM -ˈwer] *adj* ■**to be/be not ~ of sth** sich *dat* einer S. *gen* nicht/durchaus bewusst sein; **she remained quite ~ of the illegal activities of her husband** sie hatte nie bemerkt, dass ihr Mann in illegale Geschäfte verwickelt war; ■**to be ~ that ...** sich *dat* nicht bewusst sein, dass ...

un·awares [ˌʌnəˈweəz, AM -ˈwerz] *adv inv* ❶ (*unexpectedly*) unerwartet; **to catch** [*or* **take**] **sb ~** jdn überraschen ❷ (*by accident*) ungeplant, zufällig; (*without purpose*) versehentlich; (*without noticing*) unwissentlich

un·bal·ance [ʌnˈbælən(t)s] *vt* ■**to ~ sb/sth** jdn/etw aus dem Gleichgewicht bringen *a. fig;* **to ~ sb's mind** jdn aus dem [inneren] Gleichgewicht bringen, jdm den Boden unter den Füßen wegziehen

un·bal·anced [ʌnˈbælən(t)st] *adj* ❶ (*uneven*) schief; AUTO nicht ausgewuchtet; FIN *account* nicht ausgeglichen; *economy* unausgeglichen; JOURN nicht objektiv, einseitig; *diet* unausgewogen ❷ PSYCH (*unstable*) labil; **mentally ~** psychisch labil; (*ill*) psychisch krank

un·bar <-rr-> [ʌnˈbɑːʳ, AM -ˈbɑːr] *vt* ■**to ~ sth** etw entriegeln

un·bear·able [ʌnˈbeərəbl̩, AM ˈberə-] *adj* unerträglich; ■**to be ~** unerträglich [*o* nicht auszuhalten] sein; ■**to be ~ to** [*or* **for**] **sb** für jdn sehr schwer zu ertragen sein

un·bear·ably [ʌnˈbeərəbli, AM ˈberə-] *adv* unerträglich; ~ **sad** unsäglich traurig

un·beat·able [ʌnˈbiːtəbl̩, AM -t̬ə-] *adj inv* (*approv*) ❶ (*sure to win*) unschlagbar; *army* unbesiegbar; ■**to be ~** nicht zu schlagen [*o* zu besiegen] sein; ~ **record** nicht zu schlagender Rekord ❷ (*perfect*) unübertrefflich; *value, quality* unübertrofffen

un·beat·en [ʌnˈbiːtᵊn] *adj inv* ungeschlagen; *army* unbesiegt; **until today her record remains ~** ihr Rekord steht bis heute

un·be·com·ing [ˌʌnbɪˈkʌmɪŋ] *adj* ❶ (*not flattering*) unvorteilhaft; **that hairstyle is ~ to her** diese Frisur steht ihr nicht ❷ (*unpleasant*) *behaviour, conduct* unschön, hässlich; (*unseemly*) unschicklich, unziemlich *veraltend geh;* **conduct ~ to an officer** ein Benehmen, das sich für einen Offizier nicht ziemt *veraltend geh*

un·be·known [ˌʌnbɪˈnəʊn, AM -ˈnoʊn], **un·be·knownst** [ˌʌnbɪˈnəʊnst, AM -ˈnoʊnst] *adv inv* (*form*) ■~ **to sb** ohne jds Wissen; ~ **to anyone he was leading a double life** kein Mensch ahnte, dass er ein Doppelleben führte

un·be·lief [ˌʌnbɪˈliːf] *n no pl* ❶ (*surprise and shock*) Ungläubigkeit *f;* **to stare at sb in ~** jdn ungläubig anstarren ❷ (*faithlessness*) Unglaube *m*

un·be·liev·able [ˌʌnbɪˈliːvəbl̩] *adj* ❶ (*surprising*) unglaublich; **he's really ~** er ist wirklich ein Phänomen; **it's ~!** es ist einfach nicht zu fassen! ❷ (*fam: extraordinary*) unglaublich, sagenhaft ❸ (*impossible to believe*) unglaubhaft; ~ **or not ...** ob du's glaubst oder nicht ...

un·be·liev·ably [ˌʌnbɪˈliːvəbli] *adv* unglaublich

un·be·liev·er [ˌʌnbɪˈliːvəʳ, AM -ɚ] *n* Ungläubige(r) *f(m)*

un·be·liev·ing [ˌʌnbɪˈliːvɪŋ] *adj* ungläubig

un·bend [ʌnˈbend] **I.** *vt* <-bent, -bent> ■**to ~ sth** etw strecken; **to ~ an arm/leg** einen Arm/ein Bein ausstrecken; **to ~ wire** Draht gerade biegen **II.** *vi* <-bent, -bent> ❶ (*straighten out*) *pipe, rod* [wieder] gerade werden; *person* sich *akk* aufrichten ❷ (*fig: relax*) *person* sich *akk* entspannen; (*become less reserved*) auftauen *fig*

un·bend·ing [ʌnˈbendɪŋ] *adj* (*form*) unnachgiebig; *will* unbeugsam; ~ **determination** eiserne Entschlossenheit

un·bi·as(s)ed [ʌnˈbaɪəst] *adj* unparteiisch, unvoreingenommen; *judge* nicht befangen; *opinion, report* objektiv

un·bid·den [ʌnˈbɪdᵊn] (*liter*) **I.** *adj* ungebeten, unaufgefordert; ~ **thoughts of failure troubled him** leidige Versagensängste drängten sich ihm auf **II.** *adv* ungebeten, unaufgefordert

un·bind <-bound, -bound> [ʌnˈbaɪnd] *vt* ■**to ~ sb/sth** jdn/etw losbinden; **to ~ sb's feet/hands** jds Füße/Hände losbinden; **to ~ one's hair** das Haar öffnen; **to ~ a prisoner** eine Gefangene/einen Gefangenen befreien

un·bleached [ʌnˈbliːtʃt] *adj inv* ungebleicht

un·blem·ished [ʌnˈblemɪʃt] *adj inv* makellos, einwandfrei; *reputation* tadellos

un·blink·ing [ʌnˈblɪŋkɪŋ] *adj gaze, look* starr; **to give sb an ~ stare** jdn starr ansehen

un·blush·ing [ʌnˈblʌʃɪŋ] *adj inv* schamlos; **she remained ~** sie wurde nicht einmal rot

un·bolt [ʌnˈbəʊlt, AM -ˈboʊlt] *vt* entriegeln; **to ~ sb's heart** (*fig*) jds Herz gewinnen

un·born [ʌnˈbɔːn, AM -bɔːrn] **I.** *adj inv* ❶ (*not yet born*) ungeboren; **protection of the ~ child** Schutz *m* des ungeborenen Lebens ❷ (*future*) künftig; ~ **generations** kommende Generationen **II.** *n* ■**the ~** *pl* ungeborene Kinder

un·bos·om [ʌnˈbʊzəm] *vt* (*old*) ❶ (*reveal*) ■**to ~ sth** etw enthüllen; **to ~ one's feelings/thoughts** seine Gefühle/Gedanken offenbaren ❷ (*confide in*) ■**to ~ oneself to sb** jdm sein Herz ausschütten

un·bound·ed [ʌnˈbaʊndɪd] *adj* grenzenlos, schrankenlos; ~ **ambition** maßloser Ehrgeiz; ~ **hope** unbegrenzte Hoffnung

un·bowed [ʌnˈbaʊd] *adj pred* ❶ (*fig: not submitting*) ungebrochen, ungebeugt ❷ (*erect*) erhoben; **with one's head ~** mit hoch erhobenem Kopf

un·break·able [ʌnˈbreɪkəbl̩] *adj inv* ❶ (*unable to be broken*) unzerbrechlich; ~ **code** nicht zu knackender Kode ❷ (*unable to stop*) ~ **habit** fest verankerte Gewohnheit; ~ **silence** undurchdringliches Schweigen ❸ (*must be followed*) *promise* bindend; *rule* unumstößlich ❹ SPORTS ~ **record** nicht zu brechender Rekord

un·brib·able [ʌnˈbraɪbəbl̩] *adj inv* unbestechlich

un·bri·dled [ʌnˈbraɪdl̩d] *adj* ❶ (*unrestrained horse*) ohne Zügel ❷ (*form o liter: not held back*) ungezügelt; *ambition, greed* hemmungslos; *passion* zügellos; **an ~ tongue** eine lose Zunge

un·Brit·ish [ʌnˈbrɪtɪʃ] *adj* unbritisch

un·brok·en [ʌnˈbrəʊkᵊn, AM -ˈbroʊ-] *adj inv* ❶ (*not broken*) unbeschädigt, heil; *spirit* ungebrochen; **to date, the peace treaty remains ~** bis zum heutigen Tag wurde nicht gegen den Friedensvertrag verstoßen; **an ~ promise** ein gehaltenes Versprechen ❷ (*continuous*) stetig; *peace* beständig; **Liverpool's ~ run of six successive victories came to an end with a defeat at Manchester United** Liverpools Serie von Siegen in Folge fand mit einer Niederlage bei Manchester United ein Ende; **an ~ night's sleep** ein ungestörter Schlaf ❸ (*unsurpassed*) *record* ungebrochen ❹ (*not tamed*) **an ~ horse** ein nicht zugerittenes Pferd

un·buck·le [ʌnˈbʌkl̩] *vt* ■**to ~ sth/sb** etw/jdn aufschnallen [*o* losschnallen]; **to ~ a seatbelt** einen Sitzgurt öffnen

un·bur·den [ʌnˈbɜːdᵊn, AM -ˈbɜːr-] *vt* ❶ (*unload*) ■**to ~ an animal/sb** einem Tier/jdm die Lasten abnehmen ❷ (*fig*) ■**to ~ oneself** [**of sth**] sich *akk* [von etw *dat*] befreien; ■**to ~ oneself** [**to sb**] [jdm] sein Herz ausschütten; **to ~ one's sorrows** seine Sorgen abladen

un·busi·ness·like [ʌnˈbɪznɪslaɪk] *adj* ungeschäftsmäßig; **his unpunctuality is very ~** seine Unpünktlichkeit ist sehr unprofessionell

un·but·ton [ʌnˈbʌtᵊn] **I.** *vt* ■**to ~ sth** etw aufknöpfen **II.** *vi* **this blouse ~s down the back** diese Bluse ist am Rücken aufzuknöpfen

un·but·toned [ʌnˈbʌtᵊnd] *adj* aufgeknöpft, offen; (*a. fig fam*) zugänglich, aufgeknöpft *fam*

un·ˈcalled for *adj pred,* **un·ˈcalled-for** [ʌnˈkɔːldfɔːʳ, AM -fɔːr] *adj attr* unnötig; **it was really ~ to show her up like that** es war völlig überflüssig, sie derartig bloßzustellen; **an ~ remark** eine unpassende Bemerkung

un·can·ni·ly [ʌnˈkænɪli] *adv* unheimlich; **the woman ~ resembled my former lover** die Frau hatte eine beängstigende Ähnlichkeit mit meiner Ex-Freundin

un·can·ny [ʌnˈkæni] *adj* unheimlich; **it's ~ how alike you two look** es ist schon frappierend, wie ähnlich ihr euch seht; **an ~ knack** eine außergewöhnliche Fähigkeit; **an ~ likeness** eine unglaubliche Ähnlichkeit

un·cared for *adj pred,* **un·cared-for** [ʌnˈkeədfɔːʳ, AM -ˈkerdfɔːr] *adj attr* vernachlässigt, ungepflegt; **to leave sth ~** etw nicht pflegen

un·car·ing [ʌnˈkeərɪŋ, AM -ˈkerɪŋ] *adj* gleichgültig; **an ~ mother** eine Rabenmutter *fig, pej*

un·car·pet·ed [ʌnˈkɑːpɪtɪd, AM -ˈkɑːrpət̬-] *adj inv* nicht mit Teppich ausgelegt; **he wants to leave the house ~** er möchte keinen Teppichboden im Haus

un·cashed [ʌnˈkæʃt] *adj inv cheque* [noch] nicht eingelöst

un·ceas·ing [ʌnˈsiːsɪŋ] *adj* (*form*) unaufhörlich; **~ efforts/support** unablässige Anstrengungen/Unterstützung

un·ceas·ing·ly [ʌnˈsiːsɪŋli] *adv* unablässig

un·cen·sored [ʌnˈsen(t)səd, AM -ɚd] *adj* unzensiert

un·cer·emo·ni·ous [ʌnˌserɪˈməʊniəs, AM -ˈmoʊ-] *adj* ❶ (*abrupt*) rüde *pej;* **an ~ dismissal** ein Quasi-Rauswurf *m fam;* **an ~ refusal** eine unsanfte Abfuhr ❷ (*informal*) ungezwungen, locker

un·cer·emo·ni·ous·ly [ʌnˌserɪˈməʊniəsli, AM -ˈmoʊ-] *adv* ❶ (*abruptly*) rüde, grob *pej* ❷ (*in an informal manner*) ungezwungen

un·cer·tain [ʌnˈsɜːtᵊn, AM -ˈsɜːr-] *adj* ❶ (*unsure*) unsicher; **in no ~ terms** klar und deutlich; ■**to be ~ of sth** sich *dat* einer S. *gen* nicht sicher sein; ■**to be ~ whether/when/why/what ...** nicht sicher sein, ob/wann/warum/was ... ❷ (*unpredictable*) ungewiss; **the weather is rather ~ at the moment** das Wetter ist im Moment ziemlich unbeständig; **an ~ future** eine ungewisse Zukunft ❸ (*volatile*) unzuverlässig, unstet; **an ~ mood** eine angespannte Stimmung; **an ~ temper** ein launenhaftes Gemüt

un·cer·tain·ly [ʌnˈsɜːtᵊnli, AM -ˈsɜːr-] *adv* zögerlich

un·cer·tain·ty [ʌnˈsɜːtᵊnti, AM -ˈsɜːrtᵊnt̬i] *n* ❶ (*unpredictability*) Unbeständigkeit *f;* **life is full of uncertainties** das Leben ist voller Überraschungen ❷ *no pl* (*doubtfulness*) Ungewissheit *f,* Zweifel *m* (**about** über +*akk*); **there is increasing ~ about whether the band will ever play live again** es wird immer zweifelhafter, ob die Band jemals wieder öffentlich auftritt ❸ *no pl* (*hesitancy*) Unsicherheit *f*

un·chal·lenged [ʌnˈtʃælɪndʒd, AM -əndʒd] *adj* unangefochten; (*not opposed*) unwidersprochen; **to go** [*or* **stand**] **~** unangefochten bleiben; **his long-jump record stood ~ for many years** sein Weitsprungrekord blieb viele Jahre unangetastet; **to pass ~** MIL passieren, ohne angehalten zu werden

un·changed [ʌnˈtʃeɪndʒd] *adj inv* ❶ (*unaltered*) unverändert; **his views are ~** seine Meinung hat sich nicht geändert ❷ (*not replaced*) nicht [aus]gewechselt

un·chang·ing [ʌnˈtʃeɪndʒɪŋ] *adj inv* unveränderlich, gleich bleibend

un·char·ac·ter·is·tic [ʌnkærəktᵊrˈɪstɪk, AM -ˌkerɪktəˈrɪs-] *adj* ungewöhnlich; ■**to be ~ of sb/sth** für jdn/etw untypisch sein

un·char·ac·ter·is·ti·cal·ly [ʌnkærəktᵊrˈɪstɪkli, AM -ˌkerɪktəˈrɪs-] *adv* untypischerweise

un·chari·table [ʌnˈtʃærɪtəbl̩, AM -ˈtʃerət̬ə-] *adj* ❶ (*severe*) unbarmherzig; **she is very ~ in her treatment of him** sie behandelt ihn ohne die geringste Nachsicht; ■**to be ~** [**of sb**] **to do sth** gemein [von jdm] sein, etw zu tun; **that was really ~ of you!** das war wirklich gemein von dir! ❷ (*ungenerous*) hartherzig, lieblos

un·chari·tably [ʌnˈtʃærɪtəbli, AM -ˈtʃerət̬ə-] *adv* ❶ (*harshly*) unbarmherzig; **to judge sb ~** jdn ungerecht beurteilen ❷ (*not generously*) hartherzig, lieblos

un·chart·ed [ʌnˈtʃɑːtɪd, AM -ˈtʃɑːrt̬-] *adj* ❶ *inv* (*not mapped*) auf keiner Landkarte verzeichnet ❷ (*fig: unexplored*) unerforscht; **~ seas** [*or* **territory**] [*or* **waters**] Neuland *nt*

un·checked [ʌnˈtʃekt] *adj* ❶ (*unrestrained*) unkontrolliert; **~ passion/violence** hemmungslose Leidenschaft/Gewalt; **to continue** [*or* **go**] **~** ungehindert weitergehen; ■**to be ~ by sth** von etw *dat* unbeeindruckt sein ❷ (*not examined*) ungeprüft ❸ TRANSP *ticket* nicht kontrolliert

un·chris·tian [ʌnˈkrɪstʃən] *adj* unchristlich

un·civ·il [ʌnˈsɪvᵊl] *adj* unhöflich

un·civ·il·ized [ʌnˈsɪvᵊlaɪzd] *adj* (*a. fig*) unzivilisiert, ungesittet; **it was rather ~ of them not even to offer us a drink** es war ziemlich stillos von ihnen, uns nicht mal einen Drink anzubieten; **~ conditions** harte Bedingungen; **an ~ hour** eine unchristliche Zeit

un·civ·il·ly [ʌnˈsɪvᵊli] *adv* rüde *pej*

un·clad [ʌnˈklæd] *adj inv* (*form*) unbekleidet, nackt

un·claimed [ʌnˈkleɪmd] *adj benefits, winnings* nicht beansprucht; *letter, baggage* nicht abgeholt

un·clasp [ʌnˈklɑːsp, AM -ˈklæsp] *vt* ■**to ~ sth** etw öffnen; **to ~ sb's hand** jds Hand *f* lösen

un·clas·si·fied [ʌnˈklæsɪfaɪd] *adj* ❶ (*not ordered or arranged*) nicht klassifiziert ❷ (*not secret*) nicht geheim

un·cle [ˈʌŋkl̩] *n* Onkel *m* ▸ PHRASES: [**old**] **U~ Tom Cobleigh** [*or* **Cobley**] **and all** BRIT (*dated fam*) Hinz und Kunz *pej fam;* **to say** [*or* **cry**] **~** AM (*childspeak*) klein beigeben

un·clean [ʌnˈkliːn] *adj* ❶ (*unhygienic*) verunreinigt ❷ *inv* (*form: taboo*) unrein ❸ (*fig: impure*) schmutzig; **~ thoughts** (*dated*) schmutzige Gedanken

un·clear [ʌnˈklɪəʳ, AM -ˈklɪr] *adj* ❶ (*not certain, indefinite*) unklar; **it is ~ whether/what/when/who ...** es ist unklar, ob/was/wann/wer ... ❷ (*uncertain, unsure*) ■**to be ~ about sth** in Bezug auf etw *akk* nicht sicher sein; ■**to be ~** [**as to**] **whether/what/why/when ...** nicht sicher sein, ob/was/warum/wann ... ❸ (*vague*) vage; **an ~ statement** eine unklare Aussage

un·clear·ly [ʌnˈklɪəli, AM -ˈklɪr-] *adv* undeutlich; **to think ~** unzusammenhängend denken

un·clench [ʌnˈklen(t)ʃ] *vt* **to ~ one's fist/teeth** seine Faust öffnen/seine [fest] zusammengebissenen Zähne lockern

Un·cle ˈSam *n no pl* (*the USA*) Uncle Sam *hum*

Un·cle ˈTom *n* (*pej!*) Onkel Tom *pej* (*serviler Schwarzer*)

un·clog <-gg-> [ʌnˈklɒg, AM -ˈklɑːg] *vt* **to ~ a pipe** ein Rohr frei machen [*o* reinigen]

un·clothe [ʌnˈkləʊð, AM -ˈkloʊð] *vt* (*a. fig*) ■**to ~ sth** etw entblößen, etw enthüllen *a. fig*

un·cloud·ed [ʌnˈklaʊdɪd] *adj* unbewölkt, heiter *a. fig*

un·clut·tered [ʌnˈklʌtəd, AM -t̬ɚd] *adj* ❶ *desk, room* aufgeräumt, nicht überladen ❷ (*fig*) **an ~ mind** ein freier Kopf

un·coil [ʌnˈkɔɪl] **I.** *vt* ■**to ~ sth** etw entrollen [*o* abspulen] **II.** *vi* sich *akk* abrollen

un·col·lect·ed [ˌʌnkəˈlektɪd] *adj inv* ❶ (*not claimed*) *fare, tax* nicht erhoben ❷ (*not reclaimed*) *baggage, mail* nicht abgeholt ❸ LIT nicht in den gesammelten Werken enthalten

un·col·ored [ʌnˈkʌlɚd] AM, **un·col·oured** [-əd] *adj* ❶ (*colourless*) farblos ❷ (*fig: unbiased*) objektiv, unbeeinflusst; ■**to be ~ by sth** frei von etw *dat* sein

un·com·fort·able [ʌnˈkʌm(p)ftəbl̩, AM -fɚt̬ə-] *adj* ❶ (*causing discomfort*) *bed, chair* unbequem ❷ (*physically discomforted*) **to feel ~** *person, animal* sich *akk* unwohl fühlen ❸ (*uneasy, awkward*) unbehaglich; **she felt slightly ~, meeting him for the first time** sie fühlte sich nicht ganz wohl in ihrer Haut, als sie ihm zum ersten Mal begegnete; **an ~ silence** eine gespannte Stille; **an ~ situation/predicament** eine missliche Situation/Lage

un·com·fort·ably [ʌnˈkʌm(p)ftəbli, AM -fɚt̬ə-] *adv* ❶ (*physically*) unangenehm; **they had come ~ close to death** sie waren dem Tod bedenklich nahe gekommen ❷ (*uneasily*) angespannt; **to be ~ aware of sth** sich *dat* einer S. *gen* schmerzlich bewusst sein; **to smile ~** nervös lächeln

un·com·mit·ted [ˌʌnkəˈmɪtɪd, AM -ˈmɪt̬-] *adj* ❶ (*undecided*) unentschieden; ▪**to be ~ on sth** sich *akk* noch nicht auf etw *akk* festgelegt haben; **twenty-five senators have admitted they are still ~ on the taxation question** fünfundzwanzig Senatoren räumten ein, sich in der Steuerfrage noch nicht entschieden zu haben ❷ (*not dedicated*) **to be ~ to a cause/relationship** einer Sache/Beziehung halbherzig gegenüberstehen

un·com·mon [ʌnˈkɒmən, AM -ˈkɑːm-] *adj* ❶ (*rare*) selten; **it is not ~ for that to happen** so etwas passiert immer wieder; **it is not ~ for him to turn up unexpectedly** er hat es so an sich, unerwartet aufzutauchen; **an ~ name** ein ungewöhnlicher Name ❷ (*esp approv dated form: exceptional*) außergewöhnlich; **with ~ interest** mit ungeteiltem Interesse

un·com·mon·ly [ʌnˈkɒmənli, AM -ˈkɑːm-] *adv* ❶ (*unusually*) ungewöhnlich; **it happens not ~ that ...** es passiert recht häufig, dass ... ❷ (*exceptionally*) äußerst

un·com·mu·ni·ca·tive [ˌʌnkəˈmjuːnɪkətɪv, AM -t̬ɪv] *adj* verschlossen, wenig mitteilsam; ▪**to be ~ about sth/sb** wenig über etw/jdn sprechen

un·com·plain·ing [ˌʌnkəmˈpleɪnɪŋ] *adj* **~ patience** unendliche Geduld; **~ resignation** stille Resignation; ▪**to be ~** nicht klagen

un·com·plain·ing·ly [ˌʌnkəmˈpleɪnɪŋli] *adv* ohne zu klagen

un·com·pli·cat·ed [ˌʌnˈkɒmplɪkeɪtɪd, AM -ˈkɑːmplɪkeɪt̬ɪd] *adj* unkompliziert

un·com·pli·men·tary [ʌnˌkɒmplɪˈmentəri, AM -ˌkɑːmpləˈment̬ɚi] *adj* wenig schmeichelhaft; ▪**to be ~ about sb/sth** sich *akk* abfällig über jdn/etw äußern

un·com·pre·hend·ing [ˌʌnkɒmprɪˈhendɪŋ, AM ˌʌnkɑːm-] *adj* verständnislos

un·com·pro·mis·ing [ʌnˈkɒmprəmaɪzɪŋ, AM ʌnˈkɑːm-] *adj* kompromisslos, entschieden; **to take an ~ stand** [*or* **stance**] eindeutig Stellung beziehen

un·com·pro·mis·ing·ly [ʌnˈkɒmprəmaɪzɪŋli, AM ʌnˈkɑːm-] *adv* unmissverständlich; **~ direct/honest** schonungslos direkt/ehrlich

un·con·cealed [ˌʌnkənˈsiːld] *adj inv* unverhohlen

un·con·cerned [ˌʌnkənˈsɜːnd, AM -ˈsɜːrnd] *adj* ❶ (*not worried*) unbekümmert; ▪**to be ~ about** [*or* **by**] **sth/sb** sich *dat* keine Sorgen über etw/jdn machen ❷ (*indifferent*) desinteressiert; ▪**to be ~ with sth/sb** nicht an etw/jdm interessiert sein; **they are ~ that ...** es ist ihnen gleichgültig, dass ...

un·con·cern·ed·ly [ˌʌnkənˈsɜːnɪdli, AM -ˈsɜːrn-] *adv* unbetroffen

un·con·di·tion·al [ˌʌnkənˈdɪʃənəl] *adj inv* bedingungslos; **~ love** rückhaltlose Liebe; **~ release/surrender** bedingungslose Freilassung/Kapitulation

un·con·di·tion·al·ly [ˌʌnkənˈdɪʃənəli] *adv* bedingungslos

un·con·fined [ˌʌnkənˈfaɪnd] *adj* uneingeschränkt, grenzenlos

un·con·firmed [ˌʌnkənˈfɜːmd, AM -ˈfɜːrmd] *adj inv* unbestätigt

un·con·gen·ial [ˌʌnkənˈdʒiːniəl] *adj* ❶ *person* unsympatisch ❷ *thing* unangenehm; **~ climate** unwirtliches Klima; **~ conditions** wenig zusagende Bedingungen

un·con·nec·ted [ˌʌnkəˈnektɪd] *adj inv* unzusammenhängend; **the police claim that the two cases are entirely ~** die Polizei behauptet, die beiden Fälle hätten nichts miteinander zu tun; ▪**to be ~ with sth** nicht mit etw *dat* zusammenhängen; ELEC, TECH **one of the wires had been left ~** eines der Kabel war nicht angeschlossen worden

un·con·scion·able [ʌnˈkɒn(t)ʃənəbl̩, AM -ˈkɑːn-] *adj* (*form*) unzumutbar

un·con·scion·ably [ʌnˈkɒn(t)ʃənəbli, AM -ˈkɑːn-] *adv* (*form*) unzumutbarerweise

un·con·scious [ʌnˈkɒn(t)ʃəs, AM -ˈkɑːn-] **I.** *adj* ❶ MED bewusstlos; **~ state** Bewusstlosigkeit *f*; **to knock sb ~** jdn bewusstlos schlagen ❷ PSYCH unbewusst; **the ~ mind** das Unbewusste [*o* Unterbewusste] ❸ (*unaware*) unabsichtlich; ▪**to be ~ of sth** (*form*) sich *dat* einer S. *gen* nicht bewusst sein **II.** *n no pl* PSYCH ▪**the ~** das Unbewusste [*o* Unterbewusste]

un·con·scious·ly [ʌnˈkɒn(t)ʃəsli, AM -ˈkɑːn-] *adv* unbewusst

un·con·scious·ness [ʌnˈkɒn(t)ʃəsnəs, AM -ˈkɑːn-] *n no pl* ❶ MED Bewusstlosigkeit *f* ❷ (*unawareness*) Unbewusstheit *f*

un·con·si·dered [ˌʌnkənˈsɪdəd, AM -ɚd] *adj* unüberlegt

un·con·sti·tu·tion·al [ʌnˌkɒn(t)stɪˈtjuːʃənəl, AM -ˌkɑːn(t)stəˈtuː-] *adj inv* verfassungswidrig

un·con·sti·tu·tion·al·ly [ʌnˌkɒn(t)stɪˈtjuːʃənəli, AM -ˌkɑːn(t)stəˈtuː-] *adv* verfassungswidrig

un·con·sum·mat·ed [ʌnˌkɒn(t)səmeɪtɪd, AM -ˌkɑːn(t)sə-] *adj inv* nicht umgesetzt; **an ~ marriage** eine nicht vollzogene Ehe

un·con·tami·nat·ed [ˌʌnkənˈtæmɪneɪtɪd, AM -t̬ɪd] *adj* nicht verseucht, nicht kontaminiert *fachspr*

un·con·test·ed [ˌʌnkənˈtestɪd] *adj* ❶ (*unchallenged*) unbestritten; **his election as chairman went** [*or* **was**] **~** er wurde ohne Gegenkandidat zum Vorsitzenden gewählt; **an ~ claim** ein unstreitiger Anspruch ❷ LAW unangefochten; **an ~ divorce** eine einvernehmliche Scheidung

un·con·trol·lable [ˌʌnkənˈtrəʊləbl̩, AM -ˈtroʊ-] *adj* unkontrollierbar; **~ bleeding** unstillbare Blutung; **an ~ child** ein unzähmbares Kind; **an ~ urge** [*or* **desire**] ein unstillbares Verlangen

un·con·trol·lably [ˌʌnkənˈtrəʊləbli, AM -ˈtroʊ-] *adv* unkontrollierbar; **he was bleeding ~** seine Blutung war nicht zu stoppen; **to be ~ greedy** hemmungslos gierig sein; **to laugh ~** hemmungslos lachen; **to rampage/riot ~** wild toben/randalieren; **to sob ~** hemmungslos schluchzen

un·con·trolled [ˌʌnkənˈtrəʊld, AM -ˈtroʊld] *adj* unkontrolliert; *children, dogs* unbeaufsichtigt; **~ aggression** unbeherrschte Aggressivität

un·con·tro·ver·sial [ʌnˌkɒntrəˈvɜːʃəl, AM -ˌkɑːntrəˈvɜːr-] *adj* unumstritten

un·con·ven·tion·al [ˌʌnkənˈven(t)ʃənəl] *adj* unkonventionell; **~ weapons** (*euph*) Atomwaffen *fpl*

un·con·ven·tion·al·ly [ˌʌnkənˈven(t)ʃənəli] *adv* unkonventionell

un·con·vinced [ˌʌnkənˈvɪn(t)st] *adj* nicht überzeugt; ▪**to be ~ of sth** von etw *dat* nicht überzeugt sein

un·con·vinc·ing [ˌʌnkənˈvɪn(t)sɪŋ] *adj* ❶ (*not persuasive*) nicht überzeugend; **rather ~** wenig überzeugend ❷ (*not credible*) unglaubwürdig

un·con·vinc·ing·ly [ˌʌnkənˈvɪn(t)sɪŋli] *adv* nicht überzeugend

un·cooked [ʌnˈkʊkt] *adj inv* ungekocht, roh

un·cool [ʌnˈkuːl] *adj* (*fam*) uncool *pej sl*

un·co·opera·tive [ˌʌnkəʊˈɒpərətɪv, AM -koʊˈɑːpɚət̬ɪv] *adj* unkooperativ

un·co·opera·tive·ly [ˌʌnkəʊˈɒpərətɪvli, AM -koʊˈɑːpɚət̬ɪv-] *adv* unkooperativ; **to behave ~** sich *akk* unkooperativ verhalten

un·co·opera·tive·ness [ˌʌnkəʊˈɒpərətɪvnəs, AM -koʊˈɑːpɚət̬ɪv-] *n no pl* mangelnde Kooperationsbereitschaft

un·co·ordi·nat·ed [ˌʌnkəʊˈɔːdɪneɪtɪd, AM -koʊˈɔːrdəneɪt̬ɪd] *adj* ❶ (*not well-organized*) unkoordiniert ❷ (*clumsy*) unkoordiniert, ungelenk *geh*

un·cork [ʌnˈkɔːk, AM -ˈkɔːrk] *vt* ▪**to ~ sth** *bottle, wine* etw entkorken; **to ~ one's feelings** (*fig fam*) aus sich *dat* herausgehen; **to ~ a surprise** eine Überraschung zum Besten geben

un·cor·robo·rat·ed [ˌʌnkərˈɒbəreɪtɪd, AM ˌʌnkəˈrɑːbəreɪt̬ɪd] *adj*

unbestätigt
un·cor·rupt·ed [ˌʌnkəˈrʌpt, AM ˌʌnkəˈrʌpt] *adj* nicht korrupt; ~ **values** unverfälschte Werte
un·count·able [ʌnˈkaʊntəbl̩, AM -t̬ə-] *adj inv* ❶ (*not countable*) unzählbar; **an ~ noun** ein unzählbares Hauptwort ❷ (*countless*) zahllos; **an ~ number of people** unzählige Menschen
un·cou·ple [ʌnˈkʌpl̩] *vt* ■**to ~ sth** [**from sth**] ❶ MECH etw [von etw *dat*] abkuppeln ❷ (*fig*) etw [von etw *dat*] trennen [*o* loslösen]
un·couth [ʌnˈku:θ] *adj* ungehobelt, grob
un·cov·er [ʌnˈkʌvəʳ, AM -ɚ] *vt* ■**to ~ sth** ❶ (*lay bare*) etw freilegen; **to ~ a wound** den Verband von einer Wunde nehmen ❷ (*disclose*) etw entdecken; **to ~ a scandal/secret** einen Skandal/ein Geheimnis aufdecken
un·criti·cal [ʌnˈkrɪtɪkəl, AM -t̬-] *adj* unkritisch; ■**to be ~ of sth/sb** gegenüber etw/jdm eine unkritische Einstellung haben
un·criti·cal·ly [ʌnˈkrɪtɪkəli, AM -t̬-] *adv* unkritisch
un·cross [ʌnˈkrɒs, AM -ˈkrɑ:s] *vt* **to ~ one's legs** seine überkreuzten Beine öffnen
un·crossed [ʌnˈkrɒst, AM -ˈkrɑ:st] *adj inv* ❶ *legs* nicht gekreuzt ❷ BRIT ~ **cheque** Barscheck *m*
un·crowd·ed [ʌnˈkraʊdɪd] *adj* nicht überlaufen
un·crowned [ʌnˈkraʊnd] *adj inv* (*a. fig*) ungekrönt *a. fig*
un·crush·able [ʌnˈkrʌʃəbl̩] *adj inv* ❶ *material* knitterfrei ❷ *spirit* unbeugsam
unc·tion [ˈʌŋkʃən] *n* (*form*) ❶ REL Salbung *f*; **extreme ~** letzte Ölung ❷ (*pej: behaviour*) salbungsvolles Gehabe *pej*
unc·tu·ous [ˈʌŋktjuəs, AM -tʃu-] *adj* ❶ (*pej form: obsequious*) salbungsvoll *pej* ❷ (*spec: oily*) fettig, ölig
unc·tu·ous·ness [ˈʌŋktjuəsnəs, AM -tʃu-] *n no pl* (*form*) salbungsvolles Gehabe *pej*
un·cul·ti·vat·ed [ʌnˈkʌltɪveɪtɪd, AM -t̬ɪd] *adj* ❶ *land* unbebaut, brachliegend ❷ *person* unkultiviert, ungebildet
un·cul·tured [ʌnˈkʌltʃəd, AM -ɚd] *adj* unkultiviert, ungebildet
un·curl [ʌnˈkɜ:l, AM -ˈkɜ:rl] **I.** *vt* ■**to ~ sth** etw gerade streichen, etw glätten **II.** *vi material* sich *akk* glätten; *person* sich *akk* ausstrecken
un·cur·tained [ʌnˈkɜ:tənd, AM -ˈkɜ:r-] *adj inv window, alcove* ohne Vorhänge *nach n*
un·cut [ʌnˈkʌt] *adj inv* ❶ (*not cut*) ungeschnitten; *book* unaufgeschnitten; *drugs* unverschnitten; **an ~ diamond** ein ungeschliffener Diamant ❷ (*not shortened*) ungekürzt
un·dat·ed [ʌnˈdeɪtɪd, AM -t̬ɪd] *adj inv* undatiert
un·daunt·ed [ʌnˈdɔ:ntɪd, AM -ˈdɑ:nt̬ɪd] *adj usu pred* unerschrocken; **to remain ~** unverzagt bleiben; ■**to be ~ by sth** von etw *dat* unbeirrt sein
un·de·ceive [ˌʌndɪˈsi:v] *vt* (*liter*) ■**to ~ sb** [**of sth**] jdn [über etw *akk*] aufklären
un·de·cid·ed [ˌʌndɪˈsaɪdɪd] *adj* ❶ (*hesitant*) unentschlossen; **she is still ~ as to which job to apply for** sie schwankt noch, um welche Stelle sie sich bewerben soll; ■**to be ~ about sth** sich *dat* über etw *akk* [noch] unklar sein; ■**to be ~ whether/when/how/where ...** unschlüssig sein, ob/wann/wie/wo ... ❷ (*not settled*) offen, nicht entschieden; **an ~ vote** eine unentschiedene Abstimmung
un·de·clared [ˌʌndɪˈkleəd, AM -ˈklerd] *adj* ❶ FIN nicht deklariert ❷ (*not official*) nicht erklärt; **an ~ war** ein Krieg *m* ohne Kriegserklärung
un·de·feat·ed [ˌʌndɪˈfi:tɪd, AM -t̬ɪd] *adj* unbesiegt, ungeschlagen
un·de·fend·ed [ˌʌndɪˈfendɪd] *adj* unverteidigt
un·de·fin·able [ˌʌndɪˈfaɪnəbl̩] *adj* AM, AUS undefinierbar
un·de·fined [ˌʌndɪˈfaɪnd] *adj* ❶ (*not defined*) nicht definiert, unbestimmt ❷ (*lacking clarity*) vage
un·de·liv·er·able [ˌʌndɪˈlɪvərəbl] *adj* unzustellbar
un·de·liv·ered [ˌʌndɪˈlɪvəd, AM -ɚd] *adj* nicht zugestellt
un·de·mand·ing [ˌʌndɪˈmɑ:ndɪŋ, AM -ˈmæn-] *adj* anspruchslos
un·demo·crat·ic [ʌndeməˈkrætɪk, AM -t̬-] *adj* undemokratisch
un·de·mon·stra·tive [ˌʌndɪˈmɒn(t)strətɪv, AM -ˈmɑ:n(t)strət̬ɪv] *adj* zurückhaltend
un·de·ni·able [ˌʌndɪˈnaɪəbl̩] *adj* unbestritten; ~ **evidence** [*or* **proof**] eindeutiger Beweis; **to be of ~ importance** von fragloser Wichtigkeit sein
un·de·ni·ably [ˌʌndɪˈnaɪəbli] *adv* unbestreitbar
un·der [ˈʌndəʳ, AM -ɚ] **I.** *prep* ❶ (*below*) unter +*dat; with verbs of motion* unter +*akk;* **he hid ~ the bed** er versteckte sich unterm Bett; **they stood ~ a tree** sie standen unter einem Baum; ~ **water/the surface** unter Wasser/der Oberfläche ❷ (*supporting*) unter +*dat;* **it felt good to have the earth ~ my feet again** es war schön, wieder festen Boden unter meinen Füßen zu haben ❸ (*covered by*) unter +*dat;* **he wore a white shirt ~ his jacket** unter seiner Jacke trug er ein weißes Hemd ❹ (*one side to other*) unter +*dat;* **a cold draught blew ~ the door** ein kalter Zug blies unter der Tür durch ❺ (*less than*) unter +*dat;* **all items cost ~ a pound** alle Artikel kosten unter einem Pfund; **she can run a mile in ~ a minute** sie kann eine Meile in unter einer Minute laufen ❻ (*inferior to*) **to be ~ sb** unter jdm sein [*o* stehen] ❼ (*governed by*) unter +*dat;* ~ **the Romans** unter römischer Herrschaft; ~ **the supervision of sb** unter jds Aufsicht; **they are ~ strict orders** sie haben strenge Anweisungen; **to be ~ sb's influence** (*fig*) unter jds Einfluss stehen ❽ (*in condition/state of*) unter +*dat;* ~ **quarantine/arrest/control** unter Quarantäne/Arrest/Kontrolle; ~ **suspicion** unter Verdacht; ~ [**no**] **circumstances** unter [keinen] Umständen; ~ **anaesthetic** unter Betäubung [*o* Narkose]; ~ **pressure/stress** unter Druck/Stress; ~ **repair** in Reparatur; ~ **oath** LAW unter Eid ❾ (*in accordance to*) gemäß +*dat;* ~ **our agreement** gemäß unserer Vereinbarung ❿ (*referred to as*) unter +*dat;* **he writes ~ a pseudonym** er schreibt unter einem Pseudonym ⓫ (*in category of*) unter +*dat;* **you'll find that ~ Goethe** das finden Sie unter Goethe ⓬ (*during time of*) ~ **Pisces/Virgo/Aries** im Sternzeichen Fische/Jungfrau/Widder ▶ PHRASES: [**already**] ~ **way** [bereits [*o* schon]] im Gange; **to get ~ way** anfangen, beginnen **II.** *adv inv* ❶ (*a. fig: sink*) **to go ~** untergehen *a. fig;* **thousands of companies went ~ during the recession** tausende Firmen machten während der Rezession Pleite ❷ (*below specified age*) **suitable for kids of five and ~** geeignet für Kinder von fünf Jahren und darunter ▶ PHRASES: **to get out from ~** sich *akk* aufrappeln *fam* **III.** *adj pred, inv* ■**to be ~** unter Narkose stehen
under- [ˈʌndəʳ, AM -ɚ] *in compounds* ❶ (*done insufficiently*) (*-feed, -appreciate*) zu wenig; **to ~bill sb** jdm zu wenig verrechnen; ~**investment** zu geringe Investitionen ❷ (*of lower rank*) (*-classman, -sheriff*) Unter-, Vize-
under·a'chieve *vi* weniger leisten als erwartet **under·a'chiev·er** *n* ■**to be an ~** weniger leisten als erwartet **under·'act I.** *vi* [in einer Rolle] zu verhalten spielen **II.** *vt* ■**to ~ sth** etw zu schwach wiedergeben **under·'age** *adj inv* minderjährig; **there are laws against ~ drinking** es gibt Gesetze, die Minderjährigen den Genuss von Alkohol verbieten **'under·arm I.** *adj* ❶ *attr, inv* ANAT Achsel- ❷ SPORTS *serve, throw* mit der Hand von unten *nach n* **II.** *n* Achselhöhle *f* **III.** *adv inv* SPORTS **to bowl/serve/throw ~** mit der Hand von unten kegeln/aufschlagen/werfen **'under·bel·ly** *n* ❶ ZOOL Bauch *m* ❷ *no pl* (*liter: most vulnerable point*) Schwachstelle *f;* **the sordid ~ of modern society** (*pej*) die Schattenseite der modernen Gesellschaft **under·'bid** <-bid, -bid> **I.** *vi* ein zu niedriges Angebot machen **II.** *vt* ■**to ~ sb/sth** jdn/etw unterbieten **under·'capi·tal·ized** *adj* FIN mit zu geringer Kapitalausstattung *nach n;* ■**to be ~** zu wenig Kapital haben **'under·car·riage** *n usu sing* AVIAT Fahrwerk *nt* **under·'charge I.** *vt* ■**to ~ sb** jdm zu wenig berechnen; **the sales assistant ~d me by £2** die Verkäuferin hat mir zwei Pfund zu wenig berechnet **II.** *vi* zu wenig berechnen; ■**to ~ for sth** für etw *akk* zu wenig berechnen **'under·class** *n* unterprivilegierte Klasse **'under·clothes** *npl,* **'under·cloth·ing** *n no pl* (*form*) Unterwäsche *f* **'under·**

U

coat *n* ❶ *no pl* (*paint*) Grundierung *f* ❷ ZOOL (*fur*) Wollhaarkleid *nt* **under·'cooked** *adj* nicht gar; *meat* blutig **'under·cov·er** I. *adj attr, inv* geheim; **an ~ detective** ein verdeckter Ermittler/eine verdeckte Ermittlerin; **~ police officer** Geheimpolizist(in) *m(f)* II. *adv inv* geheim **'under·cur·rent** *n* ❶ (*of sea, river*) Unterströmung *f* ❷ (*fig*) Unterton *m* **under·'cut** <-cut, -cut> *vt* ■**to ~ sb/sth** ❶ (*charge less*) jdn/etw unterbieten ❷ (*undermine*) jdn/etw untergraben **under·de·'vel·oped** *adj* unterentwickelt; **~ country** Entwicklungsland *nt;* **an ~ resource** ein unzureichend ausgebeuteter Rohstoff **'under·dog** *n* Außenseiter(in) *m(f),* Underdog *m;* **societal ~** Außenseiter(in) *m(f)* der Gesellschaft; **to side with the ~** den Außenseiter/die Außenseiterin unterstützen **under·'done** *adj* FOOD ❶ (*rare*) *meat* blutig ❷ (*undercooked*) nicht gar **under·'dressed** *adj* zu einfach gekleidet **under·em·'ployed** *adj* ❶ *person* unterbeschäftigt ❷ ■**to be ~** *thing* nicht voll genutzt werden **under·e'quipped** *adj* unzureichend ausgerüstet; **an ~ expedition** eine unzureichend ausgerüstete Expedition **under·'es·ti·mate** I. *vt* ■**to ~ sth/sb** etw/jdn unterschätzen II. *vi* eine zu geringe Schätzung abgeben III. *n* Unterbewertung *f;* **to give sb an ~** jdm einen zu niedrigen Kostenvoranschlag erstellen **under·ex·'pose** *vt* PHOT **to ~ a film/photo** einen Film/ein Foto unterbelichten **under·ex·'po·sure** *n no pl* PHOT Unterbelichtung *f* **under·eye cir·cles** [ˌʌndəraɪ'sɜːkl̩, AM -'sɜːrkl̩] *n pl* dunkle Augenringe **under·'fed** *adj* unterernährt **'under·felt** *n no pl* BRIT Filzunterlage *f* **'under·floor** *adj inv esp* BRIT Unterboden-; **~ heating** Fußbodenheizung *f* **under·'foot** *adv inv* ❶ (*below one's feet*) unter den Füßen; **the fields were very muddy ~** die Felder waren sehr schlammig zu begehen; **to trample sb/sth ~** jdn/etw mit Füßen treten *a. fig* ❷ *pred* (*pej: in the way*) zwischen den Füßen, im Weg **under·'fund** *vt* ■**to ~ sth** etw unterfinanzieren **under·'fund·ed** *adj* unterfinanziert **under·'fund·ing** *n no pl* Unterfinanzierung *f* **'under·gar·ment** *n* (*form*) Unterbekleidung *f,* Unterwäsche *f kein pl* **under·'go** <-went, -gone> *vt* **to ~ a change** eine Veränderung durchmachen; **conditions in the inner city are ~ing a radical change for the better** die Bedingungen in der Innenstadt verbessern sich zusehends; **to ~ repairs** in Reparatur [befindlich] sein; **to ~ surgery** [*or* **an operation**] sich *akk* einer Operation unterziehen

under·grad ['ʌndəgræd, AM -dɚ-] *n* (*fam*) *short for* **undergraduate** Student(in) *m(f)*

under·'gradu·ate I. *n* Student(in) *m(f)* II. *n modifier* (*class, degree, requirements, work*) Studien-

'under·ground I. *adj* ❶ *inv* GEOG unterirdisch; **~ cable** Erdkabel *nt* ❷ POL Untergrund-; **~ movement** Untergrundbewegung *f* ❸ *attr* ART, FASHION Underground- ❹ *attr* RAIL U-Bahn-; **~ station** U-Bahn-Station *f* II. *adv* ❶ *inv* GEOG unter der Erde; **you can park ~ below the cinema** du kannst in der Tiefgarage unter dem Kino parken ❷ POL **to drive sb ~** jdn in den Untergrund zwingen; **to go ~** in den Untergrund gehen III. *n* ❶ *no pl esp* BRIT RAIL U-Bahn *f;* ■**by ~** mit der U-Bahn ❷ POL ■**the ~** der Untergrund; **a member of the ~** ein Mitglied *nt* der Untergrundbewegung ❸ ART, FASHION ■**the ~** die Undergroundbewegung **'under·growth** *n no pl* Dickicht *nt;* **dense ~** dichtes Gestrüpp **'under·hand** I. *adj* ❶ BRIT (*pej: devious*) hinterhältig; **~ dealings** betrügerische Machenschaften ❷ AM SPORTS *service, throw* mit der Hand von unten *nach n* II. *adv* AM SPORTS (*not overarm*) mit der Hand von unten **under·'hand·ed** *adj* AM ❶ (*pej: devious*) hinterhältig; **~ dealings** betrügerische Machenschaften ❷ (*understaffed*) unterbesetzt **under·in·'sure** *vt* ■**to ~ sth** etw unterversichern **under·in·'vest** *vi* zu geringe finanzielle Mittel bereitstellen; **successive governments continue to ~ in education/the health service** nach wie vor stellen die Regierungen dem Erziehungs-/Gesundheitswesen zu wenig Mittel bereit **under·in·'vest·ment** *n* zu geringe Investition von finanziellen Mitteln

'under·lay I. *n no pl* BRIT, AUS Unterlage *f;* **foam ~** Schaumstoffunterlage *f* II. *vt pt of* **underlie** **under·'lie** <-y-, -lay, -lain> *vt* ■**to ~ sth** etw *dat* zugrunde liegen **under·'line** *vt* ■**to ~ sth** ❶ (*draw a line beneath*) etw unterstreichen; **to ~ sth in red** etw rot unterstreichen ❷ (*emphasize*) etw betonen [*o* unterstreichen]; ■**to ~ that ...** betonen, dass ...

under·ling ['ʌndᵊlɪŋ, AM -dɚ-] *n* Handlanger *m pej*

under·'lin·ing *n* Unterstreichung *f* **under·'ly·ing** *adj attr, inv* ❶ GEOG tiefer liegend ❷ (*real, basic*) zugrunde liegend; **and what might be the ~ significance of these supposedly random acts of violence?** und was könnte letztlich hinter diesen angeblich zufälligen Gewaltakten stecken?; **the ~ reason for her poor results** der Grund für ihr dürftiges Abschneiden **under·'manned** *adj* unterbesetzt **under·'man·ning** *n no pl* Unterbesetzung *f* **'under·men·tioned** *adj attr, inv esp* BRIT (*form*) unten genannt **under·'mine** *vt* ■**to ~ sth** ❶ (*tunnel under*) etw untertunneln; **to ~ a dam/river bank** einen Damm/ein Flussufer unterhöhlen ❷ (*fig: weaken*) etw unterminieren, etw untergraben; **to ~ sb's [self-]confidence** jds Selbstvertrauen *nt* schwächen; **to ~ a currency** eine Währung schwächen; **to ~ sb's health** jds Gesundheit *f* schädigen; **to ~ hopes** Hoffnungen zunichtemachen

under·most ['ʌndəməʊst, AM -ɚmoʊst] *adj inv* ■**the ~ ...** der/die/das unterste ...

under·neath [ˌʌndə'niːθ, AM -ɚ'-] I. *prep* ❶ (*below*) unter +*dat;* **the tunnel goes right ~ the city** der Tunnel verläuft direkt unter der Stadt ❷ (*supporting*) unter +*dat;* **~ the building** unter dem Gebäude ❸ (*covered by*) unter +*dat;* **he was wearing a T-shirt ~ his shirt** unter seinem Hemd trug er ein T-Shirt ❹ (*hidden by*) unter +*dat* II. *adv inv* darunter; **the tunnel goes right ~ the city** der Tunnel führt direkt unter der Stadt durch III. *n no pl* ■**the ~** die Unterseite IV. *adj inv* untere(r, s)

under·'nour·ished *adj* unterernährt **under·'paid** *adj* unterbezahlt **'under·pants** *npl* Unterhose *f;* **down to one's ~** bis auf die Unterhose **'under·part** *n* ❶ (*of a thing*) Unterseite *f* ❷ (*of an animal*) **~s** Bauchseite *f* **'under·pass** <*pl* -es> *n* Unterführung *f* **under·'pay** <-paid, -paid> *vt usu passive* ■**to ~ sb** jdn unterbezahlen **under·per·'form** I. *vi* eine [unerwartet] schlechte Leistung erbringen; **his boss says he's ~ing at work** sein Chef sagt, er bleibe bei der Arbeit hinter den Erwartungen zurück II. *vt* ■**to ~ sth** hinter den Erwartungen zurückbleiben; **technology shares have ~ed the market this year** Technologieaktien waren dieses Jahr am Markt schwächer behauptet **under·per·'form·ing** *adj* leistungsschwach; **~ employees** Angestellte, die das Leistungssoll nicht erreichen **under·'pin** <-nn-> *vt* ■**to ~ sth** ❶ ARCHIT *building, wall* etw [ab]stützen, etw untermauern ❷ (*fig*) etw unterstützen; **better trade figures are ~ning the dollar** bessere Handelsbilanzen stützen den Dollar; **he presented very few facts to ~ his argument** er brachte sehr wenige Fakten zur Erhärtung seines Arguments bei **under·'pin·ning** *n* ❶ ARCHIT *building, wall* Unterbau *m,* Untermauerung *f* ❷ (*fig*) Basis *f* **under·'play** I. *vt* ■**to ~ sth** ❶ (*play down*) etw herunterspielen; **to ~ the importance/seriousness of sth** die Bedeutung/den Ernst einer S. *gen* herunterspielen ❷ THEAT etw zurückhaltend spielen II. *vi* THEAT zurückhaltend spielen **under·'popu·lat·ed** *adj* unterbevölkert **under·'pow·ered** *adj* untermotorisiert **under·pre·'pared** *adj* schlecht vorbereitet **under·'priced** *adj* unter Wert angeboten **under·'privi·leged** I. *adj* unterprivilegiert II. *n* ■**the ~** *pl* die Unterprivilegierten *pl* **under·'rate** *vt* ■**to ~ sth/sb** etw/jdn unterschätzen; **to ~ the difficulty/importance of sth** die Schwierigkeit/Bedeutung einer S. *gen* unterschätzen **under·'rat·ed** *adj* unterbewertet **under·rep·re·'sent·ed** *adj* unterrepräsentiert **under·'score** I. *vt* ■**to ~ sth** ❶ (*put a line under*) etw unterstreichen ❷ (*emphasize*) etw betonen; **to ~ a point** einen Punkt unterstreichen II. *n* ❶ (*line*) Unterstreichung *f* ❷ TYPO

understanding

signalling understanding	Verstehen signalisieren
(Yes,) I understand!	(Ja, ich) verstehe!
Exactly!	Genau!
Yes, I appreciate that.	Ja, das kann ich gut verstehen.
signalling non-comprehension	**Nicht-Verstehen signalisieren**
What do you mean by that?	Was meinen Sie damit?
Excuse me?/Pardon? – I didn't quite catch that.	Wie bitte? – Das habe ich eben akustisch nicht verstanden.
Could you repeat that, please?	Könnten Sie das bitte noch einmal wiederholen?
I don't (quite) understand that.	Das verstehe ich nicht (ganz).
(I'm sorry, but) I didn't understand that.	(Es tut mir leid, aber) das hab ich eben nicht verstanden.
I don't quite follow you.	Ich kann Ihnen nicht ganz folgen.
I don't understand!	Versteh ich nicht!
I don't get it! *(fam)*	Kapier ich nicht! *(fam)*

Unterstrich *m fachspr* **'under·sea** *adj attr, inv* unterseeisch, Unterwasser-; ~ **exploration** Unterwasserforschung *f* **'under·seal** *esp* BRIT **I.** *n* AUTO Unterbodenschutz *m kein pl* **II.** *vt* AUTO ■**to ~ sth** etw mit Unterbodenschutz versehen **under·'sec·re·tary** *n* POL ❶ *esp* BRIT Staatssekretär(in) *m(f)* ❷ AM Unterstaatssekretär(in) *m(f)* **under·'sell** <-sold, -sold> *vt* ❶ *(offer cheaper)* ■**to ~ sth/sb** etw/jdn unterbieten; **to ~ the competition** die Konkurrenz unterbieten; **to ~ goods** Waren unter Preis verkaufen ❷ *(undervalue)* ■**to ~ sth/sb** etw/jdn unterbewerten; ■**to ~ oneself** sich *akk* unter Wert verkaufen *fam* **'under·shirt** *n* AM Unterhemd *nt* **under·'shoot** <-shot, -shot> *vt* ■**to ~ sth** etw verfehlen; **the plane undershot the runway by 150 metres** das Flugzeug setzte 150 Meter vor der Piste auf; **tax revenues undershot government targets by 10%** die Steuereinnahmen fielen um 10% geringer aus als von der Regierung erwartet **'under·shorts** *npl* AM Unterhose *f* **'under·side** *n usu sing* Unterseite *f* **under·'signed** <*pl* -> *n (form)* ■**the ~** der/die Unterzeichnete **under·'size(d)** *adj* zu klein **'under·skirt** *n* Unterrock *m* **under·soil 'heat·ing** *n* SPORTS Rasenheizung *f* **under·'spend** <-spent, -spent> **I.** *vt* **to ~ a budget** ein Budget nicht voll ausschöpfen **II.** *vi* zu wenig ausgeben; **the council underspent by £2 million last year** der Rat hat das Budget letztes Jahr um 2 Millionen Pfund unterschritten **under·'staffed** *adj* unterbesetzt

under·stand <-stood, -stood> [ˌʌndəˈstænd, AM -ɚˈ-] **I.** *vt* ❶ *(perceive meaning)* ■**to ~ sth/sb** etw/jdn verstehen; **the pub was so noisy I couldn't ~ a word he said** in der Kneipe ging es so laut zu, dass ich kein Wort von dem, was er sagte, verstehen konnte; **to ~ one another** [*or* **each other**] sich *akk* verstehen; **to make oneself understood** sich *akk* verständlich machen ❷ *(comprehend significance)* ■**to ~ sb/sth** jdn/etw begreifen [*o* verstehen]; ■**to ~ what/why/when/how ...** begreifen, was/warum/wann/wie ...; ■**to ~ that ...** verstehen, dass ... ❸ *(sympathize with)* ■**to ~ sb/sth** für jdn/etw Verständnis haben; **I can ~ your feeling upset about what has happened** ich kann verstehen, dass du wegen des Vorfalls betroffen bist ❹ *(approv: empathize)* ■**to ~ sb** sich *akk* in jdn einfühlen können; **Jack really ~s horses** Jack kann wirklich mit Pferden umgehen ❺ *(be informed)* ■**to ~ [that] ...** hören, dass ...; **I ~ [that] you are interested in borrowing some money from us** Sie sollen an einem Darlehen von uns interessiert sein; **to give sb to ~ that ...** jdm zu verstehen geben, dass ... ❻ *(believe, infer)* **when he said 3 o'clock, I understood him to mean in the afternoon** als er von 3 Uhr sprach, ging ich davon aus, dass der Nachmittag gemeint war; **a secret buyer is understood to have paid £3 million for the three pictures** ein ungenannter Käufer soll 3 Millionen Pfund für die drei Bilder bezahlt haben; **as I ~ it, we either agree to a pay cut or get the sack** so, wie ich es sehe, erklären wir uns entweder mit einer Gehaltskürzung einverstanden oder man setzt uns vor die Tür; ■**to ~ that ...** annehmen, dass ... ❼ *(be generally accepted)* ■**to be understood that ...** klar sein, dass ...; **in the library it is understood that loud talking is not permissible** es dürfte allgemein bekannt sein, dass lautes Sprechen in der Bibliothek nicht gestattet ist; **when Alan invites you to dinner, it's understood that it'll be more of an alcohol than a food experience** wenn Alan zum Dinner einlädt, dann ist schon klar, dass der Alkohol im Mittelpunkt steht; **in this context, 'America' is understood to refer to the United States** in diesem Kontext sind mit ‚Amerika' selbstverständlich die Vereinigten Staaten gemeint **II.** *vi* ❶ *(comprehend)* verstehen; **she explained again what the computer was doing but I still didn't ~** sie erklärte nochmals, was der Computer machte, aber ich kapierte immer noch nicht; ■**to ~ about sth/sb** etw/jdn verstehen; **Jane's dad never understood about how important her singing was to her** Janes Vater hat nie verstanden, wie wichtig das Singen für sie war ❷ *(infer)* ■**to ~ from sth that ...** aus etw *dat* schließen, dass ... ❸ *(be informed)* ■**to ~ from sb that ...** von jdm hören, dass ...; **I've been promoted – so I ~** ich bin befördert worden – ich habe davon gehört

under·stand·able [ˌʌndəˈstændəbl̩, AM -ɚˈ-] *adj* verständlich; ■**to be ~ to sb** für jdn verständlich sein; ■**to be ~ that ...** verständlich sein, dass ...

under·stand·ably [ˌʌndəˈstændəbli, AM -ɚˈ-] *adv* verständlicherweise

under·stand·ing [ˌʌndəˈstændɪŋ, AM -ɚˈ-] **I.** *n* ❶ *no pl (comprehension)* Verständnis *nt;* **my ~ of the agreement is that ...** ich fasse die Abmachung so auf, dass ...; **to arrive at an ~** schließlich zu einer Einsicht kommen; **to be beyond sb's ~** über jds Verständnis *nt* hinausgehen; ■**to not have any ~ of sth** keinerlei Ahnung von etw *dat* haben; **she doesn't have any ~ of politics** sie versteht nichts von Politik ❷ *(agreement)* Übereinkunft *f;* **to come to** [*or* **reach**] **an ~** zu einer Übereinkunft kommen; **a tacit ~** ein stillschweigendes Abkommen ❸ *no pl (harmony)* Verständigung *f;* **a spirit of ~** eine verständnisvolle Atmosphäre ❹ *no pl (condition)* Bedingung *f;* ■**to do sth on the ~ that ...** etw unter der Bedingung machen, dass ... ⑤ *no pl* (*form: intellect*) Verstand *m* **II.** *adj* (*approv*) verständnisvoll

under·'state [ˌʌndəˈsteɪt, AM -ɚˈ-] *vt* ■**to ~ sth** etw abschwächen, etw mildern; **to ~ the case** untertreiben; **to ~ sb's viewpoint** jds Ansicht *f* beiläufig behandeln

under·'stat·ed [ˌʌndəˈsteɪtɪd, AM -ɚˈsteɪt̬ɪd] *adj* ① (*downplayed*) untertrieben; (*underestimated*) *figures* zu niedrig angegeben ② (*approv: restrained*) zurückhaltend; ~ **elegance** schlichte Eleganz; ~ **humour** subtiler Humor *geh*

'under·state·ment [ˈʌndəˈsteɪtmənt, AM -ɚˈ-] *n* Untertreibung *f*, Understatement *nt;* **to be the ~ of the year** die Untertreibung des Jahres sein

under·'steer AUTO **I.** *vi* untersteuern **II.** *n* Untersteuern *nt*

under·'stocked *adj* ungenügend bestückt; ~ **shelves** halb leere Regale

under·stood [ˌʌndəˈstʊd, AM -ɚˈ-] *pt, pp of* **understand**

'under·sto·rey <*pl* -s> [ˌʌndəˈstɔːri, AM -ɚˈ-] *n* BOT Unterholz *nt kein pl*

'under·study [ˈʌndəˌstʌdi, AM -ɚˌ-] THEAT **I.** *n* Zweitbesetzung *f* **II.** *vt* <-ie-> ■**to ~ sb** jdn als Zweitbesetzung vertreten; **to ~ a part** [*or* **role**] eine Rolle in der Zweitbesetzung spielen

under·sub·'scribed *adj esp* BRIT *course* unterbelegt; *places* nicht voll ausgebucht; *shares* nicht in voller Höhe gezeichnet

under·take <-took, -taken> [ˌʌndəˈteɪk, AM -ɚˈ-] *vt* ① (*set about, take on*) ■**to ~ sth** etw durchführen; **to ~ a journey** eine Reise unternehmen; **to ~ an offensive** in die Offensive gehen; **to ~ a role** eine Rolle übernehmen ② (*form: guarantee*) ■**to ~ to do sth** sich *akk* verpflichten, etw zu tun; ■**to ~ [that]** ... garantieren, [dass] ...

under·tak·er [ˌʌndəˈteɪkəʳ, AM -ɚˈteɪkɚ] *n* ① (*person*) Leichenbestatter(in) *m(f)* ② (*firm*) Bestattungsinstitut *nt*

under·tak·ing [ˌʌndəˈteɪkɪŋ, AM -ɚˈ-] *n* ① (*project*) Unternehmung *f*, Übernahme [einer Aufgabe] *f;* **noble ~** edles Unterfangen *iron geh* ② (*form: pledge*) Verpflichtung *f;* **the manager gave an ~ that no employees would lose their jobs** der Manager gab ein Garantieversprechen ab, dass keiner der Angestellten seine Stelle verlieren würde; **to honour** [*or* AM **honor**] **one's ~** seiner Verpflichtung nachkommen ③ *no pl* (*profession*) Leichenbestattung *f*

under-the-'count·er **I.** *adj attr* illegal **II.** *adv* unter der Hand

'under·tone *n* ① *no pl* (*voice*) gedämpfte Stimme; **to say sth in an ~** etw mit gedämpfter Stimme sagen ② (*colour*) Farbstich *m kein pl* ③ (*fig: undercurrent*) Unterton *m* **'under·tow** *n no pl* Sog *m* **under·'used** *adj,* **under·'uti·lized** *adj* nicht [voll] ausgelastet **under·'value** *vt* ■**to ~ sth** etw unterbewerten; ■**to ~ sb** jdn unterschätzen **under·'valued** *adj* unterbewertet; *person* unterschätzt **'under·wa·ter** *inv* **I.** *adj* Unterwasser- **II.** *adv* unter Wasser **under 'way** **I.** *adj pred, inv* ■**to be ~** in Gang sein; NAUT Fahrt machen, unterwegs sein **II.** *adv* **to get ~** anfangen; NAUT den Kurs aufnehmen **'under·wear** *n no pl* Unterwäsche *f* **under·'weight** *adj* untergewichtig; **according to the chart he's four kilos ~** nach der Tabelle wiegt er vier Kilo zu wenig

under·went [ˌʌndəˈwent, AM -ɚˈ-] *pt of* **undergo**

under·whelmed [ˌʌndəˈ(h)welmd, AM -ɚˈ-] *adj esp* BRIT (*hum fam*) ■**to be ~ by sth** von etw *dat* alles andere als begeistert sein *fam*

under·'wired *adj inv* ■**to be ~** *bra* mit Drahtbügel versehen (*an einem Büstenhalter*) **under·'work** *vt* ■**to ~ sb** jdn unterbeschäftigen; **to ~ a machine** eine Maschine nicht [voll] auslasten **under·'worked** *adj* ① (*insufficiently used*) nicht [voll] ausgelastet ② (*insufficiently challenged*) zu wenig gefordert, unausgelastet **'under·world** **I.** *n* ① *no pl* (*criminal milieu*) Unterwelt *f* ② (*afterworld*) ■**the U~** die Unterwelt, der Hades *liter* **II.** *n modifier* (*figure, dealings*) Unterwelts-, aus der Unterwelt *nach n;* ~ **connections** Verbindungen *fpl* zur Unterwelt **under·'write** <-wrote, -written> *vt* **to ~ an insurance policy** die Haftung für eine Versicherung übernehmen; **to ~ a loan** für einen Kredit bürgen; **to ~ a share issue** die Unterbringung einer Aktienemission garantieren **'under·writ·er** *n* ① (*of insurance*) Versicherer *m* ② FIN (*of a share issue*) Emissionsgarant(in) *m(f)*

un·de·served [ˌʌndɪˈzɜːvd, AM -ˈzɜːrvd] *adj* unverdient

un·de·serv·ed·ly [ˌʌndɪˈzɜːvɪdli, AM -ˈzɜːrv-] *adv* unverdientermaßen

un·de·serv·ing [ˌʌndɪˈzɜːvɪŋ, AM -ˈzɜːrv-] *adj* unwert, unwürdig; **to be ~ of pity** kein Mitleid verdienen

un·de·sir·able [ˌʌndɪˈzaɪ(ə)rəbl̩, AM -ˈzaɪr-] **I.** *adj* unerwünscht; ~ **alien** (*form*) unerwünschte Person; **an ~ character** ein windiger Typ *pej fam;* ~ **element** (*pej*) unerwünschtes Element *pej* **II.** *n usu pl* unerwünschte Person

un·de·tect·able [ˌʌndɪˈtektəbl̩] *adj inv* nicht zu entdecken *präd,* nicht nachweisbar

un·de·tect·ed [ˌʌndɪˈtektɪd] *adj inv* unentdeckt; **to go ~** unentdeckt bleiben

un·de·terred [ˌʌndɪˈtɜːd, AM -ˈtɜːrd] *adj pred* nicht abgeschreckt; ■**to be ~ by sth** sich *akk* von etw *dat* nicht abschrecken lassen

un·de·vel·oped [ˌʌndɪˈveləpt] *adj* ① (*not built on or used*) unerschlossen ② BIOL, BOT unausgereift ③ ECON unterentwickelt ④ PHOT nicht entwickelt ⑤ PSYCH gering ausgeprägt

un·did [ʌnˈdɪd] *pt of* **undo**

un·dies [ˈʌndiz] *npl* (*fam*) Damenunterwäsche *f kein pl*

un·di·gest·ed [ˌʌndaɪˈdʒestɪd] *adj food* unverdaut; *information* unverarbeitet

un·dig·ni·fied [ʌnˈdɪgnɪfaɪd] *adj* unwürdig, würdelos

un·di·lut·ed [ˌʌndaɪˈluːtɪd, AM -t̬ɪd] *adj liquid* unverdünnt; *joy, pleasure* ungetrübt; *truth* unverfälscht

un·di·min·ished [ˌʌndɪˈmɪnɪʃt] *adj* unvermindert; ■**to be** [*or* **remain**] **~ by sth** durch etw *akk* nicht gemindert werden

un·dip·lo·mat·ic [ˌʌndɪpləˈmætɪk, AM -t̬-] *n* undiplomatisch; ~ **behaviour** [*or* AM **behavior**] taktloses Verhalten

un·dipped head·lights [ˌʌndɪpt-] *npl* AUTO Fernlicht *nt kein pl*

un·dis·charged 'bank·rupt [ˌʌndɪsˌtʃɑːdʒd-, AM -ˌtʃɑːrdʒd'-] *n* COMM nicht entlasteter Gemeinschuldner/nicht entlastete Gemeinschuldnerin

un·dis·ci·plined [ʌnˈdɪsɪplɪnd] *adj* undiszipliniert

un·dis·closed [ˌʌndɪsˈkləʊzd, AM -ˈkloʊ-] *adj inv* nicht veröffentlicht; **an ~ address** eine Geheimadresse; **an ~ amount/location** ein geheimer Betrag/Aufenthaltsort; **an ~ source** JOURN eine geheime Quelle

un·dis·cov·ered [ˌʌndɪsˈkʌvəd, AM -ɚd] *adj* unentdeckt; **to go ~** unentdeckt bleiben

un·dis·crimi·nat·ing [ˌʌndɪˈskrɪmɪneɪtɪŋ, AM -t̬ɪŋ] *adj* ■**to be ~** keinen Unterschied machen; ■**to be ~ in sth** bei etw *dat* unkritisch sein

un·dis·guised [ˌʌndɪsˈgaɪzd] *adj* unverhohlen

un·dis·put·ed [ˌʌndɪˈspjuːtɪd, AM -t̬ɪd] *adj* unumstritten; **an ~ claim** eine [allgemein] anerkannte Forderung

un·dis·tin·guished [ˌʌndɪˈstɪŋgwɪʃt] *adj* mittelmäßig *meist pej*

un·dis·turbed [ˌʌndɪˈstɜːbd, AM -ɜːrbd] *adj* ① (*untouched*) unberührt ② (*uninterrupted*) ungestört ③ (*unconcerned*) nicht beunruhigt; **she is quite ~ by all the media attention** der ganze Medienwirbel lässt sie ziemlich kalt

un·di·vid·ed [ˌʌndɪˈvaɪdɪd] *adj* ① (*not split*) vereint, ungeteilt ② (*concentrated*) uneingeschränkt; ~ **attention** ungeteilte Aufmerksamkeit

un·do <-did, -done> [ʌnˈduː] **I.** *vt* ① (*unfasten*) ■**to ~ sth** etw öffnen; **to ~ a belt by a couple of holes** einen Gürtel einige Löcher weiter schnallen; **to ~ buttons/a zip** Knöpfe/einen Reißverschluss aufmachen ② (*cancel*) **to ~ the damage** [*or* **harm**] den Schaden beheben; **to ~ the good work** die gute Arbeit zunichtemachen ③ (*ruin*) ■**to ~ sb/sth** jdn/etw zugrunde richten ▶ PHRASES: **what's done cannot be ~ne** (*saying*) Geschehenes kann man nicht mehr ungeschehen machen [*o* was passiert ist, ist passiert] **II.** *vi dress, shirt* aufge-

hen
un·docu·ment·ed [ˌʌnˈdɒkjəmentɪd, AM -t̬ɪd] *adj inv* ❶ (*unproven*) nicht bewiesen ❷ AM ~ **worker** Schwarzarbeiter(in) *m(f)*
un·do·ing [ʌnˈduːɪŋ] *n no pl* Ruin *m;* ■ **to be sb's** ~ [*or* **the** ~ **of sb**] jds Ruin *m* sein
un·do·mes·ti·cat·ed [ˌʌndəˈmestɪkeɪtɪd, AM -t̬ɪd] *adj* ❶ *person* nicht häuslich ❷ *animal* ungezähmt
un·done [ʌnˈdʌn] **I.** *vt pp of* **undo II.** *adj* ❶ *inv* (*not fastened*) offen; **to come** ~ aufgehen ❷ (*unfinished*) unvollendet ❸ *pred* (*dated: ruined*) ruiniert
un·doubt·ed [ʌnˈdaʊtɪd, AM -t̬ɪd] *adj inv* unbestritten
un·doubt·ed·ly [ʌnˈdaʊtɪdli, AM -t̬ɪd-] *adv inv* zweifellos
un·dreamed of *adj pred,* **un·dreamed-of** [ʌnˈdriːmdˌɒv, AM -ˌɑːv] *adj attr,* **un·dreamt of** *adj pred,* **un·dreamt-of** [ˌʌnˈdrem(p)tˌɒv, AM -ˌɑːv] *adj attr* unvorstellbar; **to increase to** ~ **levels** ungeahnte Ausmaße erreichen; **to achieve** ~ **success** ungeahnten Erfolg haben
un·dress [ʌnˈdres] **I.** *vt* ■ **to** ~ **sb/sth** jdn/etw ausziehen; **to** ~ **sb with one's eyes** (*fig*) jdn mit den Augen ausziehen **II.** *vi* sich *akk* ausziehen **III.** *n no pl* (*hum*) **in a state of** ~ spärlich bekleidet
un·dressed [ʌnˈdrest] *adj pred, inv* ausgezogen, unbekleidet; **to get** ~ sich *akk* ausziehen
un·drink·able [ʌnˈdrɪŋkəbl̩] *adj inv* nicht trinkbar
un·due [ʌnˈdjuː, AM *esp* -ˈduː] *adj* (*form*) unangemessen, ungebührlich *geh;* **there's no** ~ **hurry – we've got** [*or* **we're in**] **plenty of time** nur keine übertriebene Eile – wir haben genügend Zeit; **to cause** [*or* **give rise to**] ~ **alarm** [*or* **concern**] die Pferde scheu machen; **to impose** ~ **burdens on sb** jdn über Gebühr belasten; ~ **influence** LAW unzulässige Beeinflussung; ~ **pressure** übermäßiger Druck
un·du·late [ˈʌndjəleɪt, AM -dʒə-] *vi* (*form*) auf und ab verlaufen; **the road** ~**s** die Straße verläuft achterbahnmäßig
un·du·lat·ing [ˈʌndjəleɪtɪŋ, AM -dʒəleɪt̬-] *adj* (*form*) ❶ (*moving like a wave*) wallend ❷ (*shaped like waves*) wellenförmig; ~ **hills/landscape** sanft geschwungene Hügel/Landschaft
un·du·ly [ʌnˈdjuːli, AM *esp* -ˈduːli] *adv* unangemessen, ungebührlich *geh;* ~ **concerned/pessimistic** übermäßig besorgt/pessimistisch
un·dy·ing [ʌnˈdaɪɪŋ] *adj attr* (*liter*) unvergänglich; ~ **devotion/loyalty** unerschütterliche Hingabe/Loyalität; ~ **love/gratitude** ewige Liebe/Dankbarkeit
un·earned [ʌnˈɜːnd, AM -ˈɜːrnd] *adj* ❶ (*undeserved*) unverdient ❷ (*not worked for*) nicht erarbeitet; ~ **income** (*from real estate*) Besitzeinkommen *nt;* (*from investments*) Kapitaleinkommen *nt*
un·earth [ʌnˈɜːθ, AM -ˈɜːrθ] *vt* ■ **to** ~ **sth** ❶ (*dig up*) etw ausgraben; **to** ~ **a treasure** einen Schatz zutage fördern ❷ (*fig: discover*) etw entdecken; **to** ~ **the truth** die Wahrheit ans Licht bringen; ■ **to** ~ **sb** jdn ausfindig machen; **we finally** ~**ed him in the hay loft** schließlich stöberten wir ihn auf dem Heuboden auf
un·earth·ly [ʌnˈɜːθli, AM -ˈɜːrθ-] *adj* ❶ (*eerie*) gespenstisch; ~ **beauty** übernatürliche Schönheit; ~ **noise/scream** grässliches Geräusch/grässlicher Schrei ❷ (*pej fam: inconvenient*) unmöglich *meist pej fam;* **at some** [*or* **an**] ~ **hour** zu einer unchristlichen Zeit ❸ (*not from the earth*) nicht irdisch
un·ease [ʌnˈiːz] *n no pl* Unbehagen *nt; see also* **uneasiness**
un·easi·ly [ʌnˈiːzɪli] *adv* ❶ (*anxiously*) unbehaglich ❷ (*causing anxiety*) beunruhigend; **responsibility of any sort sits very** ~ **on his shoulders** jegliche Verantwortung lastet schwer auf seinen Schultern
un·easi·ness [ʌnˈiːzɪnəs] *n no pl* Unbehagen *nt* (**over/at** über +*akk*); ■ ~ **in sb/sth** Unruhe *f* bei jdm/etw
un·easy [ʌnˈiːzi] *adj* ❶ (*anxious*) besorgt; **an** ~ **smile** ein gequältes Lächeln; ■ **to be/feel** ~ **about sth/sb** sich *akk* in Bezug auf etw/jdn unbehaglich fühlen; **I feel a bit** ~ **about asking her to do such a favour** mir ist nicht ganz wohl dabei, sie um einen solchen Gefallen zu bitten ❷ (*causing anxiety*) unangenehm; **an** ~ **feeling** ein ungutes Gefühl; **an** ~ **relationship** ein gespanntes Verhältnis; **an** ~ **suspicion** ein beunruhigender Verdacht ❸ (*insecure*) unsicher; **an** ~ **peace** ein unsicherer Frieden ▶ PHRASES: ~ **lies the head that wears a crown** BRIT (*saying*) Verantwortung ist eine schwere Last
un·eco·nom·ic [ʌnˌiːkəˈnɒmɪk, AM -ˌekəˈnɑːm-] *adj* unwirtschaftlich, unökonomisch
un·eco·nomi·cal [ʌnˌiːkəˈnɒmɪkəl, AM -ˌekəˈnɑːm-] *adj* unwirtschaftlich; **it is** ~ **to pour even more money into subsidizing the coal industry** es ist unwirtschaftlich, noch mehr Geld in die Subventionierung der Kohlenindustrie zu stecken
un·edi·fy·ing [ʌnˈedɪfaɪɪŋ] *adj* unerquicklich *geh*
un·edit·ed [ʌnˈedɪtɪd, AM -t̬ɪd] *adj* unbearbeitet
un·edu·cat·ed [ʌnˈedʒʊkeɪtɪd, AM -t̬ɪd] **I.** *adj* ungebildet **II.** *n* ■ **the** ~ *pl* die ungebildete Bevölkerungsschicht
un·elect·able [ˌʌnɪˈlektəbl̩] *adj* unwählbar
un·elect·ed [ˌʌnɪˈlektɪd] *adj* nicht gewählt
un·emo·tion·al [ˌʌnɪˈməʊʃənəl, AM -ˈmoʊ-] *adj* ❶ (*not feeling emotions*) kühl ❷ (*not revealing emotions*) emotionslos
un·em·ploy·able [ˌʌnɪmˈplɔɪəbl̩] *adj* unvermittelbar
un·em·ployed [ˌʌnɪmˈplɔɪd] **I.** *n* ■ **the** ~ *pl* die Arbeitslosen **II.** *adj* arbeitslos
un·em·ploy·ment [ˌʌnɪmˈplɔɪmənt] *n no pl* ❶ (*state*) Arbeitslosigkeit *f* ❷ (*rate*) Arbeitslosenrate *f;* **large-/small-scale** ~ hohe/niedrige Arbeitslosenrate; **long-/short-term** ~ Langzeit-/Kurzzeitarbeitslosigkeit *f;* **mass** ~ Massenarbeitslosigkeit *f;* **seasonal** ~ saisonale Arbeitslosigkeit ❸ AM (*unemployment insurance*) Arbeitslosengeld *nt*
un·em·ˈploy·ment ben·efit *n* BRIT, AUS, **un·em·ploy·ment com·pen·ˈsa·tion** *n no pl* AM, **un·em·ploy·ment in·ˈsur·ance** *n no pl* AM Arbeitslosenunterstützung *f,* Arbeitslosengeld *nt;* **to claim** ~ Arbeitslosengeld [*o* Arbeitslosenunterstützung] beziehen; ■ **to be on** ~ arbeitslos sein **un·em·ˈploy·ment rate** *n* Arbeitslosenrate *f*
un·en·cum·bered [ˌʌnɪŋˈkʌmbəd, AM -ɪnˈkʌmbɚd] *adj usu pred* ❶ (*unburdened*) unbelastet; ■ **to be** ~ [**by sth**] [von etw *dat*] befreit sein; ~ **by baggage, he was able to move much faster** unbehindert von Gepäck konnte er sich viel schneller fortbewegen ❷ (*fig: free from debt*) unbelastet
un·end·ing [ʌnˈendɪŋ] *adj* endlos; **an** ~ **delight** eine anhaltende Wonne; ~ **pleasure** ein Vergnügen *nt* ohne Ende
un·en·dur·able [ˌʌnɪnˈdjʊərəbl̩, AM -ˈdʊr-, -ˈdjʊr-] *adj* unerträglich
un·en·force·able [ˌʌnɪnˈfɔːsəbl̩, AM -ˈfɔːrs-] *adj inv* nicht durchsetzbar; **an** ~ **law** ein nicht durchsetzbares Gesetz
un·en·light·ened [ˌʌnɪnˈlaɪtənd] *adj* ❶ (*not wise or insightful*) unklug; **an** ~ **person** ein Ignorant *m*/eine Ignorantin ❷ (*subject to superstition*) unaufgeklärt; **an** ~ **age** ein unaufgeklärtes Zeitalter ❸ (*missing the higher level*) einfallslos, uninspiriert ❹ (*a. hum: not informed*) ahnungslos; **to remain** ~ im Dunkeln tappen *fam*
un·en·light·en·ing [ˌʌnɪnˈlaɪtənɪŋ] *adj* ohne Erkenntniswert *nach n geh;* **an** ~ **answer** eine wenig aussagekräftige Antwort
un·en·ter·pris·ing [ʌnˈentəpraɪzɪŋ, AM -ˈent̬ɚ-] *adj* ohne Unternehmungsgeist *nach n*
un·en·thu·si·as·tic [ˌʌnɪnˌθjuːziˈæstɪk, AM -ˌθuː-] *adj* wenig begeistert
un·en·vi·able [ʌnˈenviəbl̩] *adj* wenig beneidenswert
un·equal [ʌnˈiːkwəl] *adj* ❶ (*different*) ungleich, unterschiedlich; ~ **triangle** ungleichseitiges Dreieck ❷ (*unjust*) ungerecht; ~ **contest** ungleicher Wettkampf; ~ **relationship** einseitige Beziehung; **to do sth on** ~ **terms** etw unter ungleichen Bedingungen machen; ~ **treatment** Ungleichbehandlung *f* ❸ (*inadequate*) ■ **to be** ~ **to sth** etw *dat* nicht gewachsen sein
un·equaled AM, **un·equalled** [ʌnˈiːkwəld] *adj* unübertroffen; **this fish restaurant is** ~ **anywhere else in London** dieses

U

Fischrestaurant ist in London ohnegleichen; ~ **prosperity** beispielloser Wohlstand

un·equal·ly [ʌn'iːkwəli] *adv* unterschiedlich, ungleichmäßig; **to treat people** ~ Menschen ungleich behandeln

un·equivo·cal [ˌʌnɪ'kwɪvəkəl] *adj* unmissverständlich; **the church has been** ~ **in its condemnation of the violence** die Kirche hat an ihrer Missbilligung der Gewalt keinen Zweifel gelassen; **an** ~ **success** ein eindeutiger Erfolg

un·equivo·cal·ly [ˌʌnɪ'kwɪvəkəli] *adv* unmissverständlich; **the critics panned the film** ~ die Kritiker verrissen den Film einhellig; **to state sth** ~ etw hundertprozentig unterschrieben

un·err·ing [ʌn'ɜːrɪŋ] *adj* unfehlbar

un·err·ing·ly [ʌn'ɜːrɪŋli] *adv* unfehlbar; **my staff are** ~ **professional** meine Mitarbeiter arbeiten stets professionell

UNESCO, Unesco [juː'neskəʊ, AM -koʊ] **I.** *n no pl acr for* **United Nations Educational, Scientific and Cultural Organization** UNESCO *f* **II.** *n modifier* (*commission, fund, programme*) UNESCO-

un·ethi·cal [ʌn'eθɪkəl] *adj* unmoralisch; **it's usually considered** ~ **for university teachers to have affairs with their students** Liebesverhältnisse zwischen Professoren und Studenten werden allgemein als ethisch bedenklich angesehen

un·even [ʌn'iːvən] *adj* ❶ (*not flat or level*) uneben; **an** ~ **road** eine holprige Straße ❷ (*unequal, asymmetrical*) ungleich; ~ **bars** AM (*in gymnastics*) Stufenbarren *m* ❸ (*unequal, unfair*) unterschiedlich; ~ **contest** ungleicher Wettkampf; ~ **treatment** Ungleichbehandlung *f* ❹ (*usu euph: inadequate*) *quality* uneinheitlich, durchwachsen *fam* ❺ (*erratic*) unausgeglichen, schwankend *attr;* ~ **performances** schwankende Leistungen ❻ MED (*irregular*) unregelmäßig ❼ MATH (*odd*) ~ **numbers** ungerade Zahlen

un·even·ly [ʌn'iːvənli] *adv* ❶ (*irregularly*) ungleichmäßig ❷ (*unfairly*) unfair; **to be** ~ **distributed** ungerecht verteilt sein ❸ (*usu euph: inadequately*) nicht zufrieden stellend ❹ MED (*irregularly*) unregelmäßig

un·even·ness [ʌn'iːvənnəs] *n no pl* ❶ (*bumpiness*) Unebenheit *f*, Holprigkeit *f;* ~ **of a flight** unruhiger Flug ❷ (*inequity*) Ungleichmäßigkeit *f;* ~ **of the lines/sides** Ungleichheit *f* der Linien/Seiten ❸ (*usu euph: poor quality*) unbefriedigende Leistung ❹ MED (*irregularity*) Unregelmäßigkeit *f*

un·event·ful [ˌʌnɪ'ventfəl] *adj* ereignislos; **an** ~ **career/life** eine Laufbahn/ein Leben *nt* ohne Höhen und Tiefen; **an** ~ **journey** eine Reise ohne Zwischenfälle

un·event·ful·ly [ˌʌnɪ'ventfəli] *adv* ruhig; **to pass** ~ ohne Zwischenfälle verlaufen

un·ex·am·pled [ˌʌnɪg'zɑːmpl̩d, AM -'zæm-] *adj inv* (*form*) beispiellos, unvergleichlich

un·ex·cep·tion·able [ˌʌnɪk'sepʃənəbl̩] *adj* untadelig; ~ **behaviour** [*or* AM **behavior**] tadelloses Benehmen

un·ex·cep·tion·al [ˌʌnɪk'sepʃənəl] *adj* nicht außergewöhnlich; ~ **life** ereignisloses Leben

un·ex·cit·ing [ˌʌnɪk'saɪtɪŋ, AM -t̬ɪŋ] *adj* ❶ (*not exciting*) langweilig; **an** ~ **work of art** ein durchschnittliches Kunstwerk ❷ (*uneventful*) ereignislos

un·ex·pect·ed [ˌʌnɪk'spektɪd, AM -tɪd] **I.** *adj* unerwartet; **an** ~ **break** eine unvorhergesehene Unterbrechung; [**to take**] **an** ~ **turn** eine unvorhergesehene Wendung [nehmen]; **an** ~ **windfall** eine unverhoffter Gewinn **II.** *n no pl* ■**the** ~ das Unerwartete; **life is full of the** ~ das Leben ist voller Überraschungen

un·ex·pect·ed·ly [ˌʌnɪk'spektɪdli, AM -tɪd-] *adv* unerwartet

un·ex·pe·ri·enced [ˌʌnɪk'spɪəriən(t)st, AM -'spɪr-] *adj sensation, situation* [noch] nicht erlebt; *person* unerfahren

un·ex·plained [ˌʌnɪk'spleɪnd] *adj inv* unerklärt

un·ex·plod·ed [ˌʌnɪk'spləʊdɪd, AM -'sploʊd-] *adj inv bomb* nicht detoniert

un·ex·ploit·ed [ˌʌnɪk'splɔɪtɪd, AM -t̬ɪd] *adj* nicht ausgeschöpft; ~ **resources** nicht ausgebeutete Ressourcen

un·ex·plored [ˌʌnɪk'splɔːd, AM -ɔːrd] *adj* unerforscht

un·ex·posed [ˌʌnɪk'spəʊzd, AM -'spoʊ-] *adj* ❶ PHOT unbelichtet ❷ (*not revealed*) verborgen; **the tabloids left no detail of his private life** ~ die Regenbogenpresse ließ kein Detail seines Privatlebens im Verborgenen ❸ (*not in contact with*) ■**to be** ~ **to sth** etw *dat* nicht ausgesetzt sein

un·ex·pressed [ˌʌnɪk'sprest] *adj* unausgesprochen

un·ex·pres·sive [ˌʌnɪk'spresɪv] *adj* ausdruckslos

un·ex·pur·gat·ed [ʌn'ekspəgeɪtɪd, AM -spəgeɪt̬ɪd] *adj texts* unzensiert; **an** ~ **edition** eine ungekürzte Ausgabe

un·fail·ing [ʌn'feɪlɪŋ] *adj* ❶ (*dependable*) beständig; **she was** ~ **in her support for the downtrodden** sie war immer für die Unterdrückten da; ~ **loyalty** unerschütterliche Loyalität ❷ (*continuous*) unerschöpflich

un·fail·ing·ly [ʌn'feɪlɪŋli] *adv* (*approv*) immer, stets; **to be** ~ **cheerful/optimistic/polite** stets fröhlich/optimistisch/höflich sein

un·fair [ʌn'feəʳ, AM -'fer] *adj* unfair; **an** ~ **advantage** ein unfairer Vorteil; ~ **competition** unlauterer Wettbewerb; **an** ~ **decision** eine ungerechte Entscheidung; ■**to be** ~ **to sb** jdm gegenüber unfair sein; **it is** ~ **to the people living here** es ist unfair den Menschen gegenüber, die hier leben

un·fair·ly [ʌn'feəli, AM -'fer-] *adv* unfair; **to be** ~ **blamed** zu Unrecht beschuldigt werden; **to treat sb** ~ jdn unfair behandeln

un·fair·ness [ʌn'feənəs, AM -'fer-] *n no pl* Ungerechtigkeit *f;* (*in sports*) Unfairness *f*

un·faith·ful [ʌn'feɪθfəl] *adj* ❶ (*adulterous*) untreu; ■**to be** ~ [**to sb**] [jdm] untreu sein ❷ (*disloyal*) illoyal *geh* ❸ (*form: inaccurate*) *rendition, translation* ungenau

un·faith·ful·ness [ʌn'feɪθfəlnəs] *n no pl* ❶ (*sexual infidelity*) Untreue *f* ❷ (*disloyalty*) Illoyalität *f geh* ❸ (*form: inaccuracy*) Ungenauigkeit *f*

un·fal·ter·ing [ʌn'fɔːltərɪŋ, AM -'fɑːltɚ-] *adj* unbeirrbar; **with** ~ **steps** mit festem Schritt; **in an** ~ **voice** mit fester Stimme

un·fa·mil·iar [ˌʌnfə'mɪljəʳ, AM -ɚ] *adj* ❶ (*new*) unvertraut; **an** ~ **experience** ein ungewohntes Erlebnis; **an** ~ **place** ein unbekannter Ort; ■**to be** ~ **to sb** jdm fremd sein ❷ (*unacquainted*) ■**to be** ~ **with sth** mit etw *dat* nicht vertraut sein

un·fa·mil·iar·ity [ˌʌnfəˌmɪli'ærəti, AM -'erət̬i] *n no pl* ❶ (*strangeness*) Unvertrautheit *f*, Fremdheit *f* ❷ (*ignorance of*) ■~ **with sth** Unkenntnis *f* einer S. *gen*

un·fash·ion·able [ʌn'fæʃənəbl̩] *adj* unmodisch, unmodern

un·fas·ten [ʌn'fɑːsən, AM -'fæs-] **I.** *vt* ■**to** ~ **sth** *blouse, button, belt* etw öffnen; *bracelet* etw abnehmen; *fetters* etw losbinden [*o* lösen]; **do not** ~ **your seatbelts until the aircraft has come to a complete stop** bleiben Sie angeschnallt, bis das Flugzeug zum Stillstand gekommen ist **II.** *vi* aufgehen

un·fath·om·able [ʌn'fæðəməbl̩] *adj* ❶ (*too deep to measure*) unergründlich ❷ (*inexplicable*) unverständlich, unergründlich; **an** ~ **mystery** (*a. hum*) ein unergründliches Geheimnis

un·fath·om·ably [ʌn'fæðəməbli] *adv* (*form*) ❶ (*immeasurably*) ~ **deep** unergründlich tief ❷ (*incomprehensibly*) unbegreiflich

un·fath·omed [ʌn'fæðəmd] *adj* ❶ (*of unmeasured depth*) unergründet ❷ (*not understood*) unerforscht

un·fa·vor·able *adj* AM *see* **unfavourable**

un·fa·vor·ably *adv* AM *see* **unfavourably**

un·fa·vour·able [ʌn'feɪvərəbl̩], AM **un·fa·vor·able** *adj* ❶ (*adverse*) ungünstig; **an** ~ **comparison** ein unvorteilhafter Vergleich; **an** ~ **decision** eine negative Entscheidung; **an** ~ **reaction to sth** eine ablehnende Reaktion auf etw *akk* ❷ (*disadvantageous*) nachteilig; ~ **balance of trade** passive Handelsbilanz; **to appear in an** ~ **light** in einem ungünstigen Licht erscheinen

un·fa·vour·ably [ʌn'feɪvərəbli], AM **un·fa·vor·ably** *adv* ungünstig; **to be** ~ **disposed** [**towards sb/sth**] [jdm/etw gegenüber] ablehnend [*o* negativ] eingestellt sein; **to compare** ~ **with sth/sb** im Vergleich mit etw/jdm schlecht abschneiden

un·fazed [ʌnˈfeɪzd] *adj usu pred (fam)* unbeeindruckt; **she seems ~ by all the recent media attention** der Medienrummel der letzten Zeit lässt sie anscheinend ziemlich kalt
un·fea·sible [ʌnˈfiːzəbl̩] *adj* undurchführbar, nicht machbar
un·fea·sibly [ʌnˈfiːzəbli] *adv* sinnlos; **an ~ extravagant suggestion** ein haarsträubend wirklichkeitsfremder Vorschlag
un·feel·ing [ʌnˈfiːlɪŋ] *adj* gefühllos, herzlos
un·feigned [ʌnˈfeɪnd] *adj* aufrichtig; **~ surprise** echte Überraschung
un·femi·nine [ʌnˈfemɪnɪn] *adj* unweiblich
un·fenced [ʌnˈfen(t)st] *adj* nicht eingezäunt
un·fer·ti·lized [ʌnˈfɜːtᵊlaɪzd, AM -ˈfɜːrt̬-] *adj* ❶ *egg* unbefruchtet ❷ *land* ungedüngt
un·fet·tered [ʌnˈfetəd, AM -ˈfet̬ɚd] *adj* ❶ *(form: not restricted)* uneingeschränkt; **~ competition** freier Wettbewerb; **~ by fluctuations in exchange rates** von Wechselkursschwankungen unbeeinträchtigt; **~ movement of money** freier Geldverkehr ❷ *(unchained) prisoner* nicht gefesselt
un·filled [ʌnˈfɪld] *adj* leer; *job* offen; **the number of ~ teaching posts is increasing** die Zahl der offenen Stellen in Lehrberufen steigt an; **an ~ hole** ein nicht aufgefülltes Loch
un·fin·ished [ʌnˈfɪnɪʃt] *adj* ❶ *(incomplete)* unvollendet; **~ business** *(a. fig)* offene Fragen *fpl;* **the U~ Symphony** die Unvollendete; **to leave sth ~** etw unvollendet lassen ❷ *esp* AM *(rough, without finish)* unlackiert
un·fit [ʌnˈfɪt] **I.** *adj* ❶ *(unhealthy)* nicht fit, in schlechter Form *präd;* **to be ~ for work/military service** arbeits-/dienstuntauglich sein ❷ *(pej: unsuitable) person* ungeeignet; **he's an ~ parent** er ist als Erziehungsberechtigter ungeeignet; ■**to be ~ for sth** für etw *akk* ungeeignet sein; **she is ~ for teaching** sie eignet sich nicht als Lehrerin; ■**to be ~ to do sth** unfähig sein, etw zu tun; **the inquiry stated that he was ~ to run a public company** die Untersuchung bescheinigte ihm Untauglichkeit zur Führung eines öffentlichen Unternehmens ❸ *(unsuitable)* ■**to be ~ for [or to do] sth** für etw *akk* ungeeignet sein; **to be ~ for human consumption** nicht zum Verzehr geeignet sein; **to be ~ for [human] habitation** unbewohnbar sein; **to be ~ for publication** sich *akk* nicht zur Veröffentlichung eignen **II.** *vt* <-tt-> *(form)* ■**to ~ sb/sth [for sth]** *(dated)* jdn/etw für etw *akk* untauglich machen
un·fit·ting [ʌnˈfɪtɪŋ, AM -t̬ɪŋ] *adj* unpassend; **it's ~ for you to be going out with him – he's a married man** es gehört sich nicht, dass du mit ihm ausgehst – er ist verheiratet; **his behaviour at the wedding was ~ to the occasion** sein Verhalten bei der Hochzeit war dem Anlass nicht angemessen
un·fit·ting·ly [ʌnˈfɪtɪŋli, AM -t̬ɪŋ-] *adv* unpassend
un·fix [ʌnˈfɪks] *vt* ■**to ~ sth** etw losmachen [*o* lösen]; **to become ~ed** sich *akk* lösen
un·flag·ging [ʌnˈflægɪŋ] *adj (approv)* unermüdlich; **he was ~ in his efforts on behalf of the homeless** er setzte sich unentwegt für Obdachlose ein; **~ optimism** ungebrochener Optimismus
un·flap·pable [ʌnˈflæpəbl̩] *adj (approv fam)* unerschütterlich; ■**to be ~** nicht aus der Ruhe zu bringen sein
un·flat·ter·ing [ʌnˈflætərɪŋ, AM -t̬-] *adj description, remark* wenig schmeichelhaft; *dress, hairstyle, photo, portrait* unvorteilhaft; **that colour is ~ to you** diese Farbe steht dir nicht; **to show sb/sth in an ~ light** jdn/etw in einem wenig schmeichelhaften Licht präsentieren
un·fledged [ʌnˈfledʒd] *adj* ❶ ORN ungefiedert ❷ *(fig: inexperienced)* unerfahren
un·flinch·ing [ʌnˈflɪn(t)ʃɪŋ] *adj (approv)* unerschrocken; **~ determination** unbeirrbare Entschlossenheit; **an ~ report** ein wahrheitsgetreuer Bericht; **~ support/honesty** beständige Unterstützung/Ehrlichkeit
un·flinch·ing·ly [ʌnˈflɪn(t)ʃɪŋli] *adv (approv)* unerschrocken
un·fold [ʌnˈfəʊld, AM -ˈfoʊld] **I.** *vt* ❶ *(open out)* ■**to ~ sth** etw entfalten [*o* auseinanderfalten]; **to ~ one's arms** seine Arme ausbreiten; **to ~ a table** einen Tisch aufklappen ❷ *(fig: make known)* **to ~ one's ideas/plans** seine Ideen/Pläne darlegen; **to ~ a story** eine Geschichte entwickeln **II.** *vi* ❶ *(develop)* sich *akk* entwickeln ❷ *(become revealed)* enthüllt werden ❸ *(become unfolded)* aufgehen, sich *akk* entfalten
un·fore·see·able [ˌʌnfɔːˈsiːəbl̩, AM -fɔːrˈ-] *adj* unvorhersehbar
un·fore·seen [ˌʌnfɔːˈsiːn, AM -fɔːrˈ-] *adj inv* unvorhergesehen
un·for·get·table [ˌʌnfəˈgetəbl̩, AM -fɚˈget̬-] *adj* unvergesslich
un·for·get·tably [ˌʌnfəˈgetəbli, AM -fɚˈget̬-] *adv* beeindruckend, auf unvergessliche Weise
un·for·giv·able [ˌʌnfəˈgɪvəbl̩, AM -fɚˈ-] *adj* unverzeihlich; **that was ~ of you** das war unverzeihlich von dir; **an ~ sin** eine Todsünde *a. iron*
un·for·giv·ably [ˌʌnfəˈgɪvəbli, AM -fɚˈ-] *adv* unverzeihlich
un·for·giv·ing [ˌʌnfəˈgɪvɪŋ, AM -fɚˈ-] *adj person* nachtragend; *place, climate* menschenfeindlich
un·formed [ʌnˈfɔːmd, AM -ˈfɔːrmd] *adj* formlos, ungeformt
un·forth·com·ing [ˌʌnfɔːθˈkʌmɪŋ, AM -fɔːrθˈ-] *adj person* wenig mitteilsam; *thing* nicht erhältlich; **he was very ~ about his plans for the future** er hielt mit seinen Zukunftsplänen hinter dem Berge; **with money ~ from his parents, he was forced to increase his loan** da ihm seine Eltern kein Geld gaben, musste er seinen Kredit aufstocken
un·for·tu·nate [ʌnˈfɔːtʃᵊnət, AM -ˈfɔːr-] **I.** *adj* ❶ *(unlucky)* unglücklich; **she's inherited her father's nose, which is very ~** sie hat die Nase ihres Vaters geerbt, was wirklich unvorteilhaft ist; **it was just ~ that he phoned exactly as our guests were arriving** dass er auch ausgerechnet dann anrufen musste, als unsere Gäste eintrafen ❷ *(regrettable)* bedauerlich; **an ~ manner** eine ungeschickte Art ❸ *(adverse)* unglücksselig; **~ circumstances** unglückliche Umstände **II.** *n (form or hum)* Unglücksselige(r) *f(m)*
un·for·tu·nate·ly [ʌnˈfɔːtʃᵊnətli, AM -ˈfɔːr-] *adv* unglücklicherweise; **~ for me I didn't have my credit card with me** zu meinem Pech hatte ich meine Kreditkarte nicht dabei
un·found·ed [ʌnˈfaʊndɪd] *adj* unbegründet; **these accusations are ~ in fact** diese Anschuldigungen entbehren einer tatsächlichen Grundlage; **our fears about the weather proved ~** unsere Befürchtungen wegen des Wetters stellten sich als unbegründet heraus
un·freeze <-froze, -frozen> [ʌnˈfriːz, AM ˌʌnˈ-] **I.** *vt* ■**to ~ sth** etw auftauen; **to ~ assets** ECON Vermögen[swerte] freigeben **II.** *vi* auftauen
un·fre·quent·ed [ˌʌnfrɪˈkwentɪd, AM ʌnˈfriːkwent̬ɪd] *adj* wenig besucht
un·friend·li·ness [ʌnˈfrendlɪnəs] *n no pl* Unfreundlichkeit *f;* **his ~ towards his colleagues led people to avoid him** wegen seiner unfreundlichen Art Kollegen gegenüber gingen ihm die Leute aus dem Weg
un·friend·ly [ʌnˈfrendli] *adj* unfreundlich; *(hostile)* feindlich; **user ~** nicht benutzerfreundlich; **environmentally ~** umweltschädlich; ■**to be ~ to sb** jdm gegenüber unfreundlich sein
un·frock [ʌnˈfrɒk, AM -ˈfrɑːk] *vt* ■**to ~ sb** jdn des Amtes entheben
un·fro·zen [ʌnˈfrəʊzᵊn, AM -ˈfroʊ-] *adj* ungefroren
un·fruit·ful [ʌnˈfruːtfᵊl] *adj* ❶ *(barren)* unfruchtbar ❷ *(unprofitable)* fruchtlos, unergiebig
un·ful·filled [ˌʌnfʊlˈfɪld] *adj* ❶ *thing* unvollendet; **an ~ promise** ein unerfülltes Versprechen ❷ *person* unausgefüllt; *life, wishes* unerfüllt; **the rumour remained ~** das Gerücht hat sich nicht bewahrheitet
un·fun·ny [ʌnˈfʌni] *adj* [gar] nicht komisch; **I find that joke decidedly ~ and in extremely poor taste** diesen Witz finde ich alles andere als komisch und völlig geschmacklos
un·furl [ʌnˈfɜːl, AM -ˈfɜːrl] **I.** *vt* ■**to ~ sth** etw ausrollen; *banner, flag* etw entrollen [*o* entfalten]; **to ~ a sail** ein Segel setzen; **to ~ an umbrella** einen Schirm aufspannen **II.** *vi* sich *akk* öffnen

U

un·fur·nished [ʌn'fɜːnɪʃt, AM -'fɜːr-] **I.** *adj* unmöbliert; **to rent sth ~** etw unmöbliert mieten **II.** *n* BRIT (*fam*) unmöbliertes Zimmer
un·fussy [ʌn'fʌsi] *adj* schlicht
un·gain·ly [ʌn'geɪnli] *adj* unbeholfen, plump; **though graceful while swimming, ducks are somehow ~ on land** obwohl Enten beim Schwimmen recht anmutig wirken, bewegen sie sich auf dem Trockenen eher unbeholfen fort
un·geared [ʌn'gɪəd, AM -'gɪrd] *adj* ① TECH ohne Gangschaltung *nach n* ② BRIT FIN *account* ohne Fremdkapitalaufnahme *nach n; company* schuldenfrei; **~ balance sheet** unangepasste Bilanz
un·gen·er·ous [ʌn'dʒenᵊrəs] *adj* kleinlich *pej,* knaus[e]rig *pej fam*
un·gen·tle·man·ly [ʌn'dʒentl̩mənli] *adj* ungalant *geh*
un·get-at-able [ˌʌnget'ætəbl̩, AM -geṭ'æṭ-] *adj* (*sl*) unerreichbar
un·glued [ʌn'gluːd] *adj* ① *inv* (*not glued*) nicht geklebt ② AM (*fig*) **to come ~** (*go wrong*) sich *akk* auflösen, zerfallen; *person* instabil werden
un·god·ly [ʌn'gɒdli, AM -'gɑːd-] *adj* (*pej*) ① *attr* (*fam: unreasonable*) unerhört; **at an** [*or* **some**] **~ hour** zu einer unchristlichen Zeit ② (*form, liter: impious*) gottlos
un·gov·ern·able [ʌn'gʌvᵊnəbl̩, AM -vɚn-] *adj country, people* unregierbar; *temper* unkontrollierbar
un·grace·ful [ʌn'greɪsfᵊl] *adj* plump
un·gra·cious [ʌn'greɪʃəs] *adj* (*form*) unhöflich; **~ behaviour** [*or* AM **behavior**] unfreundliches Verhalten
un·gram·mati·cal [ˌʌngrə'mætɪkᵊl, AM -'mæṭ-] *adj* grammatisch inkorrekt
un·grate·ful [ʌn'greɪtfᵊl] *adj* undankbar; ■**to be ~ for sth** für etw *akk* undankbar sein
un·green [ʌn'griːn] *adj* (*fig*) unökologisch
un·ground·ed [ʌn'graʊndɪd] *adj* unbegründet, grundlos
un·grudg·ing [ʌn'grʌdʒɪŋ] *adj* ① (*without reservation*) bereitwillig; **~ admiration** rückhaltlose Bewunderung; **~ encouragement** großzügige Förderung ② (*not resentful*) neidlos
un·grudg·ing·ly [ʌn'grʌdʒɪŋli] *adv* großzügig; **to ~ admire sb** jdn rückhaltlos bewundern; **to ~ congratulate sb** jdn aufrichtig beglückwünschen
un·guard·ed [ʌn'gɑːdɪd, AM -'gɑːrd-] *adj* ① (*not defended or watched*) unbewacht; **an ~ border** eine offene Grenze ② (*careless, unwary*) unvorsichtig, unüberlegt; **an ~ face** ein verräterischer Gesichtsausdruck; **in an ~ moment** in einem unbedachten Augenblick
un·guent ['ʌŋgwənt] *n* (*liter or spec*) Salbe *f,* Unguentum *nt fachspr*
un·hal·lowed [ʌn'hæləʊd, AM -loʊd] *adj* ① (*not consecrated*) ungeweiht; **~ ground** ungeweihte Erde ② (*unholy*) unheilig *veraltend o hum*
un·ham·pered [ʌn'hæmpəd, AM -ɚd] *adj* uneingeschränkt; **to be ~ by regulations** nicht von Bestimmungen eingeschränkt sein; **an ~ view** eine ungehinderte Sicht
un·hand [ʌn'hænd] *vt* (*dated or hum*) ■**to ~ sb** jdn loslassen
un·hang <-hung, -hung> [ʌn'hæŋ] *vt* ■**to ~ sth** etw abhängen, etw abnehmen
un·hap·pi·ly [ʌn'hæpɪli] *adv* ① (*unfortunately*) unglücklicherweise; **~ for the spectators, it began to rain** zum Leidwesen der Zuschauer fing es an zu regnen ② (*miserably*) unglücklich; **to be ~ married** unglücklich verheiratet sein
un·hap·pi·ness [ʌn'hæpɪnəs] *n no pl* Traurigkeit *f*
un·hap·py [ʌn'hæpi] *adj* ① (*sad*) unglücklich; **an ~ marriage** eine unglückliche Ehe; ■**to be ~ about sth** über etw *akk* unglücklich sein; ■**to be ~ with sth** mit etw *dat* unzufrieden sein ② (*unfortunate*) unglückselig; **an ~ coincidence** ein unglückliches Zusammentreffen
un·harmed [ʌn'hɑːmd, AM -'hɑːrmd] *adj inv* unversehrt; **fortunately, they were ~ by the flying glass** zum Glück wurden sie von den umherfliegenden Glassplittern nicht getroffen; **to escape ~** unversehrt davonkommen
un·har·ness [ʌn'hɑːnəs, AM -'hɑːrn-] *vt* **to ~ a horse/a husky/an ox** ein Pferd/einen Husky/einen Ochsen ausspannen [*o* abschirren]
un·healthi·ly [ʌn'helθɪli] *adv* ① MED ungesund ② PSYCH krankhaft
un·healthi·ness [ʌn'helθɪnəs] *n no pl* ① (*poor health*) Kränklichkeit *f* ② (*unwholesomeness*) Gesundheitsschädlichkeit *f*
un·healthy [ʌn'helθi] *adj* ① (*unwell*) kränklich ② (*harmful to health*) ungesund ③ (*fam: dangerous*) gefährlich ④ (*morbid*) krankhaft; **an ~ interest in sth** ein krankhaftes Interesse an etw *dat*
un·heard [ʌn'hɜːd, AM -'hɜːrd] *adj* ① (*not heard*) ungehört ② *usu pred* (*ignored*) **to go ~** ungehört bleiben
un·'heard-of *adj* ① (*unknown*) unbekannt; **in those days space travel was ~** zu jener Zeit hatte man von der Raumfahrt noch nichts gehört ② (*pej: unthinkable*) undenkbar
un·heat·ed [ʌn'hiːtɪd, AM -ṭɪd] *adj* ungeheizt
un·heed·ed [ʌn'hiːdɪd] *adj* unbeachtet; **to go ~** kein Gehör finden
un·help·ful [ʌn'helpfᵊl] *adj person* nicht hilfsbereit; *behaviour, comment* nicht hilfreich
un·help·ful·ly [ʌn'helpfᵊli] *adv* wenig hilfreich
un·hesi·tat·ing [ʌn'hezɪteɪtɪŋ, AM -ṭɪŋ] *adj* unverzüglich; **they were ~ in their approval of the marriage** die Heirat fand ihre bereitwillige Zustimmung; **an ~ reaction/response** eine unverzügliche Reaktion/Antwort
un·hesi·tat·ing·ly [ʌn'hezɪteɪtɪŋli, AM -ṭɪŋ-] *adv* ohne zu zögern
un·hinge [ʌn'hɪndʒ] *vt* ① (*take off hinges*) **to ~ a door/gate** eine Tür/ein Tor aus den Angeln heben ② (*esp hum: make crazy*) ■**to ~ sb** jdn aus der Fassung bringen
un·hinged [ʌn'hɪndʒd] *adj* (*esp hum*) verrückt
un·hip [ʌn'hɪp] *adj* (*sl*) uncool *sl*
un·holy [ʌn'həʊli, AM -'hoʊli] *adj* ① (*wicked*) ruchlos ② REL gottlos; **~ ground** ungeweihte Erde ③ (*outrageous*) heillos; **to get up at some ~ hour** zu einer unchristlichen Zeit aufstehen; **~ glee** [*or* **relish**] Schadenfreude *f* ④ (*pej: dangerous*) gefährlich; **an ~ alliance** eine unheilige Allianz *a. hum*
un·hook [ʌn'hʊk] *vt* ■**to ~ sth** ① (*remove from hook*) etw abhängen; **to ~ a fish** einen Fisch vom Haken nehmen; **to ~ a trailer** einen Anhänger abhängen ② (*unfasten*) *clothing* etw aufmachen
un·hoped-for [ʌn'həʊptˌfɔːʳ, AM -'hoʊptˌfɔːr] *adj* unverhofft
un·horse [ʌn'hɔːs, AM -'hɔːrs] *vt* ■**to ~ sb** jdn abwerfen
un·hur·ried [ʌn'hʌrɪd, AM -'hɜːr-] *adj* gemächlich; *person* gelassen
un·hur·ried·ly [ʌn'hʌrɪdli, AM -'hɜːr-] *adv* gemächlich, gemütlich; **he ate ~ without a care in the world** er ließ sich beim Essen nicht aus der Ruhe bringen
un·hurt [ʌn'hɜːt, AM -'hɜːrt] *adj* unverletzt
un·hy·gien·ic [ˌʌnhaɪ'dʒiːnɪk, AM -'dʒen-] *adj* unhygienisch
uni ['juːni] *n* BRIT, AUS (*fam*) *short for* **university** Uni *f fam*
uni·cam·er·al [ˌjuːnɪ'kæmᵊrᵊl] *adj* LAW Einkammer-
UNICEF, Unicef ['juːnɪsef] *n no pl acr for* **United Nations** (**International**) **Children's** (**Emergency**) **Fund** UNICEF *f*
uni·cel·lu·lar [ˌjuːnɪ'seljələʳ, AM -ɚ] *adj* BIOL einzellig
uni·corn ['juːnɪkɔːn, AM -kɔːrn] *n* Einhorn *nt*
uni·cy·cle ['juːnɪˌsaɪkl̩, AM -nə,-] *n* Einrad *nt*
un·iden·ti·fi·able [ˌʌnaɪ'dentɪfaɪəbl̩, AM ˌʌnaɪˌdenṭɪ'faɪ-] *adj* nicht identifizierbar
un·iden·ti·fied [ˌʌnaɪ'dentɪfaɪd, AM -ṭ-] *n inv* ① (*unknown*) nicht identifiziert ② (*not yet made public*) unbekannt
un·iden·ti·fied fly·ing 'ob·ject *n see* **UFO** unbekanntes Flugobjekt
un·idio·mat·ic [ʌnˌɪdiə(ʊ)'mætɪk, AM -ə'mæṭ-] *adj* LING unidiomatisch *fachspr*
uni·fi·ca·tion [ˌjuːnɪfɪ'keɪʃᵊn, AM -nə-] *n no pl* Vereinigung *f*
uni·fied ['juːnɪfaɪd] *adj* einheitlich, vereint; **~ European cur-**

rency europäische Einheitswährung

uni·form ['ju:nɪfɔ:m, AM -nəfɔ:rm] **I.** *n* ❶ (*clothing*) Uniform *f;* **nurse's ~** Schwesterntracht *f;* ■**to be in/out of ~** eine/keine Uniform tragen ❷ AM (*fam: uniformed policeman*) Polizist(in) *m(f)* **II.** *adj* ❶ (*same*) einheitlich ❷ (*not changing*) *condition, quality, treatment* gleich bleibend; *temperature, rate, speed* konstant; *colour, sound, design* einförmig, eintönig *pej; scenery* gleichförmig

uni·formed ['ju:nɪfɔ:md, AM -nəfɔ:rmd] *adj inv* uniformiert; **the ~ branch** die uniformierte Polizei

uni·form·ity [ˌju:nɪ'fɔ:məti, AM -nə'fɔ:rməṭi] *n no pl* ❶ (*sameness*) Einheitlichkeit *f;* (*pej*) Eintönigkeit *f* ❷ (*unchangingness*) Gleichmäßigkeit *f*

uni·form·ly ['ju:nɪfɔ:mli, AM -nəfɔ:rm-] *adv* ohne Ausnahme

uni·fy ['ju:nɪfaɪ] **I.** *vt* ■**to ~ sb/sth** jdn/etw vereinigen **II.** *vi* sich *akk* vereinigen, sich *akk* zusammentun

uni·lat·er·al [ˌju:nɪ'lætᵊrᵊl, AM -nə'læṭ-] *adj inv* einseitig

uni·lat·er·al dis·'ar·ma·ment *n,* **uni·lat·er·al·ism** [ˌju:nɪ'lætᵊrᵊlɪzᵊm] *n no pl* BRIT einseitige Abrüstung

uni·lat·er·al·ist [ˌju:nɪ'lætᵊrᵊlɪst] *n* BRIT Anhänger(in) *m(f)* der einseitigen Abrüstung

uni·lat·er·al·ly [ˌju:nɪ'lætᵊrᵊli, AM -nə'læṭ-] *adv inv* im Alleingang; **the Justice Department says the president does not have the power to act ~** das Justizministerium betont, dass der Präsident nicht im Alleingang handeln kann

uni·lat·er·al nu·clear dis·'ar·ma·ment *n* BRIT einseitige nukleare Abrüstung

un·im·agi·nable [ˌʌnɪ'mædʒɪnəbḷ] *adj* unvorstellbar

un·im·agi·na·tive [ˌʌnɪ'mædʒɪnətɪv, AM -ṭɪv] *adj* einfallslos, fantasielos

un·im·paired [ˌʌnɪm'peəd, AM -'perd] *adj* unbeeinträchtigt; **~ hearing/sight** ausgezeichnetes Gehör/Sehvermögen; ■**to be ~ by sth** von etw *dat* unbeeinträchtigt sein

un·im·peach·able [ˌʌnɪm'pi:tʃəbḷ] *adj inv* (*approv form*) untadelig; **an ~ authority/source** eine unanfechtbare Autorität/Quelle

un·im·ped·ed [ˌʌnɪm'pi:dɪd] *adj* ungehindert

un·im·por·tance [ˌʌnɪm'pɔ:tᵊn(t)s, AM -'pɔ:r-] *n* Unwichtigkeit *f,* Bedeutungslosigkeit *f*

un·im·por·tant [ˌʌnɪm'pɔ:tᵊnt, AM -'pɔ:r-] *adj* unwichtig, unbedeutend

un·im·pressed [ˌʌnɪm'prest] *adj pred* unbeeindruckt; ■**to be ~ by** [*or* **with**] **sth/sb** von etw/jdm nicht beeindruckt sein

un·im·pres·sive [ˌʌnɪm'presɪv] *adj* wenig beeindruckend

un·in·flu·enced [ʌn'ɪnfluən(t)st] *adj* unbeeinflusst

un·in·flu·en·tial [ʌnˌɪnflu'en(t)ʃᵊl] *adj* nicht einflussreich

un·in·forma·tive [ˌʌnɪn'fɔ:mətɪv, AM -'fɔ:rməṭ-] *adj* nicht aufschlussreich

un·in·formed [ˌʌnɪn'fɔ:md, AM -'fɔ:rmd] *adj* uninformiert; ■**to be ~ about** [*or* **as to**] **sth** über etw *akk* nicht unterrichtet sein

un·in·hab·it·able [ˌʌnɪn'hæbɪtəbḷ, AM -ṭə-] *adj* ❶ (*unlivable in*) unbewohnbar ❷ (*unlivable on*) unbesiedelbar

un·in·hab·it·ed [ˌʌnɪn'hæbɪtɪd, AM -ṭɪd] *adj* ❶ (*not lived in*) unbewohnt ❷ (*not lived on*) unbesiedelt

un·in·hib·it·ed [ˌʌnɪn'hɪbɪtɪd, AM -ṭɪd] *adj* ❶ (*usu approv: unselfconscious*) ungehemmt ❷ (*unconstrained*) ungezwungen

un·ini·ti·at·ed [ˌʌnɪ'nɪʃieɪtɪd, AM -ṭɪd] **I.** *adj* ❶ (*uninstructed*) uneingeweiht; **an ~ eye** ein ungeübtes Auge; ■**to be ~ in sth** von etw *dat* keine Ahnung haben ❷ (*not inducted*) nicht eingeführt **II.** *n* (*esp hum*) ■**the ~** *pl* die Nichteingeweihten *hum*

un·in·jured [ʌn'ɪndʒəd, AM -ɚd] **I.** *adj* unverletzt; **to escape ~** unverletzt bleiben **II.** *n* ■**the ~** *pl* die Unverletzten

un·in·spired [ˌʌnɪn'spaɪəd, AM -ɚd] *adj* einfallslos

un·in·spir·ing [ˌʌnɪn'spaɪərɪŋ, AM -spaɪrɪŋ] *adj* langweilig

un·in·sur·able [ˌʌnɪn'ʃʊəʳəbḷ, AM -'ʃʊr-] *adj inv* nicht versicherbar

un·in·sured [ˌʌnɪn'ʃʊəd, AM -'ʃʊrd] *adj inv* ■**to be ~** [**for** [*or* **against**] **sth**] [gegen etw *akk*] nicht versichert sein

un·in·tel·li·gent [ˌʌnɪn'telɪdʒᵊnt] *adj* unintelligent

un·in·tel·li·gible [ˌʌnɪn'telɪdʒəbḷ] *adj* unverständlich; ■**to be ~ to sb** für jdn unbegreiflich sein

un·in·ten·tion·al [ˌʌnɪn'ten(t)ʃᵊnᵊl] *adj* unabsichtlich; **~ humour** [*or* AM **humor**] unfreiwillige Komik

un·in·ten·tion·al·ly [ˌʌnɪn'ten(t)ʃᵊnᵊli] *adv* unabsichtlich; **~ comic/funny** unfreiwillig komisch/lustig

un·in·ter·est·ed [ʌn'ɪntrəstɪd, AM -trɪstɪd] *adj* uninteressiert; ■**to be ~ in sth/sb** kein Interesse an etw/jdm haben; ■**to be ~ in doing sth** an etw *dat* nicht interessiert sein

un·in·ter·est·ing [ʌn'ɪntrəstɪŋ, AM -trɪstɪŋ] *adj* uninteressant

un·in·ter·rupt·ed [ʌnˌɪntᵊrʳ'ʌptɪd, AM -tə'rʌp-] *adj inv* ununterbrochen; *rest, view* ungestört, unbeeinträchtigt; **~ activity** kontinuierliche Tätigkeit; **~ growth** beständiges Wachstum

un·in·vit·ed [ˌʌnɪn'vaɪtɪd, AM -ṭɪd] *adj guest* ungeladen, ungebeten; *question* unerwünscht, unwillkommen

un·in·vit·ing [ˌʌnɪn'vaɪtɪŋ, AM -ṭɪŋ] *adj* wenig einladend

un·ion ['ju:njən] **I.** *n* ❶ *no pl* (*state*) Union *f;* **monetary ~** Währungsunion *f* ❷ (*act*) Vereinigung *f* ❸ + *sing/pl vb* (*organization*) Verband *m;* (*trade union*) Gewerkschaft *f;* **student**[**s'**] **~** (*organization*) Studentenunion *f* (*englische bzw. US-amerikanische universitäre Einrichtung zur studentischen Betreuung*); (*building*) Treffpunkt *m* der Studentenunion ❹ (*form: marriage*) Verbindung *f* ❺ (*harmony*) **to live in perfect ~** in völliger Harmonie leben **II.** *n modifier* (*activity, dues, leader, member, official, representative*) Gewerkschafts-; **the ~ demands** die Forderungen *fpl* der Gewerkschaft; **~ shop** *Betrieb, in dem nur Gewerkschaftsmitglieder tätig sind*

Un·ion ['ju:njən] *n* ❶ POL ■**the ~** die Nation (*vor allem die USA oder Großbritannien*); **the state of the ~ address** AM Rede *f* zur Lage der Nation ❷ AM (*hist*) ■**the ~** die Nordstaaten *mpl* ❸ (*fam: students' social centre*) **Student ~** Gemeinschaftszentrum *nt* (*an Universitäten*)

Un·ion 'Flag *n see* **Union Jack** britische Flagge

un·ion·ist ['ju:njənɪst] *n* ❶ (*trade unionist*) Gewerkschaftler(in) *m(f)* ❷ BRIT POL **U~** Unionist(in) *m(f)*

un·ioni·za·tion [ˌju:njənaɪ'zeɪʃᵊn, AM -nɪ'-] *n no pl* gewerkschaftliche Organisierung

un·ion·ize ['ju:njənaɪz] **I.** *vt* ■**to ~ sb/sth** jdn/etw gewerkschaftlich organisieren **II.** *vi* sich *akk* gewerkschaftlich organisieren

un·ion·ized ['ju:njənaɪzd] *adj* gewerkschaftlich organisiert

Un·ion 'Jack *n* Union Jack *m;* NAUT Gösch *f* **'un·ion suit** *n esp* AM (*dated*) Hemdhose *f veraltend*

uni·pod ['ju:nɪpɒd, AM -pɑ:d] *n* Einbeinstativ *nt*

uni·po·lar ['ju:nɪpəʊləʳ, AM -poʊlɚ] *adj* SCI einpolig, unipolar *fachspr*

unique [ju:'ni:k] *adj* ❶ *inv* (*only one*) einzigartig; **the coral is ~ to this reef** die Koralle ist nur an diesem Riff heimisch; **these customs are ~ to this tribe** diese Bräuche gibt es nur bei diesem Stamm; **a ~ characteristic** ein besonderes Merkmal; **~ selling point, ~ selling proposition** COMM einmaliges Verkaufsargument, Alleinstellungsmerkmal *nt* ■**to be ~ in doing sth** als Einzige(r) *f(m)* etw tun ❷ (*fam: exceptional*) einzigartig; **a ~ opportunity** eine einmalige Gelegenheit

unique·ly [ju:'ni:kli] *adv* ❶ *inv* (*exclusively*) als Einzige(r, s) ❷ (*fam: very specially*) besonders

unique·ness [ju:'ni:knəs] *n no pl* Einzigartigkeit *f*

uni·sex ['ju:nɪseks, AM -nə-] *adj inv* unisex

uni·son ['ju:nɪsᵊn, AM -nə-] **I.** *n no pl* ❶ MUS Gleichklang *m;* **to sing/play in ~** einstimmig singen/spielen ❷ (*simultaneously*) ■**to do sth in ~** gleichzeitig dasselbe tun ❸ (*in agreement*) **to act in ~** in Übereinstimmung handeln; ■**to be in ~** [miteinander] im Einklang sein **II.** *adj attr, inv* MUS einstimmig

unit ['ju:nɪt] *n* ❶ (*standard of quantity*) Einheit *f;* **~ of alcohol** Alkoholeinheit *f;* **~ of currency** Währungseinheit *f;* **~ of length** Längenmaß *nt* ❷ + *sing/pl vb* (*group of people*) Abteilung *f;* **anti-terrorist ~** Antiterroreinheit *f;* **the family ~** der

U

Familienverband; **policy** ~ politische Abteilung ③ (*part*) Teil *m*, Einheit *f*; ~ **of a course** Abschnitt *m* eines Kurses; ~ **of a course book** Kapitel *nt* eines Kursbuches ④ (*element of furniture*) Element *nt*; **kitchen** ~ Küchenelement *nt* ⑤ MECH Einheit *f*; **central processing** ~ zentrale Datenverarbeitungsanlage; **video display** ~ Sichtgerät *nt* ⑥ COMM Einheit *f* ⑦ MIL Einheit *f*, Verband *m* ⑧ MED Abteilung *f* ⑨ AM, AUS (*apartment*) Wohnung *f*; **multiple-~ dwelling** Wohnanlage *f* ⑩ MATH Einer *m*

Uni·tar·ian [ˌjuːnɪˈteəriən, AM -ˈteri-] REL **I.** *n* Unitarier(in) *m(f)* **II.** *adj inv* unitarisch

Uni·tar·ian·ism [ˌjuːnɪˈteəriənɪzᵊn, AM -ˈteri-] *n no pl* REL Unitarismus *m*

uni·tary [ˈjuːnɪtᵊri, AM -teri] *adj* POL einheitlich

ˈunit cost *n* COMM Kosten *pl* pro Einheit

unite [juːˈnaɪt] **I.** *vt* ① (*join together*) ■**to ~ sb/sth [with sb/sth]** jdn/etw [mit jdm/etw] vereinigen ② (*bring together*) ■**to ~ sth with sth** etw mit etw *dat* verbinden; **the restrictive policies of the government have served only to ~ many citizens' groups in opposition to the regime** die restriktive Regierungspolitik hat einzig und allein bewirkt, viele Bürgerinitiativen zu einer einzigen Opposition zusammenzuschweißen **II.** *vi* ① POL, SOCIOL (*join in common cause*) sich *akk* vereinigen; ■**to ~ to do sth** sich *akk* zusammenschließen, um etw zu tun; ■**to ~ with/against sb** sich *akk* mit jdm/gegen jdn zusammentun ② (*join together*) sich *akk* verbinden

unit·ed [juːˈnaɪtɪd, AM -t̬-] *adj* ① (*joined together*) vereinigt; ~ **Germany** wiedervereinigtes Deutschland ② (*joined in common cause*) **to present a ~ front** Einigkeit demonstrieren; ~ **in grief** in Trauer vereint; ■**to be ~ against sth** geschlossen gegen etw *akk* auftreten ③ (*in agreement*) vereint; **on that issue we're ~** in diesem Punkt stimmen wir überein ▶ PHRASES: ~ **we stand, divided we fall** (*saying*) nur gemeinsam sind wir stark

Unit·ed ˈKing·dom *n* ■**the ~** das Vereinigte Königreich (*Großbritannien und Nordirland*) **Unit·ed ˈNa·tions I.** *n* ■**the ~** die Vereinten Nationen *pl* **II.** *n modifier* (*charter, commission, member, policy, spokesman*) UN-, der Vereinten Nationen *nach n*; **a ~ peacekeeping force** eine Friedenstruppe der Vereinten Nationen **Unit·ed ˈStates** *n + sing vb* ■**the ~ [of America]** die Vereinigten Staaten *pl* [von Amerika]

ˈunit·hold·er *n esp* BRIT FIN Inhaber(in) *m(f)* von Investmentpapieren **ˈunit price** *n* COMM Preis *m* pro Einheit **unit ˈtrust** *n* BRIT FIN Investmentfonds *m*

unity [ˈjuːnəti, AM -t̬i] *n usu no pl* ① (*oneness*) Einheit *f*; ~ **of a film/novel** Einheitlichkeit *f* eines Films/Romans; **the unities [of time, place and action]** THEAT die Einheiten *fpl* [von Zeit, Ort und Handlung] ② (*harmony*) Einigkeit *f*; **an appeal for ~** ein Ruf *m* nach Eintracht; **national ~** nationale Einheit

uni·ver·sal [ˌjuːnɪˈvɜːsᵊl, AM -nəˈvɜːr-] **I.** *adj* universell; ~ **agreement** [*or* **approval**] allgemeine Zustimmung; ~ **health care** allgemeine Gesundheitsfürsorge; ~ **joint** TECH Kugelgelenk *nt*, Universalgelenk *nt*; ~ **language** Weltsprache *f*; ~ **panacea** Allheilmittel *nt*, Patentrezept *nt*; ~ **military service** allgemeine Wehrpflicht; ~ **suffrage** allgemeines Wahlrecht; **a ~ truth** eine allgemein gültige Wahrheit **II.** *n* ■**a ~** eine allgemein verbindliche Aussage

uni·ver·sal·ity [ˌjuːnɪvɜːˈsæləti, AM -nəvɜːrˈsælət̬i] *n no pl* (*form*) Universalität *f geh*

uni·ver·sal·ly [ˌjuːnɪˈvɜːsᵊli, AM -nəˈvɜːr-] *adv* allgemein; **to be ~ true** allgemein gültig sein

uni·verse [ˈjuːnɪvɜːs, AM -nəvɜːrs] *n* ① ASTRON ■**the ~** das Universum; **centre** [*or* AM **center**] **of the ~** Mittelpunkt *m* des Universums ② LIT Schauplatz *m*; **the characters in his novels inhabit a bleak and hopeless ~** seine Romanfiguren sind in einer Welt der Öde und Hoffnungslosigkeit angesiedelt ③ *no pl* (*fig*) Welt *f*; **his family is his whole ~** für ihn besteht die ganze Welt nur aus seiner Familie

uni·ver·sity [ˌjuːnɪˈvɜːsəti, AM -nəvɜːrsət̬i] **I.** *n* Universität *f*; **to attend** [*or* **go to**] [*or* **be at**] [AM **a**] ~ [an einer Universität] studieren **II.** *n modifier* (*campus, lecturer, library, professor, student, town*) Universitäts-; ~ **chair** Lehrstuhl *m* an einer Universität; ~ **education** Hochschulbildung *f*; ~ **graduate** Akademiker(in) *m(f)*; ~ **lecture** Vorlesung *f*; ~ **student** Student(in) *m(f)*

un·just [ʌnˈdʒʌst] *adj* ungerecht

un·jus·ti·fi·able [ʌnˌdʒʌstɪˈfaɪəbl̩] *adj* nicht zu rechtfertigen *präd*

un·jus·ti·fi·ably [ʌnˌdʒʌstɪˈfaɪəbli] *adv* in nicht zu rechtfertigender Weise; **the costs of this project have become ~ high** die Projektkosten sind so hoch, dass sie nicht mehr zu rechtfertigen sind

un·jus·ti·fied [ʌnˈdʒʌstɪfaɪd] *adj* ungerechtfertigt; ~ **complaint** [*or* **grievance**] unberechtigte Beschwerde

un·just·ly [ʌnˈdʒʌstli] *adv* (*pej*) ① (*in an unjust manner*) ungerecht; **her complaint was ~ dealt with** ihre Beschwerde erfuhr eine ungerechte Behandlung ② (*wrongfully*) zu Unrecht; **to be ~ condemned** zu Unrecht verurteilt werden

un·kempt [ʌnˈkem(p)t] *adj* ungepflegt; ~ **appearance** ungepflegtes Äußeres; ~ **hair** ungekämmte Haare *ntpl*; ~ **lawn** ungepflegter Rasen; **to look ~** einen ungepflegten Eindruck machen

un·kind [ʌnˈkaɪnd] *adj* ① (*not kind*) unfreundlich; ■**to be ~ of sb [to do sth]** gemein [*o* nicht nett] von jdm sein[, etw zu tun]; **that was ~ of you** das war nicht nett von dir; ■**to be ~ to sb** unfreundlich zu jdm sein; **to be ~ to animals** Tiere schlecht behandeln; ~ **critics** ungnädige Kritiker ② *pred* (*not gentle*) **to be ~ to hair/skin/surfaces** die Haare/die Haut/Oberflächen angreifen

un·kind·ly [ʌnˈkaɪndli] **I.** *adv* unfreundlich; **she speaks ~ of him** sie hat für ihn kein gutes Wort übrig; **to take ~ to sth** (*form*) sich *akk* über etw *akk* pikiert zeigen; *news* etw unfreundlich aufnehmen **II.** *adj* (*dated form*) unfreundlich

un·kind·ness [ʌnˈkaɪndnəs] *n* ① *no pl* (*quality*) Unfreundlichkeit *f* ② (*instance*) Gemeinheit *f*

un·know·ing [ʌnˈnəʊɪŋ, AM -ˈnoʊ-] *adj* ahnungslos; **Jennie was the ~ cause of the quarrel** Jennie war, ohne es zu wissen, der Grund für den Streit

un·know·ing·ly [ʌnˈnəʊɪŋli, AM -ˈnoʊ-] *adv* unwissentlich; **a great number of people ~ carry the AIDS virus** viele Menschen tragen das Aidsvirus in sich, ohne es zu wissen

un·known [ʌnˈnəʊn, AM -ˈnoʊn] **I.** *adj* ① (*not known*) unbekannt, nicht bekannt; ■**to be ~ to sb** jdm unbekannt sein; ~ **to me, she had organized a party for my birthday** ohne mein Wissen hatte sie eine Geburtstagsparty für mich organisiert; **by a person** [*or* **persons**] ~ LAW von unbekannt; **an ~ quantity** eine unbekannte Größe; **the U~ Soldier** der Unbekannte Soldat ② (*not widely familiar*) unbekannt; **as recently as six months ago her name was almost ~ in Britain** noch vor sechs Monaten kannte sie kaum jemand in England **II.** *n* ① (*sth not known*) Ungewissheit *f*; MATH Unbekannte *f*; ■**the ~** das Unbekannte; **a fear of the ~** Angst *f* vor dem Unbekannten ② (*sb not widely familiar*) Unbekannte(r) *f(m)*

un·lady·like [ʌnˈleɪdilaɪk] *adj* (*pej dated*) nicht damenhaft [*o* ladylike]

un·law·ful [ʌnˈlɔːfᵊl, AM -ˈlɑː-] *adj inv* ungesetzlich, rechtswidrig; ■~ **possession of sth** illegaler Besitz einer S. *gen*

un·law·ful·ly [ʌnˈlɔːfᵊli, AM -ˈlɑː-] *adv* auf ungesetzliche Weise

un·lead·ed [ʌnˈledɪd] *adj inv* unverbleit; ~ **petrol** bleifreies Benzin

un·learn [ʌnˈlɜːn, AM -ˈlɜːrn] *vt* ■**to ~ sth** etw verlernen; *habit* sich *dat* etw abgewöhnen

un·leash [ʌnˈliːʃ] *vt* **to ~ a dog** einen Hund von der Leine lassen; (*fig*) **she ~ed the full force of her anger on him** sie ließ ihre ganze Wut an ihm aus; **to ~ passions in sb** Leidenschaften in jdm entfesseln; **to ~ a storm of protest** einen Proteststurm auslösen; **to ~ a war** einen Krieg auslösen

un·leav·ened [ʌn'levᵊnd] *adj inv* ~ **bread** ungesäuertes Brot

un·less [ʌn'les] *conj* (*except for when*) wenn ... nicht, außer ... wenn; **don't promise anything ~ you're 100 per cent sure** mach' keine Versprechungen, es sei denn, du bist hundertprozentig sicher!

un·li·censed [ʌn'laɪsᵊn(t)st] *adj inv* ohne Lizenz *nach n; car* nicht zugelassen *präd;* ~ **restaurant** Restaurant *nt* ohne Konzession; (*in Großbritannien*) Restaurant *nt* ohne Schankkonzession

un·like [ʌn'laɪk] **I.** *adj pred* (*not similar*) unähnlich, nicht ähnlich; **the twins are completely ~ each other** die Zwillinge ähneln sich überhaupt nicht **II.** *prep* ❶ (*different from*) **to be ~ sth/sb** jdm/etw nicht ähnlich sein ❷ (*in contrast to*) anders als, im Gegensatz zu ❸ (*not normal for*) **to be ~ sth/sb** für jdn/etw nicht typisch sein

un·like·ly [ʌn'laɪkli] *adj* ❶ (*improbable*) unwahrscheinlich; ■**it's ~ that ...** es ist unwahrscheinlich, dass ...; **in the ~ event that ...** in dem unwahrscheinlichen Fall, dass ...; **[sth] seems ~** [etw] sieht nicht so aus ❷ (*unconvincing*) nicht überzeugend; **he seems an ~-looking policeman** er sieht nicht wie ein Polizist aus; **they surely make an ~ pair** sie sind schon ein seltsames Paar

un·lim·it·ed [ʌn'lɪmɪtɪd, AM -t̬-] *adj* ❶ *inv* (*not limited*) unbegrenzt; ~ **access** unbeschränkter Zugang; ~ **visibility** uneingeschränkte Sicht ❷ (*very great*) grenzenlos; ~ **amounts of food and drink** [schier] unerschöpfliche Mengen von Essen und Trinken

un·list·ed [ʌn'lɪstɪd] *adj inv* ❶ (*not on stock market*) nicht notiert; ~ **market** geregelter Freiverkehr; ~ **securities** unnotierte Wertpapiere ❷ AM, AUS (*not in phone book*) nicht verzeichnet; **to have an ~ number** nicht im Telefonbuch stehen

un·load [ʌn'ləʊd, AM -'loʊd] **I.** *vt* ❶ (*remove the contents*) ■**to ~ sth** *vehicle* etw entladen; *container, boot of car* etw ausladen; *dishwasher* etw ausräumen; ■**to ~ sth from sth** etw von etw *dat* abladen; **to ~ a camera** einen Film aus einer Kamera nehmen; **to ~ a rifle** ein Gewehr entladen ❷ (*fam: get rid of*) ■**to ~ sth** etw abstoßen *fam* [*o sl* verschachern]; *rubbish* etw abladen ❸ (*unburden*) **to ~ one's heart** sein Herz ausschütten; **to ~ one's worries on sb** jdm etwas vorjammern *pej* **II.** *vi* ❶ TRANSP (*remove the contents*) abladen ❷ (*discharge goods*) entladen; *ship* löschen ❸ (*fam: relieve stress*) Dampf ablassen *fam;* ■**to ~ on sb** jdm sein Herz ausschütten ❹ (*sl: shoot a gun at*) ■**to ~ on sb** jdn abknallen *pej sl*

un·lock [ʌn'lɒk, AM -'lɑːk] *vt* ■**to ~ sth** ❶ (*release a lock*) etw aufschließen ❷ (*release*) etw freisetzen; **to ~ the imagination** der Fantasie freien Lauf lassen ❸ (*solve*) etw lösen; **to ~ a mystery/riddle** ein Geheimnis/Rätsel lösen

un·locked [ʌn'lɒkt, AM -'lɑːkt] *adj inv door, window* unverschlossen; **to leave sth ~** etw nicht abschließen

un·looked-for *adj attr,* **un·looked for** [ʌn'lʊktfɔːʳ, AM -fɔːr] *adj pred* unerwartet, unvorhergesehen; ~ **problem** unvorhergesehenes Problem

un·lucki·ly [ʌn'lʌkɪli] *adv* unglücklicherweise, leider; **he landed ~ and injured his back** er fiel unglücklich und verletzte sich am Rücken; ■~ **for sb** zu jds Pech *nt* [*o* Unglück *nt*]

un·lucky [ʌn'lʌki] *adj* ❶ (*unfortunate*) glücklos; **he's always been ~** er hat immer Pech; **they were ~ enough to be there when it happened** sie hatten das [große] Pech, gerade dort zu sein, als es passierte; ■**to be ~ for sb [that ...]** jd hat das Pech[, dass ...]; **it was ~ for her that ...** zu ihrem Pech ...; **to be ~ at cards/in love** Pech im Spiel/in der Liebe haben; **an ~ person** ein Pechvogel *m* ❷ (*dated form: bringing bad luck*) ■**to be ~** Unglück bringen; ~ **day** Unglückstag *m;* **to draw the ~ lot** den Kürzeren ziehen

un·made [ʌn'meɪd] **I.** *vi pt, pp of* **unmake II.** *adj inv* ungemacht; **an ~ bed** ein ungemachtes Bett

un·make <-made, -made> [ʌn'meɪk] *vt usu passive* ■**to ~ sth** etw zunichte machen; **to ~ a name/reputation** einen [guten] Namen zerstören/Ruf ruinieren

un·man <-nn-> [ʌn'mæn] *vt* (*dated*) ■**to ~ sb** jdn entmutigen [*o* schwach werden lassen]; (*shock*) jdn erschüttern

un·man·age·able [ʌn'mænɪdʒəbl̩] *adj* unkontrollierbar; **the children are ~** die Kinder sind außer Rand und Band; **to become ~** *situation* außer Kontrolle geraten; *hair* nicht zu bändigen sein

un·manned ['ʌnmænd] *adj inv* AEROSP unbemannt

un·man·ner·ly [ʌn'mænᵊli, AM -ɚli] *adj* (*form*) *behaviour* ungehörig *geh; language* salopp; ■**to be ~** keine Manieren haben

un·marked [ʌn'mɑːkt, AM -'mɑːrkt] *adj inv* ❶ (*undamaged*) *people* unverletzt; *things* unbeschädigt ❷ (*without distinguishing signs*) nicht gekennzeichnet; ~ **grave** namenloses Grab; ~ **[police] car** Zivilfahrzeug *nt* der Polizei

un·mar·ried [ʌn'mærɪd, AM *esp* -'mer-] *adj inv* unverheiratet, ledig; ~ **mother** ledige Mutter

un·mask [ʌn'mɑːsk, AM 'mæsk] **I.** *vt* ■**to ~ sb/sth [as sb/sth]** jdn/etw [als jdn/etw] entlarven; **to ~ a fraud** einen Betrug aufdecken **II.** *vi* die Maske abnehmen

un·matched [ʌn'mætʃt] *adj* ❶ *inv* (*unequalled*) unerreicht, unübertroffen; **she has an intellectual capacity ~ in the rest of the group** was ihre intellektuelle Kapazität angeht, kommt der Rest der Gruppe ihr nicht nach; **they have enjoyed a standard of living ~ by anyone else in Europe** sie haben einen Lebensstandard genossen, der in Europa seinesgleichen sucht ❷ (*extremely great*) gewaltig, enorm

un·men·tion·able [ʌn'men(t)ʃᵊnəbl̩] **I.** *adj* unaussprechlich; ■**to be ~** tabu sein; **in the past pregnancy was considered to be something ~** früher war Schwangerschaft ein Tabuthema; ~ **disease** *Krankheit, über die man nicht spricht* **II.** *n* (*hum dated*) ■**~s** *pl* (*undergarments*) Unaussprechliche *pl hum;* (*genitals*) Scham *f kein pl*

un·men·tioned [ʌn'men(t)ʃᵊnd] *adj inv* unerwähnt; (*in a book*) nicht aufgeführt

un·mind·ful [ʌn'maɪndfᵊl] *adj* (*form*) ■**to be ~ of sth** auf etw *akk* keine Rücksicht nehmen; **he was ~ of his own best interests** er dachte nicht an seinen eigenen Vorteil

un·miss·able [ʌn'mɪsəbl̩] *adj* (*fam*) ■**to be ~** ein Muss sein *fam;* **the one ~ show in town** die Show in der Stadt, die man einfach gesehen haben muss

un·mis·tak(e)·able [ʌnmɪ'steɪkəbl̩] *adj* unverkennbar; ~ **symptom** eindeutiges Anzeichen

un·miti·gat·ed [ʌn'mɪtɪgeɪtɪd, AM -'mɪt̬əgeɪt̬ɪd] *adj* total *fam,* völlig *fam,* komplett *fam;* **she described the film as 'ninety minutes of gloom, ~ by the slightest hint of humour'** sie beschrieb den Film als ‚neunzig Minuten langen Trübsinn, der nicht vom kleinsten Anzeichen von Humor unterbrochen wurde'; ~ **contempt** volle Verachtung; **an ~ disaster** eine totale Katastrophe; ~ **evil** das absolute Böse

un·moved [ʌn'muːvd] *adj usu pred* unbewegt; (*emotionless*) ungerührt; **he was quite ~ by her pleas for mercy** ihre Bitten um Gnade rührten ihn überhaupt nicht

un·named [ʌn'neɪmd] *adj inv* ungenannt; ~ **source** JOURN ungenannte Quelle

un·natu·ral [ʌn'nætʃᵊrᵊl, AM -ɚəl] *adj* ❶ (*contrary to nature*) unnatürlich; PSYCH abnorm, pervers *pej;* ~ **sexual practices** perverse Sexualpraktiken ❷ (*not normal*) ungewöhnlich, unnormal; **it's ~ for you to react so calmly** normalerweise reagierst du nicht so gelassen ❸ (*dated: cruel*) unmenschlich; ~ **mother** Rabenmutter *f*

un·natu·ral·ly [ʌn'nætʃᵊrᵊli, AM -ɚəli] *adv* ❶ (*abnormally*) unnatürlich, unnormal ❷ (*unexpectedly*) **not ~** nicht verwunderlich; **not ~, they have refused to lend him any more money** es ist kein Wunder, dass sie es abgelehnt haben, ihm nochmals Geld zu leihen ❸ (*affectedly*) affektiert, geziert; **to walk ~** einen affektierten Gang haben

un·nec·es·sari·ly [ʌn,nesə'serɪli] *adv* unnötigerweise; ~ **complex** unnötig kompliziert

un·nec·es·sary [ʌn'nesəsəri, AM -ser-] *adj* ❶ (*not necessary*) unnötig ❷ (*pej: uncalled for*) überflüssig, verzichtbar; **a lot of the violence in the film was totally** ~ auf einen Großteil der Gewaltszenen im Film hätte man gut verzichten können

un·nerve [ʌn'nɜːv, AM -'nɜːrv] *vt* ■**to** ~ **sb** jdm an die Nerven gehen, jdn nervös machen

un·nerv·ing [ʌn'nɜːvɪŋ, AM -'nɜːrv-] *adj* entnervend, enervierend *geh;* **I find it too** ~ das kostet mich zu viel Nerven *fam*

un·nerv·ing·ly [ʌn'nɜːvɪŋli, AM -'nɜːrv-] *adv* enervierend *geh;* **it was** ~ **still** es herrschte eine schier unerträgliche Stille

un·no·ticed [ʌn'nəʊtɪst, AM -'noʊţɪst] *adj pred* unbemerkt; ■**to do sth** ~ etw unbemerkt tun; **to go** ~ **that ...** nicht bemerkt werden, dass ...; **so far it has gone** ~ **that several thousand dollars are missing from the treasury** bisher ist es noch nicht aufgefallen, dass mehrere tausend Dollar aus der Staatskasse fehlen

un·num·bered [ʌn'nʌmbəd, AM -bəd] *adj* ❶ *inv* (*not marked*) nicht nummeriert; **an** ~ **house** ein Haus ohne Hausnummer; **an** ~ **page** eine Seite ohne Zahl ❷ (*form: countless*) unzählig *geh,* zahllos

un·ob·ser·vant [,ʌnəb'zɜːvənt, AM -'zɜːr-] *adj* unaufmerksam

un·ob·tain·able [,ʌnəb'teɪnəbl̩] *adj* unerreichbar, utopisch *fam*

un·ob·tru·sive [,ʌnəb'truːsɪv] *adj* unaufdringlich; ~ **make-up** dezentes Make-up; **an** ~ **person** ein unaufdringlicher Mensch; **an** ~ **piece of furniture** ein dezentes Möbelstück

un·ob·tru·sive·ly [,ʌnəb'truːsɪvli] *adv* ❶ (*unnoticed*) unaufdringlich ❷ (*discreetly*) unauffällig

un·ob·tru·sive·ness [,ʌnəb'truːsɪvnəs] *n no pl* (*approv*) Unaufdringlichkeit *f*

un·oc·cu·pied [ʌn'ɒkjəpaɪd, AM -'ɑːkjə-] *adj inv* ❶ (*uninhabited*) unbewohnt ❷ (*not under military control*) nicht besetzt; **an** ~ **country** eine unbesetztes Land ❸ (*not taken*) *seat* frei

un·of·fi·cial [,ʌnə'fɪʃəl] *adj* inoffiziell, nicht amtlich; ~ **estimates claim that ...** inoffiziellen Schätzungen zufolge ...; **in an** ~ **capacity** inoffiziell; **according to** ~ **figures, ...** inoffiziellen [*o* nicht amtlichen] Zahlen zufolge ...; ~ **strike** BRIT wilder Streik

un·of·fi·cial·ly [,ʌnə'fɪʃəli] *adv* inoffiziell; **speaking** ~, **the politician intimated that ...** hinter vorgehaltener Hand gab der Politiker zu verstehen, dass ...

un·or·gan·ized [ʌn'ɔːgənaɪzd, AM -'ɔːr-] *adj* unorganisiert

un·or·tho·dox [ʌn'ɔːθədɒks, AM -'ɔːrθədɑːks] *adj* unorthodox *geh,* unkonventionell; ~ **approach** ungewöhnliche Methode

un·pack [ʌn'pæk] **I.** *vt* ■**to** ~ **sth** etw auspacken; **to** ~ **a car** ein Auto ausladen [*o* entladen] **II.** *vi* auspacken

un·paid [ʌn'peɪd] *adj inv* ❶ (*not remunerated*) unbezahlt; **to take** ~ **leave** unbezahlten Urlaub nehmen ❷ (*not paid*) unbezahlt; **an** ~ **invoice** eine ausstehende [*o* unbezahlte] Rechnung

un·pal·at·able [ʌn'pælətəbl̩, AM -əţə-] *adj* ❶ (*not tasty*) ■**to be** ~ schlecht schmecken ❷ (*fig: distasteful*) unangenehm

un·par·al·leled [ʌn'pærəleld, AM -'per-] *adj* (*form*) beispiellos, einmalig; *success* noch nie da gewesen; **they enjoyed success on a scale** ~ **by any previous pop group** sie hatten so viel Erfolg wie keine andere Popgruppe zuvor

un·par·don·able [ʌn'pɑːdənəbl̩, AM -'pɑːr-] *adj* unentschuldbar, unverzeihlich

un·par·don·ably [ʌn'pɑːdənəbli, AM -'pɑːr-] *adv* unentschuldbar

un·par·lia·men·tary [ʌn,pɑːlə'mentəri, AM -,pɑːrlə'menţəi] *adj inv* unparlamentarisch; ~ **language** der Würde des Parlaments nicht entsprechende Sprache

un·paved [ʌn'peɪvd] *adj inv* ungepflastert

un·per·turbed [,ʌnpə'tɜːbd, AM -pə'tɜrbd] *adj* nicht beunruhigt; ■**to be** ~ **by sth** sich *akk* durch etw *akk* nicht aus der Ruhe bringen lassen

un·pick [ʌn'pɪk] *vt* ■**to** ~ **sth** ❶ (*undo sewing*) etw auftrennen ❷ (*fig: reverse*) etw zunichtemachen ❸ (*carefully analyse*) etw auseinandernehmen *fig*

un·placed [ʌn'pleɪst] *adj inv* SPORTS unplatziert

un·play·able [ʌn'pleɪəbl̩] *adj* ❶ SPORTS, MUS (*too difficult to play*) unspielbar ❷ (*not able to support play*) *field, pitch* unbespielbar

un·pleas·ant [ʌn'plezənt] *adj* ❶ (*not pleasing*) unerfreulich *geh,* unangenehm; ~ **incident** unliebsamer Vorfall *geh;* ~ **sensation** unangenehmes Gefühl; ~ **surprise** unangenehme Überraschung ❷ (*unfriendly*) *person* unfreundlich; *relations* frostig

un·pleas·ant·ly [ʌn'plezəntli] *adv* ❶ (*not pleasingly*) unangenehm, in unangenehmer Weise ❷ (*in an unfriendly manner*) unfreundlich

un·pleas·ant·ness [ʌn'plezəntnəs] *n* ❶ *no pl* (*quality*) Unerfreulichkeit *f* ❷ *no pl* (*unfriendly feelings*) Unstimmigkeit[en] *f[pl]*, Spannungen *fpl* ❸ (*instance*) Gemeinheit *f,* Nettigkeit[en] *f[pl] iron*

un·plug <-gg-> [ʌn'plʌg] *vt* ❶ (*disconnect*) **to** ~ **an electric appliance** ein elektrisches Gerät aus der Steckdose ziehen ❷ (*unstop*) **to** ~ **a drain/pipe** einen Abfluss/ein Rohr reinigen

un·plugged [ʌn'plʌgd] *adj* MUS unplugged (*ohne elektronische Verstärkung*)

un·plumbed [ʌn'plʌmd] *adj* ❶ (*not known*) unergründet; *mystery* ungelöst; ~ **depths** [**of the ocean**] unerforschte Tiefen [des Meeres] ❷ *inv* (*not plumbed*) ohne Wasserleitungen *nach n*

un·pol·ished [ʌn'pɒlɪʃt, AM -'pɑː-] *adj* ❶ *inv* (*not polished*) unpoliert ❷ (*fig: not refined*) ungehobelt, ungeschliffen

un·pol·lut·ed [,ʌnpə'luːtɪd, AM -ţ-] *adj* unverschmutzt; ~ **water** sauberes Wasser

un·popu·lar [ʌn'pɒpjələr, AM -'pɑːpjələ] *adj* ❶ (*not liked*) unbeliebt; ■**to be** ~ **with sb** bei jdm unbeliebt sein ❷ (*not widely accepted*) unpopulär; **to be** ~ wenig Anklang finden

un·popu·lar·ity [ʌn,pɒpjə'lærəti, AM -,pɑːpjə'lerəţi] *n no pl person* Unbeliebtheit *f; government policies* Unpopularität *f*

un·prac·ti·cal [ʌn'præktɪkəl] *adj* ❶ (*impractical*) unpraktisch ❷ (*not feasible*) unpraktikabel, nicht durchführbar ❸ (*lacking skill*) unpraktisch, nicht praktisch veranlagt

un·prac·ticed AM, **un·prac·tised** [ʌn'præktɪst] *adj* BRIT (*form*) unerfahren; ■**to be** ~ **in sth** in etw *dat* unerfahren sein [*o* keine Übung haben]

un·prec·edent·ed [ʌn'presɪdəntɪd, AM -'presədenţɪd] *adj inv* noch nie da gewesen; ~ **action** beispiellose Aktion; ~ **in the history of sth** beispiellos in der Geschichte einer S. *gen;* **on an** ~ **scale** in bislang ungekanntem Ausmaß

un·prec·edent·ed·ly *adv* nie da gewesen

un·pre·dict·abil·ity [ʌnprɪ,dɪktə'bɪlɪti, AM -əţi] *n no pl* Unvorhersehbarkeit *f*

un·pre·dict·able [,ʌnprɪ'dɪktəbl̩] *adj* ❶ (*impossible to anticipate*) unvorhersehbar; **the hours in this job are very** ~ in diesem Job weiß man nie, wie lange man arbeiten muss; ~ **policies/weather** unberechenbare Politik/unberechenbares Wetter ❷ (*moody*) unberechenbar

un·pre·dict·ably [,ʌnprɪ'dɪktəbli] *adv* unvorhersehbar; (*suddenly*) unvermittelt, plötzlich

un·preju·diced [ʌn'predʒədɪst] *adj* ❶ (*not prejudiced*) unvoreingenommen; ~ **opinion** objektive Meinung ❷ (*not prejudiced against race*) ohne [Rassen]vorurteile *nach n;* ■**to be** ~ keine [Rassen]vorurteile haben

un·pre·medi·tat·ed [,ʌnpriː'medɪteɪtɪd, AM -ţ-] *adj* unbedacht, unüberlegt; **to give an** ~ **answer** eine unbedachte Antwort geben; ~ **crime** LAW nicht vorsätzliches Verbrechen; ~ **murder** Mord *m* im Affekt

un·pre·pared [,ʌnprɪ'peəd, AM -'perd] *adj* ❶ (*not prepared*) unvorbereitet; **to catch sb** ~ jdn unvorbereitet treffen [*o fam* kalt erwischen]; ■**to be** ~ **for sth** *an event* auf etw *akk* nicht vorbereitet sein; *a reaction, emotion* auf etw *akk* nicht gefasst sein ❷ (*not ready*) nicht vorbereitet

un·pre·pos·sess·ing [ʌnˌpriːpəˈzesɪŋ] *adj* wenig anziehend, nicht gerade sympathisch

un·pre·ten·tious [ˌʌnprɪˈten(t)ʃəs] *adj* bescheiden, unprätentiös *geh; tastes* einfach

un·prin·ci·pled [ʌnˈprɪn(t)səpl̩d] *adj* skrupellos; **an ~ person** ein Mensch *m* ohne Skrupel

un·print·able [ʌnˈprɪntəbl̩, AM -t̬-] *adj* JOURN nicht druckfähig; **an ~ remark** eine für die Veröffentlichung ungeeignete Bemerkung

un·pro·duc·tive [ˌʌnprəˈdʌktɪv] *adj* unproduktiv; **~ business** unrentabler Betrieb; **~ land** unfruchtbares Land; **~ negotiations** unergiebige Verhandlungen

un·pro·fes·sion·al [ˌʌnprəˈfeʃənəl] *adj* (*pej*) ❶ (*amateurish*) unprofessionell, unfachmännisch, amateurhaft ❷ (*beneath serious consideration*) unseriös ❸ (*contrary to professional ethics*) gegen die Berufsehre *präd;* **~ conduct** berufswidriges Verhalten; (*against colleagues*) unkollegiales Verhalten

un·pro·fes·sion·al·ly [ˌʌnprəˈfeʃənəli] *adv* (*pej*) unprofessionell; **to handle sth ~** etw unfachmännisch handhaben

un·prof·it·able [ʌnˈprɒfɪtəbl̩, AM -ˈprɑːfɪt̬əbl̩] *adj* ❶ (*not making a profit*) unrentabel; **their business was ~** ihr Betrieb warf keinen Gewinn ab; **~ investment** Fehlinvestition *f* ❷ (*unproductive*) unproduktiv, unergiebig

un·prom·is·ing [ʌnˈprɒmɪsɪŋ, AM -ˈprɑːmə-] *adj* (*bad*) nicht sehr vielversprechend; (*promising success*) nicht gerade aussichtsreich

un·prompt·ed [ʌnˈprɒm(p)tɪd, AM -ˈprɑːm(p)-] *adj inv* unaufgefordert; ■**to do sth ~** etw unaufgefordert [*o* spontan] tun

un·pro·nounce·able [ˌʌnprəˈnaʊn(t)səbl̩] *adj* (*fam*) unaussprechlich

un·proved [ʌnˈpruːvd] *adj,* **un·prov·en** [ʌnˈpruːvən] *adj* unbewiesen, nicht bewiesen; **~ allegations** unerwiesene Behauptungen

un·pro·ˈvid·ed for *adj pred* unversorgt *präd;* **to leave sb ~** jdn unversorgt lassen; **to leave sb ~ in one's will** jdn in seinem Testament nicht bedenken

un·pro·voked [ˌʌnprəˈvəʊkt, AM -ˈvoʊkt] *adj* grundlos; **his reproaches were entirely ~** seine Vorwürfe waren völlig aus der Luft gegriffen; **to come under ~ attack** grundlos angegriffen werden

un·pub·lished [ʌnˈpʌblɪʃt] *adj inv* unveröffentlicht

un·punc·tual [ʌnˈpʌŋktʃuːəl] *adj* unpünktlich; **~ start** verzögerter Beginn

un·pun·ished [ʌnˈpʌnɪʃt] *adj inv* unbestraft; **to go ~** *flaw, foul* durchgehen *fam; crime* unbestraft bleiben; *person* ungestraft davonkommen

un·put·down·able [ˌʌnpʊtˈdaʊnəbl̩] *adj* (*approv fam*) **an ~ book** ein Buch, das man nicht aus der Hand legen kann

un·quali·fied [ʌnˈkwɒlɪfaɪd, AM -ˈkwɑːlə-] *adj* ❶ (*without appropriate qualifications*) unqualifiziert; **I'm ~ to give an opinion on that subject** mir fehlt die Kompetenz, Stellung zu diesem Thema zu nehmen; ■**to be ~ for sth** für etw *akk* nicht qualifiziert sein ❷ (*unreserved*) uneingeschränkt; **~ denial** strikte Ablehnung; **an ~ disaster** eine Katastrophe grenzenlosen Ausmaßes; **~ endorsement** uneingeschränktes Indossament; **~ love** grenzenlose Liebe; **~ success** voller Erfolg; **~ support** rückhaltlose Unterstützung

un·quench·able [ʌnˈkwen(t)ʃəbl̩] *adj* **~ thirst** nicht zu löschender Durst; **~ thirst for knowledge** (*fig*) unstillbarer Wissensdurst

un·ques·tion·able [ʌnˈkwestʃənəbl̩] *adj* fraglos, unbestreitbar; **her intelligence is ~** ihre Intelligenz steht außer Frage; **~ evidence** [*or* **proof**] unumstößlicher Beweis; **~ fact** unumstößliche Tatsache; **~ honesty** unzweifelhafte Ehrlichkeit

un·ques·tion·ably [ʌnˈkwestʃənəbli] *adv* zweifellos, mit Sicherheit

un·ques·tioned [ʌnˈkwestʃənd] *adj* ❶ (*not doubted*) unbestritten, unangefochten; **her authority is ~** ihre Autorität steht außer Frage; **to let sth go ~** etw fraglos hinnehmen ❷ (*not questioned*) nicht befragt; (*not interrogated*) nicht verhört

un·ques·tion·ing [ʌnˈkwestʃənɪŋ] *adj* bedingungslos; **~ obedience** absoluter [*o* blinder] Gehorsam

un·ques·tion·ing·ly [ʌnˈkwestʃənɪŋli] *adv* ohne zu fragen; **to ~ believe in sth** blind an etw *akk* glauben

un·qui·et [ʌnˈkwaɪət] *adj* (*liter*) unruhig; **~ times** unruhige Zeiten; **sb's ~ spirit** jds rastloser Geist

un·quote [ˈʌnkwəʊt, AM -kwoʊt] *vi* Ende des Zitats; **quote ... ~** Zitatanfang ... Zitatende; (*iron*) **they are quote 'just good friends' ~** sie sind, in Anführungszeichen, „nur gute Freunde"

un·quot·ed [ʌnˈkwəʊtɪd, AM -ˈkwoʊt̬-] *adj* STOCKEX nicht notiert

un·rav·el <BRIT -ll- *or* AM *usu* -l-> [ʌnˈrævəl] **I.** *vt* ■**to ~ sth** ❶ (*unknit, undo*) etw auftrennen ❷ (*untangle*) etw entwirren; **to ~ a knot** einen Knoten aufmachen ❸ (*solve*) etw enträtseln; **to ~ a mystery** ein Rätsel lösen; **to ~ a secret** hinter ein Geheimnis kommen *fam* ❹ (*fig: destroy*) etw zunichtemachen **II.** *vi* sich auftrennen

un·read [ʌnˈred] *adj* ❶ *inv* (*not studied*) ungelesen; **to leave sth ~** etw ungelesen [liegen] lassen ❷ (*form, liter: not well-educated*) unbelesen, ungebildet

un·read·able [ʌnˈriːdəbl̩] *adj* (*pej*) ❶ (*illegible*) unleserlich ❷ *book* schwer zu lesen *präd,* schwierig ❸ (*not worth reading*) nicht lesenswert

un·real [ʌnˈrɪəl, AM ʌnˈriːl] *adj* ❶ (*not real*) unwirklich ❷ (*sl: astonishingly good*) unmöglich *fam;* **man, that's ~!** Mann, das gibt's doch nicht! *fam*

un·re·al·is·tic [ˌʌnrɪəˈlɪstɪk, AM -riːə-] *adj* ❶ (*not realistic*) unrealistisch, wirklichkeitsfremd; **~ objectives** unrealistische Zielsetzungen ❷ LIT, THEAT, FILM (*not convincing*) nicht realistisch; **~ stage techniques** Verfremdungseffekte *mpl*

un·re·al·ity [ˌʌnriˈælɪti, AM -ət̬i] *n no pl* Unwirklichkeit *f;* **there was an air of ~ about the visit** der Besuch hatte etwas Unwirkliches

un·re·al·ized [ʌnˈrɪəlaɪzd, AM -ˈriːə-] *adj* ❶ (*not realized*) nicht verwirklicht ❷ FIN (*not turned into money*) unrealisiert

un·rea·son·able [ʌnˈriːzənəbl̩] *adj* ❶ (*not showing reason*) unvernünftig; **it's not an ~ assumption that ...** es ist nicht abwegig anzunehmen, dass ... ❷ (*unfair*) übertrieben, unzumutbar; **don't be so ~! he's doing the best he can** verlang nicht so viel! er tut sein Bestes; **~ demands** überzogene Forderungen

un·rea·son·ably [ʌnˈriːzənəbli] *adv* ❶ (*illogically*) unvernünftig; **she claims, not ~, that ...** sie behauptet nicht zu Unrecht, dass ... ❷ (*unfairly*) übertrieben, unangemessen; **you're being ~ strict with Daphne** du bist unnötig streng mit Daphne

un·rea·son·ing [ʌnˈriːzənɪŋ] *adj* unbegründet; **an ~ fear** unbegründete Angst; **~ hatred** grundloser Hass

un·re·con·struct·ed [ˌʌnriːkənˈstrʌktɪd] *adj* (*a. hum*) unbeirrbar, unbelehrbar; **he's an ~ socialist** er ist ein eingefleischter Sozialist

un·re·deemed [ˌʌnrɪˈdiːmd] *adj* nicht ausgeglichen; ■**to be ~ by sth** durch etw *akk* nicht ausgeglichen [*o* wettgemacht] werden; **~ sinner** REL unerlöster Sünder/unerlöste Sünderin

un·re·fined [ˌʌnrɪˈfaɪnd] *adj* ❶ (*not chemically refined*) nicht raffiniert, naturbelassen; **~ sugar/oil** Rohzucker *m*/Rohöl *nt* ❷ (*not socially polished*) unkultiviert; **~ manners** rüde Umgangsformen

un·re·flect·ing [ˌʌnrɪˈflektɪŋ] *adj* (*form*) unbedacht, unüberlegt

un·re·gen·er·ate [ˌʌnrɪˈdʒenərət, AM -ɚɪt] *adj* (*pej form*) hartnäckig; **~ refusal** hartnäckige Weigerung

un·reg·is·tered [ʌnˈredʒɪstəd, AM -ɚd] *adj inv* nicht registriert [*o* eingetragen]; **an ~ birth** eine uneingetragene Geburt; **an ~ person** eine Person ohne Registrierung; **~ mail** nicht eingeschriebene Post[sendungen]

un·re·hearsed [ˌʌnrɪˈhɜːst, AM -ˈhɜːrst] *adj* ❶ (*spontaneous*)

U

spontan ② THEAT (*not previously rehearsed*) nicht geprobt
un·re·lat·ed [ˌʌnrɪˈleɪtɪd, AM -t̬-] *adj* ① *inv* (*not relatives*) nicht [miteinander] verwandt ② (*not logically connected*) ■**to be ~ to sth** nicht mit etw *dat* zusammenhängen
un·re·lent·ing [ˌʌnrɪˈlentɪŋ, AM -t̬-] *adj* ① (*not yielding*) unerbittlich; **to be an ~ opponent of sth** unbeugsamer Gegner/unbeugsame Gegnerin einer S. *gen* sein; ■**to be ~ in sth** in etw *dat* nicht nachlassen ② (*incessant*) unaufhörlich; **the pain was ~** der Schmerz ließ nicht nach; **~ pressure** konstanter Druck; **~ rain** anhaltende Regenfälle *mpl* ③ (*form: unmerciful*) gnadenlos, unerbittlich; **the headmaster was ~ and the prescribed punishment followed in due course** der Direktor blieb hart und die vorgesehene Strafe folgte bald
un·re·lent·ing·ly [ˌʌnrɪˈlentɪŋli, AM -t̬ɪŋli] *adv* unaufhörlich, unablässig; **to ~ pursue sth** etw unermüdlich verfolgen
un·re·li·abil·ity [ˌʌnrɪlaɪəˈbɪlɪti, AM -ət̬i] *n no pl* Unzuverlässigkeit *f*
un·re·li·able [ˌʌnrɪˈlaɪəbl̩] *adj* unzuverlässig
un·re·lieved [ˌʌnrɪˈliːvd] *adj* ① (*depressingly unvarying*) ununterbrochen, anhaltend *attr;* ■**to be ~ by sth** trotz einer S. *gen* anhalten; **the pressure at work was ~ by any improvement in the sales figures** da sich die Verkaufszahlen nicht verbessert hatten, hielt auch der Druck in der Arbeit an; **~ poverty** unverminderte Armut; **~ pressure/stress** anhaltender Druck/Stress; **~ tedium** dauernde Langeweile ② (*not helped*) unvermindert
un·re·liev·ed·ly [ˌʌnrɪˈliːvɪdli] *adv* anhaltend, gleich bleibend
un·re·mark·able [ˌʌnrɪˈmɑːkəbl̩, AM -ˈmɑːr-] *adj* nicht bemerkenswert; **an ~ dress** ein unauffälliges Kleid
un·re·mit·ting [ˌʌnrɪˈmɪtɪŋ, AM -ˈmɪt̬ɪŋ] *adj* (*form*) unablässig; ■**to be ~ in sth** in etw *dat* beharrlich sein; **he was ~ in his determination to graduate with honours** er war unbeirrbar in seinem Entschluss, mit Auszeichnung zu graduieren
un·re·mit·ting·ly [ˌʌnrɪˈmɪtɪŋli, AM -ˈmɪt̬-] *adv* unaufhörlich
un·re·peat·able [ˌʌnrɪˈpiːtəbl̩, AM -t̬-] *adj* ① *inv* (*unable to be repeated*) nicht wiederholbar; **~ sale price** einmaliger Verkaufspreis ② (*too offensive*) nicht wiederholbar *pej*
un·re·pen·tant [ˌʌnrɪˈpentənt, AM -t̬ənt] *adj* reu[e]los; ■**to be ~** keine Reue zeigen; ■**to be ~ about sth** etw nicht bereuen; **~ sinner** reuloser Sünder/reulose Sünderin; **to die ~** sterben, ohne bereut zu haben
un·rep·re·senta·tive [ˌʌnreprɪˈzentətɪv, AM -t̬ət̬ɪv] *adj* nicht repräsentativ; ■**to be ~ of sth** für etw *akk* nicht repräsentativ sein
un·re·quit·ed [ˌʌnrɪˈkwaɪtɪd, AM -t̬ɪd] *adj* (*form or hum*) unerwidert; ■**to be ~** unerwidert bleiben, nicht erwidert werden; **~ love** unerwiderte Liebe
un·re·served [ˌʌnrɪˈzɜːvd, AM -ˈzɜːrvd] *adj* ① (*without reservations*) uneingeschränkt, vorbehaltlos; **to be ~ in one's praise for sb/sth** jdn/etw über alle Maßen loben; **~ support** volle [*o* rückhaltlose] Unterstützung ② (*not having been reserved*) nicht reserviert [*o* vorbestellt]; **~ seats** freie Plätze ③ (*not standoffish*) offen; **~ friendliness** Herzlichkeit *f*
un·re·serv·ed·ly [ˌʌnrɪˈzɜːvɪdli, AM -ˈzɜːrv-] *adv* uneingeschränkt, vorbehaltlos; **I trust her ~** ich vertraue ihr rückhaltlos; **to apologize ~ to sb** sich *akk* ohne Einschränkungen bei jdm entschuldigen
un·re·solved [ˌʌnrɪˈzɒlvd, AM -ˈzɑːlvd] *adj* ① (*not settled*) ungelöst; **~ tension** anhaltende Spannung ② *pred* (*undecided*) unentschlossen, unschlüssig
un·re·spon·sive [ˌʌnrɪˈspɒn(t)sɪv, AM -ˈspɑːn(t)-] *adj* ■**to be ~** nicht reagieren, keine Reaktion zeigen; **the audience was ~** das Publikum ging nicht mit *fam;* ■**to be ~ to sth** auf etw *akk* nicht reagieren [*o* eingehen]; **to be ~ to medicine/treatment** auf Medikamente/eine Behandlung nicht ansprechen
un·rest [ʌnˈrest] *n no pl* Unruhen *pl;* **ethnic/social ~** ethnische/soziale Spannungen
un·re·strained [ˌʌnrɪˈstreɪnd] *adj* uneingeschränkt; **~ consumerism** hemmungsloses Konsumverhalten; **~ criticism** harte Kritik; **~ laughter** ungehemmtes Gelächter; **~ praise** unumschränktes Lob
un·re·strict·ed [ˌʌnrɪˈstrɪktɪd] *adj* uneingeschränkt; **~ access** ungehinderter Zugang
un·ripe [ʌnˈraɪp] *adj* ① (*not ripe*) unreif; **to pick sth ~** etw unreif pflücken ② (*form: immature*) unerfahren, unreif
un·ri·valled [ʌnˈraɪvəld] *adj* unerreicht, unübertroffen; **an ~ collection of French porcelain** eine einzigartige Sammlung französischen Porzellans
un·roll [ʌnˈrəʊl, AM -ˈroʊl] **I.** *vt* ■**to ~ sth** *map, poster* etw aufrollen **II.** *vi* sich *akk* abrollen [lassen]
un·ruf·fled [ʌnˈrʌfl̩d] *adj* ① (*not agitated*) unbeeindruckt, gelassen; ■**to be ~ by sb/sth** von jdm/etw unbeeindruckt sein ② (*not ruffled up*) unzerzaust; **~ feathers/fur/hair** glattes Gefieder/glatter Pelz/ordentliches Haar
un·ru·li·ness [ʌnˈruːlɪnəs] *n no pl* ungebärdiges Verhalten, Ungebärdigkeit *f*
un·ru·ly <-ier, -iest *or* more ~, most ~> [ʌnˈruːli] *adj* ① (*disorderly*) ungebärdig; *child* schwierig; **~ crowd** aufrührerische Menge ② (*difficult to control*) **~ children** Kinder außer Rand und Band; **~ hair** nicht zu bändigendes Haar
un·sad·dle [ʌnˈsædl̩] *vt* ① (*remove saddle*) **to ~ a horse** ein Pferd absatteln ② (*unseat*) **to ~ a rider** einen Reiter abwerfen
un·safe [ʌnˈseɪf] *adj* ① (*dangerous*) unsicher; *animal* gefährlich; ■**to be ~ to do sth** gefährlich sein, etw zu tun; **~ sex** ungeschützter Sex; **~ at any speed** ganz und gar unsicher; **to declare sth ~** etw für nicht sicher erklären; *building, bridge* etw für einsturzgefährdet erklären ② *pred* (*in danger*) nicht sicher, gefährdet; **I don't know why, but I feel ~ here** ich weiß nicht warum, aber ich fühle mich hier nicht sicher ③ BRIT LAW (*unlikely to stand*) unhaltbar; **~ conviction** unhaltbares Urteil *nt;* **~ verdict** unhaltbarer Schuldspruch
un·said [ʌnˈsed] **I.** *adj inv* (*form*) ungesagt; **to leave sth ~** etw ungesagt lassen; (*vaguely*) etw offenlassen [*o* in der Schwebe lassen] ; **to be better left ~** besser ungesagt bleiben **II.** *vt pt, pp of* **unsay**
un·sala·ried [ʌnˈsæləri d] *adj inv* unbezahlt; **~ position** Tätigkeit ohne Monatsgehalt
un·sal(e)·able [ʌnˈseɪləbl̩] *adj* unverkäuflich; **last year's fashions are ~** Modeartikel vom letzten Jahr verkaufen sich nicht
un·salt·ed [ʌnˈsɔːltɪd] *adj* ungesalzen
un·sat·is·fac·tory [ʌnˌsætɪsˈfæktəri, AM -t̬-] *adj* ① (*not satisfactory*) nicht zufrieden stellend, unzureichend; **your performance is most ~** Ihre Leistungen lassen sehr zu wünschen übrig *geh;* **~ answer** unbefriedigende Antwort; **~ service** unzureichender Service ② (*grade*) ungenügend
un·sat·is·fied [ʌnˈsætɪsfaɪd, AM -t̬-] *adj* ① (*not content*) unzufrieden; **to leave sb/sth ~** jdn/etw nicht befriedigen; ■**to be ~ with sb/sth** mit jdm/etw unzufrieden sein ② (*not convinced*) nicht überzeugt; **to be ~ with an explanation** sich *akk* mit einer Erklärung nicht zufriedengeben; **sth leaves sb ~** jd gibt sich mit etw *dat* nicht zufrieden ③ (*not sated*) nicht gesättigt; **the sandwiches left them ~** die Brote machten sie nicht satt
un·satu·rat·ed [ʌnˈsætʃəreɪtɪd, AM -t̬-] *adj* CHEM, FOOD ungesättigt *attr;* **~ fat[s]** ungesättigte Fettsäuren *fpl*
un·sa·vory AM, **un·sa·voury** [ʌnˈseɪvəri] *adj* BRIT, AUS ① (*unpleasant to the senses*) unappetitlich ② (*disgusting*) ekelhaft, widerlich ③ (*socially offensive*) zweifelhaft, fragwürdig; **~ district** übles Viertel; **~ reputation** zweifelhafter Ruf; **~ type** zwielichtige Gestalt, schmierige Type *sl*
un·say <-said, -said> [ʌnˈseɪ] *vt* ■**to ~ sth** etw zurücknehmen [*o* ungesagt machen] ▶ PHRASES: **what's said cannot be unsaid** (*prov*) gesagt ist gesagt
un·scathed [ʌnˈskeɪðd] *adj* unverletzt; ■**to be ~ by sth** (*fig*) durch etw *akk* keinen Schaden genommen haben; **to escape**

~ unverletzt davonkommen; **to emerge ~ from sth** (*fig*) etw unbeschadet überstehen

un·sche·duled [ʌn'ʃedju:ld, AM -'skeʤʊld,] *adj inv* außerplanmäßig; **the meeting was ~** das Treffen war nicht geplant; **an ~ stop** *of train* außerfahrplanmäßiger Halt

un·schooled [ʌn'sku:ld] *adj* (*form*) ❶ (*uninstructed*) nicht ausgebildet [*o* geschult]; ■**to be ~ in sth** in etw *dat* nicht geschult sein; (*not know*) mit etw *dat* nicht vertraut sein ❷ (*untrained*) ~ **horse** undressiertes Pferd

un·sci·en·ti·fic [ˌʌnsaɪən'tɪfɪk] *adj* ❶ (*not meeting scientific standards*) unwissenschaftlich ❷ (*fam: not understanding scientific matters*) unwissenschaftlich

un·scram·ble [ʌn'skræmbḷ] *vt* ■**to ~ sth** ❶ (*decode*) etw dekodieren [*o* entschlüsseln]; (*fig*) Licht in etw *akk* bringen ❷ (*restore order*) etw wieder ordnen

un·screened [ʌn'skri:nd] *adj inv* ❶ (*not checked*) unkontrolliert, nicht überprüft ❷ (*not broadcast*) nicht ausgestrahlt

un·screw [ʌn'skru:] **I.** *vt* MECH ■**to ~ sth** ❶ (*remove screws*) etw abschrauben; (*to open*) etw aufschrauben ❷ (*remove sth by twisting*) etw abschrauben; **to ~ a jar** ein Glas aufschrauben; **to ~ a lid** [*or* **a top**] einen Deckel abschrauben **II.** *vi* (*take off by unscrewing*) sich abschrauben lassen; (*open*) aufschrauben

un·script·ed [ʌn'skrɪptɪd] *adj inv* improvisiert; ~ **remark** spontane Äußerung; ~ **speech** Stegreifrede *f*

un·scru·pu·lous [ʌn'skru:pjələs] *adj* (*pej*) skrupellos; ~ **dealings/methods** skrupellose Machenschaften/Methoden

un·seal [ʌn'si:l] *vt* (*dated*) ❶ (*open*) **to ~ a letter** einen Brief entsiegeln ❷ (*tell*) **to ~ a secret** ein Geheimnis enthüllen ❸ *results* ■**to ~ sth** etw bekannt geben

un·sealed [ʌn'si:ld] *adj inv* ❶ (*not sealed*) unversiegelt ❷ (*open*) *letter* nicht zugeklebt

un·sea·son·able [ʌn'si:zᵊnəbḷ] *adj* ❶ (*not appropriate for season*) für die Jahreszeit ungewöhnlich, nicht der Jahreszeit entsprechend ❷ (*form: untimely*) unangebracht

un·sea·son·ably [ʌn'si:zᵊnəbli] *adv* für die Jahreszeit ungewöhnlich; ~ **cold/warm** für die Jahreszeit zu kalt/warm

un·sea·soned [ʌn'si:zᵊnd] *adj inv* ❶ (*not spiced or salted*) ungewürzt ❷ HORT (*not aged*) ~ **timber** nicht abgelagertes Holz

un·seat [ʌn'si:t] *vt* ❶ (*remove from power*) ■**to ~ sb** jdn seines Amtes entheben ❷ SPORTS (*throw*) **to ~ a rider** einen Reiter abwerfen

un·se·cured [ˌʌnsɪ'kjuːəd, AM -'kjʊrd] *adj inv* ❶ FIN (*not covered by collateral*) ungesichert; **an ~ loan** [*or* **credit**] Blankokredit *m* ❷ (*unfastened*) *load* ungesichert, unbefestigt

un·seed·ed [ʌn'si:dɪd] *adj inv* ❶ TENNIS, SPORTS (*not seeded*) **an ~ player** ein ungesetzter Spieler/eine ungesetzte Spielerin ❷ HORT (*not planted with seed*) unbesät

un·see·ing [ʌn'si:ɪŋ] *adj* (*form*) blind; **to look at sb with ~ eyes** jdn mit leerem Blick anstarren

un·seem·li·ness [ʌn'si:mlɪnəs] *n no pl* (*form or dated*) Unschicklichkeit *f veraltend geh,* Ungehörigkeit *f*

un·seem·ly [ʌn'si:mli] *adj* (*form or dated*) ungehörig, unschicklich *veraltend geh;* **don't sit like that, Suzie – it's ~** sitz nicht so da, Suzie – das schickt sich nicht *veraltend;* ~ **behaviour** ungehöriges Benehmen

un·seen [ʌn'si:n] *adj inv* ungesehen; ■**to do sth ~** etw unbemerkt tun; **sight ~** unbesehen; **to buy property sight ~** ein Grundstück unbesehen kaufen

un·self·con·scious [ˌʌnself'kɒn(t)ʃəs, AM -'kɑ:n-] *adj* unbefangen; ■**to be ~ about sth** unbefangen mit etw *dat* umgehen

un·self·con·scious·ly [ˌʌnself'kɒn(t)ʃəsli, AM -'kɑ:n-] *adv* unbefangen; **to laugh/talk ~** unbefangen [*o* ungezwungen] lachen/reden

un·self·ish [ʌn'selfɪʃ] *adj* selbstlos, uneigennützig

un·self·ish·ly [ʌn'selfɪʃli] *adv* selbstlos

un·self·ish·ness [ʌn'selfɪʃnəs] *n no pl* Selbstlosigkeit *f,* Uneigennützigkeit *f*

un·ser·vice·able [ʌn'sɜ:vɪsəbḷ, AM -'sɜ:r-] *adj* unnütz, nicht zu gebrauchen; ~ **appliances** unbrauchbare Geräte

un·set·tle [ʌn'setḷ, AM -'seţḷ] *vt* ❶ (*make nervous*) ■**to ~ sb** jdn verunsichern [*o fam* durcheinanderbringen] ❷ COMM (*make unstable*) **to ~ the market** das Marktgleichgewicht stören

un·set·tled [ʌn'setḷd, AM -'seţḷd] *adj* ❶ (*unstable*) instabil, unruhig; **his feelings were in an ~ state** seine Gefühle waren aus dem Gleichgewicht; **an ~ political climate** ein unruhiges politisches Klima; **an ~ period** eine bewegte Zeit; ~ **weather** unbeständiges Wetter ❷ (*troubled*) unruhig, besorgt ❸ (*unresolved*) **an ~ issue** eine noch anstehendes Thema ❹ (*queasy*) **to have an ~ stomach** einen gereizten Magen haben ❺ (*without settlers*) unbesiedelt

un·set·tling [ʌn'setḷɪŋ, AM -ţ-] *adj* ❶ (*causing nervousness*) beunruhigend, verunsichernd; **she had the ~ feeling that ...** sie hatte das ungute Gefühl, dass ...; ~ **image** FILM aufrüttelnde Szene ❷ (*causing disruption*) ■**to be ~** jdn/einen aus der Bahn werfen; **it's very ~ to have to keep moving every couple of years** man kann sich nirgendwo richtig zu Hause fühlen, wenn man alle zwei Jahre umziehen muss ❸ COMM destabilisierend

un·shak·able [ʌn'ʃeɪkəbḷ], **un·shake·able** *adj belief, feeling, opinion* unerschütterlich; *alibi* felsenfest; **to have ~ faith in sth** fest an etw *akk* glauben

un·shak·en [ʌn'ʃeɪkᵊn] *adj* unerschüttert; **despite her husband's repeated flings, she has remained ~ in her loyalty** trotz der wiederholten Eskapaden ihres Ehemannes geriet ihre Treue nicht ins Wanken

un·shaved [ʌn'ʃeɪvd] *adj,* **un·shav·en** [ʌn'ʃeɪvᵊn] *adj inv* unrasiert

un·sheathe [ʌn'ʃi:ð] *vt* **to ~ a dagger/sword** einen Dolch/ein Schwert aus der Scheide ziehen

un·shod [ʌn'ʃɒd, AM -'ʃɑ:d] *adj inv* (*form*) unbeschuht, barfuß

un·shrink·able [ʌn'ʃrɪŋkəbḷ] *adj* ■**to be ~** *clothes* nicht einlaufen

un·shrink·ing [ʌn'ʃrɪŋkɪŋ] *adj* unverzagt, furchtlos; **to be ~ in the face of sth** vor etw *dat* nicht zurückschrecken

un·shrink·ing·ly [ʌn'ʃrɪŋkɪŋli] *adv* unverzagt, furchtlos; **to be ~ determined** fest entschlossen sein; **to face sb ~** jdm furchtlos entgegentreten

un·sight·ly <-ier, -iest *or* more ~, most ~> [ʌn'saɪtli] *adj* unansehnlich

un·signed [ʌn'saɪnd] *adj inv* ❶ (*lacking signature*) nicht unterschrieben [*o geh* unterzeichnet]; *painting* unsigniert ❷ (*not under contract*) *musician, player* nicht unter Vertrag stehend *attr* ❸ MATH, COMPUT (*without plus, minus sign*) unbezeichnet, ohne Plus- oder Minuszeichen *nach n*

un·sink·able [ʌn'sɪŋkəbḷ] *adj* ■**to be ~** *boat, ship* unsinkbar sein

un·skilled [ʌn'skɪld] *adj* ❶ (*not having skill*) ungeschickt; ■**to be ~ in** [*or* **at**] [**doing**] **sth** sich *akk* bei etw *dat* ungeschickt anstellen ❷ (*not requiring skill*) ungelernt; ~ **job** Tätigkeit *f* für ungelernte Arbeitskräfte; ~ **work** Hilfsarbeiten *pl*

un·skilled 'la·bour, AM **un·skilled 'la·bor** *n no pl* ungelernte Arbeitskräfte *pl* **un·skilled 'la·bour·er**, AM **un·skilled 'la·bor·er, un·skilled 'work·er** *n* Hilfsarbeiter(in) *m(f)*

un·sliced [ʌn'slaɪst] *adj inv* nicht in Scheiben geschnitten, am Stück *nach n*

un·smil·ing [ʌn'smaɪlɪŋ] *adj inv* (*liter*) ernst; ~ **expression** ernste Miene

un·smil·ing·ly [ʌn'smaɪlɪŋli] *adv inv* (*liter*) ohne zu lächeln

un·snap <-pp-> [ʌn'snæp] *vt* ■**to ~ sth** etw aufschnappen lassen

un·snarl [ʌn'snɑ:l, AM -'snɑ:rl] **I.** *vt* **to ~ yarn** Garn entwirren **II.** *vi traffic* sich *akk* auflösen

un·so·ciable [ʌn'səʊʃəbḷ, AM -'soʊ-] *adj person* ungesellig; *activity* nicht [gerade] Kontakt fördernd *attr; place* nicht einla-

U

dend (*für Kontakte und Begegnungen*)

un·so·cial [ʌn'səʊʃəl, AM -'soʊ-] *adj* ❶ BRIT (*socially inconvenient*) nicht sozialverträglich; **to work ~ hours** außerhalb der normalen Arbeitszeiten arbeiten ❷ (*antisocial*) asozial *pej* ❸ (*not seeking company*) unsozial

un·sold [ʌn'səʊld, AM -'soʊld] *adj inv* unverkauft

un·so·lic·it·ed [ˌʌnsə'lɪsɪtɪd, AM -ţ-] *adj inv* unerbeten; **~ advice** ungebetene Ratschläge *pl;* **~ manuscript** unaufgefordert eingesandtes Manuskript

un·solved [ʌn'sɒlvd, AM -'sɑːlvd] *adj inv mystery, problem* ungelöst; *murder* unaufgeklärt

un·so·phis·ti·cat·ed [ˌʌnsə'fɪstɪkeɪtɪd, AM -təkeɪţɪd] *adj* ❶ (*pej: lacking knowledge*) *person* naiv, einfältig *pej; taste* einfach, anspruchslos ❷ (*uncomplicated*) *machine* einfach, unkompliziert ❸ (*approv: genuine*) unverfälscht; **~ pleasure** bescheidenes Vergnügen

un·sound [ʌn'saʊnd] *adj* ❶ (*unstable*) instabil; *financial situation* heikel ❷ (*not valid*) *argument* nicht stichhaltig; *judgement* anfechtbar; **your theory is logically ~** deine Theorie ist logisch nicht folgerichtig; **~ police evidence** nicht stichhaltiges polizeiliches Beweismaterial ❸ (*unreliable*) *person* unsolide, unzuverlässig; **the construction firm was accused of ~ building practices** man hat das Bauunternehmen beschuldigt, unsolide zu bauen ❹ (*unhealthy*) ungesund; **his kidney function is ~** seine Nieren arbeiten nicht richtig; **to be of ~ mind** unzurechnungsfähig sein

un·spar·ing [ʌn'speərɪŋ, AM -'sper-] *adj* ❶ (*merciless*) schonungslos ❷ (*approv form: lavish*) großzügig; (*pej*) verschwenderisch; **to be ~ in one's efforts** keine Mühen scheuen

un·speak·able [ʌn'spiːkəbḷ] *adj* ❶ (*not to be expressed in words*) **an ~ tenderness** nicht in Worte zu fassende Gefühle der Zärtlichkeit ❷ (*horrific*) **~ atrocities** unbeschreibliche Gräueltaten

un·speak·ably [ʌn'spiːkəbli] *adv* unsagbar, unbeschreiblich; **he behaved ~** wie er sich aufgeführt hat, spottet jeder Beschreibung; **~ bad/vile** unsagbar schlecht/gemein

un·speci·fied [ʌn'spesɪfaɪd] *adj inv* unspezifiziert, nicht näher erläutert; *people* namentlich nicht genannt

un·spent [ʌn'spent] *adj inv money* nicht ausgegeben; *energy* nicht verbraucht

un·spoiled [ʌn'spɔɪld], **un·spoilt** [ʌn'spɔɪlt] *adj* BRIT (*approv*) *person* unverdorben, natürlich; *child* nicht verwöhnt; *landscape* unberührt; **~ view** unverbaute Aussicht

un·spok·en [ʌn'speʊkən, AM 'spoʊ-] *adj inv* unausgesprochen; **there's an ~ assumption that ...** man geht stillschweigend davon aus, dass ...; **~ agreement** stillschweigende Übereinkunft; **~ suspicions of sb** unausgesprochener Verdacht gegen jdn

un·sport·ing [ʌn'spɔːtɪŋ, AM 'spɔːrţɪŋ] *adj,* **un·sports·man·like** [ʌn'spɔːtsmənlaɪk, AM 'spɔːrts-] *adj* unfair, unsportlich; **~ conduct** [*or* **behaviour**] unfaires Verhalten

un·sta·ble [ʌn'steɪbḷ] *adj* ❶ (*not firm*) nicht stabil; **~ chair** wackeliger Stuhl ❷ (*fig*) instabil; **his future looks ~** seine Zukunft ist ungewiss; **~ society** instabile Gesellschaft; **emotionally** [*or* **mentally**] **~** PSYCH [psychisch] labil

un·steadi·ly [ʌn'stedɪli] *adv* ❶ (*unstably*) unsicher, unruhig; **to walk ~** wanken ❷ (*irregularly*) unregelmäßig

un·steady [ʌn'stedi] *adj* ❶ (*unstable*) nicht stabil; **the table is ~** der Tisch wackelt; **to be ~ on one's feet** [*or* **legs**] wack[e]lig auf den Beinen sein ❷ (*fluctuating*) instabil; **the stock market has been ~ in recent weeks** der Aktienmarkt ist in den letzten Wochen von Schwankungen gekennzeichnet ❸ (*wavering*) *hands, voice* zittrig; **her voice was ~** ihr zitterte die Stimme ❹ (*not regular*) *footsteps, heartbeat* unregelmäßig

un·stint·ing [ʌn'stɪntɪŋ] *adj* (*form*) *person* großzügig; *support also* vorbehaltlos, uneingeschränkt; **she is ~ in her generosity** ihre Großzügigkeit kennt keine Grenzen; **to be ~ in one's efforts/praise** keine Mühen scheuen/mit Lob nicht sparen

un·stop·pable [ʌn'stɒpəbḷ, AM 'stɑːpə-] *adj* nicht aufzuhalten

un·stressed [ʌn'strest] *adj inv* ❶ LING unbetont ❷ (*not worried*) unbelastet

un·stuck [ʌn'stʌk] *adj* ❶ *pred, inv* (*not fastened*) **to [be]come ~** sich *akk* [ab]lösen ❷ (*undone*) **to come ~** scheitern; *speaker* stecken bleiben; (*in exam*) ins Schwimmen geraten *fam*

un·stud·ied [ʌn'stʌdid] *adj* (*form*) ❶ (*natural*) ungezwungen; **~ naturalness** Ungekünsteltheit *f geh,* ungezwungene Natürlichkeit; **~ response** spontane Antwort ❷ (*dated: not learned*) ■**to be ~ in sth** sich *akk* mit etw *dat* nicht auskennen

un·sub·stan·tial [ˌʌnsəb'stæn(t)ʃəl] *adj* unwesentlich, dürftig; (*immaterial*) körperlos

un·sub·stan·ti·at·ed [ˌʌnsəb'stæn(t)ʃieɪtid, AM -ţ-] *adj inv* unbegründet; **these claims/rumours are entirely ~** diese Behauptungen/Gerüchte entbehren jeder Grundlage

un·suc·cess·ful [ˌʌnsək'sesfəl] *adj* erfolglos; *attempt* vergeblich; *candidate* unterlegen; *negotiations* ergebnislos; ■**to be ~ in sth** bei etw *dat* keinen Erfolg haben; **to prove ~** sich *akk* als Fehlschlag erweisen

un·suc·cess·ful·ly [ˌʌnsək'sesfəli] *adv* erfolglos, vergeblich

un·suit·able [ʌn'sjuːtəbḷ, AM -'suːţə-] *adj* unpassend; ■**to be ~ for sth** für etw *akk* nicht geeignet sein, sich *akk* für etw *akk* nicht eignen; **~ clothes** ungeeignete Kleidung; **~ moment** unpassender Moment; **to be ~ to** [*or* **for**] **the occasion** dem Anlass nicht entsprechen

un·suit·ably [ʌn'sjuːtəbli, AM -'suːţə-] *adv* unpassend; **~ dressed** unpassend gekleidet; **to behave ~** sich *akk* danebenbenehmen

un·sul·lied [ʌn'sʌliːd] *adj* (*approv*) ❶ (*form: not tarnished*) makellos, unbefleckt; **an ~ reputation** ein makelloser Ruf ❷ (*dated: pure*) unberührt

un·sung [ʌn'sʌŋ] *adj inv* unbesungen; **~ achievements** unbeachtete Erfolge; **an ~ hero** ein Held *m,* von dem niemand spricht; **to go ~** sang- und klanglos untergehen

un·sup·port·ed [ˌʌnsə'pɔːtɪd, AM -'pɔːrţɪd] *adj inv* ❶ (*physically*) ungestützt, ohne Stütze *präd;* **to walk ~** ohne Stützen gehen ❷ (*without evidence*) *assumption, theory* nicht gestützt ❸ (*without financial aid*) ohne Unterstützung ❹ COMPUT (*not offering assistance*) ohne Support

un·sure [ʌn'ʃʊəʳ, AM -'ʃʊr] *adj person* unsicher; *fact, date* ungewiss; ■**to be ~ how/what/when/whether/why ...** nicht genau wissen [*o* sich *dat* nicht sicher sein], wie/was/wann/ob/warum ...; ■**to be ~ about sth** sich *dat* einer S. *gen* nicht sicher sein; ■**to be ~ of oneself** unsicher sein, kein Selbstvertrauen haben

un·sur·passed [ˌʌnsə'pɑːst, AM -sə'pæst] *adj inv* unübertroffen, einzigartig; ■**to be ~ at** [*or* **in**] **[doing] sth** in etw *dat* unübertroffen sein

un·sus·pect·ed [ˌʌnsə'spektɪd] *adj inv cause* unvermutet; *talent also* unerwartet; *person* unverdächtig; **the real killer remained ~ for years** der wahre Mörder geriet jahrelang nicht in Verdacht

un·sus·pect·ing [ˌʌnsə'spektɪŋ] *adj* nichts ahnend, ahnungslos; **an ~ world** (*hum*) eine erstaunte Weltöffentlichkeit; **all ~** völlig ahnungslos

un·sus·tain·able [ˌʌnsə'steɪnəbḷ] *adj* ❶ *inv* (*not maintainable*) *levels* nicht aufrechtzuerhalten ❷ *inv* ECOL (*damaging to ecology*) umweltschädigend ❸ (*not to be supported*) *argument, remark* unhaltbar

un·sus·tained [ˌʌnsə'steɪnd] *adj inv* nicht fortgeführt [*o* weitergeführt]

un·swerv·ing [ʌn'swɜːvɪŋ, AM -'swɜːr-] *adj inv* ❶ (*unshakeable*) *commitment, loyalty* unerschütterlich, unbeirrbar; ■**to be ~ in sth** sich *akk* in etw *dat* nicht beirren lassen ❷ (*not turning*) ■**to be ~** nicht abweichen; **he marched straight through the crowd, ~ from the direct line to the door** er marschierte geradewegs durch die Menge, schnurstracks auf die

Tür zu

un·sym·pa·thet·ic [ˌʌnsɪmpəˈθetɪk, AM -t̬-] *adj* ❶ (*not showing sympathy*) ohne Mitgefühl *nach n, präd;* ■ **to be ~ about sth** wegen einer S. *gen* kein Mitgefühl zeigen ❷ (*not showing approval*) verständnislos; ■ **to be ~ toward sth** für etw *akk* kein Verständnis haben; **to show an ~ reaction to sth** auf etw *akk* mit Unverständnis reagieren ❸ (*not likeable*) *character* unsympathisch

un·taint·ed [ʌnˈteɪntɪd, AM -t̬-] *adj* ❶ *inv* FOOD unverdorben ❷ (*not corrupted*) makellos, unbefleckt; ■ **to be ~ by sth** von etw *dat* nicht beeinträchtigt sein; **~ name** guter Name; **~ reputation** untadeliger Ruf

un·tamed [ʌnˈteɪmd] *adj inv* wild, ungebändigt; *animal also* ungezähmt; **~ spirit** ungezügeltes Temperament

un·tan·gle [ʌnˈtæŋgl̩] *vt* ■ **to ~ sth** etw entwirren *a. fig;* **to ~ a mystery** ein Rätsel lösen

un·tapped [ʌnˈtæpt] *adj inv line, keg* nicht angezapft; *market* nicht erschlossen; *resources* ungenutzt, brachliegend *attr*

un·taxed [ʌnˈtækst] *adj inv income* steuerfrei; (*tax not paid for*) unversteuert

un·ten·able [ʌnˈtenəbl̩] *adj* (*form*) unhaltbar, nicht vertretbar

un·ten·ant·ed [ʌnˈtenəntɪd] *adj inv house, property* unbewohnt, leer

un·teth·er [ʌnˈteðəʳ, AM -ɚ] *vt* **to ~ an animal** ein Tier losbinden

un·think·able [ʌnˈθɪŋkəbl̩] **I.** *adj* ❶ (*unimaginable*) undenkbar, nicht vorstellbar ❷ (*shocking*) unfassbar **II.** *n no pl* ■ **the ~** das Unvorstellbare

un·think·ing [ʌnˈθɪŋkɪŋ] *adj inv* gedankenlos, unbedacht; (*unintentional*) unabsichtlich; **~ hostility to anything foreign** blinde Feindseligkeit gegen alles Fremde

un·think·ing·ly [ʌnˈθɪŋkɪŋli] *adv inv* gedankenlos, unbedacht; **I just said it ~** ich habe das nur so dahergesagt

un·thought of [ʌnˈθɔːtɒv, AM -ɑːv] *adj pred, inv,* **un·thought-of** *adj attr, inv* unvorstellbar; **~ details** nicht bedachte Einzelheiten; **to leave sth ~** etw nicht bedenken

un·tidi·ly [ʌnˈtaɪdɪli] *adv* unordentlich

un·tidi·ness [ʌnˈtaɪdɪnəs] *n no pl* Unordnung *f; of a person, dress* Unordentlichkeit *f*

un·tidy [ʌnˈtaɪdi] *adj* ❶ (*disordered*) unordentlich; *room* unaufgeräumt; *appearance* ungepflegt ❷ (*not well organized*) unsystematisch, schlampig *fam; thesis also* konzeptlos; **to have an ~ mind** einen wirren Geist haben

un·tie <-y-> [ʌnˈtaɪ] *vt* ❶ (*undo*) **to ~ a knot** einen Knoten lösen; **to ~ shoelaces** Schnürsenkel aufbinden ❷ (*undo fastening*) **to ~ a boat** ein Boot losbinden; **to ~ a parcel** ein Paket aufschnüren

un·til [ʌnˈtɪl] **I.** *prep* ❶ (*up to*) bis; **we waited ~ half past six** wir warteten bis halb sieben; **two more days ~ Easter** noch zwei Tage bis Ostern ❷ (*beginning at*) bis; **we didn't eat ~ past midnight** wir aßen erst nach Mitternacht **II.** *conj* (*esp form*) ❶ (*up to time when*) bis; **I laughed ~ tears rolled down my face** ich lachte, bis mir die Tränen kamen ❷ (*not before*) ■ **to not do sth ~ ...** etw erst [dann] tun, wenn ...; **he won't stop ~ everything is finished** er hört nicht eher auf, bis alles fertig ist; **he didn't have a girlfriend ~ he was thirty-five** er hatte erst mit 35 eine Freundin; **not ~ all the people are here, can we get started** solange nicht alle Leute da sind, können wir nicht anfangen

un·time·ly [ʌnˈtaɪmli] *adj* (*form*) ❶ (*inopportune*) ungelegen ❷ (*premature*) verfrüht, vorzeitig

un·tir·ing [ʌnˈtaɪərɪŋ, AM -ˈtaɪrɪŋ] *adj* unermüdlich

un·tir·ing·ly [ʌnˈtaɪərɪŋli, AM -ˈtaɪrɪŋ-] *adv* unermüdlich

un·ti·tled [ʌnˈtaɪtl̩d, AM -t̬-] *adj inv* ohne Titel *nach n;* SPORTS ohne Titelgewinn *nach n*

unto *prep* (*liter or old*) ❶ (*to*) zu; **for ~ us a child is born** denn uns ist ein Kind geboren; **do ~ others as you would be done by** was du nicht willst, dass man dir tu, das füg auch keinem andern zu ❷ (*until*) bis; **~ this day** bis zum heutigen Tage

un·told [ʌnˈtəʊld, AM -ˈtoʊld] *adj* ❶ *attr* (*immense*) unsagbar; *damage* immens; **~ misery** unsägliches Elend; **~ numbers of trees** unzählige Bäume; **~ wealth** unermesslicher Reichtum ❷ *inv* (*not told*) ungesagt; **her real secrets remain ~** ihre wirklichen Geheimnisse werden nicht preisgegeben; **this is better left ~** darüber schweigt man besser

un·touch·able [ʌnˈtʌtʃəbl̩] **I.** *adj* ❶ (*sacrosanct*) unantastbar, tabu ❷ *inv* (*fam: unbeatable*) unschlagbar ❸ *inv* REL unberührbar **II.** *n* ❶ REL Unberührbare(r) *f(m);* ■ **the ~s** *pl* die Unberührbaren ❷ (*pariah*) Aussätzige(r) *f(m)*

un·touched [ʌnˈtʌtʃt] *adj inv* ❶ (*not touched*) unberührt; **to be ~ by human hands** von Menschenhand unberührt sein ❷ *drink, food* nicht angerührt ❸ (*not affected*) ■ **to be ~ by sth** von etw *dat* nicht betroffen sein; ■ **to remain ~ by sth** von etw *dat* verschont bleiben; **to leave sth ~** etw verschont lassen ❹ (*indifferent*) unbewegt, ungerührt ❺ (*not mentioned*) unerwähnt; **to leave no detail ~** nicht die kleinste Kleinigkeit auslassen ❻ (*dated: sexually pure*) unberührt

un·to·ward [ˌʌntəˈwɔːd, AM -ˈtɔːrd] *adj* (*form*) ❶ (*unfortunate*) ungünstig; **unless anything ~ happens** wenn nichts dazwischenkommt; **~ side effects** unerwünschte Nebenwirkungen ❷ (*inappropriate*) *joke, remark* unpassend

un·trace·able [ʌnˈtreɪsəbl̩] *adj inv* unauffindbar

un·trained [ʌnˈtreɪnd] *adj inv* ungeübt; **she is ~ in psychology** sie hat keine Ausbildung in Psychologie; **to the ~ eye** dem ungeschulten Auge

un·tram·meled AM, **un·tram·melled** [ʌnˈtræməld] *adj* BRIT (*form*) ungehindert, frei; ■ **to be ~ by sb/sth** nicht an jdn/etw gebunden sein

un·trans·fer·able [ˌʌntræn(t)sˈfɜːrəbl̩] *adj inv* LAW nicht übertragbar

un·trans·lat·able [ˌʌntræn(t)sˈleɪtəbl̩, AM -t̬-] *adj* unübersetzbar

un·treat·able [ʌnˈtriːtəbl̩, AM -t̬-] *adj inv* MED unheilbar

un·treat·ed [ʌnˈtriːtɪd, AM -t̬-] *adj inv* BIOL, CHEM, MED unbehandelt; **~ sewage** ungeklärte Abwässer

un·tried [ʌnˈtraɪd] *adj* ❶ *inv* (*not tested*) ungetestet, noch nicht erprobt; **~ troops** nicht kampferprobte Truppen ❷ (*form: inexperienced*) unerfahren ❸ *inv* LAW noch nicht verhandelt; **the accused remains ~** der Beschuldigte wird nicht vor Gericht gestellt; **~ case** unerledigte Sache

un·trou·bled [ʌnˈtrʌbl̩d] *adj* nicht beunruhigt, sorglos; ■ **to be ~ by sth** sich *akk* von etw *dat* nicht beunruhigen lassen; **~ serenity** ruhige Gelassenheit

un·true [ʌnˈtruː] *adj* ❶ (*false*) *statement, story* unwahr, falsch ❷ *pred* (*not faithful*) untreu; ■ **to be ~ to sb/sth** jdm/etw untreu sein; **he's been ~ to his principles** er ist seinen Prinzipien untreu geworden ❸ (*not level*) vorstehend

un·trust·wor·thy [ʌnˈtrʌstˌwɜːði, AM -ˌwɜːr-] *adj* unzuverlässig

un·truth [ʌnˈtruːθ] *n* ❶ (*lie*) Unwahrheit *f;* **to tell an ~** (*euph*) flunkern *fam* ❷ *no pl* (*quality*) Unrichtigkeit *f,* Falschheit *f*

un·truth·ful [ʌnˈtruːθfəl] *adj* unwahr; (*tending to tell lies*) unaufrichtig

un·tuck [ʌnˈtʌk] *vt* **to ~ bedclothes** die Bettdecke zurückschlagen

un·turned [ʌnˈtɜːnd, AM -ˈtɜːrnd] *adj inv* nicht umgedreht; *soil* nicht umgegraben

un·tu·tored [ʌnˈtjuːtəd, AM -ˈtuːt̬ɚd] *adj* (*form*) ungeschult; ■ **to be ~ in sth** von etw *dat* keine Ahnung haben; **~ remark** unqualifizierte Bemerkung

un·twist [ʌnˈtwɪst] **I.** *vt* **to ~ wire** Draht aufdrehen; **to ~ threads** Fäden entwirren **II.** *vi* aufgehen; *wire* sich *akk* aufdrehen

un·us·able [ʌnˈjuːzəbl̩] *adj inv* unbrauchbar

un·used[1] [ʌnˈjuːzd] *adj inv* unbenutzt; *clothes* ungetragen; **~ property** ungenutzte [*o* leer stehende] Immobilien; **to go ~** nicht genutzt werden, ungenutzt bleiben; *talent, energy* brachliegen

U

un·used² [ʌn'ju:st] *adj pred (not accustomed)* ■**to be ~ to sth** an etw *akk* nicht gewöhnt sein

un·usual [ʌn'ju:ʒᵊl, AM -ʒuəl] *adj* ❶ *(not habitual)* ungewöhnlich; *(for a person)* untypisch ❷ *(remarkable)* ungewöhnlich, außergewöhnlich; ~ **taste** ausgefallener Geschmack

un·usual·ly [ʌn'ju:ʒᵊli, AM -ʒuəli] *adv* ungewöhnlich; **he was ~ polite** er war ungewohnt höflich; **~ for me, ...** ganz gegen meine Gewohnheit ...

un·ut·ter·able [ʌn'ʌtᵊrəbl, AM -ţ-] *adj (form)* unsäglich *geh,* unbeschreiblich; ~ **suffering** unbeschreibliches Leid

un·ut·ter·ably [ʌn'ʌtᵊrəbli, AM -ţ-] *adv (form)* unsäglich *geh,* unbeschreiblich

un·var·nished [ʌn'vɑ:nɪʃt, AM -'vɑ:r-] *adj inv* ❶ *(not coated) wood* unlackiert, ungefirnisst; ~ **furniture** naturbelassene Möbel ❷ *(straightforward)* einfach; **the ~ truth** *(fig)* die ungeschminkte Wahrheit

un·vary·ing [ʌn'veəriɪŋ, AM -'veri-] *adj* unveränderlich, gleich bleibend; *landscape* eintönig

un·veil [ʌn'veɪl] **I.** *vt* ❶ *(remove covering)* ■**to ~ sth** etw enthüllen; **she ~ed her face** sie entschleierte das Gesicht ❷ *(present to public)* **to ~ a product** ein Produkt der Öffentlichkeit vorstellen **II.** *vi* sich *akk* entschleiern, den Schleier abnehmen [*o fig* fallen lassen]

un·versed [ʌn'vɜ:st, AM -'vɜ:rst] *adj pred (form)* ■**to be ~ in sth** in etw *dat* nicht versiert sein; **I'm not entirely ~ in these matters** ich bin nicht so ganz unbewandert in diesen Dingen

un·voiced [ʌn'vɔɪst] *adj inv* ❶ *(form: unuttered)* unausgesprochen ❷ LING *(not voiced)* stimmlos

un·waged [ʌn'weɪdʒd] BRIT **I.** *adj inv* ❶ *(out of work)* ~ **adults** arbeitslose Erwachsene ❷ *(unpaid)* ~ **work** unbezahlte [*o* unentgeltliche] Arbeit **II.** *n* ■**the** ~ *pl* die Arbeitslosen *pl*

un·want·ed [ʌn'wɒntɪd, AM -'wɑ:nţɪd] *adj* unerwünscht; *clothes* abgelegt; ~ **advice** ungebetene Ratschläge; ~ **child** ungewolltes Kind; **to feel ~** sich *akk* unerwünscht fühlen; **to make sb feel ~** jdm das Gefühl geben, nicht erwünscht zu sein

un·wari·ly [ʌn'weərɪli, AM -'werɪli] *adv* unvorsichtig, unbedachtsam

un·war·rant·ed [ʌn'wɒrᵊntɪd, AM -'wɔ:rᵊnţɪd] *adj (form)* ❶ *(not justified)* ungerechtfertigt; *fears* unbegründet; *criticism* unberechtigt ❷ *(not authorized)* unrechtmäßig

un·wary [ʌn'weəri, AM -'weri] **I.** *adj* unvorsichtig, unachtsam **II.** *n* <*pl* -> ■**the** ~ der Unvorsichtige [*o* Unbesonnene]

un·washed [ʌn'wɒʃt, AM -'wɑ:ʃt] **I.** *adj inv* ungewaschen; ~ **dishes** ungespültes Geschirr; ~ **urchin** schmutziger Bengel *fam* **II.** *npl (pej)* **the** [**great**] ~ der Pöbel *pej*

un·wa·ver·ing [ʌn'weɪvᵊrɪŋ] *adj* unerschütterlich, standhaft; ~ **determination** eiserne Entschlossenheit; **to be ~ in one's support for sb** fest zu jdm halten

un·wed [ʌn'wed] *adj,* **un·wed·ded** [ʌn'wedɪd] *adj inv (dated)* unverheiratet, ledig; **an ~ mother** eine ledige Mutter

un·welcome [ʌn'welkəm] *adj* unwillkommen; ~ **guest** unwillkommener Gast; ~ **news** unerfreuliche Nachricht; **to feel ~** das Gefühl haben, nicht willkommen zu sein; **to make sb feel ~** jdm das Gefühl geben, nicht willkommen zu sein

un·well [ʌn'wel] *adj pred* unwohl; ■**sb is ~** jdm geht es nicht gut; **to feel ~** sich *akk* unwohl fühlen

un·whole·some [ʌn'həʊlsəm, AM -'hoʊl-] *adj* ungesund; **~-looking fruit** ungesund aussehendes Obst; **to be an ~ influence on sb** einen unguten Einfluss auf jdn ausüben; ~ **neighbourhood** zwielichtige Umgebung

un·wieldy [ʌn'wi:ldi] *adj* ❶ *(cumbersome)* unhandlich; *piece of furniture* sperrig ❷ *(ineffective)* unüberschaubar; ~ **system** schwerfälliges System

un·will·ing [ʌn'wɪlɪŋ] *adj* widerwillig, widerstrebend; ■**to be ~ to do sth** nicht gewillt sein, etw zu tun; **Natalie was ~ for her husband to accompany her to her school reunion** Nathalie wollte nicht, dass ihr Mann sie zum Klassentreffen begleitet

un·will·ing·ly [ʌn'wɪlɪŋli] *adv* widerwillig, ungern

un·will·ing·ness [ʌn'wɪlɪŋnəs] *n no pl* mangelnde Bereitschaft, Widerwilligkeit *f*

un·wind <unwound, unwound> [ʌn'waɪnd] **I.** *vi* ❶ *(unroll)* sich *akk* abwickeln ❷ *(relax)* sich *akk* entspannen **II.** *vt* ■**to ~ sth** etw abwickeln; **to ~ a rope from a spool** ein Seil von einer Spule abwickeln

un·wise [ʌn'waɪz] *adj* unklug

un·wise·ly [ʌn'waɪzli] *adv* unklugerweise; **you acted ~ in cancelling the test** es war unklug von dir, den Test abzusagen

un·wit·ting [ʌn'wɪtɪŋ, AM -ţ-] *adj* ❶ *(unaware)* ahnungslos; ~ **accomplice** ahnungsloser Komplize/ahnungslose Komplizin; ~ **victim** ahnungsloses Opfer ❷ *(unintentional)* unbeabsichtigt, unabsichtlich

un·wit·ting·ly [ʌn'wɪtɪŋli, AM -ţ-] *adv* ❶ *(without realizing)* unwissentlich ❷ *(unintentionally)* unabsichtlich, unbeabsichtigterweise

un·wom·an·ly [ʌn'wʊmənli] *adj (dated)* unweiblich

un·wonted [ʌn'wəʊntɪd, AM -'wɔ:nţɪd] *adj attr (form)* ungewohnt

un·work·able [ʌn'wɜ:kəbl, AM -'wɜ:r-] *adj* undurchführbar

un·world·li·ness [ʌn'wɜ:ldlɪnəs, AM -'wɜ:rld-] *n no pl* ❶ *(spiritual detachment)* Weltabgewandtheit *f* ❷ *(naivety)* Weltfremdheit *f*

un·world·ly [ʌn'wɜ:ldli, AM -'wɜ:rld-] *adj* ❶ *(spiritually-minded)* weltabgewandt; **he grew ever more ~** er zog sich immer mehr von der Welt zurück ❷ *(naive)* weltfremd, realitätsfern ❸ *(not of this world)* nicht von dieser Welt *präd*

un·wor·thy [ʌn'wɜ:ði, AM -'wɜ:r-] *adj (pej)* ❶ *(not deserving)* unwürdig; ■**to be ~ of sth** einer S. *gen* nicht würdig sein; **to be ~ of interest** nicht von Interesse sein ❷ *(unacceptable)* nicht würdig; **that was ~ of you** das war deiner nicht würdig ❸ *(discreditable)* verachtenswert

un·wrap <-pp-> [ʌn'ræp] *vt* ■**to ~ sth** ❶ *(remove wrapping)* etw auspacken ❷ *(fig: reveal)* etw enthüllen

un·written [ʌn'rɪtᵊn] *adj inv* nicht schriftlich fixiert; ~ **agreement** stillschweigendes Abkommen; ~ **law** ungeschriebenes Gesetz; ~ **traditions** mündliche Überlieferungen

un·yield·ing [ʌn'ji:ldɪŋ] *adj* ❶ *(physically firm)* ■**to be ~** nicht nachgeben; ~ **ground** harter Boden ❷ *(resolute)* unnachgiebig; ■**to be ~ in sth** in etw *dat* unnachgiebig sein, nicht nachgeben; ~ **opposition** hartnäckiger Widerstand; ~ **refusal** standhafte Weigerung

un·zip <-pp-> [ʌn'zɪp] *vt* ❶ *(open zip)* **to ~ a dress** an einem Kleid den Reißverschluss aufmachen ❷ COMPUT **to ~ a file** eine Datei auspacken [*o* entpacken]

up [ʌp] **I.** *adv inv* ❶ *(to higher position)* nach oben, hinauf; **hands ~!** Hände hoch!; **the water had come ~ to the level of the windows** das Wasser war bis auf Fensterhöhe gestiegen; **our flat is four flights ~ from here** unsere Wohnung ist vier Etagen höher; **bottom ~** mit der Unterseite nach oben; **to jump ~** aufspringen; **to pick sth ~** etw aufheben ❷ *(erect)* **just lean it ~ against the wall** lehnen Sie es einfach gegen die Wand; **to stand ~** aufstehen, sich *akk* erheben *geh;* **was she standing ~ or sitting down?** stand sie oder saß sie? ❸ *(out of bed)* auf[gestanden]; **they're not ~ yet** sie sind noch nicht auf[gestanden]; **to get ~** aufstehen ❹ *(above horizon)* **what time does the sun come ~ today?** wann geht heute die Sonne auf? ❺ *(northwards)* **on Tuesday she'll be travelling ~ to Newcastle from Birmingham** am Dienstag wird sie von Birmingham nach Newcastle hinauffahren; **she comes ~ from Washington about once a month on the train** sie kommt ungefähr einmal im Monat mit dem Zug aus Washington herauf ❻ *(at higher place)* oben; **~ in the hills/on the fifth floor** oben in den Bergen/im fünften Stock ❼ BRIT *(towards city)* **I'll be ~ in London this weekend** ich fahre an diesem Wochenende nach London ❽ BRIT *(at university)* **is he ~ at Cambridge yet?** hat er schon [mit seinem Studium] in

Cambridge angefangen? ⑨ (*toward sb*) heran; **a limousine drew ~ to where we were standing** eine Limousine kam auf uns zu; **she went ~ to the counter** sie ging zum Schalter; **to run ~ to sb** jdm entgegenlaufen; **to walk ~ to sb** auf jdn zugehen ⑩ (*at stronger position*) hoch, nach oben; **as a composer he was ~ there with the best** als Komponist gehörte er zur Spitze; **to move ~** aufsteigen; **to turn the music ~** die Musik lauter stellen ⑪ (*at higher level*) höher, gestiegen; **last year the company's turnover was £240 billion, ~ 3% on the previous year** letztes Jahr lag der Umsatz der Firma bei 240 Milliarden Pfund, das sind 3% mehr als im Jahr davor; **items on this rack are priced £50 ~** [*or* **from £50 ~**] die Waren in diesem Regal kosten ab 50 Pfund aufwärts; **this film is suitable for children aged 13 and ~** dieser Film ist für Kinder ab 13 Jahren geeignet; **the river is ~** der Fluss ist angeschwollen; **to go ~** steigen; **to push the number of unit sales ~** die Verkaufszahlen steigern; **to get the price ~** den Preis in die Höhe treiben ⑫ (*to point of*) **~ until** [*or* **till**] [*or* **to**] bis +*akk;* **~ until last week, we didn't know about it** bis letzte Woche wussten wir nichts davon; **~ to yesterday** bis gestern; **~ to** (*to the limit of*) bis zu; **he can overdraw ~ to £300** er kann bis zu 300 Pfund überziehen ⑬ (*leading*) in Führung; **Manchester is two goals ~** Manchester liegt mit zwei Toren in Führung ⑭ (*completely*) **they used ~ all their money on food** sie gaben ihr ganzes Geld für Essen aus; **when are you going to pay ~ the money you owe me?** wann zahlst du das Geld zurück, das du mir schuldest?; **to burn ~** [ganz] abbrennen; **to finish sth ~** etw aufbrauchen; **to fold ~ a piece of paper** ein Stück Papier zusammenfalten; **to tear ~ a letter** einen Brief zerreißen; **to wrap ~** sich *akk* warm anziehen ⑮ (*informed*) ■**to be ~ in sth** sich *akk* mit etw *dat* auskennen; **how well ~ are you in Spanish?** wie fit bist du in Spanisch? *fam* ⑯ LAW (*on trial*) unter Anklage; **he'll be ~ before the magistrate** er wird sich vor Gericht verantworten müssen; ■**to be ~ for sth** sich *akk* wegen einer S. *gen* vor Gericht verantworten müssen ⑰ (*in opposition to*) **to come ~ against sth/sb** es mit etw/jdm zu tun haben, sich *akk* mit etw/jdm konfrontiert sehen; **the company came ~ against some problems** die Firma stand vor einigen Problemen [*o* sah sich mit einigen Problemen konfrontiert] ⑱ AM (*apiece*) pro Person; **the score was 3 ~ at half-time** bei Halbzeit stand es 3 [für] beide ⑲ (*in baseball*) **now Boston's best batter is ~** jetzt ist Bostons bester Schläger am Schlag ⑳ (*dated fam: yes for*) ■**~ with sth/sb** hoch lebe jd/etw!; **~ with freedom!** es lebe die Freiheit! ▶PHRASES: **to be ~ with the clock** gut in der Zeit liegen; **to be all ~ with sb** das Aus für jdn bedeuten; **to be ~ against it** in Schwierigkeiten sein; **to be ~ for sth** für etw *akk* vorgesehen sein; *terms* zur Debatte stehen; **the house is ~ for sale** das Haus steht zum Verkauf; **to be ~ to sb** von jdm abhängen; **I'll leave it ~ to you ...** ich überlasse dir die Entscheidung, ...; **to be ~ to sb to do sth** jds Aufgabe sein, etw zu tun; **to be ~ to sth** (*contrive*) etw vorhaben [*o* im Schilde führen]; (*be adequate*) etw *dat* gewachsen sein, bei etw *dat* mithalten können; **he's ~ to no good** er führt nichts Gutes im Schilde **II.** *prep* ① (*to higher position*) ■**~ sth** etw *akk* hinauf; **~ the mountain** den Berg hinauf; **he walked ~ the hill** er lief den Hang hinauf; **we followed her ~ the stairs** wir folgten ihr die Treppe hinauf; **he climbed ~ the ladder** er stieg die Leiter hinauf ② (*along*) ■**~ sth** etw *akk* hinauf; **walk ~ the road** die Straße hinauflaufen [*o* entlanglaufen]; **just ~ the road** ein Stück die Straße hinauf, weiter oben in der Straße; **~ and down** auf und ab; **he was running ~ and down the path** er rannte den Pfad auf und ab; **strolling ~ and down the corridor** auf dem Gang auf und ab schlendern; (*all over*) **cinemas ~ and down the country** Kinos überall im Land ③ (*against flow*) ■**~ sth** etw *akk* aufwärts; **rowing ~ the river is very hard work** flussaufwärts [zu] rudern ist Schwerstarbeit; **to swim ~ the stream** stromauf[wärts] schwimmen; **a cruise ~ the Rhine** eine Fahrt den Rhein aufwärts ④ (*at top of*) oben auf +*dat;* **~ the stairs** am Ende der Treppe; **he's ~ that ladder** er steht dort oben auf der Leiter ⑤ AUS, BRIT (*fam: to*) **are you going ~ the club tonight?** gehst du heute Abend in den Club?; **we are going ~ the Palais** wir gehen tanzen [*o* in den Tanzsaal]; (*at*) **I'll see you ~ the pub later** ich treffe dich [*o* wir sehen uns] später in der Kneipe ▶PHRASES: **be ~ the creek** [*or vulg sl* **~ shit creek**] [**without a paddle**] [schön] in der Klemme [*o derb* Scheiße] sitzen; **~ hill and down dale** bergauf und bergab; **he led me ~ hill and down dale till my feet were dropping off** ich latschte mit ihm überall in der Gegend herum, bis mir fast die Füße abfielen; **a man with nothing much ~ top** BRIT (*fam*) ein Mann mit nicht viel im Kopf [*o* Hirnkasten]; **~ yours!** (*vulg*) ihr könnt mich mal! *derb* **III.** *adj inv* ① *attr* (*moving upward*) nach oben; **the ~ escalator** der Aufzug nach oben ② *attr* BRIT (*dated: travelling toward the city*) **what time does the next ~ train leave?** wann fährt der nächste Zug in die Stadt ab?; **~ platform** *Bahnsteig, von dem die Züge in die nächstgelegene Stadt abfahren* ③ *attr* PHYS **~ quark** Up-Quark *nt* ④ *pred* BRIT, AUS (*being repaired*) *road* aufgegraben; **the council has got the road ~** der Stadtrat hat die Straße aufgraben lassen ⑤ *pred* (*in horseracing*) zu Pferd ⑥ *pred* (*happy*) high *sl,* obenauf; ■**to be ~ about** [*or* **on**] [*or* **for** [**doing**]] **sth** von etw *dat* begeistert sein; **I'm really ~ for spending a posh weekend in Paris** ich freue mich total darauf, ein tolles Wochenende in Paris zu verbringen ⑦ *pred* BRIT (*dated: frothy*) schäumend ⑧ *pred* (*functioning properly*) funktionstüchtig; **do you know when the network will be ~ again?** weißt du, wann das Netz wieder in Betrieb ist?; **this computer is down more than it's ~** dieser Computer ist öfter gestört, als dass er läuft; **to be ~ and running** funktionstüchtig [*o* in Ordnung] sein; **to get sth ~ and running** etw wieder zum Laufen bringen ⑨ *pred* (*finished*) vorbei; **when the two hours were ~ ...** als die zwei Stunden um waren, ...; **the soldier's leave will be ~ at midnight** der Ausgang des Soldaten endet um Mitternacht; **your time is ~!** Ihre Zeit ist um! ⑩ *pred* (*fam: happening*) **sth is ~** irgendetwas ist im Gange; **what's ~?** was ist los? ⑪ (*interested in*) ■**to be ~ for sth: I think I'm ~ for a walk** ich glaube, ich habe Lust spazieren zu gehen [*o* auf einen Spaziergang]; **I'm ~ for going out to eat** ich möchte essen gehen ⑫ (*in opposition to*) **to be ~ against sth/sb** gegen etw/jdn stehen; **in this case, we're ~ against the law** in diesem Fall stehen wir gegen das Gesetz [*o* kommen wir mit dem Gesetz in Konflikt] **IV.** *n* (*fam: good period*) Hoch *nt;* **unfortunately, we won't always have ~s** leider gibt es für uns nicht immer nur Höhen ▶PHRASES: **to be on the ~ and ~** BRIT, AUS (*fam: be improving*) im Aufwärtstrend begriffen sein; **her career has been on the ~ and ~ since she moved into sales** seit sie im Vertrieb ist, geht es mit ihrer Karriere stetig aufwärts; *esp* AM (*be honest*) sauber sein *fam;* **is this deal on the ~ and ~?** ist das ein sauberes Geschäft? **V.** *vi* <-pp-> (*fam*) ■**to ~ and do sth** etw plötzlich tun; **after dinner they just ~ped and went without saying goodbye** nach dem Abendessen gingen sie einfach weg, ohne auf Wiedersehen zu sagen **VI.** *vt* <-pp-> ■**to ~ sth** ① (*increase*) *capacity* etw erhöhen; **to ~ the ante** [*or* **stakes**] den Einsatz erhöhen; **to ~ a price/tax rate** einen Preis/Steuersatz anheben ② (*raise*) etw erheben; **they ~ped their glasses and toasted the host** sie erhoben das Glas und brachten einen Toast auf den Gastgeber aus **VII.** *interj* auf!, los, aufstehen!

up and a'bout *adj,* **up and a'round** *adj pred, inv* (*fam*) ■**to be ~** auf [den Beinen] sein; (*no longer ill*) wieder auf den Beinen sein; **gosh, you're ~ early this morning!** Mann, du bist heute Morgen aber früh auf den Beinen! **up-and-'com·er** *n jd, der nach oben strebt* **up-and-com·ing** *adj attr* aufstrebend **'up-and-down** *adj attr* wechselvoll **up and 'down** *adj pred*

U

(*fam*) ■**to be** ~ Stimmungsschwankungen haben **up-and-'over** *adj inv* BRIT ~ **door** Schiebetür *f*

up·beat ['ʌpbi:t] **I.** *n* MUS Auftakt *m* **II.** *adj* (*fam*) *message* optimistisch; *mood* fröhlich, beschwingt; ■**to be** ~ **about sth** von etw *dat* begeistert sein

up·braid [ʌp'breɪd] *vt* (*form*) ■**to** ~ **sb** [**for sth**] jdn [wegen einer S. *gen*] tadeln [*o* rügen]

up·bring·ing ['ʌp,brɪŋɪŋ] *n usu sing* Erziehung *f;* **he was a cowboy by** ~ er wurde von Kindesbeinen an zum Cowboy erzogen

up·chuck ['ʌptʃʌk] AM **I.** *vi* (*fam*) [sich *akk*] erbrechen **II.** *vt* (*fam*) **to** ~ **food** Essen erbrechen **III.** *n* (*fam*) [Er]brechen *nt kein pl*

up·com·ing ['ʌp,kʌmɪŋ] *adj inv esp* AM bevorstehend, kommend

up·coun·try **I.** *adv* [ʌp'kʌntri] *inv* landeinwärts **II.** *adj* [,ʌp'kʌntri, AM 'ʌpkʌntri] *inv* im Landesinnern; ~ **tribesmen** Angehörige *pl* von Stämmen im Landesinneren **III.** *n* [,ʌp'kʌntri, AM 'ʌpkʌntri] *no pl* das Landesinnere

up·date **I.** *vt* [ʌp'deɪt] ❶ (*modernize*) ■**to** ~ **sth** etw aktualisieren [*o* auf den neuesten Stand bringen]; COMPUT ein Update machen; **to** ~ **the hardware** die Hardware nachrüsten; **to** ~ **the software** die Software aktualisieren ❷ (*inform*) ■**to** ~ **sb** jdn auf den neuesten Stand bringen; (*permanently*) jdn auf dem Laufenden halten **II.** *n* ['ʌpdeɪt] Aktualisierung *f,* Update *nt sl;* **the latest** ~ **on the traffic conditions** der aktuelle Bericht zur Verkehrslage

up·dat·ed [ʌp'deɪtɪd, AM -ṭ-] *adj inv* aktualisiert, überarbeitet

up·end [ʌp'end] **I.** *vt* (*fam*) ■**to** ~ **sth** etw hochkant stellen **II.** *vi* ❶ (*rise on end*) sich *akk* aufstellen ❷ (*submerge head*) *duck* tauchen

UPF [ju:pi:'ef] *n abbrev of* **ultraviolet protection factor**

up 'front *adv inv* ❶ (*in front*) ganz vorne ❷ (*in advance*) im Voraus

up·front [ʌp'frʌnt] *adj* (*fam*) ❶ *pred* (*frank*) offen; ■**to be** ~ **about sth** etw offen [*o* frei heraus] sagen; **to be** ~ **and honest** offen und ehrlich sein ❷ *attr* (*advance*) Voraus-; ~ **money** Vorschuss *m;* ~ **payment** Anzahlung *f* ❸ *esp* AM (*prominent*) herausragend, exponiert *geh*

up·grade [ʌp'greɪd] **I.** *vt* ❶ (*improve quality*) ■**to** ~ **sth** etw verbessern; COMPUT etw erweitern; **to** ~ **hardware** Hardware nachrüsten; **to** ~ **a program** eine verbesserte Version eines Programms erstellen ❷ (*raise in rank*) ■**to** ~ **sb** jdn befördern; ■**to** ~ **sth** etw aufwerten **II.** *n* ❶ COMPUT Aufrüsten *nt* ❷ (*version*) verbesserte Version; **a software** ~ eine verbesserte Version einer Software ❸ AM (*slope*) Steigung *f* ▸ PHRASES: **to be on the** ~ AM (*improving in health*) auf dem Wege der Besserung sein; (*advancing*) in einer Aufwärtsentwicklung begriffen sein; **our company has been on the** ~ **for the last six months** mit unserer Firma ging es in den letzten sechs Monaten stetig aufwärts

up·heav·al [ʌp'hi:vᵊl] *n* ❶ *no pl* (*change*) Aufruhr *m;* **emotional** ~ Aufruhr *m* der Gefühle; **political** ~ politische Umwälzung[en] ❷ GEOL Erhebung *f,* Aufwölbung *f;* ~ **of the earth's crust** Erhebung *f* der Erdkruste

up·hill [ʌp'hɪl] **I.** *adv inv* bergauf; **to run/walk** ~ bergauf laufen/gehen **II.** *adj* ❶ *inv* (*ascending*) bergauf ❷ (*fig: difficult*) mühselig; ~ **battle** harter Kampf **III.** *n* Steigung *f*

up·hold <-held, -held> [ʌp'həʊld, AM -'hoʊld] *vt* ■**to** ~ **sth** etw aufrechterhalten; **to** ~ **the law** das Gesetz [achten und] wahren; **to** ~ **the principle that ...** an dem Grundsatz festhalten, dass ...; **to** ~ **traditions** Bräuche pflegen; **to** ~ **a verdict** ein Urteil bestätigen

up·hold·er [ʌp'həʊldəʳ, AM -'hoʊldɚ] *n* Verteidiger(in) *m(f); of public order* Hüter(in) *m(f);* ■**to be an** ~ **of sth** etw verteidigen; **Nancy is the great** ~ **of tradition within our family** in unserer Familie ist Nancy diejenige, die die Tradition hochhält; **James is a passionately committed** ~ **of the cause** James ist ein leidenschaftlicher Verfechter der Sache

up·hol·ster [ʌp'həʊlstəʳ, AM -'hoʊlstɚ] *vt* ❶ **to** ~ **furniture** (*pad*) ein Möbelstück [auf]polstern; (*cover*) ein Möbelstück beziehen ❷ (*furnish*) **to** ~ **a room** ein Zimmer ausstatten

up·hol·stered [ʌp'həʊlstəd, AM -'hoʊlstɚd] *adj inv* ❶ (*covered*) gepolstert; ~ **chair** Polsterstuhl *m* ❷ (*hum fam: plump*) **well** ~ gut gepolstert *hum*

up·hol·ster·er [ʌp'həʊlstᵊrəʳ, AM -'hoʊlstɚɚ] *n* Polsterer, Polsterin *m, f*

up·hol·stery [ʌp'həʊlstᵊri, AM -'hoʊl-] *n no pl* ❶ (*padding*) Polsterung *f;* (*covering*) Bezug *m;* **leather** ~ Lederbezug *m;* **faded** ~ zerschlissener Bezug ❷ (*activity*) Polstern *nt*

up·keep ['ʌpki:p] *n no pl* ❶ (*maintenance*) Instandhaltung *f* ❷ (*cost*) Instandhaltungskosten *pl* ❸ (*support*) *of people* Unterhalt *m; of animals* Haltungskosten *f*

up·land ['ʌplənd] **I.** *adj attr, inv* Hochland-; ~ **plain** Hochebene *f;* ~ **village** Bergdorf *nt* **II.** *n* ■**the** ~**s** *pl* das Hochland *kein pl*

up·lift ['ʌplɪft] **I.** *vt* ❶ (*raise*) ■**to** ~ **sth** etw anheben; *soil* aufwerfen ❷ (*stimulate*) ■**to** ~ **sb** jdn [moralisch] aufrichten, jdm [wieder] Auftrieb geben *fam* **II.** *n* ❶ (*elevation*) Aufschwung *m* ❷ GEOL Hebung *f* ❸ (*influence*) Erbauung *f;* **to give moral** ~ **to sb** jdn [moralisch] aufbauen

up·lift 'bra *n* Stütz-BH *m*

up·lift·ed [ʌp'lɪftɪd] *adj* ❶ (*form: raised*) erhoben; **with** ~ **arms/hands** mit erhobenen Armen/Händen ❷ (*stimulated*) ■**to be** ~ **by sth** von etw *dat* erbaut sein

up·lift·ing [ʌp'lɪftɪŋ] *adj* (*form*) erbaulich

up·'mar·ket *adv no pl* besser; **to take sth** ~ etw in eine teurere Gegend verlegen

up·mar·ket [,ʌp'mɑ:kɪt, AM 'ʌp,mɑ:r-] *esp* BRIT **I.** *adj goods* hochwertig, exklusiv; ~ **consumers** anspruchsvolle Kunden, -innen *mpl, fpl;* ~ **hotel** Luxushotel *nt;* ~ **products** Produkte *ntpl* der gehobenen Preisklasse **II.** *adv* in der gehobenen Preisklasse, im oberen Marktsegment; **to go** ~ in die gehobene Preisklasse wechseln, exklusiver werden; **to place** [*or* **position**] **sth** ~ etw in einer höheren Preisklasse anbieten

upon [ə'pɒn, AM ə'pɑ:n] *prep* (*usu form*) ❶ (*on top of*) auf +*dat; with verbs of motion* auf +*akk;* **there are two books lying** ~ **my desk** auf meinem Schreibtisch liegen zwei Bücher; **he put his hand** ~ **her shoulder** er legte seine Hand auf ihre Schulter ❷ (*around*) an +*dat;* **the watch** ~ **his wrist** die Uhr an seinem Handgelenk ❸ (*hanging on*) an +*dat;* ~ **the wall/ceiling** an der Wand/Decke ❹ (*at time of*) bei +*dat;* ~ **arrival** bei Ankunft; ~ **the count of three, start running** bei drei lauft ihr los; **once** ~ **a time** vor langer Zeit ❺ (*form: about*) über +*akk;* **after meditating** ~ **the idea a few minutes** nachdem sie einige Minuten über die Sache nachgedacht hatte; **I'll have more to say** ~ **that subject later** ich werde zu diesem Punkt später noch mehr sagen ❻ (*form: through medium of*) auf +*akk;* ~ **paper** auf Papier ❼ (*with base in*) auf +*akk;* **he swore** ~ **his word** er schwor bei seinem Wort ❽ (*concerning*) **don't try to force your will** ~ **me** versucht' nicht, mir deinen Willen aufzuzwingen; **we settled** ~ **a price** wir einigten uns auf einen Preis; **he was intent** ~ **following in his father's footsteps** er war entschlossen, in die Fußstapfen seines Vaters zu treten ❾ (*responsibility of*) **it is** ~ **your shoulders** es liegt in deinen Händen; **we're relying** ~ **you** wir verlassen uns auf dich ❿ *after vb* (*against*) gegen +*akk* ⓫ *after vb* (*across*) über +*akk* ⓬ (*following*) nach +*dat;* **they suffered defeat** ~ **defeat** sie erlitten eine Niederlage nach der anderen ⓭ (*currently happening*) **to be** ~ **sb** jdm bevorstehen

up·per ['ʌpəʳ, AM -ɚ] **I.** *adj attr, inv* ❶ (*higher, further up*) obere(r, s); ANAT *abdomen, arm, jaw, lip* Ober-; ~ **part of the body** Oberkörper *m;* ~ **tooth** oberer Zahn, Zahn *m* des Oberkiefers ❷ *importance, rank* obere(r, s), höhere(r, s); **to reach the** ~ **ranks of the Civil Service** in die höhere Beamtenlaufbahn vorstoßen; **the** ~ **echelons of society** die oberen Schichten der Gesellschaft; **the** ~ **middle class** die gehobene Mittelschicht ❸ *location* höher gelegen; **U~ Egypt** Oberägypten *nt;*

the U~ Rhine der Oberrhein; **the ~ reaches of a river** der Oberlauf eines Flusses **II.** *n* ❶ (*part of shoe*) Obermaterial *nt;* **leather ~s** Obermaterial Leder ❷ (*sl: drug*) Aufputschmittel *nt* ▶ PHRASES: **to be on one's ~s** (*fam or dated*) [völlig] abgebrannt sein *fam,* auf dem Trockenen sitzen *fam*

'up·per-body ['ʌpəbɒdi, AM 'ʌpɚbɑ:di] *n modifier* (*exercise, workout, strength*) Oberkörper- **up·per 'case** *n* TYPO ■**in ~** in Großbuchstaben **up·per-case 'let·ter** *n* TYPO Großbuchstabe *m* **up·per 'cham·ber** *n* POL Oberhaus *nt* **up·per 'class** *n + sing/pl vb* Oberschicht *f* **'up·per-class** *adj* der Oberschicht *nach n;* **in ~ circles** in den gehobenen Kreisen **up·per 'crust** *n* (*fam*) ■**the ~** die oberen Zehntausend **'up·per-cut** *n* BOXING Uppercut *m fachspr,* Aufwärtshaken *m* **up·per 'deck** *n of bus, ship* Oberdeck *nt; of bridge* oben liegende Fahrbahn **up·per 'hand** *n* **to have/gain** [*or* **get**] **the ~** die Oberhand haben/gewinnen; SPORTS **who has the ~ in the first set at the moment?** wer führt denn gerade im ersten Satz?; **to let sb get the ~** jdm die Führung überlassen **up·per 'house** *n* POL Oberhaus *nt;* ■**the U~ House** (*House of Lords*) das Oberhaus; (*in Germany, Austria*) Bundesrat *m;* (*in Switzerland*) Ständerat *m;* (*in the USA*) Senat *m* **up·per·most** *inv* **I.** *adj* ❶ (*highest, furthest up*) oberste(r, s), höchste(r, s); **the ~ floors** [*or* **storeys**] [*or* AM **stories**] die obersten Etagen [*o* Stockwerke] ❷ (*most important*) wichtigste(r, s); ■**to be ~** an erster Stelle stehen; **to be ~ in one's mind** jdn am meisten beschäftigen **II.** *adv* obenauf, ganz oben

up·pish ['ʌpɪʃ] *adj* (*pej fam*), **up·pi·ty** ['ʌpɪti, AM -t̬-] *adj* (*pej fam*) hochnäsig, hochmütig; *reaction* schnippisch; **to get** [*or* **become**] **~** ein arrogantes Benehmen an den Tag legen

up·right ['ʌpraɪt] **I.** *adj* ❶ (*vertical*) senkrecht; (*erect*) stehend, aufrecht; **the umpire's ~ finger** der erhobene Finger des Schiedsrichters; **~ freezer** Gefrierschrank *m;* **~ unit** Standgerät *nt;* **~ vacuum cleaner** Handstaubsauger *m* ❷ (*approv: honest*) aufrecht, redlich, anständig; **he's a ~ citizen** er ist ein rechtschaffener Bürger **II.** *adv* (*vertical*) senkrecht; (*erect*) aufrecht; **bolt ~** kerzengerade; **to sit/stand ~** aufrecht [*o* gerade] sitzen/stehen **III.** *n* ❶ (*upright piano*) Klavier *nt* ❷ TECH (*perpendicular*) [Stütz]pfeiler *m,* Pfosten *m;* (*column*) Säule *f* ❸ FBALL Pfosten *m*

up·right·ly ['ʌpraɪtli] *adv* (*approv*) aufrecht, redlich, anständig; **to live ~** ein rechtschaffenes Leben führen

up·right·ness ['ʌpraɪtnəs] *n no pl* (*approv*) Aufrichtigkeit *f,* Rechtschaffenheit *f,* Redlichkeit *f*

up·right pi·'ano *n* Klavier *nt*

up·ris·ing ['ʌpˌraɪzɪŋ] *n* Aufstand *m;* **peasant ~** Bauernaufstand *m;* **popular ~** Volkserhebung *f;* **to crush** [*or* **quell**] **an ~** einen Aufstand niederschlagen

up·river [ˌʌp'rɪvəʳ, AM -ɚ] **I.** *adj* flussaufwärts gelegen **II.** *adv* flussaufwärts

up·roar ['ʌprɔ:ʳ, AM -rɔ:r] *n no pl* ❶ (*noise*) Lärm *m,* Toben *nt* ❷ (*protest*) Aufruhr *m,* Tumult *m*

up·roari·ous [ʌp'rɔ:riəs] *adj* ❶ (*loud and disorderly*) stürmisch, turbulent; **~ crowd** lärmende Menge; **~ laughter** schallendes Gelächter ❷ (*extremely amusing*) urkomisch, zum Schreien *präd fam*

up·roari·ous·ly [ʌp'rɔ:riəsli] *adv* urkomisch; **~ funny** wahnsinnig komisch, zum Totlachen [*o* Schreien] *präd fam;* **to laugh ~** schallend lachen, sich *akk* vor Lachen kaum halten können

up·root [ʌp'ru:t] *vt* ❶ (*extract from ground*) **to ~ a plant** eine Pflanze herausreißen; **to ~ a tree** einen Baum entwurzeln ❷ (*remove from one's home*) ■**to ~ sb** jdn aus der gewohnten Umgebung herausreißen; ■**to ~ oneself** seine Heimat verlassen; **his family was ~ed by the war** seine Familie wurde durch den Krieg entwurzelt ❸ (*fig: eradicate*) ■**to ~ sth** etw ausmerzen [*o* ausrotten] *fig*

ups-a-dai·sy [ˌʌpsə'deɪzi, ˌʊps-] *interj* (*esp childspeak fam*) hoppla *fam*

up·scale [ˌʌp'skeɪl] *esp* AM **I.** *adj* ECON hochwertig, exklusiv, der oberen Preisklasse *nach n,* des oberen Marktsegments *nach n;* **for an ~ target group** für einen anspruchsvollen Kundenkreis **II.** *adv* ECON in der gehobenen Preisklasse, im oberen Marktsegment; **to go** [*or* **move**] **~** in die gehobene Preisklasse wechseln; **to place** [*or* **position**] **sth ~** etw in einer höheren Preisklasse anbieten

up·set I. *vt* [ʌp'set] ❶ (*push over*) ■**to ~ sth** etw umwerfen; **to ~ a boat** ein Boot zum Kentern bringen; **to ~ a glass** ein Glas umstoßen [*o* umkippen] ❷ (*psychologically unsettle*) ■**to ~ sb** jdn aus der Fassung bringen; (*distress*) jdn mitnehmen, jdm an die Nieren gehen *fam;* ■**to ~ oneself** sich *akk* aufregen ❸ (*throw into disorder*) ■**to ~ sth** etw durcheinanderbringen ❹ MED **to ~ sb's metabolism** jds Stoffwechsel *m* durcheinanderbringen; **to ~ sb's stomach** jdm auf den Magen schlagen ▶ PHRASES: **to ~ the apple cart** (*fam*) alle Pläne über den Haufen werfen [*o* zunichtemachen] **II.** *adj* [ʌp'set] ❶ (*up-ended*) umgestoßen, umgeworfen, umgekippt ❷ *pred* (*disquieted*) ■**to be ~** (*nervous*) aufgeregt sein; (*angry*) aufgebracht sein; (*distressed*) bestürzt [*o* betroffen] sein; (*sad*) traurig sein; **to get ~ about sth** sich *akk* über etw *akk* aufregen; ■**to be ~** [**that**] ... traurig sein, dass ...; **he was very ~** [**that**] **you didn't reply to his letters** es hat ihn sehr getroffen, dass du auf seine Briefe nicht geantwortet hast; **don't be** [*or* **get**] **~** reg dich nicht auf; **to be ~ to hear/read/see that ...** bestürzt sein zu [*o* mit Bestürzung] hören/lesen/sehen, dass ... ❸ *inv* (*fam: bilious*) **to have an ~ stomach** [*or fam* **tummy**] sich *dat* den Magen verdorben haben **III.** *n* ['ʌpset] ❶ *no pl* (*trouble*) Ärger *m;* (*argument*) Verstimmung *f;* (*psychological*) Ärgernis *nt;* **it was a great ~ to his self-image** sein Selbstverständnis hat darunter sehr gelitten; ■**to be an ~ to sb** jdm nahegehen, jdn mitnehmen; **to be an ~ to sth's equilibrium** das Gleichgewicht einer S. *gen* [empfindlich] stören; **to have an ~** eine Meinungsverschiedenheit haben ❷ *esp* SPORTS (*great surprise*) unliebsame Überraschung; **one of the major ~s of this year's Wimbledon was the elimination of the favourite** eine der großen Enttäuschungen des diesjährigen Wimbledon-Turniers war das Ausscheiden des Favoriten ❸ (*fam: stomach*) **stomach** [*or fam* **tummy**] **~** verdorbener Magen, Magenverstimmung *f*

'up·set price *n* AM Mindestpreis *m*

up·set·ting [ʌp'setɪŋ, AM -t̬-] *adj* schlimm, erschütternd; (*saddening*) traurig; (*annoying*) ärgerlich

up·shot ['ʌpʃɒt, AM -ʃɑ:t] *n no pl* [End]ergebnis *nt;* **the ~** [**of it all**] **is that ...** letzten Endes lief es darauf hinaus, dass ..

up·side ['ʌpsaɪd] *n no pl* ❶ (*advantage*) Vorteil *m* ❷ ECON Kursgewinn *m*

up·side 'down I. *adj inv* ❶ (*inverted position*) auf dem Kopf stehend *attr;* **that picture is ~** dieses Bild hängt verkehrt herum; **an ~ gymnast was hanging from the wall bars** ein Turner hing mit dem Kopf nach unten an der Sprossenwand ❷ (*fig: very confused*) verkehrt; **~ world** verkehrte Welt **II.** *adv inv* (*inverted position*) verkehrt herum; **the plane was flying ~** das Flugzeug flog auf dem Kopf; **my whole world turned ~ when I met Alan** (*fig*) mein Leben ist völlig durcheinandergeraten, als ich Alan getroffen habe; **to turn sth ~** etw auf den Kopf stellen *a. fig*

up·stage I. *adj* [ʌp'steɪdʒ, AM 'ʌpsteɪdʒ] THEAT im hinteren Bühnenbereich *nach n* **II.** *adv* [ʌp'steɪdʒ, AM 'ʌpsteɪdʒ] THEAT **to look ~** in Richtung Bühnenhintergrund schauen **III.** *vt* ['ʌpsteɪdʒ] ■**to ~ sb** ❶ THEAT **he made a typical young actor's mistake: he ~d the star of the show** er machte einen Fehler, der für unerfahrene Schauspieler typisch ist: er trat auf der Bühne zurück und zwang so den Hauptdarsteller, dem Publikum den Rücken zuzuwenden ❷ (*outshine*) jdm die Schau stehlen, jdn in den Schatten stellen

up·stairs [ʌp'steəz, AM -'sterz] *inv* **I.** *adj* oben *präd,* obere(r, s) *attr;* **the ~ windows** die Fenster *ntpl* im Obergeschoss **II.** *adv* (*upward movement*) nach oben; (*higher position*) oben; **the**

people who live ~ die Leute über uns; **to run** ~ nach oben rennen; **to stay** ~ oben bleiben **III.** *n no pl* Obergeschoss *nt*, oberes Stockwerk

up·stand·ing [ʌpˈstændɪŋ] *adj* ❶ (*honest*) aufrecht *fig*, rechtschaffen, aufrichtig ❷ (*erect*) groß gewachsen; (*strong*) kräftig ❸ BRIT (*form: stand up*) ■**to be** ~ sich *akk* erheben; LAW **the court will be** ~ bitte erheben Sie sich

up·start [ˈʌpstɑːt, AM -stɑːrt] *n* (*usu pej*) Emporkömmling *m pej*, Parvenü [*o* ÖSTERR Parvenu] *m pej*

up·state [ˈʌpsteɪt] AM **I.** *adj* im ländlichen Norden [des Bundesstaates] *präd;* **in** ~ **New York** im ländlichen Teil New Yorks **II.** *adv* in den/im ländlichen Norden [des Bundesstaates]; **to go/move** ~ ins Hinterland ziehen; **to travel** ~ in den nördlichen Teil reisen

up·stream [ʌpˈstriːm] **I.** *adj* **the** ~ **part of the river** der obere Teil des Flusses; ~ **pollution** Verschmutzung *f* im oberen Flusslauf **II.** *adv move, paddle, swim* flussaufwärts, stromaufwärts; **they live eight kilometres** ~ **from Amsterdam** sie wohnen acht Kilometer flussaufwärts von Amsterdam; **factories situated** ~ am oberen Flusslauf gelegene Fabriken; **to swim** ~ gegen den Strom schwimmen

up·surge [ˈʌpsɜːdʒ, AM -sɜːrdʒ] *n* rasche Zunahme, starkes Anwachsen; ~ **of attention** steigende Aufmerksamkeit; ~ **in inflation** Inflationsstoß *m;* ~ **in prices** Preisanstieg *m;* **an** ~ **in students** ein steiler Anstieg der Studentenzahlen; **the** ~ **of violence** die stark zunehmende Gewalt; **cyclical** ~ Konjunkturaufschwung *m*

up·swing [ˈʌpswɪŋ] *n* ECON Aufschwung *m;* ■**to be on the** ~ ansteigen, zunehmen; ~ **in economic activity** [*or* **the economy**] Konjunkturaufschwung *m;* ~ **in exports** Exportsteigerung *f*

up·take [ˈʌpteɪk] *n no pl* ❶ (*absorption*) *of nutrients, water* Aufnahme *f* ❷ BRIT, AUS (*level of usage*) Nutzungsgrad *m* ▸ PHRASES: **to be quick on the** ~ (*fam*) schnell schalten *fam;* **to be slow on the** ~ (*fam*) schwer von Begriff sein *fam*, eine lange Leitung haben *fam*

up·tem·po [ˌʌpˈtempəʊ, AM -poʊ] *adj* MUS schneller, flotter

up·tight [ʌpˈtaɪt] *adj* (*fam*) ❶ (*nervous*) nervös; (*anxious*) ängstlich; **to be/get** ~ [**about sth**] [wegen einer S. *gen*] nervös sein/werden; **don't get** ~ **about the exam** mach dich wegen der Prüfung nicht verrückt *fam* ❷ (*stiff in outlook*) verklemmt, verkrampft; **there's no need to be so** ~ **all the time!** sieh doch nicht immer alles so furchtbar eng!

up to *prep* ❶ (*to point of*) bis; **we read** ~ **page 24** wir haben bis Seite 24 gelesen; **we drove** ~ **the North Sea** wir sind an die Nordsee gefahren ❷ (*over to*) zu +*dat;* **go** ~ **the counter** geh' zum Schalter ❸ (*submerged to*) bis zu +*dat;* ~ **the knees/waist** bis zu den Knien/der Hüfte; **to have it** ~ [*or* **one's ears**] **here** [**with sth**] (*fig*) die Nase voll [von etw *dat*] haben ❹ (*to time of*) bis; ~ **midnight/noon/yesterday** bis Mitternacht/zum Nachmittag/gestern ❺ (*decision of*) **to be** ~ **sb/sth** an jdm/etw liegen; **to leave sth** ~ **sb** jdm etw *akk* überlassen ❻ (*responsibility of*) **to be** ~ **sb** jdm obliegen ❼ (*secretly doing*) **to be** ~ **sth** etw vorhaben; **to be** ~ **something/no good** etwas/nichts Gutes im Sinn haben ❽ (*well enough to*) **to be/feel** ~ **doing sth** im Stande sein/sich *akk* im Stande fühlen, etw *akk* zu tun

up to ˈdate *adj pred* ■**to be** ~ auf dem neuesten Stand sein; (*well-informed*) auf dem Laufenden sein; **to bring sb** ~ jdn über den neuesten Stand informieren; **to bring sth** ~ etw aktualisieren [*o* auf den neuesten Stand bringen]; **to keep sb/sth** ~ jdn/etw auf dem neuesten Stand halten; **please keep me** ~ **on the latest share prices** informieren Sie mich bitte laufend über die aktuellen Aktienpreise

ˈup-to-date *adj attr* modern, zeitgemäß; (*well-informed*) *information, report* aktuell

up-to-the-ˈmin·ute *adj* allerneueste(r, s) *attr,* allerletzte(r, s) *attr,* hochaktuell; ~ **information** brandneue Informationen *pl*

up·town [ʌpˈtaʊn] AM **I.** *adj inv* (*in north of city*) im Norden *nach n;* (*in residential area*) in den [nördlichen] Wohngebieten *nach n;* (*with affluent connotations*) im Villenviertel *nach n*, im Nobelviertel *nach n;* ~ **boy/girl** Junge *m*/Mädchen *nt* aus den besseren Kreisen; **in** ~ **Manhattan** im nördlichen, vornehmen Teil Manhattans **II.** *adv inv* (*in residential area*) in den [nördlichen] Wohngebieten; (*with affluent connotations*) im Villenviertel [*o* Nobelviertel]; (*to residential area*) in die [nördlichen] Wohngebiete; (*to wealthy area*) ins Villenviertel; **we could walk** ~ **or we could take the train** wir können in die Nordstadt laufen oder mit dem Zug fahren; **I can get lunch in Chinatown for half of what it costs** ~ in Chinatown kostet ein Mittagessen nur halb so viel wie in den teuren Vierteln **III.** *n* (*residential area*) Wohngebiet *nt,* Wohnviertel *nt;* (*wealthy area*) Villenviertel *nt*

up·trend [ˈʌptrend] *n esp* AM Aufwärtstrend *m,* Aufschwung *m*

up·turn [ˈʌptɜːn, AM -tɜːrn] *n* Aufwärtstrend *m,* Aufschwung *m;* ~ **in the economy** Konjunkturaufschwung *m*

up·turned [ˈʌptɜːnd, AM -tɜːrnd] *adj* nach oben gewendet; *table* umgedreht; *bucket* umgekippt; *boat* gekentert; ~ **nose** Stupsnase *f;* **with** ~ **palms** mit den Handflächen nach oben

up·ward [ˈʌpwəd, AM -wɚd] **I.** *adj inv usu* AM Aufwärts-, nach oben *nach n;* **to move in an** ~ **direction** sich *akk* aufwärts [*o* nach oben] bewegen; ~ **movement** Aufwärtsbewegung *f* **II.** *adv* nach oben; **he looked** ~ **to the sky** er sah hinauf [*o* hoch] zum Himmel; **from childhood** ~ von Kindheit an

up·ward·ly [ˈʌpwədli, AM -wɚd-] *adv inv* nach oben, aufwärts

up·ward·ly ˈmo·bile *adj* sozial aufsteigend; ■**to be** ~ [sozial] aufsteigen, ein Aufsteiger/eine Aufsteigerin sein

up·ward mo·ˈbil·ity *n* sozialer Aufstieg

ˈup·ward of *prep, adv esp* AM *see* **upwards of**

up·wards [ˈʌpwədz, AM -wɚdz] *adv inv* ❶ (*move upwards*) nach oben, aufwärts; **from the waist** ~ von der Taille aufwärts ❷ (*with numbers*) nach oben; **to revise costs** ~ die Kosten nach oben korrigieren

up·ward ˈtrend *n* Aufwärtstrend *m,* Aufwärtsentwicklung *f;* ~ **in inflation** Inflationsstoß *m*

up·wind [ʌpˈwɪnd] **I.** *adj* auf der Windseite *nach n;* ~ **side** Windseite *f* **II.** *adv* gegen den Wind

urae·mia [jʊəˈriːmiə], AM **ure·mia** [juːˈ-] *n* MED Urämie *f fachspr,* Harnvergiftung *f*

ura·nium [jʊəˈreɪniəm, AM jʊˈ-] *n no pl* CHEM, PHYS Uran *nt*

Ura·nus [ˈjʊərᵊnəs, AM ˈjʊr-] *n no art* ASTRON Uranus *m*

ur·ban [ˈɜːbᵊn, AM ˈɜːr-] *adj attr* städtisch, urban *geh;* ~ **area** Stadtgebiet *nt;* ~ **blight** (*run-down part of town*) heruntergekommener Stadtteil; (*piece of misplanning*) Verschandelung *f* des Stadtbildes; ~ **centre** [*or* AM **center**] Stadtzentrum *nt;* ~ **decay** (*in centre*) Verfall *m* der Innenstadt; (*in residential area*) Verslumung *f;* ~ **jungle** (*pej*) Großstadtdschungel *m meist pej;* ~ **planning** Stadtplanung *f;* ~ **population** Stadtbevölkerung *f,* Stadtbewohner *mpl;* ~ **redevelopment** Stadtsanierung *f;* ~ **renewal** Stadterneuerung *f;* ~ **sprawl** Zersiedelung *f*

ur·bane [ɜːˈbeɪn, AM ɜːrˈ-] *adj* (*approv*) weltmännisch, weltgewandt, urban *geh;* ~ **manner** kultivierte [*o* weltmännische] Art; ~ **words** höfliche Worte

ur·bane·ly [ɜːˈbeɪnli, AM ɜːrˈ-] *adv* (*approv*) weltmännisch, weltgewandt, urban *geh*

ur·ban guer·ˈril·la *n* (*group*) Stadtguerilla *f;* (*person*) Stadtguerilla *m*

ur·ban·ity [ɜːˈbænəti, AM ɜːrˈbænət̬i] *n no pl* (*approv*) weltmännische Art, Weltgewandtheit *f,* Urbanität *f geh*

ur·bani·za·tion [ˌɜːbᵊnaɪˈzeɪʃᵊn, AM ˌɜːrbᵊnɪˈ-] *n no pl* Verstädterung *f,* Urbanisierung *f geh*

ur·ban·ize [ˈɜːbᵊnaɪz, AM ˈɜːr-] *vt* ■**to** ~ **sth** etw verstädtern [*o geh* urbanisieren]

ur·chin [ˈɜːtʃɪn, AM ˈɜːr-] *n* ❶ (*homeless child*) **street** ~ Straßenkind *nt;* (*boy*) Gassenjunge *m* ❷ (*hum dated: impudent child*)

Range *f o selten a. m* DIAL; (*boy*) Bengel *m*

ure·mia *n* AM *see* **uraemia**

urethra <*pl* -s *or* -rae> [jʊə'ri:θrə, AM jʊ'-, *pl* -ri:] *n* ANAT Urethra *f fachspr,* Harnröhre *f*

urethrae [jʊə'ri:θri:, AM jʊ'-] *n pl of* **urethra**

urge [ɜ:dʒ, AM ɜ:rdʒ] **I.** *n* (*strong desire*) Verlangen *nt,* [starkes] Bedürfnis (**for** nach +*dat*); (*compulsion*) Drang *m* (**for** nach +*dat*); PSYCH Trieb *m;* **a violent ~ came over him** ihn überkam ein heftiges Verlangen; **if you get the ~ to go out tonight, give me a ring** ruf mich an, wenn du heute Abend Lust bekommst, auszugehen; **irresistible ~** unwiderstehliches Verlangen; **sexual ~** Sexual-/Geschlechtstrieb *m;* **to control/repress an ~** einen Trieb kontrollieren/unterdrücken; **to give in** [*or* **way**] **to the ~ to do sth** dem Verlangen, etw zu tun, nicht widerstehen können **II.** *vt* ❶ (*press*) ■**to ~ sb somewhere: on arriving at the house he ~d her inside** nach der Ankunft drängte er sie in das Haus hinein; ■**to ~ sb away from sth** jdn von etw *dat* wegdrängen; ■**to ~ sb** [**into doing sth**] jdn antreiben [*o* drängen][, etw zu tun]; **to ~ dogs/horses** Hunde/Pferde antreiben ❷ (*try to persuade*) ■**to ~ sb** [**to do sth**] jdn drängen [*o* eindringlich bitten][, etw zu tun] ❸ (*seriously advocate*) ■**to ~ sth** auf etw *akk* dringen, zu etw *dat* drängen; **'don't have anything more to do with him!' her mother ~d** „gib dich nicht mehr mit ihm ab!" mahnte sie ihre Mutter eindringlich; **we ~d that the plans be submitted immediately** wir drängten darauf, die Pläne sofort weiterzuleiten; **I ~ you to take the time to reconsider your decision** ich rate Ihnen dringend, sich die Zeit zu nehmen, Ihren Beschluss zu überdenken; **to ~ caution/vigilance** zur Vorsicht/Wachsamkeit mahnen; **to ~ peace** sich *akk* für den Frieden einsetzen ❹ (*form: persuade to accept*) ■**to ~ sth on** [*or* **upon**] **sb** jdn zu etw *dat* drängen, jdm etw eindringlich nahelegen; **she ~d on him the importance of remaining polite at all times** sie versuchte, ihm klarzumachen, wie wichtig es ist, immer höflich zu bleiben; **to ~ self-discipline on sb** jdn zur Selbstdisziplin [er]mahnen **III.** *vi* ■**to ~ for sth** auf etw *akk* drängen

◆**urge on** *vt* ■**to ~ sb on** [**to do sth**] jdn [dazu] antreiben[, etw zu tun]; **~d on by ambition** vom Ehrgeiz getrieben

ur·gen·cy ['ɜ:dʒᵊn(t)si, AM 'ɜ:r-] *n no pl* ❶ (*top priority*) *of a matter, demand* Dringlichkeit *f; of a problem, situation also* Vordringlichkeit *f;* **to be a matter of ~** äußerst dringend sein; **to realize/stress the ~ of sth** die Dringlichkeit einer S. *gen* erkennen/betonen ❷ (*insistence*) Eindringlichkeit *f;* **there was a note of ~ in her speech** sie sprach mit großer Eindringlichkeit

ur·gent ['ɜ:dʒᵊnt, AM 'ɜ:r-] *adj* ❶ (*imperative*) *action, request* dringend; *situation* brisant; **the letter is marked '~'** auf dem Brief steht ‚eilt'; **to be in ~ need of medical attention** dringend ärztliche Hilfe benötigen ❷ (*insistent*) *person, voice* eindringlich; *steps* eilig; **~ plea** deutlicher Appell

ur·gent·ly ['ɜ:dʒᵊntli, AM 'ɜ:r-] *adv* ❶ (*imperatively*) dringend; **help is ~ needed** es wird dringend Hilfe benötigt ❷ (*insistently*) eindringlich; **to speak ~** mit eindringlicher Stimme sprechen

urg·ing ['ɜ:dʒɪŋ, AM 'ɜ:r-] *n* Drängen *nt kein pl*

uric ['jʊərɪk, AM 'jʊr-] *adj attr, inv* Harn-, Urin-

uric 'acid *n* BIOL Harnsäure *f*

uri·nal [jʊə'raɪnᵊl, -rɪ-, AM 'jʊrᵊnᵊl] *n* ❶ (*device*) Urinal *nt form,* Pinkelbecken *nt fam;* (*room*) Pissoir *nt,* Herrentoilette *f* ❷ (*for patient*) Uringlas *nt,* Urinal *nt fachspr*

uri·nary ['jʊərɪnᵊri, AM 'jʊrəneri] *adj inv* Harn-, Urin-; **~ diseases** Erkrankungen *fpl* der Harnwege; **~ incontinence** Harninkontinenz *f;* **the first morning ~ secretion** der erste Morgenurin; **~ tract** Harnsystem *nt,* Harnorgane *ntpl;* **~ tract infection** Harnwegsinfektion *f*

uri·nate ['jʊərɪneɪt, AM 'jʊrə-] *vi* urinieren, Wasser lassen

uri·na·tion [ˌjʊərɪ'neɪʃᵊn, AM ˌjʊrə'-] *n no pl* Urinieren *nt,* Wasserlassen *nt*

urine ['jʊərɪn, AM 'jʊr-] *n no pl* Urin *m,* Harn *m*

'urine speci·men *n* Urinprobe *f*

URL [ˌju:ɑ:'el, AM -ɑ:r'-] **I.** *n abbrev of* **uniform resource locator** URL *m* **II.** *n modifier abbrev of* **uniform resource locator** URL-

urn [ɜ:n, AM ɜ:rn] *n* ❶ (*garden ornament*) Krug *m,* Urne *f;* (*for remains*) [Grab]urne *f* ❷ *großer, hoher Metallbehälter mit Deckel für heiße Getränke;* **tea ~** Teekessel *m*

urolo·gist [jʊə'rɒlədʒɪst, AM jʊ'rɑ:-] *n* Urologe, -in *m, f*

us [ʌs, əs] *pron* ❶ (*object of we*) uns *in dat o akk;* **thank you for driving ~ to the station** danke, dass du uns zum Bahnhof geführt hast; **it would be rude for ~ to leave so early** es wäre unhöflich von uns, so früh zu gehen; **let ~ know** lassen Sie es uns wissen; **we asked him to come with ~** wir fragten ihn, ob er mit uns kommen wolle; **both/many of ~** wir beide/viele von uns; **to be one of ~** zu uns gehören; **Jack's all right, he's one of ~** Jack ist in Ordnung, er gehört zu uns; **it's ~** wir sind's; **don't worry, it's just ~** keine Sorge, wir sind's nur; **... as/than ~** ... als wir; **they are richer than ~** sie sind reicher als wir; **~ and them** [*or* **them and ~**] (*fam*) gleicher als gleich; **it's definitely a case of them and ~** ein typischer Fall von gleicher als gleich; **~ against them** (*fam*) wir gegen sie ❷ AUS, BRIT (*fam: me*) mir *in dat,* mich *in akk;* **give ~ a kiss** gib' mir einen Kuss ❸ AM (*fam: to, for ourselves*) uns

US [ˌju:'es] **I.** *n abbrev of* **United States:** ■**the ~** die USA *pl* **II.** *adj attr abbrev of* **United States** US-

USA [ˌju:es'eɪ] *n no pl* ❶ (*country*) *abbrev of* **United States of America:** ■**the ~** die USA *pl* ❷ (*army*) *abbrev of* **United States Army** Armee *f* der USA

us·able ['ju:zəbl̩] *adj inv* brauchbar; ■**to** [**not**] **be ~** [nicht] zu gebrauchen sein; **~ software** verwendbare Software

USAF [ˌju:eseɪ'ef] *n no pl* MIL *abbrev of* **United States Air Force** Luftwaffe *f* der Vereinigten Staaten

us-against-'them men·tal·ity *n* Wir-gegen-sie-Mentalität *f*

us·age ['ju:sɪdʒ] *n* ❶ *no pl* (*handling*) Gebrauch *m,* Benutzung *f;* (*consumption*) Verbrauch *m;* **this bag has had some rough ~** diese Tasche ist schon ziemlich abgenutzt; **water ~** Wasserverbrauch *m* ❷ *no pl* (*customary practice*) Usus *m geh,* Brauch *m,* Sitte *m;* **it's common ~ ...** es ist allgemein üblich ... ❸ LING (*instance of using language*) *of a term, word* Verwendung *f,* Gebrauch *m* ❹ *no pl* LING (*manner of using language*) Sprachgebrauch *m;* **in English/French ~** im englischen/französischen Sprachgebrauch; **in general** [*or* **everyday**] **~** im alltäglichen Sprachgebrauch

use I. *vt* [ju:z] ❶ (*make use of, utilize*) ■**to ~ sth** etw benutzen; *building, one's skills, training, talent* etw nutzen; *method* etw anwenden; **this glass has been ~d** dieses Glas ist schon benutzt; **I could ~ some help** ich könnte etwas Hilfe gebrauchen; **I could ~ a drink now** ich könnte jetzt einen Drink vertragen *fam;* **this table could ~ a wipe** diesen Tisch könnte man auch mal wieder abwischen; **these lights are ~d for illuminating the playing area** mit diesen Lichtern wird die Spielfläche beleuchtet; **what perfume do you ~?** welches Parfüm nimmst du?; **what shampoo do you ~?** welches Shampoo benutzt du?; **I've got to ~ the toilet** ich muss auf die Toilette; **to ~ alcohol** Alkohol trinken; **to ~ one's brains** seinen Verstand benutzen; **to ~ a chance** eine Gelegenheit nutzen; **to ~ a dictionary** ein Wörterbuch verwenden; **to ~ drugs** Drogen nehmen; **to ~ military force against sb** Militärgewalt gegen jdn einsetzen; **to ~ an idea** eine Idee verwenden; **to ~ logic** logisch denken; **to ~ one's money to do sth** sein Geld dazu verwenden, etw zu tun; **to ~ sb's name** jds Name *m* verwenden; (*as reference*) sich *akk* auf jdn berufen; **she ~s the name Mary Pons** sie nennt sich Mary Pons; **to ~ poison gas/truncheons/chemical warfare** Giftgas/Schlagstöcke/chemische Waffen einsetzen; **to ~ a pseudonym** ein Pseudonym benutzen; **to ~ service** eine Dienstleistung in

Anspruch nehmen; **to ~ swear words** fluchen; **to ~ one's time to do sth** seine Zeit dazu nutzen, etw zu tun; **you should ~ your free time more constructively** du solltest deine freie Zeit sinnvoller nutzen!; **to ~ violence** Gewalt anwenden; ■**to ~ sth to do sth** etw benutzen [*o* verwenden], um etw zu tun; **~ scissors to cut the shapes out** schneiden Sie die Formen mit einer Schere aus; **you can ~ this brush to apply the paint** du kannst die Farbe mit diesem Pinsel auftragen ❷ (*employ*) ■**to ~ sth**: **~ your head** [*or* BRIT *a.* **loaf**] jetzt schalt doch mal dein Hirn ein! *sl;* **~ your imagination!** lass doch mal deine Fantasie spielen!; **to ~ common sense** seinen gesunden Menschenverstand benutzen; **to ~ discretion/tact** diskret/taktvoll sein ❸ (*get through, consume*) ■**to ~ sth** etw verbrauchen; **we've ~d nearly all the bread** wir haben fast kein Brot mehr; **what do you ~ for heating?** womit heizen Sie?; **there's no more paper after this is ~d** wenn wir dieses Papier aufgebraucht haben, ist keines mehr da; **this radio ~s 1.5 volt batteries** für dieses Radio braucht man 1,5 Volt Batterien; **to ~ energy** Energie verbrauchen ❹ (*usu pej: manipulate, impose upon*) ■**to ~ sb** jdn benutzen; (*exploit*) ■**to ~ sb/sth** jdn/etw ausnutzen ❺ (*form: treat in stated way*) **to ~ sb badly/well** jdn schlecht/gut behandeln; **he's ~d her despicably** er hat ihr übel mitgespielt **II.** *n* [ju:s] ❶ (*application, employment*) Verwendung *f* (**for** für +*akk*); *of dictionary also* Benutzung *f; of labour* Einsatz *m; of leftovers* Verwertung *f; of talent, experience* Nutzung *m;* **don't throw that away, you'll find a ~ for it one day** wirf das nicht weg – eines Tages wirst du es schon noch irgendwie verwenden können; **a food processor has a variety of ~s in the kitchen** eine Küchenmaschine kann man auf ganz unterschiedliche Weise in der Küche einsetzen; **they've called for further restrictions on the ~ of leaded petrol** sie forderten weitere Einschränkungen für die Verwendung von verbleitem Benzin; **she lost the ~ of her fingers in the accident** seit dem Unfall kann sie ihre Finger nicht mehr benutzen; **the ~ of alcohol/drugs** der Alkohol-/Drogenkonsum; **by the ~ of deception** durch Täuschung; **directions for ~** Gebrauchsanweisung *f;* **for ~ in an emergency** für den Notfall; **for ~ in case of fire** bei Feuer; **the ~ of force/a particular method** die Anwendung von Gewalt/einer bestimmten Methode; **the correct ~ of language** der korrekte Sprachgebrauch; **the ~ of poison gas/truncheons/chemical warfare** der Einsatz von Tränengas/Schlagstöcken/chemischen Waffen; **to be in daily ~** täglich verwendet werden; **for external ~ only** nur zur äußerlichen Anwendung; **to be no longer in ~** nicht mehr benutzt werden; **ready for ~** gebrauchsfertig; *machine* einsatzbereit; **for private ~ only** nur für den Privatgebrauch; **to come into ~** in Gebrauch kommen; **to find a ~ for sth** für etw *akk* Verwendung finden; **to go** [*or* **fall**] **out of ~** nicht mehr benutzt werden; **to have no** [**further**] **~ for sth** keine Verwendung [mehr] für etw *akk* haben; **do you have any ~ for these old notes?** kannst du diese alten Unterlagen irgendwie verwenden?; **to make ~ of sth** etw benutzen; *experience, talent* etw nutzen; *leftovers* etw verwenden; *connections* von etw *dat* Gebrauch machen; **can you make ~ of that?** kannst du das gebrauchen?; **to put sth to ~** etw verwenden; **to be able to put sth to good ~** etw gut verwenden können; **to be able to put one's experience to good ~** seine Erfahrung gut einbringen können; **in/out of ~** in/außer Gebrauch ❷ (*consumption*) Verwendung *f;* **building a dam would be a ~ of financial resources which this country cannot afford** für einen Dammbau, würde dieses Land Gelder verwenden müssen, es nicht aufbringen kann ❸ (*usefulness*) Nutzen *m;* **is this of any ~ at all?** nützt das vielleicht was? *fam;* **can I be of any ~?** kann ich vielleicht irgendwie behilflich sein?; **what's the ~ of shouting?** was bringt es denn herumzuschreien?; **there's no ~ complaining** Herumjammern bringt auch nichts *fam;* **what ~ is praying?** wozu soll das Beten nutzen?; **it has its ~s** das kann auch nützlich sein; **he's no ~ as an editor** als Redakteur ist er nicht zu gebrauchen; **what's the ~** was soll's! *fam;* (*pej fam*) **that's a fat lot of ~** da haben wir ja auch was von! *iron fam;* **to be no ~** keine Hilfe sein; **to be no/not much ~ to sb** jdm nichts/nicht viel nützen; ■**to be of ~ to sb** für jdn von Nutzen [*o* nützlich] sein; **is this of any ~ to you?** kannst du das vielleicht gebrauchen?; ■**it's no ~** [**doing sth**] es hat keinen Zweck[, etw zu tun]; **it's no ~ – I just can't stand the man** es hilft alles nichts – ich kann den Mann einfach nicht ausstehen!; **it's no ~ trying to escape – no one has ever got away before** wir brauchen erst gar nicht versuchen auszubrechen – das hat bisher noch keiner geschafft! ❹ (*right*) **to have the ~ of sth** *bathroom, car* etw benutzen dürfen; **to give sb** [*or* **let sb have**] **the ~ of sth** jdn etw benutzen lassen ❺ (*custom*) Brauch *m* ❻ (*out of order*) ■**to be out of** [*or* AM, AUS *usu* **not in**] **~** nicht funktionieren; **the escalator is out of ~** der Aufzug ist außer Betrieb ❼ REL Ritual *nt* ❽ LAW (*old*) Nießbrauch *m fachspr*

◆**use up** *vt* ■**to ~ up** ↔ **sth** *strength, energy* etw verbrauchen; (*completely*) etw [völlig] aufbrauchen; **the money was soon ~d up** das Geld war bald verbraucht [*o fam* alle]; **I was tired and ~d up** ich war müde und ausgebrannt; **I might ~ up all my old scraps of wool to make a scarf** ich werde wohl meine ganzen alten Wollreste für einen Schal verwerten; **damn, the milk is ~d up!** Mist, die Milch ist alle! *fam;* **to ~ up food/paper** Lebensmittel/Papier aufbrauchen

used[1] [ju:st] *vt semi-modal, only in past* **Aunt Betty ~ to live in Australia** Tante Betty hat früher in Australien gelebt; **my father ~ to work there** mein Vater hat [früher] dort gearbeitet; **they ~ not to enjoy horror films** früher haben ihnen Horrorfilme nicht gefallen; **has she always done this? – no, she didn't use to** macht sie das schon immer? – nein, früher nicht; **did you use** [*or old* **~**] **to work in banking?** haben Sie früher im Bankgewerbe gearbeitet?; **things aren't what they ~ to be** es ist alles nicht mehr so, wie es mal war *fam;* **my father ~ to say …** mein Vater sagte immer [*o* pflegte immer zu sagen], …; **you didn't use to like wine** früher mochtest du keinen Wein; **I read much more than I ~ to** heute lese ich viel mehr als früher; **she ~ to be quite ambitious** sie war mal sehr ehrgeizig

used[2] [ju:zd] *adj inv* ❶ (*not new*) gebraucht; **~ clothes** getragene Kleidung, Secondhandkleidung *f;* **~ matches** abgebrannte Streichhölzer; **~ notes** gebrauchte [Geld]scheine; **~ towels** benutzte Handtücher ❷ (*familiar with*) gewohnt, gewöhnt; ■**to be ~ to sth** an etw *akk* gewöhnt sein, etw gewohnt sein; **there are some things you never get ~ to** an einige Dinge kann man sich einfach nicht gewöhnen; ■**to be ~ to doing sth** gewohnt sein, etw zu tun; **to be ~ to being criticized** Kritik gewohnt sein; **to become** [*or* **get**] **~ to sth** sich *akk* an etw *akk* gewöhnen

used 'car I. *n* Gebrauchtwagen *m;* (*fig, hum*) **would you buy a ~ from this man?** würden Sie diesem Mann vertrauen? **II.** *n modifier* (*dealer, guarantee, purchase, sales, salesman*) Gebrauchtwagen-

use·ful ['ju:sfᵊl] *adj* ❶ (*practical, functional*) nützlich, praktisch, brauchbar (**for** für +*akk*); **let him mow the lawn, he likes to feel ~** lass ihn den Rasen mähen, er hat gerne das Gefühl, gebraucht zu werden; **do the exercises serve any ~ purpose?** sind diese Übungen für irgendetwas gut?; **~ bits of information** nützliche [*o* wertvolle] Informationen; **to make oneself ~** sich *akk* nützlich machen ❷ (*approv: advantageous*) wertvoll; **Spanish is a very ~ language to know** es ist sehr vorteilhaft, Spanisch zu können; **that voucher could come in ~ when we go shopping** wir können den Gutschein vielleicht gut gebrauchen, wenn wir einkaufen gehen; **to prove ~** sich *akk* als nützlich erweisen ❸ (*approv: effective*) nutzbringend *attr,* hilfreich; *discussion* ergiebig; **aspirins are ~ for headaches** Aspirin hilft gegen Kopfschmerzen; **the TV has a ~ life of ten years** die Lebensdauer des Fernsehers beträgt zehn Jahre ❹ (*fam: competent*) gut; **he's a ~ teacher/tennis player** er ist ein fähiger Lehrer/versierter Tennisspieler; **he's a ~ person to have if you get into trouble** es ist ganz gut, ihn zu kennen, wenn man in Schwierigkeiten gerät; **he plays a ~ hand of bridge** er spielt ziemlich gut Bridge; **to be ~ with a gun/knife** gut mit der Schusswaffe/dem Messer umgehen können; **to be ~ with one's hands** handwerklich geschickt sein

use·ful·ly ['ju:sfᵊli] *adv* sinnvoll, nutzbringend; **you might ~ study the etymology of English words** es könnte dir sehr nützlich sein, dich mit der Etymologie englischer Begriffe zu beschäftigen; **to be ~ employed** eine sinnvolle Beschäftigung haben

use·ful·ness ['ju:sfᵊlnəs] *n no pl* Nützlichkeit *f; of contribution, information also* Brauchbarkeit *f,* Nutzen *m,* Wert *m;* (*applicability*) Verwendbarkeit *f;* **to outlive one's ~** ausgedient haben

use·less ['ju:sləs] *adj* ❶ (*pointless*) sinnlos, zwecklos; ■**to be ~ doing** [*or* **to do**] **sth** sinnlos [*o* zwecklos] sein, etw zu tun; **it's ~ trying to discuss politics with him** es hat keinen Sinn, mit ihm über Politik diskutieren zu wollen; **~ verbiage** unnützes Geschwätz ❷ (*fam: incompetent*) zu nichts nütze [*o* zu gebrauchen] *präd;* **you're absolutely ~!** du bist doch zu nichts zu gebrauchen!; **you're such an ~ idiot!** du bist ein hoffnungsloser Schwachkopf! *fam;* **he's an ~ goalkeeper** er taugt nichts als Torwart; **I'm ~ at maths** ich habe keine Ahnung von Mathematik; **to be worse than ~** einfach zu gar nichts zu gebrauchen sein ❸ (*unusable*) unbrauchbar; **this knife is ~** dieses Messer taugt nichts; **~ details** überflüssige Details; **~ information** wertlose Informationen; **to render sth ~** etw unbrauchbar machen

use·less·ly ['ju:sləsli] *adv* ❶ (*without point*) sinnlos; **to protest ~** vergeblich protestieren ❷ (*unusable*) nutzlos

use·less·ness ['ju:sləsnəs] *n no pl* ❶ (*unproductiveness*) Nutzlosigkeit *f,* Unbrauchbarkeit *f* ❷ (*futility*) Sinnlosigkeit *f,* Zwecklosigkeit *f*

user ['ju:zʳ, AM -ɚ] *n* Benutzer(in) *m(f); of software, a system also* Anwender(in) *m(f); of electricity, gas, water* Verbraucher(in) *m(f);* **unemployed people are the main ~s of this advice centre** dieses Beratungszentrum wird hauptsächlich von Arbeitslosen in Anspruch genommen; **drug ~** Drogenkonsument(in) *m(f);* **telephone ~** Telefonkunde, -in *m, f*

user-'friend·li·ness *n* COMPUT Anwenderfreundlichkeit *f,* Benutzerfreundlichkeit *f* **user-'friend·ly** *adj* COMPUT anwenderfreundlich, benutzerfreundlich **user 'inter·face** *n* COMPUT Benutzeroberfläche *f,* Benutzerschnittstelle *f* **user 'pro·gram** *n* COMPUT Anwenderprogramm *nt,* Benutzerprogramm *nt* **user 'soft·ware** *n* COMPUT Anwendersoftware *f,* Benutzersoftware *f*

ush·er ['ʌʃəʳ, AM -ɚ] **I.** *n* ❶ (*in theatre, church*) Platzanweiser(in) *m(f)* ❷ LAW Gerichtsdiener(in) *m(f)* ❸ BRIT (*escort*) Zeremonienmeister(in) *m(f)* **II.** *vt* **to ~ sb into a room** jdn in einen Raum hineinführen; **to ~ sb to his seat** jdn zu seinem Platz führen

◆**usher away** *vt see* **usher out**

◆**usher in** *vt* ❶ (*show the way*) ■**to ~ in** ○ **sb** jdn hineinführen [*o* hineinbringen] ❷ (*fig: begin*) ■**to ~ in** ○ **sth** etw einleiten; **to ~ in a new epoch/era** eine neue Epoche/Ära einleiten

◆**usher out** *vt* ❶ (*bring to an end*) ■**to ~ out** ○ **sth** das Ende einer S. *gen* ankündigen ❷ (*remove*) ■**to ~ out** ○ **sb** [*or* **away**] jdn hinausführen

ush·er·ette [ˌʌʃᵊr'et, AM -ə'-] *n* Platzanweiserin *f*

USN [ˌju:es'en] *n* MIL *abbrev of* **United States Navy** Marine *f* der Vereinigten Staaten

USP [ˌju:es'pi:] *n* BRIT ECON *abbrev of* **unique selling proposition** USP *m*

USS [ˌju:es'es] *n before n* MIL *abbrev of* **United States Ship** *Schiff aus den Vereinigten Staaten*

USSR [ˌju:eses'ɑ:ʳ, AM -'ɑ:r] *n* (*hist*) *abbrev of* **Union of Soviet Socialist Republics** UdSSR *f hist*

usu·al ['ju:ʒᵊl, AM -ʒuəl] **I.** *adj* gewöhnlich, üblich, normal; **is it ~ for a child to be so interested in money?** ist es normal, dass sich ein Kind so sehr für Geld interessiert?; **it's ~ to ask before you borrow something!** normalerweise fragt man erst, bevor man sich etwas leiht!; **business as ~** normaler Betrieb; (*in a shop*) Verkauf geht weiter; [**the**] **~ formalities** die üblichen Formalitäten; **to find sth in its ~ place** etw an seinem gewohnten Platz vorfinden; **later/less/more than ~** später/weniger/mehr als sonst; **as** [**per**] **~** wie üblich [*o* gewöhnlich] **II.** *n* ❶ (*fam: regular drink*) ■**the** [*or* **one's**] **~** das Übliche; **a pint of the ~, please!** ein Halbes bitte, wie immer!; **the ~, please, John!** bitte dasselbe wie immer, John!; **what's his ~?** was trinkt er gewöhnlich? ❷ (*regular thing*) das Übliche; **the band played all the ~s at the party last night** die Band spielte auf der Party gestern Abend das übliche Programm

usu·al·ly ['ju:ʒᵊli, AM -ʒuəli] *adv* gewöhnlich, normalerweise; **is your friend ~ so rude?** ist dein Freund immer so unhöflich?; **does this shop open on Sundays? – ~** hat dieser Laden sonntags geöffnet? – für gewöhnlich ja; **he felt more than ~ hung-over** er fühlte sich noch verkaterter als sonst

usu·fruct ['ju:sjʊfrʌkt, AM -zʊ-] *n no pl* LAW Ususfruktus *m fachspr,* Nießbrauch *m fachspr*

usu·rer ['ju:ʒᵊrəʳ, AM -ɚ] *n esp* LAW Wucherer, Wucherin *m, f*

usu·ri·ous [ju:'zjʊəriəs, AM -'ʒʊr-] *adj esp* LAW wucherisch, Wucher-; **~ rates** Wucherzinsen *mpl*

usurp [ju:'zɜ:p, AM -'sɜ:rp] *vt* ❶ (*take position*) ■**to ~ sth** sich *dat* etw widerrechtlich aneignen; **to ~ the power** die Macht an sich *akk* reißen; **to ~ the throne** sich *akk* des Thrones bemächtigen *geh* ❷ (*supplant*) ■**to ~ sb** jdn verdrängen; **to ~ sb's place** jds Platz einnehmen

usurp·er [ju:'zɜ:pəʳ, AM -'sɜ:rpɚ] *n* Usurpator(in) *m(f) geh; of the throne also* Thronräuber(in) *m(f); of power also* unrechtmäßiger Machthaber/unrechtmäßige Machthaberin

usu·ry ['ju:ʒᵊri, AM -ɚi] *n no pl esp* LAW Wucher *m;* **to practise** [*or* AM **practice**] **~** Wucher treiben

uten·sil [ju:'ten(t)sᵊl] *n* Utensil *nt;* **kitchen ~s** Küchengeräte *ntpl*

uteri ['ju:tᵊraɪ, AM -t̬ə-] *n pl of* **uterus**

uter·ine ['ju:tᵊraɪn, AM -t̬ɚɪn] *adj inv* ANAT uterin *fachspr,* Uterus- *fachspr,* Gebärmutter-

uter·ine 'wall *n* ANAT Gebärmutterwand *f*

uter·us <*pl* -ri *or* -es> ['ju:tᵊrəs, AM -t̬ɚ-] *n* ANAT Uterus *m fachspr,* Gebärmutter *f*

utili·tar·ian [ˌju:tɪlɪ'teəriən, AM ju:ˌtɪlə'ter-] *adj* ❶ PHILOS (*philosophy*) utilitaristisch *fachspr* ❷ (*functional*) praktisch, funktionell

utili·tar·ian·ism [ˌju:tɪlɪ'teəriənɪzᵊm, AM ju:ˌtɪlə'ter-] *n no pl* PHILOS Utilitarismus *m fachspr*

u'til·ities sec·tor *n* ECON Versorgungswirtschaft *f*

util·ity [ju:'tɪləti, AM -əti] **I.** *n* ❶ (*usefulness*) Nützlichkeit *f,* Nutzen *m;* **economic ~** wirtschaftlicher Nutzen ❷ *usu pl* (*public service*) Leistungen *fpl* der öffentlichen Versorgungsbetriebe; **public utilities** öffentliche Versorgungsbetriebe **II.** *adj* ❶ (*useful*) Mehrzweck-, Vielzweck-; **~ player** SPORTS mehrfach einsetzbarer Spieler/einsetzbare Spielerin; **~ vehicle** Mehrzweckfahrzeug *nt* ❷ (*functional*) funktionell, Gebrauchs-; **~ model** Gebrauchsmuster *nt;* **~ program** [*or* **routine**] COMPUT Dienstprogramm *nt* **III.** *n modifier* (*company, costs, service*) Versorgungs-; **~ bill** [Ab]rechnung *f* der öffentlichen Versorgungsbetriebe; **~ expenses/spending** Kosten *pl* für Wasser- und Energieversorgung

u'til·ity room *n* ≈ Waschküche *f*

uti·liz·able ['ju:tɪlaɪzəbḷ, AM -t̬ᵊl-] *adj* (*form*) verwendbar, nutzbar

uti·li·za·tion [ˌjuːtᵊlaɪˈzeɪʃᵊn, AM -t̬ᵊlɪˈ-] *n no pl (form)* Verwendung *f,* Nutzung *f;* ECON Auslastung *f;* ~ **of scrap** Abfallverwertung *f*

uti·lize [ˈjuːtɪlaɪz, AM -t̬ᵊl-] *vt* ■**to ~ sth** etw nutzen

ut·most [ˈʌtməʊst, AM -moʊst] **I.** *adj attr, inv* größte(r, s); **a person of the ~ brilliance** eine Person von höchster Genialität; **with the ~ care/precision** so sorgfältig/genau wie möglich; **with the ~ caution/reluctance** mit äußerster Vorsicht/Zurückhaltung; **to put sb in a position of the ~ difficulty** jdn in größte Schwierigkeiten bringen; **to the ~ ends of the earth** *(liter)* bis in die entlegensten Winkel der Erde; **with the ~ ferocity** mit aller Schärfe; **a matter of the ~ importance** eine Angelegenheit von äußerster Wichtigkeit **II.** *n no pl* ■**the ~** das Äußerste; **the car offers the ~ in power and performance** der Wagen bietet ein Maximum an Kraft und Leistung; ■**at the ~** höchstens; ■**to the ~** bis zum Äußersten; **to live life to the utmost** das Leben voll auskosten [*o* in vollen Zügen genießen]; **to try sb's patience to the ~** jds Geduld bis aufs Äußerste strapazieren; **to try** [*or* **do**] **one's ~** sein Bestes geben [*o* Möglichstes tun]

Uto·pia [juːˈtəʊpiə, AM -ˈtoʊ-] *n no pl* Utopia *nt*

uto·pian [juːˈtəʊpiən, AM -ˈtoʊ-] *adj* utopisch

ut·ter¹ [ˈʌtəʳ, AM ˈʌt̬ɚ] *adj attr, inv* vollkommen, total, völlig; **to be ~ bliss** eine ungeheure Wohltat sein; **in ~ despair** in völliger Verzweiflung, völlig verzweifelt; **in ~ disbelief** völlig ungläubig; ~ **drivel** dummes Geschwätz; ~ **fool** Vollidiot(in) *m(f) fam;* ~ **nonsense** absoluter Blödsinn; **in ~ rapture** total hingerissen; **an ~ stranger** ein völlig Fremder/eine völlig Fremde; **a complete and ~ waste of time** eine totale Zeitverschwendung

ut·ter² [ˈʌtəʳ, AM ˈʌt̬ɚ] *vt* ■**to ~ sth** ❶ *(liter: make a noise)* etw von sich *dat* geben; **no one was able to ~ a sound** keiner konnte einen Ton hervorbringen; **to ~ a cry** einen Schrei ausstoßen; **to ~ a groan/grunt/laugh** stöhnen/grunzen/auflachen ❷ *(liter: put into words)* etw sagen [*o* äußern]; **to ~ certitude about sth** seine Gewissheit über etw *akk* zum Ausdruck bringen; **to ~ a curse/threat** einen Fluch/eine Drohung ausstoßen; **to ~ a diatribe** eine Schmährede halten; **to ~ a falsehood** eine Unwahrheit sagen; **to ~ an incantation** einen Zauberspruch aufsagen; **to ~ an oath** einen Eid schwören; **to ~ a prayer** ein Gebet sprechen; **to ~ a warning** eine Warnung aussprechen; **without ~ing a word** ohne ein Wort zu sagen ❸ LAW *(liter, form)* etw verbreiten; **to ~ calumnies** Verleumdungen in Umlauf setzen; **to ~ forged money** Falschgeld in Umlauf bringen

ut·ter·ance [ˈʌtᵊrᵊn(t)s, AM ˈʌt̬ɚ-] *n* ❶ *(form: statement)* Äußerung *f;* **a child's first ~s** die ersten Worte eines Kindes ❷ *no pl (form: act of speaking)* Sprechen *nt;* **to give ~ to sth** *(liter)* etw zum Ausdruck bringen; **to give ~ to a feeling** einem Gefühl Ausdruck verleihen ❸ LING *(chain of language)* Sprache *f*

ut·ter·ly [ˈʌtəli, AM ˈʌt̬ɚ-] *adv inv* vollkommen, total, völlig; ~ **beautiful** ausgesprochen [*o* hinreißend] schön; **to be ~ convinced that ...** vollkommen [davon] überzeugt sein, dass ...; **to find sb/sth ~ irresistible** jdn/etw absolut unwiderstehlich finden; **to ~ despise/hate sb** jdn zutiefst [*o* aus tiefster Seele] verachten/hassen

ut·ter·most [ˈʌtəməʊst, AM ˈʌt̬ɚmoʊst] *n, adj see* **utmost**

U-turn [ˈjuːtɜːn, AM -tɜːrn] *n* ❶ *(of a car)* Wende *f;* **to do** [*or* **make**] **a ~** wenden ❷ *(fig: change plan)* Kehrtwendung *f;* **to make a ~** eine Kehrtwendung machen, sich *akk* um 180 Grad drehen *fig*

UVA rays [ˌjuːviːˈeɪreɪz] *npl abbrev of* **long wavelength ultraviolet radiation** UVA-Strahlen *pl*

UVB rays [ˌjuːviːˈbiːreɪz] *npl abbrev of* **short wavelength ultraviolet radiation** UVB-Strahlen *pl*

uvu·la *<pl -lae>* [ˈjuːvjələ, *pl* -liː] *n* ANAT Uvula *f fachspr,* [Gaumen]zäpfchen *nt*

uvu·lar [ˈjuːvjələʳ, AM -ɚ] *adj* ANAT uvular *fachspr;* ~ **'r'** Zäpfchen-R *nt*

uxo·ri·ous [ʌkˈsɔːriəs] *adj (form) husband* blind ergeben; *(very fond)* treu liebend

V v

V *<pl -'s or -s> n,* **v** *<pl -'s or -s>* [viː] *n* ❶ *(letter of alphabet)* V *nt,* v *nt* ❷ *(Roman numeral five)* V *(römisches Zahlzeichen für 5)* ❸ *(shape)* V *nt;* **V-shaped neck** V-Ausschnitt *m*

v [viː] **I.** *adv abbrev of* **very II.** *n* LING *abbrev of* **verb** v **III.** *prep abbrev of* **verse, verso, versus** vs.

vac [væk] **I.** *n* ❶ BRIT *(fam) short for* **vacation** Semesterferien *pl;* **the long ~** die Sommerferien *pl* ❷ *(fam) short for* **vacuum cleaner** Staubsauger *m* ❸ *(fam) short for* **vacuum clean: to give sth a ~** etw [staub]saugen **II.** *vt <-cc-> (fam) short for* **vacuum clean:** ■**to ~ sth** etw [staub]saugen **III.** *vi short for* **vacuum clean** [staub]saugen

va·can·cy [ˈveɪkᵊn(t)si] *n* ❶ *(unoccupied room)* freies Zimmer; **'vacancies'** ‚Zimmer frei'; **'no vacancies'** ‚belegt' ❷ *(appointment)* freier Termin; **the dentist has a ~ tomorrow morning** die Zahnärztin hat morgen früh noch einen Termin frei ❸ *(employment)* freie [*o* offene] Stelle; **to fill a ~** eine [freie] Stelle besetzen; **to have a ~** eine Stelle frei haben ❹ *no pl (emptiness) of expression* Leere *f; of look* Ausdruckslosigkeit *f* ❺ *(lack of thought)* Gedankenlosigkeit *f,* Unbedachtheit *f*

va·cant [ˈveɪkᵊnt] *adj inv* ❶ *(empty) bed, chair, seat* frei; *(on toilet door)* **'~'** ‚frei'; ~ **house** unbewohntes [*o* leer stehendes] Haus; ~ **plot** [**of land**] unbebautes Grundstück; **to leave sth ~** etw frei lassen ❷ *(employment)* frei, offen, unbesetzt; **to fall** [*or* **become**] ~ frei werden ❸ *(unfilled time)* frei, unausgefüllt; ~ **hours** Mußestunden *fpl* ❹ *(expressionless)* leer; ~ **expression** nichts sagender Ausdruck; ~ **stare** ausdrucksloser Blick

va·cant·ly [ˈveɪkᵊntli] *adv (without thought)* leer; *(without expression)* ausdruckslos; **to gaze ~ into space** geistesabwesend ins Leere starren

va·cant pos·'ses·sion *n* BRIT, AUS LAW bezugsfertiges Objekt, bezugsfertige Immobilie; **house with ~** bezugsfertiges [*o* sofort beziehbares] Haus

va·cate [vəˈkeɪt, AM ˈveɪkeɪt] *vt* ■**to ~ sth** etw räumen; **to ~ a building/house/room** ein Gebäude/Haus/Zimmer räumen; **to ~ a job/position/post** eine Stelle aufgeben; **to ~ an office** ein Amt niederlegen; **to ~ a place/seat** einen Platz/Sitzplatz frei machen

va·ca·tion [vəˈkeɪʃᵊn, AM *esp* veɪˈ-] **I.** *n* ❶ AM *(proper holiday)* Ferien *pl,* Urlaub *m;* **where are you going for your ~?** wohin fahrt ihr in Urlaub?; **to take a ~** Urlaub machen ❷ AM *see* **holiday** Urlaub *m;* **I've still got some ~ left** ich habe noch etwas Resturlaub; ■**on ~** im Urlaub; ■**to be on ~** Urlaub machen, im Urlaub sein; **paid ~** bezahlter Urlaub ❸ UNIV Semesterferien *pl;* LAW Gerichtsferien *pl;* AM, AUS SCH *(school holidays)* [Schul]ferien *pl* ❹ *no pl (relinquish)* ~ **of a house** Räumung *f* eines Hauses; ~ **of a post** Aufgabe *f* eines Postens **II.** *vi* AM Urlaub [*o* Ferien] machen

va·ca·tion·er [veɪˈkeɪʃᵊnɚ] *n* AM Urlauber(in) *m(f)*

vac·ci·nate [ˈvæksɪneɪt, AM -ksə-] *vt* MED ■**to ~ sb** jdn impfen; **to be ~d against measles/polio** gegen Masern/Kinderlähmung geimpft sein/werden

vac·ci·na·tion [ˌvæksɪˈneɪʃᵊn, AM -səˈ-] *n* MED [Schutz]impfung *f* (**against** gegen +*akk*); **oral ~** Schluckimpfung *f;* **to have a ~** geimpft werden

vac·cine [ˈvæksiːn, AM vækˈsiːn] *n* MED Impfstoff *m,* Vakzine *f fachspr*

vac·il·late [ˈvæsᵊleɪt, AM -sə-] *vi* schwanken; **to ~ between hope and despair** zwischen Hoffnung und Verzweiflung schwanken

vac·il·la·tion [ˌvæsᵊlˈeɪʃᵊn, AM -səˈleɪ-] *n* Schwanken *nt kein pl,* Unentschlossenheit *f kein pl,* Unschlüssigkeit *f kein pl*

va·cu·ity [vækˈjuːəti, AM -əṭi] *n* ① *no pl* (*pej: vacancy of mind*) Leere *f;* (*brainlessness*) Geistlosigkeit *f;* (*lack of expression*) Ausdruckslosigkeit *f* ② (*inane remarks*) ■**vacuities** *pl* Plattheiten *fpl,* Platituden *fpl geh*

vacu·ous [ˈvækjuəs] *adj* ① (*inane*) *person, question* geistlos; *remark also* nichts sagend ② (*expressionless*) *look, expression* ausdruckslos, leer

vacu·ous·ly [ˈvækjuəsli] *adv* ① (*mindless*) geistlos; **to speak ~** leer daherreden ② (*showing little expression*) ausdruckslos, leer

vacu·ous·ness [ˈvækjuəsnəs] *n no pl* (*vacancy of mind*) Leere *f;* (*brainlessness*) Geistlosigkeit *f;* (*lack of expression*) Ausdruckslosigkeit *f*

vacuum <*pl* -s *or form* -cua> [ˈvækjuːm, *pl* -kjuə] **I.** *n* ① PHYS (*area without gas/air*) Vakuum *nt,* luftleerer Raum; **perfect ~** vollständiges Vakuum ② (*fig: gap*) Vakuum *nt fig,* Lücke *f;* **power ~** Machtvakuum *nt;* **security ~** Sicherheitslücke *f;* **to fill/leave a ~** eine Lücke füllen/hinterlassen; **in a ~** (*fig*) im luftleeren Raum *fig* ③ <*pl* -s> (*hoover*) Staubsauger *m* ▶ PHRASES: **nature abhors a ~** (*prov*) die Natur verabscheut das Leere **II.** *vt* ■**to ~ sth** etw [staub]saugen; ■**to ~ up** ↔ **sth** etw aufsaugen

ˈvacuum bot·tle *n,* **ˈvacuum flask** *n esp* BRIT Thermosflasche *f* **ˈvacuum clean·er** *n* Staubsauger *m;* **cylinder** [*or* AM **canister**] **~** Bodenstaubsauger *m;* **upright ~** Handstaubsauger *m*

vacuum·ing [ˈvækjuːmɪŋ] *n no pl* [Staub]saugen *nt*

ˈvacuum-pack·aged *adj,* **ˈvacuum-packed** *adj* vakuumverpackt **ˈvacuum pump** *n* Vakuumpumpe *f,* Absaugpumpe *f*

vaga·bond [ˈvægəbɒnd, AM -bɑːnd] **I.** *n* (*liter or dated*) Vagant *m veraltet,* Vagabund(in) *m(f) veraltend,* Landstreicher(in) *m(f)* **II.** *adj* umherziehend *attr,* vagabundierend *attr;* **~ life** Vagabundenleben *nt*

va·gary [ˈveɪgᵊri, AM -ɚi] *n* ① (*caprice, whimsy*) Laune *f,* Kaprice *f geh,* Kaprize *f* ÖSTERR ② (*fig*) ■**vagaries** *pl* (*unpredictable change*) Launen *fpl;* **the vagaries of fashion** die Launen *pl* der Mode; **the vagaries of life** die Wechselfälle *pl* des Lebens; **the vagaries of the weather** die Kapriolen *fpl* des Wetters

va·gi·na [vəˈdʒaɪnə] *n* ANAT Vagina *f fachspr,* Scheide *f*

va·gi·na den·ta·ta [vəˌdʒaɪnədenˈtɑːtə, AM -ṭə] *n* PSYCH zahnbewehrte Vagina

vagi·nal [vəˈdʒaɪnᵊl, AM ˈvædʒᵊnᵊl] *adj inv* ANAT, MED vaginal *fachspr,* Vaginal- *fachspr,* Scheiden-; **~ cramp** Scheidenkrampf *m,* Vaginismus *m fachspr;* **~ discharge** Ausfluss *m;* **~ orifice** Scheidenöffnung *f,* Scheideneingang *m;* **~ speculum** Vaginalspekulum *nt fachspr;* **~ spray** Intimspray *nt;* **~ suppository** Vaginalzäpfchen *nt*

vagi·nal·ly [vəˈdʒaɪnᵊli, AM ˈvædʒᵊn-] *adv* vaginal *fachspr*

vagi·nis·mus [ˌvædʒɪˈnɪzməs, AM -əˈnɪz-] *n no pl* (*form*) Vaginismus *m fachspr*

va·gran·cy [ˈveɪgrᵊn(t)si] *n no pl* ① (*dated*) Landstreicherei *f veraltend* ② (*homelessness*) Obdachlosigkeit *f*

va·grant [ˈveɪgrᵊnt] **I.** *n* ① (*dated*) Landstreicher(in) *m(f)* ② (*homeless person*) Obdachlose(r) *f(m)* **II.** *adj inv* vagabundierend; **~ lifestyle** Vagabundenleben *nt*

vague [veɪg] *adj* ① (*not distinct*) ungenau, vage; *figure, shape* verschwommen, undeutlich; **a ~ conception** ein verschwommenes Konzept; **a ~ memory** eine vage Erinnerung; **~ pains** diffuse Schmerzen; **~ promises** vage Versprechungen; **a ~ suspicion** eine vage Vermutung; **to reply in ~ terms** eine ausweichende Antwort geben ② (*imprecise*) *person* zerstreut; ■**to be ~ about sth** sich *akk* [nur] vage zu etw *dat* äußern

vague·ly [ˈveɪgli] *adv* ① (*somehow*) vage; **he does look ~ familiar** er kommt mir irgendwie bekannt vor; **he looked ~ in her direction** er blickte ungefähr in ihre Richtung; **to be ~ aware that ...** sich *dat* vage bewusst sein, dass ...; **to ~ remember** sich *akk* dunkel erinnern ② (*absent-mindedly*) zerstreut; **to smile ~** abwesend lächeln

vague·ness [ˈveɪgnəs] *n no pl* ① (*imprecision*) Unbestimmtheit *f* ② (*absent-mindedness*) Zerstreutheit *f*

vain [veɪn] *adj* ① (*pej: conceited*) eingebildet; (*about one's looks*) eitel; **he was very ~ about his clothes** er war sehr eitel, wenn es um Kleidung ging ② (*futile*) sinnlos; *hope* töricht ③ (*unsuccessful*) *attempt, effort* vergeblich; **in ~** vergeblich, umsonst

vain·glo·ri·ous [ˌveɪnˈglɔːriəs] *adj* (*pej liter*) dünkelhaft *pej liter;* **~ behaviour** [*or* AM **behavior**] überhebliches Benehmen; **~ manner** hochnäsige Art

vain·ly [ˈveɪnli] *adv* vergebens

va·lance [ˈvælən(t)s] *n* ① (*on bed*) Volant *m* ② AM (*on curtain rail*) Querbehang *m*

vale [veɪl] *n* ① (*liter: valley*) Tal *nt* ② (*place name*) **the V~ of Evesham/York** das Tal von Evesham/York ▶ PHRASES: **~ of tears** (*liter*) Jammertal *nt liter*

val·edic·tion [ˌvælɪˈdɪkʃᵊn, AM -əˈ-] *n* (*form*) Abschiedsrede *f*

val·edic·to·rian [ˌvælədɪkˈtɔːriən] *n* AM Abschiedsredner(in) *m(f)* (*bei Schul- oder Universitätsentlassungsfeiern*)

val·edic·tory [ˌvælɪˈdɪktᵊri, AM -əˈdɪktɚi] *adj inv* Abschieds-; AM (*upon finishing school*) **~ address** [*or* **speech**] Abschiedsrede *f;* **~ dinner** Abschiedsessen *nt*

va·lence [ˈveɪlᵊn(t)s], **va·len·cy** [ˈveɪlən(t)si] **I.** *n* CHEM, LING, MATH, PHYS Valenz *f fachspr* **II.** *n modifer* CHEM, LING, MATH, PHYS Valenz- *fachspr;* **~ band/bond** Verbindungs-/Bindungswertigkeit *f fachspr;* **~ electrons** Valenzelektronen *ntpl fachspr*

val·en·tine [ˈvæləntaɪn] *n Person, die am Valentinstag von ihrem Verehrer/ihrer Verehrerin beschenkt wird;* **the message on the card said 'be my ~!'** auf der Karte stand: „sei mein Schatz am Valentinstag!"

ˈval·en·tine card *n* Valentinskarte *f* **ˈVal·en·tine's Day** *n* Valentinstag *m*

va·lerian [vəˈlɪəriən, AM -ˈlɪr-] *n* Baldrian *m*

val·et [ˈvæleɪ, AM væˈleɪ] **I.** *n* ① (*esp hist: private servant*) Kammerdiener *m* ② (*car parker*) *Person, die Autos* (*meist im Hotel*) *einparkt* **II.** *vt* BRIT **to ~ a car** ein Auto waschen; (*on the inside*) den Innenraum eines Autos reinigen

val·et ˈpark·ing *n no pl* AM, AUS Parkservice *m* **ˈval·et ser·vice** *n* BRIT Hotelwäscherei *f*

val·etu·di·nar·ian [ˌvælɪtjuːdɪˈneəriən, AM -əˌtuːdəˈneri-] *n* (*esp pej form*) ① (*hypochondriac*) Hypochonder(in) *m(f);* (*health fanatic*) Gesundheitsapostel *m hum, pej fam* ② (*in poor health*) kränkelnde Person

Val·hal·la [vælˈhælə] *n* Walhall *nt,* Walhalla *nt o f*

val·iant [ˈvæliənt, AM -jənt] *adj* (*approv*) mutig; *effort* kühn; *resistance* tapfer; *warrior* wacker

val·iant·ly [ˈvæliəntli, AM -jənt-] *adv* (*approv*) mutig, tapfer

val·id [ˈvælɪd] *adj* ① (*well-founded*) begründet; (*worthwhile*) berechtigt; *argument* stichhaltig; *criticism* gerechtfertigt; *deduction* schlüssig; **my way of thinking might be different from yours but it's equally ~** meine Denkweise ist vielleicht anders als deine, aber sie hat genauso ihre Berechtigung; **~ claim** berechtigter Anspruch; **~ precaution** sinnvolle Vorsichtsmaßnahme; **~ reason** triftiger Grund ② (*still in force*) *passport, qualification* gültig; LAW (*contractually binding*) rechtskräftig

vali·date [ˈvælɪdeɪt, AM -lə-] *vt* ① (*officially approve*) ■**to ~ sb/sth** jdn/etw anerkennen ② (*verify, authenticate*) ■**to ~ sth** etw bestätigen [*o* für gültig erklären]; **the data is entered on a computer which ~s it** die Daten werden in einen Computer eingegeben, der die Richtigkeit überprüft ③ (*show to be*

V

worthwhile) ■**to ~ sth** etw bestätigen

vali·da·tion [ˌvælɪˈdeɪʃᵊn, AM -əˈ-] **I.** *n no pl* ❶ (*official approval*) Bestätigung *f; of document* Gültigkeitserklärung *f* ❷ (*verification*) Nachweis *m,* Bestätigung *f* **II.** *n modifier* Prüfungs-; ~ **procedures** Kontrollmechanismen *mpl;* ~ **process** Prüfungsvorgang *m*

va·lid·ity [vəˈlɪdəti, AM -ət̬i] *n no pl* ❶ (*authentication*) Gültigkeit *f;* (*value*) Wert *m;* **to give** [*or* **lend**] ~ **to a claim** einen Anspruch rechtfertigen; **to give** ~ **to a theory** eine Theorie bestätigen ❷ (*significance*) Bedeutung *f*

val·id·ly [ˈvælɪdli] *adv* gültig; **the test must be checked before it can be** ~ **applied** der Test muss überprüft werden, bevor er zum Einsatz kommen kann; ~ **married** rechtsgültig verheiratet

Val·ium® [ˈvæliəm] *n no pl* Valium® *nt;* **to be on** ~ Valium nehmen

Val·kyrie [vælˈkɪəri, AM -ˈkɪri] *n* Walküre *f*

val·ley [ˈvæli] *n* Tal *nt;* **the Nile/Rhine/Thames** ~ das Nil-/Rhein-/Themsetal

ˈval·ley girl *n aufreizendes Mädchen, meist aus Kalifornien*

val·or [ˈvæləʳ] AM, **val·our** [-ləʳ] *n no pl* (*approv form*) Wagemut *m geh*

valu·able [ˈvæljʊəbl] *adj* wertvoll; ~ **experience/information** wertvolle Erfahrung/Informationen *pl;* ~ **gems** kostbare Edelsteine

valu·ables [ˈvæljuəblz] *npl* Wertsachen *fpl*

valua·tion [ˌvæljuˈeɪʃᵊn] *n* ❶ (*instance*) Schätzwert *m,* geschätzter Wert ❷ *no pl* (*act*) Schätzung *f*

valuˈa·tion fee *n* FIN Schätzungskosten *pl*

valua·tor [ˈvæljueɪtəʳ, AM -t̬ɚ] *n* FIN Schätzer(in) *m(f)*

value [ˈvælju:] **I.** *n* ❶ *no pl* (*significance*) Wert *m,* Bedeutung *f;* **entertainment** ~ Unterhaltungswert *m;* **incalculable** [*or* **inestimable**] ~ unschätzbarer Wert; **to be of little** ~ wenig Wert haben; **to place** [*or* **put**] [*or* **set**] **a high** ~ **on sth** auf etw *akk* großen Wert legen ❷ *no pl* (*financial worth*) Wert *m;* **market** ~ Marktwert *m;* **to be** [AM **a**] **good/**[AM **a**] **poor** ~ [**for sb's money**] sein Geld wert/nicht wert sein; **that restaurant is** ~ **for money** in diesem Restaurant bekommt man etwas für sein Geld; **to assess the** ~ **of sth** den Wert einer S. *gen* schätzen; **the** ~ **of sth falls/rises** der Wert einer S. *gen* fällt/steigt; **to hold** [*or* **keep**] [*or* **maintain**] **its** ~ den Wert beibehalten ❸ (*monetary value*) Wert *m;* **goods to the** ~ **of £70,000** Gegenstände im Wert von 70.000 Pfund; **property** ~**s** Grundstückspreise *mpl* ❹ (*moral ethics*) ■~**s** *pl* Werte *mpl,* Wertvorstellungen *fpl;* **set of** ~**s** Wertesystem *nt;* **basic** ~**s** Grundwerte *mpl;* **moral** ~**s** Moralvorstellungen *fpl* **II.** *vt* ❶ (*deem significant*) ■**to** ~ **sth/sb** etw/jdn schätzen [*o veraltend* wertschätzen]; **he** ~**d the watch for sentimental reasons** die Armbanduhr hatte einen persönlichen Wert für ihn; **to** ~ **sb as a friend** jdn als Freund schätzen ❷ (*estimate financial worth*) ■**to** ~ **sth** etw schätzen; **he** ~**d the painting at $2,000** er schätzte den Wert des Bildes auf 2.000 Dollar; ■**to have sth** ~**d** etw schätzen lassen

value-ˈadd·ed tax *n,* **VAT** *n* Mehrwertsteuer *f*

valued [ˈvælju:d] *adj* (*approv form*) geschätzt; **he is a** ~ **friend of ours** er ist uns ein lieber Freund; ~ **customer** geschätzter Kunde/geschätzte Kundin

ˈvalue judge·ment *n* Werturteil *nt*

value·less [ˈvælju:ləs] *adj* wertlos

valu·er [ˈvælju:əʳ, AM -ɚ] *n esp* BRIT FIN Schätzer(in) *m(f),* Taxator(in) *m(f) fachspr*

valve [vælv] *n* ❶ (*control device*) Ventil *nt;* **shut-down/shut-off** ~ Schließ-/Sperrventil *nt* ❷ (*body part*) Klappe *f;* **heart** ~ Herzklappe *f* ❸ (*wind instrument part*) Ventil *nt*

va·moose [væmˈu:s] *vi* AM (*fam*) abhauen *fam;* ~**!** (*fam*) raus hier! *fam,* nichts wie weg!; **we** ~**d out the back** wir haben uns durch den Hinterausgang aus dem Staub gemacht *fam*

vamp¹ [væmp] *vi* MUS improvisieren

◆**vamp up** *vt* ■**to** ~ **sth** ↻ **up** etw reparieren [*o* herrichten]; (*improve*) etw aufpeppen [*o* aufmotzen] *fam*

vamp² [væmp] **I.** *n* (*pej*) Vamp *m* **II.** *vt* ■**to** ~ **sb** jdn bezirzen [*o sl* anmachen]

vam·pire [ˈvæmpaɪəʳ, AM -ɚ] *n* Vampir *m*

vam·pire ˈbat *n* Vampirfledermaus *f*

vamp·ish [ˈvæmpɪʃ] *adj* aufreizend

van¹ [væn] *n* ❶ (*vehicle*) Transporter *m;* **delivery** ~ Lieferwagen *m;* **plumber's** ~ Klempnerauto *nt* ❷ AM (*car type*) Kleinbus *m;* (*smaller*) Minibus *m* ❸ BRIT (*railway*) Gepäckwagen *m*

van² [væn] *n no pl short for* **vanguard: to be in the** ~ **of sth** an der Spitze von etw *dat* stehen, bei etw *dat* führend sein

van³ [væn] *n* BRIT SPORTS (*fam*) *short for* **advantage** Vorteil *m*

va·na·dium [vəˈneɪdiəm] *n no pl* Vanadin *nt,* Vanadium *nt*

van·dal [ˈvændᵊl] *n* Vandale *m pej*

van·dal·ism [ˈvændᵊlɪzᵊm] *n no pl* Vandalismus *m pej,* blinde Zerstörungswut

van·dal·ize [ˈvændᵊlaɪz] *vt* ■**to** ~ **sth** etw mutwillig zerstören; *building* etw verwüsten; *vehicle* etw demolieren

ˈvan driv·er *n* Lieferwagenfahrer(in) *m(f)*

vane [veɪn] *n* Propellerflügel *m*

van·guard [ˈvængɑ:d, AM -gɑ:rd] *n no pl* ❶ (*esp form: advance guard*) Vorhut *f;* (*advance elements*) Spitze *f* ❷ (*fig: leader*) ■**the** ~ die Avantgarde *geh;* **he sees himself as being in the** ~ **of economic reform** er glaubt, dass er zu den Vorreitern der Wirtschaftsreform gehört

va·nil·la [vəˈnɪlə] **I.** *n no pl* Vanille *f* **II.** *n modifier* (*sauce, flavouring*) Vanille-; ~ **custard** Vanillepudding *m;* ~ **ice cream** Vanilleeis *nt* **III.** *adj attr, inv* (*fig: not unusual*) durchschnittlich; ~ **people** ganz normale Leute; **plain** ~ nullachtfuffzehn *fam*

va·ˈnil·la bean *n* AM, AUS, **va·ˈnil·la pod** *n* BRIT Vanilleschote *f*

van·ish [ˈvænɪʃ] *vi* ❶ (*disappear*) verschwinden; **to** ~ **into thin air** sich *akk* in Luft auflösen; **to** ~ **from sight** außer Sicht geraten; **to** ~ **without trace** spurlos verschwinden ❷ (*cease to exist*) verloren gehen; **a** ~**ed era/past** ein verflossenes Zeitalter/eine vergangene Zeit; **to see one's hopes** ~**ing** seine Hoffnungen schwinden sehen

ˈvan·ish·ing cream *n* (*dated*) Pflegecreme *f* **ˈvan·ish·ing point** *n* ❶ (*horizon*) Fluchtpunkt *m* ❷ (*fig*) Nullpunkt *m;* **to reach** ~ den Nullpunkt erreichen

Vani·tory unit® [ˈvænɪtᵊri,-] *n* BRIT Waschtisch *m*

van·ity [ˈvænəti, AM -ət̬i] *n* ❶ *no pl* Eitelkeit *f* ❷ AM, AUS (*Vanitory unit*) Toilettentisch *m,* Schminktisch *m*

ˈvan·ity bag *n,* **ˈvan·ity case** *n* (*bag*) Schminktasche *f;* (*case*) Beautycase *nt* **ˈvan·ity plate** *n* AM *selbst gewähltes Kfz-Kennzeichen* **ˈvan·ity press** *n* Autorenverlag *m* **ˈvan·ity unit** *n* BRIT Toilettentisch *m,* Schminktisch *m*

van·quish [ˈvæŋkwɪʃ] *vt* (*esp liter*) ■**to** ~ **sb/sth** jdn/etw besiegen [*o liter* bezwingen]

van·tage [ˈvɑ:ntɪdʒ, AM ˈvænt̬-] *n* Aussichtspunkt *m*

ˈvan·tage point *n* ❶ (*outlook*) Aussichtspunkt *m;* **the castle affords a good** ~ von der Burg hat man einen schönen Blick ❷ (*fig: ideological perspective*) Blickpunkt *m;* **from the** ~ **of sb** aus jds Sicht

Va·nu·atu [ˌvænuˈɑ:tu:, AM vænˈwɑ:tu:] *n no pl* Vanuatu *nt*

vap·id [ˈvæpɪd] *adj* (*pej*) banal *pej*

va·pid·ity [væpˈɪdəti, AM -ət̬i] *n no pl* (*pej*) Geistlosigkeit *f pej;* **spiritual** ~ spirituelle Leere

va·por *n* AM *see* **vapour**

va·pori·za·tion [ˌveɪpᵊraɪˈzeɪʃᵊn, AM -ɪˈ-] *n* (*slow*) Verdunstung *f;* (*quick*) Verdampfung *f*

va·por·ize [ˈveɪpᵊraɪz, AM -pər-] **I.** *vt* ■**to** ~ **sth** etw verdampfen [*o* in Gas umwandeln] **II.** *vi* (*slowly*) verdunsten; (*quickly*) verdampfen

va·por·iz·er [ˈveɪpᵊraɪzəʳ, AM -pəraɪzɚ] *n* Inhalator *m*

va·pour [ˈveɪpəʳ], AM **va·por** [-ɚ] *n* ❶ (*steam*) Dampf *m;* (*breath*) Atem[hauch] *m;* **poisonous** ~**s** giftige Dämpfe;

water ~ Wasserdampf *m* ❷ (*dated or hum: sick feeling*) ■ **~s** *pl* Übelkeit *f;* **to get an attack** [*or* **a fit**] **of the ~s** einen hysterischen Anfall kriegen; **to give sb the ~s** jdm Übelkeit verursachen

'va·pour pres·sure *n no pl* Gasdruck *m* **'va·pour trail** *n* Kondensstreifen *m*

varia·bil·ity [ˌveəriə'bɪləti, AM ˌveriə'bɪlət̬i] *n no pl* Veränderlichkeit *f,* Variabilität *f geh;* **the ~ of the climate** Klimaschwankungen *fpl;* **the ~ of exchange rates** Wechselkursschwankungen *fpl*

vari·able ['veəriəbl̩, AM 'ver-] **I.** *n* Variable *f* **II.** *adj* variabel, veränderlich; *quality* wechselhaft; *weather* unbeständig

vari·ance ['veəriən(t)s, AM 'ver-] *n* ❶ *no pl* (*form: at odds*) ■ **to be at ~ with sth** mit etw *dat* nicht übereinstimmen, sich *akk* von etw *dat* unterscheiden; **to be at ~ with the facts** an den Tatsachen vorbeigehen ❷ *no pl* (*variation*) Abweichung *f;* **a ~ in temperature** Temperaturschwankungen *fpl* ❸ AM LAW (*special permission*) Sondergenehmigung *f;* **zoning ~** *Ausnahmegenehmigung vom Bauamt*

vari·ant ['veəriənt, AM 'ver-] **I.** *n* Variante *f* **II.** *n modifier* variierend, unterschiedlich; **~ spelling** Rechtschreibvariante *f*

varia·tion [ˌveəri'eɪʃᵊn, AM ˌver-] *n* ❶ *no pl* (*variability*) Abweichung *f;* **the medical tests showed some ~ in the baby's heart rate** die medizinischen Tests ergaben, dass sich der Herzrhythmus des Babys verändert hatte ❷ (*difference*) Unterschied *m,* Schwankung[en] *f*[*pl*]; **temperature ~s** Temperaturschwankungen *fpl;* **seasonal ~s** jahreszeitlich bedingte Schwankungen ❸ LIT, MUS Variation *f;* **~s on a theme** Variationen *fpl* über ein Thema

vari·co·cele ['værɪkə(ʊ)si:l, AM -kə'-] *n no pl* MED Varikozele *f fachspr,* Krampfaderbruch *m*

vari·cose ['værikə(ʊ)s, AM 'verəkoʊs] *adj inv* MED varikös *fachspr;* **~ swelling** Krampfaderschwellung *f*

vari·cose 'veins *npl* Krampfadern *fpl*

var·ied ['veərid, AM 'ver-] *adj* unterschiedlich; **with its ~ climate, the country can grow anything** aufgrund der verschiedenen Klimazonen kann in dem Land einfach alles angebaut werden; **a ~ career** eine bewegte Karriere; **a ~ group** eine bunt gemischte Gruppe

varie·gat·ed ['veərɪgeɪtɪd, AM 'veriə-] *adj* ❶ (*with variety*) vielfältig ❷ (*multicoloured*) mischfarbig; BOT panaschiert *fachspr;* **~ leaves** bunte Blätter

varie·ga·tion [ˌveərɪ'geɪʃᵊn, AM ˌveriə'-] *n no pl* BOT Panaschierung *f fachspr*

va·ri·ety [və'raɪəti, AM -ət̬i] *n* ❶ *no pl* (*absence of monotony*) Vielfalt *f;* (*in a job also*) Abwechslungsreichtum *m;* ECON Auswahl *f;* **to lend ~** Abwechslung bieten [*o* bringen] ❷ *no pl* (*differing from one another*) Verschiedenartigkeit *f* ❸ *no pl* ■ **a ~ of** (*range of things*) verschiedene; **a ~ of courses** verschiedene Kurse; **a ~ of different possibilities** eine Vielzahl unterschiedlicher Möglichkeiten; **this device can be used for a ~ of purposes** dieses Gerät kann für die unterschiedlichsten Verwendungszwecke eingesetzt werden; **in a ~ of ways** auf vielfältige Weise ❹ (*category*) Art *f,* Variation *f;* BIOL Spezies *f;* **a new ~ of tulip/sweetcorn** eine neue Tulpen-/Maissorte ❺ *no pl* (*entertainment*) Varietee *nt* ▸ PHRASES: **~ is the spice of life** (*prov*) Abwechslung macht das Leben interessanter

va·'ri·ety act *n* Varieteenummer *f* **va·'ri·ety meats** *npl* AM Innereien *fpl* **va·'ri·ety show** *n* Varieteeshow *f* **va·'ri·ety store** *n* AM Kramladen *m fam* **va·'ri·ety thea·tre** *n* BRIT Varieteetheater *nt*

vario·rum [ˌveərɪ'ɔ:rəm, AM ˌveri'-] **I.** *n von verschiedenen Autoren kommentierte Ausgabe* **II.** *adj attr, inv* **~ edition** *von verschiedenen Autoren kommentierte Ausgabe*

vari·ous ['veəriəs, AM 'ver-] *adj inv* verschieden; **~ problems/reasons** verschiedene Probleme/Gründe

vari·ous·ly ['veəriəsli, AM 'ver-] *adv inv* unterschiedlich; **the number of cases of salmonella poisoning has been ~ put at 26, 49 or 51** die Angaben über die Zahl der Salmonellenvergiftungen schwanken zwischen 26, 49 und 51; **to be ~ called ... or ...** mal als ... und mal als ... bezeichnet werden

var·mint ['vɑ:rmɪnt] *n* AM Schädling *m;* (*fig fam: mischievous person*) Tunichtgut *m*

var·nish ['vɑ:nɪʃ, AM 'vɑ:r-] **I.** *n* <*pl* -es> Lack *m;* (*on painting*) Firnis *m;* **coat of** [**clear**] **~** [Klar]lackschicht *f;* **to give sth a ~** etw lackieren; **to seal with a clear ~** mit Klarlack versiegeln **II.** *vt* ■ **to ~ sth** etw lackieren

var·nished ['vɑ:nɪʃt, AM 'vɑ:r-] *adj inv* lackiert

var·sity ['vɑ:səti, AM 'vɑ:rsət̬i] **I.** *n* BRIT (*fam*) Uni *f fam* **II.** *n modifier* AM (*sports, football, basketball*) Uni-

vary <-ie-> ['veəri, AM 'veri] **I.** *vi* ❶ (*differ*) variieren, verschieden sein; **opinions ~ as to ...** was ... angeht, gehen die Meinungen auseinander; **to ~ in quality** von unterschiedlicher Qualität sein; **to ~ greatly** [*or* **widely**] stark voneinander abweichen ❷ (*change*) sich *akk* verändern; (*fluctuate*) schwanken **II.** *vt* ■ **to ~ sth** etw variieren [*o* abwandeln]; **to ~ one's diet** abwechslungsreich essen

vary·ing ['veəriɪŋ, AM 'ver-] *adj* (*different*) unterschiedlich; (*fluctuating*) variierend; **~ costs** schwankende Kosten; **~ quality** unterschiedliche Qualität

vas·cu·lar ['væskjələʳ, AM -ɚ] *adj inv* BOT, MED vaskulär *fachspr;* **~ blockage** Blutgefäßverstopfung

'vas·cu·lar dis·ease *n* MED Blutgefäßentzündung *f,* Vaskulitis *f fachspr* **'vas·cu·lar sys·tem** *n* ❶ MED vaskuläres System *fachspr;* MED Blutgefäßsystem *nt* ❷ BOT Wasserleitungssystem *nt*

vase [vɑ:z, AM veɪs, veɪz] *n* Vase *f*

vas·ec·to·my [və'sektəmi] *n* MED Vasektomie *f fachspr,* Sterilisation *f*

Vas·eline® ['væsᵊli:n, AM -səl-] *n no pl* Vaseline *f*

vas·sal ['væsᵊl] *n* (*hist*) ❶ (*feudal subject*) Vasall *m hist* ❷ (*fig, pej: puppet*) Marionette *f pej*

vas·sal·age ['væsᵊlɪdʒ] *n no pl* (*hist*) Vasallentum *nt hist*

vas·sal 'state *n* (*pej*) Vasallenstaat *m pej*

vast [vɑ:st, AM væst] *adj* gewaltig, riesig; **a ~ amount of money** eine Riesensumme *fam;* **~ country** weites Land; **~ fortune** riesiges Vermögen; **~ majority** überwältigende Mehrheit

vast·ly ['vɑ:stli, AM 'væst-] *adv* wesentlich, erheblich; **~ improved** deutlich verbessert; **~ superior** haushoch überlegen

vast·ness ['vɑ:stnəs, AM 'væst-] *n no pl* riesige Ausmaße *ntpl;* **the ~ of Russia/space** die endlose Weite Russlands/des Weltraums

vat [væt] *n* (*for beer, wine*) Fass *nt;* (*with open top*) Bottich *m*

VAT *n* [ˌvi:eɪ'ti:] *no pl* BRIT *abbrev of* **value added tax** MwSt *f*

VAT·able ['vætəbl̩] *adj inv* BRIT der Umsatzsteuer unterliegend *attr*

Vati·can ['vætɪkən, AM -t̬-] **I.** *n no pl* ■ **the ~** der Vatikan **II.** *adj attr, inv* Vatikan-, des Vatikans *nach n*

Vati·can 'City *n no pl* Vatikanstadt *f*

vat·man ['vætmæn], **VAT man** *n* BRIT (*fam*) [Umsatz]steuerprüfer *m*

vau·de·ville ['vɑ:dvɪl] *n no pl* AM (*old: variety theatre*) Varietee *nt*

'vau·de·ville thea·ter *n* AM (*old*) ❶ (*venue*) Varietee *nt* ❷ (*genre*) Vaudeville *nt geh*

vau·de·vil·lian [ˌvɑ:d'vɪliən] *n* AM (*old*) Varieteekünstler(in) *m(f);* **he was an old ~** er war ein alter Hase des Vaudeville

vault [vɔ:lt, AM vɑ:lt] **I.** *n* ❶ (*arch*) Gewölbebogen *m* ❷ (*ceiling*) Gewölbe *nt* ❸ (*strongroom*) Tresorraum *m;* (*safe repository*) Magazin *nt* ❹ (*in church*) Krypta *f;* (*at cemeteries*) Gruft *f;* **family ~** Familiengruft *f* ❺ (*jump*) Sprung *m* **II.** *vt* ❶ (*jump*) ■ **to ~ sth** über etw *akk* springen; *athletics* etw überspringen ❷ (*fig: promote very fast*) ■ **to ~ sb** jdn schlagartig befördern; **to ~ sb to the top** jdn an die Spitze katapultieren **III.** *vi* springen (**over** über +*akk*)

V

vault·ed ['vɔːltɪd, AM 'vɑːl-] *adj inv* ARCHIT gewölbt; ~ **ceiling** Gewölbedecke *f*
vault·ing ['vɔːltɪŋ, AM 'vɑːl-] **I.** *n no pl* ARCHIT Wölbung *f* **II.** *adj attr* (*fig*) rasch ansteigend; ~ **ambition** skrupelloser Ehrgeiz; ~ **costs** explodierende Kosten
'vault·ing horse *n* SPORTS Sprungpferd *nt* **'vault·ing pole** *n* Stab *m* (*für Stabhochsprung*)
vaunt [vɔːnt, AM vɑːnt] *vt* ■**to ~ sth** etw preisen [*o* rühmen] *geh*
vaunt·ed ['vɔːntɪd, AM 'vɑːn-] *adj* (*form*) gepriesen; **much ~** viel gepriesen *geh*, hoch gelobt
VC [ˌviː'siː] *n* BRIT *abbrev of* **Victoria Cross** Viktoriakreuz *nt* (*Tapferkeitsmedaille*)
'V chip *n* V-Chip *m* (≈ *Kindersicherung bei TV-Programmen*)
VCR [ˌviːsiː'ɑːr] *n* AM *abbrev of* **video cassette recorder** Videorekorder *m*
VD [ˌviː'diː] *n no pl* MED (*dated*) *abbrev of* **venereal disease**
V'D clin·ic *n Klinik für Geschlechtskrankheiten*
VDT [ˌviːdiː'tiː] *n* AM *abbrev of* **video display terminal**
VDU [ˌviːdiː'juː] *n abbrev of* **visual display unit** Sichtgerät *nt*
've [v, əv] = **have**
veal [viːl] **I.** *n no pl* Kalbfleisch *nt* **II.** *n modifier* (*chop, cutlet, escalope, roast, stew*) Kalbs-; ~ **dish** Kalbfleischgericht *nt*
vec·tor ['vektəʳ, AM -ɚ] *n* ❶ (*changing quantity*) Vektor *m* ❷ (*disease transmitter*) Überträger *m*
Veda ['veɪdə] *n no pl, + sing/pl vb* REL Weda *m fachspr*
Ve·dan·ta [ved'ɑːntə, AM vɪ'dɑː-] *n no pl* REL Wedanta *m fachspr*
Ve·dic ['veɪdɪk] *adj inv* REL wedisch *fachspr*
vee-jay ['viːdʒeɪ] *n* (*fam*) VJ *m;* (*woman also*) V-Jane *f*, Moderator(in) *m(f)* (*auf einem Musikkanal*)
veep [viːp] *n* AM (*fam: vice president*) Vizepräsident(in) *m(f)*
veer [vɪəʳ, AM vɪr] *vi* ❶ (*alter course*) abdrehen; **there was a sudden flash of light making the driver ~ sharply** ein plötzlicher Lichtstrahl zwang den Fahrer, scharf auszuscheren; **the wind ~ed round to the north** der Wind drehte plötzlich auf Nord ❷ (*alter goal*) umschwenken; **our talk soon ~ed onto the subject of football** wir kamen bald auf das Thema Fußball zu sprechen; ■**to ~ back and forth between sth** zwischen etw *dat* hin und her pendeln; ■**to ~ towards sth** auf etw *akk* hinsteuern; **to ~ from one's usual opinions** von seiner üblichen Meinung abgehen
◆**veer off** *vi* **the car ~ed off the road** der Wagen kam von der Straße ab; **the kite ~ed off in the wind** der Drachen wurde vom Wind abgetrieben; **to ~ off course** vom Kurs abkommen
veg[1] [vedʒ] **I.** *n no pl* (*fam*) *short for* **vegetable(s)**: **meat and two ~** *esp* BRIT (*a. hum*) Fleisch und zwei Gemüsesorten **II.** *n modifier short for* **vegetable**: **fruit and ~ stall/shop** Obst- und Gemüsestand *m*/-laden *m*
veg[2] [vedʒ] *vi* (*fam*) ■**to ~ out** herumhängen *fam*
ve·gan ['viːgən] **I.** *n* Veganer(in) *m(f)* **II.** *adj* vegan; **to turn ~** Veganer(in) *m(f)* werden
ve·gan·ism ['viːgənɪzᵊm] *n no pl* Veganismus *m*
veg·ebur·ger *n* BRIT *see* **veggieburger**

i Kultur

Vegemite ist ein brauner Brotaufstrich aus Gemüse- und Hefeextrakt mit viel Vitamin B, den man überall in Australien auf Toast zum Frühstück oder auf dem Pausenbrot isst.

veg·eta·ble ['vedʒtəbl̩] **I.** *n* ❶ (*plant*) Gemüse *nt;* **fresh fruit and ~s** frisches Obst und Gemüse; **root ~** Wurzelgemüse *nt;* **green ~** Grüngemüse *nt;* **organic ~** Biogemüse *nt;* **raw ~** rohes Gemüse; **seasonal ~** Gemüse *nt* der Saison ❷ (*fig, pej fam: handicapped person*) Scheintote(r) *f(m) fig, pej;* **to be a ~** vor sich *dat* hin vegetieren *pej* ❸ (*fig, pej: inactive person*) Faulpelz *m fam* ❹ (*as opposed to animal and mineral*) Pflanze *f* **II.** *n modifier* (*dish, soup*) Gemüse-; ~ **diet** *of a person* pflanzliche Ernährung; *of an animal* Grünfutter *nt;* ~ **fibre** [*or* AM **fiber**] Pflanzenfaser *f*
veg·eta·ble 'but·ter *n no pl* BRIT pflanzliche Butter **'veg·eta·ble crop** *n* Gemüseernte *f;* **California produces almost half of the US fruit and ~** Kalifornien produziert fast die Hälfte des amerikanischen Obstes und Gemüses **'veg·eta·ble fat** *n* pflanzliches Fett **'veg·eta·ble gar·den** *n* Gemüsegarten *m* **veg·eta·ble 'king·dom** *n no pl* Pflanzenreich *nt* **'veg·eta·ble knife** *n* Gemüsemesser *nt* **veg·eta·ble 'mar·row** *n esp* BRIT Gartenkürbis *m* **'veg·eta·ble oil** *n* pflanzliches Öl
veg·etar·ian [ˌvedʒɪ'teəriən, AM -ə'ter-] **I.** *n* Vegetarier(in) *m(f);* **strict ~** strenger Vegetarier/strenge Vegetarierin **II.** *adj inv* vegetarisch; ~ **diet** vegetarische Kost; **to go ~** Vegetarier(in) *m(f)* werden
veg·etari·an·ism [ˌvedʒɪ'teəriənɪzᵊm, AM -ə'ter-] *n no pl* Vegetarismus *m*
veg·etate ['vedʒɪteɪt, AM -dʒə-] *vi* vegetieren; **don't just ~ – get up and do something!** häng nicht einfach nur herum, steh auf und tu was! *fam*
veg·eta·tion [ˌvedʒɪ'teɪʃᵊn, AM -dʒə'-] *n no pl* (*in general*) Pflanzen *fpl;* (*in specific area*) Vegetation *f*
veg·gie ['vedʒi] *n* (*fam*) ❶ *short for* **vegetarian** Vegetarier(in) *m(f)* ❷ *esp* AM, AUS *short for* **vegetable** Gemüse *nt*
veg·gie·bur·ger ['vedʒiˌbɜːgəʳ, AM -ˌbɜːrgɚ] *n* Gemüseburger *m*
veg·gy *n, n modifier short for* **veggie**
ve·he·mence ['viːəmən(t)s] *n no pl* Vehemenz *f*, Heftigkeit *f;* ■**with ~** mit Vehemenz
ve·he·ment ['viːəmənt] *adj* vehement, heftig; ~ **attack/objection** heftiger Angriff/Widerspruch; ~ **critic** scharfer Kritiker/scharfe Kritikerin
ve·he·ment·ly ['viːəməntli] *adv* vehement; **to defend sth ~** etw erbittert verteidigen; **to ~ deny sth** etw heftig abstreiten
ve·hi·cle ['vɪəkl̩, AM 'viːə-] *n* ❶ (*transport*) Fahrzeug *nt;* **farm ~** landwirtschaftliches Nutzfahrzeug; **motor ~** Kraftfahrzeug *nt;* **road ~s** Straßenfahrzeuge *ntpl* ❷ (*fig: means of expression*) ■**a ~ for sth** ein Vehikel *nt geh* [*o* [Hilfs]mittel *nt*] für etw *akk;* **the free newspapers are ~s for advertising** die kostenlosen Zeitungen sind ein Medium für die Werbung; **the film seems to be little more than a ~ for the director and its star** der Film scheint wenig mehr als Staffage für den Regisseur und seinen Star zu sein
ve·hi·cle e'mis·sions *npl* Fahrzeugemissionen *fpl;* **the risks from ~** die Gefahren des Schadstoffausstoßes **ve·hi·cle reg·is·'tra·tion cen·tre** *n* BRIT Kfz-Zulassungsstelle *f* **ve·hi·cle reg·is·'tra·tion num·ber** *n* Kfz-Kennzeichen *nt*
ve·hicu·lar [vɪ'ɪkjələʳ, AM viː'hɪkjələ˞] *adj attr, inv* (*form*) Fahrzeug-; ~ **access** Zufahrt *f*
veil [veɪl] **I.** *n* ❶ (*facial covering*) Schleier *m;* **bridal ~** Brautschleier *m;* **to take the ~** REL (*euph*) den Schleier nehmen *euph geh*, ins Kloster gehen ❷ (*fig: cover*) Schleier *m;* **to draw a ~ over sth** einen Schleier über etw *akk* breiten *fig;* **the ~ of secrecy** der Schleier des Geheimnisses; ~ **of silence** der Mantel des Schweigens ❸ (*covering*) ~ **of mist/smoke** Nebel-/Rauchschleier *m* **II.** *vt* ❶ *usu passive* (*cover by veil*) ■**to be ~ed** verschleiert sein; ■**to ~ oneself** sich *akk* verschleiern ❷ (*fig: cover*) ■**to ~ sth** etw verschleiern; **he tried to ~ his contempt by changing the subject** er versuchte seine Verachtung zu verbergen, indem er das Thema wechselte ❸ (*envelop*) ■**to ~ sth** etw einhüllen; **thick fog ~ed the city** dicker Nebel lag wie ein Schleier über der Stadt
veiled [veɪld] *adj* ❶ *inv* (*wearing a veil*) verschleiert ❷ (*fig: concealed*) verschleiert; ~ **in shadow, he managed to slip unnoticed through the gateway** im Schatten verborgen gelang es ihm, unbemerkt durch das Tor zu schlüpfen; ~ **criticism/hint** [*or* **reference**]/**threat** versteckte Kritik/Anspielung/Drohung
vein [veɪn] *n* ❶ (*blood vessel*) Vene *f* ❷ (*for sap*) Ader *f* ❸ (*of insect's wing*) Ader *f* ❹ (*mineral seam*) Ader *f;* ~ **of iron ore**

Eisenerzader *f;* **quartz** ~ Quarzader *f* ⑤ (*fig: element*) Spur *f;* **a ~ of satirical anger runs through all his work** sein ganzes Werk ist von satirischem Zorn durchzogen; **a ~ of wisdom** eine Spur von Weisheit ⑥ *usu sing* (*style*) Stil *m,* Manier *f;* **to talk in a serious ~** in ernstem Ton reden; **in [a] similar ~** im gleichen Stil

veined [veɪnd] *adj* geädert; **deeply ~ leaves** mit tiefen Adern durchzogene Blätter; **~ with scars** von Narben überzogen

ve·lar ['vi:ləʳ, AM -ɚ] LING **I.** *adj inv* velar *fachspr* **II.** *n* Velar *m fachspr*

Vel·cro® ['velkrəʊ, AM -roʊ] *n no pl* Klettverschluss *m*

veld, veldt [velt] *n* Steppe *f*

vel·lum ['veləm] **I.** *n no pl* ① (*paper*) Pergament *nt* ② (*testimonial*) Urkunde *f* auf Pergament **II.** *n modifier* Pergament[papier]-, aus Pergament[papier] *nach n*

ve·loci·pede [vɪ'lɒsəpi:d, AM və'lɑ:s-] *n* (*old*) Veloziped *nt veraltend*

ve·loc·ity [vɪ'lɒsəti, AM və'lɑ:səṭi] **I.** *n* (*form*) Geschwindigkeit *f* **II.** *adj attr, inv* Geschwindigkeits-; **high ~ bullet** Hochgeschwindigkeitskugel *f*

ve·lour [və'lʊəʳ, AM -'lʊr], **ve·lours** [və'lʊəz, AM -'lʊrz] **I.** *n no pl* Velours *m* **II.** *n modifier* (*couch, hat*) Velours- *f;* **~ jumper** Nickipullover *m*

ve·lou·té [və'lu:teɪ] *n* Velouté *f*

Ve·lux® <*pl* -es> ['vi:lʌks] *n* BRIT Veluxfenster® *nt*

vel·vet ['velvɪt] **I.** *n no pl* Samt *m;* **as soft as ~** samtweich **II.** *n modifier* (*skirt*) Samt-; **~ gloves** Samthandschuhe *f;* **~ sky** (*fig*) samtener Himmel; **~ voice** samtige Stimme

vel·vet·een [ˌvelvɪ'ti:n] **I.** *n no pl* Veloursamt *m* **II.** *n modifier* Veloursamt-; **~ blouse** Bluse *f* aus Veloursamt; **~ coat** Mantel *m* aus Veloursamt

vel·vety ['velvɪti, AM -əṭi] *adj* (*fig*) samtig; **~ brown** samtbraun

ve·nal ['vi:nəl] *adj* (*pej form*) bestechlich; **~ character** verdorbener Charakter; **~ regime** korruptes Regime; **~ ruler** korrupter Herrscher/korrupte Herrscherin

ve·nal·ity [vi:'næləti, AM vɪ'næləṭi] *n no pl* (*pej form*) Korruption *f,* Bestechlichkeit *f*

vend [vend] *vt* ■**to ~ sth** etw verkaufen

ven·det·ta [ven'detə, AM -ṭ-] *n* Vendetta *f,* [Blut]rache *f;* **to wage a personal ~** einen persönlichen Rachefeldzug führen

vend·ing ['vendɪŋ] (*form*) **I.** *n no pl* [Straßen]verkauf *m* **II.** *adj attr, inv* Straßenverkaufs-

'vend·ing ma·chine *n* Automat *m*

ven·dor ['vendɔ:ʳ, AM -ɚ] *n* ① (*street seller*) Straßenverkäufer(in) *m(f)* ② (*form: seller of real estate*) Verkäufer(in) *m(f)*

ven·due ['vendu:] *n* AM (*public auction*) Auktion *f*

ve·neer [və'nɪəʳ, AM -'nɪr] *n* ① (*covering layer*) Furnier *nt* ② *no pl* (*fig: false front*) [schöner] Schein, Fassade *f fig;* **a ~ of self-confidence thinly concealed his nervousness** die Maske der Selbstsicherheit verbarg seine Nervosität nur schlecht

ve·neered [və'nɪəd, AM -'nɪrd] *adj inv* furniert

ven·er·able ['venərəbl̩] *adj* ① (*approv: deserving respect*) ehrwürdig; **~ family** angesehene Familie; **~ tradition** alte Tradition ② (*esteemed through age*) **~ ruins** altehrwürdige Ruinen ③ (*very old*) *age* ehrwürdig; **I see you still have your ~ old car** (*hum*) wie ich sehe, hast du immer noch deine alte Nobelkarosse *hum;* **a ~ rock star** (*esp hum fam*) ein Rockveteran/eine Rockveteranin ④ *no pl* ■**the V~** (*Anglican archdeacon's title*) Hochwürden; (*Catholic rank below saint*) ehrwürdiger Vater/ehrwürdige Mutter

ven·er·ate ['venəreɪt, AM -nər-] *vt* (*form*) ■**to ~ sb** jdn verehren; ■**to ~ sb for sth** jdn für etw *akk* bewundern; **to ~ the memory of sb** das Andenken an jdn hochhalten

ven·era·tion [ˌvenər'eɪʃən, AM -nə'reɪ-] *n no pl* Verehrung *f;* **~ of saints** Heiligenverehrung *f*

ve·nereal [və'nɪəriəl, AM -'nɪr-] *adj inv* MED venerisch *fachspr;* **~ illness** Geschlechtskrankheit *f*

ve·nereal dis·'ease *n* Geschlechtskrankheit *f*

Ve·netian [və'ni:ʃən] *adj inv* venezianisch; **the ~ School** die venezianische Schule

ve·netian 'blind *n* Jalousie *f*

Ven·ezue·la [ˌvenɪ'zweɪlə, AM -ə'-] *n no pl* Venezuela *nt*

venge·ance ['vendʒən(t)s] *n no pl* ① (*revenge*) Rache *f;* **she swore that ~ would be hers** (*liter*) sie schwor, dass die Stunde ihrer Rache kommen würde *liter;* **cruel/swift/terrible ~** grausame/prompte/schreckliche Rache; **to exact** [*or* **wreak**] **~** Rache üben; **to seek ~** Vergeltung suchen; **to take/vow ~** Rache nehmen/schwören ② (*fig: great energy*) ■**with a ~** mit voller Kraft; **to work with a ~** wie besessen arbeiten

venge·ful ['vendʒfəl] *adj* (*form*) rachsüchtig; **~ act** Racheakt *m*

venge·ful·ly ['vendʒfəli] *adv* (*form*) rachsüchtig, aus Rachsucht

venge·ful·ness ['vendʒfəlnəs] *n no pl* (*form*) Rachsucht *f*

ve·nial ['vi:niəl] *adj* (*form*) verzeihlich, entschuldbar; **~ sin** harmloses Vergehen

veni·son ['venɪsən] *n no pl* Rehfleisch *nt;* **haunch of ~** Rehkeule *f*

Venn dia·gram ['venˌ-] *n* MATH Venn-Diagramm *nt fachspr*

ven·om ['venəm] *n no pl* (*toxin*) Gift *nt;* (*fig: viciousness*) Bosheit *f,* Gehässigkeit *f;* **sheer ~** reine Boshaftigkeit

ven·om·ous ['venəməs] *adj* giftig *a. fig;* **a ~ look** (*fig*) ein giftiger Blick *fig;* **~ snake** Giftschlange *f;* **to have a ~ tongue** (*fig*) eine böse Zunge haben

ven·om·ous·ly ['venəməsli] *adv* boshaft; **to reply ~** giftig antworten; **to speak ~** Gift versprühen *fig*

ve·nous ['vi:nəs] *adj inv* ANAT, MED venös *fachspr*

vent [vent] **I.** *n* ① (*gas outlet*) Abzug *m;* **air ~** Luftschacht *m* ② FASHION (*opening*) Schlitz *m;* **side ~** Seitenschlitz *m* ③ (*fig: release of feelings*) Ventil *nt;* **to give ~ to one's anger/rage** seinem Ärger/seiner Wut Luft machen; **to give ~ to one's grief** seinem Schmerz freien Lauf lassen; **to give ~ to a whoop of joy** einen Freudenschrei ausstoßen; **to give ~ to one's feelings** seinen Gefühlen Ausdruck geben **II.** *vt* ■**to ~ sth** etw *dat* Ausdruck geben; **strong emotions were ~ed** die Gemüter erhitzten sich; **to ~ one's anger on sb** seine Wut an jdm auslassen; **to ~ one's fury** seinem Ärger Luft machen **III.** *vi* Dampf ablassen *fam*

ven·ti·late ['ventɪleɪt, AM -tə-] *vt* ① (*with air*) ■**to ~ sth** etw lüften ② (*form: verbalize*) ■**to ~ sth** etw *dat* Ausdruck verleihen *geh;* **to ~ one's doubts** seine Zweifel zum Ausdruck bringen

ven·ti·lat·ed ['ventɪleɪtɪd, AM -təleɪṭ-] *adj* belüftet; **a badly/well ~ building** ein schlecht/gut belüftetes Gebäude

ven·ti·la·tion [ˌventɪ'leɪʃən, AM -tə'-] *n no pl* Belüftung *f;* **she opened the window to improve the ~** sie öffnete das Fenster, um frische Luft hereinzulassen

ven·ti·'la·tion duct *n* Belüftungsschacht *m* **ven·ti·'la·tion sys·tem** *n* Belüftungsanlage *f*

ven·ti·la·tor ['ventɪleɪtəʳ, AM -əleɪṭɚ] *n* ① (*air outlet*) Abzug *m;* (*device for freshening air*) Ventilator *m* ② (*breathing apparatus*) Beatmungsgerät *nt*

'ven·ti·la·tor shaft *n* Luftschacht *m*

ven·tri·cle ['ventrɪkl̩] *n* Herzkammer *f*

ven·trilo·quism [ven'trɪləkwɪzəm] *n no pl* Bauchreden *nt*

ven·trilo·quist [ven'trɪləkwɪst] *n* Bauchredner(in) *m(f)*

ven·trilo·quist's 'dum·my *n* Bauchrednerpuppe *f*

ven·ture ['ventʃəʳ, AM -ɚ] **I.** *n* Unternehmung *f,* Projekt *nt;* ECON Unternehmen *nt;* **joint ~** Jointventure *nt fachspr* **II.** *vt* ① (*dare to express*) ■**to ~ sth** etw vorsichtig äußern; **to ~ an opinion** sich *dat* erlauben, seine Meinung zu sagen ② (*put at risk*) ■**to ~ sth on sth** etw auf etw *akk* setzen; **he ~d the company's reputation on his new invention** er setzte den Ruf der Firma für seine neue Erfindung aufs Spiel; **to ~ one's winnings on sth** seine Gewinne auf etw *akk* setzen ▸PHRASES: **nothing ~d, nothing gained** (*prov*) wer wagt, gewinnt *prov,* frisch gewagt ist halb gewonnen *prov* **III.** *vi* sich *akk* vorwagen; **to ~ forth into the unknown** (*liter*) sich *akk* in eine unbekannte Welt vorwagen

V

'ven·ture capi·tal *n no pl* Risikokapital *nt* **ven·ture capi·tal 'fund** *n* Risikokapitalfonds *m* **'ven·ture capi·tal·ist** *n* Risikokapitalgeber(in) *m(f)*

Ven·tur·er ['ventʃərəʳ] *n*, **Ven·ture Scout** *n Pfadfinder zwischen 16 und 20 Jahren*

ven·ture·some ['ventʃəsəm, AM -tʃɚ-] *adj* ❶ (*adventurous*) *person* wagemutig; ~ **entrepreneur** risikofreudiger Unternehmer/risikofreudige Unternehmerin ❷ (*risky*) riskant; ~ **journey** gefährliche Reise

venue ['venjuː] *n* ❶ (*location for event*) Veranstaltungsort *m;* (*for competition*) Austragungsort *m* ❷ AM LAW (*location for trial*) Verhandlungsort *m*

Ve·nus ['viːnəs] *n no pl* Venus *f*

Ve·nus 'fly·trap *n* Venusfliegenfalle *f*

ve·ra·cious [vəˈreɪʃəs] *adj* (*rare form*) ❶ (*marked by honesty*) *person* ehrlich; *witness* glaubwürdig ❷ (*accurate*) *statement, testimony* wahrheitsgemäß; ■**to be** ~ der Wahrheit entsprechen

ve·rac·ity [vəˈræsəti, AM -ət̬i] *n no pl* (*form*) Aufrichtigkeit *f; of an alibi* Glaubwürdigkeit *f*

ve·ran·da(h) [vəˈrændə] *n* Veranda *f*

verb [vɜːb, AM vɜːrb] *n* Verb *nt;* **intransitive/transitive** ~ intransitives/transitives Verb; **to conjugate a** ~ ein Verb konjugieren

ver·bal ['vɜːbəl, AM 'vɜːr-] **I.** *adj inv* ❶ (*oral*) mündlich, verbal *geh;* ~ **ability** Artikulationsfähigkeit *f;* **to give a** ~ **description of sth** etw in Worten beschreiben ❷ (*pertaining to verb*) ~ **noun** Verbalsubstantiv *nt* **II.** *n* BRIT (*sl*) ■~**s** *pl* mündliche Aussage

ver·bal a'buse *n no pl* Schimpftirade *f* **ver·bal dex·'ter·ity** *n no pl* Wortgewandtheit *f* **ver·bal di·ar·'rhoea** *n no pl* (*hum o pej fam*) Redseligkeit *f oft pej,* Geschwätzigkeit *f pej*

ver·bal·ize ['vɜːbəlaɪz, AM 'vɜːrbə-] **I.** *vt* ■**to** ~ **sth** etw ausdrücken [*o* in Worte fassen] **II.** *vi* sich *akk* verbal ausdrücken; **to start to** ~ *children* anfangen zu sprechen

ver·bal·ly ['vɜːbəli, AM 'vɜːr-] *adv inv* verbal, mündlich; **to be** ~ **abusive to sb** jdn beschimpfen

ver·ba·tim [vɜːˈbeɪtɪm, AM vɚˈbeɪt̬-] *inv* **I.** *adj* wörtlich **II.** *adv* wortwörtlich

ver·bi·age ['vɜːbiɪdʒ, AM 'vɜːr-] *n no pl* (*pej form*) Worthülsen *fpl;* (*in a speech*) Floskeln *fpl;* **much technical** ~ ein Wust *m* von Fachausdrücken

ver·bose [vɜːˈbəʊs, AM vɚˈboʊs] *adj* (*pej form*) wortreich; ~ **speech** weitschweifige Rede

ver·bose·ly [vɜːˈbəʊsli, AM vɚˈboʊs-] *adv* (*pej form*) weitschweifig; **to speak** ~ weit ausholen; **to write** ~ umständlich schreiben

ver·bos·ity [vɜːˈbɒsəti, AM vɚˈbɑːsət̬i] *n no pl* (*pej form*) Wortfülle *f;* ■**with** ~ langatmig

ver·bo·ten [vɜːˈbəʊtən, AM vɚˈboʊ-] *adj* verboten

ver·dant ['vɜːdənt, AM 'vɜːr-] *adj* (*liter*) fruchtbar; ~ **garden** üppiger Garten; ~ **lawn** sattgrüner Rasen

ver·dict ['vɜːdɪkt, AM 'vɜːr-] *n* ❶ (*judgement*) Urteil *nt;* **what was the** ~**?** wie lautete das Urteil?; **the guilty** ~ **was upheld** der Schuldspruch wurde bestätigt; ~ **of guilty** [**with extenuating circumstances**] Schuldspruch *m* [mit mildernden Umständen]; ~ **of not guilty** Freispruch *m;* **to return a unanimous** ~ **of guilty/not guilty** einen einstimmigen Schuldspruch/Freispruch fällen; **fair/questionable/surprise** ~ faires/fragwürdiges/überraschendes Urteil; **open** ~ richterliche Feststellung auf unbekannte Todesursache; **unanimous** ~ einstimmiges Urteil; **to bring in** [*or* **hand down**] **a** ~ ein Urteil fällen; **to deliver a** ~ ein Urteil verkünden ❷ (*opinion*) Urteil *nt;* **to give a** ~ **on sth** ein Urteil über etw *akk* fällen; **the studio is anxiously awaiting the box-office** ~ **on the movie** das Studio wartet gespannt darauf, ob der Film ein Kassenschlager wird

ver·di·gris ['vɜːdɪgrɪs, AM 'vɜːrdɪgriːs] *n no pl* Grünspan *m*

ver·dure ['vɜːdjəʳ, AM 'vɜːrdʒɚ] *n no pl* (*liter*) Grün *nt;* **the** ~ **of the plants** das saftige Grün der Pflanzen

verge [vɜːdʒ, AM vɜːrdʒ] **I.** *n* ❶ (*physical edge*) Rand *m;* **on the** ~ **of the desert** am Rand der Wüste ❷ *esp* BRIT (*ribbon next to road*) [seitlicher] Grünstreifen; **grass** ~ [seitlicher] Grünstreifen ❸ (*fig: brink*) ■**to be on the** ~ **of sth** am Rande von etw *dat* stehen; **to be on the** ~ **of collapse** kurz vor dem Zusammenbruch stehen; **to drive sb to the** ~ **of despair** jdn an den Rand des Wahnsinns treiben; **to be on the** ~ **of tears** den Tränen nahe sein **II.** *vi* ■**to** ~ **on sth** etw *dat* nahe sein; **to** ~ **on the ridiculous** ans Lächerliche grenzen

ver·ger ['vɜːdʒəʳ, AM 'vɜːrdʒɚ] *n esp* BRIT Küster(in) *m(f)*

veri·fi·able [ˌverɪˈfaɪəbl̩, AM ˌverə-] *adj* verifizierbar *geh;* ~ **fact** überprüfbare Tatsache; ~ **theory** nachweisbare Theorie

veri·fi·ca·tion [ˌverɪfɪˈkeɪʃən, AM ˌverə-] **I.** *n no pl* Verifizierung *f geh;* (*checking*) Überprüfung *f;* ~ **of a testimony** Bestätigung *f* einer Zeugenaussage **II.** *n modifier* Überprüfungs-; ~ **principle** Prinzip *nt* der Verifizierbarkeit *geh;* ~ **procedure** Prüfungsverfahren *nt;* ~ **test** Prüfung *f*

veri·fy <-ie-> ['verɪfaɪ, AM 'verə-] *vt* ■**to** ~ **sth** etw verifizieren *geh;* (*check*) nachprüfen, überprüfen; (*confirm*) belegen; **these figures are surprisingly high and they'll have to be verified** diese Zahlen sind erstaunlich hoch und müssen überprüft werden; **to** ~ **a report/theory** den Inhalt eines Berichts/eine Theorie belegen; **the government refused to** ~ **the reports** die Regierung weigerte sich, die Berichte zu bestätigen

veri·ly ['verəli] *adv inv* (*old*) wahrlich *veraltend*

veri·si·mili·tude [ˌverɪsɪˈmɪlɪtjuːd, AM -əsəˈmɪlɪtuːd, -tjuːd] *n no pl* (*form*) Wahrhaftigkeit *f; of a painting* Wirklichkeitsnähe *f; of a story also* Authentizität *f*

veri·table ['verɪtəbl̩, AM -ət̬ə-] *adj attr, inv* wahr; **my garden has become a** ~ **jungle** mein Garten ist der reinste Dschungel geworden; **a** ~ **war of words** das reinste Wortgefecht

veri·tably ['verɪtəbli, AM -ət̬ə-] *adv inv* in der Tat, wahrhaftig; **they were** ~ **making fools of themselves** sie machten sich buchstäblich zum Narren

ver·ity ['verəti, AM -ət̬i] *n* (*form*) ❶ *no pl* (*truth*) Wahrheit *f;* (*authenticity*) *of a document* Authentizität *f,* Echtheit *f* ❷ (*principle*) Wahrheit *f,* Glaubenssatz *m;* **universal verities** universelle Erkenntnisse

ver·mi·cel·li [ˌvɜːmɪˈtʃeli, AM ˌvɜːrmə'-] *npl* ❶ (*pasta*) Vermicelli *pl,* Fadennudeln *fpl* ❷ BRIT (*in baking*) Schokosplitter *mpl*

ver·mi·cide ['vɜːmɪsaɪd, AM 'vɜːrmə-] *n* Vermizid *nt fachspr,* Wurmmittel *nt*

ver·mi·form ['vɜːmɪfɔːm, AM 'vɜːrməfɔːrm] *adj inv* wurmförmig

ver·mil·(l)ion [vəˈmɪljən, AM vɚ'-] **I.** *n* Zinnoberrot *nt* **II.** *adj inv* zinnoberrot

ver·min ['vɜːmɪn, AM 'vɜːr-] *npl* (*pej: animals*) Schädlinge *mpl;* (*persons*) Schmarotzer *mpl pej,* nutzloses Pack *pej;* **to control** ~ Ungeziefer bekämpfen

ver·min·ous ['vɜːmɪnəs, AM 'vɜːr-] *adj attr* (*pej*) voller Ungeziefer *nach n*

ver·mouth ['vɜːməθ, AM vɚˈmuːθ] *n no pl* Wermut *m;* **dry/sweet** ~ trockener/süßer Wermut

ver·nacu·lar [vəˈnækjələʳ, AM vɚˈnækjəlɚ] **I.** *n* Umgangssprache *f;* (*dialect*) Dialekt *m;* (*jargon*) Jargon *m,* Ausdrucksweise *f* **II.** *adj* ❶ (*of language*) umgangssprachlich; (*as one's mother tongue*) muttersprachlich ❷ ARCHIT *building* funktional; MUS volksnah

ver·nal ['vɜːnəl, AM 'vɜːr-] *adj* Frühlings-; **the** ~ **season** die Frühjahrszeit; **a** ~ **touch** ein Hauch *m* von Frühling

ver·nal 'equi·nox *n* Frühlingsäquinoktium *nt fachspr*

ve·roni·ca [vəˈrɒnɪkə, AM -'rɑːn-] *n* Veronika *f geh,* Ehrenpreis *m*

ver·ru·ca <*pl* -s *or* -ae> [vəˈruːkə, *pl* -kiː] *n* Warze *f*

ver·ru·cae [vəˈruːkiː] *n pl of* **verruca**

ver·sa·tile ['vɜːsətaɪl, AM 'vɜːrsət̬əl] *adj actor, athlete* vielseitig; *material* vielseitig verwendbar

ver·sa·til·ity [ˌvɜːsəˈtɪləti, AM ˌvɜːrsəˈtɪləṭi] *n no pl* (*flexibility*) Vielseitigkeit *f;* (*adjustability*) Anpassungsfähigkeit *f; of a device* vielseitige Verwendbarkeit

verse [vɜːs, AM vɜːrs] *n* ❶ *no pl* (*poetical writing*) Dichtung *f,* Poesie *f;* **volume of ~** Gedichtband *m;* **in ~** in Versen *m* ❷ (*stanza of poetry*) Strophe *f* ❸ MUS Strophe *f* ❹ (*of scripture*) Vers *m;* **to recite a ~ [from the Bible/Koran]** einen [Bibel-/Koran]vers vortragen

versed [vɜːst, AM vɜːr-] *adj* (*form*) **to be [well] ~ in sth** (*knowledgeable about*) in etw *dat* [sehr] versiert [*o* bewandert] sein *geh;* (*familiar with*) sich *akk* mit [*o* in] etw *dat* [gut] auskennen

ver·si·fy [ˈvɜːsɪfaɪ, AM ˈvɜːrsə-] **I.** *vi* Gedichte schreiben, dichten **II.** *vt* ■**to ~ sth** etw in Versform bringen

ver·sion [ˈvɜːʃᵊn, -ʒᵊn, AM ˈvɜːrʒ-, ʃᵊn] *n* ❶ (*account*) Version *f;* (*description*) Darstellung *f;* **the two witnesses gave contradictory ~s of what had happened that night** die beiden Zeuginnen machten widersprüchliche Angaben über das, was in jener Nacht geschehen war ❷ (*variant*) Version *f; of book, text, film* Fassung *f;* **film ~ of a book** Verfilmung *f* eines Buches; **abridged ~** Kurzfassung *f,* gekürzte Fassung; **revised ~** revidierte Ausgabe ❸ (*translation*) **English-language ~** englischsprachige Ausgabe ❹ *no pl* MED (*turning of foetus*) Wendung *f*

ver·so [ˈvɜːsəʊ, AM ˈvɜːrsoʊ] *n* ❶ PUBL (*left-hand page*) linke Seite; (*back of page*) Verso *nt fachspr* ❷ (*reverse side*) Rückseite *f; of coin also* Revers *m fachspr*

ver·sus [ˈvɜːsəs, AM ˈvɜːr-] *prep* gegen *+akk*

ver·te·bra <*pl* -brae> [ˈvɜːtɪbrə, AM ˈvɜːrṭə-, *pl* -briː] *n* ANAT Wirbel *m*

ver·te·bral [ˈvɜːtɪbrᵊl, AM ˈvɜːrṭə-] *adj inv* ANAT, MED Wirbel-; **~ injection** vertebrale Injektion *fachspr;* **~ wound** Wirbelverletzung *f*

ver·te·bral ˈcol·umn *n* ANAT Wirbelsäule *f*

ver·te·brate [ˈvɜːtɪbreɪt, AM ˈvɜːrṭəbrɪt] BIOL **I.** *n* Wirbeltier *nt* **II.** *adj attr, inv* Wirbel-; **~ animal** Wirbeltier *nt*

ver·tex <*pl* -es *or* -tices> [ˈvɜːteks, AM ˈvɜːr-, *pl* -tɪsiːz] *n* ❶ MATH Scheitel[punkt] *m* ❷ (*highest point*) Spitze *f*

ver·ti·cal [ˈvɜːtɪkᵊl, AM ˈvɜːrṭə-] **I.** *adj* senkrecht, vertikal; *cliffs* senkrecht abfallend; **a basketball player's ~ leap** der Korbleger eines Basketballspielers; **~ axis** y-Achse *f,* Vertikalachse *f;* **~ lines** Längsstreifen *mpl* **II.** *n* ❶ (*vertical line*) Senkrechte *f,* Vertikale *f geh;* **the wall is a few degrees off the ~** die Wand steht nicht ganz im Lot ❷ (*of ski slopes*) Abfahrt *f*

ver·ti·cal an·ˈgles *npl* Scheitelwinkel *m* **ver·ti·cal in·te·ˈgra·tion** *n no pl* ECON, FIN Vertikalkonzentration *f*

ver·ti·cal·ly [ˈvɜːtɪkᵊli, AM ˈvɜːrṭə-] *adv* senkrecht, vertikal; **to jump** [*or* **leap**] **~** senkrecht hochspringen; (*in basketball*) einen Korbleger machen

ver·ti·cal·ly ˈchal·lenged *adj* (*hum*) ■**to be ~** etwas kurz geraten sein *hum*

ver·ti·cal ˈmar·ket *n potentieller Käufermarkt innerhalb eines bestimmten Industriezweigs oder Tätigkeitsbereichs* **ver·ti·cal take-off ˈair·craft** *n,* **ver·ti·cal take-off ˈjet** *n* Senkrechtstarter *m* **ver·ti·cal ˈthink·ing** *n esp* BRIT [konventionell] rationales Denken

ver·tigi·nous [vɜːˈtɪdʒɪnəs, AM vɚˈtɪdʒə-] *adj* (*form*) ❶ (*causing vertigo*) Schwindel erregend ❷ (*dizzy*) schwindlig; **to make sb feel ~** jdn schwindlig machen

ver·ti·go [ˈvɜːtɪgəʊ, AM ˈvɜːrṭəgoʊ] *n no pl* (*feeling*) Schwindel *m;* MED Gleichgewichtsstörung *f;* **sb has** [*or* **suffers from**] **~** jdm wird leicht schwindlig

verve [vɜːv, AM vɜːrv] *n no pl* Begeisterung *f,* Verve *f geh;* **she delivered her speech with tremendous wit and ~** sie hielt ihre Rede mit unglaublichem Witz und Schwung; **although in pain, he greeted his friends with his old ~** trotz Schmerzen begrüßte er seine Freunde mit gewohntem Elan; **to give sth added ~** (*fig*) etw *dat* [den letzten] Pfiff geben *fam*

very [ˈveri] **I.** *adv inv* ❶ (*extremely*) sehr, außerordentlich; **his behaviour makes me feel ~, ~ cross** sein Benehmen macht mich wirklich sehr böse; **there's nothing ~ interesting on TV tonight** es kommt nichts besonders Interessantes heute Abend im Fernsehen; **how ~ childish of her to refuse to speak to me!** wie absolut kindisch von ihr, sich zu weigern, mit mir zu sprechen!; **how are you? – ~ well, thanks** wie geht es dir? – sehr gut, danke ❷ (*to a great degree*) sehr; **to not be ~ happy/pleased about sth** (*iron*) über etw *akk* nicht gerade sehr glücklich/erfreut sein; **to not be ~ impressed about sth** (*iron*) von etw *dat* nicht gerade sehr beeindruckt sein; **~ much** sehr; **did you enjoy the play? – ~ much so** hat dir das Stück gefallen? – [ja] sehr [sogar]; **thank you ~ much** danke sehr; **to feel ~ much at home** sich *akk* ganz wie zu Hause fühlen; **not ~** nicht sehr; **not ~ much ...** nicht besonders ... ❸ + *superl* (*to add force*) aller-; **the ~ best** der/die/das Allerbeste; **the ~ best of friends** die allerbesten Freunde; **to do the ~ best one can** sein Allerbestes geben; **the ~ first/last** der/die/das Allererste/Allerletzte; **at the ~ most/least** allerhöchstens/zumindest; **the ~ next day** schon am nächsten Tag; **to have one's ~ own sth** etw ganz für sich *akk* [alleine] haben; **the ~ same** genau der/die/das Gleiche ❹ (*I agree*) **~ well** [also] gut [*o* schön]; **can't I stay for five minutes longer? – oh ~ well** kann ich nicht noch fünf Minuten länger bleiben? – na schön *fam;* **she couldn't ~ well say sorry when she didn't think she had done anything wrong** sie konnte sich doch nicht entschuldigen, wenn sie ihrer Meinung nach nichts falsch gemacht hatte; **to be all ~ fine** [*or* **good**] [*or* **well**], **but ...** schon recht [*o* schön und gut] sein, aber ... **II.** *adj attr, inv* genau; **this is the ~ book I've been looking for** das ist genau das Buch, nach dem ich gesucht habe; **the ~ idea!** was für eine Idee!; **it's the ~ thing!** das ist genau das Richtige!; **at the ~ bottom** zuunterst; **at the ~ end of sth** ganz am Ende einer S. *gen;* **the ~ fact that ...** allein schon die Tatsache, dass ...; **the ~ opposite** das genaue [*o* genau das] Gegenteil; **they're the ~ opposite of one another** sie sind völlig unterschiedlich; **the ~ thought ...** allein der Gedanke ...

Very light [ˈveri, ˈvɪəri, AM ˈvɪri-] *n* Leuchtkugel *f* **Very pis·tol** [ˈveri, ˈvɪəri, AM ˈvɪri-] *n* Leuchtpistole *f* **Very ˈRev·er·end** *n* ■**the ~** Hochwürden; **the ~ David Smith** Hochwürden David Smith

vesi·cle [ˈvesɪkl̩] *n* ❶ MED (*blister*) Blase *f;* (*pustule*) Pustel *f;* (*fluid-filled sac*) Bläschen *nt;* (*cyst*) Zyste *f,* Vesikel *f fachspr* ❷ GEOL Blase *f* ❸ BOT Bläschen *nt*

ves·pers [ˈvespəʳs, AM -ɚs] *npl* REL Vesper *f,* Abendandacht *f*

ves·sel [ˈvesᵊl] *n* ❶ NAUT (*form*) Schiff *nt;* **cargo ~** Frachtschiff *nt* ❷ (*form: for liquid*) Gefäß *nt* ❸ (*liter: person*) **~ for the nation's hopes** Hoffnungsträger(in) *m(f)* für die Nation; **he saw his son as a ~ for his own ambitions** in seinem Sohn sollten sich seine eigenen Ambitionen verwirklichen ❹ ANAT, BOT Gefäß *nt;* **blood ~** Blutgefäß *nt*

vest [vest] **I.** *n* ❶ BRIT (*underwear*) Unterhemd *nt;* **long-sleeved ~** langärm[e]liges Unterhemd; **thermal ~** Thermounterhemd *nt* ❷ *esp* AM (*outer garment*) Weste *f;* **bullet-proof ~** kugelsichere Weste ❸ (*jersey*) Trikot *nt* ❹ AM, AUS (*waistcoat*) [Anzug]weste *f* ❺ BRIT (*T-shirt*) **~ [top]** ärmelloses T-Shirt **II.** *vt* (*form*) ❶ *usu passive* (*give*) **to be ~ed with the authority/right to do sth** bevollmächtigt sein, etw zu tun; **to be ~ed with the power to do sth** berechtigt sein, etw zu tun; **to ~ in sb the right to do sth** jdm das Recht erteilen, etw zu tun ❷ (*place*) **control has been ~ed in local authorities** die Aufsicht liegt bei den örtlichen Behörden; **to ~ one's hopes in sb/sth** seine Hoffnungen auf jdn/etw setzen **III.** *vi* LAW **a property ~s in sb** ein Besitz geht auf jdn über

ves·tal [ˈvestᵊl] **I.** *n* ❶ (*liter or old: chaste woman*) Jungfrau *f* ❷ *see* **vestal virgin II.** *adj* ❶ (*old: chaste*) keusch ❷ HIST (*of Roman goddess*) **~ temple** Tempel *m* der Vesta

V

ves·tal 'vir·gin, Ves·tal 'Vir·gin *n* Vestalin *f,* vestalische Jungfrau
vest·ed 'in·ter·est *n* ❶ (*personal involvement*) **to have a ~ in sth** an etw *dat* ein [starkes] persönliches Interesse haben ❷ *usu pl* (*people, organizations*) maßgebliche Kreise; **a compromise has to be reached between all the powerful ~s** es muss ein Kompromiss zwischen all den mächtigen Interessengruppen gefunden werden ❸ LAW **to have a ~ in sth** auf etw *akk* ein gesetzliches Anrecht haben
ves·ti·bule ['vestɪbjuːl, AM -tə-] *n* (*form*) ❶ (*foyer*) Vorraum *m;* (*in a hotel, big building*) Eingangshalle *f,* Vestibül *nt geh;* (*in a theatre*) Foyer *nt* ❷ AM (*porch*) Veranda *f*
ves·tige ['vestɪdʒ] *n* ❶ (*trace*) Spur *f;* (*remainder*) Überrest *m;* **~s of the past** Spuren *fpl* der Vergangenheit ❷ (*fig*) **there is no ~ of hope** es gibt keinerlei Hoffnung mehr; **there's not a ~ of truth in what she says** es ist kein Körnchen [*o* Fünkchen] Wahrheit an dem, was sie sagt; **there was not a ~ of remorse in his voice** es lag nicht die geringste Spur von Reue in seiner Stimme *fam;* **to remove the last ~ of doubt** den letzten Rest Zweifel ausräumen
ves·tig·ial [ves'tɪdʒiəl] *adj inv* ❶ (*tiny*) spärlich ❷ ANAT, BIOL *limb, wing* nicht voll ausgebildet ❸ LING **~ language** rudimentäre Sprache
vest·ments ['ves(t)mənts] *npl* ❶ (*for clergy*) Messgewand *nt;* (*for special occasion*) Ornat *m geh* ❷ (*hist: official clothes*) Amtstracht *f*
'vest-pock·et *adj attr, inv* AM ❶ (*pocket-size*) Westentaschen-, im Westentaschenformat *nach n;* **~ camera** Kamera *f* im Westentaschenformat ❷ (*very small*) Miniatur-, Mini-
ves·try ['vestri] *n* Sakristei *f*
vet¹ [vet] **I.** *n* (*animal doctor*) Tierarzt, -ärztin *m, f,* Veterinär(in) *m(f) fachspr;* **we had to take the cat to the ~'s** wir mussten die Katze zur Tierärztin bringen **II.** *vt* <-tt-> ❶ (*examine*) ■**to ~ sb/sth** jdn/etw überprüfen ❷ *usu passive* BRIT (*screen*) ■**to be ~ted** [auf Herz und Nieren] [über]prüft werden *fam*
vet² [vet] *n* AM MIL (*fam*) *short for* **veteran** Veteran(in) *m(f)*
vetch [vetʃ] *n* Wicke *f*
vet·er·an ['vetᵊrᵊn, AM 'vet̬ɚ-] **I.** *n* ❶ (*experienced person*) Veteran(in) *m(f) hum,* alter Hase *hum;* **he's a 20-year ~ of the New York Police Department** er ist seit 20 Jahren Mitarbeiter bei der New Yorker Polizeibehörde; **she is a ~ of a number of matches** sie hat an zahlreichen Turnieren teilgenommen ❷ (*ex-military*) Veteran(in) *m(f)* **II.** *adj attr, inv* ❶ (*experienced*) erfahren; (*of many years' standing*) langjährig; (*of an actor, actress*) altgedient ❷ BRIT (*hum: old*) uralt *hum*
vet·er·an 'car *n* BRIT Oldtimer *m*
'Vet·er·ans Day *n* AM *11. November, an dem als staatlicher Feiertag die Kriegsveteranen geehrt werden und der Kriegsopfer gedacht wird*
vet·eri·nar·ian [ˌvetᵊrɪ'neriən] *n* AM (*vet*) Tierarzt, -ärztin *m, f,* Veterinär(in) *m(f) fachspr*
vet·eri·nary ['vetᵊrɪnᵊri, AM -neri] *adj attr, inv* tierärztlich; **~ medicine** [*or* **science**] Tiermedizin *f*
vet·eri·nary 'sur·geon *n* BRIT, AUS Tierarzt, -ärztin *m, f,* Veterinär(in) *m(f) fachspr*
veto ['viːtəʊ, AM -t̬oʊ] **I.** *n* <*pl* -es> ❶ (*nullification*) Veto *nt;* **~ of a measure** Veto *nt* gegen eine Maßnahme; **presidential ~** Veto *nt* des Präsidenten ❷ (*right of refusal*) Vetorecht *nt;* **to have the power** [*or* **right**] **of ~** das Vetorecht haben; **the author has insisted on having a ~ over the film version of her book** die Autorin hat darauf bestanden, ein Vetorecht bei der Verfilmung ihres Buches zu haben; **to put a ~ on sth** *esp* BRIT (*fig*) etw verbieten [*o* untersagen] **II.** *vt* ■**to ~ sth** ❶ (*officially refuse*) ein Veto gegen etw *akk* einlegen, Einspruch gegen etw *akk* erheben ❷ (*forbid*) etw untersagen
vex [veks] *vt* ■**to ~ sb** ❶ (*upset*) jdn verärgern; ■**to be ~ed by** [*or* **with**] [*or* **at**] [*or* **about**] **sb/sth** über jdn/etw verärgert sein ❷ (*dated: cause trouble*) jdm Ärger bereiten
vexa·tion [vek'seɪʃᵊn] *n no pl* (*dated*) Ärger *m;* **to be a ~ to sb** ein Ärgernis für jdn sein
vexa·tious [vek'seɪʃəs] *adj* (*dated*) ärgerlich; **~ child** unausstehliches Kind; **~ headaches** lästige Kopfschmerzen; **~ problem** leidiges Problem
vexed ['vekst] *adj* ❶ *attr* (*difficult*) leidig; **~ question/relationship** schwierige Frage/schwieriges Verhältnis ❷ (*annoyed*) verärgert ❸ (*concerned*) beunruhigt
VGA [ˌviːdʒiː'ei] *n* COMPUT *abbrev of* **video graphics adaptor** VGA
vgc BRIT *abbrev of* **very good condition** in sehr gutem Zustand
VHF [ˌviːeitʃ'ef] **I.** *n no pl abbrev of* **very high frequency:** ■**on ~** auf UKW **II.** *adj attr abbrev of* **very high frequency** UKW-
VHS® [ˌviːeitʃ'es] *n no pl abbrev of* **Video Home System** VHS
via ['vaɪə, AM *esp* 'viːə] *prep* ❶ (*through*) über +*akk;* **the flight goes ~ Frankfurt** der Flug geht über Frankfurt; **~ satellite** über [*o* via] Satellit ❷ (*using*) per, via
vi·abil·ity [ˌvaɪə'bɪləti, AM -ət̬i] *n no pl* ❶ BIOL Lebensfähigkeit *f* ❷ *of businesses* Rentabilität *f;* **economic ~** [wirtschaftliche] Rentabilität, Eigenwirtschaftlichkeit *f* ❸ (*feasibility*) Realisierbarkeit *f*
vi·able ['vaɪəbl] *adj* ❶ (*successful*) existenzfähig; *of a company* rentabel ❷ (*feasible*) machbar, realisierbar; **~ alternative** durchführbare Alternative ❸ BIOL (*able to sustain life*) lebensfähig; (*able to reproduce*) zeugungsfähig
via·duct ['vaɪədʌkt] *n* Viadukt *m o nt;* (*bridge*) Brücke *f*
vial [vaɪ(ə)l, AM 'vaɪəl] *n* Phiole *f*
vibe [vaɪb] *n* Stimmung *f,* Atmosphäre *f*
vibes [vaɪbz] *npl* (*fam*) ❶ (*atmosphere*) Schwingungen *fpl,* Vibrations *pl sl;* (*general feeling*) Klima *nt;* **some people come to this area because of the good ~** einige Leute kommen in diese Gegend, weil es hier einfach toll ist *fam;* **that job just gave me bad ~** diese Arbeit hat mich einfach fertiggemacht *fam* ❷ (*vibraphone*) Vibraphon *nt*
vi·bran·cy ['vaɪbrən(t)si] *n no pl* (*liveliness*) Lebhaftigkeit *f;* (*power to change things*) Dynamik *f;* **these colours have a rich ~** diese Farben sind sehr lebhaft
vi·brant ['vaɪbrənt] *adj* ❶ *person* lebhaft; (*dynamic*) dynamisch; **to be ~ with life** vor Leben nur so sprühen ❷ *atmosphere, place* lebendig; **the hope is that this area will develop into a ~ commercial centre** man hofft, dass sich dieses Gebiet zu einem pulsierenden Gewerbezentrum entwickeln wird; **the atmosphere in the stadium was ~ with anticipation** die Atmosphäre im Stadion war erwartungsvoll aufgeladen ❸ ECON **~ economy** boomende Wirtschaft ❹ *colour* kräftig, leuchtend ❺ *sound* sonor; **~ performance** temperamentvolle Aufführung
vi·bra·phone ['vaɪbrəfəʊn, AM -foʊn] *n* Vibraphon *nt*
vi·brate [vaɪ'breɪt, AM 'vaɪbreɪt] **I.** *vi* ❶ (*pulsate*) vibrieren; *person* zittern; **to ~ with emotion** vor Erregung zittern; **to ~ with enthusiasm** (*fig*) vor Begeisterung sprühen ❷ *sound* nachklingen; **the thunder ~d down the valley** der Donner hallte durch das Tal **II.** *vt* ■**to ~ sth** etw vibrieren lassen; MUS etw zum Schwingen bringen
vi·brate a'lert *n* Vibrationsalarm *m,* Vibrafunktion *f*
vi·bra·tion [vaɪ'breɪʃᵊn] *n* Vibration *f; of earthquake* Erschütterung *f;* PHYS Schwingung *f;* **~ of vocal chords** Schwingen *nt* der Stimmbänder
vi·bra·tor [vaɪ'breɪtəʳ, AM 'vaɪbreɪt̬ɚ] *n* Vibrator *m*
vic·ar ['vɪkəʳ, AM -ɚ] *n* Pfarrer *m;* **local ~** Gemeindepfarrer *m*
vic·ar·age ['vɪkᵊrɪdʒ] *n* Pfarrhaus *nt* ▶ PHRASES: **this makes my problems look like a ~ tea-party** dagegen wirken meine Probleme ja wie ein Kaffeekränzchen *fam*
vi·cari·ous [vɪ'keəriəs, AM -'keri-] *adj* ❶ (*through another person*) nachempfunden; **~ pleasure** indirekte Freude; **~ satisfaction** Ersatzbefriedigung *f;* **to get a ~ thrill out of sth** sich *akk* an etw *dat* aufgeilen *sl* ❷ (*form: delegated*) stellvertretend; **~ power** Stellvertreterbefugnis *f*

vi·cari·ous·ly [vɪ'keəriəsli, AM -'keri-] *adv* indirekt; (*as substitute*) stellvertretend; **to experience sth ~** etw ersatzweise erleben
Vic·ar of 'Christ *n* Statthalter *m* Christi
vice[1] [vaɪs] *n* ❶ (*moral weakness*) Laster *nt*, Untugend *f*; **my one real ~ is chocolate** (*hum*) mein einziges echtes Laster ist Schokolade ❷ *no pl* (*immoral behaviour*) Lasterhaftigkeit *f* ❸ LAW Sittlichkeitsdelikt *nt*
vice[2] [vaɪs], AM **vise** *n* (*tool*) Schraubstock *m*
vice-'ad·mi·ral *n* Vizeadmiral(in) *m(f)* **vice-'cap·tain** *n* SPORTS stellvertretender Mannschaftskapitän/stellvertretende Mannschaftskapitänin **vice-'chair·man** *n* stellvertretende(r) [*o* zweite(r)] Vorsitzende(r), Vizevorsitzende(r) **vice-'chan·cel·lor** *n* (*senior official*) Vizekanzler(in) *m(f)*; BRIT UNIV Rektor(in) *m(f)* **'vice-like** *adj* fest; **to maintain ~ control over sb/sth** jdn/etw fest unter Kontrolle haben; **to hold sb/sth in** [*or* **with**] **a ~ grip** jdn/etw eisern im Griff haben *fam*; **~ pain** bohrender Schmerz **Vice 'Presi·dent, vice-'presi·dent** *n* Vizepräsident(in) *m(f)* **vice-'re·gal** *adj* (*form*) des Vizeköniges *nach n* **'vice ring** *n* Verbrecherring *m* **vice·roy** ['vaɪsrɔɪ] *n* Vizekönig *m* **'vice squad** *n* Sittendezernat *nt*
vice ver·sa [ˌvaɪsi'vɜːsə, AM -ə'vɜːr-] *adv inv* umgekehrt
vi·chy·ssoise [ˌviːʃiː'swɑːz] *n* FOOD Vichyssoise *f*
vi·cin·ity [vɪ'sɪnəti, AM və'sɪnət̬i] *n* (*nearness*) Nähe *f*; (*surrounding area*) Umgebung *f*; **immediate ~** unmittelbare Umgebung; ■**in the ~** [**of sth**] in der Nähe [einer S. *gen*]; **they paid in the ~ of £3 million for their latest new player** (*fig*) sie haben um die 3 Millionen Pfund für ihren jüngsten Neuzugang gezahlt
vi·cious ['vɪʃəs] *adj* ❶ (*malicious*) boshaft, gemein; **~ attack** heimtückischer Überfall; **~ crime/murder** grauenhaftes Verbrechen/grauenhafter Mord; **~ dog** bissiger Hund; **~ fighting** brutaler Kampf; **~ gossip** gehässiges Gerede *pej* ❷ (*causing pain*) grausam; **I had a ~ headache all day yesterday** ich hatte gestern den ganzen Tag über brutale Kopfschmerzen *fam* ❸ (*nasty*) gemein; **~ look** böser Blick ❹ (*fig: powerful*) schrecklich; **we had a ~ bout of gastro-enteritis in the family** meine ganze Familie lag mit einer fiesen Magen-Darm-Grippe danieder; **~ wind** heftiger Wind
vi·cious 'cir·cle *n*, **vi·cious 'cy·cle** *n* Teufelskreis *m*; **to be** [*or* **get**] **caught in a ~** in einen Teufelskreis geraten; **to be trapped in a ~** in einem Teufelskreis gefangen sein
vi·cious·ly ['vɪʃəsli] *adv* ❶ (*cruelly*) brutal; (*maliciously*) gemein, bösartig ❷ (*extremely*) furchtbar *fam*, schrecklich *fam*; **it was ~ cold outside** draußen war es saukalt *fam*
vi·cious·ness ['vɪʃəsnəs] *n no pl* Brutalität *f*; *of a dog* Bissigkeit *f*; (*maliciousness*) Bösartigkeit *f*; (*nastiness*) Gemeinheit *f*; **I was surprised at the ~ with which he spoke about his father** ich war überrascht, wie gehässig er von seinem Vater sprach
vi·cis·si·tude [vɪ'sɪsɪtjuːd, AM -ətuːd, -tjuːd] *n* (*form*) ■**~s** *pl of circumstances* Unbeständigkeit *f*; (*liter*) *of weather* Launen *fpl*; **the ~s of life** die Launen des Schicksals
vic·tim ['vɪktɪm] *n* ❶ (*sb, sth harmed*) Opfer *nt*; **he is the ~ of a cruel hoax** ihm wurde übel mitgespielt; **to be the ~ of a crime** einem Verbrechen zum Opfer fallen; **to be the ~ of sb's envy** unter jds Neid *m* zu leiden haben; **to be the ~ of sb's sarcasm** die Zielscheibe von jds Sarkasmus *m* sein; **to fall ~ to sb/sth** jdm/etw zum Opfer fallen ❷ (*sufferer of illness*) **Max fell ~ to the flu** Max hat die Grippe erwischt *fam*; **cancer ~** Krebskranke(r) *f(m)*; **to fall ~ to the plague** der Pest zum Opfer fallen ❸ (*fig*) **to fall ~ to sb's charms** jds Charme *m* erliegen; **to be a ~ of fortune** dem Schicksal ausgeliefert sein
vic·timi·za·tion [ˌvɪktɪmaɪ'zeɪʃən, AM -təmɪ'-] *n no pl* ungerechte Behandlung; (*picking on sb*) Schikanierung *f*; (*discrimination*) Diskriminierung *f*
vic·tim·ize ['vɪktɪmaɪz, AM -təm-] *vt* ■**to ~ sb** jdn ungerecht behandeln; (*pick at*) jdn schikanieren; **to be ~d by the law** rechtlich diskriminiert werden
vic·tim·less crime [ˌvɪktɪmləs'-, AM -təm-] *adj inv* Verbrechen *nt* ohne Opfer
vic·tor ['vɪktəʳ, AM -ɚ] *n* ❶ (*person*) Sieger(in) *m(f)*, Gewinner(in) *m(f)*; **to emerge** [**as**] **the ~** als Sieger/Siegerin hervorgehen; **to be the ~ in sth** der Gewinner/die Gewinnerin einer S. *gen* sein, in etw *dat* siegen; **to be a ~ over sb** jdn besiegen ❷ (*code word*) Viktor (*Code für Buchstaben V, z.B. in der Buchstabiertafel beim Telefonieren*)
Victoria Day *n* CAN *ursprünglich der Geburtstag der Königin Victoria, jetzt ein beweglicher Feiertag im Monat Mai*
Vic·to·rian [vɪk'tɔːriən] **I.** *adj* ❶ (*era*) viktorianisch; **the ~ stage** das viktorianische Theater ❷ (*fig, pej: prudish*) prüde ❸ AUS (*of or from Victoria*) aus Viktoria *nach n* **II.** *n* Viktorianer(in) *m(f)*; (*fig, pej*) prüder Mensch
Vic·to·ri·ana [ˌvɪk'tɔːriɑːnə, AM vɪk'tɔːriænə] *n no pl* viktorianische Antiquitäten *fpl*
vic·to·ri·ous [vɪk'tɔːriəs] *adj* siegreich; **~ team** Siegermannschaft *f*; **to emerge ~** als Sieger/Siegerin hervorgehen
vic·to·ri·ous·ly [vɪk'tɔːriəsli] *adv* triumphierend, siegreich
vic·tory ['vɪktəri] *n* Sieg *m*; **this result is a ~ for democracy** dieses Ergebnis ist ein Sieg für die Demokratie; **Pyrrhic ~** (*fig*) Pyrrhussieg *m geh*; **to achieve** [*or* **gain**] **a ~** [**against sb**] [über jdn] einen Sieg davontragen; **to claim ~** den Sieg für sich *akk* in Anspruch nehmen; **to clinch a ~** [**over sb**] [über jdn] einen Sieg erringen; **to lead sb to ~** jdn zum Sieg führen; **to score a ~** einen Sieg verbuchen; **to secure ~** sich *dat* den Sieg sichern; **to win a ~** [**in sth**] [bei etw *dat*] einen Sieg erringen
'vic·tory pa·rade *n* Triumphzug *m*; (*of army*) Siegerparade *f*
vict·ual ['vɪtəl, AM 'vɪt̬-] **I.** *n* ■**~s** *pl* (*dated or hum*) Lebensmittel *ntpl*; (*for a trip*) Proviant *m kein pl* **II.** *vt* <BRIT -ll- *or* AM *usu* -l-> **to ~ an expedition/a ship/troops** eine Expedition/ein Schiff/Truppen mit Lebensmitteln versorgen **III.** *vi* <BRIT -ll- *or* AM *usu* -l-> sich *akk* verpflegen
vict·ual·ler ['vɪtələʳ, AM 'vɪt̬ələ] *n* **licensed ~** *Gastwirt, der eine Lizenz für den Verkauf von Alkohol hat*
vide ['vaɪdiː] *vt imper* (*form*) siehe
vi·deli·cet [vɪ'diːlɪset, AM -'deləsɪt] *adv* (*form*) nämlich
video ['vɪdiəʊ, AM -dioʊ] **I.** *n* ❶ *no pl* (*recording*) Video *nt*; **to come out on ~** auf Video erscheinen; **to record a ~** ein Video aufnehmen ❷ (*tape*) Videokassette *f*; **blank ~** leere Videokassette ❸ (*recorded material*) Videoaufnahme *f* ❹ (*of pop group*) Video *nt*, Videoclip *m* ❺ BRIT (*recorder*) Video *m fam*, Videorekorder *m* **II.** *vt* ■**to ~ sb/sth** jdn/etw auf Video aufnehmen
'video ar·cade *n* Videospielhalle *f* **'video cam·era** *n* Videokamera *f* **'video card** *n* COMPUT Videokarte *f* **'video cas·sette** *n* Videokassette *f* **video cas·'sette re·cord·er** *n* Videorekorder *m*, Video *m fam* **video 'con·fer·ence** *n* Videokonferenz *f* **video 'con·fer·enc·ing** *n no pl* Videokonferenzschaltung *f* **'video disc** *n* Bildplatte *f* **video disc 'play·er** *n*, **video disc 'sys·tem** *n* Bildplattenspieler *m* **'video film** *n* Videofilm *m*, Video *nt fam* **'video game** *n* Videospiel *nt* **video 'graph·ics** *npl* COMPUT Videografik *f* **video 'moni·tor** *n* AM, AUS Videomonitor *m* **video 'nas·ty** *n* BRIT (*horror film*) Horrorvideo *nt*; (*porno film*) Pornovideo *nt* **video-on-de·'mand** *n no pl* Video-on-Demand *nt* (*System, bei dem der Zuschauer per PC o.Ä. Videos aus seinem eigenen Fundus auswählt*) **'video·phone** *n* Bildtelefon *nt* **video 'pi·ra·cy** *n no pl* Videokopierdiebstahl *m* **Video·'Plus**® *n no pl Videoprogrammsystem* **'video re·cord·er** *n* Videorekorder *m*, Video *m fam* **'video shop** *n* AUS, BRIT Videothek *f* **'video sig·nal** *n* Bildsignal *nt*, Videosignal *nt* **'video store** *n* AM (*video shop*) Videothek *f* **'video·tape I.** *n* ❶ (*cassette*) Videokassette *f*, Video *nt fam* ❷ *no pl* (*tape*) Videoband *nt* ❸ (*recorded material*) Videoaufnahme *f* **II.** *vt* ■**to ~ sb/sth** jdn/etw auf Video aufnehmen **'video·tex(t)** *n no pl* Videotext *m* **'video trans·mis·sion** *n*

V

Videoübertragung *f*

vie <-y-> [vaɪ] *vi* wetteifern; (*in commerce, business*) konkurrieren; ■**to ~ [with sb] for sth** [mit jdm] um etw *akk* wetteifern

Vi·en·na [vi'enə] *n* Wien *nt*

Vi·en·nese [ˌviə'ni:z, AM ˌvi:ə'-] **I.** *n* <*pl* -> Wiener(in) *m(f)* **II.** *adj* Wiener-, wienerisch; **have you got any ~ friends I could stay with?** hast du irgendwelche Freunde in Wien, bei denen ich wohnen könnte?

Vi·et·cong <*pl* -> [ˌvjet'kɒŋ, AM ˌvi:et'kɑ:ŋ] *n* Vietkong *m*

Vi·et·nam [ˌvjet'næm, AM ˌvi:et'nɑ:m] *n* Vietnam *nt*

Vi·et·nam·ese [ˌvjetnə'mi:z, AM viˌet-] **I.** *adj* vietnamesisch **II.** *n* ❶ (*language*) Vietnamesisch *nt* ❷ (*person*) Vietnamese, -in *m, f*

view [vju:] **I.** *n* ❶ *no pl* (*sight*) Sicht *f;* **in full ~ of all the spectators** vor den Augen aller Zuschauer; **to block** [*or* **obstruct**] **sb's ~** jds Sicht *f* behindern; **to come into ~** in Sicht kommen, sichtbar werden; **to disappear from** [*or* **out of**] **~** [in der Ferne] verschwinden; **to hide** [*or* **shield**] **from ~** sich *akk* dem Blick entziehen; **the house is hidden from ~ behind a high hedge** das Haus liegt den Blicken entzogen hinter einer hohen Hecke; **to keep sb/sth in ~** jdn/etw im Auge behalten ❷ (*panorama*) [Aus]blick *m,* Aussicht *f;* **we have a clear ~ of the sea** wir haben freien Blick aufs Meer; **the ~ from our living room over the valley is breathtaking** der [Aus]blick von unserem Wohnzimmer über das Tal ist atemberaubend; **he paints rural ~s** er malt ländliche Motive; **he lifted his daughter up so that she could get a better ~** er hob seine Tochter hoch, so dass sie besser sehen konnte; **to have a bird's-eye ~ of sth** etw aus der Vogelperspektive sehen; **panoramic ~** Panoramablick *m;* **to afford a ~** einen Blick [*o* eine Aussicht] bieten ❸ (*opportunity to observe*) Besichtigung *f* ❹ *no pl* (*for observation*) **to be on ~** *works of art* ausgestellt werden; **to be on ~ to the public** der Öffentlichkeit zugänglich sein ❺ (*opinion*) Ansicht *f,* Meinung *f* (**about/on** über +*akk*); **what are your ~s on this issue?** was meinen Sie zu dieser Frage?; **it's my ~ that the price is much too high** meiner Meinung nach ist der Preis viel zu hoch; **exchange of ~s** Meinungsaustausch *m;* **point of ~** Gesichtspunkt *m,* Standpunkt *m;* **from my point of ~ ...** meiner Meinung nach ...; **world ~** Weltanschauung *f;* **conflicting ~s** widersprüchliche Meinungen; **jaundiced/prevailing ~** zynische/vorherrschende Meinung; **there is a prevailing ~ that ...** es herrscht die Ansicht, dass ...; **to air one's ~s** seine Ansichten darlegen; **to echo** [*or* **endorse**] **a ~** sich *akk* einer Meinung anschließen; **to express a ~** eine Meinung ausdrücken [*o* zum Ausdruck bringen]; **to have** [*or* **take**] **a ~** eine Meinung vertreten; **to have an optimistic ~ of life** eine optimistische Lebenseinstellung haben; **to take a dim** [*or* **poor**] **~ of sth** nicht viel von etw *dat* halten; **to have** [*or* **hold**] [*or* **take**] **the ~ that ...** der Meinung sein, dass ...; **to have** [*or* **hold**] **~s about** [*or* **on**] **sb/sth** Ansichten über jdn/etw haben; **to hold strong ~s about sth** über etw *akk* strenge Ansichten haben; **to make a ~ known** eine Ansicht mitteilen; **to share a ~** gleicher Meinung sein, eine Ansicht teilen; **this ~ is not widely shared** diese Ansicht wird nicht von vielen geteilt; ■**in sb's ~** jds Ansicht *f* nach ❻ (*fig: perspective*) Ansicht *f;* **from the money point of ~, the plan is very attractive but from the work point of ~, it's a disaster** vom Finanziellen her gesehen ist der Plan sehr verlockend, aber von der Arbeit her ist er eine Katastrophe; **we take a very serious ~ of the situation** wir nehmen die Situation sehr ernst; **to take a long-/short-term ~** eine langfristige/vorläufige Perspektive einnehmen; **to take an overall ~ of sth** etw von allen Seiten betrachten; ■**in ~ of sth** angesichts [*o* in Anbetracht] einer S. *gen;* ■**with a ~ to doing sth** mit der Absicht, etw zu tun ❼ (*idea*) Vorstellung *f;* **have you anything in ~ for when you leave college?** hast du [schon] irgendeine Idee, was du machen willst, wenn du vom College abgehst? **II.** *vt* ❶ (*watch*) ■**to ~ sth [from sth]** etw [von etw *dat* aus] betrachten; (*as a spectator*) etw *dat* [von etw *dat* aus] zusehen [*o bes* SÜDD, ÖSTERR, SCHWEIZ zuschauen] ❷ (*fig: consider*) ■**to ~ sb/sth [as sb/sth]** jdn/etw [als jdn/etw] betrachten; **we ~ the situation with concern** wir betrachten die Lage mit Besorgnis; **to ~ sth from a different angle** etw aus einem anderen Blickwinkel betrachten ❸ (*inspect*) ■**to ~ sth** sich *dat* etw ansehen; **to ~ a flat/a house** eine Wohnung/ein Haus besichtigen

view·er ['vju:əʳ, AM -ɚ] *n* ❶ (*person*) [Fernseh]zuschauer(in) *m(f)* ❷ (*for film*) Filmbetrachter *m;* (*for slides*) Diabetrachter *m*

'view·find·er *n* PHOT [Bild]sucher *m*

view·ing ['vju:ɪŋ] *n no pl* ❶ (*inspection*) Besichtigung *f* ❷ FILM Anschauen *nt;* TV Fernsehen *nt;* **the movie was too violent for general ~** der Film war zu gewalttätig, als dass man ihn hätte öffentlich zeigen können

'view·ing fig·ures *npl* TV Einschaltquoten *fpl*

'view·point *n* ❶ (*fig: opinion*) Standpunkt *m;* (*aspect*) Gesichtspunkt *m* ❷ (*place*) Aussichtspunkt *m*

vig·il ['vɪdʒɪl, AM -əl] *n* [Nacht]wache *f;* **to hold** [*or* **maintain**] [*or* **keep**] [*or* **stage**] **a ~** Wache halten; **they held an all-night candlelit prayer ~ outside the cathedral** sie hielten die ganze Nacht Mahnwache vor der Kathedrale

vigi·lance ['vɪdʒɪlən(t)s, AM -əl-] *n no pl* Wachsamkeit *f;* **to escape sb's ~** jds wachsamen Auge *nt* entgehen

vigi·lant ['vɪdʒɪlənt] *adj* wachsam, [sehr] aufmerksam; **the children managed to escape the ~ eye of their mother** den Kindern gelang es, dem wachsamen Auge ihrer Mutter zu entkommen; **teachers have been told to be more ~ in spotting signs of drug abuse among their students** die Lehrer wurden angehalten, aufmerksamer auf Anzeichen von Drogenmissbrauch bei den Schülern zu achten; **to be ~ about** [*or* **for**] **sth** auf etw *akk* achten

vigi·lan·te [ˌvɪdʒɪ'lænti, AM -t̬i] **I.** *n* ❶ (*unofficial police*) *Mitglied einer Bürgerwehr;* ■**the ~s** *pl* die Bürgerwehr ❷ (*fig: observer*) *Person, die sicherstellt, dass etwas akzeptabel ist* **II.** *n modifier* (*force, patrol, squad*) Bürgerwehr-; **~ group** Bürgerwehr *f*

vigi·lant·ly ['vɪdʒɪləntli] *adv* wachsam, [sehr] aufmerksam; **to guard sb/sth ~** jdn/etw streng bewachen

vi·gnette [vɪ'njet] *n* Vignette *f*

vig·or *n no pl* AM, AUS *see* **vigour**

vig·or·ous ['vɪgərəs, AM -gɚ-] *adj* ❶ (*energetic*) energisch; **we went for a ~ walk** wir machten einen strammen Spaziergang; **~ denial/protest** energisches Leugnen/energischer Protest; **to make a ~ speech** eine feurige Rede halten ❷ SPORTS **~ exercises** intensive Übungen ❸ (*flourishing*) kräftig; **~ growth** kräftiges Wachstum; **~ health** robuste Gesundheit

vig·or·ous·ly ['vɪgərəsli, AM -gɚ-] *adv* (*energetically*) energisch; (*vehemently*) heftig; **to deny/oppose sth ~** etw entschieden leugnen/ablehnen; **to exercise ~** eifrig trainieren

vig·our ['vɪgəʳ, AM -gɚ] *n no pl* ❶ (*liveliness*) Energie *f,* [Tat]kraft *f;* (*vitality*) Vitalität *f;* **we were impressed by the ~ of the orchestra's playing** wir waren vom dynamischen Spiel des Orchesters beeindruckt; **to do sth with ~** etw mit vollem Eifer tun; **they set about their work with youthful ~ and enthusiasm** sie machten sich mit jugendlichem Schwung und Begeisterung an die Arbeit; **they expressed their opinions with great ~** sie brachten ihre Ansichten mit großer Leidenschaftlichkeit zum Ausdruck ❷ (*forcefulness*) Ausdruckskraft *f*

Vi·king ['vaɪkɪŋ] **I.** *n* Wikinger(in) *m(f)* **II.** *adj* Wikinger-, wikingisch

vile [vaɪl] *adj* ❶ (*disgusting*) gemein, niederträchtig ❷ (*fam: unpleasant*) abscheulich; **~ language** unflätige Sprache; **~ mood** üble [*o fam* miese] Stimmung; **~ weather** scheußliches Wetter; **to smell ~** stinken

vile·ly ['vaɪlli] *adv* in verwerflicher Weise *geh;* **to act ~** abscheulich handeln
vile·ness ['vaɪlnəs] *n no pl* Abscheulichkeit *f; of thoughts* Gemeinheit *f,* Niederträchtigkeit *f*
vili·fi·ca·tion [ˌvɪlɪfɪ'keɪʃᵊn, AM -lə-] *n no pl* (*form*) Verunglimpfung *f,* Diffamierung *f geh;* **~ campaign** Verleumdungskampagne *f*
vili·fy <-ie-> ['vɪlɪfaɪ, AM -lə-] *vt* ■**to ~ sb/sth** jdn/etw verleumden [*o geh* diffamieren]; **he was vilified as a traitor** er wurde als Verräter diffamiert
vil·la ['vɪlə] *n* ❶ (*rural residence*) Landhaus *nt;* (*grand one*) Villa *f* ❷ BRIT (*holiday home*) Ferienhaus *nt* ❸ BRIT (*Victorian, Edwardian house*) Einfamilienhaus *nt;* (*semi*) Doppelhaushälfte *f* ❹ HIST (*Roman house*) *zu Zeiten der Römer großes Haus mit Grundstück*
vil·lage ['vɪlɪdʒ] **I.** *n* ❶ (*settlement*) Dorf *nt;* **fishing ~** Fischerdorf *nt* ❷ + *sing/pl vb* (*populace*) Dorfbevölkerung *f* **II.** *n modifier* (*hall, life, pub, school, shop*) Dorf-
vil·lage com·'mun·ity *n* Dorfgemeinschaft *f* **vil·lage 'green** *n* Dorfwiese *f* **vil·lage 'id·iot** *n* (*dated*) Dorftrottel *m pej fam* **vil·lage 'inn** *n* Dorfgasthaus *nt,* Dorfgasthof *m*
vil·lag·er ['vɪlɪdʒəʳ, AM -ədʒɚ] *n* Dorfbewohner(in) *m(f),* Dörfler(in) *m(f)*
vil·lain ['vɪlən] *n* ❶ (*lawbreaker*) Verbrecher(in) *m(f);* **small-time ~** kleiner Fisch *fig, hum fam* ❷ (*capable of bad behaviour*) Schurke *m;* (*in novel, film*) Bösewicht *m;* **to be ~ of the piece** (*fig*) der Übeltäter/die Übeltäterin sein
vil·lain·ous ['vɪlənəs] *adj* schurkisch; (*mean*) gemein; **~ deed** niederträchtige Tat
vil·lainy ['vɪləni] *n no pl* Schurkerei *f;* (*meanness*) Gemeinheit *f;* **an act of ~** eine Niederträchtigkeit *geh*
vil·la·nelle [ˌvɪlə'nel] *n* LIT Villanelle *f*
vim [vɪm] *n no pl* (*dated fam*) Schwung *m,* Elan *m;* **with ~** schwungvoll
vinai·grette [ˌvɪnɪ'gret, AM -ə'-] *n,* **vinai·grette 'dress·ing** *n no pl* Vinaigrette *f*
vin·di·cate ['vɪndɪkeɪt, AM -də-] *vt* ❶ (*justify*) ■**to ~ sth** etw rechtfertigen; ■**to ~ sb** jdn verteidigen ❷ (*support*) **to ~ a theory** eine Theorie bestätigen ❸ (*clear of blame, suspicion*) ■**to ~ sb** jdn rehabilitieren; **to ~ sb's reputation** jds Ruf *m* retten
vin·di·ca·tion [ˌvɪndɪ'keɪʃᵊn, AM -də'-] *n no pl* ❶ (*justification*) Rechtfertigung *f;* **in ~ of sth** zur Rechtfertigung einer S. *gen* ❷ (*act of clearing blame*) Rehabilitierung *f*
vin·dic·tive [vɪn'dɪktɪv] *adj* nachtragend; (*longing for revenge*) rachsüchtig; **to make sb ~** Rachegefühle bei jdm wecken
vin·dic·tive·ly [vɪn'dɪktɪvli] *adv* nachtragend; (*spitefully*) rachsüchtig
vin·dic·tive·ness [vɪn'dɪktɪvnəs] *n no pl* Rachsucht *f;* **to feel ~ towards sb** Rachegefühle gegenüber jdm hegen
vine [vaɪn] *n* ❶ (*grape plant*) Weinrebe *f* ❷ (*climbing plant*) Rankengewächs *nt*
vin·egar ['vɪnɪgəʳ, AM -əgɚ] *n no pl* ❶ FOOD Essig *m;* **the expression on his face was as sour as ~** er setzte eine saure Miene auf ❷ (*fig: of behaviour*) Säuerlichkeit *f*
vin·egary ['vɪnɪgᵊri, AM -əgɚi] *adj* ❶ (*of taste*) sauer ❷ (*full of vinegar*) Essig-; ■**to be ~** viel Essig enthalten ❸ (*fig: of attitude*) säuerlich; (*critical, unkind*) scharf
vine·yard ['vɪnjəd, AM -jɚd] *n* ❶ (*where vines grow*) Weinberg *m* ❷ (*area*) Weinanbaugebiet *nt* ▸ PHRASES: **labourers** [*or* **toilers**] **in the ~** *Kämpfer/Kämpferinnen in/auf einem bestimmten Arbeitsgebiet*
vino ['viːnəʊ, AM -noʊ] *n no pl* (*fam*) Vino *m fam*
vin·tage ['vɪntɪdʒ, AM -t̬-] **I.** *n* ❶ (*wine*) Jahrgangswein *m;* **the 1983 ~ was particularly good** der Jahrgang 1983 war besonders gut ❷ (*wine year*) Jahrgang *m;* **he is undoubtedly England's best captain of recent ~** (*fig*) er ist zweifellos der beste Kapitän, den England in der letzten Zeit hervorgebracht hat **II.** *adj* ❶ *inv* FOOD Jahrgangs-; **is this wine ~ or not?** ist dies ein Jahrgangswein? ❷ *inv* (*of classic quality*) erlesen; **this film is ~ Disney** dieser Film ist ein Disneyklassiker; **the ~ years of sth** die Glanzjahre einer S. *gen* ❸ BRIT, AUS AUTO Oldtimer-; **~ car** Oldtimer *m*
vint·ner ['vɪntnəʳ, AM -ɚ] *n* Weinhändler(in) *m(f)*
vi·nyl ['vaɪnᵊl] **I.** *n* ❶ *no pl* (*material, record*) Vinyl *nt* ❷ (*type of plastic*) Vinoplast *m,* Vinylkunststoff *m* **II.** *n modifier* ❶ (*flooring, raincoat, record, tablecloth, upholstery*) Vinyl- ❷ CHEM (*acetate, chloride*) Vinyl-, Äthenyl-
viol ['vaɪəl] *n* Viole *f;* **bass ~** [*or* **~ da Gamba**] Viola da Gamba *f,* Gambe *f*
vio·la[1] [vi'əʊlə, AM vaɪ'oʊ-] **I.** *n* MUS Viola *f,* Bratsche *f;* **~ da braccio** Viola da Braccio *f;* **~ da Gamba** Viola da Gamba *f,* Gambe *f* **II.** *n modifier* (*concerto, lessons, music*) Viola-
vio·la[2] ['vaɪələ, AM 'viːə-] *n* BOT Viola *f,* Veilchen *nt*
vio·late ['vaɪəleɪt] *vt* ❶ (*not comply with*) **to ~ a ceasefire agreement** ein Waffenstillstandsabkommen brechen; **to ~ a law/rule** gegen ein Gesetz/eine Regel verstoßen; **to ~ a regulation** eine Vorschrift verletzen ❷ (*enter, cross illegally*) ■**to ~ sth** in etw *akk* eindringen ❸ (*not respect*) **to ~ sb's privacy/rights** jds Privatsphäre *f*/Rechte *ntpl* verletzen; **to ~ a tomb** ein Grab schänden ❹ (*form: rape*) ■**to ~ sb** jdn vergewaltigen
vio·la·tion [ˌvaɪə'leɪʃᵊn] *n* ❶ *of rules, the law* Verletzung *f,* Verstoß *m;* **it was clear that they had not acted in ~ of the rules** es war klar, dass sie nicht gegen die Regeln verstoßen hatten; **~ of the law** Rechtsbruch *m;* **human rights ~** Menschenrechtsverletzung *f;* **traffic ~** Verkehrsdelikt *nt* ❷ (*rape*) Vergewaltigung *f* ❸ *of holy places* Entweihung *f*
vio·la·tor ['vaɪəleɪtəʳ, AM -t̬ɚ] *n of a treaty* Vertragsbrüchige(r) *f(m); of holy places* Schänder(in) *m(f);* (*rapist*) Schänder *m;* **~s of the curfew will be shot** wer sich nicht an die Ausgangssperre hält, wird erschossen; **~ of the law** Gesetzesübertreter(in) *m(f)*
vio·lence ['vaɪəlᵊn(t)s] *n no pl* ❶ (*behaviour*) Gewalt *f* (**against** gegen +*akk*); **~ erupted in the crowd during the second half of the match** während der zweiten Hälfte des Spieles kam es zu Gewalttätigkeiten; **act of ~** Gewalttat *f;* **robbery with ~** bewaffneter Raubüberfall; **domestic ~** Gewalt *f* in der Familie; **to use ~ against sb** Gewalt gegen jdn anwenden ❷ (*force*) Heftigkeit *f;* **we were all surprised at the ~ of his anger** wir waren alle vom Ungestüm seines Zorns überrascht; **~ of a storm** Heftigkeit *f* eines Sturms ❸ (*fig*) **to do ~ to sth** etw *dat* Gewalt antun
vio·lent ['vaɪəlᵊnt] *adj* ❶ (*brutal*) gewalttätig; *person also* brutal; **~ crime** Gewaltverbrechen *nt;* **~ death** gewaltsamer Tod; **to meet a ~ end** eines gewaltsamen Todes sterben; **~ incident** Fall *m* von Gewalt[anwendung]; **~ scene** Gewaltszene *f* ❷ (*powerful*) *attack, blow, protest* heftig; (*fig, pej*) *colour* grell, schrill; **~ affair** leidenschaftliche Affäre; **~ argument** heftige Auseinandersetzung; **~ contrast** krasser Gegensatz; **~ pain** heftiger Schmerz; **to have a ~ temper** jähzornig sein
vio·lent·ly ['vaɪəlᵊntli] *adv* ❶ (*physically abusive*) brutal; **to die ~** eines gewaltsamen Todes sterben ❷ (*very much*) heftig; **I was ~ sick last night** ich musste mich letzte Nacht heftig übergeben; **to be ~ angry** vor Wut rasen; **~ jealous** äußerst eifersüchtig; **to dislike sb ~** jdn absolut widerlich finden; **to push ~** kräftig drücken; **to tremble ~** heftig zittern
vio·let ['vaɪələt, AM -lɪt] **I.** *n* ❶ (*colour*) Violett *nt* ❷ BIOL Veilchen *nt* ▸ PHRASES: **to be a shrinking ~** ein scheues Reh sein *fig* **II.** *adj* violett
vio·lin [ˌvaɪə'lɪn] **I.** *n* Violine *f,* Geige *f* **II.** *n modifier* Geigen-; (*concerto, sonata*) Violin-
vio·'lin case *n* Geigenkasten *m*
vio·lin·ist [vaɪə'lɪnɪst] *n* Violinist(in) *m(f),* Geiger(in) *m(f)*
vio·'lin mak·er *n* Geigenbauer(in) *m(f)* **vio·'lin play·er** *n* Geiger(in) *m(f)*

V

viol·ist [vi'əʊlɪst, AM -oʊ-] *n* Bratschist(in) *m(f)*

vio·lon·cel·list [ˌvaɪələn'tʃelɪst, AM ˌviːəlɑːn'-, ˌvaɪə-] *n* Violoncellist(in) *m(f)*

vio·lon·cel·lo [ˌvaɪələn'tʃeləʊ, AM ˌviːəlɑːn'tʃeloʊ, ˌvaɪə-] *n (form)* Violoncello *nt*

V.I.P., VIP [ˌviːaɪ'piː] **I.** *n abbrev of* **very important person** VIP *m*, Promi *m fam* **II.** *adj attr abbrev of* **very important person** *(area, tent)* VIP-; **to be given ~ treatment** besonders zuvorkommend behandelt werden; **we were given the full ~ treatment** für uns wurde extra der rote Teppich ausgerollt *hum*

vi·per ['vaɪpəʳ, AM -ɚ] *n* ❶ ZOOL Viper *f* ❷ *(fig, pej liter: person)* Natter *f pej*; *(esp a woman)* Schlange *f*; **nest of ~s** Natternnest *nt*, Schlangengrube *f geh*

vi·per·ish ['vaɪpᵊrɪʃ, AM -ɚɪʃ] *adj (fig)* giftig; **~ attack** niederträchtiger Angriff

VI'P lounge *n* VIP-Lounge *f*

vi·ra·go <*pl* -s *or* -es> [vɪ'rɑːgəʊ, AM və'rɑːgoʊ] *n* ❶ *(pej: shrew)* Xanthippe *f pej*, zänkische Frau ❷ *(dated: warrior)* Amazone *f*

vi·ral ['vaɪ(ə)rᵊl] *adj inv* Virus-, viral *fachspr*; **~ disease** Viruserkrankung *f*; **anti~ drug** antivirales Medikament *fachspr*; **~ infection** Virusinfektion *f*

vir·gin ['vɜːdʒɪn, AM 'vɜːr-] **I.** *n* ❶ *(sexually inexperienced person)* Jungfrau *f*; ■**the V~ [Mary]** REL die Jungfrau [Maria]; ■**to be a ~** Jungfrau sein, unschuldig sein *fam* ❷ *(inexperienced person)* unbeschriebenes Blatt *fam* **II.** *adj inv, attr* ❶ *(chaste)* jungfräulich, unberührt ❷ *(fig: unexplored)* jungfräulich, unerforscht; **~ territory** Neuland *nt* ❸ *(liter: untouched)* jungfräulich, unberührt, rein; *forest* unberührt; **~ sheet of paper** unbeschriebenes Blatt ❹ *(untreated products)* **~ olive oil** kalt gepresstes Olivenöl

vir·gin·al ['vɜːdʒɪnᵊl, AM 'vɜːr-] **I.** *adj* jungfräulich **II.** *n* MUS ■**the ~s** *pl* das Tafelklavier

vir·gin 'birth *n* ■**the ~** die jungfräuliche Geburt; BIOL Jungfernzeugung *f*

Vir·ginia [və'dʒɪnjə, AM vɚ'-] **I.** *n* ❶ *(state)* Virginia *nt* ❷ *(tobacco)* Virginia *m* **II.** *n modifier* **~ creeper** Wilder Wein; **~ tobacco** Virginiatabak *m*

Vir·gin·ian [və'dʒɪnjən, AM vɚ'-] **I.** *n* Einwohner(in) *m(f)* von Virginia **II.** *adj* aus Virginia *nach n*

'Vir·gin Isles *npl* ■**the ~** die Jungferninseln *pl*

vir·gin·ity [və'dʒɪnəti, AM vɚ'dʒɪnət̬i] *n no pl* Jungfräulichkeit *f*; **to lose one's ~ [to sb]** seine Unschuld [an jdn] verlieren, [von jdm] entjungfert werden

Vir·go ['vɜːgəʊ, AM 'vɜːrgoʊ] *n* ASTROL *no art* Jungfrau *f*; *see also* **Aries**

Vir·goan ['vɜːgəʊən, AM 'vɜːrgoʊ-] *inv* ASTROL **I.** *adj* **~ trait** Charakterzug *m* der Jungfrau **II.** *n* Jungfrau *f*

viri·des·cent [ˌvɪrɪ'desᵊnt, AM -ə'-] *adj* grünlich

vir·ile ['vɪraɪl, AM -ᵊl] *adj (approv)* ❶ *(full of sexual energy)* potent; *(masculine)* männlich ❷ *(energetic) voice* kraftvoll

vi·ril·ity [vɪ'rɪləti, AM və'rɪlət̬i] *n no pl (approv)* ❶ *(sexual vigour)* Potenz *f*; *(masculinity)* Männlichkeit *f* ❷ *(vigour)* Kraft *f*; **economic ~** *(fig)* wirtschaftliche Stärke

vi·rol·ogy [vaɪə'rɒlədʒi, AM vaɪ'rɑːlə-] *n no pl* Virologie *f*

vir·tual ['vɜːtʃuəl, AM 'vɜːr-] *adj inv* ❶ *(almost certain)* so gut wie, quasi; **years of incompetent government had brought about the ~ collapse of the economy** Jahre inkompetenter Regierungsführung hatten dazu geführt, dass die Wirtschaft so gut wie zusammenbrach; **now that the talks have broken down, war in the region looks like a ~ certainty** jetzt, wo die Gespräche gescheitert sind, scheint der Krieg in der Region praktisch sicher zu sein; **nowadays, television has a ~ monopoly over cultural life** heutzutage hat das Fernsehen quasi ein Monopol über das kulturelle Leben; **snow brought the whole of Guernsey to a ~ standstill yesterday** der Schnee brachte gestern ganz Guernsey praktisch zum Stillstand; **to be a ~ unknown** praktisch unbekannt sein ❷ COMPUT, PHYS virtuell

vir·tu·al·ly ['vɜːtʃuəli, AM 'vɜːr-] *adv inv* ❶ *(almost)* praktisch, eigentlich, so gut wie ❷ COMPUT virtuell

vir·tual re·'al·ity *n no pl* virtuelle Realität

vir·tue ['vɜːtjuː, -tʃuː, AM 'vɜːrtʃuː] *n* ❶ *(good quality)* Tugend *f* ❷ *no pl (morality)* Tugendhaftigkeit *f*; **to be a paragon of ~** *(a. iron)* ein Muster an Tugendhaftigkeit sein *a. iron*; **woman of easy ~** *(euph)* leichtes Mädchen ❸ *(advantage)* Vorteil *m*; **to extol the ~s of sth** die Vorteile einer S. *gen* preisen *geh* ❹ *no pl (benefit)* Nutzen *m*; **would there be any ~ in taking an earlier train?** hätte es irgendeinen Nutzen, wenn ich einen früheren Zug nehmen würde? ❺ *(hist: chastity)* Keuschheit *f* ❻ *(form: because of)* ■**by ~ of sth** wegen [*o* aufgrund] einer S. *gen* ▶ PHRASES: **to make a ~ [out] of necessity** aus der Not eine Tugend machen; **patience is a ~** *(saying)* Geduld ist eine Tugend

vir·tu·os·ity [ˌvɜːtju'ɒsəti, -tʃu:-, AM ˌvɜːrtʃu'ɑːsət̬i] *n no pl (form)* Virtuosität *f*

vir·tuo·so [ˌvɜːtju'əʊsəʊ, -tʃu-, AM ˌvɜːrtʃu'oʊsoʊ, *pl* -si] **I.** *n* <*pl* -s *or* -si> Virtuose, -in *m, f*; **to be a ~ on the piano** ein Virtuose/eine Virtuosin am Klavier sein; **~ of politics** *(fig)* politisches Genie **II.** *adj* virtuos; **~ pianist** begnadeter Pianist/begnadete Pianistin

vir·tu·ous ['vɜːtʃuəs, -tju-, AM 'vɜːr-] *adj* ❶ *(morally good)* tugendhaft; *(upright)* rechtschaffen ❷ *(pej: morally better)* moralisch überlegen; *(self-satisfied)* selbstgerecht

viru·lence ['vɪrʊlᵊn(t)s, AM -jəl-] *n no pl* ❶ MED Virulenz *f fachspr*, Bösartigkeit *f* ❷ *(form: bitterness)* Schärfe *f*; *(maliciousness)* Bösartigkeit *f*

viru·lent ['vɪrʊlᵊnt, AM -jəl-] *adj* ❶ MED bösartig, virulent *fachspr*; **~ poison** starkes Gift ❷ *(form: fierce)* bösartig; **she is very ~ about her former employer** sie ist sehr feindselig gegenüber ihrem früheren Arbeitgeber; **~ critic** scharfer Kritiker/scharfe Kritikerin

vi·rus ['vaɪ(ə)rəs, AM 'vaɪr-] **I.** *n* <*pl* -es> ❶ MED Virus *nt o fam m*; **to have caught a ~** sich *dat* einen Virus [*o fam* was] eingefangen haben ❷ COMPUT Virus *m* ❸ *(fig, pej)* Geschwür *nt* **II.** *n modifier* **~ disease** Viruserkrankung *f*; **~ infection** Virusinfektion *f*

visa ['viːzə] **I.** *n* Visum *nt*; **entry/exit ~** Einreise-/Ausreisevisum *nt* **II.** *n modifier (application)* Visum-

vis-à-vis [ˌviːzɑː'viː, AM -ə'-] *prep* ❶ *(concerning)* bezüglich +*gen*, wegen +*gen* ❷ *(in comparison with)* gegenüber +*dat*

vis·cera ['vɪsᵊrə] *npl* ANAT Viszera *pl fachspr*, Eingeweide *ntpl*

vis·cer·al ['vɪsᵊrᵊl] *adj* ❶ *inv* ANAT viszeral *fachspr* ❷ *(liter: not objective)* emotional; **~ hate** tief sitzender Hass

vis·cid ['vɪsɪd] *adj (form)* zähflüssig, dickflüssig

vis·cose ['vɪskəʊs, AM -koʊs] *n no pl* Viskose *f*

vis·cos·ity ['vɪskɒsəti, AM -skɑːsət̬i] *n no pl* Zähflüssigkeit *f*, Viskosität *f fachspr*

vis·count ['vaɪkaʊnt] *n* Viscount *m*

vis·count·cy ['vaɪkaʊntsi] *n* Viscountwürde *f*

vis·count·ess <*pl* -es> [ˌvaɪkaʊn'təs, AM 'vaɪkaʊnt̬ɪs] *n* Viscountess *f*

vis·cous ['vɪskəs] *adj* zähflüssig, viskos *fachspr*

vise *n* AM *see* **vice**

vis·ibil·ity [ˌvɪsə'bɪləti, AM -ət̬i] *n no pl* ❶ *(of view)* Sichtweite *f*; **~ in some areas is down to two metres** die Sichtweite beträgt stellenweise nur noch zwei Meter; **good/poor ~** gute/schlechte Sicht ❷ *(being seen)* Sichtbarkeit *f*

vis·ible ['vɪsəbl] *adj* ❶ *(able to be seen)* sichtbar; ■**to be ~** sichtbar [*o* zu sehen] sein; **to be ~ to the naked eye** mit bloßem Auge zu erkennen sein; **to be barely ~** kaum zu sehen sein; **to be clearly ~** deutlich sichtbar [*o* zu sehen] sein ❷ *(fig)* sichtbar; *(imminent)* deutlich

vis·ibly ['vɪsəbli] *adv* sichtlich, merklich

vi·sion ['vɪʒᵊn] *n* ❶ *no pl (sight)* Sehvermögen *nt*; **to be beyond the range of ~** außer Sichtweite sein; **to have blurred**

~ verschwommen sehen ❷ (*mental image*) Vorstellung *f;* **for me, the smell of coconut oil conjures up ~s of palm trees and white beaches** wenn ich Kokosnussöl rieche, sehe ich immer Palmen und weiße Strände vor mir; **she's got ~s of marrying a billionaire and living in luxury** sie träumt davon, einen Milliardär zu heiraten und im Luxus zu leben; ~ **of the future** Zukunftsvision *f* ❸ (*supernatural experience*) Vision *f* ❹ *no pl* (*forethought*) Weitblick *m* ❺ (*esp hum: beautiful sight*) **she emerged from the bedroom, a ~ in cream silk** sie kam aus dem Schlafzimmer heraus, ein Traum in cremefarbener Seide; **to be a ~ of loveliness** eine traumhafte Schönheit sein; **to be a real ~** traumhaft sein

vi·sion·ary ['vɪʒᵊnᵊri, AM -eri] **I.** *adj* ❶ (*not realistic*) unrealistisch; (*imagined*) eingebildet ❷ (*future-orientated*) visionär *geh;* **to have ~ powers** hellseherische Kräfte haben **II.** *n* ❶ (*religious prophet*) Visionär(in) *m(f) geh,* Seher(in) *m(f)* ❷ (*social prophet*) Visionär(in) *m(f) geh*

vi·sit ['vɪzɪt] **I.** *n* ❶ (*stopping by*) Besuch *m;* **I went to Edinburgh on a ~ to a friend** ich habe in Edinburgh eine Freundin besucht; **flying ~** kurzer [*o* flüchtiger] Besuch; **to expect a ~ from sb** Besuch von jdm erwarten; **to have a ~ from sb** von jdm besucht werden; **they had a ~ from the police yesterday** sie hatten gestern Besuch von der Polizei *fam;* **to pay a ~ to sb** jdm einen Besuch abstatten, jdn besuchen; (*for professional purposes*) jdn aufsuchen; **pay us a ~ some time** besuch uns doch mal! ❷ AM (*fam: chat*) Plauderei *f* **II.** *vt* ❶ (*stop by for a while*) ■**to ~ sb/sth** jdn/etw besuchen, jdm/etw einen Besuch abstatten *geh* ❷ (*for professional purposes*) ■**to ~ sb** jdn aufsuchen; **the school inspector will ~ the school next week** der Schulinspektor wird nächste Woche die Schule inspizieren; **to ~ the dentist/doctor** den Zahnarzt/den Arzt aufsuchen [*o geh* konsultieren] ❸ *usu passive* (*form or dated: inflict*) ■**to ~ sth [up]on sb/sth** etw über jdn/etw bringen; **warfare ~s devastation on a land** Krieg bringt Zerstörung über ein Land; ■**to be ~ed by sth** von etw *dat* heimgesucht werden ▶ PHRASES: **the sins of the fathers [are ~ed upon the children]** (*saying*) die Sünden der Väter [suchen die Kinder heim] **III.** *vi* ❶ (*stopping by*) einen Besuch machen; **we're just ~ing** wir sind nur zu Besuch [da]; ■**to ~ with sb** AM sich *akk* mit jdm treffen ❷ AM (*fam: chat*) ein Schwätzchen halten *fam*

vis·ita·tion [ˌvɪzɪ'teɪʃᵊn, AM -ə'-] *n* ❶ *no pl* (*stopping by*) Besuch *m* ❷ (*supernatural experience*) Erscheinung *f;* **they reported a ~ from the Virgin Mary** sie berichteten, dass ihnen die Jungfrau Maria erschienen sei ❸ (*official visit*) offizieller Besuch ❹ (*hum fam*) Heimsuchung *f hum* ❺ *no pl* AM (*for child*) ≈ Besuchszeit *f;* (*right to see child*) Besuchsrecht *nt* ❻ REL Heimsuchung *f*

vis·i'ta·tion rights *npl* AM Besuchsrecht *nt* (*bei Scheidungskindern*)

'vis·it·ing card *n* Visitenkarte *f* **vis·it·ing 'fire·man** *n* AM (*fam*) Ehrengast *m* **'vis·it·ing hours** *npl* Besuchszeiten *fpl* **vis·it·ing 'nurse** *n* Gemeindeschwester *f* **vis·it·ing pro·'fes·sor** *n* Gastprofessor(in) *m(f)* **vis·it·ing 'teach·er** *n* Hauslehrer(in) *m(f)* **vis·it·ing 'team** *n* SPORTS Gastmannschaft *f*

visi·tor ['vɪzɪtəʳ, AM -t̬ɚ] *n* Besucher(in) *m(f);* (*in a hotel*) Gast *m;* **to have a ~** Besuch haben

'visi·tors' book *n esp* BRIT Gästebuch *nt*

vi·sor ['vaɪzəʳ, AM -ɚ] *n* ❶ (*part of helmet*) Visier *nt* ❷ AM (*brim of cap*) Schild *nt* ❸ AUTO Sonnenblende *f*

vis·ta ['vɪstə] *n* ❶ (*view*) Aussicht *f,* Blick *m* ❷ *usu pl* (*fig: mental view*) Perspektiven *fpl;* **to open up new ~s** neue Perspektiven eröffnen

vis·ual ['vɪʒuəl] **I.** *adj* visuell, Seh-; ~ **acuity** Sehschärfe *f;* ~ **disorder** Sehstörung *f;* ~ **imagery** Bildersymbolik *f;* ~ **perception** bildliche [*o geh* visuelle] Wahrnehmung; ~ **stimulus** visueller Reiz **II.** *n* ■**~s** *pl* Bildmaterial *nt*

vis·ual 'aid *n* Anschauungsmaterial *nt* **vis·ual 'arts** *npl* bildende Künste

visu·ali·za·tion [ˌvɪʒuəlaɪ'zeɪʃᵊn, AM -ᵊlɪ'-] *n no pl* ❶ (*act*) Veranschaulichung *f* ❷ (*imagination*) Visualisierung *f,* Sichvorstellen *nt;* **that skier used ~ to prepare herself for the downhill run** die Skiläuferin stellte sich im Geist die Abfahrt vor, um sich darauf vorzubereiten

visu·al·ize ['vɪʒuᵊlaɪz, AM -ʒuə-] *vt* ■**to ~ sth** ❶ (*imagine*) sich *dat* etw *akk* vorstellen, etw visualisieren; (*sth of the past*) sich *dat* etw *akk* vergegenwärtigen ❷ (*foresee*) etw erwarten; **I don't ~ many changes** ich rechne nicht mit großen Veränderungen

visu·al·ly ['vɪʒuəli] *adv* visuell *geh;* **Mitchell's production is ~ striking** Mitchells Produktion ist von der Aufmachung her echt bemerkenswert; ~ **handicapped** [*or* **impaired**] sehbehindert

vi·tal ['vaɪtᵊl, AM -t̬ᵊl] *adj* ❶ (*essential*) essenziell, unerlässlich; (*more dramatic*) lebenswichtig, lebensnotwendig; **to play a ~ part** eine entscheidende Rolle spielen; **to be of ~ importance** von entscheidender Bedeutung [*o* von größter Wichtigkeit] sein; ■**to be ~ to sth** für etw *akk* lebenswichtig [*o* unerlässlich] sein; ■**it is ~ to do sth** es ist äußerst wichtig, etw zu tun; ■**it is ~ that ...** es ist von entscheidender Bedeutung, dass ... ❷ (*approv form: energetic*) *person* vital, lebendig

vi·tal·ity [vaɪ'tæləti, AM -ət̬i] *n no pl* (*approv*) ❶ (*energy*) Vitalität *f,* Lebenskraft *f* ❷ (*durability*) Dauerhaftigkeit *f,* Beständigkeit *f*

vi·tal·ize ['vaɪtᵊlaɪz, AM -t̬əl-] *vt* ■**to ~ sth** etw beleben, Leben in etw *akk* bringen

vi·tal·ly ['vaɪtᵊli, AM -t̬ᵊli] *adv* äußerst; **to be ~ important** von entscheidender Bedeutung sein; **to be ~ necessary** dringend benötigt werden; **to matter ~** sehr viel ausmachen

vi·tal 'or·gans *npl* lebenswichtige Organe **vi·tal 'signs** *npl* MED Lebenszeichen *ntpl* **vi·tal sta·'tis·tics** *npl* ❶ (*of demography*) Bevölkerungsstatistik *f* ❷ (*hum dated: woman's measurements*) Maße *pl fam*

vita·min ['vɪtəmɪn, AM 'vaɪt̬ə-] *n* Vitamin *nt;* **with added ~s** mit Vitaminen angereichert; ~ **B12** Vitamin *nt* B12

'vita·min de·fi·cien·cy *n no pl* Vitaminmangel *m* **'vita·min pill** *n* Vitamintablette *f* **'vita·min sup·ple·ment** *n Vitamintabletten, um den Vitaminhaushalt zu ergänzen* **'vita·min tab·lets** *npl* Vitamintabletten *fpl*

vit·reous ['vɪtriəs] *adj attr* Glas-; ~ **china** Porzellanemail *nt*

vit·ri·fy ['vɪtrɪfaɪ, AM -trə-] *vt esp passive* ■**to ~ sth** etw zu Glas schmelzen

vit·ri·ol ['vɪtriəl, AM *esp* -ɔːl] *n no pl* ❶ CHEM (*liter or dated: sulphuric acid*) Vitriolsäure *f* ❷ (*fig: criticism*) Schärfe *f*

vit·ri·ol·ic [ˌvɪtri'ɒlɪk, AM -ɑːlɪk] *adj* ❶ *criticism* scharf; *remark* beißend ❷ CHEM vitriolhaltig

vi·tu·per·ate [vɪ'tjuːpᵊreɪt, AM vaɪ'tuːpə-] (*form*) **I.** *vt* ■**to ~ sb** jdn schelten **II.** *vi* schmähen *veraltend*

vi·tu·pera·tion [vɪˌtjuːpᵊr'eɪʃᵊn, AM vaɪˌtuːpə'r-] *n no pl* (*form*) Schmähungen *fpl geh*

vi·tu·pera·tive [vɪ'tjuːpᵊrətɪv, AM vaɪ'tuːpəət̬ɪv] *adj* (*form*) schmähend *geh;* ~ **speech** Schmährede *f*

vi·va·cious [vɪ'veɪʃəs] *adj* (*lively*) lebhaft, temperamentvoll; (*cheerful*) munter; *street* belebt

vi·va·cious·ly [vɪ'veɪʃəsli] *adv* lebhaft; (*cheerfully*) munter; **to act a role ~** eine Rolle temperamentvoll spielen; **to talk ~** sich *akk* lebhaft unterhalten

vi·vac·ity [vɪ'væsəti, AM -ət̬i] *n no pl* Lebhaftigkeit *f;* (*cheerfulness*) Munterkeit *f*

vi·var·ium <*pl* -s *or* -ria> [vɪ'veəriəm, AM vaɪ'ver-, *pl* -riə] *n* Vivarium *nt fachspr*

viva voce [ˌvaɪvə'vəʊsi, AM -'voʊsi] **I.** *n* mündliche Prüfung; **to have** [*or* **take**] **a ~** eine mündliche Prüfung haben **II.** *n modifier* (*examination, presentation*) mündlich **III.** *adv inv* mündlich

viv·id ['vɪvɪd] *adj* ❶ *account, description* anschaulich, lebendig; ~ **language** lebendige Sprache ❷ (*of mental ability*) lebhaft; ~ **imagination** lebhafte Fantasie; **to have** ~ **memories of sth** sich *akk* lebhaft an etw *akk* erinnern können ❸ *colours* leuchtend, kräftig; ~ **lightning flash** greller Blitz

viv·id·ly [ˈvɪvɪdli] *adv* lebhaft; *describe* anschaulich, lebendig; **to depict sth** ~ etw anschaulich [*o* lebendig] schildern; **to remember** ~ sich *akk* lebhaft erinnern

viv·id·ness [ˈvɪvɪdnəs] *n no pl of a person* Lebhaftigkeit *f; of a description* Anschaulichkeit *f;* (*of colours, light*) Intensität *f*

vi·vip·ar·ous [vɪˈvɪpᵊrəs, AM vaɪˈ-] *adj inv* BIOL (*spec*) lebend gebärend, vivipar *fachspr*

vivi·sect [ˈvɪvɪsekt, AM ˈvɪvə-] *vt* ■**to** ~ **an animal** ein Tier vivisezieren *fachspr*

vivi·sec·tion [ˌvɪvɪˈsekʃᵊn, AM ˌvɪvə-] *n no pl* Vivisektion *f fachspr*

vix·en [ˈvɪksᵊn] *n* ❶ (*female fox*) Füchsin *f* ❷ (*pej: woman*) zänkische Frau, Drachen *m fam*

viz [vɪz], **viz.** *adv inv* (*dated*) nämlich

vo·cabu·lary [və(ʊ)ˈkæbjəlᵊri, AM voʊˈkæbjəleri] *n* Vokabular *nt,* Wortschatz *m;* (*words*) Vokabeln *fpl;* (*glossary*) Glossar *nt geh,* Wörterverzeichnis *nt;* **a list of** ~ eine Liste mit Vokabeln; **limited** ~ begrenzter Wortschatz; **to widen one's** ~ seinen Wortschatz erweitern

vo·cal [ˈvəʊkᵊl, AM ˈvoʊ-] **I.** *adj* ❶ *inv* (*of voice*) stimmlich; ~ **communication** mündliche Kommunikation; ~ **piece** Vokalstück *nt;* ~ **range** Stimmumfang *m;* ~ **sound** Ton *m* ❷ (*outspoken*) laut; ■**to be** ~ sich *akk* freimütig äußern; ~ **minority** lautstarke Minderheit; **to become** ~ laut werden ❸ (*communicative*) gesprächig **II.** *n* ❶ MUS Vokalpartie *f fachspr;* **is that Tamsin Palmer on** ~**s?** ist das Tamsin Palmer, die da singt? ❷ (*singer*) Sänger(in) *m(f);* **lead** ~ Leadsänger(in) *m(f) sl*

ˈvo·cal cords *npl* Stimmbänder *ntpl*

vo·cal·ist [ˈvəʊkᵊlɪst, AM ˈvoʊ-] *n* Sänger(in) *m(f)*

vo·cal·ize [ˈvəʊkᵊlaɪz, AM ˈvoʊ-] LING **I.** *vi* vokalisieren *fachspr* **II.** *vt* ❶ (*make sound*) ■**to** ~ **sth** etw in Töne umsetzen ❷ (*put into words*) ■**to** ~ **sth** etw aussprechen; (*of thoughts, ideas*) etw in Worte fassen ❸ (*in phonetics*) **to** ~ **a consonant** einen Konsonanten vokalisieren *fachspr*

vo·cal·ly [ˈvəʊkᵊli, AM ˈvoʊ-] *adv* ❶ (*outspokenly*) lautstark, vernehmlich ❷ *inv* (*of singing*) gesanglich

vo·ca·tion [və(ʊ)ˈkeɪʃᵊn, AM voʊˈ-] *n* ❶ (*calling*) Berufung *f;* **a** ~ **or a profession?** Beruf oder Berufung?; **to find/miss one's** ~ seine Berufung finden/verfehlen; **to have a** ~ **for sth** sich *akk* zu etw *dat* berufen fühlen ❷ *usu sing* (*trade*) Beruf *m*

vo·ca·tion·al [və(ʊ)ˈkeɪʃᵊnᵊl, AM voʊˈ-] *adj inv* beruflich; ~ **counselling** [*or* **guidance**] Berufsberatung *f;* ~ **school** Berufsschule *f;* ~ **training** Berufsausbildung *f*

voca·tive [ˈvɒkətɪv, AM ˈvɑːkət̬ɪv] *n,* **voca·tive ˈcase** *n* LING ■**the** ~ der Vokativ *fachspr*

vo·cif·er·ate [və(ʊ)ˈsɪfəreɪt, AM voʊˈ-] **I.** *vi* **to** ~ [**loudly/violently**] [**against sth**] [gegen etw *akk*] lautstark protestieren **II.** *vt* ■**to** ~ **sth** etw lautstark zum Ausdruck bringen

vo·cif·er·ous [və(ʊ)ˈsɪfᵊrəs, AM voʊˈ-] *adj* lautstark; (*impetuous*) vehement

vo·cif·er·ous·ly [və(ʊ)ˈsɪfᵊrəsli, AM voʊˈ-] *adv* lautstark

vo·cod·er [ˈvəʊkəʊdəʳ, AM ˈvoʊkoʊdɚ] *n* Vocoder *m*

vo·co·dered [ˈvəʊkəʊdəd, AM ˈvoʊkoʊdɚd] *adj inv* Vocoder-

vod·ka [ˈvɒdkə, AM ˈvɑːd-] *n* Wodka *m*

vogue [vəʊg, AM voʊg] *n* Mode *f;* ■**to be in** ~**/out of** ~ in Mode [*o* en vogue]/aus der Mode sein; **to be back in** ~ wieder Mode sein; **to become the** ~ Mode werden; **to have** [**a**] **considerable** ~ sich *akk* beachtlicher Beliebtheit erfreuen

voice [vɔɪs] **I.** *n* ❶ (*of person*) Stimme *f;* **her** ~ **broke with emotion** ihre Stimme brach vor Rührung; **this is the** ~ **of experience talking** ich spreche aus Erfahrung; **the** ~ **of conscience** die Stimme des Gewissens; **to have an edge to one's** ~ eine [gewisse] Schärfe in der Stimme haben; **to listen to the** ~ **of reason** auf die Stimme der Vernunft hören; **to like the sound of one's own** ~ sich *akk* selbst gerne reden hören; **tone of** ~ Ton *m;* **don't speak to me in that tone of** ~**!** sprich nicht in diesem Ton mit mir!; **at the top of one's** ~ in [*o* mit] voller Lautstärke; **husky/throaty** ~ heisere/kehlige Stimme; **hushed** ~ gedämpfte Stimme; (*whisper*) Flüsterstimme *f;* **inner** ~ innere Stimme; **singing** ~ Singstimme *f;* **sb's** ~ **is breaking** jd ist im Stimmbruch; **to give** ~ **to sth** etw aussprechen; **to keep one's** ~ **down** leise sprechen; **to lower/raise one's** ~ seine Stimme senken/erheben ❷ (*ability to speak, sing*) Artikulationsfähigkeit *f geh;* **to be in good/magnificent** ~ gut/hervorragend bei Stimme sein; **to lose one's** ~ seine Stimme verlieren ❸ (*opinion*) Stimme *f,* Meinung *f;* **to make one's** ~ **heard** sich *dat* Gehör verschaffen; **with one** ~ einstimmig ❹ (*agency expressing opinion*) Stimme *f,* Stimmrecht *nt;* **to give sb a** ~ jdm ein Mitspracherecht einräumen ❺ MUS Stimmlage *f* ❻ (*in grammar*) **active/passive** ~ Aktiv/Passiv *nt* ▶ PHRASES: **a** ~ **crying in the wilderness** die Stimme eines Rufenden in der Wüste *fig* **II.** *vt* ■**to** ~ **sth** etw zum Ausdruck bringen; **to** ~ **a complaint** eine Beschwerde vorbringen; **to** ~ **a desire** einen Wunsch aussprechen

voice-ˈac·ti·vat·ed *adj inv* TECH, COMPUT sprachgesteuert **ˈvoice box** *n* (*fam*) Kehlkopf *m* **voice-ˈca·pable** *adj inv* ELEC mit Sprachbefehl *nach n* **ˈvoice car·ri·er** *n* Telefonfirma *f,* Telefonanbieter *m* **ˈvoice coach** *n* Sprechlehrer(in) *m(f)* **ˈvoice com·mand** *n* Sprachbefehl *m*

voiced [vɔɪst] *adj inv* LING stimmhaft

voice·less [ˈvɔɪsləs] *adj inv* stumm *a. fig;* (*lacking power*) ohne Mitspracherecht *nach n;* LING stimmlos

ˈvoice mail *n,* **ˈvoice mes·sag·ing** *n no pl* Voicemail *f fachspr* **ˈvoice memo** *n no pl* Mailbox *f* **ˈvoice-over** *n* TV, FILM Offkommentar *m fachspr* **ˈvoice por·tal** *n* INET Voice Portal *nt fachspr* (*in ein Telefon integriertes elektronisches Kommunikationssystem, das gesprochene Informationsanfragen an das Internet weiterleitet und mit synthetisierter Stimme beantwortet*) **ˈvoice vote** *n* **to take a** ~ eine mündliche Abstimmung durchführen

void [vɔɪd] **I.** *n* Leere *f kein pl a. fig;* (*in building*) Hohlraum *m;* ■**into the** ~ ins Leere; **she sensed the black** ~ **of despair inside him** sie spürte den Abgrund der Verzweiflung in ihm; **to fill the** ~ die innere Leere ausfüllen **II.** *adj inv* ❶ (*invalid*) nichtig; **to declare sth** [**null and**] ~ etw für [null und] nichtig erklären ❷ (*liter: lacking in*) ■**to be** ~ **of sth** ohne etw *akk* sein, einer S. *gen* entbehren *geh;* **he's completely** ~ **of charm** er hat absolut keinen Charme ❸ (*form*) *position* frei ❹ *action, speech* nutzlos; **to render sth** ~ etw zunichtemachen **III.** *vt* ❶ *esp* AM (*declare invalid*) ■**to** ~ **sth** etw aufheben [*o* ungültig machen] ❷ MED **to** ~ **one's/the bowels** seinen/den Darm entleeren

voile [vɔɪl] *n modifier* (*tank top, skirt*) Voile-

vol *n abbrev of* **volume** Bd.; (*measure*) vol.

vola·tile [ˈvɒlətaɪl, AM ˈvɑːlət̬ᵊl] **I.** *adj* ❶ (*changeable*) unbeständig; (*unstable*) instabil ❷ (*explosive*) *situation* explosiv ❸ CHEM flüchtig; ~ **liquid** schnell verdampfende Flüssigkeit **II.** *n usu pl* sich schnell verflüchtigende Substanz

vola·til·ity [ˌvɒləˈtɪləti, AM ˌvɑːləˈtɪlət̬i] *n no pl* ❶ (*changeableness*) Unbeständigkeit *f;* (*instability*) Instabilität *f* ❷ (*inconsistency*) Widersprüchlichkeit *f,* Inkonsequenz *f geh;* **the** ~ **of sb's moods** jds Launenhaftigkeit *f*

vol-au-vent [ˈvɒlə(ʊ)vɑ̃(ŋ), AM ˌvɔːloʊˈvɑ̃(n)] *n* [Königin]pastete *f*

vol·can·ic [vɒlˈkænɪk, AM vɑːlˈ-] *adj* ❶ *inv* GEOL vulkanisch, Vulkan-; ~ **eruption** Vulkanausbruch *m* ❷ (*fig*) *emotion* aufbrausend

vol·ca·no <*pl* -oes *or* -os> [vɒlˈkeɪnəʊ, AM vɑːlˈkeɪnoʊ] *n* Vulkan *m a. fig;* (*of emotion*) Pulverfass *nt fig*

vole [vəʊl, AM voʊl] *n* Wühlmaus *f*

vo·li·tion [və(ʊ)ˈlɪʃᵊn, AM voʊˈ-] *n no pl* (*form*) Wille *m;* **to do sth of one's own** ~ etw aus freiem Willen tun

vol·ley ['vɒli, AM 'vɑ:li] **I.** *n* ① (*salvo*) Salve *f;* ~ **of gunfire** Gewehrsalve *f;* **to discharge** [*or* **fire**] [*or* **let off**] **a** ~ eine Salve abgeben [*o* abfeuern] ② (*hail*) Hagel *m;* ~ **of bullets** Kugelhagel *m* ③ (*fig: onslaught*) Flut *f* ④ TENNIS Volley *m fachspr;* FBALL Volleyschuss *m fachspr* **II.** *vi* TENNIS einen Volley schlagen *fachspr;* FBALL einen Volley schießen *fachspr* **III.** *vt* ① TENNIS, FBALL **to** ~ **a ball** einen Ball volley nehmen *fachspr* ② (*fig: let fly*) **to** ~ **a series of questions/remarks** eine Reihe von Fragen/Bemerkungen loslassen

vol·ley·ball ['vɒlibɔ:l, AM 'vɑ:li-] *n no pl* Volleyball *m*

volt [vəʊlt, vɒlt, AM voʊlt] *n* Volt *nt*

volt·age ['vəʊltɪʤ, AM 'voʊlṭɪʤ] *n* Spannung *f;* **high/low** ~ Hoch-/Niederspannung *f*

'volt·age regu·la·tor *n* ELEC Spannungsregler *m*

volte-face <*pl* volte-faces> [ˌvɒlt'fæs, AM ˌvɑ:lṭ'fɑ:s] *n usu sing* (*a. fig liter*) Kehrtwendung *f;* **to do** [*or* **make**] **a** ~ eine Kehrtwendung machen

vol·uble ['vɒljəbl̩, AM 'vɑ:l-] *adj* ① (*fluent*) redegewandt ② (*pej: talkative*) redselig

vol·ubly ['vɒljəbli, AM 'vɑ:l-] *adv* ① **to speak** ~ (*fluently*) eloquent sprechen *geh;* (*pej: talkatively*) sehr redselig sein, quasseln *fig fam* (**about** von +*dat*) ② (*loudly*) laut[stark]; **the audience expressed their appreciation** ~ die Zuschauer brachten ihre Begeisterung in stürmischem Applaus zum Ausdruck

vol·ume ['vɒlju:m, AM 'vɑ:l-] *n* ① *no pl* (*space*) Volumen *nt* ② *no pl* (*amount*) Umfang *m;* ~ **of sales** Umsatzvolumen *nt;* ~ **of traffic** Verkehrsaufkommen *nt* ③ *no pl* (*sound level*) Lautstärke *f* ④ (*control dial*) Lautstärkeregler *m;* **to turn the** ~ **down/up** leiser/lauter machen ⑤ (*book of set*) Band *m* ▶ PHRASES: **to** <u>**speak**</u> ~**s about sth** über etw *akk* Bände sprechen *fam*

'vol·ume con·trol *n,* **'vol·ume regu·la·tor** *n* Lautstärkeregler *m*

vo·lu·mi·nous [və'lu:mɪnəs, AM -mənəs] *adj* (*form*) *clothes* weit [geschnitten]; *written account* umfangreich; *writer* produktiv

vol·un·tari·ly ['vɒləntᵊrᵊli, ˌvɒlən'teərᵊli, AM 'vɑ:ləntᵊrᵊli] *adv inv* freiwillig

vol·un·tary ['vɒləntᵊri, AM 'vɑ:lᵊnteri] **I.** *adj inv* freiwillig; ~ **work for the Red Cross** ehrenamtliche Tätigkeit für das Rote Kreuz **II.** *n* MUS Orgelsolo *nt*

vol·un·tary 'man·slaughter *n no pl* Totschlag *m* im Affekt **vol·un·tary or·gani·'za·tion** *n + sing/pl vb* Freiwilligenorganisation *f* **vol·un·tary re·'dun·dan·cy** *n* freiwilliges Ausscheiden; **to take** ~ freiwillig ausscheiden **'vol·un·tary school** *n* BRIT Privatschule *f* (*von der Kommunalverwaltung finanziert, jedoch nicht gegründet; steht oft einem bestimmten religiösen Bekenntnis nahe*) **Vol·un·tary Ser·vice Over·'seas** *n no pl* Freiwilliger Entwicklungsdienst

vol·un·teer [ˌvɒlən'tɪəʳ, AM ˌvɑ:lən'tɪr] **I.** *n* ① (*unpaid worker*) ehrenamtlicher Mitarbeiter/ehrenamtliche Mitarbeiterin ② (*willing person*) Freiwillige(r) *f(m)* **II.** *vt* ■**to** ~ **oneself for sth** sich *akk* freiwillig zu etw *dat* melden; ■**to** ~ **sb to do sth** jdn [als Freiwilligen/Freiwillige] für etw *akk* vorschlagen; **to** ~ **information** bereitwillig Informationen geben; **to** ~ **one's services** seine Dienste anbieten **III.** *vi* ① (*offer one's services*) ■**to** ~ **to do sth** sich *akk* [freiwillig] anbieten, etw zu tun ② (*join*) **to** ~ **for the army** sich *akk* freiwillig zur Armee melden **IV.** *n modifier* (*counsellor, librarian, teacher, work, worker*) ehrenamtlich

vo·lup·tu·ous [və'lʌptʃuəs] *adj* (*approv*) üppig; *woman also* kurvenreich; *lips* sinnlich; (*sumptuous*) verschwenderisch

vo·lup·tu·ous·ly [və'lʌptʃuəsli] *adv* (*erotically*) sinnlich; (*luxuriously*) genüsslich; (*sumptuously*) schwelgerisch

vol·ute [və(ʊ)'lu:t, AM və'-] **I.** *n* ① ARCHIT Volute *f fachspr* ② (*marine gastropod*) Meeresschnecke *f* ③ (*snail's shell*) Schneckenhaus *nt* **II.** *adj inv* spiralförmig

vom·it ['vɒmɪt, AM 'vɑ:mɪt] **I.** *vi* [sich *akk*] erbrechen [*o* übergeben], kotzen *derb* **II.** *vt* ① (*of person, animal*) ■**to** ~ [**up**] ○ **sth** etw erbrechen; **to** ~ **blood** Blut spucken ② (*fam: of machine*) ■**to** ~ **sth** ○ [**out**] etw ausspucken *fam* **III.** *n no pl* Erbrochene(s) *nt;* **to choke on one's own** ~ an seinem Erbrochenen ersticken

voo·doo ['vu:du:] *n no pl* ① (*black magic*) Voodoo *m;* **to practise** ~ Voodoo praktizieren ② (*fam: jinx*) Hexerei *f;* (*magic spell*) Zauber *m*

vo·ra·cious [və'reɪʃəs, AM vɔ:-] *adj* (*liter*) gefräßig; (*fig*) unersättlich, gierig; **he's a** ~ **reader of historical novels** er verschlingt historische Romane geradezu *fig*

vo·ra·cious·ly [və'reɪʃəsli, AM vɔ:-] *adv* **to eat sth** ~ etw gierig verschlingen; **to read sth** ~ etw [geradezu] verschlingen *fig*

vo·rac·ity [və'ræsəti, AM vɔ:'ræsəṭi] *n no pl* Gefräßigkeit *f;* (*fig*) Unersättlichkeit *f,* Gier *f* (**for** nach +*dat*)

vor·tex <*pl* -es *or* -tices> ['vɔ:teks, *pl* -tɪsi:z, AM 'vɔ:r-, *pl* -ṭɪsi:z] *n* ① (*whirlwind*) Wirbel *m* ② (*whirlpool*) Strudel *m;* ~ **of emotions** (*fig*) Strudel *m* von Gefühlen

vote [vəʊt, AM voʊt] **I.** *n* ① (*expression of choice*) Stimme *f;* **to cast** [*or* **record**] **one's** ~ seine Stimme abgeben ② (*election*) Abstimmung *f,* Wahl *f;* **to hold** [*or* **take**] **a** ~ eine Abstimmung durchführen; **to put sth to the** [*or* **a**] ~ über etw *akk* abstimmen lassen ③ (*of group*) Stimmen *fpl;* **the working-class** ~ die Stimmen *fpl* der Arbeiterklasse ④ *no pl* (*right*) ■**the** ~ das Wahlrecht [*o* Stimmrecht]; **to have the** ~ das Wahlrecht [*o* Stimmrecht] haben **II.** *vi* ① (*elect candidate, measure*) wählen; **to** ~ **in an election** zu einer Wahl gehen; ■**to** ~ **against/for sb/sth** gegen/für jdn/etw stimmen ② (*formally choose*) ■**to** ~ **to do sth** dafürstimmen [*o* sich *akk* dafür aussprechen], etw zu tun ③ (*formally decide*) ■**to** ~ **on sth** über etw *akk* abstimmen; **to** ~ **on a proposal** über einen Vorschlag abstimmen ▶ PHRASES: **to** ~ **with one's** <u>**feet**</u> mit den Füßen abstimmen **III.** *vt* ① (*elect*) ■**to** ~ **sb in** jdn wählen; **to** ~ **sb into office** jdn ins Amt wählen; **to** ~ **sb out** [**of office**] jdn [aus dem Amt] abwählen ② (*propose*) ■**to** ~ **that ...** vorschlagen, dass ... ③ (*declare*) ■**to** ~ **sb/sth sth** jdn/etw zu etw *dat* erklären; **she was** ~**d the winner** sie wurde zur Siegerin erklärt; **the evening was** ~**d a tremendous success** der Abend wurde als überwältigender Erfolg bezeichnet ④ (*decide to give*) ■**to** ~ **sb/sth sth** [*or* **sth for** [*or* BRIT **to**] [*or* AM **towards**] **sb/sth**] etw jdm/etw bewilligen; **to** ~ **£1 million for a project** eine Million Pfund für ein Projekt bewilligen

◆**vote down** *vt* ■**to** ~ **down** ○ **sb/sth** jdn/etw niederstimmen

◆**vote through** *vt* ■**to** ~ **through** ○ **sth** etw durchbringen

vote-get·ter [-ˌgetəʳ, AM -ˌgeṭɚ] *n* AM, AUS Stimmenfänger(in) *m(f),* Wahllokomotive *f sl* **vote of 'cen·sure** *n* Misstrauensvotum *nt; see also* **vote of no confidence vote of 'con·fi·dence** *n* Vertrauensvotum *nt;* (*fig*) Vertrauensbeweis *m;* **he proposed a** ~ **in the government** er sprach der Regierung das Vertrauen aus **vote of 'no con·fi·dence** *n* Misstrauensvotum *nt* (**in** gegen +*akk*); **to pass a** ~ **in sb** ein Misstrauensvotum gegen jdn stellen **vote of 'thanks** *n* öffentliche Danksagung; **to propose a** ~ **to sb** jdm öffentlich seinen Dank ausdrücken

vot·er ['vəʊtəʳ, AM 'voʊṭɚ] *n* Wähler(in) *m(f)*

vot·er reg·is·'tra·tion *n* Eintragung *f* ins Wählerverzeichnis **vot·er 'turn·out** *n* Wahlbeteiligung *f*

vot·ing ['vəʊtɪŋ, AM 'voʊṭ-] **I.** *adj attr, inv* wahlberechtigt, stimmberechtigt **II.** *n no pl* Wählen *nt,* Wahl *f*

'vot·ing booth *n* Wahlkabine *f* **'vot·ing ma·chine** *n esp* AM Wahlmaschine *f*

vouch [vaʊtʃ] *vi* ■**to** ~ **for sb/sth** sich *akk* für jdn/etw verbürgen, für jdn/etw bürgen; ■**to** ~ **that ...** dafür bürgen, dass ...

vouch·er ['vaʊtʃəʳ, AM -ɚ] *n* AUS, BRIT Gutschein *m,* Voucher *m;* **school** ~ AM *öffentliche Mittel, die in Amerika bereitgestellt werden, damit Eltern ihre Kinder in Privatschulen schicken können*

V

'vouch·er sys·tem *n* Gutscheinsystem *nt*
vouch·safe ['vaʊtʃeɪf] *vt* (*form*) ① *esp passive* (*grant*) ■**sth is ~d** [sb] etw wird [jdm] gewährt ② (*give in condescending manner*) ■**to ~ to do sth** geruhen, etw zu tun *geh;* **to ~ information** Informationen herausrücken
vow [vaʊ] **I.** *vt* ■**to ~ sth** etw geloben *geh;* ■**to ~ that ...** geloben, dass ... *geh;* **to ~ obedience** Gehorsam geloben *geh;* **to ~ revenge** [*or* **vengeance**] Rache schwören **II.** *n* Versprechen *nt;* ■**~s** *pl* (*of marriage*) Eheversprechen *nt;* (*of religious order*) Gelübde *nt geh;* **to take a ~** ein Gelübde ablegen *geh;* **to take a ~ to do sth** geloben, etw zu tun *geh*
vow·el [vaʊəl] *n* Vokal *m,* Selbstlaut *m*
voy·age ['vɔɪɪdʒ] **I.** *n* Reise *f;* (*by sea*) Seereise *f;* **~ of discovery** (*a. fig*) Entdeckungsreise *f* **II.** *vi* (*liter or dated*) reisen; **he ~d across the seven seas** er hat die sieben Meere befahren; **to ~ to distant lands** ferne Länder bereisen
voy·ag·er ['vɔɪɪdʒəʳ, AM -ɚ] *n* Reisende(r) *f(m);* (*by sea*) Seereisende(r) *f(m);* (*in space*) Raumfahrer(in) *m(f)*
vo·yeur [vwɑː'jɜːʳ, AM vɔɪ'jɜr] *n* (*pej*) Voyeur(in) *m(f) pej*
vo·yeur·ism ['vwɑːjɜrɪzᵊm, AM 'vɔɪ-] *n no pl* (*pej*) Voyeurismus *m pej*
vo·yeur·is·tic [ˌvɔɪə'rɪstɪk, AM ˌvɔɪjə-] *adj* (*pej*) voyeuristisch *pej*
VTOL ['viːtɒl, AM -tɑːl] *abbrev of* **vertical take-off and landing**: **~ aircraft** Senkrechtstarter *m* (*Flugzeug, das senkrecht starten und landen kann*)
vul·can·ite ['vʌlkənaɪt] *n no pl* Hartgummi *m o nt*
vul·cani·za·tion [ˌvʌlkənaɪ'zeɪʃᵊn, AM -nɪ'-] *n no pl* Vulkanisierung *f,* Vulkanisation *f*
vul·can·ize ['vʌlkənaɪz] *vt* ■**to ~ sth** etw vulkanisieren
vul·can·ized ['vʌlkənaɪzd] *adj inv* vulkanisiert
vul·gar ['vʌlgəʳ, AM -ɚ] *adj* ordinär, vulgär, gewöhnlich; (*of bad taste*) abgeschmackt; **~ accent** vulgärer Akzent
vul·gar·ity [vʌl'gærəti, AM -'gerət̬i] *n no pl* Vulgarität *f geh,* vulgäre Art; (*bad taste*) Geschmacklosigkeit *f*
vul·gar·ize ['vʌlgəraɪz] *vt* ■**to ~ sth** etw vulgarisieren *geh*
vul·gar·ly ['vʌlgəli, AM -gɚli] *adv* vulgär, ordinär; (*in bad taste*) abgeschmackt, geschmacklos
Vul·gate ['vʌlgeɪt] *n* ■**the ~** die Vulgata
vul·ner·abil·ity [ˌvʌlnᵊrə'bɪləti, AM -nɚə'bɪlət̬i] *n no pl* Verwundbarkeit *f,* Verletzlichkeit *f;* **the ~ of the economy to recession** die Anfälligkeit der Wirtschaft für eine Rezession
vul·ner·able ['vʌlnᵊrəbl̩, AM -nɚə-] *adj* verwundbar, verletzlich; ■**to be ~ to sth** anfällig für etw *akk* sein; **to be ~ to attack/criticism** Angriffen/Kritik ausgesetzt sein; **to be in a ~ position** in einer prekären Lage sein; **~ spot** schwache Stelle; **to feel ~** sich *akk* verwundbar fühlen
vul·pine ['vʌlpaɪn] *adj* ① *inv* ZOOL fuchsartig ② (*cunning*) schlau, listig, gerissen *fam*
vul·ture ['vʌltʃəʳ, AM -tʃɚ] *n* (*a. fig*) Geier *m a. fig* ▶ PHRASES: **culture ~** (*fam*) Kulturfanatiker(in) *m(f)*
vul·va <*pl* -s *or* vulvae> ['vʌlvə, *pl* -viː] *n* ANAT Vulva *f fachspr*
vy·ing ['vaɪɪŋ] *pp of* **vie**

Ww

W, w <*pl* -'s *or* -s> ['dʌbljuː] *n* W *nt,* w *nt*
W¹ I. *adj inv* ① *abbrev of* **West** W- ② *abbrev of* **western I. 2 II.** *n no pl abbrev of* **West** W
W² <*pl* -> *n abbrev of* **Watt** W
wack¹ [wæk] *n* NBRIT, DIAL Kumpel *m fam*
wack² [wæk] *n* AM (*fam*) ① (*person*) Querkopf *m* ② *no pl* (*nonsense*) Blödsinn *m,* Quatsch *m*
wacky ['wæki] *adj* (*fam*) *person, object* verrückt; *place* skurril
wad [wɒd, AM wɑːd] **I.** *n* ① (*mass*) Knäuel *nt;* (*for stuffing*) Pfropfen *m;* **~ of cotton wool** Wattebausch *m;* **~ of chewing tobacco** Priem *m,* Stück *nt* Kautabak ② (*bundle*) **~ of banknotes** Bündel *nt* Banknoten; **~ of forms** Stoß *m* Formulare; **~**[**s** *pl*] **of money** (*fam*) schöne Stange Geld *fam* ▶ PHRASES: **to shoot one's ~** (*vulg*) abspritzen *vulg* **II.** *vt* <-dd-> *esp passive* ■**to ~ sth** etw zusammenknüllen; (*line garment*) etw wattieren [*o* ausstopfen]; **the pipe was ~ded up with rags** das Rohr war mit Lumpen umwickelt; **to ~** [**up**] **paper** Papier zusammenknüllen
wad·ding ['wɒdɪŋ, AM 'wɑːd-] *n no pl* (*packaging material*) Watte *f;* (*in clothes*) Wattierung *f;* (*for stuffing*) Polstermaterial *nt*
wad·dle ['wɒdl̩, AM 'wɑːd-] **I.** *vi* watscheln **II.** *n no pl* Watschelgang *m;* (*act*) Watscheln *nt*
wade [weɪd] **I.** *n usu sing* Waten *nt kein pl;* **to go for a ~** waten **II.** *vi* ① (*walk in water*) waten; ■**to ~ across** [*or* **through**] **sth** durch etw *akk* waten, etw durchwaten; **to ~ into the river/the sea/water** in den Fluss/das Meer/das Wasser hineinwaten; **to ~ ashore** an Land waten ② (*fig: attack*) ■**to ~ into sb/sth** jdn/etw angreifen ③ (*fig: deal with*) ■**to ~ into sth** etw anpacken; ■**to ~ through sth** sich *akk* durch etw *akk* durchkämpfen **III.** *vt* ■**to ~ sth** etw durchwaten
◆**wade in** *vi* (*fam*) sich *akk* engagieren; **whenever she sees a problem, she ~s in immediately** wann immer sie ein Problem sieht, packt sie es sofort an; **to ~ in with one's opinion** seinen Senf dazugeben *fam*
wad·er ['weɪdəʳ, AM 'weɪdɚ] *n* ① (*bird*) Watvogel *m,* Stelzvogel *m* ② (*boots*) ■**~s** *pl* Watstiefel *mpl*
'wad·ing bird *n* Watvogel *m,* Stelzvogel *m* **'wad·ing pool** *n* AM (*paddling pool*) Planschbecken *nt*
wa·fer ['weɪfəʳ, AM -ɚ] *n* ① (*biscuit*) Waffel *f;* (*extremely thin*) Oblate *f;* **~ biscuit** gefüllte Waffel ② (*for Holy Communion*) Hostie *f*
wa·fer-'thin *adj inv* hauchdünn
waf·fle¹ ['wɒfl̩, AM 'wɑːfl̩] (*pej*) **I.** *vi* (*fam*) ① *esp* BRIT (*talk, write*) ■**to ~ on** schwafeln *pej fam;* ■**to ~ on about sth** sich *akk* über etw *akk* auslassen ② AM (*be indecisive*) ■**to ~ about** [*or* **over**] **sth**: **she had been waffling over where to go** sie hatte hin und her überlegt, wohin sie gehen sollte **II.** *n no pl* ① *esp* BRIT (*speech, writing*) Geschwafel *nt pej fam* ② AM (*indecision*) Unschlüssigkeit *f*
waf·fle² ['wɒfl̩, AM 'wɑːfl̩] *n* (*breakfast food*) Waffel *f*
'waf·fle iron *n* Waffeleisen *nt*
waft [wɒft, AM wɑːft] (*liter*) **I.** *vi* schweben; (*blown by air*) herangetragen werden; **the sound of a flute ~ed down the stairs** der Klang einer Flöte tönte die Treppe herunter; **birdsong ~ed through the trees** Vogelgesang klang durch die Bäume; **to ~ through the air** *smell* durch die Luft ziehen; *sound* durch die Luft schweben **II.** *vt* **to ~ smell/sound somewhere** Geruch/Klang irgendwohin wehen; **to be ~ed by the wind** vom Wind getragen werden
wag¹ [wæg] **I.** *vt* <-gg-> **to ~ one's finger** mit dem Finger drohen; **to ~ one's tail** *dog* mit dem Schwanz wedeln ▶ PHRASES: **the tail ~s the dog** der Schwanz wedelt mit dem Hund **II.** *vi* <-gg-> wedeln ▶ PHRASES: **tongues** [*or* **chins**] [*or* **jaws**] **~** es wird getratscht *pej fam* **III.** *n usu sing* Wackeln *nt kein pl; of the head* Schütteln *nt kein pl; of the tail* Wedeln *nt kein pl*
wag² [wæg] *n* (*fam: person*) Witzbold *m fam*
wage [weɪdʒ] **I.** *vt* (*form*) **to ~ war** [*or* **a campaign**] **against/for sth/sb** gegen/für etw/jdn zu Felde ziehen; **to ~ war on sth** (*fig*) gegen etw *akk* vorgehen; **to ~ war with sth/sb** mit etw/jdm Krieg führen **II.** *n* ① (*payment for work*) Lohn *m;* **they get paid good ~s at the factory** sie werden in der Fabrik gut bezahlt; **~ differential** Lohnunterschied *m;* **to get a decent/good/low ~** anständig/gut/wenig verdienen; **living ~** [für den Lebensunterhalt] ausreichender Lohn; **mini-**

mum ~ Mindestlohn *m;* **real ~s** Reallöhne *mpl;* **to earn a ~** Lohn erhalten ❷ (*fig: results*) ■ **~s** *pl* Lohn *m kein pl fig,* Quittung *f kein pl fig* (**of** für +*akk*); **the ~s of sin** der Sünde Lohn
'wage claim *n,* **'wage de·mand** *n* BRIT, AUS Lohnforderung *f* **'wage earn·er** *n* Lohnempfänger(in) *m(f)* **'wage freeze** *n* Lohnstopp *m;* **to impose a ~** einen Lohnstopp verhängen **'wage pack·et** *n* AUS, BRIT ❶ (*pay*) Lohn *m* ❷ (*envelope*) Lohntüte *f*
wa·ger ['weɪdʒəʳ, AM -ɚ] **I.** *n* ❶ (*bet*) Wette *f;* **to lay** [*or* **make**] **a ~** wetten, eine Wette eingehen ❷ (*stake*) [Wett]einsatz *m* **II.** *vt* ■ **to ~ that ...** wetten, dass ...; **I'll ~ you £5 that they'll get there first** ich wette um 5 Pfund mit dir, dass sie als Erste dort ankommen werden; **to ~ one's life/reputation** sein Leben/Ansehen aufs Spiel setzen
'wage scale *n* Lohnskala *f*
wag·gish ['wægɪʃ] *adj* (*dated fam*) schelmisch, spitzbübisch
wag·gle ['wægl̩] **I.** *n* Wackeln *nt kein pl* **II.** *vt* ■ **to ~ sth** mit etw *dat* wackeln; **she was waggling a gun** sie fuchtelte mit einer Pistole herum **III.** *vi* wackeln
wag·gly ['wægl̩i] *adj* wack[e]lig
wag·(g)on ['wægən] *n* ❶ (*cart*) Wagen *m;* (*wooden cart*) Karren *m;* **to be as cheeky as a ~-load of monkeys** so verrückt wie eine Fuhre Affen sein *fam;* **covered ~** Planwagen *m* ❷ AUS, BRIT (*for freight*) Waggon *m;* **goods ~** Güterwaggon *m* ▶ PHRASES: **to be on the ~** (*fam*) trocken sein *fam;* **to fall off the ~** (*fam*) wieder zur Flasche greifen, wieder saufen *fam*
wag·(g)on·er ['wægənəʳ, AM -ɚ] *n* Fuhrmann *m veraltend*
wagon-lit *n* Schlafwagen *m* **'wag·on train** *n* Planwagenzug *m*
waif [weɪf] *n* (*liter*) ❶ (*abandoned child*) ausgesetztes Kind; (*neglected child*) verwahrlostes Kind ❷ (*animal*) streunendes Tier ❸ **~s and strays** (*people without a dwelling*) Obdachlose *pl;* (*homeless people*) Heimatlose *pl*
waif-like ['weɪflaɪk] *adj inv* elfenhaft
wail [weɪl] (*esp pej*) **I.** *vi* Klagelaute von sich *dat* geben, jammern; *siren* heulen; *wind* pfeifen **II.** *vt* ■ **to ~ sth** etw beklagen; ■ **to ~ that ...** jammern, dass ... **III.** *n* Klagelaut *m,* [Weh]klagen *nt kein pl,* Gejammer *nt kein pl; of sirens* Geheul *nt kein pl*
wail·ing ['weɪlɪŋ] *adj inv* jammernd, klagend; **~ cries** Klagegeschrei *nt;* **~ sirens** heulende Sirenen
Wail·ing 'Wall *n no pl* ■ **the ~** die Klagemauer
wain·scot ['weɪnskət] **I.** *n no pl* Wandtäfelung *f,* Holzverkleidung *f* **II.** *vt* <-t- *or* -tt-> **to ~ a room/a wall** einen Raum/eine Wand mit Holz verkleiden
waist [weɪst] *n* Taille *f; of skirts, trousers* Bund *m*
'waist·band *n* Bund *m* **'waist·coat** *n* BRIT Weste *f* **waist-'deep** *inv* **I.** *adj* bis zur Taille [reichend], hüfthoch **II.** *adv* bis zur Taille, hüfthoch
waist·ed ['weɪs(t)ɪd] *adj inv* tailliert
waist-'high *adj inv see* **waist-deep 'waist·line** *n* Taille *f,* Taillenumfang *m* **'waist pack** *n* AM (*bumbag*) Gürteltasche *f,* Wimmerl *nt* SÜDD, ÖSTERR *fam*
wait [weɪt] **I.** *n no pl* Warten *nt* (**for** auf +*akk*); **we had a three-hour ~ before we could see the doctor** wir mussten drei Stunden warten, bevor wir den Arzt sprechen konnten ▶ PHRASES: **to lie in ~** [**for sb**] [jdm] auflauern **II.** *vi* ❶ (*bide one's time*) warten (**for** auf +*akk*); **~ and see!** warten Sie es ab!, abwarten und Tee trinken!; **~ for it!** (*fam*) wart's [doch] ab! *fam;* **~ a bit** [*or* **minute**] [*or* **moment**] [*or* **second**]! Moment mal!; **sb cannot ~ to do sth** jd kann es kaum erwarten, etw zu tun ❷ (*expect*) ■ **to ~ for** [*or* **on**] **sb/sth** jdn/etw erwarten ❸ (*be delayed*) warten; **sth will have to ~** etw wird warten müssen; **to keep sb ~ing** jdn warten lassen ❹ (*express warning*) [**just**] **you ~!** warte [du] nur! ❺ (*serve*) ■ **to ~ on sb** jdn bedienen; **to ~ on sb hand and foot** (*fig*) jdn von vorn[e] bis hinten bedienen; **to ~** AUS, BRIT **at** [*or* AM **on**] **table[s]** (*form*) bedienen, als Kellner/Kellnerin arbeiten ▶ PHRASES: **time and tide ~ for no man** (*saying*) das Rad der Zeit lässt sich nicht anhalten *geh;* **to be ~ing in the wings** schon in den Startlöchern sitzen [und warten] *fig* **III.** *vt* AM (*serve*) **to ~ a meal for sb** mit dem Essen auf jdn warten ▶ PHRASES: **to ~ one's turn** warten, bis man an der Reihe ist
◆**wait about, wait around** *vi* warten; **to ~ about for sth to happen** darauf warten, dass etw geschieht
◆**wait behind** *vi* zurückbleiben
◆**wait in** *vi* zu Hause warten
◆**wait out** *vt* ■ **to ~ out** ⊂ **sth** etw aussitzen
◆**wait up** *vi* ❶ (*not go to bed*) ■ **to ~ up for sb** wegen jdm aufbleiben ❷ AM (*wait*) ■ **~ up!** warte mal!
wait-and-'see *adj inv* abwartend *attr;* **~ attitude** abwartende Haltung; **~ policy** Politik *f* des Abwartens

> **i Kultur**
>
> Der **Waitangi Day** oder **New Zealand Day** wird am 6. Februar gefeiert. Am 6. Februar 1840 unterschrieben 512 *Maori*-Häuptlinge einen Vertrag mit der britischen Regierung, der den Beginn der neuen Nation Neuseeland bedeutete.

wait·er ['weɪtəʳ, AM -t̬ɚ] *n* Bedienung *f,* Kellner *m;* **~!** Herr Ober!
wait·ing ['weɪtɪŋ, AM -t̬-] *n no pl* ❶ (*time*) ■ **the ~** das Warten, die Warterei (**for** auf +*akk*) ❷ BRIT (*parking*) Halten *nt;* **'no ~'** „Halten verboten" ❸ (*of waiter, waitress*) Bedienen *nt,* Servieren *nt*
'wait·ing game *n* **to play a** [*or* **the**] **~** zunächst einmal abwarten **'wait·ing list** *n* Warteliste *f;* **to put sb on the ~** jdn auf die Warteliste setzen **'wait·ing room** *n* Wartezimmer *nt*
wait·ress <*pl* -es> ['weɪtrɪs] *n* Kellnerin *f,* Bedienung *f*
wait·ress·ing ['weɪtrɪsɪŋ] *n no pl* Bedienen *nt,* Servieren *nt*
waive [weɪv] *vt* (*form*) ■ **to ~ sth** auf etw *akk* verzichten; **to ~ a fee** eine Gebühr erlassen; **to ~ an objection** einen Einwand fallen lassen; **to ~ one's right** auf sein Recht verzichten
waiv·er ['weɪvəʳ, AM -ɚ] *n* ❶ (*document*) Verzichterklärung *f* ❷ (*agreement*) Erlass *m;* (*repeal*) Außerkraftsetzung *f*
wake¹ [weɪk] *n* NAUT Kielwasser *nt;* AEROSP Turbulenz *f;* ■ **in the ~ of sth** (*fig*) infolge einer S. *gen;* **to follow in sb's ~** (*a. fig*) in jds Kielwasser *nt* segeln *a. fig;* **to leave sb/sth in one's ~** (*a. fig*) jdn/etw hinter sich *dat* zurücklassen
wake² [weɪk] *n* (*vigil*) Totenwache *f;* **to have** [*or* **hold**] **a ~** [**for sb**] [für jdn] eine Totenwache halten
wake³ <woke *or* waked, woken *or* waked> [weɪk] **I.** *vi* aufwachen **II.** *vt* (*rouse*) ■ **to ~ sb** jdn aufwecken; (*fig*) ■ **to ~ sth in sb** etw in jdm [er]wecken ▶ PHRASES: **to ~ the dead** die Toten auferwecken
◆**wake up I.** *vi* aufwachen *a. fig;* **~ up Daniel! it's your turn** wach auf Daniel! du bist dran; ■ **to ~ up to sth** sich *dat* einer S. *gen* bewusst werden ▶ PHRASES: **~ up and smell the coffee!** AM (*saying fam*) wach endlich auf und sieh den Tatsachen ins Auge! **II.** *vt* ■ **to ~ up** ⊂ **sb** jdn aufwecken; **he woke himself up with his own snoring** er wachte von seinem eigenen Schnarchen auf
wake·board·ing ['weɪkbɔːdɪŋ, AM -bɔːrd-] *n* SPORTS Wakeboarding *nt*
wake·ful ['weɪkfᵊl] *adj* (*form*) ❶ (*not able to sleep*) ■ **to be ~** nicht schlafen können ❷ (*period of time*) **~ night** schlaflose Nacht ❸ (*vigilant*) wach, wachsam; **to feel ~** sich *akk* munter fühlen
wak·en ['weɪkᵊn] *vi* (*form*) aufwachen
'wake-up call *n* ❶ (*hotel wake-up service*) Weckruf *m;* **to give sb a ~** jdn wecken ❷ (*fig: call to attention*) Warnruf *m*
wakey ['weɪki] *interj* (*hum*) **~ ~!** aufwachen!
Wales [weɪlz] *n no pl* Wales *nt*
walk [wɔːk, AM wɑːk] **I.** *n* ❶ (*going on foot*) Gehen *nt;* (*as recreation*) Spaziergang *m;* **it's only a five minute ~ away** es sind nur fünf Minuten [zu Fuß] von hier; **to go for** [*or* **take**] **a**

W

~ einen Spaziergang machen; **to take sb out for a** ~ mit jdm einen Spaziergang machen ❷ (*gait*) Gang *m* ❸ (*walking speed*) *of horse* Schritt *m;* **to drop into** [*or* **slow to**] **a** ~ in Schritttempo verfallen; **she slowed the horses to a** ~ sie ließ die Pferde im Schritt gehen ❹ (*promenade*) Spazierweg *m;* (*path in rural area*) Wanderweg *m* ❺ (*spiritual journey*) [spirituelle] Suche ▸ PHRASES: ~ **of life** soziale Schicht, Gesellschaftsschicht *f;* **people from all ~s of life** Leute aus allen Gesellschaftsschichten **II.** *vt* ❶ (*go on foot*) ■**to ~ sth** etw zu Fuß gehen; **to ~ a distance** eine Strecke zu Fuß zurücklegen; **to ~ the plank** (*hist: sailor's punishment*) *über eine Schiffsplanke ins Wasser getrieben werden;* **to ~ the streets** (*wander*) durch die Straßen gehen; (*be a prostitute*) auf den Strich gehen *sl* ❷ (*accompany*) ■**to ~ sb somewhere** jdn irgendwohin begleiten; **to ~ sb off his/her feet** (*fig*) ein so zügiges Tempo vorlegen, dass jd kaum mithalten kann; **he ~ed me off my feet** ich konnte kaum mit ihm mithalten; ■**to ~ sb through sth** etw mit jdm durchgehen; **to ~ sb home** jdn nach Hause bringen ❸ (*take for a walk*) **to ~ the dog** den Hund ausführen, mit dem Hund Gassi gehen *fam* ❹ BRIT (*fam: succeed easily*) ■**to ~ sth** etw spielend meistern *geh* **III.** *vi* ❶ (*go on foot*) ■**to ~** [**somewhere**] zu Fuß [irgendwohin] gehen; **it takes half an hour to ~ to the office** man braucht zu Fuß eine halbe Stunde ins Büro; **can your toddler ~ yet?** kann dein Kleiner schon laufen?; **to ~ on one's hands** auf den Händen laufen; **to begin to** ~ laufen lernen ❷ (*for exercise*) ■**to ~** [**somewhere**] [irgendwo] spazieren gehen ❸ (*fig: take advantage of*) **to ~** [**all**] **over sb** jdn ausnutzen [*o bes* SÜDD, ÖSTERR ausnützen] ❹ (*fig: get caught in*) **to ~** [**right** [*or* **straight**]] **into sth** [mitten] in etw *akk* geraten; **to ~ into a trap** in eine Falle gehen [*o fam* tappen] ❺ (*easily get*) **to ~** [**right** [*or* **straight**]] **into a job** [leicht] eine Stelle bekommen ❻ THEAT ■**to ~ through sth** etw [ein]üben ❼ (*fig fam: go missing*) Beine bekommen [*o* kriegen] *fam* ▸ PHRASES: **to ~ on air** selig sein, sich *akk* wie im siebten Himmel fühlen, auf Wolken schweben; **to ~ the beat** seine Runde gehen [*o* machen]; **to ~ on eggs** [*or* **eggshells**] einen Eiertanz aufführen; **to ~ before one can run** laufen lernen, bevor man springt

◆**walk away** *vi* ❶ (*remove sth*) ■**to ~ away with sth** etw mitgehen lassen *fam* ❷ (*easily win*) ■**to ~ away with sth** etw spielend gewinnen; **to ~ away from one's competition** die Konkurrenz mit Leichtigkeit besiegen ❸ (*pej: stop dealing with*) ■**to ~ away from sth** etw *dat* ausweichen [*o* aus dem Weg gehen] ❹ (*escape unhurt*) **to ~ away from an accident** einen Unfall unverletzt überstehen

◆**walk in** *vi* hereinkommen, hereinspazieren *fam;* ■**to ~ in on sb/sth** bei jdm/etw hereinplatzen *fam*

◆**walk off I.** *vt* **to ~ off anger/depression/pain** spazieren gehen, um den Ärger/die Depressionen/die Schmerzen loszuwerden; **to ~ off a meal** einen Verdauungsspaziergang machen **II.** *vi* ❶ (*leave*) weggehen ❷ (*take without asking*) ■**to ~ off with sth** etw mitgehen lassen *fam* ❸ (*easily win*) ■**to ~ off with sth** etw spielend gewinnen

◆**walk on** *vi* THEAT eine Nebenrolle spielen

◆**walk out** *vi* ❶ (*leave*) gehen; **she ~ed out of his life forever** sie verschwand für immer aus seinem Leben; ■**to ~ out on sb** jdn im Stich lassen [*o* verlassen]; **to ~ out of a meeting** eine Sitzung [aus Protest] verlassen ❷ (*go on strike*) streiken ❸ BRIT (*dated: court*) ■**to ~ out with sb** mit jdm gehen *fam*

'walk·about *n esp* BRIT (*fam*) Rundgang *m;* **to go on a ~** ein Bad in der Menge nehmen ▸ PHRASES: **to go ~** (*hum*) *person* verschwinden; *object* sich *akk* selbständig machen *hum* **'walk·away** *n* AM leichter [*o* spielender] Sieg; **to win in a ~** einen leichten Sieg davontragen

walk·er ['wɔːkəʳ, AM 'wɑːkɚ] *n* ❶ (*person on foot*) Fußgänger(in) *m(f);* (*for recreation*) Spaziergänger(in) *m(f);* **to be a fast/slow ~** schnell/langsam gehen ❷ (*as sport*) Geher(in) *m(f)* ❸ AM (*walking frame*) Gehhilfe *f* ❹ (*for baby*) Laufstuhl *m* ❺ (*pej: single*) *gut gekleideter Single der Oberklasse*

walk·er-'on *n* Statist(in) *m(f)*

walkies ['wɔːkiːz, AM 'wɑː-] *npl* (*fam*) **~!** komm Gassi! *fam;* ■**to go ~** Gassi gehen *fam*

walkie-talkie [ˌwɔːki'tɔːki, AM ˌwɑːki'tɑː-] *n* [tragbares] Funksprechgerät, Walkie-Talkie *nt*

'walk-in *adj* begehbar; **~ wardrobe** begehbarer Kleiderschrank **walk-in 'clin·ic** *n esp* AM *Klinik, für die keine Voranmeldung nötig ist*

walk·ing ['wɔːkɪŋ, AM 'wɑː-] **I.** *n no pl* Gehen *nt;* (*as recreation*) Spazierengehen *nt* **II.** *adj attr, inv* ❶ (*of movement on foot*) Geh-; **~ aid** Gehhilfe *f;* **to be within ~ distance** zu Fuß erreichbar sein ❷ (*human*) wandelnd; **to be a ~ encyclopaedia** ein wandelndes Lexikon sein *hum fam*

'walk·ing boots *n* Wanderstiefel *mpl* **'walk·ing frame** *n* AUS, BRIT Gehhilfe *f* **'walk·ing or·ders** *npl* (*fam*), **'walk·ing papers** *npl* (*fam*) Entlassungspapiere *pl;* **to give sb their ~** jdn feuern; **to get one's ~** entlassen werden *fam* **'walk·ing shoes** *npl* Wanderschuhe *mpl* **'walk·ing stick** *n* Spazierstock *m; for old people* Stock *m; for invalids* Krücke *f,* Krückstock *m* **'walk·ing tour** *n* ❶ (*in town*) [Stadt]rundgang *m* (**of/through** durch +*akk*); (*guided tour*) Führung *f* (**of** durch +*akk*) ❷ (*in the countryside*) Wanderung *f* **walk·ing 'wound·ed** *npl* ■**the ~** die Leichtverwundeten *pl*

Walk·man® <*pl* -men *or* -s> ['wɔːkmən, AM 'wɑːk-, *pl* -mən] *n* Walkman® *m;* **to listen** [*or fam* **be plugged in**] **to one's ~** Walkman hören

'walk-on *adj attr, inv* THEAT, FILM Statisten-; **~ part** [*or* **role**] Statistenrolle *f;* **~ role** Komparsenrolle *f* **'walk·out** *n* Arbeitsniederlegung *f,* Ausstand *m;* **to stage a ~** (*strike*) aus Protest die Arbeit niederlegen; (*at a meeting*) **senior union workers staged a ~ this afternoon at the annual conference** leitende Gewerkschaftsmitglieder verließen heute Nachmittag auf der Jahrestagung demonstrativ den Saal **'walk·over** *n* ❶ (*easy victory*) leichter Sieg, Spaziergang *m fam* ❷ (*bye*) kampfloser Sieg; **to win a ~** kampflos gewinnen **'walk-through** *n* Probe *f;* **before we film this scene, let's have a ~** lasst uns die Szene noch einmal durchgehen, bevor wir sie filmen **'walk-up** *n* AM ❶ (*building*) Haus *nt* ohne Aufzug ❷ (*apartment*) Wohnung *f* in einem Haus ohne Aufzug **'walk·way** *n* [Fuß]weg *m;* (*covered path*) überdachter Weg, Gang *m;* (*raised path*) [Lauf]steg *m;* **moving ~** Laufband *nt*

wall [wɔːl] **I.** *n* ❶ (*of a house, town*) Mauer *f;* (*of a room*) Wand *f;* (*around a plot*) Mauer *f,* Einfriedung *f;* **this is like banging your head against a brick ~** das ist, als ob man mit dem Kopf gegen eine Wand rennt; **city ~** Stadtmauer *f;* **the Berlin W~** (*hist*) die Berliner Mauer *hist;* **the Great W~ of China** die Chinesische Mauer; **dry-stone ~** Bruchsteinmauer *f* ❷ MED, ANAT Wand *f;* **artery ~** Arterienwand *f* ❸ (*of a tyre*) Mantel *m* ❹ (*barrier*) Mauer *f;* **a ~ of men** eine Mauer von Menschen; **a ~ of silence** (*fig*) eine Mauer des Schweigens; **a ~ of water** eine Wasserwand; **a ~ of words** ein Wortschwall *m pej* ▸ PHRASES: **to have one's back to the ~** mit dem Rücken an der [*o* zur] Wand stehen; **to hit** [*or* **come up against**] **a brick ~** gegen eine Wand rennen; **to talk to a brick ~** gegen eine Wand reden; **~s have ears** (*saying*) die Wände haben Ohren; **to be a fly on the ~** Mäuschen spielen *fam;* **the weakest go to the ~** (*prov*) den Letzten beißen die Hunde *prov;* **the writing is on the ~** das Ende vom Lied ist abzusehen; **this must not go beyond these four ~s** das muss innerhalb dieser vier Wände bleiben; **to be off-the-~** verrückt sein *fam;* **to climb the ~s** *in anger* die Wände hochgehen *fam; due to worry* vor Sorgen verrückt werden *fam;* **to drive** [*or* **send**] **sb up the ~** jdn zur Weißglut treiben *fam;* **to go to the ~** Konkurs machen; **to go up the ~** die Wände hochgehen *fam,* ausrasten *fam* **II.** *vt* ❶ *usu passive* (*enclose*) ■**sth is ~ed in** etw ist ummauert [*o* mit einer Mauer umgeben] ❷ *usu passive* (*separate*) ■**to be ~ed off** durch eine Mauer abgetrennt werden; (*in a building*) durch eine Wand abgetrennt werden; (*fig*) abgeschottet sein ❸ (*imprison*) ■**to ~ sb ○ up** jdn einmauern ❹ (*fill in*) ■**to ~ sth ○ up** etw zumauern

wal·la·by ['wɒləbi, AM 'wɑ:l-] *n* Wallaby *nt*

walla(h) ['wɒlə, AM 'wɑ:lɑ:] *n* (*hum fam: female*) Dienstmädchen *nt,* Minna *f hum fam;* (*male*) Butler *m hum*

'wall bars *npl* Sprossenwand *f* **'wall·board** *n no pl* [Wand]faserplatte *f* **'wall chart** *n* Schautafel *f* **'wall clock** *n* Wanduhr *f*

walled [wɔ:ld] *adj inv* von einer Mauer umgeben; ■**to be ~ off** durch eine Mauer abgetrennt sein; (*in a building*) durch eine Wand abgetrennt sein

wal·let ['wɒlɪt, AM 'wɑ:l-] *n* ❶ (*for money*) Brieftasche *f* ❷ *esp* BRIT (*for documents*) Dokumentenmappe *f*

wall·eye ['wɔ:laɪ] *n* (*pikeperch*) Zander *m*

'wall-eyed *adj inv* MED *bei den Augen ist mehr Weiß als Iris zu sehen, was durch Schielen bedingt sein kann* **'wall·flow·er** *n* ❶ HORT Goldlack *m* ❷ (*fam: woman*) Mauerblümchen *nt fam* **'wall hang·ing** *n* Wandteppich *m* **'wall map** *n* Wandkarte *f*

Wal·loon [wɒl'u:n, AM wɑ:'lu:n] *n* ❶ (*person*) Wallone, -in *m, f* ❷ *no pl* (*language*) Wallonisch *nt*

wal·lop ['wɒləp, AM 'wɑ:-] (*fam*) **I.** *vt* ■**to ~ sb** ❶ (*hit*) jdn schlagen; **to ~ sb across the head** jdm eins überbraten *fam;* **to ~ the living daylights out of sb** jdn windelweich schlagen *fam* ❷ (*fig: win*) jdn haushoch besiegen [*o* schlagen] **II.** *n* Schlag *m*

wal·lop·ing ['wɒləpɪŋ, AM 'wɑ:-] **I.** *adj attr, inv* (*fam*) ❶ (*hum: very big*) ~ [**great**] riesig *fam,* Mords- *fam* ❷ AM (*very good*) super *fam;* **we had a ~ good time at Darryl's birthday party** wir haben uns auf Daryls Geburtstag super[gut] amüsiert **II.** *n usu sing* Tracht *f* Prügel *fam;* **to give sb a ~** jdm eine Tracht Prügel verpassen *fam,* jdn verhauen *fam*

wal·low ['wɒləʊ, AM 'wɑ:loʊ] **I.** *n usu sing* Bad *nt a. fig;* **he likes a good ~ in the bath** er liebt es, so richtig ausgiebig zu baden **II.** *vi* ■**to ~ in sth** ❶ (*lie*) sich *akk* in etw *dat* wälzen [*o* suhlen] ❷ (*pej: in negativity*) sich *akk* etw *dat* hingeben, etw *dat* frönen *geh;* **to ~ in self-pity** in [*o* vor] Selbstmitleid zerfließen ❸ (*revel*) in etw *dat* schwelgen *geh;* **to ~ in luxury** im Luxus baden [*o geh* schwelgen]

'wall·pa·per I. *n* Tapete *f;* **a roll of ~** eine Tapetenrolle; **to hang** [*or* **put up**] **~** [**in a room**] [ein Zimmer] tapezieren **II.** *n modifier* Tapeten-; **~ paste** Tapetenkleister *m* **III.** *vt* ■**to ~ sth** etw tapezieren **'wall·pa·per mu·sic** *n no pl* BRIT (*pej fam*) Hintergrundmusik *f* **'wall sock·et** *n* [Wand]steckdose *f*

'Wall Street *n no pl* Wall Street *f,* Wallstreet *f*

i Kultur

Wall Street heißt eine kurze, enge Straße in New York. Zusammen mit der Broad Street und der New Street bildet sie einen Bezirk, in dem sich das wichtigste Banken- und Wirtschaftszentrum der USA befindet. Der Name dieser Straße ist zum Synonym für die amerikanische Finanzwelt geworden.

wall-to-'wall *adj inv* ❶ (*covering floor*) **~ carpet** Teppichboden *m* ❷ (*fig: continuous*) ständig; **~ coverage** Berichterstattung *f* rund um die Uhr; **~ parties** eine Party nach der anderen

wal·ly ['wɒli] *n* BRIT (*fam*) Vollidiot *m pej fam*

wal·nut ['wɔ:lnʌt] **I.** *n* ❶ (*nut*) Walnuss *f* ❷ (*tree*) Walnussbaum *m* ❸ *no pl* (*wood*) Nussbaumholz *nt* **II.** *n modifier* ❶ FOOD (*bread, shell, tree*) Walnuss- ❷ (*wood*) (*cabinet, chair, table*) Nussbaum-; **~ finish** Nussbaumimitat *nt*

Wal·pur·gis night [væl'pʊəgɪs-, AM vɑ:l'pʊr-] *n* Walpurgisnacht *f*

wal·rus <*pl* - *or* -es> ['wɔ:lrəs] *n* Walross *nt*

wal·rus mous·'tache *n* Schnauzbart *m*

Walter Mitty [ˌwɒltə'mɪti, AM ˌwɔ:ltɚ-] *adj attr, inv* Versager-

waltz [wɒls, AM wɔ:lts] **I.** *n* <*pl* -es> Walzer *m* **II.** *vi* ❶ (*dance*) Walzer tanzen, walzen *veraltend o hum* ❷ (*fam: walk*) spazieren; **you can't just ~ into my office unannounced** du kannst nicht einfach unangemeldet in mein Büro platzen *fam;* ■**to ~ across to sb** zu jdm rübergehen *fam;* ■**to ~ in** hereintanzen *fam,* hereinspazieren *fam;* ■**to ~ up to sb** auf jdn [einfach] zugehen

◆**waltz off** *vi* abtanzen *fam,* abziehen *fam*

◆**waltz through** *vi* (*fam*) ■**to ~ through sth** etw mit Leichtigkeit schaffen; **to ~ through an exam** ein Examen mit links bestehen *fam*

wan <-nn-> [wɒn, AM wɑ:n] *adj* fahl; **~ face** blasses [*o* bleiches] Gesicht; **~ light** fahles [*o* schwaches] Licht; **~ smile** mattes Lächeln

wand [wɒnd, AM wɑ:nd] *n* ❶ (*of a magician*) Zauberstab *m;* **to wave one's magic ~** (*a. fig*) den Zauberstab schwingen *a. fig* ❷ (*for mascara*) Mascarabürste *f,* Mascara *m*

wan·der ['wɒndəʳ, AM 'wɑ:ndɚ] **I.** *n usu sing* (*fam*) Bummel *m fam,* Streifzug *m;* **to go for** [*or* **have**] [*or* **take**] **a ~ around the city** einen Stadtbummel machen *fam;* **to go for** [*or* **have**] [*or* **take**] **a ~ through the park/town** einen Bummel durch den Park/die Stadt machen *fam* **II.** *vt* **to ~ the streets** (*leisurely*) durch die Straßen schlendern; (*being lost*) durch die Straßen irren **III.** *vi* ❶ (*lose concentration*) abschweifen; **my attention is ~ing** ich bin nicht bei der Sache ❷ (*become confused*) wirr werden; **her mind is beginning to ~** sie wird allmählich wirr [im Kopf *fam*]

◆**wander around** *vi* umherstreifen; **to ~ around the city** einen Bummel durch die Stadt machen

◆**wander off** *vi* ❶ (*walk away*) weggehen; *children* weglaufen, sich *akk* selbständig machen *hum* ❷ (*fig: change subject*) abschweifen; **to ~ off the point/topic** vom Thema abkommen [*o* abschweifen]

wan·der·er ['wɒndᵊrəʳ, AM 'wɑ:ndɚɚ] *n* ❶ (*person*) Wandervogel *m hum veraltet* ❷ (*animal*) umherziehendes Tier

wan·der·ing ['wɒndᵊrɪŋ, AM 'wɑ:ndɚ-] *adj attr* ❶ *inv* (*nomadic*) wandernd *attr,* Wander-; **the W~ Jew** der Ewige Jude; **a ~ Jew** ein Ahasver *m selten* (*ruheloser Mensch*); **~ minstrel/tinker** fahrender Sänger/Kesselflicker; **~ people/tribe** nomadisierendes Volk/nomadisierender Stamm, Nomadenvolk *nt/* Nomadenstamm *m* ❷ (*not concentrating*) abschweifend; (*rambling*) wirr; **~ eyes** umherschweifende Augen; **~ story** weitschweifende Geschichte

wan·der·ings ['wɒndᵊrɪŋz, AM 'wɑ:ndɚ-] *npl* (*travels*) Reisen *fpl;* (*walks*) Streifzüge *mpl*

wan·der·lust ['wɒndəlʌst, AM 'wɑ:ndɚ-] *n no pl* Reiselust *f,* Fernweh *nt*

wane [weɪn] **I.** *vi* ❶ (*weaken*) abnehmen; *interest, popularity* schwinden *geh* ❷ *the moon* abnehmen; **to wax and ~** zu- und abnehmen **II.** *n no pl* Abnehmen *nt,* Schwinden *nt geh;* **to be on the ~** im Abnehmen begriffen sein *geh; interest, popularity* [dahin]schwinden *geh*

wan·gle ['wæŋgḷ] *vt* (*fam*) ■**to ~ sth** etw deichseln *fam* [*o* organisieren]; **she managed to ~ an invitation to his house** es gelang ihr, sich eine Einladung zu ihm nach Hause zu verschaffen; **to ~ one's way into sth** sich *akk* in etw *akk* [hinein]mogeln; **to ~ one's way out of sth** sich *akk* aus etw *dat* herauswinden

wank [wæŋk] BRIT, AUS **I.** *vi* (*vulg*) ■**to ~** [**off**] sich *dat* einen runterholen *vulg,* wichsen *vulg* **II.** *vt* (*vulg*) ■**to ~ sb off** jdm einen runterholen *vulg* **III.** *n* (*vulg*) Wichsen *nt kein pl vulg;* **to have a ~** sich *dat* einen runterholen *vulg,* wichsen *vulg*

wank·er ['wæŋkəʳ] *n* BRIT, AUS (*vulg*) Wichser *m pej vulg;* **a bunch of ~s** ein Haufen *m* Wichser *pej vulg*

wanky ['wæŋki] *adj* BRIT, AUS (*vulg*) schwachsinnig *pej fam*

wan·na ['wɒnə, AM 'wɑ:nə] (*fam*) = **want to** *see* **want II., III.**

wan·na·be(e) ['wɒnəbi, AM 'wɑ:n-] *adj attr esp* AM (*pej fam*) Möchtegern- *iron fam;* **~ actress** Möchtegernschauspielerin *f*

W

iron fam

want [wɒnt, AM wɑ:nt] **I.** *n* ❶ (*need*) Bedürfnis *nt;* **to be in ~ of sth** etw benötigen [*o* brauchen] ❷ *no pl* (*lack*) Mangel *m;* **the time of ~ in the prison camp had broken her health** die entbehrungsreiche Zeit, die sie im Gefangenenlager durchlitten hatte, hatte ihre Gesundheit zerstört; **to live in ~** Not leiden; **for** [*or* **from**] **~ of sth** aus Mangel an etw *dat,* mangels einer S. *gen;* **it won't be for ~ of trying** zumindest haben wir es dann versucht; **for ~ of anything better to do, ...** da ich nichts Besseres zu tun hatte, ... **II.** *vt* ❶ (*wish*) ■**to ~ sth** etw wünschen [*o* wollen]; (*politely*) etw mögen; (*impolitely*) etw haben wollen; **what do you ~ out of life?** was willst du vom Leben?; **I don't ~ any more tea, thanks** ich möchte keinen Tee mehr, danke; ■**to ~ sb** (*to see*) nach jdm verlangen; (*to speak to*) jdn verlangen; (*sexually*) jdn begehren; ■**to ~ sb to do sth** wollen, dass jd etw tut; **do you ~ me to take you to the station?** soll ich dich zum Bahnhof bringen?; ■**to ~ sth done** wünschen, dass etw getan wird; **to be ~ed by the police** polizeilich gesucht werden; ■**to ~ to do sth** etw tun wollen; **what do you ~ to eat?** was möchtest du essen?; **I ~ to be picked up at the airport at about nine o'clock** ich möchte gegen neun Uhr vom Flughafen abgeholt werden ❷ (*need*) ■**to ~ sb/sth** jdn/etw brauchen; **your hair ~s doing** du solltest mal wieder zum Friseur gehen; **you'll ~ a coat on** du wirst einen Mantel brauchen; ■**to be ~ed** gebraucht werden ❸ (*fam: should*) ■**to ~ to do sth** etw tun sollen; **you ~ to tell him before it's too late** du solltest es ihm sagen, bevor es zu spät ist; **you ~ to turn left here at the next traffic lights** Sie müssen hier an der nächsten Ampel links abbiegen ▸PHRASES: **to ~ one's head seen to** [*or* **examined**] *esp* BRIT sich *akk* mal auf seinen Geisteszustand untersuchen lassen müssen *hum fam;* **to not ~ any part of sth** nichts mit etw *dat* zu tun haben wollen; **to ~ one's pound of flesh** Genugtuung verlangen *geh;* **to ~ one's share** [*or* **slice**] **of the cake** seinen Anteil fordern, sein Stück vom Kuchen abhaben wollen *fam;* **to ~ it** [*or* **everything**] [*or* **things**] **both ways** alles wollen; **to have sb where one ~s him/her** jdn da haben, wo man ihn/sie haben will; **to not ~ to know** (*prefer ignorance*) nichts [davon] wissen wollen; (*feign ignorance*) so tun, als ob man nichts davon wüsste; **waste not, ~ not** (*prov*) spare in der Zeit, dann hast du in der Not *prov* **III.** *vi* ❶ (*form: lack*) **sb ~s for nothing** jdm fehlt es an nichts ❷ (*fam:* [*not*] *be part of*) ■**to ~ in** [**on sth**] [bei etw *dat*] dabei [*o* mit von der Partie] sein wollen; ■**to ~ out** [**of sth**] [aus etw *dat*] aussteigen wollen *fam*

'want ad *n* AM (*fam: classified ad*) Anzeige *f,* Annonce *f*

want·age ['wɑ:nṭɪdʒ] *n usu sing* AM (*need*) Mangel *m kein pl* (of an +*dat*); **there is a serious ~ of initiative in industry at the moment** zurzeit mangelt es [in] der Industrie an Initiative

want·ed ['wɒntɪd, AM 'wɑ:nṭ-] *adj* ❶ (*desired*) erwünscht; (*in an ad*) gesucht; **she was a much ~ baby** sie war ein sehnsüchtig erwartetes Wunschkind ❷ (*by the police*) gesucht; ■**to be ~** gesucht werden

want·ing ['wɒntɪŋ, AM 'wɑ:nt-] *adj pred* ❶ *inv* (*be required*) ■**to be ~** fehlen; **initiative is ~ in this situation** in dieser Situation fehlt es an Initiative ❷ *inv* (*not having*) ■**sb/sth is ~ in sth** jdm/etw fehlt es an etw *dat,* jd/etw lässt etw vermissen; **I think she's a little ~ in charm** meiner Meinung nach fehlt es ihr etwas an Charme ❸ (*deficient*) **to be found to be ~** sich *akk* als unzulänglich erweisen; **he is ~ in certain areas** er weist in einigen Bereichen Defizite auf; **to be tried and found ~** sich *akk* als unzulänglich erweisen, gewogen und [für] zu leicht befunden werden

wan·ton ['wɒntən, AM 'wɑ:ntᵊn] *adj* ❶ (*wilful*) leichtfertig, rücksichtslos; **~ destruction** mutwillige Zerstörung; **~ disregard** völlige Gleichgültigkeit; **~ waste** sträfliche Verschwendung ❷ *usu attr* (*dated or hum: dissolute*) wollüstig *geh;* **~ smile** lüsternes Lächeln *geh* ❸ (*liter: capricious*) übermütig, launenhaft; **~ breeze** leichte Brise

wan·ton·ly ['wɒntənli, AM 'wɑ:ntᵊn-] *adv* ❶ (*wilfully*) mutwillig ❷ (*dated or hum: dissolutely*) schamlos ❸ (*liter: capriciously*) übermütig

WAP [wɒp, AM wɑ:p] *n* INET *acr for* **Wireless Application Protocol** WAP *nt* (*Verfahren, mit dem über das Handy Informationen aus dem Internet abgerufen werden können*)

Wapa·liz·er ['wɒpəlaɪzəʳ, AM 'wɑ:pəlaɪzɚ] *n* INET, COMPUT WAP-Software *f* für PC **WAP-en·abled mo·bile phone** [ˌwɒpɪneɪbl̩dˌməʊbaɪl'fəʊn, AM ˌwɑ:pɪneɪbl̩dˌmoʊbaɪl'foʊn] *n* INET, COMPUT WAP-fähiges Handy

wapi·ti <*pl* - *or* -s> ['wɒpɪti, AM 'wɑ:pəṭi] *n* Wapiti *m*

WAP phone ['wɒpˌfəʊn, AM 'wɑ:pˌfoʊn] *n* COMPUT, TELEC, INET *abbrev of* **wireless access protocol phone** WAP-Handy *nt*

war [wɔ:ʳ, AM wɔ:r] *n* ❶ *no pl* (*armed combat*) Krieg *m;* **the art of ~** die Kriegskunst; **to carry the ~ into the enemy's camp** den Krieg ins Lager der Feinde tragen; (*fig*) zum Gegenangriff ansetzen; **the horrors of ~** die Schrecken *pl* des Krieges; **at the outbreak of the ~** bei Kriegsausbruch *m;* **state of ~** Kriegszustand *m;* **in times of ~** in Kriegszeiten; **civil ~** Bürgerkrieg *m;* **to be at ~** (*a. fig*) sich *akk* im Kriegszustand befinden *a. fig;* **to declare ~ on sb/sth** jdm/etw den Krieg erklären; (*fig*) jdm/etw den Kampf ansagen; **to go to ~** in den Krieg ziehen; **to wage ~ against** [*or* **on**] **sb/sth** gegen jdn/etw Krieg führen; (*fig*) jdn/etw bekämpfen ❷ (*armed conflict*) Krieg *m;* **a ~ of attrition** ein Zermürbungskrieg *m;* **the American Civil W~** der Amerikanische Bürgerkrieg; **the cold ~** (*hist*) der Kalte Krieg *hist;* **the Great W~, World W~ I** der Erste Weltkrieg; **holy ~** heiliger Krieg; **the Vietnam W~** der Vietnamkrieg ❸ (*conflict*) Kampf *m;* **class ~** *esp* BRIT Klassenkampf *m;* **a ~ of nerves** (*fig*) ein Nervenkrieg *m;* **price/trade ~** Preis-/Handelskrieg *m* ▸PHRASES: **all's fair in love and ~** (*prov*) in der Liebe und im Krieg ist alles erlaubt; **to have been in the ~s** *esp* BRIT [ziemlich] ramponiert aussehen *fam*

'war atroc·ities *npl* Kriegsgräuel *pl geh,* Kriegsverbrechen *ntpl;* **to commit ~** Kriegsverbrechen begehen **'war baby** *n* ❶ (*child*) Kriegskind *nt* ❷ AM (*fam: bond*) *Aktie, die durch einen Krieg an Wert gewinnt*

war·ble ['wɔ:bl̩, AM 'wɔ:r-] *vi bird* trillern; (*hum*) *person* trällern

war·bler ['wɔ:bləʳ, AM 'wɔ:rblɚ] *n* ❶ (*songbird*) Grasmücke *f;* (*any singing bird*) Singvogel *m* ❷ (*hum: person*) Sänger(in) *m(f)*

'war bride *n* Kriegsbraut *f* **'war bul·letin** *n* Kriegsbericht *m* **'war chest** *n* (*for a war*) Kriegskasse *f;* (*for a campaign*) Mittel *ntpl* für eine Kampagne; (*for a strike*) Streikkasse *f* **'war cloud** *n usu pl* [drohende] Kriegsgefahr; **~s gather** es droht Kriegsgefahr **'war cor·res·pond·ent** *n* Kriegsberichterstatter(in) *m(f)* **'war crime** *n* Kriegsverbrechen *nt* **'war crimi·nal** *n* Kriegsverbrecher(in) *m(f)* **'war cry** *n* Schlachtruf *m;* (*fig*) Parole *f*

ward [wɔ:d, AM wɔ:rd] **I.** *n* ❶ (*in hospital*) Station *f;* **maternity ~** Entbindungsstation *f;* **geriatric/psychiatric ~** geriatrische/psychiatrische Abteilung ❷ BRIT (*political area*) [Stadt]bezirk *m,* Wahlbezirk *m* ❸ AM (*in prison*) [Gefängnis]trakt *m* **II.** *vt* ■**to ~ sth** ○ **off** etw abwehren; *danger* etw abwenden

'war dance *n* Kriegstanz *m*

war·den ['wɔ:dᵊn, AM 'wɔ:r-] *n* ❶ (*building manager*) [Heim]leiter(in) *m(f)* ❷ BRIT, AUS (*head of a college*) Rektor(in) *m(f)* ❸ AM (*prison governor*) Gefängnisdirektor(in) *m(f)* ❹ (*public official*) Aufseher(in) *m(f);* **animal ~** Tierwärter(in) *m(f);* **game ~** Wildaufseher(in) *m(f);* **park ~** Parkwächter(in) *m(f);* **traffic ~** BRIT Verkehrspolizist(in) *m(f),* Politesse *f*

war·der ['wɔ:dəʳ, AM 'wɔ:rdɚ] *n esp* BRIT [Gefängnis]aufseher(in) *m(f),* [Gefängnis]wärter(in) *m(f)*

ward of 'court <*pl* wards of court> *n* ❶ (*protected by the court*) Mündel *nt* unter Amtsvormundschaft; **she was made a ~** sie wurde unter Amtsvormundschaft gestellt ❷ (*protected by a guardian*) Mündel *nt*

war·dress <*pl* -es> ['wɔ:drɪs, AM 'wɔ:r-] *n esp* BRIT [Gefäng-

nis]aufseherin *f,* [Gefängnis]wärterin *f*
ward·robe ['wɔːdrəʊb, AM 'wɔːrdroʊb] *n* ❶ (*cupboard*) [Kleider]schrank *m* ❷ *no pl* (*clothes*) Garderobe *f* ❸ (*department*) Kostümfundus *m*
'ward·robe mis·tress *n esp* BRIT THEAT Garderobiere *f,* Gewandmeisterin *f*
ward·ship ['wɔːdʃɪp, AM 'wɔːr-] *n no pl* Vormundschaft *f* (**of** für *+akk*)
'war ef·fort *n* Kriegsanstrengungen *fpl*
ware·house ['weəhaʊs, AM 'wer-] *n* Lagerhaus *nt,* Lagerhalle *f*
wares [weəz, AM werz] *npl* (*articles*) Artikel *mpl,* Ware[n] *f*[*pl*]; (*fam: products*) Erzeugnisse *ntpl*
war·fare ['wɔːfeəʳ, AM 'wɔːrfer] *n no pl* Krieg[s]führung *f;* **guerrilla/naval/nuclear ~** Guerilla-/See-/Atomkrieg *m*
'war film *n* Kriegsfilm *m* **'war game** *n* Kriegsspiel *nt* **'war grave** *n* Kriegsgrab *nt meist pl* **'war·head** ['wɔːhed, AM 'wɔːr-] *n* Sprengkopf *m* **'war hero** *n* Kriegsheld(in) *m(f)* **'war·horse** *n* (*hist*) Schlachtross *nt hist;* (*fig fam: person*) **an old ~** ein altes Schlachtross *fam;* **an old civil rights ~, she's back in the political arena** als kampferprobte Bürgerrechtlerin ist sie in die politische Arena zurückgekehrt
wari·ly ['weərəli, AM 'wer-] *adv* vorsichtig; (*suspiciously*) misstrauisch
war·like *adj* ❶ (*military*) kriegerisch ❷ (*hostile*) militant, kämpferisch; **~ speech** militante Rede **'war·lord** *n* Kriegsherr *m*
warm [wɔːm, AM wɔːrm] **I.** *adj* ❶ (*not cool*) warm; **are you ~ enough?** ist [es] dir warm genug?; **sb is as ~ as toast** [*or* AM *usu* **toasty ~**] (*fam*) jdm ist mollig warm; **nice and ~** angenehm warm ❷ (*affectionate*) warm; **~ person** warmherzige Person; **~ welcome** herzliche Begrüßung; **to give a ~ welcome to sb** jdn herzlich willkommen heißen ❸ *clothes* warm, wärmend *attr* ❹ (*energetic*) **cycling uphill is ~ work** beim Radfahren bergauf kommt man ins Schwitzen ❺ *usu attr colours* warm ❻ *usu pred* (*close guess*) warm *fam,* nahe dran *fam;* ■**to be ~** nahe dran sein *fam;* **you're very ~** heiß; **to get ~** der Sache näherkommen ❼ *usu pred* (*fresh*) *track, trail* frisch ▸ PHRASES: **cold hands, ~ heart** kalte Hände, warmes Herz; **to keep sb's seat ~ for them** (*fam*) jds Platz *m* für jdn freihalten **II.** *n* ❶ *no pl* (*place*) **to come** [*or* **get**] **into the ~** ins Warme kommen ❷ *usu sing* (*fam: heating up*) **to have a ~** sich *akk* [auf]wärmen **III.** *vt* ■**to ~ sth** etw wärmen; **to ~ one's feet** sich *dat* die Füße wärmen; **to ~ the soup** die Suppe aufwärmen [*o fam* warm machen] ▸ PHRASES: **to ~ the** [*esp* BRIT **cockles of one's**] **heart** (*hum*) das Herz erwärmen, warm ums Herz machen **IV.** *vi* ❶ (*grow to like*) ■**to ~ to**[**wards**] **sb/sth** sich *akk* für jdn/etw erwärmen ❷ (*get animated*) **to ~ to a subject** [*or* **theme**] sich *akk* in ein Thema hineinfinden
◆**warm over** *vt* AM (*heat up*) ■**to ~ sth ⊂ over** etw aufwärmen ▸ PHRASES: **to feel like death ~ed over** sich *akk* wie eine wandelnde Leiche fühlen *fam;* **to look like death ~ed over** wie eine wandelnde Leiche aussehen *fam*
◆**warm through I.** *vt* ■**to ~ sth ⊂ through** etw warm machen **II.** *vi* warm werden
◆**warm up I.** *vi* ❶ (*become hot*) warm werden, sich *akk* erwärmen; *person* sich *akk* aufwärmen; *weather* wärmer werden ❷ (*begin to work*) warm werden; *engine, machine* sich *akk* warm laufen ❸ (*become animated*) *party* in Schwung kommen *fam; people* in Stimmung kommen ❹ (*limber up*) sich *akk* aufwärmen **II.** *vt* ❶ (*make hot*) ■**to ~ sth ⊂ up** etw warm machen; **to ~ up an engine** einen Motor warm laufen lassen; **to ~ a room up** einen Raum erwärmen; ■**to ~ sb ⊂ up** jdn aufwärmen ❷ (*cook*) ■**to ~ sth ⊂ up** etw aufwärmen [*o* warm machen] ❸ (*bring into the mood*) **to ~ up the audience** das Publikum in Stimmung bringen; **to ~ up a party** Stimmung in eine Party bringen ▸ PHRASES: **to feel like death ~ed up** sich *akk* wie eine wandelnde Leiche fühlen *fam;* **to look like death ~ed up** wie eine wandelnde Leiche aussehen *fam*
warm-'blood·ed *adj inv* warmblütig; **~ animal** Warmblüter *m*
warmed-over ['wɔːrmd,oʊvɚ] *adj* AM ❶ *inv* (*warmed up*) *food* aufgewärmt ❷ (*pej: unimaginative*) aufgewärmt *pej fam*
'war me·mo·rial *n* Kriegerdenkmal *nt veraltend*
'warm front *n* METEO Warmfront *f* **warm-'heart·ed** *adj* warmherzig
warm·ing ['wɔːmɪŋ, AM 'wɔːr-] *adj attr* wärmend
warm·ly ['wɔːmli, AM 'wɔːr-] *adv* ❶ (*with warm clothes*) **to dress ~** sich *akk* warm anziehen ❷ (*affectionately*) herzlich
war·mon·ger ['wɔː,mʌŋgəʳ, AM 'wɔːr,mʌŋgɚ] *n* Kriegstreiber(in) *m(f) pej,* Kriegshetzer(in) *m(f) pej*
war·mon·ger·ing ['wɔː,mʌŋgərɪŋ, AM 'wɔːr,mʌŋgɚ-] *n no pl* Kriegshetze *f pej,* Kriegstreiberei *f pej*
warm 'start *n* COMPUT Warmstart *m fachspr*
warmth [wɔːmθ, AM wɔːrmθ] *n no pl* ❶ (*heat*) Wärme *f* ❷ (*affection*) Herzlichkeit *f,* Wärme *f*
'warm-up *n* ❶ (*limber-up*) [Sich]aufwärmen *nt kein pl;* **a ~ is important before a run** vor einem Rennen ist es wichtig, sich aufzuwärmen ❷ (*starting activity*) Einstimmung *f,* Warmup *nt* (**for/to** auf *+akk*)
warn [wɔːn, AM wɔːrn] **I.** *vi* warnen; ■**to ~ of sth** vor etw *dat* warnen; *road sign* auf etw *akk* hinweisen **II.** *vt* ❶ (*make aware*) ■**to ~ sb** [**about** [*or* **of**] **sth**] jdn [vor etw *dat*] warnen; **you have been ~ed!** sag nicht, du wärst nicht gewarnt worden!; ■**to ~ sb not to do sth** jdn davor warnen, etw zu tun; ■**to ~ sb that ...** jdn darauf hinweisen [*o* aufmerksam machen], dass ...; ■**to ~ that ...** darauf hinweisen, dass ... ❷ (*urge*) ■**to ~ sb to do sth** jdn ermahnen, etw zu tun; (*strongly dissuade*) ■**to ~ sb against** [*or* **off**] **sth** jdn vor etw *dat* warnen, jdm von etw *dat* abraten; ■**to ~ sb against** [*or* **off**] **doing sth** jdn davor warnen [*o* jdm davon abraten], etw zu tun ❸ (*threaten*) ■**to ~ sb** jdn verwarnen
warn·ing ['wɔːnɪŋ, AM 'wɔːr-] *n* ❶ *no pl* (*notice*) Warnung *f;* **without ~** unerwartet, ohne Vorwarnung ❷ (*threat*) Drohung *f;* **to give sb a ~ that ...** jdm drohen, dass ... ❸ (*lesson*) Lehre *f;* **let it be a ~ to you!** lass dir das eine Lehre sein! ❹ *no pl* (*advice*) warnender Hinweis; **take ~ from me, ...** lassen Sie sich's von mir sagen, ..., lassen Sie sich von mir gesagt sein, ... ❺ (*of dangers, risks*) Warnung *f* (**about/of/on** vor *+dat*); **there was a ~ from the police about handbag-snatchers** die Polizei hat vor Handtaschenräubern gewarnt; **to sound a note of ~** sich *akk* warnend äußern; **a word of ~** ein guter Rat; **to issue a ~** [**about sth**] [vor etw *dat*] warnen ❻ (*a caution*) Verwarnung *f,* Warnung *f;* **to receive a written ~** eine schriftliche Verwarnung erhalten; **to give sb a ~** jdm eine Verwarnung erteilen
'warn·ing bells *npl* ▸ PHRASES: **to hear ~** die Alarmglocken läuten hören; **~ start to ring** [*or* **sound**] die Alarmglocken beginnen zu läuten **'warn·ing la·bel** *n* (*on cigarette packages*) Warnhinweis *m* **'warn·ing sign** *n* ❶ (*signboard*) Warnschild *nt* ❷ *usu pl* (*symptom*) Anzeichen *nt*
warp [wɔːp, AM wɔːrp] **I.** *vi wood* sich *akk* verziehen **II.** *vt* ❶ (*bend*) ■**to ~ sth** *wood* etw verziehen ❷ (*fig: pervert*) ■**to ~ sb** jdn [seelisch] verbiegen; **the whole affair ~ed him so much, he's now unable to start another relationship** er ist von der ganzen Sache seelisch so angeknackst, dass er jetzt keine andere Beziehung eingehen kann *fam;* **to ~ sb's mind** jds Charakter *m* verderben **III.** *n* ❶ (*in wood*) verzogene Stelle; **there is a ~ in the shelf** das Regal ist verzogen ❷ *usu sing* (*fig: abnormality*) **to have a ~ in one's character** einen verbogenen [*o fam* verkorksten] Charakter haben; **to have a ~ in one's way of looking at things** die Dinge verzerrt sehen, einen Knick in der Optik haben *fam* ❸ (*in space travel*) **time ~** Zeitverwerfung *f;* **we've flown into a time ~** wir haben uns in Zeit und Raum verloren ❹ *no pl* (*threads*) Kette *f,* Kettfäden *mpl;* **~ and weft** Kette und Schuss

W

'war·paint *n no pl* (*a. hum*) Kriegsbemalung *f* **'war·path** *n no pl* **to be on the ~** (*hum fam*) auf dem Kriegspfad sein *hum*

warped [wɔːpt, AM wɔːrpt] *adj* ① (*bent*) verzogen ② (*fig: perverted*) verschroben *pej*

'war poet *n* Kriegsdichter(in) *m(f)*, Kriegslyriker(in) *m(f)*

'warp speed *n* (*fam*) **to do sth at ~** etw in Windeseile [*o* blitzschnell] machen

war·rant ['wɒrᵊnt, AM 'wɔːr-] **I.** *n* ① (*document*) [Vollziehungs]befehl *m;* **arrest ~** Haftbefehl *m;* **to have a ~ for sb's arrest** einen Haftbefehl gegen jdn haben; **to issue a ~ for sb's arrest/an arrest ~** einen Haftbefehl gegen jdn/einen Haftbefehl erlassen; **search ~** Durchsuchungsbefehl *m;* **to execute a ~** AM (*form*) einen Befehl ausführen ② FIN Bezugsrecht *nt;* (*stockmarket security*) Optionsschein *m* ③ *no pl* (*justification*) Rechtfertigung *f;* **there's no ~ for that sort of behaviour!** ein solches Verhalten ist nicht zu rechtfertigen! **II.** *vt* ■**to ~ sth** ① (*justify*) etw rechtfertigen ② (*form: guarantee*) etw garantieren [*o* zusichern]

war·ran·tee [ˌwɒrᵊn'tiː, AM ˌwɔːr-] *n* Garantienehmer(in) *m(f)*

'war·rant of·fic·er *n ranghöchster Unteroffizier*

war·ran·tor ['wɒrᵊntɔːʳ, AM 'wɔːrᵊntɔːr] *n* Garantiegeber(in) *m(f)*

war·ran·ty ['wɒrᵊnti, AM 'wɔːr-] *n* Garantie *f;* **sth is still under ~** auf etw *akk* ist [*o* etw hat] noch Garantie

war·ren ['wɒrᵊn, AM 'wɔːr-] *n* ① (*burrows*) Kaninchenbau *m* ② (*maze*) Labyrinth *nt*

war·ring ['wɔːrɪŋ] *adj attr, inv* Krieg führend; **the ~ factions** die Krieg führenden Parteien

war·ri·or ['wɒriəʳ, AM 'wɔːrjɚ] *n* (*usu hist*) Krieger *m;* **Samurai ~** Samuraikrieger *m*

War·saw Pact [ˌwɔːsɔː'pækt, AM ˌwɔːrsɑː'-] *n,* **War·saw Trea·ty** *n* (*hist*) ■**the ~** der Warschauer Pakt *hist*

'war·ship ['wɔːʃɪp, AM 'wɔːr-] *n* Kriegsschiff *nt*

wart [wɔːt, AM wɔːrt] *n* Warze *f;* **~s and all** (*fig fam*) mit all seinen/ihren Fehlern und Schwächen

wart·hog ['wɔːthɒg, AM 'wɔːrthɑːg] *n* Warzenschwein *nt*

'war·time I. *n no pl* Kriegszeit[en] *f[pl];* **in ~** in Kriegszeiten **II.** *n modifier* Kriegs-; **the film is set in ~ England** der Film spielt in England während des Krieges **'war·torn** *adj usu attr* vom Krieg erschüttert

warty ['wɔːti, AM 'wɔːrṭi] *adj* warzig, voller Warzen *nach n*

'war-weary *adj* kriegsmüde **'war wid·ow** *n* Kriegswitwe *f*

wary ['weəri, AM 'weri] *adj* vorsichtig, wachsam; **with a ~ note in one's voice** mit einem argwöhnischen [*o* misstrauischen] Unterton in der Stimme; ■**to be ~ about** [*or* **of**] **doing sth** etw nur ungern tun; **I'm a bit ~ about giving people my address when I don't know them very well** ich bin vorsichtig, wenn es darum geht, Leuten, die ich nicht besonders gut kenne, meine Adresse zu geben; ■**to be ~ of sb/sth** vor jdm/etw auf der Hut sein, sich *akk* vor jdm/etw in Acht nehmen

'war zone *n* Kriegsgebiet *nt*

was [wɒz, wəz, AM wɑːz, wəz] *pt of* **be**

wa·sa·bi [wə'sɑːbi] *n no pl* ① (*plant*) *orientalischer Meerrettich* ② *no pl* (*sauce*) *grüne Paste aus orientalischem Meerrettich, die in Japan zusammen mit Sushi gegessen wird*

wash [wɒʃ, AM wɑːʃ] **I.** *n* <*pl* -es> ① *usu sing* (*cleaning, laundering*) Waschen *nt kein pl;* **to do a ~** [Wäsche] waschen; **to give sth/sb a [good] ~** etw/jdn [gründlich] waschen; **to have a ~** sich *akk* waschen; **to need a good ~** gründlich gewaschen werden müssen ② *no pl* (*clothes*) ■**the ~** die Wäsche; **to be in the ~** in der Wäsche sein ③ *no pl* AM (*liter: sound*) *of a river* Geplätscher *nt; of the sea* Brandung *f* ④ *usu sing* (*thin layer*) [Farb]überzug *m,* Lasur *f* ⑤ *usu sing* (*even situation*) Pattsituation *f;* **they both have their pros and cons so it's a ~ really** beide haben ihre Vor- und Nachteile, es bleibt sich also gleich ▶PHRASES: **it'll all come out in the ~** (*fam*) das wird sich alles klären **II.** *vt* ① (*clean*) ■**to ~ sb/oneself/sth** jdn/sich/etw waschen; **to ~ sb's clothes** jds Wäsche *f* waschen; **to ~ the dishes** abwaschen, [ab]spülen; **to ~ one's hair/hands** sich *dat* die Haare/Hände waschen; **to ~ one's hands** (*euph: go to the toilet*) sich *dat* die Hände waschen gehen *euph;* **to ~ a wound** eine Wunde spülen [*o* auswaschen] ② *usu passive* (*sweep*) **to be ~ed ashore** an Land gespült werden; **to be ~ed overboard** über Bord gespült werden ▶PHRASES: **to not be fit to ~ sb's feet** es nicht wert sein, jds Füße *mpl* zu waschen; **to ~ one's hands of sb/sth** mit jdm/etw nichts zu tun haben wollen; **to ~ one's dirty linen in public** (*pej*) seine schmutzige Wäsche in aller Öffentlichkeit waschen; **to ~ sb's mouth [out] with soap and water** jdm den Mund gründlich mit Seifenwasser ausspülen **III.** *vi* ① (*clean oneself*) sich *akk* waschen ② (*laundry*) **to ~ well** sich *akk* gut waschen lassen ③ (*lap*) ■**to ~ against sth** gegen etw *akk* schlagen [*o* spülen] ▶PHRASES: **sth won't ~ with sb** etw hat keinerlei Wirkung bei jdm; **your excuse for being late won't ~ with me** deine Entschuldigung für dein Zuspätkommen kaufe ich dir nicht ab *fam*

◆**wash away** *vt* ① (*sweep off, erode*) ■**to ~ sth ↔ away** etw fortschwemmen [*o* wegspülen]; ■**to ~ sb away** jdn fortschwemmen; **to ~ away the soil** die Erde wegschwemmen ② (*fig: eliminate*) ■**to ~ away ↔ sth** etw vertreiben; **to ~ away sb's sins** jdn von seinen Sünden reinwaschen; **and the blood of the Lamb has ~ed away the sins of the world** und das Blut des Lammes nahm hinweg die Sünden der Welt ③ (*clean*) ■**to ~ sth ↔ away** etw auswaschen

◆**wash down** *vt* ■**to ~ sth ↔ down** ① (*swallow*) etw hinunterspülen [*o* runterspülen] *fam* ② (*clean*) etw abwaschen; **to ~ down a car** ein Auto waschen ③ *usu passive* (*carry off*) etw herabschwemmen; **huge rocks had been ~ed down by the recent torrential rain** riesige Felsbrocken wurden bei dem letzten sintflutartigen Regen heruntergeschwemmt

◆**wash off I.** *vi* sich *akk* abwaschen lassen **II.** *vt* ■**to ~ sth ↔ off** etw abwaschen

◆**wash out I.** *vi* sich *akk* herauswaschen lassen **II.** *vt* ① (*clean inside*) ■**to ~ sth ↔ out** etw auswaschen; **to ~ a bottle out** eine Flasche ausspülen ② (*remove*) ■**to ~ out ↔ sth** etw herauswaschen; (*fig*) etw auslöschen; **to ~ out the memory of sth** die Erinnerung an etw *akk* auslöschen ③ (*launder*) ■**to ~ sth ↔ out** etw [aus]waschen ④ *usu passive* (*abandon*) ■**to be ~ed out** *event* ins Wasser gefallen sein *fam* ⑤ (*exhaust*) ■**to ~ sb ↔ out** jdn erschöpfen [*o* auslaugen]

◆**wash over** *vi* ① (*flow over*) ■**to ~ over sb/sth** über jdn/etw [hinweg]spülen ② (*fig: overcome*) ■**to ~ over sb** jdn überkommen [*o* übermannen] ③ (*fig: have no effect*) ■**to ~ over sb** keine Wirkung auf jdn haben, an jdm abprallen; **it makes no difference what I say, it just ~es over them** es ist ganz egal, was ich sage, es prallt einfach an ihnen ab

◆**wash up I.** *vi* ① (*clean dishes*) abspülen, abwaschen ② AM (*wash oneself*) sich *akk* waschen **II.** *vt* ■**to ~ up ↔ sth** *sea* etw anspülen

wash·able ['wɒʃəbl̩, AM 'wɑː-] *adj inv* waschecht; **machine-~** waschmaschinenfest

wash-and-'wear *adj inv* bügelfrei **'wash·bag** *n* Kulturbeutel *m* **'wash·ba·sin** *n* Waschbecken *nt* **'wash·board** *n* (*dated*) Waschbrett *nt* **wash·board 'stom·ach** *n* Waschbrettbauch *m* **'wash-bowl** *n* AM (*washbasin*) Waschbecken *nt;* (*bowl*) Waschschüssel *f* **'wash·cloth** *n* AM (*face cloth*) Waschlappen *m* **'wash·day** *n* Waschtag *m* **'wash·down** *n* Wäsche *f;* **to give sb a ~** jdn waschen; **to give sth a ~** etw abwaschen; **to have a ~** sich *akk* waschen

washed-out *adj* ① *clothes* verwaschen; **~ jeans** verwaschene Jeans ② (*tired*) fertig *fam,* erledigt *fam* **washed-'up** *adj* (*fam*) fertig *fam,* erledigt *fam;* ■**to be ~** weg vom Fenster sein *fam;* **to be all ~** völlig am Ende sein *fam*

wash·er ['wɒʃəʳ, AM 'wɑːʃɚ] *n* ① AM (*washing machine*) Waschmaschine *f* ② (*ring*) Unterlegscheibe *f;* (*for sealing*) Dichtung *f,* Dichtungsring *m*

wash·er-'up <*pl* washers-up> *n,* **wash·er-'up·per** *n* (*fam*) Spüler(in) *m(f),* Tellerwäscher(in) *m(f)*

wash-'hand ba·sin *n* Waschbecken *nt* **'wash house** *n* Waschhaus *nt*

wash·ing ['wɒʃɪŋ, AM 'wɑː-] *n no pl* ❶ (*cleaning*) Wäsche *f;* **to do the** ~ [Wäsche] waschen ❷ (*clothes*) ■**the** ~ die Wäsche; **to hang** [*or* **peg**] **out the** ~ die Wäsche aufhängen

'wash·ing ma·chine *n* Waschmaschine *f;* **to empty/load the** ~ die Waschmaschine ausräumen/voll machen **'wash·ing pow·der** *n* BRIT Waschpulver *nt* **'wash·ing soda** *n no pl* Bleichsoda *nt*

i Kultur

> **Washington's Birthday** ist ein gesetzlicher Feiertag in den USA. Obwohl George Washington eigentlich am 22. Februar 1732 geboren wurde, wird sein Geburtstag seit einigen Jahren immer am dritten Montag im Februar gefeiert, um allen Arbeitnehmern ein langes Wochenende zu ermöglichen.

wash·ing-'up *n no pl* BRIT, AUS ❶ (*cleaning dishes*) ■**the** ~ das Abwaschen, der Abwasch; **to do the** ~ abspülen, abwaschen, den Abwasch machen ❷ (*dishes*) Abwasch *m fam,* schmutziges Geschirr **wash·ing-'up ba·sin** *n* BRIT, **wash·ing-'up bowl** *n* BRIT Spülbecken *nt* **wash·ing-'up liq·uid** *n* BRIT Spülmittel *nt*

'wash leath·er *n* ❶ *no pl* (*material*) Waschleder *nt* ❷ (*to clean windows*) Fensterleder *nt* **'wash·out** *n usu sing* (*fam*) Reinfall *m fam* **'wash·rag** *n* AM (*face cloth*) Waschlappen *m* **'wash·room** *n* AM (*toilet*) Toilette *f* **'wash·stand** *n* Waschtisch *m*

wasn't ['wɒzᵊnt, AM 'wɑː-] = **was not** *see* **be**

wasp [wɒsp, AM wɑːsp] *n* Wespe *f*

Wasp [wɑːsp] AM **I.** *n* (*pej*) *weißer amerikanischer Protestant angelsächsischer Herkunft* **II.** *adj inv aus einer protestantischen weißen amerikanischen Familie angelsächsischen Ursprungs*

wasp·ish ['wɒspɪʃ, AM 'wɑːsp-] *adj* giftig *fam,* gehässig *pej*

Wasp·ish ['wɑːspɪʃ] *adj,* **Waspy** ['wɑːspi] *adj inv* AM (*pej*) *kühl-korrekt, wie die weißen protestantischen Amerikaner angelsächsischer Herkunft*

'wasps' nest *n* Wespennest *nt*

'wasp sting *n* Wespenstich *m* **wasp-'waist·ed** *adj inv* mit einer Wespentaille *nach n,* tailliert

wast·age ['weɪstɪdʒ] *n no pl* ❶ (*misuse*) Verschwendung *f* ❷ BRIT, AUS (*cutting workforce*) natürlicher Arbeitskräfteabgang ❸ BRIT UNIV (*dropouts*) Abgänge *mpl* ❹ (*product wasted*) Ausschuss *m,* Abfall *m;* (*product lost*) Schwund *m;* **there is a lot of** ~ **of material using this pattern** man hat ziemlich viel Verschnitt, wenn man dieses Schnittmuster verwendet

waste [weɪst] **I.** *n* ❶ *no pl* (*misuse*) Verschwendung *f,* Vergeudung *f;* **he's a total** ~ **of space, that man** (*fam*) der Mann ist zu nichts zu gebrauchen; **what a** ~**!** was für eine Verschwendung!; **to be a** ~ **of effort** vergeudete Mühe sein; **it's a** ~ **of energy/money** es ist Energie-/Geldverschwendung; **to lay** ~ **to the land** das Land verwüsten; ~ **of resources** Verschwendung [*o* Vergeudung] von Ressourcen; ~ **of time** Zeitverschwendung *f,* Zeitvergeudung *f* ❷ *no pl* (*unwanted matter*) Abfall *m;* **household/industrial** ~ Haushalts-/Industriemüll *m;* **nuclear** [*or* **radioactive**] ~ Atommüll *m;* **toxic** ~ Giftmüll *m;* **to go to** ~ verkommen, verderben; **to let sth go to** ~ etw verderben lassen; **to recycle** ~ Müll recyceln ❸ (*excrement*) Exkremente *ntpl* **II.** *vt* ❶ (*misuse*) ■**to** ~ **sth** etw verschwenden [*o* vergeuden]; **don't** ~ **your money on me, love** verschwende dein Geld nicht an mich, Liebling; **don't** ~ **my time!** stiehl mir nicht meine wertvolle Zeit!; **you are wasting your time here!** das ist reine Zeitverschwendung!; **to** ~ **one's breath** sich *dat* seine Worte sparen können; **to** ~ **no time** keine Zeit verlieren; **to not** ~ **words** nicht viele Worte machen [*o* verlieren] ❷ AM (*sl: kill*) ■**to** ~ **sb** jdn umlegen *fam* **III.** *vi* ▶ PHRASES: ~ **not, want not** (*prov*) spare in der Zeit, dann hast du in der Not *prov*

◆**waste away** *vi* dahinsiechen *geh,* [zusehends] verfallen; (*get thinner*) immer dünner [*o fam* weniger] werden

'waste·bas·ket *n* AM (*wastepaper basket*) Papierkorb *m*

wast·ed ['weɪstɪd] *adj inv* ❶ (*misused*) verschwendet, vergeudet; **all my efforts are** ~**!** meine ganze Mühe war umsonst!; ~ **journey** vergebliche Reise; ~ **opportunity** verschenkte Gelegenheit; ~ **time** vergeudete Zeit ❷ (*fig: unappreciated*) verschwendet; ■**sth is** ~ **on sb** jd weiß etw nicht zu schätzen; **this wine would be** ~ **on him** dieser Wein wäre an ihn nur verschwendet ❸ (*thin*) ausgemergelt ❹ AM (*sl: very tired*) fertig *fam;* (*drunk*) zu *sl*

'waste dis·pos·al *n* ❶ *no pl* (*disposing*) Abfallbeseitigung *f,* Müllentsorgung *f* ❷ (*disposer*) Müllschlucker *m* **waste-dis·'pos·al unit** *n* Müllschlucker *m*

waste·ful ['weɪs(t)fᵊl] *adj* verschwenderisch; ■**to be** ~ **of sth** mit etw *dat* verschwenderisch umgehen; **it's very** ~ **of electricity to have so many lights on at once** es ist eine große Stromverschwendung, so viele Lampen gleichzeitig brennen zu lassen

waste·ful·ly ['weɪs(t)fᵊli] *adv* verschwenderisch

'waste ground *n no pl* (*not cultivated*) Ödland *nt;* (*not built on*) unbebautes Land **waste 'heat** *n no pl* TECH Abwärme *f fachspr* **'waste·land** *n* ❶ (*neglected land*) ungenutztes Grundstück; (*not built on*) unbebautes Grundstück ❷ *no pl* (*empty area*) Ödland; (*not built on*) unbebautes Land ❸ (*fig: unproductive area*) Öde *f;* **their relationship had become an emotional** ~ ihre Beziehung hatte sich emotional totgelaufen; **cultural** ~ Kulturwüste *f* **waste 'man·age·ment** *n no pl* Abfallwirtschaft *f* **'waste·pa·per** *n no pl* Papiermüll *m;* (*for recycling*) Altpapier *nt* **'waste·pa·per bas·ket** *n,* BRIT, AUS *a.* **'waste·pa·per bin** *n* Papierkorb *m* **'waste pipe** *n* Abflussrohr *nt* **waste 'prod·uct** *n* Abfallprodukt *nt*

wast·er ['weɪstəʳ, AM -ɚ] *n* ❶ (*wasteful person*) Verschwender(in) *m(f);* **money/time** ~ Geld-/Zeitverschwender(in) *m(f) pej* ❷ BRIT (*fam: good-for-nothing*) Taugenichts *m pej veraltend*

waste re·'pro·cess·ing *n no pl* Müllwiederaufbereitung *f,* Müllverwertung *f*

wastes [weɪsts] *npl* Einöde *f;* **the** ~ **of the Arctic/Sahara** die eintönigen Weiten der Arktis/Sahara

wast·ing ['weɪstɪŋ] *adj attr, inv* schwächend *attr,* zehrend *attr;* **muscle-**~ **disease** muskelschwächende Krankheit

wast·rel ['weɪstrᵊl] *n* (*liter*) Nichtsnutz *m pej veraltend,* Taugenichts *m pej veraltend*

watch [wɒtʃ, AM wɑːtʃ] **I.** *n* ❶ (*timepiece*) **wrist-**~ Armbanduhr *f;* **pocket** ~ Taschenuhr *f* ❷ *no pl* (*observation*) Wache *f;* **on** ~ auf Wache; **to be on** ~ Wache haben; **to be on** ~ **for sth** nach etw *dat* Ausschau halten; **to be under** [**close**] ~ unter [strenger] Bewachung stehen; **to keep** ~ Wache halten; **to keep a close** ~ **on sb/sth** jdn/etw scharf bewachen; **to keep close** ~ **over sb/sth** über jdn/etw sorgsam wachen; **to put a** ~ **on sb** jdn beobachten lassen ❸ (*period of duty*) Wache *f;* **in** [*or* **through**] **the** [**long**] ~**es of the night** (*liter*) in den langen Stunden der Nacht *liter;* **the officers of the** ~ die wachhabenden Offiziere ❹ (*unit*) Wacheinheit *f,* Wachtrupp *m,* Wachmannschaft *f* **II.** *vt* ❶ (*look at*) ■**to** ~ **sb/sth** jdn/etw beobachten; **I** ~**ed him get into a taxi** ich sah, wie er in ein Taxi stieg; **I** ~**ed the man repairing the roof** ich schaute dem Mann dabei zu, wie er das Dach reparierte; **it's fascinating** ~**ing children grow up** es ist faszinierend, die Kinder heranwachsen zu sehen; **I got the feeling I was being** ~**ed** ich bekam das Gefühl, beobachtet zu werden; **I'll only show you this once, so** ~ **carefully** ich werde dir das nur dieses eine

W

Mal zeigen, also pass gut auf; **just ~ me!** schau mal, wie ich das mache!; (*in a race*) **just ~ him go!** sieh nur, wie er rennt!; **to ~ a match** SPORTS einem Match zusehen; **to ~ the clock** [ständig] auf die Uhr sehen; **to ~ a film/a video** sich *dat* einen Film/ein Video ansehen; **to ~ TV** fernsehen; **to ~ the world go by** die [vorbeigehenden] Passanten beobachten ❷ (*keep vigil*) ■**to ~ sb/sth** auf jdn/etw aufpassen, jdn/etw im Auge behalten; **~ your son for symptoms of measles** achten Sie bei Ihrem Sohn darauf, ob er Symptome von Masern aufweist; **to ~ sb/sth like a hawk** jdn/etw mit Argusaugen bewachen *geh* ❸ (*be careful about*) ■**to ~ sth** auf etw *akk* achten; **~ your language!** du sollst nicht fluchen!; **~ it!** pass auf!; **you want to ~ him** bei ihm solltest du aufpassen; **~ yourself!** sieh dich vor!; **you have to ~ what you say to Aunt Emma** bei Tante Emma musst du aufpassen, was du sagst; **to ~ it with sb** sich *akk* vor jdm vorsehen *geh;* **to ~ every penny [one spends]** auf den Pfennig sehen *fam;* **to ~ the time** auf die Zeit achten; **you'll have to ~ the time, your train leaves soon** du musst dich ranhalten, dein Zug fährt bald *fam;* **to ~ one's weight** auf sein Gewicht achten ▶PHRASES: **a ~ed kettle** [*or* **pot**] **never boils** (*prov*) wenn man auf etwas wartet, dauert es besonders lang; **what a performance! I'd rather ~ paint dry!** (*hum fam*) mein Gott war die Vorstellung langweilig! *hum;* **~ this space!** mach dich auf etwas gefasst!; **to ~ one's step** aufpassen, sich *akk* vorsehen *geh* **III.** *vi* ❶ (*look*) zusehen, zuschauen; **they just sit and ~** die sitzen hier nur dumm rum und schauen zu *fam;* **she'll pretend that she hasn't seen us - you ~** pass auf - sie wird so tun, als habe sie uns nicht gesehen; ■**to ~ as sb/sth does sth** zusehen, wie jd/etw etw tut; ■**to ~ for sth/sb** nach etw/jdm Ausschau halten ❷ (*be attentive*) aufpassen; **~ that ...** pass auf, dass ...; **to ~ like a hawk** wie ein Luchs aufpassen; ■**to ~ over sb/sth** über jdn/etw wachen; **to ~ over children** auf Kinder aufpassen

◆**watch out** *vi* ❶ (*keep lookout*) ■**to ~ out for sb/sth** nach jdm/etw Ausschau halten; **remember to ~ out for him** denk daran, auf ihn zu achten ❷ (*beware of*) aufpassen, sich *akk* in Acht nehmen; **~ out!** Achtung!, Vorsicht!; ■**to ~ out for sb/sth** sich *akk* vor jdm/etw in Acht nehmen

watch·able ['wɒtʃəbl̩, AM 'wɑː-] *adj* (*fam*) *film* sehenswert

'watch·band *n* AM, AUS Uhr[arm]band *nt* **'watch·dog** *n* ❶ (*guard dog*) Wachhund *m* ❷ (*fig: person*) Überwachungsbeauftragte(r) *f(m)* (**on** für +*akk*), Aufpasser(in) *m(f) fam;* (*organization*) Überwachungsgremium *nt,* Kontrollgremium *nt;* (*state-controlled*) Aufsichtsbehörde *f,* Kontrollbehörde *f*

watch·er ['wɒtʃəʳ, AM 'wɑːtʃɚ] *n* (*watching person*) Zuschauer(in) *m(f);* (*observer*) Beobachter(in) *m(f)*

watch·ful ['wɒtʃfəl, AM 'wɑː-] *adj* wachsam, aufmerksam; **to keep a ~ eye on sb/sth** ein wachsames Auge auf jdn/etw haben; **under the ~ eye of sb** unter jds Aufsicht

watch·ful·ly ['wɒtʃfəli, AM 'wɑː-] *adv* wachsam, aufmerksam

watch·ful·ness ['wɒtʃfəlnəs, AM 'wɑː-] *n no pl* Wachsamkeit *f*

watch·ing brief *n* BRIT ❶ LAW Auftrag *m* zur Prozessverfolgung (*im Interesse eines nicht Beteiligten*) ❷ (*indirect interest*) mittelbares Interesse

'watch·list *n* Beobachtungsliste *f,* schwarze Liste *fam* **'watch·mak·er** [-ˌmeɪkəʳ, AM -ˌmeɪkɚ] *n* Uhrmacher(in) *m(f)* **'watch·man** *n* Wachmann *m;* **night ~** Nachtwächter *m* **'watch·strap** *n esp* BRIT Uhr[arm]band *nt* **'watch·tow·er** *n* Wachturm *m* **'watch·word** *n usu sing* ❶ (*slogan*) Parole *f,* Losung *f* ❷ (*password*) Kennwort *nt;* MIL Parole *f*

wa·ter ['wɔːtəʳ, AM 'wɑːt̬ɚ] **I.** *n* ❶ *no pl* (*colourless liquid*) Wasser *nt;* **a bottle/a drink/a glass of ~** eine Flasche/ein Schluck *m*/ein Glas *nt* Wasser; **bottled ~** in Flaschen abgefülltes Wasser; **hot and cold running ~** fließendes kaltes und warmes Wasser; **to make ~** (*urinate*) Wasser lassen; (*leak*) lecken, Wasser machen; **to pass ~** Wasser lassen; **by ~** auf dem Wasserweg; **under ~** unter Wasser ❷ (*area of water*) ■**~s** *pl* Gewässer *ntpl;* **the ~s of the Rhine** die Wasser [*o liter* Fluten] des Rheins; **British/South African ~** Britische/Südafrikanische Gewässer; **coastal ~s** Küstengewässer *pl;* **murky ~s** (*dated or fig*) trübe Gewässer *fig;* **uncharted ~s** (*fig*) unbekannte Gewässer *fig* ❸ (*dated*) ■**~s** *pl* (*spa water*) Heilquelle *f;* **to take the ~s** (*hist*) eine Brunnenkur machen ❹ (*tide level*) Wasserstand *m;* **high ~** Hochwasser *nt;* **low ~** Niedrigwasser *nt;* **high ~ mark** Hochwassermarke *f;* **low ~ mark** Niedrigwassermarke *f* ❺ MED **~ on the brain** Wasserkopf *m;* **~ on the knee** Kniegelenkerguss *m* ❻ (*amniotic fluid*) ■**the ~s** *pl* das Fruchtwasser; **at around three o'clock her ~s broke** gegen drei Uhr ist bei ihr die Fruchtblase geplatzt ▶PHRASES: **to throw out the baby with the bath ~** das Kind mit dem Bade ausschütten; **blood is thicker than ~** (*prov*) Blut ist dicker als Wasser; **to be ~ under the bridge** Schnee von gestern sein *fam;* **to be [like] ~ off a duck's back** an jdm einfach abprallen, jdn völlig kaltlassen *fam;* **to take to sth like a duck to ~** sich *akk* bei etw *dat* gleich in seinem Element fühlen; **like a fish out of ~** wie ein Fisch auf dem Trocknen; **to go through fire and ~ for sb/sth** für jdn/etw durchs Feuer gehen; **to keep one's head above ~** sich *akk* über Wasser halten; **come hell or high ~** komme was [da] wolle, unter allen Umständen; **through hell and high ~** durch dick und dünn; **you can take a horse to ~ but you can't make it drink** (*prov*) man kann niemanden zu seinem Glück zwingen; **to spend money like ~** das Geld mit beiden Händen ausgeben, mit dem Geld nur so um sich *akk* werfen; **to pour oil on troubled ~s** Öl auf die Wogen gießen, die Gemüter beruhigen; **to pour cold ~ on sth** etw *dat* einen Dämpfer aufsetzen *fam;* **stop pouring cold ~ on all my ideas!** hör auf, mir alle meine Ideen madigzumachen!; **to be in deep ~** in großen Schwierigkeiten sein; **of the first ~** (*extremely good*) von höchster Qualität *nach n;* (*extremely bad*) der schlimmsten Sorte *nach n;* **to get into hot ~** in Teufels Küche kommen; **still ~s run deep** (*fig*) stille Wasser sind tief *prov;* **to hold ~** *argument* stichhaltig [*o* wasserdicht] sein **II.** *vt* ■**to ~ sth** etw bewässern; *farm animals* etw tränken; *garden* etw sprengen; *flowers, plants* etw gießen **III.** *vi* ❶ (*produce tears*) *eyes* tränen ❷ (*salivate*) *mouth* wässern *geh;* **ooh, the smell of that bread is making my mouth ~!** mmh, das Brot riecht so gut, da läuft einem ja das Wasser im Mund zusammen!

◆**water down** *vt* ■**to ~ sth** ↔ **down** ❶ (*dilute*) etw [mit Wasser] verdünnen; **to ~ down wine** Wein panschen ❷ (*fig: make less controversial*) etw verwässern *fig;* **a ~ed-down version of the proposal** eine abgemilderte Version des Vorschlags

'wa·ter bed *n* Wasserbett *nt* **'wa·ter bill** *n* Wasser[ab]rechnung *f* **'wa·ter·bird** *n* Wasservogel *m,* Schwimmvogel *m* **'wa·ter bis·cuit** *n* ≈ Kräcker *m* **wa·ter 'boat·man** *n* ZOOL Rückenschwimmer *m* **'wa·ter-borne** *adj inv* ❶ (*transported*) zu Wasser befördert; **~ trade** Handelsschifffahrt *f;* **~ attack** Angriff *m* zu Wasser ❷ (*transmitted*) durch Trinkwasser übertragen; **~ disease** durch das Wasser übertragene Krankheit **'wa·ter bot·tle** *n* Wasserflasche *f;* MIL Feldflasche *f* **'wa·ter buf·fa·lo** *n* Wasserbüffel *m* **'wa·ter butt** *n* BRIT Regentonne *f* **'wa·ter can·non** *n* Wasserwerfer *m* **'wa·ter car·ri·er** *n* ❶ *esp* BRIT ASTROL ■**the ~** der Wassermann ❷ (*person*) Wasserträger(in) *m(f)* ❸ (*water pipe*) Wasserleitung *f* **'wa·ter cart** *n* (*hist*) Wasserkarren *m,* Wasserwagen *m* **'wa·ter chute** *n* Wasserrutschbahn *f,* Wasserrutsche *f fam* **'wa·ter col·or** AM, **'wa·ter col·our I.** *n* ❶ (*paint*) Wasserfarbe *f,* Aquarellfarbe *f* ❷ (*picture*) Aquarell *nt* ❸ *no pl* (*style of painting*) Aquarellmalerei *f* **II.** *adj usu attr* Aquarell-

wa·ter·col·our·ist ['wɔːtəkʌlərɪst, AM 'wɑːt̬ɚ-] *n* Aquarellmaler(in) *m(f)* **'wa·ter-cooled** *adj* wassergekühlt

wa·ter-cool·er con·ver·sa·tion [ˌwɔːtəˌkuːləkɒnvəˈseɪʃən, AM ˌwɑːt̬ɚˌkuːlɚkɑːnvɚ-] *n* (*gossip*) Tratsch *m pej fam,* Klatsch *m pej fam,* Bassenatratsch *m* ÖSTERR *pej fam*

wa·ter-cool·er de·'bate *n* Bürotratsch *m pej fam*

'wa·ter·course *n* Wasserlauf *m* **'wa·ter·craft** *n* ① (*liter: vessel*) Wasserfahrzeug *nt* ② *no pl* (*dated: skill*) Geschicklichkeit *f* im Wassersport **'wa·ter·cress** *n no pl* BOT Brunnenkresse *f* **'wa·ter cure** *n* MED Wasserkur *f* **'wa·ter di·vin·er** *n* BRIT [Wünschel]rutengänger(in) *m(f)* **'wa·ter·fall** *n* Wasserfall *m* **'wa·ter fil·ter** *n* Wasserfilter *m* **'wa·ter foun·tain** *n* (*fountain*) Quelle *f;* (*for drinking*) Trinkbrunnen *m* **'wa·ter·fowl** *n* ZOOL (*one bird*) Wasservogel *m,* Schwimmvogel *m;* (*collectively*) Wasservögel *mpl,* Schwimmvögel *mpl* **'wa·ter·front** *n* (*bank, shore*) Ufer *nt;* (*area*) Hafengebiet *nt,* Hafenviertel *nt* **'wa·ter gauge** *n* Wasserstandsmesser *m,* Wasserstandsanzeiger *m* **'wa·ter hole** *n* Wasserloch *nt* **'wa·ter ice** *n* (*dated*) Fruchteis *nt*

wa·teri·ness ['wɔːtᵊrɪnəs, AM 'wɑːt̬ɚ-] *n* Wässrigkeit *f*

wa·ter·ing ['wɔːtᵊrɪŋ, AM 'wɑːt̬ɚ-] *n of land, fields* Bewässerung *f,* Bewässern *nt; of garden* Sprengen *nt; of flowers, plants* Gießen *nt*

'wa·ter·ing can *n* Gießkanne *f* **'wa·ter·ing hole** *n* ① (*for animals*) Wasserstelle *f* ② (*hum fam: bar*) Kneipe *f fam* **'wa·ter·ing place** *n* ① (*fam: watering hole*) Wasserstelle *f,* [Vieh]tränke *f* ② (*dated: spa*) [Kur]bad *nt,* Kurort *m;* (*seaside resort*) Seebad *nt*

'wa·ter jump *n* SPORTS Wassergraben *m*

wa·ter·less ['wɔːtᵊləs, AM 'wɑːt̬ɚ-] *adj* wasserlos; ~ **desert** trockene Wüste

'wa·ter lev·el *n* ① (*of surface water*) Wasserstand *m; of river* Pegel[stand] *m* ② (*of groundwater*) Grundwasserspiegel *m* **'wa·ter lily** *n* Seerose *f,* Teichrose *f* **'wa·ter line** *n no pl* NAUT Wasserlinie *f;* GEOL Grundwasserspiegel *m* **'wa·ter-logged** *adj boat, ship* voll gelaufen; *wood* voll gesogen; *clothes* durchnässt; *ground* feucht

Wa·ter·loo [ˌwɔːtə'luː, AM 'wɑːt̬ɚluː] *n* ▶ PHRASES: **to meet one's ~** ein Fiasko erleiden

'wa·ter main *n* Haupt[wasser]leitung *f,* Haupt[wasser]rohr *nt* **'wa·ter·man** *n* ① (*ferryman*) Fährmann *m* ② SPORTS Ruderer *m* **'wa·ter·mark** *n* ① (*showing tide level*) Wasser[stands]marke *f* ② (*on paper*) Wasserzeichen *nt* **'wa·ter mead·ows** *npl* Feuchtwiesen *pl,* Auen *pl* **'wa·ter·mel·on** *n* Wassermelone *f* **'wa·ter me·ter** *n* Wasserzähler *m,* Wasseruhr *f* **'wa·ter mill** *n* Wassermühle *f* **'wa·ter park** *n* Erlebnisbad *nt* **'wa·ter pipe** *n* ① (*conduit*) Wasserleitung *f,* Wasserrohr *nt* ② (*hookah*) Wasserpfeife *f* **'wa·ter pis·tol** *n* Wasserpistole *f* **'wa·ter plane** *n* Wasserflugzeug *nt* **'wa·ter pol·lu·tion** *n* Wasserverschmutzung *f; of sea, river* Gewässerverschmutzung *f; of drinking water* Trinkwasserbelastung *f* **'wa·ter polo** *n* Wasserball *m kein pl;* **game of ~** Wasserballspiel *nt* **'wa·ter pow·er** *n no pl* Wasserkraft *f* **'wa·ter-pow·er plant** *n,* **'wa·ter-pow·er sta·tion** *n* Wasserkraftwerk *nt* **'wa·ter pres·sure** *n* Wasserdruck *m* **'wa·ter·proof I.** *adj* wasserdicht; *clothes* wasserundurchlässig; *colour* wasserfest **II.** *n esp* BRIT (*coat*) Regenmantel *m;* (*jacket*) Regenjacke *f* **III.** *vt* ■**to ~ sth** etw wasserundurchlässig [*o* wasserdicht] machen; **to ~ one's bag/jacket/shoes** seine Tasche/Jacke/Schuhe imprägnieren **'wa·ter rat** *n* Wasserratte *f* **wa·ter-re·'pel·lent** *adj* Wasser abweisend, Wasser abstoßend **wa·ter-re·'sist·ant** *adj* wasserbeständig; ~ **colour** [*or* AM **color**] wasserfeste Farbe **'wa·ter·shed** *n* ① (*high ground*) Wasserscheide *f* ② (*fig: great change*) Wendepunkt *m;* **to mark a ~** einen Wendepunkt markieren [*o* darstellen] **'wa·ter short·age** *n* Wassermangel *m kein pl,* Wasserknappheit *f* **'wa·ter·side** *n no pl* (*beside lake*) Seeufer *nt;* (*beside river*) Flussufer *nt;* (*beside sea*) Strand *m;* ~ **café** am Wasser gelegenes Café **'wa·ter-ski I.** *vi* Wasserski fahren [*o* laufen]; **to go ~ing** Wasserskilaufen gehen **II.** *n* Wasserski *m* **'wa·ter snake** *n* Wasserschlange *f* **'wa·ter sof·ten·er** *n* Wasserenthärter *m* **wa·ter-'sol·uble** *adj* wasserlöslich **'wa·ter sports** *npl* Wassersport *m kein pl* **'wa·ter spout** *n esp* AM ① METEO Wasserhose *f,* Trombe *f fachspr* ② (*cloudburst*) Wolkenbruch *m,* Platzregen *m*

'wa·ter sup·ply *n* ① *usu sing* (*for area*) Wasservorrat *m,* Wasserreservoir *nt* ② *usu sing* (*for households*) Wasserversorgung *f* **wa·ter 'sup·ply pipe** *n* Wasserzuleitung *f,* Wasserversorgungsleitung *f* **wa·ter 'supply point** *n* Wasserentnahmestelle *f;* (*for fire fighting*) Hydrant *m*

'wa·ter·ta·ble *n* Grundwasserspiegel *m* **'wa·ter tank** *n* Wassertank *m,* Wasserspeicher *m* **'wa·ter taxi** *n* Wassertaxi *nt*

'wa·ter·tight ['wɔːtətaɪt, AM 'wɑːt̬ɚ-] *adj* ① (*impermeable*) wasserdicht ② (*fig: not allowing doubt*) *agreement* wasserdicht *fig; argument* unanfechtbar, hieb- und stichfest

'wa·ter tow·er *n* Wasserturm *m* **'wa·ter va·por** AM, **'wa·ter va·pour** *n* Wasserdampf *m* **'wa·ter·way** *n* Wasserstraße *f,* Schifffahrtsweg *m* **'wa·ter wheel** *n* Wasserrad *nt* **'wa·ter wings** *npl* Schwimmflügel *pl;* **to wear ~** Schwimmflügel anhaben *fam* **'wa·ter·works** *npl* ① (*facility*) Wasserwerk *nt* ② (*fam: in body*) [Harn]blase *f* ▶ PHRASES: **to turn on the ~** (*pej*) losheulen *fam,* losflennen *fam*

wa·tery <more, most *or* -ier, -iest> ['wɔːtᵊri, AM 'wɑːt̬ɚi] *adj* ① (*pej: bland*) *coffee, drink* dünn; *soup* wässrig ② (*pale-coloured*) blass; (*weak*) *light, sun* fahl; *smile* müde ③ (*liter*) **to meet a ~ grave** sein Grab in den Wellen finden *liter o fig*

watt [wɒt, AM wɑːt] *n* ELEC, PHYS Watt *nt*

watt·age ['wɒtɪdʒ, AM 'wɑːt̬-] *n no pl* ELEC Wattzahl *f,* Wattleistung *f*

wat·tle ['wɒtl, AM 'wɑːt̬l] *n* ① *no pl* (*twig structure*) Flechtwerk *nt* ② AUS (*acacia*) [australische] Akazie; ~ **tree** Goldakazie *f*

wat·tle and 'daub *n no pl* Lehmflechtwerk *nt*

wave [weɪv] **I.** *n* ① (*of water*) Welle *f,* Woge *f geh;* **crest of a ~** Wellenkamm *m* ② (*fig: feeling*) Welle *f fig,* Woge *f fig geh;* ~ **of emotion** Gefühlswallung *f;* **on the crest of a ~** (*fig*) auf dem Höhepunkt; **she's riding on the crest of a ~** sie ist im Moment ganz oben; ~ **of fear/panic/sympathy** Welle der Angst/Panik/Sympathie ③ (*series*) Welle *f;* ~ **of redundancies** Entlassungswelle *f;* ~ **of terrorism** Terrorwelle *f;* **to spark off a ~ of protest** eine Welle des Protests auslösen ④ (*hand movement*) Wink *m;* **with a ~ of the hand** mit einer Handbewegung; **and then, with a ~ of the hand, she was off** und dann winkte sie noch einmal und war verschwunden; **to give sb a ~** jdm [zu]winken ⑤ (*hairstyle*) Welle *f;* **your hair has a natural ~** dein Haar ist von Natur aus gewellt ⑥ PHYS Welle *f;* **long/medium/short ~** Lang-/Mittel-/Kurzwelle *f* ▶ PHRASES: **to come over sb in ~s** (*fam*) jdn immer wieder heimsuchen; **to make ~s** (*fig: cause shake-up*) Unruhe stiften; (*create impression*) Aufsehen erregen, Staub aufwirbeln *fig* **II.** *vi* ① (*greet*) winken; ■**to ~ at** [*or* **to**] **sb** jdm [zu]winken; **I ~d at him across the room** ich winkte ihm durch den Raum zu ② (*sway*) *field of grass, field of corn* wogen *geh; flag* wehen, flattern ③ (*be wavy*) sich *akk* wellen **III.** *vt* ① (*signal with*) ■**to ~ sth at** [*or* **to**] **sb** jdm mit etw *dat* winken; **to ~ one's hand** winken; **she was waving her hand at the departing car** sie winkte dem davonfahrenden Auto hinterher; **to ~ one's hands around** [mit den Händen] herumfuchteln *fam;* **to ~ sb goodbye** [*or* **goodbye to sb**] jdm zum Abschied [nach]winken ② (*swing*) ■**to ~ sth** etw schwenken; **to ~ a magic wand** einen Zauberstab schwingen ③ (*make wavy*) **to ~ one's hair** sich *dat* das Haar wellen; **to have one's hair ~d** sich *dat* das Haar wellen lassen

◆**wave aside** *vt* ■**to ~ aside ↔ sth** (*fig*) etw [mit einer Handbewegung] abtun; **to ~ aside an idea/an objection/a suggestion** eine Idee/einen Einwand/Vorschlag abtun

◆**wave away** *vt* ■**to ~ away ↔ sb** jdn wegschicken [*o* abwimmeln]; ■**to ~ away ↔ sth** etw zurückweisen [*o* verschmähen]

◆**wave down** *vt* ■**to ~ down ↔ sb/sth** jdn/etw anhalten [*o* stoppen]

◆**wave off** *vt* ■**to ~ off ↔ sb** jdm [zum Abschied] nachwinken

W

◆**wave on** *vt* ■**to ~ on** ↻ **sb/sth** jdn/etw weiterwinken; **the policeman ~d the traffic on** der Polizist winkte den Verkehr durch

◆**wave through** *vt* ■**to ~ through** ↻ **sb** jdn durchwinken

'wave-band *n* Wellenbereich *m,* Frequenzbereich *m;* **to broadcast in the long/medium/short ~** auf Lang-/Mittel-/Kurzwelle senden **'wave-length** *n* PHYS Wellenlänge *f* ▶PHRASES: **to be on the same ~** auf derselben Wellenlänge liegen, dieselbe Wellenlänge haben **'wave pow·er** *n no pl* Wellenenergie *f*

wa·ver ['weɪvəʳ, AM -ɚ] *vi* ❶ (*lose determination*) ins Wanken geraten, wanken; *concentration, support* nachlassen ❷ (*become unsteady*) *eyes* flackern; *voice* beben, zittern ❸ (*be indecisive*) schwanken, unschlüssig sein; ■**to ~ over sth** sich *dat* etw hin- und herüberlegen, sich *dat* über etw den Kopf zerbrechen

wa·ver·er ['weɪvᵊrəʳ, AM -ɚɚ] *n* Unentschlossene(r) *f(m),* Zauderer, Zauderin *m, f*

wa·ver·ing ['weɪvᵊrɪŋ, AM -ɚ-] *adj usu attr* unentschlossen; *between two options* schwankend *attr; flame, candle* flackernd; *courage* wankend; *voice* zitternd

wavy ['weɪvi] *adj* wellig, gewellt, Wellen-; **~ field of corn** wogendes Kornfeld; **~ hair** gewelltes Haar; **~ line** Schlangenlinie *f;* **~ pattern** Wellenmuster *nt*

wax[1] [wæks] **I.** *n* ❶ (*substance*) Wachs *nt;* **candle ~** Kerzenwachs *nt* ❷ (*for polishing*) Wachs *nt;* (*for shoes*) Schuhcreme *f* ❸ (*inside ear*) Ohrenschmalz *nt* ▶PHRASES: **to be like ~ in sb's hands** *esp* BRIT (*fig*) wie Wachs in jds Händen sein **II.** *vt* ❶ (*polish*) ■**to ~ sth** etw wachsen; **to ~ the floor** den Fußboden bohnern; **to ~ one's moustache** [sich *dat*] den Schnurrbart wachsen [*o fam* wichsen]; **to ~ shoes** Schuhe wichsen *fam;* **to ~ wood** Holz [ein]wachsen [*o* mit Wachs behandeln] ❷ (*remove hair*) **to ~ one's legs** sich *dat* die Beine [mit Wachs] enthaaren

wax[2] [wæks] *vi* ❶ (*liter: get larger*) *moon* zunehmen; **to ~ and wane** zu- und abnehmen; (*fig*) *love* kommen und gehen ❷ (*liter: become*) werden; **to ~ lyrical [about sth]** [über etw *akk*] ins Schwärmen geraten

wax[3] [wæks] *n* BRIT (*dated fam*) **to be in a ~ [about sth]** [wegen einer S. *gen*] eine Stinkwut haben *fam*

waxed [wækst] *adj usu attr* gewachst; *floor* gebohnert; *moustache* gewachst, gewichst *fam;* **~ jacket** eingewachste [*o* mit Wachs imprägnierte] Jacke; **~ paper** Butterbrotpapier *nt,* Wachspapier *nt*

wax·en ['wæksᵊn] *adj* wächsern; *complexion* wachsbleich

'wax-head *n* AUS (*fam*) begeisterter Surfer/begeisterte Surferin

wax·ing ['wæksɪŋ] *n no pl* Wachsen *nt*

'wax pa·per *n* Butterbrotpapier *nt,* Wachspapier *nt* **'wax·work** *n* Wachsfigur *f* **'wax·works** *n + sing vb* Wachsfigurenkabinett *nt*

waxy ['wæksi] *adj* ❶ (*like wax*) Wachs-, aus Wachs *nach n,* wächsern *geh,* wachsartig *pej* ❷ BRIT (*firm when cooked*) *potatoes* festkochend

way [weɪ] **I.** *n* ❶ (*road*) Weg *m;* **the W~ of the Cross** der Kreuzweg; **cycle ~** Fahrradweg *m;* **one-~ street** Einbahnstraße *f;* **to be across** [*or* BRIT *a.* **over**] **the ~** gegenüber sein ❷ (*route*) Weg *m;* **excuse me, which ~ is the train station?** Entschuldigung, wie geht es hier zum Bahnhof?; **could you tell me the ~ to the post office, please?** könnten Sie mir bitte sagen, wie ich zur Post komme?; **there's no ~ through the centre of town in a vehicle** das Stadtzentrum ist für Autos gesperrt; **will you get some bread on your ~ home?** kannst du auf dem Heimweg [etwas] Brot mitbringen?; **oh, I must be on my ~** oh, ich muss mich auf den Weg machen!; **on the ~ in/out ...** beim Hineingehen/Hinausgehen ...; **on my ~ to Glasgow, I saw ...** auf dem Weg nach Glasgow sah ich ...; **on the ~ back from India, ...** auf dem Rückweg/Rückflug von Indien ...; **sorry, I'm on my ~ out** tut mir Leid, ich bin gerade am Gehen; **we stopped on the ~ to ask for directions** wir hielten unterwegs, um nach dem Weg zu fragen; **'W~ In/Out'** „Eingang/Ausgang"; **we have to go by ~ of Copenhagen** wir müssen über Kopenhagen fahren; **to ask the ~ [to the airport/station]** nach dem Weg [zum Flughafen/Bahnhof] fragen; **to be on the ~** *letter, baby* unterwegs sein; **to be on the** [*or* **one's**] **~ [to sth]** auf dem Weg [*o* unterwegs] [zu etw *dat*] sein; **no problem, it's on my ~** kein Problem, das liegt auf meinem Weg; **to be out of the ~** abgelegen sein; **to be out of sb's ~** für jdn ein Umweg sein; **to be under ~** *person* losgegangen sein; (*fig*) im Gange sein; **we stopped to have lunch but within half an hour we were under ~ again** wir machten eine Mittagspause, waren aber nach einer halben Stunde bereits wieder unterwegs; **to find one's ~ home** nach Hause finden; **to find one's ~ around** (*fig*) sich *akk* zurechtfinden; **to find one's ~ into/out of sth** in etw *akk* hineinfinden/aus etw *dat* herausfinden; **how did my ring find its ~ into your pockets?** (*fig*) wie kommt denn mein Ring in deine Taschen?; **to find one's ~ through sth** (*a. fig*) sich *akk* in etw *dat* zurechtfinden *a. fig;* **to get under ~** in Gang kommen; **to give ~** einem anderen Fahrzeug die Vorfahrt geben; **remember to give ~** vergiss nicht, auf die Vorfahrt zu achten!; **on roundabouts, you have to give ~ to cars already on the roundabout** im Kreisverkehr haben die Autos Vorfahrt, die sich bereits im Kreisverkehr befinden; **"give ~"** BRIT „Vorfahrt [beachten]"; **to go on one's ~** sich *akk* auf den Weg machen; **to go out of one's ~ to do sth** einen Umweg machen, um etw zu tun; (*fig*) sich *akk* bei etw *dat* besondere Mühe geben; **please don't go out of your ~!** bitte machen Sie sich doch keine Umstände!; **to go one's own ~** (*fig*) seinen eigenen Weg gehen; **to go one's own sweet ~** (*fig*) rücksichtslos seinen eigenen Weg verfolgen; **to go separate ~s** getrennte Wege gehen; **to go the wrong ~** sich *akk* verlaufen; (*in car*) sich *akk* verfahren; **to know one's ~ around sth** (*a. fig*) sich *akk* in etw *dat* auskennen; **to lead the ~** vorausgehen; **the research group is leading the ~ in developing new types of computer memory** (*fig*) die Forschungsgruppe ist führend in der Entwicklung neuartiger Computerspeicher; **to lose one's ~** sich *akk* verirren; **to make one's own ~ to sth** alleine irgendwo hinkommen; **to make one's ~ to somewhere** irgendwohin gehen, sich *akk* irgendwohin begeben *geh;* **we should make our ~ home** wir sollten uns auf den Heimweg machen; **to make one's ~ in the world** seinen Weg gehen; **to pay one's ~** (*fig*) für sich *akk* selbst aufkommen; **to show sb the ~** jdm den Weg zeigen; **can you show me the ~ out, please?** können Sie mir bitte zeigen, wo es hier zum Ausgang geht?; **to talk one's ~ out of sth** (*fig*) sich *akk* aus etw *dat* herausreden *fam;* **to work one's ~ up** (*fig*) sich *akk* hocharbeiten ❸ (*fig: be just doing*) **to be [well] on the ~ to doing sth** auf dem besten Weg[e] sein, etw zu tun; **I'm well on the ~ to completing the report!** der Bericht ist so gut wie fertig! *fam;* **she's well on her ~ of becoming an alcoholic** sie ist auf dem besten Weg[e], Alkoholikerin zu werden ❹ (*fig fam: coming in/disappear*) ■**to be on the ~ in** [*or* **up**]**/out** im Kommen/am Verschwinden sein ❺ (*distance*) Weg *m,* Strecke *f;* AM **keep going straight and after a ~s, you'll see the house** fahr immer geradeaus und nach ein paar Metern siehst du dann das Haus; **all the ~** den ganzen Weg; **she stayed with him in the ambulance all the ~ to the hospital** sie blieb während der ganzen Fahrt bis zum Krankenhaus bei ihm im Krankenwagen; **I agree with you all the ~** (*fig*) ich stimme dir voll und ganz zu; **I'll take my complaint all the ~ to the managing director if I have to** (*fig*) wenn ich muss, gehe ich mit meiner Beschwerde noch bis zum Generaldirektor; **I'll support you all the ~** (*fig*) du hast meine volle Unterstützung; **a long ~** weit; **a long ~ back** vor langer Zeit; **to be a long/short ~ off** (*in space*) weit entfernt/sehr nahe sein; (*in time*) fern/nahe sein; **Christmas is just a short ~ off** bis Weihnachten ist es nicht mehr lange hin; **to still have a long ~ to go** (*a. fig*) noch einen weiten Weg vor sich *dat* haben; **to go a long ~** (*fig*) lange reichen; **to have a [long] ~ to go** einen [weiten] Weg vor sich *dat* haben; **to have come a long ~** (*fig*) es weit gebracht haben; **he's still a long ~ off perfection** er ist noch weit davon entfernt, perfekt zu sein; **a little kindness goes a long ~** wenn man ein bisschen freundlich ist, hilft das doch gleich viel; **[not] by long ~** (*fig*) bei Weitem [nicht] ❻ (*facing direction*) Richtung *f;* **which ~ up should this box be?** wie herum soll die Kiste stehen?; **"this ~ up"** „hier oben"; **this ~ round** so herum; **the wrong ~ round** [*or* **around**] *figures* falsch [*o* verkehrt] herum; **no, it's the other ~ round!** (*fig*) nein, es ist gerade andersherum!; **to be the wrong ~ up** auf dem Kopf stehen ❼ (*direction*) Richtung *f;* **which ~ are you going?** in welche Richtung gehst du?; **this ~, please!** hier entlang bitte!; **look this ~, please** bitte hierher schauen; **they live out Manchester ~** (*fam*) sie wohnen draußen bei Manchester; **I really didn't know which ~ to look** ich wusste wirklich nicht mehr, wo ich hinschauen sollte; **to come sb's ~: after applying for a job, many offers came her ~** nachdem sie sich beworben hatte, bekam sie viele Angebote; **I'd take any job that comes my ~** ich würde jeden Job nehmen, der sich mir bietet; **all of a sudden, money came her ~** plötzlich kam sie zu Geld; **when something like this comes your ~ ...** wenn dir so etwas passiert, ...; **when a girl like this comes your ~ ...** wenn dir so ein Mädchen über den Weg läuft, ... *fam;* **to go this/that ~** hier/da entlanggehen; **to go the other ~** in die andere Richtung gehen; **down my ~** bei mir in der Nähe; **down your ~** in deiner Gegend ❽ (*manner*) Art *f,* Weise *f;* **I liked the ~ he asked for a date** mir gefiel [die Art und Weise], wie er um ein Rendezvous bat; **I don't like the ~ he looks at me** ich mag es nicht, wie er mich anschaut; **it's terrifying the ~ prices have gone up in the last few months** es ist beängstigend, wie die Preise in den letzten Monaten gestiegen sind; **that's just the ~ it is** so ist das nun einmal; **the ~ things are going ...** so wie sich die Dinge entwickeln ...; **trust me, it's better that ~** glaub mir, es ist besser so!; **that's her ~ of saying she's sorry** das ist ihre Art zu sagen, dass es ihr leid tut *fam;* **I did it my ~** ich habe es gemacht, [so] wie ich es für richtig hielt; **do it my ~** mach es wie ich; **this is definitely not the ~ to do it** so macht man das auf gar keinen Fall!; **he looked at me in a sinister ~** er sah mich finster an; **she's got a funny ~ of asking for help** sie hat eine komische Art, einen um Hilfe zu bitten; **he's got a very strange ~ of behaving** er benimmt sich schon ziemlich seltsam *fam;* **you could tell by the ~ he looked** man konnte es schon an seinem Blick erkennen; **that's no ~ to speak to your boss!** so redet man nicht mit seinem Vorgesetzten!; **the ~ he looked at me ...** so wie er mich angeschaut hat ...; **the ~ we were** wie wir einmal waren; **it's always the ~!** [*or* **isn't it always the ~!**] es ist doch echt immer dasselbe! *fam;* **I wouldn't have it any other ~** ich würde es nicht anders haben wollen; **what a ~ to talk!** so etwas sagt man nicht!; **what a ~ to behave!** so benimmt man sich nicht!; **just leave it the ~ it is, will you** lass einfach alles so, wie es ist, ja?; **to see the error of one's ~s** seine Fehler einsehen; **to be in the family ~** in anderen Umständen sein *euph;* **~ of life** Lebensweise *f;* **~ of thinking** Denkweise *f;* **to sb's ~ of thinking** jds Meinung *f* nach; **this ~** so; **come on, do it this ~!** komm, mach es so! *fam;* **that ~, I'll save a lot of money** auf diese [Art und] Weise spare ich viel Geld; **looking at it in that ~, I was lucky after all** so gesehen hatte ich sogar noch Glück; **in a big ~** im großen Stil; **in a small ~** im kleinen Rahmen; **he started off in a small ~** er fing klein an; **one ~ or another** so oder so; **one ~ or another, we've got to ...** so oder so, irgendwie müssen wir ...; **either ~** so oder so; **no ~: there's no ~ to get me on this ship** keine zehn Pferde kriegen mich auf dieses Schiff! *fam;* **there's no ~ I'll give in** ich gebe auf gar keinen Fall nach!; **no ~!** ausgeschlossen!, kommt nicht in die Tüte! *fam;* **to show sb the ~ to do sth** jdm zeigen, wie etw geht ❾ (*respect*) Weise *f,* Hinsicht *f;* **in a ~** in gewisser Weise; **in every [possible] ~** in jeder Hinsicht; **in many/some ~s** in vielerlei/gewisser Hinsicht; **in more ~s than one** in mehr als nur einer Hinsicht; **in no ~** in keinster Weise; **in which ~s does a zebra resemble a horse?** worin ähnelt ein Zebra einem Pferd?; **not in any ~** in keiner Weise ❿ *no pl* (*free space*) Weg *m,* Platz *m;* **to be in sb's ~** jdm im Weg sein *a. fig;* **to block the way** den Weg versperren; **to get** [*or* **stand**] **in the ~ of sth** etw *dat* im Wege stehen; **may nothing stand in the ~ of your future happiness together!** (*fig*) möge nichts eurem zukünftigen gemeinsamen Glück im Wege stehen!; **she's determined to succeed and she won't let anything stand in her ~** sie ist entschlossen, ihr Ziel zu erreichen und wird sich durch nichts aufhalten lassen; **to get out of sb's/sth's ~** jdm/etw aus dem Weg gehen; **can you put your stuff out of the ~, please?** kannst du bitte deine Sachen woanders hintun?; **to get sb/sth out of the ~** jdn/etw loswerden; **could you get this out of the ~, please?** könntest du das bitte wegtun?; **please get the children out of the ~ while I ...** sorge bitte dafür, dass die Kinder nicht stören, während ich ...; **to give ~** (*fig*) nachgeben; **to give ~ to** [*or* **make ~ for**] **sth** etw *dat* [*o* für etw *akk*] Platz machen; (*fig*) etw *dat* weichen; **make ~!** Platz da!; **to keep** [*or* **stay**] **out of the ~** wegbleiben; **to keep** [*or* **stay**] **out of sb's ~** jdm nicht in die Quere kommen; **to make ~ [for sb]** [für jdn] Platz machen *a. fig;* **to want sb out of the ~** jdn aus dem Weg haben wollen ⓫ (*method*) Art *f* [und Weise]; **by ~ of an introduction to the subject, ...** als Einführung zum Thema ...; **my mother has a ~ of knowing exactly what I need** meine Mutter weiß irgendwie immer genau, was ich brauche; **she just has a ~ with her** sie hat einfach so eine gewisse Art; **there are ~s of making you talk, you know** Sie werden schon noch Reden!; **don't worry, we'll find a ~!** keine Sorge, wir werden einen Weg finden!; **~s and means** Mittel und Wege; **with today's technology everybody has the ~s and means to produce professional-looking documents** mit der heutigen Technologie hat jeder die Möglichkeit, professionell aussehende Dokumente zu erstellen; **to have a ~ with children** gut mit Kindern umgehen können ⓬ (*habit*) Art *f;* **over the years we've got used to his funny little ~s** im Lauf der Jahre haben wir uns an seine kleinen Marotten gewöhnt; **that's the ~ of the world** das ist nun mal der Lauf der Dinge; **to fall into bad ~s** in schlechte Angewohnheiten verfallen; **to get into/out of the ~ of doing sth** sich *dat* etw an-/abgewöhnen ⓭ *no pl* (*condition*) Zustand *m;* **to be in a bad ~** in schlechter Verfassung sein; **he's been in a bad ~ ever since the operation** seit der Operation geht's ihm schlecht; **she's in a terrible ~** sie ist in einer schrecklichen Verfassung ⓮ (*desire*) **to get** [*or* **have**] **one's [own] ~** seinen Willen bekommen; **if I had my ~, we'd eat fish every day** wenn es nach mir ginge, würden wir jeden Tag Fisch essen ⓯ (*fam: something like*) **he's by ~ of being an artist** er ist so'ne Art Künstler *fam* ⓰ NAUT **to gather/lose ~** Fahrt aufnehmen/verlieren ⓱ NAUT ■**~s** *pl* Helling *f* ▶ PHRASES: **that's the ~ the cookie crumbles** (*saying*) so ist das Leben [eben]; **to go the ~ of all flesh** den Weg allen Fleisches gehen *geh;* **the ~ to a man's heart is through his stomach** (*prov*) [die] Liebe [des Mannes] geht durch den Magen *prov;* **where there's a will, there's a ~** (*prov*) wo ein Wille ist, ist auch ein Weg *prov;* **to see/find out which ~ the wind blows/is blowing** (*fig*) sehen/herausfinden, woher der Wind weht; **there are no two ~s about it** daran gibt es keinen Zweifel; **to fall by the ~** auf der Strecke bleiben; **to have it/sth both ~s** beides haben; **you can't have it both ~s** du kannst nicht beides haben; **to go all the ~ [with sb]** (*fam: have sex*) es [mit jdm] richtig machen *sl;*

by the ~ übrigens; **and, by the ~, this wasn't the first time I ...** und das war, nebenbei bemerkt, nicht das erste Mal, dass ich ... **II.** *adv inv* ❶ (*fam: used for emphasis*) weit; **it would be ~ better for you to ...** es wäre weit[aus] besser für dich, ...; **she spends ~ too much money on clothes** sie gibt viel zu viel Geld für Kleidung aus; **you're ~ out if you think ...** wenn du denkst, dass ..., liegst du voll daneben!; **to be ~ down with one's guess** mit seiner Schätzung völlig daneben liegen; **~ back** vor langer Zeit; **~ back in the early twenties** damals in den frühen Zwanzigern; **to be ~ past sb's bedtime** (*fam*) für jdn allerhöchste Zeit zum Schlafengehen sein; **~ up in the sky** weit oben am Himmel ❷ (*sl: very*) **~ cool/hot** total [*o* voll] cool/heiß *fam*

'way·bill *n* (*list of passengers*) Passagierliste *f*; (*list of goods*) Frachtbrief *m* **way·far·er** *n* (*liter or old*) Wandersmann *m veraltet* **way·far·ing** *adj attr* (*liter or old*) wandernd, reisend; **~ man** Wandersmann *m veraltet*

way·lay <-laid, -laid> [ˌweɪ'leɪ, AM 'weɪleɪ] *vt* ■**to ~ sb** ❶ (*hum: accost*) jdn abfangen [*o fam* abpassen]; **I was waylaid on the way out of a meeting by the managing director** der Vorsitzende hat mich direkt nach dem Treffen abgefangen ❷ (*attack*) jdn überfallen; **she had been waylaid** sie geriet in einen Hinterhalt

way 'out *n* Ausgang *m*

way-'out *adj* (*sl*) ❶ (*unconventional*) irre *sl*, abgefahren *sl* ❷ (*dated: wonderful*) super *fam* **'way·side I.** *n* (*beside road*) Straßenrand *m*; ■**by the ~** am Straßenrand; (*beside path*) Wegrand *m*; ■**by the ~** am [*o* neben dem] Weg; **to fall by the ~** (*fig*) auf der Strecke bleiben *fig* **II.** *adj attr, inv* (*beside road*) an der Straße; (*beside path*) am Weg; **~ inn** (*dated*) Gasthof *m* an der Straße [*o* am Weg] **'way sta·tion** *n* AM RAIL Zwischenstation *f*, Haltepunkt *m*

way·ward ['weɪwəd, AM -wɚd] *adj* ❶ (*wilful*) eigenwillig, eigensinnig; **~ child** widerspenstiges Kind ❷ (*erratic*) unberechenbar, launisch

way·ward·ness ['weɪwədnəs, AM -wɚd-] *n* ❶ (*wilfulness*) Eigensinn *m*, Eigenwilligkeit *f* ❷ (*capriciousness*) Unberechenbarkeit *f*, Launenhaftigkeit *f*

WC [ˌdʌbl̩ju:'si:] *n* BRIT *abbrev of* **water closet** WC *nt*

we [wi:, wi] *pron pers* ❶ (*1st person plural*) wir; **if you don't hurry up, ~'ll be late** wenn du dich nicht beeilst, kommen wir zu spät ❷ (*speaker/writer for group*) wir; **in this section ~ discuss the reasons** in diesem Abschnitt besprechen wir die Gründe; **the editorial ~** das redaktionelle Wir ❸ (*all people*) wir; **~ all ...** wir alle ...; **~'ve all experienced pain of some sort** wir kennen alle Schmerz in irgendeiner Form ❹ (*form: royal I*) wir; **"~ are not amused"** „wir sind nicht erfreut"; **the royal ~** das königliche Wir ❺ (*pej fam: to patient*) wir; **"and how are ~ feeling today?"** „und wie geht es uns heute?"; (*dated fam: to child*) wir; **you know, Josh, ~ don't rub ants in little girls' hair** du weißt Josh, dass man kleinen Mädchen keine Ameisen ins Haar gibt

weak [wi:k] *adj* ❶ (*not strong*) schwach; *coffee, tea* schwach, dünn; **to be/feel as ~ as a kitten** ganz matt sein/sich *akk* ganz schlapp fühlen *fam*; **to be/go ~ at the knees** weiche Knie haben/bekommen; **to be ~ with desire/hunger/thirst** schwach vor Begierde/Hunger/Durst sein; **to feel ~** sich *akk* schwach fühlen; **~ chin** schwach ausgeprägtes Kinn; **~ link** (*fig*) schwaches Glied *fig*; **~ spot** (*fig*) schwache Stelle *fig*; **the ~er sex** das schwache Geschlecht *fig* ❷ (*ineffective*) *leader* unfähig, schwach; *argument, attempt* schwach; ■**to be ~ [on sth]** [in etw *dat*] schwach sein; **the report is strong on criticism but rather ~ on suggestions for improvement** der Bericht übt scharfe Kritik, bietet aber kaum Verbesserungsvorschläge ❸ (*below standard*) schwach; **he was always ~ at languages but strong at science** er war schon immer schwach in Sprachen, dafür aber gut in Naturwissenschaften

weak·en ['wi:kᵊn] **I.** *vi* (*become less strong*) schwächer werden, nachlassen; (*become less resolute*) schwach [*o* weich] werden **II.** *vt* ■**to ~ sb/sth** jdn/etw schwächen; **they were ~ed by hunger** sie waren vom Hunger geschwächt; **to ~ an argument** ein Argument entkräften

weak-kneed [-'ni:d] *adj* (*pej fam*) feige, ängstlich; **to be ~** weiche Knie haben, Schiss haben *sl*

weak·ling ['wi:klɪŋ] *n* (*pej*) Schwächling *m pej*

weak·ly ['wi:kli] *adv* ❶ (*without strength*) schwach, kraftlos, schwächlich ❷ (*unconvincingly*) schwach, matt; **to smile ~** matt lächeln

weak-mind·ed [-'maɪndɪd] *adj* (*pej*) ❶ (*lacking determination*) unentschlossen, unentschieden; (*weak-willed*) willensschwach ❷ (*mentally deficient*) schwachsinnig

weak·ness <*pl* -es> ['wi:knəs] *n* ❶ *no pl* (*physical frailty*) Schwäche *f*; (*ineffectiveness*) Unwirksamkeit *f*; **a sign of ~** ein Zeichen *nt* von Schwäche ❷ (*area of vulnerability*) Schwachstelle *f*, schwacher Punkt ❸ (*flaw*) Schwäche *f*; (*in character*) [Charakter]schwäche *f* ❹ (*strong liking*) Schwäche *f* (**for** für +*akk*), Vorliebe *f* (**for** für +*akk*)

weak-willed [-'wɪld] *adj* willensschwach

weal [wi:l] *n* Schwiele *f*, Striemen *m*

wealth [welθ] *n no pl* ❶ (*money*) Reichtum *m*; **~ and prosperity** Reichtum und Wohlstand; (*fortune*) Vermögen *nt*; **to inherit ~** ein Vermögen erben; **national ~** Volksvermögen *nt* ❷ (*large amount*) Fülle *f*, Reichtum *m fig*; **to have a ~ of sth** *raw materials* reich an etw *dat* sein; **a ~ of opportunity** vielerlei Möglichkeiten

'wealth crea·tion *n*, **'wealth gen·era·tion** *n* Vermögensbildung *f* **'wealth tax** *n* Vermögenssteuer *f*

wealthy ['welθi] **I.** *adj* reich, wohlhabend, vermögend **II.** *n* ■**the ~** *pl* die Reichen *pl*

wean [wi:n] *vt* ❶ (*from mother's milk*) **to ~ a baby** ein Baby abstillen; **to ~ a baby animal** ein Jungtier entwöhnen ❷ (*make independent of*) ■**to ~ sb off sth** jdm etw abgewöhnen, jdn von etw *dat* abbringen; **the whole scheme is intended to ~ people off welfare dependency** der ganze Plan zielt darauf ab, die Leute von Sozialhilfe unabhängig zu machen ❸ *usu passive* (*fig: rear on*) ■**to be ~ed on sth** mit etw *dat* aufgewachsen [*o* groß geworden] sein

wean·ing ['wi:nɪŋ] *n* Entwöhnung *f*

weap·on ['wepən] *n* (*a. fig*) Waffe *f*; **lethal** [*or* **deadly**] **~** tödliche Waffe; **nuclear** [*or* **atomic**] **~s** Atomwaffen *pl*, Kernwaffen *pl*; **to search sb for ~s** jdn nach Waffen durchsuchen

wea·pon·ry ['wepənri] *n no pl* Waffen *fpl*

wear [weəʳ, AM wer] **I.** *n* ❶ (*clothing*) Kleidung *f*; **casual/sports ~** Freizeit-/Sport[be]kleidung *f* ❷ (*amount of use*) Gebrauch *m*; **the chairs have a bit more ~ left in them** die Stühle lassen sich noch gut eine Weile benutzen; **I haven't had much ~ out of this sweater** ich habe diesen Pullover wenig getragen; **to show signs of ~** Abnutzungserscheinungen [*o* Verschleißerscheinungen] aufweisen; **~ and tear** Abnutzung *f*, Verschleiß *m*; **to take a lot of ~ and tear** stark strapaziert werden; **to be the worse for ~** abgenutzt sein; (*clothes*) abgetragen sein; (*fig: person*) fertig sein *fam*; **I feel a bit the worse for ~** ich fühle mich etwas angeschlagen **II.** *vt* <wore, worn> ❶ (*have on body*) ■**to ~ sth** *clothes* etw tragen [*o fam* anhaben]; *jewellery* etw tragen; **what are you ~ing to Caroline's wedding?** was ziehst du zu Carolines Hochzeit an?; **she had nothing to ~ to the party** sie hatte für die Party nichts anzuziehen; **he wore a grim expression** (*fig*) er trug eine grimmige Miene zur Schau; **to ~ glasses** eine Brille tragen; **to ~ one's hair loose/up** das Haar offen/hoch gesteckt tragen ❷ (*make a hole*) **to ~ a hole in sth** etw durchwetzen; *water* etw aushöhlen ❸ BRIT, AUS (*fam: permit*) ■**to ~ sth** etw hinnehmen [*o fam* schlucken] ►PHRASES: **to ~ one's heart on one's sleeve** das Herz auf der Zunge tragen; **to ~ the mantle of power** (*form, liter*) die Insignien der Macht innehaben; **to ~ the trousers** [*or* AM **pants**] die Hosen anhaben *fam* **III.** *vi* <wore, worn> (*get thinner*) *clothes* sich *akk* abtragen; (*get hole*) sich *akk* durchscheuern; *machine parts* sich *akk* abnutzen; **this shirt is starting to ~ at the collar** dieses Hemd wird am Kragen schon dünn; **my jeans have worn at the knees** meine Jeans sind an den Knien durchgewetzt; **to ~ thin** dünn werden; (*fig*) verflachen *fig*

◆**wear away** *vi* sich *akk* abnutzen

◆**wear down** *vt* ❶ (*reduce*) ■**to ~ sth ↔ down** *rock* etw abtragen ❷ (*make weak and useless*) ■**to ~ sth ↔ down** etw abnutzen [*o* verschleißen] ❸ (*fig: tire*) ■**to ~ sb ↔ down** jdn fertigmachen *fam;* (*weaken*) jdn zermürben; **to ~ down sb's resistance** jds Widerstand *m* [allmählich] brechen

◆**wear off** *vi effect* nachlassen

◆**wear on** *vi time* sich *akk* hinziehen

◆**wear out I.** *vi* sich *akk* abnutzen **II.** *vt* ■**to ~ sb ↔ out** jdn erschöpfen; (*mentally*) jdn fertigmachen *fam*

◆**wear through** *vi shoes* durchlaufen

wear·able ['weərəbl̩, AM 'wer-] *adj* tragbar

wear·er ['weərəʳ, AM 'werɚ] *n* Träger(in) *m(f);* **~ of spectacles** Brillenträger(in) *m(f)*

weari·ly ['wɪərɪli, AM 'wɪr-] *adv* ❶ (*tiredly*) müde ❷ (*resignedly*) lustlos, gelangweilt

weari·ness ['wɪərɪnəs, AM 'wɪr-] *n no pl* ❶ (*tiredness*) Müdigkeit *f,* Erschöpfung *f* ❷ (*boredom*) Langeweile *f;* **a general air of ~** eine allgemeine Lustlosigkeit

wear·ing ['weərɪŋ, AM 'wer-] *adj* ermüdend

weari·some ['wɪərɪsᵊm, AM 'wɪr-] *adj* (*form*) ❶ (*causing tiredness*) ermüdend, anstrengend ❷ (*causing boredom*) langweilig, eintönig

weary ['wɪəri, AM 'wɪri] **I.** *adj* ❶ (*very tired*) müde, erschöpft; **~ to death** sterbensmüde, total erschöpft ❷ (*bored*) gelangweilt; (*unenthusiastic*) lustlos; **to be ~ of sth** etw leid sein [*o* satthaben]; **to grow ~ of sth** einer S. *gen* überdrüssig werden; **~ of life** lebensmüde ❸ (*corny*) **~ joke** abgedroschener Witz **II.** *vt* <-ie-> (*liter*) ■**to ~ sb** [**with sth**] ❶ (*make tired*) jdn [mit etw *dat*] ermüden; ■**to be wearied by sth** von etw *dat* erschöpft sein ❷ (*make bored*) jdn [mit etw *dat*] langweilen; ■**to be wearied by sth** von etw *dat* genug haben, etw satthaben **III.** *vi* <-ie-> ■**to ~ of sth** von etw *dat* genug haben, etw satthaben

weary·ing ['wɪəriɪŋ, AM 'wɪr-] *adj* ermüdend, anstrengend

wea·sel ['wi:zᵊl] **I.** *n* Wiesel *nt* **II.** *vi* AM ■**to ~ out of sth** sich *akk* aus etw *dat* herauslavieren *fam;* ■**to ~ out of doing sth** sich vor etw *dat* drücken

wea·sel·ling ['wi:zᵊlɪŋ], AM **wea·sel·ing** *n* ❶ (*evasive action*) Ausweichen *nt* ❷ (*ambiguous words*) [Herum]schwafeln *nt pej*

weath·er ['weðəʳ, AM -ɚ] **I.** *n no pl* (*air conditions*) Wetter *nt;* (*climate*) Witterung *f;* (*state of the weather*) Wetterlage *f;* **this front will bring warm ~ to most of the British Isles** diese Front wird dem größten Teil der Britischen Inseln warme Witterung bringen; **~ permitting** vorausgesetzt, das Wetter spielt mit, wenn es das Wetter erlaubt; **in all ~s** bei jedem Wetter ▶PHRASES: **to make heavy ~ of sth** (*make sth well known*) viel Wind um etw *akk* machen *fam;* (*have problems with sth*) sich *dat* mit etw *dat* schwertun; **to be under the ~** angeschlagen sein *fam* **II.** *vi object* verwittern; *person* altern; **he's ~ed well** er hat sich gut gehalten **III.** *vt* ❶ *usu passive* (*change through*) ■**to ~ sth** *wood* etw auswittern; *skin* etw gerben; *rock* etw verwittern lassen; **~ed face** vom Wetter gegerbtes Gesicht ❷ (*survive*) ■**to ~ sth** etw überstehen; **to ~ the storm** *ship* dem Sturm trotzen [*o* standhalten]; **as a small new company they did well to ~ the recession** als kleines neues Unternehmen sind sie gut durch die Rezession gekommen

'weath·er-beat·en *adj* ❶ (*of person*) **~ face/hands/skin** wettergegerbtes Gesicht/wettergegerbte Hände/Haut ❷ (*of object*) verwittert; **~ boards** verwitterte Bretter **'weath·er·board I.** *n* ❶ *usu pl* (*protective board*) [Dach]schindel[n] *f[pl]* ❷ *no pl* (*covering of boards*) Verschalung *f* ❸ (*over window*) Überdachung *f,* Überdach *nt* ❹ *esp* BRIT (*on door*) Türleiste *f* **II.** *vt* ■**to ~ sth** etw abdichten; (*panel*) etw verschalen **'weath·er·board·ing** *n no pl* ❶ (*surface*) Verschalung *f* ❷ (*process*) Verschalen *nt* ❸ (*over window*) Überdachung *f,* Überdach *nt* ❹ (*at door*) Türleiste *f* **'weath·er-bound** *adj inv* wetterbedingt behindert; **the rescue team was ~ for two days** das Rettungsteam war für zwei Tage wegen schlechten Wetters handlungsunfähig **'weath·er bul·letin** *n* Wetterbericht *m* **'weath·er bu·reau** *n* AM Wetteramt *nt,* Wetterdienst *m* **'weath·er chart** *n* Wetterkarte *f* **'weath·er·cock** *n* Wetterhahn *m* **'weath·er con·di·tions** *npl* Witterungsverhältnisse *pl* **'weath·er fore·cast** *n* Wettervorhersage *f* **'weath·er fore·cast·er** *n* ❶ (*meteorologist*) Wetterexperte, -in *m, f,* Meteorologe, -in *m, f* ❷ TV, RADIO Wetteransager(in) *m(f),* Wetterfrosch *m hum fam* **'weath·er glass** *n* (*dated*) Barometer *nt* **'weath·er house** *n* Wetterhäuschen *nt*

'weath·er·ing ['weðᵊrɪŋ] *n no pl* Verwitterung *f*

'weath·er·man *n* Wettermann *m fam* **'weath·er map** *n* Wetterkarte *f* **'weath·er·proof** *adj* wetterfest **'weath·er re·port** *n* Wetterbericht *m* **'weath·er sat·el·lite** *n* Wettersatellit *m* **'weath·er sta·tion** *n* Wetterstation *f,* Wetterwarte *f* **'weath·er·strip** *n* Dichtungsleiste *f* **'weath·er·tight** *adj* wetterfest **'weath·er tiles** *npl* Schindeln *fpl* **'weath·er vane** *n* Wetterfahne *f* **'weath·er-worn** *adj* verwittert

weave [wi:v] **I.** *vt* <wove *or* AM *a.* weaved, woven *or* AM *a.* weaved> ❶ (*of cloth*) ■**to ~ sth** etw weben; **this type of wool is woven into fabric** diese Art Wolle wird zu Stoff verwoben ❷ (*a. fig: intertwine things*) ■**to ~ sth** etw flechten; **the biography is woven from the many accounts which exist of things she did** die Biografie setzt sich aus den vielen bereits existierenden Berichten über Dinge, die sie getan hat, zusammen; ■**to ~ sth together** etw zusammenflechten [*o* ineinanderflechten]; **to ~ a basket** [**from rushes**] [aus Binsen] einen Korb flechten ❸ (*a. fig: move*) **to ~ one's way through sth** sich *dat* einen Weg durch etw *akk* bahnen; (*fig*) sich *dat* durch etw *akk* durchschlängeln [*o* durchmogeln] **II.** *vi* <wove *or* AM *a.* weaved, woven *or* AM *a.* weaved> ❶ (*produce cloth*) weben ❷ (*a. fig: move*) sich *akk* durchschlängeln ▶PHRASES: **to get weaving** BRIT (*dated fam: hurry*) Gas geben *fam;* (*begin action*) loslegen *fam* **III.** *n* Webart *f;* **basket ~** Leinenbindung *f;* **to have loose/tight ~** locker/fest gewebt sein; **striped ~** Streifenmuster *nt*

weav·er ['wi:vəʳ, AM -ɚ] *n* Weber(in) *m(f);* **basket ~** Korbflechter(in) *m(f);* **textile ~** Textilweber(in) *m(f)*

'weav·er bird *n* Webervogel *m;* **golden ~** Goldammer *f;* **sociable ~** Sperlingsweber *m*

weav·ing ['wi:vɪŋ] *n no pl* ❶ (*of producing cloth*) Weben *nt* ❷ (*of intertwining*) Flechten *nt*

web [web] *n* ❶ (*woven net trap*) Netz *nt;* **spider['s] ~** Spinnennetz *nt;* **spider ~s** [*or* **cobwebs**] Spinnweben *fpl;* **to spin a ~** ein Netz spinnen ❷ (*fig: network*) Netzwerk *nt;* **a ~ of deceit/intrigue** ein Netz *nt* von Betrug/Intrigen; **an intricate ~** ein kompliziertes Netzwerk ❸ (*fig: trap*) Falle *f* ❹ ANAT Interdigitalhaut *f fachspr;* (*of ducks*) Schwimmhaut *f;* (*of birds*) Flughaut *f* ❺ (*in machinery*) [endlose] Bahn ▶PHRASES: **when first we practise to deceive, oh what a tangled ~ we weave** (*prov*) wer einmal lügt, dem glaubt man nicht, und wenn er auch die Wahrheit spricht *prov*

Web [web] *n* COMPUT (*fam*) *short for* **World Wide Web:** ■**the ~** das [World Wide] Web *fachspr,* das Netz; ■**on the ~** im [World Wide] Web *fachspr,* im Netz

webbed [webd] *adj inv* mit Schwimmhäuten *nach n;* **~ feet/toes** Schwimmfüße *mpl*

web·bing ['webɪŋ] *n no pl* ❶ (*band*) Gurte *mpl* ❷ (*cloth*) Gurtband *nt* ❸ MIL *Gurte, kleine Taschen, Patronengürtel etc, die Soldaten für Munition und dergleichen an der Kleidung*

W

haben
'web brows·er *n* COMPUT [Web-]Browser *m fachspr* **web·cam** ['webkæm] *n* INET, COMPUT Webcam *f fachspr* (*Kamera, deren Aufnahmen ins Internet eingespeist werden*) **'web·cast** ['webkɑːst, AM -kæst] *n* Webcast *nt* **'web crawl·er** *n* COMPUT Suchprogramm *nt* **web-en·abled** ['webɪneɪb|d] *adj* COMPUT internetfähig **web-fin·gered** [-'fɪŋəd, AM -ɚd] *adj inv* mit Schwimmhäuten zwischen den Fingern **web-foot·ed** [-'fʊtɪd, AM -t̬-] *adj inv* mit Schwimmfüßen *nach n;* ■**to be** ~ Schwimmfüße haben **web·head** ['webhed] *n* (*sl*) Computerfreak *m fam* **web·lish** ['weblɪʃ] *n,* **web·speak** ['webspiːk] *n no pl* INET, COMPUT Webjargon *m* **'web·log** *n* (*an amateur diary posted on the Internet*) Weblog *nt* **web·mas·ter** ['webmɑːstəʳ, AM -mæstɚ] *n* INET, COMPUT Web-Administrator(in) *m(f)* **web-off·set 'print·ing** *n no pl* Rotationsdruck *m* **web page** ['webpeɪdʒ] *n* COMPUT Webseite *f* **'web-page de·sign** *n no pl* COMPUT Webpage-Design *nt* **'web-page de·sign·er** [-ɚ] *n* COMPUT Webpage-Designer(in) *m(f)* **'web press** *n* Rotationspresse *f* **web 'search en·gine** *n* COMPUT Suchmaschine *f fachspr* **'web·site** *n* COMPUT Website *f fachspr;* **to visit a** ~ auf eine Website gehen **'web spi·der** *n* COMPUT Suchprogramm *nt* **web-toed** [-'təʊd, AM -toʊd] *adj* mit Schwimmfüßen *nach n;* ■**to be** ~ Schwimmfüße haben; *see also* **web-footed web·zine** ['webziːn] *n* INET Webzine *nt*

wed <wedded *or* wed, wedded *or* wed> [wed] **I.** *vt* ❶ (*form or dated: marry*) ■**to** ~ **sb** jdn ehelichen *veraltend o hum,* sich *akk* mit jdm vermählen *geh* ❷ (*fig: unite*) ■**to** ~ **sth and sth** etw mit etw *dat* vereinen; **this desk** ~**s beauty and utility** dieser Tisch vereint Schönheit mit Nützlichkeit **II.** *vi* sich *akk* vermählen *geh*

we'd [wiːd, wid] ❶ = **we had** *see* **have I., II.** ❷ = **we would** *see* **would**

Wed *n abbrev of* **Wednesday** Mi., Mittw.

wed·ded ['wedɪd] **I.** *adj* ❶ *attr, inv* verheiratet, Ehe-; **do you, Helen, take Charles to be your lawful** ~ **husband?** nimmst du, Helen, Charles zu deinem rechtmäßig angetrauten Ehemann?; ~ **bliss** Eheglück *nt* ❷ *pred* (*fig: obstinately cling to*) ■**to be** ~ **to sth** *activity, idea* sich *akk* etw *dat* verschrieben haben; **he is** ~ **to an antiquated idea of what an acceptable career for a woman is** er hat antiquierte Vorstellungen davon, was eine akzeptable Karriere für eine Frau ist; **to be** ~ **to an opinion/view** auf einer Meinung/Ansicht beharren **II.** *pt, pp of* **wed**

wed·ding ['wedɪŋ] *n* Hochzeit *f;* **a big/small** ~ eine große/kleine Hochzeit, eine Hochzeit im großen/kleinen Kreis

'wed·ding an·ni·ver·sa·ry *n* Hochzeitstag *m* **'wed·ding at·tend·ant** *n jd, der bei einer Hochzeit eine offizielle Aufgabe übernimmt* **'wed·ding band** *n* AM (*wedding ring*) Ehering *m,* Trauring *m* **'wed·ding bells** *npl* Hochzeitsglocken *pl;* **to hear** ~ (*fig*) die Hochzeitsglocken läuten hören **'wed·ding break·fast** *n* BRIT Hochzeitsessen *nt* **'wed·ding cake** *n no pl* Hochzeitstorte *f* **'wed·ding cer·emo·ny** *n* Trauung *f,* Trauzeremonie *f* **'wed·ding day** *n* Hochzeitstag *m,* Tag *m* der Hochzeit **'wed·ding dress** *n* Brautkleid *nt,* Hochzeitskleid *nt* **'wed·ding gift** *n* Hochzeitsgeschenk *nt* **'wed·ding gown** *n* Brautkleid *nt,* Hochzeitskleid *nt* **'wed·ding guest** *n* Hochzeitsgast *m* **'wed·ding march** *n* Hochzeitsmarsch *m* (*beim Ein- und Auszug des Brautpaares in die/aus der Kirche*) **'wed·ding night** *n* Hochzeitsnacht *f* **'wed·ding pres·ent** *n* Hochzeitsgeschenk *nt* **'wed·ding re·cep·tion** *n* Hochzeitsempfang *m* **'wed·ding ring** *n* Ehering *m,* Trauring *m* **'wed·ding tack·le** *n no pl* BRIT (*hum sl*) Eier *pl derb*

wedge [wedʒ] **I.** *n* ❶ (*tapered block*) Keil *m;* **to force a** ~ **between sth** einen Keil zwischen etw *akk* treiben ❷ (*fig: triangular piece*) [keilförmiges] Stück; *of a pie chart* Ausschnitt *m;* **a** ~ **of bread/cake** ein Stück *nt* Brot/Kuchen; **a** ~ **of cheese** eine Ecke Käse ❸ (*type of golf club*) Wedge *m fachspr* ❹ (*type of shoe*) ~ [**shoe**] Schuh *m* mit Keilabsatz ❺ *no pl* (*sl: money*) Knete *f sl* ▶ PHRASES: **the thin end of the** ~ der Anfang vom Ende **II.** *n modifier* (*divisive, wedge-like*) *issue* entzweiend **III.** *vt* ❶ (*jam into*) ■**to** ~ **sth/sb** etw/jdn einkeilen [*o* einzwängen] ❷ (*keep in position*) **to** ~ **sth closed/open** etw verkeilen (*damit es geschlossen/offen bleibt*)

wedge 'san·dal *n usu pl* Plateausandale *f*

wedgie ['wedʒi] *n* Schuh *m* mit Keilabsatz

wed·lock ['wedlɒk, AM -lɑːk] *n no pl* (*old*) Ehe *f,* Ehestand *m veraltet;* ■**out of** ~ außerehelich; **sex out of** ~ Sex *m* außerhalb der Ehe; **to be born in/out of** ~ ehelich/unehelich geboren sein

Wednes·day ['wenzdeɪ] *n* Mittwoch *m; see also* **Tuesday**

wee [wiː] **I.** *adj attr, inv* SCOT (*fam*) winzig; **a** ~ **bit** ein [*fam* klitze]kleines bisschen **II.** *n no pl* (*childspeak fam*) ■~ [~] Pipi *nt Kindersprache;* **to do** [*or* **have**] **a** ~ [~] Pipi machen *Kindersprache* **III.** *vi* (*childspeak fam*) Pipi machen *Kindersprache*

weed [wiːd] **I.** *n* ❶ (*plant*) Unkraut *nt kein pl* ❷ BRIT (*pej fam: person*) Schwächling *m pej fam* ❸ *no pl* (*dated fam: tobacco*) ■**the** ~ das Kraut *pej fam* ❹ *no pl* (*dated sl: marijuana*) Gras *nt sl* ▶ PHRASES: **to grow like a** ~ *person* in die Höhe schießen **II.** *vt* **to** ~ **the garden/patch** den Garten/das Beet jäten **III.** *vi* [Unkraut] jäten

◆**weed out** *vt* ■**to** ~ **out** ◌ **sth** etw aussortieren; ■**to** ~ **out** ◌ **sb** jdn aussondern [*o fam* aussieben]

'weed·grown *adj* unkrautbewachsen, voller Unkraut *nach n;* **the plot was** ~ die Handlung war überladen

weed·ing ['wiːdɪŋ] *n no pl* [Unkraut]jäten *nt;* **to do** [**the**] ~ Unkraut jäten

'weed·kill·er *n* Unkrautvernichtungsmittel *nt* **'weed whack·er®** *n* AM (*strimmer*) Rasentrimmer *m*

weedy ['wiːdi] *adj* ❶ (*full of weeds*) unkrautbewachsen ❷ BRIT (*pej fam: of person*) [*fam* spindel]dürr, schmächtig ❸ (*fig: uninteresting*) schwach; ~ **plot** schwache Handlung

week [wiːk] *n* ❶ (*seven days*) Woche *f;* **it'll be** ~**s before the damage is cleared up** es wird Wochen dauern, bis die Schäden beseitigt sind; **I saw him only the other** ~ ich habe ihn gerade vor ein paar Wochen gesehen; **this time next** ~ nächste Woche um diese Zeit; **a** ~ **last Friday** Freitag vor einer Woche; **a** ~ **ago yesterday** gestern vor einer Woche; ■**a** ~ [**on**] … … in einer Woche; **our holiday starts a** ~ [**on**] **Saturday** unsere Ferien beginnen Samstag in einer Woche; **for** ~**s** [**on end**] wochenlang; **a few** ~**s ago** vor einigen Wochen; **last** ~ letzte Woche; **once/twice a** ~ einmal/zweimal die Woche; [**for**] **a** ~ **or two** ein bis zwei Wochen [lang]; ■~ **by** ~ [*or* **from** ~ **to** ~] von Woche zu Woche; ■~ **in,** ~ **out** [*or* ~ **after** ~] Woche für Woche ❷ (*work period*) [Arbeits]woche *f;* **a thirty-seven-and-a-half-hour** ~ eine 37,5-Stunden-Woche; **to work a five-day/35-hour** ~ eine 5-Tage-/35-Stunden-Woche haben ❸ (*fam: Monday to Friday*) **during the** ~ während [*o* SÜDD unter] der Woche

'week·day *n* Wochentag *m;* ■**on** ~**s** an Wochentagen, wochentags **week·'end** *n* Wochenende *nt;* **how much would a** ~ **for two in Amsterdam cost?** wie teuer käme ein Wochenende für zwei [Personen] in Amsterdam?; ■**this** ~ (*present*) dieses Wochenende; (*future*) kommendes Wochenende; ■**at** [*or* AM, AUS **on**] **the** ~[**s**]/**at** [*or* AM, AUS **on**] ~**s** am Wochenende/an Wochenenden; ~ **cottage** Wochenendhaus *nt* **week·'end·er** *n* Wochenendausflügler(in) *m(f)*

week·ly ['wiːkli] **I.** *adj inv* wöchentlich; ~ **magazine** Wochenzeitschrift *f;* **bi~, twice-~** zweimal wöchentlich **II.** *adv inv* wöchentlich; **the fire alarm is tested** ~ der Feueralarm wird jede Woche getestet; **Newsweek is published** ~ Newsweek erscheint wöchentlich; **to exercise/meet** ~ wöchentlich trainieren/sich *akk* wöchentlich treffen **III.** *n* (*magazine*) Wochenzeitschrift *f;* (*newspaper*) Wochenzeitung *f*

'week·night *n* ■**on** ~**s** werktags abends

weenie *n* (*fam*) Weichei *nt sl*

weeny ['wiːni] *adj* (*fam*) winzig; **a** ~ **bit** ein klitzekleines bisschen *fam;* **eenie** ~ klitzeklein *fam*

weep [wi:p] **I.** *vi* <wept, wept> ❶ (*a. liter: cry*) weinen; (*sob*) schluchzen; **to ~ with joy/sorrow** vor Freude/Kummer weinen; **to ~ inconsolably/uncontrollably** hemmungslos/unkontrolliert weinen [*o* schluchzen] ❷ (*secrete liquid*) nässen ▶ PHRASES: **laugh and the world laughs with you, ~ and you ~ alone** (*saying*) Freunde in der Not gehen tausend auf ein Lot *prov* **II.** *vt* <wept, wept> **to ~ tears of joy/sorrow** Freudentränen/Tränen des Kummers weinen; **it's not worth ~ing even a single tear over him** es lohnt sich nicht, ihm auch nur eine Träne nachzuweinen; **to ~ crocodile tears** (*fig*) Krokodilstränen weinen [*o* vergießen] **III.** *n no pl* (*liter*) Weinen *nt;* **to have a [good] ~** sich *akk* [ordentlich] ausweinen

weep·er ['wi:pəʳ, AM -ɚ] *n* ▶ PHRASES: **finders keepers, losers ~s** (*saying*) wer's findet, dem gehört's, wer's verliert, hat Pech gehabt *fam*

weepie ['wi:pi] *n* (*fam*) Schnulze *f pej fam;* (*of film*) Schmachtfetzen *m pej sl*

weep·ing ['wi:pɪŋ] **I.** *adj attr, inv* ❶ (*of person*) weinend ❷ (*of wound*) nässend **II.** *n no pl* Weinen *nt*

weep·ing 'wil·low *n* Trauerweide *f*

weepy ['wi:pi] *adj* ❶ (*of person*) weinerlich ❷ (*of film*) rührselig

wee·vil ['wi:vᵊl] *n* Rüsselkäfer *m*

wee-wee ['wi:wi:] (*childspeak*) **I.** *n no pl* (*fam*) ❶ (*urine*) Pipi *nt* ❷ (*act of urinating*) Pipimachen *nt Kindersprache fam;* **to go [*or* do a] ~** Pipi machen *Kindersprache fam* **II.** *vi* Pipi machen *Kindersprache fam*

weft [weft] *n no pl* FASHION ■**the ~** der Schuss

weigh [weɪ] **I.** *vi* ❶ (*in measurement*) wiegen ❷ (*fig: be important*) **to ~ heavily with sb** bei jdm schwer wiegen, für jdn eine große Bedeutung haben ❸ (*distress*) ■**to ~ on sb** auf jdm lasten; **he's under huge pressure at work, and it's really ~ing on him** er steht bei der Arbeit unter enormem Druck, was ihn wirklich belastet; **to ~ heavily on sb** schwer auf jdm lasten **II.** *vt* ❶ (*measure*) ■**to ~ sth/sb** etw/jdn wiegen; ■**to ~ oneself** sich *akk* wiegen ❷ (*consider*) ■**to ~ sth** etw abwägen; **academic ability doesn't ~ much in my mind** akademische Befähigung zählt bei mir nicht viel; ■**to ~ sth against sth** etw gegen etw *akk* abwägen; **to ~ one's words [*or* each word]** seine Worte [*o* jedes Wort] auf die Goldwaage legen ❸ NAUT **to ~ anchor** den Anker lichten

◆**weigh down** *vt* ❶ (*be burden*) ■**to ~ sb/sth** ⊂ **down** jdn/etw niederdrücken; ■**to be ~ed down with sth** schwer mit etw *dat* beladen sein; **the boughs of the tree were ~ed down with fruit** die Äste des Baumes bogen sich unter dem Gewicht der Früchte ❷ (*fig: worry*) ■**to ~ sb** ⊂ **down** jdn niederdrücken *geh;* **she felt ~ed down by worries** sie fühlte sich von Sorgen erdrückt

◆**weigh in** *vi* ❶ SPORTS (*be weighed*) sich *akk* wiegen lassen; **the jockey ~ed in at 60 kilos** der Jockey brachte 60 Kilo auf die Waage ❷ (*fam: intervene*) sich *akk* einschalten; ■**to ~ in with sth** *opinion, proposal* etw einbringen

◆**weigh into** *vi* ❶ (*join in*) ■**to ~ into sth** *campaign, discussion* sich *akk* an etw *dat* beteiligen ❷ (*a. fig: attack*) ■**to ~ into sb** jdn angreifen

◆**weigh out** *vt* ■**to ~ out** ⊂ **sth** etw abwiegen

◆**weigh up** *vt* ❶ (*consider*) ■**to ~ sth** ⊂ **up** etw abwägen ❷ (*evaluate*) ■**to ~ sb/sth** ⊂ **up** jdn/etw einschätzen

'weigh·bridge *n* Brückenwaage *f* **'weigh-in** *n no pl* SPORTS Wiegen *nt*

weight [weɪt] **I.** *n* ❶ *no pl* (*heaviness*) Gewicht *nt;* **the ~ of snow caused the roof to collapse** die Schneelast brachte das Dach zum Einsturz; **to lose/put on ~** ab-/zunehmen ❷ (*unit of heaviness*) Gewicht *nt;* **Joe's quite a ~** Joe ist ein ziemlicher Brocken; **a decrease in ~** *of person* Gewichtsabnahme *f;* **to be a ~ off sb's mind** (*fig*) jdn nicht mehr belasten; **to lift a heavy ~** ein schweres Gewicht heben ❸ (*metal piece*) Gewicht *nt;* **to lift ~s** Gewicht[e] heben ❹ *no pl* (*importance*) Gewicht *nt,* Bedeutung *f;* **her experience does give her opinions ~** ihre Erfahrung verleiht ihren Ansichten Gewicht; **to attach ~ to sth** etw *dat* Bedeutung beimessen; **to carry ~** ins Gewicht fallen ▶ PHRASES: **to take the ~ off one's feet [*or* legs]** es sich *dat* bequem machen; **to be worth one's ~ in gold** sein Gewicht in Gold wert sein; **to throw one's ~ about** (*fam*) seinen Einfluss geltend machen; **to throw one's ~ behind sb/sth** (*fam*) sich *akk* für jdn/etw starkmachen *fam* **II.** *vt* ■**to ~ sth down** etw beschweren; ■**to ~ sth with sth** etw mit etw *dat* beladen; **to be ~ed in favour of sb/sth** (*fig*) zugunsten von jdm/etw angelegt sein

weight·ed av·er·age *n* MATH gewichteter Durchschnitt

weight·ing ['weɪtɪŋ] *n no pl* ❶ BRIT (*additional allowance*) Zulage *f* ❷ MATH Gewichtung *f* ❸ (*importance*) Bedeutung *f*

weight·less ['weɪtləs] *adj inv* schwerelos

weight·less·ness ['weɪtləsnəs] *n no pl* Schwerelosigkeit *f*

'weight·lift·er *n* Gewichtheber(in) *m(f)* **'weight·lift·ing** *n no pl* Gewichtheben *nt;* **to do ~** Gewichtheben betreiben

'weight watch·er *n* Figurbewusste(r) *f(m)*

weighty ['weɪti] *adj* ❶ (*heavy*) schwer ❷ (*fig: important*) [ge]wichtig; **~ issues [*or* matters]** wichtige Angelegenheiten

weir [wɪəʳ, AM wɪr] *n* Wehr *nt*

weird [wɪəd, AM wɪrd] **I.** *adj* ❶ (*fam: strange*) merkwürdig, seltsam, komisch; (*crazy*) irre *fam;* **that's ~** das ist aber merkwürdig ❷ (*supernatural*) unheimlich; **the ~ sisters** (*the Fates*) die Schicksalsschwestern *pl,* die Nornen *fpl;* (*witches*) die Hexen *fpl* **II.** *vt* AM (*fam*) ■**to ~ sb out** (*give sb feeling of alienation*) jdn abschrecken; (*make sb freak out*) jdn ausflippen lassen *fam*

weirdie ['wɪədi, AM 'wɪrdi] *n* (*fam*) ❶ (*person*) seltsame Person ❷ (*thing*) **that film was a real ~** der Film war wirklich bizarr

weird·ly ['wɪədli, AM 'wɪrd-] *adv* merkwürdig

weird·ness ['wɪədnəs, AM 'wɪrd-] *n no pl* Merkwürdigkeit *f,* Eigenartigkeit *f*

weirdo ['wɪədəʊ, AM 'wɪrdoʊ] (*pej*) **I.** *n* <*pl* -os> (*fam*) seltsame Person **II.** *adj* (*fam*) irre *fam*

welch [wel(t)ʃ] *vi* (*pej*) **to ~ on a debt** sich *akk* einer Zahlungsverpflichtung entziehen; **to ~ on a promise** sich *akk* vor einem [gegebenen] Versprechen drücken

wel·come ['welkəm] **I.** *vt* ❶ (*greet gladly*) ■**to ~ sb** jdn willkommen heißen; **to ~ sb warmly** jdn herzlich willkommen heißen ❷ (*be glad of*) ■**to ~ sth** etw begrüßen; **the new appointment has been widely ~d** die neue Ernennung ist weithin begrüßt worden **II.** *n* ❶ (*act of friendly reception*) Willkommen *nt;* **they were given a warm ~** man bereitete ihnen einen herzlichen Empfang; **to be given a hero's/heroine's ~** wie ein Held/eine Heldin empfangen werden ❷ *no pl* (*friendly reception*) [freundlicher] Empfang; **speech of ~** Begrüßungsansprache *f* ❸ (*expression of approval*) Zustimmung *f;* **to give sth a cautious [*or* guarded] ~** etw *dat* verhalten zustimmen ▶ PHRASES: **to outstay [*or* overstay] one's ~** länger bleiben, als man erwünscht ist; **he outstayed his ~ as Mayor** er war zu lange Bürgermeister **III.** *adj* ❶ (*gladly received*) willkommen; ■**to be ~** willkommen sein; **you're always ~, you'll always be ~** du bist immer willkommen; **a ~ guest** ein willkommener [*o* gern gesehener] Gast; **to make sb very ~** jdn sehr freundlich aufnehmen; **the restaurant made the children very ~** das Restaurant war sehr kinderfreundlich ❷ (*wanted*) willkommen; (*pleasant*) angenehm; **she was a ~ addition to the team** sie war eine willkommene Bereicherung für die Mannschaft; **~ chance [*or* opportunity]** willkommene Gelegenheit; **~ change** willkommene Veränderung; **most [*or* particularly] [*or* very] ~** sehr willkommen; **that drink was most ~!** der Drink kam gerade recht! ❸ (*willingly permitted*) ■**to be ~ to do sth: you're ~ to use the garage while we're away** Sie können gerne unsere Garage benutzen, solange wir nicht da sind; **if they want to change the rules, they are ~ to try** (*iron*) wenn sie die Regeln ändern wollen, sollen sie es nur versuchen ❹ (*replying to thanks*) **thank you very much – you're ~** vielen Dank – nichts zu danken [*o* keine Ursache] [*o* gern geschehen] **IV.** *interj* **~, come in** hallo, komm rein; **~ to Cambridge** [herzlich] willkommen in Cambridge; **~ to our humble abode** (*hum*) willkommen in unserem bescheidenen Heim; **~ aboard** NAUT willkommen an Bord; **~ back/home** willkommen zu Hause

'wel·come mat *n* ❶ (*by door of house*) Fußabtreter *m* ❷ (*fig: readiness to welcome*) **to dust off the ~ for sb** sich *akk* jdm gegenüber gastfreundlich zeigen; **to put the ~ out** den roten Teppich ausrollen **'wel·come speech** *n* Begrüßungsansprache *f* **'Wel·come Wag·on®** *n* AM ■**the ~** *Einrichtung, die Neuhinzugezogenen Informationen über lokale Einrichtungen und Dienste gibt;* **to roll out the ~** jdm freundlich entgegenkommen

wel·com·ing ['welkəmɪŋ] *adj* freundlich; **he ran to his mother's ~ arms** er rannte in die ausgebreiteten Arme seiner Mutter; **~ shout** Willkommensruf *m;* **~ smile** freundliches Lächeln

weld [weld] **I.** *vt* ❶ (*join material*) ■**to ~ sth** etw schweißen; ■**to ~ sth together** etw zusammenschweißen; ■**to ~ sth [on]to sth** etw auf [*o* an] etw *akk* schweißen ❷ (*fig: unite*) ■**to ~ sb into sth** jdn zu etw *dat* zusammenschweißen **II.** *n* Schweißnaht *f*

weld·er ['weldəʳ, AM -ɚ] *n* Schweißer(in) *m(f)*

weld·ing ['weldɪŋ] *n no pl* Schweißen *nt*

'weld·ing torch *n* Schweißbrenner *m*

wel·fare ['welfeəʳ, AM -fer] *n no pl* ❶ (*state of health, happiness*) Wohlergehen *nt* ❷ (*state aid*) Sozialhilfe *f;* **~ net** soziales Netz; **~ policy** Gesundheits- und Sozialpolitik *f;* **social ~** soziale Fürsorge; ■**to be on ~** AM von [der] Sozialhilfe leben, Sozialhilfe bekommen

'wel·fare agen·cy *n* (*charitable organization*) wohltätige [*o* karitative] Vereinigung; (*run by state[s] or local authority*) Sozialamt *nt* **'wel·fare ben·efits** *npl* Sozialleistungen *pl* **'wel·fare check** *n* AM Sozialhilfeüberweisung *f* **'wel·fare of·fic·er** *n* BRIT Sozialarbeiter(in) *m(f)* **'wel·fare pay·ments** *npl* AM Sozialabgaben *pl* **'wel·fare ser·vices** *npl* ❶ (*state support*) Sozialleistungen *pl* ❷ + *sing vb* (*office*) Sozialamt *nt* **wel·fare 'state** *n* Sozialstaat *m,* Wohlfahrtsstaat *m oft pej* **'wel·fare work·er** *n* Sozialarbeiter(in) *m(f)*

we'll [wi:l, wɪl] = **we will** *see* **will**[1]

well[1] [wel] **I.** *adj* <better, best> *usu pred* ❶ (*healthy*) gesund; **he hasn't been too ~ lately** ihm ging es in letzter Zeit nicht besonders gut; **'you're looking very ~ today!' he remarked to his patient** „Sie sehen heute ausgezeichnet aus!" bemerkte er zu seiner Patientin; **to be alive and ~** gesund und munter sein; **to feel ~** sich *akk* gut [*o* wohl] fühlen; **I don't feel ~ today** ich fühle mich heute nicht gut; **to get ~** gesund werden; **I hope you get ~ soon** ich hoffe, dass es dir bald wieder besser geht; **get ~ soon!** gute Besserung!; **get ~ card** Genesungskarte *f* ❷ (*satisfactory*) **we are fooling ourselves if we think that all is ~ in our health service** wir machen uns selbst etwas vor, wenn wir glauben, dass mit unserem Gesundheitswesen alles in Ordnung ist; **all being ~, we should arrive on time** wenn alles gut geht, müssten wir pünktlich ankommen ▸PHRASES: **all's ~ that ends ~** (*saying*) Ende gut, alles gut *prov* **II.** *adv* <better, best> ❶ (*in satisfactory manner*) gut; **you speak English very ~** du sprichst sehr gut Englisch; **the house and garden were ~ cared for** Haus und Garten wurden gut gepflegt; **the kitchen is ~ equipped** die Küche ist gut eingerichtet; **the book had been very ~ researched** für das Buch ist gut recherchiert worden; **I can't do it as ~ as Marie [can]** ich kann es nicht so gut wie Marie; **she can sing as ~ as her sister [does]** sie kann genauso gut singen wie ihre Schwester; **they took two hours to discuss the plans and considered it time ~ spent** sie brauchten zwei Stunden, um die Pläne zu diskutieren, und waren der Meinung, diese Zeit sinnvoll genutzt zu haben; **what we spent on double-glazing the house was money ~ spent** die Ausgaben für die Doppelfenster im Haus waren gut angelegtes Geld; **look! I can see a badger in amongst the bracken – oh yes! ~ spotted!** guck mal! ich kann einen Dachs zwischen dem Adlerfarn sehen – oh ja! gut gesehen! *fam;* **his point about the need to reduce waste was ~ taken** seine Aussagen über die Notwendigkeit, Müll zu reduzieren, wurden gut aufgenommen; **the babysitter did ~ to inform the police about what she had seen** die Babysitterin tat gut daran, die Polizei darüber zu informieren, was sie gesehen hatte; **look at all those wine bottles! you certainly live ~!** guck dir nur all die Weinflaschen an! du hast es dir ja gut gehen lassen! *fam;* **the old people in that home are not treated ~** die alten Menschen werden in dem Heim nicht gut behandelt; **~ enough** (*sufficiently well*) gut genug; (*quite well*) ganz gut, einigermaßen; **the concert was ~ enough advertised** das Konzert war genügend angekündigt; **he plays the piano ~ enough** er spielt ganz gut Klavier; **pretty ~** ganz gut; **to do ~ for oneself** erfolgreich sein; **~ done** gut gemacht; **it's a job ~ done** die Arbeit ist ordentlich gemacht worden; **to mean ~** es gut meinen; **~ put** (*in speech*) gut gesagt; (*in writing*) gut ausgedrückt ❷ (*thoroughly*) gut, gründlich; **knead the dough ~** kneten Sie den Teig gut durch; **to know sb ~** jdn gut kennen ❸ *inv* (*used for emphasis*) **I can ~ believe it** das glaube ich gern; **I should damn ~ hope so!** das will ich [aber auch] stark hoffen!; **he could ~ imagine how much his promise was going to cost him** er konnte sich lebhaft vorstellen, wie viel sein Versprechen ihn kosten würde; **there are no buses after midnight, as you ~ know** wie du sicher weißt, es fahren nach Mitternacht keine Busse mehr; **I ~ remember the last time they visited us** (*form*) ich kann mich gut an ihren letzten Besuch erinnern; **stand ~ clear of the doors** halten Sie gut Abstand von den Türen; **the results are ~ above what we expected** die Ergebnisse liegen weit über dem, was wir erwartet haben; **the police are ~ aware of the situation** die Polizei ist sich der Lage sehr wohl bewusst; **keep ~ away from the edge of the cliff** halten Sie sich vom Rand des Abhangs fern; **they kept the crowd ~ behind the white line** sie hielten die Menge sicher hinter der weißen Linie zurück; **it costs ~ over £100** es kostet weit über 100 Pfund; **to be ~ pleased [*or* satisfied] with sth** mit etw *dat* vollauf zufrieden sein; **~ and truly** ganz einfach; **the party was ~ and truly over when he arrived** die Party war gelaufen, als er kam *fam;* **to be ~ away in sth** BRIT (*fig fam*) ganz in etw *akk* versunken sein ❹ *inv* (*justifiably*) gut; **where's Pete? – you may ~ ask! he should have been here hours ago!** wo ist Pete? – das kannst du laut fragen! er hätte schon seit Stunden hier sein sollen!; **I couldn't very ~ refuse their kind offer** ich konnte ihr freundliches Angebot doch nicht ablehnen; **he may ~ wonder why no one was there – he forgot to confirm the date** er braucht sich gar nicht zu fragen, warum keiner da war – er hat vergessen, das Datum festzulegen ❺ *inv* (*probably*) **you may ~ think it was his fault – I couldn't possibly comment** es mag gut sein, dass es seine Schuld war – ich halte mich da raus; **he might ~ be sick after spending so much time in the cold last night** es ist gut möglich, dass er krank ist, nachdem er letzte Nacht so lange im Kalten gewesen war; **it may ~ be finished by tomorrow** es kann gut sein, dass es morgen fertig ist; **she might ~ be the best person to ask** sie ist wahrscheinlich die Beste, die man fragen kann ❻ *inv* BRIT (*fam: very*) total *fam;* **we were ~ bored at the concert** wir haben uns in dem Konzert furchtbar gelangweilt ❼ *inv* (*also*) **invite Emlyn – and Simon as ~** lade Emlyn ein – und Simon auch; **I'll have the ice cream as**

~ **as the cake** ich nehme das Eis und auch den Kuchen; **it would be as ~ to check the small print** es ist ratsam, auch das Kleingedruckte zu überprüfen; **it's just as ~ that ...** es ist nur gut, dass ...; **it's just as ~ you're not here – you wouldn't like the noise** gut, dass du nicht hier bist – du könntest den Lärm eh' nicht ertragen; **you might [just] as ~ wash the dishes** eigentlich könntest du das Geschirr abwaschen ▸ PHRASES: **if a thing's worth doing, it's worth doing ~** (*saying*) wenn schon, denn schon *fam;* **if you want a thing done ~, do it yourself** (*saying*) willst du, dass etwas gut erledigt wird, mach es am besten selbst; **all ~ and good** [*or* **all very ~**] gut und schön; **electric heating is all very ~ until there's a power cut** elektrische Heizung ist so weit ganz in Ordnung, es sei denn, es kommt zum Stromausfall; **to be ~ away** BRIT (*fig: asleep*) weg sein *fam;* ([*almost*] *drunk*) angeheitert sein *fam;* **to leave ~** [AM **enough**] **alone** es lieber sein lassen; **is telling her the right thing to do, or should I leave ~ alone?** ist es richtig, es ihr zu erzählen, oder sollte ich es lieber sein lassen?; **to be ~ in with sb** BRIT (*fam*), **to be in ~ with sb** AM (*fam*) gut mit jdm können *fam,* bei jdm gut angeschrieben sein *fam;* **to be ~ out of it** BRIT, AUS davongekommen sein; **they think he is ~ out of it** sie denken, dass er noch einmal davongekommen ist; **to be ~ up on** [*or* **in**] **sth** in etw *dat* gut bewandert sein **III.** *interj* nun [ja], tja *fam;* **~, what shall we do now?** tja, was sollen wir jetzt tun? *fam;* **~? what did you do next?** und? was hast du dann gemacht?; **~, ~** ja, ja; **~ now** [*or* **then**] also [dann]; **very ~** na gut; **oh ~, it doesn't matter** ach [was], das macht doch nichts

well² [wel] **I.** *n* ❶ (*for water*) Brunnen *m;* **to drill a ~** einen Brunnen bohren ❷ (*for mineral*) Schacht *m;* **gas ~** Gasbrunnen *m;* **oil ~** Ölquelle *f;* **to drill a ~** einen Schacht bohren; (*for oil*) ein Bohrloch anlegen ❸ ARCHIT (*for stairs*) Treppenhaus *nt;* (*for lift*) Fahrstuhlschacht *m;* (*for light*) Lichtschacht *m* ❹ BRIT LAW *Ort, wo die Anwälte und Protokollanten im Gerichtssaal sitzen* ❺ (*bountiful source*) Quelle *f* ❻ (*small depression*) Kuhle *f,* Mulde *f* **II.** *vi* ■ **to ~ up in sth** in etw *dat* aufsteigen; **tears ~ed up in her eyes** Tränen stiegen ihr in die Augen; **conflicting emotions ~ed up in his heart** (*fig*) widerstreitende Gefühle stiegen in seinem Herzen auf *geh;* **pride ~ed up in his chest** Stolz schwellte seine Brust *geh;* ■ **to ~ [up] out of sth** aus etw *dat* hervorquellen

well-ad·'just·ed *adj inv* ❶ (*approv: mentally stable*) [mental] ausgeglichen ❷ (*successfully changed*) gut eingestellt **well-ad·'vised** *adj pred* (*form*) ■ **to be ~ to do sth** gut beraten sein, etw zu tun; **you would be ~ to book in advance** es ist empfehlenswert, vorher zu buchen **well-ap·'point·ed** *adj inv* (*form*) gut ausgestattet **well-'ar·gued** *adj* gut begründet **well-at·'tend·ed** *adj* gut besucht **well-'bal·anced** *adj inv* ❶ (*not one-sided*) **a ~ article** ein objektiver Artikel; **a ~ team** eine harmonische Mannschaft ❷ (*of food*) **~ diet/meal** ausgewogene Ernährung/Mahlzeit ❸ (*of person*) ausgeglichen; **~ children** zufriedene Kinder **well-be·'haved** *adj* (*of child*) artig, gut erzogen; (*of dog*) brav **well-'be·ing** *n no pl* Wohl[ergehen] *nt,* Wohlbefinden *nt;* **a feeling of ~** ein wohliges Gefühl **well born** [ˌwel'bɔːn, AM -bɔːrn] *adj pred,* **well-born** ['welbɔːn, AM -bɔːrn] *adj attr* aus guter Familie *nach n* **well-'bred** *adj inv* ❶ (*with good manners*) wohlerzogen *geh;* (*refined*) gebildet; **a ~ voice** eine [gut] geschulte Stimme ❷ (*dated: from high society*) aus gutem Hause **well-brought-'up** *adj inv* gut erzogen **well-'built** *adj inv* ❶ (*approv: of muscular body*) gut gebaut, muskulös ❷ (*approv: nice or shapely body*) gut gebaut; **he's very ~** er hat eine sehr gute Figur ❸ BRIT, AUS (*euph: overweight*) kräftig, gut beieinander *hum fam* ❹ (*of good construction*) solide gebaut, stabil **well-'chos·en** *adj* gut gewählt; [**to say**] **a few ~ words** ein paar passende Worte [sagen] **well-con·'nect·ed** *adj* (*knowing powerful people*) mit guten Beziehungen *nach n;* ■ **to be ~** gute Beziehungen haben; (*of good family and connections*) einflussreich; **a ~ family** eine angesehene Familie **well-'cov·ered** *adj inv* BRIT gut genährt **well-de·'fined** *adj inv* scharf umrissen; **a ~ answer** eine detaillierte Antwort; **a ~ term** ein klar definierter Begriff **well-de·'served** *adj inv* wohlverdient; **a ~ break** eine wohlverdiente Pause **well-de·'vel·oped** *adj* ❶ (*of human body*) gut entwickelt; (*hum: having large breasts*) vollbusig ❷ (*of object, idea, country*) gut entwickelt, ausgereift; **a ~ sense of humour** ein ausgeprägter Sinn für Humor **well-dis·'posed** *adj inv* wohlgesinnt; ■ **to be ~ to[wards] sb/sth** jdm/etw wohlgesinnt sein; **to feel ~ towards other people** anderen Menschen gegenüber freundlich gesonnen sein **well-'docu·ment·ed** *adj inv* gut belegt [*o geh* dokumentiert] **well-'done** *adj inv* ❶ (*of meat*) gut durch[gebraten] ❷ (*of work*) gut gemacht **well-'dressed** *adj* gut gekleidet **well-'earned** *adj inv* wohlverdient; **a ~ break** eine wohlverdiente Pause **well-'edu·cat·ed** *adj* gebildet **well-en·'dowed** *adj inv* ❶ (*with money*) *person* gut situiert ❷ (*with resources*) gut ausgestattet; ■ **to be ~ with sth** mit etw *dat* gut ausgestattet sein; **South Africa is ~ with gold and diamond resources** Südafrika hat reiche Gold- und Diamantenvorkommen; **the centre is ~ with generous funding** das Zentrum wird mit großzügigen Spendengeldern unterhalten ❸ (*euph*) gut ausgestattet *euph;* (*with big breasts*) vollbusig; (*of male genitals*) gut bestückt *hum fam* **well-es·'tab·lished** *adj inv* (*having a firm position*) etabliert; (*being generally known*) bekannt; **a ~ theme** ein allseits bekanntes Thema **well-'fed** *adj inv* (*having good food*) [ausreichend] mit Nahrung versorgt; (*result of good feeding*) wohlgenährt **well-'found·ed** *adj inv* [wohl]begründet; **~ fears/suspicions** [wohl]begründete Ängste/Vermutungen **well-'groomed** *adj inv* gepflegt **well-'ground·ed** *adj inv* (*based on good reasons*) [wohl]begründet; (*having knowledge*) ■ **to be ~ in sth** in etw *dat* gute Kenntnisse haben; **to be ~ in fact** auf Tatsachen beruhen **well-'guard·ed** *adj* wohlbehütet; **a ~ secret** ein gut gehütetes Geheimnis

'well head *n* ❶ (*of spring*) Quelle *f* ❷ (*structure*) Bohrturm *m*

well-'heeled I. *adj inv* (*fam*) [gut] betucht *fam;* **~ family homes** stattliche Einfamilienhäuser **II.** *n* ■ **the ~** *pl* die Wohlhabenden *pl* **well-'hung** *adj inv* ❶ (*of meat*) [gut] abgehangen ❷ (*fam: of man*) gut ausgestattet [*o* bestückt] *hum fam*

wel·lie ['weli] *n esp* BRIT (*fam*) *short for* **ellington** Gummistiefel *m*

well-in·'formed *adj* (*approv*) gut informiert [*o* unterrichtet]; **to be ~ on a subject** über ein Thema gut Bescheid wissen; ■ **to be ~ about sb/sth** über jdn/etw gut informiert [*o* unterrichtet] sein

wel·ling·ton ['welɪŋtən] *n esp* BRIT, **Wel·ling·ton 'boot** *n esp* BRIT Gummistiefel *m*

well-in·'ten·tioned *adj inv* gut gemeint **well-'kept** *adj* ❶ (*of person, property*) gepflegt ❷ (*not revealed*) gut gehütet; **a ~ secret** ein gut gehütetes Geheimnis **well-'knit** *adj inv* ❶ (*of human body*) stramm ❷ (*of interaction*) **a ~ group** eine fest gefügte Gruppe; **a ~ plot/story** eine gut durchdachte Handlung/Geschichte **well-'known** *adj* (*widely known*) [allgemein] bekannt; (*famous*) berühmt; ■ **to be ~ for sth** für etw *akk* bekannt sein; (*famous*) für etw *akk* berühmt sein; ■ **it is ~ that ...** es ist [allgemein] bekannt, dass ... **well-'liked** *adj inv* [sehr] beliebt

well man 'clin·ic *n* Männerklinik *f*

well-'man·nered *adj inv* wohlerzogen; **a ~ child** ein wohlerzogenes Kind **well-'matched** *adj inv* ❶ (*of equal ability*) gleich stark, einander ebenbürtig *geh* ❷ (*suited to each other*) zueinander passend, gut zusammenpassend; **they are a ~ couple** sie passen gut zueinander; **her skills are ~ to the job** ihre Fähigkeiten sind dem Job angemessen **well-'mean·ing** *adj inv* wohlmeinend; **~ advice/comments** gut gemeinte Ratschläge/Kommentare **well-'meant** *adj inv* gut gemeint

well·ness ['welnəs] *n no pl* AM Wohlbefinden *nt*

W

'well·ness cen·ter *n* AM Wellnesscenter *nt* **'well·ness clin·ic** *n* AM Kurklinik *f*
well-nigh [ˌwelˈnaɪ] *adv inv* beinah[e], nahezu; **to be ~ impossible** praktisch unmöglich sein
well-'off I. *adj* <better-, best-> ❶ (*wealthy*) wohlhabend, reich ❷ *pred* (*fortunate*) gut dran *fam;* **the city is ~ for parks and gardens** die Stadt hat viele Parks und Gärten; **to not know when one is ~** nicht wissen, wann es einem gut geht **II.** *n* ■**the ~** *pl* die Wohlhabenden *pl* **well-'oiled** *adj inv* ❶ *attr* (*functioning*) gut funktionierend ❷ *pred* (*euph fam: inebriated*) betrunken, voll *fam* **well-'or·dered** *adj inv* wohlgeordnet; (*planned to the last detail*) durchgeplant **well-pre·'served** *adj inv building* gut erhalten; *people* wohlerhalten; **she's ~ for her sixty years** sie hat sich für ihre sechzig Jahre gut gehalten **well-pro·'por·tioned** *adj inv* wohlproportioniert **well-'quali·fied** *adj* (*having formal qualification*) qualifiziert; (*suitable, experienced*) geeignet; **he seems ~ for the job** er scheint für den Job geeignet zu sein **well-'read** *adj* ❶ (*knowledgeable*) [sehr] belesen ❷ (*frequently read*) viel gelesen *attr;* **she is one of the most ~ authors** sie ist eine der meistgelesenen Autoren; ■**to be ~** viel gelesen werden ❸ (*dog-eared*) mit Eselsohren *nach n;* ■**to be ~** Eselsohren haben **well-'round·ed** *adj inv* ❶ *attr* (*developed*) Allround-; **a ~ person** ein Allroundtalent *nt* ❷ (*balanced*) vielseitig, facettenreich; **a ~ article** ein abgerundeter Artikel ❸ (*of object*) wohlgerundet ❹ (*of phrase, sentence*) ausgewogen **well-'spok·en** *adj inv* (*speaking pleasantly*) höflich; (*articulate or refined in speech*) beredt, wortgewandt
well·spring [ˈwelsprɪŋ] *n* (*liter*) Quell *m geh;* **a ~ of information/joy/love** eine Quelle der Information/Freude/Liebe
well-'thought-of *adj* (*highly regarded*) angesehen; (*recognized*) anerkannt **well-thought-'out** *adj* gut durchdacht **well-'timed** *adj* zeitlich gut gewählt; **his remark was ~** seine Bemerkung kam zur rechten Zeit **well-to-'do** (*fam*) **I.** *adj inv* wohlhabend, [gut] betucht *fam* **II.** *n* ■**the ~** *pl* die [Gut]betuchten *pl fam* **well-'tried** *adj inv* [alt]bewährt **well-'trod·den** *adj inv* ❶ (*often walked*) ausgetreten; (*often visited*) viel besucht; **a ~ path/way** ein ausgetretener Pfad/Weg ❷ (*fig: frequently used*) altbekannt; **a ~ path** eine altbekannte Methode **well-'turned** *adj inv* ❶ (*of speech act*) wohlgesetzt *geh;* **a ~ phrase** ein gut formulierter Ausdruck ❷ (*dated: shapely*) wohlgeformt; **a ~ leg** ein wohlgeformtes Bein **well-up·'hol·stered** *adj inv* ❶ (*of furniture*) gut gepolstert ❷ (*euph: of person*) korpulent, gut gepolstert *fig fam* **well-'used** *adj inv* ❶ (*worn*) abgenutzt ❷ (*frequently used*) viel genutzt **well-'versed** *adj inv* ■**to be ~ in sth** in etw *dat* versiert sein; *habits* mit etw *dat* vertraut sein **'well-wish·er** *n* (*supportive person*) Sympathisant(in) *m(f);* (*person who wishes well*) wohlwollender Freund/wohlwollende Freundin; (*patron*) Gönner(in) *m(f);* (*sponsor*) Förderer, Förderin *m, f*
well wom·an 'clin·ic *n* BRIT Frauenklinik *f*
well-'worn *adj inv* ❶ (*damaged by wear*) *clothes* abgetragen; *object* abgenützt ❷ (*fig: overused*) abgedroschen *fam*
wel·ly [ˈweli] *n esp* BRIT (*fam*) *short for* **wellington** Gummistiefel *m*
welsh [welʃ] *vi* sich *akk* drücken; **to ~ on a debt/promise** sich *akk* einer Schuldbegleichung entziehen/vor einem Versprechen drücken *fam*
Welsh [welʃ] **I.** *adj inv* walisisch; **his mother is ~** seine Mutter kommt aus Wales **II.** *n* ❶ *no pl* (*Celtic language*) Walisisch *nt* ❷ (*inhabitants, people of Wales*) ■**the ~** *pl* die Waliser *pl*

i Kultur

Am 18. September 1997 stimmten die Waliser durch ein Referendum für die Errichtung einer **Welsh Assembly** – *eines Parlaments,* die einige der Befugnisse des *Secretary of State for Wales* übernehmen sollte. Die **Assembly** mit ihren 60 Abgeordneten hat seit 1999 ihren neuen Sitz in der Landeshauptstadt Cardiff.

'Welsh·man *n* Waliser *m* **Welsh pony** *n* Welsh Pony *nt* **Welsh 'rab·bit, Welsh rare·bit** [- ˈreəbɪt] *n no pl geschmolzener Käse* (*evtl. mit etwas Milch*) *auf Toastbrot* **'Welsh·wom·an** *n* Waliserin *f*
welt [welt] **I.** *n* ❶ *usu pl* (*scar*) Striemen *m* ❷ (*of shoe*) Rahmen *m* **II.** *vt* ■**to ~ sb** jdn verprügeln [*o fam* verdreschen]
wel·ter [ˈweltəʳ, AM -ɚ] *n no pl* [Un]menge *f;* **a ~ of problems/questions** eine Menge Probleme/Fragen
wel·ter·weight [ˈweltəweɪt, AM -ɚ-] *n* Weltergewicht *nt*
wench <*pl* -es> [wen(t)ʃ] (*old*) **I.** *n* ❶ (*hum: young woman*) Maid *f veraltet,* junges Mädchen; **come here, my pretty ~!** (*hum*) komm her, mein schönes Kind! *hum* ❷ (*servant girl*) Magd *f veraltend* ❸ (*whore*) Dirne *f veraltend* **II.** *vi* (*hum*) [herum]huren *pej*
wend [wend] *vt* (*liter*) ■**to ~ one's way somewhere** sich *akk* irgendwohin begeben; **to ~ one's way home** sich *akk* auf den Heimweg machen
Wendy house [ˈwendiˌhaʊs] *n* BRIT Spielhaus *nt*
went [went] *pt of* **go**
wept [wept] *pt, pp of* **weep**
were [wɜːʳ, wəʳ, AM wɜːr, wər] *pt of* **be**
we're [wiːəʳ, AM wɪr] = **we are** *see* **be**
weren't [wɜːnt, AM wɜːrnt] = **were not** *see* **be**
were·wolf <*pl* -wolves> [ˈweəwʊlf, AM ˈwer-, *pl* -wʊlvz] *n* Werwolf *m*
west [west] **I.** *n no pl* ❶ (*direction*) ■**W~** Westen *m;* **~-facing** westwärts; **she chose the ~-facing bedroom** sie wählte das nach Westen liegende Schlafzimmer; ■**the ~** der Westen; **to be** [*or* **lie**] **to the ~ of sth** westlich von etw *dat* liegen; ■**in the ~** im Westen; ■**to be in the ~ of sth** im Westen einer S. *gen* sein; **Bristol is in the ~ of England** Bristol liegt im Westen Englands ❷ (*of the US*) ■**the W~** der Westen; **the Wild W~** der Wilde Westen ❸ + *sing/pl vb* POL (*western hemisphere*) ■**the W~** der Westen, die westliche Welt; (*the Occident*) das Abendland, der Okzident *geh;* ■**in** [*or* **throughout**] **the W~** im Westen ❹ POL (*hist: non-communist countries*) ■**the W~** der Westen, die westlichen Staaten; **East-W~ relations** Ost-West-Beziehungen *pl* ❺ (*in bridge*) West *m* **II.** *adj inv* westlich; **they live on the ~ side of town** sie leben im Westen der Stadt; **W~ Africa** Westafrika *nt;* **the ~ coast of Ireland** die Westküste Irlands; **~ wind** Westwind *m;* **to be due ~ of sth** genau westlich von etw *dat* liegen **III.** *adv inv* westwärts; **the balcony faces ~** der Balkon geht nach Westen; **to go/head/travel ~** nach Westen gehen/ziehen/reisen; **to turn ~** sich *akk* nach Westen wenden; **due ~** direkt nach Westen ▶ PHRASES: **east, ~, home's best** (*saying*) daheim ist es [doch] am schönsten; **to go ~** den Bach runtergehen *fam*
West 'Bank *n no pl* ■**the ~** das Westjordanland, die West Bank
'west·bound *adj inv* in Richtung Westen; **~ lane** AUTO, TRANSP Spur *f* in Richtung [*o* nach] Westen **West 'Coast I.** *n no pl* (*of USA*) ■**the ~** die Westküste **II.** *adj attr, inv* (*of USA*) Westküsten-; **a ~ computer firm** eine Computerfirma an der Westküste; **~ cuisine** *die Küche der Westküste* **'West Coun·try I.** *n no pl* ■**the ~** der Südwesten Englands **II.** *adj attr, inv* südwestenglisch **West 'End I.** *n no pl* ■**the ~** das [Londoner] Westend **II.** *adj attr, inv* (*of central London*) Westend-; **the ~ theatres** die Theater *ntpl* des Londoner Westends
west·er·ly [ˈwestᵊli, AM -tɚli] **I.** *adj* westlich; **he pointed in a ~ direction** er zeigte in westliche Richtung; **~ gales/winds** Weststürme/-winde *mpl* **II.** *n* ❶ *usu pl* (*wind from west*) Westwind *m* ❷ (*in southern hemisphere*) ■**westerlies** Westwinde *mpl*
west·ern [ˈwestən, AM -tɚn] **I.** *adj attr, inv* ❶ GEOG West-, westlich; **~ Europe** Westeuropa *nt;* **~ France** Westfrankreich *nt;*

~ **states** Weststaaten *mpl* (*der USA*) ❷ (*of culture*) ■**W~** westlich; **W~ culture/medicine** westliche Kultur/Medizin ❸ POL (*hist: non-communist*) ■**W~** westlich ❹ (*of wind*) westlich **II.** *n* (*film*) Western *m;* (*novel*) Wildwestroman *m*

west·ern·er ['westənəʳ, AM -tɚnɚ] *n* ❶ (*person from western hemisphere*) Abendländer(in) *m(f)* ❷ POL Person *f* aus dem Westen; **on my trip to China, I met up with some other ~s** auf meiner Chinareise traf ich einige andere Leute aus dem Westen

west·er·ni·za·tion [ˌwestᵊnaɪ'zeɪʃᵊn, AM -tɚnɪ'-] *n no pl* Verwestlichung *f*

west·ern·ize ['westənaɪz, AM -tɚ-] **I.** *vt* ■**to ~ sb/sth** jdn/etw verwestlichen; **many young Japanese have been extensively ~d** viele junge Japanische Jugendliche sind unter einen extrem westlichen Einfluss geraten **II.** *vi* sich *akk* dem Westen anpassen

west·ern·most ['westənməʊst, AM -tɚnmoʊst] *adj attr, inv* ■**the ~ ...** der/die/das westlichste ...

West 'Ger·ma·ny *n no pl* (*hist*) Westdeutschland *nt hist* **West 'In·dian I.** *adj inv* westindisch **II.** *n* Westinder(in) *m(f)* **West 'In·dies** *npl* ■**the ~** die Westindischen Inseln

West·min·ster ['wes(t)mɪn(t)stəʳ, AM -stɚ] *n no pl* ❶ (*area of London*) Westminster *nt* ❷ + *sing/pl vb* BRIT (*Parliament*) Westminster *kein art*

West 'Side *n no pl* (*western part of Manhattan*) ■**the ~** die West Side

west·ward(s) ['wes(t)wəd(z), AM -wɚd(z)] *inv* **I.** *adj* westlich; *road* nach Westen **II.** *adv* westwärts, in Richtung Westen

wet [wet] **I.** *adj* <-tt-> ❶ (*saturated*) nass; ■**~ through** [völlig] durchnässt; **to be ~ behind the ears** (*fig*) noch nicht trocken hinter den Ohren sein *fam;* **all** [*or* **soaking**] **~** triefend nass; **to get sth ~** etw nass machen; **to get ~** nass werden ❷ (*covered with moisture*) feucht ❸ (*not yet dried*) frisch; **'~ paint!'** „frisch gestrichen!" ❹ (*rainy*) regnerisch; **~ season** Regenzeit *f;* **~ weather** nasses [*o* regnerisches] Wetter ❺ (*having urinated*) nass ❻ BRIT (*pej: feeble*) schlapp *pej fam* ❼ (*sl: allowing sale of alcohol*) *bezeichnet die Verfügbarkeit von Alkohol in einem Staat oder legalisierten Alkoholkonsum in einer Gesetzgebung* ▶ PHRASES: **to be a ~ blanket** ein Spielverderber *m*/eine Spielverderberin sein; **to be as much fun as a ~ weekend** (*fam*) so lustig wie ein verregnetes Wochenende sein; **to be all ~** AM sich *akk* auf dem Holzweg befinden **II.** *vt* <-tt-, wet *or* wetted, wet *or* wetted> ❶ (*moisten*) ■**to ~ sth** etw anfeuchten ❷ (*saturate*) ■**to ~ sth** etw nass machen ❸ (*urinate*) **~ the bed** das Bett nass machen; **to ~ one's pants** [*or* **trousers**] seine Hose nass machen; ■**to ~ oneself** sich *akk* nass machen ▶ PHRASES: **to ~ the baby's head** auf die Geburt eines Kindes anstoßen; **to ~ one's whistle** (*dated fam*) sich *dat* die Kehle anfeuchten *hum fam* **III.** *n* ❶ *no pl* (*rain*) Nässe *f;* **don't leave those boxes out in the ~** lass die Kisten nicht draußen in der Nässe stehen ❷ *no pl* (*liquid*) Flüssigkeit *f;* (*moisture*) Feuchtigkeit *f* ❸ *no pl* (*damp area*) Pfütze *f* ❹ (*unassertive person*) Schlappschwanz *m pej* ❺ BRIT (*dated: conservative politician with liberal views*) Gemäßigte(r) *f(m)*

'wet·back *n* AM (*pej! sl*) illegaler Einwanderer/illegale Einwanderin aus Mexiko **'wet cell** *n* Nasszelle *f* **wet 'dream** *n* feuchter Traum **wet 'fish** *n no pl* frischer Fisch **'wet·land** *n no pl,* **'wet·lands** *npl* Sumpfgebiet *nt* **'wet-look I.** *adj attr, inv* Wetlook-; **~ hair gel** Wetgel *nt* **II.** *n usu sing* Wetlook *m*

wet·ly ['wetli] *adv* nass; **to gleam ~** nass glänzen

wet·ness ['wetnəs] *n no pl* ❶ (*moisture*) Nässe *f; of climate, paint* Feuchtigkeit *f* ❷ (*state of being wet*) Nassheit *f*

'wet nurse I. *n* (*usu hist*) Amme *f hist* **II.** *vt* ❶ (*breast-feed*) **to ~ a baby** ein Baby stillen ❷ (*pej: pamper*) ■**to ~ sb** jdn verhätscheln *oft pej* **'wet shave** *n* Nassrasur *f* **'wet·suit** *n* Taucheranzug *m*

wet·ting ['wetɪŋ, AM 'weṭɪŋ] *n no pl* ❶ (*making wet*) **the ~ of the soil is very important** es ist wichtig, dass die Erde richtig durchtränkt ist; **after that ~ in the rain, I'm not surprised you're cold** nach deiner Dusche im Regen wundert mich nicht, dass dir kalt ist ❷ (*urination*) **bed ~** Bettnässen *nt*

WEU [ˌdʌblju:i:'ju:] *n no pl,* + *sing/pl vb abbrev of* **Western European Union:** ■**the ~** die WEU

we've [wi:v, wiv] = **we have** *see* **have I., II.**

whack [(h)wæk] **I.** *vt* (*fam*) ❶ (*hit*) ■**to ~ sth/sb** etw/jdn schlagen ❷ (*defeat*) ■**to ~ sb** jdn [haushoch] besiegen [*o* schlagen] ❸ (*put*) ■**to ~ sth somewhere** etw irgendwohin reinstecken *fam;* **just ~ your card into the machine and out comes the money!** du brauchst deine Karte nur in den Automat zu stecken und schon kommt das Geld raus! ❹ AM (*murder*) ■**to ~ sb** jdn umlegen *fam* **II.** *n* ❶ (*blow*) Schlag *m;* **to give sb/an animal a ~** jdm/einem Tier einen Schlag versetzen; **to give sth a** [**good**] **~** auf etw *akk* [ordentlich] [ein]schlagen ❷ *no pl* (*fam: share, part*) Satz *m;* **to pay full** [*or* **top**] **~** den vollen Satz bezahlen ❸ *no pl* (*fam: deal*) **a fair ~** ein fairer Handel ▶ PHRASES: **to be out of ~** AM, AUS nicht in Ordnung sein; **to have a ~ at sth** (*fam*) etw mal versuchen *fam*

◆**whack around** *vt* (*sl*) ■**to ~ sb around** jdn niedermachen *fam*

◆**whack off** *vi* (*vulg*) wichsen *derb, vulg*

whacked [(h)wækt] *adj pred* (*dated fam: exhausted*) kaputt *fam,* erledigt *fam*

whacked 'out *adj* ❶ *see* **whacked** ❷ AM (*sl: effect of drugs*) high *sl;* ■**to be ~ on sth** von etw *dat* high sein

whack·ing ['(h)wækɪŋ] **I.** *adj attr, inv* riesig; **a ~ fine** eine saftige Geldstrafe **II.** *adv inv* enorm; **a ~ big kiss** ein dicker Kuss **III.** *n* BRIT, AUS (*dated*) Prügel *pl;* **to give sb a real ~** jdm eine richtige Tracht Prügel verpassen

whacko ['(h)wækəʊ, AM -oʊ] *adj* (*sl*) durchgeknallt *fam*

whacky ['(h)wæki] *adj* (*fam: crazy*) verrückt *fam;* (*funny*) abgefahren *fam,* schrill *fam;* **~ memorabilia** kitschige Andenken

whad·dya ['(h)wɑ:dᵊjə] (*sl*) = **what do you** *see* **what I.1**

whale [(h)weɪl] *n* ❶ ZOOL Wal *m;* **a beached ~** ein gestrandeter Wal ❷ (*a lot of*) **that's a ~ of a story** das ist vielleicht eine tolle Geschichte; **a ~ of a difference** ein enormer Unterschied ▶ PHRASES: **to have a ~ of a time** eine großartige Zeit haben, sich *akk* großartig amüsieren

whal·er ['(h)weɪləʳ, AM -ɚ] *n* ❶ (*ship*) Walfangschiff *nt* ❷ (*person*) Walfänger(in) *m(f)*

whal·ing ['(h)weɪlɪŋ] *n no pl* Walfang *m*

wham [(h)wæm] **I.** *interj* (*fam*) ❶ (*as sound effect*) zack; **~, zap!** zack, peng! ❷ (*emphasis for sudden action*) wumm; **everything was fine until, ~, the wire snapped** alles war in Ordnung, bis auf einmal, wumm, das Kabel riss **II.** *vi* <-mm-> ■**to ~ into sth** in etw *akk* [hinein]krachen; **the billiard balls ~med into each other** die Billardkugeln knallten aufeinander

wham-bam [ˌ(h)wæm'bæm] *adj inv esp* AM (*fig fam*) ❶ (*sudden*) plötzlich ❷ (*quick*) **~, thank you ma'am** ruck, zuck *fam;* (*quick sex*) schnelle Nummer *meist pej fam*

wham·my ['(h)wæmi] *n* (*fam*) ❶ *esp* AM (*incident*) Patzer *m fam;* (*more severe*) Hammer *m fam;* **a double ~** ein doppelter [Rück]schlag ❷ AM, AUS (*magic spell*) Zauber[bann] *m;* (*bad-luck spell*) Fluch *m;* (*evil eye*) böser Blick; **to put the ~ on sb** jdn mit einem Bann belegen

whang [(h)wæŋ] (*fam*) **I.** *interj* **~!** boing! **II.** *vt* ❶ (*throw down*) ■**to ~ sth somewhere** etw irgendwohin knallen *fam* ❷ (*hit*) ■**to ~ sth** etw schlagen **III.** *n* **to give sth a ~** etw *dat* einen Schlag versetzen

wharf <*pl* wharves *or* -s> [(h)wɔ:f, *pl* (h)wɔ:vz, AM (h)wɔ:rf, *pl* (h)wɔ:rvz] *n* Kai *m;* **Canary W~** Canary Pier *m* (*saniertes Piergelände in London, das als schick gilt*)

what [(h)wɒt, AM (h)wʌt] **I.** *pron* ❶ *interrogative* (*asking for specific information*) was; **~ happened after I left?** was geschah, nachdem ich gegangen war?; **they asked me ~ I**

W

needed to buy sie fragten mich, was ich kaufen musste; ~ **do you do?** was machst du?; ~ **'s your address?** wie lautet deine Adresse?; ~ **'s that called?** wie heißt das?; ~ **'s your phone number?** was hast du für eine Telefonnummer?; ~ **is your name?** wie heißt du?; ~ **on earth ...?** (*fam: emphasizing*) was um alles in der Welt ...?; ~ **on earth are you talking about?** worüber um alles in der Welt sprichst du?; ~ **in God's** [*or* **heaven's**] **name ...?** was in Gottes Namen ...?; ~ **in God's/heaven's name did you think was likely to happen?** was in Gottes Namen glaubtest du, würde passieren?; ~ **the hell** [*or* **heck**] **...?** (*fam!*), ~ **the fuck ...?** (*vulg*) was zum Teufel ...? *sl;* ~ **'s the matter** [*or* ~ **'s up**]**?** was ist los?; ~ **for?** (*why*) wofür?; **you want a hammer and a screwdriver?** ~ **for?** du möchtest einen Hammer und einen Schraubenzieher? wofür?; ~ **are these tools for?** wofür sind diese Werkzeuge?; (*fam: why is sth being done?*) warum; ~ **are you talking to me like that for?** warum sprichst du so mit mir?; ~ **is he keeping it secret for?** warum hält er es geheim?; **to give sb** ~ **for** (*fam*) **I'll give you** ~ **for** gleich setzt's was! *fam;* **I'll give you** ~ **for if I catch you doing that again** es wird was setzen, wenn ich dich noch einmal dabei erwische; ~ **is sb/sth like?** wie ist jd/etw?; ~ **'s the weather like?** wie ist das Wetter?; ~ **'s on?** (*what's happening?*) was gibt's?; **hi everybody,** ~ **'s on here?** hallo alle miteinander, was gibt's?; ~ **about sth/sb/doing sth?** (*fam*) was ist mit etw/jdm?; ~ **about Lalla? – shall we invite her?** was ist mit Lalla? – sollen wir sie einladen?; ~ **about doing sth?** (*used to make a suggestion*) wie wäre es, etw zu tun?; ~ **about taking a few days off?** wie wäre es mit ein paar Tagen Urlaub?; **let's do something fun – hey,** ~ **about going to the movies?** lasst uns etwas Lustiges tun – hey, wie wär's mit Kino?; ~ **of it?** was soll's?; ~ **'s it to you?** das geht dich nichts an; **so I smoke,** ~ **'s it to you?** und wenn ich rauche – was geht dich das an?; **so** ~**?** (*fam*) na und? *fam;* **or** ~**?** (*fam*) oder was? *fam;* **are you going to help me or** ~**?** hilfst du mir nun oder was?; ~ **if ...?** was ist, wenn ...?; ~ **if the train's late?** was ist, wenn der Zug Verspätung hat? ❷ *relative* (*thing or things that*) was; **she wouldn't tell me** ~ **he said** sie erzählte mir nicht, was er gesagt hatte; **I can't decide** ~ **to do next** ich kann mich nicht entschließen, was ich als nächstes tun soll; **I'll take a look at** ~ **you have finished** ich werde mir anschauen, was du gemacht hast; ~ **we need is a commitment** was wir brauchen ist Engagement; ~ **'s more ...** darüber hinaus ..., und außerdem ...; **and** [*or* **or**] ~ **have you** (*fam*) oder etwas Ähnliches; **for a binder try soup, gravy, cream or** ~ **have you** zum Binden nehmen Sie Suppe, Soße, Sahne oder etwas Ähnliches ❸ *relative* (*used as an introduction*) **you'll never guess** ~ **– Laurie won first prize!** du wirst es nie erraten – Laurie hat den ersten Platz gemacht!; **I'll tell you** ~ **– we'll collect the parcel on our way to the station** (*fam*) weißt du was? wir holen das Paket auf dem Weg zum Bahnhof ab ❹ *relative* (*whatever*) was; **do** ~ **you can but I don't think anything will help** tu, was du kannst, aber glaub' nicht, dass etwas hilft; **it doesn't matter** ~ **I say – they always criticize me** ich kann sagen, was ich will – sie kritisieren mich immer; ~ **have we/you here?** was haben wir denn da?; ~ **have you here? is that a science project?** was ist denn das? ist das ein wissenschaftliches Projekt?; **come** ~ **may** komme, was wolle; ~ **sb says goes** was jd sagt, gilt; **we don't like keeping this information secret, but** ~ **the director says goes** ich halte diese Information nicht gerne geheim, aber es gilt, was der Direktor sagt ❺ *in exclamations* (*showing disbelief*) was; ~ **'s this I hear? you're leaving?** was höre ich da? du gehst?; (*emphasizing sth surprising or remarkable*) was; **... or** ~**!** ... oder was!; **is he smart or** ~**!** ist er intelligent oder was! ▸ PHRASES: ~ **'s his/her name** [*or fam* ~ **do you call him/her**] [*or fam!* ~ **'s his/her face**] wie heißt er/sie gleich?; **I gave it to** ~ **'s her name – the new girl** ich gab es ihr, wie heißt sie gleich – das neue Mädchen; ~ **'s it called** [*or* ~ **do you call it**] wie heißt es gleich; **it looks like a** ~ **'s it called – a plunger?** es sieht aus wie ein Dings, ein Tauchkolben; ~ **gives?** (*fam*) was ist los?; **you've been in a bad mood all day long –** ~ **gives?** du bist schon den ganzen Tag schlechter Laune – was ist los?; **to have** ~ **it takes** (*fam*) ausgesprochen fähig sein; ~ **is** ~ was Sache ist; **I'll teach her** ~ **'s** ~ ich werde ihr beibringen, was Sache ist; **to know** ~ **'s** ~ (*fam: to have experience*) sich *akk* auskennen; **you have to ask the manager about that problem – he knows** ~ **'s** ~ du musst den Manager wegen dieses Problems fragen – er kennt sich aus; ~ **say ...** wie wäre es, wenn ...; ~ **say we call a tea break?** wie wäre es mit einer Pause?; ~ **with ...** [**and all**] (*fam*) bei all dem/der ...; ~ **with the drought and the neglect, the garden is in a sad condition** bei der Trockenheit und der Vernachlässigung ist der Garten in traurigem Zustand; **I'm very tired,** ~ **with travelling all day yesterday and having a disturbed night** ich bin sehr müde; ich bin gestern den ganzen Tag gefahren und habe schlecht geschlafen; **and** ~ **not** (*often pej fam*) und ähnliches Zeug *fam;* **she puts all her figurines and** ~ **not in the glass case there** sie stellt ihre Figuren und ähnliches Zeug in die Vitrine dort **II.** *adj inv* ❶ (*which*) welche(r, s); ~ **time is it?** wie viel Uhr ist es?; ~ **books did you buy?** welche Bücher hast du gekauft?; ~ **size do you take?** welche Schuhgröße haben Sie?; ~ **sort of car do you drive?** was für ein Auto fährst du?; **she didn't know** ~ **cigarettes to buy** sie wusste nicht, welche Zigaretten sie kaufen sollte; **do you know** ~ **excuse he gave me?** weißt du, welche Entschuldigung er mir gegeben hat? ❷ (*of amount*) **use** ~ [**little**] **brain you have and work out the answer for yourself!** benutze dein [bisschen] Hirn und erarbeite dir die Antwort selbst! *fam;* **she took** ~ [**sums of**] **money she could find** sie nahm alles Geld, das sie finden konnte; **he had been robbed of** ~ **little money he had** man hat ihm das bisschen Geld geraubt, das er hatte ❸ (*used for emphasis*) was für; ~ **a lovely view!** was für ein herrlicher Ausblick!; ~ **a fool she was** wie dumm sie war; ~ **a day!** was für ein Tag!; ~ **luck!** was für ein Glück!; ~ **nonsense** [*or* **rubbish**]**!** was für ein Unsinn!; ~ **a pity** [*or* **shame**] wie schade **III.** *adv inv* ❶ (*to what extent?*) was; ~ **do qualifications matter?** was nutzen Qualifikationen schon?; ~ **do you care if I get myself run over?** dir ist es doch egal, wenn ich mich überfahren lasse!; ~ **does he care about the problems of teenagers?** was kümmern ihn die Probleme der Teenager?; ~ **does it matter?** was macht's? *fam* ❷ (*indicating approximation*) sagen wir; **see you,** ~, **about four?** bis um, sagen wir vier? ❸ (*dated fam: used for emphasis or to invite agreement*) oder?; **pretty poor show,** ~**?** ziemlich schlechte Show, nicht? **IV.** *interj* ❶ (*fam: pardon?*) was *fam;* ~**? I can't hear you** was? ich höre dich nicht ❷ (*showing surprise or disbelief*) was; ~**! you left him there alone!** was? du hast ihn da allein gelassen?

what·cha ['(h)wɒtʃə, AM '(h)wʌtʃə] (*fam*) = **what are you:** ~ **doin' tonight?** was machst'n heut' Abend? *fam*

what·cha·ma·call·it ['(h)wɒtʃəməˌkɔːlɪt, AM '(h)wʌt-] *n* (*fam*) Dingsbums *m o f o nt fam,* Dingsda *m o f o nt fam*

what·ever [(h)wɒt'evəʳ, AM (h)wʌt'evɚ] **I.** *pron* ❶ (*anything that*) was [auch immer]; ~ **you choose is fine** mir ist gleich, was du aussuchst; **I eat** ~ **I want** ich esse, was ich will; **do** ~ **you want** mach, was du willst; ~ **you do, don't ...** ganz gleich, was du machst, aber ...; ~ **that means** was auch immer das heißen soll ❷ (*fam: that or something else*) wie du willst; **I'll bring red wine then – sure,** ~ ich hole also Rotwein – ja, ist mir recht; **use chopped herbs, nuts, garlic, or** ~ verwenden Sie gehackte Kräuter, Nüsse, Knoblauch oder Ähnliches ❸ (*no matter what*) was auch immer; ~ **happens, you know that I'll stand by you** was auch passieren mag, du weißt, dass ich zu dir halte; ~ **else may be said of Mr Meese, ...** ganz gleich, was man über Mr. Meese sonst sagen kann, ... ❹ *inter-*

rogative (*what on earth*) was in Gottes Namen; ~ **are you talking about?** worüber in Gottes Namen sprichst du?; ~ **is he doing with that rod!** was in Gottes Namen macht er mit dieser Stange?; ~ **makes you think that?** wie kommst du denn nur darauf? **II.** *adj inv* ❶ (*any*) was auch immer; ~ **dress you want to wear is fine** welches Kleid du auch immer tragen möchtest, mir ist es recht; **take ~ action is needed** mach, was auch immer nötig ist ❷ (*regardless of*) gleichgültig welche(r, s); **we'll go ~ the weather** wir fahren bei jedem Wetter; ~ **the outcome of the war, ...** wie der Krieg auch ausgehen wird, ...; ~ **decision he made I would support it** ich würde jede seiner Entscheidungen unterstützen **III.** *adv inv* ❶ *with negative* (*whatsoever*) überhaupt; **there is no evidence ~ to show that ...** es gibt überhaupt keinen Beweis dafür, dass ...; **he had no respect for authority** ~ er hatte keinerlei Respekt vor Autorität ❷ (*fam: no matter what happens*) auf jeden Fall; **we told him we'd back him** ~ wir sagten ihm, dass wir ihn auf jeden Fall unterstützen würden

what 'for *n no pl* **to give sb** ~ (*fam*) jdm die Hölle heißmachen *fam*

what·not ['(h)wɒtnɒt, AM '(h)wʌtnɑːt] *n no pl* ❶ (*fam*) ■**and** ~ und was weiß ich noch alles *fam* ❷ (*piece of furniture*) Etagere *f*

what·sit ['(h)wɒtsɪt, AM '(h)wʌt-] *n* (*fam*) Dingsda *m o f o nt fam;* (*object*) Dings *nt fam*

what·so·ever [ˌ(h)wɒtsəʊ'evəʳ, AM ˌ(h)wʌtsoʊ'evɚ] **I.** *adv inv* überhaupt; **he has no respect for authority** ~ er hat überhaupt keinen Respekt vor Autorität; **I have no doubt** ~ daran zweifele ich überhaupt nicht; **I have no idea** ~ ich habe nicht die leiseste Idee; **to have no interest ~ in sth** an etw *dat* überhaupt [*o* absolut] kein Interesse haben **II.** *pron* (*old: whatever*) was auch immer; **we can go out to dinner, go to the movies or just take a walk – ~ you like** wir können essen, ins Kino oder einfach spazieren gehen – was du möchtest **III.** *adj det* (*old: whatever*) welche; ~ **career you choose, ...** welchen Karriereweg du auch einschlägst, ...

wheat [(h)wiːt] *n no pl* Weizen *m;* ~ **field** Weizenfeld *nt;* ~ **flour** Weizenmehl *nt* ▸PHRASES: **to separate the ~ from the chaff** die Spreu vom Weizen trennen

'wheat·germ *n no pl* Weizenkeim *m* **'wheat·meal** BRIT **I.** *n no pl* Weizenschrot *m o nt* **II.** *n modifier* (*bread, flour*) Vollkornweizen-; ~ **digestive biscuits** Vollkornweizenkekse *mpl*

whee·dle ['(h)wiːdl] (*pej*) **I.** *vt* ❶ (*cajole*) ■**to ~ sb into [doing] sth** jdn beschwatzen [*o* dazu kriegen], etw zu tun *fam;* ■**to ~ sth out of sb** jdm etw abschwatzen *fam* ❷ (*a. fig: gain entrance*) **to ~ one's way in** sich *dat* Zutritt verschaffen **II.** *vi* schmeicheln

whee·dling ['(h)wiːdlɪŋ] **I.** *adj attr* (*pej*) schmeichelnd; **a ~ tone** ein [ein]schmeichelnder Tonfall **II.** *n no pl* Schmeichelei *f*

wheel [wiːl] **I.** *n* ❶ (*circular object*) Rad *nt;* **alloy ~s** AUTO Aluminiumfelgen *pl,* Alufelgen *pl;* **front/rear** ~ Vorder-/Hinterrad *nt;* ■**to be on ~s** Rollen haben ❷ (*for steering*) Steuer *nt;* AUTO Steuerrad *nt;* **keep your hands on the ~!** lass die Hände am Steuer!; ■**to be at [*or* behind] the ~** am [*o* hinterm] Steuer sitzen; **to get behind the ~** sich *akk* hinters Steuer setzen *fam;* **to take the ~** sich *akk* ans Steuer setzen *fam* ❸ (*vehicle*) ■**~s** *pl* (*fam*) fahrbarer Untersatz *hum fam;* **set of ~s** Schlitten *m sl* ❹ (*fig: cycle, process*) Kreis *m;* **the ~ of fortune** das Glücksrad; **the ~ of life** der Kreis des Lebens ❺ (*fig*) ■**~s** *pl* (*workings*) Räder *pl;* **the ~s of bureaucracy move very slowly** die Mühlen der Bürokratie mahlen sehr langsam; **to set the ~s in motion** die Sache in Gang bringen ❻ (*at fairground*) **the [big]** ~ das Riesenrad ❼ (*shape*) **a ~ of cheese** ein Laib *m* Käse ▸PHRASES: **to be hell on ~s** (*fam*) ein Hansdampf in allen Gassen sein *fam;* **to set one's shoulder to the ~** sich *akk* mächtig anstrengen [*o* [mächtig] ins Zeug legen]; **to be a big ~** AM (*fam*) ein hohes Tier sein *fam;* **to feel like a fifth [*or* AM third] ~** sich *dat* wie das fünfte Rad am Wagen vorkommen *fam;* **to run on ~s** wie am Schnürchen laufen *fam;* **to spin one's ~s** AM Däumchen drehen; **~s within ~s** BRIT [schwer durchschaubare] Beziehungen **II.** *vt* ■**to ~ sth/sb somewhere** (*roll*) etw/jdn irgendwohin rollen; (*push*) etw/jdn irgendwohin schieben; **to ~ a pram along** einen Kinderwagen schieben; ■**to ~ in sth** etw hereinrollen; ■**to ~ out sth** (*pej, fig fam*) etw hervorholen [*o fam* ausgraben] *fig* **III.** *vi* kreisen ▸PHRASES: **to ~ and deal** (*pej fam*) mauscheln *pej fam*

◆**wheel around, wheel round** *vi* BRIT, AUS sich *akk* schnell umdrehen; (*esp out of shock*) herumfahren

'wheel·bar·row *n* Schubkarre *f,* Schubkarren *m* **'wheel base** *n usu sing* Radstand *m* **'wheel brace** *n* Kreuzschlüssel *m* **'wheel·chair** *n* Rollstuhl *m;* ■**to be in a ~** im Rollstuhl sitzen **'wheel·chair ramp** *n* Rollstuhlrampe *f* **'wheel clamp I.** *n esp* BRIT, AUS Parkkralle *f* **II.** *vt* **to ~ a car** ein Auto mit einer Parkkralle festsetzen

-wheeled *in compounds* -rädrig

-wheel·er *in compounds* -rad

wheel·er-deal·er [ˌ(h)wiːlə'diːləʳ, AM -lɚ'diːlɚ] *n* (*pej fam: tricky person*) Schlitzohr *nt fam;* (*squeezing money out of people*) Abzocker(in) *m(f) sl*

'wheel·house ['(h)wiːlhaʊs] *n* NAUT Ruderhaus *nt*

wheelie ['(h)wiːli] *n* (*fam*) Wheelie *nt sl* (*Fahren auf dem Hinterrad*)*;* **to do [*or* pop] a ~** auf dem Hinterrad fahren, ein Wheelie machen

'wheelie bin *n* BRIT, AUS Mülltonne *f* auf/mit Rollen

wheel·ing ['(h)wiːlɪŋ] **I.** *n no pl* Kreisen *nt* ▸PHRASES: **~ and dealing** (*pej fam*) Abzockerei *f sl;* (*shady deals and actions*) Gemauschel *nt pej,* Machenschaften *fpl pej* **II.** *adj inv* kreisend

wheely ['(h)wiːli] *n see* **wheelie**

wheeze [(h)wiːz] **I.** *vi* keuchen **II.** *n* ❶ (*of breath*) Keuchen *nt kein pl* ❷ BRIT (*fam: scheme*) Idee *f;* **good ~** kluger Schachzug; **to have a ~** eine Idee haben

wheez·ing ['(h)wiːzɪŋ] **I.** *adj attr, inv* keuchend; **~ cough** Keuchhusten *m* **II.** *n no pl* Keuchen *nt*

wheezy ['(h)wiːzi] *adj* keuchend; **to get all ~** zu keuchen anfangen

whelk [welk, AM (h)welk] *n* ZOOL Wellhornschnecke *f*

whelp [(h)welp] **I.** *n* (*old*) ❶ (*puppy*) Welpe *m* ❷ (*young animal, cub*) Junge(s) *nt* ❸ (*hum: young child*) Balg *m o nt meist pej fam;* (*esp girl*) Gör *nt fam* **II.** *vt* **to ~ a litter/puppy** einen Wurf bekommen/einen Welpen werfen

when [(h)wen] **I.** *adv inv* ❶ *interrogative* (*at what time*) wann; ~ **do you want to go?** wann möchtest du gehen?; **~'s the baby due?** wann hat sie Geburtstermin?; **do you know ~ he'll be back?** weißt du, wann er zurückkommt?; **to tell sb ~ to do sth** jdm sagen, wann er/sie etw tun soll; **since ~ ...?** seit wann ...?; **until ~ ...?** wie lange ...? ❷ *interrogative* (*in what circumstances*) wann; ~ **is it OK to cross the road? – when the little green man is lit up** wann darf man die Straße überqueren? – wenn das kleine grüne Männchen aufleuchtet ❸ *relative* (*in following circumstances*) wenn; (*at which, on which*) wo; **when is it OK to cross the road? – ~ the little green man is lit up** wann darf man die Straße überqueren? – wenn das kleine grüne Männchen aufleuchtet; **the week between Christmas and New Year is ~ we carry out an inventory** in der Woche zwischen Weihnachten und Neujahr machen wir eine Inventur; **March is the month ~ the monsoon arrives** im März kommt der Monsun; **this is one of those occasions ~ I could wring his neck** dies ist eine der Gelegenheiten, wo ich ihm den Hals umdrehen könnte; **she was only twenty ~ she had her first baby** sie war erst zwanzig, als sie das erste Kind bekam; **Saturday is the day ~ I get my hair done** samstags lasse ich mir immer die Haare machen; **there are times ~ ...** es gibt Momente [*o* Augenblicke], wo ... **II.** *conj* ❶ (*at, during the time*) als; **I used to love that film ~ I was a child** als Kind liebte ich diesen Film; **I loved maths ~ I was at school** in der Schule liebte ich

W

Mathe ❷ (*after*) wenn; **he was quite shocked ~ I told him** er war ziemlich schockiert, als ich es ihm erzählte; **call me ~ you've finished** ruf mich an, wenn du fertig bist ❸ (*whenever*) wenn; **I hate it ~ there's no one in the office** ich hasse es, wenn niemand im Büro ist ❹ (*and just then*) als; **I was just getting into the bath ~ the telephone rang** ich stieg gerade in die Badewanne, als das Telefon läutete ❺ (*considering that*) wenn; **how can you say you don't like something ~ you've never even tried it?** wie kannst du sagen, dass du etwas nicht magst, wenn du es nie probiert hast? ❻ (*although*) obwohl; **I don't understand how he can say that everything's fine ~ it's so obvious that it's not** ich verstehe nicht, wie er sagen kann, dass alles in Ordnung ist, wenn doch offensichtlich was nicht stimmt

whence [(h)wen(t)s] *adv inv* (*old*) ❶ *interrogative* (*form: from what place*) woher; **~ comes this lad?** woher kommt dieser Junge?; **~ does Parliament derive this power?** woher nimmt das Parlament seine Macht?; **from ~ ...?** [von] woher ...? ❷ *relative* (*form: from where*) wo; **his last years he spent in Rome, ~ he came** seine letzten Jahre verbrachte er in Rom, seiner Heimatstadt; **the Ural mountains, ~ the ore is procured** der Ural, wo Eisen abgebaut wird; **he will be sent back ~ he came** wir werden ihn dahin zurückschicken, wo er herkam; **from ~ ...** woher ...; **it has been returned to the shop from ~ it came** es wurde an das Geschäft zurückgeschickt, von dem es kam ❸ *relative* (*form: as a consequence*) daraus; **~ it followed that ...** daraus folgte, dass ...

when·ever [(h)wen'evəʳ, AM -ɚ] **I.** *conj* ❶ (*on whatever occasion*) wann auch immer; **you can ask for help ~ you need it** du kannst mich jederzeit um Hilfe bitten, wenn du welche brauchst; **or ~ ...** oder wann auch immer ... ❷ (*every time*) jedes Mal, wenn ...; **I blush ~ I think about it** ich werde immer rot, wenn ich daran denke; **~ I go there ...** jedes Mal, wenn ich dahin gehe ... **II.** *adv inv* ❶ (*at whatever time*) wann auch immer; **I try to use olive oil ~ possible** ich versuche wenn möglich Olivenöl zu verwenden; **or ~** (*fam*) oder wann auch immer ❷ *interrogative* (*when*) wann denn [nur]; **~ am I going to be finished with all this work?** wann werde ich je mit dieser ganzen Arbeit fertig sein?; **~ do you get the time to do these things?** wann hast du je Zeit, das alles zu erledigen?

when's [(h)wenz] = **when is, when has** *see* **when**

where [(h)weəʳ, AM (h)wer] *adv inv* ❶ *interrogative* (*what place, position*) wo; **~ does he live?** wo wohnt er?; **~ are you going?** wohin gehst du?; **~ did you put my umbrella?** wo hast du meinen Schirm hingelegt?; **~ are we going?** wohin gehen wir?; **~'s the party being held?** wo ist denn die Party?; **could you tell me ~ Barker Drive is please?** können Sie mir bitte sagen, wo Barker Drive ist?; **I wonder ~ they will take us to** ich frage mich, wohin sie uns bringen; **~ does this argument lead?** zu was führt dieser Streit?; **he was so obnoxious so I told him ~ to go** er war so eklig zu mir, dass ich ihm gesagt habe, dass er sich verziehen soll *fam* ❷ *relative* (*at that place which*) wo; **Bradford, ~ Bren comes from ...** Bradford, wo Bren herkommt ...; **you see ~ Mira is standing?** siehst du, wo Mira steht?; **this is ~ I live** hier wohne ich; **he was free to go ~ he liked** er konnte gehen, wohin er wollte; **that's ~ you're wrong** genau da liegst du falsch; **he's as soft as butter ~ children are concerned** er ist weich wie Butter, was Kinder anbelangt ❸ *relative* (*at what stage*) **you reach a point in any project ~ you just want to get the thing finished** bei jedem Projekt erreicht man irgendwann mal den Punkt, an dem man einfach fertig werden möchte; **I've reached the stage ~ I just don't care anymore** ich habe einen Punkt erreicht, an dem es mir einfach egal ist ❹ *interrogative* (*in what situation*) wo; **~ do you see yourself five years from now?** wo sehen Sie sich in fünf Jahren?; **you're not available on the 12th and Andrew can't make the 20th – so ~ does that leave us?** du kannst am 12. nicht und Andrew am 20. nicht – was machen wir also? ▶ PHRASES: **to <u>know</u>/<u>see</u> ~ sb's coming from** wissen/verstehen, was jd meint; **to be ~ it's <u>at</u>** (*dated*) das Maß aller Dinge sein

where·abouts I. *n* ['(h)weərəbaʊts, AM '(h)wer-] + *sing/pl vb, no pl* Aufenthaltsort *m;* **sb's ~** jds Aufenthaltsort; **I don't suppose you know the ~ of my silver pen, do you?** ich nehme an, du weißt auch nicht, wo mein Silberfüller hingekommen ist, oder? **II.** *adv* [ˌ(h)weərə'baʊts, AM ˌ(h)wer-] *inv* (*fam*) wo [genau]; **~ in Madrid do you live?** wo genau in Madrid wohnst du?

where·as [(h)weə'ræz, AM (h)wer'æz] *conj* ❶ (*in contrast to the fact that*) während, wo[hin]gegen; **he must be about sixty, ~ his wife looks about thirty** er muss so um die sechzig sein, während seine Frau wie etwa dreißig aussieht ❷ LAW (*considering the fact that*) in Anbetracht [*o* Ansehung] dessen, dass ...

where·by [(h)weə'baɪ, AM (h)wer-] *conj* (*form*) wodurch, womit; **he posted the letter ~ he thought to have done his duty** er schickte den Brief ab, womit er glaubte, seine Pflicht getan zu haben

where·fores ['(h)weəfɔːz, AM '(h)werfɔːrz] *npl* ▶ PHRASES: **the <u>whys</u> and ~** das Warum und Weshalb; *see also* **why**

where·in [(h)weə'rɪn, AM (h)wer'ɪn] *conj* (*old form, liter*) ❶ (*in which*) worin; **I read almost every day ~ I take great pleasure** ich lese beinahe jeden Tag, woran ich große Freude habe ❷ (*in which respect*) **that was ~ the mystery lay** hierin lag das eigentlich Rätselhafte; **he was certainly a pleasant man, but ~ lay his charms, she wondered** er war sicherlich ein angenehmer Zeitgenosse, doch fragte sie sich, was eigentlich seinen Charme ausmachte

where's [(h)weəz, AM (h)werz] = **where is, where has** *see* **where**

where·so·ever [ˌ(h)weəsəʊ'evəʳ, AM ˌ(h)wersoʊ'evɚ] (*form*) **I.** *conj* (*form*) ❶ (*at which place*) wo [auch] immer; **I have looked ~ I could think of** ich habe an jeder erdenklichen Stelle gesucht ❷ (*to which place*) wohin [auch] immer; **he went ~ the spirit led him** er ging, ganz gleich, wohin sein Genie ihn führte **II.** *adv inv* wo [nur]; *see also* **wherever**

where·upon [ˌ(h)weərə'pɒn, AM '(h)werəpɑːn] *conj* (*form*) worauf[hin]; **I told him he looked fat, ~ he burst into tears** ich sagte ihm, dass er dick aussehe, und er brach in Tränen aus

wher·ever [(h)weə'revəʳ, AM (h)wer'evɚ] **I.** *conj* ❶ (*in, to whatever place*) wohin auch immer; **we can go ~ you like** du kannst gehen, wo auch immer du hinwillst ❷ (*in all places*) wo auch immer; **~ you look there are pictures** wohin du auch schaust, überall sind Bilder; **it should be available ~ you go to shop** man sollte es in allen herkömmlichen Läden bekommen **II.** *adv inv* ❶ (*in every case*) wann immer; **~ possible I use honey instead of sugar** ich verwende, wenn möglich, immer Honig statt Zucker ❷ *interrogative* (*where*) wo [nur]; **~ did you find that hat?** wo hast du nur diesen Hut gefunden?; **~ does he get the money to go on all those exotic journeys?** wo hat er nur das Geld her, um so viele exotische Reisen machen zu können?; **~ did you get that idea!** wie bist du nur auf diese Idee gekommen!; **~ can he have gone to?** wo kann er nur hingefahren sein? ❸ (*fam: any similar place*) **it is bound to have originated in Taiwan or ~** das muss aus Taiwan oder so kommen *fam*

where·with·al ['(h)weəwɪðɔːl, AM '(h)wer-] *n no pl* ■ **the ~** das nötige Kleingeld; **sb lacks the ~** jdm fehlt das nötige Kleingeld

whet <-tt-> [(h)wet] *vt* ❶ (*stimulate*) **to ~ sb's appetite [for sth]** jdm Appetit [auf etw *akk*] machen ❷ (*old: sharpen*) **to ~ a blade/knife [against a stone]** eine Klinge schärfen/ein Messer [an einem Stein] wetzen

wheth·er ['(h)weðəʳ, AM -ɚ] *conj* ❶ (*if*) ob; **she can't decide ~ to tell him** sie kann sich nicht entscheiden, ob sie es ihm sagen soll; **it all depends on ~ or not she's got the time** alles hängt davon ab, ob sie Zeit hat ❷ (*no difference if*) **~ we**

do it now or later, it's got to be done ob wir es jetzt oder später tun, ist egal – es muss halt getan werden; ~ **you like it or not** ob es dir [nun] gefällt oder nicht; **do everything you do,** ~ **it be work, learning or play, to 100% of your ability** (*form*) was du auch tust, ob Arbeit, Studium oder Spiel – mache es hundertprozentig!

'whet·stone *n* Wetzstein *m*

whew [fju:] *interj* (*fam*) puh

whey [(h)weɪ] *n no pl* Molke *f*

which [(h)wɪtʃ] **I.** *pron* ❶ *interrogative* (*one of choice*) welche(r, s); ~ **is mine? the smaller one?** welches gehört mir? das Kleinere?; **it was either Spanish or Portuguese, I've forgotten** ~ es war entweder Spanisch oder Portugiesisch, ich habe vergessen, welches von beiden; ~ **are the best varieties of grapes for long keeping?** welche Traubensorten halten am besten?; ~ **of your parents do you feel closer to?** welchem Elternteil fühlst du dich enger verbunden?; ~ **of you knows where the keys are kept?** wer von euch weiß, wo die Schlüssel sind?; ~ **of the suspects murdered him?** wer von den Verdächtigen hat ihn umgebracht?; **those two paintings look so alike I'm surprised anyone can tell** ~ **is** ~ diese zwei Bilder sind so ähnlich, dass es mich wundert, dass sie jemand unterscheiden kann; **I really can't tell them apart –** ~ **is** ~**?** ich kann sie nicht auseinanderhalten – wer ist wer? ❷ *relative* (*with defining clause*) der/die/das; **you know that little Italian restaurant – the one** ~ **I mentioned in my letter?** kennst du das kleine italienische Restaurant – das, das ich in meinem Brief erwähnt habe?; **these are the principles** ~ **we all believe in** das sind die Prinzipien, an die wir alle glauben; **a conference in Vienna** ~ **ended on Friday** eine Konferenz in Wien, die am Freitag geendet hat ❸ *relative* (*with non-defining clause*) was; **she says it's Anna's fault,** ~ **is rubbish** sie sagt, das ist Annas Schuld, was aber Blödsinn ist; **he showed me round the town,** ~ **was very kind of him** er zeigte mir die Stadt, was sehr nett von ihm war; **that building, the interior of** ~ **is rather better than the outside, ...** das Gebäude, das innen besser ist als außen, ...; **it's the third in a sequence of three books, the first of** ~ **I really enjoyed** das ist das dritte aus einer Reihe von drei Büchern, von denen mir das erste wirklich gut gefallen hat; **at/upon** ~ **...** woraufhin ... ❹ *after prep* der/die/das; **is that the film in** ~ **he kills his mother?** ist das der Film, in dem er seine Mutter umbringt?; **the death of his son was an experience from** ~ **he never fully recovered** der Tod seines Sohnes war eine Erfahrung, von der er sich nie ganz erholte; **it isn't a subject to** ~ **I devote a great deal of thought** über dieses Thema mache ich mir nicht viele Gedanken; **we are often afraid of that** ~ **we cannot understand** wir fürchten uns oft vor dem, was wir nicht verstehen **II.** *adj inv* ❶ *interrogative* (*what one*) welche(r, s); ~ **doctor did you see?** bei welchem Arzt warst du?; ~ **button do I press next?** auf welchen Knopf muss ich als Nächstes drücken?; **I didn't know** ~ **brother I was speaking to** ich wusste nicht, mit welchem Bruder ich sprach; ~ **way is the wind blowing?** woher kommt der Wind?; **Jacinta came last night with her boyfriend –** ~ **one? she's got several** Jacinta kam letzten Abend mit ihrem Freund – mit welchem? sie hat mehrere; **see if you can guess** ~ **one is me in my old school photo** mal schauen, ob du errätst, wer auf dem alten Schulfoto ich bin ❷ *relative* (*used to introduce more info*) der/die/das; **the picking of the fruit, for** ~ **work they receive no money, ...** das Ernten des Obstes, für das sie kein Geld erhalten, ...; **the talk lasted two hours, during all of** ~ **time the child was well behaved** das Gespräch hat zwei Stunden gedauert, während der sich das Kind gut benahm; **it might be made of plastic, in** ~ **case you could probably carry it** es könnte aus Plastik sein – in dem Fall könntest du es wahrscheinlich tragen

which·ever [(h)wɪtʃ'evəʳ, AM -ɚ] **I.** *pron* ❶ (*any one*) wer/was auch immer; **we can go to the seven o'clock performance or the eight –** ~ **suits you best** wir können zu der Vorstellung um sieben oder um acht gehen – wie es dir besser passt; **which bar would you prefer to meet in? –** ~**, it doesn't matter to me** in welcher Bar sollen wir uns treffen? – wo du willst – mir ist es egal ❷ (*regardless of which*) was/wer auch immer; ~ **they choose, we must accept it** wir müssen akzeptieren, was auch immer sie entscheiden **II.** *adj attr, inv* ❶ (*any one*) ■~ **...** der-/die-/dasjenige, der/die/das ...; **you may pick** ~ **puppy you want** du kannst den Welpen nehmen, der dir gefällt; **choose** ~ **brand you prefer** wähle die Marke, die du lieber hast ❷ (*regardless of which*) egal welche(r, s), welche(r, s) ... auch immer; ~ **option we choose ...** egal welche Möglichkeit wir wählen, ...; ~ **party gets in at the next election, ...** welche Partei auch immer sich bei der nächsten Wahl durchsetzen wird, ...; ~ **way** wie auch immer; **it's going to be expensive** ~ **way you do it** es wird teuer werden, ganz gleich, wie wir es machen

whiff [(h)wɪf] **I.** *n usu sing* ❶ (*smell*) Hauch *m kein pl;* **I got a** ~ **of the alcohol on his breath** ich konnte seine Fahne riechen ❷ (*fig: trace*) Spur *f fig* **II.** *vi* BRIT (*fam*) ■**to** ~ **[of sth]** nach etw *dat* müffeln DIAL *fam*

whif·fle ['(h)wɪfl̩] *vi* ≈ sanft wehen; *snow* rieseln

whiffy ['(h)wɪfi] *adj* BRIT (*sl*) muffig *fam*

Whig [(h)wɪg] *n* (*hist*) ❶ (*British party*) ■**the** ~**s** *pl* die Whigs *pl hist* ❷ (*member of British party*) Whig *m hist* ❸ (*American party*) ■**the** ~**s** *pl* die Whigs *pl hist* ❹ (*revolutionary American*) *Vorkämpfer der Unabhängigkeit der amerikanischen Kolonien von England*

while [(h)waɪl] **I.** *n no pl* Weile *f;* **I only stayed for a short** ~ ich blieb nur eine kurze Weile; **he's been gone quite a** ~ er ist schon eine ganze Weile weg; **all the** ~ die ganze Zeit [über]; **a** ~ **ago** vor einer Weile; **in a** ~ in Kürze, bald; **I'll be fine in a** ~ mir geht's bald wieder gut; **to be worth [the]** ~ die Mühe wert sein, sich *akk* lohnen **II.** *conj* ❶ (*during which time*) während; **I don't want to be bothered** ~ **I'm recording** solange ich aufnehme, möchte ich nicht gestört werden ❷ (*although*) obwohl; ~ **I fully understand your point of view, ...** wenn ich Ihren Standpunkt auch vollkommen verstehe, ...; ~ **he does drive to work, he reduces the environmental impact by taking others with him** er fährt zwar mit dem Wagen zur Arbeit, aber die Umweltbelastung macht er wieder wett, indem er andere mitnimmt ❸ (*however*) wo[hin]gegen; **he gets thirty thousand pounds a year** ~ **I get a meagre fifteen!** er bekommt dreißigtausend Pfund im Jahr, während ich gerade mal schlappe fünfzehntausend kriege **III.** *vt* **to** ~ **away the time** sich *dat* die Zeit vertreiben

whilst [waɪlst] *conj* BRIT (*form*) *see* **while**

whim [(h)wɪm] *n* Laune *f;* **he works as the** ~ **takes him** er arbeitet nur nach Lust und Laune; **a** ~ **of fashion** ein Modetrend *m;* **to indulge sb's every** ~ jds Launen ertragen; **purely on a** ~ nur aus Spaß; **[to do sth] on a** ~ [etw] aus einer Laune heraus [tun]

whim·per ['(h)wɪmpəʳ, AM -pɚ] **I.** *vi* (*of person*) wimmern; (*of dog*) winseln **II.** *n* (*of person*) Wimmern *nt kein pl;* (*of dog*) Winseln *nt kein pl*

whim·per·ing ['(h)wɪmpᵊrɪŋ] **I.** *n no pl* (*of person*) Wimmern *nt;* (*of dog*) Winseln *nt;* **stop your** ~ hör auf zu jammern **II.** *adj attr, inv child* wimmernd, heulend; *dog* winselnd

whim·sey, whim·sy ['(h)wɪmzi] *n* (*pej*) ❶ *no pl* (*fancifulness*) Spleenigkeit *f* ❷ (*fanciful thing or work*) Klamauk *m kein pl oft pej fam* ❸ (*whim*) Laune *f*

whim·si·cal ['(h)wɪmzɪkᵊl] *adj* ❶ (*fanciful*) skurril *geh* ❷ (*capricious*) launenhaft, launisch

whim·si·cal·ity [ˌ(h)wɪmzɪ'kæləti, AM -əṭi] *n no pl* ❶ (*fanciful quality*) Skurrilität *f geh* ❷ (*capriciousness*) Launenhaftigkeit *f*

whine [(h)waɪn] **I.** *vi* ❶ (*make complaining sound*) jammern; (*of animal*) jaulen; (*of engine*) heulen ❷ (*pej: complain* *peevishly*) maulen *pej fam* **II.** *n usu sing child* Jammern *nt kein pl; animal* Jaulen *nt kein pl; engine* Heulen *nt kein pl*

whin·er ['(h)waɪnəʳ, AM -ɚ] *n* (*pej*) Jammerlappen *m pej;* (*grumbler*) Nörgler(in) *m(f) pej*

whinge [(h)wɪndʒ] **I.** *n usu sing* (*petty complaint*) Gemecker[e] *nt pej fam;* (*griping*) Gejammer *nt pej fam;* **to have a ~ [about sb/sth]** [über jdn/etw] meckern *pej fam* **II.** *vi* BRIT, AUS (*pej fam: complain pettily*) meckern *pej fam;* (*whine*) jammern

◆**whinge on** *vi* BRIT, AUS (*pej fam: complain in petty way*) herummeckern *pej fam;* (*whine*) herumjammern *pej fam*

whinge·ing ['(h)wɪndʒɪŋ] **I.** *n* BRIT, AUS (*pej fam*) *no pl* (*petty complaining*) Gemecker[e] *nt pej fam;* (*griping*) Gejammer *nt pej fam;* **stop your ~!** hör mit dem Gejammer auf! *pej fam* **II.** *adj inv* BRIT, AUS (*pej fam: bleating*) meckernd *pej fam;* (*moaning*) jammernd; (*grumbling*) nörgelnd *pej*

whing·er ['(h)wɪndʒəʳ] *n* BRIT, AUS (*pej fam*) Miesepeter *m pej fam,* Nörgler(in) *m(f) pej*

whing·ing ['(h)wɪndʒɪŋ] *n, adj* BRIT, AUS *see* **whingeing**

whin·ing ['(h)waɪnɪŋ] **I.** *n no pl* ❶ (*noise*) *of a person* Heulen *nt; of an animal* Jaulen *nt* ❷ (*complaining*) Gejammer *nt pej fam* **II.** *adj inv* ❶ (*fretful*) *person* queng[e]lig *fam; animal* jaulend; **~ voice** weinerliche Stimme ❷ (*complaining*) klagend; (*grumbling*) nörglerisch *pej*

whin·ny ['(h)wɪni] **I.** *vi* wiehern **II.** *n* Wiehern *nt kein pl*

whiny ['(h)waɪni] *adj* (*fam: complaining*) jammernd *attr;* (*whining*) weinerlich; **that ~ Pete's over there in the corner** dieser Jammerlappen Pete sitzt dort drüben in der Ecke; ■**to be ~** [immer] [herum]jammern; **~ voice** klägliche Stimme

whip [(h)wɪp] **I.** *n* ❶ (*for hitting*) Peitsche *f;* **to crack the ~** die Peitsche knallen lassen; (*fig*) Druck machen *fam;* **to have a fair crack of the ~** eine gute Chance haben ❷ BRIT POL (*person*) Einpeitscher(in) *m(f);* **the chief ~** der Haupteinpeitscher/die Haupteinpeitscherin ❸ BRIT POL (*notice*) *schriftliche und verbindliche Aufforderung des Einpeitschers zur Teilnahme an den Plenarsitzungen;* **three-line ~** ≈ Fraktionszwang *m* ❹ *no pl* FOOD Creme *f* **II.** *vt* <-pp-> ❶ (*hit*) ■**to ~ sb/an animal** jdn/ein Tier [mit der Peitsche] schlagen; **to ~ a horse** einem Pferd die Peitsche geben ❷ (*fig: incite*) ■**to ~ sb into sth** jdn zu etw *dat* anspornen; **to ~ sb into a frenzy** jdn aus der Fassung bringen ❸ (*fig: of wind*) **a freezing wind ~ped torrential rain into their faces** ein eisiger Wind peitschte ihnen Regenfluten ins Gesicht; **the storm ~ped the waves into a froth** der Sturm peitschte die Wellen zu Schaumkronen auf ❹ FOOD ■**to ~ sth** etw [schaumig] schlagen; **to ~ [the] cream** [die] Sahne schlagen; **~ the egg whites into peaks** schlagen Sie das Eiweiß steif ❺ BRIT (*dated fam: steal*) ■**to ~ sth** etw mitgehen lassen *fam* ❻ AM (*fam: defeat*) ■**to ~ sb [at/in sth]** jdn [bei/in etw *dat*] [vernichtend] schlagen **III.** *vi* <-pp-> ❶ (*move fast*) *wind* peitschen; **the wind ~ped through her hair** der Wind fuhr durch ihr Haar ❷ (*fam: go quickly*) *of person* flitzen *fam*

◆**whip away** *vt* ■**to ~ away** ↔ **sth** etw wegziehen [*o* wegreißen]

◆**whip out** *vt* ■**to ~ out** ↔ **sth** ❶ (*take out quickly*) *credit card* etw zücken ❷ (*make quickly*) etw aus dem Ärmel schütteln *fig fam*

◆**whip up** *vt* ❶ (*excite*) **to ~ up** ↔ **enthusiasm** Begeisterung entfachen; **to ~ up bad feeling** böses Blut schaffen; **to ~ up prejudice** Vorurteile schüren; **to ~ up sand/snow/water** Sand/Schnee/Wasser aufpeitschen; **to ~ up support** Unterstützung finden ❷ (*fam: cook or make quickly*) ■**to ~ up** ↔ **sth** etw zaubern *fig, hum* ❸ FOOD (*beat*) **to ~ up eggs** Eier [schaumig] schlagen

'whip·cord *n* ❶ *no pl* (*for whips*) Peitschenschnur *f* ❷ FASHION Whipcord *m fachspr* **whip 'hand** *n* **to get/hold the ~** die Oberhand gewinnen/haben **'whip·lash** *n* ❶ (*flexible part of whip*) Peitschenschnur *f* ❷ (*blow*) Peitschenhieb *m;* **the ~ of sb's tongue** (*fig*) jds scharfe Zunge ❸ *no pl* MED (*injury to neck*) **~ [injury]** Schleudertrauma *nt*

whipped [(h)wɪpt] *adj* ❶ FOOD (*beaten to firmness*) geschlagen; **~ butter** schaumig geschlagene Butter; **~ cream** Schlagsahne *f,* Schlagobers *nt* ÖSTERR, Nidel *m o f* SCHWEIZ ❷ *attr* (*hit*) verprügelt, geschlagen ❸ AM (*sl: defeated*) geschlagen; (*discouraged, tired*) erledigt *fam,* mitgenommen *fam*

whip·per-in <*pl* whippers-in> [ˌ(h)wɪpəʳ'ɪn, AM -ɚ'-] *n* HUNT Pikör *m fachspr* **'whip·per-snap·per** *n* (*hum dated fam*) Schlaumeier *m fam;* **young ~** Grünschnabel *m oft pej fam*

whip·pet ['(h)wɪpɪt] *n* ZOOL Whippet *m*

whip·ping ['(h)wɪpɪŋ] *n* ❶ *no pl* (*hitting with whip*) [Aus]peitschen *nt kein pl;* **to be given a [good] ~** [ordentlich] ausgepeitscht werden ❷ (*hard physical beating*) [Tracht *f*] Prügel *fam;* **to get/give a ~** Prügel beziehen/austeilen; **to give sb a ~** jdm eine Tracht Prügel verpassen *fam* ❸ *no pl* **the ~ of the wind** das Peitschen des Windes; **the ~ of the rope back and forth ...** das Hin- und Herpeitschen des Taus ...

'whip·ping boy *n* Prügelknabe *m* **'whip·ping cream** *n no pl* Schlagsahne *f,* Schlagobers *nt* ÖSTERR, Nidel *m o f* SCHWEIZ

'whip·ping post *n* (*hist*) Pranger *m hist,* Schandpfahl *m hist;* **to tie sb to the ~** (*fig*) jdn an den Pranger stellen

'whip-round *n* BRIT (*fam*) **to have a ~ [for sb]** [für jdn] sammeln [*o* den Hut herumgehen lassen] *fam*

'whip·saw ['(h)wɪpsɔː, AM -sɑː] *vt* ■**to be ~ed by sth** [von 2 Seiten her] in Bedrängnis geraten

whir *n, vi* AM *see* **whirr**

whirl [(h)wɜːl, AM (h)wɜːrl] **I.** *vi* wirbeln; **my head is ~ing** mir schwirrt der Kopf; **her head was ~ing with the excitement of it all!** ihr war vor Aufregung ganz schwindelig! **II.** *vt* ■**to ~ sb somewhere: the figure skater ~ed her past the onlookers** der Eiskunstläufer wirbelte sie an den Zuschauern vorbei; ■**to ~ sb [a]round** jdn herumwirbeln **III.** *n* ❶ *no pl* (*of movement*) Wirbel *m;* (*action, of dust*) Wirbeln *nt* ❷ (*activity*) Trubel *m;* **the social ~** der gesellschaftliche Trubel ❸ (*overwhelmed*) **to have one's head in a ~** nicht mehr wissen, wo einem der Kopf steht; **my head's in a ~** mir schwirrt der Kopf ▸ PHRASES: **to give sth a ~** etw mal [aus]probieren

whirli·gig ['(h)wɜːlɪgɪg, AM '(h)wɜːr-] *n* ❶ (*spinning top*) Kreisel *m;* (*toy windmill*) Windrädchen *nt* ❷ *no pl* (*fig: sth hectic/changing*) Wechselspiel *nt;* **~ of politics/time** Schnelllebigkeit *f* der Politik/Zeit *fig*

whirl·ing ['(h)wɜːlɪŋ, AM '(h)wɜːrl-] **I.** *adj* wirbelnd **II.** *n no pl* (*spinning*) Wirbeln *nt;* (*turning*) Drehen *nt*

whirl·ing 'derv·ish *n* tanzender Derwisch

whirl·pool ['(h)wɜːlpuːl, AM '(h)wɜːrl-] *n* ❶ (*fig: situation*) Trubel *m,* Wirbel *m* ❷ (*pool*) Whirlpool *m;* (*in river, sea*) Strudel *m*

whirl·pool 'bath *n* Whirlpool *m*

whirl·wind ['(h)wɜːlwɪnd, AM '(h)wɜːrl-] **I.** *n* ❶ METEO Wirbelwind *m* ❷ (*person*) Wirbelwind *m;* (*situation*) Trubel *m* ▸ PHRASES: **[sow the wind and] reap the ~** (*saying*) [wer Wind sät, wird] Sturm ernten *prov* **II.** *n modifier* (*holiday, meeting*) stürmisch; **a ~ romance** eine stürmische Romanze

whirly·bird ['(h)wɜːrlibɜːrd] *n* AM (*dated: helicopter*) Hubschrauber *m,* Quirl *m hum sl*

whirr [(h)wɜːʳ], AM **whir** [(h)wɜːr] **I.** *vi* (*of insects*) summen; (*of birds' wings*) schwirren; (*of machine parts*) surren **II.** *n usu sing of insects* Summen *nt kein pl; of wings* Schwirren *nt kein pl; of machines* Surren *nt kein pl*

whir·ring ['(h)wɜːrɪŋ] **I.** *n no pl of insects* Summen *nt;* (*of wings*) Schwirren *nt; of machine parts* Surren *nt* **II.** *adj attr, inv insects* summend; *wings* schwirrend; *machines* surrend

whisk [(h)wɪsk] **I.** *n* ❶ (*kitchen tool*) Schneebesen *m;* **electric ~** [elektrisches] Rührgerät ❷ *no pl* (*quick visit*) Stippvisite *f fam* ❸ (*tied up bunch of twigs*) **fly ~** Fliegenwedel *m* **II.** *vt* ❶ FOOD ■**to ~ sth** etw [schaumig] schlagen; **to ~ cream** Sahne schlagen; **~ the egg whites until stiff** schlagen Sie das Eiweiß steif

❷ (*animal*) **to ~ its tail** mit dem Schwanz schlagen ❸ (*take, move quickly*) ■**to ~ sb off: I was ~ed off to hospital** ich wurde ins Krankenhaus überwiesen; **her husband ~ed her off to Egypt for her birthday** ihr Mann entführte sie zu ihrem Geburtstag nach Ägypten

◆**whisk away** *vt* ■**to ~ away** ⊂ **sth** etw schnell wegnehmen; (*more vehemently*) etw wegreißen; (*hide from others*) etw schnell verschwinden lassen

◆**whisk in** *vt* FOOD ■**to ~ in** ⊂ **sth** etw [mit dem Schneebesen] einrühren

whisk·er ['(h)wɪskəʳ, AM -kɚ] *n* ❶ *usu pl* (*of animal*) Schnurrhaar[e] *nt[pl]* ❷ ■**~s** *pl* (*of man: beard*) Bartstoppeln *pl;* (*hair on cheek*) Backenbart *m;* (*single hair of beard*) Barthaar *nt;* (*moustache*) Schnurrbart *m;* (*big moustache*) Schnauzbart *m,* Schnauzer *m fam;* **you've grown some ~s!** du hast ja [jetzt] einen Bart! ▸ PHRASES: **to have ~s** einen Bart haben *fam;* **by a ~** um Haaresbreite, haarscharf; **within a ~ [of sth]** in unmittelbarer Nähe [einer S. *gen*]; **I came within a ~ of being run over today** ich wäre heute beinahe überfahren worden

whisk·ered ['(h)wɪskəd, AM -kɚd] *adj inv* [schnurr]bärtig; **a grey-~ old gentleman** ein graubärtiger alter Herr

whis·key *esp* AM, IRISH, **whis·ky** ['hwɪski] *n* BRIT, AUS ❶ *no pl* (*drink*) Whisk[e]y *m* ❷ (*glass of this drink*) Whisk[e]y *m;* **to knock back a ~** sich *dat* einen Whisk[e]y hinter die Binde gießen *fam*

whis·per ['(h)wɪspəʳ, AM -pɚ] **I.** *vi* flüstern; ■**to ~ to sb** mit jdm flüstern **II.** *vt* ❶ (*speak softly*) ■**to ~ sth [in sb's ear]** etw [in jds Ohr] flüstern; ■**to ~ sth to sb** jdm etw zuflüstern; **to ~ sweet nothings in sb's ear** jdm Zärtlichkeiten ins Ohr flüstern ❷ *usu passive* (*gossip*) ■**it is ~ed that ...** man munkelt, dass ... *fam* **III.** *n* ❶ (*soft speaking*) Flüstern *nt kein pl,* Geflüster *nt kein pl;* (*mysterious murmur*) Raunen *nt kein pl;* **I heard ~s outside my room** ich hörte Geflüster vor meinem Zimmer; **to lower one's voice to a ~** seine Stimme [zu einem Flüstern] dämpfen; **to say sth in a ~** etw im Flüsterton sagen; **to speak in a ~ [or in ~s]** flüstern ❷ (*fig: rumour*) Gerücht *nt;* **have you heard ~s of ...** hast du auch schon läuten hören, dass ... *fam* ❸ *usu sing* (*trace*) Spur *f* ❹ *no pl* (*fig liter: soft rustle*) Rascheln *nt;* **the ~ of the leaves** das Rascheln der Blätter

whis·per·ing ['(h)wɪspᵊrɪŋ] **I.** *n no pl* ❶ (*talking very softly*) Flüstern *nt,* Geflüster *nt;* **all this ~ has got to stop!** Schluss jetzt mit dem Geflüster! ❷ (*fig: gossiping*) Gerede *nt,* Getuschel *nt* **II.** *adj attr, inv* ❶ (*talking softly*) flüsternd ❷ (*fig: gossiping*) tratschend *pej fam,* tuschelnd *oft pej* ❸ (*rustling*) raschelnd

'whis·per·ing cam·paign *n* (*pej*) Verleumdungskampagne *f*

'whis·per·ing gal·lery *n* Flüstergalerie *f*

whist [(h)wɪst] *n no pl* Whist *nt;* **a game of ~** eine Partie Whist

whis·tle ['(h)wɪsl] **I.** *vi* ❶ (*of person*) pfeifen; **to ~ in admiration/surprise** vor Bewunderung/Überraschung pfeifen; ■**to ~ at sb** hinter jdm herpfeifen; ■**to ~ to sb** [nach] jdm pfeifen ❷ (*of air movement*) *wind, kettle* pfeifen ❸ (*move past*) vorbeipfeifen; **a bullet ~d past my head** eine Kugel pfiff an meinem Kopf vorbei ❹ (*make bird noises*) pfeifen; (*in a trilling way*) zwitschern ▸ PHRASES: **to ~ in the dark** im Dunkeln pfeifen, sich *dat* Mut zupfeifen; **to ~ in the wind** gegen Windmühlen ankämpfen *fig* **II.** *vt* ■**to ~ sth** etw pfeifen; **to ~ a tune** eine Melodie pfeifen **III.** *n* ❶ *no pl* (*sound*) *also of wind* Pfeifen *nt; of referee* Pfiff *m;* **as clean as a ~** (*very clean*) blitzsauber; (*fig fam: revealing no proof*) sauber *fam* ❷ (*device*) Pfeife *f;* **referee's ~** Trillerpfeife *f;* **to blow one's ~** pfeifen ▸ PHRASES: **to blow the ~** singen *fam;* **to blow the ~ on sb** jdn verpfeifen *fam;* **to blow the ~ on sth** etw aufdecken; **to wet [or whet] one's ~** sich *dat* die Kehle anfeuchten *fam*

'whis·tle blow·er *n* ≈ Zuträger(in) *m(f) pej;* **what was the name of that ~ again?** wie hieß doch gleich wieder der Typ, der ausgepackt hatte? *fam* **whis·tle-stop 'tour** *n* Reise *f* mit verschiedenen Kurzaufenthalten

whit [(h)wɪt] *n no pl* (*old form*) **not a ~** keinen Deut *veraltend o hum;* **... not a ~ more expensive** ... und kein bisschen teurer; **not a ~ of sense** keinen Funken Verstand; **to not care a ~ [about sth]** sich *akk* keinen Deut [um etw *akk*] scheren *veraltend o hum*

Whit [(h)wɪt] *n abbrev of* **Whitsun[tide]** Pfingsten *nt*

white [(h)waɪt] **I.** *n* ❶ *no pl* (*colour*) Weiß *nt;* **the colour ~** die Farbe Weiß; **to be whiter than ~** weißer als weiß sein; (*fig*) engelsrein sein *geh;* **to wear ~** Weiß tragen ❷ *usu pl* (*part of eye*) Weiße *nt;* **to see the ~s of sb's eyes** das Weiße in jds Augen erkennen können ❸ *of egg* Eiweiß *nt,* Eiklar *nt* ÖSTERR ❹ (*person*) Weiße(r) *f(m)* ❺ (*clothes/uniform*) **dress ~s** MIL [weiße] Paradeuniform; **[tennis] ~s** [weißer] Tennisdress ❻ (*fam: light-coloured laundry*) ■**~s** *pl* Weißwäsche *f kein pl* ❼ ■**W~** (*in chess*) Weiß *nt;* (*in billiards, snooker*) weiße Kugel ▸ PHRASES: **to see things in black and ~** die Dinge schwarz-weiß sehen **II.** *adj* ❶ (*colour*) weiß; **black and ~** schwarz-weiß; **creamy ~** cremefarben, weißhaarig; **pearly ~** perlweiß; **pure ~** ganz weiß; **snowy ~** schneeweiß; **snowy ~ hair** schlohweißes [*o* schneeweißes] Haar ❷ (*fig: morally good*) **~ as driven snow** rein wie frisch gefallener Schnee ❸ (*in coffee*) **I like my coffee ~** ich trinke meinen Kaffee mit Milch ❹ FOOD **~ bread** Weißbrot *nt;* **~ chocolate** weiße Schokolade; **~ flour** weißes Mehl; **~ pepper/rum/sugar** weißer Pfeffer/Rum/Zucker; **~ wine** Weißwein *m* ❺ (*Caucasian*) weiß; (*pale-skinned*) hellhäutig; **it's a predominantly ~ neighbourhood** in der Nachbarschaft leben überwiegend Weiße ▸ PHRASES: **to be ~ with anger** vor Wut kochen; **as ~ as a sheet** weiß wie die Wand, kreidebleich; **to bleed sth ~** etw schröpfen [*o fig* ausbluten] *fam* **III.** *vt* ■**to ~ out** ⊂ **sth** etw weiß machen; **please ~ out the mistakes** bitte korrigiere die [Schreib]fehler mit Tipp-Ex

white 'ant *n* weiße Ameise, Termite *f fachspr* **'white·bait** [-beɪt] *n no pl* (*the young of sprat*) junge Sprotte; (*the young of herring*) junger Hering, Schotte *f* NORDD **white 'blood cell** *n* weißes Blutkörperchen, Leukozyt *m meist pl fachspr* **white 'blood cell count** *n* Messung *f* der Leukozytenzahl **'white board** *n* weiße Kunststofftafel **'white·boy** ['(h)waɪtbɔɪ] *n* AM (*pej*) Weißer *m* **white 'Christ·mas** *n* weiße Weihnacht[en] **'white-col·lar** *adj* Schreibtisch-; **there has been an increase in ~ employment recently** in letzter Zeit wurden [wieder] mehr Angestellte im Verwaltungs- und Servicebereich beschäftigt; **~ job** Schreibtischposten *m;* **~ union** Angestelltengewerkschaft *f;* **~ worker** Angestellte(r) *f(m)* **white 'cor·pus·cle** *n* MED weißes Blutkörperchen **white 'el·ephant** *n* (*useless object*) Fehlinvestition *f;* (*unwanted property*) lästiger Besitz **white 'el·ephant stall** *n* Trödelstand *m* **white 'feath·er** *n* BRIT **to show the ~ feather** BRIT sich *akk* feig[e] benehmen, kneifen *fam* **white 'flag** *n* weiße Fahne; **to fly/raise/wave a ~** eine weiße Fahne wehen lassen/hochziehen/schwenken **white 'flight** *n no pl* AM *Flucht der Weißen aus einem Gebiet, in das andere Rassen ziehen* **'white goods** *npl* ❶ (*household appliances*) Haushaltsgeräte *ntpl* ❷ (*old: household linens*) Weißwäsche *f kein pl* **white-'haired** *adj* weißhaarig

'White·hall *n* ❶ (*offices of Britain's government*) Whitehall ❷ (*fig: government of Britain*) Whitehall *fig*

i Kultur

Whitehall ist die Straße in London, die vom *Trafalgar Square* zu den *Houses of Parliament* führt und in der sich die wichtigsten Regierungsgebäude befinden. Der Name wird oft verwendet, wenn von der britischen Regierung oder der Hauptverwaltung die Rede ist.
Der Cenotaph, das wichtigste Kriegsdenkmal in Großbritannien, befindet sich in der Mitte der Straße und ist Mittelpunkt

der jährlichen Gedenkfeier am *Remembrance Day,* an dem aller Soldaten gedacht wird, die in den beiden Weltkriegen gefallen sind.

'white·head *n (fam)* Eiterpickel *m* **white 'heat** *n no pl* ① *(temperature)* Weißglut *f* ② *(fig: intensity)* Weißglut *f fig;* **in the ~ of the moment** im Eifer des Gefechts **white 'horse** *n* ① *(animal)* Schimmel *m* ② BRIT *(liter: of waves)* ■ **~s** *pl* Schaumkronen *fpl* **'White House** *n no pl* ■ **the ~** ① *(US President's residence)* das Weiße Haus ② *(fig: US government)* das Weiße Haus *fig* **white 'knight** *n* ① *(rescuer)* Retter *m* in der Not *fig* ② FIN *(person or company)* weißer Ritter *fachspr* **white knuck·le 'ride** *n (hum)* Abenteuerfahrt *f* **white 'lie** *n* Notlüge *f* **white 'mag·ic** *n* weiße Magie **'white meat** *n* helles Fleisch

whit·en ['(h)waɪtᵊn] **I.** *vt* ■ **to ~ sth** etw weiß machen; *shoe, wall* etw weißen [*o* ÖSTERR, SCHWEIZ, SÜDD weißeln]; *(cloth, clothing)* etw weiß färben; **she's had her teeth ~ed** sie hat ihre Zähne bleichen lassen **II.** *vi* weiß werden

whit·en·er ['(h)waɪtᵊnəʳ, AM -ɚ] *n no pl (for coffee)* Kaffeeweißer *m; (for shoes)* Schuhweiß *nt*

whit·en·ing ['(h)waɪtᵊnɪŋ] *n* Schuhweiß *nt*

white 'noise *n* [Statik]rauschen *nt* **'white-out** *n* ① *(blizzard)* [starker] Schneesturm ② *no pl* AM, AUS *(for erasing)* Tipp-Ex® *nt* **White 'Pages** *npl* AM, AUS Telefonbuch *nt* **white 'pa·per** *n* BRIT, AUS POL Weißbuch *nt fachspr* **white 'pep·per** *n* weißer Pfeffer **'white sale** *n* Weißwäscheausverkauf *m,* weiße Woche *fachspr* **white 'sauce** *n no pl* weiße Soße; *(béchamel)* Béchamelsoße *f* **white 'shark** *n* weißer Hai **white 'slave** *n (pej)* ≈ Prostitutionssklavin *f;* **~ trade** Mädchenhandel *m* **white 'spir·it** *n no pl* BRIT Terpentinersatz *m* **white su·'prema·cist** *n Anhänger der Theorie von der Überlegenheit der Weißen* **white su·'prema·cy** *n no pl* Vorherrschaft *f* der Weißen **'white·thorn** *n* Weißdorn *m* **white 'tie I.** *adj inv* mit Frackzwang *nach n;* **~ dinner** Essen *nt* mit Frackzwang **II.** *n* ① *(bowtie)* weiße Fliege ② *(full evening dress)* Frack *m* **white 'trash** *n no pl* AM SOCIOL *(pej! sl)* weißer Abschaum *pej* **'white van man** *n (fam) Fahrer eines Lieferwagens, der wie ein Verrückter fährt, um seine Termine einzuhalten* **'white·wash I.** *n* ① *no pl (solution)* Tünche *f;* **these walls need another coat of ~** diese Wände müssen nochmals weiß getüncht werden ② *(pej: cover-up)* Schönfärberei *f* ③ SPORTS *(fam: victory)* Zu-null-Sieg *m* **II.** *vt* ① *(paint)* ■ **to ~ sth** etw weiß anstreichen; *walls* etw tünchen ② *(pej, fig: conceal)* ■ **to ~ sth** etw schönfärben; ■ **to ~ sb** jdn reinwaschen ③ SPORTS *(fam)* **to ~ sb [6:0]** jdn [mit 6:0] vom Platz fegen *fam* **'white water** *n no pl* Wildwasser *nt* **white·wa·ter 'raft·ing** *n no pl* Wildwasserfahren *nt,* [Wildwasser]rafting *nt* **white 'wed·ding** *n* weiße Hochzeit **white 'wine** *n* Weißwein *m;* **a glass of ~** ein Glas *nt* Weißwein

whit·ey ['(h)waɪti, AM -t̬-] *n (pej!)* Weiße(r) *f(m)*

whith·er ['(h)wɪðəʳ, AM -ɚ] *adv inv (old)* wohin

whit·ing¹ <*pl* -> ['(h)waɪtɪŋ, AM -t̬-] *n (fish)* Weißfisch *m,* Wittling *m*

whit·ing² ['(h)waɪtɪŋ, AM -t̬-] *n no pl (substance)* Schlämmkreide *f*

whit·ish ['(h)waɪtɪʃ, AM -t̬-] *adj inv* weißlich; **~-grey** weiß-grau

Whit·sun ['(h)wɪtsᵊn] **I.** *n* Pfingsten *nt;* **at ~** an [*o* zu] Pfingsten **II.** *n modifier (holiday)* Pfingst-; **they're planning a ~ wedding** sie wollen an Pfingsten heiraten

Whit 'Sun·day *n* Pfingstsonntag *m*

'Whit·sun·tide ['(h)wɪtsᵊntaɪd] *n* Pfingsten *nt,* Pfingstzeit *f; see also* **Whitsun**

whit·tle ['(h)wɪtl̩, AM '(h)wɪt̬l̩] *vt* ■ **to ~ sth** etw schnitzen

◆**whittle away I.** *vi* ■ **to ~ away at sth** ① *(take bits off)* an etw *dat* herumschneiden [*o fam* herumschnippeln] ② *(fig: gradually decrease) jobs* an etw *dat* sägen *fig; rights* etw beschneiden *geh* **II.** *vt* ■ **to ~ away** ○ **sth** etw verringern

◆**whittle down** *vt* ■ **to ~ down** ○ **sth** etw reduzieren; **Argentina had ~d the gap down to one goal** Argentinien hatte den Abstand auf ein Tor verkürzt

whiz AM, **whizz** [(h)wɪz] **I.** *vi* ① *(fam: move fast)* jagen; **to ~ by** [*or* **past**] vorbeijagen; **the bullet ~ed past her head** die Kugel schoss an ihrem Kopf vorbei ② *(fig) time* rasen; **time just ~es past when you're enjoying yourself** wie die Zeit verfliegt, wenn man sich amüsiert!; **the holidays just ~ed past** die Ferien vergingen im Nu ③ AM *(sl: urinate)* pinkeln *fam* **II.** *vt* ① FOOD ■ **to ~ sth** etw [mit dem Mixer] verrühren ② *(move fast)* ■ **to ~ sb somewhere** jdn irgendwohin scheuchen **III.** *n* ① *usu sing (approv fam: expert)* Genie *nt,* Ass *nt fam;* **chess ~** Schachgenie *nt;* **computer ~** Computerass *nt fam;* ■ **to be a ~ at sth** ein As in etw *dat* sein *fam* ② AM *(sl: pee)* **to take a ~** pinkeln *fam*

◆**whiz through I.** *vi (fam)* ① *(move fast)* ■ **to ~ through somewhere** irgendwo durchrasen [*o fam* durchflitzen] ② *(deal with)* ■ **to ~ through sth** etw schnell durchgehen; **we ~ed through the rehearsal** wir hetzten durch die Probe **II.** *vt* ■ **to ~ sb/sth through somewhere** jdn/etw irgendwo durchjagen

whiz(z) kid *n* Wunderkind *nt,* Genie *nt oft hum; (in job)* Senkrechtstarter(in) *m(f) fam;* **computer ~** Computergenie *nt hum*

who [huː] *pron* ① *interrog (which person)* wer; **~ did this?** wer war das?; **~'s she?** wer ist sie?; **hi, I'm Liz – ~ are you?** hi, ich bin Liz – wer bist du?; **she asked if I knew ~ had got the job** sie fragte, ob ich wüsste, wer den Job bekommen hatte; **we have about 20 people for the party – ~ else should come?** wir haben etwa 20 Leute für die Party – wer soll noch kommen?; **~ am I to laugh? it's happened to me many times** na, ich hab' gut lachen – das ist mir auch schon oft passiert; **~ are they to get special treatment?** wer sind sie [denn], dass sie eine besondere Behandlung bekommen? ② *interrog (whom)* wem *in dat,* wen *in akk;* **~ do you want to talk to?** mit wem möchten Sie sprechen?; **I don't know ~ to ask to the party** ich weiß nicht, wen ich zur Party einladen soll; **~ am I talking to, please?** mit wem spreche ich bitte? ③ *interrog (unknown person)* wer; **~ can tell why ...** wer kann sagen, warum ...; **~ knows?** wer weiß?; **~ cares** was soll's! *fam* ④ *rel (with defining clause)* der/die/das; **I think it was your dad ~ phoned** ich glaube, das war dein Vater, der angerufen hat; **the other people ~ live in the house ...** die anderen Leute, die in dem Haus wohnen, ...; **he ~ laughs last, laughs best** wer zuletzt lacht, lacht am besten ⑤ *rel (with non-defining clause)* der/die/das; **he rang Geoffrey, ~ was a good friend** er rief Geoffrey an, der ein guter Freund war; **this is Frank, ~ I told you about** das ist Frank, von dem ich dir erzählt habe ⑥ ■ **~ is ~: ask George – he knows ~'s ~** frag' George – er weiß, wer wer ist; **the new book tells ~'s ~ in modern politics** in dem neuen Buch steht, wer heute in der Politik das Sagen hat; **the guest list reads like a ~'s ~ of top American industrialists** die Gästeliste liest sich wie das Who is Who der führenden amerikanischen Industriellen

WHO [ˌdʌbljuːˌeɪtʃˈəʊ, AM -ˈoʊ] *n no pl abbrev of* **World Health Organization** WHO *f*

whoa [(h)wəʊ, AM (h)woʊ] *interj* ① *(command to stop horse)* brr, hoo ② *(fig fam: used to slow or stop)* langsam; **~ there!** hoppla!

who·dun·(n)it [ˌhuːˈdʌnɪt] *n (fam)* Krimi *m fam*

who·ever [huːˈevəʳ, AM -ɚ] *pron* ① *relative (anyone that)* wer auch immer; **~ wants to come to the party is invited** wer auch immer zu der Party kommen möchte, ist herzlich eingeladen; **I'll bet they're important, ~ they are** ich wette, sie sind wichtig, wer auch immer sie sind; **come out, ~ you are** kommen Sie heraus, wer auch immer Sie sind ② *relative (whomever)* **they shoot at ~ leaves the building** sie schießen auf alle, die das Gebäude verlassen ③ *relative (the person* *who*) wer auch immer; **could I speak to ~ is in charge of International Sales please?** könnte ich mit der Person sprechen, die für Internationale Verkäufe zuständig ist?; ~ **wins should be guaranteed an Olympic place** wer auch immer gewinnt, ist im Olympiateam ❹ *interrogative* (*who on earth*) wer; ~ **can that be in the car with Max?** wer kann das im Auto mit Max nur sein?; ~ **heard such an unlikely story?** hat man je so eine unwahrscheinliche Geschichte schon gehört?; ~ **told you that? it's absolutely not true** wer hat dir das erzählt? das stimmt überhaupt nicht; ~ **does he think he is?** wer glaubt er denn, dass er ist?; ~ **said being rich is easy?** wer sagt, dass reich sein einfach ist?

whole [həʊl, AM hoʊl] **I.** *adj inv* ❶ (*entire*) ganz, gesamt; **I can't believe I ate the ~ thing!** ich kann nicht glauben, dass ich das komplett aufgegessen habe!; **this ~ thing is ridiculous!** das Ganze ist ja lächerlich!; **the ~ time/truth** die ganze Zeit/Wahrheit; **the ~ [wide] world** die ganze [weite] Welt; **[to do] the ~ bit** *esp* BRIT, AUS (*fig*) das ganze Programm [durchmachen] ❷ (*in one piece*) ganz, heil; (*intact*) intakt; **to swallow sth ~** etw ganz [hinunter]schlucken ❸ *pred* (*liter: healthy*) **to be ~ in body and mind** gesund sein an Körper und Geist ❹ (*fam: emphasize amount*) **I've got a ~ heap of work to do** ich habe einen riesigen Berg Arbeit vor mir; **the new computers are a ~ lot faster** die neuen Computer sind um ein Vielfaches schneller; **flying is a ~ lot cheaper these days** Fliegen ist heutzutage sehr viel billiger ▶ PHRASES: **the ~ [kit and] caboodle** (*fam*) der ganze Kram *fam;* **the ~ enchilada** AM (*fam*) der ganze Krempel *pej fam;* **to go [the] ~ hog** [*or* AM **the ~ nine yards**] (*fam*) es [wenn schon, dann] gleich richtig machen *fam;* **the ~ shebang** AM (*fam*) der ganze Kram *fam* **II.** *n* ❶ (*entire thing*) ■ **a ~** ein Ganzes *nt* ❷ *no pl* (*entirety*) ■ **the ~** das Ganze; **an aspect of the ~** ein Aspekt des Ganzen; **the ~ of Charleston** ganz Charleston; **the ~ of the country** das ganze Land; **the ~ of next week** die ganze nächste Woche ❸ (*in total*) **as a ~** als Ganzes [betrachtet]; **taken as a ~, ...** alles in allem ...; ■ **on the ~** (*taking everything into account*) insgesamt; (*in general*) generell **III.** *adv* ganz; **a ~ new approach/dimension** ein ganz neuer Ansatz/eine ganz neue Dimension

'whole·food I. *n* BRIT ❶ *no pl* (*unprocessed food*) Vollwertkost *f* ❷ (*unprocessed food products*) ■ **~s** *pl* Vollwertprodukte *pl* **II.** *n modifier* (*cooking, restaurant*) Vollwertkost-; ~ **diet** Vollwerternährung *f* **'whole·food shop** *n* BRIT Bioladen *m fam;* (*health food shop*) Reformhaus *nt* **'whole·grain** *adj inv esp* BRIT, AUS Vollkorn-; ~ **bread** Vollkornbrot *nt;* ~ **breakfast cereal** Vollkornmüsli *nt;* ~ **food products** Vollkornprodukte *pl* **whole-heart·ed** [-'hɑːtɪd, AM -hɑːrt̬ɪd] *adj inv* ❶ (*sincere*) aufrichtig; (*cordial*) herzlich; **you have our ~ thanks** herzlichen Dank! ❷ (*committed*) engagiert, rückhaltlos; **... her ~ efforts on our behalf ...** ihr unermüdlichen Einsatz für uns **whole-heart·ed·ly** [-'hɑːtɪdli, AM -'hɑːrt̬ɪd-] *adv inv* (*sincerely*) ernsthaft, aufrichtig; (*completely*) voll und ganz; **to be ~ in favour of sth** sich *akk* für etw *akk* aussprechen; **to believe ~ in sth** fest an etw *akk* glauben **'whole·meal I.** *n* BRIT Vollkornmehl *nt* **II.** *adj inv* BRIT Vollkorn-; ~ **bread** Vollkornbrot *nt;* ~ **flour** Vollkornmehl *nt;* ~ **pastry** Vollkorngebäck *nt*

whole·ness ['həʊlnəs, AM 'hoʊl-] *n no pl* Ganzheit *f*

'whole note *n* AM (*semibreve*) ganze Note **whole 'num·ber** *n* ganze Zahl

whole·sale ['həʊlseɪl, AM 'hoʊl-] **I.** *adj inv* ❶ *attr* (*of bulk sales*) Großhandels-; ~ **business** Großhandel *m;* ~ **prices** Großhandelspreise *mpl;* ~ **supplier** Großhändler(in) *m(f)* ❷ (*usu pej: on large scale*) Massen-; ~ **reform** umfassende Reform; ~ **slaughter** Massenmord *m* **II.** *adv inv* ❶ (*at bulk price*) zum Großhandelspreis; **I can get that camera cheaper for you ~** ich kann dir diese Kamera im Einkauf billiger besorgen ❷ (*in bulk*) in Großmengen

whole·sal·er ['həʊlseɪləʳ, AM 'hoʊlseɪlɚ] *n* Großhändler(in) *m(f);* **furniture ~** Möbelgroßhändler(in) *m(f)*

whole·some ['həʊlsəm, AM 'hoʊl-] *adj* (*approv: promoting wellbeing*) wohltuend; (*healthy*) gesund; **this film is good ~ family entertainment** dieser Film ist rundherum gute Familienunterhaltung; **they want her to marry a nice ~ young man** sie möchten, dass sie einen netten, anständigen, jungen Mann heiratet; **a healthy diet includes lots of ~ natural food** eine gesunde Ernährung beinhaltet viele nahrhafte, naturbelassene Nahrungsmittel; **clean ~ fun** einfacher harmloser Spaß

whole·some·ness ['həʊlsəmnəs, AM 'hoʊl-] *n no pl* (*approv*) ❶ (*physical health*) Gesundheit *f;* (*wholesome quality*) Bekömmlichkeit *f* ❷ (*of morality*) ≈ Zuträglichkeit *f*

whole-tone 'scale *n* Ganztonleiter *f* **'whole·wheat I.** *n no pl* Voll[korn]weizen *m* **II.** *n modifier* (*biscuits, bread, cookies, pasta*) Voll[korn]weizen-; ~ **flour** Weizenvollkornmehl *nt; see also* **wholemeal**

who'll [huːl] = **who will** *see* **who**

whol·ly ['həʊl(l)i, AM 'hoʊl(l)i] *adv* ganz, völlig; **this motorcycle is ~ British-made** dieses Motorrad wurde komplett in Großbritannien hergestellt; **that's a ~ different matter!** das ist doch etwas völlig anderes!; **to be ~ aware of sth** sich *dat* einer S. *gen* vollkommen bewusst sein; **to be ~ convinced by sth** von etw *dat* völlig [*o* vollkommen] überzeugt sein

whol·ly-owned sub·'sidi·ary *n* ECON hundertprozentige Tochter[gesellschaft]

whom [huːm] *pron* (*form*) ❶ *interrogative, after vb or prep* wem *dat,* wen *akk;* ~ **did you want to see?** zu wem möchten Sie?; ~ **did he marry?** wen hat er geheiratet?; **to ~ do you wish to speak?** mit wem möchten Sie sprechen? ❷ *relative* (*with defining clause*) der, die, das; **the women ~ you mentioned are all former employees** die Frauen, die Sie erwähnt haben, sind alles ehemalige Angestellte ❸ *relative* (*with non-defining clause*) der, die, das; **he took out a photo of his son, ~ he adores** er nahm ein Foto von seinem Sohn heraus, den er vergöttert; **none/some/several/all of ~ ...** keiner/einige/mehrere/alle, die ...; **he came home with his drinking pals, all of ~ were drunk** er kam mit seinen Trinkkumpanen nach Hause, die alle betrunken waren; **three men, none of ~ she had ever seen before, came knocking at her door** drei Männer klopften an ihre Tür, die sie nie zuvor gesehen hatte

whom·ever [huːm'evəʳ, AM -ɚ] *pron* (*form*) ❶ *relative* (*anyone whom*) wer auch immer; **give it to ~ you please** gib das, wem du willst; ~ **she saw, she asked for money** sie bat alle um Geld, die sie traf; **I'll sing whatever I like to ~ I like** ich singe was ich will, vor wem ich will ❷ *relative* (*the person who*) die Person, die; **he decided to tell his story to ~ he saw first** er beschloss, seine Geschichte der Person zu erzählen, die er zuerst traf ❸ *interrogative* (*whom on earth*) wer auch immer; ~ **do you mean?** wen in Gottes Namen meinst du?

whom·so·ever [ˌhuːmsəʊ'evəʳ, AM -soʊ'evɚ] *pron rel formal variant of* **whosoever**

whoop [(h)wuːp] **I.** *vi* jubeln **II.** *vt* ■ **to ~ it up** (*fam: celebrate*) sich *akk* amüsieren, einen drauf machen *fam;* AM (*create excitement*) auf den Putz hauen *fam* **III.** *n* ❶ (*shout of excitement*) Jauchzer *m,* Freudenschrei *m;* **to give a ~ of triumph** einen Triumphschrei loslassen; **to give a loud ~** laut aufjauchzen ❷ (*of object*) Aufheulen *nt* ❸ (*of cough*) Keuchen *nt* ▶ PHRASES: **to not care** [*or* **give**] **a ~** AM (*dated*) sich *akk* nicht im Mindesten [um etw *akk*] kümmern [*o fam* scheren]

whoo·pee I. *interj* [(h)wʊ'piː] juchhe, hurra; (*iron*) toll *iron fam;* **oh, ~, another letter to type up!** super, noch ein Brief zum Abtippen! *iron* **II.** *n* ['(h)wuːpi, AM '(h)wuːpi] *no pl* ❶ (*rejoicing*) ausgelassenes Feiern ❷ **to make ~** (*have sex*) es tun *fam;* (*rejoice noisily*) auf die Pauke hauen *fam*

'whoo·pee cush·ion *n* Furzkissen *nt derb*

'whoop·ing cough *n no pl* Keuchhusten *m*

whoops [(h)wʊps] *interj* (*fam*) hups, hoppla; ~ **a daisy** (*childspeak*) hopsala *Kindersprache*

whoosh [(h)wʊʃ] (*fam*) **I.** *interj* zisch; **no sooner had she arrived than, ~, she was off again** kaum war sie gekommen, zack, war sie auch schon wieder weg **II.** *vi* zischen *fam* **III.** *vt* ■**to ~ sb/sth somewhere** jdn/etw schnell irgendwohin bringen **IV.** *n usu sing* ❶ (*of air*) Zischen *nt kein pl* ❷ (*fig: sudden large amount*) **they expect a ~ of money** sie erwarten eine wahre Geldflut

whop [(h)wɑ:p] **I.** *vt* <-pp-> *esp* AM (*fam*) ❶ (*strike*) ■**to ~ sb with sth** jdn mit etw *dat* schlagen [*o fam* hauen]; **to ~ sb one** jdm eine reinhauen [*o fam* ein Ding verpassen] *fam* ❷ (*defeat*) ■**to ~ sb** jdn schlagen **II.** *n usu sing esp* AM (*fam*) Knall *m*

whop·per ['(h)wɒpəʳ, AM '(h)wɑ:pɚ] *n* (*hum fam*) ❶ (*huge thing*) Apparat *m sl;* **that's a ~ of a fish** das ist ja ein Riesenfisch ❷ (*lie*) faustdicke Lüge *fam;* **to tell sb a ~** jdm einen Bären aufbinden

whop·ping ['(h)wɒpɪŋ, AM '(h)wɑ:p-] (*fam*) **I.** *adj inv* saftig *fam;* **she got a ~ 12 000 votes more than her opponent** sie bekam satte 12.000 Stimmen mehr als ihr Gegner; ~ **lie** faustdicke Lüge *fam;* ~ **great** riesengroß *fam* **II.** *n* AM ❶ (*beating*) Prügel *pl fam;* **to give sb a ~** jdm Prügel [*o* eine Abreibung] verpassen *fam* ❷ (*defeat*) Schlappe *f fam;* **to take a [sound] ~ [from sb]** eine [schwere] Schlappe [von jdm] einstecken müssen *fam*

whore [hɔ:ʳ, AM hɔ:r] **I.** *n* (*pej*) ❶ (*female prostitute*) Nutte *f pej sl* ❷ (*fam: promiscuous woman*) Flittchen *nt pej fam* ❸ (*Roman Catholic Church*) **the W~ of Babylon** die große Hure **II.** *vi* (*dated or pej*) ❶ (*sleep with prostitutes*) herumhuren *pej* ❷ (*work as prostitute*) sich *akk* prostituieren, auf den Strich gehen *fam*

'whore·house *n esp* AM (*pej fam*) Puff *m pej fam; see also* **brothel**

whorl [(h)wɜ:l, AM (h)wɜ:rl] *n* (*liter*) Windung *f;* ~**s of colour** [*or* AM **colour**] Farbkreise *mpl*

whor·tle·berry ['(h)wɜ:tl̩ˌberi, AM '(h)wɜ:rt̬l-] *n* Heidelbeere *f*

who's [hu:z] = **who is, who has** *see* **who**

whose [hu:z] **I.** *adj* ❶ (*in questions*) wessen; ~ **bag is this?** wessen Tasche ist das?, wem gehört die Tasche?; **I don't care ~ fault it is** mir ist egal, wessen Schuld es ist; ~ **round is it?** wer ist dran? ❷ (*indicating possession*) dessen; **Cohen, ~ contract ...** Cohen, dessen Vertrag ...; **she's the woman ~ car I crashed into** sie ist die Frau, in deren Auto ich gefahren bin **II.** *pron poss, interrog* wessen; ~ **is this bag?** wessen Tasche ist das?; ~ **is the car parked outside?** wem gehört das Auto draußen?

whose·so·ever [ˌhu:zsəʊ'evəʳ, AM -soʊ'evɚ] (*form*), **whos·ever** [ˌhu:z'evəʳ, AM -evɚ] (*rare*) **I.** *pron rel* (*whose on earth*) **the decision, ~ it was, is a good one** das ist eine gute Entscheidung, wer auch immer sie getroffen hat **II.** *adj attr, inv* deren auch immer; **she dialled ~ number she could still remember** sie rief die Leute an, deren Telefonnummer sie noch wusste

who·so·ever [ˌhu:səʊ'evəʳ, AM -soʊ'evɚ] *pron* (*old form*) *see* **whoever**

why [(h)waɪ] **I.** *n* **the ~s and wherefores [of sth]** das Warum und Weshalb [einer S. *gen*] **II.** *adv* ❶ (*for what reason*) warum; ~ **did he say that?** warum hat er das gesagt? ❷ (*used to introduce suggestion*) ~ **don't you join us at the bar? – good idea, ~ not** warum kommst du nicht mit uns an die Bar? – gute Idee, warum eigentlich nicht ❸ (*for that reason*) **the reason ~ I ...** der Grund, warum ich ...; **that's the reason ~ he didn't phone** deshalb hat er nicht angerufen hat **III.** *interj esp* AM (*dated*) ~, **if it isn't old Georgie Frazer!** na, wenn das nicht Georgie Frazer ist!

WI [ˌdʌblju:'aɪ] *n abbrev of* **Women's Institute**

Wiccan ['wɪkᵊn] *n* Hexe *f*

wick [wɪk] *n* Docht *m* ▶ PHRASES: **to dip one's ~** (*fam*) seinen Schwanz reinstecken *sl, vulg;* **to get on sb's ~** BRIT (*dated fam*) jdm auf den Keks [*o* Wecker] gehen *fam*

wick·ed ['wɪkɪd] **I.** *adj* ❶ (*evil*) böse ❷ (*mischievous*) verführerisch; (*cunning*) raffiniert; **to have a ~ sense of humour** einen beißenden Humor haben; **~-looking** verführerisch aussehend ❸ (*likely to cause pain*) gefährlich ❹ (*very bad*) *cough* schlimm ❺ (*approv sl: excellent*) saugut *sl,* stark *fam* **II.** *n pl* ■**the ~** die Bösen *pl* ▶ PHRASES: **there's no peace** [*or* **rest**] **for the ~** (*saying*) es gibt keine Ruhe für die Schuldigen **III.** *interj* (*approv sl*) fantastisch *fam,* super *fam*

wick·ed·ly ['wɪkɪdli] *adv* ❶ (*evilly*) gemein, fies, böse ❷ (*mischievously*) **to say sth/laugh ~** etw frech sagen/frech lachen; **look/smile ~** verschmitzt schauen/lächeln ❸ (*extremely*) extrem; ~ **expensive** unverschämt [*o* fürchterlich] teuer; ~ **rich dessert/cake** Kalorienbombe *f;* ~ **attractive/handsome** *woman* umwerfend schön; *man* unverschämt gut aussehend

wick·ed·ness ['wɪkɪdnəs] *n no pl* (*evil*) Bosheit *f,* Schlechtigkeit *f;* (*viciousness*) Bösartigkeit *f;* (*mischievousness*) Boshaftigkeit *f*

wick·er ['wɪkəʳ, AM -ɚ] **I.** *n no pl* Korbgeflecht *nt;* (*rattan*) Rattan *nt* **II.** *n modifier* (*furniture*) Korb-; ~ **basket** Weidenkorb *m;* ~ **chair** Rattansessel *m*

wick·er 'fur·ni·ture *n no pl* Korbmöbel *ntpl;* (*made of rattan*) Rattanmöbel *ntpl* **'wick·er·work** *n no pl* ❶ (*material*) Korbmaterial *nt;* (*rattan*) Rattan *nt* ❷ (*articles*) Korbwaren *pl*

wick·et ['wɪkɪt] *n* BRIT ❶ (*target in cricket*) Tor *nt,* Wicket *nt fachspr* ❷ (*area in cricket*) Spielbahn *f* ❸ (*dismissal of batsman*) Ausscheiden *nt* (*eines Schlagmannes*) ❹ CAN [Bank]schalter *m* ▶ PHRASES: **to be on a sticky ~** (*fam*) in der Klemme stecken *fam*

'wick·et-keep·er *n* BRIT Torwächter(in) *m(f),* Torhüter(in) *m(f)*

wide [waɪd] **I.** *adj* ❶ (*broad*) *nose, river, road* breit ❷ (*considerable*) enorm, beträchtlich; **there's a ~ gap between ... and ...** zwischen ... und ... herrscht eine große Kluft; **the [great] ~ world** die [große] weite Welt; **to search [for sb/sth] the ~ world over** (*fig*) in [*o* auf] der ganzen Welt [nach jdm/etw] suchen ❸ (*very open*) geweitet; *eyes* groß; **his eyes were ~ with surprise** seine Augen waren vor Erstaunen weit aufgerissen ❹ *after n* (*with a width of*) breit; **the swimming pool is 5 metres ~** der Swimmingpool ist 5 Meter breit ❺ (*varied*) breit gefächert; **to have a ~ experience in sth** in etw *dat* reiche Erfahrung haben; **a ~ range of goods** ein großes Sortiment an Waren ❻ (*extensive*) groß; **to enjoy ~ support** breite Unterstützung genießen ▶ PHRASES: **to give sb/sth a ~ berth** um jdn/etw einen großen Bogen machen; **to be ~ of the mark** (*of argument*) weit hergeholt sein *fam;* (*of fact*) nicht zutreffen **II.** *adv* weit; ~ **apart** weit auseinander; **to open ~** [sich *akk*] weit öffnen; **his eyes opened ~ with surprise** seine Augen waren vor Erstaunen weit aufgerissen; **'open ~', said the dentist** „weit aufmachen", sagte der Zahnarzt; **she longed for the ~ open spaces of her homeland** sie sehnte sich nach der großen Weite ihres Heimatlandes; **to be ~ open** weit geöffnet sein; (*fig*) *competition* völlig offen sein; (*offering opportunities*) offen stehen; (*vulnerable*) verletzbar; **to be ~ open to attack** dem Angriff schutzlos ausgeliefert sein

'wide-an·gle *n,* **wide-an·gle 'lens** *n* PHOT Weitwinkelobjektiv *nt fachspr* **wide-a'wake** *adj* hellwach **'wide·awake** *n* Schlapphut *m* **wide-bod·ied 'jet** *n* Großraumflugzeug *nt* **'wide boy** *n* BRIT (*pej fam*) Gauner *m fam* **wide-'eyed** *adj* mit großen Augen *nach n;* (*fig*) blauäugig *fig,* naiv

wide·ly ['waɪdli] *adv* ❶ (*broadly*) breit; **to smile ~ at sb** jdn breit anlächeln ❷ (*extensively*) weit; **they travelled ~ in Asia** sie sind kreuz und quer durch Asien gereist; **French used to be ~ spoken in Kampuchea** in Kampuchea war Französisch früher weit verbreitet; **his plays are still ~ performed in the USA** seine Stücke werden in den USA immer noch oft aufgeführt; ~ **accepted/admired/believed** weithin akzeptiert/bewundert/geglaubt; **to be ~ read** (*of person*) [sehr] belesen sein; (*of literature*) viel gelesen werden ❸ (*considerably*) beträchtlich; ~ **differing aims** völlig verschiedene Ziele

wid·en ['waɪdᵊn] I. *vt* ■**to ~ sth** (*make broader*) etw verbreitern; (*make wider*) etw erweitern; (*make larger*) etw vergrößern; **to ~ the discussion** (*fig*) die Diskussion ausweiten II. *vi* (*become broader*) *river, smile* breiter werden; (*become wider*) *eyes* weiter werden

◆**widen out** *vi* breiter werden, sich *akk* verbreitern

wide-rang·ing [-'reɪndʒɪŋ] *adj* ❶ (*extensive*) weitreichend, ausführlich ❷ (*diverse*) breit gefächert; ~ **interests** vielseitige Interessen **wide re·'ceiv·er** *n* AM Fänger(in) *m(f)* (*beim Football*) **'wide·spread** *adj* weit verbreitet; **there are reports of ~ flooding in southern France** es wird von großflächigen Überschwemmungen in Südfrankreich berichtet; **there is ~ speculation that ...** es wird weithin spekuliert, dass ...; **the campaign has received ~ support** die Kampagne stieß auf breite Unterstützung

widg·et ['wɪdʒɪt] *n* ❶ (*gadget*) Vorrichtung *f* ❷ (*hypothetical gadget*) Dingsbums *nt fam* ❸ BRIT *Vorrichtung in Bierdose, damit das Bier beim Ausschenken schäumt*

wid·ow ['wɪdəʊ, AM -doʊ] I. *n* ❶ (*woman*) Witwe *f;* **to be left a ~** Witwe werden, als Witwe zurückbleiben; **a football/golf ~** (*hum*) eine Fußball-/Golfwitwe *hum* ❷ TYPO Hurenkind *nt fachspr* II. *vt usu passive* ■**to ~ sb** jdn zur Witwe/zum Witwer machen; ■**to be ~ed** zur Witwe/zum Witwer werden

wid·owed ['wɪdəʊd, AM -oʊd] *adj inv* verwitwet

wid·ow·er ['wɪdəʊəʳ, AM -oʊɚ] *n* Witwer *m*

wid·ow·hood ['wɪdəʊhʊd, AM -doʊ-] *n no pl* ❶ (*state*) *of women* Witwenschaft *f; of men* Witwerschaft *f selten* ❷ (*period*) *of women* Witwentum *nt; of men* Witwertum *nt selten*

wid·ow's 'ben·efit *n no pl* BRIT Witwenrente *f;* (*for wife of a civil servant*) Witwengeld *nt* **wid·ow's 'mite** *n* Scherflein *nt* **wid·ow's 'peak** *n spitz zulaufender Haaransatz in der Stirnmitte* **'wid·ow's weeds** *npl* Witwenkleidung *f kein pl,* Trauerkleidung *f kein pl*

width [wɪtθ] *n* ❶ *no pl* (*measurement*) Breite *f; of clothes* Weite *f;* **the corridor runs the ~ of the building** der Flur ist so breit wie das Gebäude; **to be five metres** [*or* AM **meters**] **in ~** fünf Meter breit sein ❷ (*unit*) *of fabric* Breite *f; of wallpaper* Bahn *f; of swimming pool* Breite *f;* **to come in different ~s** unterschiedlich breit sein; **to swim two ~s** zweimal quer durch das Becken schwimmen ❸ *no pl* (*fig: scope, range*) Größe *f; of a product line* [Angebots]umfang *m;* **there is a surprising ~ of support for the proposal** der Vorschlag findet eine überraschend große Unterstützung

width·ways ['wɪtθweɪz], **width·wise** ['wɪtθwaɪz] *adv* der Breite nach

wield [wi:ld] *vt* ■**to ~ sth** *tool, weapon* etw schwingen; **to ~ authority/influence/power over sb/sth** Autorität/Einfluss/Macht über jdn/etw ausüben

wie·ner ['wi:nɚ] *n* AM ❶ (*fam: sausage*) Wiener Würstchen *nt,* Wienerle *nt* DIAL ❷ (*fam!: boy's penis*) Pimmel *m fam* ❸ (*pej fam: spoilsport*) Spielverderber(in) *m(f);* (*wimp*) Waschlappen *m fam*

wife <*pl* wives> [waɪf] *n* [Ehe]frau *f,* Gattin *f form o hum;* **will you be my ~?** möchtest du meine Frau werden?; **give my regards to your ~** grüßen Sie Ihre Frau von mir; **to live together as man and ~** wie Mann und Frau zusammenleben; **to make sb one's ~** jdn zu seiner [Ehe]frau machen; **my** [*or fam* **the**] **~** meine [*o fam* die] Frau ▶PHRASES: **to be like Caesar's ~** BRIT ohne Fehl und Tadel sein; **the world and his ~** BRIT (*saying*) Gott und die Welt *fam*

wife·ly ['waɪfli] *adj* einer Ehefrau *nach n;* **her ~ duties** ihre Pflichten als Ehefrau

'wife-swap·ping *n no pl* (*fam*) Partnertausch *m* **'wife-swap·ping par·ty** *n* (*fam*) Party *f* mit Partnertausch, Swingerparty *f*

Wi-Fi ['waɪfaɪ] *n see* **wireless fidelity**

wig [wɪg] I. *n* Perücke *f;* ■**in a ~** mit [einer] Perücke II. *vt* <-gg-> ■**to ~ sb** jdm die Leviten lesen *fam*

◆**wig out** *vi esp* AM (*fam*) ausflippen *fam*

wig·eon ['wɪdʒən], **widg·eon** *n* Pfeifente *f*

wigged [wɪgd] *adj inv* mit Perücke *nach n;* ■**to be ~** eine Perücke tragen

wig·ging ['wɪgɪŋ] *n* (*dated fam*) Standpauke *f fam,* Gardinenpredigt *f hum fam;* **to get a ~** einen Rüffel erteilt bekommen *fam;* **to give sb a ~** jdm eine Standpauke halten [*o* die Leviten lesen] *fam*

wig·gle ['wɪgl] I. *vt* ■**to ~ sth** mit etw *dat* wackeln; **to ~ one's bottom/hips/toes** mit dem Po/den Hüften/den Zehen wackeln II. *vi* wackeln III. *n* ❶ (*movement*) Wackeln *nt kein pl;* **she walks with a sexy ~** sie hat einen sexy Gang *fam* ❷ (*line*) Schlangenlinie *f* ❸ *esp* AM (*fam: hurry*) **to get a ~ on** einen Zahn zulegen *fam*

wig·gly ['wɪgli] *adj* (*fam*) ❶ (*having curves*) schlangenlinienförmig, geschlängelt; ~ **line** Schlangenlinie *f* ❷ (*moving*) wackelnd; *picture, film* verwackelt; **a ~ worm** ein sich windender Wurm

wig·gy ['wɪgi] *adv* (*fam*) durchgedreht *fam,* durchgeknallt *fam;* **to get ~** durchdrehen *fam*

wig·wam ['wɪgwæm, AM -wɑ:m] *n* Wigwam *m*

wild [waɪld] I. *adj* ❶ *inv* (*not domesticated*) wild; *cat, duck, goose* Wild-; **lions and tigers are ~ animals** Tiger und Löwen leben in freier Wildbahn; ~ **horse** Wildpferd *nt* ❷ (*uncultivated*) *country, landscape* rau, wild; ~ **flowers** wild wachsende Blumen ❸ (*uncivilized*) *people* unzivilisiert; *behaviour* undiszipliniert; *situation* chaotisch; **to lead a ~ life** ein zügelloses Leben führen; ~ **and woolly** *esp* BRIT ungehobelt ❹ (*uncontrolled*) unbändig; (*disorderly*) wirr; **a wave of ~ fury overcame her** sie wurde von unbändiger Wut gepackt; **he had this ~ look in his eye** er hatte diesen verstörten Blick; ~ **hair/hairstyle** wirres Haar/wirre Frisur; ~ **party** wilde [*o* ausgelassene] Party; ~ **talk** wirres Gerede ❺ (*stormy*) *wind, weather* rau, stürmisch ❻ (*excited*) wild, ungezügelt; (*not sensible*) verrückt *fam;* ~ **applause** stürmischer [*o* tosender] Applaus; **in ~ rage** in blinder Wut; **to be/go ~** außer sich *dat* sein/geraten, aus dem Häuschen sein/geraten *fam;* **to go ~ with excitement** in helle Aufregung geraten ❼ (*fam: angry*) wütend, außer sich *dat;* ■**to be ~ with** [*or* **at**] **sb/sth** auf jdn/etw wütend sein; **to be ~ with fury** vor Wut [ganz] außer sich *dat* sein; **to drive sb ~** jdn rasend machen [*o fam* in Rage bringen]; **to go ~** aus der Haut fahren *fam* ❽ (*fam: enthusiastic*) ■**to be ~ about sb/sth** auf jdn/etw ganz wild [*o* versessen] sein; ■**to be ~ to do sth** wild [*o* versessen] [*o sl* scharf] darauf sein, etw zu tun ❾ (*not accurate*) ungezielt; (*imaginative*) wild; **their estimate of the likely cost was pretty ~** sie hatten wilde Vorstellungen von den voraussichtlichen Kosten; **beyond one's ~est dreams** mehr als je erträumt; **they had been successful beyond their ~est dreams** sie waren erfolgreicher, als sie es sich je erträumt hatten; **never in one's ~est dreams** auch in seinen kühnsten Träumen nicht; **to make a ~ guess** wild drauflosraten *fam;* **a ~ plan** [*or* **scheme**] ein unausgegorener Plan; ~ **throw** Fehlwurf *m* ❿ (*extreme*) stark, heftig; ~ **variations** enorme Unterschiede ⓫ *inv* CARDS beliebig einsetzbar ⓬ (*fam: great*) klasse *fam,* geil *sl;* **this music is really ~, man** diese Musik ist echt geil, Mann ▶PHRASES: ~ <u>horses</u> **couldn't** [*or* **wouldn't**] **make me do sth** keine zehn Pferde könnten mich dazu bringen, etw zu tun *fam;* **to sow one's ~ <u>oats</u>** sich *dat* die Hörner abstoßen *fam* II. *adv inv* wild; **to grow ~** wild wachsen; **to live ~** (*person, animals*) in Freiheit leben; (*esp exotic animals*) in freier Wildbahn leben; **to run ~** *child, person* sich *dat* selbst überlassen sein; *animals* frei herumlaufen; *garden* verwildern; *plants* ins Kraut schießen III. *n* ❶ (*natural* *environment*) ■**the** ~ die Wildnis; **in the ~s of Africa** im tiefsten Afrika; **to survive in the** ~ in freier Wildbahn überleben (2) (*fig: remote places*) ■**the** ~**s** *pl* die Pampa *f kein pl oft hum fam;* ■[**out**] **in the** ~**s** in der Pampa *fig, oft hum fam,* jwd *hum fam;* **in the** ~**s of Edmonton** im hintersten Edmonton

wild 'boar *n* ZOOL Wildschwein *nt,* Keiler *m,* Wildeber *m* **'wild·card** ['waɪldkɑːd, AM -kɑːrd] *n* COMPUT Wildcard *f fachspr,* Ersatzzeichen *nt* **'wild card** *n* (1) CARDS Joker *m,* beliebig einsetzbare Spielkarte (2) COMPUT Wildcard *f,* Jokerzeichen *nt,* Stellvertreterzeichen *nt* (3) TENNIS Wildcard *f;* ~ **entry** Teilnahme *f* über eine Wildcard (4) (*unpredictable element*) Fragezeichen *nt* **'wild·cat I.** *n* ZOOL Wildkatze *f a. fig* **II.** *adj attr, inv* (1) *esp* AM (*very risky*) riskant, gewagt; ~ **security** ECON risikoreiches Wertpapier; ~ **stocks** AM STOCKEX hochspekulative Aktien (2) ECON (*unofficial*) ~ **company** Schwindelfirma *f;* ~ **strike** wilder Streik (3) (*exploratory*) Probe-; ~ **drilling** [*or* **well**] Probebohrung *f*

wil·de·beest <*pl* - *or* -s> ['wɪldɪbiːst, AM -də-] *n* Gnu *nt*

wil·der·ness <*pl* -es> ['wɪldənəs, AM -ɚ-] *n usu no pl* (1) (*wild unpopulated area*) Wildnis *f;* (*desert*) Wüste *f* (2) (*fam: overgrown area*) wild wachsendes Stück Land; (*garden*) wild wachsender Garten (3) (*confusion*) Wirrwarr *nt,* Durcheinander *nt* (**of** von +*dat*) (4) (*position of disgrace*) ■**to be in the** ~ BRIT zur Bedeutungslosigkeit verurteilt sein ▶ PHRASES: **a voice in the** ~ ein Rufender *m*/eine Rufende in der Wüste

'wil·der·ness area *n esp* AM, AUS Naturschutzgebiet *nt*

wild-'eyed *adj* wild, mit irrem Blick *nach n* **'wild·fire** *n no pl* Lauffeuer *nt,* nicht zu kontrollierender [Großflächen]brand; **to spread like** ~ (*fig*) sich *akk* wie ein Lauffeuer verbreiten **'wild·fowl** *n* Federwild *nt kein pl;* FOOD Wildgeflügel *nt kein pl* **wild-'goose chase** *n* (*hopeless search*) aussichtslose Suche; (*pointless venture*) fruchtloses [*o* hoffnungsloses] Unterfangen; **to send sb** [**off**] **on a** ~ jdn für nichts und wieder nichts losschicken *fam;* **the police had been sent on a** ~ man hatte die Polizei einem Phantom nachjagen lassen **'wild·life I.** *n no pl* ■**the** ~ die [natürliche] Tier- und Pflanzenwelt, die Flora und Fauna **II.** *n modifier* (*club, photography*) Natur-; ~ **conservation** Erhaltung *f* der Tier- und Pflanzenwelt; ~ **programmes** [*or* AM **shows**] Natursendungen *fpl;* (*esp about animals*) Tierfilme *mpl;* ~ **reserve** Wildreservat *nt;* ~ **sanctuary** Wildschutzgebiet *nt*

wild·ly ['waɪldli] *adv* (1) (*in uncontrolled way*) wild; (*boisterously*) unbändig; **my heart was beating** ~ mein Herz schlug wie wild; **to fling one's arms about** ~ wild mit den Armen um sich *akk* schlagen; **to behave** ~ sich *akk* wie wild aufführen *fam;* **to gesticulate** ~ wild gestikulieren; **to talk** ~ wirres Zeug reden *fam* (2) (*haphazardly*) ungezielt; **to guess** ~ [wild] drauflosraten *fam;* **to hit out** ~ wahllos drauflosschlagen *fam;* **to shoot** ~ wild um sich *akk* schießen (3) (*fam: extremely*) äußerst; (*totally*) völlig; **I'm not** ~ **keen on it** ich bin nicht gerade wild [*o sl* scharf] darauf; **to be** ~ **enthusiastic about sth** von etw *dat* tierisch begeistert sein *fam;* ~ **exaggerated/expensive** maßlos übertrieben/überteuert; ~ **improbable/inaccurate** höchst unwahrscheinlich/ungenau; **to fluctuate/vary** ~ stark fluktuieren/schwanken

wild·ness ['waɪldnəs] *n no pl* (1) (*natural state*) Wildheit *f* (2) (*tempestuousness*) Wildheit *f,* Heftigkeit *f;* **the** ~ **of the weather was frightening** das stürmische Wetter war Angst einflößend (3) (*behaviour*) Wildheit *f;* (*lack of control*) Unkontrolliertheit *f* (4) (*excitement*) Unbändigkeit *f,* Zügellosigkeit *f* (5) (*haphazardness*) Ungezieltheit *f;* (*rashness*) Unüberlegtheit *f,* Unbesonnenheit *f;* (*lacking principle*) Wahllosigkeit *f*

wild 'oat *n* Wildhafer *m* **wild 'rice** *n no pl* Wildreis *m* **wild 'silk** *n no pl* Wildseide *f* **Wild 'West** *n no pl* HIST ■**the** ~ der Wilde Westen

wiles [waɪlz] *npl* (*form*) List *f,* Trick *m,* Schliche *mpl;* **to fall victim to sb's** ~ auf jds Tricks hereinfallen; **to use all one's** ~ mit allen Tricks arbeiten

wil·ful ['wɪlfəl], AM **will·ful** *adj* (1) *usu attr* (*deliberate*) bewusst, absichtlich; *damage* mutwillig; LAW vorsätzlich; **he eats too many sweet foods in** ~ **disregard of his health** er isst zu viele süße Sachen, obwohl er genau weiß, dass das seiner Gesundheit schadet; ~ **disobedience of orders** bewusstes Nichtbefolgen von Anordnungen (2) (*self-willed*) eigensinnig, eigenwillig; (*obstinate*) starrsinnig

wil·ful·ly ['wɪlfəli], AM **will·ful·ly** *adj* (1) (*deliberately*) bewusst, absichtlich; *damage* mutwillig; LAW vorsätzlich; **to be** ~ **obstructive** sich *akk* bewusst querstellen *fam* (2) (*obstinately*) starrsinnig, eigensinnig

wil·ful·ness ['wɪlfəlnəs], AM **will·ful·ness** *n no pl* (1) (*deliberateness*) Absichtlichkeit *f,* Mutwille *m;* LAW Vorsätzlichkeit *f* (2) (*obstinacy*) Eigensinn *m,* Starrsinn *m*

wili·ness ['waɪlɪnəs] *n no pl* Listigkeit *f,* Schläue *f,* Gewieftheit *f fam*

will[1] <would, would> [wɪl] **I.** *aux vb* (1) (*in future tense*) werden; **we** ~ **be at the airport** wir werden am Flughafen sein; **do you think he** ~ **come?** glaubst du, dass er kommt?; **so we'll be in Glasgow by lunchtime** wir sind also um die Mittagszeit [herum] in Glasgow; **I'll be with you in a minute** ich bin sofort bei Ihnen; **it won't be easy** es wird nicht leicht sein; **by the time we get there, Jim** ~ **have left** bis wir dort ankommen, ist Jim schon weg; **you'll have forgotten all about it by next week** nächste Woche wirst du alles vergessen haben; (*in immediate future*) **we'll be off now** wir fahren jetzt; **I'll be going then** ich gehe dann; **I'll answer the telephone** ich gehe ans Telefon (2) (*with tag question*) **you won't forget to tell him,** ~ **you?** du vergisst aber nicht, es ihm zu sagen, oder?; **they'll have got home by now, won't they?** sie müssten mittlerweile zu Hause sein, nicht? (3) (*expressing intention*) ■**sb** ~ **do sth** jd wird etw tun; **I** ~ **always love you** ich werde dich immer lieben; **I'll make up my own mind about that** ich werde mir meine eigene Meinung darüber bilden; **I'll not be spoken to like that!** ich dulde nicht, dass man so mit mir redet!; **I won't have him ruining the party** ich werde nicht zulassen, dass er die Party verdirbt (4) (*in requests, instructions*) ~ **you give me her address, please?** würden Sie mir bitte ihre Adresse geben?; ~ **you stop that!** hör sofort damit auf!; ~ **you let me speak!** würdest du mich bitte ausreden lassen!; **you'll do it because I say so** du tust es, weil ich es dir sage!; **hang on a second,** ~ **you?** bleiben Sie bitte einen Moment dran!; **just pass me that knife,** ~ **you?** gib mir doch bitte mal das Messer rüber, ja?; **give me a hand,** ~ **you?** sei so nett und hilf mir mal; ~ **you sit down?** setzen Sie sich doch!; **won't you come in?** möchten Sie nicht hereinkommmen?; **won't you have some cake?** möchten Sie nicht etwas Kuchen? (5) (*expressing willingness*) **who'll post this letter for me? – I** ~ wer kann den Brief für mich einwerfen? – ich [kann es]; **anyone like to volunteer for this job? – we** ~**!** meldet sich jemand freiwillig für diese Arbeit? – ja, wir!; **I keep asking him to play with me, but he won't** ich frage ihn ständig, ob er mit mir spielt, aber er will nicht (6) (*not functioning*) **the car won't start** das Auto springt nicht an; **the door won't open** die Tür geht nicht auf (7) (*expressing facts*) **fruit** ~ **keep longer in the fridge** Obst hält sich im Kühlschrank länger; **new products** ~ **always sell better** neue Produkte verkaufen sich einfach besser; **that won't make any difference** das macht keinen Unterschied; **the car won't run without petrol** ohne Benzin fährt der Wagen nicht (8) (*expressing persistence*) **accidents** ~ **happen** Unfälle passieren nun einmal; **he** ~ **keep doing that** er hört einfach nicht damit auf; **they** ~ **keep sending me those brochures** sie senden mir immer noch diese Broschüren (9) (*expressing likelihood*) **that'll be Scott** das wird Scott sein; **I expect you'll be wanting your supper** ich nehme an, du möchtest dein Abendbrot [haben]; **as you** ~ **all probably know already, ...** wie Sie vermutlich schon alle wissen, ...

II. *vi* (*form*) wollen; **as you ~** wie du willst; **do what you ~ with me** machen Sie mit mir, was Sie wollen

will[2] [wɪl] **I.** *n* ① *no pl* (*faculty*) Wille *m;* ■**to do sth with a ~** etw mit großem Eifer tun; **everyone heaved with a ~ to get the car out of the mud** alle hoben kräftig mit an, um das Auto aus dem Schlamm zu befreien; **to have an iron ~** [*or* **a ~ of iron**] einen eisernen Willen haben; **only with a ~ of iron** nur mit eisernem [*o* einem eisernen] Willen; **strength of ~** Willensstärke *f;* **political ~** politischer Wille; **to have the ~ to do sth** den [festen] Willen haben, etw zu tun; **to lose the ~ to live** den Lebenswillen verlieren ② *no pl* (*desire*) Wille *m;* **Thy ~ be done** REL Dein Wille geschehe; ■**to be the ~ of sb** [*or* **sb's ~**] jds Wille *m* sein; **it was God's ~** [**that ...**] es war Gottes Wille[, dass ...]; **against sb's ~** gegen jds Willen *m;* **at ~** nach Belieben; **they were able to come and go at ~** sie konnten kommen und gehen, wann sie wollten; **an actor has to be able to cry at ~** ein Schauspieler muss auf Kommando weinen können ③ LAW letzter Wille, Testament *nt;* **she remembered you in her ~** sie hat dich in ihrem Testament bedacht; **the reading of the ~** die Testamentsverlesung; **to change one's ~** sein Testament ändern; **to draw up/make a ~** ein Testament aufsetzen/machen ▶PHRASES: **where there's a ~, there's a way** (*saying*) wo ein Wille ist, ist auch ein Weg *prov;* **with the best ~ in the world** beim besten Willen; **to have a ~ of one's own** einen eigenen Willen haben **II.** *vt* ① (*try to cause by will power*) ■**to ~ sb to do sth** jdn [durch Willenskraft] dazu bringen, etw zu tun; **I was ~ing you to win** ich habe mir ganz fest gewünscht, dass du gewinnst; ■**to ~ oneself to do sth** sich *akk* dazu zwingen, etw zu tun ② (*form: ordain*) ■**to ~ sth** etw bestimmen [*o* verfügen]; **God ~ed it and it was so** Gott hat es so gewollt und so geschah es ③ (*bequeath*) ■**to ~ sb sth** [*or* **sth to sb**] jdm etw vererben [*o* [testamentarisch] vermachen]

will·ful *adj* AM *see* **wilful**

will·ful·ly *adv* AM *see* **wilfully**

will·ful·ness *n no pl* AM *see* **wilfulness**

William ['wɪljəm] *n* Wilhelm *m*

wil·lie *n see* **willy**

wil·lies ['wɪliz] *npl* (*fam*) **sb gets/has the ~** jd kriegt Zustände *fam,* jdm wird ganz anders [zumute] *fam;* **I suddenly got the ~ and ran away** plötzlich kriegte ich Panik und rannte weg; **sth gives sb the ~** bei etw *dat* wird jdm ganz mulmig *fam;* **this place gives me the ~** hier wird mir ganz mulmig zumute

will·ing ['wɪlɪŋ] **I.** *adj* ① *pred* (*not opposed*) bereit, gewillt *geh;* **God ~** so Gott will; **to be ready and ~** [*or* **ready, ~ and able**] bereit sein; ■**to be ~ to do sth** bereit [*o geh* gewillt] sein, etw zu tun; **to be more than ~ to do sth** nur zu gerne etw tun wollen; ■**to** [**not**] **be ~ for sb to do sth** [nicht] gewillt sein, jdn etw tun zu lassen; **John and Gabriel are ~ for us to use their garden** John und Gabriel haben nichts dagegen, wenn wir ihren Garten benutzen; **they're not ~ for us to bring our own wine** sie wollen nicht, dass wir [uns] unseren eigenen Wein mitbringen ② (*enthusiastic*) willig; **the staff are ~ enough** die Mitarbeiter sind allemal [dazu] bereit; **~ hands** bereitwillige Hilfe ▶PHRASES: **the spirit is ~ but the flesh is weak** (*saying*) der Geist ist willig, doch das Fleisch ist schwach *prov* **II.** *n no pl* BRIT **to show ~** [seinen] guten Willen zeigen

will·ing·ly ['wɪlɪŋli] *adv* ① (*gladly*) gern[e]; **I would ~ help you** ich würde euch gern[e] helfen ② (*voluntarily*) freiwillig

will·ing·ness ['wɪlɪŋnəs] *n no pl* (*readiness*) Bereitschaft *f;* (*enthusiasm*) Bereitwilligkeit *f;* **lack of ~** mangelnde Bereitschaft; **to express one's ~ to do sth** sich *akk* bereit erklären, etw zu tun; **to show a ~ to do sth** die Bereitschaft zeigen, etw zu tun

will-o'-the-wisp [ˌwɪləðə'wɪsp] *n* ① (*light*) Irrlicht *nt* ② (*fig: elusive thing*) Trugbild *nt,* Phantom *nt*

wil·low ['wɪləʊ, AM -loʊ] *n* BOT ① (*tree*) Weide *f;* **~ tree** Weidenbaum *m* ② *no pl* (*wood*) Weidenholz *nt*

'wil·low·herb *n* Weidenröschen *nt* **'wil·low pat·tern** *n no pl* [chinesisches] Weidenmotiv **'wil·low-pat·tern** *adj attr, inv cup, plate* Weidenmotiv-, mit [chinesischem] Weidenmotiv *nach n;* **~ dinner service** Tafelservice *nt* mit [chinesischem] Weidenmotiv **'wil·low tree** *n* Weidenbaum *m*

wil·lowy ['wɪləʊi, AM -oʊi] *adj place* weidenbestanden; *person* gertenschlank

'will pow·er *n no pl* Willenskraft *f;* **by sheer ~** durch reine Willenskraft

wil·ly ['wɪli] *n esp* BRIT (*fam!*) Pimmel *m fam*

willy-nilly [ˌwɪli'nɪli] *adv inv* ① (*like it or not*) wohl oder übel, nolens volens *geh* ② (*haphazardly*) aufs Geratewohl; (*in disorder*) wahllos [durcheinander]

wilt[1] [wɪlt] **I.** *vi* ① (*droop*) *plants* [ver]welken, welk werden; ■**~ed** verwelkt ② (*lose energy*) *person* schlappmachen *fam,* abschlaffen *fam; enthusiasm* abflauen ③ (*lose confidence*) den Mut verlieren [*o fam* Kopf hängen lassen] **II.** *vt* AGR **to ~ grass/a crop** Gras/eine Feldfrucht ausdörren lassen **III.** *n* Welke[krankheit] *f*

wilt[2] [wɪlt, ᵊlt] (*old*) *2nd person singular present of* **will**

wily ['waɪli] *adj* listig; *deception, plan, tactics* raffiniert; *person also* gewieft; **a ~ old bird** [*or* **fox**] ein schlauer Fuchs

wimp [wɪmp] (*pej*) **I.** *n* (*fam*) Waschlappen *m pej fam,* Schlappschwanz *m pej fam* **II.** *vi* (*fam*) ■**to ~ out** (*shirk*) kneifen, sich *akk* drücken; (*give in*) den Schwanz einziehen *fam;* **he ~ed out of going on the roller coaster** er hat beim Achterbahnfahren gekniffen

wimp·ish ['wɪmpɪʃ] *adj* (*pej fam: feeble*) weichlich; (*timorous*) feige

wim·ple ['wɪmpl] *n* (*hist*) Schleier *m;* REL [Nonnen]schleier *m*

win [wɪn] **I.** *vt* <won, won> ① (*be victorious*) ■**to ~ sth** etw gewinnen; **to ~ a battle/war** eine Schlacht/einen Krieg gewinnen; **to ~ a case/lawsuit** einen Fall/eine Klage gewinnen; **to ~ the day** (*fig*) einen Sieg davontragen; **to ~ a debate** aus einer Debatte als Sieger(in) *m(f)* hervorgehen; **to ~ an election** eine Wahl gewinnen; **to ~ a seat** ein Mandat gewinnen; **to ~ a victory** einen Sieg erringen ② (*obtain*) ■**to ~ sth** etw gewinnen [*o* bekommen]; **to ~ sb's approval** (*appreciation*) jds Anerkennung finden; (*consent*) jds Zustimmung finden; **to ~ fame** berühmt werden; **to ~ sb's heart/love** jds Herz/Liebe gewinnen; **to ~ people's hearts** die Menschen für sich *akk* gewinnen; **to ~ popularity** sich *akk* beliebt machen; **to ~ promotion** befördert werden; **to ~ recognition** Anerkennung finden; **to ~ a reputation as sb** sich *dat* einen Namen als jd machen; **to ~ a scholarship to Oxford** ein Stipendium für Oxford bekommen; **to ~ sb's support** jds Unterstützung gewinnen; ■**to ~ sb/sth sth** [*or* **sth for sb**] jdm/etw etw einbringen; ■**to ~ sth off sb** (*fam*) jdm etw abnehmen [*o fam* abknöpfen]; **she won £10 off me at poker** sie hat mir beim Poker 10 Pfund abgeknöpft *fam* ③ (*extract*) ■**to ~ sth** *ore, coal* etw abbauen; **to ~ oil** Öl gewinnen ▶PHRASES: **to ~ one's spurs** sich *dat* die Sporen verdienen; [**you**] **~ some,** [**you**] **lose some** (*saying*) mal gewinnt man, mal verliert man; **you can't ~ them all** (*saying*) man kann nicht immer Glück haben **II.** *vi* <won, won> gewinnen; **they were ~ning at half time** sie lagen zur Halbzeit vorn; **you** [**just**] **can't ~!** da hat man keine Chance!; **OK, you ~!** okay, du hast gewonnen!; **to ~ by three goals to two** drei zu zwei gewinnen; **to ~ by two lengths/a handsome majority** mit zwei Längen [Vorsprung]/einer stattlichen Mehrheit gewinnen; **to ~ easily** [*or fam* **hands down**] spielend gewinnen; **~ or lose, ...** (*a. fig*) [ob] gewonnen oder verloren, ..., wie es auch ausgeht, ... ▶PHRASES: **may the best man ~** dem Besten den Sieg, der Beste möge gewinnen **III.** *n* Sieg *m;* **away/home ~** Auswärts-/Heimsieg *m;* **to have a ~** *bet* gewinnen; *money* einen Gewinn machen

◆**win around** *vt esp* AM ■**to ~ sb around** jdn für sich *akk*

W

gewinnen; ■**to ~ sb around to sth** jdn zu etw *dat* umstimmen, jdn für etw *akk* gewinnen; **he won him around to his point of view** er konnte ihn auf seine Seite bringen; ■**to ~ sb around by sth** jdn durch etw *akk* umstimmen

◆**win back** *vt* ■**to ~ back** ↻ **sth** etw zurückgewinnen

◆**win out** *vi* sich *akk* durchsetzen; **to ~ out in the end** sich *akk* letzten Endes durchsetzen; ■**to ~ out over sb/sth** sich *akk* gegen jdn/etw durchsetzen, über jdn/etw siegen

◆**win over** *vt* ■**to ~ over** ↻ **sb** (*persuade*) jdn überzeugen [*o* gewinnen]; (*gain support*) jdn für sich *akk* gewinnen; **he won him over to his point of view** er konnte ihn von seiner Meinung überzeugen; **she was completely won over by his charm** mit seinem Charme hatte er sie ganz für sich gewonnen

◆**win round** *vt* Brit ■**to ~ round** ↻ **sb** jdn überzeugen [*o* gewinnen]; *see also* **win over**

◆**win through** *vi* [letztlich [*o* schließlich]] Erfolg haben; **to ~ through to the next round** sports die nächste Runde erreichen

wince [wɪn(t)s] **I.** *n* Zusammenzucken *nt,* Zusammenfahren *nt;* **to give a ~** zusammenzucken **II.** *vi* zusammenzucken

win·cey·ette [ˌwɪn(t)siˈet] NBrit **I.** *n no pl* Winceyetteflanell *m,* Flanellette *nt* **II.** *n modifier* (*cloth, sheet, underwear*) Flanell-, aus Flanell *nach n;* **~ pyjamas** Flanellpyjama *m*

winch [wɪn(t)ʃ] **I.** *n* <*pl* -es> ❶ (*for lifting, pulling*) Winde *f,* Winsch *f fachspr* ❷ (*crank*) Kurbel *f* ❸ Brit (*fishing reel*) Rolle *f* **II.** *vt* ■**to ~ sb/sth** jdn/etw mit einer Winde [hoch]ziehen

'win col·umn *n* Punktekonto *nt*

wind[1] [wɪnd] **I.** *n* ❶ (*current of air*) Wind *m;* ■**against the ~** naut gegen den Wind, luvwärts *fachspr;* ■**into the ~** naut in den Wind; **~s up to 60 miles per hour** Windstärken bis zu 60 Meilen in der Stunde; **there isn't enough ~** es ist nicht windig genug; **the ~ started to pick up** der Wind frischte auf; **the ~ is in the east/north/south/west** der Wind kommt aus Osten/Norden/Süden/Westen; **to have the ~ at one's back** (*a. fig*) Rückenwind haben; **a breath of ~** ein Lüftchen *nt,* ein Windhauch *m;* **there wasn't a breath of ~** es regte sich kein Lüftchen; **to throw caution/sb's advice to the ~s** (*fig*) alle Vorsicht/jds Ratschlag in den Wind schlagen; **a ~ of change** (*fig*) ein frischer Wind; **gust of ~** Windstoß *m,* Windböe *f;* **to take the ~ out of sb's sails** (*a. fig*) jdm den Wind aus den Segeln nehmen; **to see which way the ~ is blowing** (*a. fig*) sehen, woher der Wind weht; **to sail close to the ~** naut hart am Wind segeln; (*fig*) sich *akk* hart an der Grenze des Erlaubten bewegen; **to go/run like the ~** laufen/rennen wie der Wind; **to run before the ~** vor dem Wind segeln ❷ *no pl* (*breath*) Atem *m,* Luft *f;* **to get one's ~** wieder Luft kriegen; **to knock the ~ out of sb** (*fig*) jdm den Atem verschlagen ❸ *no pl* (*meaningless words*) leere Worte, leeres Geschwätz *pej;* **he's full of ~** er ist ein Schaumschläger *pej* ❹ *no pl* (*flatulence*) Blähungen *fpl,* Winde *mpl euph;* **garlic gives me dreadful ~** von Knoblauch bekomme ich fürchterliche Blähungen; **to break ~** einen fahren lassen *fam;* **to suffer from ~** Blähungen haben ❺ mus (*in an organ*) Wind *m;* (*in other instrument*) Luftstrom *m;* ■**the ~s** die [Blech]bläser(innen) *mpl(fpl)* ❻ (*scent*) Witterung *f;* **to get ~ of sth** (*fig*) von etw *dat* Wind bekommen; **there's something in the ~** (*fig*) es liegt etwas in der Luft ❼ Brit, Aus (*fig: fear*) **to get the ~ up** Schiss kriegen *oft pej derb;* **to put the ~ up sb** jdm Angst einjagen; **tell them your father's a policeman, that'll put the ~ up them!** sag ihnen, dein Vater ist Polizist, dann kriegen sie Muffensausen! *fam* ▸phrases: **to be three <u>sheets</u> in the ~** völlig betrunken [*o fam* sternhagelvoll] sein; **it's an <u>ill</u> ~ that does nobody any good** (*saying*) an allem lässt sich auch etwas Gutes finden; **to <u>raise</u> the ~** (*dated fam*) Geld auftreiben *fam* **II.** *vt* ❶ (*knock breath out*) ■**to ~ sb** jdm den Atem nehmen; **the blow to the stomach ~ed me** durch den Schlag in den Bauch blieb mir die Luft weg; **to be/get ~ed** außer Atem sein/geraten ❷ Brit (*bring up wind*) **to ~ a baby** ein Baby ein Bäuerchen machen lassen ❸ (*scent*) ■**to ~ sb/sth** jdn/etw wittern **III.** *n modifier* ❶ *energy, power, turbine* Wind-; **~mill** Windmühle *f* ❷ mus *instrument, section* Blas-; **~ player** Bläser(in) *m(f)*

wind[2] [waɪnd] **I.** *n* ❶ (*bend*) Windung *f; of river* Schleife *f; in a road* Kurve *f* ❷ (*turn*) Umdrehung *f;* **to give sth a ~** etw aufziehen **II.** *vt* <wound, wound> ❶ (*wrap*) ■**to ~ sth** etw wickeln; **to ~ wool/yarn into a ball** Wolle/Garn zu einem Knäuel aufwickeln; ■**to ~ sth around/onto sth** etw um/auf etw *akk* wickeln; **she wound her arms around me** sie schlang ihre Arme um mich; **to ~ a film onto a reel** einen Film auf eine Rolle spulen; ■**to ~ sth off sth** etw von etw *dat* abwickeln ❷ (*cause to function*) **to ~ a clock/watch** eine Uhr/Armbanduhr aufziehen ❸ (*turn*) ■**to ~ sth** etw winden [*o* kurbeln]; **to ~ a handle** eine Kurbel drehen ❹ (*move*) **to ~ one's way** sich *akk* schlängeln ❺ (*cause to move*) ■**to ~ sth** etw spulen; **to ~ a film/tape back[wards]/forwards** einen Film/ein Band zurück-/vorspulen **III.** *vi* <wound, wound> ❶ (*meander*) *stream, road* sich *akk* schlängeln ❷ (*coil*) sich *akk* wickeln [*o* spulen]; **to ~ back[wards]/forwards** *film, tape* zurück-/vorspulen

◆**wind down I.** *vt* ❶ (*lower*) **to ~ down the car window** das Autofenster herunterkurbeln ❷ (*gradually reduce*) ■**to ~ down** ↻ **sth** etw zurückschrauben; **to ~ down activities/operations** Aktivitäten/Operationen reduzieren; **to ~ down a business** ein Geschäft auflösen; **to ~ down production** econ die Produktion drosseln **II.** *vi* ❶ (*become less active*) ruhiger werden; *business* nachlassen; *party* an Schwung verlieren ❷ (*cease*) auslaufen ❸ (*relax after stress*) [sich *akk*] entspannen, abspannen *fam;* **~ing-down exercises** Entspannungsübungen *fpl* ❹ (*need rewinding*) *clock, spring* ablaufen

◆**wind in** *vt* ■**to ~ in** ↻ **sth** *line* etw aufspulen; *fish* etw einholen

◆**wind up I.** *vt* ❶ (*raise*) ■**to ~ up** ↻ **sth** etw hochziehen [*o* heraufholen]; **to ~ up a car window** ein Autofenster hochkurbeln ❷ tech ■**to ~ up** ↻ **sth** etw aufziehen; **to ~ up a clock/watch** eine Uhr/Armbanduhr aufziehen ❸ Brit (*fam: tease*) ■**to ~ up** ↻ **sb** jdn aufziehen ❹ (*fam: annoy*) ■**to ~ up** ↻ **sb** jdn auf die Palme bringen *fam;* **to be/get wound up [about** [*or* **over**] **sb/sth]** sich *akk* [über jdn/etw] aufregen ❺ (*bring to an end*) ■**to ~ up** ↻ **sth** etw abschließen [*o* zu Ende bringen]; **to ~ up a debate/meeting/speech** eine Debatte/Versammlung/Rede beenden ❻ Brit, Aus econ **to ~ up one's affairs** seine Angelegenheiten in Ordnung bringen; **to ~ up a company** eine Firma auflösen; **to ~ up the company's affairs** die Firmenangelegenheiten abwickeln **II.** *vi* ❶ (*fam: end up*) enden; **to ~ up in prison** im Gefängnis landen *fam;* **to ~ up homeless** als Obdachlose(r) *f(m)* enden; ■**to ~ up [by] doing sth** am Ende etw tun; **you could ~ up having to sell your house** es könnte damit enden, dass du dein Haus verkaufen musst ❷ (*bring to an end*) schließen, Schluss machen *fam;* (*conclude*) abschließend bemerken; **..., she said, ~ing up ...,** sagte sie abschließend; **to ~ up for the government/opposition** Brit (*in parliament*) als Letzte(r) für die Regierung/Opposition sprechen

'wind·bag *n* (*pej fam: excessive talker*) Schwätzer(in) *m(f) pej,* Quasselstrippe *f pej fam;* (*boaster*) Schaumschläger(in) *m(f) pej* **'wind band** *n + sing/pl vb* (*band*) Blaskapelle *f;* (*in orchestra*) Bläser *mpl* **'wind-blown** *adj hair* [vom Wind] zerzaust **'wind·break** *n* Windschutz *m* **'wind·break·er** *n* Am, **'wind·cheat·er** *n* Brit Windjacke *f* **'wind·burn** *n* Hautrötung *f* aufgrund von Wind **'wind chill** *n no pl* Windkälte *f* **'wind chill fac·tor** *n* Windchillindex *m,* Windkältefaktor *m* **'wind chimes** *npl* Windspiel *nt* **'wind cone** *n* Windsack *m,* Luftsack *m*

wind-down [ˈwaɪn(d)daʊn] *n no pl* (*fam*) Nachlassen *nt,* Abflauen *nt*

'wind en·er·gy *n no pl* Windenergie *f*

wind·er ['waɪndəʳ, AM -ɚ] *n* (*winding device*) Aufziehschraube *f;* (*for clock*) Schlüssel *m* (*zum Aufziehen der Uhr*); (*on watch*) Krone *f*

'wind·fall I. *n* ❶ (*fruit*) Stück *nt* Fallobst; ■ **~s** *pl* Fallobst *nt kein pl* ❷ (*money*) warmer [Geld]regen *fam,* unerwartete Einnahme II. *n modifier* (*profits*) Sonder-; ~ **tax** Sondergewinnsteuer *f* **'wind farm** *n* Windpark *m,* Windfarm *f* **'wind gauge** *n* Wind[stärke]messer *m,* Anemometer *nt fachspr* **'wind gen·era·tor** *n* Windgenerator *m*

wind·ing ['waɪndɪŋ] I. *adj course, path, river* gewunden, sich *akk* schlängelnd [*o* windend] *attr; road* kurvenreich II. *n* ❶ *no pl* (*of course*) Windung *f* ❷ ELEC (*coils*) Wicklung *f;* (*of machinery*) Aufwickeln *nt*

'wind·ing sheet *n* Leichentuch *nt* **wind·ing 'stair·case** *n* Wendeltreppe *f* **wind·ing-'up** *n no pl* BRIT, AUS ECON [Geschäfts]auflösung *f,* Liquidation *f fachspr;* **the ~ of the company's affairs** die Abwicklung der Firmenangelegenheiten; ~ **sale** Räumungsverkauf *m*

'wind in·stru·ment *n* Blasinstrument *nt* **wind·jam·mer** ['wɪn(d),dʒæməʳ, AM -ɚ] *n* Windjammer *m*

wind·lass ['wɪndləs] I. *n* <*pl* -es> Winde *f;* NAUT Winsch *f fachspr* II. *vt* ■ **to ~ sth** etw hochwinden

wind·less ['wɪndləs] *adj inv* windstill, ohne Wind *nach n*

'wind ma·chine *n* Windmaschine *f* **'wind·mill** I. *n* ❶ (*for grinding*) Windmühle *f* ❷ (*wind turbine*) Windrad *nt* ❸ *esp* BRIT (*toy*) Windrädchen *nt* ▸ PHRASES: **to tilt** [*or* **fight**] **at ~s** gegen Windmühlen kämpfen II. *vt* **to ~ one's arms about** mit den Armen herumfuchteln *fam* III. *vi* ❶ (*of person's arms*) herumwedeln *fam* ❷ TECH sich *akk* [vom Luftstrom angetrieben] drehen **'wind noise** *n no pl* Geräusch *nt* des Fahrtwindes

win·dow ['wɪndəʊ, AM -doʊ] *n* ❶ (*in building*) Fenster *nt;* (*glass*) Fensterscheibe *f,* Fenster *nt;* ■ **at the ~** am Fenster; **bay ~** Erkerfenster *nt;* **bedroom/kitchen ~** Schlafzimmer-/Küchenfenster *nt;* **casement ~** Flügelfenster *nt;* **dormer ~** Mansardenfenster *nt;* **a third-floor ~** ein Fenster *nt* im dritten Stock; **a ~ on the world** (*fig*) ein Fenster *nt* zur Welt; **French ~** Verandatür *f;* **to throw sth out of the ~** (*fig*) etw aus dem Fenster werfen ❷ (*of shop*) Schaufenster *nt;* (*window display*) [Schaufenster]auslage *f;* ■ **in the ~** im Schaufenster ❸ (*of vehicle*) [Fenster]scheibe *f,* Fenster *nt;* **rear ~** Heckscheibe *f,* Rückfenster *nt* ❹ (*in ticket office*) Schalter *m* ❺ (*fig: opportunity*) Gelegenheit *f;* **there might be a ~ in his schedule next Thursday when he could see you** es könnte eventuell nächsten Donnerstag eine Lücke in seinem Terminplan sein, wo er Sie sehen könnte; **a ~ of opportunity** eine Chance [*o* Gelegenheit] ❻ COMPUT Fenster *nt* ❼ (*in envelope*) Fenster *nt* ▸ PHRASES: **~s of the soul** Augen *ntpl;* **to go out** [**of**] **the ~** (*fam*) den Bach runtergehen *fam*

'win·dow box *n* Blumenkasten *m* **'win·dow clean·er** *n* ❶ (*person*) Fensterputzer(in) *m(f)* ❷ *no pl* (*detergent*) Glasreiniger *m* **'win·dow dis·play** *n* Schaufensterauslage *f* **'win·dow dress·er** *n* Schaufensterdekorateur(in) *m(f)* **'win·dow dress·ing** *n no pl* ❶ (*in shop*) Schaufensterdekoration *f,* Auslage *f* ❷ (*pej: trivia*) Schau *f pej,* Schönfärberei *f pej;* (*swindle*) Augenwischerei *f pej* **'win·dow en·velope** *n* Fenster[brief]umschlag *m* **'win·dow frame** *n* Fensterrahmen *m* **'win·dow ledge** *n* (*inside*) Fensterbank *f,* Fensterbrett *nt;* (*outside*) Fenstersims *m o nt* **'win·dow pane** *n* Fensterscheibe *f* **'win·dow seat** *n* ❶ (*beneath window*) Fensterbank *f* ❷ TRANSP Fensterplatz *m* **'win·dow shade** *n* AM (*blind*) Springrollo *nt,* Jalousie *f* **'win·dow-shop** <-pp-> *vi* einen Schaufensterbummel machen; ■ **to ~ for sth** bei einem Schaufensterbummel nach etw *dat* Ausschau halten **'win·dow-shop·per** *n* Schaufensterbummler(in) *m(f)* **'win·dow-shop·ping** *n no pl* Schaufensterbummel *m;* **to go ~** einen Schaufensterbummel machen **'win·dow sill** *n* (*inside*) Fensterbank *f,* Fensterbrett *nt;* (*outside*) Fenstersims *m o nt* **'wind·pipe** *n* Luftröhre *f* **'wind pow·er** *n no pl* ❶ (*force of wind*) Windkraft *f* ❷ ECOL Windenergie *f* **'wind·proof** *adj* windundurchlässig; ~ **jacket** Windjacke *f* **'wind rose** *n* Windrose *f* **'wind·screen** *n* BRIT, AUS Windschutzscheibe *f* **'wind·screen wip·er** *n* BRIT, AUS Scheibenwischer *m* **'wind·shield** *n* AM (*windscreen*) Windschutzscheibe *f* **'wind·shield wip·er** *n* AM (*windscreen wiper*) Scheibenwischer *m* **'wind·sock** *n* Windsack *m,* Luftsack *m*

'wind·surf ['wɪn(d)sɜːf, AM -sɜːrf] *vi* windsurfen

'wind·surf·er ['wɪn(d),sɜːfəʳ, AM -,sɜːrfɚ] *n* Windsurfer(in) *m(f)*

'wind·surf·er® ['wɪn(d),sɜːrfɚ] *n* AM (*sailboard*) [Wind]surfbrett *nt*

'wind·surf·ing ['wɪn(d),sɜːfɪŋ, AM -,sɜːr-] *n no pl* Windsurfen *nt*

'wind·swept *adj* ❶ (*exposed*) dem Wind ausgesetzt; ~ **beach/coast** windgepeitschter Strand/windgepeitschte Küste ❷ *appearance* [vom Wind] zersaust **'wind tun·nel** *n* Windkanal *m* **'wind tur·bine** *n* Windturbine *f*

wind-up ['waɪndʌp] *n* ❶ (*finish*) [Ab]schluss *m;* (*conclusion*) abschließende Bemerkung; **a business/company ~** eine Geschäfts-/Firmenauflösung ❷ *usu sing* BRIT (*fam*) Jux *m fam;* **is this a ~?** willst du mich auf den Arm nehmen?

wind·ward ['wɪn(d)wəd, AM -wɚd] NAUT I. *adj* windwärts, luvwärts *fachspr,* gegen den Wind *nach n;* ~ **side** Windseite *f,* Luvseite *f fachspr* II. *adv* windwärts, luvwärts *fachspr,* gegen den Wind; **to turn ~** anluven *fachspr* III. *n* Windseite *f,* Luv *f fachspr*

windy¹ ['wɪndi] *adj* ❶ METEO windig; **a ~ street** eine zugige Straße ❷ (*of digestion*) blähend; **to get ~** Blähungen bekommen ❸ (*fam: wordy*) phrasenhaft *pej;* (*long-winded*) langatmig *pej;* ■ **to be ~** *person* Phrasen dreschen; *speech* langatmig sein ❹ *pred* BRIT (*fam: anxious*) ängstlich; **to be/get ~** Schiss haben/kriegen *derb*

windy² ['waɪndi] *adj* (*curvy*) gewunden; (*meandering*) sich *akk* schlängelnd [*o* windend] *attr;* **a ~ road** eine kurvenreiche Straße

wine [waɪn] I. *n* ❶ (*drink*) Wein *m;* **a bottle/glass of ~** eine Flasche/ein Glas *nt* Wein; **elderberry ~** Holunderwein *m;* **~, women and song** Wein, Weib und Gesang; **a life of ~, women and song** (*fig*) das süße Leben; **dry/medium/sweet ~** trockener/halbtrockener/lieblicher Wein; **red/white ~** Rot-/Weißwein *m* ❷ *no pl* (*colour*) Weinrot *nt* ▸ PHRASES: **good ~ needs no bush** (*prov*) Qualität spricht für sich selbst; **to put new ~ in old bottles** (*prov*) neuen Wein in alte Schläuche füllen *prov* II. *vt* **to ~ and dine sb** jdn fürstlich bewirten III. *vi* **to ~ and dine** fürstlich essen

'wine bar *n* Weinlokal *nt,* Weinstube *f* **'wine bot·tle** *n* Weinflasche *f* **'wine box** *n* Zapfpack *m* **'wine cel·lar** *n* Weinkeller *m* **'wine cool·er** *n* Weinkühler *m* **'wine glass** *n* Weinglas *nt* **'wine·grow·er** [-,grəʊəʳ, AM -,groʊɚ] *n* Winzer(in) *m(f),* Weinbauer, -bäuerin *m, f* **'wine·grow·ing** [-,grəʊɪŋ, AM -,groʊ-] I. *n no pl* Wein[an]bau *m* II. *adj attr, inv* Wein[an]bau-; ~ **area** Weingegend *f,* Wein[an]baugebiet *nt* **'wine gum** *n* BRIT Weingummi *m* **'wine list** *n* Weinkarte *f* **'wine·mak·er** *n* ❶ (*producer*) Weinhersteller(in) *m(f)* ❷ (*grower*) Winzer(in) *m(f),* Weinbauer, -bäuerin *m, f* **'wine·mak·ing** *n no pl* Weinherstellung *f* **'wine mer·chant** *n esp* BRIT ❶ (*person*) Weinhändler(in) *m(f)* ❷ (*shop*) ■ **the ~['s]** die Weinhandlung **'wine press** *n* [Wein]kelter *f,* Weinpresse *f* **'wine rack** *n* Weinregal *nt*

win·ery ['waɪnᵊri, AM -ɚi] *n esp* AM Weinkellerei *f*

'wine·skin *n* Weinschlauch *m* **'wine stew·ard** *n* AM (*wine waiter*) Weinkellner(in) *m(f),* Sommelier, Sommelière *m, f fachspr* **'wine tast·er** *n* Weinverkoster(in) *m(f),* Weinprüfer(in) *m(f)* **'wine tast·ing** *n* Weinprobe *f* **wine 'vin·egar** *n* Weinessig *m* **'wine wait·er** *n* BRIT Weinkellner(in) *m(f),* Sommelier, Sommelière *m, f fachspr*

wing [wɪŋ] I. *n* ❶ ZOOL *of bird* Flügel *m,* Schwinge *f liter;* **to clip a bird's ~s** einem Vogel die Flügel stutzen; **to clip sb's ~s**

(*fig*) jdm die Flügel stutzen; **to give sb ~s** (*fig*) jdm Flügel verleihen *fig;* **to spread** [*or* **stretch**] **one's ~s** die Flügel spreizen; (*fig*) *children* flügge werden *fam;* **to take ~** (*liter*) davonfliegen, losfliegen; **to take sb/sth under one's ~** (*a. fig*) jdn/etw unter seine Fittiche nehmen *a. fig fam;* ■ **on the ~** im Flug; ■ **to be on ~s** (*fig*) schweben ❷ AVIAT Flügel *m,* Tragfläche *f* ❸ ARCHIT *of building* Flügel *m;* **go to the outpatients' ~** gehen Sie zur Ambulanz ❹ FBALL Flügel *m;* **to play left/right ~** links/rechts Außen spielen; **to play on the left/right ~** auf der linken/rechten Seite spielen; **down the left ~** über den linken Flügel ❺ THEAT ■ **the ~s** *pl* die Kulissen; **to be waiting in the ~s** in den Kulissen warten; (*fig*) schon in den Startlöchern sitzen [und warten] *fig* ❻ + *sing/pl vb* POL Flügel *m;* **the left/right ~** der linke/rechte Flügel ❼ MIL (*of battle formation*) Flügel *m,* Flanke *f* ❽ BRIT AUTO Kotflügel *m* ❾ + *sing/pl vb* MIL (*air force unit*) Geschwader *nt;* (*pilot's badge*) ■ **~s** *pl* Pilotenabzeichen *nt;* **to earn one's ~s** sich *dat* die [ersten] Sporen verdienen ▶ PHRASES: **on a ~ and a prayer** mit wenig Aussicht auf Erfolg **II.** *vt* ❶ (*fly*) **to ~ one's way** [dahin]fliegen; (*fig: travel fast*) dahineilen ❷ (*wound*) **to ~ a bird** HUNT einen Vogel flügeln *fachspr,* einem Vogel in den Flügel schießen; ■ **to ~ sb** jdn streifen ❸ (*send*) ■ **to ~ sth** etw schicken; (*fig: spur on*) etw beflügeln *geh, liter* ❹ (*pej fam: improvise*) **to ~ it** etwas aus dem Ärmel schütteln *fam* **III.** *vi* fliegen

'wing back *n* FBALL Außenverteidiger(in) *m(f)* **'wing·beat** *n* Flügelschlag *m* **'wing case** *n* Deckflügel *m* **wing 'chair** *n* Ohrensessel *m* **wing 'col·lar** *n* Vatermörder *m,* Eckenkragen *m* **wing com·'mand·er** *n* BRIT MIL Oberstleutnant(in) *m(f)* (*der Luftwaffe*); AM Geschwaderkommodore, -in *m, f*

wing·ding ['wɪŋdɪŋ] *n esp* AM (*fam*) Sause *f fam;* **that was a ~ of a party!** das war eine Riesenparty!

winged [wɪŋd] *adj inv* ❶ ZOOL mit Flügeln *nach n;* BOT *seeds* geflügelt ❷ (*with projections*) Flügel- ❸ (*fig: apposite*) **~ words** geflügelte Worte

wing·er ['wɪŋəʳ, AM -ɚ] *n* SPORTS Flügelspieler(in) *m(f);* FBALL (*on the left wing*) Linksaußen *m;* (*on the right wing*) Rechtsaußen *m*

-wing·er ['wɪŋəʳ, AM -ɚ] *in compounds* POL **left-/right-~** Linke(r) *f(m)*/Rechte(r) *f(m)*

wing 'for·ward *n* (*in rugby*) Flügelstürmer(in) *m(f)* **'wing game** *n no pl* Flügelwild *nt* **'wing mir·ror** *n* Außenspiegel *m* **'wing nut** *n* Flügelmutter *f* **'wing·span** *n* Flügelspannweite *f* **wing-three-'quar·ter** *n* (*in rugby*) *Angriffsspieler, der links oder rechts außen spielt* **'wing tip** *n* ❶ BIOL, AVIAT Flügelspitze *f* ❷ AM (*shoes*) ■ **~s** *pl Männerschuhe mit gebogener Schuhkappe*

wink [wɪŋk] **I.** *vi* ❶ (*close one eye*) zwinkern; (*blink*) blinzeln; ■ **to ~ at sb** jdm zuzwinkern; (*blink*) jdm zublinzeln; ■ **to ~ at sth** (*fig*) über etw *akk* [geflissentlich] hinwegsehen ❷ (*twinkle*) *light* blinken; *star* funkeln ❸ BRIT AUTO blinken; **to ~ left/right** links/rechts blinken ▶ PHRASES: **sth is as easy as ~ing** (*fam*) etw ist kinderleicht [*o* ein Kinderspiel] **II.** *vt* **to ~ one's eye** [mit den Augen] zwinkern; (*blink*) [mit den Augen] blinzeln; **to ~ one's eye at sb/sth** jdm/etw zuzwinkern; (*blink*) jdm/etw zublinzeln **III.** *n* [Augen]zwinkern *nt;* (*blink*) Blinzeln *nt;* **to give sb a ~** jdm zuzwinkern; (*blink*) jdm zublinzeln; **to tip sb the ~** (*fam*) jdm einen Wink geben ▶ PHRASES: **in the ~ of an eye** [*or* **in a ~**] in einem Augenblick; **to not sleep a ~** [*or* **get a ~ of sleep**] kein Auge zutun; **to take forty ~s** ein Nickerchen machen

wink·er ['wɪŋkəʳ] *n* BRIT AUTO Blinker *m*

win·kle ['wɪŋkl̩] *esp* BRIT **I.** *n* Strandschnecke *f* **II.** *vt* ■ **to ~ out** ⊂ **sth** etw herausholen [*o fam* herauskriegen]; ■ **to ~ sth out of sb** etw aus jdm herausbekommen [*o fam* herauskriegen]; ■ **to ~ out** ⊂ **sb** jdn loseisen

win·kle-pick·er ['wɪŋkl̩ˌpɪkəʳ] *n* BRIT *vorne spitz zulaufender Schuh*

win·nage ['wɪnɪdʒ] *n no pl* Erfolg *m*

win·ner ['wɪnəʳ, AM -ɚ] *n* ❶ (*sb that wins*) Gewinner(in) *m(f);* (*in competition*) Sieger(in) *m(f);* **everyone's a ~!** (*person*) jeder gewinnt!; (*ticket*) jedes Los gewinnt!; **Nobel Prize ~** Nobelpreisträger(in) *m(f);* **to back a ~** (*a. fig*) auf das richtige Pferd setzen *a. fig* ❷ SPORTS (*fam: goal*) Siegestor *nt;* (*shot*) [Sieges]treffer *m* ❸ (*fam: successful thing*) Knaller *m fam;* ■ **to be a ~** gut ankommen *fam;* ■ **to be onto a ~** das große Los gezogen haben *fam*

'win·ner-takes-all *adj inv* der-Sieger-erhält-alles-; **~ system** Alles-oder-Nichts-System *nt*

win·ning ['wɪnɪŋ] **I.** *adj* ❶ *attr* (*that wins*) Gewinn-; (*in competition*) Sieger-; (*victorious*) siegreich; **to play one's ~ card** (*fig*) sein Ass [*o* seinen Trumpf] ausspielen; **the ~ entry** die prämierte Einsendung; **~ number** Gewinnzahl *f;* **on the ~ side** auf der Gewinnerseite; **the ~ song** der Siegertitel; **to be on a ~ streak** eine Glückssträhne haben; **~ team** Siegermannschaft *f;* **~ ticket** Gewinnschein *m* ❷ (*charming*) gewinnend, einnehmend; **with her ~ ways ...** mit ihrer gewinnenden Art ... **II.** *n* ■ **~s** *pl* Gewinn *m*

win·ning·ly ['wɪnɪŋli] *adv* gewinnend, einnehmend

'win·ning post *n* Zielpfosten *m,* Ziel *nt*

win·now ['wɪnəʊ, AM -noʊ] *vt* ❶ AGR **to ~ grain** das Getreide reinigen [*o fachspr veraltend* worfeln] ❷ (*fig: sift*) ■ **to ~ sth** etw sichten *geh;* **to ~ out the truth** die Wahrheit herausfiltern ❸ (*reduce*) ■ **to ~** [**down**] ⊂ **sth** etw aussortieren; **the class has been ~ed to fifteen from twenty-five** die Klasse ist von fünfundzwanzig auf fünfzehn reduziert worden

win·now·er ['wɪnəʊəʳ, AM -noʊɚ] *n* AGR Worfschaufel *f fachspr veraltend*

wino <*pl* -os> ['waɪnəʊ, AM -noʊ] *n* (*fam*) Weinsäufer(in) *m(f) pej derb;* (*esp male*) Wermutbruder *m pej fam,* Saufbruder *m oft pej derb*

win·some ['wɪnsəm] *adj* (*liter*) *person, looks* reizend; **~ charm/smile** gewinnender Charme/gewinnendes [*o* einnehmendes] Lächeln

win·ter ['wɪntəʳ, AM -t̬ɚ] **I.** *n* Winter *m;* **on a ~'s morning** an einem Wintermorgen; **on a ~'s night** in einer Winternacht; **last/next ~** letzten/nächsten Winter; ■ **in** [**the**] **~** im Winter; **in the dead of ~** mitten im Winter **II.** *n modifier* ❶ (*in, for winter*) (*evening, holiday, morning, plumage, season, solstice*) Winter-; **~ break** Winterpause *f;* **~ clothes** Wintersachen *pl;* **~ coat** (*for a person*) Wintermantel *m;* (*on an animal*) Winterfell *nt;* **~ scene** Winterlandschaft *f;* **~ sleep** Winterschlaf *m;* **~ wardrobe** Wintergarderobe *f* ❷ AGR (*ripening late*) (*fruit*) Lager-; **~ apples** Lageräpfel *mpl* ❸ AGR (*planted in autumn*) (*crops*) Winter-; **~ wheat** Winterweizen *m* **III.** *vi animals* überwintern; *person* den Winter verbringen **IV.** *vt* **to ~ sb/an animal** jdn/ein Tier durch den Winter bringen

'win·ter gar·den *n* Wintergarten *m* **'win·ter·green** *n* Wintergrün *nt*

win·ter·ize ['wɪntəraɪz, AM -t̬ɚ-] *vt esp* AM **to ~ a car** ein Auto winterfest machen; **to ~ a house** ein Haus für den Winter herrichten

Win·ter O'lym·pics *npl* ■ **the ~** die Winterolympiade, die [Olympischen] Winterspiele *pl* **win·ter 'quar·ters** *npl* Winterquartier *nt* **win·ter 'sleep** *n* Winterschlaf *m* **win·ter 'sports** *npl* Wintersport *m kein pl* **'win·ter-sports** *adj attr, inv* Wintersport-; **~ holiday** Wintersporturlaub *m;* **~ tourism** Wintersporttourismus *m* **'win·ter·time** *n no pl* Winterzeit *f;* ■ **in** [**the**] **~** im Winter, in der Winterszeit *geh*

win·t(e)ry ['wɪntri, AM *also* -t̬ə-] *adj* ❶ (*typical of winter*) winterlich ❷ (*fig: unfriendly*) *greeting, smile* frostig; *look* eisig

win·try 'show·ers *npl* Graupelschauer *m;* (*with snow*) Schneegestöber *nt*

wipe [waɪp] **I.** *vt* ❶ (*clean*) ■ **to ~ sth** etw abwischen [*o* abputzen]; **to ~ one's bottom** sich *dat* den Hintern abputzen *fam;* **to ~ one's feet** sich *dat* die Füße [*o* Schuhe] abtreten; **to ~ the**

floor den [Fuß]boden [auf]wischen; **to ~ one's nose** sich *dat* die Nase putzen; **to ~ one's nose on one's sleeve** sich *dat* die Nase am Ärmel abwischen; **to ~ the rear window/the windscreen** [über] die Heckscheibe/die Windschutzscheibe wischen; **to ~ sth clean** etw abwischen; ■**to ~ sth on sth** etw an etw *dat* abwischen [*o* abputzen]; **don't ~ your sticky fingers on your trousers!** wisch dir nicht deine klebrigen Finger an der Hose ab!; ■**to ~ sth with sth** etw mit etw *dat* abwischen [*o* abputzen] ❷ (*dry*) ■**to ~ sth** etw abtrocknen; **you can ~ your hands on this towel** du kannst dir die Hände an diesem Handtuch abtrocknen; **she ~d the tears from the child's face** sie wischte dem Kind die Tränen aus dem Gesicht; **to ~ one's brow** sich *dat* die Stirn abwischen; **to ~ the dishes** das Geschirr abtrocknen; **to ~ one's eyes** sich *dat* die Augen wischen; **to ~ the kitchen top/table dry** die Arbeitsfläche in der Küche/den Tisch trockenreiben ❸ (*erase*) **to ~ a cassette/disk/tape** eine Kassette/eine Diskette/ein Band löschen ▶ PHRASES: **to ~ the floor with sb** (*fam*) jdn fertigmachen *fam;* **to ~ the slate clean** etw bereinigen, reinen Tisch machen; **to consider the slate ~d clean** etw als erledigt betrachten **II.** *vi* BRIT, AUS abtrocknen **III.** *n* ❶ (*act of cleaning*) Wischen *nt;* **to give the floor a ~** den [Fuß]boden [auf]wischen; **to give the kitchen top/table a ~** die Arbeitsfläche in der Küche/den Tisch abwischen ❷ (*tissue*) Reinigungstuch *nt*

◆**wipe away** *vt* ■**to ~ away** ◌ **sth** etw wegwischen; **to ~ away a tear** sich *dat* eine Träne abwischen

◆**wipe down** *vt* ■**to ~ down** ◌ **sth** etw abwischen; (*with water*) etw abwaschen; (*rub*) etw abreiben

◆**wipe off** *vt* ❶ (*clean*) ■**to ~ off** ◌ **sth** etw wegwischen; (*from hand, shoes, surface*) etw abwischen; **~ the make-up off your face!** wisch dir das Make-up aus dem Gesicht!; **to ~ the crumbs off the table** die Krümel vom Tisch wischen ❷ (*erase*) **to ~ data/a program off [sth]** Daten/ein Programm [von etw *dat*] löschen ❸ ECON (*pay off*) ■**to ~ off** ◌ **sth** etw zurückzahlen; *debts, mortgage* etw tilgen ❹ ECON ■**to ~ off sth: £10 million has been ~d off the value of the company's shares** die Firmenaktien haben 10 Millionen Pfund an Wert verloren ❺ (*destroy*) **to be ~d off the map** [*or* **the face of the earth**] von der Landkarte [*o* Erdoberfläche] verschwinden ▶ PHRASES: **to ~ the smile off sb's face** dafür sorgen, dass jdm das Lachen vergeht; **that should ~ the smile off his face!** da wird ihm das Lachen schon noch vergehen!

◆**wipe out I.** *vt* ❶ (*clean inside of*) ■**to ~ out** ◌ **sth** etw auswischen ❷ (*destroy*) ■**to ~ out** ◌ **sth** etw auslöschen *geh;* **water pollution ~d out all the fish in the river** die Gewässerverschmutzung vergiftete alle Fische im Fluss; **how can we ~ out world poverty?** wie können wir die Armut in der Welt beseitigen?; **to ~ out one's debts** seine Schulden tilgen; **to ~ out a disease** eine Krankheit ausrotten; **to ~ out sb's profits** jds Gewinne *mpl* zunichtemachen; **to ~ out sb's savings** jdn um seine [gesamten] Ersparnisse bringen ❸ (*sl: murder*) ■**to ~ out** ◌ **sb** jdn beseitigen [*o* verschwinden lassen] *fam* ❹ *esp* AM, AUS (*fam: tire out*) ■**to ~ out** ◌ **sb** jdn schlauchen [*o fam* fix und fertig machen] ❺ (*fam: take all sb's money*) ■**to ~ out** ◌ **sb** jdn an den Bettelstab bringen **II.** *vi esp* AM, AUS (*fam: have accident*) einen Unfall bauen *fam;* SPORTS hinfliegen *fam;* **to ~ out on a bend** aus der Kurve getragen werden

◆**wipe up I.** *vt* ■**to ~ up** ◌ **sth** etw aufwischen; (*dry*) etw abtrocknen **II.** *vi* abtrocknen

wiped out *adj pred esp* AM, AUS (*fam*) geschafft *fam,* geschlaucht *fam,* fertig, fix und foxi *fam*

wipe-out *n* (*fam*) ❶ RADIO Frequenzstörung *f* ❷ (*destruction*) Knall *m fam* ❸ SPORTS Sturz *m* (*vom Surfbrett*)

wip·er ['waɪpəʳ, AM -ɚ] *n* [Scheiben]wischer *m*

'wip·er blade *n* Wischerblatt *nt*

wire ['waɪəʳ, AM -ɚ] **I.** *n* ❶ *no pl* (*metal thread*) Draht *m;* **a bit/length/piece of ~** ein Stück *nt* Draht ❷ ELEC (*electric cable*) Leitung *f;* **telephone ~** Telefonleitung *f* ❸ *esp* AM (*dated: telegram*) Telegramm *nt;* **to send a ~** ein Telegramm aufgeben; **by ~** telegrafisch ❹ AM ELEC (*hidden microphone*) Wanze *f;* **to wear a ~** verwanzt sein ❺ (*prison camp fence*) ■**the ~** *der Drahtzaun um ein Gefängnis;* (*fig*) das Gefängnis ▶ PHRASES: **to get one's ~s crossed** aneinander vorbeireden, sich *akk* falsch verstehen; **to be a live ~** (*fam*) ein Energiebündel sein *fam;* **to get [sth] in under the ~** *esp* AM (*fam*) etw [so gerade noch] unter Dach und Fach bringen *fam;* **to go [down] to the ~** *esp* AM (*fam*) bis zum Schluss offenbleiben; **to pull ~s** *esp* AM seine Beziehungen spielen lassen **II.** *n modifier* (*basket, cage*) Draht-; **~ fence** Drahtzaun *m* **III.** *vt* ❶ (*fasten with wire*) ■**to ~ sth to sth** etw mit Draht an etw *akk* binden; ■**to ~ sth together** etw mit Draht zusammenbinden ❷ ELEC (*fit with cable*) ■**to ~ sth** etw mit elektrischen Leitungen versehen; (*connect*) etw ans Stromnetz anschließen; TV etw verkabeln ❸ *esp* AM (*transmit electronically*) **to ~ sb money** [*or* **money to sb**] jdm telegrafisch Geld überweisen ❹ *esp* AM (*dated: send telegram to*) ■**to ~ sb** jdm telegrafieren [*o veraltend* kabeln] ❺ (*reinforce*) **to ~ sb's jaw** jds Kiefer *m* [mit einer Spange] richten **IV.** *vi* telegrafieren, kabeln *veraltend*

◆**wire up** *vt* ELEC ❶ (*connect up*) ■**to ~ up** ◌ **sth [to sth]** etw [an etw *akk*] anschließen; **to ~ up a building/house** [*or* **a building/house up**] die elektrischen Leitungen [*o* den Strom] in einem Gebäude/Haus verlegen; **to be ~d up for sound** mit einer Lautsprecheranlage ausgestattet sein ❷ *usu passive* (*fit with concealed microphone*) ■**to ~ up** ◌ **sb/sth** jdn/etw mit einer Wanze versehen [*o* verwanzen]; ■**to be ~d up** verwanzt sein

wire 'brush *n* Drahtbürste *f* **'wire-cut·ters** *npl* **[a pair of] ~** eine Drahtschere

wired ['waɪəd, AM -ɚd] *adj* ❶ *inv* COMPUT (*fam*) vernetzt ❷ *pred* (*fam: tense*) total aufgedreht *fam,* überdreht *fam* ❸ (*fam: drunk, drugged*) high *euph fam,* bekifft *sl,* voll gedröhnt *sl* ▶ PHRASES: **to be ~ for sth** für etw *akk* wie gemacht sein; **to be ~ like sb** jdm gleichen; **to have sth ~** AM (*sl*) etw sicher [*o fam* [so gut wie] in der Tasche] haben

wired 'up *adj pred* AM (*fam*) total aufgedreht *fam,* überdreht *fam*

'wire gauge *n* ❶ (*for measuring*) Drahtlehre *f* ❷ (*diameter*) Drahtstärke *f* **'wire-haired** *adj inv* drahthaarig, Drahthaar-

wire-haired 'ter·ri·er *n* Drahthaarterrier *m*

wire·less ['waɪələs, AM -ɚ-] **I.** *n* <*pl* -es> BRIT (*dated*) ❶ (*set*) Radioapparat *m,* Radio *nt* ❷ *no pl* (*radio*) [Rund]funk *m,* Radio *nt;* (*telegraphy*) Funk *m;* ■**by ~** über [Rund]funk; ■**on the ~** im Rundfunk [*o* Radio] **II.** *adj inv* (*lacking wire*) drahtlos; (*radio*) Funk-, Radio-; **~ telegraphy** drahtlose Telegrafie

wire·less fi·'del·ity *n* kabellose [Daten]übermittlung **wire·less 'net·work·ing** *n* COMPUT drahtlose Vernetzung **'wire·less set** *n* BRIT Radioapparat *m,* Radio *nt*

wire 'net·ting *n no pl* Drahtgeflecht *nt;* (*for fence*) Maschendraht *m* **wire·pull·er** [-ˌpʊləʳ, AM -ˌpʊlɚ] *n esp* AM (*fam*) Drahtzieher(in) *m(f)* **'wire·pull·ing** *n no pl esp* AM (*fam*) Drahtziehen *nt,* Drahtzieherei *f pej;* **to do some ~** seine Beziehungen spielen lassen **wire 'rope** *n* Drahtseil *nt* **'wire ser·vice** *n esp* AM Nachrichtendienst *m*

'wire·tap I. *n* ❶ (*device*) Abhörgerät *nt;* (*small*) Wanze *f* ❷ (*activity*) Abhören *nt* **II.** *vt* ■**to ~ sb/sth** jdn/etw abhören; **to ~ a telephone** ein Telefon anzapfen

wire·tap·per [-ˌtæpəʳ, AM -ˌtæpɚ] *n* Abhörer(in) *m(f)* von Telefonleitungen

wire·tap·ping [-ˌtæpɪŋ] *n no pl* Abhören *nt* [*o* Anzapfen *nt*] von Telefonleitungen

wire 'wool *n no pl* BRIT Stahlwolle *f*

wir·ing ['waɪərɪŋ, AM -ɚ-] *n no pl* ELEC ❶ (*system of wires*) elektrische Leitungen *fpl,* Stromkabel *ntpl* ❷ (*electrical installation*) Stromverlegen *nt,* Verlegen *nt* der elektrischen Leitungen; **to do the ~** die elektrischen Leitungen [*o* den Strom]

W

verlegen
'wir·ing dia·gram *n* Schaltplan *m*
wiry ['waɪəri, AM -ə·i] *adj* ❶ (*rough-textured*) drahtig; *hair* borstig ❷ (*fig: lean and strong*) *person* drahtig, sehnig
wis·dom ['wɪzdəm] *n no pl* ❶ (*state of having good judgement*) Weisheit *f;* **in her ~ ...** (*iron*) in ihrer grenzenlosen Weisheit ... *iron;* **~ comes with age** die Weisheit kommt mit dem Alter; **the ~ of hindsight** im Nachhinein, hinterher; **conventional ~ has it that ...** [*or* **the received ~ is that ...**] im Allgemeinen ist man der Auffassung, dass ... ❷ (*sensibleness*) Klugheit *f,* Vernünftigkeit *f;* **I am not convinced of the ~ of letting them go ahead unsupervised** ich bin nicht davon überzeugt, dass es vernünftig ist, sie einfach unbeaufsichtigt weitermachen zu lassen; **did we ever stop to question the ~ of going to war?** haben wir jemals den Sinn von Kriegsführung hinterfragt? ❸ (*sayings*) weise Sprüche *mpl;* (*advice*) weise Ratschläge *mpl;* **words of ~** (*a. iron*) weise Worte *a. iron geh;* **to give sb a few words of ~** jdm kluge Ratschläge erteilen *a. pej*
'wis·dom tooth *n* Weisheitszahn *m*
wise¹ [waɪz] **I.** *adj* ❶ (*having knowledge and sagacity*) weise *geh,* klug; **it's easy to be ~ after the event** nachher ist man immer schlauer; **I'm afraid her explanation left me none the ~r** ich fürchte, nach ihrer Erklärung bin ich auch nicht klüger als zuvor; **the Three W~ Men** REL die drei Weisen [aus dem Morgenland]; **to be older** [*or* BRIT *a.* **sadder**] **and ~r** viel Lehrgeld bezahlt haben, durch Schaden klug geworden sein ❷ (*showing sagacity*) klug, vernünftig; **~ advice** [*or* **counsel**] weiser Rat[schlag] *geh;* **~ saying** weiser Ausspruch *geh;* **~ words** weise Worte *a. pej geh* ❸ (*sensible*) vernünftig; **it would be ~ to check up on that** es wäre besser, das nachzuprüfen; **you would be ~ to wait** du tätest gut daran, zu warten; **a ~ choice** eine gute Wahl; **a ~ decision** eine weise Entscheidung *geh* ❹ *pred* (*experienced*) ■**to be ~ in sth** in etw *dat* erfahren sein; **to be worldly ~** weltklug sein, Lebenserfahrung haben ❺ *pred* (*fam: aware*) ■**to be ~ to sb/sth** jdn/etw kennen; **to not be any the ~r** nichts bemerken; **none of them was any the ~r** niemand hatte etwas bemerkt; **without anyone being any the ~r** ohne dass jemand etwas bemerkt hätte; **to get ~ to sb** jdn durchschauen, jdm auf die Schliche kommen; **to get ~ to sth** etw spitzkriegen *fam;* **to get ~ to what is going on** dahinterkommen, was los ist, wissen, was läuft *fam* ❻ *esp* AM (*fam: cheeky*) **to act ~** dreist sein; **to act ~ with sb** sich *akk* jdm gegenüber dreist verhalten, jdm frech kommen *fam;* **to get ~ with sb** zu jdm frech werden; **don't get ~ with me, young man** nun aber mal nicht frech werden, junger Mann ▶ PHRASES: **early to bed and early to rise makes a man healthy, wealthy and ~** (*saying*) ≈ Morgenstunde hat Gold im Munde *prov;* **penny ~** [**and**] **pound foolish** sparsam im Kleinen, [und] verschwenderisch im Großen **II.** *n* ■**the ~** *pl* die Weisen *mpl;* **a word to the ~** (*a. iron*) sapienti sat *prov geh,* für den Weisen genug *prov* **III.** *vi esp* AM (*fam*) ■**to ~ up** aufwachen *fig,* Vernunft annehmen; **come on, ~ up!, it's time you ~d up!** wach endlich auf! *fig;* ■**to ~ up to sb** jdm auf die Schliche kommen, jdn durchschauen; ■**to ~ up to sth** etw herausbekommen [*o fam* spitzkriegen]; **to ~ up to the fact that ...** sich *dat* darüber klar werden, dass ..., dahinterkommen, dass ... *fam* **IV.** *vt* AM (*fam*) ■**to ~ up** ↻ **sb** jdm die Augen öffnen; ■**to ~ sb up about** [*or* **to**] **sb/sth** jdn über jdn/etw aufklären
wise² [waɪz] *n no pl* (*dated*) Weise *f;* **in no ~** keinesfalls, in keinster Weise
-wise [waɪz] *in compounds* ❶ (*fam: with regard to*) in Bezug auf, in puncto, -mäßig *fam;* **clothes~** in puncto Kleidung, kleidungsmäßig *fam;* **food~** vom Essen her, essensmäßig *fam;* **money~** in puncto Geld, was das Geld betrifft; **weather~** was das Wetter betrifft, wettermäßig *fam;* **work~** arbeitsmäßig *fam* ❷ (*in a direction*) -wärts; **clock-/counterclock~** im/gegen den Uhrzeigersinn; **length~** der Länge nach; **width~** der Breite nach
wise·acre ['waɪzˌeɪkəʳ, AM -ə·] *n* (*fam*), **wise-ass** ['waɪzæs] *n* AM (*fam!*) Klugschwätzer(in) *m(f) pej fam,* Neunmalkluge(r) *f(m) iron, pej*
wise·crack ['waɪzkræk] **I.** *n* Witzelei[en] *f[pl],* witzige Bemerkung, Bonmot *nt geh;* **to make a ~ about sb/sth** über jdn/etw witzeln **II.** *vi* witzeln; **he's always ~ing** er hat immer eine witzige Bemerkung auf Lager
wise·crack·ing ['waɪzˌkrækɪŋ] *adj attr, inv* witzig
'wise guy *n* (*pej fam*) Klugschwätzer *m pej fam,* Klugscheißer *m pej derb*
wise·ly ['waɪzli] *adv* ❶ (*showing wisdom*) weise *geh;* **to speak ~** weise Worte sprechen *geh* ❷ (*sensibly*) klug, vernünftig; **they ~ decided to seek legal advice** klugerweise haben sie beschlossen, juristischen Rat einzuholen; **to invest one's money ~** sein Geld schlau investieren; **to act ~** sich *akk* klug verhalten
'wise man *n* Zauberer *m*
wis·en·heim·er ['waɪzᵊnˌhaɪmə·] *n* AM (*fam*) Klugschwätzer(in) *m(f) pej fam,* Klugscheißer(in) *m(f) pej derb*
wise 'saw *n* weiser Spruch, Weisheit *f* **'wise wom·an** *n* Kräuterfrau *f,* Heilkräuterkundige *f*
wish [wɪʃ] **I.** *n* <*pl* -es> ❶ (*desire*) Wunsch *m,* Verlangen *nt;* **against the ~es of the party members** gegen den Willen der Parteimitglieder; **it was your mother's dearest/greatest/last ~** es war der sehnlichste/größte/letzte Wunsch deiner Mutter; **your ~ is my command!** dein Wunsch sei mir Befehl! *hum;* **to express a ~** einen Wunsch äußern; **to have a ~** sich *dat* etwas wünschen; **to have no ~ to do sth** keine Lust haben [*o geh* nicht das Verlangen verspüren], etw zu tun; **he had no ~ to go through the experience again** er wollte diese Erfahrung nicht noch einmal durchmachen; **I've no ~ to be offensive, but ...** ich möchte niemandem zu nahe treten, aber ... ❷ (*thing desired*) Wunsch *m;* **may all your ~es come true** mögen alle deine Wünsche in Erfüllung gehen; **to get** [*or* **have**] **one's ~** seinen Willen bekommen; **well, you've got your ~, here we are in Paris** nun, jetzt hast du deinen Willen – wir sind in Paris; **to grant sb a ~** jdm einen Wunsch erfüllen; **to make a ~** sich *dat* etwas wünschen ❸ (*regards*) ■**~es** *pl* Grüße *mpl;* **good ~es for your time at university** alles Gute für deine Zeit an der Universität; **with best ~es** mit den besten Wünschen; [**with**] **best** [*or* **all good**] **~es** (*at end of letter*) mit herzlichen Grüßen, herzliche Grüße; **to give** [*or* **send**] **sb one's best ~es** jdn herzlich grüßen [lassen], jdm die besten Wünsche ausrichten [lassen]; **please send her my best ~es for a speedy recovery** richten Sie ihr bitte meine besten Wünsche für eine baldige Genesung aus *geh* ▶ PHRASES: **the ~ is father to the thought** (*prov*) der Wunsch ist der Vater des Gedankens *prov;* **if ~es were horses**[**, then beggars would ride**] (*saying*) wenn das Wörtchen wenn nicht wär'[, wär' mein Vater Millionär] *prov* **II.** *vt* ❶ (*be desirous*) ■**to ~ sth** etw wünschen; **whatever you ~** was immer du möchtest; **if that is what you ~, you shall have it** wenn es das ist, was du möchtest, dann sollst du es haben; ■**to ~** [**that**] ... wünschen, dass ...; (*expressing annoyance*) wollen [*o* erwarten], dass ...; **I ~ I hadn't said that** ich wünschte, ich hätte das nicht gesagt; **I do ~ you wouldn't keep calling me** ich möchte, dass du endlich aufhörst, mich anzurufen; **I ~ she'd shut up for a minute!** wenn sie doch nur für einen Moment den Mund halten würde! ❷ (*form: want*) ■**to ~ to do sth** etw tun wollen; **I ~ to make a complaint** ich möchte mich beschweren; **we don't ~ to be disturbed** wir möchten nicht gestört werden; **what do you ~ me to do?** was kann ich für Sie tun?; **passengers ~ing to take the Kings Cross train ...** Passagiere für den Zug nach Kings Cross ...; **I don't ~ to worry you, but ...** ich möchte Sie nicht beunruhigen, aber ...; **I don't ~ to appear rude, but ...** ich möchte nicht unhöflich

erscheinen, aber ...; **without ~ing to appear overcritical, ...** ohne allzu kritisch erscheinen zu wollen, ...; ▪**to** [**not**] **~ sth** [**up**]**on sb** jdm etw [nicht] wünschen; **I wouldn't ~ it on my worst enemy!** das würde ich nicht einmal meinem schlimmsten Feind wünschen! ❸ (*make a magic wish*) ▪**to ~** [**that**] **...** sich *dat* wünschen, dass ...; **I ~ you were here** ich wünschte, du wärst hier; **I ~ed the day over** ich wünschte, der Tag wäre schon vorbei; **she ~ed herself anywhere but there** sie wünschte sich möglichst weit weg; **sometimes I ~ed myself dead** manchmal wollte ich am liebsten tot sein; **to ~ oneself back home** sich *akk* nach Hause sehnen ❹ (*express wishes*) ▪**to ~ sb sth** jdm etw wünschen; **to ~ sb happy birthday** jdm zum Geburtstag gratulieren; **to ~ sb merry Christmas** jdm frohe Weihnachten wünschen; **to ~ sb goodnight** jdm [eine] gute Nacht wünschen; **to ~ sb a safe journey/luck/every success** jdm eine gute Reise/Glück/viel Erfolg wünschen; **to ~ sb well/ill** jdm [viel] Glück [*o* alles Gute]/nur Schlechtes wünschen ❺ (*fam: impose on*) ▪**to ~ sb/sth** [**up**]**on sb** jdm jdn/etw aufhalsen *fam* **III.** *vi* ❶ (*want*) wollen, wünschen; [**just**] **as you ~** [ganz] wie Sie wünschen; **if you ~** wenn Sie es wünschen; ▪**to ~ for sth** etw wünschen [*o* wollen]; **what more could you ~ for?** was kann man sich mehr wünschen? ❷ (*make a wish*) ▪**to ~ for sth** sich *dat* etw wünschen; **we couldn't have ~ed for a better start** wir hätten uns keinen besseren Start wünschen können; **they've got everything a normal person could ~ for** sie haben alles, was sich ein normaler Mensch nur wünschen kann

◆**wish away** *vt* ▪**to ~ away** ⇄ **sth** etw wegwünschen

'wish·bone ['wɪʃbəʊn, AM -boʊn] *n* Gabelbein *nt*

wish·ful ['wɪʃfᵊl] *adj* ❶ (*desirous*) sehnsuchtsvoll ❷ (*fanciful*) traumverloren

'wish-ful·fil·ment *n* Erfüllung *f* eines Wunsches

wish·ful 'think·ing *n no pl* Wunschdenken *nt;* **that's just ~** das ist reines Wunschdenken

'wish·ing well *n* Wunschbrunnen *m*

wishy-washy ['wɪʃi,wɒʃi, AM -,wɑːʃi] *adj* (*pej*) ❶ (*indeterminate*) lasch, wischiwaschi *pej fam; person* [saft- und] kraftlos, farblos ❷ (*weak and watery*) *drink* wässrig, dünn, labberig *fam; food* fad[e]; *colours* wässrig

wisp [wɪsp] *n* ❶ (*small bundle*) Büschel *nt;* **~s of cloud** (*fig*) Wolkenfetzen *mpl,* Wolkenstreifen *mpl;* **~ of hair** Haarsträhne *f;* **~s of smoke** (*fig*) [kleine] Rauchfahnen; **~ of straw** Strohbüschel *nt* ❷ (*person*) Strich *m hum fam;* **a little ~ of a boy** ein schmächtiges Kerlchen, ein Strich *m* in der Landschaft *hum fam*

wispy ['wɪspi] *adj* dünn; *person* schmächtig, schmal; **she's got very ~ hair** sie hat sehr strähniges Haar; **~ clouds** Wolkenfetzen *mpl*

wis·te·ria [wɪ'stɪəriə, AM -'stɪr-] BOT **I.** *n no pl* Glyzin[i]e *f* **II.** *n modifier* (*trellis*) Glyzinien-

wist·ful ['wɪs(t)fᵊl] *adj note, smile* wehmütig; *glance, look* sehnsüchtig; **to feel ~** Wehmut empfinden *geh*

wist·ful·ly ['wɪs(t)fᵊli] *adv* wehmütig; **to gaze ~ at sth** etw sehnsüchtig anblicken; **to speak ~ about sth** wehmütig [*o geh* voller Wehmut] über etw *akk* sprechen

wist·ful·ness ['wɪs(t)fᵊlnəs] *n no pl* ❶ (*melancholy*) Wehmut *f geh* ❷ (*longing*) Sehnsucht *f;* **to feel a ~ for sth** sich *akk* nach etw *dat* sehnen

wit [wɪt] **I.** *n* ❶ *no pl* (*humour*) Witz *m,* Geist *m,* Esprit *m geh;* **a flash of ~** ein Geistesblitz *m;* **biting/dry ~** beißender/trockener Humor; **to have a ready ~** schlagfertig sein ❷ *no pl* (*intelligence*) Verstand *m;* **to be beyond the ~ of sb** über jds Verstand [*o* Horizont] [hinaus]gehen; **to have the ~ to do sth** Verstand genug haben, etw zu tun ❸ (*practical intelligence*) ▪**~s** *pl* geistige Fähigkeiten, Intelligenz *f kein pl;* **battle of ~s** geistiger Schlagabtausch, geistiges Kräftemessen; **to be at one's ~s' end** mit seiner Weisheit [*o* seinem Latein] am Ende sein; **to collect** [*or* **gather**] **one's ~s** seine fünf Sinne zusammennehmen *fam,* sich *akk* wieder besinnen; **to frighten** [*or* **scare**] **sb out of his/her ~s** [*or* **the ~s out of sb**] jdn zu Tode erschrecken; **to be frightened** [*or* **scared**] **out of one's ~s** sich *akk* zu Tode ängstigen; **to have/keep one's ~s about one** seine fünf Sinne beisammenhaben *fam*/zusammenhalten *fam;* **to live** [*or* **survive**] **on one's ~s** sich *akk* [mit Schläue] durchs Leben schlagen; **to lose one's ~s** (*old*) den Verstand verlieren; **to need all one's ~s about one** seine fünf Sinne zusammennehmen müssen *fam;* **to pit one's ~s against sb/sth** seinen Verstand an jdm/etw messen *geh* ❹ (*funny person*) geistreiche Person, kluger Kopf *fam;* (*astute person*) schlagfertige Person **II.** *vi* (*form*) ▪**to ~** nämlich, und zwar

witch <*pl* -es> [wɪtʃ] *n* ❶ (*woman with magic powers*) Hexe *f;* **wicked ~** böse Hexe ❷ (*pej fam: ugly or unpleasant woman*) [alte] Hexe *pej* ▸PHRASES: **to be as cold as** [*or* **colder than**] **a ~'s tit** *esp* BRIT (*fam*) eiskalt sein

'witch·craft *n no pl* Hexerei *f,* Zauberei *f;* **to practice ~** hexen, zaubern **'witch doc·tor** *n* Medizinmann *m*

witch·ery ['wɪtʃᵊri, AM -ɚi] *n no pl* Hexerei *f,* Zauberei *f*

witches' 'brew *n* (*pej*) Gebräu *nt pej,* Teufelszeug *nt pej fam*

'witch hazel *n no pl* ❶ BOT Zaubernuss *f,* Hamamelis *f* ❷ MED Hamamelisextrakt *m* **'witch-hunt** *n* ❶ (*old*) Hexenjagd *f,* Hexenverfolgung *f* ❷ (*fig, pej fam*) Hexenjagd *f pej* (**against** auf +*akk*)

'witch·ing hour *n* ▪**the ~** die Geisterstunde

with [wɪθ] *prep* ❶ (*having, containing*) mit +*dat;* **~ a little bit of luck** mit ein wenig Glück; **he spoke ~ a soft accent** er sprach mit einem leichten Akzent; **I'd like a double room ~ a sea view** ich hätte gerne ein Doppelzimmer mit Blick aufs Meer ❷ (*accompanied by*) mit +*dat;* **I'm going to France ~ a couple of friends** ich fahre mit ein paar Freunden nach Frankreich ❸ (*together with*) mit +*dat;* **I need to talk ~ you about this** ich muss mit dir darüber reden; **I've got nothing in common ~ him** ich habe mit ihm nichts gemeinsam; **~ you and me, there'll be 10 of us** mit dir und mir sind wir zu zehnt ❹ (*in company of*) bei +*dat;* **I'll be ~ you in a second** ich bin gleich bei dir; **we're going to stay ~ some friends** wir werden bei Freunden übernachten ❺ (*in the case of*) **it's the same ~ me** bei mir ist es das Gleiche; **let me be frank ~ you** lass mich offen zu dir sein; **away ~ you!** fort mit dir! ❻ (*concerning*) **he decided to make a clean break ~ the past** er beschloss einen Strich unter die Vergangenheit zu setzen; **can you help me ~ my homework?** kannst du mir bei den Hausaufgaben helfen?; **what's the matter ~ her?** was ist los mit ihr?; **to have something/nothing to do ~ sb/sth** etwas/nichts mit jdm/etw zu tun haben ❼ (*expressing feeling towards sb/sth*) mit +*dat;* **I'm angry ~ you** ich bin sauer auf dich; **he was dissatisfied ~ the new car** er war unzufrieden mit dem neuen Wagen; **I'm content ~ things the way they are** ich bin zufrieden mit den Dingen so wie sie sind ❽ (*expressing manner*) mit +*dat;* **she nodded ~ a sigh** sie nickte seufzend; **~ a look of surprise** mit einem erstaunten Gesichtsausdruck; **please handle this package ~ care** bitte behandeln sie dieses Paket mit Vorsicht ❾ (*in a state of*) vor +*dat;* **she was shaking ~ rage** sie zitterte vor Wut; **he looked ~ utter disbelief** er starrte völlig ungläubig; **she was green ~ jealousy** sie war grün vor Eifersucht ❿ (*in addition to*) mit +*dat;* **~ that ...** [und] damit ... ⓫ (*in proportion to*) mit +*dat;* **the value could decrease ~ time** der Wert könnte mit der Zeit sinken; **the wine will improve ~ age** der Wein wird mit dem Alter besser ⓬ (*in direction of*) mit +*dat;* **they went ~ popular opinion** sie gingen mit der öffentlichen Meinung; **I prefer to go ~ my own feeling** ich verlasse mich lieber auf mein Gefühl; **~ the wind/tide/current** mit dem Wind/der Flut/Strömung ⓭ (*using*) mit +*dat;* **she paints ~ watercolours** sie malt mit Wasserfarben; **they covered the floor ~ newspaper** sie bedeckten den Boden mit Zeitungspapier ⓮ (*in circumstances of, while*) **~ things the way they are** so

W

wie die Dinge sind [*o* stehen]; ~ **two minutes to take-off** mit nur noch zwei Minuten bis zum Start; **what ~ school and all, I don't have much time** mit der Schule und allem bleibt mir nicht viel Zeit ⓯ (*despite*) bei +*dat;* ~ **all her faults** bei all ihren Fehlern; **even ~ ...** selbst mit ... ⓰ (*working for*) bei +*dat;* **he's been ~ the department since 1982** er arbeitet seit 1982 in der Abteilung ⓱ (*in support of*) **I agree ~ you 100%** ich stimme dir 100% zu; **to be ~ sb/sth** hinter jdm/etw stehen; **to go ~ sth** mit etw *dat* mitziehen; **up/down ~ sth** hoch/nieder mit etw *dat* ⓲ (*to match*) **to go ~ sth** zu etw *dat* passen ⓳ (*filled with, covered by*) mit +*dat;* **the basement is crawling ~ spiders** der Keller wimmelt vor Spinnen; **his plate was heaped ~ food** sein Teller war mit Essen voll geladen ⓴ (*on one's person*) bei +*dat*, an +*dat;* **do you have a pen ~ you?** hast du einen Stift bei dir?; **bring a cake ~ you** bring einen Kuchen mit ㉑ (*fam: denoting comprehension*) **are you ~ me?** verstehst du?; **I'm sorry, but I'm not ~ you** Entschuldigung, aber da komm' ich nicht mit

with·draw <-drew, -drawn> [wɪð'drɔː, AM *esp* -'drɑː] **I.** *vt* ❶ (*remove*) ■**to ~ sth** etw herausziehen; **to ~ one's hand** seine Hand zurückziehen ❷ (*from bank account*) **to ~ sth [from an account]** etw [von einem Konto] abheben ❸ (*take back*) ■**to ~ sth** *coins, notes, stamps* etw einziehen [*o* aus dem Verkehr ziehen]; BRIT ECON *goods* etw zurückrufen; ■**to ~ sb** *a team, sportsmen* jdn abziehen; **to ~ an ambassador** einen Botschafter zurückrufen; **to ~ forces/troops** MIL Streitkräfte/Truppen abziehen; **to ~ sb from school** jdn von der Schule nehmen ❹ (*cancel*) **to ~ an accusation** eine Anschuldigung zurücknehmen; **to ~ an action** LAW eine Klage zurückziehen; **to ~ a charge** eine Anklage fallen lassen; **to ~ funding** seine Zahlungen einstellen; **to ~ one's labour** BRIT (*form*) die Arbeit niederlegen; **to ~ one's statement** LAW seine Aussage zurückziehen; **to ~ one's support for sth** etw nicht mehr unterstützen **II.** *vi* ❶ (*leave*) sich *akk* zurückziehen ❷ MIL (*retreat*) sich *akk* zurückziehen [*o* absetzen] ❸ (*stop taking part in*) sich *akk* zurückziehen; **to ~ from college** vom College abgehen; **to ~ from public life** sich *akk* aus dem öffentlichen Leben zurückziehen; *esp* BRIT SPORTS nicht antreten; **to ~ from a match** zu einem Spiel nicht antreten ❹ (*fig: become incommunicative*) sich *akk* zurückziehen; **to ~ into a fantasy world/oneself** sich *akk* in eine Fantasiewelt/in sich *akk* selbst zurückziehen; **to ~ into silence** in Schweigen verfallen ❺ (*practise coitus interruptus*) Geschlechtsverkehr unterbrechen

with·draw·al [wɪð'drɔːəl, AM *esp* -'drɑː-] *n* ❶ FIN [Geld]abhebung *f;* **to make a ~** Geld abheben ❷ MIL Rückzug *m*, Abzug *m* ❸ *no pl* (*taking back*) Zurücknehmen *nt;* (*cancel*) Zurückziehen *nt; of consent, support* Entzug *m;* BRIT ECON *of goods for sale* Rückruf *m*, Zurückbeordern *nt; of allegation* Widerruf *m; of action* Zurückziehen *nt; of charge* Fallenlassen *nt;* ~ **from a contract** Rücktritt *m* von einem Vertrag; ~ **of funds** Entzug *m* von Geldern ❹ *no pl* SPORTS Abzug *m* (**from** von +*dat*); **her sudden ~ from the championship ...** ihr plötzlicher Startverzicht bei den Meisterschaften ... ❺ *no pl* (*fig: distancing from others*) Rückzug *m* in sich *akk* selbst ❻ *no pl from drugs* Entzug *m* ❼ *no pl* (*coitus interruptus*) Koitus interruptus *m*

with·'draw·al meth·od *n no pl* ■**the ~** der Koitus interruptus

with·'draw·al slip *n* Auszahlungsbeleg *m*, Auszahlungsschein *m* **with·'draw·al symp·toms** *npl* Entzugserscheinungen *fpl;* **to suffer [from] ~** (*a. fig*) an Entzugserscheinungen leiden *a. fig*

with·drawn [wɪð'drɔːn, AM *esp* -'drɑːn] *adj* introvertiert, verschlossen

with·er ['wɪðəʳ, AM -ɚ] **I.** *vi* ❶ (*of plants*) verdorren, vertrocknen ❷ *person* verfallen; *part of body* verkümmern; **to ~ with age** mit dem Alter an Vitalität verlieren ❸ (*fig: lose vitality*) dahinschwinden *geh; interest* nachlassen ►PHRASES: **to ~ on the vine** nach und nach [von selbst] verschwinden; *traditions* allmählich in Vergessenheit geraten **II.** *vt* ■**to ~ sth** etw verkommen lassen; **to ~ plants** Pflanzen verdorren lassen; **age cannot ~ her** das Alter kann ihr nichts anhaben

◆**wither away** *vi plants* verdorren, vertrocknen, dahinwelken *geh;* (*fig*) verkommen, verfallen

with·ered ['wɪðəd, AM -ɚd] *adj* ❶ (*shrivelled*) verdorrt, vertrocknet; *flowers, leaves* welk; (*fig*) *face, skin* verhutzelt ❷ (*paralysed*) *limb* verkrüppelt

with·er·ing ['wɪðrɪŋ, AM -ɚɪŋ] **I.** *adj* ❶ (*destructive*) ~ **fire** verzehrendes Feuer *geh;* **to be under ~ fire from sb** (*fig*) von jdm vernichtend kritisiert werden; ~ **heat** sengende Hitze ❷ (*contemptuous*) vernichtend; **to treat sth with ~ contempt** etw mit tiefster Verachtung strafen; **to give sb a ~ look** jdn vernichtend anblicken **II.** *n no pl* ❶ (*becoming shrivelled*) Verdorren *nt*, Vertrocknen *nt* ❷ (*becoming less*) Abnahme *f*, Rückgang *m*

with·ers ['wɪðəz, AM -ɚz] *npl of horse* Widerrist *m*

with·hold <-held, -held> [wɪθ'həʊld, AM -'hoʊld] *vt* ■**to ~ sth** ❶ (*not give*) etw zurückhalten; ■**to ~ sth from sb** jdm etw *akk* vorenthalten; **to ~ [crucial] evidence** [entscheidendes] Beweismaterial zurückhalten; **to ~ information/a name** Informationen/einen Namen verschweigen; **to ~ one's permission to do sth** etw nicht genehmigen; **permission was withheld** es wurde keine Genehmigung erteilt; **to ~ one's support** seine Unterstützung versagen *geh* ❷ (*not pay*) etw nicht zahlen; **to ~ benefit payments** Leistungen nicht auszahlen; **to ~ a tax** eine Steuer einbehalten

with·'hold·ing tax *n no pl* einbehaltene [Lohn-/Einkommens]steuer

with·in [wɪ'ðɪn] **I.** *prep* ❶ (*form: inside of*) innerhalb +*gen;* **cross-border controls ~ the EU** Grenzkontrollen innerhalb der EU ❷ (*confined by*) innerhalb +*gen;* **dogs barked from ~ the gates** Hunde bellten hinter den Toren ❸ (*hidden inside*) ■~ **oneself** in seinem Inneren ❹ (*in limit of*) ■~ **sth** innerhalb einer S. *gen;* ~ **sight/earshot/reach** in Sicht-/Hör-/Reichweite; ~ **easy reach** bequem [*o* einfach] zu erreichen ❺ (*in less than*) ■~ **sth** innerhalb von etw *dat;* ~ **hours/minutes/six months** innerhalb von Stunden/Minuten/sechs Monaten; ~ **inches** [*or* **an inch**] **of sth** [nur] Zentimeter von etw *dat* entfernt; **she came ~ an inch of losing her job** (*fig*) sie verlor beinahe ihren Job ❻ (*in accordance to*) ■~ **sth** innerhalb einer S. *gen;* ~ **the rules/the law** innerhalb der Regeln/des Gesetzes ❼ (*in group of*) ■~ **sth** innerhalb einer S. *gen;* ~ **society** innerhalb der Gesellschaft **II.** *adv inv* innen; **'cleaning personnel wanted, enquire ~'** „Raumpflegepersonal gesucht, Näheres im Geschäft"; ■**from ~** von innen [heraus]; **to promote from ~** offene Stellen intern neu besetzen

with·out [wɪ'ðaʊt, AM *also* -θaʊt] **I.** *prep* ❶ (*not having, not wearing*) ohne +*akk;* **she looks much better ~ make-up** sie sieht ohne Make-up viel besser aus; ~ **a dime** ohne einen Pfennig; **to be ~ foundation** (*fig*) jeder Grundlage entbehren ❷ (*no occurence of*) ■~ **sth** ohne etw *akk;* ~ **warning/delay** ohne [Vor]warnung/Verzögerung; ~ **question** ohne Frage ❸ (*no feeling of*) ■~ **sth** ohne etw *akk;* ~ **conviction** ohne Überzeugung ❹ (*not with*) ohne +*akk;* **why don't you start ~ me?** warum fangt ihr nicht schon ohne mich an?; ~ **sugar** ohne Zucker **II.** *adv inv* ❶ (*liter: on the outside*) außen; ■**from ~** von außen ❷ (*old: outside*) draußen

with·stand <-stood, -stood> [wɪð'stænd, wɪθ-, AM -θ'-, -ð-] *vt* ■**to ~ sb/sth** jdm/etw standhalten; **to ~ temptation** der Versuchung widerstehen; **to ~ rough treatment** eine unsanfte Behandlung aushalten

wit·less ['wɪtləs] *adj* dumm; *person also* einfältig; ~ **remark** geistlose Bemerkung; **to frighten** [*or* **scare**] **sb ~** jdn zu Tode erschrecken; **to be scared ~** Todesängste ausstehen

wit·ness ['wɪtnəs] **I.** *n* <*pl* -es> ❶ (*observer or attester to sth*) Zeuge, -in *m, f* (**to** +*gen*); **as God is my ~, ...** Gott ist mein Zeuge, ...; ~ **[to a marriage]** Trauzeuge, -in *m, f;* **in the pres-**

ence of two ~**es** in Gegenwart zweier Zeugen/Zeuginnen; **according to ~es** Zeugenaussagen zufolge; ■**before ~es** vor Zeugen/Zeuginnen ❷ LAW (*sb giving testimony*) Zeuge, -in *m, f;* **your ~!** Ihr Zeuge/Ihre Zeugin!; **character ~** Leumundszeuge, -in *m, f;* **~ for the defence/prosecution** [*or* **defence/prosecution ~**] Zeuge, -in *m, f* der Verteidigung/Anklage, Entlastungs-/Belastungszeuge, -in *m, f;* **expert ~** Gutachter(in) *m(f);* **key ~ for the defence** Hauptentlastungszeuge, -in *m, f;* **in ~ whereof** (*form*) zum Zeugnis dessen *geh;* **to appear as a ~** als Zeuge/Zeugin auftreten; **to call a ~** einen Zeugen/eine Zeugin aufrufen; **to hear/swear in a ~** einen Zeugen/eine Zeugin vernehmen/vereidigen ❸ *no pl* (*form: proof*) Zeugnis *nt geh;* **to bear ~ to sth** von etw *dat* zeugen *geh,* etw zeigen; **to bear false ~** (*old*) falsches Zeugnis ablegen *veraltend form* ❹ REL (*of belief*) Bekenntnis *nt;* **to bear ~ to sth** von etw *dat* Zeugnis ablegen; **thou shalt not bear false ~** du sollst nicht falsch Zeugnis reden **II.** *vt* ❶ (*see*) ■**to ~ sth** etw beobachten, Zeuge/Zeugin einer S. *gen* sein; ■**to ~ sb doing sth** sehen, wie jd etw tut; (*watch attentively*) beobachten, wie jd etw tut ❷ (*experience*) ■**to ~ sth** etw miterleben; **the past few years have ~ed momentous changes throughout Eastern Europe** die vergangenen Jahre sahen tief greifende Veränderungen in ganz Osteuropa ❸ (*attest*) ■**to ~ sth** etw bestätigen; **to ~ sb's signature** jds Unterschrift beglaubigen; **to ~ a will** ein Testament als Zeuge/Zeugin unterschreiben ❹ *usu passive* ■**as ~ed by sth** (*demonstrated*) wie etw zeigt [*o* beweist]; **as ~ed by the number of tickets sold ...** wie man anhand der verkauften Karten sehen kann, ... ❺ (*behold*) **the situation is still unstable – ~ the recent outbreak of violence in the capital** die Lage ist noch immer instabil, wie der jüngste Ausbruch von Gewalt in der Hauptstadt gezeigt hat; **forecasters can get it disastrously wrong – ~ the famous British hurricane of 1987** Meteorologen können sich fürchterlich irren – man denke nur an den berühmten britischen Hurrikan von 1987 **III.** *vi* LAW (*form*) ■**to ~ to sth** etw bestätigen [*o* bezeugen]; **to ~ to the authenticity of sth** die Echtheit einer S. *gen* bestätigen

'wit·ness box *n esp* BRIT, **'wit·ness stand** *n esp* AM Zeugenstand *m kein pl;* **to go into** [*or* **take**] **the ~** in den Zeugenstand treten

wit·ter ['wɪtəʳ] *vi* BRIT (*pej fam*) ■**to ~** [**on**] labern *pej fam,* quatschen *pej fam;* ■**to ~ on about sth** von etw *dat* labern *pej fam,* über etw *akk* quatschen *pej fam*

wit·ti·cism ['wɪtɪsɪzᵊm, AM 'wɪt̬ə-] *n* Witzelei *f*

wit·ti·ly ['wɪtɪli, AM 'wɪt̬-] *adv* (*cleverly*) geistreich; (*humorously*) auf witzige Weise; **to comment ~ on sth** über etw *akk* geistreiche Bemerkungen machen

wit·ty ['wɪti, AM -t̬i] *adj* (*clever*) geistreich; (*funny*) witzig

wives [waɪvz] *n pl of* **wife**

wiz [wɪz] *n* (*fam*) *short for* **wizard** Genie *nt oft hum;* **to be a ~ at sth** ein [wahres] Genie in etw *dat* sein

wiz·ard ['wɪzəd, AM -ɚd] **I.** *n* ❶ (*magician*) Zauberer *m,* Hexenmeister *m* ❷ (*expert*) Genie *nt oft hum;* **he's a real ~ on the piano** er ist ein wahrer Meister am Klavier; **she's a ~ with figures** sie ist eine wahre Rechenkünstlerin; **computer/financial ~** Computer-/Finanzgenie *nt;* ■**to be a ~ at sth** ein [wahres] Genie in etw *dat* sein; **he's a ~ at raising money** in Sachen Geldbeschaffung vollbringt er wahre Wunder **II.** *adj* BRIT (*dated fam*) prima *fam,* klasse *fam,* toll *fam*

wiz·ard·ry ['wɪzədri, AM -ɚd-] *n no pl* ❶ (*expertise*) Zauberei *f fig,* Hexerei *f fig;* **financial ~** Finanzakrobatik *f* ❷ (*a. hum: equipment*) **high-tech/technical ~** hochtechnologische/technische Wunderdinge *hum*

wiz·ened ['wɪzᵊnd] *adj person* verhutzelt; *face, skin* runz[e]lig; *apple* schrump[e]lig, verhutzelt

wk *n abbrev of* **week** Wo.

WML [ˌdʌbljuːem'el] *n* COMPUT *abbrev of* **Wireless Markup Language** WML *f fachspr* (*Seitenbeschreibungssprache für das WAP-Protokoll*)

woad [wəʊd, AM woʊd] *n no pl* [Färber]waid *m*

wob·ble ['wɒbl̩, AM 'wɑː-] **I.** *vi* ❶ (*move*) wackeln; *wheel* eiern *fam; double chin, jelly, fat* schwabbeln *fam; legs* zittern, schlottern; ■**to ~ off** davonwackeln ❷ (*tremble*) *voice* zittern ❸ ECON (*fig: fluctuate*) *prices, shares* schwanken *fig* ❹ (*fig: be undecided*) ■**to ~ on sth** bei etw *dat* schwanken [*o* unschlüssig sein] **II.** *vt* ■**to ~ sth** an etw *dat* rütteln **III.** *n* ❶ *usu sing* (*movement*) Wackeln *nt kein pl;* **there's a slight ~ in the front wheel** das Vorderrad eiert etwas; **to have a ~** *chair* wackeln ❷ *usu sing* (*sound*) Vibrieren *nt kein pl; of a voice* Zittern *nt kein pl* ❸ ECON (*fig*) Schwankung *f*

wob·bler ['wɒbləʳ, AM 'wɑːblɚ] *n* BRIT [Wut]anfall *m; see also* **wobbly II.**

wob·bly ['wɒbli, AM 'wɑː-] **I.** *adj* ❶ (*unsteady*) wack[e]lig; **I've got a ~ tooth** bei mir wackelt ein Zahn; **my legs feel a bit ~** ich bin etwas wacklig auf den Beinen; **to draw a ~ line** einen zittrigen Strich ziehen ❷ (*wavering*) **~ voice** zittrige Stimme **II.** *n* BRIT (*fam*) [Wut]anfall *m;* **to throw a ~** einen Wutanfall kriegen *fam,* ausrasten *fam*

wodge [wɒdʒ] *n* BRIT, AUS (*fam*) Brocken *m;* **a ~ of cake/cheese** ein [großes] Stück Kuchen/Käse; **a ~ of notes** einen Packen Geldscheine; **~ of paper** Stoß *m* Papier; **~ of papers** Stapel *m* Papiere

woe [wəʊ, AM woʊ] *n* ❶ *no pl* (*liter: unhappiness*) Kummer *m,* Leid *nt,* Weh *nt geh;* **~ betide you if ...** wehe dir, wenn ...; **~ is me!** (*old*) wehe mir!; **to have a face full of ~** ein ganz vergrämtes Gesicht haben; **a day of ~** ein Unglückstag *m;* **a tale of ~** eine Geschichte des Jammers ❷ (*form*) ■**~s** *pl* (*misfortunes*) Nöte *fpl,* Kummer *nt kein pl;* **economic/financial ~s** wirtschaftliche/finanzielle Probleme; **to pour out one's ~s** sein Leid klagen

woe·be·gone ['wəʊbɪgɒn, AM 'woʊbɪgɑːn] *adj* (*liter*) *expression* kummervoll; *face* vergrämt *geh,* sorgenvoll; **to look ~** bekümmert aussehen

woe·ful ['wəʊfᵊl, AM 'woʊ-] *adj* ❶ (*deplorable*) beklagenswert; **~ ignorance/incompetence** erschreckende Unwissenheit/Inkompetenz; **~ record/standard** jämmerlicher Rekord/erbärmlicher Standard ❷ (*liter: sad*) traurig; **~ tidings** schlechte Nachrichten

woe·ful·ly ['wəʊfᵊli, AM 'woʊ-] *adv* ❶ (*deplorably*) jämmerlich; *ignorant, inadequate* erschreckend ❷ (*liter: sadly*) traurig, betrübt *geh*

wog [wɒg] *n* (*pej! sl*) ❶ BRIT, AUS (*dark-skinned person*) ≈ Kanake, -in *m, f pej fam* ❷ AUS (*non-English-speaking immigrant*) Ausländer(in) *m(f)*

wok [wɒk, AM wɑːk] *n* Wok *m*

woke [wəʊk, AM woʊk] *vt, vi pt of* **wake**

wok·en [wəʊkᵊn, AM woʊ-] *vt, vi pp of* **wake**

wolf [wʊlf] **I.** *n* <*pl* wolves> ❶ (*animal*) Wolf *m;* **who's afraid of the big bad ~?** wer hat Angst vor dem bösen Wolf? ❷ (*dated: seducer*) Schürzenjäger *m pej fam,* Weiberheld *m pej* ▶ PHRASES: **a ~ in sheep's clothing** ein Wolf im Schafspelz; **to keep the ~ from the door** sich *akk* [gerade so] über Wasser halten; **to hold a ~ by the ears** in der Klemme sitzen *fam;* **to cry ~** blinden Alarm schlagen; **to throw sb to the wolves** jdn den Wölfen zum Fraß vorwerfen *fam* **II.** *vt* (*fam*) ■**to ~ sth** etw verschlingen [*o* hinunterschlingen]

◆**wolf down** *vt* (*fam*) ■**to ~ down** ⊂ **sth** etw verschlingen [*o* hinunterschlingen]

'wolf cub *n* ❶ (*young wolf*) Wolfsjunge(s) *nt* ❷ BRIT (*dated: Cub Scout*) Wölfling *m* **'wolf·hound** *n* Wolfshund *m*

wolf·ish ['wʊlfɪʃ] *adj* ❶ (*sexually predatory*) lüstern ❷ (*voracious*) gefräßig; **~ appetite** unbändiger Appetit; **~ hunger** Wolfshunger *m fam,* Bärenhunger *m fam*

'wolf whis·tle *n* bewundernder Pfiff; **to give sb a ~** jdm nachpfeifen

'wolf-whis·tle I. *vt* ■**to ~ sb** jdm nachpfeifen **II.** *vi* [lüstern] pfeifen

wolves [wʊlvz] *n pl of* **wolf**

wom·an **I.** *n* <*pl* women> ['wʊmən, *pl* wɪmɪn] ❶ (*female human*) Frau *f;* **I feel a new ~** ich fühle mich wie neugeboren; **~ to ~** von Frau zu Frau; **a ~ of letters** (*scholar*) eine Gelehrte; (*author*) eine Literatin [*o* Schriftstellerin]; **~ of the streets** (*dated or euph*) Straßenmädchen *nt meist pej;* **~'s talk** Frauengespräche *ntpl;* **to be a ~ of one's word** eine Frau sein, die Wort hält; **a ~ of the world** eine Frau von Welt; **to be one's own ~** eine selbständige Frau sein ❷ (*fam: used as term of address*) Weib *pej fam* ❸ (*fam: man's female partner*) Frau *f;* **the little** [*or* **old**] **~** (*dated or pej!*) meine/seine Alte *pej;* (*hum*) meine Frau; **the other ~** die Geliebte ▸PHRASES: **hell knows no fury like a ~ scorned** (*saying*) die Hölle [selbst] kennt nicht solche Wut wie eine zurückgewiesene Frau; **a ~'s place is in the home** (*saying dated*) eine Frau gehört ins Haus; **it's a ~'s privilege** [**to change her mind**] (*saying*) es ist das Vorrecht einer Frau [ihre Meinung zu ändern]; **a ~'s work is never done** (*prov*) Frauenhände ruhen nie *geh* **II.** *n* ['wʊmən] *modifier* weiblich; **~ candidate** Kandidatin *f;* **~ doctor** Ärztin *f;* **a ~ driver** eine Frau am Steuer; **~ police officer** Polizistin *f;* **~ president** Präsidentin *f*

-wom·an ['wʊmən] *in compounds* ❶ (*of nationality*) **English~/Irish~** Engländerin *f*/Irin *f* ❷ (*of job, skill*) **chair~** Vorsitzende *f;* **fire~** Feuerwehrfrau *f;* **police~** Polizistin *f;* **sales~** Verkäuferin *f;* **helms~** NAUT Steuerfrau *f;* **needle~** Näherin *f;* **oars~** Ruderin *f* ❸ (*consisting of women*) **a three-~ committee** ein Komitee *nt* aus drei Frauen; **an all-~ crew** eine reine Frauenmannschaft

'wom·an-about-town <*pl* women-> *n* moderne Frau; (*experienced*) Frau *f* von Welt

wom·anhood ['wʊmənhʊd] *n no pl* ❶ (*female adulthood*) Frausein *nt;* **a girl's journey towards ~** die Entwicklung eines Mädchens zur Frau; **to reach ~** eine Frau werden ❷ (*group*) Frauen *fpl*

wom·an·ish ['wʊmənɪʃ] *adj* (*pej*) weibisch *pej*

wom·an·ize ['wʊmənaɪz] *vi* Frauengeschichten haben *fam*

wom·an·iz·er ['wʊmənaɪzəʳ, AM -ɚ] *n* Weiberheld *m pej,* Schürzenjäger *m pej fam*

wom·an·iz·ing ['wʊmənaɪzɪŋ] *n no pl* Schürzenjägerei *f;* **because of his constant ~** wegen seiner ständigen Frauengeschichten

wom·an·kind [ˌwʊmən'kaɪnd] *n no pl* (*dated form*) weibliches Geschlecht, Frauen *fpl;* **all ~** alle Frauen

wom·an·li·ness ['wʊmənlɪnəs] *n no pl* Weiblichkeit *f*

wom·an·ly ['wʊmənli] *adj* ❶ (*of character*) weiblich; **~ virtues** weibliche Tugenden; **~ wiles** weibliche List; **to use all one's ~ wiles** (*dated*) mit den Waffen einer Frau kämpfen ❷ (*of body*) fraulich

womb [wu:m] *n* Mutterleib *m,* [Mutter]schoß *m geh, liter;* MED Gebärmutter *f*

wom·bat ['wɒmbæt, AM 'wɑ:m-] *n* ZOOL Wombat *m*

wom·en ['wɪmɪn] *n pl of* **woman**

wom·en·folk ['wɪmɪnfəʊk, AM -foʊk] *npl* Frauen *fpl*

'wom·en's group *n* Frauengruppe *f*

Wom·en's 'In·sti·tute *n* BRIT ■**the ~** *britische Frauenvereinigung* **wom·en's lib** [-'lɪb] *n* (*dated fam*) *short for* **women's liberation** Frauen[rechts]bewegung *f* **wom·en's lib·ber** [-'lɪbəʳ, AM -ɚ] *n* (*dated fam*) Frauenrechtlerin *f,* Emanze *f oft pej fam* **wom·en's lib·e'ra·tion** *n no pl* (*dated*) Frauen[rechts]bewegung *f* **'wom·en's move·ment** *n* ■**the ~** die Frauen[rechts]bewegung **wom·en's 'ref·uge** *n* BRIT, AUS, **wom·en's 'shel·ter** *n* AM Frauenhaus *nt* **wom·en's 'rights** *npl* Rechte *ntpl* der Frauen, Frauenrechte *pl* **wom·en's 'studies** *npl Studienfach, das die Rolle der Frau in Geschichte, Gesellschaft und Literatur untersucht* **wom·en's 'suf·frage** *n no pl* Frauenwahlrecht *nt* **'wom·ens·wear** *n no pl* Damenbekleidung *f* **'wom·en's work** *n no pl* Frauenarbeit *f*

wom·yn ['wɪmɪn] *npl von Feministinnen verwendete Schreibweise für 'Frauen' um englisch 'woMEN' zu vermeiden*

won [wʌn] *vt, vi pt, pp of* **win**

won·der ['wʌndəʳ, AM -ɚ] **I.** *vt* ❶ (*ask oneself*) ■**to ~ sth** sich *akk* etw fragen; **I've been ~ing that myself** das habe ich mich auch schon gefragt; **why, one ~s, is she doing that?** warum tut sie das wohl?; **I ~ if you'd mind passing the sugar** wären Sie wohl so freundlich, mir den Zucker herüberzureichen?; **I ~ if you could give me some information about ...** könnten Sie mir vielleicht ein paar Informationen über... geben?; **I was just ~ing if you felt like doing something tomorrow evening** hätten Sie nicht Lust, morgen Abend etwas zu unternehmen?; **it makes you wonder why they ...** man fragt sich [schon], warum sie ...; ■**to ~ what/when/where ...** sich *akk* fragen, was/wann/wo ... ❷ (*feel surprise*) ■**to ~ that ...** überrascht sein, dass ...; **I don't ~ that ...** es überrascht mich nicht, dass ... **II.** *vi* ❶ (*ask oneself*) sich *akk* fragen; **will that be enough, I ~?** ob das wohl reichen wird?; **why do you ask? – I was just ~ing** warum fragst du? – ach, nur so; **I ~ – could you help me with these books?** könntest du mir vielleicht mit den Büchern helfen?; **when shall we meet? – we were ~ing about next Friday** wann sollen wir uns treffen? – wir dachten an nächsten Freitag; ■**to ~ about sb/sth** sich Gedanken [*o* Sorgen] über jdn/etw *dat* machen; ■**to ~ about doing sth** darüber nachdenken, ob man etw tun sollte; **to ~ aloud** [*or* **out loud**] **about sth** über etw *akk* laut nachdenken ❷ (*feel surprise*) sich *akk* wundern, staunen; **you ~ that ...** man wundert sich schon, dass ...; **I shouldn't ~** das würde mich nicht wundern; **I don't ~** [**at it**] das wundert mich nicht; ■**to ~ at sb/sth** sich *akk* über jdn/etw wundern; (*astonished*) über jdn/etw erstaunt sein **III.** *n* ❶ *no pl* (*feeling*) Staunen *nt,* Verwunderung *f;* **a sense of ~** ein Gefühl *nt* der Ehrfurcht; **to fill sb with ~** jdn in Staunen versetzen; **to listen in ~** staunend zuhören ❷ (*marvel*) Wunder *nt;* **it's little** [*or* **no**] [*or* **small**] **~** [**that**] ... es ist kein Wunder, dass ...; **no ~ ...** kein Wunder, dass ...; **~s** [**will**] **never cease!** (*iron*) es geschehen noch Zeichen und Wunder! *hum;* **the ~s of modern technology** die Wunder der modernen Technik; **the Seven W~s of the world** die sieben Weltwunder; **to do** [*or* **work**] **~s** [wahre] Wunder wirken [*o geh* vollbringen] ▸PHRASES: **God moves in a mysterious way, his ~s to perform** BRIT (*saying*) die Wege Gottes sind unerforschlich; **to be a chinless ~** BRIT (*fam*) ein junger, reicher Lackaffe sein *fam;* **to be a nine-days'** [*or* **seven-day**] **~** *esp* BRIT eine sehr kurzlebige Sensation sein, nur kurze Zeit für Aufsehen sorgen

'won·der boy *n* (*iron, hum fam*) Wunderknabe *m hum, iron fam* **'won·der drug** *n* Wundermittel *nt*

won·der·ful ['wʌndəfᵊl, AM -dɚ-] *adj* wunderbar, wundervoll

won·der·ful·ly ['wʌndəfᵊli, AM -dɚ-] *adv* wunderbar; **to cope ~ with sth** mit etw *dat* ausgezeichnet zurechtkommen; **to go ~ well with sth** zu etw *dat* hervorragend passen; **to get on ~** ausgezeichnet miteinander auskommen ▸PHRASES: [**hanging**] **concentrates the mind ~** BRIT (*saying*) [der Strick vor Augen] konzentriert die Gedanken ganz hervorragend

'won·der·land *n* Wunderland *nt,* Märchenland *nt;* **winter ~** winterliche Märchenlandschaft

won·der·ment ['wʌndəmənt, AM -dɚ-] *n no pl* Verwunderung *f,* Erstaunen *nt*

won·drous ['wʌndrəs] *adj* wunderbar; *achievement* großartig; **to have ~ effect on sth** bei etw *dat* wahre Wunder bewirken

won·drous·ly ['wʌndrəsli] *adv* außerordentlich

wonk [wɒŋk, AM wɑ:ŋk] *n* ❶ AM (*fam: diligent person*) Streber(in) *m(f) pej* ❷ AM (*fam: legalistic person*) Politikbesessene(r) *f(m) fam* ❸ NAUT (*incompetent sailor*) unfähiger Matrose/unfähige Matrosin

won·ki·ness ['wɒŋkɪnəs] *n no pl* Schrägheit *f fig fam*

won·ky ['wɒŋki] *adj* BRIT, AUS (*fam*) ❶ (*unsteady*) wack[e]lig *a. fig* ❷ (*be unwell*) **to feel ~** sich *akk* angeschlagen fühlen

❸ (*askew*) ■ **to be ~** *picture* schief hängen; *hat* schief sitzen

wont [wəʊnt, AM wɔːnt] (*form*) **I.** *adj pred* gewohnt; ■ **to be ~ to do sth** [für] gewöhnlich etw tun **II.** *n no pl* (*hum*) Gewohnheit *f*; **as is her/his ~** wie er/sie zu tun pflegt; **she arrived an hour late, as is her ~** wie üblich kam sie eine Stunde zu spät

won't [wəʊnt, AM woʊnt] = **will not** *see* **will[1]**

wont·ed [wəʊntɪd, AM wɔːntɪd] *adj attr, inv* (*liter*) gewohnt; **sb's ~ courtesy** jds gewohnte Höflichkeit

woo [wuː] *vt* ❶ (*attract*) ■ **to ~ sb/sth** um jdn/etw werben; **to ~ customers/voters** Kunden/Wähler umwerben; ■ **to ~ sb with sth** jdn mit etw *dat* locken; ■ **to ~ sb away [from sb/sth]** jdn [von jdm/etw] weglocken; **to ~ work force** Arbeitskräfte abwerben ❷ (*dated: court*) ■ **to ~ sb** jdn umwerben, *veraltend* jdm den Hof machen

wood [wʊd] **I.** *n* ❶ *no pl* (*material from trees*) Holz *nt*; **block of ~** Holzklotz *m*; **plank of ~** [Holz]brett *nt*; **dead ~** (*fig*) Ballast *m* ❷ (*type of timber*) Holz *nt* ❸ (*forest*) Wäldchen *nt*; ■ **~s** *pl* Wald *m*; **beech/oak ~** [*or* **~s**] Buchen-/Eichenwald *m*; **in the ~** [*or* **~s**] im Wald ❹ (*golf club*) Holz *nt*, Holzschläger *m* ❺ *no pl* (*container*) [Holz]fass *nt*; **beer from the ~** Bier *nt* vom Fass, Fassbier *nt*; **matured in the ~** im Holzfass gereift ▶ PHRASES: **there aren't many ... in our neck of the ~s** in unseren Breiten gibt es nicht viele ...; **sb can't see the ~[s] for the trees** jd sieht den Wald vor [lauter] Bäumen nicht *prov fam*; **to touch** [*or* AM **knock on**] **~** [dreimal] auf Holz klopfen; **touch ~!** unberufen!; **to not be out of the ~** [*or* **~s**] (*not out of critical situation*) noch nicht über den Berg sein *fam*; (*not out of difficulty*) noch nicht aus dem Schneider sein *fam* **II.** *n modifier* (*desk, furniture, picture frame, toy*) Holz-

wood 'al·co·hol *n no pl* CHEM Methanol *nt*

wood·bine ['wʊdbaɪn] *n* BOT ❶ (*wild honeysuckle*) Geißblatt *nt*, Jelängerjelieber *nt* ❷ AM (*Virginia creeper*) Wilder Wein, Jungfernrebe *f*

'wood block I. *n* ❶ ART (*pattern*) Druckstock *m* ❷ BRIT (*parquet*) Parkettbrettchen *nt* **II.** *adj attr, inv* ART **~ print** Holzschnitt *m* **wood-burn·ing 'stove** *n* Holzofen *m* **'wood·carv·er** *n* Holzschnitzer(in) *m(f)* **'wood·carv·ing** *n* ART ❶ *no pl* (*art genre*) Holzschnitzerei *f*; **[art of] ~** Schnitzkunst *f* ❷ (*object*) [Holz]schnitzerei *f*, Schnitzwerk *nt* **'wood·chip** *n* ❶ (*chip of wood*) Holzspan *m* ❷ *no pl esp* BRIT (*wallpaper*) **~ [paper]** Raufaser[tapete] *f* **'wood·chuck** *n* Waldmurmeltier *nt* **'wood·craft** *n no pl esp* AM ❶ (*outdoor skills*) *Fähigkeiten/Kenntnisse zum Überleben in freier Natur* ❷ (*artistic skill*) Geschick *nt* für das Arbeiten mit Holz **'wood·cut** *n* ART Holzschnitt *m* **'wood·cut·ter** *n* (*dated*) Holzfäller *m*

wood·ed ['wʊdɪd] *adj* bewaldet; **~ area** Waldgebiet *nt*

wood·en ['wʊdᵊn] *adj* ❶ (*made of wood*) Holz-, hölzern, aus Holz; **~ box/fence/leg** Holzkiste *f*/-zaun *m*/-bein *nt*; **~ shoes** Holzschuhe *mpl* ❷ (*fig, pej*) *sb's movements* hölzern; *person also* steif; **~ smile** ausdrucksloses Lächeln

'wood en·grav·ing *n* ❶ (*print*) Holzdruck *m*, Holzschnitt *m* ❷ *no pl* (*skill*) Holzschnitzerei *f*

'wood·en-head *n* (*fam*) Holzkopf *m pej sl*

wood·en·ly ['wʊdᵊnli] *adv* (*fig, pej*) steif, hölzern; **to smile ~** ausdruckslos lächeln **wood·en 'spoon** *n* ❶ (*utensil*) Holzlöffel *m* ❷ BRIT, AUS (*fam: booby prize*) Trostpreis *m* (*für den letzten Platz*); **to get** [*or* **take**] [*or* **win**] **the ~** den letzten Platz belegen, als Schlechteste(r) *f(m)* abschneiden

'wood·grain *n no pl* [Holz]maserung *f* **'wood·land I.** *n* ■ **~** [*or* **~s**] Wald *m*, Waldland *nt kein pl* **II.** *n modifier* (*animals, destruction, fauna, flora, preservation*) Wald- **'wood·louse** *n* Bohrassel *f*, Kellerassel *f* **'wood mouse** *n* Waldmaus *f* **'wood·peck·er** *n* Specht *m* **'wood pig·eon** *n* Ringeltaube *f* **'wood·pile** *n* Holzstoß *m*, Holzstapel *m* **'wood pre·ser·va·tive** *n* Holzschutzmittel *nt* **'wood pulp** *n no pl* Zellstoff *m*, Holzschliff *m fachspr* **'wood·shed I.** *n* Holzschuppen *m* ▶ PHRASES: **there's sth nasty in the ~** BRIT (*fam*) da ist etwas Übles im Gange *fam*; **to take sb to the ~** AM (*dated fam*) jdn zur Seite nehmen (*um ihn/sie auszuschimpfen/zu bestrafen*) **II.** *vi* <-dd-> AM (*fam*) intensiv üben

'woods·man *n* Waldarbeiter *m*

'wood·smoke *n no pl* Rauch *m* (*vom Holzverbrennen*) **'wood spir·it** *n no pl* CHEM Methanol *nt*

wood·sy ['wʊdzi] *adj* AM (*fam*) waldig

'wood·wind MUS **I.** *n* ❶ (*type of instrument*) Holzblasinstrument *nt* ❷ + *sing/pl vb* ■ **the ~** (*orchestra section*) die Holzbläser *pl* **II.** *n modifier* (*instrument*) Holzblas-; **~ music** Musik *f* von Holzbläsern; **the ~ section** die Holzbläser *pl* **'wood·work** *n no pl* ❶ (*parts of building*) Holzteile *ntpl*, Holzwerk *nt* ❷ BRIT (*carpentry*) Tischlern *nt*; (*business*) Tischlerei *f*; SCH Arbeiten *nt* mit Holz; **~ classes** ≈ Werkunterricht *m* (*mit Holz als Werkstoff*); **~ skills** Geschick *nt* im Umgang mit Holz; **to do ~** mit Holz arbeiten ❸ BRIT SPORTS (*fam*) ■ **the ~** (*goal post*) der Pfosten; (*cross bar*) die Latte; **to hit the ~** den Pfosten/die Latte treffen ▶ PHRASES: **to come** [*or* **crawl**] **out of the ~** ans Licht kommen **'wood·work·ing** *n no pl* AM Tischlern *nt*; SCH Arbeiten *nt* mit Holz **'wood·worm** <*pl* -> *n* ❶ (*larva*) Holzwurm *m* ❷ *no pl* (*damage*) Wurmfraß *m*; **the table's got ~** in dem Tisch ist der Holzwurm drin *fam*

woody ['wʊdi] *adj* ❶ HORT holzig, Holz- ❷ FOOD holzig ❸ (*wooded*) bewaldet, waldig

woof[1] [wʊf] **I.** *n* [dumpfes] Bellen; **to give a loud ~** laut bellen **II.** *vi dog* bellen; **"~, ~"** „wau, wau"; ■ **to ~ at sb** jdn anbellen

woof[2] [wuːf] *n* BRIT Schuss *m fachspr*; **the warp and the ~** (*fig*) das A und O

woof·er ['wʊfəʳ, AM -ɚ] *n* Tieftonlautsprecher *m*

wool [wʊl] **I.** *n no pl* ❶ (*sheep's fleece*) Wolle *f* ❷ (*fibre from fleece*) Wolle *f*; **ball of ~** Wollknäuel *nt*; **a cotton and ~ mixture** ein Baumwollgemisch *nt* ▶ PHRASES: **to pull the ~ over sb's eyes** jdm Sand in die Augen streuen *fam* **II.** *n modifier* ❶ (*made of wool*) (*blanket, coat, lining, rug, scarf, sweater*) Woll- ❷ (*like wool*) (*lead*) -wolle; **steel ~** Stahlwolle *f*

wool·en *adj* AM *see* **woollen**

wool·ens *npl* AM *see* **woollens**

wool-gath·er·ing ['wʊl,gædᵊrɪŋ, AM -ɚɪŋ] **I.** *n no pl* Träumen *nt*; **if you did a little less ~ ...** wenn du etwas weniger vor dich hinträumen würdest, ...; **... because of her ~ ...** wegen ihrer Träumereien **II.** *vi* ■ **to be ~** [vor sich *akk* hin]träumen

wooli·ness *n no pl* AM *see* **woolliness**

wool·len ['wʊlən], AM **wool·en** *adj inv* wollen, aus Wolle; **~ dress** Wollkleid *nt*; **a pair of ~ socks** ein Paar *nt* wollene Strümpfe

wool·lens ['wʊlənz], AM **wool·ens** *npl* Wollsachen *pl*

wool·li·ness ['wʊlɪnəs], AM **wooli·ness** *n no pl* ❶ (*wool-like quality*) Flauschigkeit *f* ❷ (*vagueness*) Verschwommenheit *f*, Unklarheit *f*; *of ideas, thinking* Verworrenheit *f*; **there's a certain ~ about the proposals** die Vorschläge sind irgendwie schwammig

wool·ly ['wʊli], AM **wooly I.** *adj inv* ❶ (*made of wool*) Woll-, wollen; **this is definitely ~ vest weather!** draußen ist es eklig kalt!; **~ hat** Wollmütze *f*; **~ jumper** Wollpullover *m*; **~ vest** wollenes Unterhemd ❷ (*wool-like*) wollig ❸ (*vague*) verschwommen; *mind, ideas* verworren; *thoughts* kraus **II.** *n* BRIT (*dated fam: jumper*) Wollpulli *m fam*; (*cardigan*) Wolljacke *f*; ■ **woollies** *pl* Wollsachen *pl*

wool·ly-'head·ed *adj* (*pej*), **wool·ly-'mind·ed** *adj* (*pej*) wirrköpfig *pej*

Wool·sack ['wʊlsæk] *n* BRIT POL ■ **the ~** ❶ (*Lord Chancellor's seat*) *mit Wolle gepolsterter Sitz des Lordkanzlers im britischen Oberhaus* ❷ (*fig: office of Lord Chancellor*) das Amt des Lordkanzlers

wooly *adj* AM *see* **woolly**

Woop Woop ['wuːpwuːp] *n* AUS (*hum fam*) Kaff *nt fam*

woosh *interj* (*fam*) *see* **whoosh**

woozy ['wuːzi] *adj* (*fam: dizzy*) benommen, duselig *fam*; (*drunk*) beschwipst *fam*

wop [wɒp, AM wɑːp] *n* (*pej! sl*) Spaghettifresser(in) *m(f) pej derb*, Itaker(in) *m(f) pej fam*

Worces·ter sauce [ˌwʊstəʳˈsɔːs] BRIT, **Worces·ter·shire sauce** [ˌwʊstəʃəʳˈsɔːs, AM -ɚʃɚˈsɑːs] *n* AM, AUS Worcestersoße *f*

word [wɜːd, AM wɜːrd] **I.** *n* ❶ (*unit of language*) Wort *nt;* **we've had enough of ~s** genug der Worte; **do you remember the exact ~s?** erinnern Sie sich [noch] an den genauen Wortlaut?; **and those are his exact ~s?** und das hat er genau so gesagt?; **what's the ~ for 'bikini' in French?** was heißt ‚Bikini' auf Französisch?; **clumsy isn't the ~ for it!** unbeholfen ist noch viel zu milde ausgedrückt!; **hush, not a ~!** pst, keinen Mucks!; **nobody's said a ~ about that to me** kein Mensch hat mir etwas davon gesagt; **or ~s to that effect** oder so ähnlich; **to be a man/woman of few ~s** nicht viel reden, kein Mann/keine Frau vieler Worte sein; **empty ~s** leere Worte; **in other ~s** mit anderen Worten; **to use a rude ~** ein Schimpfwort benutzen; **the spoken/written ~** das gesprochene/geschriebene Wort; **to be too stupid for ~s** unsagbar dumm sein; **to not breathe a ~ of** [*or* **about**] **sth** kein Sterbenswörtchen von etw *dat* verraten; **to not know a ~ of French/German/Spanish** kein Wort Französisch/Deutsch/Spanisch können; ■ **~ for ~** Wort für Wort; **to translate sth ~ for ~** etw [wort]wörtlich übersetzen; **in a ~** um es kurz zu sagen; **in the ~s of Burns** um mit Burns zu sprechen; **in ~s of one syllable** in einfachen Worten; **in sb's own ~s** mit jds eigenen Worten; **in so many ~s** ausdrücklich, direkt ❷ *no pl* (*short conversation*) [kurzes] Gespräch; (*formal*) Unterredung *f;* **to have a ~ with sb** [**about sth**] mit jdm [über etw *akk*] sprechen; **ah, John, I've been meaning to have a ~ with you** ach, John, kann ich dich kurz mal sprechen?; **could I have a ~ about the sales figures?** kann ich Sie kurz wegen der Verkaufszahlen sprechen?; **the manager wants a ~** der Manager möchte Sie sprechen; **to exchange** [*or* **have**] **a few ~s with sb** ein paar Worte mit jdm wechseln; **to have a quiet ~ with sb** jdn zur Seite nehmen; **to say a few ~s** [**about sth**] [zu etw *dat*] ein paar Worte sagen ❸ *no pl* (*news*) Nachricht *f;* (*message*) Mitteilung *f;* **there's no ~ from head office yet** die Zentrale hat uns noch nicht Bescheid gegeben; **hey, Martin, what's the good ~?** AM (*fam*) hallo, Martin, was gibt's Neues?; **~ gets around** [*or* **about**] [*or* BRIT **round**] Neuigkeiten verbreiten sich schnell; **~ has it** [*or* [**the**] **~ is**] **that they may separate** es geht das Gerücht, dass sie sich trennen; [**the**] **~ is out** [**that**] ... es wurde öffentlich bekannt gegeben, dass ...; **to get ~ of sth** [**from sb**] etw [von jdm] erfahren; **to have ~ from sb** [etwas] von jdm hören; **to have** [*or* **hear**] **~ that ...** [davon] hören, dass ... ❹ *no pl* (*order*) Kommando *nt,* Befehl *m;* **we're waiting for the ~ from head office** wir warten auf die Anweisung von der Zentrale; **to give the ~** den Befehl geben ❺ (*remark*) Bemerkung *f;* **if you want to leave, just say the ~** wenn du gehen möchtest, brauchst du es nur zu sagen; **~ of advice** Rat[schlag] *m;* **~ of warning** Warnung *f* ❻ *no pl* (*promise*) Wort *nt,* Versprechen *nt;* **do we have your ~ on that?** haben wir dein Wort darauf?; **my ~ is my bond** (*form or hum*) auf mein Wort kannst du bauen; **to be a man/woman of his/her ~** zu seinem/ihrem Wort stehen, halten, was man verspricht; **to be as good as/better than one's ~** sein Wort halten/mehr als halten; **to break** [*or* **go back on**]/**keep one's ~** sein Wort brechen/halten; **to give** [**sb**] **one's ~ that ...** jdm versprechen [*o* sein [Ehren]wort geben], dass ...; **to take sb at his/her ~** jdn beim Wort nehmen ❼ *no pl* (*statement of facts*) Wort *nt;* **it's her ~ against mine** es steht Aussage gegen Aussage; **to take sb's ~ for it** [**that ...**] jdm glauben, dass ... ❽ (*lyrics*) ■ **~s** *pl* Text *m* ▶ PHRASES: **a ~ in your ear** BRIT ein kleiner Tipp unter uns; **to have a quick ~ in sb's ear** BRIT kurz mit jdm allein sprechen; **by ~ of mouth** mündlich; **to put ~s in**[**to**] **sb's mouth** jdm Worte in den Mund legen; **to take the ~s out of sb's mouth** jdm das Wort aus dem Mund[e] nehmen; **to not have a good ~ to say about sb/sth** kein gutes Haar an jdm/etw lassen; **to put in a good ~ for sb/sth** [**with sb**] [bei jdm] ein gutes Wort für jdn/etw einlegen; **sb cannot get a ~ in edgeways** [*or* AM **edgewise**] (*fam*) jd kommt überhaupt nicht zu Wort; **~s fail me!** mir fehlen die Worte!; **from the ~ go** vom ersten Moment [*o* von Anfang] an; **to have ~s with sb** eine Auseinandersetzung mit jdm haben, sich *akk* mit jdm streiten; **my ~!** [*or old* **upon my ~**] du meine Güte! **II.** *vt* ■ **to ~ sth** etw formulieren [*o* in Worte fassen]; *document* etw abfassen

-word *in compounds* (*fam*) (*F-, S-, P-*) -Wort *nt*

'word as·so·cia·tion *n no pl* Wortassoziation *f* **'word blind·ness** *n no pl* Wortblindheit *f* **'word break** *n* [Silben]trennung *f* **'word deaf·ness** *n no pl* Worttaubheit *f* **'word di·vi·sion** *n no pl* [Silben]trennung *f*

word·ed [ˈwɜːdɪd, AM ˈwɜːrd-] *adj inv* formuliert, abgefasst; **carefully/strongly ~** sorgfältig/scharf formuliert

'word game *n* Buchstabenspiel *nt*

wordi·ness [ˈwɜːdɪnəs, AM ˈwɜːrd-] *n no pl* Weitschweifigkeit *f,* Langatmigkeit *f*

word·ing [ˈwɜːdɪŋ, AM ˈwɜːrd-] *n no pl* ❶ (*words used*) Formulierung *f* ❷ (*manner of expression*) Formulieren *nt;* **the ~ of a document** das Abfassen eines Dokuments

word·less [ˈwɜːdləs, AM ˈwɜːrd-] *adj inv* wortlos, ohne Worte; **we sat in ~ contemplation of the view** stumm betrachteten wir die Aussicht

word·less·ly [ˈwɜːdləsli, AM ˈwɜːrd-] *adv inv* wortlos, ohne Worte; **to communicate ~** ohne Worte [miteinander] kommunizieren

'word or·der *n no pl* Wortstellung *f,* Satzstellung *f* **word-'per·fect** *adj pred* textsicher; ■ **to be ~** seinen Text [Wort für Wort] beherrschen **'word·play** *n no pl* Wortspiel *nt* **word 'pro·cess·ing** *n no pl* Textverarbeitung *f* **word-'pro·cess·ing** *adj attr, inv* Textverarbeitungs-; **~ program/software** Textverarbeitungsprogramm *nt*/-software *f* **word 'pro·ces·sor** *n* COMPUT ❶ (*computer*) Textverarbeitungssystem *nt* ❷ (*program*) Textverarbeitungsprogramm *nt* **'word·smith** *n* wortgewandter Schreiber/wortgewandte Schreiberin **'word wrap** *n no pl* COMPUT [automatischer] Zeilenumbruch

wordy [ˈwɜːdi, AM ˈwɜːrdi] *adj* (*pej*) langatmig, weitschweifig, wortreich

wore [wɔːʳ, AM wɔːr] *vt, vi pt of* **wear**

work [wɜːk, AM wɜːrk] **I.** *n* ❶ *no pl* (*useful activity*) Arbeit *f;* **good ~!** gute Arbeit!; **there's a lot of ~ to be done yet** es gibt noch viel zu tun; **the garden still needs a lot of ~** im Garten muss noch [so] einiges gemacht werden; **forces of destruction are at ~ here** (*fig*) hier sind zerstörerische Kräfte am Werk; **various factors are at ~ in this situation** in dieser Situation spielen verschiedene Faktoren eine Rolle; **~ on the tunnel has been suspended** die Arbeiten am Tunnel wurden vorübergehend eingestellt; **to be a** [**real**] **piece of ~** ganz schön nervig sein; **to be hard ~** [**doing sth**] (*strenuous*) anstrengend sein[, etw zu tun]; (*difficult*) schwierig sein[, etw zu tun]; ■ **to be at ~ doing sth** [gerade] damit beschäftigt sein, etw zu tun; **to get** [*or* **go**] [*or* **set**] **to ~** sich *akk* an die Arbeit machen; **to get** [*or* **go**] [*or* **set**] **to ~ on sth** sich *akk* an etw *akk* machen; **to get** [*or* **go**] [*or* **set**] **to ~ on sb** (*fam*) jdn in die Mache nehmen *fam;* (*strongly influence*) jdn bearbeiten *fam;* **to make ~ for sb** jdm Arbeit machen; **to make ~ for oneself** sich *dat* unnötige Arbeit machen; **to put** [*or* **set**] **sb to ~ doing sth** jdn losschicken, etw zu tun ❷ *no pl* (*employment*) Arbeit *f;* **~ in the laboratory was interesting** die Arbeit im Labor war interessant; **what sort of ~ do you have experience in?** welche Berufserfahrungen haben Sie?; ■ **to be in ~** eine Stelle [*o* Arbeit] haben; ■ **to be out of ~** arbeitslos sein; **to get ~ as a translator** eine Stelle als Übersetzer/Übersetzerin finden; **to look for ~** auf Arbeitssuche sein; **to be looking for ~ as a system analyst** eine Stelle als Systemanalytiker/-analytikerin suchen ❸ *no pl* (*place of employment*) Arbeit *f,* Arbeitsplatz *m;* **he rang me from** ~ er rief mich von der Arbeit [aus] an; **to get to ~ on the train** mit dem Zug zur Arbeit fahren; **to be injured at** ~ einen Arbeitsunfall haben; **to be late for** ~ zu spät zur Arbeit kommen; **to have to stay late at** ~ lange arbeiten müssen; **to be at** ~ bei der Arbeit sein; **I'll be at ~ until late this evening** ich werde heute bis spät abends arbeiten; **to be off** ~ frei haben; (*without permission*) fehlen; **to be off ~ sick** sich *akk* krankgemeldet haben; **to commute to** ~ pendeln; **to go/travel to** ~ zur Arbeit gehen/fahren ❹ *no pl* (*sth produced by sb*) Werk *f;* **this is the ~ of professional thieves** dies ist das Werk professioneller Diebe ❺ ART, LIT, MUS Werk *nt;* **'The Complete W~s of William Shakespeare'** „Shakespeares gesammelte Werke"; **~s of art** Kunstwerke *ntpl;* ~ **in bronze** Bronzearbeiten *fpl;* ~ **in leather** aus Leder gefertigte Arbeiten; **sb's early/later** ~ jds Früh-/Spätwerk *nt;* **to show one's ~ in a gallery** seine Arbeiten in einer Galerie ausstellen ❻ (*factory*) ■**~s** + *sing/pl vb* Betrieb *m,* Fabrik *f;* **steel ~s** Stahlwerk *nt* ❼ (*working parts*) ■**~s** *pl of a clock* Uhrwerk *nt; of a machine* Getriebe *nt* ❽ (*fam: everything*) ■**the ~s** *pl* das ganze Drum und Dran *fam; esp* AM FOOD **two large pizzas with the ~s, please!** zwei große Pizzen mit allem bitte! ❾ *no pl* PHYS Arbeit *f* ► PHRASES: **to have one's ~ cut out** sich *akk* mächtig reinknien müssen *fam,* jede Menge zu tun haben; **to give sb the ~s** (*dated sl*) jdn [ordentlich] in die Mangel nehmen *fam* **II.** *vi* ❶ (*do job*) arbeiten; **where do you ~?** wo arbeiten Sie?; ■**to ~ as sth** als etw arbeiten; ■**to ~ for sb** für jdn arbeiten; ■**to ~ with sb** (*work together*) mit jdm zusammenarbeiten; (*do work helping sb*) mit jdm arbeiten; **to ~ from home** [von] zu Hause arbeiten; **to ~ at the hospital/abroad** im Krankenhaus/im Ausland arbeiten; **to ~ to rule** Dienst nach Vorschrift tun; **to ~ like a slave** [*or* AM, AUS **dog**] schuften wie ein Tier *fam;* **to ~ hard** hart arbeiten; **to ~ together** zusammenarbeiten ❷ (*be busy*) arbeiten, beschäftigt sein; **we're ~ing on it** wir arbeiten daran; **we're ~ing to prevent it happening again** wir bemühen uns, so etwas in Zukunft zu verhindern; ■**to ~ [hard] at doing sth** [hart] daran arbeiten, etw zu tun; **to ~ on the assumption that ...** von der Annahme ausgehen, dass ...; **to ~ towards a degree in sth** UNIV einen Hochschulabschluss in etw *dat* anstreben; **to ~ at a problem** an einem Problem arbeiten ❸ (*function*) funktionieren; **the boiler seems to be ~ing OK** der Boiler scheint in Ordnung zu sein; **I can't get this washing machine to ~** ich kriege die Waschmaschine irgendwie nicht an; **listen, the generator's ~ing** hör mal, der Generator läuft; **to ~ off batteries** batteriebetrieben sein; **to ~ off the mains** BRIT mit Netzstrom arbeiten; **to ~ off wind power** mit Windenergie arbeiten ❹ (*be successful*) funktionieren, klappen *fam; plan, tactics* aufgehen; **to ~ in practice** [auch] in der Praxis funktionieren ❺ MED *medicine, pill* wirken ❻ (*have an effect*) ■**to ~ against sb/sth** sich *akk* als negativ für jdn/etw herausstellen; ■**to ~ for sb** [*or* **in sb's favour**] sich *akk* zugunsten einer Person *gen* auswirken; ■**to ~ for sth** auf etw *akk* hinwirken; ■**to ~ on sb** jdn bearbeiten *a. hum fam;* **to ~ both ways** sich *akk* sowohl positiv als auch negativ auswirken ❼ (*move*) ■**to ~ through/under/up** *etc* **sth: the water damage slowly ~ed up through the walls** der Wasserschaden breitete sich langsam über die Wände nach oben aus ❽ + *adj* (*become*) **to ~ free/loose** sich *akk* lösen/lockern ❾ (*liter: change expression*) *sb's face* arbeiten; (*contort*) sich *akk* verzerren ► PHRASES: **to ~ like a charm** [*or* **like magic**] Wunder bewirken; **to ~ like a Trojan** BRIT wie ein Pferd arbeiten *fam;* **to ~ till you drop** bis zum Umfallen arbeiten; **to ~ round to sth** BRIT sich *akk* [bis] zu etw *dat* vorarbeiten; **to ~ round to doing sth** BRIT sich *akk* aufraffen, etw zu tun **III.** *vt* ❶ (*make sb work*) **to ~ oneself to death** sich *akk* zu Tode schinden; **to ~ a twelve-hour day/a forty-hour week** zwölf Stunden am Tag/vierzig Stunden in der Woche arbeiten; **to ~ sb/oneself hard** jdm/sich selbst viel abverlangen ❷ MECH (*operate*) ■**to ~ sth** *machine* etw bedienen; **~ed by electricity** elektrisch betrieben; **~ed by steam** dampfgetrieben; **~ed by wind power** durch Windenergie angetrieben ❸ (*move back and forward*) ■**to ~ sth out of sth** etw aus etw *dat* herausbekommen; ■**sth ~s itself out of sth** etw löst sich *akk* aus etw *dat;* **to ~ one's way around/through ... sth** sich *dat* seinen Weg um etw *akk*/durch etw *akk* ... bahnen; **to ~ one's way up through a firm** sich *akk* in einer Firma hocharbeiten; **I have ~ed my way through quite a few books** ich habe jede Menge Bücher durchgearbeitet; **to ~ one's way down a list** eine Liste durchgehen; **to ~ sth [backwards and forwards]** etw [hin- und her]bewegen; **to ~ sth free/loose** etw losbekommen/lockern; **sth ~s itself free/loose** etw löst/lockert sich *akk* ❹ (*bring about*) ■**to ~ sth** etw bewirken; **I don't know how she ~ed it, but in the end she got £1000 off him** ich weiß nicht, wie sie es geschafft hat, aber am Ende luchste sie ihm 1000 Pfund ab; **to ~ a cure** eine Heilung herbeiführen; **to ~ oneself into a more positive frame of mind** sich *dat* eine positivere Lebenseinstellung erarbeiten; **to ~ oneself [up] into a frenzy** sich *akk* in eine Raserei hineinsteigern; **to ~ sb [up] into a frenzy/rage** jdn zur Raserei/in Rage bringen *fam;* **to ~ a miracle** ein Wunder vollbringen *geh;* **to ~ miracles** [*or* **wonders**] [wahre] Wunder vollbringen *geh;* **to ~ oneself into a state** sich *akk* aufregen; **to ~ sb into a state of jealousy** jdn eifersüchtig machen ❺ (*shape*) **to ~ bronze/iron** Bronze/Eisen bearbeiten; **to ~ clay** Ton formen ❻ (*mix*) ■**to ~ sth into sth** etw in etw *akk* einarbeiten; (*incorporate*) etw in etw *akk* einbauen [*o* einfügen]; **~ the butter into the flour** fügen Sie die Butter hinzu und vermengen Sie sie mit dem Mehl; **to ~ sth into one's skin** (*rub in*) die Haut mit etw *dat* einreiben; (*massage*) etw in die Haut einmassieren ❼ FASHION ■**to ~ sth [on sth]** etw [auf etw *akk*] sticken, etw [mit etw *dat* be]sticken ❽ (*exploit*) ■**to ~ sth** sich *dat* etw vornehmen; **to ~ the land** AGR das Land bewirtschaften; **to ~ a mine/quarry** MIN eine Mine/einen Steinbruch ausbeuten ❾ (*pay for by working*) **to ~ one's passage** sich *dat* seine Überfahrt durch Arbeit auf dem Schiff verdienen; **to ~ one's way through university** sich *dat* sein Studium finanzieren ► PHRASES: **to ~ one's fingers to the bone [for sb]** sich *dat* [für jdn] den Rücken krumm arbeiten *fam;* **to ~ a treat** BRIT (*fam*) prima funktionieren

◆**work away** *vi* vor sich *akk* hinarbeiten; ■**to ~ away at sth** an etw *dat* arbeiten

◆**work for** *vt* ■**to [not] ~ for sb** jdm [nicht] zusagen

◆**work in** *vt* ■**to ~ in ○ sth** ❶ (*mix in*) *food* etw hineingeben; (*into a dough*) etw [hin]einrühren; **to ~ fertilizer/manure in[to the soil]** HORT Dünger/Mist [in den Boden] einarbeiten ❷ (*on one's skin*) **to ~ cream/lotion in** Creme einreiben/Lotion einmassieren ❸ (*include*) *meeting* etw einschieben; **to ~ in a couple of sly digs** einige spitze Bemerkungen einfließen lassen; **to ~ in a reference** einen Hinweis einbauen

◆**work off** *vt* ❶ (*counter effects of*) ■**to ~ off ○ sth** etw abarbeiten; **to ~ off one's anger/frustration** seine Wut/seine Frustrationen abreagieren; **to ~ off some surplus energy** überschüssige Energie loswerden *fam;* **to ~ off stress** Stress abbauen ❷ (*pay by working*) **to ~ off a debt/loan** eine Schuld/einen Kredit abtragen

◆**work out I.** *vt* ❶ (*calculate*) ■**to ~ out ○ sth** etw errechnen [*o* ausrechnen]; **to ~ sth out to three decimal places** etw bis drei Stellen hinter dem Komma ausrechnen; **to ~ out the best way** den günstigsten Weg berechnen; ■**to ~ out how much/what ...** ausrechnen, wie viel/was ... ❷ (*develop*) ■**to ~ out ○ sth** etw ausarbeiten; **to ~ out a settlement** einen Vergleich aushandeln; **to ~ out a solution** eine Lösung erarbeiten; ■**to ~ out how/what/when ...** festlegen, wie/was/wann ... ❸ (*understand*) ■**to ~ out ○ sb** jdn verstehen, schlau aus jdm werden; ■**to ~ out ○ sth** etw verstehen, hinter etw *akk* kommen; ■**to ~ out that ...** dahinter kommen, dass ... ④ (*complete*) ■**to ~ out** ◯ **sth** etw vollenden; **to ~ out a contract** einen Vertrag erfüllen; **to ~ out one's notice** seine Kündigungsfrist einhalten ⑤ (*solve itself*) ■**to ~ itself out: the problem will ~ itself out** das Problem wird sich von allein lösen; **things usually ~ themselves out** die Dinge erledigen sich meist von selbst ⑥ *usu passive* MIN (*become unproductive/used up*) ■**to be ~ed out** *a mine, quarry* ausgebeutet sein; *mineral resources* abgebaut sein **II.** *vi* ① (*amount to*) **to ~ out at roughly £10 a head** sich auf ungefähr 10 Pfund pro Kopf belaufen; **to ~ out cheaper/more expensive** billiger/teurer kommen; **the figures ~ out differently each time** die Zahlen ergeben jedes Mal etwas anderes; **that ~s out at 154 litres per day** das macht 154 Liter am Tag ② (*develop*) sich *akk* entwickeln; (*go on*) laufen *fam;* **the way it ~ed out in the end was that ...** am Ende lief es darauf hinaus, dass ...; **to ~ out for the best** sich *akk* zum Guten wenden; **to ~ out badly** schiefgehen; **to ~ out well** gut laufen ③ (*be successful*) *relationship* funktionieren, klappen *fam* ④ (*do exercise*) trainieren

◆**work over** *vt* (*fam*) ■**to ~ over** ◯ **sb** jdn zusammenschlagen *fam*

◆**work through I.** *vt* ■**to ~ through** ◯ **sth** etw durcharbeiten; *traumas, difficulties, problems* etw aufarbeiten **II.** *vi* durcharbeiten, ohne Pause arbeiten

◆**work to** *vt* **to ~ to a deadline** auf einen Termin hinarbeiten; **to ~ to rule** [peinlich genau] nach Vorschrift arbeiten

◆**work up I.** *vt* ① (*generate*) **to ~ up an appetite [for sth]** sich *dat* Appetit [auf etw *akk*] holen; **to ~ up courage/energy** Mut/Energie aufbringen ② (*arouse strong feelings*) ■**to ~ oneself/sb up** sich *akk*/jdn aufregen; **to ~ oneself up into a frenzy** sich *akk* in eine Raserei hineinsteigern; **to ~ sb up into a frenzy** jdn zur Raserei bringen; **to ~ oneself up into a rage** sich *akk* in eine Wut hineinsteigern; **to ~ sb up into a rage** jdn in Rage bringen *fam;* **to ~ oneself/sb up into a [real] state** sich *akk*/jdn [furchtbar] aufregen ③ (*develop*) ■**to ~ up** ◯ **sth** etw entwickeln; **to ~ up a business** (*set up*) ein Geschäft aufbauen; (*extend*) ein Geschäft ausbauen; **to ~ up data into a report** Daten zu einem Bericht verarbeiten; **to ~ up a plan** einen Plan ausarbeiten; **to ~ up a sweat** ins Schwitzen kommen; ■**to ~ oneself up to sth** sich *akk* auf etw *akk* vorbereiten; ■**to ~ oneself up to doing sth** sich *akk* darauf vorbereiten, etw zu tun **II.** *vi* ■**to ~ up to sth** ① (*progress to*) sich *akk* zu etw *dat* hocharbeiten; **I ~ed up to half an hour exercising a day** ich habe meine Trainingszeit auf eine halbe Stunde am Tag gesteigert ② (*get ready for*) auf etw *akk* zusteuern *fig*

-work [wɜːk, AM wɜːrk] *in compounds* ① (*of special material*) -arbeit; **metal/wrought iron~** Metall-/Kunstschmiedearbeit *f* ② (*of mechanism*) -werk; **bridge~** Zahnbrücke *f;* **sth runs like clock~** etw läuft wie am Schnürchen *fam* ③ (*of ornamentation*) -arbeit; **embroidery/knot~** Spitzen-/Knüpfarbeit *f*

work·able [ˈwɜːkəbl̩, AM ˈwɜːrk-] *adj* ① (*feasible*) durchführbar, praktikabel; **~ compromise** vernünftiger Kompromiss ② (*able to be manipulated*) bearbeitbar; ■**to be~** sich bearbeiten lassen; **~ ground/land** AGR bebaubarer Grund/bebaubares Land

worka·day [ˈwɜːkədeɪ, AM ˈwɜːrk-] *adj* ① (*of job*) Arbeits- ② (*not special*) alltäglich; **the ~ world of office routine** die alltägliche Routine im Büro

worka·hol·ic [ˌwɜːkəˈhɒlɪk, AM ˌwɜːrkəˈhɑːl-] *n* (*fam*) Arbeitssüchtige(r) *f(m),* Arbeitswütige(r) *f(m) hum,* Arbeitstier *nt fig, oft pej;* PSYCH Workaholic *m*

worka·hol·ism [ˈwɜːkəhɒlɪzᵊm, AM ˈwɜːrkəhɑːl-] *n no pl* Arbeitssucht *f,* Arbeitswut *f hum*

ˈwork·bag *n* Nähbeutel *m,* Handarbeitsbeutel *m* **ˈwork·bas·ket** *n* Nähkorb *m,* Handarbeitskorb *m* **ˈwork·bench** *n* Werkbank *f* **ˈwork·book** *n* Arbeitsbuch *nt* **ˈwork·box** *n* (*container for tools*) Werkzeugkasten *m;* (*for painting*) Malkasten *m;* (*for sewing*) Nähkasten *m* **ˈwork camp** *n esp* AM *Lager in dem Freiwillige gemeinnützige Arbeiten verrichten* **work cre'a·tion plan** *n,* **work cre'a·tion scheme** *n esp* BRIT Arbeitsbeschaffungsmaßnahme[n] *f[pl]* **ˈwork·day** *n* AM, AUS ① (*time at work*) Arbeitstag *m;* **an eight-hour ~** ein Achtstundentag *m* ② (*not holiday*) Werktag *m*

worked up *adj pred* ■**to be ~ up [about [***or* **over] sth]** [über etw *akk*] aufgebracht sein; **to get ~ up [about [***or* **over] sth]** sich *akk* [über etw *akk*] aufregen

work·er [ˈwɜːkəʳ, AM ˈwɜːrkɚ] **I.** *n* ① (*not executive*) Arbeiter(in) *m(f);* **construction ~** Bauarbeiter(in) *m(f);* **factory ~** Fabrikarbeiter(in) *m(f);* **farm ~** Landarbeiter(in) *m(f);* **office ~** Büroangestellte(r) *f(m);* **blue-collar ~** [Fabrik]arbeiter(in) *m(f);* **white-collar ~** [Büro]angestellte(r) *f(m);* ■**the ~s** *pl* POL die Arbeiter *pl* ② (*sb who works hard*) **he's a real ~** er ist ein echtes Arbeitstier *fam* ③ (*insect*) Arbeiterin *f* ► PHRASES: **to be [all] ~s in the vineyard** BRIT (*saying*) alle Arbeiter im Dienst derselben Sache sein **II.** *n modifier* ZOOL Arbeits-, Arbeiter-; **~ ant/bee** Arbeitsameise *f*/-biene *f,* Arbeiterameise *f*/-biene *f,* Arbeiterin *f*

work·er ˈpriest *n* Arbeiterpriester *m*

ˈwork eth·ic *n* Arbeitsethos *nt* **ˈwork ex·peri·ence** *n no pl* ① SCH (*on-the-job training for students*) Praktikum *nt;* **to do ~** ein Praktikum machen ② (*professional experience*) Berufserfahrung *f*

work·fare [ˈwɜːrkfer] **I.** *n no pl* AM (*public service work*) Arbeitsdienst *m* **II.** *n modifier* vom Arbeitsdienst *nach n* **ˈwork·flow** *n* Arbeitsfluss *m,* Arbeitsschritte *mpl* **ˈwork·force** *n + sing/pl vb of a factory* Belegschaft *f,* Betriebspersonal *nt; of a country* Arbeiterschaft *f* **ˈwork·horse** *n* Arbeitspferd *nt fig,* Arbeitstier *nt fig, oft pej* **ˈwork·house** *n* BRIT (*hist*) Armenhaus *nt hist* **ˈwork-in** *n* ECON Work-in *nt,* Betriebsbesetzung *f*

work·ing [ˈwɜːkɪŋ, AM ˈwɜːrk-] **I.** *adj attr, inv* ① (*employed*) berufstätig, erwerbstätig; **the ordinary ~ man [***or* AM **Joe]** der einfache Arbeiter; **the ~ population** die arbeitende Bevölkerung ② (*pertaining to work*) Arbeits-; **~ breakfast/lunch** Arbeitsfrühstück *nt*/-essen *nt;* **~ clothes** Arbeitskleidung *f;* **~ conditions** Arbeitsbedingungen *fpl;* **~ hour/hours** Arbeitsstunde *f*/-zeit *f;* **~ model** Arbeitsmodell *nt;* **~ practices** Arbeitsweise *f;* **~ relationship** Arbeitsverhältnis *nt;* **37-hour ~ week** 37-Stunden-Woche *f* ③ (*functioning*) funktionierend *attr;* **~ order** Betriebsfähigkeit *f,* Funktionsfähigkeit *f;* **to be in good ~ order** sich *akk* in gutem Zustand befinden, gut in Schuss sein *fam;* **to restore sth to ~ order** etw wieder in Ordnung bringen; **in ~ order** betriebsfähig, funktionstüchtig; **the ~ parts** *of a machine* die beweglichen Teile ④ (*of theory*) **~ definition/hypothesis/theory** Arbeitsdefinition *f*/-hypothese *f*/-theorie *f* ⑤ (*basic*) Arbeits-; **to have a ~ knowledge of sth** in etw *dat* Grundkenntnisse haben ⑥ (*of animal*) **~ dog/horse** Arbeitshund *m*/-pferd *nt* **II.** *n* ① *no pl* (*activity*) Arbeiten *nt,* Arbeit *f* ② *no pl* MIN (*extracting minerals*) Abbau *m,* Gewinnung *f;* **opencast ~** Abbau *m* über Tage ③ MIN ■**~ [***or* **~s]** (*mine*) Grube *f,* Mine *f;* (*part of mine*) Schacht *m* ► PHRASES: **the ~s of fate** die Wege des Schicksals

work·ing ˈcapi·tal *n no pl* Betriebskapital *nt* **work·ing ˈclass** *n + sing/pl vb* ■**the ~** die Arbeiterklasse *kein pl* **ˈwork·ing-class** *adj* der Arbeiterklasse *nach n;* **sb from a ~ background** jd aus der Arbeiterschicht; **a ~ family** eine Arbeiterfamilie **work·ing ˈday** *n esp* BRIT ① (*time at work*) Arbeitstag *m;* **an eight-hour ~** ein Achtstundentag *m* ② (*not holiday*) Werktag *m* **ˈwork·ing girl** *n* (*fam*) ① (*dated: woman with job*) berufstätige [junge] Frau ② *esp* AM (*euph: prostitute*) Freudenmädchen *nt euph geh,* Prostituierte *f* **ˈwork·ing group** *n* Arbeitsgruppe *f* **work·ing ˈlife** *n of a person* Berufsleben *nt kein pl,* Arbeitsleben *f kein pl; of a machine* Lebensdauer *f kein pl* **work·ing-ˈout** *n no pl* MATH Rechenweg *m* **work·ing-ˈover** *n* (*fam*) Abreibung *f fam;* **to get a good ~** eine ordentliche Abreibung verpasst bekommen *fam*

'work·load *n* Arbeitspensum *nt kein pl,* Arbeit[sbelastung] *f;* TECH Leistungsumfang *m;* **a heavy/light/unbearable** ~ ein hohes/niedriges/unerträgliches Arbeitspensum **'work·man** *n* ❶ (*craftsman*) Handwerker *m* ❷ (*worker*) Arbeiter *m* **'work·man·like** *adj* ❶ (*approv: skilful*) fachmännisch, professionell; ~ **job** fachmännische Arbeit; ~ **performance** solide Leistung ❷ (*pej: sufficient*) annehmbar

work·man·ship ['wɜːkmənʃɪp, AM 'wɜːrk-] *n no pl* Verarbeitung[sgüte] *f;* (*workman's skill*) handwerkliches Können *f;* **fine/shoddy/solid** ~ feine/schludrige/solide Verarbeitung

'work·mate *n esp* BRIT (*fam*) Arbeitskollege, -in *m, f* **work of 'art** *n* Kunstwerk *nt* **'work·out** *n* SPORTS Training *nt;* (*fitness training*) Konditionstraining *nt,* Fitnesstraining *nt;* **light/heavy** [*or* **vigorous**] ~ leichtes/hartes Training **'work per·mit** *n* Arbeitserlaubnis *f,* Arbeitsgenehmigung *f* **'work·place** *n* Arbeitsplatz *m;* ▪ **in sb's** ~ an jds Arbeitsplatz *m* **'work·room** *n* Arbeitszimmer *nt,* Arbeitsraum *m;* (*for sewing*) Nähzimmer *nt* **'work·shop I.** *n* ❶ (*room*) Werkstatt *f;* **electronics/stone** ~ Elektro-/Steinmetzwerkstatt *f* ❷ (*meeting*) Workshop *m,* Seminar *nt;* **drama/nutrition/stress-reduction** ~ Theater-/Ernährungs-/Antistressworkshop *m;* **weekend** ~ Wochenendseminar *nt;* **to attend/run a** ~ einen Workshop besuchen/leiten **II.** *vt* **to** ~ **a play** ein Stück inszenieren **work·shop pro·'duc·tion** *n* Stück *nt* einer Theater-AG **'work-shy** *adj* BRIT (*pej*) arbeitsscheu *pej* **'work·sta·tion** *n* ❶ COMPUT Arbeitsplatzrechner *m,* Workstation *f fachspr* ❷ (*work area*) Arbeitsplatz *m,* Arbeitsbereich *m* **'work study** *n* ❶ *no pl* SCH, UNIV, COMM Praktikum *nt;* **to do** ~ ein Praktikum machen ❷ COMM (*evaluation method*) Arbeitsstudie *f* **work-study 'pro·gramme** *n* SCH, UNIV, ECON Praktikum *nt;* **to be enrolled in a** ~ ein Praktikum machen **'work sur·face** *n* BRIT Arbeitsfläche *f,* Arbeitsplatte *f* **'work·table** *n* Arbeitstisch *m;* MECH Werktisch *m;* (*for sewing*) Nähtisch *m* **'work·top** *n* BRIT Arbeitsfläche *f,* Arbeitsplatte *f* **work-to-'rule** *n no pl esp* BRIT Dienst *m* nach Vorschrift

world [wɜːld, AM wɜːrld] *n* ❶ *no pl* (*earth*) ▪ **the** ~ die Welt [*o* Erde]; **the longest bridge in the** ~ die längste Brücke der Welt ❷ (*planet*) Welt *f,* Planet *m;* **beings from other** ~**s** Außerirdische *pl* ❸ (*society*) Welt *f;* **we live in a changing** ~ wir leben in einer Welt, die sich ständig ändert; **the ancient/modern** ~ die antike/moderne Welt; **the industrialized** ~ die Industriegesellschaft; **the** ~ **to come** die Nachwelt ❹ *usu sing* (*domain*) Welt *f;* **the animal** ~ die Tierwelt; **the** ~ **of business** die Geschäftswelt; **the rock music** ~ die Welt des Rock, die Rockszene; **the Catholic/Christian/Muslim** ~ die katholische/christliche/moslemische Welt; **the French-speaking/German-speaking** ~ die französisch-/deutschsprachige Welt ❺ *no pl* (*life*) Welt *f;* **her whole** ~ **had collapsed** für sie war die Welt zusammengebrochen; **to be inexperienced in the ways of the** ~ die Gesetze der Welt nicht kennen; **to be off in one's own little** ~ sich *dat* seine eigene kleine Welt geschaffen haben; **to be** [*or* **live**] **in a** ~ **of one's own** in seiner eigenen Welt sein [*o* leben]; **to withdraw from the** ~ sich *akk* von der Welt [*o* den Menschen] zurückziehen ▸ PHRASES: **sb has the** ~ **at their feet** jdm liegt die Welt zu Füßen; **all the** ~ **and her husband/his wife** BRIT Gott und die Welt, Hinz und Kunz *fam;* **love/money makes the** ~ **go** [**a**]**round** die Liebe/Geld regiert die Welt; **to be a man/woman of the** ~ ein Mann/eine Frau von Welt sein; **to be at one with the** ~ mit sich *dat* und der Welt zufrieden sein; **the** ~ **is your oyster** die Welt steht dir offen; **in the** ~ **at large** im Großen und Ganzen [gesehen]; **to be** ~**s apart** Welten auseinanderliegen; **they are** ~**s apart in their political views** zwischen ihren politischen Ansichten liegen Welten; **to be** [*or* **mean**] [**all**] **the** ~ **to sb** jds Ein *nt* und Alles sein; **to be out of this** ~ (*fam*) himmlisch [*o sl* Spitze] sein; **to come** [*or* AM, AUS **move**] **down in the** ~ (*fam*) [sozial] absteigen; **to go** [*or* AM, AUS **move**] **up in the** ~ (*fam*) [sozial] aufsteigen; **to look for all the** ~ **like ...** ganz aussehen wie ...; **for all the** ~ **as if ...** geradeso, als ob ...; **not for** [**all**] **the** ~ nie im Leben, um keinen Preis; **what/who/how in the** ~ was/wer/wie um alles in der Welt; [**all**] **the** ~ **over** überall auf der Welt, auf der ganzen Welt

world au'thor·ity *n* internationale Kapazität [*o* Koryphäe] **World 'Bank** *n no pl* ▪ **the** ~ die Weltbank **'world-beat·er** *n* der/die/das Weltbeste **'world-beat·ing** *adj inv* weltbeste(r, s) **world 'cham·pi·on** *n* Weltmeister(in) *m(f)* **'world-class** *adj inv* von Weltklasse *nach n;* ~ **product** Produkt *nt* von internationaler Qualität **World 'Cup I.** *n* ❶ (*competition*) Weltmeisterschaft *f;* (*in soccer*) Fußballweltmeisterschaft *f,* Fußball-WM *f* ❷ (*trophy*) Worldcup *m,* Weltpokal *m* **II.** *n modifier* **the** ~ **Finals** das WM-Finale; (*in soccer*) das Endspiel der Fußball-WM; **the British/French** ~ **squad** die britische/französische WM-Auswahl **world 'fair** *n* Weltausstellung *f* **world-'fa·mous** *adj inv* weltberühmt **World 'Health Or·gani·za·tion** *n no pl,* + *sing/pl vb* ▪ **the** ~ die Weltgesundheitsorganisation **world 'lan·guage** *n* Weltsprache *f*

world·li·ness ['wɜːldlɪnəs, AM 'wɜːrld-] *n no pl* ❶ (*concern with the physical*) weltliche Gesinnung, Weltlichkeit *f* ❷ (*experience*) Weltgewandtheit *f*

world 'lit·era·ture *n no pl* Weltliteratur *f*

world·ly ['wɜːldli, AM 'wɜːrld-] *adj* ❶ *attr* (*physical*) weltlich, materiell; ~ **goods** materielle Güter; ~ **person** weltlich [*o* materiell] eingestellter Mensch; ~ **success** materieller Erfolg ❷ (*experienced*) weltgewandt

world 'mus·ic *n no pl* Ethnopop *m,* Weltmusik *f* **world o'pin·ion** *n* Meinung *f* der Weltöffentlichkeit **world 'or·der** *n no pl* Weltordnung *f* **world popu·'la·tion** *n no pl* ▪ **the** ~ die Weltbevölkerung **world 'pow·er** *n* Weltmacht *f;* **great** ~ Supermacht *f* **world 'rec·ord** *n* Weltrekord *m;* **to break the** ~ den Weltrekord brechen; **to hold the** ~ **for sth** den Weltrekord in etw *dat* halten **World 'Se·ries** *n* ▪ **the** ~ *jährliches Endspiel zwischen den Gewinnern der beiden großen Baseballligen in den USA*

'World's Fair *n* Weltausstellung *f;* **the 1958** ~ die Weltausstellung von 1958

'world-shak·ing *adj,* **'world-shat·ter·ing** *adj* weltbewegend, welterschütternd **world 'tour** *n* Welttournee *f* **'world view** *n* PHILOS Weltanschauung *f,* Weltbild *nt,* Weltsicht *f* **world 'war** *n* Weltkrieg *m;* **W~ W~ I/II** 1./2. Weltkrieg *m* **'world-weari·ness** *n no pl* Lebensmüdigkeit *f;* (*tiredness of the world*) Weltverdrossenheit *f* **'world-weary** *adj inv* lebensmüde, lebensüberdrüssig; **to be** [*or* **feel**] ~ lebensmüde sein; (*tired of the world*) weltverdrossen sein

world·'wide [ˌwɜːld'waɪd, AM 'wɜːrldˌwaɪd] *inv* **I.** *adj* weltweit, weltumfassend; **of** ~ **reputation** von Weltruf **II.** *adv* weltweit, auf der ganzen Welt; **to ship** [**sth**] ~ etw in die ganze Welt verschiffen; **to travel** ~ die ganze Welt bereisen, durch die ganze Welt reisen

World Wide 'Web *n no pl* COMPUT ▪ **the** ~ das World Wide Web, das Internet; **shopping on the** ~ Einkaufen *nt* im Web

worm [wɜːm, AM wɜːrm] **I.** *n* ❶ ZOOL Wurm *m;* (*larva*) Larve *f;* (*maggot*) Made *f* ❷ MED (*parasite*) Wurm *m;* **to have** ~**s** Würmer haben ❸ (*pej fam: person*) Fiesling *m pej fam* ❹ TECH (*in gear*) Schnecke *f fachspr* ▸ PHRASES: **even a** ~ **will turn** (*prov*) auch der Wurm krümmt sich, wenn er getreten wird *prov* **II.** *vt* ❶ (*wriggle*) **to** ~ **one's hand into sth** seine Hand in etw *akk* hineinzwängen; **to** ~ **oneself** [*or* **one's way**] **through/under sth** sich *akk* durch/unter etw *akk* hindurchzwängen; **to** ~ **one's way through the crowd/people** sich *dat* seinen Weg durch die Menge/die Menschen bahnen ❷ (*fig, pej: insinuate into*) **to** ~ **oneself into someone's affection** sich *dat* jds Zuneigung *f* erschleichen; **to** ~ **oneself into someone's heart/trust** sich *akk* in jds Herz/Vertrauen *nt* einschleichen ❸ (*treat for worms*) **to** ~ **an animal** ein Tier entwurmen **III.** *vi* sich *akk* winden; **to** ~ **through the crowd/people** sich

W

akk durch die Menge/Menschen zwängen
◆**worm out** *vt* (*fig, pej*) ■**to ~ sth out of sb** jdm etw entlocken
'worm cast *n*, **'worm cast·ing** *n Erdhäufchen, das ein Regenwurm aufgeworfen hat* **'worm-eat·en** *adj* wurmzerfressen, wurmstichig *a. fig* **'worm·hole** *n* ① (*burrow*) Wurmloch *nt* ② PHYS Wurmloch *nt*
wormy ['wɜ:mi, AM 'wɜ:rmi] *adj* ① (*full of worms*) *animal* von Würmern befallen, verwurmt; *fruit, vegetable* wurmig, voller Würmer *präd; soil* wurmreich ② (*damaged by worms*) wurmzerfressen; *wood* wurmstichig
worn [wɔ:n, AM wɔ:rn] **I.** *vt, vi pp of* **wear II.** *adj* ① (*damaged*) abgenutzt; *carpet* abgetreten; *clothing, furniture* abgewetzt, verschlissen; ~ **shoes** durchgelaufene Schuhe; ~ **tyres** abgefahrene Reifen ② (*exhausted*) *person* erschöpft; **he seems very ~ from all the stress** der Stress hat ihm offenbar sehr zugesetzt; **a ~ expression** ein müder Gesichtsausdruck
worn 'down *adj pred*, **'worn-down** *adj attr* ① (*used up*) abgenutzt; ~ **shoes** durchgelaufene Schuhe; ~ **tyres** abgefahrene Reifen ② (*exhausted*) *person* ausgebrannt, ausgelaugt **worn 'out** *adj pred*, **'worn-out** *adj attr* ① (*exhausted*) *person* erschöpft, abgespannt ② (*damaged*) *clothes* verschlissen; *shoes also* durchgelaufen; ~ **wheel bearings** verschlissenes Kugellager ③ (*fig: used too often*) *idea, method* abgedroschen
wor·ried ['wʌrɪd, AM 'wʌ:r-] *adj* (*concerned*) beunruhigt, besorgt; ■**to be ~ about sth** sich *dat* um etw *akk* Sorgen machen; ■**to be ~ by sth** sich *dat* wegen einer S. *gen* Sorgen machen; ■**to be ~ that ...** sich *dat* Sorgen machen, dass ..., Angst haben, dass ...; **to give sb a ~ expression** [*or* **look**] jdn besorgt ansehen; **to have sb ~** jdm einen Schreck einjagen; **to be ~ to death** [**about sb/sth**] verrückt vor Sorge [um jdn/etw] sein; **to be ~ sick** [**about sb/sth**] krank vor Sorge [um jdn/etw] sein; **to be unduly ~** [**by sth**] sich *dat* unnötige Sorgen [um etw *akk*] machen
wor·ried·ly ['wʌrɪdli, AM 'wʌ:r-] *adv* besorgt, beunruhigt
wor·ri·er ['wʌriəʳ, AM 'wʌ:riɚ] *n* Pessimist(in) *m(f)*
wor·ri·some ['wʌrisəm, AM 'wʌ:ri-] *adj* beunruhigend, Besorgnis erregend; ~ **problem** drückendes Problem
wor·ry ['wʌri, AM 'wʌ:ri] **I.** *vi* <-ie-> ① (*be concerned*) sich *dat* Sorgen machen; **I'm sorry – don't ~** tut mir leid – das macht doch nichts; **don't ~, we'll be right back!** keine Sorge, wir sind gleich zurück!; **don't ~, I'll handle this!** keine Angst, das regle ich schon!; **why ~?** mach dir keine Sorgen!; ■**to ~ about sb/sth** sich *dat* um jdn/etw Sorgen machen ② (*fiddle with*) ■**to ~ at sth** sich *akk* mit etw *dat* herumquälen [*o* herumplagen] ▶ PHRASES: **not to ~!** (*fam*) keine Sorge [*o* Angst]! **II.** *vt* <-ie-> ① (*cause worry*) ■**to ~ sb** jdn beunruhigen, jdm Sorgen bereiten *geh;* **to ~ one's pretty little head** [**about sth**] (*hum fam*) sich *dat* seinen hübschen kleinen Kopf [über etw *akk*] zerbrechen *hum* ② (*bother*) ■**to ~ sb** jdn stören ③ (*fiddle with*) **to ~ sth** mit etw *dat* herumspielen ④ (*tear at with teeth*) **to ~ a bone** an einem Knochen herumnagen ⑤ (*chase*) **to ~ an animal** einem Tier nachstellen; (*bite*) ein Tier reißen **III.** *n* ① *no pl* (*state of anxiety*) Sorge *f*, Besorgnis *f;* **to be a cause of ~** ein Anlass *m* zur Sorge sein ② (*source of anxiety*) Sorge *f;* **existential/financial worries** existenzielle/finanzielle Sorgen; **to be a minor/major ~ for sb** jdm kaum/ernste Sorgen machen; **to have a ~** [**about sth**] sich *dat* [um etw *akk*] Sorgen machen; **to not have a ~ in the world** keine Sorgen haben, völlig sorgenfrei sein
wor·ry·ing ['wʌriɪŋ, AM 'wʌ:r-] *adj* Besorgnis erregend, beunruhigend
wor·ry·ing·ly ['wʌriɪŋli, AM 'wʌ:r-] *adv* Besorgnis erregend, beunruhigend
'wor·ry lines *npl* Sorgenfalten *fpl*
wor·ry·wart ['wʌriwɔ:t, AM 'wʌ:riwɔ:rt] *n* AM, AUS (*fam*) Grübler(in) *m(f)*
worse [wɜ:s, AM wɜ:rs] **I.** *adj inv comp of* **bad** ① (*not as good*) schlechter; (*more difficult, unpleasant*) schlimmer, ärger; **stop, I can't take any ~!** hör auf, ich kann nicht noch mehr ertragen!; ~ **luck!** (*fam*) so ein Pech [*o fam* Mist]!; **that only makes matters ~** das macht alles nur noch schlimmer; **and to make matters ~ ...** und was alles noch schlimmer macht, ...; **it could have been** [*or* **come**] ~ es hätte schlimmer sein [*o* kommen] können; ■**to be ~ than ...** schlechter/schlimmer sein als ... ② MED (*sicker*) schlechter, schlimmer; **he's** [**got**] ~ es geht ihm schlechter; **my cold seems to be getting ~** meine Erkältung scheint schlimmer zu werden [*o* sich zu verschlimmern] ▶ PHRASES: [**a bit**] **the ~ for drink** (*dated fam*) beschwipst; ~ **things have happened at sea!** es gibt Schlimmeres!; [**a bit**] **the ~ for wear** (*fam*) [ziemlich] mitgenommen, abgenutzt; **to be** [**all**] **the ~ for sb** für jdn schlimme Folgen haben; **sb is none the ~ for sth** jdm tut es um etw *akk* nicht leid; **you would be none the ~ for some basic manners, young man!** etwas Benehmen würde Ihnen nicht schaden, junger Mann!; **so much the ~ for sb** umso schlimmer für jdn **II.** *adv inv comp of* **badly** ① (*less well*) schlechter; (*more seriously*) schlimmer; **he did ~ than he was expecting in the exams** er schnitt beim Examen schlechter als erwartet ab; **you could do a lot ~ than marry her** dir kann doch gar nichts Besseres passieren, als sie zu heiraten; ■**to be ~ off** [**than ...**] schlechter dran sein [als ...]; **to get ~ and ~** immer schlechter werden, sich *akk* immer mehr verschlechtern ② (*to introduce statement*) **even ~, ...** was noch schlimmer ist, ... **III.** *n no pl* ① (*condition*) ■**the ~** das Schlechtere; **to change for the ~** schlechter werden, sich *akk* verschlechtern [*o* verschlimmern], sich *akk* zum Schlechten verändern ② (*circumstance*) Schlimmeres *nt*
wors·en ['wɜ:sᵊn, AM 'wɜ:r-] **I.** *vi* sich *akk* verschlechtern [*o* verschlimmern] **II.** *vt* ■**to ~ sth** etw verschlechtern; **to ~ the situation** die Situation verschlimmern
wors·en·ing ['wɜ:sᵊnɪŋ, AM 'wɜ:r-] **I.** *n no pl* Verschlechterung *f*, Verschlimmerung *f;* ~ **of conditions** Verschlechterung *f* der Lage **II.** *adj attr* sich *akk* verschlechternd; ~ **hair loss** zunehmender Haarausfall
wor·ship ['wɜ:ʃɪp, AM 'wɜ:r-] **I.** *n no pl* ① (*homage*) Verehrung *f;* **act of ~** Anbetung *f;* **ancestor ~** Ahnenverehrung *f* ② (*religious service*) Gottesdienst *m;* **place of ~** (*Christian*) Andachtsstätte *f;* (*non-Christian*) Kultstätte *f;* **public ~** [öffentlicher] Gottesdienst; **to attend ~** (*form*) den Gottesdienst besuchen, in die Kirche gehen ③ (*adoration*) Verehrung *f;* **fitness and health ~** Fitness- und Gesundheitskult *m pej;* **money ~** Geldgier *f pej* ④ *esp* BRIT (*form: title*) **Your W~** (*to judge*) Euer Ehren *form;* (*to mayor*) sehr geehrter Herr Bürgermeister/sehr geehrte Frau Bürgermeisterin *form* **II.** *vt* <BRIT -pp- *or* AM *usu* -p-> ① (*revere*) **to ~ a deity** einer Gottheit huldigen *geh*, eine Gottheit anbeten ② (*adore*) ■**to ~ sb/sth** jdn/etw anbeten [*o* vergöttern] [*o* verehren]; **to hero-~ sb** jdn wie einen Helden verehren ③ (*be obsessed with*) ■**to ~ sth** von etw *dat* besessen sein; **to ~ money** geldgierig sein; **to ~ sex** sexbesessen sein ▶ PHRASES: **to ~ the ground sb walks on** jdn abgöttisch verehren, total verrückt nach jdm sein *fam* **III.** *vi* <BRIT -pp- *or* AM *usu* -p-> beten; (*pray as Christian*) am Gottesdienst teilnehmen; **to ~ on a weekly basis** jede Woche zur Kirche gehen; **to ~ in** [*or* **at**] **a church/mosque/synagogue/temple** in einer Kirche/einer Moschee/einer Synagoge/einem Tempel zu Gott beten ▶ PHRASES: **to ~ at the altar of sth** etw hoch loben; **to ~ at the shrine of sth** in etw *dat* die Erfüllung suchen
wor·ship·er *n* AM *see* **worshipper**
wor·ship·ful ['wɜ:ʃɪpfᵊl, AM 'wɜ:r-] *adj esp* BRIT (*form*) ① (*showing reverence*) ehrfürchtig ② *inv* (*in titles*) **the W~ Company of Silversmiths** die achtbare Zunft der Silberschmiede
wor·ship·per ['wɜ:ʃɪpəʳ], AM *a.* **wor·ship·er** ['wɜ:rʃɪpɚ] *n* (*person going to church*) Kirchgänger(in) *m(f);* (*believer*) Gläubi-

ge(r) *f(m); **devil** ~ Teufelsanbeter(in) m(f); **sun** ~ (fig)* Sonnenanbeter(in) *m(f) hum*

'wor·ship ser·vice *n* Gottesdienst *m;* **to attend a** ~ *(form)* einen Gottesdienst besuchen

worst [wɜ:st, AM wɜ:rst] **I.** *adj inv superl of* **bad** ❶ *(of poorest quality)* ■**the** ~ **...** der/die/das schlechteste ... ❷ *(least pleasant)* schlechteste(r, s) ❸ *(most dangerous)* übelste(r, s), schlimmste(r, s); **to be one's own** ~ **enemy** sich *dat* selbst sein ärgster Feind sein ❹ *(least advantageous)* ungünstigste(r, s); **the** ~ **time to go would be in the morning** am ungünstigsten ist es am Morgen **II.** *adv inv superl of* **badly** ❶ *(most severely)* am schlimmsten ❷ *(least well)* am schlechtesten; **he's the school's** ~**-dressed teacher** er ist der am schlechtesten angezogene Lehrer ❸ *(to introduce sth)* ~ **of all ...** und was am schlimmsten war, ... **III.** *n no pl* ■**the** ~ der/die/das Schlimmste [*o* Ärgste]; **the** ~ **is over now** das Schlimmste ist jetzt überstanden; **to fear** [*or* **think**] **the** ~ das Schlimmste befürchten; ■**at** ~ schlimmstenfalls ▶ PHRASES: **to be at one's** [*or* **its**] ~ sich *akk* von seiner schlechtesten Seite zeigen; **if** [**the**] ~ **comes to** [**the**] ~ wenn es ganz schlimm kommt, wenn alle Stricke reißen *fam;* **to do one's** ~ **I'm not frightened of him – let him do his** ~**!** was er auch tut, ich habe keine Angst vor ihm!; **to get** [*or* **have**] **the** ~ **of it** das meiste abbekommen **IV.** *vt usu passive (old)* ■**to be** ~**ed** vernichtend geschlagen werden

worst 'case *n,* **worst-case sce·'nario** *n* schlimmster Fall

worst·ed ['wʊstɪd] **I.** *n no pl* Kammgarn *nt* **II.** *n modifier* ~ **suit** Kammgarnanzug *m*

worst-'ever *adj inv* ■**the** ~ **...** der/die/das bisher schlimmste ...

worth [wɜ:θ, AM wɜ:rθ] **I.** *adj inv, pred* ❶ *(of monetary value)* wert; ■**to be** ~ **sth** etw wert sein; **jewellery** ~ **several thousand pounds** Schmuck im Wert von mehreren tausend Pfund; **what's it** ~ **to you?** wie viel ist dir das wert?; **to not be** ~ **a bean** keinen Pfifferling wert sein *fam;* **to not be** ~ **the paper it is written on** nicht das Papier wert sein, auf dem es geschrieben ist; **to be** ~ **one's weight in gold** [**to sb/sth**] [für jdn/etw] Gold wert sein ❷ *(deserving)* wert; ■**to be** ~ **sth** etw wert sein; **their latest record is** ~ **a listen** ihre neueste Platte kann sich hören lassen; **to** [**not**] **be** ~ **a mention** [nicht] erwähnenswert sein; **to be** ~ **a try/visit** einen Versuch/Besuch wert sein; **to be** ~ **reading** *book, article* lesenswert sein ❸ *(advisable)* [lohnens]wert; **it's not really** ~ **arguing about!** es lohnt sich nicht, sich darüber zu streiten!; **it's** ~ **mentioning that ...** man sollte nicht vergessen zu erwähnen, dass ...; **it's** ~ **remembering that ...** man sollte daran denken, dass ... ❹ *(fam: in possession of)* **she must be** ~ **at least half a million** sie besitzt mindestens eine halbe Million ▶ PHRASES: **to be/not be** ~ **one's salt** etwas/nichts taugen; **if a thing is** ~ **doing, it's** ~ **doing well** *(saying)* wenn schon, denn schon *fam;* **to be** ~ **sb's while doing sth** sich *akk* für jdn auszahlen [*o* lohnen], etw zu tun; **to make sth/it** ~ **sb's while** jdn für etw *akk* entsprechend belohnen; **to be** [**well**] ~ **it** die Mühe wert sein, sich *akk* lohnen; **to do sth for all one is** ~ etw mit aller Kraft tun; **I screamed for all I was** ~ ich schrie aus Leibeskräften; **for what it's** ~ *(fam)* übrigens *fam* **II.** *n no pl* ❶ *(monetary value)* Wert *m;* **$4 million** ~ **of gift items** Geschenkartikel im Wert von 4 Millionen Dollar; **I did a month's** ~ **of shopping** ich habe für einen Monat eingekauft; **a dollar's** ~ **of candy, please** für einen Dollar Bonbons, bitte; **to get one's money's** ~ etw für sein Geld bekommen ❷ *(merit)* Bedeutung *f,* Wert *m;* **this is of little** ~ **to me** das bedeutet mir nicht viel; **of comparable/dubious/little** ~ von vergleichbarem/zweifelhaftem/geringem Wert

worthi·ly ['wɜ:ðɪli, AM 'wɜ:r-] *adv (form)* ehrenhaft *geh*

worthi·ness ['wɜ:ðɪnəs, AM 'wɜ:r-] *n no pl* ❶ *(value)* Wert *m* ❷ *(appropriateness)* Befähigung *f;* **credit** ~ Kreditwürdigkeit *f,* Bonität *f geh*

worth·less ['wɜ:θləs, AM 'wɜ:r-] *adj* wertlos *a. fig*

worth·less·ness ['wɜ:θləsnəs, AM 'wɜ:r-] *n no pl* Wertlosigkeit *f a. fig*

worth·while [ˌwɜ:θ'(h)waɪl, AM ˌwɜ:r-] *adj* lohnend; ■**to be** ~ sich *akk* lohnen; **that's hardly** ~ das ist kaum der Mühe wert; **to be financially** ~ sich *akk* finanziell lohnen

worthy ['wɜ:ði, AM 'wɜ:r-] **I.** *adj* ❶ *(form: estimable)* würdig; **to make a donation to a** ~ **cause** für einen wohltätigen [*o* guten] Zweck spenden; ~ **opponent** würdiger Gegner/würdige Gegnerin; ~ **principles** achtbare Prinzipien ❷ *(meriting)* ~ **of attention** [*or* **notice**]**/praise** beachtens-/lobenswert; **issues** ~ **of consideration** in Betracht zu ziehende Punkte ❸ *pred (suitable)* würdig **II.** *n (hum o pej)* großer Held/große Heldin *hum o pej;* **local worthies** Lokalmatadoren *mpl hum*

wot [wɒt, AM wɑ:t] *(hum fam) non-standard spelling of* **what** was

wot·cha ['wɒtʃə], **wot·cher** ['wɒtʃəʳ] *interj* BRIT *(fam)* hallo *fam,* na! *fam*

would [wʊd] *aux vb* ❶ *(in indirect speech)* **he said he** ~ **see his brother tomorrow** er sagte, er würde seinen Bruder morgen sehen; **they promised that they** ~ **help** sie versprachen zu helfen ❷ *(to express condition)* **what** ~ **you do if ...?** was würdest du tun, wenn ...?; **I** ~**n't worry about it** ich würde mir darüber keine Sorgen machen ❸ *(to express inclination)* **I'd go myself, but I'm too busy** ich würde [ja] selbst gehen, aber ich bin zu beschäftigt; **I** ~ **hate to miss the show** die Show möchte ich wirklich nicht verpassen; **sb** ~ **rather/sooner do sth** jd würde lieber etw tun; ~**n't you rather finish it tomorrow?** willst du es nicht lieber morgen fertig machen?; **sb** ~ **rather die than do sth** jd würde lieber sterben, als etw tun ❹ *(polite request)* **if you** ~ **just wait a moment ...** wenn Sie einen kleinen Moment warten, ...; ~ **you mind sharing a room?** würde es Ihnen etwas ausmachen, ein Zimmer mit jemandem zu teilen?; ~ **you like some cake?** hättest du gern ein Stück Kuchen? ❺ *(expressing opinion)* **it** ~ **have been very boring ...** es wäre sehr langweilig gewesen ...; **I** ~ **imagine that ...** ich könnte mir vorstellen, dass ...; **I** ~**n't have thought that ...** ich hätte nicht gedacht, dass ... ❻ *(express regularity)* immer [wieder]; **the bus** ~ **be late when I'm in a hurry** der Bus kommt immer zu spät, wenn ich es eilig habe; **he** ~ **say that, wouldn't he?** er sagt das immer, nicht wahr? ❼ *(poet, liter: expresses a wish)* **ah,** ~ **that I were younger!** ach, wäre ich doch jünger!

'would-be I. *adj attr, inv* Möchtegern-; ~ **politician** Möchtegernpolitiker(in) *m(f) pej* **II.** *n* Möchtegern *m pej,* Gernegroß *m pej*

wouldn't ['wʊdᵊnt] = **would not** *see* **would**

wound¹ [wu:nd] **I.** *n* ❶ *(injury)* Wunde *f;* **flesh** ~ Fleischwunde *f;* **gunshot/stab/war** ~ Schuss-/Stich-/Kriegsverletzung *f;* **a gaping/open** ~ eine klaffende/offene Wunde; **a nasty** ~ eine schlimme Wunde ❷ *(fig: psychological hurt)* Wunde *f,* Kränkung *f;* **to reopen old** ~**s** [*or* **an old** ~] alte Wunden wieder aufreißen **II.** *vt* ■**to** ~ **sb** ❶ *(physically)* jdn verletzen [*o* verwunden]; **to be** ~**ed in the leg** am Bein verletzt [*o* verwundet] werden; **to** ~ **sb badly/fatally/mortally** jdn schwer/schlimm/tödlich verletzen [*o* verwunden] ❷ *(fig: psychologically)* jdn kränken [*o* verletzen]; **to** ~ **sb's heart** jdn [*o* jds Gefühle *pl*] verletzen; **to** ~ **sb deeply** jdn tief verletzen

wound² [waʊnd] *vt, vi pt, pp of* **wind**

wound·ed ['wu:ndɪd] **I.** *adj* ❶ *(physically)* verletzt, verwundet; **the number of people** ~ die Zahl der Verletzten; ~ **soldier** verwundeter Soldat ❷ *(fig: psychologically)* gekränkt, verletzt; ~ **feelings** verletzte Gefühle; ~ **pride** verletzter Stolz **II.** *n* ■**the** ~ *pl* die Verletzten *pl;* MIL die Verwundeten *pl;* **the walking** ~ die Leichtverletzten *pl*

wove [wəʊv, AM woʊv] *vt, vi pt of* **weave**

wov·en ['wəʊvᵊn, AM 'woʊv-] **I.** *vt, vi pp of* **weave II.** *adj inv* ❶ *(on loom)* gewebt; ~ **fabric** Gewebe *nt* ❷ *(intertwined)* geflochten; ~ **basketwork** geflochtene Korbwaren; ~ **wreath**

geflochtener Kranz ③ (*complex*) verwickelt, kompliziert

wow [waʊ] (*fam*) **I.** *interj* wow *sl,* toll! *fam,* Wahnsinn! *sl,* super! *sl* **II.** *n* **to be a ~ with sb/sth** bei jdm/etw total beliebt sein *sl;* **he's a real ~ with the girls in his class** er kommt bei den Mädchen in seiner Klasse super an *sl* ▸ PHRASES: **to have a ~ of a time** sich *akk* großartig amüsieren **III.** *vt* ■**to ~ sb** jdn hinreißen [*o* umhauen] *fam*

WP [ˌdʌbljuːˈpiː] *n* COMPUT ① *abbrev of* **word processing** ② *abbrev of* **word processor**

WPC [ˌdʌbljuːpiːˈsiː] *n* BRIT *abbrev of* **Woman Police Constable** Wachtmeisterin *f*

WRAC [ræk] *n no pl, + sing/pl vb* BRIT MIL *abbrev of* **Women's Royal Army Corps**

wrack [ræk] *n esp* AM, AUS *see* **rack²**

wraith [reɪθ] *n* (*liter*) ① (*spirit*) Geist *m,* Erscheinung *f* ② (*insubstantial person*) Gespenst *nt;* **strokes had reduced him to a ~** durch die Schlaganfälle war er nur noch ein Schatten seiner selbst ③ (*faint trace*) Spur *f*

'wraith·like *adj* gespenstisch, geisterhaft

wran·gle [ˈræŋgl] **I.** *vi* streiten; ■**to ~ about** [*or* **over**] **sth** um etw *akk* rangeln; ■**to ~ with** [*or* **against**] **sb** mit jdm streiten **II.** *vt* AM (*care for*) **to ~ cattle/horses** Vieh/Pferde hüten **III.** *n* Gerangel *nt* (**about/over** um *+akk*); **a legal ~** ein Rechtsstreit *m*

wran·gler [ˈræŋgləʳ, AM -ɚ] *n* ① AM (*fam: cowboy*) Cowboy *m* ② (*arguer*) streitsüchtige Person, Rechthaber(in) *m(f)* ③ BRIT (*maths student*) *Mathematikstudent/-in in Cambridge mit einem erstklassigen Examen*

wran·gling [ˈræŋglɪŋ] *n no pl* Gerangel *nt pej*

wrap [ræp] **I.** *n* ① FASHION (*covering*) Umhang *m;* **beach ~** Strandtuch *nt* ② *esp* AM FASHION (*stole*) Stola *f;* **chiffon/silk ~** Chiffon-/Seidenstola *f* ③ *no pl* (*packaging*) Verpackung *f;* **plastic ~** Plastikverpackung *f* ④ *usu pl* (*fig: veil of secrecy*) **to keep sth under ~s** etw unter Verschluss halten; **to take the ~s off sth** etw an die Öffentlichkeit bringen ⑤ FILM (*fam*) gelungene Szene; **it's a ~** die Szene ist im Kasten *fam* ⑥ *esp* AM (*meal*) Tortillawrap *m* ⑦ (*sl: cocaine*) **a ~ of cocaine** ein Briefchen *nt* Kokain **II.** *n modifier* **~ skirt** Wickelrock *m* **III.** *vt* <-pp-> ① (*cover*) ■**to ~ sth** etw einpacken; **to ~ sth in paper** etw in Papier einwickeln ② (*embrace*) ■**to ~ sb** jdn umarmen ③ (*draw round*) ■**to ~ sth around sb/sth** etw um jdn/etw wickeln; **to ~ a blanket round sb** jdn in eine Decke wickeln ④ (*place around*) ■**to ~ sth [a]round sb/sth** etw um jdn/etw schlingen; **to ~ one's arms around sb** die Arme um jdn schlingen, jdn in die Arme nehmen ⑤ (*fam: crash*) **he ~ed his car around a tree** er ist mit seinem Auto an einem Baum hängen geblieben *fam* ⑥ COMPUT **to ~ text/words** Texte/Wörter umbrechen ▸ PHRASES: **to ~ sb [up] in <u>cotton</u> <u>wool</u>** BRIT jdn in Watte packen *fam;* **to ~ sb [a]round one's little <u>finger</u>** jdn um den kleinen Finger wickeln; **to ~ oneself in the <u>flag</u>** [*or* BRIT **<u>Union</u> <u>Jack</u>**] [*or* AM **<u>Stars</u> <u>and</u> <u>Stripes</u>**] (*pej*) sich *akk* als Patriot aufspielen **IV.** *vi* <-pp-> ① COMPUT umbrechen ② FILM (*fam*) die Dreharbeiten beenden

◆**wrap up I.** *vt* ① (*completely cover*) ■**to ~ up** ◌ **sth** etw einwickeln [*o* einpacken]; ■**to ~ up** ◌ **sth in sth** etw in etw *akk* einwickeln [*o* einpacken]; **to ~ sth up in secrecy** (*fig*) etw geheim halten ② (*dress warmly*) ■**to ~ up** ◌ **oneself/sb** sich/jdn warm einpacken ③ BRIT (*fam: stop talking*) **~ it up!** halt die Klappe! *fam,* halt's Maul! *derb* ④ (*conclude*) ■**to ~ up** ◌ **sth** etw abschließen [*o* beenden]; **that just about ~s it up for today** damit kommen wir für heute zum Ende; **to ~ up a deal** einen Handel unter Dach und Fach bringen ⑤ (*win*) ■**to ~ up sth** etw gewinnen; **to ~ up a game for a team** ein Spiel für eine Mannschaft entscheiden ⑥ (*fig: preoccupy*) ■**to be ~ped up in sb/sth** mit jdm/etw ganz beschäftigt sein; **he's completely ~ped up in Ann** er hat nur noch Ann im Kopf **II.** *vi* ① (*dress*) sich *akk* warm einpacken [*o* anziehen]; **to ~ up snugly** [*or* **warmly**] [*or* **well**] sich *akk* gut einpacken [*o* warm anziehen] ② (*finish*) zum Ende kommen; **let's ~ up and grab some lunch** lasst uns zum Ende kommen und etwas zu Mittag essen ③ (*pej! fam: stop talking*) **~ up!** halt die Klappe! *fam,* halt das Maul! *derb*

wrap·around [ˈræpəraʊnd], BRIT *a.* **wrap·round** [ˈræpraʊnd] **I.** *adj inv* ① (*curving*) herumgezogen; **~ sofa** Ecksofa *nt;* **~ windshield** [*or* **windscreen**] Panorama[windschutz]scheibe *f* ② FASHION Wickel-; **~ skirt** Wickelrock *m* **II.** *n* ① FASHION Wickelrock *m* ② COMPUT Zeilenumbruch *m*

wrapped [ræpt] *adj* ① *inv* (*covered*) eingepackt, verpackt ② *pred* AUS (*thrilled*) aus dem Häuschen *fam;* **I'm really ~ to see you again** ich kann dir gar nicht sagen, wie ich mich freue, dich wiederzusehen

wrap·per [ˈræpəʳ, AM -ɚ] *n* ① (*packaging*) Verpackung *f;* **plastic ~** Plastikverpackung *f;* **sweet** [*or* AM **candy**] **~** Bonbonpapier *nt* ② (*for newspaper*) Streifband *nt* ③ (*for book*) [Schutz]umschlag *m,* Schutzhülle *f* ④ *esp* AM (*for cigars*) Deckblatt *nt* ⑤ AM (*robe*) Umhang *m;* **beach ~** Strandtuch *nt*

wrap·ping [ˈræpɪŋ] *n* Verpackung *f;* (*for presents*) Geschenkverpackung *f;* **cellophane ~** Cellophanhülle *f,* Zellophanhülle *f;* **protective plastic ~** Plastikschutzhülle *f*

'wrap·ping pa·per *n no pl* (*for package*) Packpapier *nt;* (*for present*) Geschenkpapier *nt*

wrath [rɒθ, AM ræθ] *n no pl* (*form, liter or dated*) Zorn *m;* **to fuel sb's ~** [*or* **the ~ of sb**] jds Zorn *m* schüren *geh;* **to incur sb's ~** [*or* **the ~ of sb**] sich *dat* jds Zorn *m* zuziehen

wrath·ful [ˈrɒθfᵊl, AM ˈræθ-] *adj* (*form, liter or dated*) zornig, wutentbrannt

wrath·ful·ly [ˈrɒθfᵊli, AM ˈræθ-] *adv* (*form, liter or dated*) zornig, wutentbrannt

wreak [riːk] *vt* (*form*) ① (*cause*) ■**to ~ sth** etw verursachen; **to ~ damage/havoc [on** [*or* **with**] **sth]** Schaden [an etw *dat*] anrichten ② (*inflict*) **to ~ one's anger on sb** seine Wut an jdm auslassen; **to ~ revenge** [*or* **vengeance**] **on sb** sich *akk* an jdm rächen, an jdm Rache nehmen

wreath [riːθ] *n* Kranz *m* (**of** aus *+dat*); **Christmas** [*or* **holly**] **~** Weihnachtskranz *m;* **~ of flowers** Blumenkranz *m;* **laurel ~** Lorbeerkranz *m;* **~ of leaves** Blätterkranz *m;* **to lay a ~** einen Kranz niederlegen

wreathe [riːð] (*liter*) **I.** *vt usu passive* ① (*encircle*) ■**to ~ sth** etw umwinden; **the peak of the mountain is perpetually ~d in cloud** die Spitze des Berges ist ständig in Wolken gehüllt; **her face was ~d in smiles** ein Lächeln umrahmte ihr Gesicht; **to be ~d in melancholy/sorrow** zutiefst melancholisch/traurig sein ② (*place around*) ■**to ~ sth around** [*or* **about**] **sb/sth** etw um jdn/etw [herum]winden; **to ~ one's arms around** [*or* **about**] **sb/sth** seine Arme um jdn/etw schlingen ③ (*form into wreath*) ■**to ~ sth** etw zu einem Kranz flechten; **to ~ flowers/leaves** einen Kranz aus Blumen/Blättern flechten **II.** *vi* sich *akk* kräuseln [*o* ringeln]; **the smoke ~d upwards** der Rauch stieg in Kringeln auf

wreck [rek] **I.** *n* ① (*destruction of boat*) Schiffbruch *m* ② (*boat*) [Schiffs]wrack *nt* ③ *no pl* LAW Strandgut *nt* ④ (*ruined vehicle*) Wrack *nt;* **~ of a car/plane** Auto-/Flugzeugwrack *nt* ⑤ (*disorganized remains*) Trümmerhaufen *m,* Ruine *f;* **this place is a complete ~** das ist ja hier ein totales Schlachtfeld *hum* ⑥ (*accident*) Unfall *m;* **car ~** Autounfall *m;* **to have** [*or* **be in**] **a bad ~** einen schweren Unfall haben ⑦ (*person*) Wrack *nt;* **to be a complete/nervous/quivering ~** ein totales/nervliches/zitterndes Wrack sein **II.** *vt* ① (*sink*) ■**to be ~ed** *ship* Schiffbruch erleiden ② (*destroy*) ■**to ~ sth** etw zerstören; **our greenhouse was ~ed in last night's storm** unser Treibhaus ging im Sturm der letzten Nacht zu Bruch ③ (*fig: spoil*) ■**to ~ sth** etw ruinieren; **to ~ chances/hopes/plans** Aussichten/Hoffnungen/Pläne zunichtemachen; **to ~ sb's life** jds Leben zerstören; **to ~ a marriage** eine Ehe zerrütten

wreck·age [ˈrekɪdʒ] *n no pl* Wrackteile *ntpl,* Trümmer *pl a. fig;* **there is some hope for those left clinging to the ~ of**

small businesses es besteht noch etwas Hoffnung für die, die das, was von den kleinen Unternehmen übrig ist, retten wollen

wrecked [rekt] *adj* ❶ (*destroyed*) zerstört, vernichtet; ~ **car** Autowrack *nt,* Schrottauto *nt;* **half-~ houses** halb zerstörte Häuser ❷ (*involved in shipwreck*) schiffbrüchig ❸ (*sl: drunk*) **to get** ~ versumpfen *sl*

wreck·er ['rekəʳ, AM -ɚ] *n* ❶ (*person who destroys*) Zerstörer(in) *m(f),* Vernichter(in) *m(f)* ❷ *esp* AM (*salvager*) Bergungsarbeiter(in) *m(f)* ❸ AM (*breakdown truck*) Abschleppwagen *m;* **to call a** ~ einen Abschleppwagen rufen

wren [ren] *n* Zaunkönig *m;* **the Carolina** ~ *Zaunkönig im Staatswappen von Carolina*

Wren [ren] *n* BRIT MIL (*fam*) *weibliches Mitglied der Royal Navy*

wrench [ren(t)ʃ] **I.** *n* <*pl* -es> ❶ *usu sing* (*twisting*) Ruck *m* ❷ *usu sing* (*fig: painful feeling*) Trennungsschmerz *m;* **what a ~, seeing you board the plane!** ich werde total traurig, wenn ich sehe, wie du ins Flugzeug steigst! ❸ *esp* AM (*spanner*) Schraubenschlüssel *m;* **screw** ~ Franzose *m,* Rollgabelschlüssel *m fachspr* **II.** *vt* ❶ (*twist*) ■**to** ~ **sb/sth from sb** jdm jdn/etw entreißen *a. fig;* ■**to** ~ **sth from sth** etw aus etw *dat* reißen; **to** ~ **sth free** [**from sb/sth**] etw [von jdm/etw] losreißen; ■**to** ~ **sth off sth** etw von etw *dat* abreißen ❷ (*injure*) **to** ~ **a muscle** sich *dat* einen Muskel zerren; **to** ~ **one's shoulder** sich *dat* die Schulter verrenken ❸ (*turn*) **to** ~ **a bolt/nut** eine Schraube/Mutter drehen

wrenched [ren(t)ʃt] *adj inv neck* verrenkt

wrench·ing ['ren(t)ʃɪŋ] *adj* schmerzlich; **heart-~** herzzerreißend

wrest [rest] *vt* (*form*) ■**to** ~ **sth** [**away**] **from sb** jdm etw entreißen; **to** ~ **control/power from sb/sth** (*fig*) jdm/etw die Kontrolle/Macht entreißen; **to** ~ **a living** sein Dasein fristen; **to** ~ **oneself free** sich *akk* losreißen

wres·tle ['resḷ] **I.** *vi* ❶ SPORTS ringen ❷ (*fig: struggle*) ■**to** ~ **with sth** mit etw *dat* ringen [*o* kämpfen] **II.** *vt* ❶ SPORTS ■**to** ~ **sb** mit jdm ringen; **to** ~ **sb to the ground** jdn zu Boden bringen ❷ (*manipulate*) ■**to** ~ **sth** etw manipulieren **III.** *n* ❶ (*contest*) Ringkampf *m* ❷ (*fig: struggle*) Ringen *nt kein pl*

wres·tler ['resḷəʳ, AM -ɚ] *n* Ringer(in) *m(f);* **professional** ~ Profiringer(in) *m(f);* **Sumo** ~ Sumoringer(in) *m(f)*

wres·tling ['resḷɪŋ] *n no pl* Ringen *nt,* Ringkampf *m;* **arm** ~ Armdrücken *nt;* **mud** ~ Schlammcatchen *nt fachspr*

'wres·tling bout *n,* **'wres·tling match** *n* Ringkampf *m*

wretch <*pl* -es> [retʃ] *n* ❶ (*unfortunate person*) **poor** ~ armer Kerl [*o* Teufel] *fam* ❷ (*fam: mean person*) **miserable** ~ Schweinehund *m pej fam,* Mistkerl *m fam;* (*hum: child*) Schlingel *m hum*

wretch·ed ['retʃɪd] *adj* ❶ (*unhappy*) unglücklich, deprimiert; **to feel** ~ sich *akk* elend fühlen ❷ (*very bad*) schlimm; *state, condition* jämmerlich; **she had a ~ life as a child** sie hatte eine schreckliche Kindheit; **to live on a ~ diet** sich *akk* kärglich ernähren ❸ (*to express anger*) verflixt; **it's a ~ nuisance!** so ein Mist!

wretch·ed·ly ['retʃɪdli] *adv* deprimierend, frustrierend; **unemployment is ~ high** die Arbeitslosenzahlen sind erschreckend hoch; **some of the samples were ~ inadequate** einige der Muster passten überhaupt nicht

wretch·ed·ness ['retʃɪdnəs] *n no pl* Elend *nt*

wrig·gle ['rɪgḷ] **I.** *vi* ❶ (*twist and turn*) sich *akk* winden; **to ~ free** [**of sth**] sich *akk* [aus etw *dat*] herauswinden, sich *akk* [von etw *dat*] befreien ❷ (*move*) ■**to** ~ **somewhere** sich *akk* irgendwohin schlängeln, irgendwohin kriechen; ■**to** ~ **through sth** sich *akk* durch etw *akk* hindurchwinden ►PHRASES: **to** ~ **off the hook** (*fam*) sich *akk* herausreden *fam;* **to** ~ **out of doing sth** (*fam*) sich *akk* davor drücken, etw zu tun *fam* **II.** *vt* **she ~d her shoulders against the cushions** sie grub die Schultern in die Kissen; **to ~ one's toes in the sand** die Zehen in den Sand graben **III.** *n usu sing* Schlängeln *nt,* Winden *nt kein pl*

wri·ly ['raɪli] *adv remark, smile* trocken

wring <wrung, wrung> [rɪŋ] **I.** *n usu sing* [Aus]wringen *nt* **II.** *vt* ❶ (*twist*) ■**to** ~ **sth** etw auswringen ❷ (*break*) **to** ~ **an animal's neck** einem Tier den Hals umdrehen; **to** ~ **sb's neck** (*fig*) jdm den Hals umdrehen *fam* ❸ (*squeeze*) **to** ~ **sb's hand** jdm fest die Hand drücken ❹ (*obtain*) ■**to** ~ **sth from** [*or* **out of**] **sb** etw aus jdm herauspressen; **to** ~ **concessions from sb** jdm Zugeständnisse abpressen ►PHRASES: **to** ~ **one's hands** die Hände ringen

◆**wring out** *vt* ■**to** ~ **out** ○ **sth** etw auswringen; **to** ~ **information out of sb** (*fig*) Informationen aus jdm herauspressen

wring·er ['rɪŋəʳ, AM -ɚ] *n* Wäschemangel *f* ►PHRASES: **to put sb through the** ~ (*fam*) jdn in die Mangel nehmen *fam*

wring·ing ['rɪŋɪŋ] *adj inv* klatschnass *fam,* patschnass *fam;* ~ **wet** patschnass *fam*

wrin·kle ['rɪŋkḷ] **I.** *n* ❶ (*in a material*) Knitterfalte *f;* (*in the face*) Falte *f,* Runzel *f;* **anti-~ cream** Antifaltencreme *f;* **to get ~s** Falten bekommen ❷ (*fam: difficulty*) **to iron the ~s out** einige Unklarheiten beseitigen ❸ (*fam: piece of advice*) Kniff *m* **II.** *vt* ■**to** ~ **sth** etw zerknittern; **to** ~ **skin** die Haut faltig werden lassen ►PHRASES: **to** ~ **one's brow** die Stirn runzeln; **to** ~ [**up**] **one's nose at sth** über etw *akk* die Nase rümpfen **III.** *vi material* zerknittern, Knitterfalten bekommen; *face, skin* Falten bekommen, faltig werden; *fruit* schrumpeln

wrin·kled ['rɪŋkḷd] *adj clothes* zerknittert; *face, skin* faltig, runzlig; *fruit* verschrumpelt, schrumpelig

wrin·klie ['rɪŋkli] *n* BRIT, AUS (*sl*) *see* **wrinkly**

wrin·kly ['rɪŋkli] **I.** *adj clothes* zerknittert; *face, skin* faltig, runzlig; *fruit* schrumpelig, verschrumpelt **II.** *n* BRIT, AUS (*pej o hum sl*) Grufti *m pej o hum sl*

wrist [rɪst] *n* ❶ ANAT Handgelenk *nt;* **to slash** [*or* **slit**] **one's ~s** sich *dat* die Pulsadern aufschneiden; **to sprain one's** ~ sich *dat* das Handgelenk verstauchen ❷ FASHION Manschette *f*

'wrist·band *n* ❶ (*strap*) Armband *nt* ❷ (*absorbent material*) Schweißband *nt* ❸ FASHION Manschette *f*

wrist·let ['rɪs(t)lɪt] *n* ❶ (*bracelet*) Armreif *m* ❷ (*handcuff*) Handschelle *f*

'wrist·watch *n* Armbanduhr *f*

writ[1] [rɪt] *n* ❶ (*legal notice*) [gerichtliche] Verfügung; ~ **of execution** Vollstreckungsbefehl *m;* ~ **of habeas corpus** gerichtliche Anordnung eines Haftprüfungstermins; **a ~ of summons** eine [schriftliche] Vorladung; **libel** ~ Anzeige *f* wegen übler Nachrede; **to issue a ~ against sb** jdn vorladen; **to serve a** ~ [**for sth**] **on sb** jdm [wegen einer S. *gen*] eine Ladung zustellen, jdn vorladen ❷ *esp* BRIT (*Crown document*) Wahlausschreibung *f* für das Parlament ❸ *no pl* (*form: authority*) ~ **of law** Gesetzgebungshoheit *f*

writ[2] [rɪt] *vt, vi* (*old*) *pt, pp of* **write** ►PHRASES: **to be ~ large** (*form: be blatant*) **her distress was ~ large in her face** ihr Ärger stand ihr deutlich ins Gesicht geschrieben; (*exaggerated*) **Hollywood is often said to be American society ~ large** man sagt oft, Hollywood sei amerikanische Gesellschaft in Reinkultur

write <wrote, written *or old* writ> [raɪt] **I.** *vt* ❶ (*make letters*) ■**to** ~ **sth** etw schreiben; **he wrote the appointment in his calendar** er trug die Verabredung in seinen Kalender ein; **to** ~ **a letter to sb** jdm einen Brief schreiben ❷ (*complete*) ■**to** ~ **sth** etw ausstellen; **to** ~ **sb a cheque** [*or* **a cheque to sb**] jdm einen Scheck ausstellen [*o* ausschreiben]; **to** ~ **a prescription/receipt** ein Rezept/eine Quittung ausstellen; **to** ~ **one's will** sein Testament aufsetzen ❸ CAN, SA SCH **to** ~ **a test** einen Test schreiben ❹ (*compose*) ■**to** ~ **sth** etw schreiben; ■**to** ~ **sb sth** etw für jdn [*o* jdm etw] schreiben; ■**to** ~ **to sb** [**that ...**] BRIT, AUS [*or* AM **to** ~ **sb** [**that ...**]] jdm schreiben[, dass ...]; **to** ~ **a book/song/thesis** ein Buch/ein Lied/eine Doktorarbeit schreiben; **to** ~ **sth in English/German/French** etw auf Englisch/Deutsch/Französisch verfassen ❺ (*state*) ■**to** ~ **that ...** schreiben [*o* berichten], dass ... ❻ (*add*) ■**to** ~ **sth into sth**

W

etw in etw *akk* einfügen; **to ~ sth into a contract** etw in einen Vertrag aufnehmen ❼ COMPUT ■**to ~ sth to sth** etw auf etw *dat* speichern ❽ (*underwrite*) **to ~ an insurance policy** eine Versicherungspolice unterschreiben [*o* unterzeichnen] ▶ PHRASES: **to be nothing to ~ home about** nichts Weltbewegendes sein; **that was nothing to ~ home about** das hat uns nicht vom Hocker gerissen *fam* **II.** *vi* ❶ (*make letters*) schreiben; **to ~ clearly/legibly** deutlich/leserlich schreiben; **to know how/learn [how] to read and ~** Lesen und Schreiben können/lernen ❷ (*handwrite*) mit der Hand schreiben ❸ (*compose literature*) schreiben; ■**to ~ about** [*or* **on**] **sth** über etw *akk* schreiben; **to ~ for a living** Schriftsteller(in) *m(f)* sein ❹ COMPUT schreiben, speichern, sichern

◆**write away** *vi* ■**to ~ away for sth** etw [schriftlich] anfordern; **to ~ away for brochures/information** Broschüren/Informationen anfordern

◆**write back I.** *vt* ■**to ~ sb [sth] back** jdm [etw] zurückschreiben [*o* antworten] **II.** *vi* zurückschreiben, antworten

◆**write down** *vt* ■**to ~ down** ⊂ **sth** ❶ (*record*) etw aufschreiben [*o form* niederschreiben] ❷ FIN etw abschreiben

◆**write in I.** *vt* ❶ AM POL ■**to ~ in** ⊂ **sb** *seine Stimme für jdn abgeben, der nicht auf der Kandidatenliste steht* ❷ (*put in*) ■**to ~ in** ⊂ **sth** (*in text*) etw einfügen; (*in form*) etw eintragen [*o* ausfüllen] **II.** *vi* schreiben; **he wrote in expressing his dissatisfaction with recent programming** er schickte einen Brief, um seine Unzufriedenheit mit dem momentanen Programm auszudrücken; ■**to ~ in to sb** jdn anschreiben; ■**to ~ in for sth** etw anfordern

◆**write off I.** *vi* ■**to ~ off for sth** etw [schriftlich] anfordern **II.** *vt* ❶ (*dismiss*) ■**to ~ off** ⊂ **sb/sth** jdn/etw abschreiben *fam* ❷ FIN **to ~ off** ⊂ **an asset** einen Vermögenswert abschreiben; **to ~ off** ⊂ **a debt** Schulden abschreiben ❸ BRIT (*destroy*) **to ~ off a car** ein Auto zu Schrott fahren *fam* ❹ (*send*) **to ~ off a letter** einen Brief abschicken

◆**write out** *vt* ❶ (*remove*) ■**to ~ sb/sth out [of sth]** jdn/etw [aus etw *dat*] streichen; ■**to ~ sb out** THEAT, FILM *character in play, series* jdm einen Abgang schaffen; **to ~ sb out of one's will** jdn aus seinem Testament streichen ❷ (*write in full*) ■**to ~ out** ⊂ **sth** etw ausschreiben ❸ (*put in writing*) ■**to ~ out** ⊂ **sth** etw aufschreiben ❹ (*fill out*) ■**to ~ out** ⊂ **sth** etw ausstellen; **to ~ a cheque out to sb** [*or* **sb out a cheque**] jdm einen Scheck ausschreiben [*o* ausstellen]

◆**write up** *vt* ❶ (*put in written form*) **to ~ up an article/notes** einen Artikel/Notizen ausarbeiten ❷ (*critique*) ■**to ~ up sth** eine Kritik zu etw *dat* schreiben; **to ~ up a concert/film/play** eine Kritik zu einem Konzert/Film/Stück schreiben ❸ (*make entries*) **to ~ up a diary** ein Tagebuch auf den neuesten Stand bringen ❹ AM (*report*) ■**to ~ sb up** jdn aufschreiben *fam*

'write-in POL **I.** *n* ❶ AM (*vote*) *Stimmabgabe für einen Kandidaten, der nicht auf der Liste steht* ❷ (*candidate*) *Kandidat, der nicht auf der Liste steht* ❸ (*protest*) Einspruch *m*, Protest *m* **II.** *n modifier* **a ~ candidate** *ein nachträglich auf der Liste hinzugefügter Kandidat;* **a ~ campaign** *eine Wahlkampagne, bei der man einen Kandidaten wählen kann, den man nachträglich auf den Stimmzettel dazuschreibt* **'write-off** *n* ❶ BRIT (*vehicle*) Totalschaden *m;* **to be a complete ~** ein absoluter Totalschaden sein ❷ (*worthless person*) Versager(in) *m(f);* (*worthless event*) Reinfall *m* ❸ FIN Abschreibung *f;* **tax ~** [steuerliche] Abschreibung **'write-pro·tect·ed** *adj inv* COMPUT schreibgeschützt

writ·er ['raɪtəʳ, AM -ɚ] *n* ❶ (*person who writes*) Verfasser(in) *m(f)*, Schreiber(in) *m(f)* ❷ (*author*) Autor(in) *m(f);* **~ of books** Buchautor(in) *m(f);* **~ of children's books** Kinderbuchautor(in) *m(f);* **crime ~** Krimiautor(in) *m(f);* **fiction ~** Romanautor(in) *m(f);* **~ of films** Drehbuchautor(in) *m(f);* **~ of plays** Dramatiker(in) *m(f);* **sports ~** Sportreporter(in) *m(f);* **travel ~** Reiseschriftsteller(in) *m(f)*

writ·er-di·rec·tor [ˌraɪtədaɪ'rektəʳ, AM -t̬ɚdaɪ'rektɚ] *n* Drehbuchautor(in) *m(f)* und Regisseur/-in **writ·er's 'block** *n* Schreibblockade *f* **writ·er's 'cramp** *n* Schreibkrampf *m*

'write-up *n of play, film* Kritik *f; of book also* Buchbesprechung *f*, Rezension *f*

writhe [raɪð] **I.** *vi* ❶ (*squirm*) sich *akk* winden [*o* krümmen]; **to ~ in agony** sich *akk* vor Schmerzen winden ❷ (*fig: emotionally*) beben; **she ~d in suppressed fury** sie bebte innerlich vor unterdrückter Wut **II.** *vt* **to ~ one's body** seinen Körper krümmen [*o* winden]

writh·ing ['raɪðɪŋ] **I.** *adj attr* sich *akk* windend **II.** *n no pl* Sichwinden *nt*

writ·ing ['raɪtɪŋ] *n* ❶ *no pl* (*skill*) Schreiben *nt;* **reading, ~ and arithmetic** Lesen, Schreiben und Rechnen; ■**in ~** schriftlich; **we'll need to have your agreement in ~** wir brauchen Ihr schriftliches Einverständnis ❷ *no pl* (*occupation*) Schreiben *nt*, Schriftstellerei *f;* **creative ~** kreatives Schreiben ❸ *no pl* (*literature*) Literatur *f;* **women's ~** Frauenliteratur *f* ❹ (*written works*) ■**~s** *pl* Schriften *fpl* ❺ *no pl* (*handwriting*) [Hand]schrift *f* ❻ *no pl* (*inscription*) Inschrift *f* ❼ REL ■**the W~s** *pl* die Hagiographa *pl fachspr,* die Hagiographen *pl fachspr* ▶ PHRASES: **the ~ is on the wall/the wall for sb** die/jds Stunde hat geschlagen; **to read** [*or* **see**] **the ~ on the wall** die Zeichen der Zeit erkennen

'writ·ing desk *n* Schreibtisch *m* **'writ·ing pad** *n* Schreibblock *m* **'writ·ing pa·per** *n no pl* Schreibpapier *nt;* **a piece of ~** ein Blatt *nt* Schreibpapier

writ·ten ['rɪtᵊn] **I.** *vt, vi pp of* **write II.** *adj inv* schriftlich; **~ work** SCH schriftliche Arbeiten; **the ~ word** das geschriebene Wort ▶ PHRASES: **to be ~ in the stars** in den Sternen stehen; **to have sth ~ all over one** [*or* **one's face**] jdm steht etw ins Gesicht geschrieben

wrong [rɒŋ, AM rɑːŋ] **I.** *adj inv* ❶ (*not correct*) falsch; **your clock is ~** deine Uhr geht falsch; **she's ~ in thinking that ...** sie liegt falsch, wenn sie denkt, dass ...; **he's the ~ person for the job** er ist nicht der richtige Mann für diesen Job; **I think we're going the ~ way** ich denke, wir sind falsch *fam;* **it's all ~** das ist völlig verkehrt; **this is the ~ time to ...** dies ist nicht der richtige Zeitpunkt, ...; **it is ~ that you always pay** es ist nicht in Ordnung, dass du immer bezahlst; **what's ~ with spending Saturday night in the pub?** was ist so falsch daran, den Samstagabend im Pub zu verbringen?; **sorry, you've got the ~ number** tut mir leid, Sie haben sich verwählt; **who was on the phone? – oh, it was just a ~ number** wer war am Telefon? – oh, da hatte sich nur einer verwählt; **she got in with the ~ crowd at university** sie ist an der Universität mit den falschen Leuten zusammengekommen; **to get sth ~** sich *akk* mit etw *dat* vertun; (*misunderstand*) etw falsch verstehen; **you can't go ~ with that type of wine!** mit diesem Wein können Sie gar nichts falsch machen!; **he got the answer ~** er hat die falsche Antwort gegeben; MATH er hat sich verrechnet; **you got three questions ~** Sie haben drei Fragen falsch beantwortet; **to get sb ~** jdn falsch verstehen; **don't get me ~** versteh mich bitte nicht falsch; **to be proved ~** widerlegt werden; **I thought she couldn't do it, but she proved me ~** ich dachte, sie könnte es nicht tun, aber sie bewies mir, dass ich Unrecht hatte; ■**to be ~ about sth** sich *akk* bei etw *dat* irren; **I was ~ about her** ich habe mich in ihr getäuscht ❷ *pred* (*amiss*) **is there anything ~?** stimmt etwas nicht?; **what's ~ with you today?** was ist denn heute mit dir los? ❸ (*morally reprehensible*) verwerflich *geh;* **it was ~ of her to ...** es war nicht richtig von ihr, ... ❹ *pred* (*not functioning properly*) **something's ~ with the television** irgendetwas stimmt mit dem Fernseher nicht; **my car's gone ~ again** mein Auto tut mal wieder nicht *fam;* **my computer goes ~ every time I ...** mein Computer stürzt jedes Mal ab, wenn ich ...; **to find out what is ~** herausfinden, wo der Fehler liegt ▶ PHRASES: **to get out of bed on the ~ side** [*or* **out of the ~ side of the bed**] mit dem linken Fuß zuerst aufstehen; **to get hold of the ~ end of the stick** etw in den falschen Hals bekommen *fam;* **to catch sb on the ~ foot** jdn auf dem falschen Fuß erwischen *fam;* **to fall** [*or* **get**] **into the ~ hands** in die falschen Hände geraten; **to have/put sth on the ~ way round** [*or* AM **around**] etw falsch herum anhaben/anziehen; **you've got your skirt on the ~ way around** du hast deinen Rock falsch herum an[gezogen] **II.** *adv inv* ❶ (*incorrectly*) falsch; **to spell sth ~** etw falsch buchstabieren ❷ (*in a morally reprehensible way*) falsch; **his mother always said he lived ~** seine Mutter hat immer gesagt, dass er ein verwerfliches Leben führe ❸ (*amiss*) **to go ~** *things* schiefgehen *fam; people* vom rechten Weg abkommen **III.** *n* ❶ *no pl* (*moral reprehensibility*) **a sense of right and ~** ein Gespür *nt* für Recht und Unrecht; **to know right from ~** richtig und falsch unterscheiden können ❷ *no pl* (*unjust action*) Unrecht *nt;* **to do ~** unrecht tun; **to do sb a ~** jdm Unrecht zufügen; **to do sb no ~** jdm kein unrecht tun; **to suffer a ~** Unrecht erleiden ▶ PHRASES: **to be in the ~** (*mistaken*) sich *akk* irren; (*reprehensible*) im unrecht sein **IV.** *vt usu passive* (*form: treat unjustly*) ■**to ~ sb** jdm unrecht tun; (*judge character unjustly*) jdn falsch einschätzen; **I ~ed him when I said that he was a fair-weather friend** ich habe ihn falsch eingeschätzt, als ich sagte, er sei ein Freund für schöne Stunden

wrong·do·er [-ˌduːəʳ, AM -ˌduɚ] *n* Übeltäter(in) *m(f),* Missetäter(in) *m(f) veraltend*

wrong·do·ing [-ˌduːɪŋ] *n no pl* Übeltat *nt veraltend,* Missetat *f veraltend geh;* JUR Delikt *nt,* Vergehen *nt;* **police ~** Fehlverhalten *nt* der Polizei; **to accuse sb of ~** jdm Fehlverhalten vorwerfen; **to deny ~** ein Fehlverhalten von sich *dat* weisen

wrong-'foot *vt* BRIT, AUS ■**to ~ sb** jdn auf dem falschen Fuß erwischen

wrong·ful ['rɒŋfəl, AM 'rɑːŋ-] *adj* unrechtmäßig; **~ arrest/dismissal/imprisonment** unrechtmäßige Verhaftung/Entlassung/Inhaftierung

wrong·ful·ly ['rɒŋfəli, AM 'rɑːŋ-] *adv* zu Unrecht

wrong-'head·ed *adj* (*pej*) *person* querköpfig *pej,* verbohrt *pej; idea, plan* hirnverbrannt *fam;* **~ person** Querkopf *m meist pej*

wrong·ly ['rɒŋli, AM 'rɑːŋ-] *adv inv* ❶ (*mistakenly*) fälschlicherweise, irrtümlicherweise ❷ (*unjustly*) zu Unrecht; **to ~ convict sb of a crime** jdn zu Unrecht verurteilen ❸ (*incorrectly*) falsch, verkehrt; **to spell sth ~** etw falsch buchstabieren

wrote [rəʊt, AM roʊt] *vt, vi pt of* **write**

wrought [rɔːt, AM *esp* rɑːt] **I.** *vt* (*old liter*) *pt, pp of* **work III. II.** *adj inv* ❶ (*form: crafted*) [aus]gearbeitet; (*conceived*) [gut] durchdacht; *piece of writing* [gut] konzipiert ❷ *attr* (*beaten out*) *silver, gold* gehämmert, getrieben

wrought 'iron I. *n no pl* Schmiedeeisen *nt* **II.** *adj pred, inv* schmiedeeisern **'wrought-iron** *adj attr, inv* schmiedeeisern; **~ gate** schmiedeeisernes Tor **wrought 'up** *adj usu pred* beunruhigt, aufgeregt; **to be/get ~** [**about** [*or* **over**] **sth/sb**] sich *akk* [über etw/jdn] aufregen

wrung [rʌŋ] *vt pt, pp of* **wring**

wry <-ier, -iest *or* -er, -est> [raɪ] *adj usu attr* ❶ (*dry and ironic*) trocken; **~ comments** trockene [*o* ironische] Bemerkungen; **~ [sense of] humour** [*or* AM **humor**] trockener [Sinn für] Humor; **a ~ smile** ein bitteres Lächeln ❷ (*of dislike, disgusted*) **to make** [*or* **pull**] **a ~ face** das Gesicht verziehen; (*disappointed*) ein langes Gesicht machen

wry·ly *adv see* **wrily**

wt *n abbrev of* **weight** Gew.

wun·der·kind <*pl* -s *or* -er> ['wʊndəkɪnd, AM -ɚ-] **I.** *n* Wunderkind *nt,* [Natur]talent *nt* **II.** *n modifier* (*flautist, pianist, singer*) ≈ Star-

wuss [wʊs] *n* AM (*pej sl*) Schlappschwanz *m pej sl,* Waschlappen *m pej sl*

WWF [ˌdʌbljuːˌdʌbljuː'ef] *n no pl abbrev of* **Worldwide Fund for Nature:** ■**the ~** der WWF

WWI *n no pl abbrev of* **World War I.** der Erste Weltkrieg

WWII *n no pl abbrev of* **World War II.** der Zweite Weltkrieg

'wych haz·el *n* BRIT *see* **witch hazel**

WYSIWYG ['wɪziwɪg] COMPUT *acr for* **what you see is what you get** WYSIWYG (*Ausdruck, der besagt, dass exakt der Inhalt eines Bildschirms ausgedruckt wird, so wie angezeigt*)

X x

X <*pl* -s>, **x** <*pl* 's *or* -'s> [eks] *n* ❶ (*letter*) X *nt,* x *nt;* **~ for Xmas** [*or* AM *a.* **as in**] X für Xanthippe; *see also* **A** ❷ (*Roman numeral*) X *nt,* x *nt* ❸ (*in place of name*) X; **Mr/Mrs ~** Herr/Frau X

x [eks] **I.** *vt* AM (*delete*) ■**to ~ sth** etw streichen; **to ~ out a name/word** einen Namen/ein Wort [aus]streichen **II.** *n* ❶ MATH x *nt;* **let's assume the number of people is ~** nehmen wir einmal an, wir haben x Personen; **x-axis** x-Achse *f* ❷ (*symbol for kiss*) *Kusssymbol, etwa am Briefende;* **all my love, Katy ~~~** alles Liebe, Gruß und Kuss, Katy ❸ (*cross symbol*) x *nt,* Kreuzchen *nt*

◆**x out** [ˌeks'aut] *vt* ■**to ~ out** ⊂ **sb** (*fam*) jdn ausstreichen [*o fam* rausschmeißen]

X [eks] *n* (*dated: film rating symbol*) *Symbol, das einen Film als nicht jugendfrei ausweist*

X cer·'tifi·cate *n* BRIT (*dated*) *Zertifikat, das einen Film als nicht jugendfrei ausweist*

'X-cer·tifi·cate *adj inv* BRIT (*dated*) **an ~ film** [*or* **movie**] *ein Film, der für Jugendliche unter 16 Jahren nicht zugelassen ist*

X 'chro·mo·some *n* X-Chromosom *nt*

xen·on ['ziːnɒn, AM -nɑːn] *n no pl* Xenon *nt*

xeno·phobe ['zenə(ʊ)fəʊb, AM -əfoʊb] *n* Ausländerfeind(in) *m(f)*

xeno·pho·bia [ˌzenə(ʊ)'fəʊbiə, AM -ə'foʊ-] *n no pl* Fremdenhass *m,* Xenophobie *f geh*

xeno·phob·ic [ˌzenə(ʊ)'fəʊbɪk, AM -ə'foʊ-] *adj* fremdenfeindlich, xenophob *geh;* **~ attitude** fremdenfeindliche Haltung; **~ violence** Gewalt *f* gegen Fremde

xeno·trans·plan·ta·tion [ˌzenə(ʊ)træn(t)splɑːn'teɪʃən, AM ˌzenətrænsplæn'-] *n* GEN Xenotransplantation *f*

xer·ox ['zɪərɒks, AM 'zɪrɑːks] *vt* ■**to ~ sth** etw kopieren; **a ~ed copy of a document** eine Kopie eines Dokuments

Xer·ox® *n* Kopie *f*

X-Games ['eksgeɪmz] *npl* Extremsportarten *fpl*

Xmas ['krɪs(t)məs, 'eksməs, AM 'krɪs-] (*fam*) **I.** *n* <*pl* -es> *short for* **Christmas** Weihnachten *nt* **II.** *n modifier* (*decorations, presents, season*) Weihnachts-; **~ tree** Weihnachtsbaum

i Kultur

Das X von **Xmas** ist eigentlich der griechische Buchstabe chi. Er wurde in frühchristlicher Zeit zusammen mit rho als eine Abkürzung für Christus verwendet. In Großbritannien wird Xmas als Abkürzung für *Christmas – Weihnachten* benutzt.

XML [ˌeksːem'el] *n* COMPUT *abbrev of* **extensive markup language** XML *nt*

'X-rat·ed *adj inv* (*hist*) **an ~ film** [*or* **movie**] *ein Film, der für Jugendliche unter 18* (*in den USA unter 17*) *Jahren nicht zugelassen ist*

X-ray ['eksreɪ] **I.** *n* ❶ (*radiation*) Röntgenstrahl[en] *m[pl]*

❷ (*examination*) Röntgenuntersuchung *f,* Röntgen *nt kein pl;* **to give sb an ~** jdn röntgen; **to go for an ~** sich *akk* röntgen lassen ❸ (*picture*) Röntgenbild *nt,* Röntgenaufnahme *f* ❹ *no pl* (*hospital department*) Röntgenabteilung *f* **II.** *n modifier* (*using X-rays*) (*analysis, image, machine, room, technician*) Röntgen-; **the ~ department** die Röntgenabteilung; **~ eyes** (*fig*) Röntgenaugen *ntpl;* **~ vision** (*fig*) Röntgenblick *m* **III.** *vt* ■**to ~ sth/sb** etw/jdn röntgen [*o fam* durchleuchten]

xy·lo·phone [ˈzaɪləfəʊn, AM -foʊn] *n* Xylophon *nt*

xy·lo·phon·ist [ˈzaɪləfəʊnɪst, AM -foʊn-] *n* MUS Xylophonist(in) *m(f)*

Y y

Y <*pl* -s>, **y** <*pl* 's *or* -'s> [waɪ] *n* ❶ (*letter*) Y *nt,* y *nt;* **~ for Yellow** [*or* AM **as in Yoke**] Y für Ypsilon; *see also* **A** ❷ (*in place of name*) Y; **Mr/Mrs ~** Herr/Frau Y

y [waɪ] *n* MATH y *nt;* **y-axis** y-Achse *f*

Y2K [ˌwaɪtuːˈkeɪ] *n modifier* COMPUT *abbrev of* **year 2000** (*problem, crisis, celebration*) Y2K-

yacht [jɒt, AM jɑːt] *n* Jacht *f;* **luxury ~** Luxusjacht *f;* **ocean-going ~** hochseetaugliche Jacht, Hochseejacht *f*

'yacht club *n* Jachtclub *m*

yacht·ing [ˈjɒtɪŋ, AM ˈjɑːt̬-] *n no pl* Segeln *nt;* **to go ~** segeln gehen

'yacht race *n* Segelregatta *f;* **a round-the-world ~** eine Segelregatta um die Welt

'yachts·man *n* (*owner*) Jachtbesitzer *m;* (*person sailing*) Segler *m;* **round-the-world ~** Weltumsegler *m* **'yachts·wom·an** *n* (*owner*) Jachtbesitzerin *f;* (*person sailing*) Seglerin *f;* **round-the-world ~** Weltumseglerin *f*

yack [jæk] *vi* (*sl*) quasseln *pej fam,* quatschen *fam,* labern *pej fam*

yackety-yack [ˌjækətiˈjæk, AM -t̬-] *n usu sing* (*fam*) Blabla *nt fam,* Gequassel *nt fam*

yah [jɑː] *interj* BRIT (*fam*) ❶ (*yes*) ja ja *fam;* **~, okay, I understand what you're saying** jaja, o.k., ich verstehe, was du sagst ❷ (*derision*) pah!, bah!

ya·hoo I. *n* [ˈjɑːhuː] (*pej fam*) Krakeeler *m pej;* **a ghastly ~** ein unmöglicher Typ *fam* **II.** *interj* [jəˈhuː] (*expressing joy, excitement*) juhu!

yak [jæk] **I.** *n* Jak *m* **II.** *vi* <-kk-> *see* **yack**

yak·ka [ˈjækə] *n no pl* AUS, NZ (*fam*), **yak·ker** [ˈjækəʳ] *n no pl* AUS (*fam*) Maloche *f fam*

Yale lock® [ˈjeɪllɒk] *n* BRIT Sicherheitsschloss *nt*

y'all [jɑːl] AM DIAL = **you-all**

yam [jæm] *n* ❶ Jamswurzel *f* ❷ AM (*sweet potato*) Süßkartoffel *f*

i Kultur

Yams sind ein süßes Wurzelgemüse. In den USA werden sie oft gebacken und dann mit Butter gegessen, oder auch mit einer süßen Soße gekocht. Man isst **yams** besonders häufig an *Thanksgiving.*

yam·mer [ˈjæməʳ, AM -ɚ] *vi esp* AM aufdringlich drauflosreden, jammern *fam;* ■**to ~ [away** [*or* **on**]] [**about sth**] [über etw *akk*] maulen

yang [jæŋ] *n no pl* Yang *nt*

yank [jæŋk] (*fam*) **I.** *vt* ❶ (*pull hard*) ■**to ~ sth** an etw *dat* [ruckartig] ziehen, an etw *dat* zerren ❷ (*remove forcefully*) ■**to ~ sth/sb out** [**of sth**] etw/jdn [aus etw *dat*] herausreißen [*o* herauszerren]; **to be ~ed out of bed** (*fig*) aus dem Bett geworfen werden; **to ~ out a tooth** einen Zahn ziehen **II.** *vi* ■**to ~** [**on sth**] [an etw *dat*] zerren **III.** *n* Ruck *m;* **she gave two ~s on the cord** sie zog zweimal an der Schnur

Yank [jæŋk] *n* (*fam*) Yankee *m,* Ami *m fam*

Yan·kee [ˈjæŋki] (*fam*) **I.** *n* ❶ (*American*) Yankee *m,* Ami *m fam* ❷ AM (*person from northern USA*) Nordstaatler(in) *m(f),* Yankee *m* **II.** *adj attr, inv* ❶ (*from USA*) Yankee-, Ami-; **~ neighbours** BRIT Yankeenachbarschaft *f* ❷ AM (*from northern USA*) Nordstaaten-; **~ businessmen** Geschäftsleute *pl* aus dem Norden [der USA]; (*esp hist*) Nordstaatler-, Yankee-; **~ government** Yankeeregierung *f*

yap [jæp] **I.** *vi* <-pp-> ❶ (*bark*) *dog* kläffen ❷ (*pej fam: talk continuously*) quasseln *fam,* ratschen *fam* **II.** *n no pl* Kläffen *nt;* **to give a ~** kläffen

yap·ping [ˈjæpɪŋ] **I.** *adj attr, inv dog* kläffend **II.** *n no pl* ❶ (*high-pitched barking*) Kläffen *nt,* Kläfferei *f* ❷ (*pej fam: chatter*) Gequassel *nt fam,* Geschwätz *nt* ❸ (*nagging*) Gezeter *nt;* **if she starts her ~ again, I'm going down to the pub** wenn sie wieder zu keifen anfängt, gehe ich in die Kneipe

yap·py [ˈjæpi] *adj* **a ~ dog** ein Kläffer *m pej fam*

yard¹ [jɑːd, AM jɑːrd] *n* ❶ (*3 feet*) Yard *nt;* **we've got a list a ~ long of things to do today** (*fig*) wir haben heute eine ellenlange Liste zu erledigen; **~s and ~s of material** meterweise Stoff; **to sell fabric by the ~** Stoff in Yards verkaufen; **by the ~** am laufenden Band [*o* Meter] ❷ NAUT (*spar*) Rah[e] *f*

yard² [jɑːd, AM jɑːrd] *n* ❶ (*paved area*) Hof *m;* (*backyard*) Hinterhof *m* ❷ (*work site*) Werksgelände *nt;* (*for storage*) Lagerplatz *m;* (*dockyard*) [Schiffs]werft *f;* (*garage*) Werkstatt *f;* **builder's ~** Baustofflager *nt;* **goods ~** Güterbahnhof *m;* **naval repair ~** Schiffswerft *f;* **scrap ~** Schrottplatz *m;* **wood ~** Sägewerk *nt* ❸ AM (*garden, lot*) Garten *m*

Yard [jɑːd] *n no pl, + sing/pl vb* BRIT (*fam*) ■**the ~** Scotland Yard *m*

yard·arm [ˈjɑːdɑːm, AM ˈjɑːrdɑːrm] *n* NAUT Nock *f o nt fachspr;* **to hang sb from the ~** jdn am Mast aufknüpfen ▶ PHRASES: **the sun is over the ~** (*dated: time for a drink*) jetzt darf man sich einen genehmigen

'yard·stick *n* ❶ (*measuring tool*) Zollstock *m* ❷ (*standard*) Maßstab *m*

yar·mul·ka, yar·mul·ke [ˈjʌmʊlkə, AM ˈjɑːrməl-] *n* REL Scheitelkäppchen *nt*

yarn [jɑːn, AM jɑːrn] **I.** *n* ❶ *no pl* (*for knitting, weaving*) Wolle *f;* (*for sewing*) Garn *nt;* **ball of ~** Knäuel *m o nt* Wolle ❷ (*story*) Geschichte *f;* (*sailor's tall story*) Seemannsgarn *nt;* (*hunter's, angler's exploit*) Jäger-/Anglerlatein *nt;* **to spin** [**sb**] **a ~** [jdm] eine Lügengeschichte erzählen **II.** *vi* (*fam*) klönen *fam*

yash·mak [ˈjæʃmæk, AM ˈjɑːʃmɑːk] *n* REL *Schleier, der von Musliminnen getragen wird*

yaw [jɔː, AM *esp* jɑː] AVIAT, NAUT, TECH **I.** *vi ship* gieren *fachspr,* vom Kurs abweichen; *plane* ausbrechen, vom Kurs abweichen **II.** *n no pl* Gieren *nt fachspr*

yawl [jɔːl, AM *esp* jɑːl] *n* Jolle *f*

yawn [jɔːn, AM *esp* jɑːn] **I.** *vi* ❶ (*show tiredness*) gähnen ❷ (*liter: open wide*) *chasm* gähnen, klaffen **II.** *vt* **to ~ one's head off** (*fam*) hemmungslos gähnen **III.** *n* ❶ (*tiredness*) Gähnen *nt kein pl;* **to stifle a ~** ein Gähnen unterdrücken ❷ (*fam: boring thing*) [stink]langweilige Angelegenheit *fam;* **I thought the film was a big ~** ich fand den Film stinklangweilig

yawn·ing [ˈjɔːnɪŋ, AM *esp* ˈjɑːn-] *adj attr, inv* ❶ (*tiredness*) gähnend ❷ (*liter: wide and deep*) *chasm* gähnend; **there exists nowadays a ~ gap between fashion and style** heutzutage klaffen Mode und Stil weit auseinander; **~ budget deficit** gewaltiges Loch im Staatshaushalt; **~ chasm/crater** gähnender Abgrund/Krater

Y 'chro·mo·some *n* Y-Chromosom *nt*

yd *n abbrev of* **yard¹ 1**

ye¹ [ji:] *pron* DIAL *(old)* ❶ *pl of* **thou** ihr; **O ~ of little faith!** oh ihr Kleingläubigen!; **~ cannot serve God and mammon** ihr könnt nicht Gott und dem Mammon dienen; **~ gods!** bei Gott!; **~ gods and little fishes!** ach du meine Güte! ❷ *pl of* **thee** euch; **take up arms and fight for I have strengthened ~** nehmt die Waffen und kämpft, denn ich habe euch Stärke gegeben

ye² [ji:] *adj (old)* der/die/das; **'Y~ Olde Barb'** „Zum alten Angelhaken"

yea [jeɪ] *adv inv (form or old)* fürwahr *veraltet liter;* **I will be with you, ~, even unto the end of the world** wahrlich, ich bin bei euch bis ans Ende der Welt; **~ or nay** ja oder nein

yeah [jeə] *adv inv (fam: yes)* ja[wohl]; **~?** ach wirklich?; **oh ~!** [*or* **~, ~!**] *(iron)* klar!, ganz bestimmt!

year [jɪəʳ, AM jɪr] *n* ❶ *(twelve months)* Jahr *nt;* **it's taken them a ~ to get this far** sie haben ein Jahr gebraucht, um so weit zu kommen; **she got two ~s** sie bekam zwei Jahre [Gefängnis]; **it'll be a ~ next August** kommenden August wird es ein Jahr; **in the ~ of Our Lord 1492** im Jahre des Herrn 1492; **how much does he earn a ~?** wie viel verdient er im Jahr?; **calendar ~** Kalenderjahr *nt;* **two ~s' work** zwei Jahre Arbeit; **a ~ ago** vor einem Jahr; **all [the] ~ round** das ganze Jahr über; **every other ~** alle zwei Jahre; **fiscal ~** Geschäftsjahr *nt,* Rechnungsjahr *nt; revenue* Steuerjahr *nt;* **last/next/this ~** letztes/nächstes/dieses Jahr; **he retires in March of next ~** er geht im März nächsten Jahres in Rente; **~ by ~** Jahr für Jahr; **for two ~s** zwei Jahre lang; **five times a ~** fünfmal im [*o* pro] Jahr ❷ *(age, time of life)* [Lebens]jahr *nt;* **he dances very well for a man of his ~s** für einen Mann in seinem Alter tanzt er sehr gut; **a two-~-old child** ein zweijähriges Kind ❸ *(fam: indefinite time)* ■ **~s** *pl* Jahre *ntpl;* **~ in, ~ out** Jahr ein, Jahr aus; **for ~s** *(since a long time ago)* seit Jahren; *(regularly)* regelmäßig; *(for a long time)* jahrelang; **over the ~s** mit den Jahren, im Laufe der Jahre ❹ *(academic year)* SCH Schuljahr *nt;* UNIV Studienjahr *nt; (group)* Klasse *f;* **he was in my ~ at college** er war am College in meinem Semester; **she was in the ~ above** [*or* AM **ahead of**]/**below** [*or* AM **behind**] **me at school/university** sie war in der Schule/Uni[versität] ein Jahr/zwei Semester über/unter mir; **a two-/three-~ course** ein zwei-/dreijähriger Kurs; **the ~ 9 pupils** BRIT die Neuntklässler *pl;* **school ~** Schuljahr *nt;* **a first-/second-~ student** ein Student *m*/eine Studentin im ersten/zweiten Studienjahr; **academic ~** akademisches Jahr; **the second-~s** BRIT UNIV die Studenten *mpl*/Studentinnen *fpl* im zweiten Studienjahr; SCH die Schüler *mpl*/Schülerinnen *fpl* der zweiten Klasse ❺ *(season)* Jahr *nt;* **the time of the ~** die Jahreszeit; **to be a bad** [*or* **poor**]/**good ~ for sth** ein schlechtes/gutes Jahr für etw *akk* sein; **1988 was an extremely good ~ – if you can find a bottle of that, buy it** 1988 war ein äußerst gutes Jahr – wenn du eine Flasche davon finden kannst, kaufe sie ▸ PHRASES: **from** [*or* **since**] **the ~ dot** BRIT, AUS seit Urzeiten [*o* ewigen Zeiten] *fam;* **to put ~s on sb** jdn um Jahre älter machen; **to take ~s off sb** jdn jünger wirken lassen

'year·book *n* ❶ PUBL Jahresausgabe *f* ❷ AM SCH, UNIV Jahrbuch *nt;* **school ~** Schuljahrbuch *nt*

year·ling ['jɪəlɪŋ, AM 'jɪr-] *n* Jährling *m fachspr,* Enter *m o nt* NORDD; *(racehorse)* einjähriges Pferd

'year-long *adj attr, inv (lasting one year)* ein Jahr dauernd, einjährig; *(lasting for years)* jahrelang

year·ly ['jɪəli, AM 'jɪr-] *inv* **I.** *adj* [all]jährlich; **~ pay increase** jährliche Gehaltserhöhung; **~ subscription** Jahresabonnement *nt;* **twice-~** zweimal pro Jahr **II.** *adv* jährlich

yearn [jɜ:n, AM jɜ:rn] *vi* ■ **to ~ for** [*or* **after**] **sth/sb** sich *akk* nach etw/jdm sehnen, nach etw/jdm verlangen *geh;* ■ **to ~ to do sth** sich *akk* danach sehnen, etw zu tun

yearn·ing ['jɜ:nɪŋ, AM 'jɜ:rn-] *n* ❶ *no pl (feeling of longing)* Verlangen *nt,* Sehnsucht *f* ❷ *(feeling of loss)* Sehnsucht *f;* **full of unfulfilled ~s and desires** voller unerfüllter Sehnsüchte und Wünsche

yeast [ji:st] *n no pl* Hefe *f;* **brewer's ~** Bierhefe *f;* **dried ~** Trockenhefe *f;* **fresh ~** frische Hefe

yeasty ['ji:sti] *adj* hefig; **the bread has a wonderful ~ taste** das Brot schmeckt wunderbar nach Hefe

yell [jel] **I.** *n* ❶ *(loud shout)* [Auf]schrei *m; (continuous loud and high pitched shouting)* Gellen *nt,* gellendes Geschrei; SPORTS Anfeuerungsgeschrei *nt;* **to give** [*or* **let out**] **a ~** aufschreien, einen Schrei ausstoßen ❷ AM *(chant)* Schlachtruf *m;* **college ~** Schlachtruf *m* eines Colleges **II.** *vi person, baby* [laut [*o* gellend]] schreien; **she ~ed at me to catch hold of the rope** sie schrie mir zu, das Seil zu packen; **the teacher was ~ing at the class** der Lehrer schrie die Klasse an; ■ **to ~ for sth/sb** nach etw/jdm rufen; **to ~ for help** um Hilfe rufen; **to ~ with laughter/pain** vor Lachen/Schmerzen schreien; **to ~ at each other** sich *akk* anschreien **III.** *vt* ■ **to ~ sth [at sb]** [jdm] etw laut [zu]rufen [*o* [zu]brüllen]; **the crowd were ~ing insults at the referee** die Menge rief dem Schiedsrichter Beleidigungen zu

◆**yell out I.** *vi* schreien; *fans, supporters* johlen **II.** *vt* ■ **to ~ out ↔ sth** etw schreien [*o* brüllen]; **someone ~ed out "stop!"** jemand rief laut „halt!"; **to ~ out an answer** mit der Antwort herausplatzen; **to ~ out orders** MIL Befehle brüllen; **to ~ out a warning** eine Warnung hervorstoßen

yel·low ['jeləʊ, AM -oʊ] **I.** *adj* ❶ *(colour)* gelb; **~ hair** flachsfarbenes Haar; **bright ~** knallgelb *fam;* **to turn ~** *leaves* gelb werden; *paper, paint* vergilben ❷ *(fam: cowardly)* feige; **to have a ~ streak** feige sein, Schiss haben *sl* ❸ *inv (pej!: colour of skin)* gelb; **the ~ peril** *(pej! dated)* die gelbe Gefahr ❹ *(sensationalist) book, newspaper* sensationsheischend, Sensations-; **~ journalism** Sensationsjournalismus *m* **II.** *n* ❶ *no pl (colour)* Gelb *nt;* **to paint a room/wall ~** ein Zimmer/eine Wand gelb streichen; **a lighter shade of ~** ein helleres Gelb ❷ *(shade of yellow)* Gelbton *m* ❸ *(snooker)* ■ **the ~ [ball]** die gelbe Billardkugel **III.** *vi paint, paper* vergilben **IV.** *vt* **to ~ sth** etw gelb[lich] einfärben; **the sun has ~ed the wallpaper** die Sonne hat die Tapete vergilben lassen

yel·low-bel·lied [-ˌbelid] *adj (pej fam: cowardly)* feige; **you ~ rat!** du Angsthase! **'yel·low-bel·ly** *n (pej fam)* Feigling *m,* Schlappschwanz *m sl,* Waschlappen *m sl* **yel·low 'card** *n* SPORTS gelbe Karte; **to get a ~** die gelbe Karte [gezeigt] bekommen; **to show sb the ~** jdm die gelbe Karte zeigen **yel·low 'fe·ver** *n no pl* Gelbfieber *nt* **'yel·low·ham·mer** *n* Goldammer *f*

yel·low·ish ['jeləʊɪʃ, AM -loʊ-] *adj* gelblich; **a ~ tinge** eine gelbliche Tönung, ein Stich *m* ins Gelbliche

yel·low 'line *n* ❶ BRIT *(on roadside)* Halteverbot *nt,* Parkverbot *nt;* **double ~** absolutes Halteverbot; **single ~** eingeschränktes Halteverbot ❷ AM *(in middle of road)* Mittelstreifen *m*

yel·low·ness ['jeləʊnəs, AM -loʊ-] *n no pl* gelbe Farbe; *of skin* Gelbfärbung *f;* **the paper developed traces of ~ as it aged** das Papier vergilbte mit der Zeit

Yel·low 'Pages® *npl + sing vb* ■ **the ~** die Gelben Seiten *pl*
yel·low 'press *n no pl* AM *(pej)* ■ **the ~** die Regenbogenpresse, die Sensationspresse

yelp [jelp] **I.** *vi (bark: of dog)* kläffen; *(howl)* jaulen; *person* aufschreien, kreischen; **to ~ with pain** *person* vor Schmerz aufschreien; *animal* vor Schmerz aufjaulen [*o* aufheulen] **II.** *vt* ■ **to ~ sth** etw rufen [*o* schreien] **III.** *n (bark) dog* Gebell *nt; (howl)* Gejaule *nt,* Geheul[e] *nt; person* Schrei *m;* **~ of pain** Schmerzensschrei *m;* **a strangled ~** ein erstickter Aufschrei; **to let out a ~** einen Schrei von sich *dat* geben, aufschreien; **she let out a ~ of fear** sie stieß einen Angstschrei aus

Yem·en ['jemən] *n no pl* Jemen *m*

Yem·eni ['jeməni] **I.** *adj inv* jemenitisch **II.** *n* Jemenit(in) *m(f)*

yen¹ <*pl* -> [jen] *n (currency unit)* Yen *m*

yen² [jen] *n (fam)* Faible *nt fam;* **to have a ~ for sth/sb** ein

Faible für etw/jdn haben; **to have a ~ to do sth** den Drang [*o* Lust] haben, etw zu tun

yeo·man ['jəʊmən, AM 'joʊ-] *n* (*hist*) Freisasse *m hist;* ~ **farmer** Kleinbauer *m hist* ▶ PHRASES: **to do ~['s] service [for sth]** [etw *dat*] treue Dienste leisten

Yeo·man of the 'Guard <*pl* Yeomen of the Guard> *n* BRIT königlicher Leibgardist *hist*

yeo·man·ry ['jəʊmənri, AM 'joʊ-] *n no pl* (*hist*) ■**the** ~ die Freisassen *pl hist*

yep [jep] *adv inv* (*fam*) ja; **have you got the money with you? – ~, it's right here** hast du das Geld dabei? – klar, hier

yes [jes] **I.** *adv inv* ① (*affirmative answer*) ja; **do you like Indian food? – ~, I love it** mögen Sie indisches Essen? – ja, sehr; **she's happy enough, isn't she? – ~, I think so** sie ist richtig glücklich, nicht wahr? – ja, ich denke schon; ~ **sir/madam** [*or* AM **ma'am**] jawohl; ~ **please** ja bitte; **~, thank you** ja, danke; ~ **and no** ja und nein; **to say ~ [to sth]** ja [zu etw *dat*] sagen, etw bejahen ② (*contradicting a negative*) aber ja [doch]; **I'm not a very good cook – ~, you are** ich bin kein sehr guter Koch – ach was, bist du doch; **she didn't really mean it – oh ~ she did!** sie hat es nicht so gemeint – oh doch, das hat sie! ③ (*as a question*) ja; **Dad – ~, honey?** Papa – ja, mein Liebes?; **~, madam, how can I help you?** ja, gnädige Frau, was kann ich für Sie tun?; (*indicating doubt*) **oh ~?** ach ja?, ach wirklich? ④ (*used for emphasis*) ja; **and I'm sorry, ~, really sorry** und es tut mir leid, ja, ehrlich leid ⑤ (*answering own question*) ach ja; **where were we? ~, ...** wo waren wir? ach ja, ... ⑥ (*express delight*) [oh] ja! **II.** *n* <*pl* -es> Ja *nt;* **was that a ~ or a no?** war das ein Ja oder ein Nein? **III.** *vt* <-ss-> AM ■**to ~ sb** jdm nach dem Mund reden

'yes-man *n* (*pej*) Jasager *m*, Schleimer *m pej fam*

yes·ter·day ['jestədeɪ, AM -tɚ-] **I.** *adv inv* ① (*day before today*) gestern; ~ **afternoon/evening/morning** gestern Nachmittag/Abend/Morgen; **a week ago ~** [*or* BRIT ~ **week**] gestern vor einer Woche; **the day before ~** vorgestern ② (*a short time ago*) kürzlich, vor kurzem ▶ PHRASES: **sb wasn't born ~** jd ist nicht von gestern **II.** *n no pl* ① (*day before today*) Gestern *nt;* **this is ~'s paper** das ist die Zeitung von gestern ② (*the past*) Gestern *nt;* **they're ~'s men** die sind doch von gestern; **that's ~'s news** das ist Schnee von gestern

yes·ter·year ['jestəjɪəʳ, AM -əjɪr] *n no pl* (*liter*) **of ~** von vergangenen Zeiten; **the Hollywood stars of ~** die Hollywoodstars *pl* vergangener Zeiten

yet [jet] **I.** *adv inv* ① (*up to now*) bis jetzt; **not many people have arrived ~** bis jetzt sind noch nicht viele Leute da; **as ~** bis jetzt; **the issue is as ~ undecided** die Sache ist bis jetzt noch nicht entschieden; + *superl;* **the best/fastest/worst ~** der/die/das Beste/Schnellste/Schlechteste bisher ② (*already*) schon; **is it time to go ~? – no, not ~** ist es schon Zeit zu gehen? – nein, noch nicht ③ (*in the future*) noch; **the best is ~ to come** das Beste kommt [erst] noch; **not ~** noch nicht; **she won't be back for a long time ~** sie wird noch lange nicht zurück sein ④ (*still*) noch; **the date and time have ~ to be decided** Datum und Uhrzeit müssen noch festgelegt werden; (*in negative questions*) **isn't supper ready ~?** ist das Abendessen noch nicht fertig?; **it's not ~ time to go** es ist noch nicht Zeit zu gehen; **to have ~ to do sth** noch etw tun müssen; **we have ~ to decide on a name** wir müssen uns noch für einen Namen entscheiden; **sb may** [*or* **might**] **~ do sth** jd wird vielleicht noch etw tun; **you might ~ prove me wrong** noch könntest du mich widerlegen ⑤ (*even*) [sogar] noch; **~ more snow is forecast for the north** für den Norden ist noch mehr Schnee angesagt; + *comp;* ~ **bigger/more beautiful** noch größer/schöner ⑥ (*despite that*) trotzdem; **they're a most unlikely couple and ~ they get on really well together** sie sind ein ziemlich ungleiches Paar und trotzdem verstehen sie sich gut; (*but*) aber [auch]; **she manages to be firm ~ kind with the kids** ihr gelingt es, streng und zugleich freundlich mit den Kindern umzugehen; (*in spite of everything*) schon; **you wait, I'll get you ~!** na warte, ich kriege dich schon! ⑦ (*in addition*) **he came back from rugby with ~ another black eye** er kam vom Rugby wieder mal mit einem blauen Auge nach Hause; ~ **again** schon wieder **II.** *conj* **they're a most unlikely couple, [and] ~ they get on really well together** sie sind ein unmögliches Paar, und doch kommen sie bestens miteinander aus; **though the sun was warm, ~ the wind was chilly** obwohl die Sonne warm schien, ging doch ein frischer Wind

yeti ['jeti, AM -t̬-] *n* Yeti *m*

yew [juː] *n* ① (*tree*) Eibe *f* ② *no pl* (*wood*) Eibenholz *nt*

Y-fronts® ['waɪfrʌnts] *npl* BRIT Herrenunterhose *f* mit Eingriff

yid [jɪd] *n* (*pej! fam*) Jud *m pej*

Yid·dish ['jɪdɪʃ] *n no pl* Jiddisch *nt*

yield [jiːld] **I.** *n* ① AGR (*amount produced*) Ertrag *m;* (*field produce*) Ernte *f;* (*in recipes*) **~: 10 pieces** ergibt 10 Stück ② MIN, GEOL (*amount gained*) gewonnene Menge, Ausbeute *f* ③ FIN (*financial return*) [Zins]ertrag *m*, Gewinn *m;* ~ **of tax[es]** Steueraufkommen *nt;* **initial ~s** anfängliche Gewinne **II.** *vt* ① (*produce*) ■**to ~ sth** etw hervorbringen; *cereals, fruit* etw erzeugen; **this area of land should ~ several tons of barley** dieses Stück Land sollte für etliche Tonnen Gerste gut sein ② (*render*) ■**to ~ sth** *mine, quarry, oil wells* etw liefern [*o* ergeben]; *energy, water supplies* etw spenden; (*provide*) etw hergeben; **to ~ information/results** Informationen/Ergebnisse liefern; **the talks with management failed to ~ any results** die Gespräche mit dem Management blieben ergebnislos ③ FIN ■**to ~ sth** etw abwerfen; **the bonds are currently ~ing 6-7%** die Pfandbriefe bringen derzeit 6-7 % ④ (*concede*) ■**to ~ sth [to sb]** etw [an jdn] abgeben; *competence, responsibility* etw [an jdn weiter]delegieren; **to ~ responsibility** Verantwortung übertragen ⑤ (*give in*) **to ~ ground to sb** jdm [gegenüber] nachgeben; **to ~ a point to sb** jdm ein Zugeständnis machen; (*in discussion*) jdm in einem Punkt Recht geben; (*in competition*) einen Punkt an jdn abgeben **III.** *vi* ① (*be profitable*) Ertrag geben; *land* [gute] Ernte[n] erbringen; *trees* tragen; *mine, oil well* ergiebig sein; *investments* einträglich sein, Gewinn abwerfen ② (*give way*) nachgeben; ■**to ~ to sth/sb** etw/jdm gegenüber nachgeben; **to ~ to a demand/temptation** einer Forderung/Versuchung nachgeben ③ (*bend*) *material, structure* nachgeben ④ (*form: be replaced by*) weichen; **the small houses had been forced to ~ to a modern tower block** die Häuser mussten einem modernen Wohnblock weichen ⑤ (*give right of way*) ■**to ~ to sb** jdm den Vortritt lassen; **to ~ to a vehicle** einem Fahrzeug [die] Vorfahrt gewähren ⑥ AM (*form*) ■**to ~ to sb** jdm das Wort erteilen ⑦ MIL (*old: surrender*) sich *akk* ergeben

◆**yield up** *vt* ■**to ~ up ◌ sth** etw aufgeben; **to ~ up privileges** auf Privilegien verzichten; **to ~ up rights** Rechte abtreten; **to ~ up a secret** ein Geheimnis lüften

yield·ing ['jiːldɪŋ] *adj* ① (*pliable*) dehnbar, verformbar; *cake, bread* locker ② (*compliant*) nachgiebig; **a ~ disposition** eine flexible Einstellung

yikes [jaɪks] *interj* (*fam*) [du lieber] Himmel

yin [jɪn] *n no pl* Yin *nt*

yip·pee [jɪ'piː, AM 'jɪpiː] *interj* (*fam*) jippie! *fam*

yip·py ['jɪpi] *n* <*pl* -ies> (*a politically active hippy*) Yippie *m*

ylang-ylang [ˌiːlæŋiː'læŋ, AM -lɑːŋi'lɑːŋ] *n* Ylang-Ylang *m*

YMCA [ˌwaɪemsiː'eɪ] *n abbrev of* **Young Men's Christian Association** CVJM *m*

yo *interj* ① (*sl: Black English: greeting*) hi *fam* ② (*sl: Black English: attention getter*) he! *fam* ③ (*sl: yes*) klar *fam;* **party at my place? – ~, baby** Party bei mir zu Hause? – klar doch Baby!

yob [jɒb, AM jɑːb] *n esp* BRIT, AUS (*fam*), **yob·bo** <*pl* -os *or* -oes> ['jɒbəʊ, AM 'jɑːboʊ] *n esp* BRIT, AUS (*fam*) Rabauke *m*, Rowdy *m*

yob·bish·ness ['jɒbɪʃnəs] *n* Rowdytum *nt kein pl pej*
yo·del ['jəʊdəl, AM 'joʊ-] **I.** *vi* <BRIT -ll- *or* AM *usu* -l-> jodeln **II.** *vt* <BRIT -ll- *or* AM *usu* -l-> ■**to ~ sth** etw jodeln **III.** *n* Jodler *m*
yo·del·ler ['jəʊdələʳ, AM 'joʊdələ˞] *n* Jodler(in) *m(f)*
yoga ['jəʊgə, AM 'joʊ-] **I.** *n no pl* Yoga *nt;* **to do ~** Yoga betreiben **II.** *n modifier* (*class, teacher*) Yoga-; **~ exercise** Yogaübung *f*
yo·ghourt *n see* **yogurt**
yogi ['jəʊgi, AM 'joʊ-] *n* Yogi[n] *m*
yo·gic ['jəʊgɪk, AM 'joʊ-] *adj attr, inv* Yoga-; **~ exercise** Yogaübung *f*
yo·gurt ['jəʊgət, AM 'joʊgə˞t] *n* ❶ *no pl* (*curdled milk*) Joghurt *m;* **ultra low-fat ~** Joghurt *m* der niedrigsten Fettstufe; **chilled ~** [eis]gekühlter Joghurt; **natural ~** reiner Joghurt ❷ (*portion*) Joghurt *m*
yoke [jəʊk, AM joʊk] **I.** *n* ❶ (*for pulling*) Joch *nt;* (*for carrying*) Tragjoch *nt,* Schultertrage *f* ❷ (*fig liter: oppressive burden*) Joch *nt geh;* **the ~ of marriage** das Joch der Ehe *hum;* **to throw off the ~** das Joch abschütteln *geh* ❸ <*pl* - *or* -s> **~ of oxen** Ochsengespann *nt* ❹ (*dress part*) Passe *f* **II.** *vt* ❶ (*fit with yoke*) ■**to ~ an animal** ein Tier ins Joch spannen; **to ~ animals to a plough** Tiere vor einen Pflug spannen ❷ (*fig: combine*) ■**to ~ sth together** etw [miteinander ver]koppeln ❸ (*fig: couple*) ■**to be ~d** verheiratet sein; **to be ~d together in marriage** ehelich vereint sein
yo·kel ['jəʊkəl, AM 'joʊ-] *n* (*hum o pej*) Tölpel *m,* Tolpatsch *m;* **country ~** Bauerntölpel *m pej;* (*woman also*) Landpomeranze *f hum;* **local ~** Dorftrottel *m pej fam*
yolk [jəʊk, AM joʊk] *n* Eigelb *nt,* [Ei]dotter *m*
Yom Kip·pur [ˌjɒmkɪ'pʊəʳ, AM ˌjɑːm'kɪpə˞] *n* Jom Kippur *m*
yomp [jɒmp] *vi* BRIT MIL (*sl*) marschieren
yon [jɒn, AM jɑːn] *adj attr, inv* DIAL (*poet*) jener/jene/jenes ... dort [drüben]
yon·der ['jɒndəʳ, AM 'jɑːndə˞] *inv* (*old*) **I.** *adv* DIAL dort drüben; **she lives in that village ~** sie lebt in diesem Dorf dort drüben; **down/over ~** dort drüben **II.** *adj attr* DIAL jener/jene/jenes ... dort [drüben]; **close by ~ tree is an old well** nahe bei jenem Baum dort drüben befindet sich ein alter Brunnen
yonks [jɒnks] *n no pl* BRIT, AUS (*dated fam*) **for** [*or* **in**] **~** seit Ewigkeiten *fam*
yoo-hoo ['juːhuː] *interj* juhu
yore [jɔːʳ, AM jɔːr] *n no pl* (*liter, poet*) **of ~** aus vergangenen Zeiten; **in** [**the**] **days of ~** einstmals, ehedem *liter, poet*
York·shire pud·ding [ˌjɔːkʃə'pʊdɪŋ, AM ˌjɔːrkʃə˞'-] *n esp* BRIT Yorkshire Pudding *m*
you [juː, ju, jə] *pron* ❶ (*singular*) du *in nom,* dich *in akk,* dir *in dat; polite form* Sie *in nom, akk,* Ihnen *in dat;* **~ look nice** du siehst gut aus; **I love ~** ich liebe dich; **I'll help ~ if ~ like** wenn du willst, helfe ich dir; **~'ve made an old lady very happy** du hast eine alte Frau sehr glücklich gemacht; **~ painted that yourself?** das hast du selbst gemalt?; **can I help ~?** kann ich dir/Ihnen helfen?; **are ~ listening?** hörst du zu?; **if I were ~** wenn ich dich/Sie wäre, an deiner/Ihrer Stelle; **that dress just isn't ~!** das Kleid passt einfach nicht zu dir!; **~ got it** AM (*you'll get it immediately*) sofort; **would you get me a coffee? – sure, ~ got it** würden Sie mir einen Kaffee bringen? – natürlich, sofort ❷ (*plural*) ihr *in nom,* euch *in akk, dat; polite form* Sie *in nom, akk,* Ihnen *in dat;* **~ kids are going to eat us into the poorhouse!** ihr Kinder bringt uns noch in den Ruin; **how many of ~ are there?** wie viele seid ihr?; **~ Americans/engineers/men etc.** ihr Amerikaner/Ingenieure/Männer, etc.; **I can't stand ~ men!** ich kann euch Männer nicht ausstehen!; **~ two/three/four** ihr zwei/drei/vier; **are ~ two ready?** seid ihr zwei [*o* beide] fertig? ❸ (*one*) man; **~ learn from experience** aus Erfahrung wird man klug; **~ can't get a driving licence till ~'re seventeen in this country** in diesem Land bekommt man erst mit 17 den Führerschein; **~ meet a lot of people through work** in der Arbeit trifft man viele Menschen; **it's not good for ~** das ist nicht gesund; **~ never know** man weiß nie ❹ (*in exclamations*) du ..., Sie ..., ihr ...; **~ darling!** du bist ein Engel! [*o* Schatz!]; **~ clever girl!** du kluges Mädchen!; **~ fools!** ihr Dummköpfe!; **hey ~, what are you doing in there?** he Sie, was machen Sie da drinnen?; **now there's a man for ~!** das ist [doch mal] ein toller Mann!; **just ~ dare!** untersteh dich!
▶ PHRASES: **~ and yours** die Familie; **Christmas is a time to spend with ~ and yours** Weihnachten sollte man mit der Familie verbringen
you-all [ju'ɔːl] *pron pl* AM DIAL (*fam: all of you*) ihr alle; **are ~ coming tonight?** kommt ihr heute Abend alle?; **~ seem very busy** ihr scheint alle sehr beschäftigt zu sein; **how are ~?** wie geht es euch allen?
you'll [juːl] = **you will** *see* **will**[1]
young [jʌŋ] **I.** *adj* ❶ (*not old*) jung; **I'm not as ~ as I was, you know** ich bin nämlich nicht mehr der/die Jüngste; **you're only ~ once!** man ist nur einmal jung!; **we married ~** wir haben jung geheiratet; **a ~ couple** ein junges Paar; **~ children** kleine Kinder; **the ~er generation** die jüngere Generation; **to be rather/too ~ to do sth** recht/zu jung sein, um etw zu tun ❷ (*young-seeming*) jugendlich, jung; (*immature*) kindlich; **she's a very ~ forty** für vierzig sieht sie sehr jung aus; **she's ~ for sixteen** für sechzehn ist sie noch recht kindlich; **to be/look ~ for one's age** jung für sein Alter sein/aussehen; **to be ~ at heart** im Herzen jung [geblieben] sein; **to be a bit/too ~ for sb** *clothes* ein bisschen/zu jugendlich für jdn sein ❸ (*not as old*) **if I was ten years ~er, ...** wenn ich zehn Jahre jünger wäre, ...; **this is John, our ~est** das ist John, unser Jüngster; **in sb's ~**[**er**] **days** in jds jüngeren Jahren ❹ (*early*) [noch] nicht weit fortgeschritten; **the night is still ~, let's go to a night club?** die Nacht ist noch jung, gehen wir doch in einen Nachtklub? ❺ (*newly formed*) jung; **a ~ company** ein junges Unternehmen; **a ~ country** ein junges Land ❻ (*title*) ■**the Y~er** der/die Jüngere; **Pieter Brueghel/Pitt the Y~er** Pieter Brueghel/Pitt der Jüngere; **~ Mr Jones** Herr Jones junior
▶ PHRASES: **live fast, die ~** lieber kurz, aber dafür intensiv gelebt **II.** *npl* ❶ (*young people*) ■**the ~** die jungen Leute ❷ ZOOL (*offspring*) Junge *pl*
young 'blood *n no pl* junges [*o* frisches] Blut **young 'lady** *n* ❶ (*form of address*) junge Dame ❷ (*dated: girlfriend*) Auserwählte *f hum geh,* Zukünftige *f hum* **young 'love** *n no pl* junge Liebe **young 'man** *n* ❶ (*form of address*) junger Mann; **excuse me, ~ ...** Verzeihung, junger Mann, ... ❷ (*dated: boyfriend*) Auserwählte(r) *m hum geh,* Zukünftige(r) *m hum* **young of·fend·ers' in·sti·'tu·tion** *n* BRIT Jugendstrafanstalt *f* **'young ones** *npl* ■**the ~** (*children*) die Kleinen; (*young adults*) junge Leute
young·ster ['jʌŋ(k)stəʳ, AM -ə˞] *n* (*fam*) Jugendliche(r) *f(m);* **you ~s** ihr jungen Leute; **homeless ~s** obdachlose Jugendliche
your [jɔːʳ, jʊəʳ, AM jʊr] *adj poss* ❶ (*of you, singular*) dein(e); (*plural*) euer/eure; (*polite*) Ihr(e); **garlic is good for ~ blood** Knoblauch ist gut für das Blut ❷ (*one's*) sein(e); **it's enough to break ~ heart** es bricht einem förmlich das Herz; (*referring to sb else*) **~ average German** der durchschnittliche Deutsche; **she's one of ~ chatty types** sie redet auch gern viel
you're [jɔːʳ, jəʳ, AM jʊr, jə˞] = **you are** *see* **be**
yours [jɔːz, AM jʊrz] *pron poss* ❶ (*belonging to you*) deine(r, s), Ihre(r, s); **this is my plate and that one's ~** dies ist mein Teller und der da ist deiner; **is this pen ~?** ist das dein Stift?; **unfortunately, my legs aren't as long as ~** leider sind meine Beine nicht so lang wie deine; **the choice is ~** Sie haben die Wahl; **what's ~?** (*to drink*) was möchtest du [trinken]?; **you and ~** du und deine Familie, du und die deinen *geh;* ■**sth of ~** dein(e); **that recipe of ~ for cheesecake was wonderful!** dein Rezept für Käsekuchen war wunderbar!; **you know, that dog of ~ smells** weißt du, dein Hund stinkt; **it's no business of ~** das geht dich nichts an ❷ (*belonging to people in general*) **someone else's dirty handkerchief is revolting but**

it's okay if it's ~ fremde schmutzige Taschentücher sind widerwärtig, das eigene ist aber okay ❸ (*at end of letter*) ~ [**truly/sincerely/faithfully**], ..., **sincerely/faithfully** ~ mit freundlichen Grüßen, ...; ~, **as ever, Christiane** in Liebe, deine Christiane ❹ COMM (*your letter*) Ihr Brief; **Mr Smythe has sent me ~ of the 15th inst. regarding the vacancy** Mr Smythe hat mir Ihren Brief vom 15. des Monats betreffend der freien Stelle übermittelt ▶PHRASES: **up** ~! (*vulg*) leck mich! *derb;* ~ **truly** (*fam*) ich; **and who had to do the dishes? – ~ truly!** und wer musste dann abwaschen? – ich natürlich!

your·self <*pl* yourselves> [jɔːˈself, AM jʊr'-] *pron* ❶ *after vb* dich; **if you apply ~ and study hard, I'm sure you'll do well in the test** wenn du dich anstrengst und viel lernst, wirst du die Prüfung sicher gut schaffen; **did you enjoy ~ at the picnic?** hat dir das Picknick gefallen?; **be careful with that knife or you'll cut ~!** sei vorsichtig mit dem Messer, damit du dich nicht schneidest; **try to calm ~ and tell us exactly what happened** beruhig dich und erzähl uns genau, was passiert ist; **how would you describe ~?** wie würden Sie sich beschreiben?; **help yourselves, boys** bedient euch, Jungs ❷ *after prep to, for, at* dir *dat*, dich *akk;* **do you always talk to ~ like that?** sprichst du immer so mit dir selbst?; **see for ~** sieh selbst ❸ (*oneself*) sich; **you tell ~ everything's all right but you know it's not really** man sagt sich, dass alles in Ordnung ist, aber man weiß, dass das nicht stimmt; **you should love others like you love ~ – at least that's what it says in the Bible** man soll andere lieben wie sich selbst – das steht zumindest in der Bibel ❹ (*personally*) selbst; **you can do that ~** du kannst das selbst machen; **you could write to him ~, you know** du könntest ihm selbst schreiben, weißt du; **you're going to have to do it ~** das wirst du selbst machen müssen; **to see/taste/feel/try sth for ~** etw selbst sehen/kosten/fühlen/versuchen; **it's right here in black and white – read it for ~!** hier steht es schwarz auf weiß – lies selbst!; **you ~ ...** du selbst ...; **you ~ said that you sometimes find your mother a pain** du selbst hast gesagt, dass deine Mutter manchmal nervt ❺ (*alone, without help*) dich; **to keep sth for ~** sich *dat* etw behalten, etw für sich *akk* behalten; **do you want to keep those sweets for ~?** willst du die Bonbons [alle] für dich behalten?; ■**[all] by ~** [ganz] allein; **did you carry all that heavy stuff in all by ~?** hast du die ganzen schweren Sachen alleine getragen?; **to have sth [all] to ~** etw für sich *akk* allein haben; **so have you got the whole house to ~ this weekend?** hast du das Haus übers Wochenende für dich allein? ❻ (*normal*) **to be ~** du selbst sein; **the best thing you can do is to go into the interview and just be ~** das Beste, was du bei dem Bewerbungsgespräch tun kannst, ist ganz natürlich sein; **to not be/feel/seem ~** nicht du selbst sein/zu sein scheinen; **to look ~** wie du selbst aussehen; **you don't look ~ in those jeans** du siehst in den Jeans so fremd aus ▶PHRASES: **in ~** BRIT (*dated*) trotz allem; **I heard of your latest tragedy, but how are you in ~?** ich habe von deinem letzten Unglück gehört, wie geht es dir trotz allem?; **how's ~?** (*fam*) wie geht's?; **me and the wife are doing fine, thanks, and how's ~?** meiner Frau und mir geht's gut, danke, und selbst? *fam*

youth [juːθ] **I.** *n* ❶ *no pl* (*period when young*) Jugend *f;* **sb's misspent ~** jds vergeudete Jugend; **in my ~** in meiner Jugend ❷ *no pl* (*being young*) Jugend[lichkeit] *f;* **to have got ~ on one's side** den Vorteil der Jugend besitzen; **the secret of eternal ~** das Geheimnis ewiger Jugend ❸ (*young man*) junger Mann, Jugendliche(r) *m;* **a callow ~** ein grüner Junge *fam,* ein Grünschnabel *m fam* ❹ (*young people*) ■**the ~** *pl* die Jugend; **the ~ of today** die Jugend von heute **II.** *n modifier* (*club, crime, group, movement, orchestra, organization, team, unemployment*) Jugend-; ~ **culture** Jugendszene *f;* ~ **section** (*of political party*) [organisierte] Parteijugend

'youth cen·ter *n* AM, **'youth cen·tre** *n* BRIT, **'youth club** *n* Jugendzentrum *nt*

youth·ful [ˈjuːθfᵊl] *adj* ❶ (*young-looking*) jugendlich; ~ **appearance** jugendliches Aussehen; ~ **good looks** jugendlich-hübsche Erscheinung; ~ **skin** junge Haut ❷ (*young*) jung ❸ (*typical of the young*) jugendlich; ~ **enthusiasm/vigour** [*or* AM **vigor**] jugendlicher Enthusiasmus/Elan; ~ **impetuosity/overconfidence** jugendlicher Übermut/Leichtsinn

youth·ful·ness [ˈjuːθfᵊlnəs] *n no pl* ❶ (*youthful appearance*) Jugendlichkeit *f* ❷ (*youthful spirit*) jugendliche Art

'youth hos·tel *n* Jugendherberge *f* **'youth hos·tel·ling** *n no pl* **to go ~** von Jugendherberge zu Jugendherberge ziehen **Youth 'Train·ing Scheme** *n* BRIT *Berufsfindungsprojekt für Jugendliche*

you've [juːv] = **you have** *see* **have I., II.**

yowl [jaʊl] **I.** *vi cat, dog* heulen, jaulen; *person* [auf]heulen, brüllen **II.** *n* Gejaule *nt;* **ear-splitting ~s** ohrenbetäubendes Gejaule

yo-yo <*pl* -os> [ˈjəʊjəʊ, AM ˈjoʊjoʊ] *n* Jo-Jo *nt;* **the oil price has been up and down like a ~ in the last few months** der Ölpreis ist in den letzten paar Monaten rauf- und runtergeschnellt

'yo-yo diet *n* (*fam*) Jo-Jo-Diät *f* **yo-yo 'diet·ing** *n no pl* (*fam*) Abnehmen *nt* und gleich wieder Zunehmen **'yo-yo ef·fect** *n* Jo-Jo-Effekt *m*

YTS [ˌwaɪtiːˈes] *n* BRIT *abbrev of* **Youth Training Scheme**

yuc·ca [ˈjʌkə] *n* Yucca[palme] *f*

yuck [jʌk] *interj* (*fam*) i, igitt

yucky [ˈjʌki] *adj* (*fam*) ek[e]lig, widerlich; **a ~ mess** eine fürchterliche Sauerei

Yu·go·slav [ˈjuːgə(ʊ)slɑːv, AM -goʊ-] **I.** *adj inv* ❶ (*country*) Jugoslawien- ❷ (*nationality*) jugoslawisch; **to be ~** Jugoslawe/Jugoslawin sein **II.** *n* Jugoslawe, -in *m, f*

Yu·go·sla·via [ˌjuːgə(ʊ)ˈslɑːviə, AM -goʊ'-] *n no pl* Jugoslawien *nt;* **the former ~** das ehemalige Jugoslawien

Yu·go·sla·vian [ˌjuːgə(ʊ)ˈslɑːviən, AM -goʊ'-] **I.** *adj inv* ❶ (*country*) Jugoslawien-; **our ~ holiday** unser Urlaub in Jugoslawien ❷ (*nationality*) jugoslawisch; **to be ~** Jugoslawe/Jugoslawin sein **II.** *n* Jugoslawe, -in *m, f*

yuk *interj see* **yuck**

yuk·ky *adj see* **yucky**

yuk up <-kk-> *vt* (*sl*) ■**to ~ it up with sb** mit jdm ein Schwätzchen halten

Yule [juːl] *n* (*liter or old*) *veraltender literarischer Ausdruck skandinavischen Ursprungs für Weihnachten*

'yule log *n* ❶ (*log*) *großes Holzscheit, das zur Weihnachtszeit im offenen Feuer brennt* ❷ (*cake*) *Schokoladenkuchen in der Form eines Holzscheits, der zur Weihnachtszeit gegessen wird*

Yule·tide [ˈjuːltaɪd] **I.** *n* (*liter or old*) Weihnachtszeit *f* **II.** *n modifier* (*atmosphere, dinner, morning, tree*) Weihnachts-; ~ **festivities** Weihnachtsfeierlichkeiten *fpl;* ~ **greetings** Weihnachtsgrüße *mpl;* ~ **season** Weihnachtszeit *f*

yum·my [ˈjʌmi] *adj* (*fam*) ❶ (*delicious*) lecker; **~-looking desserts** appetitlich aussehende Desserts ❷ (*attractive*) süß, schnuck[e]lig *fam,* zum Anbeißen *nach n*

yup·pie [ˈjʌpi] *n* Yuppie *m meist pej*

yup·pi·fy <-ie-> [ˈjʌpɪfaɪ] *vt usu passive* (*usu pej fam*) **the pub has been so yuppified that you look out of place there in jeans** die Kneipe ist dermaßen hochgestylt worden, dass man sich da mit Jeans nicht mehr blicken lassen kann

yup·py *n see* **yuppie**

yurt [jɜːt, AM jɜːrt] *n* Jurte *f*

Z z

Z <*pl* -s>, **z** <*pl* 's *or* -'s> [zed, AM zi:] *n* ❶ (*letter*) Z *nt,* z *nt;* ~ **for** [*or* AM *a.* **as in**] **Zebra** Z für Zacharias; *see also* **A** ❷ (*third unknown person, thing*) Z ▸ PHRASES: **to catch** [*or* **get**] **some** ~**'s** AM (*fam*) ein Nickerchen machen *fam; see also* **A**[1] **4**

z [zed, AM zi:] *n* MATH z *nt;* ~**-axis** z-Achse *f*

za·ba·glio·ne [ˌzæbəlˈjəʊni, AM ˌzɑ:bəlˈjoʊni] *n* Zabaglione *f*

zaf·tig [ˈzæftɪg] *adj attr* AM (*fam*) drall, pummelig

Za·ire [zaɪˈɪəʳ, AM -ˈɪr] *n no pl* Zaire *nt*

Za·irean, Za·irian [zaɪˈɪəriən, AM -ˈɪr-] **I.** *adj inv* zairisch **II.** *n* Zairer(in) *m(f)*

Zam·bia [ˈzæmbiə] *n no pl* Sambia *nt*

Zam·bian [ˈzæmbiən] **I.** *adj inv* ❶ (*country*) sambisch ❷ (*nationality*) sambisch **II.** *n* Sambier(in) *m(f)*

zany [ˈzeɪni] *adj* (*fam*) ulkig, verrückt; **Daisy is a pretty** ~ **character** Daisy ist eine total schräge Nummer; ~ **humour** [*or* AM **humor**] skurriler Humor

zap [zæp] (*fam*) **I.** *vt* <-pp-> ❶ (*destroy*) ■**to** ~ **sb** jdn erledigen; ■**to** ~ **sth** etw kaputtmachen; **to** ~ **the competition** die Konkurrenz ausschalten; **to** ~ **the enemy** den Feind alle machen *fam* ❷ (*send fast*) ■**to** ~ **sth** etw blitzschnell übermitteln ❸ (*move fast*) ■**to** ~ **sb** jdn katapultieren *a. fig;* **he** ~**ped us back to the airport in no time** er hatte uns in null Komma nichts wieder zum Flughafen gebracht ❹ AM FOOD (*in the microwave*) ■**to** ~ **sth** etw in der Mikrowelle aufwärmen ❺ COMPUT (*delete*) ■**to** ~ **sth** etw löschen **II.** *vi* <-pp-> ❶ (*go fast*) düsen; **they're always** ~**ping off somewhere or other** sie haben es immer eilig, irgendwohin zu kommen; **to** ~ **to the airport/beach** zum Flughafen/Strand sausen *fam* ❷ (*change channels*) zappen *fam;* **to** ~ **between** [*or* **through**] **channels** durch die Kanäle zappen *fam* **III.** *n no pl esp* AM Pep *m fam,* Schwung *m* **IV.** *interj* schwups!, schwuppdiwupp!

zap·per [ˈzæpəʳ, AM -ɚ] *n* (*fam*) Fernbedienung *f*

zap·py [ˈzæpi] *adj esp* AM (*fam*) animierend, peppig *fam;* **a** ~ **advertising campaign** eine zündende Werbekampagne

zeal [zi:l] *n no pl* Eifer *m;* **missionary/religious** ~ missionarischer/religiöser Eifer; **with determined** ~ mit Entschlossenheit

zeal·ot [ˈzelət] *n* (*usu pej*) Fanatiker(in) *m(f);* **a feminist** ~ eine fanatische Feministin

zeal·ot·ry [ˈzelətri] *n no pl* Fanatismus *m*

zeal·ous [ˈzeləs] *adj* [über]eifrig; **he was not thought to have been sufficiently** ~ **on his client's behalf** er hat sich anscheinend nicht genug für die Belange seines Klienten eingesetzt; ■**to be** ~ **to do sth** bestrebt sein, etw zu tun; **they have been extremely** ~ **in their attempts to get smoking banned in the office** sie haben leidenschaftlich dafür gekämpft, dass das Rauchen in den Büros verboten wird; **a** ~ **convert to** [*or* **supporter of**] **sth** ein leidenschaftlicher Verfechter/eine leidenschaftliche Verfechterin einer S. *gen*

zeal·ous·ly [ˈzeləsli] *adv* eifrig; **she** ~ **promoted her friend's book** sie hat sich voll und ganz für das Buch ihres Freundes eingesetzt

zeb·ra <*pl* -s *or* -> [ˈzebrə, AM ˈzi:-] *n* Zebra *nt;* **a herd of** ~**s** eine Zebraherde

zeb·ra 'cross·ing *n* BRIT, AUS Zebrastreifen *m*

zeit·geist [ˈtsaɪtgaɪst, AM *also* ˈzaɪt-] *n no pl* Zeitgeist *m;* **the** ~ **of the sixties** der Zeitgeist der Sechziger

Zen [zen] *n,* **Zen Bud·dhism** *n no pl* Zen *nt*

zen·ith [ˈzenɪθ, AM ˈzi:n-] *n* ❶ ASTRON (*highest point*) Zenit *m* ❷ (*most successful point*) Zenit *m geh,* Gipfel *m;* **to be at the** ~ **of one's fame** auf dem Gipfel seines Ruhmes sein

Zen out *vi* AM (*sl*) sich *akk* entspannen

zeph·yr [ˈzefəʳ, AM -ɚ] *n* (*poet*) Zephir *m veraltet liter*

zep·pe·lin [ˈzepəlɪn, AM -pə-] *n* Zeppelin *m*

zero [ˈzɪərəʊ, AM ˈzɪroʊ] **I.** *n* <*pl* -os *or* -oes> ❶ MATH Null *f* ❷ (*point on scale*) Null *f;* **the needle is at** [*or* **on**] ~ die Nadel steht auf null ❸ *temperature* Nullpunkt *m,* Gefrierpunkt *m;* **10 degrees above/below** ~ zehn Grad über/unter null ❹ (*nothing, lowest possible*) null; **to reduce sth to** ~ etw auf null reduzieren ❺ (*fig, pej: worthless person*) Null *f pej,* Niete *f pej* **II.** *adj inv* ❶ (*lowest possible level*) **at** ~ **altitude** in unmittelbarer Bodennähe; **at** ~ **extra cost** ohne zusätzliche Kosten; **at** ~ **gravity** bei Schwerelosigkeit; ~ **growth** Nullwachstum *nt;* ~ **inflation** Nullinflation *f* ❷ (*none, nothing at all*) kein bisschen, keinerlei; **his prospects are** ~ seine Aussichten sind gleich null **III.** *vt* **to** ~ **a counter/an instrument** einen Zähler/ein Gerät auf null einstellen

◆**zero in** *vi* ❶ (*aim precisely*) **to** ~ **in on a target** ein Ziel anvisieren ❷ (*shoot*) sich *akk* einschießen ❸ (*fig: focus on*) ■**to** ~ **in on sth** sich *akk* auf etw *akk* konzentrieren

◆**zero out** *vt* (*eliminate*) ■**to** ~ **sb** ⟲ **out** jdn ausradieren *pej sl*

'zero hour *n* MIL die Stunde null **zero-'rat·ed** *adj inv* BRIT FIN von der Mehrwertsteuer befreit **zero 'tol·er·ance** *n no pl* LAW Nulltoleranz *f*

zest [zest] *n no pl* ❶ (*enthusiasm, energy*) Eifer *m;* **he approaches every task with a boundless** ~ er geht mit Feuereifer an jede Aufgabe heran; ~ **for life** Lebensfreude *f,* Lebenslust *f;* **to do sth with** ~ etw begeistert [*o* mit Begeisterung] tun ❷ (*stimulation*) [An]reiz *m,* Würze *f;* **to add some** ~ **to sth** Schwung in etw *akk* bringen ❸ (*rind*) Schale *f;* **lemon/lime/orange** ~ Zitronen-/Limonen-/Orangenschale *f*

zest·ful [ˈzestfəl] *adj* ❶ (*lively*) *person* lebenslustig ❷ (*energetic*) begeisternd, durchschlagend; **a** ~ **performance** eine mitreißende Vorstellung

Zeus [zju:s, AM zu:s] *n* Zeus *m*

zig·zag [ˈzɪgzæg] **I.** *n* ❶ (*line, course*) Zickzack *m;* **in a** ~ im Zickzack ❷ (*turn on course*) Zickzackkurve *f* **II.** *adj inv* Zickzack-; **we followed the** ~ **path up the hill** wir liefen im Zickzack den Bergpfad hinauf; **to steer a** ~ **course** einen Zickzackkurs steuern; ~ **pattern** Zickzackmuster *nt* **III.** *adv inv* im Zickzack; **to get to the airport she drives** ~ **across the city** um zum Flughafen zu kommen, fährt sie kreuz und quer durch die Stadt **IV.** *vi* <-gg-> sich *akk* im Zickzack bewegen; *line, path* im Zickzack verlaufen

zilch [zɪltʃ] (*fam*) **I.** *pron* null *fam,* nix *fam;* **how many points did you score? –** ~ wie viele Punkte hast du gemacht? – nicht einen **II.** *adj inv* null *fam;* **the chances are pretty well** ~ die Aussichten sind gleich null

zil·lion [ˈzɪljən] *n* zigtausend *fam;* **a** ~ **times,** ~**s of times** zigmal *fam*

Zim·ba·bwe [zɪmˈbɑ:bweɪ] *n no pl* Simbabwe *nt*

Zim·ba·bwean [zɪmˈbɑ:bwiən] **I.** *adj inv* ❶ (*country*) simbabwisch ❷ (*nationality*) simbabwisch; **her mother is** ~ ihre Mutter kommt aus Zimbabwe **II.** *n* Simbabwer(in) *m(f)*

Zim·mer frame® [ˈzɪmə-] *n* BRIT Laufgestell *nt*

zinc [zɪŋk] *n no pl* Zink *nt*

zinc 'ox·ide *n no pl* MED Zink[oxid]salbe *f*

zine [zi:n] *n* (*fam*) *short for* **magazine** Hochglanzmagazin *nt*

zing [zɪŋ] **I.** *n* ❶ *no pl* (*fam: liveliness*) Pep *m fam,* Pfiff *m* ❷ (*noise of bullet*) Pfeifen *nt,* Sirren *nt* **II.** *vi* schwirren, zischen **III.** *vt* ■**to** ~ **sb** jdn bestrafen

zingy [ˈzɪŋi] *adj* (*fam*) peppig *fam,* pfiffig; ~ **slogan** fetziger Slogan

Zion·ism [ˈzaɪənɪzəm] *n no pl* Zionismus *m*

Zion·ist [ˈzaɪənɪst] **I.** *adj inv* zionistisch; **the** ~ **movement** die zionistische Bewegung **II.** *n* Zionist(in) *m(f)*

zip [zɪp] **I.** *n* ❶ *esp* BRIT (*zipper*) Reißverschluss *m;* **to do up a** ~ einen Reißverschluss zumachen ❷ *no pl* (*fam: vigour*) Schwung *m;* **these new measures are intended to put a**

bit of ~ back into the economy diese neuen Maßnahmen sollen die Wirtschaft ankurbeln **II.** *pron* AM (*fam: nothing*) null *fam;* **I know ~ about computers** ich habe null Ahnung von Computern; **they have done ~ about it** sie haben bisher rein gar nichts unternommen **III.** *vt* <-pp-> ❶ (*close*) **to ~ clothing** den Reißverschluss eines Kleidungsstücks zumachen; **would you mind helping me to ~ my dress** könntest du mir vielleicht den Reißverschluss [an meinem Kleid] zumachen? ❷ (*fasten in*) den Reißverschluss zumachen; **they ~ped themselves into their sleeping bags** sie zogen die Reißverschlüsse an ihren Schlafsäcken zu ❸ (*connect two things*) ■**to ~ sth together** etw mit einem Reißverschluss zusammenziehen ▸ PHRASES: **to ~ one's lip** [*or* **mouth**] (*sl*) den Mund halten **IV.** *vi* <-pp-> ❶ (*close zip*) den Reißverschluss zuziehen ❷ (*go quickly*) rasen, fegen *fam;* **he ~ped through the traffic on his bike** er flitzte auf seinem Fahrrad durch den Verkehr; ■**to ~ along** dahinsausen, dahinfegen *fam;* **I'm just going to ~ along to the shops** ich düse nur mal eben durch die Geschäfte; ■**to ~ past** vorbeirasen; ■**to ~ through sth** (*fam*) etw im Eiltempo [*o* Schnelldurchgang] erledigen

◆**zip up I.** *vt* ❶ (*fasten with zip*) ■**to ~ up** ⊂ **sth** den Reißverschluss an etw *dat* zuziehen; **to ~ up a bag/a dress/trousers** den Reißverschluss einer Tasche/eines Kleides/einer Hose zumachen ❷ (*fasten sb's zip*) ■**to ~ up** ⊂ **sb** jdm den Reißverschluss zumachen **II.** *vi* sich *akk* mit einem Reißverschluss schließen lassen; **the dress ~s up at the back** das Kleid hat hinten einen Reißverschluss

'zip code *n* AM (*postal code*) ≈ Postleitzahl *f* **zip 'fast·en·er** *n* BRIT, **zip·per** ['zɪpəʳ, AM -ɚ] *n* AM, AUS Reißverschluss *m*

zip·py ['zɪpi] *adj* (*fam*) *person* lebhaft, quirlig; **a ~ car** ein flottes Auto

zit [zɪt] *n* (*fam*) kleiner Pickel, Wimmerl *nt* SÜDD, ÖSTERR *fam,* Stippe *f* NORDD *fam*

zith·er ['zɪðəʳ, AM -θɚ] *n* Zither *f*

zo·di·ac ['zəʊdiæk, AM 'zoʊ-] *n* ❶ *no pl* ASTROL, ASTRON (*area*) ■**the ~** der Zodiakus *fachspr,* der Tierkreis; **the signs of the ~** die Tierkreiszeichen [*o* Sternzeichen] *ntpl* ❷ ASTROL (*chart*) Zodiakus *m fachspr*

zo·dia·cal [zəʊ'daɪəkᵊl, AM zoʊ'-] *adj inv* ASTROL zodiakal *fachspr,* Tierkreis-; **~ sign** Tierkreiszeichen *nt,* Sternzeichen *nt*

zom·bie ['zɒmbi, AM 'zɑː-] *n* ❶ (*pej fam: mindless person*) Zombie *m pej fam,* Schwachkopf *m pej fam* ❷ (*revived corpse*) Zombie *m*

zon·al ['zəʊnᵊl, AM 'zoʊ-] *adj inv* Zonen-, zonal; **~ boundary** Zonengrenze *f;* **~ division** Zoneneinteilung *f*

zone [zəʊn, AM zoʊn] **I.** *n* ❶ (*defined area*) Zone *f,* Region *f;* **earthquake ~** Erdbebenregion *f;* **relegation ~** SPORTS abstiegsgefährdete Ränge *mpl;* **time ~** Zeitzone *f;* **the central time ~** *Standardzeit für die Mittelstaaten der USA und von Teilen Zentralkanadas;* **wheat ~** Weizengürtel *m;* **erogenous ~** ANAT erogene Zone; **temperate ~** GEOG, METEO gemäßigte Zone ❷ (*restricted area*) **combat/war ~** MIL Kampf-/Kriegsgebiet *nt;* **danger ~** Gefahrenzone *f;* **no-fly ~** MIL Flugverbotszone *f;* **no-parking ~** Parkverbotszone *f* ❸ (*in city planning*) Gebiet *nt;* **business** [*or* **commercial**] **~** Geschäftszentrum *nt;* **industrial/residential ~** Industrie-/Wohngebiet *nt* **II.** *vt* ADMIN, LAW **to ~ an area/~ land** ein Gebiet/Land in [Nutzungs]zonen aufteilen; **this area has been ~d as agricultural land** dieses Gebiet ist als Agrarland ausgewiesen worden

◆**zone out** *vi* [mit den Gedanken] abschweifen, abdriften

zon·ing ['zəʊnɪŋ, AM 'zoʊn-] **I.** *n no pl* ADMIN, LAW (*system*) Bodenordnung *f;* (*effecting*) Umlegung *f fachspr,* Nutzungszuweisung *f* **II.** *adj attr, inv* **~ law** Baugesetz *nt;* **~ restriction** Planungsbeschränkung *f*

zonk [zɒŋk, AM zɑːŋk] **I.** *vt* ❶ (*hit*) ■**to ~ sb** jdn hauen ❷ (*exhaust*) ■**to ~ sb out** jdn [richtig] schaffen **II.** *vi* wegtreten *fam;* **I always ~ out when I've been drinking red wine** ich bin immer ganz hinüber, wenn ich Rotwein getrunken habe

zonked [zɒŋkt, AM zɑːŋkt] *adj* (*sl*), **zonked out** *adj pred* (*sl*) ❶ (*exhausted*) kaputt *fam,* geschafft *fam* ❷ (*drunk, high*) zu *sl,* hinüber *fam*

zoo [zuː] *n* Zoo *m*

zoo·keep·er ['zuːˌkiːpəʳ, AM -ɚ] *n* Wärter(in) *m(f),* Tierpfleger(in) *m(f)*

zoo·logi·cal [ˌzəʊə(ʊ)'lɒdʒɪkᵊl, AM ˌzoʊə'lɑː-] *adj inv* zoologisch; **~ research** zoologische Forschung; **~ studies** zoologische Studien

zoo·logi·cal 'gar·dens *npl* (*dated form*) Zoo *m*

zo·olo·gist [zu'ɒlədʒɪst, AM zoʊ'ɑːl-] *n* Zoologe, -in *m, f*

zo·ol·ogy [zu'ɒlədʒi, AM zoʊ'ɑːl-] *n no pl* Zoologie *f*

zoom [zuːm] **I.** *n* ❶ (*lens*) Zoom[objektiv] *nt* ❷ (*adaptation*) [automatische] Entfernungseinstellung; (*picture as regards distance*) Nahaufnahme *f;* (*picture as regards size*) Großaufnahme *f* **II.** *adj attr, inv* Zoom-; **~ lens** Zoomobjektiv *nt* **III.** *vi* (*fam*) ❶ (*move very fast*) rasen *fam;* ■**to ~ ahead** [*or* **off**] davonsausen; (*in a race*) vorpreschen; ■**to ~ past** vorbeirasen; (*fig*) *year* rasend schnell vergehen ❷ (*increase dramatically*) steil ansteigen; *prices* in die Höhe schießen ❸ PHOT, FILM (*have capacity to zoom*) zoomen; **does this camera ~ or not?** hat diese Kamera ein Zoomobjektiv?

◆**zoom in** *vi* [nahe] heranfahren, heranzoomen; ■**to ~ in on sth** auf etw *akk* [ein]schwenken

◆**zoom out** *vi* wegzoomen

Zo·ro·as·trian·ism [ˌzɒrəʊ'æstriənɪzᵊm, AM ˌzɔːroʊ'-] *n no pl* Zoroastrismus *m*

zuc·chi·ni <*pl* -s *or* -> [zʊ'kiːni, AM zuː'-] *n* AM, AUS (*courgette*) Zucchini *f*

Zulu ['zuːluː] **I.** *n* ❶ (*person*) Zulu *m* ❷ *no pl* (*language*) Zulu *nt* **II.** *adj inv, attr* Zulu-; **~ chief** Zuluhäuptling *m;* **~ warrior** Zulukrieger *m*

Zu·lu·land ['zuːluːlænd] *n no pl* KwaZulu-Natal *nt,* Zululand *nt hist*

zy·gote ['zaɪgəʊt, AM -goʊt] *n* BIOL Zygote *f fachspr*

PONS

Wörterbuch für
Schule und Studium

Studienausgabe

Deutsch
Englisch

Neubearbeitung 2006

Ernst Klett Sprachen

Barcelona · Belgrad · Budapest
Ljubljana · London · Posen · Prag
Sofia · Stuttgart · Zagreb

PONS Wörterbuch für Schule und Studium
Deutsch-Englisch

Studienausgabe

Bearbeitet von: Marieluise Schmitz

Bearbeitet auf der Basis des PONS Wörterbuch für Schule und Studium, Studienausgabe
Englisch – Deutsch/Deutsch – Englisch, ISBN 3-12-517507-0

Einige der Beispiele in diesem Wörterbuch basieren auf Beispielen aus dem Korpus
des Cambridge International Dictionary of English (Cambridge University Press, 1995)
(www.cambridge.org/elt/cide). Dies ist mit Einwilligung von Cambridge University Press erfolgt.

Dieses Werk folgt der amtlichen Regelung der deutschen Rechtschreibung
in der Fassung von 2006.

A

Aa

A, a <-, - *o fam* -s, -s> [a:] *nt* ❶ (*Buchstabe*) A, a; **ein großes A/ein kleines a** a capital A/a small a; ~ **wie Anton** A for Andrew BRIT, A as in Abel AM ❷ MUS A, a; **A-Dur/a-Moll** A major/A minor; **das ~ anschlagen** to hit a ▶ WENDUNGEN: **von ~ nach B [kommen]** [to get] from A to B; **wer ~ sagt, muss auch B sagen** (*prov*) if you make your bed, you've got to lie in it, BRIT *a.* in for a penny, in for a pound *prov;* **das ~ und [das] O** the be-all and end-all, the most important thing; **von ~ bis Z** (*fam: von Anfang bis Ende*) from beginning to end; (*in- und auswendig*) inside out

à [a] *präp* at; **200 Flaschen Mouton ~ 135 Euro** 200 bottles of Mouton at 135 euros each

Ä, ä <-, - *o fam* -s> [ɛ:] *nt* a umlaut

Aa <-> [a'ʔa] *nt kein pl* (*Kindersprache*) poo[h] BRIT *childspeak,* poop AM *childspeak;* ~ **machen** to do a poo[h] [*or* AM poop]

AA <-> *nt kein pl* ❶ *Abk von* **Auswärtiges Amt** ≈ FCO BRIT, ≈ State Department AM ❷ *ohne Art Abk von* **Anonyme Alkoholiker** AA

Aa·chen <-s> ['a:xn̩] *nt* Aachen

Aal <-[e]s, -e> [a:l] *m* eel ▶ WENDUNGEN: **glatt wie ein ~** as slippery as an eel; **sich [drehen und] winden wie ein ~** (*aus Unaufrichtigkeit*) to wriggle like a worm; (*aus Verlegenheit*) to squirm

aa·len ['a:lən] *vr* (*fam*) ■**sich ~** to stretch out; ■**sich in der Sonne ~** to bask in the sun

aal·glatt ['a:l'glat] I. *adj* (*pej*) slippery II. *adv* (*pej*) artfully **Aal·quap·pe** *f* KOCHK burbot, eelpout **Aal·sup·pe** *f* eel soup

AAM <-s, -s> *m Abk von* **angeborener Auslösemechanismus** IRM

a.a.O. *Abk von* **am angegebenen Ort** loc. cit.

Aar·gau <-s> ['a:ɐ̯gau] *m* ■**der ~** Aargau

Aas <-es> [a:s] *nt* ❶ *pl* Aase (*Tierleiche*) carrion ❷ *pl* Äser (*fam männliche Person*) bastard *fam!,* AM *a.* jerk *fam!;* (*weibliche Person*) bitch *fam!* ▶ WENDUNGEN: **kein ~** (*fam*) not a soul

aa·sen ['a:zn̩] *vi* (*fam*) ■**mit etw** *dat* ~ to fritter away sth *sep;* **mit Energie/Rohstoffen ~** to squander energy/resources; **mit seiner Gesundheit ~** to neglect one's health

Aas·fres·ser <-s, -> *m* carrion-eating animal **Aas·gei·er** *m* vulture *a. pej;* **ihr seid wie die ~!** you're vultures! **Aas·kä·fer** *m* carrion-beetle

ab [ap] I. *adv* ❶ (*weg, entfernt*) off; **zur Post geht es an der Kreuzung links ~** the post office is off to the left at the crossroads; ~ **sein** to be out in the sticks; **weit ~ sein** [*o* **liegen**] to be far away; **das Lokal ist mir zu weit ab** the pub is too far away; **das liegt zu weit ~ vom Weg** that's too far off the beaten track ❷ (*abgetrennt*) off; ~ **sein** (*fam*) to be broken [off]; **mein Knopf ist ab** I've lost a button; **erst muss die alte Farbe ~** first you have to remove the old paint ❸ (*in Befehlen*) off; ~ **ins Bett!** off to bed!; ~**, ihr beiden, Hände waschen!** off you two go, and wash your hands!; ~ **nach Hause!** off home with you!; ~ **in/auf dein Zimmer!** go to your room!; ~ **nach oben/unten!** up/down we/you etc. go!; ~ **sofort** as of now; ~ **und zu** [*o* NORDD **an**] now and then ❹ (*abgehend*) from; **der Zug fährt ~ Köln** the train departs from Cologne; **Frankfurt ~ 19 Uhr, New York an 8 Uhr** departing Frankfurt [at] 19.00, arriving New York [at] 8.00 II. *präp +dat* ❶ (*räumlich*) from ❷ (*zeitlich*) from; ~ **wann ...?** from when ...? ❸ (*von ... aufwärts*) from; **Kinder ~ 14 Jahren** children from the age of 14 up ❹ ÖKON ex; **Preis ~ Fabrik/Werk** price ex factory/works ❺ SCHWEIZ (*nach der Uhrzeit*) past; **Viertel ~ 8** quarter past eight ❻ SCHWEIZ (*von*) on; ~ **Kassette** on cassette

Aba·kus <-, -> ['a:bakʊs] *m* abacus

ab|än·dern *vt* ■**etw [in etw** *akk*] ~ to amend sth [to sth]; **ein Gesetz/einen Text/eine Verfassung ~** to amend a law/text/constitution; **ein Programm ~** to change a schedule; **eine Strafe ~** to revise a punishment

Ab·än·de·rung *f* amendment; *einer Strafe* revision; ~**en [an etw** *dat*] **vornehmen** to make amendments [to sth]; **in ~ des Programms** as a change to the schedule

Ab·än·de·rungs·an·trag *m* POL amendment; **einen ~ einbringen** to propose an amendment

ab|ar·bei·ten I. *vt* ■**etw ~** ❶ (*durch Arbeit tilgen*) to work off sth *sep;* **die Überfahrt ~** to work one's passage ❷ (*der Reihe nach erledigen*) to work through sth ❸ (*hinter sich bringen*) to finish sth II. *vr* ■**sich ~** (*fam*) to work like a madman [*or fam* dog], to work oneself into the ground [*or* to death]; *s. a.* **abgearbeitet**

Ab·art ['apʔa:ɐ̯t] *f* ❶ BIOL mutation *spec* ❷ BOT variety

ab·ar·tig I. *adj* ❶ (*abnorm*) deviant, abnormal; (*pervers a.*) perverted; **eine ~e Neigung haben** to have abnormal [*or* deviant] tendencies ❷ (*sl: verrückt*) crazy, mad II. *adv* ❶ (*abnorm*) abnormally; **auf etw** *akk* ~ **reagieren** to react abnormally to sth ❷ (*sl*) really; **mein Kopf tut ~ weh** I've got a splitting headache; **das hat ~ lang gedauert** that took absolute ages ❸ (*pervers*) pervertedly

Ab·ar·tig·keit <-, -en> *f* deviance, perversity; **von einer besonderen/seltenen ~ sein** to be peculiarly/particularly deviant

ab|äschern *vt* KOCHK **einen Fisch ~** *to rub a fish with wooden ashes to remove slime*

ab|ba·cken *vt* KOCHK *s.* **ausbacken**

ab|bal·gen *vt* KOCHK, JAGD **Wild ~** to skin game

ab|bal·lern *vt* (*sl*) ■**jdn ~** to blow away sb *sep;* ■**ein Tier ~** to pot an animal *fam*

Ab·bau <-s> *m kein pl* ❶ (*Förderung*) mining; **der ~ von Braunkohle/Schiefer/Steinkohle** brown coal/slate/hard coal mining; **der ~ von Bodenschätzen** mining for mineral resources ❷ (*Verringerung*) cut; **ein ~ der Produktion** a cutback in production ❸ (*allmähliche Beseitigung*) revocation, withdrawal; **der ~ von Vorurteilen** the breaking down [*or* elimination] of prejudices ❹ MED (*Verfall*) deterioration *spec* ❺ CHEM breakdown

ab·bau·bar *adj* ❶ BERGB (*sich fördern lassend*) workable ❷ CHEM, MED degradable; **biologisch ~** biodegradable

ab|bau·en I. *vt* ■**etw ~** ❶ BERGB (*fördern*) to mine sth ❷ (*demontieren*) to dismantle sth ❸ (*verringern*) to reduce [*or* decrease] sth ❹ (*schrittweise beseitigen*) to cut sth; **Vorrechte ~** to reduce [*or* cut] privileges ❺ CHEM, MED to break down sth *sep* II. *vi* (*fam: allmählich weniger leisten*) *Kräfte, Konzentration* to flag, to wilt; (*geistig/körperlich nachlassen*) to deteriorate

Ab·bau·pro·dukt *nt* break-down product

ab|bee·ren *vt* ■**etw ~** to strip the berries off sth

ab|bei·ßen *irreg* I. *vt* ■**[jdm] etw ~** to bite [off] [sb's] sth; ■**etw von etw** *dat* ~ to bite sth off [of] sth; **er biss ein Stück von der Schokolade ab** he bit off a piece of the chocolate II. *vi* to take a bite; **möchtest du mal ~?** would you like [to have] a bite?

ab|bei·zen *vt* ■**etw [von etw** *dat*] ~ to strip sth [off [*or* AM *a.* off of] sth]

Ab·beiz·mit·tel *nt* stripper

ab|be·kom·men* *vt irreg* ❶ (*seinen Anteil erhalten*) ■**etw [von etw** *dat*] ~ to get [*or* receive] one's share [of sth]; **ich habe noch nichts vom Gewinn ~** I still haven't had my share of the winnings; **die Hälfte von etw ~** to receive [*or* get] half of sth ❷ (*durch etw getroffen werden*) ■**etw ~** to get sth; **Prügel ~** to get a beating ❸ (*fam: beschädigt werden*) ■**etwas/nichts ~** to get/not get damaged; **das Auto hat bei dem Unfall eine ganze Menge ~** the car got quite a bashing in the accident ❹ (*fam: verletzt werden*) ■**etwas/nichts ~** to be/not be injured ⑤ (*entfernen können*) ■**etw** [**von etw** *dat*] ~ to get sth off [of sth]

ab|be·ru·fen* *vt irreg* (*zurückbeordern*) ■**jdn** ~ to recall sb ▶WENDUNGEN: [**von Gott**] ~ **werden** (*euph*) to pass away, to be called Home to one's Lord *euph*

Ab·be·ru·fung *f* recall; **die Regierung erwog die ~ des Botschafters** the government considered recalling the ambassador

ab|be·stel·len* *vt* ① (*eine Bestellung widerrufen*) ■**etw** ~ to cancel sth ② (*einen Besuch widerrufen*) ■**jdn** ~ to cancel sb's visit/appointment; **du kannst den Klempner wieder ~** you can tell the plumber he needn't come anymore

Ab·be·stel·lung *f* cancellation

ab|be·zah·len* **I.** *vt* ■**etw** ~ to pay off sth *sep* **II.** *vi* to pay in instalments [*or* AM *usu* installments]; **an dem Auto muss ich noch 16 Monate lang ~** I have another 16 month's instalments to make on the car

ab|bie·gen *irreg* **I.** *vt haben* (*fam*) ■**etw** ~ to get out of sth *fam;* **ich sollte eine Rede halten, aber zum Glück konnte ich das ~** I was supposed to give a speech but luckily I managed to get out of it; **einen Plan ~** to forestall a plan **II.** *vi sein* ① (*nach links/rechts fahren*) to turn [off]; [**nach**] **links/rechts ~** to turn [off to the] left/right; **von einer Straße ~** to turn off [*or* AM *a.* off of] a road ② (*eine Biegung machen*) to bend; **die Straße biegt** [**scharf**] **ab** there's a [sharp] bend in the road

Ab·bie·ge·spur *f* turn-off [*or* AM turning] lane

Ab·bild *nt* image; (*im Spiegel*) reflection

ab|bil·den *vt* ① (*fotografisch wiedergeben*) **einen Gegenstand ~** to copy [*or* reproduce] an object; ■**jdn** ~ to portray [*or* depict] sb; **eine Landschaft ~** to depict a landscape; **auf dem Foto war der Tatort abgebildet** the photo showed the place of the crime ② (*geh: wiedergeben*) ■**etw** ~ to portray [*or* depict] sth; **der Bericht bildet die Verhältnisse in Litauen ab** the report portrays the conditions in Lithuania

Ab·bil·dung <-, -en> *f* ① (*Illustration*) illustration ② (*bildliche Wiedergabe*) image, diagram; **siehe ~ 3.1 auf Seite 5** see figure 3.1 on page 5 ③ (*das Abbilden*) reproduction, depiction; **diese Statistik eignet sich nicht zur ~** these figures are not suitable for depicting in a diagram

ab|bin·den *irreg* **I.** *vt* ① MED (*abschnüren*) **die Hauptschlagader/ein Körperglied ~** to put a tourniquet the main artery/on a limb ② KOCHK (*verdicken*) **eine Soße/Suppe** [**mit etw** *dat*] ~ to thicken [*or* bind] a sauce/soup [with sth]; **zum A~ nehme ich immer Stärkemehl** I always use cornflour to thicken ③ (*losbinden*) ■**sich** *dat* **etw** ~ to untie [*or* undo] one's sth; **eine Krawatte ~** to undo a tie; **eine Schürze ~** to untie an apron **II.** *vi* ① BAU to bind ② KOCHK to thicken

Ab·bit·te *f* (*geh*) apology; [**bei jdm**] ~ **leisten** [*o* **tun**] to offer one's apologies [to sb]

ab|bla·sen *vt irreg* ① (*fam: absagen*) ■**etw** ~ to call sth off ② (*durch Blasen entfernen*) ■**etw** [**von etw** *dat*] ~ to blow sth away [from sth] ③ (*durch Blasen von Belag reinigen*) ■**etw** ~ to blow the dust off [*or* AM *a.* off of] sth

ab|blät·tern *vi sein* ■[**von etw** *dat*] ~ to peel [off [*or* AM *a.* off of] sth]

ab|blei·ben *vi irreg sein* (*fam*) **wo ist sie nur schon wieder abgeblieben?** where has she got to this time?; **irgendwo muss es abgeblieben sein** it has got to be somewhere

ab·blend·bar *adj* ■**ein ~er Rückspiegel** a dipping rear mirror

ab|blen·den **I.** *vi* ① AUTO to dip [*or* AM dim] the [*or* one's] lights ② FILM to fade out **II.** *vt* **die Scheinwerfer ~** to dip [*or* AM dim] the headlights; **das Fenster ~** to black out the window

Ab·blend·licht *nt* AUTO dipped [*or* AM dimmed] headlights

ab|blit·zen *vi sein* (*fam*) ■**bei jdm** [**mit etw** *dat*] ~ to not get anywhere with sb [with sth] *fam;* **mit diesem Vorschlag werden Sie beim Chef ~** you won't get anywhere with the boss with that proposal; **jdn ~ lassen** to give sb the brush-off *fam,* to turn sb down

ab|blo·cken **I.** *vt* ■**jdn/etw** [**mit etw** *dat*] ~ to block sb/sth [with sth] **II.** *vi* to refuse to talk about sth

Ab·brand *m* ① NUKL burn-up *spec* ② (*metal*) melting loss

ab|brau·sen **I.** *vi sein* (*fam*) to race [*or fam* zoom] off **II.** *vt haben* ■**etw** ~ to rinse sth off [under the shower]; ■**jdn** ~ to put sb under the shower

ab|bre·chen *irreg* **I.** *vt haben* ■**etw** ~ ① (*von etw lösen*) to break off sth *sep* ② (*abbauen*) to dismantle sth; **ein Lager ~** to break [*or* strike] camp; **ein Zelt ~** to take down [*or* strike] a tent; *s. a.* **Zelt** ③ (*niederreißen*) to pull down sth *sep,* to demolish sth ④ (*vorzeitig beenden*) to stop sth; **eine Beziehung ~** to break off a relationship; **die Behandlung/Therapie ~** to stop [*or* quit] the course of treatment/therapy; **einen Streik ~** to call off a strike; **das Studium ~** to drop out of college [*or* BRIT *a.* university]; **den Urlaub ~** to cut short one's holidays; **eine Übertragung ~** to interrupt a broadcast; *s. a.* **abgebrochen** **II.** *vi* ① *sein* (*sich durch Brechen lösen*) to break off ② (*aufhören*) to stop ③ (*beendet werden*) to cease; *Beziehung* to end, to break off; **etw ~ lassen** to break off sth; **den Kontakt ~ lassen** to lose contact [*or* touch] **III.** *vr haben* **sich** *dat* [**bei etw** *dat*] [**k**]**einen ~** (*sl*) to [not] bust a gut [doing sth] *sl;* [**nun**] **brich dir** [**mal**] **keinen ab!** don't put yourself out!; **brich dir bloß keinen ab bei deinen Gratulationen!** don't go overboard with the congratulations!

ab|brem·sen **I.** *vt* ① (*langsamer werden lassen*) ■**etw** ~ to slow down sth *sep;* **den Motor ~** to brake the engine ② (*fig: langsamer verlaufen lassen*) ■**etw** ~ to curb [*or sep* slow down] sth; **einen Fall ~** to break a fall; **die Inflation ~** to curb inflation **II.** *vi* to brake, to slow down; **hier solltest du auf 50 km/h abbremsen** you should slow down to 50 km/h here

ab|bren·nen *irreg* **I.** *vt haben* ■**etw** ~ ① (*durch Verbrennen beseitigen*) to burn off sth *sep* ② (*niederbrennen*) to burn down sth *sep,* to burn sth to the ground ③ (*brennen lassen*) to burn sth; **ein Feuerwerk/eine Rakete ~** to let off fireworks/rockets *sep* ④ KOCHK (*absengen*) to singe [*or* burn] off sth *sep,* to distil [*or* AM distill] sth ⑤ KOCHK ÖSTERR (*mit brauner Butter übergießen*) to pour black butter over sth **II.** *vi sein* ① (*niederbrennen*) to burn down [*or* to the ground] ② (*sein Haus durch Brand verlieren*) to be burnt [*or* burned] out ③ (*sich durch Brennen aufbrauchen*) to burn out

ab|brin·gen *vt irreg* ■**jdn von etw** *dat* ~ get sb to give up sth; (*abraten*) to change sb's mind about sth; ■**jdn davon ~, etw zu tun** to prevent sb [from] doing sth; (*abraten*) to dissuade sb from doing sth; **jdn vom Kurs ~** to throw sb off course; **jdn vom Thema ~** to get sb away from the subject; ■**sich von etw** *dat* **nicht ~ lassen** to not let oneself be made [*or* persuaded] to give up sth; **sich nicht von seiner Meinung ~ lassen** to not let anyone/anything change one's mind [*or* opinion]; **sich nicht von seinen Gewohnheiten ~ lassen** to not be made to give up one's habits; **er ließ sich von seinem Vorhaben nicht ~** he won't be persuaded to drop his plan; **jdn/einen Hund von der Spur ~** to throw [*or* put] sb/a dog off the scent

ab|brö·ckeln *vi sein* ① (*sich bröckelnd lösen*) ■[**von etw** *dat*] ~ to crumble [away from sth] ② FIN (*an Wert verlieren*) to ease off

Ab·bruch *m* ① *kein pl* (*das Niederreißen*) demolition; **der ~ eines verwahrlosten Gebäudes** to pull down [*or* demolish] a neglected building; **etw auf ~ verkaufen** to sell sth at demolition value ② *kein pl* (*Beendigung*) breaking off; *einer Therapie a.* ceasing; *des Studiums* dropping out; **mit dem ~ der diplomatischen Beziehungen drohen** to threaten to break off diplomatic relations; **es kam zum ~ der Veranstaltung** the event had to be called off ③ (*fam: Schwangerschafts~*) abortion ▶WENDUNGEN: **einer S.** *dat* **keinen ~ tun** to not spoil sth; **jds Fröhlichkeit** [*o* **guten Laune**] **keinen ~ tun** to not dampen sb's spirits; **das tut der Liebe keinen Abbruch** never mind!

Ab·bruch·ar·bei·ten *pl* demolition work *no pl* **ab·bruch·reif** *adj* ① (*baufällig*) dilapidated ② SCHWEIZ (*schrottreif*) ready for the scrap heap *pred* **Ab·bruch·un·ter·neh·mer** *m* demolition firm

ab|brü·hen *vt* KOCHK ■**etw** ~ to scald sth

ab|brum·men *vt* (*fam*) ■**etw** ~ to sit out sth *sep;* **die zehn Monate Knast brumme ich doch im Handumdrehen ab!** I'll have the 10 months inside behind me in no time at all!

ab|bu·chen *vt* ① FIN ■**etw** [**von etw** *dat*] ~ to debit sth [from sth]; ■**etw** [**von etw** *dat*] ~ **lassen** to have sth debited [from sth]; **für das A~ erhebt die Bank Gebühren** the bank charges for debits ② ÖKON (*abschreiben*) ■**etw** [**unter etw** *dat*] ~ to write sth off [as sth] ③ (*verzeichnen*) ■**etw als** *nom* [*o* **unter** *dat*] **etw** ~ to write sth off as sth

Ab·bu·chung *f* direct debit; (*abgebuchter Betrag*) debit; **durch** ~ by direct debit

Ab·bu·chungs·auf·trag *m* [direct] debit order

ab|bü·geln *vt* (*fig sl*) ■**etw** ~ to stonewall sth

ab|bürs·ten *vt* ① (*durch Bürsten reinigen*) ■**etw** ~ to brush off sth *sep;* **einen Anzug/einen Mantel** ~ to brush down a suit/coat; ■**sich** ~ to brush oneself down ② (*durch Bürsten entfernen*) ■[**sich** *dat*] **etw von etw** *dat* ~ to brush sth off [of] [one's] sth; **dieser Dreck lässt sich nicht sehr gut** ~ this muck is not very easy to brush off ③ (*fam: zurechtweisen*) ■**jdn** ~ to give sb a dressing down

ab|bü·ßen *vt* ■**etw** ~ to serve sth

Ab·bü·ßung <-, -en> *f* JUR serving; **sie wurde vor ~ ihrer Strafe entlassen** she was released before she'd finished serving her sentence

Abc <-, -> [a:be:'tse:] *nt* ① (*Alphabet*) abc, ABC; **etw nach dem ~ ordnen** to put sth in alphabetical order ② (*Grundwissen*) ■**das ~ einer S.** *gen* the ABC of sth; **„~ der Astronomie für Anfänger"** "Basic Astronomy for Beginners"

ab|che·cken [-tʃɛkn̩] *vt* (*fam*) ① (*kontrollieren*) ■**etw** ~ to check out sth *sep;* ■~, **ob** to check out whether ② (*prüfen*) ■**jdn** ~ to give sb the once-over *fam,* to check out sb *sep* ③ (*abhaken*) ■**etw** ~ to tick off sth *sep* ④ (*absprechen*) ■**etw mit jdm** ~ to confirm sth with sb

ABC-Pflas·ter [a:be:'tse:-] *nt* PHARM deep-heat plaster [*or* poultice]

Abc-Schüt·ze, -Schüt·zin [a:be:'tse:-] *m, f* SCH (*hum: Schulanfänger*) school starter

ABC-Waf·fen [a:be:'tse:-] *pl* MIL nuclear, biological and chemical [*or* NBC] weapons *pl*

ab|damp·fen *vi* to evaporate, to vaporize

ab|dan·ken *vi* ① (*fam: zurücktreten*) to resign, to step down ② (*auf den Thron verzichten*) to abdicate ③ ■**abgedankt** (*veraltet*) retired

Ab·dan·kung <-, -en> *f* ① (*fam: Rücktritt*) resignation ② (*Thronverzicht*) abdication ③ SCHWEIZ (*Trauerfeier*) funeral service

ab|de·cken *vt* ① (*abnehmen*) ■**etw** ~ to take off sth *sep;* **das Bett** ~ to strip the bed; **den Tisch** ~ to clear the table ② (*aufmachen*) ■**etw** ~ to uncover [*or sep* open up] sth; (*den Deckel abnehmen*) to remove the lid/cover from sth ③ (*die Dachpfannen wegnehmen*) ■**etw** ~ to lift the roof off [*or* AM *a.* off of] sth ④ (*bedecken*) ■**etw** ~ to cover [over] sth ⑤ FIN (*ausgleichen*) ■**etw** [**mit etw** *dat*] ~ to cover sth with sth; **die Kosten der Feier werden von der Firma abgedeckt** the cost of the celebration will be met by the company

Ab·de·cker(in) <-s, -> *m(f)* knacker BRIT, renderer AM

Ab·de·cke·rei <-, -en> *f* knacker's [yard] BRIT, rendering works AM

Ab·de·ckung *f* ① (*Material zum Abdecken*) cover ② *kein pl* (*das Bedecken*) covering

ab|dich·ten *vt* ① (*dicht machen*) ■**etw** ~ to seal sth; **ein Leck** ~ to plug [*or* stop] a leak; **ein Loch/Ritzen** ~ to fill [in] [*or* seal] a hole/cracks ② (*isolieren*) ■**etw gegen etw** *akk* ~ to proof sth against sth; **etw gegen Feuchtigkeit/Lärm/Zugluft** ~ to damp proof/soundproof/draught [*or* AM draft] proof sth

Ab·dich·tung *f* ① (*Dichtung*) seal ② (*Isolierung*) proofing ③ *kein pl* (*das Abdichten*) sealing; **die ~ eines Lecks** the plugging [*or* stopping] of a leak; **die ~ eines Lochs/einer Ritze** the filling [in] of a hole/crack

Ab·do·men <-s, Abdomina> [ap'do:mən, *pl* -mina] *nt* MED, ZOOL abdomen

ab|drän·gen *vt* ① (*beiseitedrängen*) ■**jdn** ~ to push sb away ② SPORT ■**jdn** [**von etw** *dat*] ~ to keep sb away [from sth]; **jdn vom Ball/Tor** ~ to push sb off the ball/to block sb's path to the goal ③ NAUT ■**etw** [**von etw** *dat*] ~ to drive [*or* force] sth off [of] sth; **von Wind abgedrängt werden** to be blown off course by the wind

ab|dre·hen I. *vt haben* ① (*abstellen*) ■**etw** ~ to turn off sth *sep* ② (*abtrennen*) ■**etw** [**von etw** *dat*] ~ to twist sth [off sth] ③ (*zudrücken*) ■**jdm die Gurgel** [*o* **den Hals**] ~ to strangle [*or* throttle] sb; (*fig*) to send [*or* force] sb to the wall ④ FILM (*zu Ende drehen*) ■**etw** ~ to finish [filming] sth **II.** *vi sein o haben* ① (*Richtung ändern*) to turn [off]; **Backbord/Steuerbord** ~ to turn to port/starboard; **nach Norden/Osten/Süden/Westen** ~ to turn to the north/east/south/west ② PSYCH (*fam*) to go crazy

ab|drif·ten *vi sein* ① (*abgetrieben werden*) ■[**irgendwohin**] ~ to drift [off] [somewhere]; ■**von etw** *dat* ~ to drift [away] from sth ② (*sl: abgleiten*) ■**irgendwohin** ~ to drift somewhere; **ins Abseits** ~ to disappear into obscurity

Ab·druck[1] <-drücke> *m* ① (*abgedrückte Spur*) print; MED impression; **einen ~ machen** [*o* **nehmen**] to make [*or* take] a print ② (*Umriss*) impression

Ab·druck[2] <-drucke> *m* ① (*Veröffentlichung*) printing, publication; **wir planen den ~ dieses Artikels für den nächsten Monat** we plan to print [*or* publish] this article next month ② *kein pl* (*das Nachdrucken*) reprint

ab|dru·cken *vt* ■**etw** ~ to print sth

ab|drü·cken I. *vt* ① (*fam: umarmen*) ■**jdn** ~ to hug sb ② MED (*unterbinden*) ■**etw** ~ to clamp sth ③ (*abfeuern*) ■**etw** ~ to fire sth **II.** *vi* (*feuern*) to shoot

ab|du·cken *vi* to duck

ab|dun·keln *vt* ■**etw** ~ ① (*abschirmen*) to dim sth ② (*dunkler machen*) to darken sth; **ein Fenster** ~ to black out a window ③ (*dunkler werden lassen*) to tone down sth

ab|du·schen *vt* ■**jdn** ~ to give sb a shower; ■**sich** ~ to [take a] shower; ■**sich** [**von jdm**] ~ **lassen** to be given a shower [by sb]; ■**jdm etw** ~ to shower sb's sth, to rinse sb's sth in the shower

ab|eb·ben *vi sein* to subside; **selbst nachts ebbt der Straßenlärm nur vorübergehend etwas ab** even at night the noise from the street only dies down for a while

abend[ALT] ['a:bn̩t] *adv s.* **Abend 1**

Abend <-s, -e> ['a:bn̩t] *m* ① (*Tageszeit*) evening; **'n ~!** (*fam*) evening!; **gestern/morgen** ~ yesterday/tomorrow evening; **guten ~!** good evening!; **jdm guten ~ sagen** [*o* **wünschen**] to wish sb good evening, to say good evening to sb; **heute** ~ tonight, this evening; **übermorgen** ~ the evening after next; **vorgestern** ~ the evening before last; **jeden** ~ every evening; **letzten** ~ yesterday evening, last night; **am** [*o* **den**] **nächsten** ~ tomorrow evening; ~ **sein/werden** to be/get dark; **um 20 Uhr ist es ja schon ~!** it's already dark at 8 o'clock!; **es wird so langsam** ~ the evening's beginning to draw in; **zu ~ essen** to eat dinner; **am** ~ in the evening; **der Unfall geschah am ~ des 13.** the accident occurred on the evening of the 13th; ~ **für** [*o* **um**] ~ every night, night after night; **gegen** ~ towards evening; **den ganzen ~ über** the whole evening, all evening; **des ~s** (*geh: abends*) in the evening; **eines ~s** [on] one evening; (*abendliche Freizeit*) evening; **ein bunter** ~ an entertainment evening; *s. a.* **Dienstagabend** ② (*Vor~*) evening before, eve *liter;* **der ~ des Geschehens/der Hochzeit** the eve of [*or* the evening before] the events/the wedding ❸ (*abendliche Freizeit*) evening; **ein bunter ~** (*Unterhaltungsveranstaltung*) an entertainment evening ▶WENDUNGEN: **je später der ~, desto schöner die Gäste** (*prov, hum*) some guests are worth waiting for! *hum;* **am ~ des Lebens** (*geh*) at the end of one's life; **du kannst mich am ~ besuchen!** (*euph*) you know where you can go! *fam, vulg*

Abend·an·dacht *f* evening service **Abend·an·zug** *m* dinner dress *no pl,* black tie; **im ~ erscheinen** [*o* **kommen**] to wear [*or* come in] evening dress [*or* black tie] **Abend·blatt** *nt* evening [news]paper **Abend·brot** *nt* supper; **~ essen** to eat [*or* have] supper **Abend·däm·me·rung** *f* dusk, twilight

aben·de·lang ['a:bn̩də-] **I.** *adj attr* night after night **II.** *adv* for evenings on end, night after night

Abend·es·sen *nt* dinner; **wann gibt es denn endlich ~?** when will dinner finally be ready? **abend·fül·lend** *adj* all-night *attr,* lasting the whole evening [*or* night] *pred;* **das ist ja ein ~es Programm, was ihr euch da ausgedacht habt!** you've got the whole evening planned out! **Abend·ge·sell·schaft** *f* ❶ (*Abendgäste*) evening guests *pl* ❷ (*abendliche Feier*) dinner party, soirée *form* **Abend·gym·na·si·um** *nt* evening [*or* night] school **Abend·kas·se** *f* evening box-office **Abend·kleid** *nt* evening dress; **im ~ erscheinen** [*o* **kommen**] to wear [*or* come in] an evening dress **Abend·klei·dung** *f* evening dress *no art* **Abend·kurs** *m* evening [*or* night] class **Abend·land** *nt kein pl* (*geh*) ■**das ~** the West, the Occident *form;* **das christliche ~** the Christian Occident **abend·län·disch I.** *adj* (*geh*) western, occidental *form* **II.** *adv* (*geh*) in a western style, occidentally *form*

abend·lich ['a:bn̩tlɪç] **I.** *adj* evening **II.** *adv* for the evening; **es war schon um drei Uhr ~ kühl** there was already an evening chill at three o'clock

Abend·mahl *nt* [Holy] Communion; **das Letzte ~** the Last Supper; **zum ~ gehen** to attend [Holy] Communion; **das ~ empfangen** [*o* **nehmen**] (*geh*) to receive [*or* take] [Holy] Communion; **jdm das ~ erteilen** [*o* **reichen**] [*o* **spenden**] to give sb [Holy] Communion, to administer [Holy] Communion to sb *form* **Abend·mahl·zeit** *f* (*geh*) dinner **Abend·pro·gramm** *nt* evening programme [*or* AM -am] **Abend·ro·be** *f* (*geh*) evening dress **Abend·rot** ['a:bn̩tro:t] *nt* (*geh*) [red] sunset; **im ~** in the evening glow, in the last glow of the evening sunset

abends ['a:bn̩ts] *adv* in the evening; (*jeden Abend*) in the evening[s]; **~ um acht** at eight in the evening

Abend·schu·le *f* evening [*or* night] school **Abend·schü·ler(in)** *m(f)* evening [*or* night] school student **Abend·son·ne** *f kein pl* sunset **Abend·stern** *m kein pl* ASTRON (*geh*) ■**der ~** the evening star **Abend·stil·le** *f* the evening stillness **Abend·stun·de** *f meist pl* evening [hour]; **wer schellt denn noch zu dieser späten ~?** who's that ringing at this [late] hour?; **bis in die ~n** until late into the evening; **in den frühen/späten ~n** in the early/late hours of the evening **Abend·ver·kauf** *m* SCHWEIZ late-night opening **Abend·vor·stel·lung** *f* FILM evening showing; THEAT evening performance **Abend·zeit** *f* **zur ~** (*geh: abends*) in the evening, at eventide *poet*

Aben·teu·er <-s, -> ['a:bn̩tɔyɐ] *nt* ❶ (*aufregendes Erlebnis*) adventure ❷ (*Liebes~*) fling; **auf ~ aus sein** to be looking for a fling *fam;* **ein ~ mit jdm haben** to have a fling with sb *fam* ❸ (*risikoreiches Unternehmen*) venture

Aben·teu·er·fe·ri·en *pl* adventure holiday

aben·teu·er·lich ['a:bn̩tɔyɐlɪç] **I.** *adj* ❶ (*wie ein Abenteuer gestaltet*) exciting, adventurous; ■**A~es** exciting things, adventurous experience ❷ (*fantastisch*) fantastic[al] ❸ (*wild romantisch*) exotic ❹ (*unglaublich*) preposterous **II.** *adv* ❶ (*fantastisch*) fantastic[al], far-fetched ❷ (*wild romantisch*) exotically

Aben·teu·er·lich·keit <-, -en> *f* ❶ *kein pl* (*abenteuerliche Art*) adventure ❷ (*Unwahrscheinlichkeit*) preposterousness

Aben·teu·er·lust *f* thirst for adventure **aben·teu·er·lus·tig** *adj* adventurous **Aben·teu·er·ro·man** *m* adventure novel **Aben·teu·er·spiel·platz** *m* adventure playground

Aben·teu·rer, Aben·teu·(r)e·rin <-s, -> ['a:bn̩tɔyrɐ, 'a:bn̩tɔy(r)ərɪn] *m, f* (*pej*) adventurer

aber ['a:bɐ] **I.** *konj* (*jedoch*) but; **~ dennoch** [*o* **trotzdem**] **...** but in spite of this ...; **oder ~** or else; **geben Sie mir drei Kilo Orangen, oder ~ doch lieber Bananen** I'd like three kilos of oranges, or, no, I'd rather have bananas **II.** *part* ❶ (*jedoch, dagegen*) but; **komm doch mit! – ich habe ~ keine Zeit!** come with me/us! But I haven't got any time!; **ein Pils, ~ 'n bisschen plötzlich!** a Pils and a bit quick about it!; **das mach' ich ~ nicht!** I will not do that! ❷ (*wirklich*) really; **das ist ~ schön!** that really is wonderful!; **das ist ~ nicht gerade nett von dir!** that's really not very nice of you, is it! ❸ (*empört*) oh; **~ Hannelore, reiß dich doch endlich zusammen!** [oh] Hannelore, pull yourself together!; **~ hallo!** Excuse me! *emph* ▶WENDUNGEN: **~ selbstverständlich** [*o* **gewiss** [**doch**]] but of course; **~ ja!** yes [of course]!, BRIT *a.* rather! *form;* **magst du auch ein Stück Sahnetorte? – ~ ja!** would you like another piece of cream cake? Yes please!; **gefällt dir der Weihnachtsbaum? – ~ ja!** do you like the Christmas tree! – Yes I do!; **~ nein!** no, no!, goodness, no!; **das war doch so, oder? – ~ nein!** that's what happened, isn't it? – goodness, no!; **~, ~!** now, now! **III.** *adv* (*geh*) **~ und abermals** time and again

Aber <-s, - *o fam* -s> ['a:bɐ] *nt* but *fam;* **da ist nur noch ein ~ ...** there's only one problem ...; **ein ~ haben** to have a catch [*or fam* snag]; **kein ~!** no buts!

Aber·glau·be *m* ❶ (*falscher Glaube*) superstition ❷ (*fam: Unsinn*) rubbish BRIT, nonsense AM

aber·gläu·bisch ['a:bɐglɔybɪʃ] *adj* superstitious

aber·hun·dert, Aber·hun·dert[RR] *adj* (*geh*) hundreds upon hundreds of

Aber·hun·der·te *pl* (*geh*) hundreds upon hundreds of

ab|er·ken·nen* ['apʔɛɐ̯kɛnən] *vt irreg* ■**jdm etw ~** to divest sb of sth *form*

Ab·er·ken·nung <-, -en> *f* divestiture *form*

aber·ma·lig *adj attr* repeated; (*nochmalig*) renewed

aber·mals ['a:bɐma:ls] *adv* once again

ab|ern·ten *vt* ■**etw ~** to harvest sth; ■**etw** [**von jdm**] **~ lassen** to have sth harvested [by sb]

aber·tau·send, Aber·tau·send[RR] *adj* (*geh*) thousands upon thousands; **Tausend und A~tausend** [*o* **tausend und ~tausend**] thousands upon thousands

Aber·tau·sen·de *pl* (*geh*) thousands upon thousands; **die Zuschauer waren zu ~n zusammengeströmt** the onlookers came in their thousands

aber·wit·zig *adj* (*geh*) ludicrous

ab|fa·ckeln *vt* ❶ (*abbrennen lassen*) ■**etw ~** to burn sth; **Erdgas ~** to flare off gas *spec* ❷ (*niederbrennen*) ■**etw ~** to torch [*or sep* burn down] sth

ab·fahr·be·reit *adj s.* **abfahrtbereit**

ab|fah·ren *irreg* **I.** *vi sein* ❶ (*losfahren*) to depart, to leave, drive off *fam* ❷ SKI (*zu Tal fahren*) to ski down ❸ (*fam: abgewiesen werden*) ■**bei jdm ~** to not get anywhere with sb *fam;* **mit der Bitte um eine Gehaltserhöhung ist er beim Chef aber abgefahren!** he wasn't very successful asking the boss for a payrise; ■**jdn ~ lassen** to turn sb down ❹ (*fam: besonders beeindruckt sein*) ■**auf jdn/etw ~** to be crazy [*or fam* mad] about sb/sth **II.** *vt* ❶ *haben* (*wegfahren*) ■**etw ~** to collect sth ❷ *sein o haben* (*bereisen*) ■**etw ~** to travel throughout sth ❸ *sein o haben* (*befahren und inspizieren*) ■**etw ~** to [drive along and] check sth ❹ *haben* (*abnutzen*) ■**etw ~** to wear down sth *sep* ❺ *haben* (*durch Anfahren abtrennen*) ■**etw ~** to [drive into and] break off sth *sep;* **jdm ein Arm/Bein ~** to run over sb and sever his/her arm/leg **III.** *vr haben* ■**sich ~** to wear down

Ab·fahrt *f* ❶ (*Wegfahren*) departure ❷ (*fam: Autobahnabfahrt*) exit ❸ SKI (*Talfahrt*) run; (*Abfahrtsstrecke*) slope
ab·fahrt·be·reit I. *adj* ready to depart [*or* leave] *pred;* **im letzten Moment sprang er noch auf den ~en Bus** at the last moment he leapt onto the waiting bus II. *adv* ready to depart [*or* leave]; **der Zug stand ~ auf Gleis 14** the train was standing at platform 14, ready for departure
Ab·fahrts·lauf *m* SKI downhill [event] **Ab·fahrts·zeit** *f* departure time
Ab·fall[1] *m* rubbish *esp* BRIT, garbage AM, trash *esp* AM, refuse *form*
Ab·fall[2] *m kein pl* renunciation
Ab·fall·auf·be·rei·tung <-> *f kein pl* waste processing, waste recovery/treatment/recycling **Ab·fall·be·häl·ter** *m* waste container; (*kleiner*) waste bin **Ab·fall·be·sei·ti·gung** *f* ❶ (*Beseitigung von Müll*) refuse disposal ❷ (*fam: städtisches Reinigungsamt*) town refuse collection service BRIT, municipal waste collection AM **Ab·fall·de·po·nie** *f* waste disposal site **Ab·fall·ei·mer** *m* [rubbish] bin BRIT, garbage [*or* AM trash] can
ab|fal·len[1] *vi irreg sein* ❶ (*herunterfallen*) ■**von etw** *dat* ~ to fall off [*or* AM *a.* off of] sth ❷ (*schlechter sein*) ■[**gegenüber jdm/gegen etw** *akk*] ~ to fall behind [sb/sth] ❸ (*beim Wettlauf*) to fall [*or* lag] behind, to drop back ❹ (*übrig bleiben*) to be left over ❺ (*schwinden*) ■**von jdm** ~ to vanish from sb; **alle Furcht fiel plötzlich von ihm ab** suddenly all his fear vanished ❻ (*sich senken*) ■**gegen** [*o* **zu**] **etw** ~ to slope towards sth; **zum Wald hin fällt der Weg leicht ab** the path slopes gently towards the wood; ■**~d** declining, sloping ❼ (*sich vermindern*) to decrease; *Temperatur* to drop ❽ (*fam: herausspringen*) ■[**bei etw** *dat*] **fällt für jdn etw ab** sb gets sth [out of sth] *fam*
ab|fal·len[2] *vi irreg sein* ■[**von etw** *dat*] ~ to renounce [sth]; **von einer Partei** ~ to turn renegade on a party
Ab·fall·hau·fen *m* rubbish [*or* AM garbage] heap
ab·fäl·lig I. *adj* derogatory, disparaging, snide; **ein ~es Lächeln** a derisive smile II. *adv* (*in ~er Weise*) disparagingly; **sich ~ über jdn/etw äußern** to make disparaging remarks about sb/sth
Ab·fall·pro·dukt *nt* ❶ CHEM waste product ❷ (*Nebenprodukt*) by-product **Ab·fall·sor·tie·rung** *f kein pl* sifting of refuse **Ab·fall·ver·mei·dung** *f* waste [*or* refuse] reduction **Ab·fall·ver·wer·tung** *f* recycling of waste **Ab·fall·wirt·schaft** *f kein pl* waste management **Ab·fall·zer·klei·ne·rer** *m* waste chopper
ab|fan·gen *vt irreg* ❶ (*vor dem Ziel einfangen*) ■**jdn/etw** ~ to intercept sb/sth ❷ (*wieder unter Kontrolle bringen*) ■**etw** ~ to bring sth back under control ❸ (*abwehren*) ■**etw** ~ to ward off sth *sep* ❹ (*mildernd auffangen*) ■**etw** ~ to cushion sth
Ab·fang·jä·ger *m* MIL interceptor
ab|fär·ben *vi* ❶ (*die Farbe übertragen*) ■[**auf etw** *akk*] ~ to run [into sth] ❷ (*fig: sich übertragen*) ■**auf jdn** ~ to rub off on sb
ab|fas·sen *vt* ■**etw** ~ to write sth; ■**etw von jdm ~ lassen** to have sth written by sb, to have sb write sth
Ab·fas·sung *f* writing; *eines Textes* wording
ab|fe·dern I. *vt haben* ❶ (*durch Federn dämpfen*) ■**etw** ~ to cushion sth ❷ (*abmildern*) ■**etw** ~ to mitigate sth II. *vi sein o haben* SPORT ❶ (*hoch federn*) to bounce ❷ (*zurückfedern*) to land
ab|fei·ern I. *vt* (*fam*) **Überstunden** ~ *to take time off by using up hours worked overtime* II. *vi* (*tanzen*) to dance the night away; (*trinken*) to drink the night away
ab|fei·len *vt* ■**etw** ~ to file off sth *sep*
ab|fer·ti·gen I. *vt* ❶ (*versandfertig machen*) ■**etw** ~ to prepare sth for dispatch, to process sth; **Gepäck** ~ to handle [*or* process] luggage; ■**etw ~ lassen** to have sth processed ❷ (*be- und entladen*) **ein Flugzeug** ~ to prepare an aircraft for take-off; **einen Lastwagen** ~ to clear a lorry for departure; **ein Schiff** ~ to prepare a ship to sail ❸ (*bedienen*) ■**jdn** ~ to serve [*or* deal with] sb; **Passagiere** ~ to handle [*or* deal with] passengers ❹ (*kontrollieren und passieren lassen*) ■**jdn** ~ to clear sb, to check sb through ❺ (*fam: abspeisen*) ■**jdn mit etw** *dat* ~ (*fam*) to fob sb off with sth ❻ (*behandeln*) ■**jdn irgendwie** ~ to treat sb in a particular way; **jdn kurz** [*o* **schroff**] ~ to snub sb, to be curt [*or* brusque] with sb II. *vi* to conduct clearance; **der Zoll hat heute sehr langsam abgefertigt** customs clearance was very slow today
Ab·fer·ti·gung *f* ❶ (*Bearbeitung für den Versand*) dispatching, processing; **die ~ der Pakete erfolgt an Schalter 5** packages are processed at counter 5 ❷ (*Abfertigungsstelle*) check-in counter [*or* desk] ❸ (*Bedienung*) service ❹ (*Kontrolle*) check
Ab·fer·ti·gungs·hal·le *f* check-in hall **Ab·fer·ti·gungs·schal·ter** *m* check-in counter [*or* desk]
ab|fet·ten *vt* KOCHK ■**etw** ~ to remove the fat
ab|feu·ern *vt* ■**etw** ~ to fire sth; **einen Flugkörper/eine Granate** ~ to launch a spacecraft/grenade
ab|fin·den *irreg* I. *vt* ❶ (*entschädigen*) ■**jdn** [**mit etw** *dat*] ~ to compensate sb [with sth] ❷ (*zufrieden stellen*) ■**jdn mit etw** *dat* ~ to palm sb off with sth *fam* II. *vr* ■**sich mit jdm/etw** ~ (*fam*) to put up with sb/sth; ■**sich damit ~, dass** to put up with the fact [*or* resign oneself to the fact] that; **damit wirst du dich wohl oder übel ~ müssen!** you'll just have to like it or lump it! *fam*
Ab·fin·dung <-, -en> *f* ❶ (*das Abfinden*) compensation, indemnity payments *pl spec* ❷ (*zur Abfindung gezahlter Betrag*) compensation; (*bei Entlassung*) severance pay; (*wegen Rationalisierungsmaßnahmen*) redundancy [*or* AM severance] payment
Ab·fin·dungs·sum·me *f s.* **Abfindung 2**
ab|fla·chen I. *vi sein* (*pej: sinken*) to drop II. *vt haben* ■**etw** ~ to flatten sth III. *vr haben* ■**sich** ~ to level off
Ab·fla·chung <-, -en> *f* ❶ (*abgeflachte Form*) flatness ❷ (*das Abflachen*) flattening ❸ (*Sinken*) drop
ab|fläm·men *vt* KOCHK ■**etw** ~ to brown sth in a hot oven, to flame sth *spec*
ab|flau·en *vi sein* ❶ (*schwächer werden*) to subside; (*zurückgehen*) to decrease; *Interesse* to wane, to flag; (*nachgeben*) to drop; ~ **der Wind** light wind ❷ (*sich legen*) to abate
ab|flie·gen *vi irreg sein* ❶ (*losfliegen*) to depart [*or* leave] [by plane]; **sie sind gestern nach München abgeflogen** they flew to Munich yesterday; **wir fliegen mit der nächsten Maschine ab** we're leaving on the next plane ❷ ORN (*wegfliegen*) to migrate
ab|flie·ßen *vi irreg sein* ❶ (*wegfließen*) to flow away; ■**von etw** *dat* ~ to run off [of] sth; ■**aus etw** *dat* ~ to drain away from sth ❷ (*sich entleeren*) to empty ❸ (*sich durch Weiterfahren auflösen*) *Stau* to flow ❹ FIN to migrate, to siphon off
Ab·flug *m* ❶ (*das Losfliegen*) departure; **mein ~ nach Jamaika ist am 17.** my flight to Jamaica is on the 17th ❷ (*fam: Abflugstelle*) departure gate ❸ ORN (*das Wegfliegen*) migration
ab·flug·be·reit I. *adj* ready for departure *pred;* **der Pilot machte die Maschine ~** the pilot prepared the plane for departure II. *adv* ready for departure; **das Flugzeug steht ~ auf der Piste** the plane is standing on the runway, ready for departure **Ab·flug·ha·fen** *m* departure terminal **Ab·flug·hal·le** *f* departure lounge
Ab·flussRR <-es, -flüsse> *m,* **Ab·fluß**ALT <-sses, -flüsse> *m* ❶ (*Abflussstelle*) drain; *eines Flusses* outlet; (*Rohr*) drain pipe ❷ *kein pl* (*das Abfließen*) drainage, draining away ❸ *kein pl* FIN outflow
Ab·fluss·gra·benRR *m* drainage ditch **Ab·fluss·rei·ni·ger**RR *m* drain cleaner **Ab·fluss·rin·ne**RR *f* drainage channel **Ab·fluss·rohr**RR *nt* ❶ (*Kanalrohr*) drain pipe ❷ (*Einleitungsrohr*) outlet pipe
Ab·fol·ge *f* (*geh*) sequence; **in ununterbrochener ~** one after the other

ab|for·dern *vt* (*geh*) ① (*einfordern*) ■**jdm etw** ~ to demand sth from sb; **jds Ausweis/Papiere** ~ to ask for sb's identity card/papers ② (*anfordern*) ■**etw bei jdm** ~ to request sth from sb ③ (*verlangen*) ■**jdm etw** ~ to demand sth of sb

ab|fra·gen *vt* ① (*nach etw befragen*) ■**jdn** ~ to test sb; ■**jdn** [*o* **bei jdm**] **etw** ~ to test sb on sth ② INFORM ■**etw** ~ to call up sth

ab|fres·sen *vt irreg* ① (*herunterfressen*) **die Blätter** [**von etw** *dat*] ~ to eat [*or* strip] the leaves off sth; **das Gras** ~ to crop the grass ② (*abnagen*) ■**etw** ~ to gnaw away at sth

ab|frie·ren *irreg* **I.** *vi sein* to suffer frostbite, to freeze off **II.** *vr haben* ■**sich** *dat* **etw** ~ to lose sth due to frostbite; **die Bergsteiger froren sich Finger und Zehen ab** the mountain climbers' fingers and toes froze off; **sich** *dat* **einen** ~ (*sl*) to freeze to death, to freeze one's balls off *vulg*

Ab·fuhr <-, -en> *f* ① (*Zurückweisung*) snub; **jdm eine** ~ **erteilen** to snub sb; **sich** *dat* [**bei jdm**] **eine** ~ **holen** (*fam*) to not get anywhere with sb; **mit seiner Bemerkung holte er sich bei den Kollegen eine** ~ his remark was met with a snub [*or* rebuff] from his colleagues ② SPORT crushing defeat; **sich** *dat* [**gegen jdn**] **eine** ~ **holen** to suffer a crushing defeat [from sb] ③ *kein pl* (*geh: Abtransport von Müll*) collection; **wann ist hier** ~**?** what day is the rubbish collected here?

ab|füh·ren **I.** *vt* ① (*wegführen*) ■**jdn** ~ to lead sb away; ~**!** take him/her away! ② FIN (*abgeben*) ■**etw** [**an jdn/etw**] ~ to pay sth [to sb/sth] ③ (*ableiten*) ■**etw** ~ to expel sth ④ (*entfernen*) ■**jdn von etw** ~ to divert sb from sth **II.** *vi* ① MED to loosen the bowels ② (*wegführen*) ■[**von etw**] ~ to turn off [of sth] ③ (*entfernen*) ■[**von etw**] ~ to be a diversion [from sth]; **jdn vom Thema** ~ to divert sb [*or* take sb away] from the subject

ab·füh·rend **I.** *adj* MED laxative; **ein leicht** [*o* **mild**]**/stark** ~**es Mittel** a mild/strong laxative **II.** *adv* ~ **wirken** to have a laxative effect

Ab·führ·mit·tel *nt* laxative

Ab·füh·rung *f* FIN payment

Ab·füll·be·trieb *m* bottling plant

ab|fül·len *vt* ① (*abziehen*) ■**etw** [**in etw** *akk*] ~ to fill sth [into sth]; **etw in Flaschen** ~ to bottle sth ② (*sl: betrunken machen*) ■**jdn** ~ to get sb drunk [*or sl* sloshed]

Ab·fül·lung <-, -en> *f* ① (*das Abfüllen*) bottling ② (*abgefüllte Flüssigkeit*) bottled liquid

ab|füt·tern *vt* ■**jdn/ein Tier** ~ to feed sb/an animal, to feed sb; (*hum a.*) to get sb fed *fam*

Ab·ga·be[1] *f kein pl* ① (*Tätigung*) giving, making; *einer Erklärung* issuing, making; *eines Urteils* passing, pronouncing; **der Minister wurde zur** ~ **einer Erklärung aufgefordert** the minister was called on to issue a statement ② (*Einreichung*) handing in, submission ③ (*das Abgeben*) *von Stimmen* casting ④ (*Verkauf*) sale; ~ **von Broschüren kostenlos** please take a brochure ⑤ (*das Abliefern*) giving [*or* handing] in; **die** ~ **der Mäntel kann an der Garderobe erfolgen** coats my be handed in to [*or* left at] the cloakroom ⑥ (*Abstrahlung*) emission ⑦ (*Abfeuerung*) firing of; **die** ~ **des Schusses geschah versehentlich** the shot was fired accidentally ⑧ SPORT (*Abspiel*) pass; (*Verlust*) loss; **nach** ~ **von weiteren Punkten** after conceding [*or* losing] more points

Ab·ga·be[2] *f* ① (*Gebühr*) [additional] charge ② (*Steuer*) tax

ab·ga·be(n)·frei **I.** *adj* (*geh*) non-taxable, tax-free **II.** *adv* (*geh*) tax-free **ab·ga·be(n)·pflich·tig** *adj* (*geh*) taxable

Ab·ga·be·ter·min *m* deadline for submission

Ab·gang <-gänge> *m* ① *kein pl* (*Schul~*) leaving; **man legte ihm den** ~ **von der Schule nahe** they suggested that he leave school; (*Ausscheiden aus einem Amt*) retirement from office ② *kein pl* (*das Verlassen der Bühne*) exit; **sich** *dat* **einen guten/glänzenden** ~ **verschaffen** (*a. fig*) to make a good/triumphant exit ③ *kein pl* (*Versand*) dispatch, despatch ④ SPORT (*Absprung*) dismount, jump down ⑤ MED (*geh: Absonderung*) discharge; *eines Embryos* miscarriage ⑥ ÖSTERR (*Fehlbetrag*) deficit ⑦ (*geh: Gestorbene(r)*) death, fatality; **den** ~ **machen** (*sl*) to kick the bucket *sl* ⑧ (*geh: Ausscheidende(r)*) departure

Ab·gän·ger(in) <-s, -> *m(f)* SCH school leaver BRIT, high school graduate AM

ab·gän·gig *adj* ÖSTERR (*geh: vermisst*) missing

Ab·gän·gi·ge(r) *f(m) dekl wie adj* ÖSTERR missing person

Ab·gän·gig·keits·an·zei·ge *f* ÖSTERR (*Vermisstenanzeige*) missing persons report; **eine** ~ **aufgeben** to report sb [*or* a person] [as] missing

Ab·gangs·zeug·nis *nt* [school-]leaving certificate BRIT, diploma AM

Ab·gas *nt* exhaust *no pl*, exhaust fumes *pl*

ab·gas·arm *adj* low-emission; **ein Gasmotor ist abgasärmer als ein Benzinmotor** a gas engine has a lower emission level than a petrol engine **ab·gas·frei** **I.** *adj* emission-free **II.** *adv* ~ **fahren** to not produce exhaust fumes **Ab·gas·grenz·wert** *m meist pl* exhaust fumes limits *pl* **Ab·gas·son·der·un·ter·su·chung** *f* exhaust emission check **Ab·gas·wol·ke** *f* cloud of exhaust

ab|gau·nern *vt* (*fam*) ■**jdm etw** ~ to con sb out of sth *fam;* ■**sich** *dat* [**von jdm**] **etw** ~ **lassen** to be conned out of sth [by sb]

ab·ge·ar·bei·tet *adj* worn out

ab|ge·ben *irreg* **I.** *vt* ① (*übergeben*) ■**etw an jdn** ~ to give sth to sb; (*einreichen*) to submit sth [*or sep* hand in sth] to sb ② (*hinterlassen*) ■**etw** [**bei jdm**] ~ to leave sth [with sb]; **das Gepäck** ~ to check in one's luggage; **einen Koffer an der Gepäckaufbewahrung** ~ to leave a case in the left luggage office [*or* AM checkroom]; **den Mantel an der Garderobe** ~ to leave one's coat in the cloakroom ③ (*verschenken*) ■**etw** [**an jdn**] ~ to give sth away [to sb]; **gebrauchter Kinderwagen kostenlos abzugeben** second-hand pram to give away ④ (*überlassen*) ■**jdm etw** ~ to give sb sth [*or* sth to sb]; ■**etw** [**an jdn**] ~ to hand over [*or* pass on] sth [to sb] ⑤ (*verkaufen*) ■**etw** [**an jdn**] ~ to sell off sth [to sb] *sep;* **gebrauchter Fernseher billig abzugeben** second-hand television for cheap sale ⑥ (*teilen*) ■**jdm etw** [**von etw** *dat*] ~ to give sb [a piece [*or* share] of] sth, to share sth [with sb]; **jdm die Hälfte** [**von etw**] ~ to go halves [on sth] with sb; **jdm nichts** ~ to not share with sb ⑦ (*erteilen*) ■**etw** [**zu etw** *dat*] ~ to give sth [on sth]; **eine Erklärung** ~ to make [*or* issue] [*or* deliver] a statement; **ein Gutachten** ~ to submit a report; **seine Stimme** ~ to cast one's vote; **ein Urteil** ~ to make a judgement ⑧ (*fam: für etw brauchbar sein*) ■**etw** [**für jdn**] ~ to be useful for sth [for sb]; **der alte Stoff könnte noch ein Kleid für dich** ~ you might get a dress out of the old material ⑨ (*fam: darstellen*) ■**etw** ~ to be sth; **die perfekte Hausfrau/den perfekten Familienvater** ~ to be the perfect wife/father; **eine komische Figur** ~ to create a strange impression; **eine traurige Figur** ~ to cut a sorry figure ⑩ (*abfeuern*) **einen Schuss** [**auf jdn**] ~ to fire a shot [at sb] ⑪ CHEM (*ausströmen lassen*) ■**etw** ~ to emit [*or* give off] sth ⑫ SPORT (*weitergeben*) **den Ball** [**an jdn**] ~ to pass the ball [to sb]; **einen Punkt/eine Runde** [**an jdn**] ~ to concede a point/round [to sb] **II.** *vr* ① (*sich beschäftigen*) ■**sich mit jdm** ~ to look after sb; **mit dem Kind solltest du dich viel intensiver** ~ you should spend much more time with the child; ■**sich mit etw** *dat* ~ to spend [one's] time on [*or* doing] sth ② (*sich einlassen*) ■**sich mit jdm** ~ to associate [*or* get involved] with sb; **mit solchen Leuten gebe ich mich nicht ab** I won't have anything to do with people like that **III.** *vi* SPORT to pass

ab·ge·brannt *adj* (*fam*) broke *fam*, BRIT *a.* skint *sl*

ab·ge·bro·chen *adj* ① (*fam*) **ein** ~**er Jurist/Mediziner** law school/medical school dropout ② *s.* **abbrechen**

ab·ge·brüht *adj* (*fam*) unscrupulous

ab·ge·dreht *adj* (*fam: verrückt*) round the bend *fam*, out to lunch *fam*

ạb·ge·dro·schen *adj* (*pej fam*) hackneyed; **ein ~er Witz** a old [*or* ancient] joke

ạb·ge·fe·dert *adj* AUTO (*stoßgedämpft*) shock-absorbing

ab·ge·feimt ['apgəfaimt] *adj* (*pej*) low

Ạb·ge·feimt·heit <-, -en> *f* (*pej*) lowness; **er war ein Ausbund von ~** he was the lowest of the low

ab·ge·fuckt ['apgəfakt] *adj* (*sl*) fucked-up *attr sl,* fucked up *pred sl*

ạb·ge·grif·fen *adj* ❶ (*abgenutzt*) worn; **ein ~es Buch** a dog-eared book ❷ (*pej: sinnentleert*) hackneyed

ạb·ge·hackt **I.** *adj* broken; **eine ~e Sprechweise** a clipped manner of speech; **~e Worte** clipped words **II.** *adv* **~ sprechen** to speak in a clipped manner

ạb·ge·han·gen *adj* KOCHK hung

ạb·ge·härmt *adj* haggard

ạb·ge·här·tet *adj* ■ **[gegen etw** *akk*] **~ sein** to be hardened [to sth]

ạb|ge·hen[1] *irreg* **I.** *vi sein* ❶ (*sich lösen*) ■ **[von etw** *dat*] **~** to come off [of] sth ❷ (*abgezogen werden*) ■ **von etw** *dat* **~** to be deducted from sth ❸ (*abgeschickt werden*) to be sent [off]; ■ **~d** outgoing ❹ (*abzweigen*) ■ **[von etw** *dat*] **~** to branch off [from sth] ❺ (*abfahren*) ■ **[von irgendwo] ~** to leave [*or* depart] [from somewhere] ❻ (*abweichen*) ■ **von etw** *dat* **~** to deviate from sth; **von einem Vorhaben ~** to drop a plan; **von seiner Meinung nicht ~** to stick [*or* hold fast] to one's opinion ❼ (*fam: fehlen*) ■ **jdm ~** to be lacking in sb; **dir geht ja jegliches Taktgefühl ab** you have absolutely no tact whatsoever; **die Fähigkeit, sich in andere hineinzudenken, geht ihr völlig ab** she is completely unable to put herself in sb else's position ❽ (*ausscheiden*) **von einem Amt ~** to leave [*or* retire from] an office; **von der Schule ~** to leave [*or pej* drop out of] school ❾ MED (*abgesondert werden*) to be discharged; *Embryo* to be miscarried ❿ SPORT (*abspringen*) ■ **[von etw** *dat*] **~** to dismount [sth] ⓫ (*sl: sterben*) to kick the bucket *sl* **II.** *vt sein* ❶ (*entlanggehen und abmessen*) ■ **etw ~** to pace sth out ❷ MIL (*passieren*) ■ **etw ~** to inspect sth

ạb|ge·hen[2] *vi irreg sein* ❶ (*verlaufen*) to go; **glatt/gut ~** to go smoothly/well; **wenn die zwei aufeinandertreffen, geht es nie ohne Ärger ab** there's always trouble when those two meet ❷ *impers* to be happening; **auf der Party ist irre 'was abgegangen** (*sl*) the party was really happening

ạb·ge·hetzt *adj* worn-out

ạb·ge·ho·ben *adj* ❶ (*weltfremd*) far from reality *pred* ❷ (*verstiegen*) fanciful; **eine ~e Vorstellung** a high-flown [*or* an unrealistic] idea

ạb·ge·kämpft *adj* tired [*or* worn] out

ạb·ge·kar·tet *adj inv* (*fam*) rigged *fam,* put-up; **eine ~ Sache sein** to be a put-up job *fam;* **ein ~es Spiel treiben** to play a double game; **mit jdm ein ~es Spiel treiben** to try to set sb up

ạb·ge·klärt **I.** *adj* prudent **II.** *adv* prudently

Ạb·ge·klärt·heit <-> *f kein pl* serenity, calmness

ạb·ge·la·gert *adj Tabak, Zigarren* seasoned; KOCHK matured

ạb·ge·lau·fen *adj inv* ❶ (*nicht mehr gültig*) expired; **~ sein** to have expired ❷ (*verschlissen*) worn-down *attr,* worn down *pred*

ạb·ge·le·gen *adj* remote

Ạb·ge·le·gen·heit *f kein pl* remoteness

ạb|gel·ten *vt irreg* ❶ (*durch Zahlung erledigen*) ■ **etw ~** to settle sth ❷ (*ausgleichen*) ■ **etw [bei jdm] ~** to settle sth [with sb]

ạb·ge·macht *adj inv* ■ **es ist ~, dass** it was arranged, that; **~!** ok, that's settled then!, it's [*or* that's] a deal!

ạb·ge·neigt *adj* (*ablehnend*) ■ **jdm ~ sein** to be ill-disposed towards sb; ■ **einer S.** *dat* **~ sein** to be opposed to sth; ■ **einer S.** *dat* **nicht ~ sein** to not be averse to sth; ■ **nicht ~ sein [, etw zu tun]** to not be averse [to doing sth]

ạb·ge·nutzt *adj* worn

Ạb·ge·ord·ne·te(r) ['apgəʔɔrdnətə, -tɐ] *f(m) dekl wie adj* Member of Parliament

Ạb·ge·ord·ne·ten·bank <-bänke> *f* bench [in the parliament]

Ạb·ge·ord·ne·ten·haus *nt* POL ≈ House of Commons BRIT, ≈ House of Representatives AM

ạb·ge·ris·sen *adj* ❶ (*zerlumpt*) tattered ❷ (*heruntergekommen*) scruffy ❸ (*unzusammenhängend*) incoherent

ạb·ge·run·det *adj* KOCHK balanced, rounded, mellow

ạb·ge·sagt *adj inv* (*geh*) **ein ~er Feind von etw** *dat* **sein** to be a hostile critic [*or* opponent] of sth

Ạb·ge·sand·te(r) *f(m) dekl wie adj* envoy

Ạb·ge·sang *m* ❶ (*im Minnesang*) *the third and final verse of a minnesinger's song* ❷ (*geh: Ende*) end

ạb·ge·schie·den **I.** *adj* (*geh*) isolated **II.** *adv* in isolation; **das Grundstück am Wald liegt sehr ~** the plot near the forest is very isolated

Ạb·ge·schie·de·ne(r) *f(m) dekl wie adj* (*geh*) deceased, departed *form*

Ạb·ge·schie·den·heit <-> *f kein pl* isolation

ạb·ge·schla·gen[1] *adj* ❶ SPORT (*abgedrängt*) lagging behind *after n* ❷ POL, ÖKON outstripped

ạb·ge·schla·gen[2] *adj* (*ermüdet*) drained

Ạb·ge·schla·gen·heit <-> *f kein pl* lethargy

ạb·ge·schlos·sen **I.** *adj* ❶ (*isoliert*) secluded ❷ *attr* (*separat*) separate ❸ (*umgeben*) enclosed **II.** *adv* (*isoliert*) in seclusion **III.** *pp von* **abschließen**

Ạb·ge·schlos·sen·heit <-> *f kein pl* ❶ (*Isoliertheit*) seclusion ❷ (*Weltabgeschiedenheit*) reclusion

ab·ge·schmackt ['apgəʃmakt] **I.** *adj* tasteless; **etwas A~es** tasteless remark [*or* comment] **II.** *adv* tastelessly

Ạb·ge·schmackt·heit <-, -en> *f* ❶ *kein pl* (*Geistlosigkeit*) senselessness ❷ (*abgeschmackte Äußerung*) tasteless remark

ạb·ge·schnit·ten **I.** *adj inv* isolated; **ein völlig von der Welt ~es Bergdorf** a mountain village cut off from the rest of civilization **II.** *adv inv* in isolation; **irgendwo ~ leben** to live cut off [from the rest of civilization] somewhere

ạb·ge·seh·en **I.** *adj* **es auf jdn ~ haben** (*jdn schikanieren wollen*) to have it in for sb; (*an jdm interessiert sein*) to have a thing for sb; **es auf etw** *akk* **~ haben** to have one's eye on sth; **es darauf ~ haben, etw zu tun** to be out to do sth; **du hast es nur darauf ~, mich zu ärgern** you're just out to annoy me **II.** *adv* ■ **~ davon, dass** apart from the fact that; ■ **~ von jdm/etw** apart from sb/sth, sb/sth apart, except for [*or form* aside from] sb/sth

ạb·ge·spannt **I.** *adj* weary, tired **II.** *adv* weary; **~ aussehen** to look weary [*or* tired]

Ạb·ge·spannt·heit <-> *f kein pl* weariness, fatigue

ạb·ge·stan·den **I.** *adj* stale; *Limonade* flat **II.** *adv* stale; **die Limonade schmeckt ziemlich ~** the lemonade tastes quite flat

ạb·ge·stor·ben *adj inv* MED numb

ạb·ge·stumpft *adj* ❶ (*gefühllos*) unfeeling, numb ❷ (*unempfindlich geworden*) insensitive, apathetic

Ạb·ge·stumpft·heit <-> *f kein pl* ❶ (*Gefühllosigkeit*) coldness ❷ (*Unempfindlichkeit*) insensitivity, apathy

ạb·ge·ta·kelt **I.** *adj* (*pej fam*) worn out, haggard **II.** *adv* worn out, haggard

ạb·ge·tra·gen *adj* worn, worn-out *attr,* worn out *pred*

ạb·ge·tre·ten *adj* worn, worn-down *attr,* worn down *pred*

ạb·ge·wetzt *adj* worn

ạb|ge·win·nen* *vt irreg* ❶ (*als Gewinn abnehmen*) ■ **[jdm] etw abgewinnen** to win sth [off [of] sb] ❷ (*etwas Positives finden*) ■ **einer S.** *dat* **etw/nichts abgewinnen** to get sth/not get anything out of sth

ạb·ge·wo·gen *adj* well-considered

Ạb·ge·wo·gen·heit <-> *f kein pl* carefully weighed nature, balance

ạb|ge·wöh·nen* *vt* ■**jdm etw** ~ to break sb of sth; **wir konnten ihr das Trinken nicht** ~ we couldn't break her of her drinking habit; **wir werden Ihrem Sohn seine schlechten Manieren schon** ~**!** we will soon cure your son of his bad manners!; **diese Frechheiten werde ich dir schon noch** ~**!** I'll teach you to be cheeky!; ■**sich** *dat* **etw** ~ to give up sth; ■**zum A~ sein** (*sl*) to be enough to put anyone [*or* you] off; **noch einen letzten Schnaps zum A~!** (*hum*) one for the road *hum*

ạb·ge·zehrt *adj* emaciated

ạb|gie·ßen *vt irreg* ■**etw** ~ to pour off sth *sep*

Ạb·glanz *m kein pl* reflection

Ạb·gleich <-[e]s, -e> *m* comparison

ạb|glei·chen *vt irreg* ❶ (*aufeinander abstimmen*) ■**etw** [**mit etw**] ~ to compare sth [with sth] ❷ (*in der Höhe gleichmachen*) ■**etw** [**mit etw**] ~ to level off sth [with sth] ❸ TECH ■**etw** ~ to match sth ❹ ELEK ■**etw** ~ to tune

ạb|glei·ten *vi irreg sein* (*geh*) ❶ (*abrutschen*) ■[**von etw**] ~ to slip [off sth]; (*fig*) to decline; *Person* to go downhill ❷ (*abschweifen*) ■**von etw/in etw** *akk* ~ to stray from sth/into sth ❸ (*absinken*) ■[**in etw** *akk*] ~ to slide [*or* sink] [into sth]; (*an Wert verlieren*) to slide ❹ (*abprallen*) ■**an** [*o* **von**] **jdm** ~ to bounce off sb; ■**etw an** [*o* **von**] **sich** ~ **lassen** to let sth bounce off oneself

Ạb·gott, -göt·tin *m, f* idol

ạb·göt·tisch *adj* inordinate

ạb|gra·sen *vt* ■**etw** ~ ❶ (*abfressen*) to graze on sth ❷ (*fam: absuchen*) to scour [*or* comb] sth; **wir haben die ganze Stadt nach einem Geschenk für ihn abgegrast** we combed the entire town looking for a present for him ❸ (*fam: erschöpfend bearbeiten*) to exhaust sth

ạb|grei·fen *vt irreg* ■**etw** ~ ❶ MED (*abtasten*) to feel sth ❷ (*sl: einstreichen*) to pocket sth

ạb|gren·zen I. *vt* ■**etw** ~ ❶ (*einfrieden*) to enclose sth; ■**etw** [**gegen etw**] ~ to close sth off [from sth] ❷ (*eingrenzen*) to differentiate sth; **diese Begriffe lassen sich schwer gegeneinander** ~ it is difficult to differentiate between these terms **II.** *vr* ■**sich** [**gegen jdn/etw**] ~ to distinguish [*or* distance] oneself [from sb/sth]

Ạb·gren·zung <-, -en> *f* ❶ *kein pl* (*das Einfrieden*) enclosing, fencing-off ❷ (*Einfriedung*) boundary; (*Zaun*) enclosure ❸ (*fig: Eingrenzung*) definition ❹ (*das Abgrenzen*) disassociation

Ạb·grund *m* ❶ (*steil abfallender Hang*) precipice; (*Schlucht*) abyss, chasm ❷ (*Verderben*) abyss; **jdn in den** ~ **treiben** to force sb to ruin; **am Rande des** ~**s stehen** to be on the brink of disaster [*or* ruin]; ■**ein** ~ **von etw** an abyss of sth; **ein** ~ **tut sich auf** an abyss is opened up

ạb·grund·hạ̈ss·lich[RR] *adj* ugly as sin *pred*

ab·grün·dig ['apgrʏndɪç] *adj* inscrutable

ab·grund·tief ['apgrʊnt'tiːf] *adj* ❶ (*äußerst groß*) profound ❷ (*äußerst tief*) bottomless

ạb|grup·pie·ren *vt* ■**jdn** ~ to bring sb down a grade

ạb|gu·cken I. *vt* ❶ (*von jdm kopieren*) ■**etw** [**von jdm**] ~ [*o* [**jdm**] **etw** ~] to copy sth [from sb]; **bei ihm kann man sich so manchen Trick** ~ you can learn lots of tricks from him ❷ (*fig fam: sich beim Ausgezogensein genieren*) ■**jdm etwas** ~ to make sb feel selfconscious about being naked; **ich guck dir schon nichts ab!** no need to feel embarrassed getting undressed! **II.** *vi* ■[**bei jdm**] ~ to copy [from sb]

Ạb·guss[RR] <-es, Abgüsse> *m*, **Ạb·guß**[ALT] <-sses, Abgüsse> *m* ❶ (*Nachbildung*) cast ❷ (*fam: Ausguss*) drain[pipe]; **kipp die alte Brühe doch einfach in den** ~ just tip the old broth down the drain

ạb|ha·ben *vt irreg* (*fam*) **etw** [**von etw**] ~ **wollen** to want to have some [of sth]; **Mami, darf ich von dem Kuchen etwas** ~**?** mummy, may I have some of that cake?; **möchtest du etwas davon** ~**?** would you like to have some?; **jdn etw** [**von etw**] ~ **lassen** to let sb have sth [of sth]

ạb|ha·cken *vt* ■**etw** ~ to chop down sth; **jdm/sich den Finger/die Hand etc.** ~ to chop sb's/one's finger/hand etc. off; *s. a.* **abgehackt**

ạb|ha·ken *vt* ❶ (*mit einem Häkchen markieren*) ■**etw** ~ to tick sth off ❷ (*fam: den Schlussstrich darunter machen*) ■**jdn/etw** ~ to forget sb/sth; **die Affäre ist abgehakt** the affair is over and done with

ạb|half·tern *vt* ❶ (*fam: entlassen*) ■**jdn** ~ to give sb the push [*or* shove] ❷ (*fam: heruntergekommen*) **ein abgehalfterter Schauspieler** a down-and-out actor ❸ (*vom Halfter befreien*) **ein Pferd** ~ to remove the halter from a horse

ạb|hal·ten[1] *vt irreg* ❶ (*hindern*) ■**jdn von etw** ~ to keep sb from sth; **wenn du unbedingt gehen willst, werde ich dich nicht** [**davon**] ~ if you really want to go, I won't stop you; ■**jdn davon** ~**, etw zu tun** to prevent [*or* keep] sb from doing sth; ■**sich** [**von jdm/etw**] ~ **lassen** to be deterred [by sb/sth]; **lass dich nicht** ~**!** don't let anyone/anything stop you! ❷ (*fernhalten*) **die Hitze/die Kälte/den Wind** ~ to protect from the heat/the cold/the wind; **Insekten/Mücken** ~ to deter [*or* keep away] [the] insects/mosquito[e]s ❸ (*über der Toilette halten*) **ein** [**Klein**]**kind** ~ to hold a child on the toilet

ạb|hal·ten[2] *vt irreg* (*veranstalten*) ■**etw** ~ to hold sth; **eine Demonstration** ~ to stage a demonstration

Ạb·hal·tung *f kein pl* holding; **nach** ~ **der ersten freien Wahlen** after the first free elections [were held]

ạb|han·deln[1] *vt* ❶ (*nach Handeln abkaufen*) ■**jdm etw** ~ to buy sth from sb [having haggled over it]; ■**sich** *dat* **etw** ~ **lassen** to sell sth off, to let sth go ❷ (*herunterhandeln*) ■**etw** [**von etw**] ~ to get sth knocked off [sth]; **sie handelte noch fünf Euro von der Vase ab** she got another five euros knocked off the vase; ■**jdm etw** [**von etw**] ~ to get sb to knock sth off [sth]; **er konnte ihm noch 20% vom ursprünglichen Preis** ~ he finally managed to get him to knock 20% off the original price; ■**sich** *dat* **etw** [**von etw**] ~ **lassen** to knock sth off [sth]; ■**sich nichts** [**von etw**] ~ **lassen** to not be talked into parting with sth

ạb|han·deln[2] *vt* ■**etw** ~ to deal with sth

ab·han·den|kom·men[RR] [ap'handn̩-] *vi irreg sein* to get lost [*or* go missing]; **mir ist meine Geldbörse abhandengekommen** I've lost my purse

Ab·hạn·den·kom·men <-s> *nt kein pl* disappearance

Ạb·hand·lung *f* ❶ (*gelehrte Veröffentlichung*) paper ❷ (*das Abhandeln*) dealing

Ạb·hang *m* inclination

ạb|hän·gen[1] **I.** *vt haben* ❶ (*abnehmen*) ■**etw** [**von etw**] ~ to take down sth [from sth] ❷ (*abkoppeln*) ■**etw** [**von etw**] ~ to uncouple sth [from sth] ❸ (*fam: hinter sich lassen*) ■**jdn** ~ to lose sb ❹ KOCHK ■**etw** ~ to hang [*or* age] sth **II.** *vi* (*meist pej sl*) to laze about [*or* around]; **den Tag** ~ to laze away the day *sep*

ạb|hän·gen[2] *vi irreg* ❶ *haben* (*abhängig sein*) ■**von jdm/etw** ~ to depend on sb/sth; **davon** ~**, ob** to depend whether; **das hängt davon ab** that [*or* it] [all] depends ❷ *haben* (*auf jdn angewiesen sein*) ■**von jdm** ~ to be dependent on sb

ạb·hän·gig *adj* ❶ (*bedingt*) ■**von etw** ~ **sein** to depend on sth ❷ (*angewiesen*) ■**von jdm** ~ **sein** to be dependent on sb ❸ (*süchtig*) addicted; ■[**von etw**] ~ **sein** to be addicted [to sth], to be dependent [on sth] ❹ LING (*untergeordnet*) subordinate; **ein** ~**er Nebensatz** a subordinate clause; **der Kasus ist** ~ **von der Präposition** the case depends on the preposition

Ạb·hän·gi·ge(r) *f(m) dekl wie adj* ❶ (*Süchtige(r)*) addict ❷ (*abhängiger Mensch*) dependant

Ạb·hän·gig·keit <-, -en> *f* ❶ *kein pl* (*Bedingtheit*) dependence; **gegenseitige** ~ mutual dependence, interdependence ❷ (*Sucht*) dependence, addiction ❸ (*Angewiesensein*) dependence; ■**jds** ~ **von jdm/voneinander** sb's dependence on sb/one another

Ạb·hän·gig·keits·ver·hält·nis *nt* ❶ (*Verhältnis des Angewie-

senseins) relationship of dependence ❷ (*emotionale Bindung*) relationship of dependence

ab|här·ten I. *vt* ■ **jdn** [**gegen etw**] ~ to harden sb [to sth]; ■ **sich** [**gegen etw**] ~ to harden oneself [to sth] **II.** *vi* ■ [**gegen etw**] ~ to harden [to sth]

Ab·här·tung <-> *f kein pl* ❶ (*das Abhärten*) hardening ❷ (*Widerstandsfähigkeit*) resistance

ab|hau·en¹ *vt* ❶ <hieb ab *o fam* haute ab, abgehauen> (*abschlagen*) ■ **etw** ~ to chop sth down; ■ [**jdm**] **etw** ~ to chop [sb's] sth off ❷ <haute ab, abgehauen> (*durch Schlagen entfernen*) ■ **etw** [**mit etw**] ~ to break off sth *sep* [with sth]

ab|hau·en² <haute ab, abgehauen> *vi sein* (*fam: sich davonmachen*) ■ [**aus etw**] ~ to do a runner [from somewhere] BRIT, to skip out of town AM; **hau ab!** get lost!, scram!, buzz off!, get out of here!

Ab·häu·te·mes·ser *nt* KOCHK skinning knife

ab|he·ben *irreg* **I.** *vi* ❶ LUFT ■ [**von etw**] ~ to take off [from sth] ❷ (*den Hörer abnehmen*) to answer [the phone]; **ich heb' ab!** I'll get it! ❸ KARTEN to pick [up]; **du bist mit A~ dran!** it's your turn to pick up! ❹ (*geh: auf etw hinweisen*) ■ **auf etw** *akk* ~ to refer to sth *form;* ■ **darauf ~, dass ...** to concentrate [*or* focus] on the fact that ... ❺ (*sl: spinnen*) to go crazy; **ein Rolls Royce?! jetzt hebst du aber ab!** a Rolls Royce?! you must be joking! ❻ (*sl: ins Träumen kommen*) to go all dreamy **II.** *vt irreg* ❶ FIN **Geld** [**von seinem Konto**] ~ to withdraw money [from one's account] ❷ KARTEN **eine Karte vom Stapel** ~ to take [*or* pick] a card from the pack ❸ (*beim Stricken*) **eine Masche** ~ to cast off a stitch **III.** *vr* ■ **sich von jdm/etw** [*o* **gegen jdn/etw**] ~ to stand out from [*or* in] [*or* against] sb/sth

ab|hef·ten *vt* ■ **etw** ~ to file [away *sep*] sth; **etw in einen Ordner** ~ to place [*or* put] sth in a file

ab|hel·fen *vi irreg* ■ **einer S.** *dat* ~ to remedy sth; **allen Beschwerden soll möglichst umgehend abgeholfen werden** all complaints should be dealt with immediately

ab|het·zen I. *vr* ■ **sich** ~ to stress oneself out, to rush around; *s. a.* **abgehetzt II.** *vt* ■ **jdn/etw** ~ to push sb/sth

Ab·hil·fe *f kein pl* remedy; ~ **schaffen** to find a remedy, to do something about it; **in etw** *dat* ~ **schaffen** to resolve sth; **in einer S. schnelle ~ leisten** to resolve a matter swiftly

ab|ho·beln *vt* ■ **etw** ~ ❶ (*durch Hobeln entfernen*) to plane off sth *sep* ❷ (*glatt hobeln*) to plane sth smooth

ab|ho·len *vt* ❶ (*kommen und mitnehmen*) ■ **etw** [**bei jdm**] ~ to collect sth [from sb]; ■ **etw ~ lassen** to have sth collected ❷ (*treffen und mitnehmen*) ■ **jdn** [**bei jdm/irgendwo**] ~ to pick up *sep* [*or* collect] sb [from sb's [place]/from somewhere]; ■ **sich** [**von jdm**] ~ **lassen** to be picked up [*or* collected] [by somebody] ❸ (*euph: verhaften*) ■ **jdn** ~ to take sb away

Ab·hol·markt *m* furniture superstore (*where customers transport goods themselves*)

Ab·ho·lung <-, -en> *f* collection

ab|hol·zen *vt* ■ **etw** ~ to chop down sth *sep;* **einen Baum** ~ to fell a tree; **einen Wald** ~ to clear a forest

Ab·hol·zung <-, -en> *f* FORST deforestation

Ab·hör·ak·ti·on *f* bugging campaign **Ab·hör·an·la·ge** *f* bugging system

ab|hor·chen *vt* MED ■ **etw** ~ to listen to sth [*or spec* auscultate]; ■ **jdn** ~ to auscultate sb

ab|hö·ren *vt* ❶ (*belauschen*) **ein Gespräch/ein Telefonat** ~ to bug [*or* listen into] a conversation/telephone conversation ❷ (*überwachen*) ■ **jdn/etw** ~ to observe sb/sth; ■ **jds Telefon** ~ to monitor [*or* tap] sb's telephone [line] ❸ SCH ■ **jdn** ~ to test sb ❹ MED ■ **jdn/etw** ~ to auscultate sb/sth *spec* ❺ (*anhören*) **einen Sender/ein Tonband** ~ to listen to a station/a tape

Ab·hör·ge·rät *nt* ❶ (*Gerät zum Belauschen*) bugging device ❷ (*bei Anrufbeantwortern*) listening device

ab|hun·gern *vr* ❶ (*fam: durch Hungern verlieren*) ■ **sich** ~ to starve oneself; **sich 10 Kilo** ~ to lose 10 kilos [by not eating]

❷ (*sich mühselig absparen*) ■ **sich** *dat* **etw** ~ to scrape together sth *sep*

Abi <-s, -s> ['abi] *nt* (*fam*) *kurz für* **Abitur: sein Abi bauen** (*fam*) to do one's Abitur

abi·o·tisch [a'bi̯oːtɪʃ] *adj inv* ÖKOL (*nicht lebend*) *Umweltfaktor* abiotic

ab|ir·ren *vi sein* (*geh*) ❶ (*abschweifen*) **vom Thema** ~ to digress, to deviate from the subject ❷ (*von der Richtung abkommen*) **vom Weg** ~ to stray

Abi·tur <-s, *selten* -e> [abi'tuːɐ̯] *nt* Abitur (*school examination usually taken at the end of the 13th year and approximately equivalent to the British A level/American SAT exam*); **das/sein ~ ablegen** (*geh*) to sit the/one's Abitur; [**das**] ~ **haben** to have [one's] Abitur; [**das**] ~ **machen** to do [one's] Abitur

i Kultur

The **Abitur**, the school leaving examination needed for entry to higher education, is taken in most German grammar schools in Year 13. As this is relatively late in comparison to other countries, there are some schools in which the **Abitur** can be taken in Year 12. In Austria and Switzerland the **Abitur** is known as the *Matura* or *Maturität* and can be taken as early as Year 9.

Abi·tur·fei·er *f leaving party for pupils who have passed their Abitur*

Abi·tu·ri·ent(in) <-en, -en> [abitu'ri̯ɛnt] *m(f)* Abitur student (*student who has passed the Abitur*)

Abi·tur·klas·se *f* Abitur class **Abi·tur·tref·fen** *nt* class reunion (*of Abitur students*) **Abi·tur·zeug·nis** *nt* Abitur certificate

ab|ja·gen *vt* (*fam*) ❶ (*durch eine Verfolgung entreißen*) ■ **jdm etw** ~ to snatch sth from sb ❷ (*listig erwerben*) ■ **jdm jdn/etw** ~ to poach sb/sth from sb

Abk. *f Abk von* **Abkürzung** abbr.

ab|käm·men *vt* ■ **etw** [**nach jdm/etw**] ~ to comb sth [for sb/sth]

ab|kämp·fen *vr* ❶ (*übermäßig anstrengen*) ■ **sich** ~ to exert oneself; *s. a.* **abgekämpft** ❷ (*fam: abmühen*) ■ **sich mit etw** ~ to struggle with sth

ab|kan·zeln ['apkantsl̩n] *vt* (*fam*) ■ **jdn** [**für etw**] ~ to give sb a tongue-lashing [for sth] *fam;* ■ **sich von jdm ~ lassen** to be given a tongue-lashing by sb

ab|kap·seln *vr* ❶ (*sich ganz isolieren*) ■ **sich** [**von jdm/etw**] ~ to cut oneself off [from sb/sth] ❷ MED ■ **sich** ~ to become encapsulated

Ab·kap·se·lung <-, -en> *f,* **Ab·kaps·lung** <-, -en> *f* ❶ (*völlige Isolierung*) complete isolation *no pl, no art* ❷ MED encapsulation

ab|kar·ren *vt* ❶ (*auf Karren wegschaffen*) ■ **etw** ~ to cart sth away ❷ (*wegschaffen*) ■ **jdn** ~ to cart sb off

ab|kar·ten *vt* (*fam*) ■ **abgekartet sein** to be set up; **die Sache war von vornherein abgekartet** the whole thing was a fix [*or* set-up]; **ein abgekartetes Spiel** a rigged match

ab|kas·sie·ren* **I.** *vt* ❶ (*fam: schnell, leicht verdienen*) ■ **etw** ~ to receive [*or* get] sth ❷ (*abrechnen*) **das Essen** ~ to ask sb to settle the bill for a meal **II.** *vi* ❶ (*fam: finanziell profitieren*) ■ [**bei etw**] ~ to clean up [in sth]; **ganz schön** [*o* **kräftig**] ~ to make a tidy sum [*or* quite a profit] ❷ (*abrechnen*) ■ **bei jdm** ~ to hand sb the bill, to settle up with sb; **darf ich bei Ihnen ~?** could I ask you to settle up?

ab|kau·fen *vt* ❶ (*von jdm kaufen*) ■ **jdm etw** ~ to buy sth off sb ❷ (*fam: glauben*) ■ **jdm etw** ~ to buy sth off sb, to believe sb; **das kaufe ich dir nicht ab!** I don't buy that!

Ab·kehr <-> *f kein pl* rejection; *vom Glauben* renunciation; *von der Familie* estrangement

ab|keh·ren¹ *vt* ■**etw** ~ to sweep [*or* brush] sth away

ab|keh·ren² **I.** *vt* (*geh*) **den Blick/das Gesicht [von etw]** ~ to avert one's gaze/eyes [from sth], to look away [from sth] **II.** *vr* (*geh*) ■**sich [von jdm/etw]** ~ to turn away [from sb/sth]; **sich vom Glauben/von Gott** ~ to renounce one's faith/God

ab|kip·pen *vt* ■**etw irgendwo** ~ to dump sth somewhere

ab|klap·pern *vt* (*fam*) ■**jdn/etw [nach etw/jdm]** ~ to go round sb/sth [looking for sth/sb]; **ich habe die ganze Gegend nach dir abgeklappert** I've been looking for you everywhere

ab|klä·ren *vt* ■**etw [mit jdm]** ~ to clear sth up [*or* sort sth out] [*or* check sth] [with sb]; **[mit jdm]** ~**, ob/wer/wo ...** to check [with someone] whether/who/where ...

Ab·klä·rung <-> *f kein pl* **sich mit der** ~ **eines Problems befassen** to [attempt to] clear up a problem

Ab·klatsch <-[e]s, -e> *m* (*pej*) pale [*or* poor] imitation, cheap copy früherer Inszenierungen von Shakespeare

ab|klem·men *vt* ❶ (*abquetschen*) ■**[jdm] etw** ~ to crush [sb's] sth; **er hat sich den Finger abgeklemmt** he crushed his finger ❷ MED ■**etw** ~ *Nabelschnur* to clamp sth ❸ ELEK ■**etw** ~ *Kabel* to disconnect, to switch [*or* turn] off

ab|klin·gen *vi irreg sein* ❶ (*leiser werden*) to become quieter, to die [*or* fade] away ❷ (*schwinden*) to subside

ab|klop·fen *vt* ❶ (*durch Klopfen abschlagen*) ■**etw** ~ to knock sth off ❷ (*durch Klopfen vom Staub reinigen*) ■**etw** ~ to beat the dust out of sth; **den Schmutz von einer Jacke** ~ to tap off the dust from a jacket ❸ MED ■**jdn/etw** ~ to tap [*or spec* percuss] sb/sth ❹ (*fam: untersuchen*) ■**etw auf etw** *akk* ~ to check sth [out] for sth ❺ (*sl: befragen*) ■**jdn auf etw** *akk* ~ to quiz sb about sth

ab|knab·bern *vt* (*fam*) ■**etw** ~ to nibble [*or* gnaw] [at] sth; **sich** *dat* **die Fingernägel** ~ to bite [*or* chew] one's [finger]nails

ab|knal·len *vt* (*sl*) ■**jdn** ~ to blast sb *fam*, to shoot sb down *sep*

ab|knap·pen, **ab|knap·sen** *vt* (*fam*) ■**sich** *dat* **etw** ~ [*o* **abknapsen**] to scrape together sth *sep;* ■**[jdm] etw** ~ to sponge [*or* scrounge] sth [off sb]

ab|knei·fen *vt irreg* ❶ ■**etw [mit etw]** ~ to pinch sth off [with sth] ❷ (*fam*) **sich einen** ~ to make a meal of sth

ab|kni·cken **I.** *vt haben* ■**etw** ~ ❶ (*durch Knicken abbrechen*) to break sth off ❷ (*umknicken*) to fold sth over [*or* back]; **eine Blume** ~ to bend a flower stem, to knock a flower over **II.** *vi sein* ❶ (*umknicken und abbrechen*) to break off ❷ (*abzweigen*) ■**[von etw]** ~ to branch off [from sth]

ab|knöp·fen *vt* ❶ (*durch Knöpfen entfernen*) ■**etw [von etw]** ~ to unbutton sth [from sth] ❷ (*fam: listig abwerben*) ■**jdm etw** ~ to [manage to] get sth off [*or* out of] sb; **ich konnte ihm 50 Euro** ~ I managed to get 50 euros out of him

ab|knut·schen *vt* (*fam*) ■**jdn** ~ to snog sb BRIT *fam;* ■**sich** [*o* **einander**] ~ to neck, to snog BRIT

ab|ko·chen *vt* ■**etw** ~ to boil sth

ab|kom·man·die·ren* *vt* ❶ MIL (*versetzen*) ■**jdn irgendwohin** ~ to post [*or* send] sb somewhere; **er wurde nach Afrika/an die Front abkommandiert** he was posted to Africa/to the Front ❷ (*befehlen*) ■**jdn [zu etw]** ~ to order sb [to do sth]; MIL *a.* to detail [*or* assign] sb to sth

ab|kom·men *vi irreg sein* ❶ (*versehentlich abweichen*) to go off; **vom Kurs** ~ to go off course; **von der Straße** ~ to veer off the road; **vom Weg** ~ to stray from the path, to lose one's way ❷ (*aufgeben*) to give up; **von einer Angewohnheit** ~ to break a habit; **von einer Meinung** ~ to change one's mind, to revise an opinion; **vom Rauchen/Trinken** ~ to give up [*or* stop] smoking/drinking; ■**davon** ~**, etw zu tun** to stop [*or* give up] doing sth ❸ (*sich vom Eigentlichen entfernen*) ■**[von etw]** ~ to digress [from sth]; **jetzt bin ich ganz abgekommen!** now I've completely forgotten where I was [*or* what I was talking about]

Ab·kom·men <-s, -> *nt* agreement, treaty; **das Münchner** ~ HIST the Treaty of Munich; **ein** ~ **abschließen** to conclude an agreement, to sign a treaty

ab·kömm·lich *adj* available; ■**nicht** ~ **sein** to be unavailable

Ab·kömm·ling <-s, -e> *m* ❶ (*geh: Nachkomme*) descendant ❷ (*hum fam: Sprössling*) offspring *no pl* ❸ CHEM derivative

ab|kön·nen *vt irreg* (*fam*) ❶ (*leiden können*) ■**jdn/etw nicht** ~ to not be able to stand sb/sth ❷ (*vertragen*) **nicht viel/nichts** ~ to not [be able to] take a lot/anything; **er kann ganz schön was ab!** he can knock back quite a bit!

ab|kop·peln **I.** *vt* ❶ (*abhängen*) ■**etw [von etw]** ~ to uncouple sth [from sth] ❷ RAUM ■**etw [von etw]** ~ to undock sth [from sth] **II.** *vr* (*fam*) ■**sich von etw** ~ to sever one's ties with sth

ab|krat·zen **I.** *vt haben* ■**[sich** *dat*] **etw** ~ to scratch off sth *sep;* ■**etw [von etw]** ~ to scrape sth off [sth]; **[sich** *dat*] **den Schorf** ~ to pull [*or* pick] off a scab *sep* **II.** *vi sein* (*sl*) to kick the bucket *sl*

ab|krie·gen *vt* (*fam*) *s.* **abbekommen**

ab|küh·len **I.** *vi sein* ❶ (*kühl werden*) to cool [down] ❷ (*an Intensität verlieren*) to cool [off]; *Begeisterung* to wane **II.** *vt haben* ■**etw** ~ ❶ (*kühler werden lassen*) to leave sth to cool ❷ (*vermindern*) to cool sth; **jds Leidenschaft** ~ to dampen sb's passion; **jds Zorn** ~ to appease [*or* allay] sb's anger **III.** *vr impers haben* ■**sich** ~ to cool off; *Wetter* to become cooler **IV.** *vi impers haben* to become cooler [*or* colder]

Ab·küh·lung *f* ❶ (*Verminderung der Wärme*) cooling ❷ (*kühlende Erfrischung*) **sich eine** ~ **verschaffen** to cool oneself down ❸ (*Verringerung der Intensität*) cooling off

Ab·kunft <-> *f kein pl* (*geh*) **einer bestimmten** ~ **sein** to be of [a] particular origin; **sie ist asiatischer** ~ she is of Asian descent

ab|kup·fern **I.** *vt* (*fam*) ■**etw [von jdm]** ~ to copy sth [from sb] **II.** *vi* (*fam*) ■**[aus etw]** ~ to quote [from sth]; ■**voneinander** ~ to copy from one another

ab|kür·zen **I.** *vt* ❶ (*eine Kurzform benützen*) ■**etw [durch etw/mit etw]** ~ to abbreviate sth [to sth] ❷ (*etw kürzer machen*) ■**etw [um etw]** ~ to cut sth short [by sth] **II.** *vi* ❶ (*einen kürzeren Weg nehmen*) to take a shorter route ❷ (*mit Abkürzungen schreiben*) to abbreviate

Ab·kür·zung *f* ❶ (*abgekürzter Begriff*) abbreviation ❷ (*abgekürzter Weg*) short cut; **eine** ~ **nehmen** to take a short cut ❸ (*Verkürzung*) cutting short

Ab·kür·zungs·ver·zeich·nis *nt* list of abbreviations

ab|küs·sen *vt* ■**jdn** ~ to smother sb in [*or* with] kisses; ■**sich** ~ to kiss [one another] passionately

Ab·lad <-[e]s> *m kein pl* SCHWEIZ (*geh: Abladen*) unloading

ab|la·den *vt irreg* ❶ (*deponieren*) ■**etw irgendwo** ~ to dump [*or* put] sth somewhere ❷ (*entladen*) ■**etw** ~ to unload sth ❸ (*absetzen*) ■**jdn [irgendwo]** ~ to set sb down [*or* drop sb off] [somewhere] ❹ (*fam: abreagieren*) **seinen Ärger/Frust bei jdm** ~ to take out [*or* vent] one's anger/frustration on sb ❺ (*fam: abwälzen*) ■**etw auf jdn** ~ to shift sth on to sb

Ab·la·ge *f* ❶ (*Möglichkeit zum Deponieren*) storage place; **ich brauche eine** ~ **für meine Disketten** I need somewhere to put my diskettes ❷ (*Akten~*) filing cabinet; **bitte heften Sie diese Briefe in der** ~ **ab** please file away these letters ❸ SCHWEIZ (*Annahmestelle*) delivery point; (*Zweigstelle*) branch [office]

Ab·la·ge·korb *m* letter tray

ab|la·gern **I.** *vt haben* ■**etw** ~ ❶ (*deponieren*) to dump sth ❷ (*durch Lagern ausreifen lassen*) to let sth mature **II.** *vi sein o haben* ❶ (*durch Lagern ausreifen lassen*) ■**etw** ~ **lassen** to let sth mature ❷ (*durch Lagern trocknen*) **Holz** ~ to season wood; **Tabak** ~ to cure tobacco **III.** *vr haben* ■**sich [auf/in etw** *dat*] ~ to be deposited [on sth/in sth]; **im Wasserkocher hat sich viel Kalk abgelagert** a large chalk deposit has formed in the kettle

Ab·la·ge·rung *f* ❶ (*Sedimentbildung*) sedimentation, deposition ❷ (*Sediment*) sediment, deposit ❸ (*Inkrustierung*) incrustation BRIT, encrustation AM ❹ *kein pl* (*das Ablagern zum

Reifen) maturing; **für diesen Wein ist eine ~ von 2 Jahren empfehlenswert** this wine should be matured for 2 years

Ab·lass[RR] <-es, Ablässe> *m,* **Ab·laß**[ALT] <-sses, Ablässe> ['aplas, *pl* 'aplɛsə] *m* ❶ REL (*Nachlass von Fegefeuerstrafe*) indulgence; (*Urkunde*) letter of indulgence ❷ (*fam*) outlet valve

ab|las·sen *irreg* **I.** *vt* ❶ (*abfließen lassen*) ■**etw ~** to let out sth *sep;* **Dampf** [**aus etw**] **~** to let off steam [from sth]; **Urin ~** to pass urine; **Öl/Wasser** [**aus etw**] **~** to drain oil/water [out of sth] ❷ (*leerlaufen lassen*) **könntest du bitte das Wasser aus dem Pool ~** could you please drain the water from the pool ❸ (*ermäßigen*) ■**jdm etw** [**von etw**] **~** to give sb a discount; **ich lasse Ihnen 5%** [**vom Preis**] **ab** I'll give you a 5% discount ❹ KOCHK **ein Ei ~** to separate the eggwhite from the yolk **II.** *vi* ❶ (*geh: mit etw aufhören*) ■[**von etw**] **~** to give up [sth *sep*] ❷ (*in Ruhe lassen*) ■**von jdm ~** to let sb be

Ab·lass·ven·til[RR] *nt* outlet valve

Ab·la·tiv <-, -e> ['ablati:f, *pl* -ti:və] *m* LING ablative

Ab·lauf[1] *m* ❶ (*Verlauf*) course; *von Verbrechen, Unfall* sequence of events; **alle hofften auf einen reibungslosen ~ des Besuches** everybody hoped that the visit would pass off smoothly ❷ (*das Verstreichen*) passing; **der ~ des Ultimatums erfolgt in 10 Stunden** the deadline for the ultimatum runs out in 10 hours; **nach ~ von etw** after sth, once sth has passed; **nach ~ von 10 Tagen** after 10 days

Ab·lauf[2] *m* ❶ (*geh: das Ablaufen*) draining ❷ (*Abflussrohr*) outlet pipe

Ab·lauf·di·a·gramm *nt* work schedule

ab|lau·fen[1] *vi irreg sein* ❶ (*abfließen*) ■[**aus etw**] **~** to run [out of sth], to drain [from sth]; **das Badewasser ~ lassen** to let the bath water out ❷ (*sich leeren*) to empty; **das Becken läuft nicht ab** the water won't drain out of the sink ❸ (*trocken werden*) to stand [to dry]; **nach dem Spülen lässt sie das Geschirr erst auf dem Trockengestell ~** after washing up, she lets the dishes stand on the drainer ❹ (*ungültig werden, auslaufen*) to expire, to run out; ■**abgelaufen** expired ❺ (*verstreichen, zu Ende gehen*) to run out; **das Ultimatum läuft nächste Woche ab** the ultimatum will run out [*or* expire] [*or* end] next week; **das Verfallsdatum dieses Produkts ist abgelaufen** this product has passed its sell-by date ❻ (*vonstattengehen, verlaufen*) to proceed, to run, to go [off]; **mische dich da nicht ein, die Sache könnte sonst ungut für dich ~!** don't interfere; otherwise, it could bring you trouble!; **das Programm läuft ab wie geplant** the programme ran as planned [*or* scheduled] ❼ (*sich abwickeln*) ■[**von etw**] **~** to run out [from sth]; **das Kabel läuft von einer Rolle ab** the reel pays out the cable ❽ (*fam: unbeeindruckt lassen*) ■**an jdm ~** to wash over sb; **an ihm läuft alles ab** it's like water off a duck's back [with him]

ab|lau·fen[2] *vt irreg* ❶ *haben* (*durch Gehen abnützen*) ■**etw ~** to wear down [*or* out] sth *sep* ❷ *sein o haben* (*abgehen*) ■**etw ~** to walk sth ❸ *sein o haben* (*absuchen*) ■**etw** [**nach etw**] **~** to go everywhere [looking for sth]; **ich habe den ganzen Marktplatz nach Avocados abgelaufen** I've been all over the market looking for avocados; **sich die Beine** [*o* **Hacken**] [*o* **Schuhsohlen**] **nach etw ~** (*fam*) to hunt high and low [for sth]

Ab·laut *m pl rare* ablaut

Ab·le·ben *nt kein pl* (*geh*) death, demise *form*

ab|le·cken *vt* ❶ (*durch Lecken entfernen*) ■**etw ~** *Blut, Marmelade* to lick sth off; **sich** *dat* **etw von der Hand ~** to lick sth off one's hand ❷ (*durch Lecken säubern*) ■**etw ~** *Finger, Löffel, Teller* to lick sth [clean]; **der Hund leckte mir die Finger ab** the dog licked my fingers

ab|le·dern *vt* ■**etw ~** to polish with [chamois] leather

ab|le·gen **I.** *vt* ❶ (*deponieren, an einen Ort legen*) to put, to place ❷ (*archivieren*) ■**etw ~** to file sth [away] ❸ (*ausziehen und weglegen*) ■**etw ~** to take off sth *sep* [and put it somewhere]; **Sie können Ihren Mantel dort drüben ~** you can put your coat over there ❹ (*aufgeben*) ■**etw ~** to drop sth, to give up sth *sep* ❺ (*ausrangieren*) ■**etw ~** to throw sth out, to cast sth aside *form* ❻ (*absolvieren, vollziehen, leisten*) to take; **die Beichte** [*o* **ein Geständnis**] **~** to confess, to make a confession; **einen Eid ~** to take an oath, to swear [an oath]; **eine Prüfung ~** to pass an exam ❼ KARTEN ■**etw ~** to discard ❽ ZOOL ■**etw ~** to lay sth; **Frösche legen ihren Laich im Wasser ab** frogs like to spawn in water **II.** *vi* ❶ NAUT, RAUM to [set] sail, to cast off; **die Fähre legt gleich ab** the ferry's just leaving [*or* departing]; ■**das A~** departure ❷ (*ausziehen*) to take off sth *sep*

Ab·le·ger <-s, -> *m* ❶ BOT shoot; **einen ~ ziehen** to take a cutting ❷ (*fam: Filiale*) branch ❸ (*hum fam: Sprössling*) kid *fam,* offspring *hum*

ab|leh·nen **I.** *vt* ❶ (*zurückweisen*) to turn down, to refuse, to reject; **einen Antrag ~** to reject [*or* defeat] a proposal; ■**jdn ~** to reject sb ❷ (*sich weigern*) ■**es ~, etw zu tun** to refuse to do sth ❸ (*missbilligen*) ■**etw ~** to disapprove of sth, to object to sth; *s. a.* **dankend II.** *vi* (*nein sagen*) to refuse

ab·leh·nend **I.** *adj* (*negativ*) negative **II.** *adv* (*geh*) negatively; ■**jdm/etw ~ gegenüberstehen** to oppose sb/sth, to disapprove of sb/sth; **diesen Vorschlägen stehe ich eindeutig ~ gegenüber** I clearly cannot accept these proposals

Ab·leh·nung <-, -en> *f* ❶ (*Zurückweisung*) refusal, rejection; **die ~ eines Antrags** rejection [*or* defeat] of a proposal; **die ~ eines Bewerbers** rejection of an applicant ❷ (*ablehnendes Schreiben*) [written] rejection ❸ (*Missbilligung*) disapproval, objection; **auf ~ stoßen** (*geh: wird abgelehnt*) to be rejected [*or* refused]; (*wird missbilligt*) to meet with disapproval

ab|leis·ten *vt* (*geh: absolvieren*) to serve, to do; **eine Probezeit ~** to complete a probationary period; **den Wehrdienst ~** to do one's military service

ab|lei·ten **I.** *vt* ❶ (*umleiten*) ■**etw ~** to divert sth; (*ablenken*) *Blitz* to conduct; **der Verkehr musste abgeleitet werden** the traffic had to be rerouted ❷ LING (*herleiten, entwickeln*) ■**etw ~** to trace sth back [to], to derive sth [from] ❸ MATH **eine Funktion ~** to differentiate a function; **eine Gleichung ~** to develop an equation ❹ (*logisch folgern*) ■**etw ~** to deduce [*or* infer] sth [from sth] **II.** *vr* ❶ LING ■**sich ~** to stem [*or* be derived] [from] ❷ (*logisch folgen*) ■**sich ~** to be derived [*or* derive] [from]; **sich** *dat* **sein Recht von etw ~** to derive one's privilege from sth

Ab·lei·tung *f* ❶ (*Umleitung*) *Rauch, Flüssigkeit* diversion ❷ LING, SCI derivation; (*abgeleitetes Wort*) derivative ❸ MATH *von Formeln* differentiation ❹ (*Folgerung*) deduction; **~ eines Vorrechts aus einer Stellung** derivation of a privilege from a position

ab|len·ken **I.** *vt* ❶ (*zerstreuen*) ■**jdn ~** to divert [*or* distract] sb; **wenn er Sorgen hat, lenkt ihn Gartenarbeit immer ab** if he's worried, working in the garden diverts his thoughts; ■**sich** [**mit etw**] **~** to relax [with sth/by doing sth] ❷ (*abbringen*) ■**jdn** [**von etw**] **~** to distract sb [from sth]; ■**sich von etw ~ lassen** to be distracted by sth ❸ (*eine andere Richtung geben*) ■**etw** [**von etw**] **~** to divert sth [from sth] ❹ PHYS **Licht ~** to refract light; **Strahlen ~** to deflect rays **II.** *vi* ❶ (*ausweichen*) ■[**von etw**] **~** to change the subject ❷ ■[**von etw**] **~** to distract [from sth]

Ab·len·kung *f* ❶ (*Zerstreuung*) diversion, distraction; **sich** [**mit etw**] **~ verschaffen** to relax [with sth] [by doing sth]; **zur ~** in order to relax ❷ (*Störung*) distraction, interruption ❸ PHYS (*das Ablenken*) **die ~ von Licht** the refraction of light; **die ~ von Strahlen** the deflection of rays

Ab·len·kungs·ma·nö·ver *nt* diversion, diversionary tactic

ab|le·sen *irreg* **I.** *vt* ❶ (*den Stand feststellen*) ■**etw ~** *Messgeräte, Strom* to read sth ❷ (*nach der Vorlage vortragen*) ■**etw** [**von etw**] **~** to read sth [from sth] ❸ (*folgern*) ■**etw** [**aus etw**]

~ to read [*or form* construe] sth [from sth]; **aus seinem Verhalten konnte sie ungeteilte Zustimmung** ~ from his behaviour she gathered that he was completely in agreement **II.** *vi* ❶ (*den Zählerstand feststellen*) to read the meter ❷ (*mit Hilfe einer Vorlage sprechen*) to read [from sth]

ab|leuch·ten *vt* (*mit Hilfe einer Lichtquelle untersuchen*) ■**etw** ~ to inspect sth with light

ab|leug·nen I. *vt* (*bestreiten*) ■**etw** ~ *Schuld, Tat* to deny sth **II.** *vi* (*leugnen*) to deny; ■**das A~** denial

ab|lich·ten *vt* ❶ (*fam: fotografieren*) ■**etw/jdn** ~ to take a photo [*or* picture] of sb/sth ❷ (*fotokopieren*) ■**etw** ~ to photocopy sth

Ab·lich·tung <-, -en> *f* ❶ *kein pl* (*das Fotokopieren*) photocopying ❷ (*Fotokopie*) photocopy, copy *fam*

ab|lie·fern *vt* ❶ (*abgeben*) ■**etw** ~ to hand over sth *sep*, to turn in sth *sep* ❷ (*fam: einreichen*) ■**etw** ~ to hand in sth *sep*, to turn in sth *sep* ❸ (*liefern*) ■**etw [bei jdm]** ~ to deliver sth [to sb] ❹ (*hum fam: nach Hause bringen*) ■**jdn [bei jdm]** ~ to hand sb over [to sb]

ab|lie·gen *irreg* **I.** *vi haben* (*entfernt sein*) to be a long way [from], to be distant *form;* **die Mühle liegt sehr weit ab** the mill is a long way away; **zu weit [vom Weg]** ~ to be too far [out of the way], to be too much of a detour **II.** *vt haben* SÜDD, ÖSTERR (*durch Lagern mürbe werden*) **Fleisch** ~ *to hang meat to tenderize it*

ab|lis·ten *vt* (*abgaunern*) ■**jdm etw** ~ to trick sb out of sth

ab|lo·cken *vt* (*abnehmen*) ■**jdm etw** ~ to wangle [*or* coax] sth out of sb; **er hat mir 50 Euro abgelockt** he managed to get 50 euros out of me

ab|lö·schen *vt* ❶ (*mit einem Löschblatt trocknen*) ■**etw [mit etw]** ~ *Tinte* to blot sth [with sth] ❷ (*das Ablöschen*) ■**etw [mit etw]** ~ *Tafel* to wipe sth [with sth] ❸ KOCHK ■**etw [mit etw]** ~ to pour sth [on sth]; **den Braten mit einem Schuss Wein** ~ to add a little wine to the roast

Ab·lö·se <-, -n> *f* (*fam*) *s.* **Ablösesumme**

ab|lö·sen I. *vt* ❶ (*abmachen*) ■**etw [von etw]** ~ to remove [*or* take off *sep*] sth [from sth]; *Pflaster* to peel off ❷ (*abwechseln*) ■**sich** [*o* **einander**] **[bei etw]** ~ to take turns [at sth], to relieve one another [at sth]; **die beiden Fahrer lösten sich am Steuer ab** both drivers took turns at the wheel; **sich bei der Arbeit** ~ to work in shifts; **einen Kollegen** ~ to take over from [*or form* relieve] a colleague; **die Wache** ~ to change the guard ❸ (*fig: an die Stelle von etw treten*) ■**jdn/etw [durch jdn/etw]** ~ to supersede [*or* replace] sb/sth [by/with sb/sth]; **neue Methoden werden die alten** ~ new methods will take the place of old ones ❹ (*tilgen*) ■**etw** ~ to pay off sth *sep*, to redeem sth **II.** *vr* (*abgehen*) ■**sich [von etw]** ~ to peel off [sth]; **das Etikett löst sich nur schwer ab** the label doesn't peel off easily

Ab·lö·se·sum·me *f* transfer fee

Ab·lö·sung *f* ❶ (*Auswechslung*) relief; **die** ~ **der Schichtarbeiter** change of shift; **die** ~ **der Wache** the changing of the guard ❷ (*Ersatzmann*) replacement ❸ (*Entlassung*) dismissal; **die Opposition forderte die** ~ **des Ministers** the opposition demanded that the minister be removed from office ❹ (*das Ablösen*) removal, loosening; *Farbe, Lack* peeling off; (*Abtrennung*) separation; **die** ~ **der Netzhaut** the detachment of the retina ❺ (*Tilgung*) redemption *no pl;* **die** ~ **einer Schuld** the discharge of a debt; **die vorzeitige** ~ **der Hypothek** to pay off the mortgage prematurely

Ab·lö·sungs·sum·me *f s.* **Ablösesumme**

ab|lot·sen *vt,* **ab|luch·sen** [-lʊksn̩] *vt* (*fam*) ■**jdm etw** ~ [*o* **luchsen**] to wangle [*or* coax] sth out of sb

Ab·luft *f kein pl* TECH outgoing air

ABM <-, -s> [aːbeːˈɛm] *f Abk von* **Arbeitsbeschaffungsmaßnahme** job creation scheme [*or* AM plan]

ab|ma·chen *vt* ❶ (*entfernen*) ■**etw** ~ to take off sth; ■**jdm etw** ~ to take off *sep* sb's sth; **er machte dem Hund das Halsband ab** he took the dog's collar off ❷ (*vereinbaren*) ■**etw [mit jdm]** ~ to arrange sth [with sb], to make an arrangement to do sth; ■**abgemacht** arranged, fixed; ■**abgemacht!** agreed!, OK!, you're on! ❸ (*klären*) ■**etw** ~ to sort out *sep* sth, to settle sth; **wir sollten das lieber unter uns** ~ we should better settle this between ourselves ❹ (*ableisten*) ■**etw** ~ *Zeit* to do sth

Ab·ma·chung <-, -en> *f* (*Vereinbarung*) agreement; **sich [nicht] an eine** ~ **halten** to [not] carry out an agreement *sep*

ab|ma·gern *vi sein* to grow [*or* get] thin; ■**abgemagert** very thin; **die Flüchtlinge waren völlig abgemagert** the refugees were emaciated

Ab·ma·ge·rung <-> *f kein pl* weight loss, emaciation

Ab·ma·ge·rungs·kur *f* (*Schlankheitskur*) diet; **eine** ~ **machen** to be on a diet

ab|mä·hen *vt* ■**etw** ~ to mow sth

ab|mah·nen *vt* ■**jdn** ~ to warn [*or form* caution] [*or form* admonish] sb

Ab·mah·nung *f* warning, BRIT *a.* caution *form*

ab|ma·len I. *vt* (*abzeichnen*) ■**etw [von etw]** ~ to paint [*or* portray] sth [from sth]; **[von anderen Bildern]** ~ to copy [other pictures] **II.** *vr* (*sich zeigen*) to show; **ihre Bluse war so eng, dass sich alles abmalte** her blouse was so tight that you could see everything

Ab·marsch *m* march off, start of a march; **fertig machen zum** ~**!** ready to [*or* quick] march!

ab·marsch·be·reit I. *adj* ready to march **II.** *adv* ready to march

ab|mar·schie·ren* *vi sein* to march off, to start marching; **los,** ~ **[zum Schießstand]**! forward, march [to the rifle range]!

ab|meh·ren *vi* SCHWEIZ (*abstimmen*) to vote [on sth] [by a show of hands]

ab·mei·ern [ˈapmaiɐn] *vt* (*vom Dienst entfernen*) ■**jdn** ~ to dismiss sb

Ab·mel·de·for·mu·lar *nt* **ein** ~ **für einen Umzug** a change of address form; **ein** ~ **für Personen und Pkws** a cancellation of registration form

ab|mel·den I. *vt* ❶ (*den Austritt anzeigen*) ■**jdn [von etw]** ~ to cancel sb's membership [of sth] [*or* AM [in sth]]; **jdn von einer Schule** ~ to withdraw sb from a school ❷ (*die Außerbetriebnahme von etw anzeigen*) **ein Fernsehgerät/Radio** ~ to cancel a TV/radio licence [*or* AM -se]; **ein Auto** ~ to cancel a car's registration; **das Telefon** ~ to request the disconnection of the phone ❸ (*fam*) ■**bei jdm abgemeldet sein** no longer be of interest to sb; **er ist endgültig bei mir abgemeldet** I've had it with him, I wash my hands of him **II.** *vr* ❶ (*seinen Umzug anzeigen*) ■**sich** ~ to give [official] notification of a change of address ❷ (*um Erlaubnis bitten, weggehen zu dürfen*) ■**sich [bei jdm]** ~ to report to sb that one/sb is leaving ❸ MIL ■**sich [bei jdm/zu etw]** ~ to report to sb/for sth; **melde mich zum Waffenreinigen ab, Herr Feldwebel!** reporting for weapon cleaning duty, Sergeant!

Ab·mel·dung *f* ❶ (*das Abmelden*) *vom Auto* request to deregister a car; *vom Fernsehgerät/Radio* cancellation; *vom Telefon* disconnection ❷ (*Anzeige des Umzugs*) [official] notification of a change of address ❸ (*fam*) *s.* **Abmeldeformular**

ab|mes·sen *vt irreg* ❶ (*ausmessen*) ■**etw** ~ to measure sth ❷ **eine Länge** ~ to measure [off] a length [from sth]; **eine Menge** ~ to measure [out] an amount [from sth] ❸ (*abschätzen*) **etw** ~ **können** to be able to assess [*or* BRIT gauge] [*or* AM gage] sth

Ab·mes·sung *f meist pl* measurements, size; (*von dreidimensionalen Objekten a.*) dimensions

ab|mil·dern *vt* ❶ (*abschwächen*) ■**etw** ~ to moderate sth; **eine Äußerung** ~ to temper one's words ❷ (*mildern*) ■**etw** ~ to lessen [*or* reduce] sth; **einen Sturz** ~ to cushion a fall

ab|mon·tie·ren* *vt* (*mit einem Werkzeug entfernen*) ■**etw [von etw]** ~ to remove sth [from sth]; **die Einbauküche musste abmontiert werden** the built-in kitchen had to be dismantled

ABM-Stel·le *f* position assisted by job creation scheme [*or* AM plan]

ạb|mü·hen *vr* (*sich große Mühe geben*) ■**sich** ~ to work [*or* try] hard, to take a lot of trouble [*or pl* pains]; ■**sich mit etw** ~ to work [*or* try] hard at sth; ■**sich mit jdm** ~ to take a lot of trouble [*or pl* pains] with sb; ■**sich** ~, **etw zu tun** to try hard to do sth

ạb|murk·sen *vt* (*sl: umbringen*) ■**jdn** ~ to bump off sb *sep sl,* to do in sb *sep sl,* to kill

ạb|mus·tern I. *vt* NAUT ■**jdn** ~ to discharge sb **II.** *vi* NAUT to go ashore, to leave ship

ạb|na·beln I. *vt* (*jds Nabelschnur durchtrennen*) ■**jdn** [**von jdm**] ~ to cut the umbilical cord [between sb and sb] **II.** *vr* (*Bindungen kappen*) ■**sich** [**von jdm/etw**] ~ to become independent [of sb/sth], to become self-reliant

ạb|na·gen *vt* ❶ (*blank nagen*) ■**etw** ~ to gnaw sth clean ❷ (*durch Nagen abessen*) ■**etw** [**von etw**] ~ to gnaw sth [off sth]

Ạb·nä·her <-s, -> *m* MODE dart, tuck

Ab·nah·me[1] <-, *selten* -n> ['apna:mə] *f* ❶ (*Verringerung*) reduction [of], drop [*or* fall] [in] ❷ (*das Nachlassen*) loss; ~ **der Kräfte** weakening

Ab·nah·me[2] <-, -n> ['apna:mə] *f* ❶ ÖKON (*Übernahme*) *Ware* acceptance ❷ ADMIN *Neubau, Fahrzeug* inspection and approval ❸ (*geh: Herunternahme*) removal, taking down

ạb|neh·men[1] *vi irreg* ❶ (*Gewicht verlieren*) to lose weight; **stark** ~ to lose a lot of weight ❷ (*sich verringern*) to drop, to fall, to decrease ❸ (*nachlassen*) to diminish; **durch die Krankheit nahmen ihre Kräfte immer mehr ab** her strength continued to decrease due to her illness; **bei zu hohen Preisen nimmt das Interesse der Kunden deutlich ab** when the price is too high, customers lose interest; **die Nachfrage nach diesem Automodell hat stark abgenommen** demand for this car model has dropped dramatically

ạb|neh·men[2] *irreg* **I.** *vt* ❶ (*wegnehmen*) ■**jdm etw** ~ to take sth [away] from sb *sep,* to relieve sb of sth *hum;* **dem betrunkenen Autofahrer wurde von der Polizei der Führerschein abgenommen** the police took the drunk driver's licence; **er nahm seinem Gegenüber beim Poker große Summen ab** he won a lot of money from his opponent at poker ❷ (*herunternehmen*) ■**etw** ~ to take down sth *sep;* **nimm bitte draußen die Wäsche ab!** can you get the washing in, please?; **nehmen Sie bitte den Hut ab!** please take your hat off! ❸ (*aufnehmen*) ■**etw** ~ to pick up sth *sep;* **nimmst du bitte den Hörer/das Telefon ab?** can you answer [*or* pick up] the phone, please? ❹ (*tragen helfen*) ■**jdm etw** ~ to take sth [from sb] ❺ (*a. fig: abkaufen*) ■**jdm etw** ~ to buy sth [from sb], to accept sth [from sb]; **niemand wollte ihm die Ladenhüter** ~ no one wanted to buy the line that was not selling from him; **das nehme ich dir nicht ab** I don't buy that; **dieses Märchen nimmt dir keiner ab!** nobody will buy that fairy tale! ❻ (*übernehmen*) ■**jdm etw** ~ to take on sth for sb, to take sth off sb's shoulders; **deine Arbeit kann ich dir nicht** ~ I can't do your work for you ❼ KARTEN to take ❽ MED (*amputieren*) ■[**jdm**] **etw** ~ to take off sb's sth, to amputate; **das zerquetschte Bein musste ihm abgenommen werden** they had to take off his crushed leg ❾ (*begutachten und genehmigen*) ■**etw** ~ to approve sth; **nach drei Jahren muss man zum TÜV, um seinen Wagen ~ zu lassen** after three years you have to take your car for an MOT test; **der Wagen konnte nicht abgenommen werden** the car failed its MOT ❿ (*prüfen*) **eine Prüfung** ~ to examine sb **II.** *vi* to answer the phone, to pick up [the phone] *sep;* **ich habe es gestern öfter bei ihr versucht, aber niemand nahm ab** I tried to reach her many times yesterday, but no one answered [the phone]

Ạb·neh·mer(in) <-s, -> *m(f)* (*Käufer*) customer; **für dieses Produkt gibt es sicher viele** ~ there'll be a lot of people wanting to buy this product

Ạb·nei·gung *f* ❶ (*Widerwillen*) ■~ **gegen jdn/etw** dislike for [*or* of] [*or* aversion to] sb/sth; **sie ließ ihn ihre ~ deutlich spüren** she didn't hide her dislike of him; **eine ~ gegen jdn/etw haben** to have a dislike of [*or* an aversion to] sb/sth; **sie hatte schon immer eine starke ~ gegen Thunfisch** she never did like tuna ❷ (*Widerstreben*) ■~, **etw zu tun** reluctance [*or* disinclination] to do sth; **eine ~ haben, etw zu tun** to be [*or* feel] reluctant [*or* disinclined] to do sth

ab·norm [ap'nɔrm], **ab·nor·mal** ['apnɔrma:l] *adj bes* ÖSTERR, SCHWEIZ abnormal

Ab·nor·mi·tät <-, -en> [apnɔrmi'tɛ:t] *f* abnormality

ạb|nö·ti·gen *vt* (*geh*) ■**jdm etw** ~ to wring sth out of [*or* from] sb; **das nötigt einem Respekt ab** you have to respect it

ạb|nut·zen, ạb|nüt·zen SÜDD, ÖSTERR **I.** *vt* ■**etw** ~ [*o* **abnützen**] to wear out; ■**abgenutzt** worn-down; **der Teppich ist an manchen Stellen ziemlich abgenutzt** the carpet is fairly worn in places **II.** *vr* ❶ (*im Gebrauch verschleißen*) ■**sich** ~ [*o* **abnützen**] to wear; **Textilbezüge nutzen sich meist schneller ab als Lederbezüge** cloth covers tend to wear thin quicker than leather ❷ (*an Wirksamkeit verlieren*) ■**sich** ~ to lose effect; **zu häufig gebrauchte Phrasen nutzen sich bald ab** phrases which are used too often soon lose their effect; ■**abgenutzt** worn-out; **abgenutzte Phrasen** hackneyed phrases

Ạb·nut·zung *f,* **Ạb·nüt·zung** *f* <-, -en> SÜDD, ÖSTERR (*Verschleiß durch Gebrauch*) wear and tear; **Absetzung für** ~ depreciation for wear and tear

Abo <-s, -s> ['abo] *nt* MEDIA (*fam*) *kurz für* **Abonnement** subscription; **ein ~ für eine Zeitung haben** to subscribe to a newspaper; (*Theater~*) season ticket [*or* AM tickets]

Abon·ne·ment <-s, -s> [abɔnə'mã:] *nt* subscription; ■**im** ~: **bei Theatervorstellungen sind die meisten Karten im ~ vergeben** most tickets for the theatre are given to subscribers; **etw im ~ beziehen** to subscribe to sth

Abon·nent(in) <-en, -en> [abɔ'nɛnt] *m(f)* subscriber

abon·nie·ren* [abɔ'ni:rən] *vt haben* ■**etw** ~ to subscribe to sth; ■[**auf etw** *akk*] **abonniert sein** to be a subscriber [to sth]; **sie ist wirklich auf Einser abonniert** (*hum*) she always gets A's

ạb|ord·nen *vt* (*dienstlich hinbefehlen*) ■**jdn** [**zu etw**] ~ to delegate sb [to sth]; (*abkommandieren*) to detail sb [for sth]; **er wurde nach Berlin abgeordnet** he was posted to Berlin

Ạb·ord·nung *f* delegation

Ab·ort[1] <-s, -e> [a'bɔrt, 'apʔɔrt] *m* (*veraltet*) *s.* **Toilette**

Abort[2] <-s, -e> [a'bɔrt] *m* MED (*Fehlgeburt*) miscarriage

ạb|pa·cken *vt a.* ÖKON (*einpacken*) ■**etw** ~ to pack sth; **packen Sie mir bitte drei Kilo Hackfleisch ab!** could you wrap up three kilos of minced meat for me, please?; ■**sich** *dat* **etw** [**von jdm**] ~ **lassen** to have [sb] wrap sth up; ■**sich** *dat* **etw ~ lassen** to have sth wrapped up; **abgepackte Lebensmittel** pre-packaged food

ạb|pas·sen *vt* ❶ (*abwarten*) ■**etw** ~ to wait [*or* watch] for sth; **die passende Gelegenheit** ~ to bide one's time ❷ (*timen*) **etw gut** [*o* **richtig**] ~ to time sth well ❸ (*abfangen, jdm auflauern*) ■**jdn** ~ to waylay sb; **der Taschendieb passte sie an der Ecke ab** the pickpocket lay in wait for her at the corner

ạb|pau·sen *vt* ■**etw** [**auf etw** *akk*] ~ to trace sth [onto sth]; ■**etw von etw** ~ to trace sth [from sth]; **hast du das selbst gezeichnet oder nur von einer Vorlage abgepaust?** did you draw it yourself or did you just trace it?

ạb|per·len *vi sein* ■[**von etw**] ~ to run off sth in drops; **der Tau perlte von den Blättern ab** the dewdrops fell from the leaves

ạb|pfei·fen *irreg* **I.** *vt* ■**etw** ~ to stop sth by blowing a whistle; **nach 45 Minuten wurde die erste Halbzeit abgepfiffen** after 45 minutes the whistle for the end of the first half was blown; **das Spielende** ~ to blow the final whistle **II.** *vi* to

Abneigung

Antipathie ausdrücken	expressing antipathy
Ich mag ihn **nicht** (besonders).	**I don't like** him (**very much**).
Ich finde diesen Typ **unmöglich.**	**I think** that bloke **is just impossible.**
Das ist ein (**richtiges**) **Arschloch.** *(vulg)*	**He's an** (**a real**) **arsehole.** *(vulg)*
Ich kann ihn **nicht leiden/ausstehen/riechen.** *(fam)*	**I cannot stand/bear** him.
Diese Frau **geht mir auf den Geist/Wecker/Keks.** *(fam)*	That woman **gets on my nerves.** *(fam)*

Langeweile ausdrücken	expressing boredom
Wie langweilig!/So was von langweilig!	**How boring!/Talk about boring!**
Ich schlaf gleich ein! *(fam)*/**Das ist ja zum Einschlafen!**	**I'll fall asleep/nod off in a minute!/ It's enough to send you to sleep!**
Der Film **ist ja zum Gähnen.** *(fam)*	The film **is** (**just**) **one big yawn.**
Diese Disco **ist total öde.**	This disco **is dead boring.**

Abscheu ausdrücken	expressing disgust
Igitt!	**Yuk!**
Du **widerst mich an!**	You **make me sick!**
Das **ist geradezu widerlich!**	That **is absolutely revolting!**
Das **ist** (**ja**) **ekelhaft!**	That is (**quite**) **disgusting!**
Das **ekelt mich an.**	That **makes me sick.**
Ich finde das zum Kotzen. *(sl)*	**That makes me puke.**

blow the whistle

Ab·pfiff *m* the [final] whistle

ab|pflü·cken *vt* (*pflücken*) ■**etw** ~ to pick sth; **im Park darf man keine Rosen** ~ picking roses is not allowed in the park

ab|pla·cken *vr* (*fam*) *s.* **abplagen**

ab|pla·gen *vr* ■**sich** [**mit etw**] ~ *dat* to struggle [with sth]; **er hat sich sein ganzes Leben lang abgeplagt** he slaved away his whole life; **sie plagt sich immer sehr ab mit den schweren Einkaufstaschen** she always struggles with her heavy shopping bags; **er plagte sich jahrelang mit den Manuskripten ab** he worked himself to death on the manuscripts

ab|plat·ten *vt* (*flacher machen*) ■**etw** ~ to flatten sth, to level sth off; ■**abgeplattet** flattened

Ab·prall <-[e]s, *selten* -e> *m* rebound, ricochet

ab|pral·len *vi sein* ❶ (*zurückprallen*) ■[**von etw/an etw** *dat*] ~ to rebound [from/off/against sth], to ricochet [off sth], to bounce [off sth] ❷ (*nicht treffen*) ■**an jdm** ~ to bounce off sb

ab|pres·sen *vt* ❶ (*durch Druck abnehmen*) ■**jdm etw** ~ to extort sth from sb, to squeeze sth out of sb *fam;* **jdm ein Geständnis** ~ to force a confession from [*or* beat a confession out of] sb ❷ (*abschnüren*) **jdm den Atmen** ~ to take sb's breath away ❸ (*herauspressen, unter Druck absondern*) ■**etw** ~ to force sth; **Blutwasser wird ins Bindegewebe abgepresst** serum is forced into the connective tissue

ab|pum·pen *vt* (*durch Pumpen entfernen*) ■**etw** [**aus etw/von etw**] ~ to pump sth [out of/from sth]

ab|put·zen *vt* ❶ (*durch Putzen reinigen*) ■**etw** ~ to clean sth; ■**jdm etw** ~ to clean sb's sth; **soll ich dir etwa noch den Hintern** ~**?** you don't want me to wipe your backside for you, do you?; ■[**sich** *dat*] **etw** ~ to clean sth; **putz dir die Schuhe ab!** wipe your shoes! ❷ (*durch Putzen entfernen*) ■**etw** [**von etw**] ~ to wipe sth [off sth], to clean sth [from/off sth] ❸ (*mit neuem Putz versehen*) ■**etw** ~ to plaster [*or* replaster] sth

ab|quä·len *vr* ❶ (*sich abmühen*) ■**sich** [**mit etw**] ~ to struggle [*or* battle] [with sth]; **was quälst du dich so ab?** why are you making things so difficult for yourself? ❷ (*sich mühsam abringen*) ■**sich** *dat* **etw** ~ to force sth; **er quälte sich ein Grinsen ab** he managed to force a grin; **diese Entschuldigung hast du dir ja förmlich abgequält!** you really had to force yourself to make that apology!

ab|qua·li·fi·zie·ren *vt* ■**jdn/etw** ~ to scorn sb/sth, to treat sb/sth with contempt, to put sb/sth down *fam;* ■**etw** ~ to dismiss sth [out of hand]

ab|ra·ckern *vr* (*fam: sich abmühen*) ■**sich** [**mit etw** *dat*] ~ to slave [over/away at sth] *fam or hum;* **was rackerst du dich so mit der Handsäge ab? nimm doch die Motorsäge!** why on earth are you bothering with the hand saw? use the power saw!; ■**sich für jdn/etw** ~ to work one's fingers to the bone for sb/sth, to work oneself to a shadow; **sie hat sich Tag für Tag für diese Firma abgerackert** she sweated blood for that company day after day

Ab·ra·ham <-s> ['a:braham] *m kein pl* Abraham ▶WENDUNGEN: [**sicher**] **wie in** ~**s Schoß** as safe as houses BRIT, in safe hands AM

Abra·ka·dab·ra <-s> [a:braka'da:bra] *nt kein pl* abracadabra

ab|ra·sie·ren* *vt* ❶ (*durch Rasieren entfernen*) ■[**jdm/sich**] **etw** ~ to shave [off] sth [*or* sb's/one's sth] *sep;* **jdm/sich den Bart** ~ to shave sb's/one's beard [off] ❷ (*fam: abtrennen*) ■**etw** ~ to shave off sth *sep;* **der Düsenjäger rasierte das Dach des Gebäudes ab** the jet shaved off the roof of the house ❸ (*fam: dem Erdboden gleichmachen*) ■**etw** ~ to raze sth to the ground

ab|ra·ten *vi irreg* ■**jdm** [**von etw**] ~ to advise [*or* warn] sb [against sth]; ■**jdm davon** ~**, etw zu tun** to advise [*or* warn] sb not to do [*or* against doing] sth; **von diesem Arzt kann ich Ihnen nur** ~ I really can't recommend that doctor

ab|räu·men *vt* ■**etw** [**von etw**] ~ to clear [sth] of sth, to clear sth [from sth]; ■**das A~** clearing away; ■**etw** ~ to clear sth; **nach dem Essen räumte sie das Geschirr ab** after the meal she cleared the table; **beim Kegelturnier räumte sie kräftig ab** at the skittles tournament she really cleaned up *fam*

Ab·raum·hal·de *f* slag-heap

ab|rau·schen *vi sein* ❶ (*fam: fortfahren*) to rush off [in a vehicle] ❷ (*sich demonstrativ entfernen*) to rush off in protest; **gestern ist er beleidigt abgerauscht** yesterday he felt offended and rushed off

ab|re·a·gie·ren* ['apreagi:rən] **I.** *vt* ❶ (*negative Emotionen herauslassen*) ■**etw** ~ to work off sth ❷ (*auslassen*) ■**etw an jdm** ~ to take out sth on sb **II.** *vr* (*fam: sich durch einen Ausbruch beruhigen*) ■**sich** ~ to calm down; **er war ziemlich wütend, aber jetzt hat er sich abreagiert** he was furious but he's cooled off now

ab|rech·nen I. *vi* ❶ (*abkassieren*) to settle up; **am Ende der Woche rechnet der Chef ab** the boss does the accounts at the end of the week; **Sie haben sich beim A~ um 4,65 Euro vertan!** you've miscalculated the bill by 4.65 euros!; ■**mit jdm** ~ to settle up with sb; **mit den Vertretern wird monatlich abgerechnet** the agents are paid monthly ❷ (*zur Rechenschaft ziehen*) ■**mit jdm** ~ to call sb to account, to get even [*or* settle an account] with sb; ■[**miteinander**] ~ to settle the score [with each other] **II.** *vt* (*abziehen*) ■**etw** [**von etw**] ~ to deduct sth [from sth]; [**jdm**] **einen Rabatt vom Preis** ~ to give [sb] a discount on the price

Ab·rech·nung *f* ❶ (*Erstellung der Rechnung*) calculation [*or* preparation] of a bill [*or* an invoice]; **ich bin gerade bei der ~ für den Kunden** I'm just adding up the bill for the customer; **die ~ machen** [*o* **vornehmen**] to prepare [*or* calculate] [*or* add up] the bill [*or* invoice]; **wie viel mussten Sie ausgeben? – ich bin gerade dabei, die ~ zu machen** how much did you have to spend? – I'm just working it out ❷ (*Aufstellung*) list, itemized bill ❸ (*Rache*) revenge, pay off; **der Tag der ~** the day of reckoning; **endlich war die Stunde der ~ gekommen** the time for revenge had finally come ❹ (*Abzug*) ■**die ~ von etw** the deduction of sth; ~ **von Skonto** discount; **etw in ~ bringen** (*geh: etw abziehen*) to deduct sth from sth

Ab·re·de *f* agreement; **eine mündliche ~** a verbal agreement; **etw in ~ stellen** (*geh*) to deny sth

ab|re·gen *vr* (*fam*) ■**sich** ~ to calm down; **reg dich ab!** keep your shirt [*or* BRIT hair] on!, chill out! *sl*

ab|rei·ben *vt irreg* ❶ (*durch Reiben entfernen, abwischen*) ■[**jdm**] **etw** [**von etw**] ~ to rub sth off [sth] [for sb]; ■[**sich** *dat*] **etw** [**an etw** *dat*] ~ to wipe [*or* clean] sth [on sth]; **bitte reib dir doch nicht immer die Hände an der Hose ab!** please don't always wipe your hands on your trousers! ❷ (*durch Reiben säubern*) ■**etw** ~ to rub sth down; **Autolack/Fenster ~** polish the paintwork/window ❸ (*trocknen*) ■**jdn/ein Tier/etw** ~ to rub sb/an animal/sth down; **er badete das Baby und rieb es dann mit einem Frotteehandtuch ab** he bathed the baby and then dried him/her with a terry towel

Ab·rei·bung *f* (*fam*) ❶ (*Prügel*) beating, a good thump *fam;* **dafür hast du eine ~ verdient!** you deserve to get clobbered! *fam* ❷ (*Tadel*) censure, criticism

Ab·rei·se *f kein pl* departure; **die ~ naht** it's nearly time to leave; **bei ihrer ~** when she left, on her departure

ab|rei·sen *vi sein* to leave, to depart; ■[**irgendwohin**] ~ to leave [*or* depart] [*or* start] [for somewhere]

ab|rei·ßen *irreg* **I.** *vt haben* ❶ (*durch Reißen abtrennen*) ■**etw** [**von etw**] ~ to tear [*or* rip] sth [off sth]; **Tapete von der Wand ~** to tear down wallpaper from the wall; **Blumen ~** to pull off the flowers; ■**sich** *dat* **etw** ~ to tear off sth *sep;* **er blieb an der Türklinke hängen and riss sich dabei einen Knopf ab** he got caught on the doorknob and tore a button off ❷ (*niederreißen*) ■**etw** ~ *ein baufälliges Bauwerk* to tear sth down ❸ (*sl: hinter sich bringen*) ■**etw** ~ to get through sth; **er hat gerade die 2 Jahre Gefängnis abgerissen** he's just finished sitting out his 2-year prison sentence **II.** *vi sein* ❶ (*von etw losreißen*) to tear off ❷ (*aufhören*) to break off; **einen Kontakt nicht ~ lassen** to not lose contact ❸ (*kontinuierlich anhalten*) ■**nicht** ~ to go on and on, to not stop; **der Strom der Flüchtlinge riss nicht ab** the stream of refugees did not end

Ab·reiß·ka·len·der *m* tear-off calendar

ab|rich·ten *vt* (*dressieren*) ■**ein Tier** ~ to train an animal; ■**ein Tier darauf ~, etw zu tun** to train an animal to do sth

Ab·rich·tung *f* (*Dressur*) training

ab|rie·geln *vt* ❶ (*absperren*) ■**etw** ~ to cordon [*or* seal] off sth *sep* ❷ (*versperren*) **die Tür ~** to bolt the door

Ab·rie·ge·lung *f,* **Ab·rieg·lung** <-, -en> *f* (*Absperrung*) cordoning [*or* sealing] off; **der Einsatzleiter ordnete die ~ des Gebietes an** the troop leader ordered the area to be cordoned off

ab|rin·gen *irreg* **I.** *vt* ❶ (*abzwingen*) ■**jdm etw** ~ to force sth out of sb ❷ (*geh: durch mühseligen Einsatz abzwingen*) ■**einer S.** *dat* **etw** ~ to wrest sth from sth *form* **II.** *vr* (*sich abquälen*) ■**sich** *dat* **etw** ~ to force [oneself to do sth]; **er rang sich ein Grinsen ab** he forced a grin; **sie rang sich eine Entschuldigung ab** she forced herself to apologize

Ab·riss[RR1] <-e, -e> *m,* **Ab·riß**[ALT] <-sses, -sse> *m kein pl* (*Abbruch*) demolition; **die Planierraupe begann mit dem ~ des Gebäudes** the bulldozer began to tear down the building

Abriss[RR2] <-es, -e> *m,* **Abriß**[ALT] <-sses, -sse> *m* (*Übersicht*) summary, survey; ■**ein ~ einer S.** *gen* an outline of sth

ab·riss·reif[RR] *adj* in ruins, ready for demolition

ab|ro·cken *vi* MUS (*sl*) to rock [till one drops] *sl*

ab|rol·len I. *vi sein* ❶ (*sich abwickeln*) ■[**von etw**] ~ *Kabel, Tau* to unroll [from sth], to roll [off sth] ❷ (*fam: vonstattengehen*) to go [off], to run; **reibungslos ~** to go off without a hitch; **die Show rollte reibungslos ab** the show ran smoothly ❸ (*sich im Geist abspielen*) ■**vor jdm** ~ to unfold [in front of sb [*or* sb's eyes]]; ■**etw** [**vor sich**] ~ **lassen** to let sth unfold [in one's mind's eye] ❹ (*eine Rollbewegung machen*) **und den Fuß schön ~** and gently roll your foot; **sie ließ sich geschickt ~** she rolled over skillfully ❺ (*sich rollend entfernen*) to roll off; **das Flugzeug rollt zum Start ab** the plane taxied out for take-off **II.** *vt haben* ■**etw** [**von etw**] ~ to unroll [*or* unreel] sth [from sth]

ab|rü·cken I. *vi sein* ❶ (*sich distanzieren*) ■**von etw/jdm** ~ to distance oneself from sth/sb, to back off from sth/sb ❷ MIL (*abmarschieren*) ■[**irgendwohin**] ~ to march off [to somewhere] ❸ (*hum: weggehen*) to go away ❹ (*wegrücken*) ■[**von etw/jdm**] ~ to move away [*or* back] [from sth/sb] **II.** *vt haben* (*wegschieben*) ■**etw** [**von etw**] ~ to move sth away [from sth]; **ein Möbelstück von der Wand ~** to push a piece of furniture away from the wall

Ab·ruf *m* ❶ (*Bereitschaft*) **auf ~** on alert; **er hielt sich auf ~ bereit** he was on alert ❷ INFORM recall, recovery ❸ ÖKON **auf ~** on call purchase

ab·ruf·bar *adj* INFORM retrievable

ab·ruf·be·reit I. *adj* ❶ (*einsatzbereit*) on alert ❷ (*abholbereit*) ready for collection ❸ (*verfügbar*) disposable, approved; **ein ~er Kredit** an approved overdraft limit **II.** *adv* ❶ (*einsatzbereit*) on alert ❷ (*abholbereit*) ready for collection

ab|ru·fen *vt irreg* ❶ (*wegrufen*) ■**jdn** [**von etw**] ~ to call sb away [from sth] ❷ (*liefern lassen*) ■**etw** [**bei jdm**] ~ to have sth delivered [by sb]; **die Barren lagern im Safe der Bank, bis sie abgerufen werden** the ingots are stored in the safe at the bank until they are collected ❸ (*abheben*) ■**etw** ~ to withdraw sth; **wir werden die Summe von Ihrem Konto ~** we will debit your account by this amount ❹ INFORM ■**etw** [**aus etw**] ~ to retrieve [*or* recover] sth [from sth]

ab|run·den *vt* ❶ (*auf einen vollen Betrag kürzen*) ■**etw** [**auf etw** *akk*] ~ to round sth down [to sth]; ■**abgerundet** rounded down ❷ (*perfektionieren*) ■**etw** ~ to round sth off

ab|rup·fen *vt* (*fam: abreißen*) ■**etw** ~ to pull off sth *sep*

A

ab·rupt [ab'rʊpt] **I.** *adj* (*plötzlich*) abrupt **II.** *adv* (*unvermittelt*) abruptly, without warning

ạb|rüs·ten I. *vi* ❶ (*die Arsenale verringern*) ■ **[um etw/auf etw** *akk*] ~ to disarm [by sth/to sth] ❷ BAU to remove [*or* take down] the scaffolding **II.** *vt* ❶ (*Waffen reduzieren*) ■ **etw [um etw/auf etw** *akk*] ~ to disarm [by sth/to sth]; **es wurde gefordert, die Bundeswehr abzurüsten** the Federal Armed Forces were ordered to disarm ❷ (*das Gerüst entfernen von*) ■ **etw** ~ to remove the scaffolding from sth

Ạb·rüs·tung *f kein pl* (*das Abrüsten*) disarmament

Ạb·rüs·tungs·ge·sprä·che *pl* POL disarmament talks *pl* **Ạb·rüs·tungs·kon·fe·renz** *f* POL disarmament conference **Ạb·rüs·tungs·ver·hand·lun·gen** *pl* POL disarmament negotiations

ạb|rut·schen *vi sein* ❶ (*abgleiten*) ■ **[an etw** *dat*/**von etw]** ~ to slip [on sth/from sth]; **seine Finger rutschten am glatten Fels immer wieder ab** his fingers kept slipping from the smooth rocks ❷ (*fig: sich verschlechtern*) ■ **auf etw** *akk* ~ to drop to sth ❸ (*fig: herunterkommen*) to go downhill; **sie muss aufpassen, dass sie nicht völlig abrutscht** she has to watch out that she does not completely go downhill

ABS <-> [a:be:'ɛs] *nt Abk von* **Antiblockiersystem** ABS

Abs. *m Abk von* **Absatz** par. [*or* para.]

ạb|sa·cken *vi sein* ❶ (*einsinken*) to subside, to sink ❷ LUFT to drop, to lose altitude ❸ (*fam: sich verschlechtern*) ■ **[auf etw** *akk*] ~ to drop [*or* deteriorate] [to sth]; **sie ist in ihren Leistungen sehr abgesackt** her performance has deteriorated considerably ❹ MED (*fam*) ■ **[auf etw** *akk*] ~ to sink [*or* drop] [to sth]

Ạb·sa·ge *f* ❶ (*negativer Bescheid*) refusal; **eine ~ auf eine Bewerbung** a rejection to a job application; **jdm eine ~ erteilen** (*geh*) to refuse sb ❷ (*Ablehnung*) ■ **eine ~ an etw** *akk* a rejection of sth

ạb|sa·gen I. *vt* (*rückgängig machen*) ■ **etw** ~ to cancel [*or* call off] sth; **die Teilnahme an etw** ~ to cry off [*or* cancel] **II.** *vi* (*informieren, dass man nicht teilnimmt*) **eine Einladung von jdm** ~ to decline sb's invitation; **ich muss leider** ~ I'm afraid I'll have to cry off; **hast du schon bei ihr abgesagt?** have you told her you're not coming?

ạb|sä·gen *vt* ❶ (*abtrennen*) ■ **etw** ~ to saw off sth *sep*; **einen Baum** ~ to saw down a tree *sep*, to fell a tree ❷ (*fam: um seine Stellung bringen*) ■ **jdn** ~ to give sb the chop [*or* AM ax]; *s. a.* **Ast**

ạb|sah·nen I. *vt* ❶ (*fam: sich verschaffen*) ■ **etw** ~ to cream off sth *sep fam* ❷ KOCHK **Milch** ~ to skim milk **II.** *vi* ❶ (*fam: Geld raffen*) ■ **[bei jdm]** ~ to cream off [from sb] ❷ KOCHK to skim

Ạb·satz[1] *m* ❶ (*Schuh~*) heel ❷ (*Abschnitt*) paragraph; **einen ~ machen** to begin a paragraph ❸ (*Treppen~*) landing ▸ WENDUNGEN: **auf dem ~ kehrtmachen** to turn on one's heel

Ạb·satz[2] *m* sales *pl*; ~ **finden** to find a market; **die neue Kollektion fand reißenden ~** the new collection sold like hot cakes

ạb·satz·fä·hig *adj* saleable BRIT, salable AM **Ạb·satz·flau·te** *f* ÖKON period of slack sales **Ạb·satz·för·de·rung** *f* ÖKON sales promotion **Ạb·satz·ge·biet** *nt* sales area **Ạb·satz·markt** *m* market **Ạb·satz·schwie·rig·kei·ten** *pl* sales problem **Ạb·satz·stei·ge·rung** *f* ÖKON increase in sales **Ạb·satz·vo·lu·men** *nt* ÖKON sales volume [*or* volume in sales]

ạb·satz·wei·se *adv* (*Absatz für Absatz*) paragraph by paragraph

ạb|sau·fen *vi irreg sein* ❶ (*sl: ertrinken*) ■ **[in etw** *dat*] ~ to drown [in sth] ❷ (*unter Wasser gesetzt werden*) to be flooded ❸ NAUT (*fam*) to sink ❹ AUTO (*fam*) to flood; **na, will er nicht anspringen? ist dir wohl abgesoffen?** it won't start, will it? you've flooded it!

ạb|sau·gen *vt* ❶ (*durch Saugen entfernen*) ■ **etw [aus etw/von etw]** ~ to draw [*or* suck] off sth [out of [*or* from] sth] ❷ (*mit dem Staubsauger reinigen*) ■ **etw** ~ to vacuum sth; ■ **etw von etw** ~ to use the vacuum cleaner to remove sth from sth

ạb|scha·ben *vt* ❶ ■ **etw [von etw]** ~ to scrape sth [off sth] ❷ (*verschleißen*) to wear through [*or* thin]; **ein abgeschabter Mantel** a tattered coat

ạb|schaf·fen *vt* ❶ (*außer Kraft setzen*) ■ **etw** ~ to do away with sth, to abolish sth; **ein Gesetz** ~ to repeal a law ❷ (*weggeben*) ■ **etw/ein Tier** ~ to get rid of sth/an animal, to dispose of [*or* dispense with] sth

Ạb·schaf·fung *f* ❶ (*das Abschaffen*) abolition; **die ~ eines Gesetzes** the repeal of a law ❷ (*Weggabe*) disposal

ạb|schä·len I. *vt* ■ **etw [von etw]** ~ to peel sth off [sth], to remove sth [from sth]; **die Rinde von einem Baum** ~ to bark a tree **II.** *vr* ■ **sich** ~ to peel off; **nach dem Sonnenbad begann sich ihre Haut abzuschälen** after lying in the sun she began to peel

ạb|schal·ten I. *vt* (*abstellen*) ■ **etw** ~ to turn off *sep* [*or sep* turn out] [*or sep* switch off] sth; **ein Kernkraftwerk** ~ to turn a nuclear power plant off **II.** *vi* (*fam: nicht mehr aufmerksam sein*) to switch off *fam* **III.** *vr* ■ **sich** ~ to disconnect, to cut out, to switch itself off

Ạb·schal·tung *f* switching off; *Kontakt* disconnection

ạb|schät·zen *vt* ❶ (*einschätzen*) ■ **etw** ~ *akk* to assess; **ich kann ihre Reaktion schlecht** ~ I can't even guess at her reaction; **es ist nicht abzuschätzen ...** it's not possible to say ... ❷ (*ungefähr schätzen*) ■ **etw** ~ to estimate

ạb·schät·zend I. *adj* speculative, thoughtful; **ein ~er Blick** an appraising look **II.** *adv* speculatively, thoughtfully

ab·schät·zig ['apʃɛtsɪç] **I.** *adj* disparaging, scornful, contemptuous **II.** *adv* disparagingly, scornfully, contemptuously; **sich ~ über jdn/etw** *akk* **äußern** to make disparaging remarks about sb/sth

Ạb·schaum *m kein pl* (*pej*) scum *no pl*, dregs *npl*

ạb|schei·den *irreg* **I.** *vt haben* ❶ MED ■ **etw** ~ to secrete [*or* discharge] sth ❷ (*separieren*) ■ **etw von etw** ~ to separate sth from sth **II.** *vr* ❶ MED ■ **sich** ~ to be secreted [*or* discharged] ❷ (*sich abtrennen*) ■ **sich von etw** ~ to separate from sth; **Öl und Wasser scheiden sich voneinander ab** oil and water separate

ạb|sche·ren *vt* to cut; ■ **[jdm/einem Tier] etw** ~ to cut [sb's/an animal's] sth; **einem Schaf die Wolle** ~ to shear a sheep [of its wool]; **dir haben sie die Haare ziemlich abgeschoren!** they've really cropped your hair short!

Ab·scheu <-[e]s> ['apʃɔy] *m kein pl* (*Ekel*) revulsion, disgust, loathing; ■ **jds ~ vor einer S.** *dat* sb's revulsion against/at/towards sth, sb's disgust at/with, sb's loathing for sth; **sie konnte ihren ~ vor Spinnen kaum verbergen** she could hardly conceal her loathing for spiders; **~ vor jdm/etw empfinden** to feel revulsion towards [*or* be revolted by] [*or* be disgusted at/with] sb/sth

ạb|scheu·ern I. *vt* ❶ (*durch Scheuern reinigen/entfernen*) ■ **etw [mit etw]** ~ to scrub [*or* scour] sth [with sth] ❷ (*an der Kleidung abwetzen*) ■ **[sich** *dat*] **etw** ~ to wear sth through [*or* out]; ■ **abgescheuert** worn through [*or* out] ❸ (*abschürfen*) ■ **etw** ~ to rub [*or* chafe] sth **II.** *vr* (*sich abwetzen*) ■ **sich** ~ to wear thin [*or* through] [*or* out]

ab·scheu·lich [ap'ʃɔylɪç] *adj* ❶ (*entsetzlich*) revolting, horrible, dreadful; **ein ~es Verbrechen** a horrifying [*or* heinous] crime, an atrocious crime ❷ (*fam: unerträglich*) dreadful, terrible; **das Essen schmeckt mal wieder** ~ the food tastes revolting [*or* disgusting] again

Ab·scheu·lich·keit <-, -en> *f* ❶ *kein pl* (*Scheußlichkeit*) atrociousness, dreadfulness ❷ (*schreckliche Sache*) atrocity; **kriegerische ~en** atrocities of war

ạb|schi·cken *vt* ■ **etw** ~ to send sth [off], to dispatch sth; **einen Brief** ~ to post [*or* AM mail] a letter

Ạb·schie·be·haft *f* JUR remand pending deportation; **sich in ~ befinden** to be held on remand pending deportation; **jdn in ~ nehmen** to remand sb pending deportation

ạb|schie·ben *irreg* **I.** *vt haben* ❶ (*ausweisen*) ■**jdn** ~ to deport sb ❷ (*abwälzen*) ■**etw auf jdn** ~ to pass sth on to sb; **die Schuld auf jdn** ~ to shift the blame onto sb; **er versucht immer, die Verantwortung auf andere abzuschieben** he's always trying to pass the buck *fam* ❸ (*abrücken*) ■**etw von etw** ~ to push [*or* move] [*or fam* shove] sth away from sth **II.** *vi sein* (*sl*) to push off; **komm, schieb jetzt ab!** push off, will you!, go on, get lost [*or* out of here]! *fam*

Ạb·schie·be·stopp *m* POL deportation prevention

Ạb·schie·bung *f* deportation

Ạb·schie·bungs·haft <-> *f kein pl* JUR remand pending deportation

Ab·schied <-[e]s, -e> ['apʃiːt] *m* ❶ (*Trennung*) farewell, parting; **der** ~ **fiel ihr nicht leicht** she found it difficult to say goodbye; **es ist ja kein** ~ **für immer** we're not saying goodbye forever; ■~ **von jdm/etw** parting from sb/sth; **von jdm** ~ **nehmen** to say goodbye [*or* farewell] to sb; **von etw** ~ **nehmen** to part with sth; **ich hasse** ~**e** I hate farewells [*or* goodbyes]; **zum** ~ as a token of farewell *liter;* **sie gab ihm zum** ~ **einen Kuss** she gave him a goodbye [*or* farewell] kiss ❷ (*geh: das Aufgeben*) ■~ **von etw** to take leave from sth; **der** ~ **von alten Gewohnheiten fiel ihm nicht leicht** it was hard for him to break his old habits ❸ (*Entlassung*) **jdm den** ~ **geben** to dismiss sb; **seinen** ~ **nehmen** to resign

i Kultur

Um sich zu verabschieden sagt man **Goodbye** oder informeller **Bye, Cheerio** und (in Großbritannien) **Ta-ta**. Man gibt sich zum Abschied nicht die Hand.

Ạb·schieds·be·such *m* farewell visit; **er machte bei seinen Freunden noch einen** ~ he visited his friends one last time **Ạb·schieds·brief** *m* farewell letter **Ạb·schieds·fei·er** *f* farewell [*or* going-away] party **Ạb·schieds·ge·such** *nt* resignation; **sein** ~ **einreichen** to tender one's resignation **Ạb·schieds·gruß** *m* goodbye, farewell **Ạb·schieds·kuss**[RR] *m* parting [*or* goodbye] [*or* farewell] kiss **Ạb·schieds·re·de** *f* farewell speech **Ạb·schieds·schmerz** *m* (*geh*) pain of separation [*or* parting] **Ạb·schieds·sze·ne** *f* farewell scene **Ạb·schieds·trä·ne** *f* tears of farewell *pl*

ạb|schie·ßen *vt irreg* ❶ (*durch Schüsse zerstören*) ■**jdn/etw** ~ to shoot sb/sth [down]; **ein Flugzeug/einen Piloten** ~ to shoot down a plane/pilot; **einen Panzer** ~ to disable a tank ❷ (*schießen*) ■**ein Tier** ~ to shoot an animal; *s. a.* **Vogel** ❸ (*abfeuern*) ■**etw** [**auf etw** *akk*/**jdn**] ~ to fire sth [off] [at sth/sb]; **einen Böller** ~ to let off a banger BRIT, to shoot off a firework AM; **eine Rakete/einen Torpedo** ~ to launch a missile/torpedo ❹ (*sl: erschießen*) ■**jdn** ~ to shoot sb ❺ (*fam: beruflich absägen*) ■**jdn** ~ to put the skids under sb *fam,* to dump sb *fam,* to get rid of sb

ạb|schil·fern *vi sein* DIAL (*sich schuppen*) ■[**von etw**] ~ to peel off [from sth]

ạb|schin·den *vr irreg* (*fam*) ■**sich** [**an etw** *dat*] ~ to sweat blood [*or fam* your guts out], to work one's fingers to the bone *fam,* to slog away [at sth] *fam,* to work one's socks off [at sth] *fam;* ■**sich mit jdm** ~ to sweat blood to help sb; ■**sich mit etw** ~ to slog away [*or* work one's socks off] at sth *fam;* **sich mit der Arbeit** ~ to sweat away at one's work *fam*

Ạb·schirm·dienst *m* MIL counter-intelligence

ạb|schir·men *vt* ❶ (*isolieren, schützen*) ■**jdn/sich** [**von jdm/etw**] ~ to isolate [*or* protect] [*or* shield] sb/oneself [from sb/sth]; ■**abgeschirmt** isolated ❷ (*verdecken, dämpfen*) ■**etw** ~ to shield sth; **ein Licht** ~ to shade a light

Ạb·schir·mung <-, -en> *f* ❶ (*Schutz*) isolation ❷ (*Dämpfen, Zurückhalten*) shield, screen, protection; *von Licht* shading; **eine** ~ **aus Blei** a lead screen

ạb|schlach·ten *vt* ■**jdn/ein Tier** ~ to butcher [*or* slaughter] sb/an animal; ■**sich** [**gegenseitig**] ~ to slaughter [*or* butcher] each other

ạb|schlaf·fen *vi sein* (*fam*) to droop [*or* flag]; ■**abgeschlafft** dog-tired *fam,* frazzled *fam,* [dead] beat *sl;* **abgeschlaffte Typen** dead beats; **sie wirkt in letzter Zeit ziemlich abgeschlafft** she's been looking quite frazzled recently

Ạb·schlag *m* ❶ (*Preisnachlass*) discount, [price] reduction; **einen** ~ **von den Listenpreisen machen** to give a discount on the list prices ❷ (*Vorschuss*) ■**ein** ~ **auf etw** *akk* an advance payment on sth; **sie erhielten einen** ~ **von 5.000 Euro** they received a payment of 5,000 euros in advance ❸ FBALL kickout, punt; (*beim Golf*) tee-off; (~*fläche*) tee; (*in Hockey*) bully[-off]

ạb|schla·gen *irreg* **I.** *vt* ❶ (*durch Schlagen abtrennen*) ■**etw** [**von etw**] ~ to knock sth [off sth]; **einen Ast** ~ to knock down [*or* break off] a branch; **jdm den Kopf** ~ to cut [*or* chop] off sb's head ❷ (*fällen*) ■**etw** ~ to cut [*or* chop] sth down ❸ (*ablehnen*) ■**jdm etw** ~ to deny [*or* refuse] sb sth; **eine Einladung/einen Vorschlag/einen Wunsch** ~ to turn down an invitation/a suggestion/a request; **er kann keinem etwas** ~ he can't refuse anybody anything ❹ MIL (*zurückschlagen*) ■**jdn/etw** ~ to beat [*or* drive] sb/sth off ❺ SPORT (*abwehren*) **der Torwart schlug den Ball ab** the goalkeeper took a goal kick ❻ SPORT (*fig: im Hintertreffen sein*) ■**abgeschlagen sein** to have fallen behind; **die Konkurrenz war weit abgeschlagen** the competitors were totally wiped out **II.** *vr* (*kondensieren*) ■**sich an etw** *dat* ~ to form as condensation on sth

ab·schlä·gig ['apʃlɛːgɪç] *adj* negative; **ein** ~**er Bescheid** a refusal, a negative reply; **jdn/etw** ~ **bescheiden** (*geh*) to refuse [*or* reject] sb/sth; **einen Antrag/ein Gesuch** ~ **bescheiden** to turn down a proposal/request

Ạb·schlag(s)·zah·lung *f* (*Vorschusszahlung*) part [*or* partial] payment

ạb|schlei·fen *irreg* **I.** *vt* ■**etw** ~ to sand sth [down] **II.** *vr* ❶ (*sich beim Schleifen abnutzen*) ■**sich** ~ to grind down ❷ (*fig: verschwinden*) ■**sich** ~ to wear off; **das schleift sich** (**noch**) **ab** that'll wear off

Ạb·schlepp·dienst *m* breakdown [*or* AM towing] service

ạb|schlep·pen **I.** *vt* ❶ (*wegziehen*) ■**jdn/etw** ~ *Fahrzeug, Schiff* to tow sb/sth [away]; **unbefugt Parkende werden kostenpflichtig abgeschleppt** unauthorized cars will be towed away at the owner's expense ❷ (*fam: mitnehmen*) ■**jdn** ~ to pick sb up *fam;* **jede Woche schleppt er eine andere ab** he comes home with a different girl every week **II.** *vr* (*fam: sich beim Tragen abmühen*) ■**sich** [**mit etw**] ~ to struggle [with sth], to haul [*or fam* lug] sth [somewhere]

Ạb·schlepp·fahr·zeug *nt* breakdown [*or* AM tow] truck **Ạb·schlepp·seil** *nt* tow rope **Ạb·schlepp·stan·ge** *f* AUTO tow bar **Ạb·schlepp·wa·gen** *m* AUTO recovery vehicle BRIT, tow truck AM

ạb|schlie·ßen *irreg* **I.** *vt* ❶ (*verschließen*) ■**etw** ~ to lock sth; **ein Auto/einen Schrank/eine Tür** ~ to lock a car/cupboard/door ❷ (*isolieren*) ■**etw** ~ to seal sth; **ein Einmachglas/einen Raum** ~ to seal a jar/room; **hermetisch abgeschlossen** hermetically sealed; **luftdicht** ~ to put an airtight seal on sth ❸ (*beenden*) ■**etw** [**mit etw**] ~ to finish [*or* complete] sth [with sth]; **mit einer Diplomprüfung** ~ to graduate; **ein abgeschlossenes Studium** completed studies; **eine Diskussion** ~ to end a discussion ❹ (*vereinbaren*) ■**etw** [**mit jdm**] ~ to agree to sth [with sb]; **ein Geschäft** ~ to close a deal, seal an agreement; **eine Versicherung** ~ to take out insurance [*or* an insurance policy]; **einen Vertrag** ~ to sign [*or* conclude] a contract; **ein abgeschlossener Vertrag** a signed contract; **eine Wette** ~ to place a bet ❺ ÖKON ■**etw** ~ to settle sth; **ein Geschäftsbuch** ~ to close the accounts **II.** *vi* ❶ (*zuschließen*) to lock up; **vergiss das A~ nicht!** don't forget to lock up! ❷ (*einen Vertrag schließen*) ■[**mit jdm**] ~ to agree a contract [*or* [the] terms] [with sb] ❸ (*mit etw enden*) ■**mit etw** ~ to end [*or* conclude] with sth; **der Kurs schließt mit einer schriftlichen Prüfung ab** there is a written exam at the end of the course ❹ FIN, ÖKON ■**mit etw** ~ to close [*or* conclude] with sth ❺ (*Schluss machen*) ■**mit etw/jdm** ~ to finish [*or* be through] with sb/sth, to put sb/sth behind oneself; **er hatte mit dem Leben abgeschlossen** he no longer wanted to live; **mit der Schauspielerei habe ich endgültig abgeschlossen** I will never act again ❻ (*zum Schluss kommen*) to close, end; **sie schloss ihre Rede mit einem Zitat von Morgenstern ab** she ended [*or* concluded] her speech with a quotation from Morgenstern **III.** *vr* (*sich isolieren*) ■**sich** [**von jdm/etw**] ~ to shut oneself off [*or* away] [from sb/sth]

ab·schlie·ßend I. *adj* (*den Abschluss bildend*) closing; **einige ~e Bemerkungen machen** to make a few closing remarks **II.** *adv* (*zum Abschluss*) in conclusion, finally; **~ möchte ich noch etwas anmerken** finally I would like to point something out

Ab·schluss[RR] <-es, Abschlüsse> *m*, **Ab·schluß**[ALT] <-sses, Abschlüsse> *m* ❶ *kein pl* (*Ende*) conclusion; ■**etw zum ~ bringen** to bring sth to a conclusion [*or* close]; **seinen ~ finden** (*geh*) to conclude; **zum ~ kommen** to draw to a conclusion; **kurz vor dem ~ stehen** to be shortly before the end; **zum ~ von etw** as a conclusion to sth; **zum ~ möchte ich Ihnen allen danken** finally [*or* in conclusion], I would like to thank you all ❷ (*abschließendes Zeugnis*) *final certificate from educational establishment;* **ohne ~ haben Bewerber keine Chance** applicants without a certificate don't stand a chance; **viele Schüler verlassen die Schule ohne ~** a lot of pupils leave school without taking their final exams; **welchen ~ haben Sie? Magisterexamen?** what is your final qualification? a master's? ❸ (*das Abschließen, Vereinbarung*) settlement; *einer Versicherung* taking out; *eines Vertrags* signing ❹ (*Geschäft*) deal; **ich habe den ~ so gut wie in der Tasche!** I've got the deal just about sewn up!; **einen ~ tätigen** to conclude [*or* make] a deal ❺ FIN (*Jahresabrechnung*) accounts, books; **der jährliche ~** the annual closing of accounts ❻ *kein pl* ÖKON (*Ende des Finanzjahres*) [end of the] financial [*or* fiscal] year; **der ~ der Inventur** the completion of the inventory

Ab·schluss·ar·beit[RR] *f* SCH final assignment [*or* project] **Ab·schluss·ball**[RR] *m* graduation ball **Ab·schluss·er·klä·rung**[RR] *f* POL final declaration **Ab·schluss·fei·er**[RR] *f* (*Feier zur Schulentlassung*) graduation party [*or* ball] **Ab·schluss·klas·se**[RR] *f* SCH graduating class **Ab·schluss·prü·fung**[RR] *f* ❶ SCH final exam[s], finals ❷ ÖKON statutory balance sheet audit, audit of annual accounts BRIT **Ab·schluss·zeug·nis**[RR] *nt* leaving certificate BRIT, diploma AM

ab|schme·cken I. *vt* ❶ (*würzen*) ■**etw** [**mit etw**] ~ to season sth [with sth] ❷ (*versuchen*) ■**etw** ~ to taste sth **II.** *vi* ❶ (*würzen*) to season ❷ (*versuchen*) to taste [*or* try]; **schmeckst du bitte mal ab?** could you please taste [*or* try] it?

ab|schmel·zen *irreg* **I.** *vt haben* ■**etw** ~ to melt [off] sth *sep* **II.** *vi sein* (*schmelzen*) to melt

ab|schmet·tern *vt* (*fam*) ■**etw** ~ to shoot sth down *fam;* **einen Angriff ~** to beat off an attack; **einen Antrag ~** to throw out a proposal; **eine Berufung ~** to refuse an appeal; **die Klage wurde abgeschmettert** the case was thrown out

ab|schmie·ren I. *vt haben* ❶ (*mit Schmierfett versehen*) ■**etw** ~ to lubricate [*or* grease] sth ❷ (*fam: unsauber abschreiben*) ■**etw** [**von jdm/irgendwo**] ~ to pinch [*or* crib] sth [from sb/somewhere] *fam* **II.** *vi sein* (*abstürzen*) to crash

ab·schmin·ken *vt* ❶ (*Schminke entfernen*) ■**sich/jdn** ~ to take off [*or* remove] one's/sb's make-up; ■**abgeschminkt** without make-up ❷ (*fam: aufgeben*) ■**sich** *dat* **etw** ~ to give sth up; **das können Sie sich ~!** you can forget about that!; **das habe ich mir schon längst abgeschminkt** I gave that idea up ages ago

ab|schmir·geln *vt* to sand [down], to rub down

ab|schnal·len I. *vt* (*losschnallen*) ■**etw** ~ to unbuckle sth; ■**sich** ~ to unbuckle; **nach der Landung schnallte ich mich ab** after the landing I undid the seat belt **II.** *vi* (*sl*) ❶ (*nicht verstehen können*) to be lost; **bei seinen Erklärungen schnalle ich jedes Mal ab** he always looses me when he explains things ❷ (*fassungslos sein*) to be thunderstruck [*or* staggered]; **da schnallst du ab!** it's incredible [*or* amazing]!

ab|schnei·den *irreg* **I.** *vt* ❶ (*durch Schneiden abtrennen*) ■**etw** ~ to cut sth [off]; **könntest du mir ein Stück Brot ~?** could you slice me a piece of bread?; **jdm die Haare ~** to cut sb's hair ❷ (*unterbrechen, absperren*) **jdm den Fluchtweg ~** to cut off sb's escape route; **jdm den Weg ~** to intercept sb; **jdm das Wort ~** to cut sb short ❸ (*isolieren*) ■**jdn/etw von jdm/etw** ~ to cut sb/sth off from sb/sth; **jdn von der Außenwelt/der Menschheit ~** to cut sb off from the outside world/humanity **II.** *vi* (*fam*) to perform; **bei etw gut/schlecht ~** to do [*or dated* fare] well/badly at sth; **wie hast du bei der Prüfung abgeschnitten?** how did you do in the exam?; **sie schnitt bei der Prüfung als Beste ab** she got the best mark in the exam

ab|schnip·peln *vt* (*fam: abschneiden*) ■**etw** [**von etw**] ~ to snip [*or* cut] sth off [from sth]

Ab·schnitt *m* ❶ (*abtrennbarer Teil*) counterfoil BRIT, stub AM; **der ~ einer Eintrittskarte** ticket stub ❷ (*Zeit~*) phase, period; **ein neuer ~ der Geschichte** a new era in history; **es begann ein neuer ~ in seinem Leben** a new chapter of his life began ❸ (*Unterteilung*) part, section; *einer Autobahn, Rennstrecke* section ❹ MIL sector ❺ MATH segment

ab|schnü·ren *vt* **jdm den Arm ~** to put a tourniquet around sb's arm; **jdm das Blut ~** to cut off sb's blood circulation; **jdm die Luft ~** to choke sb; (*fig a.*) to ruin sb

ab|schöp·fen *vt* ❶ (*herunternehmen*) ■**etw** [**von etw**] ~ to skim sth off [from sth]; **die Sahne ~** to skim the cream ❷ ÖKON (*dem Geldverkehr entnehmen*) ■**etw** ~ to absorb sth; **Gewinne ~** to cream [*or* siphon] off profits; **die Kaufkraft ~** to reduce spending power

ab|schot·ten ['apʃɔtn̩] *vt* ❶ NAUT ■**etw** ~ to build in watertight doors and hatches ❷ (*isolieren*) ■**jdn/etw** ~ to cut sb/sth off, to isolate sb/sth; **der Präsident wurde durch seine Leibwächter abgeschottet** the president was guarded by his bodyguards; ■**sich** ~ to cut oneself off, to isolate oneself; **die Mönche führen ein abgeschottetes Leben** the monks lead a secluded [*or* cloistered] life

Ab·schot·tung <-, -en> *f* shield

ab|schrä·gen *vt* ■**etw** ~ to slope sth; **ein Brett ~** to bevel a plank; ■**abgeschrägt** sloping

Ab·schrä·gung <-, -en> *f* slope, slant, bevel

ab|schrau·ben *vt* ■**etw** [**von etw**] ~ to unscrew sth [from sth]; **der Deckel lässt sich nicht ~** I can't unscrew the lid

ab|schre·cken I. *vt* ❶ (*abhalten*) ■**jdn** [**von etw**] ~ to frighten [*or* scare] [*or* put] sb off [sth], to deter sb [from doing sth]; **er ließ sich nicht von seinem Plan ~** he wasn't put off from carrying out his plan ❷ KOCHK ■**etw** ~ to rinse with cold water; **ein Ei ~** to dip an egg in cold water **II.** *vi* (*abschreckend sein*) to deter, to act as a deterrent

ab·schre·ckend I. *adj* ❶ (*abhaltend, warnend*) deterrent; **ein ~es Beispiel** a warning; **die hohen Geldstrafen sollen ~ wirken** the high fines are designed to be a powerful deterrent ❷ (*abstoßend*) abhorrent; **ein ~es Aussehen** [*o* **Äußeres**] forbidding appearance; **ein ~er Eindruck** a [very] unfavourable [*or* AM -orable] impression **II.** *adv* (*abhaltend*) **~ wirken** to act as a deterrent

Ab·schre·ckung <-, -en> *f* deterrent; **als ~ dienen** to act as a deterrent

Ab·schre·ckungs·mit·tel *nt* deterrent measure **Ab·schre·ckungs·waf·fe** *f* deterrent weapon, weapon of deterrence

ab|schrei·ben *irreg* **I.** *vt* ❶ (*handschriftlich kopieren*) ■**etw** ~ to copy sth; **Mönche haben die alten Handschriften abge-**

A

schrieben monks transcribed the old scripts ② (*plagiieren*) ■**etw** [**bei** [*o* **von**] **jdm**] ~ to copy [*or* crib] sth [from sb]; **das hast du doch aus dem Buch abgeschrieben!** you copied that from the book! ③ FIN (*abziehen*) ■**etw** ~ to write sth off ④ (*verloren geben*) ■**jdn/etw** ~ to write sb/sth off; **bei jdm abgeschrieben sein** (*fam*) to be out of favour [*or* AM -or] with sb; **ich bin bei ihr endgültig abgeschrieben** she's washed her hands of me; **du bist abgeschrieben!** you're all washed up! **II.** *vi* ① (*plagiieren*) ■[**von jdm/etw**] ~ to copy [from sb/sth]; **er hatte seitenweise abgeschrieben** he plagiarized entire pages; **wo hat sie das abgeschrieben?** where did she get that from? ② (*schriftlich absagen*) ■**jdm** ~ to cancel in writing; **du solltest ihm ~, wenn du seine Einladung nicht annehmen kannst** you should decline his invitation in writing if you can't accept **III.** *vr* (*von Stiften*) ■**sich** ~ to wear out

Ạb·schrei·ber(in) *m(f)* (*fam*) cribber *fam,* plagiarist

Ạb·schrei·bung *f* ① (*steuerliche Geltendmachung*) deduction, tax write-off; **bei manchen Gütern ist eine sofortige ~ zulässig** some goods can be deducted immediately ② (*Wertminderung*) depreciation

ạb|schrei·ten *vt irreg* (*geh*) ■**etw** ~ ① (*durch Schritte abmessen*) to pace sth off [*or* out] ② (*gehend inspizieren*) to inspect sth

Ạb·schrift *f* (*Doppel*) copy, duplicate; **eine beglaubigte ~ erteilen** to furnish [*or* deliver] a certified [*or* AM exemplified] copy; ■**in** ~ in duplicate

ạb|schrub·ben *vt* (*fam*) ① (*reinigen*) ■**etw** ~ to scrub sth; ■**sich** ~ to scrub oneself ② (*entfernen*) ■**etw** [**von etw**] ~ to scrub sth [off sth]; **sich den Dreck** ~ to scrub off the dirt

ạb|schuf·ten *vr* (*fam*) ■**sich** [**an etw** *dat* [*o* **mit etw**]] ~ to slave [away] [at sth]

ạb|schup·pen **I.** *vr* ■**sich** ~ to flake off **II.** *vt* ■**etw** ~ to scale sth; **einen Fisch** ~ to scale a fish

ạb|schür·fen *vt* (*sich durch Schürfen verletzen*) ■**sich** *dat* **etw** ~ *Haut* to graze sth

Ạb·schür·fung <-, -en> *f* (*Schürfwunde*) graze, abrasion

Ạb·schuss[RR] <-es, Abschüsse> *m,* **Ạb·schuß**[ALT] <-sses, Abschüsse> *m* ① (*das Abfeuern*) firing; *einer Rakete* launch; **fertig machen zum ~!** stand by to fire! ② (*das Abschießen*) shooting down; *eines Panzers* knocking out [*or* destruction] ③ JAGD shooting; **Fasane sind zum ~ freigegeben** it's open season for pheasants ④ SPORT [goal] kick

Ạb·schuss·ba·sis[RR] *f* launch[ing] pad

ab·schüs·sig ['apʃʏsɪç] *adj* steep

Ạb·schuss·lis·te[RR] *f* hit list; **bei jdm auf der ~ stehen** (*fam*) to be on sb's hit list; **auf der ~ stehen** to be marked out **Ạb·schuss·ram·pe**[RR] *f* launch[ing] pad [*or* platform]

ạb|schüt·teln *vt* ① (*loswerden*) ■**jdn/etw** ~ to shake sb/sth off; **es gelang ihm, seine Verfolger abzuschütteln** he succeeded in shaking off his pursuers; **sie versuchte, ihre Müdigkeit abzuschütteln** she tried to ward off sleep; **die Knechtschaft** ~ to deliver oneself from bondage ② (*durch Schütteln säubern*) ■**etw** [**von etw**] ~ to shake sth [off sth]

ạb|schüt·ten *vt* ■**etw** ~ ① (*abgießen*) to pour off ② (*teilweise abgießen*) ■**etw** ~ to pour off some liquid ③ (*Kochwasser wegschütten*) ■**etw** ~ to drain sth; **die Kartoffeln** ~ to strain the potatoes

ạb|schwä·chen **I.** *vt* ■**etw** ~ ① (*weniger drastisch machen*) to tone sth down, to moderate sth ② (*vermindern*) to reduce **II.** *vr* ■**sich** ~ ① (*leiser werden*) to diminish, to quieten [*or* AM quiet] down ② (*an Intensität verlieren*) to get weaker [*or* diminish] [*or* decrease] ③ (*sich vermindern*) to diminish; **die Inflation hat sich deutlich abgeschwächt** inflation has decreased markedly

Ạb·schwä·chung <-, -en> *f* ① (*das Abschwächen*) toning-down, moderation ② (*Verminderung*) lessening, weakening; METEO *eines Hochs* moving on ③ (*Verringerung*) decrease; *von Inflation* drop, fall, decrease

ạb|schwat·zen *vt* (*fam*), **ạb|schwät·zen** *vt* SÜDD (*fam*) ■**jdm etw** ~ to talk sb into parting with sth; **diesen Tisch habe ich meiner Oma abgeschwatzt** I talked my grandmother into giving me this table

ạb|schwei·fen *vi sein* (*abweichen*) ■[**von etw**] ~ to deviate [from sth]; **vom Thema** ~ to digress [from a topic]; **bitte schweifen Sie nicht ab!** please stick [*or* keep] to the point

Ạb·schwei·fung <-, -en> *f* deviation; *von einem Thema* digression; **das ist eine ~ vom Thema!** that's beside the point!

ạb|schwel·len *vi irreg sein* ① (*sich zurückbilden*) to subside, to go down; **sein Knöchel ist abgeschwollen** the swelling has gone down in his ankle; **etw zum A~ bringen** to reduce the swelling of sth ② (*geh: leiser werden*) to fade [*or* ebb] away *liter;* **langsam schwoll der Beifall ab** the applause slowly faded away

ạb|schwen·ken **I.** *vi sein* ① (*durch eine Schwenkung die Richtung ändern*) ■[**von etw**] ~ to change direction [from sth]; **die Kamera schwenkte nach rechts ab** the camera panned away to the right; **von einer Straße** ~ to turn off [*or* leave] a road; **plötzlich** ~ to veer [*or* swerve] away; **plötzlich von einer Straße** ~ to swerve off a road ② (*Ansichten, Vorgehensweise ändern*) ■[**von etw**] ~ to move [away from sth]; **vom bisherigen Kurs** ~ to change one's course **II.** *vt haben* (*Wasser abschütteln*) ■**etw** ~ to shake sth dry

ạb|schwin·deln *vt* (*pej*) ■**jdm etw** ~ to swindle sth out of [*or* *fam* pinch sth from] sb

ạb|schwir·ren *vi sein* ① (*mit einem schwirrenden Geräusch wegfliegen*) to buzz [*or* whirr] off ② (*fam: verschwinden*) to buzz off

ạb|schwö·ren *vi irreg* ■**einer S.** *dat* ~ ① (*etw aufgeben*) to give up [*or* abstain from] sth; **dem Alkohol** ~ to abstain from alcohol ② (*sich durch Schwur von etw lossagen*) to renounce sth; **einem Glauben** ~ to recant a belief

Ạb·schwung *m* downswing; *von Wirtschaftswachstum* downward trend; SPORT *vom Barren* dismount

ạb|se·geln **I.** *vi sein* (*lossegeln*) to [set] sail; **aus dem Hafen/von der Küste** ~ to sail from the port/leave the coast; **die ~den Jachten boten einen prächtigen Anblick** the departing yachts made a beautiful sight **II.** *vt haben* (*eine Strecke segelnd zurücklegen*) ■**etw** ~ to sail sth

ạb|seg·nen *vt* (*fam: genehmigen*) ■**etw** ~ to bless sth *hum,* to give sth one's blessing *hum;* **einen Vorschlag von jdm ~ lassen** to get sb's blessing on sth

ab·seh·bar ['apze:ba:ɐ̯] *adj* foreseeable; **das Ende ist nicht ~** the end is not in sight; **in ~er Zeit** in the foreseeable future

ạb|se·hen *irreg* **I.** *vt* ① (*voraussehen*) ■**etw** ~ to foresee [*or* predict] sth; **ist die Dauer des Verfahrens jetzt bereits abzusehen?** can you say how long the trial will last?; ■**es ist abzusehen, dass/wie ...** it is clear that/how ...; **etw ~ können** to be able to say [*or* foresee] sth ② SCH (*unerlaubt abschreiben*) ■**etw** [**bei jdm**] ~ to copy sth [from sb] ③ (*fam: abgucken*) ■**jdm etw** ~ to imitate [*or* copy] sb/sth; **dieses Verhalten haben die Kinder ihrem Vater abgesehen** the children are imitating their father; **sich** *dat* [**bei jdm**] **etw ~: diesen Tanzschritt habe ich mir bei meiner Schwester abgesehen** I got this dance step from my sister **II.** *vi* (*übergehen*) ■**von etw** ~ to ignore [*or* disregard] sth; ■**davon ~, etw zu tun** to refrain from doing [*or* not do] sth; *s. a.* **abgesehen**

ạb|sei·fen *vt* ■**jdn** ~ to soap sb; ■**jdm etw** ~ to soap sth for sb

ạb|sei·len **I.** *vr* (*fam: verschwinden*) ■**sich** ~ to clear off **II.** *vt* ■**jdn/etw** ~ to let sb/sth down on a rope; ■**sich** [**von etw/aus etw**] ~ to abseil [*or* AM rappel] [down from sth]

ạb|sein[ALT] *vi irreg s.* **ab**

ab·seits ['apzaits] **I.** *adv* ① (*entlegen*) off the beaten track, remote ② SPORT ~ **sein** to be offside **II.** *präp +gen* (*entfernt von etw*) ■~ **einer S.** *gen* at a distance from sth; **das Haus liegt ein wenig ~ der Straße** the house isn't far from the road

[*or* is just off the road]

Ab·seits <-, -> ['apzaits] *nt* ❶ SPORT offside; **im ~ stehen** to be offside ❷ (*ausweglose Situation*) end of the line [*or* road]; **sie haben sich selbst ins politische ~ manövriert** they've manoeuvred themselves onto the political sidelines; **im ~ stehen** to be on the edge; **im beruflichen/sozialen ~ stehen** to be on the edge [*or pl* fringes] of working life/society; **Langzeitarbeitslose geraten oft ins soziale ~** the long-term unemployed are often marginalized

ab·seits|blei·benRR *vi irreg sein* to remain on the sidelines **ab·seits|hal·ten**RR *vr irreg* **sich ~** to be aloof; **ich halte mich lieber abseits, da mir keine Partei recht ist** I prefer to sit on the fence since I don't like any of the parties **ab·seits|ste·hen**RR *vi irreg* to stand on the sidelines; (SPORT) to be offside; **warum standest du auf dem Fest so abseits?** why did you stand around like a spare part at the party?

ab|sen·den *vt reg o irreg* ❶ (*abschicken*) ■**etw [an jdn/etw] ~** to send [*or* dispatch] [*or* BRIT post] [*or* AM mail] sth [to sb/sth] ❷ (*losschicken*) ■**jdn ~** to send sb; **einen Boten ~** to send a courier

Ab·sen·der(in) <-s, -> *m(f)* sender, sender's return address

ab|sen·gen *vt* ■**etw ~** to scorch [*or* singe] sth off

ab|sen·ken I. *vt* ■**etw ~** ❶ (*tiefer platzieren*) to lower sth; **Fundamente ~** to lay the foundations deeper, to lower the foundations ❷ AGR to layer sth; **eine Pflanze ~** to propagate a plant by layering **II.** *vr* ■**sich ~** ❶ (*sich nach unten bewegen*) to sink ❷ (*sich neigen*) to slope; **der hintere Teil des Gartens senkt sich stark ab** the rear part of the garden has a steep slope [*or* slopes steeply]

Ab·senz <-, -en> [ap'zɛnts] *f* ÖSTERR, SCHWEIZ (*Abwesenheit*) absence; **bei ~ muss eine Entschuldigung der Eltern vorgelegt werden** when a pupil is absent parents must provide a written excuse; **wie viele ~en haben wir heute?** how many absentees have we got today?, how many people are absent today?

ab|ser·vie·ren* **I.** *vi* (*Geschirr abräumen*) to clear the table, to clear the dirty dishes away **II.** *vt* ❶ (*abräumen*) ■**etw [von etw] ~** to clear sth [away from sth]; **den Tisch ~** to clear the table ❷ (*fam: loswerden*) ■**jdn ~** to get rid of sb; **jdn eiskalt ~** to get rid of sb in a cold and calculating manner; **sich von jdm ~ lassen** to let oneself be pushed around ❸ (*sl: umbringen*) ■**jdn ~** to bump sb off *fam,* to do away with sb

ab·setz·bar *adj* ❶ (*verkäuflich*) saleable; **kaum/schwer ~ sein** to be almost impossible/difficult to sell; **nicht ~ sein** to be unsaleable ❷ (*steuerlich zu berücksichtigen*) tax-deductible ❸ (*des Amtes zu entheben*) removable [from office]

ab|set·zen I. *vt* ❶ (*des Amtes entheben*) ■**jdn ~** to remove sb [from office], to relieve sb of their duties *euph;* **einen Herrscher ~** to depose a ruler; **einen König/eine Königin ~** to dethrone a king/queen ❷ (*abnehmen*) ■**etw ~** to take sth off, to remove sth; **seine Brille/seinen Hut ~** to take one's glasses/hat off ❸ (*hinstellen*) to put [*or* set] sth down ❹ (*aussteigen lassen*) ■**jdn [irgendwo] ~** to drop sb [off somewhere]; **wo kann ich dich ~?** where shall I drop you off? ❺ (*verkaufen*) ■**etw ~** to sell sth; **bisher haben wir schon viel abgesetzt** up till now our sales figures are good ❻ FIN ■**etw [von etw] ~** to deduct sth [from sth] ❼ (*nicht mehr stattfinden lassen*) ■**etw ~** to cancel sth; ■**etw von etw ~** to withdraw sth from sth; **ein Theaterstück ~** to cancel a play ❽ MED ■**etw ~** to stop taking sth; **ein Medikament ~** to stop taking [*or* to come off] a medicine ❾ (*unterbrechen*) ■**etw ~** to take sth off sth; **die Feder ~** to take [*or* lift] the pen off the paper; **die Flöte/das Glas ~** to take [*or* lower] the flute/glass from one's lips; **den Geigenbogen ~** to lift the bow [from the violin] ❿ (*kontrastieren*) ■**Dinge/Menschen voneinander ~** to define things/people [*or* pick things/people out] [from one another] **II.** *vr* ❶ (*sich festsetzen*) ■**sich [auf/unter etw** *dat*] ~ *Dreck, Staub* to be [*or* settle] [on/under sth] ❷ CHEM, GEOL ■**sich [irgendwo] ~** to be deposited [somewhere] ❸ (*fam: verschwinden*) ■**sich ~** to abscond, to clear out *fam;* **sich ins Ausland ~** to clear out of [*or* leave] the country ❹ (*Abstand vergrößern*) ■**sich [von jdm/etw] ~** to get away [from sb/sth], to put a distance between oneself and sb/sth ❺ (*sich unterscheiden*) ■**sich gegen jdn/etw** [*o* **von jdm/etw**] **~** to stand out against [*or* from] sb/sth; **die Silhouette des Doms setzte sich gegen den roten Abendhimmel ab** the silhouette of the cathedral contrasted with the red evening sky **III.** *vi* (*innehalten*) to pause [for breath], to take a breather *fam;* **er trank das Glas aus, ohne abzusetzen** he drank the contents of the glass without pausing for breath

Ab·set·zung <-, -en> *f* ❶ (*Amtsenthebung*) removal [from office], dismissal; **die Massen verlangten die ~ des Diktators** the masses called for the dictator to be deposed ❷ (*das Absetzen*) cancellation; *von Theaterstück* removal, withdrawal

ab|si·chern I. *vr* ■**sich [gegen etw] ~** to cover oneself [*or* guard] [against sth]; **sich vertraglich ~** to cover oneself by signing a contract; **ich muss mich für den Fall des Falles ~** I have to be ready for all eventualities; **sich durch eine Versicherung gegen etw ~** to insure oneself [*or* be insured] against sth **II.** *vt* ❶ (*garantieren*) to secure [*or* guarantee] [*or* underwrite] sth; **du musst mir den Betrag durch deine Unterschrift ~** you'll have to provide me with security for the amount by signing this ❷ (*sicher machen*) ■**etw ~** to secure [*or* safeguard] sth; **du solltest das Fahrrad am besten mit einem Schloss ~** it is best to secure the bicycle with a lock ❸ POL (*ein sicheres Mandat garantieren*) **jdn über die Landesliste ~** to give sb a safe seat, to secure a seat for sb

Ab·sicht <-, -en> *f* intention; **das war bestimmt nicht meine ~!** it was an accident!, I didn't mean to do it!; **es war schon immer seine ~, reich zu werden** it has always been his goal to be rich; **das lag nicht in meiner ~** that was definitely not what I intended; **mit den besten ~en** with the best of intentions; **ernste ~en haben** to have honourable [*or* AM -orable] intentions; **verborgene ~en** hidden intentions; **die ~ haben, etw zu tun** to have the intention of doing sth; **in selbstmörderischer ~** with the intention of killing herself/himself; **~ sein** to be intentional; **in der ~, etw zu tun** with a view to [*or* the intention of] doing sth; **er folgte ihr in der ~, sie zu berauben** he followed her with intent to rob her; **eine ~ verfolgen** to pursue a goal; **mit/ohne ~** intentionally/unintentionally

ab·sicht·lich ['apzɪçtlɪç] **I.** *adj* deliberate, intended, intentional **II.** *adv* deliberately, intentionally, on purpose

Ab·sichts·er·klä·rung *f* declaration of intent

ab|sin·gen *vt irreg* ❶ (*von Anfang bis Ende singen*) ■**etw ~** to sing the entire piece ❷ (*vom Blatt singen*) ■**etw [von etw] ~** to sight read; **vom Blatt ~** to sing from the sheet

ab|sin·ken *vi irreg sein* ❶ (*sich verringern*) ■**[auf etw** *akk*] **~** to drop [to sth] ❷ (*sich verschlechtern*) to deteriorate; **das Niveau ist abgesunken** the standard has fallen [*or* dropped] off ❸ (*tiefer sinken*) to sink; **auf den Grund ~** to sink to the bottom ❹ (*sich senken*) ■**[um etw] ~** to subside [by sth]

Ab·sinth <-[e]s, -e> [ap'zɪnt] *m* absinth[e]

ab|sit·zen *irreg* **I.** *vt haben* (*verbringen*) ■**etw ~** to sit out sth; **sie sitzt jeden Tag ihre 8 Stunden im Büro ab** she sits out her 8 hours each day at the office; **eine Haftstrafe ~** to serve time [*or* a sentence] **II.** *vi sein* ■**[vom Pferd] ~** to dismount [from a horse]

ab·so·lut [apzo'lu:t] **I.** *adj* ❶ (*uneingeschränkt*) absolute; **~e Glaubensfreiheit** complete religious freedom; **ein ~er Monarch** an absolute monarch; **~e Ruhe** complete calm [*or* quietness] ❷ (*nicht relativ*) absolute; **~e Mehrheit** absolute majority; **~er Nullpunkt** absolute zero ❸ (*völlig*) absolute, complete; **ein ~es Missverständnis** a complete misunderstanding **II.** *adv* ❶ (*fam: völlig*) absolutely, completely; **~ unmöglich** absolutely impossible; **es ist mir ~ unerfindlich** it's a complete mystery to me ❷ (*in Verneinungen: überhaupt*)

A

Absicht

nach Absicht fragen	asking about intention
Was bezwecken Sie damit?	What are you trying to achieve by that?
Was hat das alles für einen Zweck?	What's the point of all this?
Was wollen Sie damit behaupten/sagen?	What are you trying to say?
Absicht ausdrücken	**expressing intent**
Ich **werde** diesen Monat noch das Wohnzimmer tapezieren.	I'm **going** to wallpaper the living room this month.
Ich habe für nächstes Jahr eine Reise nach Italien **vor/geplant.**	**I'm planning** a trip to Italy next year.
Ich beabsichtige, eine Klage gegen die Firma zu erheben.	**I intend** to institute proceedings against the company.
Ich habe bei dem Menü als Dessert eine Mousse au Chocolat **ins Auge gefasst.**	The mousse au chocolat **has rather caught my eye.**
Ich habe mir in den Kopf gesetzt, den Pilotenschein zu machen.	**I've set my mind on** getting a pilot's licence.
Absichtslosigkeit ausdrücken	**expressing lack of intention**
Das war nicht von mir beabsichtigt.	**I didn't intend that.**
Das liegt mir fern.	**That's the last thing I want to do.**
Ich habe nicht die Absicht, dir irgendwelche Vorschriften zu machen.	**I don't intend** to tell you what you should or should not do.
Ich habe es nicht auf Ihr Geld **abgesehen.**	**I'm not after** your money.

~ **nicht** positively [*or* absolutely] not; **ich sehe ~ nicht ein, warum es so ist** I can't for the life of me see why it's like that, it is inconceivable to me why it's like that *form;* **das ist ~ nicht so, wie du es darstellst!** it is positively not the way you describe it!; ~ **nichts** absolutely nothing ❸ (*für sich*) ~ **genommen** [*o* **betrachtet**] seen as a separate issue

Ab·so·lut·heit <-> *f kein pl* ❶ (*Entschiedenheit*) determination; **auf seinem Standpunkt mit ~ beharren** to maintain one's position with sovereignty ❷ (*Unbedingtheit*) absoluteness

Ab·so·lut·heits·an·spruch *m* claim to be the absolute, claim to the absolute truth; **einen ~ vertreten** to claim absoluteness; **ohne ~** without claiming the absolute truth

Ab·so·lu·ti·on <-, -en> [apzolu'tsi̯o:n] *f* REL absolution; [**jdm**] **die ~ erteilen** to grant [sb] [*or* pronounce] absolution; **jdm keine ~ erteilen können** (*fig*) not to be in the position to declare sb blameless

Ab·so·lu·tis·mus <-> [apzolu'tɪsmʊs] *m kein pl* absolutism

ab·so·lu·tis·tisch I. *adj* absolutist **II.** *adv* in an absolutist manner; ~ **regieren** to rule absolutely

Ab·sol·vent(in) <-en, -en> [apzɔl'vɛnt] *m(f)* graduate

absolvieren* [apzɔl'vi:rən] *vt* ❶ SCH ■**etw ~** to [successfully] complete sth; **eine Prüfung ~** to pass an exam; **welche Schule haben Sie absolviert?** which school did you go to? ❷ REL ■**jdn** [**von etw**] ~ to absolve sb [from sth] ❸ (*ableisten*) ■**etw ~** to do sth, to get sth behind one

Ab·sol·vie·rung <-> [apzɔl'vi:rʊŋ] *f kein pl* ❶ (*das Durchlaufen*) [successful] completion; *einer Prüfung* passing ❷ (*das Ableisten*) completion

ab·son·der·lich [ap'zɔndɐlɪç] **I.** *adj* peculiar, strange, bizarre *fam* **II.** *adv* peculiarly, strangely, oddly; ~ **aussehen/fühlen/klingen/riechen/schmecken** to look/feel/sound/smell/taste peculiar [*or* strange] [*or* odd]

Ab·son·der·lich·keit <-, -en> *f* ❶ *kein pl* (*Merkwürdigkeit*) strangeness, peculiarity; *von Verhalten* oddness ❷ (*merkwürdige Eigenart*) oddity, peculiarity

ab|son·dern I. *vt* ❶ (*ausscheiden*) ■**etw ~** to secrete [*or* discharge] [*or* excrete] sth ❷ (*isolieren*) ■**jdn/ein Tier ~** to isolate sb/an animal; ■**jdn von jdm ~** to separate sb from sb ❸ (*fam: von sich geben*) ■**etw ~** to produce sth *pej;* **wer hat denn diesen Schwachsinn abgesondert?** who came up with this nonsense? **II.** *vr* ❶ (*sich isolieren*) ■**sich** [**von jdm**] ~ to keep oneself apart [*or* aloof] ❷ (*ausgeschieden werden*) ■**sich** [**aus etw**] ~ to be secreted [*or* discharged] [from [*or* out of] sth]

Ab·son·de·rung <-, -en> *f* ❶ *kein pl* (*Isolierung*) isolation ❷ *kein pl* (*Vorgang des Absonderns*) secretion, discharge; **bei fehlender ~ von Insulin kommt es zu Diabetes** diabetes occurs when insulin is not produced ❸ (*abgeschiedener Stoff*) secretion, discharge

ab·sor·bie·ren* [apzɔr'bi:rən] *vt* ❶ (*aufnehmen*) ■**etw ~** to absorb sth ❷ (*geh: in Anspruch nehmen*) ■**jdn/etw ~** to absorb sb/sth

Ab·sorp·ti·on <-, -en> [apzɔrp'tsi̯o:n] *f* TECH absorption

ab|spal·ten I. *vr* ❶ (*sich trennen*) ■**sich** [**von etw**] ~ to split away/off [from sth]; **viele Gebiete der ehemaligen Sowjetunion haben sich abgespaltet** many areas have split away from the former Soviet Union ❷ CHEM ■**sich** [**von etw**] ~ to separate [from sth] **II.** *vt* ❶ (*etw durch Spalten trennen*) ■**etw ~** to chop off sth; **ein Stück Holz ~** to chop a piece of wood ❷ CHEM ■**etw** [**von etw**] ~ to separate sth [from sth]

Ab·spann <-[e]s, -e> *m* FILM, TV credits *pl*

ab|span·nen *vt* ■**ein Tier** [**von etw**] ~ to unyoke an animal [from sth]

ab|spa·ren *vr* ■**sich** *dat* **etw von etw ~** to pinch and scrape *dated,* to scrimp and save; **sie hat sich die Stereoanlage vom Taschengeld abgespart** she saved up her pocket money and bought a stereo system; **sich etw vom Munde ~** to scrimp and save

ab|spe·cken ['apʃpɛkn̩] **I.** *vi* (*fam*) ❶ (*abnehmen*) to slim down, to lose weight ❷ (*den Gürtel enger schnallen*) to reduce, to cut back; **da hilft nur ~** reduction [*or* cutting back] is the only answer **II.** *vt* (*fam: reduzieren*) ■**etw ~** to reduce the size of sth

ab|spei·chern *vt* ■**etw [auf etw** *akk o dat*] ~ to store sth; **eine Datei auf eine Diskette** ~ to save a file onto [a] disk

ab|spei·sen *vt* ■**jdn [mit etw]** ~ to fob [*or* palm] off sb *sep* [with sth]; **sich von jdm ~ lassen** to be fobbed [*or* palmed] off by sb

ab·spens·tig ['apʃpɛnstɪç] *adj* **jdm jdn/etw ~ machen** to take [*or* entice] [*or* lure] sb/sth away from sb, to steal sb/sth from sb *fam;* **er hat mir meine Verlobte abspenstig gemacht** he has stolen my fiancée from me

ab|sper·ren I. *vt* ❶ (*versperren*) ■**etw [mit etw]** ~ to cordon [*or* seal] sth off [with sth]; **die Unfallstelle wurde von der Polizei abgesperrt** the police cordoned off the scene of the accident ❷ (*abstellen*) ■**[jdm] etw** ~ to cut off [sb's] sth; **jdm Strom/Wasser** ~ to cut off sb's electricity/water supply ❸ SÜDD (*zuschließen*) ■**etw** ~ to lock sth **II.** *vi* SÜDD (*die Tür verschließen*) to lock up

Ab·sperr·git·ter *nt* fencing **Ab·sperr·hahn** *m* stopcock **Ab·sperr·ket·te** *f* chain

Ab·sper·rung *f* ❶ (*das Absperren*) cordoning [*or* sealing] off; (*durch Absperrgitter*) fencing-off ❷ (*Sperre*) cordon, barricade; *durch Polizei* police cordon; **Baugruben müssen durch ~ en gesichert sein** trenches must be cordoned off

ab|spie·len I. *vr* (*ablaufen*) ■**sich** ~ to happen [*or* occur] [*or liter* unfold]; **wie hat sich die Sache abgespielt?** what happened here?; **da spielt sich [bei mir] nichts ab!** (*fam*) nothing doing! *fam,* forget it! *fam* **II.** *vt* ❶ (*laufen lassen*) ■**[für jdn] etw** ~ to play sth [for sb]; **das A~ einer Schallplatte** the playing of a record ❷ SPORT (*abgeben*) ■**etw** ~ *Ball* to pass sth; ■**das A~ von etw** passing sth

ab|split·tern I. *vi sein* ■**[von etw]** ~ to chip off [from sth]; **ein Stück Holz splitterte ab** a piece of wood splintered off; **ein abgesplittertes Holzstückchen** a splinter; **ein Stückchen von der Tasse war abgesplittert** the cup was chipped **II.** *vr haben* ■**sich [von etw]** ~ to split off [of sth], to separate

Ab·spra·che *f* agreement; **eine ~ treffen** to come to an agreement; **nach** ~ as agreed, according to the agreement

ab·spra·che·ge·mäß *adv* as agreed, according to the agreement

ab|spre·chen *irreg* **I.** *vt* ❶ (*verabreden*) ■**etw [mit jdm]** ~ to arrange sth [with sb]; **einen Termin** ~ to make an appointment ❷ (*vorher vereinbaren*) ■**etw** ~ to agree on sth ❸ (*streitig machen*) ■**jdm etw** ~ to deny sb sth; **eine gewisses Bemühen kann man ihm nicht** ~ one can't deny his effort ❹ JUR (*aberkennen*) ■**jdm etw** ~ to deny sb [*or* strip sb of] sth **II.** *vr* (*sich einigen*) ■**sich mit jdm [über etw** *akk*] ~ to discuss [sth] with sb, to come to an agreement with sb [about sth]

ab|sprin·gen *vi irreg sein* ❶ (*fam: sich zurückziehen*) ■**[von etw]** ~ to bale out [of sth] *fam,* to extricate oneself [from sth] *form* ❷ (*hinunterspringen*) ■**[aus etw/von etw]** ~ to jump [*or* leap] from sth; **mit dem Fallschirm** ~ to parachute ❸ (*von etw hoch springen*) **mit dem rechten Fuß** ~ to take off on the right foot ❹ (*sich lösen*) ■**[an etw/von etw** *dat*] ~ to come away [from sth], to come off [sth] ❺ (*abprallen*) ■**[an etw** *dat*/**von etw]** ~ to rebound [from sth], to bounce [off sth]; **von einer Mauer** ~ to bounce back from a wall

ab|sprit·zen I. *vt* ❶ (*mit einem Wasserstrahl entfernen*) ■**etw [von etw]** ~ to hose sth off [sth] ❷ (*mit einem Wasserstrahl reinigen*) ■**jdn/etw [mit etw]** ~ to hose sb/sth off [with sth]; ■**sich [mit etw]** ~ to hose oneself down [*or* off] ❸ (*sl: durch Injektion töten*) ■**jdn [mit etw]** ~ to give sb a lethal injection [of sth] **II.** *vi* ❶ (*vulg: ejakulieren*) to ejaculate, to come [*or* cum] *fam* ❷ (*von etw spritzend abprallen*) ■**von etw** ~ to spray off sth

Ab·sprung *m* ❶ (*fam: Ausstieg*) getting out; **den ~ schaffen** to make a getaway; **den ~ verpassen** to miss the boat ❷ LUFT take-off ❸ SKI jump ❹ (*Abgang vom Gerät*) jump; **beim ~ vom Barren fiel er um** as he jumped from the bars, he fell over

ab|spu·len I. *vt* ❶ (*abwickeln*) ■**etw [von etw]** ~ to unwind sth [from sth] ❷ (*fam: von einer Spule*) ■**etw** ~ *Garn, Film* to reel off sth ❸ (*fam: in immer gleicher Weise tun*) ■**etw** ~ to go through sth mechanically; **das gleiche Programm** ~ to go through the same routine **II.** *vi* (*fam: in immer gleicher Weise ablaufen*) ■**sich** ~ to repeat itself over and over again; **bei jedem Streit spult sich bei den beiden immer wieder dasselbe ab** every time they have an argument, it's the same old pattern [*or fam* thing]

ab|spü·len I. *vt* ❶ (*unter fließendem Wasser reinigen*) ■**etw** ~ to wash [*or* rinse] sth; **das Geschirr** ~ to do the dishes, BRIT *a.* to wash up ❷ (*durch einen Wasserstrahl entfernen*) ■**etw [von etw]** ~ to wash [*or* rinse] sth off [sth] **II.** *vi* (*spülen*) to do the dishes, BRIT *a.* to wash up

ab|stam·men *vi kein pp* ❶ (*jds Nachfahre sein*) ■**von jdm** ~ to descend [*or* be descended] from sb ❷ LING ■**von etw** ~ to stem [*or* derive] from sth

Ab·stam·mung <-, -en> *f* (*Abkunft*) origins *pl,* descent, extraction; **adeliger ~ sein** to be of noble birth; **sie muss französischer ~ sein** she must be of French extraction; **ehelicher/nichtehelicher ~ sein** JUR to be legitimate/illegitimate

Ab·stand[1] *m* ❶ (*räumliche Distanz*) distance; **ein ~ von 20 Metern** a distance of 20 metres [*or* AM -ers]; ■**der ~ von etw zu etw** the distance between sth and sth; **der Wagen näherte sich dem vorausfahrenden Fahrzeug bis auf einen ~ von einem Meter** the car came to within a metre of the car in front; **mit knappem/weitem** ~ at a short/great [*or* considerable] distance; **in einigem** ~ at some distance; **einen ~ einhalten** to keep a distance; ~ **[von jdm/etw] halten** to maintain a distance [from sb/sth]; **fahr nicht so dicht auf, halte ~!** don't drive so close, leave a space!; **mit** ~ by a long way, far and away ❷ (*zeitliche Distanz*) interval; **in kurzen/regelmäßigen Abständen** at short/regular intervals ❸ (*innere Distanz*) aloofness; **die Dinge mit ~ sehen** [*o* ~ **[von etw] gewinnen**] to distance oneself from sth ❹ SPORT margin; **mit zwei Punkten** ~ with a two-point margin; **mit weitem ~ folgten die anderen Mannschaften** there was a big gap between the leaders and the other teams; **mit [großem] ~ führen** to lead by a [wide] margin, to be [way] ahead *fam* ❺ (*geh: Verzicht*) **von etw ~ nehmen** to decide against sth; **davon ~ nehmen, etw zu tun** to refrain from [*or* decide against] doing sth

Ab·stand[2] *m* FIN (*fam*) *s.* **Abstandssumme**

Ab·stands·sum·me *f* FIN (*geh*) compensation; **der Spieler wechselte für eine ~ von drei Millionen zu dem anderen Verein** the player changed teams for a transfer fee of three million

ab|stat·ten ['apʃtatn̩] *vt* (*geh*) ■**jdm etw** ~ *to do sth dutifully or officially;* **jdm einen Bericht über etw** ~ to give a report on sth to sb; **jdm einen Besuch** ~ to pay sb a visit; **jdm einen Staatsbesuch** ~ to pay an official visit on sb, to call on sb officially; **ich muss mal meiner Tante einen Besuch** ~ I must call in on [*or* AM visit] my aunt

ab|stau·ben I. *vt* ❶ (*fam: ergattern*) ■**etw [von** [*o* **bei] jdm]** ~ to rip sth off [from sb] *sl,* to liberate sth [from sb] *fam,* to get hold of sth [from sb]; **Sie wollen wohl nur bei anderen Leuten ~, wie?** you just want to rip other people off, don't you?; **das alte Gemälde habe ich bei meinen Großeltern abgestaubt** I liberated that painting from my grandparents *hum* ❷ (*vom Staub befreien*) ■**etw** ~ to dust sth **II.** *vi* to dust

ab|ste·chen *irreg* **I.** *vt* ❶ (*schlachten*) ■**ein Tier** ~ to slit [*or* cut] an animal's throat ❷ (*sl: erstechen*) ■**jdn** ~ to stab sb to death ❸ HORT ■**etw [mit etw]** ~ to cut sth [with sth]; **die Grasnarbe** ~ to cut the turf ❹ (*etw abfließen lassen*) ■**etw** ~ to run off sth; **einen Hochofen** ~ to tap a furnace **II.** *vi* (*sich abheben, unterscheiden*) ■**von jdm/etw** ~ ■**gegen etw** ~ to stand out from [*or* against] sb/sth; **stark von jdm/etw** ~ to be in [stark] contrast to sb/against sth; **gegen den Hintergrund** ~ to stand out against the background

Ab·ste·cher <-s, -> *m* ❶ TOURIST (*fam: Ausflug*) trip, excursion ❷ (*Umweg*) detour ❸ (*geh: Exkurs*) ■**ein** ~ **in etw** *akk* to sidestep [*or* digress] into sth

ab|ste·cken *vt* ❶ (*markieren*) ■**etw [mit etw]** ~ to mark sth out [with sth]; **etw mit Pfosten** ~ to stake out sth ❷ (*umreißen*) ■**etw** ~ to sketch [*or* map] sth out ❸ MODE ■**etw [mit etw]** ~ to pin sth; **bei der Anprobe wurde der Anzug von der Schneiderin abgesteckt** at the fitting the suit was fitted by the tailor

ab|ste·hen *vi irreg* ❶ (*nicht anliegen*) ■**[von etw]** ~ to stick out [from sth]; **vom Kopf** ~ to stick up; **er hat abstehende Ohren** his ears stick out ❷ (*entfernt stehen*) ■**[von etw]** ~ to be at a distance [from sth]; **das Bücherregal sollte etwas von der Wand** ~ the book shelf should not touch the wall

Ab·stei·ge *f* (*pej fam: schäbiges Hotel*) cheap hotel, dive *fam,* dosshouse BRIT, flophouse AM *fam*

ab|stei·gen *vi irreg sein* ❶ (*heruntersteigen*) ■**[von etw/einem Tier]** ~ to dismount [from sth/an animal], to get off [of sth/an animal]; **von einer Leiter** ~ to get down off [*or* from] the ladder, to climb down from a ladder ❷ (*fam: sich einquartieren*) ■**[in etw** *dat*] ~ to stay [somewhere], to put up at sth; **in einem Hotel** ~ to stay in a hotel ❸ (*seinen Status verschlechtern*) ■**irgendwie** ~ to go downhill; **beruflich/gesellschaftlich** ~ to slide down the job/social ladder ❹ SPORT ■**[aus etw/in etw** *akk*] ~ to be relegated [from sth/to sth]; **sie sind auf den letzten Platz abgestiegen** they've been relegated to the last position ❺ (*im Gebirge*) to descend, to climb down

Ab·stei·ger(in) <-s, -> *m(f)* SPORT relegated team

ab|stel·len **I.** *vt* ❶ ELEK (*ausschalten*) ■**etw** ~ to switch [*or* turn] sth off *sep* ❷ (*Zufuhr unterbrechen, abdrehen*) ■**[jdm] etw** ~ to cut sth off [of sb] *sep,* to disconnect sth; **den Haupthahn** ~ to turn off *sep* [*or* BRIT *a.* disconnect] the mains [*or* AM main tap] ❸ (*absetzen*) ■**etw** ~ to put sth down; **Vorsicht beim A~ des Schreibtisches!** be careful how you put the desk down! ❹ (*aufbewahren*) ■**etw [bei jdm]** ~ to leave sth [with sb]; **Gepäckstücke können in den Schließfächern abgestellt werden** luggage can be deposited in the lockers ❺ (*parken*) ■**etw** ~ to park [sth]; **wo stellst du dein Auto immer ab?** where do you park? ❻ (*unterbinden*) ■**etw** ~ to stop sth, to put an end [*or* a stop] to sth ❼ (*abrücken*) ■**etw von etw** ~ to move sth away from sth; **der Kühlschrank muss etwas von der Wand abgestellt werden** the fridge should not be right up against the wall ❽ (*abordnen, abkommandieren*) ■**jdn für etw/zu etw** ~ to send [*or* detail] sb for sth/to sth ❾ (*einstellen, anpassen*) ■**etw auf etw/jdn** ~ to adjust sth to sth/sb; **die Rolle ist sehr gut auf den Schauspieler abgestellt** the part was written with the actor in mind **II.** *vi* (*berücksichtigen*) ■**[mit etw] auf etw** *akk* ~ to take sth into consideration [when doing sth/ with sth], to focus on sth [with sth]; **die Produktion auf die Erfordernisse des Umweltschutzes** ~ to take the environment into consideration when planning the production

Ab·stell·gleis *nt* BAHN siding ▸ WENDUNGEN: **jdn aufs** ~ **schieben** (*fam*) to throw sb on the scrap heap; **auf dem** ~ **sein** [*o* **stehen**] (*fam*) to be on the scrap heap **Ab·stell·kam·mer** *f* broom closet, cubbyhole, BRIT *a.* boxroom **Ab·stell·raum** *m* storeroom, BRIT *a.* boxroom

ab|stem·peln *vt* ❶ (*mit einem Stempel versehen*) ■**[jdm] etw** ~ to frank [*or* stamp] [*or* post mark] sth [for sb] ❷ (*pej*) ■**jdn [als** [*o* **zu**] **etw]** ~ to brand sb [as sth]; **sich von jdm als** [*o* **zu**] **etw** ~ **lassen** to let oneself be branded as sth; **ich lasse mich von dir nicht als Miesmacher** ~**!** I'm not going to let you get away with calling me a killjoy!

ab|step·pen *vt* ■**etw** ~ to stitch [*or* quilt] sth; **Daunenjacken** ~ to quilt down jackets

ab|ster·ben *vi irreg sein* ❶ (*eingehen*) *Pflanzen, Bäume* to die ❷ MED (*leblos werden*) *Glieder* to die ❸ (*gefühllos werden*) ■**[jdm]** ~ to go numb [*or* dead] [on sb]; ■**abgestorben** to go [*or* grow] numb, to be benumbed; **wie abgestorben sein** as if dead; **von der Kälte waren meine Finger wie abgestorben** my fingers were numb [*or* benumbed] with cold

Ab·stieg <-[e]s, -e> *m* ❶ (*das Hinabklettern*) descent ❷ (*Niedergang*) decline; **der berufliche/gesellschaftliche** ~ descent down the job/social ladder ❸ SPORT relegation

ab|stil·len **I.** *vt* ■**jdn** ~ to wean sb, to stop breast-feeding; **ein Kind/einen Säugling** ~ to wean a child/baby **II.** *vi* to stop breast-feeding

ab|stim·men **I.** *vi* (*die Stimme abgeben*) ■**[über jdn/etw]** ~ to vote for sb/on sth; **[über etw** *akk*] ~ **lassen** to have [*or* take] a vote [on sth], to put sth to the vote **II.** *vt* ❶ (*in Einklang bringen, anpassen*) ■**Dinge aufeinander/etw auf etw** *akk* ~ to co-ordinate things [with each other]; *Farben, Kleidung* to match ❷ RADIO ■**etw [auf etw** *akk*] ~ to tune sth [to/in to sth] ❸ (*mechanisch einstellen*) ■**etw [auf etw** *akk*] ~ to adjust sth [to sth]; **die Sitze sind genau auf seine Größe abgestimmt** the seats are adjusted to fit his size **III.** *vr* (*eine Übereinstimmung erzielen*) ■**sich [mit jdm]** ~ to coordinate [with sb]; ■**sich [miteinander]** ~ to co-ordinate with one another; **die Zeugen hatten sich offensichtlich in ihren Aussagen miteinander abgestimmt** the witnesses had obviously worked together on their statements

Ab·stim·mung *f* ❶ (*Stimmabgabe*) vote; **etw zur** ~ **bringen** to put sth to the vote; **geheime** ~ secret ballot; **eine** ~ **[über etw** *akk*] **durchführen** [*o* **vornehmen**] to take a vote on sth; **zur** ~ **schreiten** (*geh*) to vote ❷ (*harmonische Kombination*) coordination; **die** ~ **der Farben ist sehr gelungen** the colours are well-matched ❸ RADIO tuning ❹ (*Anpassung durch mechanische Einstellung*) adjustment

Ab·stim·mungs·er·geb·nis *nt* result of the vote **Ab·stim·mungs·nie·der·la·ge** *f* defeat [in the vote] **Ab·stim·mungs·sieg** *m* victory [in the vote]

ab·sti·nent [apsti'nɛnt] **I.** *adj* ❶ (*enthaltsam*) teetotal, abstinent; ■~ **sein** to be teetotal, to be a teetotaller [*or* AM teetotaler] ❷ (*sexuell enthaltsam*) celibate **II.** *adv* ❶ (*enthaltsam*) abstinently ❷ (*sexuell enthaltsam*) in celibacy, as a celibate

Ab·sti·nenz <-> [apsti'nɛnts] *f kein pl* ❶ (*das Abstinentsein*) abstinence; **strenge** ~ strict abstinence ❷ (*sexuelle Enthaltsamkeit*) [sexual] abstinence, celibacy

Ab·sti·nenz·ler(in) <-s, -> *m(f)* (*pej*) teetotaller BRIT, teetotaler AM

ab|stop·pen **I.** *vt* ❶ (*zum Stillstand bringen*) ■**etw** ~ to stop sth, to bring sth to a halt; **den Verkehr** ~ to stop the traffic ❷ (*mit der Stoppuhr messen*) ■**jdn/etw** ~ to time sb/sth **II.** *vi* to stop

Ab·stoß *m* ❶ (*das Abstoßen*) shove, push ❷ FBALL goal kick

ab|sto·ßen *irreg* **I.** *vt* ❶ MED ■**etw** ~ to reject sth ❷ (*nicht eindringen lassen*) ■**etw** ~ to repel sth; **Wasser** ~**d** to be waterproof [*or* water-repellent] ❸ (*anwidern*) ■**jdn** ~ to repel sb ❹ (*durch einen Stoß abschlagen*) ■**etw** ~ *dat* to chip off sth ❺ (*verkaufen*) ■**etw** ~ to get rid of [*or* offload] sth ❻ (*durch Stöße beschädigen, abnutzen*) ■**etw** ~ to damage sth; **an älteren Büchern sind oft die Ecken abgestoßen** the corners of old books are often bent and damaged ❼ (*wegstoßen*) ■**etw [von etw]** ~ to push sth away [from sth]; **mit dem Ruder stieß er das Boot vom Ufer ab** using the rudder he shoved [*or* pushed] off from the bank ❽ (*abwerfen*) ■**etw** ~: **die Schlange stieß die Haut ab** the snake shed its skin **II.** *vr* ❶ (*abfedern und hochspringen*) ■**sich [von etw]** ~ to jump [*or* leap] [from sth] ❷ (*durch Stöße ramponiert werden*) ■**sich** ~ to become [*or* get] damaged **III.** *vi* (*anwidern*) **sich von etw abgestoßen fühlen** to be repelled by sth

ab·sto·ßend **I.** *adj* ❶ (*widerlich*) repulsive, sickening, revolting, disgusting; **ein** ~**es Aussehen** a repulsive appearance

❷ (*für Flüssigkeiten undurchlässig*) repellent **II.** *adv* (*widerlich*) in a repulsive [*or* revolting] [*or* disgusting] way; ~ **aussehen** to look repulsive; ~ **riechen** to smell disgusting

Ab·sto·ßung <-, -en> *f* MED rejection; PHYS repulsion

Ab·sto·ßungs·re·ak·ti·on *f* MED rejection

ab|stot·tern *vt* (*fam: nach und nach bezahlen*) ■**etw** [**mit** [*o* **durch**] **etw**] ~ to pay by [*or* in] instalments [*or* AM installments], BRIT *a.* to buy sth on the never-never *fam*

ab·stra·hie·ren* [apstra'hi:rən] **I.** *vi* (*geh: auf ein Prinzip zurückführen*) to abstract **II.** *vt* (*geh: verallgemeinern*) ■**etw** [**aus etw**] ~ to abstract sth [from sth]

ab|strah·len *vt* ❶ PHYS (*ausstrahlen*) ■**etw** ~ to radiate sth ❷ (*sandstrahlen*) ■**etw** ~ to sandblast sth

ab·strakt [ap'strakt] **I.** *adj* abstract **II.** *adv* in the abstract; **etw zu ~ darstellen** to present [*or* deal with] sth too much in the abstract

Ab·strak·ti·on <-, -en> *f* (*abstraktes Denken*) abstraction

Ab·strak·ti·ons·ver·mö·gen *nt* (*geh*) ability to think in the abstract [*or* use abstract notions]

ab|stram·peln *vr* (*fam*) ❶ (*mühsam strampeln*) ■**sich** ~ to pedal hard ❷ (*fam: sich abrackern*) ■**sich** ~ to struggle, to sweat, to work oneself half to death

ab|strei·chen *vt irreg* ❶ (*streichend entfernen*) ■**etw** [**an etw** *dat*] ~ to wipe off the excess; **du musst die überschüssige Farbe am Rand des Farbeimers** ~ you have to wipe off the drips on the rim of the tin ❷ (*abziehen*) ■**etw von etw** ~ *Betrag* to deduct sth from sth, to knock sth off sth; **von dem, was sie sagt, muss man die Hälfte** ~ you can take everything she says with a pinch [*or* grain] of salt

ab|strei·fen *vt* ❶ (*abziehen*) ■**etw** [**von etw**] ~ to take off *sep* [*or* remove] sth [from sth] ❷ (*säubern*) ■**etw** [**an etw** *dat*] ~ to wipe sth [on sth]; **die Füße** ~ to wipe one's feet ❸ (*geh: entfernen*) **den Dreck** [*o* **Schmutz**] [**von etw**] ~ to wipe off the dirt [from sth] *sep,* to wipe the dirt [from sth] ❹ (*geh: aufgeben*) ■**etw** ~ to rid oneself of sth, to throw sth off; **eine schlechte Gewohnheit** ~ to shake off a bad habit ❺ (*absuchen*) ■**etw** ~ to search [*or fam* scour] [*or fam* comb] sth; **er streifte das Gelände nach seinem Hund ab** he scoured [*or* combed] the area for his dog

ab|strei·ten *vt irreg* ❶ (*leugnen*) ■**etw** ~ to deny sth; **er stritt ab, sie zu kennen** he denied knowing her [*or* that he knew her] ❷ (*absprechen*) ■**jdm etw** ~ to deny sb sth; **das kann man ihr nicht** ~ you can't deny her that

Ab·strich *m* ❶ *pl* (*Kürzungen*) cuts; [**an etw** *dat*] **~e machen** to make cuts [in sth]; (*Zugeständnisse, Kompromisse*) to lower one's sights [in sth]; **man muss im Leben oft ~e machen** you can't always have everything in life ❷ MED swab; **einen ~** [**von etw**] **machen** to take a swab [*or* smear] [of sth]; *vom Gebärmutterhals* to conduct [*or* carry out] a smear test [*or* cervical smear]

ab·strus [ap'stru:s] *adj* (*geh*) abstruse

ab|stu·fen **I.** *vt* ■**etw** ~ ❶ (*nach Intensität staffeln*) to shade sth; ■**abgestuft** shaded, graded; **eine fein abgestufte Farbpalette** a finely shaded [*or* graded] range of colours [*or* AM -ors] ❷ (*terrassieren*) to terrace sth ❸ (*nach der Höhe staffeln*) to grade sth **II.** *vr* ■**sich** ~ to be terraced; **die Hänge stufen sich zum Tal hin ab** the slopes go down in terraces into the valley

Ab·stu·fung <-, -en> *f* ❶ (*Staffelung*) grading; **die ~ der Gehälter** the grading of salaries ❷ (*Stufe*) grade ❸ (*Schattierung*) shading ❹ (*Nuance*) shade ❺ *kein pl* (*das Gliedern in Terrassen*) terracing; **durch ~ wurde der Hang für die Landwirtschaft nutzbar gemacht** the slope was terraced for agricultural use

ab|stump·fen **I.** *vt haben* ❶ (*stumpf machen*) ■**etw** ~ to blunt sth ❷ (*gleichgültig machen*) ■**jdn** [**gegenüber einer S.** *dat*] ~ to inure sb [to sth]; **der ständige Reizüberfluss stumpft die Menschen immer mehr ab** constant stimulation is blunting people's senses **II.** *vi sein* ■[**gegen etw**] ~ to become inured [to sth]

Ab·sturz *m* ❶ (*Sturz in die Tiefe*) fall; *von Flugzeug* crash ❷ (*fam: Misserfolg*) fall from grace, flop ❸ (*Zusammenbruch*) collapse; **der Firma droht der ~** the company is in danger of folding [*or fam!* going bust]; **einen Computer/ein Programm/ein System zum ~ bringen** to cause a computer/program/system to crash ❹ (*sehr steiler Abhang*) sharp drop

ab|stür·zen *vi sein* ❶ (*in die Tiefe stürzen*) ■[**von etw**] ~ to fall [from sth]; *Flugzeug* to crash ❷ INFORM to crash ❸ (*fam: Misserfolg haben*) to fall from grace ❹ (*fam: zusammenbrechen*) to collapse; **wer hätte geahnt, dass eine so solide Firma je ~ würde?** who would have thought that such a secure company would fold [*or fam!* go bust] ❺ (*fam: betrunken sein*) to get blind drunk [*or dated sl* completely blotto] ❻ (*den inneren Halt verlieren*) to lose control ❼ (*steil abfallen*) to fall away [steeply]; **die Klippen stürzen steil ins Meer ab** there's a sharp drop from the cliffs to the sea [*or* the cliffs fall away steeply into the sea]

Ab·sturz·stel·le *f* ❶ LUFT, RAUM crash site, scene [*or* site] of the/a crash ❷ (*Stelle eines Bergsteigerunfalls*) location of the fall [*or* accident]

ab|stüt·zen *vt* ■**etw** [**durch** [*o* **mit**] **etw**] ~ to support [*or sep* prop up] sth [with sth]; ■**sich** [**mit etw**] ~ to support oneself [with sth]; **sich durch Krücken** ~ to support oneself on crutches

ab|su·chen *vt* ❶ (*durchstreifen*) ■**etw** [**nach jdm/etw**] ~ to search [*or fam* scour] [*or fam* comb] sth [for sb/sth] ❷ (*untersuchen*) ■**etw** [**nach etw**] ~ to examine sth [for sth]; **wir haben den Baum nach Schädlingen abgesucht** we've examined [*or* checked] the tree for pests ❸ (*suchend absammeln*) ■**etw** [**von etw**] ~ to pick sth [off sth]

Ab·sud ['apzu:t] *m* decoction

ab·surd [ap'zʊrt] *adj* absurd; **~es Theater** theatre [*or* AM -er] of the absurd

Ab·sur·di·tät <-, -en> *f* absurdity

Ab·szess[RR] <-es, -sse> *m,* **Ab·szeß**[ALT] <-sses, -sse> [aps'tsɛs] *m* MED abscess

Ab·szis·se <-, -n> [aps'tsɪsə] *f* MATH abscissa

Abt, Äb·tis·sin <-[e]s, Äbte> [apt, ɛp'tɪsɪn, *pl* 'ɛptə] *m, f* abbot *masc,* abbess *fem*

Abt. *f Abk von* **Abteilung** dept.

ab|ta·keln *vt* ❶ NAUT ■**etw** ~ to unrig sth ❷ (*heruntergekommen*) ■**abgetakelt** seedy

ab|tan·zen *vi* (*sl*) boogie *fam,* get down [on the dance floor] *fam*

ab|tas·ten *vt* ❶ (*tastend untersuchen*) ■**jdn/etw** [**auf etw** *akk* [*o* **nach etw**]] ~ to search sb/sth [for sth]; ■**sich** [**auf etw** *akk*] ~ to search oneself; **jdn nach Knoten** ~ to palpate sb for [lymph] nodes; **jdn nach Waffen** ~ to frisk sb for weapons ❷ (*durch Strahlen untersuchen*) ■**jdn/etw** [**nach etw**] ~ to screen sb/sth [for sth] ❸ INFORM ■**etw** ~ to scan sth ❹ (*sondieren*) ■**jdn** [**auf etw** *akk*] ~ to sound sb out [for sth]; ■**sich** [**auf etw** *akk*] ~ to size one another up [for sth]; **den Feind/einen sportlichen Gegner** ~ to size up the enemy/a sporting opponent, to suss out the enemy/opposition *sl*

ab|tau·chen *vi sein* (*sl*) to go underground

ab|tau·en **I.** *vt haben* ■**etw** ~ to thaw sth [out], to defrost sth; **einen Kühlschrank** ~ to defrost a refrigerator **II.** *vi sein* ❶ (*sich tauend auflösen*) to thaw [*or* melt] ❷ (*eisfrei werden*) to become free of ice, to defrost

Ab·tei <-, -en> *f* abbey

Ab·teil *nt* compartment; **~ für Mutter und Kind** compartment for mothers with young children; **ein ~ erster/zweiter Klasse** a first-/second-class compartment; **in verschiedene ~e aufgeteilt** divided into various sections

ab|tei·len *vt* ■**etw** [**von etw**] ~ to divide [*or* partition] sth off [from sth]

Ab·tei·lung[1] *f* ❶ (*Teil einer Organisation*) department; *eines Krankenhauses* ward [*or* section] ❷ MIL section, unit

Ab·tei·lung[2] *f kein pl* (*Abtrennung*) dividing [*or* partitioning] off

Ab·tei·lungs·lei·ter(in) *m(f)* *einer Verkaufsabteilung* department[al] manager; *einer Firma, Universität, Krankenhaus* head of department

ab|te·le·fo·nie·ren* **I.** *vi* (*fam*) ■**[jdm]** ~ to [tele]phone [*or* call] [sb] to say one can't come **II.** *vt* (*fam*) ■**jdn/etw** ~ to [tele]phone [a]round sb/sth *fam;* **ich habe die ganze Firma nach ihm abtelefoniert** I've phoned [a]round the whole company in search of him

ab|tip·pen *vt* (*fam*) ■**etw** ~ to type [up [*or* out] *sep*] sth

Äb·tis·sin <-, -nen> [ɛp'tɪsɪn] *f fem form von* **Abt** abbess

ab|tö·nen *vt* **eine Farbe** ~ to tone [down *sep*] a colour [*or* AM -or]; **zwei Farben** ~ to tone two colours in [with each other]

Ab·tö·nung *f* ① (*das Abtönen*) toning down ② (*Farbnuance*) tone, shade

ab|tö·ten *vt* ① (*zum Absterben bringen*) ■**etw** ~ to kill off sth *sep,* to destroy sth ② (*zum Erlöschen bringen*) ■**etw** [**in** [*o* **bei**] **jdm**] ~ to deaden sth [in sb]

ab|tra·gen *irreg* **I.** *vt* ① (*abnutzen*) ■**etw** ~ to wear sth out; **abgetragene Kleidung** worn [out] clothes; ■**etwas Abgetragenes** sth worn out ② (*geh: abbezahlen*) ■**etw** ~ to pay off *sep* [*or* discharge] sth ③ (*geh: abräumen*) **das Geschirr** ~ to clear away the dishes *sep* ④ (*entfernen*) ■**etw** [**bis auf etw** *akk*] ~ to clear sth away [down to sth]; **der verseuchte Boden soll bis auf eine Tiefe von 15 Metern abgetragen werden** the contaminated soil is to be cleared away down to a depth of 15 metres ⑤ (*geh: abbauen*) **ein Gebäude/ein Haus/eine Mauer** ~ to take [*or* tear] down *sep* [*or* dismantle] a building/house/wall ⑥ GEOG ■**etw** ~ to wash away sth *sep* **II.** *vi* (*geh: Teller, Speisen etc. vom Tisch wegtragen*) to clear away *sep*

ab·träg·lich ['aptrɛːklɪç] *adj* (*geh*), **ab·trä·gig** ['aptrɛːgɪç] *adj* SCHWEIZ ■**[jdm/einer S.]** ~ **sein** to be detrimental [to sb/sth]

Ab·tra·gung <-, -en> *f* ① FIN (*geh*) discharge, paying off ② GEOG washing away ③ (*geh: Abbau*) dismantling, taking down

Ab·trans·port *m* removal; *von Verwundeten* evacuation

ab|trans·por·tie·ren* *vt* ■**etw** ~ to remove sth, to transport sth [away]; ■**jdn** ~ to transport sb; **die Überlebenden wurden aus dem Erdbebengebiet abtransportiert** the survivors were evacuated from the earthquake zone

ab|trei·ben *irreg* **I.** *vt haben* ① MED **ein Kind** ~ to abort a pregnancy, to have an abortion ② (*in eine andere Richtung treiben lassen*) ■**jdn/etw** [**von etw**] ~ to carry [*or* drive] sb/sth [from sth] [*or* away from sth]; **ein Schiff vom Kurs** ~ to drive [*or* carry] a ship off course ③ (*zu Tal treiben*) **das Vieh** ~ to bring down the animals **II.** *vi* ① *haben* MED to perform [*or* carry out] an abortion; ~ **lassen** to have an abortion ② *sein* (*in eine andere Richtung treiben*) ■[**von etw**] ~ to be carried [*or* driven] [[away] from sth]; **das Boot trieb weit vom Kurs ab** the boat was driven a long way off course

Ab·trei·bung <-, -en> *f* MED abortion; **eine** ~ [**an jdm**] **vornehmen** (*geh*) to perform [*or* carry out] an abortion [on sb]; **eine** ~ **vornehmen lassen** (*geh*) to have an abortion

Ab·trei·bungs·pa·ra·graph *m* JUR abortion law **Ab·trei·bungs·pil·le** *f* morning-after pill **Ab·trei·bungs·ver·such** *m* MED attempted abortion; **einen** ~ [**an sich** *dat*] **vornehmen** (*geh*) to attempt to carry out an abortion [on oneself]

ab|tren·nen *vt* ① (*ablösen*) ■**etw** [**von etw**] ~ to detach [*or* remove] sth [from sth]; **hier** ~ detach [*or* tear off] here ② (*abteilen*) ■**etw** [**von etw**] ~ to divide [*or* partition] off sth [from sth] *sep* ③ (*geh: gewaltsam vom Körper trennen*) ■**[jdm] etw** ~ to cut [sb's] sth off *sep;* **der Mähdrescher trennte ihm einen Arm ab** the combine harvester severed his arm [from his body]

Ab·tren·nung *f* ① (*das Lostrennen von Festgenähtem*) removal, detachment ② (*das Abteilen*) dividing [*or* partitioning] off ③ (*trennende Vorrichtung*) partition ④ MED (*das Abschneiden*) cutting off; *von Tumor* excision, removal

ab|tre·ten *irreg* **I.** *vt haben* ① (*übertragen*) ■**[jdm] etw** ~, ■**etw** [**an jdn**] ~ to sign over sth [to sb] *sep;* **Ansprüche/Rechte** ~ to transfer [*or* cede] claims/rights; **ein Gebiet/Land** ~ to cede a territory/land; ■**abgetreten** ceded ② (*fam: überlassen*) ■**jdm etw** ~ to give sth to sb; **er hat ihr seinen Platz abgetreten** he gave up his seat to her, he offered her his seat ③ (*durch Betreten abnutzen*) ■**etw** ~ to wear sth out ④ (*durch Treten entfernen, reinigen*) **den Dreck/Schnee** [**von etw**] ~ to stamp off the dirt/snow [from sth] *sep* **II.** *vi sein* ① (*zurücktreten*) ■[**von etw**] ~ to step down [from sth]; **von der politischen Bühne** ~ to retire from the political stage; *Monarch* to abdicate; *Politiker* to resign ② THEAT [**von der Bühne**] ~ to leave [*or* exit] [the stage] ③ (*fam: sterben*) to make one's [last] exit ④ MIL to stand down; ■~ **lassen** to dismiss; ~**!** dismissed! **III.** *vr haben* ① (*sich durch Treten säubern*) ■**sich etw** ~ to wipe one's sth; **sich** *dat* **seine Schuhe/Stiefel** [**an etw** *dat*] ~ to wipe off one's shoes/boots [on sth] *sep* ② (*sich durch Betreten abnutzen*) ■**sich** ~ to wear out

Ab·tre·ter <-s, -> *m* (*fam*) doormat

Ab·tre·tung <-, -en> *f* signing over; *von Anspruch, Rechten* transferring [*or* ceding]; *von Gebiet* ceding

Ab·trieb *m* AGR *Vieh von der Alm* to bring down the cattle from the mountain pastures

Ab·tritt[1] *m* ① (*Rücktritt*) resignation; *von Monarch* abdication; **jds** ~ **von der politischen Bühne** sb's withdrawal from the political stage ② THEAT exit

Ab·tritt[2] *m* (*veraltend*) *s.* **Toilette**

ab|trock·nen **I.** *vt* ■**jdn/etw** ~ to dry sb/sth; ■**sich** ~ to dry oneself; **das Geschirr** ~ to dry [up [*or* AM off] *sep*] the dishes [*or* BRIT *a.* to do the drying up]; ■**jdm etw** ~ to dry sth for sb; ■**sich** *dat* **etw** ~ to dry one's sth; **liebevoll trocknete er ihr die Tränen ab** lovingly he wiped away [*or* dried] her tears **II.** *vi* to dry the dishes, BRIT *a.* to dry up, BRIT *a.* to do the drying up

ab|trop·fen *vi sein* to drain; ■**etw** ~ **lassen** to leave sth to drain; **die Wäsche** ~ **lassen** to leave the washing to drip-dry

Ab·tropf·sieb *nt* colander

ab|trot·zen *vt* (*geh*) ■**jdm etw** ~ to wring sth out of sb

ab·trün·nig ['aptrʏnɪç] *adj* renegade; ~**er Ketzer** apostate heretic; ~**er Lehnsmann** renegade [*or* disloyal] vassal; ~**e Provinz/**~**er Staat** rebel region/state; ■**jdm/einer S.** *dat* ~ **werden** to be disloyal to sb/sth; **seinem Glauben/der Kirche** ~ **werden** to renounce one's [*or* desert the] faith/the church

Ab·trün·ni·ge(r) *f(m)* *dekl wie adj* renegade; REL apostate

Ab·trün·nig·keit <-> *f kein pl* disloyalty; *eines Glaubens* apostasy

ab|tun *vt irreg* ① (*keine Wichtigkeit beimessen*) ■**etw** [**mit etw**] ~ to dismiss sth [with sth]; **etw mit einem Achselzucken/Lächeln** ~ to dismiss sth with a shrug/laugh, to shrug/laugh sth off; ■**etw als etw** ~ to dismiss sth as sth; **als jugendlichen Übermut kann man diese Gewalttaten nicht** ~ these acts of violence cannot be dismissed as youthful high spirits ② (*selten: erledigen*) ■[**mit etw**] **abgetan sein** to be settled [by sth]; **lassen wir es damit abgetan sein** let that be an end to it; **eine Sache so schnell wie möglich** ~ to deal [*or* have done] with sth as quickly as possible

ab|tup·fen *vt* ① (*durch Tupfen entfernen*) ■**[jdm] etw** ~ to dab sth away [of sb]; **die Tränen von jds Wange** ~ to wipe the tears from sb's cheek; ■**sich** *dat* **etw** ~ to wipe one's sth; **sich den Schweiß von der Stirn** ~ to mop [*or* dab] the sweat from one's brow ② (*durch Tupfen reinigen*) ■**etw** [**mit etw**] ~ to swab sth [with sth]; **eine Wunde** ~ to clean a wound

ab·tur·nen [-tøːɐ̯nən] *vi* (*sl*) to be a pain in the neck *fam*

Abun·danz <-> [abʊn'dants] *f kein pl* abundance

ab|ur·tei·len *vt* ① JUR ■**jdn** ~ to [pass] sentence [*or* judgement] [on] sb; ■**abgeurteilt** convicted ② (*pej: verdammen*) ■**jdn** ~ to condemn sb

Ab·ur·tei·lung <-, -en> *f* ❶ JUR sentencing, passing of a sentence ❷ (*pej: Verdammung*) condemnation

Ab·ver·kauf *m* ÖSTERR (*Ausverkauf*) sale

ab|ver·lan·gen* *vt s.* **abfordern**

ab|wä·gen *vt irreg* ■**etw [gegeneinander]** ~ to weigh sth up [against sth else]; **seine Worte gut** ~ to choose [*or* weigh] one's words carefully; **beide Möglichkeiten [gegeneinander]** ~ to weigh up the two possibilities [against one another]; **Vor- und Nachteile [gegeneinander]** ~ to weigh [up] the disadvantages and advantages [*or* pros and cons]; *s. a.* **abgewogen**

Ab·wä·gung <-, -en> *f* weighing up, consideration; **so eine Situation bedarf der** ~ **eines jeden Wortes** a situation like this calls for every single word to be carefully considered

Ab·wahl *f kein pl* voting out; **es kam zur** ~ **des Vorstands** the board was voted out of office

ab·wähl·bar *adj sth that can be cancelled by vote or choice;* **der Vorsitzende ist jederzeit** ~ the chairman can be voted out [of office] at any time; **ein** ~**es Schulfach** an optional subject

ab|wäh·len *vt* ■**jdn** ~ to vote sb out [of office]; **ein [Schul]fach** ~ to drop [*or sep* give up] a subject

ab|wäl·len *vt s.* **abbrühen**

ab|wäl·zen *vt* ■**etw [auf jdn]** ~ to unload sth [on to sb]; **die Kosten auf jdn** ~ to pass on the costs to sb; **die Schuld/Verantwortung [auf jdn]** ~ to shift the blame/responsibility [on to sb]

ab|wan·deln *vt* ■**etw** ~ to adapt sth; **ein Musikstück** ~ to adapt a piece of music; **ein Thema/einen Vertrag** ~ to modify a subject/contract

ab|wan·dern **I.** *vi sein* ❶ (*sich von einem Ort entfernen*) to go away ❷ (*auswandern*) ■**[aus etw]** ~ to migrate [from somewhere]; **die ländliche Bevölkerung wanderte in die Städte ab** the rural population moved [*or* migrated] to the towns ❸ (*fam: überwechseln*) ■**zu jdm** ~ to move to sb; **die besten Spieler wandern immer zu den größten Vereinen ab** the best players always move [*or* transfer] to the biggest clubs ❹ FIN (*fam: andernorts angelegt werden*) ■**[aus etw] [irgendwohin]** ~ to be transferred [from [*or* out of] sth] [to somewhere] **II.** *vt* **ein Gebiet** ~ to walk all over an area

Ab·wan·de·rung *f* ❶ (*an einen anderen Ort ziehen*) migration ❷ FIN exodus [*or* flight] of capital ❸ (*gründliche Begehung eines Gebietes*) walking all over

Ab·wan·de·rungs·ver·lust *m* population drain

Ab·wand·lung *f* adaptation; MUS variation

Ab·wär·me *f* waste heat

Ab·wart(in) <-s, -e> *m(f)* SCHWEIZ (*Hausmeister*) caretaker

ab|war·ten **I.** *vt* ■**etw/jdn** ~ to wait for sth/sb; **wir müssen erst den Regen** ~ we must wait until it stops raining [*or* the rain stops] [*or* for the rain to stop]; **das bleibt abzuwarten** that remains to be seen, only time will tell; **sie konnte es einfach nicht mehr** ~ she simply [*or* just] couldn't wait any longer **II.** *vi* to wait; **wart' mal ab!** [just] [you] wait and see!

ab·war·tend **I.** *adj* expectant; **eine** ~**e Haltung einnehmen** to adopt a policy of wait and see **II.** *adv* expectantly; **sich** ~ **verhalten** to behave cautiously

Ab·war·tin <-, -nen> *f fem form von* **Abwart**

ab·wärts ['apvɛrts] *adv* downhill; **vom Chef** ~ **sind alle anwesend** from the boss down everyone is present

ab·wärts|ge·hen^RR *vi irreg sein* to go downhill; **hinter der Kurve geht es abwärts** it's all downhill after the bend; **es geht mit jdm/etw abwärts** sb/sth is going downhill; **es geht mit ihr gesundheitlich abwärts** her health is deteriorating

Ab·wärts·trend *m* downhill trend, recession

Ab·wasch¹ <-[e]s> *m kein pl* ❶ (*Spülgut*) dirty dishes *pl*, BRIT *a.* washing-up ❷ (*das Spülen*) washing the dishes, washing-up BRIT; **den** ~ **machen** to do the dishes, BRIT *a.* to wash up, BRIT *a.* to do the washing-up ▸ WENDUNGEN: **das geht in einem** ~ [*o* **das ist ein** ~] (*fam*) you can kill two birds with one stone *prov*

Ab·wasch² <-, -en> *f* ÖSTERR (*Spülbecken*) sink

ab·wasch·bar *adj* washable

Ab·wasch·be·cken *nt* sink

ab|wa·schen *irreg* **I.** *vt* ❶ (*spülen*) ■**etw** ~ to wash sth up; **das Geschirr** ~ to do the dishes [*or* BRIT *a.* washing-up] ❷ (*durch Waschen entfernen*) ■**etw [von etw]** ~ to wash sth [off sth]; ■**sich** *dat* **etw [von etw]** ~ to wash sth [from one's sth]; **sie wusch ihrer Tochter den Schmutz vom Gesicht ab** she washed the dirt off her daughter's face ❸ (*reinigen*) ■**sich** ~ to wash oneself **II.** *vi* to do the dishes, BRIT *a.* to wash up, BRIT *a.* to do the washing-up; **hilfst du mir mal beim A~?** will you help me do the washing-up?

Ab·wasch·lap·pen *m* dishcloth **Ab·wasch·was·ser** *nt* ❶ (*Spülwasser*) dishwater, BRIT *a.* washing-up water ❷ (*pej fam: dünne Flüssigkeit*) dishwater

Ab·was·ser <-wässer> *nt* waste water, sewage; *von Industrieanlagen* effluent, waste water

Ab·was·ser·auf·be·rei·tung *f* sewage treatment **Ab·was·ser·ent·sor·gung** *f* ÖKOL sewage disposal **Ab·was·ser·ka·nal** *m* sewer **Ab·was·ser·lei·tung** *f* waste pipe **Ab·was·ser·rei·ni·gung** *f* purification of effluent[s]

ab|wech·seln *vi/vr* ■**sich** ~ ❶ (*im Wechsel handeln*) to take turns ❷ (*im Wechsel erfolgen*) to alternate; **Sonne und Regen wechselten sich ab** it alternated between sun and rain

ab·wech·selnd *adv* alternately; **in der Nacht hielten die vier** ~ **Wache** the four took turns to stand guard during the night

Ab·wech·se·lung <-, -en> *f*, **Ab·wechs·lung** <-, -en> *f* change; **eine willkommene** ~ **sein** to be a welcome change; **die** ~ **lieben** to like a bit of variety; **zur** ~ for a change

ab·wechs·lungs·hal·ber *adv* for a change, for variety's sake

ab·wechs·lungs·los *adj* unchanging, monotonous **ab·wechs·lungs·reich** *adj* varied

Ab·weg *m meist pl* **jdn auf** ~**e führen** [*o* **bringen**] to lead sb astray; **auf** ~**e geraten** to go astray; (*moralisch*) to stray from the straight and narrow

ab·we·gig ['apve:gɪç] *adj* ❶ (*unsinnig*) absurd; **ein** ~**er Gedanke/eine** ~**e Idee** a far-fetched thought/idea; **ein** ~**er Verdacht** an unfounded [*or* a groundless] suspicion ❷ (*merkwürdig*) strange, bizarre, weird

Ab·we·gig·keit <-, *selten* -en> *f* erroneousness; *von Verdacht* groundlessness; *von Idee* strangeness, far-fetchedness

Ab·wehr *f kein pl* ❶ (*inneres Widerstreben*) resistance; **seine Pläne stießen auf starke** ~ his plans met [with] strong [*or* stiff] resistance ❷ MIL repelling, repulse ❸ (*Spionage~*) counterespionage, counterintelligence ❹ SPORT (*Verteidigung*) defence [*or* AM -se]; **die** ~ **gegnerischer Angriffe** to ward off the opponent's attacks; (*die Abwehrspieler*) defenders ❺ (*Widerstand gegen Krankheit*) protection; *von Infektion* protection, resistance

ab·wehr·be·reit *adj* ready for defence [*or* AM -se] **Ab·wehr·dienst** *m* MIL counter-intelligence service

ab|weh·ren **I.** *vt* ❶ MIL ■**jdn/etw** ~ to repel [*or* repulse] sb/sth ❷ SPORT ■**etw** ~ to fend sth off; **den Ball** ~ to clear the ball; **mit dem Kopf den Ball** ~ to head the ball clear; **einen Schlag** ~ to fend off [*or* parry] a blow ❸ (*abwenden, fernhalten*) ■**etw [von sich]** ~ to turn sth away [from oneself]; **eine Gefahr/Unheil** ~ to avert [a] danger/[a] disaster; **einen Verdacht [von sich]** ~ to avert suspicion [from oneself]; **einen Vorwurf** ~ to fend off [*or* deny] [*or form* refute] an accusation **II.** *vi* ❶ (*ablehnen*) to refuse ❷ SPORT to clear

ab·weh·rend *adj* defensive

Ab·wehr·kampf *m* defensive action **Ab·wehr·kräf·te** *pl* the body's defences **Ab·wehr·maß·nah·me** *f* defence reaction **Ab·wehr·me·cha·nis·mus** *m* PSYCH, MED defence mechanism **Ab·wehr·re·ak·ti·on** *f* defensive reaction **Ab·wehr·stof·fe** *pl* MED antibodies *pl* **Ab·wehr·sys·tem** *nt* MED immune system

ab|wei·chen *vi irreg sein* ❶ (*sich entfernen, abkommen*) ■**von etw** ~ to deviate from sth ❷ (*sich unterscheiden*) ■**[in etw** *dat*] **von jdm/etw** ~ to differ from sb/sth [in sth]

ab·wei·chend *adj* different

Ab·weich·ler(in) <-s, -> *m(f)* (*pej*) deviant

Ab·wei·chung <-, -en> *f* ❶ (*Unterschiedlichkeit*) difference; *einer Auffassung* deviation [*or* divergence] ❷ (*das Abkommen*) deviation ❸ TECH **zulässige** ~ tolerance

ab|wei·sen *vt irreg* ❶ (*wegschicken*) ■**jdn** ~ to turn sb away; **sich [von jdm] nicht** ~ **lassen** to not take no for an answer [from sb] ❷ (*ablehnen*) ■**etw** ~ to turn down sth *sep;* **einen Antrag** ~ to refuse [*or* turn down] [*or* reject] an application; **eine Bitte** ~ to deny [*or* reject] a request; ■**jdn** ~ to reject sb ❸ JUR **eine Klage** ~ to dismiss [*or* throw out] a complaint

ab·wei·send *adj* cold

Ab·wei·sung *f* ❶ (*das Wegschicken*) turning away ❷ (*das Ablehnen*) turning down, rejection ❸ JUR dismissal

ab·wend·bar *adj* avoidable, preventable

ab|wen·den *reg o irreg* **I.** *vr* (*geh*) ■**sich [von jdm/etw]** ~ to turn away [from sb/sth] **II.** *vt* ❶ (*verhindern*) ■**etw [von jdm/etw]** ~ to protect [sb/sth] from sth; **eine Katastrophe/ein Unheil** ~ to avert a catastrophe/disaster ❷ (*zur Seite wenden*) ■**etw [von jdm/etw]** ~ to turn sth away [from sb/sth]; **die Augen** [*o* **den Blick**] ~ to look away, to avert one's gaze [*or* eyes]; **mit abgewandtem** [*o* **abgewendetem**] **Blick** with one's eyes averted

ab|wer·ben *vt irreg* ■**[jdm] jdn** ~ to entice [*or* lure] sb away [from sb]

Ab·wer·bung *f* enticement, luring [away]

ab|wer·fen *irreg* **I.** *vt* ❶ (*aus der Luft herunterfallen lassen*) ■**etw** ~ to drop sth; **Ballast** ~ to drop [*or* shed] [*or* discharge] ballast; **Blätter** [*o* **Laub**]/**Nadeln** ~ to shed leaves/needles; **das Geweih** ~ to shed antlers ❷ (*von sich werfen*) **einen Reiter** ~ to throw [*or* unseat] a rider ❸ FIN, ÖKON ■**etw** ~ to yield sth; **einen Gewinn** ~ to yield [*or* make] [*or* show] a profit; **Zinsen** ~ to yield [*or* bear] [*or* earn] interest ❹ (*geh: abschütteln*) ■**etw** ~ to throw [*or* cast] off sth *sep;* **die Fesseln/das Joch der Sklaverei** ~ (*fig*) to cast [*or* throw] off the yoke of slavery *fig* ❺ (*ablegen*) **eine Karte** ~ to discard a card **II.** *vi* ❶ SPORT (*beim Hochsprung*) to knock down [*or* knock off] [*or* dislodge] the bar ❷ FBALL (*Abwurf vom Tor machen*) to throw the ball out

ab|wer·ten I. *vt* ❶ (*Kaufwert vermindern*) ■**etw [um etw]** ~ to devalue sth [by sth]; ■**abgewertet** devalued ❷ (*Bedeutung mindern*) ■**etw** ~ to debase [*or* cheapen] sth **II.** *vi* ■**[um etw]** ~ to devalue [by sth]

ab·wer·tend I. *adj* pejorative, derogatory **II.** *adv* derogatorily; **ein Wort** ~ **gebrauchen** to use a word in a derogatory way

Ab·wer·tung *f* ❶ (*Minderung der Kaufkraft*) devaluation ❷ (*Wertminderung*) debasement

ab·we·send ['apve:zn̩t] *adj* ❶ (*geh: nicht anwesend*) absent; **Herr Frank ist momentan** ~ Mr Frank is not here [*or* out of the office] at the moment ❷ (*geistes~*) absent-minded; **sie hatte einen ganz ~en Gesichtsausdruck** she looked completely lost in thought; **du siehst so** ~ **aus!** you look as though you're somewhere else [altogether]!

Ab·we·sen·de(r) *f(m) dekl wie adj* absentee

Ab·we·sen·heit <-, *selten* -en> *f* ❶ (*Fehlen*) absence; **durch** ~ **glänzen** (*iron fam*) to be conspicuous by one's absence *esp hum;* **in** ~ **von jdm** in sb's absence ❷ (*Geistes~*) absent-mindedness

ab|wi·ckeln I. *vt* ❶ (*von etw wickeln*) ■**etw [von etw]** ~ to unwind sth [from sth]; ■**sich [von etw]** ~ to unwind [itself] [from sth] ❷ (*erledigen*) ■**etw** ~ to deal with sth; **einen Auftrag** ~ to process an order; **Aufträge** ~ to transact business; **ein Geschäft** ~ to carry out a transaction ❸ (*als politische Altlast abschaffen*) ■**jdn/etw** ~ *Firma, Arbeitskräfte* to deal with sb/sth **II.** *vr* (*glatt vonstattengehen*) ■**sich** ~ to run smoothly

Ab·wick·lung <-, -en> *f* ❶ (*Erledigung*) conducting; *von Auftrag* processing; **er war für die reibungslose** ~ **der Veranstaltung verantwortlich** he was responsible for making sure that the event ran smoothly ❷ (*Abschaffung*) getting rid of; **hunderte von Staatsdienern befürchten die** ~ hundreds of civil servants fear they will be dismissed [*or* are living in fear of dismissal]

ab|wie·geln I. *vi* to play it down; **jetzt wieg[e]le mal nicht ab, die Situation ist sehr ernst!** don't [try and] play it down, the situation is very serious! **II.** *vt* (*beschwichtigen*) ■**jdn/etw** ~ to calm down [*or* pacify] sb/sth *sep;* **die Menge ließ sich nicht** ~ the crowd would not be calmed; **sich nicht** ~ **lassen** to not take no for an answer

ab|wie·gen *vt irreg* ■**[jdm] etw** ~ to weigh sth [out] [for sb]; **Argumente [sorgfältig]** ~ (*fig*) to [carefully] weigh up the arguments *fig*

ab|wim·meln *vt* (*fam*) ■**jdn** ~ to get rid of sb; ■**etw** ~ to get out of [doing] sth

ab|win·keln *vt* ■**etw** ~ to bend sth; ■**abgewinkelt** bent; **mit abgewinkelten Armen** with arms akimbo

ab|win·ken *vi* (*fam*) to signal one's refusal

ab|wirt·schaf·ten *vi* (*fam*) to go downhill; **die Firma hat jetzt endgültig abgewirtschaftet** the company now finally had been run-down; ■**abgewirtschaftet** run-down; **eine abgewirtschaftete Regierung** a discredited government

ab|wi·schen *vt* ❶ (*durch Wischen entfernen*) ■**[sich** *dat*] **etw [von etw]** ~ to wipe sth [from sth]; **sich die Tränen** ~ to dry one's tears; **liebevoll wischte er ihr die Augen ab** he lovingly dried her eyes; **sich den Schweiß von der Stirn** ~ to mop the sweat from one's brow ❷ (*durch Wischen säubern*) ■**[jdm] etw** ~ to wipe sth [for sb]; **bitte die Hände an diesem Handtuch** ~**!** please dry your hands on this towel!; ■**[sich** *dat*] **etw** ~ to wipe sth; **wisch dir die Hände bitte am Handtuch ab!** dry your hands on the towel!

ab|wra·cken *vt* ❶ (*verschrotten*) ■**etw** ~ to break up *sep* [*or* scrap] sth ❷ (*herunterkommen*) ■**abgewrackt** clapped-out *fam*

Ab·wurf *m* ❶ (*das Hinunterwerfen*) dropping; *von Ballast* shedding, jettisoning ❷ (*das Abgeworfenwerden*) throwing; **bei dem** ~ **von dem Pferd brach er sich den Arm** he broke his arm when he was thrown from the horse ❸ SPORT (*Abwerfen der Latte beim Hochsprung*) knocking down [*or* off], dislodging; (*Speerwerfen*) throwing; (*beim Fußball*) throw-out

ab|wür·gen *vt* (*fam*) ❶ (*ungewollt ausschalten*) **den Motor** ~ to stall the engine ❷ (*im Keim ersticken*) ■**etw** ~ to nip sth in the bud; ■**jdn** ~ (*unterbrechen*) to cut sb short [*or* off], to interrupt sb; **jdn [einfach] mitten im Satz** ~ to cut sb off right in the middle of a sentence

ab|zah·len *vt* ❶ (*zurückzahlen*) ■**etw** ~ to pay sth off; **ein Darlehen** [*o* **einen Kredit**]/**seine Schulden** ~ to pay off [*or* repay] a loan/one's debts ❷ (*in Raten bezahlen*) ■**etw** ~ to pay for sth in instalments [*or* AM installments]; ■**abgezahlt** paid for *pred;* **unser Haus ist endlich abbezahlt** we've finally paid off [*or* for] the house, we've finally paid all the instalments on the house

ab|zäh·len I. *vt* ■**etw** ~ to count sth [out]; ■**abgezählt** exact; **bitte das Fahrgeld abgezählt bereithalten** please tender [the] exact [*or* correct] fare **II.** *vi* to count; **der Kassierer hat sich beim A~ vertan** the cashier made a mistake counting

Ab·zähl·reim *m* counting-out rhyme

Ab·zah·lung *f* ❶ (*Rückzahlung*) paying off ❷ (*Bezahlung auf Raten*) repayment; **[etw] auf** ~ **kaufen** to buy sth in instalments [*or* AM installments] [*or* BRIT *a.* on hire purchase] [*or* BRIT *fam a.* on the never-never]

Ab·zähl·vers *m s.* **Abzählreim**

ab|zap·fen *vt* ■**etw [aus etw]** ~ to pour [*or* tap] sth [from sth]; **Bier** ~ to tap beer; **jdm Geld** ~ (*fam*) to get [*or* scrounge] money from [*or* off] sb

Ab·zäu·nung <-, -en> *f* fencing

Ab·zei·chen *nt* ① (*ansteckbare Plakette*) badge ② SPORT badge ③ MIL insignia [*or* badge] of rank

ab|zeich·nen I. *vt* ① (*durch Zeichnen wiedergeben*) ■**etw [von etw]** ~ to copy [*or* reproduce] sth [from sth] ② (*signieren*) ■**etw** ~ to initial sth; **einen Scheck** ~ to initial a check II. *vr* ① (*erkennbar werden*) ■**sich** ~ to become apparent; **der Ausbruch eines Bürgerkrieges beginnt sich immer deutlicher abzuzeichnen** the outbreak of civil war is beginning to loom ever larger [on the horizon] ② (*Umrisse erkennen lassen*) ■**sich [durch/auf etw]** ~ to show [through/on sth]

Ab·zieh·bild *nt* TECH transfer

ab|zie·hen *irreg* I. *vi* ① *sein* MIL ■**[aus etw]** ~ to withdraw [from sth] ② *sein* (*fam: weggehen*) to go away; **zieh ab!** go away!, clear off!, get lost! *sl* ③ *sein* (*durch Luftzug entfernen*) ■**[aus etw]** ~ to clear [*or* escape] [from sth] ④ *sein* METEO ■**[irgendwohin]** ~ to move away [*or* off] [somewhere] [*or* on] ⑤ *haben* (*den Abzug einer Waffe drücken*) to fire, to pull the trigger II. *vt haben* ① (*einbehalten*) ■**etw [von etw]** ~ to deduct sth [from sth]; **Steuern und Sozialabgaben werden direkt vom Gehalt abgezogen** tax and national insurance are deducted directly from the wages ② (*nachlassen*) ■**etw [von etw]** ~ to take [*or* knock] sth off [sth] *sep;* **ich kann Ihnen 5% Rabatt [vom Preis]** ~ I can knock 5% [off the price] for you [*or* give [*or* offer] you a discount of 5% [on the price]] ③ MATH ■**etw [von etw]** ~ to subtract sth [from sth] ④ FIN **Kapital [aus einer Firma/einem Land]** ~ to withdraw capital [from a company/country]; **jdm eine Summe vom Konto** ~ to debit a sum [of money] from sb's account ⑤ MIL ■**etw [aus etw]** ~ to withdraw sth [from sth]; **Truppen aus einem Gebiet** ~ to withdraw [*or* draw back] troops from an area ⑥ (*etw durch Ziehen entfernen*) ■**etw** ~ to pull off sth *sep;* **das Bett** ~ to strip the bed; **ein Laken** ~ to remove [*or sep* take off] a sheet; **einen Ring** ~ to take [*or* pull] off a ring *sep;* **einen Schlüssel [von etw]** ~ to take [*or* pull] out a key [from sth]; **[jdm/einem Tier] das Fell/die Haut** ~ to skin sb/an animal ⑦ (*vervielfältigen*) ■**etw** ~ to run sth off; **bitte ziehen Sie das Manuskript 20-mal ab** please make [*or* run off] 20 copies of the manuscript ⑧ SCHWEIZ (*ausziehen*) ■**etw** ~ to take sth off III. *vr* SCHWEIZ (*sich ausziehen*) ■**sich** ~ to undress

ab|zie·len *vi* ① (*anspielen*) ■**[mit etw] auf etw** *akk* ~ to get at sth [with sth] *fam* ② (*im Visier haben*) ■**auf jdn/etw** ~ to aim [*or* direct] at sb/sth

Ab·zo·cke <-> *f kein pl* (*pej fam*) profiteering, price gouging AM

ab|zo·cken I. *vt* (*sl*) ■**jdn** ~ to fleece sb *fam* II. *vi* (*sl*) to clean up *fam*

Ab·zo·cke·rei <-, -en> *f* (*pej sl*) rip-off *fam*

Ab·zug *m* ① (*das Einbehalten*) deduction; **ohne Abzüge verdient sie 3.000 Euro** she earns 3,000 euros before deductions ② (*das Abziehen*) deduction; **nach** ~ **des Rabattes musste er nur noch 200 Euro zahlen** after deducting the discount he was left with only 200 euros to pay; **etw [von etw] in** ~ **bringen** (*geh*) to deduct sth [from sth]; **ohne** ~ without [any] deductions, net ③ TYPO proof ④ FOTO print ⑤ MIL withdrawal; **jdm freien** ~ **gewähren** to grant sb safe passage ⑥ FIN **der** ~ **von Kapital** withdrawal of capital ⑦ METEO moving away; **mit einem** ~ **der Kaltfront ist vorläufig noch nicht zu rechnen** we don' t expect the cold front to move on yet ⑧ (*Luft~*) vent; (*Dunst~*) extractor [fan]; (*über einem Herd*) extractor hood ⑨ (*Vorrichtung an einer Waffe*) trigger; **den Finger am** ~ **haben** to have one's finger on the trigger

ab·züg·lich ['aptsy:klɪç] *präp +gen* ■~ **einer S.** *gen* less [*or* minus] sth

ab·zugs·fä·hig *adj* tax-deductible

Ab·zugs·fä·hig·keit *f* ÖKON **steuerliche** ~ tax deductibility **ab·zugs·frei** *adj* tax-free **Ab·zugs·hau·be** *f* extractor hood **Ab·zugs·rohr** *nt* flue [pipe]

Ab·zweig *m* ① (*geh: Weggabelung*) turning, turn-off ② TECH couple

ab|zwei·gen I. *vi sein* ■**[von etw] [irgendwohin]** ~ to branch off [from sth] [to somewhere]; **hinter der Kurve zweigt die Goethestraße nach links ab** Goethestraße turns [*or* goes] off to the left after the bend II. *vt haben* (*fam*) ■**etw [von etw]** ~ to set [*or* put] aside sth [from sth] *sep*

Ab·zwei·gung <-, -en> *f* ① (*Straßengabelung*) turning, turn-off; **wir müssen an der** ~ **links [abbiegen]** we must turn left at the junction ② (*Nebenlinie einer Strecke*) branch line

ab|zwi·cken *vt* ■**[jdm/einer S.] etw** ~ to nip [*or* pinch] off sth [sb/sth] *sep*

Ac·ces·soire <-s, -s> [aksɛ'so̯a:ɐ̯] *nt meist pl* accessory

Ace·ro·la·kir·sche [atse'ro:lakɪrʃə] *f* BOT West Indian Cherry

Ace·tat <-s, -e> [atse'ta:t] *nt* acetate

Ace·ton <-s, -e> [atse'to:n] *nt* acetone

Ace·tyl·cho·lin <-s> [atsety:lço'li:n] *nt kein pl* BIOL (*Überträgerstoff an Nervenzellen*) acetylcholine

Ace·ty·len <-s> [atsety'le:n] *nt* acetylene

ach [ax] I. *interj* ① (*jammernd, ärgerlich*) oh no!; ~, **das sollte doch schon lange erledigt sein!** oh no! that was supposed to have been done ages ago!; ~ **je!** oh dear [me]!; ~, **rutsch mir doch den Buckel runter!** oh, go [and] take a running jump!; ~ **nein, du schon wieder?** oh no! not you again?; ~ **und weh schreien** (*veraltend geh*) to scream blue murder ② (*also*) oh!; ~, **so ist das also ...** oh, so that's how it is ... ③ (*aha*) [oh,] I see!; ~ **ne** [*o* **nein**]! (*fam*) I say!; ~ **so, ich verstehe!** oh, I see!; ~ **wirklich?** really?; ~ **so! na, dann versuchen wir es eben noch mal!** well, all right then, let's try it one more time! ④ (*ganz und gar nicht*) ~ **was** [*o* **wo**]! come on! II. *adv* (*geh*) **sie glaubt von sich, sie sei** ~ **wie schön** she thinks she's oh so beautiful

Ach <-s, -[s]> [ax] *nt* (*Ächzen*) groan ▶ WENDUNGEN: **mit** ~ **und Krach** (*fam*) by the skin of one's teeth; **er bestand die Prüfung nur mit** ~ **und Krach** he only [just] scraped through the exam [*or* passed the exam by the skin of his teeth]; **mit** ~ **und Weh** (*fam*) with great lamentations; **mit** ~ **und Weh stimmte sie zu** she agreed through gritted teeth

Achat <-[e]s, -e> [a'xa:t] *m* agate

Achil·les·fer·se [a'xɪlɛs-] *f* Achilles' heel **Achil·les·seh·ne** [a'xɪlɛs-] *f* Achilles tendon

Ach·se <-, -n> ['aksə] *f* ① AUTO axle ② (*Schwerpunkt*) axis ③ POL, HIST axis ▶ WENDUNGEN: **[ständig] auf** ~ **sein** (*fam*) to be [always] on the move

Ach·sel <-, -n> ['aksl̩] *f* ① ANAT armpit ② (*fam: Schulter*) shoulder; **die** [*o* **mit den**] ~**n zucken** to shrug one's shoulders

Ach·sel·haa·re *pl* armpit [*or* underarm] hair **Ach·sel·höh·le** *f* armpit **Ach·sel·klap·pe** *f* epaulette **Ach·sel·pols·ter** *nt* shoulder padding **Ach·sel·stück** *nt* MIL epaulette **Ach·sel·zu·cken** <-> *nt kein pl* shrug [of the shoulders] **ach·sel·zu·ckend** I. *adj* shrugging II. *adv* with a shrug [of the shoulders]

Ach·sen·bruch *m* broken axle **Ach·sen·kreuz** *nt* MATH axes of coordinates, coordinate axes **Ach·sen·mäch·te** *pl* HIST ■**die** ~ the Axis Powers

Achs·last *f* AUTO axle weight **Achs·stand** *m* AUTO wheelbase

acht[1] [axt] *adj* eight; ~ **mal drei sind gleich 24** eight times three is 24; **das kostet** ~ **Euro** that costs eight euros; **die Linie** ~ **fährt zum Bahnhof** the No. 8 goes to the station; **es steht** ~ **zu drei** the score is eight three [*or* 8-3]; ~ **[Jahre alt] sein/werden** to be/turn eight [years old]; **mit** ~ **[Jahren]** at the age of eight, at eight [years old], as an eight-year-old; ~ **Uhr sein** to be eight o'clock; **gegen** ~ **[Uhr]** [at] about [*or* around] eight [o'clock]; **um** ~ at eight [o'clock]; **... [Minuten] nach/vor** ~ ... [minutes] past/to eight [o'clock]; **kurz nach/vor** ~ **[Uhr]** just [*or* shortly] after/before eight [o'clock]; **alle** ~ **Tage** [regularly] every week; **heute/Freitag in** ~ **Tagen** a week today/on Friday; **heute/Freitag vor** ~ **Tagen** a week ago today/on Friday

acht[2] [axt] *adv* **zu ~ sein: wir waren zu ~** there were eight of us

Acht[1] <-, -en> [axt] *f* ❶ (*Zahl*) eight ❷ (*etw von der Form einer 8*) **ich habe eine ~ im Vorderrad** my front wheel is buckled; **auf dem Eis eine ~ laufen** to skate a figure of eight on the ice ❸ (*hum fam: Handschellen*) handcuffs ❹ KARTEN ■ **die/eine ~** the/an eight; **die Herz-/Kreuz-~** the eight of hearts/clubs ❺ (*Verkehrslinie*) ■ **die ~** the [number] eight

Acht[RR2] [axt] *f* **~ geben** [*o* **haben**] to be careful; **sie gab genau ~, was der Professor sagte** she paid careful attention to what the professor said; **auf jdn/etw ~ geben** [*o* **haben**] to look after [*or fam* keep an eye on] sb/sth; **~ geben** [*o* **haben**], **dass ...** to be careful that ...; **gib ~, dass dir niemand das Fahrrad klaut!** watch out that nobody pinches your bike!; **etw außer ~ lassen** to not take sth into account [*or* consideration]; **wir haben ja ganz außer ~ gelassen, dass der Friseur geschlossen hat!** we completely forgot that the hairdresser is closed!; **sich in ~ nehmen** to be careful, to take care; **nimm dich bloß in ~, Bürschchen!** just you watch it, mate *fam*!; **sich [vor jdm/etw] in ~ nehmen** to be wary [of sb/sth]; **vielen Dank für die Warnung, ich werde mich in ~ nehmen** thank you for the warning, I'll be on my guard; **nimm dich in ~ vor dieser gefährlichen Kurve!** please take care on this dangerous bend!

Acht[3] <-> [axt] *f* ❶ HIST (*Entzug der bürgerlichen Rechte*) ■ **die ~** outlawry; **in ~ und Bann sein** to be outlawed ❷ (*Ausschluss aus christlicher Gemeinschaft*) **jdn in ~ und Bann tun** to excommunicate sb; (*verdammen*) to ostracize sb

acht·bar *adj* (*geh*) respectable

Acht·bar·keit <-> *f* (*geh*) respectability

ach·te(r, s) ['axtə, -tɐ, -təs] *adj* ❶ (*nach dem siebten kommend*) eighth; **an ~r Stelle** [in] eighth [place]; **die ~ Klasse** third year of senior school BRIT, eighth grade AM ❷ (*Datum*) eighth; **heute ist der ~** it's the eighth of May today; **am ~n September** on the eighth of September

Ach·te(r) ['axtə, -tɐ] *f(m)* *dekl wie adj* ❶ (*Person*) ■ **der/die/das ~** the eighth; **du bist jetzt der ~, der fragt** you're the eighth person to ask; **als ~ an der Reihe** [*o* **dran**] **sein** to be the eighth [in line]; **~[r] sein/werden** to be/finish [in] eighth [place]; **als ~r durchs Ziel gehen** he finished eighth, he crossed the line in eighth place; **jeder ~** every eighth person, one in eight [people] ❷ (*bei Datumsangabe*) ■ **der ~** [*o geschrieben* **der 8.**] the eighth *spoken*, the 8th *written*; ■ **am ~n** on the eighth ❸ (*Namenszusatz*) **Karl der ~** [*o geschrieben* **Karl VIII.**] Karl the Eighth *spoken* [*or written* Karl VIII]

Acht·eck ['axtʔɛk] *nt* octagon **acht·eckig** *adj* octagonal, eight-sided *attr* **acht·ein·halb** ['axtʔain'halp] *adj* eight and a half; *s. a.* **anderthalb**

ach·tel ['axtl̩] *adj* eighth

Ach·tel <-s, -> ['axtl̩] *nt o* SCHWEIZ *m* eighth; **zwei/drei ~** two/three eighths; **ein ~ Rotwein** a small glass of red wine (*measuring 125 ml*)

Ach·tel·fi·na·le *nt* round of the last sixteen, eighth-finals *rare;* **die Sieger des ~s** the winners from the last sixteen **Ach·tel·no·te** *f* MUS quaver **Ach·tel·pau·se** *f* MUS quaver rest

ach·ten ['axtn̩] **I.** *vt* (*schätzen*) ■ **jdn ~** to respect sb; ■ **jdn als etw ~** to respect sb as sth **II.** *vi* ❶ (*aufpassen*) ■ **auf jdn/etw ~** to look after [*or fam* keep an eye on] sb/sth ❷ (*be~*) ■ **auf jdn/etw ~** to pay attention to sb/sth; **auf das Kleingedruckte ~** to pay attention to the small print ❸ (*darauf sehen*) ■ **darauf ~, etw zu tun** to remember to do sth; **achtet aber darauf, dass ihr nichts umwerft!** be careful [*or* take care] not to knock anything over!

äch·ten ['ɛçtn̩] *vt* ❶ (*verdammen*) ■ **jdn ~** to ostracize sb ❷ HIST (*proskribieren*) ■ **jdn [für etw] ~** to outlaw sb [for sth]

ach·tens ['axtn̩s] *adv* eighthly

ach·tens·wert *adj* **ein ~er Erfolg** a commendable success, commendable efforts; **eine ~e Person** a worthy person

Ach·ter <-s, -> ['axtɐ] *m* (*Ruderboot*) ■ **ein ~** an eight

Ach·ter·bahn *f* roller-coaster **Ach·ter·deck** *nt* after deck

ach·ter·lei ['axtɐ'lai] *adj inv* eight [different]; **~ Brot/Käse** eight [different] kinds of bread/cheese; **in ~ Farben/Größen** in eight [different] colours [*or* AM -ors]/sizes

ach·tern ['axtɐn] *adv* NAUT aft, astern; **nach/von ~** aft/from aft, astern/from astern

acht·fach, 8·fach ['axtfax] **I.** *adj* eightfold; **die ~e Menge** eight times the amount; **bei ~er Vergrößerung** enlarged eight times; **in ~er Ausfertigung** eight copies of **II.** *adv* eightfold, eight times over

Acht·fa·che, 8·fa·che *nt* *dekl wie adj* the eightfold *rare;* ■ **das ~ an etw** *dat* eight times as much of sth; **um das ~ größer/höher sein** to be eight times bigger [*or* as big]/higher [*or* as high]; **um das ~ erhöhen** to increase eightfold [*or* eight times]

acht|ge·ben *vi irreg s.* **Acht**[2]

acht·ge·schos·sig *adj* eight-storey [*or* AM -story] *attr;* **das Haus ist ~** the house has eight storeys

acht|ha·ben *vi irreg* (*geh*) *s.* **Acht**[2]

acht·hun·dert ['axt'hʊndɐt] *adj* eight hundred; *s. a.* **hundert** **acht·hun·dert·jäh·rig** *adj* eight hundred-year-old *attr;* **das ~e Bestehen von etw feiern** to celebrate the octocentenary [*or* octocentennial] of sth **acht·jäh·rig, 8-jäh·rig**[RR] ['axtjɛːrɪç] *adj* ❶ (*Alter*) eight-year-old *attr,* eight years old *pred;* **ein ~er Junge** an eight-year-old boy, a boy of eight; **das ~e Jubiläum einer S.** *gen* the eighth anniversary of sth ❷ (*Zeitspanne*) eight-year *attr;* **eine ~e Amtszeit** an eight-year tenure, a tenure [of] eight years **Acht·jäh·ri·ge(r), 8-Jäh·ri·ge(r)**[RR] ['axtjɛːrɪgə, -gɐ] *f(m)* *dekl wie adj* eight-year-old **acht·köp·fig** *adj* eight-headed *attr;* **eine ~e Familie** a family of eight

acht·los I. *adj* careless, thoughtless; ■ **~ von jdm sein, etw zu tun** to be thoughtless of sb to do sth **II.** *adv* without noticing; **~ ging er an ihr vorbei** he went past her without noticing

Acht·lo·sig·keit <-> *f* ❶ (*Unachtsamkeit*) carelessness ❷ (*unachtsames Verhalten*) thoughtlessness

acht·mal, 8-mal[RR] ['axtmaːl] *adv* eight times; **~ so viel/so viele** eight times as much/as many

acht·ma·lig, 8-ma·lig[RR] ['axtmaːlɪç] *adj* eight times over; **nach ~em Klingeln** after ringing [the bell] eight times [*or* for the eighth time], after eight rings of the bell

acht·sam ['axtzaːm] **I.** *adj* (*geh*) careful; ■ **~ sein [mit etw]** to be careful [with sth] **II.** *adv* (*geh*) carefully; **bitte gehen Sie sehr ~ damit um!** please take great care with this!

Acht·sam·keit <-> *f kein pl* (*geh*) care

Acht·sit·zer <-s, -> *m* eight-seater **Acht·spur·tech·nik** *f* MUS, TV eight-track technology **acht·stö·ckig, 8-stö·ckig**[RR] *adj inv* eight-storey [*or* AM -story] *attr,* with eight storeys *pred* **Acht·stun·den·tag** [axt'ʃtʊndn̩taːk] *m* eight-hour day **acht·stün·dig, 8-stün·dig**[RR] ['axtʃtʏndɪç] *adj* eight-hour *attr,* lasting eight hours *pred;* **~er Arbeitstag** eight-hour day **acht·tä·gig, 8-tä·gig**[RR] ['axttɛːgɪç] *adj* eight-day *attr,* lasting eight days *pred* **acht·tau·send** ['axt'tauzn̩t] *adj* ❶ (*Zahl*) eight thousand; *s. a.* **tausend 1** ❷ (*fam: 8.000 Euro*) eight grand *no pl,* eight thou *no pl sl,* eight G's [*or* K's] *no pl* AM *sl* **Acht·tau·sen·der** <-s, -> ['axt'tauzn̩dɐ] *m* mountain over 8,000 metres [*or* AM meters] **acht·tei·lig, 8-tei·lig**[RR] *adj* eight-part; *Besteck* eight-piece **Acht·und·sech·zi·ger(in)** <-s, -> *m(f)* *sb who took an active part in the demonstrations and student revolts of 1968*

Ach·tung[1] ['axtʊŋ] *interj* ■ **~!** ❶ (*Vorsicht*) watch [*or* look] out!; **„~ Hochspannung!"** "danger, high voltage!"; **„~ Lebensgefahr!"** "danger [to life]!"; **„~ Stufe!"** "mind the step" ❷ (*Aufmerksamkeit*) [your] attention please!; **~, ~, eine wichtige Durchsage!** [your] attention please, this is an important message! ❸ MIL attention!; **~, präsentiert das Gewehr!** present arms! ▸ WENDUNGEN: **~, fertig, los!** ready, steady, go!; **~, auf die Plätze, fertig, los!** on your marks, [get] set, go!

Ach·tung[2] <-> ['axtʊŋ] *f kein pl* ❶ (*Beachtung*) ■ **die ~ einer S.** *gen* respect for sth ❷ (*Wertschätzung*) ■ **~ [vor jdm/etw]**

respect [for sb/sth]; [**keine**] ~ **vor jdm/etw haben** to have [no] respect for sb/sth; **sich** *dat* [**bei jdm**] ~ **verschaffen** to earn [sb's] respect; **alle ~!** well done!; **bei aller** ~ [**vor jdm/etw**] with all due respect [for sb/sth]

Ach·tung <-, -en> *f* ❶ (*Verfemung*) ostracism ❷ (*Verdammung*) condemnation ❸ HIST (*Erklärung der Acht*) outlawing

ach·tung·ge·bie·tend *adj* (*geh*) awe-inspiring

Ach·tungs·app·laus *m* polite applause **Ach·tungs·er·folg** *m* reasonable success

acht·zehn ['axtse:n] *adj* eighteen; **ab** ~ **frei**[**gegeben**] **sein** *Film* for eighteens and over; ■ ~ **Uhr** 6pm, 1800hrs *written,* eighteen hundred hours *spoken; s. a.* **acht**[1]

acht·zehn·te(**r, s**) *adj* eighteenth; *s. a.* **achte**(**r, s**)

acht·zig ['axtsɪç] *adj* ❶ (*Zahl*) eighty; **die Linie ~ fährt zum Bahnhof** the No. 80 goes to the station; ~ [**Jahre alt**] **sein** to be eighty [years old]; **mit** ~ [**Jahren**] at the age of eighty, at eighty [years old], as an eighty-year-old; **über ~ sein** to be over eighty; **Mitte ~ sein** to be in one's mid-eighties ❷ (*fam: Stundenkilometer*) eighty [kilometres [*or* AM -ers] an hour]; [**mit**] ~ **fahren** to do [*or* drive at] eighty [kilometres an hour] ▶ WENDUNGEN: **jdn auf ~ bringen** (*fam*) to make sb's blood boil, to make sb flip his/her lid; **auf ~ sein** (*fam*) to be hopping mad *fam; s. a.* **Sache**

acht·zi·ger, 80er ['axtsɪgɐ] *adj attr, inv* ❶ (*das Jahrzehnt von 80 bis 90*) **die ~ Jahre** the eighties, the '80s ❷ (*Wein aus dem Jahre '80*) [from] '80; **ein ~ Jahrgang** an '80 vintage

Acht·zi·ger[1] <-s, -> ['axtsɪgɐ] *m* (*Wein aus dem Jahrgang* '80) '80 vintage

Acht·zi·ger[2] *pl* **in den ~n sein** to be in one's eighties

Acht·zi·ger(**in**) <-s, -> ['axtsɪgɐ] *m(f)* octogenarian; **meine Mutter ist schon eine ~in** my mother's already in her eighties

Acht·zi·ger·jah·re ['axtsɪgɐja:rə] *pl* ■ **die** ~ the eighties [*or* '80s]

acht·zig·jäh·rig, 80-jährig[RR] ['axtsɪçjɛ:rɪç] *adj* ❶ (*Alter*) eighty-year-old *attr,* eighty years old *pred* ❷ (*Zeitspanne*) eighty-year *attr*

Acht·zig·jäh·ri·ge(**r**), **80-Jährige**(**r**)[RR] ['axtsɪçjɛ:rɪgə, -gɐ] *f(m)* *dekl wie adj* eighty-year-old

acht·zig·ste(**r, s**) ['axtsɪçstə, -tɐ, -təs] *adj* eighth; *s. a.* **achte**(**r, s**)

Acht·zy·lin·der ['axttsilɪndɐ] *m* (*fam*) ❶ (*Wagen*) eight-cylinder car ❷ (*Motor*) eight-cylinder engine **Acht·zy·lin·der·mo·tor** *m* eight-cylinder engine **acht·zy·lind·rig** ['axttsilɪndrɪç] *adj* eight-cylinder; ■ ~ **sein** to have eight cylinders

äch·zen ['ɛçtsn̩] *vi* ❶ (*stöhnen*) to groan; ~ **und stöhnen** (*fam*) to moan and groan *fam* ❷ (*knarren*) to creak

Äch·zer <-s, -> *m* (*schwerer Seufzer*) groan ▶ WENDUNGEN: **seinen letzten ~ tun** (*fam*) to draw one's last breath

Acker <-s, Äcker> ['akɐ, *pl* 'ɛkɐ] *m* field; **den ~/die Äcker bestellen** to plough the field[s], to till the soil

Acker·bau *m kein pl* [arable] farming; ~ **betreiben** to farm [the land], to till the soil **acker·bau·trei·bend** *adj attr* farming **Acker·bee·re** *f* dewberry **Acker·boh·ne** *f* broad bean **Acker·flä·che** *f* area of arable land **Acker·gaul** *m* (*pej: Pferd*) cart-horse, old nag *pej* ▶ WENDUNGEN: **aus einem ~ kann man kein Rennpferd machen** (*prov*) you can't make a silk purse out of a sow's ear *prov* **Acker·ge·rät** *nt* farm[ing] implement **Acker·knob·lauch** *nt* wild leek **Acker·kru·me** *f* topsoil **Acker·land** *nt kein pl* arable [farm]land

ackern ['akɐn] *vi* ❶ (*fam: hart arbeiten*) to slog away *fam* ❷ (*das Feld bestellen, pflügen*) to till the soil

Acker·sa·lat *m* DIAL lamb's lettuce **Acker·schne·cke** *f* ZOOL field slug **Acker·win·de** *f* BOT field bindweed

a con·to [a 'kɔnto] *adv* on account

Acryl <-s> [a'kry:l] *nt* acrylic

Acryl·far·be *f* acrylic paint **Acryl·glas** *nt* acrylic glass

Ac·ti·ni·um <-s> [ak'ti:ni̯ʊm] *nt* actinium

Ac·tion <-> ['ɛkʃn̩] *f* (*fam*) action *fam;* **jede Menge ~** loads of action; (*bei Veranstaltung a.*) lots going on; ~ **geladen** action packed

Ac·tion·film *m* action film

a.D. [a:'de:] *Abk von* **außer Dienst** retd.

A.D. [a:'de:] *Abk von* **Anno Domini** AD

ad ab·sur·dum [at ap'zʊrdʊm] *adv* [**etw**] ~ **führen** (*geh*) to make nonsense of [sth]

ADAC <-> [a:de:ʔa:'tse:] *m kein pl Abk von* **Allgemeiner Deutscher Automobil-Club** *German automobile club,* ≈ AA BRIT, ≈ RAC BRIT, ≈ AAA AM

ad ac·ta [at 'akta] *adv* **etw ~ legen** (*geh*) to consider sth [as] finished [*or* closed]

Adam <-s, -s> ['a:dam] *m* ❶ (*Name*) Adam ❷ (*hum: Mann*) man ▶ WENDUNGEN: **bei ~ und Eva anfangen** (*fam*) to start from scratch [*or* the very beginning]; **noch von ~ und Eva stammen** (*fam*) to be out of the ark, fam; **nach ~ Riese** (*fam*) according to my calculations; **seit ~s Zeiten** (*fam*) for God knows how long *fam*

Adams·ap·fel *m* (*fam*) Adam's apple **Adams·kos·tüm** *nt* ▶ WENDUNGEN: **im ~** (*hum fam*) in one's birthday suit

Adap·ta·ti·on <-, -en> [adapta'tsi̯o:n] *f* (*fachspr*) *s.* **Adaption**

Adap·ter <-s, -> [a'daptɐ] *m* adapter, adaptor

adap·tie·ren* [adap'ti:rən] **I.** *vt* ❶ (*umarbeiten*) ■ **etw** [**für etw**] ~ to adapt sth [for sth] ❷ ÖSTERR (*herrichten*) ■ **etw** ~ to renovate sth; **der neue Mieter muss die Wohnung noch mit Tapeten und Fußbodenbelägen** ~ the new tenant still has to fit the flat out with wallpaper and floor coverings **II.** *vr* ■ **sich an etw** *akk* ~ to adapt to sth

Adap·ti·on <-, -en> [adap'tsi̯o:n] *f* ❶ *kein pl* (*Einfügung*) ■ **jds ~ an etw** *akk* sb's adaptation to sth; **die ~ an seine neue Umgebung fiel ihm nicht leicht** it wasn't easy for him to adapt to his new surroundings ❷ LIT adaptation

adä·quat [adɛ'kva:t] *adj* adequate; ~**e Position/Stellung/~es Verhalten** suitable position/job/behaviour [*or* AM -or]; ~**e Kritik** valid criticism; ■ **einer S.** *dat* ~ **sein** to be appropriate [*or* in proportion] to sth

Adä·quat·heit <-> *f kein pl* (*geh*) adequacy; *Kritik* validity

ad·die·ren* [a'di:rən] **I.** *vt* ■ **etw** ~ to add up sth *sep;* ■ **etw zu etw** ~ to add sth to sth **II.** *vi* to add; **ich habe mich beim Addieren vertan** I've made a mistake counting

Ad·dis Abe·ba <-s> ['adɪs 'a(:)beba] *nt* Addis Ababa

Ad·di·ti·on <-, -en> [adi'tsi̯o:n] *f* addition

ade [a'de:] *interj* SÜDD goodbye; [**jdm**] ~ **sagen** to say goodbye [to sb]; **jdm/einer S.** *dat* ~ **sagen** to bid sb/sth farewell

Adel <-s> ['a:dl̩] *m kein pl* ❶ (*Gesellschaftsschicht*) nobility, aristocracy ❷ (*Zugehörigkeit zum* ~) [membership of the] nobility [*or* aristocracy]; ~ **verpflichtet** noblesse oblige; **jdm den ~ verleihen** to bestow a title on sb, to raise sb to the peerage BRIT; **alter** ~ ancient nobility, ancienne noblesse; **aus altem ~ stammen** to be a member of the ancient nobility [*or* from an old aristocratic family] [*or* aristocratic lineage]; **erblicher** ~ hereditary title [*or* peerage]; **der hohe** ~ the higher nobility, the aristocracy; **der niedere** ~ the lesser nobility; **persönlicher** ~ non-hereditary title, life peerage; **verarmter** ~ impoverished nobility; **von** ~ of noble birth; **von ~ sein** to be [a] noble [*or* of noble birth] [*or* a member of the nobility] ❸ (*geh: edle Gesinnung*) nobility; ■ **der ~ einer S.** *gen* the nobility of sth

ade·lig ['a:dəlɪç] *adj s.* **adlig**

Ade·li·ge(**r**) ['a:dəlɪgə, -gɐ] *f(m)* *dekl wie adj s.* **Adlige**(**r**)

adeln ['a:dl̩n] *vt* ■ **jdn** ~ ❶ (*den Adel verleihen*) to bestow a title on sb, to raise sb to the peerage ❷ (*geh: auszeichnen*) to ennoble sb; **deine Großmut adelt dich sehr** your magnanimity does you credit

Adels·ti·tel *m* title [of nobility]

Ade·no·sin·tri·phos·phat *nt* BIOL adenosine triphosphate

Ader <-, -n> ['a:dɐ] *f* ❶ (*Vene*) vein; (*Schlagader*) artery; **sich** *dat* **die ~n aufschneiden** to slash one's wrists; **jdn zur ~ lassen** (*veraltet*) to bleed sb; (*fig*) to milk sb ❷ (*Erzgang*) vein

❸ (*einzelner Draht*) core ❹ BOT vein ❺ (*Begabung*) **eine ~ für etw haben** to have a talent for sth; **jds ~ sein** to be sb's forte; **eine künstlerische/musikalische/poetische ~ haben** to have an artistic/musical/poetic bent
Äder·chen <-s, -> ['ɛːdɐçən] *nt dim von* **Ader** small vein
Ader·haut *f* ANAT (*Blutgefäßschicht des Auges*) choroid coat
Ader·lassRR <-es, -lässe> *m,* **Ader·laß**ALT <-lasses, -lässe> *m* ❶ (*geh: fühlbarer Verlust*) drain ❷ MED (*veraltet*) bleeding
Äde·rung <-, -en> *f* ❶ ANAT veining ❷ BOT venation
ADFC [aːdeːʔɛfˈtseː] *m Akr von* **Allgemeiner Deutscher Fahrrad-Club**
Ad·hä·si·ons·ver·schlussRR [athɛˈzi̯oːns-] *m* [reusable] adhesive seal
ad hoc [at ˈhɔk] *adv* (*geh*) ad hoc
Ad-hoc-Maß·nah·me *f* (*geh*) ad hoc measure **Ad-hoc-Mit·tei·lung** [at ˈhɔk-, at ˈhoːk-] *f* BÖRSE ad hoc report (*as required by the German Securities Trade Act*)
adi·eu [aˈdi̯øː] *interj* (*geh*) *s.* **ade**
adi·pös [adiˈpøːs] *adj* adipose
Ad·jek·tiv <-s, -e> [ˈatjɛktiːf, *pl* -iːvə] *nt* adjective
Ad·junkt(in) <-en, -en> [atˈjʊŋkt] *m(f)* ÖSTERR, SCHWEIZ (*unterer Beamter*) low-ranking civil servant
ad·jus·tie·ren* [atjʊsˈtiːrən] *vt* ■**etw ~** to adjust sth; **ein Messgerät/die Waage ~** to set a gauge/the scales; **ein Zielfernrohr ~** to collimate a telescope
Ad·ju·tant(in) <-en, -en> [atjuˈtant] *m(f)* adjutant, aide-de-camp
Ad·ler <-s, -> [ˈaːdlɐ] *m* eagle
Ad·ler·au·ge *nt* eagle eye; **~n haben** (*fig*) to be eagle-eyed, to have eagle eyes; (*alles sehen*) to be hawk-eyed, to have eyes like a hawk **Ad·ler·farn** *m* bracken **Ad·ler·horst** *m* eyrie **Ad·ler·lachs** *m* coraker, shadefish **Ad·ler·na·se** *f* aquiline nose **Ad·ler·ro·chen** *m* eagle ray
ad·lig [ˈaːdlɪç] *adj* aristocratic, noble; **er kann eine lange Reihe ~er Vorfahren vorweisen** he comes from a long line of aristocrats; ■**~ sein** to have a title, to be titled
Ad·li·ge(r) [ˈaːdlɪgə, -gɐ] *f(m) dekl wie adj* aristocrat, nobleman *masc,* noblewoman *fem*
Ad·mi·nis·tra·ti·on <-, -en> [atminɪstraˈtsi̯oːn] *f* ❶ (*Verwaltung*) administration ❷ POL (*Regierung*) administration, government
ad·mi·nis·tra·tiv [atminɪstraˈtiːf] **I.** *adj* administrative **II.** *adv* administratively
Ad·mi·ral¹ <-s, -e> [atmiˈraːl] *m* (*Schmetterlingsart*) red admiral
Ad·mi·ral(in)² <-s, -e *o* Admiräle> [atmiˈraːl, *pl* -rɛːlə] *m(f)* admiral
Ad·mi·ra·li·tät <-, -en> [atmiraliˈtɛːt] *f* admirals *pl,* admiralty *no pl,* Admiralty [Board] BRIT, Navy Department AM
Ad·mi·rals·rang *m* rank of admiral; ■**im ~** holding the rank of admiral
Ado·nis <-, -se> [aˈdoːnɪs] *m* (*geh*) Adonis; **du bist auch nicht gerade ein ~!** you're no oil-painting yourself! *fam*
adop·tie·ren* [adɔpˈtiːrən] *vt* ■**jdn ~** to adopt sb; ■**adoptiert sein/werden** to be adopted
Adop·ti·on <-, -en> [adɔpˈtsi̯oːn] *f* adoption; **ein Kind zur ~ freigeben** to put a child up for adoption
Adop·tiv·el·tern [adɔpˈtiːf-] *pl* adoptive parents **Adop·tiv·kind** *nt* adopted [*or* adoptive] child
Adr. *f Abk von* **Adresse** addr.
Ad·re·na·lin <-s> [adrenaˈliːn] *nt kein pl* adrenalin
Ad·re·na·lin·spie·gel *m* adrenalin level **Ad·re·na·lin·stoß** *m* rush [*or* surge] of adrenalin
Ad·res·sat(in) <-en, -en> [adrɛˈsaːt] *m(f)* ❶ (*geh: Empfänger*) addressee ❷ (*geh: der, an den jd sich zu richten hat*) *person, to whom sb should direct themselves;* **unser Abteilungsleiter ist Ihr ~** our head of department is the person you should go [*or* turn] to ❸ *pl* ÖKON (*Zielgruppe*) target group[s]
Ad·res·sa·ten·grup·pe *f* target group
Ad·res·sa·tin <-, -nen> *f fem form von* **Adressat**
Ad·ress·buchRR *nt* ❶ (*amtliches Adressverzeichnis*) directory ❷ (*Notizbuch für Adressen*) address book
Ad·res·se <-, -n> [aˈdrɛsə] *f* ❶ (*Anschrift*) address ❷ INFORM (*Kennzeichen für einen Speicherplatz einer Datei*) address ❸ (*Name*) **eine gute** [*o* **feine**] **~** a leading name ▸ WENDUNGEN: **an jds eigene ~ gehen** [*o* **sich an jds eigene ~ richten**] (*geh: an jdn selbst*) to be addressed [*or* directed] at sb [personally]; **bei jdm** [**mit etw**] **an der falschen/richtigen ~ sein** to have addressed [*or* come to] the wrong/right person [*or* knocked at the wrong door] [with sth]; **bei jdm** [**mit etw**] **an die falsche/richtige** [*o* **verkehrte**] **~ kommen** [*o* **geraten**] (*fam*) to address the wrong/right person [with sth], to knock at [*or* come to] the wrong door; **sich an die falsche/richtige ~ wenden** (*fam*) to come [*or* go] to the wrong/right place [*or* person], to knock at the wrong/right door; **etw an jds ~ richten** (*geh*) to address sth to sb; **eine Warnung an jds ~ richten** to issue [*or* address] a warning to sb, to warn sb
ad·res·sie·ren* [adrɛˈsiːrən] *vt* ■**etw** [**an jdn/etw**] **~** to address sth to sb/sth
Ad·res·sier·ma·schi·ne *f* addressing machine, Addressograph®
ad·rett [adˈrɛt] **I.** *adj* (*hübsch, gepflegt*) smart; **ein ~es Äußeres** a smart [*or* well-groomed] appearance **II.** *adv* neatly, smartly; **sie ist immer ~ gekleidet** she's always neatly turned out [*or* smartly dressed]
Ad·ria <-> [ˈaːdria] *f* ■**die ~** the Adriatic [Sea]
Ad·vent <-s, -e> [atˈvɛnt] *m* Advent [season]; ■**im ~** during [the] Advent [season]; **erster/zweiter/dritter/vierter ~** first/second/third/fourth Sunday in Advent
Ad·vents·ka·len·der *m* Advent calendar **Ad·vents·kranz** *m* Advent wreath **Ad·vents·sonn·tag** *m* Advent Sunday **Ad·vents·zeit** *f* Advent [season]
Ad·verb <-s, -ien> [atˈvɛrp, *pl* -bi̯ən] *nt* adverb
ad·ver·bi·al [atvɛrˈbi̯aːl] **I.** *adj* adverbial **II.** *adv* adverbially
Ad·ver·bi·al·be·stim·mung *f* adverbial qualification **Ad·ver·bi·al·satz** *m* adverbial clause
Ad·vo·kat(in) <-en, -en> [atvoˈkaːt] *m(f)* ❶ ÖSTERR, SCHWEIZ (*Rechtsanwalt*) lawyer, solicitor BRIT, attorney AM ❷ (*geh: Fürsprecher*) advocate
Ad·vo·ka·tur <-, -en> [atvokaˈtuːɐ̯] *f* SCHWEIZ ❶ (*Amt eines Advokaten*) legal profession ❷ (*Kanzlei eines Advokaten*) lawyer's office
Ad·vo·ka·tur·bü·ro *nt* SCHWEIZ lawyer's office
Ad·vo·ka·turs·kanz·lei *f* ÖSTERR (*Anwaltskanzlei*) lawyer's [*or* AM *a.* law] office
Ad·zu·ki·boh·ne *f* adzuki bean
Ae·ro·bic <-s> [ɛˈroːbɪk] *nt kein pl* aerobics + *sing/pl vb*
Ae·ro·bi·er <-s, -> [aeˈroːbi̯ɐ] *m* BIOL, MED aerobe
Ae·ro·dy·na·mik [aerodyˈnaːmɪk] *f* aerodynamics + *sing/pl vb*
ae·ro·dy·na·misch [aerodyˈnaːmɪʃ] **I.** *adj* aerodynamic **II.** *adv* aerodynamically
Af·fä·re <-, -n> [aˈfɛːrə] *f* ❶ (*Angelegenheit*) affair, business *no pl* ❷ (*Liebesabenteuer*) [love] affair; **eine ~ haben** to have an affair ❸ (*unangenehmer Vorfall*) affair; (*Skandal*) scandal; **in eine ~ verwickelt sein** to be involved [*or* mixed up] in an affair ▸ WENDUNGEN: **keine** [**große**] **~ sein** to be no big deal *fam;* **sich aus der ~ ziehen** (*fam*) to wriggle out of a sticky situation *fam*
Äff·chen <-s, -> [ˈɛfçən] *nt dim von* **Affe** little monkey [*or* ape]
Af·fe <-n, -n> [ˈafə] *m* ❶ (*Tier*) ape, monkey ❷ (*sl: blöder Kerl*) fool, idiot, clown, twit *sl;* **ein eingebildeter ~** (*fam*) a conceited ass *fam* ▸ WENDUNGEN: [**dasitzen**] **wie der ~ auf dem Schleifstein** (*sl*) [to sit there] looking like a right berk [*or* AM real fool]; **die drei ~n** see no evil, hear no evil, speak no evil; **flink wie ein ~** agile as a cat; **ich glaub'** [*o* **denk'**], **mich laust der ~!** (*fam*) I think my eyes are deceiving me!

Af·fekt <-[e]s, -e> [aˈfɛkt] *m bes* JUR affect *form,* emotion; **im ~ handeln** to act in the heat of the moment

Af·fekt·hand·lung *f* act committed in the heat of the moment

af·fek·tiert [afɛkˈtiːɐ̯t] **I.** *adj* (*pej geh*) affected, artificial **II.** *adv* (*pej geh*) affectedly, artificially

af·fen·ar·tig *adj* (*den Affen ähnlich*) apelike, like a monkey *pred,* simian *form* **Af·fen·brot·baum** *m* baobab **Af·fen·brot·baum·frucht** *f* monkey bread **af·fen·geil** [ˈafn̩ˈgail] *adj* (*sl*) really cool *sl,* wicked *sl* **Af·fen·haus** *nt* monkey house **Af·fen·hit·ze** [ˈafn̩ˈhɪtsə] *f* (*fam*) scorching heat; **heute ist mal wieder eine ~!** it's another scorching hot day! *fam,* it's another scorcher! *fam* **Af·fen·kä·fig** *m* monkey cage ▸WENDUNGEN: **zugehen wie im** [*o* **in einem**] **~** (*fam*) to be like bedlam *fam;* **hier geht es ja zu wie in einem ~!** it's like bedlam in here!; **stinken wie im** [*o* **in einem**] **~** (*sl*) to smell like a pig sty, to stink to high heaven **Af·fen·mensch** *m* ape-man **Af·fen·schan·de** *f* (*fam*) it's a sin *fam* **Af·fen·tem·po** *nt* (*fam*) breakneck speed; **in** [*o* **mit**] **einem ~** at breakneck speed **Af·fen·the·a·ter** *nt* (*fam*) (*furchtbare Umstände*) [sheer] farce ▸WENDUNGEN: [**wegen etw**] **ein ~ machen** to make a right [*or* AM real] song and dance [*or* fuss] [about sth] **Af·fen·zahn** *m* (*sl*) breakneck speed

Af·fi·che <-, -n> [aˈfiʃə] *f* SCHWEIZ (*Plakat*) poster, bill

af·fig [ˈafɪç] **I.** *adj* (*pej fam*) affected; **einen ~en Eindruck machen** to make a ridiculous impression **II.** *adv* (*pej fam*) affectedly

Äf·fin <-, -nen> [ˈɛfɪn] *f fem form von* **Affe** female monkey, she-monkey; (*Menschen~*) female ape, she-ape

Af·fi·ni·tät <-, -en> [afiniˈtɛːt] *f* (*geh*) affinity

Af·front <-s, -s> [aˈfrõː] *m* (*geh*) affront; ■**ein ~ gegen jdn/etw** an affront [*or* insult] to sb/sth

Af·gha·ne, Af·gha·nin <-n, -n> [afˈgaːnə, afˈgaːnɪn] *m, f* Afghan; *s. a.* **Deutsche(r)**

Af·gha·nisch [afˈgaːnɪʃ] *nt dekl wie adj* Afghan; *s. a.* **Deutsch**

af·gha·nisch [afˈgaːnɪʃ] *adj* Afghan; *s. a.* **deutsch**

Af·gha·ni·sche <-n> *nt* ■**das ~** Afghan, the Afghan language; *s. a.* **Deutsche**

Af·gha·nis·tan <-s> [afˈgaːnɪstaːn] *nt* Afghanistan; *s. a.* **Deutschland**

Afri·ka <-s> [ˈaːfrika] *nt* Africa

Afri·kaans <-> [afriˈkaːns] *nt* Afrikaans

Afri·ka·ner(in) <-s, -> [afriˈkaːnɐ] *m(f)* African; ■**~ sein** to be [an] African

afri·ka·nisch [afriˈkaːnɪʃ] *adj* African

Afro·ame·ri·ka·ner(in) [ˈaːfro-] *m(f)* Afro-American

afro·ame·ri·ka·nisch [ˈaːfro-] *adj inv* Afro-American

Afro·lookRR, **Afro Look**ALT <-s, -s> [ˈaːfrolʊk] *m* Afro[-look]; ■**im ~** with [*or* in] an Afro[-look]; **sie trug ihre Haare früher im ~** she used to have an Afro [*or* her hair in an Afro]

Af·ter <-s, -> [ˈaftɐ] *m* (*geh*) anus

Af·ter·shaveRR, **Af·ter-shave**ALT <-[s], -s> [ˈaːftɐʃeːf] *nt* after-shave

AG <-, -s> [aːˈgeː] *f Abk von* **Aktiengesellschaft** plc, public limited company BRIT, [stock] corporation AM

Ägä·is <-> [ɛˈgɛːɪs] *f* the Aegean [Sea]

Agar <-s> [ˈaːgar] *nt kein pl* BIOL agar

Aga·ve <-, -n> [aˈgaːvə] *f* agave

Agent(in) <-en, -en> [aˈgɛnt] *m(f)* ❶ (*Spion*) [secret] agent, spy ❷ (*Generalvertreter*) agent, representative

Agen·ten·ring *m* spy ring **Agen·ten·tä·tig·keit** *f* espionage

Agen·tin <-, -nen> *f fem form von* **Agent**

Agen·tur <-, -en> [agɛnˈtuːɐ̯] *f* agency

Agen·tur·be·richt *m* [news] agency report **Agen·tur·mel·dung** *f* agency report

Ag·glo·me·rat <-[e]s, -e> [aglomeˈraːt] *f* ❶ (*geh: Anhäufung*) agglomeration *form,* agglomerate *form* ❷ CHEM agglomerate ❸ GEOL conglomerate

Ag·glo·me·ra·ti·on <-, -en> [aglomeraˈtsi̯oːn] *f* SCHWEIZ (*Ballungsraum*) conurbation

Ag·glu·ti·na·ti·on <-, -en> [aglutinaˈtsi̯oːn] *f* MED (*Verklumpung von Blutbestandteilen*) agglutination

ag|glu·ti·nie·ren* [agglutiˈniːrən] *vi sein* MED agglutinate

Ag·gre·gat <-[e]s, -e> [agreˈgaːt] *nt* unit, set [of machines]; (*Stromaggregat*) power unit

Ag·gre·gat·zu·stand *m* CHEM state

Ag·gres·si·on <-, -en> [agrɛˈsi̯oːn] *f* ❶ (*aggressive Gefühle*) aggression; **~en gegen jdn/etw empfinden** to feel aggressive [*or* aggression] towards sb/sth ❷ MIL (*Angriff*) aggression

Ag·gres·si·ons·stau *m* pent-up aggression **Ag·gres·si·ons·ver·hal·ten** *nt* BIOL aggressive behaviour [*or* AM -or]

ag·gres·siv [agrɛˈsiːf] **I.** *adj* aggressive **II.** *adv* aggressively

Ag·gres·si·vi·tät <-, -en> [agrɛsiviˈtɛːt] *f* aggressiveness

Ag·gres·sor <-s, -ssoren> [aˈgrɛsoːɐ̯, *pl* -ˈsoːrən] *m* (*geh*) aggressor

agie·ren* [aˈgiːrən] *vi* (*geh*) ■[**als etw**] **~** to act [*or* operate] [as sth]

agil [aˈgiːl] *adj* (*geh*) ❶ (*beweglich*) agile ❷ (*geistig regsam*) mentally agile [*or* alert]

Agio <-s, -s> [ˈaːdʒio] *nt* FIN, BÖRSE agio, premium

Agi·ta·ti·on <-, -en> [agutaˈtsi̯oːn] *f* agitation; ■**~ treiben** [*o* **betreiben**] to agitate

Agi·ta·tor, Agi·ta·to·rin <-en, -toren> [agiˈtaːtoːɐ̯, agitaˈtoːrɪn, *pl* -ˈtoːrən] *m, f* agitator

agi·tie·ren* [agiˈtiːrən] *vi* (*geh*) ■[**für jdn/etw**] **~** to agitate [for sb/sth]

Ag·nos·ti·ker(in) <-s, -> [aˈgnɔstikɐ] *m(f)* PHILOS agnostic

Ag·nos·ti·zis·mus <-> [agnɔstiˈtsɪsmʊs] *m kein pl* PHILOS agnosticism

Ago·nie <-, -n> [agoˈniː, *pl* -ˈniːən] *f* (*geh*) death throes *npl;* **in ~ liegen** [to be] in the throes of death; **in** [**letzter/tiefer**] **~ liegen** (*geh*) to be in the [last] throes of death

Agrar·flä·che *f* agrarian land **Agrar·ge·sell·schaft** *f* agrarian [*or* agricultural] society **Agrar·land** *nt* agricultural country **Agrar·markt** *m* agricultural market **Agrar·mi·nis·ter(in)** *m(f)* Minister for Agriculture BRIT, Agriculture Secretary AM, Secretary of Agriculture AM **Agrar·po·li·tik** *f* agricultural policy **Agrar·re·form** *f* agricultural reform **Agrar·staat** *m* agrarian state **Agrar·wirt·schaft** *f* agricultural economy

Agro·bak·te·ri·um <-s, -bakterien> [ˈagro-] *nt* BIOL agrobacterium

Agro·che·mie [ˈagro-] *f* agrochemistry, agricultural chemistry

Ägyp·ten <-s> [ɛˈgʏptn̩] *nt* Egypt

Ägyp·ter(in) <-s, -> [ɛˈgʏptɐ] *m(f)* Egyptian; ■**~ sein** to be [an] Egyptian

ägyp·tisch [ɛˈgʏptɪʃ] *adj* Egyptian

ah [aː] *interj* ❶ (*sieh an*) ah, oh; **~, jetzt verstehe ich** ah, now I understand; **~, da kommt ja unser Essen!** oh look, here comes our food ❷ (*Ausdruck von Wohlbehagen*) mmm; **~, das schmeckt lecker!** mmm, that tastes lovely!

äh [ɛː] *interj* ❶ (*Pausenfüller*) er; **~, lass mich mal nachdenken** er, just let me think ❷ (*Ausdruck von Ekel*) ugh; **~, was stinkt das denn hier so widerlich!** ugh, what's the disgusting smell in here?

aha [aˈhaː] *interj* ❶ (*ach so*) aha, [ah,] I see; **~, ich verstehe!** aha, I understand [*or* see] ❷ (*sieh da*) look!

Aha-Er·leb·nis [aˈhaː-] *nt* PSYCH aha experience [*or* moment], moment of sudden insight

Ah·le <-, -n> [ˈaːlə] *f* bodkin

Ahn <-[e]s *o* -en, -en> [ˈaːn] *m s.* **Ahne 1**

ahn·den [ˈaːndn̩] *vt* (*geh*) ■**etw** [**mit etw**] **~** to punish sth [with sth]

Ah·ne, Ah·nin <-n, -n> [ˈaːnə, ˈaːnɪn] *m, f* ❶ (*geh: Vorfahre*) ancestor, forefather ❷ (*geh: Vorläufer*) forerunner

Ah·ne <-n, -n> [ˈaːnə] *f* (*geh*) *fem form von* **Ahn** ancestress

äh·neln [ˈɛːnl̩n] *vt* ■**jdm/etw ~** to resemble sb/sth; **du ähnelst meiner Frau** you remind me of my wife; ■**jdm** [**in**

etw *dat*] ~ to resemble sb [in sth]; **die Schwestern ~ sich in ihrem Aussehen** the sisters resemble each other [*or* one another] in appearance

ah·nen ['a:nən] **I.** *vt* ① (*vermuten*) ■**etw** ~ to suspect sth; ■~, **dass/was/weshalb ...** to suspect, that/what/why ...; **na, ahnst du jetzt, wohin wir fahren?** well, have you guessed where we're going yet? ② (*voraussehen*) ■**etw** ~ to have a premonition of sth ③ (*er~*) ■**etw** ~ to guess [at] sth; **das kann/konnte ich doch nicht ~!** how can/could I know that?; **ohne es zu ~** without suspecting, unsuspectingly; **ohne zu ~, dass/was** without suspecting, that/what; **etwas/nichts** [**von etw**] ~ to know something/nothing [about sth], to have an/no idea [about sth] *fam;* [**ach,**] **du ahnst es nicht!** (*fam*) [oh,] you'll never guess! *fam* **II.** *vi* (*geh: schwanen*) ■**jdm etw** ~ to have misgivings [*or* forebodings]; **mir ahnt Schreckliches** I have misgivings; **mir ahnt da nichts Gutes** I fear the worst

Ah·nen·for·schung *f* genealogy **Ah·nen·ga·le·rie** *f* gallery of ancestral [*or* family] portraits **Ah·nen·ge·mäl·de** *nt* ancestral painting **Ah·nen·rei·he** *f* ancestral line **Ah·nen·ta·fel** *f* genealogical table, family tree

Ahn·frau *f* (*veraltend*) *fem form von* **Ahne** ancestress **Ahn·herr** *m* (*veraltend*) ancestor, forefather

Ah·nin <-, -nen> *f* (*geh*) *fem form von* **Ahn** ancestress

ähn·lich ['ɛ:nlɪç] **I.** *adj* similar; ■~ **wie jd/etw sein** to be similar to [*or* like] sb/sth; ■[**etwas**] **Ähnliches** [something] similar; **Ähnliches habe ich vorher noch nie gesehen** I've never seen anything like it **II.** *adv* (*vergleichbar*) similarly; ■**jdm ~ sehen** to look like [*or* resemble] sb ▶WENDUNGEN: **das sieht ihm/ihr** [**ganz**] **~!** (*fam*) that's just like him/her *fam,* that's him/her all over *fam* **III.** *präp +dat* ■~ **jdm/einer S.** like [*or* similar to] sb/sth

Ähn·lich·keit <-, -en> *f* ① (*ähnliches Aussehen*) resemblance, similarity; **man konnte eine gewisse ~ feststellen** there was a certain similarity; ■~ **mit jdm/etw** similarity [*or* resemblance] to sb/sth; **sie hat eine große ~ mit ihrem Vater** she bears a great resemblance to her father ② (*Vergleichbarkeit*) similarity ③ **mit jdm/etw ~ haben** (*ähnliche Züge*) to resemble sb/sth; **du hast ~ mit ihr** you resemble her; (*mit etw vergleichbar sein*) similar to sth

Ah·nung <-, -en> *f* ① (*Vorgefühl*) foreboding, premonition; **~en haben** to have premonitions ② (*Vermutung*) suspicion, hunch *fam;* **es ist eher so eine ~** it's more of a hunch [than anything] *fam* ③ (*Idee*) idea; **keine ~ haben** to have no idea; **keine blasse** [*o* **nicht die geringste**] **~ haben** (*fam*) to not have the faintest idea [*or* clue] *fam;* **hast du/haben Sie eine ~, warum/was/wohin ...?** (*fam*) do you know why/what/where ...?; **hast du eine ~!** (*iron fam*) that's what you think! *fam;* **eine ~** [**davon**] **haben, was** to have an idea what; **~/keine ~** [**von etw**] **haben** to understand/to not understand [sth]; **man merkt gleich, dass sie ~ hat** you can see straight away that she knows what she's talking about; **keine ~ haben, wie ...** to not have an idea how ...; **keine ~!** (*fam*) [I've] no idea! *fam,* [I] haven't [got] a clue *fam*

ah·nungs·los **I.** *adj* ① (*etw nicht ahnend*) unsuspecting ② (*unwissend*) ignorant, clueless **II.** *adv* unsuspectingly

Ah·nungs·lo·se(r) *f(m) dekl wie adj* unsuspecting [person]; **spiel nicht die ~** don't play [*or* come] the innocent [with me] *fam*

Ah·nungs·lo·sig·keit <-> *f* ① (*Arglosigkeit*) innocence, naivety ② (*Unwissenheit*) ignorance

ahoi [a'hɔy] *interj* ■**Boot ~!** ship ahoy!

Ahorn <-s, -e> ['a:hɔrn] *m* ① (*Baum*) maple [tree] ② (*Holz*) maple [wood]

Ahorn·blatt *nt* maple leaf **Ahorn·press·saft**[RR] *m* maple sap

Äh·re <-, -n> ['ɛ:rə] *f* ① (*Samenstand*) ear, head ② (*Blütenstand*) spike ▶WENDUNGEN: **~n lesen** to glean

Äh·ren·ach·se *f* BOT rachilla **Äh·ren·feld** *nt* field [of corn] in the ear **Äh·ren·fisch** *m* sand smelt, smelt, silverside

Aids <-> [e:ts] *nt Akr von* **Acquired Immune Deficiency Syndrom** Aids

Aids·er·re·ger *m* Aids virus **Aids·hil·fe** *f* Aids relief **aids·in·fi·ziert** *adj* infected with Aids *pred* **Aids·in·fi·zier·te(r)** *f(m) dekl wie adj* person infected with Aids **aids·krank** *adj* suffering from Aids *pred* **Aids·kran·ke(r)** *f(m) dekl wie adj* person suffering from Aids, Aids sufferer **Aids·test** *m* Aids test **Aids·über·tra·gung** *f* Aids transmission **Aids·vi·rus** *nt* Aids virus

Ai·ma·ra [ai̯ma'ra] *nt* Aymara; *s. a.* **Deutsch**

Air·bag <-s, -s> ['ɛ:ɐ̯bɛk] *m* airbag **Air·bus** ['ɛ:ɐ̯bʊs] *m* airbus

Aja·tol·lah <-s, -s> [aja'tɔla] *m* Ayatollah

Aka·de·mie <-, -en> [akade'mi:, *pl* -'mi:ən] *f* ① (*Fachhochschule*) college ② (*wissenschaftliche Vereinigung*) academy; **~ der Wissenschaften** academy of sciences

Aka·de·mi·ker(in) <-s, -> [aka'de:mikɐ] *m(f)* ① (*Hochschulabsolvent*) [college [*or* university]] graduate ② (*Hochschullehrkraft*) academic

aka·de·misch [aka'de:mɪʃ] **I.** *adj* ① (*von der Universität verliehen*) academic ② (*studentisch*) scholarly; **~es Proletariat** academic proletariat ③ (*abstrakt*) theoretical, academic **II.** *adv* **~ gebildet sein** to be academically [*or* university] educated

Aka·zie <-, -n> [a'ka:tsi̯ə] *f* ① (*Acacia*) acacia ② (*fam: Robinie*) robinia, false acacia

Ake·lei <-, -en> [akə'lai] *f* BOT columbine

Aki·pflau·me ['a:ki-] *f* ackee

Ak·kla·ma·ti·on <-, -en> [aklama'tsi̯o:n] *f* acclamation; **jdn per** [*o* **durch**] [*o* **mit**] **~ wählen** ÖSTERR, SCHWEIZ to elect sb by acclamation

ak·kli·ma·ti·sie·ren* [aklimati'zi:rən] *vr* ① (*sich gewöhnen*) ■**sich** [**an etw** *dat*] ~ to become acclimatized [to sth] ② (*sich einleben*) ■**sich** [**an etw** *akk*] ~ to become [*or* get] used to sth; ■**sich** [**bei jdm**] ~ to settle in [somewhere]

Ak·kli·ma·ti·sie·rung <-, -en> *f* acclimatization

Ak·kom·mo·da·ti·on <-, -en> [akɔmoda'tsi̯o:n] *f* BIOL accommodation

Ak·kord[1] <-[e]s, -e> [a'kɔrt, *pl* -kɔrdə] *m* chord

Ak·kord[2] <-[e]s, -e> [a'kɔrt, *pl* -kɔrdə] *m* piece-work; ■**im** [*o* **in**] [*o* **auf**] **~ arbeiten** to be on piece-work

Ak·kord·ar·beit *f* piece-work **Ak·kord·ar·bei·ter(in)** *m(f)* piece-worker

Ak·kor·de·on <-s, -s> [a'kɔrdeɔn] *nt* accordion

Ak·kord·lohn *m* piece-work pay **Ak·kord·zu·schlag** *m* piece-work bonus

ak·kre·di·tie·ren* [akredi'ti:rən] *vt* ■**jdn** [**bei etw**] [**als etw**] ~ to accredit sb [to sth] [as sth]; ■**akkreditiert** accredited; ■[**bei etw**] **~ sein** to be accredited [to sth]; **sie ist beim Handelsministerium akkreditiert** she is accredited to the ministry of trade

Ak·kre·di·tie·rung <-, -en> *f* accreditation; ■**jds ~** [**bei etw**] sb's accreditation [to sth]

Ak·ku <-s, -s> ['aku] *m* (*fam*) *kurz für* **Akkumulator**

Ak·ku·mu·la·tor <-s, -toren> [akumu'la:to:ɐ̯, *pl* -'to:rən] *m* accumulator, [storage] battery

ak·ku·rat [aku'ra:t] **I.** *adj* ① (*sorgfältig*) meticulous; **~er Mensch** meticulous person ② (*exakt*) accurate, precise **II.** *adv* ① (*sorgfältig*) meticulously ② (*exakt*) accurately ③ DIAL (*genau*) exactly

Ak·ku·sa·tiv <-s, -e> ['akuzati:f, *pl* -ti:və] *m* accusative [case]

Ak·ku·sa·tiv·ob·jekt *nt* direct [*or* accusative] object

Ak·ne <-, -n> ['aknə] *f* acne

Akon·to·zah·lung [a'kɔnto-] *f* payment on account; **eine ~ von 30% auf den Kaufpreis** a 30% deposit on the asking price, a deposit [*or* down payment] of 30% of the asking price

Akri·bie <-> [akri'bi:] *f kein pl* (*geh*) [extreme] precision

akri·bisch [a'kri:bɪʃ] **I.** *adj* (*geh*) [extremely] precise, meticulous; ■**etwas Akribisches** something [extremely] precise [*or* meticulous] **II.** *adv* (*geh*) [extremely] precisely, meticulously

Akro·bat(in) <-en, -en> [akro'ba:t] *m(f)* acrobat
Akro·ba·tik <-> [akro'ba:tɪk] *f kein pl* ❶ (*Körperbeherrschung und Geschicklichkeit*) acrobatic skill ❷ SPORT (*Disziplin*) acrobatics + *sing vb*
akro·ba·tisch *adj* acrobatic
Akro·nym <-s, -e> [akro'ny:m] *nt* acronym
Akt¹ <-[e]s, -e> [akt] *m* ❶ (*Darstellung eines nackten Menschen*) nude [painting] ❷ (*geh: Geschlechts~*) sexual act ❸ (*Handlung*) act; **ein ~ der Rache** an act of revenge ❹ (*Zeremonie*) [ceremonial] act, ceremony ❺ (*Aufzug eines Theaterstücks*) act ❻ (*Zirkusnummer*) act ►WENDUNGEN: **das ist doch kein ~!** (*fam*) that's not much to ask *fam*
Akt² <-[e]s, -en> [akt] *m* ÖSTERR (*Akte*) file
Akt·auf·nah·me *f* nude photograph **Akt·bild** *nt* nude picture [*or* painting]
Ak·te <-, -n> ['aktə] *f* ❶ (*Unterlagen zu einem Vorgang*) file; **die ~ Borgfeld** the Borgfeld file ❷ (*Personalakte*) file, records ❸ **in die ~ kommen** to be entered into the/a [personal] file, to go on record [*or* file]; **zu den ~n kommen** to be filed away; **etw zu den ~n legen** (*etw ablegen*) to file sth away; (*etw als erledigt betrachten*) to lay sth to rest
Ak·ten·berg *m* (*fam*) mountain of files **Ak·ten·ein·sicht** *f* (*geh*) inspection of the files [*or* records] **Ak·ten·kof·fer** *m* attaché [*or* executive] case, briefcase **ak·ten·kun·dig** *adj* ❶ (*mit dem Inhalt der Akte vertraut sein*) familiar with the records *pred* ❷ (*in Akten vermerkt*) on record ►WENDUNGEN: **sich ~ machen** to make oneself familiar with the records **Ak·ten·la·ge** *f* **nach ~** according to the files **Ak·ten·map·pe** *f* ❶ (*Hefter für Akten*) folder ❷ (*schmale Aktentasche*) briefcase, portfolio **Ak·ten·no·tiz** *f* memorandum **Ak·ten·ord·ner** *m* file **Ak·ten·schrank** *m* filing cabinet **Ak·ten·ta·sche** *f* briefcase **Ak·ten·ver·merk** *m* memo, memorandum **Ak·ten·ver·nich·ter** *m* shredder **Ak·ten·ver·nich·tung** *f* (*Zerreißen*) document [*or* file] shredding; (*Verbrennen*) document [*or* file] incineration **Ak·ten·zei·chen** *nt* file reference [number]
Akt·fo·to *nt* nude photograph **Akt·fo·to·gra·fie** *f* nude photography
Ak·tie <-, -n> ['aktsi̯ə] *f* BÖRSE share, stock *esp* AM; **die ~n stehen gut/schlecht** (*einen guten Kurs haben*) the shares are doing well/badly; (*fig: die Umstände sind vorteilhaft*) things are/aren't looking good ►WENDUNGEN: **wie stehen die ~n?** (*hum fam: wie geht's?*) how's it going?, BRIT *a.* how's tricks? *fam;* (*wie sind die Aussichten?*) what are the prospects?
Ak·ti·en·be·sitz *m* BÖRSE shareholdings, AM *a.* stockholdings **Ak·ti·en·fonds** *m* share fund **Ak·ti·en·ge·sell·schaft** *f* ÖKON public limited company BRIT, [stock] corporation AM **Ak·ti·en·in·dex** *m* share index **Ak·ti·en·kurs** *m* share [*or* AM *a.* stock] price **Ak·ti·en·markt** *m* stock market **Ak·ti·en·mehr·heit** *f* majority shareholding **Ak·ti·en·op·ti·on** *f* stock option **Ak·ti·en·pa·ket** *nt* parcel of shares
Ak·tin <-s, -e> [ak'ti:n] *nt* BIOL actin
Ak·ti·on <-, -en> [ak'tsi̯o:n] *f* ❶ (*Handlung*) act, action ❷ (*Sonderverkauf*) sale ❸ (*Militär-, Werbeaktion*) campaign ❹ **in ~ sein** to be [constantly] in action; **in ~ treten** to act, to go [*or* come] into action
Ak·ti·o·när(in) <-s, -e> [aktsi̯o'nɛ:ɐ̯] *m(f)* FIN shareholder, AM *a.* stockholder
Ak·ti·o·närs·ver·samm·lung *f* ÖKON shareholders' [*or* AM *a.* stockholders'] meeting
Ak·ti·o·nis·mus <-> [aktsi̯o'nɪsmʊs] *m* (*pej: übertriebener Tätigkeitsdrang*) excessive desire for action
ak·ti·ons·fä·hig *adj* ❶ (*fam: in der Lage, zu agieren*) capable of action *pred* ❷ MIL (*kampffähig*) ready [*or* fit] for action *pred* **Ak·ti·ons·ko·mi·tee** *nt* action committee **Ak·ti·ons·preis** *m* special offer **Ak·ti·ons·ra·di·us** *m* ❶ (*Reichweite*) radius [*or* range] of action ❷ (*Wirkungsbereich*) sphere of activity; **diese Abteilung ist ab heute Ihr neuer ~** this department is your new domain from today **ak·ti·ons·un·fä·hig** *adj* ❶ (*nicht in der Lage, zu agieren*) incapable of action *pred* ❷ MIL (*nicht kampffähig*) not ready [*or* fit] for action *pred;* ■**etw ~ machen** to render sth unfit for action, to stand sth down
ak·tiv [ak'ti:f] **I.** *adj* ❶ (*rührig, praktizierend*) active; ■**in etw** *dat* **~ sein** to be active in sth ❷ (*im Militärdienst befindlich*) serving; **~e Laufbahn** [professional] career ❸ (*berufstätig*) working **II.** *adv* ❶ (*tatkräftig*) actively ❷ (*als ~er Soldat*) ■**~ dienen** to serve
Ak·tiv <-s, *selten* -e> [ak'ti:f, *pl* -ti:və] *nt* LING active [voice]
Ak·ti·va [ak'ti:va] *pl* ÖKON assets; **~ und Passiva** assets and liabilities
Ak·ti·ve(r) [ak'ti:və, -vɐ] *f(m) dekl wie adj* active participant
ak·ti·vie·ren* [akti'vi:rən] *vt* ❶ (*anspornen*) ■**jdn ~** to stimulate sb, to get sb moving [*or fam* going] ❷ (*aktiver gestalten*) ■**etw ~** to intensify sth, to step sth up ❸ MED (*stimulieren*) ■**etw ~** to stimulate sth ❹ (*in Gang setzen*) ■**etw ~** to activate sth; **einen Prozess ~** to set a process in motion
Ak·ti·vie·rung <-, -en> *f* ❶ (*Anregen zu vermehrter Tätigkeit*) activation; **dieses Mittel dient zur ~ der körpereigenen Abwehrkräfte** this preparation serves to activate the body's defences ❷ CHEM, PHYS activation ❸ ÖKON activation, improvement; *von Bilanz* carrying as assets; **die ~ des Außenhandels** achievement of an export surplus
Ak·ti·vist(in) <-en, -en> [akti'vɪst] *m(f)* (*aktiver Mensch*) active person; (*politisch aktiver Mensch*) politically active person, activist
Ak·ti·vi·tät <-, -en> [aktivi'tɛ:t] *f* ❶ (*Tätigkeit*) activity ❷ BIOL (*Funktion*) function ❸ (*Strahlung*) [radio]activity ❹ **~/~en entfalten** to be active
Ak·tiv·pos·ten *m* ÖKON asset
Ak·tiv·ur·laub *m* activity holiday
Akt·ma·le·rei *f* nude painting **Akt·mo·dell** *nt* nude model
ak·tu·a·li·sie·ren* *vt* ■**etw ~** to bring sth up-to-date, to update sth; ■**aktualisiert** up-to-date, updated
Ak·tu·a·li·sie·rung <-, -en> [aktu̯ali'zi:rʊŋ] *f* update
Ak·tu·a·li·tät <-, -en> [aktu̯ali'tɛ:t] *f* ❶ (*Gegenwartsinteresse*) topicality ❷ *pl* (*geh: aktuelle Ereignisse*) current events
Ak·tu·ar(in) <-s, -e> [ak'tu̯a:ɐ̯] *m(f)* SCHWEIZ (*Schriftführer*) secretary
ak·tu·ell [ak'tu̯ɛl] *adj* ❶ (*gegenwärtig*) topical; **die ~sten Nachrichten** the latest news; **~e Vorgänge** current events; ■**Aktuelles** topicalities, news; **Aktuelles findet man nur in der Tageszeitung** it is only possible to find the latest [*or* most up-to-date] news in a daily newspaper ❷ (*gegenwärtig*) current; **~e Kaufkraft** real purchasing power ❸ (*modern*) latest; **solche Schuhe sind schon lange nicht mehr ~** shoes like that haven't been in fashion for ages
Akt·zeich·nung *f* nude drawing
Aku·pres·sur <-, -en> [akuprɛ'su:ɐ̯] *f* acupressure
Aku·punk·teur(in) <-s, -e> [akupʊŋk'tø:ɐ̯] *m(f)* acupuncturist
aku·punk·tie·ren* [akupʊŋk'ti:rən] **I.** *vt* ■**jdn ~** to perform acupuncture on sb **II.** *vi* to [perform] acupuncture
Aku·punk·tur <-, -en> [akupʊŋktu:ɐ̯] *f* acupuncture
Akus·tik <-> [a'kʊstɪk] *f kein pl* ❶ (*akustische Verhältnisse*) acoustics + *pl vb;* **der Raum hat eine gute ~** the room has good acoustics ❷ (*Lehre vom Schall*) acoustics + *sing vb*
Akus·tik·kopp·ler *m* TECH, INFORM acoustic coupler
akus·tisch [a'kʊstɪʃ] **I.** *adj* acoustic **II.** *adv* acoustically; **ich habe dich rein ~ nicht verstanden** I just didn't hear [*or* catch] what you said
akut [a'ku:t] *adj* ❶ MED (*plötzlich auftretend*) acute ❷ (*dringend*) pressing, urgent; **~er Mangel** acute shortage [*or* lack]; ■**etwas Akutes** something pressing [*or* urgent]
Akut <-[e]s, -e> [a'ku:t] *m* LING acute [accent]
AKW <-s, -s> [a:ka:'ve:] *nt Abk von* **Atomkraftwerk**
Ak·zent <-[e]s, -e> [ak'tsɛnt] *m* ❶ (*Aussprache*) accent; **einen bestimmten ~ haben** to have a certain [type of] accent; **mit ~**

sprechen to speak with an accent ❷ LING (*Zeichen*) accent ❸ (*Betonung*) stress ❹ (*Schwerpunkt*) accent, emphasis; **den ~ auf etw legen** *akk* to emphasize [*or* accentuate] sth; **~e setzen** (*Vorbilder schaffen*) to set [new] trends; (*akzentuiert in bestimmter Weise*) to emphasize [*or* stress] sth
ak·zent·frei I. *adj* without an [*or* any] accent *pred;* ■ **~ sein** to have no accent II. *adv* without an [*or* any] accent
ak·zen·tu·ie·ren* [aktsɛntu'i:rən] *vt* (*geh*) ❶ (*betonen*) ■ **etw ~** to emphasize sth ❷ (*hervorheben*) ■ **etw ~** to accentuate sth
ak·zep·ta·bel [aktsɛp'ta:bl̩] *adj* acceptable; ■ **[für jdn] ~ sein** to be acceptable [to sb]; ■ **etwas Akzeptables** something acceptable
Ak·zep·tanz <-> [aktsɛp'tants] *f* acceptance
ak·zep·tie·ren* [aktsɛp'ti:rən] I. *vt* ■ **etw ~** to accept sth II. *vi* to accept
AL <-, -s> *f Abk von* **Alternative Liste** electoral pact of alternative political groups
à la [a la] *adv* ❶ KOCHK (*nach Art von*) à la, after the manner of ❷ LIT (*nach jds Art*) in the manner [*or* style] of sb
Ala·bas·ter <-s, -> [ala'bastɐ] *m* alabaster
Alarm <-[e]s, -e> [a'larm] *m* ❶ (*Warnsignal*) alarm; ■ **~ schlagen** [*o* **geben**] to sound [*or* raise] the alarm ❷ MIL (*Alarmzustand*) alert; ■ **~ sein** to be on alert; ■ **bei ~** during an alert; ■ **~!** alert!, action stations!
Alarm·an·la·ge *f* alarm [system] **alarm·be·reit** *adj* on stand-by *pred* **Alarm·be·reit·schaft** *f* stand-by; ■ **~ haben** to be on stand-by; ■ **in ~ sein** [*o* **stehen**] to be on stand-by; **jdn/etw in ~ versetzen** to put sb/sth on stand-by **Alarm·glo·cke** *f* alarm bell ▶ WENDUNGEN: **bei jdm geht die ~** (*fam*) sb sees the warning signs
alar·mie·ren* [alar'mi:rən] *vt* ❶ (*zum Einsatz rufen*) ■ **jdn ~** to call sb out ❷ (*aufschrecken*) ■ **jdn ~** to alarm sb
alar·mie·rend *adj* alarming
Alarm·sig·nal *nt* alarm signal; **bei jdm/etw ein ~ auslösen** to alert sb/sth **Alarm·stu·fe** *f* state of alert **Alarm·übung** *f* practice alert **Alarm·vor·rich·tung** *f* alarm [device] **Alarm·zu·stand** *m* alert; ■ **im ~ sein** to be on the alert [*or* stand-by]; **jdn in den ~ versetzen** to put sb on the alert, stand-by
Alb[1] <-> [alp, *pl* -bə] *f kein pl* **die [Schwäbische] ~** the Swabian Alps
Alb[RR2] <-[e]s, -e> *m meist pl* ❶ (*veraltend geh: Albtraum*) nightmare ❷ (*veraltet: Nachtmahr*) spectre [*or* AM -er]
Al·ba·ner(in) <-s, -> [al'ba:nɐ] *m(f)* Albanian; *s. a.* **Deutsche(r)**
Al·ba·ni·en <-s> [al'ba:ni̯ən] *nt* Albania; *s. a.* **Deutschland**
al·ba·nisch [al'ba:nɪʃ] *adj* Albanian; *s. a.* **deutsch**
Al·ba·nisch [al'ba:nɪʃ] *nt dekl wie adj* Albanian; *s. a.* **Deutsch**
Al·ba·ni·sche *nt* ■ **das ~** Albanian; *s. a.* **Deutsche**
Al·ba·tros <-, -se> ['albatrɔs] *m* albatross
Alb·druck[RR] <*selten* -drücke> *m* (*schwere seelische Bedrückung*) nightmare ▶ WENDUNGEN: **wie ein ~ auf jdm lasten** to weigh heavily on sb [*or* sb's mind]
Al·ben [albən] *pl von* **Album**
al·bern[1] ['albɐn] I. *adj* ❶ (*kindisch*) childish, puerile ❷ (*lächerlich, unbedeutend*) laughable, trivial II. *adv* childishly
al·bern[2] ['albɐn] *vi* to fool around
Al·bern·heit <-, -en> *f* ❶ (*kindisches Wesen*) childishness ❷ (*Lächerlichkeit, Unbedeutsamkeit*) triviality ❸ (*kindische Handlung*) tomfoolery ❹ (*lächerliche Bemerkung*) silly remark
Al·bi·nis·mus <-> [albi'nɪsmʊs] *m kein pl* BIOL, MED albinism
Al·bi·no <-s, -s> [al'bi:no] *m* albino
Alb·traum[RR] *m* nightmare
Al·bum <-s, Alben> ['albʊm, *pl* 'albən] *nt* album
Al·bu·min <-s, -e> [albu'mi:n] *nt* BIOL, MED albumin
Al·chi·mie <-> [alçi'mi:] *f,* **Al·che·mie** <-> [alçə'mi:] *f bes* ÖSTERR alchemy
Al·chi·mist(in) <-en, -en> *m(f),* **Al·che·mist(in)** <-en, -en> *m(f) bes* ÖSTERR alchemist
Al·de·hyd <-s, -e> [alde'hy:t] *nt* CHEM (*Verbindung von Alkoholen mit Sauerstoff*) aldehyde
al den·te [al'dɛntə] *adj* [*of pasta*] *tender but still firm when bitten,* al dente
ale·man·nisch [ale'manɪʃ] *adj* LING Alemannic
Ale·vit(in) <-en, -en> [ale'vi:t, -tɪn] *m(f)* REL Alevite
Al·fal·fa·spros·sen [al'falfa-] *pl* alfalfa sprouts
Al·ge <-, -n> ['algə] *f* alga
Al·ge·bra <-> ['algebra] *f* algebra
al·ge·bra·isch [alge'bra:ɪʃ] *adj* algebraic
Al·gen·blü·te *f* algal bloom **Al·gen·pest** *f* ÖKOL plague of algae
Al·ge·ri·en <-s> [al'ge:ri̯ən] *nt* Algeria; *s. a.* **Deutschland**
Al·ge·ri·er(in) <-s, -> *m(f)* Algerian; *s. a.* **Deutsche(r)**
al·ge·risch [al'ge:rɪʃ] *adj* Algerian; *s. a.* **deutsch**
Al·gier <-s> ['alʒi:ɐ̯] *nt* Algiers
Al·go·rith·mus <-, -men> [algo'rɪtsmʊs] *m* algorithm
ali·as ['a:li̯as] *adv* alias, otherwise known as
Ali·bi <-s, -s> ['a:libi] *nt* ❶ (*Aufenthaltsnachweis zur Tatzeit*) alibi ❷ (*Vorwand*) excuse
Ali·bi·frau *f* token woman **Ali·bi·funk·ti·on** *f* use as an alibi [*or* excuse]; ■ **[nur] ~ haben** to [only] serve as an alibi [*or* excuse] **Ali·bi·po·li·tik** *f* token policy
Ali·men·te [ali'mɛntə] *pl* maintenance *no pl,* alimony *no pl* AM
Alk[1] <-s> [alk] *m kein pl* (*pej sl*) alcohol
Alk[2] <-en, -en> [alk] *m* ORN auk
Al·ka·li <-s, -lien> [al'ka:li, *pl* -li̯ən] *nt* alkali
al·ka·lisch [al'ka:lɪʃ] *adj* alkaline
Al·ka·lo·id <-[e]s, -e> [alkalo'i:t, *pl* -i:də] *nt* alkaloid
Al·ko·hol <-s, -e> ['alkoho:l] *m* alcohol; **jdn unter ~ setzen** (*sl*) to get sb drunk [*or* BRIT *vulg a.* pissed]; **unter ~ stehen** (*geh*) to be under the influence [of alcohol]
al·ko·hol·arm *adj* low alcohol, low in alcohol *pred* **Al·ko·hol·de·li·ri·um** *nt* alcoholic delirium **Al·ko·hol·ein·fluss**[RR] *m* (*geh*) influence of alcohol; **unter ~ stehen** to be under the influence of alcohol [*or* BRIT *a.* drink] **Al·ko·hol·ein·wir·kung** *f* influence of alcohol **Al·ko·hol·ex·zess**[RR] *m* excessive drinking **Al·ko·hol·fah·ne** *f* (*fam*) alcohol breath; ■ **eine ~ haben** to smell of alcohol [*or* drink], to have alcohol breath **al·ko·hol·frei** *adj* non-alcoholic, alcohol-free **Al·ko·hol·geg·ner(in)** *m(f)* teetotaler BRIT, teetotaller AM, *esp* AM prohibitionist **Al·ko·hol·ge·halt** *m* alcohol[ic] content **Al·ko·hol·ge·nuss**[RR] *m* (*geh*) consumption of alcohol **al·ko·hol·hal·tig** *adj* alcoholic
Al·ko·ho·li·ka [alko'ho:lika] *pl* alcoholic drinks
Al·ko·ho·li·ker(in) <-s, -> [alko'ho:likɐ] *m(f)* alcoholic; **~ sein** to be [an] alcoholic; **Anonyme ~** Alcoholics Anonymous
al·ko·ho·lisch [alko'ho:lɪʃ] *adj* alcoholic
al·ko·ho·li·siert [alkoholi'zi:rən] I. *adj* (*geh*) inebriated II. *adv* (*geh*) inebriatedly; **wer ~ Auto fährt, macht sich strafbar** anyone who drives in an inebriated state is open to prosecution, drunk drivers are liable to prosecution *fam*
Al·ko·ho·lis·mus <-> [alkoho'lɪsmʊs] *m* alcoholism
Al·ko·hol·kon·sum *m* consumption of alcohol **al·ko·hol·krank** *adj inv* alcoholic **Al·ko·hol·mess·ge·rät**[RR] *nt* alcoholometer, breathalyser BRIT *fam,* Breathalyzer® AM **Al·ko·hol·miss·brauch**[RR] *m kein pl* alcohol abuse **Al·ko·hol·pe·gel** *m* (*hum*), **Al·ko·hol·spie·gel** *m* level of alcohol in one's blood, Blood-alcohol level **Al·ko·hol·steu·er** *f* duty [*or* tax] on alcohol **al·ko·hol·süch·tig** *adj* MED alcoholic, addicted to alcohol **Al·ko·hol·süch·ti·ge(r)** *f(m) dekl wie adj* alcoholic **Al·ko·hol·sün·der(in)** *m(f)* (*fam*) [convicted] drunk driver *fam* **Al·ko·hol·test** *m* breath test *fam* **Al·ko·hol·ver·bot** *nt* ban on alcohol, *esp* AM prohibition **Al·ko·hol·ver·gif·tung** *f* alcohol[ic] poisoning
all [al] *pron indef* all; ■ **~ jds ...** all sb's ....; **sie gab ihnen ~ ihr Geld** she gave them all her money; ■ **~ der/die/das/dies ...** all the/this ...; **~ die Zeit** all the time; **~ dies soll umsonst**

gewesen sein? all this was for nothing?

All <-s> [al] *nt kein pl* space

all·abend·lich [al'ʔa:bn̩tlɪç] **I.** *adj* regular evening *attr;* **der ~e Spaziergang** the regular evening walk **II.** *adv* every evening

Al·lah ['ala:] *m* REL Allah

all·be·kannt ['albəkant] *adj* universally known

all·dem [al'de:m] *pron s.* **alledem**

al·le ['alə] *adj pred* (*fam*) (*gegessen*) ■ **~ sein** to be all gone [*or* finished]; **der Kuchen ist ~!** the cake is all gone [*or* finished]; **etw ~ machen** to finish sth off *sep* ▶WENDUNGEN: **jdn ~ machen** (*sl*) to do sb in *sl;* **ich bin ganz ~** I'm exhausted [*or* finished]

al·le(r, s) ['alə, -lɐ, -ləs] *pron indef* ❶ *attr* (*mit Singular*) all; **er hat ~s Geld verloren** he's lost all his money; [**ich wünsche dir**] **~s Gute** [I wish you] all the best; (*mit Plural*) all, all the; **ich bitte ~e Anwesenden** I call on all those present ❷ *substantivisch* ■ **~** all of you, everyone, all of them; **und damit sind ~ gemeint** and that means everyone; **das sind aber viele Bücher, hast du sie ~ gelesen?** that's a lot of books, have you read them all?; **von den Röcken haben mir ~ nicht gefallen** I didn't like any of the dresses; **ihr seid ~ beide Schlitzohren!** you're both a couple of crafty devils!; **wir haben ~ kein Geld mehr** none of us have any money left; **zum Kampf ~r gegen ~ kommen** to turn into a free for all; ■ **~ die**[**jenigen**], **die** all of those, who, everyone, who ❸ *substantivisch* (*~ Dinge*) ■ **alles** everything; **ist das schon ~s?** is that everything [*or fam* it]? ❹ *substantivisch* (*insgesamt*) ■ **alles** all [that]; **das ist doch ~s Unsinn** that's all nonsense; **das geht dich doch ~s nichts an!** that's nothing at all to do with you! ❺ *substantivisch* (*fam:* ~) ■ **alles** everyone; **so, nun aber ~s ab ins Bett!** right, everyone [*or* all [of you]] off to bed now!; **bitte ~s aussteigen!** all change, please! ❻ (*bei Zeit und Maßangaben*) every; **~ fünf Minuten** every five minutes; **das ist ~s** that's everything [*or* all]; **das kann doch nicht ~s sein** that can't be everything [*or fam* it]; **soll das schon ~s gewesen sein?** was that everything [*or fam* it]?; **~ auf einmal** [everyone] all at once; **redet nicht ~ auf einmal** don't all speak at once; **~ auf einmal passen nicht durch die Tür** everyone won't fit through the door [all] at the same time; **in ~m** in everything; **~s in ~m** (*insgesamt betrachtet*) all in all; (*zusammengerechnet*) in all; **trotz ~m** in spite of everything; **über ~s** above all else; **vor ~m** (*insbesondere*) above all; (*hauptsächlich*) primarily; **was ... ~s** (*fam*) **was habt ihr im Urlaub so ~s gemacht?** what did you get up to on holiday?; **was er ~s so weiß** the things he knows; **was sie ~s nicht kann** the things she can do; **~s, was** (*~ Dinge*) everything that; (*das Einzige*) all [that]; **~s, was jetzt noch zählt, ist Einigkeit** all that matters now is unity; **~s, was ich weiß, ist ...** all I know is that ...; **wer war ~s da?** who was there? ▶WENDUNGEN: [**wohl**] **nicht mehr ~ haben** (*fam*) to be mad; **hast du/hat er/sie noch ~?** (*fam*) are you/is he/she mad?; **~ für einen und einer für ~** all for one and one for all; **~s und jedes** anything and everything

al·le·dem [alə'de:m] *pron* all that; **bei/trotz ~** even so, in spite of that; **zu ~** on top of [all] that; **nichts von ~** none of it

Al·lee <-, -n> [a'le:, *pl* -le:ən] *f* avenue, tree-lined walk

Al·le·go·rie <-, -n> [alego'ri:, *pl* -ri:ən] *f* allegory

al·le·go·risch [ale'go:rɪʃ] *adj inv* allegorical

Al·le·gro <-s, -s *o* Allegri> [a'le:gro, *pl* -gri] *nt* allegro

al·lein [a'lain], **al·lei·ne** [a'lainə] (*fam*) **I.** *adj pred* ❶ (*ohne andere*) alone; **jdn ~ lassen** to leave sb alone; **wir sind jetzt endlich ~** we're on our own at last; **sind Sie ~ oder in Begleitung?** are you by yourself or with someone? ❷ (*einsam*) lonely ❸ (*ohne Hilfe*) on one's own; **auf sich** *akk* **~ angewiesen** [*o* **gestellt**] **sein** to be on one's own, to be left to one's own resources; **für sich ~** by oneself, on one's own; **er arbeitet lieber für sich ~** he prefers to work alone ▶WENDUNGEN: **für sich ~** [**genommen**] in itself; **dieser Vorfall ist, für sich ~ genommen, schon schwerwiegend genug** this incident is in itself serious enough **II.** *adv* ❶ (*bereits*) just; **~ das Ausmaß der Schäden war schon schlimm genug** the extent of the damage alone was bad enough; **~ der Gedanke daran** the mere [*or* very] thought of it ❷ (*ausschließlich*) exclusively; **das ist ganz ~ dein Bier!** that's up to you!; **das ist ~ deine Entscheidung** it's your decision [and yours alone]; **die ~ selig machende Kirche/Lehre** the only true church/teaching ❸ (*ohne Hilfe*) single-handedly, on one's own, by oneself; **unser Jüngster kann sich schon ~ anziehen** our youngest can already dress himself [*or* get dressed by himself]; **eine ~ erziehende Mutter/ein ~ erziehender Vater** a single mother/a single father; **~ erziehend sein** to be a single parent; **von ~** by itself/oneself; **ich wäre auch von ~ darauf gekommen** I would have thought of it myself ❹ (*unbegleitet*) unaccompanied; (*isoliert*) alone; **das Haus liegt ganz für sich ~** the house is completely isolated; **~ gelassen** left on one's own; **sich** [**sehr/ganz**] **~ gelassen fühlen** to feel abandoned; **~ stehend** single, unmarried ▶WENDUNGEN: **nicht ~ ..., sondern auch ...** not only [*or* just] ..., but also ...

Al·lein·er·be, -er·bin *m, f* sole heir *masc* [*or fem* heiress]; **er war ~** he was the sole heir **al·lein·er·zie·hend** *adj s.* **allein II.3** **Al·lein·er·zie·hen·de(r)** *f(m) dekl wie adj* single parent **Al·lein·gang** <-gänge> *m* (*fam*) solo effort; **etw im ~ machen** to do sth on one's own **Al·lein·herr·schaft** *f* POL absolute power **Al·lein·herr·scher(in)** *m(f)* (*geh*) absolute ruler, autocrat, dictator

al·lei·nig [a'lainɪç] **I.** *adj attr* sole **II.** *adv* (*geh*) solely

Al·lein·le·ben·de(r) *f(m) dekl wie adj* single person **Al·lein·sein** *nt kein pl* solitariness; (*Einsamkeit*) loneliness; **manchen Menschen macht das ~ nichts aus** some people don't mind being alone **al·lein·se·lig·ma·chend** *adj s.* **allein II.2** **al·lein·ste·hend** *adj s.* **allein II.4** **Al·lein·ste·hen·de(r)** *f(m) dekl wie adj* unmarried person **Al·lein·stel·lungs·merk·mal** *nt* ÖKON unique selling point, USP **Al·lein·un·ter·hal·ter(in)** *m(f)* solo entertainer **Al·lein·ver·tre·tung** *f* ÖKON sole and exclusive agency [*or* representation]; **die ~ einer Firma haben** to be the sole representative of a firm **Al·lein·ver·trieb** *m* ÖKON exclusive marketing; **in diesem Bezirk hat er den ~ von Mercedes** he's the sole distributor of Mercedes in this area

al·lel [a'le:l] *adj inv, attr* BIOL allele

Al·lel <-s, -e> [a'le:l] *nt* BIOL allele

al·le·mal ['alə'ma:l] *adv* ❶ (*ohne Schwierigkeit*) without any trouble; **was er kann, kann ich ~** whatever he can do, I can do, too; **~!** definitely ❷ (*in jedem Fall*) always; **ein für ~** once and for all

al·len·falls ['alən'fals] *adv* at [the] most, at best

al·lent·hal·ben ['alənt'halbn̩] *adv* (*geh*) everywhere

al·ler- ['alɐ-] *in Komposita mit superl* ... of all; **die A~schönste .../der A~größte ...** the most beautiful/the biggest of all **al·ler·al·ler-** ['alɐ'ʔalɐ-] *in Komposita mit superl* (*fam*) **der/die/das A~schnellste/A~größte ...** the very fastest/biggest ... *childspeak*

al·ler·bes·te(r, s) ['alɐ'bɛstə, -tɐ, -təs] *adj* very best; **ich wünsche Dir das Allerbeste** I wish you all the best; ■ **es ist das A~** [*o* **am ~n**], **etw zu tun** it's best to do sth; **es ist das A~, in diesem Fall zu schweigen** it's best to keep quiet in this case

al·ler·dings ['alɐ'dɪŋs] *adv* ❶ (*jedoch*) although, but; **ich rufe dich an, ~ erst morgen** I'll call you, although [*or* but] not till tomorrow ❷ (*in der Tat*) definitely, indeed *form;* **~!** indeed!, AM *a.* you bet! *fam;* **hast du mit ihm gesprochen? – ~!** did you speak to him? – I certainly did!

al·ler·ers·te(r, s) ['alɐ'ʔe:ɐ̯stə, -tɐ, -təs] *adj* the [very] first; **Zähneputzen ist morgens das A~, was er tut** the first thing he does in the morning is clean his teeth; ■ **als A~r** the first; ■ **als A~s** first of all **al·ler·frü·hes·tens** *adv* at the [very] earliest

al·ler·gen [alɛr'ge:n] **I.** *adj* MED allergenic **II.** *adv* as an allergen; ~ **wirken** to have an allergenic effect

Al·ler·gen <-s, -e> [alɛr'ge:n] *nt* MED allergen

Al·ler·gie <-, -n> [alɛr'gi:, *-pl* -gi:ən] *f* allergy; ~ **auslösend** allergenic; **eine** ~ [**gegen etw**] **haben** to have an allergy [to sth]

Al·ler·gie·test *m* allergy test

Al·ler·gi·ker(in) <-s, -> [a'lɛrgikɐ] *m(f)* person suffering from an allergy

al·ler·gisch [a'lɛrgɪʃ] **I.** *adj* allergic; ■~ **gegen etw sein** to be allergic to sth **II.** *adv* ❶ MED ~ **bedingt** caused by an allergy; ~ [**auf etw** *akk*] **reagieren** to have an allergic reaction [to sth] ❷ (*abweisend*) ~ **auf etw** *akk* **reagieren** to get hot under the collar about sth

Al·ler·go·lo·ge, Al·ler·go·lo·gin <-n, -n> [alɛrgo'lo:gə, -'lo:gɪn] *m, f* allergist

Al·ler·go·lo·gie <-> [alɛrgolo'gi:] *f kein pl* allergology

al·ler·hand ['alɐ'hant] *adj inv* (*fam*) all sorts of; ~ **Auswahl** enormous choice; (*ziemlich viel*) a great deal [*or fam* masses] of; **ich habe noch** ~ **zu tun** I've still got so much [*or fam* masses] [*or fam* tons] to do ▶ WENDUNGEN: **das ist ja** [*o* **doch**] ~**!** that's a bit rich! [*or* AM much]; [**das ist**] ~**!** Oh my God!, Good heavens! [*or dated* Lord]

Al·ler·hei·li·gen <-s> ['alɐ'hailɪgn̩] *nt* All Saints' Day

Al·ler·hei·ligs·te(s) ['alɐ'hailɪçstə(s)] *nt dekl wie adj* REL ❶ (*jüdisch*) Holy of Holies ❷ (*katholisch*) Blessed Sacrament **al·ler·höchs·te(r, s)** ['alɐ'hø:çstə, -tɐ, -təs] *adj* highest; **die** ~ **Belastung** the maximum load; **der** ~ **Betrag** the highest sum ever; **die** ~ **Geschwindigkeit** the maximum speed; **die** ~ **Instanz** the supreme authority **al·ler·höchs·tens** *adv* ❶ (*allenfalls*) at the most ❷ (*spätestens*) at the latest; **in** ~ **4 Minuten explodiert hier alles!** in no later than 4 minutes everything here will explode!

al·ler·lei ['alɐ'lai] *adj inv* ❶ *substantivisch* (*viel*) a lot, loads *fam;* **ich muss noch** ~ **erledigen** I still have a lot [*or fam* loads] to do ❷ *attr* (*viele Sorten*) all sorts of

Al·ler·lei <-s, *selten* -s> ['alɐ'lai] *nt* all sorts [*or* kinds] of things; **ein** ~ **an etw** all sorts of sth; **Leipziger** ~ *mixed vegetables comprising of peas, carrots and asparagus*

al·ler·letz·te(r, s) ['alɐ'lɛtstə, -tɐ, -təs] *adj* ❶ (*ganz letzte*) [very] last; ■**der/die A~** the [very] last [person]; ■**das A~** the [very] last thing ❷ (*allerneueste*) latest ❸ (*allerjüngste*) recently; **in** ~**r Zeit** very recently; **in den** ~**n Wochen** in the last few weeks ▶ WENDUNGEN: [**ja/wirklich**] **das Allerletzte sein** (*fam*) to be beyond the pale! *fam;* **er ist das Allerletzte!** he's just vile! **al·ler·liebs·te(r, s)** ['alɐ'li:pstə, -tɐ, -təs] *adj* ❶ (*Lieblings-*) favourite BRIT, favorite AM ❷ (*meistgeliebt*) dearest; ■**am** ~**n** most [*or* best] [of all]; **mir wäre es am** ~**n wenn ...** I would prefer it if ... **Al·ler·liebs·te(r)** ['alɐ'li:pstə, -tɐ] *f(m) dekl wie adj* darling; **sie ist seine** ~ she's his favourite **al·ler·meis·te(r, s)** ['alɐ'maistə, -tɐ, -təs] *adj* most *generalization,* the most *comparison;* **im Urlaub verbringt er die** ~ **Zeit mit Angeln** on holiday he spends most of his time fishing; **er bekommt in der Firma das** ~ **Geld** he earns the most money in the company; ■**das A~** most, the lion's share; **das A~ habe ich schon fertig** I've done most of it already; ■**die A~n** most people; ■**am** ~**n** most of all **al·ler·nächs·te(r, s)** ['alɐ'nɛ:çstə, -tɐ, -təs] *adj* ❶ (*unmittelbar folgend*) next; **in** ~**r Zeit** [*o* **Zukunft**] in the very near future; ■**als** ~**s/am** ~**n** next ❷ (*unmittelbar benachbart*) nearest ❸ (*kürzeste*) shortest ❹ (*emotional nahe*) ■**am** ~**n: ihre Tante steht ihr am** ~**n** her aunt is closest to her **al·ler·neu·es·te(r, s)** ['alɐ'nɔyəstə, -tɐ, -təs], **al·ler·neus·te(r, s)** ['alɐ'nɔystə, -tɐ, -təs] *adj* latest; **auf dem** ~**n Stand** state-of-the-art, up-to-the-minute; ■**das Allerneueste** the latest; ■**am** ~**n** the newest

Al·ler·see·len <-s> ['alɐ'ze:lən] *nt* All Souls' Day

al·ler·seits ['alɐ'zaits] *adv* ❶ (*bei allen*) on all sides; **sie war** ~ **ein gerne gesehener Gast** she was a welcome guest everywhere ❷ (*an alle*) everyone; **„Abend,** ~**!"** "evening, everyone!"

al·ler·spä·tes·tens *adv* at the latest

Al·ler·welts·aus·druck *m* (*pej*) trite [*or* meaningless] [*or* hackneyed] phrase

al·ler·we·nigs·te(r, s) *adj* ❶ (*wenigste: zählbar*) fewest; (*unzählbar*) least; **in den** ~**n Fällen** in only a very few cases; **das** ~ **Geld** the least money; **die** ~**n Menschen** very few people; ■**am** ~**n** the least; **die** ~ [*o* **am** ~**n**] **Zeit haben** to have the least amount of time ❷ (*mindeste*) least; **das** ~ **wäre noch gewesen, sich zu entschuldigen** the least he could have done was to apologize ▶ WENDUNGEN: **das am** ~**n!** that's the last thing I want to do/hear! **al·ler·we·nigs·tens** ['alɐ've:nɪçstn̩s] *adv* at [the very] least **Al·ler·wer·tes·te** ['alɐ've:ɐ̯təstə] *m dekl wie adj* (*hum*) behind, posterior

al·les ['aləs] *pron indef s.* **alle(r, s)**

al·le·samt ['alə'zamt] *adv* all [of them/you/us]; **die Politiker sind doch** ~ **korrupt** politicians are corrupt to a man; **ihr seit doch** ~ **verrückt!** you're mad, the lot [*or* all] of you!, you're all mad!

Al·les·fres·ser <-s, -> *m* BIOL omnivore, omnivorous animal **Al·les·kle·ber** *m* general purpose adhesive [*or* glue] **Al·les·schnei·der** *m* slicing machine **Al·les·wis·ser(in)** <-s, -> *m(f)* smart-alec *fam,* know-all BRIT *fam,* know-it-all AM *fam*

all·fäl·lig ['alfɛlɪç] *adj* SCHWEIZ (*eventuell*) necessary

allg. *adj Abk von* **allgemein**

All·gäu <-s> ['algɔy] *nt* ■**das** ~ the Allgäu

all·ge·gen·wär·tig *adj* ❶ REL (*geh*) omnipresent; ■**der Allgegenwärtige** the omnipresent One, God ❷ (*überall gegenwärtig*) ubiquitous *form*

all·ge·mein ['algə'main] **I.** *adj* ❶ *attr* (*alle betreffend*) general; ~**e Feiertage** national holidays; **im** ~**en Interesse liegen** [*o* **sein**] to be in everyone's interests [*or* in the common interest]; **von** ~**em Interesse sein** to be of interest to everyone; ~**e Vorschriften** universal regulations, regulations applying to everyone; **das** ~**e Wahlrecht** universal suffrage; **die** ~**e Wehrpflicht** military service ❷ *attr* (*allen gemeinsam*) general, public; **zur** ~**en Überraschung** to everyone's surprise; **das** ~**e Wohl** the common good; ~**e Zustimmung finden/auf** ~**e Ablehnung stoßen** to meet with general approval/disapproval ❸ (*nicht spezifisch*) general; **die Frage war** ~**er Natur** the question was of a rather general nature ▶ WENDUNGEN: **im A~en** (*normalerweise*) generally speaking; (*insgesamt*) on the whole **II.** *adv* ❶ (*allerseits, überall*) generally; ~ **bekannt/üblich sein** to be common knowledge/practice; ~ **gültig** general, universally applicable; ~ **verständlich** intelligible to everybody; ~ **zugänglich sein** to be open to the general public; ~ **verbreitet** widespread ❷ (*nicht spezifisch*) generally; **der Vortrag war leider sehr** ~ **gehalten** unfortunately the lecture was rather general [*or* lacked focus]; **eine** ~ **bildende Schule** *a school providing a general rather than specialized education;* ~ **medizinisch** general medical *attr*

All·ge·mein·arzt, -ärz·tin *m, f* general practitioner **All·ge·mein·be·fin·den** *nt* general health; **danke, mein** ~ **ist recht gut** generally speaking, I'm very well, thanks **all·ge·mein·bil·dend** *adj* SCH *s.* **allgemein II. 2 All·ge·mein·bil·dung** *f kein pl* general education **all·ge·mein·gül·tig** *adj attr s.* **allgemein II. 1 All·ge·mein·gül·tig·keit** *f* [universal] validity **All·ge·mein·gut** *nt* common knowledge

All·ge·mein·heit <-> ['algə'mainhait] *f kein pl* ❶ (*Öffentlichkeit*) general public ❷ (*Undifferenziertheit*) generality, universality; **seine Erklärungen waren von viel zu großer** ~ his explanations were far too general

All·ge·mein·me·di·zin *f* general medicine **All·ge·mein·me·di·zi·ner(in)** *m(f)* general practitioner, GP **all·ge·mein·ver·ständ·lich** *adj s.* **allgemein II. 1 All·ge·mein·wis·sen** *nt* general knowledge **All·ge·mein·wohl** *nt* welfare of the general public **All·ge·mein·zu·stand** *m* general health

All·heil·mit·tel *nt* cure-all, panacea *bes pej*

Al·li·anz <-, -en> [aˈli̯ants] *f* alliance
Al·li·ga·tor <-s, -toren> [aliˈgaːtoːɐ̯] *m* alligator
al·li·iert [aliˈiːɐ̯t] *adj attr* allied
Al·li·ier·te(r) [aliˈiːɐ̯tə, -tɐ] *f(m) dekl wie adj* ally; ■**die ~n** the Allies, the Allied Forces
Al·li·te·ra·ti·on <-, -en> [alɪteraˈtsi̯oːn] *f* LIT alliteration
all·jähr·lich [ˈalˈjɛːɐ̯lɪç] **I.** *adj attr* annual **II.** *adv* every year, annually
All·macht [ˈalmaxt] *f kein pl* unlimited power, omnipotence *form;* REL omnipotence
all·mäch·tig [alˈmɛçtɪç] *adj* all-powerful, omnipotent *form;* REL omnipotent
All·mäch·ti·ge(r) *m dekl wie adj* Almighty God; ■**der ~** the Almighty; **~r!** (*fam*) Good God!
all·mäh·lich [alˈmɛːlɪç] **I.** *adj attr* gradual **II.** *adv* ❶ (*langsam*) gradually; **~ geht er mir auf die Nerven** he's beginning to get on my nerves; **ich werde ~ müde** I'm getting tired ❷ (*endlich*) **wir sollten jetzt ~ gehen** it's time we left; **es wurde auch ~ Zeit!** about time too!
all·mo·nat·lich [ˈalmoːnatlɪç] **I.** *adj attr* monthly **II.** *adv* every month **all·mor·gend·lich** **I.** *adj attr* every morning; **das ~e Anstehen an der Bushaltestelle** the morning queue [*or* AM line] at the bus stop; **das ~e Aufstehen um 6 Uhr ist eine Qual** getting up every morning at 6 is torture **II.** *adv* every morning **all·nächt·lich** [ˈalnɛçtlɪç] **I.** *adj attr* nightly **II.** *adv* every night
Al·lo·me·trie <-, -ien> [alomeˈtriː] *f* BIOL allometry
al·lo·me·trisch [aloˈmeːtrɪʃ] *adj inv* BIOL allometric
All·par·tei·en·re·gie·rung *f* all-[*or* multi-]party government
All·rad·an·trieb *m* four-[*or* all-]wheel drive
all·rad·ge·trie·ben *adj inv* AUTO four wheel [*or* all-wheel] drive; (*geschrieben a.*) 4WD
All·round·ge·nie [oːlˈraunt-] *nt*, **All·round·ta·lent** [oːlˈraunt-] *nt* all-round genius [*or* talent] **All·round·künst·ler(in)** [oːlˈraunt-] *m(f)* multi-talented [*or* all-round] artist
all·sei·tig [ˈalzaitɪç] **I.** *adj* widespread **II.** *adv* **~ interessiert sein** to be interested in everything; **~ begabt sein** to be an all-round talent [*or* a good all-rounder]
all·seits [ˈalzaits] *adv* ❶ (*überall*) everywhere ❷ (*rundum*) in every respect; **sie schien ~ gewappnet zu sein** she seemed to know about everything; **ich bin ~ vorbereitet** I'm ready for anything
All·tag [ˈaltaːk] *m* ❶ (*Werktag*) working day BRIT, workday AM; ■**an ~en** on workdays ❷ (*Realität*) everyday life
all·täg·lich [ˈaltɛːklɪç] *adj* ❶ *attr* (*tagtäglich*) daily, everyday ❷ (*gang und gäbe*) usual; **diese Probleme sind bei uns ~** these problems are part of everyday life here ❸ (*gewöhnlich*) ordinary
all·tags [ˈaltaːks] *adv* on workdays
All·tags·klei·dung *f* everyday clothes, not your Sunday best **All·tags·le·ben** *nt* daily routine
all·um·fas·send *adj* (*geh*) all-round, global; **~e Forschungen** extensive research; **sein Wissen ist nahezu ~!** his knowledge is almost encyclop[a]edic!
Al·lü·ren [aˈlyːrən] *pl* ❶ (*geziertes Verhalten*) affectation ❷ (*Starallüren*) airs and graces
all·wis·send [ˈalˈvɪsn̩t] *adj* ❶ (*fam: umfassend informiert*) knowing it all; **er tut immer so ~** he thinks he knows it all; **ich bin doch nicht ~!, bin ich ~?** (*fam*) what do you think I am? a walking encyclop[a]edia?, I don't know everything, you know ❷ REL (*alles wissend*) omniscient; ■**der A~e** the Omniscient
All·wis·sen·heit <-> [ˈalˈvɪsn̩hait] *f kein pl* omniscience
all·wö·chent·lich [ˈalˈvœçn̩tlɪç] **I.** *adj attr* weekly **II.** *adv* every week
all·zeit [ˈaltsait] *adv* (*geh*) always; **ich bin ~ die Deine!** I'm yours for ever; **~ bereit!** be prepared!
all·zu [ˈaltsuː] *adv* all too; **du hast ~ dick aufgetragen** you've gone over the top; ■**nur ~ ...** only too ...; **~ früh** far too early, all too soon; **ruf mich am Sonntag an, aber bitte nicht ~ früh!** call me on Sunday, but not too early!; **~ gern** only too much [*or* willingly]; **gehen wir heute ins Theater? – nur ~ gern!** shall we go to the theatre tonight? – I'd love to!; **magst du Fisch? – nicht ~ gern** do you like fish? – not very much [*or* I'm not over[ly] fond of it]; **ich habe das nicht ~ gern getan** I didn't like doing that; **~ häufig** all too often; **~ oft** only too often; **nicht ~ oft** not [all] too often; **~ sehr** too much; **dieser Schmuck gefällt mir wirklich ~ sehr!** I just love this jewellery!; **er war nicht ~ sehr in sie verliebt** he wasn't all that much in love with her; **man sieht dir ~ sehr an, dass du lügst!** I can see all too clearly that you're lying!; **bin ich ~ sehr verspätet?** am I very late?; ■**nicht ~** not all that much [*or* too much]; **nicht ~ gerne** reluctantly; **fühlst du dich nicht gut? – nicht ~ sehr!** are you all right? – not really; **~ viel** too much; **er trank nie ~ viel Alkohol** he never drank that much alcohol; **450 Euro ist aber nicht ~ viel!** 450 euros is not very much!; **~ viel ist ungesund** moderation in everything **all·zu·früh**ALT *adv s.* **allzu** **all·zu·gern**ALT *adv s.* **allzu** **all·zu·sehr**ALT *adv s.* **allzu** **all·zu·viel**ALT *adv s.* **allzu**
All·zweck·hal·le *f* [multipurpose] hall **All·zweck·rei·ni·ger** *m* general-purpose cleaner
Alm <-, -en> [alm] *f* mountain pasture, alp
Al·ma·nach <-s, -e> [ˈalmanax] *m* almanac
Al·ma·ty <-s> [alˈmaːti] *nt* Almaty, Alma-Ata
Al·mo·sen <-s, -> [ˈalmoːzn̩] *nt* ❶ (*pej: geringer Betrag*) pittance ❷ (*geh: Spende*) alms, donation
Aloe <-, -n> [ˈaːloe, *pl* -loən] *f* aloe
Alp <-[e]s, -e> [alp] *m meist pl* ❶ (*veraltend geh: Albtraum*) nightmare ❷ (*veraltet: Nachtmahr*) spectre [*or* AM -er]
Al·pa·ka <-s, -s> [alˈpaka] *nt* alpaca
Alp·druck <*selten* -drücke> [ˈalpdrʊk, *pl* -drʏkə] *m* (*schwere seelische Bedrückung*) nightmare ▶WENDUNGEN: **wie ein ~ auf jdm lasten** to weigh heavily on sb [*or* sb's mind]
Al·pen [ˈalpn̩] *pl* ■**die ~** the Alps
Al·pen·doh·le *f* ORN alpine chough **Al·pen·krä·he** *f* ORN chough **Al·pen·land** *nt* ❶ (*in den Alpen liegendes Land*) alpine country ❷ (*Gebiet der Alpen*) the Alps **Al·pen·pass**RR *m* alpine pass **Al·pen·re·pu·blik** *f* (*Österreich*) Austria **Al·pen·ro·se** *f* alpine rose [*or* rhododendron] **Al·pen·strand·läu·fer** *m* ORN dunlin **Al·pen·veil·chen** *nt* cyclamen **Al·pen·vor·land** [alpn̩ˈfoːɐ̯lant] *nt* foothills *pl* of the Alps
Al·pha·bet <-[e]s, -e> [alfaˈbeːt] *nt* alphabet; ■**nach dem ~** alphabetically
al·pha·be·tisch [alfaˈbeːtɪʃ] *adj* alphabetical
al·pha·be·ti·sie·ren* [alfabetiˈziːrən] *vt* ■**etw ~** to put sth into alphabetical order; ■**alphabetisiert sein** to be in alphabetical order; ■**jdn ~** to teach sb to read and write
Al·pha·be·ti·sie·rung <-, -en> *f* ❶ (*das Alphabetisieren*) arranging in alphabetical order ❷ (*Beseitigung des Analphabetentums*) literacy campaign
Al·pha-He·lix <-, -Helices> [-heːlɪks, *pl* -heːlitseːs] *f* BIOL alpha helix **al·pha·nu·me·risch** [alfanuˈmeːrɪʃ] *adj* INFORM alphanumeric **Al·pha·strah·len** *pl* NUKL alpha rays **Al·pha-Tier** *nt* BIOL alpha animal
Alp·horn *nt* alp[en]horn
al·pin [alˈpiːn] *adj* alpine
Al·pi·nis·mus <-> [alpiˈnɪsmʊs] *m kein pl* SPORT alpinism
Al·pi·nist(in) <-en, -en> [alpiˈnɪst] *m(f)* alpinist
Alp·traum [ˈalptraum] *m* nightmare
Al·raun <-[e]s, -e> [alˈraun] *m*, **Al·rau·ne** <-, -n> [alˈraunə] *f* BOT mandrake
als [als] *konj* ❶ (*in dem Moment, da*) when, as; **ich kam, ~ er ging** I came as he was leaving; **gleich, ~ ...** as soon as ...; **damals, ~ ...** [back] in the days when ...; **gerade ~ ...** just when [*or* as]...; **sie rief an, ~ ich gerade weg war** she called just as I'd left ❷ *nach Komparativ* than; **der Bericht ist inte-**

ressanter ~ erwartet the report is more interesting than would have been expected ❸ *(geh: wie)* as; **so ... ~ möglich** as ... as possible; **alles andere ~ ...** everything but ...; **anders ~ jd sein** to be different from [*or* to] sb; **niemand/nirgends anders ~ ...** nobody/nowhere but...; **niemand anders ~ ...** (*a. hum, iron*) none other than ...; **sie haben andere Verfahren ~ wir** they have different procedures from ours; **ich brauche nichts anderes ~ ein paar Tage Urlaub** all I need is a couple of days vacation ❹ *(in Modalsätzen)* ■**..., ~ habe/könne/sei/würde ...** as if [*or* though]; **es sieht aus, ~ würde es bald schneien** it looks like snow [*or* as though it's going to snow]; **~ ob ich das nicht wüsste!** as if I didn't know that! ❺ *(so dass es ausgeschlossen ist)* ■**zu ..., ~ dass** too ... to ...; **du bist noch zu jung, ~ dass du dich daran erinnern könntest** you're too young to be able to remember that ❻ *(zumal)* since; ■**um so ..., ~ ...** all the more ..., since ...; **das ist um so trauriger, ~ es nicht das erste Mal war** it is all the sadder since it wasn't the first time ❼ *(in der Eigenschaft von etw)* ■**~ etw** as sth; **ein Tonband ist vor Gericht nicht ~ Beweis zugelassen** a tape recording is not recognized as evidence in court; ■**~ jd** as sb; **schon ~ Kind hatte er immer Albträume** even as a child, he had nightmares; **sich ~ wahr/falsch erweisen** to prove to be true/false

als·bald [als'balt] *adv (geh)* soon, presently *form;* **ich komme ~** I'm just coming

als·bal·dig [als'baldɪç] *adj (geh)* immediate; **wir sehen Ihrer ~en Antwort mit Interesse entgegen** we look forward to your prompt reply; **„zum ~en Verbrauch bestimmt"** "for immediate use only"

als·dann [als'dan] *adv* ❶ *(geh: sodann)* then ❷ DIAL *(also [dann])* so, well then

Al·se <-, -n> *f* KOCHK [alice] shad

al·so ['alzo] **I.** *adv (folglich)* so, therefore *form;* **es regnet, ~ bleiben wir zu Hause** it's raining, so we'll stay at home **II.** *part* ❶ *(nun ja)* well; **[ja] ~, zuerst gehen Sie geradeaus und dann ...** ok, first you go straight ahead and then ... ❷ *(tatsächlich)* so; **er hat ~ doch nicht die Wahrheit gesagt!** so he wasn't telling the truth after all!; **kommst du ~ mit?** so are you coming [then]? ❸ *(aber)* **~, dass du dich ordentlich benimmst!** now, see that you behave yourself!; **~ so was!** well [I never]!; **~, jetzt habe ich langsam genug von deinen Eskapaden!** now look here, I've had enough of your escapades! ❹ *(na)* **~ warte, Bürschchen, wenn ich dich kriege!** just you wait, sunshine, till I get my hands on you!; **~ gut** [*o* **schön**] well, OK, [well,] all right; **~ dann, ...!** so ..., well then ...; **~ dann, mach's gut!** oh well, take care! ▶ WENDUNGEN: **~ doch!** you see!; **~ doch, wie ich's mir dachte!** you see! just as I thought!; **na ~!** just as I thought!; **wird's bald? na ~!** get moving! at last!; **~ nein!** no!

Als·ter·was·ser *nt (Mixgetränk aus Bier und Limonade)* ≈ shandy

alt <älter, älteste(r,s)> [alt] *adj* ❶ *(betagt)* old; **schon sehr ~ sein** to be getting on a bit *fam;* **ich glaube nicht, dass ich ~ werde** I don't think I'll live to a ripe old age; **ich möchte mit dir ~ werden** I'd like to grow old with you; ■**älter sein/werden** to be/get older; **tja, man wird eben älter!** well, we're all getting on!; ■**älter als jd werden** to live longer than sb; ■**für etw zu ~ sein** to be too old for sth; ■**jdm zu ~ sein** to be too old for sb; **A~ und Jung** young and old alike; **[für/zu etw] ~ genug sein** to be old enough [for] ❷ *(ein bestimmtes Alter habend)* old; **... Wochen/Monate/Jahre ~ sein** to be ... weeks/months/years old; **er ist 21 Jahre ~** he's 21 [years old [*or* years of age]]; **wie ~ ist er? – er ist 18 Monate ~** how old is he? – he's 18 months [old]; **darf ich fragen, wie ~ Sie sind?** may I ask how old you are?; **er wird dieses Jahr 21 Jahre ~** he'll be [*or* he's going to be] 21 [years old] this year; **Ende Mai wurde sie 80 Jahre ~** she turned 80 at the end of May; **[etwas] älter als jd sein** to be [slightly] older than sb; ■**älter/am ältesten sein** to be the older/the oldest; ■**der/die Ältere/Älteste** the older [*or dated* elder]/the oldest [*or dated* eldest] ❸ *(aus früheren Zeiten stammend)* ancient; **der Attis-Kult ist älter als das Christentum** the cult of Attica is older than Christianity ❹ *attr (langjährig)* old; **~e diplomatische Beziehungen** long-standing diplomatic relations ❺ *(gebraucht)* old ❻ *(nicht mehr frisch)* old; **~es Brot** stale bread ❼ *attr (abgelagert)* mature; **~er Käse** mature cheese; **~er Wein** vintage wine ❽ *attr (pej: wirklich)* old; **du ~er Geizhals!** you old skinflint! *fam;* **~er Freund/~es Haus!** old friend/mate! ❾ *attr (ehemalig)* old ❿ *attr (frühere)* ■**der/die/das A~ ...** the same old ...; **du bist wirklich noch der ~e Pedant** you're still the same old pedantic fellow you always were; **du bist ganz der A~e geblieben** you're still your old self; **er war nie wieder der A~e** he was never the same again ▶ WENDUNGEN: **man ist so ~, wie man sich fühlt** you're as old as you feel; **~ aussehen** *(fam: dumm dastehen)* to look a [*or* AM like a] complete fool [*or* BRIT *a.* a proper charlie]; **ich werde heute nicht ~!** *(fam)* I won't stay up late tonight; **hier werde ich nicht ~!** *(fam)* I won't hang around here much longer!

Alt[1] <-s, -e> [alt] *m* MUS alto, contralto

Alt[2] <-s, -> [alt] *nt kurz für* **Altbier** *top-fermented dark beer*

Alt·acht·und·sech·zi·ger(in) *m(f) person who was active in the 1968 student uprisings in Germany* **alt·an·ge·se·hen** *adj* established **alt·an·ge·ses·sen, alt·an·säs·sig** *adj s.* **alteingesessen**

Al·tar <-s, -täre> [al'ta:ɐ̯, *pl* al'tɛ:rə] *m* altar; **jdn zum ~ führen** *(geh)* to lead sb to the altar; **etw auf dem ~ einer S. opfern** *gen* to sacrifice sth on the altar of sth

Al·tar·kreuz *nt* altar crucifix **Al·tar·raum** *m* chancel, sanctuary

Alt·au·to *nt* old car

alt·ba·cken *adj* ❶ *(nicht mehr frisch)* stale ❷ *(altmodisch)* old-fashioned

Alt·bau <-bauten> *m* old building

Alt·bau·sa·nie·rung *f* renovation of old buildings **Alt·bau·woh·nung** *f* flat [*or* AM apartment] in an old building

alt·be·kannt ['altbə'kant] *adj* well-known **alt·be·währt** ['altbə'vɛ:ɐ̯t] *adj* ❶ *(seit langem bewährt) Methode, Mittel etc.* well-tried ❷ *(lange gepflegt)* well-established; **eine ~e Freundschaft** a long-standing friendship

Alt·bier *nt top-fermented dark beer*

Alt·bun·des·kanz·ler(in) *m(f)* ex-chancellor, former chancellor

alt·deutsch ['altdɔytʃ] **I.** *adj* traditional German **II.** *adv* in traditional German style

Al·te(r) ['altə, -tɐ] *f(m) dekl wie adj* ❶ *(fam: alter Mann)* old geezer; *(alte Frau)* old dear [*or* girl]; ■**die ~n** the older generation, the old folks *fam* ❷ *(fam: Ehemann, Vater)* old man; *(Mutter)* old woman; ■**meine/die ~e** *(Ehefrau)* the old wife *fam;* ■**die/jds ~n** *(Eltern)* the/sb's old folks ❸ *(fam: Vorgesetzte(r))* ■**der/die ~** the boss ❹ *pl (die Ahnen)* ■**die ~n** the ancients ❺ *pl* ZOOL *(Tiereltern)* ■**die ~n** the parent animals ▶ WENDUNGEN: **wie die ~n sungen, so zwitschern auch die Jungen** *(prov)* like father, like son *prov*

Al·te(s) ['altə, -təs] *nt dekl wie adj* ❶ *(das Traditionelle)* ■**das ~** tradition; **das ~ und das Neue** the old and the new ❷ *(alte Dinge)* old things ▶ WENDUNGEN: **aus Alt mach Neu** *(prov fam)* make do and mend *prov;* **alles bleibt beim A~n** nothing ever changes

alt·ehr·wür·dig *adj (geh)* time-honoured [*or* AM -ored]; **der ~e Greis** the revered [*or* venerable] old man **alt·ein·ge·ses·sen** *adj* old-established **Alt·ei·sen** *nt* scrap iron

Al·ten·ar·beit *f* voluntary work for the elderly, *as home-help* **Al·ten·ein·rich·tun·gen** *pl* geriatric institutions

Alt·eng·lisch *nt* Old English, Anglo-Saxon

Al·ten·heim *nt s.* **Altersheim** **Al·ten·hil·fe** *f* geriatric welfare **Al·ten·pfle·ge** *f* care for the elderly, geriatric care **Al·ten·pfle·**

ge·heim *nt* old people's [*or* nursing] home **Al·ten·pfle·ger(in)** *m(f)* geriatric nurse **Al·ten·ta·ges·stät·te** *f* day care centre [*or* AM -er] for the elderly **Al·ten·teil** *nt a cottage reserved for the farmer after he passes the farm over to his heirs* ▶WENDUNGEN: **sich aufs ~ begeben** [*o* **setzen**] [*o* **zurückziehen**] to retire [from public life] **Al·ten·wohn·heim** *nt* sheltered housing

Al·ter <-s, -> ['altɐ] *nt* ❶ (*Lebensalter*) age; **wenn du erst mal mein ~ erreicht hast, ...** when you're as old as I am, ...; **in jds** *dat* ~ at sb's age; **mittleren ~s** middle-aged; **in vorgerücktem ~** (*geh*) at an advanced age; **im zarten ~ von ...** (*geh*) at the tender age of ...; **in jds ~ sein** to be the same age as sb; **er ist in meinem ~** he's my age; **das ist doch kein ~!** that's not old! ❷ (*Bejahrtheit*) old age; **er hat keinen Respekt vor dem ~** he doesn't respect his elders; **im ~** in old age ▶WENDUNGEN: **~ schützt vor Torheit nicht** (*prov*) there's no fool like an old fool *prov*

äl·ter ['ɛltɐ] *adj* ❶ *comp von* **alt** ❷ *attr* (*schon betagt*) somewhat older; **~e Mitbürger** senior citizens

Äl·te·re(r) *f(m) dekl wie adj* ❶ ■**die ~n** the older people, the oldies *fam* ❷ HIST **Breughel der ~** Breughel senior [*or esp* BRIT the elder]

al·tern ['altɐn] *vi sein o selten haben* ❶ (*älter werden*) to age; ■**~d** ageing; ■**das Altern** the process of ageing ❷ (*sich abnutzen*) to age; ■**das Altern** the ageing-process ❸ (*reifen*) to mature

al·ter·na·tiv [altɛrna'ti:f] **I.** *adj* alternative; **~e Liste** *Green Party Faction in Berlin* **II.** *adv* **~ leben** to live an alternative lifestyle

Al·ter·na·ti·ve <-n, -n> [altɛrna'ti:və] *f* alternative; ■**die ~ haben, etw zu tun** to have the alternative of doing sth

Al·ter·na·ti·ve(r) [altɛrna'ti:və, -vɐ] *f(m) dekl wie adj* ❶ POL follower [*or* member] of an alternative party ❷ ÖKOL member of the alternative society, greenie BRIT *fam,* tree-hugger AM *pej fam*

Al·ter·na·tiv·rei·sen·de(r) *f(m) dekl wie adj* TOURIST alternative traveller [*or* AM traveler]

alt·er·probt ['altʔɛɐ̯'pro:pt] *adj* well-tried; **ein ~er Lehrer** a proven teacher

al·ters *adv* **von** [*o* **seit**] **~** [**her**] (*geh*) of old, for donkey's years *fam;* **das ist schon von ~ her bei uns so Sitte** that's a time-honoured custom here

Al·ters·ar·mut *f kein pl* poverty in old age, old-age poverty **Al·ters·asyl** *nt* SCHWEIZ (*Altersheim*) old people's home, AM *a.* home for senior citizens **al·ters·be·dingt** *adj* due to old age; **~e Kurzsichtigkeit** myopia caused by old age; ■[**bei jdm**] **~ sein** to be caused by old age [in sb's case] **Al·ters·be·schrän·kung** *f* age limit **Al·ters·be·schwer·den** *pl* complaints *pl* of old age **Al·ters·er·schei·nung** *f* symptom of old age **Al·ters·for·schung** *f* MED gerontology **Al·ters·ge·nos·se, -ge·nos·sin** *m, f* person of the same age **Al·ters·gren·ze** *f* ❶ (*altersbedingtes Einstellungslimit*) age limit ❷ (*Beginn des Rentenalters*) retirement age **Al·ters·grün·de** *pl* reasons of age; **für seinen Rücktritt waren ~ ausschlaggebend** his age was the decisive factor for his resignation; ■**aus ~n** by reason of age, because of one's age **Al·ters·grup·pe** *f* age group **Al·ters·heim** *nt* old people's home, AM *a.* home for senior citizens **Al·ters·klas·se** *f* class **Al·ters·krank·heit** *f* ailment of old age [*or* old age illness] **Al·ters·pro·zess**RR *m* aging process **Al·ters·py·ra·mi·de** *f* SOZIOL age pyramid **Al·ters·ren·te** *f,* **Al·ters·ru·he·geld** *nt* (*geh*) old-age pension BRIT, social security AM **al·ters·schwach** *adj* ❶ (*gebrechlich*) frail, decrepit *esp pej;* **~e Menschen** frail [*or* infirm] old people; **ein ~es Tier** an old and weak animal ❷ (*fam: abgenutzt*) decrepit, worn-out **Al·ters·schwä·che** *f kein pl* ❶ (*Gebrechlichkeit*) infirmity; **er konnte vor ~ kaum noch gehen** he could hardly walk, he was so old and frail ❷ (*fam: schwere Abnutzung*) decrepitude **Al·ters·sitz** *m* retirement home **al·ters·spe·zi·fisch** *adj* age-related **Al·ters·starr·sinn** *m* senile obstinacy **Al·ters·struk·tur** *f kein pl* age structure **Al·ters·stu·fe** *f* ❶ (*Altersgruppe*) age group ❷ (*Lebensabschnitt*) stage of life **Al·ters·teil·zeit** *f system of part-time working for people approaching retirement* **Al·ters·un·ter·schied** *m* age difference **Al·ters·ver·si·che·rung** *f* pension insurance **Al·ters·ver·sor·gung** *f* retirement pension; (*betrieblich*) pension scheme [*or* AM plan] **Al·ters·werk** *nt* KUNST, LIT, MUS later work

Al·ter·tum <-> ['altɐtu:m] *nt kein pl* antiquity; **das Ende des ~s** the end of the ancient world

Al·ter·tü·mer ['altɐty:mɐ] *pl* KUNST, HIST antiquities *pl*

al·ter·tüm·lich ['altɐty:mlɪç] *adj* ❶ (*veraltet*) old-fashioned, out-of-date, dated ❷ (*archaisch*) ancient; LING archaic

Al·ter·tüm·lich·keit <-> *f kein pl* ancientness; (*archaische Art*) antiquity; LING archaic

Al·ter·tums·kun·de *f* archaeology BRIT, archeology AM **Al·ter·tums·wert** *m* antique value ▶WENDUNGEN: **schon ~ haben** (*hum fam*) to be an antique

Al·te·rung <-, -en> *f* ❶ (*Altwerden*) ageing, aging AM ❷ KOCHK maturation; *von Wein* ageing, aging AM

Al·te·rungs·prozessRR *m* ageing [*or* AM aging] process

äl·tes·te(r, s) ['ɛltəstə, -tɐ, -təs] *adj superl von* **alt** oldest

Äl·tes·te(r) ['ɛltəstə, -tɐ] *f(m) dekl wie adj* the oldest; **ich glaube, mit 35 sind wir hier die ~n** I think that, at 35, we're the oldest here; ■**die ~n** REL, HIST the elders *pl*

Äl·tes·ten·rat *m* council of elders; (*in der BRD*) parliamentary advisory committee (*consisting of members of all parties whose task it is to assist the President of the Bundestag*)

Alt·flö·te *f* alto-flute

Alt·fran·zö·sisch *nt* Old French **Alt·ge·rät** *nt* second-hand equipment **Alt·glas** *nt* glass for recycling; **wir bringen unser ~ zum Altglascontainer** we take our old bottles and jars to the bottle bank **Alt·glas·con·tai·ner** *m* bottle bank BRIT, glass-recycling collection point AM **Alt·gold** *nt* old gold **alt·grie·chisch** *adj* classical [*or* ancient] Greek **Alt·grie·chisch** *nt* classical [*or* ancient] Greek **alt·her·ge·bracht** ['alt'he:ɐ̯gəbraxt], **alt·her·kömm·lich** ['alt'he:ɐ̯kœmlɪç] *adj* traditional; **eine ~e Sitte** an ancient custom; ■**etwas Althergebrachtes** a tradition **alt·hoch·deutsch** ['altho:xdɔytʃ] *adj* Old High German **Alt·hoch·deutsch** ['altho:xdɔytʃ] *nt dekl wie adj* Old High German

Al·tist(in) <-en, -en> ['altɪst] *m(f)* MUS alto

Alt·jah·res·abend ['altja:ɐ̯əsʔa:bn̩t] *m* SCHWEIZ (*Silvester*) New Year's Eve **Alt·klei·der·samm·lung** *f* collection of old [*or* used] clothes

alt·klug ['alt'klu:k] *adj* precocious

Alt·las·ten *pl* ❶ ÖKOL poisonous waste ❷ (*Überbleibsel*) relic

ält·lich ['ɛltlɪç] *adj* oldish

Alt·ma·te·ri·al *nt* ÖKOL waste material **Alt·meis·ter(in)** *m(f)* ❶ (*großer Könner*) doyen *masc,* doyenne *fem,* dab hand *fam* ❷ SPORT former champion **Alt·me·tall** *nt* scrap metal **Alt·me·tall·con·tai·ner** *m* can [*or* tin] bank BRIT, metal-recycling collection point AM **alt·mo·disch I.** *adj* old-fashioned; (*rückständig*) old-fangled, old hat *pred fam;* **das sind aber sehr ~e Methoden!** those methods are very old hat! **II.** *adv* **~ gekleidet** dressed in old-fashioned clothes; **~ eingerichtet** furnished in an old-fashioned style **Alt·öl** *nt* used oil

Alt·pa·pier *nt* waste paper

Alt·pa·pier·con·tai·ner *m* paper bank BRIT, paper-recycling collection point AM **Alt·pa·pier·samm·lung** *f* waste paper collection

Alt·phi·lo·lo·ge, -phi·lo·lo·gin *m, f* classical scholar, classicist **alt·ro·sa** *adj inv* old rose

Al·tru·is·mus <-> [altru'ɪsmʊs] *m kein pl* BIOL, PSYCH altruism

al·tru·is·tisch *adj* (*geh*) altruistic, selfless

Alt·schnee *m snow which has been lying for some time* **Alt·schul·den** *pl* POL, ÖKON *public debt left behind by the former GDR* **Alt·sil·ber** *nt* ❶ (*Gebrauchtsilber*) old silver ❷ (*künstlich gedunkeltes Silber*) oxidized silver **Alt·sprach·ler(in)**

<-s, -> *m(f)* (*fam*) *s.* **Altphilologe alt·sprach·lich** *adj* SCH classical **Alt·stadt** *f* old town centre [*or* AM -er] **Alt·stadt·sa·nie·rung** *f* restoration of [the] old town centre [*or* AM -er] **Alt·stein·zeit** *f* ARCHÄOL Palaeolithic [*or* AM Paleolithic] Age **alt·stein·zeit·lich** *adj* ARCHÄOL Palaeolithic BRIT, Paleolithic AM; **der ~e Mensch** Palaeolithic man **alt·vä·ter·lich** ['altfɛ:tɐrlɪç] **I.** *adj* ❶ (*überkommen*) old ❷ (*altmodisch*) old-fashioned, quaint ❸ (*patriarchalisch*) patriarchal **II.** *adv* in an old-fashioned way **Alt·wa·ren·händ·ler(in)** *m(f)* second-hand dealer

Alt·wei·ber·fas(t)·nacht *f* DIAL *part of the carnival celebrations: last Thursday before Ash Wednesday, when women assume control* **Alt·wei·ber·som·mer** [alt'vaibɐzɔmɐ] *m* ❶ (*Nachsommer*) Indian summer ❷ (*Spinnfäden im ~*) gossamer

Alu[1] ['a:lu] *nt kurz für* **Aluminium**

Alu[2] ['a:lu] *f* (*fam*) *Akr von* **Arbeitslosenunterstützung** unemployment benefit, BRIT *a.* dole *fam*

Alu·fel·ge *f* AUTO aluminium [*or* AM aluminum] [wheel] rim **Alu·fo·lie** *f* (*fam*) tin foil

Alu·mi·ni·um <-s> [alu'mi:ni̯ʊm] *nt kein pl* aluminium BRIT, aluminum AM

Alu·mi·ni·um·fo·lie *f* aluminium foil

Al·ve·o·le <-, -en> [alve'o:lə] *f* MED (*Lungenbläschen*) alveolus

Alz·hei·mer <-s> ['altshaimɐ] *m* (*fam*), **Alz·hei·mer·krank·heit**[RR] *f kein pl* Alzheimer's [disease]; ■**~ haben** to suffer from Alzheimer's [disease]

am [am] = **an dem** ❶ *zur Bildung des Superlativs* **ich fände es ~ besten, wenn ...** I think it would be best if ...; **es wäre mir ~ liebsten, wenn ...** I would prefer it if ...; **~ schnellsten/schönsten sein** to be [the] fastest/most beautiful ❷ (*fam: beim*) **ich bin ~ Schreiben!** I'm writing!

Amal·gam <-s, -e> [amal'ga:m] *nt* MED, CHEM amalgam

Ama·teur(in) <-s, -e> [ama'tø:ɐ̯] *m(f)* amateur

Ama·teur·fo·to·graf, -gra·fin <-s, -en> *m, f* amateur photographer **Ama·teur·fun·ker(in)** *m(f)* TECH radio amateur

ama·teur·haft *adj* amateurish

Ama·teu·rin <-, -nen> *f fem form von* **Amateur**

Ama·teur·li·ga *f* amateur league **Ama·teur·mann·schaft** *f* amateur team **Ama·teur·sport** *m* amateur sport **Ama·teur·ver·ein** *m* SPORT amateur club

Ama·zo·nas <-> [ama'tso:nas] *m* Amazon

Ama·zo·ne <-, -n> [ama'tso:nə] *f* Amazon

Am·ber·fisch ['ambɐ-] *m* rock salmon

Am·bi·en·te <-> [am'bi̯ɛntə] *nt kein pl* (*geh*) ambience *form*

Am·bi·ti·on <-, -en> [ambi'tsi̯o:n] *f meist pl* ambition; **~[en] haben** to be ambitious; **~[en] auf etw** *akk* **haben** to have designs *pl* [*or fam* one's eye] on sth

am·bi·ti·o·niert [ambitsi̯o'ni:rt] *adj* (*geh*) ambitious

am·bi·va·lent [ambiva'lɛnt] *adj* (*geh*) ambivalent; **~e Gefühle haben** to have mixed feelings

Am·bi·va·lenz <-, -en> [ambiva'lɛnts] *f* ambivalence

Am·boss[RR] <-es, -e> *m*, **Am·boß**[ALT] <-sses, -sse> ['ambɔs] *m* ❶ (*beim Schmied*) anvil ❷ ANAT anvil, incus *spec*

Am·bret·te·kör·ner *pl* amber seed

am·bu·lant [ambu'lant] **I.** *adj* out-patient *attr;* **ein ~er Patient** an out-patient **II.** *adv* **jdn ~ behandeln** to treat sb as an out-patient; **sich ~ versichern** to insure oneself against non-hospital treatment

Am·bu·lanz <-, -en> [ambu'lants] *f* ❶ (*im Krankenhaus*) out-patient department ❷ (*Unfallwagen*) ambulance

Amei·se <-, -n> ['a:maizə] *f* ant

Amei·sen·bär *m* anteater **Amei·sen·hau·fen** *m* anthill **Amei·sen·igel** *m* ZOOL echidna, spiny anteater **Amei·sen·lö·we** *m* ZOOL ant lion, doodlebug **Amei·sen·säu·re** *f* formic acid

amen ['a:mɛn, 'a:mən] *interj* amen

Amen <-s, -> ['a:mɛn, 'a:mən] *nt* Amen ▶WENDUNGEN: **so sicher wie das ~ in der Kirche** (*fam*) as sure as eggs are eggs, as sure as I'm standing here; **sein ~ zu etw geben** to give one's blessing [*or* the go-ahead] to sth

Ame·ri·ci·um <-s> [ame'ri:tsi̯ʊm] *nt kein pl* americium

Ame·ri·ka <-s> [a'me:rika] *nt* ❶ (*Kontinent*) America ❷ (*USA*) the USA, the United States, the States *fam;* **die Indianer ~s** the North American Indians

Ame·ri·ka·ner <-s, -> [ameri'ka:nɐ] *m a small, round, flat, iced cake*

Ame·ri·ka·ner(in) <-s, -> [ameri'ka:nɐ] *m(f)* American

ame·ri·ka·nisch [ameri'ka:nɪʃ] *adj* ❶ (*der USA*) American; **der Mississippi ist der längste ~e Fluss** the Mississippi is the longest river in the USA ❷ (*des ~en Kontinents*) [North] American

ame·ri·ka·ni·sie·ren* [amerikani'zi:rən] *vt* ■**etw/jdn ~** to Americanize sth/sb

Ame·ri·ka·nis·tik <-> [amerika'nɪstɪk] *f kein pl* American Studies

Ame·thyst <-s, -e> [ame'tʏst] *m* amethyst

Am·ha·risch [am'ha:rɪʃ] *nt dekl wie adj* Amharic; *s. a.* **Deutsch**

Am·ha·ri·sche <-n> *nt* ■**das ~** Amharic; *s. a.* **Deutsche**

Ami <-s, -s> ['ami] *m* ❶ (*fam: US-Bürger*) Yank ❷ (*sl: US-Soldat*) GI

Ami·no·grup·pe *f* BIOL, CHEM amino group **Ami·no·säu·re** *f* amino acid

Am·mann <-männer> ['aman, *pl* 'amɛnɐ] *m* SCHWEIZ (*Land~*) cantonal president; (*Gemeinde~*) mayor; (*Vollstreckungsbeamte(r)*) [local] magistrate

Am·me <-, -n> ['amə] *f* wet nurse

Am·men·mär·chen *nt* (*fam*) old wives' tale

Am·mer <-, -n> ['amɐ] *f* ORN bunting

Am·mo·ni·ak <-s> [amo'ni̯ak, 'amoni̯ak] *nt kein pl* ammonia

Am·mo·nit <-en, -en> [amo'ni:t] *m* ARCHÄOL ammonite

Am·ne·sie <-, -n> [amne'zi:, *pl* -zi:ən] *f* amnesia

Am·nes·tie <-, -n> [amnɛs'ti:, *pl* -ti:ən] *f* amnesty; **eine ~ [für jdn] verkünden** to declare [*or* grant] [BRIT *a.* an] amnesty [for sb]

am·nes·tie·ren* [amnɛs'ti:rən] *vt* ■**jdn ~** to grant sb [BRIT *a.* an] amnesty, to pardon sb

Am·nes·tier·te(r) *f(m) dekl wie adj* person who has been granted amnesty

Am·ni·on <-s> ['amniɔn] *nt kein pl* ZOOL amnion

Am·ni·o·zen·te·se <-, -n> *f* MED (*Fruchtwasseruntersuchung*) amniocentesis

Amö·be <-, -n> [a'mø:bə] *f* amoeba BRIT, AM *a.* ameba

Amö·ben·ruhr *f* MED (*durch Amöben erzeugte Darmerkrankung*) amoebic [*or* AM *a.* amebic] dysentery

Amok <-s> ['a:mɔk] *m* **~ fahren** to run amok [*or* amuck]; **~ laufen** running amok [*or* amuck]

Amok·fah·rer(in) *m(f)* mad [*or* crazed] driver **Amok·fahrt** *f* rampant [*or* crazed] drive **Amok·lauf** *m* rampage; **einen ~ aufführen** to run amok **Amok·läu·fer(in)** *m(f)* madman, crazed person **Amok·schüt·ze, -schüt·zin** *m, f* crazed gunman; **ein unbekannter ~** an unknown gunman

Amor <-s> ['a:mo:ɐ̯] *m kein pl* Cupid, Eros ▶WENDUNGEN: **~s Pfeil** (*geh*) Cupid's arrow, love's arrows

amo·ra·lisch ['amora:lɪʃ] *adj* ❶ (*unmoralisch*) immoral ❷ (*außerhalb moralischer Werte*) amoral

Amor·ti·sa·ti·on <-, -en> [amɔrtiza'tsi̯o:n] *f* (*Deckung vor Ertrag*) amortization

amor·ti·sie·ren* [amɔrti'zi:rən] **I.** *vt* ÖKON **eine Investition ~** to amortize an investment **II.** *vr* ■**sich ~** to pay for itself

amou·rös [amu'rø:s] *adj* (*geh*) amorous

Am·pel <-, -n> ['ampl̩] *f* traffic lights *npl;* **die ~ ist auf rot gesprungen** the lights have turned red; **fahr los, die ~ ist grün!** drive on! it's green!; **du hast eine rote ~ überfahren** you've just driven through a red light

Am·pel·an·la·ge *f* [set of] traffic lights **Am·pel·ko·a·li·ti·on** *f* POL (*fam*) *a coalition of the three political parties, SPD, FDP*

and Greens, whose party colours are red, yellow and green respectively **Am·pel·kreu·zung** *f a crossroads where traffic is regulated by traffic lights* **Am·pel·pha·se** *f* sequence of traffic lights

Am·père <-[s], -> [amˈpeːɐ̯] *nt* amp, ampere *form*

Am·père·me·ter [ampeːɐ̯ˈmeːtɐ] *nt* ammeter **Am·père·stun·de** [ampeːɐ̯ˈʃtʊndə] *f* ampere hour

Am·phe·ta·min <-s, -e> [amfetaˈmiːn] *nt* amphetamine

Am·phi·bie <-, -n> [amˈfiːbi̯ə, *pl* -fiːbi̯ən] *f* amphibian

Am·phi·bi·en·fahr·zeug *nt* amphibian, amphibious vehicle

am·phi·bisch [amˈfiːbɪʃ] *adj* amphibious

Am·phi·the·a·ter [amˈfiːteaːtɐ] *nt* amphitheatre [*or* AM -er]

Am·pho·re <-, -n> [amˈfoːrə] *f* amphora

Am·pli·tu·de <-, -n> [ampliˈtuːdə] *f* PHYS amplitude

Am·pul·le <-, -n> [amˈpʊlə] *f* ampoule, AM *a.* ampul, AM *a.* ampule

Am·pu·ta·ti·on <-, -en> [amputaˈtsi̯oːn] *f* amputation

am·pu·tie·ren* [ampuˈtiːrən] **I.** *vt* ■**jdn** ~ to carry out an amputation on sb; **jdm ein Glied** ~ to amputate sb's limb **II.** *vi* to amputate

Am·pu·tier·te(r) *f(m) dekl wie adj* amputee

Am·sel <-, -n> [ˈamzl̩] *f* blackbird

Ams·ter·dam <-s> [amstɐˈdam] *nt* Amsterdam

Amt <-[e]s, Ämter> [amt, *pl* ˈɛmtɐ] *nt* ❶ (*Behörde, Abteilung*) office, department; **aufs** ~ **gehen** (*fam*) to go to the authorities; **Auswärtiges** ~ Foreign Office BRIT, State Department AM ❷ (*öffentliche Stellung*) post, position; (*hohe, ehrenamtliche Stellung*) office; [**noch**] **im** ~ **sein** to be [still] in office; **sein/ein** ~ **antreten** to take up one's post [*or* office]; **für ein** ~ **kandidieren** to be a candidate for an office/a post [*or* position], to go for an office/a post [*or* position] *fam;* **ein** ~ **innehaben** to hold an office; **jdn aus dem** ~ **entfernen** to remove sb from [his/her] office; **in** ~ **und Würde sein** to be a man/woman of position and authority ❸ (*offizielle Aufgabe*) responsibility, [official] duty; **kraft jds ~es** (*geh*) in one's official capacity; **kraft ihres ~es als Vorsitzende** acting in her capacity as president; **seines ~es walten** (*geh*) to carry out [*or* discharge] one's duty; **von ~s wegen** officially, ex officio *spec;* **ich erkläre Sie von ~s wegen für verhaftet** I arrest you in the name of the law ❹ TELEK (*Fernamt*) operator, exchange *dated;* (*freie Leitung*) outside line ❺ REL (*Hochamt*) [high] mass

am·tie·ren* [amˈtiːrən] *vi* ❶ (*ein Amt innehaben*) to hold office; (*sein Amt angetreten haben*) to be in office; ■[**als etw**] ~ to hold office [as sth]; ■**~d** official ❷ (*ein Amt vorübergehend wahrnehmen*) ■[**als etw**] ~ to act [as sth] ❸ (*fam: fungieren*) ■**als etw** ~ to act [as] sth; **als Gastgeber** ~ to play host

am·tie·rend *adj inv, attr* office-holding *attr,* present *attr*

amt·lich I. *adj* official; *s. a.* **Kennzeichen II.** *adv* officially

Amt·mann, Amt·män·nin *o* **Amt·frau** <-leute> *m, f* senior civil servant

Amts·an·ma·ßung *f* JUR (*unbefugte Ausübung eines Amtes*) *impersonation of sb with official authority;* **er wurde wegen** ~ **verurteilt** he was found guilty of false pretences **Amts·an·tritt** *m* assumption of office; **vor seinem** ~ before he took up office **Amts·arzt, -ärz·tin** *m, f* ADMIN ≈ medical officer **amts·ärzt·lich I.** *adj* **ein ~es Attest** ≈ a health certificate from the medical officer **II.** *adv* MED **sich** ~ **untersuchen lassen** to be examined by the medical officer **Amts·be·reich** *m* jurisdiction **Amts·blatt** *nt* official gazette **Amts·dau·er** *f* term of office **Amts·deutsch** *nt* (*pej*) officialese *pej* **Amts·eid** *m* oath of office; **einen** ~ **ablegen** to be sworn in **Amts·ein·füh·rung** *f* inauguration **Amts·ent·he·bung** *f,* **Amts·ent·set·zung** *f* SCHWEIZ, ÖSTERR dismissal, removal from office **Amts·gang** *m* ADMIN official government transactions *pl* **Amts·ge·heim·nis** *nt* ❶ *kein pl* (*Schweigepflicht*) official secrecy; **dem** ~ **unterliegen** to be bound by official secrecy [*or esp* BRIT protected by the Official Secrets Act] ❷ (*geheime Information*) official secret **Amts·ge·richt** *nt* ≈ magistrates' [*or* AM district] court **Amts·ge·schäf·te** *pl* official duties **Amts·hand·lung** *f* (*geh*) official duty; **jdn bei der Ausführung einer** ~ **behindern** to obstruct sb in the course of his/her duties **Amts·hil·fe** *f* ADMIN *obligatory exchange of information between local or government authorities* **Amts·in·ha·ber(in)** *m(f)* office-bearer [*or* -holder] **Amts·miss·brauch**[RR] *m* abuse of authority **amts·mü·de** *adj* tired of office **Amts·pe·ri·o·de** *f* term of office **Amts·rich·ter(in)** *m(f)* ≈ magistrate BRIT, district court judge AM **Amts·schim·mel** *m kein pl* (*hum fam*) bureaucracy, red tape; **dem** ~ **ein Ende bereiten** to cut the red tape; **den** ~ **reiten** to tie everything up with red tape; **den** ~ **wiehern hören** to see oneself caught up in red tape **Amts·spra·che** *f* ❶ *kein pl* (*Amtsdeutsch*) official language, officialese *pej* ❷ (*offizielle Landessprache*) official language **Amts·stun·den** *pl* office hours **Amts·trä·ger(in)** *m(f)* office bearer **Amts·über·nah·me** *f* assumption of office; **bei** ~ on assuming office **Amts·ver·ge·hen** *nt* offence [*or* AM -se] committed by public servant **Amts·vor·mund** *m* official guardian (*appointed by the courts*) **Amts·vor·ste·her(in)** *m(f)* head [*or* director] [of a department] **Amts·weg** *m* official channels *pl;* **auf dem** ~ through official channels; **den** ~ **beschreiten** (*geh*) to go through official channels **Amts·zei·chen** *nt* dialling [*or* AM dial] tone **Amts·zeit** *f* period of office, term [*or* tenure] [of office] **Amts·zim·mer** *nt* office

Amu·lett <-[e]s, -e> [amuˈlɛt] *nt* amulet

amü·sant [amyˈzant] **I.** *adj* entertaining, amusing **II.** *adv* entertainingly; **sich** ~ **unterhalten** to have an amusing conversation

amü·sie·ren* [amyˈziːrən] **I.** *vr* ■**sich** ~ enjoy oneself; **amüsiert euch gut!** have a good time!; ■**sich mit jdm** ~ to have a good time with sb; ■**sich über jdn/etw** ~ to laugh about sb/sth; ■**sich darüber ~, dass** to laugh about the fact that **II.** *vt* ■**jdn** ~ to amuse sb; **du grinst? was amüsiert dich denn so?** what are you grinning about?; **dein Benehmen amüsiert mich nicht sehr!** I don't find your behaviour very amusing!; **etw zum Amüsieren finden** to find sth amusing

Amü·sier·vier·tel *nt* red light district

amu·sisch [ˈamuːzɪʃ] *adj* (*geh*) uncultivated, uncultured, philistine *pej*

Amy·la·se <-, -n> [amyˈlaːzə] *f* BIOL amylase

an [an] **I.** *präp* ❶ +*dat* (*direkt bei*) at; **der Knopf** ~ **der Maschine** the button on the machine; **nahe** ~ **der Autobahn** close to the motorway [*or* AM freeway]; ~ **dieser Stelle** in this place, on this spot ❷ +*dat* (*in Berührung mit*) on; **er nahm sie** ~ **der Hand** he took her by the hand ❸ +*dat* (*auf/bei*) at; **sie ist am Finanzamt** she works for the Inland Revenue ❹ +*dat* (*zur Zeit von*) on; ~ **den Abenden** in the evenings; ~ **jenem Morgen** that morning; ~ **Weihnachten** at Christmas; (*25. Dezember*) on Christmas Day ❺ +*dat* (*verbunden mit einer Sache/Person*) about; **das Angenehme/Besondere/Schwierige** ~ **etw** the nice [*or* pleasant]/special/difficult thing about sth; **was ist** ~ **ihm so besonders?** what's so special about him?; **das gefällt mir gar nicht** ~ **ihr** I don't like that about her at all ❻ +*dat* (*nebeneinander*) **Tür** ~ **Tür wohnen** to be next-door neighbours [*or* AM -ors]; **in der Altstadt steht Haus** ~ **Haus dicht beieinander** in the old town the houses are very close together; **die Zuschauer standen dicht** ~ **dicht** the spectators were packed close together ❼ +*dat* SCHWEIZ (*auf*) on; (*bei*) at; (*in*) in; **das kam gestern am Fernsehen** it was on television yesterday ❽ +*akk räumlich* **sie ging ~s Klavier** she went to the piano; **er setzte sich** ~ **den Tisch** he sat down at the table; **die Hütte war** ~ **den Fels gebaut** the hut was built on the rocks; **bis** ~ **etw reichen** to reach as far as sth; **pflanze den Baum nicht zu dicht ~s Haus** don't plant the tree too close to the house; **er schrieb etw** ~ **die Tafel** he wrote sth on the board; **etw** ~ **etw lehnen** to lean sth against sth; **er setzte sich gleich** ~ **den Com-**

puter he went straight to the computer ❾ *+akk* (*sich wendend*) to; ~ **das Telefon gehen** to answer the telephone; ~ **dieses Gerät lasse ich keinen ran!** I won't let anybody touch this equipment! ❿ *+akk zeitlich* (*sich bis zu etw erstreckend*) of, about; **sie dachten nicht** ~ **Morgen** they didn't think about [*or* of] tomorrow; **kannst du dich noch** ~ **früher erinnern?** can you still remember the old days? ⓫ *+akk* SCHWEIZ (*zu*) to ▶ WENDUNGEN: ~ **jdm/etw vorbei** past; ~ [**und für**] **sich** actually; *s. a.* **ab II.** *adv* ❶ (*ungefähr*) ■ ~ **die ...** about, approximately ❷ (*Ankunftszeit*) arriving at ❸ ELEK (*fam: angeschaltet*) on; ~ **sein** to be on; *Licht a.* to be burning ❹ (*fam: angezogen*) on; **ohne etwas** ~ with nothing on ❺ (*zeitlich*) **von etw** ~ from sth on [*or* onwards]; **von seiner Kindheit** ~ from the time he was a child; **von jetzt** ~ from now on

Ana·bo·li·kum <-s, -ka> [ana'bo:likʊm] *nt* anabolic steroid

Ana·bo·lis·mus <-> [anabo'lɪsmʊs] *m kein pl* BIOL anabolism

Ana·chro·nis·mus <-, -nismen> [anakro'nɪsmʊs] *m* (*geh*) anachronism

ana·chro·nis·tisch [anakro'nɪstɪʃ] *adj* (*geh*) anachronistic

An·a·e·ro·bi·er <-s, -> [an?ae'ro:bi̯ɐ] *m* BIOL anaerobe

Ana·kon·da <-, -s> [ana'kɔnda] *f* anaconda

anal [a'na:l] **I.** *adj* anal **II.** *adv* anally; ~ **fixiert sein** PSYCH to be anally retentive; ~ **verkehren** to have anal intercourse

ana·log [ana'lo:k] **I.** *adj* ❶ (*entsprechend*) analogous ❷ INFORM analog **II.** *adv* ❶ (*entsprechend*) analogous; ■ ~ [**zu etw** *dat*] analogous [to [*or* with] sth] ❷ INFORM as an analog

Ana·lo·gie <-, -n> [analo'gi:, *pl* -gi:ən] *f* analogy; **in** ~ **zu etw** in analogy to sth

Ana·lo·gie·schlussRR *m* PHILOS argument by analogy

Ana·log·rech·ner *m* analogue computer **Ana·log·ta·cho·me·ter** *m* TECH, AUTO analogue tachometer **Ana·log·uhr** *f* analogue watch

An·al·pha·bet(in) <-en, -en> [an?alfa'be:t] *m(f)* illiterate; (*pej: Unwissende(r)*) ignoramus

An·al·pha·be·te·ntum <-s> [an?alfa'be:tn̩tu:m] *nt*, **An·al·pha·be·tis·mus** <-> [an?alfabe'tɪsmʊs] *m kein pl* illiteracy

An·al·pha·be·tin <-, -nen> *f fem form von* **Analphabet**

Anal·ver·kehr *m* anal sex

Ana·ly·se <-, -n> [ana'ly:zə] *f* analysis

ana·ly·sie·ren* [analy'zi:rən] *vt* ■**etw/jdn** ~ to analyze sth/sb

Ana·ly·sis <-> [a'na:lyzɪs] *f kein pl* MATH analysis

Ana·ly·ti·ker(in) <-s, -> [ana'ly:tikɐ] *m(f)* (*geh*) analyst

ana·ly·tisch [ana'ly:tɪʃ] **I.** *adj* (*geh*) analytic, analytical **II.** *adv* analytically

Anä·mie <-, -n> [anɛ'mi:, *pl* -mi:ən] *f* MED anaemia BRIT, anemia AM

anä·misch [a'nɛ:mɪʃ] *adj* MED (*blutarm*) anemic

Ana·mne·se <-, -n> [anam'ne:zə] *f* MED patient's history, anamnesis *spec*

Ana·nas <-, - *o* -se> ['ananas] *f* pineapple

Anar·chie <-, -n> [anar'çi:, *pl* -çi:ən] *f* anarchy

Anar·chis·mus <-> [anar'çɪsmʊs] *m kein pl* anarchism

Anar·chist(in) <-en, -en> [anar'çɪst] *m(f)* anarchist

anar·chis·tisch *adj* anarchic, anarchical

Anar·cho <-s, -s> [a'narço] *m* (*sl*) anarchist, anarcho-syndicalist

An·äs·the·sie <-, -n> [an?ɛste'zi:, *pl* -zi:ən] *f* anaesthesia BRIT, anesthesia AM

An·äs·the·sist(in) <-en, -en> [an?ɛste'zɪst] *m(f)* anaesthetist BRIT, anesthetist AM

Ana·to·li·en <-s> [ana'to:li̯ən] *nt* Anatolia

Ana·to·mie <-, -n> [anato'mi:, *pl* -mi:ən] *f* ❶ *kein pl* (*Fach*) anatomy ❷ (*Institut*) institute of anatomy

Ana·to·mie·saal *m* anatomy theatre [*or* AM -er]

ana·to·misch [ana'to:mɪʃ] **I.** *adj* anatomic, anatomical **II.** *adv* anatomically

an|ba·cken *vi* KOCHK to stick, to cake on

an|bag·gern *vt* (*sl*) ■**jdn** ~ to chat sb up BRIT, to hit on sb AM

an|bah·nen I. *vt* (*geh*) ■**etw** ~ (*anknüpfen*) to pave the way for sth; (*in die Wege leiten*) to prepare [the ground] for sth; ■**das Anbahnen** preparation, spadework *fam* **II.** *vr* ❶ (*sich andeuten*) ■**sich** ~ to be in the offing [*or* on the horizon] ❷ (*sich entwickeln*) ■**sich** [**bei jdm**] ~ to be in the making; **hoffentlich bahnt sich da keine Erkältung** [**bei dir**] **an!** I hope you're not getting a cold!; **zwischen ihnen bahnt sich etwas an** there's sth going on there

an|bän·deln ['anbɛndl̩n] *vi* ❶ (*Liebesbeziehung beginnen*) ■**mit jdm** ~ to take up with sb ❷ (*Streit anfangen*) ■**mit jdm** ~ to start an argument with sb

An·bau1 *m kein pl* AGR cultivation

An·bau2 <-bauten> *m* ❶ (*Nebengebäude*) extension, annexe BRIT, annex AM ❷ *kein pl* (*das Errichten*) building

an|bau·en1 *vt* ■**etw** ~ to grow [*or* cultivate] sth

an|bau·en2 **I.** *vt* ■**etw** [**an etw** *akk*] ~ to build an extension [to sth] **II.** *vi* to extend, to build an extension

Anb·au·flä·che *f* AGR ❶ (*zum Anbau geeignete Fläche*) land suitable for cultivation ❷ (*bebaute Ackerfläche*) acreage **An·bau·ge·biet** *nt* AGR area [of cultivation]

An·be·ginn *m* (*geh*) beginning; **seit** ~ [**einer S.** *gen*] since the beginning [of sth]; **seit** ~ **der Welt** since the world began; **von** ~ [**an**] [right] from the beginning

an|be·hal·ten* *vt irreg* ■**etw** ~ to keep sth on

an·bei [an'bai] *adv* (*geh*) enclosed; ~ **die erbetenen Prospekte** please find enclosed the requested brochure

an|bei·ßen *irreg* **I.** *vi* ❶ (*den Köder beißen*) to take [*or* nibble at] the bait ❷ (*fam: Interesse haben*) to show interest, to take the bait **II.** *vt* ■**etw** ~ to take a bite of [*or* bite into] sth ▶ WENDUNGEN: **zum Anbeißen** (*fam*) fetching BRIT, hot AM *sl*

an|be·lan·gen* *vt* (*geh*) ■**jdn** ~ to be sb's business, to concern sb; **was jdn/etw anbelangt, ...** as far as sb/sth is concerned...; **was die Sache anbelangt ...** as far as that is concerned ...

an|bel·len *vt* ■**jdn** ~ to bark at sb

an|be·rau·men* ['anbərauman] *vt* (*geh*) ■**etw** ~ to fix [*or* arrange] sth; **einen Termin** ~ to set [*or* fix] a date

an|be·ten *vt* ❶ REL ■**jdn/etw** ~ to worship sb/sth ❷ (*verehren*) ■**jdn** ~ to adore [*or* worship] sb

An·be·ter(in) <-s, -> *m(f)* REL worshipper, devotee

An·be·tracht *m* ■**in** ~ **einer S.** *gen* in view of; **in** ~ **dessen, dass** in view of the fact that

an|be·tref·fen* *vt irreg* (*geh*) *s.* **anbelangen**

an|bet·teln *vt* ■**jdn** ~ to beg from sb; ■[**jdn**] **um etw** ~ to beg [sb] for sth

An·be·tung <-, *selten* -en> *f* REL worship, adoration

an|bie·dern ['anbi:dɐn] *vr* (*pej*) ■**sich** [**bei jdm**] ~ to curry favour [*or* AM -or] with sb, to crawl [to sb]; ■~**d** crawling, ingratiating *form*

An·bie·de·rung <-, -en> *f* ingratiation; **ihre** ~ **an ihn ist wirklich abstoßend** the way she fawns all over him is really disgusting

An·bie·de·rungs·ver·such *m* attempt to ingratiate oneself; **seine** ~**e gehen mir auf die Nerven** his attempts to butter me up are getting on my nerves

an|bie·ten *irreg* **I.** *vt* ■[**jdm**] **etw** ~ to offer [sb] sth, to offer sth [to sb]; **darf ich Ihnen noch ein Stück Kuchen** ~**?** would you like another piece of cake?; **na, was bietet die Speisekarte denn heute an?** well, what's on the menu today?; **dieser Laden bietet regelmäßig verschiedene Südfrüchte an** this shop often has exotic fruit for sale; **diesen Fernseher kann ich Ihnen besonders günstig** ~ I can give you a particularly good price for this TV **II.** *vr* ❶ (*sich zur Verfügung stellen*) ■**sich** [**jdm**] **als etw** ~ to offer [*or* volunteer] one's services as sth to sb; **darf ich mich Ihnen als Stadtführer** ~**?** my services as guide are at your disposal; ■**sich** ~**, etw zu tun** to offer [*or* volunteer] to do sth ❷ (*naheliegen*) ■**sich** [**für etw**] ~ to be just the right thing [for sth]; **eine kleine Pause**

anbieten

nach Wünschen fragen, etwas anbieten	asking people what they want, offering something
Kann ich Ihnen helfen?/Was darf's sein?	**Can I help you?/What'll it be?**
Haben Sie irgendeinen Wunsch?	**Would you like anything?**
Was hättest du denn gern?	**What would you like?**
Was möchtest/magst du essen/trinken?	**What would you like** to eat/drink?
Wie wär's mit einer Tasse Kaffee? *(fam)*	**How about** a cup of coffee?
Darf ich Ihnen ein Glas Wein **anbieten?**	**May I offer you** a glass of wine?
Sie können gern mein Telefon benutzen.	**You're welcome** to use my phone.
Angebote annehmen	**accepting offers**
Ja, bitte./Ja, gern.	**Yes please./I'd love one.**
Danke, das ist nett/lieb von dir.	**Thanks, that's kind of you.**
Ja, das wäre nett.	**Yes, that would be kind.**
Oh, das ist aber nett!	**Oh, that's nice of you!**
Angebote ablehnen	**turning down offers**
Nein, danke!	**No, thanks!**
Aber das ist doch nicht nötig!	**But that's not necessary!/You shouldn't have!**
Das kann ich doch nicht annehmen!	**I can't (possibly) accept this!**
zögern	**hesitating**
Ich weiß nicht so recht.	**I'm not sure.**
Ich kann Ihnen noch nicht sagen, ob ich Ihr Angebot annehmen werde.	**I can't tell you yet whether or not** I'm going to accept your offer.
Ich muss darüber noch nachdenken.	**I still have to think about it.**
Ich kann Ihnen noch nicht zusagen.	**I can't accept yet.**

würde sich jetzt ~ a little break would be just the thing now; **es bietet sich leider keine andere Alternative an** unfortunately, there's no alternative; ■**es bietet sich an, das zu tun** it would seem to be the thing to do; **bei dem Wetter bietet es sich doch an, einen Ausflug zu unternehmen** this is just the right weather for a trip somewhere

Ạn·bie·ter(in) *m(f)* supplier

ạn|bin·den *vt irreg* ① (*festbinden*) ■**jdn/etw** [**an etw** *akk o dat*] ~ to tie sb/sth [to sth]; **die Kähne waren fest an den Anlegern angebunden** the barges were moored to the jetty ② (*durch Pflichten einschränken*) ■**jdn** ~ to tie sb down; (*jds Freiheit einschränken*) to keep sb on a lead ③ TRANSP ■**etw an etw** *akk* ~ to connect sth to sth

Ạn·blick *m* sight; **einen erfreulichen/Furcht erregenden ~ bieten** to be a welcoming/horrifying sight; **das war kein schöner ~!** it was not a pretty sight!; **beim ~ einer S.** *gen* at the sight of; **beim ersten ~** at first sight

ạn|bli·cken *vt* (*geh*) ■**jdn** ~ to look at sb; **er blickte sie lange und versonnen an** he gazed at her, lost in thought; **er blickte sie kurz an** he glanced at her

ạn|blin·zeln *vt* ■**jdn** ~ to blink at sb; (*zublinzeln*) to wink at sb

ạn|boh·ren *vt* ① (*ein Loch bohren*) ■**etw** ~ to drill [*or* bore] into sth ② (*zugänglich machen*) ■**etw** ~ to drill for sth ③ ZOOL ■**etw** ~ to eat into sth

Ạn·bot <-[e]s, -e> *nt* ÖSTERR (*geh: Angebot*) offer

ạn|bra·ten *vt irreg* KOCHK ■**etw** ~ to fry sth until brown

ạn|brau·chen *vt* (*fam*) ■**etw** ~ to open [*or* start] sth; **eine angebrauchte Flasche Cola** an open bottle of coke; **eine angebrauchte Tüte Chips** an open [*or* a half-eaten] packet of crisps [*or* AM chips]

ạn|bräu·nen *vt* KOCHK ■**etw** ~ to brown sth

ạn|bre·chen *irreg* **I.** *vi sein* to begin; *Tag* to dawn, to break *form; Winter, Abend* to set in; *Dunkelheit, Nacht* to fall; **wir redeten bis der Tag anbrach** we talked until the break of day **II.** *vt haben* ■**etw** ~ ① (*zu verbrauchen beginnen*) to open sth; **eine Packung Kekse** ~ to open [*or* start] a packet of biscuits; **die Vorräte** ~ to break into supplies; ■**angebrochen** opened, half-eaten *fam;* **wir haben den angebrochenen Urlaub daheim verbracht** we spent the rest of the holiday at home ② (*auszugeben beginnen*) to break sth; **ich wollte den Hunderter nicht** ~ I didn't want to break the hundred mark note ③ (*teilweise brechen*) to chip sth

ạn|bren·nen *irreg* **I.** *vi sein* ① (*verkohlen*) to burn; ■**etw ~ lassen** to let sth burn; **es riecht hier so angebrannt** it smells of burning in here ② (*zu brennen beginnen*) to burn; **tu erst Papier unter die Kohle, dann brennt sie leichter an!** put paper under the coal so that it ignites better ►WENDUNGEN: **nichts ~ lassen** (*fam*) to not hesitate [*or* let an opportunity go past one] **II.** *vt haben* ■**etw** ~ to ignite sth

ạn|brin·gen *vt irreg* ① (*befestigen*) ■**etw** [**an etw** *dat*] ~ to hang sth [on sth], to fix sth [to sth] ② (*montieren*) **Beschläge** ~ to attach [*or* mount] fittings; **ein Gerät** ~ to instal a piece of equipment; **ein Regal** ~ to put up a shelf ③ (*vorbringen*) ■**etw** ~ to introduce [*or* mention] sth; *s. a.* **angebracht** ④ (*äu-*

ßern) ■ **etw** [**bei jdm**] ~ to make sth [to sb] ❺ *(verwenden)* ■ **etw** [**in etw** *dat*] ~ to make use of sth [in sth], to put sth to good use ❻ *(fam: herbeibringen)* ■ **jdn/etw** ~ to bring sb/sth [along] ❼ *(fam)* ■ **etw** [**bei jdm**] ~ to sell [*or sl* flog] sth [to sb]

An·bruch *m kein pl (geh)* dawn, beginning *form;* **bei ~ des Tages** at the break of day, at daybreak [*or* dawn]; **bei ~ der Dunkelheit** at dusk

an|brül·len **I.** *vt* ❶ *(fam: wütend laut ansprechen)* ■ **jdn/etw** ~ to shout at sb/sth ❷ *(in jds Richtung brüllen)* ■ **jdn** ~ to bawl at sb; *Löwe* to roar at sb; *Bär* to snarl at sb; *Stier* to bellow at sb **II.** *vi (fam)* ■ **gegen jdn/etw** ~ to shout sb/sth down, to make oneself heard above sb/sth

An·cho·vis <-, -> [an'ço:vɪs] *f* anchovy

An·dacht <-, -en> ['andaxt] *f* prayer service; **in** [*o* **mit**] [*o* **voller**] ~ REL in [*or* with] devotion; **voller** ~ *(geh)* in rapt devotion

an·däch·tig ['andɛçtɪç] **I.** *adj* ❶ REL devout, reverent ❷ *(ehrfürchtig)* reverent; *(in Gedanken versunken)* rapt **II.** *adv* ❶ REL devoutly, religiously ❷ *(hum: ehrfürchtig)* reverently; *(inbrünstig)* raptly

An·däch·ti·ge(r) *f(m) dekl wie adj* REL worshipper, devotee

An·da·ma·ni·sches Meer [anda'ma:nɪʃəs -] *nt* Andaman Sea

an|dämp·fen *vt* KOCHK *s.* **andünsten**

An·dau·er *f kein pl* continuance; **mit einer ~ des milden Wetters ist weiterhin zu rechnen** the mild weather is expected to continue

an|dau·ern *vi* to continue; *Gespräche, Meeting* to go on

an·dau·ernd **I.** *adj* continuous, persistent; **bis in die späten Abendstunden** ~ going on well into the night **II.** *adv* continuously, persistently; **jetzt schrei mich nicht ~ an** stop shouting at me all the time

An·den ['andn̩] *pl* Andes *npl*

An·den·ken <-s, -> *nt* ❶ *(Souvenir)* souvenir *a. fam* ❷ *(Erinnerungsstück)* ■ **ein ~ an jdn/etw** a keepsake from sb/sth; **zum ~ an jdn/etw** as a keepsake of sb/sth, in memory of sb/sth ❸ *kein pl (Erinnerung)* memory; **zum ~ an jdn** in memory [*or* remembrance] of; **jdm ein ehrendes ~ bewahren** *(geh)* to honour [*or* AM -or] sb's memory; *(jdm gedenken)* to commemorate sb; **jdn/etw in freundlichem ~ behalten** in fond memory of sb; **im ~ an ...** in memory of ...

an·de·re(r, s) ['andərə, -rɐ, -rəs] *pron indef* ❶ *adjektivisch (abweichend)* different, other; **das ist eine ~ Frage** that's another [*or* a different] question; **bei einer ~n Gelegenheit** another time; **das ~ Geschlecht** the opposite sex; **ein ~s Mal** another time; **eine ~ Meinung haben, einer ~n Meinung sein** to have [*or* be of] a different opinion; **eine ganz ~ Sache** an entirely different matter ❷ *adjektivisch (weitere)* other; **er besitzt außer dem Mercedes noch drei ~ Autos** apart from the Mercedes, he's got three more cars; **haben Sie noch ~ Fragen?** have you got any more [*or* further] questions? ❸ ■ **andere** *substantivisch (sonstige)* more, others; **es gibt noch ~, die warten!** there are others waiting!; **ich habe nicht nur diese Brille, sondern noch ~** I've got more than just this one pair of glasses; ■ **das/der/die ~** the other; ■ **ein ~r/eine ~/ein ~s** [an]other, a different one; **eines ist schöner als das ~!** each one is more beautiful than the last! ❹ ■ **andere** *substantivisch (sonstige Menschen)* others; ■ **der/die ~** the other [one]; ■ **ein ~r/eine ~** someone else; ■ **die ~n** the others; **alle ~n** all the others; **wir ~n** the rest of us; **jede/jeder ~** anybody else; **keine ~/kein ~r als ...** nobody [*or* no one else] but ...; **weder den einen/die eine noch den ~n/die ~** neither one of them; **einer nach dem ~n, eine nach der ~n** one after the other; **der eine oder ~** one or two people; **falls dem einen oder ~n etwas einfällt** if any of you have an idea; **ich will weder den einen noch den ~n einladen** I don't want to invite either one; **auf ~ hören** to listen to others; **2 Kinder haben sie schon, sie wollen aber noch ~** they've already got 2 children but they want more; **gab es noch ~ [Frauen] in deinem Leben?** were there other women in your life?; **hast du eine ~?** is there someone else?, have you got another woman?; **auch ~ als ich denken so** other people think the same as I do; **da muss ein ~r kommen** *(fig)* it will take more than him/you etc ❺ ■ **anderes** *substantivisch (Abweichendes)* other things *pl;* **das T-Shirt ist schmutzig – hast du noch ein ~s** that t-shirt is dirty – have you got another one?; ■ **etwas/nichts ~s** [*o* **A~s**] something/anything else; **hattest du an etwas ~s gedacht/ etwas ~s erwartet?** what did you expect?; **ich hatte nichts ~s erwartet** I didn't expect anything else; **das ist natürlich etwas ~s!** that's a different matter altogether; **das ist etwas ganz ~s!** that's something quite different; **es bleibt uns nichts ~s übrig** there's nothing else we can do; **lass uns von etwas ~m sprechen** let's talk about something else, let's change the subject; **dem hätte ich was ~s erzählt!** *(fam)* I would have given him a piece of my mind; **nichts ~s** [*o* **A~s**] [**mehr**] **tun wollen, als ...** to not want to do anything else than ...; **nichts ~s** [*o* **A~s**] **als** nothing but; **das bedeutet doch nichts ~s als die totale Pleite** it means only one thing and that is total ruin; **alles ~** everything else; **alles ~ als ...** anything but ...; **ein[e]s nach dem ~n** first things first; **so kam eins zum ~n** one thing led to another; **weder das eine noch das ~** neither [one]; *(tun wollen)* not either; **und ~s mehr** and much more besides; **unter ~m ...** ... amongst other things, including ...

an·de·ren·falls ['andərənfals], **an·dern·falls** ['andɐnfals] *adv* otherwise **an·de·ren·orts** ['andərənʔɔrts], **an·dern·orts** ['andɐnʔɔrts] *adv (geh)* elsewhere; **~ ist es auch nicht anders!** it's no different anywhere else!

an·de·rer·seits ['andərɐzaits], **an·drer·seits** ['andrɐzaits] *adv* on the other hand

an·der·mal ['andɐma:l] *adv* ■ **ein ~** another [*or* some other] time

än·dern ['ɛndɐn] **I.** *vt* ❶ *(verändern)* ■ **etw ~** to change [*or* alter] sth; **ich kann es nicht ~** I can't do anything about it; **[s]eine Meinung ~** to change one's mind; **den Namen ~** to change one's name; **das ändert nichts daran, dass ...** that doesn't change [*or* alter] the fact that; **das alles ändert nichts an der Tatsache, dass ...** none of that changes [*or* alters] the fact that ...; **daran kann man nichts ~** there's nothing anyone/we/you can do about it ❷ MODE ■ **[jdm] etw ~** to alter sth [for sb]; *(kleiner machen)* to take sth in; *(die Naht auslassen)* to let sth out **II.** *vr* ■ **sich ~** to change; **in meinem Leben muss sich einiges ~** there will have to be some changes in my life; **die Windrichtung hat sich geändert** the wind has changed direction; **es hat sich nichts geändert** nothing's changed; ■ **sich an etw** *dat* **~** to change; **das lässt sich nicht ~** there's nothing that can be done about it, you can't do anything about it

an·ders ['andɐs] *adv* ❶ *(verschieden)* differently; **die Sachen sind doch etwas ~ als erwartet gelaufen** things have progressed in a different way to what we expected; **sie denkt ~ als wir** she has a different point of view from us; **diese Musik klingt schon ganz ~** this music sounds completely different; **als braves Kind gefällst du mir ganz ~** I like you much more when you behave; ■ **~ als ...** different to [*or* from] [*or* AM *a.* than] ...; **~ als sonst** different than usual; **es sich** *dat* **~ überlegen** to change one's mind; **~ denkend** dissenting, dissident; **~ gesinnt** of a different opinion; **~ lautend** contrary, different ❷ *(sonst)* otherwise; **~ kann ich es mir nicht erklären** I can't think of another explanation; **jemand ~** somebody [*or* someone] [*or* anybody] else; **niemand ~** nobody [*or* no one] else; **lass außer mir niemand ~ rein!** don't let anybody in except [for] me!; **was/wer/wo ~?** what/who/where else?; **nicht ~ gehen** to be able to do nothing about sth; **es ging leider nicht ~** I'm afraid I couldn't do anything about it ▶ WENDUNGEN: **auch ~ können** *(fam)* **ich kann auch ~!** *(fam)* you'd/he'd etc. better watch it!; **nicht ~ können** *(fam)* to be unable to help it [*or* oneself]; **ich konnte nicht ~** I couldn't help it; **jdm wird ganz ~** (*schwindelig*) to feel dizzy; **da wird einem ja ganz ~!** (*ärgerlich zumute*) it makes [*or* it's enough to make] one's blood boil

an·ders·ar·tig ['andɐsʔaːɐ̯tɪç] *adj* different **ạn·ders·den·kend** *adj attr s.* **anders 1** **Ạn·ders·den·ken·de(r)** *f(m) dekl wie adj* dissident

an·der·seits ['andɐzaits] *adv s.* **and[e]rerseits**

ạn·ders·far·big I. *adj* of a different colour [*or* AM -or] [*or liter* hue] **II.** *adv* a different colour [*or* AM -or]; **~ lackiert** painted a different colour **ạn·ders·ge·sinnt** *adj s.* **anders 1** **Ạn·ders·ge·sinn·te(r)** *f(m) dekl wie adj* person of a different opinion

ạn·ders·gläu·big *adj* REL of a different faith **Ạn·ders·gläu·bi·ge(r)** *f(m) dekl wie adj* REL follower of a different faith **an·ders·he·rum** ['andɐshɛrʊm] **I.** *adv* the other way round **II.** *adj pred* (*fam: homosexuell*) gay **ạn·ders·lau·tend** *adj attr* (*geh*) *s.* **anders 1** **An·ders·lau·ten·de** *nt* contrary reports; **ich habe nichts ~s gehört** I haven't heard anything to the contrary **an·ders·rum** ['andɐsrʊm] *adv, adj* (*fam*) *s.* **anders[he]rum** **an·ders·spra·chig** ['andɐsʃpaːxɪç] *adj* ❶ (*abgefasst*) in another language ❷ (*sprechend*) speaking a different language **an·ders·wo** ['andɐsvoː] *adv* ❶ (*an einer anderen Stelle*) somewhere else ❷ (*an anderen Orten*) elsewhere **an·ders·wo·her** ['andɐsvoːheːɐ̯] *adv* from somewhere else **an·ders·wo·hin** ['andɐsvo'hɪn] *adv* somewhere else, elsewhere

an·dert·halb ['andɐt'halp] *adj* one and a half; **meine Tochter ist ~ Jahre alt** my daughter is one and a half; **~ Kilometer** one kilometre and a half; **~ Stunden** an hour and a half

ạn·dert·hạlb·mal *adv* one and a half times; **~ so viel ...** half as much ... again

Ạ̈n·de·rung <-, -en> *f* ❶ (*Abänderung*) change, alteration; *Gesetz* amendment; *Entwurf, Zeichnung* modifications *pl;* ■ **die ~ an etw** *dat* the alteration to; **eine ~/~en an etw** *dat* **vornehmen** to make a change/changes to sth, to change sth; **geringfügige ~en** slight alterations; **„~en vorbehalten"** "subject to change" ❷ MODE alteration ❸ (*Wandel*) change; **eine ~ des Wetters** a change in the weather

Ạ̈n·de·rungs·an·trag *m* POL amendment **Ạ̈n·de·rungs·schnei·der(in)** *m(f)* ≈ tailor *masc,* ≈ seamstress *fem* **Ạ̈n·de·rungs·schnei·de·rei** *f* MODE tailor's [shop] **Ạ̈n·de·rungs·schnei·de·rin** <-, -nen> *f fem form von* **Änderungsschneider** seamstress **Ạ̈n·de·rungs·vor·schlag** <*pl* -vorschläge> *m* proposed change [*or* amendment]; **einen ~/Änderungsvorschläge machen** to suggest a change, to make a suggestion for change **Ạ̈n·de·rungs·wunsch** <*pl* -wünsche> *m* proposed changes [*or* alterations]; **einen ~/Änderungswünsche haben** to want to make changes [*or* alterations]

an·der·wei·tig ['andɐvaitɪç] **I.** *adj attr* other, further **II.** *adv* ❶ (*mit anderen Dingen*) with other matters; **~ beschäftigt sein** to be busy with other things, to be otherwise engaged ❷ (*von anderer Seite*) somewhere else, elsewhere; **mir sind ~ bereits 200.000 Euro geboten worden** somebody else has offered me 200,000 euros ❸ (*bei anderen Leuten*) other people; **~ verpflichtet sein** to have other commitments ❹ (*an einen anderen*) to somebody else ❺ (*anders*) in a different way; **sich ~ entscheiden** to make an alternative decision; **etw ~ verwerten** to make use of sth another way

ạn|deu·ten I. *vt* ❶ (*erwähnen*) ■ **etw ~** to indicate [*or* make a reference to] sth ❷ (*zu verstehen geben*) ■ **[jdm] etw ~** to imply sth [to sb]; **was wollen Sie damit ~?** what are you getting at?; **was wollen Sie mir gegenüber ~?** what are you trying to tell me?; **sie hat es nicht direkt gesagt, nur angedeutet** she didn't say it out loud but she implied it; ■ **~, dass/was** to make it clear [that] ❸ KUNST, MUS (*in Umrissen erkennen lassen*) ■ **jdn/etw ~** to outline [*or* sketch] sb/sth **II.** *vr* ■ **sich [bei jdm] ~** to be signs [*or* indications] of sth; **eine Verbesserung/Veränderung deutet sich an** there are indications of improvement/of a change

Ạn·deu·tung *f* ❶ (*flüchtiger Hinweis*) hint; **aus ihren ~en konnte ich schließen, dass ...** I gathered from her remarks that ...; **eine ~ fallen lassen** to drop a hint; **eine ~ auf etw sein** to be a reference to sth; **bei der geringsten ~ von sth** at the first sign of sth; **eine versteckte ~** an insinuation; **eine ~ [über jdn/etw] machen** to make a remark [about sb/sth], to imply sth [about sb] ❷ (*Spur*) hint, trace

ạn·deu·tungs·wei·se I. *adv* ❶ (*indirekt*) as an indication of; **jdm etw ~ zu verstehen geben** to indicate sth to sb; **davon war nur ~ die Rede** it was merely hinted at ❷ (*rudimentär*) as an intimation **II.** *adj attr* (*selten*) **ein ~s Lächeln** the shadow [*or* a hint] of a smile

ạn|di·cken *vi* KOCHK to thicken

ạn|die·nen I. *vt* ■ **jdm etw ~** to press sth on sb; ■ **sich** *dat* **etw von jdm ~ lassen** to be forced [*or* bludgeoned] into [doing] sth by sb **II.** *vr* ■ **sich jdm [als etw] ~** to offer sb one's services [*or* oneself] [as sth]

ạn|do·cken ['andɔkn̩] *vi* ■ **[an etw** *dat*] **~** to dock [with sth]; *Virus a.* to attach [to sth]

An·dor·ra <-s> [an'dɔra] *nt* GEOG Andorra

An·dor·ra·ner(in) <-s, -> [andɔ'raːnɐ] *m(f)* Andorran

an·dor·ra̲·nisch *adj* Andorran

Ạn·drang *m kein pl* ❶ (*hindrängende Menschenmenge*) crush; **~ der Menschen** rush of people; **ein großer ~** a throng of people, a large crowd ❷ (*Zustrom*) rush, surge

an·dre(r, s) ['andrə, -drɐ, -drəs] *adj s.* **andere(r, s)**

An·dre̲·as·kreuz *nt* ❶ REL St. Andrew's cross ❷ (*Verkehrszeichen*) diagonal cross

ạn|dre·hen *vt* ❶ (*anstellen*) ■ **etw ~** to turn [*or* switch] sth on ❷ (*festdrehen*) ■ **etw ~** to tighten sth ❸ (*fam: verkaufen*) ■ **jdm etw ~** to flog sb sth *sl;* ■ **sich** *dat* **etw ~ lassen** to be flogged sth

an·drer·seits ['andrɐzaits] *adv s.* **and[e]rerseits**

An·dro·gen <-s, -e> [andro'geːn] *nt* androgen

an·dro·gyn [andro'gyːn] *adj* androgynous

ạn|dro·hen *vt* ■ **jdm etw ~** to threaten sb with sth; **er drohte ihm Prügel an** he threatened to beat him up

Ạn·dro·hung *f* threat; **unter ~ einer S.** *gen* [*o* **von etw**] under [*or* with] threat of sth; JUR under penalty of sth

An·dro·id <-en, -en> [andro'iːt, *pl* -'iːdən] *m,* **An·dro·ide** <-n, -n> [andro'iːdə, *pl* -'iːdən] *m* android

Ạn·druck[1] <-drucke> *m* TYPO proof

Ạn·druck[2] *m kein pl* PHYS accelerative force

ạn|dru·cken *vi* TYPO to start printing

ạn|düns·ten *vt* KOCHK ■ **etw ~** to braise sth lightly

ạn|ecken *vi sein* (*fam*) to put people's backs up *fam;* ■ **bei jdm ~** to put sb's back up *fam,* to rub sb the wrong way *fam*

ạn|eig·nen *vr* ■ **sich** *dat* **etw ~** ❶ (*an sich nehmen*) to take [*or form* appropriate] sth ❷ (*sich vertraut machen*) to learn [*or* acquire] sth ❸ (*sich angewöhnen*) to learn [*or sep* pick up] sth

Ạn·eig·nung <-, *selten* -en> *f* ❶ (*geh: Diebstahl*) appropriation ❷ (*Erwerb*) acquisition ❸ (*Lernen*) learning, acquisition

an·ei·nan·der [anʔai'nandɐ] *adv* ❶ (*jede(r,s) an den anderen/das andere*) to one another; **~ denken** to think about each other; **~ hängen** to be very close; ❷ (*jede(r,s) am anderen*) **Spaß ~ haben** to have fun together; **etw ~ finden** to see sth in each other; **sich** *akk* **~ reiben** to rub each other [up] the wrong way; ❸ (*jeweils an der anderen Person*) each other; **~ vorbeireden** to talk at cross purposes ❹ (*eine(r,s) am anderen*) together

an·ei·nạn·der|fü·gen I. *vt* **etw ~** to put sth together **II.** *vr* **sich ~** to go together **an·ei·nạn·der|ge·ra·ten*** *vi irreg sein* **[wegen jdm/einer S.] ~** (*sich prügeln*) to come to blows [about sb/sth]; (*sich streiten*) to have a fight [*or* BRIT *a.* row] [about sth], to argue [about [*or* over] sth]; **mit jdm ~** (*sich prügeln*) to have a fight with sb; (*sich streiten*) to have a fight [*or* BRIT *a.* row] with sb **an·ei·nạn·der|gren·zen** *vi* to border on one another **an·ei·nạn·der|hal·ten** *vt irreg* **etw ~** to hold sth up together, to compare sth with each other **an·ei·nan·der|rei·hen** I. *vt* **etw** ~ to string sth together II. *vr* **sich** ~ to follow one another **an·ei·nan·der|schmie·gen** *vr* **sich** *akk* ~ to cuddle; **sich** *akk* **[vor Kälte]** ~ to huddle up together; **an·ei·nan·der|ge·schmiegt** close togehter **an·ei·nan·der|stel·len** *vt* **etw** ~ to put sth next to one another [*or* each other] **an·ei·nan·der|sto·ßen** *vi irreg sein* to bump into each other; (*zwei Dinge*) to bang together

Anek·döt·chen <-s, -> [anɛk'dø:tçən] *nt* (*hum fam*) little anecdote

Anek·do·te <-, -n> [anɛk'do:tə] *f* anecdote, story

an|ekeln *vt* ■**jdn** ~ to make sb sick, to disgust [*or* nauseate] sb; ■**es ekelt jdn an, etw tun zu müssen** it nauseates sb to have to do sth; ■**von etw angeekelt sein** to be disgusted [*or* nauseated] by sth

Ane·mo·ne <-, -n> [ane'mo:nə] *f* BOT anemone

an|er·bie·ten* ['anʔɛɐ̯bi:tn̩] *vr irreg* (*geh*) ■**sich** ~ to offer one's services [*or* oneself]; ■**sich** ~**, etw zu tun** to offer to do sth

An·er·bie·ten <-s, -> ['anʔɛɐ̯bi:tn̩] *nt* (*geh*) offer

an·er·kannt *adj* ❶ (*unbestritten, geschätzt*) acknowledged, recognized ❷ (*zugelassen*) recognized; **[staatlich]** ~**e Schule** [state-] recognized schools

an·er·kann·ter·ma·ßen *adv* admittedly; **dieses Werk gehört** ~ **zu den herausragendsten in der Kunstgeschichte** this work is recognized as one of the greatest in the history of art

an|er·ken·nen* ['anʔɛɐ̯kɛnən] *vt irreg* ❶ (*offiziell akzeptieren*) ■**etw [als etw]** ~ to recognize sth [as sth]; **jdn als Herrscher** ~ to acknowledge sb as ruler; **ein Kind** ~ to acknowledge a child as one's own; **eine Forderung** ~ to accept a demand ❷ ÖKON **eine Rechnung** ~ to accept a bill; **Schulden** ~ to acknowledge debts ❸ (*würdigen*) ■**etw** ~ to appreciate sth, to recognize sth ❹ (*gelten lassen*) ■**etw** ~ to recognize sth; ■~**, dass** to accept [*or* acknowledge] [the fact] that; **eine Meinung** ~ to respect an opinion

an·er·ken·nend I. *adj* acknowledging; **ein** ~**er Blick** a look of acknowledg[e]ment [*or* recognition] II. *adv* in acknowledg[e]ment [*or* recognition]

an·er·ken·nens·wert I. *adj* commendable, praiseworthy, laudable *form* II. *adv* in a commendable [*or* praiseworthy] way [*or* manner]

An·er·kennt·nis *nt* acknowledg[e]ment

An·er·ken·nung *f* ❶ (*offizielle Bestätigung*) recognition; ~ **finden** to gain recognition ❷ ÖKON acknowledg[e]ment ❸ (*Würdigung*) appreciation, recognition; **in** ~ **einer S.** *gen* (*geh*) in recognition of [*or form* as a tribute to] sth ❹ (*lobende Zustimmung*) praise; ~ **finden** to earn [*or* win] respect ❺ (*Tolerierung*) acceptance, recognition

an|er·zie·hen* *vt irreg* ■**jdm etw** ~ to teach sb sth, to instil [*or* AM -ll] sth into sb *form;* ■**sich** *dat* **etw** ~ to learn [*or* teach oneself] sth; ■**anerzogen sein** to be acquired

an|fa·chen *vt* (*geh*) ❶ (*zum Brennen bringen*) ■**etw** ~ to kindle sth ❷ (*schüren*) ■**etw** ~ to arouse sth; **Hass** ~ to whip [*or* stir] up hatred; **Leidenschaft** ~ to arouse [*or* inflame] passion

an|fah·ren *irreg* I. *vi sein* to drive off; *Zug* to draw in; **das A~ am Berg** the hill start; **angefahren kommen** to arrive, to come; **da kommt unser Taxi ja schon angefahren!** there's our taxi! II. *vt haben* ❶ (*beim Fahren streifen*) ■**jdn/etw** ~ to hit [*or* run into] sb/sth ❷ (*mit dem Wagen liefern*) ■**etw** ~ to deliver sth; ■**etw** ~ **lassen** to have sth delivered ❸ *irreg* (*schelten*) ■**jdn** ~ to bite sb's head off *fam,* to snap at sb ❹ TRANSP ■**etw** ~ to call at sth; **einen Hafen** ~ to pull in at a port; **Helgoland wird regelmäßig von Fährschiffen angefahren** Helgoland is a regularly frequented port of call ❺ (*fam: auftischen*) ■**etw** ~ to lay on sth *sep fam*

An·fahrt <-, -en> *f* ❶ (*Hinfahrt*) journey [to] ❷ (*Anfahrtszeit*) journey [*or* travelling [*or* AM *usu* traveling]] time ❸ (*Zufahrt*) approach

An·fall[1] <-[e]s> *m kein pl* ❶ (*Aufkommen allgemeiner Dinge*) accumulation; **ein** ~ **an Arbeit** a build-up of work; **ein** ~ **an Einsatz** a raising of the stakes ❷ FIN *von Zinsen* accrual; JUR devolution ❸ (*Anhäufung*) *Reparaturen, Kosten* amount

An·fall[2] <-[e]s, -fälle> *m* ❶ MED (*Attacke*) attack; **einen** ~ **bekommen** [*o* **haben**] to have a heart attack; **epileptischer** ~ epileptic fit ❷ (*Wutanfall*) fit of rage; **einen** ~ **bekommen** [*o fam* **kriegen**] to have [*or* go into] a fit of rage, to throw a fit [*or* BRIT *fam a.* wobbly], to blow one's top *fam;* **der kriegt [nochmal] einen** ~**, wenn er das mitbekommt!** he's going to go round the bend [*or* throw a wobbly] when he hears about this! ❸ (*Anwandlung*) ■**ein** ~ **von etw** a fit of sth; ■**in einem** ~ **von etw** in a fit of sth; **in einem** ~ **von Wahnsinn** in a fit of madness; **in einem** ~ **von Großzügigkeit** with [*or* in] a sudden show of generosity, in a fit of generosity

an|fal·len[1] *vi irreg sein* ❶ (*entstehen*) to arise, to be produced ❷ FIN (*anlaufen*) ■**bei etw** ~ to accrue on sth; *Kosten* incur; *Beitrag, Zahlung* to be due; **die** ~**den Kosten/Probleme** the costs/problems incurred ❸ (*sich anhäufen*) to accumulate; *Arbeit a.* to pile up; **die zusätzlich** ~**de Arbeit** the additional work incurred

an|fa·llen[2] *vt irreg* ❶ (*überfallen*) ■**jdn** ~ to attack sb ❷ (*anspringen*) ■**jdn/ein Tier** ~ *bissiger Hund* to attack sb/an animal ❸ (*fig:* [*seelisch*] *befallen*) ■**jdn** ~ to overcome sb; **Heimweh fiel ihn an** he was overcome with [*or* by] homesickness

an·fäl·lig *adj* ❶ (*leicht erkrankend*) delicate; ■**[für** [*o* **gegen**] **etw]** ~ **sein/werden** to be/become prone [*or* susceptible] [to sth] ❷ AUTO, TECH (*reparatur~*) temperamental

An·fäl·lig·keit <-> *f meist sing* ❶ (*anfällige Konstitution*) delicateness; ■**die** ~ **für** [*o* **gegen**] **etw** susceptibility [*or* proneness] to sth ❷ AUTO, TECH (*Reparatur~*) temperamental nature

An·fang <-[e]s, -fänge> *m* ❶ (*Beginn*) beginning, start; **... und das ist erst der** ~ ... and that's just the start; **[bei etw/mit etw] den** ~ **machen** to make a start [in sth/with sth]; **einen neuen** ~ **machen** to make a fresh start; **seinen** ~ **nehmen** (*geh*) to begin [*or* start]; **das Verhängnis hatte bereits seinen** ~ **genommen** fate had already begun to take [*or* run] its course; ~ **September/der Woche** at the beginning of September/the week; **der Täter war ca.** ~ **40** the perpetrator was in his early 40s; **von** ~ **bis Ende** from start to finish; **am** ~ (*zu Beginn*) in the beginning; **ich bin erst am** ~ **des Buches** I've only just started the book; (*anfänglich*) to begin with, at first; **von** ~ **an** from the [very] start, right from the word go [*or* the start]; **zu** ~ to begin with ❷ (*Ursprung*) beginnings *pl*, origin[s] *usu pl;* **wir stecken noch in den Anfängen** we're still getting [it] off the ground; **der** ~ **allen Lebens** the origins of all life; **aus bescheidenen Anfängen** from humble beginnings ▸ WENDUNGEN: **der** ~ **vom Ende** the beginning of the end; **am** ~ **war das Wort** REL in the beginning was the Word; **aller** ~ **ist schwer** (*prov*) the first step is always the hardest *prov*

an|fan·gen *irreg* I. *vt* ❶ (*beginnen*) ■**etw** ~ to begin [*or* start] sth; ■**etw [mit jdm]** ~ to start [up] sth [with sb]; **er fing ein Gespräch mit ihr an** he started [*or* struck up] a conversation with her, he started talking to her; ■**etw mit etw** ~ to start sth with sth; **sie fangen das Essen immer mit einem Gebet an** they always say grace before eating [*or* start a meal by saying grace] ❷ (*fam: anbrauchen*) **eine Packung Kekse/ein Glas Marmelade** ~ to start a [new [*or* fresh]] packet of biscuits/jar of jam ❸ (*machen*) **etw anders** ~ to do sth differently [*or* a different way]; **etw richtig** ~ to do sth correctly [*or* in the correct manner]; **wenn Sie es richtig** ~ if you go about it correctly; **etwas mit etw/jdm** ~ **können** (*fam*) to be able to do sth with sth/sb; **jd kann mit etw/jdm nichts** ~ (*fam*) sth/sb is [of] no use to sb, sth/sb is no good to sb; **damit kann ich doch gar nichts** ~**!** that's no good at all to me!; (*verstehen*) that doesn't mean anything to me; **was**

soll ich damit ~? what am I supposed to do with that?; **mit jdm ist nichts anzufangen** nothing can be done with sb; **mit ihr kann ich nichts** ~ she's not my type; **nichts mit sich anzufangen wissen** to not know what to do with oneself **II.** *vi* ❶ (*den Anfang machen*) ■**[mit etw]** ~ to start [sth] ❷ (*beginnen*) to start [*or* begin], to get going *fam;* **bevor der Sturm so richtig anfängt** before the storm really gets going *fam* ❸ (*seine Karriere beginnen*) ■**[als etw]** ~ to start out [as sth]

An·fän·ger(in) <-s, -> *m(f)* novice, beginner; (*im Straßenverkehr*) learner [driver] BRIT, student driver AM; **[in etw** *dat*] ~ **sein** to be a novice [in [*or* at] sth]; **ich bin in dieser Materie noch** ~ I'm still a novice in [*or* new to] this field [*or* subject]; **ein blutiger** ~ **sein** (*fam*) to be a complete novice [*or* an absolute beginner]; **[du/Sie]** ~**!** (*fam*) you bungling idiot!

An·fän·ger·kurs *m*, **An·fän·ger·kur·sus** *m* beginners' course, course for beginners **An·fän·ger·übung** *f* exercises *pl* for beginners; SCH introductory course

an·fäng·lich I. *adj attr* initial *attr* **II.** *adv* (*geh*) at first, initially

an·fangs I. *adv* at first, initially; **gleich** ~ right at the start [*or* outset] **II.** *präp +gen* SCHWEIZ at the start of

An·fangs·buch·sta·be *m* initial [letter] **An·fangs·ge·halt** *nt* starting [*or* initial] salary **An·fangs·grün·de** *pl* SCH basics *npl*, rudiments *pl* **An·fangs·ka·pi·tal** *nt* ÖKON, FIN initial capital **An·fangs·kre·dit** *m* FIN initial loan **An·fangs·kurs** *m* FIN, BÖRSE opening [*or* issuing] [*or* starting] price **An·fangs·schwie·rig·kei·ten** *pl* initial difficulties, teething troubles *pl fam* **An·fangs·sta·di·um** *nt* initial stage[s] *usu pl* **An·fangs·ver·dacht** *m* initial hunch **An·fangs·zeit** *f* early stages *pl*

an|fas·sen I. *vt* ❶ (*berühren*) ■**etw** ~ to touch sth; **die Lebensmittel bitte nicht** ~ please do not handle the groceries; **fass mal ihre Stirn an, wie heiß die ist!** feel how hot her forehead is!; **fass mich nicht an!** don't [you] touch me! ❷ (*greifend berühren*) ■**jdn** ~ to take hold of sb; ■**jdn [an etw** *dat*] ~ (*packen*) to grab hold of sb [by sth] ❸ (*bei der Hand nehmen*) ■**jdn an der Hand fassen** to take sb by the hand [*or* sb's hand]; ■**sich** [*o* **einander**] ~ (*geh*) to join [*or* hold] hands, to take one another's hand ❹ (*anpacken*) ■**etw** ~ to tackle sth; **etw falsch** [*o* **verkehrt**]**/richtig** ~ to go about sth in the wrong/right way ❺ (*behandeln*) **jdn/ein Tier hart** [*o* **scharf**]**/sachte** ~ to treat [*or* handle] sb/an animal harshly/gently ►WENDUNGEN: **zum A~** (*fam*) approachable, accessible; **ein Politiker zum A~** a politician of the people; **EDV zum A~** data processing [*or* computing] [*or* EDP] made easy **II.** *vi* ❶ (*berühren*) ■**[etw irgendwo]** ~ to touch [sth somewhere]; **fass mal an! weich, nicht?** feel that! it's soft isn't it? ❷ (*mithelfen*) ■**mit** ~ to lend [*or* give] a hand **III.** *vr* (*sich anfühlen*) to feel; **es fasst sich rau an** it feels rough

an|fau·chen *vt* ❶ (*fauchen*) ■**jdn/ein Tier** ~ *Katze* to spit at sb/an animal ❷ (*fig fam: wütend anfahren*) ■**jdn** ~ to snap at sb, to bite sb's head off *fam;* **was fauchst du mich so an!** don't snap at me!, stop biting my head off!

an|fau·len *vi sein* to begin to rot; ■**angefault** rotting

an·fecht·bar *adj* contestable, disputable; JUR contestable

An·fecht·bar·keit <-> *f kein pl* contestability, disputability; JUR contestability

an|fech·ten *vt irreg* ❶ JUR ■**etw** ~ to contest sth ❷ (*nicht anerkennen*) ■**etw** ~ to dispute [*or* challenge] sth ❸ (*geh: beunruhigen*) ■**jdn ficht etw an** *Sorgen, Versuchungen* sth concerns sb; **das ficht mich nicht an** that doesn't worry me

An·fech·tung <-, -en> *f* ❶ JUR appeal, contestation; *eines Abkommens, Vertrages* challenging, contesting ❷ *meist pl* (*geh: Gewissenskonflikt*) moral conflict ❸ LIT, REL (*geh: Versuchung*) temptation; **allen ~en standhalten** to withstand all trials

an|fein·den ['anfaindn̩] *vt* ■**jdn** ~ to be hostile to sb; **wegen ihrer feministischen Aussagen wurde sie damals heftig angefeindet** due to her feminist statements she aroused great hostility [*or* animosity] at that time; ■**sich** [*o* **einander**] ~ to be at war with one another

An·fein·dung <-, -en> *f* hostility, animosity, ill-will

an|fer·ti·gen *vt* ❶ (*herstellen*) ■**etw** ~ to make sth; ■**sich** *dat* **etw [von jdm]** ~ **lassen** to have sth made [by sb] ❷ (*geh: erstellen*) ■**etw** ~ to make sth; **Protokolle** ~ to take [down] [*or* keep] minutes; **ein Portrait** ~ to do a portrait; **ein Schriftstück** ~ to draw up a document; **eine Zeichnung** ~ to do a drawing ❸ PHARM (*zubereiten*) ■**etw** ~ to prepare sth, to make sth up *sep;* ■**etw lässt sich** ~ sth is made up; **die Lotion lässt sich leicht selbst** ~ the lotion can be easily prepared

An·fer·ti·gung <-, -en> *f* ❶ (*Herstellung*) making [up]; **~en von Anzügen nach Maß** suits made to measure; *eines Porträts* painting ❷ (*geh: Aufsetzung*) doing; *einer Kopie* making; *eines Schriftstücks* drawing up, preparation ❸ PHARM (*Zubereitung*) preparation

an|feuch·ten *vt* ■**etw** ~ to moisten sth; **einen Schwamm** ~ to wet a sponge ►WENDUNGEN: **sich die Kehle** [*o* **Gurgel**] ~ to wet one's whistle

an|feu·ern *vt* ❶ (*ermutigen*) ■**jdn** ~ to cheer sb on, to encourage sb; ■**~d** encouraging; **~de Zurufe** cheers ❷ (*anzünden*) ■**etw** ~ to light sth

an|fi·xen *vt* (*sl*) ■**jdn** ~ to get sb to do [*or* into doing] drugs *sl*

an|fle·hen *vt* ■**jdn [um etw]** ~ to beg sb [for sth]; ■**jdn ~, etw zu tun** to beg [*or* implore] [*or liter* beseech] sb to do sth

an|flet·schen *vt* ■**jdn/ein Tier** ~ to bare one's teeth at sb/an animal

an|flie·gen *irreg* **I.** *vt haben* ❶ LUFT ■**etw** ~ to fly to sth ❷ MIL ■**etw** ~ to attack sth [from the air], to fly at sth ❸ (*geh*) ■**jdn** ~ to overcome sb **II.** *vi sein* ❶ LUFT to approach, to come in to land; ■**beim A~** in the approach, coming in to land ❷ (*herbeifliegen*) to come flying up; **angeflogen kommen** (*fam*) to come flying in

An·flug <-[e]s, -flüge> *m* ❶ LUFT approach ❷ (*fig: Andeutung, Spur*) hint, trace, touch; (*Anfall*) fit, burst, wave; **ein ~ von Grippe** a touch of flu; **ein ~ von Ironie/Spott/Bart** a hint [*or* trace] of irony/mockery/a beard; **ein ~ von Eifersucht** a fit of jealousy; **ein ~ von Mitleid** a wave of compassion

an|for·dern *vt* ❶ (*die Zusendung erbeten*) ■**etw [bei/von jdm]** ~ to request sth [of/from sb]; **einen Katalog** ~ to order a catalogue [*or* AM -og] ❷ (*beantragen*) ■**jdn/etw** ~ to ask for sb/sth

An·for·de·rung <-, -en> *f* ❶ *kein pl* (*das Anfordern*) request; *Katalog* ordering; ■**auf** ~ on request; ■**nach [vorheriger]** ~ as [previously] requested ❷ *meist pl* (*Anspruch*) demands; **seine Qualifikationen entsprechen leider nicht unseren ~en** unfortunately his qualifications do not meet our requirements; ■**jds ~/~en an jdn** sb's demand/demands on sb; **[bestimmte] ~en [an jdn] stellen** to place [certain] demands [on sb]; **du stellst zu hohe ~en** you're too demanding

An·for·de·rungs·pro·fil *nt* job specification; *eines Produkts* product profile

An·fra·ge <-, -n> *f* ❶ (*Bitte um Auskunft*) inquiry, question; ■**auf** ~ on request; **große** ~ POL *question put to the government that is discussed at a meeting of the Lower House;* **kleine** ~ *question to the government that is raised and dealt with in writing* ❷ INFORM (*abfragender Befehl*) inquiry

an|fra·gen *vi* ■**[bei jdm] um etw** ~ to ask [sb] for sth; **[bei jdm] um Erlaubnis/Genehmigung** ~ to ask [sb] for permission/approval

an|freun·den ['anfrɔyndn̩] *vr* ❶ (*Freunde werden*) ■**sich mit jdm** ~ to make friends with sb; ■**sich** ~ to become friends ❷ (*fig: schätzen lernen*) ■**sich mit jdm/etw** ~ to get to like sb/sth ❸ (*fig: sich zufriedengeben*) ■**sich mit etw** ~ to get to like sth, to get used to the idea of sth, to acquire a taste for sth; **ich könnte mich schon mit der Vorstellung ~, in München zu leben** I could get used to the idea of living in Munich

an|fü·gen *vt* ❶ (*daran legen*) ■**etw** [**an etw** *akk*] ~ to add sth [to sth] ❷ ([*Worte*] *hinzufügen*) ~, **dass** to add that

an|füh·len I. *vt* ■**etw** [**mit etw**] ~ to feel sth [with sth] II. *vr* **sich glatt/samtig/weich** ~ to feel smooth/velvety/soft

an|füh·ren *vt* ❶ (*befehligen*) ■**jdn/etw** ~ to lead sb/sth; **Truppen** ~ to command [*or* lead] troops ❷ (*fig: zitieren*) ■**etw** ~ to quote sth; **ein Beispiel/Beweise/einen Grund** ~ to give an example/evidence/a reason ❸ (*fig: benennen*) ■**jdn** ~ to name sb ❹ (*fig fam: hereinlegen*) ■**jdn** ~ to take sb in, to have sb on *sep;* ■**sich von jdm** ~ **lassen** to be taken for a ride by sb, to be taken in by sb

An·füh·rer(in) <-s, -> *m(f)* ❶ (*Befehlshaber*) leader; *von Truppen* commander ❷ (*pej: Rädelsführer*) ringleader

An·füh·rung <-, -en> *f* ❶ (*Befehligung*) leadership; *von Truppen* command; **unter** ~ **eines Generals** under the command of a General ❷ (*das Anführen*) quotation; **ich bitte um die** ~ **von Einzelheiten!** please give [me] [some] details!; **durch die** ~ **dieses Beispiels** by using this example ❸ (*Zitieren*) citation; ~ **einer Vorentscheidung** citing [*or* quoting] [*or* citation] of a precedent

An·füh·rungs·strich *m,* **An·füh·rungs·zei·chen** *nt meist pl* quotation mark[s], BRIT *a.* inverted comma[s]; **Anführungsstriche** [*o* **Anführungszeichen**] **unten/oben** quote/unquote

an|fül·len *vt* ■**etw** [**mit etw**] ~ to fill sth [with sth]; ■[**mit etw**] **angefüllt sein** to be filled [with sth], to be full [of sth]

an|fun·keln *vt* ■**jdn** ~ to glare at sb

An·ga·be <-, -n> *f* ❶ *meist pl* (*Mitteilung*) details *pl,* statement; **es gibt bisher keine genaueren** ~**n** there are no further details to date; **wie ich Ihren** ~**n entnehme** from what you've told me; ~**n** [**über etw** *akk*/**zu etw**] **machen** to give details about sth; **machen Sie bitte nähere** ~**n!** please give us further [*or* more precise] details!; **laut** ~**n einer Person** *gen* according to sb; **nach** ~**n einer Person** *gen* according to sb, by sb's account; **wir bitten um** ~ **der Einzelheiten** please provide us with the details; **er verweigerte die** ~ **seiner Personalien** he refused to give his personal details [*or* particulars]; ~**n zur Person** (*geh*) personal details, particulars ❷ *kein pl* (*fam: Prahlerei*) boasting, bragging, showing-off ❸ SPORT (*Aufschlag*) service, serve

an|gaf·fen *vt* (*pej*) ■**jdn** ~ to gape [*or* BRIT *a.* gawp] [*or* AM *a.* gawk] at sb

an|ge·ben *irreg* I. *vt* ❶ (*nennen*) ■[**jdm**] **etw** ~ to give sth [to sb]; **einen/seinen Namen** ~ to give a/one's name; **Mittäter** ~ to name accomplices; **jdn als Zeugen** ~ to cite sb as a witness ❷ (*zitieren*) ■**jdn/etw** ~ to quote sb/sth ❸ (*behaupten*) ■**etw** ~ to say [*or* claim] sth; **ein Alibi** ~ to establish an alibi; ~, **etw zu haben/etw getan zu haben** to claim to have sth/ to have done sth ❹ FIN (*deklarieren*) ■**etw** ~ to declare sth ❺ (*anzeigen*) ■**etw** ~ to indicate sth; ■**angegeben** indicated ❻ (*bestimmen*) ■[**jdm**] **etw** ~ to set sth [for sb]; **das Tempo** ~ to set the pace; **eine Note/den Takt** ~ MUS to give a note/the beat; *s. a.* **Ton**[2] II. *vi* ❶ (*prahlen*) ■[**bei jdm**] [**mit etw**] ~ to boast [*or fam* brag] [about sth] [to sb], to show off [to sb] [about sth] ❷ SPORT (*Aufschlag haben*) to serve

An·ge·ber(in) <-s, -> *m(f)* show-off, poser

An·ge·be·rei <-, -en> [ange:bəˈrai] *f* (*fam*) ❶ *kein pl* (*Prahlerei*) showing-off, boasting, posing; **hör doch auf mit der** ~ stop showing off, will you! ❷ *meist pl* (*großtuerische Äußerung*) boast; **das sind bloß** ~**en!** he's/they're etc. just boasting! [*or* showing off]

An·ge·be·rin <-, -nen> *f fem form von* **Angeber**

an·ge·be·risch I. *adj* pretentious, posey *fam* II. *adv* pretentiously

An·ge·be·te·te(r) *f(m) dekl wie adj* (*geh*) beloved; ■**jds** ~ sb's beloved

an·geb·lich [ˈange:plɪç] I. *adj attr* alleged II. *adv* allegedly, apparently; **er hat jetzt** ~ **reich geheiratet** he is believed [*or* said] to have married into money; **er hat** ~ **nichts gewusst** apparently, he didn't know anything about it

an·ge·bo·ren *adj* ❶ MED congenital ❷ (*fig fam*) characteristic, innate, inherent

An·ge·bo·re·ner Aus·lö·se·me·cha·nis·mus *m* BIOL innate releasing mechanism

An·ge·bot <-[e]s, -e> *nt* ❶ (*Anerbieten*) offer ❷ FIN (*Versteigerungsgebot*) bid; (*Offerte*) offer ❸ *kein pl* (*Warenangebot*) range of goods [on offer]; ■**ein** ~ **an etw/von etw** *dat* a range [*or* choice] [*or* selection] of sth; **jdm** [**zu etw**] **ein** ~ **machen** [*o* **unterbreiten**] (*geh*) to make sb an offer [on sth]; ~ **und Nachfrage** ÖKON supply and demand ❹ (*Sonderangebot*) special offer; **im** ~ on special offer

an·ge·bracht *adj* ❶ (*sinnvoll*) sensible, reasonable ❷ (*angemessen*) suitable, appropriate; ■**für jdn/etw** ~ **sein** to be suitable [*or* appropriate] for sb/sth

an·ge·dacht *adj* briefly considered

An·ge·den·ken *nt kein pl* (*geh*) ❶ (*Gedenken*) memory; ■**jds** ~ memory of sb; ■**das** ~ **eines Menschen** a person's memory; **ich werde sein** ~ **immer in Ehren halten** I will always cherish his memory; **im** ~ **an etw** *akk* in memory of sth ❷ (*liter, form o veraltend*) **seligen** ~**s** of blessed memory

an·ge·fault *adj* starting to rot

an·ge·gam·melt *adj* (*fam*) partly rotten

an·ge·gan·gen *adj* KOCHK ~**es Fleisch** meat that is starting to become high

an·ge·gos·sen *adj* ▶WENDUNGEN: **wie** ~ **sitzen** [*o* **passen**] (*fam*) to fit like a glove

an·ge·graut *adj* greying

an·ge·grif·fen I. *adj inv* frail; *Nerven* raw II. *adv* ~ **aussehen** to look exhausted

an·ge·haucht *adj* (*fig fam*) ■**irgendwie** ~ **sein** to have [*or* show] certain tendencies [*or* leanings]; **romantisch** ~ **sein** to have a romantic inclination

an·ge·hei·ra·tet *adj* [related] by marriage; **er ist ein** ~**er Onkel** he is an uncle by marriage

an·ge·hei·tert [ˈangəhaitɐt] *adj* (*fam*) tipsy, merry *fam;* **leicht/stark** ~ **sein** to be slightly/very tipsy [*or fam* merry]

an|ge·hen *irreg* I. *vi* ❶ *sein* (*beginnen*) to start; (*zu funktionieren*) to come on ❷ (*zu leuchten beginnen*) to come [*or* go] on; (*zu brennen beginnen*) to start burning, to catch [fire] ❸ (*vorgehen*) ■[**bei jdm/etw**] **gegen jdn** ~ to fight [against] sb [with sb/in sth]; **ich werde bei Gericht gegen dich** ~**!** I'll take you to [*or* see you in] court! ❹ (*bekämpfen*) ■**gegen etw** ~ to fight [against] sth; **ein Feuer** ~ to fight a fire ❺ (*möglich sein*) to be possible [*or fam* OK]; ■**es geht nicht an, dass jd etw tut** it is not permissible [*or fam* it's not o.k.] for sb to do sth ❻ MED, BIOL to take [root] II. *vt* ❶ *haben o* SÜDD *sein* (*in Angriff nehmen*) ■**etw** ~ to tackle sth ❷ *sein* SPORT ([*ein Hindernis/Ziel etc*] *anlaufen*) ■**etw** ~ to [take a] run[-]up to sth ❸ *sein* (*gegen jdn vorgehen*) ■**jdn** ~ to attack sb ❹ *haben* (*fig: attackieren*) ■**jdn irgendwie** ~ to attack sb in a certain manner ❺ *haben* AUTO (*anfahren*) ■**etw** ~ to take sth; **eine Kurve** ~ to take a corner ❻ *haben* (*betreffen*) ■**jdn** ~ to concern sb; **was geht mich das an?** what's that got to do with me?; **das geht dich einen Dreck an!** (*fam*) that's none of your [damn] business; **was mich angeht, würde ich zustimmen** as far as I am concerned [*or* for my part], I would agree ❼ *haben o* SÜDD *sein* (*um etw bitten*) ■**jdn** [**um etw**] ~ to ask sb [for sth]

an·ge·hend *adj* prospective, budding; **eine** ~**e junge Dame** [quite] a young lady; **eine** ~**e Mutter/ein** ~**er Vater** an expectant mother [*or* mother to be]/father; **ein** ~**er Beamter/Studienrat** a prospective civil servant/teacher; **ein** ~**er Künstler** a budding artist

an|ge·hö·ren* *vi* ❶ (*Mitglied sein*) ■**einer S.** *dat* ~ to belong to [*or* be a member of] sth ❷ (*geh: gehören*) ■**jdm** ~ to belong to sb

an·ge·hör·ig *adj* ■**einer S.** *dat* ~ belonging to sth *pred;* ■**jd ist**

einer S. *dat* ~ sb belongs to sth

An·ge·hö·ri·ge(r) *f(m) dekl wie adj* ❶ (*Familienangehörige(r)*) relative; **der nächste** ~ [*o* **die nächsten ~n**] the next of kin; **haben Sie keine weiteren ~n mehr?** do you not have any [other] family left? ❷ (*Mitglied*) member

An·ge·klag·te(r) *f(m) dekl wie adj* accused, defendant

An·gel <-, -n> ['aŋl̩] *f* ❶ (*zum Fischefangen*) fishing-rod and line, AM *a.* fishing pole ❷ (*Türangel*) hinge ▶ WENDUNGEN: **etw aus den ~n heben** (*fam*) to revolutionize sth completely; (*etw umkrempeln*) to turn sth upside down

An·ge·le·gen·heit <-, -en> *f meist sing* matter; **in welcher ~ wollten Sie ihn sprechen?** in what connection [*or* on what business] did you want to speak to him?; **sich um seine eigenen ~en kümmern** to mind one's own business; **in eigener ~** on a private [*or* personal] matter; **jds ~ sein** to be sb's responsibility

an·ge·lernt *adj* ❶ (*eingearbeitet*) semi-skilled; **~e Arbeiter** semi-skilled worker; ■**Angelernte[r]** semi-skilled worker ❷ (*oberflächlich gelernt*) acquired; **~es Wissen** superficially acquired knowledge

An·ge·lern·te(r) *f(m) dekl wie adj* semi-skilled worker

An·gel·ge·rät *nt* fishing tackle *no pl* **An·gel·ha·ken** *m* fish-hook

An·ge·li·ka [aŋ'ge:lika] *f* BOT, KOCHK angelica

An·ge·li·ka·wur·zel *f* root angelica

An·gel·lei·ne *f* fishing line

an·geln ['aŋl̩n] **I.** *vi* ❶ (*Fische fangen*) to fish, to angle; ■**[das] A~** fishing, angling; **gehst du morgen zum A~ ?** are you going fishing tomorrow? ❷ (*zu greifen versuchen*) ■**nach etw/einem Tier** ~ to fish [around] for sth/an animal; **nach Komplimenten** ~ to fish for compliments **II.** *vt* ■**etw** ~ to catch sth; **für jeden geangelten Fisch** for every fish caught; **sich einen Mann** ~ (*fam*) to catch oneself [*or* hook] a man

An·geln ['aŋl̩n] *pl* HIST (*Volksstamm*) Angles

An·ge·lo·bung <-, -en> *f* ÖSTERR (*Vereidigung*) swearing in

An·gel·punkt *m* central issue, crucial point, crux [of the matter]

An·gel·ru·te *f* fishing rod

An·gel·sach·se, -säch·sin <-n, -n> ['aŋl̩zaksə, -zɛksɪn] *m, f* Anglo-Saxon

an·gel·säch·sisch ['aŋl̩zɛksɪʃ] *adj inv* Anglo-Saxon

An·gel·schein *m* fishing licence [*or* AM -se] [*or* permit] **An·gel·schnur** *f* fishing line **An·gel·sport** *m* angling, fishing

an·ge·mes·sen **I.** *adj* ❶ (*entsprechend*) fair, reasonable; ■**einer S.** *dat* ~ **sein** to be proportionate to [*or form* commensurate with] sth ❷ (*passend*) appropriate, suitable, adequate; ■**einer S.** *dat* ~ **sein** to be appropriate to [*or* suitable for] sth **II.** *adv* ❶ (*entsprechend*) proportionately, commensurately *form* ❷ (*passend*) appropriately, suitably

An·ge·mes·sen·heit <-> *f kein pl* ❶ (*angemessene Entsprechung*) reasonableness, fairness, commensurateness *form* ❷ (*passende Art*) appropriateness, suitability

an·ge·nehm **I.** *adj* pleasant; **eine ~e Nachricht** good news; **~es Wetter** agreeable weather; ■**jdm ~ sein** to be pleasant for sb; **das wäre mir** ~ (*euph*) that would be helpful, I would be most grateful; **es wäre mir ~er, wenn ...** I would prefer it if ...; **ist es Ihnen so ~?** is that alright with you? ▶ WENDUNGEN: **das A~e mit dem Nützlichen verbinden** to mix business with pleasure; **[sehr] ~!** (*geh*) pleased to meet you! **II.** *adv* pleasantly

an·ge·nom·men **I.** *adj* ❶ (*zugelegt*) assumed; **unter einem ~en Namen schreiben** to write under a pseudonym [*or* an assumed name] ❷ (*adoptiert*) *Kind* adopted **II.** *konj* assuming; ■**~, [dass] ...** assuming [that] ...

an·ge·passt[RR], **an·ge·paßt**[ALT] **I.** *adj* conformist **II.** *adv* conformist; **sich [stets] ~ verhalten** to [always] behave in a conformist manner

An·ge·passt·heit[RR], **An·ge·paßt·heit**[ALT] <-> *f kein pl* conformism

an·ge·regt **I.** *adj* animated, lively **II.** *adv* animatedly; **sie diskutierten** ~ they had an animated discussion

an·ge·sagt *adj inv* scheduled

an·ge·schla·gen *adj* (*fig fam*) weak[ened]; **du siehst ~ aus** you look groggy [*or* worn out]; ■**[von etw] ~ sein** to be weakened [by sth]; **~es Aussehen** groggy appearance; **~e Gesundheit** poor [*or* weak] health

an·ge·schmutzt *adj* slightly soiled, shop-soiled

an·ge·schrie·ben *adj* ■**bei jdm gut/schlecht ~ sein** (*fam*) to be in sb's good/bad books

An·ge·schul·dig·te(r) *f(m) dekl wie adj* suspect

an·ge·se·hen *adj* respected; **eine ~e Firma** a company of good standing; ■**[wegen etw] ~ sein** to be respected [for sth]

An·ge·sicht <-[e]s, -er> *nt* (*geh*) ❶ (*Antlitz*) countenance; **jdn von ~ kennen** to know sb by sight; **im ~ einer S.** *gen* in the face of sth; **von ~ zu ~** face to face ❷ (*fig: Ruf*) reputation

an·ge·sichts *präp +gen* ■**~ einer S.** *gen* in the face of sth

an·ge·spannt **I.** *adj* ❶ (*angestrengt*) strained, tense; **ein ~er Mensch** a tense person; **~e Nerven** strained nerves; **mit ~er Aufmerksamkeit** with keen [*or* close] attention ❷ (*kritisch*) critical; **ein ~er Markt** a tight [*or* overstretched] market; **eine ~e politische Lage** a strained [*or* tense] situation **II.** *adv* **~ wirken** to seem tense; **etw ~ verfolgen** to follow sth tensely; **~ zuhören** to listen attentively [*or* closely]

an·ge·stammt *adj* (*geerbt*) hereditary, ancestral; (*überkommen*) traditional; (*hum: altgewohnt*) usual

An·ge·stell·te(r) *f(m) dekl wie adj* [salaried] employee, white-collar worker

An·ge·stell·ten·ge·werk·schaft *f* **Deutsche** ~ *white-collar or salaried employees' union in Germany* **An·ge·stell·ten·ver·hält·nis** *nt* employment on a [monthly] salary; **im** ~ to be on a [monthly] salary (*not employed for life with a subsequent pension*) **An·ge·stell·ten·ver·si·che·rung** *f* white-collar workers' [*or* salaried employees'] insurance

an·ge·strengt **I.** *adj* ❶ (*Anstrengung zeigend*) *Gesicht* strained ❷ (*intensiv*) hard **II.** *adv* (*intensiv*) hard; **~ diskutieren** to discuss intensively

an·ge·tan *adj* ❶ (*erbaut*) ■**von jdm/etw irgendwie ~ sein** to be taken with sb/sth in a certain manner ❷ (*geh: so geartet*) ■**danach** [*o* **dazu**] **~ sein, etw zu tun** to be suitable for doing sth; *Atmosphäre, Benehmen, Wesen* to be calculated to do sth

An·ge·trau·te(r) *f(m) dekl wie adj* (*hum fam*) ■**jds** ~ sb's better half *hum fam*

an·ge·trun·ken *adj* slightly drunk, tipsy

an·ge·wandt *adj attr* applied

an·ge·wie·sen *adj* (*abhängig*) dependent; ■**auf jdn/etw ~ sein** to be dependent on sb/sth; **ich bin auf jeden Euro** ~ I need [*or* have to watch] every penny

an|ge·wöh·nen* *vt* (*zur Gewohnheit machen*) ■**jdm etw** ~ to get sb into the habit of [doing] sth; ■**sich** *dat* **etw** ~ to get into the habit of [doing] sth; ■**sich** *dat* **~, etw zu tun** to get into the habit of doing sth

An·ge·wohn·heit <-, -en> *f* habit

an·ge·wur·zelt *adj inv* **wie ~ dastehen** [*o* **stehen bleiben**] to stand rooted to the spot

an·ge·zeigt *adj* (*geh*) appropriate

an|gif·ten *vt* (*fam*) ■**jdn** ~ to snap at sb

An·gi·na <-, Anginen> [aŋ'gi:na, *pl* -nən] *f* MED angina; **~ Pectoris** angina pectoris

an|glei·chen *irreg* **I.** *vt* (*anpassen*) ■**etw an etw** *akk* ~ to bring sth into line with sth; **sein Verhalten an eine bestimmte Situation** ~ to adapt one's behaviour [*or* AM -or] to a particular situation; ■**aneinander** *dat* **angeglichen werden** to become alike **II.** *vr* (*sich anpassen*) ■**sich [jdm/einer S.** *dat*] **[in etw** *dat*] ~ to adapt oneself to [sb/sth] [in sth]; ■**sich [aneinander** *dat*] ~ to become like [each another] [*or* similar], to move into line

An·glei·chung *f* ❶ (*Anpassung*) adaptation, [social] conformity ❷ (*gegenseitige Anpassung*) becoming alike [*or* similar]
Ang·ler(in) <-s, -> [ˈaŋlɐ] *m(f)* angler
Ang·ler·fisch *m s.* **Seeteufel**
an|glie·dern *vt* ■**etw einer S.** ~ *dat* ❶ (*anschließen*) to incorporate sth into sth; **eine Firma** ~ to affiliate a company [to] ❷ (*annektieren*) to annex sth to sth
An·glie·de·rung *f* ❶ (*Anschluss*) incorporation; **die** ~ **von Firmen** the affiliation of companies ❷ (*Annexion*) annexation
an·gli·ka·nisch [aŋgliˈkaːnɪʃ] *adj* Anglican; **die** ~**e Kirche** the Church of England, the Anglican Church
An·glist(in) <-en, -en> [ˈaŋglɪst] *m(f)* ❶ (*Wissenschaftler*) Anglist, English scholar ❷ (*Student*) student of English [language and literature]
An·glis·tik <-> [aŋˈglɪstɪk] *f kein pl* Anglistics, study of English [language and literature]
An·glis·tin <-, -nen> *f fem form von* **Anglist**
An·gli·zis·mus <-, -men> [aŋgliˈtsɪsmʊs] *m* LING anglicism
an|glot·zen *vt* (*fam: anstarren*) ■**jdn** ~ to gape [*or* BRIT *a.* gawp] [*or* AM *a.* gawk] at sb
An·go·la <-s> [aŋˈgoːla] *nt* Angola; *s. a.* **Deutschland**
An·go·la·ner(in) <-s, -> [aŋgoˈlaːnɐ] *m(f)* Angolan; *s. a.* **Deutsche(r)**
an·go·la·nisch *adj* Angolan; *s. a.* **deutsch**
An·go·ra·ka·nin·chen [aŋˈgoːra-] *nt* angora rabbit **An·go·ra·ka·ter** [aŋˈgoːra-] *m* angora [tom]cat **An·go·ra·kat·ze** [aŋˈgoːra-] *f* angora cat **An·go·ra·wol·le** [aŋˈgoːra-] *f* angora [wool]
an·grab·schen, an·grap·schen *vt* (*pej fam*) ■**jdn/etw** ~ to grab sb/sth
an·greif·bar *adj* (*bestreitbar*) contestable, open to attack [*or* criticism]
an|grei·fen *irreg* **I.** *vt* ❶ MIL, SPORT (*attackieren, vorgehen*) ■**jdn/etw** ~ to attack sb/sth; ■**angegriffen** under attack *pred* ❷ (*kritisieren*) ■**jdn/etw** ~ to attack sb/sth ❸ (*schädigen*) ■**etw** ~ to damage sth; **das Nervensystem** ~ to attack the nervous system; ■**[etw ist] angegriffen** [sth is] weakened; **eine angegriffene Gesundheit** weakened health *no pl, no indef art* ❹ (*zersetzen*) ■**etw** ~ to attack [*or* corrode] sth ❺ (*beeinträchtigen*) ■**jdn/etw** ~ to affect sb/sth, to put a strain on sb; **die schlechte Nachricht hat sie doch angegriffen** the bad news [visibly] affected her; **die Gesundheit** ~ to harm [*or* impair] the [*or* one's] health; **die lange Erkrankung hat sie spürbar angegriffen** she was visibly weakened by the long illness; ■**angegriffen sein** to be exhausted; **nervlich angegriffen sein** to have strained nerves ❻ DIAL (*anfassen*) ■**etw** ~ to [take] hold [of] sth ❼ (*Vorräte anbrechen*) ■**etw** ~ to break into sth **II.** *vi* ❶ MIL, SPORT (*attackieren, vorgehen*) to attack ❷ (*fig: aggressiv Kritik üben*) to attack ❸ MED, PHARM (*wirken*) ■**irgendwo** ~ to have an affect somewhere ❹ DIAL (*anfassen, anpacken*) ■**[irgendwo]** ~ to [take] hold [of] [somewhere]; **greif mal** [**mit**] **an!** [can [*or* will] you] lend a hand!
An·grei·fer(in) <-s, -> *m(f)* ❶ MIL (*angreifende Truppen*) attacker ❷ *meist pl* SPORT (*Angriffsspieler*) attacking player, forward, striker
an|gren·zen *vi* ■**an etw** *akk* ~ to border on sth
an·gren·zend *adj attr* bordering; **direkt** ~**er Anlieger** next-door neighbour [*or* AM -or]; **die** ~**en Bauplätze** the adjoining [*or* adjacent] building sites; ■**an etw** *akk* ~ bordering [on] sth
An·griff *m* ❶ MIL (*Attacke*) attack; **ein** ~ **feindlicher Bomber** an attack by enemy bombers, a[n air-]raid; **zum** ~ **blasen** to sound the charge [*or* attack]; (*fig*) to go on the offensive [*or* attack]; **zum** ~ **übergehen** to go over to the attack; (*fig*) to go on the offensive [*or* attack] ❷ SPORT (*Vorgehen*) attack; (*die Angriffsspieler*) attack, forwards *pl;* **im** ~ **spielen** to play in attack ❸ (*fig: aggressive Kritik*) attack; ■**ein** ~ **auf** [*o* **gegen**] **jdn/etw** an attack on sb/sth ▸WENDUNGEN: ~ **ist die beste Verteidigung** (*prov*) offence [*or* AM -se] is the best [form of] defence [*or* AM -se] *prov;* **etw in** ~ **nehmen** to tackle sth
An·griffs·flä·che *f* MIL (*Ziel für Angriffe*) target; **jdm/einer S.** *dat* **eine** ~ **bieten** to offer a target to sb/sth; (*fig*) to leave [oneself] open to attack by sb/sth **An·griffs·krieg** *m* MIL war of aggression **An·griffs·lust** *f kein pl* ❶ (*angriffslustige Einstellung*) aggressiveness ❷ MIL, POL, SPORT (*Aggressivität*) aggression **an·griffs·lus·tig** *adj* ❶ (*zu aggressiver Kritik neigend*) aggressive ❷ MIL, SPORT (*aggressiv*) aggressive **An·griffs·spiel** *nt* SPORT attacking play **An·griffs·spie·ler(in)** *m(f)* SPORT forward, attacking player, striker **An·griffs·waf·fe** *f* MIL offensive weapon
an|grin·sen *vt* ■**jdn** [**irgendwie**] ~ to grin at sb [in a certain manner]
angst *adj* afraid; **jdm** ~ [**und bange**] **werden** to become afraid; *s. a.* **Angst**
Angst <-, Ängste> [aŋst, *pl* ˈɛŋstə] *f* ❶ (*Furcht*) fear; ■**die** ~ **vor jdm/etw** the fear of sb/sth; ~ **bekommen** [*o fam* **kriegen**] to become [*or fam* get] afraid [*or* frightened]; ~ [**vor jdm/etw/einem Tier**] **haben** to be afraid [of sb/sth/an animal]; **ich habe solche** ~**!** I am so afraid!; **er hat im Dunkeln** ~ he is afraid of the dark; ~ **um jdn/etw haben** to be worried about sb/sth; **jdm** ~ **machen** [*o fam* **einjagen**] [*o geh* **einflößen**] to frighten sb; **jdm** ~ [**und bange**] **machen** to strike fear into sb's heart; **aus** ~**, etw zu tun** for fear of doing sth; **vor** ~ by [*or* with] fear; **vor** ~ **war sie wie gelähmt** [it was as if] she was paralysed by fear; **vor** ~ **brachte er kein Wort heraus** he was struck dumb with fear; **keine** ~**!** (*fam*) don't worry; ~ **und Schrecken verbreiten** to spread fear and terror ❷ (*seelische Unruhe*) anxiety; **in tausend Ängsten** [**um jdn**] **schweben** to be terribly worried [about sb]
Angst·ha·se *m* (*fig fam*) scaredy-cat
ängs·ti·gen [ˈɛŋstɪgn̩] **I.** *vt* ■**jdn** ~ ❶ (*in Furcht versetzen*) to frighten sb ❷ (*beunruhigen, besorgen*) to worry sb **II.** *vr* ❶ (*Furcht haben*) ■**sich** [**vor jdm/etw/einem Tier**] ~ to be afraid [of sb/sth/an animal] ❷ (*sich sorgen*) ■**sich** [**um jdn/wegen etw**] ~ to worry [about sb/because of sth]
ängst·lich [ˈɛŋstlɪç] **I.** *adj* ❶ (*verängstigt*) frightened ❷ (*besorgt*) worried **II.** *adv* (*fig: beflissen*) carefully
Ängst·lich·keit <-> *f kein pl* ❶ (*Furchtsamkeit*) fear ❷ (*Besorgtheit*) anxiety
Angst·ma·che·rei <-> [ˈaŋstmaxərai] *f kein pl* (*pej*) scaremongering
Angst·neu·ro·se *f* anxiety neurosis; **an einer** ~ **leiden** to suffer from an anxiety neurosis **Angst·schrei** *m* cry of fear **Angst·schweiß** *m* cold sweat **Angst·traum** *m* nightmare **angst·voll** **I.** *adj inv* fearful **II.** *adv* fearfully, apprehensively **Angst·zu·stand** *m* state of panic
an|gu·cken *vt* (*fam*) ■**jdn/etw** ~ to look at sb/sth; ■**sich** *dat* **jdn/etw** ~ to [take a] look at sb/sth
an|gur·ten *vt* ■**jdn** ~ to strap sb in; ■**sich** ~ to fasten one's seat belt, AM *a.* to buckle up; ■**angegurtet** with one's seat belt fastened
an|ha·ben[1] *vt irreg* (*tragen*) ■**etw/nichts** ~ to be wearing sth/nothing, to have sth/nothing on
an|ha·ben[2] *vt irreg* **jdm etwas** ~ **können/wollen** to be able to/want to harm sb; **jdm nichts** ~ **können** to be unable to harm sb
an|hal·ten[1] *irreg* **I.** *vi* ❶ (*stoppen*) ■[**an etw** *dat*/**bei etw/vor etw** *dat*] ~ to stop [at sth/near sth/in front of sth]; **an der Ampel** ~ to stop [*or* pull up] at the [traffic] lights ❷ (*stehen bleiben*) ■[**an etw** *dat*] ~ to stop [at sth] ❸ (*innehalten*) ■[**in etw** *dat*] ~ to pause [in sth] **II.** *vt* (*stoppen*) ■**jdn/etw** ~ to stop sb/sth, to bring sb/sth to a stop
an|hal·ten[2] *vi irreg* (*fortdauern*) to continue; **das schöne Wetter soll noch eine Weile** ~ the beautiful weather is expected to last for a little while yet; **die Unruhen halten jetzt schon seit Monaten an** the disturbances have been going on for

Angst, Sorge

Angst/Befürchtungen ausdrücken	**expressing anxiety/fears**
Ich habe (da) ein ungutes Gefühl.	**I've got a bad feeling (about this).**
Mir schwant nichts Gutes. *(fam)*	**I've got a bad feeling.**
Ich rechne mit dem Schlimmsten.	**I'm expecting the worst.**
Diese Menschenmengen **machen mir Angst.**	These crowds **scare/frighten me.**
Diese Rücksichtslosigkeit **beängstigt mich.**	This thoughtlessness **frightens me.**
Ich habe Angst, dass du dich verletzen könntest.	**I'm scared/afraid** you will hurt yourself.
Ich habe Angst vorm Zahnarzt.	**I'm scared/afraid of** the dentist.
Ich habe Bammel/Schiss vor der Prüfung. *(fam)*	**I'm worried about** the exam.
Sorge ausdrücken	**expressing concern**
Sein Gesundheitszustand **macht mir große Sorgen.**	**I am very worried about** his health.
Ich mache mir Sorgen um dich.	**I am worried about** you.
Die steigenden Arbeitslosenzahlen **beunruhigen mich.**	**I'm concerned about** the rising unemployment figures.
Die Sorge um ihn **bereitet mir schlaflose Nächte.**	**I'm having sleepless nights** worrying about him.

some months now; **wie lange hielten diese Beschwerden bei Ihnen jetzt schon an?** how long have you had these symptoms now?

an|hal·ten[3] *irreg* **I.** *vt* (*anleiten*) ■**jdn [zu etw]** ~ to teach sb [to do sth]; ■**zu etw angehalten sein** to be taught to do sth; ■**angehalten sein, etw zu tun** to be encouraged to do sth **II.** *vi* (*werben*) ■**[bei jdm] um jdn** ~ to ask [sb] for sb; **er hielt bei ihren Eltern um sie an** he asked her parents for her hand in marriage

an|hal·ten[4] *vt irreg* (*davorhalten*) ■**jdm/sich etw** *akk* ~ to hold sth up against sb/oneself; **die Verkäuferin hielt mir das Kleid an** the shop assistant held the dress up against me

an·hal·tend I. *adj* continuous; ~**er Lärm** incessant noise; ~**er Schmerz** persistent [*or* constant] [*or* nagging] pain; **die** ~**e Hitzewelle/Kältewelle** the continuing heatwave/cold spell **II.** *adv* METEO prolonged; ~ **regnerisch sein** to rain continuously

An·hal·ter(in) <-s, -> ['anhaltɐ] *m(f)* hitch-hiker; **per** ~ **fahren** to hitch-hike

An·halts·punkt *m* clue

an·hand [an'hant] *präp +gen* on the basis of; ■~ **einer S.** *gen* on the basis of sth; **sich** ~ **eines Kompasses zurechtfinden** to find one's way with the aid of a compass

An·hang <-[e]s, -hänge> *m* ❶ (*Nachtrag*) appendix ❷ *kein pl* (*Angehörige*) [close] family, dependants BRIT, dependents AM, wife [and children] ❸ *kein pl* (*Gefolgschaft*) followers, supporters, fans

an|hän·gen I. *vt* ❶ *a.* BAHN (*ankuppeln*) ■**etw [an etw** *akk*] ~ to couple sth [*or* hitch sth up] [to sth] ❷ (*daran hängen*) ■**etw [an etw** *akk*] ~ to hang [up] sth [on sth] ❸ (*hinzufügen*) ■**etw** ~ to add sth; ■**angehängt** final ❹ (*fig fam: übertragen*) ■**jdm etw** ~ to pass sth on to sb ❺ (*fig fam: aufschwatzen*) ■**jdm etw** ~ to palm [*or* foist] sth off on sb ❻ (*fig fam: anlasten*) ■**jdm etw** ~ to blame [*or* pin] sth on sb ❼ (*fig fam: geben*) ■**jdm etw** ~ to give sb sth; **jdm einen schlechten Ruf** ~ to give sb a bad name **II.** *vr* ❶ AUTO (*hinterherfahren*) ■**sich [an jdn/etw]** ~ to follow [*or* drive behind] sb/sth ❷ (*fig: zustimmen*) ■**sich [an jdn/etw]** ~ to agree with sb/sth **III.** *vi irreg* (*fig*) ❶ (*anhaften*) ■**jdm hängt etw an** sth sticks to sb ❷ (*sich zugehörig fühlen*) ■**einer S.** *dat* ~ to belong to sth; **der [***o* **einer] Mode** ~ to follow [the] fashion[s]; **einer Vorstellung/Idee** ~ to adhere to a belief/idea

An·hän·ger <-s, -> *m* ❶ AUTO (*angehängter Wagen*) trailer ❷ (*angehängtes Schmuckstück*) pendant ❸ (*Gepäckanhänger*) label, tag

An·hän·ger(in) <-s, -> *m(f)* (*fig*) ❶ SPORT (*Fan*) fan, supporter ❷ (*Gefolgsmann*) follower, supporter

An·hän·ger·kupp·lung *f* AUTO coupling device

An·hän·ger·schaft <-> *f kein pl* ❶ (*Gefolgsleute*) followers *pl*, supporters *pl* ❷ SPORT (*Fans*) fans *pl*, supporters *pl*

an·hän·gig *adj* JUR ■**[bei etw]** ~ **sein** to be pending at sth; **bei einem Gericht** ~ **sein** [to be] pending in court

an·häng·lich ['anhɛŋlɪç] *adj* (*sehr an jdm hängend*) devoted; (*sehr zutraulich*) friendly

An·häng·lich·keit <-> *f kein pl* ❶ (*anhängliche Art*) devotion ❷ (*Zutraulichkeit*) trusting nature

An·häng·sel <-s, -> ['anhɛŋzl̩] *nt* ❶ (*lästiger Mensch*) hanger-on, gooseberry *fam* ❷ (*Anhang*) **ein** ~ **an etw** *akk* **sein** to be an appendix to sth

an|hau·chen *vt* ■**jdn [mit etw]** ~ to breathe on sb [with sth]; *s. a.* **angehaucht**

an|hau·en *vt irreg* (*sl*) ❶ (*ansprechen*) ■**jdn** ~ to accost sb ❷ (*erbitten*) ■**jdn um etw** ~ to tap [*or fam* touch] sb for sth

an|häu·fen I. *vt* ■**etw** ~ ❶ (*aufhäufen*) to pile sth up ❷ (*fig: ansammeln*) to accumulate [*or* amass] sth **II.** *vr* ❶ (*sich zu einem Haufen ansammeln*) ■**sich** ~ to pile up ❷ (*sich ansammeln*) ■**sich** ~ to accumulate

An·häu·fung <-, -en> *f* ❶ (*das Aufhäufen*) piling up, amassing ❷ (*fig: das Ansammeln*) accumulation

an|he·ben *irreg* **I.** *vt* ❶ (*hochheben*) to lift sth [up]; **den Hut** ~ to take off [*or liter* doff] one's hat ❷ (*erhöhen*) ■**etw** ~ to increase [*or* raise] sth; **die Gebühren/Löhne/Preise** ~ to increase [*or* raise] charges/wages/prices **II.** *vi* (*hochheben*) ■**[mit]** ~ to [help] lift sth [up]

An·he·bung <-, -en> *f* (*Erhöhung*) increase, raising; **die** ~ **der Gebühren/Löhne/Preise** the increase [*or* rise] in charges/wages/prices

an|hef·ten *vt* ❶ (*daran heften*) ■**etw an etw** *akk* ~ to attach sth to sth ❷ (*anstecken*) ■**jdm etw** ~ to pin sth on sb, to decorate sb with sth

an·hei·melnd ['anhaimḷnd] *adj* (*geh*) cosy BRIT, cozy AM, homey; ~**e Klänge** familiar sounds

an·heim|fal·len *vi irreg sein* (*geh*) **jdm/etw** *dat* ~ to fall victim [*or* prey] to sb/sth; **an·heim|stel·len** *vt* (*geh*) **es jdm** ~, **etw**

A

zu tun to leave [it] up to sb [to decide] what to do

an·hei·schig ['anhaiʃɪç] *adv* **sich ~ machen, etw zu tun** (*veraltend geh*) to take it upon oneself [*or* undertake] to do sth

ạn|hei·zen *vt* ■**etw ~** ❶ (*zum Brennen bringen*) to light sth, to set sth alight ❷ (*fig fam: im Schwung bringen*) to get sth going, to hot sth up ❸ (*fam: verschlimmern*) to aggravate [*or* fan the flames of] sth

ạn|heu·ern I. *vt* NAUT ■**jdn [als etw] ~** to sign sb on [*or* up] [as sth] **II.** *vi* NAUT ■**[bei jdm/auf etw** *dat*] **~** to sign on [with sb/on sth]

Ạn·hieb *m* **auf [den ersten] ~** (*fam*) straight away [*or fam* off], at the first go; **das kann ich nicht auf ~ sagen** I couldn't say off the top of my head

ạn|him·meln *vt* (*fam*) ■**jdn ~** to idolize sb; (*schwärmerisch ansehen*) to gaze adoringly at sb

Ạn·hö·he <-, -n> *f* high ground

ạn|hö·ren I. *vt* ❶ (*zuhören*) ■**[sich** *dat*] **etw ~** to listen to sth ❷ (*mithören*) ■**etw [mit] ~** to listen [in] to sth; **ein Geheimnis [zufällig] [mit] ~** to [accidentally] overhear a secret ❸ (*Gehör schenken*) ■**jdn ~** to listen to sb, to hear sb [out]; ■**[sich** *dat*] **etw ~** to listen to sth ❹ (*anmerken*) ■**jdm etw ~** to hear sth in sb['s voice]; **dass er Däne ist, hört man ihm aber nicht an!** you can't tell from his accent that he's Danish! **II.** *vr* ❶ (*stimmlich klingen*) ■**sich irgendwie ~** to sound [a certain way]; **na, wie hört sich die Gruppe an?** well, how does the group sound? ❷ (*im Klang von bestimmter Art sein*) ■**sich irgendwie ~** to sound [a certain way]; **eine CD hört sich besser an als eine Platte** a CD sounds better than a record ❸ (*klingen*) ■**sich irgendwie ~** to sound [a certain way]; **Ihr Angebot hört sich gut an** your offer sounds good

Ạn·hö·rung <-, -en> *f* JUR hearing

Ạn·hö·rungs·ver·fah·ren *nt* JUR hearing

ạn|hu·pen *vt* (*fam: in jds Richtung hupen*) ■**jdn/etw ~** to sound one's horn [*or* BRIT *a.* hoot] at sb/sth; ■**sich ~** to sound the horn [*or* BRIT *a.* hoot] at one another

ạn|hus·ten *vt* ■**jdn ~** to cough at [*or* on] sb

Ani·lin <-s> [ani'li:n] *nt kein pl* CHEM aniline

Ani·lịn·far·be *f* CHEM aniline colour [*or* AM -or]

ani·ma·lisch [ani'ma:lɪʃ] *adj* animal; ■**etwas A~es** sth animal-like; **er hat so etwas A~es!** he has a kind of animal magnetism!

Ani·ma·teur(in) <-s, -e> [anima'tø:ɐ̯] *m(f)* (*Unterhalter(in)*) host *masc* [*or fem* hostess]

Ani·ma·ti·on <-, -en> [anima'tsi̯o:n] *f* ❶ (*Unterhaltung*) entertainment ❷ FILM animation

Ani·mier·da·me *f* [nightclub [*or* bar]] hostess

ani·mie·ren* [ani'mi:rən] **I.** *vt* ■**jdn [zu etw] ~** to encourage [*or* prompt] sb [to do sth] **II.** *vi* ■**[zu etw] ~** to encourage [to do sth]; **diese Musik animiert mich zum Mittanzen!** this music is making me want to join in [the dancing]!; ■**dazu ~, etw zu tun** to be encouraged to do sth

ani·mie·rend I. *adj* stimulating; **die Liveshow wurde immer ~er** the live floorshow became increasingly provocative [*or* suggestive] **II.** *adv* stimulatingly; **schönes Wetter wirkt auf mich ~** fine weather has a stimulative [*or* an invigorating] effect on me

Ani·mier·lo·kal *nt* hostess bar [*or* nightclub] **Ani·mier·mäd·chen** *nt s.* **Animierdame**

An·ion <-s, -en> ['ani̯o:n] *nt* CHEM (*negativ geladenes Ion*) anion

Anis <-[es], -e> [a'ni:s, 'a(:)nɪs] *m* ❶ BOT (*Pflanze*) anise ❷ KOCHK (*Gewürz*) aniseed ❸ (*fam*) *s.* **Anisschnaps** aniseed brandy

Anịs·schnaps *m* aniseed liqueur [*or* schnaps]

ạn|kämp·fen *vi* ■**gegen etw ~** to fight [against] sth; **gegen die Elemente ~** to battle against [*or* with] the elements; **sie kämpfte gegen ihre Tränen an** she fought back her tears; ■**gegen jdn ~** to fight [against] [*or* [do] battle with] sb

Ạn·kauf <-[e]s, -käufe> *m* buy, purchase *form;* **An- und Verkauf von...** we buy and sell...

ạn|kau·fen I. *vt* ■**etw ~** to buy [*or form* purchase] sth **II.** *vi* to buy, to purchase **III.** *vr* (*eine Immobilie erwerben*) ■**sich [irgendwo] ~** to buy property [somewhere]

An·ker <-s, -> ['aŋkɐ] *m* ❶ NAUT anchor; **[irgendwo] vor ~ gehen** NAUT to drop [*or* cast] anchor [somewhere]; (*fig fam a.*) to stop [over] somewhere; **den ~ hieven** [*o* **lichten**] to weigh [*or* raise] anchor; **[irgendwo] vor ~ liegen** to lie [*or* ride] at anchor; **~ werfen** (*a. fig*) to drop [*or* cast] anchor ❷ (*fig geh: Halt*) mainstay, support ❸ TECH, BAU (*Befestigungsteil*) anchor[-iron]; (*Teil eines Aggregates*) armature; (*Teil des Uhrwerks*) anchor

Ạn·ker·ket·te *f* anchor cable

an·kern ['aŋkɐn] *vi* ❶ (*Anker werfen*) to drop [*or* cast] anchor; ■**ein Schiff ankert** a ship is dropping [*or* casting] anchor ❷ (*vor Anker liegen*) to lie [*or* ride] at anchor; ■**ein Schiff ankert** a ship is lying [*or* riding] at anchor

Ạn·ker·platz *m* anchorage **Ạn·ker·win·de** *f* NAUT windlass, capstan

ạn|ket·ten *vt* ❶ (*an einer Kette befestigen*) ■**jdn/ein Tier/etw ~** to chain sb/an animal/sth up; ■**[an etw** *akk o dat*] **angekettet sein** to be chained [up] [to sth] ❷ (*fig: unentrinnbar verbunden*) ■**[an jdn] angekettet sein** to be tied [to sb]

ạn|kläf·fen *vt* ■**jdn ~** to yap at sb; (*fig: jdn heftig anfahren*) to bark at sb

Ạn·kla·ge <-, -n> *f* ❶ *kein pl* JUR (*gerichtliche Beschuldigung*) charge; **wie lautet die ~?** what's the charge?; **gegen jdn ~ [wegen etw] erheben** to charge sb [with sth]; **[wegen etw] unter ~ stehen** to be charged [with sth]; **jdn [wegen etw] unter ~ stellen** to charge sb [with sth] ❷ JUR (*Anklagevertretung*) prosecution ❸ (*Beschuldigung*) accusation ❹ (*fig: Anprangerung*) ■**eine ~ gegen etw** a denunciation of sth

Ạn·kla·ge·bank *f* JUR dock; **jdn [wegen etw] auf die ~ bringen** to put sb in the dock [*or* take sb to court] [for sth]; **[wegen etw] auf der ~ sitzen** to be in the dock [for sth] **Ạn·kla·ge·er·he·bung** *f* JUR preferral of charges

ạn|kla·gen I. *vt* ❶ JUR (*gerichtlich beschuldigen*) ■**jdn [einer S.** *gen* [*o* **wegen etw**] *gen*] **~** to charge sb [with sth], to accuse sb [of sth] ❷ (*beschuldigen*) ■**jdn einer S.** *gen* **~** to accuse sb of sth; ■**jdn ~, etw getan zu haben** to accuse sb of doing [*or* having done] sth ❸ (*fig: anprangern*) ■**jdn/etw ~** to denounce sb/sth **II.** *vi* (*eine Anprangerung zum Ausdruck bringen*) to denounce

ạn·kla·gend I. *adj* ❶ (*anprangernd*) denunciatory ❷ (*eine Beschuldigung beinhaltend*) accusatory **II.** *adv* (*als Anklage*) accusingly

Ạn·klä·ger(in) <-s, -> *m(f)* JUR prosecutor; **öffentlicher ~** public prosecutor

Ạn·kla·ge·schrift *f* JUR indictment

ạn|klam·mern I. *vt* ❶ (*anheften: mit einer Büroklammer befestigen*) ■**etw [an etw** *akk o dat*] **~** to clip sth [[on]to sth]; (*mit einer Heftmaschine befestigen*) to staple sth [[on]to sth] ❷ (*mit einer Wäscheklammer befestigen*) ■**etw ~** to peg sth **II.** *vr* ❶ (*krampfhaft festhalten*) ■**sich an etw** *akk* **~** to cling [*or* hang] on to sth ❷ (*fig: sich festklammern*) ■**sich an jdn/etw** *akk* **~** to cling [on]to sb/sth

Ạn·klang <-[e]s, -klänge> *m* ❶ *kein pl* (*Zustimmung*) approval; **[bei jdm] [bestimmten] ~ finden** to meet with the approval [of sb] [*or* [a certain amount of] approval [from sb]] ❷ (*Ähnlichkeit*) ■**~/Anklänge an jdn/etw** similarity/similarities to sb/sth; **in dem Film gibt es gewisse Anklänge an E. A. Poe** there are certain similarities to [*or* echoes of] E. A. Poe in the film

ạn|kle·ben I. *vt haben* ■**etw an etw** *akk* **~** to stick sth on sth **II.** *vi sein* to stick; ■**an etw angeklebt sein** to be stuck [on]to sth

An·klei·de·ka·bi·ne *f* changing cubicle

an|klei·den *vt* (*geh*) ■**jdn** ~ to dress [*or* clothe] sb; ■**sich** ~ to dress [*or* clothe] oneself

An·klei·de·raum *m* changing room

an|kli·cken *vt* INFORM ■**etw** ~ to click on sth

an|klin·geln *vt, vi* SÜDD, SCHWEIZ (*fam: telefonieren*) ■**[bei jdm]** ~ [*o* **jdn** ~] to give sb a ring [*or* call] [*or* BRIT *fam a.* bell]

an|klin·gen *vi irreg sein* ❶ (*erinnern*) ■**an etw** *akk* ~ to be reminiscent of sth ❷ (*spürbar werden*) ■**in etw** *dat* ~ to be discernible in sth; **in ihren Worten klang ein deutlicher Optimismus an** there was a clear note of optimism in her words; ■**etw [in etw** *dat*] ~ **lassen** to make sth evident [*or* apparent] [in sth]

an|klop·fen *vi* ❶ (*an die Tür klopfen*) ■**[an etw** *akk o dat*] ~ to knock [on sth]; **an die** [*o* **der**] **Tür** ~ to knock on [*or* at] the door ❷ (*fig fam: vorfühlen*) ■**bei jdm [wegen etw]** ~ to sound sb out [about sth]

an|knab·bern *vt* (*fam: annagen*) ■**etw** ~ to gnaw [away] at sth; **das Kind knabberte das Brot nur an** the child only nibbled [at] the bread

an|knack·sen *vt* (*fam*) ❶ ■**[sich** *dat*] **etw** ~ to crack [a bone in] sth ❷ (*beeinträchtigen*) ■**etw** ~ to injure sth; **jds** *akk* **Stolz** ~ to injure [*or* hurt] sb's pride; **jds Selbstbewusstsein/Zuversicht** ~ to undermine [*or* shake] sb's [self-]confidence; ■**angeknackst sein** to be in a bad way; **bei deiner angeknacksten Gesundheit solltest du aufpassen** with your poor health you should take it easy

an|knip·sen *vt* (*fam*) ■**etw** ~ to switch [*or fam* flick] sth on; **lass das Licht [nicht] angeknipst** [don't] leave the light on

an|knöp·fen *vt* ■**etw [an etw** *akk o dat*] ~ to button sth on[to sth]

an|kno·ten *vt* ■**etw [an etw** *akk o dat*] ~ to tie sth [to sth]

an|knüp·fen **I.** *vt* ❶ (*befestigen*) ■**etw [an etw** *akk o dat*] ~ to tie [*or* fasten] sth [to sth] ❷ (*fig: aufnehmen*) ■**etw** ~ to establish sth; **eine Freundschaft** ~ to strike up a friendship **II.** *vi* (*fig*) ■**an etw** *akk* ~ to resume sth; **an ein altes Argument** ~ to take up an old argument

An·knüp·fungs·punkt *m* starting-point

an|knur·ren *vt* ■**jdn** ~ (*a. fig*) to growl at sb

an|ko·chen *vt* ■**etw** ~ to parboil [*or* precook] sth

an|kom·men *irreg* **I.** *vi sein* ❶ TRANSP (*ein Ziel erreichen*) to arrive; **seid ihr auch gut angekommen?** did you arrive safely? ❷ (*angeliefert werden*) ■**[bei jdm]** ~ to be delivered [to sb] ❸ (*angelangen*) ■**bei etw** ~ to reach sth ❹ (*fam: sich nähern*) to approach; **schau mal, wer da ankommt!** [just] look who's coming! ❺ (*fam: Anklang finden*) ■**[bei jdm]** ~ *Sache* to go down well [with sb]; *Person* to make an impression [on sb]; **der neue Chef kommt gut an** the new boss is well liked [*or* is a real [*or* big] hit] ❻ (*sich durchsetzen*) ■**gegen jdn/etw** ~ to get the better of sb/sth; **gegen diesen Flegel von Sohn kommt sie nicht mehr an** she can't cope with her brat of a son any more ❼ (*überwinden*) ■**gegen etw** ~ to break [*or fam* kick] a habit; **gegen eine Arbeitsüberlastung** ~ to cope with an excess of work; **gegen Vorurteile** ~ to break down prejudices ❽ (*fam: darauf ansprechen*) ■**[jdm] [mit etw]** ~ to speak [to sb] [about sth]; **nachher kommst du mir wieder damit an** afterwards you'll come back to me about it [and say...]; **mit so einem alten Auto brauchen Sie bei uns nicht anzukommen!** don't bother [coming to] us with such an old banger!; **kommen Sie mir bloß nicht schon wieder damit an!** [just] don't start harping on about that again! ❾ (*eine Stellung/einen Studienplatz finden*) ■**[bei jdm] [mit etw]** ~ to be taken on [*or* accepted] [by sb] [with sth]; **bist du mit deiner Bewerbung bei Siemens angekommen?** were you successful with your job application to [*or* at] Siemens? ❿ (*geboren werden*) ■**[bei jdm]** ~ to be born [to sb]; **das Baby kommt in zwei Monaten an** the baby is due in two months; **bei meiner Frau ist gerade ein Junge angekommen!** my wife has just given birth to a [baby] boy! **II.** *vi impers sein* ❶ (*wichtig sein*) ■**auf etw** *akk* ~ sth matters [*or* is important]; ■**es kommt darauf an, dass** what matters is that; **bei diesem Job kommt es sehr darauf an, dass man kreativ arbeiten kann** what matters in this job is that one is able to work creatively ❷ (*von etw abhängen*) ■**auf jdn/etw** ~ to be dependent on sb/sth; **du glaubst, ich schaffe es nicht? na, das käme auf einen Versuch an!** you don't think I can manage it? well, I'll give it a [damn good] try! [*or fam* do my damnedest!]; **das kommt darauf an** it [*or* that] depends; ■**darauf ~, dass/ob** it depends on/on whether; **alles kommt darauf an, ob wir rechtzeitig fertig werden** it all depends on whether we're ready in time; **es kommt darauf an, dass ich gesund bleibe** it depends on me staying healthy ❸ (*riskieren*) **es auf etw** *akk* ~ **lassen** to risk [*or* chance] sth; **es darauf ~ lassen** (*fam*) to risk [*or* chance] it; **lass es lieber nicht darauf ~!** don't leave it to chance!; **lassen wir es also darauf ~!** let's risk [*or* chance] it! **III.** *vt sein* (*geh: sich für jdn darstellen*) **jdn leicht/schwer** [*o* **hart**] ~ to be easy/hard for sb; **die Arbeitslosigkeit meines Mannes kommt mich schon schwer an** I'm finding my husband's unemployment hard; **es kommt jdn leicht/schwer** [*o* **hart**] **an, etw zu tun** to be easy/hard for sb to do sth

An·kömm·ling <-s, -e> *m* (*Neugeborenes*) new arrival; (*kürzlich Angekommene[r]*) newcomer

an|kop·peln *vt* BAHN ■**etw [an etw** *akk*] ~ to couple sth [to sth]; RAUM to dock sth [with sth]

an|kot·zen *vt* ❶ (*derb: anwidern*) ■**jdn** ~ to make sb [feel] sick; **dieser schleimige Kerl kotzt mich an!** this slimy bloke makes me [feel] sick! [*or fam!* want to puke] ❷ (*derb: bespucken*) ■**jdn/etw** ~ to throw up [*or fam!* puke] [all] over sb/sth

an|krei·den *vt* ❶ (*anlasten*) ■**jdm etw [irgendwie]** ~ to hold sth against sb [in a certain manner]; **das kreidet sie dir heute noch [übel] an!** she still [really] holds that against you [even] today! ❷ (*veraltet: Schulden anschreiben*) to chalk up sth

an|kreu·zen *vt* ■**etw** ~ to mark sth with a cross

an|kün·di·gen **I.** *vt* ❶ (*ansagen*) ■**[jdm] jdn** ~ to announce sb [to sb]; **darf ich Ihnen jetzt den nächsten Gast unserer Show** ~ [please] let me introduce the next guest in our show, and the next act in our show is ❷ (*avisieren*) ■**jdn [als jdn]** ~ to announce sb [as sb]; **er wurde uns als Professor Poloni angekündigt** he was announced [*or* introduced] to us as Professor Poloni ❸ (*voraussagen*) ■**etw** ~ to predict sth; **uns wurden gerichtliche Schritte angekündigt** we were given notice of legal proceedings; **die Wettervorhersage kündigt Regen an** the weather forecast is predicting [*or* has announced] rain ❹ (*anzeigen, kundgeben*) ■**etw [für etw]** ~ to advertise sth [for sth]; **der Magier kündigte die nächste Nummer an** the magician announced the next number; **wir konnten leider nicht vorher ~, dass...** unfortunately we were unable to give prior notice that... ❺ (*Besuch anmelden*) ■**sich [bei jdm] [als jd]** ~ to announce oneself [to sb] [as sb]; **sie besucht uns nie, ohne sich vorher angekündigt zu haben** she never visits us without letting us know beforehand **II.** *vr* (*sich andeuten*) ■**sich [durch etw]** ~ to announce itself [with sth]; **es wird kälter, der Herbst kündigt sich an** it is getting colder, autumn [*or* AM *a.* fall] is in the air; **Erkältung kündigt sich oft durch Halsschmerzen an** a cold is usually preceded by a sore throat

An·kün·di·gung <-, -en> *f* ❶ (*Ansage*) announcement ❷ (*Avisierung*) advance notice ❸ (*das Voraussagen*) announcement; **die ~ einer Sturmflut** a storm tide warning ❹ (*Anzeige, Kundgebung*) announcement ❺ (*Vorzeichen*) advance warning

An·kunft <-, -künfte> ['ankʊnft, *pl* -kʏnftə] *f* ❶ (*das Ankommen*) ■**jds ~ [an etw** *dat*/**in etw** *dat*] sb's arrival [at sth/in sth] ❷ TRANSP (*Eintreffen*) arrival ❸ REL (*Wiederkunft*) the Second Coming

An·kunfts·hal·le *f* arrivals [lounge [*or* hall]] **An·kunfts·ta·fel** *f* arrivals [indicator] board **An·kunfts·zeit** *f* time of arrival, arrival time; **geschätzte ~** estimated time of arrival

an|kur·beln *vt* ■**etw ~** ❶ ÖKON (*in Gang bringen*) to boost [*or* stimulate] sth ❷ AUTO (*anlassen*) to start sth [up], to crank sth up

An·kur·be·lung <-, -en> *f* ÖKON boost, stimulation

an|lä·cheln *vt* ■**jdn ~** to smile at sb

an|la·chen I. *vt* ❶ (*in jds Richtung lachen*) ■**jdn ~** to laugh at sb; ■**sich ~** to laugh at one another ❷ (*fig*) ■**jdn lacht etw an** sth is enticing sb; **das lacht mich nicht besonders an** that doesn't appeal to me all that much; **diese Schokotorte lacht mich so unwiderstehlich an** this chocolate cake looks too good to resist [*or* is just asking to be eaten] II. *vr* (*fam: mit jdm anbändeln*) ■**sich** *dat* **jdn ~** to pick sb up *fam*

An·la·ge <-, -n> *f* ❶ (*Produktionsgebäude*) plant ❷ BAU (*das Errichten*) building, construction ❸ HORT (*Grün~*) park, green area; (*das Anlegen*) lay out ❹ SPORT facilities *pl*, [sport's] complex; MIL (*Einrichtung*) installation ❺ TECH, TELEK, MUS (*Stereo~*) stereo equipment, sound [*or* music] system; (*Telefon~*) telephone system [*or* network] ❻ TECH (*technische Vorrichtung*) plant *no pl*; **sanitäre ~n** (*geh*) sanitary facilities ❼ FIN (*Kapital~*) investment ❽ ÖKON (*Beilage zu einem Schreiben*) enclosure; **als** [*o* **in der**] **~** enclosed ❾ *meist pl* (*Veranlagung*) disposition, natural abilities *pl*; **dieser Knabe hat gute ~n, aus dem kann mal was werden!** this guy is a natural, he could be big one day!; **die ~ zu etw haben** to have the disposition [*or* temperament] for sth ❿ *kein pl* LIT, THEAT (*Grundidee*) conception

An·la·ge·be·ra·ter(in) *m(f)* FIN investment advisor

an|la·gern *vr* CHEM ■**sich** [**an etw** *akk*] **~** to be taken up [by sth]

An·la·ge·ver·mö·gen *nt* FIN fixed assets

an|lan·den I. *vt* *haben* ■**etw** [**irgendwo**] **~** to land sth [somewhere] II. *vi* *sein* ■**irgendwo ~** to land somewhere

an|lan·gen[1] I. *vt* *haben* (*betreffen*) ■**jdn ~** to concern sb; **was jdn/etw anlangt, ...** as far as sb/sth is concerned, ... II. *vi* *sein* (*geh: ankommen*) ■[**irgendwo**] **~** to arrive [*or* reach] [somewhere]

an|lan·gen[2] I. *vi* SÜDD (*fam*) ❶ (*anfassen*) ■**irgendwo ~** to touch somewhere ❷ (*mithelfen*) ■[**mit**] **~** to help [*or* lend a hand] [with] II. *vt* SÜDD (*anfassen*) ■**etw ~** to touch sth

An·lassRR <-es, -lässe> *m*, **An·laß**ALT <-sses, -lässe> ['anlas, *pl* 'anlɛsə] *m* ❶ (*unmittelbarer Grund*) reason; ■**der/ein/kein ~ zu etw** the/a/no reason for sth; **ihr Geburtstag war der geeignete ~, mal wieder zu feiern** her birthday was the perfect excuse for another party; ■**ein/kein ~, etw zu tun** a/no reason to do sth; **es besteht ~ zu etw** there are grounds [*or* is cause] for sth; **es besteht kein ~ zu etw/, etw zu tun** there are no grounds for sth/to do sth; [**jdm**] **~ zu etw geben** to give [sb] grounds for sth; **jdm ~ geben, etw zu tun** to give sb grounds to do sth; **einen/keinen ~ haben, etw zu tun** to have grounds/no grounds to do sth; **ein ~** [**für jdn**] **sein, etw zu tun** to be a [good] excuse [for sb] to do sth; **etw zum ~ nehmen, etw zu tun** to use sth as an opportunity to do sth; **aus bestimmtem ~** for a certain type of reason; **und aus diesem ~** and for this reason; **aus besonderem ~ fällt der Spielfilm aus** due to unforeseen circumstances we will not be able to show the film; **aus keinem besonderen ~** for no particular reason; **aus gegebenem ~** with good reason; **zum ~ von etw werden** to be the cause of sth ❷ (*Gelegenheit*) occasion; **dem ~ entsprechend** to fit the occasion; **sie war immer dem ~ entsprechend angezogen** she was always dressed for the occasion; **beim geringsten ~** at the slightest opportunity; **bei jedem ~** at every opportunity; **aus ~ einer S.** *gen* on the occasion of sth

an|las·sen *irreg* I. *vt* ■**etw ~** ❶ AUTO (*starten*) to start sth [up]; ■**das A~** starting [up] ❷ (*fam: anbehalten*) to keep sth on ❸ (*fam: in Betrieb lassen*) to leave sth on; **den Motor ~** to leave the engine running; (*brennen lassen*) to leave sth burning; (*laufen lassen*) to leave sth running [*or* on] II. *vr* (*fam*) ❶ (*sich beruflich erweisen*) ■**sich ~** to get along [*or* on]; **na, wie lässt sich denn der neue Lehrling an?** well, how is the new trainee getting on [*or* coming along]? ❷ METEO (*anfangen*) ■**sich irgendwie ~** to start in a certain manner; **der Sommer lässt sich wirklich ausgezeichnet an** the summer promises to be an excellent one ❸ ÖKON (*sich entwickeln*) ■**sich irgendwie ~** to develop in a certain manner; **wie lässt sich euer Geschäft denn an?** how's [your] business [going]?

An·las·ser <-s, -> *m* AUTO starter [motor]

an·läss·lichRR, **an·läß·lich**ALT ['anlɛslɪç] *präp* +*gen* ■**~ einer S.** *gen* on the occasion of

an|las·ten *vt* ■**jdm etw ~** to blame sb for sth; **ihm wird Betrug angelastet** he was accused of fraud; **dieses Zuspätkommen will ich Ihnen ausnahmsweise nicht ~** as an exception I won't hold it against you for arriving late; ■**jdm etw als etw ~** to regard sth in sb as sth; **ihr Ausbleiben wurde ihr als Desinteresse angelastet** people regarded her absence as a lack of interest [*or* took her absence for a lack of interest] [on her part]

An·lauf <-[e], -läufe> *m* ❶ SPORT (*das Anlaufen*) run-up; **~ nehmen** to take a run-up; **mit/ohne** [**bestimmten**] **~** with/without a [certain type of] run-up ❷ (*fig: Versuch*) attempt, go *fam*; **beim ersten/zweiten ~** at the first/second attempt; [**noch**] **einen ~ nehmen** [*o* **machen**] to make another attempt, to have another go *fam* ❸ (*Beginn*) start; **~ nehmen, etw zu tun** to start to do sth

an|lau·fen *irreg* I. *vi* *sein* ❶ (*beginnen*) to begin, to start; **in den Kinos läuft jetzt der neue James Bond an** the new James Bond film is now showing at the cinema; **in Kürze läuft die** [**neue**] **Saison an** the new season opens [*or* begins] shortly ❷ SPORT (*zu laufen beginnen*) to take a run-up ❸ (*beschlagen*) *Brillengläser, Glasscheibe* to steam up ❹ (*oxidieren*) to rust, to tarnish, to oxidize ❺ (*sich verfärben*) ■**irgendwie ~** to change colour [*or* AM -or] in a certain manner; **vor Wut rot ~** to turn purple with rage; **die Patientin läuft schon blau** [**im Gesicht**] **an!** the patient is beginning to turn blue [in the face]! ❻ (*sich ansammeln*) ■[**auf etw** *akk*] **~** to accrue [in sth] ❼ KOCHK *s.* **anschwitzen** II. *vt* *haben* NAUT (*ansteuern*) ■**etw ~** to put into sth; **das Schiff lief den Hafen an** the ship put into port

An·lauf·pha·se *f* beginning stages *pl*; FILM, THEAT beginning performances **An·lauf·pro·ble·me** *pl* initial problems; *eines Projekts a.* teething problems [*or* troubles]; **~ mit etw** *dat* **haben** to have trouble [*or* problems] starting sth **An·lauf·stel·le** *f* refuge, shelter **An·lauf·zeit** *f* ❶ (*Vorbereitungszeit*) preparation [time]; **morgens braucht er eine gewisse ~, um in Schwung zu kommen** he needs a bit of time to get going in the morning ❷ AUTO (*Warmlaufzeit*) warming-up time [*or* period]

An·laut *m* LING initial sound; **im ~** at the beginning of a word, in initial position

an|läu·ten I. *vi* SÜDD, SCHWEIZ ■[**jdm** [*o* **bei jdm**]] **~** to phone [sb], to ring [sb] [up] II. *vt* ■**jdn ~** to phone sb, to ring sb [up]

An·le·ge·brü·cke *f* landing stage, jetty

an|le·gen I. *vt* ❶ (*erstellen*) ■**etw ~** to compile sth; **eine Liste ~** to draw up a list ❷ HORT ■**etw ~** to lay sth out ❸ (*ansammeln*) ■**etw ~** to lay sth in; **sich** *dat* **einen Vorrat** [*o* **Vorräte**] [**an etw** *dat*] **~** to lay oneself in a stock [of sth] ❹ FIN (*investieren*) ■**etw** [**in etw** *dat*] **~** to invest sth [in sth]; ■**etw** [**für etw**] **~** to spend sth [on sth] ❺ (*fig*) ■**es auf etw** *akk* **~** to risk sth, to leave sth to chance; ■**es** [**mit etw**] **darauf ~, dass jd etw tut** to risk [with sth] that sb does sth ❻ (*daran legen*) ■**etw** [**an etw** *akk*] **~** to place sth [against [*or* on] sth]; MATH to position sth [to sth]; **eine Leiter ~** to put a ladder up; **Karten ~** to lay down cards ❼ (*geh: anziehen*) ■**etw ~** to don sth;

■**jdm etw** ~ to put sth on sb ❻ (*ausrichten*) ■**etw auf etw** *akk* ~ to structure sth for sth; **etw auf eine bestimmte Dauer** ~ to plan sth [to last] for a certain period; ■**auf jdn/etw angelegt sein** to be built for sb/sth; **das Stadion ist auf 30.000 Besucher angelegt** the stadium holds [*or* was built to hold] 30,000 spectators; *s. a.* **Maßstab II.** *vi* ❶ NAUT (*festmachen*) ■[**irgendwo** *dat*] ~ to berth [*or* dock] [somewhere] ❷ MIL (*zielen*) ■[**mit etw**] [**auf jdn**] ~ to aim [at sb] [with sth]; **„legt an - Feuer!"** "take aim - fire!" ❸ KARTEN (*dazulegen*) ■[**bei jdm**] ~ to lay down [cards] [on sb's hand] **III.** *vr* ■**sich mit jdm** ~ to pick an argument [*or* a fight] with sb

Ạn·le·ge·platz *m* berth, dock

Ạn·le·ger(in) <-s, -> *m(f)* FIN investor

Ạn·le·ge·stel·le *f* NAUT mooring

ạn|leh·nen I. *vt* ❶ (*daran lehnen*) ■**etw** [**an etw** *akk*] ~ to lean sth [against sth]; ■**angelehnt sein** propped up ❷ (*einen Spalt offen lassen*) ■**etw** ~ to leave sth slightly open; **die Tür** ~ to leave the door ajar; ■**angelehnt sein** to be slightly open [*or* ajar] **II.** *vr* ❶ (*sich daran lehnen*) ■**sich** [**an jdn/etw** *akk*] ~ to lean [against sb/sth] ❷ (*fig*) ■**sich an etw** *akk* ~ *Text* to follow sth, to be faithful to sth

Ạn·leh·nung <-, -en> *f* ■**die** ~ **an jdn/etw** following of sb/sth; **in** ~ **an jdn/etw** following sb/sth; ~ [**an jdn**] **suchen** (*Anschluss*) to strike up a friendship [with sb]

Ạn·leh·nungs·be·dürf·nis *nt* need for affection **ạn·leh·nungs·be·dürf·tig** *adj* needing affection *pred,* in need of affection

ạn|lei·ern *vt* (*fam: im Gang setzen*) ■**etw** ~ to get sth going

Ạn·lei·he <-, -n> *f* ❶ FIN (*Kredit*) loan; **eine** ~ [**bei jdm**] **aufnehmen** to take out a loan [with sb]; BÖRSE, FIN (*Wertpapier*) bond ❷ (*hum: Plagiat*) borrowing; **dieser Satz ist eine** ~ **bei Goethe** this sentence is lifted from Goethe *fam;* **eine** ~ **bei jdm/etw machen** (*fam*) to borrow sth from sb/sth

ạn|lei·ten *vt* ❶ (*unterweisen*) ■**jdn** ~ to instruct [*or* train] sb; ■**sich von jdm** ~ **lassen** to be instructed [*or* trained] by sb ❷ (*erziehen*) ■**jdn zu etw** ~ to teach sb sth

Ạn·lei·tung <-, -en> *f* ❶ (*Gebrauchs~*) instructions *pl;* **unter jds** *dat* ~ [*o* **unter der** ~ **von jdm**] under sb's guidance ❷ (*das Anleiten*) instruction, direction

Ạn·lern·be·ruf *m* semi-skilled job

ạn|ler·nen I. *vt* ❶ (*einweisen*) ■**jdn** [**zu etw**] ~ to train sb [in sth]; *s. a.* **angelernt** ❷ (*dressieren*) ■**ein Tier dazu** ~**, etw zu tun** to train an animal to do sth **II.** *vr* ■**sich** *dat* **etw** ~ to cram, BRIT *fam a.* to mug sth up, BRIT *fam a.* to mug up on sth, BRIT *fam a.* to swot up sth

ạn|le·sen *irreg* **I.** *vt* (*den Anfang von etw lesen*) ■**etw** ~ to start [*or* begin] to read [*or* reading] sth **II.** *vr* (*sich durch Lesen aneignen*) ■**sich** *dat* **etw** ~ to learn sth by reading; **angelesenes Wissen** knowledge [acquired] from books

ạn|leuch·ten *vt* ■**jdn/etw** [**mit etw**] ~ to light sb/sth up [with sth]; **beim Verhör wurde er mit der grellen Schreibtischlampe angeleuchtet** the dazzling table lamp was shone [directly] at him during the interrogation

ạn|lie·fern *vt* ÖKON ■[**jdm**] **etw** ~ to deliver sth [to sb]

Ạn·lie·fe·rung <-, -en> *f* delivery; **bei** ~ on delivery

ạn|lie·gen *vi irreg* ❶ (*zur Bearbeitung anstehen*) to be on the agenda; ■~**d** [still] to be done, pending ❷ MODE (*sich eng anpassen*) ■[**an etw** *dat*] ~ to fit tightly [*or* closely] [on sth]; ■~**d** tight-[*or* close-]fitting ❸ (*nicht abstehen*) to lie flat; ■~**d** flat (**an** +*dat* against)

Ạn·lie·gen <-s, -> *nt* ❶ (*Bitte*) request; **ein** ~ [**an jdn**] **haben** to have a request to make [*or* favour [*or* AM -or] to ask] [of sb] ❷ (*Angelegenheit*) matter

ạn·lie·gend *adj* ❶ (*beiliegend*) enclosed ❷ (*angrenzend*) adjacent

Ạn·lie·ger <-s, -> *m* ❶ (*Anwohner*) resident; **die Straße ist nur für** ~ [**bestimmt**]! [access to] the street is for residents only!; ~ **frei** [*o* **frei für** ~] residents only ❷ (*Anrainer*) neighbour [*or* AM -or]; **die** ~ **der Ostsee** countries bordering the Baltic Sea; **die** ~ **eines Sees** people living on the shores of a lake; **die** ~ **des Kanals waren stets durch Hochwasser gefährdet** the people living along[side] the canal were constantly endangered by high water

Ạn·lie·ger·ver·kehr *m* [local] residents' traffic; ~ **frei** residents only

ạn|lo·cken *vt* ■**jdn** ~ to attract sb; ■**ein Tier** ~ to lure an animal

ạn|lö·ten *vt* ■**etw** [**an etw** *akk o dat*] ~ to solder sth on[to sth]

ạn|lü·gen *vt irreg* ■**jdn** ~ to lie to [*or* tell a lie [*or* lies] to] sb; ■**sich** [**von jdm**] ~ **lassen** to be lied to [by sb]

Anm. *f Abk von* **Anmerkung**

Ạn·ma·che <-> *f kein pl* (*sl: plumper Annäherungsversuch*) come-on *sl*

ạn|ma·chen *vt* ❶ (*fam: befestigen*) ■**etw** [**an etw** *akk o dat*] ~ *Brosche, Gardinen, etc.* to put sth on[to sth] ❷ (*einschalten*) ■**etw** ~ to turn [*or* put] sth on ❸ (*anzünden*) ■**etw** ~ to light sth ❹ KOCHK (*zubereiten*) ■**etw** [**mit etw**] ~ to dress sth [with sth] ❺ (*sl: aufreizen*) ■**jdn** ~ to turn sb on ❻ (*sl: aufreißen wollen*) ■**jdn** ~ to pick sb up; ■**sich** [**von jdm**] ~ **lassen** to be picked up [by sb]; ■**jdn** ~ (*rüde ansprechen*) to have a go at sb

ạn|mah·nen *vt* ❶ (*zur Bezahlung auffordern*) ■**etw** [**bei jdm**] ~ to send a reminder [to sb] [to pay] ❷ (*ermahnen*) ■**jdn zu etw** ~ to urge sb to do [*or* into doing] sth, to exhort sb to [do] sth *form* ❸ (*fordern*) ■**etw** ~ to call for sth

ạn|ma·len I. *vt* ❶ (*bemalen*) ■**etw** [**mit etw**] ~ to paint sth [with sth]; **mit Buntstiften/Filzstiften** ~ to colour [*or* AM -or] in with pencils/felt tips ❷ (*fam: anstreichen*) ■**etw** ~ to paint sth ❸ (*fam: schminken*) ■**jdm etw** ~ to paint sth on sb **II.** *vr* (*fam*) ❶ (*pej: sich schminken*) ■**sich** ~ to paint one's face; ■**sich** *dat* **etw** ~ to paint sth ❷ (*sich aufmalen*) ■**sich** *dat* **etw** ~ to paint sth on one's face **III.** *vi* (*anzeichnen*) ■[**an etw** *dat*] ~**, wo** to mark [on sth] where

Ạn·marsch <-[e]s> *m kein pl* ❶ MIL (*Marsch zu einem Bestimmungsort*) advance; **im** ~ [**auf etw** *akk*] **sein** to be advancing [on sth] ❷ (*Marschweg*) walk ▶ WENDUNGEN: **im** ~ **sein** (*fam*) to be on the way; (*hum*) to be coming

ạn|mar·schie·ren* *vi sein* MIL to advance

ạn|ma·ßen *vr* ■**sich** *dat* **etw** ~ to claim sth [unduly] for [*or form* arrogate sth to] oneself; **was maßen Sie sich an!** what right do you [think you] have!; **sich** [**eine**] **Kritik/ein Urteil** ~ to take it upon oneself to criticize/pass judgement; ■**sich** *dat* ~**, etw zu tun** to presume to do sth

an·ma·ßend ['anma:sn̩t] *adj* arrogant

Ạn·ma·ßung <-, -en> *f* arrogance

Ạn·mel·de·be·stä·ti·gung *f* ❶ ADMIN (*für das Einwohnermeldeamt*) confirmation of registration ❷ SCH acknowledgement [of application] **Ạn·mel·de·for·mu·lar** *nt* registration form **Ạn·mel·de·frist** *f* registration period **Ạn·mel·de·ge·bühr** *f* registration fee

ạn|mel·den I. *vt* ❶ (*ankündigen*) ■**jdn/etw** [**bei jdm**] ~ to announce sb/sth [to sb]; **einen Besuch** ~ to announce a visit; **wen darf ich** ~**?** who shall I say is calling?; **ich bin angemeldet** I have an appointment; ■**angemeldet** announced; **angemeldete Hotelgäste** registered hotel guests; **nicht angemeldete Patienten** patients without an appointment ❷ (*vormerken lassen*) ■**jdn** [**bei/zu etw**] ~ to enrol sb [at/in sth]; **sie meldete ihre Tochter zu diesem Kurs an** she enrolled her daughter in [*or* for] [*or* on] this course; **Kinder müssen rechtzeitig bei einer Schule angemeldet werden** children must be enrolled at a school in good time; ■**etw** [**für/zu etw**] ~ to book sth in [for sth] ❸ ADMIN (*polizeilich melden*) ■**jdn/etw** [**bei jdm**] ~ to register sb/sth [with sb] ❹ (*geltend machen*) ■**etw** [**bei jdm**] ~ to assert sth [with sb]; **Ansprüche bei der Versicherung** ~ to make a claim on one's insurance; **Bedenken/Proteste/Wünsche** ~ to make [one's] misgivings/protests/wishes known ❺ FIN (*anzeigen*)

■**etw [bei jdm]** ~ to declare sth [to sb] **II.** *vr* ❶ (*ankündigen*) ■**sich [bei jdm]** ~ to give notice of a visit [to sb] ❷ (*sich eintragen lassen*) ■**sich [für/zu etw]** ~ to apply [for sth] ❸ (*sich einen Termin geben lassen*) ■**sich [bei jdm]** ~ to make an appointment [with sb] ❹ ADMIN (*sich registrieren lassen*) ■**sich [bei jdm]** ~ to register [oneself] [with sb]

ạn·mel·de·pflich·tig *adj pred* ■**[bei jdm]** ~ **sein** to be obliged to be registered [with sb]; ■~ **sein** to be obliged to have a licence [*or* AM -se] **Ạn·mel·de·schluss**[RR] *m* application closing date

Ạn·mel·dung <-, -en> *f* ❶ (*vorherige Ankündigung*) [advance] notice [of a visit]; **ohne** ~ without an appointment ❷ SCH (*vorherige Meldung*) enrolment BRIT, enrollment AM ❸ (*Registrierung*) registration; **die** ~ **eines Fernsehers/Radios** the licensing of [*or* to license] a television/radio ❹ MED (*Anmelderaum*) reception

ạn|mer·ken *vt* ❶ (*an jdm feststellen*) ■**jdm etw** ~ to notice [*or* see] sth in sb; ■**jdm** ~**, was jd tut** to [be able to] tell what sb is doing; **sich** *dat* **etw** ~ **lassen** to let [*or* sb lets] sth show; **jd lässt sich** *dat* **etw [nicht]** ~ to [not] let sth show; **sich** *dat* ~ **lassen, was/wie...** to let show what/how... ❷ (*eine Bemerkung machen*) ■**etwas/nichts [zu etw]** ~ to add sth/nothing [about sth]; ■**etwas Angemerktes** comment[s] ❸ MEDIA (*als Anmerkung aufführen*) ■**etw irgendwo** ~ to [make a] note [of] sth somewhere ❹ (*notieren*) ■**[sich** *dat*] **etw** ~ to make a note of sth

Ạn·mer·kung <-, -en> *f* ❶ ([*schriftliche*] *Erläuterung*) note ❷ (*Fußnote*) footnote ❸ (*a. iron geh:* [*mündlicher*] *Kommentar*) comment, observation; ([*schriftliche*] *Notiz*) written comment, notes *pl*

ạn|mie·ten *vt* (*geh*) ■**etw** ~ to rent sth [out]

ạn|mot·zen *vt* (*fam*) ■**jdn** ~ to scream at sb, to bite sb's head off *fam*

ạn|mus·tern *vt, vi* NAUT *s.* **anheuern** to sign on

An·mut <-> ['anmu:t] *f kein pl* (*geh*) ❶ (*Grazie*) grace[fulness] ❷ (*liebliche Schönheit*) beauty, loveliness

ạn|mu·ten I. *vt* (*geh*) ■**jdn irgendwie** ~ to appear [*or* seem] to sb in a certain manner; ■**es/etw mutet jdn irgendwie an** it/sth seems in a certain manner to sb; **dieser Schnee mutet wie im Märchen an** this snow seems like sth out of a fairytale **II.** *vi* (*geh*) ■**irgendwie** ~ to appear [*or* seem] in a certain manner; **es mutet sonderbar an, dass...** it seems strange that...

ạn·mu·tig *adj* (*geh*) ❶ (*graziös*) graceful ❷ (*hübsch anzusehen*) beautiful, lovely

ạn|na·geln *vt* (*durch Nägel befestigen*) ■**etw [an etw** *akk*] ~ to nail sth on[to sth] ▶ WENDUNGEN: **wie angenagelt** as if rooted to the spot; **[da]stehen wie angenagelt** to stand [there] [as if] [*or* remain] rooted to the spot

ạn|na·gen *vt* ■**etw** ~ to gnaw [away] at sth

ạn|nä·hen *vt* ■**etw [an etw** *akk o dat*] ~ to sew sth on[to sth]

ạn|nä·hern I. *vr* ❶ (*sich in der Art angleichen*) ■**sich [einander** *dat*] ~ to come closer [to one another] ❷ (*sich gefühlsmäßig näherkommen*) ■**sich einander** *dat* ~ to come closer to one another **II.** *vt* ■**aneinander** ~ to bring into line with each other [*or* one another]

ạn·nä·hernd I. *adj* approximate, rough **II.** *adv* approximately, roughly; **es kamen nicht** ~ **so viele Besucher wie erwartet** nowhere near [*or* nothing like] as many spectators came as had been expected

Ạn·nä·he·rung <-, -en> *f* convergence

Ạn·nä·he·rungs·ver·such *m* advance[s] *esp pl;* **lass deine plumpen** ~**e!** stop coming on to me! [*or fam* giving me the come-on!]; **[bei jdm]** ~**e machen** to make advances [to sb]

ạn·nä·he·rungs·wei·se *adv* approximately; ■**nicht** ~ nowhere near, nothing like

An·nah·me <-, -n> ['anna:mə] *f* ❶ (*Vermutung*) supposition, assumption; **recht gehen in der** ~**, dass ...** (*geh*) to be right in the assumption that...; **von einer** ~ **ausgehen** to proceed [*or* work] on the assumption; **der** ~ **sein, dass ...** to assume that...; **in der** ~**, [dass]** ... on the assumption [that] ❷ *kein pl* (*geh: das Annehmen*) acceptance; **mit der** ~**...** by accepting...; ~ **verweigert** delivery [*or* acceptance] refused ❸ *kein pl* ÖKON ~ **eines Auftrags** taking on an order; ~ **eines Angebots** acceptance of an offer ❹ *kein pl* JUR ~ **eines Kindes,** ~ **an Kindes statt** (*geh*) adoption [of a child]; ~ **eines Namens** adoption [*or* assumption] of a name ❺ (*Annahmestelle*) reception

Ạn·nah·me·frist *f* deadline **Ạn·nah·me·schluss**[RR] *m* closing date **Ạn·nah·me·stel·le** *f* ❶ (*Lottoannahmestelle*) *outlet selling lottery tickets* ❷ (*Abgabestelle für Altmaterialen/Müll*) [rubbish [*or* AM garbage]] dump, [refuse] collection point ❸ (*Stelle für die Annahme*) counter **Ạn·nah·me·ver·wei·ge·rung** *f* refusal to accept [post]

An·na·len *pl* annals; **in die** ~ **eingehen** to go down in history the annals [*or* the annals [of history]]

ạn·nehm·bar I. *adj* ❶ (*akzeptabel*) acceptable; ■**[für jdn]** ~ **sein** to be acceptable [to sb] ❷ (*nicht übel*) reasonable **II.** *adv* reasonably

ạn|neh·men *irreg* **I.** *vt* ❶ (*entgegennehmen*) ■**etw [von jdm]** ~ to accept sth [from sb]; **nehmen Sie das Gespräch an?** will you take the call? ❷ ÖKON (*in Auftrag nehmen*) ■**etw** ~ to take sth [on] ❸ (*akzeptieren*) ■**etw** ~ to accept sth; **eine Herausforderung** ~ to accept [*or* take up] a challenge; **[einen] Rat** ~ to take [a piece of] advice *no pl, no indef art* ❹ (*meinen*) ■**etw [von jdm]** ~ to think sth [of sb]; **du kannst doch nicht im Ernst [von mir]** ~**, dass ich dir helfe** you can't seriously expect me to help you ❺ (*voraussetzen*) ■**etw** ~ to assume sth; *s. a.* **angenommen** ❻ (*billigen*) ■**etw** ~ to adopt [*or* pass] sth; **einen Antrag** ~ to carry [*or* pass] a motion ❼ (*sich zulegen*) ■**etw** ~ to adopt sth; **schlechte Angewohnheiten** ~ to pick up [*or form* acquire] bad habits; *s. a.* **angenommen** ❽ (*zulassen*) ■**jdn/etw** ~ to accept sb/sth; **Patienten/Schüler** ~ to take on [*or* accept] patients/[school]children ❾ (*sich entwickeln*) **der Konflikt nimmt immer schlimmere Ausmaße an** the conflict is taking a turn for the worse; ■**etw** ~ to take sth on ❿ JUR (*adoptieren*) ■**jdn** ~ to adopt sb; *s. a.* **angenommen** ⓫ (*eindringen lassen*) ■**etw** ~ to take sth, to let sth in; **dieser Stoff nimmt kein Wasser an** this material is water-resistant [*or* water-repellent] **II.** *vr* ❶ (*sich um jdn kümmern*) ■**sich jds** *gen* ~ to look after sb; **nach dem Tod ihrer Eltern nahm er sich ihrer rührend an** after her parents' death, he took her under his wing ❷ (*sich mit etw beschäftigen*) ■**sich einer S.** *gen* ~ to take care of sth

Ạn·nehm·lich·keit <-, -en> *f meist pl* ❶ (*Bequemlichkeit*) comfort, convenience ❷ FIN (*Vorteil*) advantage

an·nek·tie·ren* [anɛk'ti:rən] *vt* ■**etw** ~ to annex sth

An·nek·tie·rung <-, en> *f* ADMIN, POL annexation

An·ne·xi·on <-, -en> [anɛ'ksi̯o:n] *f* annexation

An·no, an·no ['ano] *adv* ÖSTERR (*im Jahre*) in the year ▶ WENDUNGEN: **von** ~ **dazumal** [*o* **dunnemal**] [*o* **Tobak**] (*fam*) from the year dot BRIT *fam,* from long ago AM; **die sind wohl noch von** ~ **dazumal!** they are probably from the year dot! *fam,* they look like they came out of the ark! *sl*

An·no Do·mi·ni ['ano 'do:mini] *adv* HIST Anno Domini, in the year of our Lord

An·non·ce <-, -n> [a'nõ:sə] *f* MEDIA ❶ (*Anzeige*) advertisement, ad[vert] *fam* ❷ (*Kontaktanzeige*) ad *fam* in the personal column

an·non·cie·ren* [anõ'si:rən] **I.** *vi* MEDIA ❶ (*Anzeige veröffentlichen*) ■**[in etw** *dat*] ~ to advertise [in sth] ❷ (*Kontaktanzeige veröffentlichen*) to place an ad *fam* in the personal column **II.** *vt* MEDIA ❶ (*eine Annonce aufgeben*) ■**etw** ~ to advertise sth ❷ (*geh: ankündigen*) ■**etw** ~ to announce sth

an·nul·lie·ren* [anʊ'li:rən] *vt* JUR ■**etw** ~ to annul sth

An·nul·lie·rung <-, -en> *f* JUR annulment

Ano·de <-, -n> [a'no:də] *f* PHYS anode
an|ö·den ['an'ø:dn̩] *vt* (*fam*) ■**etw/jd ödet jdn an** sth/sb bores sb silly [*or* stiff] [*or* to tears]
ano·mal [ano'ma:l] *adj* abnormal
Ano·ma·lie <-, -n> [anoma'li:, *pl* -'li:ən] *f* ❶ MED (*Missbildung*) abnormality ❷ PHYS (*Unregelmäßigkeit*) anomaly
ano·nym [ano'ny:m] **I.** *adj* anonymous; ~ **bleiben** to remain anonymous **II.** *adv* anonymously
ano·ny·mi·sie·ren* [anonymi'zi:rən] *vt* ■**etw** ~ to make sth anonymous *fig,* to estrange sth
Ano·ny·mi·tät <-> [anonymi'tɛ:t] *f kein pl* anonymity
Ano·rak <-s, -s> ['anorak] *m* anorak
an|ord·nen *vt* ❶ (*festsetzen*) ■**etw** ~ to order sth; **wer hat diesen Blödsinn angeordnet?** who's responsible [*or* to blame] for this nonsense?; ■~, **dass** to order that ❷ (*ordnen*) ■**etw** [**nach etw**] ~ to arrange sth [according to sth]
An·ord·nung <-, -en> *f* ❶ (*Verfügung*) order; **nur ich gebe hier** [**die**] ~**en!** I'm the only one who gives orders [around] here!; ~**en treffen** to give orders; **gegen jds** ~/~**en versto·ßen** to disobey sb's order[s]; **auf jds** *akk* ~ on sb's orders; **auf** ~ **seines Arztes** on [his] doctor's orders; **auf polizeiliche** ~ by order of the police ❷ (*systematische Ordnung*) order
Ano·re·xie <-, -n> [anʔorɛ'ksi:, *pl* -'ksi:ən] *f* MED, PSYCH anorexia
an·or·ga·nisch ['anʔɔrga:nɪʃ] *adj* CHEM inorganic
anor·mal ['anɔrma:l] *adj* (*fam*) *s.* **anomal** abnormal
an|pa·cken I. *vt* (*fam*) ❶ (*anfassen*) ■**jdn/etw/ein Tier** ~ to touch sb/sth/an animal ❷ (*beginnen*) ■**etw** ~ to tackle sth; **packen wir's an!** let's get started! [*or* going!] ❸ (*behandeln*) ■**jdn irgendwie** ~ to treat sb in a certain manner **II.** *vi* (*fam*) ❶ (*anfassen*) ■[**irgendwo**] ~ to take hold of [somewhere] ❷ (*mithelfen*) ■**jd packt** [**mit**] **an** sb lends a hand; **das schaf·fen wir, wenn ihr alle** [**mit**] **anpackt** we can manage it if everybody lends a hand
an|pas·sen I. *vt* ❶ (*adaptieren*) ■**etw einer S./an etw** *akk* ~ to adapt sth to sth ❷ (*darauf abstellen*) ■**etw einer S.** ~ to adapt sth to sth ❸ (*angleichen*) ■**etw** [**an etw** *akk*] ~ to adjust sth [to sth] ❹ (*entsprechend verändern*) ■**etw einer S.** ~ to adjust sth to sth **II.** *vr* ❶ (*sich darauf einstellen*) ■**sich** [**einer S.** *dat*] ~ to adjust [to sth]; *s. a.* **angepasst** ❷ (*sich angleichen*) ■**sich jdm** [*o* **an jdn**]/**einer S.** ~ to fit in with [*or* adapt [one·self] to] sb/sth; (*gesellschaftlich*) to conform to sth
An·pas·sung <-, *selten* -en> *f* ❶ (*Abstimmung*) adaptation (**an** +*akk* to); **mangelnde** ~ maladaptation ❷ (*Erhöhung*) adjustment; **eine** ~ **der Gehälter um 8% vornehmen** to adjust salaries by 8% ❸ (*Angleichung*) conformity *no art* (**an** +*akk* to/with), adjustment (**an** +*akk* to)
an·pas·sungs·fä·hig *adj* flexible, adaptable **An·pas·sungs·fä·hig·keit** *f* adaptability (**an** +*akk* to), flexibility (**an** +*akk* in/towards) **An·pas·sungs·schwie·rig·kei·ten** *pl* difficulties in adapting **An·pas·sungs·ver·mö·gen** <-s, *selten* -> *nt* adapt·ability
an|pei·len *vt* ❶ TELEK (*durch Peilung ermitteln*) ■**etw** [**mit etw**] ~ to take a bearing on sth [with sth] ❷ NAUT (*fam: ansteu·ern wollen*) ■**etw** ~ to head [*or* steer] for sth ❸ (*fam: anvisie·ren*) ■**etw** ~ to set [*or* have] one's sights on sth; ■**jdn** ~ (*sl*) to fix one's eyes on sb
an|pfei·fen *irreg* SPORT **I.** *vi* to blow the whistle **II.** *vt* **das Spiel** ~ to blow the whistle [to start the game]; FBALL *a.* to blow the whistle for kick-off
An·pfiff *m* ❶ SPORT ~ [**des Spiels**] whistle [to start the game]; FBALL *a.* kick-off ❷ (*fam: Rüffel*) ticking-off BRIT *fam,* chewing-out AM *fam*
an|pflan·zen *vt* ❶ ■**etw** ~ (*setzen*) to plant sth; (*anbauen*) to grow [*or* cultivate] sth ❷ (*bepflanzen*) ■**etw** [**mit etw**] ~ to plant sth [with sth]
An·pflan·zung *f* ❶ (*Setzen*) planting *no pl;* (*Pflanzen*) growing *no pl,* cultivation ❷ (*angepflanzte Fläche*) cultivated area [*or* plot]
an|pflau·men *vt* (*fam*) ■**jdn** ~ to make fun of sb
an|pin·keln *vt* (*fam: gegen etw urinieren*) ■**jdn/etw** ~ to pee [*or fam* piddle] on sb/sth; **einen Baum/eine Wand** ~ to pee [*or fam* piddle] against a tree/wall
an|pin·seln *vt* (*fam*) ❶ (*anstreichen*) ■**etw** [**mit etw**] ~ to paint sth [with sth] ❷ (*mit dem Pinsel anmalen*) ■**etw** [**an etw** *akk*] ~ to paint [*or* daub] sth [on sth]
an|pir·schen *vr* ❶ (*sich vorsichtig nähern*) ■**sich** [**an ein Tier**] ~ to stalk [an animal] ❷ (*fam: sich anschleichen*) ■**sich an jdn** ~ to creep up on sb
an|pis·sen *vt* (*vulg*) ■**jdn/etw** ~ to piss on sb/sth *sl;* **einen Baum/eine Wand** ~ to piss against a tree/wall *sl*
An·pö·be·lei <-, -en> *f* (*fam*) verbal abuse *hum fam no pl, no indef art*
an|pö·beln *vt* (*fam*) ■**jdn** ~ to abuse sb [verbally], to get snotty with sb *fam*
An·prall <-[e]s, -e> *m* impact, collision; **beim** ~ **an etw** *akk* on impact with sth
an|pral·len *vi sein* ■**an etw** *akk*/**gegen etw** ~ to crash into [*or* against] sth
an|pran·gern ['anpraŋɐn] *vt* ■**jdn/etw** [**als etw**] ~ to denounce sb/sth [as sth]
an|prei·sen *vt irreg* (*rühmen*) ■**etw** ~ to extol sth; **dieser Wagen wird in der Werbung als preisgünstig angeprie·sen** the advert claims this car to be good value for money; ■**sich** [**als etw**] ~ to extol [*or* sell] oneself [as [being] sth]
An·pro·be *f* fitting
An·pro·be·raum *m* fitting [*or* changing] room
an|pro·bie·ren* **I.** *vt* ■**etw** ~ to try on sth *sep;* ■**jdm etw** ~ (*fam*) to try sth on sb **II.** *vi* to try on; **darf ich mal** ~**?** can I try it on?
an|pum·pen *vt* (*fam*) ■**jdn** [**um etw**] ~ to cadge [*or* scrounge] [sth] from [*or* off] sb *fam*
an|pus·ten *vt* (*fam*) ❶ (*anblasen*) ■**jdn** ~ to blow at sb ❷ (*an·fachen*) **das Feuer/die Flammen** ~ to blow on the fire/the flames
an|quat·schen *vt* (*fam*) ■**jdn** ~ to speak to sb; (*anbaggern*) to chat up *sep* [*or* AM hit on] sb; ■**sich** [**von jdm**] ~ **lassen** to get chatted up [*or* AM hit on] [by sb]
An·rai·ner(in) <-s, -> ['anrainɐ] *m(f)* ❶ (*geh: benachbarter Staat*) neighbour[ing] [*or* AM -or[ing]] [country]; ~ **der Nordsee** country bordering on the North Sea ❷ *bes* ÖSTERR (*Anlieger*) [local] resident
An·rai·ner·staat *m* neighbouring [*or* AM -oring] country; **die** ~**en Deutschlands** the countries bordering on Germany
an|ra·ten *irreg* **I.** *vi* ■**jdm** ~[, **etw zu tun**] to advise sb [to do sth]; **auf jds Anraten** [**hin**] on sb's advice **II.** *vt* ■**jdm etw** ~ to recommend sth to sb
an·re·chen·bar *adj* FIN chargeable, attributable; ■**auf etw** *akk*/**für etw** ~ **sein** to be deductible from sth
an|rech·nen *vt* ❶ (*gutschreiben*) ■**jdm etw** ~ *akk* to take sb's sth into consideration; **die 2.000 Euro werden auf die Gesamtsumme angerechnet** the 2,000 euros will be deducted from the total; **das alte Auto rechnen wir Ihnen mit 3.450 Euro an** we'll take off 3,450 euros for your old car ❷ (*in Rechnung stellen*) ■**jdm etw** ~ to charge sb with sth ❸ (*ankreiden*) **jdm etw als Fehler** ~ to count sth as a mis·take [for sb], to consider sth to be a mistake on sb's part ❹ (*be·werten*) ■**jdm etw als Fehler** ~ (*Lehrer*) to count sth as a mistake; (*fig*) to consider sth as a fault on sb's part; **wir rech·nen es Ihnen als Verdienst an, dass ...** we think it greatly to your credit that ...; **dass er ihr geholfen hat, rechne ich ihm hoch an** I think very highly of him for having helped her; ■**sich** *dat* **etw** ~ to credit one's sth; **diesen Erfolg rechnete er sich als besonderen Verdienst an** he gave himself much credit for this success
An·rech·nung *f* FIN allowance (**auf** +*akk* for); (*Belastung*) debit[ing] (**auf** +*akk* from); (*Gutschrift*) credit[ing] (**auf** +*akk*

A

to); **bei/unter ~ Ihres Gebrauchtwagens** after deduction of the value of your used car; **~ finden** *(geh)* to be considered, to be taken into account

Ạn·recht *nt* ■ **das/ein ~ auf etw** *akk* the/a right [*or* the/an entitlement] to sth; **das/ein ~ auf die Erbschaft haben** [*o* **besitzen**] to have a right [*or* be entitled] to the inheritance; **das/ein ~ auf Ruhe/Respekt haben** [*o* **besitzen**] to be entitled to peace and quiet/respect; **sein ~ [auf etw** *akk*] **geltend machen** to assert [*or* enforce] one's right [to sth]

Ạn·re·de *f* form of address

i Kultur

In den englischsprachigen Ländern ist es durchaus üblich, sich schon bei der ersten Begegnung beim Vornamen zu nennen. Das gilt auch für Vorgesetzte und deren Mitarbeiter. Das bedeutet aber nicht, dass der Umgang miteinander deshalb von Anfang an vertrauter ist.

ạn|re·den I. *vt* **jdn [mit seinem Namen/mit seinem Titel/mit „Professor"] ~** to address sb [by his name/by his title/as "Professor"] **II.** *vi* ■ **gegen jdn/etw ~** to argue against sb, to make oneself heard against [*or* over] sth

ạn|re·gen I. *vt* ❶ *(ermuntern)* ■ **jdn [zu etw] ~** to encourage [*or* urge] sb [to do sth]; **jdn zum Denken/Nachdenken/Überlegen ~** to make sb think/ponder/consider ❷ *(geh: vorschlagen)* ■ **etw ~** to suggest [*or form* propose] sth ❸ *(stimulieren)* ■ **etw ~** to stimulate sth; **den Appetit ~** to stimulate [*or* whet] the appetite; *s. a.* **angeregt II.** *vi* ❶ *(beleben)* to be a stimulant [*or* tonic], to have a stimulating effect; **kein Appetit? ein Aperitif regt an!** no appetite? an aperitif will whet it! ❷ *(geh: vorschlagen)* ■ **~, etw zu tun** to suggest [*or* propose] that sth is [*or* be] done

ạn·re·gend I. *adj* ❶ *(stimulierend)* stimulating; **eine ~e Droge/ein ~es Mittel** a stimulant ❷ *(sexuell stimulierend)* sexually arousing; **das findet er ~** he finds that sexually arousing **II.** *adv* ❶ *(stimulierend)* **[bei Kreislaufschwäche/Müdigkeit] ~ wirken** to act as a stimulant [*or* tonic] [against circulatory debility/ tiredness] ❷ *(sexuell stimulierend)* **~ wirken** to have a sexually arousing effect

Ạn·re·gung *f* ❶ *(Vorschlag)* idea; **eine ~ machen** to make a suggestion [*or* proposal]; **auf ~ einer Person** [*o* **auf jds ~**] at sb's suggestion, at the suggestion of sb ❷ *(Impuls)* stimulus ❸ *kein pl (Stimulierung)* stimulation

ạn|rei·chern ['anraiçɐn] **I.** *vt* ❶ *(gehaltvoller machen)* ■ **etw [mit etw] ~** to enrich sth [with sth] ❷ CHEM *(versetzen)* ■ **etw mit etw ~** to add sth to sth; **Trinkwasser mit Fluor ~** to add fluorine to [*or* to fluorinate] drinking water **II.** *vr* ❶ CHEM *(sich ansammeln)* ■ **sich in etw** *dat* **~** to accumulate [*or* build up] in sth ❷ CHEM *(etw als Zusatz anlagern)* ■ **sich mit etw ~** to become enriched with sth

Ạn·rei·che·rung <-, en> *f* ❶ *(Ansammlung, Speicherung)* accumulation ❷ *(Verbesserung)* enrichment

An·rei·che·rungs·sys·tem *nt* AUTO enrichment system

Ạn·rei·se *f* ❶ *(Anfahrt)* journey [here/there] ❷ *(Ankunft)* arrival; **an welchem Tag erfolgt Ihre ~?** on what day will you be arriving?

ạn|rei·sen *vi sein* ❶ *(ein Ziel anfahren)* to travel [here/there]; **reist du mit dem eigenen Wagen an?** will you be travelling [*or* coming] by car? ❷ *(eintreffen)* to arrive

ạn|rei·ßen *vt irreg* ❶ *(kurz zur Sprache bringen)* ■ **etw ~** to touch on sth ❷ *(durch Reißen anbrechen)* **etw [an der Ecke/Seite] ~** to open sth [at the corner/side] ❸ *(durch Reiben entzünden)* **ein Streichholz [an etw** *dat*] **~** to strike a match [on sth]

Ạn·reiz *m* incentive

ạn|rei·zen I. *vt* ❶ *(jdn anspornen)* ■ **jdn [zu etw] ~** to encourage sb [to do sth], to urge sb to do sth; **jdn zu großen Leistungen ~** to encourage [*or* urge] sb to perform great feats; ■ **jdn [dazu] ~, etw zu tun** to act as an incentive for [*or* encourage] sb to do sth ❷ *(stimulieren)* ■ **etw ~** to stimulate sth; **den Appetit ~** to stimulate [*or* whet] [*or* sharpen] the appetite **II.** *vi (anspornen)* ■ **[dazu] ~, etw zu tun** to act as an incentive to do sth

ạn|rem·peln *vt* ■ **jdn ~** to bump into sb

ạn|ren·nen *vi irreg sein* MIL ■ **gegen etw ~** to storm sth

Ạn·rich·te <-, -n> *f* ❶ *(Büfett)* sideboard ❷ *(Raum)* pantry

ạn|rich·ten *vt* ■ **etw ~** ❶ *(zubereiten)* to prepare sth; **einen Salat mit Majonäse ~** to dress a salad with mayonnaise ❷ *(geh: servieren)* to serve sth; ■ **es ist/wird angerichtet** dinner etc. is served *form* ❸ *(fam: anstellen)* **Schaden ~** to cause damage; **Unfug** [*o* **Unsinn**] **~** to get up to mischief, to be up to no good *fam;* **was hast du da wieder angerichtet!** what have you [*fam* gone and] done now! ❹ *(verursachen) Schaden, Unheil* to cause sth

ạn|rit·zen *vt* ■ **etw ~** to scratch [the surface of] sth; **einen Baum/eine Rinde ~** to scarify a tree/bark *spec*

ạn|rol·len *vi sein* ❶ *(zu rollen beginnen)* to start to move [*or* roll], to start moving [*or* rolling] ❷ *(heranrollen)* to roll up; *Flugzeug* to taxi in ▸ WENDUNGEN: **etw ~ lassen** *(fam)* to get sth going *fam*

ạn|ros·ten *vi sein* to start rusting, to start to rust

ạn|rös·ten *vt* ■ **etw ~** to toast sth

an·rü·chig ['anrʏçɪç] *adj* ❶ *(einen üblen Ruf aufweisend)* disreputable, of ill repute *pred* ❷ *(unanständig)* indecent, offensive; ■ **[für jdn] ~ sein** to be offensive to sb; ■ **etwas Anrüchiges** something offensive [*or* indecent]; **als etwas Anrüchiges gelten** to be considered offensive [*or* indecent]

ạn|rü·cken I. *vi sein* ❶ *(herbeikommen)* to be coming up [*or* closer]; *Feuerwehr, Polizei* to be on the scene ❷ MIL *(im Anmarsch sein)* ■ **[gegen jdn/etw] ~** to advance [against sb/sth] ❸ *(hum fam: zum Vorschein kommen)* to turn up *fam,* to materialize *hum;* ■ **etw ~ lassen** to bring sth along *hum* ❹ *(weiter heranrücken)* ■ **an jdn ~** to come [*or* move] up [*or* closer] [to sb] **II.** *vt haben (heranrücken)* ■ **etw an etw** *akk* **~** to move sth up [*or* closer] [to sth]

Ạn·ruf *m* ❶ *(Telefonanruf)* [telephone] call ❷ MIL *(Aufforderung)* challenge; **ohne [vorherigen] ~ schießen** to shoot without warning

Ạn·ruf·be·ant·wor·ter <-s, -> *m* answering machine, BRIT *a.* answerphone; **„hier ist der automatische ~"** "this is an automatic answering service"

ạn|ru·fen *irreg* **I.** *vt* ❶ *(telefonisch kontaktieren)* ■ **jdn ~** to call sb [on the telephone], to phone sb, to give sb a ring [*or fam* call]; ■ **angerufen werden** to get a telephone call ❷ MIL *(aufrufen)* ■ **jdn ~** to challenge sb; *(von einem Polizisten)* to shout sb a warning ❸ JUR *(appellieren)* ■ **jdn/etw ~** to appeal to sb/sth ❹ *(beschwören)* ■ **jdn/etw ~** to call on sb/sth **II.** *vi* ■ **[bei jdm/für jdn] ~** to phone [sb/for sb]; **darf ich mal bei dir ~?** can I give you a call?

Ạn·ru·fer(in) <-s, -> *m(f)* caller

ạn|rüh·ren *vt* ❶ *verneint (konsumieren)* ■ **etw nicht ~** to not touch sth ❷ *(geh: berühren)* ■ **etw ~** to touch sth; **rühr mich ja nicht an!** don't you touch me! ❸ *(ansprechen)* ■ **etw ~** to touch on sth ❹ *(durch Rühren zubereiten)* ■ **[jdm] etw ~** to mix sth [for sb]; **eine Soße ~** to blend a sauce

ạn·rüh·rend *adj* moving

ans [ans] = **an das** *s.* **an**

ạn|sä·en *vt* AGR ❶ *(aussäen)* ■ **etw ~** to sow sth ❷ *(besäen)* ■ **etw [mit etw] ~** to sow sth [with sth]

Ạn·sa·ge *f* ❶ *(Ankündigung)* announcement ❷ *(beim Kartenspiel)* bid; **du hast die ~** it's your bid

ạn|sa·gen I. *vt* ❶ *(durchsagen)* ■ **etw ~** to announce sth ❷ *(ankündigen)* ■ **[jdm] jdn/etw ~** to announce sb/sth [to sb] ❸ *(fam: erforderlich sein)* ■ **angesagt sein** to be called for; *(in*

Mode sein) to be in ❹ KARTEN ■[**jdm**] **etw** ~ to bid [sb] sth **II.** *vr* ❶ (*Besuch ankündigen*) ■**sich** [**bei jdm**] [**für etw/zu etw**] ~ to announce a visit [to sb] [*or* tell sb that one is coming] [for sth] ❷ (*sich ankündigen*) to announce itself/themselves *liter* **III.** *vi* ❶ (*eine Ansage machen*) to do the announcements ❷ KARTEN to bid; **du sagst an!** your bid!

ạn|sä·gen *vt* ■**etw** ~ to saw into sth; ■**das Ansägen** [**einer S.**] sawing [into sth]

An·sa·ger(in) <-s, -> ['anza:gɐ] *m(f)* ❶ (*Sprecher*) announcer ❷ (*Conférencier*) host, compère BRIT, emcee AM

ạn|sam·meln **I.** *vt* ❶ (*anhäufen*) ■**etw** ~ to accumulate [*or* amass] sth; **Vorräte** ~ to build up provisions ❷ FIN (*akkumulieren*) **Zinsen** [**auf einem Sparbuch/Konto**] ~ *dat* to accrue interest [on a savings book/an account] ❸ MIL (*zusammenkommen lassen*) **Truppen** [**für jdn/etw**] ~ to concentrate troops [for sb/sth] **II.** *vr* ❶ (*sich versammeln*) ■**sich** ~ to gather, to collect ❷ (*sich anhäufen*) ■**sich** ~ *Spinnweben, Staub* to collect, to gather; *Krimskrams, Müll* to accumulate ❸ FIN (*sich akkumulieren*) ■**sich** ~ to accrue ❹ (*sich aufstauen*) ■**sich** [**bei jdm**] ~ to build up [in sb]

Ạn·samm·lung *f* ❶ (*Haufen*) crowd, gathering ❷ (*Aufhäufung*) accumulation ❸ (*Aufstauung*) build-up

an·säs·sig ['anzɛsɪç] *adj* (*geh*) resident; **alle** ~**en Bürger** all resident citizens; **in einer Stadt** ~ **sein** to be resident in a city

Ạn·säs·si·ge(r) *f(m) dekl wie adj* resident

Ạn·satz *m* ❶ (*Basis*) base; *von Haar* hairline; **im** ~ basically ❷ (*erster Versuch*) ■**der/ein** ~ **zu etw** the/an [initial] attempt at sth; **einen neuen** ~ **zu etw** a fresh attempt at sth ❸ (*Ausgangspunkt*) first sign[s *pl*], beginning[s *pl*] (**zu** of) ❹ ÖKON (*geh: Veranschlagung*) estimate, assessment; **außer** ~ **bleiben** (*geh*) to not be taken into account; **etw** [**für etw**] **in** ~ **bringen** (*geh*) to appropriate sth [for sth] ❺ (*angelagerte Schicht*) coating

Ạn·satz·punkt *m* starting point **Ạn·satz·stück** *nt* TECH extension

ạn·satz·wei·se *adv* basically; ~ **richtig sein/verstehen/zutreffen** to be basically correct/to basically understand/to basically apply; **ich verstehe diese Theorie nicht einmal** ~ I don't have the faintest understanding of this theory

ạn|säu·ern *vt* KOCHK **eine Soße** ~ to acidulate [*or* acidify] [*or* sour] a sauce

ạn|sau·fen *vr irreg* ■**sich** *dat* **einen** [**Rausch**] ~ (*sl*) to get plastered [*or* BRIT pissed], AM hammered *sl*

ạn|sau·gen **I.** *vt* ■**etw** ~ to suck [*or* draw] in sth **II.** *vr* ■**sich** [**an jdn/jdm/etw**] ~ *Blutegel* to attach itself [to sb/sth]; *Vampir* to fasten [*or* sink] its teeth [into sb/sth]

ạn|schaf·fen **I.** *vt* ❶ (*kaufen*) ■**etw** ~ to buy [*or form* purchase] sth; ■**sich** *dat* **etw** ~ to [go and] buy [*or* get] oneself sth ❷ (*fam: zulegen*) **Kinder** [*o* **Nachwuchs**] ~ to have children [*or* offspring]; [**sich**] **eine Frau/einen Freund/eine Freundin** ~ to find [*or* get] [oneself] a wife/friend/girlfriend **II.** *vi* (*sl*) [**für jdn**] ~ [**gehen**] to be on the game [for sb] BRIT, to hook [for sb] AM *pej fam;* **auf dem Strich** ~ [**gehen**] to go on the game BRIT, to hook AM

Ạn·schaf·fung <-, -en> *f* ❶ *kein pl* (*das Kaufen*) ■**die** ~ purchase ❷ (*gekaufter Gegenstand*) purchase, buy; **eine** ~/~**en machen** to make a purchase/purchases

Ạn·schaf·fungs·kos·ten *pl* purchase price *no pl*

ạn|schal·ten *vt* ■**etw** ~ to switch on sth; **wo lässt sich der Fernseher** ~**?** where do I switch on the television?; ■**sich** ~ to switch [itself/themselves] on

ạn|schau·en **I.** *vt* ■**jdn/etw** ~ to look at sb/sth; **wie schaust du mich denn an!** what are you looking at me like that for?; **jdn/etw genauer** ~ to look more closely at [*or* examine] sb/sth; **lass mich das Foto mal** ~ let me have a look at the photo; **einen Film/die Nachrichten** ~ to watch a film/the news **II.** *vr* ❶ (*sich ansehen*) ■**sich** *dat* **etw** ~ to take a look at sth; **wir haben uns gestern den Film angeschaut** we watched the film last night; **sich** *dat* **etw genauer** [*o* **näher**] ~ to take a closer look at sth ❷ (*hinnehmen*) ■**sich** *dat* **etw** ~ to put up with sth; ■**sich** *dat* ~**, wie jd etw tut** to stand back and watch sb do sth [*or* how sb does sth] **III.** *vi* [**da**] **schau** [**einer**] **an!** (*fam*) well there's something for you! *fam*

ạn·schau·lich **I.** *adj* illustrative; **ein** ~**es Beispiel** a good [*or* illustrative] example; **eine** ~**e Beschreibung** a graphic description; [**jdm**] **etw** ~ **machen** to illustrate sth [to sb]; **sie konnte stets den Unterricht sehr** ~ **machen** she was always able to make the lesson come alive **II.** *adv* clearly, vividly

Ạn·schau·lich·keit <-> *f kein pl* clarity, vividness; *einer Beschreibung* graphicness

Ạn·schau·ung <-, -en> *f* ❶ (*Ansicht*) view; **eine** ~ **teilen** to share a view; **unserer** ~ **nach ...** our view is that ..., in our view, ...; **aus eigener** ~ (*geh*) from one's own experience [*or* first hand] ❷ (*geh: Vorstellung*) idea, notion

Ạn·schau·ungs·ma·te·ri·al *nt* visual aids *pl*

Ạn·schein *m* ■[**äußerer**] ~ [outward] appearance; **den** ~ **erwecken, als** [**ob**] ... to give the impression that [*or* of] ...; **sich** *dat* **den** ~ **geben**[**, als/als ob**] ... to pretend [to be/as if ...]; **den** ~ **haben** to appear [*or* seem] so; **den** ~ **haben, als** [**ob**] ... to appear that [*or* as if] ..., to seem that [*or* as if] ...; **den** ~ **machen, dass ...** [*o* **als ob**] SCHWEIZ to give the impression that ...; **dem** [*o* **allem**] ~ **nach** to all appearances, apparently

ạn·schei·nend *adv* apparently

ạn|schei·ßen *vt irreg* (*sl*) ❶ (*zurechtweisen*) ■**jdn** ~ to give sb a dressing down [*or* BRIT *a.* bollocking] *sl* ❷ (*betrügen*) ■**jdn** ~ to screw sb *sl*

ạn|schi·cken *vr* (*geh*) ■**sich** ~**, etw zu tun** to prepare to do sth [*or* be on the point of doing sth]; **sich** ~ **wollen, etw zu tun** to want to do sth

ạn|schie·ben *vt irreg* ■**etw** ~ *Fahrzeug* to push sth; **schieben Sie mich mal an?** can you give me a push?

ạn|schie·ßen *irreg* **I.** *vt* ❶ (*durch Schuss verletzen*) ■**jdn/etw** ~ to shoot and wound sb/sth ❷ (*fam: kritisieren*) ■**jdn** ~ to hit out at sb; **jdn schwer** ~ to tear sb to pieces **II.** *vi* to shoot along; ■**angeschossen kommen** to come shooting along

ạn|schim·meln *vi sein* to go mouldy

ạn|schir·ren *vt* **eine Kutsche** ~ to harness horses to a carriage; **ein Pferd** ~ to harness a horse; **Ochsen** ~ to yoke [up] oxen

Ạn·schiss[RR] <-es, -e> *m,* **Ạn·schiß**[ALT] <-sses, -sse> *m* (*sl*) ■**ein** ~ a dressing down *sl,* BRIT *a.* a bollocking *sl*

Ạn·schlag[1] *m* assassination; (*ohne Erfolg*) attempted assassination; ■**einen** ~ **auf jdn/etw verüben** to make an attack [*or* assault] on sb's life, to attack [*or* assault] sth; **einem** ~ **zum Opfer fallen** to be assassinated; **einen** ~ **auf jdn vorhaben** (*hum fam*) to have a request [*or hum fam* tiny request] for sb, to have a favour [*or* AM -or] to ask of sb

Ạn·schlag[2] *m* ❶ (*betätigte Taste*) *von Klavier* touch, action; *von Schreibmaschine* stroke; **200 Anschläge die Minute** ≈ 40 words a minute ❷ (*angeschlagene Bekanntmachung*) placard, poster ❸ TECH (*Widerstand*) stop; **etw bis zum** ~ **drehen/durchdrücken** to turn sth as far as it will go/to push sth right down; **er trat das Gaspedal durch bis zum** ~ he floored it *fam* ❹ SPORT (*Schwimmbewegung*) touch ❺ MIL ■**etw** [**auf jdn**] **in** ~ **bringen** to aim sth [at sb], to draw [*or* take] a bead on sb; **eine Schusswaffe im** ~ **haben** to have a firearm cocked ❻ MUS touch, attack

Ạn·schlag[3] *m* FIN estimate; **etw in** ~ **bringen** (*geh*) to take sth into account

Ạn·schlag·brett *nt* notice [*or* AM bulletin] board

ạn|schla·gen[1] *irreg* **I.** *vt haben* ❶ (*annageln*) **einen Aushang/ein Bild/ein Plakat** [**an etw** *akk*] ~ to put [*or* hang] up a notice/picture/poster [on sth]; **ein Brett** [**an etw** *akk*] ~ to fasten [*or* nail] a board [to sth] ❷ MUS **eine Taste/einen Akkord** ~ to strike a key/chord ❸ (*anstimmen*) **Gelächter** ~ to burst into laughter; **einen anderen Ton** ~ to adopt a different tactic, to change tactics ❹ (*durch einen Stoß beschädigen*) ■ **[jdm] etw** ~ to chip [sb's] sth; ■ **[sich** *dat*] **etw [an etw** *dat*] ~ to [strike and] injure one's sth [on sth]; *s. a.* **angeschlagen** ❺ (*mit etw zielen*) ■ **etw [auf jdn]** ~ to aim [*or* level] sth [at sb], to draw [*or* take] a bead on sb ❻ (*durch einen Klang anzeigen*) **die Stunde/halbe Stunde/Viertelstunde** ~ to strike the hour/half hour/quarter hour ❼ ÖSTERR (*anzapfen*) **ein Fass** ~ to tap [*or form or hum* broach] a barrel **II.** *vi* ❶ *sein* (*anprallen*) ■ **mit etw an etw** *akk*/**gegen etw** ~ to knock [*or* bump] sth on/against sth; (*heftiger*) to strike sth on/against sth; ■ **[an etw** *akk*] ~ *Wellen* to beat [against sth] ❷ *haben* SPORT (*den Beckenrand berühren*) to touch ❸ *haben* (*läuten*) to ring; *Glocken* to strike, to toll *liter* ❹ *haben* (*warnend bellen*) *Hund* to [give a [loud]] bark

an|schla·gen² *vi irreg* ❶ (*wirken*) ■ **[bei jdm/etw]** ~ to have an effect [on sb/sth], to be effective [against sth]; **bei jdm gut/schlecht** ~ to have a good/bad effect on sb ❷ (*fam: dick machen*) ■ **bei jdm** ~ to make sb put on [weight]; **Sahnetorten schlagen bei mir sofort an** I put on weight immediately from cream gateaux

an|schlei·chen *vr irreg* ■ **sich an jdn/etw** ~ to creep up on sb/up to sth; **angeschlichen kommen** to come creeping up

an|schlep·pen *vt* ❶ (*fam: mitbringen*) ■ **jdn [mit]** ~ to drag sb along *fam* ❷ (*mühsam herbeibringen*) ■ **etw** ~ to drag sth along; ■ **[jdm] etw** ~ to bring [sb] sth *hum fam* ❸ AUTO **ein Fahrzeug** ~ to tow-start a vehicle

an|schlie·ßen *irreg* **I.** *vt* ❶ ELEK, TECH, TELEK ■ **etw [an** *akk* **etw]** ~ to connect sth [to sth] ❷ (*mit Schnappschloss befestigen*) ■ **etw [an** *akk* **etw]** ~ to padlock sth [to sth] ❸ (*hinzufügen*) ■ **etw** ~ to add sth ❹ (*anketten*) ■ **jdn [an** *akk* **etw]** ~ to chain sb [to sth]; **jdn an Händen und Füßen** ~ to chain sb hand and foot **II.** *vr* ❶ (*sich zugesellen*) ■ **sich jdm** ~ to join sb ❷ (*beipflichten*) ■ **sich jdm/einer S.** *dat* ~ to fall in with [*or* follow] sb/sth; **dem schließe ich mich an** I think I'd go along with that ❸ (*sich beteiligen*) ■ **sich einer S.** *dat* ~ to associate [*or* become associated] with sth; ■ **einer S.** *dat* **angeschlossen sein** to be affiliated with sth ❹ (*angrenzen*) ■ **sich [einer S.** *dat*/**an eine S.]** ~ to adjoin sth; **sich unmittelbar** ~ to directly adjoin ❺ (*folgen*) ■ **sich einer S.** *dat*/**an eine S.** ~ to follow sth; **dem Vortrag schloss sich ein Film an** the lecture was followed by a film **III.** *vi* ■ **an etw** *akk* ~ to [directly] follow sth

an·schlie·ßend I. *adj* (*darauf folgend*) following; **die ~e Diskussion/das ~e Ereignis** the ensuing discussion/event **II.** *adv* afterwards

An·schluss^RR <-es, Anschlüsse> *m*, **An·schluß**^ALT <-sses, Anschlüsse> *m* ❶ TELEK (*Telefonanschluss*) [telephone] connection; (*weiterer* ~) extension; **der ~ ist gestört** there's a disturbance on the line; **„kein ~ unter dieser Nummer"** "the number you are trying to call is not available"; **der ~ ist besetzt** the line is engaged [*or* AM busy]; ~ **[nach etw] bekommen** to get through [to sth] ❷ TECH (*das Anschließen*) ■ **der** ~ connecting ❸ **im ~ an etw** *akk* (*anschließend*) after sth; **im ~ an jdn/etw** with respect to sb/sth ❹ *kein pl* (*Kontakt*) contact; ~ **bekommen** [*o* **finden**] to make friends; ~ **[an jdn] suchen** to want to make friends [with sb] ❺ POL (*Annexion*) annexation (**an** +*akk* to) ❻ (*Beitritt*) affiliation (**an** +*akk* with) ❼ *kein pl* SPORT **diesem Läufer gelang der ~ an die Spitze** this runner has managed to join the top athletes ❽ BAHN, LUFT (*Verbindung*) connection, connecting flight/train; ~ **[nach London/München] haben** to have a connection [*or* connecting flight/train] [to London/Munich]; **den ~ verpassen** to miss one's connecting train/flight ▶ WENDUNGEN: **den ~ verpassen** (*keinen Partner finden*) to be left on the shelf *hum;* (*beruflich nicht vorwärtskommen*) to miss the boat

An·schluss·flug^RR *m* connecting flight **An·schluss·zug**^RR *m* BAHN connecting train, connection

an|schmach·ten *vt* ■ **jdn** ~ to drool over sb *fig*

an|schmie·den *vt* ■ **jdn [an** *akk* **etw]** ~ to chain sb [to sth]; ■ **angeschmiedet sein** to be forged

an|schmie·gen I. *vt* ■ **etw an etw** *akk* ~ to nestle sth against sth **II.** *vr* ■ **sich [an jdn/etw]** ~ ❶ (*sich fest daran schmiegen*) to cuddle up [to sb/sth]; (*von Katzen, Hunden*) to nestle [up to sb/into [*or* against] sth] ❷ (*eng umfangen*) to be close-fitting, to cling to sb/sth

an·schmieg·sam *adj* ❶ (*anlehnungsbedürftig*) affectionate ❷ (*weich*) soft

an|schmie·ren I. *vt* ❶ (*pej: achtlos bemalen*) ■ **jdn/etw [mit etw]** ~ *Wand, Gesicht* to smear sb/sth [with sth] ❷ (*fam: beschmutzen*) ■ **jdn/sich mit etw** ~ to smear sth on sb/oneself ❸ (*fam: betrügen*) ■ **jdn [mit etw]** ~ to con sb [with sth], to take sb for a ride *fam;* **da bist du ganz schön angeschmiert worden!** they certainly saw you coming! **II.** *vr* (*pej: sich beliebt machen*) ■ **sich bei jdm** ~ to suck up to sb

an|schnal·len *vt* ❶ AUTO, LUFT (*den Sicherheitsgurt anlegen*) ■ **jdn** ~ to fasten sb's seat belt, to strap sb up; **jdn im Sitz** ~ to strap sb in his seat; ■ **sich** ~ to fasten one's seat belt ❷ (*sich etw festschnallen*) ■ **etw** ~ to strap on sth

An·schnall·pflicht *f* obligatory wearing of seat belts

an|schnau·zen *vt* (*fam*) ■ **jdn** ~ to bawl at sb *fam,* to bite sb's head off *fam;* ■ **sich [von jdm]** ~ **lassen** to get bawled at [by sb] *fam*

an|schnei·den *vt irreg* ❶ (*durch Schneiden anbrechen*) ■ **etw** ~ to cut [into] sth ❷ (*ansprechen*) ■ **etw** ~ to touch on sth

An·schnitt *m* ❶ *kein pl* (*das Anschneiden*) cutting ❷ (*erstes Stück*) ■ **der** ~ the first slice; (*Ende*) end piece

An·scho·vis <-, -> [anˈʃoːvɪs] *f s.* **Anchovis**

an|schrau·ben *vt* ■ **etw [an etw** *akk o dat*] ~ to screw sth to sth; (*durch Schraubenbolzen*) to bolt sth to sth; **etw fest** ~ to screw sth tight

an|schrei·ben *irreg* **I.** *vt* ❶ (*etw darauf schreiben*) ■ **etw [an etw** *akk*] ~ to write sth [on sth]; (*mit Farbe*) to paint sth [on sth]; (*mit Kreide*) to daub sth [on sth] ❷ (*ein Schreiben an jdn richten*) ■ **jdn [wegen etw]** ~ to write to sb [for [*or* regarding] sth]; ■ **Angeschriebene[r]** addressee; *s. a.* **angeschrieben** ❸ (*fam: zu jds Lasten notieren*) ■ **jdm etw** ~ to charge sth to sb's account, AM *a.* to put sth on sb's tab **II.** *vi* (*fam*) to take credit; ■ **[bei jdm]** ~ **lassen** to buy on credit [*or* BRIT *a.* tab] [from sb]

an|schrei·en *vt irreg* ■ **jdn [wegen etw]** ~ to shout at sb [because of sth]; ■ **sich [von jdm]** ~ **lassen** to get shouted at [by sb]

An·schrift *f* address

An·schub·fi·nan·zie·rung *f* FIN knock-on [*or no indef art* start up] financing

an|schul·di·gen *vt* ■ **jdn [einer S.** *gen*] ~ to accuse sb [of sth]; ■ **jdn ~, etw zu tun** to accuse sb of doing sth

An·schul·di·gung <-, -en> *f* accusation

an|schwär·zen *vt* (*fam*) ❶ (*schlechtmachen*) ■ **jdn [bei jdm]** ~ to blacken sb's name [with sb] ❷ (*denunzieren*) ■ **jdn [wegen etw] [bei jdm]** ~ to run sb down [to sb] [for sth]

an|schwei·gen *vt irreg* ■ **jdn** ~ to say nothing [to sb]; ■ **sich** ~ to say nothing to each other

an|schwei·ßen *vt* TECH ■ **etw [an etw** *akk*] ~ to weld sth [to sth]; ■ **[an etw** *akk o dat*] **angeschweißt sein** to be welded to sth

an|schwel·len *vi irreg sein* ❶ (*eine Schwellung bilden*) to swell [up]; ■ **[dick] angeschwollen sein** to be [very] swollen ❷ (*einen höheren Wasserstand bekommen*) *Fluss* to swell, to rise ❸ (*lauter werden*) to rise

an|schwem·men I. *vt haben* ■ **etw** ~ to wash sth up [*or* ashore]; **angeschwemmtes Holz** driftwood **II.** *vi sein* to be washed up [*or* ashore]

an|schwim·men *irreg* **I.** *vi sein* ■ **gegen etw** ~ to swim against sth **II.** *vt haben* ■ **etw** ~ to swim to[wards] sth

an|schwin·deln *vt* (*fam*) ■**jdn** ~ to tell [sb] fibs *fam* [*or* lies]; ■**sich** [**von jdm**] ~ **lassen** to take fibs *fam* [*or* lies] [from sb]

an|schwit·zen *vt* KOCHK to [lightly] sauté

an|se·geln *vt* ■**etw** ~ to sail to[wards] sth; **einen Hafen** ~ to put into a harbour [*or* AM -or]; **eine Stadt** ~ to head for a city

an|se·hen *irreg* **I.** *vt* ❶ (*ins Gesicht sehen*) ■**jdn** ~ to look at sb; **jdn ärgerlich/böse/unschuldig** ~ to give sb an irritated/angry/innocent look; **jdn groß** ~ to stare at sb [with surprise]; **jdn verdutzt/verwundert** ~ to look at sb with surprise/a baffled expression ❷ (*betrachten*) ■**etw** ~ to take a look at sth; ■**sich** *dat* **jdn/etw** ~ to take a look [*or* peer] at sb/sth; **etw genauer** [*o* **näher**] ~ to take a closer look at sth; **hübsch/schauderhaft anzusehen sein** to be pretty/horrible to look at; **jdn nicht mehr** ~ (*fam*) to not even look at [*or* want to know] sb any more ❸ (*etw für etw halten*) ■**etw als** [*o* **für**] **etw** ~ to consider sth [as being [*or* to be]] sth, to look upon [*or* regard] sth as being sth ❹ (*betrachten*) [**sich** *dat*] **einen Film/eine Fernsehsendung** ~ to watch a film/a television programme [*or* AM -am]; [**sich** *dat*] **ein Fußballspiel/ein Theaterstück** ~ to see a football match/a play ❺ (*an jdm ablesen können*) **jdm sein Alter nicht** ~ sb doesn't look his/her age; **die Überarbeitung sieht man ihr an den dunklen Augenringen an** you can tell by the dark rings under her eyes that she's overworked; **ihre Erleichterung war ihr deutlich anzusehen** her relief was obvious [*or* stood plainly on her face]; *s. a.* **Auge, Nasenspitze** ❻ (*sehen und hinnehmen*) ■**etw** [**mit**] ~ to stand by and watch sth; ■**nicht** [**mit**] ~**, wie jd etw tut** to not put up with sb doing sth; **das kann ich nicht länger mit** ~ I can't stand [*or* put up with] it any more ▸ WENDUNGEN: **sieh mal einer an!** (*fam*) well, well, what a surprise! *fam,* [well] I'll be damned! *fam,* BRIT *a.* well I never! *fam* **II.** *vr* **das sehe sich einer an!** (*fam*) well, would you believe it!

An·se·hen <-s> *nt kein pl* ❶ (*Reputation*) reputation, standing; [**bei jdm**] [**ein großes**] ~ **genießen** to enjoy a [good] reputation [*or* have [a lot of] standing] [with sb]; **zu** ~ **kommen** [*o* **gelangen**] to acquire standing [*or* a good reputation]; [**bei jdm**] **in** [**großem/hohem**] ~ **stehen** to be held in [high] regard [*or* esteem] [by sb]; [**bei jdm**] **an** ~ **verlieren** to lose standing [with sb] ❷ (*geh: Aussehen*) appearance; **ein anderes** ~ **gewinnen** to take on a different appearance ❸ JUR **ohne** ~ **der Person** without respect [*or* exception] of person

an·sehn·lich *adj* ❶ (*beträchtlich*) considerable; **eine** ~**e Leistung** an impressive performance ❷ (*stattlich*) good-looking, handsome; **ein** ~**er Bauch** a proud stomach *hum;* **ein** ~**es Gebäude** a majestic building

an|sei·len *vt* ■**jdn** ~ to fasten sb with a rope; ■**sich** ~ to fasten a rope to oneself; ■**angeseilt sein** to be roped together

an|seinALT *vi irreg sein* (*fam*) *s.* **an II.3**

an|sen·gen **I.** *vt haben* ■**etw** ~ to singe sth **II.** *vi sein* to be[come] singed; **es riecht angesengt** there's a singeing smell

an|set·zen **I.** *vt* ❶ (*anfügen*) ■**etw** [**an etw** *akk o dat*] ~ to attach sth [to sth]; (*annähen*) to sew sth on [sth] ❷ (*anlehnen*) ■**etw** [**an etw** *akk*] ~ to lean sth against sth; **eine Leiter** [**an etw** *akk*] ~ to put up a ladder [against sth] ❸ (*daran setzen*) ■**etw** ~ to place sth in position; **ein Blasinstrument** ~ to raise a wind instrument to one's mouth; **eine Feder** ~ to put a pen to paper; **ein Trinkgefäß** ~ to raise a cup to one's lips; **wo muss ich den Wagenheber** ~**?** where should I put [*or* place] the jack? ❹ (*veranschlagen*) ■**etw** [**mit etw/auf etw** *akk*] ~ to estimate [*or* calculate] sth [at sth]; **mit wie viel Euro würden Sie die Gesamtkosten des Hauses** ~**?** what would you estimate to be the total cost of the house [in euros]? ❺ (*festlegen*) ■**etw** [**für etw**] ~ to fix sth [for sth] ❻ (*auf jdn hetzen*) ■**jdn auf jdn/etw** ~ to put sb on[to] sb/sth; **Hunde auf jdn/jds Spur** ~ to put [*or* set] dogs on sb's trail ❼ BOT (*bilden*) **Beeren/Früchte** ~ to produce [*or* form] berries/fruit; **Blätter** ~ to put out leaves; **Blüten/Knospen** ~ to blossom/bud ❽ KOCHK (*aufsetzen*) ■**etw** [**mit etw**] ~ to prepare sth [with sth] **II.** *vi* ❶ (*einzuwirken beginnen*) ■**mit etw an einer bestimmten Stelle** ~ to put sth at a certain place ❷ (*beginnen*) ■[**zu etw**] ~ to start [*or* begin] to do sth; **zum Trinken/Überholen** ~ to start to drink/overtake; **mit der Arbeit/mit dem Heben** ~ to start work[ing]/lifting ❸ BOT (*sich bilden*) ■**an etw** *dat* ~ to come out [*or* forth] [on sth] ❹ (*dick werden*) [**Fett**] ~ to put on weight **III.** *vr* ■**sich** [**an/auf/in etw** *dat*] ~ to form [on/in sth]

An·sicht <-, -en> *f* ❶ (*Meinung*) view, opinion; **über etw** *akk*/**in etw** *dat* **geteilter** ~ **sein** to have a different view of [*or* opinion about] sth, to think differently about sth; [**über etw** *akk*/**in etw** *dat*] **bestimmter** ~ **sein** to have a particular view [of sth] [*or* opinion [about sth]], to think a certain way [about sth]; **ich bin ganz Ihrer** ~ I agree with you completely; **und welcher** ~ **bist du?** what's your view [of it] [*or* opinion [on it]]?; **der gleichen** ~ **sein** to be of [*or* share] the same view [*or* opinion]; **der** ~ **sein, dass ...** to be of the opinion that ...; **nach** ~ *gen* in the opinion of; **deiner/meiner** ~ **nach** in your/my opinion, I/you think that ... ❷ (*Abbildung*) view; **die** ~ **von hinten/vorne/der Seite** the rear/front/side view, the view from the rear/front/side; **die** ~ **von oben/unten** the view from above/below; TECH the top/bottom view; **zur** ~ for [your/our] inspection

an·sich·tig *adj* ■**jds/einer S.** ~ **werden** (*veraltend geh*) to set eyes on [*or liter or old* behold] sb/sth

An·sichts·(post·)kar·te *f* [picture] postcard **An·sichts·sa·che** *f* [**reine**] ~ **sein** to be [purely] a matter of opinion; ■**das ist** ~**!** (*fam*) that's a matter of opinion! *fam*

an|sie·deln **I.** *vt* ❶ (*ansässig machen*) ■**jdn** ~ to settle sb; **eine Tierart irgendwo** [**wieder**] ~ to [re-]introduce a species to somewhere; **eine Vogelkolonie** [**wieder**] ~ to [re-]establish a bird colony somewhere ❷ ÖKON (*etablieren*) ■**etw** [**irgendwo**] ~ to establish sth [somewhere] ❸ (*geh: aus etw stammen*) ■**in etw** *dat* **angesiedelt** [*o* **anzusiedeln**] **sein** to belong to the field of sth **II.** *vr* ■**sich** ~ ❶ (*sich niederlassen*) to settle ❷ BIOL (*entstehen*) to establish itself/themselves

An·sied·ler(in) *m(f)* settler

An·sied·lung *f* ❶ (*Siedlung*) settlement ❷ (*das Ansiedeln*) ■**die** ~ the settlement; *Tier, Tierart* the colonization, the introduction ❸ ÖKON (*Etablierung*) ■**die** ~ the establishment

An·sin·nen <-s, -> *nt* (*geh*) suggestion; **ein** ~ [**an jdn**] **haben** to have an implausible request [for sb]

An·sitz *m* JAGD raised hide [*or* AM blind]

an·sons·ten [anˈzɔnstn̩] *adv* ❶ (*im Übrigen*) otherwise ❷ (*iron: sonst*) ~ **hast du nichts zu kritisieren?** anything else to criticize? *iron;* **aber** ~ **geht's dir gut?** you're not serious!, you must be joking! ❸ (*im anderen Fall*) otherwise; (*bedrohlicher*) else

an|span·nen **I.** *vt* ❶ (*zusammenziehen*) ■**etw** ~ to tighten [*or* tauten] sth; **seine Muskeln** ~ to tense one's muscles ❷ (*überanstrengen*) ■**etw** ~ to strain [*or* tax] sth; **jdn** [**zu sehr**] ~ to [over]tax sb; *s. a.* **angespannt** ❸ (*in Anspruch nehmen*) **seine Ersparnisse/seinen Etat** ~ to stretch one's savings/budget ❹ (*mit Zugtieren bespannen*) ■**etw** ~ to hitch up sth; **die Kutsche mit Pferden** ~ to hitch up the horses; **ein Pferd** ~ to harness a horse; **Ochsen** ~ to yoke [up] oxen **II.** *vi* ❶ (*ins Geschirr spannen*) *Ochsen* to yoke [up] the oxen; *Pferde* to harness the horse[s] ❷ (*mit Pferden bespannen*) **es ist angespannt!** the carriage is ready; ■~ **lassen** to get a/the carriage ready, to put in the horse[s]

An·span·nung *f* strain, exertion; (*körperlich*) effort; **unter** ~ **aller Kräfte** by exerting all one's energies

An·spiel <-s> *nt kein pl* ❶ (*Spielbeginn: beim Kartenspiel*) lead; (*Schach*) first move; SPORT start of play; **das** ~ **haben** [*o* **ausführen**] to have the lead [*or* first move] ❷ SPORT (*Ballspiele*) pass

an|spie·len **I.** *vi* ❶ (*etw andeuten*) ■**auf jdn/etw** ~ to allude to sb/sth; (*böse*) to insinuate sth; **worauf willst du** ~**?** what

A

are you driving [*or* getting] at?; **spielst du damit auf mich an?** are you getting at me? ❷ SPORT (*das Spiel beginnen*) to start; FBALL to kick off; **wann wird denn angespielt?** when's the kick off? **II.** *vt* SPORT ■**jdn** ~ to pass [*or* play] the ball to sb

An·spie·lung <-, -en> *f* allusion; (*böse*) insinuation; (*sexuell a.*) innuendo; ■**eine** ~ **auf jdn/etw** an allusion to [*or* regarding] sb/sth; **sich in** ~**en ergehen** to indulge in allusions

an|spit·zen *vt* ❶ (*spitz machen*) ■**etw** ~ to sharpen sth ❷ (*fam: antreiben*) ■**jdn** ~ to egg sb on, to push sb [on]

An·sporn <-[e]s> *m kein pl* incentive; **innerer** ~ motivation

an|spor·nen *vt* ❶ (*Anreize geben*) ■**jdn [zu etw]** ~ to spur sb on [to sth]; ■**jdn [dazu]** ~**, etw zu tun** to spur sb on to do sth; **Spieler** ~ to cheer on players ❷ (*die Sporen geben*) ■**ein Pferd** ~ to spur [on] a horse

An·spra·che *f* speech, address; **eine** ~ **halten** to make [*or* hold] [*or* deliver] a speech, to hold [*or* deliver] an address *fam;* **halte keine** ~**n!** (*fam*) don't go lecturing! *fam*

an·sprech·bar *adj pred* ❶ (*zur Verfügung stehend*) available, open to conversation ❷ MED (*bei Bewusstsein*) responsive ❸ (*zugänglich sein*) ■**auf etw** *akk* ~ **sein** to respond to sth; **sie ist heute nicht** ~ you can't talk to her at all today

an|spre·chen *irreg* **I.** *vt* ❶ (*anreden*) ■**jdn** ~ to speak to sb ❷ (*betiteln*) **jdn [mit Kasimir/seinem Namen/seinem Titel]** ~ to address sb [as Kasimir/by his name/by his title] ❸ (*etw gegenüber jdm erwähnen*) **jdn auf etw** *akk* ~ to approach sb about sth ❹ (*bitten*) ■**jdn um etw** ~ to ask sb for sth, to request sth of sb *form* ❺ (*meinen*) ■**jdn** ~ to concern sb; **mit dieser Aufforderung sind wir alle angesprochen** this request concerns us all ❻ (*erwähnen*) ■**etw** ~ to mention sth ❼ (*gefallen*) ■**jdn** ~ to appeal to sb ❽ (*beeindrucken*) ■**jdn** ~ to impress sb **II.** *vi* ❶ MED (*reagieren*) ■**auf etw** *akk* ~ to respond to sth; ■**bei jdm** ~ to make an impression on sb ❷ TECH (*reagieren*) ■**bei etw/auf etw** *akk* ~ to respond to sth ❸ (*Anklang finden*) ■**[bei jdm]** ~ to appeal to sb, to make an impression [on sb]; **sehr** ~ to make a strong impression

an·spre·chend *adj* appealing; **eine** ~**e Umgebung** a pleasant environment

An·sprech·part·ner(in) *m(f)* contact, partner

an|sprin·gen *irreg* **I.** *vi sein* ❶ (*zu laufen beginnen*) to start; *Motor a.* to catch; **der Motor will nicht** ~ the engine won't start; **schwer** ~ to start with difficulty ❷ (*fam: reagieren*) ■**auf etw** *akk* ~ to jump at sth *fam;* **auf eine Erpressung/Drohung** ~ to respond to blackmail/a threat **II.** *vt haben* ■**jdn** ~ to jump on sb; *Raubtiere* to pounce on sb; *Hund* to jump up at sb

an|sprit·zen *vt* ■**jdn/etw [mit etw]** ~ to spray sb/sth [with sth]

An·spruch *m* ❶ JUR (*Recht*) claim; ■~ **auf etw** *akk* claim to; **einen** ~ **auf etw** *akk* **erheben** to make a claim for [*or* to] sth; (*behaupten*) to claim sth; JUR *a.* to file a claim to [*or* for] sth; **einen** ~ **auf etw** *akk* **haben** to be entitled to sth; **darauf** ~ **haben, etw zu tun** to be entitled to do sth ❷ *pl* (*Anforderungen*) demands (**an** +*akk* on); **den/jds Ansprüchen [voll/nicht] gerecht werden** to [fully/not] meet the/sb's requirements; **Ansprüche stellen** to be exacting [*or* very demanding]; **große** [*o* **hohe**] **Ansprüche [an jdn/etw] stellen** to place great demands on [*or* be very demanding of] sb/sth; **etw [für sich] in** ~ **nehmen** to claim sth [for oneself]; **jds Dienste/Hilfe/Unterstützung in** ~ **nehmen** to enlist sb's services/help/support; **Möglichkeiten/eine Einrichtung in** ~ **nehmen** to take advantage of opportunities/a facility; **jdn in** ~ **nehmen** to preoccupy sb; **sehr in** ~ **genommen** to be very busy/preoccupied; **darf ich Sie in** ~ **nehmen?** may I have a moment [of your time]? ❸ *pl* (*Wünsche*) standards, requirements, demands

An·spruchs·den·ken *nt* demanding attitude

an·spruchs·los *adj* ❶ (*keine großen Ansprüche habend*) modest, unassuming; **ein** ~**er Mensch** a modest [*or* an unassuming] person, a person of few wants; **ich bin recht** ~ I don't want for much ❷ (*trivial*) trivial; **literarisch** ~ **sein** to be of a low literary level, to be light reading; ■**etwas Anspruchsloses** something trivial; (*Buch*) something light ❸ (*pflegeleicht*) undemanding

An·spruchs·lo·sig·keit <-> *f kein pl* ❶ (*anspruchsloses Wesen*) modesty ❷ (*Trivialität*) triviality ❸ (*Pflegeleichtigkeit*) undemanding nature

an·spruchs·voll *adj* ❶ (*besondere Anforderungen habend*) demanding; **sehr** ~ fastidious, hard to please *pred* ❷ (*geistige Ansprüche stellend*) demanding; *Geschmack, Lesestoff, Film a.* highbrow ❸ (*qualitativ hochwertig*) high-quality, of high quality *pred*

An·spruchs·vol·le(r) *f(m) dekl wie adj* discriminating person, person of discrimination

an|spu·cken *vt* ■**jdn** ~ to spit at sb

an|spü·len *vt* ■**etw** ~ to wash up sth *sep,* to wash sth ashore

an|sta·cheln *vt* ■**jdn [zu etw]** ~ to drive [*or* goad] sb [to sth]; ■**jdn [dazu]** ~**, etw zu tun** to drive [*or* goad] sb to do sth

An·stalt <-, -en> ['anʃtalt] *f* ❶ MED institute, mental institution, asylum ❷ SCH (*geh*) institution *form* ❸ (*öffentliche Einrichtung*) institute; **öffentliche** ~ public institution; ~ **des öffentlichen Rechts** public institution, body corporate *spec*

An·stal·ten *pl* preparations; ~**/keine** ~ **machen** [*o* **treffen**] [**, etw zu tun**] (*geh*) to make a/no move to do sth; **er bat sie zu gehen, doch sie machten keine** ~ he asked them to go, but they didn't move; ~ **[für** [*o* **zu**] **etw] treffen** to take measures [*or* make preparations] [for sth]; **[nur] keine** ~**!** don't trouble yourself/yourselves!

An·stalts·arzt, -ärz·tin *m, f* resident physician; (*im Gefängnis*) prison doctor **An·stalts·geist·li·che(r)** *f(m) dekl wie adj* resident chaplain; (*im Gefängnis*) prison chaplain **An·stalts·klei·dung** *f* institutional clothing; (*im Gefängnis*) prison clothing

An·stand *m kein pl* decency, propriety; **keinen** ~ **haben** to have no sense of decency; (*schlechte Manieren haben*) to have no manners; ~ **an etw** *dat* **nehmen** to object to sth; **den** ~ **verletzen** to offend against decency; **ohne** ~ (*geh*) without objection [*or form* demur]

an·stän·dig **I.** *adj* ❶ (*gesittet*) decent; ~**e Witze** clean jokes ❷ (*ehrbar*) respectable ❸ (*fam: ordentlich*) proper *fam* **II.** *adv* ❶ (*gesittet*) decently; **sich** ~**[er] benehmen** to behave oneself; ~ **sitzen** to sit up straight ❷ (*fam: ausgiebig*) properly; ~ **baden** to have a proper bath *fam;* ~ **ausschlafen/essen** to get a decent meal/a good night's sleep

an·stän·di·ger·wei·se *adv* out of decency

An·stän·dig·keit <-> *f kein pl* ❶ (*Ehrbarkeit*) respectability ❷ (*Sittsamkeit*) decency

An·stands·be·such *m* duty call **an·stands·hal·ber** *adv* out of politeness **an·stands·los** *adv* without difficulty **An·stands·wau·wau** <-s, -s> *m* (*fam*) chaperon[e]; **den** ~ **spielen** to play gooseberry BRIT *hum fam,* to act as chaperone AM

an|star·ren *vt* ■**jdn/etw** ~ to stare at sb/sth; **was starrst du mich so an?** what are you staring at [me like that for]?

an·statt [an'ʃtat] **I.** *präp +gen* instead of **II.** *konj* ■~ **etw zu tun** instead of doing sth

an|stau·ben *vi sein* to gather dust *a. iron;* ■**angestaubt** dusty

an|stau·en **I.** *vt* ■**etw** ~ to dam sth up, to bank sth **II.** *vr* ❶ (*sich stauen*) ■**sich [in etw** *dat*/**vor etw** *dat*] ~ to bank [*or* accumulate] [in/before sth]; *Blut* to congest [in/before sth] ❷ (*sich aufstauen*) ■**sich in jdm** ~ to build up [in sb]; **angestauter Hass** brimming hatred; **angestaute Wut** pent-up rage

an|stau·nen *vt* ■**jdn/etw** ~ to stare at sb/sth in wonder; (*sehnsüchtig*) to gaze at sth

an|ste·chen *vt irreg* ❶ KOCHK (*durch Hineinstechen prüfen*) ■**etw [mit etw]** ~ to prick sth [with sth] ❷ MED (*durch Hineinstechen öffnen*) ■**etw [mit etw]** ~ to lance [*or* pierce] sth [with sth] ❸ (*in etw stechen*) ■**etw** ~ to puncture sth ❹ (*anzapfen*) **ein Fass** ~ to tap [*or* broach] a barrel

an|ste·cken I. *vt* ❶ (*befestigen*) ■[**jdm**] **etw** ~ to pin sth on [sb] ❷ (*auf den Finger ziehen*) [**jdm**] **einen Ring** ~ to put [*or* slip] a ring on sb's finger, to put [*or* slip] on a ring ❸ (*anzünden*) [**jdm**] **eine Pfeife/Zigarette/Zigarre** ~ to light [up] a pipe/cigarette/cigar [for sb]; [**sich** *dat*] **eine Pfeife/Zigarre/Zigarette** ~ to light [up] a pipe/cigar/cigarette ❹ (*in Brand stecken*) ■**etw** [**mit etw**] ~ to set sth alight [*or* on fire] [with sth]; **ein Gebäude** ~ to set fire to a building; ■**sich** ~ **lassen** to catch fire ❺ MED (*infizieren*) ■**jdn** [**mit etw**] ~ to infect sb [with sth]; **ich möchte dich nicht** ~ I don't want to give it to you ❻ (*fig*) ■**jdn** [**mit etw**] ~ to infect sb [with sth] II. *vr* MED (*sich infizieren*) ■**sich** [**bei jdm**] [**mit etw**] ~ to catch sth [from sb], to become infected [with sth] III. *vi* ❶ MED (*infektiös sein*) to be infectious [*or* catching]; (*durch Berührung*) to be contagious; **sich leicht/schnell** ~ to catch illnesses easily ❷ (*fig: sich übertragen*) to be contagious

an·ste·ckend *adj* ❶ MED (*infektiös*) infectious, catching *pred;* (*durch Berührung*) contagious ❷ (*fig: sich leicht übertragend*) contagious

An·ste·cker *m* pin, badge

An·steck·na·del *f* pin

An·ste·ckung <-, *selten* -en> *f* infection; (*durch Berührung*) contagion; **eine** ~ **mit Aids/Syphilis** catching AIDS/syphilis

An·ste·ckungs·ge·fahr *f* risk of infection

an|ste·hen *vi irreg haben o* SÜDD *sein* ❶ (*Schlange stehen*) ■[**nach etw**] ~ to queue [*or* AM line] [up] [for sth] ❷ (*zu erledigen sein*) ■**etw steht** [**bei jdm**] **an** sth must be dealt with, sb must deal with sth; **für heute steht nichts mehr an** there's nothing else to be done today; **steht bei dir heute etwas an?** are you planning on doing anything today?; ~**de Fragen/Punkte** questions/points on the agenda; ~**de Probleme** problems facing them/us etc. ❸ JUR (*angesetzt sein*) to be pending; **etw** ~ **haben** to have sth pending ❹ (*geh: geziemen*) **jdm** [**besser/gut/schlecht**] ~ to [better/well/badly] befit sb *form or old;* ■**es steht jdm an, etw zu tun** to befit sb to do sth *form or old*

an|stei·gen *vi irreg sein* ❶ (*sich erhöhen*) ■[**auf etw** *akk*/**um etw**] ~ to go up [*or* increase] [*or* rise] [to/by sth]; ■~**d** increasing ❷ (*steiler werden*) to ascend; **stark/steil** ~ to ascend steeply; ■~**d** ascending *attr,* inclined

an·stel·le [anˈʃtɛlə] *präp* +*gen* instead of

an|stel·len I. *vt* ❶ (*einschalten*) ■**etw** ~ *Maschine, Wasser* to turn on sth ❷ (*beschäftigen*) ■**jdn** [**als etw**] ~ to employ sb [as sth]; ■[**bei jdm/einer Firma**] [**als etw**] **angestellt sein** to be employed [by sb/at [*or* by] a company] [as sth] ❸ (*geh: durchführen*) **Betrachtungen/Vermutungen** [**über etw** *akk*/**zu etw**] ~ to make observations [on sth]/assumptions [about sth]; **Nachforschungen** [**über etw** *akk*/**zu etw**] ~ to conduct [*or* make] enquiries [*or* inquiries] [*or* investigations] [into sth]; [**neue**] **Überlegungen** [**über etw** *akk*/**zu etw**] ~ to [re]consider [sth] ❹ (*fam: bewerkstelligen*) ■**etw** ~ to do [*or* manage] sth; **etw geschickt** ~ to bring [*or fam* pull] sth off; **ich weiß nicht, wie ich es** ~ **soll** I don't know how to do [*or* manage] it; ■**es** ~**, dass man etw tut** to go about doing sth ❺ (*fam: anrichten*) **Blödsinn** ~ to get up to nonsense; **was hast du da wieder angestellt?** what have you [*fam* gone and] done now?; **dass ihr mir ja nichts anstellt!** see to it that you don't get up to anything! ❻ (*anlehnen*) ■**etw** [**an etw** *akk*] ~ to lean sth against sth; **eine Leiter** [**an einen Baum/eine Wand**] ~ to put up [*or* stand] a ladder [against a tree/wall] ❼ (*dazustellen*) ■**etw** ~ [**an** *akk* **etw**] to add sth [to sth] II. *vr* ■**sich** ~ ❶ (*Schlange stehen*) to queue [up] BRIT, to line up AM; **sich hinten** ~ to join the back of the queue [*or* AM line[-up]] ❷ (*fam: sich verhalten*) to act, to behave; **sich dumm** ~ to act as if one is stupid, to play the fool ❸ (*wehleidig sein*) to make a fuss, kick up a shindy *fam;* **stell dich nicht** [**so**] **an!** don't go making a fuss!

an·stel·lig [ˈanʃtɛlɪç] I. *adj* able II. *adv* **sich** ~[**er**] **verhalten** to be [more] able

An·stel·lung *f* post; [**noch**] **in** ~ **sein** to be [still] employed; **in fester** ~ **sein** to have a permanent job, to be permanently employed

An·stel·lungs·ver·trag *m* employment contract, articles *pl* of employment *rare*

an|steu·ern *vt* ■**etw** ~ ❶ (*darauf zusteuern*) to head [*or* steer] for sth ❷ (*anvisieren*) to steer for sth; **etw** ~ **wollen** to be steering for sth

An·stich *m* tapping, broaching

An·stieg <-[e]s, -e> [ˈanʃtiːk] *m* ❶ (*Aufstieg*) ascent ❷ *kein pl* (*Steigung*) incline ❸ *kein pl* (*das Ansteigen*) rise, increase (+*gen* in)

an|stie·ren *vt* (*pej*) ■**jdn** ~ to gape [*or* BRIT *a.* gawp] [*or* AM *a.* gawk] at sb

an|stif·ten *vt* ❶ (*anzetteln*) ■**etw** ~ to instigate [*or* be behind] sth ❷ (*fam: anrichten*) **Streiche/Unfug** ~ to get up to mischief/no good ❸ (*veranlassen*) **jdn zu einem Verbrechen** ~ to incite sb to commit a crime; **jdn zu Meineid** ~ to suborn sb [to commit perjury] *form;* ■**jdn** [**dazu**] ~**, etw zu tun** to incite sb [*or fam* to put sb up] to do sth

An·stif·ter(in) *m(f)* instigator (+*gen*/**zu** +*dat* of)

An·stif·tung *f* ~ **eines Verbrechens** [*o* **zu einem Verbrechen**] instigation of a crime; ■~ **einer Person** [**zu etwas**] incitement of a person [to do sth]

an|stim·men I. *vt* ■**etw** ~ ❶ (*zu singen anfangen*) to begin singing sth; **summend eine Melodie** ~ to hum a tune ❷ (*zu spielen anfangen*) to start playing [*or* strike up] sth ❸ (*erheben*) **ein Geheul/ein Geschrei/Proteste** ~ to start howling/screaming/protesting; **Gelächter** ~ to burst out laughing II. *vi* (*den Grundton angeben*) to give the keynote

An·stoß *m* ❶ (*Ansporn*) impetus (**zu** for); **der** ~ **zu diesem Projekt ging von ihr aus** she was the one who originally got this project going; **den** ~ **zu etw bekommen** [*o* **den** ~ **bekommen, etw zu tun**] to be encouraged to do sth; **jdm den** ~ **geben, etw zu tun** to encourage [*or* induce] sb to do sth; [**jdm**] **den** [**ersten**] ~ **zu etw geben** to give [the first] impetus to sth, to [initially] stimulate sb [to do sth] ❷ (*geh: Ärgernis*) annoyance; [**bei jdm**] ~ **erregen** to cause annoyance [to sb]; [**bei jdm**] **schon lange** ~ **erregen** to have long been a cause [*or* source] of annoyance [to sb]; **an etw** *dat* ~ **nehmen** to take offence [*or* AM -se]; *s.* **Stein** ❸ SPORT (*Spielbeginn*) start of the game; (*Billard*) break; (*Fußball*) kick off; (*Feldhockey*) bully [off]; (*Eishockey*) face-off; **der Pfiff zum** ~ the starting whistle; (*Fußball*) the whistle for kick off ❹ SCHWEIZ (*Angrenzung*) ■~ **an etw** *akk* border to sth

an|sto·ßen *irreg* I. *vi* ❶ *sein* (*gegen etw stoßen*) ■[**mit etw**] [**an etw** *akk*] ~ to bump sth [on sth]; **mit dem Kopf an etw** ~ to bump one's head on sth ❷ *haben* (*einen Toast ausbringen*) ■[**mit etw**] [**auf jdn/etw**] ~ to drink to sb/sth [with sth]; **lasst uns** ~**!** let's drink to it/that! ❸ *sein* (*selten: angrenzen*) ■**an etw** *akk* ~ to adjoin sth; *Land, Staat* to border on sth II. *vt haben* ❶ (*leicht stoßen*) ■**jdn** [**mit etw**] ~ to bump sb [gently] [with sth] ❷ (*in Bewegung setzen*) ■**etw** ~ to hit sth ❸ (*in Gang setzen*) ■**etw** ~ to set sth in motion III. *vr haben* (*sich durch einen Stoß verletzen*) ■**sich** [**an etw** *dat*] ~ to knock [*or* bang] [and injure] oneself [on sth]; **sich** *dat* **den Kopf/Arm** ~ to knock one's head/arm

An·stö·ßer(in) <-s, -> *m(f)* SCHWEIZ (*Anwohner*) [local] resident

an·stö·ßig I. *adj* offensive; ~**e Kleidung** indecent clothing; **ein** ~**er Witz** an offensive [*or* a dirty] [*or* BRIT *a.* a blue] joke II. *adv* offensively, indecently; **sich** ~ **ausdrücken** to use offensive language

An·stö·ßig·keit <-, -en> *f* offensiveness *no pl,* indecency *no pl*

An·stoß·punkt *m* FBALL centre [*or* AM -er] spot

an|strah·len *vt* ❶ (*mit Scheinwerfer anleuchten*) **ein Gebäude/eine Kirche** ~ to floodlight a building/church;

einen Menschen/eine Szene [mit einem Scheinwerfer] ~ to train a spotlight on a person/scene ❷ *(strahlend ansehen)* ■**jdn** ~ to beam at sb; **jdn freudig** [*o* **glücklich**] ~ to beam at sb with joy; **sie strahlte/ihre Augen strahlten ihn an** she beamed at him

an|stre·ben *vt* ■**etw** ~ to strive for sth; ■~**, etw zu tun** to be striving to do sth

an|strei·chen *vt irreg* ■**etw** [**mit etw**] ~ ❶ *(mit Farbe bestreichen)* to paint sth [with sth]; **etw neu/frisch** ~ to give sth a new/fresh coat of paint; **etw rot** ~ to paint sth red ❷ *(markieren)* to mark sth; **etw dick/rot** ~ to mark sth clearly/in red

An·strei·cher(in) <-s, -> *m(f)* [house] painter

an|stren·gen I. *vr* ❶ *(sich intensiv einsetzen)* ■**sich** [**bei etw/für etw**] ~ to exert oneself [in/for sth]; **sich mehr/sehr** ~ to make a greater/great effort; **sich übermäßig** ~ to overexert [*or* overstrain] oneself ❷ *(sich besondere Mühe geben)* ■**sich** [**mit etw**] ~ to make a [big] effort [with sth], to try hard for sth; **sich sehr** [**mit etw**] ~ to go to [*or* take] a lot of trouble [for sth]; ■**sich** ~**, etw zu tun** to try hard to do sth; **sich sehr** ~**, etw zu tun** to go to [*or* take] a lot of trouble to do sth [*or* in doing sth] **II.** *vt* ❶ *(strapazieren)* ■**jdn** ~ to tire sb out; **das viele Lesen strengt meine Augen an** all this reading puts a strain on my eyes ❷ *(intensiv beanspruchen)* ■**etw** ~ to strain sth; **seinen Geist/die Muskeln** ~ to exert one's mind/muscles; **alle Kräfte** ~ to use all one's strength ❸ *(strapazieren)* ■**jdn** [**sehr**] ~ to [over]tax sb; *s. a.* **angestrengt**

an·stren·gend *adj* strenuous; *(geistig)* taxing; *(körperlich)* exhausting [*or* tiring]; **eine** ~**e Zeit** an exhausting time; **das ist** ~ **für die Augen** it's a strain on the eyes

An·stren·gung <-, -en> *f* ❶ *(Kraftaufwand)* exertion *no pl* ❷ *(Bemühung)* effort; **mit äußerster** [*o* **letzter**] ~ with one last effort; ~**en/einige** ~**en machen, etw zu tun** to make an effort/several efforts to do sth, to try [several times] to do sth

An·strich¹ *m* ❶ *kein pl (das Anstreichen)* ■**der** ~ painting ❷ *(Farbüberzug)* coat [of paint]

An·strich² *m kein pl* ❶ *(persönliche Note)* ■**ein** ~ **von etw** a touch of sth; **ein** ~ **von Charmeur** a touch of the charmer ❷ *(Anschein)* ■**der** ~ **von etw** the veneer [*or* gloss] of sth

An·sturm *m* ❶ *(Andrang)* rush (**auf** +*dat* on) ❷ MIL *(stürmische Attacke)* onslaught ❸ *(geh: das Aufwallen)* surge

an|stür·men *vi sein* ❶ *(ungestüm angelaufen kommen)* to rush [*or* dash] up ❷ MIL *(anrennen)* ■**gegen etw** ~ to storm sth ❸ *(geh: dagegenpeitschen)* ■**gegen etw** ~ to pound against sth

an|su·chen *vi* ÖSTERR *(veraltend: förmlich erbitten)* ■**bei jdm um etw** ~ to ask sb for sth, to request sth of sb *form*

An·su·chen <-s, -> *nt* ÖSTERR *(a. form)* request (**um** for); **auf jds** ~ *akk* at sb's request

An·ta·go·nist(in) <-en, -en> *m(f)* antagonist

an|tan·zen *vi sein (fam)* ■[**bei jdm**] ~ to show [*or* turn] up [at sb's place] *fam*

Ant·ark·tis <-> [ant'ʔarktɪs] *f* ■**die** ~ the Antarctic, Antarctica

ant·ark·tisch [ant'ʔarktɪʃ] *adj* Antarctic *attr*

an|tas·ten *vt* ■**etw** ~ ❶ *(beeinträchtigen)* **jds Ehre/Würde** ~ to offend against sb's honour [*or* AM -or]/dignity; **jds Privileg/Recht** ~ to encroach [up]on sb's privilege/right ❷ *(anbrechen)* to use sth; **Vorräte** ~ to break into supplies ❸ *(leicht berühren)* to touch sth

an|tau·en *vi sein* to begin [*or* start] to defrost; ■**angetaut** slightly defrosted

An·teil ['antail] *m* ❶ *(Teil)* share (**an** +*dat* of); ~ **an einer Erbschaft** [legal] portion of an inheritance; ~ **an einem Werk** contribution to a work; **der** ~ **an Asbest/Schwermetallen** the proportion of asbestos/heavy metals ❷ ÖKON *(Beteiligung)* interest, share (**an** +*dat* in) ❸ *(geh: Mitgefühl)* sympathy, understanding (**an** +*dat* for) ❹ *(geh: Beteiligung)* interest (**an** +*dat* in); ~ **an etw** *dat* **haben** to take part in sth; ~ **an etw** *dat* **nehmen** [*o* **zeigen**] to show [*or* take] an interest in sth; ~ **an jds Freude/Glück nehmen** [*o* **zeigen**] to share in sb's joy/happiness

an·tei·lig, an·teil·mä·ßig I. *adj* proportionate, proportional **II.** *adv* **mir stehen** ~ **450.000 Euro zu** 450,000 euros fall to my share

An·teil·nah·me <-> ['antailna:mə] *f kein pl* ❶ *(Beileid)* sympathy (**an** +*dat* with) ❷ *(Beteiligung)* attendance (**an** +*dat* at)

An·teil·schein *m* ÖKON share [certificate]

an|te·le·fo·nie·ren* *vt (fam)* ■**jdn** ~ to call [*or* phone] sb up

An·ten·ne <-, -n> [an'tɛnə] *f* ❶ RADIO, TV aerial; **eine ausfahrbare** ~ a telescopic aerial ❷ ZOOL antenna, feeler ▸ WENDUNGEN: **eine/keine** ~ **für etw <u>haben</u>** *(fam)* to have a/no feeling [*or fam* nose] for sth

An·tho·lo·gie <-, -n> [antolo'gi:, *pl* -'gi:ən] *f* anthology

An·thra·zit <-s, *selten* -e> [antra'tsi:t] *m* anthracite, hard coal

an·thra·zit·far·ben *adj* charcoal **an·thra·zit·far·big** *adj* charcoal

An·thro·po·lo·ge, An·thro·po·lo·gin <-n, -n> [antropo'lo:gə, -'lo:gɪn] *m, f* anthropologist

An·thro·po·lo·gie <-> [antropolo'gi:] *f kein pl* anthropology

An·thro·po·lo·gin <-, -nen> [antropo'lo:gɪn] *f fem form von* **Anthropologe**

an·thro·po·lo·gisch [antropo'lo:gɪʃ] *adj inv* anthropological

An·thro·po·soph(in) <-en, -en> [antropo'zo:f] *m(f)* anthroposophist

An·thro·po·so·phie <-> [antropozo'fi:] *f kein pl* anthroposophy

An·thro·po·so·phin <-, -nen> *f fem form von* **Anthroposoph**

an·thro·po·so·phisch *adj* anthroposophic[al]

An·ti·al·ko·ho·li·ker(in) [antiʔalko'ho:likɐ] *m(f)* teetotaller BRIT, teetotaler AM **an·ti·al·ko·ho·lisch** *adj inv* anti-alcohol *attr* **an·ti·ame·ri·ka·nisch** *adj inv* anti-American **An·ti·asth·ma·ti·kum** <-s, -ka> [antiʔast'ma:tikʊm, *pl* -ka] *nt* anti-asthmatic [agent] **an·ti·au·to·ri·tär** [antiʔautori'tɛ:ɐ̯] *adj* anti[-]authoritarian **An·ti·ba·by·pil·le** [anti'be:bipɪlə] *f (fam)* the pill [*or* Pill] *fam* **An·ti·bi·o·ti·kum** <-s, -biotika> [anti'bi̯o:tikʊm, *pl* -ka] *nt* antibiotic **An·ti·blo·ckier·sys·tem** [antiblɔ'ki:ɐ̯-] *nt* antilock [braking] system, ABS **An·ti·christ(in)** ['antikrɪst] *m(f)* ❶ <-[s]> REL ■**der** ~ the Antichrist ❷ <-en, -en> antichristian, opponent of Christianity **an·ti·christ·lich** *adj* antichristian **An·ti·de·pres·si·vum** <-s, -va> [antideprɛ'si:vʊm, *pl* -va] *nt* antidepressant **An·ti·di·a·be·ti·kum** <-s, -ka> [antidia'be:tikʊm, *pl* -ka] *nt* antidiabetic [agent] **An·ti·di·u·re·ti·kum** <-s, -ka> [antidiu're:tikʊm, *pl* -ka] *nt* antidiuretic [agent] **An·ti·epi·lep·ti·kum** <-s, -ka> [antiʔepi'lɛptikʊm, *pl* -ka] *nt* anti-epileptic [*or* anticonvulsant] [agent] **An·ti·fa** <-> ['antifa] *f kein pl (sl)* antifascist movement **An·ti·fal·ten·cre·me** *f* antiwrinkle cream **An·ti·fa·schis·mus** [antifa'ʃɪsmʊs] *m* antifascism **An·ti·fa·schist(in)** [antifa'ʃɪst] *m(f)* antifascist **an·ti·fa·schis·tisch** *adj* antifascist

An·ti·gen <-s, -e> [anti'ge:n] *nt* BIOL, MED antigen

An·ti·gu·a·ner(in) <-s, -> [anti'gu̯a:nɐ] *m(f)* Antiguan; *s. a.* **Deutsche(r)**

an·ti·gu·a·nisch [anti'gu̯a:nɪʃ] *adj* Antiguan; *s. a.* **deutsch**

An·ti·gua und Bar·bu·da <-s> [an'ti:gu̯a-] *nt* Antigua and Barbuda; *s. a.* **Deutschland**

an·ti·haft·be·schich·tet *adj inv* KOCHK non-stick **An·ti·his·ta·min** *nt*, **An·ti·his·ta·mi·ni·kum** [antihɪsta'mi:nikʊm, *pl* -ka] *nt* MED antihistamine

an·tik [an'ti:k] **I.** *adj* ❶ *(als Antiquität anzusehen)* antique ❷ *(aus der Antike stammend)* ancient; ~**e Kunst** ancient art forms *pl* **II.** *adv* ~ **eingerichtet sein** to be furnished in an antique style

An·ti·ke <-> [an'ti:kə] *f kein pl* antiquity; **der Mensch/die Kunst der** ~ man/the art of the ancient world

an·ti·kle·ri·kal [antikleri'ka:l, 'antiklerika:l] *adj* anticlerical **An·ti·kom·mu·nis·mus** *m* anti[-]communism **An·ti·kom·mu·nist(in)** *m(f)* anti[-]communist **an·ti·kom·mu·nis·tisch** *adj* anticommunist **An·ti·kör·per** *m* MED antibody **An·ti·kör·per·**

be·stim·mung *f* MED determination of antibodies
An·ti·lo·pe <-, -n> [anti'lo:pə] *f* antelope
an·ti·mi·li·ta·ris·tisch *adj* anti-militaristic
An·ti·mon <-s> [anti'mo:n] *nt kein pl* antimony
An·ti·pa·thie <-, -n> [antipa'ti:, *pl* -'ti:ən] *f* antipathy (**gegen** to)
An·ti·po·de, An·ti·po·din <-, -n> [anti'po:də, -'po:dɪn] *m, f* ❶ (*Mensch*) Antipodean ❷ (*fig geh*) antipode
An·ti·po·den *pl* the Antipodes
an|tip·pen *vt* ❶ (*kurz berühren*) ■**jdn** [**an etw** *dat*] ~ to give sb a tap [on sth], to tap sb on sth; ■**etw** ~ to touch sth ❷ (*streifen*) ■**etw** ~ to touch on sth
An·ti·qua <-> [an'ti:kva] *f kein pl* TYPO roman [type]
An·ti·quar(in) <-s, -e> [anti'kva:ɐ̯] *m(f)* second-hand bookseller
An·ti·qua·ri·at <-[e]s, -e> [antikva'ri̯a:t] *nt* (*Laden*) second-hand bookshop [*or* AM *a.* bookstore]; (*Abteilung*) second-hand department; **modernes** ~ remainder bookshop [*or* AM *a.* bookstore]/department
An·ti·qua·rin <-, -nen> *f fem form von* **Antiquar**
an·ti·qua·risch [anti'kva:rɪʃ] **I.** *adj* (*alt*) antiquarian; (*von modernen Büchern*) second-hand, remaindered **II.** *adv* (*im Antiquariat*) **ein Buch ~ bekommen/erwerben** [*o* **kaufen**] to get/buy a book second-hand
an·ti·quiert [anti'kvi:rt] *adj* (*pej*) antiquated, AM *a.* horse-and-buggy *attr*
An·ti·qui·tät <-, -en> [antikvi'tɛ:t] *f* antique
An·ti·qui·tä·ten·ge·schäft *nt* antiques shop **An·ti·qui·tä·ten·han·del** *m* antiques trade [*or* business] **An·ti·qui·tä·ten·händ·ler(in)** *m(f)* antiques dealer
An·ti·ra·ke·te ['antirake:tə] *f,* **An·ti·ra·ke·ten·ra·ke·te** ['antirake:tn̩rake:tə] *f* antiballistic missile, ABM **An·ti·rau·cher·kam·pag·ne** *f* anti-smoking campaign **An·ti·rheu·ma·ti·kum** <-s, -ka> [antirɔy'ma:tikʊm, *pl* -ka] *nt* antirheumatic **An·ti·se·mit(in)** [antize'mi:t] *m(f)* antisemite; ~[**in**] **sein** to be antisemitic **an·ti·se·mi·tisch** [antize'mi:tɪʃ] *adj* antisemitic **An·ti·se·mi·tis·mus** <-> [antizemi'tɪsmʊs] *m kein pl* ■**der** ~ antisemitism **An·ti·sep·ti·kum** <-s, -ka> [anti'zɛptikʊm, *pl* -ka] *nt* antiseptic **an·ti·sep·tisch** [anti'zɛptɪʃ] *adj* antiseptic **An·ti·spas·ti·kum** <-s, -ka> [anti'spastikʊm, *pl* -ka] *nt* antispasmodic [agent] **an·ti·sta·tisch** [anti'sta:tɪʃ] **I.** *adj* antistatic **II.** *adv* **etw ~ behandeln** to treat sth with an antistatic [agent] **An·ti·teil·chen** *nt* PHYS anti[-]particle **An·ti·ter·ror·ein·heit** *f* antiterrorist squad [*or* unit]
An·ti·the·se [anti'te:zə] *f* antithesis
An·ti·tran·spi·rant <-s, -e *o* -s> [antitranspi'rant] *nt* antiperspirant **An·ti·vi·ren·pro·gramm** *nt* INFORM anti-virus [program] **an·ti·zyk·lisch** [anti'tsy:klɪʃ] *adj inv* ❶ (*geh: unregelmäßig wiederkehrend*) anticyclical ❷ ÖKON anticyclical
Ant·litz <-es, -e> ['antlɪts] *nt* (*poet*) face, countenance *liter*
An·ton <-s> ['anto:n, 'antɔn] *m* ▶ WENDUNGEN: **blauer** ~ [blue] overalls *npl*
an|tö·nen *vt* ÖSTERR, SCHWEIZ *s.* **andeuten**
an|tör·nen ['antœrnən] **I.** *vt* (*sl*) **jdn** [**stark/stärker**] ~ to give sb a [big [*or* real]/bigger] kick *fam;* **von Drogen/Musik angetörnt werden** to get a kick from drugs/music *fam* **II.** *vi* (*sl*) **diese Droge/Musik törnt ganz schön an!** this drug/music really gives you a great kick!; ■**angetörnt sein** to be [on a] high *fam*
An·trag <-[e]s, -träge> ['antra:k, *pl* 'antrɛ:gə] *m* ❶ (*Beantragung*) application; **einen ~ [auf etw** *akk*] **stellen** to put in an application [for sth]; **auf jds ~** *akk* at sb's request, at the request of sb ❷ (*Formular*) application form (**auf** +*akk* for) ❸ JUR petition; **einen ~ [auf etw** *akk*] **stellen** to file a petition [for sth] ❹ POL (*Vorschlag zur Abstimmung*) motion ❺ (*Heiratsantrag*) [marriage] proposal; **jdm einen ~ machen** to propose [to sb]
an|tra·gen *vt irreg* (*geh*) ■**jdm etw** ~ to offer sb sth; ■**jdm ~, etw zu tun** to suggest [*or* propose] that sb does sth
An·trags·for·mu·lar *nt* application form
An·trag·stel·ler(in) <-s, -> *m(f)* (*geh*) applicant **An·trag·stel·lung** <-> *f kein pl* application
an·trai·niert *adj* ❶ *Muskeln, Fitness* developed ❷ *Verhalten* learned
an|trau·en *vt* (*veraltend*) ■**jdm angetraut werden** to be [*or* get] married to sb, to be given to sb in marriage *dated;* **ihr angetrauter Ehemann** her lawful wedded husband
an|tref·fen *vt irreg* ❶ (*treffen*) ■**jdn** ~ to catch sb; **im Büro/zu Hause anzutreffen sein** to be in the office/at home; **jdn beim Putzen/Stricken** ~ to catch sb cleaning/knitting ❷ (*vorfinden*) ■**etw** ~ to come across sth
an|trei·ben *irreg* **I.** *vt haben* ❶ (*vorwärtstreiben*) ■**jdn/ein Tier** ~ to drive sb/an animal [on] ❷ (*drängen*) ■**jdn [zu etw] ~/jdn dazu ~, etw zu tun** to urge sb to do sth; (*aufdringlicher*) to push sb [to do sth] ❸ (*anschwemmen*) ■**etw [an etw** *dat*] ~ to wash sth up [on sth]; **etw am Strand/an den Stränden** ~ to wash sth ashore ❹ TECH (*vorwärtsbewegen*) ■**etw** ~ to drive sth ❺ (*veranlassen*) ■**jdn ~, etw zu tun** to drive sb [on] to do sth; **die bloße Neugierde trieb ihn dazu an, die Briefe seiner Frau zu öffnen** he was driven by pure curiosity to open his wife's letters **II.** *vi sein* (*angeschwemmt werden*) ■[**an etw** *akk*] ~ to be washed up [on sth]; **am Strand/an den Stränden** ~ to be washed ashore
An·trei·ber(in) *m(f)* (*pej*) slave-driver *pej*
an|tre·ten[1] *irreg* **I.** *vt haben* ❶ (*beginnen*) ■**etw** ~ to begin sth ❷ (*übernehmen*) **ein Amt/den Dienst** ~ to take up [*or* assume] [an] office/one's services; **seine Amtszeit** ~ to take office; **ein Erbe** ~ to come into an inheritance; **eine Stellung** ~ to take up a post; *s. a.* **Beweis II.** *vi sein* ❶ (*sich aufstellen*) to line up; MIL to fall in ❷ (*erscheinen*) ■[**zu etw**] ~ to appear [for sth] ❸ (*eine Stellung beginnen*) ■**bei jdm/einer Firma [als etw]** ~ to start one's job [as sth] under sb/at a company ❹ SPORT (*zum Wettkampf erscheinen*) ■[**zu etw**] ~ to compete [in sth]
an|tre·ten[2] *irreg* **I.** *vt* ❶ (*fest treten*) ■**etw** ~ to tread sth down [firmly] ❷ AUTO (*starten*) ■**etw** ~ to start sth; **einen Motorrad** ~ to kick-start a motorbike **II.** *vi* (*energisch die Pedale betätigen*) to sprint
An·trieb *m* ❶ AUTO, LUFT, RAUM (*Vortrieb*) drive (+*gen* for) ❷ (*motivierender Impuls*) drive, energy *no indef art;* **aus eigenem** ~ (*fig*) on one's own initiative; **jdm [neuen] ~ geben[, etw zu tun]** (*fig*) to give sb the/a new impetus to do sth
An·triebs·ach·se *f* AUTO drive axle **An·triebs·kraft** *f* TECH [driving] power **An·triebs·schwä·che** *f* lack of drive [*or* energy] **An·triebs·wel·le** *f* TECH drive shaft
an|trin·ken *irreg* **I.** *vt* (*fam*) **die Flasche/seinen Kaffee** ~ to drink a little from the bottle/some of one's coffee; **eine angetrunkene Flasche** an opened bottle; **das Glas ist angetrunken** somebody's drunk out of that glass **II.** *vr* (*fam*) **sich** *dat* **einen [Rausch/Schwips]** ~ to get [oneself] tiddly [*or* AM tipsy] *fam; s. a.* **Mut**
An·tritt[1] *m kein pl* ❶ (*Beginn*) start ❷ (*Übernahme*) **nach ~ seines Amtes/der Stellung/der Erbschaft** after assuming office/taking up the post/coming into the inheritance
An·tritt[2] *m kein pl* SPORT spurt
An·tritts·be·such *m* first courtesy call [*or* visit]; **bei jdm einen ~ abstatten** to pay a first courtesy call [*or* visit] on sb **An·tritts·re·de** *f* maiden speech **An·tritts·vor·le·sung** *f* inaugural lecture
an|trock·nen *vi sein* ■[**an etw** *dat*] ~ to dry [on sth]
an|tun *vt irreg* ❶ (*zufügen*) ■**jdm etwas/nichts** ~ to do something/not to do anything to sb; **tu mir das nicht an!** (*hum fam*) spare me, please! *hum fam;* **sich** *dat* **etwas** ~ (*Selbstmord begehen*) to kill oneself, to do oneself in *fam* ❷ **es jdm angetan haben** to appeal to sb; *s. a.* **angetan**
an|tur·nen *vi* ❶ *haben* SPORT *to celebrate the start of the open-air season with an athletic event* ❷ *sein* (*fam: sich ausgelas-*

sen bewegend herankommen) **angeturnt kommen** to come rollicking

an|tur·nen ['antø:ɐ̯nən] *vt* ❶ *(in einen Drogenrausch versetzen)* ■**jdn** ~ to turn sb on *sl,* to stone sb *sl* ❷ *(fam: in Erregung versetzen)* ■**jdn** ~ to turn sb on

Ant·wer·pen <-s> [ant'vɛrpn̩] *nt* Antwerp

Ant·wort <-, -en> ['antvɔrt] *f* ❶ *(Beantwortung)* answer (**auf** +*akk* to); **eine** ~ **auf eine Anfrage/ein Angebot/einen Brief** an answer [*or* a reply] to an inquiry [*or* enquiry]/an offer/a letter; **und wie lautet deine** ~ **auf meine Frage?** and what's your answer [*or* reply] to my question?; **um** ~ **wird gebeten!** RSVP; **um baldige** [*o* **umgehende**] ~ **wird gebeten!** please reply by return [of] post [*or* AM return mail]; **jdm** [**eine**] ~ **geben** to give sb an answer, to answer [*or* reply to] sb; **das also gibst du mir zur** ~**?** so that's your answer?; *s. a.* **Rede** ❷ *(Reaktion)* response (**auf** +*akk* to); **als** ~ **auf etw** *akk* in response to sth ❸ *(Pendant)* answer (**auf** +*akk* to) ►WENDUNGEN: **keine** ~ **ist auch eine** ~ *(prov)* no answer is an answer

Ạnt·wort·brief *m* answer, reply

ant·wor·ten ['antvɔrtn̩] *vi* ❶ *(als Antwort geben)* ■[**jdm**] ~ to answer [sb], to reply [to sb]; **ich kann Ihnen darauf leider nichts** ~ unfortunately I cannot give you an answer to that; **was soll man darauf noch** ~**?!** what kind of answer can you give to that?; **auf jds Frage** ~ to answer sb's [*or* reply to sb's] question; **mit Ja/Nein** ~ to answer yes/no [*or form* in the affirmative/negative]; **mit „vielleicht"** ~ to answer with 'perhaps'; **schriftlich** ~ to answer [*or* reply] in writing, to give a written answer ❷ *(reagieren)* to respond (**mit** with)

Ạnt·wort·kar·te *f* reply card **Ạnt·wort·schein** *m* **internationaler** ~ [international] reply coupon **Ạnt·wort·schrei·ben** *nt* *(geh)* answer, reply

an|ver·trau·en* ['anfɛɐ̯trauən] **I.** *vt* ❶ *(vertrauensvoll übergeben)* ■**jdm etw** ~ to entrust sth to sb [*or* sb with sth] ❷ *(geh: in etw bergen)* ■**etw einer S.** *dat* ~ to consign sth to sth *form* ❸ *(vertrauensvoll erzählen)* ■**jdm/einer S. etw** ~ to confide sth to sb/sth **II.** *vr* ❶ *(sich vertrauensvoll mitteilen)* ■**sich jdm** *dat* ~ to confide in sb ❷ *(sich in einen bestimmten Schutz begeben)* ■**sich einer S.** *dat* ~ to entrust oneself to sth

ạn|vi·sie·ren* *vt* ❶ *(ins Visier nehmen)* ■**jdn/etw** ~ to sight sb/sth ❷ *(geh: ins Auge fassen)* ■**etw** ~ to set one's sights on sth; **eine Entwicklung/die Zukunft** ~ to envisage a development/the future

ạn|wach·sen *vi irreg sein* ❶ *(festwachsen)* ■[**auf etw** *dat*] ~ to grow [on sth] ❷ MED *(sich mit Körpergewebe verbinden)* ■**an etw** *dat* ~ to grow on sth; *Transplantat* to take [*or* adhere] [to sth] ❸ *(zunehmen)* ■[**bis zu etw/auf etw** *akk*] ~ to grow [*or* increase] [to sth]

Ạn·wach·sen *nt* ■**das** ~ ❶ *(das Festwachsen)* growing ❷ MED *(Verbindung mit Körpergewebe)* growing; *von Transplantat* taking, adherence ❸ *(Zunahme)* growth, increase; **im** ~ [**begriffen**] **sein** to be growing [*or* on the increase]

ạn|wäh·len *vt* TELEK ■**jdn/eine Nummer** ~ to call sb/to dial a number

An·walt, An·wäl·tin <-[e]s, -wälte> ['anvalt, 'anvɛltɪn, *pl* 'anvɛltə] *m, f* ❶ *(Rechtsanwalt)* lawyer, solicitor BRIT, attorney AM; **sich** *dat* **einen** ~ **nehmen** to engage the services of a lawyer ❷ *(geh: Fürsprecher)* advocate; ~ **der Armen/Hilfsbedürftigen** champion of the poor/needy

Ạn·walts·bü·ro *nt* ❶ *s.* **Anwaltskanzlei** ❷ *(Anwaltssozietät)* law firm, BRIT *a.* firm of solicitors

Ạn·walt·schaft <-, *selten* -en> *f* ❶ *(Vertretung eines Klienten)* case; **eine** ~ **übernehmen** to take on [*or* over] a case; **eine** ~ [**für jdn**] **übernehmen** to take on [*or* over] sb's case ❷ *(Gesamtheit der Anwälte)* ■**die** ~ the legal profession

Ạn·walts·ge·hil·fe, -ge·hil·fin *m, f* [solicitor's BRIT] clerk, lawyer's secretary AM **Ạn·walts·kam·mer** *f* incorporated law society **Ạn·walts·kanz·lei** *f* lawyer's [*or* AM law] office **Ạn·walts·kos·ten** *pl* legal expenses **Ạn·walts·pra·xis** *f* law [*or* BRIT *a.* solicitor's] [*or* AM *a.* attorney's] practice; ~ **betreiben** to practise [*or* AM -ce] law

ạn|wan·deln *vt* *(geh)* ■**jdn** ~ to come over sb; **mich wandelt ganz einfach die Lust an, spazieren zu gehen!** I quite simply feel the desire to go for a walk

Ạn·wand·lung *f* mood; **aus einer** ~ **heraus** on an impulse; [**wieder**] ~**en bekommen** *(fam)* to go into [one of one's] fits *fam;* **in einer** ~ **von Großzügigkeit/Wahnsinn** in a fit of generosity/madness; **in einer** ~ **von Furcht/Misstrauen** on an impulse of fear/suspicion

ạn|wär·men *vt* **das Bett** ~ to warm [up] the bed; **Speisen** ~ to heat up food; **danke, dass Sie mir den Platz angewärmt haben!** thanks for keeping my seat warm! *a. hum*

Ạn·wär·ter(in) *m(f)* candidate (**auf** +*akk* for); SPORT contender (**auf** +*akk* for); **der** ~ **auf den Thron** the heir to the throne; *(Prätendent)* the pretender to the throne

Ạn·wart·schaft <-, *selten* -en> *f* candidature (**auf** +*akk* for), candidacy (**auf** +*akk* for); **die** ~ **auf das Erbe** the claim to the inheritance; SPORT contention; ~ **auf den Thron** claim to the throne

ạn|wei·sen *vt irreg* ❶ *(durch Anweisung beauftragen)* ■**jdn** ~[**, etw zu tun**] to order sb to do sth ❷ *(anleiten)* ■**jdn** ~ to instruct sb ❸ *(zuweisen)* ■**jdm etw** ~ to direct sb to sth ❹ *(überweisen)* [**jdm**] **Geld** [**auf ein Konto**] ~ to transfer money [to sb/to sb's account]; *s. a.* **angewiesen**

Ạn·wei·sung *f* ❶ *(Anordnung)* order, instruction; ~ **haben, etw zu tun** to have instructions to do sth; **auf** [**jds** *akk*] ~ on [sb's] instruction, on the instructions of sb ❷ *(Anleitung)* instruction ❸ *(Gebrauchsanweisung)* instructions *pl* ❹ *(Zuweisung)* allocation ❺ *(Überweisung)* transfer ❻ *(Überweisungsformular)* payment slip

ạn·wend·bar *adj* applicable (**auf** +*akk o dat* to); **in der Praxis** ~ practicable, practical

Ạn·wend·bar·keit <-> *f kein pl* applicability (**auf** +*akk* to)

ạn|wen·den *vt reg o irreg* ❶ *(gebrauchen)* ■**etw** [**bei jdm/etw**] ~ to use sth [on sb/during sth] ❷ *(übertragen)* ■**etw auf etw** *akk* ~ to apply sth to sth; *s. a.* **angewandt**

Ạn·wen·der(in) <-s, -> *m(f)* INFORM user

Ạn·wen·der·pro·gramm *nt* INFORM application program **Ạn·wen·der·soft·ware** <-, -s> *f* application software

Ạn·wen·dung *f* ❶ *(Gebrauch)* use; **etw zur** ~ **bringen** *(geh)* to use [*or* apply] sth; ~ **finden** [*o geh* **zur** ~ **gelangen**] to be used [*or* applied], to find application *form* ❷ *(Übertragung)* application (**auf** +*akk* to) ❸ MED *(therapeutische Maßnahme)* administration

Ạn·wen·dungs·be·reich *m* area of application **Ạn·wen·dungs·ge·biet** *nt* field of applications **Ạn·wen·dungs·vor·schrift** *f* instructions *pl* for use

ạn|wer·ben *vt irreg* ■**jdn** [**für etw**] ~ to recruit sb [for sth]; **Soldaten** ~ to recruit [*or* enlist] soldiers

Ạn·wer·bung *f* recruitment; *a.* MIL enlistment

Ạn·wer·bungs·stopp *m* stop to recruitment

ạn|wer·fen *irreg* **I.** *vt* ■**etw** ~ ❶ TECH *(in Betrieb setzen)* to start sth up ❷ *(fam: anstellen)* to switch sth on ❸ *(durch Drehen in Gang setzen)* **den Motor** [**mit der Kurbel**] ~ to crank the engine; **den Propeller** [**von Hand**] ~ to swing the propeller **II.** *vi* SPORT *(mit dem Werfen beginnen)* to take the first throw

Ạn·we·sen <-s, -> *nt* *(geh)* estate

ạn·we·send *adj* present *pred;* ■[**bei jdm/bei etw/auf etw** *dat*] ~ **sein** to be present [at sb's place/at sth]; **nicht ganz** ~ **sein** *(hum fam)* to be a million miles away [*or fam* off in one's own little world]

Ạn·we·sen·de(r) *f(m) dekl wie adj* person present; ■**die** ~**n** those present; **alle** ~**n** all those present

Ạn·we·sen·heit <-> *f kein pl* presence; *von Studenten* attendance; **in jds** ~ *dat,* **in** ~ **von jdm** in sb's presence, in the presence of sb

An·we·sen·heits·lis·te *f* attendance list **An·we·sen·heits·pflicht** *f* obligation to attend; **es herrscht** ~ attendance is compulsory

an|wi·dern ['anvi:dɐn] *vt* ■**jdn** ~ to nauseate sb, to make sb sick; ■**angewidert** nauseated *attr*

an|win·keln *vt* **den Arm/das Bein** ~ to bend one's arm/leg; **Signalflaggen in bestimmter Reihenfolge** ~ to move semaphore flags to certain angles; **mit angewinkeltem Arm/Bein** with the arm/leg bent

an|wir·ken *vt* KOCHK (*fachspr*) **Marzipan** ~ to knead marzipan in sugar

An·woh·ner(in) <-s, -> *m(f)* ❶ (*Anlieger*) [local] resident ❷ (*Anrainer*) **die** ~ **des Sees/der Küste** the people living by the lake/along the coast

An·wurf *m* ❶ *kein pl* SPORT first throw ❷ (*geh: Schmähung*) imputation, [unfounded] accusation

an|wur·zeln *vi sein* ■[**in etw** *dat*] ~ to take root [in sth]; **wie angewurzelt dastehen** [*o* **stehen bleiben**] to stand rooted to the spot

An·zahl *f kein pl* number; **eine ganze** ~ quite a lot + *pl vb;* **eine ziemliche** ~ quite a number + *pl vb*

an|zah·len *vt* ❶ (*als Anzahlung geben*) ■[**jdm**] **etw** ~ to pay [sb] a deposit of sth; **500 Euro waren schon angezahlt** a deposit of 500 euros has already been paid; **abzüglich der angezahlten 10%** minus the deposit of 10% ❷ (*eine Anzahlung auf den Preis von etw leisten*) ■**etw** ~ to pay a deposit on sth

An·zah·lung *f* ❶ (*angezahlter Betrag*) deposit; **eine** ~ **machen** [*o* **leisten**] (*geh*) to pay a deposit; **800 Euro** ~ **machen** [*o* **leisten**] to pay a deposit of 800 euros, to leave 800 euros as a deposit ❷ (*erster Teilbetrag*) first instalment [*or* AM installment]

an|zap·fen *vt* ❶ (*Flüssigkeit durch Zapfen entnehmen*) ■**etw** ~ to tap sth; **ein Fass** ~ to tap [*or* broach] a barrel ❷ ELEK, TELEK (*fam: sich illegal an etw anschließen*) ■**etw** ~ to tap [*or* bug] sth; **eine Telefonleitung** ~ to tap a telephone line ❸ (*fam: Informationen gewinnen*) ■**jdn** ~ to pump sb *fam*

An·zei·chen *nt* sign; MED (*Symptom*) symptom; **es liegen** [**keine**] ~ **dafür vor, dass ...** there are [no] signs that ...; **alle** ~ **deuten darauf hin, dass ...** all signs [*or* symptoms] indicate that ...; **wenn nicht alle** ~ **trügen** if all the symptoms are to be believed

an|zeich·nen *vt* ❶ (*markieren*) ■**etw** [**auf etw** *dat*] ~ to mark [out] sth [on sth]; (*mit Kreide*) to chalk sth [on sth] ❷ (*zeichnen*) ■**etw** [**an etw** *akk*] ~ to draw sth [on sth]; (*mit Kreide*) to chalk sth [on sth]

An·zei·ge <-, -n> *f* ❶ (*Strafanzeige*) charge (**wegen** for); ~ **bei der Polizei** report to the police; **eine** ~ [**wegen einer S.**] **bekommen** [*o* **erhalten**] to be charged [with sth]; ~ **gegen Unbekannt** charge against a person [*or* persons] unknown; **jdn/etw zur** ~ **bringen** (*geh*), [**gegen jdn**] **eine** ~ **machen** [*o* **erstatten**] to bring [*or* lay] a charge against sb, to report sth; [**eine**] ~ **gegen jdn bei der Polizei machen** [*o* **erstellen**] to report sb to the police ❷ (*Bekanntgabe bei Behörde*) notification ❸ (*Inserat*) ad[vertisement] ❹ (*Bekanntgabe*) announcement ❺ (*das Anzeigen*) display; **die** ~ **der Messwerte/Messinstrumente** the readings of the measured values/on the gauges [*or* AM *a.* gages] ❻ (*angezeigte Information*) information ❼ TECH (*Instrument*) gauge, AM *a.* gage

an|zei·gen *vt* ❶ (*Strafanzeige erstatten*) ■**jdn** [**wegen etw**] ~ to report sb [for sth]; ■**etw** ~ to report sth; ■**sich** [**selbst**] ~ to give oneself up, to turn oneself in ❷ (*mitteilen*) ■**jdm etw** ~ to announce sth to sb; MIL to report sth to sb ❸ (*angeben*) ■**etw** ~ to indicate [*or* show] sth; (*digital*) to display sth; **diese Uhr zeigt auch das Datum an** this watch also shows [*or* gives] the date ❹ (*bekannt geben*) ■[**jdm**] **etw** ~ to announce sth [to sb] ❺ (*angeben*) **ein Abbiegen/eine Richtung** ~ to indicate a turn-off/direction; AUTO to signal a turn-off/direction ❻ (*erkennen lassen*) ■**jdm** ~, **dass ...** to indicate to [*or* show] sb that ...; *s. a.* **angezeigt**

An·zei·gen·an·nah·me *f* ❶ (*Stelle für die* ~) advertising sales department ❷ (*Erfassung einer Anzeige*) advertising sales **An·zei·gen·blatt** *nt* advertiser **An·zei·gen·kam·pag·ne** *f* advertising campaign **An·zei·gen·teil** *m* advertising section, small ads *pl*

An·zei·ge·pflicht *f kein pl* (*geh*) obligation to inform the police/authorities etc.; **der** ~ **unterliegen** to be notifiable

an·zei·ge·pflich·tig *adj* notifiable

An·zei·ger[1] *m* advertiser

An·zei·ger(in)[2] *m(f)* (*geh*) informer *a. pej*

An·zei·ge·ta·fel *f* LUFT, BAHN departure and arrivals [information] board; SPORT scoreboard

an|zet·teln *vt* ❶ (*vom Zaun brechen*) **Blödsinn** [*o* **Unsinn**] ~ to be up to mischief; **eine Schlägerei/einen Streit** ~ to provoke a fight/an argument ❷ (*in Gang setzen*) ■**etw** ~ to instigate sth

an|zie·hen[1] *vt irreg* ❶ (*sich mit etw bekleiden*) ■[**sich** *dat*] **etw** ~ to put on sth *sep,* to don sth *form or liter;* [**sich**] **die Schuhe** ~ to put on [*or* slip into] one's shoes ❷ (*jdn bekleiden*) ■**jdn** ~ to dress sb; ■**jdm etw** ~ to put sth on sb ❸ (*kleiden*) **jdn** [**modisch/vorteilhaft**] ~ to dress sb [up] [in the latest fashion/to look their best]; ■**sich** ~ to get dressed; **sich leger/schick/warm** ~ to put on casual/smart/warm clothing ❹ SCHWEIZ (*beziehen*) **das Bett** ~ to make the bed; **das Bett frisch** ~ to change the bed

an|zie·hen[2] *irreg* **I.** *vt* ❶ (*straffen*) ■**etw** ~ to pull sth tight; **die Zügel** ~ to pull [[back] on] the reins ❷ (*festziehen*) ■**etw** ~ to tighten sth; **die Bremse** ~ to apply [*or* put on] the brake ❸ (*an den Körper ziehen*) **einen Arm/ein Bein** ~ to draw up an arm/a leg ❹ (*anlocken*) ■**jdn** ~ to attract [*or* draw] sb; **sich von jdm/etw angezogen fühlen** to be attracted to [*or* drawn by] sb/sth ❺ PHYS (*an sich ziehen*) ■**etw** ~ to attract sth ❻ (*fig: sich zueinander hingezogen fühlen*) ■**sich** ~ to be attracted to each other; *s. a.* **Gegensatz** ❼ (*annehmen*) ■**etw** ~ to absorb sth ❽ (*ans Schloss ziehen*) **eine Tür** ~ to pull a door to **II.** *vi* ❶ (*sich in Bewegung setzen*) *Zug* to start moving; *Zugtier* to start pulling ❷ (*beschleunigen*) to accelerate ❸ FIN (*ansteigen*) to rise; **kräftig** ~ to escalate

an·zie·hend *adj* attractive

An·zie·hung *f* ❶ (*verlockender Reiz*) attraction ❷ *kein pl s.* **Anziehungskraft 1**

An·zie·hungs·kraft *f* ❶ PHYS (*Gravitation*) [force of] attraction; ~ **der Erde** [force of] gravitation ❷ (*Verlockung*) attraction, appeal; **auf jdn eine** [**große**] ~ **ausüben** to appeal to [*or* attract] sb [strongly]

An·zug[1] *m* ❶ (*Herrenanzug*) suit; **ein einreihiger/zweireihiger** ~ a single-[*or* double-]breasted suit; **im** ~ **erscheinen** to appear in a suit ❷ SCHWEIZ (*Bezug*) duvet cover; **Anzüge fürs Bett** linen *no pl,* bedclothes ▸ WENDUNGEN: **aus dem** ~ **kippen** (*fam: ohnmächtig werden*) to pass out

An·zug[2] *m kein pl* ❶ AUTO (*Beschleunigungsvermögen*) acceleration ❷ (*Heranrückung*) approach; **im** ~ **sein** to be on the way; MIL to be approaching; *Bedrohung, Gefahr* to be in the offing; (*von Erkältung, Schnupfen*) to be coming on

an·züg·lich ['antsy:klɪç] *adj* ❶ (*schlüpfrig*) insinuating, suggestive, lewd; **ich verbitte mir diese ~en Bemerkungen!** I won't stand for such insinuating [*or* suggestive] remarks! ❷ (*zudringlich*) personal, pushy *fam;* ■~ **sein/werden** to get personal, to make advances

An·züg·lich·keit <-, -en> *f* ❶ *kein pl* suggestiveness *no pl,* lewdness *no pl;* **diese Geste war von einer gewissen** ~ this gesture was of a certain suggestive [*or* insinuating] nature ❷ *kein pl* (*Zudringlichkeit*) advances *pl* ❸ (*zudringliche Handlung*) pushiness *no pl*

an|zün·den *vt* ■**etw** ~ ❶ (*entzünden*) *Feuer* to light sth ❷ (*in

Brand stecken) *Haus* to set sth on fire, to set fire [*or* light] to sth ③ (*anstecken*) *Zigarette* to light sth

An·zün·der *m* (*fam*) fire lighter

an|zwei·feln *vt* ■**etw** ~ to question [*or* doubt] sth; **einen Bericht/die Echtheit eines Gegenstandes/eine Theorie** ~ to question a report/the authenticity of an object/a theory

an|zwin·kern *vt* ■**jdn** ~ to wink at sb, to give sb a wink

AOK <-, -s> [a:ʔo:ˈʔka:] *f Abk von* **Allgemeine Ortskrankenkasse** *public organization providing statutory health insurance to individuals living within a particular area*

Äon <-s, -en> [ɛˈo:n] *m meist pl* ASTRON, PHILOS (*geh*) [a]eon

Aor·ta <-, Aorten> [aˈɔrta] *f* aorta

apart [aˈpart] *adj* striking, distinctive, unusual; **er war ein Mann von ~em Aussehen** he was a striking [*or* distinctive-looking] man; **was für ein ~er Pullover!** that's an unusual sweater!

Apart·heid <-> [aˈpa:ɐ̯thait] *f kein pl* POL (*hist*) apartheid *no pl, no indef art*

Apart·heid·po·li·tik *f kein pl* POL (*hist*) policy of apartheid, apartheid policy

Apart·ment <-s, -s> [aˈpartmənt] *nt* flat BRIT, apartment AM

Apart·ment·haus *nt* block of flats BRIT, apartment house AM **Apart·ment·woh·nung** *f s.* **Apartment**

Apa·thie <-, -n> [apaˈti:, *pl* -ˈti:ən] *f* apathy; MED listlessness

apa·thisch [aˈpa:tɪʃ] **I.** *adj* apathetic; MED listless **II.** *adv* apathetically; MED listlessly

Apen·ni·nen [apɛˈni:nən] *pl* Apennines *npl*

aper [ˈa:pɐ] *adj* SCHWEIZ, ÖSTERR, SÜDD (*schneefrei*) snowless, clear [*or* free] of snow

Ape·ri·tif <-s, -s *o* -e> [aperiˈti:f] *m* aperitif

Ap·fel <-s, Äpfel> [ˈapfl̩, *pl* ˈɛpfl̩] *m* apple ▶WENDUNGEN: **der ~ fällt nicht weit vom <u>Stamm</u>** (*prov*) like father, like son; **in den <u>sauren</u> ~ beißen** (*fam*) to bite the bullet

Ap·fel·aus·ste·cher *m* apple corer **Ap·fel·baum** *m* apple tree **Ap·fel·blü·te** *f* (*Blüte*) apple blossom; (*das Blühen*) blossoming of apple trees; **zur Zeit der ~** when the apple trees are in blossom **Ap·fel·brand·wein** *m* apple brandy

Äp·fel·chen <-s, -> [ˈɛpfl̩çən] *nt dim von* **Apfel**

Ap·fel·es·sig *m* cider vinegar **Ap·fel·ku·chen** *m* apple tart [*or* pie] [*or* cake] **Ap·fel·most** *m* DIAL (*unvergorener Fruchtsaft*) apple juice; (*vergorener Fruchtsaft*) [apple] cider **Ap·fel·mus** *nt* apple sauce **Ap·fel·saft** *m* apple juice **Ap·fel·schim·mel** *m* dapple-grey [horse]

Ap·fel·si·ne <-, -n> [apfl̩ˈzi:nə] *f* (*Frucht*) orange; (*Baum*) orange tree

Ap·fel·stru·del *m* apple strudel **Ap·fel·ta·sche** *f* apple turnover

äp·fel·tra·gend *adj* BOT apple bearing, pomiferous

Ap·fel·tres·ter [-trɛstɐ] *m* apple schnaps **Ap·fel·wein** *m* cider

Apho·ris·mus <-, -rismen> [afoˈrɪsmʊs] *m* aphorism

Aphro·di·si·a·kum <-s, -disiaka> [afrodiˈzi:akʊm, *pl* -ka] *nt* aphrodisiac

Ap·noe-Tau·chen [aˈpno:ə-] *nt* SPORT (*Tauchen ohne Atemgerät*) free diving *no pl, no indef art*, apnoea [*or* AM apnea] diving *no pl, no indef art*

Apo, APO <-> [ˈa:po] *f kein pl Akr von* **außerparlamentarische Opposition**

apo·dik·tisch [apoˈdɪktɪʃ] (*geh*) **I.** *adj* apodictic **II.** *adv* apodictically

Apo·ka·lyp·se <-, -n> [apokaˈlʏpsə] *f* apocalypse

apo·li·tisch [ˈapoli:tɪʃ] *adj* apolitical, non-political

Apos·tel <-s, -> [aˈpɔstl̩] *m* apostle

Apos·tel·brief *m* epistle **Apos·tel·ge·schich·te** *f kein pl* Acts of the Apostles *pl* **Apos·tel·ku·chen** *m* brioche-style cake

apos·to·lisch [apɔsˈto:lɪʃ] *adj* apostolic

Apo·stroph <-s, -e> [apoˈstro:f] *m* apostrophe

apo·stro·phie·ren* [apostroˈfi:rən] *vt* ① LING (*selten*) ■**etw** ~ to apostrophize sth ② (*geh: anreden, nachdrücklich bezeichnen*) ■**jdn/etw als etw** *akk* ~ to refer to sb/sth as sth

Apo·the·ke <-, -n> [apoˈte:kə] *f* pharmacy, dispensary, BRIT *a.* [dispensing] chemist's

apo·the·ken·pflich·tig *adj* available only at the pharmacy [*or* BRIT *a.* chemist's]

Apo·the·ker(in) <-s, -> [apoˈte:kɐ] *m(f)* pharmacist, BRIT *a.* [dispensing] chemist

Apo·the·ker·ge·wicht *nt* apothecaries' weight

Apo·the·ke·rin <-, -nen> *f fem form von* **Apotheker**

Apo·the·ker·waa·ge *f* precision scales *pl*

Ap·pa·la·chen [apaˈlaxn̩] *pl* Appalachian Mountains *pl*

Ap·pa·rat <-[e]s, -e> [apaˈra:t] *m* ① TECH (*technisches Gerät*) apparatus *no pl form*, appliance, machine; (*kleineres Gerät*) gadget ② TELEK (*Telefon*) telephone, phone; **am ~ bleiben** to hold the line; **bleiben Sie bitte am ~!** please hold the line!; **wer war eben am ~?** who was that on the phone just then?; **am ~!** speaking! ③ (*fam: Radio*) radio; (*Rasierapparat*) razor; (*Fotoapparat*) camera ④ ADMIN (*Verwaltungsapparat*) apparatus, machinery; **kritischer ~** LIT critical apparatus ⑤ (*sl: großer Gegenstand*) whopper; **meine Gallensteine, das waren solche ~e!** my gall-stones were real whoppers!

Ap·pa·ra·te·bau *m kein pl* machine-building *no pl*, instrument-making *no pl* **Ap·pa·ra·te·me·di·zin** *f kein pl* high-tech medicine *no pl*

Ap·pa·rat·schik <-s, -s> [apaˈratʃɪk] *m* (*pej*) apparatchik

Ap·pa·ra·tur <-, -en> [aparaˈtu:ɐ̯] *f* [piece of] equipment *no pl*, apparatus *no pl*

Ap·par·te·ment <-s, -s> [apartəˈmã:] *nt* ① (*Zimmerflucht*) suite [of rooms] ② *s.* **Apartment**

Ap·pel <-s, Äppel> [ˈapl̩, *pl* ɛpl̩] *m* NORDD (*Apfel*) apple ▶WENDUNGEN: **für einen ~ und ein <u>Ei</u>** (*fam*) for peanuts, dirt cheap

Ap·pell <-s, -e> [aˈpɛl] *m* ① (*Aufruf*) appeal; ■**der/ein ~ an jdn/etw** the/an appeal to sb/sth; ■**der/ein ~ zu etw** *dat* the/an appeal for sth; **einen ~ an jdn richten** to make an appeal to sb ② MIL (*Antreten zur Besichtigung*) roll call; **zum ~ antreten** to line up for roll call

Ap·pel·la·ti·on <-, -en> [apɛlaˈtsi̯o:n] *f* JUR SCHWEIZ appeal

ap·pel·lie·ren* [apɛˈli:rən] *vi* ① (*sich auffordernd an jdn wenden*) to appeal; ■**an jdn ~[, etw zu tun]** to appeal to sb [to do sth] ② (*etw wachrufen*) **an jds** *dat* **Großzügigkeit/Mitgefühl/Vernunft** ~ to appeal to sb's [sense of] generosity/[sense of] sympathy/common sense ③ SCHWEIZ (*Berufung einlegen*) ■**gegen etw** *akk* ~ to appeal against sth

Ap·pen·dix <-, -dizes> [aˈpɛndɪks, *pl* -ditse:s] *m* ① ANAT appendix ② LIT (*Anhang*) appendix

Ap·pen·zell <-s> [apn̩ˈtsɛl] *nt* Appenzell **Ap·pen·zell-Au·ßer·rho·den** <-s> [-ˈausɐro:dn̩] *nt* Appenzell Outer Rhodes [*or* Ausser Rhoden] **Ap·pen·zell-In·ner·rho·den** <-s> [-ˈɪnɐro:dn̩] *nt* Appenzell Inner Rhodes [*or* Inner Rhoden]

Ap·pe·tenz <-, -en> [apeˈtɛnts] *f* BIOL appetence

Ap·pe·tenz·ver·hal·ten *nt* BIOL appetitive behaviour [*or* AM -or]

Ap·pe·tit <-[e]s> [apeˈti:t] *m kein pl* (*Lust auf Essen*) appetite; ~ [**auf etw** *akk*] **bekommen/haben** to feel like [*or* fancy] [having] [sth]; **das kann man mit ~ essen!** that's sth you can really tuck into!; **auf was hast du denn heute ~?** what do you feel like having today?; [**jdm**] ~ **machen** to whet sb's appetite; **den ~ anregen** to work up an/one's appetite; **jdm den ~ [auf etw** *akk*] **verderben** (*fam*) to spoil sb's appetite; **guten ~!** enjoy your meal! ▶WENDUNGEN: **der ~ kommt beim** [*o* **mit dem**] **<u>Essen</u>** (*prov*) the appetite grows with the eating

ap·pe·tit·an·re·gend *adj* ① KOCHK (*appetitlich*) appetizing ② PHARM (*appetitfördernd*) **ein ~es Mittel** an appetite stimulant **Ap·pe·tit·hap·pen** *m* canapé **ap·pe·tit·hem·mend** *adj* appetite suppressant

ap·pe·tit·lich **I.** *adj* ① (*Appetit anregend*) appetizing; (*fig a.*) tempting ② (*fam: Lust anregend*) tempting, attractive **II.** *adv* appetizingly, temptingly

Ap·pe·tit·lo·sig·keit <-> *f kein pl* lack of appetite
Ap·pe·tit·züg·ler <-s, -> *m* appetite suppressant
ap·plau·die·ren* [aplau'di:rən] *vi* (*geh*) to applaud; ■[**jdm/einer S.**] ~ to applaud [sb/sth]
Ap·plaus <-es, *selten* -e> [a'plaus, *pl* -plauzə] *m* (*geh*) applause *no pl;* **stehender** ~ standing ovation
ap·por·tie·ren* [apɔr'ti:rən] JAGD **I.** *vi* to retrieve, to fetch **II.** *vt* ■**etw** ~ to fetch [*or* retrieve] sth
Ap·po·si·ti·on <-, -en> [apozi'tsi̯o:n] *f* LING apposition
ap·pre·tie·ren* [apre'ti:rən] *vt* CHEM ■**etw** ~ to proof [*or* finish] sth; **etw fleckunempfindlich/nässeunempfindlich** ~ to stainproof [*or* rainproof] [*or* waterproof] sth
Ap·pre·tur <-, -en> [apre'tu:ɐ̯] *f* CHEM finish
Ap·pro·ba·ti·on <-, -en> [aproba'tsi̯o:n] *f* licence [*or* AM -se] to practise [*or* AM -ce] as a doctor/dentist etc
ap·pro·biert [apro'bi:rt] *adj* certified, registered
Après-Ski <-, -s> [aprɛ'ʃi:] *nt* ❶ (*Freizeit nach dem Skilaufen*) après-ski ❷ MODE après-ski clothing
Ap·ri·ko·se <-, -n> [apri'ko:zə] *f* (*Frucht*) apricot; (*Baum*) apricot tree
ap·ri·ko·tie·ren *vt* KOCHK to brush with strained apricot jam
April <-s, *selten* -e> [a'prɪl] *m* April; *s. a.* **Februar** ▶ WENDUNGEN: **jdn in den** ~ **schicken** to make an April fool of sb; ~**!** ~**!** (*fam*) April fool!
April·scherz *m* ❶ (*Scherz am 1. April*) April fool's trick ❷ (*schlechter Witz*) [bad] joke; **das ist doch wohl ein** ~**!** you must be joking! **April·wet·ter** *nt* April weather
a pri·o·ri [a pri'o:ri] *adv* PHILOS (*geh*) a priori
apro·pos [apro'po:] *adv* ❶ (*übrigens*) by the way[, that reminds me]; ~, **was ich noch sagen wollte ...** by the way, I was going to say ...; ~, **ehe ich's vergesse ...** by the way, before I forget ... ❷ (*was ... angeht*) ~ **Männer, ...** talking of [*or* apropos] men, ...
Ap·sis <-, -siden> ['apsɪs, *pl* a'psi:dn̩] *f* ❶ ARCHIT (*Chorabschluss*) apse ❷ (*im Zelt*) bell
Aquä·dukt <-[e]s, -e> [akvɛ'dʊkt] *m o nt* ARCHÄOL aqueduct
Aqua·kul·tur ['a:kva-] *f* aquaculture **Aqua·ma·rin** <-s, -e> [akvama'ri:n] *m* aquamarine **aqua·ma·rin·blau** *adj* aquamarine **Aqua·pla·ning** <-s> [akva'pla:nɪŋ] *nt kein pl* aquaplaning *no pl*
Aqua·rell <-s, -e> [akva'rɛl] *nt* watercolour [*or* AM -or] [painting]; ■~**e malen** to paint in watercolours [*or* AM -ors]
Aqua·rell·far·be *f* watercolour **Aqua·rell·ma·ler(in)** *m(f)* watercolourist **Aqua·rell·ma·le·rei** *f* KUNST watercolour painting **Aqua·rell·ma·le·rin** <-, -nen> *f fem form von* **Aquarellmaler**
Aqua·ri·um <-s, -rien> [a'kva:ri̯ʊm, *pl* -ri̯ən] *nt* aquarium
Aqua·tin·ta <-, -tinten> [akva'tɪnta] *f* aquatint
Äqua·tor <-s> [ɛ'kva:to:ɐ̯] *m kein pl* equator
Äqua·to·ri·al·gui·nea <-s> [ɛkvato'ri̯a:lgine:a] *nt* Equatorial Guinea; *s. a.* **Deutschland**
Äqua·to·ri·al·gui·ne·er(in) <-s, -> [ɛkvato'ri̯a:lgine:ɐ] *m(f)* Equatorial Guinean, Equatoguinean; *s. a.* **Deutsche(r)**
äqua·to·ri·algui·ne·isch *adj* Equatorial Guinean, Equatoguinean; *s. a.* **deutsch**
Äqua·tor·tau·fe *f* NAUT crossing-the-line ceremony
Aqua·vit <-s, -e> [akva'vi:t] *m* aquavit
äqui·va·lent [ɛkviva'lɛnt] *adj* (*geh*) equivalent; ■**einer S.** *dat* ~ **sein** to be suitable [*or* appropriate] for sth
Äqui·va·lent <-s, -e> [ɛkviva'lɛnt] *nt* equivalent
Äqui·va·lenz <-, -en> [ɛkviva'lɛnts] *f* equivalence
Ar <-s, -e> [a:ɐ̯] *nt o m* (*100 m²*) are
Ara <-, -s> ['a:ra] *m* ORN macaw
Ära <-, Ären> ['ɛ:ra, *pl* ɛ:rən] *f* (*geh*) era
Ara·ber(in) <-s, -> ['arabɐ] *m(f)* Arab
Ara·ber <-s, -> ['arabɐ] *m* (*Vollblutpferd*) Arab
Ara·bes·ke <-, -n> [ara'bɛskə] *f* KUNST, ARCHIT arabesque
Ara·bi·en <-s> [a'ra:bi̯ən] *nt* Arabia

ara·bisch [a'ra:bɪʃ] *adj* ❶ GEOG (*zu Arabien gehörend*) Arabian, Arab; **A~e Republik Syrien** ÖSTERR (*Syrien*) Syria; **A~es Meer** Arabian Sea ❷ LING Arabic; **auf** ~ in Arabic
Ara·bisch [a'ra:bɪʃ] *nt dekl wie adj* LING Arabic; ■**das** ~**e** Arabic
Ara·bi·sche Re·pu·blik Sy·ri·en *f* ÖSTERR *s.* **Syrien**
Ara·bi·sches Meer *nt* Arabian Sea
Ara·bis·tik <-> [ara'bɪstɪk] *f kein pl* Arabic studies *pl*
Ara·chid·öl [ara'çi:d-] *nt* peanut oil
Ara·fu·ra·see [ara'fura-] *f* Arafura Sea
Aral·see ['a:ra(:)lze:] *m* Aral Sea
ara·mä·isch [ara'mɛ:ɪʃ] *adj* Aramaic
Ara·mä·isch <-> [ara'mɛ:ɪʃ] *nt dekl wie adj* Aramaic; ■**das** ~**e** Aramaic
Ar·beit <-, -en> ['arbait] *f* ❶ (*Tätigkeit*) work *no pl, no indef art;* **pack lieber mit an, statt mir nur bei der** ~ **zuzusehen!** you could give me a hand instead of watching me do all the work!; **die** ~ **mit Schwerbehinderten ist äußerst befriedigend** working with the disabled is extremely fulfilling; **gute/schlechte** ~ **leisten** to do a good/bad job; **ganze** [*o* **gründliche**] ~ **leisten** to do a good job; **etw** [**bei jdm**] **in** ~ **geben** to have sth done [at sb's [*or* by sb]]; **etw in** ~ **haben** to be working on sth; **in** ~ **sein** work is in progress on sth; **Ihr Pils ist in** ~**!** your Pils is on its way!; **an** [*o* **bei**] **der** ~ **sein** to be working; **die** ~ **läuft nicht davon** (*hum*) your work will still be there when you get back; **jdm** [**viel**] ~ **machen** to make [a lot of] work for sb; **sich an die** ~ **machen** to get down to working; **an die** ~ **gehen** to get down to work; **an die** ~**!** get to work!; ~ **und Kapital** labour [*or* AM -or] and capital ❷ (*Arbeitsplatz*) work *no indef art, no pl,* employment *no indef art, no pl,* job; **er fand** ~ **als Kranfahrer** he got a job as a crane driver; **wir fahren mit dem Fahrrad zur** ~ we cycle to work; **beeil dich, sonst kommst du zu spät zur** ~**!** hurry up, or you'll be late for work!; **ich gehe heute nicht zur** ~ I'm not going [in]to work today; ~ **suchende Menschen** those looking for a job; **einer** [**bestimmten**] ~ **nachgehen** (*geh*) to have a job; **einer geregelten** ~ **nachgehen** to have a steady job; [**bei jdm**] **in** ~ **stehen** [*o* **sein**] (*geh*) to be employed [by sb] ❸ (*handwerkliches Produkt*) work, handiwork; **dieser Schreibtisch ist eine saubere** ~**!** this bureau is an excellent bit of handiwork!; **nur halbe** ~ **machen** to do a half-hearted job ❹ (*schriftliches Werk*) work ❺ SCH (*Klassenarbeit in der Schule*) test; **eine** ~ **schreiben** to do [*or* sit] a test; **sie büffelten für die anstehende** ~ **in Mathe** they were swotting for the upcoming maths test; (*Examensarbeit an der Uni*) paper, essay ❻ *kein pl* (*Mühe*) work, effort, troubles *pl;* **das Geld ist für die** ~**, die Sie hatten!** the money is for your troubles! [*or* efforts]; **mit kleinen Kindern haben Eltern immer viel** ~ small children are always a lot of work for parents; **sich** *dat* ~ [**mit etw**] **machen** to go to trouble [with sth]; **machen Sie sich keine** ~**, ich schaffe das schon alleine!** don't go to any trouble, I'll manage on my own!; **viel** ~ **sein** [*o* **kosten**] to take a lot of work [*or* effort] ❼ (*Aufgabe*) job, chore; **die Mutter verteilte an ihre Kinder die einzelnen** ~**en wie Spülen, Staubsaugen etc** the mother shared out all the chores such as the washing-up, hoovering etc amongst her children ▶ WENDUNGEN: ~ **schändet nicht** (*prov*) work is no disgrace, a bit of work never harmed anyone; **erst die** ~**, dann das Vergnügen** (*prov*) business before pleasure *prov*
ar·bei·ten ['arbaitn̩] **I.** *vi* ❶ (*tätig sein*) to work; **stör mich nicht, ich arbeite gerade!** don't disturb me, I'm working!; ■**an etw** *dat* ~ to be working on sth; **Helene arbeitet an der Fertigstellung ihres Erstromans** Helen is working on the completion of her first novel; ■**über jdn/etw** ~ to work on sb/sth; **er arbeitet über Goethe** he's working on Goethe; **für zwei** ~ (*fam*) to do the work of two [people] ❷ (*berufstätig sein*) ■[**bei jdm/für jdn/an etw** *dat*] ~ to work [for sb/on sth]; ~ **gehen** to have a job ❸ TECH (*funktionieren*) to work;

■ **[mit etw]** ~ to operate [on sth]; **das System arbeitet vollautomatisch** the system is fully automatic; **unsere Heizung arbeitet mit Gas** our heating operates [*or* runs] on gas; **alle Systeme ~ nach Vorschrift** all systems are working according to regulations ❹ MED (*funktionieren*) to function; **Ihre Leber arbeitet nicht mehr richtig** your liver is not functioning properly anymore ❺ (*sich bewegen*) *Holz, Balken* to warp ❻ (*gären*) *Hefe, Most etc* to ferment ❼ *impers* (*sich innerlich mit etw beschäftigen*) to work; ■ **in jdm arbeitet es** sb is reacting; **man sah, wie es in ihm arbeitete** you could see his mind working; **lass mich nachdenken, in meinem Kopf arbeitet es jetzt!** let me think, my mind is starting to work! ❽ MODE (*schneidern*) **bei jdm ~ lassen** to have sth made somewhere/by sb; **Ihr Anzug sitzt ja ganz ausgezeichnet! wo/bei wem lassen Sie ~?** your suit fits wonderfully! where do you have your clothes made [*or* who makes your clothes for you]? **II.** *vr* ❶ (*gelangen*) ■ **sich irgendwohin ~** to work one's way somewhere; **die Bergarbeiter arbeiteten sich weiter nach unten** the miners worked their way further down; **sich [langsam] nach oben [*o* an die Spitze] ~** to work one's way [slowly] to the top ❷ (*durchdringen*) ■ **sich [durch etw] [durch]~** to work oneself [through sth]; **der Bohrer musste sich durch das Gestein ~** the drill had to work through the stonework ❸ (*bewältigen*) ■ **sich durch etw ~** to work one's way through sth; **es wird Wochen brauchen, bis ich mich durch all die Aktenberge gearbeitet habe** it will take me weeks to work my way through the stacks of papers ❹ *impers* (*zusammenarbeiten*) ■ **es lässt sich [mit jdm] arbeiten** there's co-operation [with sb]; **es arbeitet sich gut/schlecht mit jdm** you can/can't work well with sb; **mit willigen Mitarbeitern arbeitet es sich besser als mit störrischen** it's better to work with willing colleagues than with stubborn ones; (*umgehen*) to work; **es arbeitet sich gut/schlecht auf etw** *dat*/**mit etw** *dat* you can/can't work well on sth/with sth; **mit dem alten Computer arbeitet es sich nicht so gut** you can't work as well on the old computer ❺ (*in einen bestimmten Zustand geraten*) **sich halb tot ~** to work oneself to death; **sich krank ~** to work till one drops; **sich müde ~** to tire oneself out with work, to work oneself silly; *s. a.* **Tod III.** *vt* ❶ (*herstellen*) to make; ■ **etw [aus etw] ~** to make sth [from sth]; **von Hand ~** to make sth by hand; **der Schmuck ist ganz aus 18-karätigem Gold gearbeitet** the jewellery is made entirely from 18-carat gold ❷ (*tun*) ■ **etwas/nichts ~** to so sth/nothing; **ich habe heute noch nichts gearbeitet** I haven't managed to do anything yet today

Ar·bei·ter(in) <-s, -> *m(f)* (*Industrie*) [blue-collar] worker; (*landwirtschaftlicher ~*) labourer [*or* AM -orer]

Ar·bei·ter·be·we·gung *f* POL labour movement **Ar·bei·ter·fa·mi·lie** *f* working-class family **Ar·bei·ter·füh·rer(in)** *m(f)* workers' leader **Ar·bei·ter·ge·werk·schaft** *f* blue-collar union

Ar·bei·te·rin <-, -nen> *f fem form von* **Arbeiter**

Ar·bei·ter·kind *nt* working-class child **Ar·bei·ter·par·tei** *f* workers' party

Ar·bei·ter·schaft <-> *f kein pl* work force + *sing/pl vb*

Ar·bei·ter·sied·lung *f* workers' housing estate **Ar·bei·ter-und-Bau·ern-Staat** *m* HIST (*in der ehemaligen DDR*) worker's and peasant's state **Ar·bei·ter-und-Sol·da·ten-Rat** *m* HIST workers' and soldiers' council **Ar·bei·ter·vier·tel** *nt* working-class area [*or* district] **Ar·bei·ter·wohl·fahrt** *f kein pl* ■ **die ~** the workers' welfare union

Ar·beit·ge·ber(in) <-s, -> *m(f)* employer; **bei welchem ~ bist du beschäftigt?** who is your employer?

Ar·beit·ge·ber·an·teil *m* employer's contribution

Ar·beit·ge·be·rin <-, -nen> *f fem form von* **Arbeitgeber**

Ar·beit·ge·ber·sei·te *f* employers' side **Ar·beit·ge·ber·ver·band** *m* employers' association

Ar·beit·neh·mer(in) *m(f)* employee

Ar·beit·neh·mer·an·teil *m* employee's contribution

Ar·beit·neh·me·rin <-, -nen> *f fem form von* **Arbeitnehmer**

Ar·beit·neh·mer·schaft <-, -en> *f* employees *pl*

Ar·beit·neh·mer·sei·te *f* employee's side

Ar·beits·ab·lauf *m* production, work routine

ar·beit·sam *adj* (*geh o veraltend*) industrious

Ar·beit·sam·keit <-> *f kein pl* (*geh o veraltend*) industriousness

Ar·beits·amt *nt* job centre BRIT, employment office AM **Ar·beits·an·lei·tung** *f* (*mündlich*) [work] instructions *pl;* (*schriftlich*) [written] guidelines *pl* **Ar·beits·an·tritt** *m* start of employment **Ar·beits·an·zug** *m* work clothes *pl;* (*Handwerker etc*) overalls *pl* **Ar·beits·at·mo·sphä·re** <-, *selten* -n> *f* work climate, atmosphere at work **Ar·beits·auf·fas·sung** *f s.* **Arbeitsmoral** **Ar·beits·auf·wand** *m* expenditure of energy; **was für ein ~!** what a lot of work! **ar·beits·auf·wän·dig**[RR], **ar·beits·auf·wen·dig** *adj* labour-intensive **Ar·beits·aus·fall** *m* loss of working hours **Ar·beits·be·din·gun·gen** *pl* working conditions *pl* **Ar·beits·be·ginn** *m* start of work; (*Stempeluhr*) clocking-on; **zu spät zum ~ erscheinen** to be late for work [*or* clocking-on] **Ar·beits·be·richt** *m* work report **Ar·beits·be·schaf·fung** *f* (*Arbeitsplatzbeschaffung*) job creation; (*Auftragsbeschaffung*) obtaining work *no art,* bringing in work *no art* **Ar·beits·be·schaf·fungs·maß·nah·me** *f* job creation scheme [*or* AM plan] **Ar·beits·be·schei·ni·gung** *f* certificate of employment **Ar·beits·be·such** *m* working visit **Ar·beits·dienst** *m* HIST labour service **Ar·beits·ei·fer** *m* enthusiasm for one's work **Ar·beits·ein·stel·lung** *f* walkout **Ar·beits·en·de** *nt* end of the working day; (*Stempeluhr*) clocking-off; **um 16 Uhr 30 ist ~** work finishes [*or* clocking-off is] at 4.30 pm **Ar·beits·er·laub·nis** *f* (*betriebliche Arbeitsberechtigung*) permission to work; (*behördliche Arbeitsgenehmigung*) work permit **Ar·beits·er·leich·te·rung** *f* saving of labour; **das bedeutet eine große ~** that makes work a lot easier [*or* is very labour-saving]; **zur ~** to facilitate work, to make work easier **Ar·beits·es·sen** *nt* business [*or* working] lunch/dinner **Ar·beits·ex·em·plar** *nt* desk copy **ar·beits·fä·hig** *adj* ❶ (*tauglich*) able to work; ■ **~ sein** to be fit for work ❷ (*funktionsfähig*) ■ **~ sein** to be viable **Ar·beits·fä·hi·ge(r)** *f(m) dekl wie adj a person who is able to work* **Ar·beits·fä·hig·keit** *f* ❶ (*Tauglichkeit*) ability [*or* fitness] to work ❷ (*Funktionsfähigkeit*) viability **Ar·beits·feld** *nt* (*geh*) field of work **Ar·beits·flä·che** *f* work surface **Ar·beits·frie·de(n)** *m* peaceful labour relations *pl, no art* **Ar·beits·gang** <-gänge> *m* ❶ (*Produktionsabschnitt*) production stage; (*Bearbeitungsabschnitt*) stage [of operation] ❷ *s.* **Arbeitsablauf** **Ar·beits·ge·biet** *nt s.* **Arbeitsfeld** **Ar·beits·ge·mein·schaft** *f* working-group; SCH study-group **Ar·beits·ge·richt** *nt* industrial tribunal **Ar·beits·ge·setz·ge·bung** *f* labour legislation **Ar·beits·grup·pe** *f* team **ar·beits·in·ten·siv** *adj* labour-intensive, requiring a lot of work **Ar·beits·kampf** *m* industrial action **Ar·beits·klei·dung** *f* work clothes *pl* [*or form* attire] **Ar·beits·kli·ma** *nt* working atmosphere, work climate **Ar·beits·kol·le·ge, -kol·le·gin** *m, f* colleague, work-mate *fam* **Ar·beits·kraft** *f* ❶ *kein pl* (*Leistungskraft*) work capacity; **die menschliche ~** human labour ❷ (*Mitarbeiter*) worker **Ar·beits·kreis** *m* working group **Ar·beits·la·ger** *nt* labour camp **Ar·beits·le·ben** *nt kein pl* working life **Ar·beits·leis·tung** *f* output, performance **Ar·beits·lohn** *m* wages *pl*

ar·beits·los *adj* unemployed; ■ **~ sein/werden** to be/become unemployed [*or* out of work]

Ar·beits·lo·se(r) *f(m) dekl wie adj* unemployed person; ■ **die ~n** the unemployed

Ar·beits·lo·sen·geld *nt* unemployment benefit [*or* pay], BRIT *fam a.* the dole **Ar·beits·lo·sen·hil·fe** *f* unemployment aid [*or* assistance] **Ar·beits·lo·sen·quo·te** *f* unemployment figures *pl* **Ar·beits·lo·sen·un·ter·stüt·zung** *f kein pl* (*hist*) unemployment benefit [*or* pay], BRIT the dole *fam a.* **Ar·beits·lo·sen·ver·si·che·rung** *f* unemployment insurance, National Insurance Brit **Ar·beits·lo·sen·zahl·len** *pl* unemployment figures *pl*

Ar·beits·lo·sig·keit <-> *f kein pl* unemployment *no indef art, + sing vb*

Ar·beits·man·gel *m* lack of work **Ar·beits·markt** *m* job [*or* labour] market **Ar·beits·markt·re·form** *f* labour market reform **Ar·beits·ma·te·ri·al** *nt* (*für eine berufliche Arbeit*) material required for work; (*für den Schulunterricht*) classroom aids *pl* **Ar·beits·me·di·zin** *f* industrial medicine **Ar·beits·mi·nis·ter(in)** *m(f)* Employment Secretary Brit, Secretary of Labor Am **Ar·beits·mit·tel** *pl s.* **Arbeitsmaterial** **Ar·beits·mo·ral** *f* work morale [*or* ethic] **Ar·beits·nie·der·le·gung** *f* walkout **Ar·beits·ort** *m* place of work **Ar·beits·pa·pier** *nt* ❶ (*vorläufige Grundlage*) working paper ❷ *pl* (*beschäftigungsrelevante Unterlagen*) employment papers *pl* **Ar·beits·pau·se** *f* [coffee/lunch/tea] break **Ar·beits·pen·sum** *nt* work quota **Ar·beits·plan** *m* workplan

Ar·beits·platz *m* ❶ (*Arbeitsstätte*) workspace, workplace; **das Institut hat insgesamt 34 Arbeitsplätze** the institute has working space for 34 members of staff; **meine Kollegin ist im Moment nicht an ihrem ~** my colleague is not at her desk at the moment; **am ~** at work, in the office; **Alkohol am ~ ist untersagt** alcohol at the workplace is not permitted ❷ (*Stelle*) job, vacancy; **freier ~** vacancy

Ar·beits·platz·be·schrei·bung *f* job description **Ar·beits·platz·wech·sel** *m* change of employment [*or* job]

Ar·beits·pro·be *f* sample of one's work **Ar·beits·raum** *m s.* **Arbeitszimmer** **Ar·beits·recht** *nt* industrial law **ar·beits·recht·lich** *adj* concerning industrial law **ar·beits·reich** *adj* busy, filled with work **Ar·beits·rhyth·mus** *m* work rhythm **Ar·beits·rich·ter(in)** *m(f)* judge in an industrial tribunal **Ar·beits·ru·he** *f* work shut-down; **während des Streiks herrschte in fast allen Betrieben ~** most factories were closed during the strikes **ar·beits·scheu** *adj* (*pej*) work-shy **Ar·beits·scheu·e(r)** *f(m) dekl wie adj* (*pej*) person who does not want to get a job **Ar·beits·schluss**[RR] *m* finishing-time **Ar·beits·schutz** *m* health and safety protection at the workplace **Ar·beits·spei·cher** *m* inform main memory **Ar·beits·stät·te** *f* (*geh*) place of work **Ar·beits·stel·le** *f* job **Ar·beits·stun·de** *f* (*am Arbeitsplatz verbrachte Stunde*) working hour; (*berechnete Stunde*) working hour, labour **Ar·beits·su·che** *f* search for employment; **auf ~ sein** to be seeking employment [*or* job-hunting]; **sich** *akk* **auf ~ machen** [*o* **begeben**] to start job-hunting [*or* looking for a job] **Ar·beits·tag** *m* working day; **ein harter ~** a hard day at work **Ar·beits·ta·gung** *f* conference **Ar·beits·tä·tig·keit** *f* (*geh*) work; **einer ~ nachgehen** to be employed **ar·beits·tei·lig** I. *adj* based on job-sharing [*or* the division of labour] II. *adv* **sie sind ~ beschäftigt** they work under the principle of job-sharing **Ar·beits·tei·lung** *f* job-sharing, division of labour **Ar·beits·tem·po** *nt* work-speed, rate of work **Ar·beits·tier** *nt* (*fam*) workaholic, workhorse **Ar·beits·tisch** *m* work-table; (*Schreibtisch*) desk; (*für handwerkliche Arbeiten*) work-bench **Ar·beits·ti·tel** *m* provisional [*or* draft] title **Ar·beits·über·las·tung** *f* pressure of work

ar·beit·su·chend *adj attr s.* **Arbeit 2**

Ar·beit·su·chen·de(r) *f(m) dekl wie adj* job-seeker

ar·beits·un·fä·hig I. *adj* unfit for work; **jdn ~ schreiben** med to write sb a sick note [*or* put sb on sick leave] II. *adv* off sick; **er war ~ erkrankt** he was off sick [*or* on the sick-list] **Ar·beits·un·fä·hig·keit** *f* inability to work, unfitness for work **Ar·beits·un·fä·hig·keits·be·schei·ni·gung** *f* certificate of unfitness for work; (*Krankschreibung*) sick note **Ar·beits·un·fall** *m* work-related [*or* industrial] accident **Ar·beits·un·ter·la·ge** *f meist pl* work paper, sources *pl* required for one's work **Ar·beits·ver·dienst** *m* (*geh*) income, earnings *npl* **Ar·beits·ver·ein·fa·chung** *f* work [*or* task] simplification **Ar·beits·ver·hält·nis** *nt contractual relationship between employer and employee;* **in einem ~ stehen** to be in employment **Ar·beits·ver·mitt·lung** *f* ❶ (*Vermittlung einer Beschäftigung*) arrangement of employment ❷ (*Abteilung im Arbeitsamt*) employment exchange, job centre [*or* Am -er] ❸ (*Vermittlungsagentur*) employment agency **Ar·beits·ver·trag** *m* contract of employment **Ar·beits·ver·wei·ge·rung** *f* refusal to work **Ar·beits·wei·se** *f* (*Vorgehensweise bei der Arbeit*) working method; (*Funktionsweise von Maschinen*) mode of operation **Ar·beits·welt** *f* world of work **ar·beits·wil·lig** *adj* willing to work **Ar·beits·wil·li·ge(r)** *f(m) dekl wie adj* person willing to work **Ar·beits·wo·che** *f* working week **Ar·beits·wut** *f* (*fam*) work mania **ar·beits·wü·tig** *adj* (*fam*) ■**~ sein** to be suffering from work mania **Ar·beits·zeit** *f* ❶ (*tägliche betriebliche Arbeit*) working hours *pl;* **gleitende ~** flexible working hours *pl,* flexitime, Am *a.* flextime ❷ (*benötigte Zeit*) required [working] time **Ar·beits·zeit·ver·kür·zung** *f* reduction of working hours **Ar·beits·zeug·nis** *nt* reference [from previous employer] **Ar·beits·zim·mer** *nt* study

Ar·bo·rio <-s> [arˈboːri̯o] *m,* **Ar·bo·rio Reis** *m kein pl* kochk arborio rice *no pl*

ar·cha·isch [arˈçaːɪʃ] *adj* archaic

Ar·cha·is·mus <-, -men> [arçaˈɪsmʊs] *m* kunst, ling archaism

Ar·chä·o·lo·ge, Ar·chä·o·lo·gin <-n, -n> [arçɛoˈloːgə, -ˈloːgɪn] *m, f* archaeologist, *esp* Am archeologist

Ar·chä·o·lo·gie <-> [arçɛoloˈgiː] *f kein pl* archaeology, *esp* Am archeology

Ar·chä·o·lo·gin <-, -nen> [arçɛoˈloːgɪn] *f fem form von* **Archäologe**

ar·chä·o·lo·gisch [arçɛoˈloːgɪʃ] I. *adj* archaeological, *esp* Am archeological II. *adv* archaeological, *esp* Am archeological

Ar·chä·op·te·ryx <-, -e> [arçɛˈɔpterʏks] *m* archäol, biol (*Urvogel*) archaeopteryx

Ar·che <-, -n> [ˈarçə] *f* ark; **die ~ Noah** rel Noah's Ark

Ar·che·typ <-s, -en> [arçeˈtyːp, ˈarçetyːp] *m* philos, psych archetype

ar·che·ty·pisch *adj* archetypal

Ar·chi·pel <-s, -e> [arçiˈpeːl] *m* geog archipelago

Ar·chi·tekt(in) <-en, -en> [arçiˈtɛkt] *m(f)* architect

Ar·chi·tek·ten·bü·ro *nt* ❶ (*Konstruktionsraum*) architect's office ❷ (*Firma*) firm of architects

Ar·chi·tek·tin <-, -nen> *f fem form von* **Architekt**

ar·chi·tek·to·nisch [arçitɛkˈtoːnɪʃ] I. *adj* architectural, structural II. *adv* from an architectural point of view, structurally

Ar·chi·tek·tur <-, -en> [arçitɛkˈtuːɐ̯] *f* (*Baukunst*) architecture; (*Bauwerk*) piece of architecture

Ar·chiv <-s, -e> [arˈçiːf, *pl* -və] *nt* archives *pl*

Ar·chi·var(in) <-s, -e> [arçiˈvaːɐ̯] *m(f)* archivist

Ar·chiv·bild *nt* media archive [*or* library] photo, photo from the archives **Ar·chiv·ex·em·plar** *nt* media file copy

ar·chi·vie·ren* [arçiˈviːrən] *vt* media to archive, to file; ■**etw ~** to put sth in[to] the archives, to file sth [away]

ARD <-> [aːʔɛrˈʔdeː] *f kein pl Abk von* **Arbeitsgemeinschaft der Rundfunkanstalten Deutschlands** *amalgamation of the broadcasting stations of the Länder which runs the first German national TV channel*

Are <-, -n> [ˈaːrə] *f* schweiz *s.* **Ar**

Are·al <-s, -e> [areˈaːl] *nt* ❶ (*Gebiet*) area ❷ (*Grundstück*) grounds *pl,* land

Are·ka·nuss[RR] [aˈreːkanʊs] *f* areca nut, betel nut

Ären [ɛːrən] *pl of* **Ära**

Are·na <-, Arenen> [aˈreːna, *pl* -nən] *f* ❶ (*Manege*) [circus-] ring ❷ sport (*Kampfplatz*) arena ❸ (*Stierkampfarena*) [bull-] ring ▸ wendungen: **in die ~ steigen** to enter the ring; pol to enter the [political] arena

arg <ärger, ärgste> [ark] I. *adj bes* südd ❶ (*schlimm*) bad, terrible; **im A~en liegen** to be at sixes and sevens; **das Ärgste befürchten** to fear the worst; **etw noch ärger machen** to make sth worse; **eine ~e Beleidigung** a terrible insult; **er**

Verärgerung

Unzufriedenheit ausdrücken	expressing dissatisfaction
Das entspricht nicht meinen Erwartungen.	That doesn't come up to my expectations.
Ich hätte erwartet, dass Sie sich nun mehr Mühe geben.	I would have expected you to take more trouble.
So hatten wir es nicht vereinbart.	That's not what we agreed.
Verärgerung ausdrücken	**expressing annoyance**
Das ist (ja) unerhört!	That's (quite) outrageous!
Eine Unverschämtheit ist das!/So eine Frechheit!	That's outrageous!/What a cheek!
Das ist doch wohl die Höhe!	That's the limit!
Das darf doch wohl nicht wahr sein!	That can't be true!
Das nervt! *(fam)*	It's a pain in the neck.
Das ist ja nicht mehr zum Aushalten! *(fam)*	It's become unbearable!/I can't stand it! *(fam)*

war ihr ärgster Feind he was her worst enemy; ~ **verletzt sein** to be badly hurt ❷ *attr* (*groß*) great; **eine ~e Enttäuschung/Freude** a great disappointment/pleasure ❸ *attr* (*stark*) heavy; **ein ~er Raucher/Säufer** a heavy smoker/drinker **II.** *adv* SÜDD (*fam: sehr*) badly, terribly; **tut es ~ weh?** does it hurt badly?; **er hat dazu ~ lang gebraucht** he took a terribly long time for it; **es [zu] ~ treiben** to go too far

Ar·gen·ti·ni·en <-s> [argɛn'tiːni̯ən] *nt* Argentina

Ar·gen·ti·ni·er(in) <-s, -> [argɛn'tiːni̯ɐ] *m(f)* Argentinian, Argentine; *s. a.* **Deutsche(r)**

ar·gen·ti·nisch [argɛn'tiːnɪʃ] *adj* Argentinian, Argentine; *s. a.* **deutsch**

Är·ger <-s> ['ɛrgɐ] *m kein pl* ❶ (*Wut*) annoyance, anger; **er fühlte ~ in sich aufsteigen** he could feel himself getting very annoyed [*or* angry] ❷ (*Unannehmlichkeiten*) bother, trouble; **das sieht nach ~ aus!** looks like trouble!; ~ **bekommen** [*o* **kriegen**] (*fam*) to get into trouble; **es gibt [mit jdm] ~** (*fam*) there's going to be trouble [with sb]; ~ **haben** to have problems [*or fam* hassle]; ~ **mit jdm/etw haben** to have trouble [*or* problems] with sb/sth; **[jdm] ~ machen** [*o* **bereiten**] to cause [sb] trouble, to make trouble [for sb]; **so ein ~!** (*fam*) how annoying!; **zu jds ~** to sb's annoyance

är·ger·lich I. *adj* ❶ (*verärgert*) annoyed, cross; (*sehr verärgert*) infuriated; ■ ~ **[über** [*o* **auf**] **jdn/etw] sein** to be annoyed [*or* cross] [about [*or* at] sb/sth]; **jdn ~ machen** to annoy [*or* infuriate] sb, to make sb cross; **es macht jdn ~, etw zu tun** it annoys sb to [have to] do sth ❷ (*unangenehm*) unpleasant; ■ ~ **[für jdn] sein** to be unpleasant [for sb] **II.** *adv* (*verärgert*) annoyed, crossly; (*nervig*) annoyingly; **sie sah mich ~ an** she looked at me crossly

är·gern ['ɛrgɐn] **I.** *vt* ❶ (*ungehalten machen*) ■**jdn [mit etw** *dat*] ~ to annoy [*or* irritate] sb [with sth]; **du willst mich wohl ~?** are you trying to annoy me?; **das kann einen wirklich ~!** that is really annoying!; **ich ärgere mich, dass ich nicht hingegangen bin** I'm annoyed with myself for not having gone; **ich ärgere mich, weil er immer zu spät kommt** I'm fed up [*or* annoyed] because he's always late ❷ (*reizen*) ■**jdn/ein Tier [wegen etw** *dat*] ~ to tease sb/an animal [about sth] **II.** *vr* (*ärgerlich sein*) ■**sich** *akk* **[über jdn/etw]** ~ to be/get annoyed [about sb/sth]; (*sehr ärgerlich sein*) to be/get angry [*or* infuriated] [about sb/sth] ▸WENDUNGEN: **nicht ~, nur wundern!** (*fam*) that's life!; *s. a.* **Tod**

Är·ger·nis <-, -se> *nt kein pl* (*Anstoß*) offence [*or* AM -se], outrage; **[bei jdm] ~ erregen** (*geh*) to cause offence [*or* AM -se] to sb, to offend sb; **ein ~ sein** to be a terrible nuisance ▸WENDUNGEN: **ein ~ kommt selten allein** (*prov*) it never rains but it pours BRIT, when it rains, it pours AM

Arg·list <-> *f kein pl* (*geh*) craftiness, cunning, guile, malice; **die reinste [***o* **nichts als] ~!** pure cunning!

arg·lis·tig I. *adj* (*geh: hinterlistig*) cunning, crafty; JUR fraudulent; *s. a.* **Täuschung II.** *adv* cunningly, craftily

arg·los *adj* (*ahnungslos*) innocent, guileless; **wie konntest du nur so ~ sein?** how could you have been so stupid [*or* naive]?

Arg·lo·sig·keit <-> *f kein pl* innocence *no pl,* guilelessness *no pl*

Ar·gon <-s> ['argɔn] *nt kein pl* CHEM argon *no pl*

ärgs·te(r, s) ['ɛrkstə, -tɐ, -təs] *adj superl von* **arg**

Ar·gu·ment <-[e]s, -e> [argu'mɛnt] *nt* argument; **das ist kein ~** (*unsinnig sein*) that's a poor [*or* weak] argument; (*keine Entschuldigung*) that's no excuse

Ar·gu·men·ta·ti·on <-, -en> [argumɛnta'tsi̯oːn] *f* argumentation *no pl*

ar·gu·men·ta·tiv [argumɛnta'tiːf] **I.** *adj* (*geh*) using reasoned argument **II.** *adv* (*geh*) using reasoned argument; ~ **ist er sehr schwach** he doesn't know how to argue; **die Beweisführung war ~ sehr überzeugend** the evidence provided a convincing argument

ar·gu·men·tie·ren* *vi* ■**[mit jdm]** ~ to argue [with sb]; ■**mit etw** *dat* ~ to use sth as an argument

Ar·gus·au·ge ['argʊs-] *nt* (*geh*) eagle eye, vigilance; **jdn/etw mit ~n beobachten** to watch sb/sth with an eagle eye [*or* like a hawk]

Arg·wohn <-s> ['arkvoːn] *m kein pl* suspicion; **jds ~ erregen** [*o* **~ bei jdm erregen**] to arouse sb's suspicion[s]; **~ gegen jdn hegen** (*geh*) to be [*or* become] suspicious of sb, to have doubts about sb; **~ [gegen jdn] schöpfen** (*geh*) to raise suspicion [against sb]; **jds ~ zerstreuen** to allay sb's suspicion[s]; **mit** [*o* **voller**] ~ with suspicion

arg·wöh·nen ['arkvøːnən] *vt* (*geh*) ■**etw** ~ to suspect sth; ■ ~**, dass ...** to suspect, that ...

arg·wöh·nisch ['arkvøːnɪʃ] **I.** *adj* (*misstrauisch*) suspicious **II.** *adv* suspiciously

Arie <-, -n> ['aːri̯ə] *f* MUS aria

Ari·er(in) <-s, -> ['aːri̯ɐ] *m(f)* ❶ LING (*Indogermane*) Aryan ❷ HIST Aryan

arisch ['aːrɪʃ] *adj* ❶ LING Indo-Germanic ❷ HIST Aryan

Aris·to·krat(in) <-en, -en> [arɪsto'kraːt] *m(f)* aristocrat

Aris·to·kra·tie <-, -n> [arɪstokra'tiː, *pl* -'tiːən] *f* aristocracy

Aris·to·kra·tin <-, -nen> *f fem form von* **Aristokrat**

aris·to·kra·tisch *adj* aristocratic

Aris·to·te·les <-> [arɪs'toːtelɛs] *m* Aristotle

Arith·me·tik <-> [arɪt'meːtɪk] *f kein pl* arithmetic *no pl*

arith·me·tisch [arɪt'me:tɪʃ] **I.** *adj* arithmetic, arithmetical **II.** *adv* arithmetically

Ar·ka·de <-, -n> [ar'ka:də] *f* ARCHIT ❶ (*Torbogen*) archway ❷ *pl* (*Bogengang*) arcade ❸ (*überdachte Einkaufsstraße*) [shopping] arcade

Ark·tis <-> ['arktɪs] *f* Arctic

ark·tisch ['arktɪʃ] *adj* arctic

arm <ärmer, ärmste> [arm] *adj* ❶ (*besitzlos*) poor; ■ **~ sein/werden** to be/become poor; **jdn ~ machen** to make sb poor; **du machst mich noch mal ~!** (*fam*) you'll ruin me yet!; **die Ärmsten der A~en** the poorest of the poor; **A~ und Reich** rich and poor ❷ (*gering*) sparse; ■ **~ an etw** *dat* **sein** to be somewhat lacking in sth; **die Landschaft ist ~ an Vegetation** the scenery is sparsely vegetated ❸ AGR (*nicht fruchtbar*) *Boden* poor; ■ **~ an etw** *dat* **sein** to be poor [*or* lacking] in sth; **~ an Nährstoffen sein** to be poor in nutrients ❹ (*verlieren*) ■ **um jdn/etw** *akk* **ärmer sein/werden** to have lost/lose sth ❺ (*fam: in einer schlechten Lage*) **~ dran sein** to have a hard time

Arm <-[e]s, -e> [arm] *m* ❶ ANAT arm; **jdm den ~ bieten** [*o* **reichen**] (*geh*) to offer [*or* lend] sb one's arm; **jdn am ~ führen** to lead sb by the arm; **jdn im ~** [*o* **in den ~en**] **halten** to embrace sb, to hold sb in one's arms; **sich** *akk* **in den ~en liegen** to lie in each other's arms; **sich** *akk* **aus jds ~en lösen** (*geh*) to free oneself from sb's embrace; **ein Kind/ein Tier auf den ~ nehmen** to pick up a child/an animal; **jdn in die ~e nehmen** to take sb in one's arms; **jdn in die ~e schließen** (*geh*) to embrace sb; **jdm den ~ umdrehen** to twist sb's arm; **mit den ~en rudern** [*o* **die ~e schwenken**] to wave one's arms; **~ in ~** arm in arm ❷ (*Zugriff*) grip ❸ (*Flussarm*) arm [*or* branch] of a river ❹ MODE (*Ärmel*) sleeve, arm ▶ WENDUNGEN: **der ~ der Gerechtigkeit** (*geh*) the long arm of justice; **der ~ des Gesetzes** (*geh*) the long arm of the law; **einen langen/den längeren ~ haben** to have a lot of/more influence [*or* clout] *fam*; **jdn am langen** [*o* **steifen**] **~ verhungern lassen** (*fam*) to put the screws on sb *fam*; **jds verlängerter ~** sb's right-hand man; **jdn mit offenen ~en empfangen** to welcome sb with open arms; **jdm in den ~ fallen** to get in sb's way, to spike sb's guns; **jdm [mit etw** *dat*] **unter die ~e greifen** to help sb out [with sth]; **jdm in die ~e laufen** (*fam*) to bump *fam* [*or* run] into sb; **jdn auf den ~ nehmen** to pull sb's leg *fam*; **jdn jdm/einer S. in die ~e treiben** to drive sb into the arms of sb/sth

arm·am·pu·tiert *adj* with an amputated arm [*or* both arms amputated]; ■ **~ sein** to have had an arm amputated

Arm·am·pu·tier·te(r) *f(m) dekl wie adj* person who has had an arm [*or* both arms] amputated

Ar·ma·tur <-, -en> [arma'tu:ɐ̯] *f meist pl* ❶ TECH (*Mischbatterie mit Hähnen*) fitting ❷ AUTO (*Kontrollinstrument*) instrument

Ar·ma·tu·ren·be·leuch·tung *f* AUTO dash-light **Ar·ma·tu·ren·brett** *nt* AUTO dashboard

Arm·band <-bänder> *nt* ❶ (*Uhrarmband*) [watch] strap ❷ (*Schmuckarmband*) bracelet **Arm·band·uhr** *f* [wrist-]watch **Arm·beu·ge** *f* inside of the/one's elbow, crook of the/one's arm **Arm·bin·de** *f* ❶ MED (*Armschlinge*) sling ❷ (*Abzeichen*) armband **Arm·bruch** *m* MED ❶ (*gebrochener Armknochen*) broken [*or* fractured] arm ❷ (*sl: Patient mit einem ~*) fracture **Arm·brust** ['armbrʊst] *f* HIST crossbow

Ärm·chen <-s, -> *nt dim von* **Arm** little arm

arm·dick *adj* as thick as one's arm

Ar·me(r) *f(m) dekl wie adj* (*besitzloser Mensch*) poor person, pauper; ■ **die ~n** the poor *npl* ▶ WENDUNGEN: **[ach,] du/Sie ~(r)!** (*iron*) poor you!, you poor thing!; **ich ~(r)!** woe is me! *poet*, poor me!

Ar·mee <-, -n> [ar'me:, *pl* -me:ən] *f* MIL army; **die rote ~** the Red Army; ■ **eine ~ von Menschen/Tieren** (*fig fam*) an army of people/animals

Är·mel <-s, -> ['ɛrml̩] *m* sleeve; **sich** *dat* **die ~ hochkrempeln** [*o* **aufkrempeln**] to roll up one's sleeves ▶ WENDUNGEN: **lasst uns die ~ hochkrempeln!** let's get down to it!; **etw aus dem ~ schütteln** (*fam*) to produce/do sth just like that

Är·mel·auf·schlag *m* MODE cuff

Ar·me·leu·te·es·sen *nt* poor man's food [*or* fare] *liter* **Ar·me·leu·te·vier·tel** [armə'lɔytəfɪrtl̩] *nt s.* **Armenviertel**

Är·mel·ka·nal *m* Channel; ■ **der ~** the English Channel

är·mel·los *adj* sleeveless

Ar·men·haus *nt* ❶ HIST poorhouse, workhouse ❷ (*fig: arme Region*) poor area

Ar·me·ni·en <-s> [ar'me:ni̯ən] *nt* Armenia; *s. a.* **Deutschland**

Ar·me·ni·er(in) <-s, -> [ar'me:ni̯ɐ] *m(f)* Armenian; *s. a.* **Deutsche(r)**

Ar·me·nisch [ar'me:nɪʃ] *nt dekl wie adj* Armenian; *s. a.* **Deutsch**

ar·me·nisch [ar'me:nɪʃ] *adj* Armenian; *s. a.* **deutsch**

Ar·me·ni·sche <-n> *nt* ■ **das ~** Armenian, the Armenian language; *s. a.* **Deutsche**

Ar·men·recht *nt* JUR legal aid **Ar·men·vier·tel** *nt* poor district [*or* quarter]

är·mer ['ɛrmɐ] *adj comp von* **arm**

Ar·mes·län·ge *f* arm's length

Arm·flor *m* black armband

ar·mie·ren* [ar'mi:rən] *vt* ■ **etw ~** TECH (*zur Verstärkung ummanteln*) to sheathe sth; BAU (*mit Eisengeflecht versehen*) to reinforce sth

arm·lang *adj* arm-length **Arm·län·ge** *f* ❶ ANAT arm length ❷ MODE sleeve length **Arm·leh·ne** *f* armrest **Arm·leuch·ter** *m* ❶ (*mehrarmiger Leuchter*) chandelier ❷ (*pej fam: Dummkopf*) twat *fam*, jerk *fam*, fool

ärm·lich ['ɛrmlɪç] **I.** *adj* ❶ (*von Armut zeugend*) poor, cheap; (*Kleidung*) shabby; **aus ~en Verhältnissen** from humble backgrounds ❷ (*dürftig*) meagre [*or* AM -er] **II.** *adv* (*kümmerlich*) poorly

Ärm·lich·keit <-> *f kein pl* ❶ (*von Armut zeugende Beschaffenheit*) poorness *no pl*, humbleness *no pl*, cheapness *no pl*, shabbiness *no pl* ❷ (*Dürftigkeit*) meagreness BRIT *no pl*, meagerness AM *no pl*

Arm·loch *nt* MODE armhole **Arm·mus·kel** *m* biceps **Arm·pols·ter** *nt* ❶ MODE shoulder pads *pl* ❷ (*Polster der Armlehne*) padded armrest **Arm·pro·the·se** *f* MED artificial arm **Arm·reif** *f*, **Arm·rei·fen** *m* bangle

arm·se·lig *adj* ❶ (*primitiv*) shabby, primitive ❷ (*dürftig*) miserable, pitiful, wretched ❸ (*meist pej: unzulänglich*) pathetic, wretched, sad *fam*; **du ~er Lügner!** you pathetic liar!

Arm·se·lig·keit *f* ❶ (*Primitivität*) shabbiness *no pl*, primitiveness *no pl* ❷ (*Dürftigkeit*) miserableness *no pl*, pitifulness *no pl*, wretchedness *no pl* ❸ (*Unzulänglichkeit*) patheticness *no pl*, pitifulness *no pl*

Arm·ses·sel *m* armchair

ärm·ste(r, s) *adj superl von* **arm**

Arm·stumpf *m* stump of the/one's arm **Arm·stüt·ze** *f* armrest

Arm·sün·der·mie·ne [arm'zʏndɐ-] *f* (*hum*) hang-dog [*or* sheepish] expression [*or* look]

Ar·mut <-> ['armu:t] *f kein pl* ❶ (*Bedürftigkeit*) poverty; **neue ~** new wave of poverty ❷ (*Verarmung*) lack; ■ **die/eine ~ an etw** *dat* the/a lack of sth; **geistige ~** intellectual poverty

Ar·muts·gren·ze *f* poverty line; **unterhalb der ~ leben** to live below the poverty line **Ar·muts·zeug·nis** *nt* ▶ WENDUNGEN: **ein ~ für jdn sein** to be the proof of sb's shortcomings [*or* inadequacy]; **jdm/sich [mit etw** *dat*] **ein ~ ausstellen** to show up sb's/one's own shortcomings [with sth], to show sb/oneself up with sth

Arm·voll <-, -> *m* armful

Ar·ni·ka <-, -s> ['arnika] *f* arnica

Aro·ma <-s, Aromen *o* -s *o* -ta> [a'ro:ma, *pl* -mata] *nt* ❶ (*Geruch*) aroma; (*Geschmack*) taste, flavour [*or* AM -or] ❷ CHEM

(*Aromastoff*) [artificial] flavouring [*or* AM -oring]
Aro·ma·stoff *m* flavouring **Aro·ma·the·ra·pie** *f* aromatherapy
aro·ma·tisch [aro'ma:tɪʃ] **I.** *adj* aromatic, savoury; (*wohlschmeckend*) flavoursome BRIT, flavorful AM, distinctive; **die Speise hat einen sehr ~en Geschmack** the dish has a very distinctive taste **II.** *adv* ❶ (*voller Aroma*) aromatic ❷ (*angenehm schmeckend*) savoury BRIT, savory AM
aro·ma·ti·sie·ren* [aromati'zi:rən] *vt* ■**etw** ~ to aromatize sth
Aron·stab ['a:rɔn-] *m* BOT arum
Ar·ran·ge·ment <-s, -s> [arãʒə'mã:] *nt* (*geh*) arrangement
ar·ran·gie·ren* [arã'ʒi:rən] **I.** *vt* ❶ (*in die Wege leiten*) to arrange; ■**etw [für jdn]** ~ to arrange sth [for sb]; ■**~, dass** to arrange, so that ❷ (*gestalten*) ■**etw** ~ to arrange sth ❸ MUS to arrange **II.** *vr* ❶ (*übereinkommen*) ■**sich** *akk* **[mit jdm]** ~ to come to an arrangement [with sb] ❷ (*sich abfinden*) ■**sich** *akk* **[mit etw** *dat***]** ~ to come to terms [with sth]
Ar·rest <-[e]s, -s> [a'rɛst] *m* JUR ❶ (*Freiheitsentzug*) detention; **persönlicher** ~ arrest, AM *a.* [body] attachment ❷ (*Beschlagnahme*) **dinglicher** ~ attachment, seizure; **einen dinglichen ~ erlassen** to issue a writ of attachment
Ar·rest·zel·le *f* detention cell
ar·re·tie·ren* [are'ti:rən] *vt* (*feststellen*) ■**etw** ~ to lock sth [into place]; **sie arretierte das Fenster in Kippstellung** she put the window in[to] the tilt position
Ar·re·tie·rung <-, -en> *f* ❶ (*das Arretieren*) locking [in place] ❷ TECH (*Mechanismus*) locking mechanism
ar·ri·vie·ren* [ari'vi:rən] *vi sein* (*geh*) to become a success, to make it *fam;* ■**zu etw** *dat* ~ to rise to become [*or* achieve] [*or fam* make it to] sth; ■**arriviert** successful
Ar·ri·vier·te(r) <-n, -n> *f(m) dekl wie adj* ❶ (*geh: beruflich erfolgreiche Person*) success, high-flier ❷ (*pej: Emporkömmling*) upstart
ar·ro·gant [aro'gant] **I.** *adj* arrogant **II.** *adv* arrogantly
Ar·ro·ganz <-> [aro'gants] *f kein pl* arrogance
ar·ro·sie·ren [aro'zi:rən] *vt* KOCHK to baste
Arsch <-[e]s, Ärsche> [arʃ, *pl* 'ɛrʃə] *m* (*derb*) ❶ (*Hintern*) arse BRIT *fam!*, ass AM *fam!*, BRIT *a.* bum *sl* ❷ (*blöder Kerl*) [stupid] bastard, BRIT *sl a.* bugger ▸ WENDUNGEN: **jdm geht der ~ auf** [*o* **mit**] **Grundeis** (*sl*) sb is scared shitless [*or* BRIT *a.* shit-scared]; **aussehen wie ein ~ mit Ohren** (*sl*) to look as thick as pig-shit; **am ~ der Welt** (*sl*) out in the sticks, in the arse [*or* AM ass] end of nowhere *sl;* **einen kalten ~ haben/kriegen** (*euph: sterben*) to snuff it, to kick the bucket; **den ~ offen haben** (*vulg*) to be talking out of one's arse [*or* AM ass] *sl;* **du hast ja den ~ offen!** you're talking out of your arse!; **sich** *dat* **den ~ abfrieren** (*sl*) to freeze one's arse [*or* AM ass] [*or fam!* tits] [*or fam!* balls] off; **jdm in den ~ kriechen** to kiss *sl* [*or fam!* lick] sb's arse [*or* AM ass]; **jdn [mal] am ~ lecken können** sb can get stuffed *sl,* sb can fuck-off *vulg;* **leck mich [damit] am ~!** (*verpiss dich*) fuck [*or vulg* piss] off!, BRIT *a.* get stuffed! *sl,* AM *a.* kiss my ass! *sl;* (*verdammt noch mal*) fuck it! *vulg,* BRIT *fam a.* [oh] bugger [it]!; **im** [*o* **am**] **~ sein** (*sl*) to be fucked[-up] *vulg;* **sich** *akk* **auf den** [*o* **seinen**] **~ setzen** (*sl*) to park one's bum [*or* AM butt] *fam;* (*sich Mühe geben*) to get one's arse [*or* AM ass] in gear *sl;* (*perplex sein*) to be blown away *sl;* **jdn** [*o* **jdm**] **in den ~ treten** (*sl: einen Tritt versetzen*) to kick sb's arse [*or* AM ass] *sl;* (*jdn antreiben*) to give sb a [good] kick up the arse [*or* AM ass] *fam;* **[von jdm] den ~ voll bekommen** [*o* **kriegen**] (*sl*) to get a [bloody [*or* AM hell of a] *fam*] good hiding [from sb]; **den ~ zukneifen** (*euph: sterben*) to snuff it *sl,* to kick the bucket *sl*
Arsch·ba·cke *f* (*derb*) [bum-]cheek BRIT *fam!*, [butt-]cheek AM *fam!* ▸ WENDUNGEN: **etw auf einer ~ absitzen** (*sl*) to serve sth in a blink of an eye **Arsch·fick** *m* (*vulg*) bum-fuck BRIT *vulg,* butt-fuck AM *vulg* **Arsch·krie·cher(in)** *m(f)* (*pej sl: Kriecher*) arse-licker BRIT *fam!*, ass-kisser AM *sl* **Arsch·loch** *nt* (*vulg*) arsehole BRIT, asshole AM; **das** [*o* **dieses**] **~ von Chef etc.** that [*or* this] arsehole of a boss etc. **Arsch·tritt** *m* (*sl*) kick up the back-side *fam,* kick up the arse *sl;* **[von jdm] einen ~ kriegen** to get a kick up the back-side [*or* arse] [from sb]
Ar·sen <-s> [ar'ze:n] *nt kein pl* CHEM arsenic *no pl*
Ar·se·nal <-s, -e> [arze'na:l] *nt* ❶ (*Vielzahl*) ■**ein ~ von** [*o* **an**] **etw** *dat* an arsenal of sth ❷ (*Waffenlager*) arsenal
Ar·se·nik <-s> [ar'ze:nɪk] *nt kein pl* arsenic *no pl*
Art. *Abk von* **Artikel**
Art <-, -en> [a:ɐ̯t, *pl* 'a:ɐ̯tn̩] *f* ❶ (*Sorte*) sort, type, kind; **er sammelt alle möglichen ~en von Schmetterlingen** he collects all sorts of butterflies; **ein Schurke der übelsten ~** a rogue of the nastiest sort [*or* type]; ■**eine/diese ~** a/this sort [*or* kind] of ❷ (*Methode*) way; **eine merkwürdige ~** an odd [*or* strange] way; **auf die** [*o* **diese**] **~ und Weise** [in] this way; **auf die ~ und Weise geht es am schnellsten** it's quicker this way; **auf grausame/merkwürdige/ungeklärte ~** in a cruel/strange/unknown way ❸ (*Wesens~*) nature; **von lebhafter/ruhiger/etc ~ sein** to be of a lively/quiet/etc nature ❹ (*Verhaltensweise*) behaviour [*or* AM -or]; **das ist doch keine ~!** (*fam*) that's no way to behave!; **ist das vielleicht eine ~?** (*fam*) is that any way to behave? ❺ BIOL species ❻ (*Stil*) style ▸ WENDUNGEN: **nach ~ des Hauses** KOCHK à la maison; **einzig sein in seiner ~** to be the only one of its kind; **aus der ~ schlagen** (*Familie*) to go a different way, not to run true to type
Art·bil·dung *f* BIOL specification
art·ei·gen *adj* BIOL characteristic [of the species]
ar·ten·reich *adj* species-rich, high in biodiversity
Ar·ten·reich·tum <-s> *m kein pl* BIOL abundance of species **Ar·ten·rück·gang** *m* BIOL extinction of species **Ar·ten·schutz** *m* protection of species **Ar·ten·schutz·ab·kom·men** *nt* BIOL treaty for the protection of endangered species **Ar·ten·ster·ben** *nt kein pl* extinction of the species **Ar·ten·viel·falt** <-> *f kein pl* BIOL abundance of species
Art·er·hal·tung *f* survival of the species
Ar·te·rie <-, -n> [ar'te:ri̯ə] *f* artery
ar·te·ri·ell [arte'ri̯ɛl] *adj* arterial
Ar·te·ri·en·ver·kal·kung *f,* **Ar·te·ri·o·skle·ro·se** <-, -n> [arteri̯oskle'ro:zə] *f* hardening of the arteries
art·fremd *adj* uncharacteristic, untypical **art·ge·mäß** *adj s.* **artgerecht**
Art·ge·nos·se, -ge·nos·sin *m, f* BIOL plant/animal of the same species ▸ WENDUNGEN: **jd und seine/ihre ~n** (*fam*) sb and his/her fellow species
art·ge·recht **I.** *adj* appropriate to [*or* suitable for] a species **II.** *adv* appropriate to [*or* suitable for] a species; **~e Tierhaltung** keeping animals in ways appropriate to their species **art·gleich** *adj* of the same species
Ar·thri·tis <-, Arthritiden> [ar'tri:tɪs, *pl* -ri'ti:dn̩] *f* arthritis
ar·thri·tisch [ar'tri:tɪʃ] *adj* arthritic
Ar·thro·po·de <-, -en> [artro'po:də] *m* ZOOL arthropod
Ar·thro·se <-, -n> [ar'tro:zə] *f* arthrosis
ar·tig ['a:ɐ̯tɪç] *adj* well-behaved, good; **sei schön ~!** be good!
Ar·tig·keit <-, -en> *f* (*veraltend*) ❶ *kein pl* (*Wohlerzogenheit*) courteousness *no pl form,* good manners *pl,* politeness *no pl* ❷ *pl* (*Komplimente*) compliments
Ar·ti·kel <-s, -> [ar'ti:kl̩, ar'tɪkl̩] *m* ❶ MEDIA (*Zeitungs~*) article; (*Eintrag*) entry ❷ ÖKON (*Ware*) item, article ❸ LING article
Ar·ti·ku·la·ti·on <-, -en> [artikula'tsi̯o:n] *f* (*geh*) articulation, enunciation
ar·ti·ku·lie·ren* [artiku'li:rən] **I.** *vt* (*geh*) to enunciate; **[seine] Worte deutlich ~** to enunciate one's words clearly **II.** *vr* (*geh*) **sich** *akk* **gut/schlecht ~** to articulate oneself well/badly
Ar·til·le·rie <-, *selten* -n> ['artiləri:, *pl* -ri:ən] *f* artillery
Ar·til·le·rie·be·schussRR *m* artillery fire
Ar·til·le·rist <-en, -en> ['artɪlərɪst] *m* artilleryman
Ar·ti·scho·cke <-, -n> [arti'ʃɔkə] *f* artichoke **Ar·ti·scho·cken·bo·den** *m* artichoke heart **Ar·ti·scho·cken·herz** *nt* artichoke

heart
Ar·tist(in) <-en, -en> [arˈtɪst] *m(f)* (*Zirkuskunst etc.*) performer, artiste
ar·tis·tisch *adj* ❶ (*Zirkuskunst betreffend*) spectacular ❷ (*überaus geschickt*) skilfull BRIT, skillfull AM, dextrous, masterly
art·ver·schie·den *adj* of a different species, like chalk and cheese *fig, hum* **art·ver·wandt** *adj* BIOL of similar species, [genetically] related
Art·wort <-wörter> *nt* LING adjective
Arz·nei <-, -en> [a:ɐ̯tsˈnai] *f* ❶ PHARM, MED medicine ❷ (*fig geh: Lehre*) medicine, pill; **eine bittere/heilsame ~ für jdn sein** to be a painful/salutary lesson for sb
Arz·nei·buch *nt* PHARM pharmacopoeia BRIT, pharmacopeia AM **Arz·nei·fläsch·chen** *nt* medicine bottle **Arz·nei·kun·de** *f kein pl* pharmacology *no pl*
Arz·nei·mit·tel *nt* drug, medicine **Arz·nei·mit·tel·ab·hän·gig·keit** *f* drug addiction **Arz·nei·mit·tel·al·ler·gie** *f* drug allergy **Arz·nei·mit·tel·ent·sor·gung** *f* disposal of expired drugs **Arz·nei·mit·tel·for·schung** *f* pharmacological research **Arz·nei·mit·tel·ge·setz** *nt* JUR law governing the manufacture and prescription of drugs **Arz·nei·mit·tel·her·stel·ler** *m* drug manufacturer **Arz·nei·mit·tel·miss·brauch**[RR] *m* drug abuse
Arz·nei·pflan·ze *f* medicinal plant **Arz·nei·schränk·chen** *nt* medicine cabinet [*or* cupboard]
Arzt, Ärz·tin <-es, Ärzte> [a:ɐ̯tst, ˈɛ:ɐ̯tstɪn, *pl* ˈɛɐ̯tstə] *m, f* doctor, medical practitioner; ■**~ für etw** *akk* specialist in sth; **~ für Chirurgie** surgeon; **~ für Orthopädie** orthopaedic [*or* AM orthopedic] specialist; **~ für Allgemeinmedizin** general practitioner, GP; **~ am Krankenhaus** clinical specialist; **behandelnder ~** personal doctor [*or* GP]; **wer ist Ihr behandelnder ~?** who is your personal GP?; **praktischer ~** (*veraltet*) general practitioner, GP
Arzt·be·ruf *m* medical profession **Arzt·be·such** *m* ❶ (*Besuch des Arztes*) doctor's visit ❷ (*Aufsuchen eines Arztes*) visit to a/the doctor
Ärz·te·be·steck *nt* surgical instruments **Ärz·te·kam·mer** *f* General Medical Council BRIT, medical association AM **Ärz·te·kol·le·gi·um** *nt*, **Ärz·te·kom·mis·si·on** *f* medical advisory board
Ärz·te·schaft <-> *f kein pl* medical profession
Arzt·frau *f* doctor's wife **Arzt·hel·fer(in)** *m(f)* [doctor's] receptionist [*or* assistant]
Ärz·tin <-, -nen> [ˈɛ:ɐ̯tstɪn] *f fem form von* **Arzt**
Arzt·kos·ten *pl* medical costs *pl*
ärzt·lich [ˈɛ:ɐ̯tstlɪç] **I.** *adj* medical **II.** *adv* medically; **sich** *akk* **~ beraten** [*o* **behandeln**] **lassen** to seek [*or* get] medical advice
Arzt·pra·xis *f* doctor's surgery [*or* practice]
As[ALT1] <-ses, -se> [as] *nt* KARTEN *s.* **Ass**
As[2] <-, -> [as] *nt* MUS A flat
Asa·fö·ti·da <-s> [azaˈfø:tida] *m kein pl* KOCHK asafoetida BRIT, asafetida AM
As·best <-[e]s> [asˈbɛst] *nt kein pl* asbestos *no pl*
as·best·hal·tig *adj* CHEM, ÖKOL containing asbestos *pred*
As·best·ver·seu·chung *f* asbestos contamination
Aschan·ti·nuss[RR] [aˈʃanti-] *f* ÖSTERR *s.* **Erdnuss**
asch·blond *adj* ash-blond
Asch·cha·bat, Asch·ga·bat <-s> [aʃxaˈbat] *nt* Ashgabat, Ashkhabad
Asche <-, -n> [ˈaʃə] *f* ❶ (*Feuerüberbleibsel*) ash ❷ *kein pl* (*geh: Reste einer kremierten Leiche*) ashes *pl* ▶WENDUNGEN: **sich** *dat* **~ aufs Haupt streuen** (*geh: sich schuldig bekennen*) to wear sackcloth and ashes; **~ zu ~, Staub zu Staub** REL dust to dust, ashes to ashes; **zu ~ werden** to turn to ashes
Äsche <-, -n> [ˈɛʃə] *f* ZOOL grayling
Aschen·bahn *f* SPORT cinder track **Aschen·be·cher** *m* ashtray **Aschen·brö·del** <-s> [ˈaʃn̩brø:dl̩] *nt kein pl s.* **Aschenputtel**
Aschen·ei·mer *m* ash can **Aschen·platz** *m* SPORT cindered turf **Aschen·put·tel** <-> [ˈaʃn̩pʊtl̩] *nt kein pl* LIT Cinderella **Aschen·re·gen** *m* shower of ash
Ascher <-s, -> [ˈaʃɐ] *m* (*fam*) *s.* **Aschenbecher**
Ascher·mitt·woch [aʃɐˈmɪtvɔx] *m* REL Ash Wednesday
asch·fahl [ˈaʃˈfa:l] *adj* (*gräulich*) ashen; ■**~ sein/werden** to be/turn ashen **asch·grau** *adj* ash-grey
ASCII-Code [ˈaski-] *m* INFORM ASCII code
As·cor·bin·säu·re <-> [askɔrˈbi:n-] *f kein pl* BIOL, CHEM (*Vitamin C*) ascorbic acid *no pl*
äsen [ˈɛ:zn̩] *vi* JAGD to graze, to browse
asep·tisch [aˈzɛptɪʃ] *adj* aseptic
Äser [ˈɛ:zɐ] *pl von* **Aas**
Aser·baid·schan <-s> [azɛrbaiˈdʒa:n] *nt* Azerbaijan; *s. a.* **Deutschland**
Aser·baid·scha·ner(in) <-s, -> *m(f)* Azerbaijani; *s. a.* **Deutsche(r)**
aser·baid·scha·nisch *adj* Azerbaijani; *s. a.* **deutsch**
ase·xu·ell [ˈazɛksu̯ɛl] *adj* asexual
Asi·at, Asi·a·tin <-en, -en> [aˈzi̯a:t, aˈzi̯a:tɪn] *m, f* Asian
asi·a·tisch [aˈzi̯a:tɪʃ] *adj Sprache, Kultur* Asian; (*Asien betreffend*) Asiatic; **die ~e Region der Türkei** the Asiatic region of Turkey
Asi·en <-s> [ˈa:zi̯ən] *nt* Asia
As·ka·lon·zwie·bel [ˈaskalɔn-] *f* shallot
As·ke·se <-> [akˈke:zə] *f kein pl* (*geh*) asceticism *no pl*
As·ket(in) <-en, -en> [asˈke:t] *m(f)* (*geh*) ascetic
as·ke·tisch **I.** *adj* (*geh*) ascetic **II.** *adv* (*geh*) ascetically
As·kor·bin·säu·re <-> [askɔrˈbi:n-] *f kein pl* BIOL, CHEM (*Vitamin C*) ascorbic acid *no pl*
Äs·ku·lap·stab [ɛskuˈla:p-] *m* staff of Aesculapius
aso·zi·al [ˈazotsi̯a:l] **I.** *adj* antisocial **II.** *adv* antisocially **Aso·zi·a·le(r)** *f(m) dekl wie adj* (*pej*) social misfit
As·pekt <-[e]s, -e> [asˈpɛkt] *m* (*geh*) aspect; **einen anderen ~ bekommen** to take on a different complexion; **unter diesem ~ betrachtet** looking at it from this aspect [*or* point of view]
As·phalt <-[e]s, -e> [asˈfalt] *m* asphalt *no pl*
As·phalt·de·cke *f* asphalt surface
as·phal·tie·ren* [asfalˈti:rən] *vt* to asphalt, to tarmac; ■**etw ~** to asphalt sth; ■**etw ~ lassen** to have sth asphalted
As·phalt·stra·ße *f* asphalt road
As·pik <-s, -e> [asˈpi:k] *m o* ÖSTERR *nt* KOCHK aspic
As·pi·rin® <-s, -> [aspiˈri:n] *nt* aspirin
Ass[RR] <-es, -e> [as] *nt* KARTEN ace; (*fig: Spitzenkönner*) ace ▶WENDUNGEN: **[noch] ein ~ im Ärmel haben** to have an [*or* another] ace up one's sleeve
aß [a:s] *pret von* **essen**
as·sai·son·nie·ren *vt* KOCHK (*fachspr*) to season
As·se·ku·ranz <-, -en> [asekuˈrants] *f* (*fachspr veraltet*) insurance [industry]
As·sel <-, -n> [ˈasl̩] *f* ZOOL isopod, woodlouse
As·ser·vat <-[e]s, -e> [asɛrˈva:t] *nt* JUR [court] exhibit
As·ser·va·ten·kam·mer *f* JUR room where [court] exhibits are kept
As·sess·ment·cen·ter [ɛˈsɛsmənt-] *nt* assessment centre [*or* AM -er]
As·ses·sor, As·ses·so·rin <-s, -ssoren> [aˈsɛso:ɐ̯, asɛˈso:rɪn, *pl* asɛˈso:rən] *m, f* JUR, SCH *graduate civil servant who has completed his/her traineeship*
As·si·mi·la·ti·on <-, -en> [asimilaˈtsi̯o:n] *f* ❶ BIOL, CHEM photosynthesis ❷ (*geh: Anpassung*) ■**die ~ an etw** *akk* the assimilation [*or* integration] into [*or* the adjustment to] sth
as·si·mi·lie·ren* [asimiˈli:rən] **I.** *vr* (*geh*) ■**sich** *akk* **an etw** *akk* **~** to assimilate [*or* integrate] oneself into sth **II.** *vt* BIOL, CHEM ■**etw ~** to photosynthesize sth
As·si·sen [aˈsi:zn̩] *pl* SCHWEIZ *s.* **Geschworene**
As·sis·tent(in) <-en, -en> [asɪsˈtɛnt] *m(f)* ❶ SCH assistant lecturer ❷ MED (*Assistenzarzt*) assistant physician/surgeon BRIT,

house officer BRIT, resident AM, intern AM ❸ (*geh: Helfer*) assistant

As·sis·tenz <-, *selten* -en> [asɪs'tɛnts] *f* (*geh*) assistance; **unter** [**der**] ~ **von jdm** with the assistance of sb; **unter jds** ~ with sb's assistance

As·sis·tenz·arzt, -ärz·tin *m, f* assistant physician/surgeon BRIT, house officer BRIT, resident AM, intern AM **As·sis·tenz·pro·fes·sor**(**in**) *m(f)* assistant professor

as·sis·tie·ren* [asɪs'ti:rən] *vi* ■[**jdm**] [**bei etw** *dat*] ~ to assist sb with sth

As·so·zi·a·ti·on <-, -en> [asotsi̯a'tsi̯o:n] *f* (*geh*) ❶ (*Verknüpfung*) association; ■**die/eine** ~ **an etw** *akk*/**mit etw** *dat* the/an association with sth ❷ POL (*Vereinigung*) association

as·so·zi·ie·ren* [asotsi'i:rən] *vt* (*geh*) to associate; ■**etw mit etw** *dat* ~ to associate sth with sth

as·so·zi·iert *adj* POL (*geh*) associate; ~**es Mitglied der EU** associate member of the EU

Ast <-[e]s, Äste> [ast, *pl* 'ɛstə] *m* ❶ BOT (*starker Zweig*) branch, bough; (*Astknoten*) knot ❷ (*abzweigender Flussteil*) branch; **sich** *akk* **in Äste teilen** to branch ❸ MED (*Zweig*) branch ▸WENDUNGEN: **auf dem absteigenden** ~ **sein** [*o* **sich** *akk* **auf dem absteigenden** ~ **befinden**] (*fam*) sb/sth is going downhill; **den** ~ **absägen, auf dem man sitzt** to dig one's own grave; **sich** *dat* **einen** ~ **lachen** (*sl*) to double up with laughter, to laugh one's head off

AStA <-[s], -[s] *o* Asten> ['asta] *m* SCH *Akr von* **Allgemeiner Studentenausschuss** Student Union, NUS BRIT

As·ter <-, -n> ['astɐ] *f* Michaelmas daisy

As·te·ro·id <-en, -en> [astero'i:t, *pl* -'i:dən] *m* asteroid

Ast·ga·bel *f* fork of a tree [*or* branch]

Äs·thet(**in**) <-en, -en> [ɛs'te:t] *m(f)* (*geh*) aesthete BRIT, esthete AM

Äs·the·tik <-> [ɛs'te:tɪk] *f kein pl* ❶ (*Wissenschaft vom Schönen*) aesthetics BRIT, esthetics AM *pl* ❷ (*Schönheitssinn*) aesthetic [*or* AM esthetic] sense

äs·the·tisch [ɛs'te:tɪʃ] *adj* (*geh*) aesthetic BRIT, esthetic AM

Asth·ma <-s> ['astma] *nt kein pl* asthma

Asth·ma·ti·ker(**in**) <-s, -> [ast'ma:tikɐ] *m(f)* asthmatic

asth·ma·tisch [ast'ma:tɪʃ] **I.** *adj* ❶ (*durch Asthma ausgelöst*) asthmatic, asthma; **ein leichter/schwerer** ~ **Anfall** a mild/serious asthma [*or* asthmatic] attack; **ein** ~**es Röcheln** an asthmatic wheeze ❷ (*an Asthma leidend*) asthma; ~**er Patient** asthma patient **II.** *adv* asthmatically

as·tig *adj* gnarled, knotty

Ast·kno·ten *m* knot **Ast·loch** *nt* knothole **ast·rein** *adj* ❶ (*fam: moralisch einwandfrei*) straight *fam*, above board, genuine; **der Kerl ist nicht ganz** ~ there is something fishy about that guy ❷ (*sl: bombig, spitze*) fantastic, great ❸ BOT (*fachspr: keine Astknoten aufweisend*) knot-free; ■~ **sein** to be free of knots

As·tro·lo·ge, As·tro·lo·gin <-n, -n> [astro'lo:gə, -'lo:gɪn] *m, f* astrologer

As·tro·lo·gie <-> [astrolo'gi:] *f kein pl* astrology

As·tro·lo·gin <-, -nen> *f fem form von* **Astrologe**

as·tro·lo·gisch [astro'lo:gɪʃ] **I.** *adj* astrological **II.** *adv* astrologically

As·tro·naut(**in**) <-en, -en> [astro'naut] *m(f)* astronaut

As·tro·nom(**in**) <-en, -en> [astro'no:m] *m(f)* astronomer

As·tro·no·mie <-> [astrono'mi:] *f kein pl* astronomy

As·tro·no·min <-, -nen> *f fem form von* **Astronom**

as·tro·no·misch [astro'no:mɪʃ] *adj* ASTRON astronomical; (*fig: riesig, immens*) astronomical

As·tro·phy·sik [astrofy'zi:k] *f* astrophysics + *sing vb, no art*

As·tro·phy·si·ker(**in**) [astro'fy:zikɐ] *m(f)* astrophysicist

Ast·werk *nt* (*geh*) boughs *pl*, branches *pl*

ASU <-, -s> ['a:zu] *f Akr von* **Abgassonderuntersuchung**

Asun·cion <-s> [asun'θi̯ɔn] *nt* Asunción

Äsung <-, -en> *f* JAGD grazing, browsing *liter*

Asyl <-s, -e> [a'zy:l] *nt* asylum; **das Recht auf** ~ the right to asylum; **politisches** ~ political asylum; **um** ~ **bitten** [*o* **nachsuchen**] (*geh*) to apply for [*or* seek] [political] asylum; **jdm** ~ **gewähren** to grant sb [political] asylum

Asy·lant(**in**) <-en, -en> [azy'lant] *m(f) s.* **Asylbewerber**

Asy·lan·ten·wohn·heim *nt* home for asylum-seekers

Asyl·an·trag *m* application [*or* request] for political asylum; **einen** ~ **stellen** to file [*or* submit] an application for political asylum **Asyl·be·wer·ber**(**in**) *m(f)* applicant for [political] asylum **Asyl·miss·brauch**[RR] *m* JUR abuse of asylum procedures **Asyl·recht** *nt* right of political asylum **Asyl·su·chen·de**(**r**) *f(m) dekl wie adj* asylum seeker

Asym·me·trie [azʏme'tri:] *f* asymmetry

asym·me·trisch ['azʏme:trɪʃ] *adj* asymmetric, asymmetrical

Asyn·chro·nie <-> *f kein pl* asynchrony

As·zen·dent <-en, -en> [astsɛn'dɛnt] *m* ASTROL ascendant

at [ɛt] *f Abk von* **Atmosphäre**

A.T. *nt Abk von* **Altes Testament** OT BRIT, O.T. AM

Ata·vis·mus <-, -men> [ata'vɪsmʊs] *m* BIOL atavism

ata·vis·tisch [ata'vɪstɪʃ] *adj* BIOL atavistic

Ate·lier <-s, -s> [atə'li̯e:] *nt* KUNST, ARCHIT studio

Ate·lier·auf·nah·me *f* FOTO studio shot **Ate·lier·fens·ter** *nt* studio window **Ate·lier·woh·nung** *f* studio flat

Atem <-s> ['a:təm] *m kein pl* ❶ (*Atemluft*) breath; **den** ~ **anhalten** to hold one's breath; ~ **holen** [*o* **schöpfen**] to take [*or* draw] a breath; **wieder zu** ~ **kommen** to get one's breath back, to catch one's breath; **nach** ~ **ringen** to be gasping for breath; **außer** ~ out of breath ❷ (*das Atmen*) breathing; **mit angehaltenem** ~ holding one's breath ▸WENDUNGEN: **mit angehaltenem** ~ with bated breath; **den längeren** ~ **haben** to have the whip hand; **jdn in** ~ **halten** to keep sb on their toes; ~ **holen** [*o* **schöpfen**] to take a [deep] breath; **jdm den** ~ **verschlagen** to take sb's breath away, to leave sb speechless; **in einem** [*o* **im selben**] ~ (*geh*) in one/the same breath

Atem·be·klem·mung *f* shortness of breath *no pl* **atem·be·rau·bend** *adj* breath-taking **Atem·be·schwer·den** *pl* breathing difficulties *pl*, trouble [*or* difficulty] in breathing **Atem·ge·rät** *nt* respirator; (*von Taucher, Feuerwehr*) breathing apparatus **Atem·ge·räusch** *nt* respiratory sounds *pl* **Atem·ho·len** <-s> *nt kein pl* breathing *no pl* **Atem·läh·mung** *f* respiratory paralysis

atem·los I. *adj* ❶ (*außer Atem*) breathless ❷ (*perplex*) speechless **II.** *adv* breathlessly, speechlessly

Atem·lo·sig·keit <-> *f kein pl* breathlessness *no pl*

Atem·luft *f* air [to breathe] **Atem·mas·ke** *f* ❶ MED breathing [*or* oxygen] mask ❷ (*Gasmaske*) gas mask **Atem·not** *f* MED shortness of breath *no pl* **Atem·pau·se** *f* ❶ (*um Luft zu schöpfen*) pause for breath ❷ (*kurze Unterbrechung*) breather **Atem·schutz·ge·rät** *nt* breathing apparatus **Atem·schutz·mas·ke** *f s.* **Atemmaske** **Atem·still·stand** *m* respiratory arrest **Atem·we·ge** *pl* ANAT respiratory tracts [*or* passages] *pl* **Atem·wegs·er·kran·kung** *f* MED (*geh*) respiratory disease **Atem·zug** *m* (*einmaliges Luftholen*) breath ▸WENDUNGEN: **einen** ~ **lang** for [the count of] one breath; **in einem** [*o* **im selben**] ~ in one [*or* the same] breath

Athe·is·mus <-> [ate'ɪsmʊs] *m kein pl* atheism *no pl*

Athe·ist(**in**) <-en, -en> [ate'ɪst] *m(f)* atheist

athe·is·tisch *adj* atheist

Athen <-s> [a'te:n] *nt* Athens

Äther <-s> ['ɛ:tɐ] *m kein pl* ❶ CHEM ether *no pl* ❷ (*liter: Himmel*) ether ▸WENDUNGEN: **etw in den** ~ **schicken** RADIO (*geh*) to put sth on the air [*or* out on air]; **über den** ~ (*geh*) over the air

äthe·risch [ɛ'te:rɪʃ] *adj* ❶ (*geh*) ethereal ❷ CHEM ethereal

Äthi·o·pi·en <-s> [ɛ'ti̯o:pi̯ən] *nt* Ethiopia; *s. a.* **Deutschland**

Äthi·o·pi·er(**in**) <-s, -> [ɛ'ti̯o:pi̯ɐ] *m(f)* Ethiopian; *s. a.* **Deutsche**(**r**)

äthi·o·pisch [ɛ'ti̯o:pɪʃ] *adj* Ethiopian; *s. a.* **deutsch**

A

Ath·let(in) <-en, -en> [at'le:t] *m(f)* ❶ (*Sportler*) athlete ❷ (*wohlgeformter Mensch*) athletic type

ath·le·tisch [at'le:tɪʃ] *adj* athletic

Äthyl·al·ko·hol [ɛ'ty:l-] *m* CHEM ethyl alcohol

At·lant <-en, -en> [at'lant] *m* atlas

At·lan·ten [at'lantn̩] *pl von* **Atlas**

Atlantik <-s> [at'lantɪk] *m* Atlantic; ■**der** ~ the Atlantic

at·lan·tisch [at'lantɪʃ] *adj* METEO Atlantic; **ein ~es Hoch** a high-pressure area coming from the Atlantic

At·las <- *o* -ses, Atlanten *o* -se> ['atlas, *pl* at'lantn̩, 'atlasə] *m* atlas

at·men ['a:tmən] **I.** *vi* to breathe; **frei** ~ (*fig*) to breathe freely **II.** *vt* to breathe; ■**etw atmen** to breathe sth [in]

At·mo·sphä·re <-, -n> [atmo'sfɛ:rə] *f* ❶ PHYS atmosphere; **die ~ der Erde** the Earth's atmosphere ❷ (*Stimmung*) atmosphere; **eine gespannte** ~ a tense atmosphere

At·mo·sphä·ren·druck <-drücke> *m* atmospheric pressure **At·mo·sphä·ren·über·druck** <-drücke> [atmosfɛrən'ʔy:bɐdrʊk] *m* atmospheric excess pressure

at·mo·sphä·risch [atmo'sfɛ:rɪʃ] *adj* atmospheric

At·mung <-> *f kein pl* breathing *no pl*, respiration *form*

at·mungs·ak·tiv *adj* MODE breathable

At·mungs·or·ga·ne *pl* respiratory organs

Atoll <-s, -e> [a'tɔl] *nt* atoll

Atom <-s, -e> [a'to:m] *nt* atom

Atom·an·griff *m* MIL nuclear attack **Atom·an·trieb** *m* nuclear propulsion

ato·mar [ato'ma:ɐ̯] **I.** *adj* ❶ PHYS (*die Atome betreffend*) atomic, nuclear ❷ MIL (*Atomwaffen betreffend*) nuclear **II.** *adv* ❶ MIL (*Atomwaffen betreffend*) with nuclear weapons ❷ TECH with nuclear power; ■~ **angetrieben sein** to be nuclear-powered

Atom·aus·stieg *m* denuclearization *no pl* **Atom·bom·be** *f* atomic [*or* nuclear] bomb **Atom·bom·ben·ex·plo·si·on** *f* atomic [*or* nuclear] explosion **atom·bom·ben·si·cher I.** *adj* nuclear blast-proof **II.** *adv* safe from nuclear blast **Atom·bom·ben·ver·such** *m* nuclear [weapons] test

Atom·bom·ber *m* LUFT nuclear bomber **Atom·bun·ker** *m* nuclear fall-out shelter **Atom·e·ner·gie** *f* nuclear [*or* atomic] energy **Atom·ex·plo·si·on** *f* nuclear [*or* atomic] explosion **Atom·for·schung** *f* nuclear research **Atom·for·schungs·zen·trum** *nt* nuclear research centre [*or* AM -er] **Atom·geg·ner(in)** *m(f)* person who is against nuclear power

atom·ge·trie·ben *adj* nuclear-powered

Atom·ge·wicht *nt* atomic weight **Atom·in·dust·rie** *f* nuclear industry

ato·mi·sie·ren* [atomi'zi:rən] *vt* ■**etw** ~ to atomize sth

Atom·kern *m* PHYS nucleus **Atom·kraft** *f kein pl* nuclear power [*or* energy] **Atom·kraft·werk** *nt* nuclear power station **Atom·krieg** *m* nuclear war **Atom·macht** *f* POL, MIL nuclear power **Atom·mei·ler** *m* nuclear reactor **Atom·mo·dell** *nt* PHYS model of an atom

Atom·müll *m* nuclear [*or* atomic] waste

Atom·mülla·ge·rungALT <-> *f kein pl s.* **Atommülllagerung** **Atom·müll·end·la·ger** *nt* nuclear [*or* radioactive] waste disposal site **Atom·müll·la·ge·rung**RR <-> *f kein pl* nuclear [*or* radioactive] waste disposal

Atom·phy·sik *f* nuclear physics + *sing vb* **Atom·phy·si·ker(in)** *m(f)* nuclear physicist **Atom·pilz** *m* mushroom cloud **Atom·ra·ke·te** *f* nuclear missile **Atom·re·ak·tor** *m* nuclear reactor **Atom·schmug·gel** <-s> *m kein pl illegal disposal of nuclear waste in another country* **Atom·sperr·ver·trag** *m s.* **Atomwaffensperrvertrag** **Atom·spreng·kopf** *m* nuclear warhead **Atom·test** *m* MIL nuclear [weapons] test **Atom·test·stopp**RR *m* nuclear test ban **Atom·test·stopp·ab·kom·men**RR *nt* POL nuclear test ban treaty **Atom·trieb·werk** *nt* RAUM nuclear engine **Atom·uhr** *f* TECH atomic watch **Atom·ver·such** *m s.* **Atomtest**

Atom·waf·fe *f* MIL nuclear weapon

atom·waf·fen·frei *adj* POL nuclear-free **Atom·waf·fen·sperr·ver·trag** *m* POL Nuclear Weapons Non-Proliferation Treaty

Atom·zeit·al·ter *nt kein pl* ■**das** ~ the nuclear [*or* atomic] age **Atom·zer·trüm·me·rung** *f* PHYS splitting of the atom

ato·xisch ['atɔksɪʃ] *adj* (*fachspr*) non-toxic

ATP <-s, -s> *nt Abk von* **Adenosintriphosphat** ATP

Atri·um <-s, Atrien> ['a:triʊm, *pl* -triən] *nt* ARCHIT atrium

Atri·um·haus *nt* ARCHIT *a building centred around an open court/atrium*

Atro·phie <-, -n> [atro'fi:, *pl* -'fi:ən] *f* MED atrophy

atro·phisch [a'tro:fɪʃ] *adj* MED atrophied

Atro·pin <-s> [atro'pi:n] *nt kein pl* BIOL, MED atropine *no pl*

ätsch [ɛ:tʃ] *interj* (*fam*) ha-ha; **du hast verloren,** ~ [**bätsch**]! ha-ha, you lost! [na, na, na, na, na, na! *in a sing-song voice*]

At·ta·ché <-s, -s> [ata'ʃe:] *m* POL attaché

At·ta·cke <-, -n> [a'takə] *f* ❶ MIL attack; **zur ~ blasen** to sound the charge; **eine ~ gegen jdn reiten** to charge sb ❷ (*Kritik*) ■**eine/die ~ gegen jdn/etw** an/the attack against sb/sth; [**wütende**] **~n gegen jdn reiten** (*heftige Kritik üben*) to launch an [angry] attack against sb ❸ MED (*Anfall*) attack, fit; **eine epileptische** ~ an epileptic fit

at·ta·ckie·ren* [ata'ki:rən] *vt* ■**jdn/etw** ~ ❶ (*geh*) to attack sb/sth ❷ MIL (*veraltend: angreifen*) to charge [*or* attack] sb/sth

at·ta·schie·ren [ata'ʃi:rən] *vt* KOCHK **Fleisch/Geflügel** ~ *to boil meat/poultry until meat separates from the bone*

At·ten·tat <-[e]s, -e> ['atn̩ta:t] *nt* (*Mordanschlag*) an attempt on sb's life; (*mit tödlichem Ausgang*) assassination; **ein ~ auf jdn verüben** to make an attempt on sb's life; (*mit tödlichem Ausgang*) to assassinate sb ▸ WENDUNGEN: **ein ~ auf jdn vorhaben** (*hum fam: jdn um etw bitten wollen*) to [want to] ask sb a favour [*or* AM -or]

At·ten·tä·ter(in) ['atn̩tɛ:tɐ] *m(f)* assassin

At·test <-[e]s, -e> [a'tɛst] *nt* MED (*ärztliche Bescheinigung*) certificate; **jdm ein ~ [über etw** *akk*] **ausstellen** to certify sth for sb; **der Hausarzt stellte ihm ein ~ über seinen Gesundheitszustand aus** the GP certified his condition for him

at·tes·tie·ren* [atɛs'ti:rən] *vt* ❶ MED (*geh: ärztlich bescheinigen*) ■[**jdm**] **etw** ~ to certify [sb] sth; ■**jdm ~, dass ...** to certify sb as ...; ■**sich** *dat* [**von jdm**] **etw ~ lassen** to have sb certify sth, to have sth certified; **ich lasse mir meine Arbeitsunfähigkeit** ~ I'm going to get myself certified unfit for work ❷ (*geh: bescheinigen*) to confirm; ■**jdm/einer S. etw** ~ to confirm sb/sth sth; **dem Wein wurde erneut hohe Qualität attestiert** once again the high quality of the wine was guaranteed

At·ti·tü·de <-, -n> [ati'ty:də] *f meist pl* (*geh*) posture, gesture, attitude

At·trak·ti·on <-, -en> [atrak'tsi̯o:n] *f* ❶ (*interessanter Anziehungspunkt*) attraction; **das Riesenrad war die große** ~ the Ferris wheel was the big attraction ❷ *kein pl* (*geh: Reiz, Verlockung*) attraction

at·trak·tiv [atrak'ti:f] *adj* attractive

At·trak·ti·vi·tät <-, -en> [atraktivi'tɛ:t] *f kein pl* attractiveness *no pl*

At·trap·pe <-, -n> [a'trapə] *f* dummy, fake; [**nur**] **~ sein** to be [only] a dummy [*or* fake]

At·tri·but <-[e]s, -e> [atri'bu:t] *nt* (*geh*) ❶ LING attribute ❷ (*charakteristisches Kennzeichen oder Sinnbild*) symbol

atü [a'ty:] *Akr von* **Atmosphärenüberdruck**

aty·pisch ['aty:pɪʃ] *adj* atypical

ät·zen ['ɛtsn̩] **I.** *vi* (*versetzend sein*) to corrode **II.** *vt* KUNST (*durch Säure ein~*) to etch; ■**etw in etw** *akk* ~ to etch sth in sth **ät·zend** *adj* ❶ (*zerfressend wirkend*) corrosive ❷ (*beißend*) *Geruch* pungent ❸ (*sl: sehr übel*) lousy

Ätz·mit·tel *nt* CHEM corrosive **Ätz·na·tron** *nt kein pl* CHEM caustic soda *no pl*, sodium hydroxide *no pl* **Ätz·stift** *m* MED cautery stick

Ät·zung <-, -en> *f* ① MED (*Ver~*) cauterization ② KUNST etching

au [au] *interj* ouch, ow ② ~ **°fein/ja/klasse!** (*fam*) oh great/yeah/brilliant! [*or* AM excellent!]

Au <-, -en> [au] *f* SÜDD, ÖSTERR *s.* **Aue**

aua ['aua] *interj s.* **au 1**

Au·ber·gi·ne <-, -n> [obɛr'ʒiːnə] *f* aubergine BRIT, egg-plant AM

au·ber·gi·ne *adj pred,* **au·ber·gi·ne·far·ben** *adj* aubergine [-coloured] BRIT, egg-plant[-colored] AM

auch [aux] **I.** *adv* ① (*ebenfalls*) too, also, as well; **ich habe Hunger, du ~?** I'm hungry, you too?; **gehst du morgen ~ ins Kino?** are you going to the cinema as well tomorrow?; **Gewalt ist aber ~ keine Lösung!** violence is no solution either!; **das ist ~ möglich** that's also a possibility; **kannst du ~ einen Salto rückwärts?** can you do a summersault backwards as well?; **ich will ein Eis! – ich ~!** I want an ice-cream! – me too!; ~ **gut** that's ok [too]; **... ~ nicht!** not ... either, ... neither, nor ...; **ich gehe nicht mit! – ich ~ nicht!** I'm not coming! – nor am I! [*or* me neither!]; **wenn du nicht hingehst, gehe ich ~ nicht** if you don't go, I won't either ② (*sogar*) even; **der Chef hat eben immer Recht, ~ wenn er Unrecht hat!** the boss is always right, even when he's wrong! ▶ WENDUNGEN: **... aber ~!** on top of everything; **so was Ärgerliches aber ~!** that's really too annoying; **verdammt aber ~!** damn and blast it! *fam;* **wozu aber ~ sich widersetzen** what's the point in arguing; ~ **das noch!** that's all I need! **II.** *part* ① (*tatsächlich*) too, as well; **so schlecht hat das nun ~ wieder nicht geschmeckt!** it didn't taste that bad!; **wenn ich etwas verspreche, tu' ich das ~!** If I promise something then I'll do it!; **ich habe das nicht nur gesagt, ich meine das ~ [so]!** I didn't just say it, I mean it too [*or* as well]! ② *interrog* (*verallgemeinernd*) ■ **so/was/wie ... ~** however/whatever ...; **was er ~ sagen mag ...** whatever he may say ... ③ (*einräumend*) ~ **wenn** even if; ~ **wenn das stimmen sollte** even if it were true; **so schnell sie ~ laufen mag** however fast she may run ...; **wie sehr du ~ flehst** however much you beg; **wie dem ~ sei** whatever; **wie dem ~ sei, ich gehe jetzt nach Hause** be that as it may, I am going home now ④ (*zweifelnd*) **ist das ~ gut/nicht zu weit?** are you sure it's good/not too far?

Au·di·enz <-, -en> [au'di̯ɛnts] *f* audience

Au·di·max <-> [audi'maks] *nt kein pl* (*fam*) *kurz für* **Auditorium maximum** main lecture hall [*or* theatre [*or* AM -er]]

au·dio·vi·su·ell [audi̯ovi'zu̯ɛl] *adj* audio-visual

Au·di·ti·on <-, -s> [oː'dɪʃn̩] *f* FILM, THEAT audition

Au·di·to·ri·um <-s, -rien> [audi'toːri̯ʊm, *pl* -ri̯ən] *nt* ① SCH auditorium ② (*geh: Zuhörerschaft*) audience

Aue <-, -n> ['auə] *f* DIAL (*liter*) meadow, pasture

Au·er·hahn ['auɐhaːn] *m* ORN [male/cock] capercaillie **Au·er·hen·ne** *f* ORN (*weibliches Auerhuhn*) [female/hen] capercaillie **Au·er·huhn** *nt* ORN capercaillie **Au·er·och·se** ['auɐʔɔksə] *m* ZOOL aurochs

auf [auf] **I.** *präp* ① +*dat* on, upon *form;* **er saß ~ dem Stuhl** he sat on the chair; **sie kamen ~ dem Hügel an** they arrived on the hill; ~ **dem Mond gibt es keine Luft zum Atmen** there's no air to breathe on the moon ② +*akk* (*in Richtung*) on, onto; **das Wrack ist ~ den Meeresgrund gesunken** the wreck has sunk to the bottom of the ocean; **sie fiel ~ den Rücken** she fell on[to] her back; **sie schrieb etwas ~ ein Blatt Papier** she wrote something on a piece of paper; **schmier mir bitte nichts ~ die Decke!** please don't make a mess on the tablecloth!; **sie hob das Kind ~ den Stuhl** she lifted the child onto the chair; **sie legte sich ~ das Bett** she lay down on the bed; ~ **ihn!** [go and] get him! ③ +*akk* (*in Bezug ~ Inseln*) to; **wann fliegst du ~ die Kanaren?** when are you flying to the Canaries? ④ +*dat* in; **er verbringt den Winter ~ den Bahamas** he spends the winter in the Bahamas; **Kingston liegt ~ Jamaika** Kingston is in Jamaica ⑤ +*akk* (*zur*) to; **morgen muss er ~ die Post** tomorrow he has to go to the post office ⑥ +*dat* at; **ich habe ~ der Bank noch etwas zu erledigen** I still have some business to take care of at the bank; **sein Geld ist ~ der Bank** his money is in the bank; **er arbeitet ~ dem Finanzamt** he works at the tax office; ~ **der Schule** at school; **warst du schon ~ der Polizei?** have you already been to the police? ⑦ +*akk* (*einen Zeitpunkt festlegend*) on; **Heiligabend fällt ~ einen Dienstag** Christmas Eve falls on a Tuesday; **die Konferenz muss ~ morgen verlegt werden** the conference has to be postponed until tomorrow; **es geht schon ~ Ostern zu** it's getting closer to Easter; **ich komme in der Nacht [von Montag] ~ Dienstag an** I will arrive on Monday night ⑧ +*akk* (*beschränkend*) to; **das Projekt konnte ~ drei Jahre reduziert werden** it was possible to reduce the project to three years; **ich kann es Ihnen nicht ~ den Tag genau sagen** I can't tell you exactly to the day; ~ **den Millimeter genau** exact to a millimetre ⑨ +*dat* (*während*) on; ~ **der Busfahrt wurde es einigen schlecht** some people felt sick on the bus ride ⑩ +*akk* (*für*) for; **bleib doch noch ~ einen Tee** won't you stay for a cup of tea ⑪ +*akk* (*um*) upon, after; ■ **etw ~ etw** sth upon [*or* after] sth; **Sieg ~ Sieg** win after [*or* upon] win ⑫ +*akk* (*als Reaktion*) at; ■ ~ **etw [hin]** at sth; ~ **seinen Vorschlag [hin] wurde er befördert** at his suggestion he was promoted; ~ **meinen Brief hin hat sie bisher nicht geantwortet** she hasn't replied yet to my letter; ~ **seine Bitte [hin]** at his request ⑬ +*akk* (*sl: in einer bestimmten Art*) **komm mir bloß nicht ~ die wehleidige Tour!** don't try the weepy approach on me!; ~ **die Masche falle ich nicht rein** I won't fall for that trick ⑭ +*akk* (*jdm zuprostend*) to; ~ **uns!** to us! ⑮ +*akk* (*zu einem Anlass*) to; **wollen wir ~ das Fest gehen?** shall we go to the party? ⑯ *mit Steigerungen* (*so ... wie möglich*) most + *adv;* **man begrüßte sie ~ das Herzlichste** she was greeted most warmly; **sie wurden ~ das Grausamste gefoltert** they were tortured most cruelly **II.** *adv* ① (*fam: geöffnet*) open; **Fenster auf!** open the window!; **Augen ~ im Straßenverkehr!** keep your eyes open in traffic!; ~ **sein** to be open; **wie lange sind die Läden heute ~?** how long are the shops open today? ② (*fam: nicht abgeschlossen*) ~ **sein** *Tür, Schloss* to be open [*or* unlocked] ③ (*fam: nicht mehr im Bett*) **[früh/schon] ~ sein** to be up [early/already] ▶ WENDUNGEN: ~ **und ab** [*o* **nieder**] (*geh*) up and down; ~ **und davon** (*fort*) up and away **III.** *interj* ① (*los*) ~ **nach Kalifornien!** let's go to California!; **auf, tu was!** come on, do something! ② (*aufgesetzt*) on; **Helme/Masken/Hüte auf!** helmets/masks/hats on! **IV.** *konj* (*geh: Äußerung eines Wunsches*) ■ ~ **dass ...** that ...; ~ **dass wir uns in Zukunft vertragen mögen!** that we may get on well in the future!

Auf [auf] *nt* ▶ WENDUNGEN: **das/ein ~ und Ab** up and down, to and fro; (*ständiger Wechsel zwischen gut und schlecht*) up and down; **in jedem Leben ist es doch immer ein ~ und Ab** every life has its ups and downs

auf|ar·bei·ten *vt* ① (*renovieren*) ■ **etw ~** to refurbish sth [*or sep* do up] ② (*bearbeiten*) ■ **etw ~** to get through [*or sep* finish off] sth; **aufgearbeitete Akten/Korrespondenz** cleared files/correspondence ③ (*bewältigen*) **die Vergangenheit ~** to reappraise the past ④ (*auswerten*) **Literatur ~** to incorporate literature critically

auf|at·men *vi* ① (*durchatmen*) to breathe ② (*seine Erleichterung zeigen*) to heave [*or* give] a sigh of [*or* to sigh with] relief; ■ **ein [erleichtertes] A~** a sigh of relief

auf|ba·cken *vt* ■ **etw ~** to heat [*or* crisp] [*or* warm] up sth *sep*

auf|bah·ren ['aufbaːrən] *vt* ① (*im Sarg ausstellen*) ■ **jdn ~** to lay sb out in state, to lay out sb *sep;* **eine prominente Persönlichkeit ~** to lay a famous person's body out in state; **einen Toten ~** to lay out a dead person; ■ **aufgebahrt sein** to lie in state; **ein aufgebahrter Leichnam** (*geh*) a body lying in state ② (*offen aufstellen*) **einen Sarg ~** to lay a coffin on a/the bier; **ein aufgebahrter Sarg** a coffin laid on the bier

Auf·bah·rung <-, -en> *f* laying out, lying in state

Auf·bah·rungs·hal·le *f* funeral parlour [*or* AM -or]

Auf·bau¹ *m kein pl* ❶ (*das Zusammenbauen*) ■**der** ~ assembling, construction ❷ (*Schaffung*) **der ~ von Kontakten** the setting up of contacts; **der ~ eines Landes** the building of a state; **der ~ eines sozialen Netzes** the creation of a social network; **der ~ der Wirtschaft/der wirtschaftliche ~** the building up of the economy ❸ (*Wiedererrichtung*) reconstruction; **der ~ der Kommunikationsverbindungen** the reinstatement of communications ❹ (*Struktur*) structure

Auf·bau² <-bauten> *m* ❶ (*Karosserie~*) body[work [*or* shell]] ❷ *meist pl* NAUT superstructure *no pl, no indef art*

Auf·bau·ar·beit *f* reconstruction work

auf|bau·en I. *vt* ❶ (*zusammenbauen*) ■**etw** ~ to assemble sth; **einen Motor** ~ to assemble an engine ❷ (*hinstellen*) ■**etw** ~ to set [*or* lay] out sth *sep;* **ein kaltes Büfett** ~ to set [*or* lay] out *sep* a cold buffet ❸ (*wieder ~*) ■**etw** ~ to rebuild sth; **ein Haus/Land neu** ~ to rebuild a house/country ❹ (*schaffen*) ■**sich** *dat* **etw** ~ to build up sth *sep;* **sich** *dat* **eine Existenz** ~ to build up an existence [for oneself]; ■**etw** ~ **eine Organisation/Bewegung** ~ to build up an organization/a movement *sep* ❺ (*daraufbauen*) **etw** [**auf etw** *akk*] ~ to add [*or* build] sth [on sth], to add [on *sep*] sth ❻ (*wiederherstellen*) **die Gesundheit/seine Kräfte** ~ to build up one's health/strength [again] *sep* ❼ (*basieren*) ■**etw auf etw** *dat o akk* ~ to base [*or* construct] sth on sth ❽ (*fam: durch Förderung zu etw machen*) ■**jdn** [**zu etw**] ~ to build up sb *sep* into sth; **jdn zum großen Künstler** ~ to build up sb *sep* into [*or* promote sb as] a great artist ❾ (*herstellen*) ■**etw** ~ **eine Verbindung** ~ to make [*or form* effect] a connection; **eine Theorie** ~ to construct a theory ❿ (*strukturieren*) ■**aufgebaut sein** to be structured **II.** *vi* ❶ (*sich gründen*) ■**auf etw** *dat o akk* ~ to be based [*or* founded] on sth; **dieses Musikstück baut auf den Regeln der Zwölftonmusik auf** this piece [of music] is based on twelve-tone principles ❷ (*mit dem Zusammenbau beschäftigt sein*) to be building; **wir sind noch dabei aufzubauen** we are still building; **bis dahin müssen wir aufgebaut haben** we have to have finished building by then **III.** *vr* ❶ (*fam: sich postieren*) ■**sich vor jdm/etw** ~ to stand up in front of sb, to take up position in front of sth; **sich drohend vor jdm** ~ to plant oneself in front of sb *fam* ❷ (*sich gründen*) ■**sich auf etw** *dat o akk* ~ to be based [*or* founded] on sth ❸ (*sich bilden*) ■**sich** ~ to build up; **die Regenwolken bauten sich auf** the rainclouds started to build up ❹ (*bestehen aus*) ■**sich aus etw** ~ to be built up [*or* composed] of sth

Auf·bau·hil·fe *f* reconstruction aid

auf|bäu·men *vr* ❶ (*sich ruckartig aufrichten*) ■**sich** ~ to convulse; **sich vor Schmerz** ~ to writhe [*or* be convulsed] with pain; *Pferd* to rear [up] ❷ (*geh: sich auflehnen*) ■**sich gegen jdn/etw** ~ to revolt [*or* rebel] against sb/sth; ■**A~** revolt

auf|bau·schen I. *vt* ❶ (*übertreibend darstellen*) ■**etw** [**zu etw**] ~ to blow up sth *sep* [into sth], to exaggerate sth ❷ (*blähen*) ■**etw** ~ to fill [*or* swell] [*or* belly] [out *sep*] sth; **mit aufgebauschten Segeln** in [*or* under] full sail **II.** *vr* (*scheinbar bedeutender werden*) ■**sich zu etw** ~ to be blown up to sth

Auf·bau·stu·di·um *nt* research studies *npl*

auf|be·geh·ren* *vi* ■[**gegen jdn/etw**] ~ ❶ (*geh*) to rebel [*or* revolt] [against sb/sth]; ■**~d** rebelling ❷ SCHWEIZ (*protestieren*) to protest [against sb/sth]; ■**A~** protest

auf|be·hal·ten* *vt irreg* ■**etw** ~ to keep sth on *sep*

auf|bei·ßen *vt irreg* ■**etw** ~ to open sth using [*or* with] one's teeth; **eine Nuss** ~ to crack a nut with one's teeth; **eine Verpackung** ~ to bite open packaging *sep;* **sich** *dat* **die Lippe** ~ to bite one's lip [and make it bleed]

auf|be·kom·men* *vt irreg* (*fam*) ■**etw** ~ ❶ (*öffnen*) to get sth open; **lässt sich die Schublade ohne Schlüssel ~?** can the drawer be opened without a key? ❷ (*zu erledigen erhalten*) to get sth as homework; **wir haben heute sehr viel** ~ we were given a lot of homework today

auf|be·rei·ten* *vt* ■**etw** ~ ❶ (*durch Reinigung verwendungsfähig machen*) to process sth; **Erz** ~ to dress [*or* prepare] ore; **Trinkwasser** ~ to purify [*or* treat] water ❷ (*bearbeiten*) to edit sth; **etw literarisch** ~ to turn sth into literature; **etw dramaturgisch** ~ to adapt sth for the theatre [*or* AM -er]

Auf·be·rei·tung <-, -en> *f* ❶ (*das Aufbereiten*) processing; **die ~ von Erz** the dressing [*or* preparation] of ore; **die ~ von [Trink]wasser** the purification [*or* treatment] of water ❷ (*Bearbeitung*) editing

Auf·be·rei·tungs·an·la·ge *f* processing [*or* treatment] plant

auf|bes·sern *vt* ■**etw** ~ to improve sth; **ein Gehalt** ~ to increase a salary

Auf·bes·se·rung <-, -en> *f* improvement; ~ **eines Gehalts** an increase in salary (+*gen* in)

auf|be·wah·ren* *vt* ■**etw** ~ ❶ (*in Verwahrung nehmen*) to keep sth; **jds Dokumente/Wertsachen** ~ to look after sb's documents/valuables, to have sb's documents/valuables in one's keeping ❷ (*lagern*) to store sth; **kühl und trocken aufbewahren!** keep in a cool dry place

Auf·be·wah·rung <-, -en> *f* ❶ (*Verwahrung*) [safe]keeping; ~ **einer hinterlegten Sache** storage of a deposited item; **einen Koffer in ~ geben** to deposit a suitcase [at the left luggage [*or* AM baggage room]]; **jdm etw zur [sicheren] ~ anvertrauen** [*o* **übergeben**] to give sth to sb for [*or* put sth in[to] sb's] safekeeping ❷ (*fam: Gepäck~*) left-luggage [office] [*or* AM baggage room]

Auf·be·wah·rungs·ort *m* **etw an einen sicheren ~ bringen** to put sth in a safe place; **ein geeigneter ~ für etw** the right place to keep sth

auf|bie·ten *vt irreg* ❶ (*einsetzen*) ■**jdn/etw** ~ to muster sb/sth; **die Polizei** ~ to call in the police *sep;* **Truppen** ~ to call in *sep* [*or* mobilize] troops ❷ (*aufwenden*) ■**etw** ~ to muster [*or* summon] [*or* gather] sth ❸ (*zur Vermählung ausschreiben*) ■**aufgeboten werden** to have one's ban[n]s published

Auf·bie·tung <-> *f kein pl* ❶ (*Einsatz*) mustering; *von Polizei, Militär* calling in; **die ~ von Truppen** to mobilize [*or* call in] troops; **unter ~ einer S.** *gen*/**von etw** with the employment [*or* use] of sth; **unter ~ von Truppen** with the mobilization of troops ❷ (*das Aufbieten*) summoning, gathering, mustering; **unter** [*o* **bei**] ~ **aller Kräfte** with the utmost effort, by summoning all one's strength

auf|bin·den *vt irreg* ❶ (*öffnen, lösen*) ■[**jdm**] **etw** ~ to untie [*or* undo] [sb's] sth ❷ (*hoch binden*) **Haare** ~ to put up hair *sep;* **Zweige** ~ to tie together twigs *sep* ❸ (*auf etw befestigen*) ■**etw** [**auf etw** *akk*] ~ to fasten [*or* tie] sth on[to] sth, to fasten [*or sep* tie down] sth; ■**jdm/sich etw** ~ to fasten [*or* tie] sth on sb/sth; **jdm/sich etw auf den Rücken** ~ to hitch sth on[to] sb's/one's back ❹ (*fam: weismachen*) ■**jdm etw** ~ to make sb fall for sth; **jdm eine Lüge** ~ to tell sb a lie; **das lasse ich mir von dir nicht ~!** I'm not going to fall for that! ❺ TYPO (*einbinden*) ■**etw** ~ to bind sth

auf|blä·hen I. *vt* ❶ (*füllen*) ■**etw** ~ to fill [*or* blow] out sth *sep;* ■**aufgebläht** inflated ❷ MED (*blähen*) ■**etw** ~ to distend sth; ■**aufgebläht** distended, swollen ❸ (*aufbauschen*) ■**etw** ~ to inflate sth; ■**aufgebläht** inflated; **bis ins Groteske aufgebläht** blown out of all recognition *pred* ❹ (*übersteigern*) ■**aufgebläht** [**sein**] [to be] inflated; **aufgeblähter Verwaltungsapparat** bloated administrative machinery **II.** *vr* ■**sich** ~ ❶ (*sich füllen*) to fill ❷ MED (*sich blähen*) to become distended [*or* swollen] ❸ (*pej: sich wichtigmachen*) to puff oneself up; ■**aufgebläht** puffed-up

auf·blas·bar *adj* inflatable

auf|bla·sen *irreg* **I.** *vt* ■[**jdm**] **etw** ~ to inflate sth [for sb]; **einen Luftballon/eine Papiertüte** ~ to blow up *sep* [*or* inflate] a balloon/paper bag; ■[**etw**] **zum Aufblasen sein** to be inflatable; **eine Puppe zum A~** an inflatable doll **II.** *vr* ■**sich** ~ (*pej: sich wichtigmachen*) to puff oneself up; ■**aufgeblasen** [**sein**] [to be] puffed-up

auf|blei·ben *vi irreg sein* ❶ (*nicht zu Bett gehen*) to stay up ❷ (*geöffnet bleiben*) to stay open

auf|blen·den I. *vi* ❶ AUTO to turn up the headlights *sep,* to turn the headlights on [full [*or* AM high] beam]; **aufgeblendet** [*o* **mit aufgeblendeten Scheinwerfern**] **fahren** to drive with one's headlights on full beam ❷ FOTO to increase the aperture **II.** *vt* AUTO **die Scheinwerfer** ~ to turn up the/one's headlights *sep;* **die Scheinwerfer kurz** ~ to flash the/one's headlights

auf|bli·cken *vi* ❶ (*nach oben sehen*) ■**[zu jdm/etw]** ~ to look up [at sb/sth]; **[zu jdm/etw] kurz** ~ to glance up [at sb/sth] ❷ (*als Vorbild verehren*) ■**zu jdm** ~ to look up to sb

auf|blin·ken *vi* ❶ AUTO (*fam: kurz aufblenden*) to flash [one's headlights] ❷ (*kurz blinken*) to flash, to blink

auf|blit·zen *vi* ❶ *haben* (*kurz aufleuchten*) to flash ❷ *sein* (*plötzlich auftauchen*) ■**[bei/in jdm]** ~ to flash through sb's mind; **der Gedanke blitzte in ihm auf** the thought flashed through his mind; *Hass, Kampfeswille* to flare up [in sb]; **in seinen Augen blitzte es zornig auf** his eyes flashed angrily

auf|blü·hen *vi sein* ❶ (*Blume*) to bloom; *Knospe, Baum* to blossom [out]; **[voll] aufgeblühte Blumen** flowers in [full] bloom ❷ (*aufleben*) to blossom out ❸ (*geh: sich entwickeln*) to [begin to] flourish [*or* thrive]

auf|bo·cken *vt* ■**etw** ~ to jack up sth *sep*

auf|boh·ren *vt* ■**etw** ~ to drill open sth *sep;* ■**das A~** drilling open

auf|brau·chen *vt* ■**etw** ~ to use up sth *sep;* ■**sich** ~ to get used up; **meine Geduld ist aufgebraucht** my patience is exhausted

auf|brau·sen *vi sein* ❶ (*wütend werden*) to flare up, to fly into a temper, to fly off the handle ❷ (*schäumen*) to fizz [up] ❸ (*plötzlich einsetzen*) to break out; *Jubel a.* to burst forth

auf·brau·send *adj* quick-tempered, irascible; ■**~ sein** to be quick-tempered [*or* irascible], to be liable to fly off the handle

auf|bre·chen *irreg* **I.** *vt haben* ■**etw** ~ ❶ (*gewaltsam öffnen*) to break [*or* force] open sth *sep;* **ein Auto/einen Tresor** ~ to break into a car/strongroom; **einen Deckel** ~ to force [*or* BRIT prise] [*or* AM prize] [off [*or* open] *sep*] a lid; **ein Schloss** ~ to break open a lock *sep,* to force [open *sep*] a lock ❷ (*geh: zur Öffnung bringen*) to break down sth *sep* **II.** *vi sein* ❶ (*aufplatzen*) to break up, to split; *Knospe* to [burst] open; *Wunde* to open ❷ (*erneut sichtbar werden*) to break out ❸ (*sich auf den Weg machen*) to start [*or* set] off [*or* out]; **ich glaube, wir müssen** ~ I think we've got to go, I think we ought to go

auf·bre·zeln *vr* (*fam*) to get all dolled up *pej*

auf|brin·gen *vt irreg* ❶ (*bezahlen*) ■**etw** ~ to pay sth; **Geld** ~ to raise [*or* find] money ❷ (*mobilisieren*) ■**etw** ~ to summon [up *sep*] sth ❸ (*erzürnen*) ■**jdn [gegen jdn/etw]** ~ to irritate sb, to set sb against sb/sth; *s. a.* **aufgebracht** ❹ (*ins Leben rufen*) ■**etw** ~ to start sth; **ein Gerücht** ~ to put about a rumour [*or* AM -or] *sep* ❺ NAUT (*erobern*) **ein Schiff** ~ to capture [*or* seize] a ship ❻ DIAL (*aufbekommen*) ■**etw** ~ to get sth open; **einen Knoten** ~ to undo [*or* untie] a knot; ■**aufgebracht werden** to be opened ❼ (*auftragen*) ■**etw [auf etw** *akk*] ~ to apply sth [to sth]; **Farbe** ~ to apply paint

Auf·bruch *m* ❶ *kein pl* (*das Aufbrechen*) departure; **das Zeichen zum** ~ **geben** to give the signal to set off [*or* out] ❷ (*geh: Erneuerung*) emergence, awakening *liter;* **eine Zeit des ~s** a time of change [*or* new departures] ❸ (*Frost~*) crack

Auf·bruchs·stim·mung *f* ❶ (*Gefühl, aufbrechen zu wollen*) atmosphere of departure; ~ **kam langsam [unter den Gästen] auf** the party started to break up; **hier herrscht schon** ~ it's [*or* they are] all breaking up; **es herrschte allgemeine** ~ **[unter den Gästen]** the party was breaking up; **in** ~ **sein** to be wanting [*or* ready] to go ❷ (*Stimmung der Erneuerung*) atmosphere of awakening

auf|brü·hen *vt* ■**etw** ~ to brew up *sep* sth; ■**[jdm/sich] einen Tee/eine Tasse Kaffee** ~ to make [*or* brew] [sb/oneself] a [cup of] tee/coffee

auf|brum·men *vt* (*fam*) ■**jdm etw** ~ to land sb with sth *fam;* **man hat mir schon wieder den Küchendienst aufgebrummt!** I'm landed with kitchen duties again!

auf|bür·den *vt* (*geh*) ❶ (*jdn mit etw belasten*) ■**jdm etw** ~ to encumber sb with sth [*or form* load sth on to sb] ❷ (*jdm geben*) **jdm die Schuld** ~ to put the blame on [*or form* impute the guilt to] sb; **jdm die Verantwortung** ~ to burden [*or* saddle] sb with the responsibility

auf|de·cken I. *vt* ❶ (*enthüllen*) ■**etw** ~ to uncover [*or* discover] sth; **einen schwierigen/ungelösten Fall** ~ to unravel a difficult/an unsolved case; **ein Rätsel** ~ to solve a riddle ❷ (*geh: bloßlegen*) ■**etw** ~ to lay bare sth *sep,* to expose sth; **Fehler** ~ to discover [*or* identify] mistakes ❸ KARTEN (*umdrehen*) **die Karten** ~ to show one's cards [*or* hand] ❹ (*auf den Esstisch stellen*) ■**etw** ~ to put sth on the table, to lay [*or* AM set] the table with sth ❺ (*zurückschlagen*) ■**etw** ~ to fold down sth *sep* ❻ (*jds Bett zurückschlagen*) ■**jdn** ~ to throw off sb's blankets *sep* **II.** *vi* (*den Tisch decken*) to lay [*or* AM set] the table

Auf·de·ckung <-, -en> *f* ❶ (*Enthüllung*) exposure, discovery; (*eines Falls*) solving; (*eines Rätsels*) solution (+*gen* to) ❷ (*geh: Bloßlegung*) exposure; *von Fehlern* discovery

auf|don·nern *vr* (*pej fam*) ■**sich** ~ to doll [*or* BRIT *a.* tart] oneself up *pej fam;* ■**aufgedonnert** dolled [*or* BRIT *a.* tarted] up *pej fam;* ■**aufgedonnert sein** to be dolled [*or* BRIT *a.* tarted] up *pej fam*

auf|drän·gen I. *vt* ■**jdm etw** ~ to force [*or* push] [*or* impose] sth on sb **II.** *vr* ■**sich jdm** ~ ❶ (*aufzwingen*) to force [*or* impose] oneself/itself on sb; **ich will mich nicht** ~ I don't want to impose [myself] ❷ (*in den Sinn kommen*) **der Gedanke drängte sich ihm auf** the thought came to [*or* struck] him, he couldn't help thinking

auf|dre·hen I. *vt* ■**etw** ~ ❶ (*durch Drehen öffnen*) to turn on sth *sep;* **eine Flasche/ein Ventil** ~ to open a bottle/valve; **einen Schraubverschluss** ~ to unscrew a cap ❷ (*fam: lauter stellen*) to turn up sth *sep;* **voll aufgedreht** turned up full *pred* ❸ DIAL (*aufziehen*) to wind up sth *sep* ❹ (*zu Locken rollen*) to curl sth **II.** *vi* (*fam*) ❶ (*loslegen*) to get going; ■**aufgedreht sein** to be full of go ❷ (*beschleunigen*) **[voll]** ~ to floor [*or* step on] the accelerator

auf·dring·lich *adj* ❶ (*zudringlich*) obtrusive, importunate *form,* pushy *fam;* **ein ~er Mensch** an insistent person; ■**~ werden** to become obtrusive, to get pushy *fam* ❷ (*zu intensiv*) **ein ~er Geruch** a pungent [*or* powerful] smell ❸ (*schreiend*) loud, powerful; ■**~ sein** to be loud [*or* powerful]

Auf·dring·lich·keit <-, -en> *f* ❶ (*Zudringlichkeit*) obtrusiveness *no pl,* importunateness *no pl form,* pushiness *no pl,* insistence *no pl* ❷ (*zu intensive Art*) pungency *no pl* ❸ (*grelle Gestaltung*) loudness *no pl*

auf|drö·seln *vt* (*fam*) ■**etw** ~ to unravel sth; **einen Knoten** ~ to undo [*or* untie] a knot

Auf·druck <-drucke> *m* ❶ (*aufgedruckter Hinweis*) imprint, stamp ❷ (*Zusatzstempel auf Briefmarke*) overprint

auf|dru·cken *vt* ■**etw [auf etw** *akk*] ~ to print sth on sth, to apply sth [to sth] *form*

auf|drü·cken I. *vt* ❶ (*durch Dagegendrücken öffnen*) ■**etw** ~ to push open sth *sep* ❷ (*durch Knopfdruck öffnen*) ■**etw** ~ to open sth [by pressing a/the button] ❸ (*mit etw darauf drücken*) ■**etw [auf etw** *akk*] ~ to press [down on] [*or* press sth on] sth ❹ ■**jdm einen** ~ (*fam*) to give sb a kiss [*or fam* quick peck]; (*schmatzend*) to give sb a smacker *fam* **II.** *vi* (*die Tür elektrisch öffnen*) to open the door [by pressing a/the button]

auf·ei·nan·der [aufʔaiˈnandɐ] *adv* ❶ (*räumlich*) on top of each other [*or* one another]; ❷ (*gegeneinander*) ~ **losgehen/losschlagen** to hit away at/charge at each other [*or* one another] ❸ (*wechselseitig auf den anderen*) ~ **angewiesen sein** to be dependent on each other [*or* one another]; **sich** ~ **verlassen** to rely on each other [*or* one another]; ~ **zugehen** to approach each other [*or* one another]

auf·ei·nạn·der|fol·gen *vi sein* to follow [*or* come after] each other [*or* one another]; **dicht** ~ to come thick and fast *a. hum;* **auf·ei·nạn·der·fol·gend** *adj* successive; **eng** ~ thick and fast *a. hum* **auf·ei·nạn·der|häu·fen** *vt* **etw** ~ to pile sth on top of one another; **auf·ei·nạn·der|le·gen** *vt* **etw** ~ to put [*or* lay] sth on top of each other [*or* one another] **auf·ei·nạn·der|lie·gen** *vi irreg* to lie on top of each other [*or* one another] **auf·ei·nạn·der|pral·len** *vi sein* (*zusammenstoßen*) to collide, to bump into each other; *Truppen* to clash; [**hart**] ~ *Meinungen* to clash **auf·ei·nạn·der|schich·ten** *vt* **etw** ~ to put sth in layers one on top of the other; **Holz** ~ to stack wood [in layers] **auf·ei·nạn·der|stel·len I.** *vt* **etw** ~ to put [*or* place] sth on top of each other [*or* one another] **II.** *vr* **sich** *akk* ~ to get on top of each other [*or* one another] **auf·ei·nạn·der|sto·ßen** *vi irreg sein* (*in ein Handgemenge geraten*) to clash **auf·ei·nạn·der|tref·fen** *vi irreg sein* (*zum Kampf zusammentreffen*) to meet; (*in konträrer Weise geäußert werden*) to come into conflict; [**hart**] ~ to clash

Auf·ent·halt <-[e]s, -e> ['aufʔɛnthalt] *m* ❶ (*das Verweilen*) stay ❷ (*das Wohnen*) residence ❸ (*Aufenthaltsort*) place of residence, domicile *form,* abode *form;* **ständiger** ~ permanent address [*or form* abode]; **in einer Stadt/einem Land** [**dauernden**] ~ **nehmen** (*geh*) to take up [permanent] residence in a city/country ❹ BAHN (*Wartezeit*) stop[over]; **wie lange haben wir in Köln ~?** how long do we have to wait [for] in Cologne?, how long do we stop [for] in Cologne?

Auf·ent·hal·ter(in) <-s, -> *m(f)* SCHWEIZ non-permanent [*or* foreign] resident; JUR resident alien

Auf·ent·halts·dau·er *f* length [*or* duration] of [one's] stay **Auf·ent·halts·er·laub·nis** *f* residence permit **Auf·ent·halts·ort** *m* whereabouts + *sing/pl vb;* JUR [place of] residence, abode *form;* **ständiger** ~ permanent address [*or form* abode] **Auf·ent·halts·raum** *m* day room; (*in Firma*) recreation room; (*auf Flughafen*) lounge

auf|er·le·gen* ['aufʔɛɐ̯le:gn̩] *vt* (*geh*) ■**jdm etw** ~ to impose sth on sb; **jdm eine Strafe** ~ to impose [*or* inflict] a punishment on sb; ■**jdm ~, etw zu tun** to enjoin sb to do sth *form or liter*

auf|er·ste·hen* *vi irreg sein* REL to rise from the dead; *Christus* to rise again; ■**der Auferstandene** the risen Christ; **Christus ist auferstanden!** Christ is risen!

Auf·er·ste·hung <-, -en> *f* REL resurrection; **Christi** ~ the Resurrection [of Christ]; ~ **feiern** (*hum fam*) to enjoy a comeback

Auf·er·ste·hungs·fest *nt* Feast of the Resurrection

auf|es·sen *irreg* **I.** *vt* ■**etw** ~ to eat up sth *sep* **II.** *vi* to eat up [everything] *sep*

auf|fä·deln *vt* ■**etw** ~ to thread [*or* string] together sth *sep*

auf|fah·ren *irreg* **I.** *vi sein* ❶ (*mit einem Stoß darauf fahren*) ■**auf jdn/etw** ~ to run [*or* drive] into sb/sth; **auf eine Sandbank** ~ to run [aground] on a sandbank ❷ (*näher heranfahren*) ■[**auf jdn/etw**] ~ to drive [*or* move] up [to sb/sth]; **zu dicht** ~ to drive too close behind [the car ahead], to tailgate; **mein Hintermann fährt dauernd so dicht auf!** the car behind me is right on my tail all the time, the car behind me is tailgating ❸ (*hinauffahren*) ■**auf etw** *akk* ~ to drive on[to] sth ❹ (*hochschrecken*) to start [up]; [**aus dem Schlaf**] ~ to awake with a start [*or* fright] ❺ (*aufbrausen*) to fly into a rage; ■**auffahrend** irascible; *Mensch a.* quick-tempered **II.** *vt haben* ■**etw** ~ ❶ (*anfahren*) **Erde/Kies** ~ to put down earth/gravel *sep* ❷ MIL (*in Stellung bringen*) to bring up sth *sep,* to bring sth into action ❸ (*sl: herbeischaffen*) to dish [*or* serve] up sth *sep;* **fahr noch mal Bier auf!** bring another round in! *fam* ❹ (*ins Felde führen*) to bring on [*or* forward] sth *sep; s. a.* **Geschütz**

Auf·fahrt *f* ❶ (*Autobahn~*) [motorway [*or* AM freeway]] slip [*or* approach] road [*or* AM ramp] ❷ *kein pl* (*das Hinauffahren*) climb, ascent ❸ (*ansteigende Zufahrt*) drive[way] ❹ SCHWEIZ *s.* **Himmelfahrt**

Auf·fahr·un·fall *m* collision; (*von mehreren Fahrzeugen*) pile-up

auf|fal·len *vi irreg sein* ❶ (*positiv bemerkt werden*) [**jdm/bei jdm**] [**angenehm/positiv**] ~ to make a good/positive impression on sb ❷ (*negativ bemerkt werden*) ■[**als etw**] ~ to attract attention [*or fam* stick out] [as sth]; **nur nicht ~!** don't go attracting attention!, just keep low! [*or* a low profile]; [**bei jdm**] [**negativ/unangenehm**] ~ to make a negative/bad impression on sb ❸ (*besonders bemerkt werden*) ■[**jdm**] ~ to come to sb's attention [*or* notice], to stand out; **sie fällt durch ihre weißen Haare auf** her white hair makes her stand out ❹ (*als auffallend bemerkt werden*) **ist Ihnen etwas Ungewöhnliches aufgefallen?** did you notice anything unusual?; **der Fehler fällt nicht besonders auf** the mistake is not all that noticeable; **fällt dieser Fleck/dieses Loch an meinem Kleid auf?** does this stain show on/does this hole show in my dress?; **was fällt dir an dem Gedicht auf?** what does this poem tell you?; ■**jdm ~, dass ...** sb has noticed that ...

auf·fal·lend I. *adj* (*ins Auge fallend*) conspicuous, noticeable; **~e Ähnlichkeit/Schönheit** striking likeness/beauty; ■**~ sein** to be strange [*or* peculiar]; ■**etwas/nichts A~es** something/nothing remarkable; **das A~[st]e an ihm sind die roten Haare** the [most] striking thing about him is his red hair **II.** *adv* ❶ (*in ~er Weise*) strangely, oddly ❷ ■**stimmt ~!** (*fam*) too true!, how right you are!

auf·fäl·lig I. *adj* conspicuous; **~e Farbe/Kleidung** conspicuous [*or* loud] colour [*or* AM -or]/clothing; **~e Narbe** conspicuous [*or* prominent] scar; **~er geht's nicht mehr** he/they etc. couldn't make it more conspicuous [*or* obvious] if he/they etc. tried; **sozial** ~ displaying social behavioural problems; ■**an jdm ~ sein** to be noticeable about sb; **~ an ihm sind seine grauen Haare** what is noticeable about him is his grey hair; ■**etwas A~es** something conspicuous [*or* remarkable]; **ihr neuer Hut hatte etwas A~es** her new hat had something remarkable about it **II.** *adv* conspicuously; **er hielt sich in der Diskussion ~ zurück** it was conspicuous how little he took part in the discussion

auf|fal·ten I. *vt* ■**etw** ~ to unfold sth **II.** *vr* ■**sich** ~ ❶ (*von Fallschirm*) to open ❷ GEOL (*sich verwerfen*) to fold upwards, to upfold *spec*

Auf·fang·be·cken *nt* ❶ (*Sammelbecken*) collecting tank ❷ (*Sammlungsbewegung*) focal point

auf|fan·gen *vt irreg* ❶ (*einfangen*) ■**etw** ~ to catch sth ❷ (*mitbekommen*) ■**etw** ~ to catch sth ❸ TELEK (*zufällig über Funk mithören*) ■**etw** ~ to pick up sth *sep* ❹ (*kompensieren*) ■**etw** ~ to offset [*or* counterbalance] sth ❺ (*sammeln*) ■**etw** ~ to collect [*or* catch] sth ❻ AUTO (*abfangen*) ■**jdn/etw** ~ to cushion sb/sth, to absorb sth ❼ SPORT (*abwehren*) ■**etw** ~ to block [*or* intercept] sth

Auf·fang·la·ger *nt* reception camp [*or* centre [*or* AM -er]]

auf|fas·sen *vt* ■**etw** [**als etw** *akk*] ~ to interpret [*or* understand] sth [as sth]; **etw falsch** ~ to interpret [*or* understand] sth wrongly, to misinterpret [*or* misunderstand] sth

Auf·fas·sung *f* ❶ (*Meinung*) opinion, view; **ich bin der ~, dass ...** I think [that]...; **nach jds ~, jds ~ nach** in sb's opinion, to sb's mind; **nach katholischer** ~ according to the Catholic faith ❷ *kein pl* (*Auffassungsgabe*) perception

Auf·fas·sungs·ga·be *f kein pl* perception, grasp

auf·fie·ren *vt* NAUT ■**die Schoten** ~ (*lockern*) to loosen the ropes

auf·find·bar *adj* ■**etw ist** [**nicht**] ~ it is[n't] to [*or* can['t]] be found; **etw ~ machen** to show where sth can be found

auf|fin·den *vt irreg* ■**jdn/etw** ~ to find [*or* discover] sb/sth; ■**etw ist nicht/nirgends aufzufinden** sth cannot be found/sth cannot be found anywhere

A

auffordern, verlangen

jemanden auffordern	asking someone
Kannst du grade mal kommen?	**Can you just** come here **for a minute**?
Besuch mich **doch mal**.	**Do** come and visit me.
Denk dran, mich heute Abend anzurufen.	**Don't forget** to phone me this evening.
Ich muss Sie bitten, den Raum zu verlassen. *(form)*	**I must ask you** to leave the room.
zu gemeinsamem Handeln auffordern	**inviting a shared activity**
Auf geht's! *(fam)*	**Let's go!**
An die Arbeit!/Fangen wir mit der Arbeit **an!**	(**Let's get**) **to work!/Let's get down to** work!
Lasst uns mal in Ruhe darüber reden.	**Let's just** talk about it calmly.
Wollen wir jetzt nicht endlich mal damit anfangen?	**Shall we finally** make a start on it?
verlangen	**demanding**
Ich will/bestehe darauf, dass du gehst.	**I want** you to go/**insist** (**that**) you go.
Ich verlange eine Erklärung von Ihnen.	**I demand an explanation from** you.
Das ist das Mindeste, was man verlangen kann.	**That is the least one can expect.**

auf|fi·schen *vt* ❶ (*fam*) ■**jdn/etw** ~ to fish out sb *sep,* to fish up sth *sep* ❷ (*sl*) ■**jdn** ~ to dig up sb *sep fam*

auf|fla·ckern *vi sein* (*geh*) to flare up, to kindle *liter*

auf|flam·men *vi sein* ❶ (*flammend aufleuchten*) to flare up; **etw zum A~ bringen** to make sth flare up; **etw wieder zum A~ bringen** to rekindle sth ❷ (*geh: gewaltig losbrechen*) to flare up

auf|flie·gen *vi irreg sein* ❶ (*hoch fliegen*) to fly up, to soar [up]; ■**~d** soaring ❷ (*sich jäh öffnen*) to fly open ❸ (*fam: öffentlich bekannt werden*) to be busted *fam; Betrug, Machenschaften* to be blown *fam;* ■**jdn/etw ~ lassen** to blow sb/sth *fam,* to shop sb *sl* ❹ (*fam: jäh enden*) to break up; ■**etw ~ lassen** to blow sth *fam*

auf|for·dern *vt* ❶ (*ersuchen*) ■**jdn ~, etw zu tun** to ask [*or form* request] sb to do sth; **wir fordern Sie auf, ...** you are requested ... ❷ (*von jdm eine bestimmte Tätigkeit fordern*) **jdn zum Bleiben** ~ to ask [*or form* call upon] sb to stay; **jdn zum Gehen/Schweigen** ~ to ask [*or* tell] sb to go/to be quiet ❸ (*zum Tanz bitten*) ■**jdn** ~ to ask sb to dance [*or* for a dance]

auf·for·dernd I. *adj* inviting **II.** *adv* invitingly

Auf·for·de·rung *f* request; (*stärker*) demand; **auf die ausdrückliche ~** at the express request; **gerichtliche ~** summons; **~ zum Tanz** invitation to dance

auf|fors·ten ['auffɔrstn̩] **I.** *vt* ■**etw** [**wieder**] ~ to [re]afforest sth; ■**das A~** afforestation; **das A~ von Brachland** the afforestation of fallow land **II.** *vi* to plant trees; **man ist dabei aufzuforsten** they are doing some reafforesting

auf|fres·sen *irreg* **I.** *vt* ❶ (*verschlingen*) ■**jdn/etw** ~ to eat up sb/sth *sep;* **die Beute** ~ to devour its prey; **ich fress' dich** [**deswegen**] **nicht auf!** I'm not going to bite your head off [because of it]! ❷ (*fig: erschöpfen*) ■**jdn** ~ to exhaust sb **II.** *vi* to eat up all its food *sep*

auf|fri·schen I. *vt haben* ❶ (*reaktivieren*) **frühere Beziehungen/Freundschaften** ~ to renew [earlier] relationships/friendships; **seine Erinnerungen** ~ to refresh one's memories; **seine Kenntnisse** ~ to polish up one's knowledge *sep;* **sein Französisch** ~ to brush up one's French *sep* ❷ (*erneuern*) ■**einen Anstrich** ~ to brighten up a coat of paint *sep;* **sein Make-up** ~ to retouch [*or sep* touch up] one's make-up ❸ MED **eine Impfung** ~ to boost an inoculation ❹ (*ergänzen*) **Vorräte** ~ to replenish stocks **II.** *vi sein o haben Wind* to freshen, to pick up; ■**~d** freshening **III.** *vi impers sein* ■**es frischt auf** it's getting [*or* becoming] cooler [*or* fresher]

Auf·fri·schungs·imp·fung *f* booster [inoculation *form*]

auf|füh·ren I. *vt* ❶ (*spielen*) **Shakespeare/ein Theaterstück** ~ to perform [*or* put on] [*or* stage] Shakespeare/a play; **Wagner/ein Musikwerk** ~ to perform Wagner/a piece of music ❷ (*auflisten*) ■**jdn/etw** ~ to list sb/sth; **etw im Einzelnen** ~ to itemize sth; **ich will jetzt nicht alles im Einzelnen** ~ I don't want to go into details; **Beispiele** ~ to cite [*or* give] [*or* quote] examples; **Zeugen** ~ to cite witnesses **II.** *vr* (*sich benehmen*) ■**sich** ~ to behave; **sich so ~, als ob ...** to act as if ...; **führ dich wegen so einer Lappalie nicht gleich so auf!** don't make a scene about such a petty matter!

Auf·füh·rung *f* ❶ (*Darbietung*) performance; **die ~ eines Theaterstücks** the staging [*or* performance] of a play; **die ~ eines Musikstücks** the performance of a piece of music; **jdn/etw zur ~ bringen** (*geh*) to perform sb/sth; **zur ~ kommen** [*o* **gelangen**] (*geh*) to be performed ❷ (*Auflistung*) listing; *von Beispielen* citing, giving, quoting; *von Zeugen* citing; **einzelne ~** itemization; **zur ~ kommen** to be listed etc.

Auf·füh·rungs·recht *nt* performing [*or* dramatic] rights *npl*

auf|fül·len I. *vt* ❶ (*vollständig füllen*) ■**etw** [**mit etw**] ~ to fill up sth *sep* [with sth] ❷ (*nachfüllen*) ■**jdm etw** [**mit etw**] ~ to top up sth *sep* [with sth] for sb; **Öl** ~ to top up the oil *sep;* **Benzin** ~ to tank [*or* fill] up **II.** *vi* (*nachfüllen*) ■**jdm** ~ to serve sb; **darf ich Ihnen noch ~?** (*das Glas ~*) may I top you [*or* your glass] up?

Auf·ga·be[1] <-, -n> *f* ❶ (*Verpflichtung*) job, task; **jds ~ sein, etw zu tun** to be sb's job [*or* task] [*or* responsibility] to do sth; **sich** *dat* **etw zur ~ machen** to make sth one's job [*or* business]; **sich** *dat* **zur ~ machen, etw zu tun** to make it one's business to do sth ❷ *meist pl* SCH (*Übungs~*) exercise; (*Haus~*) homework *no pl* ❸ (*zu lösendes Problem*) question; **eine schwierige ~ lösen** to solve a difficult problem ❹ (*Zweck*) purpose ❺ (*das Aufgeben von Gepäck*) registering, registration; LUFT checking-in ❻ (*das Abschicken von Briefen, Päckchen*) posting, sending off

Auf·ga·be[2] <-> *f kein pl* ❶ (*Verzicht auf weiteren Kampf*) surrender; **~ des Kampfes** cessation of fighting ❷ SPORT (*freiwilliges Ausscheiden*) withdrawal, retirement; **Sieg durch ~** (*in Boxen*) technical knockout ❸ (*das Aufgeben*) ■**die ~ einer**

S. *gen*/**von etw** giving up sth ❹ (*das Fallenlassen*) dropping; *von Hoffnungen* abandonment ❺ (*Einstellung*) closing down, giving up ❻ (*das Abbrechen*) abandonment, dropping

auf|ga·beln *vt* ❶ (*fam: kennen lernen*) ■**jdn** ~ to pick [*or* dig] up sb *sep fam* ❷ (*mit der Forke aufladen*) ■**etw** ~ to fork up sth *sep*

Auf·ga·ben·be·reich *m*, **Auf·ga·ben·ge·biet** *nt* area of responsibility, purview *form* **Auf·ga·ben·heft** *nt* SCH homework book **Auf·ga·ben·stel·lung** *f* ❶ SCH (*geh*) setting of [one's] homework ❷ (*gestellte Aufgabe*) type of problem **Auf·ga·ben·ver·tei·lung** *f* allocation of responsibilities [*or* tasks]; SCH allocation of exercises

Auf·gang <-gänge> *m* ❶ (*das Erscheinen*) rising; *von Planeten a.* ascent ❷ (*aufwärtsführende Treppe*) staircase, stairs *npl;* **zwei Aufgänge** two staircases [*or* sets of stairs]; **im** ~ (*fam*) on the stairs [*or* staircase]

auf|ge·ben[1] *vt irreg* ❶ (*zu lösen geben*) ■**jdm etw** ~ to pose sth for sb ❷ SCH (*die Anfertigung von etw anordnen*) ■**[jdm] etw** ~ to give [*or* set] [sb] sth ❸ (*zu befördern geben*) ■**etw** ~ **Gepäck** ~ to register luggage; LUFT to check in luggage ❹ (*zur Aufbewahrung geben*) to put in [the] left luggage [*or* AM baggage room] ❺ (*im Postamt abgeben*) ■**etw** ~ to post [*or* AM mail] sth ❻ (*in Auftrag geben*) ■**etw** ~ to place [*or sep* put in] sth ❼ DIAL (*Essen zuteilen*) ■**jdm etw** ~ to serve sb sth; **kann ich dir noch Kartoffeln ~?** can serve you [any] more potatoes?

auf|ge·ben[2] *irreg* **I.** *vt* ❶ (*einstellen*) ■**etw** ~ to give up sth *sep;* **den Widerstand** ~ to give up one's resistance ❷ (*etw sein lassen*) ■**jdn/etw** ~ to give up sb/sth *sep;* **eine Stellung** ~ to resign [*or sep* give up] a post ❸ (*mit etw aufhören*) ■**etw** ~ to give up sth *sep;* **eine Gewohnheit** ~ to break with [*or sep* give up] a habit; **das Rauchen** ~ to give up smoking; **eine Sucht** ~ to come away from an addiction; **gib's auf!** (*fam*) why don't you give up? ❹ (*fallen lassen*) ■**etw** ~ to drop sth; **die Hoffnung** ~ to give up [*or* lose] hope; **einen Plan** ~ to drop [*or* throw over] a plan ❺ (*verloren geben*) ■**jdn** ~ to give up with [*or* on] sb, to give up sb *sep* for lost ❻ (*einstellen*) ■**etw** ~ to give up [*or* close down] sth *sep* ❼ (*vorzeitig beenden*) ■**etw** ~ to drop [*or* abandon] sth **II.** *vi* (*sich geschlagen geben*) to give up [*or* in]; MIL to surrender

Auf·ge·bot *nt* ❶ (*aufgebotene Menschenmenge*) crowd; *von Polizei, Truppen* contingent *form* ❷ (*Heiratsankündigung*) notice of [an] intended marriage; **das** ~ **bestellen** to give notice of one's intended marriage

auf·ge·bracht I. *adj* outraged, infuriated, incensed; ■**[über jdn/über etw/wegen etw]** ~ **sein** to be outraged [*or* infuriated] [*or* incensed] [with sb/with sth/over sth]; **über was bist du denn so ~?** what are you so outraged [*or* infuriated] [*or* incensed] about? **II.** *adv* in outrage

auf·ge·dun·sen *adj* bloated, swollen; **~es Gesicht** puffy face; ■~ **sein** to be bloated [*or* swollen]; *Gesicht* to be puffy

Auf·ge·dun·sen·heit <-> *f kein pl* bloatedness; *von Gesicht* puffiness

auf|ge·hen *vi irreg sein* ❶ (*langsam sichtbar werden*) to rise; *Planeten a.* to ascend ❷ (*sich öffnen*) to open; THEAT (*von Vorhang*) to rise, to go up ❸ (*sich öffnen*) *Knoten, Reißverschluss etc.* to come undone ❹ (*sich verwirklichen*) to work [out], to come off; **all seine Pläne sind aufgegangen** all his plans [have] worked out ❺ (*klar werden*) ■**jdm** ~ to dawn on [*or* become apparent to] sb ❻ MATH to work [*or* come] out; **die Division geht [ganz/glatt] auf** the division works [*or* comes] out even; *s. a.* **Rechnung** ❼ (*seine Erfüllung finden*) ■**in etw** *dat* ~ to be taken [*or* wrapped] up in sth; **sie geht ganz in ihrer Familie auf** her family is her whole world ❽ (*aufkeimen*) to sprout, to come up ❾ KOCHK (*sich heben*) to rise, to prove

auf·ge·ho·ben *adj* **[bei jdm] gut/schlecht** ~ **sein** to be/to not be in good keeping [*or* hands] [with sb]; **[bei jdm] besser/bestens** ~ **sein** to be in better/the best keeping [*or* hands] [with sb]; **dort weiß ich die Kinder gut** ~ I know the children are in good care [*or* hands] there

auf|gei·len I. *vt* (*sl*) ■**jdn** ~ to work up sb *sep fam* **II.** *vr* (*sl*) ■**sich [an jdm/etw]** ~ to get off [on sb/sth] *sl*

auf·ge·klärt *adj* ❶ PHILOS enlightened; ■~ **sein** to be enlightened ❷ (*sexualkundlich*) ■~ **sein** to know the facts of life; **die heutige Jugend ist sehr** ~ young people nowadays are well-acquainted with the facts of life; *s. a.* **aufklären**

auf·ge·kratzt *adj* (*fam*) full of beans *fam;* **sehr** ~ over the moon *fam*

Auf·geld *nt* DIAL (*Zuschlag*) extra charge

auf·ge·legt *adj* ❶ (*in bestimmter Laune*) **gut/schlecht** ~ **sein** to be in a good/bad mood; ■**[dazu]** ~ **sein, etw zu tun** to feel like doing sth; **zum Feiern** ~ **sein** to be in a mood for [*or* feel like] celebrating ❷ *attr* DIAL barefaced *pej*

auf·ge·löst *adj* ❶ (*außer sich*) ■**[vor etw** *dat*] ~ **sein** to be beside oneself [with sth] ❷ (*erschöpft*) exhausted, shattered *fam*

auf·ge·räumt *adj* (*geh*) cheerful, blithe *dated*

auf·ge·regt I. *adj* (*erregt*) excited; (*durcheinander*) flustered; ■~ **[über etw** *akk*] **sein** to be excited [*or* flustered] [about sth]; ~ **[vor Freude** *dat*] **sein** to be thrilled [with joy] **II.** *adv* excitedly; **ganz/ziemlich** ~ in complete/quite some excitement

Auf·ge·regt·heit <-> *f kein pl* excitement; **in großer** ~ in great excitement; (*durcheinander*) in a very flustered state

auf·ge·schlos·sen *adj* open-minded; ■**für/gegenüber etw** ~ **sein** to be open-minded about/as regards sth; **neuen Ideen gegenüber bin ich jederzeit** ~ I am always open [*or* receptive] to new ideas; **etw** *dat* ~ **gegenüberstehen** to be open-minded about [*or* as regards] sth

Auf·ge·schlos·sen·heit <-> *f kein pl* open-mindedness

auf·ge·schmis·sen *adj* (*fam*) ■~ **sein** to be in a fix *fam*

auf·ge·setzt *adj s.* **aufsetzen I.5**

auf·ge·weckt *adj* bright, sharp, quick-[witted]; ■~ **sein** to be bright [*or* sharp]

Auf·ge·weckt·heit <-> *f kein pl* quick-wittedness, intelligence

auf|gie·ßen *vt irreg* ❶ (*nachfüllen*) ■**[jdm] etw** ~ *akk* to pour in sth *sep* [for sb]; **darf ich Ihnen noch Wein ~?** may I top up your wine? ❷ (*darauf gießen*) **Kaffee/Tee** ~ to make coffee/tea, to brew tea; **Wasser** ~ to add [*or sep* pour on] water

auf|glie·dern I. *vt* ■**etw [in etw** *akk*] ~ to subdivide [*or sep* split up] sth [into sth]; **etw in [einzelne] Kategorien** ~ to categorize sth; **etw in Unterpunkte** ~ to itemize sth **II.** *vr* ■**sich in etw** *akk* ~ to subdivide [*or* break down] into sth

Auf·glie·de·rung *f* breakdown, division

auf|glim·men *vi irreg sein* (*geh*) ❶ (*erglimmen*) to light up; **kurz** ~ to flicker up ❷ (*fig: schwach aufflackern*) to glimmer

auf|glü·hen *vi sein o haben* to start [*or* begin] to glow

auf|gra·ben *vt irreg* ■**etw** ~ to dig up sth *sep*

auf|grei·fen *vt irreg* ❶ (*festnehmen*) ■**jdn** ~ to pick up sb *sep* ❷ (*weiterverfolgen*) ■**etw** ~ to take up sth *sep;* **einen Punkt** ~ to take up a point; **ein Gespräch** ~ to continue a conversation

auf·grund, auf Grund[RR] [aufˈgrʊnt] *präp + gen* ■~ **einer S.** *gen* owing to [*or* because of] sth; ~ **der Aussagen der Zeugen** on the basis [*or* strength] of the witnesses' testimonies

Auf·guss[RR] <-es, Aufgüsse> *m*, **Auf·guß**[ALT] <-sses, Aufgüsse> *m* ❶ PHARM [herbal] brew, infusion *spec* ❷ (*in der Sauna*) *a preparation of herbs suspended in water for vaporization on hot stones in a sauna*

Auf·guss·beu·tel[RR] *m* tea bag; (*Kaffee*) sachet

auf|ha·ben *irreg* **I.** *vt* (*fam*) ■**etw** ~ ❶ (*geöffnet haben*) to leave open sth *sep* ❷ (*an sich tragen*) to wear [*or sep* have on] sth ❸ (*aufgeknöpft haben*) to have sth open; **einen Knopf** ~ to have a button undone ❹ SCH (*aufbekommen haben*) to have sth [to do] ❺ DIAL (*aufgegessen haben*) to have finished [eating/drinking] [*or* have eaten/drunk up] sth *sep* **II.** *vi* (*fam*) to be open

auf|ha·cken *vt* ■**etw** ~ ❶ (*durch Hacken aufbrechen*) to break up sth *sep* ❷ (*mit Schnabelhieben öffnen*) to peck [*or* break] open sth *sep;* **die Erde** ~ to peck away at the soil

auf|hal·sen *vt* (*fam*) ■**jdm etw** ~ to saddle [*or* land] sb with sth; ■**sich** *dat* **etw** ~ to saddle oneself with sth

auf|hal·ten *irreg* **I.** *vt* ❶ (*abhalten*) ■**jdn** [**bei etw**] ~ to keep sb back [*or* away] [from sth] ❷ (*am Weiterkommen hindern*) ■**jdn** ~ to hold up sb *sep* ❸ (*zum Halten bringen*) ■**etw** ~ to stop sth; **einen Angriff** ~ to hold an assault in check; **den Vormarsch** ~ to arrest [*or* check] an advance ❹ (*abwehren*) **einen Schlag** ~ to parry a blow ❺ (*fam: offen hinhalten*) ■**etw** ~ to hold open sth *sep;* **die Hand** ~ to hold out one's hand *sep* **II.** *vr* ❶ (*weilen*) ■**sich** ~ to stay ❷ (*verweilen*) ■**sich bei etw** ~ to dwell on [*or* linger over] sth ❸ (*sich weiterhin befassen*) ■**sich mit jdm/etw** ~ to spend time [dealing] with sb/sth; **mit denen halte ich mich nicht länger auf** I'll not waste any more [of my] time with them

auf|hän·gen **I.** *vt* ❶ (*daran hängen*) ■**etw** [**an/auf etw** *dat*] ~ to hang up sth *sep* [on sth]; **etw an der Garderobe** ~ to hang up sth *sep* in the cloakroom; **ein Bild** ~ to hang [up] a picture; **die Wäsche** ~ to hang out the washing [*or* AM laundry] [to dry] ❷ (*durch Erhängen töten*) ■**jdn** [**an etw** *dat*] ~ to hang sb [from sth] ❸ (*entwickeln*) **etw an einer Frage/Theorie** ~ to use a question/theory as a peg for sth ❹ (*etw Lästiges zuschieben*) ■**jdm etwas** ~ to lumber [*or* AM saddle] sb with sth **II.** *vr* ❶ (*sich durch Erhängen töten*) ■**sich** [**an etw** *dat*] ~ to hang oneself [from sth] ❷ (*hum fam: den Mantel an den Haken hängen*) ■**sich** ~ to hang up one's coat *sep*

Auf·hän·ger <-s, -> *m* ❶ (*Schlaufe zum Aufhängen*) loop, tab ❷ (*fam: Anknüpfungspunkt*) peg [to hang sth on]

Auf·hän·gung <-, -en> *f* AUTO suspension

auf|hau·en **I.** *vt haben reg o irreg* (*fam*) ■**etw** ~ to break open sth *sep;* **etw mit einer Axt** ~ to chop open sth *sep* with an axe **II.** *vi sein* (*fam*) **mit dem Kopf auf etw** *akk o dat* ~ to bash [*or* bump] one's head on [*or* against] sth

auf|häu·fen **I.** *vt* ■**etw** ~ to pile up [*or* accumulate] sth; ■**aufgehäuft** accumulated **II.** *vr* ■**sich** ~ to pile up, to accumulate

auf|he·ben *irreg* **I.** *vt* ❶ (*vom Boden nehmen*) ■**etw** [**von etw**] ~ to pick up sth *sep* [off sth] ❷ (*aufrichten*) ■**jdn/etw** ~ to help sb [to] get up, to lift up sth *sep* ❸ (*aufbewahren*) ■[**jdm**] **etw** ~ to put aside sth *sep* for sb, to keep [back *sep*] sth for sb; (*nicht wegwerfen*) to keep sth [for sb]; *s. a.* **aufgehoben** ❹ (*widerrufen*) ■**etw** ~ to abolish [*or* do away with] sth; **ein Embargo** ~ to lift [*or* remove] an embargo; **einen Erlass** ~ to annul [*or form* rescind] a decree; **ein Gesetz** ~ to abolish [*or form* abrogate] a law; **ein Urteil** ~ to quash [*or* reverse] [*or form* rescind] a judgement; **eine Verfügung** ~ to cancel [*or form* rescind] an order ❺ (*beenden*) ■**etw** ~ to raise [*or* lift] sth ❻ PHYS (*außer Kraft setzen*) ■**aufgehoben sein/werden** to be/become neutralized, to be/become cancelled out **II.** *vr* (*sich ausgleichen*) ■**sich** ~ to offset each other; MATH to cancel [each other] out

Auf·he·ben <-s> *nt kein pl* [**nicht**] **viel** ~[**s**] [**von etw**] **machen** to [not] make a lot of [*or* kick up a] fuss [about [*or* over] sth] *fam;* **viel** ~[**s**] **von jdm machen** to make a lot of fuss about sb; **ohne** [**jedes/großes**] ~ without any/much fuss

Auf·he·bung <-, -en> *f* ❶ (*das Aufheben*) abolition; *von Embargo* lifting, raising; *von Erlass* annulment; *von Immunität* lifting, withdrawing [the privileges of]; *von Urteil* reversal; *von Verfügung* cancellation ❷ (*Beendigung*) lifting, raising ❸ PHYS neutralization

auf|hei·tern **I.** *vt* ■**jdn** ~ to cheer up sb *sep* **II.** *vr* ■**sich** ~ ❶ (*sonniger werden*) to clear, to brighten up ❷ (*geh: einen heiteren Ausdruck annehmen*) to light up

Auf·hei·te·rung <-, -en> *f* ❶ (*das Aufheitern*) cheering up ❷ (*Nachlassen der Bewölkung*) bright period, improvement; **zunehmende** ~ gradual improvement, bright periods of increasing length

auf|hei·zen **I.** *vt* ❶ (*allmählich erhitzen*) ■**etw** ~ to heat [up *sep*] sth ❷ (*geh: emotional aufladen*) ■**jdn** ~ to inflame sb; **die Atmosphäre** ~ to charge the atmosphere; **die Stimmung** ~ to stir up feelings *sep;* ■**aufgeheizt** charged **II.** *vr* ■**sich** ~ ❶ (*sich allmählich erhitzen*) to heat up ❷ (*geh: sich emotional aufladen*) to become charged, to intensify

auf|hel·fen *vi irreg* ■**jdm** [**von etw**] ~ to help up sb *sep* [*or* sb to get up] [off sth]

auf|hel·len **I.** *vt* ■**etw** ~ ❶ (*blonder, heller machen*) to lighten sth ❷ (*klarer machen*) to throw [*or* shed] light upon sth **II.** *vr* ■**sich** ~ ❶ (*sonniger werden*) to brighten [up] ❷ (*geh: heiterer werden*) to light up

Auf·hel·ler <-s, -> *m* (*für Wäsche*) optical brightener; (*für Haare*) lightener

Auf·hel·lung <-, -en> *f* ❶ (*Blondierung*) lightening ❷ (*Erhellung*) clarification, illumination ❸ (*das Aufhellen*) brightening; **es kam zu zeitweisen** ~**en** the weather brightened up from time to time

auf|het·zen *vt* (*pej*) ■**jdn** [**gegen jdn/etw**] ~ to incite [*or sep* stir up] sb['s animosity] [against sb/sth], to set sb against sb/sth; ■**jdn zu etw** ~ to incite [*or sep* stir up] sb to [do] sth; ■**jdn dazu** ~, **etw zu tun** to incite [*or sep* stir up] sb to do sth

auf|heu·len *vi* ❶ (*abrupt heulen*) ■[**vor etw** *dat*] ~ to howl [out] [with sth], to give a howl [of sth]; **er heulte auf vor Wut** he gave a howl of anger ❷ (*laut zu weinen beginnen*) to [start to] wail [*or* howl] ❸ (*zum Heulen steigern*) *Motor* to [give a] roar; *Sirene* to [start to] wail

auf|ho·len **I.** *vt* (*wettmachen*) ■**etw** ~ to make up sth *sep;* **versäumten Lernstoff** ~ to catch up on missed learning; **der Bus holte die Verspätung auf** the bus made up [for lost] time **II.** *vi* to catch up; *Läufer, Rennfahrer* to make up ground; *Zug* to make up time

auf|hor·chen *vi* to prick up one's ears, to sit up [and take notice]

auf|hö·ren *vi* ❶ (*etw nicht mehr weiter tun*) ■[**mit etw**] ~ to stop [*or* leave off] [sth]; **hör endlich auf!** [will you] stop it! [*or* leave off!]; **mit dem Lamentieren** ~ to stop complaining; **plötzlich** ~ to stop dead; ■~, **etw zu tun** to stop [*or* leave off] doing sth; **hör auf zu jammern!** stop whining! ❷ (*ein Ende nehmen*) to stop, to [come to an] end; **es hört auf zu regnen** the rain is stopping [*or* coming to an end] ❸ (*nicht weiterführen*) to stop, to [come to an] end; **der Weg hört hier auf** the track stops here ❹ (*nicht fortgesetzt werden*) to stop, to [come to an] end ❺ (*Stellung aufgeben*) ■[**bei jdm/etw**] ~ to leave [sb/sth]; **sie hat bei uns aufgehört** she has left [us] ▶ WENDUNGEN: **da hört sich doch alles auf!** (*fam*) that's the [absolute] limit!

Auf·kauf *m* ■**der** ~ [**einer S.** *gen*/**von etw**] buying up sth *sep;* (*zur Verteuerung*) cornering sth

auf|kau·fen *vt* ■**etw** ~ to buy up sth *sep;* (*zur Verteuerung*) to corner sth

Auf·käu·fer(in) *m(f)* buyer[-up]; (*zur Verteuerung*) cornerer, coemptor *spec*

auf|kei·men *vi sein* ❶ (*sprießen*) to germinate, to sprout ❷ (*geh: sich zaghaft zeigen*) ■[**in jdm**] ~ to bud [*or liter* burgeon] [in sb]; *Zweifel* to [begin to] take root; ■~**d** budding, burgeoning *liter;* ~**er Zweifel** growing [*or liter* nascent] doubt

auf|klaf·fen *vi sein o haben* to yawn; *Wunde* to gape; ■~**d** yawning; ~**er Abgrund** yawning abyss

auf·klapp·bar *adj* hinged; ~**es Verdeck** fold[-]down top; **Auto mit** ~**em Verdeck** convertible; ■~ **sein** to be hinged [*or* on hinges]; **nach hinten/nach vorne/zur Seite** ~ **sein** to be hinged at the back/at the front/on the side; **nach außen/innen** ~ **sein** to hinge outwards/inwards

auf|klap·pen **I.** *vt haben* ■**etw** ~ ❶ (*durch Auseinanderlegen öffnen*) to open [up *sep*] sth; **einen Liegestuhl** ~ to unfold a deckchair; **ein Messer** ~ to unclasp [*or* open] a knife; **ein Verdeck** ~ to fold back a top *sep;* ■**aufgeklappt** open; **ein Cabrio mit aufgeklapptem Verdeck** a convertible with the top folded back; ■**das Aufklappen** [**einer S.** *gen*/**von etw**] opening [up] sth ❷ (*hochschlagen*) to turn up sth *sep;* ■**aufgeklappt** turned-up; **mit aufgeklapptem Kragen** with one's collar turned up **II.** *vi sein* (*sich durch Auseinanderfallen öffnen*) to open [up]; *Verdeck* to fold back

auf|kla·ren ['aufkla:rən] METEO **I.** *vi impers* ■**es klart auf** it's clearing [*or* brightening] [up] **II.** *vi* (*sonniger werden*) to brighten [up]; *Wetter a.* to clear [up]; *Himmel a.* to clear

auf|klä·ren I. *vt* ❶ (*erklären*) ■**etw** ~ to clarify sth; **einen Irrtum/ein Missverständnis** ~ to resolve [*or sep* clear up] an error/a misunderstanding; **ein rätselhaftes Ereignis** ~ to throw [*or* shed] light on [*or* to clarify] a puzzling occurrence; ■**es lässt sich** ~ it can be clarified/resolved etc.; **lässt sich der Irrtum nicht** ~**?** can't this error be put right? ❷ (*aufdecken*) ■**etw** ~ to solve sth; **ein Verbrechen** ~ to clear up a crime ❸ (*informieren*) ■**jdn** [**über etw** *akk*] ~ to inform [*or* tell] sb [about sth], to inform sb [of sth]; ■**aufgeklärt sein** to be informed ❹ (*sexuell informieren*) **Kinder** ~ to explain the facts of life to children, to tell children the facts of life; (*in Sexualkunde*) to give children sex education; ■**aufgeklärt sein** to know about the facts of life ❺ MIL (*auskundschaften*) ■**etw** ~ to reconnoitre sth; *s. a.* **aufgeklärt II.** *vr* ■**sich** ~ ❶ (*sich aufdecken*) *Geheimnis, Irrtum etc.* to resolve itself, to be cleared up ❷ (*geh: sich aufhellen*) to light up, to brighten [up] ❸ (*sonniger werden*) to clear, to brighten [up]

Auf·klä·rer <-s, -> *m* ❶ MIL reconnaissance plane ❷ PHILOS philosopher of the Enlightenment

Auf·klä·rung *f* ❶ (*Erklärung*) clarification; *von Irrtum, Missverständnis* resolution, clearing up ❷ (*Aufdeckung*) solution (+*gen*/**von** +*dat* to); *von Verbrechen* clearing up ❸ (*Information*) ■[**die**] ~ **über etw** *akk* [the] information about [*or* on] sth ❹ (*sexuelle Information*) **die** ~ **von Kindern** explaining the facts of life to children; [**sexuelle**] ~ sex education ❺ MIL (*Spionageabteilung*) reconnaissance ❻ PHILOS ■**die** ~ the Enlightenment

auf·klä·rungs·be·dürf·tig *adj Fall, Sachverhalt, Angelegenheit* needing further explanation *pred*

Auf·klä·rungs·buch *nt* sex education book **Auf·klä·rungs·film** *m* sex education film **Auf·klä·rungs·flug·zeug** *nt s.* **Aufklärer 1 Auf·klä·rungs·kam·pag·ne** *f* information campaign **Auf·klä·rungs·pflicht** *f kein pl* [**richterliche**] ~ JUR duty of judicial enquiry; ADMIN obligation to provide information; [**ärztliche**] ~ MED *surgeon's/doctor's duty to inform a patient of the possible risks involved with an intended operation, course of treatment, etc.* **Auf·klä·rungs·quo·te** *f* detection rate (**von** for) **Auf·klä·rungs·sa·tel·lit** *m* MIL spy satellite

auf|klat·schen *vt* (*sl: verprügeln*) ■**jdn** ~ to beat sb up *fam*

auf|kle·ben *vt* ■**etw** [**auf etw** *akk*] ~ to stick on sth *sep,* to stick sth on sth; (*mit Kleister*) to paste on sth *sep,* to paste sth on sth; (*mit Leim*) to glue [sth] on sth *sep;* **eine Briefmarke** ~ to put on *sep* [*or form* affix] a stamp

Auf·kle·ber *m* sticker; (*für Briefumschläge, Pakete usw.*) adhesive label

auf|kna·cken *vt* ■**etw** ~ ❶ (*fam: aufbrechen*) to break into sth; **einen Tresor** ~ to break into [*or fam* crack] a safe ❷ (*knacken*) to crack [open *sep*] sth; **eine Nuss** ~ to crack [open] a nut

auf|knöp·fen *vt* ❶ (*durch Knöpfen öffnen*) ■[**jdm/sich**] **etw** ~ to unbutton [sb's/one's] sth; **einen Knopf** ~ to undo a button; ■**aufgeknöpft** unbuttoned; **mit aufgeknöpfter Hose** with one's trousers unbuttoned [*or* fly open [*or* undone]]; **sich** *dat* **die Knöpfe** ~ to undo one's buttons, to unbutton oneself *hum* ❷ (*durch Knöpfen befestigen*) ■**etw** [**auf etw** *akk*] ~ to button sth to sth, to button on sth *sep*

auf|kno·ten *vt* ■**etw** ~ to untie [*or* undo] sth; ■**das A~** [**einer S.** *gen*/**von etw**] untying [*or* undoing] sth

auf|knüp·fen I. *vt* ❶ (*erhängen*) ■**jdn** [**an etw** *dat*] ~ to hang sb [from sth], to string up sb *sep* [on sth] *fam* ❷ *s.* **aufknoten II.** *vr* (*sich erhängen*) ■**sich** [**an etw** *dat*] ~ to hang oneself [from sth]

auf|ko·chen I. *vt haben* (*zum Kochen bringen*) ■**etw** ~ to heat [*or* warm] up sth *sep;* (*bei Kochrezepten*) to bring sth to the [*or* AM a] boil **II.** *vi sein* (*zu kochen beginnen*) to come to the [*or* AM a] boil; ■**etw** ~ **lassen** to bring sth to the boil; ■**das A~** [**einer S.** *gen*/**von etw**] bringing [sth] to the boil; **nach kurzem A~ ...** after bringing to a quick boil ...

auf|kom·men *vi irreg sein* ❶ (*finanziell begleichen*) ■**für etw** ~ to pay for sth, to bear [*or* pay] the costs of sth; **für die Kosten** ~ to bear [*or* pay] [*or form* defray] the costs of sth; **für den Schaden** ~ to pay for [*or* make good] the damage ❷ (*Unterhalt leisten*) ■**für jdn/etw** ~ to pay for sth, to pay for sb's upkeep [*or* maintenance] ❸ (*entstehen: von Nebel*) to come down; *Regen* to set in; *Wind* to rise, to get [*or* pick] up; ~**der Nebel** settling mist; **bei** ~**dem Regen** as the rain sets/set in; **bei** ~**dem Wind** as the wind picks/picked up ❹ (*entstehen*) to arise, to spring up; ~**de Befürchtungen/Gerüchte** fresh fears/rumours [*or* AM -ors]; ■**etw** ~ **lassen** to give rise to sth ❺ (*aufsetzen*) ■[**auf etw** *dat*] ~ to land [on sth]; **hart/weich** ~ to have a hard/soft landing; ■**beim A~** when [*or* on] landing ❻ NAUT (*herankommen*) to come [*or* haul] up; ■**etw** ~ **lassen** to let sth come [*or* haul] up ▶WENDUNGEN: **jdn/etw nicht** ~ **lassen** to not give sb/sth a chance; **gegen jdn/etw nicht** ~ to be no match for sb/sth; **gegen ihn kommst du ja nicht auf!** you haven't a [cat in hell's *fam*] chance against him

Auf·kom·men <-s, -> *nt* ❶ *kein pl* (*Entstehung*) emergence; *einer Methode* advent, emergence; *einer Mode a.* rise ❷ (*das Auftreten*) appearance; *von Wind* rising ❸ FIN (*Einnahme*) amount; ~ **an Einkommensteuer** income-tax revenue

auf|krat·zen *vt* ❶ (*durch Kratzen öffnen*) ■[**sich** *dat*] **etw** ~ to scratch open sth *sep;* [**sich** *dat*] **die Haut** ~ to scratch one's skin sore ❷ (*sich durch Kratzen verletzen*) ■**sich** ~ to scratch oneself sore

auf|krei·schen *vi* ■[**vor etw** *dat*] ~ to scream [out] [*or* shriek] [with sth], to give a scream [*or* shriek] [of sth]; ■~**d** screaming, shrieking

auf|krem·peln *vt* ■**etw** ~ to roll up sth *sep;* ■**sich** *dat* **etw** ~ to roll up one's sth *sep;* **sich die Ärmel** ~ to roll up one's sleeves

auf|kreu·zen *vi sein* (*fam*) ■[**bei jdm**] ~ to turn [*or* show] up [at sb's] *fam*

auf|krie·gen *vt* (*fam*) *s.* **aufbekommen**

auf|kün·den *vt* (*geh*), **auf|kün·di·gen** *vt* ❶ (*kündigen*) [**jdm**] **das Dienstverhältnis** ~ to give notice [to sb]; [**jdm**] **einen Vertrag** ~ to revoke [*or* terminate] a [*or* sb's] contract, to give sb notice of termination of their contract *form* ❷ (*das Ende von etw ankündigen*) **jdm die Freundschaft** ~ to break off *sep* [*or form* terminate] one's friendship with sb; **jdm den Gehorsam** ~ to refuse obedience to sb

Auf·kün·di·gung *f* (*geh*) ❶ (*Kündigung*) termination, revocation ❷ (*das Aufkündigen*) termination; ~ **des Gehorsams** refusal to obey

auf|la·chen *vi* to [give a] laugh; **verächtlich** ~ to give a derisive laugh

auf|la·den *irreg* **I.** *vt* ❶ (*darauf laden*) ■**etw** [**auf etw** *akk*] ~ to load sth [on[to] sth]; **etw auf einen Wagen** ~ to load sth on[to] [*or* aboard] a vehicle ❷ (*auf den Rücken packen*) ■**jdm/einem Tier etw** ~ to load down sb/an animal *sep* with sth ❸ (*aufbürden*) ■**jdm etw** ~ to burden [*or* saddle] sb with sth; ■**sich** *dat* **etw** ~ to load oneself down [*or* burden oneself] with sth ❹ ELEK ■**etw** ~ to charge sth; **eine Batterie** [**wieder**] ~ to [re]charge a battery ❺ (*Atmosphäre: aufheizen*) ■**etw** ~ to charge sth; ■**aufgeladen** charged **II.** *vr* ELEK ■**sich** ~ to become charged, to take on a charge

A

Auf·la·ge <-, -n> *f* ❶ (*gedruckte Exemplare*) edition; **verbesserte ~** revised edition ❷ (*Auflagenhöhe*) number of copies; *von Zeitung* circulation; **das Buch/die Zeitung hat hohe ~n erreicht** a large number of copies [of this book] has been sold/this paper has attained a large circulation ❸ ÖKON (*Produktion*) [series] production ❹ (*Bedingung*) condition; **harte ~n** stringent conditions; **die ~ haben, etw zu tun** to be obliged to do sth; **jdm ~n/eine ~ machen** to issue instructions/an order to sb; **jdm etw zur ~ machen** to impose sth on sb as a condition; **jdm zur ~ machen, etw zu tun** to make it a condition for sb to do sth, to impose a condition on sb that he/she etc. [should] do sth; **mit der ~, etw zu tun** on condition that he/she etc. [should] do sth ❺ (*aufzulegendes Polster*) pad, padding *no pl* ❻ (*Überzug*) plating *no pl*, coating; **eine ~ aus Blattgold/Kupfer** copper/gold plating

Auf·la·ge(n)·hö·he *f* (*von Buch*) number of copies published; *von Zeitung* circulation; **das Buch/die Zeitung hatte eine ~ von 90.000 Exemplaren** the book sold 90,000 copies/the paper had a circulation of 90,000 **auf·la·gen·schwach** *adj* low-circulation *attr*, with a low circulation; ■**~ sein** to have a low circulation **auf·la·gen·stark** *adj* high-circulation *attr*, with a high circulation; ■**~ sein** to have a high circulation

auf|las·sen *vt irreg* ❶ (*fam: offen lassen*) ■**etw ~** to leave open sth *sep* ❷ (*fam: aufbehalten*) ■**etw ~** to leave [*or* keep] on sth *sep*; **soll ich meinen Hut ~?** should I keep my hat on? ❸ (*fam: aufbleiben lassen*) ■**jdn ~** to let sb stay up [longer] ❹ (*in die Höhe steigen lassen*) ■**etw ~** to let sth up ❺ JUR (*übertragen*) ■**etw ~** to transfer [*or* convey] [*or form* assure] sth ❻ (*stilllegen*) ■**etw ~** to close [*or* shut] down sth *sep*; ■**aufgelassen** closed down; **ein aufgelassenes Bergwerk** an abandoned mine ❼ ÖSTERR, SÜDD (*schließen*) ■**etw ~** to close [*or* shut] down sth *sep*; **das Geschäft ~** to shut up shop

Auf·las·sung <-, -en> *f* ❶ JUR (*Übertragung*) transfer[ance], conveyance ❷ BERGB (*Stilllegung*) shutting down ❸ ÖSTERR, SÜDD (*Schließung*) shutting [*or* closing] down

auf|lau·ern *vi* ■**jdm ~** to lie in wait for sb; (*anschließend angreifen, ansprechen*) to waylay sb

Auf·lauf[1] *m* KOCHK *savoury or sweet dish baked in the oven*

Auf·lauf[2] *m* (*Menschen~*) crowd

auf|lau·fen *vi irreg sein* ❶ (*sich ansammeln*) to accumulate; *Zinsen* to accrue; *Schulden* to mount up; ■**~d** accumulating; *Zinsen* accruing; ■**aufgelaufen** accumulated; **aufgelaufene Zinsen** interest accrued ❷ (*auf Grund laufen*) ■[**auf etw** *akk o dat*] **~** to run aground [on sth] ❸ (*aufprallen*) ■**auf jdn/etw ~** to run into sb/sth; (*aus entgegengesetzten Richtungen a.*) to collide with sb/sth ❹ (*ansteigen*) to rise; ■**~d** rising; **~des Wasser** flood [*or* rising] tide ❺ (*scheitern*) ■[**mit etw**] **~** to fail [*or fam* fall flat] [with sth]; ■**jdn/etw ~ lassen** (*fam*) to drop sb/sth in it

Auf·lauf·form *f* ovenproof dish

auf|le·ben *vi sein* ❶ (*munter werden*) to liven up ❷ (*neuen Lebensmut bekommen*) to find a new lease of [*or* AM on] life ❸ (*geh: sich erneut bemerkbar machen*) to revive ❹ FIN (*erneut in Kraft treten*) to be[come] reinstated

auf|le·cken *vt* ■**etw ~** to lick up sth *sep*

auf|le·gen **I.** *vt* ❶ (*herausgeben*) ■**etw ~** to publish [*or* print] [*or sep* bring out] sth; **ein Buch neu** [*o* **wieder**] **~** to reprint [*or* republish] a book; (*neue Bearbeitung*) to bring out a new edition [of a book] ❷ ÖKON (*produzieren*) ■**etw ~** to launch sth ❸ FIN (*emittieren*) ■**etw ~** to float [*or* issue] sth ❹ (*auf den Tisch legen*) **Gedeck ~** to lay cutlery; **eine Tischdecke ~** to put on *sep* [*or* spread] a tablecloth ❺ **den Hörer ~** to hang up, to replace the receiver ❻ (*nachlegen*) **Holz/Kohle ~** to put on more wood/coal *sep* ❼ NAUT ■**etw ~** to lay up sth *sep*, to put sth out of commission **II.** *vi* (*Telefonhörer ~*) to hang up, BRIT *a.* to ring off

auf|leh·nen *vr* ■**sich** [**gegen jdn/etw**] **~** to revolt [*or* rebel] [against sb/sth]

Auf·leh·nung <-, -en> *f* rebellion, revolt

auf|le·sen *vt irreg* (*fam*) ❶ (*aufheben*) ■**etw** [**von etw**] **~** to pick up sth *sep* [off sth]; **Obst ~** to pick up *sep* [*or* gather] fruit ❷ (*finden und mitnehmen*) **jdn** [**von der Straße**] **~** to pick sb up [off the street] ❸ (*aufschnappen*) ■**etw ~** to pick up sth *sep*

auf|leuch·ten *vi sein o haben* to light up

auf|lie·gen *irreg* **I.** *vi* ❶ (*auf etw liegen*) ■[**auf etw** *dat*] **~** to lie [on sth] ❷ (*erschienen sein*) to be published **II.** *vr* (*sich etw wund liegen*) ■**sich** *dat* **etw ~** to get bedsores [on one's sth]; ■**aufgelegen** [covered] with bedsores *pred*

auf|lis·ten *vt* ■[**jdm**] **etw ~** to list sth [for sb]

Auf·lis·tung <-, -en> *f* ❶ *kein pl* (*das Auflisten*) listing ❷ (*Liste*) list

auf|lo·ckern **I.** *vt* ❶ (*abwechslungsreicher machen*) ■**etw** [**durch etw**] **~** to liven up sth *sep* [with sth], to make sth more interesting [with sth] ❷ (*zwangloser machen*) ■**etw ~** to ease sth; **in aufgelockerter Stimmung** in a relaxed mood ❸ (*weniger streng machen*) ■**etw ~** to soften sth, to make sth less severe ❹ (*von Verspannungen befreien*) ■**etw ~** to loosen up sth *sep*; (*vor Leibesübungen*) to limber up sth *sep* ❺ (*lockern*) ■**etw ~** to loosen [up *sep*] sth, to mellow sth; ■**aufgelockert** loosened, mellow[ed] ❻ (*locker machen*) **die Erde ~** to break up the earth [*or* soil] **II.** *vr* ■**sich ~** ❶ SPORT (*sich von Verspannungen befreien*) to loosen up; (*vor Leibesübungen*) to limber up ❷ (*sich zerstreuen*) to break up, to disperse; **aufgelockerte Bewölkung** thinning cloudcover

Auf·lo·cke·rung *f* ❶ (*abwechslungsreichere Gestaltung*) **zur ~ des Unterrichtsstoffes** [in order] to liven up the lesson [*or* to make the lesson more interesting] ❷ (*zwanglosere Gestaltung*) **seine Witze trugen zur ~ der gespannten Atmosphäre bei** his jokes helped to ease the tense atmosphere ❸ (*weniger strenge Gestaltung*) **zur ~ eines Musters dienen** to serve to make a pattern less severe [*or* to soften a pattern] ❹ (*Beseitigung von Verspannungen*) loosening up; (*vor Leibesübungen*) limbering up ❺ (*Zerstreuung*) breaking up, dispersal ❻ (*das Auflockern*) loosening [up]

auf|lo·dern *vi sein* ❶ (*plötzlich hoch schlagen*) to flare [*or* blaze] up; [**hoch**] **~de Flammen** raging flames ❷ (*geh: ausbrechen*) to flare up; *Kämpfe a.* to break out

auf|lö·sen **I.** *vt* ❶ (*in Flüssigkeit lösen*) ■**etw** [**in etw** *akk o dat*] **~** to dissolve sth [in sth] ❷ (*aufklären*) ■**etw ~** to clear up *sep* [*or* resolve] sth ❸ (*aufheben*) ■**etw ~** to disband sth; **Parlament ~** to dissolve parliament; ■**aufgelöst** disbanded; **aufgelöstes Parlament** dissolved parliament ❹ (*zerstreuen*) ■**etw ~** to disperse [*or sep* break up] sth ❺ FIN **ein Konto ~** to close an account; ■**aufgelöst** closed ❻ (*ausräumen*) ■**etw ~** to clear sth; **einen Haushalt ~** to break up a household *sep* ❼ FOTO ■**etw ~** to resolve sth ❽ MATH **Gleichungen ~** to [re]solve equations; **Klammern ~** to eliminate brackets ❾ MUS ■**Vorzeichen ~** to cancel sharps/flats ❿ (*geh: lösen*) **das Haar ~** to let down one's hair *sep*; **einen Haarknoten ~** to undo a bun; **mit aufgelösten Haaren** with one's hair loose [*or* down] **II.** *vr* ❶ (*in Flüssigkeit zergehen*) ■**sich ~** to dissolve ❷ (*sich zersetzen*) ■**sich ~** to disintegrate ❸ (*sich klären*) ■**sich ~** to resolve itself, to be resolved; **die Probleme haben sich** [**in nichts/in Luft**] **aufgelöst** the problems have disappeared [into thin air] ❹ (*die weitere Existenz beenden*) ■**sich ~** to disband ❺ (*sich zerstreuen*) ■**sich** [**in etw** *akk*] **~** to break up *sep* [*or* disperse] [into sth]; *Nebel a.* to lift ❻ (*verschwinden*) **sich** [**in nichts/Luft** *akk*] **~** to disappear [into thin air]; *s. a.* **aufgelöst**

Auf·lö·sung *f* ❶ (*Beendigung des Bestehens*) disbanding; *vom Parlament* dissolution ❷ (*Zerstreuung*) dispersal, breaking up ❸ (*Klärung*) clearing up, resolving ❹ FIN closing ❺ (*Bildqualität*) resolution; **ein Bildschirm mit hoher ~** a high-resolution screen; (*Computer*) a high-resolution monitor ❻ (*das Auflösen*) clearing; *von Haushalt* breaking up ❼ (*das Zergehen*) dissolving; **die ~ des Zuckers im Kaffee** dissolving sugar in coffee ❸ (*geh: Verstörtheit*) distraction

Auf·lö·sungs·zei·chen *nt* MUS natural [sign]

auf|ma·chen I. *vt* ❶ (*fam: öffnen*) ■**etw ~** to open sth ❷ (*fam: lösen*) ■**[jdm] etw ~** to undo [sb's] sth; ■**[sich** *dat*] **etw ~** to undo one's sth; **Schnürsenkel/Schuhe ~** to undo [*or* untie] laces/shoes ❸ (*gründen*) ■**etw ~** to open [up *sep*] sth ❹ (*gestalten*) ■**etw ~** to make [*or* get] up sth *sep* ❺ (*darstellen*) ■**etw ~** to feature sth; **etw mysteriös ~** to feature sth as a mystery; **etw groß ~** to give sth a big spread ❻ MED (*sl: operieren*) ■**jdn ~** to open up sb *sep fam*, to cut open sb *sep fam* **II.** *vi* ❶ (*die Tür öffnen*) ■**[jdm] ~** to open the door [for sb] ❷ (*ein Geschäft [er]öffnen*) to open up **III.** *vr* ❶ (*sich anschicken*) ■**sich [dazu] ~, etw zu tun** to get ready to do sth ❷ (*aufbrechen*) ■**sich [zu etw] ~** to set [*or* start] out [on sth]; **sich nach Ottobrunn/in die Kneipe ~** to set out for Ottobrunn/for the pub

Auf·ma·cher *m* MEDIA front-page story, lead [article]

Auf·ma·chung <-, -en> *f* ❶ (*Kleidung*) turn-out; **in großer ~ erscheinen** to turn up [*or* out] in full dress ❷ (*Gestaltung von Buch*) presentation ❸ (*Gestaltung von Seite, Zeitschrift*) layout; **der Artikel erschien in großer ~** the article was given a big spread

auf|ma·len *vt* ■**etw [auf etw** *akk*] **~** to paint sth [on sth]; (*kritzeln*) to scrawl sth [on sth]

Auf·marsch *m* ❶ (*das Aufmarschieren*) marching up; (*Parade*) march-past ❷ MIL (*Beziehen der Stellungen*) deployment

auf|mar·schie·ren* *vi sein* ❶ (*heranmarschieren und sich aufstellen*) to march up ❷ MIL (*in Stellung gehen*) to be deployed; ■**jdn/etw ~ lassen** to deploy sb/sth; **jdn/etw in Gefechtsformation ~ lassen** to assemble sb/sth in fighting formation; **jdn ~ lassen** (*fig sl*) to drum up sb *sep*, to have sb march up *hum*

auf·mei·ßeln *vt* MED ■**[jdm] etw ~** to trephine [sb's] sth

auf|mer·ken *vi* ❶ (*aufhorchen*) to sit up [and take notice] ❷ (*geh: Acht geben*) ■**[auf etw** *akk*] **~** to pay attention [to sth], to pay heed to sth; **merk jetzt gut auf!** pay close attention now!

auf·merk·sam I. *adj* ❶ (*alles genau bemerkend*) attentive; **~e Augen** keen [*or* sharp] eyes; ■**[auf jdn/etw] ~ sein/werden** to take notice [of sb/sth]; **jdn auf etw** *akk* **~ machen** to draw [*or* direct] sb's attention to sth, to point sth out to sb; **jdn darauf ~ machen, dass ...** to draw [*or* direct] sb's attention to the fact that ..., to point out to sb that ...; **auf diese Situation sind wir nicht ~ gemacht worden** we were not told of this situation ❷ (*zuvorkommend*) attentive; **[das ist] sehr ~ [von Ihnen]!** [that's] most kind [of you] **II.** *adv* attentively; (*beobachtend*) observantly; **seht mal ~ zu!** watch carefully, pay attention and watch

Auf·merk·sam·keit <-, -en> *f* ❶ *kein pl* (*aufmerksames Verhalten*) attention, attentiveness; **es ist meiner ~ entgangen** it escaped my attention ❷ *kein pl* (*Zuvorkommenheit*) attentiveness ❸ (*Geschenk*) token [gift]; **[nur] eine kleine ~ von mir!** just a little something from me

auf|mi·schen *vt* (*sl*) ❶ (*neu mischen*) ■**Farben ~** to remix paints ❷ (*verprügeln*) ■**jdn ~** to lay into sb *sl*

auf|mi·xen *vt* **eine Soße ~** *to mix cold butter into a sauce to bind*

auf|mö·beln *vt* (*fam*) ❶ (*restaurieren*) ■**etw ~** to do up sth *sep fam* ❷ (*aufmuntern*) ■**jdn ~** to cheer [*or fam* buck] up sb *sep*

auf|mon·tie·ren* *vt* ❶ ■**etw [auf etw** *akk*] **~** to mount [*or* install] sth [on sth], to fit sth on[to] sth, to fit [on *sep*] sth ❷ KOCHK *s.* **montieren**

auf|mot·zen *vt* (*fam*) ■**etw ~** to doll [*or* BRIT *a.* tart] up sth *sep fam;* **ein aufgemotztes Auto** a souped-up car *fam*

auf|mu·cken *vi* (*fam*) ■**[gegen jdn/etw] ~** to kick [out] against sb/sth, to kick out; **~de Schüler** disruptive pupils

auf|mun·tern *vt* ■**jdn ~** ❶ (*aufheitern*) to cheer up sb *sep* ❷ (*beleben*) to liven [*or* pick] up sb *sep* ❸ (*jdm Mut machen*) to encourage sb; **jdn zum Kampf ~** to encourage sb to fight

auf·mun·ternd I. *adj* encouraging **II.** *adv* encouragingly; **~ gemeint sein** to be meant as [*or* to be] an encouragement

Auf·mun·te·rung <-, -en> *f* ❶ (*Aufheiterung*) cheering up; **als ~ gemeint sein** to be meant to cheer up ❷ (*Ermutigung*) encouragement; **als ~** as an encouragement ❸ (*Belebung*) livening up; **zur ~** to liven up sb *sep;* **jdm zur ~ dienen** to serve to liven up sb *sep*

auf·müp·fig *adj* (*fam*) ■**~ sein/werden** to be rebellious [*or* unruly] [*or* contrary]

auf|nä·hen *vt* ■**[jdm] etw [auf etw** *akk*] **~** to sew sth on[to] [sb's] sth, to sew on sth *sep;* ■**aufgenäht** sewn-on

Auf·nah·me[1] <-, -n> *f* ❶ (*das Fotografieren*) ■**die ~** photographing; **die ~ von Bildern** taking of pictures [*or* photographs] ❷ (*das Filmen*) ■**die ~ [einer S.** *gen*/**von etw]** filming [*or* shooting] [sth]; **Achtung, ~!** action! ❸ (*Fotografie*) photo[graph], picture *fam;* **~n machen** to take photo[graph]s [*or* pictures]; **von jdm/etw eine ~ machen** to take a photo[graph] [*or* picture] of sb/sth *fam*, to take sb's photo[graph] [*or* picture] *fam* ❹ (*Tonband~*) [tape-]recording; **von jdm/etw eine ~ machen** to record sb/sth [on tape], to make a recording of sth on tape

Auf·nah·me[2] <-, -n> *f* ❶ (*Beginn*) start, commencement *form; von Tätigkeit a.* taking up; *von Beziehung, Verbindung a.* establishment ❷ (*Unterbringung*) ■**die/eine ~ in etw** *akk* the admission [into] sth; **bei jdm ~ finden** to find accommodation at sb's house; **bei jdm freundliche ~ finden** to meet with a warm reception from sb ❸ *kein pl* (*Absorption*) absorption ❹ (*Verleihung der Mitgliedschaft*) ■**die ~** admission ❺ (*Auflistung*) inclusion (**in** *+akk* in) ❻ (*Aufzeichnung*) taking down; *von Telegramm* taking; **die ~ eines Unfalls** taking down the details of an accident ❼ FIN (*Inanspruchnahme*) taking up, raising ❽ (*Reaktion*) reception; ■**die ~ einer S.** *gen* **bei jdm** sb's reception of sth ❾ (*Aufnahmeraum in Klinik*) reception area, reception *no art* ❿ (*aufgenommener Patient*) admission ⓫ *kein pl* (*geh: Verzehr*) ingestion *form*

Auf·nah·me·an·trag *m* application for membership, membership application **auf·nah·me·fä·hig** *adj* ■**[für etw] ~ sein** to be able to grasp [*or sep* take in] sth **Auf·nah·me·ge·bühr** *f* membership fee, dues *npl* **Auf·nah·me·la·ger** *nt* POL, SOZIOL refugee camp **Auf·nah·me·prü·fung** *f* entrance examination **Auf·nah·me·stu·dio** *nt* recording studio **Auf·nah·me·tech·nik** *f* MUS, ELEK sound recording technology **Auf·nah·me·wa·gen** *m* RADIO, TV recording van

Auf·nahms·prü·fung *f* ÖSTERR (*Aufnahmeprüfung*) entrance examination

auf|neh·men[1] *vt irreg* ■**jdn/etw ~** ❶ (*fotografieren*) to photograph [*or* take a photo[graph] of] sb/sth, to take sb's photo[graph] [*or* picture]; **diese Kamera nimmt alles sehr scharf auf** this camera takes very sharply focused photographs [*or* pictures] ❷ (*filmen*) to film [*or fam* shoot] sb/sth ❸ (*aufzeichnen*) to record sb/sth [on tape], to make a recording of sth [on tape]

auf|neh·men[2] *vt irreg* ❶ (*unterbringen*) ■**jdn [bei sich] ~** to accommodate sb [at one's house], to take in sb *sep* ❷ (*in einer Schule unterbringen*) ■**jdn ~** to admit [*or sep* take on] sb ❸ (*beitreten lassen*) ■**jdn [in etw** *akk*] **~** to admit sb [to sth], to receive sb into sth ❹ (*geistig registrieren*) ■**etw [in sich] ~** to grasp [*or sep* take in] sth; **diese Schüler nehmen alles schnell auf** these pupils are quick on the uptake ❺ (*auflisten*) ■**etw [in etw** *akk*] **~** to include sth [in sth] ❻ (*beginnen*) ■**etw ~** to begin [*or form* commence [with]] sth; **eine Beziehung ~** to establish a relationship; **Kontakt mit jdm ~** to establish [*or* make] [*or* get in] contact with sb, to contact sb; **das Studium/eine Tätigkeit ~** to take up studies/an activity *sep* ❼ (*absorbieren*) ■**etw ~** to absorb sth ❽ (*auf etw reagie-*

ren) ■**etw** ~ to receive sth ⑨ (*niederschreiben*) ■**etw** ~ to take down sth *sep;* **ein Telegramm** ~ to take a telegram ⑩ (*aufgreifen*) ■**etw** ~ to take up sth *sep* ⑪ (*fassen*) ■**etw** ~ to contain [*or* hold] sth ⑫ (*aufheben*) ■**etw** [**von etw**] ~ to pick up sth *sep* [off sth] ⑬ NORDD (*aufwischen*) ■**etw** [**mit etw**] ~ to wipe up sth *sep* [with sth] ⑭ FIN (*in Anspruch nehmen*) ■**etw** [**auf etw** *akk*] ~ to raise sth [on sth]; **eine Hypothek auf ein Haus** ~ to raise a mortgage on [*or* to mortgage] a house ⑮ (*auf die Nadel nehmen*) ■**etw** ~ to take [*or* pick] up sth *sep* ▸WENDUNGEN: **es mit jdm/etw** ~ [**können**] to be a match for sb/sth (**an** in); **es mit jdm/etw nicht** ~ **können** to be no match for sb/sth (**an** in)

Auf·neh·mer <-s, -> *m* NORDD (*Wischlappen*) cloth

äuf·nen ['ɔyfnən] *vt* SCHWEIZ (*ansammeln*) ■**etw** ~ to accumulate sth

auf|nö·ti·gen *vt* ① (*zu nehmen drängen*) ■**jdm etw** ~ to force [*or* press] sth on sb ② (*zu akzeptieren nötigen*) ■**jdm etw** ~ to force [*or* impose] sth on sb

auf|op·fern *vr* ■**sich** [**für jdn/etw**] ~ to sacrifice oneself [for sb/sth]

auf·op·fernd *adj s.* **aufopferungsvoll**

Auf·op·fe·rung *f* sacrifice; **jdn mit** ~ **pflegen** to nurse sb with devotion

auf·op·fe·rungs·voll I. *adj* (*hingebungsvoll*) devoted; ~**e Arbeit** work with devotion II. *adv* with devotion; **jdn** ~ **pflegen** to nurse sb with devotion

auf|pa·cken *vt* ① (*aufladen*) ■**jdm/einem Tier etw** ~ to load sth on[to] sb/an animal, to load sb/an animal with sth; ■**sich** *dat* **etw** ~ to load oneself with sth ② (*fam: aufbürden*) ■**jdm etw** ~ to burden [*or* saddle] sb with sth

auf|päp·peln *vt* (*fam*) ■**jdn/ein Tier** ~ to feed up sb/an animal *sep;* (*wieder gesund machen*) to nurse sb/an animal back to health

auf|pas·sen *vi* ① (*aufmerksam sein*) to pay attention; **genau** ~ to pay close attention; **kannst du nicht** ~**, was man dir sagt?** can't you listen to what is being said to you?; ■~**, dass ...** to take care that ...; ■**pass auf!**, ■**aufgepasst!** (*sei aufmerksam*) [be] careful!; (*Vorsicht*) watch [*or* BRIT *a.* mind] out! ② (*beaufsichtigen*) ■[**auf jdn/etw**] ~ to keep an eye on sb/sth; (*bei Prüfung*) to invigilate [*or* AM proctor] [sb/sth]; **auf die Kinder** ~ to mind [*or* look after] the children

Auf·pas·ser(in) <-s, -> *m(f)* (*pej: Aufseher*) watchdog *fam,* minder *fam;* (*bei Prüfung*) invigilator BRIT, proctor AM; (*Spitzel*) spy; (*Wächter*) guard, screw *pej sl*

auf|peit·schen *vt* ① (*aufhetzen*) ■**jdn** ~ to inflame [*or sep* work up] sb; (*stärker*) to whip up sb *sep* into a frenzy; **jdn zu neuen Übergriffen** ~ to inflame [*or sep* work up] sb into new attacks ② (*entflammen*) ■**etw** ~ to inflame [*or* fire] sth ③ (*aufbranden lassen*) ■**etw** ~ to whip up sth *sep;* **das aufgepeitschte Meer** the wind-lashed sea

auf|pep·pen ['aufpɛpn̩] *vt* (*sl*) ■**etw** ~ to jazz up sth *sep fam*

auf|pflan·zen I. *vt* ① MIL **Bajonette** ~ to fix bayonets; ■**aufgepflanzt** fixed ② (*aufstellen*) ■**etw** ~ to plant sth II. *vr* (*fam: sich hinstellen*) ■**sich** [**vor jdm/etw**] ~ to plant oneself in front of sb/sth

auf|pfrop·fen *vt* ■**etw** [**auf etw** *akk*] ~ to graft sth on[to] sth, to graft on sth *sep*

auf|pi·cken *vt* ■**etw** ~ ① (*pickend fressen*) to peck up sth *sep* ② (*pickend öffnen*) to peck open sth *sep*

auf|plat·zen *vi sein* to burst open; *Wunde* to open up, to rupture; ■**aufgeplatzt** burst

auf|plus·tern I. *vt* (*aufrichten*) ■**etw** ~ to ruffle [up] sth *sep;* **eine aufgeplusterte Henne** a hen with its feathers ruffled [up] II. *vr* ■**sich** ~ ① (*das Gefieder aufrichten*) to ruffle [up *sep*] its feathers ② (*pej fam: sich wichtigmachen*) to puff oneself up

auf|po·lie·ren* *vt* ■**etw** ~ (*fam*) to polish up sth *sep*

auf|prä·gen *vt* ■**etw** [**auf etw** *akk*] ~ to emboss [*or* stamp] sth with sth; **seinen Namen auf einen Füller** ~ to emboss [*or* stamp] a pen with one's name; ■**aufgeprägt** embossed; ■**das A**~ **einer S.** *gen*/**von etw** stamping sth

Auf·prall <-[e]s, -e> *m* impact; **bei einem** ~ **auf etw** *akk* [up]on impact with sth

auf|pral·len *vi sein* ■[**auf etw** *akk o dat*] ~ to hit [*or* strike] sth, to collide with sth; *Mensch, Fahrzeug a.* to run into sth; **frontal** [**auf etw** *akk o dat*] ~ to collide head-on [with sth]; **seitlich auf etw** *akk o dat* ~ AUTO to hit sth from the side, to have a lateral impact with sth *form;* ■**das A**~ impact

Auf·preis *m* extra [*or* additional] charge; **gegen** ~ for an extra [*or* additional] charge, at extra charge

auf|pro·bie·ren* *vt* ■**etw** ~ to try [on *sep*] sth; **einen Hut/eine Brille** ~ to try on *sep* a hat/a pair of spectacles

auf|pum·pen *vt* ■**etw** ~ ① (*durch Pumpen aufblasen*) to pump up *sep* [*or* inflate] sth; ■**aufgepumpt** inflated ② (*die Reifen von etw mit Luft füllen*) to pump up [*or* inflate] the tyres [*or* AM tires] of sth; **beim A**~ when pumping up [*or* inflating] tyres

auf|put·schen I. *vt* ① (*aufwiegeln*) ■**jdn/etw** [**gegen jdn/etw**] ~ to stir up *sep* [*or* rouse] sb/sth [against sb/sth]; **öffentliche Meinung** ~ to whip [*or* stir] up public opinion *sep* ② (*jds Leistungsfähigkeit steigern*) ■**jdn** ~ to stimulate sb; ■~**d** stimulating; ~**de Substanzen** stimulants II. *vr* (*seine Leistungsfähigkeit steigern*) ■**sich** [**mit etw**] ~ to pep oneself up [with sth] *fam*

Auf·putsch·mit·tel *nt* stimulant, upper *sl*

auf|put·zen *vt* DIAL *s.* **aufwischen**

auf|quel·len *vi irreg sein* to swell [up]; ■**aufgequollen** swollen; **aufgequollenes Gesicht** puffy [*or* bloated] face

auf|raf·fen I. *vr* ① (*sich mühselig erheben*) ■**sich** *akk* [**von etw**] ~ to pull [*or* pick] oneself up [off sth] ② (*sich mühselig entschließen*) ■**sich** *akk* **zu etw** ~, ■**sich** *akk* **dazu** ~, **etw zu tun** to bring [*or* rouse] oneself to do sth; **ich muss mich** ~ I must pull myself together II. *vt* ■**etw** ~ ① (*schnell aufheben*) to snatch up sth *sep* ② (*raffen*) to gather up sth *sep;* **mit aufgerafftem Rock** with her frock gathered up

auf|ra·gen *vi sein o haben* ■[**über etw** *dat*] ~ to rise above sth; (*sehr hoch*) to tower [up] over sth, to tower up; *Turm* soaring; *Baum* towering

auf|rap·peln *vr* (*fam*) ■**sich** ~ ① (*wieder zu Kräften kommen*) to recover, to get over it ② *s.* **aufraffen I.**

auf|rau·en[RR], **auf|rau·hen**[ALT] *vt* ■**etw** ~ ① (*von Haut: rau machen*) to roughen sth, to make sth rough ② (*von Textilien: rau machen*) to nap sth

Auf·räum·ar·bei·ten *pl* clearing-up [*or* clean-up] operations

auf|räu·men I. *vt* (*Ordnung machen*) ■**etw** ~ to tidy [*or* clear] up sth *sep;* **einen Schrank** ~ to clear [*or* tidy] out a cupboard *sep;* **einen Schreibtisch** ~ to clear [up] a desk *sep;* **Spielsachen** ~ to clear [*or* tidy] away toys *sep;* ■**aufgeräumt sein** to be [neat and] tidy II. *vi* ① (*Ordnung machen*) to tidy [*or* clear] up ② (*pej: dezimieren*) **unter der Bevölkerung** [**gründlich**] ~ *Seuche* to decimate [*or* wreak havoc among] the population; *Mordkommando* to slaughter the population; **unter Pennern** ~ to clear out [*or* away] down-and-outs *sep pej* ③ (*etw beseitigen*) ■**mit etw** ~ to do away with sth

Auf·räu·mungs·ar·bei·ten *pl* clear[ing]-up operations

auf|rech·nen *vt* ■**jdm etw** [**gegen etw**] ~ to offset sth against [sb's] sth

auf·recht ['aufrɛçt] I. *adj* upright, erect II. *adv* upright, erect; ~ **sitzen** to sit up[right]; **etw** ~ **hinstellen** to place sth upright [*or* in an upright position]

auf·recht|er·hal·ten* ['aufrɛçtʔɛɐ̯haltn̩] *vt irreg* ① (*daran festhalten*) ■**etw** ~ to maintain sth; **die Anklage** ~ to uphold [*or* abide by] the charge; **seine Behauptung** ~ to stick to one's view; **seine Entscheidung** ~ to abide by one's decision ② (*bestehen lassen*) ■**etw** ~ to keep up sth *sep* ③ (*moralisch stützen*) ■**jdn** ~ to keep sb going, to sustain sb

Auf·recht·er·hal·tung *f* ❶ (*das Aufrechterhalten*) maintenance; *von Anklage* upholding; *von Behauptung* sticking (+*gen* to); *von Entscheidung* abiding (+*gen* by) ❷ (*das weitere Bestehenlassen*) continuation

auf|re·gen I. *vt* ■jdn ~ (*erregen*) to excite sb; (*verärgern*) to annoy [*or* irritate] sb; (*nervös machen*) to make sb nervous; (*bestürzen*) to upset sb; reg mich nicht auf! stop getting on my nerves!; das kann einen schon ~! that can really drive you mad *fam;* das regt mich auf! that really annoys me [*or fam* gets on my wig] ! II. *vr* (*sich erregen*) ■sich [über jdn/etw] ~ to get worked up *fam* [*or* excited] [about sb/sth]; reg dich nicht so auf! don't get [yourself] so worked up!; *s. a.* aufgeregt

auf·re·gend *adj* exciting; ■etwas A~es something exciting; ■wie ~! (*fam*) how exciting! *a. iron,* bully for him/them/you etc.! *iron*

Auf·re·gung *f* ❶ (*aufgeregte Erwartung*) excitement *no pl* ❷ (*Beunruhigung*) agitation *no pl;* nur keine ~! don't get flustered, don't get [yourself] worked up *fam;* wozu die [ganze] ~? what's the big deal? *fam;* in heller ~ in utter confusion; in helle ~ geraten to work oneself into a panic; jdn/etw in ~ versetzen to get sb/sth into a state *fam*

auf|rei·ben *irreg* I. *vt* ❶ (*zermürben*) ■jdn ~ to wear down [*or* out] sb *sep;* jdn nervlich ~ to fray sb's nerves ❷ (*wund reiben*) ■[jdm] etw ~ to chafe sb's sth, to rub sb's sth sore ❸ MIL (*völlig vernichten*) ■etw ~ to annihilate [*or sep* wipe out] sth II. *vr* ❶ (*sich zermürben*) ■sich ~ to wear oneself out; sich [für die Arbeit] ~ to work oneself into the ground ❷ (*sich aufscheuern*) ■sich *dat* etw [an etw *dat*] ~ to chafe one's sth [*or* rub one's sth sore] [against sth]; sich die Hände/Haut ~ to rub one's hands/skin sore

auf·rei·bend *adj* wearing, trying

auf|rei·hen I. *vt* ■etw [auf etw *akk*] ~ to string sth [on sth]; Edelsteine auf eine Schnur ~ to string precious stones on a thread II. *vr* ■sich ~ to line up, to get in lines [*or* a line]; aufgereiht stehen to stand in rows [*or* a row]

auf|rei·ßen *irreg* I. *vt haben* ❶ (*durch Reißen öffnen*) ■etw ~ to tear [*or* rip] open sth *sep* ❷ (*aufbrechen*) ■etw ~ to tear [*or* rip] up sth *sep* ❸ (*ruckartig öffnen*) ■etw ~ to fling [*or* throw] open sth *sep;* die Augen/den Mund ~ to open one's eyes/mouth wide ❹ (*aufritzen*) ■etw ~ to tear [*or* rip] sth; ■[sich *dat*] etw [an etw *dat*] ~ to tear [*or* rip] one's sth [on sth]; die Haut leicht ~ to graze one's skin ❺ (*sl: aufgabeln*) ■jdn ~ to pick up sb *sep fam* II. *vi sein* (*von Hose: aufplatzen*) to rip, to tear (an +*dat* at); *Naht* to split, to burst; *Wolkendecke* to break up; *Wunde* to tear open

auf|rei·zen *vt* ❶ (*erregen*) ■jdn ~ to excite sb; (*stärker*) to inflame sb; ■sich durch etw ~ lassen to get worked up about sth *fam* ❷ (*provozieren*) ■jdn [zu etw] ~ to provoke sb [into doing sth]; jdn zum Kampf ~ to provoke sb into fighting

auf·rei·zend I. *adj* ❶ (*erregend*) exciting ❷ (*sexuell provokant*) provocative; *Unterwäsche a.* sexy *fam* II. *adv* (*sexuell provokant*) provocatively; sich ~ wiegen to sway in a sexy rhythm *fam*

Auf·rich·te <-, -n> *f* SCHWEIZ (*Richtfest*) topping-out ceremony

auf|rich·ten I. *vt* ❶ (*in aufrechte Lage bringen*) ■etw ~ to put [*or* set] sth upright; ■jdn ~ to help up sb *sep,* to help sb to her/his feet; einen Patienten ~ to sit up a patient ❷ (*aufstellen*) ■etw ~ to erect [*or sep* put up] sth; die Flagge ~ to raise [*or sep* run up] a flag ❸ (*geh: Mut machen*) ■jdn [wieder] ~ to put new heart into [*or* give fresh courage to] sb II. *vr* ❶ (*aufrechte Stellung einnehmen*) ■sich ~ (*gerade stehen*) to stand up [straight]; (*gerade sitzen*) to sit up [straight]; (*aus gebückter Haltung*) to straighten up ❷ (*geh: neuen Mut fassen*) ■sich an jdm ~ to find new strength in [*or* take heart from] sb

auf·rich·tig I. *adj* honest, sincere, upright; ■~ [zu jdm/gegenüber jdm] sein to be honest [with sb]; ein ~es Gefühl a sincere feeling; ~e Liebe true love II. *adv* sincerely; ~ bedauern, dass ... to sincerely regret that ...; jdn ~ hassen/verabscheuen to hate sb deeply

Auf·rich·tig·keit <-> *f kein pl* sincerity *no pl,* honesty *no pl*

auf|rie·geln *vt* ■etw ~ to unbolt sth

Auf·riss[RR] <-es, -e> *m,* **Auf·riß**[ALT] <-sses, -sse> *m* ❶ (*Ansicht*) elevation, vertical plan; (*Vorderansicht*) front view [*or* elevation]; (*Seitenansicht*) profile, side elevation; etw im ~ zeichnen to draw the front/side elevation etc. of sth ❷ (*kurze Darstellung*) outline, sketch

auf|rit·zen *vt* ❶ (*durch Ritzen verletzen*) ■jdm/sich etw ~ to cut [open *sep*] sb's/one's sth; (*aufkratzen*) to scratch [open *sep*] sb's/one's sth ❷ (*durch Ritzen öffnen*) ■etw [mit etw] ~ to slit open *sep* sth [with sth]

auf|rol·len I. *vt* ❶ (*zusammenrollen*) ■etw ~ to roll up sth *sep;* ein Kabel ~ to coil [up *sep*] [*or sep* wind up] a cable; ■etw [auf etw *akk*] ~ to wind up *sep* sth [on sth] ❷ (*entrollen*) ■etw ~ to unroll sth; eine Fahne ~ to unfurl a flag ❸ (*erneut aufgreifen*) ■etw wieder ~ to re[-]open sth II. *vr* ■sich [zu etw] ~ to roll up [into sth]; *Schlange* to coil [itself] [into sth]

auf|rü·cken *vi sein* ❶ (*weiterrücken*) to move up [*or* along]; (*auf einer Bank a.*) to budge up BRIT *fam* ❷ (*avancieren*) ■[zu etw] ~ to be promoted [to sth]

Auf·ruf *m* ❶ (*Appell*) appeal; ■der/ein ~ an jdn the/an appeal to sb; ein ~ an das Volk an appeal to the public; (*positiv a.*) a proclamation; ein ~ zum Streik a call for strike action; einen ~ an jdn richten[, etw [nicht] zu tun] to [make an] appeal to sb [[not] to do sth] ❷ (*das Aufrufen*) ein ~ der Namen a roll call; ■nach ~ when [*or* on being] called ❸ INFORM call; *von Daten a.* retrieval ❹ LUFT call; letzter ~ für alle Passagiere last call for all passengers

auf|ru·fen *irreg* I. *vt* ❶ ([*mit*] *Namen nennen*) ■etw ~ to call [out *sep*] sth; ■jdn [namentlich] ~ to call [out] sb['s name] ❷ (*zum Kommen auffordern*) ■jdn ~[, etw zu tun] to request sb [to do sth] ❸ (*appellieren*) ■[jdn] zu etw ~ to call [upon sb] [*or* appeal [to sb]] for sth; Arbeiter zum Streik ~ to call upon workers to strike; ■jdn ~, etw zu tun to call upon [*or* appeal to] sb to do sth ❹ INFORM ■etw ~ to call up *sep* sth; Daten ~ to retrieve [*or sep* call up] data ❺ LUFT ■etw ~ to call sth II. *vi* ■zu etw ~ to call for sth; zum Widerstand/Streik ~ to call for resistance/a strike [*or* upon people to resist/strike]

Auf·ruhr <-[e]s, -e> ['aufru:ɐ̯] *m* ❶ *kein pl* (*geh: Erregung*) tumult *no pl,* turmoil *no pl;* (*in der Stadt/im Volk*) unrest *no pl, no indef art;* sein innerer ~ the turmoil within one; in [*o* im] ~ sein, sich in [*o* im] ~ befinden to be in a tumult; *Bevölkerung* to be in a turmoil; in ~ *akk* geraten to be thrown into a turmoil; jdn in ~ *akk* versetzen to throw sb into a turmoil ❷ (*Aufstand*) revolt, uprising, rebellion; einen ~ unterdrücken to crush [*or* put down] [*or* quell] a revolt [*or* an uprising]

Auf·rüh·rer(in) <-s, -> *m(f)* insurgent, rabble-rouser *pej*

auf·rüh·re·risch *adj* ❶ *attr* (*rebellisch*) rebellious, insurgent; (*meuternd*) mutinous ❷ (*aufwiegelnd*) inflammatory, rabble-rousing *pej;* eine ~e Rede an incendiary [*or* an inflammatory] [*or pej* a rabble-rousing] speech

auf|run·den *vt* ■etw [auf etw *akk*] ~ to round up *sep* sth [to sth]; etw auf einen glatten Betrag ~ to bring up *sep* sth to a round figure; ■aufgerundet rounded up

auf|rüs·ten I. *vi* to arm; ■wieder ~ to rearm II. *vt* ❶ (*das [Militär]potenzial verstärken*) ■etw [wieder] ~ to [re]arm sth ❷ (*hochwertiger machen*) ■etw ~ to upgrade sth; ein Kraftwerk ~ to re[-]equip [*or* refit] a power plant

Auf·rüs·tung *f* arming *no pl,* armament *no pl;* (*Wieder~*) rearming *no pl,* rearmament *no pl;* die atomare [*o* nukleare]/konventionelle ~ nuclear armament, the acquisition of nuclear/conventional arm[ament]s [*or* weapons]

auf|rüt·teln *vt* ❶ (*durch Rütteln aufwecken*) ■jdn [aus etw] ~ to rouse sb [from sth], to shake sb out of sth ❷ (*aufstören*) ■jdn/etw [aus etw] ~ to rouse sb/sth [from sth], to shake up

A

sep sb/sth [out of sth]; **jdn aus seiner Lethargie/Untätigkeit** ~ to rouse sb from her/his apathy/[her/his] inactivity; **jds Gewissen** ~ to stir sb's conscience

aufs [aufs] ❶ *(fam)* *s.* **auf das** *s.* **auf** ❷ + *superl* ~ **entschiedenste/grausamste** [*o* ~ **Entschiedenste/Grausamste**] most decisively/cruelly; ~ **beste** [*o* ~ **Beste**] in the best way possible

auf|sa·gen *vt* ❶ *(vortragen)* ■**etw** ~ to recite [*or* say] sth ❷ *(geh: aufkündigen)* **jdm den Dienst/Gehorsam** ~ to refuse to serve/obey sb; **jdm die Freundschaft** ~ to break off *sep* one's friendship with sb

auf|sam·meln *vt* ■**etw** ~ to gather [up *sep*] sth; *(Fallengelassenes)* to pick up sth *sep*

auf·säs·sig ['aufzɛsɪç] *adj* ❶ *(widerspenstig)* unruly, recalcitrant *form;* **ein** ~**er Zögling** a disruptive [*or* an unruly] element ❷ *(widersetzlich)* rebellious

Auf·säs·sig·keit <-, -en> *f meist sing* ❶ *(Widerspenstigkeit)* unruliness, recalcitrance *form* ❷ *(Widersetzlichkeit)* rebelliousness

Auf·satz[1] *m* top [*or* upper] part; *(zur Verzierung)* bit on top; **ein abnehmbarer** ~ a removable top part [*or* section]

Auf·satz[2] *m* ❶ SCH essay, composition ❷ *(Essay)* essay, treatise

Auf·satz·the·ma *nt* essay subject

auf|sau·gen *vt reg o irreg* ❶ *(durch Einsaugen entfernen)* ■**etw [mit etw]** ~ to soak up *sep* sth [with sth] ❷ *(mit dem Staubsauger entfernen)* ■**etw** ~ to vacuum up sth *sep* ❸ *(geh: in sich aufnehmen)* ■**etw [in sich** *akk*] ~ to absorb [*or sep* soak in] sth

auf|schau·en *vi (geh)* *s.* **aufblicken**

auf|schau·keln *vr (fam)* ■**sich** ~ to build up

auf|schäu·men I. *vi sein* to foam [up], to froth up; *Meer* to foam II. *vt haben* ■**etw** ~ to foam [*or* expand] sth

auf|scheu·chen *vt* ❶ *(erschrecken und wegscheuchen)* ■**etw [von etw]** ~ to frighten [*or* scare] away sth [from sth] *sep* ❷ *(fam: jds Ruhe stören)* ■**jdn** ~ to disturb sb; ■**jdn aus etw** ~ to jolt sb out of sth

auf|scheu·ern I. *vt* ■**[jdm] etw** ~ to rub sb's sth sore; **die Haut** ~ to chafe sb's skin; ■**aufgescheuert** [rubbed *pred*] sore; **aufgescheuerte Haut** chafed skin II. *vr* ■**sich** *dat* **etw** ~ to rub one's sth sore, to chafe the skin of [*or* take the skin off] one's sth

auf|schich·ten *vt* ■**etw** ~ to stack [*or sep* pile up] sth; ■**aufgeschichtet** stacked, piled up

auf|schie·ben *vt irreg* ❶ *(durch Schieben öffnen)* ■**etw** ~ to slide open sth *sep;* **einen Riegel** ~ to push [*or* slide] back a bolt *sep* ❷ *(verschieben)* ■**etw [auf etw** *akk*] ~ to postpone [*or* defer] [*or sep* put off] sth [until [*or* till] sth] ▶ WENDUNGEN: **aufgeschoben ist nicht aufgehoben** *(prov)* there'll be another opportunity [*or* time]

auf|schie·ßen *irreg* I. *vi sein* ❶ *(rasch wachsen)* to shoot up; *Jugendlicher* to shoot up *fam;* ■**aufgeschossen [sein]** [to be] lanky ❷ *(hochfahren)* ■**[aus etw]** ~ to leap [*or* shoot] up [out of sth] ❸ *(in die Höhe schießen)* to leap up II. *vt haben* ■**etw** ~ to shoot open sth *sep*

Auf·schlag *m* ❶ *(Aufprall)* impact *no pl;* *(mit Fallschirm)* landing ❷ SPORT *(eröffnender Schlag)* service *no pl,* serve; ~ **haben** to be serving; **wer hat** ~**?** whose serve [*or* service] [is it]? ❸ *(Aufpreis)* extra charge, surcharge ❹ MODE *(von Ärmel)* cuff; *(von Hose)* turn-up BRIT, cuff AM; *(von Mantel)* lapel, revers *spec*

auf|schla·gen *irreg* I. *vi* ❶ *sein (auftreffen)* ■**[auf etw** *dat o akk*] ~ to strike, to hit [*or* strike] sth; **das Flugzeug schlug in einem Waldstück auf** the plane crashed into a wood; **mit dem Ellenbogen/Kopf [auf etw** *akk o dat*] ~ to hit one's elbow/head [on sth]; **dumpf [auf etw** *akk o dat*] ~ to [fall with a] thud [on[to] sth] ❷ *sein (sich abrupt öffnen)* to burst [*or* fly] open ❸ *sein (auflodern)* ■**aus etw** ~ to leap [*or* blaze] up out of sth ❹ *haben (sich verteuern)* ■**[um etw]** ~ to rise [*or* go up] [by sth] ❺ *haben* SPORT *(das Spiel durch Aufschlag eröffnen)* to serve II. *vt haben* ❶ *(aufklappen)* ■**etw** ~ to open sth; **Seite 35** ~ to turn to page 35, to open one's book at [*or* AM to] page 35; ■**aufgeschlagen** open ❷ *(durch Schläge aufbrechen)* ■**etw [mit etw]** ~ to break open *sep* sth [with sth]; **das Eis [mit etw]** ~ to break a hole in [*or* through] the ice [with sth]; **Nüsse [mit etw]** ~ to crack [open *sep*] nuts [with sth]; **ein Schloss [mit etw]** ~ to break [open *sep*] a lock [with sth] ❸ *(öffnen)* ■**etw** ~ to open one's sth ❹ *(aufbauen)* ■**etw** ~ to put up sth *sep;* **ein Zelt** ~ to pitch [*or sep* put up] a tent ❺ *(einrichten)* **sein Nachtlager** ~ to bed down for the night; **sein Quartier [in etw** *dat*] ~ to settle down [in sth]; **seinen Wohnsitz in Hamburg** ~ to take up residence in Hamburg ❻ *(hinzurechnen)* ■**etw auf etw** *akk* ~ to add sth to sth ❼ *(verteuern)* ■**etw [um etw]** ~ to raise [*or sep* put up] sth [by sth] ❽ *(umlegen)* ■**etw** ~ to turn back sth *sep;* **seine Ärmel** ~ to roll up *sep* one's sleeves; **seinen Kragen** ~ to turn up *sep* one's collar

Auf·schlä·ger(in) *m(f)* server

auf|schlie·ßen *irreg* I. *vt* ❶ *(etw mit dem Schlüssel öffnen)* ■**[jdm] etw** ~ to unlock sth [for sb] ❷ *(geh: offenbaren)* **jdm sein Herz/Innerstes** ~ to open [*or sep* pour out] one's heart to sb, to tell sb one's innermost thoughts II. *vi* ❶ *(öffnen)* ■**[jdm]** ~ to unlock the door [for sb] ❷ *(näher rücken)* to move up; ■**[zu jdm/etw]** ~ to catch up [with sb/sth]; *s. a.* **aufgeschlossen**

auf|schlit·zen *vt* ❶ *(durch Schlitzen öffnen)* ■**etw [mit etw]** ~ to slit [open *sep*] sth [with sth]; ■**jdn [mit etw]** ~ to slash [*or sep* cut up] sb [with sth] ❷ *(durch Schlitzen verletzen)* **jdm den Bauch** ~ to slash [*or* slit] [*or* cut] open *sep* sb's belly; **sich** *dat* **den Bauch** ~ to disembowel oneself, to slit [*or* slash] open one's stomach *sep* ❸ *(durch Schlitzen beschädigen)* ■**etw [mit etw]** ~ to slash sth [with sth]

Auf·schluss[RR] <-es, Aufschlüsse> *m,* **Auf·schluß**[ALT] <-sses, Aufschlüsse> *m* information *no pl;* ~ **[über etw** *akk*] **verlangen** to demand an explanation [of sth]; **[jdm]** ~ **[über jdn/etw] geben** to give [sb] information [about sb/sth]

auf|schlüs·seln *vt* ❶ *(detaillieren)* ■**etw [nach etw]** ~ to classify sth [according to sth] ❷ *(erläutern)* ■**jdm etw** ~ to explain sth to sb; **jdm etw detaillierter** ~ to give sb a more detailed explanation of sth

auf·schluss·reich[RR], **auf·schluß·reich**[ALT] *adj* informative, instructive; *(enthüllend)* revealing, illuminating

auf|schnap·pen *vt (fam)* ■**etw** ~ ❶ *(mitbekommen)* to pick up sth *sep;* **einzelne Worte** ~ to catch [*or sep* pick up] the odd word ❷ *(durch Zuschnappen fangen)* to catch sth

auf|schnei·den *irreg* I. *vt* ❶ *(in Scheiben schneiden)* ■**[jdm] etw** ~ to slice sth [for sb]; ■**aufgeschnitten** sliced, in slices *pred* ❷ *(tranchieren)* ■**etw** ~ to carve sth ❸ *(auseinanderschneiden)* ■**etw** ~ to cut open sth *sep;* **einen Knoten/eine Kordel** ~ to cut [through] a knot/cord ❹ MED ■**[jdm] etw** ~ to lance [sb's] sth; *s. a.* **Pulsader** II. *vi (fam)* to brag, to boast; **maßlos** ~ to lay it on thick [*or* with a trowel] *fam*

Auf·schnei·der(in) *m(f)* *(fam)* boaster, show-off

Auf·schnitt *m kein pl* *(aufgeschnittene Wurst)* assorted sliced cold meats *pl,* cold cuts *npl* AM; *(aufgeschnittener Käse)* assorted sliced cheese[s *pl*]

Auf·schnitt·ga·bel *f* cold meat fork **Auf·schnitt·mes·ser** *nt* ham carver

auf|schnü·ren *vt* ■**etw** ~ to untie [*or* undo] sth; **ein Paket** ~ to unwrap [*or* open] [*or* undo] a parcel; **einen Schuh** ~ to unlace a shoe

auf|schram·men *vr* *s.* **aufschürfen**

auf|schrau·ben *vt* ■**etw** ~ to unscrew [*or sep* screw off] sth; **eine Flasche** ~ to take [*or* screw] the cap [*or* top] off a bottle, to unscrew the cap [*or* top] of a bottle

auf|schre·cken I. *vt* <schreckte auf, aufgeschreckt> *haben* ■**jdn [aus etw]** ~ to startle sb [from sth]; **jdn aus der Gleichgültigkeit/Lethargie** ~ to rouse sb from [*or* jolt sb out of] her/

his indifference/apathy **II.** *vi* <schreckte *o* schrak auf, aufgeschreckt> *sein* ■[**aus etw**] ~ to start [up] [*or* be startled] [from sth]; **aus seinen Gedanken** ~ to start; **aus dem Schlaf** ~ to wake up with a start

Auf·schrei *m* ❶ (*schriller Schrei*) scream, shriek ❷ (*Lamento*) outcry; **ein ~ der Empörung** an [indignant] outcry, an outcry of indignation

auf|schrei·ben *vt irreg* ❶ (*niederschreiben*) ■[**jdm**] **etw** [**auf etw** *akk*] ~ to write [*or* note] down sth [for sb] *sep,* to write [*or* note] sth [down] [for sb] on sth; ■**sich** *dat* **etw** ~ to make a note of sth ❷ (*fam: anschreiben*) ■[**jdm**] **etw** ~ to put sth on the/sb's slate *fam,* to chalk up *sep* sth [for sb] ❸ (*verordnen*) ■[**jdm**] **etw** ~ to prescribe sth [for sb] ❹ (*fam: polizeilich notieren*) ■**jdn** ~ to take sb's name; (*ausführlicher*) to take [down *sep*] sb's particulars

auf|schrei·en *vi irreg* to shriek; **vor Entsetzen** ~ to shriek with fright, to give a shriek of terror

Auf·schrift *f* inscription

Auf·schub *m* ❶ (*Verzögerung*) delay (+*gen* in); (*das Hinauszögern*) postponement, deferment; **ein ~ der Hinrichtung** a stay of execution, a reprieve; **keinen ~ dulden** (*geh*) to brook [*or* admit of] no delay *form* ❷ (*Stundung*) respite *no pl,* grace *no pl, no art;* **eine Woche** ~ a week's grace; **um einen ~ bitten** to ask for time [*or* a delay]; **jdm ~ gewähren** to allow sb grace, to grant sb a delay [*or* an extension]

auf|schür·fen *vt* ■[**sich** *dat*] **etw** ~ to graze [*or* scrape] one's sth; ■**aufgeschürft** grazed

auf|schüt·teln *vt* ■**etw** ~ to plump up sth *sep*

auf|schüt·ten *vt* ❶ (*nachgießen*) ■**etw** [**auf etw** *akk*] ~ to pour on sth *sep,* to pour sth on [*or* over] sth ❷ (*aufhäufen*) ■**etw** ~ to heap [*or* pile] up sth *sep;* **Stroh** ~ to spread straw ❸ (*durch Aufhäufen errichten*) ■**etw** ~ to build up sth *sep;* **eine Straße** ~ to raise a road; (*erweitern*) to widen a road

Auf·schüt·tung <-, -en> *f* earth bank [*or* wall], embankment

auf|schwat·zen *vt,* **auf|schwät·zen** *vt* DIAL (*fam*) ■**jdm etw** ~ to fob sth off on sb, to talk sb into taking/buying sth; ■**sich** *dat* **etw** [**von jdm**] ~ **lassen** to get talked into taking/buying sth [off sb]

auf|schwem·men **I.** *vt* ■**etw** ~ to make sb's sth bloated [*or* puffy]; ■**jdn** ~ to make sb bloated **II.** *vi* to make sb bloated, to cause bloating; ■**aufgeschwemmt** bloated; **ein ~es Gesicht** a bloated [*or* puffy] face

auf|schwin·gen *irreg* **I.** *vr haben* ■**sich** [**zu etw**] ~ ❶ (*sich aufraffen*) to bring oneself to do sth; ■**sich dazu ~, etw zu tun** to bring oneself to do sth ❷ (*geh: sich nach oben schwingen*) to soar [up] [to[wards] sth] **II.** *vi sein* to slide open

Auf·schwung *m* ❶ (*Auftrieb*) lift *no pl,* impetus *no pl, no indef art;* **jdm neuen ~ geben** to give sb fresh impetus ❷ (*Aufwärtstrend*) upswing, upturn; **einen ~ nehmen** to take an upward trend; **im ~ sein** to be on the upswing ❸ SPORT swing-up

auf|se·hen *vi irreg* ❶ (*hochsehen*) ■[**von etw**] ~ to look up [from sth]; ■**nicht von der Arbeit** ~ to not look up from one's work; (*nicht ablenken lassen*) to keep one's eyes on one's work; ■**zu jdm** ~ to look up at sb ❷ (*bewundern*) ■**zu jdm** ~ to look up to sb

Auf·se·hen <-s> *nt kein pl* sensation; **ohne** [**großes/jedes**] ~ without any [real] fuss [*or fam* hassle]; **jd erregt** [**mit etw**]/**etw erregt** [**großes**] ~ sb['s sth]/sth causes a [great] sensation [*or* stir]; ~ **erregend** sensational; **etwas ~ Erregendes** something sensational, quite something *fam;* (*negativ*) something shocking; ■**nichts ~ Erregendes** nothing sensational; **um etw viel ~ machen** to make [*or fam* kick up] a lot of fuss about sth; **das wird für ~ sorgen** that will cause a sensation; **jedes ~ vermeiden** to avoid causing a sensation [*or* fuss]

auf·se·hen·er·re·gend *adj s.* **Aufsehen**

Auf·se·her(in) <-s, -> *m(f)* ❶ (*Gefängnis~*) [prison] guard, BRIT *a.* warder ❷ (*die Aufsicht führende Person*) supervisor; (*Museums~*) attendant

auf|sein^ALT *vi irreg sein* (*fam*) *s.* **auf II. 1, 2, 3**

auf|set·zen **I.** *vt* ❶ (*auf den Kopf setzen*) ■**etw** [**auf etw** *akk*] ~ to put on sth *sep;* ■**sich** *dat* **etw** ~ to put on sth *sep;* **die Brille** ~ to put on one's glasses; **mit aufgesetzter Maske** with a mask on ❷ (*auf den Herd stellen*) ■**etw** ~ to put on sth *sep* ❸ (*auf den Boden aufkommen lassen*) ■**etw** ~ to put down sth *sep,* to put sth down on the floor; **ich kann den Fuß nicht richtig** ~ I can't put any weight on my foot ❹ (*verfassen*) ■[**jdm**] **etw** ~ to draft [*or sep* draw up] sth [for sb] ❺ (*zur Schau tragen*) ■**etw** ~ to put on sth *sep;* ■**aufgesetzt** false *pej;* **ein aufgesetztes Lächeln** a false [*or pej* plastic] smile; ■**aufgesetzt sein** to be false ❻ (*aufrichten*) ■**jdn** ~ to sit up sb *sep* **II.** *vr* (*sich aufrichten*) ■**sich** ~ to sit up **III.** *vi* ■[**auf etw** *dat o akk*] ~ to land [*or* touch down] [on sth]; **auf die** [*o* **der**] **Landebahn** ~ to land, to touch down

auf|seuf·zen *vi* [**laut**] ~ to heave a [loud] sigh; **„endlich!" seufzte sie auf** "at last!" she sighed

Auf·sicht <-, -en> *f* ❶ *kein pl* (*Überwachung*) supervision (**über** +*akk* of); ~ **führend** supervising; **der ~ führende Lehrer** the invigilator [*or* AM proctor]; **bei einer Prüfung ~ führen** [*o* **haben**] to invigilate [*or* AM proctor] an exam; **im Pausenhof ~ führen** [*o* **haben**] to be on duty during break; **jdn ohne ~ lassen** to leave sb unsupervised [*or* without supervision]; **jdm obliegt die ~ über jdn/etw** (*geh*) sb is in charge of [*or* responsible for] sb/sth; **unter ärztlicher/polizeilicher ~** under medical/police supervision ❷ (*Aufsicht führende Person*) person in charge; (*bei einer Prüfung*) invigilator BRIT, proctor AM; **die ~ fragen** to ask at the office

aufsichtführend *adj attr s.* **Aufsicht 1**

Auf·sicht·füh·ren·de(r) *f(m) dekl wie adj* (*geh*) person in charge, office *no indef art*

Auf·sichts·be·hör·de *f* supervisory authority [*or* body], controlling [*or* regulatory] body *form* **Auf·sichts·per·so·nal** *nt* supervisory staff + *sing/pl vb* **Auf·sichts·pflicht** *f* obligatory supervision (*legal responsibility to look after sb, esp children*); (*die elterliche ~*) parental responsibility **Auf·sichts·rat** *m* supervisory board; **im ~ sitzen** to be on [*or* a member of] the supervisory board **Auf·sichts·rat, -rä·tin** *m, f* supervisory board member, member of a/the supervisory board **Auf·sichts·rats·vor·sit·zen·de(r)** *f(m) dekl wie adj* chairman of the supervisory board, supervisory board chairman

auf|sit·zen *vi irreg* ❶ *sein* (*sich auf ein Reittier schwingen*) to mount; **wieder** ~ to re[-]mount; **jdm aufzusitzen helfen** to help sb [to] mount [*or* into the saddle] ❷ *haben* (*fam: aufgerichtet sitzen*) ■[**in etw** *dat*] ~ to sit up [in sth] ❸ *haben* NAUT (*festsitzen*) ■[**auf etw** *dat*] ~ to run/have run aground [on sth] ❹ *sein* (*fam: darauf hereinfallen*) ■**jdm/einer S.** ~ to be taken in by sb/sth ❺ (*fam*) ■**jdn ~ lassen** (*im Stich lassen*) to let sb down, to leave sb in the lurch; (*versetzen*) to stand sb up *fam*

auf|spal·ten **I.** *vt* ❶ (*teilen*) ■**sie/etw in etw** *akk* ~ to split [*or* divide] them/sth up into sth ❷ (*zerlegen*) ■**etw** [**in etw** *akk*] ~ to split [up *sep*] [*or sep* break down] sth [into sth] **II.** *vr* ■**sich** [**in etw** *akk*] ~ to split up [into sth], to divide [up] into sth

Auf·spal·tung *f* breakdown (**in** +*akk* into)

auf|span·nen *vt* ❶ (*ziehen*) ■**etw** ~ to stretch out *sep* [*or* spread [out *sep*]] sth; **ein Seil** ~ to put up *sep* a cable ❷ (*auseinanderziehen*) ■**etw** ~ to open sth; **einen Schirm** ~ to open [*or sep* put up] an umbrella ❸ (*aufziehen*) ■**etw** [**auf etw** *akk*] ~ to stretch sth [on[to] sth]; **eine Saite** [**auf etw** *akk*] ~ to put [on] a string on sth; **neue Saiten auf eine Gitarre** ~ to re[-]string a guitar

auf|spa·ren *vt* ❶ (*für später aufheben*) ■[**jdm**] **etw** ~ to save [*or* keep] sth [for sb] ❷ (*für später bewahren*) ■**etw für etw** ~ to save sth for sth

auf|sper·ren *vt* ■**etw** ~ ❶ (*aufreißen*) to open wide sth *sep;* **weit aufgesperrt** wide open ❷ SÜDD, ÖSTERR (*aufschließen*) to unlock sth

auf|spie·len I. *vr (fam)* ❶ *(angeben)* ■**sich** ~ to give oneself [*or* put on] airs, to show off ❷ *(sich als etw ausgeben)* ■**sich als etw** ~ to set oneself up as sth; **sich als Boss** ~ to play [*or* act] the boss **II.** *vi (veraltet)* ■**[jdm] [zum Tanz]** ~ to play [the/some dance music] [for sb]; *(anfangen)* to strike up [the dance music] [for sb]

auf|spie·ßen *vt* ❶ *(daraufstecken)* ■**etw [mit etw]** ~ to skewer sth [with sth]; **etw mit der Gabel** ~ to stab one's fork into sth; **Schmetterlinge [mit einer Nadel]** ~ to pin butterflies ❷ *(durchbohren)* ■**jdn/etw [mit etw]** ~ to run sb/sth through [with sth]

auf|sprin·gen *vi irreg sein* ❶ *(hoch springen)* to leap [*or* jump] up [*or* to one's feet] ❷ *(auf etw springen)* ■**[auf etw** *akk*] ~ to jump [*or* hop] on[[to] sth] ❸ *(sich abrupt öffnen)* to burst [*or* fly] open; *Deckel* to spring open ❹ *(aufplatzen)* to crack; *Lippen, Haut a.* to chap; ■**aufgesprungen** cracked/chapped ❺ *(auftreffen)* to bounce

auf|sprü·hen *vt* ■**etw [auf etw** *akk*] ~ to spray on sth *sep,* to spray sth on sth

auf|spü·ren *vt* ❶ *(auf der Jagd entdecken)* ■**etw** ~ to scent sth; *Jäger* to track [down *sep*] [*or spec* spoor] sth ❷ *(ausfindig machen)* ■**jdn** ~ to track down sb *sep*

auf|sta·cheln *vt* ■**jdn [zu etw]** ~ to incite [*or* goad [on *sep*]] sb, to incite sb to do [*or* goad sb into doing] sth; ■**jdn gegen jdn** ~ to turn sb against sb

auf|stamp·fen *vi* to stamp; **mit dem Fuß** ~ to stamp one's foot

Auf·stand *m* rebellion, revolt; *(örtlich begrenzt)* uprising; *(organisiert)* insurrection; **einen** ~ **niederschlagen** to quell [*or* put down] a rebellion; **das wird einen** ~ **geben!** *(fam: Unruhe geben)* there'll be trouble!; *(Ärger geben)* there'll be hell to pay! *fam;* **im** ~ **sein** to be in [a state of] rebellion [*or* revolt]; **den** ~ **proben** *(fam)* to flex one's muscles

auf·stän·disch *adj* rebellious; *(meuternd)* mutinous

Auf·stän·di·sche(r) *f(m) dekl wie adj* rebel; *(einer politischen Gruppe a.)* insurgent

auf|sta·peln *vt* ■**etw** ~ to stack [up *sep*] [*or sep* pile up] sth

auf|stau·en I. *vt* ■**etw** ~ to dam sth **II.** *vr* ■**sich** ~ ❶ *(sich stauen)* to be dammed up ❷ *(sich ansammeln)* to be/become bottled up; ■**aufgestaut** bottled-up

auf|ste·chen *vt irreg* ■**etw [mit etw]** ~ to lance [*or* pierce] sth [with sth]

auf|ste·cken I. *vt* ❶ *(auf etw stecken)* ■**etw** ~ to put on sth *sep;* **Bajonette** ~ to fix bayonets; **Fahnen** ~ to put up *sep* bunting ❷ *(hochstecken)* ■**etw** ~ to pin [*or* put] up sth *sep* ❸ *(fam: aufgeben)* ■**es** ~ to pack it in *fam,* to give up on it *fam* **II.** *vi (fam)* to pack it in *fam*

auf|ste·hen *vi irreg sein* ❶ *(sich erheben)* ■**[von etw]** ~ to get [*or* stand] up [from sth], to arise [*or form* rise] [from sth]; ■**vor jdm/für jdn** ~ to get [*or* stand] up for [*or form* before] sb; *(aus Achtung)* to rise before sb *form;* *(im Bus)* to offer one's seat to sb ❷ *(das Bett verlassen)* to get up, to rise *form* ❸ *(fam: offen sein)* to be open; ■**~d** open ❹ *(geh: sich auflehnen)* ■**gegen jdn/etw** ~ to rise [in arms] [*or* revolt] against sb/sth ▸ WENDUNGEN: **da musst du früher [o eher]** ~**!** *(fig fam)* you'll have to do better than that!

auf|stei·gen *vi irreg sein* ❶ *(sich in die Luft erheben)* to soar [up]; *Flugzeug* to climb; *Ballon* to ascend ❷ *(besteigen)* ■**[auf etw** *akk*] ~ to get [*or* climb] on [sth]; **auf ein Pferd** ~ to get on[to] [*or* mount] a horse; **auf den Sattel** ~ to get [*or* climb] into the saddle ❸ *(befördert werden)* ■**[zu etw]** ~ to be promoted [to sth]; **durch die Ränge** ~ to rise through the ranks ❹ *(den sportlichen Rang verbessern)* ■**[in etw** *akk*] ~ to go up [into sth], to be promoted [to sth] ❺ *(sich in die Höhe bewegen)* ■**[aus etw]** ~ to rise [from [*or* out of] sth] ❻ *(sich in die Luft erheben)* ■**in etw** *dat*/**mit etw** ~ to climb in sth; **in einem Ballon** ~ to ascend [*or* go up] in a balloon ❼ *(entstehen)* ■**in jdm** ~ to well up in sb ❽ *(hochklettern)* ■**[an etw** *dat*] ~ to climb up, to climb [up] sth; **zum Gipfel** ~ to climb [up] to the top ❾ *(geh: aufragen)* to tower, to rise up; **bedrohlich** ~ to loom

Auf·stei·ger(in) <-s, -> *m(f)* ❶ *(fam: beruflich aufgestiegene Person)* ■**ein [sozialer]** ~ a social climber ❷ *(aufgestiegene Mannschaft)* promoted team

auf|stel·len I. *vt* ❶ *(aufbauen)* ■**etw** ~ to put up sth *sep;* **eine Anlage/Maschine** ~ to install a system/machine [*or sep* put in]; **ein Denkmal** ~ to erect [*or* raise] a monument; **eine Falle** ~ to set [*or* lay] a trap; **einen Mast/eine Wand** ~ to erect [*or* put up] a mast/wall; **ein Schild** ~ to put up a plaque ❷ *(erheben)* ■**etw** ~ to put forward [*or form* forth] sth *sep* ❸ *(ausarbeiten)* ■**etw** ~ to draw up sth *sep;* **eine Theorie** ~ to elaborate a theory *a. form* ❹ *(erstellen)* ■**etw** ~ to draw up *sep* [*or* make [out *sep*]] sth; **eine Rechnung** ~ to make out [*or* up] *sep* an invoice; **eine Tabelle** ~ to compile [*or sep* make up] a table ❺ *(nominieren)* ■**jdn [als/für etw]**~ to nominate sb [sth/for [*or* as] sth] ❻ *(postieren)* ■**jdn** ~ to post [*or* station] sb ❼ *(formieren)* **eine Mannschaft** ~ to organize a team [*or* to field a team]; **Truppen** ~ to raise [*or* muster] troops ❽ *(aufsetzen)* ■**etw** ~ to put on sth *sep* ❾ *(erzielen)* ■**etw** ~ to set sth ❿ *(wieder hinstellen)* ■**etw** ~ to stand up sth *sep,* to set sth upright ⓫ *(aufrichten)* ■**etw** ~ to prick up sth *sep* ⓬ SCHWEIZ *(aufmuntern)* ■**jdn** ~ to pick [*or* perk] up sb *sep;* ■**aufgestellt [sein]** [to be] perky **II.** *vr* ❶ *(sich hinstellen)* ■**sich** ~ to stand; *Wachen* to be posted; **sich vor dem Tor** ~ to stand [*or a. hum* plant oneself] in front of the goal; **sich hintereinander** ~ to line up; *Soldaten* to fall into line; **sich im Kreis** ~ to form a circle ❷ *(sich hochstellen) Haare* to raise, to bristle; *Ohren* to prick up; *Katzenfell* to bristle

Auf·stel·lung <-> *f kein pl* ❶ *(Errichtung)* erection *no pl,* raising *no pl;* *(von Maschine)* installation *no pl* ❷ *(Erhebung)* putting forward *no pl* [*or form* forth] ❸ *(Ausarbeitung)* drawing up *no pl; von Software* writing *no pl; von Theorie* elaboration *no pl a. form* ❹ *(Erstellung)* making [out] *no pl,* drawing up *no pl; von Rechnung* making out [*or* up] *no pl; von Tabelle* compiling *no pl,* making up *no pl* ❺ *(Nominierung)* nomination *no pl,* nominating *no pl* ❻ *(Postierung)* posting, stationing; ~ **nehmen** to take up position ❼ *(Formierung) von Mannschaft* drawing up *no pl; von Truppen* raising *no pl,* mustering *no pl* ❽ SPORT *(Auswahl)* team, line-up ❾ *(Erzielung)* setting *no pl*

Auf·stieg <-[e]s, -e> ['aufʃti:k] *m* ❶ *(Verbesserung der Dienststellung)* rise; **der** ~ **zu etw** the rise to [becoming] sth; **beruflicher/sozialer** ~ professional/social advancement; **den** ~ **ins Management schaffen** to work one's way up into the management ❷ *(Weg zum Gipfel)* climb, ascent (**auf** +*akk* up) ❸ SPORT ■**der/ein** ~ **[in etw** *akk*] promotion [to sth] ❹ LUFT ascent

Auf·stiegs·chan·ce *f* prospect [*or* chance] of promotion **Auf·stiegs·mög·lich·keit** *f* career prospect **Auf·stiegs·run·de** *f* SPORT play-off round, play-offs *pl fam* **Auf·stiegs·spiel** *nt* SPORT play-off [match]

auf|stö·bern *vt* ❶ *(entdecken)* ■**jdn** ~ to run sb to earth, to track down sb *sep;* ■**etw** ~ to discover sth ❷ *(aufscheuchen)* ■**etw** ~ to start [*or* flush] sth; *(aus dem Bau)* to run sth to earth, to unearth sth *spec;* **einen Fasan** ~ to flush [*or sep* put up] a pheasant

auf|sto·cken I. *vt* ❶ *(zusätzlich erhöhen)* ■**etw [auf etw** *akk*/**um etw]** ~ to increase sth [to/by sth]; **das Team** ~ to expand the team ❷ *(erhöhen)* ■**etw** ~ to add another storey [*or* AM story] on[to] sth; **etw um ein Stockwerk/zwei Stockwerke** ~ to add another storey [*or* AM story]/another two storeys [*or* AM stories] on[to] sth **II.** *vi* ❶ *(Kapital erhöhen)* ■**[um etw]** ~ to increase one's capital stock [by sth] ❷ *(ein Gebäude erhöhen)* to build another storey [*or* AM story]; **um zwei Etagen** ~ to build another two storeys [*or* AM stories]

auf|stöh·nen *vi* to groan loudly [*or* aloud], to give [*or* heave] a loud groan

auf|sto·ßen *irreg* **I.** *vi* ❶ *haben* (*leicht rülpsen*) to burp ❷ *sein o haben* (*Rülpsen verursachen*) ■**jdm** ~ to make sb burp, to repeat on sb *fam;* **das Essen stößt mir immer noch auf** the food is still repeating on me ❸ *haben* (*hart auftreffen*) ■**mit etw** ~ to hurt oneself on sth ❹ *sein* (*fam: auffallen*) ■**jdm** ~ to strike sb ❺ *sein* (*fam: übel vermerkt werden*) **jdm sauer/übel** ~ to stick in sb's craw [*or* throat]; *Bemerkung a.* to leave a nasty taste in sb's mouth; ■**jdm** ~**, dass ...** to stick in sb's craw [*or* throat] that ... **II.** *vt haben* ■**etw** ~ to push sth open **III.** *vr haben* ■**sich** *dat* **etw** ~ to hit [*or* bang] one's sth; **mit aufgestoßenem Kopf** with a bang [*or* bump] on the head; **aufgestoßene Knie** grazed knees

auf·stre·bend *adj* ❶ (*Fortschritt anstrebend*) aspiring, striving for progress *pred;* **eine** ~**e Stadt** an up-and-coming [*or* a thriving] town ❷ (*ehrgeizig*) ambitious

Auf·strich *m esp* KOCHK spread

auf|stül·pen *vt* ■**jdm etw** ~ to put sth on sb; **jdm eine Kapuze** ~ to pull a hood over sb's head; **den Kragen** ~ to turn up one's collar; **sich** *dat* **einen Hut** ~ to pull [*or* put] one's hat on

auf|stüt·zen I. *vt* ❶ (*auf etw stützen*) ■**etw** ~ to put [*or* rest] one's sth on the table etc.; **mit aufgestützten Ellenbogen** with one's elbows [resting] on the table etc. ❷ (*stützen und aufrichten*) ■**jdn** ~ to prop up sb *sep;* **jdn unter den Achseln** ~ to support sb under her/his arms **II.** *vr* ■**sich [auf etw** *akk*] ~ to support oneself [on sth]; *Gebrechliche a.* to prop oneself up [on sth], to lean one's weight on sth

auf|su·chen *vt* (*geh*) ❶ (*besuchen*) ■**jdn** ~ to go to [see] sb; **einen Arzt** ~ to consult *form* [*or* go to [see]] a doctor; **einen Freund** ~ to call on a friend ❷ (*geh: irgendwohin gehen*) ■**etw** ~ to go to sth; **das Bett** ~ to go [*or form* retire] to bed

auf|ta·keln I. *vt* NAUT ■**etw** ~ to rig up sth *sep* **II.** *vr* (*pej fam*) ■**sich** ~ to doll [*or* BRIT *a.* tart] oneself up *fam;* ■**aufgetakelt [sein]** to be all dolled [*or* BRIT *a.* tarted] up *fig fam,* [to be] dressed [*or* done] [up] to the nines

Auf·takt *m* ❶ (*Beginn*) start; (*Vorbereitung*) prelude (**zu/für** to); **den** ~ **von** [*o* **zu**] **etw bilden** to mark the beginning [*or* start] of sth; (*als Vorbereitung*) to form a prelude to sth ❷ MUS upbeat

auf|tan·ken I. *vt* ■**etw** ~ to fill up sth *sep;* **einmal A~ bitte!** fill up *sep* the tank please!, fill her up! *fam;* ■**aufgetankt** with a full tank *pred;* **ein Flugzeug** ~ to refuel a plane **II.** *vi* ❶ (*den Tank auffüllen*) to fill up, to fill [*or* refill] the tank; (*Flugzeug*) to refuel ❷ (*fam: sich erholen*) to recharge one's batteries

auf|tau·chen *vi sein* ❶ (*an die Wasseroberfläche kommen*) to surface; *Taucher a.* to come up; **wieder** ~ to resurface; **aus dem Wasser** ~ to break the surface of the water; *Taucher* to come up; **in Etappen** ~ to come up in stages ❷ (*zum Vorschein kommen*) to turn up; *verlorener Artikel a.* to be found ❸ (*plötzlich da sein*) to suddenly appear, to materialize ❹ (*sichtbar werden*) ■**[aus etw]** ~ to appear [out of sth]; **aus dem Nebel** ~ to emerge [*or* appear] from out of the fog; (*bedrohlich*) to loom out of the fog ❺ (*sich ergeben*) ■**[in/bei jdm]** ~ to arise [in sb]; ~**de düstere Ahnungen** the onset of forebodings

auf|tau·en I. *vi sein* ❶ (*ganz tauen*) to thaw ❷ (*fig: weniger abweisend werden*) to open up, to unbend **II.** *vt haben* ■**etw** ~ to thaw [out *sep*] sth

auf|tei·len *vt* ❶ (*aufgliedern*) ■**etw [in etw** *akk*] ~ to divide [up *sep*] [*or sep* split up] sth [into sth]; **Schubladen in Fächer** ~ to partition drawers ❷ (*verteilen*) ■**etw [unter sie]** ~ to share out *sep* sth [between them]

Auf·tei·lung *f* ❶ (*Einteilung*) division; *von Schublade, Kleingarten* partitioning (**in** +*akk* into) ❷ (*Fach*) division; *von Schublade* partition

auf|ti·schen *vt* ❶ (*servieren*) ■**[jdm] etw** ~ to serve [sb] sth, to dish out [*or* up] *sep* sth [for sb] *fam* ❷ (*fam: erzählen*) ■**jdm etw** ~ to tell sb sth; **jdm Lügen** ~ to give sb a pack of lies

Auf·trag <-[e]s, Aufträge> ['auftra:k, *pl* 'auftrɛ:gə] *m* ❶ (*Beauftragung*) contract; (*an Freiberufler*) commission; ■**ein** ~ **über** [*o* **für**] **etw** *akk* a contract/commission for sth; **einen** ~ **erhalten** to obtain [*or* secure] a contract/commission ❷ (*Bestellung*) [sales] order; **einen** ~ **ausführen** to deal with [*or form* execute] an order; ■**ein** ~ **über etw** *akk* an order for sth; **im** ~ **und auf Rechnung von jdm** by order and for account of sb ❸ (*Anweisung*) orders *pl,* instructions *pl;* **einen** ~ **ausführen** to carry out [*or* execute] an order; **den [ausdrücklichen]** ~ **haben[, etw zu tun]** to be [expressly] instructed [to do sth]; **jdm den** ~ **geben, etw zu tun** to instruct sb to do sth; **etw [bei jdm] in** ~ **geben** to order sth [from sb]; **eine Skulptur [bei jdm] in** ~ **geben** to commission [sb with] a sculpture; **im** ~ by order, on authority; **in jds** ~ on sb's instructions; (*für jdn*) on sb's behalf ❹ *kein pl* (*geh: Mission*) task, mission; **„~ erledigt!"** "mission accomplished" ❺ (*das Aufstreichen*) application

auf|tra·gen *irreg* **I.** *vt* ❶ (*aufstreichen*) ■**etw [auf etw** *akk*] ~ to apply sth [to sth], to put on sth *sep,* to put sth on sth; **Farbe** ~ to apply paint; **Kleister** ~ to apply paste, to spread [on *sep*] paste ❷ (*geh: ausrichten lassen*) ■**jdm etw** ~ to instruct sb to do sth; **er hat mir Grüße an Sie aufgetragen** he['s] asked me to give you his regards; **hat sie dir [für mich] denn nichts aufgetragen?** didn't she give you a message [for me]? ❸ (*geh: servieren*) ■**etw** ~ to serve [up [*or* out] *sep*] sth; ■**aufgetragen** served; ■**es ist aufgetragen!** (*geh*) lunch/dinner etc. is served! *form* ❹ (*durch Tragen abnutzen*) ■**etw** ~ to wear out sth *sep;* ■**aufgetragen** worn out **II.** *vi* ❶ (*dick aussehen lassen*) to be bulky, to make sb look fat; **der Rock trägt auf** the skirt is not very flattering to your/her figure ❷ (*übertreiben*) ■**dick** [*o* **stark**] ~ to lay it on thick [*or* with a trowel] *fam* ❸ (*geh: servieren*) ■**jdm** ~ to serve sb

Auf·trag·ge·ber(in) *m(f)* client; (*von Firma, Freiberufler*) client, customer **Auf·trag·neh·mer(in)** <-s, -> *m(f)* contractor *form;* (*beauftragte Firma*) firm receiving the order, successful bidder *spec;* ~ **und Auftraggeber** principal and agent *form* **Auf·trags·be·stä·ti·gung** *f* confirmation of [an] order **Auf·trags·buch** *nt* order book **Auf·trags·ein·gang** *m* receipt of order **auf·trags·ge·mäß I.** *adj* as ordered *pred,* as per order *pred* **II.** *adv* as ordered [*or* instructed] **Auf·trags·la·ge** *f* order position [*or* situation] [*or spec* picture], situation concerning orders **Auf·trags·mord** *m* JUR contract killing **Auf·trags·plus** *nt* increase in orders **Auf·trags·pols·ter** *nt* backlog of orders, back orders *pl;* **wir haben ein dickes** ~ our order books are well-filled **Auf·trags·rück·gang** *m* drop in [*or* falling off of] orders *no pl*

auf|tref·fen *vi irreg sein* ■**[mit etw] [auf etw** *akk o dat*] ~ to hit [*or* strike] sth [on sth]; **auf den** [*o* **dem**] **Boden** ~ to hit [*or* strike] the ground; **mit dem Kopf [auf etw** *akk o dat*] ~ to hit [*or* strike] one's head [on sth]; **hart/weich** ~ *Fallschirmspringer* to land heavily/to have a soft landing; ■**[auf etw** *akk o dat*] ~ *Geschoss* to strike [sth]; *Rakete, abgeworfene Hilfsgüter a.* to land [on sth]

auf|trei·ben *vt irreg* ❶ (*fam*) ■**jdn/etw** ~ to find [*or fam* get hold of] sb/sth ❷ (*aufblähen*) ■**etw** ~ to distend [*or* bloat] sth; **den Teig** ~ to make the dough rise

auf|tren·nen *vt* ■**etw** ~ ❶ (*zerschneiden*) to undo sth ❷ MED (*aufschneiden*) to open sth

auf|tre·ten *irreg* **I.** *vi sein* ❶ (*den Fuß aufsetzen*) to walk; **der Fuß tut so weh, dass ich [mit ihm] nicht mehr** ~ **kann** my foot hurts so badly that I can't walk on it [*or* put my weight on it] ❷ (*eintreten*) to occur; *Schwierigkeiten* to arise; ■**das A~ von etw** the occurrence of sth ❸ MED (*sich zeigen*) **bei Einnahme dieses Medikamentes kann Übelkeit** ~ [taking] this medicine can cause nausea; **wenn diese Symptome** ~**, ...** if these symptoms [should] appear [*or* occur] ...; **diese seltene Tropenkrankheit ist lange nicht mehr aufgetreten** there has been no record of this rare tropical disease for a long time; **die Pest trat in dichter besiedelten Gebieten auf** the plague occurred in more densely populated areas ❹ (*erscheinen*) to appear [on the scene *a. pej*]; ■ **[als etw]** ~ to appear [as sth]; **als Kläger** ~ to appear as [a] [*or* for the] plaintiff; **als Zeuge** ~ to appear as a witness, to take the witness box; **geschlossen** ~ to appear as one body; ■ **gegen jdn/etw** ~ to speak out against sb/sth; **gegen jdn/etw als Zeuge** ~ to give evidence against sb/sth ❺ (*in einem Stück spielen*) to appear [on the stage]; ■ **[auf/in etw** *dat*] **als etw** ~ to appear as [*or* play] sth [on/in sth] ❻ (*sich benehmen*) to behave; **zurückhaltend** ~ to tread carefully ❼ (*handeln*) ■ **als etw/für jdn** ~ to act as sth/on sb's behalf **II.** *vt haben* ■ **etw** ~ to kick open [*or* in] sth *sep*

Auf·tre·ten <-s> *nt kein pl* ❶ (*Benehmen*) behaviour [*or* AM -or] *no pl,* conduct *no pl* ❷ (*Manifestation*) occurrence, outbreak; **bei** ~ **von Schwellungen** in the event of swelling, when swelling occurs; **bei** ~ **dieser Symptome** when these symptoms occur ❸ (*Erscheinen*) appearance; **das** ~ **in der Öffentlichkeit vermeiden** to avoid public appearances [*or* appearing in public]

Auf·trieb *m* ❶ *kein pl* PHYS buoyancy *no pl;* LUFT lift *no pl* ❷ *kein pl* (*Aufschwung*) upswing, upturn; **etw** *dat* **einen** ~ **geben** to buoy *sep* up sth ❸ *kein pl* (*frischer Schwung*) impetus *no pl;* **jdm neuen** ~ **geben** to give sb fresh impetus [*or* a lift] ❹ (*das Hinauftreiben*) *driving of cattle up to [Alpine] pastures*

Auf·tritt *m* ❶ (*Erscheinen*) appearance ❷ (*Erscheinen auf der Bühne*) entrance; **ich habe meinen** ~ **erst im zweiten Akt** I don't come [*or* go] on until the second act ❸ (*Streit*) row; **unangenehme** ~**e** unpleasant scenes

auf|trump·fen *vi* ❶ (*seine Überlegenheit ausspielen*) to show sb what one is made of ❷ (*sich schadenfroh äußern*) to crow *pej*

auf|tun *irreg* **I.** *vr* ❶ (*geh: sich öffnen*) ■ **sich [vor jdm]** ~ to open [up] [for [*or form* before] sb]; *Abgrund a.* to yawn before sb *liter* ❷ (*sich ergeben*) ■ **sich** ~ to open up **II.** *vt* ❶ (*sl: ausfindig machen*) ■ **jdn/etw** ~ to find sb/sth ❷ (*fam: servieren*) ■ **jdm etw** ~ to serve sb with sth; **können Sie mir noch etwas** ~**?** can I have some more? **III.** *vi* ❶ (*veraltet geh: öffnen*) ■ **jdm** ~ to open the door for sb ❷ (*fam: Essen auflegen*) ■ **jdm/sich** ~ to put sth on sb's/one's plate, to help sb/oneself to sth

auf|tür·men I. *vt* ■ **etw [auf/in etw** *dat*] ~ to pile [*or* heap] up sth [on/in sth] *sep;* **Holz** ~ to stack [up *sep*] [*or sep* pile up] wood **II.** *vr* (*geh*) ❶ (*hoch aufragen*) ■ **sich [vor jdm]** ~ to tower up [before [*or* in front of] sb]; (*bedrohlich*) to loom up [before [*or* in front of] sb] ❷ (*sich zusammenballen*) ■ **sich** ~ to pile [*or* mount] up

auf|wa·chen *vi sein* to wake [up], to awake[n] *liter;* **aus einem Alptraum/einer Narkose** ~ to start up from a nightmare/to come round from an anaesthetic [*or* AM anesthetic]

auf|wach·sen [-ks-] *vi irreg sein* ■ **[als etw] [auf/in etw** *dat*] ~ to grow up [sth] [on/in sth]; **er wuchs als Kind armer Eltern auf** he grew up the son of poor parents

auf|wal·len *vi sein* ❶ (*leicht aufkochen*) to be brought to the [*or* AM a] boil; **etw** ~ **lassen** to bring sth to the boil ❷ (*geh: aufsteigen*) ■ **in jdm** ~ to surge [up] [with]in sb

Aufwal·lung *f* ■ **eine** ~ **von etw** a surge of sth; **eine** ~ **von Hass/Wut** a wave of hate/fit of rage

Auf·wand <-[e]s> ['aufvant] *m kein pl* ❶ (*Einsatz*) expenditure *no pl;* **[zeitlicher]** ~ time *no pl;* **der** ~ **war umsonst/das war ein unnützer** ~ it was a waste of energy/money/time; **einen** ~ **an Energie/Geld/Material** *dat* **erfordern** to require a lot of energy/money/material[s]; **das erfordert einen** ~ **von 21 Millionen Euro** that will cost [*or* take] 21 million euros ❷ (*aufgewendeter Luxus*) extravagance; **[großen]** ~ **treiben** to be [very] extravagant, to live in [grand] style [*or* [great] luxury]

aufwändig[RR] **I.** *adj* ❶ (*teuer und luxuriös*) lavish, extravagant; ~**es Material** costly material[s *pl*]; ■ ~ **sein** to be lavish [*or* extravagant] [*or* costly] ❷ (*umfangreich*) costly, expensive **II.** *adv* lavishly; ~ **eingerichtet sein** to be fitted out luxuriously

Auf·wands·ent·schä·di·gung *f* expense allowance

auf|wär·men I. *vt* ❶ (*wieder warm machen*) ■ **[jdm] etw** ~ to heat up *sep* sth [for sb] ❷ (*fam: erneut zur Sprache bringen*) ■ **etw** ~ to bring [*or fam* drag] [*or pej a.* rake] up sth *sep* **II.** *vr* ■ **sich** ~ ❶ (*den Körper warm werden lassen*) to warm oneself [up] ❷ (*die Muskulatur auflockern*) to warm [*or* limber] up

auf|war·ten *vi* (*geh*) ❶ (*zu bieten haben*) ■ **mit etw** ~ to offer sth; **mit einer Überraschung** ~ to come up with [*or* provide] a surprise ❷ (*vorsetzen*) ■ **[jdm] mit etw** ~ to serve [sb with] sth ❸ (*veraltend: bedienen*) ■ **jdm** ~ to serve [*or* wait on] sb

auf·wärts ['aufvɛrts] *adv* ❶ (*nach oben*) up[ward[s]]; **den Fluss** ~ upstream; ■ **von etw [an]** ~ from sth upward[s] ❷ (*bergauf*) uphill

auf·wärts|bie·gen[RR] *vr irreg* **sich** ~ to curl up; **die Ecken haben sich aufwärtsgebogen** the corners have curled up **Auf·wärts·ent·wick·lung** *f* upward trend (+*gen* in) **auf·wärts|ge·hen**[RR] *irreg* **I.** *vi sein* to go upwards **II.** *vi impers sein* **es geht [mit jdm/etw] aufwärts** *(Fortschritte machen)* things are looking up [for sb]/looking up [*or* getting better] [*or* improving] [for sth]; **es geht [mit jdm] aufwärts** (*sich gesundheitlich erholen*) sb is doing [*or* getting] better **Auf·wärts·ha·ken** *m* uppercut; **einen** ~ **unter dem** [*o* **das**] **Kinn landen** to land an uppercut on sb's chin **auf·wärts|rich·ten**[RR] *vt* **etw** ~ to direct sth upwards **Auf·wärts·trend** *m,* **Aufwärtstendenz** *f* upward [*or* tendency] trend **auf·wärts|zei·gen**[RR] *vi* to point up[ward[s]]; *Konjunktur* to be on the upswing

Auf·war·tung *f* ■ **jdm seine** ~ **machen** (*veraltet geh*) to visit [*or* call [in] on] [*or old* wait on] sb

auf|wa·schen *vt irreg* DIAL (*abwaschen*) to wash [*or* do] the dishes, BRIT *a.* to wash up ▶ WENDUNGEN: **das ist [dann] ein A~** (*fam*) [that way] we can kill two birds with one stone

auf|we·cken *vt* ■ **jdn** ~ to wake [up *sep*] sb; **um wie viel Uhr soll ich dich** ~**?** at what time shall I wake you?; **unsanft aufgeweckt werden** to be rudely awoken; *s. a.* **aufgeweckt**

auf|wei·chen I. *vt haben* ❶ (*morastig machen*) ■ **etw** ~ to make sth sodden [*or* soggy]; ■ **aufgeweicht** sodden, soaked, soggy ❷ (*weich machen*) ■ **[jdm/sich] etw** ~ to soak [one's] sth/sth [for sb] ❸ (*geh: lockern*) ■ **etw** ~ to weaken [*or* undermine] sth; **eine Doktrin** ~ to water down *sep* a doctrine **II.** *vi sein* ❶ (*morastig werden*) to become [*or* get] sodden [*or* soggy] ❷ (*geh: sich lockern*) to be weakened [*or* undermined]; *Doktrin* to become watered down

auf|wei·sen *vt irreg* ❶ (*erkennen lassen*) ■ **etw** ~ to show sth; **das Auto wies einige Kratzer auf** the car had a number of scratches; **die Patientin wies einige blaue Flecke auf** the patient exhibited some bruising ❷ (*durch etw gekennzeichnet sein*) ■ **etw** ~ to contain sth; **viele Irrtümer/orthographische Fehler** ~ to be riddled with [*or* full of] mistakes/misspellings ❸ (*über etw verfügen*) ■ **etw aufzuweisen haben** to have sth to show [for oneself]

auf|wel·len *vt* KOCHK to heat gently (*in a liquid*)

auf|wen·den *vt irreg o reg* ■ **etw** ~ ❶ (*einsetzen*) to use sth; **viel Energie** ~**, etw zu tun** to put a lot of energy into doing sth; **viel Mühe** ~**, etw zu tun** to take a lot of trouble [*or* great pains] doing sth; **viel Zeit** ~**, etw zu tun** to spend a lot of time doing sth ❷ (*ausgeben*) to spend [*or* expend] sth; **die aufgewendeten Mittel** expenditure *no pl*

auf·wen·dig I. *adj* ❶ (*teuer und luxuriös*) lavish, extravagant; ~**es Material** costly material[s *pl*]; ■ ~ **sein** to be lavish [*or* extravagant] [*or* costly] ❷ (*umfangreich*) costly, expensive **II.** *adv* lavishly; ~ **eingerichtet sein** to be fitted out luxuriously

Auf·wen·dung <-, -en> *f* ❶ *kein pl* (*das Aufwenden*) spending *no pl, no indef art; von Energie, Zeit* expending *no pl, no indef art* ❷ *pl* (*Ausgaben*) expenditure *no pl, no indef art,* expenses *pl*

auf|wer·fen *irreg* **I.** *vt* ■**etw** ~ ❶ (*zur Sprache bringen*) to raise [*or sep* bring up] sth ❷ (*aufhäufen*) to build [up *sep*] [*or sep* throw up] sth; **Erde** ~ to throw on *sep* soil **II.** *vr* ■**sich zu etw** ~ to set oneself up as sth; **sich zum Richter** ~ to set oneself up as judge

auf|wer·ten **I.** *vt* ❶ (*im Wert erhöhen*) ■**etw [um etw]** ~ to revalue sth [by sth] ❷ (*höher werten*) ■**etw** ~ to increase the value of sth; **sein Ansehen** ~ to raise [*or* enhance] one's status; **eine Rolle** ~ to raise [*or* enhance] the status of a role **II.** *vi* to revalue [its currency]

Auf·wer·tung <-, -en> *f* ❶ (*das Aufwerten*) revaluation (**um** by) ❷ (*höhere Bewertung*) enhancement

auf|wi·ckeln *vt* ■**etw** ~ ❶ (*aufrollen*) to roll up sth *sep;* **Haare** ~ to put curlers in one's hair ❷ (*auseinanderwickeln*) to unwind sth; **einen Verband** ~ to take off a bandage

auf|wie·geln ['aufvi:gl̩n] *vt* ■**jdn** ~ to stir up sb *sep;* **Leute gegeneinander** ~ to set people at each other's throats; **das Volk** ~ to stir up the people *form;* **die aufgewiegelte Bevölkerung** the popular uprising; **jdn zum Streik/Widerstand** ~ to incite sb to strike/resist

auf|wie·gen *vt irreg* ■**etw** ~ to compensate [*or* make up] for sth; **sie ist nicht aufzuwiegen** she can't be bought for all the money in the world

Auf·wieg·ler(in) <-s, -> *m(f)* (*pej*) rabble-rouser *pej*

Auf·wind *m* ❶ *kein pl* (*Aufschwung*) impetus *no pl;* **ein konjunktioneller** ~ an economic upswing; **[neuen]** ~ **bekommen** to be given [*or* gain] fresh impetus; **im** ~ **sein** to be on the way up; **etw** *dat* **neuen** ~ **verschaffen** to give fresh impetus to sth, to provide sb with fresh impetus ❷ LUFT upcurrent, updraught BRIT, updraft AM

auf|wir·beln **I.** *vi sein* to swirl [*or* whirl] up **II.** *vt haben* ■**etw** ~ to swirl [*or* whirl] up sth *sep;* **Staub** ~ to raise [*or sep* swirl [*or* whirl] up] dust

auf|wi·schen **I.** *vt* ■**etw** ~ ❶ (*entfernen*) to wipe up sth *sep;* (*mit Mop a.*) to mop up sth *sep;* **etw vom Boden** ~ to wipe/mop up *sep* sth off the floor ❷ (*reinigen*) to wipe sth; (*mit Mop a.*) to mop sth **II.** *vi* to wipe [*or* mop] the floor[s]; **in der Küche** ~ to wipe/mop the kitchen floor

auf|wüh·len *vt* ❶ (*aufwerfen*) ■**etw** ~ to churn [up *sep*] sth; ■**aufgewühlt** churned [up]; **die aufgewühlte See** the churning sea; ■**aufgewühlt sein** to be churned up; *See* to be churning ❷ (*geh: stark bewegen*) ■**jdn [innerlich]** ~ to stir up *sep* [*or* shake [up *sep*]] sb; ■~**d** stirring; (*stärker*) devastating; ■**aufgewühlt** agitated, in a turmoil *pred;* (*stärker*) turbulent

auf|zäh·len *vt* ■**[jdm] etw** ~ to list [*or form* enumerate] sth [for sb], to give [sb] a list of sth; **jdm seine ganzen Fehler** ~ to tell sb all his faults, to count off *sep* all his faults; **[jdm] Gründe/Namen** ~ to give [sb] reasons/names, to list reasons/names for sb

Auf·zah·lung <-, -en> *f* ÖSTERR, SCHWEIZ (*Aufpreis*) additional charge

Auf·zäh·lung <-, -en> *f* list; *von Gründen, Namen a.* enumeration

auf|zäu·men *vt* ■**etw** ~ to bridle sth; **etw von hinten** [*o* **verkehrt herum**] **aufzäumen** (*fig fam*) to set [*or* go] about sth the wrong way

auf|zeich·nen *vt* ❶ (*aufnehmen*) ■**etw [auf etw** *akk*] ~ to record sth [on sth]; **etw auf Tonband** ~ to tape sth, to record sth on tape; FILM *a.* to can sth *sl;* **etw mit dem Videorekorder** ~ to video [*or* tape] sth ❷ (*als Zeichnung erstellen*) ■**[jdm] etw [auf etw** *akk*] ~ to draw [*or* sketch] sth [on sth] [for sb]; ■**jdm** ~**, wie ...** to draw [*or* sketch] sb a picture showing how ... ❸ (*notieren*) ■**etw** ~ to note [down *sep*] sth

Auf·zeich·nung *f* ❶ (*das Aufzeichnen*) recording *no pl, no indef art;* (*auf Band a.*) taping *no pl, no indef art;* (*auf Videoband a.*) videoing *no pl, no indef art* ❷ (*Zeichnung*) drawing, sketch ❸ *meist pl* (*Notizen*) notes

auf|zei·gen *vt* ■**[jdm] [an etw** *dat*] ~**, dass/wie ...** to show [sb] [using sth] that/how ...; (*nachweisen a.*) to demonstrate [to sb] [using sth] that/how ...

auf|zie·hen *irreg* **I.** *vt haben* ❶ (*durch Ziehen öffnen*) ■**etw** ~ to open sth; **einen Reißverschluss** ~ to undo a zip; **eine Schleife/seine Schnürsenkel** ~ to untie [*or* undo] a bow/one's laces; **die Vorhänge** ~ to draw back *sep* [*or* open] the curtains ❷ (*herausziehen*) ■**etw** ~ to open [*or sep* pull open] sth ❸ (*aufkleben*) ■**etw [auf etw** *akk*] ~ to mount sth [on sth] ❹ (*befestigen und festziehen*) ■**etw** ~ to fit sth; **Reifen** ~ to fit [*or* mount] [*or sep* put on] tyres [*or* AM tires]; **Saiten/neue Saiten auf eine Gitarre** ~ to string/restring a guitar; *s. a.* **Saite** ❺ (*spannen*) ■**etw** ~ to wind up sth *sep* ❻ (*großziehen*) ■**jdn/etw** ~ to raise [*or* rear] sb/sth, to bring up *sep* sb ❼ (*kultivieren*) ■**etw** ~ to cultivate [*or* grow] sth ❽ (*fam: verspotten*) ■**jdn [mit etw]** ~ to tease sb [about sth], to make fun of sb['s sth] ❾ (*veranstalten*) ■**etw** ~ to set up sth *sep;* **ein Fest [ganz groß]** ~ to arrange a celebration [in grand style] ❿ (*fam: gründen*) ■**etw** ~ to start [*or* set] up sth *sep* ⓫ (*hochziehen*) ■**etw** ~ to hoist sth; **die Segel** ~ to hoist [*or* raise] the sails ⓬ (*durch Einsaugen füllen*) ■**etw [mit etw]** ~ to fill [*or* charge] sth [with sth]; ■**etw** ~ to draw up sth *sep* **II.** *vi sein* ❶ (*sich nähern*) to gather, to come up ❷ (*aufmarschieren*) ■**[vor etw** *dat*] ~ to march up [in front of sth]; *Wache* to mount guard [in front of sth]

Auf·zucht *f kein pl* ❶ (*das Großziehen*) raising *no pl, no indef art,* rearing *no pl, no indef art* ❷ (*aufgezogene Jungpflanzen*) cultivated plants *pl* ❸ (*aufgezogene Jungtiere*) young breed

Auf·zug[1] *m* ❶ (*Fahrstuhl*) lift BRIT, elevator AM; (*für Speisen*) dumb waiter; ~ **fahren** to take [*or* go in] the lift ❷ (*Festzug*) procession ❸ *kein pl* (*das Aufmarschieren*) parade ❹ *kein pl* (*das Nahen*) gathering *no pl, no indef art* ❺ (*Akt*) act

Auf·zug[2] *m kein pl* (*pej fam*) get-up *fam*

Auf·zug·füh·rer(in) *m(f)* lift [*or* AM elevator] operator, BRIT *a.* liftman

auf|zwin·gen *irreg* **I.** *vt* ❶ (*gewaltsam auferlegen*) ■**jdm etw** ~ to force sth on sb; **jdm seinen Willen** ~ to impose [*or* force] one's will on sb; **jdm Geschlechtsverkehr** ~ to force sb into [*or* to have] sex ❷ (*gewaltsam öffnen*) ■**etw [mit etw]** ~ to force [*or* BRIT prise] [*or* AM prize] open sth [with sth] *sep;* **etw mit einer Brechstange** ~ to jemmy [*or* AM jimmy] open sth *sep;* **etw mit Gewalt** ~ to force open sth *sep* ❸ (*aufdrängen*) ■**jdm etw** ~ to force sth on sb, to force sb to accept [*or* into accepting] sth **II.** *vr* ■**sich jdm** ~ to force itself on sb; *Gedanke* to strike sb forcibly

Aug·ap·fel ['aukʔapfl̩] *m* eyeball, bulbus oculi *spec;* **jdn/etw wie seinen** ~ **hüten** to cherish sb/sth like life itself

Au·ge <-s, -n> ['augə] *nt* ❶ (*Sehorgan*) eye; **es tränen ihr die** ~**n** her eyes are watering; **er hat eng stehende** ~**n** his eyes are too close together; **das linke/rechte** ~ one's left/right eye; **[sich** *dat*] **die** [*o* **seine**] ~**n untersuchen lassen** to have one's eyes tested; **mit bloßem** [*o* **nacktem**] ~ with the naked eye; **etw mit [seinen] eigenen** ~**n gesehen haben** to have seen sth with one's own eyes, to have witnessed sth in person; **gute/schlechte** ~**n [haben]** [to have] good/poor eyesight *sing* [*or pl* eyes]; ~**n wie ein Luchs haben** (*sehr gut sehen*) to have eyes like a hawk, to be eagle-eyed; (*alles merken a.*) to not miss a thing; **[die]** ~**n links/rechts!** MIL eyes left/right!; **mit den** ~**n blinzeln** [*o* **zwinkern**] to blink [*or* wink]; **etw im** ~ **haben** to have [got] sth in one's eye; **sich** *dat* **die** ~**n reiben** to rub one's eyes; (*nach dem Schlaf a.*) to rub the sleep from one's eyes; **mit den** ~**n rollen** to roll one's eyes; **auf einem** ~ **schielen/blind sein** to have a squint/to be blind in one eye; **ich habe doch** ~**n im Kopf!** (*fam*) I know what I saw!; **hast du/haben Sie keine** ~**n im Kopf?** (*fam*) haven't you got any eyes in you head?, use your eyes!; **die** ~**n offen haben** [*o* **halten**] to keep one's eyes open [*or fam* skinned] [*or fam* peeled]; **mit offenen** ~**n schlafen** to daydream; **mir**

wurde schwarz vor ~n everything went black, I blacked out; **sehenden ~s** (*geh*) with open eyes, with one's eyes open; **ein sicheres ~ für etw haben** to have a good eye for sth; **da blieb kein ~ trocken** (*hum fam*) there wasn't a dry eye in the place; **man muss seine ~n überall/hinten und vorn haben** (*fam*) you need eyes in the back of your head; **ich kann meine ~n nicht überall haben** (*fam*) I can't look [*or* be] everywhere at once; **mit verbundenen ~n** blindfolded; (*mit absoluter Sicherheit*) blindfold; **so weit das ~ reicht** as far as the eye can see; **jdn/etw im ~ behalten** (*beobachten*) to keep an eye on sb/sth; (*sich vormerken*) to keep [*or* bear] sb/sth in mind; **etw ins ~ fassen** to contemplate sth; **ins ~ fassen, etw zu tun** to contemplate doing sth; **das muss man sich mal vor ~n führen/führen, was ...!** just imagine it/imagine what ...!; **jdm etw vor ~n führen** to make sb aware of sth; **geh mir aus den ~n!** get out of my sight [*or fam!* face]!; **die ~n aufmachen** [*o* **aufsperren**] [*o* **auftun**] (*fam*) to open one's eyes; **jetzt gehen mir die ~n auf!** now I'm beginning to see the light; **sich** *dat* **die ~n nach jdm/etw ausgucken** (*fam*) to look everywhere for sb/sth, to hunt high and low for sth; **jdm gehen die ~n über** sb's eyes are popping out of her/his head; **ein ~ auf jdn/etw geworfen haben** to have one's eye on sb/sth; **jdn/etw im ~ haben** to have one's eye on sb/sth, to keep tabs on sth; **ein ~ auf jdn/etw haben** to keep an eye on sb/sth; **etw noch deutlich** [*o* **genau**] [*o* **lebhaft**] **vor ~n haben** to remember sth clearly [*or* vividly]; **nur ~n für jdn haben** to only have eyes for sb; **jdn nicht aus den ~n lassen** to not let sb out of one's sight, to keep one's eyes riveted on sb; **ein ~ riskieren** (*fam*) to risk a glance [*or* peep], to have [*or* take] a peep; **die ~n schließen** (*geh*) to fall asleep; **für immer die ~n schließen** (*euph geh*) to pass away [*or* on] *euph;* **jdm schwimmt alles vor den ~n** sb feels giddy [*or* dizzy], sb's head is spinning; **etwas fürs ~ sein** to be a treat to look at; *Ding a.* to have visual appeal; (*unerwartet*) to be a sight for sore eyes *fam;* **nur fürs ~ sein** (*fam*) to be good to look at but not much else *fam;* **jdm in die ~n sehen** [*o* **schauen**] to look into sb's eyes; (*trotzig*) to look sb in the eye[s] [*or* straight in the face]; **ins ~ springen** [*o* **fallen**] [*o* **stechen**] to catch the eye; **ins ~ springen** [*o* **fallen**], **wie ...** to be glaringly obvious that ...; **etw steht** [*o* **schwebt**] **jdm vor ~n** sb can picture sth vividly, sb envisages [*or* envisions] sth *form;* **ich traute meinen ~n nicht!** I couldn't believe my eyes [*or* what I was seeing]; **etw aus den ~n verlieren** to lose track of sth; **sich aus den ~n verlieren** to lose contact, to lose touch with each other [*or* one another]; **in jds ~n** *dat* in the opinion [*or* view] of sb, in sb's opinion [*or* view], as sb sees it; **in den Augen der Leute/Öffentlichkeit** in the eyes of most people/the public; **~ in ~** face to face; **unter jds ~n** *dat* before sb's very eyes, under sb's very nose; **vor aller ~n** in front of everybody ❷ (*Punkt beim Würfeln*) point ❸ (*Keimansatz*) eye ❹ (*Fett~*) drop [*or* globule] of fat ❺ (*Zentrum*) eye ►WENDUNGEN: **jdm sieht die Dummheit aus den ~n** sb's stupidity is plain to see; **das ~ des Gesetzes** (*hum*) the [arm of the] law + *sing/pl verb;* **jd guckt sich die ~n aus dem Kopf** (*fam*) sb's eyes are popping out of her/his head [*or* coming out on stalks]; **die/jds ~n sind größer als der Mund** (*fam*) sb's eyes are bigger than her/his stomach; **jdm sieht der Schalk aus den ~n** sb [always] has a roguish [*or* mischievous] look on his/her face; **aus den ~n, aus dem Sinn** (*prov*) out of sight, out of mind *prov;* **„~ um ~, Zahn um Zahn"** "an eye for an eye and a tooth for a tooth"; **[um] jds blauer ~n willen** for the sake of sb's pretty face *a. iron;* **mit einem blauen ~ davonkommen** (*fam*) to get off lightly; **vor jds geistigem** [*o* **innerem**] **~** in sb's mind's eye; **jdn mit** [*o* **aus**] **großen ~n ansehen** [*o* **anschauen**] to look at sb wide-eyed; **mit einem lachenden und einem weinenden ~** with mixed feelings; **jdm schöne** [*o* **verliebte**] **~n machen** to make eyes at sb; **unter vier ~n** in private; (*unter uns etc. a.*) between ourselves etc.; **ein Gespräch unter vier ~n** a private conversation; **ich hab' doch hinten keine ~n!** (*fam*) I don't have eyes in the back of my head; **jdm jeden Wunsch an** [*o* **von**] **den ~n ablesen** to anticipate sb's every wish; **der würde ich am liebsten die ~n auskratzen!** (*fam*) I'd like to scratch her eyes out; **jdm jdn/etw aufs ~ drücken** (*fam*) to force [*or* impose] sb/sth on sb; **ins ~ gehen** (*fam*) to backfire, to go wrong; **[große] ~n machen** (*fam*) to be wide-eyed [*or* BRIT *a. fam* gobsmacked]; **da machst du ~n, was?** that's got you, hasn't it?; **jdm die ~n [über etw** *akk*] **öffnen** to open sb's eyes [to sth]; **die ~n vor etw** *dat* **verschließen** to close [*or* shut] one's eyes to sth; **ein ~/beide ~n zudrücken** (*fam*) to turn a blind eye; **kein ~ zutun** (*fam*) to not sleep a wink [*or* get a wink of sleep]; **~n zu und durch** (*fam*) take a deep breath [*or* grit your teeth] and get to it; **jdn/etw mit anderen ~n [an]sehen** to see sb/sth in a different [*or* in another] light

äu·gen ['ɔygn̩] *vi* (*veraltet fam*) to look

Au·gen·arzt, -ärz·tin *m, f* eye specialist, ophthalmologist *spec*

au·gen·ärzt·lich I. *adj attr* ophthalmological *spec;* **~e Behandlung** eye [*or spec* ophthalmic] treatment; **~e Beratung** advice from an eye specialist [*or spec* ophthalmologist]; **das ~e Gebiet** the field of ophthalmology *spec* **II.** *adv* ❶ (*durch einen Augenarzt*) by an eye specialist [*or spec* ophthalmologist] ❷ (*hinsichtlich der Augenheilkunde*) for the field of ophthalmology *spec* **Au·gen·auf·schlag** *m* look

Au·gen·blick ['augn̩blɪk] *m* ❶ (*kurze Zeitspanne*) moment; **es dauert nur einen ~** it won't take a minute; **wenn Sie einen ~ Zeit haben, ...** if you could spare a moment ...; **im ersten ~** for a moment, at first; **im letzten ~** at the [very] last moment, in the nick of time; **im nächsten ~** the [very] next moment; **in einem ~** [with]in a moment; **alle ~e** constantly, all the time; **etw alle ~e tun** to keep on doing sth; **einen ~[, bitte]!** one moment [please]!; **jeden ~** any time [*or* minute] [*or* moment] [now]; **keinen ~ zögern** to not hesitate for a moment; **~ mal!** (*he*) just a minute! [*or* second] [*or fam* sec], hang on! [*or* BRIT *a.* about] *fam;* (*ach ja*) wait a minute [*or* second] [*or fam* sec], hang on *fam* ❷ (*Zeitpunkt*) instant, moment; **der ~ der Wahrheit** the moment of truth; **der passende** [*o* **richtige**] **~** the right moment; **im passenden** [*o* **richtigen**] **~** at the right moment; **im ~** at present [*or* the moment]; **in diesem ~** at that/this moment; **in einem schwachen ~/~ der Schwäche** in a moment of weakness

au·gen·blick·lich ['augn̩blɪklɪç] **I.** *adj* ❶ (*sofortig*) immediate ❷ (*derzeitig*) present, current; **die ~e Lage** the present [*or* current] situation, the situation at the moment ❸ (*vorübergehend*) temporary; **eine ~e Modeerscheinung** a short-lived fashion, a fad *pej fam* ❹ (*einen Augenblick dauernd*) momentary **II.** *adv* ❶ (*sofort*) immediately; (*herausfordernd*) at once, this minute ❷ (*zurzeit*) at present, at the moment

Au·gen·blin·zeln *nt kein pl* blink; (*mit einem Auge*) wink **Au·gen·boh·ne** *f* black-eyed bean **Au·gen·braue** *f* eyebrow, supercilium *spec;* **buschige ~n** bushy eyebrows; **[sich** *dat*] **die ~n zupfen** to pluck one's eyebrows; **die ~n hochziehen** to raise one's eyebrows **Au·gen·brau·en·stift** *m* eyebrow pencil **au·gen·fäl·lig** *adj* obvious, evident; ■**[jdm** [*o* **für jdn**]] **~ sein** to be obvious [*or* evident] [to sb] **Au·gen·far·be** *f* colour [*or* AM -or] of [one's] eyes **Au·gen·flim·mern** *nt* flickering before the eyes **Au·gen·heil·kun·de** *f* ophthalmology *spec* **Au·gen·hö·he** *f* ■**in ~** at eye level **Au·gen·höh·le** *f* [eye] socket, orbit[al cavity] *spec* **Au·gen·klap·pe** *f* eye-patch; ■**~n** (*für Pferd*) blinkers *pl* BRIT, blinders *pl* AM **Au·gen·krank·heit** *f* eye disease **Au·gen·licht** *nt kein pl* (*geh*) [eye]sight *no pl, no art;* **das** [*o* **sein**] **~ verlieren** to lose one's [eye]sight **Au·gen·lid** *nt* eyelid **Au·gen·maß** *nt kein pl* ❶ (*Fähigkeit, Entfernungen abzuschätzen*) eye for distance[s]; **[ein] gutes/[ein] schlechtes ~ haben** to have a good/no [*or* a poor] eye for distance[s]; **ein ~ für etw haben** to have an eye for sth; **nach ~**

by eye ❷ (*Gabe der Einschätzung*) perceptiveness; ~ **haben** to be able to assess [*or* gauge] things [*or* situations]; **ein ~ für etw haben** to have an eye for sth **Au·gen·merk** <-s> *nt kein pl* (*Aufmerksamkeit*) attention *no pl, no art;* **ich bitte für einen Augenblick um Ihr ~!** could I have your attention please!; **mit gespanntem ~** with rapt attention; **jds ~ auf etw** *akk* **lenken** [*o* **richten**] to direct [*or* draw] sb's attention to sth **Au·gen·nerv** *m* optic nerve **Au·gen·ope·ra·ti·on** *f* eye operation **Au·gen·op·ti·ker(in)** *m(f)* (*geh*) *s.* **Optiker Au·gen·rän·der** *pl* rims of the/one's eyes; **seine ~ waren gerötet** his eyes were red-rimmed **Au·gen·rin·ge** *pl* rings under one's/the eyes *pl;* (*als Maske*) rings [a]round one's/the eyes *pl* **Au·gen·schat·ten** *pl* shadows *pl* under [*or* [a]round] one's/the eyes

Au·gen·schein *m kein pl* ❶ (*Anschein*) appearance; **den ~ haben** to look like it; **den ~ haben, als ob ...** to appear [*or* look] as if/though ...; **nach dem/nach bloßem ~ urteilen** to judge by appearances [alone]; **dem ~ nach** by all [*or* to judge by] appearances; **der ~ kann trügen** looks can be [*or* are] deceptive; **jdn/etw in ~ nehmen** to look closely [*or* have a close look] at sb/sth ❷ SCHWEIZ (*Lokaltermin*) visit to the scene of the crime

au·gen·schein·lich ['augn̩ʃainlɪç] **I.** *adj* obvious, evident; **■~ sein, dass ...** to be obvious [*or* evident] that ... **II.** *adv* obviously, evidently

Au·gen·trop·fen *pl* eye drops *npl* **Au·gen·trost** *m* BOT eyebright **Au·gen·wei·de** *f* feast [*or* treat] for one's [*or* the] eyes; (*unerwartet*) sight for sore eyes *fam;* **nicht gerade eine ~** a bit of an eyesore **Au·gen·win·kel** *m* corner of one's/the eye; **aus dem** [*o* **einem**] **~** from [*or* out of] the corner of one's eye **Au·gen·wi·sche·rei** <-, -en> *f* (*pej*) eyewash *no pl, no indef art* **Au·gen·zahl** *f* number of points **Au·gen·zeu·ge, -zeu·gin** *m, f* eyewitness; **■~ sein[, wie ...]** to be an eyewitness, to witness how ...; **■~ bei etw sein** to be an eyewitness to sth **Au·gen·zeu·gen·be·richt** *m* eyewitness account; **nach ~en** [*o* **~en zufolge**] according to eyewitness accounts **Au·gen·zwin·kern** *nt kein pl* blinking *no pl, no indef art;* (*mit einem Auge*) winking *no pl, no indef art* **au·gen·zwin·kernd** *adv* with a wink; **sie sahen sich ~ an** they winked at each other; **jdm etw ~ zu verstehen geben** to give sb to understand sth with a wink

Au·gi·as·stall [au'gi:as-] *m kein pl* (*pej geh*) dunghill, Augean stables *pl,* Sodom *pej liter*

Au·gur <-s *o* -guren, -guren> ['augʊr, *pl* au'gu:rən] *m* ❶ HIST augur, auspex *spec* ❷ (*geh: Prophet*) augur, prophet

Au·gust¹ <-[e]s, -e> [au'gʊst] *m* August; *s. a.* **Februar**

Au·gust² <-s> ['augʊst] *m kein pl* Augustus; **der dumme ~** (*veraltend*) the clown, August[e] *spec;* **den dummen ~ spielen** to act [*or* play] the clown [*or* fool]

Au·gust·fei·er *f* SCHWEIZ *public holiday celebrated on the evening of 1 August*

Au·gus·ti·ner <-s, -> [augʊs'ti:nɐ] *m,* **Au·gus·ti·ner·mönch** *m* Augustinian, Augustinian [*or* Augustine] monk

Auk·ti·on <-, -en> [auk'tsi̯o:n, *pl* -'tsi̯o:nən] *f* auction

Auk·ti·o·na·tor, Auk·ti·o·na·to·rin <-s, -toren> [auktsi̯o'na:to:ɐ̯, -'to:rɪn, *pl* -'to:rən] *m, f* auctioneer

Auk·ti·ons·haus *nt* auctioneers *pl,* auction house

Au·la <-, Aulen> ['aula, *pl* 'aulən] *f* [assembly] hall

Au-pair-Mäd·chen [o'pɛ:ɐ̯-] *nt* au pair [girl]; **als ~ arbeiten** to [work as an] au pair **Au-pair-Stel·le** [o'pɛ:ɐ̯-] *f* au-pair job, job as an au pair

Au·ra <-> ['aura] *f kein pl* (*geh*) aura; **eine geheimnisvolle ~** an aura of mystery

aus [aus] **I.** *präp +dat* ❶ (*von innen nach außen*) out of, out *fam;* **~ dem Fenster/der Tür** out of the window/door; **~ der Flasche trinken** to drink from [*or* out of] the bottle; **das Öl tropfte ~ dem Fass/Ventil** the oil was dripping from the barrel/from the valve; **etw ~ der Zeitung herausschneiden** to cut sth out of the newspaper; **Zigaretten ~ dem Automaten** cigarettes from a machine; **■~ etw heraus** out of sth; *s. a.* **Weg** ❷ (*die zeitliche Herkunft bezeichnend*) from; **ein Gemälde ~ dem Barock** a painting from the Baroque period, a Baroque painting; **~ dem 17. Jahrhundert stammen** to be [from the] 17th century ❸ (*auf Ursache deutend*) **~ Angst** for [*or* out of] fear; **~ Angst vor/Liebe zu jdm/etw** for fear/love of sb/sth; **~ Angst vor Strafe lief er davon** fearing punishment he ran away; **~ Angst davor, dass ...** fearing that ...; **~ Dummheit/Eifersucht/Habgier/Hass/Verzweiflung** out of stupidity/jealousy/greed/hatred/desperation; **warum redest du nur so einen Quatsch, wahrscheinlich nur ~ Dummheit!** why are you talking such rubbish? you're probably just being stupid!; **ein Mord ~ Eifersucht/Habgier** a murder fuelled by jealousy/hatred; **ein Mord** [*o* **Verbrechen**] **~ Leidenschaft/Liebe** a crime of passion, a crime passionnel *liter;* **~ niedrigen Motiven** for base motives; **~ Unachtsamkeit** due to carelessness; **pass doch auf, du wirfst sonst noch ~ Unachtsamkeit die Kanne um!** look out, else you'll knock over the can in your carelessness; **dieser Selbstmord geschah ~ Verzweiflung** this suicide was an act of despair; **~ einer Eingebung/Laune heraus** on [an] inspiration/impulse, on a whim ❹ (*von*) from; **jdn/etw ~ etw ausschließen** to exclude sb/sth from sth; **~ dem Englischen** from [the] English [*or* the English language]; **~ guter Familie** from [*or* of] a good family; **~ guter Familie stammen** to be of [a] [*or* come from a] good family; **~ uns[e]rer Mitte** from our midst; **~ Stuttgart kommen** to be [*or* come] from Stuttgart; (*gebürtig a.*) to be a native of Stuttgart ❺ (*unter Verwendung von etw hergestellt*) [made] of; **~ Wolle sein** to be [made of] wool; **~ etw bestehen/sein** to be made of sth; **eine Bluse ~ Seide/Brosche ~ Silber** a silk blouse/silver brooch **II.** *adv* ❶ (*fam: gelöscht*) out; **■~ sein** to have gone out; *Feuer, Ofen, Kerze* to be out; **Zigarette ~!** put out *sep* your cigarette! ❷ (*ausgeschaltet*) off; **„~"** "off"; **■~ sein** to be [switched] off; (*an elektronischen Geräten a.*) "standby"; **auf „~" stehen** to be off [*or* on "standby"] ❸ (*zu Ende*) **■~ sein** to have finished; *Krieg* to have ended, to be over; *Schule* to be out; **mit etw ist es ~** sth is over; **mit jdm ist es ~** (*fam: sterben*) sb has had it *sl;* **es ist ~ mit ihm** he's finished [*or sl* had it]; **es ist ~ [zwischen jdm]** (*fam: beendet sein*) it's over [between sb]; **zwischen denen ist es ~** they've broken up, it's over between them; **zwischen uns ist es ~, mein Freund!** we're finished [*or* history], mate!; **~ und vorbei sein** to be over and done with; **es ist ~ und vorbei mit diesen Träumen** these dreams are over once and for all ❹ (*außerhalb*) **~ sein** SPORT to be out ❺ (*versessen*) **■auf jdn/etw ~ sein** to be after sb/sth ❻ (*fort*) **■[mit jdm] ~ sein** to go out [with sb]

Aus <-> [aus] *nt kein pl* ❶ FBALL out of play *no pl, no art;* (*seitlich*) touch *no pl, no art;* **ins ~ gehen** to go out of play; (*seitlich a.*) to go into touch; (*hinter der Torlinie a.*) to go behind [for a corner/goalkick] ❷ (*Ende*) end; **vor dem beruflichen ~ stehen** to be at the end of one's career; **■das ~ für etw** the end of sth ❸ SPORT (*Spielende*) **■das ~** the end of the game [*or* match]; FBALL *a.* the final whistle

aus|ar·bei·ten *vt* **■etw ~** to work out sth *sep;* (*verbessern*) to perfect sth; **ein System ~** to elaborate *form* [*or sep* draw up] a system; **einen Text ~** to prepare [*or sep* draw up] a text; (*formulieren a.*) to formulate [*or* compose] a text; **eine Theorie aus etw ~** to elaborate *form* [*or sep* draw up] a theory from [*or* on the basis of] sth

Aus·ar·bei·tung <-, -en> *f* working out *no pl;* (*Verbesserung*) perfection *no pl; System, Theorie* elaboration *no pl,* drawing up *no pl* (**aus** from/on the basis of); *Text* preparation *no pl,* drawing up *no pl;* (*Formulierung a.*) formulation *no pl,* composition *no pl*

aus|ar·ten *vi sein* ❶ (*zu etw werden*) **■in etw** *akk* **~** to degenerate into sth; **in einen Krieg** ~ to degenerate into a war ❷ (*ausfallend werden*) to get out of hand, to become unruly; (*fluchen*) to use bad [*or* coarse] language

aus|at·men I. *vi* to breathe out, to exhale **II.** *vt* ■**etw** ~ to exhale [*or sep* breathe out] sth

aus|ba·cken *vt* ■**etw** ~ KOCHK to deep-fry sth

aus|ba·den *vt* (*fam*) ■**etw** ~ to pay [*or* suffer] [*or* BRIT *fam a.* carry the can] for sth

aus|bag·gern *vt* ■**etw** ~ ❶ (*mit einem Bagger vertiefen*) to excavate sth; **eine Fahrrinne** ~ to deepen a shipping lane by dredging; **einen Fluss/See** ~ to dredge [out *sep*] a river/lake ❷ (*mit einem Bagger herausholen*) to excavate [*or sep* dig up] sth; (*in Fluss, See*) to dredge [up *sep*] sth

aus|ba·lan·cie·ren* [-balãsiːrən] *vt* ■**etw** ~ ❶ (*ins Gleichgewicht bringen*) to balance sth ❷ (*geh: harmonisieren*) to balance [out *sep*] sth ❸ (*geh: abstimmen*) to balance sth

Aus·bau <-bauten> *m* ❶ *kein pl* (*das Ausbauen*) extension *no pl* (**zu** into); (*das Umbauen*) conversion *no pl* (**zu** [in]to) ❷ ARCHIT (*angefügter Teil*) extension, annexe BRIT, annex AM ❸ *kein pl* (*das Herausmontieren*) removal (**aus** from) ❹ *kein pl* (*Vertiefung*) building up, cultivation ❺ *kein pl* (*die Festigung*) strengthening, consolidation

aus|bau·en *vt* ❶ (*baulich erweitern*) ■**etw** [**zu etw**] ~ to extend sth [into sth]; (*umbauen*) to convert sth [[in]to sth]; (*innen*) to fit out *sep* sth [into sth] ❷ (*herausmontieren*) ■**etw** [**aus etw**] ~ to remove sth [from sth] ❸ (*vertiefen*) ■**etw** [**zu etw**] ~ to cultivate [*or sep* build up] sth [to sth] ❹ (*konsolidieren*) ■**etw** ~ to consolidate [*or* strengthen] sth

aus·bau·fä·hig *adj* ❶ (*fam: viel versprechend*) promising; ■~ **sein** to be promising; *Schüler, Mitarbeiter a.* to show promise ❷ (*erweiterungsfähig*) expandable ❸ (*sich vertiefen lassend*) that can be built up [*or* cultivated]; **ich denke, unsere Beziehung ist noch** ~ I think we have a good relationship to build on ❹ (*möglich zu entfernen*) removable

aus|be·din·gen* *vr irreg* ■**sich** *dat* [**von jdm**] **etw** ~ to insist on sth, to make sth a condition [for sb]; **sich das Recht** ~[**, etw zu tun**] to reserve the right [to do sth]; ■**sich** *dat* [**von jdm**] ~**, dass ...** to make it a condition [for sb] that ..., to stipulate that ...; **... doch ich bedinge mir aus, dass ...** ... but only on condition that ...

aus|bei·nen *vt* KOCHK to bone, to joint

Aus·bein·mes·ser *nt* boning knife

aus|bei·ßen *vr irreg* ■**sich** *dat* **einen Zahn** [**an etw** *dat*] ~ to break a tooth [on sth], to lose a tooth [after biting into sth]

aus|bes·sern *vt* ❶ MODE (*durch Nähen reparieren*) ■**etw** [**mit etw**] ~ to mend [*or* repair] sth [with sth]; (*flicken*) to patch sth [with sth]; (*stopfen*) to darn sth [with sth] ❷ (*reparieren*) ■**etw** ~ to repair [*or* mend] [*or* fix] sth; **eine Roststelle** ~ to remove a rust spot

Aus·bes·se·rung <-, -en> *f* ❶ MODE mending *no pl,* repairing *no pl;* (*Flicken*) patching *no pl;* (*Stopfen*) darning *no pl* ❷ (*das Ausbessern*) repairing *no pl,* mending *no pl,* fixing *no pl; einer Roststelle* removal *no pl*

Aus·bes·se·rungs·ar·bei·ten *pl* repairs *pl* (**an** +*dat* to), repair work *no pl, no indef art* (**an** +*dat* on); *von Lack* retouching work *no pl* **aus·bes·se·rungs·be·dürf·tig** *adj* in need of repair/retouching etc. *pred*

aus|beu·len I. *vt* ■**etw** ~ ❶ (*nach außen wölben*) to make sth bulge [*or* a bulge in sth]; (*verschleißen*) to make sth [go] baggy; ■**ausgebeult** baggy; **ein ausgebeulter Hut** a battered hat ❷ (*durch Herausschlagen glätten*) to remove dents/a dent in sth; (*durch Hämmern a.*) to hammer [*or* beat] out dents/a dent in sth *sep;* **eine Beule** ~ to remove a dent; (*durch Hämmern a.*) to hammer [*or* beat] out a dent *sep* **II.** *vr* ■**sich** ~ to go baggy

Aus·beu·te <-, -n> *f* ❶ (*Förderung*) gains *pl;* ■**die** ~ **an etw** *dat* the yield in sth; **die** ~ **an nützlichen Informationen war gering** little useful information was gleaned, the yield of useful information was minimal ❷ (*Gewinn*) profits *pl*

aus|beu·ten *vt* ❶ (*pej: völlig ausschöpfen*) ■**jdn** ~ to exploit sb; **Arbeiter** ~ to exploit [*or pej fam* sweat] workers ❷ (*abbauen*) ■**etw** ~ to work [*or* exploit] sth

Aus·beu·ter(in) <-s, -> *m(f)* (*pej*) exploiter, sweater *pej*

Aus·beu·tung <-, -en> *f* ❶ (*pej: das Ausbeuten*) exploitation *no pl* ❷ (*Abbau*) working *no pl,* exploitation *no pl*

aus|be·zah·len* *vt* ❶ (*zahlen*) ■[**jdm**] **etw** ~ to pay out *sep* sth [to sb] ❷ (*bezahlen*) ■**jdn** ~ to pay off sb *sep,* to pay sb her/his wages ❸ (*abfinden*) ■**jdn** ~ to buy out [*or* pay off] sb *sep*

aus|bil·den I. *vt* ❶ (*beruflich qualifizieren*) ■**jdn** [**in etw** *dat*] ~ to train sb [in sth]; (*unterrichten a.*) to instruct sb [in sth]; (*akademisch*) to educate sb [in sth]; **Rekruten** ~ to train [*or* drill] recruits; **jdn zum Arzt/Sänger** ~ to train sb to be a doctor/singer; **ein ausgebildeter Übersetzer** a qualified translator ❷ (*entwickeln*) ■**etw** ~ to develop [*or* cultivate] sth; **seine Stimme** ~ to train one's voice; **eine ausgebildete Stimme** a trained voice **II.** *vr* ❶ (*sich schulen*) ■**sich** [**in etw** *dat*] ~ to train [in sth]; (*studieren*) to study [sth]; (*Qualifikation erlangen*) to qualify [in sth] ❷ MED ■**sich** ~ to develop; *Tumor a.* to form; ■[**voll**] **ausgebildet sein** to be fully developed ❸ BOT ■**sich** ~ to develop, to form

Aus·bil·der(in) <-s, -> *m(f),* **Aus·bild·ner(in)** <-s, -> *m(f)* ÖSTERR, SCHWEIZ trainer; MIL instructor

Aus·bil·dung <-, en> *f* ❶ (*Schulung*) training *no pl, no indef art;* ■**eine** ~ a training course; (*Unterricht*) instruction *no pl, no indef art;* (*akademisch*) education *no pl; von Rekruten* drilling *no pl,* training *no pl;* **welche** ~ **hat er?** what was he trained for? [*or* as]; **eine dreijährige** ~ three years of training/instruction; **die** ~ **zum Tischler** training as a joiner; **in der** ~ **sein** to be in training [*or* a trainee]; (*akademisch*) to still be at university [*or* college] BRIT, to still be in school [*or* college] AM ❷ (*Entwicklung*) development *no pl,* cultivation *no pl; von Stimme* training *no pl* ❸ MED (*Entwicklung*) development *no pl; von Tumor a.* formation *no pl* ❹ BOT (*Entwicklung*) development *no pl,* formation *no pl,* growth *no pl*

Aus·bil·dungs·bei·hil·fe *f* educational grant; (*für Lehrlinge*) training allowance **Aus·bil·dungs·be·ruf** *m* occupation that requires training **Aus·bil·dungs·be·trieb** *m* apprenticing company (*company that takes on trainees*) **Aus·bil·dungs·dau·er** *f* training period **Aus·bil·dungs·för·de·rung** *f* [training/educational] grant **Aus·bil·dungs·kom·pa·nie** *f* training unit **Aus·bil·dungs·platz** *m* place to train **Aus·bil·dungs·stand** *m kein pl* level of training; *von Soldaten a.* level of drilling **Aus·bil·dungs·stät·te** *f* training centre [*or* AM -er] **Aus·bil·dungs·ver·gü·tung** *f* (*geh*) training allowance **Aus·bil·dungs·ver·trag** *m* articles *pl* of apprenticeship **Aus·bil·dungs·zeit** *f* training period, period of training; **nach einer** ~ **von drei Jahren** after three years of training, after a three-year training period [*or* period of training] **Aus·bil·dungs·ziel** *nt* training objective

aus|bit·ten *vr irreg* (*geh*) ❶ (*fordern*) ■**sich** *dat* [**von jdm**] **etw** ~ to ask [sb] for sth, to request sth [from [*or form* of] sb]; **ich bitte mir Ruhe aus!** I must [*or* will] have silence!; **das möchte ich mir [auch] ausgebeten haben!** I should think so too!; ■**sich** *dat* [**von jdm**] ~**, dass jd etw tut** to ask [*or* request] sb to do sth ❷ (*erbitten*) ■**sich** *dat* **etw** ~ to ask for sth; ■**sich** *dat* **etw von jdn** ~ to ask [*or* beg] sth of sb *form*

aus|blei·ben *vi irreg sein* ❶ (*nicht kommen*) to fail to appear [*or* come], to fail to materialize *fam* ❷ (*nicht auftreten*) to fail to appear; *Regen, Schnee* to hold off; ■**nicht** ~ **können** to be inevitable ❸ (*nicht eintreten*) to not appear, to be absent; *Menstruation* to not come, to be overdue ❹ (*nicht erfolgen*) to fail to come in ❺ (*aussetzen*) to stop, to fail

Aus·blei·ben <-s> *nt kein pl* ❶ (*Fortbleiben*) failure to appear [*or* come], non[-]appearance; (*Schüler a.*) absence ❷ (*das Nichtauftreten*) failure to appear; *Regen* holding off *no pl*

❸ (*Nichteintritt*) absence; **bei ~ der Menstruation** when [one's] menstruation doesn't come [*or* is overdue] ❹ (*das Nichteintreffen*) failure to come in

aus|blen·den I. *vt* ■**etw** ~ ❶ (*aus dem Film nehmen*) to cut out sth *sep;* **den Ton** ~ to cut off *sep* the sound; ■**ausgeblendet werden** to be cut out/off ❷ (*ausklingen lassen*) to fade out sth *sep* ❸ *Problem* to blend out sth *sep* **II.** *vr* ■**sich aus etw** ~ to leave sth; **sich [aus einer Übertragung]** ~ to leave a transmission

Aus·blick *m* ❶ (*Aussicht*) view, outlook *form,* prospect *liter;* ■**der/ein** ~ **auf etw** *akk* the/a view of sth, the/an outlook over [*or* on[to]] sth *form,* the/a prospect of [*or* over] sth *liter;* **ein Zimmer mit ~ aufs Meer** a room overlooking [*or* with a view of] the sea; **ein weiter ~ auf die Umgebung** a panorama of the surroundings ❷ (*Zukunftsvision*) prospect, outlook; ■**der/ein** ~ **auf etw** *akk* the/a prospect [*or* the/an outlook] for sth; **der ~ auf zukünftige Entwicklungen** future prospects *npl*

aus|blu·ten I. *vi sein* to bleed to death; ■**ein Schaf ~ lassen** to bleed a sheep [dry]; ■**ausgeblutet** bled [dry *pred*] **II.** *vt* ■**jdn** ~ to bleed sb dry [*or* white] *sep fam;* ■**das A~** throatcutting

aus|bom·ben *vt* ■**jdn** ~ to bomb sb's home, to bomb sb out of her/his home; ■**die Ausgebombten** people who have been bombed out of their homes

aus|boo·ten ['ausbo:tn̩] *vt* (*fam*) ■**jdn** ~ to kick [*or fam* boot] out sb *sep*

aus|bor·gen *vt* ❶ (*fam: verleihen*) ■**[jdm] etw** ~ to lend [sb] sth, to lend [out *sep*] sth [to sb] ❷ (*fam: sich ausleihen*) ■**[sich** *dat*] **etw [von jdm]** ~ to borrow sth [from sb]

aus|bre·chen *irreg* **I.** *vi sein* ❶ (*sich befreien*) ■**[aus etw]** ~ to escape [from sth]; (*Gefangene a.*) to break out [of sth]; ■**ausgebrochen** escaped ❷ MIL (*einen Durchbruch erzwingen*) ■**[aus etw]** ~ to break out [of sth] ❸ (*sich von etw frei machen*) ■**[aus etw]** ~ to break away [from sth]; **aus einer Ehe** ~ to break up *sep* a marriage ❹ (*zur Eruption gelangen*) to break out, to erupt; ■**das A~** eruption ❺ (*entstehen*) to break out; *Erdbeben* to strike ❻ (*losbrechen*) to explode, to erupt ❼ (*spontan erfolgen lassen*) **in Gelächter** *akk* ~ to burst into laughter [*or* out laughing]; **in Jubel** *akk* ~ to erupt with jubilation; **in Tränen** [*o* **Weinen**] *akk* ~ to burst into tears [*or* out crying] ❽ (*außer Kontrolle geraten*) to swerve; *Pkw a.* to career [out of control] ❾ (*austreten*) ■**jdm bricht der Schweiß aus** sb breaks into [*or* out in] a sweat **II.** *vt haben* ❶ (*her~*) ■**etw [aus etw]** ~ to break off *sep* sth [from sth]; **ein Fenster [aus etw]** ~ to put in *sep* a window, to let [*or* put] a window into sth; **eine Wand** ~ to take down *sep* a wall; ■**sich** *dat* **einen Zahn** ~ to break off *sep* a tooth ❷ (*erbrechen*) ■**etw** ~ to vomit [*or sep fam* bring up] sth

Aus·bre·cher(in) <-s, -> *m(f)* escapee, escaped prisoner

aus|brei·ten I. *vt* ❶ (*entrollen und hinlegen*) ■**etw [vor jdm]** ~ to spread [out *sep*] sth [in front of [*or form* before] sb]; **eine Landkarte** ~ to open [*or* spread] out a map *sep* ❷ (*verteilen*) ■**etw** ~ to lay [*or* set] out sth *sep;* (*ausstellen*) to display sth ❸ (*ausstrecken*) ■**etw** ~ to spread [out *sep*] [*or* extend] sth; **die Arme** ~ to extend [*or sep* stretch [*or* spread] out] one's arms ❹ (*darlegen*) ■**etw [vor jdm]** ~ to enlarge [up]on sth [for sb] **II.** *vr* ❶ (*sich erstrecken*) ■**sich [in etw** *akk*/**nach etw etc.]** ~ to spread [out] [in/towards etc. sth], to extend into/to etc. sth ❷ (*übergreifen*) ■**sich [auf/über etw** *akk o dat*] ~ to spread [to/over sth] ❸ (*überhandnehmen*) ■**sich** ~ to spread ❹ (*fam: sich breit machen*) ■**sich** ~ to spread oneself out

Aus·brei·tung <-, -en> *f* ❶ (*das Übergreifen*) spread *no pl* (**auf** +*akk* to) ❷ (*das Überhandnehmen*) spread *no pl; von Propaganda a.* dissemination *no pl,* propagation *no pl* ❸ (*Ausdehnung*) spread *no pl* ❹ (*Darlegung*) enlargement *no pl* (+*gen* on)

aus·bren·nen *irreg* **I.** *vi sein* ❶ (*zu Ende brennen*) to go out; *Feuer a.* to burn [itself] out; ■**ausgebrannt** extinguished ❷ (*energielos sein*) ■**ausgebrannt sein** to be burnt out **II.** *vt haben* ■**etw** ~ to burn out *sep* sth, to cauterize sth *spec*

aus|brin·gen *vt irreg* ❶ (*ausrufen*) **einen Trinkspruch [auf jdn]** ~ to propose a toast [to sb]; **ein „Hurra" auf jdn** ~ to cheer sb; **ein Prosit auf jdn** ~ to toast sb's health ❷ (*verstreuen*) ■**etw [auf etw** *dat o akk*] ~ to spread [out *sep*] sth [on [*or* over] sth] ❸ NAUT (*herunterlassen*) ■**etw** ~ to lower sth

aus|brö·seln *vt* **eine Backform** ~ to grease and line a baking tin with breadcrumbs

Aus·bruch *m* ❶ (*das Ausbrechen*) escape (**aus** from); *von Gefangenen a.* breakout (**aus** from); ■**der/ein** ~ the/a breakout/the/an escape; **ein ~ aus dem Gefängnis** a jailbreak ❷ MIL (*Durchbruch*) breakout ❸ (*Beginn*) outbreak ❹ (*Eruption*) eruption; **zum ~ kommen** to erupt ❺ (*fam: Entladung*) outburst; (*stärker*) eruption, explosion, BRIT *a.* wobbly *fam;* **einen ~ bekommen** to explode [*or* erupt], BRIT *a.* to throw a wobbly *fam*

Aus·bruchs·ver·such *m* ❶ (*versuchter Ausbruch*) attempted escape [*or* breakout], escape [*or* breakout] attempt ❷ MIL (*versuchter Durchbruch*) attempted breakout, breakout attempt; **einen ~ machen** to attempt a breakout

aus|brü·ten *vt* ■**etw** ~ ❶ (*bis zum Ausschlüpfen bebrüten*) to hatch sth; (*in Brutkasten*) to incubate sth; ■**ausgebrütet** hatched [*or* incubated] ❷ (*fam: aushecken*) to hatch [up *sep*] [*or sep* cook up] sth ❸ (*fam: entwickeln*) to be sickening for sth

aus|buch·ten ['ausbʊxtn̩] **I.** *vr* ■**sich** ~ to bulge [*or* curve] out[ward[s]]; ■**ausgebuchtet** curving **II.** *vt* ■**etw** ~ to hollow out sth *sep*

Aus·buch·tung <-, -en> *f* indentation; *von Strand* cove

aus|bud·deln *vt* (*fam*) ■**etw** ~ ❶ (*ausgraben*) to dig up sth *sep* ❷ (*ausfindig machen*) to find [*or sep* dig up] sth

aus|bü·geln *vt* ❶ (*durch Bügeln glätten*) ■**etw** ~ to iron out sth *sep* ❷ (*fam: wettmachen*) ■**etw** ~ to make good sth *sep* ❸ (*fam: bereinigen*) ■**etw [wieder]** ~ to iron out sth *sep*

aus|bu·hen *vt* (*fam*) ■**jdn** ~ to boo at sb; (*von der Bühne a.*) to boo off sb *sep,* to boo sb off the stage

Aus·bund *m kein pl* paragon *no pl* (**an** +*dat* of), model *no pl* (**an** +*dat* of), epitome *no pl* (**an** +*dat* of); **ein ~ an** [*o* **von**] **Verworfenheit** depravity itself [*or* personified]

aus|bür·gern ['ausbʏrgɐn] *vt* ■**jdn** ~ to expatriate sb; **jdn aus Deutschland** ~ to deprive sb of German citizenship [*or* nationality]; ■**Ausgebürgerte[r]** expatriate

Aus·bür·ge·rung <-, -en> *f* expatriation

aus|bürs·ten *vt* ❶ (*durch Bürsten entfernen*) ■**etw [aus etw]** ~ to brush out sth *sep,* to brush sth out of sth ❷ (*sauber bürsten*) ■**etw** ~ to brush sth; **dieses Haarspray lässt sich leicht** ~ this hairspray is brushed out easily

aus|bü·xen ['ausbʏksn̩] *vi* (*hum fam*) to run away [from home]

Aus·dau·er *f kein pl* ❶ (*Beharrlichkeit*) perseverance *no pl,* tenacity *no pl;* (*Hartnäckigkeit a.*) persistence *no pl* ❷ (*Durchhaltevermögen*) stamina *no pl,* staying power *no pl;* (*im Ertragen*) endurance *no pl*

aus·dau·ernd I. *adj* ❶ (*beharrlich*) persevering, tenacious; (*hartnäckig a.*) persistent; **~e Anstrengungen** [*o* **Bemühungen**] unremitting [*or* untiring] efforts; ■**~ sein** to be persevering [*or* persistent] ❷ (*Durchhaltevermögen besitzend*) with stamina [*or* staying power]; (*im Ertragen*) with endurance; ■**~ sein** to have stamina [*or* staying power] **II.** *adv* **~ arbeiten/lernen** to apply oneself to working [*or* one's work]/learning

aus·dehn·bar *adj* ■**~ [auf/über etw** *akk* **hinaus]** extendable [*or* extensible] [to sth]

aus|deh·nen I. *vr* ❶ (*größer werden*) ■**sich** ~ to expand ❷ (*sich ausbreiten*) ■**sich [auf/über etw** *akk*] ~ to spread [to/over sth]; ■**ausgedehnt** extensive, expansive ❸ (*dauern*) ■**sich** ~ to go on; **sich endlos** ~ to take [*or* go on] forever *fam* **II.** *vt* ❶ (*verlängern*) ■**etw [bis zu etw/über etw** *akk*] ~ to extend [*or* prolong] sth [by up to/by sth] ❷ (*erweitern*) ■**etw [auf etw** *akk*] ~ to expand [*or* extend] [*or* widen] sth [to sth]

A

❸ ▪**etw ~** (*vergrößern*) to expand sth; (*ausbeulen*) to stretch sth

Aus·deh·nung *f* ❶ (*Verlängerung*) extension (+*gen* to/of), prolongation *no pl* (+*gen* of) ❷ (*Ausbreitung*) spread[ing] *no pl* (**auf** +*akk* to) ❸ (*Erweiterung*) expansion *no pl* ❹ (*Vergrößerung*) expansion *no pl;* **in ~ begriffen sein** to be expanding ❺ (*Fläche*) area; **eine ~ von 10.000 km² haben** to cover an area of 10,000 km²

aus|den·ken *vr irreg* ▪**sich** *dat* **etw ~** (*ersinnen*) to think up sth *sep;* **eine Ausrede/Entschuldigung ~** to think up [*or* of] *sep* [*or* contrive] [*or a. pej* concoct] an excuse; **eine Geschichte ~** to think up [*or* make up] a story *sep;* **eine Idee/einen Plan ~** to devise [*or sep* think up] an idea/a plan; **eine Überraschung ~** to plan a surprise; **eine ausgedachte Geschichte** a made-up story; **da musst du dir schon etwas anderes ~!** (*fam*) you'll have to think of something better than that!; **das hast du dir so/fein ausgedacht!** (*fam*) that's what you think!; **es ist nicht auszudenken** it's inconceivable

aus|die·nen *vi* (*fam*) ▪**ausgedient** worn-out, Brit *fam a.* clapped-out; **ein ausgedientes Kraftwerk** a decommissioned power station; ▪**ausgedient haben** to have had its day; *Stift* to be finished [*or* used up]

aus|dis·ku·tie·ren* **I.** *vt* ▪**etw ~** to discuss sth fully [*or* thoroughly] **II.** *vi* ▪**ausdiskutiert haben** to have finished discussing [*or* talking]

aus|dör·ren I. *vt haben* ▪**jdn ~** to dehydrate sb; ▪**etw ~** to dry up sth *sep;* **die Haut ~** to dry out *sep* one's skin; **die Kehle ~** to parch one's throat; ▪**ausgedörrt sein** to be dehydrated; *Kehle* to be parched; *Erde, Land* to have dried out; (*stärker*) to be scorched [*or* parched] **II.** *vi sein* to dry out; (*stärker*) to become parched [*or* scorched]; ▪**ausgedörrt** dried out; (*stärker*) parched, scorched; **eine ausgedörrte Kehle** a parched throat

aus|dre·hen *vt* (*fam*) ▪**etw ~** to turn [*or* switch] off sth *sep;* **das Licht ~** to turn out [*or* turn [*or* switch] off] the light *sep*

Aus·druck¹ <-drücke> *m* ❶ (*Bezeichnung*) expression; **es gibt einen bestimmten ~ dafür** there's a certain word for it; ▪**Ausdrücke** bad [*or* coarse] language *no pl, no art,* swear words *pl;* **ein schwäbischer ~** a Swabian turn of phrase *a. hum* ❷ *kein pl* (*Gesichts~*) [facial] expression ❸ *kein pl* (*Zeichen*) ▪**der/ein/als ~ seiner Dankbarkeit/Liebe** *gen* the/an/as an expression of one's gratitude/love; **mit dem ~ des Bedauerns** (*geh*) expressing [*or* with an expression of] regret; **mit dem ~ der Hochachtung** (*geh*) with the expression of great respect; **etw zum ~ bringen, einer S.** *dat* **~ geben** [*o* **verleihen**] (*geh*) to express [*or* give expression to] sth; **seine Dankbarkeit zum ~ bringen** to voice [*or* express] one's gratitude, to give expression to one's gratitude; ▪[**in etw** *dat*] **zum Ausdruck kommen** to find expression [in sth]; **in seinen Worten kam Mitleid zum ~** his words expressed his sympathy ❹ *kein pl* (*Ausdrucksweise*) mode of expression, way of expressing oneself; **gewandt im ~ sein** to have an elegant mode of expression; **sich im ~ vergreifen** to use the wrong approach; (*kompliziert ausdrücken*) to use long words

Aus·druck² <-drucke> *m* [computer] print-out, hard copy *spec;* **einen ~ [einer S.** *gen*/**von etw] machen** to run off *sep* a copy [of sth]

aus|dru·cken *vt* ▪[**jdm**] **etw ~** to print [out *sep*] sth [for sb], to run off *sep* a copy [of sth] [for sb]

aus|drü·cken I. *vt* ❶ (*bekunden*) ▪[**jdm**] **etw** [**für etw**] **~** to express sth [to sb] [for sth]; **jdm seine Liebe ~** to express one's love for sb ❷ (*formulieren*) ▪**etw ~** to express [*or* formulate] sth, to put sth into words; **anders ausgedrückt** in other words; **lassen Sie es mich anders ~** let me put it another way; **einfach ausgedrückt** put simply, in simple terms, in words of one syllable *a. iron;* **um es milde auszudrücken** to put it mildly [*or* another way] ❸ (*zeigen*) ▪**etw ~** to express [*or* show] sth; *Verhalten a.* to reveal sth; *Maßnahmen a.* to demonstrate sth ❹ (*auspressen*) ▪[**jdm/sich**] **etw ~** to press [*or* squeeze] out sth [for sb] *sep;* **eine Zitrone ~** to press [*or* squeeze] the juice out of [*or* to squeeze] a lemon; **seine Pickel ~** to squeeze one's spots ❺ (*durch Zerdrücken löschen*) ▪**etw ~** to stub [*or* put] out sth *sep* **II.** *vr* ❶ (*seine Meinung formulieren*) ▪**sich ~** to express oneself; **sich ungeschickt ~** to express oneself badly; **sich falsch ~** to use the wrong word; **sich gewandt ~** to be very articulate ❷ (*sich widerspiegeln*) ▪**sich in etw** *dat* **~** to be expressed [*or* revealed] in sth; **in ihrem Gesicht drückte sich Verzweiflung aus** her face showed her despair

aus·drück·lich ['ausdrʏklɪç] **I.** *adj attr* express, explicit; **eine ~e Zuwiderhandlung** a clear [*or form* patent] violation **II.** *adv* expressly, explicitly; (*besonders*) particularly; **etw ~ betonen** to emphasize sth particularly [*or* specifically]

Aus·drucks·kraft *f kein pl* expressiveness **aus·drucks·los** *adj* inexpressive; **ein ~es Gesicht** an expressionless face; (*ungerührt*) an impassive face; **ein ~er Blick** a vacant [*or* blank] look **Aus·drucks·ver·mö·gen** <-s> *nt kein pl* articulatedness **aus·drucks·voll** *adj* expressive, full of expression *pred* **Aus·drucks·wei·se** *f* mode of expression, way of expressing oneself; **was ist denn das für eine ~!** what sort [*or* kind] of language is that [to use]?; **sich einer anständigen ~ befleißigen** to use decent language

aus|dün·nen ['ausdʏnən] *vt* ❶ (*reduzieren*) ▪**etw ~** to reduce sth; **ein Team ~** to reduce [*or sep* cut down] team members ❷ ▪**etw ~** *Strauch, Baum* to thin out sth *sep* ❸ (*das Volumen vermindern*) ▪[**jdm**] **etw ~** *Haare* to thin out *sep* [sb's] sth

aus|düns·ten I. *vt* ▪**etw ~** ❶ (*gasförmige Stoffe abgeben*) to emit [*or sep* give off] [*or spec* exhale] sth ❷ (*Geruch verbreiten*) to give off sth *sep* **II.** *vi* to emit [*or sep* give off] [*or spec* exhale] vapours [*or* Am -ors]/a vapour [*or* Am -or]

Aus·düns·tung <-, -en> *f* ❶ (*ausgedünstete Stoffe*) exhalation *spec;* (*gasförmig a.*) vapour [*or* Am -or]; (*Schweiß*) perspiration *no pl form;* (*Geruch*) fume, smell; *von Mensch, Tier* smell *no pl* ❷ (*das Ausdünsten*) evaporation *no pl,* exhalation *no pl spec*

aus·ei·nan·der [aus?ai'nandɐ] *adv* ❶ (*räumlich*) ▪**~ sein** to be wide apart; *Zähne* to be widely spaced; ❷ (*zeitlich*) **~ sein: die beiden sind [im Alter] ein Jahr ~** there is a year between the two of them, the two are a year apart in age; **sie sind altersmäßig weit ~** there is a great gap in their ages ❸ (*fam: getrennt*) **~ sein** to have broken [*or* split up]

aus·ei·nan·der|be·kom·men* *vt irreg* **etw ~** to be able to get sth apart; **aus·ei·nan·der|bie·gen** *vt irreg* **etw ~** to bend apart sth *sep;* **Ranken ~** to push back *sep* branches **aus·ei·nan·der|bre·chen** *irreg* **I.** *vi sein* to break [*or* fall] apart; (*sich auflösen*) to break up **II.** *vt haben* **etw ~** to break sth in two **aus·ei·nan·der|brin·gen** *vt irreg* (*fam*) **etw ~** to be able to get sth apart; **jdn ~** to separate [*or* part] sb **aus·ei·nan·der|di·vi·die·ren*** *vt* **jdn ~** to separate [*or* part] sb **aus·ei·nan·der|fal·len** *vi irreg sein* to fall apart [*or* to pieces] **aus·ei·nan·der|fal·ten** *vt* **etw ~** to unfold sth; (*ausbreiten a.*) to open [out *sep*] sth **aus·ei·nan·der|ge·hen** *vi irreg sein* ❶ (*sich trennen*) to part ❷ (*fam: in die Brüche gehen*) to breakt up; *Ehe a.* to fall apart ❸ (*sich verzweigen*) to diverge ❹ (*sich auflösen*) to disperse ❺ (*von einander abweichen*) to differ, to diverge ❻ (*fam: dick werden*) to [start to] fill out *a. hum* **aus·ei·nan·der|hal·ten** *vt irreg* **etw ~** (*unterscheiden*) to distinguish between sth; **jdn ~** (*voneinander unterscheiden können*) to tell apart sb *sep;* **kannst du die Zwillinge immer ~?** can you always tell the twins apart? **aus·ei·nan·der|kla·mü·sern*** *vt* (*fam*) ▪**etw ~** to explain sth [to oneself] in simple terms **aus·ei·nan·der|lau·fen** *vi irreg sein* (*zerlaufen*) to run; (*sich auflösen*) to disperse, to break up; (*voneinander abweichen*) to differ, to diverge (**in** +*dat* in) **aus·ei·nan·der|le·ben** *vr* **sich** *akk* **~** to drift apart; *Ehepartner a.* to become estranged; **sich mit**

jdm ~ to drift away from sb; (*zerstritten*) to become estranged from sb *form* **aus·ei·nan·der|ma·chen** *vt* (*fam*) **etw** ~ (*aufmachen*) to open sth; (*mit Mühe a.*) to get open sth *sep;* (*auseinanderfalten*) to unfold sth; (*ausbreiten a.*) to open [out *sep*] sth; **verklebte Seiten** ~ to get apart *sep* glued pages; **die Arme** ~ to open one's arms; **die Beine** ~ to spread [*or* part] [*or* open] one's legs **aus·ei·nan·der|neh·men** *vt irreg* **etw** ~ (*demontieren*) to dismantle [*or form* disassemble] sth, to take apart sth *sep;* (*zerpflücken*) to tear apart sth *sep,* to tear sth to pieces; **jdn** ~ (*fig sl: zerstören*) to smash [up *sep*] [*or fam* trash] [sb's] sth; (*gründlich verprügeln*) to work over sb *sep fam,* to beat [the] shit out of sb *fam!* **aus·ei·nan·der|schrei·ben** *vt irreg* **etw** ~ to write sth as two words **aus·ei·nan·der|set·zen** **I.** *vt* ❶ (*getrennt voneinander*) **zwei Personen/Vasen** ~ to separate two persons/to set apart *sep* two vases ❷ (*erklären*) **jdm etw** ~ to explain sth to sb; **jdm etw detailliert** ~ to explain sth to sb in detail, to expound sth to sb *form;* **jdm ~, was/wie ...** to explain to sb what/how ... **II.** *vr* ❶ **sich** *akk* ~ **setzen** (*getrennt voneinander*) to sit apart ❷ **sich** *akk* **mit etw** ~ (*sich befassen*) to tackle sth; (*sich genau ansehen a.*) to have [*or* take] a good look at sth; **sich mit einem Problem** ~ to tackle [*or* grapple with] a problem; ❸ **sich** *akk* ~ (*geh: sich streiten*) to argue; **sich gerichtlich** [*o* **vor Gericht**] ~ to go to court; **sich mit jdm** ~ to argue with sb

Aus·ei·nan·der·set·zung <-, -en> [ausʔaiˈnandɐzɛtsʊŋ] *f* ❶ (*Streit*) argument, quarrel; [**mit jdm**] **eine** ~ [**wegen etw**] **haben** (*einen Streit*) to have [got into] an argument [with sb] [about sth]; (*ein Streitgespräch*) to have an argument [with sb] [about sth]; ■**es kam** [**wegen etw**] **zu einer** ~ an argument blew up [*or* there was an argument] [about sth] ❷ (*Beschäftigung*) ■**die** ~ **mit etw** the examination of sth; (*Analyse*) the analysis of sth

aus·ei·nan·der|stre·ben *vi sein* (*geh*) to diverge **aus·ei·nan·der|trei·ben** *irreg* **I.** *vt haben* **jdn/etw** ~ to disperse sb/sth **II.** *vi sein* to drift apart

aus·er·ko·ren *adj* (*geh*) chosen; ■**dazu ~ sein, etw zu tun** to be chosen to do sth

aus·er·le·sen **I.** *adj* select; **~e Speisen/Weine** choice [*or* select] dishes/wines **II.** *adv* particularly, especially

aus|er·se·hen* *vt irreg* (*geh*) ■**jdn** [**zu etw**] ~ to choose sb [for [*or* to be] sth]; ■**jdn dazu ~, etw zu tun** to choose sb to do sth

aus|er·wäh·len* *vt* (*geh*) ■**jdn zu etw** ~ to choose sb for [*or* to do] sth; ■**jdn ~, etw zu tun** to choose sb to do sth

aus·er·wählt *adj inv, präd* chosen

Aus·er·wähl·te(r) *f(m) dekl wie adj* (*geh*) ❶ (*auserwählte Person*) ■**die ~n** the chosen few + *pl vb* [*or pl* ones], the elect + *pl vb form* ❷ (*hum: jds Zukünftige(r)*) ■**jds** ~ sb's intended *fam*

aus·fahr·bar *adj* extendable, extensible *spec;* **eine ~e Antenne** a retractable aerial; **eine ~e Kopfstütze** an adjustable headrest; ■~ **sein** to be extendable [*or spec* extensible]/retractable/adjustable

aus|fah·ren *irreg* **I.** *vt haben* ❶ (*spazieren fahren*) ■**jdn** [**mit etw**] ~ to take [out *sep*] sb for a walk [in sth]; **jdn** [**im Wagen/in der Kutsche**] ~ to take sb [out *sep*] for a drive [*or* ride]; **ein Baby** ~ to take out *sep* the baby [in the pushchair [*or* AM stroller]] ❷ (*ausliefern*) ■**etw** ~ to deliver sth ❸ (*Leistung voll ausnutzen*) ■**etw** ~ to run [up *sep*] sth to top speed; **ein Auto voll** ~ to drive a car flat out ❹ (*ausstrecken*) ■**etw** ~ to extend sth; **das Fahrgestell** ~ to lower the landing gear; **die Kopfstütze/das Periskop** ~ to raise the headrest/periscope **II.** *vi sein* ❶ (*spazieren fahren*) to go [out] for a drive [*or* ride] ❷ (*sich verlängern*) *Antenne* to extend; *Kopfstütze* to be raised; *Fahrgestell* to lower ❸ (*in Bezug auf bösen Geist*) ■[**aus jdm**] ~ to come out [of sb], to leave [sb]

Aus·fahrt *f* ❶ *kein pl* (*Abfahrt*) departure ❷ (*Spazierfahrt*) ■**die/eine** ~ [**in etw** *dat*/**mit etw**] the/a drive [*or* ride] [in sth]; **eine ~ aufs Land** a drive [*or* ride] in the country, a country drive; **eine ~ machen** to go for a drive [*or* ride] ❸ (*Hof~, Garagen~*) exit; (*mit Tor*) gateway; **„~ freihalten!"** "keep clear", "No parking"; (*Autobahn~*) slip road BRIT, exit [ramp] AM; ~ **Sindelfingen** Sindelfingen exit, exit for Sindelfingen

Aus·fahrt(s)·schild *nt* exit sign

Aus·fall *m* ❶ (*Fehlbetrag*) deficit; **ein ~ von Steuereinnahmen** a revenue deficit; (*Verlust*) loss; MIL loss, casualty; **erhebliche Ausfälle** considerable losses, a considerable number of casualties ❷ (*das Versagen*) failure; AUTO breakdown; (*Produktions~*) stoppage; MED failure, loss of function; **bei einem ~ des Systems** in case of [a] system failure; **der ~ der Atmung/einer Niere** respiratory/kidney failure ❸ *kein pl* (*das Nichtstattfinden*) cancellation; (*das Fehlen*) absence ❹ LING dropping, omission ❺ (*Ergebnis*) outcome *no pl,* results *pl* ❻ (*beleidigende Äußerung*) insult; ■**Ausfälle** invective *form* ❼ MIL (*Ausbruch*) sortie, sally; (*beim Fechten*) thrust, lunge; **einen ~** [**mit etw**] **machen** to [make a] lunge [*or* thrust] [with sth]

aus|fal·len *vi irreg sein* ❶ (*herausfallen*) ■**etw fällt** [**jdm**] **aus** [sb's] sth is falling out, sb loses sth; **jdm fallen** [**die**] **Haare aus** sb is going bald [*or* is balding] ❷ (*nicht stattfinden*) to be cancelled [*or* AM *a.* canceled]; ■**ausgefallen** cancelled; ■**etw ~ lassen** to cancel sth; **das Frühstück ~ lassen** to go without breakfast; **eine Unterrichtsstunde ~ lassen** to cancel a lesson; *Schüler* to not go to [*or* to skip] a lesson, to skive BRIT, to play hooky AM ❸ (*nicht funktionieren*) *Niere* to fail; *Motor* to break down ❹ (*entfallen*) to be lost, to be not forthcoming *form* ❺ (*nicht zur Verfügung stehen*) ■[**bei/während etw**] [**wegen etw**] ~ to be absent [*or* unavailable] [for/during sth] [owing to sth]; (*ausscheiden*) to drop out [of sth] [because of sth]; *Rennwagen a.* to retire [from sth] [owing to [*or* because of] sth] ❻ LING to be dropped [*or* omitted] ❼ MODE **groß/klein** ~ *Kleidungsstück* to be large/small ❽ (*werden*) to turn out; **die Rede ist zu lang ausgefallen** the speech was [*or* turned out to be] too long

aus|fäl·len *vt* CHEM ■**etw** [**aus etw**] ~ to precipitate [out of sth]

aus·fal·lend, aus·fäl·lig **I.** *adj* abusive **II.** *adv* **sich ~ ausdrücken** to use abusive language; **sich ~ über jdn/etw äußern** [*o* **auslassen**] to get personal about sb/sth; **etw ~ formulieren** to frame sth in abusive language

Aus·fall·stra·ße *f* arterial road **Aus·fall·zeit** *f period counting towards pension during which no payments were made owing to illness, unemployment, etc.*

aus|fech·ten *vt irreg* ■**etw** ~ to fight [out *sep*] sth

aus|fe·gen *vt* ■**etw** ~ to sweep [out *sep*] sth; ■**das A~ von etw/einer S.** *gen* sweeping [out *sep*] sth

aus|fei·len *vt* ■**etw** ~ ❶ (*wegfeilen*) to file down sth *sep,* to remove sth by filing ❷ (*den letzten Schliff geben*) to polish [up *sep*] sth; ■**ausgefeilt** polished

aus|fer·ti·gen *vt* (*geh*) ■[**jdm**] **etw** ~ to draft [*or sep* draw up] sth [for sb]; [**jdm**] **einen Pass** ~ to issue [sb with] a passport; **eine Rechnung** [**für etw**] ~ to make out *sep* a bill [for sth], to invoice sth

Aus·fer·ti·gung *f* (*geh*) ❶ *kein pl* (*Ausstellung*) drawing up, drafting; *einer Rechnung* making out; *von Pass a.* issuing ❷ (*Abschrift*) copy; **die erste** ~ the top [*or* master] copy; **in einfacher/doppelter/dreifacher/mehrfacher** ~ as one copy/as two/three/multiple copies; **in doppelter/dreifacher/vierfacher** ~ in duplicate/triplicate/quadruplicate; **in doppelter ~ unterzeichnet** signed in duplicate; **etw in doppelter** ~ two copies of sth

aus·fin·dig *adj* ■**jdn/etw** [**in etw** *dat*] ~ **machen** to locate sb/sth [in sth], to trace sb/sth [to sth], to find [*or* discover] sb/sth [in sth]

aus|flie·gen *irreg* **I.** *vi sein* ❶ (*das Nest verlassen*) to fly off [*or* away]; **der Vogel ist ausgeflogen** the bird has flown ❷ (*fam: weggehen*) to go out **II.** *vt haben* ■**jdn** [**aus etw**] ~ to fly sb [out of sth], to evacuate sb [by air/plane/helicopter] [from sth]

aus|flie·ßen *vi irreg sein* ■[**aus etw**] ~ to leak out [of sth]; *Eiter* to discharge [from sth]

aus|flip·pen ['ausflɪpn̩] *vi sein* (*fam*) ① (*wütend werden*) to freak out *fam,* to blow a fuse *fam,* BRIT *a.* to do one's nut *fam* ② (*sich wahnsinnig freuen*) to jump for joy, to be over the moon ③ (*überschnappen*) to have a screw loose *hum fam,* to lose it [completely]; (*aufgrund von Drogen, Stimulanzien*) to be high *fam* [*or sl* spaced out]; (*aufgrund von Alkohol*) to get drunk [*or* [*or* BRIT *fam!* *a.* pissed] tight]; ■**ausgeflippt** (*überspannt*) freaky *fam;* (*unter Drogen stehend*) high *fam,* spaced out *sl;* ■**Ausgeflippte[r]** freak, weirdo *pej fam*

Aus·flucht <-, Ausflüchte> *f* excuse; **Ausflüchte machen** to make excuses; **mach keine Ausflüchte!** [I want [to hear]] no excuses!

Aus·flug *m* ① (*Betriebs~*) outing; (*Schul~ a.*) trip, AM *a.* field trip; (*Wanderung*) walk, hike; **einen ~ machen** to go on [*or* for] an outing [*or* a trip]/a walk [*or* hike] ② (*Exkurs*) ■**~ in etw** *akk* excursion; **einen ~ in etw** *akk* **machen** to make an excursion into sth

Aus·flüg·ler(in) <-s, -> ['ausfly:klɐ] *m(f)* tripper; (*für einen Tag*) day-tripper

Aus·flugs·damp·fer *m* pleasure steamer **Aus·flugs·lo·kal** *nt* tourist café **Aus·flugs·ort** *m* pleasure resort **Aus·flugs·ziel** *nt* destination [of one's outing]; **beliebte ~e** places of popular resort BRIT, popular destinations

Aus·fluss[RR] <-es, Ausflüsse> *m,* **Aus·fluß**[ALT] <-sses, Ausflüsse> *m* ① (*~stelle*) outlet ② *kein pl* MED [vaginal *form*] discharge ③ (*geh: Resultat*) result[s *pl*], product

aus|for·schen *vt* ■**jdn/etw ~** to investigate sb/sth

aus|fra·gen *vt* ■**jdn ~** to question sb, to pump sb for details *a. pej*

aus|fran·sen *vi sein* to fray, to become frayed

aus|fres·sen *vt irreg* (*fam*) ■**etwas/nichts ausgefressen haben** to have done something/nothing wrong

Aus·fuhr <-, -en> *f* ① *kein pl* (*Export*) export[ation]; (*~handel*) exports *pl* ② *pl* exports

aus·führ·bar *adj* feasible, practicable, workable; **kaum/leicht ~** difficult/easy to carry out *pred*

Aus·fuhr·be·schrän·kung *f* export control **Aus·fuhr·be·stim·mun·gen** *pl* export regulations *pl*

aus|füh·ren *vt* ① (*durchführen*) ■**etw ~** to carry out sth *sep;* **Anweisungen ~** to act [up]on [*or sep* carry out] [one's/sb's] instructions; **einen Auftrag ~** to carry out *sep* [*or form* execute] an order; **einen Befehl/Truppenbewegungen ~** to execute an order/troop movements; **einen Elfmeter/Freistoß ~** to take a penalty/free kick; **eine Operation ~** to perform [*or sep* carry out] an operation; **einen Plan ~** to put a plan into effect, to carry out *sep* a plan ② (*spazieren gehen mit*) ■**jdn/etw ~** to take out sb/sth *sep;* **den Hund ~** to take [out *sep*] the dog for a walk; **jdn groß ~** to take out *sep* sb for a real treat ③ (*hum: öffentlich zeigen*) ■**etw ~** to parade *pej* [*or sep* show off] sth ④ (*exportieren*) ■**etw [in etw** *akk*] **~** to export sth [to sth]; **ausgeführte Waren** exports ⑤ (*erläutern*) ■**[jdm] etw ~** to explain sth [to sb]; (*darlegen*) to set out *sep* sth [for sb]; **etw im Einzelnen ~** to explain the points of sth, to elaborate on sth; **etw detailliert ~** to explain sth in detail, to particularize sth *form*

Aus·füh·ren·de(r) *f(m) dekl wie adj* performer

Aus·fuhr·ge·neh·mi·gung *f* export licence [*or* AM -se] **Aus·fuhr·land** *nt* ① (*exportierendes Land*) exporting country; **ein ~ für Kaffee** a coffee-exporting country ② (*Land, in das ausgeführt wird*) export market

aus·führ·lich ['ausfy:ɐ̯lɪç, aus'fy:ɐ̯lɪç] **I.** *adj* detailed; **eine ~e Erklärung** a full explanation; **~e Informationen** full [*or* detailed] information *no pl, no art* **II.** *adv* in detail [*or* full]; **sehr ~** in great detail; ■**~er** in more [*or* greater] detail

Aus·führ·lich·keit <-> *f kein pl* detail[edness]; *von Erklärung* fullness; **in aller ~** in [great] [*or* down to the last] detail, in full

Aus·füh·rung *f* ① *kein pl* (*Durchführung*) carrying out; *von Auftrag a.* execution; *von Befehl* execution; *von Elfmeter, Freistoß* taking; *eines Gesetzes* implementation; *von Operation* performance, carrying out; **zur ~ gelangen** [*o* **kommen**] (*geh*) to be carried out/executed ② (*Qualität*) quality; *von Möbel a.* workmanship; (*Modell*) model, design ③ *kein pl* (*Darlegung, Erklärung*) explanation ④ *meist pl* (*Bericht*) report

Aus·fuhr·ver·bot *nt* export ban [*or* embargo]

aus|fül·len *vt* ① (*Antworten eintragen*) ■**etw ~** to fill in [*or* out] sth *sep,* to complete sth ② (*gerecht werden*) ■**etw ~** to fill sth; **er füllt den Posten gut/nicht gut aus** he is well-fitted/not fitted for the post ③ (*befriedigen*) ■**jdn [ganz** [*o* **voll**]] **~** to satisfy sb [completely], to give sb [complete] fulfilment [*or* AM fulfillment] *usu form* ④ (*Zeit in Anspruch nehmen*) ■**etw ~** to take up *sep* all of sth; ■**seine Zeit [mit etwas] ~** to fill up *sep* one's time [with sth], to pass one's time [doing sth]; **sein Leben mit etw ~** to spend one's [whole] life doing [*or* in] sth ⑤ (*stopfen*) ■**etw [mit etw] ~** to fill sth [with sth]; **ein Loch [mit etw] ~** to fill [up [*or* out] *sep*] a hole [with sth]; **einen Spalt [mit etw] ~** to stop [*or sep* fill in] a gap [with sth]

aus|fut·tern *vt* KOCHK **eine Form ~** to line a baking tin

Aus·ga·be *f* ① *kein pl* (*Austeilung*) distribution, giving out; (*Aushändigung a.*) handing out; *von Befehl, Fahrkarte, Dokument* issuing; **~ von Fahrkarten am Schalter 2** Window 2 for tickets, tickets issued at Window 2 ② *kein pl* BÖRSE (*Herausgabe*) issuing; *von Anleihen a.* negotiation *form* ③ INFORM output *no pl;* (*Druck~ a.*) print-out; **eine ~ am Terminal** a screen output ④ (*Schalter*) issuing counter; (*Büro*) issuing office; (*Bücher~*) issue [*or* issuing] desk; (*Essens~*) serving counter ⑤ MEDIA, LIT edition; *von Zeitschrift a.* issue; **die ~ von 1989** the 1989 edition; **alte ~n** back issues; (*Version*) version ⑥ *pl* (*Kosten*) expenses, costs; **die staatlichen ~n** state spending *no pl, no art*

Aus·ga·be·schal·ter *m* (*in Bibliothek*) issue [*or* AM circulation] desk

Aus·gang *m* ① (*Weg nach draußen*) way out, exit (*+gen* from); **ich bringe Sie noch [bis] zum ~** I'll show you the way out; *von Wald* edge; LUFT gate ② MED (*Auslass*) opening; *von Enddarm a.* exitus *spec* ③ (*Erlaubnis zum Ausgehen*) permission to go out; MIL pass; **~ haben** to have permission to go out; *Personal* to have the day off; (*für den Abend*) to have the evening off; MIL to be on leave; **bis 22 Uhr ~ haben** MIL to have a pass till 10 o'clock [*or* AM *a.* 10 PM]; **~ bis zum Wecken haben** MIL to be on overnight leave [till reveille] ④ *kein pl* (*Ende*) end; *einer Epoche a.* close; *von Film, Roman a.* ending; (*Ergebnis*) outcome; **einen tödlichen ~ haben** to end fatally; **einen glücklichen/tragischen/unverhofften ~ nehmen** to turn out [*or* end] happily/to end in tragedy/to take an unexpected turn ⑤ *kein pl* (*~spunkt*) starting point, point of departure; (*Anfang*) beginning ⑥ *pl* (*ausgehende Post*) outgoing mail *no pl, no indef art;* (*ausgehende Waren*) outgoing goods

Aus·gangs·ba·sis *f kein pl* basis **Aus·gangs·po·si·ti·on** *f* starting position **Aus·gangs·punkt** *m* starting point; *einer Reise a.* departure **Aus·gangs·sper·re** *f* MIL (*für die Bevölkerung*) curfew; **eine ~ verhängen** to impose a curfew; (*für Soldaten*) confinement to barracks; **~ haben** to be confined to barracks **Aus·gangs·spra·che** *f* source language **Aus·gangs·stel·lung** *f* ① SPORT (*Grundstellung*) **in ~ gehen** starting position ② MIL initial position

aus·ge·baut *adj* fully developed; **gut ~e Straßen** well-built roads

aus|ge·ben *vt irreg* ① (*aufwenden*) ■**etw [für etw] ~** to spend sth [on sth]; **einen Teil seines Gehalts für etw ~** to invest [*or* spend] part of one's salary on sth ② (*austeilen*) ■**etw [an jdn] ~** to distribute [*or sep* give out] sth [to sb]; (*aushändigen a.*) to hand out *sep* sth [to sb]; **einen Ausweis/ein Dokument/eine Fahrkarte ~** to issue a passport/document/ticket; **die Karten ~** to deal the cards; **wer gibt die Karten aus?** whose deal is it?; **eine Datei auf dem Drucker** ~ INFORM to output a file to the printer *form*, to print [out *sep*] a file; **Befehle** ~ to issue [*or* give] orders ❸ (*fam: spendieren*) ■**[jdm] etw** ~ to treat sb to sth; **darf ich dir einen Ouzo** ~**?** can I buy you an ouzo?; **eine Runde [Bier]** ~ to buy [*or fam* stand] a round, to get in *sep* the beers *fam*; **[jdm] einen** ~ (*fam*) to buy [*or* get] sb a drink; **heute Abend gebe ich einen aus** the drinks are on me this evening ❹ FIN ■**etw** ~ to issue sth ❺ (*darstellen*) ■**jdn/etw als/für jdn/etw** ~ to pass off *sep* sb/sth as sb/sth; ■**sich [jdm gegenüber] als jd/etw** ~ to pass oneself off as sb/sth [to sb], to pose as sb/sth

aus·ge·brannt *adj* drained, exhausted, BRIT *a.* knackered *fam!*; (*geistig erschöpft a.*) burned-out, spent

aus·ge·bucht *adj* ❶ (*belegt*) booked up ❷ (*fam*) ■~ **sein** to be booked up; **heute Abend/nächste Woche ist bei mir völlig** ~ I'm fully booked up for this evening/next week

aus·ge·bufft ['ausgəbʊft] *adj* (*fam*) shrewd, BRIT *a.* fly

Aus·ge·burt *f* ❶ (*Gebilde*) monstrous product [*or* invention]; **eine** ~ **der Fantasie** a product of a diseased imagination *pej* ❷ (*pej: Geschöpf, Kreatur*) monster; **eine** ~ **der Hölle** a fiend from [*or pej* spawn of] hell [*or* Hell]

aus·ge·dient *adj inv, attr* **ein** ~**er Gegenstand** an item which one has no further use for; MIL (*veraltend*) veteran

aus·ge·fal·len *adj* unusual; (*sonderbar*) weird

aus·ge·gli·chen *adj Klima* equable, even, steady; *Mensch* equable, level-headed, easy-going; *Temperament* equable, easy-going

Aus·ge·gli·chen·heit <-> *f kein pl* evenness, steadiness; *Mensch* level-headedness; **seine** ~ his balanced character

aus|ge·hen *vi irreg sein* ❶ (*aus dem Haus gehen*) to go out; ■**ausgegangen sein** to have gone out, to be out [*or liter* abroad]; ■**[mit jdm]** ~ (*zum Vergnügen*) to go out [with sb] ❷ (*aufhören zu brennen*) ■**[jdm]** ~ *Lampe* to go out [on sb *hum fam*] ❸ (*ausfallen*) ■**jdm/einem Tier** ~ *Haare* to fall out ❹ (*herrühren*) ■**von jdm** ~ to come from sb; **von wem geht diese Idee aus?** whose idea is this? ❺ (*seinen Ursprung haben*) ■**von etw** ~ to lead from sth; **von dem Platz gehen vier Straßen aus** four streets lead from [*or* off] the square; ■**etw geht von jdm/etw aus** sb/sth radiates sth ❻ (*enden*) to end; ■**gut/schlecht** ~ to turn out well/badly; *Buch, Film* to have a happy/sad ending [*or* end]; *Spiel* to end well/badly ❼ (*annehmen*) ■**davon** ~**, dass ...** to start out from the fact/idea that ...; **es ist davon auszugehen, dass ...** it can be assumed that ...; **davon kann man nicht** ~ you can't go by that ❽ (*zu Grunde legen*) ■**von etw** ~ to take sth as a basis [*or* starting point] ❾ (*zu Ende gehen*) ■**etw geht [jdm] aus** sb runs out of sth; **das Brot ist ausgegangen** there's no more bread, I've/we've etc. run out of bread; **deine guten Ausreden gehen dir wohl auch nie aus!** you're never at a loss for [*or* you always find] a good excuse; **mir geht die Geduld aus** I'm losing [my] patience; **ihm ist die Luft [*o* Puste] ausgegangen** he ran out of steam *fam*; (*finanziell*) he ran out of funds

aus·ge·hend *adj attr* **im** ~**en Mittelalter** towards the end of the Middle Ages; **das** ~**e 19. Jahrhundert** the end [*or* close] of the 19th century

aus·ge·hun·gert *adj* ❶ (*fam: sehr hungrig*) ■~ **sein** to be starved [*or* starving] [*or* famished] ❷ (*ausgezehrt*) emaciated ❸ (*bedürftig*) ■**nach etw** ~ **sein** to be starved [*or* desperately in need] of sth

Aus·geh·uni·form *f* MIL dress uniform

aus·ge·klü·gelt *adj* ingenious

aus·ge·kocht *adj* (*pej fam*) cunning, sly

aus·ge·las·sen *adj* wild, mad *fam*; *Kinder* boisterous, lively; ■~ **sein** to be boisterous [*or* lively] [*or* in high spirits]

Aus·ge·las·sen·heit <-, *selten* -en> *f* wildness, madness *fam*; *von Kindern* boisterousness, high spirits *npl*

aus·ge·macht *adj* ❶ (*entschieden*) ■**es ist** ~ [*o* **eine** ~**e Sache**]**, dass ...** it is agreed that ...; (*nicht abwendbar*) it's a foregone conclusion that ... *form*; **noch nicht** ~ **ist, ob ...** it is not yet settled whether ... ❷ *attr* (*fam: eingefleischt*) complete, utter, downright *a. pej fam*, regular *hum fam*

aus·ge·mer·gelt *adj* emaciated, gaunt; **ein** ~**es Gesicht** a gaunt [*or* pinched] face

aus·ge·nom·men *konj* except, apart from; **alle,** ~ **du** everyone but [*or* except [for]] you, everyone save [*or* apart from] yourself; **wir kommen,** ~ **es regnet** we'll come, but only if it doesn't rain; **ich/Sie/die Kranken nicht** ~ myself/yourself/the sick not excepted [*or* excluded]

aus·ge·po·wert [-gəpauet] *adj* (*fam*) washed out *fam*, completely exhausted, BRIT *a.* done in *pred fam*

aus·ge·prägt *adj* (*prononciert*) *Charakterzüge, Eigenschaften* distinctive; (*markant*) distinctive; **ein** ~**es Interesse** a pronounced interest; **eine** ~**e Neigung** a distinct inclination; **ein [stark]** ~**er Sinn für alles Schöne** a well-developed sense for everything beautiful; ~**er Stolz** deep-seated pride

aus·ge·rech·net ['ausgərɛçnət] *adv* ❶ *personenbezogen* (*gerade*) ■~ **jd/jdn/jdm** sb of all people; **warum muss das** ~ **mir passieren?** why does it have to happen to me [of all people]? ❷ *zeitbezogen* (*gerade*) ■~ **jetzt** now of all times; ■~ **gestern/heute** yesterday/today of all days; ~ **dann war ich nicht zu Hause** right then I was not in, of course; ~**, als wir ins Bett gehen wollten, ...** just when we wanted to go to bed ...

aus·ge·ruht **I.** *adj inv, attr* well rested **II.** *adv inv* **etw** ~ **beginnen** to start sth well rested; **sich** ~ **an die Arbeit machen** to start work having had a good night's sleep

aus·ge·rüs·tet *adj* ❶ (*ausgestattet*) equipped ❷ CHEM, MODE (*durch Nachbehandlung veredelt*) treated

aus·ge·schla·fen *adj* (*fam*) sharp; ■~ **sein** to be alert [*or* sharp] [*or* on the ball]

aus·ge·schlos·sen *adj pred* ■~ **sein[, dass ...]** to be impossible [that ...]; (*außer Frage kommen a.*) to be out of the question [that ...]; **es ist nicht** ~**, dass ...** it is just possible that ...; ■**[völlig]** ~**!** [that's] [completely] impossible! [*or* out of the question], nothing doing! *fam*; *s. a.* **Irrtum**

aus·ge·schnit·ten *adj* low-cut; ■~ **sein** to be low-cut [*or* cut low]; **ein vorn** ~**es/tief** ~**es Kleid** a dress cut low/very low at the front, a dress with a low/plunging neckline; **sie kam tief** ~ **auf den Ball** she came to the ball in a very low-cut dress

aus·ge·spro·chen **I.** *adj* (*positive Eigenschaft bezeichnend*) distinct; ~**e Eleganz** sheer elegance; ~**e Freundlichkeit** real friendliness; (*negative Eigenschaft bezeichnend*) extreme; ~**e Begabung** a marked [*or* pronounced] ability; **eine/keine** ~**e Ähnlichkeit** a marked/no particular similarity; (*ausgeprägt*) pronounced, distinctive; **sie ist keine** ~**e Schönheit** she's not exactly what you would call pretty; ~**es Pech haben** to have really bad luck, to be really unlucky **II.** *adv* ❶ (*wirklich*) really ❷ (*besonders*) really, extremely; (*negative Eigenschaft bezeichnend a.*) downright *fam*

aus|ge·stal·ten* *vt* ■**etw** ~ (*dekorieren, einrichten*) to decorate sth; (*ausbauen*) to develop sth; **etw antik** ~ to decorate sth in an antique style

aus·ge·stor·ben *adj* ❶ (*erloschen*) extinct ❷ (*verlassen*) ■**[wie]** ~ **sein** to be deserted

Aus·ge·sto·ße·ne(r) *f(m) dekl wie adj* outcast

aus·ge·sucht **I.** *adj* ❶ (*erlesen*) choice, select; ~**e Qualität** choice quality ❷ (*gewählt*) well-chosen; **eine** ~**e Gesellschaft** a select group of people **II.** *adv* extremely, exceptionally; ~ **gute Weine** choice [*or* select] wines

aus·ge·wach·sen *adj* ❶ (*voll entwickelt*) fully grown ❷ (*fam: komplett*) utter, complete; **ein** ~**er Skandal** a full-blown scandal

aus·ge·wählt *adj* ❶ (*selektiert*) selected ❷ (*erlesen*) select; **eine** ~**e Mannschaft** a hand-picked team; ~**e Weine** choice [*or* select] wines

aus·ge·wie·sen *adj* acknowledged
aus·ge·wo·gen *adj* balanced; **das ~e Kraftverhältnis** the balance of powers; **~e Maßnahmen** a balanced set of measures
Aus·ge·wo·gen·heit <-> *f kein pl* balance; **~ bewahren** to preserve the balance
aus·ge·zeich·net ['ausgətsaiçnət, 'ausgə'tsaiçnət] **I.** *adj* excellent; ■**von ~er Qualität** of excellent [*or* superior] quality **II.** *adv* extremely well; **~ kochen** to be an excellent cook; **mir geht es ~** I'm feeling just great
aus·gie·big ['ausgi:bɪç] **I.** *adj* extensive; **eine ~e Mahlzeit** a substantial [*or* large] meal; **einen ~en Mittagsschlaf** a long afternoon nap; **von etw ~en Gebrauch machen** to make full [*or* good] use of sth **II.** *adv* extensively; **~ baden/schlafen/schwimmen** to have a good [long] bath/sleep/swim; **etw ~ gebrauchen** to make full [*or* good] use of sth
aus|gie·ßen *vt irreg* ❶ ■**etw ~** (*entleeren*) to empty sth; (*weggießen*) to pour away sth *sep;* **etw im Toilettenbecken ~** to pour sth down the toilet ❷ (*füllen*) ■**etw [mit etw] ~** to fill [in *sep*] sth [with sth]; **einen Hohlraum mit etw ~** to fill a cavity with sth, to pour sth into a cavity ❸ (*überschütten*) **Hohn/Spott über jdn ~** to pour scorn on/to mock sb
Aus·gleich <-[e]s, *selten* -e> *m* ❶ (*das Ausgleichen*) balancing, squaring; **der ~ eines Kontos** to balance an account ❷ (*das Wettmachen*) settlement; *eines Fehlers, Schadens* compensation; ■**zum ~ einer S.** *gen* by way of compensation [*or* in order to compensate] for sth ❸ (*das Korrigieren*) balancing; *von Unebenheiten* evening out ❹ (*Vermittlung*) conciliation ❺ (*Kompensierung*) **er treibt zum ~ Sport** he does sport to keep fit; **zum willkommenen ~ von etw** as a welcome change from sth ❻ *kein pl* SPORT equalizer, tie AM; **den ~ erzielen** to equalize, to tie [the score [*or* it up]] AM; TENNIS deuce
aus|glei·chen *irreg* **I.** *vt* ■**etw [durch etw] ~** ❶ (*glattstellen*) to balance [*or* square] sth [with sth]; **Schulden [durch etw] ~** to settle debts [with sth] ❷ (*korrigieren*) to balance sth [with sth] *sep;* **die Unebenheiten eines Fußbodens ~** to even out a floor ❸ (*wettmachen*) to compensate for [*or* make good] sth [with sth/by doing sth] ❹ (*ausbalancieren*) to reconcile sth [with sth] **II.** *vi* ❶ SPORT **[zu 1:1] ~** to equalize [the score at 1 all], to tie the score AM ❷ (*vermitteln*) to prove [*or* be] conciliatory; *Mensch* to act as a mediator **III.** *vr* ■**sich [durch etw] ~** to balance out [as a result of sth]
Aus·gleichs·kas·se *f* SCHWEIZ *independent compensation and insurance fund for members of the armed forces* **Aus·gleichs·sport** *m* keep-fit activities **Aus·gleichs·tor** *nt,* **Aus·gleichs·tref·fer** *m* equalizer, tying goal AM
aus|glei·ten *vi irreg sein* (*geh*) ■**[auf etw** *dat*] **~** to slip [on sth]
aus|glie·dern *vt* ÖKON ■**etw [aus etw] ~** to disembody [*or* disincorporate] sth [from sth] *spec*
aus|gra·ben *vt irreg* ■**etw ~** ❶ (*aus der Erde graben*) to dig up sth *sep;* **Altertümer ~** to excavate [*or sep* dig up] ancient artefacts; **eine Leiche ~** to disinter [*or* exhume] a body ❷ (*hervorholen*) to dig out sth *sep;* **alte Geschichten ~** to bring up *sep* old stories
Aus·gra·bung *f* ❶ *kein pl* (*das Ausgraben*) digging up; *einer Leiche* disinterment, exhumation ❷ (*Grabungsarbeiten*) excavation[s *pl*]; (*Grabungsort*) excavation site; (*Grabungsfund*) [archaeological [*or* AM archeological]] find
aus|grä·ten *vt* KOCHK *s.* **entgräten**
aus|grei·fen *vi irreg* to make long strides
aus·grei·fend *adj* ■**[weit] ~** long, lengthy; **eine [weit] ~e Bewegung** a sweeping movement
aus|gren·zen *vt* ■**jdn/etw [aus etw] ~** to exclude sb/sth [from sth]
Aus·gren·zung <-> *f kein pl* ■**die ~ [aus etw]** the exclusion [from sth]
Aus·guck <-[e]s, -e> *m* lookout; **~ halten** to keep a lookout; NAUT to keep lookout
aus|gu·cken *vt* (*fam*) ■**[sich** *dat*] **jdn/etw ~** to set one's sights on sb/sth, to pick out sb *sep; s. a.* **Auge**
Aus·guss[RR] <-es, Ausgüsse> *m,* **Aus·guß**[ALT] <-sses, Ausgüsse> *m* ❶ (*Spüle*) sink ❷ (*Tülle*) spout
aus|ha·ben *irreg* **I.** *vt* (*fam*) ■**etw ~** ❶ (*ausgezogen haben*) to have taken off sth *sep* ❷ (*beendet haben*) to have finished sth **II.** *vi* (*fam*) to get off [school]
aus|ha·cken *vt* ❶ (*durch Hacken entfernen*) ■**etw ~** to hoe [out *sep*] sth ❷ ■**jdm/etw etw ~** to peck out *sep* sb's/sth's sth; **etw** *dat* **die Federn ~** to tear out *sep* sth's feathers; *s. a.* **Krähe**
aus|ha·ken I. *vt* ■**etw ~** to unlatch [*or* unhook] sth **II.** *vi impers* (*fam*) ■**es hakt bei jdm aus** ❶ (*nichts mehr verstehen*) sb doesn't get it [*or* just can't understand]; (*zu viel auf einmal*) it's too much for sb ❷ (*wütend werden*) something in sb snapped *fam*
aus|hal·ten *irreg* **I.** *vt* ❶ (*ertragen können*) ■**es ~** to bear [*or* stand] [*or* endure] it; **er hält es in keiner Stellung lange aus** he never stays in one job for long; **hältst du es noch eine Stunde aus?** can you hold out [*or* manage] another hour?; **hält ein Mensch das überhaupt aus?** is it humanly possible?; **man kann es wochenlang ohne Essen ~** you can go without food for weeks; ■**etw ~** to stand [*or* bear] sth; **die Kälte ~** to endure the cold; **jds Blick ~** to return sb's stare; **es ist mit jdm/etw nicht [länger] auszuhalten** [*o* **nicht zum A~**] it's [getting] unbearable with sb/sth; **es lässt sich [mit jdm] ~** it's bearable [being with sb], I/we etc. can't complain, sb is bearable, you can get on with sb; **es lässt sich [hier] ~** it's not a bad place ❷ (*standhalten*) ■**etw ~** to be resistant to sth; **eine hohe Temperatur ~** to withstand a high temperature; **viel ~** to take a lot; *Stoff* to take a lot of wear [and tear]; **eine hohe Last ~** to bear a heavy load; **den Druck ~** to [with]stand the pressure; *s. a.* **Vergleich** ❸ (*fam: Unterhalt leisten*) ■**jdn ~** to keep [*or* support] sb **II.** *vi* to hold out; **hältst du noch aus?** can you hold out [any longer]?
aus|han·deln *vt* ■**etw [mit jdm] ~** to negotiate sth [with sb]; **das ist noch auszuhandeln** we/they etc. still need to negotiate that
aus|hän·di·gen ['aushɛndɪgn̩] *vt* ■**jdm etw ~** to hand over *sep* sth to sb; **jdm einen Preis ~** to give sb a prize; **jdm eine Urkunde ~** to surrender a document to sb *form*
Aus·hän·di·gung <-> *f kein pl* handing over; *einer Urkunde* surrendering; **die feierliche ~ [von etw/einer S.** *gen*] the [formal] presentation of sth
Aus·hang *m* announcement, notice; (*das Aushängen*) posting; **etw durch ~ bekannt geben** to put up a notice about sth
aus|hän·gen I. *vt* ■**etw ~** ❶ (*durch Aushang bekannt machen*) to put up sth *sep;* **Plakate ~** to post [*or sep* put up] bills ❷ (*aus den Angeln heben*) to unhinge sth, to take sth off its hinges; **die Haken von etw ~** to unhook sth **II.** *vi irreg* to be/have been put up; **am schwarzen Brett ~** to be on the notice board **III.** *vr* ■**sich ~** to drop out; **das Kleid wird sich ~** the creases will drop out of the dress
Aus·hän·ge·schild *nt* ❶ (*Reklametafel*) sign [board] ❷ (*Renommierstück*) showpiece
aus|har·ren *vi* to wait [patiently]; **auf seinem Posten ~** to stand by one's post; **als letzter im Büro ~** to be the last to leave the office
aus|hau·chen *vt* (*geh*) ❶ (*Luft schwach ausstoßen*) ■**etw ~** to exhale [*or sep* breathe out] sth; **seinen Atem ~** to exhale, to breathe out ❷ (*sterben*) **sein Leben** [*o* **seine Seele**] **~** to breathe one's last
aus|he·beln *vt* ■**etw ~** to annul [*or* cancel] sth
aus|he·ben *vt irreg* ❶ (*ausgraben*) ■**etw ~** to excavate [*or sep* dig out] sth; **einen Graben/ein Grab ~** to dig a ditch, grave ❷ (*ausrauben*) ■**etw ~** to rob sth [of its eggs [*or* young]] ❸ (*hochgehen lassen*) ■**jdn/etw ~** to bust sb/sth *fam*

Aus·he·bung <-, -en> *f* SCHWEIZ (*Einberufung*) conscription
aus|he·cken *vt* (*fam*) ■**etw** ~ to hatch [*or sep fam* cook up] sth; **du hast wieder etwas ausgeheckt!** you're up to something again; [**neue**] **Streiche** ~ to think up new tricks
aus|hei·len I. *vt haben* ■**etw** ~ to cure sth [completely]; ■**ausgeheilt sein** to be [completely] cured II. *vi sein* to be cured; *Wunde* to heal
aus|hel·fen *vi irreg* ■[**jdm**] ~ to help out [sb] *sep*, to give [*or* lend] [sb] a [helping] hand; ■**jdm** [**mit etw**] ~ to help out *sep* sb [with sth]
aus|heu·len (*fam*) I. *vi* to have finished [*or* stopped] crying II. *vr* ❶ (*gründlich weinen*) ■**sich** ~ to have a good cry ❷ (*jdm* [*weinend*] *sein Leid klagen*) ■**sich bei jdm** ~ to have a good cry on sb's shoulder, to sob one's heart out [to sb]
Aus·hil·fe *f* ❶ (*vorübergehende Hilfe*) temporary help [*or* assistance]; **„Assistentin zur ~ gesucht"** "assistant wanted for temporary work"; **jdn zur ~ haben** to have sb to help out; [**bei jdm**] **zur ~ arbeiten** to temp [for sb] *fam* ❷ (*vorübergehende Hilfskraft*) temporary worker, temp *fam*
Aus·hilfs·job *m* odd job, temporary work *no pl, no art* **Aus·hilfs·kraft** *f s.* **Aushilfe 2** **Aus·hilfs·per·so·nal** *nt* temporary staff + *sing/pl vb* **aus·hilfs·wei·se** *adv* on a temporary basis
aus|höh·len *vt* ■**etw** ~ ❶ (*unterspülen*) to erode [*or sep* wear away] sth; (*Inneres herausmachen*) to hollow out sth *sep;* **einen Kürbis** ~ to scoop [*or* hollow] out *sep* a pumpkin ❷ (*untergraben*) to undermine sth; (*erschöpfen*) to weaken sth
Aus·höh·lung <-, -en> *f* ❶ *kein pl* erosion, wearing away ❷ *kein pl* undermining; *der Gesundheit* weakening ❸ (*kleine Höhle*) hollow; MED cavity
aus|ho·len *vi* ❶ (*Schwung nehmen*) ■[**mit etw**] ~ to swing back [sth] *sep;* [**mit der Hand**] ~ to take a swing; **weit** ~ to take a big swing; **zum Schlag** ~ to draw back *sep* one's arm/fist etc. for a blow; **mit dem Schläger** ~ to swing one's club/racket etc.; **mit dem Speer** ~ to draw back *sep* one's/the javelin ❷ (*ausschweifen*) to beat about the bush ❸ (*große Schritte machen*) to lengthen one's stride[s], to stride out; **mit weit ~den Schritten gehen** to walk with long strides, to stride
aus|hor·chen *vt* (*fam*) ■**jdn** [**über jdn/etw**] ~ to sound out *sep* sb [about sth]
aus|hun·gern *vt* ■**jdn** ~ to starve out sb *sep*
aus|hus·ten I. *vt* ■**etw** [**aus etw**] ~ to cough up sth *sep,* to cough [up *sep*] sth out of sth II. *vi* to finish [*or* stop] coughing III. *vr* ■**sich** ~ to finish [*or* stop] coughing; **huste dich ordentlich aus!** cough it all up *a. hum*
aus|käm·men *vt* ■**etw** ~ ❶ (*kämmend entfernen*) to comb out sth *sep* ❷ (*gründlich kämmen*) to comb sth; **etw gut** ~ to give sth a good combing
aus|keh·ren I. *vt* ■**etw** ~ to sweep away sth *sep;* **das Haus** ~ to sweep [out *sep*] the house II. *vi* to sweep, to do the sweeping
aus|kei·men *vi sein* to germinate; *Kartoffeln* to sprout; ■**ausgekeimt** germinated, sprouted
aus|ken·nen *vr irreg* ❶ (*sich gut zurechtfinden*) ■**sich** [**irgendwo**] ~ to know one's way around [somewhere] ❷ ([*gute*] *Kenntnisse besitzen*) ■**sich** [**auf/in etw** *dat*] ~ to know a lot [about sth], to be well versed in *form* [*or* know all about] sth, to know one's stuff *fam;* ■**sich mit jdm/etw** ~ to know all about sb/sth; **ich kenne mich mit dieser Technik nicht aus** I don't know much about this technology ❸ (*wissen, woran man ist*) ■**sich bei jdm** ~ to know where one is with sb
aus|kip·pen *vt* (*fam*) ■**etw** [**auf/über etw** *dat*] ~ to empty [out *sep*] sth [on[to] sth]; **Flüssigkeit** ~ to pour away sth *sep*
aus|klam·mern *vt* ■**etw** ~ to ignore [*or sep* leave aside] sth
Aus·klang <-> *m kein pl* conclusion, end; **zum ~ des Abends** to conclude [*or sep* finish off] the evening
aus·klapp·bar *adj* folding; (*mit Scharnieren*) hinged
aus|klap·pen *vt* ■**etw** [**aus etw**] ~ to open sth out of [*or sep* open out] sth; **eine Fußstütze** ~ to pull out *sep* a footrest
aus|klei·den *vt* ❶ (*beziehen*) ■**etw** [**mit etw**] ~ to line sth [with sth] ❷ (*geh: entkleiden*) ■**jdn** ~ to undress sb; ■**sich** ~ to get undressed
aus|klin·gen *vi irreg sein* (*geh*) ■[**mit etw**] ~ to conclude [*or* end] [with sth]; *Abend, Feier a.* to finish off with sth
aus|klin·ken I. *vt* ■**etw** ~ to release sth II. *vi* ■[**sich**] ~ to release itself/themselves; *Pilot* to activate the release III. *vr* ■**sich** [**aus etw**] ~ to withdraw [from sth]; **ihr geht danach ins Kino? da klinke ich mich aus** you're going to the cinema afterwards? I don't think I'll join you there
aus|klop·fen *vt* ■**etw** ~ to beat the dust out of sth; **einen Teppich** ~ to beat a carpet; **eine Pfeife** ~ to knock out *sep* one's pipe
aus|klü·geln *vt* (*fam*) ■**etw** ~ to work out *sep* sth to perfection; ■**ausgeklügelt** cleverly thought-out; **ein ausgeklügelter Trick** an ingenious trick
aus|knip·sen *vt* (*fam*) ■**etw** ~ to switch [*or* turn] off sth *sep*
aus|kno·beln *vt* ■**etw** ~ to work [*or fam* figure] out sth *sep*
aus·knöpf·bar *adj* detachable
aus|ko·chen *vt* ■**etw** ~ ❶ KOCHK to boil [down *sep*] sth ❷ (*in kochendes Wasser legen*) to boil sth [clean]; **Instrumente/Spritzen** ~ to sterilize instruments/syringes ❸ (*fam: sich ausdenken*) to cook up sth *sep fam;* **die haben wieder was ausgekocht!** they're up to something again
aus|kom·men *vi irreg sein* ❶ (*ausreichend haben*) ■**mit etw** ~ to get by on [*or* to manage on [*or* with]] sth; **mein Auto kommt mit 7 Litern aus** my car uses only 7 litres per 100 kilometres; ■**ohne jdn/etw** ~ to manage [*or* do] without sb/sth; (*nicht benötigen*) to go without sb/sth ❷ (*sich mit jdm vertragen*) ■**mit jdm** [**gut**] ~ to get on [*or* along] well with sb; ■**mit jdm nicht gut** ~ to not get on [*or* along] with sb; **mit ihm ist nicht auszukommen** he's impossible to get on [*or* along] with ❸ ÖSTERR (*entkommen*) ■[**jdm**] ~ to escape [sb], to get away [from sb]; **aus seiner Zelle** ~ to escape [from] one's cell
Aus·kom·men <-s> *nt kein pl* ❶ (*Einkommen*) livelihood; **sein ~ haben/finden** to get by ❷ ■**mit jdm ist kein ~** sb is impossible to get on [*or* along] with
aus·kömm·lich [ˈauskœmlɪç] I. *adj* ❶ (*ausreichend*) adequate, sufficient; **~e Verhältnisse** comfortable circumstances ❷ (*verträglich*) easy-going II. *adv* comfortably
aus|kos·ten *vt* ■**etw** ~ ❶ (*genießen*) to make the most of sth; **das Leben** ~ to enjoy life to the full; **den Moment/seine Rache** ~ to savour [*or* AM -or] the moment/one's revenge ❷ (*fam: mitmachen, probieren*) to have one's fill of sth; **etw ~ müssen** to have to suffer sth
aus|kot·zen (*derb*) I. *vt* ■**etw** ~ to puke up sth *sep fam* II. *vi* to throw up *fam,* to puke *fam* III. *vr* ■**sich** ~ to throw up *fam,* to puke *fam!;* **sich gründlich** [*o* **richtig**] ~ to puke one's guts out *fam!*
aus|krat·zen *vt* ❶ ■**etw** ~ to scrape out sth *sep;* **eine Pfanne** ~ to scour [out *sep*] [*or sep* scrape out] a pan ❷ MED *s.* **ausschaben 2**
aus|krie·gen *vt* (*fam*) ■**etw** ~ ❶ (*ausziehen können*) to get off sth *sep* ❷ (*beenden*) to finish [off] sth, to polish off; **eine Flasche** ~ to empty [*or* AM *a.* kill] a bottle
aus|kris·tal·li·sie·ren* CHEM I. *vr haben* ■**sich** ~ to crystallize, to form [*or spec* shoot into] crystals II. *vi sein* to crystallize, to form [*or spec* shoot into] crystals
aus|ku·geln *vt* ■**jdm etw** ~ to dislocate sb's sth; ■**sich** *dat* **etw** ~ to dislocate [*or spec* luxate] one's sth; ■**ausgekugelt** dislocated, luxated *spec*
aus|küh·len I. *vt haben* ■**jdn/etw** ~ to chill [through *sep*] sb/sth II. *vi sein* to cool down; *Mensch, Körper* to get chilled [through]; ■**etw ~ lassen** to leave sth to cool
Aus·küh·lung *f* hypothermia

A

aus|kund·schaf·ten *vt* ❶ (*herausfinden*) ■~, **ob/wann/wie/warum ...** to find out whether/when/how/why ... ❷ (*ausfindig machen*) ■**etw** ~ to find sth; MIL to reconnoitre [*or* AM -er] sth; **eine Lage** ~ to find out about the situation; **ein Versteck** ~ to spy out *sep* a hide-out

Aus·kunft <-, Auskünfte> ['auskʊnft, *pl* -kʏnftə] *f* ❶ (*Information*) information *no pl, no indef art;* ■**eine** ~ a bit [*or* piece] of information; **nähere** [*o* **weitere**] ~ more information, further details *pl;* ■**eine/die** ~ **über jdn/etw** information/the information about sb/sth; **eine** ~ [*o* **Auskünfte**] **[über jdn/etw] [bei jdm] einholen** [*o* **einziehen**] to make [some] enquiries [*or* inquiries] [to sb] [about sb/sth]; **[jdm] eine** ~ **geben** [*o* **erteilen**] to give sb some information ❷ (~*sschalter*) information office/desk; (*am Bahnhof a.*) enquiry [*or* inquiry] office/desk; (*Fernsprech~*) directory enquiries BRIT, the operator AM *npl, no art*

Aus·kunf·tei <-, -en> [auskʊnf'tai] *f* credit [enquiry [*or* inquiry]] agency

Aus·kunfts·be·am·te(r), **-be·am·tin** *m, f* BAHN information clerk BRIT, inquiries assistant AM **Aus·kunfts·schal·ter** *m* information desk; (*am Bahnhof*) enquiry desk, enquiries, inquiries

aus|kun·geln *vt* (*fam*) ■**etw [mit jdm]** ~ to hatch [out *sep*] sth [with sb]

aus|kup·peln *vi* AUTO to disengage [*or* let out] the clutch, to declutch

aus|ku·rie·ren* (*fam*) **I.** *vt* ■**etw** ~ to cure sth [completely], to get rid of sth *fam* **II.** *vr* ■**sich** ~ to get better

aus|la·chen I. *vt* ■**jdn** ~ to laugh at sb; (*höhnisch*) to jeer at sb **II.** *vi* ■**ausgelacht haben** to have stopped laughing

aus|la·den *irreg* **I.** *vt* ❶ (*entladen*) ■**etw** ~ to unload sth; NAUT *a.* to discharge sth; **ein Schiff** ~ to unload [*or* lighten] a ship ❷ (*fam: Einladung widerrufen*) ■**jdn** ~ to tell sb not to come; (*förmlich*) to cancel sb's invitation **II.** *vi* to spread; **[4 Meter]** ~ *Dach, Balkon* to protrude [*or* jut out] [[by] 4 metres]

aus·la·dend *adj* ❶ (*sich erstreckend*) spreading; *Baum* a tree with spreading branches; (*vorspringend*) protruding; (*breit*) broad; ~**e Hüften** broad [*or hum a.* childbearing] hips; **ein** ~**es Dach** an overhanging [*or* a protruding] roof ❷ (*ausholend*) sweeping

Aus·la·ge <-, -n> *f* ❶ *pl* MODE, ÖKON (*im Schaufenster ausgestellte Ware*) display ❷ MODE, ÖKON (*Schaufenster*) shop window; (*Schaukasten*) showcase ❸ *pl* ÖKON (*zu erstattender Geldbetrag*) disbursement ❹ *pl* ÖKON (*Ausgaben, Unkosten*) expenses *npl;* **sonstige** ~**n** sundry expenses ❺ SPORT basic stance; (*Fechten*) on guard position; **in [die]** ~ **gehen** to adopt [the] on guard position

aus|la·gern *vt* ■**etw [in etw** *akk*] ~ ❶ (*verlagern*) to move sth [to sth] ❷ (*an einem anderen Ort lagern*) to evacuate sth [to sth] ❸ (*aus dem Lager bringen*) to move sth to another storage site [in sth]

Aus·la·ge·rung *f* ❶ (*das Verlagern*) ■**die** ~ **von etw/einer S.** *gen* **[in etw** *akk*/**nach etw]** moving sth [to sth]; **die** ~ **der Produktion ins Ausland** the removal of production to outside the country ❷ (*das Auslagern*) ■**die** ~ **von etw/einer S.** *gen* **[an/in etw** *akk*] the evacuation of sth [to sth] ❸ (*in ein anderes Lager bringen*) ■**die** ~ **von etw/einer S.** *gen* moving sth to another storage site

Aus·land <-[e]s> ['auslant] *nt kein pl* ■**[das]** ~ foreign countries *pl;* (*die Ausländer*) foreigners *pl;* **feindliches** ~ enemy countries *pl;* **Handel mit dem** ~ foreign trade, trade with other countries; **das benachbarte/westliche** ~ neighbouring/western countries *pl;* **die Reaktionen des** ~**s** [the] reaction [from] abroad; ■**aus dem** ~ from abroad [*or* another country]; **Nachrichten aus dem** ~ foreign news + *sing vb,* news from abroad + *sing vb;* ■**ins/im** ~ abroad

Aus·län·der(in) <-s, -> ['auslɛndɐ] *m(f)* foreigner; JUR alien

Aus·län·der·amt *nt* ADMIN aliens' registration office BRIT, Immigration and Naturalization Service AM **Aus·län·der·be·auf·trag·te(r)** *f(m) dekl wie adj official assigned to the integration of foreign immigrants* **aus·län·der·feind·lich I.** *adj* racist, xenophobic, hostile to foreigners *pred* **II.** *adv* **sich** ~ **ausdrücken** to use racist expressions **Aus·län·der·feind·lich·keit** *f* racism, xenophobia, hostility to foreigners **Aus·län·der·hass**[RR] *m* racial hatred, xenophobia

Aus·lä·nde·rin <-, -nen> *f fem form von* **Ausländer**

Aus·län·der·recht *nt kein pl* JUR law[s] concerning aliens **Aus·län·der·wahl·recht** *nt* voting rights for foreigners *pl* (*for foreigners living in Germany*) **Aus·län·der·wohn·heim** *nt* home for immigrants

aus·län·disch ['auslɛndɪʃ] *adj* ❶ *attr* foreign, from abroad *pred* BRIT; BOT exotic ❷ (*fremdländisch*) exotic, outlandish *a. pej*

Aus·lands·an·lei·he *f* foreign loan **Aus·lands·auf·ent·halt** *m* stay abroad **Aus·lands·be·zie·hun·gen** *f pl* POL foreign relations **Aus·lands·deut·sche(r)** ['auslantsdɔytʃə, -ʃɐ] *f(m)* expatriate German, German [national] living abroad **Aus·lands·ein·satz** *m* MIL foreign [military] deployment, deployment [of troops] abroad **Aus·lands·er·fah·rung** *f* experience acquired abroad **Aus·lands·kor·res·pon·dent(in)** *m(f)* foreign correspondent **Aus·lands·kran·ken·schein** *m health insurance document for overseas travel,* ≈ E107 BRIT **Aus·lands·nach·rich·ten** *f pl* foreign news + *sing vb,* news from abroad + *sing vb* **Aus·lands·rei·se** *f* journey [*or* trip] abroad **Aus·lands·schu·le** *f* British/German etc. school abroad **Aus·lands·schutz·brief** *m* certificate of entitlement for international travel cover **Aus·lands·se·mes·ter** *nt* SCH semester abroad **Aus·lands·ver·si·che·rung** *f* insurance for abroad **Aus·lands·ver·tre·tung** *f* ❶ POL diplomatic representation ❷ ÖKON foreign office

aus|las·sen *irreg* **I.** *vt* ❶ (*weglassen*) ■**etw** ~ to omit [*or sep* leave out] sth; (*überspringen*) to skip [*or* pass over] sth; (*verpassen*) to miss sth, to let sth pass by ❷ (*abreagieren*) ■**etw an jdm** ~ to vent [*or sep* take out] sth on sb; **seinen Hass an jdm** ~ to vent [*or* take out] one's hatred on sb ❸ KOCHK (*zerlaufen lassen*) **Butter** ~ to melt butter; **Speck** ~ to render down *sep* bacon fat ❹ (*fam: ausgeschaltet lassen*) ■**etw** ~ to keep sth switched off ❺ ÖSTERR ■**jdn/etw** ~ (*loslassen*) to let go of sb/sth; (*aus einem Käfig etc. freilassen*) to let out sb/sth *sep* **II.** *vr* (*pej*) ■**sich über jdn/etw** ~ to go on about sb/sth *pej;* **er hat sich nicht näher darüber ausgelassen** he didn't say any more about it [*or* explain any further] **III.** *vi* ÖSTERR to let go; **lass aus, das ist mein Auto!** hands off, that's my car!

Aus·las·sung <-, -en> ['auslasʊŋ] *f* ❶ *kein pl* (*das Weglassen*) omission ❷ (*weggelassene Stelle*) omission ❸ *pl* (*pej: Äußerungen*) spoutings *pej*

Aus·las·sungs·punk·te *pl* ellipsis *spec,* AM *a.* suspension points **Aus·las·sungs·zei·chen** *nt* apostrophe

aus|las·ten *vt* ❶ (*voll beanspruchen*) ■**etw** ~ to use sth to capacity; ■**[voll] ausgelastet [sein]** [to be] running to capacity *pred;* **teilweise ausgelastet** running at partial capacity *pred;* **ausgelastete Kapazitäten** ÖKON capacity working ❷ (*voll fordern*) ■**jdn** ~ to occupy sb fully; ■**ausgelastet [sein]** [to be] fully occupied; **mit den sechs Kindern sind sie voll ausgelastet** they have their hands full with their six children, their six children keep them fully occupied

Aus·lauf <-[e]s> *m* ❶ *kein pl* (*Bewegungsfreiheit*) exercise; (*für Tiere*) space [*or* room] to move about in; (*für Kinder*) room to run about ❷ (*Ausfluss*) outlet, discharge

aus|lau·fen *irreg* **I.** *vi sein* ❶ (*herauslaufen*) ■**[aus etw]** ~ to run out [of sth]; (*wegen Undichtheit*) to leak out [of sth]; (*Inhalt austreten lassen*) to leak; *Auge* to drain; *Blase* to discharge, to drain ❷ NAUT (*Hafen verlassen*) ■**[nach etw]** ~ to [set] sail [for sth], to put out to sea ❸ (*nicht fortgeführt werden*) to be discontinued; ■**ausgelaufen** discontinued ❹ (*enden*) to end; *Vertrag* to expire, to run out ❺ (*ein bestimmtes Ende nehmen*) ■**gut/nicht gut** ~ to turn out well/badly

❻ (*zum Stillstand kommen*) to come to a stop; *Läufer a.* to ease off, to slow down; *Skispringer* to glide to a stop ❼ (*übergehen in*) ■**in etw** *akk* ~ to run into sth; (*dadurch breiter werden*) to open out into sth; *Berge* to end in sth; *Streit, Ehekrach* to turn into sth **II.** *vr haben* ■**sich** ~ to have a good run about [*or* enough exercise]

Aus·läu·fer *m* ❶ METEO *Hochdruckgebiet* ridge; *Tiefdruckgebiet* trough ❷ *meist pl* (*Vorberge*) foothills *npl* ❸ BOT runner, stolon *spec*

Aus·lauf·mo·dell *nt* discontinued model

aus|lau·gen *vt* ❶ (*Nährstoffe entziehen*) ■**etw** ~ to exhaust sth; *Regenfälle* to wash the nutrients out of sth; (*austrocknen*) to dry out sth *sep* ❷ (*erschöpfen*) ■**jdn** ~ to exhaust [*or sep* wear out] sb

Aus·laut *m* LING final [*or* terminal] position

aus|lau·ten *vi* LING ■**auf etw** *akk* ~ to end [*or* terminate] in sth; ■**~d** final

aus|le·ben I. *vr* ❶ (*das Leben auskosten*) ■**sich** ~ to live it up ❷ (*sich verwirklichen*) ■**sich in etw** *dat* ~ to run free in sth **II.** *vt* (*geh*) ■**etw** ~ to realize sth

aus|le·cken *vt* ■**etw** ~ to lick out sth *sep;* **seinen Teller** ~ to lick one's plate clean

aus|lee·ren *vt* ■**etw** ~ ❶ (*ausgießen*) to empty [out *sep*] sth; (*ausladen*) to dump [*or form* discharge] sth; **Flüssigkeit** ~ to pour away *sep* liquid; **etw in den Ausguss/die Toilette** ~ to pour sth down the drain/toilet; ■**etw über jdm** [*o* **jdn**]/**etw** ~ to pour sth over sb/sth; **einen Behälter über jdm** [*o* **jdn**]/**etw** ~ to empty [the contents of] a container over sb/sth ❷ (*austrinken*) to drain [*or* empty] sth

aus|le·gen *vt* ❶ ■**etw** ~ (*ausbreiten*) to lay out sth *sep;* (*verlegen*) to put down sth ❷ (*bedecken*) ■**etw** [**mit etw**] ~ to cover sth [with sth]; (*auskleiden*) to line sth with sth; (*mit Einlegearbeit*) to inlay sth with sth; **einen Läufer/Teppich** ~ to lay down *sep* a rug/carpet; **ein Haus/einen Raum mit Teppichböden** ~ to furnish a house with carpets/to carpet a room; **eine Straße mit etw** ~ to surface a road with sth ❸ (*erklären*) ■**jdm etw** ~ to explain sth to sb ❹ (*deuten*) ■**etw** ~ to interpret sth; **etw richtig/falsch** ~ to interpret sth correctly [*or* wrongly], to misinterpret sth; **einen Witz übel** ~ to take a joke badly ❺ (*leihen*) ■**jdm etw** ~ to lend sb sth, to lend sth to sb; **sie hat das Geld für das Paket ausgelegt** she paid [the money] for the package ❻ TECH (*konzipieren, vorsehen*) ■**etw** [**für etw**] ~ to design sth [for sth]; ■**für etw ausgelegt sein** to be designed for sth; **komfortabler/sportlich ausgelegt sein** to be given a more comfortable [*or* a sporty] design [*or* look]; ■**etw für etw** ~ to design sth for sth; ■**auf etw** *akk* **ausgelegt sein** to be designed for sth ❼ KOCHK *s.* **ausfuttern**

Aus·le·ger <-s, -> *m* ❶ TECH jib, boom ❷ (*Kufe gegen Kentern*) outrigger

Aus·le·gung <-, -en> *f* (*Deutung*) interpretation; (*Erklärung*) explanation

Aus·le·gungs·sa·che *f* matter of interpretation; **es ist** [**reine**] ~ it's [purely] a matter of interpretation

aus|lei·den *vi irreg* (*geh*) ■**er/sie etc. hat ausgelitten** his/her suffering is over [*or* at an end]

aus|lei·ern I. *vt haben* (*fam*) ■**etw** ~ to wear out sth *sep* **II.** *vi sein* to wear out; ■**ausgeleiert** [**sein**] [to be] worn [out]

Aus·lei·he <-, -n> *f* ❶ (*das Ausleihen*) lending, issuing; **eine** ~ **der Bücher ist nicht möglich** it is not possible to lend [*or* issue] books ❷ (*Schalter*) issuing [*or* lending] desk

aus|lei·hen *irreg* **I.** *vt* ■[**jdm/an jdn**] **etw** ~ to lend [sb] sth, to lend [out *sep*] sth [to sb] **II.** *vr* ■**sich** *dat* **etw** [**bei/von jdm**] ~ to borrow sth [from sb], to borrow [sb's] sth

aus|ler·nen *vi* to finish one's studies; ■**ausgelernt haben** to have finished school/college etc.; *Lehrling* to have finished one's apprenticeship; ■**ausgelernt** qualified ►WENDUNGEN: **man lernt** [**eben**] **nie aus** (*prov*) [you] live and learn *prov*

Aus·le·se <-, -n> *f* ❶ (*die Elite*) ■**die** ~ the chosen few + *pl vb,* the elite + *sing/pl vb a. pej* ❷ (*Wein*) superior [*or* high-quality] wine (*made from selected grapes*) ❸ *kein pl* (*Auswahl*) ■**eine** ~ **von etw** a selection of sth; **die natürliche** ~ natural selection; **eine** ~ **treffen** [*o* **vornehmen**] to make a selection

aus|le·sen *irreg* **I.** *vt* ■**etw** ~ to finish reading sth **II.** *vi* to finish reading; **hast du bald ausgelesen?** will you have finished [reading] it soon?

Aus·le·se·pro·zess^RR *m* selection process; **der natürliche** ~ the process of natural selection **Aus·le·se·ver·fah·ren** *nt* selection procedure

aus|leuch·ten *vt* ■**etw** ~ ❶ (*mit Licht erfüllen*) to illuminate sth ❷ (*die Hintergründe klären*) to throw a light on sth; ■**etw muss ausgeleuchtet werden** light must be thrown on sth

aus|lie·fern *vt* ❶ (*liefern*) ■**etw** [**an jdn**] ~ to deliver sth [to sb] ❷ (*überstellen*) ■**jdn** [**an jdn/etw**] ~ to hand over *sep* sb [to sb/sth], to turn in sb *sep,* to turn sb over [*or* to deliver sb] to sb/sth; **jdn** [**an ein anderes Land**] ~ to extradite sb [to another country] ❸ (*preisgeben*) ■**jdm/etw ausgeliefert sein** to be at sb's mercy [*or* the mercy of sb/sth]

Aus·lie·fe·rung *f* ❶ *von Waren* delivery ❷ *von Menschen* handing over, turning in; **eine** ~ [**an ein anderes Land**] extradition [to another country]

Aus·lie·fe·rungs·an·trag *m* JUR, POL application for extradition **Aus·lie·fe·rungs·ver·fah·ren** *nt* JUR extradition proceedings *pl*

aus|lie·gen *vi irreg* ❶ (*zum Verkauf liegen*) ■[**in etw** *dat*] ~ to be displayed [*or* on display] [in sth] ❷ (*bereitliegen*) ■[**für jdn/zu etw**] ~ to be [made] available [to sb/for sth]; *Zeitungen a.* to be laid out [for sb/sth]; *Schlinge, Reuse* to be down

Aus·li·nie *f* FBALL touchline; TENNIS sideline; ■**die** ~**n** TENNIS the tramlines [*or* AM sidelines]

aus|lo·ben *vt* ■**etw für etw** ~ to offer sth as a reward for sth

aus|löf·feln *vt* ■**etw** ~ to spoon up sth *sep;* (*aufessen*) to eat up *sep* [all of] sth; **seinen Teller** ~ to empty one's plate ►WENDUNGEN: **etw** ~ **müssen,** ~ [**müssen**], **was man sich** *dat* **eingebrockt hat** (*fig fam*) to take the consequences, to have to face the music, you make your bed, you've got to lie in it *fam; s. a.* **Suppe**

aus|lö·schen *vt* ■**etw** ~ ❶ (*löschen*) to extinguish [*or sep* put out] sth; **eine Kerze** ~ to snuff [out *sep*] [*or* extinguish] a candle ❷ (*beseitigen*) to obliterate sth; ■**etw** [**an etw** *dat*] ~ to erase sth [from sth] ❸ (*geh: tilgen*) to blot out sth *sep;* **Erinnerungen** ~ to obliterate [*or sep* blot out] memories; (*vernichten*) to obliterate [*or* destroy] sth; **während des Krieges wurden ganze Dörfer ausgelöscht** during the war, whole villages were destroyed

aus|lo·sen I. *vt* ■**jdn/etw** ~ to draw sb/sth; ■**ausgelost werden** to be drawn; (*mit Strohhalmen u.ä.*) to draw lots **II.** *vi* to draw lots; ■**~/es wurde ausgelost, wer etw tut** to draw lots/lots were drawn as to [*or* to see] who does sth; ■**ausgelost werden** to be drawn by lot

aus|lö·sen *vt* ❶ (*in Gang setzen*) ■**etw** ~ to set off *sep* [*or* trigger [off *sep*]] sth, to activate sth; **den Kameraschluss** ~ to release the shutter; **eine Bombe** ~ to trigger [*or* set] off a bomb ❷ (*bewirken*) ■[**bei jdm**] **etw** ~ to produce sth [on sb]; **einen Aufstand** ~ to unleash [*or sep* trigger off] an uprising; [**bei jdm**] **Begeisterung/Mitgefühl** ~ to arouse [*or* evoke] [sb's] enthusiasm/pity; **Beifall** ~ to elicit [*or sep* trigger off] [*or* set off [a round of]] applause; [**bei jdm**] **Erleichterung/Überraschung** ~ to cause relief/surprise; **allergische Reaktionen** ~ to cause allergic reactions; [**bei jdm**] **Widerstand** ~ to have provoked [sb's] resistance ❸ (*einlösen*) ■**etw** ~ to redeem sth; **ein abgeschlepptes Auto** ~ to pay the fine on an impounded car; **Gefangene** ~ to release prisoners; (*durch Lösegeld*) to ransom prisoners ❹ DIAL (*herausnehmen*) ■**etw** ~ to take out sth *sep* ❺ KOCHK *s.* **ausbeinen**

Aus·lö·ser <-s, -> *m* ❶ FOTO [shutter] release ❷ PSYCH trigger mechanism ❸ (*fam: Anlass*) trigger; ■**der** ~ **für etw sein** to be the cause of [*or sep* trigger off] sth

Aus·lo·sung *f* draw; **die ~ der Preise** the prize draw

Aus·lö·sung *f* ❶ TECH activation; FOTO release ❷ (*Ursache*) causing; *eines Aufstands* unleashing, triggering off ❸ (*Einlösung*) redemption; **die ~ meines Autos hat mich 200 Euro gekostet** I had to pay 200 euros to retrieve my car; *von Gefangenen* release; (*durch Lösegeld*) ransoming ❹ (*Aufwandsentschädigung*) travel allowance *no pl*

aus|lo·ten *vt* ❶ NAUT ■**etw ~** to sound [*or* plumb] the depth of sth; **die Tiefe ~** to sound [*or* plumb] the depth ❷ (*geh: ergründen*) ■**jdn/etw ~** to fathom out sb/sth *sep,* to plumb the depths of sb/sth

aus|ma·chen *vt* ❶ (*löschen*) ■**etw ~** to extinguish [*or sep* put out] sth; (*ausschalten*) to turn [*or* switch] off sth *sep;* **den Motor ~** to switch off *sep* the engine ❷ (*ermitteln*) ■**jdn/etw ~** to determine [*or sep* make out] the position/positions of sb/sth; **die Zahl der Opfer ~** to determine the number of victims; **es lässt sich nicht mehr ~, wie ...** it can no longer be determined how ...; (*entdecken*) to make out sb/sth *sep;* **jdn/etw überall ~** (*zu entdecken glauben*) to suspect sb/sth everywhere ❸ (*vereinbaren*) ■**etw [mit jdm] ~** to agree to [*or* [up]on] sth [with sb]; **einen Termin ~** to agree upon [*or* to] [*or* AM *a.* on] a time; **wir müssen nur noch ~, wann wir uns treffen** we only have to arrange where we should meet; ■**ausgemacht** agreed ❹ (*abmachen*) ■**etw mit sich [selbst] ~ [müssen]** to [have to] decide [sth] for oneself; **einen Streit [untereinander] ~** to settle an argument [amongst themselves] ❺ (*bewirken, darstellen*) ■**etw ~** [to go] to make up sth; **alles, was das Leben ausmacht** everything that is a part of life; **eine Luxuslimousine macht keinen Millionär aus** a limousine does not make one a millionaire ❻ (*betragen*) ■**etw ~** to amount [*or* run] to sth; **der stärkere Motor macht 32 PS mehr aus** the more powerful engine delivers 32 HP more; (*sich summieren*) to add up [*or* come] to sth ❼ (*bewirken*) ■**kaum etwas ~** to hardly make any difference; ■**nichts ~** to not make any difference [*or* to make no difference] [at all]; ■**viel ~** to make a big difference; **was macht es schon aus?** what difference does it make? ❽ (*beeinträchtigen*) **macht es Ihnen etwas aus, wenn ...?** do you mind if ...?; **ja, es macht mir viel aus** yes, I do mind very much; ■**es macht jdm nichts/viel aus, etw zu tun** sb doesn't mind doing sth/it matters a great deal to sb to do sth

aus|ma·len I. *vr* ■**sich** *dat* **etw ~** to imagine sth; **sich** *dat* **das Leben/die Zukunft ~** to picture one's life [ahead of one]/the [*or* one's] future; **sich** *dat* **etw ganz anders/viel schöner ~** to imagine sth to be completely different/much more beautiful; ■**sich** *dat* **~, was ...** to imagine what ... **II.** *vt* ■**[jdm] etw ~** to describe sth [to sb]; *Reiseprospekt* to depict sth; **jdm etw in bunten Farben ~** to give sb a vivid description of sth

aus|ma·nö·vrie·ren* *vt* ■**jdn/etw ~** to outmanoeuvre [*or* AM outmaneuver] [*or* outflank] sb/sth

Aus·maß *nt* ❶ (*Fläche*) area; **das ~ von etw haben** to cover the area of sth; **von geringem ~ sein** to be small in area; (*Größe*) size; ■**die ~e** the dimensions, the size; **das ~ [o die ~e] von etw/einer S.** *gen* **sein** to have the dimensions [*or* be the size] of sth ❷ (*Umfang*) extent *no pl;* **Besorgnis erregende/größere ~e annehmen** to assume alarming/greater proportions

aus|mer·zen [-mɛrtsn̩] *vt* ❶ (*ausrotten*) ■**jdn/etw ~** to exterminate sb/sth; **Schädlinge ~** to exterminate [*or form* eradicate] pests; **Unkraut ~** to eradicate weeds *form* ❷ (*beseitigen*) ■**etw ~** to eliminate [*or form* eradicate] sth

aus|mes·sen *vt irreg* ■**etw ~** to measure [out *sep*] sth, to take the measurements [of sth]

Aus·mes·sung <-> *f* ❶ *kein pl* (*das Ausmessen*) measuring [out] ❷ *pl* (*Abmessungen*) dimensions

aus|mis·ten I. *vt* ■**etw ~** ❶ (*vom Mist befreien*) to muck out sth *sep* ❷ (*fam: von Überflüssigem befreien*) to tidy out sth *sep;* **alte Bücher ~** to throw out *sep* old books; **sein Zimmer ~** to clean out *sep* one's room **II.** *vi* ❶ (*den Mist hinausschaffen*) to muck out ❷ (*fam: Überflüssiges hinausschaffen*) to have a clean-out BRIT, to clean up AM

aus|mus·tern *vt* ❶ (*aussortieren*) ■**etw ~** to take sth out of service; **Möbel ~** to discard old furniture ❷ MIL (*entlassen*) ■**jdn ~** to discharge sb [from the forces]

Aus·nah·me <-, -n> ['ausna:mə] *f* exception; **eine ~ zulassen** to make an exception; **eine ~ sein wollen** to want to be different [*or* an exception]; **[bei jdm/etw] die ~ sein** to be the exception [with sb/sth]; **[mit jdm/etw] eine/keine ~ machen** to make an/to make no exception [in sb's case/the case of sth]; ■**mit ~ von jdm,** ■**mit jds ~** with the exception of [*or* except [for]] sb; **mit einer ~** with one exception; **ohne [jede] ~** without exception ▸WENDUNGEN: **~n bestätigen die Regel** (*prov*) the exception proves the rule *prov*

Aus·nah·me·be·stim·mung *f* exemption [*or* exceptional] provision *spec* **Aus·nah·me·er·schei·nung** *f* exception[al case], exceptional person **Aus·nah·me·fall** *m* exception[al case]; **ein seltener ~** a very rare case; **in Ausnahmefällen** in exceptional cases **Aus·nah·me·ge·neh·mi·gung** *f* special licence [*or* AM license] [*or* permit] **Aus·nah·me·re·ge·lung** *f* special regulation [*or* provision] **Aus·nah·me·si·tu·a·ti·on** *f* special [*or* exceptional] situation; POL state of emergency **Aus·nah·me·zu·stand** *m* POL state of emergency; **[über etw** *akk***] den ~ verhängen** to declare a state of emergency [in sth]; **über das ganze Land den ~ verhängen** to declare a state of national emergency

aus·nahms·los I. *adv* without exception **II.** *adj* **das ~e Erscheinen der gesamten Belegschaft** the appearance of all the staff without exception; **die ~e Zustimmung aller Delegierten** the unanimous agreement of all delegates

aus·nahms·wei·se *adv* as a special exception; **darf ich das machen? – ~!** may I do that? – just this once!; **heute ging er ~ eine Stunde früher** today he left an hour earlier [for a change]

aus|neh·men *irreg* **I.** *vt* ❶ (*ausweiden*) ■**etw ~** to gut [*or* dress] sth; **Geflügel ~** to draw poultry ❷ (*ausschließen*) ■**jdn [von etw] ~** to exempt sb [from sth], to make an exception of sb; **ich nehme keinen aus** I'll make no exceptions; **nehmt mich bei dieser Sache aus!** count me out [of it]!; **jdn von einer Pflicht ~** to release [*or* exempt] sb from a duty ❸ (*fam: viel Geld abnehmen*) ■**jdn ~** to fleece sb *fam;* (*beim Glücksspiel*) to clean out sb *sep fam* ❹ ÖSTERR (*erkennen*) ■**jdn/etw ~** to make out *sep* [*or form* discern] sb/sth; **jdn/etw schlecht ~** to barely make out *sep* [*or form* discern] sb/sth **II.** *vr* (*geh*) **sich gut/schlecht ~** to look good/bad; ■**sich neben jdm/etw wie jd/etw ~** to look like sb/sth next to sb/sth

aus·neh·mend I. *adj* (*geh*) exceptional **II.** *adv* exceptionally; **das gefällt mir ~ gut** I like it very much indeed; **~ vorteilhaft angezogen** dressed to kill *pred fam*

aus|nüch·tern I. *vt haben* ■**jdn ~** to sober up sb *sep* **II.** *vi vi: sein, vr: haben* ■**[sich] ~** to sober up

Aus·nüch·te·rung <-, -en> *f* sobering up

Aus·nüch·te·rungs·zel·le *f* drying-out cell

aus|nut·zen *vt* ❶ (*ausbeuten*) ■**jdn ~** to exploit sb ❷ (*sich zunutze machen*) ■**etw ~** to make the most of sth; **jds Leichtgläubigkeit/Unerfahrenheit ~** to take advantage of sb's gullibility/inexperience

aus·nüt·zen *vt bes* SÜDD, ÖSTERR (*ausnutzen*) to take advantage of

Aus·nut·zung <-> *f kein pl* ❶ (*Ausbeutung*) exploitation ❷ (*das Wahrnehmen*) ■**die ~ von etw/einer S.** *gen* making the most of sth; **bei rechtzeitiger ~ dieser einmaligen Gelegenheit hätten Sie ...** if you had made the most of this unique opportunity, you would have ...; ■**unter ~ von jds etw** by taking advantage of sb's sth

Aus·nüt·zung <-> *f kein pl bes* SÜDD, ÖSTERR exploitation

aus|pa·cken I. *vt* ■**etw** ~ to unpack sth; **ein Geschenk** ~ to unwrap a present II. *vi* ❶ (*Koffer, Kisten* ~) to unpack ❷ (*fam: gestehen*) to talk *fam;* (*seine Meinung sagen*) to speak one's mind

aus|pa·len *vt* KOCHK *s.* **entschoten**

aus|peit·schen *vt* ■**jdn** ~ to whip [*or* flog] sb

aus|pfei·fen *vt irreg* ■**jdn/etw** ~ to boo sb off the stage/to boo [*or* hiss] at sth

aus|pflan·zen *vt* ■**etw [in etw** *akk*] ~ to plant out sth [in sth] *sep*

aus|plau·dern *vt* ■**etw** ~ to let out *sep* [*or fam* blab] sth

aus|plün·dern *vt* ❶ (*ausrauben*) ■**etw** ~ to plunder [*or* pillage] sth; **einen Laden** ~ to loot a shop ❷ (*hum: leer räumen*) ■**etw** ~ to raid sth ❸ (*fam: ausnehmen 3*) ■**jdn** ~ to fleece sb *fam;* (*ausrauben*) to rob sb [of every penny]; (*beim Glücksspiel*) to clean out sb *sep fam*

aus|po·sau·nen* *vt* (*fam*) ■**etw** ~ to broadcast sth *fam*

aus|prä·gen *vr* ■**sich [in etw** *dat*] ~ to be revealed in sth; **die Erziehung prägt sich im Charakter/Verhalten aus** one's upbringing shapes [*or* stamps] [*or* leaves its stamp on] one's character/behaviour

Aus·prä·gung <-> *f* ❶ *kein pl* shaping, moulding BRIT, molding AM; *von Begabung, Hartnäckigkeit* development ❷ (*Akzentuierung*) markedness, distinctness; **in einer derart starken ~ ist mir diese Krankheit noch nicht begegnet** I have never come across this illness at such an advanced stage

aus|pres·sen *vt* ❶ (*her~*) ■**etw** ~ to squeeze out sth *sep;* **frisch ausgepresst** freshly pressed; **Orangen** ~ to press [*or* squeeze [the juice from]] oranges ❷ (*ausbeuten*) ■**jdn/etw** ~ to squeeze sb/sth dry [*or* BRIT *hum a.* until the pips squeak], to bleed sb/sth dry [*or fam* white], to milk sb/sth dry ❸ (*brutal ausfragen*) ■**jdn** ~ to press sb; **jdn wie eine Zitrone** ~ to squeeze sb like a lemon [for information]

aus|pro·bie·ren* I. *vt* ■**jdn/etw** ~ to try [out *sep*] sb/sth, to give sb/sth a try [*or* go]; **ein Auto** ~ to test-drive [*or sep* try out] a car, to go for a test drive; ■**es mit jdm** ~ to try sb out II. *vi* ■**~, ob/wie ...** to see whether/how ...

Aus·puff <-[e]s, -e> *m* exhaust [pipe], AM *a.* tailpipe

Aus·puff·ga·se *pl* exhaust fumes [*or form* emissions]

Aus·puff·rohr *nt* exhaust [pipe], AM *a.* tailpipe **Aus·puff·topf** *m* silencer BRIT, muffler AM

aus|pum·pen *vt* ❶ (*leer pumpen*) ■**etw** ~ to pump out sth *sep;* **jdm den Magen** ~ to pump [out *sep*] sb's stomach ❷ (*fam: völlig erschöpfen*) ■**jdn** ~ to drain sb; ■**ausgepumpt sein** to be completely drained

aus|pus·ten *vt* (*fam*) ■**etw** ~ to blow out sth *sep*

aus|put·zen *vt* ■**etw** ~ to clean sth; **einen Schrank** ~ to clean [out *sep*] a cupboard

aus|quar·tie·ren* *vt* ■**jdn [in etw** *akk*] ~ to move out *sep* sb [into/to sth]

aus|quet·schen *vt* ❶ (*auspressen*) ■**etw** ~ to squeeze out sth *sep;* **Orangen** ~ to press [*or* squeeze [the juice out of]] oranges ❷ (*fam: forciert ausfragen*) ■**jdn [über jdn/etw]** ~ to pump sb [for information on/details about sb/sth]; *Polizei* to grill sb [about sb/sth] *fam*

aus|ra·die·ren* *vt* ■**etw** ~ ❶ (*mit Radiergummi entfernen*) to rub out *sep* [*or* erase] sth ❷ (*vernichten*) to wipe out sth *sep;* **eine Stadt** ~ to wipe a city off the map

aus|ran·gie·ren* *vt* ■**etw** ~ to throw out sth *sep;* **ein Auto** ~ to scrap [*or fam* junk] a car; **einen Fernseher** ~ to throw out *sep* [*or fam* junk] a television set; **Reifen** ~ to discard tyres [*or* AM tires]

aus|ra·sie·ren* *vt* ■**[jdm] etw** ~ to trim [sb's] sth; (*von Haaren befreien*) to shave [sb's] sth

aus|ras·ten I. *vi sein* ❶ (*herausspringen*) to come out; **einen Knopf ~ lassen** to release [*or spec* disengage] a button ❷ (*hum fam: wild werden*) to go ape-shit *fam!,* to throw a wobbly BRIT *hum fam,* to have a spaz AM *fam* II. *vi impers haben* (*fam*) ■**bei jdm** ~ ❶ (*durchdrehen*) to go ape-shit *fam!,* to throw a wobbly BRIT *hum fam,* to have a spaz AM *fam* ❷ (*nichts mehr verstehen*) sb doesn't get it [*or* understand any more]

aus|rau·ben *vt* ■**jdn/etw** ~ to rob sb/sth; **ein Grab** ~ to rob [*or* plunder] a grave

aus|rau·chen I. *vt* ■**etw** ~ to finish [smoking] sth II. *vi* to finish smoking

aus|räu·chern *vt* ■**jdn/etw** ~ to smoke out sb/sth *sep;* **etw aus etw** ~ to smoke sth out of sth

aus|rau·fen *vt* ■**[sich** *dat*] **etw** ~ to tear [*or* pull] out one's sth *sep*

aus|räu·men *vt* ■**etw** ~ ❶ (*her~*) to move [*or* clear] out sth *sep;* (*leer räumen*) to clear out sth *sep;* **Schubladen** ~ to empty [*or* clear out] the drawers; **die Bücher [aus den Kisten]** ~ to remove the books [from the crates] ❷ (*beseitigen*) to clear up sth *sep;* **[jds] Zweifel** ~ to dispel [sb's] doubts ❸ MED (*herausoperieren*) to remove [*or spec* extirpate] sth

aus|rech·nen I. *vt* ■**etw** ~ to calculate sth; **Kosten** ~ to calculate [*or sep* work out] the costs; **Aufgaben** ~ to work out *sep* problems; ■**etw nach etw** ~ to calculate sth from sth; **etw im Kopf/mit dem Taschenrechner** ~ to calculate [*or sep* work out] sth in one's head/using a calculator; ■**~, ob/wie ...** to work [*or fam* figure] out whether/how ... II. *vr* ❶ (*kalkulieren mit*) ■**sich** *dat* **etw** ~ to reckon on sth, to reckon [*or* fancy] [that] one has sth ❷ (*sich vorstellen*) ■**sich** *dat* **etw** ~ to work out *sep* sth for oneself; ■**sich** *dat* **~, wie ...** to work [it] out for oneself how ... ❸ (*sich berechnen lassen*) ■**etw lässt sich** ~ sth can be calculated; **diese Gleichung lässt sich** ~ this equation can be solved; (*sich vorstellen können*) sth can be imagined; **es lässt sich [leicht] ~, dass ...** you/I etc. can [easily] imagine that ...

Aus·re·de *f* excuse; **keine ~n!** no excuses!; (*zu Kind a.*) none of your excuses!; **eine faule** ~ a feeble [*or pej* lame] excuse

aus|re·den I. *vi* to finish speaking; ■**jdn ~ lassen** to let sb finish [speaking], to hear out sb *sep;* ■**jdn nicht ~ lassen** to not let sb finish [speaking], to not hear out sb *sep,* to cut sb short II. *vt* ■**jdm etw** ~ to talk sb out of sth III. *vr bes* ÖSTERR ■**sich** ~ to have a heart-to-heart [talk]

aus|rei·ben *vt irreg* ■**etw** ~ ❶ (*durch Reiben entfernen*) to rub out sth *sep* ❷ (*trocken reiben*) to wipe out sth *sep;* (*mit Scheuermitteln*) to scour out sth *sep;* **Gläser** ~ to wipe out *sep* glasses

aus|rei·chen *vi* ■**[für jdn/etw]** ~ to be sufficient [*or* enough] [for sb/sth]; **es muss für uns alle** ~ it will have to do for us all

aus·rei·chend I. *adj* sufficient; **~e Kenntnisse/Leistungen** adequate knowledge/performance; ■**nicht** ~ insufficient/inadequate; SCH satisfactory II. *adv* sufficiently

aus|rei·fen *vi sein* ❶ (*liter*) to ripen; *Wein* to mature; **Wein ~ lassen** to allow wine to mature ❷ (*fig*) ■**ausgereift sein** to be perfected; **die Technik ist noch nicht ausgereift** the technology is still in the development[al] stages

Aus·rei·se *f* departure [from a/the country]; ■**bei der** ~ on leaving the country; **die Erlaubnis zur ~ beantragen** to apply for an exit visa; **das Recht auf** ~ *akk* the right to leave the country; **jdm die ~ verweigern** to prohibit sb from leaving the country, to refuse sb an exit visa

Aus·rei·se·an·trag *m* application for an exit visa **Aus·rei·se·er·laub·nis**, **Aus·rei·se·ge·neh·mi·gung** *f* exit permit

aus|rei·sen *vi sein* to leave the country; (*endgültig*) to emigrate; **nach Israel** ~ to go/emigrate to Israel

Aus·rei·se·vi·sum [-vi:-] *nt* exit visa **Aus·rei·se·wel·le** *f* POL mass emigration **Aus·rei·se·wil·li·ge(r)** *f(m) dekl wie adj* prospective emigrant

aus|rei·ßen *irreg* I. *vt haben* ■**[jdm/etw] etw** ~ to pull out *sep* [sb's/sth's] sth; **jdm die Haare** ~ to tear out *sep* sb's hair; **einer Fliege die Flügel** ~ to pull off *sep* a fly's wings; **Unkraut/Blumen** ~ to pull up [*or* out] *sep* weeds/flowers;

Blätter ~ to pull [*or* pluck] off *sep* leaves **II.** *vi sein* ① (*fam: davonlaufen*) ■[**jdm**] ~ to run away [from sb] ② (*sich lösen*) ■[**aus etw**] ~ to come away [from sth]; *Griff* to come off [sth] ③ (*einreißen*) to split, to pull apart; *Knopfloch* to tear

Aus·rei·ßer(in) <-s, -> *m(f)* ① (*fam*) runaway ② (*Ausnahmeerscheinung*) freak value

aus|rei·ten *irreg* **I.** *vi sein* ■[**auf seinem Pferd**] ~ to ride out, to go riding [*or* for a ride] **II.** *vt haben* ■**ein Pferd** ~ to take out a horse *sep*, to exercise a horse

aus|rei·zen *vt* ■**etw** ~ ① KARTEN to bid sth up to strength ② (*ausschöpfen*) to discuss [*or* do] sth to death; **die Möglichkeiten** ~ to exhaust the possibilities

aus|ren·ken *vt* ■**jdm etw** ~ to dislocate sb's sth; ■**sich** *dat* **etw** ~ to dislocate one's sth

aus|rich·ten **I.** *vt* ① (*übermitteln*) ■**jdm etw** ~ to tell sb sth; **jdm eine Nachricht** ~ to pass on the news to sb *sep;* ■**jdm** ~, **dass ...** to tell sb that; ■**jdm** ~ **lassen, dass ...** to send sb word that; **kann ich etwas ~?** can I give him/her a message? [*or* take a message?]; **bitte richten Sie ihr einen Gruß [von mir] aus** give her my regards, say "hello" to her [for me] ② (*veranstalten*) ■[**jdm**] **etw** ~ to organize sth [for sb]; [**jdm**] **eine Hochzeit/ein Fest** ~ to arrange a wedding/celebration [for sb] ③ (*erreichen*) ■**bei jdm etwas/nichts** ~ to achieve something/nothing with sb; **wir konnten bei ihm nichts** ~ we couldn't get anywhere with him ④ (*einstellen*) ■**etw [auf etw** *akk*] ~ to align sth [with sth]; (*abstellen*) to gear sth to sth ⑤ (*aufstellen*) ■**jdn/etw** ~ to line up sb/sth *sep,* to get sb into line; ■**sich** ~ to line up [in a straight row]; MIL to dress ranks; **sich [nach dem Nebenmann/Vordermann/Hintermann]** ~ to line up [exactly] with the person next to one/in front [of one]/behind [one] ⑥ ÖSTERR (*schlechtmachen*) ■**jdn** ~ to run down *sep* [*or* AM *a.* badmouth] sb ⑦ SCHWEIZ (*zahlen*) ■**jdm etw** ~ to pay sb sth; **jdm eine Entschädigung** ~ to recompense sb *form* **II.** *vr* (*sich nach etw richten*) ■**sich an etw** *dat* ~ to orientate oneself to sth; **sich an der Parteimeinung** ~ to follow [*or a. pej* toe] the party line

Aus·rich·ter <-s, -> *m* organizer, official sponsor

Aus·rich·tung <-> *f kein pl* ① (*Orientierung*) ■**die** ~ [**einer S.** *gen*] **an etw** *dat* the orientation [of sth] to sth ② (*Einstellung*) ■**die** ~ [**einer S.** *gen*] **auf etw** *akk* orientating [sth] to [*or* aligning [sth] with] sth ③ (*Organisieren*) organization; *einer Hochzeit* arrangements *pl* (+*gen* for), arrangement

Aus·ritt *m* ride [out]; (*das Ausreiten*) riding out

aus|rol·len **I.** *vt haben* ■**etw** ~ ① (*entrollen*) to roll out sth *sep;* **ein Kabel** ~ to run [*or* pay] out *sep* a cable ② (*flach walzen*) to roll out sth *sep* **II.** *vi sein Flugzeug* to taxi to a standstill [*or* stop]; *Fahrzeug* to coast to a stop

aus|rot·ten *vt* ■**etw** ~ to exterminate sb/sth; **Termiten** ~ to destroy termites; **Unkraut** ~ to wipe out *sep* weeds; **ein Volk** ~ to exterminate [*or sep* wipe out] a people; **Ideen/Religion** ~ to eradicate *form* [*or sep* stamp out] ideas/a religion

Aus·rot·tung <-, -en> *f* extermination

aus|rü·cken *vi sein* ① (*vorwärtsbewegen*) *Truppen* to turn out; (*ins Feld*) to march out; *Panzer* to move [*or* set] out; *Polizei* to turn out; *Feuerwehr* to go out on a call ② (*fam: ausreißen*) to make off; [**aus einer Anstalt/von zu Hause**] ~ to run away [from an institute/from home]; **aus dem Gefängnis** ~ to escape from prison

Aus·ruf *m* cry; **ein** ~ **des Entsetzens** a cry of horror; **ein warnender** ~ a shout of warning, a warning shout; **etw durch** ~ **bekannt machen** to proclaim sth

aus|ru·fen *vt irreg* ① (*verkünden*) ■**etw** ~ to call out sth *sep; Auktionator* to invite bids for sth; **Haltestellen/einen Streik** ~ to call the stops/a strike; **Schlagzeilen** ~ to cry out *sep* the headlines; **seine Waren** ~ to cry one's wares; **Krieg** ~ to declare [*or* proclaim] war ② (*über Lautsprecher suchen lassen*) ■**jdn** ~ to put out a call for sb ③ (*proklamieren*) **jdn zum König** ~ to proclaim sb king

Aus·ru·fer(in) <-s, -> *m(f)* HIST [town] crier

Aus·ru·fe·zei·chen *nt* exclamation mark

Aus·ru·fung <-, -en> *f* proclamation; *Krieg a.* declaration; **die** ~ **eines Streiks** a strike call, call to strike

aus|ru·hen *vi, vr* ■[**sich**] ~ to [take [*or* have] a] rest; ■**ausgeruht [sein]** [to be] well rested

aus|rup·fen *vt* ■**etw** ~ to pluck out sth *sep*

aus|rüs·ten *vt* ■**jdn/etw** ~ to equip sb/sth; **ein Fahrzeug/Schiff [mit etw]** ~ to fit out *sep* a vehicle/ship, to fit a vehicle/ship with sth

Aus·rüs·tung <-> *f* ① *kein pl* (*das Ausrüsten*) ■**die** ~ **einer S.** *gen* equipping sth; *Fahrzeug/Schiff* fitting out sth *sep* ② (*Ausrüstungsgegenstände*) equipment *no pl; Expedition a.* tackle, gear; (*Kleidung*) outfit *no pl*

Aus·rüs·tungs·ge·gen·stand *m,* **Aus·rüs·tungs·stück** *nt* piece [*or* item] of equipment

aus|rut·schen *vi sein* ① (*ausgleiten*) ■[**auf etw** *dat*] ~ to slip [on sth]; **sie ist ausgerutscht** she [*or* her foot] slipped ② (*entgleiten*) ■**jdm** ~ to slip [out of sb's hand [*or* fingers]]; **mir ist die Hand ausgerutscht** my hand slipped [*or hum* moved all by itself]

Aus·rut·scher <-s, -> *m* (*fam*) slip-up

Aus·saat *f* ① *kein pl* (*das Säen*) ■**die** ~ [**von etw**] sowing [sth] ② (*Saat*) seed *no pl*

aus|sä·en *vt* ■**etw** ~ to sow sth

Aus·sa·ge *f* ① *a.* JUR (*Darstellung*) statement; **eine eidliche/schriftliche** ~ a sworn/written statement; (*Zeugen~*) evidence *no pl,* testimony; **die** ~ **verweigern** *Angeklagter* to refuse to make a statement; *Zeuge* to refuse to testify [*or* give evidence]; **eine** ~ **machen** to make a statement, to testify, to give evidence; ~ **steht gegen** ~ it's one person's word against another's ② (*Tenor*) message

Aus·sa·ge·kraft *f kein pl* meaning[fulness]

aus·sa·ge·kräf·tig *adj* convincing

aus|sa·gen **I.** *vt* ■**etw [über jdn/etw]** ~ ① (*darstellen*) to say sth [about sb/sth]; JUR to give sth in evidence about sb/sth, to testify [to sb's actions/to sth] ② (*deutlich machen*) to say sth [about sb/sth]; **was will der Dichter mit diesem Gedicht ~?** what's the poet trying to say [*or form* convey] with this poem? **II.** *vi* JUR ■[**vor etw** *dat*] ~ *Zeuge* to testify [*or* give evidence] [before sth]; *Angeklagter, Beschuldigter* to make a statement [before sth]; **eidlich** [*o* **unter Eid**] ~ to give evidence under oath, to depose *form;* **mündlich/schriftlich** ~ to give evidence/to make a statement; ■**für/gegen jdn** ~ to give evidence [*or* testify] in sb's favour [*or* AM -or]/against sb

aus|sä·gen *vt* ■**etw** ~ to saw out sth *sep*

Aus·sa·ge·satz *m* LING statement **Aus·sa·ge·ver·wei·ge·rung** *f* JUR refusal to give evidence [*or* to testify]

Aus·satz <-es> *m kein pl* MED (*veraltet*) leprosy *no art;* **vom** ~ **befallen sein** to be struck by leprosy

aus·sät·zig ['auszɛtsɪç] *adj* MED (*veraltet*) leprous *spec;* **~e Menschen** lepers; ■~ **sein** (*liter o fig*) to be leprous *liter or spec,* to be a leper

Aus·sät·zi·ge(r) *f(m) dekl wie adj* (*veraltet liter o fig*) leper; **eine Kolonie für** ~ a leper colony

aus|sau·fen *irreg* **I.** *vt* ■**etw** ~ to drink up sth; **einen Eimer/Napf** ~ to empty a bucket/bowl; **einen Eimer Wasser** ~ to drink a bucket of water; (*derb*) to swill down sth *sep fam or a. pej;* **wer hat mein Bier ausgesoffen?** who's drunk my beer?; **eine Flasche/ein Glas** ~ to empty [*or sep fam* knock back] a bottle/glass **II.** *vi* (*derb*) to get it down one *fam* [*or fam!* one's neck]

aus|sau·gen *vt* ① (*leer saugen*) ■**etw** ~ to suck the juice out of sth, to suck sth [dry]; **eine Wunde** ~ to suck the poison out of a wound ② (*ausbeuten*) ■**jdn** ~ to drain sb dry; **ein Land bis aufs Blut** ~ to bleed a country dry [*or fam* white]

aus|scha·ben *vt* ① (*durch Schaben säubern*) ■**etw** ~ to scrape out sth *sep* ② MED **jdm die Gebärmutter** ~ to curette sb's womb *spec*

Aus·scha·bung <-, -en> *f* MED curettage *spec*, curettement *spec*; *von Gebärmutter a.* D and C

aus|schach·ten I. *vt* ■**etw** ~ to excavate [*or* dig] sth; **Erde** ~ to dig up soil; **einen Brunnen** ~ to sink [*or* dig] a well **II.** *vi* to excavate, to dig

Aus·schach·tung <-, -en> *f* ❶ *kein pl* (*das Ausschachten*) ■**die** ~ **einer S.** *gen* the excavation of sth, digging sth; *von Brunnen* sinking [*or* digging] a well; *von Erde* digging up [*or* the excavation of] earth ❷ (*Baugrube*) excavation

Aus·schach·tungs·ar·bei·ten *pl* excavation work *no pl, no indef art*

aus|schaf·fen *vt* SCHWEIZ (*abschieben*) to deport

aus|schal·ten I. *vt* ❶ (*abstellen*) ■**etw** ~ to turn [*or* switch] off sth *sep* ❷ (*eliminieren*) ■**jdn/etw** ~ to eliminate sb/sth, to put sb out of the running **II.** *vr* ■**sich** [**automatisch**] ~ to switch [*or* turn] [itself] off [automatically]

Aus·schal·tung *f* ❶ (*das Abstellen*) switching [*or* turning] off ❷ (*Eliminierung*) elimination

Aus·schank <-[e]s, -schänke> *m* ❶ (*Schankraum*) taproom, bar; (*Schanktisch*) bar, counter ❷ *kein pl* (*Getränkeausgabe*) serving of drinks; **„~ von 9 bis 14 Uhr"** "open from 9 am to 2 pm"; **„kein ~ an Jugendliche unter 16 Jahren"** "Persons under the age of 16 will not be served "

Aus·schank·er·laub·nis *f* licence BRIT, license AM

Aus·schau *f* ■~ [**nach jdm/etw**] **halten** to keep an eye out [*or* a lookout] [for sb/sth]; **~, nach Verdächtigen halten** to keep an eye out [*or* a lookout] for anything suspicious

aus|schau·en *vi* ❶ (*geh: sich umsehen*) ■**nach jdm/etw** ~ to look [*or* be on the lookout] for sb/sth ❷ DIAL, SÜDD, ÖSTERR *s.* **aussehen** ❸ (*fam*) ■**wie schaut's aus?** how's things [*or* it going?]? *fam;* **wie schaut's aus, kommst du mit?** so what do you say, are you coming along?; **wie schaut's aus? hast du eine Chance?** what do you think? do you have a chance?

aus|schau·feln *vt* ■**etw** ~ to dig sth; **Erde** ~ to dig out *sep* [*or* shovel] soil

aus|schäu·men *vt* ■**etw** ~ to fill sth with foam; **die Wände eines Hauses** ~ to fit a house with cavity insulation

aus|schei·den *irreg* **I.** *vi sein* ❶ (*nicht weitermachen*) ■[**aus etw**] ~ to retire [from sth]; **aus einem Verein** ~ to leave a club ❷ SPORT to drop out of sth; **wer unfair kämpft, muss** ~ whoever cheats will be disqualified; **sie schieden im Viertelfinale aus** they were eliminated in the quarter-final; *Rennwagen* to retire [from sth] ❸ (*nicht in Betracht kommen*) to be ruled out **II.** *vt haben* ❶ (*aussondern*) ■**etw** ~ to take out sth *sep;* ■**die faulen Beeren** ~ to sort out *sep* the rotten berries; ■**jdn** ~ to eliminate sb ❷ (*absondern*) ■**etw** ~ to excrete sth; *Organ* to secrete sth

Aus·schei·dung <-, -en> *f* ❶ *kein pl* (*das Absondern*) excretion; *eines Organs* secretion; **die ~ von Giftstoffen** the excretion of toxic substances ❷ *pl* MED (*Exkremente*) excreta *form*, excrement *no pl, no indef art* ❸ SPORT (*Vorkampf*) qualifying contest; FBALL qualifying round

Aus·schei·dungs·kampf *m s.* **Ausscheidung 3** **Aus·schei·dungs·or·gan** *nt* excretory organ **Aus·schei·dungs·run·de** *f* qualifying round; FBALL *a.* qualifying match [*or* game] **Aus·schei·dungs·spiel** *nt* qualifying match [*or* game]

aus|schen·ken I. *vt* ❶ (*eingießen*) ■**jdm etw** ~ to pour sb sth ❷ (*servieren*) ■**etw** [**an jdn**] ~ to serve sth [to sb]; *Wirt* to serve [sb] sth [*or* sth [to sb]] **II.** *vi* to serve the drinks

aus|sche·ren *vi sein* ❶ ■[**aus etw**] ~ to pull out, to leave sth; (*ausschwenken*) to swing out; *Flugzeug* to break formation, to peel off [from sth]; *Soldat* to break rank ❷ (*ausschwenken*) ■[**aus etw**] ~ to step out of line, to withdraw from [*or* pull out of] sth

aus|schi·cken *vt* ■**jdn** ~ to send out sb *sep;* **einen Boten** ~ to dispatch a messenger

aus|schie·ßen *irreg* **I.** *vt haben* ■[**jdm**] **etw** ~ to shoot out *sep* [sb's] sth **II.** *vi sein* SÜDD, ÖSTERR to fade

aus|schil·dern *vt* ■**etw** ~ to signpost sth; ■**ausgeschildert sein** to be signposted

aus|schimp·fen *vt* ■**jdn** [**wegen etw**] ~ to berate sb [for doing sth] *form*, to tell sb off, AM *a.* to give sb hell; ■**von jdm ausgeschimpft werden** to get told off by [*or* BRIT a telling-off from] [*or* to be scolded by] sb, to get hell from sb AM; **aber schimpf mich nicht** [**deswegen**] **aus!** but don't go telling me off!

aus|schir·ren *vt* **ein Pferd** ~ to unharness a horse; (*von einer Kutsche a.*) to take out *sep* a horse; **Ochsen** ~ to unyoke the oxen

aus|schlach·ten *vt* ■**etw** ~ ❶ (*Verwertbares ausbauen*) to cannibalize sth [for parts]; **eine Firma** ~ to break up *sep* a firm for sale; **ein Buch/Werk** ~ to get everything out of a book/work ❷ (*fam: ausnutzen*) to exploit [*or* capitalize on] sth

aus|schla·fen *irreg* **I.** *vt* ■**etw** ~ to sleep off sth *sep;* **seinen Rausch** ~ to sleep off one's drink **II.** *vi, vr* ■[**sich**] ~ to have a good [night's] sleep; *s. a.* **ausgeschlafen**

Aus·schlag[1] *m* MED rash, exanthem[a] *spec;* [**von etw**] ~ **bekommen/haben** to get/have got [*or* AM *a.* gotten] a rash from sth, to come/have come out in a rash

Aus·schlag[2] *m* deflection; [**bei etw**] **den ~ geben** (*fig*) to be the decisive factor [*or* prove decisive] [for/in sth]; **die Stimme des Vorsitzenden gibt den** ~ the chair has the casting vote

aus|schla·gen *irreg* **I.** *vt haben* ❶ (*ablehnen*) ■**etw** ~ to turn down sth *sep;* (*höflicher*) to decline sth; **eine Erbschaft** ~ to disclaim [*or* waive] an estate *form;* ■**jdm etw** ~ to refuse sb sth ❷ (*auskleiden*) ■**etw mit etw** ~ to line sth with sth ❸ (*her~*) ■**jdm etw** ~ to knock out *sep* sb's sth; *Huf a.* to kick out *sep* sb's sth ❹ (*löschen*) ■**etw** [**mit etw**] ~ to knock out *sep* sth [with [*or* using] sth] ❺ DIAL (*ausschütteln*) ■**etw** ~ to shake out sth *sep* **II.** *vi* ❶ *haben* (*los-, zuschlagen*) ■[**mit etw**] ~ to strike [*or* lash] out [with sth]; **mit den Füßen** ~ to kick [out]; **mit dem Ellenbogen nach hinten** ~ to hit backwards with one's elbow; [**mit den Hufen**] ~ to kick ❷ *sein o haben* to deflect, to be deflected; *Wünschelrute* to dip; *Metallsuchgerät* to register [metal] ❸ *sein o haben* (*sprießen*) to come out, to start to bud, to burgeon [out] *liter; Bäume a.* to come [*or liter* break] into leaf ❹ *haben* ■**ausgeschlagen haben** to have finished striking [the hour] ❺ *sein* (*ausgehen*) to turn out; ■**für/gegen jdn** ~ to turn out well/badly for sb; **zum Guten** ~ to turn out all right; **zu jds Nachteil/Vorteil** ~ to turn out to sb's disadvantage/advantage

aus·schlag·ge·bend *adj* decisive; **die ~e Stimme** the deciding [*or* decisive] vote; **die Stimme des Vorsitzenden ist** ~ the chair has the casting vote; [**für jdn**] **von ~er Bedeutung** [**sein**] [to be] of prime importance [for sb]; ■[**für jdn/etw**] ~ **sein** to be [*or* prove] decisive [for sb/sth]; **für diese Entscheidung war ~, dass ...** in this decision-making X was decisive

aus|schlie·ßen *vt irreg* ❶ (*entfernen*) ■**jdn** [**aus/von etw**] ~ to exclude sb [from sth]; (*als Strafe a.*) to bar sb [from sth]; **die Öffentlichkeit** [**von etw**] ~ JUR to hold sth in camera; (*fachspr*) to exclude the public [from sth]; **ein Mitglied** [**aus etw**] ~ to expel a member [from sth]; (*vorübergehend*) to suspend a member [from sth]; **einen Spieler** [**von etw**] ~ to disqualify a player [from sth] ❷ (*für unmöglich halten*) ■**etw** ~ to rule out sth *sep;* **das eine schließt das andere nicht aus** the one does not exclude the other, they're not mutually exclusive; **ich will nicht ~, dass er ein Dieb ist, aber ...** I don't want to rule out the possibility that he's a thief, but ... ❸ (*aussperren*) ■**jdn/sich** [**aus etw**] ~ to lock out *sep* sb/lock oneself out [of sth]

aus·schließ·lich ['ausʃliːslɪç] **I.** *adj attr* exclusive; **das ~e Recht** the sole [*or* exclusive] right **II.** *adv* exclusively; **das ist ~ unsere Angelegenheit** this is strictly our affair, this concerns nobody but us; **darüber habe ~ ich zu bestimmen** I'm the one to decide on this matter **III.** *präp +gen* excluding, exclusive of; (*geschrieben a.*) excl[.]

A

aus|schlüp·fen *vi sein* ■[**aus etw**] ~ to hatch out [of sth], to hatch [out]

Aus·schluss[RR] <-es, Auschlüsse> *m,* **Aus·schluß**[ALT] <-sses, Auschlüsse> *m* exclusion; *von Mitglied* expulsion; (*vorübergehend*) suspension; *von Spieler* disqualification; **unter ~ der Öffentlichkeit stattfinden** JUR to be closed to the public, to take place in camera *spec*

Aus·schluss·kri·te·ri·um[RR] *f* disqualifying criterion [*or* factor]

aus|schmü·cken *vt* ■**etw** [**mit etw**] ~ ① (*dekorieren*) to decorate [*or liter* adorn] sth [with sth] ② (*ausgestalten*) to embellish [*or* embroider] sth [with sth]

Aus·schmü·ckung <-, -en> *f* ① (*Dekoration*) decoration, adornment *liter* ② (*das Ausgestalten*) embellishment, embroidery *no pl*

Aus·schnei·de·bo·gen *m* sheet of cardboard cut-outs

aus|schnei·den *vt irreg* ■**etw** [**aus etw**] ~ to cut out sth *sep,* to cut sth out of sth; *s. a.* **ausgeschnitten**

Aus·schnitt *m* ① (*Zeitungs~*) cutting, clipping ② MATH sector ③ (*ausgeschnittener Teil*) neckline; **ein tiefer ~** a low [*or* plunging] neckline; **jdm in den ~ schauen** to look down sb's dress ④ (*Teil*) ■**der/ein ~** [**aus etw**] the/a part of sth; **ein ~** [**aus einem Gemälde/Foto**] a detail [of a painting/photograph]; **ein ~** [**aus einem Roman**] an excerpt [*or* extract] [from a novel]; **ein ~** [**aus einem Film**] a [film] clip; **ich kenne das Buch/den Film nur in ~en** I only know parts of the book/film

aus|schöp·fen *vt* ① (*leeren*) ■**etw** [**mit etw**] ~ to empty sth [with [*or* using] sth]; ■**ausgeschöpft sein** to be empty; **ein Boot ~** to bale out *sep* a boat; **Suppe ~** to ladle out *sep* soup; **Wasser ~** to scoop out *sep* water ② (*vollen Gebrauch machen*) ■**etw** [**voll**] ~ to make full use of one's sth; **seine Kompetenzen ~** to do everything [with]in one's power; **das ganze Angebot ~** to try out everything on offer; **die Möglichkeiten/seine Reserven ~** to exhaust the possibilities/one's reserves; **ein Thema ~** to go into a subject thoroughly

aus|schrei·ben *vt irreg* ① (*ungekürzt schreiben*) ■**etw ~** to write out sth *sep;* **seinen Namen ~** to write out *sep* one's name in full ② (*ausstellen*) ■[**jdm**] **etw ~** to make out *sep* sth [to sb]; **ein Formular ~** to fill in [*or* AM *a.* out] *sep* a form, to complete a form ③ (*bekannt machen*) ■**etw ~** to announce sth; (*um Angebote zu erhalten*) to invite tenders for sth; **eine Stelle ~** to advertise a post; **Wahlen ~** to call an election, BRIT *a.* to go to the country

Aus·schrei·bung <-, -en> *f* announcement; (*für Angebote*) invitation to tender, call for tenders; *einer Stelle* advertisement (**von** for); *von Neuwahlen* the calling of a new election; **öffentliche ~** public invitation to tender

aus|schrei·ten *vi irreg sein* (*geh*) to stride out

Aus·schrei·tung <-, -en> *f meist pl* riot[s *pl*], rioting *no pl, no indef art*

Aus·schuss[RR1] <-es, Ausschüsse> *m,* **Aus·schuß**[ALT] <-sses, Ausschüsse> *m* committee; **einen ~ einsetzen** to constitute [*or* name] a committee *form;* **in einem ~ sitzen** to sit [*or* serve] on a committee

Aus·schuss[RR2] <-es> *m,* **Aus·schuß**[ALT] <-sses, Ausschüsse> *m kein pl* (*fam*) rejects *pl*

Aus·schuss[RR3] <-es, Ausschüsse> *m,* **Aus·schuß**[ALT] <-sses, Ausschüsse> *m* (*bei Schusswunde*) exit wound

Aus·schuss·mit·glied[RR] *nt* committee member

Aus·schuss·quo·te[RR] *f* reject [*or* frequency] [*or* breakage] rate

Aus·schuss·sit·zung[RR] *f* committee meeting

Aus·schuss·wa·re[RR] *f* rejects *pl*

aus|schüt·teln *vt* ■**etw ~** to shake out sth

aus|schüt·ten **I.** *vt* ① (*ausleeren*) ■**etw** [**über jdn** [*o* **jdm**]/**etw**] ~ to empty sth [over sb/sth] ② (*verschütten*) ■**etw ~** to spill sth ③ FIN (*auszahlen*) ■**etw** [**an jdn**] ~ to distribute sth [to sb]; **eine Dividende ~** to distribute [*or* pay out] a dividend **II.** *vr* (*fam*) ■**sich vor Lachen ~** to split one's sides laughing *fig*

Aus·schüt·tung <-, -en> *f* FIN dividend; (*das Ausschütten*) distribution of dividends

aus|schwär·men *vi sein Bienen* to swarm out; *Soldaten* to fan out

aus|schwei·fen *vi sein* ① (*abschweifen*) to ramble on ② (*umherschweifen*) to run riot; **er ließ seine Fantasie ~** he let his imagination run riot

aus·schwei·fend *adj* **ein ~es Leben** a hedonistic life; **eine ~e Fantasie** a wild imagination

Aus·schwei·fung <-, -en> *f meist pl* excess

aus|schwei·gen *vr irreg* ■**sich** [**über jdn/etw**] ~ to remain silent [about sb/sth]; **sich eisern ~** to maintain a stony silence

aus|schwem·men *vt* ① (*ausspülen*) ■**etw** [**aus etw**] ~ to flush sth out [of sth] ② (*aushöhlen*) ■**etw ~** to hollow out *sep* sth

aus|schwen·ken **I.** *vt haben* ■**etw ~** ① (*ausspülen*) to rinse out *sep* sth ② (*zur Seite schwenken*) to swing sth out **II.** *vi sein* to wheel; **die Marschkolonne schwenkte nach rechts aus** the column wheeled to the right; **Vorsicht, Anhänger schwenkt aus!** Keep clear of trailer!

aus|schwit·zen *vt* ① (*durch Schwitzen ausscheiden*) ■**etw ~** to sweat out *sep* sth; **eine Grippe ~** to sweat out a bout of flu ② (*Feuchtigkeit absondern*) *Wände* to sweat ③ (*durch Erhitzen*) **Mehl ~** to sweat flour

aus|seh·en *vi irreg* to look; **du siehst gut/gesund/schick aus** you look great/healthy/smart; ■**~ wie ...** to look like ...; **es sieht gut/schlecht aus** things are looking good/not looking too good; **bei jdm sieht es gut/schlecht aus** things are looking good/not looking too good for sb; **und wie sieht es bei euch aus?** and how are things with you?; **bei mir sieht es gut aus** I'm doing fine; **heute sieht es regnerisch aus** it looks like rain today; **nach Schnee/Regen ~** to look as if it is going to snow/rain; **nach etwas/nichts aussehen** to look good/not look anything special, to look/not look the part; **es sieht** [**jdm**] **danach** [*o* **so**] **~, als ...** it looks [*or* seems] [to sb] as though ... [*or* if]; **du siehst mir gerade danach aus!** (*iron*) I don't think so!, I bet!; **so siehst du** [**gerade**] **aus!** (*fam*) that's what you think! *fam;* **seh' ich so** [*o* **danach**] **aus?** what do you take me for? *fam;* **wie sieht's aus?** (*fam*) how's things? [*or* BRIT *fam a.* tricks]

Aus·se·hen <-s> *nt kein pl* appearance; ■**jds ~ nach** judging [*or* going] by sb's appearance; ■**dem ~ nach** judging [*or* going] by appearances

aus|sein *irreg, Zusammenschreibung nur bei infin und pp* **I.** *vi sein* (*fam*) ① (*beendet sein*) to have finished; *Krieg* to have ended, to be over; *Schule* to be out ② (*ausgeschaltet sein*) to be [switched] off; *Feuer, Ofen, Kerze* to be out ③ SPORT (*außerhalb des Spielfeldes*) *Ball* to be out ④ (*es auf jdn/etw abgesehen haben*) ■**auf jdn/etw** *akk* ~ to be after sb/sth ⑤ (*ausgehen*) ■[**mit jdm**] ~ to go out [with sb] **II.** *vi impers sein* ① (*vorbei sein*) ■**es ist mit etw aus** sth is over; **es ist aus und vorbei mit diesen Träumen** these dreams are over once and for all ② (*fam: sterben*) ■**es ist mit jdm ~** sb has had it *sl;* **es ist aus mit ihm** he's finished [*or sl* had it] ③ (*fam: beendet sein*) ■**es ist aus** [**zwischen jdm**] it's over [between sb]; **zwischen denen ist es aus** they've broken up, it's over between them; **zwischen uns ist es aus, mein Freund!** we're finished [*or* history], mate!

au·ßen ['ausn̩] *adv* on the outside; **~ an der Windschutzscheibe** on the outside of the windscreen; **er spielt links/rechts ~** he is playing on the outside left/right; ■**nach ~** outwards; ■**von ~** from the outside; **~ vor bleiben** to be left out; **~ vor sein** to be left out; **jdn/etw ~ vorlassen** to leave sb/sth out, to exclude sb/sth; **nach ~ hin** outwardly

Au·ßen <-> ['ausn̩] *nt kein pl* outside

Au·ßen·an·sicht *f* exterior view **Au·ßen·an·ten·ne** *f* outdoor [*or* external] aerial **Au·ßen·auf·nah·me** *f* outdoor shot **Au·ßen·bahn** *f* SPORT outside lane **Au·ßen·be·leuch·tung** *f* exterior lighting **Au·ßen·be·zirk** *m* outer [*or* outlying] district **Au·ßen·bord·mo·tor** *m* outboard [motor]

aus|sen·den *vt irreg* (*geh*) ❶ (*ausschicken*) ■**jdn** ~ to send sb out ❷ (*ausstrahlen*) ■**etw** ~ to broadcast sth

Au·ßen·dienst *m* employment as a sales representative; **im ~ sein** [*o* **arbeiten**] to work as a sales representative [*or* in sales]; ~ **machen** to work outside the office

Au·ßen·dienst·mit·ar·bei·ter(in) *m(f)* sales representative

Au·ßen·han·del *m* foreign trade

Au·ßen·han·dels·be·zie·hun·gen *pl* foreign trade relations **Au·ßen·han·dels·bi·lanz** *f* balance of trade **Au·ßen·han·dels·po·li·tik** *f* foreign trade policy

Au·ßen·haut *f* outer skin **Au·ßen·kur·ve** *f* outer curve, outside bend **Au·ßen·mi·nis·ter(in)** *m(f)* foreign minister, foreign secretary BRIT, Secretary of State AM **Au·ßen·mi·nis·te·ri·um** *nt* foreign ministry, Foreign Office BRIT, State Department AM **Au·ßen·mit·ar·bei·ter(in)** *m(f)* external employee **Au·ßen·po·li·tik** [ˈausn̩politiːk] *f* foreign policy **au·ßen·po·li·tisch** [ˈausn̩poliːtɪʃ] **I.** *adj* foreign policy *attr;* ~**e Erfahrung/~er Erfolg** experience/success in foreign policy; **in ~en Fragen** in matters of foreign policy; ~**er Sprecher** foreign policy spokesman **II.** *adv* as regards foreign policy **Au·ßen·quar·tier** *nt* SCHWEIZ suburb **Au·ßen·sei·te** *f* outside; *Gebäude* exterior

Au·ßen·sei·ter(in) <-s, -> *m(f)* (*a. fig*) outsider

Au·ßen·spie·gel *m* AUTO [out]side mirror **Au·ßen·stän·de** *pl* ÖKON debts outstanding, accounts receivable *pl* **Au·ßen·ste·hen·de(r)** *f(m) dekl wie adj* outsider **Au·ßen·stel·le** *f* branch **Au·ßen·stür·mer(in)** *m(f)* FBALL wing **Au·ßen·ta·sche** *f* outside pocket **Au·ßen·tem·pe·ra·tur** *f* outside [*or* external] temperature **Au·ßen·wand** *f* exterior [*or* outside] wall **Au·ßen·welt** *f* outside world **Au·ßen·win·kel** *m* exterior angle **Au·ßen·wirt·schaft** *f* ÖKON foreign trade

au·ßer [ˈausɐ] **I.** *präp +dat o gen (selten)* ❶ (*abgesehen von*) apart from, except for; ~ **dir waren alle auf dem Fest** everyone was at the party but [*or* apart from] you ❷ (*zusätzlich zu*) in addition, apart from; ~ **ihrer eigenen Arbeit musste sie noch die seinige erledigen** she had to do his work as well as her own ❸ (*nicht in*) out of; ~ **Betrieb/Sicht/Gefahr sein** to be out of order/sight/danger ▸ WENDUNGEN: [**über jdn/etw**] ~ **sich** *dat* **sein** to be beside oneself [about sb/sth]; *s. a.* **Reihe, geraten II.** *konj* ■~ **dass** except that; ■~ [**wenn**] except [when]

Au·ßer·acht·las·sung <-, -en> [ausɐˈʔaxtlasʊŋ] *f* disregard; **unter ~ der Regeln** with total disregard for the rules

au·ßer·be·trieb·lich *adj inv* private; ~**e Weiterbildung** external advanced training

au·ßer·dem [ˈausɐdeːm] *adv* besides; **ich habe keine Zeit und ~ auch keine Lust** I don't have time and besides [*or* anyway], I don't feel like it; **er ist Professor und ~ noch Gutachter** he is professor and expert besides that [*or* as well]

au·ßer·dienst·lich I. *adj* private **II.** *adv* in private, privately

äu·ße·re(r, s) [ˈɔysərə, -rɐ, -rəs] *adj* ❶ (*außerhalb gelegen*) outer; ~**e Verletzung** external injury ❷ (*von außen wahrnehmbar*) outer, exterior ❸ (*außenpolitisch*) external

Äußere(s) [ˈɔysərə, -rəs] *nt dekl wie adj* outward appearance

au·ßer·ehe·lich I. *adj* extramarital; **ein ~es Kind** an illegitimate child, a child born outside marriage [*or esp form* wedlock] **II.** *adv* illegitimately **au·ßer·eu·ro·pä·isch** *adj attr* non-European; **China ist das bevölkerungsreichste ~e Land** China is the most populated country outside of Europe **au·ßer·fahr·plan·mä·ßig I.** *adj* non-scheduled **II.** *adv* **dieser Bus verkehrt nur ~** this bus runs a non-scheduled service **au·ßer·ge·richt·lich I.** *adj* out of court *attr* **II.** *adv* out of court **au·ßer·ge·wöhn·lich** [ˈausɐgəˈvøːnlɪç] **I.** *adj* unusual; **eine ~e Leistung** an extraordinary achievement; **ein ~er Mensch** a remarkable [*or* an extraordinary] person; **einer ~en Belastung ausgesetzt sein** to be under extreme pressure; ■**etwas A~es** something unusual [*or* out of the ordinary]; **etw ~ Gutes** something extraordinary **II.** *adv* extremely

au·ßer·halb [ˈausɐhalp] **I.** *adv* outside; ~ **der Stadt** outside the town, out of town; ~ **stehen** to be on the outside; **nach ~** outside [*or* out] of town; **von ~** from out of town **II.** *präp +gen* ❶ (*räumlich entfernt*) outside; ~ **der Stadt** outside the town ❷ (*zeitlich entfernt*) ~ **der Sprechstunde** outside [of] surgery/visiting, etc. hours ❸ (*jenseits*) outside; ~ **meiner Kompetenz** outside my competence; ~ **der Legalität** outside the law

au·ßer·ir·disch *adj* extraterrestrial; ■**A~e** extraterrestrials, aliens

Au·ßer·kraft·set·zung <-, -en> *f* (*geh*) repeal *form*

äu·ßer·lich [ˈɔysɐlɪç] *adj* ❶ (*außen befindlich*) external; **nur zur ~en Anwendung!** MED, PHARM [for] external use only ❷ (*oberflächlich*) superficial; [**rein**] ~ **betrachtet** on the face of it

Äu·ßer·lich·keit <-, -en> *f* ❶ (*Oberflächlichkeit*) superficiality; (*Formalität*) formality ❷ *pl* (*oberflächliche Details*) trivialities *pl*

äu·ßerln [ˈɔysɐln] *vt, vi nur infin* ÖSTERR ■**einen Hund** ~ [**führen**] to take a dog for a walk

äu·ßern [ˈɔysɐn] **I.** *vr* ❶ (*Stellung nehmen*) ■**sich** [**zu etw**] ~ to say something [about sth], to comment [on sth]; **ich will mich vorerst nicht dazu ~** I don't want to make any comment at this stage; **sich über jdn/etw** *akk* **abfällig** ~ to make disparaging comments about [*or* of] sb/sth ❷ (*sich manifestieren*) ■**sich** [**irgendwie**] ~ to manifest itself [somehow] **II.** *vt* (*sagen*) ■**etw** ~ to say sth; (*zum Ausdruck bringen*) to utter [*or* voice] [*or* express] sth; **eine Kritik** ~ to voice a criticism; **einen Wunsch** ~ to express a wish

au·ßer·or·dent·lich [ˈausɐˈʔɔrdn̩tlɪç] **I.** *adj* ❶ (*ungewöhnlich, bemerkenswert*) extraordinary, exceptional ❷ (*nicht turnusgemäß*) extraordinary; **ein ~er Professor** associate professor; **eine ~ Sitzung** an extraordinary meeting **II.** *adv* extraordinarily, remarkably, exceptionally

au·ßer·orts *adv* SCHWEIZ, ÖSTERR out of town **au·ßer·par·la·men·ta·risch** *adj* extraparliamentary **au·ßer·plan·mä·ßig** [ˈausɐplaːnmɛːsɪç] *adj* unscheduled; ~**e Ausgaben/Kosten** non-budgetary [*or* additional] expenses/costs **au·ßer·schu·lisch** *adj* extracurricular **au·ßer·sinn·lich** *adj* extrasensory; ~ **Wahrnehmung** extrasensory perception

äu·ßerst [ˈɔysɐst] *adv* extremely

au·ßer·stan·de [ausɐˈʃtandə] *adj* (*nicht in der Lage*) ■~, **etw zu tun** unable [*or* not in a position] to do sth; ■**zu etw ~ sein,** ■~ **sein, etw zu tun** to be unable to do sth, to be incapable of doing sth; **sich ~ erklären/sehen, etw zu tun** to find oneself unable to do sth

äu·ßers·te(r, s) *adj* ❶ (*entfernteste*) outermost; **am ~n Ende der Welt** at the farthest point of the globe; **der ~ Norden/Süden** the extreme north/south ❷ (*späteste*) latest possible; **der ~ Termin** the latest possible time/date ❸ (*höchste*) utmost; **von ~r Dringlichkeit** extremely urgent; **von ~r Wichtigkeit** of supreme [*or* the utmost] importance; **der ~ Preis** the last price; **sie wehrte sich mit ~r Kraft** she defended herself with all her strength

Äu·ßers·te(s) *nt dekl wie adj* **auf das ~ gefasst sein** to be prepared for the worst; **bis zum ~n gehen** to go to any extreme; **sein ~s geben** to give one's all; **das ~ wagen** to go to all extremes

äu·ßers·ten·falls [ˈɔysɐstn̩ˈfals] *adv* at the most, at best

au·ßer·ta·rif·lich *adj inv* non-union

au·ßer·tour·lich [ˈausɐtuːɐ̯lɪç] **I.** *adj* ÖSTERR, SÜDD unscheduled **II.** *adv* ÖSTERR, SÜDD in addition

Äu·ße·rung <-, -en> *f* ❶ (*Bemerkung*) comment, remark ❷ (*Zeichen*) expression, sign

au·ßer·uni·ver·si·tär *adj inv* SCH *Forschung, Veranstaltung, Weiterbildung* not university related

aus|set·zen I. *vt* ❶ (*im Stich lassen*) ■**jdn/ein Tier** ~ to abandon sb/an animal ❷ (*ins Freie herausbringen*) **Pflanzen** ~ to plant out plants; **Wild/Fische** ~ to release game/fish ❸ NAUT **Boote** ~ to lower boats [to water]; **Passagiere** ~ to maroon passengers ❹ (*preisgeben*) ■**jdn/etw einer S.** *dat* ~ to expose sb/sth to sth; ■**sich einer S.** *dat* ~ to expose oneself to sth; **jdn der Kritik aussetzen** to subject sb to criticism ❺ (*festsetzen*) ■**jdm etw** ~ to offer sb sth; **einen Preis auf jds Kopf** ~ to put a price on sb's head ❻ (*vermachen*) ■**jdm etw** ~ to bequeath [*or* leave] sth to sb ❼ (*unterbrechen*) to interrupt; **einen Prozess** ~ to adjourn a trial; **Rückzahlung/Zinsen** ~ to defer payment/interest ❽ (*vertagen*) ■**etw** ~ to suspend sth ❾ (*bemängeln*) ■**an etw** *dat* **ist etwas/nichts auszusetzen** there is something/nothing wrong with [*or* objectionable about] sth; ■**[an jdm/etw] etwas/nichts auszusetzen haben** to find fault/not find any fault [with sb/sth] **II.** *vi* ❶ (*aufhören*) ■**[bei etw]** ~ to take a break [from sth]; (*bei Spiel*) to sit [sth] out; **eine Runde aussetzen** to miss a turn ❷ (*versagen*) to stop; *Motor* to fail; **bei jdm setzt die Atmung/das Herz aus** sb's breathing/heart stops ❸ (*unterbrechen*) ■**mit etw** ~ to interrupt sth; **mit der Pille** ~ to stop taking the pill; **ohne auszusetzen** non-stop, without a break **III.** *vi impers* (*fam: ausrasten*) ■**es setzt [bei jdm] aus** sth snaps [in sb]; **auf einmal setzte es bei ihm aus** all of a sudden he snapped

Aus·set·zer <-s, -> *m* TECH (*fam*) *abrupt failure of a machine or one of its functions during operation*

Aus·set·zung <-, -en> *f* ❶ (*das Aussetzen*) *Kind, Haustiere* abandonment; *Pflanzen* planting out; *Fische, Wild* releasing; *Boote* lowering; *Passagiere* marooning ❷ (*in Aussicht stellen*) *Belohnung, Preis, Erbteil* offer ❸ JUR (*Unterbrechung*) adjournment; *einer Rückzahlung, der Zinsen* deferment ❹ JUR (*Vertagung*) suspension

Aus·sicht *f* ❶ (*Blick*) view; ■**die** ~ **auf etw** *akk* the view overlooking [*or* of] sth ❷ (*Chance*) prospect, chance; ■**die** ~ **auf etw** *akk* the chance of sth; **große** ~**en auf etw haben** *akk* to have every prospect [*or* chance] of sth; **gute** ~**en auf etw haben** *akk* to have good prospects of sth; **keine** [*o* **nicht die geringsten**] ~**en [auf etw** *akk*] **haben** to have no [*or* not the slightest] chance [of sth]; **etw in** ~ **haben** to have good prospects of sth; **jdm etw in** ~ **stellen** to promise sb sth; **das sind ja schöne** ~**en!** (*iron fam*) what a prospect!

aus·sichts·los *adj* hopeless; ■**[so gut wie]** ~ **sein** to be [absolutely] hopeless

Aus·sichts·lo·sig·keit <-> *f kein pl* hopelessness, desperation

Aus·sichts·punkt *m* viewpoint **aus·sichts·reich** *adj* promising; **eine** ~ **Stelle** a job with good prospects **Aus·sichts·turm** *m* lookout tower

aus|sie·ben *vt* ❶ (*mit Sieb entfernen*) ■**etw [mit etw] [aus etw]** ~ to strain sth [out of sth] [with sth] ❷ (*aussondern*) ■**jdn [aus etw]** ~ to sift sb [out of sth]

aus|sie·deln *vt* ■**jdn** ~ to evacuate [*or* resettle] sb

Aus·sied·ler(in) *m(f)* emigrant; (*Evakuierter*) evacuee

aus|sit·zen *vt* ■**etw** ~ to sit sth out

aus|söh·nen ['auszøːnən] **I.** *vt* ■**jdn mit jdm/etw** ~ to reconcile sb with sb/to sth **II.** *vr* ■**sich mit jdm/etw** ~ to become reconciled with sb/to sth; ■**sich** ~ to make up

Aus·söh·nung <-, -en> *f* ■ ~ **[mit jdm]** reconciliation [with sb]

aus|son·dern *vt* to select; **Schlechtes** ~ to sift [*or* flush] out the bad ones [*or* bits]; **den besten Kandidaten** ~ to single out the best candidate

Aus·son·de·rung <-, -en> *f* selection, picking out *no pl; von Bewerbern* singling out; **die Vorstellungsgespräche dienten der** ~ **des besten Kandidaten** the interviews served to single out the best candidate

aus|sor·gen *vi* ■**ausgesorgt haben** to be set up for life *fam*

aus|sor·tie·ren* *vt* ■**etw** ~ to sort sth out

aus|spä·hen I. *vi* ■**[nach jdm/etw]** ~ to look out [for sb/sth] **II.** *vt* ■**jdn/etw** ~ to spy sb/sth out

aus|span·nen I. *vi* to relax, to have a break **II.** *vt* ❶ ■**etw [aus etw]** ~ to unharness [*or* unhitch] sth [from sth]; **einen Ochsen** ~ to unyoke an ox ❷ (*ausbreiten*) ■**etw** ~ to spread sth out; **ein Seil/eine Leine** ~ to put up a rope/line ❸ (*herausdrehen*) ■**etw [aus etw]** ~ to take sth out [of sth]; **den Bogen aus der Schreibmaschine** ~ to take the paper out of the typewriter ❹ (*fam: abspenstig machen*) **jdm die Freundin/den Freund** ~ to pinch [*or* steal] sb's girlfriend/boyfriend ❺ (*fam: sich ausborgen*) ■**jdm etw** ~ to do sb out of sth *fam*

Aus·span·nung <-> *f kein pl* relaxation *no pl*

aus|spa·ren *vt* ❶ (*nicht einbeziehen*) ■**etw [bei etw]** ~ to avoid sth [in sth] ❷ (*ausnehmen*) ■**etw [bei etw]** ~ to omit sth [in sth] ❸ (*verschonen*) ■**jdn** ~ to spare sb ❹ (*unbeschriftet lassen*) ■**etw** ~ to leave sth blank

Aus·spa·rung <-, -en> *f* (*Lücke*) gap; (*Auslassung*) omission

aus|spei·en *irreg* **I.** *vt* (*geh*) ❶ (*ausstoßen*) ■**etw** ~ to disgorge sth, to bring up *sep* sth ❷ (*ausspucken*) ■**etw** ~ to spit out *sep* sth; (*fig*) to spew out *sep* sth **II.** *vi* (*geh*) to spit out

aus|sper·ren *vt* ■**jdn [aus etw]** ~ to lock sb out [of sth]; ■**sich [aus etw]** ~ to lock oneself out [of sth]

Aus·sper·rung <-, -en> *f* ÖKON lockout; **jdm mit** ~ **drohen** to threaten sb with a lockout, to threaten to lock out sb

aus|spie·len I. *vt* ❶ KARTEN ■**etw** ~ to play sth ❷ (*als Preis aussetzen*) *Lotterie* ■**etw** ~ to pay out sth ❸ (*wechselseitig einsetzen*) to use, to apply; ■**etw [gegen jdn]** ~ to play sth off [against sb], to use sth [against sb]; ■**jdn gegen jdn** ~ to play sb off against sb **II.** *vi* ❶ KARTEN (*das Spiel eröffnen*) to lead; (*Karte ablegen*) to play a card; **einen Trumpf** ~ to play a trump [card] ❷ (*verspielen*) ■**[bei jdm] [als etw] ausgespielt haben** to have had it [with sb] [as sth]; **bei mir hast du endgültig ausgespielt!** you've had it as far as I am concerned!, I'm through with you! *fam*

Aus·spie·lung <-, -en> *f* draw

aus|spin·nen *vt irreg* ■**etw** ~ to spin [*or* draw] sth out

aus|spi·o·nie·ren* *vt* ❶ (*als Spion durchsuchen*) ■**etw** ~ to spy into sth, to spy sth out ❷ (*ausfindig machen*) ■**jdn/etw** ~ to spy sb/sth out

Aus·spra·che *f* ❶ (*Akzent*) pronunciation, accent; (*Art des Artikulierens*) articulation; **eine feuchte** ~ **haben** to splutter when one speaks ❷ (*Unterredung*) talk, discussion

Aus·spra·che·an·ga·be *f* phonetic transcription **Aus·spra·che·wör·ter·buch** *nt* phonetic dictionary, dictionary of pronunciation

aus·sprech·bar *adj* ■**[für jdn] nicht/schwer** ~ **sein** to be unpronounceable/difficult to pronounce [for sb]; ■**[für jdn] kaum** ~ **sein** to be barely pronounceable [for sb]

aus|spre·chen *irreg* **I.** *vt* ❶ (*artikulieren*) ■**etw** ~ to pronounce sth; **wie spricht man das [Wort] aus?** how do you pronounce [*or* say] that [word]? ❷ (*äußern*) ■**etw** ~ to express sth; **kaum hatte er den Satz ausgesprochen, ...** he had barely finished the sentence ...; **ein Lob** ~ to give a word of praise; **eine Warnung** ~ to issue [*or* give] a warning; **einen Zweifel [an etw]** ~ to express doubts [in sth] ❸ (*ausdrücken*) ■**jdm etw** ~ to express sth to sb; **das Parlament sprach der Regierung das Vertrauen aus** parliament passed a vote of confidence in the government ❹ JUR **eine Scheidung** ~ to grant a divorce; **eine Strafe** ~ to give out a punishment; **ein Urteil** ~ to pronounce [a] sentence **II.** *vr* ■**sich** ~ ❶ (*sein Herz ausschütten*) to talk things over, to have a talk, to say what's on one's mind ❷ (*Stellung nehmen*) to voice one's opinion; ■**sich für/gegen jdn/etw** ~ to voice one's support for/opposition against sb/sth ❸ (*sich äußern*) to speak one's mind; **sich anerkennend/lobend über jdn/etw** ~ to speak highly about sb/sth ❹ LING to be pronounced; **dieses Wort spricht sich leicht/schwer aus** this word is easy/difficult to pronounce; **wie spricht sich der Name aus?** how do you pronounce the name? **III.** *vi* to finish [speaking]; **haben Sie jetzt endlich ausgesprochen?** have you quite finished?; *s. a.* **aus-**

gesprochen

Aus·spruch *m* remark; (*geflügeltes Wort*) saying

aus|spu·cken **I.** *vt* ❶ (*ausspeien*) ■**etw** ~ to spit sth out ❷ (*fam: auswerfen*) ■**etw** ~ to spew sth out *fam;* (*herausgeben*) to cough up *sep* sth; **los, spuck das Geld endlich 'raus!** come on, cough up the money! *fam* ❸ (*fam: gestehen*) ■**[etw]** ~ to spit [sth] out **II.** *vi* ■**[vor jdm/etw]** ~ to spit [at sb/sth]

aus|spü·len *vt* ■**etw** ~ to wash sth out, to rinse sth; ■**[sich** *dat*] **etw** ~ to wash out [one's] sth, to rinse [one's] sth; **etw kräftig** ~ to flush out sth

Aus·spü·lung *f* washing out *no pl,* rinse; GEOL erosion

aus|staf·fie·ren* *vt* (*fam*) ❶ (*ausstatten*) ■**etw [mit etw]** ~ to fit sth out [with sth], to equip sth [with sth] ❷ (*einkleiden*) ■**jdn [mit etw]** ~ to rig [*or esp* BRIT kit] sb out [in sth]

Aus·stand *m* ❶ (*Streik*) **im ~ sein** to be on strike; **in den ~ treten** to go on strike, BRIT *a.* to take industrial action ❷ SCHWEIZ, ÖSTERR, SÜDD (*Ausscheiden aus Stelle o Schule*) going away *no pl,* leaving BRIT *no pl;* **seinen ~ geben** to hold a going-away [*or* BRIT leaving] party

aus·stän·dig *adj* FIN, ÖKON outstanding

aus|stan·zen *vt* ■**etw [aus etw]** ~ to stamp [*or* punch] sth out [of sth]; **ein Loch** ~ to punch a hole; **Münzen** ~ to mint coins

aus|stat·ten ['ausʃtatn̩] *vt* ❶ (*versorgen*) ■**jdn [mit etw]** ~ to equip sb [with sth], to provide sb [with sth] ❷ JUR ■**jdn mit etw** ~ to vest sb with sth, to provide [*or* furnish] sb with sth ❸ (*einrichten*) ■**etw [mit etw]** ~ to furnish sth [with sth] ❹ (*versehen*) ■**etw [mit etw]** ~ to equip sth with sth; **der Bildband ist gut ausgestattet** the book is well illustrated; *Auto;* **dieses Modell ist serienmäßig mit elektrischen Fenstern ausgestattet** this model has electric windows as a standard fitting

Aus·stat·ter(in) <-s, -> *m(f)* FILM, TV, THEAT (*Kostüm*) wardrobe supervisor; (*Szenenbildner*) set designer; **~in: Heike Busch** wardrobe/set design by Heike Busch

Aus·stat·tung <-, -en> *f* ❶ *kein pl* (*Ausrüstung*) equipment; (*das Ausrüsten*) equipping *no pl,* provision, fitting-out *no pl* ❷ *kein pl* ■**jds ~ mit etw** the vesting of sb with sth ❸ (*Einrichtung*) furnishings *pl;* **das Haus hatte eine sehr luxuriöse ~** the house was luxuriously furnished ❹ (*Aufmachung*) features *pl,* fittings *pl*

aus|ste·chen *vt irreg* ❶ (*entfernen, herausnehmen*) **jdm das Auge** ~ to poke [*or* gouge] sb's eye out; **Plätzchen** ~ to cut out biscuits; **Torf** ~ to cut peat [*or* turf]; **Unkraut** ~ to dig out weeds ❷ (*fam: übertreffen und verdrängen*) ■**jdn** ~ to outdo sb; ■**jdn bei jdm** ~ to push sb out of sb's favour; **mit dieser Leistung stach er alle Konkurrenten aus** this performance outstripped that of all his competitors

Aus·stech·form *f* KOCHK cutter

aus|ste·hen *irreg* **I.** *vt* ❶ (*ertragen*) ■**etw** ~ to endure sth; **jdn/etw nicht ~ können** to not be able to stand *fam* [*or* tolerate] sb/sth ❷ (*durchmachen*) ■**mit jdm/etw etwas/viel** ~ to go through something/a lot with sb/sth; **ich habe nun wirklich genug ausgestanden!** I've really been through enough!; **mit jdm/etw viel/etwas auszustehen haben** to have to put up with a lot/something with sb/sth; **ausgestanden sein** (*vorbei sein*) to be all over [and done with] **II.** *vi* ■**[noch]** ~ ❶ (*noch nicht da sein*) to be due; **die Antwort steht seit 5 Wochen aus** the reply has been due for 5 weeks; **die Sendung/das Paket steht immer noch aus** the letter/package has still not been delivered; (*noch zu erwarten sein*) to be still expected [*or* awaited] ❷ ÖKON, FIN to be owing [*or* outstanding]

aus|stei·gen *vi irreg sein* ❶ ■**[aus etw]** ~ to get off [sth]; **aus einem Auto** ~ to get out of a car; **du kannst mich dort ~ lassen** you can let me out over there; **„Endstation, alles ~!"** "Last stop, all change!" ❷ (*aufgeben*) ■**[aus etw]** ~ to drop out [of sth], to quit *fam* [sth]; SPORT to retire [*or* withdraw] [from sth]; (*sich zurückziehen*) to withdraw [from sth]; **aus der Gesellschaft** ~ to drop [*or* opt] out of society

Aus·stei·ger(in) <-s, -> *m(f)* (*aus Gesellschaft, Beruf, Studium*) dropout *esp pej,* BRIT *a.* downshifter; (*aus Terroristenkreisen*) deserter, apostate

aus|stel·len **I.** *vt* ❶ (*zur Schau stellen*) ■**etw** ~ to display sth; (*auf Messe, in Museum*) to exhibit sth ❷ (*ausschreiben*) ■**[jdm] etw** ~ to write [out *sep*] [sb] sth, to make out *sep* sth [for sb]; **[jdm] eine Rechnung** ~ to issue [sb] an invoice; (*ausfertigen*) to issue [sb] sth; ■**etw auf jdn** ~ to make out sth to sb [*or* in sb's name]; **stellen Sie bitte die Rechnung aus** please write me [out] the bill; **sie ließ sich einen Scheck/die Bescheinigung** ~ she had a cheque/the certificate made out in her name ❸ (*ausschalten*) ■**etw** ~ to switch off *sep* sth; **die Heizung** ~ to turn off *sep* the heating [*or* AM the heat] **II.** *vi* ÖKON (*sich an einer Ausstellung beteiligen*) to exhibit

Aus·stel·ler(in) <-s, -> *m(f)* ❶ (*auf Messe*) exhibitor ❷ FIN (*ausstellender Kontoinhaber*) *Scheck* drawer; ADMIN (*ausstellende Behörde o. Stelle*) issuer

Aus·stell·fens·ter *nt* AUTO quarter-light BRIT

Aus·stel·lung *f* ❶ (*Kunst~, Messe*) exhibition ❷ *kein pl* (*das Ausschreiben*) *Scheck* making out; *Rezept, Rechnung* writing out, issuing; **die ~ der Rechnung erfolgt innerhalb von zwei Werktagen** an invoice will be issued within two working days; (*Ausfertigung*) issue, issuing

Aus·stel·lungs·da·tum *nt* date of issue **Aus·stel·lungs·flä·che** *f* ÖKON exhibition area **Aus·stel·lungs·ge·län·de** *nt* exhibition site [*or* area] **Aus·stel·lungs·ka·ta·log** *m* exhibition catalogue **Aus·stel·lungs·ma·cher(in)** *m(f)* exhibition organizer **Aus·stel·lungs·stück** *nt* display model; (*in Ausstellung*) exhibit **Aus·stel·lungs·tag** *m* day of issue

aus|ster·ben *vi irreg sein* to die out; *Geschlecht, Spezies* to become extinct

Aus·ster·ben *nt* extinction; **im ~ begriffen** dying out

Aus·steu·er <-, -n> *f* dowry

Aus·stieg <-[e]s, -e> *m* ❶ *kein pl* (*das Aussteigen*) ■**der ~ aus etw** *Bus, Zug etc.* getting off sth; *Auto* getting out of sth; *Höhle* climbing out of sth ❷ (*Öffnung zum Aussteigen*) exit ❸ (*das Aufgeben*) ■**der ~ aus etw** abandoning sth; **der ~ aus der Kernenergie** abandoning [of] nuclear energy

Aus·stiegs·klau·sel *f* JUR opt-out clause

aus|stop·fen *vt* ■**etw** ~ to stuff sth; **eine Ritze [mit etw]** ~ to fill a crack [with sth]

Aus·stoß *m* ❶ (*Produktion*) output, production; ■**der ~ von/an etw** the output [*or* production] of sth ❷ (*Ausschluss*) expulsion ❸ (*Emission*) emission

aus|sto·ßen *vt irreg* ❶ (*hervorbringen*) ■**etw [in etw** *akk*] ~ to eject sth [into sth]; **Gase** ~ to emit [*or* give off] gases ❷ (*von sich geben*) **einen Seufzer** ~ to utter a sigh; **einen Schrei** ~ to give [out] a shout, to shout out; **Laute** ~ to make noises ❸ (*herausstoßen*) ■**etw [aus etw]** ~ to expel sth [from sth] ❹ (*verlieren lassen*) ■**sich** *dat* **etw** ~ to put out [*or* knock out] one's sth; ■**jdm einen Zahn** ~ to knock out sb's tooth; **jdm ein Auge** ~ to poke out sb's eye ❺ (*ausschließen*) ■**jdn [aus etw]** ~ to expel [*or* banish] sb [from sth]; *s. a.* **Ausgestoßene(r)** ❻ (*produzieren*) ■**etw** ~ to turn out sth, to produce sth

Aus·sto·ßung <-> *f kein pl* ■**die ~ aus etw** expulsion from sth; (*aus der Gemeinschaft/dem Stamm*) banishment [*or* exclusion] from sth

aus|strah·len **I.** *vt haben* ❶ (*abstrahlen*) ■**etw** ~ to radiate sth; **Licht/Wärme** ~ to give off light/heat; **Radioaktivität** ~ to emit [*or* generate] radioactivity ❷ RADIO, TV (*senden*) ■**etw** ~ to transmit [*or* broadcast] sth ❸ (*verbreiten*) ■**etw** ~ to radiate [*or* exude] sth; **er strahlt eine wohltuende Ruhe aus** he exudes a pleasant sense of calm **II.** *vi sein* ❶ (*abstrahlen*) ■**[von etw]** ~ to radiate; *bes Licht, Wärme* to be given off; *Radioaktivität* to be emitted [*or* generated] ❷ (*sich ausdehnen*) ■**in etw** *akk* ~ *Schmerz* to extend to sth ❸ (*übergehen*) ■**auf**

jdn/etw ~ to spread out to sb/sth
Aus·strah·lung *f* ❶ (*besondere Wirkung*) radiance; **eine besondere ~ haben** to have a special charisma ❷ RADIO, TV broadcast[ing], transmission
Aus·strah·lungs·ter·min *m* TV broadcasting date
aus|stre·cken I. *vt* ■ **etw [nach jdm/etw] ~** to extend sth [to sb/sth]; **seine Fühler ~** to put out one's antennae; (*fig*) to make enquiries; **die Hände/Beine ~** to stretch [*or* put] out ones hands/legs **II.** *vr* (*sich räkeln*) ■ **sich ~** to stretch oneself out, to have a stretch
aus|strei·chen *vt irreg* ❶ (*durch Streichen ungültig machen*) ■ **etw ~** to cross out *sep* sth ❷ (*glätten*) ■ **etw ~** to smooth out *sep* sth ❸ KOCHK ■ **etw [mit etw] ~** to grease sth [with sth] ❹ (*ausschmieren*) ■ **etw [mit etw] ~** to smooth over sth [with sth], to fill sth [with sth]
aus|streu·en *vt* ❶ (*verstreuen*) ■ **etw ~** to scatter sth; ■ **etw mit etw ~** to scatter [*or* cover] sth with sth ❷ (*verbreiten*) ■ **etw ~** to scatter [*or* spread] sth ❸ KOCHK **etw [mit etw] ~** to grease and line [with sth]
aus|strö·men I. *vi sein* ❶ (*herausfließen*) ■ **[aus etw] ~** to stream [*or* pour] [out of sth]; (*entweichen*) *Dampf, Gas* to escape [*or* leak] [from sth] ❷ (*ausgehen*) ■ **von etw ~** to be given off from sth, to be emitted from sth; **von diesen Blüten strömt ein süßlicher Duft aus** these blossoms are giving off [*or* emitting] a sweet smell ❸ (*ausstrahlen*) ■ **von etw ~** *Hitze, Wärme* to radiate from sth; ■ **von jdm ~** *Heiterkeit, Ruhe, Zufriedenheit* to radiate [*or* exude] from sb **II.** *vt haben* ❶ (*austreten lassen*) ■ **etw ~** to give off sth ❷ (*verbreiten*) ■ **etw ~** to radiate sth
aus|su·chen *vt* (*auswählen*) ■ **[jdm [*o* für jdn]] etw ~** to choose [*or* pick [out]] [*or* select] sth [for sb]; ■ **jdn [für/zu etw] ~** to choose sb [for sth]; ■ **[sich *dat*] etw ~** to choose [*or* pick] sth; ■ **[sich *dat*] jdn ~** to pick [*or* select] sb; *s. a.* **ausgesucht**
Aus·tausch *m* exchange; (*Ideenaustausch*) exchange of ideas; **im ~ für [*o* gegen] etw** in exchange for sth
aus·tausch·bar *adj* interchangeable, exchangeable; *abgenutzte o defekte Teile* replaceable; ■ **~ sein** *Mensch* to be replaceable
aus|tau·schen I. *vt* ❶ (*ersetzen*) ■ **[jdm] etw [gegen etw] ~** to replace sth [with sth] [for sb] ❷ POL ■ **jdn/etw ~** to exchange sb/sth; **die Gegner tauschten Gefangene aus** the enemies exchanged prisoners ❸ (*miteinander wechseln*) ■ **etw ~** *Erfahrungen* ~ to exchange [*or* swap] experiences **II.** *vr* (*über jdn/etw sprechen*) ■ **sich [über jdn/etw] ~** to exchange stories [about sb/sth]
Aus·tausch·mo·tor *m* replacement [*or* refurbished] engine **Aus·tausch·schü·ler(in)** *m(f)* exchange pupil **Aus·tausch·stu·dent(in)** *m(f)* exchange student
aus|tei·len *vt* ■ **etw [an jdn] ~** to distribute sth [*or* hand out *sep* sth] [to sb]; **das Abendmahl/Sakrament ~** to administer [*or* give] communion; **Befehle ~** to issue commands; **Essen [an jdn] ~** to serve food [to sb]; **Karten [an jdn] ~** to deal [out] [the] cards [to sb]; **den Segen ~** (*a fig*) to give [*or* pronounce] a blessing
Aus·tei·lung *f* distribution, handing out; *Essen* serving; REL administering, administration
Aus·ter <-, -n> ['auste] *f* oyster
Aus·tern·bank *f* oyster bank [*or* bed] **Aus·tern·bre·cher** <-s, -> *m* oyster opener **Aus·tern·fi·scher** *m* ORN oyster catcher **Aus·tern·ga·bel** *f* oyster fork **Aus·tern·mes·ser** *nt* oyster knife **Aus·tern·öff·ner** *m s.* **Austernbrecher** **Aus·tern·pilz** *m* Chinese [*or* oyster] mushroom **Aus·tern·scha·le** *f* oyster shell
aus|til·gen *vt* (*geh*) ❶ (*vernichten*) ■ **jdn/etw ~** to annihilate sb/sth; **Unkraut/Ungeziefer ~** to exterminate [*or* eradicate] weeds/pests ❷ (*auslöschen*) ■ **etw ~** to extinguish sth; **die Erinnerung an etw ~** to obliterate the memory of sth
aus|to·ben I. *vt* ■ **etw an jdm ~** to let sth out on sb **II.** *vr* ■ **sich ~** ❶ (*sich abregen*) to let off steam; (*sich müde toben*) to romp around [*or* about]; (*ein wildes Leben führen*) to sow one's wild oats *fam!*; (*seine Neigungen ausleben*) to let one's hair down ❷ *Orkan* to die down
aus|tra·gen *vt irreg* ❶ (*zu Fuß zustellen*) ■ **etw ~** to deliver sth ❷ (*stattfinden lassen*) ■ **etw ~** to hold sth; **einen Streit mit jdm ~** to have it out with sb ❸ (*streichen*) ■ **etw [aus etw] ~** to take out sth [from sth]; **einen Namen aus einer Liste ~** to take a name off a list, to cross a name out on a list ❹ (*bis zur Geburt behalten*) ■ **ein Baby/ein Tier ~** to carry a baby/an animal to [the full] term
Aus·trä·ger(in) *m(f)* [news]paper man/woman/boy
Aus·tra·gung <-, -en> *f* holding
Aus·tra·gungs·ort *m* venue
Aus·tra·li·en <-s> [aus'tra:li̯ən] *nt* Australia; *s. a.* **Deutschland**
Aus·tra·li·er(in) <-s, -> [aus'tra:li̯ɐ] *m(f)* Australian; *s. a.* **Deutsche(r)**
aus·tra·lisch [aus'tra:lɪʃ] *adj* Australian; *s. a.* **deutsch**
aus|träu·men *vi* ■ **[noch nicht] ausgeträumt haben** to have not stopped dreaming [yet]; ■ **ausgeträumt sein** to be over; **ihr Traum von einem schönen Urlaub war ausgeträumt** her dream of a nice holiday was over
aus|trei·ben *irreg* **I.** *vt* ❶ REL (*vertreiben*) ■ **[jdm] jdn ~** to exorcise sb [in sb], to drive out sb [in sb] ❷ (*rücksichtslos abgewöhnen*) ■ **jdm etw ~** to knock sth out of sb *fam* ❸ AGR ■ **etw ~** to drive sth out; **das Vieh ~** to drive out the cattle **II.** *vi* BOT to sprout
Aus·trei·bung <-, -en> *f* REL exorcism
aus|tre·ten *irreg* **I.** *vi sein* ❶ (*herausdringen*) ■ **[aus etw] ~** to come out [of sth]; *Blut, Eiter etc. a.* to issue [from sth]; *Öl* to leak [from sth]; (*entweichen*) *Gas* to escape [from sth] ❷ (*fam: zur Toilette gehen*) to go to the loo BRIT *fam* [*or* AM bathroom] ❸ (*ausscheiden*) ■ **[aus etw] ~** to leave [sth], to resign **II.** *vt haben* ■ **etw ~** ❶ (*auslöschen*) to stamp sth out ❷ (*durch Tragen ausweiten*) to wear sth out ❸ (*abnutzen*) ■ **etw ~** to wear sth down; ■ **ausgetreten** worn [down]
aus|trick·sen *vt* (*fam*) ■ **jdn ~** to trick sb
aus|trin·ken *irreg* **I.** *vt* ■ **etw ~** to finish sth **II.** *vi* to drink up, to finish one's drink
Aus·tritt *m* ❶ *kein pl* (*das Herauskommen*) issue; *Flüssigkeit* leakage; **der Schaden wurde durch den ~ der Bremsflüssigkeit verursacht** the damage was caused by the brake fluid leaking; (*das Entweichen*) *Gas, Radioaktivität* escape; *Geschoß* exit ❷ (*das Ausscheiden*) ■ **~ aus etw** departure [*or esp form* resignation] from sth
Aus·tritts·er·klä·rung *f* notice of resignation
aus|trock·nen I. *vi sein* to dry out; *Brot, Fluss, Käse, Kuchen* to dry up; *Haut* to dehydrate, to become dry; *Kehle* to become parched **II.** *vt* ❶ *haben* (*trockenlegen*) ■ **etw ~** to dry out sth ❷ (*trocken machen*) ■ **etw ~** to dehydrate sth; **die Kehle ~** to make the throat parched
aus|trom·pe·ten* *vt* (*fam*) ■ **etw ~** to broadcast sth *fam*
aus|tüf·teln *vt* (*fam: geschickt ausarbeiten*) ■ **etw ~** to work sth out, to figure out sth *fam;* (*sich ausdenken*) to think up sth
aus|üben *vt* ❶ (*praktizieren*) **einen Beruf ~** to practise [*or* AM -ice] a profession; **ein Amt ~** to hold office; **eine Aufgabe/Funktion ~** to perform a task/a function; **Macht/ein Recht ~** to exercise power/a right ❷ (*wirken lassen*) **Druck/einen Einfluss [auf jdn] ~** to exert pressure/an influence [on sb]; **eine Wirkung ~ [auf jdn]** to have an effect [on sb]
Aus·übung *f kein pl* ❶ (*das Praktizieren*) practising [*or* AM -ic-] *no pl;* (*das Innehaben*) *Amt* holding *no pl,* carrying out *no pl; Aufgabe, Funktion* performing *no pl;* **in ~ eines Berufes** (*geh*) in the pursuance of a profession *form;* **in ~ einer Pflicht** (*geh*) in the execution of a duty *form;* **in ~ eines Amtes** (*geh*) in the line of duty ❷ (*die Entfaltung einer Wirkung*) exertion ❸ (*das Verwalten*) exercise

aus|ufern ['aus?u:fɐn] *vi sein* to escalate, to get out of hand; ■ **[zu etw]** ~ to escalate [into sth]

Aus·ver·kauf *m* ① ÖKON (*Räumung des Lagers*) clearance sale; **„~ wegen Geschäftsaufgabe"** "Closing-down sale" ② (*pej: Verrat*) sell-out

aus|ver·kau·fen* *vt* ■ **etw ausverkauft haben** to have sold out of sth

aus·ver·kauft *adj* sold out; *s. a.* **Haus**

aus|wach·sen *irreg* **I.** *vi sein* (*zu Ende wachsen*) to grow to full extent; ■ **ausgewachsen sein** to be fully grown ▶ WENDUNGEN: **das/es ist [ja] zum A~** DIAL (*fam*) it's enough to drive you mad, it's enough to drive you around [*or* BRIT *a.* round] the bend *fam;* **es war zum A~ langweilig** DIAL (*fam*) it was incredibly boring **II.** *vr haben* ① (*durch Wachstum verschwinden*) ■ **sich** ~ to right itself ② (*ausufern*) ■ **sich zu etw** ~ to escalate into sth, to turn into sth; *s. a.* **ausgewachsen**

Aus·wahl *f* ① ÖKON (*Warenangebot*) selection, range, choice; ■ **die/eine ~ an etw** *dat* the/a selection of sth; **freie ~ [unter** *dat* **...] haben** to have one's pick [among ...], to have the choice [among ...]; **die ~ haben** to have the choice; **du hast die ~!** it's your choice!; **jdn/etw zur ~ haben** to have sb/sth to choose from; **zur ~ stehen** to choose from; **eine/seine ~ [unter** *dat* **...] treffen** to make one's choice [*or* selection] [from ...] ② SPORT representative team

aus|wäh·len I. *vt* ■ **[sich** *dat*] **jdn/etw [aus/unter** *dat* **...]** ~ to choose [*or* select] sb/sth [from/among ...] [for oneself]; *s. a.* **ausgewählt II.** *vi* to choose, to select; *s. a.* **ausgewählt**

Aus·wahl·mann·schaft *f* SPORT representative team **Aus·wahl·spie·ler(in)** *m(f)* SPORT player for a representative team **Aus·wahl·ver·fah·ren** *nt* selection process

aus|wal·ken *vt* KOCHK to flatten, to roll flat

aus|wal·zen *vt* ① (*zu Blech walzen*) ■ **etw [zu etw]** ~ to roll out *sep* sth [to sth] ② (*pej: zu breit erörtern*) ■ **etw** ~ to drag out *sep* sth, to go to town on sth

Aus·wan·de·rer, -wan·de·rin *m, f* emigrant

aus|wan·dern *vi sein* ■ **[nach/in etw** *akk*] ~ to emigrate [to somewhere]

Aus·wan·de·rung *f* emigration

aus·wär·tig ['ausvɛrtɪç] *adj attr* ① (*nicht vom Ort*) from out of town, non-local; ÖKON *Filiale, Zweigstelle* out of town ② POL foreign; **Minister des A~en** (*geh*) Foreign Minister, Foreign Secretary BRIT; *s. a.* **Amt, Dienst**

aus·wärts ['ausvɛrts] *adv* ① (*außerhalb des Ortes*) out of town; SPORT away; **das Spiel fand ~ statt** it was an away game; ■ **von ~** from out of town; **~ essen** to eat out ② (*nach außen*) ■ **nach ~** outwards

Aus·wärts·spiel *nt* SPORT away game

aus|wa·schen *vt irreg* ① (*durch Waschen entfernen*) ■ **[sich** *dat*] **etw [aus etw]** ~ to wash out sth [from sth] ② (*durch Spülen säubern*) ■ **etw** ~ to wash sth out, to rinse sth ③ GEOL (*herausspülen*) ■ **etw** ~ to flush out [*or* erode] sth

aus·wech·sel·bar *adj* (*untereinander ~*) interchangeable; (*ersetzbar*) replaceable

aus|wech·seln [-ks-] *vt* ■ **jdn/etw [gegen jdn/etw]** ~ to replace sb/sth [with sb/sth]; **einen Spieler [gegen jdn]** ~ to substitute a player [for sb] ▶ WENDUNGEN: **wie ausgewechselt [sein]** [to be] a different person, [to be] born again

Aus·wech·sel·spie·ler(in) *m(f)* SPORT substitute

Aus·wech·se·lung <-, -en> *f,* **Aus·wechs·lung** <-, -en> *f* replacement; SPORT substitution

Aus·weg *m* ■ **der/ein ~ [aus etw]** the/a way out [of sth]; **der letzte ~** the last resort; **sich** *dat* **einen ~ offen lassen** [*o* **halten**] to leave oneself a way out; **keinen ~ mehr [aus etw] wissen** to not know a [*or* any] way out [of sth] anymore, to not know any solution [to sth]

aus·weg·los *adj* hopeless

Aus·weg·lo·sig·keit <-> *f kein pl* hopelessness *no pl*

aus|wei·chen *vi irreg sein* ① (*Hindernis, Gefahr vermeiden*) ■ **[etw** *dat*] ~ to get out of the way [of sth] ② (*zu entgehen versuchen*) ■ **[jdm/etw]** ~ to evade [*or* avoid] [sb/sth]; ■ **~d** evasive ③ (*als Alternative beschreiten*) ■ **auf etw** *akk* ~ to fall back on [*or* switch to] sth [as an alternative]

Aus·weich·flug·ha·fen *m* LUFT alternative airport **Aus·weich·ma·nö·ver** *nt* ① AUTO, LUFT evasive manoeuvre [*or* action] ② (*Ausflucht*) evasion **Aus·weich·mög·lich·keit** *f* means of getting out of the way; (*Alternative*) alternative

aus|wei·den *vt* JAGD ■ **etw** ~ to disembowel sth

aus|wei·nen I. *vr* ■ **sich [bei jdm]** ~ to have a good cry [on sb's shoulder] **II.** *vi* (*zu Ende weinen*) ■ **ausgeweint haben** to have finished crying **III.** *vt* **Betrübnis/Kummer bei jdm** ~ to weep on sb's shoulder

Aus·weis <-es, -e> ['ausvais] *m* (*Personal-/Firmen~*) identity card, I.D.; (*Berechtigungs~*) pass, permit; (*Mitglieds/Leser/Studenten~*) card, I.D.; (*Blinden~, Behinderten~*) identification card

aus|wei·sen *irreg* **I.** *vt* ① (*abschieben*) ■ **jdn** ~ to deport [*or* expel] sb ② (*Identität nachweisen*) ■ **jdn als jdn/etw** ~ to identify sb as sb/sth ③ (*aufzeigen*) ■ **etw [als etw]** ~ to identify [*or* reveal] sth [as sth] ④ (*unter Beweis stellen*) ■ **etw** ~ to prove sth; **sein Talent** ~ to reveal one's talent **II.** *vr* ① (*sich identifizieren*) ■ **sich** ~ to identify oneself, to prove one's identity; **können Sie sich [irgendwie/durch irgend etwas] ~?** do you have any means of identification? ② (*sich erweisen*) ■ **sich als jd** ~ to prove oneself to be sb ③ SCHWEIZ (*nachweisen*) ■ **sich über etw** *akk* ~ to have proof [*or* evidence] of sth; *s. a.* **ausgewiesen**

Aus·weis·kon·trol·le *f* identity check [*or* control] **Aus·weis·pa·pie·re** *pl* identity papers *pl*

Aus·wei·sung *f* ADMIN deportation

aus|wei·ten I. *vt* ① (*weiter machen*) ■ **etw** ~ to stretch sth ② (*umfangreicher machen*) ■ **etw** ~ to broaden [*or* widen] sth, to expand sth **II.** *vr* ① (*weiter werden*) ■ **sich** ~ to stretch [out] ② (*sich ausdehnen*) to extend; **der Konflikt drohte, sich über die Grenze auszuweiten** the conflict threatened to extend [*or* spill over] across the border ③ (*eskalieren*) ■ **sich [zu etw]** ~ to escalate [into sth]

Aus·wei·tung <-, -en> *f* ① (*Ausdehnung*) stretching *no pl,* widening *no pl* ② (*das Auswachsen*) escalation

aus|wel·len *vt* KOCHK *s.* **auswalken**

aus·wen·dig *adv* [off] by heart, from memory; **etw ~ können** to know sth [off] by heart, to know sth from memory; **etw ~ lernen** to learn sth [off] by heart, to memorize sth ▶ WENDUNGEN: **das kann ich schon ~** (*iron*) I've heard it a million times before; *s. a.* **inwendig**

Aus·wen·dig·ler·nen <-s> *nt kein pl* learning by heart *no pl,* memorizing *no pl*

aus|wer·fen *vt irreg* ① (*ausstoßen*) **Asche/Lava** ~ to eject ash/lava ② (*herausschaufeln*) ■ **etw** ~ to dig out sth ③ NAUT **ein Netz/eine Leine** ~ to cast out a net/a line ④ (*verteilen*) ■ **etw [an jdn]** ~ to allocate sth [to sb]; **Dividende** ~ to pay out dividends ⑤ INFORM ■ **etw** ~ to turn [*or* put] out sth

aus|wer·ten *vt* ■ **etw** ~ ① (*nutzbar machen*) to utilize sth, to make use of sth ② (*evaluieren*) to evaluate [*or* assess] sth; **Statistiken/Daten** ~ to analyze statistics/data

Aus·wer·tung *f* ① (*Nutzbarmachung*) utilization ② (*Evaluierung*) evaluation; (*von Statistiken*) analysis

aus|wi·ckeln *vt* ■ **etw [aus etw]** ~ to unwrap sth [from sth]

aus|wie·gen *vt irreg* ■ **[jdm] etw [von etw]** ~ to weigh out [sth] [for sb]; **wie viel Käse darf ich Ihnen ~?** how much cheese shall I weigh out for you?; *s. a.* **ausgewogen**

aus|win·den *vt irreg* SÜDD, SCHWEIZ ■ **etw** ~ to wring out *sep* sth

aus|wir·ken *vr* ■ **sich [auf etw** *akk*] ~ to have an effect [on sth]

Aus·wir·kung *f* (*Wirkung*) effect; (*Folge*) consequence; **negative ~en haben** to have negative repercussions

aus|wi·schen *vt* ① (*durch Wischen löschen*) ■ **etw** ~ to wipe sth; **die Tafelschrift** ~ to wipe [*or* rub] off the writing on the blackboard ② (*sauber wischen*) ■ **etw** ~ to wipe clean *sep* sth ▸ WENDUNGEN: **jdm eins auswischen** (*fam*) to get one's own back on sb

aus|wrin·gen *vt irreg* ■ **etw** ~ to wring out *sep* sth

Aus·wuchs *m* ① MED growth ② (*Missstand*) excess

aus|wuch·ten *vt* AUTO **ein Rad** ~ to balance a wheel

Aus·wurf *m kein pl* ① MED phlegm ② GEOL (*das Auswerfen*) ejection, eruption

aus|zah·len I. *vt* ① (*Betrag aushändigen*) ■ **[jdm] etw** ~ to pay out sth [to sb] ② (*abfinden*) ■ **jdn** ~ to pay off *sep* sb; *Kompagnon, Miterben* to buy out *sep* sb **II.** *vr* (*sich lohnen*) ■ **sich [für jdn]** ~ to pay [off] [for sb]

aus|zäh·len *vt* ① (*durch Zählen ermitteln*) ■ **etw** ~ to count sth ② SPORT ■ **jdn** ~ to count out *sep* sb

Aus·zah·lung *f* ① (*Aushändigung als Zahlung*) paying out; **zur ~ kommen** [*o geh* **gelangen**] to be paid out ② (*Abfindung*) paying off; *eines Kompagnons, Miterbens* buying out

Aus·zäh·lung *f* counting

Aus·zeh·rung <-, -en> *f* ① (*Kräfteverfall*) emaciation ② (*Substanzverlust*) drain (**an** +*dat* on); (*in einer Firma*) shortage of staff

aus|zeich·nen I. *vt* ① (*mit Preisschild versehen*) ■ **etw** ~ to price sth ② (*ehren*) ■ **jdn [mit/durch etw]** ~ to honour [*or* AM -or] sb [with sth]; **jdn durch einen Preis** ~ to give sb an award; **jdn durch einen Orden** ~ to decorate sb with a medal ③ (*positiv hervorheben*) ■ **jdn** ~ to distinguish sb [from all others] ④ TYPO (*Schriftarten angeben*) ■ **etw** ~ to mark sth **II.** *vr* ■ **sich [durch etw]** ~ to stand out [due to sth]; **er zeichnet sich nicht gerade durch Intelligenz aus** (*iron*) he's not exactly known for his intelligence; *s. a.* **ausgezeichnet**

Aus·zeich·nung *f* ① *kein pl* (*das Auszeichnen von Ware*) labelling [*or* AM -l-] ② *kein pl* TYPO (*das Auszeichnen*) marking up *no pl* ③ *kein pl* (*das Ehren*) honouring [*or* AM -or-] *no pl;* (*mit Orden, Würde*) decoration; (*mit Preis*) awarding *no pl* ④ (*Preisetikett an Ware*) price tag ⑤ TYPO (*Schriftartangabe an Manuskript*) mark up ⑥ (*Ehrung*) honour [*or* AM -or]; (*Orden*) decoration; (*Preis*) award; **[etw] mit ~ bestehen** to pass [sth] with distinction

Aus·zeit *f* SPORT time out

aus·zieh·bar *adj* extendable [*or* BRIT *a.* -ible]; **~e Antenne** telescopic aerial; **~er Tisch** pull-out table

aus|zie·hen *irreg* **I.** *vt haben* ① (*ablegen*) ■ **[sich** *dat*] **etw** ~ to take off *sep* sth, to remove sth; ■ **jdm etw** ~ to remove [*or* take off] sb's sth ② (*entkleiden*) ■ **jdn** ~ to undress sb; ■ **sich** ~ to undress, to take off one's clothes, to get undressed *fam* ③ (*fam*) ■ **jdn** ~ to rip sb off *fam* ④ (*herausziehen*) ■ **etw** ~ to pull out *sep* sth ⑤ (*verlängern*) ■ **etw** ~ to extend sth ⑥ (*nachzeichnen*) **eine vorgezeichnete Linie [mit Tusche]** ~ to trace sth [with ink] **II.** *vi sein* ① (*Wohnung aufgeben*) ■ **[aus etw]** ~ to move out [of sth] ② (*ausrücken*) ■ **auf etw** *akk*/**zu etw** ~ to set out on/to sth

Aus·zieh·lei·ter *f* extension [*or* pull-out] ladder **Aus·zieh·plat·te** *f* leaf **Aus·zieh·tisch** *m* pull-out table

aus|zi·schen *vt* THEAT ■ **jdn/etw** ~ to hiss off sb/sth

Aus·zu·bil·den·de(r) *f(m) dekl wie adj* trainee

Aus·zug *m* ① (*das Umziehen*) move; **der ~ aus Ägypten** REL the Exodus from Egypt ② (*das Hinausschreiten*) procession ③ (*Ausschnitt, Exzerpt*) excerpt; *Buch a.* extract ④ (*Konto~*) statement ⑤ JUR extract ⑥ MUS arrangement ⑦ PHARM ■ ~ **[aus etw]** extract [of sth]

aus·zugs·wei·se I. *adv* in excerpts [*or* extracts] **II.** *adj* in excerpts [*or* extracts]

au·tark [au'tark] *adj* ÖKON self-sufficient, autarkical *spec*

Au·tar·kie <-, -n> [autar'ki:, *pl* -ki:ən] *f* ÖKON autarky

au·then·tisch [au'tɛntɪʃ] *adj* authentic

Au·then·ti·zi·tät <-> [autɛntitsi'tɛ:t] *f kein pl* authenticity

Au·tis·mus <-> [au'tɪsmʊs] *m* MED autism

au·tis·tisch *adj* MED autistic

Au·to <-s, -s> ['auto] *nt* car; ~ **fahren** to drive [a car]; (*als Mitfahrer*) to drive [by car]; **mit dem ~ fahren** to go by car

Au·to·bahn *f* motorway BRIT, freeway AM; (*in Deutschland a.*) autobahn

i Kultur

The **Autobahn** is a multilane fast highway for vehicles travelling faster than 60 km/h. There is no countrywide speed limit on German motorways; in Austria the speed limit for cars is 130 km/h and in Switzerland 120 km/h.

Au·to·bahn·auf·fahrt *f* motorway slip-road [*or* approach [road]] BRIT, freeway on ramp [*or* entrance] AM **Au·to·bahn·aus·fahrt** *f* motorway slip-road [*or* exit] BRIT, freeway exit [*or* off ramp] AM **Au·to·bahn·(be·nut·zungs·)ge·bühr** *f* [motorway] toll **Au·to·bahn·drei·eck** *nt* motorway junction **Au·to·bahn·kreuz** *nt* motorway intersection **Au·to·bahn·po·li·zei** *f* motorway [*or* AM highway] police + *sing/pl vb* **Au·to·bahn·rast·stät·te** *f* motorway services *pl* BRIT, services *pl* AM, motorway service area BRIT **Au·to·bahn·ring** *m* motorway ring road BRIT, beltway AM **Au·to·bahn·vi·gnet·te** *f* (*car sticker showing that a monthly/annual toll has been paid*), vignette **Au·to·bahn·zu·brin·ger** *m* motorway approach road BRIT, entrance ramp (*to the freeway*) AM

Au·to·bat·te·rie *f* car battery

Au·to·bi·o·gra·phie [autobiogra'fi:] *f* autobiography

au·to·bi·o·gra·phisch *adj inv* autobiographical

Au·to·bom·be *f* car bomb **Au·to·bus** ['autobʊs] *m* (*veraltet*), **Au·to·car** ['autoka:ɐ̯] *m* SCHWEIZ bus

Au·to·di·dakt(in) <-en, -en> [autodi'dakt] *m(f)* self-educated person, autodidact *form*

au·to·di·dak·tisch I. *adj* self-taught, autodidactic *form* **II.** *adv* autodidactically; **ihre Fähigkeiten waren ~ erworben** her abilities were self-taught

Au·to·dieb(in) *m(f)* car thief **Au·to·dieb·stahl** *m* car theft **Au·to·drom** <-s, -e> [auto'dro:m] *nt* ① AUTO, SPORT motor-racing circuit ② ÖSTERR Dodgems® [*or* bumper cars] track **Au·to·elek·trik** *f* car electrics *pl* **Au·to·fäh·re** *f* car ferry **Au·to·fah·ren** *nt* driving (*by car*)*;* **ihr wird beim ~ immer übel** she feels sick when she drives [*or* travels by car] **Au·to·fah·rer(in)** *m(f)* [car] driver **Au·to·fahrt** *f* car journey

Au·to·fo·kus <-, -se> *m* FOTO autofocus

au·to·frei *adj* car-free; *Straße, Stadtteil* pedestrian **Au·to·fried·hof** *m* (*fam*) car dump

au·to·gen [auto'ge:n] *adj* ① TECH **~es Schweißen** autogenous welding ② PSYCH **~es Training** relaxation through self-hypnosis

Au·to·gramm <-s, -e> [auto'gram] *nt* autograph

Au·to·gramm·jä·ger(in) *m(f)* (*fam*) autograph hunter **Au·to·gramm·stun·de** *f* MUS, FILM, LIT autograph [signing] session

Au·to·händ·ler(in) *m(f)* car dealer[ship] **Au·to·ki·no** ['autoki:no] *nt* drive-in cinema **Au·to·kna·cker(in)** <-s, -> *m(f)* (*fam*) car thief **Au·to·ko·lon·ne** *f* line of cars

Au·to·krat(in) <-en, -en> [auto'kra:t] *m(f)* autocrat

Au·to·kra·tie <-, -n> [autokra'ti:, *pl* -'ti:ən] *f* autocracy

Au·to·kra·tin <-, -nen> *f fem form von* **Autokrat**

au·to·kra·tisch *adj* autocratic

Au·to·len·ker(in) *m(f) bes* SCHWEIZ (*Autofahrer*) [car] driver

Au·to·mat <-en, -en> [auto'ma:t] *m* ① (*Geld~*) cash dispenser; (*Musik~*) jukebox; (*Spiel~*) slot-machine; (*Verkaufs~*) vending machine ② ELEK [automatic] cut-out

Au·to·ma·ten·kna·cker(in) <-s, -> *m(f)* (*fam*) vandal (*who breaks into slot- or vending machines*) **Au·to·ma·ten·res·tau·rant** *nt restaurant with vending machines selling meals and snacks*

Au·to·ma·tic-Call-Dis·tri·bu·tion[RR], **Automatic Call Distri-**

butionALT [ɔ:təmætɪk'kɔ:ldɪstrɪbju:ʃᵊn] *f* TELEK automatic call distribution
Au·to·ma·tik[1] <-> [auto'ma:tɪk] *f* ❶ (*Steuerungs~*) automatic system ❷ (*Automatikgetriebe in Fahrzeugen*) automatic transmission
Au·to·ma·tik[2] <-s, -s> [auto'ma:tɪk] *m* (*Wagen mit Automatikgetriebe*) automatic
Au·to·ma·tik·wa·gen *m* automatic
Au·to·ma·ti·on <-> [automa'tsi̯o:n] *f kein pl* automation
au·to·ma·tisch [auto'ma:tɪʃ] *adj* automatic
au·to·ma·ti·sie·ren* [automati'zi:rən] *vt* ■**etw** ~ to automate sth
Au·to·ma·ti·sie·rung <-, -en> *f* automation
Au·to·me·cha·ni·ker(in) *m(f)* car mechanic **Au·to·mi·nu·te** *f* minute by [*or* in the] car; **20 ~n von hier entfernt** 20 minutes by car from here
Au·to·mo·bil <-s, -e> [automo'bi:l] *nt* (*veraltet geh*) automobile *dated,* motor-car *dated form*
Au·to·mo·bil·aus·stel·lung *f* motor show **Au·to·mo·bil·bau** *m kein pl* car manufacture [*or* manufacturing] *no pl* **Au·to·mo·bil·bran·che** *f* car industry **Au·to·mo·bil·club** *m* automobile association [*or* club] **Au·to·mo·bil·in·dust·rie** *f* car industry
Au·to·mo·bi·list(in) <-en, -en> [automobi'lɪst] *m(f)* SCHWEIZ (*geh: Autofahrer*) [car] driver
Au·to·mo·bil·klub *m s.* **Automobilclub Au·to·mo·bil·sa·lon** *m* ❶ (*Automobilausstellung*) motor show ❷ (*Automobilhändler*) car showroom
Au·to·mo·dell *nt* [car] model
au·to·nom [auto'no:m] *adj* POL autonomous
Au·to·no·me(r) *f(m) dekl wie adj* POL independent
Au·to·no·mie <-, -n> [autono'mi:, *pl* -'mi:ən] *f* POL autonomy
Au·to·no·mie·ge·biet *nt* POL autonomous province
Au·to·num·mer *f* car [registration] number
Au·to·pi·lot ['autopilo:t] *m* LUFT autopilot
Au·to·psie <-, -n> [autɔ'psi:, *pl* -'psi:ən] *f* MED autopsy
Au·tor, Au·to·rin <-s, -toren> ['auto:ɐ̯, au'to:rɪn, *pl* au'to:rən] *m, f* author
Au·to·ra·dio *nt* car radio; (*mit Kassettenspieler*) car stereo
Au·to·ra·di·o·gramm <-s, -e> [autoradi̯o'gram] *nt* BIOL, MED autoradiogramme [*or* AM -am], autoradiograph
Au·to·ra·di·o·gra·phie <-, -n> [autoradi̯ogra'fi:] *f* BIOL, MED autoradiography, radiography
Au·to·rei·fen *m* car tyre [*or* AM tire] **Au·to·rei·se·zug** *m* BAHN ≈ motorrail
Au·to·ren·le·sung *f* author reading
Au·to·ren·nen *nt* motor race; (*Rennsport*) motor racing
Au·to·ren·ver·zeich·nis *nt* index of authors
Au·to·re·pa·ra·tur·werk·statt *f* garage
Au·to·rin <-, -nen> [au'to:rɪn] *f fem form von* **Autor** [female] author, authoress
au·to·ri·sie·ren* [autori'zi:rən] *vt* ■**jdn** [**zu etw**] ~ to authorize sb [to do sth]; **ich habe ihn dazu autorisiert** I gave him authorization for it; ■**autorisiert** authorized
au·to·ri·tär [autori'tɛ:ɐ̯] *adj* authoritarian
Au·to·ri·ta·ris·mus <-> *m kein pl* POL, SOZIOL authoritarianism
Au·to·ri·tät <-, -en> [autori'tɛ:t] *f* authority
au·to·ri·täts·gläu·big *adj* (*pej*) trusting authority **Au·to·ri·täts·gläu·big·keit** *f* (*pej*) trust in authority
Au·to·sa·lon *m* ❶ *s.* **Automobilausstellung** ❷ (*Autohändler*) car showroom **Au·to·schal·ter** *m* FIN drive-through teller **Au·to·schlan·ge** *f* queue [*or* AM line] of cars **Au·to·schlüs·sel** *f* car key **Au·to·schutz·brief** *m* international travel insurance **Au·to·skoo·ter** <-s, -> [-sku:tɐ] *m* bumper [*or* Dodgem®] car
Au·to·som <-s, -en> [auto'zo:m] *nt* BIOL autosome
Au·to·strich *m* (*sl*) kerb-crawling [*or* AM curb-crawling] district (*street with prostitutes propositioning car-drivers*) **Au·to·stun·de** *f* hour's drive; **drei ~n entfernt sein** to be three hours' drive [away] [*or* three hours [away] by car]
Au·to·sug·ges·ti·on [autozʊgɛsti̯o:n] *f* PSYCH autosuggestion
Au·to·te·le·fon *nt* car phone **Au·to·un·fall** *m* car accident **Au·to·ver·kehr** *m* car traffic **Au·to·ver·leih** *m* car rental [*or* BRIT *a.* hire] firm [*or* company] **Au·to·ver·mie·tung** *f s.* **Autoverleih Au·to·werk·statt** *f* garage, car repair shop **Au·to·wrack** *nt* car wreck, wrecked car
Au·to·zoom ['autozu:m] *nt* autozoom
Au·to·zu·be·hör *nt* car accessories *pl* **Au·to·zug** *m s.* **Autoreisezug**
autsch [autʃ] *interj* (*fam*) ouch
au·weh [au've:], **au·wei(·a)** [au'vai(a)] *interj* oh dear, goodness *dated*
Au·xin <-s, -e> [au'ksi:n] *nt* BOT, CHEM auxin
Avance <-, -n> [a'vã:sə] *f* **jdm ~n machen** (*geh*) to make advances on sb
avan·cie·ren* [avã'si:rən] *vi sein* (*geh*) ■[**zu etw**] ~ to advance [to sth]
Avant·gar·de <-, -n> [avã'gardə] *f* (*geh*) avant-garde
Avant·gar·dist(in) <-en, -en> [avãgar'dɪst] *m(f)* avant-gardist, member of the avant-garde
avant·gar·dis·tisch *adj* avant-garde
AvD <-> *m kein pl Abk von* **Automobilclub von Deutschland** *German automobile club*
Ave-Ma·ria <-[s], -[s]> ['a:vəma'ri:a] *nt* REL Hail Mary
Aver·si·on <-, -en> [avɛr'zi̯o:n] *f* ■~ [**gegen jdn/etw**] an aversion [to sb/sth]; **eine ~ gegen jdn/etw haben** to have an aversion to sb/sth
Aver·si·ons·the·ra·pie <-, -n> *f* aversion therapy
avi·sie·ren* [avi'zi:rən] *vt* (*geh*) ■[**jdm**] **jdn/etw** ~ to announce sb [to sb]/advise [sb] of sth; **aha, Sie sind mir bereits** [**von Herrn Zahn**] **avisiert worden** ah, I was told you were going to come [by Herr Zahn]; **jdm seine Ankunft** ~ to advise sb of one's arrival
Avo·ca·do <-, -s> [avo'ka:do] *f* avocado
axi·al [a'ksi̯a:l] *adj* TECH axial
Axi·om <-s, -e> [a'ksi̯o:m] *nt* axiom
axi·o·ma·tisch [aksi̯o'ma:tɪʃ] *adj* axiomatic
Axo·lotl <-s, -> [akso'lɔtl̩] *m* ZOOL axolotl
Axon <-s, Axone> ['aksɔn, *pl* a'kso:nə] *nt* BIOL axon
Axt <-, Äxte> [akst, *pl* 'ɛkstə] *f* axe ►WENDUNGEN: **die ~ im Haus erspart den Zimmermann** (*prov*) self-help is the best help; **sich wie die ~ im Walde benehmen** (*fam*) to behave like a bull in a china shop; **die ~ an etw** *akk*/**an die Wurzel von etw legen** to take [*or* grab] the bull by the horns
Aza·lee <-, -n> [atsa'le:ə] *f,* **Aza·lie** <-, -n> [a'tsa:li̯ə] *f* BOT azalea
Azo·ren [a'tso:rən] *pl* GEOG ■**die** ~ the Azores *npl*
Az·te·ke, Az·te·kin <-n, -n> [ats'te:kə, ats'te:kɪn] *m, f* HIST Aztec
Azu·bi <-s, -s> [a'tsu:bi, 'a(:)tsubi] *m,* **Azu·bi** <-, -s> [a'tsu:bi, 'a(:)tsubi] *f kurz für* **Auszubildende(r)** trainee
azur·blau [a'tsu:ɐ̯] *adj* (*geh*) azure[-blue]
Azur·jung·fer *f* ZOOL damselfly

Bb

B, b <-, - *o fam* -s, -s> [be:] *nt* ❶ (*Buchstabe*) B [*or* b]; ~ **wie Berta** B for Benjamin BRIT, B as in Baker AM ❷ MUS B flat; ■**b** (*Erniedrigungszeichen*) flat

bab·beln ['babl̩n] **I.** *vi* (*fam*) to babble *fam;* (*viel reden a.*) to chatter **II.** *vt* (*fam: dummes Zeug reden*) ■**etw** ~ to babble on about sth *fam*

Ba·bel <-s> ['ba:bl̩] *nt* (*geh*) Babel; (*fig*) hotbed of vice; *s. a.* **Turm**

Ba·by <-s, -s> ['be:bi] *nt* baby

Bạ·by·aus·stat·tung *f* MODE baby clothes *npl* **Bạ·by·boom** [-bu:m] *m* baby-boom **Bạ·by·doll** <-s, -s> [-dɔl] *nt* baby-doll pyjamas [*or* AM pajamas] *npl* **Bạ·by·jahr** *nt* (*fam*) maternity [*or* paternity] leave (*of one-year duration*)

ba·by·lo·nisch [baby'lo:nɪʃ] *adj* Babylonian

Bạ·by·nah·rung *f* baby food **Ba·by·pau·se** ['be:bi-] *f* (*fam*) parental leave *no pl* **ba·by·sit·ten** ['be:bizɪtn̩] *vi meist infin* ■[**bei jdm**] ~ to babysit [for sb] **Ba·by·sit·ter(in)** <-s, -> ['be:bizɪtɐ] *m(f)* babysitter **Bạ·by·speck** *m* (*hum fam*) puppy fat BRIT *hum fam,* baby fat AM *hum fam* **Bạ·by·strich** *m* (*fam*) child prostitution **Bạ·by·waa·ge** *f* infant scales *npl* **Bạ·by·wip·pe** *f* baby bouncer

Bach <-[e]s, Bäche> [bax, *pl* 'bɛçə] *m* brook, creek AM; (*kleiner a.*) stream ▸WENDUNGEN: **den** ~ **runtergehen** (*fam*) to go down the drain/plughole/tube *fam*

bach·ab [bax'ʔap] *adv* SCHWEIZ (*bachabwärts*) downstream

Ba·che <-, -n> ['baxə] *f* JAGD [wild] sow

Bạch·fo·rel·le *f* brown trout

Bäch·lein <-s, -> *nt dim von* **Bach** small stream [*or* creek], brooklet ▸WENDUNGEN: **ein** ~ **machen** (*Kindersprache*) to do a wee-wee *childspeak*

Bạch·saib·ling <-s, -e> *m* brook [*or* speckled] [*or* salmon] trout **Bạch·stel·ze** <-, -n> *f* wagtail

Back¹ <-, -en> [bak] *f* ❶ NAUT forecastle, fo'c'sle ❷ (*Schüssel*) mess-tin, dixie ❸ (*Tisch*) mess table ❹ (*Tischgemeinschaft*) mess

Back² <-s, -s> [bæk] *m* SPORT SCHWEIZ defender

Bạck·beu·tel *m tubular plastic bag for roasting meat in* **Bạck·blech** *nt* baking tray

Back·bord <-[e]s> ['bakbɔrt] *nt kein pl* NAUT port [side]

bạck·bord(s) *adv* NAUT on the port side; **Ruder hart ~!** steer to port!

Bäck·chen <-s, -> ['bɛkçən] *nt dim von* **Backe** cheek

Ba·cke <-, -n> ['bakə] *f* ❶ (*Wange*) cheek; **mit vollen ~n kauen** to chew with stuffed cheeks ❷ (*fam: Po~*) cheek, buttock; **etw auf einer ~ absitzen** (*sl*) to do sth easily [*or* with no bother] ❸ KOCHK [pork] cheek ❹ (*von Schraubstock*) jaw; (*Brems~*) shoe; (*am Fahrrad*) block ▸WENDUNGEN: **au ~!** (*veraltet fam*) oh dear!

ba·cken <bạckt *o* bäckt, bạckte *o veraltet* buk, gebạcken> ['bakn̩] **I.** *vt* ■**etw** ~ (*im Ofen*) to bake sth; (*in Fett*) to fry sth; ■**etw in etw** *dat* ~ to bake/fry sth with sth **II.** *vi* to bake; DIAL (*braten*) to fry

Bạ·cken·bart *m* sideburns *pl* **Bạ·cken·kno·chen** *m* ANAT cheekbone **Bạ·cken·ta·sche** *f* ZOOL cheek pouch **Bạ·cken·zahn** *m* back tooth, molar

Bä·cker(in) <-s, -> ['bɛkɐ] *m(f)* ❶ (*Mensch*) baker; **beim** ~ at the baker's [shop] ❷ (*Bäckerei*) bakery

Bạck·erb·sen *pl* ÖSTERR, SÜDD *small pasta balls in soups*

Bä·cke·rei <-, -en> [bɛkə'rai] *f* ❶ (*Bäckerladen*) baker's [shop]; (*Backstube*) bakery ❷ ÖSTERR (*Gebäck*) small pastries and biscuits

Bạ̈·cke·rin <-, -nen> *f fem form von* **Bäcker**

Bạ̈·cker·la·den *m* baker's shop, bakery **Bạ̈·cker·meis·ter(in)** *m(f)* master baker **Bạ̈·cker·mes·ser** *nt* baker's knife

Bạ̈·ckers·frau *f* baker's wife

bạck·fer·tig *adj* KOCHK oven-ready **Bạck·fisch** ['bakfɪʃ] *m* ❶ (*gebackener Fisch*) fried fish in batter ❷ (*veraltet: Teenager*) teenage girl **Bạck·fo·lie** *f kein pl* baking foil **Bạck·form** *f* baking tin; (*Kuchenform a.*) cake tin **bạck·frisch** *adj* freshly baked

Back·ground <-s, -s> [-graunt] *m* (*geh*) background; (*Musik*) background music

Bạck·hähn·chen *nt* fried chicken (*in breadcrumbs*) **Back·hendl** <-s, -> ['bakhɛndl̩] *nt* SÜDD, ÖSTERR fried chicken (*in breadcrumbs*) **Bạck·mi·schung** *f* cake mixture **Bạck·obst** *nt* dried fruit **Back·ofen** ['bakʔo:fn̩] *m* oven; **heiß wie in einem** ~ like an oven, boiling hot **bạck·ofen·fest** *adj* oven-proof **Bạck·pa·pier** *nt kein pl* baking parchment

Bạck·pfei·fe *f* DIAL slap in the face

Bạck·pflau·me *f* prune **Bạck·pin·sel** *m* brush **Bạck·pul·ver** *nt* baking powder **Bạck·rohr** *nt* ÖSTERR, **Bạck·röh·re** *f* oven **Bạck·schau·fel** *f s.* **Pfannenwender**

Bạck·stein *m* BAU [red]brick

Bạck·stein·bau <-bauten> *m* ARCHIT redbrick building **Bạck·stein·go·tik** *f* ARCHIT, KUNST redbrick Gothic (*found in northern Germany*)

Bạck·stu·be *f* bakery **Bạck·trog** *m* kneading [*or* dough] trough **Bạck·wa·ren** *pl* bakery produce **Bạck·zeit** *f* baking time

Bad <-[e]s, Bäder> [ba:t, *pl* 'bɛ:dɐ] *nt* ❶ (*eingelassenes Badewasser*) bath; **jdm/sich ein ~ einlassen** [*o* **einlaufen lassen**] to run sb/oneself a bath ❷ (*das Baden*) bathing; **ein ~ nehmen** to take *form* [*or* have] a bath ❸ (*Badezimmer*) bathroom ❹ (*Schwimm~*) swimming pool [*or* BRIT bath[s]] ❺ (*Badeort: Heil~*) spa; (*See~*) seaside resort ▸WENDUNGEN: **ein ~ in der Menge** a walkabout

Ba̱·de·an·stalt *f* swimming pool, [swimming] baths *pl* **Ba̱·de·an·zug** *m* swimming costume, swimsuit **Ba̱·de·gast** *m* ❶ (*Kurgast*) spa visitor ❷ (*Schwimmbadbesucher*) swimmer **Ba̱·de·ge·le·gen·heit** *f swimming pool or nearby beach* **Ba̱·de(·hand)·tuch** *nt* bath towel **Ba̱·de·ho·se** *f* swimming trunks *npl* **Ba̱·de·kap·pe** *f* swimming cap **Ba̱·de·lat·schen** *m* (*fam*) flip-flops *pl fam* **Ba̱·de·man·tel** *m* bathrobe, dressing gown **Ba̱·de·mat·te** *f* bathmat **Ba̱·de·meis·ter(in)** *m(f)* [pool] attendant; (*am Strand*) lifeguard **Ba̱·de·müt·ze** *f s.* **Badekappe**

ba·den ['ba:dn̩] **I.** *vi* ❶ (*ein Wannenbad nehmen*) to bathe, to have a bath; **am B~ sein** to be in the bath; **warm** ~ to have a warm bath ❷ (*schwimmen*) ■[**in etw** *dat*] ~ to swim [in sth]; ~ **gehen** to go for a swim ▸WENDUNGEN: **im Geld** ~ to be rolling in money; [**bei/mit etw**] ~ **gehen** (*fam*) to come a cropper [doing/with sth] **II.** *vt* ❶ (*ein Bad geben*) ■**jdn** ~ to bath sb; ■**sich** ~ to have [*or form* take] a bath; *s. a.* **Kind** ❷ MED ■**etw** [**in etw** *dat*] ~ to bathe sth [in sth]

Ba̱·de·ni·xe *f* (*hum*) beach babe *fam*

Ba·den-Würt·tem·berg <-s> ['ba:dn̩vʏrtəmbɛrk] *nt* Baden-Württemberg

Ba̱·de·ofen *m* boiler **Ba̱·de·ort** *m* seaside resort; (*Kurort*) spa resort **Ba̱·de·platz** *m* bathing place **Ba̱·de·sai·son** *f* swimming season **Ba̱·de·salz** *nt* bath salt **Ba̱·de·schuh** *m* bathing shoe **Ba̱·de·strand** *m* bathing beach **Ba̱·de·tuch** *nt s.* **Badehandtuch** **Ba̱·de·wan·ne** *f* bath [tub] **Ba̱·de·was·ser** *nt* bath water **Ba̱·de·wet·ter** *nt* weather for swimming **Ba̱·de·zeit** *f* ❶ (*Saison*) swimming season ❷ *pl* (*Öffnungszeiten eines Schwimmbades*) [pool] opening hours **Ba̱·de·zeug** *nt* swimming things *pl* **Ba̱·de·zim·mer** *nt* bathroom **Ba̱·de·zu·satz** *m* bath salts *npl,* bubble bath

Bad·kleid *nt* SCHWEIZ (*Badeanzug*) swimming costume

Bad·min·ton <-> ['bætmɪntən] *nt* badminton

baff [baf] *adj pred* (*fam*) ■~ **sein** to be flabbergasted

BAFöG <-> *nt,* **Ba·fög** <-> ['ba:fœk] *nt kein pl Akr von*

Bundesausbildungsförderungsgesetz [student] grant; ~ **bekommen** [*o* **kriegen** *fam*] to receive [*or fam* get] a grant
Ba·ga·ge <-> [ba'ga:ʒə] *f* (*pej fam*) ❶ (*Gesindel*) pack *pej* ❷ (*veraltet: Gepäck*) baggage
Ba·ga·tell·de·likt *nt* JUR minor [*or* petty] offence
Ba·ga·tel·le <-, -n> [baga'tɛlə] *f* trifle, bagatelle *dated*
ba·ga·tel·li·sie·ren* [bagatɛli'zi:rən] **I.** *vt* ■**etw** ~ to trivialize sth, to play down *sep* sth **II.** *vi* to trivialize
Ba·ga·tell·sa·che *f* JUR *s.* **Bagatelldelikt Ba·ga·tell·scha·den** *m* minor damage **Ba·ga·tell·un·fall** *m* minor accident
Bag·dad <-s> ['bakdat] *nt* Bag[h]dad
Bag·ger <-s, -> ['bagɐ] *m* BAU excavator
Bag·ger·füh·rer(in) *m(f)* BAU excavator driver **Bag·ger·gut** *nt kein pl debris dug up by an excavator*
bag·gern ['bagɐn] **I.** *vi* ❶ BAU to dig, to excavate ❷ (*Volleyball*) to dig ❸ (*sl*) to flirt **II.** *vt* ❶ BAU ■**etw** ~ to excavate [*or* dig] sth ❷ (*Volleyball*) **den Ball** ~ to dig the ball
Bag·ger·see *m artificial lake formed in gravel pit*
Ba·guette <-s, -s> [ba'gɛt] *nt* baguette
bäh [bɛ:] *interj* ❶ (*vor Ekel*) yuck, ugh; (*aus Schadenfreude*) ha ha ❷ (*von Schaf*) baa; ~ **machen** (*Kindersprache*) to go baa *childspeak*
Ba·ha·ma·er(in) <-s, -> [baha'ma:ɐ] *m(f) s.* **Bahamer**
ba·ha·ma·isch [baha'ma:ɪʃ] *adj* Bahamian; *s. a.* **deutsch**
Ba·ha·mer(in) <-s, -> [ba'ha:mɐ] *m(f)* Bahamian; *s. a.* **Deutsche(r)**
ba·ha·misch [ba'ha:mɪʃ] *adj s.* **bahamaisch**
bä·hen ['bɛ:ən] *vt* KOCHK ■**etw** ~ ÖSTERR (*im Ofen leicht rösten*) to toast sth
Bahn <-, -en> [ba:n] *f* ❶ (*Eisen~*) train; (*Straßen~*) tram; (*Verkehrsnetz, Verwaltung*) railway[s]; **mit der ~/per ~** by train [*or* rail]; **frei** ~ ÖKON free on rail, carriage paid ❷ SPORT track; *Schwimmbecken* lane; (*Kegel~*) alley; (*Schlitten~, Bob~*) run; (*Pferderenn~*) course, track ❸ ASTRON orbit, path ❹ MIL [flight] path ❺ (*Stoff~, Tapeten~*) length, strip ❻ (*Weg, Lauf*) course; TRANSP (*Fahr~*) lane; ~ **frei!** make way!, mind your backs! ▶ WENDUNGEN: **freie** ~ **[für etw/bei jdm] haben** to have the go-ahead [for sth/from sb]; **in geregelten ~en verlaufen** to take an orderly course; **jdn wieder auf die rechte ~ bringen** to put sb back on the right track [*or* straight and narrow]; **etw in die richtigen ~en lenken** to lead sth in the right channels; **auf die schiefe ~ kommen** [*o* **geraten**] to get off the straight and narrow; **jdn auf die schiefe ~ bringen** to get sb off the straight and narrow; **sich** *dat* **eine ~ brechen** to force one's way, to make headway; **einer S.** *dat* **~ brechen** to blaze the trail for sth; **aus der ~ geraten** to get off track; **jdn aus der ~ werfen** to get sb off course
Bahn·an·schlussRR *m* railway link **Bahn·ar·bei·ter(in)** *m(f)* railway worker **Bahn·be·am·te(r), -be·am·tin** *m, f* railway official **bahn·bre·chend I.** *adj* ground-breaking, pioneering **II.** *adv* ~ **wirken** to be ground-breaking [*or* pioneering] **Bahn·bus** *m* TRANSP rail coach **Bahn·card®** <-, -s> [-ka:d] *f* BAHN ≈ railcard BRIT
Bähn·chen <-s, -> *nt dim von* **Bahn**
Bahn·damm *m* railway embankment
bah·nen *vt* ■**[jdm] etw** ~ to pave a way [for sb]; ■**sich** *dat* **etw** ~ to fight [*or* pave] one's sth; **ein Flussbett** ~ to carve [*or* channel] out a river bed; **sich einen Weg durch etw** ~ to fight [*or* pave] one's way through sth
Bahn·fahrt *f* train [*or* rail[way]] journey **Bahn·fracht** *f* rail freight **Bahn·ge·län·de** *nt* railway area **Bahn·gleis** *nt* railway line
Bahn·hof *m* [railway] station ▶ WENDUNGEN: **nur [noch] ~ verstehen** (*hum fam*) to not have the foggiest [idea] *fam;* **jdm einen großen ~ bereiten** to give sb [the] red carpet treatment
Bahn·hofs·gast·stät·te *f* station restaurant **Bahn·hofs·hal·le** *f* station concourse **Bahn·hofs·mis·si·on** *f* REL *organisation for helping rail travellers in need* **Bahn·hofs·platz** *m* station square **Bahn·hofs·po·li·zei** *f kein pl* station police **Bahn·hofs·uhr** *f* station clock **Bahn·hofs·vor·stand** *m* ÖSTERR, SCHWEIZ, **Bahn·hofs·vor·ste·her(in)** *m(f)* stationmaster
Bahn·kör·per *m* (*fachspr*) track **bahn·la·gernd** *adj* ÖKON to be collected from a railway station
Bähn·ler(in) <-s, -> *m(f)* SCHWEIZ (*fam*) railway worker
Bahn·li·nie *f* railway line **Bahn·po·li·zei** *f* railway police **Bahn·schran·ke** *f,* **Bahn·schran·ken** *m* ÖSTERR level crossing barrier **Bahn·steig** <-[e]s, -e> *m* [station] platform **Bahn·stre·cke** *f* railway line **Bahn·über·gang** *m* level crossing; **beschrankter/unbeschrankter** ~ guarded/open level crossing **Bahn·ver·bin·dung** *f* [rail] connection **Bahn·wär·ter(in)** *m(f)* level crossing attendant
Bah·rai·ner(in) <-s, -> [ba(x)'rainɐ] *m(f)* Bahraini, Bahreini; *s. a.* **Deutsche(r)**
bah·rai·nisch [ba(x)'rainɪʃ] *adj* Bahraini, Bahreini; *s. a.* **deutsch**
Bah·re <-, -n> ['ba:rə] *f* stretcher; (*Toten~*) bier
Bah·rei·ner(in) <-s, -> [ba(x)'rainɐ] *m(f) s.* **Bahrainer**
bah·rei·nisch [ba(x)'rainɪʃ] *adj s.* **bahrainisch**
Bai·ser <-s, -s> [bɛ'ze:] *nt* meringue
Baisse <-, -n> ['bɛ:sə] *f* BÖRSE slump; **auf ~ spekulieren** to bear
Ba·jo·nett <-[e]s, -e> [bajo'nɛt] *nt* MIL bayonet
Ba·jo·nett·ver·schlussRR *m* ELEK bayonet fitting
Ba·ju·wa·re, Ba·ju·wa·rin <-n, -n> [baju'va:rə, baju'va:rɪn] *m, f* (*hum*) *s.* **Bayer**
Ba·ke <-, -n> ['ba:kə] *f* ❶ NAUT [marker] buoy ❷ LUFT beacon ❸ TRANSP lane closure/narrowing signal; (*vor Bahnübergang o Autobahnausfahrt*) countdown marker
Bak·ka·rat <-s> ['bakara] *nt kein pl* baccarat
Bak·schisch <-s, -e *o* -s> ['bakʃɪʃ] *nt* baksheesh
Bak·te·rie <-, -n> [bak'te:ri̯ə] *f meist pl* bacterium
bak·te·ri·ell [bakte'ri̯ɛl] **I.** *adj* MED bacterial, bacteria *attr* **II.** *adv* MED ~ **bedingt** caused by bacteria
Bak·te·ri·en·ko·lo·nie *f* BIOL bacteria colony **Bak·te·ri·en·kul·tur** *f* bacteria culture **Bak·te·ri·en·ra·sen** *m* BIOL bacteria lawn **Bak·te·ri·en·trä·ger(in)** *m(f)* MED carrier
Bak·te·ri·o·lo·ge, Bak·te·ri·o·lo·gin <-n, -n> [bakteri̯o'lo:gə, -'lo:gɪn] *m, f* bacteriologist
Bak·te·ri·o·lo·gie <-> [bakteri̯olo'gi:] *f kein pl* bacteriology
Bak·te·ri·o·lo·gin <-, -nen> *f fem form von* **Bakteriologe**
bak·te·ri·o·lo·gisch [bakteri̯o'lo:gɪʃ] *adj* bacteriological; **~e Kriegsführung** biological warfare
Bak·te·ri·o·pha·ge <-n, -n> [bakteri̯o'fa:gə] *m* BIOL bacteriophage
bak·te·ri·zid [bakteri'tsi:t] **I.** *adj* germicidal, bactericidal **II.** *adv* ~ **wirksam sein** to act as a germicide
Ba·la·lai·ka <-, -s *o* Balalaiken> [bala'laika, *pl* -laikən] *f* MUS balalaika
Ba·lan·ce <-, -n> [ba'lã:sə] *f* ❶ (*Gleichgewicht*) balance, equilibrium; **jdn aus der ~ bringen** to bring [*or* put] sb off balance; **die ~ halten/verlieren** to keep/lose one's balance ❷ (*Ausgewogenheit*) balance
Ba·lan·ce·akt *m* ❶ (*Seiltanz*) balancing [*or* tightrope] act ❷ (*Vorgang des Lavierens*) balancing act
ba·lan·cie·ren* [balã'si:rən] **I.** *vi* ❶ *sein* (*sich vorsichtig bewegen*) ■**[über etw** *akk*] ~ to balance [one's way across sth] ❷ *haben* (*lavieren*) ■**zwischen etw** *dat* **und etw** ~ to keep [*or* achieve] a balance between sth and sth **II.** *vt haben* ■**etw [auf etw** *dat*] ~ to balance sth [on sth]
Ba·lan·cier·stan·ge *f* balancing pole
bald [balt] **I.** *adv* ❶ (*schnell, in Kürze*) soon; **komm ~ wieder!** come back soon!; **so ~ wird es das nicht mehr geben** that won't happen again in a hurry; **wird's ~?** (*fam*) move it!; **so ~ wie** [*o* **als**] **möglich** as soon as possible; **[all]zu ~** [all] too soon; **bis ~!** see you later!; **~ darauf** soon [*or* shortly] after[wards]; **nicht so ~** not as soon ❷ (*fast*) almost; **das ist schon ~ nicht**

mehr schön! that's taking it a bit too far!, that's beyond a joke! ❸ (*fam*) soon; **wirst du wohl ~ ruhig sein?** will you just be quiet! [*or sl* shut up!]; *s. a.* **möglichst, sobald II.** *konj* (*geh*) ■**~ ..., ~ ...** one moment ..., the next ...; **~ hier, ~ da** now here, now there

Bal·da·chin <-s, -e> ['baldaxi:n] *m* canopy, baldachin

Bäl·de ['bɛldə] *f* **in ~** in the near future

bal·dig ['baldɪç] *adj attr* speedy, quick; **um ~e Antwort wird gebeten** we hope to receive [*or* look forward to receiving] a reply soon; **wir hoffen auf Ihr ~es Kommen!** we hope to see you soon!; *s. a.* **Wiedersehen**

bal·digst *adv* (*geh*) as soon as possible, without delay

bald·mög·lichst *adv* as soon as possible, without delay

Bal·dri·an <-s, -e> ['baldria:n] *m* BOT valerian

Bal·dri·an·trop·fen *pl* PHARM valerian [drops *pl*]

Balg¹ <-[e]s, Bälge> [balk, *pl* 'bɛlgə] *m* ❶ (*Blase~*) bellows *npl* ❷ (*Tierhaut*) pelt ▸WENDUNGEN: **jdm auf den ~ rücken** (*fam*) to crowd sb

Balg² <-[e]s, Bälger> [balk, *pl* 'bɛlgɐ] *m o nt* (*pej fam*) brat *pej fam*

bal·gen ['balgn̩] *vr* ■**sich [um etw] ~** to scrap [over sth], to have a scrap [over sth]

Bal·ge·rei <-, -en> [balgə'rai] *f* scrap

Bal·kan <-s> ['balka:n] *m* ❶ ■**der ~** the Balkans *pl;* **auf dem ~** on [*or* in] the Balkans ❷ (*Balkangebirge*) Balkan Mountains *pl*

Bal·kan·halb·in·sel *f* Balkan Peninsula

bal·ka·nisch [bal'ka:nɪʃ] *adj* Balkan

Bal·ka·ni·sie·rung <-> *f kein pl* POL (*pej*) Balkanization

Bal·kan·län·der *pl* Balkan States

Bal·ken <-s, -> ['balkn̩] *m* ❶ (*Holz~*) beam ❷ (*Stahl~*) girder ❸ (*Stütz~*) prop, shore ❹ MUS bar ❺ SPORT beam ❻ (*heraldisches Zeichen*) fesse, bar; (*Uniformstreifen*) stripe ▸WENDUNGEN: **der ~ im eigenen Auge** REL the beam in one's own eye; **lügen, dass sich die ~ biegen** (*fam*) to lie through one's teeth *fam*

Bal·ken·code *m* bar code **Bal·ken·di·a·gramm** *nt* bar chart **Bal·ken·kon·struk·ti·on** *f* timber-frame construction **Bal·ken·über·schrift** *f* MEDIA banner headline **Bal·ken·waa·ge** *f* beam balance

Bal·kon <-s, -s *o* -e> [bal'kɔŋ, bal'ko:] *m* ❶ ARCHIT balcony ❷ THEAT dress circle

Bal·kon·pflan·ze *f* balcony plant **Bal·kon·zim·mer** *nt* room with balcony

Ball¹ <-[e]s, Bälle> [bal, *pl* 'bɛlə] *m* ❶ (*zum Spielen*) ball; **am ~ sein** to be in possession of the ball, to have the ball; **jdm den ~ zuspielen** to feed sb the ball; **~ spielen** to play ball ❷ (*runder Gegenstand*) ball; **der ~ der Sonne** (*poet*) the sun's fiery orb ▸WENDUNGEN: **am ~ bleiben** to stay on the ball *fig;* **bei jdm am ~ bleiben** to keep in with sb *fig;* **den ~ aufgreifen** to pick up on a point; **am ~ sein** to be on the ball *fig;* **jdm den ~ zuspielen** to feed sb lines *fig*

Ball² <-[e]s, Bälle> [bal, *pl* 'bɛlə] *m* (*Tanzfest*) ball; (*mit Mahl a.*) dinner-dance BRIT; **auf dem ~** at the ball

Bal·la·de <-, -n> [ba'la:də] *f* ballad

bal·la·den·haft *adj* balladic, ballad-like

bal·la·desk [bala'dɛsk] *adj s.* **balladenhaft**

Bal·last <-[e]s, *selten* -e> ['balast, ba'last] *m* NAUT, LUFT ballast; (*fig*) burden, encumbrance; **~ ab-/über Bord werfen** NAUT, LUFT to discharge [*or* shed] ballast; (*fig: sich von etwas Unnützem befreien*) to get rid of a burden [*or* an encumbrance]

Bal·last·stof·fe *pl* roughage *sing,* [dietary] fibre [*or* AM -er]

bal·len ['balən] **I.** *vt* ■**etw ~** to press sth together [into a ball]; **Papier ~** to crumple paper [into a ball]; **die Faust [gegen jdn] ~** to clench one's fist [at sb]; **die Hand zur Faust ~** to clench one's [*or* make a] fist; *s. a.* **Faust II.** *vr* ■**sich ~** to crowd [together]; *Wolken* to gather; *Faust* to clench; *Verkehr* to build up

Bal·len <-s, -> ['balən] *m* ❶ (*rundlicher Packen*) bale ❷ (*an Hand o Fuß*) ball; (*bei Tieren*) pad

Bal·len·wild *nt* small game

Bal·le·rei <-, -en> *f* (*fam*) ❶ (*Schießerei*) shooting ❷ (*Knallerei*) banging

Bal·le·ri·na¹ <-, Ballerinen> [balə'ri:na, *pl* -'ri:nən] *f* ballerina, ballet-dancer

Bal·le·ri·na² <-s, Ballerinas> [balə'ri:na] *m* (*Schuh*) court shoe BRIT, pump AM

Bal·ler·mann <-männer> *m* (*sl*) gun

bal·lern ['balɐn] **I.** *vi* (*fam*) ❶ (*schießen*) ■**[mit etw] ~** to shoot [*or* fire] [with sth]; **in Deutschland wird zu Silvester viel geballert** there are lots of fireworks in Germany on New Year's Eve ❷ (*knallen*) to bang ❸ (*poltern*) ■**gegen etw ~** to hammer against sth; **gegen die Tür ~** to bang on the door **II.** *vt* (*sl: zuschlagen*) ■**etw ~** to bang [*or* slam] sth; **jdm eine ~** to sock sb one *sl*

Bal·lett <-[e]s, -e> [ba'lɛt] *nt* ❶ (*Tanz*) ballet ❷ (*Tanzgruppe*) ballet [company]; **zum ~ gehen** to become a ballet-dancer; **beim ~ sein** to be [a dancer] with the ballet, to be a ballet-dancer

Bal·let·tän·zer(in)^ALT *m(f) s.* **Balletttänzer**

Bal·let·teu·se <-, -n> [balɛ'tø:zə] *f* (*geh*) [ballet-]dancer

Bal·lett·meis·ter(in) *m(f)* ballet master, maître de ballet **Bal·lett·röck·chen** *nt* tutu **Bal·lett·schu·he** *pl* ballet shoes *pl* **Bal·lett·tän·zer(in)**^RR *m(f)* ballet-dancer **Bal·lett·trup·pe** *f* ballet [company]

Ball·ge·fühl *nt kein pl* SPORT feeling for the ball

Bal·lis·tik <-> [ba'lɪstɪk] *f kein pl* ballistics + *sing vb*

bal·lis·tisch [ba'lɪstɪʃ] *adj* ballistic

Ball·jun·ge *m* TENNIS ball boy

Ball·kleid *nt* ball dress [*or* gown]

Ball·mäd·chen *nt* TENNIS *fem form von* **Balljunge** ball girl

Bal·lon <-s, -s *o* -e> [ba'lɔŋ, ba'lõ:] *m* ÖSTERR, SCHWEIZ ❶ (*Luft~*) balloon ❷ (*bauchiger Glasbehälter*) carboy, demijohn ❸ (*sl: Kopf*) nut BRIT, bean AM; **einen [roten] ~ kriegen** (*fam*) to turn [*or* go] bright red, to go [as] red as a beetroot

Bal·lon·di·la·ta·ti·on <-, -en> *f* MED balloon dila[ta]tion **Bal·lon·fah·rer(in)** *m(f)* balloonist **Bal·lon·müt·ze** *f* (*veraltet*) Mao cap **Bal·lon·rei·fen** *m* (*veraltet*) balloon tyre [*or* AM tire] **Bal·lon·rock** *m* puffball

Ball·saal *m* ballroom

Ball·spiel *nt* ball game **Ball·spie·len** <-s> *nt kein pl* playing ball; **~ gehen** to go and play ball; **„~ verboten"** 'No ball games'

Bal·lung <-, -en> *f* ❶ (*Ansammlung*) concentration; *Truppen* build-up, massing; **die ~ der Kaufkraft in einer Region** the concentration of spending power in a region ❷ (*Verdichtung*) accumulation [*or* concentration]

Bal·lungs·ge·biet *nt,* **Bal·lungs·raum** *m* conurbation **Bal·lungs·zen·trum** *nt* centre [*or* AM -er] of population; **industrielles ~** centre [*or* AM -er] of industry

Ball·wech·sel *m* rally

Bal·sa·holz ['balza-] *nt* balsa[wood]

Bal·sam <-s, -e> ['balza:m] *m* ❶ (*Salbe*) balsam, balm ❷ (*fig*) balm; **~ für die Seele sein** to be [*or* work] like balm for the soul

Bal·sam·es·sig *m* balsamic vinegar

Bal·ti·kum <-s> ['baltikʊm] *nt* ■**das ~** the Baltic states

Ba·lus·tra·de <-, -n> [balʊs'tra:də] *f* balustrade

Balz <-, -en> [balts] *f* ❶ (*Paarungsspiel*) courtship display ❷ (*Paarungszeit*) mating season

bal·zen ['baltsn̩] *vi* to perform a courtship display

Balz·tanz *m* BIOL courtship dance **Balz·zeit** *f s.* **Balz 2**

Bam·bus <-ses *o* -, -se> ['bambʊs] *m* bamboo

Bam·bus·bär *m s.* **Panda Bam·bus·rohr** *nt* bamboo cane **Bam·bus·spros·sen** *pl* bamboo shoots *pl*

Bam·mel <-s> ['baml̩] *m* (*fam*) ■**[einen] ~ vor jdm/etw haben** to be scared of sb/sth; **[einen] großen ~ vor etwas haben** to be scared stiff of sth

ba·nal [ba'na:l] *adj* banal; **eine ~e Angelegenheit/Ausrede** a trivial matter/excuse; **eine ~e Bemerkung** a trite [*or* trivial] remark; **ein ~es Thema** a commonplace topic

ba·na·li·sie·ren* [banali'zi:rən] *vt* (*geh*) ■**etw** ~ to trivialize sth

Ba·na·li·tät <-, -en> [banali'tɛ:t] *f* ① *kein pl* (*banale Beschaffenheit*) banality [*or* triteness]; *eines Themas, einer Angelegenheit* triviality; **von großer** ~ extremely trivial ② *meist pl* (*banale Äußerung*) platitude

Ba·na·ne <-, -n> [ba'na:nə] *f* banana

Ba·na·nen·damp·fer *m* banana boat **Ba·na·nen·plan·ta·ge** *f* banana plantation **Ba·na·nen·re·pu·blik** *f* (*pej*) banana republic **Ba·na·nen·scha·le** *f* banana skin **Ba·na·nen·stau·de** *f* banana [plant] **Ba·na·nen·ste·cker** *m* ELEK (*veraltend*) banana plug

Ba·nau·se <-n, -n> [ba'nauzə] *m* (*pej*) philistine

band [bant] *imp von* **binden**

Band[1] <-[e]s, Bänder> [bant, *pl* 'bɛndɐ] *nt* ① (*Streifen Gewebe*) ribbon *a. fig;* (*Haar~*) hair ribbon; (*Hut~*) hatband; (*Schürzen~*) apron string; **das Blaue** ~ the Blue Riband [*or* AM Ribbon] ② (*Mess~*) measuring tape ③ (*Metall~*) metal band ④ (*Verpackungs~*) packaging tape ⑤ TECH (*Ton~*) [recording] tape; **etw auf ~ aufnehmen** to tape [record] sth, to record sth on tape; **etw auf ~ diktieren** [*o* **sprechen**] to dictate sth on to tape; **auf ~ sein** to be [recorded] on tape; **etw auf ~ haben** to have sth [recorded] on tape ⑥ (*Fließ~*) conveyor belt; **am ~ arbeiten** to work on an assembly [*or* a production] line; **vom ~ laufen** to come off the [production] line; **am laufenden ~** (*fam*) non-stop, continuously; **etw am laufenden ~ tun** to keep doing sth ⑦ RADIO wavelength, [frequency] band ⑧ *meist pl* ANAT ligament; **sich** *dat* **die Bänder zerren/[an]reißen** to strain/tear ligaments ⑨ BAU (*Baubeschlag*) hinge

Band[2] <-[e]s, -e> [bant] *nt* (*geh*) ① (*gegenseitige Beziehung*) bond, tie; **zarte ~e knüpfen** to start a romance ② *pl* (*Fesseln*) bonds *npl,* fetters *npl,* shackles *npl;* **jdn in ~e schlagen** (*veraltet*) to clap [*or* put] sb in irons

Band[3] <-[e]s, Bände> [bant, *pl* 'bɛndə] *m* volume; **Bände füllen** to fill volumes; **über etw Bände schreiben können** to be able to write volumes about sth ▸ WENDUNGEN: **Bände sprechen** (*fam*) to speak volumes

Band[4] <-, -s> [bɛnt] *f* MUS band, group

Ban·da·ge <-, -n> [ban'da:ʒə] *f* bandage ▸ WENDUNGEN: **das sind harte ~n** (*fam*) those are hard words; **mit harten ~n kämpfen** (*fam*) to fight with no holds barred [*or* one's gloves off]

ban·da·gie·ren* [banda'ʒi:rən] *vt* ■[**jdm**] **etw** ~ to bandage [up] [sb's] sth

Band·auf·nah·me *f* tape-recording

Band·brei·te *f* ① (*geh*) range ② FIN variation; **eine ~ von ... bis ... haben** to range from ... to ... ③ RADIO, INET bandwidth

Bänd·chen <-s, -> ['bɛntçən] *nt* ① *dim von* **Band[1]** small ribbon ② *dim von* **Band[3]** small [*or* slim] volume

Ban·de[1] <-, -n> ['bandə] *f* ① (*Verbrecher~*) gang, band ② MUS (*fam: Gruppe*) gang *fam*

Ban·de[2] <-, -n> ['bandə] *f* SPORT barrier; **die ~ eines Billardtisches** the cushion of a billiard table; **die ~ einer Reitbahn** the boards of an arena

Band·ei·sen *nt* metal hoop

Bän·del[RR] <-s, -> ['bɛndl] *m* ① (*Schnürsenkel*) shoelace ② (*Bändchen*) ribbon ▸ WENDUNGEN: **jdn am ~ haben** (*fam*) to be able to twist sb round one's little finger

Ban·den·chef(in) [-ʃɛf] *m(f)* (*fam*), **Ban·den·füh·rer(in)** *m(f)* gang leader **Ban·den·kri·mi·na·li·tät** *f* (*Kriminalität von Verbrecherbanden*) [organized] gang crime

Ban·den·wer·bung *f* ÖKON *advertising on hoardings round the perimeter of sports arenas*

Ban·de·ro·le <-, -n> [bandə'ro:lə] *f* revenue stamp [*or* seal]

Bän·der·riss[RR] ['bɛndɐ-] *m* MED torn ligament **Bän·der·zer·rung** *f* MED pulled ligament

bän·di·gen ['bɛndɪgn̩] *vt* ① (*zähmen*) ■**ein Tier** ~ to tame an animal ② (*niederhalten*) ■**jdn** ~ to bring sb under control, to subdue sb ③ (*geh: zügeln*) ■**etw** ~ to control [*or* overcome] sth, to bring sth under control; **Haare** ~ to control one's hair; **Naturgewalten** ~ to harness the forces of nature

Bän·di·gung <-, -en> *f* ① (*Zähmung*) taming ② (*Niederhaltung*) controlling, subduing ③ (*geh: Zügelung*) controlling, overcoming; **die ~ eines Brandes** bringing a fire under control; **die ~ von Naturgewalten** harnessing [of] the forces of nature

Ban·dit(in) <-en, -en> [ban'di:t] *m(f)* bandit, brigand *old;* **einarmiger** ~ one-armed bandit

Band·maß *nt* tape measure

Band·nu·deln *pl* ribbon noodles, tagliatelle *npl*

Ban·do·ne·on <-s, -s> [ban'do:neɔn] *nt* MUS bandoneon

Band·sä·ge *f* band saw

Band·schei·be *f* ANAT [intervertebral] disc; **es an** [*o* **mit**] **der** ~ [*o* **den ~n**] **haben** (*fam*) to have a slipped [*or* slipped a] disc

Band·schei·ben·scha·den *m* MED damaged [intervertebral] disc **Band·schei·ben·vor·fall** *m* MED slipped disc

Band·wurm *m* tapeworm

bang <-er *o* bänger, -ste *o* bängste> [baŋ] *adj* (*geh*) scared, frightened; **~e Augenblicke/Minuten/Stunden** anxious moments/minutes/hours; **ein ~es Schweigen** an uneasy silence; **in ~er Erwartung** uneasily; **es ist/wird jdm ~ [zumute]** to be/become uneasy [*or* anxious]; **jdm ist ~ [vor jdm/etw]** sb is scared [of sb/sth]; *s. a.* **Herz**

Ban·ga·le, Ban·ga·lin <-n, -n> [baŋ'ga:lə, baŋ'ga:lɪn] *m, f s.* **Bangladescher**

ban·ga·lisch [baŋ'ga:lɪʃ] *adj* Bengali; *s. a.* **deutsch**

Ban·ge <-> ['baŋə] *f* ~ **[vor jdm/etw] haben** to be scared [*or* frightened] [*or* afraid] [of sb/sth]; **jdm ~ machen** to scare [*or* frighten] sb; ~ **machen gilt nicht!** (*fam*) you can't scare me!; **[nur] keine ~!** (*fam*) don't be scared [*or* afraid]!; (*keine Sorge*) don't worry!

ban·gen ['baŋən] *vi* (*geh*) ① (*sich ängstigen*) ■**um jdn/etw** ~ to worry [*or* be worried] about sb/sth; **um jds Leben** ~ to fear for sb's life ② (*Angst haben*) ■**es bangt jdm [vor jdm/etw]** [*o* **jdm bangt es [vor jdm/etw]**] sb is scared [*or* frightened] [*or* afraid] of sb/sth

Bang·la·desch, Bang·la·desh <-> [baŋla'dɛʃ] *nt* Bangladesh

Bang·la·de·scher(in) <-s, -> *m(f)* Bangladeshi; *s. a.* **Deutsche(r)**

bang·la·de·schisch *adj* BRD, ÖSTERR Bangladeshi; *s. a.* **deutsch**

Ban·jo <-s, -s> ['bændʒo] *nt* banjo

Bank[1] <-, Bänke> [baŋk, *pl* 'bɛŋkə] *f* ① (*Sitzmöbel*) bench; (*Garten~*) [garden] seat [*or* bench]; (*Anklage~*) dock; **auf der Anklage~** in the dock; (*Kirchen~*) pew; **vor leeren Bänken predigen** to preach to an empty church; (*Schul~*) desk; **in der ersten ~** in the front [*or* first] row; (*Werk~*) workbench; **vor leeren Bänken spielen** to play to an empty house ② (*bankförmige Anhäufung*) bank; (*Austern~*) bed; (*Korallen~*) reef; (*Sand~*) sandbank, sandbar; (*Wolken~*) bank of clouds ▸ WENDUNGEN: **etw auf die lange ~ schieben** (*fam*) to put sth off; **[alle] durch die ~** (*fam*) every single one [*or* the whole lot] [of them]

Bank[2] <-, -en> [baŋk] *f* ① FIN bank; **auf der ~** in the bank; **ein Konto bei einer ~ haben** to have an account with a bank ② (*Kasse*) bank; **die ~ haben** [*o* **halten**] to be [the] banker, to have a bank; **die ~ sprengen** to break the bank

Bank·an·ge·stell·te(r) *f(m) dekl wie adj* bank employee **Bank·au·to·mat** *m* [automated] cash dispenser, automated teller machine, ATM, bank machine

Bänk·chen <-s, -> ['bɛŋkçən] *nt dim von* **Bank[1]** little [*or* small] bench

Bank·di·rek·tor, -di·rek·to·rin *m, f* bank manager, director of a bank

Bän·kel·lied ['bɛŋkl̩liːt] *nt* street ballad **Bän·kel·sän·ger(in)** *m(f)* ballad-singer
Ban·ken·auf·sicht *f* bank supervision **Ban·ken·vier·tel** *nt* banking district
Ban·ker(in) <-s, -> ['bɛŋkɐ] *m(f)* (*fam*) banker
Ban·kett[1] <-[e]s, -e> [baŋ'kɛt] *nt* banquet
Ban·kett[2] <-[e]s, -e> [baŋ'kɛt] *nt,* **Ban·ket·te** <-, -n> [baŋ'kɛtə] *f* verge BRIT, shoulder AM; **„~e nicht befahrbar** [*o* **unbefahrbar**]**"** "soft verges"
Bank·fach *nt* ❶ (*Schließfach*) safe-deposit box ❷ (*Beruf*) banking, banking profession; **im ~ arbeiten** to work in banking [*or* in the banking profession] **Bank·fi·li·a·le** *f* branch (*of a bank*) **Bank·ge·heim·nis** *nt* [the bank's duty to maintain] confidentiality **Bank·ge·schäf·te** *pl* bank transactions *pl* **Bank·gut·ha·ben** *nt* bank balance **Bank·hal·ter(in)** *m(f)* bank, banker **Bank·haus** *nt* (*geh*) banking house; **~ Schlüter & Sohn** Schlüter & Son, Bankers
Ban·kier <-s, -s> [baŋ'ki̯eː] *m* banker
Ban·ki·va·huhn [baŋ'kiːva-] *nt* ORN (*Gallus gallus*) red jungle fowl
Bank·kauf·mann, -frau *m, f* [qualified] bank clerk **Bank·kon·to** *nt* bank account **Bank·kre·dit** *m* bank loan **Bank·leh·re** *f* training as a bank clerk **Bank·leit·zahl** *f* bank sorting code [number] **Bank·no·te** *f* banknote
Ban·ko·mat <-en, -en> [baŋko'maːt] *m* cash machine [*or* dispenser]
Bank·platz *m* (*geh*) banking centre [*or* AM -er] **Bank·pro·vi·si·on** *f* bank charge **Bank·raub** *m* bank robbery **Bank·räu·ber(in)** *m(f)* bank robber
bank·rott [baŋk'rɔt] *adj* ❶ ÖKON bankrupt; **jdn ~ machen** to bankrupt sb ❷ (*fig*) bankrupt, discredited
Bank·rott <-[e]s, -e> [baŋk'rɔt] *m* bankruptcy; **~ machen** to go [*or* become] bankrupt
Bank·rott·er·klä·rung *f* ❶ ÖKON declaration of bankruptcy ❷ (*Erklärung der Inkompetenz*) declaration of failure
Bank·rot·teur(in) <-s, -e> [baŋkrɔ'tøːɐ] *m(f)* (*geh*) bankrupt
bank·rott|ge·henRR *vi irreg sein* to go [*or* become] bankrupt
Bank·über·fall *m* bank raid **Bank·über·wei·sung** *f* bank transfer **bank·üb·lich** *adj* **es ist ~** it is normal banking practice **Bank·ver·bin·dung** *f* banking arrangements; **wie ist Ihre ~?** what are the particulars of your bank account? **Bank·we·sen** *nt kein pl* banking
Bann <-[e]s> [ban] *m* ❶ (*geh*) spell; **in jds ~** *akk*/**in den ~ einer S. geraten** to come under sb's/sth's spell; **jdn in ~ halten** (*geh*) to hold sb in one's spell; **jdn in seinen ~ schlagen** [*o* **ziehen**] to cast a spell over sb; **in jds ~** *dat*/**im ~ einer S. stehen** *gen* to be under sb's spell/under the spell of sth ❷ HIST excommunication; **den ~ über jdn aussprechen** to excommunicate sb; **jdn vom ~ lösen** to absolve sb [from excommunication]; **jdn in den ~ tun** [*o* **jdn mit dem ~ belegen**] to excommunicate sb
Bann·bul·le *f* HIST bull [*or* letter] of excommunication
ban·nen ['banən] *vt* ❶ (*geh: faszinieren*) ■**jdn ~** to entrance [*or* captivate] sb; [**wie**] **gebannt** [as though] bewitched [*or* entranced] ❷ (*fernhalten*) ■**jdn/etw ~** to exorcize sb/sth; **Gefahr ~** to avert [*or* ward off] danger
Ban·ner <-s, -> ['banɐ] *nt* banner; **das ~ einer Sache hochhalten** to hold high the banner of sth
Ban·ner·trä·ger(in) *m(f)* (*a. fig*) standard-bearer
Bann·kreis *m* influence; **in jds ~ stehen** to be under sb's influence; **in jds ~ geraten/in den ~ einer Sache geraten** to come under sb's/sth's influence **Bann·mei·le** *f restricted area round a* [*government*] *building in which public meetings or demonstrations are banned* **Bann·strahl** *m* (*geh*) excommunication **Bann·wald** *m* ÖSTERR, SCHWEIZ *forest planted as protection against avalanches*
Ban·tam·ge·wicht ['bantam-] *nt* SPORT ❶ *kein pl* (*Klasse*) bantamweight; **im ~ boxen** to box in the bantamweight category ❷ (*Sportler*) bantamweight **Ban·tam·ge·wicht·ler(in)** <-s, -> *m(f) s.* **Bantamgewicht 2**
Ba·o·bab <-s, -s> ['baːobap] *m* BOT (*Adansonia*) baobab
Bap·tist(in) <-en, -en> [bap'tɪst] *m(f)* Baptist
bar [baːɐ̯] *adj* ❶ (*in Banknoten oder Münzen*) cash; **~es Geld** cash; **~e Zahlungen** payments in cash; [**in**] **~ bezahlen** to pay [in] cash; **gegen ~** for cash; **Verkauf nur gegen ~** cash sales only; **600 Euro in ~** 600 euros [in] cash ❷ *attr* (*rein*) pure; **~er Unsinn** utter [*or* absolute] rubbish [*or* AM garbage] ❸ *pred* (*geh: ohne*) ■**~ einer S.** *gen* devoid of [*or* [utterly] without] sth
bar, Bar <-s, -s> [baːɐ̯] *nt als Maßeinheit* bar
Bar <-, -s> [baːɐ̯] *f* bar
Bär(in) <-en, -en> [bɛːɐ̯] *m(f)* bear; **stark wie ein ~** (*fam*) strong as an ox; **wie ein ~ schlafen** (*fam*) to sleep like a log; **der Große/Kleine ~** the Great/Little Bear, Ursa Major/Minor *spec* ▶ WENDUNGEN: **jdm einen ~en aufbinden** (*fam*) to have [*or* AM put] sb on, to pull sb's leg
Ba·ra·cke <-, -n> [ba'rakə] *f* hut, shack
Bar·ba·di·er(in) <-s, -> [bar'baːdi̯ɐ] *m(f)* Barbadian, Bajan *fam; s. a.* **Deutsche(r)**
bar·ba·disch [bar'baːdɪʃ] *adj* Barbadian; *s. a.* **deutsch**
Bar·ba·dos <-> [bar'baːdɔs] *nt* Barbados; *s. a.* **Deutschland**
Bar·bar(in) <-en, -en> [bar'baːɐ̯] *m(f)* ❶ (*pej*) barbarian, brute ❷ HIST Barbarian
Bar·ba·ra·kraut ['barbara] *nt kein pl* winter cress, land cress
Bar·ba·rei <-, -en> [barba'rai] *f* (*pej*) ❶ (*Unmenschlichkeit*) barbarity; **ein Akt der ~** an act of barbarity, a barbarous act ❷ *kein pl* (*Kulturlosigkeit*) barbarism; **in ~ versinken** [*o* **in die ~ zurücksinken**] to [re]lapse into barbarism
Bar·ba·rie-En·te [barba'riː] *f* KOCHK Musk duck
Bar·ba·rin <-, -nen> *f fem form von* **Barbar**
bar·ba·risch [bar'baːrɪʃ] **I.** *adj* ❶ (*pej: unmenschlich*) barbarous; **~e Folter** brutal torture; **eine ~e Strafe** a savage punishment ❷ (*fam: grässlich*) barbaric ❸ (*fam: unerhört*) dreadful, terrible ❹ HIST barbarian **II.** *adv* ❶ (*grausam*) brutally ❷ (*fam: entsetzlich*) dreadfully, awfully
Bar·be <-, -n> ['barbə] *f* ZOOL, KOCHK (*Fischart*) barbel
bär·bei·ßig ['bɛːɐ̯baisɪç] *adj* (*fam*) grumpy; **ein ~er Ton** a gruff tone
Bar·ben·kraut ['barbn̩-] *nt* barbarea
Bar·bier <-s, -e> [bar'biːɐ̯] *m* (*veraltet*) barber
Bar·bi·tu·rat <-[e]s, -e> [barbitu'raːt] *nt* barbiturate
Bar·bi·tur·säu·re [barbi'tuːɐ̯-] *f* PHARM barbituric acid
bar·bu·sig I. *adj* topless **II.** *adv* topless
Bar·da·me *f* barmaid, hostess
Bar·de <-n, -n> ['bardə] *m* bard
bar·die·ren [bar'diːrən] *vt* KOCHK to wrap in bacon
Ba·re(s) *nt kein pl* cash
Bä·ren·dienst *m* ▶ WENDUNGEN: **jdm einen ~ erweisen** to do sb a bad turn [*or* disservice] **Bä·ren·dreck** *m* SÜDD, SCHWEIZ (*Lakritze*) liquorice BRIT, licorice AM **Bä·ren·haut** *f* bearskin ▶ WENDUNGEN: **auf der ~ liegen** (*pej fam*) to laze about, to lie around **Bä·ren·hun·ger** *m* a massive appetite; **einen ~ haben** (*fam*) to be famished [*or* ravenous] [*or* starving] **Bä·ren·jagd** *f* bear hunt[ing] **Bä·ren·klau** <-> *m kein pl* BOT (*Heracleum*) hogweed, cow parsnip **Bä·ren·kräf·te** *pl* the strength of an ox **Bä·ren·krebs** *m* ZOOL, KOCHK slipper lobster **Bä·ren·lauch** *m* wild garlic, ramson **Bä·ren·na·tur** *f* tough constitution; **eine ~ haben** (*fam*) to be tough **bä·ren·stark** *adj* ❶ (*fam: äußerst stark*) as strong as an ox *pred* ❷ (*sl: toll*) cool **Bä·ren·trau·be** *f* BOT (*Arctostaphylos*) bearberry
Ba·rents·see ['baːrənts-] *f* Barents Sea
Ba·rett <-[e]s, -e *o* -s> [ba'rɛt] *nt* beret; (*von Geistlichem*) biretta; (*von Richter*) cap; (*von Professor*) mortarboard
bar·fuß ['baːɐ̯fuːs] *adj pred* barefoot[ed]
bar·fü·ßig ['baːɐ̯fyːsɪç] *adj* ❶ *attr* barefooted ❷ *pred* (*geh*) *s.* **barfuß**

barg [bark] *imp von* **bergen**

Bar·geld *nt* cash

bar·geld·los I. *adj* cashless **II.** *adv* without using cash; ~ **zahlen** to pay without cash [*or* by credit card etc.]

bar·häup·tig I. *adj* (*geh*) bare-headed **II.** *adv* (*geh*) bare-headed

Bar·ho·cker *m* bar stool

Bä·rin <-, -nen> *f fem form von* **Bär** [she-]bear

Ba·ri·ton <-s, -e> ['ba(:)ritɔn] *m* baritone

Ba·ri·um <-s> ['ba:ri̯ʊm] *nt kein pl* barium

Bar·kas·se <-, -n> [bar'kasə] *f* launch

Bar·kauf *m* cash purchase

Bar·ke <-, -n> ['barkə] *f* skiff, rowing boat

Bar·kee·per(in) <-s, -> ['ba:ɐki:pɐ] *m(f)*, **Bar·mann** *m* barman, bartender

Bär·lapp <-s, -e> ['bɛ:ɐ̯lap] *m* BOT (*Lycopodium*) clubmoss, lycopod **Bär·lauch** *m* BOT (*Allium ursinum*) broad-leaved garlic

Bar·löf·fel *m* mixing spoon (*for drinks*)

barm·her·zig [barm'hɛrtsɪç] *adj* (*mitfühlend*) compassionate; ■~ **sein** to show compassion; **eine ~e Tat** an act of compassion ▶WENDUNGEN: [**Gott**] **der B~e** REL merciful God

Barm·her·zig·keit <-> *f kein pl* mercy, compassion; [**an jdm**] ~ **üben** (*geh*) to show mercy to [*or* compassion towards] sb

Bar·mit·tel *pl* FIN (*geh*) cash reserves [*or* resources]

Bar·mi·xer(in) <-s, -> *m(f)* barman

ba·rock [ba'rɔk] *adj* ❶ KUNST, ARCHIT, LIT baroque ❷ (*üppig*) baroque [*or* ornate]; **eine ~e Figur** an ample [*or* voluptuous] figure; **eine ~e Sprache** florid language ❸ (*pompös*) extravagant

Ba·rock <-[s]> [ba'rɔk] *nt o m kein pl* baroque

Ba·rock·zeit *f* the baroque [*or* age] period

Ba·ro·me·ter <-s, -> [baro'me:tɐ] *nt* barometer; **das ~ fällt/steigt** the barometer is falling/rising ▶WENDUNGEN: **das ~ steht auf Sturm** things look stormy

Ba·ro·me·ter·stand *m* barometer reading

Ba·ron(in) <-s, -e> [ba'ro:n] *m(f)* baron; KOCHK (*vom Lamm/Rind*) baron [of beef/lamb]

Ba·ro·ness[RR] <-, -en> [baro'nɛs] *f*, **Ba·ro·neß**[ALT] <-, -essen> *f*, **Ba·ro·nes·se** <-, -n> *f daughter of a baron*

Ba·ro·nin <-, -nen> *f fem form von* **Baron**

Bar·ra·ku·da <-, -s> [bara'ku:da] *m* ZOOL (*Sphyraena barracuda*) barracuda

Bar·rel <-s, -s *o als Maßeinheit* -> ['bɛrəl] *nt* barrel

Bar·ren[1] <-s, -> ['barən] *m* SPORT parallel bars *npl*

Bar·ren[2] <-s, -> ['barən] *m* bar, ingot; **in** ~ in the form of bars [*or* ingots]

Bar·ren·gold *nt* gold bullion

Bar·ri·e·re <-, -n> [ba'ri̯e:rə] *f* (*a. fig*) barrier

Bar·ri·ka·de <-, -n> [bari'ka:də] *f* (*Verschanzung*) barricade ▶WENDUNGEN: [**für etw**] **auf die ~n gehen** to man the barricades [for sth], to go on the warpath for [sth]

barsch [barʃ] **I.** *adj* curt **II.** *adv* curtly

Barsch <-[e]s, -e> [barʃ] *m* perch

Bar·schaft <-> *f kein pl* (*geh*) cash; **50 Euro, das ist meine ganze ~!** 50 euros is all the cash I have!

Bar·scheck *m* FIN open [*or* uncrossed] cheque BRIT, cashable check AM **Bar·spen·de** *f* FIN cash donation

barst [barst] *imp von* **bersten**

Bart <-[e]s, Bärte> [ba:ɐ̯t, *pl* 'bɛ:ɐ̯tə] *m* ❶ (*Voll~*) beard; **einen ~ haben** to have a beard; **sich** *dat* **etw in den ~ brummeln** (*fam*) to mumble sth [into one's beard]; **sich** *dat* **einen ~ wachsen** [*o* **stehen**] **lassen** to grow a beard; **mit** ~ bearded; **ohne** ~ clean-shaven ❷ (*Schnurr~*) moustache BRIT, mustache AM ❸ ZOOL whiskers ❹ TECH (*Schlüssel~*) bit ▶WENDUNGEN: **beim ~e des Propheten** cross my heart; **jdm um den ~ gehen** (*fam*) to butter sb up; **einen ~ haben** (*fam*) to be as old as the hills; **der ~ ist ab** (*fam*) that's it! [*or* that]

Bärt·chen <-s, -> ['bɛ:ɐ̯tçən] *nt* small beard; (*Schnurrbart*) small moustache [*or* AM mustache]

Bar·ten·wal ['bartn̩-] *m* ZOOL whalebone [*or* baleen] whale

Bart·flech·te *f* ❶ MED sycosis ❷ BOT beard lichen [*or* moss] **Bart·grun·del** <-, -n> *f* ZOOL, KOCHK *s.* **Schmerle Bart·haar** *nt* ❶ (*im Gesicht*) facial hair ❷ ZOOL whisker

Bar·thel ['bartl̩] *m* ▶WENDUNGEN: **wissen, wo** [**der**] **~ den Most holt** (*fam*) to know what's what [*or* every trick in the book]

Bar·tho·lo·mä·us·nacht [bartolo'mɛ:ʊs-] *f* HIST ■**die** ~ the Massacre of St Bartholomew

bär·tig ['bɛ:ɐ̯tɪç] *adj* bearded

Bär·ti·ge(r) *m dekl wie adj* a bearded man, a man with a beard

bart·los *adj* beardless, clean-shaven **Bart·männ·chen** *nt* KOCHK, ZOOL cusk, torsk **Bart·nel·ke** *f* sweet william **Bart·stop·peln** *pl* stubble *sing* **Bart·wuchs** *m* growth of beard; (*Frau*) facial hair

Bar·ver·kauf *m* cash sale **Bar·ver·mö·gen** *nt* cash [*or* liquid] assets **Bar·zah·lung** *f* payment in cash, cash payment

Bar·zan·ge *f* bar tongs *npl*

Ba·salt <-[e]s, -e> [ba'zalt] *m* basalt

Ba·sar <-s, -e> [ba'za:ɐ̯] *m* ❶ (*orientalischer Markt*) bazaar ❷ (*Wohltätigkeits~*) bazaar

Ba·se[1] <-, -n> ['ba:zə] *f* CHEM base

Ba·se[2] <-, -n> ['ba:zə] *f* ❶ (*veraltet*) *s.* **Cousine** ❷ SCHWEIZ *s.* **Tante**

Base·ball <-s> ['bəɪsbo:l] *m kein pl* baseball

Base·ball·schlä·ger *m* baseball bat

Ba·se·dow-Kank·heit, Ba·se·dow·krank·heit[RR] ['ba:zedo-] *f* [exophthalmic] goitre [*or* AM -er]

Base-Jum·ping <-s> ['beɪsdʒʌmpɪŋ] *nt kein pl* SPORT base-jumping (*parashooting off buildings, bridges, etc.*)

Ba·sel <-s> ['ba:zl̩] *nt* Basle [*or* Basel]

Ba·sel·land·schaft <-s> *nt* Basel District

Ba·sel-Stadt <-> *nt* Basel City

Ba·sen *pl von* **Basis, Base**

Ba·sen·paa·rung *f* BIOL base pairing

ba·sie·ren* [ba'zi:rən] **I.** *vi* ■**auf etw** ~ *dat* to be based on sth **II.** *vt* (*selten*) ■**etw auf etw** ~ *akk* to base sth on sth

Ba·si·li·ka <-, Basiliken> [ba'zi:lika, *pl* ba'zi:likən] *f* basilica

Ba·si·li·kum <-s> [ba'zi:likʊm] *nt kein pl* basil

Ba·si·lisk <-en, -en> [bazi'lɪsk] *m* basilisk

Ba·sis <-, Basen> ['ba:zɪs, *pl* 'ba:zn̩] *f* ❶ (*Grundlage*) basis ❷ POL (*die Parteimitglieder/die Bürger*) ■**die** ~ the grass roots [level]; **an der ~ arbeiten** to do grass roots work ❸ ARCHIT base ❹ MIL base

Ba·sis·ar·beit *f* groundwork, work at grass roots level **Ba·sis·camp** [-kɛmp] *nt* base camp

ba·sisch ['ba:zɪʃ] **I.** *adj* CHEM basic **II.** *adv* CHEM as a base

Ba·sis·de·mo·kra·tie *f kein pl* grass-roots democracy **Ba·sis·grup·pe** *f* POL action group **Ba·sis·la·ger** *nt* base camp **Ba·sis·wis·sen** *nt kein pl* basic knowledge

Bas·ke, Bas·kin <-n, -n> ['baskə, 'baskɪn] *m, f* Basque; *s. a.* **Deutsche(r)**

Bas·ken·land *nt* ■**das** ~ Basque region **Bas·ken·müt·ze** *f* beret

Bas·ket·ball <-s> ['ba(:)skətbal] *m kein pl* basketball

Bas·kin <-, -nen> *f fem form von* **Baske**

Bas·kisch ['baskɪʃ] *nt dekl wie adj* Basque; *s. a.* **Deutsch**

bas·kisch ['baskɪʃ] *adj* Basque; *s. a.* **deutsch**

Bas·kisch ['baskɪʃ] *nt dekl wie adj* Basque; *s. a.* **Deutsch**

Bas·ki·sche <-n> *nt* ■**das** ~ Basque, the Basque language; *s. a.* **Deutsche**

Bas·ma·ti <-s> [bas'ma:ti] *m kein pl* basmati [rice]

Bas·re·li·ef ['bareli̯ɛf] *nt* bas-relief

bass[RR], **baß**[ALT] [bas] *adv* (*hum*) ~ **erstaunt sein** to be flabbergasted

Bass[RR] <-es, Bässe> *m*, **Baß**[ALT] <-sses, Bässe> [bas, *pl*

ˈbɛsə] *m* ❶ MUS bass [voice]; (*Sänger*) bass; **den ~ singen** to sing bass [*or* the bass part] ❷ MUS bass [notes *pl*]

Bạss·ba·ri·tonRR *m* bass baritone **Bạss·gei·ge**RR *f* (*fam*) [double] bass **Bạss·gi·tar·re**RR *f* bass guitar

Bas·sin <-s, -s> [baˈsɛ̃ː] *nt* ❶ (*Schwimmbecken*) pool ❷ (*Garten~*) pond

Bas·sist(in) <-en, -en> [baˈsɪst] *m(f)* ❶ (*Sänger*) bass [singer] ❷ (*Spieler eines Bassinstrumentes*) [double] bass player

bạss·las·tigRR *adj* MUS *Musik, Sound, Song* heavy on the bass **Bạss·schlüs·sel**RR *m* bass clef **Bạss·stim·me**RR *f* (*Gesangsstimme*) bass [voice]; (*Partie*) bass [part]

Bạss·töl·pelRR *m* ORN (*Sula bassana*) gannet

Bast <-[e]s, *selten* -e> [bast] *m* ❶ BOT bast; (*Pflanzenfaser zum Binden*) raffia ❷ (*Geweih*) velvet

bas·ta [ˈbasta] *interj* [**und damit**] **~!** [and that's] enough!

Bas·tard <-[e]s, -e> [ˈbastart] *m* ❶ (*fam: mieser Kerl*) bastard ❷ HIST (*uneheliches Kind*) bastard ❸ BOT (*Hybride*) hybrid

bas·tar·di·sie·ren [bastardiˈziːrən] *vt* ■**etw ~** to bastardize sth

Bas·tar·di·sie·rung <-, -en> *f* BIOL, BOT bastardization

Bas·tei <-, -en> [basˈtai] *f* HIST *s.* **Bastion**

Bas·tel·ar·beit [ˈbastl̩-] *f* ❶ (*Tätigkeit des Bastelns*) handicraft [work]; (*knifflige Arbeit*) a tricky [*or* BRIT *fam a.* fiddly] job ❷ (*Ergebnis*) piece of handicraft [work]

Bas·te·lei <-, -en> *f* (*pej fam*) fiddling around *fam*

bas·teln [ˈbastl̩n] **I.** *vi* ❶ (*als Hobby*) to make things [with one's hands], to do handicrafts ❷ (*sich zu schaffen machen*) ■**an etw ~** *dat* to work on sth; **er bastelt schon den ganzen Tag an dem Computer herum** he's been fiddling [*or* messing] around with the computer all day **II.** *vt* (*handwerklich fertigen*) ■[**jdm**] **etw ~** to make sth [for sb]; **ein Gerät ~** to build a machine; ■**sich** *dat* **etw ~** to make oneself sth

Bas·teln <-s> [ˈbastl̩n] *nt kein pl* ❶ (*Hobby*) handicraft [work], making things ❷ (*Prozess des Anfertigens*) ■**das ~ einer Sache** making [*or* building] sth

Bas·til·le <-> [basˈtiːjə] *f kein pl* HIST Bastille; **der Sturm auf die ~** the storming of the Bastille

Bas·ti·on <-, -en> [basˈti̯oːn] *f* bastion, bulwark; **eine ~ des Kommunismus** a bastion of Communism; **die letzte ~** the last bastion

Bạst·ler(in) <-s, -> *m(f)* handicraft enthusiast, do-it-yourselfer, handy man; **ein guter ~ sein** to be good with one's hands

bat [baːt] *imp von* **bitten**

BAT [beːʔaːˈteː] *m Abk von* **Bundesangestelltentarif** statutory salary scale

Ba·tail·lon <-s, -e> [batalˈjoːn] *nt* battalion

Ba·tail·lons·kom·man·deur [batalˈjoːnkɔmandøːɐ̯] *m* battalion commander

Ba·ta·te <-, -n> [baˈtaːtə] *f* AGR, BOT (*Ipomoea batates*) sweet potato

Ba·ta·via·sa·lat [baˈtaːvi̯a-] *m* Batavia lettuce

Ba·tik <-, -en> [ˈbaːtɪk] *f* batik

ba·ti·ken [ˈbaːtɪkn̩] **I.** *vi* to do batik [work] **II.** *vt* ■[**jdm**] **etw ~** to decorate sth with batik [for sb]

Ba·tist <-[e]s, -e> [baˈtɪst] *m* batiste

Bat·te·rie <-, -n> [batəˈriː, *pl* -ˈriːən] *f* ❶ ELEK battery ❷ TECH (*Misch~*) regulator ❸ (*fam: Ansammlung*) row ❹ MIL battery ❺ KOCHK set (*of matching pots and pans, casseroles etc.*)

Bat·te·rie·be·trieb *m* battery operation; **auf ~ laufen** to run on batteries, to be battery-powered **bat·te·rie·be·trie·ben** *adj* battery-powered **Bat·te·rie·huhn** *nt* (*fam*) battery hen

Bat·zen <-s, -> [ˈbatsn̩] *m* ❶ (*Klumpen*) lump; *Erde* clod; **ein ganzer** [*o* **schöner**] **~** [**Geld**] (*fam*) a pile [of money], a tidy sum, a pretty penny ❷ HIST (*Silbermünze*) batz

Bau1 <-[e]s, -ten> [bau, *pl* ˈbautn̩] *m* ❶ *kein pl* (*das Bauen*) building, construction; **im ~ befindlich** under construction; **mit dem ~ beginnen** to start building; **im** [*o* **in**] **~ sein** to be under construction ❷ *kein pl* (*Körper~*) build, physique ❸ (*Gebäude*) building; (*~werk*) construction ❹ *kein pl* (*fam: Baustelle*) building site; **auf dem ~ arbeiten** to work on a building site, to be a construction worker ❺ *kein pl* MIL (*sl: Arrest*) guardhouse, BRIT *a.* glasshouse *sl*

Bau2 <-[e]s, -e> [bau] *m* ❶ (*Erdhöhle*) burrow, hole; (*Biber~*) [beaver] lodge; (*Dachs~*) sett; (*Fuchs~*) earth, den; (*Wolfs~*) lair ❷ (*sl: Wohnung*) den; **nicht aus dem ~ kommen** to not stick one's nose out[side] the door

Bau·ab·schnitt *m* stage [*or* phase] [of construction] **Bau·amt** *nt* building control department, department of building inspection **Bau·ar·bei·ten** *pl* building [*or* construction] work *sing;* **wegen ~ gesperrt** closed for repair work **Bau·ar·bei·ter(in)** *m(f)* building [*or* AM construction] worker **Bau·auf·sichts·be·hör·de** *f* planning department and buildings control office **Bau·be·ginn** *m kein pl* start of construction **Bau·boom** [-buːm] *m* construction [*or* building] boom **Bau·bu·de** *f* site hut

Bauch <-[e]s, Bäuche> [baux, *pl* ˈbɔyçə] *m* ❶ (*Unterleib*) stomach, belly, tummy *fam;* KOCHK belly; (*Fett~*) paunch; **einen dicken ~ bekommen** [*o* **kriegen**] to put on weight around the stomach, to develop a paunch; [**noch**] **nichts im ~ haben** (*fam*) to have an empty stomach; **sich** *dat* **den ~ vollschlagen** (*fam*) to stuff oneself *fam* ❷ (*bauchiger Teil*) belly; **im ~ eines Schiffes** in the bowels of a boat ▸ WENDUNGEN: **einen dicken ~ haben** (*sl*) to have a bun in the oven BRIT *vulg,* to be in the family way AM; **jdm einen dicken ~ machen** (*sl*) to put sb in the club [*or* AM in the family way] *sl;* **aus dem hohlen ~** [**heraus**] (*fam*) off the top of one's head; **voller ~ studiert nicht gern** (*prov*) you can't study on a full stomach; **mit etw auf den ~ fallen** (*fam*) to make a hash of sth; **sich** *dat* [**vor Lachen**] **den ~ halten** (*fam*) to split one's sides [laughing]; **vor jdm auf dem ~ kriechen** [*o* **rutschen**] (*fam*) to crawl to sb, to grovel at sb's feet; **aus dem ~** (*fam*) from the heart

Bauch·an·satz *m* beginnings *pl* of a paunch **Bauch·bin·de** *f* ❶ MED abdominal bandage ❷ (*Papierring/-streifen*) band **Bauch·de·cke** *f* ANAT abdominal wall

Bauch·fell *nt* ANAT peritoneum

Bauch·fell·ent·zün·dung *f* MED peritonitis

Bauch·fleck *m* ÖSTERR (*fam: Bauchklatscher*) belly-flop *fam* **Bauch·fleisch** *nt* belly **bauch·frei** *adj inv* **~es Top** halter top **Bauch·grim·men** <-s> [-grɪmən] *nt kein pl* stomach ache, a sore stomach

Bauch·höh·le *f* abdominal cavity

Bauch·höh·len·schwan·ger·schaft *f* ectopic pregnancy

bau·chig [ˈbauxɪç] *adj* bulbous

Bauch·klat·scher <-s, -> *m* (*fam*) belly-flop **Bauch·la·den** *m* vendor's [*or* sales] tray **Bauch·lan·dung** *f* (*fam*) belly-landing ▸ WENDUNGEN: **eine ~ mit etw machen** to make a flop of sth, to come a cropper with sth **Bauch·lap·pen** *m* KOCHK (*vom Kalb*) belly [of veal]

Bäuch·lein <-s, -> *nt* (*hum*) tummy *fam*

bäuch·lings [ˈbɔyçlɪŋs] *adv* on one's stomach, face down

Bauch·mus·keln *pl* stomach muscles *pl* **Bauch·na·bel** *m* navel, belly [*or* BRIT *a.* tummy] button *fam* **bauch·re·den** *vi nur infin und pp* to ventriloquize; ■**das B~** ventriloquism **Bauch·red·ner(in)** *m(f)* ventriloquist **Bauch·schmer·zen** *pl* stomach ache [*or* pains], tummy ache *fam;* **~ haben/kriegen** to have/get stomach ache [*or* AM a stomach ache]; (*fig fam*) to get butterflies in one's tummy [*or* stomach] *fam* **Bauch·schuss**RR *m* ❶ (*Schuss in den Bauch*) shot in the stomach ❷ (*fam: Patient mit Bauchschuss*) stomach wound **Bauch·speck** *m* ❶ (*Fleischstück*) streaky bacon ❷ (*Fettansatz*) spare tyre [*or* AM tire] **Bauch·spei·chel·drü·se** *f* ANAT pancreas **Bauch·tanz** *m* belly-dance **Bauch·tän·ze·rin** *f* belly-dancer **Bauch·weh** *nt s.* **Bauchschmerzen**

Baud <-[s], -> [boːt] *nt* baud

Bau·denk·mal *nt* architectural [*or* historical] monument **Bau·ele·ment** *nt* component [part]

B

bau·en ['bauən] **I.** *vt* ❶ (*errichten*) ■**[jdm] etw** ~ to build [*or* construct] sth [for sb]; ■**sich** *dat* **etw** ~ to build oneself sth ❷ (*zusammen~*) ■**etw** ~ to construct [*or* make] sth; **ein Auto/eine Bombe/ein Flugzeug/ein Schiff** ~ to build a car/bomb/an aircraft/ship; **ein Gerät** ~ to construct a machine; **eine Violine** ~ to make a violin ❸ (*herstellen*) ■**etw** ~ to build sth; **ein Nest** ~ to build a nest; *s. a.* **Bett** ❹ (*fam: verursachen*) **Mist** ~ to mess things up; **einen Unfall** ~ to cause an accident ❺ (*fam: schaffen*) ■**etw** ~ to do sth; **den Führerschein** ~ to do one's driving test **II.** *vi* ❶ (*ein Haus errichten lassen*) to build a house, to have a house built; **billig** ~ to build cheaply; **teuer** ~ to spend a lot on building a house; ■**an etw** *dat* ~ to work on sth; **an einem Haus** ~ to be building [*or* working on] a house ❷ (*vertrauen*) ■**auf jdn/etw** ~ to rely [*or* count] on sb/sth; **darauf ~, dass etwas passiert** to rely on sth happening

Bau·ent·wurf *m* building plans *pl*

Bau·er[1] <-n *o selten* -s, -n> ['baue] *m* ❶ (*Landwirt*) farmer ❷ HIST (*Vertreter einer Klasse*) peasant ❸ (*pej: ungehobelter Mensch*) peasant, yokel, [country] bumpkin ❹ (*Schachspiel*) pawn ►WENDUNGEN: **die dümmsten ~n ernten die größten** [*o* **dicksten**] **Kartoffeln** (*prov fam*) fortune favours [*or* AM -ors] fools *prov;* **was der ~ nicht kennt, [das] frisst er nicht** (*prov fam*) people don't change their lifelong eating habits; *s. a.* **Bäuerin**

Bau·er[2] <-s, -> ['baue] *nt o selten m* (*Vogelkäfig*) [bird] cage

Bäu·er·chen <-s, -> *nt* (*Kindersprache*) burp; **[ein]** ~ **machen** to burp [a baby]

Bäu·e·rin <-, -nen> ['bɔyərɪn] *f* ❶ *fem form von* **Bauer** ❷ (*Frau des Bauern*) farmer's wife

bäu·e·risch ['bɔyərɪʃ] *adj s.* **bäurisch**

bäu·er·lich I. *adj* ❶ (*ländlich*) rural; **~e Betriebe** farms; **~e Sitten** rustic [*or* country] customs ❷ (*rustikal*) country, peasanty **II.** *adv* ❶ (*agrarisch*) rural ❷ (*rustikal*) ~ **eingerichtet** decorated with rustic charm

Bau·ern·auf·stand *m* HIST peasants' revolt [*or* uprising] **Bau·ern·brot** *nt* coarse rye-bread **Bau·ern·bub** *m* SÜDD, ÖSTERR, SCHWEIZ (*Bauernjunge*) country lad [*or* AM boy] **Bau·ern·fang** *m* ►WENDUNGEN: **auf ~ ausgehen** (*pej fam*) to set out to con people **Bau·ern·fän·ger** *m* (*pej fam*) con-man *fam,* swindler **Bau·ern·fän·ge·rei** <-, -en> *f* (*pej fam*) con-trick [*or* AM -game]; **das ist doch nur ~!** that's nothing but a con-trick **Bau·ern·früh·stück** *nt fried potatoes with ham and egg* **Bau·ern·gar·ten** *m* (*Gemüsegarten*) vegetable garden; (*Kräutergarten*) herb garden; (*für Eigenbedarf*) kitchen garden **Bau·ern·haus** *nt* farmhouse **Bau·ern·hoch·zeit** *f* country wedding **Bau·ern·hof** *m* farm **Bau·ern·jun·ge** *m* country lad [*or* AM boy]; **ein strammer ~** a strapping country lad [*or* boy] **Bau·ern·krieg** *m* HIST Peasants' War **Bau·ern·op·fer** *nt* necessary sacrifice **Bau·ern·re·gel** *f* country saying

Bau·ern·schaft <-> *f kein pl* farming community, farmers

bau·ern·schlau *adj* crafty, cunning, sly **Bau·ern·schläue** *f* native cunning [*or* craftiness] **Bau·ern·töl·pel** *m* (*pej*) country bumpkin [*or* yokel] **Bau·ern·ver·band** *m* farmer's association

Bau·ers·frau *f s.* **Bäuerin 2 Bau·ers·leu·te** *pl* ❶ (*Bauern*) country [*or* farming] folk ❷ (*Bauer und Bäuerin*) the farmer and his wife

Bau·er·war·tungs·land *nt* development land, land earmarked for development

bau·fäl·lig *adj* dilapidated, in a bad state of repair

Bau·fäl·lig·keit *f* state of dilapidation; **„wegen ~ gesperrt"** 'no entry - building unsafe'

Bau·fir·ma *f* building [*or* construction] firm, building contractor **Bau·ge·län·de** *nt* construction [*or* building] site **Bau·ge·neh·mi·gung** *f* planning [*or* building] consent [*or* permission] **Bau·ge·nos·sen·schaft** *f* housing association **Bau·ge·rüst** *nt* scaffolding **Bau·ge·schäft** *nt* building firm **Bau·ge·sell·schaft** *f* construction company **Bau·ge·wer·be** *nt kein pl* building [*or* construction] trade **Bau·gru·be** *f* excavation, foundation ditch **Bau·grund·stück** *nt* plot of land [for building] **Bau·hand·wer·ker(in)** *m(f)* skilled building [*or* AM construction] worker **Bau·haus** ['bauhaus] *nt* KUNST Bauhaus **Bau·herr, -her·rin** *m, f* client for whom a building is being built **Bau·her·ren·mo·dell** *nt tax-relief scheme for construction of residential and commercial properties* **Bau·holz** *nt* timber BRIT, lumber AM **Bau·in·dus·trie** *f* construction [*or* building] industry **Bau·in·ge·ni·eur(in)** *m(f)* civil engineer **Bau·jahr** *nt* ❶ (*Jahr der Errichtung*) year of construction ❷ (*Produktionsjahr*) year of manufacture **Bau·kas·ten** *m* construction set [*or* kit]; (*für Kleinkinder*) box of building blocks **Bau·kas·ten·sys·tem** *nt kein pl* modular [*or* unit] construction system **Bau·klotz** *m* building brick [*or* block] ►WENDUNGEN: **Bauklötze staunen** (*fam*) to gape in astonishment, to be flabbergasted **Bau·klötz·chen** *nt* [building] bricks **Bau·kon·junk·tur** *f* construction [*or* building] boom **Bau·kos·ten** *pl* building [*or* construction] costs *pl* **Bau·kos·ten·zu·schuss**[RR] *m tenant's contribution to building costs* **Bau·kunst** *f* (*geh*) architecture **Bau·land** ['baulant] *nt* building land **Bau·lärm** *m kein pl* construction noise **Bau·lei·ter(in)** *m(f)* [building] site manager, BRIT *a.* clerk of [the] works **Bau·leit·plan** *m* development plans for local real estate **Bau·lei·tung** *f* ❶ (*Aufsicht*) site supervision; (*die Bauleiter*) supervisory staff ❷ (*Büro*) site office

bau·lich I. *adj* structural; **sich in einem guten/schlechten ~en Zustand befinden** to be structurally sound/unsound; **wegen ~er Maßnahmen bleibt das Gebäude vorübergehend geschlossen** the building is temporarily closed due to renovations; **~e Veränderungen durchführen** to carry out structural alterations [*or* modifications] **II.** *adv* structurally

Bau·lich·keit <-, -en> *f meist pl* (*geh*) building

Bau·lö·we *m* (*fam*) building speculator **Bau·lü·cke** *f* vacant [*or* BRIT *a.* gap] site

Baum <-[e]s, Bäume> [baum, *pl* 'bɔymə] *m* ❶ (*Pflanze*) tree; **der ~ der Erkenntnis** the Tree of Knowledge; **stark wie ein ~** [as] strong as a horse [*or* an ox]; **auf einen ~ klettern** to climb [up] a tree; **Bäume ausreißen können** (*fig fam: voller Energie sein*) to be full of energy [*or fam* beans]; (*viel leisten können*) to feel able to tackle anything ❷ INFORM (*Such~*) tree [structure] ►WENDUNGEN: **zwischen ~ und Borke stehen** [*o* **stecken**] to be in two minds [about sth], to be stuck between a rock and a hard place; **die Bäume wachsen nicht in den Himmel** (*prov*) all good things come to an end *prov;* **einen alten ~** [*o* **alte Bäume**] **soll man nicht verpflanzen** (*prov*) old people should be left in familiar surroundings

Bau·markt *m* ❶ (*Geschäft für Baubedarf*) DIY superstore, building supplies store AM ❷ (*Baugewerbe*) construction market **Bau·ma·schi·ne** *f* piece of construction equipment [*or* machinery] **Bau·ma·te·ri·al** *nt* building material

Baum·be·stand *m* [stock of] trees **baum·be·stan·den** *adj* FORST tree-covered *attr,* covered with trees *pred*

Bäum·chen <-s, -> *nt* ❶ *dim von* **Baum** young tree ❷ ~ **wechsle dich spielen** (*hum*) to change [*or* swap] partners, to go bed-hopping

Bau·meis·ter(in) *m(f)* ❶ (*Techniker im Bauwesen*) master builder ❷ (*geh: Erbauer*) builder, architect

bau·meln ['baum|n] *vi* ❶ (*hin und her schaukeln*) ■**[an etw** *dat*] ~ to dangle [from sth] ❷ (*sl: erhängt werden*) to swing *fam;* **wir wollen den Mörder ~ sehen!** let's see the murderer swing!

bäu·men ['bɔymən] *vr s.* **aufbäumen**

Baum·fal·ke *m* ORN (*Falco subbuteo*) hobby **Baum·farn** *m* tree fern **Baum·gren·ze** *f* tree line, timberline **Baum·grup·pe** *f* group [*or* clump] [*or* cluster] of trees, coppice **baum·hoch** *adj* as high as the trees **Baum·kel·ter** *f* arbor press **Baum·kro·ne** *f* treetop, crown of a/the tree **baum·lang** *adj* (*fam*) extremely tall; **ein ~er Bursche** a beanpole **Baum·läu·fer** *m* ORN tree creeper **baum·los** *adj* treeless **Baum·nuss**RR *f* SCHWEIZ (*Walnuss*) walnut **Baum·nuss·öl**RR *nt* walnut oil **Baum·rie·se** *m* (*geh*) giant tree **Baum·rin·de** *f* [tree] bark, bark of a tree **Baum·sche·re** *f* secateurs *npl* **Baum·schu·le** *f* tree nursery **Baum·stamm** *m* tree-trunk **baum·stark** *adj* beefy, hefty **Baum·ster·ben** *nt* dying[-off] of trees, forest die-back **Baum·struk·tur** *f* INFORM tree structure **Baum·stumpf** *m* tree stump **Baum·to·ma·te** *f* tamarillo **Baum·wip·fel** *m* treetop

Baum·wol·le *f* cotton

baum·wol·len *adj attr* cotton

Bau·ord·nung *f* building regulations *pl* **Bau·plan** *m* building plans *pl* [*or* project]; **genetischer ~** genetic structure **Bau·platz** *m* site [for building] **Bau·po·li·zei** *f* building control [department] [*or* inspectorate] **Bau·preis** *m meist pl* building costs *pl* **Bau·pro·jekt** *nt* building project **Bau·recht** *nt kein pl* building law [*or pl* regulations] **Bau·rei·he** *f* [production] series

bäu·risch ['bɔyrɪʃ] *adj* (*pej*) boorish, oafish

Bau·ru·i·ne *f* (*fam*) unfinished [*or* half-finished] building which has been abandoned **Bau·satz** *m* construction kit

Bausch <-es, Bäusche *o* -e> [bauʃ, *pl* 'bɔyʃə] *m* ❶ (*Knäuel*) *Watte* ball ❷ (*von Stoff*) puff; (*von Vorhang*) pleat ▶ WENDUNGEN: **in ~ und Bogen** lock, stock and barrel

Bau·schä·den *pl* construction faults *pl*

bau·schen ['bauʃn̩] **I.** *vr* **sich ~** to billow out **II.** *vi* (*bauschig sein*) [**in der Taille**] **~** to be full [at the waist]; **an den Ärmeln/Schultern ~** to have full sleeves/shoulders **III.** *vt* ■**etw ~** ❶ (*aufblähen*) to fill [*or* swell] sth; **der Wind bauschte die Segel** the wind filled the sails ❷ (*raffen*) gather sth

bau·schig *adj* full; **eine ~e Hose** baggy trousers [*or* AM *a.* pants] *npl*

Bau·schlos·ser(in) *m(f)* fitter [on a building site] **Bau·schutt** *m* building rubble

bau·spa·ren *vi nur infin* to save with a building society [*or* AM savings and loan association]

Bau·spa·rer(in) *m(f)* saver with a building society [*or* AM savings and loan association], building society [*or* AM savings and loan association] investor

Bau·spar·kas·se *f* building society BRIT, savings and loan association AM **Bau·spar·ver·trag** *m* savings contract with a building society [*or* AM savings and loan association]

Bau·stein *m* ❶ (*Material zum Bauen*) building stone ❷ (*Bestandteil*) element ❸ INFORM chip, module **Bau·stel·le** *f* building site; (*auf Straßen*) roadworks BRIT *npl*, [road] construction site AM; **„Betreten der ~ verboten"** "No entry to unauthorized persons" **Bau·stil** *m* architectural style **Bau·stoff** *m* building material **Bau·stopp**RR *m* suspension of building work; **einen ~ verordnen** to halt [work on] a building project **Bau·sub·stanz** *f* fabric [of a building]; **historische ~** historic building stock **Bau·tech·ni·ker(in)** *m(f)* structural engineer **Bau·teil** *nt* part of a building; (*von Maschine*) component; **fertiges ~** prefabricated element

Bau·ten *pl von* **Bau**[1]

Bau·tisch·ler(in) *m(f)* joiner **Bau·trä·ger** *m* property developer **Bau·trupp** *m* builders *pl* **Bau·un·ter·neh·men** *nt* builder, building contractor **Bau·un·ter·neh·mer(in)** *m(f)* builder, building contractor **Bau·vor·ha·ben** *nt* construction [*or* building] project **Bau·wei·se** *f* ❶ (*Art des Bauens*) method of building [*or* construction] ❷ (*Baustil*) style; **geschlossene/offene ~** terraced/detached houses **Bau·werk** *nt* building; (*von Brücke usw.*) construction **Bau·we·sen** *nt kein pl* building industry [*or* trade], construction industry **Bau·wil·li·ge(r)** *f(m)* willing builder; (*für Eigenheim*) willing homebuilder **Bau·wirt·schaft** *f kein pl* building [*or* construction] industry

Bau·xit <-s, -e> [bau'ksi:t] *m* bauxite

bauz [bauts] *interj* (*Kindersprache*) bang, crash; **~ machen** to go wallop [*or* AM boom]

Bau·zaun *m* site fence [*or* hoarding] **Bau·zeich·nung** *f* construction drawing, building plan **Bau·zeit** *f* time required for construction; **die ~ beträgt 8 Monate** it will take 8 months to build

Bay·er(in) <-n, -n> ['baiɐ] *m(f)* Bavarian

bay·e·risch ['baiərɪʃ] *adj* Bavarian

Bay·e·ri·scher Wald *m* ■**der Bayerische Wald** the Bavarian Forest, the Bayerischer Wald

Bay·ern <-s> ['baiɐn] *nt* Bavaria

Bay·öl ['bai-] *nt* myrcia oil

bay·risch ['bairɪʃ] *adj* Bavarian; **der Bayrische Wald** the Bavarian Forest

Ba·zil·lus <-, Bazillen> [ba'tsɪlʊs, *pl* ba'tsɪlən] *m* MED bacillus; **der ~ der Freiheit** (*fig*) the cancer of corruption

Bd. *Abk von* **Band** vol.

Bde *Abk von* **Bände** vols.

BDI <-> [be:de:'ʔi:] *m kein pl Abk von* **Bundesverband der deutschen Industrie** ≈ CBI BRIT

BDÜ <-> [be:de:'ʔy:] *m kein pl Abk von* **Bundesverband der Dolmetscher und Übersetzer** *federal association of interpreters and translators*

be·ab·sich·ti·gen* [bə'ʔapzɪçtɪgn̩] *vt* ❶ (*intendieren*) ■**etw** [**mit etw**] **~** to intend [*or* mean] to do sth [with sth]; **das hatte ich nicht beabsichtigt!** I didn't mean to do that!, that wasn't intentional! ❷ (*geh: planen*) ■**etw ~** to plan sth; ■**~, etw zu tun** to plan to do sth

be·ab·sich·tigt [bə'ʔapzɪçtɪçt] *adj* intended; **das war durchaus ~!** that was intentional!; **die ~e Wirkung zeigen** to have the desired [*or* intended] effect; **wie ~** as intended

be·ach·ten* [bə'ʔaxtn̩] *vt* ❶ (*befolgen*) ■**etw ~** to observe [*or* comply with] sth; **eine Anweisung/einen Rat ~** to follow [*or* heed] advice/an instruction; **ein Verkehrszeichen ~** to observe a traffic sign; **die Vorfahrt ~** to yield [right of way], BRIT *a.* to give way ❷ (*darauf achten*) ■**jdn/etw ~** to notice [*or* pay attention to] sb/sth ❸ (*berücksichtigen*) **bitte ~ Sie, dass ...** please note [*or* take into consideration [*or* account]] that ...

be·ach·tens·wert *adj* remarkable, noteworthy; ■**~ sein, dass/wie** to be worth noting that/how

be·acht·lich **I.** *adj* considerable; **ein ~er Erfolg/eine ~e Leistung** a notable success/achievement; **eine ~e Verbesserung** a marked improvement; **B~es leisten** to achieve a considerable amount; **nichts B~es** nothing worthy of note; **~!** not bad! **II.** *adv* ❶ (*deutlich*) **~ kälter/schneller/wärmer** considerably [*or* markedly] [*or* significantly] colder/faster/warmer ❷ (*bemerkenswert*) remarkably

Be·ach·tung *f* observance; **wir bitten um ~ der Bedienungsanleitung** please follow the instructions; **die strikte ~ der Vorschriften** compliance with [the] regulations; **~ finden** to receive attention; **keine ~ finden** to be ignored; **jdm/einer S. ~/keine ~ schenken** to pay attention/no attention to [*or* take notice/no notice of] sb/sth; [**jds**] **~ verdienen** to be worthy of [sb's] attention; **bei ~ der Bestimmungen/Regeln** if one follows [*or* sticks to] the regulations/rules; **unter ~ einer S.** *gen* taking sth into account [*or* considering sth]

Be·am·te(r) [bə'ʔamtə, -'ʔamtɐ] *f(m) dekl wie adj* public official; (*Polizei~*) police officer; (*Post~*) post-office official; (*Staats~*) civil servant; (*Zoll~*) customs officer; **~ auf Probe** civil servant on probation; **~ auf Lebenszeit** civil servant; **~ auf Widerruf** probationary civil servant; **~ auf Zeit** temporary civil servant

Be·am·ten·an·wär·ter(in) *m(f)* civil service trainee **Be·am·ten·ap·pa·rat** *m* civil service machinery **Be·am·ten·be·lei·di·gung** *f* insulting a [public] official; **er ist wegen ~ angeklagt** he's been charged with insulting an official **Be·am·ten·be·ste·chung** *f* bribing a [public] official; **man hat sie wegen versuchter ~ verurteilt** she was sentenced for attempting to bribe an official **Be·am·ten·deutsch** *nt* LING, ADMIN (*pej*) officialese **Be·am·ten·lauf·bahn** *f* civil service career, career in the civil service **be·ạm·ten·mä·ßig** *adj* officious *pej,* according to ... **Be·ạm·ten·men·ta·li·tät** *f* (*pej*) bureaucratic mentality **Be·ạm·ten·recht** *nt kein pl* civil service law

Be·ạm·ten·schaft <-> *f kein pl* civil servants *pl* [*or* service]

Be·ạm·ten·tum <-[e]s> *nt kein pl* ❶ (*Stand der Beamten*) civil service ❷ *s.* **Beamtenschaft**

Be·ạm·ten·ver·hält·nis *nt* status as a civil servant; **im ~ stehen** to be a civil servant; **ins ~ übernommen werden** to become [*or* attain the status of] a civil servant

be·am·tet [bəˈʔamtət] *adj* appointed on a permanent basis; **~er Mitarbeiter** employee with the status of civil servants

Be·ạm·tin <-, -nen> *f fem form von* **Beamte**

be·ạ̈ngs·ti·gen* *vt* (*geh*) ■**jdn ~** to alarm sb

be·ạ̈ngs·ti·gend I. *adj* alarming, frightening; **er ist in einem ~en Zustand** his condition gives cause for concern; **etwas B~es haben** to be a cause for alarm **II.** *adv* frighteningly, alarmingly

be·an·spru·chen* [bəˈʔanʃprʊxn̩] *vt* ❶ (*fordern*) ■**etw [für sich] ~** to claim sth [for oneself]; **etw zu ~ haben** to lay claim to sth ❷ (*brauchen*) ■**etw ~** to require [*or* take up] sth; **Zeit/Platz ~** to take up time/space ❸ (*Anforderungen an jdn stellen*) ■**jdn ~** to make demands on sb; **ich will Sie nicht länger ~** I don't want to take up any more of your time; ■**etw ~** to demand sth; **jds Gastfreundschaft/Zeit ~** to make demands on [*or* take advantage of] sb's hospitality/time; **jds Geduld ~** to try sb's patience ❹ (*belasten*) ■**jdn/etw ~** to put sb/sth under stress

Be·ạn·spru·chung <-, -en> *f* ❶ (*das Fordern*) claim (+*gen* to) ❷ (*Inanspruchnahme*) demands *pl* (+*gen* on) ❸ (*Belastung*) use; **berufliche/physische/psychologische ~** job-related/physical/psychological stress; **übermäßige ~ einer Maschine** subjecting a machine to excessive load

be·an·stan·den* [bəˈʔanʃtandn̩] *vt* ■**etw [an jdm/etw] ~** to complain about [*or* take exception to] sth; **er findet an allem was zu ~** he always finds sth to complain about; **das ist beanstandet worden** there have been complaints about that; **daran ist nichts zu ~** there is nothing wrong with it; ■**~, dass** to complain that; **beanstandete Waren** goods about which there have been complaints

Be·ạn·stan·dung <-, -en> *f* complaint; **~en haben** to have complaints; **zur ~ Anlass geben** (*geh*) to give cause for complaint

be·ạn·tra·gen* *vt* ❶ (*durch Antrag erbitten*) ■**jdn/etw [bei jdm/etw] ~** to apply for sb/sth [from sb/sth] ❷ POL ■**etw ~** to propose sth, to put forward sth *sep* ❸ JUR ■**etw ~** to apply [*or* file an application] for sth; **die Höchststrafe ~** to seek [*or* request] the maximum penalty

be·ạnt·wor·ten* *vt* ■**etw ~** to answer [*or* reply to] sth; **einfach/leicht/schwer zu ~** simple/easy/difficult to answer; ■**etw mit etw ~** to respond to sth with sth; **eine Frage mit Ja/Nein ~** to answer yes/no

Be·ạnt·wor·tung <-, -en> *f* answer, reply; **in ~ einer S.** *gen* (*geh*) in reply to sth

be·ạr·bei·ten* *vt* ❶ (*behandeln*) ■**etw [mit etw] ~** to work on sth [with sth]; **Holz ~** to work wood; **etw mit einer Chemikalie ~** to treat sth with a chemical; **etw mit einem Hammer/mit einer Feile/mit Schmirgelpapier ~** to hammer/file/sand sth ❷ (*sich befassen mit*) ■**etw ~** to deal with sth; **eine Bestellung ~** to process an order; **einen Fall ~** to work on [*or* handle] a case ❸ (*redigieren*) ■**etw ~** to revise sth; ■**bearbeitet** revised ❹ (*fam: traktieren*) **jdn mit den Fäusten/mit Tritten ~** to beat [*or* thump]/kick [away at] sb; ■**etw [mit etw] ~** to work [away] at sth [with sth] ❺ (*fam: auf jdn einwirken*) ■**jdn ~** to work on sb; **wir haben ihn so lange bearbeitet, bis er zusagte** we worked on him until he agreed ❻ (*bestellen*) ■**etw [mit etw] ~** to cultivate sth [with/using sth] ❼ (*adaptieren*) ■**etw [für jdn] ~** to arrange sth [for sb]; **ein Musikstück ~** to arrange a piece of music

Be·ạr·bei·ter(in) *m(f)* ❶ (*Sach~*) person [responsible for] dealing with sth ❷ (*bearbeitender Autor*) editor, reviser [*or* AM *a.* -or] ❸ MUS (*adaptierender Komponist*) arranger

Be·ạr·bei·tung <-, -en> *f* ❶ (*das Behandeln*) working [on] ❷ (*das Bearbeiten*) dealing with, handling; **die ~ eines Falles** to handle a case; **die ~ eines Antrags** to deal with an application ❸ (*das Redigieren*) editing, revising, revision; **das ist eine neue ~ des Buchs** that's a new [*or* revised] edition of the book ❹ (*adaptierte Fassung*) adaptation; **filmische ~** film [*or* cinematographic] adaptation

Be·ạr·bei·tungs·ge·bühr *f* administrative [*or* handling] charge

be·ạrg·wöh·nen* *vt* ■**jdn/etw ~** to be suspicious of sb/sth, to regard sb/sth with suspicion

Beat <-[s]> [biːt] *m kein pl* beat [music]

Beat·band <-bands> [ˈbiːtbɛnt] *f* beat group

be·at·men* *vt* ❶ (*jdm Sauerstoff zuführen*) ■**jdn ~** to give [*or* administer] artificial respiration to sb; (*während einer Operation*) to ventilate sb ❷ ÖKOL (*mit Sauerstoff anreichern*) **ein Gewässer/einen Teich ~** to oxygenate a stretch of water/a pond

Be·at·mung *f* artificial respiration; **künstliche ~** artificial respiration; (*während einer Operation*) ventilation

Be·at·mungs·ge·rät *nt* respirator, ventilator

Beat·mu·sik *f* beat music

Beat·nik <-s, -s> [ˈbiːtnɪk] *m* HIST beatnik

Beau <-, -s> [boː] *m* (*geh*) dandy

Beau·fort·see [boːˈfɔːt-] *f* Beaufort Sea

be·auf·sich·ti·gen* [bəˈʔaufzɪçtɪgn̩] *vt* ■**jdn/etw ~** to supervise sb/sth; **Kinder ~** to mind [*or* AM look after] children; **eine Prüfung ~** to invigilate [*or* AM proctor] an exam

Be·auf·sich·ti·gung <-, -en> *f* supervision, supervising; *einer Prüfung* invigilation BRIT, proctorship AM; **ihm wurde die ~ der Kinder übertragen** he was asked to supervise [*or* look after] the children

be·auf·tra·gen* *vt* ■**jdn mit etw ~** to give sb the task of doing sth; **einen Architekten/Künstler [mit etw] ~** to commission an architect/artist [to do sth]; **eine Firma [mit etw] ~** to hire [*or* BRIT *a.* engage] a firm [to do sth]; ■**jdn [damit] ~, etw zu tun** to ask sb to do sth

Be·auf·trag·te(r) *f(m) dekl wie adj* representative

be·äu·gen* *vt* (*fam*) ■**jdn/etw ~** to eye sb up *fam,* to inspect sb

be·bau·en* *vt* ❶ (*mit einem Gebäude versehen*) ■**etw [mit etw] ~** to build [sth] on sth; **dicht bebaut sein** to be heavily built-up ❷ (*bestellen*) ■**etw [mit etw] ~** to cultivate sth [with sth]; **das Land wurde mit Gerste bebaut** the land was planted with barley

Be·bau·ung <-, -en> *f* ❶ (*das Bebauen*) development; **der Konzern plant die ~ des Grundstückes** the firm plans to develop this site ❷ (*Bauten*) buildings ❸ (*das Bestellen*) cultivation

Be·bau·ungs·plan *m* development plan

Bé·bé <-s, -s> [beˈbeː] *nt* SCHWEIZ (*Baby*) baby

be·ben [ˈbeːbn̩] *vi* ❶ (*zittern*) to shake, to tremble ❷ (*erbeben*) ■**[vor etw** *dat*] ~ to quiver [*or* tremble] [with sth]; *Lippen* to tremble [with sth]; *Knie* to shake [with sth] ❸ (*geh: bangen*) ■**um jdn/etw ~** to tremble for sb

Be·ben <-s, -> [ˈbeːbn̩] *nt* ❶ (*Erd~*) earthquake ❷ (*Zittern*) shaking, trembling ❸ (*leichtes Zittern*) quivering

be·bend I. *adj inv, attr* shaking, trembling **II.** *adv inv* shaking, trembling

be·bil·dern* [bəˈbɪldɐn] *vt* ■**etw [mit etw] ~** to illustrate sth [with sth]; **[mit etw] bebildert sein** to be illustrated [with sth]

Be·bịl·de·rung <-, -en> *f* ❶ (*das Bebildern*) illustration ❷ (*Illustrationen*) illustrations *pl*

be·brillt [bəˈbrɪlt] *adj* (*hum fam*) bespectacled

Bé·cha·mel·kar·tof·feln [beʃaˈmɛl-] *pl* potatoes in béchamel sauce **Bé·cha·mel·so·ße** *f* béchamel sauce

Be·cher <-s, -> ['bɛçɐ] *m* ❶ (*Trinkgefäß*) glass, tumbler; (*aus Plastik*) beaker; (*für Wein*) goblet; (*für Tee/Kaffee*) mug ❷ (*becherförmige Verpackung*) carton, tub; **ein ~ Eis** a carton of ice-cream ❸ SCHWEIZ (*Bierglas*) mug ❹ BOT (*Hülle*) cup, cupule

be·chern ['bɛçɐn] *vi* (*hum fam*) to booze [away]; **tüchtig ~** to have a few

be·cir·cen* [bə'tsɪrtsn̩] *vt s.* **bezirzen**

Be·cken <-s, -> ['bɛkn̩] *nt* ❶ (*Bassin*) basin; (*Spül~*) sink; (*von Toilette*) bowl, BRIT *a.* pan; (*Schwimm~*) pool ❷ ANAT pelvis; **ein gebärfreudiges ~ haben** (*fam*) to have child-bearing hips ❸ GEOL basin ❹ MUS cymbals *pl*

Bẹ·cken·bruch *m* (*gebrochenes Becken 2.*) fractured pelvis, pelvic fracture **Bẹ·cken·gür·tel** *m* BIOL (*Skelettbereich um das Becken*) pelvic girdle **Bẹ·cken·kno·chen** *m* hip-bone, pelvic bone

Bec·que·rel <-s, -> [bɛkə'rɛl] *nt* becquerel

be·da·chen* [bə'daxn̩] *vt* ■**etw [mit etw] ~** to roof sth [with sth]

be·dacht [bə'daxt] **I.** *adj* ❶ (*überlegt*) careful, cautious, prudent ❷ (*Wert auf etw legen*) ■**auf etw** *akk* **~ sein** to be concerned about [*or* lay great store by] sth; ■**darauf ~ sein, etw zu tun** to be concerned to do sth **II.** *adv* carefully, circumspectly

Be·dacht <-s> [bə'daxt] *m* **mit ~** (*geh*) carefully, prudently; **mit ~ vorgehen** (*vorsichtig*) to act in a carefully considered way; (*absichtlich*) deliberately; **ohne/voll[er] ~** (*geh*) without thinking/with great care

Be·dạch·te(r) *f(m) dekl wie adj* (*ein Erbender*) beneficiary

be·däch·tig [bə'dɛçtɪç] **I.** *adj* ❶ (*ohne Hast*) measured, deliberate ❷ (*besonnen*) thoughtful **II.** *adv* ❶ (*ohne Hast*) deliberately; **~ sprechen** to speak in measured tones ❷ (*besonnen*) carefully

Be·däch·tig·keit <-> *f kein pl* deliberateness

be·dacht·sam [bə'daxtza:m] *adj* (*geh*) *s.* **bedächtig 2**

Be·da̱·chung <-, -en> *f* (*geh*) ❶ (*das Bedachen*) roofing ❷ (*Dach*) roof

be·dang [bə'daŋ] *pret von* **bedingen**

be·dạn·ken* **I.** *vr* to express thanks; ■**sich bei jdm [für etw] ~** to thank sb [*or* say thank you to sb] [for sth]; **ich bedanke mich!** thank you!; **sich bei jdm [für etw] ~ können** [*o* **dürfen**] (*iron*) to have sb to thank [for sth] **II.** *vt* SÜDD, ÖSTERR ■**[von jdm] [für etw] bedankt werden** to be thanked [by sb] [for sth]; **seien Sie herzlich bedankt!** please accept our heartfelt thanks

> **i Kultur**
>
> Man sagt normalerweise **Thank you** oder kurz **Thanks**; informeller sagen einige Leute in Großbritannien **Cheers** oder auch einfach **Ta** (britischer Slang). Als Antwort würde man **You're welcome** (vor allem in den USA), **Sure** (amerikanisch), **Not at all** (britisch), **Don't mention it** oder **It's a pleasure** sagen.

Be·darf <-[e]s> [bə'darf] *m kein pl* need, requirement; ■**der/jds ~ an etw** *dat* the/sb's need for sth; **der tägliche ~ an Vitaminen** daily requirement of vitamins [*or* vitamin requirement]; **Dinge des täglichen ~s** everyday necessities; **jds ~ [an etw] ist gedeckt** sb's need [*or* requirements] [of/for sth] are covered [*or* met]; **mein ~ ist gedeckt!** (*iron fam*) I've had enough!; **kein ~!** (*fam*) no thanks!; **~ an etw** *dat* **haben** to need [*or* be in need of] sth; **keinen ~ an etw** *dat* **haben** to have no need for sth; **bei ~** if required; **[je] nach ~** as required

Be·dạrfs·fall *m* **für den ~** (*geh*) in case the need arises; **im ~** (*geh*) if necessary **Be·dạrfs·gü·ter** *pl* consumer goods **Be·dạrfs·hal·te·stel·le** *f* request stop

be·dau·er·lich *adj* regrettable, unfortunate; **etwas B~es** sth regrettable; **sehr ~!** how unfortunate!, what a pity!; ■**~ sein, dass** to be unfortunate

be·dau·er·li·cher·wei·se *adv* regrettably, unfortunately; **ich kann mich ~ nicht mehr daran erinnern** I'm afraid I can't remember

be·dau·ern* *vt* ❶ (*schade finden*) ■**etw ~** to regret sth; ■**~, dass** to regret that; **wir ~, Ihnen mitteilen zu müssen...** we regret to have [*or* we are sorry] to inform you...; **[ich] bedau[e]re!** I'm sorry! ❷ (*bemitleiden*) ■**jdn ~** to feel [*or* be] sorry for sb; **er ist zu ~** he is to be pitied

Be·dau·ern <-s> *nt kein pl* regret; **zu jds größtem ~** [*o* **[sehr] zu jds ~**] to sb's [great] regret

be·dau·ernd **I.** *adj* sympathetic **II.** *adv* sympathetically, full of sympathy

be·dau·erns·wert, be·dau·erns·wür·dig *adj* (*geh*) pitiful; **ein ~er Zwischenfall** an unfortunate incident

be·de̱·cken* **I.** *vt* ❶ (*zudecken*) ■**jdn/etw [mit etw] ~** to cover sb/sth [with sth]; ■**sich [mit etw] ~** to cover oneself [with sth] ❷ (*über etw breiten*) ■**etw ~** to cover sth; ■**mit etw bedeckt sein** to be covered with sth **II.** *vr* (*bewölken*) ■**sich ~** to cloud over, to become overcast; ■**bedeckt** overcast

be·de̱ckt *adj* ❶ *inv, präd* (*bewölkt*) overcast, cloudy ❷ *inv* (*belegt, heiser, rau*) hoarse ▸ WENDUNGEN: **sich [in etw** *dat*] **~ halten** to keep a low profile

Be·de̱ckt·sa·mer <-s, -> *m* BOT (*Angiospermae*) angiosperm

be·de̱n·ken* *irreg* **I.** *vt* ❶ (*in Betracht ziehen*) ■**etw ~** to consider sth, to take sth into consideration; **bitte bedenke, dass/was ...** please consider [*or* take into consideration] [*or* remember] that .../what ...; **das hätte er früher ~ müssen** he should have considered [*or* thought of] that sooner; **[jdm] etw zu ~ geben** (*geh*) to ask [sb] to consider sth; **[jdm] zu ~ geben, dass ...** to ask [sb] to keep in mind that ... ❷ (*durchdenken*) ■**etw ~** to consider [*or* think about] sth; **wenn man es recht bedenkt, ...** if you think about it properly ...; **das will wohl bedacht sein** (*geh*) that calls for careful consideration ❸ (*geh: zukommen lassen*) ■**jdn [mit etw] ~** to give sb sth; **alle wurden großzügig bedacht** everyone was generously catered for ❹ (*geh: zuteilwerden lassen*) ■**jdn mit etw ~** to meet sb with sth; **sie wurde mit viel Lob bedacht** they heaped praise on her **II.** *vr* (*geh: sich besinnen*) ■**sich ~** to reflect, to think; **ohne sich lange zu ~** without stopping to reflect [*or* think]

Be·de̱n·ken <-s, -> *nt* ❶ *meist pl* (*Zweifel*) doubt, reservation[s]; **moralische ~** moral scruples; **~ haben** [*o* **hegen**] (*geh*) to have doubts [*or* reservations]; **jdm kommen ~** sb has second thoughts; **ohne ~** without hesitation ❷ *kein pl* (*das Überlegen*) consideration, reflection; **nach langem ~** after much thought

be·de̱n·ken·los **I.** *adv* ❶ (*ohne Überlegung*) unhesitatingly, without hesitation; **etwas ~ annehmen/unterschreiben** to accept/sign sth without a moment's hesitation ❷ (*skrupellos*) unscrupulously **II.** *adj* unhesitating

Be·de̱n·ken·lo·sig·keit <-> *f kein pl* ❶ (*Unüberlegtheit*) lack of consideration ❷ (*Skrupellosigkeit*) unscrupulousness, lack of scruples

be·de̱nk·lich *adj* ❶ (*fragwürdig*) dubious, questionable ❷ (*Besorgnis erregend*) disturbing, alarming; **ein ~er Gesundheitszustand** a serious condition ❸ (*besorgt*) apprehensive, anxious; **jdn ~ stimmen** to give sb cause for concern

Be·de̱nk·zeit *f* time to think about sth; **[jdn] um [etwas/ein bisschen/ein wenig] ~ bitten** [*o* **sich** *dat* **[von jdm] [etwas/ein bisschen/ein wenig] ~ ausbitten**] to ask [sb] for [a little] time to think about sth; **jdm [etwas/ein bisschen/ein wenig] ~ geben** to give sb [a bit of] time to think about sth

be·deu·ten* *vt* ❶ (*auf bestimmte Weise definiert sein*) ■**etw ~** to signify [*or* mean] sth ❷ (*besagen*) ■**etw ~** to mean [*or* represent] sth; **was bedeutet dieses Symbol?** what does this symbol signify?; **ihr Schweigen dürfte wohl Desinteresse** ~ her silence seems to indicate a lack of interest; ■ **~, dass** to indicate that; **das hat nichts zu** ~ that doesn't mean anything; **was hat das zu ~?** what does that mean?, what's all that about? ❸ (*versinnbildlichen*) ■ **etw** ~ to symbolize sth ❹ (*ankündigen, zur Folge haben*) ■ **etw** ~ to mean sth; **das bedeutet nichts Gutes für uns** that spells trouble for us ❺ (*wichtig sein für jdn*) **[jdm] etwas/nichts/wenig** ~ to mean sth/nothing/little [to sb]; **du bedeutest mir sehr viel** you mean a lot to me ❻ (*geh: zu verstehen geben*) ■ **jdm ~, dass** to indicate to sb that; ■ **jdm ~, etw zu tun** to indicate to sb that they should do sth

be·deu·tend I. *adj* ❶ (*wichtig*) important; **eine ~e Person** an eminent person; **ein ~er Politiker** a leading politician; **eine ~e Rolle spielen** to play a leading [*or* significant] role; **etwas B~es** something important [*or* significant] ❷ (*beachtlich*) considerable, significant **II.** *adv* considerably

be·deut·sam I. *adj* ❶ (*wichtig*) important; **eine ~e Entscheidung/Verbesserung** a significant decision/improvement ❷ (*viel sagend*) meaningful, significant **II.** *adv* meaningfully, significantly

Be·deu·tung <-, -en> *f* ❶ (*Sinn*) meaning; **in wörtlicher/übertragener** ~ in the literal/figurative sense ❷ (*Wichtigkeit*) significance, importance; **[für jdn] große/größte ~ besitzen** to be of great/the utmost significance [*or* importance] [to [*or* for] sb]; **von übergeordneter** ~ of overriding importance; **[für jdn/etw] von [bestimmter] ~ sein** to be of [a certain] importance [for [*or* to] sb/sth]; **es ist für mich überhaupt nicht von** ~ it is of no importance to me; **einer S.** *dat* **[bestimmte] ~ beimessen** to attach [a certain] importance to sth; **nichts von** ~ nothing important ❸ (*Geltung*) importance; **ein Mann von großer** ~ an important man

be·deu·tungs·los *adj* ❶ (*ohne große Wirkung*) insignificant, unimportant; **keinesfalls/praktisch/völlig** ~ not at all/practically/completely insignificant ❷ (*nichts besagend*) meaningless

Be·deu·tungs·lo·sig·keit <-> *f kein pl* insignificance, unimportance

be·deu·tungs·voll *adj s.* **bedeutsam Be·deu·tungs·wan·del** *m* change in [*or* of] meaning, semantic change **Be·deu·tungs·wör·ter·buch** *nt* defining dictionary

be·die·nen* I. *vt* ❶ (*im Restaurant*) ■ **jdn** ~ to serve [*or* wait on] sb; **sich [von jdm] ~ lassen** to be waited on [by sb] ❷ (*im Geschäft*) **einen Kunden** ~ to serve a customer; **werden Sie schon bedient?** are you being served? ❸ (*bei jdm Dienste leisten*) ■ **jdn** ~ to serve sb ❹ (*sich alles bringen lassen*) **sich [von jdm] [von vorne bis hinten] ~ lassen** to be waited on hand and foot [by sb] ❺ (*benutzen*) ■ **etw** ~ to operate sth ❻ (*beliefern*) ■ **jdn** ~ to serve sb ❼ (*gebietlich abdecken, versorgen*) ■ **etw** ~ *Bus, Zug* to serve sth; *Flugzeug* to operate to ❽ FIN (*die Zinsen von etw zahlen*) **einen Kredit** ~ to service [*or* AM pay interest on] a loan ❾ KARTEN ■ **etw** ~ to play; **eine Farbe** ~ to follow suit ❿ (*pej fam: fördern*) ■ **etw** ~ *Klischee, Vorurteil, Ressentiment* to encourage sth ▸ WENDUNGEN: **bedient sein** (*fam*) to have had enough; **mit etw gut/schlecht bedient sein** to be well-/ill-served by sth **II.** *vi* ❶ (*sich um den Gast kümmern*) to serve; **wird hier nicht bedient?** is there no-one serving here? ❷ (*Kartenspiel*) to follow suit **III.** *vr* ❶ (*sich Essen nehmen*) ■ **sich** ~ to serve oneself, to help oneself to; **sich mit einem Stück Kuchen** ~ to help oneself to a piece of cake; ~ **Sie sich!** help yourself! ❷ (*geh: gebrauchen*) ■ **sich einer S.** *gen* ~ to make use of sth; **sich eines Menschen** ~ to use sb

Be·die·ner(in) *m(f)* ❶ (*Benutzer*) operator ❷ ÖSTERR (*Putzfrau*) cleaner *masc*, cleaning lady *fem*

be·die·ner·freund·lich *adj* user-friendly; **etw ~ machen** to make sth more user-friendly **Be·die·ner·füh·rung** *f* INFORM user prompt

Be·die·ne·rin <-, -nen> *f fem form von* **Bediener** waitress

be·diens·tet [bəˈdiːnstət] *adj* ❶ ÖSTERR in employment ❷ (*veraltet*) ■ **bei jdm ~ sein** to be employed by sb

Be·diens·te·te(r) *f(m) dekl wie adj* ❶ (*Angestellte(r) im öffentlichen Dienst*) employee ❷ *meist pl* (*veraltet: Dienstboten*) servant

Be·die·nung <-, -en> *f* ❶ (*Kellner*) waiter, waitress ❷ *kein pl* (*Handhabung*) operation ❸ *kein pl* (*das Bedienen*) service; **ist der Biergarten draußen auch mit ~?** is there table-service [*or* do the waiters serve] outside as well?; **die Preise verstehen sich inklusive Mehrwertsteuer und** ~ the prices include VAT and service charge; ~ **inbegriffen** service [charge] included; **jdm zur freien ~ stehen** to be at the disposal of sb ❹ MIL (*Bedienungsmannschaft*) crew ❺ FIN servicing BRIT, interest payments AM; **die ~ eines Kredites** debt service, serving [*or* AM paying interest on] a loan

Be·die·nungs·an·lei·tung *f* operating instructions *pl* **Be·die·nungs·feh·ler** *m* operator['s] error **Be·die·nungs·hin·wei·se** *pl* operating instructions *pl* **Be·die·nungs·kom·fort** *m* ease of operation **Be·die·nungs·mann·schaft** *f* MIL operating crew; (*eines Geschützes*) gun crew **Be·die·nungs·vor·schrift** *f* operating instructions

be·din·gen* [bəˈdɪŋən] *vt* ❶ (*verursachen*) ■ **etw** ~ to cause sth; **höhere Löhne ~ höhere Preise** higher wages lead to higher prices; ■ **durch etw bedingt sein** to be a result of sth ❷ (*verlangen*) ■ **etw** ~ to require, to demand; **die Lage bedingt rasches Handeln** the situation calls for swift action

be·dingt I. *adj* ❶ (*eingeschränkt*) qualified; **~e Erlaubnis** conditional permission ❷ JUR conditional; **~e Entlassung** suspension of the remainder of the sentence on probation; **~e Strafaussetzung** conditional discharge, [suspension of sentence on] probation; **~er Straferlass** remission of a penalty [*or* sentence] ❸ MED **~e Reaktion** conditioned reaction; **~er Reiz** conditioned stimulus **II.** *adv* ❶ (*eingeschränkt*) partly, to some extent; ~ **gültig** of limited validity; **dem kann ich nur ~ zustimmen** I can only agree with that to a degree ❷ JUR SCHWEIZ, ÖSTERR (*mit Bewährungsfrist*) conditionally

Be·din·gung <-, -en> *f* ❶ (*Voraussetzung*) condition; **[es] zur ~ machen, dass ...** to make it a condition [*or* stipulate] that ...; **[jdm] eine ~/~en stellen** to set [*or* impose] a condition/conditions [on sb]; **unter der ~, dass ...** on condition [*or* with the proviso] that ...; **[nur] unter einer** ~ [only] on one condition; **unter keiner** ~ under no circumstances, on no account [*or* condition]; **unter welcher ~?** on what condition? ❷ *pl* ÖKON terms, conditions; **zu günstigen/ungünstigen ~en** on favourable [*or* AM -orable]/unfavourable [*or* AM -orable] terms ❸ *pl* (*Umstände*) conditions; **unter gewissen ~en** in [*or* under] certain conditions

be·din·gungs·los I. *adj* unconditional; **~er Gehorsam/~e Treue** unquestioning obedience/trust **II.** *adv* unconditionally; **jdm ~ gehorchen** to obey sb unquestioningly [*or* without question]; **jdm ~ vertrauen** to trust sb blindly [*or* unconditionally]

Be·din·gungs·satz *m* LING conditional clause

be·drän·gen* *vt* ❶ (*bestürmen*) ■ **jdn [mit etw]** ~ to pester [*or* bother] sb [with sth]; ■ **jdn ~, etw zu tun** to pressure [*or* BRIT *a.* pressurize] sb into doing sth; (*belästigen*) to badger [*or* pester] sb into doing sth ❷ ([*seelisch*] *belasten*) ■ **jdn** ~ to burden sb

Be·dräng·nis <-ses, -se> [bəˈdrɛŋnɪs] *f* (*geh*) difficulties *pl*; **in finanzieller/seelischer ~ sein** to be in financial difficulties [*or* straits]/emotional difficulties [*or* distress]; **jdn in seelische ~ bringen** to put sb on the spot; **jdn in ~ bringen** to get sb into trouble *a. euph;* **einen Gegner in ~ bringen** to cause problems for an opponent; **in ~ sein/geraten** to be/get into difficulties

be·dro·hen* *vt* ❶ (*mit etw drohen*) ■ **jdn [mit etw]** ~ to threaten sb [with sth] ❷ (*gefährden*) ■ **etw** ~ to endanger sth;

den Frieden ~ to be [*or* pose] a threat to peace; ■**[durch** [*o* **von]** **etw] bedroht sein** to be threatened [by sth]

be·droh·lich I. *adj* dangerous, threatening; **in** ~**er Nähe sein** to be perilously close; **eine** ~**e Lage** an alarming situation **II.** *adv* dangerously, alarmingly

Be·droht·heit <-> *f kein pl* threatened state; *einer Person* threatened position

Be·dro·hung *f* ❶ (*Drohung*) threat (+*gen* to) ❷ (*das Bedrohen*) threat (+*gen* of)

Be·dro·hungs·ana·ly·se *f* threat analysis

be·dru·cken* *vt* ■**etw [mit etw]** ~ to print [sth] on sth

be·drü·cken* *vt* ■**jdn** ~ to depress sb; **was bedrückt dich?** what's troubling you?, what's up? *fam*

be·drü·ckend *adj* depressing; **ein** ~**es Schweigen/eine** ~**e Stimmung** an oppressive silence/atmosphere

be·drückt *adj* depressed; ~**es Schweigen** oppressive silence

Be·drü·ckung <-> *f kein pl* (*geh*) depression

Be·du·i·ne, Be·du·i·nin <-n, -n> [bedu'iːnə, bedu'iːnɪn] *m, f* Bed[o]uin

Be·du·i·nen·zelt *nt* Bed[o]uin tent

be·dür·fen <bedurfte, bedurft> *vi* (*geh*) ■**einer S.** *gen* ~ to require [*or* need] sth; **es bedarf keiner weiteren Erklärung** no further explanation is necessary; **es hätte nur eines Lächelns bedurft, um ihn zu überzeugen** it would only have taken a smile to convince him; **sein Benehmen bedarf einer Entschuldigung** his behaviour demands [*or* requires] an apology

Be·dürf·nis <-ses, -se> [bə'dʏrfnɪs] *nt* ❶ (*Bedarf*) need, necessity; ■**jds** ~**se** sb's needs [*or* wants]; **hast du noch irgendwelche** ~**se?** is there anything else you need?; **die** ~**se des täglichen Lebens** everyday needs ❷ *kein pl* (*Verlangen*) desire, need; **das** ~ **haben, etw zu tun** to feel the need to do sth; **es ist jdm ein** ~**, etw zu tun** (*geh*) it is sb's need to do sth ▶WENDUNGEN: **ein dringendes** ~ (*euph*) a call of nature *usu hum*

Be·dürf·nis·an·stalt *f* **öffentliche** ~ (*geh o veraltend*) public convenience *esp* BRIT *form* [*or* AM restroom]

Be·dürf·nis·lo·sig·keit <-> *f kein pl a.* REL modesty of one's needs, material abstinence

be·dürf·tig *adj* ❶ (*materielle Hilfe benötigend*) needy *attr,* in need *pred;* ■**die B**~**en** the needy + *pl vb,* those in need + *pl vb* ❷ (*geh*) ■**jds/einer S.** *gen* ~ **sein** to be in [*or* have] need of sb/sth

Be·dürf·tig·keit <-> *f kein pl* (*geh*) need, neediness

Beef·steak <-s, -s> ['biːfsteːk, -ʃteːk] *nt bes* NORDD steak; **deutsches** ~ beefburger

be·eh·ren* I. *vt* (*geh*) ■**jdn/etw [mit etw]** ~ to honour [*or* AM -or] sb/sth [with sth]; **jdn [mit einen Besuch]** ~ to honour sb with a visit *a. iron* **II.** *vr* (*geh*) ■**sich** *akk* ~**, etw zu tun** to have the honour [*or* AM -or] of doing sth

be·ei·den* [bə'ʔaidn̩] *vt* ■**etw** ~ to swear to sth; **eine beeidete Aussage** a sworn statement

be·ei·len* *vr* ■**sich [mit etw** *akk***]** ~ to hurry [up] [with sth]; **beeil dich, wir müssen zum Zug!** hurry up [*or fam* get a move on], we've got a train to catch!; ■**sich** *akk* ~**, etw zu tun** (*geh*) to hurry [*or* hasten] to do sth

Be·ei·lung <-> *f kein pl* (*fam*) ■~**!** get a move on! *fam,* AM *fam usu* step on it!

be·ein·dru·cken* [bə'ʔaindrʊkn̩] *vt* ■**jdn [mit etw]** ~ to impress sb [with sth]; **sich [von etw] nicht** ~ **lassen** to not be impressed [by sth]

be·ein·dru·ckend *adj* impressive; **es war ein** ~**es Erlebnis** it left a lasting impression

be·ein·fluss·bar^RR^, **be·ein·fluß·bar**^ALT^ *adj* easily [*or* able to be] influenced *pred;* **sie ist nur schwer** ~ she's not easily influenced [*or* swayed]

be·ein·flus·sen* [bə'ʔainflʊsn̩] *vt* ■**jdn/etw** ~ to influence sb/sth; **seine Entscheidung nicht durch etw** ~ **lassen** to not let his/her decision be swayed by sth; ■**durch** [*o* **von]** **etw beeinflusst sein** to be influenced by sth; **leicht/schwer zu** ~ **sein** to be easy/hard to influence

Be·ein·flus·sung <-, -en> *f* influence, influencing *no pl;* **der Anwalt erhielt wegen unfairer** ~ **des Zeugen einen Verweis** the lawyer was reprimanded for leading the witness

be·ein·träch·ti·gen* [bə'ʔaintrɛçtɪgn̩] *vt* ■**jdn/etw** ~ *dat* to disturb sb/sth; **jdn in seiner persönlichen Entfaltung** ~ to interfere with [*or* restrict] sb's personal development; **jdn in seiner Freiheit** ~ to restrict sb's freedom; **jdn in seiner Kreativität** ~ to curb sb's creativity; **ein Verhältnis** ~ to damage a relationship; **jds Genuss** ~ to detract from sb's enjoyment; **das Reaktionsvermögen/die Leistungsfähigkeit** ~ to impair [*or* reduce] the [*or* one's] reactions/efficiency; ■~**d** adverse

Be·ein·träch·ti·gung <-, -en> *f Freiheit* restriction; *Genuss* detracting (+*gen* from); *Kreativität* curbing; *Qualität* reduction (+*gen* in); *Reaktionsvermögen* impairing; *Verhältnis* damaging

be·elen·den* [bə'ʔeːlɛndn̩] *vt* ■**jdn** ~ (*traurig stimmen*) to sadden sb; (*schockieren*) to upset sb

Beel·ze·bub <-s> [be'ɛltsəbuːp, 'beːl-] *m s.* **Teufel**

be·en·den* *vt* ■**etw** ~ to end [*or* finish] sth; **eine Verhandlung** ~ to bring negotiations to an end; *s. a.* **Leben**

be·en·di·gen* *vt* (*geh*) *s.* **beenden**

Be·en·di·gung <-> *f kein pl* end, ending; (*Schluss*) conclusion; **nach** ~ **des Studiums nahm sie eine Stelle an** after completing her studies she accepted a job

be·en·gen* *vt* ■**jdn** ~ to restrict sb; (*fig*) to stifle [*or* cramp] [*or* inhibit] sb; **kleine Zimmer** ~ **mich irgendwie** small rooms somehow make me feel confined; **diese spießbürgerliche Umgebung beengte ihn** he was stifled by these petit [*or* BRIT *a.* petty] bourgeois surroundings; ~**de Kleidung** tight [*or* restrictive] clothing; **etw als** ~**d empfinden** to find sth confining; ■**jdn** ~ to make sb feel confined [*or* boxed-in]

be·engt I. *adj* cramped, confined **II.** *adv* in cramped conditions; **sich [von jdm/etw]** ~ **fühlen** (*fig*) to feel cramped [*or* stifled] [by sb/sth]

Be·engt·heit <-> *f kein pl* confinement, restriction; **in räumlicher** ~ **wohnen** to live in cramped conditions; **ein Gefühl** [*o* **den Eindruck]** **von** ~ **haben** to feel confined [*or* cramped], to have a feeling of confinement

be·er·ben* *vt* ■**jdn** ~ to inherit sb's estate, to be heir to sb

be·er·di·gen* [bə'ʔeːɐ̯dɪgn̩] *vt* ■**jdn** ~ to bury sb

Be·er·di·gung <-, -en> *f* funeral, burial

Be·er·di·gungs·fei·er *f* funeral service **Be·er·di·gungs·in·sti·tut** *nt* funeral parlour [*or* AM -or], undertaker's

Bee·re <-, -n> ['beːrə] *f* berry; ~**n tragen** to bear fruit; (*Wein~*) grape

Bee·ren·aus·le·se *f wine whose characteristic richness derives from noble rot induced by the use of overripe grapes*

Bee·ren·frucht *f* (*geh*) berry **Bee·ren·obst** *nt* soft fruit

Bee·ren·strauch *m* berry-[*or* fruit-]bearing bush

Beet <-[e]s, -e> [beːt] *nt* bed; (*Blumen~*) flowerbed; (*Gemüse~*) vegetable patch

be·fä·hi·gen* [bə'fɛːɪgn̩] *vt* ■**jdn dazu** ~**, etw zu tun** to enable sb to do sth; **ein Tier zu Höchstleistungen** ~ to enable an animal to achieve record performances; **jdn zu kritischer Überlegung** ~ to equip sb to think critically

be·fä·higt [bə'fɛːɪçt] *adj* qualified; ■**für** [*o* **zu]** **etw** ~ **sein** to be capable of doing [*or* competent at] sth

Be·fä·hi·gung <-> *f kein pl* qualification[s]; ~ **und Engagement** ability and commitment; **als** ~ **zu etw gelten** to qualify sb to do [*or* become] [*or* be] sth

Be·fä·hi·gungs·nach·weis *m* proof of [one's] qualifications

be·fahl [bə'faːl] *pret von* **befehlen**

be·fahr·bar *adj* passable; NAUT navigable; **nicht** ~ impassable; NAUT unnavigable

be·fah·ren* I. *vt irreg* ❶ (*auf etw fahren*) **eine Straße/einen**

Weg ~ to drive along [*or* down] [*or* on] a road/a path; **diese Straße wird stark/wenig** ~ there is a lot of/not much traffic on this road; **diese Straße darf nur in einer Richtung ~ werden** this road is only open in one direction; **der Pass darf im Winter nicht ~ werden** the pass is closed in winter; **eine Strecke** [*o* **Route**] ~ to use a route; **alle sieben Meere** ~ to sail the seven seas ❷ BERGB **einen Schacht** ~ to go down [*or* use] a shaft; **eine Grube** ~ to work a mine **II.** *adj* used; **kaum/stark** [*o* **viel**] ~ **sein** to be little/much [*or* heavily] used [*or* used a lot]; **eine viel** [*o* **stark**] **~e Kreuzung** a busy junction [*or* crossroads + *sing/pl vb*]; **die Autobahn Stuttgart-München ist immer stark** ~ there's always heavy traffic on the Stuttgart- Munich motorway

Be·fa̲h·ren <-s> *nt kein pl* ■ **das ~ einer S.** *gen* the use of sth; **häufiges ~ durch Lastkraftwagen kann Straßen schwer beschädigen** roads frequently used by heavy goods vehicles can be seriously damaged

Be·fạll <-[e]s> *m kein pl* FORST, HORT infestation

be·fạl·len* *vt irreg* ❶ MED ■ **jdn/etw** ~ to infect sb/sth; **von etw ~ werden** to be attacked [*or* infected] by sth ❷ FORST, HORT ■ **etw** ~ to infest sth ❸ (*geh*) ■ **jdn** ~ to overcome sb; **von Ekel/Hunger/Müdigkeit ~ werden** to feel disgusted/hungry/tired

be·fạn·gen [bəˈfaŋən] *adj* ❶ (*gehemmt*) inhibited, self-conscious ❷ JUR (*voreingenommen*) biased [*or* BRIT *a.* biassed], prejudiced; **sich** *akk* **für ~ erklären** to withdraw [from a case] [*or* AM *a.* to declare oneself disqualified] on the grounds of bias; **jdn als ~ ablehnen** to challenge [*or* AM *a.* disqualify] sb on grounds of bias ❸ (*geh*) ■ **in etw** *dat* ~ **sein** to be set on sth; **in einem Irrtum ~ sein** to be labouring [*or* AM -oring] under a misapprehension *form;* **im Glauben ~ sein, dass ...** to be under the impression that ...

Be·fạn·gen·heit <-> *f kein pl* ❶ (*Gehemmtheit*) inhibition, self-consciousness ❷ JUR (*Voreingenommenheit*) bias, prejudice; **jdn wegen [Besorgnis der] ~ ablehnen** to challenge [*or* AM *a.* disqualify] sb on grounds of [suspected] bias

be·fạs·sen* **I.** *vr* ❶ (*sich beschäftigen*) ■ **sich** *akk* **mit etw** ~ to concern oneself with sth; **sich** *akk* **mit einer Angelegenheit** ~ to look into a matter; **sich mit einem Problem** ~ to tackle [*or* deal with] a problem ❷ (*sich widmen*) ■ **sich** *akk* **mit jdm** ~ to spend time with [*or* give attention to] sb **II.** *vt* (*geh*) *a.* JUR ■ **jdn mit einer S.** ~ to bring [*or* refer] a matter to sb; **das Gericht mit einer S.** ~ to bring a case before the court

be·feh·den* [bəˈfeːdn̩] *vt* ❶ (*geh*) ■ **jdn/etw** ~ to attack sb/sth ❷ HIST ■ **jdn/etw** ~ to feud with sb/over sth; ■ **sich [gegenseitig]** ~ to [carry on a] feud with each other

Be·fehl <-[e]s, -e> [bəˈfeːl] *m* ❶ (*Anweisung*) order; **~ vom Chef!** boss's orders!; **~ ist ~** orders are orders; **einen ~ ausführen** to carry out [*or* execute] an order; **~ ausgeführt!** MIL mission accomplished!; **einen ~ befolgen** to obey [*or* follow] an order [*or pl* orders]; **einen ~ erhalten** to receive an order; **einen ~ erlassen** to issue [*or* AM *a.* hand down] an order; **jdm einen ~ geben** [*o* **erteilen**], **etw zu tun** to order sb [*or* issue sb with an order] to do sth; **einen ~ geben, etw zu tun** to order [*or* issue an order] that sth be done; **Sie haben mir hier überhaupt keine ~e zu geben!** I won't take orders from you!; **den ~ haben, etw zu tun** to have orders [*or* to have been ordered] to do sth; **den ~ [über etw** *akk*] **haben** [*o* **führen**] to have [*or* be in] command [of sth]; **auf ~ handeln** to act under orders; **unter jds** *dat* **~ stehen** to be under sb's command; **den ~ übernehmen** to take [*or* assume] command; **einen ~ verweigern** to disobey an order; **auf ~** under orders, to order; **auf höheren ~** on orders from above; **auf jds** *akk* **~ [hin]** on sb's order; **~ von oben** orders from above; **zu ~** (*veraltend*) yes, sir, aye, aye, sir ❷ INFORM, MED command

be·feh·len <befa̲hl, befo̲hlen> [bəˈfeːlən] **I.** *vt* ❶ (*den Befehl geben*) ■ **jdm ~, etw zu tun** to order [*or* command] sb to do sth; ■ **etw** ~ to order sth; **von dir lasse ich mir nichts ~!** I won't take orders from you!; **was ~ Sie, Herr Hauptmann?** what are your orders, Captain? ❷ (*beordern*) ■ **jdn irgendwohin** ~ to order sb [to go] somewhere; ■ **jdn zu jdm/etw** ~ to summon sb to sb/sth; **Sie sind zum General befohlen worden!** you've been summoned to the General! ❸ (*veraltet geh*) ■ **[etw]** ~ to desire [sth]; **~ Sie sonst noch etwas, gnädige Frau?** will there be anything else, Madam?; **ganz wie Sie ~!** just as you wish! **II.** *vi* ❶ MIL ■ **über jdn/etw** ~ to be in [*or* have] command of sb/sth ❷ (*Anordnungen erteilen*) ■ **~, dass ...** to order [*or* give orders] that ...; **mit ~der Stimme** in a commanding voice

be·feh·li·gen* [bəˈfeːlɪgn̩] *vt* MIL ■ **jdn/etw** ~ to command sb/sth, to be in [*or* have] command of sb/sth

Be·fe̲hls·code *m* INFORM command **Be·fe̲hls·emp·fän·ger(in)** *m(f)* one who takes an order **Be·fe̲hls·form** *f* LING imperative

be·fe̲hls·ge·mäß **I.** *adj* as ordered *pred,* in accordance with orders *pred* **II.** *adv* as ordered, in accordance with orders **Be·fe̲hls·ge·walt** *f* MIL command; **die ~ haben** to have [*or* be in] command; **jds ~ unterstehen** to be under sb's command **Be·fehls·ha·ber(in)** <-s, -> [bəˈfeːlshaːbɐ] *m(f)* MIL commander **Be·fe̲hls·satz** *m* LING imperative [sentence] **Be·fe̲hls·ton** *m* peremptory tone **Be·fe̲hls·ver·wei·ge·rung** *f* MIL refusal to obey orders [*or* an order] **Be·fe̲hls·zei·le** *f* INFORM command line

be·fein·den* [bəˈfaindn̩] *vt* (*geh*) ■ **jdn/etw** ~ to attack sb/sth; *Land* to be hostile towards; ■ **sich** ~ to be hostile towards each other

be·fẹs·ti·gen* *vt* ❶ (*anbringen*) ■ **etw [an etw** *dat*] ~ to fasten [*or* attach] [*or* fix] sth [to sth]; **ein Boot an etw** ~ to tie up [*or* moor] a boat to sth ❷ BAU **eine Fahrbahn** [*o* **Straße**] ~ to make up [*or* AM pave] a road; **eine Böschung** ~ to stabilize an embankment; **einen Damm/Deich** ~ to reinforce a dam/dyke ❸ MIL ■ **etw** ~ to fortify sth; **eine Grenze** ~ to strengthen a border

Be·fẹs·ti·gung <-, *selten* -en> *f* ❶ (*das Anbringen*) fixing, fastening; **der Gurt dient zur ~ der zwei Teile** the strap serves to fasten the two parts [together] ❷ BAU stabilizing, making up BRIT, paving AM ❸ (*zu Verteidigungszwecken*) reinforcement ❹ MIL fortification

Be·fẹs·ti·gungs·an·la·ge *f* fortification[s] **Be·fẹs·ti·gungs·werk** *nt* fortification

be·feuch·ten* *vt* ■ **etw [mit etw]** ~ to moisten sth [with sth]; **Bügelwäsche** ~ to dampen washing before ironing

be·fe̲u·ern* *vt* ❶ (*beheizen*) ■ **etw [mit etw]** ~ to fuel sth [by sth] ❷ MIL ■ **jdn/etw** ~ to fire on [*or* shoot at] sb/sth ❸ NAUT, LUFT ■ **etw** ~ to mark [*or* light] sth with beacons ❹ (*fam*) ■ **jdn [mit etw]** ~ to pelt [*or* bombard] sb [with sth], to hurl sth at sb

Be·fe̲u·e·rung <-, *selten* -en> *f* NAUT, LUFT [marking with] lights [*or* beacons]

Beff·chen <-s, -> [ˈbɛfçən] *nt* REL Geneva band

be·fiehlt [bəˈfiːlt] *3. pers sing pres von* **befehlen**

be·fịn·den* *irreg* **I.** *vr* ❶ (*sich aufhalten*) ■ **sich irgendwo** ~ to be somewhere; **unter den Geiseln ~ sich zwei Deutsche** there are two Germans amongst the hostages; **sich im Ausland/im Urlaub** ~ to be abroad/on holiday [*or* AM vacation] ❷ (*in einem bestimmten Zustand sein*) **sich in bester/schlechter Laune** ~ to be in an excellent/a bad mood; **sich in guten Händen** ~ to be in good hands; **sich im Kriegszustand** ~ to be at war; *s. a.* **Irrtum** ❸ (*geh: sich fühlen*) ■ **sich ...** ~ to feel ...; **wie ~ Sie sich heute?** how do you feel today?, how are you feeling today? **II.** *vi* (*geh*) ■ **über jdn/etw** ~ to decide [on] sth, to make a decision about sb/sth; **darüber haben wir nicht zu** ~ it is not for us to pass judgement on this **III.** *vt* (*geh*) ❶ (*halten*) ■ **etw für etw** ~ to consider [*or* deem] [*or* find] sth [to be] sth; **es für gut/nötig/schlecht ~, etw zu tun** to deem [*or* consider] it a good idea/necessary/not such a good idea to do sth; ■ **jdn für etw** ~ to find sb sth; **jdn [für** [*o* **als**]] **schuldig/unschuldig** ~ to find sb guilty/not guilty; **etw**

[**für** [*o* **als**]] **wahr/falsch** ~ to believe [*or* consider] sth to be true/false; **jdn für tauglich/nicht tauglich** ~ MIL to declare sb fit/unfit [for military service] ❷ (*äußern*) ■**etw** ~ to decide [*or* conclude] sth

Be·fin·den <-s> *nt kein pl* ❶ (*Zustand*) [state of] health; *eines Kranken* condition; **seelisches** ~ mental state; **er hat sich nach deinem** ~ **erkundigt** he asked how you were ❷ (*geh*) opinion, view; **nach jds** ~ in sb's opinion [*or* view]; **etw nach eigenem** ~ **entscheiden** to use one's own judgement in deciding sth

be·find·lich [bəˈfɪntlɪç] *adj meist attr* (*geh*) ❶ (*sich an einer Stelle befindend*) situated, located; **das Gericht beschloss, alle noch auf den Konten ~en Gelder zu sperren** all the funds still left in the accounts were blocked by order of the court; **alle derzeit in Haft ~en politischen Gefangenen werden entlassen** all political prisoners currently in detention will be released ❷ (*sich in einem Zustand befindend*) **das in Kraft ~e Gesetz** the law which is in force; **das im Umlauf ~e Geld** the money in circulation; **die im Bau ~en Häuser** those houses [which are] currently being built

Be·find·lich·keit *f* mental state

be·fin·gern* *vt* (*fam*) **etw** ~ to finger sth

be·flag·gen* *vt* ■**etw** ~ to [be]deck [*or* decorate] sth with flags; **ein Schiff** ~ to dress a ship

Be·flag·gung <-, -en> *f* ❶ (*das Beflaggen*) decoration with flags; NAUT *Schiffe* dressing with flags ❷ (*geh*) flags; **die** ~ **auf Halbmast setzen** to set [*or* lower] the flags at half-mast

be·fle·cken* *vt* ❶ (*mit Flecken beschmutzen*) ■**etw** [**mit etw**] ~ to stain sth [with sth]; **etw mit Farbe** ~ to get paint [stains] on sth; **wer hat das Tischtuch so mit Marmelade befleckt?** who left jam stains on the tablecloth? ❷ (*geh*) ■**etw** [**durch etw**] ~ to stain sth [with/by sth]; **jds Ehre** ~ to slur [*or* cast a slur on] sb's honour [*or* AM -or]; **jds Ruf** ~ to tarnish [*or form* sully] sb's reputation

be·fleckt *adj* ❶ (*fleckig*) stained, dirty; ■[**mit etw**] ~ **sein** to be stained [with sth], to be covered with stains; **mit Blut** ~ bloodstained ❷ (*geh*) sullied, besmirched

be·flei·ßi·gen* [bəˈflaisɪgn̩] *vr* (*geh*) ■**sich einer S.** *gen* ~ to strive for sth; **sich großer Höflichkeit/Zurückhaltung** ~ to make an effort to be very polite/exercise greater restraint [*or* to be more restrained]

be·flie·gen* *vt irreg* LUFT **eine viel** [*o* **stark**] **beflogene Strecke** a heavily-used route; **diese Strecke wird nicht mehr beflogen** this route is not in operation any more

be·flis·sen [bəˈflɪsn̩] **I.** *adj* (*geh: bemüht*) keen, zealous; ■~ **sein**[, **etw zu tun**] to be keen [to do sth] **II.** *adv* keenly, zealously

Be·flis·sen·heit <-> *f kein pl* keenness *no pl*, zeal *no pl*

be·flü·geln* *vt* (*geh*) ❶ (*anregen*) ■**jdn/etw** ~ to inspire sb/sth; **das Lob hatte sie beflügelt** the praise had spurred her on; **die Fantasie** ~ to fire the imagination; ■**jdn** ~, **etw zu tun** to inspire sb to do sth ❷ (*schneller werden lassen*) ■**etw beflügelt jdn** sth spurs sb on; **Angst/Hoffnung beflügelte seine Schritte** fear/hope spurred him on [*or* winged his steps]

be·foh·len [bəˈfoːlən] *pp von* **befehlen**

be·fol·gen* *vt* ■**etw** ~ to follow sth; **Befehle** ~ to follow [*or* obey] orders; **jds** *akk* **Rat** ~ to follow [*or* take] sb's advice; **grammatische Regeln** ~ to obey grammatical rules; **Vorschriften** ~ to obey [*or* observe] regulations

Be·fol·gung <-> *f kein pl Befehl* following *no pl*, obeying *no pl*, compliance (+*gen* with); *Rat* following *no pl*, taking *no pl*

be·för·dern* *vt* ❶ (*transportieren*) ■**jdn/etw** ~ to transport [*or* carry] sb/sth; **das Gepäck** ~ **lassen** to have one's baggage sent; **die Teilnehmer wurden mit dem Bus zum Tagungsort befördert** participants were taken by bus to the conference venue ❷ (*jds Dienststellung anheben*) ■**jdn** [**zu etw**] ~ to promote sb [to sth] ❸ (*iron fam*) **jdn vor die Tür** [*o* **ins Freie**] ~ to throw [*or fam* chuck] sb out; **jdn nach draußen** ~ to escort sb outside; *s. a.* **Jenseits** ❹ (*geh*) ■**etw** ~ to promote [*or* foster] sth; ■**jdn** [**in etw** *dat*] ~ to support sb [in sth]

Be·för·de·rung *f* ❶ (*Transport*) transport[ation], carriage ❷ (*dienstliches Aufrücken*) promotion (**zu** +*dat* to)

Be·för·de·rungs·art *f* mode of transport **Be·för·de·rungs·be·din·gun·gen** *pl* conditions *pl* of carriage **Be·för·de·rungs·kos·ten** *pl* transport costs **Be·för·de·rungs·mit·tel** *nt* means of transport **Be·för·de·rungs·pflicht** *f obligation of public transport companies to convey people and goods*

be·frach·ten* *vt* ❶ (*beladen*) ■**etw** [**mit etw**] ~ to load sth [with sth] ❷ (*fig geh*) ■**etw mit etw** ~ to overload sth with sth; ■**mit etw befrachtet sein** to be laden with sth

be·fra·gen* *vt* ❶ (*Fragen stellen*) ■**jdn** [**über jdn/etw/zu etw**] ~ to question sb [about sb/sth]; ■**jdn** [**zu etw**] ~ JUR to question [*or* examine] sb [about sth] ❷ (*konsultieren*) ■**etw** [**über jdn/etw**] ~ to consult sth [about sb/sth]; ■**jdn** [**in etw** *dat*/**um etw**] ~ to ask [*or* consult] sb [about sth]; **jdn nach seiner Meinung** ~ to ask sb for his/her opinion

Be·frag·te(r) *f(m) dekl wie adj* person questioned; **die Befragten** those questioned, the interviewees

Be·fra·gung <-, -en> *f* ❶ (*das Befragen*) questioning; JUR examination, questioning ❷ (*Konsultierung*) consultation; **nach** ~ **des Orakels** after consulting the oracle ❸ (*Umfrage*) survey, [opinion] poll

be·frei·en* **I.** *vt* ❶ (*freilassen*) ■**jdn/ein Tier** [**aus** [*o* **von**] **etw**] ~ to free [*or* set free *sep*] [*or* release] sb/an animal [from sth] ❷ (*unabhängig machen*) ■**jdn/etw** [**von jdm/etw**] ~ to liberate sb/sth [from sb/sth] ❸ (*von etw Störendem frei machen*) ■**etw von etw** ~ to clear sth of [*or* remove sth from] sth; **seine Schuhe vom Dreck** ~ to remove the dirt from one's shoes ❹ (*erlösen*) ■**jdn von etw** ~ to free [*or* release] sb from sth; **jdn von Schmerzen** ~ to free [*or* rid] sb of pain; **jdn von seinem Leiden** ~ to release sb from their suffering ❺ (*freistellen*) ■**jdn von etw** ~ to excuse sb from sth; **jdn vom Wehrdienst** ~ to exempt sb from military service; **von Steuern befreit** tax-exempt ❻ (*jdm etw abnehmen*) ■**jdn von etw** ~ to relieve sb of sth **II.** *vr* ❶ (*freikommen*) ■**sich** *akk* [**aus** [*o* **von**] **etw**] ~ to escape [from sth] ❷ (*etw abschütteln*) ■**sich** *akk* [**von etw**] ~ to free oneself [from sth], to rid oneself [of sth] ❸ (*etw überwinden*) ■**sich** *akk* **aus etw** ~ to get out of sth; **sich** *akk* **aus einer Abhängigkeit** ~ to free oneself from a dependency; **sich** *akk* **aus einer schwierigen Lage** ~ to extricate oneself from a difficult situation; ■**sich** *akk* **von etw** ~ to rid oneself of sth; **sich** *akk* **von Vorurteilen** ~ to rid oneself of prejudice

Be·frei·er(in) <-s, -> *m(f)* liberator

be·freit **I.** *adj* (*erleichtert*) relieved **II.** *adv* with relief; ~ **aufatmen** to breathe [*or* heave] a sigh of relief

Be·frei·ung <-, *selten* -en> *f* ❶ (*Freilassen*) release, freeing *no pl*; **die** ~ **der Geiseln** the release of the hostages ❷ (*Befreien aus der Unterdrückung*) liberation; **die** ~ **der Frau** women's liberation [*or* emancipation] ❸ (*Freistellung*) exemption (**von** +*dat* from); **ich brauche eine** ~ **vom Sportunterricht** I need to be excused from the sports lesson ❹ (*Erlösung*) release; **rasch** ~ [**von Schmerzen**] **verschaffen** to provide a rapid release [from pain] ❺ (*Erleichterung*) relief

Be·frei·ungs·be·we·gung *f* liberation movement **Be·frei·ungs·front** *f* liberation front **Be·frei·ungs·kampf** *m* struggle for freedom [*or* liberation] **Be·frei·ungs·krieg** *m* war of liberation; **die ~e** HIST the Wars of Liberation **Be·frei·ungs·or·ga·ni·sa·ti·on** *f* liberation organization **Be·frei·ungs·schlag** *m* ❶ SPORT clearance; (*beim Eishockey*) icing ❷ (*fig: erlösende Aktion*) unleashing, [act of] release **Be·frei·ungs·the·o·lo·gie** *f kein pl* liberation theology **Be·frei·ungs·ver·such** *m* ❶ (*Rettungsversuch*) rescue bid [*or* attempt] ❷ (*Ausbruchsversuch*) escape bid [*or* attempt]

be·frem·den* **I.** *vt* ■**jdn** ~ to disconcert sb; **ich war von ihrem Verhalten etwas befremdet** I was somewhat disconcerted [*or* taken aback] by her behaviour, I found her behaviour somewhat disconcerting; **diese Gefühlsausbrüche ~ mich doch sehr!** I find these emotional outbursts very off-putting! **II.** *vi* to be disconcerting

Be·frẹm·den <-s> *nt kein pl* disconcertment, disquiet; **zu jds** *dat* ~ to sb's disconcertment [*or* alarm]; **sein ~ ausdrücken** to express one's disconcertment [*or* alarm]; **~ erregen** to cause disconcertment; **die Bilder erregten bei den Besuchern ~** the visitors were disconcerted by the pictures

be·frẹm·dend *adj* disconcerting

be·fremd·lich [bəˈfrɛmtlɪç] *adj* (*geh*) *s.* **befremdend**

be·freun·den* [bəˈfrɔyndn̩] *vr* ❶ (*sich anfreunden*) ■**sich mit jdm** ~ to make [*or* become] friends with sb ❷ (*sich an etw gewöhnen*) ■**sich mit etw** ~ to get used to [*or form* grow accustomed to] sth

be·freu̲n·det *adj* ❶ (*freundlich gesinnt*) friendly; **ein ~er Staat** a friendly country; **das ~e Ausland** friendly [foreign] countries *pl* ❷ (*Freunde sein*) **[eng [*o* fest]] miteinander ~ sein** to be [close] friends; **[eng [*o* fest]] mit jdm ~ sein** to be [close [*or* very good]] friends with sb

be·frie·den* [bəˈfriːdn̩] *vt* POL (*geh*) **ein Land** ~ to bring peace to a country

be·frie·di·gen* [bəˈfriːdɪgn̩] **I.** *vt* ❶ (*zufrieden stellen*) ■**jdn/etw** ~ to satisfy sb/sth; **jds Ansprüche/Wünsche** ~ to fulfil [*or* AM fulfill] sb's requirements/wishes; **die Gläubiger** ~ to satisfy [*or* pay off] [*or* settle [up] with] the creditors; **seine Neugier** ~ to satisfy one's curiosity; **leicht/schwer zu ~ sein** to be easily/not easily satisfied, to be easy/hard to satisfy ❷ (*sexuelles Verlangen stillen*) ■**jdn** ~ to satisfy sb ❸ (*innerlich ausfüllen*) ■**jdn** ~ to satisfy sb; **mein Beruf befriedigt mich nicht** I'm not satisfied with my job, I'm not getting any job satisfaction **II.** *vi* (*zufrieden stellend sein*) to be satisfactory; **diese Lösung befriedigt nicht** this is an unsatisfactory solution **III.** *vr* (*sexuell*) ■**sich** *akk* **[selbst]** ~ to masturbate

be·fri̲e̲·di·gend *adj* ❶ (*zufrieden stellend*) satisfactory; ■**[für jdn] ~ sein** to be satisfying [for sb] ❷ (*Schulnote*) satisfactory, adequate

be·frie·digt [bəˈfriːdɪçt] **I.** *adj* ❶ (*zufrieden gestellt*) satisfied ❷ (*sexuell befriedigt*) [sexually] satisfied **II.** *adv* with satisfaction

Be·fri̲e̲·di·gung <-> *f kein pl* ❶ (*Zufriedenstellung*) satisfaction; **zur ~ deiner Neugier** to satisfy your curiosity; **sexuelle ~** sexual satisfaction ❷ (*Zufriedenheit*) satisfaction; **eine innere ~** an inner sense of satisfaction; **jdm ~ bereiten** [*o* **gewähren**] to satisfy sb; **die Arbeit bereitet mir einfach keine ~ mehr** I'm just not getting any satisfaction from my job anymore; **zu jds ~ sein** to be to sb's satisfaction

be·frịs·ten* *vt* (*zeitlich begrenzen*) ■**etw [auf etw** *akk***/bis zu etw]** ~ to limit [*or* restrict] sth [to sth]; **eine Stelle** ~ to limit the duration of a job

be·frịs·tet *adj* restricted, limited; ÖKON, JUR *a.* fixed-term; **eine ~e Anlage** a fixed-term deposit; **eine ~e Aufenthaltsgenehmigung** *a residence permit valid for a restricted period of time;* **eine ~e Stelle** [*o* **Tätigkeit**] a fixed-term job; **ein ~er Vertrag** a contract of limited duration; **ein ~es Visum** a temporary visa; ■**auf etw** *akk***/bis zu etw ~ sein** to be valid for/until sth; ÖKON, JUR to be limited [*or* restricted] [to sth]; **seine Aufenthaltserlaubnis ist auf ein Jahr ~** his residence permit is valid for one year

Be·frịs·tung <-, -en> *f* restriction, limitation; (*Zeitbegrenzung*) time limit; **heutzutage sind ~en von Arbeitsverhältnissen schon fast die Regel** nowadays it's almost the norm for appointments to be for a restricted period of time

be·frụch·ten* *vt* ❶ (*Befruchtung erzielen*) ■**etw** ~ to fertilize sth; **eine Frau** ~ to impregnate a woman; **eine Blüte** ~ to pollinate a flower; **eine Eizelle** ~ to fertilize an egg; **künstlich** ~ to inseminate artificially ❷ (*fig: fördernd anregen*) ■**jdn/etw** ~ to stimulate [*or* inspire] sb/sth, to have a stimulating effect on sb/sth

Be·frụch·tung <-, -en> *f* fertilization; *Blüte* pollination; **künstliche ~** *Mensch* in vitro fertilization, IVF; *Tier* artificial insemination, AI

be·fu̲·gen* *vt* (*geh*) ■**jdn dazu ~, etw zu tun** to authorize sb to do sth

Be·fug·nis <-ses, -se> [bəˈfuːknɪs] *f* (*geh*) authorization *no pl*, authority *no pl;* **zu etw keine ~ haben** to not be authorized to do sth; **seine ~se überschreiten** to overstep one's authority

be·fugt [bəˈfuːkt] *adj* (*geh*) authorized; ■**B~e/nicht B~e** authorized/unauthorized persons; ■**zu etw ~ sein** to be authorized to do sth

be·fü̲h·len* *vt* ■**etw** ~ to feel sth

be·fụm·meln* *vt* (*sl*) ■**jdn/etw** ~ to grope [*or* paw] sb/sth *fam*

Be·fụnd <-[e]s, -e> *m* MED result[s *pl*]; **negativer/positiver ~** negative/positive result[s *pl*]; **ohne ~** negative

be·fụ̈rch·ten* *vt* ■**etw** ~ to fear sth; **das Schlimmste** ~ to fear the worst; ■**~, dass ...** to be afraid that ...; **nichts zu ~ haben** to have nothing to fear [*or* to be afraid of]; **es ist [*o* steht] zu ~, dass ...** it is [to be] feared that ...; **wie befürchtet** as feared

Be·fụ̈rch·tung <-, -en> *f meist pl* fear; **seine ~en waren unbegründet** his fears were unfounded; **ich hatte schon große ~en!** I was really afraid [*or* worried]!; **ich hatte die schlimmsten ~en** I feared the worst; **in jdm die ~ erwecken, dass ...** to arouse the fear in sb that ...; **die ~ haben** [*o geh* **hegen**]**, dass ...** to fear [*or* be afraid] that ...

be·für·wor·ten* [bəˈfyːɐ̯vɔrtn̩] *vt* ■**etw** ~ to be in favour [*or* AM -or] of [*or* support] [*or* approve of] sth; ■**es ~, dass/wenn ...** to be in favour [*or* approve] of ...

be·fü̲r·wor·tend **I.** *adj* supportive, favourable [*or* AM -orable] **II.** *adv* favourably [*or* AM -orably]

Be·fü̲r·wor·ter(in) <-s, -> *m(f)* supporter, advocate

Be·fü̲r·wor·tung <-, -en> *f* support, approval

be·gabt [bəˈgaːpt] *adj* gifted, talented; ■**für etw ~/nicht ~ sein** to have/not have a gift [*or* talent] for sth; **sie ist künstlerisch/musikalisch sehr ~** she's very artistic/musical, she's artistically/musically gifted; **er ist vielseitig ~** he's an all-round talent; ■**mit etw ~ sein** (*bes iron geh*) to be blessed with sth

Be·ga̲b·te(r) *f(m) dekl wie adj* gifted [*or* talented] person

Be·ga̲b·ten·för·de·rung *f* SCH *educational grant for particularly gifted pupils and students*

Be·ga̲·bung <-, -en> *f* ❶ (*Talent*) talent, gift; **eine [besondere] ~ für etw haben** to have a [special] gift for sth; **eine ~ dafür haben, etw zu tun** (*a. iron*) to have a talent [*or* gift] for doing sth, to have a knack of doing sth *iron* ❷ (*begabter Mensch*) talented person; **eine künstlerische/musikalische ~ sein** to be a talented artist/musician

be·gạf·fen* *vt* (*pej fam*) ■**jdn/etw** ~ to gape [*or fam* goggle] [*or* BRIT *fam a.* gawp] at sb/sth

be·gann [bəˈgan] *pret von* **beginnen**

be·gạt·ten* **I.** *vt* ZOOL ■**ein Weibchen** ~ to mate [*or* copulate] with a female **II.** *vr* ■**sich** *akk* ~ to mate

be·ge̲·ben* *vr irreg* (*geh*) ❶ (*gehen*) ■**sich** *akk* **irgendwohin** ~ to proceed [*or* make one's way] somewhere; **sich** *akk* **zu Bett** [*o* **zur Ruhe**] ~ to retire [to bed]; **sich** *akk* **nach Hause** [*o* **auf den Heimweg**] ~ to set off home ❷ (*beginnen*) ■**sich an etw** *akk* ~ to commence sth; **sich** *akk* **an die Arbeit** ~ to commence work ❸ (*sich einer S. aussetzen*) ■**sich in etw** *akk* ~ to expose oneself to sth; **sich** *akk* **in ärztliche Behandlung** ~ to undergo [*or* get] medical treatment ❹ *impers, meist im Imperfekt* (*geschehen*) ■**es begab sich etw** sth happened [*or* came to pass] ❺ (*auf etw verzichten*) ■**sich einer S.** *gen* ~ to renounce [*or* relinquish] sth; **sich** *akk* **der Möglichkeit ~, etw zu tun** to forego the opportunity to do sth

Be·ge̲·ben·heit <-, -en> *f* (*geh*) event, occurrence

be·geg·nen* [bəˈgeːgnən] *vi sein* ❶ *(treffen)* ■**jdm** ~ to meet sb; **ich bin ihm die Tage im Supermarkt begegnet** I bumped [*or* ran] into [*or* met] him recently at the supermarket; **jds** *dat* **Blick** ~ to meet sb's gaze [*or* eye]; ■**sich** ~ to meet ❷ *(antreffen)* ■**einer S.** *dat* ~ to encounter [*or* come across] sth ❸ *(geh: entgegentreten)* *Person* to treat; *Sache* to meet, to face; *Vorschlag a.* to respond to; **jdm freundlich/höflich** ~ to treat sb in a friendly/polite manner; **jdm mit Herablassung/Spott** ~ to treat sb condescendingly [*or* with condescension]/scornfully [*or* with scorn]; **einer Gefahr mutig** ~ to face [a] danger courageously [*or* bravely]; **seinem Schicksal** ~ to confront [*or* meet] [*or* face] one's fate ❹ *(geh: widerfahren)* ■**jdm** ~ to happen to sb

Be·geg·nung <-, -en> *f* ❶ *(Zusammenkunft)* meeting, encounter; **ein Ort internationaler/weltweiter** ~ an international/global meeting place ❷ SPORT encounter ❸ *(das Kennenlernen)* encounter (**mit** +*dat* with)

Be·geg·nungs·stät·te *f* meeting place

be·geh·bar *adj inv* passable on foot; BAU *Gebäude* accessible, walkable; **dieser Weg ist im Winter nicht** ~ this path cannot be used in winter

be·ge·hen* *vt irreg* ■**etw** ~ ❶ *(verüben)* to commit [*or form* perpetrate] sth; **einen Fehler** [*o* **Irrtum**] ~ to make a mistake; **eine Dummheit/Unvorsichtigkeit/Taktlosigkeit** ~ to do sth foolish [*or* stupid]/careless [*or* rash]/tactless; **Selbstmord/eine Sünde/ein Verbrechen/einen Verrat** ~ to commit suicide/a sin/a crime/an act of betrayal; **eine strafbare Handlung** ~ to commit an offence ❷ *(betreten)* to walk across/along/into sth; **im Winter ist der Weg oft nicht zu** ~ it's often impossible to use this path in winter; **„B~ der Brücke auf eigene Gefahr"** "Persons use this bridge at their own risk"; **„Passanten werden vor dem B~ des Baugerüsts gewarnt"** "Passers-by are warned against climbing [*or* warned not to climb] on the scaffolding"; **begehbarer Kleiderschrank** walk-in wardrobe ❸ *(geh: feiern)* to celebrate; **ein Fest** ~ to hold a celebration; **ein Jubiläum** ~ to celebrate an anniversary; **einen kirchlichen Festtag** ~ to celebrate [*or* observe] a religious holiday

be·geh·ren* [bəˈgeːrən] *vt (geh)* ❶ *(nach jdm verlangen)* ■**jdn** ~ to desire sb; **jdn zur Frau** ~ *(veraltet)* to want sb as [*or* to be] [*or* to wish sb to be] one's wife ❷ *(zu besitzen wünschen)* ■**etw** ~ to covet sth; **alles, was das Herz begehrt** everything the heart desires [*or* could wish for] ❸ *(verlangen)* ■**etw** [**von jdm**] ~ to desire [*or* want] sth [from sb]; ■**etw zu tun** ~ *(veraltend)* to desire to do sth

Be·geh·ren <-s, *selten* -> [bəˈgeːrən] *nt* ❶ *(geh: Verlangen)* desire; ■**das/ein** ~ **nach jdm/etw** the/a desire for sb/sth; **auf jds** ~ [**hin**] at sb's request ❷ *(veraltet: Wunsch)* wish

be·geh·rens·wert *adj* desirable; ■[**für jdn**] ~ **sein** to be desirable [for sb]

be·gehr·lich *adj (geh)* longing, covetous

Be·gehr·lich·keit <-, -en> *f (geh)* desire, covetousness *no pl*

be·gehrt *adj* ❶ *(sehr umworben)* [much] sought-after; **eine** ~**e Frau/ein** ~**er Mann** a desirable woman/man; **ein** ~**er Junggeselle** an eligible bachelor; **ein** ~**er Posten** a sought-after [*or* desirable] job; **ein** ~**er Preis** a [much-]coveted prize ❷ *(beliebt, gefragt)* popular, much in demand; ■**als etw** ~ **sein** to be popular as sth

Be·ge·hung <-, -en> *f* ❶ JUR commission, perpetration ❷ *(Inspizieren)* inspection

be·geis·tern* **I.** *vt* ❶ *(mit Begeisterung erfüllen)* ■**jdn** ~ to fill [*or* fire] sb with enthusiasm; **dein Verhalten begeistert mich nicht sonderlich!** I am not particularly thrilled by your behaviour!; **das Stück hat die Zuschauer begeistert** the audience were enthralled by the play ❷ *(Interesse für etw entwickeln)* ■**jdn für etw** ~ to fill sb with enthusiasm for sth; **er konnte alle für seinen Plan** ~ he managed to win everybody [over] to his plan; **sie ist für nichts zu** ~ you can't interest her in anything; **für Fußball bin ich nicht zu begeistern** I'm not too crazy about *fam* football **II.** *vr* ■**sich für jdn/etw** ~ to be [*or* get] [*or* feel] enthusiastic about sb/sth

be·geis·tert **I.** *adj (hingerissen)* enthusiastic; **sie ist eine** ~**e Opernliebhaberin** she is an ardent [*or* a keen] opera fan; ■[**von etw**] ~ **sein** to be thrilled [*or* delighted] [by sth] **II.** *adv* enthusiastically

Be·geis·te·rung <-> *f kein pl* enthusiasm (**über/für** +*akk* about/for); **die Zuschauer klatschen vor** ~ the spectators applauded enthusiastically; **große/grenzenlose** ~ great/boundless enthusiasm; **es herrschte helle** ~ everyone was wildly enthusiastic; ~ **auslösen** to arouse [*or* stir up] enthusiasm; **in** ~ **geraten** to become enthusiastic, to be filled [*or* fired [up]] with enthusiasm; **etw aus** ~ **tun** to do sth for the sheer fun of it [*or* because one really enjoys it]; **jdn in** ~ **versetzen** to arouse [*or* kindle] sb's enthusiasm; **mit** ~ enthusiastically; **er hat das Buch mit großer** ~ **gelesen** he really enjoyed the book

be·geis·te·rungs·fä·hig *adj* able to get enthusiastic [*or* show one's enthusiasm] *pred;* **ein** ~**es Publikum** an appreciative audience **Be·geis·te·rungs·fä·hig·keit** *f* capacity for enthusiasm **Be·geis·te·rungs·sturm** *m* storm [*or* wave] of enthusiasm

Be·gier·de <-, -n> [bəˈgiːɐ̯də] *f (geh)* desire (**nach** +*dat* for); **die** ~ **nach Macht** the lust for power; **vor** ~ **brennen, etw zu tun** to be burning [*or* longing] to do sth; **voll** ~ longingly, hungrily

be·gie·rig **I.** *adj* ❶ *(gespannt)* eager; ■**auf etw** *akk* ~ **sein** to be eager for sth; ■~ [**darauf**] **sein, etw zu tun** to be eager [*or* keen] to do sth ❷ *(verlangend)* hungry, longing; ~**, mehr zu wissen, fragte und fragte er** hungry to know more, he kept on asking; **mit** ~**en Augen sah das Kind die Spielsachen an** the child looked longingly at the toys ❸ *(sexuell verlangend)* lascivious, leering **II.** *adv* ❶ *(gespannt)* eagerly ❷ *(verlangend)* hungrily, longingly ❸ *(sexuell verlangend)* hungrily, lasciviously

be·gie·ßen* *vt irreg* ❶ *(Flüssigkeit über etw gießen)* ■**etw** [**mit etw**] ~ to pour [sth] over sth; **die Blumen** ~ to water the plants; **einen Braten mit Fett** ~ to baste a roast ❷ *(fam)* ■**etw** ~ to celebrate sth [with a drink]; **das muss begossen werden!** that calls for a drink!

Be·ginn <-[e]s> [bəˈgɪn] *m kein pl* start, beginning; **am** [*o* **bei**] [*o* **zu**] ~ at the start [*or* beginning]

be·gin·nen <begann, begonnen> [bəˈgɪnən] **I.** *vi* ❶ *(anfangen)* ■[**mit etw**] ~ to start [*or* begin] [sth]; ■~**, etw zu tun** to start [*or* begin] to do [*or* doing] sth ❷ *(eine Arbeit aufnehmen)* ■**als etw** ~ to start out [*or* off] as sth **II.** *vt* ❶ *(anfangen)* ■**etw** [**mit etw**] ~ to start [*or* begin] sth [with sth]; **ein Gespräch** ~ to strike up [*or* begin] a conversation; **einen Streit** ~ to get into an argument ❷ *(geh: angehen)* ■**etw** ~ to do sth; **wir müssen die Angelegenheit ganz anders** ~ we'll have to tackle the matter differently

be·gin·nend *adj attr* ❶ *(sich ankündigend)* incipient; **eine** ~**e Infektion** the beginnings of an infection ❷ *(einsetzend)* beginning, starting; **bei** ~**er Nacht/Dämmerung** as night/dusk was falling; **im** ~**en 20. Jahrhundert** in the early [*or* at the beginning of the] 20th century

be·glau·bi·gen* [bəˈglaubɪgn̩] *vt* ❶ *(als richtig bestätigen)* ■[**jdm**] **etw** ~ to authenticate [*or* attest] sth [for sb]; **eine Abschrift** ~ to certify a copy; **die Echtheit** [**eines Gemäldes etc.**] ~ to attest to [*or* verify] the authenticity [of a painting etc.]; **etw notariell** ~ to attest sth by a notary, AM *a.* to notarize sth; ■[**sich** *dat*] **etw** [**von jdm**] ~ **lassen** to have sth authenticated [*or* certified] [by sb]; **eine beglaubigte Kopie** [*o* **Abschrift**] a certified [*or* true] [*or* AM *a.* an exemplified] copy ❷ POL ■**jdn als etw** [**bei etw**] ~ to accredit sb as sth [to sth]

Be·glau·bi·gung <-, -en> *f* ❶ JUR certification, authentication, attestation ❷ POL *von Botschafter* accreditation, accrediting

Be·glau·bi·gungs·schrei·ben *nt* credentials *pl*, letter of credence
be·glei·chen* *vt irreg (geh)* ■**etw** ~ to pay sth; **eine Rechnung** ~ to settle a bill; **seine Schulden** ~ to pay [off] [*or* settle] one's debts
Be·glei·chung <-, *selten* -en> *f (geh)* payment, settlement
Be·gleit·brief *m s.* **Begleitschreiben**
be·glei·ten* *vt* ❶ *(mitgehen)* ■**jdn** ~ *(a. fig)* to accompany sb; **jdn irgendwohin** ~ to accompany [*or* come/go with] sb somewhere; **jdn nach Hause/zur Bushaltestelle** ~ to accompany [*or form* escort] sb home/to the bus stop; **jdn zur Tür** ~ to take [*or* show] [*or form* escort] sb to the door; ■**etw** ~ to escort sth; **unsere guten Wünsche** ~ **dich!** our best wishes go with you! ❷ *(musikalisch unterstützen)* ■**jdn** [**auf einem Instrument**] ~ to accompany sb [on an instrument]; **jdn auf dem** [*o* **am**] **Klavier begleiten** to accompany sb on the piano
Be·glei·ter(in) <-s, -> *m(f)* ❶ *(begleitender Mensch)* companion; **ständiger** ~/**ständige** ~**in** *(euph)* constant companion, lover ❷ MUS accompanist
Be·gleit·er·schei·nung *f* ❶ *(gemeinsam auftretendes Phänomen)* concomitant *form;* **die ständigen Klimaschwankungen sind** ~**en der Erwärmung der Erdatmosphäre** global warming goes hand in hand with continual variations in climate ❷ MED [accompanying] symptom **Be·gleit·in·stru·ment** *nt* accompanying instrument **Be·gleit·mann·schaft** *f* escort [troop] **Be·gleit·mu·sik** *f* ❶ *(Hintergrundmusik)* [musical] accompaniment, background music; *(im Film)* incidental music ❷ *(sl: begleitende Aktionen)* incidentals *pl*, incidental details; ~ **zu etw sein** to be incidental to sth **Be·gleit·per·son** *f* escort; **Jugendliche unter 16 dürfen Kneipen nur mit einer erwachsenen** ~ **betreten** young people under 16 may go into pubs only when accompanied by an adult **Be·gleit·schein** *m* customs transfer certificate, bond note BRIT, waybill AM **Be·gleit·schrei·ben** *nt* covering [*or* AM cover] letter [*or* BRIT *a.* note] **Be·gleit·um·stän·de** *pl* attendant circumstances *pl*
Be·glei·tung <-, -en> *f* ❶ *(das Begleiten)* company; **in** ~ in company, accompanied; **kommst du allein oder in** ~**?** are you coming on your own or with someone?; **in** [**jds** *gen*] ~ accompanied by sb; **ohne** [**jds** *gen*] ~ unaccompanied [by anybody]; **er kam ohne** ~ he came alone [*or* on his own], he was unaccompanied; *(für eine Frau)* escort ❷ *(Begleiter[in])* companion; **als** ~ **mitgehen** to accompany [*or* come/go with] sb ❸ *(Gefolge)* entourage, retinue ❹ MUS accompaniment; **er bat sie um** ~ **auf dem Klavier** he asked her to accompany him on the piano; **ohne** ~ **spielen** to play unaccompanied
be·glü·cken* *vt (geh)* ❶ *(glücklich stimmen)* ■**jdn** [**mit/durch etw**] ~ to make sb happy [with sth]; **sie hatten uns gerade mit einem vierwöchigen Besuch beglückt** *(iron fam)* they had just blessed us with a four-week visit [*or* stay] *iron* ❷ *(hum: sexuell befriedigen)* ■**jdn** ~ to satisfy sb['s desire], to bestow favours [*or* AM -ors] on sb *hum fam*
be·glü·ckend *adj (glücklich stimmend)* cheering, gladdening; **ein** ~**es Erlebnis/Gefühl** a cheering experience/feeling
Be·glü·cker <-s, -> *m (a. iron)* benefactor; **er fühlt sich als** ~ **der Frauen** he thinks he's God's gift to women
be·glückt I. *adj* happy, pleased **II.** *adv* happily
be·glück·wün·schen* *vt* ■**jdn** [**zu etw**] ~ to congratulate sb [on sth]; **sich** ~ **können** to be thankful [*or* grateful]; **sie kann sich zu dieser Idee** ~ she can be proud of this idea; **lass dich** ~**!** congratulations!
be·gna·det* [bəˈgnaːdət] *adj (geh)* gifted, talented
be·gna·di·gen* [bəˈgnaːdɪgn̩] *vt* ■**jdn** ~ to pardon [*or* grant pardon to] sb; *(bei Todesurteil)* to reprieve sb; **zu lebenslänglicher Haft begnadigt werden** to have one's sentence commuted to life imprisonment
Be·gna·di·gung <-, -en> *f* reprieve, pardon; **um** ~ **bitten** to petition for a pardon
Be·gna·di·gungs·ge·such *nt* JUR plea for [a] reprieve [*or* pardon]
be·gnü·gen* [bəˈgnyːgn̩] *vr* ❶ *(sich mit etw zufriedengeben)* ■**sich mit etw** ~ to be content [*or* satisfied] with sth ❷ *(sich beschränken)* ■**sich damit** ~**, etw zu tun** to be content to do sth, to content oneself with doing sth; **er begnügte sich mit ein paar kurzen Worten** he restricted himself to a few short words
Be·go·nie <-, -n> [beˈgoːni̯ə] *f* begonia
be·gon·nen [bəˈgɔnən] *pp von* **beginnen**
be·gra·ben* *vt irreg* ❶ *(beerdigen)* ■**jdn/ein Tier** ~ to bury sb/an animal; *s. a.* **lebendig** ❷ *(verschütten)* ■**jdn/etw** [**unter etw** *dat*] ~ to bury sb/sth [under sth] ❸ *(aufgeben)* **die Hoffnung/einen Plan** ~ to abandon [*or* give up] hope/a plan ❹ *(beenden)* ■**etw** ~ to end sth; **einen Streit** ~ to bury the hatchet [*or* one's differences]; **die Sache ist** ~ **und vergessen** the matter is dead and buried ►WENDUNGEN: **sich** ~ **lassen können** *(fam)* to be a lost cause; **du kannst dich** ~ **lassen!** you may as well give up!; **sich mit etw** ~ **lassen können** *(fam)* to have no chance with sth; **mit dem Zeugnis kannst du dich** ~ **lassen** you've got no chance with that report; **irgendwo nicht** ~ **sein mögen** *(fam)* **in so einem Kaff möchte ich nicht** ~ **sein!** I wouldn't live in that dump if you paid me!
Be·gräb·nis <-ses, -se> [bəˈgrɛpnɪs] *nt* burial, funeral
be·gra·di·gen* [bəˈgraːdɪgn̩] *vt* BAU ■**etw** ~ to straighten sth [out]
Be·gra·di·gung <-, -en> *f* BAU straightening; **die** ~ **von Flüssen** the straightening of rivers
be·greif·bar *adj* conceivable, comprehensible; **leicht/schwer** ~ easy/difficult to understand [*or* comprehend]
be·grei·fen* *irreg* **I.** *vt* ❶ *(verstehen)* ■**etw** ~ to understand sth; *(erfassen)* to comprehend sth; **hast du es endlich begriffen?** have you grasped it [*or fam* got the hang of it] at last?; **kaum zu** ~ **sein** to be incomprehensible; **ich begreife nicht ganz, was du damit meinst** I don't quite get what you're driving at; **ich begreife nicht, wie man so dumm sein kann** I don't understand how someone can be so stupid; ■~**, dass ...** to realize that ...; **begreifst du denn nicht, dass das keinen Sinn hat?** don't you realize [*or* can't you see] there's no sense in that?; **er begriff langsam, dass sie ihn verlassen hatte** he began to comprehend [*or* it began to sink in] that she had left him ❷ *(Verständnis haben)* ■**jdn/etw** ~ to understand sb; **begreife das, wer will!** that's [*or* it's] beyond [*or* that beats] me! ❸ *(für etw halten)* ■**etw als etw** ~ to regard [*or* see] [*or* view] sth as sth **II.** *vi (verstehen)* to understand, to comprehend; **begriffen?** understood?, got it? *fam;* **langsam/schnell** ~ to be slow/quick on the uptake **III.** *vr* ❶ **sich** *akk* **selbst nicht** ~ [**können**] to be incomprehensible [to sb]; **ich begreife mich selbst nicht, wie konnte ich das nur zulassen?** it is incomprehensible to me how I could have allowed that ❷ *(sich auffassen)* ■**sich** *akk* **als etw** ~ to consider [*or* see] oneself to be sth
be·greif·lich *adj* understandable; ■**jdm** ~ **sein/werden, warum/was ...** to be/become clear to sb why/what ...; **es ist nicht** ~**, warum er das getan hat** I don't understand why he did that; **sich jdm** ~ **machen** to make oneself clear to sb; **jdm etw** ~ **machen** to make sth clear to sb
be·greif·li·cher·wei·se *adv* understandably
be·gren·zen* *vt* ❶ *a.* BAU ■**etw** ~ to mark [*or* form] the border [*or* boundary] of sth; **ein Bach begrenzt den Garten von zwei Seiten** a stream borders the garden [*or* marks the boundary of the garden] on two sides ❷ *(beschränken)* ■**etw** [**auf etw** *akk*] ~ to limit [*or* restrict] sth [to sth]; **die Geschwindigkeit auf ... km/h** ~ to oppose a speed limit [*or* restriction] of ... km/h, to restrict the speed limit to ... km/h ❸ *(in Grenzen halten)* ■**etw** ~ to limit sth

be·grẹnzt **I.** *adj* limited, restricted; ~**e Aktion/Dauer** limited action/period; **in einem zeitlich** ~**en Rahmen** in a limited [*or* restricted] time frame; **ich habe leider nur** ~**e Möglichkeiten, Ihnen zu helfen** unfortunately there is only a limited amount I can do for you; **mein Aufenthalt hier ist zeitlich nicht** ~ there is no time limit on my stay **II.** *adv* with limits [*or* restrictions]; **nur** ~ **möglich sein** to be only partially possible; **nur** ~**en Einfluss auf etw** *akk* **nehmen können** to only have limited influence over sth; **sich nur begrenzt aufhalten können** to be only able to stay for a short time

Be·grẹnzt·heit <-> *f kein pl* limitedness *no pl* (+*gen* of), limitations *pl* (+*gen* in)

Be·grẹn·zung <-, -en> *f* ❶ *a.* BAU (*Begrenzen*) limiting, restriction; (*Grenze*) boundary ❷ (*fig: das Beschränken*) restriction; **eine** ~ **des Einflusses/der Macht** a restriction of [the] influence/the power; **die Begrenzung der Höchstgeschwindigkeit** the speed limit ❸ BAU (*Grenze*) boundary

Be·grịff <-[e]s, -e> *m* ❶ (*Terminus*) term; **ein** ~ **aus der Philosophie** a philosophical term; **das ist ein dehnbarer** ~ (*liter*) that's a loose concept; (*fig*) that can mean what you want it to mean ❷ (*Vorstellung, Auffassung*) idea; **der** ~ **von Freiheit** the idea [*or* concept] [*or* notion] of freedom; **keinen** ~ **von etw haben** to have no idea about sth; **sich** *dat* **einen** ~ **von etw machen** to have an idea of sth, to imagine sth; **sich** *dat* **keinen** ~ [**von etw**] **machen** (*fam*) to not be able to imagine sth; **jdm ein/kein** ~ **sein** to mean sth/nothing [*or* not to mean anything] to sb; **Marilyn Monroe ist jedem in der Filmwelt ein** ~ Marilyn Monroe is well-known in the film world; **Harald Maier? ist mir kein** ~ Harald Maier? I've never heard of him; **für jds** *akk* ~**e** in sb's opinion; **für meine** ~**e ist er unschuldig** I believe he's innocent ❸ (*Inbegriff*) epitome *no pl;* **dieser Markenname ist zu einem** ~ **für Qualität geworden** this brand name has become the quintessence of quality ❹ (*Verständnis*) **schnell/schwer von** ~ **sein** (*fam*) to be quick/slow on the uptake ▶ WENDUNGEN: **im** ~ **sein** [*o geh* **stehen**], **etw zu tun** to be on the point of doing [*or* about to do] sth

be·grịf·fen *adj* (*geh*) ■**in etw** *dat* ~ **sein** to be in the process of [doing] sth; **alle Gäste sind schon im Aufbruch** ~ everyone is [already] starting to leave

be·grịff·lich *adj attr* conceptual; **sich um** ~**e Klarheit bemühen** to endeavour [*or* AM -or] to define things clearly

be·grịffs·stut·zig *adj* slow on the uptake, slow-witted, dense *fam* **Be·grịffs·stut·zig·keit** <-> *f kein pl* slow-wittedness *no pl,* obtuseness *no pl* **Be·grịffs·ver·mö·gen** *nt* comprehension *no pl,* understanding *no pl,* ability to understand; **das geht einfach über mein** ~ that's beyond my grasp [*or* comprehension], that's above [*or* over] my head

be·grụ̈n·den* *vt* ❶ (*Gründe angeben*) ■**etw** [**mit etw**] ~ to give reasons for sth; **eine Ablehnung/Forderung** ~ to justify a refusal/demand; **eine Behauptung/Klage/einen Verdacht** ~ to substantiate a claim/complaint/suspicion; **sein Verhalten ist einfach durch nichts zu** ~ his behaviour simply cannot be accounted for ❷ (*gründen*) ■**etw** ~ to found [*or* establish] sth; **eine Firma** ~ to found [*or* form] a company, to establish [*or* set up] a business; **einen Hausstand** ~ to set up house

Be·grụ̈n·der(in) *m(f)* founder

be·grụ̈n·det *adj* ❶ (*fundiert*) well-founded; **eine** ~**e Aussicht auf Erfolg** a reasonable chance of success; **es besteht** ~**e Hoffnung, dass ...** there is reason to hope that ...; **in etw** *dat* ~ **liegen** [*o* **sein**] to be the result of sth ❷ JUR valid; **eine Klage ist** ~ an action lies [*or* is] well-founded

Be·grụ̈n·dung <-, -en> *f* ❶ (*Angabe von Gründen*) reason, grounds *pl;* **eine** ~ **für etw angeben/finden/haben** to give/find/have a reason for sth; ■**als** [*o* **zur**] ~ **einer S.** *gen* as the reason for sth ❷ JUR grounds *pl,* reasons *pl,* [statement of] reasons [*or* grounds]; *von Klage* grounds of a charge BRIT, written pleadings *pl* AM; ~ **für etwas sein** [*o* **geben**] to give grounds for, to substantiate ❸ (*geh*) establishment, foundation; **die** ~ **eines eigenen Hausstandes** setting up house on one's own

be·grü·nen* **I.** *vt* ■**etw** ~ to cover sth with greenery **II.** *vr* ■**sich** *akk* ~ to become covered in greenery

be·grü·ßen* *vt* ❶ (*willkommen heißen*) ■**jdn** [**mit etw**] ~ to greet [*or* welcome] sb [with sth]; **ich begrüße Sie!** welcome!; ■**jdn als etw** *akk* ~ to greet sb as sth; **jdn bei sich** *dat* **zu Hause** ~ **dürfen** (*geh*) to have the pleasure of welcoming sb into one's home *form;* **wir würden uns freuen, Sie demnächst wieder bei uns** ~ **zu dürfen** we would be delighted to have the pleasure of your company again soon; (*im Geschäft*) we would be delighted to be of service to you again soon; **wir würden uns freuen, Sie bald wieder an Bord** ~ **zu dürfen** we look forward to welcoming you on board again soon ❷ (*gutheißen*) ■**etw** ~ to welcome sth; **einen Entschluss** ~ to welcome a decision; **es ist zu** ~, **dass ...** it is to be welcomed [*or* a good thing] that ... ❸ SCHWEIZ (*ansprechen*) ■**jdn/etw** [**in etw** *dat*] ~ to approach [*or* consult] sb/sth [on sth]

be·grü·ßens·wert *adj* welcome; ~**e Nachrichten** welcome news + *sing vb;* ■**es ist** ~ **dass ...** it is to be welcomed that ..., ... is very welcome; ■**es wäre** ~ **wenn ...** it would be desirable if ..., it is desirable that ... *form*

Be·grü·ßung <-, -en> *f* greeting, welcoming; **offizielle** ~ official welcome; **zur** ~ **erhielt jeder Gast ein Glas Sekt** each guest was welcomed with a glass of Sekt; **jdm zur** ~ **die Hand schütteln** to greet sb with a handshake

i Kultur

Bis zur Mittagszeit verwendet man **Good morning**, danach sagt man bis etwa 18 Uhr **Good afternoon** und darauf folgt **Good evening**; **Good night** sagt man, wie im Deutschen, erst bevor man ins Bett geht. In Australien und Neuseeland sagt man den ganzen Tag über **G'day**. Informell kann man überall und zu jeder Tageszeit **Hello** oder auch **Hi** sagen. Wenn man Bekannte trifft, fragt man, wie es ihnen geht: **How are you?** oder informeller **How are you doing?** oder **How's life?** Für diese Frage bedankt man sich und antwortet meist kurz, dass es einem gut geht: **Fine, Thanks** oder **Very well, thanks.** Außerdem fragt man immer ebenso nach, wie es dem anderen geht: **And you?**, **And yourself?** oder **How about you?**

be·gụ·cken* *vt* (*fam*) ■**jdn/etw** ~ to [have a] look at sb/sth

be·gụ̈ns·ti·gen* [bəˈɡʏnstɪɡn̩] *vt* ❶ (*förderlich sein*) ■**etw** ~ to favour [*or* AM -or] sth; **von etw begünstigt werden** to be helped [*or* furthered] by sth; **den Export** ~ to increase [*or* boost] exports; **die Konjunktur** ~ to improve [*or* boost] the economy; **das Wachstum** ~ to encourage [*or* boost] growth *no def art* ❷ (*bevorzugen*) ■**jdn** [**bei etw/vor jdm**] ~ to favour [*or* AM -or] sb [with sth/over [*or* more than] sb] ❸ (*bedenken*) ■**jdn** [**mit etw**] ~ to benefit sb [with sth]; **durch ein Testament begünstigt sein** to benefit [*or* be a beneficiary] under a will; **jdn mit einer Schenkung** [**von 1.000 Euro**] ~ to bestow sb with a gift [of 1,000 euros] ❹ JUR **einen Täter** ~ to aid [and abet] a perpetrator [after the fact]

Be·gụ̈ns·ti·gung <-, -en> *f* ❶ (*Förderung*) *Pläne, Projekte* favouring [*or* AM -oring] *no pl,* furthering *no pl;* (*positive Beeinflussung*) encouragement; **niedrige Zinsen sind eine** ~ **für ein stärkeres Wirtschaftswachstum** low interest rates encourage strong economic growth ❷ (*das Bevorzugen*) preferential treatment ❸ JUR aiding [and abetting] *no pl* the perpetrator of an offence [*or* AM -se] [after the fact], acting *no pl* as an accessory to an offence [after the fact]; ~ **im Amt** connivance;

jdn wegen ~ verurteilen to sentence sb for acting as an accessory after the act

be·gut·ach·ten* *vt* ❶ *(fachlich prüfen)* ■**etw [auf etw** *akk*] ~ to examine sth [for sth]; **etw auf sein Alter/seinen Wert** ~ to examine sth to establish its age/value; **etw schriftlich** ~ to produce a written report on sth; **etw ~ lassen** to get sth examined, to get expert advice about sth ❷ *(fam)* ■**jdn/etw** ~ to have [*or* take] a look at sb/sth; **lass dich mal ~!** let's have a look at you!

be·gü·tert [bəˈgyːtɐt] *adj (geh)* affluent, wealthy

be·gü·ti·gend [bəˈgyːtɪgn̩t] **I.** *adj* soothing, calming **II.** *adv* soothingly

be·haart [bəˈhaːɐ̯t] *adj* hairy, hirsute; **ganz dicht** [*o* **stark**]/ **schwach ~ sein** to be thickly/thinly covered with hair, to be very/not very hairy

Be·haa·rung <-, -en> *f* hair

be·hä·big [bəˈhɛːbɪç] *adj* ❶ *(gemütlich, geruhsam)* placid, easy-going; *(langsam, schwerfällig)* ponderous ❷ *(dicklich)* portly, stolid, stout ❸ SCHWEIZ *(stattlich)* imposing ❹ *(fig)* **ein ~es Möbelstück** a solid piece of furniture

Be·hä·big·keit <-> *f kein pl* ❶ *(Geruhsamkeit)* placidity *no pl* ❷ *(Stattlichkeit)* substantiality, imposingness *no pl*

be·haf·tet *adj* ■**mit etw ~ sein** to be marked with sth, to have sth; *(mit Makel)* to be flawed with sth; **mit Fehlern ~e Waren** seconds *pl;* **mit negativen Konnotationen ~ sein** to have negative connotations; **mit Misstrauen ~ sein** to be full of mistrust; **mit Problemen ~ sein** to be fraught with problems

be·ha·gen* [bəˈhaːgn̩] *vi* ■**etw behagt jdm** sth pleases sb, sb likes sth; ■**etw behagt jdm nicht** sth does not please sb, sb does not like sth; **es behagt ihm nicht, so früh aufzustehen** he doesn't like [*or* enjoy] getting up so early; **es behagt mir gar nicht, dass er so früh kommt** I'm not pleased at all that he's coming so early

Be·ha·gen <-s> [bəˈhaːgn̩] *nt kein pl* contentment, pleasure; **etw mit ~ genießen** to enjoy sth immensely; **etw mit ~ verspeisen** [*o* **essen**] to eat sth with [great] relish

be·hag·lich [bəˈhaːklɪç] **I.** *adj* ❶ *(gemütlich)* cosy BRIT, cozy AM; **es sich** *dat* **auf dem Sofa/vor dem Kamin ~ machen** to make oneself comfortable on the sofa/in front of the fire ❷ *(genussvoll)* contented; **ein ~es Schnurren** a contented purring **II.** *adv* ❶ *(gemütlich)* cosily BRIT, cozily AM; **~ eingerichtet sein** to be comfortably [*or* BRIT cosily] [*or* AM cozily] furnished; **sich bei jdm ~ fühlen** to feel at home [*or* comfortable] in sb's house ❷ *(genussvoll)* contentedly

Be·hag·lich·keit <-> *f kein pl* cosiness BRIT, coziness AM, comfortableness, sense of comfort

be·hal·ten* *vt irreg* ❶ *(in seinem Besitz lassen)* ■**etw** ~ to keep sth; **wozu willst du das alles ~!** why hang on to all this! ❷ *(nicht preisgeben)* **etw für sich** ~ to keep sth to oneself ❸ *(als Gast haben)* ■**jdn [bei sich]** ~ to have sb stay on [with one]; **ich hätte dich ja noch gerne länger [bei mir]** ~ I would have loved you to stay longer [with me] ❹ *(bewahren)* ■**etw** ~ to maintain sth; **die Fassung** ~ to maintain one's composure; **die Nerven** [*o* **die Ruhe**] ~ to keep one's nerve [*or* calm] [*or fam* one's cool] ❺ *(im Gedächtnis bewahren)* ■**etw** ~ to remember sth; **ich habe leider seinen Namen nicht** ~ sorry, I cannot remember his name; **etw im Kopf** ~ to keep sth in one's head, to remember sth ❻ *(stetig bleiben)* ■**etw** ~ to keep [*or* retain] sth; **seine Form** ~ *(bei Menschen)* to keep in shape; *(bei Kleidungsstücken)* to keep [*or* retain] its shape; **seinen Namen/seine Staatsangehörigkeit** ~ to keep [*or* retain] one's name/nationality ❼ *(dort lassen, wo es ist)* **die Hände in den Hosentaschen** ~ to keep one's hands in one's pockets; **den Hut auf dem Kopf** ~ to keep one's hat on; **nichts bei sich ~ können** to be unable to keep anything down ❽ *(zurückbehalten)* ■**etw von etw** ~ to be left with sth from sth

Be·häl·ter <-s, -> *m* container, receptacle *form*

be·häm·mert *adj (sl) s.* **bekloppt**

be·händRR [bəˈhɛnt], **be·hän·de**RR [bəˈhɛndə] **I.** *adj (geh)* deft, nimble, agile; **für sein Alter ist er aber noch sehr** ~ he is still very nimble [*or* agile] for his age **II.** *adv* deftly, nimbly, agilely

be·han·deln* *vt* ❶ *(medizinisch versorgen)* ■**jdn/etw** ~ to treat [*or* attend to] sb/sth; **wer ist Ihr ~der Arzt?** who is the doctor treating you? ❷ *(damit umgehen)* ■**jdn/etw/ein Tier** ~ to treat sb/an animal; **jdn gut** ~ to treat sb well; **jdn schlecht** ~ to treat sb badly, to mistreat sb; **jdn stiefmütterlich** ~ to neglect sb; **jdn mit Fäusten und Fußtritten** ~ to subject sb to kicks and punches; **jdn mit Nachsicht** ~ to be lenient with sb; **jdn wie ein kleines Kind** ~ to treat sb like a child; **etw vorsichtig** ~ to handle sth with care ❸ *(mit einer Substanz bearbeiten)* ■**etw [mit etw]** ~ to treat sth [with sth]; **chemisch behandelt** chemically treated ❹ *(abhandeln)* ■**etw** ~ to deal with [*or* treat] sth; **einen Antrag/Punkt** ~ to deal with an application/a point

be·hän·di·gen *vt* SCHWEIZ ■**etw** ~ to get hold of sth

Be·hän·dig·keitRR <-> *f kein pl (geh)* deftness, nimbleness, agility

Be·hand·lung <-, -en> *f* ❶ *(medizinische Versorgung)* [**bei jdm**] [**wegen etw** *gen*] **in ~ sein** to be treated [by sb] [*or* receive treatment [from sb]] [for sth]; **bei wem sind Sie in ~?** who is treating you? ❷ *(Umgang)* treatment; **eine gute/schlechte ~ erfahren** to be treated well/badly, to be mistreated; **eine unwürdige ~ erfahren** to receive shameful treatment ❸ *(das Bearbeiten mit einer Substanz)* treatment ❹ *(das Abhandeln)* treatment; **die ~ eines Antrags/eines Punktes** the handling of an application/a point

be·hand·lungs·be·dürf·tig *adj* ■**etw ist** ~ sth is in need of [*or* requires] treatment **Be·hand·lungs·kos·ten** *pl* cost of treatment **Be·hand·lungs·me·tho·de** *f* method of treatment, treatment method **Be·hand·lungs·raum** *m,* **Be·hand·lungs·zim·mer** *nt* treatment room

be·han·gen *adj* ❶ *(beladen sein)* ■**mit etw ~ sein** to be laden with sth; **ein voll ~er Baum** a heavily laden tree; **die Pflaumenbäume sind dieses Jahr überreich mit Früchten** ~ the plum trees are dripping with fruit this year ❷ *(pej)* ■**[mit etw] ~ sein** to be festooned [with sth]; **mit Juwelen/Schmuck ~ sein** to be dripping with jewels/jewellery [*or* AM jewelry]

be·hän·gen* *vt* ❶ ■**etw mit etw** ~ to hang [*or* decorate] sth with sth; **Wände mit Bildern** ~ to hang walls with pictures; **Wände mit Teppichen** ~ to decorate walls with [wall] hangings; **den Weihnachtsbaum [mit Kugeln/Lametta]** ~ to decorate the Christmas tree [with balls/tinsel] ❷ *(pej fam)* ■**jdn mit etw** ~ to festoon sb [*or* deck sb out] with sth; ■**sich** *akk* **[mit etw]** ~ to festoon oneself [*or* deck oneself out] [with sth]; **eine Frau mit Schmuck/einen Offizier mit Orden** ~ to festoon a woman with jewellery [*or* AM jewelry]/an officer with medals

be·har·ren* *vi* ❶ *(darauf bestehen)* ■**auf** [*o* **bei**] **etw** *dat* **[hartnäckig]** ~ to insist [stubbornly] on sth; **auf seiner Meinung** ~ to persist with one's opinion; ■**jds B~ [auf etw** *dat*] sb's insistence [on sth] ❷ *(bleiben)* ■**in etw** *dat* ~ to remain in sth; **in der Tradition** ~ to uphold tradition; **an einem Ort** ~ to remain in a place

be·harr·lich **I.** *adj* insistent; *(ausdauernd)* persistent; **~er Fleiß** dogged hard work [*or* effort]; **du hättest ~er sein sollen** you should have persevered [*or* been persistent] **II.** *adv* persistently; **~ auf sein Recht pochen** to doggedly stand up for one's rights; **~ schweigen** to persist in remaining silent

Be·harr·lich·keit <-> *f kein pl* insistence, persistence

Be·har·rungs·ver·mö·gen *nt* ❶ *(Ausdauer)* steadfastness ❷ PHYS inertia

be·haup·ten* [bəˈhaʊptn̩] **I.** *vt* ❶ *(als unbewiesene Äußerung *aufstellen*) ■**etw** [**von jdm/etw**] ~ to claim [*or* maintain] [*or* assert] sth [about sb/sth]; **wer das** [**von ihr**] **behauptet, lügt!** whoever says that [about her] is lying!; ■**~, dass ...** to claim that ...; **ich behaupte ja nicht, dass ich immer Recht habe** I don't claim to be right all the time, I'm not claiming that I am always right; ■**von jdm ~, dass ...** to say of sb that ...; ■**es wird** [**von jdm**] **behauptet, dass ...** it is said [*or* claimed] [of sb] that ...; **etw getrost ~ können** to be able to safely say sth ❷ (*aufrechterhalten*) ■**etw ~** to maintain sth; **seinen Vorsprung gegen jdn ~** [**können**] to [manage] to maintain one's lead over sb **II.** *vr* (*sich durchsetzen*) ■**sich** *akk* [**gegen jdn/etw**] ~ to assert oneself [over sb/sth]; **sich gegen die Konkurrenz ~ können** to be able to survive against one's competitors; **Agassi konnte sich gegen Sampras ~** Agassi held his own against Sampras

Be·haup·tung <-, -en> *f* ❶ (*unbewiesene Äußerung*) assertion, claim; **eine ~/~en aufstellen** to make an assertion/assertions ❷ (*Durchsetzen*) maintaining *no pl,* maintenance *no pl;* **die ~ an der Tabellenspitze wird nicht leicht sein** it will not be easy to stay at the top of the table

Be·hau·sung <-, -en> *f* (*hum geh*) accommodation, dwelling; **dies ist meine bescheidene ~** this is my humble abode *a. iron;* **weitab von jeder menschlichen ~** far away from any human habitation

Be·ha·vi·o·ris·mus <-> [biheviəˈrɪsmʊs] *m kein pl* PSYCH (*Verhaltensforschung*) behaviourism [*or* AM -iorism] *no pl*

be·he·ben* *vt irreg* ❶ (*beseitigen*) ■**etw ~** to remove sth; **einen Fehler/Mangel ~** to rectify a mistake/fault; **die Missstände ~** to remedy shortcomings; **einen Schaden/eine Funktionsstörung ~** to repair damage/a malfunction ❷ FIN ÖSTERR **Geld ~** to withdraw money

Be·he·bung <-, -en> *f* ❶ (*Beseitigung*) removal; **die ~ eines Fehlers/Mangels** the rectification [*or* remedying] of a mistake/fault; **die ~ des Schadens/der Störung** the repair of the damage/fault ❷ FIN ÖSTERR *Geld* withdrawal

be·hei·ma·tet [bəhaima:tət] *adj* ❶ (*ansässig*) ■[**irgendwo**] **~ sein** to be resident [somewhere]; **wo bist du eigentlich ~?** where do you actually come from? ❷ BOT, ZOOL native, indigenous; **in Kalifornien ~ sein** to be native [*or* indigenous] to [*or* a native of] California

be·heiz·bar *adj* heatable; **eine ~e Heckscheibe/Windschutzscheibe** a heated rear window/windscreen; **etw ist mit Holz/Koks/etc. ~** sth can be heated with wood/coke/etc.

be·hei·zen* *vt* ■**etw** [**mit etw**] ~ to heat sth [with sth]

Be·helf <-[e]s, -e> [bəˈhɛlf] *m* [temporary] replacement, makeshift, stop-gap

be·hel·fen* *vr irreg* ❶ (*mit einem Ersatz auskommen*) **sich mit etw ~** [**müssen**] to [have to] make do [*or* manage] with sth ❷ (*zurechtkommen*) ■**sich ~** [**können**] to manage, to get by; **sich ohne etw ~** to manage [*or* get by] without sth

Be·helfs·aus·fahrt *f* temporary exit **be·helfs·mä·ßig I.** *adj* makeshift, temporary **II.** *adv* temporarily, in a makeshift fashion **Be·helfs·un·ter·kunft** *f* makeshift dwelling

be·hel·li·gen* [bəˈhɛlɪgn̩] *vt* ■**jdn** [**mit** [*o* **durch**] **etw**] ~ to pester [*or* bother] sb [with sth]; **darf ich Sie noch einmal mit einer Frage ~** may I trouble [*or* bother] you with one more question?

be·hendALT [bəˈhɛnd], **be·hen·de**ALT [bəˈhɛndə] *adj, adv s.* **behänd[e]**

Be·hen·dig·keitALT <-> [bəˈhɛndɪçkait] *f kein pl s.* **Behändigkeit**

be·her·ber·gen* *vt* ■**jdn ~** to accommodate [*or* house] sb, to put up sb *sep* [somewhere]

Be·her·ber·gung <-> *f kein pl* accommodation

be·herr·schen* I. *vt* ❶ (*gut können*) ■**etw ~** to have mastered [*or fam* got the hang of] sth; **sein Handwerk ~** to be good at [*or* skilled in] one's trade; **sie beherrscht ihr Handwerk** she's good at what she does; **ein Instrument ~** to play an instrument well, to have mastered an instrument; **die Spielregeln ~** to know [*or* have learnt] the rules well; **eine Sprache ~** to have good command of a language; **alle Tricks ~** to know all the tricks; **etw gerade so ~** to have just about mastered [*or fam* got the hang of] sth; **etw gut/perfekt ~** to have mastered sth well/perfectly; **etw aus dem Effeff ~** (*fam*) to know sth inside out ❷ (*als Herrscher regieren*) ■**jdn/etw ~** to rule sb/sth ❸ (*handhaben*) ■**etw ~** to control sth; **ein Fahrzeug ~** to have control over a vehicle ❹ (*prägen, dominieren*) ■**etw ~** to dominate sth; **ein ~der Eindruck/eine ~de Erscheinung** a dominant impression/figure ❺ (*zügeln*) ■**etw ~** to control sth; **seine Emotionen/Gefühle/Leidenschaften ~** to control one's emotions/feelings/passions ❻ (*unter dem Einfluss von etw stehen*) ■**von etw beherrscht werden** to be ruled by sth; **von seinen Gefühlen beherrscht werden** to be ruled [*or* governed] by one's emotions **II.** *vr* (*sich bezähmen*) ■**sich ~** to control oneself ▶ WENDUNGEN: **ich kann mich ~!** (*iron fam*) no way!, not likely!, I wouldn't dream of it!

be·herrscht I. *adj* [self-]controlled; **er blieb gelassen und ~** he remained calm and composed **II.** *adv* with self-control [*or* composure]

Be·herrscht·heit <-> *f kein pl s.* **Beherrschung 2**

Be·herr·schung <-> *f kein pl* ❶ (*das Gutkönnen*) mastery ❷ (*Selbst~*) self-control; **die** [*o* **seine**] **~ verlieren** to lose one's self-control ❸ (*das Kontrollieren*) control

be·her·zi·gen* [bəˈhɛrtsɪgn̩] *vt* ■**etw ~** to take sth to heart; **einen Rat ~** to heed [a piece of] advice

be·herzt *adj* (*geh*) intrepid, courageous, spirited

be·hilf·lich [bəˈhɪlflɪç] *adj* ■**jdm** [**bei/mit etw**] **~ sein** to help sb [with sth]; **jdm beim Einsteigen/Aussteigen ~ sein** to help sb [to] get on/off; **darf ich dir damit ~ sein?** may I give you a hand with that?; **könntest du mir wohl mit 300 Euro ~ sein?** could you help me out with 300 euros?

be·hin·dern* *vt* ❶ (*hinderlich sein*) ■**jdn** [**bei etw**] ~ to obstruct [*or* hinder] sb [in sth]; ■**etw** [**bei etw**] ~ to hinder sth [in sth]; **die Bewegungsfreiheit ~** to impede one's movement[s] ❷ (*hemmen*) ■**etw ~** to hamper sth; **die erneuten Terroranschläge ~ den Friedensprozess** the renewed terrorist attacks are threatening the peace process

be·hin·dert *adj* disabled; **geistig/körperlich ~** mentally/physically handicapped

Be·hin·der·te(r) *f(m) dekl wie adj* disabled [*or* handicapped] person/man/woman; ■**die B~n** the handicapped [*or* disabled]; **eine Telefonzelle für körperlich ~** a [tele]phone box [*or* AM booth] for the physically handicapped; **ein Parkplatz/eine Toilette für ~** a parking place/toilet for the disabled; **geistig/körperlich ~** mentally/physically handicapped person

Be·hin·der·ten·aus·weis *m* identity card for the disabled **be·hin·der·ten·ge·recht I.** *adj inv* suitable for the disabled **II.** *adv inv* **~ ausgestattet sein** to be suitable for the disabled **Be·hin·der·ten·olym·pi·a·de** *f* Paralympic Games, Paralympics *npl* **Be·hin·der·ten·park·platz** *m* parking place for the disabled, disabled parking place; (*Parkgelände*) car park [*or* AM parking lot] for the disabled, disabled car park **Be·hin·der·ten-WC** *nt* toilet for the disabled, disabled toilet **Be·hin·der·ten·werk·statt** *f* sheltered workshop

Be·hin·de·rung <-, -en> *f* ❶ (*das Behindern*) hindrance, obstruction; **es muss mit** [**erheblichen**] **~en gerechnet werden** [long] delays are to be expected ❷ (*körperliche Einschränkung*) handicap; **geistige/körperliche ~** mental/physical handicap

Be·hör·de <-, -n> [bəˈhø:ɐ̯də] *f* ❶ (*Dienststelle*) department; **mit Genehmigung der zuständigen ~** with permission from [*or* the permission of] the appropriate authorities ❷ (*fam*) town council, local authorities; **sie arbeitet bei der ~** she works for the council ❸ (*Amtsgebäude*) [government] [*or* [local] council] offices

Be·hör·den·gang <-gänge> *m* trip to the authorities **be·hör·den·über·grei·fend** *adj* ADMIN embracing several authorities **Be·hör·den·will·kür** *f* official whim [*or* caprice]

be·hörd·lich [bəˈhøːɐ̯tlɪç] **I.** *adj* official; **auf ~e Anordnung** by order of the authorities **II.** *adv* officially; **~ genehmigt** authorized by the authorities

be·hü·ten* *vt* ① (*schützend bewachen*) ■**jdn/etw ~** to watch over [*or* guard] sb/sth ② (*bewahren*) ■**jdn vor etw** *dat* **~** to protect sb from sth; **jdn vor einem großen Fehler/vor Schlimmerem ~** to save sb from a big mistake/a worse fate ▸WENDUNGEN: **[Gott] behüt[e]!** God [*or* Heaven] forbid!

be·hü·tet I. *adj* protectively brought up; **eine ~e Kindheit** a sheltered childhood; **ein wohl ~es Mädchen** a well-cared-for girl; **hier werden Ihre Kinder ~ und gut aufgehoben sein** your children will be in safe hands here **II.** *adv* **~ aufwachsen** to have a sheltered upbringing

be·hut·sam [bəˈhuːtzaːm] **I.** *adj* (*geh*) careful, gentle; **~es Vorgehen ist angesagt** it will be necessary to proceed with caution [*or* cautiously]; ■**[bei etw] ~ sein** to be careful [in sth/when doing sth] **II.** *adv* (*geh*) carefully, gently; **jdm etw ~ beibringen** to break sth to sb [*or* tell sb sth] gently

Be·hut·sam·keit <-> *f kein pl* (*geh*) care

bei [bai] *präp +dat* ① (*räumlich*) ■**~ jdm** (*in jds Wohn-/Lebensbereich*) with sb; **am Wochenende sind sie entweder ~ ihm oder ~ ihr** at the weekend they will either be at his place or at hers; **dein Schlüssel müsste ~ dir in der Schreibtischschublade sein** your key should be in your desk drawer; **~ uns zu Hause wurde früher vor dem Essen immer gebetet** we always used to say grace before a meal at our house; **~ wem hast du die letzte Nacht verbracht?** who did you spend last night with?; **ich war die ganze Zeit ~ meinen Eltern** I was at my parents' [house] the whole time; **~ Familie Schmidt** (*Briefanschrift*) c/o Schmidt ② (*räumlich*) ■**~ jdm** (*in jds Unternehmensbereich/Institution*) in; **~ wem lassen Sie Ihre Anzüge schneidern?** who makes your suits?, who is your tailor?; SCH from; **sie hat ihr Handwerk ~ einem sehr erfahrenen Meister gelernt** she learnt her trade from a very experienced master craftsman; **~ diesem Professor hören die Studenten immer gerne Vorlesungen** the students always enjoy this professor's lectures; **~ wem nimmst du Klavierstunden?** who do you have your piano lessons with?; (*in einem Geschäft*) at; **beim Bäcker/Friseur** at the baker's/hairdresser's; (*angestellt sein*) for; **er ist [Beamter] ~ der Bahn/Post/beim Bund** he works for the railways/post office/armed forces; **er ist neuerdings auch Redakteur ~ uns** he joined us as an editor recently too; **seit wann bist du eigentlich ~ dieser Firma?** how long have you been working for this company?; **er ist ein hohes Tier ~ der Post** he is a big shot [*or* fish] at the post office ③ (*räumlich*) ■**~ jdm** (*in jds [künstlerischem] Werk*) in; **das Zitat steht irgendwo ~ Goethe** the quotation comes from somewhere in Goethe; **~ wem hast du denn das gelesen?** where did you read that?; **das kannst du alles ~ Schopenhauer nachlesen** you can look it all up in Schopenhauer ④ (*räumlich: mit sich führen oder haben*) ■**~ sich** with; **etw ~ sich haben** to have sth with [*or* on] one; **ich habe die Unterlagen leider nicht ~ mir** I'm afraid I haven't got the papers with me; **ich habe gerade kein Geld ~ mir** I haven't any money on me at the moment; **jdn ~ sich haben** to have sb with one ⑤ (*räumlich*) ■**~ etw** (*in der Nähe von*) near sth; **Böblingen ist eine Stadt ~ Stuttgart** Böblingen is a town near Stuttgart ⑥ (*räumlich*) ■**~ etw** (*Berührung*) by; **jdn ~ der Hand nehmen** to take sb by the hand; **er packte sie grob ~ den Haaren** he grabbed her roughly by the hair ⑦ (*~ einem Vorgehen*) **~ einer Aufführung/Hochzeit/einem Gottesdienst** at a performance/wedding/church service; **~ dem Zugunglück starben viele Menschen** many people died in the train crash ⑧ (*räumlich*) ■**~ etw** (*dazwischen, darunter*) among; **die Unterlagen sind ~ den Akten** the papers are amongst the files; **~ den Demonstranten waren auch einige gewalttätige Chaoten** there were also several violent hooligans among the demonstrators ⑨ (*ungefähr*) around; **der Preis liegt ~ etwa 1.000 Euro** the price is around [*or* about] 1,000 euros ⑩ (*Zeitspanne: während*) during; **ich habe ~ dem ganzen Film geschlafen** I slept through the whole film; **~ der Vorführung darf nicht geraucht werden** smoking is not permitted during the performance; **unterbrechen Sie mich bitte nicht dauernd ~ meiner Rede!** please stop interrupting my speech!; (*Zeitspanne: Zeitpunkt betreffend*) at; **~ jds Abreise/Ankunft** on sb's departure/arrival; **ich hoffe, du bist ~ meiner Abreise auch zugegen** I hope you will be there when I leave [*or* on my departure]; **sei bitte ~ meinem Eintreffen auf dem Bahnhof!** please be waiting for me at the station when I arrive!; **~ Beginn der Vorstellung wurde die Beleuchtung im Kino langsam dunkler** as the film began the lights in the cinema gradually went dim ⑪ (*während einer Tätigkeit*) while; **beim Lesen kann ich nicht gleichzeitig Radio hören** I cannot read and listen to the radio at the same time; **das ist mir beim Wäschebügeln eingefallen** it occurred to me when [*or* as] [*or* while] I was ironing; **störe mich bitte nicht ständig ~ der Arbeit!** please stop disturbing me constantly when I'm working! ⑫ (*Begleitumstände*) by; **wir aßen ~ Kerzenlicht** we had dinner by candlelight; **wir können das ja ~ einer Flasche Wein besprechen** let's talk about it over a bottle of wine; **~ Schnee ist Weihnachten immer am schönsten** Christmas is always nicest when it snows; **~ diesem Wetter setze ich keinen Fuß vor die Tür!** I'm not setting foot outside the door in this weather!; **~ dieser Hitze/Kälte** in such a heat/cold; **~ Wind und Wetter** come rain or shine ⑬ (*im Falle von etw*) in case of; **„bei Feuer Scheibe einschlagen"** "in case of fire break glass"; **~ 45° unter null** at 45° below zero; **~ Nebel/Regen** when it is foggy/raining, when there is fog/rain ⑭ (*wegen, mit*) with; **~ deinen Fähigkeiten** with your talents [*or* skills]; **~ der Sturheit, die er an den Tag legt, könnte man manchmal wirklich verzweifeln** one could sometimes really despair at the stubbornness he shows; **~ so viel Dummheit ist wirklich alle Liebesmüh vergebens** all effort is futile in the face of such stupidity ⑮ (*trotz*) ■**~ all/aller ...** in spite of all, despite all; **~ alledem ...** for [*or* despite] all that ... ⑯ (*in Schwurformeln*) by; **~ meiner Ehre** [up]on my honour; **ich schwöre es, ~ meiner toten Mutter!** I swear on my mother's grave!; **~ Gott!** (*veraltend*) by God!; **„ich schwöre ~ Gott, die Wahrheit zu sagen und nichts als die Wahrheit"** "I swear to tell the truth, the whole truth and nothing but the truth, so help me God" ▸WENDUNGEN: **nicht [ganz] ~ sich sein** (*fam*) to be not [quite] oneself

bei|be·hal·ten* *vt irreg* ① (*weiterhin behalten*) ■**etw ~** to maintain sth, to keep sth up; **eine Angewohnheit ~** to maintain a habit; **einen Brauch/eine Tradition ~** to uphold a custom/tradition; **eine Meinung ~** to stick to an opinion ② (*fortsetzen*) to keep to, to continue; **eine Diät ~** to keep to a diet; **seine Geschwindigkeit ~** to maintain one's speed; **eine Therapie ~** to continue [with] a treatment

Bei·be·hal·tung <-> *f kein pl* ① (*das Beibehalten*) *Gewohnheit, Methode* maintenance, upkeep, upholding ② (*das Fortsetzen*) *Richtung* keeping to, continuance

bei|bie·gen *vt irreg* (*sl: beibringen*) ■**jdm ~, dass ...** to get it through to sb that ...; (*schonend beibringen*) to break it gently to sb that...; (*geduldig beibringen*) to get it patiently across to sb...

Bei·blatt *nt* insert, supplement

Bei·boot *nt* tender (*vessel attendant on others*)

bei|brin·gen *vt irreg* ① (*fam: eine schlechte Nachricht übermitteln*) ■**jdm etw ~** to break sth to sb; ■**jdm ~, dass ...** to break it to sb that ...; **jdm etw schonend** ~ to break sth gently to sb ❷ *(fam: lehren)* ■**jdm/einem Tier etw** ~ to teach sb/an animal sth ❸ *(zufügen)* ■**jdm etw** ~ to inflict sth on sb; **jdm eine Kopfverletzung/Niederlage/hohe Verluste** ~ to inflict a head injury/a defeat/heavy losses on sb ❹ *(beschaffen)* ■**jdn/etw** ~ to produce sb/sth; **Beweise** ~ to produce [*or* provide] [*or* supply] proof; **das Geld** ~ to produce [*or form* furnish] the money; **die Unterlagen** ~ to produce [*or* supply] the documents; **einen Zeugen/eine Zeugin** ~ to produce a witness

Beich·te <-, -n> ['baiçtə] *f* ❶ REL confession; **die** ~ **wird dich erleichtern** confession will be a relief for you; **[bei jdm] die** ~ **ablegen** *(geh)* to make one's confession [to sb]; **jdm die** ~ **abnehmen** to hear sb's confession; **zur** ~ **gehen** to go to confession; **eine** ~ **ablegen** *(hum: etw gestehen)* to make a confession ❷ *(hum: etw gestehen)* **eine** ~ **ablegen** to confess to sth

beich·ten ['baiçtn̩] **I.** *vt* ❶ REL ■**[jdm] etw** ~ to confess sth [to sb] ❷ *(hum fam: gestehen)* ■**jdm etw** ~ to confess sth to sb **II.** *vi* REL to confess; ~ **gehen** to go to confession

Beicht·ge·heim·nis *nt* seal of confession **Beicht·stuhl** *m* confessional **Beicht·va·ter** *m (veraltend)* father confessor *a. fig*

beid·ar·mig ['bait-] **I.** *adj* ❶ SPORT double-[*or* two-]handed ❷ *(beide Arme betreffend)* of both arms *after n;* **eine** ~**e Amputation** an amputation of both arms **II.** *adv* ❶ SPORT with two [*or* both] hands ❷ *(beide Arme betreffend)* on both arms; **er war** ~ **amputiert** he had both arms amputated **beid·bei·nig I.** *adj* ❶ SPORT two-footed; **ein** ~**er Absprung** a two-footed take-off ❷ *(beide Beine betreffend)* of both legs; **eine** ~**e Amputation** an amputation of both legs **II.** *adv* ❶ SPORT with [*or* on] two [*or* both] feet ❷ *(beide Beine betreffend)* of both legs; ~ **amputieren** to amputate both legs

bei·de ['baidə] *pron* ❶ *(alle zwei)* both; **sie hat** ~ **Kinder gleich lieb** she loves both children equally; ~ **Mal[e]** both times ❷ *(sowohl du als auch du)* both; **jetzt kommt mal** ~ **her zu Opa** come here to grandad both of you; ■**ihr** ~ the two of you; **ihr** ~ **solltet euch wieder vertragen!** you two really should make up again!; ■**euch** ~**n** both of you, you both; **muss ich euch** ~**n denn immer alles zweimal sagen?** do I always have to tell you both everything twice? ❸ *(ich und du)* ■**uns** ~**n** both of us; ■**wir** ~ the two of us ❹ *(die zwei)* ■**die [...]** ~**n** both [of them], the two of them; **die** ~**n vertragen sich sehr gut** they both [*or* the two of them] get on very well; **die ersten/letzten** ~**n ...** the first/last two ...; **einer/einen/eine/eins von** ~**n** one of the two; **keiner/keinen/keine/keins von** ~**n** neither of the two [*or* them]; **welcher/welchen/welche/welches von** ~**n** which of the two ❺ *(sowohl dies als auch jenes)* ■~**s** both; ~**s ist möglich** both are [*or* either [one] is] possible

bei·de·mal^ALT *adv s.* **beide 1**

bei·der·lei ['baide'lai] *adj attr, inv* both; **was gab es zu trinken, Bier oder Wein? – es gab** ~ **Getränke, Bier und Wein** what was there to drink, beer or wine? – there was both beer and wine; **Verwandte** ~ **Geschlechts** relatives of both sexes

bei·der·sei·tig ['baideʁzaitɪç] *adj* on both sides; **ein** ~**es Abkommen** a bilateral agreement; ~**es Vertrauen/**~**e Zufriedenheit** mutual trust/satisfaction; **sich im** ~**en Einverständnis trennen** to part in mutual agreement

bei·der·seits ['baideʁ'zaits] **I.** *adv* on both sides **II.** *präp +gen* ■~ **einer S.** *gen* on both sides of sth; ~ **der Straße** on both sides of the street [*or* road]

beid·fü·ßig I. *adj* ❶ SPORT two-footed; **ein** ~**er Absprung** a two-footed take-off ❷ *(beide Füße betreffend)* of both feet *after n;* **eine** ~**e Amputation** an amputation of both feet **II.** *adv* ❶ SPORT with two feet; ~ **abspringen** to take off with two feet ❷ *(beide Füße betreffend)* of both feet; ~ **amputieren** to amputate both feet **beid·hän·dig I.** *adj* ❶ SPORT double-[*or* two-]handed ❷ *(beide Hände betreffend)* **eine** ~**e Amputation** an amputation of both hands; **ein** ~**er Griff** a double-[*or* two-]handed grip **II.** *adv* ❶ SPORT with two [*or* both] hands ❷ *(beide Hände betreffend)* ~ **amputiert** with both hands amputated

bei|dre·hen *vi* NAUT to heave to

beid·sei·tig ['baidzaitɪç] **I.** *adj* ❶ *(auf beiden Seiten vorhanden)* on both sides; **eine** ~**e Beschichtung** a coating on both sides, a double-sided coating; ~**e Lähmung** bilateral paralysis *spec*, diplegia *spec* ❷ *s.* **beiderseitig II.** *adv* on both sides; ~ **gelähmt** paralyzed down both sides **beid·seits** ['baidzaits] *präp +gen* SÜDD, SCHWEIZ *s.* **beiderseits II.**

bei·ei·nan·der [baiʔai'nandɐ] *adv* together; ▶ WENDUNGEN: **gut/schlecht** ~ **sein** *(fam körperlich)* to be in good/bad [*or* poor] shape; *(geistig)* to be/not be all there *fam*

bei·ei·nan·der|ha·ben *vt irreg* **jdn/etw [wieder]** ~ to have [got] sb/sth together [again]; ▶ WENDUNGEN: **sie nicht [mehr] alle** [*o* **richtig**] ~ to have a screw loose *fig fam;* **bei·ei·nan·der|lie·gen** *vi irreg* to lie together; **bei·ei·nan·der|sein**^ALT *vi irreg sein (fam) s.* **beieinander bei·ei·nan·der|sit·zen** *vi irreg* to sit together; **bei·ei·nan·der|ste·hen** *vi irreg* to stand together

Bei·fah·rer(in) *m(f) (Passagier neben dem Fahrer)* front-seat passenger, passenger in the front seat; *(zusätzlicher Fahrer)* co-driver

Bei·fah·rer·air·bag [-æːɐbæk] *m* passenger airbag **Bei·fah·rer·sitz** *m* [front] passenger seat

Bei·fall <-[e]s> *m kein pl* ❶ *(Applaus)* applause; ~ **heischend** *(geh)* looking for applause; ~ **klatschen** to applaud; ~ **klopfen** *(bei einer Vorlesung)* to applaud *(by knocking on a table etc. with one's fist);* **jdm/einer S.** ~ **spenden** *(geh)* to applaud sb/sth; ~ **auf offener Szene** applause during the performance [*or* scene]; **mit anhaltendem/brausendem** [*o* **donnerndem**] ~ **quittiert werden** to be met with prolonged/thunderous applause ❷ *(Zustimmung)* approval; ~ **heischend** *(geh)* looking for approval; **jdm einen** ~ **heischenden Blick zuwerfen** to cast an approval-seeking glance at sb; **[jds** *akk***]** ~ **finden** to meet with [sb's] approval

bei·fall·hei·schend *adj, adv s.* **Beifall 1, 2**

bei·fäl·lig I. *adj* approving; **mit** ~**em Gemurmel quittiert werden** to be met with murmurs of approval **II.** *adv* approvingly; **er nickte** ~ **mit dem Kopf** he nodded approvingly [*or* in approval]; **dieser Vorschlag wurde** ~ **aufgenommen** this suggestion was favourably received

Bei·falls·be·kun·dung *f* demonstration [*or* show] of approval **Bei·falls·be·zei·gung** *f (geh) s.* **Beifallsbekundung Bei·falls·sturm** *m* storm of applause

bei|fü·gen *vt* ❶ *(mitsenden)* **[einem Brief/Paket] etw** ~ to enclose sth [in a letter/parcel] ❷ *(hinzufügen)* ■**[etw]** ~ to add [sth]

Bei·fü·gung <-> *f kein pl* ❶ *(geh)* enclosure; **unter** ~ **einer S.** *gen (geh)* enclosing sth; **unter** ~ **von fünf Euro Rückporto senden wir Ihnen gerne den Prospekt zu** the catalogue will be sent to you if you enclose five euros for return postage ❷ LING attribute

Bei·fuß <-es> *m kein pl* BOT mugwort

Bei·ga·be <-, -n> *f* ❶ *sing (das Hinzufügen)* addition; **ohne die** ~ **von Pfeffer und Salz schmeckt die Suppe recht fade** the soup is pretty tasteless without salt and pepper; **unter** ~ **von etw** *gen (geh)* adding sth ❷ *sing o pl (Beilage)* side dish ❸ *pl* ARCHÄOL burial gift [*or* object]

beige [beːʃ, 'beːʒə] *adj inv* beige

Beige[1] <-, - *o fam* -s> [beːʃ, 'beːʒə] *nt* beige

Bei·ge[2] <-, -n> ['baigə] *f* SÜDD, ÖSTERR, SCHWEIZ pile; **zu einer** ~ **aufgeschichtet werden** to be stacked up in a pile

bei|ge·ben *vt irreg* ❶ *(mitsenden)* ■**[einer S.** *dat***] etw** ~ to enclose sth [with sth] ❷ *(hinzufügen)* ■**einer S.** *dat* **etw** ~ to add sth to sth; **dem Teig müssen noch 4 Eier beigegeben werden** 4 more eggs have to be added to the dough ❸ *(geh)*

■**jdm/einer S. jdn** ~ to assign sb to sb/sth; *s. a.* **klein**

beige·far·ben *adj* beige[-coloured [*or* AM -ored]]

Bei·ge·ord·ne·te(r) *f(m) dekl wie adj* town councillor [*or* AM councilor]

Bei·ge·schmack *m* ❶ (*zusätzlicher Geschmack*) [after]taste; **einen bitteren/seltsamen ~ haben** to have a bitter/strange taste; **einen ~ hinterlassen** to leave an aftertaste ❷ (*fig*) overtone[s]; **das Wort hat einen leicht negativen ~** that word has slightly negative overtones

Bei·gnet <-s, -s> [bɛn'jeː] *m* KOCHK fritter

Bei·heft *nt* (*zusätzlich beigelegtes Heft*) supplement; SCH answer book

bei|hef·ten *vt* ■**[einer S.** *dat*] **etw ~** to attach sth [to sth]

Bei·hil·fe *f* ❶ (*finanzielle Unterstützung*) financial assistance, allowance; (*Subvention*) subsidy; **Beamte bekommen 50% ~ zu allen Behandlungskosten** civil servants receive a 50% contribution towards the cost of health care; (*nicht rückzuerstattende Förderung*) grant; **~n erhalten** to receive subsidies ❷ JUR aiding and abetting [before the fact]; **~ zum Mord** to be [*or* act as] an accessory [to murder]

Bei·jing <-s> [beɪ'dʒɪŋ] *nt s.* **Peking**

Bei·klang *m* ❶ (*fig*) overtone[s]; **das Wort hat einen leicht negativen ~** that word has slightly negative overtones ❷ MUS [disturbing] accompanying sound

bei|kom·men *vi irreg sein* ❶ (*mit jdm fertigwerden*) ■**jdm/einer S.** *dat* **~** to sort out sb/sth *sep* ❷ DIAL (*endlich herbeikommen*) to come; **beeil dich! mach, dass du beikommst!** hurry up and get over here! ❸ DIAL (*erreichen können*) ■**irgendwo ~** to reach somewhere; **die Öffnung ist so eng, dass man mit der Zange nicht beikommt** the opening is too narrow to reach with the pliers

Bei·kost *f* (*geh für Säuglinge*) dietary supplement; (*für Kranke, frisch Operierte*) supplementary diet

Beil <-[e]s, -e> [bail] *nt* ❶ (*Werkzeug*) [short-handled] axe, hatchet ❷ HIST (*Fall~*) blade [of a guillotine]; (*Richt~*) executioner's axe

Bei·la·ge *f* ❶ (*beigelegte Speise*) side dish, *esp* AM side order ❷ (*das Beilegen*) enclosure (**zu** in); **unter ~ von etw** with the enclosure of sth ❸ (*Beiheft*) supplement, addition; (*beigelegtes Werbematerial*) insert ❹ ÖSTERR (*Anlage*) enclosure; **ich übersende Ihnen eine Probe als ~** I have enclosed a sample for you

bei·läu·fig I. *adj* passing **II.** *adv* ❶ (*nebenbei*) in passing; **einen Namen ~ erwähnen** to mention a name in passing ❷ ÖSTERR (*ungefähr*) about

Bei·läu·fig·keit <-, -en> *f* ❶ (*Nebensächlichkeit*) triviality ❷ (*Gleichgültigkeit*) casualness

bei|le·gen *vt* ❶ (*dazulegen*) ■**einer S.** *dat* **etw** *akk* **~** to insert sth in sth; **einem Brief einen Rückumschlag ~** to enclose an SAE [*or* AM SASE] in a letter ❷ (*beimessen*) ■**einer S.** *dat* **etw** *akk* **~** to attribute [*or* ascribe] sth to sth; **einer Sache Bedeutung** [*o* **Gewicht**] **~** *dat* to attach importance to sth ❸ (*schlichten*) ■**etw ~** to settle sth; **lass uns die Sache [gütlich] ~!** let's settle the matter [amicably] ❹ (*annehmen*) [**sich** *dat*] **einen Titel ~** to assume a title

bei·lei·be [bai'laibə] *adv* on no account; **etw ~ niemandem** [*o* **keiner Menschenseele**] **verraten** to tell sb sth on no [*or* not tell sth to a soul on any] account; **achten Sie aber ~ darauf, ...** make absolutely sure ...; **~ nicht!** certainly not, BRIT *a.* not on your nelly *hum fam*

Bei·leid *nt kein pl* condolence[s *pl*], sympathy; **[mein] herzliches ~** [you have] my heartfelt sympathy, my heart bleeds for you *iron;* **jdm [zu etw] sein ~ aussprechen** [*o* **ausdrücken**] to offer sb one's condolences [*or* express one's sympathy with sb] [on sth]

Bei·leids·be·kun·dung *f* expression of sympathy **Bei·leids·be·such** *m* visit of condolence; **von ~en bitten wir abzusehen** we request that you do not pay any visits of condolence *form;* **[jdm] einen ~ machen** [*o* **abstatten**] to pay [sb] a visit of condolence **Bei·leids·be·zeu·gung** *f s.* **Beileidsbekundung** **Bei·leids·kar·te** *f s.* **Kondolenzkarte** **Bei·leids·schrei·ben** *nt* [letter of] condolence

bei|lie·gen *vi irreg* ■**einer S.** *dat* **~** to be appended [*or* attached] to sth; (*einem Brief, Paket*) to be enclosed in sth

bei·lie·gend *adj* enclosed; **~ finden Sie ...** (*geh*) please find enclosed ..., enclosed is/are ...

beim [baim] = **bei dem** ❶ (*Aufenthalt in jds Geschäftsräumen*) **~ Arzt/Bäcker/Friseur** at the doctor's/baker's/hairdresser's ❷ (*eine Tätigkeit ausführend*) **jdn ~ Arbeiten stören** to disturb sb working; **jdn ~ Stehlen ertappen** [*o* **erwischen**] to catch sb [in the act of] stealing

bei|men·gen *vt* ■**[einer S.** *dat*] **etw ~** to add sth [to sth], to mix sth into sth; **Zucker ~** to add [*or sep* mix in] sugar

bei|mes·sen *vt irreg* **einer S.** *dat* **Bedeutung** [*o* **Gewicht**]/**Wert ~** to attach importance/value to sth

bei|mi·schen *vt s.* **beimengen**

Bein <-[e]s, -e> [bain] *nt* ❶ (*Körperteil*) leg; **jdm ein ~ amputieren** to amputate sb's leg; **die ~ ausstrecken/spreizen/übereinanderschlagen** to stretch [out]/part/cross one's legs; **sich** *dat* **ein ~/das rechte ~ brechen** to break one's leg/one's right leg; **jdn/etw [wieder] auf die ~ bringen** to get sb back on his/sth back on its feet again; **das ~ heben** *Hund* to lift a leg; **jdm [wieder] auf die ~e helfen** to help sb back on [*or* onto] his feet; **wieder auf die ~e kommen** (*sich wieder aufrichten*) to get back on one's feet [again], to find one's legs; **schwach/unsicher auf den ~en sein** to be weak/unsteady on one's feet; **auf einem ~ stehen** to stand on one leg; **jdm ein ~ stellen** to trip up sb *sep;* **die ~e [lang] von sich strecken** to stretch out one's legs; **von einem ~ aufs andere treten** to shift from one foot to the other; **ein ~ verlieren** to lose a leg; **sich** *dat* **die ~e vertreten** to stretch one's legs ❷ (*Hosen~*) leg; **weite ~e** flares; **Jeans mit engen ~en** drainpipes *npl* ❸ (*Knochen*) bone ▶WENDUNGEN: **die ~e unter den Arm** [*o* **in die Hand**] **nehmen** (*fam*) to take to one's heels, to leg it *sl;* **sich** *dat* **die ~e in den Bauch stehen** (*fam*) to be standing until one is ready to drop *fam;* **mit beiden ~en auf dem Boden stehen** to have both feet on the ground; **mit einem ~ im Gefängnis stehen** to be running the risk of a jail sentence; **mit einem ~ im Grabe stehen** (*sterbenskrank sein*) to have one foot in the grave; (*einen lebensgefährlichen Beruf haben*) to defy death; **mit beiden ~en im Leben stehen** to have both feet [firmly] on the ground; **die ~e unter jds Tisch strecken** (*fam*) to have one's feet under sb's table; **jüngere ~e haben** (*fam*) to have [got] a younger pair of legs [on one] *hum;* **mit dem linken ~ zuerst aufgestanden sein** to have got out of bed on the wrong side; **sich** *dat* **die ~e [nach etw] abrennen** [*o* **ablaufen**] [*o* **wund laufen**] (*fam*) to run one's legs off [for sth]; **sich** *dat* **[bei etw] kein ~ ausreißen** (*fam*) to not bust a gut [over sth] *sl;* **~e bekommen** (*fam*) to go for a walk on its own *hum;* **jdm/sich** *dat* **etw ans ~ binden** to saddle sb/oneself with sth; **jdn auf die ~e bringen** [*o* **stellen**] (*Menschen zusammenbringen*) to bring people together *sep;* **jdm in die ~e fahren** to make sb shake all over, to go right through sb; **immer wieder auf die ~e fallen** (*fam*) to always land on one's feet; **jdn/etw am ~ haben** (*fam*) to have sb/sth round one's neck *fam;* **alles, was ~e hat, ...** (*fam*) everything on two legs ... *hum;* **sich** *dat* **kaum noch** [*o* **nur noch mit Mühe**]/**nicht mehr auf den ~en halten können** to be hardly able to stand on one's [own two] feet; **jdm [wieder] auf die ~e helfen** to help sb back on [*or* onto] his feet; **was die ~e hergeben** (*fam*) as fast as one's legs can carry one; **auf einem ~ kann man nicht stehen!** (*fig fam*) you can't stop at one!; **wieder auf die ~e kommen** (*wieder gesund werden*) to be up on one's feet again; (*sich wirtschaftlich wieder erholen*) to recover one's economic state; **jdm [tüchtig] ~e**

machen (*fam*) to give sb a [swift] kick in [*or* up] the arse [*or* AM ass] *sl;* **verschwinde endlich, oder muss ich dir erst ~e machen?** get lost, or do you need a kick up the arse? *hum sl;* **sich auf die ~e machen** (*fam*) to get a move on; **auf den ~en sein** (*in Bewegung sein*) to be on one's feet; (*auf sein*) to be up and about; **ich bin nicht mehr so gut auf den ~en** I'm not as young as I used to be *a. hum;* **wieder auf den ~en sein** to be on one's feet [*or* up and about] again; **auf eigenen ~en stehen** to be able to stand on one's own two feet; **auf schwachen ~en stehen** to have a shaky foundation, to be untenable; **etw auf die ~e stellen** to get sth going; **jdm ein ~ stellen** to trip up sb *sep*

bei·nah ['baina:, 'bai'na:, bai'na:], **bei·na·he** ['baina:ə, 'bai'na:ə, bai'na:ə] *adv* almost, nearly

Bei·na·he·zu·sam·men·stoß <-es, -stöße> *m* near miss

Bei·na·me *m* epithet, byname, cognomen *form*

Bein·am·pu·ta·ti·on *f* ❶ (*Amputation eines Beines*) leg amputation; **Kriegsopfer mit ~en** war victims with amputated legs; [**an jdm**] **eine ~ vornehmen** to amputate sb's leg ❷ (*fam: Patient mit zu amputierendem Bein*) leg job *sl* **bein·am·pu·tiert** *adj* with an amputated leg [*or* amputated legs]; **linksseitig/rechtsseitig ~ sein** to have had one's left/right leg amputated **Bein·ar·beit** *f kein pl* footwork **Bein·bruch** *m* ❶ (*Bruch eines Beines*) fracture of the leg; **das ist kein ~!** (*fig fam*) it's not as bad as all that!; **alles kein ~, es wird schon gehen** don't worry your head about it, it'll be all right *fam* ❷ (*fam: Patient mit einem ~*) broken leg *fam*

bei·nern *adj* ❶ (*knöchern*) **der ~e Knochenmann/ein ~es Skelett** Death/a skeleton ❷ (*aus Knochen gefertigt*) bone *attr,* [made] of bone *pred* ❸ (*elfen~*) ivory *attr,* [made] of ivory *pred*

Bein·fleisch *nt* (*vom Rind*) [beef] shin **Bein·frei·heit** *f* legroom

be·in·hal·ten* [bə'ʔɪnhaltn̩] *vt* (*geh*) ■**etw ~** to contain sth; **etw auch ~** to include sth

bein·hart ['bain'hart] SÜDD, ÖSTERR **I.** *adj* (*fam*) ruthless, rock-hard *fam;* **eine ~e Geschäftsfrau** a ruthless [*or fam* hard-nosed] businesswoman; **~e Bedingungen** ruthless terms **II.** *adv* (*fam*) ruthlessly, mercilessly **Bein·pro·the·se** *f* artificial leg, leg prosthesis *spec;* **jdm eine ~ anpassen** to fit sb with an artificial leg **Bein·schei·be** *f* KOCHK (*vom Rind, Kalb*) shin slice **Bein·schie·ne** *f* ❶ MED [leg] splint ❷ SPORT shin pad ❸ HIST greave[s *pl*] **Bein·stumpf** *m* [leg] stump **Bein·well** ['bainvɛl] *m* BOT (*Symphytum officinale*) comfrey

bei|ord·nen *vt* ■**jdm jdn ~** to assign sb to sb

Bei·pack <-[e]s> *m kein pl* additional consignment

Bei·pack·zet·tel *m* (*bei Medikamenten*) in-pack leaflet; (*Gebrauchshinweise*) instruction leaflet; (*Inhaltsverzeichnis*) list of contents

bei|pflich·ten *vi* ■**jdm/einer S.** [**in etw** *dat*] **~** to agree with sb/sth [on sth]; **dieser Ansicht muss man ~** one has to agree with this view

Bei·rat *m kein pl* advisory board [*or* committee]

be·ir·ren* *vt* ■**sich** [**bei/durch etw**] [**nicht**] **~ lassen** to [not] let oneself be put off [by sth]; ■**sich** [**in etw** *dat*] [**nicht**] **~ lassen** to [not] let oneself be swayed [in sth]; ■**jdn ~** to confuse [*or* disconcert] sb

bei·sam·men [bai'zamən] *adv* ❶ (*zusammen*) together; **~ sein** to be [all] together; *s. a.* **beieinander** ❷ (*fam: geistig rege*) [**nicht**] **gut ~ sein** to [not] be with it *fam;* **einigermaßen** [*o* **leidlich**] **~ sein** to be more or less there *fam*

bei·sam·men|ha·ben *vt irreg* (*fam*) ■**sie/etw** [**für etw**] **~** to have [got together] enough of them/sth [for sth]; [**genug**] **Geld/Leute ~** to have [got together] enough money/people ▶ WENDUNGEN: [**sie**] **nicht alle ~** (*fam*) to be [*or* have gone] soft in the head *fam* **bei·sam·men|sein**[ALT] *vi irreg sein s.* **beisammen Bei·sam·men·sein** *nt* get-together

Bei·satz *m* LING apposition; (*Beispiel des ~es*) appositive

Bei·schlaf *m* sexual intercourse [*or* relations *pl*] (**von/zwischen** between); **den ~ vollziehen** to consummate the marriage; **außerehelicher ~** adultery

Bei·sein *nt* ■**in jds ~,** ■**im ~ von jdm** in sb's presence [*or* the presence of sb], before sb; ■**ohne jds ~** [*o* **ohne ~ von jdm**] without sb['s *form*] being present

bei·sei·te [bai'zaitə] *adv* to one side; *s. a.* **Scherz, Spaß**

bei·sei·te|brin·gen[RR] *vt irreg* **etw ~** to misappropriate sth **bei·sei·te|ge·hen**[RR] *vt irreg sein* to step aside [*or* to the [*or* one] side] **bei·sei·te|las·sen**[RR] *vt irreg* **etw ~** to leave aside sth *sep,* to leave sth on one side; **bei·sei·te|le·gen**[RR] *vt* **etw ~** (*etw weglegen*) to put aside sth *sep,* to put sth to one side; (*etw sparen*) to put [*or* set] aside sth *sep* **bei·sei·te|schaf·fen**[RR] *vt* **jdn ~** to do away with sb **bei·sei·te|tre·ten**[RR] *vt irreg sein* to step aside [*or* to the [*or* one] side]

Bei·sel <-s, -n> *nt* ÖSTERR (*fam*) dive *pej fam,* BRIT *fam a.* boozer

bei|set·zen *vt* (*geh*) ■**jdn/etw** [**in etw** *dat*] **~** to inhume sb/sth [in sth] *form,* to inter sb [in sth] *form;* **eine Urne ~** to install an urn [in its resting place]

Bei·set·zung <-, -en> *f* (*geh*) burial, interment *form,* funeral; *einer Urne* installing [in its resting place]

Bei·sit·zer(in) <-s, -> *m(f)* ❶ JUR associate [*or spec* puisne] judge ❷ (*Kommissionsmitglied*) assessor

Beisl <-s, -n> ['baizl̩] *nt* ÖSTERR (*fam*) *s.* **Beisel**

Bei·spiel <-[e]s, -e> ['baiʃpi:l] *nt* example; **anschauliches ~** illustration; ■**praktisches ~** demonstration; **jdm als ~ dienen** to be [*or* serve as] an example to sb; [**jdm**] **mit gutem ~ vorangehen** [*o* **jdm ein gutes ~ geben**] to set [sb] a good example; **sich** *dat* **an jdm/etw ein ~ nehmen** to take a leaf out of sb's book; **zum ~** for example [*or* instance]; **wie zum ~** such as

bei·spiel·haft I. *adj* ❶ (*vorbildlich*) exemplary; ■[**für jdn**] **~ sein** to be an example [to sb] ❷ (*typisch*) typical (**für** of) **II.** *adv* (*vorbildlich*) **sich ~ benehmen/verhalten** to show exemplary behaviour [*or* AM -or]/to prove oneself exemplary

bei·spiel·los *adj* ❶ (*unerhört*) outrageous ❷ (*ohne vorheriges Beispiel*) unprecedented, without parallel *pred* (**in** + *dat* in)

Bei·spiel·satz *m* example [sentence]

bei·spiels·wei·se *adv* for example [*or* instance]

bei|sprin·gen *vi irreg sein* ❶ ([*jdm*] *aushelfen*) ■**jdm** [**mit etw**] **~** to help out sb *sep* [with sth] ❷ (*zu* [*jds*] *Hilfe kommen*) ■**jdm ~** to rush to sb's aid [*or* assistance]

bei·ßen <biss, gebissen> ['baisn̩] **I.** *vt* (*mit den Zähnen verletzen*) ■**jdn** [**in etw** *akk*] **~** to bite sb['s sth] [*or* sb [in the sth]]; ■**sich ~** to bite each other [*or* one another]; **er wird dich schon nicht ~!** (*fig*) he won't bite you; **das Brot ist so hart, dass man es kaum mehr ~ kann!** this bread is so hard that you can hardly bite into it; **etwas/nichts zu ~ haben** (*fam*) to have something/nothing to eat, to get one's teeth around *hum fam* **II.** *vi* ❶ (*mit den Zähnen zupacken*) to bite; ■**auf/in etw** *akk* **~** to bite into sth; **in einen Apfel ~** to bite into [*or* take a bite out of] an apple ❷ (*schnappen*) ■**nach jdm/etw ~** to bite [*or* snap] at sb/sth ❸ (*brennend sein*) ■[**an/auf/in etw** *dat*] **~** to make sth sting, to sting; *Säure* to burn; **in den Augen ~** to make one's eyes sting [*or* water] ❹ (*an~*) to rise to the bait; **die Fische wollen heute nicht ~** the fish aren't biting today ▶ WENDUNGEN: **an etw** *dat* **zu ~ haben** to have sth to chew over **III.** *vr* ❶ (*mit den Zähnen*) ■**sich** *akk o dat* **auf etw** *akk* **~** to bite one's sth ❷ (*unverträglich sein*) ■**sich** [**mit etw**] **~** to clash [with sth]

bei·ßend *adj* ❶ (*scharf*) pungent, sharp; **~er Qualm** acrid smoke ❷ (*brennend*) burning ❸ (*ätzend*) caustic, cutting; **~e Kritik** scathing criticism

Bei·ßer·chen <-s, -> *pl* (*hum fam*) [little] teeth; (*künstliches Gebiss*) choppers *fam,* BRIT *a.* pearlies *hum*

Beiß·hem·mung *f* BIOL attack inhibition **Beiß·ring** *m* teething ring **Beiß·zan·ge** *f* DIAL *s.* **Kneifzange**

Bei·stand *m* ❶ *kein pl* (*Unterstützung*) support; (*Hilfe*) assistance; *von Priester* attendance, presence; **ärztlicher ~** medical aid [*or* attendance]; **jdm seinen ~ leihen** (*geh*) to offer sb one's assistance; **jdm ~ leisten** to give sb one's [financial] support ❷ (*helfender Mensch*) assistant; **seelischer ~** sb who gives emotional support ❸ JUR legal adviser, counsel

Bei·stands·pakt *m* mutual assistance pact [*or* treaty]

bei|ste·hen *vi irreg* ■ **jdm [gegen jdn/etw] ~** to stand by sb [before sb/sth]; **jdm helfend/tatkräftig ~** to give sb assistance/one's active support; ■ **einander [o sich] ~** to stand by each other

bei|stel·len *vt* ÖSTERR ■ **[jdm] etw ~** to provide [sb with] sth

Bei·stell·mö·bel *pl* occasional furniture *no pl* **Bei·stell·tisch** *m* occasional [*or* side] table

bei|steu·ern *vt* ■ **etw [zu etw] ~** to contribute sth [to sth]; **seinen Teil ~** to contribute one's share

bei|stim·men *vi s.* **zustimmen**

Bei·strich *m bes* ÖSTERR comma

Bei·tel <-s, -> ['baitl̩] *m* [wood] chisel

Bei·trag <-[e]s, -träge> ['baitra:k, *pl* 'baitrɛ:gə] *m* ❶ (*Mitglieds~*) fee, dues *npl;* (*Versicherungs~*) premium ❷ (*Artikel*) article, contribution ❸ (*Mitwirkung*) contribution; **einen ~ zu etw leisten** to make a contribution [*or* contribute] to sth ❹ SCHWEIZ (*Subvention*) subsidy

bei|tra·gen I. *vi irreg* ■ **zu etw ~** to contribute to sth; **der Vorschlag soll dazu ~, dass wir einen befriedigenden Kompromiss finden** this proposal is to help us obtain a satisfactory compromise **II.** *vt* ■ **etw zu etw ~** to contribute sth to sth; **seinen Teil zur Rettung der Hungernden ~** to do one's bit to help the starving

Bei·trags·be·mes·sungs·gren·ze *f income level up to which contributions are payable* **bei·trags·frei I.** *adj* non[-]contributory; **~e Mitgliedschaft** free membership; **~e Versicherung** paid-up insurance **II.** *adv* **jdn ~ versichern** to insure sb on a non[-]contributory basis **Bei·trags·klas·se** *f* insurance group **Bei·trags·mar·ke** *f* stamp **bei·trags·pflich·tig** *adj inv* liable to pay contribution **Bei·trags·rück·er·stat·tung** *f* premium [*or* contribution] refund; (*Beitragsrückvergütung*) no-claim[s] bonus BRIT, premium refund AM **Bei·trags·satz** *m* membership rate **Bei·trags·zah·ler(in)** *m(f)* fee-paying member

bei|trei·ben *vt irreg* JUR ■ **etw ~** to force [*or* enforce] [the] payment of sth; **Ihre Schulden können [gerichtlich] beigetrieben werden** payment of your debts may be enforced [by legal proceedings]

Bei·trei·bung <-, -en> *f* JUR collection, recovery

bei|tre·ten *vi irreg sein* ■ **einer S.** *dat* **~** ❶ (*Mitglied werden*) to join sth [as a member], to become a member of sth ❷ POL to enter into sth; **einer Föderation ~** to accede to a federation

Bei·tritt *m* ❶ (*das Beitreten*) entry (**zu** into); **seinen ~ [zu etw] erklären** to join sth ❷ POL (*Anschluss*) accession (**zu** to)

Bei·tritts·er·klä·rung *f* confirmation of membership **Bei·tritts·ge·spräch** *meist pl nt* POL [EU] accession discussion **Bei·tritts·ge·such** *nt* application for membership **Bei·tritts·kan·di·dat** *m* POL, EU candidate for accession

Bei·wa·gen *m* sidecar

Bei·wa·gen·fah·rer(in) *m(f)* sidecar passenger

Bei·werk *nt* (*geh*) embellishment[s *pl*]

bei|woh·nen *vi* (*geh*) ❶ (*dabei sein*) ■ **einer S.** *dat* **~** to be present at [*or* attend] sth ❷ (*veraltet*) ■ **jdm ~** to cohabit with sb *form,* to lie with sb *old*

Bei·wort <-wörter> *nt* ❶ (*beschreibendes Wort*) epithet ❷ (*selten: Adjektiv*) adjective

Beiz <-, -en> [baits] *f* SÜDD, SCHWEIZ (*fam*) dive *pej fam,* BRIT *a.* boozer *fam*

Bei·ze[1] <-, -n> ['baitsə] *f* ❶ (*Beizmittel*) stain[ing agent] ❷ (*Marinade*) marinade ❸ *kein pl* (*das Beizen*) ■ **die ~ [einer S.** *gen*/**von etw]** staining [sth] ❹ *s.* **Beizjagd**

Bei·ze[2] <-, -n> ['baitsə] *f* DIAL pub BRIT, bar AM *fam*

bei·zei·ten [bai'tsaitn̩] *adv* in good time; **das hättest du mir aber ~ sagen müssen!** you should have told me that earlier [*or* before]

bei·zen ['baitsn̩] *vt* ❶ (*mit einem Beizmittel behandeln*) **etw [braun/schwarz] ~** to stain sth [brown/black] ❷ (*marinieren*) ■ **etw ~** to marinade sth

Beiz·jagd *f* ■ **die ~** hawking

Beiz·mit·tel *nt* stain[ing agent]

Beiz·vo·gel *m* falcon, hawk

be·ja·hen* [bə'ja:ən] *vt* ■ **etw ~** ❶ (*mit Ja beantworten*) to answer sth in the affirmative ❷ (*gutheißen*) to approve [of] sth

be·ja·hend I. *adj* affirmative; **eine ~e Antwort** an affirmative [*or* a positive] answer **II.** *adv* affirmatively, in affirmation

be·jahrt [bə'ja:ɐ̯t] *adj* (*geh*) ❶ (*älter*) elderly, advanced in years *pred* ❷ (*hum: von Tier: alt*) aged *hum*

Be·ja·hung <-, -en> *f* ❶ (*das Bejahen*) affirmation; (*Antwort*) affirmative answer (*+gen* to) ❷ (*Gutheißung*) approval

be·jam·mern* *vt* ■ **jdn ~** to lament [*or liter* bewail] sb; ■ **etw ~** to lament [*or liter* bemoan] sth

be·jam·merns·wert *adj* lamentable, pitiable, pitiful

be·ju·beln* *vt* ❶ (*jubelnd begrüßen*) ■ **jdn [als etw] ~** to cheer sb, to acclaim sb as sth ❷ (*jubelnd feiern*) ■ **etw ~** to cheer [*or* rejoice at] sth; ■ **bejubelt werden** to be met with cheering [*or* rejoicing]

be·ka·keln* *vt* DIAL ■ **etw ~** to discuss [*or sep* talk over] sth; ■ **~, was/wann/wie** to discuss what/when/how

be·kämp·fen* *vt* ❶ (*gegen jdn/etw kämpfen*) ■ **jdn/etw ~** to fight [against] sb/sth; ■ **sich [gegenseitig] ~** to fight one another; *s. a.* **Messer** ❷ (*durch Maßnahmen eindämmen*) ■ **etw ~** to combat sth ❸ (*auszurotten suchen*) ■ **etw ~** to control sth

Be·kämp·fung <-, *selten* -en> *f* ❶ (*das Bekämpfen*) fighting (**von**/*+gen* against) ❷ (*versuchte Eindämmung*) ■ **die/eine ~ [einer S.** *gen*/**von etw]** combatting [sth]; **zur ~ der Drogenkriminalität** to combat drug-related crime ❸ (*versuchte Ausrottung*) controlling

Be·kämp·fungs·maß·nah·me *f* pesticide

be·kannt [bə'kant] *adj* ❶ (*allgemein gekannt*) well-known; **eine ~e Person** a famous [*or* well-known/better-known] person; **[jdm] etw ~ geben** to announce sth [to sb]; (*von der Presse*) to publish sth; **ihre Verlobung geben ~ ...** the engagement is announced between ...; **jdn ~ machen** (*berühmt*) to make sb famous; **etw ~ machen** (*öffentlich*) to make sth known to the public; **[jdm] etw ~ machen** to announce sth [to sb]; **etw der Öffentlichkeit ~ machen** to publicize sth; (*durch Fernsehen*) to broadcast sth; **[jdm] vertrauliche Information ~ machen** to disclose confidential information [to sb]; **für etw ~ sein** to be well-known [*or* famous] for sth; **~ werden** to become well-known [*or* famous]; ■ **[jdm] ~ werden** to leak out [to sb] ❷ (*nicht fremd, vertraut*) familiar; **ist dir dieser Name ~?** do you know [*or* are you familiar with] this name?; **mir ist das/sie ~** I know about that/I know her, she is known to me; **allgemein/durchaus ~ sein** to be common knowledge/a known fact; **dir war nicht ~, dass ...?** you didn't know that ...?; **jdn/sich [mit jdm] ~ machen** to introduce sb/oneself [to sb]; **jdn/sich mit etw ~ machen** to familiarize sb/oneself with sth; **mit jdm ~ sein** to be acquainted with sb; **jdm ~ sein** to be familiar to sb; **sein Gesicht ist mir ~** I've seen his face somewhere before; **jdm ~ vorkommen** to seem familiar to sb

Be·kann·te(r) *f(m) dekl wie adj* ❶ (*jdm bekannter Mensch*) acquaintance; **ein guter ~r** a friend; **einer von meinen ~n** an acquaintance of mine ❷ (*euph: Freund*) friend

Be·kann·ten·kreis *m* circle of acquaintances

be·kann·ter·ma·ßen *adv* (*geh*) *s.* **bekanntlich**

Be·kannt·ga·be *f* announcement; (*von der Presse*) publication

be·kannt|ge·ben *vt irreg s.* **bekannt 1**

Be·kannt·heit <-> *f kein pl* fame; **Namen von geringerer ~** less famous names; **ich darf die ~ dieser Fakten vorausset-**

zen I may assume that these facts are known; **von großer/geringer ~ sein** to be well-/little-known
Be·kannt·heits·grad *m* degree of fame; **sein ~ ist gering** he is little-known [*or* not very well-known]
be·kannt·lich *adv* as is [generally] known; **das ist ~ nicht ihr richtiger Name** as is [generally] known, that is not her real name; **es gibt ~ auch andere Meinungen** there are known to be other opinions
be·kannt|ma·chen *vt, vr s.* **bekannt 1, 2**
Be·kannt·ma·chung <-, -en> *f* ❶ *kein pl* (*das Bekanntmachen*) announcement; (*der Öffentlichkeit*) publicizing; (*durch Fernsehen*) broadcasting; (*von der Presse*) publication; **öffentliche ~** public announcement ❷ (*Anschlag etc*) announcement, notice
Be·kannt·schaft <-, -en> *f* ❶ *kein pl* (*das Bekanntsein*) acquaintance; **unsere ~ geht auf die Schulzeit zurück** we have been acquainted since our schooldays; **eine ~ machen** to make an acquaintance; **~en machen** to meet new people; **jds ~ machen** to make sb's acquaintance *a. iron;* **mit etw** *dat* **~ machen** (*iron*) to get to know sth *iron* ❷ (*fam: Bekanntenkreis*) acquaintances *pl*
be·kannt|wer·den *vi irreg sein s.* **bekannt 1**
Be·kas·si·ne <-, -n> [beka'si:nə] *f* ORN snipe
be·keh·ren* **I.** *vt* ■**jdn** [**zu etw** *dat*] **~** (*fig liter*) to convert [*or* proselytize *liter*] sb [to sth] **II.** *vr* ■**sich** *akk* [**zu etw** *dat*] **~** (*fig liter*) to be[come] converted [to sth]
Be·kehr·te(r) *f(m) dekl wie adj* convert, proselyte *liter*
Be·keh·rung <-, -en> *f* conversion, proselytism *liter*
be·ken·nen* *irreg* **I.** *vt* ❶ (*eingestehen*) ■[**jdm**] **etw ~** to confess sth [to sb], to admit sth; **seine Schuld/seine Sünden/sein Verbrechen ~** to confess one's guilt/sins/crime ❷ (*öffentlich dafür einstehen*) ■**etw ~** to bear witness to sth **II.** *vr* ❶ (*zu jdm/etw stehen*) ■**sich** *akk* **zu jdm/etw ~** to declare one's support for sb/sth; **sich** *akk* **zu einem Glauben ~** to profess a faith; **sich** *akk* **zu einem Irrtum ~** to admit to a mistake; **sich** *akk* **zu einer Tat ~** to confess to a deed; **sich** *akk* **zu einer Überzeugung ~** to stand up for one's convictions ❷ (*sich als etw zeigen*) ■**sich** *akk* **als etw ~** to confess [*or form* avow] oneself sth; **immer mehr Menschen ~ sich als Homosexuelle** more and more people are coming out [of the closet] *sl;* ■**~d** confessing, professing; *s. a.* **Kirche, befangen, schuldig**
Be·ken·ner(in) *m(f)* confessor; **Eduard der ~** Edward the Confessor
Be·ken·ner·an·ruf *m* call claiming responsibility **Be·ken·ner·brief** *m,* **Be·ken·ner·schrei·ben** *nt* letter claiming responsibility
Be·ken·ne·rin <-, -nen> *f fem form von* **Bekenner**
Be·kennt·nis *nt* ❶ (*Eingeständnis*) confession ❷ (*das Eintreten für etw*) ■**das/ein/jds ~ zu etw** the/a/sb's [declaration of] belief [*or* declared belief] in sth ❸ REL (*Konfession*) [religious] denomination; **welches ~ haben Sie?** what denomination do you belong to?
Be·kennt·nis·frei·heit *f s.* **Glaubensfreiheit** **be·kennt·nis·los** *adj* without denomination *pred* **Be·kennt·nis·schu·le** *f* denominational school
be·kla·gen* **I.** *vt* ■**etw ~** to lament [*or liter* bemoan] sth; ■**zu ~ sein: bei dem Unglück waren 23 Tote zu ~** the accident claimed 23 lives; **Menschenleben waren nicht zu ~** there were no casualties **II.** *vr* ■**sich** *akk* [**bei jdm**] [**über jdn/etw** [*o* **wegen etw**]] **~** *gen o dat* to complain [*or* to make a complaint] [to sb] [about sb/sth]; **man hat sich bei mir über Sie beklagt** I have received a complaint about you; **ich kann mich nicht ~** I can't complain, I've no reason to complain
be·kla·gens·wert *adj* lamentable; **ein ~er Irrtum/ein ~es Versehen** an unfortunate [*or* regrettable] error/oversight *a. euph;* ■**~ sein, dass** to be unfortunate [*or* regrettable] that
be·klagt *adj* JUR **die ~e Partei** the defendant
Be·klag·te(r) *f(m) dekl wie adj* JUR defendant
be·klat·schen* *vt* ■**jdn/etw ~** to applaud sb/sth
be·klau·en* *vt* (*fam*) ■**jdn/etw ~** to rob sb/sth
be·kle·ben* *vt* ■**etw mit etw** *dat* **~** to stick sth on[to] sth; (*mit Leim*) to glue sth on[to] sth; **etw mit Plakaten/Etiketten ~** to stick posters/labels on[to] sth, to poster [over *sep*]/label sth; **Verteilerkästen dürfen nicht beklebt werden** affix no labels on[to] distribution boxes *form*
be·kle·ckern* **I.** *vt* (*fam*) ■[**jdm**] **etw** [**mit etw** *dat*] **~** to stain [sb's] sth [with sth]; ■[**sich** *dat*] **etw ~** to stain [one's] sth; **sie hat sich über und über mit Spinat bekleckert!** she's smeared spinach all over herself! **II.** *vr* (*fam*) **sich** *akk* [**mit Brei/Soße**] **~** to spill porridge/sauce all down [*or* over] oneself
be·klei·den* *vt* (*geh*) ❶ (*innehaben*) ■**etw ~** to fill [*or* occupy] sth; **einen Rang ~** to hold a rank ❷ (*beziehen*) ■**etw mit etw** *dat* **~** to line sth with sth; **Wände mit Tapeten ~** to wallpaper walls ❸ (*geh*) ■**sich** *akk* [**mit etw** *dat*] **~** to dress [*or* clothe] oneself [in sth], to get dressed; **sich leicht ~** to put on [*or form* don] light clothing
be·klei·det *adj* dressed, attired *form,* clad *liter;* ■**mit etw** *dat* **~ sein** to be dressed [*or liter* clad] in sth; **knapp** [*o* **notdürftig**]**/leicht** [**mit etw** *dat*] **~** scantily [*or* skimpily]/lightly dressed [*or form* attired] [in sth]
Be·klei·dung *f* ❶ (*Kleidungsstück*) clothing *no pl, no indef art,* clothes *npl;* **ohne ~** without [any] clothes on ❷ (*geh: das Innehaben*) tenure; **~ eines Amtes** tenure of office
Be·klei·dungs·in·dus·trie *f* clothing [*or* garment] industry **Be·klei·dungs·stück** *nt* (*geh*) *s.* **Kleidungsstück**
be·klem·mend **I.** *adj* ❶ (*beengend*) claustrophobic, oppressive ❷ (*beängstigend*) oppressive; **ein ~er Gedanke** a depressing thought; **ein ~es Gefühl** an oppressive [*or* uneasy] feeling; **ein ~es Schweigen** an oppressive [*or* embarrassing] silence **II.** *adv* oppressively
Be·klem·mung <-, -en> *f* constriction; **~en bekommen/haben** to start to feel/to feel oppressed [*or* full of apprehension]
be·klom·men [bə'klɔmən] **I.** *adj* anxious, apprehensive; (*von Mensch a.*) uneasy **II.** *adv* anxiously, apprehensively; **~ klingen** to sound anxious [*or* apprehensive]
Be·klom·men·heit <-> *f kein pl* anxiety, apprehensiveness; (*von Mensch a.*) uneasiness
be·klop·fen* *vt* ■**jdn/etw ~** to tap sb/sth, to percuss sth *spec*
be·kloppt [bə'klɔpt] *adj* (*sl*) *s.* **bescheuert**
be·knackt [bə'knakt] *adj* (*sl*) *s.* **bescheuert**
be·knien* *vt* (*fam*) ■**jdn ~**[**, etw zu tun**] to beg [*or* implore] sb [to do sth]
be·ko·chen* *vt* ■**jdn ~** to cook for sb
be·kom·men* *irreg* **I.** *vt haben* ❶ (*erhalten*) ■**etw** [**von jdm**] **~** to receive sth [from sb]; **ich habe das zum Geburtstag ~** I received [*or* got] [*or* was given] this for my birthday; **wir ~ demnächst Kabelfernsehen** we're having cable TV installed in the near future; **etw in die Hände ~** (*fam*) to get hold of sth; **eine Ermäßigung ~** to qualify for a reduction; **Geld ~** to receive [*or* earn] money; **hast du dein Geld schon ~?** have you been paid yet?; **sie bekommt 28 Euro die Stunde** she earns 28 euros an hour; **die Genehmigung/die Mehrheit ~** to obtain permission/the majority; **ein Lob/einen Tadel ~** to be praised/reprimanded, to receive praise/a reprimand; **eine Massage/eine Spritze ~** to be given a massage/an injection; **eine Ohrfeige/einen Schlag ~** to get a clip on the ear/an electric shock; **einen Preis ~** to win a prize; **Prügel** [*o* **Schläge**] **~** to get a thrashing [*or* AM *a.* licking]; **Tritte ~** to get kicked [*or fam* a kicking]; **die Zeitung regelmäßig ~** to have the newspaper delivered regularly; **ich bekomme noch 4.000 Euro von dir** you still owe me 4,000 euros; **was ~ Sie dafür?** how much is it?, how much do I owe you?; **von der Schokolade kann sie einfach nicht genug ~!** she just can't get enough of that chocolate! ❷ (*erreichen*) **den Bus/das Flugzeug/den Zug ~** to catch the bus/plane/train; **die**

Maschine nach Honolulu ~ to catch the flight to Honolulu ❸ (*serviert erhalten*) ■**etw** ~ to be served with sth; **ich bekomme ein Bier** I'd like a beer; **wer bekommt das Steak?** who ordered [*or* whose is] the steak?; (*im Geschäft*) to buy sth; **was ~ Sie?** what would you like? [*or* what can I get you?] ❹ (*verhängt erhalten*) **eine Gefängnisstrafe/Geldstrafe** ~ to get [*or* be given] a prison sentence/a fine; **er bekam 3 Jahre Gefängnis** he was sentenced to [*or* got] three years in prison ❺ (*mit etw rechnen*) **Ärger/Schwierigkeiten** ~ to get into trouble/difficulties; **wir ~ besseres Wetter** the weather is improving ❻ (*entwickeln*) **[es mit der] Angst** ~ to get [*or* become] afraid; **eine Erkältung** ~ to catch [*or* come down with] a cold; **eine Glatze/graue Haare** ~ to go bald [*or* AM *a.* to be balding]/to go grey BRIT [*or* AM gray]; **Heimweh** ~ to get homesick; **eine Krankheit** ~ to get [*or* develop] an illness; **Lust ~, etw zu tun** to feel like doing sth; **Zähne** ~ to teethe, to get [*or* cut] teeth; **du hast wieder Farbe** ~ you look much better; *s. a.* **Durst, Hunger** ❼ *mit Infinitivkonstruktion* **etw zu essen/trinken** ~ to get sth to eat/drink; **etw zu hören/sehen** ~ to get to hear/see sth; **der wird von mir etwas zu hören ~!** (*fam*) I'll give him a piece of my mind! [*or fam* what-for!]; **etwas zu lachen** ~ to get something to laugh about; **in einem Kaufhaus bekommt man alles zu kaufen** you can buy anything in a department store ❽ *mit pp oder adj siehe auch dort* **etw gemacht** ~ to get [*or* have] sth done; **etw bezahlt** ~ to get paid for sth; **seinen Wunsch erfüllt** ~ to have one's wish fulfilled; **etw geschenkt** ~ to be given sth [as a present]; **von ihm bekommst du das Buch sicher geliehen** he's sure to lend you that book ❾ (*dazu bringen, etw zu tun*) **jdn dazu ~, etw zu tun/dass jd etw tut** to get sb to do sth; **er ist einfach nicht ins Bett zu** ~ he just won't go to bed, we just can't get him to bed; **ich bekam es nicht über mich, ihr die Wahrheit zu sagen** I couldn't bring myself to tell her the truth ❿ (*finden*) ■**etw** ~ to find sth; **er hat noch keine Arbeit** ~ he hasn't found work yet; **sie hat die Stelle ~, die in der ‚Zeit' ausgeschrieben war** she got that job that was advertised in 'Zeit' **II.** *vi* ❶ *sein* (*zuträglich sein*) **jdm [gut]/schlecht** [*o* **nicht**] ~ to do sb good/to not do sb any good; *Essen* to agree/to disagree [*or* to not agree] with sb ❷ (*bedient werden*) ~ **Sie schon?** are you being served? [*or* attended to]

be·kömm·lich [bəˈkœmlɪç] *adj* ❶ (*leicht verdaulich*) [easily] digestible; **besser/leicht/schlecht** [*o* **schwer**] ~ **sein** to be easier to digest/easily digestible/difficult to digest ❷ (*wohltuend*) *Klima* beneficial

Be·kömm·lich·keit <-> *f kein pl* digestibility; **zur besseren** ~ for better digestibility; **zur besseren ~ fetten Essens** to better digest fatty food

be·kös·ti·gen* [bəˈkœstɪgn̩] *vt* ■**jdn** ~ to feed sb, to provide sb with their meals

Be·kös·ti·gung *f* boarding; **mit** ~ including food

be·kräf·ti·gen* *vt* ❶ (*bestätigen*) ■**etw [durch/mit etw]** ~ to confirm sth [by sth]; **etw noch einmal** ~ to reaffirm sth; **eine Aussage eidlich** ~ to swear to a statement; **eine Vereinbarung mit einem Handschlag** ~ to seal an agreement by shaking hands; ■**~, etw getan zu haben/machen zu wollen** to confirm [*or* affirm] that one has done/intends to do sth ❷ (*bestärken*) ■**jdn in etw** *dat* ~ to strengthen [*or* confirm] sb's sth; ■**etw** ~ to corroborate [*or* substantiate] sth; **jds Plan/Vorhaben** ~ to support sb's plans/intentions

Be·kräf·ti·gung <-, -en> *f* ❶ (*Bestätigung*) confirmation ❷ (*Bestärkung*) **zur ~ eines Entschlusses** to strengthen a decision; **zur ~ eines Verdachts** to confirm a suspicion; **zur ~ einer Vermutung** to prove an assumption; **zur ~ eines Versprechens** in support of a promise

be·krän·zen* *vt* ❶ (*mit einem Kranz schmücken*) ■**jdn/etw [mit etw** *dat*] ~ to crown sb/sth with a [sth] wreath ❷ (*mit Girlanden schmücken*) ■**etw [mit etw** *dat*] ~ to adorn sth with [sth] garlands, to garland sth [with sth]

be·kreu·zi·gen* *vr* ■**sich** *akk* **[vor jdm/etw]** ~ to cross oneself [on seeing sb/sth]

be·krie·gen* *vt* ■**sich** *akk* **[gegenseitig]** ~ to be warring [with one another]; ■**jdn/etw** ~ to wage war on sb/sth

be·krit·zeln* *vt* ■**etw [mit etw** *dat*] ~ to scribble [sth] on sth; (*schmieren*) to scrawl [sth] on sth

be·küm·mern* **I.** *vi impers* ■**es bekümmert jdn** it worries sb **II.** *vr* ❶ (*geh o veraltend*) ■**sich über etw** *akk* ~ to worry about sth ❷ (*sich kümmern, für etw/jdn sorgen*) ■**sich** *akk* **um etw/jdn** ~ to look after sth/sb

be·küm·mert *adj* troubled, worried; (*erschüttert*) distressed; ■**[über jdn/etw]** ~ **sein** to be worried [about sb/sth]; (*erschüttert*) to be distressed [with sb/at sth]

be·kun·den* [bəˈkʊndn̩] *vt* ■**etw [über etw** *akk*] ~ to show [*or* express] sth [about sth]; **Interesse [an etw** *akk*]**/Sympathie [für etw** *akk*] ~ to express interest [in sth]/a liking [for sth]

Be·kun·dung <-, -en> *f* expression, demonstration

be·lä·cheln* *vt* ■**jdn/etw** ~ to smile at sb/sth; ■**belächelt werden** to be a target of ridicule

be·la·chen* *vt* ■**jdn/etw** ~ to laugh at sb/sth; (*bespötteln*) to mock [*or* make fun of] sb/sth; ■**belacht werden** to cause laughter

be·la·den*[1] *irreg* **I.** *vt* ❶ (*mit Ladung versehen*) ■**etw** ~ to load [up *sep*] sth; **etw mit Gütern** ~ to load sth with goods, to load goods on[to] sth ❷ (*Last aufbürden*) ■**jdn/ein Tier [mit etw** *dat*] ~ to burden sb with sth, to load an animal [with sth]; ■**sich** *akk* **mit etw** *dat* ~ to load oneself [up] with sth **II.** *vr* (*sich mit etw belasten*) ■**sich** *akk* **mit etw** *dat* ~ to burden oneself with sth

be·la·den*[2] *adj* ❶ (*mit einer Last versehen*) loaded; (*von Menschen a.*) laden; ■**[mit etw** *dat*] ~ **sein** to be loaded [with sth]; (*von Menschen a.*) to be laden [*or* loaded down] [with sth] ❷ (*belastet*) ■**mit etw** *dat* ~ **sein** to be burdened [*or* weighed down] with sth

Be·lag <-[e]s, Beläge> [bəˈlaːk, *pl* bəˈlɛːgə] *m* ❶ (*aufgelegte Esswaren*) topping; *von Brot* spread ❷ (*Zahn~*) film, tartar *no art spec;* (*Zungen~*) fur ❸ (*Schicht*) coating, layer ❹ (*Brems~*) lining ❺ (*Fußboden~*) covering; (*Straßen~*) surface

Be·la·ge·rer <-s, -> *m* besieger

be·la·gern* *vt* ■**etw** ~ to besiege [*or liter* lay siege to] sth; ■**[von jdm] belagert sein/werden** to be/come under siege [from sb]

Be·la·ge·rung <-, -en> *f* (*fig liter*) siege

Be·la·ge·rungs·zu·stand *m* ■**der** ~ a state of siege; **den ~ [über eine Stadt] verhängen** to proclaim [*or* declare] [a town to be in] a state of siege

be·läm·mert[RR] [bəˈlɛmɐt] *adj* (*sl*) ❶ (*betreten*) sheepish, embarrassed ❷ (*scheußlich*) lousy; **dieses ~e Wetter!** the stupid [*or fam* lousy] [*or sl* shitty] weather!

Be·lang <-[e]s, -e> [bəˈlaŋ] *m* ❶ *kein pl* (*Bedeutung, Wichtigkeit*) ■**nichts von** ~ nothing important; ■**ohne ~ [für jdn/etw] sein** to be of no importance [*or* significance] [to sb/for [*or* to] sth], to be significant; ■**[für jdn] von ~ sein** to be of importance [to sb], to be significant; ■**etwas/nichts von** ~ something [*or* anything]/nothing important [*or* of importance] ❷ *pl* (*Interessen, Angelegenheiten*) interests, concerns; **jds ~e vertreten** [*o* **wahrnehmen**] to represent the interests of sb ❸ *kein pl* (*geh: Hinsicht*) matter

be·lan·gen* *vt* ❶ JUR ■**jdn [wegen etw]** ~ to prosecute sb [for sth]; **jdn wegen Beleidigung/Verleumdung** ~ to sue sb for slander [*or* libel]; **jdn gerichtlich** ~ to take sb to court, to take legal steps against sb *form* ❷ (*betreffen*) ■**was jdn/etw belangt** as for sb/sth [*or* far as sb/sth is concerned]

be·lang·los *adj* (*unwichtig*) unimportant, trivial; (*nebensächlich*) irrelevant; ■**etwas B~es** something unimportant [*or* trivial]

Be·lang·lo·sig·keit <-, -en> *f* ❶ *kein pl* (*belanglose Beschaffenheit*) unimportance, insignificance ❷ (*Unwichtigkeit*) triviality, trivia *no pl, no indef art*

Be·la·rus <-> ['bɛːla'rʊs] *nt* B[y]elorussia, Belarus

Be̱·la·rus·se, Be̱·la·rus·sin <-n, -n> *m, f* Belarusian; *s. a.* **Deutsche(r)**

be·la̱·rus·sisch *adj* Belarusian; *s. a.* **deutsch**

be·la̱s·sen* *vt irreg* ❶ (*es bei etw bewenden lassen*) ■**es bei etw** ~ to leave it at sth; ~ **wir es dabei!** let's leave it at that ❷ (*geh: bleiben lassen*) **jdn in seinem Amt/an seinem Platz** ~ to allow sb to remain in office/to keep his job ❸ (*stehen lassen*) **etw an seinem Platz/auf einem Tisch** ~ to leave sth in its place/on a table ❹ (*geh: behalten lassen*) ■**jdm/einer S. etw** ~ to allow sb/sth to retain sth ❺ (*verhaftet sein lassen*) ■**jdn in etw** *dat* ~ to leave sb to his sth; **jdn in dem Glauben** ~**, dass ...** to let sb go on believing that ...

be·la̱st·bar *adj* ❶ (*zu belasten*) loadable; ■**bis zu/mit etw** ~ **sein** to have [*or* bear] a maximum/minimum load of sth ❷ (*fig: beanspruchbar*) **kein Mensch ist unbegrenzt** ~ nobody can take work/abuse indefinitely; **unter Stress ist ein Mitarbeiter weniger** ~ stress reduces an employee's working capacity; **durch Training wird das Gedächtnis** ~**er** training makes the memory absorb more; **die Nerven sind nur bis zu einem bestimmten Grad** ~ the nerves can only take so much; **der Körper/Kreislauf von Sportlern ist in hohem Maße** ~ an athlete's body/circulation can take a lot of punishment; **regelmäßiges Training macht Herz und Lunge** ~**er** regular training strengthens the heart and lungs ❸ ÖKOL (*mit Schadstoffen zu belasten*) able to withstand contamination ❹ FIN (*zu überziehen*) ■[**mit bis zu etw**] ~ **sein** to have a maximum limit of sth, to have a limit [of up to sth]; **wie hoch ist mein Konto** ~**?** what is the limit on my account?, how much can I overdraw on my account?

Be·la̱st·bar·keit <-, -en> *f* ❶ (*Fähigkeit, Lasten auszuhalten*) load-bearing capacity ❷ (*Beanspruchbarkeit*) ability to take [*or* handle] stress; *von Gedächtnis* capacity; *von Organen, Körper* maximum resilience ❸ ÖKOL **die** ~ **der Atmosphäre durch Schadstoffe ist schon überschritten** the atmosphere has reached its saturation level for pollutants ❹ FIN (*Besteuerbarkeit*) ability to pay taxes

be·la̱s·ten* **I.** *vt* ❶ (*mit Last beschweren*) ■**etw** [**mit etw**] ~ to load sth [with sth]; **das darf nur mit bis zu 8 Personen/750 kg belastet werden** its maximum load is 8 persons/750 kg ❷ (*anstrengen*) ■**jdn** [**mit etw**] ~ to load sb with sth, to burden sb [with sth]; **jdn mit der Verantwortung** ~ to burden sb with the responsibility ❸ (*bedrücken*) ■**jdn/etw** ~ to burden sb/sth; **jdn** [*o* **jds Gewissen**] [**schwer**] ~ to weigh [heavily] on one's mind; ■~**d** crippling ❹ (*leistungsmäßig beanspruchen*) ■**jdn/etw** [**durch/mit etw**] ~ to strain sb/sth [through/with sth], to put a strain on sb/sth; **jdn/etw zu sehr belasten** to overstrain sb/sth; ■[**durch/mit etw**] **belastet werden** to come under strain [from sth] ❺ JUR ■**jdn** [**durch etw**] ~ to incriminate sb [by sth]; ■**sich** *akk* [**selbst**] ~ to incriminate oneself; ■~**d** incriminating, incriminatory; ~**des Material** incriminating evidence ❻ (*beschweren*) ■**jdn/etw mit etw** ~ to burden sb/sth with sth ❼ (*ökologisch beanspruchen*) ■**etw** [**durch** [*o* **mit**] **etw**] ~ to pollute sth [with sth] ❽ (*debitieren*) **jdn mit den Kosten** ~ to charge the costs to sb; **ein Konto** [**mit 100 Euro**] ~ to debit [100 euros from] an account; **dafür werden wir Sie mit 200 Euro** ~ we will charge you 200 euros for that ❾ FIN (*steuerlich beanspruchen*) ■**jdn** [**mit etw**] ~ to burden sb [with sth]; **jdn übermäßig hoch** ~ to overburden sb ❿ FIN **etw mit einer Hypothek** ~ to mortgage sth; **etw mit Schulden** ~ to encumber sth [with debts] *form* ⓫ FIN (*finanziell in Anspruch nehmen*) ■**jdn mit etw** ~ to order sb to pay sth **II.** *vr* (*sich etw aufbürden*) **sich** *akk* **mit Arbeit/einer Aufgabe** ~ to take on work/a job *sep;* **sich** *akk* **mit unnützen Details** ~ to go into unnecessary details; **sich** *akk* **mit Sorgen/Verpflichtungen** ~ to burden oneself with worries/obligations; **sich** *akk* **mit der Verantwortung** ~ to take the responsibility [up]on oneself

be·la̱s·tend *adj* incriminating

be·läs·ti·gen* [bə'lɛstɪgn̩] *vt* ■**jdn** ~ (*jdm lästig werden*) to bother sb; (*zudringlich werden*) to pester sb; **würde es Sie** ~**, wenn ich rauche?** do you mind if I smoke?; ■~**d** annoying

Be·läs·ti·gung <-, -en> *f* annoyance *no pl;* **etw als** [**eine**] ~ **empfinden** to find sth annoying [*or* a nuisance]

Be·la̱s·tung <-, -en> *f* ❶ (*das Belasten*) loading ❷ (*Gewicht*) weight, load; **die erhöhte** ~ **der Brücke** the increased weight [placed] on the bridge; **die maximale** ~ **der Brücke/des Aufzugs** the weight limit of the bridge/the maximum load for the lift [*or* AM elevator] ❸ (*Anstrengung*) burden ❹ (*Last*) burden ❺ ÖKOL pollution *no pl, no indef art* ❻ JUR incrimination ❼ (*das Beschweren*) burden (**durch/mit** of) ❽ (*leistungsmäßige Beanspruchung*) strain (**für/von** on) ❾ FIN charge (+*gen* on) ❿ FIN (*Beschwerung mit Hypothek*) mortgage; (*Hypothek*) mortgage ⓫ FIN (*Schulden a.*) encumbrance *form;* (*steuerliche Beanspruchung*) burden

Be·la̱s·tungs-EKG *nt* MED exercise electrocardiogram [*or* ECG] **Be·la̱s·tungs·fä·hig·keit** *f* degree of resilience **Be·la̱s·tungs·gren·ze** *f* limit **Be·la̱s·tungs·ma·te·ri·al** *nt* JUR incriminating evidence **Be·la̱s·tungs·pro·be** *f* ❶ (*Erprobung der Belastbarkeit*) load[ing] test ❷ (*Erprobung der Beanspruchbarkeit*) endurance test ❸ (*Zerreißprobe*) tolerance test; **einer** ~ **ausgesetzt sein** to be put to the test **Be·la̱s·tungs·zeu·ge, -zeu·gin** *m, f* JUR witness for the prosecution, Queen's [*or* AM State's] evidence

be·la̱u·ern* *vt* ❶ (*lauernd beobachten*) ■**ein Tier** ~ to observe an animal unseen ❷ (*argwöhnisch beobachten*) ■**jdn** ~ to watch sb secretly, to spy [up]on sb

be·la̱u·fen* *vr irreg* ■**sich auf etw** *akk* ~ to amount [*or* come] to sth; **der Schaden belief sich auf Millionen** the damage ran into millions

be·la̱u·schen* *vt* ■**jdn/etw/ein Tier** ~ to eavesdrop [*or* listen in] on sb/sth, to listen to the sounds of an animal

be·le̱·ben* **I.** *vt* ❶ (*anregen*) ■**jdn/etw** ~ to stimulate sb/sth *sep* ❷ (*erfrischen*) ■**jdn** ~ to make sb feel better [*or* refreshed]; **jdn wieder** ~ to refresh sb ❸ (*ankurbeln*) ■**etw** ~ to stimulate sth ❹ (*zum Leben erwecken*) ■**jdn** ~ to resuscitate sb, to bring sb back to life; **ein Monstrum** ~ to bring a monster to life ❺ (*lebendiger gestalten*) ■**etw** [**neu**] ~ to put [new] life into sth; **eine Unterhaltung** ~ to liven up [*or* animate] a conversation **II.** *vr* ❶ (*sich mit Leben/Lebewesen füllen*) ■**sich** [**mit etw**] ~ to come to life [with sth] ❷ (*lebhafter werden*) ■**sich** ~ to light up ❸ (*stimuliert werden*) ■**sich** ~ to become stimulated **III.** *vi* ❶ (*munter machen*) to pick one up ❷ (*erfrischen*) to make one feel better

be·le̱·bend *adj* ❶ (*anregend*) invigorating ❷ (*erfrischend*) refreshing

be·lebt [bə'leːpt] *adj* ❶ (*bevölkert*) busy ❷ (*lebendig*) animate

Be·le̱bt·heit <-> *f kein pl* bustle (+*gen* in)

Be·le̱·bung <-, -en> *f* ❶ (*Anregung*) stimulation; **er braucht morgens Kaffee zur** ~ he needs coffee to wake up in the morning ❷ (*Ankurbelung*) stimulation, encouragement

Be·leg <-[e]s, -e> [bə'leːk, *pl* bə'leːgə] *m* ❶ (*Quittung*) receipt, voucher; **schreiben Sie mir bitte einen** ~**?** may I have a receipt? ❷ (*Unterlage*) proof *no art, no pl* ❸ (*Quellennachweis*) example, instance

Be·le̱g·arzt, -ärz·tin *m, f general practitioner or other non-resident doctor charged with a number of patients in a hospital*

be·le̱g·bar *adj* verifiable; **ist es** ~**, dass/wann/wie/wo ...?** can it be verified that/when/how/where ...?

Be·le̱g·bett *nt hospital bed under the charge of a general practitioner or other non-resident doctor*

be·le̱·gen* *vt* ❶ (*mit Belag versehen*) **ein Brot mit etw** ~ to spread sth on a slice of bread, to make a sandwich with sth; **ein Brot mit Butter** ~ to butter a slice of bread; **einen Tortenboden** [**mit etw**] ~ to fill a flan case [with sth]; **belegte Brote**

B

open sandwiches ❷ *(beweisen)* ■**etw** ~ to verify sth; **eine Behauptung/einen Vorwurf** ~ to substantiate a claim/an accusation; **ein Zitat** ~ to give a reference for a quotation ❸ *(auferlegen)* ■**jdn mit etw** ~ to impose sth on sb ❹ SCH ■**etw** ~ to enrol [*or* AM enroll] [*or* put one's name down] for sth ❺ *(okkupieren)* ■**etw** ~ to occupy sth; ■**etw mit jdm** ~ to accommodate sb in sth; ■**belegt sein** to be occupied [*or* taken]; **ist der Stuhl hier schon belegt?** is this chair free?, is somebody sitting here? ❻ *(innehaben)* **den vierten Platz** ~ to take fourth place, to come fourth; **einen höheren Rang** ~ to be ranked higher; **den zweiten Tabellenplatz** ~ to be second in the league table [*or* AM standings]; **die Tabellenspitze** ~ to be at the top of the league table [*or* AM standings] ❼ MIL ■**jdn/etw mit etw** *dat* ~ to bombard sb/sth with sth; **jdn/etw mit Artilleriefeuer/Bomben** ~ to bomb [*or* bombard] sb/sth; **etw mit einem Bombenteppich** ~ to blanket-bomb sth ❽ *(beschimpfen)* **jdn mit einem Fluch** ~ to lay a curse on sb; **jdn mit Namen** ~ to call sb names; **jdn mit Schimpfwörtern** ~ to hurl insults at sb

Be·leg·ex·em·plar *nt* specimen copy

Be·leg·schaft <-, -en> *f (Beschäftigte)* staff, personnel; *(aus Arbeitern)* workforce; **die ganze** ~ *(hum fam)* the whole mob [*or* gang] *fam*

Be·leg·schafts·ak·tie [-aktsiə] *f* staff employee [*or* BRIT *spec fam a.* buckshee] share **Be·leg·schafts·mit·glied** *nt* member of staff, employee **Be·leg·schafts·ra·batt** *m* staff discount

Be·leg·sta·ti·on *f hospital ward under the charge of various non-resident doctors,* ≈ GP ward BRIT

be·legt *adj* ❶ *(mit Belag überzogen)* coated; ~**e Zunge** furred [*or* coated] tongue ❷ *(rau)* hoarse; **mit** ~**er Stimme sprechen** to speak with a husky [*or* hoarse] voice

Be·le·gungs·recht *nt* JUR right of occupation

be·lehr·bar *adj* teachable

be·leh·ren* *vt* ❶ *(informieren, aufklären)* ■**jdn** ~ to inform sb; **jdn eines anderen** ~ to teach sb otherwise; **sich eines anderen** ~ **lassen** to learn [*or* be taught] otherwise ❷ *(von Meinung abbringen)* ■**jdn** ~ to convince sb that he is wrong; *(von einer falschen Ansicht abbringen)* to disabuse sb *form;* **sich von jdm** ~ **lassen** to listen to sb; **er lässt sich nicht** ~ he won't listen [*or* be told] ❸ JUR *(ausführlich informieren)* ■**jdn** [**über etw** *akk*] ~ to advise [*or* warn] sb [of sth]

be·leh·rend I. *adj* didactic **II.** *adv* didactically

Be·leh·rung <-, -en> *f* ❶ *(belehrender Rat)* explanation, lecture *fam;* **deine** ~**en kannst du dir sparen!** there's no need to lecture me *fam;* **danke** [*o* **vielen Dank**] **für die** ~**!** *(iron)* thanks for the tip *iron* ❷ *(Verweis)* lesson ❸ JUR caution

be·leibt [bəˈlaipt] *adj (geh)* corpulent *form,* portly *a. hum*

Be·leibt·heit <-> *f kein pl (geh)* corpulence *form,* portliness *a. hum*

be·lei·di·gen* [bəˈlaidɪgn̩] *vt* ❶ *(schmähen)* ■**jdn/etw** [**durch etw** *akk*] ~ to insult sb [with sth], to offend sb/sth [with sth] ❷ *(empfindlich beeinträchtigen)* ■**jdn** ~ to offend [*or* be offensive to] sb

be·lei·di·gend I. *adj* insulting, offensive **II.** *adv* insultingly, offensively; **sich** ~ **ausdrücken** to use offensive language

be·lei·digt [bəˈlaidɪçt] **I.** *adj* offended; **leicht** ~ **sein** to be quick to take offence [*or* AM -se], to be easily offended; **ein** ~**es Gesicht** [*o* **eine** ~**e Miene**] **aufsetzen** [*o* **machen**] to put on a hurt face/expression; **bist du jetzt** ~**?** have I offended you?; *s. a.* **Leberwurst II.** *adv* in a huff *fam;* ~ **reagieren/schweigen** to get/go into a huff *fam*

Be·lei·di·gung <-, -en> *f* ❶ *(das Beleidigen)* insult, offence [*or* AM -se] (*+gen* to); JUR defamation ❷ *(Schmähung)* insult; **etw als** [**eine**] ~ **auffassen** to take sth as an insult, to take offence [*or* AM -se] at sth ❸ *(Missachtung)* offence [*or* AM -se], affront (*+gen/***für** *+akk* to)

be·lei·hen* *vt irreg* ■**etw** ~ to lend money on sth; FIN to mortgage [*or* give [*or* raise] a mortgage on] sth; **Schulden** ~ to encumber debts *form;* ■[**mit etw** *dat*] **beliehen sein** to be mortgaged [at sth]; **wie hoch ist das Haus beliehen?** how high is the mortgage on the house?

be·lem·mertALT *adj (sl) s.* **belämmert**

be·le·sen [bəˈleːzn̩] *adj* well-read

Be·le·sen·heit <-> *f kein pl* wide reading; **ein hohes Maß an** ~ great familiarity with literature

be·leuch·ten* *vt* ❶ *(durch Licht erhellen)* **eine Bühne/Straße** ~ to light a stage/road; **einen Garten/ein Haus** ~ to light up *sep* [*or* illuminate] a garden/house ❷ *(anstrahlen)* ■**etw** ~ to light up *sep* [*or* illuminate] sth ❸ *(geh: betrachten)* ■**etw** ~ to throw light on [*or* examine] sth

Be·leuch·ter(in) <-s, -> *m(f)* lighting technician

Be·leuch·tung <-, *selten* -en> *f* ❶ *(das Beleuchten)* lighting ❷ *(künstliches Licht)* light; *(Lichter)* lights *pl;* **die** ~ **der Straßen** street lighting ❸ AUTO lights *pl* ❹ *(geh: das Betrachten)* examination, elucidation *form*

Be·leuch·tungs·kör·per *m (geh)* lighting fixture [*or* appliance]

be·leum·det [bəˈlɔymdət] *adj (geh)* **nicht gut** [*o* **schlecht**] [*o* **übel**] ~ **sein** to have a bad reputation; **ein übel** ~**es Hotel** a hotel with a bad reputation

Bel·gi·en <-s> [ˈbɛlgi̯ən] *nt* Belgium; *s. a.* **Deutschland**

Bel·gi·er(in) <-s, -> [ˈbɛlgi̯ɐ] *m(f)* Belgian; *s. a.* **Deutsche(r)**

bel·gisch [ˈbɛlgɪʃ] *adj* Belgian; *s. a.* **deutsch**

Bel·grad <-s> [ˈbɛlgraːt] *nt* Belgrade

be·lich·ten* *vt* FOTO ■**etw** ~ to expose sth

Be·lich·tung *f* FOTO exposure; **falsche** ~ incorrect exposure

Be·lich·tungs·au·to·ma·tik *f* automatic exposure [control] **Be·lich·tungs·mes·ser** *m* light meter **Be·lich·tungs·zeit** *f* exposure [time]

be·lie·ben* **I.** *vt (iron)* ■~**, etw zu tun** to like doing sth; **du beliebst wohl zu scherzen** you must be joking **II.** *vi (geh)* **was/wie es jdm beliebt** as sb likes [*or* wishes]

Be·lie·ben <-s> *nt kein pl* **in jds** *dat* ~ **liegen** [*o* **stehen**] *(geh)* to be up to sb, to be left to sb's discretion; **etw in jds** *dat* ~ **stellen** to leave sth up to sb [*or* sb's discretion]; [**ganz**] **nach** ~ just as you/they etc. like, any way you/they etc. want [to], however you/they etc. please

be·lie·big [bɛˈliːbɪç] **I.** *adj* any; [**irgend**]**eine/jede** ~**e Zahl** any number at all [*or* you like]; **nicht jede** ~**e Zahl** not every number; ■**etwas B**~**es** anything at all; ■**jeder B**~**e** anyone at all; ■**irgendein B**~**er** just anybody, *fam a.* any old Tom, Dick or Harry **II.** *adv* ~ **häufig/lange/spät/viele** as often/long/late/many as you like; **etw** ~ **verändern** to change sth at will

be·liebt [bəˈliːpt] *adj* ❶ *(geschätzt)* popular; ■[**bei jdm**] ~ **sein** to be popular [with sb]; **sich** [**bei jdm**] ~ **machen** to make oneself popular [*or pej* ingratiate oneself] [with sb] ❷ *(gerne besprochen)* popular, favourite [*or* AM -orite] *attr*

Be·liebt·heit <-> *f kein pl* popularity; **sich** [**bei jdm**] **großer/zunehmender** ~ **erfreuen** to enjoy great/increasing popularity [with sb]

be·lie·fern* *vt* ■**jdn/etw** [**mit etw**] ~ to supply sb/sth [with sth]; **diese Großhandelsfirma beliefert nur Restaurants** this wholesale company only supplies [*or form* purveys for] restaurants

Be·lie·fe·rung *f* delivery; **die** ~ **einer Firma einstellen** to stop supplying a company

Be·li·ze <-s> [bəˈliːz] *nt* Belize; *s. a.* **Deutschland**

Be·li·zer(in) <-s, -> [bəˈliːzɐ] *m(f)* Belizean; *s. a.* **Deutsche(r)**

be·li·zisch [bəˈliːzɪʃ] *adj* Belizean; *s. a.* **deutsch**

Bel·la·don·na <-, -donnen> [bɛlaˈdɔna, *pl* -dɔnən] *f* ❶ *(Extrakt)* belladonna, atropin[e] *spec* ❷ BOT belladonna, deadly nightshade

bel·len [ˈbɛlən] **I.** *vi* to bark **II.** *vt* ■**etw** ~ to bark [out *sep*] sth

bel·lend *adj* **ein** ~**er Husten** a hacking cough; **eine** ~**e Stimme** a harsh [*or* barking] voice

Bel·le·tris·tik <-> [bɛleˈtrɪstɪk] *f kein pl* belles lettres *npl*

bel·le·tris·tisch *adj* **die** ~**e Abteilung** the department for fiction and poetry; ~**e Literatur/Bücher** [books of] fiction and poetry

be·lo·bi·gen* [bə'lo:bɪgn̩] *vt* ■**jdn** [**wegen etw**] ~ to commend [*or* praise] sb [for sth]

Be·lo·bi·gung <-, -en> *f* (*geh*) commendation *form,* praise *no indef art;* **jdm eine ~ aussprechen** to commend [*or* praise] sb

be·loh·nen* *vt* ❶ (*als Lohn beschenken*) ■**jdn/etw** [**mit etw**] ~ to reward sb/sth [with sth] ❷ (*Lohn sein*) ■**jdn** [**für etw**] ~ to reward sb [for sth]; **die Leistung der Schauspieler wurde vom Publikum mit begeistertem Beifall belohnt** the actors received loud applause; **dein Lächeln belohnt mich zur Genüge!** your smile is reward enough

Be·loh·nung <-, -en> *f* ❶ (*das Belohnen*) rewarding ❷ (*Lohn*) reward; **eine ~** [**für etw**] **aussetzen** to offer a reward [for sth]; **zur** [*o* **als**] **~** [**für etw**] as a reward [for sth]

be·lüf·ten* *vt* ■**etw** ~ to ventilate [*or* air] sth

Be·lüf·tung *f* ■**die ~** ❶ *kein pl* (*das Belüften*) ventilating, airing; **die ~ der Kellerräume ist sehr schlecht** the basement rooms are very badly ventilated ❷ ELEK ventilation *no indef art*

Be·lu·ga <-, -s> [be'lu:ga] *m s.* **Weißwal**

be·lü·gen* *irreg vt* ■**jdn** ~ to lie [*or* tell lies] [*or* tell a lie] to sb (+*gen* to); ■**sich** *akk* [**selbst**] ~ to deceive oneself

be·lus·ti·gen* [bə'lʊstɪgn̩] **I.** *vt* ■**jdn** [**mit etw**] ~ to amuse sb [with sth]; **was belustigt dich?** what's amusing you? [*or* so funny?]; ■**~d** amusing **II.** *vr* (*geh*) ■**sich** *akk* **über jdn/etw** ~ to make fun of sb/sth

be·lus·tigt [bə'lʊstɪçt] **I.** *adj* amused; ■**über etw** *akk* **~ sein** to be amused at [*or* by] sth **II.** *adv* in amusement

Be·lus·ti·gung <-, -en> *f* (*geh*) amusement; **zu jds ~** for sb's amusement [*or* the amusement of sb]

be·mäch·ti·gen* [bə'mɛçtɪgn̩] *vr* (*geh*) ❶ (*in seine Gewalt bringen*) ■**sich** *akk* **jds/einer S. ~** to take [*or* seize] hold of sb/sth ❷ (*überkommen*) ■**sich** *akk* **jds ~** to come over sb

be·mä·keln* *vt* ■**etw** [**an jdm/etw**] ~ to find fault with [sb's] sth/with sth [on/in sth]; **immer etwas an allem und jedem ~** to always be picking holes in everything and everyone; **was hast du an dem Essen zu ~?** what don't you like about the food?

be·ma·len* **I.** *vt* ■**etw** [**mit etw**] ~ to paint [sth on] sth; **etw farbig ~** to paint sth [in] different colours [*or* AM -ors] **II.** *vr* (*pej fam: sich schminken*) **sich** *akk* **~** to paint oneself *fam;* ■**sich** *dat* **etw ~** to paint one's sth; **sich** *dat* **das Gesicht ~** to paint [*or pej* plaster] one's face

Be·ma·lung <-, -en> *f* ❶ (*das Bemalen*) ■**die ~ einer S.** *gen/* **von etw** painting sth ❷ (*aufgetragene Farbe*) paint (+*gen* on) ❸ (*Kriegs~*) war paint

be·män·geln* [bə'mɛŋl̩n] *vt* ■**etw** ~ to find fault with, to fault, to criticize; **an der Qualität war nichts zu ~** the quality could not be faulted; ■**~, dass ...** to complain that ...

Be·män·ge·lung <-, -en> *f* (*das Bemängeln*) fault-finding; (*Kritik*) criticism; (*Beschwerde*) complaint

be·man·nen* **I.** *vt* NAUT, RAUM ■**etw** [**mit jdm**] ~ to man sth [with sb]; **ein Schiff voll ~** to take on the ship's full complement [of crew]; ■[**nicht**] **bemannt** [un]manned **II.** *vr* (*hum fam*) ■**sich** *akk* **~** to get oneself a man

Be·man·nung <-, -en> *f* NAUT, RAUM ❶ (*das Bemannen*) ■**die ~** [**einer S.** *gen*/**von etw**] manning [sth] ❷ (*selten: Besatzung*) crew, complement [of crew] *form*

be·män·teln* [bə'mɛntl̩n] *vt* ■**etw** ~ to cover up sth *sep*

Bem·bel <-s, -> ['bɛmbl̩] *m* DIAL pitcher

be·merk·bar *adj* noticeable, perceptible; **zwischen den beiden Bildern ist kein Unterschied ~** I can't see any difference between the two pictures; **dieser Geruch muss für jeden ~ gewesen sein** everybody must have noticed this smell; **sich** [**bei jdm**] [**durch etw**] **~ machen** to draw [sb's] attention to oneself [*or* to attract [sb's] attention] [by doing sth]; **ich werde mich schon** [**bei Ihnen**] **~ machen, wenn ich Sie benötige** I'll let you know when I need you; **sich** [**durch etw**] **~ machen** to make itself felt [with sth]

be·mer·ken* *vt* ❶ (*wahrnehmen*) ■**jdn/etw** ~ to notice sb/sth; ■**~, dass** to notice that; ■**~, wie jd etw tut** to see [*or* notice] sb do sth; **sie bemerkte rechtzeitig/zu spät, dass ...** she realized in time/too late that ... ❷ (*äußern*) **etwas/nichts** [**zu etw**] ~ to have sth/nothing to say [to sth]; **dazu möchte ich noch Folgendes ~** to that I would like to add the following

be·mer·kens·wert **I.** *adj* remarkable; ■**etwas/nichts B~es** sth/nothing remarkable **II.** *adv* remarkably

Be·mer·kung <-, -en> *f* comment, remark; [**jdm gegenüber**] **eine ~/~en** [**über etw** *akk*] **machen** to remark [*or* comment] on sth [to sb], to make a remark [*or* comment]/remarks [*or* comments] [about sth] [to sb]; [**jdm gegenüber**] **eine ~** [**über jdn/etw**] **fallen lassen** to drop a remark [about sb/sth] [*or* comment on sb/sth] [to sb]

be·mes·sen* *irreg* **I.** *vt* ■**jdm etw** [**nach etw**] ~ to determine [*or* calculate] sth for sb [according to sth]; **großzügig/knapp ~ sein** to be generous/not very generous; **meine Zeit ist knapp ~** my time is short [*or* limited] **II.** *vr* (*geh*) ■**sich nach etw ~** to be proportionate to sth

Be·mes·sung *f* determination, calculation

Be·mes·sungs·grund·la·ge *f* FIN assessment basis, basis of assessment

be·mit·lei·den* [bə'mɪtlaidn̩] *vt* ■**jdn** ~ to pity sb, to feel pity [*or* sorry] for sb; ■**sich** [**selbst**] **~** to feel sorry for oneself; **sie ist zu ~** she is to be pitied

be·mit·lei·dens·wert *adj* pitiable, pitiful

be·mit·telt [bə'mɪtl̩t] *adj* (*geh*) well-to-do, well-off; **sehr/weniger ~ sein** to be very/less well-off [*or* well-to-do]; **genügend ~ sein** to have enough to get by on comfortably *a. iron*

be·moost [bə'mo:st] *adj* mossy, moss-grown *attr,* covered with moss *pred*

be·mü·hen* **I.** *vr* ❶ (*sich Mühe geben*) ■**sich ~**[**, etw zu tun**] to try hard [to do sth], to endeavour [*or* AM -or] to do sth *form;* **sich vergebens ~** to try in vain, to waste one's efforts; **du musst dich mehr ~** you must try harder; **~ Sie sich nicht** don't bother yourself, don't put yourself out ❷ (*sich kümmern*) **sich** *akk* **um jdn ~** to court sb['s favour [*or* AM -or]]; **sich** *akk* **um einen Patienten ~** to look after [*or* attend to] a patient ❸ (*zu erlangen suchen*) **sich** *akk* **um gute Beziehungen/eine Stelle ~** to try hard [*or* BRIT to endeavour [*or* AM -or]] to get good connections/a job *form;* **sich** *akk* **um jds Gunst/Vertrauen/Wohl ~** to court sb's favour [*or* AM -or]/to try to win sb's trust/to take trouble over sb's well-being ❹ (*geh: gehen*) **sich** *akk* **zur Tür ~** to go [*or form* proceed] to the door; **sich** *akk* **ins Nebenzimmer ~** to go [*or form* proceed] [*or liter a. hum* repair] to the next room; ■**sich** *akk* **zu jdm ~** to go/come to sb **II.** *vt* (*geh*) ■**jdn ~** to send for sb; **einen Anwalt ~** to consult a lawyer

Be·mü·hen <-s> *nt kein pl* (*geh*) efforts *pl,* endeavours [*or* AM -ors] *pl form* (**um** for)

be·müht *adj* keen; ■[**darum**] **~ sein, etw zu tun,** ■**um etw** *akk* **~ sein** to try hard [*or form* endeavour] [*or* be at pains] to do sth

Be·mü·hung <-, -en> *f* ❶ (*angestrengter Einsatz*) effort, endeavour [*or* AM -or] *form;* **trotz aller ~en** despite all efforts; **danke für Ihre ~en** thank you for your trouble ❷ *pl* services

be·mü·ßigt [bə'my:sɪçt] *adj* **sich** *akk* **~ fühlen, etw zu tun** [*o* **sehen**] (*meist iron geh*) to feel obliged [*or* called upon] to do sth

be·mut·tern* [bə'mʊtɐn] *vt* ■**jdn** ~ to mother sb

be·nach·bart [bə'naxba:ɐ̯t] *adj* ❶ (*in der Nachbarschaft gelegen*) nearby; (*nebenan*) neighbouring [*or* AM -oring] *attr;* **die ~e Familie/das ~e Haus** the family/house next door; ■**jdm/einer S. ~ sein** to be close to sb/sth ❷ (*angrenzend*) neighbouring [*or* AM -oring], adjoining

be·nach·rich·ti·gen* [bəˈnaːxrɪçtɪgn̩] *vt* ■**jdn** [**von etw**] ~ to inform sb [of sth]; (*amtlich*) to notify sb [of sth]

Be·nach·rich·ti·gung <-, -en> *f* ❶ (*das Benachrichtigen*) notification (**von/über** +*akk* of/about); **er bittet in diesem Fall um** ~ he would like to be notified should this be the case ❷ (*schriftliche Nachricht*) [written] notification

be·nach·tei·li·gen* [bəˈnaːxtailɪgn̩] *vt* ❶ (*schlechter behandeln*) ■**jdn** ~ to put sb at a disadvantage; (*wegen Rasse, Geschlecht, Glaube*) to discriminate against sb ❷ (*zum Nachteil gereichen*) ■**jdn** [**gegenüber jdm**] ~ to handicap sb [with respect to sb]

be·nach·tei·ligt [bəˈnaːxtailɪçt] **I.** *adj* disadvantaged, at a disadvantage *pred* **II.** *adv* disadvantaged; **sich** *akk* ~ **fühlen** to feel at a loss

Be·nach·tei·lig·te(r) *f(m) dekl wie adj* victim; ■**der/die** ~**e sein** to be at a disadvantage

Be·nach·tei·li·gung <-, -en> *f* ❶ (*das Benachteiligen*) ■**die** ~ **einer Person** *gen/***von jdm** discriminating against sb ❷ (*benachteiligter Zustand*) discrimination

be·na·gen* *vt* ■**etw** ~ to gnaw [at] sth; *Hund a.* to chew [on] sth

Ben·delALT <-s, -> *m s.* **Bändel**

be·ne·beln* *vt* (*fam*) ■**jdn** ~ to befuddle sb; *Narkose, Sturz a.* to daze sb, to make sb feel dazed; *Dämpfe, Duft, Rauch a.* to make sb's head reel [*or* swim]; **ein** ~**der Duft/eine** ~**de Wirkung** a heady perfume/effect; ■**benebelt** (*fam*) befuddled; (*durch Alkohol a.*) tipsy *fam;* (*durch Schlag*) dazed

Be·ne·dik·ti·ner(in) <-s, -> [benedɪkˈtiːnɐ] *m(f)* Benedictine [friar/nun]

Be·ne·dik·ti·ner·or·den *m* Benedictine order, order of St Benedict

Be·ne·fiz·kon·zert *nt* charity concert **Be·ne·fiz·ver·an·stal·tung** *f* benefit event [*or* performance] **Be·ne·fiz·vor·stel·lung** *f* charity [*or* benefit] performance

be·neh·men* *vr irreg* ■**sich** ~ to behave [oneself]; **benimm dich!** behave yourself!; ■**sich wie jd** ~ to behave like sb; **der Junge benimmt sich wie sein Vater** the boy takes after his father; **sich gut** ~ to behave well [*or* oneself]; **der Kleine hat sich den ganzen Abend gut benommen** the little one was well-behaved [*or* on his best behaviour] all evening; **sich schlecht** ~ to behave badly, to misbehave

Be·neh·men <-s> *nt kein pl* ❶ (*Manieren*) manners *npl;* **kein** ~ **haben** to have no manners, to be bad-mannered ❷ (*geh: Einvernehmen*) **sich mit jdm ins** ~ **setzen** to get in touch with [*or* contact] sb; **sich mit jdm über etw** *akk* **ins** ~ **setzen** to try to reach [*or* come to] an agreement with sb about sth; **im** ~ **mit jdm** with the consent of sb

be·nei·den* *vt* ■**jdn** [**um etw**] ~ to envy sb [sth]; **er ist nicht zu** ~ I don't envy him, he is not to be envied

be·nei·dens·wert **I.** *adj* enviable; ■**etwas/nichts B**~**es** sth/nothing to be envied **II.** *adv* (*wunderbar*) amazingly

Be·ne·lux·län·der *pl,* **Be·ne·lux·staa·ten** [ˈbeːnelʊks-] *pl* Benelux countries

be·nen·nen* *vt irreg* ❶ (*mit Namen versehen*) ■**jdn/etw** [**nach jdm**] ~ to name sb/sth [after [*or* AM *a.* for] sb]; **etw neu** ~ to rename sth; **Gegenstände** ~ to denote [*or* give names to] objects ❷ (*namhaft machen*) ■[**jdm**] **jdn als etw** ~ to nominate sb as [sb's] sth; **jdn als Zeugen** ~ to call sb as a witness

Be·nen·nung <-, -en> *f* ❶ (*das Benennen*) ■**die** ~ **einer Person/S.** *gen* naming a person/thing ❷ (*das Namhaftmachen*) nomination; *von Zeugen* calling ❸ (*Bezeichnung*) name, designation *form*

be·net·zen* *vt* (*geh*) ■**etw** [**mit etw**] ~ to moisten sth [with sth]; ■**etw** ~ *mit Tau, Tränen* to cover sth

Ben·ga·le, Ben·ga·lin <-n, -n> [bɛŋˈgaːlə, bɛŋˈgaːlɪn] *m, f* ❶ (*Einwohner Bengalens*) Bengali ❷ *s.* **Bangladescher**

Ben·ga·li [bɛŋˈgaːli] *nt* Bengali; *s. a.* **Deutsch**

ben·ga·lisch [bɛŋˈgaːlɪʃ] *adj s.* **bangalisch**

Ben·gel <-s, -[s]> [ˈbɛŋl̩] *m* ❶ (*frecher Junge*) rascal, brat *pej fam* ❷ (*niedlicher Junge*) **ein süßer** [**kleiner**] ~ a dear [*or* AM cute] little boy ▶ WENDUNGEN: **den** ~ **hoch werfen** SCHWEIZ (*hoch greifen*) to aim high

Be·nimm <-s> [bəˈnɪm] *m kein pl* (*fam*) manners *npl*

Be·nin <-s> [beˈniːn] *nt* Benin; *s. a.* **Deutschland**

Be·ni·ner(in) <-s, -> [beˈniːnɐ] *m(f)* Beninese; *s. a.* **Deutsche(r)**

be·ni·nisch [beˈniːnɪʃ] *adj* Beninese; *s. a.* **deutsch**

Ben·ja·min <-s, -e> [ˈbɛnjamiːn] *m* (*fam*) ■**der** ~ the baby of the family

be·nom·men [bəˈnɔmən] *adj* dazed; **jdn** ~ **machen** to befuddle sb

Be·nom·men·heit <-> *f kein pl* daze[d state]; **ein Gefühl von** ~ a dazed feeling

be·no·ten* [bəˈnoːtn̩] *vt* ❶ (*mit Zensur versehen*) ■**etw** ~ to mark sth; **ihr Aufsatz wurde mit „sehr gut" benotet** her essay was given [*or fam* got] an A ❷ (*durch eine Zensur einstufen*) ■**jdn** ~ to assess sb

be·nö·ti·gen* *vt* ■**etw** [**von jdm**] ~ to need [*or form* require] sth [from sb]; **dringend** ~ to be in urgent need of sth

Be·no·tung <-, -en> *f* ❶ (*das Benoten*) ■**die** ~ [**einer S.** *gen/***von etw**] marking [sth] ❷ (*Note*) mark[s *pl*]

be·nutz·bar *adj* us[e]able; **eine nicht** ~**e Straße** an impassable road; **nur einmal/wieder voll/nicht mehr** ~ **sein** to be us[e]able only once/fully us[e]able again/no longer us[e]able

be·nut·zen* *vt,* **be·nüt·zen*** *vt* DIAL ❶ ■**etw** [**als etw**] ~ to use sth [as sth]; ■**das B**~ the use; **nach dem B**~ after use; ■**benutzt** used; **das benutzte Geschirr** the dirty dishes *pl* ❷ (*geh*) **den Aufzug/die Bahn/den Bus** ~ to take the lift [*or* AM elevator]/train/bus ❸ (*verwerten*) ■**etw** ~ to consult sth; **die benutzte Literatur** the literature consulted ❹ (*wahrnehmen*) ■**etw** ~ to seize [*or* avail oneself of] sth ❺ (*für seine Zwecke ausnutzen*) ■**jdn** ~ to take advantage of sb; **sich benutzt fühlen** to feel [that one has been] used

Be·nut·zer(in) <-s, -> *m(f),* **Be·nüt·zer(in)** <-s, -> *m(f)* DIAL ❶ (*benutzender Mensch*) borrower; (*mit Leihgebühr*) hirer BRIT, person renting AM; (*einer Bibliothek*) reader, borrower ❷ INFORM user

Be·nut·zer·ebe·ne *f* INFORM user [*or* system] interface **be·nut·zer·freund·lich** **I.** *adj* user-friendly **II.** *adv* with user-friendliness in mind, in a user-friendly manner **Be·nut·zer·freund·lich·keit** <-> *f kein pl* user-friendliness **Be·nut·zer·hand·buch** *nt* user manual [*or* handbook]

Be·nut·ze·rin, Be·nüt·ze·rin <-, -nen> *f fem form von* **Benutzer**

Be·nut·zer·ober·flä·che *f* INFORM user [*or* system] interface **Be·nut·zer·schnitt·stel·le** *f* user interface **be·nut·zer·un·freund·lich** **I.** *adj* non-user-friendly, user-hostile *hum* **II.** *adv* ~ **angelegt sein** to have a non-user-friendly layout; **etw** ~ **gestalten** to give sth a non-user-friendly design

Be·nut·zung *f,* **Be·nüt·zung** *f* DIAL ❶ (*Gebrauch*) use; ■**die** ~ [**einer S.** *gen*] **als etw** the use [of sth] as sth; **nach der** ~ after use; **etw in** ~ **haben/nehmen** (*geh*) to be/start using sth; **jdm etw zur** ~ **überlassen** to put sth at sb's disposal; **die** ~ **einer S.** *gen/***von etw vermeiden** to avoid using sth ❷ (*das Fahren mit etw*) **die** ~ **des Busses/Zugs** taking the bus/train ❸ (*Verwertung*) consultation

Be·nut·zungs·ge·bühr *f* hire [*or* AM rental] charge

Ben·zin <-s, -e> [bɛnˈtsiːn] *nt* ❶ (*Kraftstoff*) petrol BRIT, gas[oline] AM; ~ **sparendes Auto** economical car ❷ (*Lösungsmittel*) benzin[e]

ben·zin·be·trie·ben *adj* petrol-fuelled [*or* -driven] BRIT, gas[oline]-fueled AM; ~**er Motor** petrol [*or* AM gas[oline]] engine

Ben·zi·ner <-s, -> *m* (*fam*) car which runs on petrol

Ben·zin·feu·er·zeug *nt* petrol lighter **Ben·zin·gut·schein** *m* petrol coupon **Ben·zin·ka·nis·ter** *m* petrol canister **Ben·zin·mo·tor** *m* petrol engine **Ben·zin·pum·pe** *f* fuel pump **Ben·**

zin·tank *m* petrol tank **Ben·zin·uhr** *f* AUTO fuel gauge [*or* AM gage] **Ben·zin·ver·brauch** *m* fuel consumption

Ben·zoe·säu·re ['bɛntsoe-] *f* benzoic acid *no art*

Ben·zol <-s, -e> [bɛn'tso:l] *nt* benzene; (*im Handel erhältlich*) BRIT *usu* benzol[e]

be·ob·acht·bar *adj* observable

be·ob·ach·ten* [bə'ʔo:baxtn̩] *vt* ① (*genau betrachten*) ■**jdn/etw** ~ to observe sb/sth; **jdn/etw genau** ~ to watch sb/sth closely; ■**jdn** [**bei etw** *dat*] ~ to watch sb [doing sth]; **gut beobachtet!** well spotted! ② (*observieren*) ■[**durch jdn** [*o* **von jdm**]] **beobachtet werden** to be kept under the surveillance [of sb]; ■**jdn** [**durch jdn**] ~ **lassen** to put sb under the surveillance [of sb]; **jdn durch die Polizei** ~ **lassen** to put sb under police surveillance; **sich** *akk* [**von jdm**] **beobachtet fühlen** to feel that one is being watched [by sb] [*or* that sb is watching one]; **sich** *akk* [**von jdm**] **auf Schritt und Tritt beobachtet fühlen** to feel that one is being dogged by sb [*or* that sb is dogging one] ③ (*bemerken*) ■**etw an jdm/bei etw** ~ to notice sth in sb/about sth

Be·ob·ach·ter(in) <-s, -> *m(f)* observer; **ein guter** [*o* **scharfer**] ~ a keen observer

Be·ob·ach·tung <-, -en> *f* ① (*das Beobachten*) observation ② (*Observierung*) surveillance ③ *meist pl* (*Ergebnis des Beobachtens*) observations *pl;* [**an jdm**] **die** ~ **machen, dass** to notice that

Be·ob·ach·tungs·ga·be *f* talent for [*or* power of] observation; **eine gute/scharfe** ~ **haben** to have a very observant/keen eye **Be·ob·ach·tungs·pos·ten** *m* ■**auf** ~ **sein** (*fam*) to be on the lookout **Be·ob·ach·tungs·sa·tel·lit** *m* observation [*or fam* spy] satellite

be·or·dern* [bə'ʔɔrdɐn] *vt* ■**jdn zu jdm** ~ to send sb to sb; **jdn zu sich** *dat* ~ to send for [*or* summon] sb; ■**jdn irgendwohin** ~ to order [*or* instruct] sb to go somewhere

be·pa·cken* *vt* ■**jdn/etw** [**mit etw** *dat*] ~ to load up sb/sth *sep* [with sth]; ■**sich** *akk* [**mit etw** *dat*] ~ to load oneself up [with sth]; ■**bepackt** loaded

be·pflan·zen* *vt* ■**etw** [**mit etw** *dat*] ~ to plant sth [with sth]; **Beete mit etw** *dat* ~ to plant sth in beds; ■**bepflanzt** planted

Be·pflan·zung *f* ① (*das Bepflanzen*) ■**die** ~ **einer S.** *gen/* **von etw** the planting of sth; **die** ~ **von Beeten soll bei kühlem Wetter erfolgen** flower beds should be planted in cool weather ② (*die Pflanzen*) plants *pl* (+*gen/***von** +*dat* in)

be·pin·keln* **I.** *vt* (*fam*) ■**etw** ~ to pee [*or fam* piddle] on sth; **einen Baum/eine Wand** ~ to pee [*or fam* piddle] against a tree/wall **II.** *vr* (*fam*) ① (*sich vollpinkeln*) ■**sich** *akk* ~ to wet oneself, AM *a.* to pee one's pants *fam* ② (*sich etw mit Urin beschmutzen*) ■**sich** *dat* **etw** ~ to pee [*or fam* piddle] over one's sth

be·pin·seln* *vt* ① KOCHK ■**etw** [**mit etw**] ~ to brush sth with sth ② MED **jdm das Zahnfleisch** ~ to paint sb's gums ③ (*fam: mit Pinseln beschreiben*) ■**etw** [**mit etw**] ~ to paint sth [with sth], to daub sth with sth

be·quat·schen* *vt* (*fam*) ① (*bereden*) ■**etw** [**mit jdm**] ~ to talk over sth *sep* [with sb] ② (*überreden*) ■**jdn** [**dazu**] ~[**, etw zu tun**] to persuade sb [to do sth], to talk sb into doing sth; **also gut, du hast mich bequatscht!** all right, you've talked me into it!

be·quem [bə'kve:m] **I.** *adj* ① (*angenehm*) comfortable; **es sich** *dat* ~ **machen** to make oneself comfortable ② (*leicht zu bewältigen*) easy ③ (*leicht zu handhaben*) manageable, easy to operate ④ (*im Umgang angenehm*) easy-going ⑤ (*pej: träge*) idle, comfort-loving; **es** ~ [**mit jdm/etw**] **haben** to have an easy time of it [with sb/sth] **II.** *adv* ① (*leicht*) easily ② (*angenehm*) comfortably

be·que·men* [bə'kve:mən] *vr* (*geh*) ① (*sich zu etw verstehen*) ■**sich** *akk* **zu etw** ~, ■**sich** *akk* [**dazu**] ~**, etw zu tun** to bring oneself to do sth; (*herablassend*) to condescend [*or form* deign] to do sth *a. iron* ② (*sich begeben*) ■**sich** *akk* **zu jdm/etw** ~ to come/go to sb/sth

Be·quem·lich·keit <-, -en> *f* ① (*Behaglichkeit*) comfort ② (*Trägheit*) idleness, laziness; **aus** [**reiner**] ~ out of [sheer] laziness

be·rap·pen* [bə'rapn̩] *vt* (*fam*) ■**etw** [**für etw**] ~ to fork [*or* shell] out sth *sep* [for sth]

be·ra·ten*¹ *irreg* **I.** *vt* ① (*mit Rat bedenken*) ■**jdn** [**in etw** *dat*] ~ to advise sb [*or* give sb advice] [on sth]; **jdn finanziell/rechtlich** ~ to give sb financial/legal advice; ■**sich** *akk* [**von jdm**] ~ **lassen** [**, ob/wie**] to ask sb's advice [as to whether/on how] ② (*besprechen*) ■**etw** ~ to discuss sth; POL to debate sth **II.** *vi* ■[**mit jdm über etw** *akk*] ~ to discuss sth with sb; **sie** ~ **noch** they're still discussing it **III.** *vr* ■**sich** *akk* [**über jdn/etw**] ~ to discuss sb/sth; **das Kabinett wird sich heute** ~ the cabinet will be meeting today for talks; ■**sich** *akk* **mit jdm** [**über jdn/etw**] ~ to consult [with] sb [about sb/sth]

be·ra·ten*² *adj* advised; **finanziell/rechtlich gut** ~ **sein** to receive good financial/legal advice; **gut/schlecht** ~ **sein, etw zu tun** to be well-/ill-advised to do sth

be·ra·tend **I.** *adj* advisory, consultative **II.** *adv* in an advisory [*or* a consultative] capacity; **jdm** ~ **zur Seite stehen** to act in an advisory capacity to sb

Be·ra·ter(in) <-s, -> *m(f)* advisor; (*in politischen Sachen a.*) counsellor BRIT, counselor AM; (*Fach~*) consultant

Be·ra·ter·tä·tig·keit *f* advisory service[s *pl*] **Be·ra·ter·ver·trag** *m* consultative contract; (*Stelle*) advisory post

be·rat·schla·gen* [bə'ra:tʃla:gn̩] **I.** *vt* ■**etw** ~ to discuss sth; ■[**mit jdm**] ~**, was/wie** to discuss [with sb] what/how **II.** *vi* (*sich beraten*) ■[**mit jdm**] [**über etw** *akk*] ~ to discuss sth [with sb]; **wir** ~ **noch** the matter is still under discussion [*or* we are still discussing it]

Be·ra·tung <-, -en> *f* ① (*das Beraten*) advice ② (*Besprechung*) discussion; POL debate ③ (*beratendes Gespräch*) consultation

Be·ra·tungs·dienst *m* advice service **Be·ra·tungs·ge·setz** *nt* ■**das** ~ *law prescribing dissuading advice for pregnant women wanting an abortion* **Be·ra·tungs·stel·le** *f* advice [*or* advisory] centre [*or* AM -er]

be·rau·ben* *vt* ① (*durch Raub bestehlen*) ■**jdn/etw** ~ to rob sb/sth; ■**jdn einer S.** *gen* ~ to rob [*or hum* relieve] sb of sth ② (*geh: gewaltsam entziehen*) ■**jdn einer S.** *gen* ~ to deprive sb of sth ③ (*geh: nehmen*) ■**jdn einer S.** *gen* ~ to take sth from sb; ■**einer S.** *gen* **beraubt werden** to lose [*or* be deprived of] sth

be·rau·schen* **I.** *vt* (*geh*) ■**jdn** ~ ① (*trunken machen*) to intoxicate sb; *Alkohol a.* to inebriate sb ② (*in Verzückung versetzen*) to intoxicate [*or liter* enrapture] sb; *Geschwindigkeit* to exhilarate sb **II.** *vr* ■**sich an etw** *dat* ~ ① (*in Ekstase geraten*) to become intoxicated [*or liter* enraptured] by sth; **sich an Geschwindigkeit** ~ to become exhilarated by speed; **sich an Blut** ~ to get into a frenzy over blood ② (*geh: sich trunken machen*) to become intoxicated with sth

be·rau·schend *adj* intoxicating; [**das war**] **nicht** [**sehr**] ~ (*iron*) [that] was just wonderful

Ber·ber <-s, -> ['bɛrbɐ] *m* (*fam*) Berber [carpet]

Ber·ber(in) <-s, -> ['bɛrbɐ] *m(f)* Berber

Ber·be·rit·ze <-, -n> [bɛrbə'rɪtsə] *f* BOT berberis

Ber·ber·tep·pich *m* Berber [carpet]

be·re·chen·bar [bə'rɛçn̩ba:ɐ̯] *adj* ① (*zu berechnen*) calculable, computable *form;* **das ist nicht** ~ that is incalculable [*or form* incomputable], that cannot be calculated ② (*einzuschätzen*) predictable

Be·re·chen·bar·keit <-> *f kein pl* ① (*berechenbare Beschaffenheit*) calculability, computability *form* ② (*Einschätzbarkeit*) predictability

be·rech·nen* *vt* ① (*ausrechnen*) ■**etw** ~ to calculate [*or form* compute] sth; **Gebühren** ~ to determine fees; ~**, ob/wie/wie viel** to calculate whether/how/how much ② (*in Rechnung stellen*) ■[**jdm**] **etw** ~ to charge [sb] sth; **das hat er mir**

mit 135 Euro berechnet he charged me 135 euros for it ❸ (*im Voraus abwägen*) ■**etw** ~ to calculate the effect of sth ❹ (*vorsehen*) ■**etw für jdn/etw** ~ to intend sth for sb/sth; ■**für jdn/etw berechnet werden** to be intended [*or* meant] for sb/sth; **alle Rezepte sind für 4 Personen berechnet** all recipes are [calculated] for four persons

be·rech·nend *adj* (*pej*) scheming *pej,* calculating

Be·rech·nung *f* ❶ (*Ausrechnung*) calculation, computation *form; von Gebühr* determination; **etw durch ~ ermitteln** to calculate [*or form* compute] sth; **jds ~ nach** [*o* **nach jds ~**] according to sb's calculations; **nach meiner ~** by my reckoning, according to my calculations ❷ (*das Berechnen*) charge; **gegen ~** for a fee; **ohne ~** without [any] charge ❸ (*das Abwägen im Voraus*) calculated effect[s *pl*] ❹ (*pej*) scheming *pej,* calculation; **aus ~** in cold deliberation

Be·rech·nungs·grund·la·ge *f* basis for estimation

be·rech·ti·gen* [bəˈrɛçtɪgn̩] **I.** *vt* ■**jdn zu etw ~** ❶ (*bevollmächtigen*) to entitle sb to [do] sth; ■**jdn dazu ~, etw zu tun** to entitle [*or* empower] sb to do sth; **was berechtigt Sie dazu, mich immer zu kontrollieren?** what right do you have to always check up on me?; ■[**dazu**] **berechtigt sein, etw zu tun** to be entitled [*or* have the right] to do sth; **sich zu etw berechtigt fühlen** to feel justified in doing sth ❷ (*Anlass geben*) to give sb grounds for sth **II.** *vi* ■**zu etw ~** ❶ (*bevollmächtigen*) to entitle sb to [do] sth ❷ (*Anlass geben*) to give rise to sth

be·rech·tigt [bəˈrɛçtɪçt] *adj* justifiable; **ein ~er Anspruch** a legitimate [*or* rightful] claim; **ein ~er Einwand/eine ~e Forderung** a justifiable [*or* justified] objection/demand; **eine ~e Frage/Hoffnung** a legitimate question/hope; **ein ~er Vorwurf** a just accusation

be·rech·tig·ter·wei·se *adv* (*geh*) legitimately, with full justification

Be·rech·ti·gung <-, *selten* -en> *f* ❶ (*Befugnis*) authority; **Zutritt nur mit ~!** authorized access only, for authorized persons only; **die/keine ~ haben, etw zu tun** to have the/no authorization [*or* to be/not be authorized] to do sth ❷ (*Rechtmäßigkeit*) justifiability

be·re·den* **I.** *vt* ❶ (*besprechen*) ■**etw** [**mit jdm**] **~** to discuss [*or sep* talk over] sth [with sb] ❷ (*überreden*) ■**jdn zu etw ~** to talk sb into [doing] sth; ■**jdn** [**dazu**] **~, etw zu tun** to talk sb into doing [*or* persuade sb to do] sth **II.** *vr* ■**sich** [**mit jdm**] [**über etw** *akk*] **~** to discuss [*or sep* talk over] sth [with sb]; **wir ~ uns noch** we are still discussing it

be·red·sam [bəˈreːtzaːm] *adj* ❶ (*geh*) eloquent ❷ (*iron*) **du bist ja ausgesprochen ~** you haven't exactly got the gift of the gab *iron fam;* **nanu, heute so ~?** what, cat got your tongue? *hum fam*

Be·red·sam·keit <-> *f kein pl* (*geh*) eloquence

be·redt [bəˈreːt] *adj* (*geh*) ❶ (*eloquent*) expressive, eloquent; **~es Schweigen** eloquent [*or* pregnant] silence; **dein Schweigen/deine Miene ist ~ genug!** your silence is answer enough/your face says it all ❷ (*geh*) *s.* **beredsam 1**

Be·redt·heit <-> *f kein pl* (*selten: Beredsamkeit*) eloquence

Be·reich <-[e]s, -e> *m* ❶ (*Gebiet*) area; **im ~ des Möglichen liegen** to be within the realms [*or* bounds] of possibility ❷ (*Sach~*) field; **in jds ~** *akk* **fallen** to be within sb's field

be·rei·chern* [bəˈraiçɐn] **I.** *vr* ■**sich** [**an etw** *dat*] **~** to grow rich [on sth], to make a lot of money [out of sth] **II.** *vt* ❶ (*erweitern*) ■**etw ~** to enlarge sth ❷ (*vertiefen*) ■**etw ~** to enrich sth ❸ (*innerlich reicher machen*) ■**etw bereichert jdn** sb gains [*or* learns] a lot from sth

Be·rei·che·rung <-, -en> *f* ❶ (*Erweiterung*) enrichment; *von Sammlung* enlargement; (*Gewinn*) gain, boon; **ungerechtfertigte ~** JUR unjust[ified] enrichment ❷ (*innerer Gewinn*) **das Gespräch mit Ihnen war mir eine ~** I gained [*or* learned] a lot from our conversation

Be·rei·fung <-, -en> *f* AUTO set of tyres [*or* AM tires], tyres *pl* (+*gen* on); **eine neue ~** a new set of tyres, new tyres

be·rei·ni·gen* **I.** *vt* ■**etw ~** to resolve [*or sep* clear up] sth; **ihre Meinungsverschiedenheit ~** to settle their differences **II.** *vr* ■**sich ~** to resolve itself, to clear itself up

Be·rei·ni·gung *f* ■**die ~ einer S.** *gen*/**von etw** resolving [*or sep* clearing up] sth; **die ~ ihrer Meinungsverschiedenheit** settling their differences

be·rei·sen* *vt* ■**etw ~** ❶ (*reisend durchqueren*) to travel around sth; **die Welt ~** to travel the world ❷ ÖKON (*abfahren*) to travel [*or* cover] sth

be·reit [bəˈrait] *adj meist pred* ❶ (*fertig*) ■[**für** [*o* **zu**] **etw**] **~ sein** to be ready [for sth]; (*vorbereitet*) to be prepared for sth; **sich** [**für** [*o* **zu**] **etw**] **~ halten** to be ready [*or* prepared] [for sth]; **haltet euch für den Abmarsch ~!** get ready to march; **sich ~ halten, etw zu tun** to be ready to do sth; **etw ~ haben** to have sth at the ready; **eine Antwort/Ausrede ~ haben** to have an answer/excuse ready [*or* a ready answer/excuse] ❷ (*willens*) ■**zu etw ~ sein** to be willing [*or* prepared] to do sth; **zum Nachgeben/zu Zugeständnissen ~ sein** to be prepared to yield/to make concessions; ■**~ sein, etw zu tun** to be willing [*or* prepared] to do sth; **sich ~ erklären, etw zu tun** to agree to do sth; **sich zu etw ~ finden** to be willing [*or* prepared] to do sth

be·rei·ten* *vt* ❶ (*machen*) ■**jdm etw ~** to cause sb sth; **einen freundlichen Empfang/eine Freude/eine Überraschung ~** to give sb a warm welcome/pleasure/a surprise; **jdm Kopfschmerzen ~** to give sb a headache ❷ (*geh: zu~*) ■[**jdm**] **etw ~** to prepare sth [for sb]; **Medikamente/Essen/Kaffee ~** to make up medicines/to prepare food, coffee *sep* ❸ (*richten*) ■**etw** [**für jdn/etw**] **~** to prepare sth [for sb/sth]; **das Bett ~** to make [up *sep*] the bed

be·reit|hal·ten *vt irreg* ❶ (*griffbereit haben*) ■**etw** [**für jdn/etw**] **~** to have sth ready [for sb/sth]; **Medikamente/Schusswaffen ~** to keep medicines/firearms at the ready ❷ (*in petto haben*) ■**etw** [**für jdn**] **~** to have sth in store [for sb] **be·reit|le·gen** *vt* ■**etw** [**für jdn/etw**] **~** to lay out sth *sep* ready [for sb/sth] **be·reit|lie·gen** *vi irreg* ❶ (*abholbereit liegen*) ■[**für jdn/zu etw**] **~** to be ready [for sb/sth] ❷ (*griffbereit liegen*) ■[**für jdn**] **~** to be within reach [for sb] ❸ NAUT ■[**zu etw**] **~** to be ready [for sth] **be·reit|ma·chen** *vt* ■**sich** [**für jdn/etw**] **~** to get [*or* make oneself] ready [for sb/sth]

be·reits [bəˈraits] *adv* (*geh*) already; **~ damals** even then; **das habe ich Ihnen doch ~ erzählt** I have told you that already, I have just told you that; **ich ermahne Sie ~ zum zweiten Male** I am warning you now for the second time

Be·reit·schaft <-, -en> [bəˈraitʃaft] *f* ❶ *kein pl* willingness; **seine ~ zu etw erklären, seine ~ erklären, etw zu tun** to express one's willingness to do sth ❷ *kein pl* (*Bereitschaftsdienst*) emergency service; **~ haben** *Apotheke* to provide emergency [*or* after-hours] services; *Arzt, Feuerwehr* to be on call; (*im Krankenhaus*) to be on duty; *Beamter* to be on duty; *Polizei, Soldaten* to be on standby; **in ~ sein** *Arzt* to be on call; (*im Krankenhaus*) to be on duty; *Feuerwehr, Truppen* to be on standby ❸ (*Einheit der Bereitschaftspolizei*) squad [of police]

Be·reit·schafts·arzt, -ärz·tin *m, f* doctor on duty **Be·reit·schafts·dienst** *m* emergency service; *von Apotheker a.* after-hours service **Be·reit·schafts·mo·dus** *m* standby [mode] **Be·reit·schafts·po·li·zei** *f* riot [*or form* security alert] police

be·reit|ste·hen *vi irreg* ■[**für jdn/etw**] **~** to be ready [for sb/sth]; *Truppen, Panzer* to stand by [for sb/sth]; **20 Divisionen stehen bereit** 20 divisions are standing by **be·reit|stel·len** *vt* ❶ (*zur Verfügung stellen*) ■**etw** [**für jdn/etw**] **~** to provide [sb/sth with] sth; ■**für jdn/etw bereitgestellt werden** to be provided for sb/sth ❷ (*vorbereitend hinstellen*) ■**etw ~** to make sth ready ❸ BAHN **einen zusätzlichen Zug ~** to run an extra train, to make an extra train available ❹ MIL ■**jdn/etw ~** to put sb/sth on standby; **alle bereitgestellten Panzer** all tanks on standby **Be·reit·stel·lung** *f* ❶ (*das Bereitstellen*) provision ② BAHN availability, running ③ MIL **die ~ von Truppen/Panzern** putting soldiers/tanks on standby

be·reit·wil·lig I. *adj* ① (*gerne helfend*) willing; **ein ~er Verkäufer** an obliging salesman ② (*gerne gemacht*) **eine ~e Auskunft/ein ~es Angebot** information/an offer given willingly II. *adv* readily, willingly

Be·reit·wil·lig·keit <-> *f kein pl* willingness; *von Verkaufspersonal* obligingness

be·reu·en* *vt* ■**etw ~** to regret sth; **seine Missetaten/Sünden ~** to repent of one's misdeeds/sins; ■**~, etw getan zu haben** to regret having done sth; **das wirst du noch ~!** you'll be sorry [for that]!

Berg <-[e]s, -e> [bɛrk] *m* ① GEOG mountain; (*kleiner*) hill; **den ~ hinauf/hinunter** uphill/downhill; **~ Heil!** good climbing to you!; **über ~ und Tal** up hill and down dale *dated;* **am ~ liegen** to lie at the foot of the hill [*or* mountain]; *s. a.* **Glaube** ② *pl* ■**die ~e** the hills; (*größer*) the mountains ③ (*große Menge*) ■**ein ~/~e von etw** a pile/piles of sth; **~e von Papier** mountains of paper; **einen ~ von Briefen erhalten** to receive a flood of letters ▶ WENDUNGEN: **der ~ kreißt und gebärt eine Maus** (*geh o selten*) the mountain laboured and brought forth a mouse; **wenn der ~ nicht zum Propheten kommt, muss der Prophet zum ~e kommen** (*prov*) if the mountain won't come to Mahomet, [then] Mahomet must go to the mountain *prov;* **über alle ~e sein** (*fam*) to be long gone [*or fam* miles away]; **jdm goldene ~e versprechen** to promise sb the moon; **mit etw hinterm ~ halten** to keep quiet about sth [*or* sth to oneself], to not let the cat out of the bag; **am ~ sein** SCHWEIZ to not have a clue, to be clueless *fam;* **über den ~ sein** (*fig*) to be out of the woods; **noch nicht über den ~ sein** to be not out of the woods [*or* out of danger] yet; **die Patientin ist noch nicht über den ~** the patient's state is still critical

berg·ab [bɛrk'ʔap] *adv* downhill; **mit ihm/seinem Geschäft geht es ~** (*fig*) he/his business is going downhill **berg·ab·wärts** [bɛrk'ʔapvɛrts] *adv* (*geh*) *s.* **bergab Berg·ahorn** *m* sycamore [tree] **Berg·aka·de·mie** *f* mining college, school of mining

Ber·ga·mot·te <-, -n> [bɛrga'mɔtə] *f* BOT bergamot [orange]

Berg·amt *nt* mining authority **berg·an** [bɛrk'ʔan] *adv s.* **bergauf Berg·ar·bei·ter(in)** *m(f) s.* **Bergmann berg·auf** [bɛrk'ʔauf] *adv* uphill; **es geht wieder ~** (*fig*) things are looking up [*or* getting better]; **es geht mit mir wieder ~** healthwise things are looking up, my health is improving; **es geht mit dem Geschäft wieder ~** business is looking up **berg·auf·wärts** [bɛrk'ʔaufvɛrts] *adv* (*geh*) *s.* **bergauf Berg·aus·rüs·tung** *f* climbing [*or* mountaineering] equipment **Berg·bahn** *f* mountain railway; (*Seilbahn*) funicular railway **Berg·bau** *m kein pl* ■**der ~** mining **Berg·be·hör·de** *f* mining inspectorate **Berg·be·stei·gung** *f* mountain climb [*or* ascent] **Berg·be·woh·ner(in)** *m(f)* mountain dweller, highlander **Berg·dorf** *nt* mountain village

Ber·ge·lohn ['bɛrgə-] *m* NAUT salvage [money] *no art*

ber·gen <barg, geborgen> ['bɛrgn̩] *vt* ① (*retten*) ■**jdn/etw [aus etw** *dat*] **~** to save sb/sth, to rescue sb/sth [from sth]; **Giftstoffe/Tote ~** to recover toxic material/the dead; **ein Schiff/eine Schiffsladung ~** to salvage a ship/a ship's cargo; **tot geborgen werden** to be recovered dead ② (*in Sicherheit bringen*) ■**etw [aus etw** *dat*] **~** to remove sth [from sth] ③ (*geh: enthalten*) ■**etw [in sich** *dat*] **~** to hold sth ④ (*mit sich bringen*) ■**[in sich** *dat*] **~** to involve sth ⑤ (*geh: schützen*) ■**jdn [vor jdm/etw] ~** to shelter sb [from sb/sth] ⑥ (*geh: verbergen*) ■**etw an/in etw** *dat* **~** to hide sth on/in sth; **sie barg ihren Kopf an seiner Schulter** she buried her face in his shoulder; *s. a.* **geborgen**

Berg·fahr·rad *nt* mountain bike **Berg·fink** *m* ORN (*Fringilla montifringilla*) brambling **Berg·fried** <-[e]s, -e> ['bɛrkfri:t] *m* keep; HIST donjon **Berg·füh·rer(in)** *m(f)* mountain guide **Berg·gip·fel** *m* mountain top [*or* peak] **Berg·go·ril·la** *m* ZOOL (*Gorilla gorilla berengei*) mountain gorilla **Berg·grat** *m* mountain ridge **Berg·hang** *m* mountain slope **berg·hoch** I. *adj* mountainous; **berghohe Müll-/Schutthaufen** mountains of rubble/rubbish [*or* AM garbage] II. *adv* **der Müll türmte sich ~** mountains of rubbish were piled up; **die Wellen türmten sich ~** the waves rose to mountainous heights **Berg·hüt·te** *f* mountain hut [*or* refuge]

ber·gig ['bɛrgɪç] *adj* hilly; (*gebirgig*) mountainous

Berg·in·ge·ni·eur(in) *m(f)* mining engineer **Berg·kä·se** *m* alpine cheese **Berg·ket·te** *f* mountain range [*or* chain] **Berg·kris·tall** *m* rock [*or* mountain] crystal *no art* **Berg·kup·pe** *f* mountain top **Berg·land** *nt* hilly country [*or* region]; (*gebirgig*) mountainous country [*or* region] **Berg·land·schaft** *f* mountain landscape **Berg·lin·se** *f* puy lentil **Berg·luft** *f* mountain air **Berg·mann** <-leute> ['bɛrkman, *pl* -lɔytə] *m* miner **Berg·not** *f* **in ~ sein** [*o* **geraten**] to have [*or* get into] [serious] climbing difficulties **Berg·pla·teau** *nt* mountain plateau **Berg·pre·digt** *f kein pl* REL ■**die ~** the Sermon on the Mount **Berg·rü·cken** *m* mountain ridge [*or* crest] **Berg·rutsch** *m* landslide, BRIT *a.* landslip **Berg·sat·tel** *m* [mountain] saddle, col **Berg·schuh** *m* climbing boot **Berg·seil** *nt* climbing [*or* mountaineering] rope **Berg·spit·ze** *f* mountain peak **Berg·sta·ti·on** *f* mountain rescue hut **berg|stei·gen** *vi irreg sein o haben* to mountaineer, to go mountain climbing [*or* mountaineering]; ■**[das] B~** mountaineering, mountain climbing **Berg·stei·gen** *nt* mountaineering **Berg·stei·ger(in)** *m(f)* mountain climber, mountaineer **Berg·stra·ße** ['bɛrkʃtra:sə] *f* ① (*Straße im Gebirge*) mountain road ② ■**die ~** *area between Darmstadt and Heidelberg noted for its wines and fruit* **Berg·tour** *f* [mountain] climb

Berg-und-Tal-Bahn *f* roller coaster, big dipper BRIT **Berg-und-Tal-Fahrt** *f* roller coaster ride; **das war die reinste ~** it was like being on a roller coaster

Ber·gung <-, -en> *f* ① (*Rettung*) saving, rescuing; **die ~ der Lawinenopfer gestaltete sich äußerst schwierig** it was extremely difficult to rescue those caught by the avalanche; *einer Schiff[sladung]* salvaging ② (*das Bergen*) removing; *von Toten* recovering

Ber·gungs·ar·bei·ten *f* rescue work *no pl, no indef art;* (*von Schiffsladung*) salvage work *no pl, no indef art* **Ber·gungs·mann·schaft** *f* rescue team; (*von Schiffsladung*) salvage team **Ber·gungs·trupp** *m* rescue party

Berg·volk *nt* mountain race **Berg·wacht** *f* mountain [*or* alpine] rescue service **Berg·wand** *f* mountain face **Berg·wan·de·rung** *f* mountain hike [*or* trek], BRIT *a.* hill-walk **Berg·werk** *nt* mine; **im ~ arbeiten** to work down the mine *hum* **Berg·wie·se** *f* mountain pasture

Be·ri·be·ri <-> [beri'be:ri] *f kein pl* MED beriberi

Be·richt <-[e]s, -e> [bə'rɪçt] *m* report; (*Zeitungs~ a.*) article (*+gen* by); **amtlicher ~** official report, communiqué; **~ vom Tage** news report; **[jdm] [über etw** *akk*] **~ erstatten** (*geh*) to report [to sb] on sth [*or* to sb [on sth]], to give [sb] a report [on sth]

be·rich·ten* I. *vt* ■**[jdm] etw ~** to tell sb [sth]; **was gibt's denn zu ~?** what have you to tell me?; **es gibt einiges zu ~** I/we have a number of things to tell you; **falsch/recht berichtet** SCHWEIZ wrong/right [*or* correct]; **bin ich falsch/recht berichtet, wenn ich annehme...?** am I wrong/right [*or form* correct] in assuming ...? II. *vi* ① ■**[über etw** *akk*] **[für jdn] ~** to report on sth [for sb]; **ausführlicher ~** to give a more detailed report; **es berichtet für Sie exklusiv ...** reporting for you exclusively is ...; **wie unser Korrespondent berichtet** according to our correspondent; **wie soeben berichtet wird, sind die Verhandlungen abgebrochen worden** we are just receiving reports that negotiations have been broken off ② (*Bericht erstatten*) ■**jdm über etw** *akk* **~** to tell sb about sth; ■**[jdm] ~, dass ...** to tell [*or form* inform] sb that ...;

B

■[jdm] ~, wann/warum/wie ... to tell sb when/why/how ...; ■[jdm] ~, wenn ... to let sb know when ...; **es wird berichtet, dass ...** it's going the rounds that ...; **von Zeugen wurde uns berichtet, wie/dass ...** we have received accounts from witnesses on how ... ❸ SCHWEIZ (*erzählen*) to talk, to chat *fam;* **es gibt viel zu** ~ there is [*or* we have] a lot to talk [*or fam* chat] about

Be·richt·er·stat·ter(in) <-s, -> *m(f)* reporter; (*Korrespondent*) correspondent **Be·richt·er·stat·tung** *f* (*Reportage*) ■**die** ~ reporting (**über** +*akk* on); (*Bericht*) report; **zur ~ zurückgerufen werden** to be called back to [give a] report

be·rich·ti·gen* [bəˈrɪçtɪgn̩] **I.** *vt* ❶ (*korrigieren*) ■**jdn/etw** ~ to correct sb/sth; ■**sich** ~ to correct oneself; **eine erste Fassung** ~ to correct [*or form* emend] an initial version; ~ **Sie mich, wenn ich mich irre** correct me if I'm wrong *a. iron* ❷ JUR ■**etw** ~ to rectify sth **II.** *vi* to correct sb/sth; **„Irrtum," berichtigte sie** "Wrong," she corrected [him/her etc.]; ■~**d** corrective

Be·rich·ti·gung <-, -en> *f* ❶ (*Korrektur*) correction ❷ JUR rectification ❸ (*schriftliche Korrekturarbeit*) corrections *pl*

Be·richts·jahr *nt* ÖKON year under review [*or* report]

be·rie·chen* *irreg* **I.** *vt* ■**jdn/etw** ~ to sniff at [*or* smell] sb/sth; *Tier* to sniff at sb/sth **II.** *vr* (*fam*) ■**sich [gegenseitig]** ~ to size each other up

be·rie·seln* *vt* ❶ (*rieselnd bewässern*) ■**etw** ~ to spray sth [with water]; **etw dünn** ~ to spray sth lightly [with water] ❷ (*fig fam*) ■**von etw** *dat* **berieselt werden** to be exposed to a constant stream of sth; **sich von Musik ~ lassen** to have [a constant stream of] music playing in the background

Be·rie·se·lung <-, -en> *f* ❶ (*das Berieseln*) spraying; ■**die ~ einer S.** *gen*/**von etw** spraying sth ❷ (*fam*) ■**die ~ durch** [*o* **mit**] **etw** the constant stream of sth; **die ~ der Kunden mit Musik/Werbung** exposing customers to a constant stream of music/ advertisements

Be·rie·se·lungs·an·la·ge *f* sprinkler [system]; (*größer*) irrigation system

be·rin·gen* [bəˈrɪŋən] *vt* ■**einen Vogel** ~ to ring a bird; ■**beringt** ringed; **mit Brillanten ~e Finger** fingers ringed with diamonds

Be·ring·meer [ˈbeːrɪŋ-] *nt* Bering Sea

be·rit·ten *adj* mounted, on horseback *pred;* **~e Polizei** mounted police + *sing/pl vb*

Ber·ke·li·um <-s> [bɛrˈkeːli̯ʊm] *nt kein pl* berkelium *no art*

Ber·lin <-s> [bɛrˈliːn] *nt* Berlin

Ber·li·ner[1] <-s, -> [bɛrˈliːnɐ] *m* DIAL ■~ **[Pfannkuchen]** doughnut BRIT, donut AM

Ber·li·ner[2] [bɛrˈliːnɐ] *adj attr* Berlin; *s. a.* **Pfannkuchen, Weiße**

Ber·li·ner(in) <-s, -> [bɛrˈliːnɐ] *m(f)* Berliner

i Kultur

The **Berliner Filmfestspiele** – *Berlin Film Festival* also called the *Berlinale*, has been held since 1951. Ingmar Bergman, Roman Polanski, Jean-Luc Godard, Claude Chabrol and many others have received acclaim for their work in Berlin. Films are showcased, with a special category for children's films and a forum for international young film makers. The awards are called the Golden and Silver Bear and since 1986, the Berlinale Camera.

ber·li·nern* [bɛrˈliːnɐn] *vi* (*fam*) to speak [in] [the] Berlin dialect

Ber·mu·da·drei·eck [bɛrˈmuːda-] *nt kein pl* ■**das** ~ the Bermuda triangle

Ber·mu·das[1] [bɛrˈmuːdas] *pl* ■**die** ~ Bermuda *no art, + sing vb,* the Bermudas + *pl vb;* **auf den** ~ in Bermuda [*or* the Bermudas]

Ber·mu·das[2] [bɛrˈmuːdas], **Ber·mu·da·shorts** [bɛrˈmuːdaʃɔːɐ̯ts, -ʃɔrts] *pl* Bermudas, Bermuda shorts

Bern <-s> [bɛrn] *nt* Bern[e]

Ber·ner [ˈbɛrnɐ] *adj attr* Berne[se]; *s. a.* **Oberland**

Ber·ner(in) <-s, -> [ˈbɛrnɐ] *m(f)* Bernese

Ber·ner Ober·land *nt* ■**das** ~ the Bernese Oberland

Bern·har·di·ner <-s, -> [bɛrnharˈdiːnɐ] *m* Saint Bernard [dog]

Ber·nitsch·ke [bɛrˈnɪtʃkə] *f* BOT cranberry

Bern·stein [ˈbɛrnʃtain] *m kein pl* amber, succinite *spec*

bern·stein·far·ben *adj* amber[-coloured [*or* AM -ored]] **Bern·stein·ket·te** *f* amber necklace

Ber·ser·ker <-s, -> [bɛrˈzɛrkɐ] *m* HIST berserker; (*Irrer*) madman; **arbeiten wie ein** ~ to work like crazy [*or* fury] [*or* mad]; **toben wie ein** ~ to go berserk; **zum ~ werden** to go [*or* be sent] berserk

bers·ten <barst, geborsten> [ˈbɛrstn̩] *vi sein* (*geh*) ❶ (*auseinanderplatzen*) to explode; *Ballon* to burst; *Glas, Eis* to break, to crack; *Erde* to burst open, to break asunder *liter;* **zum B~ voll** (*fam*) full to bursting[-point] *fam* ❷ (*fig*) ■**vor etw** *dat* ~ to burst with [*or* nearly die of] sth; **vor Wut** ~ to be livid [*or* to tremble] with rage; **vor Lachen** ~ to split one's sides laughing

Berst·schutz *m* (*im Kernkraftwerk*) safety containment

be·rüch·tigt [bəˈrʏçtɪçt] *adj* ❶ (*in schlechtem Ruf stehend*) notorious, infamous; ■**wegen etw ~ sein** to be notorious for sth ❷ (*gefürchtet*) feared, dreaded; ■**wegen etw ~ sein** to be feared [*or* dreaded] because of sth

be·rü·ckend *adj* captivating, enchanting; **eine ~e Schönheit** a ravishing beauty

be·rück·sich·ti·gen* [bəˈrʏkzɪçtɪgn̩] *vt* ❶ (*beachten, einkalkulieren*) ■**etw** ~ to take sth into consideration [*or* account], to bear sth in mind; ■**~, dass ...** to remember [*or* bear in mind] that ..., to take into consideration [*or* account] [the fact] that ... ❷ (*rücksichtsvoll anerkennen*) ■**etw** ~ to allow [*or* make allowances] for sth; **wir müssen ~, dass er lange krank war** we have to allow for his long illness ❸ (*positiv bedenken*) ■**jdn/etw** ~ to consider sb/sth; **jdn/etw testamentarisch** ~ to remember sb/sth in one's will

Be·rück·sich·ti·gung <-> *f kein pl* consideration; **unter ~ einer S.** *gen* in consideration of [*or* with regard to] sth; **~ finden** to be considered

Be·ruf <-[e]s, -e> [bəˈruːf] *m* occupation *form,* job; **ein akademischer** ~ an academic profession; **ein freier** ~ a profession; **ein handwerklicher** ~ a trade; **ein gewerblicher** ~ a commercial trade, business; **sie ist Ärztin von** ~ she's a doctor; **er ist Maurer von** ~ he's a bricklayer by trade; **einen ~ ausüben** to work; **was sind Sie von ~?** what do you do [for a living]?, what is your occupation? *form;* **welchen ~ üben Sie aus?** what's your profession [*or* occupation]?; **einen ~ ergreifen** to take up an occupation [*or* trade] [*or* profession]; **welchen ~ willst du später mal ergreifen?** what would you like to be when you grow up?; **im ~ stehen** to work; **seinen ~ verfehlt haben** to have missed one's vocation; **von ~s wegen** because of one's job

be·ru·fen[1] *adj* ❶ (*kompetent*) qualified, competent; *s. a.* **Mund, Seite** ❷ (*ausersehen*) ■**zu etw ~ sein** to have a vocation [*or* calling] for sth [*or* to do sth]; **er ist zu Großem** ~ he's meant for greater things; **sich ~ fühlen, etw zu tun** to feel called to do sth, to feel one has a vocation [*or* calling] [*or* mission] to do/be sth; **viele sind** ~ REL many are called

be·ru·fen*[2] *irreg* **I.** *vt* ❶ (*ernennen*) ■**jdn zu etw** ~ to appoint sb to sth; **jdn auf einen Lehrstuhl** ~ to offer sb a chair ❷ (*fam: heraufbeschwören*) **etw nicht ~ wollen** to hate to have to say sth, to not want to tempt fate; **ich will es nicht ~, aber er schafft die Prüfung sicher nicht** much as I hate to say it, he's not going to pass the exam; **ich will das Unglück nicht** ~ I don't want to invite trouble ❸ (*veraltet: zusammenrufen, zu sich rufen*) ■**etw** ~ to convene [*or* summon] sth; **das Parlament wurde** ~ Parliament was convoked [*or* summoned]; ■**jdn zu sich** *dat* ~ to call [*or* summon] sb to one; **der**

Herr hat sie zu sich ~ she has been called to her Maker **II.** *vr* ■ **sich** *akk* **auf jdn/etw** ~ to refer to sb/sth; **der Korrespondent berief sich auf die Prawda** the journalist quoted "Pravda" [in support]; **sie berief sich auf ihre Unkenntnis** she pleaded her ignorance **III.** *vi* JUR ÖSTERR (*Berufung einlegen*) to [lodge an] appeal

be·ruf·lich I. *adj* professional, vocational; **~e Aussichten** career [*or* job] prospects; **~er Erfolg** success in one's career [*or* job]; **~er Werdegang** career; **~e Laufbahn** career; **~e Pflichten** professional duties [*or* tasks]; **~e Fortbildung** further training; **aus ~en Gründen verreist** [*o* **abwesend**] away on business **II.** *adv* as far as work is concerned; **es geht ~ bergauf/bergab** things are going well/badly in one's job; **sich** *akk* **~ weiterbilden** [*o* **fortbilden**] to undertake further training; **sich** *akk* **~ verbessern/verschlechtern** to improve/worsen one's professional situation; **~ vorankommen** to progress in one's career; **~ unterwegs sein** to be away on business; **~ verhindert sein** to be detained by work; **was macht sie ~?** what does she do for a living?

i Kultur

The **Berufsakademie** – *professional college* combines a three-year academic education and training on the job.

Be·rufs·ar·mee *f* regular army **Be·rufs·aus·bil·dung** *f* [professional] training; **~ zum Handwerker** apprenticeship **Be·rufs·aus·sich·ten** *pl* career prospects *pl* **Be·rufs·be·am·te(r)** *f(m) dekl wie adj* civil servant **Be·rufs·be·am·ten·tum** *nt* civil service

be·rufs·be·dingt *adj* occupational; **bei einem Bäcker ist das frühe Aufstehen ~** for a baker getting up early is part of the job; **~e Krankheit** occupational disease

Be·rufs·be·ra·ter(in) *m(f)* careers advisor [*or* adviser] **Be·rufs·be·ra·tung** *f* (*Beratungsstelle*) careers [*or* AM career] advisory service; (*das Beraten*) careers [*or* AM career] advice [*or* guidance] **Be·rufs·be·zeich·nung** *f* [official] job title

i Kultur

In den USA werden Personen, die öffentliche Ämter bekleiden, häufig zusammen mit ihrer **Berufsbezeichnung** genannt, z.B. *Senator Kennedy, Reverend Smith* oder *Judge O'Brian.*

be·rufs·be·zo·gen I. *adj* vocational **II.** *adv* **~ unterrichten** to teach vocationally [*or* practically] orientated [*or* AM oriented]

Be·rufs·bild *nt* job outline (*analysis of an occupation as a career*) **Be·rufs·er·fah·rung** *f* work [*or* professional] [*or* occupational] experience **Be·rufs·ethos** *nt* professional ethics *npl* **Be·rufs·fach·schu·le** *f* training college **Be·rufs·feu·er·wehr** *f* [professional] fire brigade [*or* AM department]

be·rufs·fremd *adj* with no experience of [*or* AM in] a field [*or* a particular occupation]; **~e Bewerber haben kaum eine Chance** applicants who have no experience in this field have almost no chance; **eine ~e Tätigkeit** a job outside one's profession [*or* trade]

Be·rufs·ge·heim·nis *nt* (*Schweigepflicht*) professional confidentiality [*or* secrecy]; (*Geheimniskrämerei*) professional secret **Be·rufs·ge·nos·sen·schaft** *f* professional [*or* trade] association **Be·rufs·grup·pe** *f* occupational group **Be·rufs·heer** *nt* professional [*or* regular] army **Be·rufs·ju·gend·li·che(r)** *f(m) dekl wie Adj* (*iron fam*) wannabe teenager *pej fam* **Be·rufs·klei·dung** *f* work[ing] clothes *npl* **Be·rufs·krank·heit** *f* occupational [*or* industrial] disease [*or* illness] **Be·rufs·le·ben** *nt* working life; **im ~ stehen** to be working [*or form* in employment]

be·rufs·mä·ßig I. *adj* professional **II.** *adv* professionally; **etw ~ machen/betreiben** to do sth on a professional basis; **er ist ~ sehr engagiert** he's very taken up with his work

Be·rufs·of·fi·zier(in) *m(f)* professional officer **Be·rufs·ri·si·ko** *nt* occupational hazard **Be·rufs·schu·le** *f* vocational school, technical college, college of further education **Be·rufs·schü·ler(in)** *m(f)* student at vocational school [*or* a technical college] **Be·rufs·schul·leh·rer(in)** *m(f)* SCH vocational school teacher **Be·rufs·sol·dat(in)** *m(f)* professional [*or* regular] soldier **Be·rufs·spie·ler(in)** *m(f)* ❶ SPORT professional player ❷ (*Glücksspieler*) professional gambler **Be·rufs·sport·ler(in)** *m(f)* professional [sportsman/sportswoman], pro *fam* **Be·rufs·stand** *m* professional group; (*akademisch*) profession; (*handwerklich*) trade

be·rufs·tä·tig *adj* employed, working; ■ **~ sein** to have a job, to [be in] work; **sie ist nicht mehr ~** she's left [*or* out of] work; **~e Frau/Mutter/~er Mann** working woman/mother/man

Be·rufs·tä·ti·ge(r) *f(m) dekl wie adj* working person; ■ **die ~n** those in employment, the working people

Be·rufs·tä·tig·keit *f* occupation, [gainful] employment; **bei ~ beider Ehepartner** when both husband and wife are working [*or* in employment]; **nach 20 Jahren ~ warf er alles hin** after 20 years of working life, he gave it all up

be·rufs·un·fä·hig *adj* disabled; **zu 10% ~ sein** to have an 10% occupational disability; **jdn ~ schreiben** to certify that sb is unable to practice his/her profession

Be·rufs·un·fä·hig·keit *f* occupational incapacity [*or* disability], inability to practice one's profession

Be·rufs·ver·band *m* professional [*or* trade] organization [*or* association] **Be·rufs·ver·bot** *nt official debarment from one's occupation;* **jdm ~ erteilen** [*o* **auferlegen**] to ban sb from his/her occupation; **~ haben** to be banned from one's occupation **Be·rufs·ver·bre·cher(in)** *m(f)* professional criminal **Be·rufs·ver·kehr** *m* rush-hour traffic **Be·rufs·vor·be·rei·tungs·jahr** *nt pre-training course of one year* **Be·rufs·wahl** *f kein pl* choice of career [*or* occupation] **Be·rufs·wech·sel** *m* change of occupation **Be·rufs·zweig** *m* profession, professional branch [*or* field]

Be·ru·fung <-, -en> *f* ❶ JUR appeal; **ich rate Ihnen zur ~** I advise you to appeal [*or* lodge [*or* file] an appeal]; **~ in erster/zweiter Instanz** to appeal to a court of first/second instance; **in die ~ gehen** [*o* **~ einlegen**] to lodge [*or* file] an appeal, to appeal; **die ~ zulassen/für unzulässig erklären** to give/refuse leave to appeal; **einer ~ stattgeben** to allow an appeal ❷ (*Angebot für ein Amt*) appointment, nomination; ■ **die/eine ~ auf/in etw** *akk* the/an appointment as/to sth; **eine ~ auf einen Lehrstuhl erhalten** SCH to be offered a chair; **eine ~ in ein Amt erhalten** to be appointed to office *no art* ❸ (*innerer Auftrag*) vocation; ■ **jds** *gen* **~ zu etw** sb's calling [*or* vocation] for sth; **sie ist Lehrerin aus ~** she was called to be a teacher ❹ (*das Sichbeziehen*) ■ **die ~ auf jdn/etw** reference to sb/sth; **unter ~ auf jdn/etw** with reference to [*or* on the authority of] sb/sth

Be·ru·fungs·frist *f prescribed period within which an appeal must be made* **Be·ru·fungs·ge·richt** *nt* court of appeal **Be·ru·fungs·in·stanz** *f* court of appeal **Be·ru·fungs·kla·ge** *f* appeal **Be·ru·fungs·kom·mis·si·on** *f* review committee

be·ru·hen* *vi* ■ **auf etw** *dat* **~** to be based [*or* founded] on sth; **der Film beruht auf einer wahren Begebenheit** the movie is based on a true story; **die ganze Angelegenheit beruht auf einem Irrtum** the whole affair is due to a mistake; **etw auf sich** *dat* **~ lassen** to drop sth; **ich will diese Angelegenheit auf sich ~ lassen** I want to let the matter rest; **du kannst das nicht auf sich ~ lassen** you cannot let this pass [*or* go] unnoticed; *s. a.* **Gegenseitigkeit**

be·ru·hi·gen* [bəˈruːɪɡn̩] **I.** *vt* ❶ (*beschwichtigen*) ■ **jdn ~** to reassure [*or* comfort] sb; **ihr herzlicher Empfang beruhigte ihn wieder** their warm welcome set [*or* put] him at ease again; **jds Gewissen/Gedanken ~** to ease sb's conscience/mind

❷ (*ruhig machen*) ■**jdn/etw** ~ to calm sb/sth [down], to pacify sb; **jdm die Nerven** ~ to soothe sb's nerves; **jds Schmerzen** ~ to ease [*or* relieve] [*or* alleviate] sb's pain; **den Verkehr** ~ to introduce traffic calming measures; **dieses Getränk wird deinen Magen** ~ this drink will settle your stomach **II.** *vr* ❶ (*ruhig werden*) ■**sich** ~ to calm down, to relax, to chill out *sl; politische Lage* to stabilize; *Meer* to grow calm; ~ **Sie sich!** calm down!, take it easy! ❷ (*abflauen*) ■**sich** ~ *Unwetter, Nachfrage* to die down, to abate, to subside *form; Krise* to ease off

be·ru·hi·gend I. *adj* ❶ (*ruhig machend*) reassuring; *Musik, Bad, Massage* soothing ❷ MED (*ruhigstellend*) sedative **II.** *adv* reassuringly, soothingly; **eine** ~ **wirkende Spritze** an injection with a sedative effect

be·ru·higt [bəˈruːɪçt] **I.** *adj* relieved, reassured; **dann bin ich** ~**!** that's put my mind at rest!, that's a relief! **II.** *adv* with an easy mind, without worrying

Be·ru·hi·gung <-, -en> *f* ❶ (*das Beschwichtigen*) reassurance; **ich hoffe, diese positive Auskunft dient Ihrer** ~ I hope you are reassured by this positive news ❷ (*das Beruhigen*) soothing, calming; **geben Sie der Patientin etwas zur** ~ give the patient something to calm her; **ein Mittel zur** ~ a sedative; **zwangsweise** ~ MED enforced sedation; **zu jds** *dat* ~ to reassure sb, to set sb's mind at rest; **ich kann Ihnen zu Ihrer** ~ **versichern, dass Ihr Kind unverletzt ist** I can reassure you that your child is unharmed; **sehr zu meiner** ~ much to my relief ❸ (*das Beruhigtsein*) calming [down]; **bald nach Einnahme des Mittels trat ein Effekt der** ~ **ein** soon after taking the medicine it began to have a soothing effect [on him/her]

Be·ru·hi·gungs·mit·tel *nt* sedative **Be·ru·hi·gungs·pil·le** *f* sedative [pill], tranquillizer BRIT, tranquilizer AM **Be·ru·hi·gungs·sprit·ze** *f* sedative [injection], tranquillizer BRIT, tranquilizer AM

be·rühmt [bəˈryːmt] *adj* famous, celebrated, noted; ■**für** [*o* **wegen**] **etw** ~ **sein** to be famous [*or* noted] [*or form* renowned] for sth ▸WENDUNGEN: **nicht gerade** [**sehr**] ~ **sein** (*fam*) to be nothing to write home [*or* shout] about

be·rühmt-be·rüch·tigt *adj inv* notorious, infamous

Be·rühmt·heit <-, -en> *f* ❶ (*Ruf*) fame, eminence, renown *form;* **die** ~ **von Shakespeare ist unbestritten** Shakespeare's fame [*or* renown] is undeniable; ~ **erlangen** to rise to [*or* achieve] fame, to become famous, to achieve eminence *form;* **zu trauriger** ~ **gelangen** (*iron*) to achieve notoriety *iron* ❷ (*berühmter Mensch*) celebrity, well-known personality; **sie ist eine** ~ she's a star

be·rüh·ren* **I.** *vt* ❶ (*Kontakt haben*) ■**jdn/etw** ~ to touch sb/sth; MATH to be at a tangent to; **bitte nicht** ~**!** please do not touch!; **wo die Felder die Berge** ~ where the fields border on [*or* meet] the mountains ❷ (*seelisch bewegen*) ■**jdn** [**in irgendeiner Weise**] ~ to touch [*or* move] [*or* affect] sb [in a certain way]; **dieses Lob hat sie angenehm berührt** the praise came as a pleasant surprise to her; **das berührt mich überhaupt nicht!** I couldn't care less! ❸ (*kurz erwähnen*) ■**etw** ~ to touch on [*or* allude to] sth; **ein Thema nicht** ~ to avoid [any] reference to a subject ❹ (*auf Reise streifen*) ■**etw** ~ to call at [*or* AM stop [off]] somewhere **II.** *vr* ❶ (*Kontakt haben*) ■**sich** ~ to touch, to come into contact [with each other] [*or* [with one another]] ❷ (*übereinstimmen*) ■**sich** [**in etw** *dat*] ~ to meet, to converge; **in einigen Punkten** ~ **wir uns** we agree on a couple of points

be·rührt *adj* touched, moved, affected; ■**von etw** [**irgendwie**] ~ **sein** to be [somehow] touched [*or* moved] [*or* affected] by sth; **ich bin angenehm** ~**!** it has come as a pleasant surprise!; **peinlich** ~ **sein** to be deeply embarrassed; **schmerzlich/seltsam/unangenehm** ~ **sein** to be painfully/strangely/unpleasantly affected

Be·rüh·rung <-, -en> *f* ❶ (*Kontakt*) contact, touch; **jdn mit etw in** ~ **bringen** to bring sb into contact with sth; **diese Weltreise brachte uns mit fremden Kulturen in** ~ on this world trip we encountered foreign cultures; **mit jdm/etw in** ~ **kommen** (*physisch*) to brush up against [*or* touch] sb/sth; **bei** ~ [**einer S.** *gen*] touching [sth]; **bei** ~ **dieses Drahtes wird der Alarm ausgelöst** touching the wire sets off the alarm; **bei der leisesten** [*o* **geringsten**] ~ at the slightest touch; **„bei** ~ **Lebensgefahr!"** "danger! do not touch!" ❷ (*Erwähnung*) reference, allusion; **sie vermied jede** ~ **dieses Themas** she avoided any reference [*or* allusion] to this subject

Be·rüh·rungs·angst *f meist pl* fear of contact **Be·rüh·rungs·bild·schirm** *m* touch screen **Be·rüh·rungs·punkt** *m* ❶ (*Punkt der Übereinstimmung*) point of contact, area [*or* point] of agreement ❷ MATH tangential point

Be·ryl·li·um <-s> [beˈrylium] *nt kein pl* CHEM beryllium

be·sab·bern* **I.** *vt* (*fam*) ■**jdn/etw** ~ to slobber on sb/sth *fam* **II.** *vr* (*fam*) ■**sich** [**mit etw**] ~ to dribble [sth]; **er hat sich überall mit Haferbrei besabbert** he's dribbled porridge all over the place [*or* himself]

be·sa·gen* *vt* ■**etw** ~ to mean [*or* say] [*or* imply] sth; **das will noch nicht viel** ~ that doesn't mean anything; **nicht** ~**, dass** to not mean [to say] that; **das besagt nicht, dass sie auch tatsächlich kommt** that doesn't mean [to say] she'll actually come; **es besagt, dass** it says [*or* means] that

be·sagt [bəˈzaːkt] *adj attr* (*geh*) aforesaid, aforementioned *form;* ~ **er Herr Dietrich** the said [*or* aforesaid] Mr Dietrich

be·sai·ten* [bəˈzaitn̩] *vt* **ein Instrument** ~ to string an instrument; **etw neu** ~ to restring sth; *s. a.* **zart**

be·sa·men* [bəˈzaːmən] *vt* ■**jdn/ein Tier** [**künstlich**] ~ to [artificially] inseminate sb/an animal; **eine Pflanze** ~ to pollinate a plant

be·sam·meln* *vr* SCHWEIZ *s.* **versammeln**

Be·samm·lung *f* SCHWEIZ *s.* **Versammlung**

Be·sa·mung <-, -en> *f* insemination, fertilization; **künstliche** ~ artificial insemination, AI

be·sänf·ti·gen* [bəˈzɛnftɪgn̩] **I.** *vt* ■**jdn/etw** ~ to calm sb/sth [down], to soothe [*or* placate] sb/sth; **jds Zorn** ~ to calm sb down, to soothe sb's anger; **jdm das Gemüt** ~ to soothe sb's feelings; **sie war nicht zu** ~ she was inconsolable **II.** *vr* ■**sich** ~ to calm [*or* BRIT quieten] down [*or* AM quiet], to cool down [*or* off]; *Sturm, Unwetter* to die down, to subside *form*

Be·sänf·ti·gung <-, -en> *f* calming, soothing

be·sät *adj* ❶ (*bestreut*) ■**mit etw** ~ strewn [*or* dotted] with sth; (*bedeckt*) covered with sth; **mit Papier/Müll** ~ littered with paper/rubbish [*or* AM garbage]; **mit Sternen** ~ star-studded [*or* -spangled] ❷ (*iron: überladen*) cluttered, chock-a-block *fam*

Be·satz <-es, Besätze> [bəˈzats, *pl* bəˈzɛtsə] *m* ❶ (*Borte*) border, trimming ❷ JAGD (*Bestand*) stock

Be·sat·zer <-s, -> *m* ❶ (*pej: Besatzungssoldat*) member of the occupying force ❷ (*Besatzungsmacht*) occupying forces *pl*

Be·sat·zung <-, -en> [bəˈzatsʊŋ] *f* ❶ (*Mannschaft*) crew ❷ (*MIL*) occupation; (*Besatzungsarmee*) occupying army [*or* forces *pl*] ❸ MIL (*Verteidigungstruppe*) troops, garrison

Be·sat·zungs·ar·mee *f* occupying army **Be·sat·zungs·macht** *f* occupying power **Be·sat·zungs·trup·pen** *pl* occupying troops *pl* **Be·sat·zungs·zo·ne** *f* occupation zone, zone of occupation

be·sau·fen* *vr irreg* (*sl*) ■**sich** [**mit etw**] ~ to get sloshed [*or* plastered] [*or* BRIT *a.* legless] [*or* BRIT *a.* pissed] *sl* [on sth]

Be·säuf·nis <-ses, -se> *nt* (*sl*) booze-up *fam,* piss-up BRIT *sl*

be·säu·selt *adj* (*fam*) tipsy *fam,* tiddly *fam,* woozy *fam,* merry

be·schä·di·gen* *vt* ■**etw** ~ to damage sth; ■[**leicht/schwer**] **beschädigt** [slightly/badly] damaged

Be·schä·di·gung *f* damage *no pl;* ■**die** ~ **von etw** the damage [done] to sth; [**einige/schwere**] ~**en aufweisen** to be [slightly/badly] damaged

Be·schä·di·gungs·kampf *m* BIOL injurious [*or* damaging] fight

be·schaf·fen*[1] **I.** *vt* ■**[jdm] jdn/etw** ~ to get [*or fam* get hold of] sb/sth [for sb], to obtain [*or* procure] sb/sth [for sb] *form;* **eine Waffe ist nicht so ohne weiteres zu** ~ a weapon is not so easy to come by **II.** *vr* ■**sich** *dat* **etw** ~ to get [*or fam* get hold of] sth, to obtain sth *form;* **du musst dir Arbeit/Geld** ~ you've got to find [*or* get] yourself a job/some money

be·schaf·fen[2] *adj* (*geh*) ■**irgendwie** ~ **sein** to be made in some way, to be in a certain condition [*or* state]; **hart/weich** ~ **[sein]** [to be] hard/soft; **die Straße ist schlecht/gut** ~ the road is in bad/good repair; **mit dieser Angelegenheit ist es derzeit nicht gut** ~ the situation doesn't look very good just now; **wie ist es mit deiner Kondition** ~**?** what about your physical fitness?

Be·schaf·fen·heit <-> *f kein pl* composition; *Zustand* state, nature; *Material* structure, quality; *Körper* constitution; *Psyche* make-up; **die** ~ **des Stoffes war sehr seidig** the material was very silky; ■**je nach** ~ **von etw** according to the nature [*or* quality] [*or* character] of sth

Be·schaf·fung <-> *f kein pl* obtaining (**von** +*dat* of), procurement *form*

Be·schaf·fungs·kri·mi·na·li·tät *f* drugs-related crime **Be·schaf·fungs·pros·ti·tu·ti·on** *f* drugs-related prostitution

be·schäf·ti·gen* [bəˈʃɛftɪgn̩] **I.** *vr* ❶ (*sich Arbeit verschaffen*) ■**sich** *akk* **[mit etw** *dat*] ~ to occupy [*or* busy] oneself [with sth]; **hast du genug, womit du dich** ~ **kannst?** have you got enough to do [*or* to keep you busy]? ❷ (*sich befassen*) ■**sich** *akk* **mit jdm** ~ to pay attention to sb; **du musst dich mehr mit den Kindern** ~ you should spend more time with the children; ■**sich** *akk* **mit etw** *dat* ~ to take a close look at [*or* deal with] sth; **mit dieser Sache habe ich mich ja noch gar nicht beschäftigt** it's never occurred to me before; **die Polizei wird sich mit dem Fall** ~ **müssen** the police will have to deal with [*or* examine] the case; **er hat sich schon immer mit Briefmarken beschäftigt** he's always been into stamps **II.** *vt* ❶ (*innerlich in Anspruch nehmen*) ■**jdn** ~ to be on sb's mind; **mit einer Frage/einem Problem beschäftigt sein** to be preoccupied with a question/problem ❷ (*anstellen*) ■**jdn [bei sich** *dat*] ~ to employ sb ❸ (*eine Tätigkeit geben*) ■**jdn [mit etw** *dat*] ~ to keep sb busy [*or* occupy sb] [with sth]

be·schäf·tigt [bəˈʃɛftɪçt] *adj* ❶ (*befasst*) busy, preoccupied; ■**[mit jdm/etw]** ~ **sein** to be busy [with sb/sth]; **mit was bist du da gerade** ~**?** what are you up to there? ❷ (*angestellt*) employed; ■**[als etw]** ~ **sein** to be employed [as sth]; **wo bist du** ~**?** where do you work? **Be·schäf·tig·te(r)** *f(m) dekl wie adj* employee; **abhängig** ~ employed persons *pl,* wage and salary earners *pl*

Be·schäf·ti·gung <-, -en> *f* ❶ (*Anstellung*) employment *no pl,* job; **eine feste** ~ regular employment [*or* work]; **eine** ~ **als...** work [*or* a job] as a...; **eine/keine** ~ **haben** to be employed/unemployed, to have/not have a job; **einer/keiner** ~ **nachgehen** (*geh*) to have employment/no employment *form;* **ohne** ~ **sein** to be unemployed [*or* without work] ❷ (*Tätigkeit*) activity, occupation; **ich finde schon eine** ~ **für euch** I'll find something for you to do ❸ (*Auseinandersetzung*) consideration (**mit** +*dat* of); **nach eingehender** ~ **mit etw** having given sth serious thought [*or* consideration]; **die** ~ **mit etw** thinking about sth; **die** ~ **mit der Literatur/der Natur** the study of literature/nature; ■**die** ~ **mit jdm** dealing with sb ❹ (*das Beschäftigen anderer*) occupation; **die** ~ **der Kinder ist nicht immer leicht** keeping the children occupied is not always easy

Be·schäf·ti·gungs·för·de·rungs·ge·setz *nt* promotion of employment act **Be·schäf·ti·gungs·la·ge** *f* [situation on the] job market

be·schäf·ti·gungs·los *adj* (*arbeitslos*) unemployed

Be·schäf·ti·gungs·po·li·tik *f* employment policy **Be·schäf·ti·gungs·pro·gramm** *nt* ≈ re-employment programme [*or* AM -am] **Be·schäf·ti·gungs·the·ra·pie** *f* occupational therapy

be·schä·men* *vt* ■**jdn** ~ to shame sb, to put sb to shame; **es beschämt mich, zuzugeben ...** I'm ashamed to admit ...

be·schä·mend *adj* ❶ (*schändlich*) shameful, disgraceful ❷ (*demütigend*) humiliating; **ein** ~**es Gefühl** a feeling of shame

be·schämt *adj* ashamed, abashed; (*verlegen*) shamefaced, red-faced; ■**über etw** ~ **sein** to be ashamed of sth; ■**von** [*o* **durch**] **etw** ~ **sein** to be embarrassed by sth

Be·schä·mung <-, *selten* -en> *f* shame; **zu meiner** ~ to my shame [*or* disgrace] [*or* chagrin] *form*

be·schat·ten* *vt* ❶ (*überwachen*) ■**jdn** ~ **[lassen]** to [have sb] shadow[ed] sb, to follow [*or* trail] [*or fam* tail] sb ❷ (*geh: mit Schatten bedecken*) ■**etw** ~ to shade sth

Be·schat·ter(in) <-s, -> *m(f)* (*fam*) shadow, tail

Be·schat·tung <-, *selten* -en> *f* ❶ (*Überwachung*) shadowing; **sie ordnete die** ~ **des Verdächtigen an** she ordered that the suspect be shadowed ❷ (*das Schattenwerfen*) shade

be·schau·en* *vt* ❶ *Fleisch* ■**etw** ~ to inspect sth ❷ DIAL (*betrachten*) ■**etw** ~ to look at sth

be·schau·lich **I.** *adj* peaceful, tranquil; **ein** ~**es Leben führen** to lead a contemplative [*or* meditative] life **II.** *adv* peacefully, quietly; **sein Leben** ~**er gestalten** to lead a more meditative [*or* contemplative] life; ~ **arbeiten** to work leisuredly

Be·schau·lich·keit <-> *f kein pl* peace, tranquillity; **ein Leben in** ~ a tranquil life

Be·scheid <-[e]s, -e> [bəˈʃait] *m* news *no indef art,* + *sing vb,* information *no pl, no indef art;* ADMIN answer, reply; ~ **erhalten** to be informed [*or* notified]; **abschlägiger** ~ negative reply, rejection; **jdm [über etw** *akk* [*o* **von etw** *dat*]] ~ **geben** to inform [*or* notify] sb [about sth]; **jdm [über etw** *akk*] ~ **sagen** to tell sb [*or* to let sb know] [about sth]; **jdm ordentlich** ~ **sagen, jdm gründlich** ~ **stoßen** (*fam*) to give sb a piece of one's mind [*or fam* a ticking-off]; **jdm brieflich/telefonisch/per Fax** ~ **geben** to inform sb [*or* let sb know] by post [*or* AM mail]/[tele]phone/fax; **ich habe bis heute noch keinen** ~ I still haven't heard anything; **irgendwo** ~ **wissen** to know one's way around somewhere; **gut/besser** ~ **wissen** to be well-informed/better-informed; **[über etw** *akk* [*o* **in etw** *dat*]] ~ **wissen** to know [about sth]; *Geheimnis* to be in the know [*or* the picture]; **ich weiß** ~**!** I know all about it! [*or* what's going on]; **frag' Kerstin – sie weiß** ~ ask Kerstin – she knows; **näher** ~ **wissen** to know more about sth

be·schei·den[1] [bəˈʃaidn̩] **I.** *adj* ❶ (*genügsam*) modest, self-effacing, unassuming; **ein** ~**es Leben führen** to lead a humble life, to live a modest existence ❷ (*einfach*) modest, unpretentious, plain; **aus** ~**en Verhältnissen kommen** to have a humble background [*or* humble origins]; **in** ~**en Verhältnissen leben** to live a simple life [*or* modestly]; **nur eine** ~**e Frage** just one small question ❸ (*fam: gering*) modest, meagre [*or* AM -er]; **zu** ~**en Preisen** at moderate prices ❹ (*euph fam: beschissen*) lousy *fam,* BRIT *a.* bloody-awful *sl;* **seine Leistung war eher** ~ his performance was rather lousy **II.** *adv* ❶ (*selbstgenügsam*) modestly, self-effacingly ❷ (*einfach*) modestly, unpretentiously, plainly ❸ (*euph fam: beschissen*) ■**sich** ~ **fühlen** to feel bloody awful [*or* AM like crap] *sl;* ■**jdm geht es** ~ sth isn't going very well for sb; **mir geht's beruflich wirklich** ~ jobwise things aren't great

be·schei·den*[2] [bəˈʃaidn̩] *irreg* **I.** *vt* ❶ (*geh: entscheiden*) ■**etw** ~ to come to a decision about sth; **einen Antrag** ~ to decide upon an application; **einen Antrag positiv/negativ** ~ to accept/reject a proposal; **ein Gesuch positiv/negativ** ~ to grant [*or* approve]/reject [*or* turn down] a request ❷ (*geh: zuteilwerden lassen*) ■**jdm ist etw beschieden** sth falls to sb's lot [*or liter* is granted to sb]; **es war ihr nicht beschieden, den Erfolg zu genießen** it was not her lot to enjoy success; **möge dir zeitlebens Glück und Zufriedenheit beschieden sein!** may you enjoy happiness and contentment all your life! ❸ (*geh: bestellen*) ■**jdn zu jdm/etw** ~ to sum-

B

mon [*or* call] sb to sb/sth **II.** *vr* (*geh*) ■**sich mit etw** ~ to be content with sth

Be·schei·den·heit <-> *f kein pl* ❶ (*Genügsamkeit*) modesty, humility; **in aller** ~ in all modesty; **bei aller** ~ with all due modesty; **[nur] keine falsche ~!** no false modesty [now]!; **aus [reiner]** ~ out of [pure] modesty ❷ (*Einfachheit*) modesty, plainness, unpretentiousness ❸ (*Geringfügigkeit*) modesty, paucity *form* ▶WENDUNGEN: ~ **ist eine Zier, doch weiter kommt man ohne ihr** (*hum liter*) modesty is a virtue but it won't get you far

be·schei·nen* *vt irreg* ■**jdn/etw** ~ to illuminate [*or* light up] [*or* shine on] sb/sth; **von der Sonne beschienen** sunlit; **vom Glück beschienen sein** to be a lucky fellow

be·schei·ni·gen* [bəˈʃainɪgn̩] *vt* ■**jdm etw** ~ to certify sth for sb *form;* (*quittieren*) to provide sb with [*or* give sb] a receipt; **es wird hiermit bescheinigt, dass ...** this is to certify that; ■**[jdm]** ~**, dass ...** to confirm to sb in writing [*or* provide sb with written certification] that ...; ■**sich** *dat* **etw [von jdm]** ~ **lassen** to get a certificate [*or* written confirmation] for sth [from sb], to have sth certified [by sb] *form*

Be·schei·ni·gung <-, -en> *f* certification, written confirmation; **die** ~ **der Gesundheit [durch einen Arzt]** a [doctor's] certificate [*or* bill] of health; **die** ~ **der [gestrigen/heutigen] Anwesenheit** the confirmation of attendance [yesterday/today]; **die** ~ **des Gelderhalts/Warenerhalts** a receipt

be·schei·ßen* *irreg* **I.** *vt* (*sl*) ■**jdn [um etw]** ~ to do [*or* diddle] sb [out of sth] *sl;* ■**jdn** ~ to rip sb off *sl,* to screw sb *fig vulg;* **man hat mich beschissen!** I've been ripped off! **II.** *vi* (*sl*) ■**[bei etw]** ~ to cheat [at sth]; **nimm dich vor ihm in Acht, er bescheißt gerne!** watch out! he likes cheating! **III.** *vr* (*vulg*) ■**sich** ~ to shit oneself *sl;* ■**sich** *dat* **etw** ~ to shit on sth *sl;* **der Besoffene hatte sich die Hosen beschissen** the drunk shat his trousers

be·schen·ken* **I.** *vt* ■**jdn [mit etw]** ~ to give sb sth [as a present]; **reich beschenkt werden** to be showered with presents; **für Ihre Hilfe würde ich Sie gerne mit einer Flasche Wein** ~ I would like to present you with a bottle of wine to thank you for your help **II.** *vr* ■**sich [gegenseitig]** ~ to give each other presents, to present each other with sth *form*

be·sche·ren* **I.** *vt* ❶ (*zu Weihnachten beschenken*) ■**jdn** ~ to give sb a Christmas present; ■**beschert werden** to get one's Christmas presents; ■**jdn mit etw** *dat* ~ to give sb sth [for Christmas] ❷ (*zuteilwerden lassen*) ■**jdm etw** ~ to give sb sth [as a present], to grant sb sth, to bless sb with sth *liter;* **freue dich, dass dich das Schicksal mit so einer lieben Frau beschert hat!** be happy that fate has blessed you with such a wonderful wife!; **nach langer Ehe wurde ihnen doch noch ein Kind vom Himmel beschert** after many years of marriage heaven bestowed a child upon them *liter* **II.** *vi* to give each other Christmas presents; **ihr könnt reinkommen, es wird beschert!** you can come in, the presents are waiting!

Be·sche·rung <-, -en> *f* giving of Christmas presents; **kommt, Kinder, die ~ fängt an!** come on, children, it's time for the presents! ▶WENDUNGEN: **die [ganze]** ~ (*iron fam*) the [whole] lot [*or* mess]; **[das ist ja] eine schöne ~!** (*iron*) this is a pretty kettle of fish! *iron,* what a fine mess! *iron;* **da/jetzt haben wir die ~!** well, that's just great! [*or* terrific] *iron,* well, there you are! haven't I told you!

i Kultur

On Christmas Eve (24th December) presents are placed under the Christmas tree in preparation for them to be given out, a tradition know as the **Bescherung.** In many families the children are allowed to unwrap their presents after Christmas dinner, following a visit by the **Christkind** – **Father Christmas.**

be·scheu·ert I. *adj* (*fam*) ❶ (*blöd*) screwy *fam,* BRIT *a.* daft *fam;* **dieser ~e Kerl** that daft idiot; **der ist etwas** ~ he's got a screw loose *fam;* **red' nicht so etwas B~es!** don't talk such claptrap [*or* codswallop]! *fam,* don't talk daft! *fam;* **da hast du dir aber etwas B~es ausgedacht!** what you've come up with there is a load of nonsense [*or* twaddle]! *fam* ❷ (*unangenehm*) stupid; **so was B~es!** how stupid!; **mein ~es Auto wollte einfach nicht anspringen!** my frigging car just wouldn't start! **II.** *adv* (*fam*) in a stupid [*or* BRIT *a.* daft] way, stupidly; **sie hat das Gedicht total ~ übersetzt** she really screwed up the translation of this poem *sl;* **du siehst total ~ aus** you look really daft; **wie kann man nur so ~ fragen!** how can you ask such daft questions!; ■**sich so ~ anstellen** to be so stupid [*or* BRIT *a.* daft], to act like such an idiot; ■**wie ~** like crazy [*or* a mad thing] *fam*

be·schich·ten* *vt* ■**etw [mit etw** *dat*] ~ to coat [*or* cover] sth [with sth]; **etw mit Farbe** ~ to give sth a coat of paint; **etw mit Teer** ~ to tar[mac] sth; **mit Kunststoff beschichtet** plastic-coated, laminated

be·schi·cken* *vt* ■**etw [mit etw** *dat*] ~ ❶ (*mit Zusendung bedenken*) to supply sth [with sth]; **einen Markt/Abnehmer** ~ to supply a market/customers; **eine Messe/Ausstellung** ~ to exhibit at a fair, to send products to an exhibition; **eine Versammlung** ~ to send representatives to an assembly ❷ TECH to supply [*or* fill] [*or* charge] sth [with sth]; **diese Maschine wird mit Öl beschickt** this machine is charged [*or* fuelled] with oil

be·schie·ßen* *vt irreg* ❶ (*mit Schüssen bedenken*) ■**jdn/etw [mit etw** *dat*] ~ to shoot at [*or* fire on [*or* at]] sb/sth [with sth]; **jdn/etw mit Granaten** ~ to shell [*or* bombard] sb/sth with grenades; **jdn/etw mit Jagdbomben** ~ to fire on sb/sth with firebombers; **jdn/etw mit Kanonen** ~ to fire at sb/sth with canons; **jdn/etw mit Maschinengewehren** ~ to machine-gun sb/sth ❷ (*überhäufen*) ■**jdn mit etw** *dat* ~ to bombard sb with sth; **er wurde mit Fragen beschossen** he was bombarded [*or* besieged] with questions ❸ PHYS ■**etw [mit etw** *dat*] ~ to bombard sth [with sth]

Be·schie·ßung <-, -en> *f* shooting; (*mit Jagdbomben/Kanonen*) firing; (*mit Granaten*) shelling, bombardment; PHYS bombardment

be·schil·dern* *vt* ■**etw [mit etw]** ~ (*mit Schildchen versehen*) to label sth [with sth]; (*geh*) to put signs [*or* labels] on sth; (*mit Verkehrsschild versehen*) to signpost; **gut/schlecht beschildert [sein]** [to be] well/badly signposted

Be·schil·de·rung <-, -en> *f* ❶ (*das Beschildern*) labelling BRIT, labeling AM; ADMIN (*geh*) signposting ❷ (*geh: Schildchen*) label; (*Verkehrsschild*) signpost

be·schimp·fen* **I.** *vt* ■**jdn [als/mit etw]** ~ to insult sb [as/with sth], to call sb names, to hurl abuse at sb; **muss ich es mir gefallen lassen, so beschimpft zu werden?** do I have to put up with these insults?; **sie beschimpfte ihn in übelster Weise** she called him dreadful names; **jdn auf's Übelste** ~ to abuse sb in the worst possible manner **II.** *vr* ■**sich** *akk* **[gegenseitig]** ~ to insult [*or* abuse] each other, to call each other names

Be·schimp·fung <-, -en> *f* ❶ (*das Beschimpfen*) abuse *no pl;* *Person* abuse (+*gen* of), swearing (+*gen* at) ❷ (*Schimpfwort*) insult

Be·schiss[RR] <-es> *m kein pl,* **Be·schiß**[ALT] <-sses> *m kein pl* (*sl*) swindle, rip-off *sl;* **was für ein** [*o* **so ein**] **~!** what a swizz! [*or* rip-off]

be·schis·sen I. *adj* (*sl*) miserable, lousy *fam,* shitty *sl,* BRIT *a.* bloody-awful *sl* **II.** *adv* (*sl*) in a lousy [*or* rotten] fashion *fam;* **es geht ihr wirklich** ~ she's having a miserable [*or fam* lousy] time of it; **wir werden hier ~ bezahlt** the pay here is bloody-awful *sl;* ~ **behandelt werden/aussehen** to be treated/to look like a piece of shit [*or* dirt] *sl*

be·schla·fen* *vt irreg* ❶ (*fam: koitieren*) ■**jdn** ~ to sleep [*or* have sex] with sb; (*fam*) to screw sb *sl* ❷ (*nachdenken*) ■**etw** ~ to sleep on sth; *s. a.* **überschlafen**

Be·schlag <-[e]s, Beschläge> [bəˈʃlaːk, *pl* bəˈʃlɛːgə] *m* ❶ (*Metallstück*) fastening, [metal] fitting; *Koffer* lock; *Buch* clasp; *Tür, Fenster, Möbelstück* fitting, mounting, [ornamental] hinge ❷ (*Belag*) film; *Metall* tarnish; *Glasscheibe* steam, condensation ▶WENDUNGEN: **etw/jdn mit** ~ **belegen, etw/jdn in** ~ **nehmen** to monopolize [*or* seize] sth/sb; **die Polizei nahm das Auto in** ~ the police impounded the car; **wir sollten schon einmal unsere Plätze in** ~ **nehmen** we had better secure our seats; **jd ist mit** ~ **belegt, jd wird in** ~ **genommen** sb is up to their eyeballs in it, sb's hands are full [with sth]

be·schla·gen*¹ *irreg* **I.** *vt haben* ❶ (*mit metallenem Zierrat versehen*) ■**etw** [**mit etw**] ~ to fit sth [with sth]; **Schuhe** ~ to put metal tips on shoes; **etw mit Ziernägeln** ~ to stud sth ❷ (*behufen*) ■[**jdm**] **ein Pferd** ~ to shoe [sb's] horse **II.** *vi sein* to mist [*or* steam] up; **der Spiegel im Bad ist** ~ the bathroom mirror is misted [*or* steamed] up; **Silber beschlägt sehr schnell** silver tarnishes very quickly

be·schla·gen² *adj* (*erfahren*) ■**in etw** *dat* [**gut/nicht**] ~ **sein** to be [well/badly] versed in sth, to be very experienced [*or* knowledgeable]/inexperienced in sth

Be·schlag·nah·me <-, -n> [bəˈʃlaːknaːmə] *f* seizure; MIL requisition

be·schlag·nah·men* [bəʃlaːknaːmən] *vt* ❶ (*konfiszieren*) ■**etw** ~ to seize sth; **Ihr Pass ist beschlagnahmt** your passport has been confiscated; **ein Fahrzeug** ~ to impound a vehicle ❷ (*fam: mit Beschlag belegen*) ■**jdn/etw** ~ to commandeer [*or hum* hog] sb/sth ❸ (*zeitlich in Anspruch nehmen*) [**von etw**] **beschlagnahmt sein** to be taken up [with sth]

Be·schlag·nah·mung *f* JUR confiscation, impounding

be·schlei·chen* *vt irreg* (*geh: überkommen*) ■**jdn** ~ to come over sb, to creep [*or* steal] up on sb; **mich beschleicht langsam der Verdacht, dass er sich mit unserem Geld abgesetzt hat** I have a funny feeling he's run off with our money

be·schleu·ni·gen* [bəʃlɔynɪgn̩] **I.** *vt* ■**etw** ~ to accelerate [*or* speed up] [*or form* precipitate] sth, to hurry sth along; **das Tempo** ~ to increase [*or* pick up] speed, to accelerate; **das Tempo einer Maschine/eines Vorganges** ~ to speed up a machine/a process; **seine Schritte** ~ to quicken one's pace **II.** *vr* ■**sich** ~ to accelerate, to speed up, to hasten *form* **III.** *vi* to accelerate; **stark** ~ to accelerate hard, to put one's foot down *fam*

Be·schleu·ni·gung <-, -en> *f* ❶ AUTO (*Beschleunigungsvermögen*) acceleration *no pl;* **bei der** ~ **lässt du bestimmt die meisten Wagen weit hinter dir!** when you accelerate like that, I bet you leave most cars standing! ❷ (*das Beschleunigen*) acceleration *no pl,* speeding up *no pl;* **eine** ~ **der Gangart** a quickening [*or* an acceleration] of the pace ❸ (*Hast, Eile*) **etw mit großer** ~ **tun** to do sth with great speed [*or* haste]

Be·schleu·ni·gungs·ver·mö·gen *nt* AUTO *s.* **Beschleunigung**

be·schlie·ßen* *irreg* **I.** *vt* ❶ (*entscheiden über*) ■**etw** ~ to decide sth; **ein Gesetz** ~ to vote through a new bill, to pass a motion; ■~, **etw zu tun** to decide to do sth; (*nach reiflicher Überlegung*) to make up one's mind to do sth ❷ (*geh: beenden*) ■**etw** ~ to conclude *form* [*or* close] sth, to wind sth up; **ich möchte** [**meine Rede**] **mit einem Zitat** ~ I would like to conclude [my speech] with a quote **II.** *vi* (*einen Beschluss fassen*) ■**über etw** *akk* ~ to decide on sth

be·schlos·sen *adj* ❶ (*entschieden*) decided, agreed, settled; **das ist** [**eine**] ~**e Sache** the matter is settled, the subject is closed ❷ (*geh*) **etw liegt** [*o* **ist**] **in etw** *dat* ~ sth is contained within sth; **in diesem gewichtigen Wort liegt viel Weisheit** ~ a great deal of wisdom is hidden in his weighty saying

Be·schluss^RR <-es, Beschlüsse> *m,* **Be·schluß**^ALT <-sses, Beschlüsse> *m* decision, resolution *form;* (*Gerichts~*) order of court, [court] order; **und wie lautet der** ~**?** and what's the decision?; **unser** ~ **ist unumstößlich** our decision is final; **der Stadtrat hat einen** ~ **gefasst** the town council has passed a resolution; **zu einem** ~ **kommen** to reach [*or* come to] a decision [*or* an agreement]; **einen** ~ **fassen** to reach [*or* make] a decision; **auf jds** *akk* ~ on sb's authority; **auf** ~ **des Parlaments/Präsidenten** by order of parliament/the president

be·schluss·fä·hig^RR *adj* quorate BRIT *form;* ■~ **sein** to have a quorum **Be·schluss·fä·hig·keit**^RR *f kein pl* quorum *form* **be·schluss·un·fä·hig**^RR *adj* inquorate *form;* **die Versammlung ist** ~**!** the meeting is not quorate!

be·schmei·ßen* *vt irreg* (*fam*) *s.* **bewerfen**

be·schmie·ren* **I.** *vt* ❶ (*bestreichen*) ■**etw** [**mit etw**] ~ to spread sth on sth; **ein** [**Stück**] **Brot dick/dünn** ~ to butter [a slice of] bread thickly/thinly; **eine Wunde** ~ to put cream [*or* ointment] on a wound; **das Gesicht mit Creme** ~ to put cream on one's face; **etw mit Fett** ~ to grease sth ❷ (*besudeln*) ■**jdn/etw** [**mit etw**] ~ to stain [*or* dirty] sth [*or* smear sb/sth] [with sth]; **du bist da am Kinn ja ganz beschmiert** you've got something smeared on your chin; **etw mit Gekritzel** ~ to scribble [*or* scrawl] [all] over sth; **etw mit Farbe** ~ to daub [over] sth **II.** *vr* ■**sich** [**mit etw**] ~ to make [*or* get] oneself dirty [*or form* soil oneself] [with sth]; ■**sich** *dat* **etw** [**mit etw**] ~ to get [*or* make] sth dirty [*or form* soil sth] [with sth]; **ich habe mir mein Kleid komplett mit Soße beschmiert** I've spilled gravy all over my dress

be·schmut·zen* **I.** *vt* ❶ (*schmutzig machen*) ■**jdn/etw** ~ to dirty [*or form* soil] sb/sth, to make sb/sth dirty; (*mit Spritzern*) to [be]spatter sb/sth; ■**beschmutzt** dirty, soiled *form,* grubby *fam;* **beschmutzte Bettlaken/Handtücher** soiled sheets/towels ❷ (*in den Schmutz ziehen*) ■**etw** ~ to blacken [*or* discredit] [*or* tarnish] sth, to drag sth through the mud *prov;* **ich lasse mir meinen Ruf nicht so** ~ I won't let my reputation be dragged through the mud like that; *s. a.* **Nest II.** *vr* ■**sich** [**mit etw**] ~ to get [*or* make] oneself dirty [*or fam* grubby] [with sth]; **wo hast du dich mit der Farbe so beschmutzt?** where did you get paint all over you?; ■**sich** *dat* **etw** [**mit etw**] ~ to get sth dirty [with sth]

Be·schmut·zung <-, -en> *f* dirtying, soiling *form;* **vor** ~ **schützen** to protect from dirt

be·schnei·den* *vt irreg* ❶ (*zurechtschneiden*) ■[**jdm/einem Tier**] **etw** ~ to cut [*or* trim] [sb's/an animal's] sth; (*stutzen*) to clip; ■**etw** ~ HORT to prune sth; TYPO, VERLAG to cut sth ❷ MED, REL ■**jdn** ~ to circumcise sb ❸ (*beschränken*) ■**etw** ~ to curtail [*or* curb] sth; **Wirtschaftshilfe** ~ to cut [*or form* curtail] economic aid; **Einkommen** ~ to cut [*or* reduce] income

Be·schnei·dung <-, -en> *f* ❶ (*das Zurechtschneiden*) cutting, trimming; (*das Stutzen*) clipping; HORT pruning; **im frühen Winter erfolgt die** ~ **der Obstbäume** in early winter the fruit trees are pruned; TYPO, VERLAG cutting ❷ MED, REL circumcision ❸ (*das Beschränken*) curtailment; ~ **der Wirtschaftshilfe** reduction [*or* curtailment] of [*or* cut[back] in] economic aid; ~ **des Einkommens** cut in [*or* reduction of] income

be·schneit *adj* snow-covered; **dick/frisch** ~ thickly/newly covered with snow; **weiß** ~ white with snow, snow-covered; **die weiß** ~**en Berge** the snow-capped mountains

be·schnit·ten *adj* circumcised

be·schnüf·feln* **I.** *vt* ❶ (*Schnuppern von Tieren*) ■**jdn/etw** ~ to sniff at sb/sth ❷ (*pej fam: bespitzeln*) ■**jdn** ~ to check [*or* suss] sb out *fam,* to spy on sb; ■**eine Situation** ~ to poke one's nose into sth *pej fam;* **sie ließ ihren Mann von einem Detektiv** ~ she had her husband sussed out by a private detective **II.** *vr* ■**sich** [**gegenseitig**] ~ *Tiere* to have a sniff at [*or* sniff] each other; (*fig*) *Menschen* to size one another up

be·schnup·pern* **I.** *vt* ❶ (*Beriechen von Tieren*) ■**jdn/etw** ~ to sniff sb/sth ❷ (*fam: prüfend kennen lernen*) ■**jdn** ~ to size sb up, to take stock of sb **II.** *vr* ❶ (*beschnüffeln*) ■**sich [gegenseitig]** ~ *Tiere* to sniff each other ❷ (*fam: sich prüfend kennen lernen*) ■**sich** ~ to size each other up, to take stock of each other

be·schö·ni·gen* [bəˈʃøːnɪgn̩] *vt* ■**etw** ~ to gloss over [*or* cover up] [*or* whitewash] sth; **ein ~der Ausdruck, eine ~de Bezeichnung** a gloss-over, a cover-up, a whitewash, a euphemism

Be·schö·ni·gung <-, -en> *f* gloss-over, cover-up, whitewash; **berichten Sie über den Fall, aber bitte ohne ~en** please tell us about the case but without glossing over any details

be·schran·ken* *vt* ■**etw** ~ to put up a [railway] gate [*or* barrier]; **ein beschrankter Bahnübergang** a railway crossing with gates

be·schrän·ken* **I.** *vt* ❶ (*begrenzen*) ■**etw [auf etw** *akk*] ~ to limit [*or* restrict] [*or* confine] sth [to sth]; **Ausgaben** ~ to limit [*or* curtail] expenditure ❷ (*einschränken*) ■**jdn in etw** *dat* ~, ■**jdm etw** ~ to curtail [*or* limit] sb's sth; **ihm wurde das Budget beschränkt** his budget was partly obstructed **II.** *vr* ❶ (*sich begnügen*) ■**sich [auf etw** *akk*] ~ to limit [*or* restrict] oneself [to sth]; **für diesmal will ich mich noch darauf ~, Sie zu verwarnen** this time I'll just give you a warning ❷ (*sich einschränken*) ■**sich auf etw** *akk* ~ to confine [*or* restrict] oneself [*or* to keep] to sth; **sich auf das Wesentliche** ~ to keep to the essential points

be·schränkt *adj* ❶ (*eingeschränkt, knapp*) restricted, limited; **finanziell/räumlich/zeitlich ~ sein** to have a limited amount of cash [*or* limited finances]/space/time; **~e Sicht** low visibility; **~e Haftung** limited liability; **Gesellschaft mit ~er Haftung** limited [liability] company BRIT, corporation AM; **~e Verhältnisse** narrow circumstances ❷ (*dumm*) limited, slow-[*or* dull-]witted; (*engstirnig*) narrow-minded

Be·schrän·kung <-, -en> *f* restriction, limitation; **[jdm] die ~ einer S.** *gen* **auferlegen** to impose a restriction on [sb's] sth; ■**die/eine ~ auf etw** *akk* the/a restriction [*or* limitation] to sth; **er bat sie um eine ~ auf die wesentlichen Punkte** he asked her to keep to the main points; **jdm ~en auferlegen** to put [*or* impose] restrictions on sb

be·schrei·ben* *vt irreg* ❶ (*darstellen*) ■**[jdm] jdn/etw** ~ to describe sb/sth [to sb], to give [sb] a description of sb/sth; **du musst mir das nachher in allen Einzelheiten** ~ you'll have to tell me all about it later; **kaum/nicht zu ~ sein** to be almost/absolutely indescribable; **[jdm] etw gar nicht ~ können** to not be able to describe sth [to sb]; **ich kann dir nicht ~, wie erleichtert ich war** I can't tell you how relieved I was ❷ (*vollschreiben*) ■**etw [ganz]** ~ to cover sth [*or* fill sth up] [completely] with writing ❸ (*vollführen*) ■**etw** ~ to describe sth; **eine Bahn/einen Kreis** ~ to describe a path/a circle

Be·schrei·bung *f* ❶ (*das Darstellen*) description, depiction, portrayal; **das ist eine falsche ~ der Geschehnisse!** that is a false representation of events!; **~ eines Handlungsablaufs** narration, account; **eine kurze** ~ a sketch, an outline; **das spottet jeder** ~ it beggars description ❷ (*fam: Beipackzettel*) description; (*Gebrauchsanweisung*) instructions *pl*, instruction sheet

be·schrei·ten* *vt irreg* (*geh*) ■**etw** ~ ❶ (*begehen*) to walk on sth; **einen Pfad** ~ to walk along a path ❷ (*einschlagen*) **einen Weg** ~ to follow [*or* pursue] a course; **einen neuen Weg** ~ to change tack [*or* direction], to apply different methods; *s. a.* **Rechtsweg**

be·schrif·ten* [bəˈʃrɪftn̩] *vt* ■**etw [mit etw** *dat*] ~ (*mit Inschrift versehen*) to inscribe sth [with sth], to inscribe [sth] on sth; (*mit Aufschrift versehen*) to letter [*or* label] sth [with sth]; **ein Kuvert** [*o* **einen Umschlag**] ~ to address an envelope; **Etiketten** ~ to write labels; **ein Bild** ~ to give a caption to a photograph [*or* an illustration]; **einen Karton** [*o* **eine Kiste**] ~ to mark a box

Be·schrif·tung <-, -en> *f* ❶ (*das Beschriften*) lettering, labelling BRIT, labeling AM, inscribing; *Kuvert* addressing; *Etiketten* writing ❷ (*Aufschrift*) inscription, lettering, label, caption; *Grabstein* inscription

be·schul·di·gen* [bəˈʃʊldɪgn̩] *vt* ■**jdn [einer S.** *gen*] ~ to accuse sb [of sth], to blame sb [for sth], to charge sb [with sth] *liter;* **jdn der Fahrlässigkeit** ~ to accuse sb of negligence; ■**jdn ~, etw getan zu haben** to accuse sb of doing sth

Be·schul·dig·te(r) *f(m) dekl wie adj* accused; **der Anwalt/die Anwältin des/der ~n** the defendant's [*or* BRIT defence [*or* AM -se]] lawyer

Be·schul·di·gung <-, -en> *f* accusation, allegation *form*, charge[s] *form;* **wie lautet die ~?** what are the charges?

be·schum·meln* **I.** *vt* (*fam*) ❶ (*betrügen*) ■**jdn [bei/mit etw** *dat*] ~ to trick [*or* cheat] sb [when doing sth/by sth]; ■**jdn um etw** *akk* ~ to do [*or* cheat] [*or fam* diddle] sb out of sth; **jdn finanziell** ~ to swindle sb, to rip sb off *sl* ❷ (*belügen*) ■**jdn** ~ to tell sb lies [*or* fibs] *fam*, to take sb for a ride *fam* **II.** *vi* (*fam: betrügen*) ■**[bei etw** *dat*] ~ to cheat [at sth]

be·schuppt *adj* scaled, scaly; **dick/dünn ~ sein** to be thick-scaled/thin-scaled; **kaum ~ sein** to have almost no scales

Be·schuss^RR <-es> *m kein pl*, **Be·schuß**^ALT <-sses> *m kein pl* fire; (*durch Granaten, Raketen*) shelling; (*durch schwere Geschütze*) bombardment; **unter schwerem** ~ under heavy [*or* intense] fire; **unter ~ geraten/liegen** [*o* **stehen**] to come/be under fire; **jdn/etw unter ~ nehmen** (*a. fig*) to attack sb/sth; (*mit Maschinengewehren*) to fire at sb/sth; (*mit Granaten, Raketen*) to shell sb/sth

be·schüt·zen* *vt* ■**jdn [vor jdm/etw]** ~ to protect [*or* shelter] [*or* give shelter to] sb [from sb/sth], to defend sb [against sb/sth]; (*mit dem eigenen Körper*) to shield [*or* screen] sb [from sb/sth]; **der Herr beschütze dich!** may the Lord protect you!; ■**~d** protective; *s. a.* **Werkstatt**

Be·schüt·zer(in) <-s, -> *m(f)* protector, defender, guardian angel *iron*

be·schwat·zen* *vt* (*fam*) ❶ (*überreden*) ■**jdn [zu etw** *dat*] ~ to talk sb round [*or* into sth/doing sth]; **lass dich ja nicht zum Kauf eines Autos** ~ don't let yourself be talked into buying a car; (*schmeichelnd*) to wheedle [*or* coax] sb [into sth/doing sth] ❷ (*bereden*) ■**etw** ~ to chat [*or* BRIT *a.* have a chinwag] about sth [*or* BRIT *a.* natter] *sl*

be·schwät·zen* *vt* DIAL (*fam*) *s.* **beschwatzen**

Be·schwer·de <-, -n> [bəˈʃveːɐ̯də] *f* ❶ (*Beanstandung, Klage*) complaint; **Grund zur ~ haben** to have grounds for complaint [*or* reason to complain] ❷ JUR appeal; **~ gegen jdn/etw führen** to submit [*or* make] a complaint about sb/sth; **[bei jdm] ~ einlegen** to file [*or* lodge] an appeal [with sb]; **[bei jdm] eine ~ einreichen** to lodge [*or* file] a complaint [with sb] ❸ *pl* MED complaint *form;* **~n mit etw** *dat* **haben** to have problems with sth; **haben Sie sonst noch ~n?** is there anything else wrong?; **etw macht jdm ~n** sth hurts sb; **mein Magen macht mir ~n** my stomach is giving [*or* causing] me trouble

Be·schwer·de·buch *nt* complaints book **be·schwer·de·frei** *adj* MED healthy; **bei Malaria kommt es regelmäßig zu ganz ~en Intervallen** patients with malaria experience regular periods where the disease is not apparent **Be·schwer·de·frist** *f* JUR *period of time within which an appeal must be lodged;* **Sie haben eine ~ von zwei Monaten** you must lodge an appeal within two months **Be·schwer·de·füh·rer(in)** *m(f)* (*geh*) person lodging a complaint; JUR complainant, appellant, plaintiff

be·schwe·ren* [bəˈʃveːrən] **I.** *vr* ❶ (*sich beklagen*) ■**sich** *akk* **[bei jdm] [über jdn/etw]** ~ to complain [about sb/sth] [to sb]; **ich kann mich nicht** ~ I can't complain ❷ (*fig: sich belasten*) ■**sich** *akk* **[mit etw** *dat*] ~ to encumber oneself [with sth] **II.** *vt* ❶ (*mit Gewicht versehen*) *Briefe, Papiere* ■**jdn/etw [mit etw** *dat*] ~ to weight sb/sth [down] [with sth] ❷ (*belasten*) ■**jdn** ~ to weigh [*or fam* get] sb down, to burden sb; **komm, was beschwert dich denn so?** come on, what's getting you down?

be·schwer·lich *adj* difficult, exhausting, arduous *form,* onerous *form;* **eine ~e Reise** an arduous/a fatiguing journey; **das Laufen ist für ihn sehr ~** walking is hard for him [*or* a strain on him]

Be·schwer·lich·keit <-, -en> *f* ① *kein pl* difficulty, arduousness *form,* onerousness *form;* **der Aufstieg zum Gipfel war von großer/ziemlicher ~** the climb to the summit was very/quite arduous ② *pl* (*Mühsal*) hardships, discomforts; **die ~ einer Zugreise** the inconveniences of a train journey

be·schwich·ti·gen* [bəˈʃvɪçtɪgn̩] *vt* ■**jdn [mit etw** *dat*] **~** to calm sb [down] [*or* soothe [*or form* placate] sb] [with sth]; **jdm das Gewissen ~** to soothe sb's conscience; **jds Zorn ~** to calm [*or* soothe] [*or form* appease] sb's anger **be·schwich·ti·gend I.** *adj* soothing, calming **II.** *adv* soothingly, calmly

Be·schwich·ti·gung <-, -en> *f* soothing, calming, placation *form; Gewissen* soothing; *Zorn* calming, appeasement *form*

Be·schwich·ti·gungs·for·mel *f* words *pl* of reassurance; **zu ~n greifen** to use the rhetoric of appeasement **Be·schwich·ti·gungs·po·li·tik** *f* policy of appeasement

be·schwin·deln* *vt* (*fam*) ① (*belügen*) ■**jdn ~** to tell sb fibs *fam,* to lead sb up the garden path *prov* ② (*betrügen*) ■**jdn [um etw** *akk*] **~** to con [*or* swindle] sb [out of sth]

be·schwin·gen* *vt* ■**jdn ~** to get sb going, to make sb brighten up, to animate sb *form;* **die Musik beschwingte uns** the music elated us

be·schwingt I. *adj* lively; *Mensch a.* vivacious; **mit ~em Gang, ~en Schrittes** with a spring in one's step; **~e Musik** lively music; **~e Rhythmen** vibrant [*or* pulsating] rhythms **II.** *adv* chirpily; **sich** *akk* **~ fühlen** to feel elated [*or* exhilarated]; **es war ein schöner Abend gewesen und er ging ~ nach Hause** it was a wonderful evening and he went home in a happy frame of mind

be·schwipst [bəˈʃvɪpst] *adj* (*fam*) tipsy *fam,* merry

be·schwö·ren* *vt irreg* ① (*beeiden*) ■**etw ~** to swear [to] sth [*or* that sth is true]; **~ kann ich das nicht** I wouldn't like to swear to it; **eine Aussage ~** to make a statement under oath ② (*anflehen*) ■**jdn ~** to beg [*or* implore] [*or form* beseech] sb ③ (*magisch hervorbringen*) ■**etw ~** to conjure [*or* call] up sth; **Geister/Tote ~** to raise ghosts/the dead; (*bezwingend*) to exorcize; **eine Schlange ~** to charm a snake ④ (*geh: hervorrufen*) ■**etw [in jdm] ~** to conjure up sth *sep* [in sb] **be·schwö·rend I.** *adj* imploring, pleading, beseeching *form* **II.** *adv* imploringly, pleadingly, beseechingly *form*

Be·schwö·rung <-, -en> *f* ① (*das Anflehen*) appeal, entreaty, supplication *form;* **unsere ganzen ~en nützten nichts** all our pleading was in vain ② (*das magische Hervorbringen*) conjuring-[*or* calling-]up, conjuration; (*Beschwörungsformel*) magic spell; **eine ~ aussprechen** to chant an incantation, to speak the magic words ③ (*das Hervorrufen*) conjuring-up; **eine ~ längst vergessener Erinnerungen** a conjuring-up of long-forgotten memories; **eine ~ der Vergangenheit/alter Zeiten** a reminder of the past/old times

be·see·len* [bəˈzeːlən] *vt* ① (*durchdringen*) ■**jdn/etw ~** to animate [*or* fill] sb; **sich** *akk* **von neuem Mut beseelt fühlen** to feel filled with renewed courage; **ein Lächeln beseelte ihr Antlitz** (*liter*) a smile animated her face; **vom Geist der Aufklärung/Revolution etc beseelt** to be inspired by [*or* filled with] the spirit of the Enlightenment/Revolution etc ② (*mit innerem Leben erfüllen*) ■**etw ~** to breathe life into; [**der Glaube an**] **die beseelte Natur** [the belief that] everything in nature has a soul; **der Schauspieler hat diese Figur wirklich neu beseelt** the actor really breathed new life into this character; **eine beseelte Darbietung/ein beseelter Blick** a soulful performance/glance

be·se·hen* *irreg* **I.** *vt* ■**jdn/etw ~** to look at sb/sth, to have a look at sb/sth; **etw näher ~** to inspect [*or* examine] sth closely **II.** *vr* ① (*sich betrachten*) ■**sich ~** to look at oneself; **na, besiehst du dich wieder im Spiegel?** are you admiring yourself in the mirror again? ② (*betrachten*) ■**sich** *dat* **etw ~** to [have a] look at sth

be·sei·ti·gen* [bəˈzaitɪgn̩] *vt* ① (*entfernen*) ■**etw ~** to dispose [*or* get rid] of sth; **Zweifel ~** to dispel doubts; **ein Missverständnis ~** to clear up a misunderstanding; **sich** *akk* **leicht ~ lassen** to be easily removed; **Schnee/ein Hindernis ~** to clear away snow/an obstacle; **Streit ~** to settle a dispute/an argument; **Fehler ~** to eliminate mistakes; **Ungerechtigkeiten ~** to abolish [*or* eliminate] injustice ② (*euph: umbringen*) ■**jdn ~** to eliminate [*or fam* do away with] sb, to wipe sb out *sl*

Be·sei·ti·gung <-> *f kein pl* ① (*das Beseitigen*) disposal; *Farben/Spuren/Regime* removal; *Zweifel* dispelling; *Missverständnis* clearing-up ② (*euph: Liquidierung einer Person*) elimination

Be·sen <-s, -> [ˈbeːzn̩] *m* ① (*Kehr~*) broom; (*kleiner*) brush; *Hexe* broomstick ② KOCHK whisk ③ (*pej sl: kratzbürstige Frau*) old bag *pej,* old battleaxe *pej* ④ SÜDD (*fam*) *Swabian vineyard's own public bar selling its wine, signalled by a broom hanging outside the door* ▸ WENDUNGEN: **etw mit eisernem ~ auskehren** to make a clean sweep of sth; **neue ~ kehren gut** (*prov*) a new broom sweeps clean *prov;* **ich fresse einen ~, wenn ...** (*fam*) I'll eat my hat if ...

Be·sen·bin·der(in) <-s, -> *m(f)* broom-maker **Be·sen·gins·ter** *m* BOT (*Sarothamnus scoparius*) common broom **Be·sen·kam·mer** *f* broom cupboard

be·sen·rein *adj* well-swept

Be·sen·schrank *m* broom cupboard **Be·sen·stiel** *m* broomstick ▸ WENDUNGEN: **steif wie ein ~, als habe jd einen ~ verschluckt** as stiff as a post [*or* poker] *fam* **Be·sen·wirt(in)** *m(f)* SÜDD (*fam*) owner of a "Besen"

Be·sen·wirt·schaft *f* SÜDD (*fam*) *s.* **Besen**

be·ses·sen [bəˈzɛsn̩] *adj* ① REL possessed; ■[**von etw/vom Teufel**] **~ sein** to be possessed [by sth/by the devil] ② (*unter einem Zwang stehend*) ■[**von etw** *dat*] **~ sein** to be obsessed [with sth]; **wie ~** like mad *sl*

Be·ses·se·ne(r) *f(m) dekl wie adj* ① REL possessed person ② (*fanatischer Mensch*) fanatic; **wie ein ~r/eine ~** like one possessed [*or* a maniac]

Be·ses·sen·heit <-> *f kein pl* ① REL possession ② (*Wahn*) obsession, fanaticism

be·set·zen* *vt* ① (*belegen*) ■**etw ~** to reserve sth; **besetz schon mal zwei Plätze für uns** keep two places for us; **Stühle/Plätze ~** to occupy [*or* take] chairs/seats; **das Theater war bis auf den letzten Platz besetzt** there was a full house at the theatre; **die Toilette ~** to occupy the toilet; **die Leitung ~** to engage the line BRIT, to keep the line busy AM ② (*okkupieren*) ■**etw ~** *a.* MIL to occupy sth; (*bemannen*) to man sth; **ein Haus ~** to take possession of [*or* squat in] a house; **zehn Leute haben das leer stehende Gebäude besetzt** ten people are squatting in the disused building ③ (*ausfüllen*) ■**etw [mit jdm] ~** to fill sth [with sb]; **einen Posten ~** to fill a post; **eine Rolle ~** THEAT to cast sb in [*or* fill] a role ④ JAGD **ein Gehege/einen Zoo mit Tieren ~** to fill [*or* stock] an enclosure/a zoo with animals ⑤ (*dekorieren*) ■**etw mit etw** *dat* **~** to trim sth with sth; **sie hatte ihr Kostüm über und über mit Pailletten besetzt** she had sequins all over her costume

be·setzt *adj* ① (*vergeben*) taken, occupied; **voll/dicht ~** full, crowded, packed [out]; **ein schlecht ~es Theater** an empty theatre [*or* AM -er]; **ein gut/schlecht ~er Film** a well-cast/miscast movie ② (*belegt*) ■**~ sein** *Telefon, Toilette* to be occupied [*or* BRIT *a.* engaged] [*or* AM *a.* busy]; *Terminkalender, Termine* to be fully booked-up; **die Sache ist negativ ~** this carries negative connotations ③ MIL occupied; (*bemannt*) manned; **etw ~ halten** to continue to occupy sth; (*bemannt*) to continue to man sth; **ein ~es Haus** a squat

Be·setzt·zei·chen *nt* engaged [*or* AM busy] tone

Be·set·zung <-, -en> *f* ① (*Vergeben einer Stelle*) appointment (**mit** +*dat* of); FILM, THEAT casting (**mit** +*dat* of) ❷ (*alle Mitwirkenden*) *Film, Stück* cast; *Mannschaft* line-up, players *pl*, members [of a team] *pl*; **die zweite** ~ THEAT understudy; SPORT substitute ❸ (*Okkupierung*) *Land, Gebiet* occupation; *Haus* squatting [in]; *Amt/Stelle* filling

be·sich·ti·gen* [bəˈzɪçtɪgn̩] *vt* (*ansehen*) ▪**etw** ~ to visit sth; *Sehenswürdigkeit a.* to have a look at sth; (*hum*) ▪**jdn** ~ *neues Baby, zukünftigen Schwiegersohn* to inspect sb; **einen Betrieb** ~ to have a look round [*or* have a tour of] a factory/plant; **ein Haus/eine Wohnung** ~ to view [*or* have a look at] [*or* look over] a house/flat; **eine Schule** ~ to inspect a school; **Truppen** ~ to inspect [*or* review] troops

Be·sich·ti·gung <-, -en> *f* visiting; *Wohnung, Haus etc.* viewing; *Truppen* inspection, review; **„heute keine ~!"** 'closed today!'; **„~en nur sonntags!"** 'viewing only on Sundays!'; **eine ~ der Sehenswürdigkeiten** a sightseeing tour, a tour of the sights; **die ~ einer Stadt** a tour of a town; **zur ~ freigegeben** open for public viewing

Be·sich·ti·gungs·zei·ten *pl* opening [*or* viewing] times; **„~ von 9 - 11 Uhr"** 'open 9am to 11am'

be·sie·deln* *vt* ❶ (*bevölkern*) ▪**etw** ~ to settle [*or* populate] sth; (*kolonisieren*) to colonize sth; **mit Tieren besiedelt sein** to be populated with [*or* inhabited by] animals ❷ (*wachsen*) ▪**etw** ~ to grow on [*or* in] sth; **mit Pflanzen/Vegetation besiedelt sein** to be inhabited by plants/vegetation

be·sie·delt *adj* populated; **dicht** [*o* **stark**]/**dünn/schwach** [*o* **kaum**] ~ densely/thinly/sparsely populated; **nicht** ~ unpopulated

Be·sie·de·lung <-, -en> *f*, **Be·sied·lung** <-, -en> *f* settlement; (*Kolonisierung*) colonization; *Ballungsraum, Landstrich, etc* population; **dichte/dünne** ~ dense/sparse population

Be·sied·lungs·dich·te *f* population [density]

be·sie·geln* *vt* ▪**etw** ~ to seal sth; **sein Schicksal** ~ to seal one's fate; **etw schriftlich** ~ to put sth in writing

be·sie·gen* *vt* ❶ (*schlagen*) ▪**jdn** ~ to beat [*or* defeat] [*or liter* vanquish] sb; SPORT to outdo [*or* beat] sb; **ein Land** ~ to conquer a country; **den Gegner mit List** ~ to defeat one's opponent with cunning; **sie haben die andere Mannschaft mit 3:2 besiegt** they beat the other team 3:2; **sich** [**für**] **besiegt erklären** to admit defeat, to throw in the towel [*or* up the sponge] *fam* ❷ (*überwinden*) ▪**etw** ~ to overcome [*or* conquer] sth

Be·sieg·te(r) *f(m)* *dekl wie adj* loser; ▪**die Besiegten** the defeated [*or liter* vanquished]

be·sin·gen* *vt irreg* ❶ (*rühmen*) ▪**jdn/etw** ~ to sing about [*or* the praise of] sb/sth, to honour sb/sth in song ❷ MUS ▪**etw** [**mit etw**] ~ to record sth [with sth]

be·sin·nen* *vr irreg* ❶ (*überlegen*) ▪**sich** ~ to think [for a moment], to consider, to reflect, to contemplate *liter*; **ohne sich zu** ~ without hesitation [*or* stopping to think]; **sich anders** ~ [*o* **sich eines anderen** [*o* **Besseren**] ~] to reconsider [*or* think better of] sth, to change one's mind [about sth]; **sich** [**für einen Moment**] ~ after [a moment's] consideration; **da brauche ich mich nicht lange zu ~, das weiß ich auswendig!** I don't need to think about that, I know it by heart!; **nach kurzem B~** after brief consideration ❷ (*an etw denken*) ▪**sich** [**auf jdn/etw**] ~ to think [about sb/sth], to consider [*or liter* contemplate] [sb/sth], to reflect [on sb/sth]; (*auf Vergangenes*) to remember, to recall; **wenn ich mich recht besinne** if I remember rightly [*or* correctly], if my memory serves me right

be·sinn·lich [bəˈzɪnlɪç] *adj* thoughtful, pensive, reflective, contemplative; (*geruhsam*) leisurely; **er verbrachte einige ~e Tage im Kloster** he spent a few days of contemplation [*or* on retreat] in the monastery; **ein ~er Mensch** a thoughtful [*or* reflective] person; **sie hatte ein ~es Wesen** (*liter*) she was a reflective type, she was of a thoughtful turn of mind; ~ **sein** to be thoughtful; ~**er werden** to grow [more] thoughtful

Be·sin·nung <-> *f kein pl* ❶ (*Bewusstsein*) consciousness; **die ~ verlieren** to faint, to pass out, to lose consciousness *fig* [*or* one's head [*or* marbles]]; **bei/ohne ~ sein** to be conscious/unconscious [*or fam* out cold]; [**wieder**] **zur ~ kommen** to come round [*or* to one's senses], to regain consciousness; **jdn** [**wieder**] **zur ~ bringen** to revive sb; (*fig*) to bring sb round [*or* to their senses]; **ihr seid wohl nicht bei ~!** you must be out of your mind! ❷ (*Reflexion*) thought, reflection, contemplation; **zur ~ kommen** to gather one's thoughts

Be·sin·nungs·auf·satz *m* discursive essay

be·sin·nungs·los *adj* ❶ (*ohnmächtig*) unconscious; ▪~ **werden** to lose consciousness, to pass [*or fam* black] out ❷ (*blind*) insensate, pure; ~**e Wut** blind rage; ~**e Angst lähmte ihre Glieder** pure, unadulterated fear gripped her limbs; ▪[**wie**] ~ **sein vor etw** to be blind [*or* beside oneself] with sth

Be·sin·nungs·lo·sig·keit <-> *f kein pl* unconsciousness; **die Patientin befindet sich seit Wochen im Zustand der** ~ the patient has been in a coma for weeks

Be·sitz <-es> [bəˈzɪts] *m kein pl* ❶ (*Eigentum*) property; *Vermögen* possession ❷ AGR land, estate; (*Landsitz, Gut*) estate ❸ (*das Besitzen*) possession; ~ **ergreifend** possessive; **jdm den** ~ [**einer S.** *gen*] **streitig machen** to challenge [*or* contest] sb's ownership [of sth]; **etw in ~ nehmen, von etw ~ ergreifen** (*geh*) to take possession [*or* hold] of sth; **in den ~ einer S.** *gen* **gelangen** [*o* **kommen**] to come into [*or* gain] possession of sth; **etw in ~ haben** (*geh*) to possess sth, to have sth in one's possession *form*; **jds** *gen* [**alleiniger**] ~ **sein** to be sb's [sole] property; **im ~ von etw sein** (*geh*) to be in possession of sth; **ich bin im ~ Ihres Schreibens vom 17.4.** I have received your letter of 17 April; **in jds** *dat* ~ **sein, sich in jds** *dat* ~ **befinden** to be in sb's possession [*or* hands]; **in jds** *akk* ~ **übergehen** [*o* **gelangen**] to pass into sb's possession [*or* hands]; **in staatlichem/privatem** ~ state-owned/privately-owned

Be·sitz·an·spruch *m* claim to [right of] ownership; JUR [possessory] title; **einen ~ auf etw** *akk* **haben** to have a right to sth; **seine Besitzansprüche** [**auf etw** *akk*] **anmelden** [*o* **geltend machen**] to claim possession of sth **be·sitz·an·zei·gend** *adj* LING [**ein**] ~**es Fürwort** [a] possessive pronoun

be·sit·zen* *vt irreg* ❶ (*Eigentümer sein*) ▪**etw** ~ to own [*or form* possess] [*or fam* have [got]] sth; **ein** [**großes**] **Vermögen** ~ to be [very] wealthy ❷ (*haben, aufweisen*) ▪**etw** ~ to have [got] *fam* [*or form* possess] sth; **Frechheit** ~ to be cheeky [*or* impertinent]; **die Frechheit ~, etw zu tun** to have the cheek [*or* impertinence] to do sth; **jds** *gen* **Fürsprache/Vertrauen/etc** ~ to have sb's approval/confidence; **ein Recht/eine Möglichkeit ~, etw zu tun** to enjoy a right/the possibility to do sth ❸ (*mit etw ausgestattet sein*) to have [*or* be equipped with] [*or* boast] sth *hum* ❹ (*euph: beschlafen*) ▪**jdn** ~ to have sb

be·sit·zend *adj* wealthy; **die** [**Angehörigen der**] ~**en Klassen** the propertied classes *form*

Be·sit·zer(in) <-s, -> *m(f)* owner; ▪**der ~ einer S.** *gen* the owner of sth; ~ **eines Geschäfts/Hotels/etc.** proprietor of a business/hotel/etc.; ~ **einer Eintrittskarte/Aktie** holder of a ticket/shareholder; **sie ist seit neuestem ~in einer Eigentumswohnung** she has recently bought her own flat [*or* become a flat-owner]; **der rechtmäßige** ~ the rightful owner; **den ~ wechseln** to change hands

be·sitz·er·grei·fend *adj* possessive **Be·sitz·er·grei·fung** *f* (*geh*) seizure; ~ **durch den Staat** seizure of power by the state; *Macht, Kontrolle* seizure; (*unrechtmäßig*) usurpation; *Land* occupation **be·sitz·los** *adj* poor, penniless; **die** [**Angehörigen der**] ~**en Klassen** [*o* **Bevölkerungsschichten**] the dispossessed *form*, the have-nots; **nach dem Konkurs ihrer Firma war sie völlig** ~ after her company went bankrupt she was left with nothing **Be·sitz·stand** *m standing as propertied members of society*

Be·sịtz·tum <-s, -tümer> *nt* property *no pl,* possession; *Land* estate

Be·sịt·zung <-, -en> *f* (*Land- und Grundbesitz*) property, estate

Be·sịtz·ver·hält·nis·se *pl* [conditions of] ownership *no pl*

be·sọf·fen [bəˈzɔfn̩] *adj* (*sl*) ❶ (*betrunken*) sloshed *fam,* plastered *fam,* BRIT *a.* pissed *sl;* **ein ~er Mensch** a drunk [*or* drunkard]; **im ~en Zustand** drunk; **total ~** dead drunk ❷ (*von Sinnen*) cuckoo *sl,* BRIT *a.* potty *sl*

Be·sọf·fe·ne(r) *f(m) dekl wie adj* (*sl*) drunk, drunkard

be·so̲h·len* *vt* ■**[jdm] die Schuhe/Stiefel/etc [neu] ~** to [re]sole sb's shoes/boots/etc

be·sol·den* [bəˈzɔldn̩] *vt* ADMIN ■**jdn ~** to pay sb; **jdn nach einem bestimmten Tarif/einer bestimmten Lohngruppe ~** to pay sb according to a particular scale/a particular salary grade

Be·sọl·dung <-, -en> *f* ADMIN pay, salary; **jds ~ erhöhen** to raise sb's salary, to give sb a rise [*or* raise] AM

Be·sọl·dungs·grup·pe *f* ADMIN [salary] grade **Be·sọl·dungs·ord·nung** *f* ADMIN pay [*or* salary] regulations *pl*

be·son·de·re(r, s) [bəˈzɔndɐə, -ɐɐ, -ɐəs] *adj* ❶ (*ungewöhnlich*) special, unusual; (*eigentümlich*) peculiar; (*außergewöhnlich*) particular; **zu meiner ~n Freude darf ich Ihnen heute unseren Gast vorstellen** I am particularly pleased to introduce our guest to you today; **ganz ~** very special [*or* unusual]; **eine ~ Ehre** a great honour [*or* AM -or]; **ein ~r Umstand** an unusual [*or* exceptional] circumstance; **von ~r Schönheit/Anmut [sein]** [to be] of exceptional [*or* uncommon] beauty/grace ❷ (*speziell*) special, particular; **ein ~s Interesse an etw haben** to be keenly [*or* especially] interested in sth; **ein ~r Gast/eine ~ Behandlung** a special guest/treatment; **von ~r Bedeutung** of great significance; **ohne ~ Begeisterung** without any marked enthusiasm; **[einen] ~n Wert auf etw legen** to value sth highly, to attach great importance to sth ❸ (*zusätzlich, separat, gesondert*) special [kind of], separate, particular

Be·son·de·re(s) [bəˈzɔndɐə(s)] *nt dekl wie adj* ❶ (*besondere Eigenschaft*) special feature; **was ist das ~ an ihm?** what's so special [*or* remarkable] about him?; **etw/nichts ~s** sth/nothing special; **haben Sie irgendetwas ~s entdeckt?** have you discovered anything out of the ordinary?; **vom Allgemeinen zum ~n** from the general to the particular ❷ (*ein besonderer Mensch*) ■**etw/jd/nichts ~s** sth/somebody/nothing special; **sie war nichts ~s** she was nothing special ▶WENDUNGEN: **im ~n** in particular, particularly, especially

Be·sọn·der·heit <-, -en> *f* (*Merkmal*) characteristic, feature; (*Außergewöhnlichkeit*) special quality; (*Eigentümlichkeit*) peculiarity

be·son·ders [bəˈzɔndɐs] *adv* ❶ *intensivierend* (*außergewöhnlich*) particularly, especially, specially, exceptionally; **~ viel** a great deal, an awful lot *fam;* **nicht ~ klug/fröhlich** not particularly [*or* [e]specially] [*or* not so] bright/happy; **nicht ~ viel** not a great deal ❷ (*vor allem*) in particular, above all; **~ sie war davon betroffen** mainly she was affected ❸ (*speziell*) specially; **sich** *dat* **etw ~ anfertigen lassen** to have sth specially made; **~ verpackt** individually packed; **das Problem muss später ~ behandelt werden** that problem will have to be dealt with separately later; **nicht ~ sein** (*fam*) nothing out of the ordinary [*or* to write home about] *fig;* **hat's geschmeckt? – na ja, das Essen war nicht ~** did you enjoy the meal? – well, not particularly; **[jdm geht es** [*o* **jd fühlt sich**]] **nicht ~** (*fam*) [sb feels] not too good [*or* great] *fam*

be·son·nen [bəˈzɔnən] **I.** *adj* sensible, calm, prudent; **~ bleiben** to keep [*or* stay] calm; **sein ~es Verhalten rettete ihn** his level-headed [*or* discreet] conduct saved him **II.** *adv* sensibly, calmly, prudently; **wir sollten sehr ~ vorgehen** we should proceed with utmost caution [*or* discretion]

Be·sọn·nen·heit <-> *f kein pl* common sense *no pl,* calmness *no pl,* prudence *no pl*

be·sọr·gen* *vt* ❶ (*kaufen*) ■**[jdm] etw ~** to buy [*or* get] [sb] sth; (*beschaffen*) to get [*or form* obtain] sth for sb [*or* sb sth], to procure sth for sb *form;* ■**sich** *dat* **etw ~** to get [oneself] sth, to obtain [*or form* procure] sth [for oneself]; **jdm einen Job/Partner ~** to fix sb [up] with a job/partner; **sich einen Job ~** to find oneself a job *fam* ❷ (*erledigen*) ■**etw ~** to see [*or* attend] to sth; **jds Angelegenheiten ~** to look after [*or* manage] sb's affairs; **den Haushalt ~** to run the household ▶WENDUNGEN: **was du heute ~ kannst, verschiebe nicht auf morgen** (*prov*) do not postpone anything until tomorrow that could be done today; **es jdm ~** (*fam: jdn verprügeln*) to give sb a thrashing; (*es jdm heimzahlen*) to give sb what for; **ich habe es ihm richtig besorgt** I really let him have it; (*jdm die Meinung sagen*) to give sb a piece of one's mind; (*derb: jdn sexuell befriedigen*) to give it to sb *vulg*

Be·sorg·nis <-ses, -se> [bəˈzɔrknɪs] *f* ❶ (*Sorge*) concern, worry, alarm; **~ erregend** worrying, alarming; **der Zustand des Patienten ist weiterhin ~ erregend** the patient's condition is continuing to cause concern; **jds** *akk* **~ erregen** to cause sb concern, to alarm sb; **in ~ geraten** to get alarmed [*or* worried]; **mit wachsender ~** with increasing concern [*or* anxiety]; **kein Grund zur ~!** no need to worry! ❷ (*Befürchtung*) misgivings *pl,* concerns *pl,* fears *pl;* **jdm seine ~se zerstreuen** to allay sb's misgivings [*or* concerns] [*or* fears]; **große ~** great [*or* considerable] concern; **ernste ~** grave concern; **~ erregen** to cause [*or* arouse] concern; **~ der Befangenheit** JUR fear of bias

be·sọrg·nis·er·re·gend *adj s.* **Besorgnis 1**

be·sorgt [bəˈzɔrkt] *adj* ❶ (*voller Sorge*) worried, concerned; ■**[wegen/um etw] ~ sein** to be worried [*or* concerned] [about sth]; **er war um seine Zukunft ~** he was anxious about his future; **mit ~er Miene** with a troubled expression [on sb's face]; **ein ~es Gesicht machen** to look troubled [*or* worried] ❷ (*fürsorglich*) ■**um jdn/etw ~ sein** to be anxious about sb/sth, to be concerned [*or form* solicitous] about [*or* for] sb/sth; **seine Eltern waren immer sehr ~ um ihn** his parents were always worrying about him

Be·sọrgt·heit <-> *f kein pl* concern, anxiety, uneasiness; ■**jds ~ um jdn/etw** sb's concern about [*or* for] sb/sth

Be·sọr·gung <-, -en> *f* ❶ (*Einkauf*) shopping, errand[s], purchase[s] *form;* **[für jdn] eine ~/~en machen** [*o* **erledigen**] to do some shopping [*or* errands] [for sb], to make a purchase/some purchases [for sb] *form;* (*das Kaufen*) purchase *form* ❷ (*das Erledigen*) *Geschäfte, Aufgaben* management [*or* handling] [of affairs]

be·spạn·nen* *vt* ❶ (*überziehen*) ■**etw [mit etw] ~** to cover sth [with sth]; **etw mit Stoff/einer Plane ~** to cover sth with fabric/canvas; **Sitzmöbel ~** to re-cover [*or* re-upholster] furniture; **etwas mit Saiten ~** to string sth; **einen Schläger neu ~** to re-string a racket ❷ (*Zugtiere anspannen*) ■**etw [mit etw] ~** to harness [*or* put] sth [to sth]; **den Wagen ~** to harness up the cart; **mit Pferden bespannt** horse-drawn

Be·spạn·nung *f* ❶ *kein pl* (*das Bespannen mit Stoff*) covering; *Instrument, Schläger* stringing; *Wagen* harnessing ❷ (*der Überzug*) cover, covering; **Wand~** wall-coverings; (*Saiten*) strings *pl;* (*Zugtiere*) team [of oxen etc]

be·spi̲el·bar *adj* ❶ TECH *Kassette* capable of being recorded on; **diese Videokassette ist ~** you can use this video cassette for recording ❷ SPORT *Platz* fit for playing on; **der Platz ist nur mit Stollenschuhen ~** only studded boots are to be used on the pitch

be·spi̲e·len* *vt* ❶ TECH *Kassette, Tonband* ■**etw [mit etw] ~** to make a recording [of sth] [*or* to record [sth]] on sth; **die MC ist mit klassischer Musik bespielt** the tape has got classical music on it; **ein bespieltes Band** a [pre-]recorded tape ❷ SPORT *Platz* ■**etw ~** to play on sth; **nach dem Regen kann der Platz noch nicht wieder bespielt werden** after the rain the pitch is not yet ready for playing on

be·spit·zeln* *vt* ■**jdn** ~ to spy on sb, to keep sb under surveillance

Be·spit·ze·lung <-, -en> *f* spying, surveillance; **die ~ einer Person** the surveillance of a person

be·spre·chen* *irreg* **I.** *vt* ❶ (*erörtern*) ■**etw [mit jdm]** ~ to discuss sth [*or* talk about sth [*or* sth over]] [with sb], to confer [with sb] about/on sth *form;* **wie besprochen** as agreed ❷ (*rezensieren*) ■**etw** ~ to review sth; **[von der Kritik] negativ** [*o* **schlecht**]/**positiv besprochen werden** to receive [*or* get] good/bad reviews ❸ (*aufnehmen*) ■**etw [mit etw]** ~ to make a recording [of sth] on sth; **besprochene Bänder** spoken [*or* voice] recordings **II.** *vr* (*sich beraten*) ■**sich [über etw** *akk*] ~ to discuss [sth], to talk [*or form* confer] [about sth], to talk sth over; ■**sich mit jdm [über etw** *akk*] ~ to consult with sb [about sth], to discuss sth [*or* talk sth over] with sb

Be·spre·chung <-, -en> *f* ❶ (*Konferenz*) meeting, conference; (*Unterredung*) discussion, talk; **nach intensiven ~en kamen sie zu einer Einigung** after intensive negotiations they reached an agreement ❷ (*Rezension*) review

Be·spre·chungs·ex·em·plar *nt* review copy **Be·spre·chungs·zim·mer** *nt* conference room; **ärztliches** ~ consulting room

be·sprit·zen* *vt* ■**jdn [mit etw]** ~ to splash [*or* spray] sb [with sth], to splash [sth over] sb; ■**sich [mit etw]** ~ to splash [sth on] oneself; **jdn/etw mit Blut** ~ to spatter sb/sth with blood; ■**[jdm/sich] etw** ~ to splash [*or* spatter] [sb's/one's] sth; **er hat den Pulli mit Farbe bespritzt** he's splashed [*or* spattered] paint all over his sweater; **eine Pflanze mit Wasser** ~ to spray a plant with water; ■**sich gegenseitig [mit etw]** ~ to splash each other [with sth]; **sich [gegenseitig] mit dem Gartenschlauch** ~ to hose oneself/each other down

be·sprü·hen* *vt* ■**jdn/etw [mit etw]** ~ to spray sb/sth [with sth]; ■**sich [mit etw]** ~ to spray oneself [with sth]; ■**[sich** *dat*] **etw [mit etw]** ~ to spray [one's] sth [with sth]

be·spu·cken* *vt* ■**jdn/etw** ~ to spit at sb/sth

bes·ser ['bɛsɐ] **I.** *adj comp von* **gut** ❶ (*höher*) better; **~es Gehalt** higher wages, better pay; **~e Qualität** superior quality; ■**etwas B~es** sth better; **nichts B~es** nothing better; **Sie finden nichts B~es!** you won't find anything better!; **es gibt auf dem Markt nichts B~es** it's the best on the market; ■**~ sein** to be better; **etw könnte ~ sein** sth could be better, sth has room for improvement; **nicht ~ als ...** no better than ...; ■**[es ist] ~, [wenn] ...** it would be better if ...; **~, man sieht uns nicht zusammen** it would be better if nobody saw us together; ■**etw wird ~ [*o* mit etw *dat* wird es ~]** sth is getting better [*or* improving] ❷ (*sozial höhergestellt*) more respectable, better-off, genteel *iron* ❸ (*iron fam: kaum mehr als*) ■**etw ist ein ~er/~es/eine ~e ...** sth is just a bit better than ... [*or* a better sort of]; **das nennen Sie anständige Wohnung? das ist doch allenfalls eine ~e Bruchbude!** you call that a decent flat? it's just a slightly upmarket garden shed! ▶ WENDUNGEN: **jdn eines B~en <u>belehren</u>** to put sb right, to enlighten sb; **ich lasse mich gerne eines B~en belehren** I'm willing to admit I'm wrong; **sich eines B~en <u>besinnen</u>** to think better of sth; **B~es zu tun <u>haben</u>** to have other things to do [*or prov* fish to fry]; **als ob ich nichts B~es zu tun hätte!** as if I had nothing better to do!; *s. a.* **Wendung II.** *adv comp von* **gut, wohl** ❶ (*nicht mehr schlecht*) **es geht jdm** ~ MED sb is [*or* feels] better; **es geht [einer S.** *dat*] ~ ÖKON sth is doing better; **es geht der Landwirtschaft noch nicht** ~ the agricultural industry is still not doing well ❷ (*mehr als gut*) better; ~ **verdienen** to earn more ❸ (*fam: lieber*) better; **dem solltest du ~ aus dem Wege gehen!** it would be better if you avoided him!, you would do better to keep out of his way!; **lass ~ mich ran!** let me have a go!; **soll ich ihm von unserem Gespräch berichten? – nein, das lassen Sie ~ bleiben!** shall I tell him about our conversation? – no, it would be better not to! ▶ WENDUNGEN: **~ [gesagt]** (*richtiger*) rather, properly speaking *form;* **es ~ <u>haben</u>** to be [a lot] better off; **es [mit jdm] ~ <u>haben</u>** to be better off [with sb]; **~ <u>ist</u> ~** [it's] best to be on the safe side [*or prov* better [to be] safe than sorry]; **es <u>kommt</u> noch ~** (*iron fam*) you haven't heard the half of it! *fam;* **jd <u>täte</u> ~ daran ...** sb would do better to ...; **jd <u>will</u> es [*o* alles] [immer] ~ wissen** sb [always] knows better; **<u>um</u> so ~!** (*fam*) all the better!

bes·ser|ge·hen *vi impers, irreg sein s.* **besser II. 1**

bes·ser·ge·stellt *adj* better off; **B~e** the better-off + *pl vb*

bes·sern ['bɛsɐn] **I.** *vr* ■**sich** ~ ❶ (*ein besseres Benehmen zeigen*) to improve, to do better, to turn over a new leaf *prov,* to mend one's ways ❷ (*besser werden*) to improve, to get better; **sein [Gesundheits]zustand hat sich gebessert** he has recovered **II.** *vt* ■**jdn** ~ to reform sb, to change sb for the better; ■**etw** ~ to improve upon sth

bes·ser|stel·len *vt* **jdn** ~ to improve sb's [financial/social] position; **sie wurde um 157 Euro pro Monat bessergestellt** she is better off by 157 euros a month

Bes·se·rung <-> *f kein pl* MED improvement; **gute ~!** get well soon!; **auf dem Weg der ~ sein** to be on one's way to recovery; *Lage, Situation* an improvement [*or* a change for the better] [in a situation]; *Preis, Kurs* gain, advance; **es soll nie wieder vorkommen, hiermit gelobe ich** ~ it won't happen again, from now on I'm a reformed character

Bes·ser·ver·die·nen·de(r) *f(m) dekl wie adj* JUR high earner

Bes·ser·wis·ser(in) <-s, -> *m(f)* (*pej*) know-all *pej,* know-it-all *pej,* wise guy *pej*

Bes·ser·wis·se·rei <-> *f kein pl* (*pej*) know-all manner; **verschone uns bitte mit deiner ständigen ~!** please spare us this little Mr/Miss Know-it-all attitude of yours!

Bes·ser·wis·se·rin <-, -nen> *f fem form von* **Besserwisser**

bes·ser·wis·se·risch I. *adj* (*pej*) know-all; **eine ~e Art** a know-it-all manner; **sie legt immer so ein ~es Verhalten an den Tag** she always behaves like a little Miss Know-it-all **II.** *adv* (*pej*) like a know-all, in a know-all way

be·stal·len* [bəˈʃtalən] *vt* (*geh: ernennen*) ■**jdn [zu etw** *dat*] ~ to appoint sb [to sth]; **jdn ins Amt** ~ to install sb in office *form*

Be·stal·lung <-, -en> *f* (*geh: Ernennung*) ■**jds** *gen* ~ **[zu etw]** sb's appointment to sth; (*in ein höheres Amt*) sb's installation [as sth] *form*

Be·stal·lungs·ur·kun·de *f* certificate of appointment

Be·stand <-[e]s, Bestände> *m* ❶ (*Fortdauer*) survival, continued existence, continuation, longevity *form;* **der weitere ~ der Koalition hängt vom Ausgang der Verhandlungen ab** whether the coalition will survive depends on the outcome of the negotiations; ÖSTERR (*Bestehensdauer*) founding; **die Firma hat 30-jährigen** ~ the company has its 30th anniversary; **von ~ sein, ~ haben** to be long-lasting [*or* durable] ❷ (*vorhandene Menge*) ■**der/jds** *gen* ~ **[an etw** *dat*] the/sb's supply [*or* stock] [*or* store] [of sth]; *Vieh* [live] stock; *Kapital* assets *pl; Wertpapiere* holdings *pl;* FORST (*Waldstück*) stand *form; Bäume* stand [*or* population] [of trees]; **~ aufnehmen** (*a. fig*) to take stock, to do stocktaking

be·stan·den *adj inv* ❶ (*erfolgreich absolviert*) passed; **nach glänzend ~em Examen** after brilliantly passing the exam ❷ (*mit Pflanzen bewachsen*) covered with trees *pred,* tree-covered *attr;* **mit Bäumen ~e Straße** tree-lined street; **gut/schlecht ~es Gebiet** well/poorly-stocked area ❸ SCHWEIZ (*alt, bejahrt*) advanced in years *pred,* ageing BRIT, aging AM

be·stän·dig *adj* ❶ *attr* (*ständig*) continual, constant, persistent *pej,* relentless *pej* ❷ (*gleich bleibend*) consistent, dependable, steady; **~e Loyalität** unswerving loyalty; **~es Wetter** settled weather; **~es Tief** persistent depression ❸ (*widerstandsfähig*) ■**~ [gegen etw] sein** to be resistant [to sth]; **hitze~** heat-resistant, -proof ❹ (*dauerhaft*) long-lasting, lasting

Be·stän·dig·keit <-> *f kein pl* ❶ (*das Anhalten*) persistence;

die ~ des guten/schlechten Wetters the continuation of the settled [*or* good]/bad weather [conditions] ❷ (*gleich bleibende Eigenschaft*) consistency, dependability, steadfastness; *Liebende* constancy ❸ (*Widerstandsfähigkeit*) resistance; ■ **~ gegen etw** resistance to sth

Be·stands·auf·nah·me *f* ❶ ÖKON stocktaking, inventory; **[eine] ~ machen** to take stock, to do the stocktaking; (*in Gastronomie oder Haushalt*) to make an inventory; **geschlossen wegen ~** closed for stocktaking ❷ (*fig: Bilanz*) taking stock; **wenn ich mir bei einer ~ überlege, was ich nach 10 Jahren erreicht habe ...** when I take stock of what I've achieved in 10 years ...; **[eine] ~ machen** to weigh up sth [*or* sth up], to review sth

Be·stand·teil *m* part, element; TECH component, constituent; **notwendiger [*o* elementarer] ~** essential [*or* integral] part; **sich in seine ~e auflösen** to fall apart, to disintegrate; **etw in seine ~e zerlegen** to take sth to pieces, to dismantle sth; (*etw auflösen*) to disintegrate [*or* break down] sth

be·stär·ken* *vt* ■ **jdn [in etw *dat*] ~** to encourage sb['s sth], to support sb [in sth]; **jdn in seinem Wunsch/Vorhaben ~** to confirm [*or* strengthen] sb in their desire/intention; **jdn in einem Verdacht ~** to reinforce sb's suspicion

Be·stär·kung *f* ❶ (*Unterstützung*) support, encouragement; **~ eines Vorsatzes** support [*or* strengthening] of an intention ❷ (*Erhärtung*) confirmation; **~ eines Verdachts** confirmation of a suspicion

be·stä·ti·gen* [bəˈʃtɛːtɪgn̩] *vt* ❶ (*für zutreffend erklären*) ■ **[jdm] etw ~** to confirm [sb's] sth; **eine Theorie ~** to confirm [*or* bear out] a theory; **ein Alibi ~** to corroborate an alibi; **die Richtigkeit einer S.** *gen* **~** to testify to sth's correctness, to verify sth; **ein Urteil ~** to uphold [*or* sustain] a sentence; **das Parlament bestätigte den Vertrag** the parliament ratified the treaty; ■ **jdn [in etw *dat*] ~** to support sb [in sth]; **jdn in seinem Verdacht/seiner Vermutung ~** to confirm sb's suspicion/speculation; ■ **~d** in confirmation; **ein ~des Kopfnicken** a nod of confirmation; **„hiermit [*o* hierdurch] wird bestätigt, dass ..."** "we hereby confirm [*or* certify] that ..." ❷ (*quittieren*) ■ **[jdm] etw ~** to certify sth [for sb]; **[jdm] den Empfang einer S.** *gen* **~** to acknowledge receipt of sth [for sb]; ADMIN to confirm sth [to sb] ❸ ADMIN ■ **jdn in etw** *dat* **~** to confirm sb in sth; **jdn im Amt ~** to confirm sb in office; **jdn in einer Stellung ~** to confirm sb's appointment

Be·stä·ti·gung <-, -en> *f* ❶ (*das Bestätigen*) confirmation; *Richtigkeit, Echtheit* verification; *Gesetz, Vertrag* ratification; ■ **die/zur ~ einer S.** *gen* the/in confirmation of sth; **schriftliche ~** written confirmation; **[in] ~ der Beweise [*o* des Alibis]** [in] confirmation [*or* corroboration] of [the] evidence; **dies sind Beweise zur ~ meines Verdachts** this evidence proves my suspicions were right; **~/keine ~ finden** (*geh*) to be validated/to not be validated *form;* JUR to be upheld [*or* sustained]; **er sucht doch bloß ~!** he's merely trying to boost his ego! ❷ (*Quittierung*) ■ **die/zur ~ einer S.** *gen* the/in confirmation of sth; ■ **die/zur ~ des Empfangs [*o* Erhalts]** the/in acknowledgement of receipt ❸ (*bestätigendes Schriftstück*) written confirmation, certification, certificate

be·stat·ten* [bəˈʃtatn̩] *vt* (*geh*) ■ **jdn ~** ❶ (*beerdigen*) to bury [*or form* inter] sb; **sie wird in drei Tagen auf dem alten Friedhof bestattet** in three days' time she will be laid to rest in the old cemetery; **irgendwo bestattet liegen** to lie [*or* be] buried somewhere ❷ (*verbrennen*) to cremate sb

Be·stat·ter(in) <-s, -> *m(f)* (*geh: Beerdigungsunternehmer*) funeral director *form,* undertaker

Be·stat·tung <-, -en> *f* (*geh*) *s.* **Beerdigung**

Be·stat·tungs·in·sti·tut *nt,* **Be·stat·tungs·un·ter·neh·men** *nt* (*geh*) funeral parlour [*or* AM -or] [*or* directors'] **Be·stat·tungs·un·ter·neh·mer(in)** *m(f)* (*geh*) *s.* **Bestatter**

be·stäu·ben* *vt* ❶ KOCHK ■ **etw [mit etw] ~** to dust [*or* brush] sth [with sth] ❷ BOT ■ **etw ~** to pollinate sth

Be·stäu·bung <-, -en> *f* BOT pollination

be·stau·nen* *vt* ■ **jdn/etw ~** to admire sb/sth; **wir bestaunten ihr Geschick** we marvelled at her skilfulness

best·be·zahlt *adj attr* highest paid, best-paid

Bes·te(s) [ˈbɛstə] *m o f o nt* ■ **der/die/das ~** the best; **das ~ vom ~n** the very best; **er ist der ~ von allen** he's the pick of the bunch [*or* best of the lot]; **sie wollen das ~ von allem** they want the best of everything; **in der Klasse war er immer der ~** he always came first [*or* top] in class; **Nachgeben ist nicht immer das ~** giving in is not always best [*or* the best thing to do]; **das ~ wäre ...** it would be best if ... ► WENDUNGEN: **sein ~s <u>geben</u>** to give of one's best *form,* to do the best one can; **[jdm] etw zum ~n <u>geben</u>** (*[jdm] etw erzählen*) to oblige [sb] with sth; **auf Partys pflegte sie immer lustige Anekdoten zum ~n zu geben** at parties she always had a wealth of funny stories; **jdn zum ~n <u>halten</u>** (*jdn zum Narren halten*) to pull sb's leg *prov,* to make fun of sb; **wir wollen das ~ <u>hoffen</u>** let's hope for the best; **das ~ aus etw <u>machen</u>** to make the best of sth [*or* of a bad job]; **es <u>steht</u> [mit etw] nicht zum ~n** it doesn't look good [*or* very hopeful]; **sein ~s <u>tun</u>** to do one's best; **nur jds** *akk* **~s <u>wollen</u>** to only want the best for sb [*or* have sb's interests at heart]; **<u>zu</u> jds ~n** in sb's [own] interests; **glaube mir, es ist nur zu deinem B~n** believe me, it's for your own good; **<u>meine</u> ~/<u>mein</u> ~r!** (*veraltet fam*) my dearest *old fam,* my dear *fam*

bes·te(r, s) [ˈbɛstə, ˈbɛstɐ, ˈbɛstəs] **I.** *adj superl von* **gut** *attr* best; **von der ~n Qualität** of the highest quality; **die ~ Weite** the farthest [*or* furthest]; **aus ~r Familie** from a good family; **von ~r Abstammung** of good birth [*or form* stock]; **sich ~r Gesundheit erfreuen** to be in the best of health; **in ~r Laune** in an excellent mood [*or* the best of spirits]; **in ~r Gelassenheit** very [*or* extremely] composed; **meine ~n Glückwünsche zur bestandenen Prüfung!** congratulations on passing your exam!; **mit den ~n Genesungswünschen** with all best wishes for a speedy recovery; **„mit den ~n Grüßen [Ihr] ..."** (*Briefformel*) "Best wishes, [Yours] ..."; *s. a.* **Wille** ► WENDUNGEN: **<u>aufs</u> [*o* <u>auf</u> das] ~** perfectly, very well; *s. a.* **Beste(r,s) II.** *adv* ❶ ■ **am ~n** + *verb* best; **sie schloss in der Prüfung am ~n ab** she finished top in the exam ❷ (*ratenswerterweise*) ■ **am ~n ...** it would be best if ..., your best bet would be to ... *fam* ► WENDUNGEN: **das <u>ist</u> [auch [*o* doch]] am ~n so!** it's all for the best!; **es <u>wäre</u> am ~n, wenn ...** it would be best if ...; **es wäre am ~n, wenn Sie jetzt gingen** you had better go now

be·ste·chen* *irreg* **I.** *vt* ❶ (*durch Zuwendungen beeinflussen*) ■ **jdn [mit etw] ~** to bribe sb [*or* buy sb off] [with sth] ❷ (*für sich einnehmen*) ■ **jdn [durch etw] ~** to win sb over [with sth]; **jdn durch Schönheit ~** to entrance [*or* captivate] sb **II.** *vi* (*Eindruck machen*) to be impressive [*or* irresistible]; ■ **durch etw ~** to win people over [*or* impress] with sth; **durch Schönheit ~** to be entrancing [*or* captivating]; **das Auto besticht durch seine Form** the appeal of the car lies in its shape

be·ste·chend I. *adj* captivating, irresistible, impressive; **ein ~es Angebot** a tempting offer; **ein ~er Gedanke** a fascinating thought [*or* idea]; **ein ~es Lächeln** a winning smile; **eine ~e Schönheit** an entrancing [*or* captivating] beauty; **ein ~er Geist** a brilliant mind; ■ **etwas B~es** something irresistible; **etwas B~es haben** to have a certain irresistibility **II.** *adv* winningly, impressively

be·stech·lich [bəˈʃtɛçlɪç] *adj* corrupt, open to bribery, venal *form*

Be·stech·lich·keit <-> *f kein pl* corruptibility, venality *form*

Be·ste·chung <-, -en> *f* bribery, corruption; **durch ~ eines Polizisten gelang dem Häftling die Flucht** the prisoner managed to escape by bribing a policeman; **sich** *akk* **durch ~ von etw** *dat* **freikaufen** to bribe one's way out of sth; **aktive/passive ~** JUR giving/accepting [*or* taking] bribes

Be·ste·chungs·geld *nt meist pl* bribe **Be·ste·chungs·ver·**

such *m* attempt to bribe

Be·steck <-[e]s, -e> [bəˈʃtɛk] *nt* ❶ (*Ess~*) cutlery *n sing;* **~ bilden** to make up [*or* lay] a place setting; **die ~e auflegen** to lay the table; **bringen Sie uns bitte noch ein ~** please could you lay us another place [*or* bring us another set of cutlery] ❷ (*Instrumentensatz*) set of instruments, instruments; *Raucher* smoker's set; (*sl*) *Heroinsüchtige* needles *pl*

Be·steck·kas·ten *m* cutlery box, canteen *form*

be·ste·hen* *irreg* **I.** *vt* ❶ (*erfolgreich abschließen*) ■**etw [mit etw** *dat*] ~ to pass sth [with sth]; **sie bestand ihre Prüfung mit Auszeichnung** she got a distinction in her exam, she passed her exam with distinction; **etw nicht ~** to fail sth; **eine Probe** [*o* **Aufgabe**] ~ to stand the test [of sth]; **jdn ~ lassen** to let sb pass [an exam]; **die Prüfer ließen ihn nicht ~** the examiners failed him ❷ (*geh: durchstehen*) ■**etw ~** to come through sth [in one piece], to survive sth; **einen Kampf ~** to win a fight ❸ (*andauern*) **etw ~ lassen** to retain sth; **ein Gebäude ~ lassen** to leave a building standing; **getrennte Haushalte ~ lassen** to continue [living] with separate domestic arrangements [*or* households]; **eine Abmachung ~ lassen** to let an arrangement continue, to leave an arrangement as it is **II.** *vi* ❶ (*existieren*) to be; **es ~ Zweifel [an etw]** there are doubts [about sth]; **es besteht kein Zweifel** there is no doubt; **es ~ gute Aussichten, dass ...** the prospects of ... are good; **es besteht die Gefahr, dass ...** there is a danger of [*or* that] ...; **besteht noch Hoffnung?** is there still a chance?; **es besteht kaum noch Hoffnung, dass ...** there is almost no chance of ...; **es besteht der Verdacht, dass sie für eine andere Macht spioniert hat** she is suspected of spying for another power; **bei uns besteht der Brauch ....** we have a tradition of ...; **~ bleiben** (*weiterhin existieren*) to last; *Hoffnung* to remain; *Tradition* to prevail; *Wetter* to persist; (*weiterhin gelten*) *Versprechen, Wort* to hold good, to remain ❷ *mit Zeitangabe* to exist, to be in existence; **das Unternehmen besteht jetzt schon 50 Jahre** the company is 50 years old [*or* has been in existence for 50 years] ❸ (*sich zusammensetzen*) ■**aus etw ~** to consist [*or* be composed] of [*or form* comprise] sth; *Material* to be made of ❹ (*beinhalten*) ■**in etw** *dat* ~ to consist in sth; **jds Aufgabe besteht darin, etw zu tun** sb's job consists in doing [*or* it's sb's job to do] sth; **jds Chance besteht darin, dass ...** sb's chance lies in ...; **das Problem besteht darin, dass ...** the problem is that ...; **die Schwierigkeit besteht in/darin, dass ...** the difficulty lies in ...; **der Unterschied besteht in/darin, dass ...** the difference lies in ... ❺ (*standhalten*) ■**vor jdm/etw ~** to survive [*or* hold one's own [*or* stand one's ground] against] sb/sth; **vor jds** *dat* **kritischem Auge ~** to survive sb's critical eye; **vor der Kritik ~** to stand up to criticism [*or* a review]; ■**neben jdm/etw ~** to compare [well] to [*or* with] sb/sth; **ich kann nicht neben ihr ~** I don't compare with her ❻ (*durchkommen*) ■**[in etw** *dat*] **[mit etw] ~** to pass [sth] [with sth]; **ich habe bestanden! – gratuliere!** I've passed! – congratulations! ❼ (*insistieren*) ■**auf etw** *dat* ~ to insist that sth, to insist on sth; **ich bestehe auf der Erfüllung Ihrer Verpflichtungen!** I insist that you fulfil your obligations!; ■**darauf ~, dass ...** to insist that ...; **wenn Sie darauf ~!** if you insist!; **auf einer Meinung ~** to stick to an opinion [*or* to one's guns] *prov*

Be·ste·hen <-s> *nt kein pl* ❶ (*Vorhandensein*) ■**das ~ einer S.** *gen* the existence of sth; **das 25-jährige ~ der Firma wurde gefeiert** the company celebrated its 25th birthday; **seit [dem] ~ einer S.** *gen* since the establishment of sth; *Schule, Verein etc* founding; *Geschäftsverbindung* setting-up, establishment ❷ (*Beharren*) ■**jds** *gen* **~ auf etw** *dat* sb's insistence on sth; ■**jds ~ darauf, dass ...** sb's insistence that ... ❸ (*das Durchkommen*) ■**das ~ einer S.** *gen Prüfung, Test* the passing of sth; *Probezeit* successful completion; *schwierige Situation* surviving, coming through; *Gefahren* overcoming

be·ste·hen|blei·benALT *vi irreg sein s.* **bestehen II. 1**

be·ste·hend *adj* (*existierend*) existing, prevailing, present; (*geltend*) current; **noch ~** extant

be·ste·hen|las·senALT *vt irreg s.* **bestehen I. 1, I. 3**

be·steh·len* *vt irreg* ■**jdn/etw [um etw] ~** to steal [sth] from sb/sth, to rob sb/sth [of sth]; **Hilfe, man hat mich bestohlen!** help, I've been robbed!

be·stei·gen* *vt irreg* ❶ (*auf etw klettern*) ■**etw ~** to climb [up onto] [*or form* ascend [to]] sth; **ein Gerüst/eine Leiter/einen Turm/einen Berg ~** to climb [*or* go up] a scaffolding/ladder/tower/mountain; **die Kanzel ~** to climb [*or* get] into the pulpit; **das Podest ~** to get up onto the platform; **das Rednerpult ~** to go up to the rostrum, to take the floor; **einen Thron ~** to ascend a throne ❷ (*sich auf etw schwingen*) **ein Tier ~** to mount an animal; **ein Fahrrad/Motorrad ~** to get on[to] [*or* mount] a bike/motorcycle ❸ (*einsteigen in*) **einen Bus ~** to get on a bus; **ein Taxi/Auto ~** to get into [*or* in] a car/taxi; **ein Flugzeug ~** to board [*or* get into] a plane; **ein Schiff ~** to go on board [*or* aboard] a ship ❹ (*begatten*) ■**etw ~** ZOOL to cover [*or* mount] [another animal]; ■**jdn ~** (*sl*) to mount sb *sl*

Be·stei·gung *f* ■**die ~ einer S.** *gen* the ascent of sth; **die ~ des Berges erwies sich als schwierig** climbing the mountain proved difficult; *Thron* accession [to the throne], ascent; *s. a.* **Thronbesteigung**

be·stel·len* **I.** *vt* ❶ (*in Auftrag geben*) ■**etw [bei jdm] ~** to order sth [from sb]; ■**[sich** *dat*] **etw ~** to order [oneself] sth [*or* [for oneself]]; **etw bei einem Kellner ~** to order [*or* ask for] sth from a waiter; **etw bei einem Geschäft ~** to place an order for sth [with a shop]; **eine Zeitung ~** to subscribe to a paper; *s. a.* **Aufgebot** ❷ (*reservieren*) ■**[jdm] etw ~** to reserve [*or* book] sth [for sb]; **die Gäste nahmen am bestellten Tisch im Restaurant Platz** the guests sat down at the table they had reserved; ■**[sich** *dat*] **etw ~** to book, to reserve ❸ (*ausrichten*) ■**jdm etw ~** to tell sb sth, to give sb a message; ■**jdm [von jdm] ~, dass ...** to tell sb [from sb] that ...; **[jdm] Grüße ~** to send [sb] one's regards; **können Sie ihr etwas ~?** may I leave a message for her? ❹ (*kommen lassen*) ■**jdn/etw [zu jdm/irgendwohin] ~** to ask sb/sth [to come to sb/somewhere]; **einen Patienten ~** to give a patient an appointment; **ein Taxi ~** to call a taxi; **ein Mietwagen ~** to order a rented car; ■**[bei** [*o* **zu**] **jdm/irgendwohin** *akk*] **bestellt sein** to have an appointment [with sb/at some place] ❺ ADMIN (*einsetzen*) ■**jdn [zu etw** *dat*] ~ to appoint [*or* nominate] sb [as sth] ❻ AGR (*bearbeiten*) ■**etw [mit etw** *dat*] ~ to cultivate sth [with sth], to work sth; **den Acker ~** to plant [*or* till] the field ▸WENDUNGEN: **wie bestellt und nicht abgeholt** (*hum fam: allein und ratlos*) standing around, making the place look untidy *hum fam,* looking like a lost sheep *hum fam;* **nichts/nicht viel/kaum etwas zu ~ haben** (*nichts/etc zu sagen/auszurichten haben*) to not have a [*or* much] say, to have not got a chance; **gegen die andere Mannschaft hatten wir nichts zu ~** we were no match for the other team; **um jdn/mit etw** *dat* **ist es schlecht bestellt** sb/sth is in a bad way, things look ... for sb/sth; **um meine Finanzen ist es derzeit schlecht bestellt** my finances are in a bad way at the moment **II.** *vi* (*Bestellung aufgeben*) ■**[bei jdm] ~** to order [from sb]

Be·stel·ler(in) <-s, -> *m(f)* customer (*who has placed an order for sth*), buyer; *Zeitung* subscriber

Be·stellis·teALT *f s.* **Bestellliste** **Be·stell·lis·te**RR *f* list **Be·stell·num·mer** *f* order number **Be·stell·pra·xis** *f* MED *surgery where patients are seen only on appointment* **Be·stell·schein** *m* order form

Be·stel·lung <-, -en> *f* ❶ (*das Bestellen*) ■**die/eine ~ einer S.** *gen* **[bei jdm/aus etw]** the/an order for sth [from sb/sth]; **~ aus einem Katalog** ordering from a catalogue; **eine ~ entgegennehmen/bearbeiten** to take/process an order; (*bestellte Ware*) order, ordered goods; **eine ~ machen** [*o* **auf-**

geben] to order, to make [*or* place] an order; **auf ~ arbeiten** to work to order; **etw auf ~ machen** [*o* **anfertigen**] to make sth to order; **auf ~ gemacht** made to order ❷ (*Essensauswahl*) order; **manche Gerichte gibt es nur auf ~** some dishes have to be ordered in advance ❸ TOURIST reservation, booking ❹ (*Übermittlung*) delivery; **er bat sie um ~ von Grüßen an seinen Bekannten** he asked her to pass on his good wishes [*or* give his regards] to his friends ❺ AGR cultivation ❻ ADMIN nomination, appointment; **~ eines Gutachters** appointment of an expert; **~ eines Gutachtens** request for an expert opinion; **~ zum Vormund** appointment as guardian ▶ WENDUNGEN: **auf ~** (*einfach so*) just like that; **wie auf ~** (*wie gerufen*) in the nick of time, coming in handy

Be·stell·zet·tel *m s.* **Bestellschein**

bes·ten ['bɛstn̩] *adv s.* **beste**

bes·ten·falls ['bɛstn̩'fals] *adv* at best

bes·tens ['bɛstn̩s] *adv* very well, excellently; **um etw** *akk* **ist es ~ bestellt** sth is looking very rosy [*or* doing extremely well]; **~ vorsorgen** to take very careful precautions; **für alle Eventualitäten ist ~ vorgesorgt** we are ready for all eventualities; **etw ~ vorbereiten** to prepare sth extremely well [*or* BRIT *a.* very well indeed]; **ich danke ~!** thank you very much indeed!; **jdn ~ grüßen** to send sb one's best regards [*or* wishes]

be·steu·ern* *vt* ■**jdn/etw ~** to tax [*or* impose a tax on] sb/sth; **Alkohol wird mit 15 Euro pro Liter besteuert** the tax on alcohol is 15 euros per litre

Be·steu·e·rung <-, -en> *f* taxation

Best·form *f* BES. SPORT *s. a.* **Höchstform**

bes·ti·a·lisch [bɛs'ti̯a:lɪʃ] **I.** *adj* atrocious, brutal; **~er Gestank** vile [*or* foul] [*or* appalling] smell; **~er Schmerz** excruciating [*or* intense] pain; **~e Hitze/Kälte** awful [*or* beastly] heat/cold **II.** *adv* (*fam*) dreadfully; **~ kalt** extremely [*or* beastly] cold; **~ stinken** to stink to high heaven *fig;* **was stinkt denn hier so ~?** what's that dreadful smell round here?; **~ wehtun** to hurt badly [*or sl* like hell]; **~ zugerichtet** badly beaten up [*or* mauled]

be·sti·cken* *vt* ■**etw [mit etw] ~** to embroider [sth on] sth

Bes·tie <-, -n> ['bɛsti̯ə] *f* ❶ (*reißendes Tier*) beast *form* ❷ (*grässlicher Mensch*) brute, beast, monster

be·stimm·bar *adj* identifiable, recognizable; **dieser Geruch ist schwer ~** it's difficult to say [*or* determine] what this smell is

be·stim·men* **I.** *vt* ❶ (*festsetzen*) ■**etw ~** to decide on [*or form* determine] sth; **einen Preis ~** to fix [*or* set] a price; **Ort und Zeit ~** to fix [*or* appoint] a place and time; **eine Grenze/ein Limit ~** to set a limit; **wir müssen genau ~, wo wir uns treffen** we have to decide exactly where we'll meet; *Gesetzentwurf, Verordnung* to rule, to lay down; **das Gesetz bestimmt es so** it's the law; **das Gesetz bestimmt, dass ...** the law says that ...; (*entscheiden*) to decide sth ❷ (*prägen*) ■**etw ~** to set the tone for sth; **sein ruhiges Auftreten bestimmte die folgende Diskussion** his calm manner set the tone for [*or* of] the ensuing discussion; **dichte Wälder ~ das Landschaftsbild** thick forests characterize the scenery ❸ (*beeinflussen*) ■**etw ~** to influence sth; **etw entscheidend ~** to determine [*or* control] sth; **die Meinung anderer Leute bestimmte sein ganzes Handeln** other people's opinions had a determining [*or* prevailing] influence on all of his actions; **sich nach etw bestimmen, durch etw bestimmt werden** to be governed [*or* determined] by sth ❹ (*wissenschaftlich feststellen*) ■**etw ~** to categorize sth; **etw nach [seiner] Art ~** to establish the category of sth; **Pflanzen/Tiere ~** to classify plants/animals; **die Bedeutung/Etymologie/Herkunft von etw ~** to determine the significance/etymology/origin of sth; **einen Begriff ~** to define a term ❺ (*vorsehen*) ■**jdn zu etw ~** to make sb sth, to name [*or* choose] sb as sth; **jdn durch Wahl zu etw ~** to vote sb in as sth; ■**etw für jdn ~** to intend [*or* earmark] sth for sb; **füreinander bestimmt** meant for each other; **etw ist für jdn bestimmt** sth is for sb; **zu Größerem bestimmt sein** to be destined for higher things; **vorherbestimmt sein** to be predestined ❻ (*geh: bewegen*) ■**jdn zu etw ~** to induce [*or form* to prevail on] sb to do sth **II.** *vi* ❶ (*befehlen*) to be in charge, to decide what happens, to lay down the law *pej* ❷ (*verfügen*) ■**über jdn/etw ~** to control sb/sth, to dispose of sth; **über seine Zeit ~** to organize one's time; (*jdn bedrängen*) to push sb around *fam;* **über jds** *akk* **Gelder ~** to have control over sb's finances

be·stim·mend **I.** *adj* deciding, decisive, determining; **für jdn/etw ~ sein** to be a decisive [*or* crucial] factor for sb/in sth **II.** *adv* decisively

be·stimmt [bə'ʃtɪmt] **I.** *adj* ❶ (*nicht genau genannt*) certain; **aus ~en Gründen** for reasons which sb would rather not go into ❷ (*speziell, genau genannt*) particular; **eine ganz ~e Sache/ein ganz ~er Mensch** a particular thing/person; **ganz ~e Vorstellungen** very particular [*or* exact] ideas; **ein ~er Verdacht** a clear [*or* definite] suspicion; ■**etwas [ganz] B~es** something [in] particular, something special ❸ (*festgesetzt*) fixed, specified, stated; (*klar, deutlich*) exact, clear; **ein ~er Tag/Termin/Ort** the appointed day/date/place; **eine ~e Ausdrucksweise** an articulate manner; **ein ~er Artikel** LING a definite article ❹ (*entschieden*) determined, resolute, firm; **ihr Auftreten war höflich, aber ~** her manner was polite but firm **II.** *adv* ❶ (*sicher*) definitely, for certain; **etw ganz ~ wissen** to know sth for certain, to be positive about sth; **Sie sind ~ derjenige, der mir diesen Brief geschickt hat!** you must be the person who sent me this letter!; **~ nicht** never, certainly not; **der ist ~ nicht hier** I doubt that he's here; **ich bin morgen ganz ~ mit von der Partie** you can definitely count me in tomorrow; **ich schreibe ~** I will write, I promise; **ich bin ~ nicht lange weg** I won't be gone long, I promise ❷ (*entschieden*) determinedly, resolutely; **sie ist eine sehr ~ auftretende Frau** she has a very determined air about her

Be·stimmt·heit <-> *f kein pl* determination, resolution, resoluteness; **die ~ von jds Auftreten** sb's determined [*or* the resoluteness of sb's] manner; **die ~ von jds Ton** the determination in sb's tone of voice; **die ~ von Angaben/Daten** the precision [*or* exactitude] of details/data; **in [*o* mit] aller ~** categorically, emphatically; **etw in aller ~ sagen/hören** to say/hear sth loud and clear; **etw in aller ~ ablehnen** to categorically refuse sth; **etw mit ~ sagen können** to be able to state sth definitely [*or* with certainty]; **etw mit ~ wissen** to know sth for certain, to be positive about sth; **auf jdn mit ~ rechnen** to count [*or* rely] on sb

Be·stim·mung <-, -en> *f* ❶ (*Vorschrift*) regulation; **die klein gedruckten ~en** the small print; *Vertrag* term, stipulation *form; Gesetz, Testament* provision *form;* **Schul~** school rules [*or* regulations] *pl;* (*für die Abwicklung einer S.*) directions ❷ *kein pl* (*Zweck*) purpose; **ein Gebäude seiner ~ übergeben** to officially open [*or form* inaugurate] a building; **im Priesteramt sah/fand er seine ~** priesthood was his mission in life [*or* vocation] ❸ (*Schicksal*) fate, destiny ❹ (*das Bestimmen*) fixing, determining; *Preis, Grenze, Limit* fixing [*or* setting]; *Zeit, Ort* appointing [*or* fixing]; *Landesgrenze* establishment; *Alter, Herkunft* determination; *Begriff* definition; *Bäume, etc* classification; **adverbiale [*o* nähere] ~** LING adverbial [phrase]

Be·stim·mungs·bahn·hof *m* station of destination **Be·stim·mungs·ha·fen** *m* port of destination **Be·stim·mungs·land** *nt* country of destination **Be·stim·mungs·ort** *m* destination **Be·stim·mungs·wort** <-wörter> *nt* LING *first part of a word which defines the second part*

be·stirnt [bə'ʃtɪrnt] *adj* (*poet*) starry; **hell ~** starlit

Best·leis·tung *f* (*Höchstleistung*) best performance; **jds** *gen* **persönliche ~** sb's personal best [*or* record]; **das ist europäische ~!** that's a new European record!

Best.-Nr. *f* ÖKON *Abk von* **Bestellnummer**
be·stra·fen* *vt* ■**jdn [mit etw]** ~ to punish sb [by/with sth]; **jdn streng** ~ to punish sb severely; **jdn mit einer Geldstrafe** ~ to fine sb; **jdn mit einer Gefängnisstrafe** ~ to sentence sb; **einen Spieler [wegen eines Fouls]** ~ to penalize a player [for a foul]; ■**etw [mit etw]** ~ to punish sth [by/with sth]; **etw wird mit Gefängnis bestraft** sth is punishable by imprisonment *form*
Be·stra·fung <-, -en> *f* punishment; *Spieler* penalization; (*mit Gefängnis*) sentencing; (*mit Gebühr*) fining; **das Volk verlangte die** ~ **der Verantwortlichen** the people demanded that those responsible be punished; **zur** ~ as a punishment; **etw verdient** ~ sth should be punished [*or* deserves punishment]
be·strah·len* *vt* ❶ MED (*mit Strahlen behandeln*) ■**jdn/etw** ~ to treat sb/sth with [*or* give sb/sth] radiotherapy; **sie wird wegen ihres Rückenleidens dreimal die Woche bestrahlt** she has radiotherapy for her back three times a week ❷ (*beleuchten*) ■**etw** ~ to illuminate sth; **sie bestrahlten das Gebäude mit Scheinwerfern** they shone search-lights on the building
Be·strah·lung *f* MED (*das Bestrahlen*) radiotherapy; (*Sitzung*) radiotherapy session
Be·stre·ben *nt* endeavour[s] [*or* AM -or[s]] *form;* **es war immer mein** ~ **gewesen, euch gute Manieren beizubringen** I have always tried to teach you good manners; **das** ~ **haben, etw zu tun** to make every effort [*or form* take pains] to do sth; **im** ~/**in jds** *dat* ~**, etw zu tun** in the attempt to do sth, in his/her attempt [*or* efforts *pl*] [*or* endeavours *pl*] to do sth
be·strebt *adj* keen, eager; ■~ **sein, etw zu tun** to be keen [*or* eager] to do sth, to make every effort [*or form a.* to endeavour [*or* AM -vor]] to do sth
Be·stre·bung <-, -en> *f meist pl* endeavour[s] [*or* AM -or[s]] *form,* attempt[s], effort[s]; ~**en sind im Gange, etw zu tun** efforts are being made to do sth; **dahin gehen auch meine** ~**en** that's what I've been trying to do
be·strei·chen* *vt irreg* ■**etw mit etw** *dat* ~ ❶ (*beschmieren*) to smear sth with [*or* put sth on] [*or form* apply sth to] sth; **etw mit Fett** ~ to rub fat into sth; **etw mit Öl** ~ to oil sth; **eine Scheibe Brot mit etw** ~ to spread sth on a slice of bread; **eine Scheibe Brot mit Butter** ~ to butter a slice of bread; **ein dick bestrichenes Brot** a thickly-spread slice ❷ (*einpinseln*) to coat sth with sth; **etw mit Farbe** ~ to paint sth
be·strei·ken* *vt* ■**etw** ~ to take strike action [*or* AM go on strike] against sth; **dieser Betrieb wird bestreikt** there is a strike in progress at this company
be·streit·bar *adj* disputable, questionable, debatable; **nicht** ~ indisputable, incontrovertible, undeniable
be·strei·ten* *vt irreg* ❶ (*leugnen*) ■**etw** ~ to deny [*or form* refute] sth; **eine Behauptung** ~ to reject [*or* contest] [*or* dispute] an assertion; **eine Tat** ~ to deny having committed an offence; ■~**, etw zu tun/getan zu haben** to deny doing/having done sth; **etw vehement** ~ to deny sth vehemently; **es lässt sich nicht** ~**, dass ...** it cannot be denied [*or* is undeniable] that ... ❷ (*finanzieren*) ■**etw** ~ to finance [*or* pay for] sth; **die Kosten** ~ to cover [*or* meet] [*or form* defray] the costs; **[aus/von etw** *dat*] **seinen Unterhalt** ~ to provide for one's maintenance from sth, to earn [*or* make] a living by doing sth; **wovon willst du denn den Unterhalt deiner Familie** ~**?** how are you going to support your family [financially]? ❸ (*tragen, gestalten*) ■**etw** ~ to run [*or* organize] sth; **ein Gespräch** ~ to carry a conversation *fig* [*or* do all the talking] ❹ (*streitig machen*) ■**jdm etw** ~ to challenge sb's sth; **jdm das Recht zu etw** *dat* ~ to challenge sb's right to sth, to deny sb the right to do sth
be·streu·en* *vt* ■**etw [mit etw** *dat*] ~ to strew sth [with sth], to strew [*or* scatter] [sth on] sth; **etw mit Puderzucker** ~ to dust sth with castor sugar; **etw mit Zucker** ~ to sprinkle sugar on sth; **etw mit Kies** ~ to gravel sth; **„Achtung! nicht bestreute Eisglätte!"** "Beware of icy surfaces!"
be·stri·cken* *vt* (*geh*) to bewitch, to charm, to enchant; ~**der Charme** irresistible charms
Best·sel·ler <-s, -> ['bɛstzɛlɐ] *m* bestseller
Best·sel·ler·au·tor(in) *m(f)* bestselling author **Best·sel·ler·lis·te** *f* bestseller list
best·si·tu·iert *adj attr bes* ÖSTERR (*gut situiert*) well-situated [*or* -off]
be·stü·cken* *vt* ❶ (*ausstatten*) ■**etw [mit etw]** ~ to stock sth [with sth]; **mit etw gut bestückt sein** to have a good supply [*or* stock] of sth, to be armed with sth *hum;* **etw wieder [neu]** ~ to restock sth ❷ MIL to equip; **einen Soldat mit Waffen** ~ to arm a soldier; **gut bestückt** well-armed, armed to the teeth *fam*
be·stür·men* *vt* ■**jdn [mit etw]** ~ to bombard [*or* besiege] sb [with sth]
be·stür·zen* *vt* ■**jdn** ~ to upset [*or* stun] [*or* dismay] sb, to fill sb with dismay
be·stür·zend I. *adj* disturbing, distressing; ~**e Neuigkeiten** upsetting news II. *adv* disturbingly, distressingly, alarmingly
be·stürzt I. *adj* upset, stunned, dismayed; ■**[über etw** *akk*] ~ **sein** to be dismayed [*or* disturbed] [*or* upset] [by sth]; **zutiefst** ~ deeply dismayed, devastated; **jdn** ~ **anschauen** to look at sb with a stunned [*or* perplexed] expression on one's face, to look at sb stunned [*or* in consternation] II. *adv* in a dismayed [*or* disturbed] manner [*or* way]; **sie riss** ~ **die Augen auf, als sie entdeckte, dass ihr Geldbeutel gestohlen worden war** her eyes widened in shock as she discovered that her purse had been stolen
Be·stür·zung <-> *f kein pl* dismay, consternation; ~ **auslösen** to arouse [great] consternation; **an seinem erschütterten Gesicht konnte sie seine** ~ **ablesen** from the shattered expression on his face she could see that he was upset
Best·zeit *f* best time
Be·such <-[e]s, -e> [bə'zu:x] *m* ❶ (*das Besuchen*) visit; ■~ **einer S.** *gen Fest, Museum, Land* visit to sth; *Gottesdienst, Messe, Schule, Veranstaltung* attendance at sth; ■~ **bei jdm** visit to sb; **nach dem** ~ **beim Arzt wusste sie, dass sie schwanger war** after she had seen the doctor, she knew that she was pregnant; ~ **[von jdm] haben** to have [*or* receive] a visit from sb *form;* **ihr** ~ **war mir immer willkommen** her visits [*or* visits from her] were always welcome to me; **jdm einen** ~ **machen** [*o geh* **abstatten**] to pay sb a visit, to pay a call on sb; (*kurz*) to call [*or* drop in] on sb; **[bei jdm] auf** [*o* **zu**] ~ **sein** to be on a visit [to sb]; **ihre Freunde haben einen Bauernhof, da ist sie oft auf** ~ her friends have a farm and she often goes to visit them there; **ich bin hier nur zu** ~ I'm just visiting ❷ (*Besucher*) visitor[s]; (*eingeladen*) guest[s]; **hoher** ~ important [*or* official] visitor[s] [*or* guest[s]]; ~ **[von jdm] bekommen** [*o* **erhalten**] to have [*or* get] a visit [from sb]; **unerwarteter/regelmäßiger** ~ an unexpected/regular guest [*or* visitor] [*or* visit]; **es klingelt, bekommst du denn so spät noch** ~**?** that's the doorbell, are you expecting anyone at this hour?
be·su·chen* *vt* ❶ (*als Besuch kommen*) ■**jdn** ~ to visit [*or* call [in] on] [*or* drop in on] sb; **er wird oft von Freunden besucht** he often gets visits from friends; **besuch mich bald mal wieder!** come again soon! ❷ MED **einen Patienten** ~ to make a house call on [*or* visit] sb; **einen Arzt** ~ to see a doctor ❸ (*aufsuchen*) ■**etw** ~ to go to sth; **ein Museum/eine Ausstellung** ~ to visit [*or* go to] a museum/an exhibition; **das Oktoberfest wird immer von vielen Menschen besucht** the Oktoberfest is always well-attended; **eine Kneipe/einen Laden regelmäßig** ~ to patronize [*or* frequent] a pub [*or* AM bar]/shop ❹ (*teilnehmen*) ■**etw** ~ to go to [*or* attend] sth *form*
Be·su·cher(in) <-s, -> *m(f)* ❶ (*jd, der jdn besucht*) visitor,

guest, company *no pl;* **ich habe gerade noch einen ~ da, rufst du später noch mal an?** I've got company at the moment, could you call back later? ❷ (*jd, der etw besucht*) visitor; *Kino, Theater* cinema/theatre [*or* AM -er] goer, patron *form; Sportveranstaltung* spectator; **ein regelmäßiger ~** frequenter, habitué ❸ (*Teilnehmer*) participant; *Gottesdienst* churchgoer, member of the congregation

Be·su·cher·park·platz *m* visitor's parking [lot] **Be·su·cher·rit·ze** *f* (*hum fam*) *crack between the two mattresses of twin beds where a child or visitor slept in earlier times* **Be·su·cher·zahl** *f* number of visitors; ■**die ~ bei** [*o* **von**] **etw** the number of visitors at/of sth

Be·suchs·er·laub·nis *f* ADMIN (*Genehmigung zum Besuch*) permission to visit; **~ bekommen/haben** to receive/have permission to visit [*or* a visitor's permit]; (*Genehmigung, Besuch empfangen zu dürfen*) to obtain/have permission [*or* be allowed] to receive visitors **Be·suchs·recht** *nt* visiting rights *pl* **Be·suchs·tag** *m* visiting day **Be·suchs·zeit** *f* visiting time [*or* hours *pl*] **Be·suchs·zim·mer** *nt* visitors' room

be·sucht *adj* ■**gut/kaum** [*o* **schwach**] **~ sein** to be well-/poorly attended; **dieses Museum ist meist gut ~** this museum usually attracts a lot of visitors; ■**viel** [*o* **gern**] [*o* **häufig**] ~ much frequented, very popular

be·su·deln* *vt* (*geh*) ❶ (*mit Flüssigkeit beschmieren*) ■**etw** [**mit etw**] ~ to besmear sth [with sth]; ■**sich** [**mit etw**] ~ to soil oneself [with sth]; ■[**sich** *dat*] **etw** [**mit etw**] ~ to soil [*or* stain] sth [with sth]; **ein Kleidungsstück** [**mit etw**] ~ to soil [*or* stain] a piece of clothing [with sth]; **jetzt habe ich meine Bluse mit Kaffee besudelt** now I've got coffee all over my blouse ❷ (*herabwürdigen*) ■**etw** ~ to besmirch [*or* sully] sth

Be·ta <-[s], -s> ['be:ta] *nt* beta

Be·ta·blo·cker <-s, -> *m* MED beta blocker

be·tagt [bə'ta:kt] *adj* (*geh*) aged, advanced in years *pred*

be·tan·ken* *vt* ■**etw** [**mit etw**] ~ to fill [*or* tank] up sth *sep* [with sth]; **ein Flugzeug** ~ to refuel a plane

be·tas·ten* *vt* ■**jdn/etw** ~ to feel [*or* touch] sb/sth; **Kunden werden gebeten, die Ware nicht zu ~** customers are requested not to touch the articles on display; ■**etw** ~ MED to palpate sth

Be·ta·strah·len *pl* NUKL beta rays **Be·ta·strah·lung** *f* NUKL beta radiation **Be·ta·teil·chen** *nt* NUKL beta particle

be·tä·ti·gen* **I.** *vt* ■**etw** ~ ❶ (*drücken*) to press sth; (*umlegen*) to operate sth; (*einschalten*) to activate sth; **die Bremse ~** to apply [*or* put on] the brake[s] ❷ (*geh: funktionieren lassen*) to activate sth **II.** *vr* ■**sich** ~ to busy oneself; **du kannst gleich bleiben und dich hier ~!** (*fam*) don't go away – there's enough for you to do here!; **sich künstlerisch** ~ to do a little painting [on the side]; **sich politisch** ~ to be politically active; **sich sportlich** ~ to exercise

Be·tä·ti·gung <-, -en> [bə'tɛ:tɪgʊŋ] *f* ❶ (*Aktivität*) activity; (*berufliche Tätigkeit*) work ❷ (*das Drücken*) pressing; *von Bremse* application; *von Knopf* pushing; (*das Umlegen o Ziehen*) operation; **die fahrlässige ~ der Notbremse im fahrenden Zug ist unter Strafe gestellt** pulling the emergency cord without good reason [*or* abuse of the emergency brake] in a moving train is a punishable offence; (*das Einschalten*) activation

Be·tä·ti·gungs·feld *nt* field [*or* sphere] of activity

be·tat·schen* *vt* (*pej fam*) ■**jdn/etw** ~ to paw sb/sth *fam*

be·täu·ben* [bə'tɔybn̩] *vt* ❶ (*narkotisieren*) ■**jdn/ein Tier** [**mit etw**] ~ to anaesthetize [*or* AM anesthetize] sb/an animal [with sth]; **die Entführer betäubten ihr Opfer** the kidnappers drugged their victim; **nachdem er sich den Kopf angestoßen hatte, wankte er wie betäubt umher** after he had run into something hard with his head, he staggered around [as if] in a daze ❷ MED (*unempfindlich machen*) ■[**jdm**] **etw** ~ to deaden sth [for sb]; **Schmerzen** ~ to kill pain; ■[**wie**] **betäubt** [as if] paralyzed ❸ (*ruhig stellen*) ■**etw** ~ to silence sth *fig;* **Emotionen** ~ to suppress [one's] feelings; **das Gewissen** ~ to ease one's conscience; **seinen Kummer mit Alkohol** ~ to drown one's sorrows in drink

be·täu·bend *adj* ❶ (*ohren~*) deafening ❷ (*benommen machend*) intoxicating ❸ (*narkotisierend*) narcotic

Be·täu·bung <-, -en> *f* ❶ (*das Narkotisieren*) anaesthetization, anesthetization AM ❷ (*das Betäuben*) deadening; *von Schmerzen* easing, killing *fam;* **nach dem Unfall musste er lange Zeit Schmerzmittel zur ~ der Schmerzen einnehmen** for a long time after the accident he had to take painkillers to ease [*or* for] the pain ❸ MED (*Narkose*) anaesthetic BRIT, anesthetic AM; **örtliche** [*o* **lokale**] ~ local anaesthetic; **diese Operation kann unter örtlicher ~ vorgenommen werden** this operation can be done under local anaesthetic

Be·täu·bungs·mit·tel *nt* PHARM drug, narcotic [agent]

Be·täu·bungs·mit·tel·ge·setz *nt* JUR *law governing the use and traffic of drugs*

Bet·bru·der *m* (*pej fam*) holy Joe *sl,* churchy type [of man]

Be·te <-, *selten* -n> ['be:tə] *f* **rote ~** beetroot

be·tei·len* *vt* ÖSTERR (*beschenken*) ■**jdn** [**mit etw**] ~ to provide [for] sb [with sth]

be·tei·li·gen* [bə'tailɪgn̩] **I.** *vt* ■**jdn** [**an etw**] ~ *dat* to give sb a share [in sth]; **er beteiligte seinen Sohn mit 15% an seiner Firma** he gave his son a 15% stake [*or* [financial] interest] in his company **II.** *vr* ■**sich** [**mit etw**] [**an etw**] ~ *dat* to participate [*or* take part] [in sth] [with sth]; **beteiligt sich dein Mann eigentlich auch an der Hausarbeit?** does your husband help around the house? [*or* with the housework?]; **sich an einem Unternehmen** ~ to have a stake [*or* [financial] interest] in a company

be·tei·ligt [bə'tailɪçt] *adj* ■**an etw** *dat* **~ sein** ❶ (*mit dabei*) to be involved in sth ❷ FIN, ÖKON to hold a stake [*or* [financial] interest] in sth

Be·tei·lig·te(r) *f(m) dekl wie adj* person involved; **das Rundschreiben richtete sich an alle ~n** the circular was addressed to all the parties involved [*or* interested parties]

Be·tei·li·gung <-, -en> *f* ❶ (*Teilnahme*) participation (**an** +*dat* in); **der Oberbürgermeister wirbt für eine hohe ~ an den bevorstehenden Kommunalwahlen** the mayor is encouraging everyone to vote in the municipal elections ❷ FIN, ÖKON (*Anteil*) stake (**an** +*dat* in), [financial] interest (**an** +*dat* in); (*das Beteiligen*) share (**an** +*dat* in); **~ an einem Unternehmen** stake [*or* [financial] interest] in a company; **stille ~** silent partnership

Be·tel <-s> ['be:tl̩] *m kein pl* PHARM betel

Be·tel·nussRR *f* betel nut

be·ten ['be:tn̩] **I.** *vi* to pray; ■**für jdn/etw** ~ to pray for sb/sth; ■**um etw** *akk* ~ to pray for sth; ■**zu jdm** ~ to pray to sb **II.** *vt* ■**etw** ~ to recite [*or* say] sth; **das Vaterunser** ~ to recite [*or* say] the Lord's Prayer

Be·ter(in) <-s, -> *m(f)* [person at] prayer

be·teu·ern* [bə'tɔyɐn] *vt* ■**jdm ~, dass** to protest to sb that; **und wenn ich Ihnen aufrichtig beteuere, dass alles erfunden ist?** and what if I honestly assure you that everything was made up?; **jdm seine Liebe** ~ to declare one's love to sb; **seine Unschuld** ~ to protest one's innocence

Be·teu·e·rung <-, -en> *f* protestation, declaration; **unter ~en, nie mehr gegen die Vorschriften verstoßen zu wollen, verließen sie den Saal** giving assurances that they would never disobey orders again, they left the hall

be·ti·teln* *vt* ❶ (*anreden*) ■**jdn** [**als etw**] ~ to address sb [as sth]; **er möchte gerne** [**als**] **Herr Professor betitelt werden** he would like to be addressed as 'Professor' ❷ (*pej: beschimpfen*) ■**jdn** [**als** [*o* **mit**] **etw**] ~ to call sb [sth] ❸ (*mit Titel versehen*) ■**etw** [**mit etw** *dat*] ~ to [en]title sth [as sth]

Be·ton <-s, *selten* -s> [be'tɔŋ, be'tõ:, be'to:n] *m* concrete

Be·ton·bau <-bauten> *m* ❶ (*Gebäude aus Beton*) concrete building ❷ *kein pl* (*Bauweise mit Beton*) concrete construction **Be·ton·brü·cke** *f* concrete bridge **Be·ton·burg** *f* (*pej*) concrete monstrosity [*or* block] **Be·ton·de·cke** *f* ❶ (*Gebäudedecke aus Beton*) concrete ceiling ❷ (*Straßenecke aus Beton*) concrete [road] surface

be·to·nen* *vt* ❶ (*hervorheben*) ■**etw** ~ to accentuate sth; **dieses Kleid betont ihre Figur** this dress accentuates her figure; ■**etw** ~ to stress [*or* emphasize] sth; ■~, **dass** to stress [*or* emphasize] that ❷ LING (*akzentuieren*) ■**etw** ~ to stress sth

be·to·nie·ren* [beto'ni:rən] *vt* ■**etw** ~ to concrete sth; ■**betoniert** concrete

Be·ton·klotz *m* ❶ (*Klotz aus Beton*) concrete block ❷ (*pej: grässlicher Betonbau*) concrete monstrosity **Be·ton·kon·struk·ti·on** *f* concrete construction **Be·ton·kopf** *m* (*pej*) hardliner **Be·ton·mi·scher** <-s, -> *m* concrete-[*or* cement-] mixer **Be·ton·pfei·ler** *m* concrete pillar **Be·ton·po·li·tik** *f* (*pej*) hard-line politics **Be·ton·rin·ne** *f* BAU concrete gully **Be·ton·si·lo** *m* (*pej fam*) concrete skyscraper, tall concrete monstrosity

be·tont I. *adj* emphatic; ~**e Eleganz** pronounced [*or* studied] elegance; ~**e Höflichkeit** studied politeness; ~**e Kühle/Sachlichkeit** marked [*or* pointed] coolness/objectivity **II.** *adv* markedly

Be·to·nung <-, -en> *f* ❶ *kein pl* (*das Hervorheben*) accentuation; **die ~ ihrer Unschuld hatte kaum Einfluss auf die öffentliche Meinung** the protestation[s] of her innocence had little effect on the formation of public opinion ❷ LING stress ❸ (*Gewicht*) emphasis

Be·to·nungs·zei·chen *nt* LING stress mark

be·tö·ren* [bə'tø:rən] *vt* ■**jdn** ~ to bewitch sb

be·tö·rend *adj* bewitching

Be·tö·rung <-, -en> *f* ❶ (*das Betören*) bewitchment ❷ (*etwas Hinreißendes*) sth bewitching; **dieser Duft, eine wahre ~!** this fragrance, simply bewitching!

Bet·pult *nt* prie-dieu, kneeling desk for prayer

betr. *adj, adv Abk von* **betreffen, betreffend, betreffs** re, ref.

Betr. *Abk von* **Betreff** re, ref.

Be·tracht <-[e]s> [bə'traxt] *m kein pl* **außer ~ bleiben** to be left out of consideration [*or* disregarded]; **in ~ kommen** to be considered, to come into consideration; **etw außer ~ lassen** to leave sth out of consideration, to disregard sth; **jdn/etw in ~ ziehen** to consider sb/sth

be·trach·ten* *vt* ❶ (*anschauen*) ■[**sich** *dat*] **etw** ~ to look at sth; **bei näherem B~** on closer examination ❷ (*bedenken*) ■**etw** ~ to look at [*or* consider] sth; ■**sich** ~ to look at oneself; (*sich bedenken*) to reflect [up]on ❸ (*halten für*) ■**jdn/etw als jd/etw** ~ to regard [*or* consider] [*or* look upon] sb/sth as sb/sth; ■**sich als etw** ~ to regard [*or* consider] [*or* look upon] oneself as sth; ~ **Sie sich als fristlos gekündigt!** consider yourself sacked!

Be·trach·ter(in) <-s, -> *m(f)* ❶ (*von Anblick*) observer, beholder *form;* **der aufmerksame ~ wird zwischen Original und Fälschung kleine Unterschiede feststellen können** the alert eye [*or* a good observer] will discover slight discrepancies between the original and the copy ❷ (*von Situation*) observer

be·trächt·lich [bə'trɛçtlɪç] **I.** *adj* (*sehr groß*) considerable; ~**er Schaden** extensive [*or* great] damage; **um ein B~es** considerably **II.** *adv* considerably

Be·trach·tung <-, -en> *f* ❶ (*das Anschauen*) contemplation; **bei näherer ~** on closer examination; **bei oberflächlicher ~** at [a] first glance ❷ (*Überlegung, Untersuchung*) consideration; **in ~en versunken** lost in thought [*or* contemplation]; **über jdn/etw ~en anstellen** to think about sb/sth more closely [*or* long and hard about sb/sth]; **seine ~en zu diesem Thema sollten Sie unbedingt lesen** you really ought to read his discourse on this matter

Be·trach·tungs·wei·se *f* way of looking at things

Be·trag <-[e]s, Beträge> [bə'tra:k, *pl* bə'trɛ:gə] *m* (*Geld~*) amount, sum; ~ **dankend erhalten** [payment] received with thanks

be·tra·gen* *irreg* **I.** *vi* to be; **die Rechnung beträgt 10 Euro** the bill comes [*or* amounts] to 10 euros; **die Preisdifferenz beträgt 378 Euro** the difference in price is [*or* comes to] 378 euros **II.** *vr* ■**sich irgendwie** ~ to behave in a certain manner

Be·tra·gen <-s> *nt kein pl* behaviour [*or* AM -or]; SCH conduct

be·trau·en* *vt* ■**jdn mit etw** *dat* ~ to entrust sb with sth; ■**jdn damit ~, etw zu tun** to entrust sb with [the task of] doing sth

be·trau·ern* *vt* ■**jdn/etw** ~ to mourn [for [*or* over]] sb/sth

be·träu·feln* *vt* (*durch Tropfen befeuchten*) ■**etw** [**mit etw** *dat*] ~ to sprinkle sth [with sth]; **man kann das Schnitzel mit Zitronensaft** ~ one can squeeze lemon juice on a schnitzel [*or* cutlet]; MED to put [*or* apply] drops [of sth] on sth

Be·trau·ung <-> *f kein pl* entrustment; ■**jds ~ mit etw** *dat* the entrustment of [*or* entrusting] sb with sth

Be·treff <-[e]s, -e> [bə'trɛf] *m* (*geh: Bezug*) reference; **Betreff: Ihr Schreiben vom 23.6.** Re: your letter of June 23; **in diesem** [*o* **dem**] ~ in this regard [*or* respect]

be·tref·fen* *vt irreg* ❶ (*angehen*) ■**jdn** ~ to concern sb; ■**etw** ~ to affect sth; **seine Ausführungen ~ einen ganz wichtigen Punkt** his observations touch upon a very important point; **was jd/das betrifft, ...** as far as sb/that is concerned, as regards sb/that; **„Betrifft: ...“** “Re: ...”; **„Betrifft 1. Mahnung“** “Re: first reminder” ❷ (*geh: widerfahren*) ■**jdn/etw** ~ to befall sb/sth ❸ (*geh: seelisch treffen*) ■**jdn ...** ~ to affect sb ...; **seine Untreue betrifft mich sehr** his unfaithfulness deeply saddens me

be·tref·fend *adj attr* ❶ (*bewusst*) in question *pred;* **haben Sie den ~en Artikel gelesen?** have you read the article in question?; **die ~e Person** the person concerned [*or* in question] ❷ (*angehend*) ■**etw** ~ concerning [*or* regarding] sth

Be·tref·fen·de(r) *f(m) dekl wie adj* person concerned [*or* in question]

be·treffs [bə'trɛfs] *präp* (*geh*) ■**etw ~ einer S.** *gen* sth concerning [*or* regarding] sth; **Ihre Anfrage ~ Möglichkeiten einer Zusammenarbeit können wir wie folgt beantworten ...** our answer to your inquiry on the possibility of working together is as follows ...

Be·treff·zei·le *f* reference line

be·trei·ben* *vt irreg* ❶ (*vorantreiben*) ■**etw** [**irgendwie**] ~ to proceed with sth [in a certain manner]; **auf jds B~** *akk* [**hin**] (*geh*) at sb's instigation ❷ ÖKON (*ausüben*) ■**etw** ~ to carry on sth; **einen Laden/eine Firma** ~ to run [*or* operate] a firm ❸ (*sich beschäftigen mit*) ■**etw** ~ to do [*or* go in for] sth; **er betreibt Sport** he does sporting activities ❹ ADMIN (*in Gang halten*) ■**etw** ~ to operate, to run; **Fernseher dürfen nur nach Entrichtung der Fernsehgebühren betrieben werden** a television [set] may only be used after payment of the television licence ❺ (*antreiben*) ■**etw mit etw** ~ to drive [*or* power] sth with sth/in a certain manner; **das U-Boot wird atomar betrieben** the submarine is nuclear-powered

Be·trei·ber(in) <-s, -> *m(f)* (*Ausübender*) person who runs sth; **alle ~ eines Gewerbes ...** all people who carry on a trade ...; (*Firma, Träger*) operator

Be·trei·bung <-, -en> *f* ❶ (*das Vorantreiben*) pursuit, pursuance; *von Untersuchungen* carrying out ❷ ÖKON (*Unterhaltung*) running; **die ~ des Restaurants war sehr lukrativ** the way the restaurant was run led to lucrative profits ❸ ADMIN (*Bedienung*) operation, running; **die ~ eines Fernsehers ohne die Zahlung der Fernsehgebühren ist unzulässig** it is illegal to watch television without a licence ❹ SCHWEIZ (*Beitreibung*) collection

be·tre·ten[*1] *vt irreg* ■**etw** ~ ❶ (*hineingehen in*) to enter sth; (*auf etw treten*) to walk on sth; (*steigen auf*) to step onto sth; **das Spielfeld** ~ to take the field; **die Bühne** ~ to come/go on stage; **das Podium** ~ to mount the podium ❷ (*das Begehen*)

■[das] B~ [einer S. *gen*] walking [on sth]; **„B~ [des Rasens] verboten!“** “keep off [the grass]!”; (*das Hineingehen*) entering [sth]; **beim B~ eines Raumes** on entering a room; **„B~ für Unbefugte verboten“** “no entry to unauthorized persons” ❸ (*in Angriff nehmen*) ■**etw** ~ to tackle sth; **Neuland** ~ to break new ground; **mit dem Großprojekt betritt er unsicheren Boden** he was entering the unknown with his large-scale project

be·tre·ten*² I. *adj* embarrassed II. *adv* embarrassedly; **er schwieg** ~ he kept an embarrassed silence

Be·tre·ten·heit <-> *f kein pl* embarrassment

be·treu·en* [bəˈtrɔyən] *vt* ❶ (*sich kümmern um*) ■**jdn/etw** ~ to look after [*or* take care of] sb/sth; **einen Garten** ~ to maintain a garden ❷ (*verantwortlich sein für*) ■**etw** ~ to be responsible for [*or* in charge of] sth

Be·treu·er(in) <-s, -> *m(f)* person who looks after sb; JUR custodian of persons of full age; **auf jeden ~ kamen im Seniorenheim 13 Bewohner** there were 13 residents to every nurse in the old people's home; **der medizinische ~ der Nationalelf** the national team['s] doctor

Be·treu·ung <-, -en> *f* ❶ (*das Betreuen*) looking after; *von Patienten* care; **für die ~ von Patienten sollten Fachkräfte eingesetzt werden** qualified personnel are necessary to look after the patients ❷ (*Betreuer*) nurse, carer

Be·trieb <-[e]s, -e> [bəˈtriːp] *m* ❶ (*Industrie~*) [industrial] company, firm; **ist Direktor Wengel schon im ~?** is director Wengel already at work [*or* in the [*or* his] office]?; **ich muss heute etwas länger im ~ bleiben** I have to work late today ❷ (*die Belegschaft*) workforce ❸ *kein pl* (*Betriebsamkeit*) activity; **heute war nur wenig/herrschte großer ~ im Laden** it was very quiet/busy in the shop today ❹ (*Tätigkeit*) operation, running; **die Straßenbahnen nehmen morgens um 5 Uhr ihren ~ auf** the trams start running at 5 o'clock in the morning; (*Ablauf*) production process; **steh hier nicht so rum, du störst den ganzen ~ im Büro!** don't just stand around here, you're disrupting the smooth running of the office!; **etw in ~ nehmen** to put sth into operation; **die Busse werden morgens um 5 Uhr in ~ genommen** the buses are put into service at 5am; **die neue Produktionsstraße soll im Herbst in ~ genommen werden** the new production line is expected to be put in to operation [*or* come on stream] in [the] autumn; **etw in/außer ~ setzen** to put into/out of operation [*or* service]; **eine Maschine in/außer ~ setzen** to start up/stop a machine; **außer ~ [sein]** [to be] out of order [*or* service]; (*abgestellt sein*) to be out of operation [*or* switched off]; **in ~ [sein]** to be in operation [*or* [switched] on]

be·trieb·lich [bəˈtriːplɪç] I. *adj attr* (*den Betrieb betreffend*) operational; **das ist eine rein ~e Angelegenheit, die nur Firmenangehörige angeht** that is purely an internal matter which only concerns employees of the company; (*vom Betrieb geleistet*) company; **betriebliche Altersversorgung/Leistungen** company pension plan/benefits II. *adv* (*durch den Betrieb der Firma*) operationally; **die Rationalisierungen sind ~ bedingt** the rationalization is for operational reasons

be·trieb·sam [bəˈtriːpzaːm] I. *adj* busy; **er ist sehr ~, bei ihm muss alles immer gleich erledigt werden** he is a very industrious person who has to do everything immediately II. *adv* busily

Be·trieb·sam·keit <-> *f kein pl* activity, busyness

Be·triebs·an·ge·hö·ri·ge(r) *f(m) dekl wie adj* employee **Be·triebs·an·lei·tung** *f* TECH operating instructions *pl* **Be·triebs·aus·flug** *m* staff [*or* BRIT works] [*or* AM office] outing **be·triebs·be·reit** I. *adj* TECH ready for operation [*or* use], in running [*or* working] order; **in ~em Zustand** in running [*or* working] order II. *adv* ready for operation [*or* use] **be·triebs·blind** *adj having become blind to shortcomings in company processes* [*after many years of employment*] **Be·triebs·dau·er** *f* working life **be·triebs·ei·gen** *adj inv* company *attr,* belonging to a/the company **Be·triebs·er·laub·nis** *f* operating licence [*or* AM -se] **Be·triebs·fe·ri·en** *pl* [annual] works [*or* AM company] holidays *pl* **be·triebs·fremd** *adj* non-company **Be·triebs·frem·de(r)** *f(m)* outsider **Be·triebs·füh·rung** *f s.* **Betriebsleitung Be·triebs·ge·heim·nis** *nt* trade [*or* business] secret **Be·triebs·ge·län·de** *nt* company grounds *pl* **Be·triebs·ge·neh·mi·gung** *f* operating licence [*or* AM -se]; *s.* **Betriebserlaubnis Be·triebs·haft·pflicht·ver·si·che·rung** *f* business liability insurance **be·triebs·in·tern** *adj s.* **betrieblich Be·triebs·ka·pi·tal** *nt* ÖKON working capital **Be·triebs·kin·der·gar·ten** *m* crèche BRIT for employees' children, employee daycare center AM **Be·triebs·kli·ma** *nt* working atmosphere **Be·triebs·kos·ten** *pl* operating costs; *von Kraftfahrzeug, Maschine* running costs **Be·triebs·lei·ter(in)** *m(f)* [works [*or* AM company]] manager **Be·triebs·lei·tung** *f* ❶ (*das Leiten eines Betriebes*) management [of a works [*or* AM company]] ❷ (*Firmenleitung*) [works [*or* AM company]] management **Be·triebs·prü·fung** *f* FIN ≈ tax audit (*regular audit of a company and its accounts by the tax authorities*) **Be·triebs·rat** *m* POL employee representative committee, BRIT *a.* works council **Be·triebs·rat, -rä·tin** *m, f* POL employee representative, BRIT *a.* member of a [*or* the] works council **Be·triebs·rats·vor·sit·zen·de(r)** *f(m)* chairperson of an [*or* the] employee representative committee [*or* BRIT *a.* works council] **Be·triebs·schluss**[RR] *m* end of business hours [*or* the working day]; **um 17 Uhr ist in den meisten Fabriken ~** the working day ends at 5pm in most factories, most factories shut down at 5pm; **nach ~** after work [*or* [working] hours] **be·triebs·si·cher** *adj* TECH reliable [in operation] **Be·triebs·stö·rung** *f* TECH interruption of operation [*or* service], stoppage **Be·triebs·sys·tem** *nt* INFORM operating system **Be·triebs·un·fall** *m* ❶ (*Unfall*) ≈ industrial accident (*accident at or on the way to or from work*) ❷ (*hum sl: ungewollte Schwangerschaft*) accident *fam* **Be·triebs·ver·ein·ba·rung** *f* ≈ shop agreement BRIT (*agreement between the works council and the employer concerning working conditions*), internal wage and salary agreement AM **Be·triebs·ver·fas·sung** *f* JUR company code of practice, BRIT *a.* works constitution **Be·triebs·ver·fas·sungs·ge·setz** *nt* Industrial Constitution of Law BRIT, Works Council Constitution [*or* AM Employees' Representation] Act **Be·triebs·ver·samm·lung** *f* works [*or* AM company] meeting, (meeting of the workforce [chaired by the works council chairman]) **Be·triebs·wirt(in)** *m(f)* ÖKON graduate in business management **Be·triebs·wirt·schaft** *f* ÖKON business management **be·triebs·wirt·schaft·lich** *adj inv* business management *attr,* operational **Be·triebs·wirt·schafts·leh·re** *f kein pl* business management

be·trin·ken* *vr irreg* ■**sich** *akk* [**mit etw** *dat*] ~ to get drunk [on sth]

be·trof·fen I. *part s.* **betreffen** II. *adj* ❶ (*bestürzt*) shocked; **~es Schweigen** stunned silence ❷ (*angehen*) ■[**von etw**] ~ **sein** to be affected [*or* concerned] [by sth] III. *adv* with dismay

Be·trof·fe·ne(r) *f(m) dekl wie adj* person affected

Be·trof·fen·heit <-> *f kein pl* shock; **in stummer ~** in stunned silence

be·trü·ben* *vt* ■**jdn** [**mit etw** *dat*] ~ to sadden sb [with sth], to cause sb distress [with sth]; **es betrübt mich ...** it saddens [*or* grieves] me ...

be·trüb·lich [bəˈtryːplɪç] *adj* distressing; **ich muss Ihnen leider eine ~e Mitteilung machen** I'm afraid I have [some] bad news for you

be·trüb·li·cher·wei·se *adv* unfortunately

be·trübt *adj* sad; ■[**über etw** *akk*] ~ **sein** to be sad [about sth]

Be·trug <-[e]s, SCHWEIZ Betrüge> [bəˈtruːk, *pl* bəˈtryːgə] *m* fraud

be·trü·gen* *irreg* I. *vt* ❶ (*vorsätzlich täuschen*) ■**jdn** ~ to cheat [*or* swindle] sb; ■**jdn um etw** *akk* ~ to cheat sb out of sth; ■**betrogen** cheated, deceived; **ich fühle mich betro-**

gen! I feel betrayed!; **sich** *akk* **um etw** *akk* **betrogen sehen** to feel cheated [*or sl* done] out of sth; **sich** *akk* **in etw betrogen sehen** to be deceived in sth; **ich sehe mich in meinem Vertrauen betrogen!** I feel [that] my trust has been betrayed! ❷ (*durch Seitensprung hintergehen*) ■**jdn [mit jdm]** ~ to be unfaithful to [*or* cheat on] sb [with sb] **II.** *vr* (*sich etw vormachen*) ■**sich** *akk* ~ to deceive [*or* delude] oneself

Be·trü·ger(in) <-s, -> [bəˈtry:gɐ] *m(f)* con man, swindler; **du ~! diese Spielkarte hast du aus dem Ärmel gezogen!** you cheat! you had that card up your sleeve!

Be·trü·ge·rei <-, -en> [bətry:gəˈrai] *f* (*pej*) ❶ (*ständiges Betrügen*) swindling; **seine ~en beim Kartenspielen wurden endlich nachgewiesen** they finally managed to prove his cheating at cards ❷ (*ständige Seitensprünge*) cheating, unfaithfulness

Be·trü·ge·rin <-, -nen> *f fem form von* **Betrüger**

be·trü·ge·risch [bəˈtry:gərɪʃ] *adj* (*pej*) deceitful; **in ~er Absicht** JUR with intent to defraud

be·trun·ken [bəˈtrʊŋkn̩] **I.** *adj* drunken *attr*, drunk *pred* **II.** *adv* drunkenly

Be·trun·ke·ne(r) *f(m) dekl wie adj* drunk, drunken person

Be·trun·ken·heit *f* drunkenness

Bet·schwes·ter *f* (*pej*) churchy type [of woman]

Bett <-[e]s, -en> [bɛt] *nt* ❶ (*Schlafstätte*) bed; (*Lagerstatt a.*) resting place; **~en bauen** MIL to make [the] beds; **jdn ins** [*o geh* **zu**] **~ bringen** to put sb to bed; **jdn ans ~ fesseln** (*geh*) to confine sb to bed; **durch die schwere Operation war er wochenlang ans ~ gefesselt** he was confined to bed for weeks as a result of the major operation; **ins ~ gehen** to go to bed; **mit jdm ins ~ gehen** [*o* **steigen**] (*euph*) to go to bed with sb *fig;* **jdn aus dem ~ holen** to get sb out of bed; **das ~ hüten müssen** (*geh*) to be confined to [*or* have to stay in] [one's] bed; **sich ins** [*o geh* **zu**] **~ legen** to go [*or* retire] to bed; **im ~ liegen** to be in bed; **er ist krank und liegt im ~** he's ill and [laid up] in bed; **[jdm] das ~/die ~en machen** [*o geh* **bereiten**] to make sb's bed/the beds [up]; **ins ~ machen** to wet the bed; **jdn ins ~ packen** [*o* **stecken**] (*fam*) to pack sb off to bed *fam;* **ins ~ sinken** to fall into bed; **an jds** *dat* **~** at sb's bedside; **jdm etw ans ~ bringen/stellen** to bring sth to sb's bedside/to put sth by sb's bed; **ich stelle dir die Lampe ans ~** I'll put the lamp by the bed for you; **jdm Frühstück ans ~ bringen** to bring sb breakfast in bed; **im ~** in bed; **im ~ frühstücken** to have breakfast in bed ❷ (*Ober~*) duvet, quilt, eiderdown BRIT, comforter AM ❸ (*Fluss~*) [river] bed ▶WENDUNGEN: **sich ins gemachte ~ legen** to have everything handed to one on a plate

Bett·bank <-bänke> *f* ÖSTERR (*Bettsofa*) sofa bed, AM *a.* hide-a-bed **Bett·be·zug** *m* duvet [*or* quilt] [*or* BRIT *a.* eiderdown] cover **Bett·couch** *f s.* **Bettsofa** **Bett·de·cke** *f* blanket; (*Steppdecke*) duvet, quilt, eiderdown BRIT, comforter AM

Bet·tel <-s> [ˈbɛtl̩] *m* ▶WENDUNGEN: **der ganze ~** DIAL the whole business; **ich bin den ganzen ~ so satt!** I'm sick of the whole business!; **[jdm] den [ganzen] ~ hinwerfen/jdm den [ganzen] ~ vor die Füße werfen** [*o* **schmeißen**] to throw in the [whole] business [with sb]/to throw the [whole] business back at sb

bet·tel·arm [ˈbɛtl̩ˈʔarm] *adj* destitute

Bet·te·lei <-, -en> [bɛtəˈlai] *f* (*pej*) begging

Bet·tel·mönch *m* REL mendicant [*or* begging] friar

bet·teln [ˈbɛtl̩n] *vi* ■**[bei jdm] [um etw]** ~ to beg [sb] [for sth]; (*um etw bitten*) to beg for sth; **„B~ verboten"** "no begging"

Bet·tel·or·den *m* REL mendicant [*or* begging] order **Bet·tel·stab** *m* **jdn an den ~ bringen** to reduce sb to beggary; **an den ~ kommen** to be reduced to beggary

bet·ten [ˈbɛtn̩] **I.** *vt* ❶ (*hinlegen*) ■**jdn/etw irgendwie ~** to lay sb/sth down in some way; **weich gebettet** in a soft bed ❷ (*liter*) ■**in etw** *akk* **gebettet sein** [*o* **liegen**] to be nestled in sth **II.** *vr* ▶WENDUNGEN: **sich weich ~** to make an easy life for oneself; **durch seine reiche Heirat hat er sich wirklich weich gebettet!** by marrying into money he has assured himself of a really easy life!; **wie man sich bettet, so liegt man** (*prov*) as you make your bed, so you must lie on it *prov*

Bet·ten·burg *f* (*hum*) giant hotel

Bett·fla·sche *f* SÜDD, SCHWEIZ hot-water bottle **Bett·ge·schich·te** *f* ❶ (*sexuelles Verhältnis*) [love] affair ❷ MEDIA (*sl*) ≈ sex scandal (*gossip story on the sex lives of the rich and famous*) **Bett·ge·stell** *nt* bedstead **Bett·ha·se** *m* (*fam*) sex kitten *sl,* sexpot *sl* **Bett·him·mel** *m* bed canopy **Bett·hup·ferl** <-s, -> *nt* ≈ bedtime treat (*sweets given to children before they go to bed*) **Bett·kan·te** *f* edge of the bed ▶WENDUNGEN: **den/die würde ich nicht von der ~ stoßen!** (*euph fam*) I wouldn't say 'no' to him/her! *sl* **Bett·kas·ten** *m* bedding box [under a bed or sofa bed] **Bett·la·de** *f* SÜDD, ÖSTERR (*Bettgestell*) bedstead **bett·lä·ge·rig** *adj* bedridden, confined to bed *pred* **Bett·lä·ge·rig·keit** <-> *f kein pl* MED bed confinement **Bett·la·ken** *nt s.* **Betttuch** **Bett·lek·tü·re** *f* bedtime reading

Bett·ler(in) <-s, -> [ˈbɛtlɐ] *m(f)* beggar; **gegen diesen Krösus bin ich mit meinem bescheidenen Einkommen kaum mehr als eine ~in!** on my modest income I'm little more than a pauper next to this moneybags!

Bett·näs·sen <-s> *nt kein pl* bed-wetting **Bett·näs·ser(in)** <-s, -> *m(f)* bed-wetter **Bett·pfan·ne** *f* bedpan **Bett·pfos·ten** *m* bedpost **Bett·rand** *m s.* **Bettkante** **bett·reif** *adj* (*fam*) ready for bed *pred* **Bett·ru·he** *f* bed rest **Bett·schwe·re** *f* ▶WENDUNGEN: **die nötige ~ bekommen/haben** (*fam*) to be ready for bed [*or sl* one's pit] **Bett·so·fa** *nt* sofa bed, AM *a.* hide-a-bed **Bett·sze·ne** *f* bedroom scene **Bett·tuch**[RR] *nt getrennt: Bett-tuch* sheet **Bettuch**[ALT] [ˈbɛttu:x] *nt s.* **Betttuch** **Bett·vor·le·ger** *m* bedside rug **Bett·wä·sche** *f* bedlinen **Bett·zeug** *nt* bedding

be·tucht [bəˈtu:xt] *adj* (*fam*) well off, well-to-do

be·tu·lich [bəˈtu:lɪç] **I.** *adj* ❶ (*übertrieben besorgt*) fussing; **deine ~e Art geht mir auf die Nerven!** your fussing is getting on my nerves! ❷ (*gemächlich*) leisurely **II.** *adv* in a leisurely [*or* an unhurried] manner

be·tup·fen* *vt* ❶ (*tupfend berühren*) ■**etw [mit etw]** ~ to dab sth [with sth]; **eine Wunde ~** to swab a wound ❷ (*mit Tupfen versehen*) **einen Stoff ~** to print with spots; **eine bunt betupfte Bluse** a blouse with coloured [*or* AM -ored] spots

be·tup·pen* *vt* DIAL (*fam*) ■**jdn [um etw]** ~ to con *fam* [*or sl* diddle] sb [out of sth]; **die Verkäuferin muss mich betuppt haben, mir fehlen 1,45 Euro!** the salesgirl must have diddled me, I'm 1.45 euros short!

Beu·ge <-, -n> [ˈbɔygə] *f* ❶ ANAT bend; *von Arm a.* crook of the arm ❷ SPORT (*Rumpf~*) bend; **in die ~ gehen** to squat

Beu·ge·haft *f* JUR coercive detention

Beu·gel <-s, -> [ˈbɔygl̩] *m* ÖSTERR (*Hörnchen*) croissant

Beu·ge·mus·kel *m* flexor [muscle]

beu·gen [ˈbɔygn̩] **I.** *vt* ■**etw ~** ❶ (*neigen*) to bend sth; **den Kopf ~** to bow one's head ❷ LING (*konjugieren*) to conjugate sth; (*deklinieren*) to decline sth **II.** *vr* ❶ (*sich neigen*) ■**sich** *akk* ~ to bend; **sich** *akk* **aus dem Fenster ~** to lean out of the window; **er saß über seine Manuskripte gebeugt** he sat hunched over his manuscripts ❷ (*sich unterwerfen*) ■**sich** *akk* **[jdm/einer S.]** ~ to submit [*or* bow] [to sb/sth]; **ich werde mich der Mehrheit ~** I will bow to the majority

Beu·gung <-, -en> *f* ❶ (*das Beugen*) bending ❷ PHYS (*Ablenkung*) diffraction ❸ LING *von Adjektiv, Substantiv* declension; *von Verb* conjugation

Beu·le <-, -n> [ˈbɔylə] *f* ❶ (*Delle*) dent ❷ (*Schwellung*) bump, swelling

beu·len *vi* (*aus~*) ■**[an etw** *dat*] ~ to go baggy [*or* to bag] [somewhere]; **die Hose beult an den Knien** the trousers are going baggy at the knees; ■**eingebeult** dented

Beu·len·pest *f* MED bubonic plague

be·un·ru·hi·gen* [bəˈʔʊnru:ɪgn̩] **I.** *vt* ■**jdn ~** to worry [*or* concern] sb **II.** *vr* ■ **sich** *akk* [**über jdn/etw** [*o* **wegen jdm/etw**]] ~ to worry [about sb/sth]

be·ụn·ru·hi·gend *adj* disturbing, worrying

be·un·ru·higt [bəˈʔʊnruːɪçt] *adj* ■ ~ [**über etw** [*o* **wegen etw**]] **sein** *akk* to be concerned [about sth]

Be·ụn·ru·hi·gung <-, *selten* -en> *f* concern; **jdn mit ~ erfüllen** to give sb cause for concern, to cause sb disquiet

be·ur·kun·den* [bəˈʔuːɐ̯kʊndn̩] *vt* ■ **etw** ~ to certify sth; **man wollte den Vertrag vom Notar ~ lassen** the contract was to be certified [*or* notarized] by a notary

Be·u̲r·kun·dung <-, -en> *f* ❶ (*das Beurkunden*) certification ❷ (*Urkunde*) documentary evidence

be·ur·lau·ben* [bəˈʔuːɐ̯laubn̩] *vt* ❶ (*Urlaub geben*) ■ **jdn** [**für etw** *akk*] ~ to give [*or* grant] sb time off [from work] [*or* leave [of absence]] [for sth]; **können Sie mich für eine Woche ~?** can you give me [*or* I take] a week off? ❷ ADMIN (*suspendieren*) ■ **jdn** ~ to suspend sb; ■ [**von etw** *dat*] **beurlaubt sein** to be suspended [from sth]; **Sie sind bis auf weiteres** [**vom Dienst**] **beurlaubt** you are suspended [from duty [*or* office]] until further notice ❸ SCH ■ **sich ~ lassen** to go on [*or* take] a sabbatical; ■ **beurlaubt sein** to be on [a] sabbatical

Be·u̲r·lau·bung <-, -en> *f* ■ **jds ~** [**von etw** *dat*] ❶ (*das Beurlauben*) sb's time off [*or* leave [of absence]] [from sth] ❷ ADMIN (*Suspendierung*) sb's suspension [from sth] ❸ SCH (*Entpflichtung*) sb's sabbatical [from sth] ❹ MIL (*fam: Urlaubsschein*) pass

be·u̲r·tei·len* *vt* ❶ (*einschätzen*) ■ **jdn** ~ to judge sb; **der Lehrer muss jeden Schüler ~** the teacher has to assess every pupil ❷ (*abschätzen*) ■ **etw** ~ to assess sth; (*kritisch einschätzen*) to review sth; **einen Kunst-/Wertgegenstand ~** to appraise a piece of art/valuable

Be·u̲r·tei·lung <-, -en> *f* ❶ (*das Beurteilen*) assessment ❷ (*Kritik*) review; (*Einschätzung*) appraisal ❸ SCH (*schriftliches Urteil*) [school] report; ADMIN [progress] report

Be·u̲r·tei·lungs·maß·stab *m von Mitarbeiter* criterion for assessment; *von Kunst-/Wertgegenstand* criterion for appraisal

Beu·schel <-s, -> [ˈbɔyʃl̩] *nt* KOCHK ÖSTERR, SÜDD *dish made of heart and lung;* (*Lunge*) lights *npl;* (*Innereien*) entrails *npl,* innards *npl fam;* ~ **vom Lamm** lamb pluck

Beu·te <-> [ˈbɔytə] *f kein pl* ❶ (*Jagd~*) prey; **ohne ~** without a bag ❷ (*erbeutete Dinge*) haul, swag *sl;* **eine reiche/lohnende ~** a big/worthwhile haul; [**fette/dicke/reiche**] **~ machen** to make a [big] haul ❸ (*geh: Opfer*) prey *fig,* victim *fig;* **eine leichte ~** [an] easy prey

Beu̲·te·fang·ver·hal·ten *m* BIOL prey catching behaviour [*or* AM -or]

Beu·tel <-s, -> [ˈbɔytl̩] *m* ❶ (*Tasche*) bag; **Tabaks~** [tobacco] pouch ❷ (*fam: Geld~*) purse ❸ ZOOL pouch ► WENDUNGEN: **tief in den ~ greifen müssen** to have to dig deep into one's pocket

Beu̲·tel·mei·se *f* ORN (*Remiz pendulinus*) penduline tit

beu·teln [ˈbɔytl̩n] *vt* (*fam*) ■ **jdn** ~ to shake sb

Beu̲·tel·rat·te *f* opossum **Beu̲·tel·tier** *nt* marsupial

Beu̲·te·stück *nt* spoils *npl,* booty **Beu̲·te·zug** *m* raid

be·völ·kern* [bəˈfœlkɐn] **I.** *vt* ■ **etw** ~ ❶ (*beleben*) to fill [*or* throng] sth ❷ (*besiedeln*) to inhabit [*or* populate] sth **II.** *vr* ■ **sich mit ...** ~ to fill up with ...

be·vö̩l·kert *adj* ❶ (*besiedelt*) populated; **die Steppe ist nur wenig ~** the steppes are only sparsely populated ❷ (*belebt*) full, thronged; **die kaum ~en Straßen** the almost empty streets

Be·vö̩l·ke·rung <-, -en> *f* population

Be·vö̩l·ke·rungs·ab·nah·me *f* decrease in population **Be·vö̩l·ke·rungs·dich·te** *f* population density **Be·vö̩l·ke·rungs·ent·wick·lung** <-> *f kein pl* population development **Be·vö̩l·ke·rungs·ex·plo·si·on** *f* population explosion **Be·vö̩l·ke·rungs·grup·pe** *f* section of the population **Be·vö̩l·ke·rungs·py·ra·mi·de** *f* population pyramid **Be·vö̩l·ke·rungs·rück·gang** *m* decrease in population **Be·vö̩l·ke·rungs·schicht** *f* class [of society], social stratum **Be·vö̩l·ke·rungs·sta·tis·tik** *f* demography *no pl* **Be·vö̩l·ke·rungs·struk·tur** *f* population structure **Be·vö̩l·ke·rungs·wachs·tum** *nt kein pl* population growth **Be·vö̩l·ke·rungs·zahl** *f* population **Be·vö̩l·ke·rungs·zu·nah·me** *f* increase in population

be·vo̩ll·mäch·ti·gen* *vt* ■ **jdn** [**zu etw**] ~ [*o* **jdn** ~[, **etw zu tun**]] to authorize sb [to do sth]; **er bevollmächtigte seine Frau, für ihn zu unterschreiben** he authorized his wife to sign on his behalf

Be·vo̩ll·mäch·tig·te(r) *f(m) dekl wie adj* authorized representative; POL plenipotentiary

Be·vo̩ll·mäch·ti·gung <-, *selten* -en> *f* authorization

be·vor [bəˈfoːɐ̯] *konj* ❶ (*solange*) ■ ~ [**nicht**] until; ■ **nicht ~** not until ❷ (*ehe*) before

be·vor·mun·den* [bəˈfoːɐ̯mʊndn̩] *vt* ■ **jdn** ~ to treat sb like a child; **ich lasse mich nicht mehr ~, ich will selbst entscheiden!** I won't be ordered about any more, I want to make up my own mind!

Be·vo̲r·mun·dung <-, -en> *f* being treated like a child

be·vor·rech·tigt [bəˈfoːɐ̯rɛçtɪçt] *adj* (*privilegiert*) privileged

be·vo̲r|ste·hen *vi irreg* ❶ (*zu erwarten haben*) ■ **jdm/einer S.** ~ to await [*or* be in store for] sb/sth; **der schwierigste Teil steht dir erst noch bevor!** the most difficult part is yet [*or* still] to come!; **uns steht ein harter Winter bevor** a hard winter is in store for us, it's going to be a hard winter ❷ (*in Kürze eintreten*) ■ **etw steht bevor** sth is approaching; **der Sommer steht bevor** summer will soon be here

be·vo̲r·ste·hend *adj* approaching; **das ~e Fest/der ~e Geburtstag** the upcoming party/birthday; **~e Gefahr** impending danger; **diese kühlen Herbsttage waren Vorboten des ~en Winters** those cool autumn[al] days heralded the onset of winter

be·vor·zu·gen* [bəˈfoːɐ̯tsuːɡn̩] *vt* ❶ (*begünstigen*) ■ **jdn** [**vor jdm**] ~ to favour [*or* AM -or] sb [over sb]; **keines unserer Kinder wird bevorzugt, alle werden gleich behandelt** none of our children receive preferential treatment, they are all treated equally; **hier wird niemand bevorzugt!** there's no favouritism around here! ❷ (*den Vorzug geben*) ■ **etw** ~ to prefer sth

be·vor·zugt [bəˈfoːɐ̯tsuːkt] **I.** *adj* ❶ (*privilegiert*) privileged ❷ (*beliebteste(r,s)*) favourite BRIT, favorite AM **II.** *adv* **etw ~ abfertigen/ausliefern** to give sth priority [in shipment]; **jdn ~ abfertigen** [*o* **bedienen**] [*o* **behandeln**] to give sb preferential treatment

Be·vo̲r·zu·gung <-, -en> *f* ❶ (*das Bevorzugen*) ■ **jds ~** [**vor jdm**] preference of sb [over sb else]; **die ~ einiger Schüler war nicht zu übersehen** you couldn't help but notice that some of the pupils were favoured over others ❷ (*bevorzugte Behandlung*) ■ **jds ~/die ~ einer S.** [**bei etw**] preferential treatment of sb/sth [in sth]

be·wa̩·chen* *vt* ❶ (*beaufsichtigen*) ■ **jdn/etw** ~ to guard sb/sth ❷ SPORT (*decken*) ■ **jdn** ~ to guard sb; **einen** [**gegnerischen**] **Spieler ~** to mark [*or* AM guard] an opponent

Be·wa̩·cher(in) <-s, -> *m(f)* ❶ (*jd, der jdn bewacht*) guard ❷ SPORT (*Deckungsspieler*) marker BRIT, defender AM

be·wach·sen*[1] [bəˈvaksn̩] *vt irreg* ■ **etw** ~ to grow over sth

be·wach·sen*[2] [bəˈvaksn̩] *adj* ■ **mit etw** ~ overgrown with sth

be·wa̩cht *adj* guarded; **auf ~en Parkplätzen** in supervised car parks [*or* AM parking lots]

Be·wa̩·chung <-, -en> *f* ❶ (*das Bewachen*) guarding; **unter** [**schwerer** [*o* **strenger**]] ~ under [close] guard ❷ (*Wachmannschaft*) guard

be·wa̩ff·nen* *vt* ■ **jdn/etw** [**mit etw** *dat*] ~ to arm sb/sth [with sth]; ■ **sich** *akk* [**mit etw** *dat*] ~ to arm oneself [with sth]

be·wa̩ff·net *adj* armed; ■ **mit etw** *dat* ~ armed with sth *pred;* **ausgezeichnet/schlecht/unzureichend ~** well-/badly/ insufficiently armed

Be·wa̩ff·ne·te(r) *f(m) dekl wie adj* armed person

Be·waff·nung <-, -en> *f* ❶ *kein pl* (*das Bewaffnen*) arming ❷ (*Gesamtheit der Waffen*) weapons *pl*, arms *npl*

be·wah·ren* *vt* ❶ (*schützen*) ■**jdn vor jdm/etw** ~ to save [*or* protect] sb from sb/sth; **vor etw** *dat* **bewahrt bleiben** to be spared sth; ■**jdn davor ~, etw zu tun** to save sb from doing sth; **davor bewahrt bleiben, etw zu tun** to be spared having to do sth ❷ (*geh: aufheben*) ■**etw** [**für jdn**] ~ to keep sth [for sb]; **bewahre bitte dieses Schmuckstück** [**für mich**] **in deinem Safe** please keep [*or* look after] this piece of jewellery [for me] in your safe ❸ (*erhalten, behalten*) ■[**sich** *dat*] **etw** ~ to keep sth; **den guten Ruf** ~ to protect [*or* guard] one's good reputation; *s. a.* **Stillschweigen** ▸WENDUNGEN: **das Gesicht** ~ to save face; **Gott bewahre!** (*fam*) [good] Lord [*or* heavens] no!

be·wäh·ren* *vr* ■**sich** *akk* ~ to prove itself [*or* its worth]; **unsere Freundschaft hat sich bewährt** our friendship has stood the test of time; **im Dauertest hat sich das neue Auto glänzend bewährt** the new car had excellent performance in the endurance test; ■**sich** [**als jd/in etw**] ~ *dat* to prove oneself [as sth/in sth]

be·wahr·hei·ten* [bəˈvaːɐ̯haitn̩] *vr* ■**sich** ~ to come true

be·währt *adj* tried and tested, proven; **~er Mitarbeiter/Kollege** reliable colleague

Be·wah·rung <-, -en> *f* (*geh*) ❶ (*Erhaltung*) protection; *von Geheimnis* keeping ❷ (*Auf~*) keeping; **er versprach ihm die sichere ~ der Dokumente** he promised the safekeeping of the documents

Be·wäh·rung <-, -en> *f* JUR ❶ (*im Strafvollzug*) probation; **er bekam 6 Monate Haft auf ~** he received a six months suspended sentence with probation; **eine Strafe zur ~ aussetzen** to suspend a sentence; **~ bekommen** to be put on probation; **mit/ohne ~** with/without probation ❷ (*Bewährungsfrist*) period of probation, probation[ary] period

Be·wäh·rungs·frist *f* JUR period of probation, probation[ary] period **Be·wäh·rungs·hel·fer(in)** *m(f)* JUR probation officer **Be·wäh·rungs·pro·be** *f* [acid] test ▸WENDUNGEN: **eine/die ~ bestehen** to stand the test; **jdn/etw einer ~ unterziehen** to put sb/sth to the test

be·wal·det [bəˈvaldət] *adj* wooded; ■**dicht/dünn ~ sein** to be thickly/sparsely wooded

be·wäl·ti·gen* [bəˈvɛltɪgn̩] *vt* ■**etw** ~ ❶ (*meistern*) to cope with sth; **Schwierigkeiten ~** to overcome difficulties; **diese kurze Strecke kann ich zu Fuß ~** I'll be able to manage this short distance on foot ❷ (*verzehren*) to manage [to eat] sth ❸ (*verarbeiten*) to digest [*or sep* take in] sth; (*überwinden*) to get over sth; **die Vergangenheit ~** to come to terms with the past

Be·wäl·ti·gung <-, -en> *f* ❶ (*das Meistern*) coping with; *von Schwierigkeiten* overcoming; *einer Strecke* covering ❷ (*der Verzehr*) consumption ❸ (*Verarbeitung*) getting over; *der Vergangenheit* coming to terms with; *von Eindrücken* digesting, taking in

be·wan·dert [bəˈvandɐt] *adj* well-versed; ■[**in etw** *dat*/**auf einem Gebiet**] ~ **sein** to be well-versed [in sth/in a subject [*or* field]]; **was du alles weißt, du bist aber wirklich sehr ~!** the things you know! you really are very knowledgeable!

Be·wandt·nis [bəˈvantnɪs] *f* **mit jdm/etw hat es eine eigene** [*o* **besondere**] ~ (*geh*) sth has a particular reason [*or* explanation]; **das hat seine eigene ~** that's a long story; **das hat folgende ~** the reason [*or* explanation] is as follows; **mein Verhalten hat eine ganz andere ~** there is a quite different explanation for my behaviour; **es hat eine ganz bestimmte/besondere ~** there is a very good reason [*or* explanation] [for that]; **welche/was für eine ~ hat es damit?** what's the reason for [*or* behind] this?

be·wäs·sern* *vt* ■**etw** ~ AGR *Feld* to irrigate sth; HORT *Garten* to water sth

Be·wäs·se·rung <-, -en> *f* ■**die ~ einer S.** *gen* ❶ AGR the irrigation of sth ❷ HORT the watering of sth

Be·wäs·se·rungs·an·la·ge *f* AGR irrigation plant **Be·wäs·se·rungs·gra·ben** *m* AGR irrigation ditch **Be·wäs·se·rungs·ka·nal** *m* AGR irrigation channel **Be·wäs·se·rungs·sys·tem** *nt* AGR irrigation system

be·we·gen*¹ [bəˈveːgn̩] **I.** *vt* ❶ (*regen, rühren*) ■**etw** ~ to move sth; ■**etw von/zu etw** *dat* ~ (*transportieren*) to move sth from/to sth ❷ (*beschäftigen*) ■**jdn** ~ to concern sb; **dieser Gedanke bewegt mich schon längere Zeit** this [thought] has been on my mind for some time; (*innerlich aufwühlen*) to move sb ❸ (*bewirken*) ■**etwas/nichts/viel/wenig** ~ to achieve sth/nothing/a lot/little **II.** *vr* ❶ (*sich fortbewegen*) ■**sich** *akk* ~ to move ❷ (*sich körperlich betätigen*) ■**sich** *akk* ~ to [take some] exercise ❸ ASTRON ■**sich** [**um etw/in Richtung auf etw**] ~ *akk* to move [round sth/towards [*or* in the direction of] sth]; **der Mond bewegt sich um die Erde** the moon moves [*or* revolves] round the earth ❹ (*variieren, schwanken*) ■**sich** *akk* ~ to range; **der Preis bewegt sich um 3.000 Euro** the price is around [*or* in the range of] 3,000 euros; **die Verluste ~ sich in den Millionen** the losses will run into the millions ❺ (*sich ändern*) ■**sich** *akk* ~ to change

be·we·gen*² <bewog, bewogen> [bəˈveːgn̩] *vt* (*veranlassen*) ■**jdn zu etw** *dat* ~ to move [*or* persuade] sb to do sth; ■**jdn dazu ~, etw zu tun** to move [*or* persuade] sb to do sth; **sich** *akk* **bewogen fühlen, etw zu tun** (*geh*) to feel as if one has [*or* feel prompted] [*or* feel obliged] to do sth; **ich fühlte mich bewogen, etwas zu sagen** I felt I had [*or* obliged] to say something

be·we·gend *adj* moving

Be·weg·grund *m* motive (+*gen* for)

be·weg·lich [bəˈveːklɪç] *adj* ❶ (*zu bewegen*) movable; **~e Glieder** supple joints ❷ (*manövrierfähig*) manoeuvrable BRIT, maneuvrable AM; (*mobil*) mobile ❸ (*geistig wendig*) agile-[*or* nimble-]minded ❹ (*verlegbar*) movable; **Ostern und Pfingsten sind ~e Feiertage** Easter and Whitsun are movable [religious] holidays

Be·weg·lich·keit <-> *f kein pl* ❶ (*geistige Wendigkeit*) agility [*or* nimbleness] of the mind, mental agility ❷ (*bewegliche Beschaffenheit*) suppleness, flexibility ❸ (*Mobilität*) mobility

be·wegt *adj* ❶ (*sich bewegend*) choppy ❷ (*lebhaft*) eventful ❸ (*innerlich gerührt*) ■[**von etw**] ~ **sein** to be moved [by sth]; **mit ~er Stimme** in an emotional voice [*or* a voice laden with emotion]

Be·we·gung <-, -en> *f* ❶ (*Hand~*) gesture, movement of the hand; (*körperliche Aktion*) movement, gesture; **eine/keine** [**falsche**] **~!** one/no false move/moves!; TECH motion; *von schwerem Gegenstand* moving; ASTROL, ASTRON *der Gestirne/Planeten* movements *pl* ❷ (*körperliche Betätigung*) exercise; **jdn in ~ bringen** to get sb moving; **sich ~ verschaffen** [*o* **machen**] *dat* to [take some] exercise ❸ (*Ergriffenheit*) emotion ❹ KUNST, POL (*ideologische/Kunst-/politische Richtung*) movement ❺ (*Dynamik, Änderung*) change; **eine Firma, der es an ~ fehlt, wird kaum überleben können** a company which can't move [*or* change] with the times is unlikely to survive; **jdn in ~ halten** to keep sb moving [*or fam* on the go]; **in ~ sein** *Mensch* to be on the move [*or fam* go]; **ich war heute den ganzen Tag in ~** I was on the go all day today; **in ~ geraten** POL to start to move; **in eine S.** *akk* **kommt ~** progress is being made; **sich in ~ setzen** to start moving; **etw in ~ setzen** [*o* **bringen**] to start sth moving, to get sth going [*or* started]

Be·we·gungs·ab·lauf *m* sequence of movements **Be·we·gungs·ener·gie** *f* PHYS kinetic energy **be·we·gungs·fä·hig** *adj* able to move, mobile **Be·we·gungs·frei·heit** *f* freedom to move; **in diesen engen Sachen hat man keinerlei ~** there's hardly any room to move [*or* breathe] in these tight clothes; **eine Haftstrafe bedeutet eine Einschränkung der persönlichen ~** a custodial sentence represents a restriction of a person's freedom of movement **be·we̲·gungs·los** I. *adj* (*reglos*) motionless; (*unbewegt*) still II. *adv* motionless **Be·we̲·gungs·lo·sig·keit** <-> *f kein pl* motionlessness **Be·we̲·gungs·man·gel** *m kein pl* lack of exercise **Be·we̲·gungs·the·ra·pie** *f* MED therapeutic exercise **be·we̲·gungs·un·fä·hig** I. *adj* unable to move, immobile II. *adv* paralyzed

be·we̲hrt *adj inv* equipped (**mit** +*dat* with)

be·weih·räu·chern* [bəˈvairɔyçn̩] *vt* ❶ REL (*Weihrauch zufächeln*) ■**etw** ~ to [in]cense sth ❷ (*pej: in den Himmel heben*) ■**jdn** ~ to praise sb to the skies [*or* high heavens]; ■**sich** [**selbst**] ~ to praise oneself to the skies

be·wei̲·nen* *vt* ■**jdn/etw** ~ to weep over sb/sth

Be·weis <-es, -e> [bəˈvais] *m* ❶ JUR (*Nachweis*) proof, evidence; ~**e brauchen wir!** we need proof! [*or* evidence!]; **im Hintergrund wurden ~e gegen ihn gesammelt** evidence was secretly [being] gathered against him; ■**ein/der ~ für etw/einer S.** *gen* proof of sth; **den ~ für etw antreten** to attempt to prove sth; **den ~ [für etw] erbringen** to provide conclusive proof [*or* evidence] [of sth]; **~ erheben** to hear [*or* take] evidence; **den ~ führen** to offer evidence ❷ (*Zeichen*) sign, indication; **als/zum ~ [einer S.]** *gen* as a sign of [sth]

Be·wei̲s·an·trag *m* JUR motion to hear [*or* take] evidence **Be·wei̲s·auf·nah·me** *f* JUR hearing [*or* taking] evidence

be·wei̲s·bar *adj* provable

be·wei̲·sen* *irreg* I. *vt* ❶ (*nachweisen*) ■[**jdm**] **etw** ~ to prove sth [to sb]; **der Angeklagte ist unschuldig, bis das Gegenteil bewiesen wird** the defendant [*or* accused] is innocent until proven guilty; **was zu ~ war** which was [the thing] to be proved, quod erat demonstrandum; **was [noch] zu ~ wäre** which remains to be proved ❷ (*erkennen lassen*) ■**etw** ~ to display [*or* show] sth; ■**~, dass/wie ...** to show that/how ... II. *vr* (*sich zeigen*) ■**sich** ~ to show [itself]; **es beweist sich wieder einmal ...** this shows once again ... [*or* is further proof ...]

Be·wei̲s·er·he·bung *f* JUR *s.* **Beweisaufnahme** **Be·wei̲s·füh·rung** *f* JUR giving [of] evidence, presentation of one's case **Be·wei̲s·kraft** *f kein pl* JUR evidential [*or* probative] value; ■**die ~ einer S.** *gen* the evidential [*or* probative] value of sth; **~/keine ~ haben/besitzen** to have [no] evidential [*or* probative] value **be·wei̲s·kräf·tig** *adj* JUR of evidential [*or* probative] value *pred* **Be·wei̲s·la·ge** *f* [amount and type of] evidence **Be·wei̲s·last** *f kein pl* JUR burden of proof **Be·wei̲s·ma·te·ri·al** *nt* JUR [body of] evidence **Be·wei̲s·mit·tel** *nt* JUR piece of evidence **Be·wei̲s·not** *f kein pl* JUR lack of evidence; **in ~ sein/kommen** to be unable to produce evidence **Be·wei̲s·stück** *nt* JUR exhibit

be·we̲n·den *vt impers* ■**es bei** [*o* **mit**] **etw ~ lassen** to leave it at sth; **für diesmal will ich es noch bei einer Verwarnung ~ lassen** this time I'll leave it at a warning

Be·we̲n·den <-s> *nt kein pl* end; **das hat damit sein ~** that's the end of that [*or* the matter]; **lass es jetzt damit sein ~ haben** let that be an end to it, let the matter [*or* it] rest there

Be·werb <-[e]s, -e> [bəˈvɛrp] *m* SPORT ÖSTERR (*Wettbewerb*) competition

be·wẹr·ben* I. *vr irreg* ■**sich [auf etw** *akk*] [**bei jdm**] [**um etw** *akk*] ~ to apply [in response to sth] [to sb] [for sth]; ■**sich [bei jdm] als etw** ~ to apply [to sb] [for a job] as sth II. *vt* ■**etw** ~ to advertise sth

Be·wẹr·ber(in) <-s, -> *m(f)* applicant, candidate

Be·wẹr·bung *f* ❶ (*Beantragung einer Einstellung*) application; ~ **um ein politisches Amt** candidature for [a] political office ❷ (*Bewerbungsschreiben nebst Unterlagen*) [letter of] application ❸ (*werbliche Maßnahmen*) advertising

Be·wẹr·bungs·bo·gen *m* application form **Be·wẹr·bungs·ge·spräch** *nt* [job] interview **Be·wẹr·bungs·schrei·ben** *nt* [letter of] application **Be·wẹr·bungs·un·ter·la·gen** *pl* documents in support of an application **Be·wẹr·bungs·ver·fah·ren** *nt* application procedure

be·wẹr·fen* *vt irreg* ❶ (*beschmeißen*) ■**jdn/etw mit etw** ~ to throw sth at sb/sth; **als der Lehrer auf den Schulhof trat, wurde er mit Schneebällen beworfen** the teacher was pelted with snowballs when he entered the schoolyard; ■**sich [gegenseitig] mit etw** ~ to throw sth at each other ❷ BAU (*werfend verputzen*) ■**etw mit etw** ~ to plaster [*or* render] sth with sth

be·werk·stel·li·gen* [bəˈvɛrkʃtɛlɪgn̩] *vt* ■**etw** ~ ❶ (*pej fam: anstellen*) to do sth; **was hast du denn da wieder bewerkstelligt?** what have you [gone and] done this time?; **so etwas konntest auch nur du ~!** only you could do something like that! ❷ (*zuwege bringen*) to manage [to do] sth; ■**es ~, dass jd etw tut** to [manage to] get sb to do sth

be·we̲r·ten* *vt* ■**jdn/etw** [**mit etw**] ~ to assess sb/sth [as sth]; **der Aufsatz wurde mit befriedigend bewertet** the essay was given the mark "satisfactory"; **ein Kunstobjekt** ~ to value a work of art; ■**jdn/etw nach etw** ~ to judge sb/sth according to sth; **nach dem Einheitswert** ~ to assess [*or* appraise] based on the standard value; **etw zu hoch/niedrig** ~ to overvalue/undervalue sth

Be·we̲r·tung *f* assessment; *von Besitz* valuation; SCH *einer Schülerarbeit* marking

Be·we̲r·tungs·kri·te·ri·en *pl* valuation provisions, criteria for evaluation

be·wie̲·se·ner·ma̲·ßen *adv* demonstrably; **sie ist ~ für diese ganzen Intrigen verantwortlich gewesen** it has been proved that she is responsible for all these intrigues

be·wil·li·gen* [bəˈvɪlɪgn̩] *vt* ■[**jdm**] **etw** ~ to approve sth [for sb]; **ihm wurde eine neue Redakteurin bewilligt** he was allowed a new editor; FIN to grant [sb] sth; **ein Stipendium** ~ to award a grant

Be·wịl·li·gung <-, -en> *f* ❶ (*das Bewilligen*) approval; *von Mitteln, Kredit* granting; *von Stipendium* awarding ❷ (*schriftliche Genehmigung*) approval

be·wịr·ken* *vt* ❶ (*verursachen*) ■**etw** ~ to cause sth; **was nur seinen plötzlichen Sinneswandel bewirkt haben mag?** what might have caused his sudden change of mind?; **ihr Einlenken wurde durch starken Druck ihrer Lieferanten bewirkt** she relented after intense pressure was exerted [on her] by her suppliers ❷ (*erreichen*) ■[**bei jdm**] **etwas/nichts** ~ to achieve sth/nothing [with sb]; **mit Klagen bewirkst du bei ihm gar nichts mehr** you won't get anywhere [at all] with him by complaining, complaints won't budge him in the slightest

be·wịr·ten* *vt* ■**jdn** [**mit etw**] ~ to entertain sb [with sth]; **mit was darf ich euch denn ~? Sekt, Filetspitzen, Räucherlachs?** what can I offer you? champagne, fillet steak or smoked salmon?; **in diesem Restaurant kehren wir oft ein, weil man dort immer gut bewirtet wird** we often go to this restaurant as we always get a good meal there; **kauf bitte reichlich ein, wir haben morgen 10 Personen zu ~!** buy plenty as we've got ten people to cater [*or* cook] for tomorrow!

be·wịrt·schaf·ten* *vt* ❶ (*betreiben*) ■**etw** ~ to run sth; **der Imbiss am See wird nur in der Saison bewirtschaftet** the lakeside snack bar is only open in season ❷ AGR (*bestellen*) ■**etw** [**als etw**] ~ to work sth [as sth] ❸ ÖKON, POL (*staatlich kontrollieren*) ■**etw** ~ to ration sth; **Devisen/Wohnraum** ~ to control foreign currency/living space

Be·wịrt·schaf·tung <-, -en> *f* ❶ (*das Betreiben*) running; **die ~ der Skihütte war sehr aufwendig** the costs of running the skiers' lodge were very high ❷ AGR (*die Bestellung*) farming, working; **die ~ der Felder** the cultivation of the fields ❸ ÖKON, POL (*staatliche Kontrolle*) rationing; **die ~ von Devisen/Wohnraum** the controlling of foreign currency/living space; **aufgrund der Notlage sah sich die Regierung zur ~ der Lebensmittel gezwungen** the state of emergency forced the government into rationing food supplies

B

Be·wi̦r·tung <-, -en> *f* entertaining; **kümmerst du dich bitte um die ~ unserer Gäste?** will you see to our guests please?
be·wog [bəˈvoːk] *imp von* **bewegen²**
be·wo̲·gen *pp von* **bewegen²**
be·wo̲hn·bar *adj* habitable; **etw ~ machen** to make sth habitable [*or* fit to live in]
be·wo̲h·nen* *vt* ■**etw ~** to live in sth; **das Haus wird schon seit Jahren nicht mehr bewohnt** the house has not been lived in [*or* occupied] for years; **er bewohnt das ganze Haus allein** he occupies the whole house himself; **eine Gegend/Insel/ein Land ~** to inhabit an area/island/country
Be·wo̲h·ner(in) <-s, -> *m(f)* ❶ (*Einwohner*) inhabitant; *von Haus, Zimmer* occupant ❷ (*Tier*) inhabitant; **die Springmaus gehört zu den ~n der [afrikanischen] Wüste** the jerboa is a native of the [African] desertlands; **dieser Vogel ist ein ~ der Wälder** this is a woodland bird
Be·wo̲h·ner·schaft <-, -en> *f* (*geh*) inhabitants *pl*, denizens *pl form;* **die ~ eines Mietshauses** the occupants of a block of flats
be·wo̲hnt *adj* inhabited; **diese einsame Gegend ist kaum ~** this lonely region is sparsely populated; **ist das Haus überhaupt ~?** is the house even occupied?
be·wö̦l·ken* *vr* ■**sich ~** ❶ (*sich mit Wolken bedecken*) to cloud over, to become overcast ❷ LIT (*sich verfinstern*) to darken; **seine Stirn bewölkte sich** his face darkened
be·wö̦lkt *adj* METEO cloudy, overcast; **heute wird es leicht ~ sein** it will be partly cloudy today
Be·wö̦l·kung <-, -en> *f* METEO cloud cover; **„im Tagesverlauf wechselnde ~"** "today will see variable amounts of cloud [cover]"
Be·wö̦l·kungs·auf·lo·cke·rung *f* METEO breaking up of [the] cloud cover **Be·wö̦l·kungs·zu·nah·me** *f kein pl* METEO increase in [the] [*or* increasing] cloud cover
Be·wuchs [bəˈvuːks] *m kein pl* ÖKOL vegetation [*or* plant] cover
Be·wun·de·rer, Be·wun·de·re·rin <-s, -> [bəˈvʊndərɐ, bəˈvʊndərərɪn] *m, f* admirer
be·wu̦n·dern* *vt* ■**jdn/etw [wegen einer Sache] ~** to admire sb/sth [for sth]; ■**etw [an jdm] ~** to admire sth [about sb]; **was ich an dir bewundere ist ...** what I admire about you is ...
be·wu̦n·dernd I. *adj* admiring **II.** *adv* admiringly
be·wu̦n·derns·wert, be·wu̦n·derns·wür·dig *adj* (*geh*) admirable; ■**[an jdm/etw] ~ sein** to be admirable [about sb/sth]; **deine Gelassenheit ist [an dir] wirklich ~** the really admirable thing [about you] is your calmness
be·wu̦n·dert *adj* admired
Be·wu̦n·de·rung <-, *selten* -en> *f* admiration; **meine ~!** congratulations!
Be·wund·rer, Be·wund·re·rin [bəˈvʊndrɐ, bəˈvʊndrərɪn] *m, f s.* **Bewunderer**
be·wusst^RR^, **be·wußt**^ALT^ [bəˈvʊst] **I.** *adj* ❶ *attr* (*vorsätzlich*) wilful BRIT, willful AM ❷ *attr* (*überlegt*) considered; **~e Lebensführung** socially and environmentally aware lifestyle ❸ *attr* (*überzeugt*) committed ❹ PSYCH (*im Bewusstsein vorhanden*) ■**sich** *dat* **einer S.** *gen* **~ sein/werden** (*jdm ist/wird etw klar*) to be/become aware of sth; **sie waren sich der Tragweite dieser Entscheidung nicht ~** they did not realize the enormity [*or* far-reaching consequences] of this decision; ■**jdm ~ sein/werden** to be/become clear to sb ❺ *attr* (*bekannt, besagt*) in question *pred* **II.** *adv* ❶ (*überlegt*) **~ leben** to live with great [social and environmental] awareness ❷ (*vorsätzlich*) deliberately ❸ (*klar*) **jdm etw ~ machen** to make sb realize sth; **man kann ihr diesen Irrtum einfach nicht ~ machen** it is impossible to make her aware of her mistake; **sich** *dat* **etw ~ machen** to realize sth; **das muss man sich mal ~ machen!** just imagine!
Be·wusst·heit^RR^, **Be·wußt·heit**^ALT^ <-> [bəˈvʊsthait] *f kein pl* ❶ (*Vorsätzlichkeit*) wilfulness BRIT, willfulness AM ❷ (*Überlegtheit*) awareness
be·wusst·los^RR^, **be·wußt·los**^ALT^ [bəvʊstloːs] **I.** *adj* unconscious **II.** *adv* unconsciously; **~ zusammenbrechen** to collapse unconscious [*or* in a faint]
Be·wu̦sst·lo·se(r)^RR^, **Be·wu̦ßt·lo·se(r)**^ALT^ *f(m) dekl wie adj* unconscious person
Be·wu̦sst·lo·sig·keit^RR^, **Be·wu̦ßt·lo·sig·keit**^ALT^ <-> *f kein pl* unconsciousness ► WENDUNGEN: **bis zur ~** (*fam*) ad nauseum
be·wusst|ma·chen^RR^ *vt s.* **bewusst II.3**
Be·wu̦sst·sein^RR^ <-s>, **Be·wu̦ßt·sein**^ALT^ *nt kein pl* ❶ (*bewusster Zustand*) consciousness; **wieder zu ~ kommen, das ~ wiedererlangen** to regain consciousness; **das ~ verlieren** to lose consciousness; **bei [vollem] ~ sein** to be [fully] conscious; **er wurde bei vollem ~ operiert** he was operated on while fully conscious ❷ PHILOS, PSYCH, MED (*bewusste Wahrnehmung*) consciousness; **jdm etw ins ~ bringen** [*o* **rufen**] to remind sb of sth; **jdn/etw aus dem/ihrem/seinem ~ verdrängen** to banish sb/sth from one's/her/his mind ❸ (*bewusste Ansichten*) consciousness ❹ (*das Wissen um etw*) ■**das ~ einer S.** *gen* the awareness of sth; **jdm zu[m] ~ kommen** to become clear to sb; **etw mit [vollem] ~ tun** to do sth intentionally; **im ~ einer S.** *gen* in the knowledge of sth; **das ~, dass er im Recht war, verlieh ihm Kraft** the knowledge that he was in the right gave him strength
Be·wu̦sst·seins·bil·dung^RR^ *f* creation of awareness **be·wu̦sst·seins·er·wei·ternd**^RR^ *adj* PHARM, PSYCH mind-expanding **Be·wu̦sst·seins·er·wei·te·rung**^RR^ *f* PSYCH expansion of the mind [*or* one's consciousness] **Be·wu̦sst·seins·spal·tung**^RR^ *f* MED, PSYCH split[ting of the] consciousness, schizophrenia **Be·wu̦sst·seins·stö·rung**^RR^ *f* disturbance of consciousness **Be·wu̦sst·seins·ver·än·de·rung**^RR^ *f* change of awareness
be·za̲hl·bar *adj* affordable; ■**etw ist ~** sth is affordable; **es ist zwar teuer, aber für die meisten doch noch ~** although it is expensive, most people can still afford it
be·za̲h·len* **I.** *vt* ❶ (*begleichen*) ■**[jdm] etw ~** to pay [sb] sth; **wenn Sie mir 100 Euro ~, verrate ich alles!** give me 100 euros and I'll tell you everything!; **die Rechnung muss gleich bezahlt werden** the bill must be settled immediately; **ich bezahle den Wein!** I'll pay for the wine! ❷ (*entlohnen*) ■**jdn [für etw] ~** to pay sb [for sth] ❸ (*euph: kaufen*) ■**jdm etw ~** to pay for [*or* buy] sth for sb; *s. a.* **Leben II.** *vi* to pay; **[Herr Ober,] [bitte] ~!** waiter, the bill please!
be·za̲hlt *adj* paid; **~e Schulden** paid[-off] [*or* settled] debts; **etw ~ bekommen** [*o fam* **kriegen**] to be paid for sth; **ein Essen/Getränk/eine Hotelübernachtung ~ bekommen** to have a meal/drink/stay in a hotel paid for ► WENDUNGEN: **als ob jd es ~ bekäme** (*fam*) for all sb is worth; **sich [für jdn] ~ machen** to pay [*or* be worth the trouble] [for sb]
Be·za̲h·lung *f* ❶ (*das Bezahlen*) payment; *von Schulden a.* settlement, settling; *von Getränken, Speisen* paying for; **denk bitte an die ~ der Miete!** don't forget to pay the rent! ❷ (*Lohn, Gehalt*) pay; **für den Auftrag hatte er $10.000 als ~ erhalten** he received payment of $10,000 for the contract; **ohne/gegen ~** without payment/for payment
be·zä̲h·men* **I.** *vt* (*geh*) ■**etw ~** to keep sth under control; **den Durst/Hunger ~** to master [*or* bear] one's thirst/appetite; **die Neugierde ~** to restrain one's curiosity **II.** *vr* ■**sich ~** to control [*or* restrain] oneself
be·za̲u·bern* **I.** *vt* ■**jdn ~** to enchant sb **II.** *vi* to enchant
be·za̲u·bernd *adj* ❶ (*entzückend*) enchanting; **das ist wirklich ein ~es Kaffeeservice!** that is really a delightful [*or* charming] coffee set!; **sie war eine Frau von ~er Schönheit** she was a woman of captivating beauty ❷ (*iron*) **das sind ja ~e Aussichten!** what fine prospects!; **wirklich ~!** that's really great!, oh how wonderful!
be·ze̦cht *adj* (*fam*) drunk, BRIT *fam a.* tight
be·ze̲ich·nen* **I.** *vt* ❶ (*benennen*) ■**jdn/etw [als jdn/etw] ~**

to call sb/sth [sb/sth]; **dein Verhalten kann man nur als ungehörig ~!** your behaviour can only be described as impertinent! ② (*bedeuten*) ■**etw ~** to denote sth ③ (*genau beschreiben*) ■**[jdm] etw ~** to describe sth [to sb] ④ (*kennzeichnen*) ■**etw [durch/mit etw] ~** to mark sth [with sth]; LING, MUS to indicate sth [with sth] **II.** *vr* (*sich benennen*) ■**sich als jd/etw ~** to call oneself sb/sth; **sie bezeichnet sich als großzügig** she describes herself as generous

be·zeich·nend *adj* (*charakteristisch*) characteristic, typical; ■**etw ist ~ für jdn/etw** sth is typical of sb/sth

be·zeich·nen·der·wei·se *adv* typically

Be·zeich·nung *f* ① (*Ausdruck*) term ② (*Kennzeichnung*) marking; (*Beschreibung*) description; **die ~ auf der Verpackung ist wenig informativ** the description on the packaging doesn't give much useful information

be·zeu·gen* *vt* ① JUR ■**etw ~** (*als Zeuge bestätigen*) to testify to sth; (*bestätigen*) to attest sth; ■**~, dass ...** to testify [*or* show] [*or* prove] that ... ② (*geh: nachweisen*) ■**jdm etw ~** to prove sth to sb

be·zich·ti·gen* [bəˈtsɪçtɪgn̩] *vt* ■**jdn [einer S.** *gen*] **~** to accuse sb [of sth]; ■**jdn ~, etw getan zu haben** to accuse sb of having done sth

be·zieh·bar *adj* ① (*bezugsfertig*) ready for occupation [*or* to move into] ② ÖKON (*erhältlich*) obtainable

be·zie·hen* *irreg* **I.** *vt* ① (*mit Bezug versehen*) ■**etw [mit etw** *dat*] **~** to cover sth [with sth]; **die Bettwäsche neu ~** to change the bed[linen] [*or* sheets]; **etw neu ~** to re-cover sth; MUS (*bespannen*) to string ② (*in etw einziehen*) ■**etw ~** to move into sth ③ *bes* MIL (*einnehmen*) ■**etw ~** to take up sth; **einen Standpunkt ~** to adopt a point of view ④ ÖKON (*sich beschaffen*) ■**etw [von jdm] ~** to obtain [*or* get] sth [from sb]; **eine Zeitschrift ~** to take [*or* AM subscribe to] a magazine ⑤ FIN (*erhalten*) ■**etw [von jdm/etw] ~** to receive [*or* draw] sth [from sb/sth] ⑥ SCHWEIZ (*einziehen*) to collect ⑦ (*fam: bekommen*) to get; **du beziehst gleich eine Ohrfeige, wenn du nicht mit dem Blödsinn aufhörst!** I'll box your ears in a minute if you don't stop messing around! ⑧ (*in Beziehung setzen*) ■**etw auf jdn/etw ~** to apply sth to sb/sth; **warum bezieht er [bloß] immer alles auf sich?** why does he always [have to] take everything personally? **II.** *vr* ① (*sich bedecken*) ■**sich ~** to cloud over, to become overcast ② (*betreffen*) ■**sich auf jdn/etw ~** to refer to sb/sth ③ (*sich berufen*) ■**sich auf jdn/etw ~** to refer to sb/sth

Be·zie·her(in) <-s, -> *m(f)* FIN drawer, recipient; MEDIA (*Abonnent*) subscriber; **~ von Waren** buyers [*or* purchasers] of goods

Be·zie·hung <-, -en> [bəˈtsiːʊŋ] *f* ① (*Verbindung*) ■**die/jds ~ zu etw** *dat* the/sb's relationship with sth; **zwischen etw** *dat* **und jdm/etw besteht eine/keine ~** there is a/no connection between sth and sb/sth; **etw zu etw** *dat* **in ~ setzen** [*o* **bringen**] to connect sth with sth; **als Tagträumer ist es leicht, die ~ zur Realität zu verlieren** it's easy for a daydreamer to lose his [*or* her] grasp of reality ② *meist pl* (*fördernde Bekanntschaften*) connections *npl;* **~en haben** to have connections; **seine ~en spielen lassen** to pull [some] strings ③ (*Verhältnis*) relationship; **ich habe zur heutigen Jugend keine ~** I can't relate to the youth of today; **diplomatische ~en** diplomatic relations; **diplomatische ~en aufnehmen/abbrechen** to establish/break off diplomatic relations; (*sexuell*) [sexual] relationship; ■**jds ~ zu/mit jdm** sb's relationship with sb; **intime** [*o* **sexuelle**] **~en [zu jdm] haben** [*o* **unterhalten**] to have intimate relations [with sb]; **menschliche ~en** human relations; **keine ~ zu jdm/etw haben** to have no feeling for [*or* be unable to relate to] sb/sth ④ (*Hinsicht*) respect; **in einer/keiner ~** in one/no respect [*or* way]; **in jeder ~** in every respect; **in mancher ~** in many respects ⑤ (*Zusammenhang*) connection; **in einer/keiner ~ zueinander stehen** to have a/no connection with one another

Be·zie·hungs·kis·te *f* (*sl*) relationship

be·zie·hungs·los *adj* unconnected, unrelated

Be·zie·hungs·lo·sig·keit <-> *f kein pl* unconnectedness, unrelatedness

be·zie·hungs·wei·se *konj* or rather

be·zif·fern* [bəˈtsɪfɐn] **I.** *vt* (*in Zahlen ausdrücken*) ■**etw [mit etw/auf etw** *akk*] **~** to estimate sth [at sth] **II.** *vr* (*sich belaufen*) ■**sich auf etw ~** *akk* to come to sth; **die Gesamtzahl der Demonstranten bezifferte sich auf über 500.000** the number of demonstrators numbered more than 500,000

Be·zif·fe·rung <-, -en> *f* ① (*das Beziffern*) estimate; **zurzeit ist noch keine exakte ~ der entstandenen Verluste möglich** at the moment it is difficult to put an exact figure on the losses incurred ② (*Gesamtheit erwähnter Zahlen*) numbering; **bei der ~ der Seiten wurden einige Fehler gemacht** there were some mistakes in the page numbering

Be·zirk <-[e]s, -e> [bəˈtsɪrk] *m* ① (*Gebiet*) district ② ÖKON (*Vertretungsgebiet*) region ③ ADMIN ÖSTERR, SCHWEIZ (*Verwaltungs~*) [administrative] district ④ (*Fachbereich*) field, domain, sphere

Be·zirks·ge·richt *nt* JUR ÖSTERR, SCHWEIZ (*Amtsgericht*) ≈ county [*or* AM district] court **Be·zirks·haupt·mann, -haupt·män·nin** *m, f* ÖSTERR *chief officer of an administrative district* **Be·zirks·klas·se** *f,* **Be·zirks·li·ga** *f* SPORT district [*or* local] league **Be·zirks·schu·le** *f* SCHWEIZ district school **Be·zirks·spi·tal** *nt bes* SCHWEIZ (*Kreiskrankenhaus*) district hospital **Be·zirks·stadt** *f* ADMIN *s.* **Kreisstadt Be·zirks·vor·ste·her(in)** *m(f)* ADMIN head of district administration

be·zir·zen* [bəˈtsɪrtsn̩] *vt* (*fam*) ■**jdn ~** to bewitch sb, to wrap sb round one's little finger

Be·zo·ge·ne(r) *f(m) dekl wie adj* FIN, ÖKON drawee

be·zug^ALT^ [bəˈtsuːk] *s.* **Bezug 8**

Be·zug <-[e]s, Bezüge> [bəˈtsuːk, *pl* bəˈtsyːgə] *m* ① (*Kissen~*) pillowcase; (*Bett~*) duvet [*or* quilt] [*or* BRIT *a.* eiderdown] cover ② (*Bezugsstoff*) covering ③ ÖKON (*das Beziehen*) buying, purchasing; *einer Publikation* subscription (+*gen* to) ④ FIN (*das Erhalten*) drawing, receiving; ■**der ~ von etw** the drawing [*or* receiving] of sth; SCHWEIZ (*das Einziehen*) collection ⑤ *pl* (*Einkünfte*) income *sing,* earnings *pl* ⑥ (*Verbindung*) *s.* **Beziehung 1** ⑦ SCHWEIZ (*das Beziehen*) moving in[to] ⑧ (*geh: Berufung*) reference; **~ auf etw nehmen** *akk* to refer to sth; **~ nehmend auf** *akk* **etw** with reference to ⑨ (*Hinsicht*) ■**in ~ auf etw** *akk* with regard to ...; **in ~ darauf** regarding that; **mit** [*o* **unter**] **~ auf** *akk* **...** (*geh*) with reference to ...

Be·zü·ger(in) <-s, -> *m(f)* SCHWEIZ (*Bezieher*) drawer, recipient; *von Waren* buyer, purchaser; *Zeitung* regular reader (+*gen* of), subscriber (+*gen* to)

be·züg·lich [bəˈtsyːklɪç] **I.** *präp* (*geh*) ■**~ einer S.** *gen* regarding [*or* with regard to] sth **II.** *adj* LING relative; **das ~e Fürwort** the relative pronoun; ■**auf etw** *akk* **~** relating to sth

Be·zug·nah·me <-, -n> *f* **unter ~ auf etw** *akk* (*geh*) with reference to sth

be·zugs·be·rech·tigt *adj* ÖKON, ADMIN entitled [to receive [*or* draw] sth]; ■**[für** [*o* **zu**] **etw] ~ sein** to be entitled [to sth] **Be·zugs·be·rech·tig·te(r)** *f(m) dekl wie adj* ÖKON, ADMIN beneficiary **be·zugs·fer·tig** *adj* ready to move into [*or* for occupation] **Be·zugs·per·son** *f* PSYCH, SOZIOL ≈ role model (*a person on whom sb models their thinking and behaviour due to their personal relationship*) **Be·zugs·quel·le** *f* source of supply **Be·zugs·recht** *nt* BÖRSE, ÖKON subscription right **Be·zugs·schein** *m* ÖKON [ration] coupon

be·zu·schus·sen* [bəˈtsuːʃʊsn̩] *vt* ■**etw/jdn ~** to subsidize sth/sb

be·zwe·cken* [bəˈtsvɛkn̩] *vt* ① (*bewirken*) ■**etw/nichts [bei jdm] ~** to achieve sth/nothing [with sb]; **Ermahnungen ~ [bei ihr] gar nichts mehr** warnings don't have any effect [on her] any more ② (*beabsichtigen*) ■**etw [mit etw] ~** to aim to achieve sth [with sth]; ■**etw** ~ to have sth as its object

be·zwei·feln* *vt* ■**etw** ~ to question sth; ■~, **dass** to doubt that, to question whether; **ich will nicht einmal ~, dass ...** I don't doubt for a moment that ...; **es ist doch sehr zu ~, dass ...** it is highly questionable whether ...

be·zwin·gen* *irreg* **I.** *vt* ❶ (*besiegen*) ■**jdn** ~ to defeat sb; **einen Gegner** ~ to beat [*or* defeat] an opponent ❷ (*überwinden*) ■**etw** ~ to capture [*or* take] sth; **einen Anstieg/einen Pass** ~ to negotiate a climb/pass; **einen Berg** ~ to conquer a mountain ❸ (*bezähmen*) ■**etw** ~ to keep sth under control; **den Durst/Hunger/Schmerz** ~ to master [*or* bear] one's thirst/appetite/pain; **Emotionen** ~ to overcome emotions; **die Neugierde** ~ to restrain one's curiosity; **den Zorn** ~ to contain one's anger **II.** *vr* ■**sich** ~ to restrain oneself; **wenn ich Pralinen sehe, muss ich zugreifen, da kann ich mich einfach nicht ~!** when I see chocolates, I have to have some, I simply can't help myself!

BfA <-> [be:ʔɛfʔa:] *f kein pl Abk von* **Bundesversicherungsanstalt für Angestellte** *Federal Insurance Office for Salaried Employees*

BGB <-> [be:ge:'be:] *nt kein pl Abk von* **Bürgerliches Gesetzbuch**

BGH <-s> [be:ge:'ha:] *m Abk von* **Bundesgerichtshof**

BH <-[s], -[s]> [be:'ha:] *m Abk von* **Büstenhalter** bra *fam*

Bhag·wan <-s, -s> ['bagvan] *m* (*Träger des hinduistischen Ehrentitels*) Bhagavat, Bhagavad; (*Leiter der Sekte*) Bhagavata

Bhag·wan·an·hän·ger(in) *m(f)* Bhagavata follower **Bhag·wan·kom·mu·ne** *f* Bhagavata commune **Bhag·wan·kult** *m* Bhagavata cult

Bhu·tan <-s> ['bu:tan] *nt* Bhutan; *s. a.* **Deutschland**

Bhu·ta·ner(in) <-s, -> [bu'ta:nɐ] *m(f)* Bhutanese; *s. a.* **Deutsche(r)**

bhu·ta·nisch [bu'ta:nɪʃ] *adj* Bhutanese; *s. a.* **deutsch**

bi [bi:] *adj pred* (*sl*) bi *pred sl*

Bi·ath·lon <-s, -s> ['bi:atlɔn] *nt* biathlon

bib·bern ['bɪbɐn] *vi* (*fam*) ■[**vor etw**] ~ *dat* to tremble [*or* shake] [with sth]; (*vor Kälte*) to shiver; ■**um etw** ~ to fear for sth; **um sein Leben** ~ to fear for one's life

Bi·bel <-, -n> ['bi:bl̩] *f* Bible; (*ein Exemplar der* ~) [a copy of] the Bible

bi·bel·fest *adj* well-versed in the Bible *pred* **Bi·bel·spruch** *m* Biblical saying [*or* quotation] **Bi·bel·stel·le** *f* passage [*or* text] from the Bible **Bi·bel·text** *m* ❶ (*Text der Bibel*) text of the Bible ❷ *s.* **Bibelstelle** **Bi·bel·vers** *m s.* **Bibelspruch**

Bi·ber <-s, -> ['bi:bɐ] *m* ❶ ZOOL beaver ❷ (*Biberfell*) beaver fur [*or* skin] ❸ MODE (*weicher Baumwollflanell*) flannelette

Bi·ber·bau <-baue> *m* beaver['s] lodge **Bi·ber·bett·tuch**^RR *nt*, **Bi·ber·bettuch**^ALT *nt* flannelette sheet **Bi·ber·burg** *f s.* **Biberbau**

Bi·ber·nell <-, -en> [bi:bɐ'nɛl] *f*, **Bi·ber·nel·le** <-, -n> [bi:bɐ'nɛlə] *f* KOCHK burnet

Bi·ber·pelz *m* beaver fur **Bi·ber·schwanz** *m* ❶ (*Schwanz eines Biebers*) beaver's tail ❷ BAU (*flacher Dachziegel*) flat roof tile

Bi·bli·o·gra·fie^RR <-, -n> [bibliogra'fi, *pl* -'fi:ən] *f* VERLAG bibliography

bi·bli·o·gra·fie·ren*^RR [bibliogra'fi:rən] *vt* LIT ❶ (*bibliografisch verzeichnen*) ■**etw** ~ to record sth in a bibliography, to catalogue [*or* AM -og] ❷ (*bibliografische Daten feststellen*) ■**etw** ~ to take the bibliographic details of sth

bi·bli·o·gra·fisch^RR [biblio'gra:fɪʃ] **I.** *adj* VERLAG bibliographic[al] **II.** *adv* bibliographically; **Publikationen ~ erfassen** to record publications in a bibliography

Bi·bli·o·gra·phie <-, -n> [bibliogra'fi:, *pl* -'fi:ən] *f* VERLAG *s.* **Bibliografie**

bi·bli·o·gra·phie·ren* [bibliogra'fi:rən] *vt* LIT *s.* **bibliografieren**

bi·bli·o·gra·phisch [biblio'gra:fɪʃ] *adj, adv* VERLAG *s.* **bibliografisch**

bi·bli·o·phil [biblio'fi:l] **I.** *adj* ❶ (*schöne Bücher liebend*) bibliophilic ❷ VERLAG ~**e Ausgabe** collector's edition **II.** *adv* VERLAG **das Buch war ~ ausgestattet** the book was designed for collectors [*or* bibliophiles]

Bi·bli·o·thek <-, -en> [biblio'te:k] *f* ❶ (*Sammlung von Büchern*) library ❷ (*Gebäude einer Bücherei*) library; (*Raum mit einer Bibliothek*) library

Bi·bli·o·the·kar(in) <-s, -e> [bibliote'ka:ɐ̯] *m(f)* librarian

bi·bli·o·the·ka·risch [bibliote'ka:rɪʃ] *adj* as a librarian *pred*

Bi·bli·o·theks·ka·ta·log *m* library catalogue [*or* AM -og] **Bi·bli·o·theks·we·sen** <-s> *nt kein pl* librarianship

bi·blisch ['bi:blɪʃ] *adj* ❶ (*aus der Bibel*) biblical ❷ (*sehr hoch*) **ein ~es Alter erreichen** to reach a ripe old age

Bick·bee·re ['bɪkbe:rə] *f* NORDD (*Heidelbeere*) blueberry, BRIT *a.* bilberry

Bi·det <-s, -s> [bi'de:] *nt* bidet

Bi·don <-s, -s> [bi'dõ:] *m o nt* SCHWEIZ (*Kanister*) can

bie·der ['bi:dɐ] *adj* ❶ (*pej: einfältig*) conventional, conservative ❷ (*brav*) plain; **einen ~en Geschmack** conservative taste ❸ (*veraltend: rechtschaffen*) upright

Bie·der·keit <-> *f kein pl* (*pej*) conservatism, conventionality

Bie·der·mann <-männer> ['bi:dɐman, *pl* -mɛnɐ] *m* (*pej*) upright citizen

Bie·der·mei·er <-s> ['bi:dɐmaiɐ] *nt kein pl* Biedermeier [period [*or* style]]; **Spitzweg ist ein typischer Maler des** ~ Spitzweg was a typical painter of the Biedermeier period [*or* after the Biedermeier style]

bie·gen <bog, gebogen> ['bi:gn̩] **I.** *vt haben* ❶ ■**etw** ~ to bend sth; ■[**jdm**] **etw** ~ to bend [*or* flex] sth [to sb]; *s. a.* **gebogen** ❷ LING ÖSTERR (*flektieren*) to inflect ▸WENDUNGEN: **auf B~ oder Brechen** (*fam*) by hook or by crook; **es geht auf B~ oder Brechen** (*fam*) it's all or nothing [*or* do or die] **II.** *vi sein* (*abbiegen*) ■**jd/etw irgendwohin** ~ sb/sth turns somewhere; **bei der Ampel biegst du links** turn left at the lights; **wenn ich nicht nach links gebogen wäre, hätte mich der Lkw voll erwischt!** if I hadn't swerved to the left the lorry would have hit me full on!; **sie ist mit dem Fahrrad zu schnell um die Kurve gebogen** she took the corner too quickly on her bike; (*umbiegen*) to curve; **Vorsicht, gleich biegt die Straße scharf nach links!** careful, the road curves sharply to the left in a moment **III.** *vr haben* ❶ (*sich krümmen*) ■**sich** ~ + *Richtungsangabe* to bend; **das Auto ist gerade in eine Nebenstraße gebogen** the car has just turned into a side street ❷ (*sich verziehen*) ■**sich** ~ to go out of shape; **im Wind bogen sich die Bäume** the trees swayed in the wind; **die Tafel bog sich [fast] unter der Last der Speisen** the table was [almost] groaning under the weight of the food

bieg·sam ['bi:kza:m] *adj* ❶ (*elastisch*) supple, lithe ❷ (*flexibel*) flexible; ~**er Einband** limp binding [*or* book cover] ❸ (*leicht zu biegen*) ductile

Bieg·sam·keit <-> *f kein pl* ❶ (*Elastizität*) suppleness, litheness ❷ (*Flexibilität*) ductility

Bie·gung <-, -en> *f* ❶ (*Kurve*) bend; **der Fluss wand sich in [schlangenförmigen] ~en durch das Tal** the river flowed snake-like through the valley; **eine ~ machen** to turn; MED (*Krümmung*) curvature ❷ LING ÖSTERR (*Flexion*) inflection

Bie·ne <-, -n> ['bi:nə] *f* ❶ (*Tier*) bee ❷ (*veraltend sl: nettes Mädchen*) bird *sl*

Bie·nen·fleiß *m* [great] industriousness; **sie machte sich mit ~ an die Arbeit** she went about the work, busy as a beaver

Bie·nen·fres·ser *m* ORN bee-eater **Bie·nen·gift** *nt* PHARM bee poison **Bie·nen·honig** *m* bees' [*or* natural] honey **Bie·nen·kö·ni·gin** *f* queen bee **Bie·nen·korb** *m* beehive **Bie·nen·schwarm** *m* swarm of bees **Bie·nen·stich** *m* ❶ (*Stich einer Biene*) bee sting ❷ (*Kuchen*) *flat cake with an almond and sugar coating and a custard or cream filling* **Bie·nen·stock** *m* beehive **Bie·nen·volk** *nt* bee colony **Bie·nen·wachs** *nt* beeswax **Bie·nen·züch·ter(in)** *m(f)* bee-keeper, apiarist *spec*

Bi·en·na·le <-, -n> [biɛ'na:lə] *f* KUNST, FILM *biennial arts exhibition or show*

Bier <-[e]s, -e> [bi:ɐ̯] *nt* beer; **ein kleines/großes ~, bitte!** a small/large beer, please!, a half [pint]/pint [of beer], please!; ~ **vom Fass** draught beer; **dunkles/helles ~** dark/light beer, ale [*or* BRIT *a.* bitter]/lager ►WENDUNGEN: **das ist mein/dein ~** (*fam*) that's my/your business [*or* affair]; **das ist nicht mein/sein ~** (*fam*) that's nothing to do with me/him [*or* not my/his problem]

Bier·aus·schank *m* pub BRIT, alehouse BRIT, bar AM **Bier·bauch** *m* (*fam*) beer belly, potbelly, beer gut *fam* **Bier·brau·er(in)** *m(f)* brewery; (*person*) brewer **Bier·brau·e·rei** *f* brewery

Bier·chen <-s, -> *nt* (*fam*) a [little] [glass of] beer; **wollen wir ein ~ trinken gehen?** shall we go for a quick one? [*or* BRIT *fam* swift half?]

Bier·de·ckel *m* beer mat **Bier·do·se** *f* beer can

Bier·ernst ['bi:ɐ̯ʔɛrnst] *m* (*fam*) deadly seriousness

bier·ernst ['bi:ɐ̯ʔɛrnst] *adj inv* (*fam*) dead[ly] serious

Bier·es·sig *m* malt vinegar **Bier·fla·sche** *f* beer bottle **Bier·gar·ten** *m* beer garden **Bier·ge·ruch** *m* smell of beer **Bier·glas** *nt* beer glass **Bier·kas·ten** *m* crate of beer **Bier·kel·ler** *m* ① (*Kellerwirtschaft*) bierkeller BRIT, beer-drinking establishment ② (*Lager für Bier*) beer cellar **Bier·krug** *m* (*Krug für Bier: aus Glas*) tankard; (*aus Steingut*) stein **Bier·lau·ne** *f* (*fam*) ►WENDUNGEN: **in einer ~, aus einer ~ heraus** in a high-spirited mood [after a few beers] **Bier·lei·che** *f* (*fam*) [sb who is dead] drunk [due to drinking beer] **Bier·pres·si·on** *f* bar room pump **Bier·schin·ken** *m* KOCHK ≈ ham sausage (*type of sausage containing large pieces of ham*) **Bier·wür·ze** *f* wort **Bier·zelt** *nt* beer tent

Bie·se <-, -n> ['bi:zə] *f* MODE (*Besatz*) piping; (*Fältchen*) tuck; **Röcke mit ~n sind früher mal Mode gewesen** pleated skirts used to be fashionable; (*Ziernaht*) decorative seam

Biest <-[e]s, -er> [bi:st] *nt* (*fam*) ① (*pej: lästiges Insekt*) [damn *fam*] bug; **ach, diese Mücken! hat mich schon wieder so ein ~ gestochen!** oh, these mosquitoes! another one of the damn things has just bitten me! *fam;* (*bösartiges Tier*) creature; **sei vorsichtig mit diesem Pferd, das ~ schlägt gerne aus!** be careful with this horse, the brute likes to kick! ② (*pej: bösartiger Mensch*) beast; **sie kann manchmal ein ~ sein** sometimes she can be a [right] bitch ►WENDUNGEN: **ein süßes ~** a real temptress

bies·tig I. *adj* (*fam*) beastly *fam,* horrible *fam* II. *adv* nastily

bie·ten <bot, geboten> ['bi:tn̩] I. *vt* ① (*anbieten*) ■**[jdm] etw [für etw] ~** to offer [sb] sth [for sth] ② (*geben*) ■**[jdm] etw ~** to give [sb] sth; **eine Gelegenheit/Möglichkeit ~** to offer [*or* give] an opportunity/possibility; **Gewähr ~** to provide guarantee; **Sicherheit/Schutz ~** to provide security/safety ③ (*aufweisen*) ■**[jdm] etw ~** to have sth [for sb]; **das Hochhaus bietet fünfzig Familien Wohnung** the multi-storey building has [*or* provides] flats for fifty families; **diese Häuser ~ betuchten Kunden viel Luxus** these houses offer well-to-do buyers a lot of luxury; **Probleme/Schwierigkeiten ~** to present problems/difficulty ④ (*zeigen, darbieten*) ■**[jdm] etw ~** to present [sb] with sth; **einen Film/ein Theaterstück ~** to show [*or* put on] a film/theatre [*or* AM -er] production; **eine Leistung ~** to give [*or* put on] a performance ⑤ (*anbieten*) ■**[jdm] etw ~** to offer [sb] sth; **die Leute wollen, dass ihnen Nervenkitzel, Spannung und Sensationen geboten werden** people want [to be offered] thrills, spills and excitement; **[jdm] etwas/nichts zu ~ haben** to have sth/nothing to offer [to] [sb] ⑥ (*pej: zumuten*) ■**jdm etw ~** to serve sth up to sb; **was einem heutzutage an Kitsch geboten wird!** the rubbish that's served up [*or* that we're expected to put up with] today!; **so etwas ließe ich mir nicht ~!** I wouldn't stand for [*or* put up with] it! II. *vi* ① KARTEN (*ansagen*) to bid ② (*ein Angebot machen*) to [make a] bid III. *vr* ① (*sich anbieten*) ■**sich [jdm] ~** to present itself [to sb] ② (*sich darbieten*) ■**sich jdm/einer S. ~** to present to sb/sth; **was für ein grässlicher Anblick bot sich den Zuschauern!** the spectators were confronted with a horrendous sight! ③ (*zumuten*) ■**sich etw ~/nicht ~ lassen** *dat* to [not] stand for [*or* put up with] sth

Bie·ter(in) <-s, -> *m(f)* bidder

Bi·ga·mie <-, -n> [biga'mi:, *pl* -'mi:ən] *f* JUR bigamy

Bi·ga·mist(in) <-en, -en> [biga'mɪst] *m(f)* JUR bigamist

bi·ga·mis·tisch *adj inv* bigamous

bi·gott [bi'gɔt] *adj* (*frömmelnd*) devout; (*scheinheilig*) hypocritical

Bi·got·te·rie <-, -n> [bigɔtə'ri:, *pl* -'ri:ən] *f* ① *kein pl* (*Scheinheiligkeit, Frömmelei*) bigotry, piousness ② (*selten: bigotte Handlungsweise oder Äußerung*) bigotry, pious behaviour [*or* AM -or]/remark

Bi·ker(in) <-s, -> ['baikɐ] *m(f)* (*sl*) biker *fam*

Bi·ki·ni <-s, -s> [bi'ki:ni] *m* bikini

Bi·lanz <-, -en> [bi'lants] *f* ① ÖKON balance sheet; **eine ~ aufstellen** ÖKON to draw up a balance sheet; **~ machen** (*fam*) to check [out] one's finances *fam* ② (*Ergebnis*) end result; **[die] ~ [aus etw] ziehen** (*fig*) to take stock [of sth]

Bi·lanz·buch·hal·ter(in) *m(f)* ÖKON accountant

bi·lan·zie·ren* [bilan'tsi:rən] ÖKON I. *vi* to balance II. *vt* ■**etw ~** to balance sth; (*fig*) to assess sth

Bi·lanz·sum·me *f* ÖKON balance-sheet total

bi·la·te·ral ['bi:latera:l] *adj* bilateral

Bilch <-es, -e> [bɪlç] *m* ZOOL dourmouse

Bild <-[e]s, -er> [bɪlt, *pl* 'bɪldɐ] *nt* ① (*Fotografie*) photo[graph]; **ein ~ machen** [*o* **knipsen**] [*o* **schießen**] to take a photo[graph]; **ich habe noch 8 ~er auf dem Film** I've got eight photos [*or* exposures] left on the film ② KUNST (*Zeichnung*) drawing; (*Gemälde*) painting ③ TV, FILM picture ④ KARTEN **~erkarten** court [*or* picture] cards ⑤ (*Spiegel~*) reflection ⑥ (*Anblick, Ansicht*) scene; **das ~ der Erde hat sich sehr verändert** the appearance of the earth has changed greatly; **vom Aussichtsturm bot sich ein herrliches ~** there was an excellent view from the observation tower; **diese riesigen Hochhäuser wären sicher keine Bereicherung für das ~ der Stadt** these skyscrapers would hardly improve the townscape; **die hungernden Kinder boten ein ~ des Elends** the starving children were a pathetic [*or* wretched] sight ⑦ LIT (*Metapher*) metaphor, image ⑧ (*Vorstellung*) picture; **mit diesem Artikel rückte er sich ins ~** he announced his arrival on the scene with this article; **das in dem Werk gezeichnete ~ der Amerikaner ist sehr negativ** the image of Americans in this work is very negative; **von seiner zukünftigen Frau hat er schon ein genaues ~** he already has a very good idea of what his future wife should be like ⑨ THEAT (*Szene*) scene ►WENDUNGEN: **ein ~ für [die] Götter** (*fam*) a sight for sore eyes; **ein ~ des Jammers** (*geh*) a picture of misery; **das ist ein schwaches ~!** (*fam*) that is a [very] poor show; **etw im ~ festhalten** to capture sth on film/canvas; **ein ~ von einem Mann/einer Frau sein** to be a fine specimen of a man/woman [*or only for woman* a perfect picture of a woman]; **sich von jdm/etw ein ~ machen** *dat* to form an opinion about sb/sth; **sich von etw kein ~ machen** *dat* to have [absolutely] no idea of sth; **du machst dir kein ~ davon, wie schwer das war!** you have [absolutely] no idea [of] how difficult it was!; **jdn [über jdn/etw] ins ~ setzen** to put sb in the picture [about sb/sth]; **[über jdn/etw] im ~e sein** to be in the picture [about sb/sth]

Bild·ar·chiv *nt* MEDIA photo[graphic] archives *pl* **Bild·at·las** *m* VERLAG pictorial atlas **Bild·auf·lö·sung** *f* TV, INFORM resolution, picture definition **Bild·aus·fall** *m* TV loss of picture [*or* vision] **Bild·band** <-bände> *m* VERLAG book of pictures **Bild·be·richt** *m* MEDIA photographic report **Bild·be·schrei·bung** *f* SCH [detailed] description of a picture [*or* painting] **Bịld·da·tei** *f* INFORM photo [*or* picture] file **Bịld·do·ku·ment** *nt* pictorial [*or* photographic] document

bịl·den ['bɪldn̩] **I.** *vt* ❶ (*hervorbringen*) ■**etw** ~ to form sth; BOT to grow sth; CHEM to produce sth; **ein Insektenstich kann eine Schwellung** ~ an insect bite can cause a swelling; **Galle wird in der Gallenblase gebildet** bile is formed in the gall bladder ❷ LING (*formen*) ■**etw** ~ to form sth ❸ POL (*zusammenstellen*) ■**etw** ~ to form sth; **einen Ausschuss/ein Komitee** ~ to set up a committee ❹ FIN (*ansammeln*) ■**etw** ~ to set up sth; **ein Vermögen** ~ to build up a fortune ❺ (*darstellen*) ■**etw** ~ to make up sth; **eine Gefahr/ein Problem/eine Regel** ~ to constitute a danger/problem/rule ❻ (*mit Bildung versehen*) ■**jdn** ~ to educate sb; **die vielen Reisen haben ihn spürbar gebildet** his many travels have noticeably broadened his mind ❼ KUNST (*formen*) ■**etw** [**aus etw**] ~ to make sth [from sth]; **die Krüge hatte er aus Ton gebildet** he had made the jugs out of clay **II.** *vr* ❶ (*entstehen*) ■**sich** ~ to produce; CHEM to form; BOT to grow ❷ (*sich Bildung verschaffen*) ■**sich** [**aus etw**] ~ to educate oneself [from sth] ❸ (*sich formen*) ■**sich** *dat* **etw** [**über jdn/etw**] ~ to form sth [about sb/sth]; **eine Meinung** ~ to form an opinion **III.** *vi* to broaden the mind; *s. a.* **Kunst, Künstler**

Bịl·der·aus·stel·lung *f* exhibition of paintings/photographs **Bịl·der·bo·gen** *m* VERLAG pictorial broadsheet **Bịl·der·buch** *nt* VERLAG picture book ▶WENDUNGEN: **wie im** ~ perfect; **eine Landschaft wie im** ~**!** a landscape [right out of a picture postcard]! **Bịl·der·buch·kar·ri·e·re** *f* dream [*or* brilliant] career **Bịl·der·buch·lan·dung** *f* perfect [*or* textbook] landing **Bịl·der·ge·schich·te** *f* picture story **Bịl·der·rah·men** *m* picture frame **Bịl·der·rät·sel** *nt* picture puzzle **Bịl·der·schrift** *f* pictographic system of writing **Bịl·der·sturm** *m* HIST iconoclasm

Bịld·fern·spre·cher *m* (*geh*) videophone **Bịld·flä·che** *f* FILM, FOTO projection surface ▶WENDUNGEN: **auf der** ~ **erscheinen** (*fam*) to appear on the scene; **von der** ~ **verschwinden** (*fam*) to disappear from the scene; **besser, du verschwindest gleich von der** ~ you'd better make yourself scarce **Bịld·fol·ge** *f* ❶ FOTO sequence of shots [*or* pictures] ❷ FILM, TV sequence of shots **Bịld·fre·quenz** *f* FILM, TV image frequency

bịld·haft I. *adj* vivid; **eine** ~**e Beschreibung** a graphic description **II.** *adv* graphically, vividly; **etw** ~ **darstellen** to depict sth vividly; **sich** *dat* **etw** ~ **vorstellen** to picture sth vividly

Bịld·hau·er(in) <-s, -> ['bɪlthauɐ] *m(f)* sculptor **Bild·hau·e·rei** <-> *f kein pl* sculpture *no pl, no art* **Bịld·hau·e·rin** <-, -nen> *f fem form von* **Bildhauer** **Bịld·hau·er·kunst** *f* (*geh*) sculpture *no pl, no art* **bịld·hübsch** ['bɪlt'hʏpʃ] *adj* as pretty as a picture; **sie ist ein** ~**es Mädchen** she's a really pretty [*or* stunning] girl

bịld·lich I. *adj* figurative, metaphorical; **ein** ~**er Ausdruck** a figure of speech **II.** *adv* figuratively, metaphorically; ~ **gesprochen** metaphorically speaking; **sich etw** ~ **vorstellen** *dat* to picture sth; **stell dir das mal** ~ **vor!** just try to picture it!

Bịld·lich·keit <-> *f kein pl* figurativeness *no pl*

Bịld·ma·te·ri·al *nt* [illustrative] pictures *pl,* pictorial [*or* visual] material *no pl;* SCH visual aids *pl*

Bịld·nis <-ses, -se> ['bɪltnɪs, *pl* -nɪsə] *nt* (*geh*) portrait

Bịld·plat·te *f* video disc [*or* AM *a.* disk] **Bịld·plat·ten·spie·ler** *m* video disc [*or* AM *a.* disk] player **Bịld·qua·li·tät** *f* TV, FILM picture [*or* image] quality; FOTO print quality **Bịld·re·dak·teur(in)** *m(f)* picture editor **Bịld·re·por·ta·ge** *f* photographic report; TV photographic documentary **Bịld·röh·re** *f* TV picture tube, kinescope *spec* **Bịld·schär·fe** *f* TV, FOTO definition *no pl, no indef art*

Bịld·schirm *m* TV, INFORM screen; **über den** ~ **flimmern** (*fam*) to come on, to be on the box *fam*

Bịld·schirm·ar·beit *f* VDU work *no pl, no indef art* **Bịld·schirm·ar·beits·platz** *m* workstation **Bịld·schirm·ge·rät** *nt* visual display unit **Bịld·schirm·scho·ner** *m* screen saver **Bịld·schirm·text** *m* TELEK videotex, viewdata

bịld·schön ['bɪlt'ʃøːn] *adj s.* **bildhübsch** **Bịld·stel·le** *f* picture and film archive **Bịld·stö·rung** *f* TV interference *no pl, no indef art* **Bịld·such·lauf** *m* cue review **Bịld·ta·fel** *f* ❶ (*ausrollbare Leinwand*) projection screen ❷ (*ganzseitige Illustration*) full-page display; (*in einem Buch*) plate **Bịld·te·le·fon** *nt* videophone **Bịld·text** *m* caption

Bịl·dung <-, -en> *f* ❶ *kein pl* (*Kenntnisse*) education *no pl;* ~/**keine** ~ **haben** to be educated/uneducated; **höhere** ~ higher education ❷ *kein pl* ANAT development *no pl,* forming *no pl* ❸ BOT forming *no pl,* development *no pl,* formation *no pl* ❹ LING forming *no pl;* **Kleinkinder haben Schwierigkeiten mit der** ~ **von Sätzen** small children have difficulty in forming sentences; (*Wort*) form ❺ *kein pl* (*Zusammenstellung*) formation *no pl; eines Fonds/Untersuchungsausschusses* setting up ❻ *kein pl* (*Erstellung*) forming *no pl* ❼ (*Gebilde*) formation

Bịl·dungs·ab·schluss[RR] *m* SCH [school [*or* educational]] qualifications *pl* **Bịl·dungs·an·ge·bot** *nt* educational opportunities *pl* **Bịl·dungs·bür·ger(in)** *m(f)* member of the educated classes **Bịl·dungs·chan·cen** *pl* educational opportunities *pl* **Bịl·dungs·de·fi·zit** *nt* deficit in education **Bịl·dungs·ein·rich·tung** *f* (*geh*) educational establishment [*or* institution] **Bịl·dungs·gang** <-gänge> *m* course [of study] **Bịl·dungs·ge·we·be** *nt* BOT meristem **Bịl·dungs·grad** *m* level of education **Bịl·dungs·gut** *nt* facet of general education **Bịl·dungs·lü·cke** *f* gap in one's education **Bịl·dungs·ni·veau** *nt* level [*or* standard] of education **Bịl·dungs·po·li·tik** *f* education policy **Bịl·dungs·re·form** *f* reform of the education system **Bịl·dungs·rei·se** *f* educational trip [*or* holiday] **Bịl·dungs·stand** *m s.* **Bildungsniveau** **Bịl·dungs·sys·tem** *nt* education system **Bịl·dungs·ur·laub** *m* educational holiday; ÖKON, JUR study leave *no pl* **Bịl·dungs·weg** *m* ■**jds** ~ the course of sb's education; **auf dem zweiten** ~ through evening classes **Bịl·dungs·we·sen** <-s> *nt kein pl* education system

Bịld·un·ter·schrift *f s.* **Bildtext** **Bịld·wör·ter·buch** *nt* illustrated [*or* pictorial] [*or* visual] dictionary **Bịld·zu·schrift** *f* reply with a photograph enclosed

Bịl·ge <-, -n> ['bɪlgə] *f* NAUT bilge

bi·lin·gu·al [bilɪŋ'gu̯aːl] *adj inv* bilingual

Bil·lard <-s, -e *o* ÖSTERR -s> ['bɪljart] *nt* billiards + *sing vb;* [**mit jdm**] ~ **spielen** to play billiards [with sb]

Bil·lard·ku·gel *f* billiard ball **Bil·lard·stock** *m* billiard cue **Bil·lard·tisch** *m* billiard table

Bil·lett <-[e]s, -e *o* -s> [bɪl'jɛ(t)] *nt* ❶ ÖSTERR (*Briefchen, Glückwunschkarte*) note ❷ SCHWEIZ (*Fahrkarte*) ticket

Bil·let·teur, Bil·let·teu·se <-s, -e> *m, f* ❶ SCHWEIZ (*Schaffner*) conductor *masc,* conductress *fem* ❷ ÖSTERR (*Platzanweiser*) usher *masc,* usherette *fem*

Bil·let·teu·se <-, -n> *f fem form von* **Billetteur**

Bil·li·ar·de <-, -n> [bɪ'li̯ardə] *f* thousand trillion

bil·lig ['bɪlɪç] **I.** *adj* ❶ (*preisgünstig*) cheap, inexpensive; **ein** ~**er Preis** a low price; **ein** ~**er Kauf** a bargain, a good buy; **es jdm** ~**er machen** to reduce sth for sb; **ich mache es Ihnen 20%** ~**er!** I'll reduce it by 20% for you; **nicht ganz** [*o* **gerade**] ~ **sein** to be not exactly cheap; **etw für** ~**es Geld kaufen** to buy sth cheap ❷ (*pej: minderwertig*) cheap; **verschone mich mit diesem** ~**en Kram!** spare me this cheap junk! ❸ (*pej: oberflächlich*) cheap, shabby; **welche** ~**e Ausrede haben Sie diesmal?** what feeble excuse have you got this time?; **ein** ~**er Trick** a cheap trick; **ein** ~**er Trost** cold comfort ❹ (*veraltet: angemessen*) proper; **nach** ~**em Ermessen** as appears just [*or* fair], in one's fair judgement **II.** *adv* cheaply; ~ **abzugeben** going cheap *fam;* **„gut erhaltene Ledergarnitur** ~ **abzugeben"** "leather suite in good condition at a knock-down price"; ~ **einkaufen** to shop cheaply ▶WENDUNGEN: ~ **davonkommen** (*fam*) to get off lightly

Bịl·lig·an·bie·ter *m* supplier of cheap products

bil·li·gen ['bɪlɪgn̩] *vt* ■**etw** ~ to approve of sth; **die Pläne der Regierung wurden vom Parlament gebilligt** the government's plans were approved by parliament; ■~, **dass jd etw tut** to approve of sb's doing sth; **ich werde nicht ~, dass du dich weiter so ungebührlich verhältst!** I cannot approve of your continuing to behave so improperly!

Bil·lig·flag·ge *f* NAUT (*pej fam*) flag of convenience (*i.e. Panama, Honduras, Liberia*)

Bil·lig·keit <-> *f kein pl* ❶ (*billiger Preis*) cheapness *no pl* ❷ (*pej: Oberflächlichkeit*) cheapness *no pl*, shabbiness *no pl*; **diese Ausrede ist in ihrer ganzen ~ leicht zu durchschauen** you can easily see through the whole feeble excuse

Bil·lig·land *nt country with cheap production and labour costs* **Bil·lig·lohn·land** *nt country with a low-wage economy* **Bil·lig·preis** *m* low price **Bil·lig·pro·dukt** *nt* cheap [*or* low-priced] product

Bil·li·gung <-, *selten* -en> *f* approval; ■**die ~ einer S.** *gen* the approval of sth; **Sie können mit der ~ der Pläne rechnen** you can count on the plans being approved; **jds ~ finden** to meet with sb's approval

Bil·lig·wa·re *f* ÖKON low-quality merchandise

Bil·li·on <-, -en> [bɪ'li̯o:n] *f* trillion

bim, bam! ['bɪm 'bam] *interj* ding, dong!

Bim·bam ['bɪmbam] *m* ▶WENDUNGEN: **ach du heiliger ~!** (*fam*) good grief! *fam*

Bim·bes <-> ['bɪmbəs] *m kein pl* (*iron sl*) the ready [*or pl* readies] BRIT *sl*, mazuma AM *fam*

Bi·me·tall ['bi:mɛtal] *nt* TECH bimetallic strip

bim·meln ['bɪml̩n] *vi* (*fam*) to ring

Bims·stein ['bɪmsʃtain] *m* ❶ GEOL pumice stone ❷ BAU breeze block

bin [bɪn] *1. pers sing pres von* **sein**

bi·när [bi'nɛ:ɐ̯] *adj* binary

Bin·de <-, -n> ['bɪndə] *f* ❶ MED bandage; (*Schlinge*) sling; (*elastische ~*) [elastic] bandage; [**jdm**] **eine** [**elastische**] **~ anlegen** to put an [elastic] bandage on sb [*or* bandage sb up]; **eine ~ um etw wickeln** to bandage sth up ❷ (*Monats~*) sanitary towel [*or* AM napkin] ❸ (*Armband*) armband ▶WENDUNGEN: **jdm fällt die/eine ~ von den Augen** (*geh o veraltend*) the penny drops; **jdm die ~ von den Augen nehmen/reißen** (*geh o veraltend*) to take/rip off sb's blindfold; **sich einen hinter die ~ gießen** [*o* **kippen**] *dat* (*fam*) to have a drink or two, to wet one's whistle *fam*

Bin·de·ge·we·be *nt* ANAT connective tissue **Bin·de·ge·webs·mas·sa·ge** *f* massage of the connective tissue **Bin·de·glied** *nt* [connecting] link **Bin·de·haut** *f* ANAT conjunctiva **Bin·de·haut·ent·zün·dung** *f* MED conjunctivitis *no pl, no indef art* **Bin·de·mit·tel** *nt* binder, binding agent; KOCHK *a.* thickener, thickening agent

bin·den <band, gebunden> ['bɪndn̩] **I.** *vt* ❶ (*durch Binden zusammenfügen*) ■**etw** [**zu etw**] **~** to bind [*or* tie] sth [to sth]; **Fichtenzweige wurden zu Kränzen gebunden** pine twigs were tied [*or* bound] [together] into wreaths; **~ Sie mir bitte einen Strauß roter Rosen!** make up a bunch of red roses for me, please; **bindest du mir bitte die Krawatte?** can you do [up] my tie [for me], please?; **kannst du mir bitte die Schürze hinten ~?** can you tie my apron at the back for me, please? ❷ (*fesseln, befestigen*) ■**jdn/etw/ein Tier an etw** *akk* **~** to tie [up *sep*] sb/sth/an animal to sth; **jdn an Händen und Füßen ~** to bind sb hand and foot; **jdm die Hände ~** to tie sb's hands; ■[**sich** *dat*] **etw** *akk* **um etw binden** to tie sth round [one's] sth; **sie band sich ein Tuch um den Kopf** she tied a shawl round her head ❸ (*festlegen*) ■**jdn** [**an jdn/etw**] **~** to bind sb [to sb/sth]; **ein Vertrag bindet immer beide Seiten** a contract is always binding on both parties; **durch die Anstellung wurde sie an München gebunden** as a result of her appointment she was tied to Munich; **ihn band ein furchtbarer Eid** he was bound by a terrible oath ❹ (*emotional verbinden*) ■**jdn an etw** *akk* **~** to tie sb to sth; **er hatte immer den Eindruck, dass ihn nichts an diese Stadt bindet** he always had the impression that he had no ties with this town ❺ (*festhalten*) ■**etw** [**mit/durch etw**] **~** to bind sth [with/by means of sth]; **Kapital ~** to tie [*or* lock] up capital ❻ CHEM ■**etw ~** to bind sth ❼ KOCHK to bind [*or* thicken] sth; **eine Soße ~** to bind a sauce ❽ VERLAG (*mit Einband versehen*) ■**etw ~** to bind sth ❾ MUS **Akkorde/Töne ~** to slur chords/tones; **eine Note ~** to tie a note; *s. a.* **gebunden** ▶WENDUNGEN: **jdm sind die Hände gebunden** sb's hands are tied **II.** *vi* to bind; **dieser Klebstoff bindet gut** this glue bonds well; *Soße* to bind **III.** *vr* (*sich verpflichten*) ■**sich an jdn/etw ~** to commit oneself to sb/sth; **ich möchte mich momentan nicht ~** I don't want to tie myself down [*or* get involved] right now

bin·dend *adj* binding; **ich benötige von Ihnen eine ~e Zusage** I need a definite yes from you; ■**~** [**für jdn**] **sein** to be binding [on sb]

Bin·der <-s, -> ['bɪndɐ] *m* ❶ (*veraltend: Krawatte*) tie ❷ (*Bindemittel*) binder

Bin·de·strich *m* hyphen **Bin·de·wort** *nt* LING conjunction

Bind·fa·den *m* string; **ein Stück ~** a piece of string ▶WENDUNGEN: **es regnet Bindfäden** (*fam*) it's raining cats and dogs *fam*

Bin·dung <-, -en> *f* ❶ (*Verbundenheit*) ■**jds ~ an jdn** [*o* **zu jdm**]/**an etw** *akk* sb's bond to sb/sth; **sie hatte eine enge ~ an ihren Vater** she had a close relationship with her father; **er fühlte eine starke ~ an diese Frau** he felt a strong bond towards this woman; **die ~ an seine Geburtsstadt war groß** the ties with his home town were strong; **flüchtige ~en eingehen** to enter into fleeting relationships ❷ (*Verpflichtung*) commitment; [**mit jdm**] **eine** [**neue**] **~ eingehen** to establish [new] ties [with sb]; **eine ~ lösen/auflösen** to break off a relationship; **eine vertragliche ~ eingehen** to enter into a binding contract ❸ SKI binding ❹ MODE weave *no pl* ❺ CHEM, NUKL bond

Bin·gel·kraut ['bɪŋl̩kraut] *nt* BOT dog's mercury

bin·nen ['bɪnən] *präp +dat o gen* (*geh*) within; **~ kurzem** shortly, soon

Bin·nen·deich *m* inner [*or* inland] dyke **bin·nen·deutsch** *adj* used in Germany; **ein ~er Ausdruck** an expression used in Germany; **~e Dialekte** dialects spoken in Germany **Bin·nen·fi·sche·rei** *f* freshwater fishing *no pl, no indef art* **Bin·nen·ge·wäs·ser** *nt* inland water *no indef art* **Bin·nen·ha·fen** *m* inland [*or* river] port **Bin·nen·han·del** *m* domestic [*or* home] trade *no pl* **Bin·nen·land** ['bɪnənlant] *nt* landlocked country **Bin·nen·markt** *m* domestic [*or* home] market; **der** [**Europäische**] **~** the Single [European] Market **Bin·nen·meer** *nt* inland sea **Bin·nen·schiffahrt**ALT *f s.* **Binnenschifffahrt** **Bin·nen·schif·fer(in)** *m(f)* boatman on inland waters; **er arbeitet als ~ auf einem Schleppkahn** he works as a bargeman **Bin·nen·schiff·fahrt**RR *f* inland navigation **Bin·nen·see** *m* lake **Bin·nen·ver·kehr** *m* inland traffic

bi·no·misch *adj* MATH binomial

Bin·se <-, -n> ['bɪnzə] *f* BOT rush ▶WENDUNGEN: **in die ~n gehen** (*fam*) *Vorhaben* to fall through; *Veranstaltung* to be a washout *fam; Unternehmen* to go down the drain *fam; Geld* to go up in smoke

Bin·sen·wahr·heit *f*, **Bin·sen·weis·heit** *f* truism

Bio <-> ['bi:o] *f kein pl* SCH (*sl*) biology

bio·ak·tiv [bio'ʔak'ti:f] *adj* biologically active; **~e Waschmittel** biological detergents **Bio·bau·er** *m* organic farmer **Bio·brenn·stoff** *m* bio-fuel, biomass fuel **Bio·che·mie** [bioçe:'mi:] *f* biochemistry **Bio·che·mi·ker(in)** [bio'çe:mikɐ] *m(f)* biochemist **bio·che·misch** [bio'çe:mɪʃ] *adj inv* biochemical **Bio·chip** *nt* ELEK, ÖKOL biochip **bio·dy·na·misch** [biody'na:mɪʃ] *adj* organic **Bio·gas** *nt* biogas **Bio·ge·ne·se** [bioge'ne:zə] *f* biogenesis **bio·ge·ne·tisch** [bioge'ne:tɪʃ] *adj* biogenetic

Bio·graf(in)RR <-en, -en> [bio'gra:f] *m(f)* biographer

B

Bio·gra·fieRR <-, -n> [biogra'fiː, *pl* -'fiːən] *f* ❶ (*Buch*) biography ❷ (*Lebenslauf*) life [history]
Bi·o·gra·finRR <-, -nen> *f fem form von* **Biograf**
bi·o·gra·fischRR [bio'graːfɪʃ] *adj* biographical
Bi·o·graph(in) <-en, -en> [bio'graːf] *m(f) s.* **Biograf**
Bi·o·gra·phie <-, -n> [biogra'fiː, *pl* -'fiːən] *f s.* **Biografie**
Bi·o·gra·phin <-, -nen> *f fem form von* **Biograph** *s.* **Biograf**
bi·o·gra·phisch [bio'graːfɪʃ] *adj s.* **biografisch**
Bio·in·di·ka·tor *m* BIOL biological indicator **Bio·in·dus·trie** *f* AGR, ÖKON organic products industry **Bio·la·den** *m* health-food shop [*or* AM *usu* store], wholefood shop BRIT, natural food store AM
Bi·o·lo·ge, Bi·o·lo·gin <-n, -n> [bio'loːgə, -'loːgɪn] *m, f* biologist
Bi·o·lo·gie <-> [biolo'giː] *f kein pl* biology *no pl, no indef art*
Bi·o·lo·gin <-, -nen> *f fem form von* **Biologe**
bi·o·lo·gisch **I.** *adj* biological; (*natürlich*) natural **II.** *adv* biologically; **immer mehr Bauern entscheiden sich, ~ anzubauen** more and more farmers are deciding to cultivate their land naturally; **~ abbaubar** biodegradable
Bio·mas·se *f* ÖKOL biomass; **die absterbenden Lebewesen tragen zur Bildung von ~ bei** dead organisms contribute to the formation of organic material **Bio·me·cha·nik** *f kein pl* biomechanics + *sing vb* **Bio·me·cha·ni·ker(in)** *m(f)* biomechanic **Bio·mem·bran** *f* BIOL biological membrane **Bio·nah·rungs·mit·tel** *nt* organic food
Bi·o·nik <-> [bi'oːnɪk] *f kein pl* bionics + *sing vb*
Bio·phy·sik [biofy'ziːk] *f* biophysics + *sing vb* **Bio·pro·dukt** *nt* organic product
Bi·op·sie <-, -n> [biɔ'psiː, *pl* -'psiːən] *f* MED biopsy; ■**bei jdm eine ~ machen** to conduct a biopsy on sb
Bio·rhyth·mus *m* biorhythm **Bio·sphä·re** [bio'sfɛːrə] *f* ÖKOL biosphere **Bio·tech·nik** [bio'tɛçnɪk] *f* bioengineering *no pl*, biotechnics + *sing vb* **Bio·tech·no·lo·gie** <-, -n> [biotɛçnolo'giː] *f* biotechnology *no pl, no art* **Bio·ter·ror, Bio·ter·ro·ris·mus** *m* bioterrorism
Bi·o·tin <-s> [bio'tiːn] *nt kein pl* biotin, vitamin H
Bio·ton·ne *f* bio-bin, biocontainer, biovat **Bi·o·top** <-s, -e> [bio'toːp] *nt* ÖKOL biotope **Bio·treib·stoff** *m* biofuel **Bio·waf·fe** *f meist pl* bioweapon **Bio·wasch·mit·tel** *nt* biological detergent **Bio·wis·sen·schaf·ten** *pl* ÖKOL life sciences *npl*
Bi·o·zö·no·se <-, -n> [biotsø'noːzə] *f* ÖKOL biocenose, biotic community
BIP *nt* ÖKON *Abk von* **Bruttoinlandsprodukt** GDP
bi·po·lar [bipo'laːɐ̯] *adj inv* (*geh*) bipolar
Bir·cher·müs·li *nt*, **Bir·cher·mües·li** ['bɪrçə-] *nt* SCHWEIZ *porridge-style muesli with condensed milk and grated apple*
birgt [bɪrkt] *3. pers sing pres von* **bergen**
Bir·ke <-, -n> ['bɪrkə] *f* ❶ (*Baumart*) birch [tree] ❷ (*Birkenholz*) birch *no pl, no indef art*
Bir·ken·span·ner *m* ZOOL peppered moth **Bir·ken·was·ser** *nt* hair lotion (*derived from birch sap*)
Birk·hahn *m* blackcock **Birk·huhn** *nt* black grouse
Bir·ma <-s> ['bɪrma] *nt s.* **Myanmar**
Bir·ma·nisch [bɪr'maːnɪʃ] *nt dekl wie adj* Burmese; *s. a.* **Deutsch**
Bir·ma·nisch [bɪr'maːnɪʃ] *nt dekl wie adj* Burmese; *s. a.* **Deutsch**
Birn·baum *m* ❶ (*Baumart*) pear tree ❷ *kein pl* (*~ holz*) pearwood *no pl, no indef art*
Bir·ne <-, -n> ['bɪrnə] *f* ❶ (*Frucht des Birnbaums*) pear; (*Birnbaum*) pear tree ❷ ELEK (*veraltend*) [light] bulb ❸ (*fam: Kopf*) nut *fam*; **eine weiche ~ haben** (*sl*) to be soft in the head *sl*
bir·nen·för·mig *adj* pear-shaped
bis [bɪs] **I.** *präp + akk* ❶ *zeitlich* (*sich an einen genannten Zeitpunkt erstreckend*) till, until; **ich zähle ~ drei** I'll count [up] to three; (*nicht später als*) by; ■**von ... ~ ...** from ... until...; **von Montag ~ Samstag** from Monday to Saturday; **~ morgen/später/Montag/nächste Woche** see you tomorrow/later/on Monday/next week; **~ bald/gleich** see you soon/in a little while [*or* a minute]; **~ dann!** until then!; **~ dahin/dann** by then; **~ dahin bin ich alt und grau!** I'll be old and grey by then!; **~ dahin war alles gut gegangen** until then everything had gone well; **~ einschließlich** up to and including; **ich bin von heute an ~ einschließlich Mittwoch auf einer Tagung** I'm at a meeting from today until the end of Wednesday [*or* until Wednesday inclusive]; **~ jetzt** up to now; **~ jetzt ist noch alles ruhig** so far everything is still quiet; **irgendwelche Beschwerden? – nein, ~ jetzt jedenfalls noch nicht!** any complaints? – no, nothing so far anyway; **~ später!** see you later!; **~ wann?** until when?; **~ wann gilt der Fahrplan?** when is the timetable valid till?, how long is the timetable valid?; **~ wann weiß ich, ob Sie das Angebot annehmen?** [by] when will I know, whether you're going to accept the offer?; **~ wann bleibst du?** how long are you staying [for]? ❷ *räumlich* as far as; **der Zug geht nur ~ Wertheim** the train's only going as far as Wertheim; **er musterte ihn von oben ~ unten** he looked him up and down; **der Hof geht genau ~ dahinten hin** the yard runs right through to the back; **~ dort/dorthin/dahin** to, up to; **~ dort/dahin sind es nur 3 Kilometer** it's only 3 kilometres there; **siehst du die Sandbank? wir schwimmen ~ dahin/dorthin** can you see the sandbank? we'll swim out to there; **~ dahin kenne ich den Film** I know the film up to this point; **~ hierher** up to this point; **~ hierher und nicht weiter** as far as here [*or* up to here] and no further; **~ wo/wohin ...?** where ... to?; **bis wo/wohin können Sie mich mitnehmen?** where can you take me to?, how far can you take me?; **~ wo/wohin sind wir in der letzten Stunde gekommen?** where did we get to [*or* how far did we get] in the last lesson? ❸ (*erreichend*) up to; **die Tagestemperaturen steigen ~ [zu] 30°C** daytime temperatures rise to 30°C; **sie war ~ zum 17. Lebensjahr im Internat** she was at boarding school until she was 17; (*unterhalb*) under, up to; **Kinder ~ sechs Jahren** children under six [years of age] [*or* up to the age of six] **II.** *adv* ❶ *zeitlich* till, until; **~ gegen 8 Uhr** until about 8 o' clock; **~ in die frühen Morgenstunden** until the early hours [of the morning]; **~ spät in die Nacht** long into the night; **~ zu dieser Stunde habe ich davon nichts gewusst!** I knew nothing about it until now; **der Bau dürfte ~ zu Weihnachten fertig sein** the construction work should be finished by Christmas; **~ anhin** SCHWEIZ (*bis jetzt*) up to now; **~ und mit** SCHWEIZ (*bis einschließlich*) up to and including ❷ *räumlich* into, to; ■**~ an/in/über/unter etw** *akk* right up to/into/over/up to sth; **die Äste reichen ~ ans Haus** the branches reach right up to the house; **jetzt sind es nur noch zwei Stunden ~ nach Hause** it's only another two hours until we get home ❸ *bei Alters-, Maß-, Mengen-, Temperaturangaben* (*erreichend*) ■**~ zu ...** up to; **Jugendliche ~ zu 18 Jahren** adolescents up to 18 [years of age] ❹ (*mit Ausnahme von*) ■**~ auf jdn/etw,** ■SCHWEIZ **~ an jdn/etw** except [for] sb/sth **III.** *konj* ❶ (*beiordnend*) to; **400 ~ 500 Gramm Schinken** 400 to 500 grams of ham; **das Wetter morgen: bewölkt ~ bedeckt und strichweise leichter Regen** the weather for tomorrow: cloudy or overcast with light rain in places ❷ *unterordnend: zeitlich* (*bevor*) by the time, till, until; **~ es dunkel wird, möchte ich zu Hause sein** I want to be home by the time it gets dark; **ich warte noch, ~ es dunkel wird** I'll wait until it gets dark; (*bevor nicht*) till, until; **~ die Hausaufgaben gemacht sind, geht ihr nicht raus!** you're not going out until your homework's done!
Bi·sam <-s, -e *o* -s> ['biːzam] *m* ❶ MODE musquash *no pl* ❷ *no pl* (*Moschus*) musk *no pl*
Bi·sam·rat·te *f* muskrat
Bisch·kek <-s> [bɪʃ'kjɛk] *nt* Bishkek
Bi·schof, Bi·schö·fin <-s, Bischöfe> ['bɪʃɔf, 'bɪʃoːf, 'bɪʃœfɪn, *pl* 'bɪʃœfə] *m, f* bishop

bi·schöf·lich ['bɪʃœflɪç, 'bɪʃøːflɪç] *adj* episcopal

Bi·schofs·amt *nt* episcopate, bishopric **Bi·schofs·kon·fe·renz** *f* REL conference of bishops **Bi·schofs·müt·ze** *f* [bishop's] mitre [*or* AM -er] **Bi·schofs·sitz** *m* bishop's seat, cathedral city **Bi·schofs·stab** *m* bishop's crook, crosier

Bi·se·xu·a·li·tät [bizɛksu̯ali'tɛːt, 'biː-] *f* bisexuality

bi·se·xu·ell [bizɛ'ksu̯ɛl, 'biː-] *adj* bisexual

bis·her [bɪs'heːɐ̯] *adv* until [*or* up to] now; ~ **habe ich noch nichts Gegenteiliges gehört** I've not heard anything to the contrary so far; (*momentan*) currently

bis·he·rig [bɪs'heːrɪç] *adj attr* previous *attr;* **die ~e politische Entwicklung** current political developments; **nach unseren ~en Erkenntnissen** according to our current knowledge

Bis·ka·ya <-> [bɪs'kaːja] *f* ■ **die** ~ [the Bay of] Biscay; *s. a.* **Golf**

Bis·kuit <-[e]s, -s *o* -e> [bɪs'kviːt, bɪs'ku̯iːt] *nt o m* KOCHK sponge

Bis·kuit·ge·bäck *nt* sponge cake **Bis·kuit·rol·le** *f* Swiss [*or* AM jelly] roll **Bis·kuit·teig** *m* sponge mixture

bis·lang [bɪs'laŋ] *adv s.* **bisher**

Bis·marck·he·ring ['bɪsmark-] *m* Bismarck herring

Bi·son <-s, -e> ['biːzɔn] *m* bison

biss^{RR}, **biß**^{ALT} [bɪs] *imp von* **beißen**

Biss^{RR} <-es, -e> *m,* **Biß**^{ALT} <-sses, -sse> [bɪs] *m* ① (*das Zubeißen*) bite ② (*Bisswunde*) bite; **der ~ muss unbedingt genäht werden!** the bite will have to have stitches ③ (*sl: engagierter Einsatz*) drive; ~ **haben** (*sl*) to have drive

biss·chen^{RR}, **biß·chen**^{ALT} ['bɪsçən] *pron indef* ① *in der Funktion eines Adjektivs* ■ **ein ~ ...** a bit of ..., some ...; **kann ich noch ein ~ Milch haben?** can I have another drop of [*or* a drop more] milk?; **ich habe ein ~ Ärger im Büro gehabt!** I've had a bit of bother at the office; ■ **kein ~ ...** not one [little] bit of ...; **du hast aber auch kein ~ Verständnis für meine schwierige Situation** you haven't got a scrap of sympathy for the awkward situation I'm in; **ich habe kein ~ Geld** I'm penniless; **ich habe im Moment kein ~ Zeit!** I haven't got a minute to spare at the moment!; ■ **das ~ ...** the little bit of ...; **das ~ Geld, das ich habe, brauche ich selber** I need what money I have myself; **mit dem ~ Gehalt kann man in München keine großen Sprünge machen** this salary won't get you far in Munich! ② *in der Funktion eines Adverbs* ■ **ein ~ ...** a bit [*or* little]; **das war ein ~ dumm von ihr!** that was a little stupid of her!; + *comp;* **darf's ein ~ mehr Käse sein, die Dame?** would Madam like a little more cheese?; **ich würde an deiner Stelle ein ~ weniger arbeiten!** if I were you, I'd work a little less; ■ **kein ~ ...** not the slightest bit ...; **es ist kein ~ teurer!** it's not a bit more expensive!; **sie war kein ~ schlechter als er** she was no worse than him in the slightest ③ *in der Funktion eines Substantivs* ■ **ein ~** a bit [*or* little]; **wenn man nur so ein ~ verdient wie ich!** when one earns as little as I do!; **für so ein ~ wollen die 1.000 Euro!** they want 1,000 euros for a little bit like that!; **von so einem ~ wirst du doch nicht satt** a little portion like that won't fill you up; **nimmst du Milch in den Kaffee? – ja, aber nur ein ~** do you take milk with your coffee? – yes, but just a drop; ■ **das ~** the little; **drei Eier, zwei Semmeln, etwas Butter– und für das ~ wollen die zehn Euro?** three eggs, two rolls and some butter – and they want ten euros for these few items!; **ein klein ~** (*fam*) a little bit

Bis·sen <-s, -> ['bɪsn̩] *m* morsel; **kann ich einen ~ von deinem Brötchen haben?** can I have a bite of your roll?; **wenn du das Steak nicht ganz schaffst, kannst du mir gern einen ~ übrig lassen!** if you can't quite manage the steak, you can leave me a mouthful; **sie will keinen ~ anrühren** she won't eat a thing; **ich habe heute keinen ~ gegessen** I haven't eaten a thing today; **er brachte keinen ~ herunter** he couldn't eat a thing ▶ WENDUNGEN: **ihm blieb der ~ im Hals stecken** his throat contracted with fear; **sich** *dat* **jeden ~ vom Munde absparen** to keep a tight rein on one's purse strings, to scrimp and scrape [*or* save]

bis·sig ['bɪsɪç] *adj* ① (*gerne zubeißend*) vicious; **„[Vorsicht,] ~er Hund!"** "beware of [the] dog!"; **ist der Hund ~?** does the dog bite? ② (*sarkastisch*) caustic, cutting; **eine ~e Kritik** a scathing [*or* waspish] review; **~e Kritik** biting [*or* scathing] criticism; **sie hat eine sehr ~e Art** she's very sarcastic; **du brauchst nicht gleich ~ zu werden!** there's no need to bite my head off!; **sie hat äußerst ~ reagiert** she reacted in an extremely caustic manner

Bis·sig·keit <-, -en> *f* ① *kein pl* (*bissige Veranlagung*) viciousness *no pl* ② *kein pl* (*Sarkasmus*) causticity *no pl* ③ (*bissige Bemerkung*) caustic remark

Biss·wun·de^{RR} *f* bite

bist [bɪst] *2. pers sing pres von* **sein**

Bis·tum <-s, -tümer> ['bɪstuːm, *pl* -tyːmɐ] *nt* bishopric, diocese

bis·wei·len [bɪs'vailən] *adv* (*geh*) at times, now and then

Bit <-[s], -[s]> [bɪt] *nt* INFORM bit

Bitt·brief *m* letter of request

bit·te ['bɪtə] *interj* ① ((*höflich*) *auffordernd*) please; **~, Sie wünschen?** what can I do for you?; **~ schön[, was darf es sein]?** can I help you?; **~ nicht!** no, please!, please don't!; **ja, ~?** (*am Telefon*) hello?, yes?; **bleiben Sie ~ am Apparat** please hold the line; **Herr Ober, die Rechnung ~!** waiter! could I have the bill, please; **hier entlang ~!** this way, please!; **~ nach Ihnen** after you; **~, nehmen Sie doch Platz!** please take a seat; **~[, treten Sie ein]!** come in!; **tun Sie [doch] ~ ...** won't you please ...; **[einen] Moment ~!** one moment [please]!, wait a minute [please]! ② (*zustimmend*) **ach ~, darf ich Sie mal was fragen? – ja ~** oh! could I ask you something, please? – yes, by all means ③ (*Dank erwidernd*) **herzlichen Dank für Ihre Mithilfe! – [aber] ~ sehr!** many thanks for your help – please don't mention it!; **danke für die Auskunft! – ~[, gern geschehen]** thanks for the information – you're [very] welcome!; **danke, dass du mir geholfen hast! – ~ [, gern geschehen]!** thanks for helping me – not at all!; **danke schön! – ~ schön, war mir ein Vergnügen!** thank you! – don't mention it, my pleasure!; **Entschuldigung! – ~!** I'm sorry! – that's all right! ④ (*anbietend*) **~ schön** here you are ⑤ (*um Wiederholung bittend*) **~? könnten Sie die Nummer noch einmal langsamer wiederholen?** sorry, can you repeat the number more slowly? ⑥ (*drückt Erstaunen aus*) **wie ~?** I beg your pardon?; **[wie] ~, habe ich Sie da recht verstanden?** [I beg your] pardon! did I hear you right? ⑦ (*drückt aus, dass etw nicht unerwartet war*) **na ~ schön, jetzt haben wir den Salat!** there you are, we're in a fine mess now!; **na ~!** what did I tell you!; **na ~, habe ich schon immer gewusst** there you are, I knew it all along ⑧ (*sarkastisch*) all right, fair enough; **ich brauche dein Geld nicht – ~, wie du willst!** I don't need your money – fair enough, as you wish! ▶ WENDUNGEN: **~ ~ machen** (*Kindersprache fam*) to say please nicely

Bit·te <-, -n> ['bɪtə] *f* request (**um** for); **eine ~ äußern** to make a request; **eine ~ [an jdn] haben** to have a favour [*or* AM -or] to ask [of sb]; **ich hätte eine ~ an Sie** if you could do me one favour; **mit einer ~ an jdn herantreten** to go to [*or* approach] sb with a request; **eine ~ an jdn richten** [*o* **sich** *akk* **mit einer ~ an jdn wenden**] to make [*or* put] a request to sb; **auf jds ~ [hin]** *akk* at sb's request; **ich habe eine große ~: ...** if I could ask [you to do] one thing: ..., I have one request to make: ...

i Kultur

In **Bitten** sollte das *please* immer am Satzende stehen, z.B. *Could you help me with ..., please?* Stellt man ein *please* an den Satzanfang, wird die Bitte dagegen als Aufforderung verstanden und kann unhöflich erscheinen. Auch in Korrespondenzen sollte man sich so höflich wie möglich ausdrücken.

bitten

bitten	requesting
Kannst/Könntest du bitte mal den Müll runterbringen?	**Can/Could you please** take the rubbish down?
Bitte sei so gut und bring mir meine Jacke.	**Be an angel/a love and** bring me my jacket. *(fam)*
Wärst du so nett und würdest mir die Zeitung mitbringen?	**Would you be good enough to** bring me back a paper?
Würden Sie bitte so freundlich sein und ihr Gepäck etwas zur Seite rücken?	**Would you mind just** moving your luggage slightly to one side?
Darf ich Sie bitten, Ihre Musik etwas leiser zu stellen?	**Could I ask you** to turn your music down a little?
um Hilfe bitten	**asking for help**
Kannst du mir einen Gefallen tun?	**Could you do me a favour?**
Darf/Dürfte ich Sie um einen Gefallen bitten?	**Can/Could I ask you a favour?**
Könntest du mir bitte helfen?	**Could you help me please?**
Könnten Sie mir bitte behilflich sein?	**Could you give me a hand please?**
Ich wäre Ihnen dankbar, wenn Sie mir dabei helfen könnten.	**I would be grateful if** you could give me hand with this.

bit·ten <bat, gebeten> ['bɪtn̩] **I.** *vt* ❶ (*Wunsch äußern*) ■**jdn [um etw] ~** to ask sb [for sth]; **darf ich Sie um Rat ~?** may I ask your advice?; **könnte ich dich um einen Gefallen ~?** could I ask you a favour?; **die Passagiere werden gebeten, sich anzuschnallen** passengers are requested to fasten their seatbelts; **ich bitte dich um alles in der Welt** I beg [*or* implore] you; ■**jdn [darum] ~, etw zu tun** [*o* **dass er etw tut**] to ask sb to do sth; **ich bitte dich darum, mit keinem Menschen darüber zu reden** I would ask you not to talk to anybody about this ❷ (*einladen*) ■**jdn auf etw** *akk*/**zu etw ~** to ask [*or* invite] sb for sth/to do sth; **darf ich dich auf ein Glas Wein zu mir ~?** may I ask you home for a glass of wine?; **nach dem Tanz baten die Gastgeber [die Gäste] zum Abendessen** after the dance the hosts invited the guests to have dinner; **darf ich [euch] zu Tisch ~?** may I ask you to come and sit down at the table?, dinner is served!; **wenn ich euch jetzt in den Garten ~ dürfte!** if I might ask you to go into the garden now ❸ (*auffordern*) ■**jdn irgendwohin ~** to ask sb to go somewhere; **der Chef bat den Mitarbeiter zu sich ins Büro** the boss asked the employee to come [in]to his office; **ich muss Sie ~ mitzukommen** I must ask you to come with me; **darf ich Sie ~?** would you mind?; **wenn ich Sie ~ darf!** if you please!, if you wouldn't mind! ▶WENDUNGEN: **sich nicht [lange] ~ lassen** to not have to be asked twice; **er ließ sich nicht lange ~** he didn't have to be asked twice; **sich gerne ~ lassen** to like to be asked; **[aber] ich bitte dich/Sie!** really! **II.** *vi* ❶ (*eine Bitte aussprechen*) ■**um etw ~** to ask [*or* make a request] for sth, to request sth; **um Hilfe/Verständnis ~** to ask for help/understanding; **um Ruhe ~** to request [*or* ask for] silence; **darf ich einen Augenblick um Aufmerksamkeit ~?** may I have your attention for a moment, please?; **um jds Anwesenheit ~** to request sb's presence; **darf ich [um den nächsten Tanz] ~?** may I have the pleasure [of the next dance]?; ■**es wird gebeten, ...** (*geh*) please ...; **Hinweis: „es wird gebeten, in der Schalterhalle nicht zu rauchen"** notice: "please do not smoke in the booking hall"; (*dringend wünschen*) to beg for sth; **um Verzeihung ~** to beg for forgiveness; **darum möchte ich doch sehr gebeten haben!** (*emph geh*) I should hope so too!; **ich bitte [sogar] darum** (*geh*) I should be glad ❷ (*hereinbitten*) ■**jd lässt ~** sb will see sb; **der Herr Professor lässt ~** the professor will see you now; **er möchte Sie gerne sprechen! – aber selbstverständlich, ich lasse ~!** he would like to speak to you – but of course, would you ask him to come in! ❸ (*emph: befehlend*) if you please!; **ich muss doch [sehr] ~!** well really!; **also diese Manieren heutzutage! ich muss doch sehr ~!** well really! people's manners today! ▶WENDUNGEN: **~ und betteln** (*fam*) to beg and plead; **wenn ich ~ darf!** if you wouldn't mind!

Bit·ten <-s> ['bɪtn̩] *nt kein pl* pleading *no pl;* **trotz seines [inständigen] ~s** despite his [urgent] pleas; **jds ~ und Betteln** sb's begging and pleading; **dein ~ und Betteln ist vergeblich, ich habe gesagt nein!** it's no use your begging and pleading, I've said no!; **sich aufs ~ verlegen** to resort to pleading; **auf jds ~ [hin]** *akk* at sb's request; **auf ~ von jdm** at the request of sb; **auf ~ von uns allen** at the request of us all

bi̩t·tend I. *adj* pleading; **ihre ~en Augen** the beseeching look in her eyes **II.** *adv* beseechingly

bit·ter ['bɪtɐ] **I.** *adj* ❶ (*herb*) bitter; **~e Schokolade** plain chocolate; **brrr! diese ~e Medizin!** yuk! this awful tasting medicine! ❷ (*schmerzlich*) bitter; **eine ~e Lehre** a hard lesson; **~es Leid erfahren** to experience abject sorrow; **~e Reue** deep [*or* keen] regret; **ein ~er Verlust** a painful loss; **die ~e Wahrheit** the painful truth; *s. a.* **Ernst** ❸ (*verbittert*) bitter; **die Bauern führten beim Abt ~e Klagen** the farmers complained bitterly to the abbot ❹ (*schwer*) bitter; **es ist mein ~er Ernst** I am deadly serious; **in ~er Not leben** to live in abject poverty; **jdn seinem ~en Schicksal überlassen** to leave sb to his sad fate; **~es Unrecht** grievous wrong [*or* injustice]; **sich ~e Vorwürfe machen** to reproach oneself bitterly ▶WENDUNGEN: **bis zum ~en Ende** to the bitter end **II.** *adv* bitterly; **es war ~ kalt** it was bitterly cold; **das ist ~ wenig** that's desperately little; **etw ~ bereuen** to regret sth bitterly; **etw ~ vermissen** to miss sth desperately; **für etw ~ bezahlen** to pay dearly for sth; **das wird sich ~ rächen!** you'll/we'll etc. pay dearly for that!; *s. a.* **nötig**

Bit·ter <-s, -> ['bɪtɐ] *m* KOCHK bitters + *sing vb*

bit·ter·bö·se ['bɪtɐ'bø:zə] *adj* furious; **~ reagieren** to react furiously

Bi̩t·te·re(r) *m dekl wie adj s.* **Bitter**

bit·ter·ernst ['bɪtɐ'ʔɛrnst] *adj* extremely serious; **musst du denn immer so ~ sein?** must you always be so deadly serious?; ■**jdm ist es mit etw ~** sb is deadly serious about sth; **etw ~ meinen/nehmen** to mean/take sth deadly seriously

bit·ter·kalt ['bɪtɐ'kalt] *adj attr* bitter, bitterly cold

Bi̩t·ter·keit <-> *f kein pl* ❶ (*Verbitterung*) bitterness ❷ (*bitterer Geschmack*) bitterness

bi̩t·ter·lich I. *adj* slightly [*or* somewhat] bitter **II.** *adv* bitterly;

~ **weinen/frieren** to cry bitterly/to be [*or* feel] dreadfully cold

Bit·ter·man·del *f* bitter almond

Bit·ter·nis <-, -se> ['bɪtɐnɪs] *f* (*liter*) bitterness *no pl*

Bitt·gang <-gänge> *m* (*geh*) [supplicatory] request; **einen ~ zu jdm machen** to go cap in hand to sb *fig* **Bitt·got·tes·dienst** *m* REL rogation service **Bitt·schrift** *f* (*veraltend*) plead, petition **Bitt·stel·ler(in)** <-s, -> *m(f)* petitioner, supplicant *form*

Bi·tu·men <-s, - *o* Bitumina> [bi'tu:mən, *pl* bi'tu:mina] *nt* bitumen *no pl*

bi·va·lent [biva'lɛnt] *adj* bivalent

Bi·wak <-s, -s *o* -e> ['bi:vak] *nt* bivouac

bi·wa·kie·ren* [biva'ki:rən] *vi* to bivouac

bi·zarr [bi'tsar] *adj* bizarre

Bi·zeps <-es, -e> ['bi:tsɛps] *m* biceps

BKA <-> [be:ka:'ʔa:] *nt kein pl Abk von* **Bundeskriminalamt**

Bla·bla <-s> [bla'bla:] *nt kein pl* (*pej fam*) waffle *pej*

bla bla (**bla**) ['bla: 'bla: ('bla:)] *interj* (*pej fam*) blah blah blah *pej fam*

Bla·che <-, -n> ['blaxə] *f* ÖSTERR, SCHWEIZ tarpaulin

Black-out^RR^, **Black·out** <-s, -s> ['blɛkʔaut, 'blɛk'ʔaut, blɛk'ʔaut] *m* ❶ (*Gedächtnislücke*) lapse of memory ❷ (*Bewusstseinstrübung, -verlust*) blackout; **in Prüfungssituationen kommt es manchmal zu einem ~** during examinations one can sometimes have a mental block; **das muss er im völligen ~ getan haben** he must have done that in a complete fog ❸ (*Stromausfall*) blackout

blaf·fen ['blafn̩] *vi* ❶ (*kläffen*) to yap ❷ (*pej: schimpfen*) to snap *fam*

Blag <-s, -en> ['bla:g] *nt* DIAL (*pej*), **Bla·ge** <-, -n> ['bla:gə] *f* DIAL (*pej*) brat *pej*

blä·hen ['blɛ:ən] **I.** *vt* ■**etw ~** ❶ (*mit Luft füllen*) to fill [out] sth *sep;* **der Zugwind bläht die Vorhänge** the draught is making the curtains billow ❷ ANAT to distend sth; ■**gebläht** distended; **das Ross blähte seine Nüstern** the horse dilated [*or* flared] its nostrils **II.** *vr* ■**sich ~** (*sich mit Luft füllen*) to billow; ANAT to dilate; **seine Nasenflügel blähten sich vor Zorn** his nostrils dilated [*or* flared] with anger **III.** *vi* (*blähend wirken*) to cause flatulence [*or* wind]

blä·hend *adj* flatulent; **bei jdm ~ wirken** to have a flatulent effect on sb

Blä·hung <-, -en> *f meist pl* flatulence *no pl, no indef art,* wind *no pl, no indef art;* **an ~en leiden** to suffer from flatulence; **~en haben** to have flatulence

bla·ma·bel [bla'ma:bl̩] *adj* (*geh*) shameful; **eine blamable Lage** an embarrassing situation

Bla·ma·ge <-, -n> [bla'ma:ʒə] *f* (*geh*) disgrace *no pl*

bla·mie·ren* [bla'mi:rən] **I.** *vt* ■**jdn ~** to disgrace sb; *s. a.* **Innung II.** *vr* ■**sich** *akk* [**durch etw** *akk*] ~ to disgrace [*or* make a fool of] oneself [as a result of sth]

blan·chie·ren* [blã'ʃi:rən] *vt* KOCHK ■**etw ~** to blanch sth

Blan·chier·löf·fel *m* KOCHK blanching spoon

blank [blaŋk] **I.** *adj* ❶ (*glänzend, sauber*) shining, shiny ❷ (*abgescheuert*) shiny ❸ (*rein*) pure, sheer; **was du sagst, ist ~er Unsinn!** what you're saying is utter nonsense!; (*total*) utter; **in der Stadt herrschte das ~e Chaos** utter chaos reigned in the town ❹ (*nackt*) bare, naked; ÖSTERR, SÜDD (*ohne Mantel*) without a coat; ~ [**aus**]**gehen** to go [out] without a coat ❺ (*veraltend: gezogen*) drawn; **mit ~em Schwert** with drawn sword; **~er Stahl** cold steel ❻ (*bloß*) bare; **~e Erde/Wände/~es Holz** bare earth/walls/wood ❼ (*poet: strahlend*) bright; **als er die Goldmünze sah, bekam er ~e Augen** his eyes shone when he saw the gold coin; **es ist schon ~er Tag** it's already broad daylight ❽ *pred* (*fam*) ■**~ sein** to be broke *fam; s. a.* **Hans II.** *adv* (*glänzend*) ~ **gewetzt** shiny; ~ **poliert** brightly polished

Blan·kett <-s, -e> [blaŋ'kɛt] *nt* KOCHK ragout, fricassee

blank·ge·wetzt *adj attr s.* **blank II.**

blan·ko ['blaŋko] *adv* ❶ (*unbedruckt*) plain ❷ (*ohne Eintrag*) blank; **man soll nie einen unterschriebenen Scheck ~ aus der Hand geben** one should never hand out a blank signed cheque

Blan·ko·scheck *m* blank cheque [*or* AM check] **Blan·ko·voll·macht** *f* carte blanche

blank·po·liert *adj attr s.* **blank II.**

Blank·vers *m* blank verse

Bläs·chen <-s, -> ['blɛ:sçən] *nt* small blister

Bla·se <-, -n> ['bla:zə] *f* ❶ ANAT bladder; **eine schwache ~ haben** (*fam*) to have a weak bladder *fam;* **sich** *dat* **die ~ erkälten** [*o* **unterkühlen**] to get a chill on the bladder ❷ MED blister; **sich** *dat* **~n laufen** to get blisters on one's feet ❸ (*Hohlraum*) bubble; **~n werfen** [*o* **ziehen**] to form bubbles; *Anstrich* to blister; *Tapete, heiße Masse* to bubble ❹ (*Sprechblase*) speech bubble, balloon ❺ (*fam: Clique*) gang *fam*

Bla·se·balg <-[e]s, -bälge> *m* bellows *npl,* pair of bellows

bla·sen <bläst, blies, geblasen> ['bla:zn̩] **I.** *vi* ❶ (*Luft ausstoßen*) to blow; ■**auf etw** *akk* ~ to blow on sth; **auf eine Brandwunde ~** to blow on a burn ❷ MUS (*Töne erzeugen*) to play; ■**auf/in etw** *dat* ~ to play sth; **manche Leute können auf Kämmen ~** some people can play a comb; **der Jäger blies in sein Horn** the hunter sounded his horn **II.** *vi impers* (*fam: es windet*) it's windy; **draußen bläst es aber ganz schön** it's really windy outside **III.** *vt* ❶ (*durch Blasen kühlen*) ■**etw ~** to blow on sth; **die heiße Suppe/den Kaffee ~** to blow on one's hot soup/coffee [to cool it down] ❷ (*entfernen*) ■**etw ~** to blow sth; **er blies** [**sich**] **den Fussel vom Ärmel** he blew the fluff off his sleeve ❸ MUS ■**etw ~** to play sth; ■**etw** [**auf etw**] ~ to play sth [on sth]; **er nahm die Trompete zur Hand und blies** [**darauf**] **eine wunderschöne Melodie** he picked up the trumpet and played a wonderful melody [on it] ❹ (*derb: fellationieren*) ■**jdn ~,** ■**jdm einen ~** to give sb a blow job *fam!*

Bla·sen·ent·zün·dung *f* inflammation of the bladder, cystitis *no pl, no indef art spec* **Bla·sen·lei·den** *nt* bladder complaint; **ein ~ haben** to have bladder trouble [*or* a bladder complaint] **Bla·sen·schwä·che** *f* bladder weakness, a weak bladder **Bla·sen·stein** *m* bladder stone **Bla·sen·tang** *m* BOT bladder wrack [*or* kelp] **Bla·sen·tee** *m herbal tea to relieve bladder problems*

Blä·ser(in) <-s, -> ['blɛ:zɐ] *m(f)* MUS wind player; ■**die ~** the wind section

Blä·ser·quar·tett *nt* MUS wind quartet

bla·siert [bla'zi:ɐ̯t] *adj* (*pej geh*) arrogant, blasé

Bla·siert·heit <-, -en> *f* (*pej geh*) arrogance, blasé attitude; (*Äußerung*) arrogant [*or* blasé] comment

bla·sig ['bla:zɪç] *adj* ❶ (*Blasen aufwerfend*) bubbly; **der Teig wird ~** the batter is getting light and airy ❷ MED blistered

Blas·in·stru·ment *nt* wind instrument **Blas·ka·pel·le** *f* brass band **Blas·mu·sik** *f* brass-band music **Blas·or·ches·ter** *nt* MUS wind orchestra

Blas·phe·mie <-, -n> [blasfe'mi:, *pl* -'mi:ən] *f* (*geh*) blasphemy

blas·phe·misch [blas'fe:mɪʃ] *adj* (*geh*) blasphemous

Blas·rohr *nt* blowpipe

blass^RR^, **blaß**^ALT^ [blas] *adj* ❶ (*bleich*) pale; **~ aussehen** to look pale [*or* BRIT *fam* peaky] [*or* AM peaked] [*or liter* wan]; **~ um die Nase sein** to be green [*or* pale] about the gills *hum;* ■[**vor etw**] **~ werden** *dat* to go [*or* grow] [*or* turn] pale [with sth]; **~ vor Neid werden** to go [*or* turn] green with envy; (*vor Schreck a.*) to pale, to blanch ❷ (*hell*) pale; **eine ~e Schrift** faint writing; **er trug ein Hemd in einem ~en Grün** he wore a pale-green shirt ❸ (*geh: matt*) **ein ~es Licht/~er Mond** a pale [*or liter* wan] light/moon ❹ (*schwach*) vague; **eine ~e Erinnerung/Hoffnung** a dim [*or* vague] memory/faint hope; *s. a.* **Schimmer** ❺ (*ohne ausgeprägte Züge o*

Eigenschaften) ~ **wirken** to seem colourless [*or* AM -orless] [*or* bland]

Bläs·se <-, -n> ['blɛsə] *f* ❶ (*blasse Beschaffenheit*) paleness *no pl*, pallor *no pl* ❷ (*Farblosigkeit*) colourlessness [*or* AM -orness] *no pl*

Bläss·gans[RR], **Bläß·gans**[ALT] *f* ORN white-fronted goose **Bläss·huhn**[RR], **Bläß·huhn**[ALT] ['blɛshuːn] *nt* coot

bläss·lich[RR], **bläß·lich**[ALT] ['blɛslɪç] *adj* palish, rather pale

bläst [blɛːst] *3. pers sing pres von* **blasen**

Blatt <-[e]s, Blätter> [blat, *pl* blɛtɐ] *nt* ❶ BOT leaf ❷ (*Papierseite*) sheet; **lose** [*o* **fliegende**] **Blätter** loose leaves [*or* sheets]; **vom ~ singen/spielen** MUS to sight-read ❸ (*Seite*) page; KUNST print ❹ (*Zeitung*) paper ❺ (*von Werkzeugen*) blade ❻ KARTEN hand; **ein/kein gutes ~** a good/not a good hand ❼ JAGD, KOCHK shoulder ▶ WENDUNGEN: **kein ~ vor den Mund nehmen** to not mince one's words; **das steht auf einem anderen ~** that's a different matter; **[noch] ein unbeschriebenes ~ sein** (*unerfahren sein*) to be inexperienced; (*unbekannt sein*) to be an unknown quantity; **das ~ hat sich gewendet** things have changed

Blätt·chen <-s, -> ['blɛtçən] *nt dim von* **Blatt 1, 2**

blät·te·rig, **blätt·rig** *adj* flaking; (*geschichtet*) laminate; ■ **~ werden** to begin to flake [*or* start flaking]; **der Teig ist ganz ~ geworden** the pastry's gone all flaky

Blät·ter·kohl *m s.* **Chinakohl**

Blät·ter·ma·gen *m* ZOOL omasum *spec*

blät·tern ['blɛtɐn] **I.** *vi* ❶ (*flüchtig lesen, umblättern*) ■ **[in etw** *dat*] ~ to flick [*or* leaf] through sth ❷ (*abbröckeln*) to flake [off], to come off in flakes; **die Farbe blättert schon von der Wand** the paint is already flaking off the wall **II.** *vt* ■ **[jdm] etw auf etw** *akk* ~ to lay down sth one by one [for sb]; **sie blätterte [mir] 20 Tausender auf den Tisch** she counted out 20 thousand-mark notes on the table [for me]

Blät·ter·pilz *m* BOT agaric

Blät·ter·teig *m* flaky [*or* puff] pastry

Blät·ter·teig·ge·bäck *nt* puff pastries *pl* **Blät·ter·teig·pas·te·te** *f* vol-au-vent

Blatt·fall <-s> *m kein pl* falling *no pl* of leaves, abscission *spec* **Blatt·fe·der** *f* TECH leaf spring **Blatt·form** *f* BOT form of a leaf **blatt·för·mig** *adj* leaf-shaped **Blatt·ge·mü·se** *nt* greens *npl;* ■ **ein ~** a leaf vegetable **Blatt·gold** *nt* gold leaf *no pl, no indef art* **Blatt·grün** *nt* chlorophyll *no pl, no indef art* **Blatt·laus** *f* aphid **Blatt·pflan·ze** *f* foliate plant

blätt·rig *adj s.* **blätterig**

Blatt·sa·lat *m* lettuce **Blatt·schuss**[RR] *m* JAGD shot into the chest **Blatt·spi·nat** *m* leaf spinach **Blatt·sprei·te** <-, -n> *f* BOT lamina, blade **Blatt·stiel** *m* BOT stalk, petiole *spec* **Blatt·werk** *nt kein pl* (*geh*) foliage *no pl* **Blatt·zi·cho·rie** *f* leafy chicory

blau [blau] *adj* ❶ (*Farbe*) blue ❷ (*blutunterlaufen*) bruised; **ein ~er Fleck** a bruise; **schnell ~e Flecken bekommen** to bruise quickly; **ein ~es Auge** a black eye; (*vor Kälte o weil herzkrank*) blue ❸ *inv, nachgestellt* KOCHK rare, underdone, blue; **Forelle ~** blue trout, trout au bleu ❹ *meist pred* (*fam: betrunken*) drunk, plastered *fam*, BRIT *a.* tight *pred fam*, BRIT *a.* canned *pred fam*, BRIT *a.* pissed *pred fam!; s. a.* **blaumachen, Planet, Blut, Blume, Montag, Anton, Ferne**

Blau <-s, - *o fam* -s> [blau] *nt* blue

Blau·al·ge *f* BOT blue-green alga **blau·äu·gig** *adj* ❶ (*blaue Augen habend*) blue-eyed ❷ (*naiv*) naïve **Blau·äu·gig·keit** <-> *f kein pl* naïvety *no pl* **Blau·bee·re** *f s.* **Heidelbeere blau·blü·tig** *adj* blue-blooded

Blaue <-n> *nt kein pl* ■ **das ~** the blue; **ins ~ spielen** to have a hint of blue ▶ WENDUNGEN: **das ~ vom Himmel [herunter]lügen** (*fam*) to lie one's head off *fam;* **jdm das ~ vom Himmel [herunter] versprechen** (*fam*) to promise sb the earth [*or* moon] *fam;* **ins ~ hinein** (*fam*) at random; **eine Fahrt ins ~** a mystery tour; **lass uns einfach ins ~ fahren** let's just set off and see where we get to [*or* end up]; **wir setzen uns jetzt ins Auto und machen einfach eine Fahrt ins ~** we'll jump in the car and just set off somewhere [*or* into the blue]

Blau·e(r) *m dekl wie adj* (*sl*) hundred-mark note

Bläue <-> ['blɔyə] *f kein pl* blueness *no pl;* **der Himmel war von strahlender ~** the sky was a brilliant blue

Blau·fel·chen *nt* whitefish **Blau·fisch** *m* skipjack, striped tuna **Blau·fuchs** *m* blue [*or* arctic] fox **blau·grau** *adj* blue-grey, bluish grey **blau·grün** *adj* blue-green, bluish green **Blau·hai** *m* requiem shark **Blau·helm** *m* (*sl*) blue beret, UN soldier **Blau·helm·mis·si·on** *f* POL UN mission **blau·ko·chen** *vt* KOCHK **einen Fisch ~** to cook a fish blue (*poach an unscaled fish in vinegar until it turns blue*) **Blau·kraut** *nt* SÜDD, ÖSTERR red cabbage

bläu·lich *adj* bluey, bluish

Blau·licht *nt* flashing blue light; **mit ~** with a flashing blue light [*or* [its] blue light flashing]

Bläu·ling <-s, -e> ['blɔylɪŋ] *m* ZOOL blue

blau|ma·chen I. *vi* (*fam: krankfeiern*) to go [*or* AM call in] sick; SCH to play truant [*or* AM hook[e]y], BRIT *a.* to bunk off *fam* **II.** *vt* (*fam*) ■ **einen Tag ~** to go [*or* AM call in] sick for a day

Blau·mann <-männer> *m* (*fam*) blue overalls, boiler suit BRIT **Blau·mei·se** *f* blue tit **Blau·pa·pier** *nt* carbon paper **Blau·pau·se** *f* blueprint **blau·rot** ['blauroːt] *adj* purple **Blau·säu·re** *f* CHEM hydrocyanic acid **Blau·schim·mel·kä·se** *m* blue cheese **Blau·schö·nung** *f* KOCHK blue fining, Moeslinger fining **blau·schwarz** *adj* blue-black, bluish black **Blau·stich** *m* FOTO blue cast **blau·sti·chig** *adj* FOTO with a blue cast *after n* **Blau·strumpf** *m* (*pej veraltet*) bluestocking *pej old* **Blau·tan·ne** *f* blue [*or* Colorado] spruce **Blau·wal** *m* blue whale

Bla·zer <-s, -> ['bleːzɐ] *m* blazer

Blech <-[e]s, -e> [blɛç] *nt* ❶ *kein pl* (*Material*) sheet metal *no pl, no indef art* ❷ (*Blechstück*) metal plate ❸ (*Back~*) [baking] tray ❹ *kein pl* (*fam: Unsinn*) rubbish *no pl, no indef art,* crap *no pl, no indef art fam!,* tripe *no pl, no indef art fam;* **rede kein ~!** don't talk rubbish [*or* AM garbage] [*or fam!* crap]! ❺ *kein pl* (*pej fam: Orden etc.*) gongs *pl* BRIT *fam,* fruit salad AM *no pl, no indef art fam* ❻ (*im Orchester*) brass

Blech·blä·ser(in) *m(f)* MUS brass player **Blech·blas·in·stru·ment** *nt* MUS brass instrument **Blech·büch·se** *f* tin [box] **Blech·do·se** *f* tin

ble·chen ['blɛçn̩] **I.** *vt* (*fam*) ■ **etw [für etw] ~** to fork [*or* shell] out sth [for sth] *fam* **II.** *vi* (*fam*) to cough up *fam,* to fork [*or* shell] out *fam*

ble·chern I. *adj* ❶ *attr* (*aus Blech*) metal ❷ (*hohl klingend*) tinny; **eine ~e Stimme** a hollow voice **II.** *adv* tinnily; **~ klingen** to sound tinny

Blech·ge·schirr *nt* [metal] kitchenware *no pl, no indef art* **Blech·in·stru·ment** *nt s.* **Blechblasinstrument Blech·ka·nis·ter** *m* metal can[ister] [*or* container] **Blech·kis·te** *f* (*pej fam*) [old] crate *sl* **Blech·la·wi·ne** *f* (*pej fam*) solid line of vehicles, river of metal *fam* **Blech·napf** *m* metal bowl; (*im Gefängnis*) prison eating utensils ▶ WENDUNGEN: **wer einmal aus dem ~ frisst ...** someone who has done time [*or* BRIT *a.* porridge] once ... **Blech·scha·den** *m* AUTO damage *no pl, no indef art* to the bodywork **Blech·sche·re** *f* TECH plate shears *npl,* snips *npl* **Blech·trom·mel** *f* tin drum

ble·cken ['blɛkn̩] *vt* **die Zähne ~** to bare its teeth; **der Hund bleckte die Zähne** the dog bared its teeth

Blei <-[e]s, -e> [blai] *nt* ❶ *kein pl* (*Metall*) lead *no pl, no indef art;* **schwer wie ~** (*fig*) as heavy as lead; **meine Augen/Arme sind so schwer wie ~** my eyes/arms are like lead; **~ gießen** *to pour molten lead on cold water and tell someone's fortune from the shapes on New Year's Eve* ❷ (*Lot*) plumb [bob] ❸ *kein pl* (*Bleigeschoss*) lead shot *no pl;* **ich habe noch genug ~ im Magazin, um euch alle umzulegen!** I've still got enough lead in the magazine to finish you all off! ▶ WENDUNGEN: **jdm wie ~ in den Gliedern** [*o* **Knochen**] **liegen** to make sb's limbs feel like lead; **jdm wie ~ im Magen liegen**

(*schwer verdaulich sein*) to lie heavily on sb's stomach; (*seelisch belastend sein*) to be preying on one's mind; **Ölsardinen liegen mir immer stundenlang wie ~ im Magen** sardines in oil lie heavily on my stomach for hours; **die Sache liegt mir wie ~ im Magen** the affair is preying on my mind

Blei·be <-, -n> ['blaibə] *f* place to stay; **eine/keine ~ haben** to have somewhere/nowhere to stay; **wenn du noch keine [feste] ~ hast, kannst du gerne bei mir wohnen** if you still have nowhere [definite] to stay, you're welcome to stay [*or fam* stop] with me

blei·ben <blieb, geblieben> ['blaibn̩] *vi sein* ❶ (*verweilen*) ■**[bei jdm/an einem Ort]** ~ to stay [*or* remain] [with sb/in a place]; **wo bleibst du so lange?** what has been keeping you all this time?; **wo sie nur so lange bleibt?** wherever has she got to?; **~ Sie doch noch! sagte er** do stay! he said; **der Kranke muss im Bett ~** the patient must stay in bed; **ich bleibe heute etwas länger im Büro** I'll be a bit late back from the office today; **ich bleibe noch zwei Jahre in der Schule** I'll stay at school another two years, I've still got another two years at school; ■**an etw ~** *dat* to remain at sth; **für [o unter] sich ~ mögen [o wollen]** to wish to be alone; **wir möchten einen Moment für uns ~** we should like to be alone for a moment; **er ist ein Einzelgänger, der lieber für sich bleibt** he's a loner who likes to be by himself; **~ Sie bitte am Apparat!** hold the line, please!; **bleibt am Platz!** stay in your seats [*or* sitting down]! ❷ (*nicht ... werden*) **unbeachtet ~** to go unnoticed; **ihre Klagen blieben ungehört** her complaints were not listened to [*or* fell on deaf ears]; **mein Brief ist bis jetzt unbeantwortet geblieben** so far I have received no reply to my letter; **diese Ereignisse werden mir für immer unvergessen ~** I shall never forget those events; (*weiterhin sein*) to continue to be, to remain; **die Lage blieb weiterhin angespannt** the situation remained tense; **für die meisten Leute bleibt das Geheimarchiv weiter unzugänglich** the secret archives continue to be inaccessible to most people; **wach ~** to stay [*or* keep] awake ❸ (*andauern*) to last, to persist; **hoffentlich bleibt die Sonne noch eine Weile** I do hope the sunshine lasts for a while yet; **der Regen dürfte vorerst ~** the rain should persist for the time being ❹ (*nicht gestrichen werden*) to remain; **„bleibt"** TYPO "please retain", "stet"; **soll der Satz gestrichen werden oder ~?** should the sentence be deleted or remain? ❺ *meist Vergangenheit* (*hinkommen*) ■**irgendwo ~** to get to, to happen to; **wo ist meine Brieftasche geblieben?** where has my wallet got to?, what has happened to my wallet? ❻ (*fam: unterkommen*) ■**irgendwo ~** to stay somewhere; **wo sollen die Kinder jetzt ~** where are the children going to stay now?; **leider können wir sie nicht weiter beschäftigen, sie müssen sehen, wo sie ~** unfortunately we can't keep them on, they'll have to look out [*or* find employment] for themselves; **der neue Student hat immer noch kein Zimmer gefunden, wo er ~ kann** the new student has still not found a place to stay [*or* any accommodation] ❼ (*verharren*) ■**bei etw ~** to adhere [*or fam* keep] [*or* stick] to sth; **bleibt es bei unserer Abmachung?** does our arrangement still stand?; **ich bleibe lieber bei meiner alten Marke** I prefer to stick to [*or* stay with] my old brand; **ich bleibe bei Weißwein** I'm sticking to [*or* with] white wine ❽ (*übrig ~*) ■**jdm bleibt etw[, dass/etw zu tun]** to remain [*or* be left] for sb [to do sth]; **es bleibt wenigstens die Hoffnung, dass es besser werden könnte** at least the hope remains that things could improve; **eine Möglichkeit bleibt uns noch** we still have one possibility left; **was blieb ihm anderes, als nachzugeben?** what else could he do but give in?; **es blieb mir keine andere Wahl** I was left with no other choice ❾ (*ver~*) ■**[jdm] ~, etw zu tun** to remain [for sb] to do sth; **es bleibt abzuwarten, ob sich die Lage bessern wird** it remains to be seen if the situation will improve; **es bleibt doch zu hoffen, dass diese Maßnahmen bald greifen werden** the hope remains that these measures will soon take effect; **sicher werden die politischen Gefangenen bald freigelassen! - was sehr zu wünschen bleibt** the political prisoners are sure to be released soon - which very much remains our hope; **es bleibt natürlich Ihnen belassen, wie Sie sich entscheiden** it's up to you, of course, how you decide ❿ (*euph: umkommen*) ■**irgendwo ~** to die somewhere; **der Kapitän ist auf See geblieben** the captain died at sea; **viele Soldaten blieben im Feld/Krieg** many soldiers fell *euph* in battle/were killed in action ⓫ (*fam: unterlassen*) **etw ~ lassen** to refrain from sth; (*aufhören mit*) to stop sth; (*aufgeben*) to give up sth ▶ WENDUNGEN: **das bleibt unter uns** that's [just] between ourselves; **sieh zu, wo du bleibst!** you're on your own!

blei·bend *adj* lasting, permanent

blei·ben|las·sen[ALT] *vt irreg* (*fam*) *s.* **bleiben 11**

bleich [blaiç] *adj* ❶ (*blass*) pale; ■**~ [vor etw *dat*] werden** to go [*or* turn] pale [with sth]; **er wurde ~ vor Entsetzen/Schreck** he paled [*or* went pale] [*or* turned pale] with terror/fright ❷ (*geh: fahl*) pale; **das ~e Licht des Mondes** the pale light of the moon ❸ (*geh: schier*) sheer; **das ~e Grauen/Entsetzen** sheer horror/terror

blei·chen <bleichte *o veraltet* blich, gebleicht> ['blaiçn̩] **I.** *vt haben* (*aufhellen*) ■**etw ~** to bleach sth **II.** *vi sein* (*verblassen*) to become faded

Bleich·ge·sicht *nt* ❶ (*fam*) pale face; **du bist mir aber ein ~! warum musst du auch immer in der Stube hocken?** you've really got a pale [*or* pasty] face, why must you always hang around indoors? ❷ (*Weiße(r)*) paleface **bleich·ge·sich·tig** *adj* (*fam*) pale-[*or* pasty-]faced **Bleich·mit·tel** *nt* bleach *no pl*, bleaching agent **Bleich·schna·bel** *m* SÜDD, SCHWEIZ pale face **Bleich·sel·le·rie** *m* celery

blei·ern ['blaiɐn] **I.** *adj* ❶ *attr* (*aus Blei*) lead ❷ (*grau wie Blei*) leaden ❸ (*schwer lastend*) heavy; **eine ~e Müdigkeit** an overwhelming tiredness **II.** *adv* heavily; **Müdigkeit legte sich ~ auf ihre Lider** her eyelids were heavy [*or* like lead]

Blei·erz *nt* lead ore **blei·frei** **I.** *adj* (*ohne Blei*) lead-free; **~es Benzin** unleaded [*or* lead-free] petrol [*or* AM gas[oline]] **II.** *adv* lead-free; **ich fahre schon lange ~** I've been using lead-free petrol for a long time now **Blei·fuß** *m* ▶ WENDUNGEN: **mit ~ fahren** (*fam*) to drive with one's foot to the floor [*or* AM *a.* with the pedal to the metal] **Blei·gie·ßen** <-s> *nt kein pl old New Year's Eve custom of fortune-telling by pouring molten lead into cold water and reading the shapes created* **blei·hal·tig** *adj* containing lead; **~es Erz** lead-bearing [*or spec* plumbiferous] ore; ■**[zu] ~ sein** containing [too much] lead **Blei·kris·tall** *nt* lead crystal *no pl, no indef art* **Blei·ku·gel** *f* lead bullet **Blei·satz** *m* TYPO hot-metal composition [*or* [type]setting] *no pl, no indef art,* hot type *no pl, no indef art* **blei·schwer** ['blai'ʃveːɐ̯] *adj s.* **bleiern 3**

Blei·stift *m* pencil

Blei·stift·ab·satz *m* stiletto heel **Blei·stift·spit·zer** *m* pencil sharpener

Blei·ver·gif·tung *f* lead poisoning *no pl, no indef art* **blei·ver·glast** *adj* leaded **Blei·ver·gla·sung** *f* lead glazing *no pl, no indef art*

Blen·de <-, -n> ['blɛndə] *f* ❶ FILM, FOTO (*Öffnung*) aperture; (*Vorrichtung*) diaphragm; (*Einstellungsposition*) f-stop, aperture ❷ (*Lichtschutz*) blind, screen; **um in der Sonne besser sehen zu können, hielt sie sich die Hand als ~ über die Augen** in order to see more clearly she screened her eyes from the sun with her hand; *s. a.* **Sonnenblende** ❸ ARCHIT blind window/arch etc. ❹ MODE trim

blen·den ['blɛndn̩] **I.** *vt* ❶ (*vorübergehend blind machen*) ■**jdn ~** to dazzle sb; **den Gegenverkehr ~** to dazzle oncoming traffic ❷ (*betören*) ■**jdn [mit etw *dat*] ~** to dazzle sb [with sth]; **von ihrer Schönheit war er wie geblendet** he was dazzled by her beauty ❸ (*hinters Licht führen*) ■**jdn**

B

[**durch etw** *akk*] ~ to deceive [*or sep* take in] sb [with sth] ❹ (*liter o veraltet: blind machen*) ■**jdn** ~ to blind sb **II.** *vi* ❶ (*zu grell sein*) to be dazzling [*or* too bright]; **mach die Vorhänge zu, es blendet!** close the curtains, the light's dazzling!; ~**d weiß** dazzling white ❷ (*hinters Licht führen*) to deceive [*or sep fam* take in] people **III.** *vi impers* to produce a lot of glare; **wenn das Licht direkt auf den Bildschirm fällt, blendet das** there's a lot of glare when the light falls directly onto the screen

Blen·den·au·to·ma·tik *f* FOTO automatic aperture control

blen·dend I. *adj* brilliant; ~**er Laune sein** to be in a sparkling mood **II.** *adv* wonderfully; **sich** ~ **amüsieren** to have great [*or* wonderful] fun

blen·dend·weißALT *adj attr s.* **blenden II.1**

Blen·der(in) <-s, -> *m(f)* fraud, beguiler

blend·frei *adj* ❶ (*entspiegelt*) non-reflective ❷ (*nicht blendend*) non-dazzle **Blend·schutz** *m* anti-dazzle device **Blend·schutz·zaun** *m* anti-dazzle barrier

Blen·dung <-, -en> *f* ❶ (*das Geblendetwerden*) dazzling *no pl* ❷ (*liter o veraltet*) blinding

Blend·werk *nt kein pl* (*liter*) deception; **ein** ~ **des Teufels** the devil's trickery, a trap set by the devil

Bles·se <-, -n> ['blɛsə] *f* (*weißer Fleck*) blaze

Bles·sur <-, -en> [blɛ'su:ɐ̯] *f* (*geh*) wound; **aus etw** *dat* **mit einer leichten** ~ **kommen** (*fig*) to come out of sth more or less unscathed *fam*

bleu [blø:] *adj inv* MODE light-blue

blich [blɪç] (*veraltet*) *pret von* **bleichen**

Blick <-[e]s, -e> [blɪk] *m* ❶ (*das Blicken*) look; **er warf einen [kurzen]** ~ **aus dem Fenster** he glanced out of the window; **auf den ersten** ~ at first sight; **es war Liebe auf den ersten** ~ it was love at first sight; **auf den zweiten** ~ on closer inspection; **jds** ~ **ausweichen** to avoid sb's gaze [*or* eye]; **jdn mit den** [*o* **seinen**] ~**en durchbohren** to look piercingly at sb; **jds** ~ **erwidern** to return sb's gaze; **den** ~ **auf jdn/etw heften** (*geh*) to fix one's eyes on sb/sth; **jdn mit den** ~**en messen** (*geh*) to look sb up and down, to size sb up; **jdm einen/keinen** ~ **schenken** (*geh*) to look at sb/not to give sb a second glance; **jdn mit einem** ~ **streifen** to glance fleetingly at sb; **einen** ~ **auf jdn/etw tun** [*o* **werfen**] to glance [briefly] at sb/sth; **jdn/etw mit den** [*o* **seinen**] ~**en verschlingen** to devour sb/sth with one's eyes; ~**e miteinander wechseln** [*o* **tauschen**] to exchange glances; **jdn keines** ~**es würdigen** (*geh*) to not deign to look at sb; **alle** ~**e auf sich ziehen** *akk* to attract attention; **auf einen/mit einem** ~ at a glance ❷ (~*richtung*) eyes *pl*, gaze *no pl*; **ihr** ~ **fiel auf die Kirche** the church caught her eye; **den** ~ **heben** to look up, to raise one's eyes; **den** ~ **senken** to look down, to lower one's eyes ❸ (*Augenausdruck*) expression, look in one's eye; **in ihrem** ~ **lag Ausweglosigkeit** there was a look of hopelessness in her eyes; **er warf einen prüfenden** ~ **auf die Antiquität** he cast a critical eye over the antique; **er musterte sie mit finsterem** ~ he looked at her darkly ❹ (*Aus~*) view; **ein Zimmer mit** ~ **auf den Strand** a room overlooking [*or* with a view of] the beach; **sich** *dat* **jds** ~**en entziehen** (*geh*) to disappear from sb's line of sight; **den** ~**en entschwinden** to disappear from sight [*or* view] ❺ (*Urteilskraft*) eye; **einen klaren** ~ **für etw** *akk* **haben** to see things clearly; **einen [guten]** ~ **für etw** *akk* **haben** to have an eye [*or* a good eye] for sth; **keinen** ~ **für etw haben** to have no eye for sth, to be a bad judge of sth; **seinen** ~ **für etw** *akk* **schärfen** to sharpen [*or* heighten] one's awareness of sth ▸ WENDUNGEN: **einen** ~ **hinter die Kulissen tun** [*o* **werfen**] to take a look behind the scenes; **den bösen** ~ **haben** to have the evil eye; **wenn** ~**e töten könnten!** (*fam*) if looks could kill!; **etw aus dem** ~ **verlieren** to lose sight of sth; **etw im** ~ **haben** to have an eye on sth; **er hatte den Aufstieg fest im** ~ he had an eye firmly on promotion; **wir müssen den Termin immer im** ~ **behalten** we must always bear in mind [*or* keep an eye on] the deadline; **mit** ~ **auf** with regard to *form*

bli·cken ['blɪkn̩] **I.** *vi* ❶ (*schauen*) ■**[auf jdn/etw]** ~ to look [*or* have a look] [at sb/sth]; ■**irgendwohin** ~ to look somewhere; **er blickte kurz aus dem Fenster** he glanced [briefly] out of the window ❷ (*geh: aussehen*) to look; **was blickst du so böse?** why are you looking so angry? ❸ (*hervorsehen*) ■**aus etw** *dat* ~ to peep out of sth; *s. a.* **hervorblicken** ❹ (*sich zeigen*) **sich** ~ **lassen** to put in an appearance; **lass dich doch mal wieder [bei uns]** ~ why don't you come round [and see us] again sometime?; **sie hat sich hier nicht wieder** ~ **lassen** she hasn't shown up here again; **sich [bei jdm] nicht [mehr]** ~ **lassen** to not be seen [any more] [at sb's house]; **sie lässt sich schon längere Zeit nicht mehr bei uns** ~ she hasn't been round to see us for ages; **lass dich hier ja nicht mehr** ~**!** don't you show your face around here again!; *s. a.* **tief II. II.** *vt* (*sl*) ■**etw** ~ (*verstehen*) to understand sth; **gib's auf, er blickt das sowieso nicht!** give up, he doesn't get it anyway! *fam*

Blick·fang *m* eye-catcher **Blick·feld** *nt* field of view [*or* vision]; **in jds** [*o* **jdm ins**] ~ **geraten** [*o* **kommen**] to come into sb's field of view; **ins** ~ **[der Öffentlichkeit] rücken** to become the focus of [public] attention; **aus dem** [*o* **jds**] ~ **verschwinden** to disappear from view **Blick·kon·takt** *m* visual contact; **[mit jdm]** ~ **haben/aufnehmen** to have/make eye contact [with sb] **Blick·punkt** *m* ❶ (*Standpunkt*) point of view; **vom ...** ~ **aus [betrachtet** [*o* **gesehen**]] from ... point of view; **vom juristischen** ~ **aus [betrachtet]** from the legal point of view ❷ (*Fokus*) **im** ~ **[der Öffentlichkeit] stehen** to be the focus of [public] attention **Blick·rich·tung** *f* direction of sight; **du musst weiter nach links schauen, das ist nicht die richtige** ~**!** you must look more to the left, that's not the right direction!; **in jds** ~ in sb's line of sight; **die große Eiche steht genau in unserer** ~ the great oak is exactly in our line of sight; **in** ~ **[nach] Westen** facing [*or* looking] west **Blick·win·kel** *m* ❶ (*Perspektive*) angle of vision, perspective ❷ (*Gesichtspunkt*) point of view

blind [blɪnt] **I.** *adj* ❶ (*ohne Sehvermögen*) blind; ■~ **sein/werden** to be/go blind; **sie ist auf einem Auge** ~ she's blind in one eye; ■**von etw/vor etw** *dat* ~ **sein** to be blinded by sth; ~ **geboren** blind from birth; *s. a.* **Fleck** ❷ (*unkritisch*) blind; ■**für** [*o* **in Bezug auf**] **etw** *akk* ~ **sein** to be blind to sth; **was ihn selbst betrifft, scheint er irgendwie** ~ **zu sein** he seems to be blind somehow to factors which affect him ❸ (*wahllos*) blind; **das** ~**e Schicksal** (*geh*) blind fate; **der** ~**e Zufall** pure [*or* sheer] chance ❹ (*verblendet*) blind; ■~ **vor Eifersucht/Hass/Wut [sein]** *dat* [to be] blinded by jealousy/hatred/rage ❺ (*trübe*) ~**es Glas** clouded glass; ~**es Metall** dull [*or* tarnished] metal; **der antike Spiegel war teilweise etwas** ~ the antique mirror had a few black spots; *s. a.* **Fleck** ❻ (*verdeckt*) concealed; ~**e Naht** invisible seam; ~**er Passagier** stowaway ❼ (*vorgetäuscht*) false; ~**er Bogen/**~**es Fenster** blind arch/window; *s. a.* **Alarm** ▸ WENDUNGEN: **bist du [so]** ~**?** (*fam*) are you blind?; **Mann, bist du** ~**!** (*sl*) God, you're thick! *sl*; **jdn** ~ **[für etw] machen** to blind sb [to sth] **II.** *adv* ❶ (*wahllos*) blindly; **er griff** ~ **ein Buch aus dem Regal heraus** he took a book at random from the shelf ❷ (*unkritisch*) blindly ❸ (*ohne Ausgang/Tür*) ~ **enden** [*o* **sein**] to be a dead end; **viele Gänge in der Pyramide enden** ~ many passages in the pyramid are dead ends ❹ (*verdeckt*) **der Mantel wird** ~ **geknöpft** the coat has concealed buttons; **etw** ~ **backen** KOCHK to bake sth blind

blind|ba·ckenALT *vt s.* **blind II.4** **Blind·band** <-bände> *m* dummy **Blind·be·wer·bung** *f* speculative application

Blind·darm *m* appendix, caecum *spec* BRIT, cecum AM; (*Patient*) case of appendicitis

Blind·darm·ent·zün·dung *f* MED appendicitis **Blind·darm·fort·satz** *m* ANAT appendix **Blind·darm·ope·ra·ti·on** *f* MED appendix operation, appendectomy *spec*

Blind Date [blaɪnd'deɪt] *nt* blind date

Blịn·de(r) *f(m) dekl wie adj* blind woman *fem,* blind man *masc,* blind person; ■**die ~n** the blind ►WENDUNGEN: **unter den ~n ist der Einäugige König** (*prov*) in the country of the blind the one-eyed man is king *prov;* **das sieht doch ein ~r [mit dem Krückstock** *veraltend*] (*fam*) anyone [*or* any fool] can see that!

Blin·de·kuh ['blɪndəkuː] *f kein art* blind man's buff *no art;* **~ spielen** to play blind man's buff

Blịn·den·hund *m* guide dog **Blịn·den·schrift** *f* Braille *no art*

blịnd|flie·gen *vi irreg sein* to fly blind [*or* on instruments]; **Blịnd·flug** *m* ❶ LUFT blind flight; **der Pilot musste im ~ manövrieren** the pilot had to fly on instruments ❷ (*fig*) process of trial and error **Blịnd·gän·ger** <-s, -> *m* MIL dud; **ein ~ aus dem zweiten Weltkrieg** an unexploded bomb from the Second World War **Blịnd·gän·ger(in)** <-s, -> *m(f)* (*sl*) dead loss *fam* **blịnd·gläu·big** I. *adj* credulous; **die ~en Sektenmitglieder begingen Selbstmord** driven by blind faith the members of the sect committed suicide; **du glaubst einfach alles – bist du wirklich so ~?** you simply believe everything – are you really so credulous? II. *adv* blindly; **~ führten sie seine Befehle aus** they blindly carried out his orders

Blịnd·heit <-> *f kein pl* blindness *no pl* ►WENDUNGEN: **jdn mit ~ schlagen** (*liter*) to denude sb of common sense, to strike sb blind; **[wie] mit ~ geschlagen sein** to seem to have lost all judgement, to be [as if] struck blind

blịnd|lan·den *vi sein* to land blind

Blịnd·lan·dung *f* LUFT blind [*or* instrument] landing

blind·lings ['blɪntlɪŋs] *adv* blindly

Blind·schlei·che <-, -n> ['blɪntʃlaiçə] *f* slowworm, blindworm **Blịnd·wüh·le** <-, -n> *f* ZOOL mole rat

blịnd·wü·tig I. *adj* raging, in a blind fury *pred;* **ein ~er Angriff** a frenzied attack II. *adv* in a blind fury

blin·ken ['blɪŋkn̩] I. *vi* ❶ (*funkeln*) to gleam, to sparkle ❷ (*Blinkzeichen geben*) ■**[mit etw** *dat*] ~ to flash [sth]; **mit der Lichthupe ~** to flash one's [head]lights; (*zum Abbiegen*) to indicate II. *vt* ■**etw ~** to flash sth; **das Schiff blinkte SOS** the ship was flashing an SOS [signal] [*or* was signalling SOS]

Blin·ker <-s, -> ['blɪŋkɐ] *m* ❶ AUTO indicator, BRIT *fam a.* winker ❷ (*blinkender Metallköder*) spoon[bait]

Blịn·ker·he·bel *m* AUTO indicator switch

Blịnk·feu·er *nt* NAUT flashing light **Blịnk·licht** *nt* ❶ TRANSP flashing light ❷ (*fam*) *s.* **Blinker 1** **Blịnk·zei·chen** *nt* flashing signal; **~ geben** to flash a signal; **der Fahrer gab mir ~ [mit der Lichthupe]** the driver flashed [his headlights at] me

blin·zeln ['blɪntsl̩n] *vi* ❶ (*unfreiwillig zusammenkneifen*) to blink; (*geblendet*) to squint ❷ (*zwinkern*) to wink; *s. a.* **anblinzeln, zublinzeln**

Blitz <-es, -e> [blɪts] *m* ❶ (*Blitzstrahl*) flash of lightning, lightning *no pl, no indef art;* (*Blitzeinschlag*) lightning strike; **vom ~ getroffen/erschlagen werden** to be struck/killed by lightning; **der ~ schlägt in etw** *akk* **[ein]** lightning strikes sth ❷ (*das Aufblitzen*) flash ❸ FOTO flash ❹ *pl* (*liter: grelle Blicke*) glaring looks; **ihre Augen schossen [wütende] ~e gegen ihn** her eyes flashed [furiously] at him, she looked daggers at him ►WENDUNGEN: **wie ein ~ aus heiterem Himmel** like a bolt from the blue; **wie ein geölter ~** (*fam*) like greased lightning; **wie vom ~ getroffen [o gerührt]** thunderstruck; **wie ein ~ einschlagen** to come as a bombshell; **wie der ~** (*fam*) like [*or* as quick as] lightning

Blịtz·ab·lei·ter <-, -> *m* lightning conductor ►WENDUNGEN: **als ~** as a scapegoat **Blitz·ak·ti·on** *f* lightning operation [*or* raid] **blịtz·ar·tig** I. *adj* (*sehr schnell*) lightning *attr;* **die Schlange machte eine ~e Bewegung** the snake moved like lightning II. *adv* (*sehr schnell*) like lightning; **er ist ~ verschwunden** he disappeared as quick as [*or* in] a flash

blitz·blank ['blɪts'blaŋk], **blit·ze·blank** ['blɪtsə'blaŋk] *adj* (*fam*) as clean as a whistle *pred fam,* spick and span *pred fam*

blit·zen ['blɪtsn̩] I. *vi impers* **es blitzte** there was [a flash of] lightning; **ich habe kaum ein Gewitter erlebt, bei dem es so oft geblitzt hat** I've scarcely experienced a storm with so much lightning II. *vi* ❶ (*strahlen*) to sparkle; *s. a.* **Sauberkeit** ❷ (*funkeln*) ■**[vor etw** *dat*] ~ to flash [with sth]; **ihre Augen blitzten vor Zorn** her eyes flashed with anger ❸ FOTO (*fam*) to use [a] flash III. *vt* ❶ FOTO (*fam*) ■**jdn/etw ~** to take a flash photo of sb/sth ❷ (*fam: in Radarfalle*) ■**geblitzt werden** to be photographed [*or fam* zapped]

Blịt·zes·schnel·le ['blɪtsəs'ʃnɛlə] *f* lightning speed *no pl, no indef art;* **in/mit ~** with lightning speed

Blịtz·ge·rät *nt* FOTO flash unit

blịtz·ge·scheit *adj* (*fam*) brilliant

Blịtz·ha·cker *m* vegetable chopper **Blịtz·kar·ri·e·re** *f* rapid rise; **eine ~ machen** to enjoy a rapid rise, to be a highflier **Blịtz·krieg** *m* MIL blitzkrieg

Blịtz·licht *nt* FOTO flash[light]

Blịtz·licht·bir·ne *f* FOTO flashbulb **Blịtz·licht·ge·wit·ter** *nt* (*fam*) frenzy of flashing cameras **Blịtz·licht·wür·fel** *m* flashcube

blitz·sau·ber ['blɪts'zaubɐ] *adj* (*fam*) sparkling clean ►WENDUNGEN: **ein ~es Mädel** SÜDD a great girl [*or* BRIT DIAL splendid lass]

Blịtz·schlag *m* lightning strike; **ein ~ traf den Baum** the tree was struck by lightning; **vom ~ getroffen werden** to be struck by lightning **blitz·schnell** ['blɪts'ʃnɛl] *adj s.* **blitzartig** **Blịtz·strahl** *m* (*geh*) flash of lightning **Blịtz·um·fra·ge** *f* quick [*or* lightning] poll **Blịtz·wür·fel** *m* FOTO flashcube

Bliz·zard <-s, -s> ['blɪzɐt] *m* blizzard

Block[1] <-[e]s, Blöcke> [blɔk, *pl* blœkə] *m* ❶ (*Form*) block; ■**ein ~ aus/von etw** a block of sth ❷ (*Richt~*) [executioner's] block

Block[2] <-[e]s, Blöcke *o* -s> [blɔk, *pl* blœkə] *m* ❶ (*Häuser~*) block; (*großes Mietshaus*) block [of flats] BRIT, apartment building AM ❷ (*Papierstapel*) book; **ein ~ Briefpapier** a pad of writing paper ❸ (*Briefmarken~*) block ❹ POL (*politischer Bund*) bloc; (*Fraktion*) faction

Blo·cka·de <-, -n> [blɔ'kaːdə] *f* ❶ (*Wirtschafts~*) blockade; **die ~ brechen** to break [*or* run] the blockade; **über etw** *akk* **eine ~ verhängen** to impose a blockade on sth ❷ MED block ❸ (*Denkhemmung*) mental block

Blọck·bil·dung *f* POL formation of blocs [*or* factions] **Blọck·buch·sta·be** *m* block [*or* capital] letter **Blọck·bus·ter** [-bʌstə] *m* ÖKON (*fam*) blockbuster

blo·cken ['blɔkn̩] I. *vt* ■**etw ~** ❶ SPORT to block sth ❷ (*verhindern*) to block [*or* stall] sth ❸ SÜDD (*bohnern*) to polish sth II. *vt* ❶ SPORT to block ❷ SÜDD (*bohnern*) to polish ❸ JAGD to perch, to block; *s. a.* **abblocken**

Blọck·flö·te *f* MUS recorder

blọck·frei *adj* POL non-aligned **Blọck·frei·heit** *f* POL non-alignment **Blọck·haus** *nt* log cabin **Blọck·heiz·kraft·werk** *nt* block-type thermal power station [*or esp* AM plant]

blo·ckie·ren* [blɔ'kiːrən] I. *vt* ❶ (*unterbrechen*) ■**etw ~** to block sth; **die Stromzufuhr ~** to interrupt the electricity supply; **den Verkehr ~** to stop the traffic ❷ AUTO ■**etw ~** to lock sth; **eine Gewaltbremsung kann die Räder ~** sudden braking can lock the wheels ❸ (*absperren*) ■**etw ~** to block [*or* jam] sth; (*mit Blockade*) to blockade sth ❹ POL ■**etw ~** to block sth II. *vi* AUTO to lock, to seize up, to jam; **durch plötzlichen Ölverlust blockierte das Getriebe** the gears locked as a result of a sudden loss of oil

Blọck·par·tei *f* HIST factional party **Blọck·satz** *m* TYPO justification **Blọck·scho·ko·la·de** *f kein pl* cooking chocolate *no pl* **Blọck·schrift** *f* block capitals [*or* letters] *pl* **Blọck·stel·le** *f* BAHN block signal box **Blọck·stun·de** *f* SCH double period **Blọck·un·ter·richt** *m* SCH teaching by subject area *no pl, no indef art,* theme-work teaching *no pl, no indef art* **Blọck·wart** <-[e]s, -e> *m* HIST block [*or* local group] leader (*during the rule* *of the Nazis*)

blöd [blø:t], **blö·de** ['blø:də] **I.** *adj* (*fam*) ❶ (*veraltend: dumm*) silly, stupid; (*schwachsinnig*) feeble-minded ❷ (*unangenehm*) disagreeable; **eine ~e Situation** an awkward situation; **so ein ~es Wetter!** what terrible weather!; **ein ~es Gefühl** a funny feeling; **zu ~!** how annoying!; (*ekelhaft*) nasty; **das ist ja vielleicht ein ~er Kerl!** he really is a nasty piece of work! **II.** *adv* (*fam*) idiotically, stupidly; **was stehst du hier noch so ~ rum?** why are you still standing around here like an idiot?; **der guckt so ~!** he's got such a stupid look on his face!; **frag doch nicht so ~!** don't ask such stupid questions!; **er hat sich wirklich ~ angestellt** he made such a stupid fuss; **glotz doch nicht so ~!** don't gawp at me like an idiot!; **der hat vielleicht wieder ~ herumgelabert** he's really been acting the fool again; **sich ~ anstellen** to be [*or* act] stupid

Blö·de·lei <-, -en> *f* (*fam*) ❶ (*das Blödeln*) fooling, messing about [*or* around] *no pl, no indef art;* **lass endlich diese ~!** will you stop messing about! ❷ (*Albernheit*) silly prank

blö·deln ['blø:dl̩n] *vi* (*fam*) ■[**mit jdm**] ~ to tell [sb] silly jokes; *s. a.* **herumblödeln**

blö·der·wei·se *adv* (*fam*) stupidly

Blöd·heit <-, -en> *f* ❶ (*Dummheit*) stupidity *no pl* ❷ (*blödes Verhalten*) foolishness *no pl,* silliness *no pl* ❸ (*alberne Bemerkung*) stupid remark

Blö·di·an <-[e]s, -e> ['blø:di̯a:n] *m,* **Blöd·mann** *m* (*fam*) fool, idiot

Blöd·sinn *m kein pl* (*pej fam*) ❶ (*Quatsch*) nonsense *no pl, no indef art,* rubbish *no pl, no indef art;* **wer hat sich denn diesen ~ ausgedacht?** what fool came up with this idea?; **machen Sie keinen ~!** don't mess about! ❷ (*Unfug*) silly tricks *pl*

blöd·sin·nig ['blø:tzɪnɪç] *adj* (*pej fam*) idiotic, stupid; **was für eine dumme Idee, so etwas B~es!** what a silly idea, how stupid!

Blog [blɔg] *nt o m* INET kurz für **Weblog** blog

Blogger(in) <-s, -> ['blɔgɐ] *m(f)* INET blogger

blö·ken ['blø:kn̩] *vi* to bleat

blond [blɔnt] *adj* ❶ *Haar* blond[e]; (*hellgelb*) fair-haired; **sind die Haare von Natur aus so ~?** are you naturally so fair-haired?; **~ gefärbt** dyed blond [*or* blonde]; **sie hat ~ gefärbte Haare** she has dyed blonde hair, her hair is dyed blonde; **~ gelockt** blond[e] curly *attr;* **~ gelockte Person** person with blond[e] curly hair; ■**~ gelockt sein** to have curly fair hair ❷ (*fam*) light-coloured [*or* AM -ored]; **mir würde ein schönes, ~es Bier jetzt gut schmecken!** a nice lager would go down well now; **~er Tabak** blond tobacco

Blond <-s> [blɔnt] *nt kein pl* blond, blonde

Blon·de(r) *f(m) dekl wie adj* blonde, blond-haired man

blond·ge·färbt *adj attr s.* **blond 1** **blond·ge·lockt** *adj attr s.* **blond 1**

blon·die·ren* [blɔn'di:rən] *vt* ❶ (*blond färben*) ■**etw ~** to bleach sth; **manche Frauen ~ ihre Haare/das Haar** some women dye their hair blonde ❷ KOCHK to sauté lightly

Blon·di·ne <-, -n> [blɔn'di:nə] *f* blonde

bloß [blo:s] **I.** *adj* ❶ (*unbedeckt*) bare; ■**mit ~em/~er etc. ...** with bare ...; **mit ~en Füßen gehen** to walk barefoot; **mit ~em Oberkörper** stripped to the waist; **mit ~em Schwert** with sword drawn ❷ *attr* (*alleinig*) mere; **der ~e Neid** sheer envy; **die ~e Dummheit** sheer stupidity; (*allein schon*) very; **schon der ~e Gedanke machte ihn rasend** the very thought made him furious **II.** *adv* (*nur*) only; **was er ~ hat?** whatever is the matter with him?; **nicht ~ ..., sondern auch ...** not only ..., but also ...; **er ist nicht ~ wohlhabend, sondern sieht auch noch gut aus** he's not only affluent, but he's good looking as well **III.** *part* (*verstärkend*) **lass mich ~ in Ruhe!** just leave me in peace!; **hör ~ auf mit diesem Gelaber!** just stop prattling on, will you!

Blö·ße <-, -n> ['blø:sə] *f* ❶ (*geh*) bareness *no pl;* (*Nacktheit*) nakedness *no pl;* **in voller ~** completely naked ❷ SPORT opening; **er nutzte jede ~ seines Gegners aus** he made use of every opening his opponent presented; **sich** *dat* **eine/keine ~ geben** (*aus/nicht aus seiner Deckung herauskommen*) to drop/not drop one's guard; (*einen/keinen Schwachpunkt zeigen*) to show a/not show any weakness ►WENDUNGEN: **jdm eine ~ bieten** to reveal a weakness to sb; **sich** *dat* **eine/keine ~ geben** to show a/not show any weakness

bloß|le·gen *vt* ■**etw ~** ❶ (*ausgraben*) to uncover sth ❷ (*enthüllen*) to bring sth to light, to reveal sth **bloß|lie·gen** *vi irreg sein* to be exposed [*or* uncovered] **bloß|stel·len** *vt* ❶ (*verraten*) ■**jdn ~** to expose [*or* unmask] sb ❷ (*blamieren*) ■**jdn ~** to show up sb *sep;* ■**sich ~** to make a fool of oneself, to show oneself up **bloß|stram·peln** *vr* ■**sich ~** to kick off the covers *sep*

Blou·son <-[s], -s> [blu'zõ:] *m o nt* bomber jacket

blub·bern ['blʊbɐn] *vi* (*fam*) to bubble

Blü·cher ['blʏçɐ] *m* ►WENDUNGEN: **wie ~ rangehen** (*fam*) to get stuck in *fam*

Blue Jeans[RR], **Blue·jeans** <-, -> ['blu:dʒi:ns] *pl* [blue] jeans

Blues <-, -> [blu:s] *m* MUS blues + *sing vb*

Bluff <-[e]s, -s> [blʊf, blaf, blœf] *m* (*veraltet*) bluff

bluf·fen ['blʊfn̩, 'blafn̩, 'blœfn̩] **I.** *vi* (*täuschen*) to bluff **II.** *vt* (*jdn täuschen*) ■**jdn ~** to bluff sb

blü·hen ['bly:ən] **I.** *vi* ❶ (*Blüten haben*) to bloom, to flower; **zum B~ kommen** (*zu blühen beginnen*) to [come into] blossom ❷ (*florieren*) ■**~** [**und gedeihen**] to flourish, to thrive ❸ (*fam*) ■**jdm ~** to be in store for sb; **dann blüht dir aber was!** then you'll be for it! *fam;* **das kann mir irgendwann auch noch ~** that may happen to me as well sometime **II.** *vi impers* ■**es blüht** there are flowers; **im Süden blüht es jetzt schon überall** everything is in blossom in the south

blü·hend *adj* ❶ (*in Blüte sein*) blossoming ❷ (*strahlend*) glowing, radiant; **sie sieht wirklich ~ aus** she looks really radiant ❸ (*prosperierend*) flourishing, thriving ❹ (*fam*) excessive; **eine ~e Fantasie haben** to have a fertile [*or* vivid] imagination; **~er Unsinn sein** to be utter nonsense

Blü·het <-s> ['bly:ət] *m kein pl* SCHWEIZ (*Blütezeit*) blossoming *no pl*

Blüm·chen <-s, -> ['bly:mçən] *nt dim von* **Blume** little flower

Blüm·chen·sex *m* (*fam*) vanilla sex

Blu·me <-, -n> ['blu:mə] *f* ❶ (*blühende Pflanze*) flower; (*Topf~*) pot plant ❷ (*Duftnote*) bouquet ❸ (*Bierschaumkrone*) head ❹ KOCHK top rump ►WENDUNGEN: **die blaue ~** LIT the Blue Flower (*symbol of longing in poetry*)*;* **jdm etw durch die ~ sagen** to say sth in a roundabout way to sb; **jdm etw durch die ~ zu verstehen geben** to drop a veiled hint to sb about sth; **danke** [*o* **vielen Dank**] **für die ~n** (*iron*) thank you very much, I'm sure! *iron,* thanks for nothing! *iron*

Blu·men·bank <-bänke> *f* flower stand **Blu·men·beet** *nt* flowerbed **Blu·men·draht** *nt* florist's wire **Blu·men·er·de** *f* HORT potting compost **Blu·men·frau** *f* flower-woman **blu·men·ge·schmückt** *adj* adorned with flowers *pred* **Blu·men·kas·ten** *m* flower-box, window box **Blu·men·kohl** *m kein pl* cauliflower **Blu·men·kres·se** *f* BOT, KOCHK nasturtium **Blu·men·la·den** *m* flower shop, florist's **Blu·men·mäd·chen** *nt* flower-girl **Blu·men·mann** *m* [male] flower-seller **Blu·men·meer** *nt* sea of flowers **Blu·men·mus·ter** *nt* floral pattern [*or* design] **Blu·men·spra·che** *f* language of flowers **Blu·men·stock** *m* [flowering] pot plant **Blu·men·strauß** <-sträuße> *m* bouquet [*or* bunch] of flowers **Blu·men·topf** *m* ❶ (*Topf*) flowerpot ❷ (*Pflanze*) [flowering] pot plant ►WENDUNGEN: **mit etw keinen ~ gewinnen können** (*fam*) nothing to shout [*or* *fam* write home] about; **mit dem Aufsatz kannst du keinen ~ gewinnen** your essay's nothing to shout about **Blu·men·va·se** *f* flower vase **Blu·men·zwie·bel** *f* HORT bulb

blu·mig *adj* flowery; **~er Stil** ornate [*or* flowery] style; **~er Wein** wine with a flowery bouquet

Blu·se <-, -n> ['blu:zə] *f* blouse ▸ WENDUNGEN: **pralle ~** (*sl*) big boobs [*or* tits] *sl;* **jdm in die ~ fassen** (*sl*) to grope sb's boobs [*or* tits] *sl;* **was in der ~ haben** (*sl*) to have big boobs [*or* tits] *sl*

Blust <-[e]s> [blu:st] *m o nt kein pl* SCHWEIZ (*Blüte*) blossom; (*Blütezeit*) blossoming *no pl*

Blut <-[e]s> [blu:t] *nt kein pl* ❶ (*Körperflüssigkeit*) blood *no pl, no indef art;* **~ bildend** haem[at]opoietic BRIT, hem[at]opoietic AM; **~ reinigend** blood-cleansing, depurative; **~ stillend** MED styptic, haemostatic BRIT, hemostatic AM; **bei Nasenbluten wirkt ein Eisbeutel ~ stillend** an ice pack has a styptic effect on nosebleeds; **jdm ~ abnehmen** to take a blood sample from sb; **in ~ schwimmen** to be swimming in blood; **es wurde viel ~ vergossen** there was a lot of bloodshed, much blood was shed *liter;* **es fließt ~** blood is being spilled ❷ (*Geblüt*) blood; (*Erbe a.*) inheritance ▸ WENDUNGEN: **jdm gefror** [*o* **stockte**] [*o* **gerann**] [*o* **erstarrte**] **das ~ in den Adern** sb's blood froze [in their veins] [*or* ran cold]; **jdm steigt** [*o* **schießt**] **das ~ in den Kopf** the blood rushes to sb's head; **weil sie sich so schämte, schoss ihr das Blut in den Kopf/ins Gesicht** her cheeks flushed with shame; **~ und Wasser schwitzen** (*fam*) to sweat blood [and tears] *fam;* **blaues ~ haben** to have blue blood; **böses ~ machen** [*o* **schaffen**] [*o* **geben**] to cause [*or* create] bad blood [*or* ill-feeling]; **frisches ~** new [*or* fresh] blood; **die Firma braucht frisches ~** the company needs new [*or* fresh] blood; **heißes** [*o* **feuriges**] **~ haben** to be hot-blooded; **kaltes ~ bewahren** to remain calm; [**nur**] **ruhig ~!** [just] calm down!, keep cool! *fam;* [**einem**] **ins ~ gehen** to get into one's blood [*or* one going]; **~ geleckt haben** to have developed a liking [*or* got a taste] for sth; **jdm im ~ liegen** to be in sb's blood; **das Singen liegt ihm im ~** singing is in his blood; **etw im ~ haben** to have sth in one's blood; **bis aufs ~** in the extreme; **er hasste ihn bis aufs ~** he absolutely loathed him; **diese Ketzerei wurde von der Kirche bis aufs ~ bekämpft** the church fought this heresy tooth and nail; **sie peinigte ihn bis aufs ~** she tormented him mercilessly; *s. a.* **Hand**

Blut·ader *f* ANAT vein **Blut·al·ko·hol** *m,* **Blut·al·ko·hol·ge·halt** *m* blood alcohol level **Blut·an·drang** *m* MED congestion **blut·arm** ['blu:t?arm] *adj* MED anaemic BRIT, anemic AM **Blut·ar·mut** *f* MED anaemia BRIT, anemia AM **Blut·bad** *nt* bloodbath; [**unter ihnen**] **ein ~ anrichten** to create carnage [amongst them] **Blut·bahn** *f* bloodstream **Blut·bank** <-banken> *f* blood bank **blut·be·fleckt** *adj* bloodstained **blut·be·schmiert** *adj* smeared with blood *pred* **Blut·bild** *nt* MED blood count **Blut·bla·se** *f* blood blister **Blut·bu·che** *f* BOT copper beech

Blut·druck *m kein pl* blood pressure *no pl, no indef art;* **hoher/niedriger ~** high/low blood pressure

Blut·druck·mes·ser <-s, -> *m* blood pressure gauge [*or* AM *a.* gage] **Blut·druck·mess·ge·rät**[RR] *nt* MED sphygmomanometer **blut·druck·sen·kend** *adj* MED, PHARM anti-hypertensive

Blü·te <-, -n> ['bly:tə] *f* ❶ (*Pflanzenteil*) bloom, flower; *Baum* blossom; **die ~n des Kirschbaumes sind rein weiß** the blossom on the cherry tree is pure white; **sich zur vollen ~ entfalten** to blossom; **in** [**voller**] **~ stehen** to be in [full] bloom; **~n treiben** to [be in] bloom [*or* flower]; *Baum* to [be in] blossom ❷ (*Blütezeit*) blooming *no pl,* blossoming *no pl,* flowering season; **im Mai beginnt die ~ der Kirschbäume** cherry trees start to blossom in May ❸ (*fam: falsche Banknote*) dud *fam,* forgery ❹ (*hoher Entwicklungsstand*) height, heyday *usu sing;* **während der Zeit der größten ~ des Römischen Reiches** at the height of the Roman Empire; **in jeder Zivilisation gibt es eine Zeit der ~** every civilization has its heyday; **seine ~ erreichen** [*o* **erleben**] to reach its peak; **in der ~ seiner/ihrer Jahre sein** [*o* **stehen**] to be in the prime of life; **er steht in der ~ seiner Jahre** he is in his prime; **im 19. Jahrhundert entfaltete sich die Stadt zur vollen ~** the town blossomed in the 19th century; **Anfang des 20. Jahrhunderts stand die Kunst des Jugendstils gerade in voller ~** Art Nouveau flourished at the beginning of the 20th century ▸ WENDUNGEN: **merkwürdige** [*o* **seltsame**] [*o* **wunderliche**] **~n treiben** to take on strange forms

Blut·egel *m* ZOOL leech

blu·ten ['blu:tn̩] *vi* ■ [**an etw** *dat*/**aus etw**] **~** to bleed [from sth] ▸ WENDUNGEN: **~ müssen/sollen** (*fam*) to have/ought to cough up [*or* fork out] *fam*

Blü·ten·blatt *nt* BOT petal **Blü·ten·ho·nig** *m* honey made from blossom **Blü·ten·kelch** *m* BOT calyx **Blü·ten·knos·pe** *f* flower bud **Blü·ten·kohl** *m s.* **Blumenkohl Blü·ten·stand** *m* BOT inflorescence *no pl* **Blü·ten·staub** *m* pollen *no pl, no indef art*

Blut·ent·nah·me *f* taking of a blood sample

Blü·ten·zweig *m* flowering twig

Blu·ter <-s, -> ['blu:tɐ] *m* MED haemophiliac BRIT, hemophiliac AM

Blut·er·guss[RR] <-es, -ergüsse> *m,* **Blut·er·guß**[ALT] <-sses, -ergüsse> *m* bruise, haematoma *spec* BRIT, hematoma *spec* AM

Blu·te·rin <-, -nen> *f fem form von* **Bluter**

Blu·ter·krank·heit *f* MED haemophilia *no pl, no art* BRIT, hemophilia *no pl, no art* AM

Blü·te·zeit *f* ❶ (*Zeit des Blühens*) blossoming *no pl,* flowering season; **gerade während der ~ leidet sie an Heuschnupfen** it's precisely when the trees are in blossom that she suffers from hay fever ❷ (*Zeit hoher Blüte*) heyday; **nach einer kurzen ~ begann der Niedergang dieser Zivilisation** after a brief period of glory the civilization began to decline

Blut·farb·stoff *m* ANAT haemoglobin [*or* AM hemo-] *no pl, no indef art* **Blut·fleck** *m* bloodstain **Blut·ge·fäß** *nt* blood vessel **Blut·ge·rinn·sel** *nt* blood clot **Blut·ge·rin·nung** *f* clotting of the blood **blut·gie·rig** *adj* (*geh*) bloodthirsty **Blut·grup·pe** *f* blood group [*or* type]; **jds ~ bestimmen** to determine sb's blood type **Blut·grup·pen·be·stim·mung** *f* MED blood-typing **Blut·hoch·druck** *m* high blood pressure **Blut·hund** *m* ❶ (*Jagdhund*) bloodhound ❷ (*pej: blutiger Unterdrücker*) bloody tyrant *pej* **Blut·hus·ten** *m* coughing up of blood

blu·tig ['blu:tɪç] **I.** *adj* ❶ (*blutend*) bloody; (*blutbefleckt*) bloodstained ❷ KOCHK underdone, bloody; **sehr ~** rare ❸ (*mit Blutvergießen verbunden*) bloody ❹ (*fam: völlig*) absolute, bloody *fam!; s. a.* **Ernst II.** *adv* bloodily; **sich die Füße ~ laufen** to walk till one's feet are red raw

blut·jung ['blu:t'jʊŋ] *adj* very young

Blut·kon·ser·ve *f* unit of stored blood **Blut·kör·per·chen** *nt* blood corpuscle [*or* cell]; **rote/weiße ~** red/white [blood] corpuscles **Blut·krebs** *m* MED leukaemia BRIT, leukemia AM **Blut·kreis·lauf** *m* [blood] circulation *no pl, no indef art* **Blut·la·che** *f* pool of blood **blut·leer** *adj* ❶ (*ohne Blut*) bloodless, drained of blood *pred;* **ihr Gesicht war ~** her face was deathly pale ❷ MED anaemic BRIT, anemic AM **Blut·oran·ge** *f* BOT blood orange **Blut·plas·ma** *nt* blood plasma *no pl, no indef art* **Blut·plätt·chen** <-s, -> *nt* blood platelet **Blut·pro·be** *f* ❶ (*Entnahme*) blood sample ❷ (*Untersuchung*) blood test; **eine ~ bei jdm machen** to take a blood sample from sb [*or* a sample of sb's blood] **Blut·ra·che** *f* blood vendetta **Blut·rausch** *m* savage frenzy *no pl* **blut·rot** *adj* (*liter*) blood-red **blut·rüns·tig** ['blu:trʏnstɪç] *adj* bloodthirsty **Blut·sau·ger** *m* ZOOL bloodsucker **Blut·sau·ger(in)** *m(f)* (*Ausbeuter*) extortioner, bloodsucker

Bluts·bru·der *m* blood brother **Bluts·brü·der·schaft** *f* blood brotherhood

Blut·schan·de *f* incest **Blut·schuld** *f* (*liter*) blood guilt; **er lud** [**eine**] **~ auf sich** he had blood on his hands **Blut·schwamm** *m* MED strawberry mark, angioma *spec* **Blut·sen·kung** *f* MED sedimentation of the blood; (*Test*) [erythrocyte] sedimentation test; **eine ~ machen** to test the sedimentation rate of the blood **Blut·se·rum** *nt* MED blood serum *no pl, no indef art*

Blut·spen·de *f* unit of blood [from a donor] **Blut·spen·den** <-s> *nt kein pl* donation of blood *no pl* **Blut·spen·der(in)** *m(f)* blood donor **Blut·spur** *f* trail of blood; ~**en** traces of blood **blut·stil·lend** *adj s.* **Blut 1**

Bluts·trop·fen *m* drop of blood; **bis zum letzten** ~ to the last drop of blood

Blut·stuhl *m* MED blood in the faeces [*or* AM feces] **Blut·sturz** *m* [external] haemorrhage [*or* AM hemorrhage]

bluts·ver·wandt *adj* related by blood *pred* **Bluts·ver·wand·te(r)** *f(m) dekl wie adj* blood relation [*or* relative] **Bluts·ver·wandt·schaft** *f* blood relationship

blutt [blʊt] *adj* SCHWEIZ, SÜDD (*nackt*) bare

Blut·tat *f* (*geh*) bloody deed; **eine ~ begehen** to commit a bloody deed

blüt·teln *vi* SCHWEIZ ■**[irgendwo] ~** to strip off [somewhere]

Blut·trans·fu·si·on *f* blood transfusion **blut·über·strömt** *adj* streaming with blood *pred* **Blut·über·tra·gung** *f s.* **Bluttransfusion**

Blu·tung <-, -en> *f* ① (*das Bluten*) bleeding *no pl, no indef art;* **innere ~en** internal bleeding [*or* BRIT haemorrhage] [*or* AM hemorrhage] ② **[monatliche] ~** menstruation, period

blut·un·ter·lau·fen *adj* suffused with blood *pred;* ~**e Augen** bloodshot eyes **Blut·un·ter·su·chung** *f* blood test **Blut·ver·gie·ßen** <-s> *nt kein pl* (*geh*) bloodshed *no pl, no indef art* **Blut·ver·gif·tung** *f* blood poisoning *no indef art* **Blut·ver·lust** *m* loss of blood **blut·ver·schmiert** *adj* covered [*or* caked] with blood *pred,* bloodstained **Blut·wä·sche** *f* MED haemodialysis [*or* AM hemo-] *spec* **Blut·wurst** *f* black pudding BRIT, blood sausage AM **Blut·zir·ku·la·ti·on** *f s.* **Blutkreislauf Blut·zoll** *m kein pl* (*geh*) death toll *no pl,* number of dead and injured *no pl,* fatalities *pl* **Blut·zu·cker** *m* MED ① (*Zuckeranteil*) blood sugar ② (*fam*) blood sugar test **Blut·zu·cker·spie·gel** *m* MED blood sugar level **Blut·zu·cker·wert** *m* MED blood sugar count **Blut·zu·fuhr** *f* blood supply

BLZ <-> [beːʔɛlˈtsɛt] *f Abk von* **Bankleitzahl**

BND <-s> [beːʔɛnˈdeː] *m kein pl Abk von* **Bundesnachrichtendienst**

Bö <-, -en> [bøː] *f* gust, squall

Boa <-, -s> [ˈboːa] *f* ZOOL, MODE boa

Bob <-s, -s> [bɔp] *m* bob[sleigh] BRIT, bob[sled] AM

Bob·bahn *f* bob[sleigh] run BRIT, bob[sled] run AM

Bob·by·boh·ne [ˈbɔbi-] *f* bobby bean

Bob·fah·rer(in) *m(f)* SPORT bobber **Bob-Run-Ska·ting**RR [ˈbɒbrʌnskeɪtɪŋ] *nt* SPORT bob run skating (*skating down a bob run*)

Boc·cia <-> [ˈbɔtʃa] *nt o f kein pl* SPORT boccia (*Italian bowls*)

Bock[1] <-[e]s, Böcke> [bɔk, *pl* ˈbœkə] *m* ① ZOOL buck; (*Schafs~*) ram; (*Ziegen~*) billy-[*or* he-]goat ② (*fam*) stubbornness *no pl;* **einen ~ haben** (*fam*) to be awkward [*or* difficult], to play up *fam* ③ AUTO ramp; *s. a.* **Sägebock** ④ SPORT buck, [vaulting] horse ⑤ (*Kutsch~*) box ▸WENDUNGEN: **den ~ zum Gärtner machen** (*fam*) to be asking for trouble; **die Böcke von den Schafen scheiden** [*o* **trennen**] (*fam*) to separate the sheep from the goats; **alter ~** (*fam*) old goat *fam,* old git *sl;* **geiler ~** (*fam*) randy old goat *fam,* randy sod *sl;* **null ~ [auf etw** *akk*] **haben** (*sl*) to be not in the mood [for sth] [*or* in no mood for sth]; **sie hat null ~ auf nichts** she's just not in the mood for anything; **sturer ~** (*fam*) stubborn sod *sl;* ~ **[auf etw** *akk*] **haben** (*sl*) to fancy [sth] *fam;* **wenn du ~ hast, kannst du ja mitkommen** if you fancy it, you can come with us; ~ **haben , etw zu tun** (*sl*) to fancy doing sth *fam;* **keinen ~ [auf etw** *akk*] **haben** (*sl*) to not fancy [sth]; **keinen ~ haben, etw zu tun** (*sl*) to not fancy doing sth *fam;* **einen [kapitalen] ~ schießen** (*fam*) to drop a [real] clanger *fam,* to [really] boob *fam,* to make a [real] boob *fam;* **stinken wie ein ~** (*fam*) to really pong *fam,* to stink to high heaven *fam*

Bock[2] <-s, -> [bɔk] *nt s.* **Bockbier**

bock·bei·nig [ˈbɔkbainɪç] *adj* (*fam*) awkward, stubborn

Bock·bier *nt* bock beer (*type of strong beer*)

bo·cken [ˈbɔkn̩] *vi* ① (*störrisch sein*) to refuse to move, to dig in one's heels *sep;* **das Pferd bockte vor der Hürde** the horse refused the fence ② (*fam: sich ruckartig bewegen*) to lurch along ③ (*fam: trotzig sein*) to act [*or* play] up *fam*

bo·ckig [ˈbɔkɪç] *adj* (*fam*) awkward, stubborn

Bock·lei·ter *f* stepladder **Bock·mist** *m* (*sl*) bullshit *sl;* ~ **machen** [*o* **bauen**] to screw [*or* BRIT *a.* cock] up *sl*

Bocks·beu·tel *m* ① (*Flaschenform*) bocksbeutel *spec* ② (*Frankenwein*) bottle of Franconian wine **Bocks·horn** [ˈbɔkshɔrn] *nt* ▸WENDUNGEN: **sich** *akk* **[von jdm] [nicht] ins ~ jagen lassen** (*fam*) to [not] be intimidated by sb; **lass dich nicht von ihm ins ~ jagen!** don't let him get at you!

Bock·sprin·gen *nt kein pl* SPORT vaulting *no pl, no art;* ~ **spielen** to play leapfrog **Bock·sprung** *m* ① (*Sprung über Menschen*) leapfrog ② SPORT vault

Bock·wurst *f* KOCHK bockwurst

Bo·den <-s, Böden> [ˈboːdn̩, *pl* bøːdn̩] *m* ① (*Erdreich, Acker*) soil; **magerer/fetter ~** barren [*or* poor]/fertile soil ② (*Erdoberfläche*) ground; **der ~ bebte** the ground shook; **die Reisenden waren froh, wieder festen ~ zu betreten** the passengers were glad to be [*or* stand] on firm ground [*or* terra firma] [again] ③ *kein pl* (*Territorium*) land; **auf britischem ~** on British soil ④ (*Fläche, auf der man sich bewegt*) ground; (*Fußboden*) floor; (*Teppichboden*) carpet; **zu ~ fallen** [*o geh* **sinken**] [*o geh* **gleiten**] to fall to the ground; **tot zu ~ fallen** to drop dead; **zu ~ gehen** *Boxer* to go down; **jdn [mit sich** *dat*] **zu ~ reißen** to drag sb to the ground; **jdn zu ~ rennen** to knock down sb *sep;* **beschämt/verlegen zu ~ schauen** to look down in shame/embarrassment; **jdn zu ~ schlagen** [*o geh* **strecken**] to knock [*or form* strike] down sb *sep,* to floor sb; **ohnmächtig zu ~ sinken** (*geh*) to fall unconscious to the ground ⑤ (*Dachboden*) loft, attic; **auf dem ~** in the loft [*or* attic]; *s. a.* **Heuboden, Trockenboden** ⑥ (*Grund*) bottom; *eines Gefäßes a.* base; **der ~ des Sees/Flusses** the bottom of the sea/river, the seabed/riverbed ⑦ (*Tortenboden*) flan base ⑧ (*Grundlage*) **jdm/einer S. den ~ bereiten** to pave the way for sb/sth; **sich auf schwankendem** [*o* **unsicherem**] ~ **bewegen** to be on shaky ground [*or* out of one's depth]; **auf schwankendem ~ stehen** to be built on weak foundations; **auf dem ~ der Tatsachen bleiben/stehen** to stick to the facts/to be based on facts; **allen** [*o* **jeglichen**] **Spekulationen den ~ entziehen** to knock the bottom out of all speculation; **auf dem ~ des Gesetzes stehen** to be within [*or* to conform to] the constitution; **auf dem ~ der Wirklichkeit stehen** to deal only with [bald] facts ▸WENDUNGEN: **jdm wird der ~ unter den Füßen zu heiß, jdm brennt der ~ unter den Füßen** things are getting too hot [*or* hotting up too much] for sb; **[wieder] festen** [*o* **sicheren**] ~ **unter die Füße bekommen** (*nach einer Schiffsreise*) to be back on terra firma [*or* dry land]; (*nach einer Flugreise*) to be back on terra firma [*or* on the ground]; (*wieder Halt bekommen*) to find one's feet again; **festen** [*o* **sicheren**] ~ **unter den Füßen haben** (*nach einer Schiffsreise*) to be back on terra firma [*or* dry land]; (*nach einer Flugreise*) to be back on terra firma [*or* the ground]; (*sich seiner Sache sicher sein*) to be sure of one's ground; **jdm schwankt der ~ unter den Füßen** the ground is rocking [*or* moving] [*or* shaking] under sb's feet; **den ~ unter den Füßen verlieren** (*die Existenzgrundlage verlieren*) to feel the ground fall from beneath one's feet; (*haltlos werden*) to have the bottom drop out of one's world; **jdm den ~ unter den Füßen wegziehen** to cut the ground from under sb's feet; **[wieder] auf festem ~ sein** (*eine sichere Grundlage haben*) to be secure [again]; *Unternehmen* to be back on its feet [again]; **auf fruchtbaren ~ fallen** to fall on fertile ground; **[einen] günstigen ~ für etw finden** to find fertile ground for sth; **total am ~ sein** to be [completely] shattered; **am ~ zerstört sein** (*fam*) to be devastated, to be all of a heap *fam;* **jdn unter den ~ bringen** SCHWEIZ to be the death of sb; **einer S.** *dat* **den ~ entziehen** (*geh*) to make sth unnecessary/irrelevant; [**jdm/etw gegenüber**] **an ~ gewinnen** (*einholen*) to gain ground [over sb/sth]; (*Fortschritte machen*) to make headway [*or* progress]; [**jdm/etw gegenüber**] **an ~ verlieren** to lose ground [to sb/sth]; [**jdm/ etw gegenüber**] [**verlorenen**] **~ gutmachen** [*o* **wettmachen**] to make up [lost] ground [*or* to catch up] [on sb/sth]; **etw** [**mit jdm**] **zu ~ reden** SCHWEIZ to chew over sth *sep* [with sb]; **aus dem ~ schießen** to sprout [*or* spring] [*or* shoot] up; **etw aus dem ~ stampfen** to build sth overnight; **wie aus dem ~ gestampft** [*o* **gewachsen**] [*o* **geschossen**] **vor jdm stehen** to appear out of nowhere; **jd wäre am liebsten in den ~ versunken** sb wishes the ground would open up and swallow them; **ich hätte vor Scham im ~ versinken können** I was so ashamed that I wished the ground would [open and] swallow me up [*or* open up and swallow me]; **jd könnte jdn unangespitzt in den ~ rammen** sb could wring sb's neck [*or* strangle sb]; **durch alle Böden** [**hindurch**] SCHWEIZ at all costs

Bo·den·be·lag *m* floor covering; **ein ~ aus Holz/Marmor/ Stein** a wood/marble/stone floor **Bo·den·be·las·tung** *f* ÖKOL pollution of the ground **Bo·den·be·schaf·fen·heit** *f* ❶ AGR (*Art des Erdbodens*) [consistency of the] soil ❷ (*Art der Oberfläche*) condition of the ground **Bo·den·de·cker** <-s, -> *m* BOT close-growing plant **Bo·den·er·he·bung** *f* elevation; **eine leichte ~** a gentle elevation **Bo·den·ero·si·on** *f* erosion of the earth's surface **Bo·den·frost** *m* ground frost *no pl* **Bo·den·haf·tung** *f* AUTO wheel grip, road adhesion *spec* **Bo·den·kam·mer** *f* attic **Bo·den·kon·trol·le** *f* RAUM ground control

bo·den·los I. *adj* ❶ (*fam: unerhört*) outrageous; **~er Leichtsinn** crass stupidity; **das ist eine ~e Frechheit!** that's absolutely outrageous! ❷ (*sehr tief*) bottomless; **ein ~er Abgrund** an abyss, a chasm; **ins B~e fallen** (*fig*) to plummet **II.** *adv* extremely; **~ gemein/unverschämt** extremely nasty/ insolent

Bo·den·ne·bel *m* ground fog [*or* mist] **Bo·den·per·so·nal** *nt* LUFT ground crew **Bo·den·re·form** *f* JUR agrarian [*or* land] reform **Bo·den·satz** *m* sediment; *von Kaffee* grounds *npl* **Bo·den·schät·ze** *pl* mineral resources *pl* **Bo·den·schwel·le** *f* sill **Bo·den·see** ['bɔdn̩zeː] *m* ■**der ~** Lake Constance **Bo·den·sicht** *f* LUFT ground visibility **Bo·den·spe·ku·la·ti·on** *f* land speculation

bo·den·stän·dig *adj* ❶ (*lange ansässig*) long-established ❷ (*unkompliziert*) uncomplicated

Bo·den·sta·ti·on *f* RAUM ground station **Bo·den·streit·kräf·te** *pl* MIL ground forces *pl* **Bo·den·trup·pen** *pl* MIL ground troops *pl* **Bo·den·tur·nen** *nt kein pl* floor exercises *pl* **Bo·den·va·se** *f* floor vase **Bo·den·ver·schmut·zung** *f* ground pollution **Bo·den·ver·sie·ge·lung** *f* floor sealing **Bo·den·wel·le** *f* bump

Bo·dy <-s, -s> ['bɔdi] *m* body BRIT, bodysuit AM

Bo·dy·buil·ding <-s> ['bɔdibɪldɪŋ] *nt kein pl* bodybuilding *no pl*; **~ machen** to do bodybuilding [exercises *pl*] **Bo·dy·guard** <-s, -s> ['bɔdigaːɐ̯d] *m* bodyguard

bog [boːg] *imp von* **biegen**

Bo·gen <-s, - *o* ÖSTER, SCHWEIZ, SÜDD Bögen> ['boːgn̩, *pl* 'bøːgn̩] *m* ❶ (*gekrümmte Linie*) curve; *eines großen Flusses a.* sweep; MATH arc; **in hohem ~** in a high arc; **einen ~ fahren** to execute a turn; **einen ~ machen** to curve [round] ❷ (*Blatt Papier*) sheet [of paper] ❸ (*Schusswaffe*) bow; **Pfeil und ~** bow and arrow[s *pl*]; **ein Meister des ~s** a master archer; **den ~ spannen** to draw the bow ❹ MUS bow ❺ ARCHIT arch ❻ (*Druck~*) sheet; (*gedruckt*) signature ►WENDUNGEN: **in hohem ~ hinausfliegen** (*fam*) to be turned out *fam*; **nach dem Skandal flog er im hohen ~ aus der Firma** he was thrown out on his ear [*or* chucked out] [*or* sent flying] after the scandal; **jdn in hohem ~ hinauswerfen** (*fam*) to throw sb out on their ear *fam*; **den ~ heraushaben** (*fam*) to have got the hang of it *fam*; **einen** [**großen**] **~ um jdn/etw machen** to steer [well] clear of sb/sth; **den ~ überspannen** to overstep the mark, to go too far

Bo·gen·fens·ter *nt* arched window **bo·gen·för·mig** *adj* arched; **~e Reißzähne** curved fangs **Bo·gen·gang** <-gänge> *m* ARCHIT archway **Bo·gen·lam·pe** *f* arc lamp [*or* light] **Bo·gen·schie·ßen** *nt kein pl* SPORT archery *no pl* **Bo·gen·schüt·ze, -schüt·zin** *m, f* SPORT archer; HIST *a.* bowman **Bo·gen·seh·ne** *f* MUS bowstring

Bo·heme <-> [bɔ'ɛːm, bo'hɛːm] *f kein pl* (*geh*) Bohemia *no pl liter*

Bo·he·mi·en <-s, -s> [boe'mjɛ̃, bohe'mjɛ̃] *m* (*geh*) Bohemian

Boh·le <-, -n> ['boːlə] *f* [thick] plank, board

Böh·me, Böh·min <-n, -n> ['bøːmə, 'bøːmɪn] *m, f* Bohemian

Böh·men <-s> ['bøːmən] *nt* Bohemia

Böh·mer·wald ['bøːmɐvalt] *m* Bohemian Forest

Böh·min <-, -nen> *f fem form von* **Böhme**

böh·misch ['bøːmɪʃ] *adj* Bohemian ►WENDUNGEN: **jdm ~ vorkommen** (*fam*) to seem odd to sb; *s. a.* **Dorf**

Boh·ne <-, -n> ['boːnə] *f* bean; **dicke/grüne/rote/weiße/ braune/schwarze ~n** broad/French [*or* runner]/kidney/ haricot/brown/black beans; **blaue ~** purple runner bean; (*Kaffeebohne*) [coffee] bean; **blaue ~n** (*veraltet sl: Geschosse*) lead *no pl sl* ►WENDUNGEN: **~n in den Ohren haben** (*fam*) to be deaf *fam*; **nicht die ~!** (*fam*) not the slightest [*fam* little bit]; **er versteht nicht die ~ von der Sache** he doesn't have the slightest [*or* faintest] idea about this matter

Boh·nen·ein·topf *m* bean stew **Boh·nen·kaf·fee** *m* ❶ (*gemahlen*) real coffee ❷ (*ungemahlen*) unground coffee [beans *pl*] **Boh·nen·kraut** *nt kein pl* savory *no pl* **Boh·nen·schnitz·ler** *m* KOCHK bean slicing machine **Boh·nen·stan·ge** *f* beanpole *also hum* **Boh·nen·stroh** *nt* ►WENDUNGEN: **dumm wie ~** (*fam*) as thick as two [short] planks *hum fam* **Boh·nen·sup·pe** *f* bean soup

Boh·ner <-s, -> ['boːnɐ] *m*, **Boh·ner·be·sen** *m* floor polisher

boh·nern ['boːnɐn] *vti* ■[**etw**] **~** to polish [sth]

Boh·ner·wachs [-vaks] *nt* floor polish [*or* wax]

boh·ren ['boːrən] **I.** *vt* ❶ (*Öffnung in etw machen*) **ein Loch** [**in etw** *akk*] **~** to bore a hole [in sth]; (*mit Bohrmaschine*) to drill a hole [in sth]; **einen Brunnen ~** to sink a well ❷ (*mit dem Bohrer bearbeiten*) **Beton/Holz ~** to drill concrete/ wood ❸ (*hineinstoßen*) ■**etw in etw** *akk* **~** to sink sth into sth; **er bohrte ihm das Messer in den Bauch** he plunged the knife into his stomach; *s. a.* **Grund II.** *vi* ❶ (*mit dem Bohrer arbeiten*) to drill ❷ (*stochern*) [**mit dem Finger**] **in der Nase ~** to pick one's nose; **mit dem Finger im Ohr ~** to poke one's finger in one's ear ❸ *Zahnarzt* to drill ❹ (*nach Bodenschätzen suchen*) ■**nach etw** *dat* **~** to drill for sth ❺ (*fam: drängen*) ■**so lange ~, bis ...** to keep on asking [*or* keep on and on] until ...; **sie bohrte so lange, bis ich ihr alles erzählte** she kept on at me [*or* asking me] until I told her everything; **er bohrte so lange, bis ihm seine Mutter ein Eis kaufte** he kept pestering his mother until she bought him an ice cream ❻ (*nagen*) ■[**in jdm**] **~** to gnaw at sb **III.** *vr* ■**sich** *akk* **in etw** *akk*/**durch etw** *akk* **~** to bore its way into/ through sth; *Bohrer* to drill its way into/through sth

boh·rend *adj* gnawing; **ein ~er Blick** a piercing look; **~e Fragen** *pl* probing questions *pl*

Boh·rer <-s, -> *m* ❶ (*fam: Schlagbohrmaschine*) drill ❷ (*Handbohrer*) gimlet, auger ❸ (*Zahnbohrer*) [dentist's] drill

Bohr·feld *nt* drilling field **Bohr·in·sel** *f* drilling rig; (*Öl a.*) oil rig **Bohr·loch** *nt* ❶ (*das in das Gestein vorgetriebene Loch*) borehole ❷ (*gebohrtes Loch*) drill hole **Bohr·ma·schi·ne** *f* drill[ing machine] **Bohr·mu·schel** *f* ZOOL rock borer, piddock **Bohr·turm** *m* derrick

Boh·rung <-, -en> *f* ❶ (*das Bohren*) drilling, boring (**nach** for) ❷ (*Bohrloch*) bore[hole]; **eine ~ niederbringen** to sink a borehole

bö·ig ['bøːɪç] **I.** *adj* gusty; **~es Wetter** windy [*or fam* blowy] weather **II.** *adv* **~ auffrischender Westwind** a freshening westerly

Boi·ler <-s, -> ['bɔylɐ] *m* hot-water tank; **den ~ anstellen** to turn on the water heater

Bo·je <-, -n> ['bo:jə] *f* buoy

Bo·le·ro <-s, -s> [bo'le:ro] *m* ❶ MUS (*a. Tanz*) bolero ❷ (*Kleidungsstück*) bolero

Bo̲l-Form [bo:l-] *f* KOCHK pudding steamer

Bo·li·vi·a·ner(in) <-s, -> [boli'vi̯a:nɐ] *m(f)* Bolivian; *s. a.* **Deutsche(r)**

bo·li·vi·a·nisch [boli'vi̯a:nɪʃ] *adj* Bolivian; *s. a.* **deutsch**

Bo·li·vi·en <-s> [bo'li:vi̯ən] *nt* Bolivia; *s. a.* **Deutschland**

Bo·li̲·vi·er(in) <-s, -> *m(f) s.* **Bolivianer**

bo·li̲·visch *adj s.* **bolivianisch**

Böl·ler <-s, -> ['bœlɐ] *m* ❶ MIL saluting gun ❷ (*fam: Feuerwerkskörper*) firework, banger BRIT, firecracker AM

bol·lern ['bɔlɐn] *vi* DIAL **der Wagen bollerte über die Straße** the cart rolled loudly down the street; **er bollerte mit der Faust gegen die Tür** he banged on the door with his fist

böl·lern ['bœlɐn] *vi* to fire a saluting gun; **an Silvester wird die ganze Nacht geböllert** fireworks are let off right through the night on New Year's Eve

Bö̲l·ler·schuss[RR] *m* gun salute; **20 Böllerschüsse** a twenty gun salute

Boll·werk ['bɔlvɛrk] *nt* (*geh*) bulwark

Bol·sche·wik(in) <-en, -en *o* -i> [bɔlʃe'vɪk] *m(f) s.* **Bolschewist**

Bol·sche·wis·mus <-> [bɔlʃe'vɪsmʊs] *m kein pl* ■**der ~** Bolshevism

Bol·sche·wist(in) <-en, -en> [bɔlʃe'vɪst] *m(f)* Bolshevik, Bolshevist

bol·sche·wi̲s·tisch *adj* Bolshevist, Bolshevik *attr*

bol·zen ['bɔltsn̩] **I.** *vi* (*fam*) to kick about; **~ gehen** to go for a kick-about *fam* **II.** *vt* (*fam*) **den Ball ins Tor/an den Pfosten ~** to hammer [*or* slam] the ball home/against the post

Bol·zen <-s, -> ['bɔltsn̩] *m* ❶ TECH pin; (*mit Gewinde*) bolt ❷ (*Geschoss der Armbrust*) bolt, quarrel

Bo̲l·zen·schnei·der *m* bolt cutter[s *pl*]

Bom·bar·de·ment <-s, -s> [bɔmbardə'mã:] *nt* ❶ MIL bombardment ❷ (*geh*) deluge (**von** of)

bom·bar·die·ren* [bɔmbar'di:rən] *vt* ❶ (*auf ein Ziel abwerfen*) ■**jdn/etw ~** to bomb sb/sth; **etw mit Napalm ~** to bomb sth with napalm, to napalm sth; **jdn/etw mit Granaten ~** to shell sb/sth; **die Stadt wurde heute Nacht ununterbrochen mit Granaten bombardiert** the town was under continuous shelling [*or* was being shelled continuously] last night; **die Demonstranten bombardierten die Polizei mit Eiern und Tomaten** the demonstrators threw eggs and tomatoes at the police ❷ (*fam: überschütten*) ■**jdn mit etw** *dat* **~** to bombard sb with sth

Bom·bar·di̲e·rung <-, -en> *f* ❶ MIL bombing; **Churchill gab den Befehl zur ~ Dresdens** Churchill gave the command to bomb Dresden; (*mit Granaten*) bombardment ❷ (*fam*) bombardment

Bom·bast <-[e]s> [bɔm'bast] *m kein pl* (*pej*) ❶ (*Schwulst*) bombast ❷ (*Pomp*) pomp

bom·ba̲s·tisch *adj* (*pej*) ❶ (*schwülstig*) bombastic ❷ (*pompös*) pompous

Bom·be <-, -n> ['bɔmbə] *f* ❶ (*Sprengkörper*) bomb; ■**die ~** (*die A-Bombe*) the Bomb; **etw mit ~n belegen** to bomb sth; **wie eine ~ einschlagen** to come as a bombshell; **eine ~ legen** MIL to plant a bomb ❷ (*Geldbombe*) strongbox ❸ SPORT (*sl: harter Schuss*) cracker *fam*, scorcher *fam* ▸ WENDUNGEN: **die ~ platzen lassen** to drop a/the/one's bombshell

Bo̲m·ben·ab·wurf *m* bomb release, bombing **Bo̲m·ben·an·griff** *m*, **Bo̲m·ben·an·schlag** *m* bomb strike [*or* attack] **Bo̲m·ben·at·ten·tat** *nt* bomb attack **Bo̲m·ben·dro·hung** *f* bomb scare **Bo̲m·ben·er·folg** *m* (*fam*) smash hit *fam* **bom·ben·fest** ['bɔmbn̩fɛst] *adv* (*fam*) extremely securely **Bo̲m·ben·ge·schäft** *nt* (*fam*) roaring business; **ein ~ [mit etw** *dat*] **machen** to do a roaring business [with [*or fam* in] sth] **Bo̲m·ben·le·ger** *m* (*fam: Terrorist*) bomber **bom·ben·si·cher** ['bɔmbn̩zɪçɐ] **I.** *adj* ❶ MIL bombproof; **~er Unterstand** bombproof shelter, dugout ❷ (*fam*) sure; **ein ~er Tipp** a dead cert *sl* **II.** *adv* **~ lagern/verbunkern** to place in a bombproof store/to store in a bombproof bunker **Bo̲m·ben·split·ter** *m* shrapnel *no pl*, bomb splinter; ■**ein ~** a piece of shrapnel **Bo̲m·ben·stim·mung** *f kein pl* (*fam*) ■**in ~ sein** to be in a brilliant mood; **auf der Party herrschte eine ~** the place was jumping **Bo̲m·ben·tep·pich** *m* hail of bombs; **etw mit einem [dichten] ~ belegen** to blanket-bomb sth **Bo̲m·ben·trich·ter** *m* bomb crater

Bom·ber <-s, -> ['bɔmbɐ] *m* (*fam*) bomber

Bom·mel <-s *o* -, - *o* -n> ['bɔml̩] *m o f* DIAL (*Troddel*) tassel

Bon <-s, -s> [bɔŋ, bõ:] *m* ❶ (*Kassenzettel*) receipt ❷ (*Gutschein*) voucher

Bon·bon <-s, -s> [bɔŋ'bɔŋ, bõ'bõ:] *m o* ÖSTERR *nt* ❶ (*Süßigkeit*) sweet BRIT, candy AM ❷ (*etwas Besonderes*) treat

bon·bo̲n·far·ben, bon·bo̲n·far·big *adj* gaudy

Bon·bon·ie·re[RR], **Bon·bon·nie·re** <-, -n> [bɔŋbɔ'ni̯e:rə, bɔŋbɔ'ni̯ɛ:rə] *f* box of chocolates, bonbonnière *dated*

bon·gen ['bɔŋən] *vt* (*fam*) ■**etw ~** to ring sth up; ■**[ist] gebongt!** (*sl*) right you are! *fam*

Bo·ni·tät <-, -en> [boni'tɛ:t] *f* financial standing, credit worthiness

Bo·ni·to <-s, -s> [bo'ni:to] *m* KOCHK bonito

Bon·mot <-s, -s> [bõ'mo:] *nt* (*geh*) bon mot

Bonn <-s> [bɔn] *nt* Bonn

Bon·ner ['bɔnɐ] *adj attr* Bonn

Bon·ner(in) <-s, -> ['bɔnɐ] *m(f)* inhabitant of Bonn

Bon·sai <-[s], -s> ['bɔnzai] *m* BOT bonsai

Bo·nus <- *o* -ses, - *o* -se *o* Boni> ['bo:nʊs, *pl* 'bo:ni] *m* ❶ FIN bonus; **~ bei Schadensfreiheit** no-claims bonus ❷ SCH, SPORT (*Punktvorteil*) bonus points *pl*; ■**ein ~** a bonus point

Bo̲·nus·mei·le *f* LUFT airmile

Bon·ze <-n, -n> ['bɔntsə] *m* ❶ (*pej*) bigwig *fam*, big shot *fam* ❷ REL bonze

Boom <-s, -s> [bu:m] *m* ❶ ÖKON boom ❷ (*Hausse*) bull movement [*or* market]; (*starke Nachfrage*) rise

boo·men ['bu:mən] *vi* ÖKON to [be on the] boom

Boot <-[e]s, -e> [bo:t] *nt* boat, tub *fam*; (*Segel~*) yacht; (*Ruder~*) [rowing] boat; **~ fahren** to go boating ▸ WENDUNGEN: **alle in einem [*o* im gleichen] ~ sitzen** (*fam*) to be all in the same boat *fam*

Boots·bau·er(in) <-s, -> *m(f)* boatbuilder **Boots·fahrt** *f* boat trip **Boots·flücht·ling** *m* ■**~e** boat people **Boots·haus** *nt* boathouse **Boots·län·ge** *f* SPORT [boat's] length; **sie gewannen mit einer ~ [Vorsprung]** they won by a length **Boots·mann** <-leute> *m* NAUT bo[']sun, boatswain; MIL petty officer **Boots·steg** *m* landing-stage **Boots·ver·leih** *m* boat hire **Boots·ver·lei·her(in)** *m(f)* boat hirer

Bor <-s> [bo:ɐ̯] *nt kein pl* boron *no pl*

Bo·rax <-[es]> ['bo:raks] *m kein pl* borax *no pl*

Bord[1] <-[e]s> [bɔrt] *m* **an ~** aboard, on board; **an ~ gehen/kommen** to board, to come/go aboard [*or* on board]; **über ~ gehen** to go overboard; **von ~ gehen** *Lotse* to leave the plane/ship; *Passagier a.* to disembark; **jdn/etw an ~ nehmen** to take sb/sth aboard [*or* on board]; **jdn/etw über ~ werfen** to throw sb/sth overboard, to jettison sth; **Mann über ~!** man overboard!; **frei an ~** ÖKON free on board, f.o.b. ▸ WENDUNGEN: **etw über ~ werfen** to throw sth overboard [*or* to the [four] winds]

Bord[2] <-[e]s, -e> [bɔrt] *nt* shelf

Bord[3] <-[e]s, -e> [bɔrt] *nt* SCHWEIZ (*Rand*) ledge; (*Böschung*) embankment

Bo̲rd·buch *nt* logbook **Bo̲rd·com·pu·ter** *m* RAUM, LUFT, NAUT onboard computer; AUTO trip computer, electronic navigator

B

bord·ei·gen *adj* onboard
Bor·dell <-s, -e> [bɔr'dɛl] *nt* brothel
Bor·dell·wirt(in) *m(f)* (*geh*) brothel-keeper
Bor·dell·wir·tin *f* (*geh*) *fem form von* **Bordellwirt** madam, bawd, brothel-keeper
Bord·funk *m* NAUT [ship's] radio; LUFT [aircraft] radio equipment **Bord·kar·te** *f* boarding card [*or* pass] **Bord·per·so·nal** *nt kein pl* crew *no pl*
Bord·stein *m* kerb BRIT, curb AM ▸ WENDUNGEN: **den ~ mitnehmen** (*fam*) to hit the kerb [*or* AM curb]
Bord·stein·kan·te *f* kerb BRIT, curb AM
Bor·dü·re <-, -n> [bɔr'dy:rə] *f* border
Bord·waf·fen *pl* MIL aircraft armaments *pl* **Bord·wand** *f* NAUT ship's side [*or* wall]; LUFT side of the aircraft; AUTO dropside BRIT, sideboard AM
bor·gen ['bɔrgn̩] *vt* ① (*sich leihen*) ■[**sich** *dat*] **etw** [**von jdm**] ~ to borrow sth [from sb] ② (*leihen*) ■**jdm etw** ~ to lend [*or* loan] sb sth [*or* sth to sb]
Bor·ke <-, -n> ['bɔrkə] *f* ① BOT bark ② MED NORDD scab
Bor·ken·kä·fer *m* bark beetle **Bor·ken·krepp** *m* [*spec* tree bark] crepe
Bor·lot·ti·Boh·ne [bɔr'lɔti-] *f* borlotti bean
Born <-[e]s, -e> [bɔrn] *m* ① (*liter: Quelle*) spring ② (*geh: Ursprung, Quelle*) fund, fountain, fount *liter*
Bor·neo·pfef·fer ['bɔrneo-] *m* sarawak
bor·niert [bɔr'ni:ɐ̯t] *adj* (*pej*) bigoted, narrow-minded
Bor·re·li·o·se <-, -n> [bɔre'li̯o:zə] *f* MED Lyme disease, borreliosis *spec*
Bor·retsch <-[e]s> ['bɔrɛtʃ] *m kein pl* borage
Bor·sal·be *f* boric acid ointment
Börsch·kohl ['bœrʃ-] *m* DIAL *s.* **Wirsing**
Bör·se <-, -n> ['bœrzə] *f* ① (*Wertpapierhandel*) stock market; (*Gebäude*) stock exchange; **an die ~ gehen** to go public; **an der ~** [**gehandelt**] [traded [*or* listed]] on the exchange; **an der ~ notiert werden** to be quoted on the stock exchange; **an der ~ spekulieren** to speculate on the stock exchange, to play the stock market, to dabble in stocks *fam* ② (*veraltend: Geldbörse*) purse; (*für Männer*) wallet
Bör·sen·be·ginn *m kein pl* opening of the stock market; **bei ~** at the start of trading, when the market opens/opened **Bör·sen·be·richt** *m* market [*or* stock exchange] report **Bör·sen·ein·füh·rung** *f* admission to official listing **Bör·sen·er·öff·nung** *f* opening of the stock market **Bör·sen·gang** *m* stock market flotation, going public *no pl;* **den ~ vorbereiten** to prepare to go public **Bör·sen·ge·schäft** *nt* stock market transaction **Bör·sen·krach** *m* collapse of the stock market, [stock market] crash **Bör·sen·kurs** *m* market price [*or* rate], stock exchange price [*or* quotation]; **letzter ~** final quotation **Bör·sen·mak·ler(in)** *m(f)* stockbroker **bör·sen·no·tiert** *adj inv* FIN *Firma* listed [*or* quoted] [on the stock exchange] **Bör·sen·no·tie·rung** *f* stock market listing, quotation; **letzte ~** last price **Bör·sen·platz** *m* stock exchange, exchange centre [*or* AM -er] **Bör·sen·schluss**^RR *m kein pl* close of the stock exchange, final hour of trading; **bei ~** at the close of trading, when the market closes/closed **Bör·sen·spe·ku·lant(in)** *m(f)* speculator [on the stock market], BRIT *fam a.* stockjobber **Bör·sen·spe·ku·la·ti·on** *f* speculation on the stock market [*or* exchange], BRIT *a.* stockjobbing *no pl, no art fam* **Bör·sen·spiel** *nt* BÖRSE agiotage **Bör·sen·start** *m* BÖRSE stock market flotation [of an enterprise] **Bör·sen·ter·min·ge·schäft** *nt* trading in futures **Bör·sen·tipp**^RR *m* market [*or* stock] tip
Bör·si·a·ner(in) <-s, -> [bœr'zi̯a:nɐ] *m(f)* (*fam*) ① (*Börsenmakler*) broker ② (*Spekulant an der Börse*) speculator; **gewiefter ~** wolf *sl*
Bors·te <-, -n> ['bɔrstə] *f* ① (*dickes Haar*) bristle, seta *spec* ② (*Bürstenhaar*) bristle ③ *pl* (*hum fam: Kopf- o Barthaare*) bristles, bristly hair
Bors·ten·vieh *nt* (*hum fam*) pigs *pl,* swine *pl*
bors·tig ['bɔrstɪç] *adj* bristly, setaceous *spec*
Bor·te <-, -n> ['bɔrtə] *f* border, edging, trimming
Bor·was·ser *nt kein pl* boric acid solution
bös [bø:s] *adj s.* **böse**
bös·ar·tig *adj* ① (*tückisch*) malicious; **ein ~es Tier** a vicious animal ② MED (*maligne*) malignant; **eine ~e Krankheit** a pernicious disease
Bös·ar·tig·keit <-> *f kein pl* ① (*Tücke*) maliciousness; *eines Tiers* viciousness ② MED malignancy
Bö·schung <-, -en> ['bœʃʊŋ] *f* embankment; *eines Flusses, einer Straße a.* bank
bö·se ['bø:zə] **I.** *adj* ① (*sittlich schlecht*) bad; (*stärker*) evil, wicked; **~ Absicht/~r Wille** malice; **etw mit ~r Absicht tun** to do sth with evil intent; **das war keine ~ Absicht!** no harm intended!; **er wittert hinter jedem Vorfall eine ~ Absicht** he suspects malice behind every incident; **die ~ Fee** the Wicked Fairy; **jdm B~s tun** to cause [*or* do] sb harm; **er will dir doch nichts B~s** he doesn't mean you any harm; **pass auf, er will dir B~s!** watch out, he's out to get your blood [*or fam* to get you]; **er könnte niemandem B~s tun** he could never hurt a fly ② *attr* (*unangenehm, übel*) bad; **~s Blut machen** [*o* **schaffen**] to cause bad blood; **ein ~s Ende nehmen** (*geh*) to end in disaster; **es wird ein ~s Erwachen geben** sb is going to have a rude awakening [*or* to have [*or* get] a nasty shock]; **~ Folgen** [*o* **Konsequenzen**] **haben** to have dire consequences; **eine ~ Geschichte** [*o* **Angelegenheit**] a nasty affair [*or* business]; **jdm einen ~n Streich spielen** to play a nasty [*or* mean] trick on sb; **ein ~r Traum** a bad dream; **eine ~ Überraschung erleben** to have an unpleasant [*or* a nasty] surprise; **~ Zeiten** bad [*or* hard] times; **ein ~r Zufall** a terrible coincidence; **nichts B~s ahnen** to not suspect anything is [*or* expect anything to be] wrong, to be unsuspecting; **nichts B~s daran** [*o* **dabei**] **finden, etw zu tun/wenn...** to not see any harm [*or* anything wrong] in doing sth/in it if ...; **mir schwant B~s** I don't like the look of this; **er dachte an nichts B~s, als ...** (*a. hum*) he was minding his own business when ... *a. hum* ③ (*verärgert*) angry, cross; **ein ~s Gesicht/~r Gesichtsausdruck** a scowl; **ein ~s Gesicht/einen ~n Gesichtsausdruck machen** to scowl, to glower; **~ sein/werden** to be/get [*or* become] angry [*or* cross]; (*stärker*) to be/get furious [*or fam* mad]; **sie wird leicht ~** she angers [*or* gets angry] easily; **auf jdn/mit jdm ~ sein, jdm ~ sein** to be angry [*or* cross] with sb; **sei [mir] bitte nicht ~, aber ...** please don't be cross [*or* angry] [with me], but ...; **zum B~n ausschlagen** (*geh*) to have bad [*or* negative] consequences; **im B~n auseinandergehen, sich** *akk* **im B~n trennen** to part on bad terms; **sich** *akk* **zum B~n wenden** to take an unpleasant [*or* a nasty] turn ④ (*fam: unartig*) naughty, bad ⑤ (*gefährlich, schlimm*) bad, nasty; **ein ~r Husten/Sturz** a bad [*or* nasty] cough/fall; **eine ~ Krankheit** a serious illness; **ein ~er Unfall** (*fam*) a terrible accident; (*fam: schmerzend, entzündet*) bad, sore; **ein ~r Finger** a sore finger ▸ WENDUNGEN: **den ~n Blick haben** to have the evil eye; **B~s im Schilde führen** to be up to no good **II.** *adv* ① (*übelwollend*) evilly; **~ gucken/lächeln** to give an evil look/smile; **das habe ich nicht ~ gemeint** I meant no [*or* didn't mean any] harm, no harm intended ② (*fam: sehr*) badly; **sich** *akk* **~ irren** to make a serious mistake; **jdn ~ mitnehmen** to hit sb hard; **jdn ~ reinlegen** to drop sb in it *fam* ③ (*schlimm, übel*) badly; **er ist ~ gefallen** he had a nasty fall; **~ ausgehen** to end in disaster, to turn out badly; **das wird ~ ausgehen!** that'll end in disaster! [*or* turn out badly!]; **~ dran sein** to be in a bad way; **~ [für jdn] aussehen** to look bad [for sb]; **es sieht ~ aus für dich** things're looking bad for you
Bö·se(r) *f(m) dekl wie adj* ① (*Bösewicht*) villain, baddy BRIT *fam,* bad guy AM ② (*geh: Teufel*) ■**der ~** the Devil
Bö·se·wicht <-[e]s, -er *o* -e> ['bø:zəvɪçt] *m* ① (*hum fam: Wicht*) little devil *fam* ② (*veraltend o hum: Schurke*) villain
bos·haft ['bo:shaft] **I.** *adj* (*übelwollend*) malicious, nasty **II.** *adv*

~ **grinsen/lächeln** to give an evil grin/smile

Bos·heit <-, -en> *f* malice *no pl*, nastiness *no pl*; (*Bemerkung*) nasty [*or* malicious] remark; **aus** [**lauter**] ~ out of [pure] malice, for [purely] malicious reasons

Bos·kop <-s, -> ['bɔskɔp] *m* russet

Bos·ni·en <-s> ['bɔsniən] *nt* Bosnia; *s. a.* **Deutschland**

Bos·ni·en-Her·ze·go·wi·na <~~~s> *nt*, **Bos·ni·en und Her·ze·go·wi·na** <-s> *nt* ÖSTERR Bosnia-Herzegovina

Bos·ni·er(in) <-s, -> ['bɔsniɐ] *m(f)* Bosnian; *s. a.* **Deutsche(r)**

bos·nisch ['bɔsnɪʃ] *adj* Bosnian

bos·nisch-her·ze·go·wi·nisch *adj* Bosnian; *s. a.* **deutsch**

Boss[RR] <-es, -e> *m*, **Boß**[ALT] <-sses, -sse> [bɔs] *m* (*fam*) boss *fam*

bös·wil·lig **I.** *adj* malicious, malevolent; JUR wilful BRIT, willful AM; **in ~er Absicht** with malicious intent [*or* AM *a.* prepense] [*or* AM *form a.* aforethought]; **~es Verlassen** wilful desertion **II.** *adv* maliciously, malevolently; **es geschah nicht ~!** no harm intended!

Bös·wil·lig·keit <-> *f kein pl* malice *no pl*, malevolence *no pl*; **aus** [**lauter**] ~ out of pure malice [*or* malevolence], for purely malicious [*or* malevolent] reasons

bot [bɔt] *imp von* **bieten**

Bo·ta·nik <-> [bo'ta:nɪk] *f kein pl* botany *no pl*

Bo·ta·ni·ker(in) <-s, -> [bo'ta:nikɐ] *m(f)* botanist

bo·ta·nisch [bo'ta:nɪʃ] *adj* botanical; **~er Garten** Botanical Gardens *pl*

Bo·ta·ni·sier·trom·mel *f* [botanist's] specimen box

Bo·te, Bo·tin <-n, -n> ['bo:tə, 'bo:tɪn] *m, f* ① (*Kurier*) courier; (*mit Nachricht*) messenger; (*Zeitungs~*) paperboy *masc*, papergirl *fem*; (*Laufbursche*) errand boy; *bes* SÜDD (*Post~*) postman ② (*geh: Anzeichen*) herald, harbinger *liter*

Bo·ten·dienst *m* messenger service; **~e** [**für jdn**] **leisten** [*o* **verrichten**] to carry messages [for sb] **Bo·ten·gang** <-gänge> *m* errand; **einen ~** [**für jdn**] **machen** [*o* **erledigen**] to run an errand [for sb] **Bo·ten·stoff** *m* BIOL chemical messenger

Bo·tin <-, -nen> *f fem form von* **Bote**

Bot·schaft[1] <-, -en> ['bo:tʃaft] *f* ① (*Nachricht*) news *no pl*, *no indef art*; **freudige ~** good news, glad tidings *old or hum*; **hast du schon die freudige ~ gehört?** have you heard the good news yet?; **ich habe eine freudige ~ für dich** I've got [some] good [*or* happy] news for you; **eine ~ erhalten** to receive a message [*or* a piece of news]; **jdm eine ~ hinterlassen** to leave sb a message [*or* a message for sb]; (*offizielle Nachricht*) communication; **die Frohe ~** REL the Gospel ② (*ideologische Aussage*) message

Bot·schaft[2] <-, -en> ['bo:tʃaft] *f* (*Gesandtschaft*) embassy; **eine ~ errichten** to create [*or* establish] an embassy; (*Gebäude*) embassy [building]

Bot·schaf·ter(in) <-s, -> *m(f)* ambassador

Bot·schafts·flücht·ling *m sb seeking political asylum in an embassy building*

Bo·tsu·a·na <-s> [bɔ'tsu̯a:na] *nt* BRD, ÖSTERR, **Bots·wa·na** <-s> [bɔ'tsva:na] *nt* SCHWEIZ Botswana; *s. a.* **Deutschland**

Bo·tsu·a·ner(in) <-s, -> *m(f)* Botswanan; *s. a.* **Deutsche(r)**

bo·tsu·a·nisch *adj* BRD, ÖSTERR, **bots·wa·nisch** *adj* SCHWEIZ Botswanan; *s. a.* **deutsch**

Bott <-[e]s, -e> [bɔt] *nt* SCHWEIZ general meeting

Bött·cher(in) <-s, -> ['bœtçɐ] *m(f)* cooper

Bot·tich <-[e]s, -e> ['bɔtɪç] *m* tub; (*für Wäsche*) washtub

Bou·clé[1] <-s, -s> [bu'kle:] *nt* (*Garn*) bouclé yarn

Bou·clé[2] <-s, -s> [bu'kle:] *m* (*Gewebe*) bouclé [fabric]

Bou·doir <-s, -s> [bu'do̯a:ɐ̯] *nt* (*veraltet geh*) boudoir *a. hum*

Bouil·lon <-, -s> [bʊl'jɔŋ, bʊl'jõ:] *f* [beef] bouillon; (*Restaurant*) consommé

Bouil·lon·wür·fel *m* bouillon [*or* stock] cube

Boule·vard <-s, -s> [bulə'va:ɐ̯] *m* boulevard

Boule·vard·blatt [bulə'va:ɐ̯-] *nt* (*fam*) tabloid **Boule·vard·pres·se** *f* (*fam*) yellow [*or pej* gutter] press **Boule·vard·the·a·ter** *nt* light theatre [*or* AM -er] **Boule·vard·zei·tung** *f* tabloid

Bour·geois <-, -> [bʊr'ʒo̯a(s)] *m* (*geh*) bourgeois

Bour·geoi·sie <-, -n> [bʊrʒo̯a'zi:, *pl* 'zi:ən] *f* (*veraltend geh*) bourgeoisie

Bou·tique, Bu·ti·ke <-, -n> [bʊ'ti:k] *f* boutique

Bo·vist <-s, -e> ['bo:vɪst, bo'vɪst] *m* BOT puffball, bovista *spec*

Bow·le <-, -n> ['bo:lə] *f* ① (*Getränk*) punch *no pl*; **eine ~ ansetzen** [*o* **machen**] to prepare [a/some] punch ② (*Schüssel*) punchbowl

Bow·ling <-s, -s> ['bo:lɪŋ] *nt* [tenpin] bowling *no pl*, *no art*; **zum ~ gehen** to go bowling

Bow·ling·ku·gel *f* bowling ball

Box <-, -en> [bɔks] *f* ① (*Behälter*) box ② (*fam: Lautsprecher*) loudspeaker; (*Musikbox*) jukebox, juke *fam* ③ (*abgeteilter Raum*) compartment; (*Stand im Stall*) box [stall] ④ (*für Rennwagen*) pit

bo·xen ['bɔksn̩] **I.** *vi* to box; **um die Meisterschaft ~** to box for the championship; **es wird um den Titel geboxt** it's a title fight; ■**gegen jdn ~** to fight sb **II.** *vt* ① (*schlagen*) ■**jdn ~** to punch sb ② SPORT (*sl: antreten gegen*) ■**jdn ~** to fight [against] sb ③ (*hinein-/hinausmanövrieren*) ■**jdn/etw ~** to push [*or* force] sb/sth **III.** *vr* ① (*fam: sich schlagen*) ■**sich** *akk* **mit jdm ~** to have a fist fight [*or* BRIT *fam* punch-up] with sb; **hört auf, euch zu ~!** stop fighting! ② (*fam: sich einen Weg bahnen*) **sich** *akk* **nach vorne/durchs Leben ~** to fight one's way forward/through life

Bo·xen <-s> ['bɔksn̩] *nt kein pl* boxing *no art*

Bo·xer(in) <-s, -> ['bɔksɐ] *m(f)* boxer

Bo·xer·mo·tor *m* AUTO opposed cylinder [*or* flat] engine **Bo·xer·na·se** *f* boxer's nose **Bo·xer-Shorts, Bo·xershorts** [-ʃo:ɐts, -ʃɔrts] *pl* boxer shorts *npl*

Box·hand·schuh *m* boxing glove **Box·kampf** *m* ① (*Einzelkampf*) bout, boxing match ② (*Boxen*) boxing *no art* **Box·ring** *m* [boxing] ring **Box·sport** *m* sport of boxing, boxing *no art* **Box·ver·ein** *m* boxing club

Boy <-s, -s> [bɔɪ] *m* ① (*Liftboy*) bellboy, AM *a.* bellhop ② (*sl: junger Kerl*) boy, lad

Boy·kott <-[e]s, -e *o* -s> [bɔɪ'kɔt] *m* boycott

boy·kot·tie·ren* [bɔɪkɔ'ti:rən] *vt* ■**etw ~** to boycott sth

brab·beln ['brabl̩n] **I.** *vt* (*fam*) ■**etw ~** to mumble sth **II.** *vi* (*fam*) to mumble; **ein ~der Säugling** a gurgling baby

brach [bra:x] *imp von* **brechen**

Brach·feld *nt* fallow field

Bra·chi·al·ge·walt *f kein pl* brute force; **mit ~** with brute force [*hum* and ignorance]; **mit ~ vorgehen** to use brute force

Brach·land *nt* fallow [land] **brach|le·gen** *vt* **ein Feld ~** to leave a field fallow **brach|lie·gen** *vi irreg* ① (*unbebaut sein*) to lie fallow ② (*ungenutzt sein*) to be left unexploited; **etw ~ lassen** to leave sth unexploited

Brach·sen <-s, -> ['braksn̩] *m* ZOOL, KOCHK (*Abramis brama*) [common] bream

brach·te ['braxtə] *imp von* **bringen**

Brach·vo·gel *m* curlew

bra·ckig ['brakɪç] *adj* brackish

Brack·was·ser *nt* brackish water

Brah·ma·ne <-n, -n> [bra'ma:nə] *m* Brahman, Brahmin

brah·ma·nisch [bra'ma:nɪʃ] *adj* Brahman *attr*, Brahmanic

Brain·drain[RR], **Brain-Drain** <-s> [breɪn'dreɪn] *m kein pl* brain drain *no pl*

Brain·stor·ming <-s> ['breɪnstɔ:mɪŋ] *nt kein pl* brainstorming session

brai·sie·ren [brɛ'zi:rən] *vt* KOCHK to braise

Bran·che <-, -n> ['brã:ʃə] *f* ① (*Wirtschaftszweig*) line of business ② (*Tätigkeitsbereich*) field

Bran·chen·ad·ress·buch[RR] *nt* classified [*or* trade] directory **Bran·chen·buch** *nt* (*Branchenverzeichnis*) classified [*or* trade] directory, ≈ Yellow Pages **Bran·chen·er·fah·rung** *f* experience in the trade [*or* industry] **bran·chen·fremd** *adj*

inexperienced in [*or* foreign to] the trade [*or* industry] *pred* **Bran·chen·füh·rer** *m* market leader **Bran·chen·ken·ner(in)** *m(f)* **er ist** [**ein**] ~ he knows the trade [*or* industry] **Bran·chen·kennt·nis** *f* knowledge of the trade [*or* industry]; ■ **~se** *pl* tricks *pl* of the trade **bran·chen·kun·dig** *adj* well-versed in the trade [*or* industry] *pred* **Bran·chen·rie·se** *m* ÖKON (*fam*) industrial giant **bran·chen·ty·pisch** *adj* typical of the trade [*or* industry] *pred* **bran·chen·üb·lich** *adj* customary, usual in the trade [*or* industry] *pred* **bran·chen·un·üb·lich** *adj* not usual in the trade [*or* industry] *pred* **Bran·chen·ver·zeich·nis** *nt* classified [*or* trade] directory, yellow pages *pl*

Brand <-[e]s, Brände> [brant, *pl* 'brɛndə] *m* ❶ (*Feuer*) fire; **in ~ geraten** to catch fire, to burst into flames; **einen ~ legen** to start a fire; **einen ~ löschen** to extinguish [*or sep* put out] a fire; **etw in ~ stecken** to set sth alight; **ein Gebäude in ~ stecken** to set a building on fire, to set fire to a building ❷ *von Keramik, Porzellan, Ziegel* ■ **der ~** firing ❸ (*fam: großer Durst*) raging thirst; **einen ~ haben** (*fam*) to be parched; **seinen ~ löschen** (*fam*) to cool one's raging thirst ❹ MED gangrene *no art, no pl* ❺ BOT blight, smut

brạnd·ak·tu·ẹll *adj* (*fam*) highly topical; **ein ~es Buch** a book hot off the press; **eine ~e CD/Schallplatte** a very recent CD/record; **ein ~es Thema/eine ~e Frage** a red-hot subject/issue *fam*

Brạnd·an·schlag *m* arson attack **Brạnd·bin·de** *f* bandage for burns **Brạnd·bla·se** *f* burn blister **Brạnd·bom·be** *f* incendiary bomb [*or* device] **Brạnd·brief** *m* urgent reminder

brạnd·ei·lig *adj* (*fam*) extremely urgent

bran·den ['brandn̩] *vi* ■ **an etw** *akk*/**gegen etw** *akk* ~ to break against sth

Bran·den·burg <-s> ['brandn̩bʊrk] *nt* Brandenburg

Brạnd·en·te *f* ORN (*Tadorna tadorna*) shelduck **Brạnd·fleck** *m* burn [mark] **Brạnd·ge·fahr** *f* fire risk, danger of fire **Brạnd·ge·ruch** *m* smell of burning **Brạnd·herd** *m* source of the fire

bran·dig ['brandɪç] *adj* ❶ (*bei Feuer*) burnt *attr;* ~ **riechen** to smell of burning ❷ BOT blighted, smutted ❸ MED gangrenous

Brạnd·ka·ta·stro·phe *f* conflagration, fire disaster **Brạnd·le·ger(in)** <-s, -> *m(f) bes* ÖSTERR (*Brandstifter*) arsonist **Brạnd·loch** *nt* burn[t] hole; **in etw** *akk* **ein ~ machen** to burn a hole in sth **brạnd·ma·ger** *adj* SCHWEIZ extremely thin, skinny *fam* **Brạnd·mal** <-s, -e> *nt* (*geh*) brand **brạnd·mar·ken** *vt* ❶ (*fig: anprangern*) ■ **jdn/etw** [**als etw** *akk*] ~ to brand sb/sth [as] sth, to denounce sb/sth [as sth] ❷ HIST (*mit Brandzeichen versehen*) ■ **jdn** [**als etw** *akk*] ~ to brand [*or* stigmatize] sb [as sth] **Brạnd·mau·er** *f* fire[proof] wall **Brạnd·meis·ter(in)** *m(f)* head firefighter **brand·neu** ['brant'nɔy] *adj* (*fam*) brand new **Brạnd·op·fer** *nt* ❶ (*Opfer eines Brandes*) victim of a/the fire ❷ REL burnt offering; (*Mensch*) burnt sacrifice **Brạnd·re·de** *f* inflammatory speech **Brạnd·ro·dung** *f* slash-and-burn *no art* **Brạnd·sal·be** *f* burn ointment, ointment for burns [*or* scalds] **Brạnd·scha·den** *m* fire damage *no pl*

brand·schat·zen ['brantʃatsn̩] *vt* ■ **etw** ~ to sack [*or* pillage] sth

Brạnd·stel·le *f* ❶ (*Ort des Brandes*) fire ❷ (*verbrannte Stelle*) burnt patch **Brạnd·stif·ter(in)** *m(f)* arsonist **Brạnd·stif·tung** *f* arson *no pl* **Brạnd·teig** *m* KOCHK chou[x] pastry

Brạn·dung <-, -en> *f* surf, breakers *pl*

Brạnd·ur·sa·che *f* cause of the fire **Brạnd·wa·che** *f* ❶ (*Überwachung der Brandstelle*) firewatch ❷ (*Posten an der Brandstelle*) firewatch team ❸ SCHWEIZ (*Feuerwehr*) fire brigade **Brạnd·wun·de** *f* burn **Brạnd·zei·chen** *nt* brand

brann·te ['brantə] *imp von* **brennen**

Brannt·wein ['brantvain] *m* (*geh*) spirits *pl*

Brạnnt·wein·es·sig *m* spirit vinegar **Brạnnt·wein·steu·er** *f* tax on spirits

Bra·si·li·a·ner(in) <-s, -> [brazi'li̯a:nɐ] *m(f)* Brazilian; *s. a.* **Deutsche(r)**

bra·si·li·a·nisch [brazi'li̯a:nɪʃ] *adj* Brasilian; *s. a.* **deutsch**

Bra·si·li·en <-s> [bra'zi:li̯ən] *nt* Brazil; *s. a.* **Deutschland**

Bra·sil·nussRR [bra'zi:l-] *f* BOT (*Berthollotia excelsa*) Brazil nut

Bras·sen <-, -> ['brasn̩] *m s.* **Brachsen**

Brät <-s> [brɛ:t] *nt kein pl* DIAL (*fachspr*) sausage meat

Brat·ap·fel *m* baked apple **Brat·beu·tel** *m s.* **Backbeutel**

bra·ten <brät, briet, gebraten> ['bra:tn̩] **I.** *vt* ■ **etw** ~ (*in der Pfanne garen*) to fry sth; ■ [**sich** *dat*] **etw** ~ to fry [oneself] sth; (*am Spieß garen*) to roast sth [on a spit]; **etw knusprig** [*o* **kross**] ~ to fry/roast sth until crisp **II.** *vi* ❶ (*in der Pfanne garen*) to fry ❷ (*fam: schmoren*) [**in der Sonne**] ~, **sich** *akk* ~ **lassen** to roast [in the sun] *fam*

Bra·ten <-s, -> ['bra:tn̩] *m* joint, roast [meat *no pl, no art*]; **kalter ~** cold meat ▸ WENDUNGEN: **ein fetter ~** (*fam*) a prize [*or* good] catch; **den ~ riechen** (*fam*) to smell a rat *fam*

Bra·ten·fett *nt* dripping *no pl* **Bra·ten·ga·bel** *f* carving fork **Bra·ten·so·ße** *f* gravy **Bra·ten·ther·mo·me·ter** *nt* meat thermometer **Bra·ten·wen·der** <-s, -> *m* roasting jack, turnspit

Brä·ter <-s, -> ['brɛ:tɐ] *m* KOCHK roasting pan [*or* dish]

Brat·fett *nt* cooking fat **Brat·fisch** *m* ❶ (*zum Braten bestimmter Fisch*) fish for frying ❷ (*gebratener Fisch*) fried fish **Brat·hähn·chen** *nt,* **Brat·hendl** <-s, -[n]> *nt* ÖSTERR, SÜDD grilled chicken **Brat·he·ring** *m* fried herring **Brat·huhn** *nt* roast chicken **Brat·kar·tof·feln** *pl* fried potatoes *pl,* sauté potatoes *pl* **Brat·kar·tof·fel·ver·hält·nis** *nt* (*pej fam*) meal ticket *pej fam;* **er hat ein ~ mit ihr** she is his meal ticket **Brat·pfan·ne** *f* frying pan **Brat·röh·re** *f* DIAL oven **Brat·rost** *m* grill

Brat·sche <-, -n> ['bra:tʃə] *f* viola

Brat·schist(in) <-en, -en> [bra'tʃɪst] *m(f)* violist, viola player

Brat·spieß *m* spit **Brat·wurst** *f* ❶ (*zum Braten bestimmte Wurst*) [frying] sausage, bratwurst ❷ (*gebratene Wurst*) [fried] sausage, bratwurst

Brauch <-[e]s, Bräuche> [braux, *pl* 'brɔyçə] *m* custom, tradition; **so will es der ~** that's the custom [*or* tradition]; **nach altem ~** according to custom [*or* tradition]; [**bei jdm so**] ~ **sein** to be customary [*or* tradition[al]] [*or* the custom] [with sb]

brauch·bar *adj* ❶ (*geeignet*) suitable; [**beschränkt/nicht**] ~ **sein** to be of [limited/no] use; **mein Schirm ist zwar alt, aber noch ganz ~** my umbrella is old but it still serves its purpose [*or* it'll still do the trick] ❷ (*ordentlich*) useful; **ein ~er Plan** a viable plan; **ein ~er Mitarbeiter** a useful worker *fam*

brau·chen ['brauxn̩] **I.** *vt* ❶ (*nötig haben*) ■ **jdn/etw** [**für/zu etw**] ~ to need sb/sth [for sth/to do sth]; **wozu brauchst du das?** what do you need that for?; **ich kann dich jetzt nicht ~** (*fam*) I haven't got time for you right now ❷ (*an Zeit benötigen*) **Zeit/eine Stunde** [**für etw**] ~ to need time/an hour [for sth]; **ich brauche bis zum Bahnhof etwa eine Stunde** I need about an hour [*or* it takes me about an hour] to get to the station; **alles braucht seine Zeit** everything takes time, Rome wasn't built in a day *prov* ❸ DIAL (*fam: gebrauchen*) ■ **etw** ~ to need sth; **kannst du die Dinge ~?** can you find a use for these?; **das könnte ich jetzt gut ~** I could do with that right now; **ich kann diese Leute nicht ~!** I don't need [*or* I can do without] these people! ❹ (*fam: verbrauchen*) ■ **etw** ~ to use sth **II.** *vb aux modal* (*müssen*) ■ **etw** [*geh* **zu**] **tun** ~ to need to do sth; ■ **etw nicht** [**zu**] **tun** ~ to not need to do sth, to need not do sth; **Astrid braucht nächste Woche nicht zu arbeiten** Astrid doesn't need to work next week; **du hättest doch nur etwas** [**zu**] **sagen** ~ you need only have said something, you only needed to say something; **der Rasen braucht noch nicht gemäht** [**zu**] **werden** the lawn doesn't need mowing yet [*or* needn't be mown yet] **III.** *vt impers* SCHWEIZ, SÜDD ■ **es braucht etw** sth is needed; **es braucht noch ein bisschen Salz** a little more salt is needed, you need a little bit more salt; ■ **es braucht jdn/etw, um etw zu tun** sb/sth is needed to do sth

Brauch·tum <-[e]s, *selten* -tümer> *nt* customs *pl,* traditions *pl;* **ein altes ~** a tradition

Brauch·was·ser *nt* (*fachspr*) industrial [*or* service] water

Braue <-, -n> ['brauə] *f* [eye]brow, supercilium *spec;* **zusam-**

mengewachsene ~n eyebrows joined in the middle; *s. a.* **Augenbraue**

brau·en ['brauən] *vt* ❶ **Bier** ~ to brew beer ❷ (*fam: zubereiten*) [**jdm/sich**] **einen Kaffee** ~ to make [sb/oneself] [a/some] coffee; **einen Zaubertrank** ~ to concoct a magic potion

Brau·er(in) <-s, -> ['brauɐ] *m(f)* brewer

Brau·e·rei <-, -en> [brauə'rai] *f* ❶ (*Braubetrieb*) brewery ❷ *kein pl* (*das Brauen*) ■ **die** ~ brewing *no pl*

Brau·e·rei·ab·wäs·ser *pl* effluent from breweries

Brau·e·rin <-, -nen> *f fem form von* **Brauer**

Brau·haus *nt* [privately-owned] brewery **Brau·meis·ter(in)** *m(f)* master brewer

braun [braun] **I.** *adj* ❶ (*Farbe*) brown; (*brünett*) brown, brunet[te]; (*von der Sonne*) [sun-]tanned; ■ ~ **werden** to become brown [*or* [sun-]tanned] ❷ (*pej: nationalsozialistisch*) Nazist[ic], Nazi *attr;* ■ **die B~en** *pl* the Brownshirts *pl* **II.** *adv* ~ **gebrannt** [sun-]tanned; **etw** ~ **färben/lackieren** to dye/paint sth brown

Braun <-s, -> [braun] *nt* brown [colour [*or* AM -or]]; ■ **in** ~ in brown

braun·äu·gig *adj* brown-eyed **Braun·bär** *m* brown bear

Bräu·ne <-> ['brɔynə] *f kein pl* [sun]tan

bräu·nen ['brɔynən] **I.** *vt* ❶ (*braun werden lassen*) ■ **jdn/etw** ~ to tan sb/sth ❷ KOCHK ■ **etw** ~ to brown sth **II.** *vi* ❶ (*braun werden*) ■ [**in der Sonne**] ~ to go brown [*or* tan] [in the sun]; (*von Sonne, UV-Strahlung*) to tan ❷ KOCHK to turn brown; ■ **etw** ~ **lassen** to brown sth **III.** *vr* ■ **sich** *akk* ~ (*sich sonnen*) to get a tan; (*braun werden*) to go brown

braun·ge·brannt *adj s.* **braun II. braun·haa·rig** *adj* brown-haired; (*Frau*) brunet[te] **Braun·koh·le** *f* brown coal, lignite **Braun·koh·le·kraft·werk** *nt* brown coal fired power station

bräun·lich ['brɔynlɪç] *adj* brownish

Braun·reis *m s.* **Naturreis**

Braun·schweig <-s> ['braunʃvaik] *nt* Brunswick

Bräu·nung <-, -en> *f* bronzing *no pl, no indef art;* **eine tiefe** ~ **der Haut** a deep [sun]tan

Bräu·nungs·creme [-kre:m] *f* tanning cream

Braun·wurz <-> *f kein pl* BOT figwort

Braus [braus] *m s.* **Saus**

Brau·se <-, -n> ['brauzə] *f* ❶ DIAL (*veraltend: Dusche*) shower; **sich** *akk* **unter die** ~ **stellen** to take [*or* have] a shower; (*Handbrause*) [hand] shower ❷ (*Aufsatz von Gießkannen*) spray [attachment], sprinkler ❸ (*veraltend fam: Limonade*) lemonade; (*Brausepulver*) sherbet powder

brau·sen ['brauzn̩] *vi* ❶ *haben* (*tosen*) to roar [*or* thunder]; (*von Wind, Sturm*) to howl; ~**der Beifall** tumultuous applause ❷ *sein* (*fam: rasen, rennen, schnell fahren*) to storm; (*von Wagen*) to race

Brau·se·pul·ver *nt* effervescent powder; (*für Kinder*) sherbet powder **Brau·se·ta·blet·te** *f* effervescent tablet

Braut <-, Bräute> [braut, *pl* 'brɔytə] *f* ❶ (*bei Hochzeit*) bride; ~ **Christi** bride of Christ ❷ (*veraltend: Verlobte*) fiancée, betrothed *old;* **sie ist seine** ~ she is his fiancée, she is engaged [*or old* betrothed] to him ❸ (*veraltend sl: junge Frau, Freundin*) girl, BRIT *fam a.* bird

Braut·en·te *f* wood duck **Braut·füh·rer** *m* bride's male attendant

Bräu·ti·gam <-s, -e> ['brɔytɪgam, 'brɔyti-] *m* ❶ (*bei Hochzeit*) [bride]groom ❷ (*veraltend: Verlobter*) fiancé, betrothed *old*

Braut·jung·fer *f* bridesmaid **Braut·kleid** *nt* wedding dress **Braut·kranz** *m* bridal wreath **Braut·leu·te** *pl s.* **Brautpaar Braut·mut·ter** *f* bride's mother **Braut·paar** *nt* ❶ (*bei Hochzeit*) bride and groom + *pl vb* ❷ (*veraltend: Verlobte*) engaged couple **Braut·schau** *f* **auf** ~ **gehen,** ~ **halten** (*hum*) to go/be looking for a wife **Braut·schlei·er** *m* bridal [*or* wedding] veil **Braut·va·ter** *m* bride's father

brav [bra:f] **I.** *adj* ❶ (*folgsam*) well-behaved, good; **sei schön** ~**!** be a good boy/girl; **komm her, sei ein** ~**er Hund!** come here, there's a good dog!; **bist du wieder nicht** ~ **gewesen?** have you been bad again?; ~ [**gemacht**]! [there's a] good boy/girl! ❷ (*bieder*) plain ❸ (*rechtschaffen*) worthy, honest **II.** *adv* ❶ (*folgsam*) **geh** ~ **spielen!** be a good boy/girl, and go and play, go and play, there's a good boy/girl ❷ (*rechtschaffen*) worthily

bra·vo ['bra:vo] *interj* well done, bravo *dated*

Bra·vo·ruf *m* cheer

Bra·vour <-> [bra'vu:ɐ̯] *f kein pl* (*geh*) ❶ (*Meisterschaft*) brilliance *no pl,* bravura *no pl liter;* ■ **mit** ~ (*meisterlich*) with style; **eine Prüfung mit** ~ **bestehen** to pass an examination with flying colours [*or* AM -ors]; (*mit Elan*) with spirit ❷ (*Kühnheit*) gallantry

Bra·vour·leis·tung *f* (*geh*) brilliant performance

bra·vou·rös [bravu'rø:s] **I.** *adj* ❶ (*meisterhaft*) brilliant, bravura *attr liter* ❷ (*kühn*) undaunted **II.** *adv* ❶ (*meisterhaft*) with brilliance ❷ (*kühn*) gallantly

Bra·vour·stück *nt* (*geh*) ❶ (*Glanznummer*) brilliant feat ❷ MUS bravura

Bra·vurRR <-> [bra'vu:ɐ̯] *f kein pl* (*geh*) *s.* **Bravour**

bra·vu·rösRR [bravu'rø:s] *adj, adv s.* **bravourös**

BRD <-> [be:ʔɛr'de:] *f Abk von* **Bundesrepublik Deutschland** FRG

Break <-s, -s> [breɪk] *m o nt* TENNIS break

Brech·boh·ne *f* French [*or* string] bean **Brech·durch·fall** *m* vomiting and diarrhoea [*or* AM diarrhea] *no art* **Brech·ei·sen** *nt* crowbar

bre·chen <bricht, brach, gebrochen> ['brɛçn̩] **I.** *vt haben* ❶ (*zer~*) ■ **etw** ~ to break sth; *s. a.* **durchbrechen, zerbrechen** ❷ (*ab~*) ■ **etw von etw** *dat* ~ to break sth off sth; **Zweige von den Bäumen** ~ to break twigs off trees ❸ (*spaltend ab~*) **Schiefer/Stein/Marmor** ~ to cut slate/stone/marble; (*im Steinbruch*) to quarry slate/stone/marble ❹ (*nicht [mehr] einhalten*) **eine Abmachung/einen Vertrag** ~ to break [*or* violate] an agreement/a contract; **seinen Eid** ~ to violate one's oath; **sein Schweigen** ~ to break one's silence; **jdm die Treue** ~ to break trust with sb ❺ (*übertreffen*) **einen Rekord** ~ to break a record ❻ (*niederkämpfen*) ■ **etw** [**durch etw** *akk*] ~ to overcome sth [with sth]; ■ **jdn/etw** [**durch etw** *akk*] ~ to break sb/sth down [with sth] ❼ (*geh: pflücken*) ■ **etw** ~ to pick [*or liter* pluck] sth ❽ (*ablenken*) ■ **etw** ~ to refract sth; **einen Lichtstrahl** ~ to refract a ray of light; (*abprallen lassen*) to break the force of sth; **die Brandung wurde von den Buhnen gebrochen** the groynes broke the force of the surf ❾ (*verletzen*) **sich** *dat* **den Arm/einen Knochen** ~ to break one's arm/a bone; **jdm den Arm** ~ to break sb's arm ❿ (*er~*) ■ **etw** ~ to vomit sth **II.** *vi* ❶ *sein* (*auseinander*) to break [apart]; **zum B~** [*o* ~**d**] **voll sein** (*fam*) to be jam-packed *fam; s. a.* **Herz** ❷ *haben* (*Verbindung beenden*) ■ **mit jdm/etw** ~ to break with sb/sth; **eine Tradition** ~ to break with [*or* away from] a tradition ❸ (*sich erbrechen*) to be sick, to throw up **III.** *vr haben* (*abgelenkt werden*) ■ **sich** *akk* [**an etw** *dat*] ~ to break [against sth]; PHYS to be refracted [at sth]; (*von Ruf, Schall*) to rebound [off sth]

Bre·cher <-s, -> ['brɛçɐ] *m* breaker; **große/schwere** ~ *pl* rollers *pl*

Brech·erb·se *f* sugar snap pea **Brech·mit·tel** *nt* emetic [agent]; **das reinste** ~ [**für jdn**] **sein** (*fam*) to make sb [want to] puke *sl* **Brech·reiz** *m kein pl* nausea *no pl, no art* **Brech·stan·ge** *f* crowbar

Bre·chung <-, -en> *f* ❶ ■ **die** ~ (*von Wellen*) breaking; PHYS the diffraction; (*von Schall*) rebounding ❷ LING mutation *no art*

Bre·douil·le <-, -n> [bre'dʊljə] *f* ▶ WENDUNGEN: **in die** ~ **geraten** [*o* **kommen**] to get into a scrape [*or* fix] [*or hum* pretty pickle] *fam;* **in der** ~ **sein** [*o* **sitzen**] to be in a scrape [*or* fix] [*or hum* pretty pickle] *fam*

Brei <-[e]s, -e> [brai] *m* ❶ (*dickflüssiges Nahrungsmittel*)

mash *no pl,* pap *no pl* ❷ (*zähe Masse*) paste; **die Lava ergoss sich als rot glühender ~ den Vulkanhang hinunter** the red-hot lava flowed sluggishly down the side of the volcano; **jdn zu ~ schlagen** (*fam*) to beat sb to a pulp *fam;* **jdm ~ ums Maul schmieren** to soft-soap [*or* sweet-talk] sb *fam;* **um den [heißen] ~ herumreden** to beat about the bush *fam*

brei·ig ['braiɪç] *adj* pulpy, mushy; **eine ~e Konsistenz** a viscous [*or* thick] consistency; **~e Lava** viscous [*or* sluggish] lava; **eine ~e Masse** a paste

breit [brait] **I.** *adj* ❶ (*flächig ausgedehnt*) wide; **eine ~e Nase** a flattened nose; **~e Schultern haben** to have broad shoulders; **ein ~er Kerl** a hefty bloke [*or* AM guy]; **~e Buchstaben** TYPO expanded letters; **~e Schrift** TYPO padded [*or* sprawling] type; **etw ~[er] machen** to widen sth; **x cm ~ sein** to be x cm wide; **ein 25 cm ~es Brett** a 25-cm-wide plank, a plank 25 cm in width; *s. a.* **Bein** ❷ (*ausgedehnt*) wide; **ein ~es Publikum** a wide [*or* large] public; **die ~e Öffentlichkeit** the general public; **~e Zustimmung** wide[-ranging] approval ❸ (*gedehnt*) broad; **ein ~es Lachen** a hearty laugh ❹ (*stark ausgeprägt*) **ein ~er Dialekt** a broad dialect ❺ DIAL (*sl: betrunken*) smashed *sl* **II.** *adv* ❶ (*flach*) flat ❷ (*umfangreich*) **~ gebaut** strongly [*or* sturdily] built; **sie ist in den Hüften ~ gebaut** she's broad in the beam *hum fam;* **sich** *akk* **~ hinsetzen** to plump down; **setz dich doch nicht so ~ hin!** don't take up so much room! ❸ (*gedehnt*) broadly; **er grinste ~ über das ganze Gesicht** he grinned broadly [*or* from ear to ear] ❹ (*ausgeprägt*) **~ sprechen** to speak in a broad dialect

Breit·band <-bänder> *nt* ELEK, RADIO, TELEK broadband

Breit·band·an·ti·bi·o·ti·kum *nt* broad-spectrum antibiotic

breit·bei·nig I. *adj* **in ~er Stellung** with one's legs apart; **ein ~er Gang** a rolling gait **II.** *adv* with one's legs apart; **~ gehen** to walk with a rolling gait

Brei·te <-, -n> ['braitə] *f* ❶ (*die breite Beschaffenheit*) width; **von x cm ~** x cm in width, with a width of x cm; **[jdm] etw in aller ~ erklären** to explain sth [to sb] in great detail; **in voller ~ vor jdm** (*fam*) right [*or fam* smack] in front of sb; **in die ~ gehen** (*fam*) to put on weight ❷ (*Ausgedehntheit*) wide range; **die ~ des Angebots** the wide range on offer ❸ (*Gedehntheit*) breadth ❹ (*von Dialekt, Aussprache*) broadness ❺ (*Breitengrad*) latitude; **in südlichere ~n fahren** to travel to more southerly climes; **die Insel liegt [auf] 34° nördlicher ~** the island lies 34° north; **in unseren/diesen ~n** in our part/these parts of the world

brei·ten ['braitn̩] **I.** *vt* ❶ (*decken*) ■**etw über jdn/etw ~** to spread sth over sb/sth ❷ (*spreizen*) **etw ~** to spread sth; **der Vogel breitete die Flügel** the bird spread its wings **II.** *vr* (*poet: sich decken*) ■**sich** *akk* **über etw** *akk* **~** to spread over sth; **Dunkelheit breitete sich über die Stadt** darkness spread over the town

Brei·ten·ar·beit *f* more general work; SPORT *training for a large number of up-and-coming players or teams* **Brei·ten·grad** *m* [degree of] latitude **Brei·ten·kreis** *m* line of latitude, parallel **Brei·ten·sport** *m* popular sport **Brei·ten·wir·kung** *f* widespread impact

breit·krem·pig *adj* broad-brimmed **breit|ma·chen** *vr* (*fam*) **sich** *akk* **~** to spread oneself [out] (**auf** +*dat* on); (*sich ausbreiten*) to spread; (*sich verbreiten*) to pervade; **mach dich doch nicht so breit!** don't take up so much room; **ihr Exfreund hat sich in ihrer Wohnung breitgemacht** her ex treats her flat as if it were his; **bei euch scheinen sich einige Vorurteile breitgemacht zu haben** you seem to have adopted some prejudices **breit·ran·dig** *adj* wide-rimmed; **ein ~er Hut** a broad-brimmed hat; *s. a.* **breitkrempig** **breit|schla·gen** *vt irreg* (*fam*) ■**jdn [zu etw** *dat*] **~** to talk sb round, to talk sb [round] into doing sth; ■**sich** *akk* **[von jdm] [zu etw** *dat*] **~ lassen** to let oneself be talked round [by sb] [into doing sth]

breit·schul·te·rig, breit·schult·rig *adj* broad-shouldered *attr;* **~ sein** to have broad shoulders **Breit·schwanz** *m kein pl* caracul, broadtail **Breit·sei·te** *f* ❶ NAUT broadside; **eine ~ abgeben** to fire a broadside ❷ (*scharfe Attacke*) broadside; **eine ~ abkriegen** (*fam*) to catch a broadside ❸ (*kürzere Seite*) short end **breit·spu·rig** *adj* BAHN broad-gauge *attr* **breit|tre·ten** *vt irreg* (*fam*) ■**etw ~** ❶ (*zu ausgiebig erörtern*) to go on about sth *fam,* to flog sth to death *sl* ❷ (*verbreiten*) to enlarge on sth **breit|wal·zen** *vt* (*fam*) *s.* **breittreten** **Breit·wand** *f* wide screen; **auf ~ zeigen** to show on a wide screen; **ein Film in ~** a film in wide-screen format **Breit·wand·film** *m* wide-screen film, film for the wide screen **Breit·we·ge·rich** *m* BOT (*Plantago major*) great plantain

Bre·men <-s> ['bre:mən] *nt* Bremen

Brems·an·la·ge ['brɛms-] *f* braking system **Brems·ba·cke** *f* brake shoe **Brems·be·lag** *m* brake lining; AUTO brake pad

Brem·se¹ <-, -n> ['brɛmzə] *f* ❶ (*Bremsvorrichtung*) brake; **die ~n sprechen gut an** the brakes respond well ❷ (*Pedal*) brake [pedal]; (*Bremshebel*) brake [lever]; **auf die ~ treten** [*o fam* **steigen**] [*o sl* **latschen**] to put on [*or* apply] [*or fam* slam on] the brakes

Brem·se² <-, -n> ['brɛmzə] *f* (*Stechfliege*) horsefly

brem·sen ['brɛmzn̩] **I.** *vi* ❶ (*die Bremse betätigen*) to brake, to put on [*or* apply] the brakes ❷ (*abbremsen*) to brake; **~d wirken** to act as a brake; (*von Wind*) to slow sb/sth down ❸ (*hinauszögern*) to put on the brakes *fam* ❹ (*fig: zurückstecken*) ■**mit etw** *dat* **~** to cut down on sth; **mit den Ausgaben ~ müssen** to have to curtail expenses **II.** *vt* ❶ AUTO (*ab~*) ■**etw ~** to brake sth ❷ (*verzögern*) ■**etw ~** to slow down sth *sep,* to retard sth; (*dämpfen*) to curb sth ❸ (*fam: zurückhalten*) ■**jdn ~** to check sb; **sie ist nicht zu ~** (*fam*) there's no holding [*or* stopping] her **III.** *vr* **ich kann/werd' mich ~!** (*fam*) not likely! *a. iron,* not a chance! *a. iron*

Brem·ser(in) <-s, -> ['brɛmzɐ] *m(f)* ❶ (*fig: Verhinderer*) damper; **sich als ~ betätigen** to have a dampening effect, to be a wet blanket *fam* ❷ HIST, BAHN brake[s]man; SPORT brake[s]man

Brems·fall·schirm *m* brake parachute, drogue [parachute] **Brems·flüs·sig·keit** *f* brake fluid **Brems·he·bel** *m* brake lever **Brems·klap·pe** *f* LUFT air brake **Brems·klotz** *m* AUTO brake pad **Brems·kraft·ver·stär·ker** *m* AUTO power brake [unit], brake servo **Brems·licht** *nt* stop light [*or* lamp] **Brems·pe·dal** *nt* brake pedal **Brems·ra·ke·te** *f* retrorocket **Brems·spur** *f* skid marks *pl*

Brem·sung <-, -en> *f* braking *no art*

Brems·vor·rich·tung *f* (*geh*) brake mechanism [*or* gear *no pl*] **Brems·weg** *m* braking [*or* stopping] distance

brenn·bar *adj* combustible, [in]flammable

Brenn·ele·men·te *pl* NUKL fuel elements *pl*

bren·nen <brannte, gebrannt> ['brɛnən] **I.** *vi* ❶ (*in Flammen stehen*) to be on fire; **lichterloh ~** to be ablaze; **zu ~ anfangen** to start burning, to catch fire; ■**~d** burning ❷ (*angezündet sein*) to burn; *Streichholz* to strike [*or* light]; *Feuerzeug* to light ❸ ELEK (*fam: an sein*) to be on; *Lampe a.* to be burning; ■**etw ~ lassen** to leave sth on ❹ (*schmerzen*) to be sore; **auf der Haut/in den Augen ~** to burn [*or* sting] the skin/eyes ❺ (*auf etw sinnen*) ■**auf etw** *akk* **~** to be bent on [*or* dying for] sth; ■**darauf ~, etw zu tun** to be dying to do sth ❻ (*ungeduldig sein*) ■**vor etw** *dat* **~** to be burning [*or* bursting] with sth; **vor Neugier ~** to be bursting with curiosity **II.** *vi impers* **es brennt!** fire! fire!; **in der Fabrik brennt es** there's a fire in the factory; **wo brennt's denn?** (*fig*) where's the fire?; (*fig fam*) what's the panic? **III.** *vt* ❶ (*rösten*) ■**etw ~** to roast sth ❷ (*destillieren*) ■**etw ~** to distil [*or* AM -ll] sth; **etw schwarz** [*o* **illegal**] **~** to moonshine sth AM ❸ (*härten*) ■**etw ~** to fire [*or* bake] sth ❹ (*auf~*) ■**einem Tier etw auf die Haut ~** to brand an animal's hide with sth; ■**etw auf etw** *akk/***in etw** *akk* **~** to burn sth into sth **IV.** *vr* ■**sich** *akk* **[an etw** *dat*] **~** to burn oneself [on sth]

bren·nend I. *adj* ❶ (*quälend*) scorching; **~er Durst** parching thirst ❷ (*sehr groß*) **~e Frage** urgent question; **~er Wunsch**

Briefe

Anrede in Briefen	forms of address in letters
Liebe/r …,	Dear …,
Hallo, …!/Hi, …! *(fam)*	Hello, …!/Hi, …!
Liebe/r Frau/Herr …,	Dear Mr/Mrs …,
Sehr geehrte/r Frau/Herr … *(form)*	Dear Mrs/Mr …
Sehr geehrte Damen und Herren …	Dear Sir or Madam

Schlussformeln in Briefen	ending a letter
Tschüss! *(fam)*/Ciao! *(fam)*	Bye!/Cheers!
Alles Gute! *(fam)*	All the best!
Herzliche/Liebe Grüße *(fam)*	Kind regards/With love from …
Viele Grüße	Best wishes
Mit (den) besten Grüßen	Yours
Mit freundlichen Grüßen *(form)*	Yours sincerely

fervent wish **II.** *adv* (*fam: sehr*) incredibly; **ich wüsste ~ gern …** I would dearly like to know …

Bren·ner¹ <-s, -> ['brɛnɐ] *m* TECH burner

Bren·ner(in)² <-s, -> ['brɛnɐ] *m(f)* (*Beruf*) distiller

Bren·ne·rei <-, -en> [brɛnəˈrai] *f* distillery

Brẹn·ne·rin <-, -nen> *f fem form von* **Brenner**

Brennes·sel^ALT ['brɛnnɛsl] *f s.* **Brennnessel** **Brẹnn·glas** *nt* burning glass **Brẹnn·holz** *nt* firewood *no pl* **Brẹnn·kam·mer** *f* LUFT combustion chamber **Brẹnn·ma·te·ri·al** *nt* [heating] fuel **Brenn·nes·sel^RR** ['brɛnnɛsl] *f* stinging nettle **Brẹnn·ofen** *m* kiln **Brẹnn·punkt** *m* ❶ PHYS focal point ❷ MATH focus ❸ (*Zentrum*) focus, focal point; **in den ~ [der Aufmerksamkeit/des Interesses] rücken** to become the focus [*or* focal point] [of attention/interest]; **im ~ [des Interesses] stehen** to be the focus [of interest] **Brẹnn·sche·re** *f* curling tongs *npl* **Brẹnn·spi·ri·tus** *m* [mineralized *spec*] methylated spirit **Brẹnn·stab** *m* NUKL fuel rod **Brẹnn·stoff** *m* fuel **Brẹnn·stoff·kreis·lauf** *m* NUKL fuel cycle **Brẹnn·wei·te** *f* PHYS focal length

brenz·lig ['brɛntslɪç] **I.** *adj* (*fam*) dicey *fam*, iffy *sl*; **die Situation wird mir zu ~** things are getting too hot for me **II.** *adv* **~ riechen** to smell of burning

Bre·sche <-, -n> ['brɛʃə] *f* breach; **in etw** *akk* **eine [große] ~ schlagen** [*o* **reißen**] (*fig*) to make a [great] breach in sth; **[für jdn] in die ~ springen** (*fig*) to step in [for sb]; **eine ~ in etw** *akk* **schlagen** [*o* **schießen**] to breach sth; **für jdn/etw eine ~ schlagen** to stand up for sb/sth

Bres·lau <-s> ['brɛslau] *nt* Wrocław

Bresse·huhn ['brɛs-] *nt* KOCHK Bresse chicken

Bre·ta·gne <-> [breˈtanjə, brəˈtanjə] *f* ■**die ~** Brittany

Bre·to·ne, Bre·to·nin <-n, -n> [breˈto:nə, breˈto:nɪn] *m, f* Breton; *s. a.* **Deutsche(r)**

Bre·to·nisch [breˈto:nɪʃ] *nt dekl wie adj* Breton; *s. a.* **Deutsch**

bre·to·nisch [breˈto:nɪʃ] *adj* Breton; *s. a.* **deutsch**

Bre·to̲·ni·sche <-n> *nt* ■**das ~** Breton, the Breton language; *s. a.* **Deutsche**

Brett <-[e]s, -er> [brɛt] *nt* ❶ (*Holzplatte*) [wooden] board; (*Planke*) plank; **etw mit ~ern vernageln** to board sth up; (*Sprungbrett*) [diving-]board; (*Regalbrett*) shelf; **die ~er, die die Welt bedeuten** THEAT (*fig*) the stage; **auf den ~ern stehen** THEAT to be on the stage; **schwarzes ~** noticeboard ❷ (*Spielbrett*) [game]board ❸ *pl* (*Skier*) skis *pl*; **auf den ~ern stehen** [*o* **sein**] to be on skis; (*Boxring*) floor, canvas; **auf die ~er gehen** (*fig*) to hit the canvas *fam*; **jdn auf die ~er schicken** (*fig fam*) to floor sb ►WENDUNGEN: **ein ~ vorm Kopf haben** (*fam*) to be slow on the uptake *a. iron; s. a.* **Welt**

Brẹtt·chen <-s, -> *nt* [small] board

Brẹt·ter·bo·den *m* board[ed] floor **Brẹt·ter·bu·de** *f* booth

bret·tern ['brɛtɐn] *vi sein* (*fam*) to hammer *fam*; **die Straße entlang ~** to tear up the road *fam*; **mit 200 Sachen über die Autobahn ~** to be doing 125 mph along the motorway [*or* AM freeway]

Brẹt·ter·wand *f* wooden wall **Brẹt·ter·zaun** *m* wooden fence; (*an Baustellen*) hoarding

Brẹtt·spiel *nt* board game

Bre·vet <-s, -s> [breˈve:, breˈvɛ] *nt* SCHWEIZ brevet

bre·ve·tie·ren* [breveˈti:rən] *vt* SCHWEIZ ■**jdn ~** to brevet sb

Bre·vier <-s, -e> [breˈvi:ɐ̯] *nt* ❶ (*Leitfaden*) ■**ein ~ einer S.** *gen* a guide to sth ❷ REL breviary; **das ~ beten** to say one's breviary

Bre·zel <-, -n> ['bre:tsl] *f* pretzel

> **i Kultur**
>
> **Brezeln** – *pretzels* are a south German speciality whose light-coloured dough is turned brown by dipping in a salt solution before baking. They are sprinkled with coarse salt and sold in baker's shops or on pretzel stalls; when spread with butter they are called *Butterbrezeln.*

bricht [brɪçt] *3. pers pres von* **brechen**

Bridge <-> [brɪdʒ] *nt kein pl* bridge *no pl*; **eine Partie ~ spielen** to play a game of bridge

bri·die·ren [briˈdi:rən] *vt* ■**etw ~** KOCHK to truss sth

Bri·die·ren [briˈdi:rən] *nt kein pl* KOCHK trussing

Brief <-[e]s, -e> [bri:f] *m* ❶ (*Poststück*) letter; **etw als ~ schicken** to send sth [by] letter post [*or* AM at [the] letter rate]; **jdm ~ und Siegel [auf etw** *akk*] **geben** to give sb one's word [on sth]; **blauer ~** (*Kündigung*) letter of dismissal; SCH *school letter notifying parents that their child must repeat the year;* **ein offener ~** an open letter; **mit jdm ~e wechseln** to correspond with sb ❷ (*in der Bibel*) epistle ❸ ÖKON *s.* **Briefkurs**

Bri̲e̲f·be·schwe·rer <-s, -> *m* paperweight **Bri̲e̲f·block** *m* writing [*or* letter] pad **Bri̲e̲f·bo·gen** *m* [sheet of] writing [*or* letter] paper **Bri̲e̲f·bom·be** *f* letter bomb

Brief·chen <-s, -> *nt* ❶ *dim von* **Brief** note ❷ (*flaches Päckchen*) packet; **ein ~ Streichhölzer** a book of matches

Brief·druck·sa·che *f* printed material [sent in letter form] **Brief·ein·wurf** *m* (*geh*) letter box BRIT, mailbox AM; (*in Postamt*) postbox BRIT, mailbox AM **Brief·freund(in)** *m(f)* pen pal *fam*, BRIT *a.* penfriend **Brief·freund·schaft** *f* correspondence [between pen pals [*or* BRIT *a.* penfriends]]; **eine ~ haben** to be penfriends **Brief·ge·heim·nis** *nt* privacy [*or* secrecy] of correspondence

Brie·fing <-s, -s> ['bri:fɪŋ] *nt* MIL, ÖKON briefing

Brief·kar·te *f* correspondence card

Brief·kas·ten *m* (*Hausbriefkasten*) letter box BRIT, mailbox AM; (*Postbriefkasten*) postbox BRIT, mailbox AM, BRIT *a.* pillar box; **elektronischer ~** INFORM electronic mailbox; **ein toter ~** a dead-letter box

Brief·kas·ten·do·mi·zil *nt* SCHWEIZ seat of a letter-box company **Brief·kas·ten·fir·ma** *f* letter-box company

Brief·kopf *m* letterhead **Brief·kurs** *m* FIN selling rate [*or* price]

brief·lich I. *adj* in writing *pred*, by letter *pred*; **in ~er Verbindung stehen** (*geh*) to be corresponding **II.** *adv* in writing, by letter

Brief·mar·ke *f* [postage] stamp

Brief·mar·ken·al·bum *nt* stamp album **Brief·mar·ken·au·to·mat** *m* stamp[-dispensing] machine **Brief·mar·ken·bo·gen** *m* sheet of stamps **Brief·mar·ken·kun·de** *f* philately **Brief·mar·ken·samm·ler(in)** *m(f)* philatelist, stamp collector **Brief·mar·ken·samm·lung** *f* stamp collection **Brief·mar·ken·stem·pel** *m* post[age] mark **Brief·mar·ken·zah·nung** *f* [stamp's] perforations *pl*

Brief·öff·ner *m* letter opener, paper knife **Brief·pa·pier** *nt* letter [*or* writing] paper **Brief·por·to** *nt* letter rate **Brief·schul·den** *pl* arrears *pl* of correspondence *form* **Brief·ta·sche** *f* wallet, AM *a.* billfold **Brief·tau·be** *f* carrier [*or* homing] pigeon **Brief·trä·ger(in)** *m(f)* postman *masc*, postwoman *fem* **Brief·um·schlag** *m* envelope **Brief·waa·ge** *f* letter scales; *pl* balance **Brief·wahl** *f* postal vote BRIT, absent[ee] ballot [*or* voting] AM; **seine Stimme durch ~ abgeben** to vote by post [*or* AM mail] **Brief·wahl·an·trag** *m* POL application for a postal vote [form] **Brief·wäh·ler(in)** *m(f)* postal [*or* AM absentee] voter **Brief·wahl·un·ter·la·gen** *f pl* POL postal vote forms **Brief·wech·sel** *m* correspondence; **mit jdm in ~ stehen, einen ~ mit jdm führen** (*geh*) to be corresponding [*or* in correspondence] with sb **Brief·zu·stel·ler(in)** *m(f)* (*geh*) postman *masc*, postwoman *fem*

Bries <-es, -e> [bri:s] *nt* KOCHK sweetbreads *pl*

briet [bri:t] *imp von* **braten**

Bri·ga·de <-, -n> [bri'ga:də] *f* MIL brigade

Bri·ga·de·ge·ne·ral(in) *m(f)* brigadier

Brigg <-, -s> [brɪk] *f* NAUT brig

Bri·kett <-s, -s *o selten* -e> [bri'kɛt] *nt* briquette

bri·ket·tie·ren [brikɛ'ti:rən] *vt* ■**etw ~** KOCHK to briquet sth

Bri·kett·zan·ge *f* fire tongs *npl*

bril·lant [brɪl'jant] *adj* brilliant

Bril·lant <-en, -en> [brɪl'jant] *m* brilliant, [cut] diamond

Bril·lant·kol·lier *nt* diamond necklace **Bril·lant·schmuck** *m kein pl* diamonds *pl*

Bril·lanz <-> [brɪl'jants] *f kein pl* ❶ (*meisterliche Art*) brilliance ❷ (*von Lautsprecher*) bounce, brilliancy ❸ (*Bildschärfe*) quality

Bril·le <-, -n> ['brɪlə] *f* ❶ (*Sehhilfe*) glasses *npl*, spectacles *npl*, specs *npl fam*; ■**eine ~** a pair of glasses [*or* spectacles] [*or fam* specs]; **[eine] ~ tragen** to wear glasses; **etw durch eine rosa[rote] ~ sehen** (*fig*) to see sth through rose-coloured [*or* AM -ored] [*or* rose-tinted] glasses; **alles durch eine schwarze ~ sehen** (*fig*) to take a gloomy [*or* pessimistic] view [of things]; **etw durch seine [eigene] ~ sehen** [*o* **betrachten**] (*fig*) to take a subjective view of sth, to see sth as one wants to [see it] ❷ (*Toilettenbrille*) [toilet] seat

Bril·len·bär *m* ZOOL (*Tremarctos ornatus*) spectacled bear **Bril·len·etui** *nt* glasses [*or* spectacles] case **Bril·len·ge·stell** *nt* spectacles frame **Bril·len·glas** *nt* lens **Bril·len·schlan·ge** *f* ❶ ZOOL [spectacled] cobra ❷ (*pej fam*) sb wearing glasses, four-eyes *pej fam*, BRIT *a. pej fam* specky four-eyes **Bril·len·trä·ger(in)** *m(f)* person wearing glasses [*or* spectacles] *pl*; **sie ist ~in** she wears glasses

bril·lie·ren* [brɪl'ji:rən] *vi* (*geh*) ■**[mit etw** *dat*] **~** to scintillate [with sth] *liter*

Brim·bo·ri·um <-s> [brɪm'bo:ri̯ʊm] *nt kein pl* (*pej fam*) fuss, ado; **ein ~ [um etw** *akk*] **machen** to make a fuss [about [*or* over] sth]

Brim·sen·kä·se ['brɪmzn̩] *m* ÖSTERR (*Schafskäse*) sheep's cheese

brin·gen <brachte, gebracht> ['brɪŋən] *vt* ❶ (*tragen*) ■**[jdm] etw ~** to bring [sb] sth, to bring sth [to sb]; **den Müll nach draußen ~** to take [*or* bring] out the rubbish [*or* AM garbage]; **etw an sich** *akk* **~** (*fam*) to get sth; **etw hinter sich** *akk* **~** to get sth over and done with; **etw mit sich ~** to involve [*or* entail] sth; **seine Unaufrichtigkeit brachte viele Probleme mit sich** his dishonesty caused a lot of troubles; **es nicht über sich** *akk* **~, etw zu tun** not to be able to bring oneself to do sth ❷ (*servieren*) ■**jdm etw ~** to bring sb sth; **sich** *dat* **etw ~ lassen** to have sth brought to one ❸ (*mitteilen*) ■**jdm eine Nachricht ~** to bring sb news ❹ (*befördern*) **jdn in die Klinik/zum Bahnhof/nach Hause ~** to take sb to the clinic/to the station/home; **die Kinder ins Bett ~** to put the children to bed ❺ (*begleiten*) ■**jdn nach Hause ~** to accompany sb home ❻ (*darbieten*) ■**etw ~** (*von Kino, Nachtlokal*) to show sth; (*von Artist, Tänzerin, Sportler*) to perform sth; *s. a.* **Opfer** ❼ (*senden*) ■**etw ~** to broadcast sth; TV to show [*or* broadcast] sth; **das Fernsehen bringt nichts darüber** there's nothing on television about it; **um elf Uhr ~ wir Nachrichten** the news will be at eleven o'clock ❽ (*aufführen*) ■**etw ~** to perform sth ❾ (*veröffentlichen*) ■**etw ~** to print [*or* publish] sth; **die Zeitung brachte nichts/einen Artikel darüber** there was nothing/an article in the paper about it; **alle Zeitungen brachten es auf der ersten Seite** all the papers had it on the front page ❿ (*bescheren*) ■**jdm etw ~ [jdm] Glück/Unglück ~** to bring [sb] good/bad luck; **so ein großer Rasen kann einem schon eine Menge Arbeit ~** such a large lawn can mean a lot of work for one ⓫ (*versetzen*) **jdn in Bedrängnis ~** to get sb into trouble; **jdn ins Gefängnis ~** to put [*or* land] sb in prison; **jdn vor Gericht ~** to bring sb before the court; **jdn ins Grab ~** to be the death of sb; **jdn in Schwierigkeiten ~** to put [*or* get] sb into a difficult position; **das bringt dich noch in Teufels Küche!** you'll get into [*or* be in] a hell of a mess if you do that! *fam*; **jdn zur Verzweiflung/Weißglut ~** to make sb desperate/livid; **jdn zum Nervenzusammenbruch ~** to give sb a nervous breakdown ⓬ (*rauben*) ■**jdn um etw** *akk* **~** to rob sb of sth; **jdn um den Verstand ~** to drive sb mad; **das Baby bringt die Eltern um den Schlaf** the baby is causing the parents sleepless nights ⓭ (*lenken*) **die Diskussion/das Gespräch auf jdn/etw ~** to bring the discussion/conversation round to sb/sth ⓮ (*ein~*) ■**[jdm] etw ~** to bring in sth [for sb]; **das bringt nicht viel Geld** that won't bring [us] in much money; (*er~*) to produce, to yield ⓯ (*fam: bekommen*) **ob wir den Schrank noch weiter an die Wand ~?** I wonder whether we can get the cupboard closer to the wall?; **ich bringe die Füße einfach nicht in diese Stiefel!** I simply can't get my feet in these boots!; **alleine bringe ich die schwere Vase nicht von der Stelle** I can't move this heavy vase alone; **bringst du den Korken aus der Flasche?** can you get the cork out of the bottle? ⓰ (*bewegen*) ■**jdn dazu ~, etw zu tun** [*o* **dass jd etw tut**] to get sb to do sth; **er fährt nicht gerne in kalte Länder, du bringst ihn nie dazu mitzukommen** he doesn't like going to cold countries, you'll never get him to come along! ⑰ *mit substantiviertem Verb* (*bewerkstelligen*) **jdn zum Laufen/Singen/Sprechen ~** to make sb run/sing/talk; **jdn zum Schweigen ~** to silence sb; **etw zum Brennen/Laufen ~** to get sth to burn/work; **etw zum Stehen ~** to bring sth to a stop; **jdn so weit** [*o* **dahin** [*o* **dazu**]] **bringen, dass ...** to force sb to ...; **mit seinen ständigen Mäkeleien bringt er mich noch dahin, dass ich kündige** his incessant carping will make me hand in my notice [one day]; **du wirst es noch so weit ~, dass man dich rauswirft!** you'll make them throw you out; **jdn außer sich** *akk* **~** to exasperate sb ⑱ (*fam: erreichen*) **es auf ein gutes Alter ~** to reach a ripe old age; **der Motor brachte es auf 500.000 km** the engine kept going for 500,000 km; **er brachte es in der Prüfung auf 70 Punkte** he got 70 points in the exam; **der Wagen bringt es auf 290 km/h** this car can do 290 kph ⑲ (*erfolgreich werden*) **es zum Millionär/Firmenleiter ~** to become a millionaire, to become [*or* make it to] company director; **es zum Präsidenten ~** to become [*or* make] president; ■**es zu etwas/nichts ~** to get somewhere/nowhere ⑳ (*fam: leisten*) **für das Gehalt muss einer aber schon ganz schön was** [**an Leistung**] **~!** you really have to perform to get this salary!; **wer hier zu wenig bringt, fliegt!** if you're not up to form, you're out!; **was bringt der Wagen denn so an PS?** what's the top HP of this car? ㉑ (*sl: machen*) **einen Klops ~** NORDD to put one's foot in it *fam;* **einen Hammer ~** (*fam*) to drop a bombshell *fam;* **das kannst du doch nicht ~!** you can't [go and] do that! ㉒ (*sl: gut sein*) **sie/es bringt's** she's/it's got what it takes; **meinst du, ich bring's?** do you think I can do it?; **das bringt er nicht** he's not up to it; **na, bringt dein Mann es noch** [**im Bett**]? well, can your husband keep it up [in bed]? *fam;* **der Motor bringt's nicht mehr!** the engine's had it [*or* done for] *fam;* **die alte Kiste wird es noch für 'ne Weile ~** there's still some life left in the old crate *fam;* **das bringt nichts** (*fam*) it's pointless; **das bringt's nicht** (*fam*) that's useless

Bring·schuld *f* ① JUR *obligation which the debtor has to perform at the creditor's place of business or residence* ② (*moralische Verpflichtung*) moral obligation

Bri·oche·form [bri'ɔʃ-] *f* brioche tin

bri·sant [bri'zant] *adj* ① (*geh*) explosive ② (*explosiv*) explosive, high-explosive *attr;* **~er Sprengstoff** high explosive

Bri·sanz <-, -en> [bri'zants] *f* ① (*geh*) explosive nature ② (*Explosivität*) explosive power, brisance *spec*

Bri·se <-, -n> ['bri:zə] *f* breeze; **eine frische/leichte/steife ~** a fresh/light/stiff breeze

Bri·tan·ni·en <-s> [bri'tani̯ən] *nt* HIST Britannia; (*Großbritannien*) Britain; *s. a.* **Deutschland**

bri·tan·nisch [bri'tanɪʃ] *adj* HIST Britannic

Bri·te, Bri·tin <-n, -n> ['brɪtə, 'bri:tə, 'brɪtɪn, 'bri:tɪn] *m, f* Briton, Brit *fam;* **wir sind ~n** we're British; *s. a.* **Deutsche(r)**

bri·tisch ['brɪtɪʃ, 'bri:tɪʃ] *adj* British, Brit *attr fam; s. a.* **deutsch**

brö·cke·lig ['brœkəlɪç] *adj* ① (*zerbröckelnd*) crumbling *attr;* **~ werden** to [start to] crumble ② (*leicht bröckelnd*) crumbly

Brö·ckel·kohl ['brœkl̩-] *m* DIAL *s.* **Brokkoli**

brö·ckeln ['brœkl̩n] *vi* ① *haben* (*in kleine Brocken zerfallen*) to crumble; *s. a.* **zerbröckeln** ② *sein* (*in kleinen Brocken abfallen*) ■**von/aus etw** *dat* **~** to crumble [away] from [*or* out of] sth

Bro·cken <-s, -> ['brɔkn̩] *m* ① (*Bruchstück*) chunk; **jdm ~** *pl* **an den Kopf werfen** (*fam: jdn beschimpfen*) to fling [*or* hurl] insults at sb; **ein harter** [*o* **dicker**] **~** [**für jdn**] **sein** (*fam*) to be a tough nut [for sb]; **das ist ein harter ~** that's a toughie *fam* ② *pl* **ein paar ~ Russisch** a smattering of Russian; **ich habe nur ein paar ~ vom Gespräch aufgeschnappt** I only caught a few words of the conversation ③ (*fam: massiger Mensch*) hefty bloke [*or* AM guy] *fam;* **das Baby ist ein ganz schöner ~** the baby is a right little dumpling *fam*

bro·cken·wei·se *adv* bit by bit

bro·deln ['bro:dl̩n] *vi* ① (*aufwallen*) to bubble; (*von Lava a.*) to seethe ② (*liter: wallen*) to swirl

Bro·dem <-s, -> ['bro:dəm] *m kein pl* (*liter*) noxious vapour [*or* AM -or]; (*aus dem Boden a.*) miasma *no pl, no indef art*

Bro·kat <-[e]s, -e> [bro'ka:t] *m* brocade

Bro·ker(in) <-s, -> ['bro:kɐ] *m(f)* FIN broker

Brok·ko·li ['brɔkoli] *pl* broccoli *no pl, no indef art*

Brok·ko·li·rös·chen *pl* broccoli florets *pl*

Brom <-s> [bro:m] *nt kein pl* bromine *no pl*

Brom·bee·re ['brɔmbe:rə] *f* ① (*Strauch*) blackberry [*or* bramble[berry]] bush ② (*Frucht*) blackberry, bramble[berry]

Brom·beer·strauch *m s.* **Brombeere 1**

bron·chi·al [brɔn'çi̯a:l] *adj* bronchial

Bron·chi·al·asth·ma *nt* bronchial asthma **Bron·chi·al·ka·tarrh** *m* bronchial catarrh, bronchitis

Bron·chie <-, -n> ['brɔnçi̯ə, *pl* -çi̯ən] *f meist pl* bronchial tube, bronchus *spec*

Bron·chi·tis <-, Bronchitiden> [brɔn'çi:tɪs, *pl* -çi'ti:dn̩] *f* bronchitis *no art*

Bron·ze <-, -n> ['brõ:sə] *f* ① (*Metall*) bronze ② (*Skulptur aus Bronze*) bronze

Bron·ze·me·dail·le [-medaljə] *f* bronze medal

bron·zen ['brõ:sn̩, 'brɔŋsn̩] *adj* ① (*aus Bronze 1.*) bronze *attr,* of bronze *pred* ② (*von ~er Farbe*) bronze[-coloured [*or* AM -ored]]

Bron·ze·re·li·ef *nt* KUNST bronze relief **Bron·ze·zeit** *f* ■**die ~** the Bronze Age

Bro·sche <-, -n> ['brɔʃə] *f* brooch

bro·schiert *adj* paperback *attr*

Bro·schü·re <-, -n> [brɔ'ʃy:rə] *f* brochure

Bro·schur·ein·band *m* TYPO cut flush binding

Brö·sel <-s, -> ['brø:zl̩] *m* DIAL ① (*Krümel*) crumb ② *pl* breadcrumbs *pl*

brö·se·lig, brös·lig *adj* DIAL crumbly

brö·seln ['brø:zl̩n] *vi* DIAL ① (*bröckeln*) to crumble ② (*zerbröseln*) to make crumbs

Brot <-[e]s, -e> [bro:t] *nt* bread *no pl;* **alt**[**backen**]**es ~** stale bread; **schwarzes ~** black [*or* rye] bread; **unser tägliches ~ gib uns heute!** REL give us this day our daily bread; **das ist unser täglich**[**es**] **~** (*fig*) that's our stock-in-trade; (*Laib*) loaf [of bread]; (*Butterbrot*) slice of bread and butter; **ein ~ mit Honig/Käse** a slice of bread and honey/cheese; **belegtes ~** open sandwich; **sich** *dat* **sein ~** [**als etw**] **verdienen** to earn one's living [*or hum* daily bread] [as sth]; **ein hartes** [*o* **schweres**] **~ sein** to be a hard way to earn a living; **wes ~ ich ess', des Lied ich sing'** (*prov*) never quarrel with your bread and butter, he who pays the piper calls the tune *prov; s. a.* **Mensch**

Brot·auf·strich *m* [sandwich] spread **Brot·be·lag** *m* topping, sandwich filling **Brot·beu·tel** *m* haversack

Bröt·chen <-s, -> ['brø:tçən] *nt* [bread] roll ▶ WENDUNGEN: **sich** *dat* **seine ~ verdienen** (*fam*) to earn one's living [*or hum* daily bread]; **kleine**[**re**] **~ backen müssen** (*fam*) to have to set one's sights lower

Bröt·chen·ge·ber *m* (*hum fam*) provider *hum*

Brot·ein·heit *f* MED carbohydrate unit **Brot·er·werb** *m* [way of earning one's] living **Brot·frucht** *f* BOT, KOCHK breadfruit **Brot·kas·ten** *m* bread bin **Brot·korb** *m* bread basket; **jdm den ~ höher hängen** (*fig fam*) to keep sb short BRIT, to put the squeeze on sb AM **Brot·kru·me** *f* breadcrumb **Brot·krus·te** *f s.* **Brotrinde brot·los** *adj* out of work *pred,* unemployed; **jdn ~ machen** to put sb out of work; *s. a.* **Kunst Brot·ma·schi·ne** *f* bread slicer **Brot·mes·ser** *nt* bread knife **Brot·rin·de** *f* [bread] crust **Brot·rös·ter** <-s, -> *m s.* **Toaster Brot·schnit·te** *f* slice of bread **Brot·sup·pe** *f* bread soup **Brot·teig** *m* [bread] dough *no pl* **Brot·tel·ler** *m* side plate **Brot·ver·meh·rung** *f* **die wunderbare ~** REL the feeding of the five thousand

Brot·zeit *f* DIAL ① (*Pause*) tea break; **~ machen** to have a tea break ② (*Essen*) snack, sandwiches *pl*

brr [br(r)] *interj* ❶ (*Befehl an Zugtiere*) whoa ❷ (*Ausruf bei Kälte*) brr

Bruch[1] <-[e]s, Brüche> [brʊx, *pl* 'bryːçə] *m* ❶ (*das Brechen*) **die Kutsche blieb wegen des ~s einer Achse liegen** the coach stopped because of a broken axle; (*in Damm, Staudamm*) breach ❷ (*das Brechen*) violation, infringement; **~ eines Eides** violation of an [*or* breach of] oath; **~ des Gesetzes** violation [*or* breach] of the law; **~ eines Vertrags** infringement [*or* violation] of a contract, breach of contract; **~ des Vertrauens** breach of trust ❸ (*von Beziehung, Partnern*) rift; **es kam zum ~ zwischen ihnen** a rift developed between them; **~ mit Tradition/der Vergangenheit** break with tradition/the past; **in die Brüche gehen** to break up, to go to pieces; **unsere Freundschaft ging in die Brüche** our friendship went to pot *fam* ❹ MED (*Knochenbruch*) fracture; **ein komplizierter ~** a compound fracture; (*Eingeweidebruch*) hernia, rupture; **ein eingeklemmter ~** an incarcerated [*or* strangulated] hernia *spec;* **einen ~ haben** to have [got] a hernia, to have ruptured oneself; **sich** *dat* **einen ~ heben** to give oneself a hernia, to rupture oneself ❺ MATH fraction ❻ (*zerbrochene Ware*) breakage; **zu ~ gehen** to get broken ❼ (*sl: Einbruch*) break-in; **der Ganove wurde beim ~ gefasst** the crook was caught breaking in; **einen ~ machen** (*sl*) to do a break-in, AM *a.* to bust a joint *sl*

Bruch[2] <-[e]s, Brüche> [brʊx, *pl* 'bryːçə] *m o nt* bog, marsh

Bruch·bu·de *f* (*pej fam*) dump *pej fam,* hole *pej fam* **Bruch·flä·che** *f* surface of the break **Bruch·he·fe** *f* flocculating yeast

brü·chig ['brʏçɪç] *adj* ❶ (*bröckelig*) friable; **~er Papyrus/~es Pergament** brittle papyrus/parchment; **~es Leder** cracked [*or* brittle] leather ❷ (*von Stimme: rau*) cracked, hoarse ❸ (*ungefestigt*) fragile, shaky

Bruch·lan·dung *f* crash-landing; **eine ~ machen** to crash-land, to make a crash-landing **Bruch·pres·se** *f* curd press **Bruch·rech·nen** *nt* fractions *pl* **Bruch·rech·nung** *f* MATH ❶ (*Aufgabe mit Brüchen*) sum with fractions ❷ *s.* **Bruchrechnen** **Bruch·reis** *m* broken rice **Bruch·stel·le** *f* break; (*von Knochen a.*) fracture **Bruch·strich** *m* MATH fraction line **Bruch·stück** *nt* ❶ (*abgebrochenes Stück*) fragment ❷ (*von Lied, Rede etc: schriftlich*) fragment; (*mündlich*) snatch **bruch·stück·haft** I. *adj* fragmentary II. *adv* in fragments; (*mündlich*) in snatches; **ich kann mich nur noch ~ daran erinnern** I can only remember parts of it **Bruch·tee** *m* broken tea **Bruch·teil** *m* fraction; **ein gebrauchtes Auto kostet nur einen ~ eines neuen** a second-hand car is only a fraction of the cost of a new one; **im ~ eines Augenblicks/einer Sekunde** in the blink of an eye/in a split second **Bruch·zahl** *f* MATH fraction

Brü·cke <-, -n> ['brʏkə] *f* ❶ (*Bauwerk*) bridge; **jdm goldene ~n/eine goldene ~ bauen** (*fig*) to smooth the way for sb; **alle ~n hinter sich** *dat* **abbrechen** (*fig*) to burn [all] one's bridges [*or* boats] behind one; **eine ~ über etw** *akk* **schlagen** (*liter*) to build [*or* lay] [*or* throw] a bridge across sth; **eine ~ [zwischen Völkern/Nationen] schlagen** (*fig*) to forge links [between peoples/nations] ❷ NAUT [captain's] bridge ❸ (*Zahnbrücke*) [dental] bridge ❹ (*Teppich*) rug, runner ❺ SPORT bridge

Brü·cken·bau <-bauten> *m* ❶ *kein pl* (*die Errichtung einer Brücke*) bridge-building *no art* ❷ (*Brücke*) bridge **Brü·cken·bo·gen** *m* arch [of a/the bridge] **Brü·cken·ech·se** *f* ZOOL (*Sphenodon punctatus*) tuatara **Brü·cken·ge·bühr** *f* [bridge] toll **Brü·cken·ge·län·der** *nt* parapet **Brü·cken·kopf** *m* MIL bridgehead; **einen ~ bilden** [*o* **errichten**] (*fig*) to form a bridgehead, to get a toehold **Brü·cken·pfei·ler** *m* [bridge] pier **Brü·cken·schlag** *m kein pl* bridging *no art;* **das war der erste ~** that forged the first link **Brü·cken·sprin·gen** *nt* bridge-jumping *no art* **Brü·cken·tag** *m extra day off to bridge single working day between a bank holiday and the weekend*

Bru·der <-s, Brüder> ['bruːdɐ, *pl* 'bryːdɐ] *m* ❶ (*Verwandter*) brother; ■**die Brüder Schmitz/Grimm** the Schmitz brothers/the Brothers Grimm; **der große ~** (*fig*) Big Brother; **unter Brüdern** (*fam*) between friends ❷ (*Mönch*) brother; **~ Cadfael** Brother Cadfael; (*Gemeindemitglieder*) ■**Brüder** brothers, brethren ❸ (*pej fam: Kerl*) bloke BRIT *fam,* guy AM *fam;* **ein warmer ~** (*pej*) a fairy [*or* queer] [*or* BRIT *a.* poof[ta]] *pej;* **ein zwielichtiger ~** a shady character [*or* customer]

Brü·der·chen <-s, -> *nt* ❶ (*kleiner Bruder*) little [*or* baby] brother ❷ (*veraltet: als Anrede*) friend

Bru·der·herz *nt* (*hum*) dear [*or* beloved] brother; **na ~?** well, dear brother [*or* brother dear?] **Bru·der·krieg** *m* war between brothers, fratricidal war **Bru·der·kuss**RR *m* fraternal [*or* brotherly] kiss **Bru·der·land** *nt* brother [*or* sister] nation

Brü·der·lein <-s, -> *nt* (*liter*) *s.* **Brüderchen**

brü·der·lich I. *adj* fraternal, brotherly II. *adv* like brothers; **~ teilen** to share and share alike

Bru·der·lie·be *f* brotherly [*or* fraternal] love **Bru·der·mord** *m* fratricide **Bru·der·mör·der(in)** *m(f)* fratricide **Bru·der·par·tei** *f* brother party

Bru·der·schaft <-, -en> *f* REL fraternity, brotherhood

Brü·der·schaft <-, -en> *f* intimate [*or* close] friendship; **mit jdm ~ schließen** to make close friends with sb; **mit jdm ~ trinken** to agree to use the familiar "du" [over a drink]

Bru·der·volk *nt* sister people; **unser ~ in Kuba** our Cuban brothers [*or* cousins] *pl* **Bru·der·zwist** *m* fraternal feud [*or* strife]

Brüg·ge <-s> ['brʏgə] *nt* Bruges

Brü·he <-, -n> ['bryːə] *f* ❶ (*Suppe*) [clear] soup, broth ❷ (*fam: Flüssigkeit*) **schmutzige ~** sludge, slop; (*Schweiß*) sweat ❸ (*pej fam: Getränk*) slop *pej,* swill *pej*

brü·hen ['bryːən] *vt* (*auf~*) **[jdm/sich] einen Kaffee/Tee ~** to make coffee/tea [for sb/oneself], to make [sb/oneself] a coffee/tea

Brüh·kar·tof·feln *pl* DIAL bouillon potatoes *pl* **Brüh·sieb** *nt s.* **Küchensieb** **brüh·warm** ['bryː'varm] I. *adj* (*fam*) **~e Neuigkeiten** [*o* **Nachrichten**] *pl* hot news + *sing vb* II. *adv* (*fam: alsbald*) **etw ~ weitererzählen** to immediately start spreading sth around **Brüh·wür·fel** *m* stock [*or* bouillon] cube **Brüh·wurst** *f* sausage for boiling

Brüll·af·fe ['brʏl-] *m* ❶ (*Tier*) howling [*or* howler] monkey ❷ (*pej fam: Schreihals*) loudmouth *pej fam*

brül·len ['brʏlən] I. *vi* ❶ (*schreien*) to roar, to bellow, to howl; (*weinen*) to bawl; **brüll doch nicht so!** don't shout like that!; **vor Lachen/Schmerzen/Wut ~** to roar [*or* bellow] [*or* howl] with laughter/pain/rage; **du siehst ja zum B~ aus** (*fam*) you don't half look a sight *fam* ❷ (*von Löwe*) to roar; (*von Stier*) to bellow; (*von Affe*) to howl II. *vt* ■**jdm etw ins Ohr/Gesicht ~** to shout [*or* bellow] [*or* bawl] sth in sb's ear/face; **Sie brauchen mir das nicht ins Ohr zu ~!** you don't need to shout [it] in my ear!

Brumm·bär ['brʊm-] *m* (*fam*) ❶ (*Kindersprache: Bär*) teddy bear ❷ (*brummiger Mann*) crosspatch *fam,* grouch *fam* **Brumm·bass**RR *m* (*fam*) deep [*or* rumbling] bass

brum·meln ['brʊmln] I. *vi* (*fam*) to mumble II. *vt* (*fam*) ■**etw ~** to mumble sth

brum·men ['brʊmən] I. *vi* ❶ (*von Insekt, Klingel*) to buzz; (*von Bär*) to growl; (*von Wagen, Motor*) to drone; (*von Bass*) to rumble; (*von Kreisel*) to hum ❷ (*beim Singen*) to drone ❸ (*fam: in Haft sein*) to be doing time *fam;* **drei Jahre ~** to be doing three years *fam* ❹ (*murren*) to grumble II. *vt* ■**etw ~** to mumble sth

Brum·mer <-s, -> *m* (*fam*) ❶ (*Insekt*) *Fliege* bluebottle; *Hummel* bumble-bee ❷ (*Lastwagen*) juggernaut

Brum·mi <-s, -s> ['brʊmi] *m* (*fam*) lorry BRIT, truck AM

brum·mig ['brʊmɪç] *adj* (*fam*) grouchy *fam;* **ein ~er Kerl** a grouch *fam*

Brumm·krei·sel *m* (*fam*) humming top **Brumm·schä·del** *m* (*fam*) headache; (*durch Alkohol a.*) hangover, thick head;

B

einen ~ **haben** to be hung over, to have [got] a hangover
Brunch <-[e]s, -[e]s *o* -e> [brʌntʃ] *nt* brunch
brun·chen [brʌntʃn̩] *vi* to brunch
Bru·nei Dar·us·sa·lam <-s> *nt*, **Bru·nei** <-s> [bru:'naɪ] *nt* ÖSTERR, SCHWEIZ Brunei; *s. a.* **Deutschland**
Bru·nei·er(in) <-s, -> *m(f)* Bruneian; *s. a.* **Deutsche(r)**
bru·nei·isch *adj* Bruneian; *s. a.* **deutsch**
brü·nett [bry'nɛt] *adj* brunet[te], dark[-haired]; **sie ist** ~ she is [a] brunette
Brü·net·te(r) [bry'nɛtə, -nɛte] *f dekl wie adj* brunet[te]
Brunft <-, Brünfte> [brʊnft, *pl* brʏnftə] *f* (~ *zeit*) rutting season; **in der** ~ **sein** to be rutting, to be on [*or* AM in] heat
brunf·tig ['brʊnftɪç] *adj* rutting
Brunft·platz *m* rutting ground **Brunft·schrei** *m* rutting [*or* mating] call **Brunft·zeit** *f* rut[ting season]
Brun·nen <-s, -> ['brʊnən] *m* ① (*Wasserbrunnen*) well; **einen** ~ **bohren** to sink [*or* bore] a well; **artesischer** ~ artesian well ② (*ummauertes Wasserbecken*) fountain, fount *liter* ► WENDUNGEN: **den** ~ **erst zudecken, wenn das Kind hineingefallen ist** (*prov*) to lock the stable door after the horse has bolted *prov*
Brun·nen·bau·er(in) <-s, -> *m(f)* well-digger **Brun·nen·be·cken** *nt* basin [of a fountain] **Brun·nen·fi·gur** *f* sculpture [*or* figure] on a fountain **Brun·nen·haus** *nt* well house, pump room **Brun·nen·kres·se** *f* watercress **Brun·nen·kur** *f* mineral water treatment *no indef art* **Brun·nen·schacht** *m* well shaft **Brun·nen·ver·gif·ter(in)** <-s, -> *m(f)* (*pej*) [political] muckraker *pej* **Brun·nen·ver·gif·tung** *f* ① (*Wasservergiftung*) well poisoning ② (*pej*) [political] muckraking *pej* **Brun·nen·was·ser** *nt* well water
Brünn·lein <-s, -> ['brʏnlain] *nt* (*poet*) *dim von* **Brunnen**
Brunst <-, Brünste> [brʊnst, *pl* 'brʏnstə] *f s.* **Brunft**
brüns·tig ['brʏnstɪç] *adj* ① (*von männlichem Tier*) rutting; (*von weiblichem Tier*) on [*or* AM in] heat *pred* ② (*hum: sexuell begierig*) horny
Brunst·schrei *m s.* **Brunftschrei** **Brunst·zeit** *f s.* **Brunftzeit**
brüsk [brʏsk] *adj* brusque
brüs·kie·ren* [brʏs'ki:rən] *vt* ■**jdn** ~ to snub sb
Brüs·kie·rung <-, -en> *f* ① *kein pl* (*das Brüskieren*) snub ② (*barscher Akt*) rebuff
Brüs·sel <-s> ['brʏsl̩] *nt* Brussels
Brüs·se·ler *adj* Brussels; **der** ~ **Bürgermeister** the Mayor of Brussels; ~ **Spitzen** Brussels lace *no pl, no art*
Brüs·se·ler(in) <-s, -> *m(f)* inhabitant of Brussels; **sind Sie etwa** ~**?** do you come from Brussels?
Brust <-, Brüste> [brʊst, *pl* 'brʏstə] *f* ① (*Brustkasten*) chest; ~ **[he]raus!** chest out!; **es auf der** ~ **haben** (*fam*) to have chest trouble; **schwach auf der** ~ **sein** (*hum fam: eine schlechte Kondition haben*) to have a weak chest; (*an Geldmangel leiden*) to be a bit short *fam;* **sich** *dat* **an die** ~ **schlagen** (*fig*) to beat one's breast; **sich** *akk* **an jds** ~ **ausweinen** to cry on sb's shoulder; ~ **an** ~ face to face ② (*weibliche* ~) breast; **eine flache** ~ a flat chest; **einem Kind die** ~ **geben, ein Kind an die** ~ **legen** to nurse [*or* breast-feed] a baby ③ KOCHK breast; (*von Rind*) brisket ④ SPORT (*sl*) breast-stroke ► WENDUNGEN: **einen zur** ~ **nehmen** to have a quick drink [*or fam* quickie]; **[sich** *dat***] jdn zur** ~ **nehmen** (*fam*) to take sb to task; **die werde ich mir zur** ~ **nehmen!** just wait till I get my hands on her!; **sich** *akk* **[vor jdm] in die** ~ **werfen** to puff oneself up [in front of sb]
Brust·bein *nt* ANAT breastbone, sternum **Brust·beu·tel** *m* money bag [worn round the neck] **Brust·bild** *nt* KUNST head-and-shoulders [*or* half-length] portrait; FOTO head-and-shoulders [*or* half-length] photo **Brust·drü·se** *f* mammary gland
brüs·ten ['brʏstn̩] *vr* ■**sich** *akk* **[mit etw** *dat***]** ~ to boast [*or* brag] [about sth]; **das ist nichts, womit Sie sich** ~ **könnten!** that's nothing to boast about!
Brust·fell *nt* ANAT pleura **Brust·fell·ent·zün·dung** *f* pleurisy, pleuritis **Brust·flos·se** *f* pectoral fin **Brust·ge·gend** *f* thoracic region **Brust·hö·he** *f* **in** ~ chest-high **Brust·höh·le** *f* chest cavity **Brust·kas·ten** *m* (*fam*) chest **Brust·korb** *m* ANAT chest, thorax *spec* **Brust·krebs** *m* breast cancer, mastocarcinoma *spec* **Brust·mus·kel** *m* pectoral muscle **Brust·ope·ra·ti·on** *f* breast operation **Brust·pro·the·se** *f* breast implant **Brust·schwim·men** *nt* breast-stroke **Brust·schwim·mer(in)** *m(f)* breast-stroke swimmer **Brust·spitz** *m*, **Brust·spit·ze** *f*, **Brust·kern** *m* KOCHK ÖSTERR (*vom Rind*) top flank **Brust·stim·me** *f* chest voice **Brust·stück** *nt* KOCHK breast; (*von Rind*) brisket **Brust·ta·sche** *f* breast pocket; **innere** ~ inside [breast] pocket **Brust·ton** <-töne> *m* chest note; **im** ~ **der Überzeugung** in a tone of utter [*or* with the greatest] conviction **Brust·um·fang** *m* chest measurement; (*von Frau*) bust measurement; **darf ich mal Ihren** ~ **nehmen?** may I take your chest [*or* bust] measurement?
Brüs·tung <-, -en> ['brʏstʊŋ] *f* ① (*Balkonbrüstung etc*) parapet, balustrade ② (*Fensterbrüstung*) breast
Brust·war·ze *f* nipple **Brust·wehr** *f* ① MIL breastwork ② HIST parapet **Brust·wei·te** *f s.* **Brustumfang** **Brust·wir·bel** *m* thoracic [*or* dorsal] vertebra
Brut <-, -en> [bru:t] *f* ① *kein pl* (*das Brüten*) brooding *no pl* ② (*die Jungen*) brood; (*von Hühnern*) clutch; (*von Bienen*) nest ③ *kein pl* (*pej: Gesindel*) mob *pej*, pack *pej*
bru·tal [bru'ta:l] **I.** *adj* ① (*roh*) brutal; **ein** ~**er Kerl** a brute ② (*fam: besonders groß, stark*) bastard *attr sl;* ~**e Kopfschmerzen haben** (*fam*) to have a throbbing [*or* BRIT *sl a.* bastard] headache; **ein** ~**er Fehler** a big mistake *a. iron;* **eine** ~**e Niederlage** a crushing defeat; ~**e Ungerechtigkeit** gross injustice; **das ist ja** ~**!** what a bastard! *sl* **II.** *adv* ① (*roh*) brutally ② (*ohne Rücksicht*) *sagen, zeigen* brutally; **jdm etw ganz** ~ **sagen** to be brutally [*or* cruelly] frank with sb ③ (*fam: sehr*) **das tut** ~ **weh** it hurts like hell [*or* buggery] *fam;* ~ **wenig verdienen** to be earning peanuts *fam* [*or sl* chickenshit]; **das war** ~ **knapp/gut!** that was damned close/good! *fam;* ~ **viel[e]** a hell of a lot *fam;* **der weiß echt** ~ **wenig** he knows damn all *fam*, he don't know shit *hum sl*
bru·ta·li·sie·ren* [brutali'zi:rən] *vt* ■**jdn** ~ to brutalize sb
Bru·ta·li·sie·rung <-> *f kein pl* brutalization
Bru·ta·li·tät <-, -en> [brutali'tɛ:t] *f* ① *kein pl* (*Rohheit*) brutality ② *kein pl* (*Schonungslosigkeit*) brutality, cruelty ③ (*Gewalttat*) brutal act; ■~**en** brutalities, brutal acts
Brut·ap·pa·rat *m* incubator
brü·ten ['bry:tn̩] *vi* ① (*über den Eiern sitzen*) to brood; (*von Hühnern a.*) to sit ② (*lasten*) ■**[über etw** *dat***]** ~ to hang heavily [over sth]; ~**d heiß** (*fam*) boiling [hot] *fam* ③ (*grübeln*) ■**[über etw** *dat***]** ~ to brood [over sth]; *s. a.* **Hitze 1**
brü·tend·heiß^ALT *adj attr s.* **brüten 2**
Brü·ter <-s, -> *m* NUKL [nuclear] breeder; **schneller** ~ fast breeder
Brut·hit·ze *f* (*fam*) stifling heat **Brut·kas·ten** *m* MED incubator; **hier ist es so heiß/hier herrscht eine Hitze wie in einem** ~**!** (*fam*) it's like an oven in here **Brut·knos·pe** *f* BOT bulbil **Brut·ko·lo·nie** *f* ZOOL nesting colony **Brut·pfle·ge** *f* care of the brood; ~ **betreiben** to care for the brood **Brut·platz** *m* breeding place; (*von Hühnern*) hatchery **Brut·re·ak·tor** *m* [nuclear] breeder **Brut·stät·te** *f* ① (*Nistplatz*) breeding ground (+*gen* for) ② (*geh: Herd*) breeding ground (+*gen* for), hotbed (+*gen* of)
brut·to ['brʊto] *adv* [in the] gross; **3.800 Euro** ~ **verdienen** to have a gross income of 3,800 euros; ~ **1.450 Euro** 1,450 euros gross
Brut·to·ein·kom·men *nt* gross [*or* before-tax] income [*or npl* earnings] **Brut·to·ge·halt** *nt* gross salary [*or* pay] **Brut·to·ge·wicht** *nt* gross weight **Brut·to·in·lands·pro·dukt** *nt* gross domestic product, GDP **Brut·to·lohn** *m* gross wage [*or* pay] **Brut·to·preis** *m* gross price **Brut·to·re·gis·ter·ton·ne** *f* register [*or form* gross registered] ton **Brut·to·so·zi·al·pro·dukt** *nt*

gross national product, GNP

brut·zeln ['brʊtsl̩n] **I.** *vi* (*braten*) ■[**in etw** *dat*] ~ to sizzle [away] [in sth] **II.** *vt* ■[**sich** *dat*] **etw** ~ to fry [oneself] sth

BSE [beːʔɛsˈʔeː] *f* MED *Abk von* **bovine spongiforme Enzephalopathie** BSE

BSP [beːʔɛsˈpeː] *nt Akr von* **Bruttosozialprodukt** GNP

Btx [beːteːˈʔɪks] *Abk von* **Bildschirmtext** Vtx

Bub <-en, -en> [buːp, *pl* buːbn̩] *m* SÜDD, ÖSTERR, SCHWEIZ boy, lad, BRIT *a.* cock

Bu·be <-n, -n> ['buːbə] *m* (*Spielkarte*) jack, knave

Bu·bi·kopf *m* bob, bobbed hair *no pl, no indef art;* **sich** *dat* **einen ~ schneiden lassen** to have [*or* get] one's hair bobbed [*or* cut in a bob]

Buch <-[e]s, Bücher> [buːx, *pl* 'byːçɐ] *nt* ❶ (*Band*) book; **ein schlaues ~** (*fam*) a clever book; **über den Büchern sitzen** to pore [*or* sit] over one's books; **ein ~ mit sieben Siegeln** (*fig*) a closed book; **das Goldene ~ [der Stadt]** distinguished visitors' book; **du bist für mich ein offenes ~** I can read you like a book; **du redest wie ein ~** (*fam*) you never stop talking; **ein [richtiger] Gentleman, wie er im ~e steht** the very model of a gentleman ❷ *meist pl* ÖKON (*Geschäftsbuch*) books *pl,* accounts *pl;* **die Bücher fälschen** to cook the books *fam;* **[jdm] die Bücher führen** to keep sb's accounts [*or* books]; **über etw** *akk* **~ führen** to keep a record of sth; **über die Bücher gehen** SCHWEIZ to balance the books; **[mit etw** *dat*] **[sehr] zu ~[e] schlagen** to make a [great] difference [with sth]; **das schlägt mit 4500 Euro zu ~e** that gives you 4500 euros ❸ REL (*Schrift*) Book; **die Bücher Mose** the Pentateuch; **das erste/zweite/dritte/vierte/fünfte ~ Mose** Genesis/Exodus/Leviticus/Numbers/Deuteronomy; **das ~ der Bücher** (*geh*) the Book of Books

Buch·be·spre·chung *f* book review **Buch·bin·der(in)** <-s, -> *m(f)* bookbinder **Buch·bin·de·rei** <-, -en> *f* ❶ (*Betrieb eines Buchbinders*) bookbindery ❷ *kein pl* (*das Buchbinden*) ■**die ~** bookbinding *no pl* **Buch·bin·de·rin** <-, -nen> *f fem form von* **Buchbinder** **Buch·block** <-blöcke> *m* inner book **Buch·de·ckel** *m* book cover **Buch·druck** *m kein pl* letterpress printing *no art* **Buch·dru·cker(in)** *m(f)* [letterpress] printer **Buch·dru·cke·rei** *f* ❶ (*Betrieb eines Buchdruckers*) printing works *npl* ❷ *kein pl* (*das Buchdrucken*) ■**die ~** printing **Buch·dru·cke·rin** *f fem form von* **Buchdrucker** **Buch·dru·cker·kunst** *f* art of printing

Bu·che <-, -n> ['buːxə] *f* ❶ (*Baum*) beech [tree] ❷ (*Holz*) beech [wood]

Buch·ecker <-, -n> *f* beechnut

bu·chen ['buːxn̩] *vt* ❶ (*vorbestellen*) **etw [bei einem Reisebüro] ~** to book [*or* reserve] sth [at a travel agent] ❷ ÖKON (*ver~*) ■**etw [als etw** *akk*] **~** to enter sth [as sth] ❸ (*registrieren*) ■**etw ~** to register sth ❹ (*fam: sich zurechnen*) ■**etw als Erfolg/Sieg ~** to mark [*or fam* chalk] up a success/victory [for oneself]

Bu·chen·holz *nt* beech[wood]

Bü·cher·bord <-e> *nt,* **Bü·cher·brett** *nt* bookshelf **Bü·cher·bus** *m* mobile library, library van

Bü·che·rei <-, -en> [byːçəˈrai] *f* [lending] library

Bü·cher·freund(in) *m(f)* book-lover, bibliophile **Bü·cher·narr, -när·rin** *m, f* book-fan, bookworm **Bü·cher·re·gal** *nt* bookshelf; **im ~** on the bookshelf **Bü·cher·schaft** *m* SCHWEIZ (*Bücherregal*) bookshelf; (*Bücherschrank*) bookcase **Bü·cher·schrank** *m* bookcase **Bü·cher·sen·dung** *f* ❶ (*Paket mit Büchern*) consignment of books ❷ (*Versendungsart*) book post *no indef art* **Bü·cher·ver·bren·nung** *f* burning of books **Bü·cher·wand** *f* wall of bookshelves **Bü·cher·wurm** *m* (*hum*) bookworm

Buch·fink *m* chaffinch

Buch·form *f* **in ~** in book form **Buch·füh·rung** *f* bookkeeping *no pl,* accounting *no pl;* **einfache/doppelte ~** single-/double-entry bookkeeping **Buch·geld** *nt* FIN bank deposit money, money in account **Buch·ge·mein·schaft** *f* book club **Buch·hal·ter(in)** *m(f)* bookkeeper, accountant **buch·hal·te·risch** *adj* bookkeeping *attr* **Buch·hal·tung** *f* ❶ (*Rechnungsabteilung*) accounts [*or* bookkeeping] department ❷ *s.* **Buchführung** **Buch·han·del** *m* book trade; **im ~ erhältlich** available [*or* on sale] in bookshops **Buch·händ·ler(in)** *m(f)* bookseller **buch·händ·le·risch** **I.** *adj* bookseller's *attr;* **eine ~e Ausbildung haben** to be a trained bookseller **II.** *adv* **sich** *akk* **~ betätigen/~ tätig sein** to be [*or* work as] a bookseller **Buch·hand·lung** *f* bookshop **Buch·hül·le** *f* dust cover [*or* jacket] **Buch·klub** *m* book club **Buch·ma·cher(in)** *m(f)* bookmaker, bookie *fam* **Buch·ma·le·rei** *f* ❶ *kein pl* (*Kunsthandwerk*) ■**die ~** [book] illumination ❷ (*einzelnes Bild*) illumination **Buch·mes·se** *f* book fair **Buch·prü·fer(in)** *m(f)* auditor **Buch·prü·fung** *f* audit **Buch·rü·cken** *m* spine [of a book]

Buchs·baum ['bʊks-] *m* box[-tree]

Buch·se <-, -n> ['bʊksə] *f* ❶ ELEK jack ❷ TECH bushing

Büch·se <-, -n> ['bʏksə] *f* ❶ (*Dose*) tin BRIT, can AM; (*Konservenbüchse*) tin BRIT, can AM ❷ (*Sammelbüchse*) collecting-box ❸ (*Jagdgewehr*) rifle

Büch·sen·fleisch *nt* tinned [*or* AM canned] meat **Büch·sen·ge·mü·se** *nt* canned [*or* BRIT *a.* tinned] vegetables **Büch·sen·ma·cher(in)** *m(f)* gunsmith **Büch·sen·milch** *f* evaporated milk *no pl* **Büch·sen·öff·ner** *m* can-opener, BRIT *a.* tin-opener

Buch·sta·be <-n[s], -n> ['buːxʃtaːbə] *m* (*Druckbuchstabe*) character, letter; **fetter ~** bold character [*or* letter]; **in großen ~n** in capitals, in upper case; **in kleinen ~n** in small letters, in lower case; **in ~n** in words; **den Betrag bitte in ~n vermerken** please write the amount out [in words] ▶WENDUNGEN: **nach dem ~n des Gesetzes** according to the letter of the law; **sich** *akk* **auf seine vier ~n setzen** (*hum fam*) to sit oneself down; **dem ~n nach** to the letter

buch·sta·ben·ge·treu **I.** *adj* literal; **er bestand auf der ~en Einhaltung der Vorschriften** he insisted that the regulations be followed to the letter **II.** *adv* **etw ~ befolgen** to follow sth to the letter **Buch·sta·ben·kom·bi·na·ti·on** *f* combination of letters **Buch·sta·ben·rät·sel** *nt* anagram puzzle **Buch·sta·ben·schloss**RR *nt* combination lock [using letters] **Buch·sta·ben·schrift** *f* alphabetic script

buch·sta·bie·ren* [buːxʃtaˈbiːrən] *vt* ■**etw ~** to spell sth

buch·stäb·lich ['buːxʃtɛːblɪç] **I.** *adj* literal; **bei ~er Auslegung des Gesetzes ergäbe sich ein ganz anderer Sinn** if one were to interpret the law literally a completely different sense would be revealed **II.** *adv* (*geradezu*) literally

Buch·stüt·ze *f* bookend

Bucht <-, -en> [bʊxt] *f* ❶ (*im Meer*) bay; **die Deutsche ~** the Heligoland [*or* AM Helgoland] Bight ❷ (*kleiner Koben*) pen ❸ (*Parkbucht*) parking bay

Buch·tel <-, -n> ['bʊxtl̩] *f meist pl* ÖSTERR *a yeast pastry filled with jam or sth similar*

buch·ten·reich *adj* with many bays *pred;* **nach Süden hin wird die Küste ~er** to the south the coast has more bays

Buch·ti·tel *m* ❶ (*Titel*) book title ❷ (*Buch*) title **Buch·um·schlag** *m* book cover

Bu·chung <-, -en> *f* ❶ (*Reservierung*) booking; **denke bitte an die rechtzeitige ~ des Fluges!** please remember to book the flight in time! ❷ FIN (*Verbuchung*) posting

Bu·chungs·be·leg *m* bookkeeping voucher, accounting supporting record **Bu·chungs·com·pu·ter** *m* reservation computer, computer for reservations **Bu·chungs·kar·te** *f* TELEK telephone card, *for the use of which one is billed later*

Buch·wei·zen *m* buckwheat

Buch·wert *m* book value **Buch·we·sen** *nt kein pl* book trade *no pl*

Bu·ckel <-s, -> ['bʊkl̩] *m* ❶ (*fam: Rücken*) back; **einen [krummen] ~ machen** to arch one's back ❷ (*fam: kleine Bergkuppe*) hill ❸ (*fam*) hunchback, humpback ❹ (*kleine Wölbung*) bump ❺ HIST (*eines Schildes*) boss ▶WENDUNGEN: **den ~**

voll **Schulden** **haben** (*fam*) to be up to one's neck in debt; **etw auf dem** ~ **haben** (*fam*) to have been through sth *fam;* **noch mehr Arbeit kann ich nicht bewältigen, ich habe schon genug auf dem** ~**!** I can't cope with any more work – I've done enough already!; **das Auto hat schon einige Jahre auf dem** ~ the car has been around for a good few years; **den** ~ **voll kriegen** (*fam*) to get a [good] hiding [*or* AM licking] *fam;* **rutsch mir [doch] den** ~ **runter!** (*fam*) get off my back! [*or* case!]

bu·cke·lig ['bʊkəlɪç], **buck·lig** ['bʊklɪç] *adj* (*fam*) ❶ (*mit einem Buckel 2.*) hunchbacked ❷ (*mit Buckeln 4.*) bumpy

Bu·cke·li·ge(r) *f(m) dekl wie adj* hunchback, humpback

bu·ckeln ['bʊkl̩n] *vi* ❶ (*einen Buckel machen*) ■**ein Tier buckelt** an animal arches its back ❷ (*pej: sich devot verhalten*) ■**[vor jdm]** ~ to crawl [to sb] *pej fam* ▶ WENDUNGEN: **nach oben** ~ **und nach unten treten** to crawl to the bigwigs and bully the underlings BRIT *pej fam,* to suck ass and kick ass AM *pej fam!*

Bu·ckel·pis·te *f* [ski slope with] moguls, mogul field **Bu·ckel·rind** *nt* zebu **Bu·ckel·wal** *m* ZOOL (*Megaptera Novae-Angliae*) humpback whale

bü·cken ['bʏkn̩] *vr* ■**sich** *akk* **[nach etw** *dat***]** ~ to bend down [to pick sth up]

Bück·ling <-s, -e> ['bʏklɪŋ] *m* ❶ (*Fisch*) smoked herring ❷ (*hum fam: Verbeugung*) bow; **[vor jdm] einen** ~ **machen** to bow before [*or* to] sb

Bu·da·pest <-s> ['bu:dapɛst] *nt* Budapest

bud·deln ['bʊdl̩n] **I.** *vi* (*fam: graben*) ■**[irgendwo]** ~ to dig [up] [somewhere] **II.** *vt* DIAL (*ausgraben*) ■**etw** ~ to dig sth [out]

Bud·dha <-s, -s> ['bʊda] *m* Buddha

Bud·dhis·mus <-> [bʊ'dɪsmʊs] *m kein pl* Buddhism *no pl*

Bud·dhist(in) <-en, -en> [bʊ'dɪst] *m(f)* Buddhist

bud·dhis·tisch *adj* Buddhist

Bu·de <-, -n> ['bu:də] *f* ❶ (*Hütte aus Brettern*) [wooden] cabin [*or* hut]; (*Baubude*) [builder's] hut BRIT, trailer [on a construction site] AM; (*Kiosk*) kiosk ❷ (*fam: Studentenbude*) [student] digs *npl* [*or* AM pad]; (*Wohnung*) digs *npl* BRIT, pad AM; **[eine] sturmfreie** ~ **haben** (*fam*) to have the place to oneself, to be able to do as one pleases (*without interference or objection from parents or landlord/-lady*) ❸ (*fam: Etablissement etc*) shop *fam;* **die** ~ **dichtmachen** to shut up [*or* close] shop ▶ WENDUNGEN: **jdm fällt die** ~ **auf den Kopf** (*fam*) sb feels claustrophobic; **[jdm] die** ~ **auf den Kopf stellen** (*fam bei einer Feier*) to have a good old rave-up [in sb's house] BRIT *sl,* to trash sb's house AM *sl;* (*beim Durchsuchen*) to turn the house upside-down; **jdm die** ~ **einrennen** [*o* **einlaufen**] (*fam*) to buy everything in sight in sb's shop BRIT *fam,* to clear out sb's store AM *fam;* **jdm auf die** ~ **rücken** to drop in on sb [unannounced and unwanted]; *s. a.* **Leben**

Bud·get <-s, -s> [bʏ'dʒe:] *nt* ❶ (*Haushaltsplan*) budget ❷ (*fam: Finanzen*) budget

Bud·get·be·ra·tung *f* budget discussion

bud·ge·tie·ren* [bʏdʒe'ti:rən] *vt* ■**etw** ~ to draw up a budget for sth

Bü·fett <-[e]s, -e *o* -s> [bʏ'fe:] *nt,* **Buf·fet** <-s, -s> [bʏ'fe:] *nt bes* ÖSTERR, SCHWEIZ ❶ (*Essen*) buffet; **kaltes** ~ cold buffet ❷ (*Anrichte*) sideboard, AM *usu* hutch ❸ (*Verkaufstisch*) counter ❹ SCHWEIZ (*Bahnhofsgaststätte*) buffet, station restaurant

Büf·fel <-s, -> ['bʏfl̩] *m* buffalo

Büf·fe·lei <-, -en> [bʏfə'lai] *f* (*fam*) swotting [up] BRIT, cramming AM; **das Pauken von Geschichtszahlen ist eine einzige** ~ memorizing dates is one hard slog

Büf·fel·her·de *f* herd of buffalo **Büf·fel·le·der** *nt* buffalo leather

büf·feln ['bʏfl̩n] **I.** *vi* (*fam: pauken*) to swot BRIT, to cram AM; **vor jeder Klassenarbeit muss wieder [schwer] gebüffelt werden** we/you/they etc. have to swot [up] before every test; **so spät am Abend bist du immer noch am B~? – ja, ich muss Formeln/Geschichtszahlen/Vokabeln pauken!** you're still studying so late in the evening? – yes, I need to learn formulas/history dates/vocab **II.** *vt* (*fam: pauken*) ■**etw** ~ to swot up on [*or* AM cram for] sth

Buf·fo <-s, -s *o* Buffi> ['bʊfo, *pl* 'bʊfi] *m* buffo

Bug <-[e]s, Büge *o* -e> [bu:k, *pl* 'by:gə] *m* ❶ NAUT bow; LUFT nose ❷ KOCHK (*Rind*) shoulder, blade; (*Schwein*) hand of pork

Bü·gel <-s, -> ['by:gl̩] *m* ❶ (*Kleiderbügel*) coat hanger ❷ (*Griff einer Handtasche*) handle ❸ (*Griff einer Säge*) frame ❹ (*Einfassung*) edging ❺ (*Brillenbügel*) leg [of glasses] ❻ (*Steigbügel*) stirrup ❼ (*beim Schlepplift*) grip ❽ (*Abzugsbügel*) trigger guard

Bü·gel·brett *nt* ironing board **Bü·gel·ei·sen** <-s, -> *nt* iron **Bü·gel·fal·te** *f* crease **bü·gel·frei** *adj* crease-free, easy-care **Bü·gel·griff** *m* AUTO bow-type door handle **Bü·gel·ma·schi·ne** *f* ironing machine

bü·geln ['by:gl̩n] **I.** *vt* ■**etw** ~ to iron sth **II.** *vi* to iron; ■**[das] B~** [the] ironing

Bug·gy <-s, -s> ['bagi] *m* (*faltbarer Kinderwagen*) pushchair BRIT, buggy BRIT, stroller AM

Bug·rad *nt* nose wheel

Bug·schau·fel·stück *nt* KOCHK (*vom Rind*) top shoulder

bug·sie·ren* [bʊ'ksi:rən] **I.** *vt* ❶ (*fam: mühselig bewegen*) ■**etw irgendwohin** ~ to shift sth somewhere ❷ (*fam: drängen*) ■**jdn irgendwohin** ~ to shove [*or* drag] [*or* propel] sb somewhere ❸ NAUT (*schleppen*) ■**etw irgendwohin** ~ to tow [*or* tug] sth somewhere **II.** *vi* ❶ NAUT (*schleppen*) to tow ❷ (*fam: hantieren*) to manouevre BRIT, to maneuver AM

Bug·spriet <-[e]s, -e> ['bu:kʃpri:t] *nt* bowsprit **Bug·stück** *nt* **dickes** ~ KOCHK prime shoulder **Bug·wel·le** *f* bow wave

buh [bu:] *interj* boo

Buh <-s, -s> [bu:] *nt* (*fam*) boo

bu·hen ['bu:ən] *vi* (*fam*) to boo

buh·len ['bu:lən] *vi* (*pej veraltet*) ■**um etw** *akk* ~ to court sth; **um Anerkennung** ~ to seek recognition; **um jds Gunst** ~ to court sb's favour [*or* AM -or]

Buh·mann <-männer> *m* (*fam*) scapegoat, AM *a.* fall guy *sl;* **jdn zum** ~ **[für jdn/etw] machen** to make sb into a scapegoat [*or* AM *sl a.* fall guy] [for sb/sth]

Büh·ne <-, -n> ['by:nə] *f* ❶ (*Spielfläche der Bühne*) stage; **zur** ~ **gehen** to go on the stage; **auf der** ~ **stehen** to be on the stage; **von der** ~ **abtreten, von der** ~ **verschwinden** (*fam*) to leave [*or* disappear from] the scene; **hinter der** ~ behind the scenes ❷ (*Theater*) theatre [*or* AM -er] ❸ (*Tribüne*) stand ❹ (*Hebebühne*) hydraulic lift ❺ DIAL (*Dachboden*) attic, loft ▶ WENDUNGEN: **etw über die** ~ **bringen** (*fam*) to get sth over with; **über die** ~ **gehen** (*fam: abgewickelt werden*) to take place; (*aufgeführt werden*) to be staged [*or* performed]; **das Stück ist schon über mehrere** ~**n gegangen** the play has already been performed several times

Büh·nen·an·wei·sung *f* stage direction **Büh·nen·ar·bei·ter(in)** *m(f)* stagehand **Büh·nen(·aus)·spra·che** *f* ≈ received pronunciation (*standard pronunciation used in German theatre*) **Büh·nen·be·ar·bei·tung** *f* stage adaptation **Büh·nen·be·leuch·tung** *f* stage lighting **Büh·nen·bild** *nt* scenery **Büh·nen·bild·ner(in)** <-s, -> *m(f)* scene-painter **büh·nen·reif** *adj* ❶ THEAT fit for the stage ❷ (*iron: theatralisch*) dramatic **Büh·nen·spra·che** *f s.* **Bühnenaussprache** **büh·nen·wirk·sam** THEAT **I.** *adj* dramatically effective **II.** *adv* in a dramatically effective manner; **das Schauspiel kann durchaus** ~ **umgestaltet werden** the play can definitely be made dramatically effective

Buh·ruf *m* [cry of] boo **Buh·ru·fer(in)** <-s, -> *m(f)* person who cries boo

buk [bu:k] (*veraltet*) *imp von* **backen**

Bu·ka·rest <-s> ['bu:karɛst] *nt* Bucharest

Bu·kett <-s, -s *o* -e> [bu'kɛt] *nt* ❶ (*geh: Strauß*) bouquet

❷ (*Duft*) *Wein* bouquet
Bu·kleeRR [bu'kle:] *nt s.* **Boucle**[1], **Boucle**[2]
bu·ko·lisch [bu'ko:lɪʃ] *adj* (*geh*) idyllic
Bu·let·te <-, -n> [bu'lɛtə] *f* DIAL (*Frikadelle*) meat ball ►WENDUNGEN: **ran an die ~n!** (*fam*) let's get down to it! *fam*
Bul·ga·re, Bul·ga·rin <-n, -n> [bʊl'ga:rə, bʊl'ga:rɪn] *m, f* Bulgarian; *s. a.* **Deutsche(r)**
Bul·ga·ri·en <-s> [bʊl'ga:ri̯ən] *nt* Bulgaria; *s. a.* **Deutschland**
Bul·ga·rin <-, -nen> *f fem form von* **Bulgare**
bul·ga·risch [bʊl'ga:rɪʃ] *adj* Bulgarian; *s. a.* **deutsch 1, 2**
Bul·ga·risch [bʊl'ga:rɪʃ] *nt dekl wie adj* Bulgarian; *s. a.* **Deutsch**
Bul·ga·ri·sche <-n> *nt* ■**das ~** Bulgarian, the Bulgarian language; *s. a.* **Deutsche**
Bu·li·mie <-> [buli'mi:] *f kein pl* bulimia [nervosa] *no pl*
Bull·au·ge ['bʊl-] *nt* porthole **Bull·dog·ge** *f* bulldog **Bull·do·zer** <-s, -> ['bʊldo:zɐ] *m* bulldozer
Bul·le[1] <-n, -n> ['bʊlə] *m* ❶ (*männliches Tier*) bull ❷ (*sl: Polizist*) cop[per] *fam;* ■**die ~n** *pl* the [Old] Bill + *sing/pl vb* BRIT *sl,* the cops *pl* AM *sl* ❸ (*fam: starker Mann*) hulk
Bul·le[2] <-, -n> ['bʊlə] *f* REL bull; HIST bulla
Bul·len·hit·ze *f kein pl* (*fam*) stifling heat *no pl*
Bul·le·tin <-s, -s> [bʏl'tɛ̃:] *nt* bulletin
bul·lig ['bʊlɪç] *adj* (*fam*) ❶ (*massig*) hulking ❷ (*drückend*) stifling; **hier ist es ~ heiß** it's stiflingly hot here
bum [bʊm] *interj* bang; **es macht ~** there is a [*or* it goes] bang
Bu·me·rang <-s, -s *o* -e> ['bu:məraŋ] *m* ❶ (*Wurfholz*) boomerang ❷ (*Eigentor*) own goal BRIT, goal scored against your own team AM; **sich für jdn als ein ~ erweisen** [*o* **auf jdn wie ein ~ zurückfallen**] to boomerang [*or* backfire] on sb
Bum·mel <-s, -> ['bʊml̩] *m* stroll; **einen ~ machen** to go for a stroll
Bum·me·lant(in) <-en, -en> [bʊmə'lant] *m(f)* (*pej fam*) slowcoach BRIT *fam,* slowpoke AM *fam*
Bum·me·lei <-> [bʊmə'lai] *f kein pl* (*pej fam*) dilly-dallying *fam*
bum·meln ['bʊml̩n] *vi* ❶ *sein* (*spazieren gehen*) ■**[irgendwo] ~** to stroll [somewhere]; **~ gehen** to go for a stroll ❷ *haben* (*fam: trödeln*) to dilly-dally *fam*
Bum·mel·streik *m* go-slow **Bum·mel·zug** *m* (*fam*) local [passenger] [*or* non-express] train
Bumm·ler(in) <-s, -> ['bʊmlɐ] *m(f)* ❶ (*Spaziergänger*) person out on a stroll ❷ (*fam: Trödler*) slowcoach BRIT *fam,* slowpoke AM *fam*
bums [bʊms] *interj* bang; **~ machen** to go bang; **auf dieser viel befahrenen Straße macht es öfter mal ~** on this busy street you often hear crashes
Bums·bom·ber *m* (*pej derb*) *aeroplane which flies to a sex tourist resort*
bum·sen ['bʊmzn̩] **I.** *vi impers haben* (*fam*) ❶ (*dumpf krachen*) ■**es bumst** there is a bang; **was bumst da so?** what's that banging?; **hörst du es nicht ~?** can't you hear that/the banging?; AUTO (*aufprallen*) there is a crash; **jede Woche bumst es an dieser Kreuzung mehrmals** there are several crashes at this crossroads every week ❷ (*gleich gibt's eine Ohrfeige!*) ■**es bumst!** you'll get what for [*or* AM you're going to get it] in a minute! **II.** *vi* ❶ *sein* (*prallen, stoßen*) ■**[mit etw dat] auf/gegen etw** *akk* **~** to bang [one's sth] against/into sth ❷ *haben* (*derb: koitieren*) ■**[mit jdm] ~** to screw *fam!* [*or vulg* fuck] sb, BRIT *a.* to have it off [with sb]; ■**[das] B~** screwing, BRIT *a.* having it off **III.** *vt haben* (*derb: beschlafen*) ■**jdn ~** to screw *fam!* [*or vulg* fuck] sb; **was habe ich sie gebumst!** I gave her a good screwing!; ■**[von jdm] gebumst werden** to be screwed *fam!* [*or vulg* fucked] [by somebody]
Bums·lo·kal *nt* (*pej fam*) dive *fam* **Bums·mu·sik** *f* (*pej fam*) oompah oompah *fam*
Bund[1] <-[e]s, Bünde> [bʊnt, *pl* 'bʏndə] *m* ❶ (*Vereinigung, Gemeinschaft*) association; **mit jdm im ~e stehen** [*o* **sein**] to be in cahoots with sb *fam* ❷ (*Verband*) ■**~ der ...** *gen* association of ... ❸ (*die Bundesrepublik Deutschland*) ■**der ~** the Federal Republic of Germany; **~ und Länder** the Federation and the Länder; SCHWEIZ (*Eidgenossenschaft*) confederation ❹ (*Konföderation*) confederation ❺ (*fam: Bundeswehr*) ■**der ~** the [German] army; **beim ~ sein** to be doing one's military service ❻ (*Einfassung*) waistband ❼ (*Querleiste*) fret ►WENDUNGEN: **den ~ der Ehe eingehen** (*geh*), **den ~ fürs Leben schließen** (*geh*) to enter into wedlock *dated form*
Bund[2] <-[e]s, -e> [bʊnt] *nt* bundle; KOCHK bunch
Bünd·chen <-s, -> ['bʏntçən] *nt* (*Abschluss am Ärmel*) cuff; (*Abschluss am Halsausschnitt*) neckband
Bün·del <-s, -> ['bʏndl̩] *nt* ❶ (*Packen*) bundle, sheaf ❷ (*eine Menge*) bunch *fam;* **ein ~ von Fragen** a set of questions ❸ (*fam: ein Wickelkind*) little bundle *fam* ►WENDUNGEN: **sein ~ schnüren** [*o* **packen**] (*hum fam*) to pack one's bags; **jeder hat sein ~ zu tragen** we all have our cross to bear
bün·deln *vt* ❶ (*zusammenschnüren*) ■**etw ~** to tie sth in[to] bundles; **Karotten/Radieschen etc. ~** to tie carrots/radishes etc. in[to] bunches ❷ ORN (*konzentrieren*) to concentrate sth
bün·del·wei·se *adv* by the bundle [*or* bunch]
Bun·des·amt *nt* federal office **Bun·des·an·ge·stell·ten·ta·rif** *m* salary scale for government employees [*or* civil servants] **Bun·des·an·lei·he** *f* federal loan **Bun·des·an·stalt** *f* federal institute; **~ für Arbeit** Federal Employment Office **Bun·des·an·walt, -an·wäl·tin** *m, f* JUR ❶ BRD Federal Public Prosecutor; (*beim Bundesverwaltungsgericht*) prosecutor in the Supreme Administrative Court ❷ SCHWEIZ public prosecutor **Bun·des·an·walt·schaft** *f* JUR Federal Public Prosecutor's Office **Bun·des·an·zei·ger** *m* BRD Federal Gazette **Bun·des·ar·beits·ge·richt** *nt kein pl* JUR Federal Labour [*or* AM -or] Court (*highest labour court in Germany*) **Bun·des·ar·chiv** *nt* federal archives *pl* **Bun·des·aus·bil·dungs·för·de·rungs·ge·setz** *nt federal law concerning the promotion of education and training* **Bun·des·au·to·bahn** *f* federal motorway [*or* AM highway] **Bun·des·bahn** *f* **die [Deutsche] ~** German Federal Railway, ≈ British Rail BRIT, ≈ Amtrak AM **Bun·des·bank** *f kein pl* Federal Bank of Germany **Bun·des·be·hör·de** *f* Federal authority [*or* AM agency] **Bun·des·bür·ger(in)** *m(f)* German citizen
bun·des·deutsch *adj* German, of the Federal Republic of Germany *pred*
Bun·des·deut·sche(r) *f(m) dekl wie adj* German **Bun·des·ebe·ne** *f* federal level; **auf ~** at [*or* on a] federal level
bun·des·ei·gen *adj* (*dem Bund 3. gehörend*) federal
Bun·des·fi·nanz·hof <-[e]s> *m kein pl* Federal Fiscal Court (*German supreme tax court*) **Bun·des·ge·biet** *nt* BRD federal [*or* German] territory **Bun·des·ge·nos·se, -ge·nos·sin** *m, f* ally **Bun·des·ge·richt** *nt* SCHWEIZ [Swiss] Federal Court, Federal Court of Switzerland **Bun·des·ge·richts·hof** *m* BRD Federal German supreme court (*highest German court of appeal*) **Bun·des·grenz·schutz** *m* BRD German Border Police **Bun·des·haupt·stadt** *f* federal capital **Bun·des·haus** *nt* ❶ BRD Bundestag building ❷ SCHWEIZ federal parliament [building] **Bun·des·heer** *nt* ÖSTERR Austrian Armed Forces **Bun·des·in·nen·mi·nis·ter(in)** *m(f)* German [*or* Federal] Minister of the Interior **Bun·des·ka·bi·nett** *nt* BRD German [*or* Federal] Cabinet **Bun·des·kanz·ler(in)** *m(f)* BRD German [*or* Federal] Chancellor; ÖSTERR Austrian [*or* Federal] Chancellor; SCHWEIZ Head of the Federal Chancellery

i Kultur

In Germany the **Bundeskanzler** – *Federal Chancellor* is elected by the *Bundestag – Lower House of the Federal Parliament* and then invested by the head of state, the Federal President. In Austria, the **Bundeskanzler** is proposed by the largest party in the *Nationalrat – National Assembly* and

B

appointed by the President. He/she is the leader of the government and heads the *Bundeskanzleramt – Federal Chancellery* which in Switzerland is called the *Bundeskanzlei.*

Bụn·des·kanz·ler·amt *nt* POL Federal Chancellor's Office (*responsible for planning, control and coordination of the Bundeskanzler's functions and duties*) **Bụn·des·kanz·le·rin** *f fem form von* **Bundeskanzler** **Bụn·des·kar·tell·amt** *nt kein pl* Federal Cartel Office **Bun·des·kri·mi·nal·amt** *nt* Federal Criminal Police Office (*central organization for combatting and investigating crime*) **Bụn·des·la·de** *f* REL Ark of the Covenant **Bụn·des·land** *nt* federal state; (*nur BRD*) Land; **die alten/neuen Bundesländer** former West/East Germany

i Kultur

Since reunification the Federal Republic of Germany has been made up of 16 **Bundesländer** – *federal states.* Austria is divided up into nine federal states. Each state has a capital containing the seat of state government.

Bụn·des·li·ga *f kein pl* German football [*or* AM soccer] league **Bụn·des·li·gist** <-en, -en> *m* team in the German football [*or* AM soccer] league **Bụn·des·mi·nis·ter(in)** *m(f)* BRD, ÖSTERR federal minister [of Germany/Austria] **Bụn·des·mi·nis·te·ri·um** *nt* BRD, ÖSTERR federal ministry **Bun·des·nach·rich·ten·dienst** *m* BRD Federal Intelligence Service [of Germany] **Bụn·des·post** *f kein pl* Federal Post Office (*German Postal Service*) **Bụn·des·prä·si·dent(in)** *m(f)* BRD, ÖSTERR President [*or* Head of State] of the Federal Republic of Germany/Austria; SCHWEIZ President of the Confederation

i Kultur

The **Bundespräsident/-in** – *Federal President* in Germany and Austria is head of state with predominantly ceremonial functions. In Switzerland though, he/she is a member of the government and one of the seven members of the *Bundesrat – Federal Council* which each year elects one of its members to be Federal President – albeit as – *Primus inter Pares – first among equals.*

Bụn·des·rat *m* ❶ BRD, ÖSTERR Bundesrat (*Upper House of Parliament*) ❷ *kein pl* SCHWEIZ Federal Council (*executive body*)

i Kultur

The **Bundesrat** – *the Upper House of the German Parliament* is composed of members of the individual state governments. The number of representatives is determined by the size of the state. The **Bundesrat** plays a role in the passing of legislation. In Austria, the **Bundesrat** is the part of parliament where the *Länder – provinces* are represented according to their population. The exact number of representatives from the provinces is stipulated by the Federal President after each national census. In Switzerland however, the **Bundesrat** is the government, which consists of seven members who are elected for four years and is chaired by the Federal President.

Bụn·des·rat, -rä·tin *m, f* ÖSTERR Member of the Bundesrat/Upper House of Parliament; SCHWEIZ Member of the Federal Council **Bụn·des·rech·nungs·hof** *m kein pl* Federal Audit Office (*responsible for examining the income and expenditure of the government*) **Bụn·des·re·gie·rung** *f* federal government

Bụn·des·re·pub·lik *f* federal republic; **die ~ Deutschland** the Federal Republic of Germany **bụn·des·re·pub·li·ka·nisch** *adj* German

Bun·des·schatz·brief *m* federal treasury bill **Bụn·des·staat** *m* ❶ (*Staatenbund*) confederation ❷ (*Gliedstaat*) federal state; **im ~ Kalifornien** in the state of California **Bụn·des·stra·ße** *f* BRD, ÖSTERR ≈ A road BRIT, ≈ interstate [highway] AM

Bụn·des·tag *m kein pl* BRD Bundestag (*Lower House of Parliament*)

i Kultur

The **Bundestag** – *the Lower House of the German Parliament* is the representative body of the people and is elected every four years in a free and secret ballot. The **Bundestag** elects the *Bundeskanzler – Federal Chancellor* and debates and passes bills.

Bụn·des·tags·ab·ge·ord·ne·te(r) *f(m) dekl wie adj* Member of the Bundestag, German member of parliament **Bụn·des·tags·de·bat·te** *f* Bundestag debate **Bụn·des·tags·frak·ti·on** *f* parliamentary group [*or* party] in the Bundestag **Bụn·des·tags·mit·glied** *nt* Member of the Bundestag, German member of parliament **Bụn·des·tags·prä·si·dent(in)** *m(f)* President of the Bundestag **Bụn·des·tags·wahl** *f* Bundestag election

Bụn·des·trai·ner(in) *m(f)* BRD [German] national coach **Bun·des·ver·dienst·kreuz** *nt* BRD Order of Merit of the Federal Republic of Germany, ≈ OBE BRIT **Bụn·des·ver·fas·sung** *f kein pl* federal constitution **Bụn·des·ver·fas·sungs·ge·richt** *nt kein pl* BRD Federal Constitutional Court (*supreme legal body that settles issues relating to the basic constitution*) **Bụn·des·ver·samm·lung** *f* POL ❶ BRD Federal Assembly ❷ SCHWEIZ Parliament **Bụn·des·ver·si·che·rungs·an·stalt** *f* **~ für Angestellte** Federal Insurance Office for Salaried Employees **Bụn·des·ver·wal·tungs·ge·richt** *nt* BRD Federal Administrative Court **Bụn·des·wehr** *f* Federal [*or* German] Armed Forces

bụn·des·weit I. *adj* throughout [the whole of] [*or* all over] Germany *pred;* **nach der Katastrophe erfolgte ein ~er Spendenaufruf** after the catastrophe there was an appeal for donations throughout [the whole of] Germany **II.** *adv* throughout [the whole of] [*or* all over] Germany

Bụnd·fal·te *f* pleat **Bụnd·fal·ten·ho·se** *f* trousers [*or* AM *a.* pants] *pl* with a pleated front **Bụnd·ho·se** *f* breeches *npl,* knickerbockers *pl* BRIT, knickers *npl* AM

bün·dig ['bʏndɪç] *adj* ❶ (*bestimmt*) concise; **danke, das war ~, ich gehe!** thanks, you've made yourself clear - I'm off!; *s. a.* **kurz** ❷ (*schlüssig*) conclusive ❸ (*in gleicher Ebene*) level

Bün·dig·keit <-> *f kein pl* conciseness *no pl*

Bünd·nis <-ses, -se> ['bʏntnɪs] *nt* alliance; **~ 90** Bündnis 90 (*political party comprising members of the citizens' movements of former East Germany*)

Bụ̈nd·nis·block <-blöcke> *m* group of allied countries *pl* **Bụ̈nd·nis·grü·ne** *pl* Green party alliance **Bụ̈nd·nis·part·ner** *m* POL, ÖKON alliance partner **Bụ̈nd·nis·sys·tem** *nt* system of alliance **Bụ̈nd·nis·treue** *f* loyalty to a/the alliance

Bụnd·wei·te *f* waist size

Bun·ga·low <-s, -s> ['bʊŋgalo:] *m* bungalow

Bun·gee·jum·ping <-s> ['bandʒidʒampɪŋ] *nt kein pl* bungee jumping *no pl*

Bun·gee·seil ['bandʒi-] *nt* bungee [cord [*or* rope]]

Bun·ker <-s, -> ['bʊŋkɐ] *m* ❶ (*Schutzraum*) bunker; (*Luftschutzbunker*) air-raid shelter ❷ (*beim Golf*) bunker ❸ (*sl: Gefängnis*) slammer

bun·kern ['bʊŋkɐn] *vt* ■ **etw ~** to hoard sth

Bun·sen·bren·ner <-s, -> ['bʊnzn̩] *m* Bunsen burner

bunt [bʊnt] **I.** *adj* ① *(farbig)* colourful BRIT, colorful AM ② *(ungeordnet)* muddled; *(vielfältig)* varied **II.** *adv* ① *(farbig)* colourfully BRIT, colorfully AM; ~ **bemalt** colourful[ly painted]; ~ **gestreift** with colourful [*or* coloured] stripes *pl;* **ein ~ gestreiftes Hemd** a colourfully-striped shirt; ~ **kariert** with a coloured check [pattern] ② *(ungeordnet)* in a muddle; ~ **gemischt** *(abwechslungsreich)* diverse; *(vielfältig)* varied ▶ WENDUNGEN: **es zu ~ treiben** *(fam)* to go too far; **jdm wird es zu ~** *(fam)* sb has had enough

bụnt·be·malt *adj attr s.* **bunt II. 1** **bụnt·ge·mischt** *adj attr s.* **bunt II. 2** **bụnt·ge·streift** *adj s.* **bunt II. 1**

Bụnt·heit <-> *f kein pl* colourfulness *no pl* BRIT, colorfulness *no pl* AM; **sie liebt Kleider von auffallender ~** she loves strikingly colourful clothes

Bụnt·me·tall *nt* non-ferrous heavy metal **Bụnt·pa·pier** *nt* coloured [gummed] paper **Bụnt·sand·stein** *m* ① BAU red sandstone ② GEOL Bunter **Bụnt·specht** *m* great spotted woodpecker **Bụnt·stift** *m* coloured pencil **Bụnt·wä·sche** *f* colour wash, coloureds *pl*

Bür·de <-, -n> ['bʏrdə] *f (geh)* ① *(Last)* load; **die Zweige bogen sich unter der ~ des Schnees** the branches bent under the weight of the snow ② *(Beschwernis)* burden

Bu·re, Bu·rin <-n, -n> ['bu:rə, 'bu:rɪn] *m, f* Boer

Burg <-, -en> [bʊrk] *f* ① *(aus Stein)* castle ② *(Sandburg)* sand[-]castle ③ *(Biberbau)* lodge

Bür·ge, Bür·gin <-n, -n> ['bʏrgə, 'bʏrgɪn] *m, f* guarantor; **jdm ~ für etw** *akk* **sein** to be sb's guarantee for sth; **[jdm] einen ~n stellen** [*o* **bringen** *fam*] to provide [sb] with a guarantor

bụ̈r·gen *vi* ① *(einstehen für)* ■**[jdm] für etw** *akk* ~ to act as guarantor [for sb] for sth; ■**für jdn** ~ to act as sb's guarantor ② *(garantieren)* ■**für etw** *akk* ~ to guarantee sth

Bur·gen·land ['bʊrgn̩lant] *nt* Burgenland

Bür·ger(in) <-s, -> ['bʏrgɐ] *m(f)* citizen

Bür·ger·be·geh·ren *nt* BRD public petition for a referendum **Bụ̈r·ger·be·we·gung** *f* citizens' movement **bụ̈r·ger·fern** *adj* non-citizen-friendly, not in touch with the people *pred,* aloof **Bụ̈r·ger·haus** *nt* ① *(Gemeindehaus)* municipal hall ② *(Haus eines Bürgers)* town house ③ *(veraltend: bürgerliche Familie)* bourgeois family *pej*

Bụ̈r·ge·rin <-, -nen> *f fem form von* **Bürger** **Bụ̈r·ger·ini·ti·a·ti·ve** *f* citizens' group **Bụ̈r·ger·krieg** *m* civil war **bụ̈r·ger·kriegs·ähn·lich** *adj* similar to civil war *pred,* as in civil war *pred*

bür·ger·lich ['bʏrgɐlɪç] *adj* ① *attr (den Staatsbürger betreffend)* civil; ~**e Pflicht** civic duty ② *(dem Bürgerstand angehörend)* bourgeois *pej* **Bụ̈r·ger·li·che(r)** *f(m) dekl wie adj* commoner

Bür·ger·meis·ter(in) ['bʏrgɐmaistɐ] *m(f)* mayor; **der regierende ~ von Hamburg** the governing Mayor of Hamburg

Bụ̈r·ger·meis·ter·stück *nt* KOCHK top rump, thick flank

bụ̈r·ger·nah *adj* citizen-friendly, in touch with the people *pred*

Bụ̈r·ger·nä·he *f kein pl* citizen-friendliness *no pl* **Bụ̈r·ger·pflicht** *f* civic duty **Bụ̈r·ger·recht** *nt meist pl* civil right **Bụ̈r·ger·recht·ler(in)** <-s, -> *m(f)* civil rights activist **Bụ̈r·ger·rechts·be·we·gung** *f* civil rights *pl* movement **Bụ̈r·ger·rechts·ge·such** *nt* SCHWEIZ *(Einbürgerungsgesuch)* application for naturalization

Bụ̈r·ger·schaft <-, -en> *f* POL ① *(die Bürger)* citizenry ② *(Bürgervertretung)* ≈ city-state parliament *(in the Länder of Bremen and Hamburg)*

Bụ̈r·ger·schafts·wahl *f* elections to the city-state parliament

Bụ̈r·ger·schreck *m a person who frightens or provokes other people by behaving in a consciously unconventional manner*

Bụ̈r·ger·steig <-[e]s, -e> *m* pavement BRIT, sidewalk AM

Bụ̈r·ger·tum <-s> *nt kein pl* bourgeoisie + *sing/pl vb*

Bụ̈r·ger·ver·samm·lung *f* citizen's meeting

Bụrg·fest·spie·le *pl open-air theatre festival that takes place within the grounds of a castle* **Bụrg·frie·de(n)** *m* truce; ■**einen ~ schließen** to call a truce **Bụrg·herr(in)** *m(f)* lord of a/the castle

Bụ̈r·gin <-, -nen> *f fem form von* **Bürge**

Bụrg·ru·i·ne *f* castle ruin

Bụ̈rg·schaft <-, -en> *f* JUR ① *(gegenüber Gläubigern)* guaranty; ~ **[für jdn/etw] leisten** *([für jdn/etw] bürgen)* to act as a guarantor [for sb/sth]; **die ~ für jdn übernehmen** to act as sb's guarantor ② *(Haftungssumme)* security

Bur·gund <-[s]> [bʊr'gʊnt] *nt* Burgundy

Bur·gun·der <-s, -> [bʊr'gʊndɐ] *m (Wein aus Burgund)* burgundy

Bur·gun·der(in) <-s, -> [bʊr'gʊndɐ] *m(f)* ■**ein ~/eine ~in sein** to come from Burgundy

Bur·gụn·der·kelch *m* Burgundy glass **Bur·gụn·der·pfan·ne** *f* KOCHK *heavy metal casserole for meat fondue* **Bur·gụn·der·trüf·fel** *m* Burgundy truffle

bur·gun·disch [bʊr'gʊndɪʃ] *adj* Burgundy

Bụrg·ver·lies *nt* castle dungeon

Bu̱·rin <-, -nen> *f fem form von* **Bure**

Bur·ki·na Fa·so <-s> [bʊr'ki:na 'fa:zo] *nt* Burkina Faso; *s. a.* **Deutschland**

Bur·ki·ner(in) <-s, -> [bʊr'ki:nɐ] *m(f)* Burkinan; *s. a.* **Deutsche(r)**

bur·ki·nisch [bʊr'ki:nɪʃ] *adj* Burkinabe, Burkinan; *s. a.* **deutsch**

bur·lesk [bʊr'lɛsk] *adj* burlesque

Bur·les·ke <-, -n> [bʊr'lɛskə] *f* MUS burlesque

Bur·ma <-s> ['bʊrma] *nt s.* **Myanmar**

Burn-out-Syn·drom <-s, -s> [bø:ɐ̯n'aut-] *m* burnout

Bur·nus <- *o* -ses, -se> ['bʊrnʊs] *m* burnous[e] BRIT, burnoose AM

Bü·ro <-s, -s> [by'ro:] *nt* office

Bü·ro̱·an·ge·stell·te(r) *f(m) dekl wie adj* office worker **Bü·ro̱·ar·beit** *f* office work **Bü·ro̱·au·to·ma·ti·on** *f* office automation **Bü·ro̱·be·darf** *m* office supplies *pl* **Bü·ro̱·haus** *nt* office block **Bü·ro̱·hengst** *m (pej fam)* pen pusher *pej* **Bü·ro̱·kauf·mann, -kauf·frau** *m, f* office administrator [with commercial training] **Bü·ro̱·klam·mer** *f* paper clip **Bü·ro̱·kom·mu·ni·ka·ti·on** *f* office communication **Bü·ro̱·kom·mu·ni·ka·ti·ons·sys·tem** *nt* office communications system **Bü·ro̱·kraft** *f* office worker

Bü·ro·krat(in) <-en, -en> [byro'kra:t] *m(f) (pej)* bureaucrat *pej*

Bü·ro·kra·tie <-, -n> [byrokra'ti:, *pl* -'ti:ən] *f* bureaucracy

Bü·ro·kra̱·tin <-, -nen> *f fem form von* **Bürokrat**

bü·ro·kra̱·tisch **I.** *adj* ① *inv, attr (verwaltungsmäßig, der Bürokratie gemäß)* bureaucratic ② *(pej)* bureaucratic, involving a lot of red tape **II.** *adv inv* bureaucratically, using a lot of red tape

Bü·ro·kra·tis·mus <-> [byrokra'tɪsmʊs] *m kein pl (pej)* bureaucracy

Bü·ro̱·ma·schi·ne *f* piece of office equipment **Bü·ro̱·schluss**^RR *m* end of office hours **Bü·ro̱·stun·den** *pl* office hours *pl* **Bü·ro̱·turm** *m* office block

Bürsch·chen <-s, -> ['bʏrʃçən] *nt dim von* **Bursche** *(pej: junger Bursche)* [young] fellow; **mein ~!** my boy!

Bur·sche <-n, -n> ['bʊrʃə] *m* ① *(Halbwüchsiger)* adolescent; **warte nur, mein ~, ich werde dich erwischen!** just you wait young man - I'll catch you! ② *(fam: Kerl)* so-and-so BRIT *fam,* character AM ③ *(fam: Exemplar)* specimen

Bụr·schen·schaft <-, -en> *f* SCH ≈ fraternity *(student's duelling association with colours)*

Bụr·schen·schaft·(l)er <-s, -> *m* SCH member of a fraternity

bur·schi·kos [bʊrʃi'ko:s] **I.** *adj (salopp)* casual; *(Mensch)* laid-back; ~**es Mächen** tomboy; ~**e Ausdrucksweise** slangy [*or* casual] way of talking **II.** *adv* casually; **sich** *akk* ~ **benehmen** to behave in a laid-back manner; **sich** *akk* ~ **ausdrücken** to express oneself using slang

Bürs·te <-, -n> ['bʏrstə] *f* brush

bürs·ten ['bʏrstn̩] *vt* ① *(mit einer Bürste reinigen)* ■**etw ~** to brush sth ② *(abbürsten)* ■**etw von etw** *dat* ~ to brush sth off [of AM *a.*] sth

Bụ̈rs·ten(·haar)·schnitt *m* crew cut **Bụ̈rs·ten·ma·cher(in)** *m(f)* brush maker **Bụ̈rs·ten·mas·sa·ge** [-masa:ʒə] *f* brush massage

Bu·run·der(in) <-s, -> [bu'rʊndɐ] *m(f)* Burundian; *s. a.* **Deutsche(r)**

Bu·run·di <-s> [bu'rʊndi] *nt* Burundi; *s. a.* **Deutschland**

Bu·run·di·er(in) [bu'rʊndi̯ɐ] *m(f) s.* **Burunder**

bu·run·disch [bu'rʊndɪʃ] *adj* Burundi; *s. a.* **deutsch**

Bür·zel <-s, -> ['bʏrts|] *m* ORN tail; KOCHK parson's nose

Bus <-ses, -se> [bʊs, *pl* 'bʊsə] *m* AUTO bus; (*Reisebus*) coach, AM *usu* bus

Bụs·bahn·hof *m* bus station

Busch <-[e]s, Büsche> [bʊʃ, *pl* 'bʏʃə] *m* ❶ (*Strauch*) shrub, bush ❷ (*Buschwald*) bush ❸ (*Strauß*) bunch; (*selten: Büschel*) tuft ▶ WENDUNGEN: **mit etw** *dat* **hinter dem ~ halten** (*fam*) to keep sth to oneself; **im ~ sein** (*fam*), **da ist etw im ~** sth is up; **bei jdm auf den ~ klopfen** (*fam*) to sound sb out; **sich** *akk* **[seitwärts] in die Büsche schlagen** (*fam*) to sneak away

Bụsch·boh·ne *f* dwarf [*or* AM bush] bean

Bü·schel <-s, -> ['bʏʃ|] *nt* tuft

bụ̈·schel·wei·se *adv* in tufts; **der Flachs wurde ~ zum Trocknen ausgelegt** the flax was laid out in bundles to dry

Bụ·schen·schen·ke *f* ÖSTERR (*Straußwirtschaft*) *temporary bar in which new local wines are sold*

Bụsch·feu·er *nt* bush fire

bụ·schig I. *adj* bushy **II.** *adv* ■ **~ wachsen** to spread

Busch·mann <-männer *o* -leute> ['bʊʃman, *pl* -mɛnɐ, *pl* -lɔytə] *m* Bushman **Busch·mann·frau** *f* Bushman woman **Bụsch·mes·ser** *nt* machete **Bụsch·werk** *nt kein pl* thicket **Bụsch·wind·rös·chen** [-rø:sçən] *nt* wood anemone

Bu·sen <-s, -> ['bu:zn̩] *m* ❶ (*weibliche Brust*) bust ❷ (*Oberteil eines Kleides*) top ❸ (*geh: Innerstes*) breast *liter*

Bu̲·sen·freund(in) *m(f)* ❶ (*enger Freund*) buddy *fam*, best friend ❷ (*iron: Intimfeind*) bosom friend *iron*, mortal enemy

Bụs·fah·rer(in) *m(f)* bus driver **Bụs·hal·te·stel·le** *f* bus stop **Bụs·häus·le** *nt* SÜDD (*fam*) bus shelter

Busi·ness·class ['bɪznɪs-] *f* business class **Busi·ness·plan** ['bɪznɪs-] *m* ÖKON business plan

Bụs·li·nie *f* bus route

Bus·sard <-s, -e> ['bʊsart, *pl* 'bʊsardə] *m* buzzard

Bu·ße <-, -n> ['bu:sə] *f* ❶ *kein pl* (*Reue*) repentance; (*Bußauflage*) penance *no pl;* **~ tun** to do penance; **jdn zu einer ~ verurteilen** to sentence sb to penance; **zur ~** as a penance; *s. a.* **Sakrament** ❷ JUR (*Schadenersatz*) damages *npl* ❸ SCHWEIZ (*Geldbuße*) fine

bü·ßen ['by:sn̩] **I.** *vt* ❶ (*bezahlen*) ■ **etw [mit etw** *dat*] **~** to pay for sth [with sth]; **das wirst [*o* sollst] du mir ~!** I'll make you pay for that! ❷ SCHWEIZ (*mit einer Geldbuße belegen*) ■ **jdn ~** to fine sb **II.** *vi* (*leiden*) ■ **[für etw** *akk*] **~** to suffer [because of sth]; **dafür wird er mir ~!** I'll make him suffer [*or* I'm going to get him back] for that!

Bü̲·ßer(in) <-s, -> *m(f)* penitent

Bü̲·ßer·ge·wand *nt* REL penitential garment ▶ WENDUNGEN: **keineswegs im ~** without the slightest trace of remorse

Bü̲·ße·rin <-, -nen> *f fem form von* **Büßer**

Bus·se(r)l <-s, -[n]> ['bʊsɐl] *nt* SÜDD, ÖSTERR (*fam: Kuss*) kiss

bụs·se(r)ln *vt, vi* SÜDD, ÖSTERR (*fam: küssen*) ■ **jdn ~** to kiss sb; ■ **~** to kiss

bu̲ß·fer·tig *adj* penitent **Bu̲ß·gang** *m* ▶ WENDUNGEN: **einen ~ [zu jdm] antreten** (*geh*) to beg [sb's] forgiveness *no pl* **Bu̲ß·ge·bet** *nt* penitential prayer

Bu̲ß·geld *nt* (*Geldbuße*) fine, BRIT *a.* penalty (*imposed for traffic and tax offences*)

Bu̲ß·geld·be·scheid *m* notice of a fine, BRIT *a.* penalty notice **Bu̲ß·geld·ka·ta·log** *m* list of offences *pl* punishable by fines *pl* **Bu̲ß·geld·stel·le** *f* [traffic] fine payment office **Bu̲ß·geld·ver·fah·ren** *nt* fining system

Bu̲ß·pre·digt *f* penitential sermon **Bu̲ß·tag** *m* day of repentance; **Buß- und Bettag** day of prayer and repentance (*on the Wednesday before Advent*)

Büs·te <-, -n> ['bʏstə] *f* ❶ (*Skulptur von Kopf und Schultern*) bust ❷ (*euph: Busen 1*) bust ❸ (*Schneiderpuppe*) tailor's dummy

Bụ̈s·ten·hal·ter *m* bra[ssiere]

Büs·tier <-s, -s> [bʏs'ti̯e:] *nt* bustier

Bụs·ver·bin·dung *f* bus service

Bu·tan <-s, -e> [bu'ta:n] *nt* butane

Bu·ta̲n·gas *nt* butane gas

Bu·ti·ke <-, -n> [bu'ti:kə] *f* boutique

Butt <-[e]s, -e> [bʊt] *m* butt

Bütt <-, -en> [bʏt] *f* DIAL *a barrel-like platform from which speeches are given at carnivals;* **in die ~ steigen** to take the floor [at a carnival]

But·te <-, -n> ['bʊtə] *f* ❶ (*Tragebehälter*) hod ❷ *s.* **Bütte**

Büt·te <-, -n> ['bʏtə] *f* DIAL tub

Büt·tel <-s, -> ['bʏt|] *m* (*pej veraltet*) ❶ (*Handlanger*) servant ❷ (*Gerichtsbote*) bailiff

Bụ̈t·tel·dienst *m* (*pej*) servant's job; **für solche ~e bin ich mir zu schade!** that kind of job's beneath me!

Büt·ten <-s> ['bʏtn̩] *nt*, **Bụ̈t·ten·pa·pier** *nt kein pl* handmade paper **Bụ̈t·ten·rand** *m* deckle edge **Bụ̈t·ten·re·de** *f* DIAL humorous speech (*made from the barrel-like platform at a carnival*)

But·ter <-> ['bʊtɐ] *f kein pl* butter *no pl;* **braune ~** nut butter; **gute ~** quality butter ▶ WENDUNGEN: **jdm nicht die ~ auf dem Brot gönnen** (*fam*) to begrudge sb everything; **sich** *dat* **[von jdm] nicht die ~ vom Brot nehmen lassen** (*fam*) to stand up for oneself [against sb]; **wie ~ in der Sonne dahinschmelzen** to evaporate *fig;* **weich wie ~** as soft as can be; **nach außen zeigt er Härte, aber innerlich ist er weich wie ~** he looks tough on the outside but he's a real softie at heart; **alles [ist] in ~** (*fam*) everything is hunky-dory

Bụt·ter·berg *m* [EU] butter mountain **Bụt·ter·blu·me** *f* buttercup **Bụt·ter·boh·ne** *f* butter bean **Bụt·ter·brot** *nt* slice of buttered bread ▶ WENDUNGEN: **jdm etw aufs ~ schmieren** (*fam*) to rub sth in; **das schmiere ich dem aber aufs ~!** I won't let him forget that!; **für ein ~** (*fam*) for a song [*or* AM peanuts *pl*]; **da arbeitest du ja für ein ~!** you're working for peanuts there! **Bụt·ter·brot·pa·pier** *nt* greaseproof paper **Bụt·ter·creme** *f* butter cream **Bụt·ter·creme·tor·te** *f* butter cream gateau [*or* AM cake] **Bụt·ter·do·se** *f* butter-dish

But·ter·fly <-s, -> ['batɐflai] *m*, **But·ter·fly·stil** *m s.* **Schmetterlingsstil**

Bụt·ter·frucht *f* (*selten*) avocado **Bụt·ter·gla·sur** *f* butter icing **Bụt·ter·keks** *m* butter biscuit [*or* AM cookie], BRIT *a.* Rich Tea® biscuit **Bụt·ter·kohl** *m s.* **Schnittkohl** **Bụt·ter·milch** *f* buttermilk

but·tern ['bʊtɐn] **I.** *vt* ❶ (*mit Butter bestreichen*) ■ **etw ~** to butter sth ❷ (*fam: investieren*) ■ **etw in etw** *akk* **~** to plough [*or* AM plow] sth into sth **II.** *vi* (*Butter herstellen*) to produce butter

Bụt·ter·nussRR *f* American white walnut **Bụt·ter·nuss·kür·bis**RR *m* butternut squash **Bụt·ter·pilz** *m* boletus lutens **Bụt·ter·rol·ler** *m* butter curler **Bụt·ter·sa·lat** *nt* BOT, KOCHK young green lettuce **Bụt·ter·sau·ci·e·re** *f* butter boat **Bụt·ter·säu·re** *f* CHEM butyric acid **Bụt·ter·schmalz** *nt* clarified butter **but·ter·weich** ['bʊtɐ'vaiç] **I.** *adj* really soft **II.** *adv* softly

Bütt·ner(in) <-s, -> ['bʏtnɐ] *m(f)* DIAL (*Böttcher*) cooper

But·ton <-s, -s> ['batn̩] *m* badge

Bụt·zen·schei·be *f* bullion point sheet

b.w. *Abk von* **bitte wenden** PTO

B-Waf·fe ['be:-] *f* biological weapon

BWL [be:ve:'ʔɛl] *f Abk von* **Betriebswirtschaftslehre**

By·pass <-es, Bypässe> ['baipas] *m* bypass

By·pass·ope·ra·ti·on *f* bypass operation
Byte <-s, -s> [bait] *nt* byte
by·zan·ti·nisch [bytsan'ti:nɪʃ] *adj* Byzantine
By·zanz <-> [by'tsants] *nt* Byzantium
bzgl. *präp +gen Abk von* **bezüglich**
bzw. *adv Abk von* **beziehungsweise**

Cc

C, c <-, - *o fam* -s, -s> [tse:] *nt* ❶ (*Buchstabe*) C, c; ~ **wie Cäsar** C for [*or* AM as in] Charlie; *s. a.* **A 1** ❷ MUS C, c; **das hohe** ~ top [*or* high] c; *s. a.* **A 2**
C [tse:] *Abk von* **Celsius** C
ca. *Abk von* **circa** approx., ca.
Ca·brio <-s, -s> ['ka:brio] *nt s.* **Kabrio**
Ca·bri·o·let <-[s], -s> [kabrio'le:] *nt s.* **Kabriolett**
CAD <-s, -s> *nt Abk von* **computer-aided design** CAD
Cad·die <-s, -> ['kɛdi] *m* ❶ (*Mensch*) caddie, caddy ❷ (*Wagen*) caddie [*or* caddy] car
Cad·mi·um <-s> ['katmiʊm] *nt kein pl* cadmium *no pl*
Ca·fé <-s, -s> [ka'fe:] *nt* café
Ca·fe·te·ria <-, -s> [kafetə'ri:a] *f* cafeteria
Ca·fe·ti·e·re [kafe'ti̯e:rə] *f* cafetiere
cal *f kurz für* **Kalorie** cal.
Cal·ci·um <-s> ['kaltsi̯ʊm] *nt kein pl s.* **Kalzium**
Ca·li·for·ni·um <-s> [kali'fɔrni̯ʊm] *nt kein pl* californium *no pl*
Call·boy ['kɔ:lbɔɪ] *m male version of a call girl* **Call·cen·ter** ['kɔ:lsɛntɐ] *nt* TELEK call centre **Call·cen·ter·agent** *m* TELEK call centre adviser **Call·girl** <-s, -s> [-gœrl] *nt* call girl
Cam·cor·der <-s, -> ['kamkɔrdɐ] *m* camcorder
Ca·mem·bert <-s, -s> ['kaməmbɛ:ɐ̯] *m* Camembert [cheese]
Camp <-s, -s> [kɛmp] *nt* MIL ❶ (*Lager*) camp ❷ (*Gefangenenlager*) prison camp
cam·pen ['kɛmpn̩] *vi* ■ [**irgendwo**] ~ to camp [*or* go camping] [somewhere]
Cam·per(in) <-s, -> ['kɛmpɐ] *m(f)* camper
cam·pie·ren* [kam'pi:rən] *vi* ❶ *s.* **kampieren** ❷ ÖSTERR, SCHWEIZ (*campen*) to camp, to go camping
Cam·ping <-s> ['kɛmpɪŋ] *nt kein pl* camping
Cam·ping·ar·ti·kel *m* piece of camping equipment **Cam·ping·aus·rüs·tung** *f* camping equipment **Cam·ping·bus** *m* camper **Cam·ping·füh·rer** *m* camping guide **Cam·ping·platz** *m* campsite, camping [*or* AM camp] ground **Cam·ping·zu·be·hör** *nt* camping equipment *no pl*
Cam·pus <-, -> ['kampʊs, 'kɛmpəs] *m* campus
Ca·nas·ta <-s> [ka'nasta] *nt kein pl* KARTEN [game of] canasta
Can·ber·ra <-s> ['kænbərə] *nt* Canberra
Can·can <-s, -s> [kã'kã:] *m* cancan
cand. *Abk von* **candidatus** final year student, BRIT *a.* graduand
Ca·nel·li·no [kanɛ'li:no] *f* KOCHK canellino bean
Can·na·bis <-> ['kanabɪs] *m kein pl* cannabis *no pl*
Can·nel·lo·ni [kanɛ'lo:ni] *pl* cannelloni *npl*
Ca·ñon <-s, -s> ['kanjɔn] *m* canyon
Ca·nos·sa <-[s]> [ka'nɔsa] *nt s.* **Kanossa**
Can·yo·ning ['kænjənɪŋ] *nt* SPORT canyoning *no pl, no indef art*
Cape <-s, -s> [ke:p] *nt* cape
Cap·puc·ci·no <-[s], -[s]> [kapʊ'tʃi:no] *m* cappuccino
Ca·ra·van <-s, -s> ['ka(:)ravan] *m* caravan
Care·pa·ket ['kɛɐ̯-] *nt* care package
Car·na·ro·li [karna'ro:li] *m kein pl* KOCHK carnaroli rice *no pl*
Ca·ro·li·na [karo'li:na] *m kein pl* KOCHK Carolina rice *no pl*
Car·port <-s, -s> ['ka:ɐ̯po:ɐ̯t] *m* carport
Car·toon <-s, -s> [kar'tu:n] *m* cartoon
Car·ving ['ka:ɐ̯vɪŋ] *nt* SKI carving **Car·ving-Ski** *m* carving ski
Ca·sa·no·va <-s, -s> [kaza'no:va] *m* Casanova
Cä·sar[1] <-s> ['tsɛ:zar] *m* Caesar
Cä·sar[2] <-saren, -saren> ['tsɛ:zar, *pl* tsɛ'za:rən] *m* emperor
Cä·sa·ren·wahn(·sinn) *m* megalomania
Cas·ca·ding [kæs'keɪdɪŋ] *nt* SPORT cascading
Cash <-s> [kæʃ] *nt kein pl* FIN (*fam*) cash
cash [kæʃ] *adv* cash
Ca·shew·nuss[RR] ['kɛʃu-] *f* cashew nut
Cash·flow[RR], **Cash-flow**[ALT] <-s, -s> ['kæʃfloʊ] *m* cash flow
Cä·si·um <-s> ['tsɛ:zi̯ʊm] *nt kein pl* caesium BRIT *no pl*, cesium AM *no pl*
Cas·set·te <-, -n> [ka'sɛtə] *f s.* **Kassette**
cas·ten ['ka:stn̩] *vt* FILM ■ **jdn** ~ to cast sb
Cas·ting <-s, -s> ['ka:stɪŋ] *nt* FILM, THEAT casting [session] **Cas·ting-Agen·tur** *f* FILM casting agency
Catch-as-catch-can <-> ['kætʃəz'kætʃkæn] *nt kein pl* catch-as-catch-can *no pl*, all-in wrestling *no pl*
cat·chen ['kɛtʃn̩] *vi* ■ **gegen jdn** ~ to wrestle catch-as-catch-can against sb
Cat·cher(in) <-s, -> ['kɛtʃɐ] *m(f)* catch-as-catch-can [*or* all-in] wrestler
Ca·te·ring <-[s]> ['kəɪtərɪŋ] *nt kein pl* catering *no pl*
Ca·te·ring·ser·vice *m* catering service
Ca·yenne·pfef·fer [ka'jɛn-] *m* cayenne pepper
CB-Funk *m* CB radio
CD <-, -s> [tse:'de:] *f Abk von* **Compact Disc** CD
CD-Bren·ner *m* CD rewriter [*or* burner] **CD-Play·er** <-s, -> [tse:'de:ple:ɐ] *m* CD player **CD-ROM** <-, -s> [tse:de:'rɔm] *f* CD-ROM; ■ **auf CD-ROM** on CD-ROM **CD-ROM-Lauf·werk** *nt* CD-ROM drive [*or* player] **CD-Spie·ler** *m s.* **CD-Player**
CDU <-> [tse:de:'ʔu:] *f Abk von* **Christlich-Demokratische Union** CDU
CD-Vi·deo *nt* video disc **CD-Vi·deo·ge·rät** *nt* video disc player **CD-Wechs·ler** *m* CD selector
Ce·le·bes·see [tse'le:bɛs] *f* Celebes Sea
Cel·list(in) <-en, -en> [tʃɛ'lɪst] *m(f)* cellist
Cel·lo <-s, -s *o* Celli> ['tʃɛlo] *nt* cello
Cel·lo·phan® <-s> [tsɛlo'fa:n] *nt kein pl* cellophane
Cel·si·us ['tsɛlzi̯ʊs] *no art, inv* Celsius
Cel·si·us·ska·la *f* celsius scale
Cem·ba·lo <-s, -s *o* Cembali> ['tʃɛmbalo] *nt* cembalo
Cent <-[s], -[s]> [sɛnt, tsɛnt] *m* (*Untereinheit des Euros, Dollars etc.*) cent
Cer·ve·lat·wurst [sɛrvə'la:t-] *f* cervelat [sausage]
Ces, ces <-, -> [tsɛs] *nt* MUS C flat
Cha-Cha-Cha <-[s], -s> ['tʃa'tʃa'tʃa] *m* cha-cha[-cha]
Cha·grin·le·der [ʃa'grɛ̃-] *nt* shagreen
Cha·mä·le·on <-s, -s> [ka'mɛ:leɔn] *nt* chameleon; **ein** ~ **sein** (*pej*) to be [like] a chameleon
Cham·pa·gner <-s, -> [ʃam'panjə] *m* champagne
Cham·pa·gner·sche·re *f* champagne tongs *npl*
Cham·pi·gnon <-s, -s> ['ʃampɪnjɔŋ] *m* [common] mushroom
Cham·pi·on <-s, -s> ['tʃɛmpi̯ən] *m* (*Spitzensportler*) champion; (*Spitzenmannschaft*) champions *pl*
Chan·ce <-, -n> ['ʃã:sə] *f* ❶ (*Möglichkeit*) chance; **eine/keine** ~ **ungenutzt lassen** to [not] pass up an opportunity; **jdm eine** ~ **geben** to give sb a chance; **jdm eine letzte** ~ **geben** to give sb one last chance; [**gegen jdn**] **keine** ~ **haben** to have no chance [against sb]; **die** ~**n** *pl* **stehen gut/schlecht** there's a good chance/there's little chance; **wie stehen die** ~**n?** (*fam*) what are the odds? ❷ *pl* (*Aussichten*) prospects *pl;* [**bei jdm**] ~**n haben** (*fam: Aussicht auf Erfolg haben*) to have a chance [with sb]; (*beim Arbeitgeber etc.*) to have prospects [with an employer, etc.]
Chan·cen·gleich·heit *f kein pl* equal opportunities
chan·cen·los *adj* no chance; ~ **gegen jdn/etw sein** to not

C

stand a chance against sb/sth

chan·gie·ren* [ʃã'ʒiːrən] *vi* to shimmer

Chan·son <-s, -s> [ʃã'sõː] *nt* chanson

Chan·son·(n)et·te <-, -n> [ʃãsɔ'nɛt] *f* chanteuse

Chan·son·sän·ger(in) *m(f)* singer of chansons, chansonnier

Cha·os <-> ['kaːɔs] *nt kein pl* chaos *no pl;* **irgendwo herrscht [ein einziges]** ~ there is [complete [*or* absolute]] chaos somewhere

Cha·ot(in) <-en, -en> [ka'oːt] *m(f)* (*pej*) ❶ (*Radikale(r)*) anarchist ❷ (*sl: verworrener Mensch*) chaotic [*or* muddle-headed] person

cha·o·tisch [ka'oːtɪʃ] **I.** *adj* chaotic; ~ **aussehen/klingen** to look/sound chaotic **II.** *adv* chaotically

Cha·peau claque, Cha·peau Claque^RR <- -, -x -s> [ʃapo'klak] *m* opera hat

Cha·rak·ter <-s, -tere> [ka'raktɐ, *pl* -'teːrə] *m* ❶ (*Wesen*) character; ~ **haben** to have strength of character; **den** ~ **prägen** [*o* **formen**] to form [*or* BRIT mould] [*or* AM mold] the character; **jd von** ~ sb with strength of character ❷ (*Eigenart*) character; *eines Gesprächs, einer Warnung* nature *no indef art* ❸ (*liter*) character

Cha·rạk·ter·an·la·ge *f* characteristic **Cha·rạk·ter·dar·stel·ler(in)** *m(f)* character actor **Cha·rạk·ter·ei·gen·schaft** *f* characteristic **Cha·rạk·ter·feh·ler** *m* character defect **cha·rạk·ter·fest** *adj* with strength of character *pred;* ~ **sein** to have strength of character **Cha·rạk·ter·fes·tig·keit** *f* strength of character

cha·rak·te·ri·sie·ren* [karakteri'ziːrən] *vt* ■**etw** ~ to characterize sth; ■**jdn/etw [als etw** *akk*] ~ to characterize sth/sb [as sth]

Cha·rak·te·ri·sie·rung <-, -en> *f* characterization

Cha·rak·te·ris·tik <-, -en> [karakte'rɪstɪk] *f* ❶ (*treffende Schilderung*) characterization ❷ TECH (*typische Eigenschaft*) feature

Cha·rak·te·ris·ti·kum <-s, -ristika> [karakte'rɪstɪkʊm, *pl* -ka] *nt* (*geh*) characteristic

cha·rak·te·ris·tisch [karakte'rɪstɪʃ] *adj* characteristic, typical; ■~ **[für jdn/etw] sein** to be characteristic [*or* typical] [of sb/sth]

cha·rak·te·ris·ti·scher·wei·se *adv* characteristically

Cha·rạk·ter·kopf *m* face with striking [*or* distinctive] features; **einen** ~ **haben** to have striking features, to have an expressive face

cha·rạk·ter·lich I. *adj* of sb's character *pred;* ~**es Merkmal** characteristic; ~**e Stärke** strength of character **II.** *adv* in character, as far as sb's character is concerned *pred;* **jdn** ~ **stark/negativ prägen** to have a strong/negative effect on sb's character

cha·rạk·ter·los I. *adj* despicable **II.** *adv* despicably **Cha·rạk·ter·lo·sig·keit** <-, -en> *f* ❶ (*Niedertracht*) despicableness *no pl* ❷ (*schändliche Tat*) despicable act; **es ist einfach eine** ~ **von ihr** it is simply despicable of her **Cha·rạk·ter·merk·mal** *nt s.* **Charaktereigenschaft**

Cha·rak·te·ro·lo·gie <-> [karakterolo'giː] *f kein pl* characterology *no pl*

cha·rak·te·ro·lo·gisch [karaktero'loːgɪʃ] *adj* characterological

Cha·rạk·ter·rol·le *f* character part **Cha·rạk·ter·schwä·che** *f* weakness of character **Cha·rạk·ter·schwein** *nt* (*fam*) bad lot **Cha·rạk·ter·stär·ke** *f* strength of character **Cha·rạk·ter·stu·die** *f* character study **cha·rạk·ter·voll I.** *adj* ❶ (*anständig*) decent ❷ (*ausgeprägt*) pronounced **II.** *adv* decently **Cha·rạk·ter·zug** *m* characteristic

Char·ge <-, -n> ['ʃarʒə] *f* ❶ (*Dienstgrad*) rank; **die höheren/unteren** ~**n** the upper/lower ranks ❷ (*Nebenrolle*) supporting role ❸ PHARM batch

Cha·ris·ma <-s, Charismen *o* Charismata> ['çaːrɪsma] *nt* (*geh*) charisma

Cha·ris·ma·ti·ker(in) <-s, -> *m(f)* charismatic person

cha·ris·ma·tisch [çarɪs'maːtɪʃ] *adj* charismatic

Charles·ton <-, -s> ['tʃarlstn̩] *m* Charleston

char·mant [ʃar'mant] **I.** *adj* charming **II.** *adv* charmingly

Charme <-s> [ʃarm] *m kein pl* charm; ~ **haben** to have charm

Char·meur(in) <-s, -e> [ʃar'møːɐ̯] *m(f)* charmer

Char·ta <-, -s> ['karta] *f* charter; **Magna** ~ Magna Carta [*or* Charta]

Char·ter·flug ['tʃartɐ-] *m* charter flight **Char·ter(·flug)·ge·sell·schaft** *f* charter company **Char·ter·ma·schi·ne** *f* charter [aeroplane] [*or* AM airplane]

char·tern ['tʃartɐn] *vt* ❶ (*mieten*) ■**etw** ~ to charter sth ❷ (*fam: anheuern*) ■**[sich** *dat*] **jdn** ~ to hire sb

Charts [tʃaːts] *pl* charts *pl*

Chas·sis <-, -> [ʃa'siː] *nt* chassis

Cha·teau·bri·and <-[s], -s> [ʃatobri'ãː] *nt* KOCHK chateaubriand

Chat·room <-s, -s> ['tʃætruːm] *m* INET chat room

chat·ten ['tʃætn̩] *vi* INET (*fam*) ■**[mit jdm]** ~ to chat [with sb]

Chauf·feur(in) <-s, -e> [ʃɔ'føːɐ̯] *m(f)* (*Fahrer*) driver; (*persönlicher Fahrer*) chauffeur

chauf·fie·ren* [ʃɔ'fiːrən] **I.** *vt* (*geh o veraltend*) ■**jdn [irgendwohin/zu jdm]** ~ to drive sb [somewhere/to sb] **II.** *vi* (*geh o veraltend*) to drive

Chaus·see <-, -n> [ʃɔ'seː] *f* (*in Straßennamen*) Avenue; (*veraltend*) country road

Chau·vi <-s, -s> ['ʃoːvi] *m* (*sl*) [male] chauvinist [pig] *pej*

Chau·vi·nis·mus <-> [ʃovi'nɪsmʊs] *m kein pl* ❶ POL (*pej*) chauvinism *no pl pej* ❷ (*männlicher* ~) [male] chauvinism *no pl pej*

Chau·vi·nist(in) <-en, -en> [ʃovi'nɪst] *m(f)* ❶ POL (*pej*) chauvinist *pej* ❷ (*Chauvi*) [male] chauvinist [pig] *pej*

chau·vi·nis·tisch [ʃovi'nɪstɪʃ] **I.** *adj* (*pej*) ❶ POL chauvinistic ❷ (*männlich* ~) chauvinistic *pej* **II.** *adv* (*pej*) chauvinistically *pej*

Cha·yo·te <-, -n> [tʃa'joːtə] *f* BOT, KOCHK chayote, vegetable pear

che·cken ['tʃɛkn̩] *vt* ❶ (*überprüfen*) ■**etw** ~ to check sth; ■~**, ob** to check whether ❷ (*sl: begreifen*) ■**etw** ~ to get sth *fam* ❸ SPORT (*anrempeln*) ■**jdn** ~ to check sb

Check·lis·te ['tʃɛk-] *f* checklist **Check·point** <-s, -s> *m* checkpoint **Check-up** <-s, -s> ['tʃɛkap] *m* check-up

Chef(in) <-s, -s> [ʃɛf] *m(f)* head; (*Leiter einer Firma*) manager, boss *fam;* ~ **des Stabes** MIL chief of staff

Chef·arzt, -ärz·tin *m, f* head doctor **Chef·eta·ge** *f* management floor **Chef·ide·o·lo·ge, -ide·o·lo·gin** *m, f* chief ideologist [*or* ideologue]

Che·fin <-, -nen> *f* ❶ *fem form von* **Chef** ❷ (*fam: Frau des Chefs*) boss' wife *fam*

Chef·koch, -kö·chin *m, f* chief [*or* head] cook **Chef·re·dak·teur(in)** *m(f)* editor-in-chief **Chef·re·dak·ti·on** *f* ❶ (*Aufgabe*) chief editorship ❷ (*Büro*) editor-in-chief's office **Chef·sa·che** *f pl selten* (*fam*) matter for the boss [to take care of], management matter; **etw zur** ~ **machen** to make sth a matter for the management; **erklären Sie den Fall zur** ~**!** that's a matter for the boss! **Chef·se·kre·tär(in)** *m(f)* manager's secretary **Chef·un·ter·händ·ler(in)** *m(f)* POL head [*or* chief] negotiator

chem. *Abk von* **chemisch**

Che·mie <-> [çe'miː] *f kein pl* ❶ (*Wissenschaft*) chemistry ❷ ÖKON (*Branche*) chemical industry ❸ (*fam: chemische Zusatzstoffe*) chemicals *pl fam*

Che·mie·ar·bei·ter(in) *m(f)* chemical worker **Che·mie·fa·ser** *f* (*Kunstfaser*) man-made fibre [*or* AM -er] **Che·mie·kon·zern** *nt* chemical manufacturer [*or* company] **Che·mie·la·bo·rant(in)** *m(f)* laboratory chemist **Che·mie·leh·rer(in)** *m(f)* chemistry teacher **Che·mie·un·fall** *nt* chemical accident **Che·mie·un·ter·richt** *m* chemistry lesson **Che·mie·waf·fen** *pl* chemical weapons *pl* **che·mie·waf·fen·frei** *adj* free of chemical weapons *pred*

Che·mi·ka·lie <-, -n> [çemi'kaːli̯ə] *f meist pl* chemical

Che·mi·ker(in) <-s, -> ['çeːmikɐ] *m(f)* chemist

che·misch ['çeːmɪʃ] **I.** *adj* chemical **II.** *adv* chemically; **etw** ~

reinigen to dry-clean sth
Che·mo·tẹch·nik [çemo-] *f kein pl* chemical engineering *no pl* **Che·mo·tẹch·ni·ker(in)** *m(f)* chemical engineer **Che·mo·the·ra·peu·ti·kum** <-s, -ka> *nt* chemotherapeutical remedy **Che·mo·the·ra·pie** *f* chemotherapy
Che·rub <-s, -im *o* -inen> ['çe:rʊp, *pl* çeru'bi:nən] *m* cherub
chic [ʃɪk] *adj s.* **schick**
Chi·co·rée <-s> ['ʃikore] *m kein pl* chicory
Chiem·see ['ki:mze:] *m* Chiemsee
Chif·fon <-s, -s> ['ʃɪfõ] *m* chiffon
Chif·fre <-, -n> ['ʃɪfrə] *f* ① (*Kennziffer*) box number ② (*Zeichen*) cipher
Chịf·fre·an·zei·ge *f* box number advertisement
chif·frie·ren* [ʃɪ'fri:rən] *vt* ■**etw** ~ to [en]code sth; ■**chiffriert** [en]coded
Chi·le <-s> ['tʃi:le] *nt* Chile; *s. a.* **Deutschland**
Chi·le·krab·be *f* ZOOL langostino
Chi·le·ne, Chi·le·nin <-n, -n> [tʃi'le:nə, tʃi'le:nɪn] *m, f* Chilean; *s. a.* **Deutsche(r)**
chi·le·nisch [tʃi'le:nɪʃ] *adj* Chilean; *s. a.* **deutsch**
Chi·li <-s> ['tʃi:li] *m kein pl* ① (*Pfefferschote*) chilli BRIT, chili AM ② (*Pfeffersoße*) chilli sauce
Chi·li·scho·te *f* chilli, hot pepper
Chi·na <-s> ['çi:na] *nt* China; *s. a.* **Deutschland**
Chị·na·kohl *m* Chinese cabbage **Chị·na·pfef·fer** *m* anise pepper **Chị·na·sa·lat** *m* Chinese leaf [*or* cabbage] **Chị·na·wur·zel** *f* chinaroot
Chin·chil·la[1] <-, -s> [tʃɪn'tʃɪla] *f* chinchilla
Chin·chil·la[2] <-s, -s> [tʃɪn'tʃɪla] *nt* chinchilla
Chi·ne·se, Chi·ne·sin <-n, -n> [çi'ne:zə, çi'ne:zɪn] *m, f* Chinese [person]; *s. a.* **Deutsche(r)**
chi·ne·sisch [çi'ne:zɪʃ] *adj* Chinese ▶WENDUNGEN: ~ **für jdn sein** (*fam*) to be double Dutch to sb; *s. a.* **deutsch**
Chi·ne·sisch [çi'ne:zɪʃ] *nt dekl wie adj* Chinese; *s. a.* **Deutsch**
Chi·ne·si·sche <-n> *nt* ■**das** ~ Chinese; *s. a.* **Deutsche**
Chi·nin <-s> [çi'ni:n] *nt kein pl* quinine *no pl*
Chip <-s, -s> [tʃɪp] *m* ① INFORM [micro]chip ② (*Jeton*) chip ③ (*Kartoffelscheiben*) ■~**s** *pl* crisps *pl* BRIT, chips *pl* AM
Chịp·kar·te *f* smart card
Chi·ro·prak·tik [çiro'praktɪk] *f kein pl* chiropractic *no pl* **Chi·ro·prak·ti·ker(in)** [çiro'praktikɐ] *m(f)* chiropractor
Chir·urg(in) <-en, -en> [çi'rʊrk] *m(f)* surgeon
Chir·ur·gie <-, -n> [çirʊr'gi:] *f* ① *kein pl* (*Fachgebiet*) surgery ② (*chirurgische Abteilung*) surgery ward
Chir·ụr·gin <-, -nen> *f fem form von* **Chirurg**
chir·ur·gisch [çi'rʊrgɪʃ] **I.** *adj* surgical; ■**die** ~**e Abteilung** the surgery ward **II.** *adv* surgically; ~ **tätig sein** to practise [*or* AM -ce] surgery
Chi·si·nau <-s> [kiʃi'nau̯] *nt* Chişinău
Chi·tin <-s> [çi'ti:n] *nt kein pl* chitin *no pl*
Chlor <-s> [klo:ɐ̯] *nt kein pl* chlorine
Chlor·ak·ne *f* chloracne *no pl*
chlo·ren ['klo:rən] *vt* ■**etw** ~ to chlorinate sth
chlo·rie·ren* [klo'ri:rən] *vt* ■**etw** ~ to chlorinate sth; *s. a.* **Kohlenwasserstoff**
chlo·rig ['klo:rɪç] *adj* chlorous
Chlo·ro·form <-s> [kloro'fɔrm] *nt kein pl* chloroform *no pl* **chlo·ro·for·mie·ren*** [klorofɔr'mi:rən] *vt* ■**jdn** ~ to chloroform sb **Chlo·ro·phyll** <-s> [kloro'fʏl] *nt kein pl* chlorophyll *no pl*
Choke <-s, -s> [tʃoʊk] *m* choke
Cho·le·ra <-> ['ko:lera] *f kein pl* cholera *no pl*
Cho·le·ri·ker(in) <-s, -> [ko'le:rikɐ] *m(f)* choleric person
cho·le·risch [ko'le:rɪʃ] *adj* choleric
Cho·les·te·rin <-s> [çolɛste'ri:n] *nt kein pl* cholesterol *no pl*
Cho·les·te·rịn·spie·gel *m* cholesterol level
Chor[1] <-[e]s, Chöre> [ko:ɐ̯, *pl* 'kørə] *m* ① (*Gruppe von Sängern*) choir ② MUS chorus; **im** ~ in chorus
Chor[2] <-[e]s, -e *o* Chöre> [ko:ɐ̯, *pl* 'kørə] *m* ARCHIT ① (*Altarraum*) choir ② (*Chorempore*) choir gallery
Cho·ral <-s, Choräle> [ko'ra:l, *pl* ko'rɛ:lə] *m* chorale
Cho·re·o·graf(in)[RR] <-en, -en> [koreo'gra:f] *m(f)* choreographer
Cho·re·o·gra·fie[RR] <-, -n> [koreogra'fi:] *f* choreography
Cho·re·o·gra̲·fin[RR] <-, -nen> *f fem form von* **Choreograf**
cho·re·o·gra·fisch[RR] [koreo'gra:fɪʃ] *adj* choreographic
Cho·re·o·graph(in) <-en, -en> [koreo'gra:f] *m(f) s.* **Choreograf**
Cho·re·o·gra·phie <-, -n> [koreogra'fi:] *f s.* **Choreografie**
Cho·re·o·gra̲·phin <-, -nen> *f fem form von* **Choreograf**
cho·re·o·gra·phisch [koreo'gra:fɪʃ] *adj s.* **choreografisch**
Cho̲r·ge·sang *m* choral singing *no pl*
Cho̲r·ge·stühl *nt* choir stalls *pl*
Cho̲r·kna·be *m* choirboy **Cho̲r·lei·ter(in)** *m(f)* choirmaster **Cho̲r·sän·ger(in)** *m(f)* chorister
Cho·se <-, -n> ['ʃo:zə] *f* (*fam*) ① (*Angelegenheit*) thing *fam*, affair, matter ② (*Zeug*) stuff *fam*; ■**die** [**ganze**] ~ the whole lot *fam*
Chr. *Abk von* **Christus, Christi** Christ
Christ(in) <-en, -en> [krɪst] *m(f)* Christian
Chrịst·baum *m* DIAL (*Weihnachtsbaum*) Christmas tree **Chrịst·baum·schmuck** *m kein pl* DIAL Christmas tree decorations *pl* **Chrịst·de·mo·krat(in)** *m(f)* Christian Democrat **chrịst·de·mo·kra·tisch** *adj* Christian democratic
Chrịs·ten·heit <-> *f kein pl* Christendom *no pl*
Chrịs·ten·pflicht *f* Christian duty
Chrịs·ten·tum <-s> *nt kein pl* Christianity *no pl*
Chrịs·ten·ver·fol·gung *f* persecution of [the] Christians
Chrịst·fest *nt* DIAL (*Weihnachtsfest*) Christmas
Chris·ti ['krɪsti] *gen von* **Christus**
chris·ti·a·ni·sie·ren* [krɪsti̯ani'zi:rən] *vt* ■**jdn/etw** ~ to convert sb/sth to Christianity, to Christianize sb/sth
Chris·ti·a·ni·si̲e·rung <-, -en> *f* Christianization, conversion to Christianity
Chrịs·tin <-, -nen> *f fem form von* **Christ**
Chrịst·kind *nt* ① (*Jesus*) infant [*or* baby] Jesus, Christ child ② (*weihnachtliche Gestalt*) Father Christmas BRIT, Santa Claus AM; **ans** ~ **glauben** to believe in Father Christmas ③ *bes* SÜDD, ÖSTERR (*Weihnachtsgeschenk*) Christmas present
chrịst·lich **I.** *adj* Christian; **C~-Demokratische Union** [*o* **CDU**] Christian Democratic Union, CDU; **C~-Soziale Union** [*o* **CSU**] Christian Social Union; **C~er Verein Junger Männer** Young Men's Christian Association **II.** *adv* in a Christian manner; *s. a.* **Seefahrt, Verein**
Chrịst·mes·se *f*, **Chrịst·met·te** *f* REL Christmas mass **Chrịst·ro·se** *f* Christmas rose **Chrịst·stol·len** *m cake made of yeast dough, raisins, candied citrus fruits and often marzipan that is traditionally eaten at Christmas*
Chris·tus <Christi, *dat* - *o geh* Christo, *akk* - *o geh* Christum> ['krɪstʊs] *m* Christ; (*Christusfigur*) figure of Christ; **nach** ~, **nach Christi Geburt** AD; **vor** ~, **vor Christi Geburt** BC; **Christi Himmelfahrt** Ascension
Chrom <-s> [kro:m] *nt kein pl* chrome *no pl*
Chro·ma·tik <-> [kro'ma:tɪk] *f kein pl* ① MUS chromaticism ② ORN chromatics + *sing vb*
chro·ma·tisch [kro'ma:tɪʃ] *adj* MUS, ORN chromatic
chrom·blit·zend *adj* gleaming [*or* shiny] with chrome
Chro·mo·som <-s, -en> [kromo'zo:m] *nt* chromosome
Chro·mo·so̲·men·satz *m* chromosome number
Chro·nik <-, -en> ['kro:nɪk] *f* chronicle
chro·nisch ['kro:nɪʃ] *adj* ① MED chronic ② (*fam: dauernd*) chronic; ■**etw ist bei jdm** ~ sb has [a] chronic [case of] sth; **ein** ~ **kranker Mensch** a chronically ill person; ■~ **sein/werden** to be/become chronic
Chro·nist(in) <-en, -en> [kro'nɪst] *m(f)* chronicler
Chro·no·lo·gie <-> [kronolo'gi:] *f kein pl* ① (*geh: zeitliche*

Abfolge) sequence ❷ (*Zeitrechnung*) chronology
chro·no·lo·gisch [krono'lo:gɪʃ] **I.** *adj* chronological **II.** *adv* chronologically, in chronological order
Chro·no·me̱·ter <-s, -> [krono-] *nt* chronometer
Chry·san·the·me <-, -n> [kryzan'te:mə] *f* chrysanthemum
Chuz·pe <-> ['xʊtspə] *f kein pl* (*pej fam*) gall
CIA <-> [si:ar'er] *f o m Abk von* **Central Intelligence Agency** CIA
Ci·ce·ro¹ <-s> ['tsitsero] *m* HIST Cicero
Ci·ce·ro² <-> ['tsitsero] *f o m kein pl* TYPO cicero
Ci·ce·ro·ne <-[s], -s *o geh* Ciceroni> [tʃitʃe'ro:nə] *m* (*veraltend*) ❶ (*Fremdenführer*) tourist guide ❷ (*Reiseführer*) guide[book]
Cie. SCHWEIZ *Abk von* **Kompanie**
Ci·ne·ast(in) <-en, -en> [sine'ast] *m(f)* (*geh*) cinéaste, cineast[e]
ci·ne·a̱s·tisch *adj* cinematic
cir·ca ['tsɪrka] *adv s.* **zirka**
Cir·ce <-, -n> ['tsɪrtsə] *f* ❶ HIST Circe ❷ (*geh: verführerische Frau*) Circe *form*, temptress
Cis, cis <-, -> [tsɪs] *nt* C sharp
ci·se·lie·ren [tsɪzə'li:rən] *vt* KOCHK ■**etw** ~ to score [*or* gash] sth
Ci·ty <-, -s> ['sɪti] *f* city [centre] BRIT, city center AM, downtown AM
Ci·ty·trip <-s, -s> ['sɪtitrɪp] *m* (*Städtereise*) city break
Clan <-s, -s> [kla:n] *m* ❶ (*Stamm*) clan ❷ (*pej: Clique*) clique *pej*
Cla·queur <-s, -e> [kla'kø:ɐ̯] *m* (*pej geh*) claqueur BRIT, [a member of a] studio audience AM
Cla·vi·cem·ba·lo <-s, -s *o* -cembali> [klavi'tʃɛmbalo] *nt* clavicembalo
clean [kli:n] *adj pred* (*sl*) ■~ **sein** to be clean
cle·ver ['klɛvɐ] **I.** *adj* (*fam*) ❶ (*aufgeweckt*) smart, bright ❷ (*pej: raffiniert*) cunning **II.** *adv* (*fam*) ❶ (*geschickt*) artfully ❷ (*pej*) cunningly
Cle·ver·ness^RR^, **Cle·ver·neß**^ALT^ <-> ['klɛvɐnɛs] *f kein pl* ❶ (*Aufgewecktheit*) brightness *no pl* ❷ (*pej: Raffinesse*) cunningness *no pl*
Clinch <-[e]s> [klɪntʃ] *m kein pl* clinch; (*fig a.*) dispute; [**mit jdm**] **in den** ~ **gehen** to get into a clinch [with sb]; (*fig a.*) to start a dispute [with sb]; **sich** *akk* **aus dem** ~ **lösen** to free oneself from [*or* get out of] the clinch; [**mit jdm**] **im** ~ **sein** [*o* **liegen**] (*fig*) to be in dispute [with sb]
Clip <-s, -s> [klɪp] *m* ❶ (*Klemme*) clip ❷ (*Haarklemme*) hair slide [*or* clip], barrette AM ❸ (*Ohrschmuck*) clip-on [earring] ❹ (*Videoclip*) video
Cli̱ps <-, -e> *m s.* **Clip 3**
Cli·que <-, -n> ['klɪkə] *f* ❶ (*Freundeskreis*) circle of friends ❷ (*pej*) clique *pej*
Cli̱·quen(·un)·we·sen *nt* (*pej*) cliquism *pej* **Cli̱·quen·wirt·schaft** *f* (*pej fam*) cliquism *pej*
Clo·chard <-s, -s> [klɔ'ʃa:r] *m* tramp, AM *fam a.* bum
Clou <-s, -s> [klu:] *m* ❶ (*Glanzpunkt*) highlight ❷ (*Kernpunkt*) crux ❸ (*Pointe*) punch line
Clown(in) <-s, -s> [klaun] *m(f)* clown ▶ WENDUNGEN: **sich** *akk/* **jdn zum** ~ **machen** to make a fool of oneself/sb; **den** ~ **spielen** to play the clown
Club <-s, -s> [klʊp] *m s.* **Klub**
Club·ber(in) <-s, -> ['klʌbɐ] *m(f)* [night]clubber
Club·steak [klʌb-] *nt* club steak
cm *Abk von* **Zentimeter** cm
Co. *Abk von* **Kompagnon, Kompanie** Co.
Coach <-[s], -s> [koutʃ] *m* coach
Co·ca ['ko:ka] *nt* <-[s], -s>, *f* <-, -s> (*fam*) Coke® *fam*
Cock·pit <-s, -s> ['kɔkpɪt] *nt* LUFT, AUTO cockpit
Cock·tail <-s, -s> ['kɔkte:l] *m* ❶ (*Getränk*) cocktail ❷ (*Party*) cocktail party ❸ (*Mischung*) wild mixture
Cock·tail·bar *f* cocktail bar **Cock·tail·kleid** *nt* cocktail dress **Cock·tail·par·ty** *f* cocktail party
Co·co·Boh·ne ['koko-] *f* broad bean
Code <-s, -s> [ko:t] *m s.* **Kode**
Co·dex <-es *o* -, -e *o* Codices> ['ko:dɛks, *pl* 'ko:ditse:s] *m s.* **Kodex**
co·die·ren* [ko'di:rən] *vt* ❶ INFORM, TECH ■**etw** ~ to code sth ❷ LING *s.* **kodieren**
Co·gnac® <-s, -s> ['kɔnjak] *m* cognac
Co·i·tus <-, -> ['ko:itʊs] *m* (*geh*) coitus *form*, coition *spec*; *s. a.* **Koitus**
Co·la ['kɔ:la] *nt* <-[s], -s>, *f* <-, -s> (*fam*) Coke® *fam*
Col·chi·cin <-s> [kɔlçi'tsi:n] *nt kein pl s.* **Kolchizin**
Col·la·ge <-, -n> [kɔ'la:ʒə] *f* KUNST, MUS collage
Col·la·gen <-s> [kɔla'ge:n] *nt s.* **Kollagen**
Col·lier <-s, -s> [kɔ'li̯e:] *nt s.* **Kollier**
Co·lo·nia·kü·bel [ko'lo:ni̯a-] *m* ÖSTERR (*große Mülltonne*) dustbin BRIT, garbage [*or* trash] can AM
Colt® <-s, -s> [kɔlt] *m* Colt; **zum** ~ **greifen** to go for one's gun
Com·bo <-, -s> ['kɔmbo] *f* combo
Come-back^RR^, **Come·back** <-[s], -s> [kam'bɛk] *nt* comeback; **ein/sein** ~ **feiern** to enjoy a comeback; **jdm gelingt ein** ~ sb makes a successful comeback
COMECON, Co·me·con <-> ['kɔmekɔn] *m o nt kurz für* **Council for Mutual Economic Assistance/Aid** COMECON
Co·mer See ['ko:mɐ 'ze:] *m* Lake Como
Co·mic <-s, -s> ['kɔmɪk] *m meist pl* comic
Co·ming-out <-[s], -s> [kamɪŋ'ʔaut] *nt* coming-out
Com·pact·disc^RR^, **Com·pact Disc** <-, -s> [kɔm'pɛkt-] *f* compact disc
Com·pi·ler <-s, -> [kɔm'pailɐ] *m* compiler
Com·pu·ter <-s, -> [kɔm'pju:tɐ] *m* computer; **den** ~ **programmieren** to program the computer; [**etw**] **auf** ~ **umstellen** to computerize [sth]
Com·pu·ter·ar·beits·platz *m* computerized workstation **Com·pu·ter·di·a·gnos·tik** *f* computer diagnosis **Com·pu̱·ter·freak** *m* computer freak **com·pu·ter·ge·steu·ert** **I.** *adj* computer-controlled **II.** *adv* under computer control; **die Montage erfolgt** ~ the assembly is controlled by computer **com·pu̱·ter·ge·stützt** *adj* computer-aided **Com·pu·ter·gra·fik**^RR^ *f* computer graphics *npl*
com·pu·te·ri·sie·ren* [kɔmpjutəri'zi:rən] *vt* ■**etw** ~ to computerize sth
Com·pu·te·ri·si̱e·rung <-> *f kein pl* computerization
Com·pu·ter·kas·se *f* computerized [cash] till **Com·pu̱·ter·lin·gu·ist(in)** *m(f)* computer linguist **Com·pu·ter·lin·gu·is·tik** *f* computer linguistics + *sing vb* **Com·pu̱·ter·netz(·werk)** *nt* INFORM, INET computer net **Com·pu̱·ter·si·mu·la·ti·on** *f* INFORM computer simulation **Com·pu·ter·spiel** *nt* computer game **Com·pu̱·ter·spra·che** *f* computer language
Com·pu·ter-Te·le·pho·ny-In·te·gra·tion^RR^, **Com·pu·ter Te·le·pho·ny In·te·gra·tion**^ALT^ [kɔm,pju:tɐtɪ'lefənintrɪ'greɪʃn] *f* TELEK computer telephony integration
Com·pu·ter·to·mo·gramm *nt* computer-aided tomogram **Com·pu·ter·to·mo·graph** *m* computerized tomography [*or* CT] scanner **Com·pu·ter·to·mo·gra·phie** *f* computerized tomography, CT **Com·pu̱·ter·vi·rus** *m* computer virus
Com·tes·se <-, -n> [kõ'tɛs] *f* countess
Con·di·tio si·ne qua non [kɔn'di:tsi̯o 'zi:nə 'kva: 'no:n] *f kein pl* (*geh*) sine qua non *form*, indispensable condition
Con·fé·ren·cier <-s, -s> [kõferã'si̯e:] *m* compère
Con·fi·se·rie <-, -n> [kɔnfizə'ri:] *f* SCHWEIZ (*Konditorei*) *s.* **Konfiserie**
Con·sul·ting·fir·ma [kən'sʌltɪŋ-] *f* consulting firm
Con·tai·ner <-s, -> [kɔn'te:nɐ] *m* ❶ (*Behälter*) container ❷ (*Müll~*) skip BRIT, dumpster AM ❸ (*Wohn~*) Portakabin®
Con·tai·ner·bahn·hof *m* container depot **Con·tai·ner·ter·mi·nal** *m o nt* container terminal **Con·tai·ner·ver·kehr** *m* con-

tainer traffic

Con·tain·ment <-s, -s> [kɔn'te:nmənt] *nt* containment shell

Con·te·nance <-> [kõntə'nã:s] *f kein pl* (*geh*) composure *no pl*

Con·ter·gan·kind *nt* (*fam*) thalidomide child

Con·tre·fi·let ['kõntrə-] *nt* KOCHK (*vom Rind*) rump

Con·trol·ler(in) <-s, -> [kɔn'tro:lɐ] *m(f)* controller

Con·trol·ling <-s> [kən'troʊlɪŋ] *nt kein pl* controlling *no pl*, controllership *no pl* BRIT

Cook·in·seln <-> [kʊk-] *pl* ■**die** ~ the Cook Islands *pl*; *s. a.* **Falklandinseln**

cool [ku:l] *adj* (*sl*) ❶ (*gefasst*) calm and collected ❷ (*sehr zusagend*) cool *fam*

Co·pi·lot(in) ['ko:pilo:t] *m(f)* co-pilot

Co·py·right <-s, -s> ['kɔpirait] *nt* copyright

co·ram pu·bli·co ['ko:ram 'pu:blɪko] *adv* (*geh*) coram populo *form*, publicly

Cord <-s> [kɔrt] *m kein pl* cord[uroy]

Cord·ho·se *f* cords *npl*, corduroy trousers [*or* AM pants] *npl*

Cor·don bleu <- -, -s -s> [kɔrdõ'blø] *nt veal cutlet filled with boiled ham and cheese and covered in breadcrumbs*

Cor·ner <-s, -> ['kɔ:ɐ̯nɐ] *m* ÖSTERR, SCHWEIZ (*Eckball*) corner

Corn·flakes® ['ko:nfleɪks] *pl* cornflakes *pl*

Cor·ni·chon <-s, -s> [kɔrni'ʃõ:] *nt* pickled gherkin, AM *a.* cornichon

Cor·po·rate Fa·shion <-> ['kɔ:ɐ̯pərət'fɛʃn̩] *f kein pl* MODE corporate fashion

Corps <-, -> [ko:ɐ̯] *nt s.* **Korps**

Cor·pus <-, Corpora> ['kɔrpʊs, *pl* -pora] *nt s.* **Korpus²**

Cor·pus De·lic·tiRR, **Cor·pus de·lic·ti**ALT <- -, Corpora -> ['kɔrpʊs de'lɪkti] *nt* ❶ JUR (*Tatwerkzeug*) [material] evidence [of a crime]; **das ~ vorlegen** to present the evidence ❷ (*hum: Beweisstück*) evidence

Cor·ti·son <-s> [kɔrti'zo:n] *nt kein pl s.* **Kortison**

cos *kurz für* **Kosinus**

Cos·ta Ri·ca <-s> ['kɔsta 'ri:ka] *nt* Costa Rica; *s. a.* **Deutschland**

Cos·ta-Ri·ca·ner(in) <-s, -> [kɔstari'ka:nɐ] *m(f)* Costa Rican; *s. a.* **Deutsche(r)**

cos·ta-ri·ca·nisch [kɔstari'ka:nɪʃ] *adj* Costa Rican; *s. a.* **deutsch**

Côte d'Iv·oire <-s> [kotdi'vwa:r] *nt* Ivory Coast, Côte d'Ivoire; *s. a.* **Deutschland**

Couch <-, -es *o* -en> [kautʃ] *f o* SÜDD *m* couch, sofa, settee

Couch·gar·ni·tur *f* three-piece suite, AM *a.* couch set **Couch·po·ta·to** <-, -es> ['kautʃpə'teɪtoʊ] *f* (*pej sl*) couch potato *esp* AM *sl* **Couch·tisch** *m* coffee table

Cou·leur <-, -s> [ku'lø:ɐ̯] *f* ❶ (*geh: Anschauung*) persuasion; ■**einer bestimmten** ~ of a certain hue ❷ SCH colours [*or* AM -ors] *pl*; **~ tragen** to wear one's colours

Count-downRR, **Count·down** <-s, -s> ['kaunt'daun] *m o nt* (*a. fig*) countdown

Coup <-s, -s> [ku:] *m* coup; **einen ~ [gegen jdn/etw] landen** to score a coup [against sb/sth]

Cou·pé <-s, -s> [ku'pe:] *nt* ❶ (*Sportlimousine*) coupé ❷ ÖSTERR (*Zugabteil*) compartment

Cou·pon <-s, -s> [ku'põ:] *m* ❶ (*abtrennbarer Zettel*) coupon ❷ (*Zinscoupon*) [interest] coupon

Cou·rage <-> [ku'ra:ʒə] *f kein pl* (*geh*) courage *no pl*

cou·ra·giert [kura'ʒi:ɐ̯t] **I.** *adj* (*geh*) bold **II.** *adv* boldly, courageously

Cour·ta·ge <-, -n> [kʊr'ta:ʒə] *f* brokerage *no pl*

Cou·sin <-s, -s> [ku'zɛ̃:] *m*, **Cou·si·ne** <-, -n> [ku'zi:nə] *f* cousin

Co·ver <-s, -s> ['kavɐ] *nt* ❶ (*Titelseite*) [front] cover ❷ (*Plattenhülle*) [record] sleeve

Co·ver·girl [-gø:ɐ̯l] *nt* cover girl

co·vern ['kavɐn] *vt* MUS ■**etw** ~ *Song, Musiktitel* to cover sth

Crack¹ <-s, -s> [krɛk] *m* (*ausgezeichneter Spieler*) ace

Crack² <-s> [krɛk] *nt kein pl* (*Rauschgift*) crack *no pl*

Cra·cker <-s, -[s]> ['krɛkɐ] *m* cracker

Crash·kurs ['krɛʃ-] *m* crash course

Cre·do <-s, -s> ['kre:do] *nt s.* **Kredo**

Creme <-, -s> [kre:m, krɛ:m] *f* ❶ (*Salbe*) cream ❷ (*Sahnespeise*) mousse

Crème <-, -s> [krɛ:m] *f* cream; ~ **fraîche** crème fraîche; **die ~ de la ~** (*geh*) the crème de la crème

creme·far·ben *adj* cream **Creme·tor·te** *f* cream cake

cre·mig **I.** *adj* creamy **II.** *adv* ■**etw ~ rühren/schlagen** to stir/beat sth till creamy, to cream sth

Crêpe <-s, -e *o* -s> [krɛp] *m s.* **Krepp¹**

Crêpe de Chine <- - -, -s - -> ['krɛp də 'ʃi:n] *m* crêpe-de-chine

Cres·cen·do <-s, -s *o* Crescendi> [krɛ'ʃɛndo] *nt* crescendo

Crew <-, -s> [kru:] *f* ❶ (*Besatzung*) crew ❷ (*Arbeitsgruppe*) team

Crisp·sa·lat ['krisp] *m* crisp lettuce

Crois·sant <-s, -s> [kro̯a'sã:] *nt* croissant

Cro·mar·gan® <-s> [kromar'ga:n] *nt kein pl* stainless steel [made of chrome-nickel] *no pl*

Crou·pier <-s, -s> [kru'pi̯e:] *m* croupier

Crux <-> [krʊks] *f kein pl* (*geh*) ❶ (*Schwierigkeit*) crux; **die ~ bei der Sache** the crux of the matter ❷ (*Last*) burden; ■**mit jdm ist es eine ~**, ■**mit jdm hat man seine ~** sb is a burden [to sb]

C-Schlüs·sel [tse:-] *m* C clef

CSU <-> [tse:'ɛs'ʔu:] *f Abk von* **Christlich-Soziale Union** CSU

c.t. SCH *Abk von* **cum tempore** fifteen minutes later [than the given time]; **die Vorlesung beginnt um 9 Uhr ~** the lecture starts at 9:15 a.m.

CTI *f* INFORM *Abk von* **Computer Telefony Integration** CTI

cum gra·no sa·lis [kʊm 'gra:no 'za:lɪs] *adv* (*geh*) with a pinch [*or* grain] of salt

cum lau·de [kʊm 'laudə] *adv* with distinction

cum tem·po·re [kʊm 'tɛmpore] *adv* fifteen minutes later [than the given time]

Cun·ni·lin·gus <-, -lingi> [kʊni'lɪŋgʊs, *pl* -lɪŋgi] *m* (*geh*) cunnilingus *form*

Cup <-s, -s> [kap] *m* ❶ (*Siegespokal*) cup ❷ (*Pokalwettbewerb*) cup [competition] ❸ MODE cup

Cu·pi·do <-s> [ku'pi:do] *m* Cupid

Cu·ra·re <-> [ku'ra:rə] *nt kein pl* BIOL curare *no pl*

Cu·rie <-, -> [ky'ri:] *nt* curie

Cu·ri·um <-s> ['ku:ri̯ʊm] *nt kein pl* curium *no pl*

Cur·ri·cu·lum <-s, Curricula> [kʊ'ri:kulʊm, *pl* -'ri:kula] *nt* (*geh*) syllabus, curriculum

Cur·ry <-s, -s> ['kœri] *m o nt* curry

Cur·ry·wurst *f a sausage served with curry-flavoured ketchup and curry powder*

Cur·sor <-s, -> ['kø:ɐ̯zɐ] *m* cursor

Cut <-s, -s> [kœt, kat] *m* morning coat

Cu·ti·cu·la [ku'ti:kula] *f s.* **Kutikula**

cut·ten ['katn̩] *vt, vi* ■**[etw]** ~ to cut [*or* edit] [sth]

Cut·ter(in) <-s, -> ['katɐ] *m(f)* cutter, editor

CVJM <-s> [tse:faujɔt'ʔɛm] *m kein pl Abk von* **Christlicher Verein Junger Männer** YMCA

C-Waf·fe [tse:-] *f* chemical weapon

Cy·a·no·bak·te·ri·um <-s, -ien> [tsy̆a:no-] *nt* BOT cyanobacterium

Cy·ber·cash <-s> ['saibɐ̯kæʃ] *nt* INET cyber cash *no pl* **Cy·ber·sex** <-> *m kein pl* cybersex *no pl* **Cy·ber·space** <-, -s> [-spəɪs] *m kein pl* cyberspace *no pl*

Cy·to·plas·ma [tsyto'plasma] *nt kein pl* BIOL cytoplasm *no pl* **Cy·to·ske·lett** [tsytoske'lɛt] *nt* BIOL cytoskeleton

Dd

D, d <-, - *o fam* -s, -s> [deː] *nt* ① (*Buchstabe*) D, d; ~ **wie Dora** D for David BRIT, D as in Dog AM; *s. a.* **A 1** ② MUS D, d; *s. a.* **A 2**

d.Ä. *Abk von* **der Ältere** Sr.

da [ˈdaː] **I.** *adv* ① (*örtlich: dort*) there; **Athen?** ~ **möchte ich auch einmal hin!** Athens? I'd like to go there too!; **die Straße** ~ **ist es** it's the street over there; ~ **bist du ja!** there you are!; ~ **drüben/hinten/vorne** over there; ~ **draußen/drinnen** out/in there; (*hier*) here; **der/die/das ...** ~ this/that ... [over here/there]; **geben Sie mir bitte ein halbes Pfund von dem** ~**!** I'd like half a pound of this/that [here/there] please!; ~ **und dort** here and there; ~**, wo ...** where; **sie macht am liebsten** ~ **Urlaub, wo es warm ist** she prefers to go on holiday in warm places; ~**, wo sie ist, will auch ich sein!** wherever she is I want to be too!; **ach,** ~ **...!** oh, there...!; **ach,** ~ **bist du!** oh, there you are!; **ach,** ~ **lag/stand das!** oh, that's where it was!; *s. a.* **sein 2** ② (*zeitlich: dann*) then; **vor vielen, vielen Jahren,** ~ **lebte ein König** (*liter*) many, many years ago there lived a king; (*nun*) now ③ (*daraufhin*) and [then] ④ (*fam: in diesem Fall*) in such a case (*usually not translated*); **die Sache ist todernst, und** ~ **lachst du noch?** the matter is dead[ly] serious and you're still laughing? **II.** *interj* here!; **[he,] Sie** ~**!** [hey,] you there! **III.** *konj* ① *kausal* (*weil*) as, since ② *temporal* (*geh*) when; *s. a.* **jetzt, nun**

DAAD [deːʔaːʔaːˈdeː] *nt* SCH *Akr von* **Deutscher Akademischer Austauschdienst** *independant organization of institutions of higher education that arranges international exchanges for students*

da|be·hal·ten* [ˈdaːbəhaltn̩] *vt irreg* ■**jdn** ~ to keep sb here/there

da·bei [daˈbai] *adv* ① (*örtlich: mitgegeben*) with [it/them]; **ein kleines Häuschen mit einem Garten** ~ a little house with a garden; **die Rechnung war nicht** ~ the bill was not enclosed; **ist der Salat bei dem Gericht** ~**?** does the meal come with a salad?, is there a salad with the meal?; **direkt/nahe** ~ right next/near to it ② (*zeitlich: währenddessen*) at the same time, while doing so; **Arbeit am Computer? aber** ~ **muss man doch immer so viel tippen!** working on the computer? But that involves so much typing!; (*dadurch*) as a result ③ (*außerdem*) on top of it all, to boot BRIT, besides AM; **sie ist schön und** ~ **auch noch klug** she is beautiful and clever to boot ④ (*während einer Verrichtung*) while doing it; **er wollte helfen und wurde** ~ **selbst verletzt** he wanted to help and in doing so got hurt himself; **wir haben ihn** ~ **ertappt, wie er über den Zaun stieg** we caught him [while he was] climbing over the fence; **die** ~ **entstehenden Kosten sind sehr hoch** the resulting costs are very high; **das Dumme/Schöne** ~ **ist, ...** the stupid/good thing about it is ...; **interessant/wichtig** ~ **ist, ...** the interesting/important thing about it is ... ⑤ *einräumend* (*doch*) even though ⑥ (*damit verbunden*) through it/them; **das Geschäft ist riskant,** ~ **kann man aber reich werden** it's a risky business but it can make you rich; **nimm meine Bemerkung nicht so ernst, ich habe mir nichts** ~ **gedacht** don't take my remark so seriously - I didn't mean anything by it; **was hast du dir denn** ~ **gedacht?** what were you thinking of?; **nichts** ~ **finden[, etw zu tun/wenn jd etw tut]** to not see the harm in [doing/sb doing] sth; **es ist nichts** ~**[, wenn man/jd etw tut]** there is no harm in [one/sb doing] sth; **da ist [doch] nichts** ~ (*das ist doch nicht schwierig*) there's nothing to it; (*das ist nicht schlimm*) there's no harm in it; **was ist schon** ~ what does it matter ⑦ (*wie gesagt*) *s.* **belassen, bleiben, lassen**

da·bei|blei·ben *vi irreg sein* (*Tätigkeit fortsetzen*) ■**bei jdm** ~ to stay with sb; ■**bei etw** *dat* ~ to carry on [*or* stick] with sth; *s. a.* **dabei 7** **da·bei|ha·ben** *vt irreg, Zusammenschreibung nur bei infin und pp* ■**etw** ~ to have sth on oneself; ■**jdn** ~ to have sb with oneself; **sie wollten ihn nicht** ~ **haben** they didn't want [to have] him around **da·bei|sein**^ALT *vi irreg sein s.* **dabei 1, 2, 6** **da·bei|sit·zen** *vi irreg* ■**[bei etw] [mit]** ~ to be there [for sth]; **bei einer Konferenz** ~ to sit in on a conference **da·bei|ste·hen** *vi irreg* ■**[bei etw] [mit]** ~ to be there; (*untätig a.*) to stand there; **dicht** ~ to be/stand close by

da|blei·ben *vi irreg sein* to stay [on]; **halt, bleib da!** stop where you are!, wait!; **bleiben Sie noch einen Moment da** wait just one [*or* a] moment; ■**dageblieben!** [just] stay right there!

da ca·po [da ˈkaːpo] *adv* ① (*Zugabe*) ■~**!** encore! ② MUS da capo

Dach <-[e]s, Dächer> [ˈdax, *pl* ˈdɛçɐ] *nt* ① (*Gebäudeteil, Schutz~*) roof; **ein steiles** ~ a steep [*or spec* high-pitched] roof; **ein** ~ **mit Schiefer decken** to slate a roof; **[mit jdm] unter einem** ~ **wohnen** [*o* **leben**] to live under the same roof [as sb]; **unterm** ~ in an/the attic; **unterm** ~ **wohnen** to live in an attic room/flat [*or* AM *a.* apartment]; (*im obersten Stock*) to live [right] on the top floor; **[k]ein** ~ **über dem Kopf haben** (*fam*) to [not] have a roof over one's head; **jdm das** ~ **überm Kopf anzünden** (*fam*) to burn down sb's house, to raze sb's house to the ground; ■**das** ~ **der Welt** the Roof of the World ② (*Auto~*) roof; (*aus Stoff*) top ▶WENDUNGEN: **unter** ~ **und Fach sein** to be all wrapped up [*or fam* in the bag]; *Vertrag a.* to be signed and sealed; *Ernte* to be safely in; **etw unter** ~ **und Fach bringen/haben** to get/have got [*or* AM gotten] sth all wrapped up; **wir haben den Vertrag unter** ~ **und Fach gebracht** we've got the contract signed and sealed; **[von jdm] eins aufs** ~ **bekommen** [*o* **kriegen**] (*fam: geohrfeigt werden*) to get a clout round [*or* AM slap upside] the head [from sb] *fam;* (*getadelt werden*) to be given a talking to [by sb], to get it in the neck [from sb] *fam;* **jdm eins aufs** ~ **geben** (*fam: jdm eine Ohrfeige geben*) to give sb a clout [*or* AM slap]/to clout [*or* AM slap] sb round [*or* AM upside] the head *fam;* (*jdn tadeln*) to give sb a good talking to *fam* [*or* BRIT *fam!* a bollocking] [*or* AM a reprimand]; **jdm aufs** ~ **steigen** (*fam*) to jump down sb's throat *fam;* **unter dem** ~ **einer S.** *gen* in the broader context of sth

Dach·an·ten·ne *f* roof [*or* outside] aerial [*or* AM *a.* antenna] **Dach·bal·ken** *m* roof joist [*or* beam] **Dach·bo·den** *m* attic, loft; **auf dem** ~ in the attic [*or* loft] **Dach·de·cker(in)** <-s, -> *m(f)* roofer; (*mit Ziegeln*) tiler ▶WENDUNGEN: **das kannst du halten wie ein** ~ (*fam*) whatever/whenever/however you like **Dach·fens·ter** *nt* skylight **Dach·first** *m* BAU [roof] ridge **Dach·gar·ten** *m* ① (*Garten auf einem Flachdach*) roof garden ② DIAL *s.* **Dachterrasse** **Dach·ge·päck·trä·ger** *m* roof rack **Dach·ge·schoss**^RR *nt* attic storey [*or* AM story]; (*oberster Stock*) top floor [*or* storey] **Dach·ge·sell·schaft** *f* holding [*or* parent] company **Dach·glei·che(n·fei·er)** <-, -n> *f* ÖSTERR *s.* **Richtfest** **Dach·kam·mer** *f* attic room **Dach·kän·nel** <-s, -> *m* SCHWEIZ *s.* **Dachrinne** **Dach·lat·te** *f* roof [*or* tile] batten **Dach·la·wi·ne** *f* **sein Auto ist von einer** ~ **verschüttet worden** his car was buried by snow that fell from the roof **Dach·lu·ke** *f* skylight **Dach·or·ga·ni·sa·ti·on** *f* holding [*or* parent] organization **Dach·pap·pe** *f* roofing felt **Dach·rin·ne** *f* gutter

Dachs <-es, -e> [ˈdaks] *m* ① (*Tier*) badger ② (*fig: Person*) **[so] ein frecher** ~**!** (*fam*) cheeky beggar! *fam;* **ein junger** ~ a young whippersnapper [*or* pup] *hum*

Dachs·bau <-baue> *m* [badger's] sett

Dach·scha·den *m* damage to the roof *no pl* ▶WENDUNGEN: **einen** ~ **haben** (*fam*) to have a screw loose *hum fam* **Dach·schrä·ge** *f* slant [*or* slope] of a/the roof

Däch·sin [ˈdɛksɪn] *f fem form von* **Dachs** [female [*or* she-]] badger

Dach·spar·ren *m* rafter **Dach·stän·der** *m* AUTO roof rack

Dach·stein ['daxʃtain] *m* Dachstein Mountains **Dạch·stu·be** *f* DIAL *s.* **Dachkammer** **Dạch·stuhl** *m* roof truss

dach·te ['daxtə] *imp von* **denken**

Dạch·ter·ras·se *f* roof terrace **Dạch·trä·ger** *m* roof rack **Dạch·ver·band** *m* umbrella organization **Dạch·woh·nung** *f* attic flat [*or* AM *a.* apartment] **Dạch·zie·gel** *m* [roofing] tile; ~ **legen** to lay tiles **Dạch·zim·mer** *nt s.* **Dachkammer**

Dackel <-s, -> ['dakl̩] *m* ❶ (*Hund*) dachshund, sausage dog *fam* ❷ DIAL (*fam: Blödmann*) clot *fam,* ninny *dated fam;* **ich ~!** silly me!

Da·da·is·mus <-> [dada'ɪsmʊs] *m kein pl* ■ **[der]** ~ Dadaism

Da·da·ist(in) <-en, -en> [dada'ɪst] *m(f)* Dadaist; ■ **die ~en** the Dadaists, the Dada group + *sing/pl vb*

da·durch [da'dʊrç] *adv* ❶ *örtlich* through [it/them]; (*emph*) through there ❷ *kausal* (*aus diesem Grund*) so, thus *form;* **du kannst versuchen, etwas zu tun, aber ~ wird es nicht besser** you can try doing something, but it won't make it better; (*auf diese Weise*) in this way ❸ (*deswegen*) ■ **~, dass ...** because ...; **~, dass er es getan hat, hat er ...** by doing that he has ..., because he did that, he has ...; **~, dass das Haus isoliert ist, ist es viel wärmer** the house is much warmer because it's insulated [*or* for being insulated]; **~, dass er den zweiten Satz gewonnen hat, sind seine Chancen wieder gestiegen** his chances improved again with him [*or form* his] winning the second set

da·für [da'fy:ɐ̯] **I.** *adv* ❶ (*für das*) for it/this/that; **ein Beispiel ~** an example; **wir haben kein Geld ~** we've no money for it; **ich hätte ~ nicht so viel ausgegeben** I would never have spent so much on it; **warum ist er böse? er hat doch keinen Grund ~** why's he angry? he has no reason to be [*or* there's no reason for it]; **es ist ein Beweis ~, dass ...** it's proof that ...; **ich bin nicht ~ verantwortlich, was mein Bruder macht** I'm not responsible for my brother's doings [*or* for what my brother does]; **~ bin ich ja da/Lehrer** that's what I'm here for [*or* why I'm here]/that's why I'm a teacher; **ich bezahle Sie nicht ~, dass Sie nur rumstehen!** I'm not paying you just to stand around; **er ist ~ bestraft worden, dass er frech zum Lehrer war** he was punished for being cheeky to the teacher; *s. a.* **Grund** ❷ (*als Gegenleistung*) in return; **ich repariere dir ~ deine Türklingel** in return, I'll fix your doorbell; **wenn du mir das verrätst, helfe ich dir ~ bei den Hausaufgaben** if you tell me, I'll help you with your homework [in return] ❸ (*andererseits*) **in Mathematik ist er schlecht, ~ kann er gut Fußball spielen** he's bad at maths, but he makes up for it at football; **zwar bin ich darüber nicht informiert, ~ weiß ich aber, wer Ihnen weiterhelfen kann** although I haven't been informed, I do know who can help you further; **er ist zwar nicht kräftig, ~ aber intelligent** he may not be strong, but he's intelligent for all that ❹ (*im Hinblick darauf*) ■ **~, dass ...** seeing [*or* considering] [that] ...; **~, dass sie einen Abschluss hat, ist sie aber nicht besonders clever** seeing [*or* considering] [that] she's got a degree, she's not particularly clever, she's not particularly clever, seeing [*or* considering] [that] she's got a degree ❺ (*für einen solchen*) **er ist zwar kein Professor, aber er geht ~ durch** although he isn't a professor, he can pass off as [being] one; **sie ist keine wirkliche Wahrsagerin, aber im Dorf gilt sie ~** she isn't a real fortune teller, but the village consider her to be one; **es ist zwar kein Silber, man könnte es aber auf den ersten Blick ~ halten** although it's not silver, it could be taken for it at first glance ❻ *in Verbindung mit vb etc siehe auch dort* **ich kann mich nicht ~ begeistern** I can't get enthusiastic about it; **er kann sich nicht ~ interessieren** he is not interested [in it/that]; **ich werde ~ sorgen, dass ...** I'll make sure that ... **II.** *adj pred* ■ **~ sein** to be for it/that [*or* in favour [*or* AM -or] [of it/that]]; **wer ist ~ und wer dagegen?** who's for it [*or* in favour] and who against?; **nur wenig Leute sind ~, dass die Todesstrafe wieder eingeführt wird** only a few people are for [*or* in favour of] bringing back the death penalty; **ich bin [ganz] ~, dass wir/Sie es machen** I'm [all] for [*or* in favour of] doing/your doing that; **er will wieder nach Italien - ich bin nicht ~** he wants to go to Italy again - I don't think he should; *s. a.* **stimmen**

da·für|hal·ten [da'fy:ɐ̯haltn̩] *vi irreg* (*geh*) ■ **~, dass ...** to be of the opinion [*or form* to opine] that ... **Da·für·hal·ten** [da'fy:ɐ̯haltn̩] *nt kein pl* (*geh*) ■ **nach jds ~** in sb's opinion; **nach meinem ~ ...** if it was up to me [*or* in my opinion], ...

da·für|kön·nen *vt irreg* **er kann nichts dafür** it's not his fault, he can't help it; **er kann doch nichts dafür, wenn/dass es regnet** he can't help it raining, it's not his fault [that] it's raining; **kann ich [vielleicht] etwas dafür, wenn/dass ...?** do you think it's my fault that ...?; **keiner kann etwas dafür, dass ...** it's nobody's fault that ... **da·für|ste·hen** *vi irreg* SÜDD, ÖSTERR (*sich lohnen*) to be worth it [*or* worthwhile]

DAG <-> [de:ʔa:'ge:] *f* ■ **die ~** *Abk von* **Deutsche Angestelltengewerkschaft** *s.* **Angestelltengewerkschaft**

da·ge·gen [da'ge:gn̩] **I.** *adv* ❶ (*gegen etw*) against it; ❷ (*als Einwand, Ablehnung*) against it/that; **~ müsst ihr was tun** you must do something about it; **ich habe/hätte nichts ~ einzuwenden** that's fine [*or fam* okay] by me; ❸ (*als Gegenmaßnahme*) **das ist gut/hilft ~** it's good for it; **ich habe Halsschmerzen, haben Sie ein Mittel ~?** my throat hurts, do you have anything for it?; **~ lässt sich nichts machen** nothing can be done about it; **es regnet herein, aber ich kann nichts ~ machen** the rain comes in, but I can't do anything to stop it [*or* anything about it] ❹ (*verglichen damit*) compared with it/that/them, in comparison; **die Stürme letztes Jahr waren furchtbar, ~ sind die jetzigen nicht so schlimm** the gales last year were terrible, compared with them [*or* those], these aren't so bad [*or* these aren't so bad in comparison] ❺ (*als Ersatz, Gegenwert*) for it/that/them; **II.** *adv pred* against; ■ **~ sein** to be against it [*or* opposed [to it]]; **34 waren dafür und 12 ~** 34 were in favour and 12 against; **ich bin ~, dass er Vorsitzender wird** I am against [*or* opposed to] him [*or form* his] becoming chairman; **III.** *konj* **er sprach fließend Französisch, ~ konnte er kein Deutsch** he spoke French fluently, but [on the other hand] he could not speak any German; **er ist mit der Arbeit schon fertig, sie ~ hat erst die Hälfte geschafft** he's already finished the work, whereas she has only just finished half of it

da·ge·gen|ha·ben[RR] *vt irreg* **etwas/nichts ~** to object/to not object; **haben Sie was dagegen, wenn ich rauche?** do you mind if I smoke?, would you mind [*or* object] if I smoked?; **ich habe sehr viel dagegen, wenn du über Nacht wegbleibst!** I strongly object to you staying out all night; **was hat er dagegen, dass wir früher anfangen?** what's he got against us starting earlier?, why does he object to us starting earlier?; **ich hätte nichts dagegen, wenn er nicht käme** I wouldn't mind at all if he didn't come

da·ge·gen|hal·ten *vt irreg* ❶ (gegen etw) **mach das Licht an und halte das Dia dagegen** switch on the light and hold the slide up to [*or* against] it ❷ (*vergleichen*) **etw ~** to compare it/them with sth; **um das Original von der Fälschung zu unterscheiden, muss man es ~** in order to tell apart the original and the forgery, you have to compare them; ❸ (*einwenden*) **ich habe nichts dagegenzuhalten** I have no objection[s] [to it]; ■ **~, dass ...** to put forward the objection that ... **da·ge·gen|leh·nen**[RR] *vt* **etw ~** to lean sth against it

da·ge·gen|po·chen[RR] *vi* **die Tür war verschlossen, also pochte er dagegen** the door was locked, so he hammered on it **da·ge·gen|pral·len**[RR] *vi* sein **es stand ein Baum im Weg und der Wagen prallte dagegen** there was a tree in the way and the car crashed into it

da·ge·gen|set·zen *vt* ❶ (*einwenden*) **ich kann nichts ~** I have no objection[s]; **das Einzige, was ich ~ könnte, wäre ...** the only objection I could put forward would be... ❷ (*ein-*

setzen) **ich setze 500 Euro dagegen** I'll bet 500 euros it/you etc. doesn't/won't etc. **da·ge·gen|spre·chen** *vi irreg* to be against it; **es spricht nichts dagegen** there's no reason not to; **was spricht dagegen, dass wir das so machen?** what is there against us [*or form* our] doing it that way?; **spricht etwas dagegen, dass wir es so machen?** is there a reason for us not to do it? **auch wenn Sie es nicht waren, die Beweise sprechen dagegen** even if it wasn't you, the evidence speaks against you; **da·ge·gen|stel·len** *vr* ■**sich** *akk* ~ to oppose it/this **da·ge·gen|stem·men** *vr* ■**sich** ~ ❶ (*liter*) to put one's shoulder to [*or* lean into] it ❷ (*fig*) to oppose it/this **da·ge·gen|stim·men** *vi* to vote against

da|ha·ben *vt irreg, Zusammenschreibung nur bei infin und pp* ❶ ■**etw** ~ (*vorrätig haben*) to have sth in stock; (*zur Hand haben*) to have sth; (*betont*) to have sth here/there ❷ (*zu Besuch haben*) ■**jdn** ~ to have sb come to visit; (*unerwünscht a.*) to have sb here/there

da·heim [da'haim] *adv* SÜDD, ÖSTERR, SCHWEIZ (*zu Hause*) at home; (*nach Präposition*) home; **ich bin für niemanden** ~ I'm not at home to anybody; **wo bist du ~?** where's your home?; [**in Augsburg** *dat*] ~ **sein** to be at home [in Augsburg]; ■**bei jdm** ~ back home [where sb comes from]; **sich** *akk* **bei jdm** ~ **treffen** to meet at sb's home [*or* place]

Da·heim <-s> [da'haim] *nt kein pl* SÜDD, ÖSTERR, SCHWEIZ home

Da·heim·ge·blie·be·ne(r) *f(m) dekl wie adj* ■**die/alle ~n** those/all those at home

da·her ['da:he:ɐ̯] **I.** *adv* ❶ (*von dort*) from there; ~ **haben wir nichts zu befürchten** we have nothing to fear from that quarter; ■**von** ~ from there; ■~ **sein** to be [*or* come] from here/there ❷ (*aus diesem Grunde*) ■[**von**] ~ ... that's why ...; [**von**] ~ **hat er das** that's where he got it from; [**von**] ~ **weißt du es also!** so that's how [*or* why] you know that; ~ **kommt es, dass ...** that is [the reason] why ...; **das/etw kommt ~, dass ...** that is because .../the cause of sth is that ... ❸ DIAL (*hierher*) here/there **II.** *konj* (*deshalb*) [and] that's why

da·her|brin·gen *vt irreg* ÖSTERR ■**etw** ~ to bring along sth *sep*

da·her·ge·lau·fen *adj* **ein ~er Hund** (*Kreuzung*) an indefinable breed *hum;* **ein ~er Kerl** (*pej*) some guy who comes/came along; **ein ~er Schnösel** (*pej*) a jumped-up busybody *fam;* **jede/jeder D~e/jeder ~e Kerl** (*pej*) any [old] Tom, Dick or Harry [*or* guy who [just] comes/came along] **da·her|kom·men** [da'he:ɐ̯kɔmən] *vi irreg sein* ❶ (*herankommen*) to come along ❷ (*fam: sich zeigen*) to go around; **wie kommst du denn daher!** just look at you!, you look as though you've been dragged backwards through a bush! ❸ (*auftreten*) to come along; **arrogant** ~ to put on airs **da·her|re·den** **I.** *vi* to talk away; **red doch nicht so [dumm] daher!** don't talk such rubbish! **II.** *vt* ■**etw** ~ to say sth without thinking; **was du alles daherredest!** the things you come out with!; **das war nur so dahergeredet!** that was just empty talk!

da·her·um *adv* around [*or* BRIT *a.* round] there

da·hin [da'hɪn] **I.** *adv* ❶ (*an diesen Ort*) there; **kommst du mit ~?** are you coming too?; ~ **gehe ich nie wieder** I'm never going there again; ~ **und dorthin blicken** to look here and there; **Schläge ~ und dorthin verteilen** to strike about one; **ist es noch weit bis ~?** is it still a long way [to go]?, is there still far to go?; **bis ~ müssen Sie noch eine Stunde zu Fuß laufen** it'll take an hour to walk there; **wie komme ich [hier] [am besten] ~?** how do I [best] get there [from here]? ❷ (*in dem Sinne, in die Richtung*) **er äußerte sich ~ gehend, dass ...** he said something to the effect that ...; **eine ~ gehende Aussage** a statement to that effect; **wir sind ~ gehend verblieben, dass ...** we agreed that ...; **er hat den Bericht ~ [gehend] interpretiert, dass ...** he has interpreted the report as saying that ...; **wir haben uns ~ gehend geeinigt/abgesprochen, dass ...** we have agreed that ...; **alle meine Hoffnungen/Bemühungen gehen ~, dass ich dieses Ziel bald erreiche** all my hopes/efforts are directed towards [my] reaching this goal soon ❸ (*so weit*) **es [noch] ~ bringen, dass ...** to carry matters to such a point that ...; **du bringst es noch ~, dass ich mich vergesse!** you'll soon make me forget myself!; **es ist ~ gekommen, dass ...** things have got to the stage where ...; **ich sehe es schon ~ kommen, dass wir es noch bereuen** I can see us regretting that; **es kommt noch ~, dass ich dir eine scheuere!** I'll give you one in a minute!; *s. a.* **stehen** ❹ (*zeitlich*) ■**bis ~** until then; **bis ~ haben Sie es bestimmt fertig** you're bound to have finished it by then **II.** *adj pred* (*geh: kaputt*) ■~ **sein** to be lost; (*zerbrochen*) to be broken/smashed [beyond repair]

dahin·ab ['da:hɪnap] *adv s.* **dorthinab** **da·hin·auf** ['da:hɪnauf] *adv s.* **dorthinauf** **da·hin·aus** ['da:hɪnaus] *adv s.* **dorthinaus**

da·hin|däm·mern *vi sein o haben* to lie/sit there in a stupor; (*dösen*) to doze

da·hin·ein ['da:hɪnain] *adv s.* **dorthinein**

da·hin|fal·len *vi irreg sein* SCHWEIZ (*geh*) *s.* **entfallen** **da·hin|flie·gen** *vi irreg sein* ❶ (*geh: sich pfeilschnell bewegen*) to fly along; **vor den Augen** ~ to fly past [one's eyes]; (*eilends vergehen*) to fly past [*or* by] ❷ (*liter: wegfliegen*) to fly off **da·hin|ge·ben** *vt irreg* (*liter*) ■**etw** ~ to give away sth *sep;* **das Leben für etw** ~ to sacrifice [*or* give] one's life for sth **Da·hin·ge·gan·ge·ne(r)** *f(m) dekl wie adj* (*liter*) ■**der/die** ~ the departed

da·hin·ge·gen [dahɪn'ge:gn̩] *adv* (*geh*) on the other hand, however

da·hin|ge·hen *vi irreg sein* (*geh*) ❶ (*vergehen*) to pass, to go by ❷ (*einhergehen*) ■[**an/auf etw** *dat*] ~ to go/walk along [sth] ❸ (*euph: sterben*) to pass away [*or* on] **da·hin·ge·stellt** [da'hɪngəʃtɛlt] *adj* ■~ **sein/bleiben** to be/remain an open question; ■**es ~ sein lassen[, ob .../solange ... nicht ...]** to leave it open [whether/until ...] **da·hin|raf·fen** *vt* (*liter*) ■**jdn** ~ to carry off sb *sep* **da·hin|sa·gen** *vt* ■**etw [nur so]** ~ to say sth without [really] thinking; **das war nur so dahingesagt** that was just empty talk **da·hin|schei·den** *vi irreg sein* (*geh*) *s.* **dahingehen 3** **da·hin|schlep·pen** *vr* ■**sich** ~ ❶ (*sich vorwärtsschleppen*) to drag oneself along [*or* on] ❷ (*schleppend vorangehen*) to drag on [and on *fam*] **da·hin|schwin·den** *vi irreg sein* (*geh*) ❶ (*weniger werden*) *Geld, Kräfte, Vorräte* to dwindle [away]; *Gefühle* to dwindle; *Interesse a.* to fade ❷ (*vergehen*) to pass by **da·hin|sie·chen** [da'hɪnzi:çn̩] *vi* (*geh*) to waste away **da·hin|ste·hen** *vi irreg* ■[**noch**] ~: **das steht noch dahin** that remains to be seen **da·hin|stel·len** *vt* (*fam: an einen bestimmten Ort stellen*) ■**etw** ~ to put sth there

da·hin·ten [da'hɪntn̩] *adv* over there; (*hinter dem Angesprochenen/Sprecher*) back there; **ganz** ~ right over [*or fam* way back/over] there

da·hin·ter [da'hɪntɐ] *adv* ❶ (*hinter dem/der*) behind it/that/them etc.; **was sich wohl ~ verbirgt?** I wonder what's behind that? ❷ (*anschließend*) beyond ❸ (*fig*) **es ist nichts** ~ there's nothing behind [*or* to] it; **es ist da was** ~ there's more to it/him/her etc. than meets the eye

da·hin·ter·her [dahɪntɐ'he:ɐ̯] *adj* (*fam*) ■~ **sein** to see to it; (*jdm auf die Finger schauen*) to breathe down sb's/one's neck *pej;* ■~ **sein, dass ...** to see to it that ...

da·hin·ter|klem·men, da·hin·ter|knien *vr* (*fam*) **sich** ~ to buckle down, BRIT *a.* to get [*or* pull] one's finger out *fam;* (*körperlich a.*) to put one's back into it; ■**sich ~, dass jd etw tut** to buckle down into getting sb to do sth **da·hin·ter|kom·men** *vi irreg sein* (*fam*) ❶ (*herausfinden*) to find out ❷ (*begreifen*) to figure it out, to get it *fam* **da·hin·ter|ste·cken** *vi* (*fam*) to be behind it; **was steckt dahinter?** what's behind it [all]?; **es steckt gar nichts dahinter** there's nothing at all behind it; **wer steckt dahinter?** who's behind it?; **da·hin·ter|ste·hen** *vi irreg* ❶ (*zugrunde liegen*) to underlie it/them etc. ❷ (*unter-*

stützen) to be behind it/that; (*befürworten a.*) to back it/that; **du musst bei allem, was du tust,** ~ you must stand up for everything you do

da·hin·un·ter ['da:hɪnʊntɐ] *adv s.* **dorthinunter**

da·hịn|ve·ge·tie·ren* [-ve-] *vi sein* to vegetate, to veg out *fam*

Dah·lie <-, -n> ['da:li̯ə] *f* dahlia

Da·ka·po <-s, -s> [da'ka:po] *nt* encore

Dak·ty·lo <-, -s> ['daktylo] *f* SCHWEIZ typist, stenographer *dated*

da̱l|as·sen *vt irreg* ① (*verweilen lassen*) ■**jdn** ~ to leave sb here/there ② (*überlassen*) ■**jdm etw** ~ to leave sb sth **da̱l|lie·gen** *vi irreg* ① (*hingestreckt liegen*) to lie there ② (*hingelegt sein*) to lie there; (*da sein*) to be there ③ (*geh: sich erstrecken*) to spread out

dal·li ['dali] *adv* (*fam*) [**nun**] **mach mal** ~! get a move on!, be quick about it!; **..., aber** ~! ..., and be quick about it! [*or fam* make it snappy]; **hau ab, aber** ~! get lost, go on, quick!; ~, ~! on the double *fam*, BRIT *fam a.* look smart!

Dal·ma·ti·ner [dalma'ti:nɐ] *m* ① BIOL dalmation ② KOCHK dalmation dessert wine

da·ma·lig ['da:ma:lɪç] *adj attr* at that [*or* the] time *pred;* **das** ~**e Rome** Rome at that time; **die** ~**en Sitten** the customs of those days; **der** ~**e Bürgermeister** the then mayor, the mayor at that time

da·mals ['da:ma:ls] *adv* then, at that time; ■**seit** ~ since then; ■**von** ~ of that time

Da·mas·kus <-> [da'maskʊs] *nt* Damascus

Da·mast <-[e]s, -e> [da'mast] *m* damask

da·mas·ten [da'mastn̩] *adj attr* (*geh*) damask

Däm·chen <-s, -> ['dɛ:mçən] *nt dim von* **Dame 1** little lady *a. hum;* **ein richtiges** ~ a proper little madam *hum*

Da·me <-, -n> ['da:mə, *pl*'da:mən] *f* ① (*geh*) lady; **guten Abend, die** ~**n!** good evening, ladies!; ■**meine** ~! madam *form;* **eine vornehme** ~ a lady, a gentlewoman *form;* **die** ~ **des Hauses** the lady [*or dated* mistress] of the house; **meine** [**sehr verehrten** *geh*] ~**n und Herren!** ladies and gentlemen!; **die** ~ **jds Herzens** sb's sweetheart; **eine** ~ **von Welt** a mondaine *liter;* **jds alte** ~ (*fam*) sb's [*or* the] old lady *fam;* **eine ältere** ~ an old [*or euph* elderly] lady; **ganz** ~ [**sein**] [to be] the perfect [*or* quite a] [*or* every inch a] lady; **die große** ~ **spielen** to play the fine lady; **junge** ~ young lady; **„~n"** "Ladies"; **wo ist hier für** ~**n?** where's the lady's room? *euph* ② (*Begleiterin*) lady; (*auf einen Herrn bezogen*) partner; (*auf eine Party*) [lady] companion ③ SPORT woman, lady; **die Schwimmmeisterschaft der** ~**n** the women's [*or* ladies'] swimming championships ④ (~*spiel*) draughts + *sing vb* BRIT, checkers + *sing vb* AM; (*Doppelstein*) king; ~ **spielen** to play draughts ⑤ (*bei Schach*) queen; **die** ~ **nehmen** to take the queen ⑥ KARTEN queen

Da·me·brett ['da:məbrɛt] *nt* draught[s]board

Da̱·men·bart *m* facial hair *no pl, no art* **Da̱·men·be·glei·tung** *f* female company, company of a lady; ~ **erwünscht** please bring a lady; **in** ~ in the company of a lady **Da̱·men·be·kannt·schaft** *f* lady friend, female acquaintance *a. euph;* ~**en haben** to enjoy the company of ladies *euph;* **eine** ~ **machen** to make the acquaintance of a lady/young lady **Da̱·men·be·such** *m* lady visitor[s]; ~ **haben** to have a lady visitor **Da̱·men·bin·de** *f* sanitary towel [*or* AM napkin] **Da̱·men·dop·pel** *nt* SPORT ■**das** ~ the women's [*or* ladies'] doubles + *sing vb* **Da̱·men·ein·zel** *nt* SPORT ■**das** ~ the women's [*or* ladies'] singles + *sing vb* **Da̱·men·fahr·rad** *nt* lady's bicycle **Da̱·men·fri·seur** *m* ladies' hairdresser **Da̱·men·fuß·ball** *nt* women's football **Da̱·men·ge·sell·schaft** *f* ladies' gathering

da̱·men·haft **I.** *adj* ladylike *a. pej;* **eine** ~**e Bluse** a blouse fit for a lady **II.** *adv* like a lady

Da̱·men·kränz·chen *nt* ladies' social [*or* AM klatsch] **Da̱·men·mann·schaft** *f* ladies' team **Da·men·o̱ber·be·klei·dung** *f kein pl* ladies' wear **Da̱·men·sat·tel** *m* sidesaddle; **im** ~ **reiten** to ride sidesaddle **Da̱·men·schnei·der** *m* dressmaker **Da̱·men·toi·let·te** *f* ladies, ladies' toilet[s *pl*] [*or* AM [rest]room] **Da̱·men·un·ter·wä·sche** *f* ladies' [*or* women's] underwear **Da̱·men·wahl** *f* ladies' choice **Da̱·men·wä·sche** *f kein pl* lingerie, ladies' underwear

Da̱·me·spiel *nt* ■[**das**] ~ [a game of] draughts BRIT + *sing vb* **Da̱me·stein** *m* king

Dam·hirsch ['damhɪrʃ] *m* fallow deer; (*männliches Tier*) fallow buck

da·misch ['da:mɪʃ] SÜDD, ÖSTERR **I.** *adj* (*fam*) ① (*dämlich*) stupid, daft BRIT *fam*, dozy BRIT *fam*, dumb AM *fam* ② *pred* (*schwindelig*) dizzy, giddy; **mir wird** ~ [**im Kopf**] my head's spinning **II.** *adv* (*fam: sehr*) terribly *fam;* **das tut** ~ **weh!** it hurts like hell! *fam*

da·mit [da'mɪt] **I.** *adv* ① (*mit diesem Gegenstand*) with it/that; **was soll ich** ~? what am I supposed [*or* meant] to do with that?; **was will er** ~? what does he want that for? [*or* with that?]; **sie hatte zwei Koffer und stand** ~ **am Bahnhof** she had two cases and was standing there with them in the station; **sie hat Ärger mit der Waschmaschine –** ~ **habe ich auch Probleme!** she has trouble with her washing machine – I've got problems with mine too ② (*mit dieser Angelegenheit*) **meint er mich** ~? does he mean me?, is he talking to me?; **weißt du, was sie** ~ **meint?** do you know what she means by that?; **haben Sie darüber nachgedacht? und was ist nun** ~? have you thought about it? so what do you say?; ~ **sieht es heute schlecht aus** today is a bad day for it; **er konnte mir nicht sagen, was es** ~ **auf sich hat** he couldn't tell me what it was all about; **ist Ihre Frage** ~ **beantwortet?** has that answered your question?; **musst du immer wieder** ~ **ankommen?** must you keep on about it?; **ich habe nichts** ~ **zu tun** I have nothing to do with it; **hör auf** ~! pack it in!, lay off! *fam;* ~ **hat es noch Zeit** there's no hurry for that ③ *bei Verben* **was willst du** ~ **sagen?** what's that supposed [*or* meant] to mean?; ~ **will ich nicht sagen, dass ...** I don't mean to say that ...; **sind Sie** ~ **einverstanden?** do you agree to that?; ~ **hatte ich nicht gerechnet** I hadn't reckoned on [*or* with] that; **er hatte nicht** ~ **gerechnet, dass sie mitkommen würden** he hadn't reckoned on them [*or form* their] coming; **sie fangen schon** ~ **an, das Haus abzureißen** they're already starting to pull down the house; ~ **fing alles an** everything started with that ④ (*bei Befehlen*) with it; **weg** ~! away [*or* off] with it!; **her** ~! give it to me! [*or fam* here!]; **genug** [*o* **Schluss**] ~! that's enough [of that]! ⑤ (*somit*) with that, thereupon *form* **II.** *konj* so that; ~ **sie ihn nicht verriet, ...** so that she wouldn't betray him ..., lest she betrayed him ... *liter*

däm·lich ['dɛ:mlɪç] **I.** *adj* (*pej fam*) ① (*dumm*) stupid, dumb *fam* ② (*ungeschickt*) annoying **II.** *adv* (*pej fam*) ~ **fragen** to ask stupid [*or* AM *fam a.* dumb] questions/a stupid question; **guck nicht so** ~! don't give me that stupid look! *fam;* **jdm** ~ **kommen** to act the idiot [with sb]; **sich** ~ **anstellen** to be awkward

Däm·lich·keit <-, -en> *f* (*pej fam*) ① *kein pl* (*dummes Verhalten*) stupidity ② (*dumme Bemerkung*) stupid [*or* AM *fam a.* dumb] remark

Damm <-[e]s, Dämme> ['dam, *pl* 'dɛmə] *m* ① (*Stau~*) dam; (*Deich*) dyke; (*Erdwall*) bank, wall ② (*fig*) barrier (**gegen** + *akk* to/against); **wenn wir das kleinste bisschen nachgeben, werden alle Dämme brechen** if we give way at all, the floodgates will open wide ③ MED perineum *spec* ▶ WENDUNGEN: **wieder auf dem** ~ <u>**sein**</u> to be up on one's legs [*or fam* out and about] again; **nicht** [**ganz**] **auf dem** ~ <u>**sein**</u> to not feel up to the mark, to be out of sorts

Da̱mm·bruch *m* breach in a/the dam [*or* dyke]

däm·men ['dɛmən] *vt* ■**etw** ~ to insulate sth; **Schall** ~ to absorb sound

däm·me·rig ['dɛmərɪç] *adj* ① (*gering leuchtend*) dim, faint ② (*dämmernd*) ■~ **sein/werden** to be/get dark

Dạ̈m·mer·licht *nt* half-light, gloom

dạ̈m·mern ['dɛmɐn] **I.** *vi* ❶ (*geh*) *Tag, Morgen* to dawn, to break *liter; Abend* to approach; *s. a.* **heraufdämmern** ❷ (*fig fam: begreifen*) ■**jdm** ~ to [gradually] dawn on sb; **eine Ahnung dämmerte mir** a suspicion arose [with]in me ❸ (*im Dämmerzustand sein*) ■**vor sich hin**~ to vegetate; (*dösen*) to doze **II.** *vi impers* ■**es dämmert** (*morgens*) dawn is breaking; (*abends*) dusk is falling; **[na,] dämmert es [dir] jetzt?** (*fig fam*) now is it dawning on you?

Dạ̈m·mer·schlaf *m* stupor; ■**im** ~ in a stupor **Dạ̈m·mer·stünd·chen** *nt* (*fam*) dusk; **ein** ~ **machen** to watch the sun go down

Dạ̈m·me·rung <-, -en> *f* twilight; (*Abend~*) dusk; (*Morgen~*) dawn; ■**in der** [*o* **bei**] ~ at dawn/dusk; *s. a.* **Einbruch**

Dạ̈m·mer·zu·stand *m* ❶ (*Halbschlaf*) semi[un]consciousness; ■**im** ~ in a stupor; ■**im** ~ **sein** to be semiconscious ❷ MED (*Bewusstseinstrübung*) twilight [*or* dream] state *spec*

dạ̈mm·rig ['dɛmrɪç] *adj s.* **dämmerig**

Dạmm·riss^RR *m* MED rupture of the perineum *spec,* perineal tear *spec* **Dạmm·schnitt** *m* MED episiotomy *spec*

Dạ̈mm·stoff *m* insulating material, insulant *spec*

Dạ̈m·mung <-, -en> *f* insulation; *von Schall* absorption

Da·mok·les·schwert ['da:moklɛs-] *nt* (*geh*) sword of Damocles; **wie ein ~ über jdm/über jds Haupt hängen/schweben** to hang over sb/sb's head like a sword of Damocles

Dä·mon <-s, Dämonen> ['dɛ:mɔn, *pl* dɛ'mo:nən] *m* ❶ (*böser Geist*) demon; **ein böser** ~ an evil spirit, a demon; **von einem [bösen] ~ besessen** possessed [by an evil spirit] ❷ (*unheimlicher Antrieb*) **der ~ der Ausschweifung/Lust etc.** the demon of dissipation/lust etc.

dä·mo·nisch [dɛ'mo:nɪʃ] **I.** *adj* ❶ (*unheimlich*) demonic ❷ (*teuflisch*) evil, demoniac[al] *form* **II.** *adv* demonically; ~ **lächelnd** with a demonic grin

Dampf <-[e]s, Dämpfe> ['dampf, *pl* 'dɛmpfə] *m* ❶ (*Wasser~*) steam *no pl;* (*unter dem Siedepunkt*) water vapour [*or* AM -or]; **unter ~ sein** [*o* **stehen**] to be under steam, to have its steam up; ~ **draufhaben** (*a. fig*) to be going at full steam; ~ **ablassen** (*a. fig*) to let off steam ❷ *pl* (*Ausdünstungen*) fumes *pl,* vapours [*or* AM -ors] *pl* ►WENDUNGEN: ~ **in den Fäusten haben** to pack quite a punch; ~ **aufsetzen,** ~ **dahinter machen** SCHWEIZ to get a move on; **jdm ~ machen** (*fam*) to make sb get a move on *fam;* ~ **hinter einer S.** *akk* **machen** SCHWEIZ to hurry on with sth

Dạ̈mpf·auf·satz *m* KOCHK pan attachment for steaming

Dạmpf·bad *nt* ❶ (*Schwitzbad in dampfhaltiger Luft*) steam bath ❷ (*Raum*) hot room **Dạmpf·bü·gel·ei·sen** *nt* steam iron **Dạmpf·druck** *m* steam pressure

dạmpf·druck|ga·ren *vt* ■**etw** ~ to pressure-cook sth **Dạmpf·druck·ga·ren** *nt* pressure cooking **Dạmpf·druck·koch·topf** *m* pressure cooker

Dạ̈mpf·ein·satz *m* KOCHK pan inset for steaming

dạmp·fen ['dampfn̩] *vi* ❶ *haben* (*Dampf abgeben*) to steam; *Kochtopf a.* to give off steam; **ein ~des Bad/Essen** a steaming-hot bath/meal; *Pferd* to be in a lather ❷ *sein* (*sich unter Dampf fortbewegen*) to steam; *Zug a.* to puff

dạ̈mp·fen ['dɛmpfn̩] *vt* ■**etw** ~ ❶ (*mit Dampf kochen*) to steam sth ❷ (*mit Dampf glätten*) to press sth with a steam iron ❸ (*akustisch abschwächen*) to muffle [*or* deaden] [*or* dampen] sth; **seine Stimme** ~ to lower one's voice; ■**gedämpft** muffled, deadened, dampened; (*abgedunkelt*) muted, subdued ❹ (*mindern*) to cushion [*or* absorb] sth ❺ (*mäßigen*) to dampen sth; **seine Wut** ~ to curb one's anger; ■**jdn [in etw** *dat*] ~ to subdue sb['s sth]; ■**gedämpft** subdued

dạmpf·ent·saf·ten *vt* KOCHK to juice using steam

Dạmp·fer <-s, -> ['dampfɐ] *m* steamer, steamship, steamboat ►WENDUNGEN: **auf dem falschen ~ sein** [*o* **sitzen**], **sich auf dem falschen ~ befinden** (*fig fam*) to have got [*or* AM gotten] the wrong idea [*or* hold of the wrong end of the stick], to be barking up the wrong tree

Dạ̈mp·fer <-s, -> ['dɛmpfɐ] *m* ❶ MUS mute; *von Klavier* damper ❷ TECH damper ►WENDUNGEN: **jdm einen ~ aufsetzen** to dampen sb's spirits; **einer S.** *dat* **einen ~ aufsetzen** to put a damper [*or* throw cold water] on [sb's] sth

Dạmpf·hei·zung *f* steam heating

dạmp·fig *adj* steamy; **eine ~e Wiese** a meadow shrouded in mist *liter*

Dạmpf·kes·sel *m* [steam] boiler **Dạmpf·koch·topf** *m* pressure cooker **Dạmpf·kraft** *f kein pl* steam power; **mit ~ angetrieben** steam-driven, driven by steam *pred* **Dạmpf·lok** *f* steam engine [*or* locomotive] **Dạmpf·ma·schi·ne** *f* steam engine **Dạmpf·nu·del** *f* KOCHK SÜDD *sweet or savoury yeast dumpling* **Dạmpf·nu·del·pfan·ne** *f pan for cooking steamed yeast dumplings* **Dạmpf·schiff** *nt s.* **Dampfer** **Dạmpf·schiff·fahrt**^RR *f kein pl* steam navigation

Dạ̈mpf·topf *m* KOCHK steamer

Dạmpf·tur·bi·ne *f* steam turbine

Dạ̈mp·fung <-, -en> *f* ❶ TECH damping; *Schall, Trittschall, Geräusch a.* deadening ❷ ÖKON *Konjunktur, Preisauftrieb* curbing ❸ (*fig*) *Freude/Leidenschaft, Begeisterung* tempering; *Wut* calming

Dạmpf·wal·ze *f* steamroller

Dam·wild ['damvɪlt] *nt* fallow deer

da·nach [da'na:x] *adv* ❶ *zeitlich* after it/that, after *fam;* (*nachher a.*) afterwards; **ich habe einen Whisky getrunken, ~ fühlte ich mich schon besser** I had a whisky and after that [*or* afterwards] I felt better, I had a whisky and felt better after that [*or* afterwards] [*or fam* after]; **ich las das Buch zu Ende, erst ~ konnte ich einschlafen** only when I had finished reading the book could I get to sleep; **ein paar Minuten ~ war er schon wieder da** a few minutes later he was back ❷ *örtlich* behind [her/him/it/them etc.]; **als Erster ging der Engländer durchs Ziel und gleich ~ der Russe** the Englishman finished first, immediately followed by the Russian, and the Russian immediately after him ❸ (*in bestimmte Richtung*) towards it/them; ~ **greifen** to [make a] grab at it; ~ **schlagen** to strike at it; **hinter ihm war etwas, aber er hat sich nicht ~ umgesehen** there was something behind him, but he didn't look round to see what it was ❹ (*dementsprechend*) accordingly; (*laut dem*) according to that; **wir haben hier einen Bericht; ~ war die Stimmung damals ganz anders** we have a report here, according to which the atmosphere at the time was quite different ❺ (*fam: zumute*) ■**jdm ist ~/nicht ~** sb feels/doesn't feel like it; **manchmal ist mir so ~, da könnte ich alles hinschmeißen** sometimes I feel like chucking it all in *fam; s. a.* **zumute** ❻ *in Verbindung mit subst, vb etc siehe auch dort* **sie sehnte sich** ~ she longed for it/that; **es geht nicht ~, was wir gerne hätten** it doesn't work the way we would like it to ❼ (*fam: so*) **er hat den Aufsatz in zehn Minuten geschrieben – ~ ist er** he wrote the essay in ten minutes – it looks like it too; **nur Frauen sollen sich bewerben! – natürlich, die Bedingungen sind auch** ~ only women are allowed to apply – of course, the conditions make that clear; **wir sollten besser einen Schirm mitnehmen – du hast recht, das Wetter ist auch** ~ we had better take an umbrella – you're right, it does look as if it's going to rain; **die Sitzung wurde vorzeitig beendet, die Stimmung der Anwesenden war auch** ~ the session was concluded early, a move welcomed by those present

Da·na·er·ge·schenk ['da:naɐ-] *nt* (*geh*) Greek gift *liter*

Dance·floor <-s, -> ['da:nsflɔ:] *m* (*fam*) dance floor

Dan·dy <-s, -s> ['dɛndi] *m* (*pej*) dandy, fop, peacock *dated or pej*

Dä·ne, Dä·nin <-n, -n> ['dɛ:nə, 'dɛ:nɪn] *m, f* Dane

da·ne·ben [da'ne:bn̩] *adv* ❶ (*neben jdm/etw*) next to her/him/it/that etc.; **links/rechts** ~ (*neben Gegenstand*) to the left/right of it/them; (*neben Mensch*) to [*or* on] her/his etc.

sich bedanken

sich bedanken	thanking
Danke!	Thank you!/Thanks!
Danke sehr/schön!/Vielen Dank!	Thank you very much!/Many thanks!
Tausend Dank!	Thanks a million!
Danke, das ist sehr lieb von dir/Ihnen!	Thank you, that's very kind of you!
Vielen (herzlichen) Dank!	Thank you very much!
Ich bedanke mich (recht herzlich)!	Thank you very much (indeed)!
auf Dank reagieren	**reacting to being thanked**
Bitte!	You're welcome!
Bitte schön!/Gern geschehen!/Keine Ursache!	You're welcome!/My pleasure./Don't mention it.
Bitte, bitte!/Aber bitte, das ist doch nicht der Rede wert!	Not at all!/Please don't mention it!
(Aber) das habe ich doch gern getan!/Das war doch selbstverständlich!	(Not at all,) it was a pleasure!/The pleasure was mine!/I was happy to do it!
dankend anerkennen	**acknowledging gratefully**
Vielen Dank, du hast mir sehr geholfen.	Many thanks, you've been a great help.
Wo wären wir ohne dich!	What would we do without you!
Ohne deine Hilfe hätten wir es nicht geschafft.	We would not have managed it without your help.
Sie waren uns eine große Hilfe.	You were a great help to us.
Ich weiß Ihr Engagement sehr zu schätzen.	I very much appreciate your commitment.

left/right; **ich stand direkt ~, als der Unfall passierte** the accident happened right next to me; **wir wohnen [im Haus] ~** we live [in the house] next door; **~!** missed! ❷ (*verglichen damit*) compared with her/him/it/that etc., in comparison ❸ (*außerdem*) besides that, in addition [to that] ❹ (*unangemessen*) **~ sein** to be inappropriate

da·ne·ben|be·neh·men* *vr irreg* (*fam*) ■**sich ~** to make an exhibition of oneself **da·ne·ben|ge·hen** *vi irreg sein* ❶ (*das Ziel verfehlen*) to miss; *Pfeil, Schuss a.* to miss its/their mark [*or* target] ❷ (*fam: scheitern*) to go wrong **da·ne·ben|grei·fen** *vi irreg* ❶ (*an etw vorbeigreifen*) to miss [it], to grab at empty air; (*auf Musikinstrumenten*) to play a wrong note/some wrong notes ❷ (*fam: falschliegen*) ■**jd greift [mit etw] daneben** sb[’s sth] is way out *fam* [*or* AM *fam* off] [*or* wide of the mark] **da·ne·ben|hau·en** *vi irreg* ❶ (*an etw vorbeihauen*) ■**jd haut [mit etw] daneben** sb misses [the [*or* one's] mark], sb's sth misses the [*or* its] mark ❷ (*fam*) *s.* **danebengreifen 2** **da·ne·ben|lie·gen** *vi irreg* (*fam*) ■**jd liegt [mit etw] daneben** sb[’s sth] is way out *fam* [*or* AM *fam* off] [*or* wide of the mark] **da·ne·ben|schie·ßen** *vi irreg* ❶ (*das Ziel verfehlen*) to miss [the target [*or* mark]] ❷ (*absichtlich vorbeischießen*) to shoot to miss **da·ne·ben|tref·fen** *vi irreg* ■**jd trifft [mit etw] daneben** ❶ (*vorbeitreffen*) sb misses [the [*or* one's] mark], sb's sth misses the [*or* its] mark ❷ (*mit Antwort*) sb[’s sth] is way out *fam* [*or* AM *fam* off] [*or* wide of the mark]

Dä·ne·mark <-s> ['dɛːnəmark] *nt* Denmark

Dä·nin ['dɛːnɪn] *f s.* **Däne**

dä·nisch ['dɛːnɪʃ] *adj* Danish; **die ~e Hauptstadt/~en Küsten** the capital/coasts of Denmark; **die ~e Sprache** Danish

Dä·nisch ['dɛːnɪʃ] *nt dekl wie adj* Danish; ■**das ~e** Danish; **auf ~** in Danish

dank ['daŋk] *präp +gen o dat* (*a. iron*) thanks to *a. iron*

Dank <-[e]s> ['daŋk] *m kein pl* ❶ (*Anerkennung für Geleistetes*) ■**jds ~** sign of sb's gratitude ❷ (*Dankbarkeit*) gratitude, thankfulness; **der ~ des Vaterlandes ist dir gewiss** (*hum*) you'll get a medal for that *hum;* **mit bestem ~ zurück!** returned with thanks!; **besten/herzlichen/schönen/tausend/vielen ~** thank you very much, many thanks *form,* thanks a lot *fam;* **das war ein schlechter ~** that is/was poor thanks; **hab/haben Sie ~!** (*geh*) thank you!; (*für Hilfe a.*) I'm much obliged to you *form;* **etw mit ~ annehmen** to accept sth with thanks; **jdm für etw ~ sagen** (*geh*) to express one's thanks to [*or* thank] sb for sth; REL to give thanks to sb for sth; **jdm ~ schulden, jdm zu ~ verpflichtet sein** (*geh*) to owe sb a debt of gratitude; **jdm ~ für etw wissen** (*geh*) to be indebted to sb for sth; **jdm ~ dafür wissen, dass ...** to be indebted to sb that ...; **als ~ für etw** in grateful recognition of sth; **zum ~ [dafür]** (*iron*) as a way of saying thank you; **[das ist] der [ganze] ~ dafür!** that is/was all the thanks one gets/got!

Dank·adres·se *f* (*geh*) official letter of thanks

dank·bar ['daŋkbaːɐ̯] **I.** *adj* ❶ (*dankend*) grateful; (*erleichtert*) thankful; ■**jdm ~ [für etw] sein** to be grateful to sb [for sth]; **sich [jdm gegenüber] ~ erweisen** [*o* **zeigen**] to show one's gratitude [to sb] ❷ (*lohnend*) rewarding, profitable ❸ (*anspruchslos*) appreciative; **ein ~er Stoff** a hard-wearing material; **eine ~e Pflanze** a plant which doesn't need much attention ❹ (*verbunden*) obliged; **ich wäre dir/Ihnen ~, wenn ...** I would be obliged [*or* grateful] [*or* I would appreciate it] if you ... **II.** *adv* gratefully; (*erleichtert*) thankfully

Dank·bar·keit <-> *f kein pl* gratitude; (*Erleichterung*) thankfulness; **jdm seine ~ [für etw] erweisen** [*o* **zeigen**] to express one's thanks to sb [for sth]

dan·ke *interj* thank you, thanks, BRIT *fam a.* ta; (*nicht nötig*) no thank you [*or fam* thanks]; **wie geht's? – ~, ich kann nicht klagen** how's it going? – [I] can't complain; **kann ich helfen? – ~, ich glaube, ich komme allein zurecht** can I help? – thanks [all the same], but I think I can manage; **jdm für etw ~ sagen** (*geh*) to say thank you [to sb]; **~ schön/sehr** thank you

D

[*or fam* thanks] very much; ~ **vielmals** (*iron*) thanks a million *fam;* ~ **ja, ja,** ~ yes[,] please, yes[,] thank you; ~ **nein, nein,** ~ no[,] thank you [*or* thanks]; *s. a.* **Nachfrage**

dan·ken ['daŋkn̩] **I.** *vi* ■[**jdm**] [**für etw**] ~ to express one's thanks [to sb] [*or* thank sb] [for sth]; ■[**ich**] **danke** yes please; (*nicht nötig*) no thank you [*or* thanks]; **jdm mit einem Blumenstrauß** ~ to express one's thanks with a bunch of flowers; **ich danke dir dafür, dass du an mich gedacht hast** thank you for thinking of me; **jdm** ~ **lassen** to send sb one's thanks; **bestellen Sie bitte Ihrer Frau, ich lasse herzlich** ~**!** please give your wife my thanks; **na, ich danke** [**bestens**]! (*iron*) well, thank you very much! *iron;* (*stärker*) not on your life! [*or* BRIT *hum a.* nelly], no[t a] chance!; ■**man dankt** (*fam*) thanks a million *iron* [*or fam* for nothing]; **nichts zu** ~ don't mention it, not at all, you're welcome **II.** *vt* ❶ (*lohnen*) ■**jdm etw** ~ to repay sb for sth; **man wird es dir nicht** ~**/zu** ~ **wissen** you won't be thanked for it/it won't be appreciated; **sie werden es mir später einmal** ~**, dass ich das getan habe** they'll thank me for doing it one day; **man hat es mir schlecht gedankt, dass ich es getan habe** I got small [*or* didn't get a lot of] thanks for doing it; **wie kann ich Ihnen das jemals** ~**?** how can I ever thank you? ❷ (*geh: verdanken*) ■**jdm/etw** ~**, dass ...** to owe it to sb/sth that ...; **nur dem rechtzeitigen Erscheinen der Feuerwehr ist es zu** ~**, dass ...** it was only thanks to the prompt turnout of the fire brigade that ...

dạn·kend *adv* with thanks; ~ **erhalten** received with thanks

dan·kens·wert ['daŋkn̩sveːɐ̯t] *adj* commendable; **seine** ~**e Hilfe** his kind help

dạn·kens·wer·ter·wei̲·se *adv* kindly; (*mit Erleichterung*) thankfully

dạnk·er·füllt *adj* (*geh*) grateful, filled with [*or* full of] gratitude *pred;* (*erleichtert*) thankful

Dạn·ke·schön <-s> *nt kein pl* ❶ (*ein Wort als Dank*) thank you; **ein herzliches** ~ a heartfelt [*or* big] thank you; [**jdm**] **ein herzliches** ~ **sagen** to express heartfelt thanks to sb ❷ (*Geste des Dankes*) thank you, token of one's gratitude

Dạn·kes·wor·te *pl* (*geh*) words of thanks; *von Redner* vote of thanks

Dạnk·got·tes·dienst *m* thanksgiving service, service of thanksgiving **Dạnk·sa·gung** *f* note of thanks **Dạnk·schrei·ben** *nt* letter of thanks

dann ['dan] *adv* ❶ (*danach*) then; **sie sprang zuerst ins Wasser,** ~ **sprangen die anderen** she jumped first of all into the water, [and] then the others; **wenn das gemacht ist,** ~ **kannst du gehen** when that's done, you can go; **noch eine Woche,** ~ **ist Weihnachten** another week till [*or* until] [*or* and [then] it's] Christmas; ■~ **und wann** now and then; *s. a.* **bis²** ❷ (*zu dem Zeitpunkt*) ■**immer** ~**, wenn ...** always when ... ❸ (*unter diesen Umständen*) then; ■**wenn ...,** ~ **...** if ..., [then] ...; **etw nur** ~ **tun, wenn ...** to do sth only when ...; **ich habe keine Lust mehr –** ~ **hör doch auf!** I'm not in the mood any more – well stop then!; **also** ~ **bis morgen** right then, see you tomorrow, see you tomorrow then; ~ **eben nicht** [well,] in that case [there's no more to be said]; ~ **erst recht nicht!** in that case no way! [*or* not a chance!] *fam;* ■**selbst** ~ even then; **ja, selbst** ~**!** yes, even then; **nein, selbst** ~ **nicht!** no, not even then; *s. a.* **erst, wenn, ja** ❹ (*sonst*) **wenn dir auch dieser Vorschlag nicht zusagt, was/welcher** ~**?** if you can't agree to this proposal, what can you agree to?; **wenn man nicht einmal in Schottland echten Whiskey bekommt, wo** ~**?** if you can't get real whisky in Scotland, where can you expect to find it?; **wenn er seine Gedichte selbst nicht versteht, wer** ~**?** if he can't understand his own poems, who else can [understand them]?; **und falls das so nicht klappt, wie** ~**?** and if it doesn't work, what then? ❺ (*außerdem*) ■**... und** ~ **auch noch ...** on top of that, to boot; **... und** ~ **will er auch noch sein Teil haben** and, on top of that, he wants his share, and he wants his share to boot; **strohdumm und** ~ **auch noch frech** as thick as they come and cheeky into the bargain [*or* to boot]

dan·nen ['danən] *adv* ■**von** ~ (*veraltet*) thence *dated form*

dann·zu·mal ['dantsumaːl] *adv* SCHWEIZ (*geh*) then

dar·an [da'ran] *adv* ❶ (*räumlich*) on it/that; **halt deine Hand** ~**!** put your hand against [*or* on] it; **etw** ~ **kleben/befestigen** to stick/fasten sth to it; **etw** ~ **lehnen/stellen** to lean/place it against sth; ~ **riechen** to smell it; ~ **stehen** to stand next to it; **nahe** [*o* **dicht**] ~ right up against it, [right] up close to it; ~ **vorbei** past it ❷ (*zeitlich*) **erst fand ein Vortrag statt,** ~ **schloss sich eine Diskussion** [**an**] first there was a lecture, which was followed by a discussion [*or* and after that a discussion]; **im Anschluss** ~ [*o* ~ **anschließend**] following that/this; **im Anschluss** ~ **gibt es einen Imbiss** it/that/this will be followed by a snack ❸ *in Verbindung mit subst, adj, vb siehe auch dort* **kein Interesse** ~ no interest in it/that; **ein Mangel** ~ a lack of it; **arm/reich** ~ lacking/rich in it; **kein Wort ist wahr** ~**!** there isn't a word of truth in it, not a word of it is true; ~ **sein** to be working on it; **es ändert sich nichts** ~ it won't change, nothing will change; ~ **arbeiten/ersticken** to work/choke on it/that; **sich** ~ **beteiligen/**~ **interessiert sein** to take part/be interested in it/that; **denk** ~**!** bear it/that in mind; **denk** ~ **dass Du deine Schwester anrufen musst** don't forget [you have] to ring your sister; **sich** ~ **erinnern/**~ **zweifeln** to remember/doubt it/that; ~ **kauen** to chew [on] it; ~ **sieht man, dass ...** there you [can] see that ...; ~ **sitzen** to sit over it; ~ **sterben** to die of it ❹ **das Dumme/Gute/Schöne** ~ **ist, dass ...** the stupid/good/nice thing about it is that ...; *s. a.* **nahe, tun**

dar·ạn|ge·ben *vt irreg* (*geh*) ■**etw** [**für jdn**] ~ to sacrifice sth [for sb] **dar·ạn|ge·hen** *vi irreg sein* to set about it; ■~**, etw zu tun** to set about doing sth **dar·ạn|ma·chen** *vr* (*fam*) ■**sich** ~ to set about [*or* get down to] it; ■**sich** ~**, etw zu tun** to get down to/set about doing sth **dar·an|set·zen** [da'rantsɛtsn̩] **I.** *vt* **alles** ~**, etw zu tun** to spare no effort [*or* do one's utmost] to do sth; **sie setzte einiges daran, ihn doch noch umzustimmen** she took [*or* was at] pains to persuade him **II.** *vr* ■**sich** ~ to set about it **dar·ạn|wen·den** *vt* (*geh*) to exert; **er hat viel Energie darangewandt, sein Ziel zu erreichen** he spared no effort in reaching his goal

dar·auf [da'rauf] *adv* ❶ (*räumlich*) on it/that/them etc.; ~ **folgend** following; **der** ~ **folgende Wagen** the car behind; **etw** ~ **legen** to lay [*or* put] sth on top; ~ **schlagen** to hit it; ~ **losfahren/schießen/zielen** to drive/shoot/aim at it/them; ~ **losschwimmen** to swim towards it; **sich** ~ **beziehen/**~ **zurückführen** to refer/lead back to it/that/this ❷ (*zeitlich*) after that; **zuerst kam der Wagen des Premiers,** ~ **folgten Polizisten** the prime minister's car came first, followed by policemen; **die Tage, die** ~ **folgten** the days which followed; (*danach*) afterwards, after *fam;* **bald** [*o* **kurz**] ~ shortly afterwards [*or fam* after]; **am Abend** ~ the next evening; **im Jahr** ~ [in] the following year, a year later; **tags** [*o* **am Tag**] ~ the next [*or* following] day; ~ **folgend** following, ensuing *form;* **die** ~ **folgende Frage** the next question; **der** ~ **folgende Tag** the following [*or* next] day ❸ (*infolgedessen*) because of that, consequently, whereupon *form;* **er hat gestohlen und wurde** ~ **von der Schule verwiesen** he was caught stealing, whereupon he was expelled from the school ❹ (*auf das*) ~ **antworten/reagieren** to reply/react to it; **etw** ~ **sagen** to say sth to it/this/that; **ein Gedicht** ~ **schreiben** to write a poem about it; ~ **steht die Todesstrafe** that is punishable by death; ~ **wollen wir trinken!** let's drink to it/that! ❺ *in Verbindung mit subst, adj, vb siehe auch dort* **einen Anspruch** ~ **erheben** to claim it; **Hand** ~**!** let's shake on it; **ein Recht** ~ a right to it; **wir müssen** ~ **Rücksicht nehmen/**~ **Rücksicht nehmen, dass ...** we must take that into consideration/take into consideration that ...; **Sie haben**

mein Wort ~! you have my word [on it]; ~ **bestehen** to insist [on it]; ~ **bestehen/hoffen/wetten, dass ...** to insist/hope/bet [that] ...; **sich ~ freuen** to look forward to it; ~ **reinfallen** to fall for it; **stolz ~ sein** to be proud of it/that; **sich ~ verlassen** to rely on her/him/you etc.; **sich ~ vorbereiten** to prepare for it; **sagen Sie es, ich warte ~!** say it, I'm waiting!; **nur ~ aus sein, etw zu tun** to be only interested in doing sth; ~ **wolltest du hinaus!** [so] that's what you were getting at!; **wir kamen auch ~ zu sprechen** we talked about that too; **ein merkwürdiges Thema, wie kamen wir ~?** a strange subject, how did we arrive at it?; **ich weiß noch nicht, aber ich komme schon ~!** I don't know yet, but I'll soon find out

dar·auf·fol·gend *adj attr s.* **darauf 1, 2**

dar·auf·hin[1] [darauf'hɪn] *adv* ❶ (*infolgedessen*) as a result [of this/that] ❷ (*nachher*) after that

dar·auf·hin[2] ['da:raufhɪn] *adv* (*im Hinblick darauf*) with regard to this/that; **der Wagen wurde auch ~ untersucht, ob ein Unfall vorgelegen hatte** the car was also inspected for signs of a past accident

dar·aus [da'raus] *adv* ❶ (*aus Gefäß o Raum*) out of it/that/them; **etw ~ entfernen** to remove sth from it ❷ (*aus diesem Material*) from [*or* out of] it/that/them; ~ **wird Wein gemacht** wine is made from it/that ❸ *in Verbindung mit subst, vb siehe auch dort* **sich ~ ergeben** to result; ~ **ergibt sich/folgt, dass ...** the result of which is that ...; **wie Sie ~ ersehen, ...** as you can see [from this] ...; **was ist ~ geworden?** what's become of it? ▶ WENDUNGEN: ~ **wird nichts!** that's [perfectly] out of the question!

dar·ben ['darbn̩] *vi* (*geh*) to live in [*or* suffer] want *form*

dar|bie·ten ['da:ɐ̯bi:tn̩] *irreg* **I.** *vt* (*geh*) ❶ (*vorführen*) ■[**jdm**] **etw ~** to perform sth [before sb]; (*vortragen*) to present sth [to sb]; **ein Gedicht ~** to recite a poem ❷ (*anbieten*) ■**jdm etw ~** to offer sb sth; (*servieren*) to serve sb sth; **eine Gabe/die Hand ~** to offer [*or form* proffer] a gift/one's hand **II.** *vr* ■**sich jdm ~** to present itself [to sb], to be faced with sth; *Gelegenheit, Möglichkeit* to offer itself to sb

Dar·bie·tung <-, -en> ['da:ɐ̯bi:tʊŋ] *f* ❶ (*Vorführung*) performance; (*das Dargebotene*) act ❷ *kein pl* (*geh: das Anbieten*) serving

dar|brin·gen ['da:ɐ̯brɪŋən] *vt irreg* (*geh*) ❶ (*zuteilwerden lassen*) **jdm** [**seine**] **Glückwünsche ~** to offer [sb] one's best wishes; **jdm eine Ovation ~** to give sb an ovation; **jdm ein Ständchen ~** to serenade sb ❷ (*bringen*) ■[**jdm**] **ein Opfer ~** to offer [up *sep*] a sacrifice [to sb]; **jdn einem Gott zum Opfer ~** to sacrifice sb to a god, to offer [up *sep*] sb as a sacrifice to a god

dar·ein [da'rain] *adv* (*geh*) ❶ (*in das hinein*) in there; (*in vorher Erwähntes*) in/into it/them, therein *form* ❷ (*veraltend: in diesen Umstand*) to it/that; **sie mussten sich ~ fügen** they had to accept [*or* bow to] that

dar·ein|fin·den *vr irreg* (*geh*) to come to terms with [*or* learn to accept] it; (*resigniert a.*) to become resigned [*or* reconciled] to it; ■**sich ~, etw zu tun** to come to terms with [*or* learn to accept] doing sth **dar·ein|fü·gen** *vr* (*geh*) to resign oneself [to sth] **dar·ein|re·den** [da'rainre:dn̩] *vi* (*unterbrechen*) to interrupt; (*sich einmischen*) to interfere, to meddle **dar·ein|set·zen** *vt* (*geh*) to put into [*or* devote to] it; **seine ganze Energie ~, etw zu tun** to put all one's energy into [*or* devote all one's energy to] doing sth

Dar·es·sa·lam <-s> [darɛsa'la:m] *nt* Dar es Salaam

dar·in [da'rɪn] *adv* ❶ (*in dem/der*) in there; (*in vorher Erwähntem*) in it/them; **was steht ~** [**geschrieben**]? what does it say? ❷ (*in dem Punkt*) in that respect; ~ **übereinstimmen/~ übereinstimmen, dass...** to agree [in that respect]/to agree that ...; ~ **liegt ein Widerspruch** there's a contradiction in that; ~ **ganz groß/perfekt sein** (*fam*) to be very good/perfect at it/that; ~ **ein Talent sein** (*fam*) to be born for it *fam*

dar|le·gen ['da:ɐ̯le:gn̩] *vt* ■[**jdm**] **etw ~** to explain sth [to sb]; [**jdm**] **seine Ansichten/einen Plan/eine Theorie ~** to explain [*or form* expound] one's views/a plan/a theory [to sb]; **etw ausführlich ~** to explain sth in detail, to elaborate on sth; **etw kurz ~** to give a brief explanation of sth

Dar·le·gung <-, -en> *f* explanation

Dar·le·h(e)n <-s, -> ['da:ɐ̯le:ən] *nt* loan; ■**ein ~ über/**[**in Höhe**] **von Euro 100.000** a loan [to the amount] of [*or* amounting to] 100,000 euros; **ein ~ beantragen** to apply for a loan; [**jdm**] **ein ~ gewähren** to grant [sb] a loan; [**jdm**] **ein ~ über Euro 50.000 gewähren** to grant [sb] a loan of [*or* to loan [sb]] [*or* AM *a.* to loan out [sb]] 50,000 euros; **als ~** on [*or* as a] loan

Dar·le·hens·ge·ber(in) *m(f)* lender, loaner **Dar·le·hens·neh·mer(in)** *m(f)* borrower, receiver [of a/the loan], loanee *spec* **Dar·le·hens·sum·me** *f* ■**die ~** the amount of a/the loan; ■**eine ~** a loan

Dar·ling <-s, -s> ['da:ɐ̯lɪŋ] *m* ■**jds ~** sb's darling [*or fam* heartthrob]

Darm <-[e]s, Därme> ['darm, *pl* 'dɛrmə] *m* ❶ (*Verdauungstrakt*) bowels *npl*, intestine[s *npl*], gut[s *npl*] *fam*; **bei jdm auf den ~ schlagen** to give sb stomach trouble ❷ (*Wursthülle aus Darm*) [sausage] skin [*or* case]; **Wurst in echtem/künstlichem ~** sausage in real/synthetic skin; (*für Saiten, Schlägerbespannung*) [cat]gut

Darm·aus·gang *m* anus, anal orifice *form*; **ein künstlicher ~** an artificial [*or spec* a preternatural] anus **Darm·blu·tung** *f* intestinal bleeding **Darm·bruch** *m* enterocele *spec* **Darm·ent·lee·rung** *f* bowel movement, defecation *form*, evacuation of the bowels *form* **Darm·flo·ra** *f* intestinal flora *spec* **Darm·grip·pe** *f* gastric [*or* intestinal] flu [*or form* influenza] **Darm·pa·ra·sit** *m* BIOL intestinal parasite **Darm·sai·te** *f* [cat]gut string **Darm·spü·lung** *f* irrigation of the bowels *form*, intestinal lavage *spec* **Darm·tä·tig·keit** *f* ■**die ~** peristalsis *spec*; **die ~ fördern/regulieren** to stimulate/regulate the movement of the bowels **Darm·träg·heit** *f* underactivity of the intestines; (*Verstopfung*) constipation **Darm·ver·schlin·gung** *f* twisting of the intestine [*or* bowels], volvulus *spec* **Darm·ver·schluss**[RR] *m* intestinal obstruction, obstruction of the bowels [*or* intestine], ileus *spec*

dar·nie·der|lie·gen [dar'ni:dɐ-] *vi irreg* ❶ (*geh: krank im Bett liegen*) ■[**mit etw**] **~** to be laid up [with sth], to be down with sth ❷ (*sich in einem schlechten Zustand befinden*) to stagnate, to languish

dar·ob [da'rɔp] *adv* (*veraltet*) **er war ~ erstaunt/sehr verärgert** he was very surprised by that/very annoyed at that; **sie wurde ~ sehr bewundert** she was much admired for that [*or* on that account]

Dar·re <-, -n> ['darə] *f* ❶ (*Vorrichtung zum Darren*) oast ❷ (*Trockengestell*) drying frame

dar|rei·chen ['da:ɐ̯raiçn̩] *vt* (*geh*) *s.* **darbieten 2**

dar·ren ['darən] *vt* ■**etw ~** to dry [*or* oast-dry] sth

dar·stell·bar *adj* ❶ (*zu berichten*) **das ist nicht in wenigen Worten ~** this cannot be described in a few words; **kaum/leicht ~** hard/easy to describe [*or* express] [*or* portray] ❷ (*wiederzugeben*) **diese Kurven sind grafisch ~** these curves can be represented in graphic form; **sämtliche Schritte sind auf dem Bildschirm ~** all steps can be shown [*or form* depicted] on [the] screen

dar|stel·len ['da:ɐ̯ʃtɛlən] **I.** *vt* ❶ (*wiedergeben*) ■**jdn/etw ~** to portray [*or form* depict] sb/sth; **etw blau/rot ~** to depict sth in blue/red *form*; **was sollen diese Zeichen ~?** what do these symbols mean? [*or* stand for?] ❷ THEAT ■**jdn ~** to portray [*or* play the part of] sb; ■**etw ~** to portray sth; (*interpretieren*) to interpret sth; **eine Rolle ~** to play a role ❸ (*beschreiben*) ■**etw ~** to describe [*or sep form* set forth] sth; **etw ausführlich/kurz** [*o* **knapp**] **~** to give a detailed/brief description of sth ❹ (*bedeuten*) ■**etw ~** to represent [*or form* constitute] sth;

etwas ~ to be impressive; *Mensch a.* to cut a fine figure; **nichts** ~ to be a nobody; **nichts im Leben** ~ to be nothing in life **II.** *vr* ❶ (*zeigen*) ■**sich** [**jdm**] ~ to appear [to sb]; **die Sache stellt sich als sehr schwierig dar** the matter appears [to be] very difficult ❷ (*ausgeben als*) ■**sich als jd** ~ to show oneself to be sth

Dar·stel·ler(in) <-s, -> ['da:ɐ̯ʃtɛlɐ] *m(f)* actor; ■**~in** actress; **die ~in der Lady Macbeth** the actress playing Lady Macbeth

dar·stel·le·risch I. *adj attr* acting; **diese Rolle erfordert ~es Talent** this role demands a talented actor; **seine ~e Leistung war ausgezeichnet** his performance was outstanding **II.** *adv* **das Stück wies ~ einige Schwächen auf** the acting in the play showed some weakness

Dar·stel·lung <-, -en> *f* ❶ *kein pl* (*das Wiedergeben im Bild*) portrayal, depiction; **die ~ von Perspektiven/mathematischen Modellen** the depiction of perspectives/mathematical models ❷ *kein pl* THEAT (*das Gestalten*) performance; **die ~ eines Charakters/einer Rolle** the interpretation of a character/role ❸ (*das Schildern*) representation *no pl;* (*Bericht*) account ❹ (*Bild*) depiction

Dar·stel·lungs·form *f* THEAT form of expression **Dar·stel·lungs·mit·tel** *nt* means of representation, technique [of representation] **Dar·stel·lungs·wei·se** *f* way of expression

dar|tun ['da:ɐ̯tu:n] *vt irreg* (*geh*) *s.* **darlegen**

dar·über [da'ry:bɐ] *adv* ❶ (*räumlich*) over it/that/them; (*direkt auf etw*) on top [of it/that]; (*oberhalb von etw*) above [it/that/them]; (*über etw hinweg*) over [it/that/them]; ❷ (*hinsichtlich einer Sache*) about it/that/them; **sich ~ beklagen/streiten, dass ...** to complain/argue about ...; **sich ~ wundern, was ...** to be surprised at what ...; **~ brüten/sitzen/wachen** to brood/sit/watch over it/that/them; **~ spricht man nicht!** one doesn't [*or* you don't] talk about such things!; **~ hinweggehen/hinwegsehen** to pass over [*or* ignore] it; **~ Stillschweigen bewahren** to maintain silence on [*or* keep silent about] it; **~ besteht kein Zweifel** there is no doubt about it ❸ (*währenddessen*) in the meantime; (*dabei und deswegen*) in the process ❹ (*über diese Grenze hinaus*) above [*or* over] [that]; **10 Stunden oder ~** 10 hours and/or longer [*or* more]; **die Teilnehmer waren alle 50 oder ~** the participants were all 50 or above [*or* older] ▶WENDUNGEN: **~ hinaus** [*o* **hinweg**] **sein** to have got [*or* AM gotten] over it/that; **jdm ~ hinweghelfen** to help sb get over it/that; **~ hinaus** over and above [that], higher

dar·über|fah·ren *vi irreg sein* **mit der Hand ~** to run one's hand over it/that; **mit einem Tuch ~** to wipe over it/that with a cloth **dar·über|hängen** *vt* **mein Mantel hängt dort, hänge deinen einfach darüber** my coat's over there, just put yours on top **dar·über|lie·gen** *vi irreg* ❶ (*bedecken*) to lie over it ❷ (*höher sein*) **mit dem Angebot/Preis ~** to have made a higher offer/to have offered a higher price **dar·über|ma·chen** *vr* (*fam*) **sich ~** to get to work on [*or* BRIT *fam* get stuck into] [*or* AM *fam* get going on] it **dar·über|ste·hen** *vi irreg* (*a. fig*) to be above it [all]

dar·um [da'rʊm] *adv* ❶ (*deshalb*) that's why; **~?** because of that?, really?; **~!** (*fam*) [just] because! *fam;* **ach ~!** oh, that's why!, oh, I see!; **eben ~** for that very reason, that's exactly why; **~, weil ...** because ... ❷ *in Verbindung mit subst, vb siehe auch dort* **~ bitten** to ask for it/that/them; **jdn ~ bitten/sich ~ bemühen, etw zu tun** to ask sb/to try [hard] to do sth; **es geht uns ~, es richtig zu tun** we are trying do it right; **es geht nicht ~, wer zuerst kommt** it's not a question of who comes first; **~ geht es ja gerade!** that's just it! [*or* the point!]; **~ geht es nicht!** that's not [*or* beside] the point!; **wir kommen nicht ~ herum** there's no avoiding it/that, it can't be helped; **~ herumreden** to beat around the bush; **sich ~ streiten** to argue over it/that ❸ (*räumlich: um diesen Ort, Gegenstand herum*) ■**~** [**herum**] around it, BRIT *a.* round it; *s. a.* **drum**

dar·un·ter [da'rʊntɐ] *adv* ❶ (*räumlich*) under it/that, underneath [it/that]; (*unterhalb von etw*) below [it/that]; **~ hervorgucken/-springen/-sprudeln** to look/jump/gush out [from underneath ❷ (*unterhalb dieser Grenze*) lower; **Schulkinder im Alter von 12 Jahren und ~** schoolchildren of 12 years and younger; **keinen Euro ~** not an euro less ❸ (*dazwischen*) among[st] them ❹ *in Verbindung mit subst, vb siehe auch dort* (*unter dieser Angelegenheit*) **~ leiden** to suffer under it/that; **was verstehst du ~?** what do you understand by it/that?; **~ kann ich mir nichts/nicht viel vorstellen** it doesn't mean anything/very much to me ▶WENDUNGEN: **es nicht ~ machen** [*o* **tun**] (*fam*) to not do it for less

dar·ụn·ter|fal·len *vi irreg sein* to fall [*or* come] under it/that **dar·ụn·ter|ge·hen** *vi irreg sein* ❶ (*fam: passen*) to go underneath ❷ (*unter diese Grenze*) to go lower; *Temperatur* to fall [below it/that] **dar·ụn·ter|lie·gen** *vi irreg haben* to be less; **mit dem Angebot/Preis ~** to make a lower offer/to offer a lower price **dar·ụn·ter|mi·schen I.** *vt* to mix in **II.** *vr* **sich ~** to mingle in [with sb] **dar·ụn·ter|rüh·ren** *vt* KOCHK to stir in **dar·ụn·ter|schla·gen** *vt irreg* KOCHK to fold in **dar·ụn·ter|set·zen** *vt* **etw ~** to put sth to it; **seine Unterschrift** [*o geh* **Paraphe**] **~** to put one's signature to it/that, to sign **dar·ụn·ter|zie·hen** *vt irreg* KOCHK to fold in

Dar·win·fink ['darvi:n-] *m* BIOL Darwin's finch

das ['das] *art, pron* the; *s. a.* **der**

da|seinALT ['da:zain] *vi irreg sein s.* **da 1, 2, 5**

Da·sein <-s> ['da:zain] *nt kein pl* ❶ (*das menschliche Leben*) life, existence; **ein jämmerliches ~ fristen/führen** to eke out a miserable existence/to lead a miserable life; **jdm das ~ erleichtern** to make sb's life easier ❷ (*geh: Existenz*) existence ❸ (*Anwesenheit*) presence; *s. a.* **Kampf**

Da·seins·be·rech·ti·gung *f* right to exist *no pl;* **eine ~ haben** to justify one's existence; *von Menschen a.* right to live *no pl* **Da·seins·freu·de** *f* (*geh*) zest for life, joie de vivre **Da·seins·kampf** *m* (*geh*) *s.* **Existenzkampf**

da·selbst [da'zɛlpst] *adv* (*veraltet*) in that [*or old* said] place; **geboren 1698 zu Paris, gestorben 1745 ~** born 1698 in Paris, died there 1745

da|sit·zen ['da:zɪtsn̩] *vi irreg* ❶ (*an einer Stelle sitzen*) to sit there; **noch/nicht mehr/schon ~** to be still/no longer/already sitting there; **gelangweilt/müde/traurig/zitternd ~** to sit there bored/tiredly/sadly/shivering ❷ (*fam: zurechtkommen müssen*) to be left on one's tod BRIT *fam* [*or* AM own]; **ohne Geld/Hilfe ~** to be left without [any] money/help

das·je·ni·ge ['dasje:nɪgə] *pron dem s.* **derjenige**

dassRR, **daß**ALT ['das] *konj* ❶ *mit Subjektsatz* that; **~ wir einmal alle sterben müssen, ist nun mal gewiss** [the fact] that we all have to die is certain *liter,* it is certain [that] we all have to die, we all have to die one day ❷ *mit Objektsatz* [that]; **ich habe gehört, ~ du Vater geworden bist** I've heard [that] you've become a father; **nicht verstehen, ~ ...** to not understand how ...; **entschuldigen Sie bitte, ~ ich mich so verspätet habe** please excuse my [*or* me] arriving so late ❸ *mit Attributivsatz* [that]; **gesetzt den Fall, ~ ...** assuming [that] ...; **vorausgesetzt, ~ ...** providing [that] ...; **die Tatsache, ~ ...** the fact that ...; [**nur**] **unter der Bedingung, ~ ...** on [the] condition that ...; **ungeachtet dessen, ~ ...** regardless of the fact that .. ❹ *mit Kausalsatz* that; **ich war böse, ~ ...** I was angry that ...; **sie freut sich darüber, ~ ...** she is pleased [that] ...; **das kommt daher** [*o* **davon**]/**das liegt daran, ~ ...** that's because ...; **dadurch, ~ ...** because ... ❺ *mit Konsekutivsatz* that; **sie fuhr so schnell, ~ sie die rote Ampel übersah** she drove so fast [that] she failed to see the red light ❻ *als Einleitung eines Instrumentalsatzes* **er verbringt seine Freizeit damit, ~ er Telefonkarten sammelt** he spends his free time collecting phonecards ❼ *mit Wunschsatz* (*geh*) if only, would that *liter;* **~ du nur Recht**

hast! if only you were right! ❽ (*in Warnungen*) **sieh/seht zu, ~ ...!** see that ...; (*nachdrücklicher:*) see to it [that] ... ❾ (*in Ausrufen des Bedauerns*) that; ~ **es ausgerechnet mir passieren sollte!** that it should happen to me of all people!; *s. a.* **als, auf, außer, ohne, so, [an]statt, kaum**

das·sel·be [das'zɛlbə], **das·sel·bi·ge** [das'zɛlbɪgə] *pron dem s. a.* **derselbe, hinauskommen, hinauslaufen**

Das·sel·flie·ge ['dasl̩-] *f* ZOOL bot fly

da|ste·hen ['da:ʃte:ən] *vi irreg* ❶ (*untätig an einer Stelle stehen*) to stand there; **nur so/einfach** ~ to be just/simply standing there; **dumm/wie ein begossener Pudel** ~ to stand there stupidly/sheepishly [*or* with a stupid/sheepish expression [on one's face]]; **konsterniert/verblüfft/verwundert** ~ to stand there scandalized/stunned/astonished; **wie der Ochs vorm Berg** ~ to be at a [dead] loss ❷ (*erscheinen*) **ohne Geld** [*o* **Mittel**] ~ to be left penniless [*or* with nothing]; **mit leeren Händen** ~ to stand there [*or* be left] empty-handed; **als Dummkopf/Lügner** ~ to be left looking like an idiot/a liar; **allein** ~ to be left [all *fam*] alone [in the world]; **besser/anders/gut/schlecht** ~ to be in a better/different/good/bad position; **einzig** ~ to be unique [*or* in a class of its own] ▶WENDUNGEN: **na, wie stehe ich jetzt da?** (*selbst lobend*) well, wasn't I just wonderful?; (*Vorwurf*) what a fool I must look now!

DAT <-s, -s> ['dat] *nt Abk von* **digitales Tonband** DAT, digital audio tape

Date <-s, -s> [de:t] *nt* (*sl*) date

Da·tei <-, -n> [da'tai] *f* INFORM [data] file; **eine ~ aufrufen/abspeichern/anlegen/löschen** to call [up]/save/create/delete a [data] file

Da·tei·en·ver·wal·tung *f kein pl* file manager

Da·tei·na·me *m* INFORM filename

Da·ten[1] ['da:tn̩] *pl von* **Datum**

Da·ten[2] ['da:tn̩] *pl* data; ~ **zur Person** particulars *npl;* **technische** ~ specifications, specs *fam;* ~ **erfassen/verarbeiten** to collect [*or* capture]/process data

Da·ten·ab·ruf *m* data retrieval **Da·ten·auf·be·rei·tung** *f* INFORM data editing **Da·ten·aus·tausch** *m* data exchange, DX **Da·ten·au·to·bahn** *f* INFORM information highway

Da·ten·bank <-banken> *f* database

Da·ten·bank·ab·fra·ge *f* INFORM database enquiry **Da·ten·bank·be·auf·trag·te(r)** *f(m) dekl wie adj* INFORM database consultant **Da·ten·bank·ver·wal·tung** *f* INFORM database management, DBM

Da·ten·be·stand *m* data stock **Da·ten·bi·bli·o·thek** *f* INFORM library of data **Da·ten·ein·ga·be** *f* data entry **Da·ten·er·fas·sung** *f* ■**die** ~ data collection [*or* capture] **Da·ten·er·halt** *m* receival of data **Da·ten·fern·lei·tung** *f* INFORM remote data line **Da·ten·fern·über·tra·gung** *f* INFORM remote data transmission, data telecommunication **Da·ten·fern·ver·ar·bei·tung** *f kein pl* INFORM teleprocessing **Da·ten·fluss**[RR] *m kein pl* INFORM information [*or* data] flow **Da·ten·flut** *f* flood of data **Da·ten·funk·ge·rät** *nt* police radio unit **Da·ten·klau** <-s> *m kein pl* JUR, INFORM, INET (*fam*) data theft **Da·ten·men·ge** *f* amount [*or* volume] of data **Da·ten·miss·brauch**[RR] *m* data abuse, misuse of data **Da·ten·netz** *nt* ❶ (*Netzwerk*) data [*or* information] network ❷ (*Datenfernübertragungsnetz*) data transmission network **Da·ten·satz** *nt* record **Da·ten·schrott** *m* corrupt data, [electronic] garbage AM

Da·ten·schutz *m* JUR data [privacy] protection

Da·ten·schutz·be·auf·trag·te(r) *f(m) dekl wie adj* controller for data protection; (*Bundes~*) Federal Commissioner for Data Protection **Da·ten·schüt·zer(in)** *m(f)* (*fam*) data watchdog *fam* **Da·ten·schutz·ge·setz** *nt* JUR Data Protection Act **da·ten·schutz·recht·lich** *adj* **aus ~en Gründen** for reasons of data protection

Da·ten·si·cher·heit *f kein pl* data protection **Da·ten·si·che·rung** *f* [data] backup; ~ **[auf Diskette] machen** to backup [data] [to floppy disk] **Da·ten·sicht·ge·rät** *nt* [visual] display unit, VDU **Da·ten·ter·mi·nal** [-tø:ɐ̯minl̩] *nt* data [communication] terminal **Da·ten·trä·ger** *m* data medium [*or* carrier] **Da·ten·ty·pist(in)** *m(f)* keyboarder **Da·ten·über·mitt·lung** *f kein pl s.* **Datenfernübertragung Da·ten·über·tra·gung** *f* data transmission **Da·ten·ver·ar·bei·tung** *f* INFORM data processing *no pl, no art;* **elektronische** ~ [*o* **EDV**] electronic data processing, EDP **Da·ten·ver·ar·bei·tungs·an·la·ge** *f* data processing [*or* DP] equipment **Da·ten·ver·bund** *m* data network **Da·ten·ver·kehr** *m kein pl* data traffic [*or* communication] **Da·ten·ver·wal·tung** *f* data management **Da·ten·zen·tra·le** *f*, **Da·ten·zen·trum** *nt* data centre [*or* AM -er]

da·tie·ren* [da'ti:rən] **I.** *vt* ❶ (*mit Datum versehen*) ■**etw** ~ to date sth; **auf den Wievielten war der Brief datiert?** when was the letter dated?, what was the date on the letter?; **etw falsch** ~ to date sth incorrectly, to misdate sth *form;* **etw zurück/im Voraus** ~ to postdate/predate sth ❷ (*zeitlich einordnen*) ■**etw [auf einen bestimmten Zeitraum]** ~ to date sth [back to a certain period] **II.** *vi* ❶ (*stammen, bestehen*) ■**aus einem bestimmten Zeitraum** ~ [*o* **seit einem bestimmten Zeitraum/-punkt** ~] to date from [*or* back to] a certain period ❷ (*mit Datum versehen sein*) **dieser Brief datiert vom 12. Februar** this letter is dated 12th Febuary

Da·tiv <-s, -e> ['da:ti:f, *pl* 'da:ti:və] *m* LING dative [case]; **im ~ stehen** to be in the dative [case]; **den ~ regieren** to govern [*or* take] the dative [case]

Da·tiv·ob·jekt *nt* LING indirect [*or* dative] object

da·to ['da:to] *adv* (*geh*) **bis** ~ to date

Dat·scha ['datʃa] *f*, **Dat·sche** <-, Datschen> ['datʃə] *f* da[t]cha

Dat·tel <-, -n> ['datl̩, *pl* 'datl̩n] *f* date

Dat·tel·pal·me *f* date [palm]

Da·tum <-s, Daten> ['da:tʊm, *pl* 'da:tn̩] *nt* date; ~ **des Poststempels** date as postmark; **älteren ~s: ein Wagen älteren ~s** an older model of a car; **ein Wörterbuch älteren ~s** an older edition of a dictionary; **das gestrige/heutige/morgige** ~ yesterday's/today's/tomorrow's date; **neueren ~s: eine Ausgabe neueren ~s** a more recent issue; **das Auto ist erst neueren ~s** the car is still [pretty *fam*] new; **sich im ~ irren** to get the date wrong; **was für ein/welches ~ haben wir heute?** what's the date today?; **ein Brief ohne** ~ an undated letter; **der Brief trägt das ~ vom 7. Mai/von letztem Sonntag** the letter is dated 7 May/last Sunday, the letter bears the date 7 May/of Sunday last *form*

i Kultur

In Großbritannien werden oft direkt nach dem Tag die beiden letzten Buchstaben der Ordnungszahl gesetzt, z.B. **1st May** (fir**st** of May), **22nd June** (twenty-seco**nd** of June), **3rd March** (thi**rd** of March) oder **4th July** (four**th** of July). Wenn das **Datum** nur in Zahlen geschrieben wird, steht in Nordamerika der Monat vor der Zahl, z.B. **5/8/04** bezeichnet den 8. Mai 2004. Bis zum neunten Jahr eines Jahrhunderts werden die Zahlen mit **oh** oder **hundred** gebildet, z.B. **1507** heißt **fifteen oh seven** oder **fifteen hundred and seven**.

Da·tums·an·zei·ge *f* date display **Da·tums·gren·ze** *f* [international] date line **Da·tums·stem·pel** *m* ❶ (*Gerät zum Stempeln eines Datums*) dater ❷ (*eingestempeltes Datum*) date stamp

Dau·er <-> ['dauɐ] *f kein pl* duration (+*gen* of); *von Aufenthalt* length; **von langer/kurzer ~ sein** to last long [*or* a long time]/to not last long [*or* a long time]; **von begrenzter ~ sein** to be of limited duration; **keine ~ haben** to not live long, to be short-lived; **von ~ sein** to be long-lasting [*or* long-lived]; **die Wetterbesserung wird für die nächsten Tage von ~ sein**

the improvement in the weather will remain constant for the next few days; **nicht von ~ sein** to be short-lived; **auf ~** permanently; **auf die ~** in the long run [*or* term]; **diesen Lärm kann auf die ~ keiner ertragen** nobody can stand this noise for any length of time; **das kann auf die ~ nicht so weitergehen!** it can't go on like that forever!; **für die ~ von** for the duration of; **für die ~ Ihres Aufenthaltes bei uns** for [the duration [*or* length] of] your stay with us

Dau·er·ar·beits·lo·se(r) *f(m) dekl wie adj* long-term unemployed person; ■**die ~n** the long-term unemployed **Dau·er·ar·beits·lo·sig·keit** *f kein pl* long-term unemployment **Dau·er·auf·trag** *m* standing order; **per ~** by [*or* with a] standing order; **einer Bank einen ~ erteilen** to place a standing order at a bank **Dau·er·be·hand·lung** *f* MED long-term therapy, prolonged treatment **Dau·er·be·schäf·ti·gung** *f* ÖKON permanent employment *no pl* **Dau·er·be·trieb** *m kein pl* continuous operation **Dau·er·bren·ner** *m* (*fam*) ❶ (*Ofen*) slow-burning stove ❷ (*dauerhaft interessantes Theater-/Musikstück*) long runner *fam;* **dieses Thema wird noch zum ~** this topic will be the talk of the town for a long time to come *fam* ❸ (*langer Kuss*) long, impassioned kiss, BRIT *sl a.* snog **Dau·er·ein·rich·tung** *f* ❶ (*ständige Institution*) permanent institution ❷ (*ständige Übung*) **zu einer ~ werden** to become [a] regular practice **Dau·er·emit·tent** *m* FIN constant issuer **Dau·er·er·folg** *f* continuous success **Dau·er·feu·er** *nt* MIL sustained [*or* continuous] fire **Dau·er·gast** *m* regular client (**in** +*dat* of), permanent fixture *hum* (**in** +*dat* at); (*im Hotel*) permanent guest [*or* resident]; **sich [bei jdm] als ~ einrichten** (*iron fam*) to grace sb's house with one's permanent presence *iron;* **er ist in diesem Lokal ~** he's one of the regulars

dau·er·haft I. *adj* ❶ (*haltbar, strapazierfähig*) durable, resistant ❷ (*beständig*) lasting; **das darf kein ~er Zustand werden** that shouldn't be allowed to become permanent **II.** *adv* permanently; **sich ~ einigen** to come to a lasting [*or* permanent] agreement; **~ schädigen/geschädigt werden** to inflict/suffer permanent damage

Dau·er·haf·tig·keit <-> *f kein pl* ❶ (*Haltbarkeit, Strapazierfähigkeit*) durability ❷ (*Beständigkeit*) permanence; *von Wetter* constancy; **der Versailler Frieden war nicht von großer ~** the treaties of Versailles did not last

Dau·er·kar·te *f* season ticket; **im Besitz einer ~ sein** to have [*or* be in hold of] a season ticket **Dau·er·kun·de** *m* standing [*or* regular] customer **Dau·er·lauf** *m* [endurance] run, jog; **einen ~ machen** to go for a run [*or* jog]; **im ~** at a run [*or* jog], at a running [*or* jogging] pace **Dau·er·lut·scher** *m* lollipop, BRIT *fam a.* lolly

dau·ern[1] ['dauɐn] *vi* ❶ (*währen, anhalten*) to last; **eine Stunde/einen Tag/lang/länger ~** to last an hour/a day/a long time/longer; **dieser Krach dauert jetzt schon den ganzen Tag** this racket has been going on all [*or* the whole] day now; **der Film dauert 3 Stunden** the film is 3 hours long ❷ (*Zeit erfordern*) to take; **lange/zu lange ~** to take long [*or* a long time]/to take too long; **nicht mehr lange ~** to not take much longer; **das dauert wieder, bis er endlich fertig ist!** he always takes such a long time to get ready; **warum dauert das bei dir immer so lange?** why does it always take you so long?, why do you always take so long?; **vier Stunden? das dauert mir zu lange** four hours? that's too long for me; **es dauert alles seine Zeit** everything takes its time, Rome wasn't built in a day *prov;* **das dauert und dauert!** (*fam*) it's taking ages [and ages] [*or* years] [*or* forever] *fam* ❸ (*geh: dauerhaft sein, Bestand haben*) to last, to endure *liter*

dau·ern[2] ['dauɐn] *vt* (*veraltend geh*) ❶ (*reuen*) ■**jdn [sehr] ~** to be a cause of [deep] regret for sb; ■**es dauert mich [sehr], dass ...** I regret [deeply] that ...; **jeder Cent dauert mich** every penny hurts ❷ (*Mitleid wecken bei*) ■**jdn ~** (*veraltend*) to arouse [*or* awaken] pity in sb; **der zerlumpte Bettler dauerte sie sehr** they took pity on [*or* pitied] the ragged beggar

dau·ernd ['dauɐnt] **I.** *adj* (*ständig*) constant, unceasing; (*anhaltend*) lasting; **eine ~e Freundschaft** a lasting [*or* long-lived] friendship; **~er Wohnsitz** permanent [*or* fixed] address **II.** *adv* ❶ (*ständig*) constantly; **mit diesen Neuen hat man ~ Ärger!** these newcomers are always causing trouble! ❷ (*immer wieder*) always; **etw ~ tun** to keep [on] doing sth

Dau·er·par·ker(in) *m(f)* (*Langzeitparker*) long-term [*or* all-day] parker; **„Parkplatz [nur] für ~"** "long-term carpark"; (*regelmäßiger, befugter Parker*) permit parker **Dau·er·red·ner(in)** *m(f)* (*pej*) windbag *pej fam* **Dau·er·re·gen** *m* continuous rain **Dau·er·scha·den** *m* MED long-term damage **Dau·er·spei·cher** *m* INFORM non-volatile memory **Dau·er·stel·lung** *f* (*feste Anstellung*) permanent post; **in ~ [beschäftigt]** in permanent employment **Dau·er·stress**[RR] *m* continuous stress **Dau·er·the·ma** *nt* permanent topic **Dau·er·ton** *m* continuous [*or* sustained] tone **Dau·er·wa·re** *f* KOCHK foods *pl* with long shelf life **Dau·er·wel·le** *f* perm[anent wave *form*]; **sich** *dat* **eine ~ machen lassen** to have one's hair permed; **jdm eine ~ machen/legen** to perm[anent-wave *form*] sb's hair **Dau·er·wir·kung** *f* long-lasting effect **Dau·er·wurst** *f salami-style sausage* **Dau·er·zu·stand** *m* (*anhaltender Zustand*) permanent state of affairs; **zum ~ werden** to become a permanent state of affairs; **[bei jdm] ein ~ sein/zum ~ werden** to be/become a habit [of sb's] *iron;* **ich hoffe, das wird bei dir nicht zum ~!** I hope that this isn't getting to become a habit of yours!

Däum·chen <-s, -> ['dɔymçən] *nt dim von* **Daumen** (*Kindersprache*) [little] thumb ▸WENDUNGEN: **~ drehen** (*fam*) to twiddle one's fingers [*or* thumbs]

Dau·men <-s, -> ['daumən] *m* thumb, pollex *spec;* **am ~ lutschen** to suck one's thumb ▸WENDUNGEN: **jdm die ~ drücken** [*o* **halten**] to keep one's fingers crossed [for sb]; **den ~ auf etw** *akk* **halten** [*o* **auf etw** *dat* **haben**] (*fam*) to keep [*or* have] a tight hold on sth; **den ~ in den Wind halten** (*fam: per Anhalter reisen*) to stick one's thumb out *fam;* **etw über den ~ peilen** to estimate sth by rule of thumb

Dau·men·ab·druck *m* thumbprint **dau·men·breit** *adj* as wide as a [*or* one's] thumb *pred,* ≈ inch-wide *attr* **Dau·men·lut·scher(in)** *m(f)* (*pej*) thumb-sucker **Dau·men·na·gel** *m* thumbnail **Dau·men·re·gis·ter** *nt* thumb-index **Dau·men·schrau·be** *f* HIST thumbscrew; **jdm die ~n anlegen** (*fig*) to put the thumbscrews on sb; **die ~n anlegen** (*fig*) to put on [*or* tighten] the thumbscrews

Däum·ling <-s, -e> ['dɔymlɪŋ] *m* ❶ (*Schutzkappe für den Daumen*) [thumb] cap [*or* ring]; (*Fingerhut*) thimble ❷ (*winzige Märchengestalt*) ■**der ~** Tom Thumb

Dau·ne <-, -n> ['daunə] *f* down *no pl;* **weich wie ~n** [as] soft as down

Dau·nen·de·cke *f* duvet, quilt **Dau·nen·ja·cke** *f* quilted jacket **Dau·nen·stepp·de·cke** *f* continental quilt, duvet **dau·nen·weich** *adj* downy *attr,* [as] soft as down *pred*

Daus ['daus] *m* **ei der ~!** (*veraltend*) well I'll be damned! [*or* BRIT *dated a.* blowed!]

Da·vid(s)·stern ['da:vit(s)-] *m* Star of David

Da·vis·cup[RR], **Da·vis-Cup** <-[s]> ['de:viskap] *m,* **Da·vis·po·kal**[RR], **Da·vis-Pokal** *m* (*Tennispokal*) ■**der ~** the Davis Cup

da·von [da'fɔn] *adv* ❶ (*von diesem Ort/dieser Person entfernt*) away; (*von dieser Stelle weg*) from there; **etw ~ lösen/trennen** to loosen/separate sth from it/that; **~ abgehen/loskommen** to come off it/that; **jdn ~ heilen** to heal sb of it/that; **rechts/links ~ abgehen** [*o* **abzweigen**] to branch off to the right/left [of it]; **du bist zu weit ~ entfernt, um es deutlich zu sehen** you're too far away to see it clearly; **links/rechts ~** to the left/right of it/that/them; **er will erwachsen sein? er ist noch weit ~ entfernt!** he thinks he's grown up? he's got far [*or* a long way] [*or fam* a hell of a way] to go yet! ❷ *in Verbindung mit subst, vb siehe auch dort* (*von diesem Umstand als Ausgangspunkt*) from it/that; **etw ~ ableiten** to derive sth from it/that; ~ **absehen, etw zu tun** to refrain from doing sth; ~ **ausgehen, dass ...** to presume that ...; **sich ~ erholen** to recover from it/that; **etwas/nichts ~ haben** to have sth/nothing of it; **sie unterscheiden sich ~ nur in diesem kleinen Detail** they differ from that only in this small detail; **das Gegenteil ~** the opposite of it/that; **was hast du denn ~, dass du so schuftest? nichts!** what do you get out of working so hard? nothing!; **soll sie doch das Geld behalten, ich hab nichts ~!** let her keep the money, it's no use to me!; **das hast du nun ~, jetzt ist er böse!** now you've [gone and] done it, now he's angry!; **das kommt ~!** you've/he's etc. only got yourself/himself etc. to blame! ❸ (*durch diesen Umstand*) as a consequence [*or* result]; **es hängt ~ ab, ob/dass ...** it depends on whether ...; **man wird ~ müde, wenn man zu viel Bier trinkt** drinking too much beer makes you tired; **es ist nur eine Prellung, ~ stirbst du nicht!** it's only a bruise, it won't kill you! *hum* ❹ (*mittels dieser Sache als Grundlage*) **sich ~ ernähren** to subsist on it/that; ~ **leben** to live on it/that *liter,* to live off it/that *fig* ❺ (*aus dieser Menge*) [some] of it/that/them; (*aus diesem Behälter*) from it/that; ~ **essen/trinken** to eat/drink [some] of it/that; **die Hälfte/ein Teil/ein Pfund ~** half/a part/a pound of it/that/them; **das Doppelte/Dreifache ~** twice/three times as much; **die Milch ist schlecht, ich hoffe, du hast nicht ~ getrunken** the milk is sour, I hope you didn't drink any [of it]; **es ist genügend Eis da, nimm nur ~!** there's enough ice-cream, please take [*or* have] some; **ist das Stück Wurst so recht, oder möchten Sie mehr ~?** will this piece of sausage be enough, or would you like [some] more [of it]?; **wie viel Äpfel dürfen es sein? – 6 Stück ~, bitte!** how many apples would you like? – six, please! ❻ *in Verbindung mit vb siehe auch dort* (*über diese Angelegenheit*) ~ **hören/sprechen/wissen** to hear/speak/know of it/that/them; **was hältst du ~?** what do you think of it/that/them?; **ich verstehe gar nichts ~** I don't understand any of it/that, it/that doesn't mean anything to me; *Fachgebiet* I know nothing about it; ~ **weiß ich nichts** I don't know anything about [*or hum* plead ignorance of] that; **genug ~!** enough [of this/that]!; **kein Wort mehr ~!** not another word!

da·vọn|ei·len *vi sein* (*geh*) to hurry [*or liter* hasten] away **da·vọn|fah·ren** *vi irreg sein* ❶ (*geh: wegfahren, sich entfernen*) **in einem Auto ~** to drive off in a car; **auf einem Fahrrad ~** to ride off on a bicycle ❷ (*fahrend hinter sich lassen, abhängen*) ■**jdm ~** to draw ahead of sb, to leave sb behind **da·vọn|flie·gen** *vi irreg sein* (*geh*) ■**[jdm] ~** to fly away [from sb]; *Vögel a.* to fly off [*or liter* take to flight] [before sb] **da·vọn|ge·hen** *vi irreg sein* (*geh*) to go [away], to depart *form* **da·vọn|ja·gen I.** *vt haben* (*vertreiben, verscheuchen*) ■**jdn ~** to drive sb away [*or* off]; **Kinder/Katzen/Vögel ~** to chase away [*or* off] children/cats/birds **II.** *vi sein* ❶ (*stürmisch davoneilen*) to flee, to take flight *liter* ❷ (*schnell wegfahren, wegfliegen*) to roar off [*or* away] **da·vọn|kom·men** *vi irreg sein* **mit dem Leben ~** to escape with one's life; **mit einem blauen Auge/einem Schock ~** to come away with no more than a black eye/a shock; **glimpflich/mit einer Geldstrafe ~** to get off lightly/with a fine; **ungeschoren/[mit] heil[er Haut]/knapp ~** to get away scot-free/intact/by the skin of one's teeth *fam* **da·von|las·sen** *vi irreg haben s.* **Finger da·vọn|lau·fen** *vi irreg sein* ❶ (*weglaufen*) ■**jdm ~** to run off [*or* away] from sb ❷ (*laufend hinter sich lassen, abhängen*) ■**jdm ~** to run ahead of sb; **lauf mir nicht davon!** don't run so fast! ❸ (*fam: überraschend verlassen*) ■**jdm ~** to run out on sb *fam,* to desert sb ❹ (*außer Kontrolle geraten*) ■**jdm/einer Sache ~** to run away from sb/to outpace sth ▶ WENDUNGEN: **zum D~ sein** (*fam*) [to be enough] to drive one mad [*or fam* mental]; **das stinkt hier ja zum D~!** it stinks here to high heaven! *fam* **da·vọn|ma·chen I.** *vr* (*sich unauffällig entfernen*) ■**sich ~** to slip away; **los, macht euch davon, hier habt ihr nichts mehr zu suchen!** be off with you, you won't find anything here! **II.** *vi* (*fam: abhauen, fliehen*) to scarper *fam* **da·vọn|schlei·chen** *irreg* **I.** *vi sein* (*leise und langsam weggehen*) to creep [*or* slink] away **II.** *vr haben* ■**sich ~** (*sich leise und heimlich entfernen*) to steal away, to go tiptoeing off *hum* **da·vọn|sein** *vi irreg* (*fam*) *s.* **auf da·vọn|steh·len** *vr irreg* (*geh*) *s.* **davonschleichen da·vọn|tra·gen** *vt irreg* ❶ (*weg-/fortbringen*) ■**jdn/etw ~** to take sb/sth away ❷ (*geh: erringen, bekommen*) **den Preis ~** to carry off [*or* win] the prize; **Ruhm ~** to achieve [*or* win] glory; **einen Sieg ~** to score [*or* win] a victory ❸ (*geh: erleiden*) **Prellungen/Verletzungen/Knochenbrüche ~** to suffer bruising/injury/broken bones **da·vọn|zie·hen** *vi irreg sein* ❶ (*geh: weggehen*) to move on; *Prozession* to move off ❷ SPORT (*fam: einen Vorsprung gewinnen*) ■**[jdm] ~** to move ahead [of sb], to pull away [from sb]; (*Punktdifferenz erhöhen*) to increase the lead

da·vor [da'fo:ɐ̯, 'da:fo:ɐ̯], **davor** *adv* (*emph*) ❶ (*vor einer Sache/einem Ort/etc.*) in front [of it/that/them], before [it/that/them] *form; mit vorerwähntem Bezugsobjekt* in front of [*or form* before] [it/that/them/etc.]; ~ **musst du links abbiegen** you have to make a left turn before it ❷ (*vor eine Sache/einen Ort/etc.*) in front of [it/that/them etc.] ❸ (*zeitlich vorher*) before [it/that/them/etc.] ❹ *mit Verben* (*in Hinblick auf*) **ich ekel mich ~** I'm disgusted by it; **er hat Angst ~** he's afraid of it/that; **er hatte mich ~ gewarnt** he warned me about that

da·vor|lie·gen *vi irreg* to lie in front of [*or form* before] it/that/etc.

da·vor|seinALT *vi irreg sein s.* **davor 1**

da·vor|ste·hen *vi irreg* to be in front of [*or form* before] it/that/etc.; *Mensch a.* to stand in front of [*or form* before] it/that/etc.; **sie stand direkt davor** she stood directly in front of it

da·vor|stel·len *vt* to put [*or* place] in front of it/that/etc.

DAX ['daks] *m* BÖRSE *Akr von* **Deutscher Aktienindex** DAX

da·zu [da'tsu:, 'da:tsu:], **dazu** *adv* (*emph*) ❶ (*zu dem gehörend*) with it ❷ (*außerdem*) at the same time, into [*or* AM in] the bargain, to boot; *s. a.* **noch** ❸ (*zu diesem Ergebnis*) to it/that; **wie konnte es nur ~ kommen?** how could that happen?; **wie ist er ~ gekommen?** how did he come by it?; **wie komme ich ~?** (*fam*) why on earth should I?; ~ **reicht das Geld nicht** we/I haven't enough money for that; **im Gegensatz ~** contrary to this; **im Vergleich ~** in comparison to that; *s. a.* **führen, Weg** ❹ (*zu der Sache*) **ich würde dir ~ raten** I would advise you to do that; **ich bin noch nicht ~ gekommen** I haven't got round to it/to doing it yet ❺ (*dafür*) for it/that/this; **ich bin ~ nicht bereit** I'm not prepared to do that; **er war ~ nicht in der Lage** he wasn't in a position to do so; **es gehört viel Mut ~** that takes a lot of courage; ~ **ist es da** that's what it's there for; ~ **habe ich keine Lust** I don't feel like it; ~ **habe ich schon Zeit** I do have time for that; **die Erlaubnis/die Mittel/das Recht ~** the permission/the means/the right to do it; **kein Recht ~ haben, etw zu tun** to have no right to do sth ❻ (*darüber*) about it/that/this; **er hat sich noch nicht ~ geäußert** he hasn't commented on it yet; **was meinst du ~?** what do you think about it/that?; **das ist meine Meinung ~** that's my opinion of it ❼ NORDD (*fam*) **da habe ich keine Zeit zu** I haven't the time [for it/that]; **da komme ich heute nicht mehr zu** I won't be able to get round to it today

da·zu|ge·hö·ren* *vi* ❶ (*zu der Sache gehören*) to belong [to it/etc.] ❷ (*im Preis eingeschlossen sein*) to be included [in it] ❸ (*nicht wegzudenken sein*) be a part of it

da·zu·ge·hö·rig [da'tsu:gəhø:rɪç] *adj attr* to go with it/them *pred,* which [*or* that] goes/go with it/them *pred;* **die ~en Schlüssel** the keys fitting [*or* belonging to] it/them

D

da·zu|ge·sel·len* *vr* ■**sich** ~ to join them/her/him/you/us/etc.

da·zu|kom·men *vi irreg sein* ❶ (*hinzukommen*) to arrive; (*zufällig*) to happen to arrive, to arrive on the scene *fam*, to turn up *fam* ❷ (*hinzugefügt werden*) to be added; **kommt noch etwas dazu?** is there [*or* will there be] anything else?

da·zu|le·gen I. *vt* ■**[jdm/sich] etw** ~ to add sth [to it]; **jdm noch ein Stück Fleisch/Kuchen/etc.** ~ to give sb another piece of meat/cake/etc.; **sich** *dat* **noch ein Stück** ~ to take another piece **II.** *vr* ■**sich** ~ to lie down next to [*or* with] sb

da·zu|ler·nen *vt* ■**etw** ~ to learn sth; **einiges** ~ to learn a few [new] things; **etwas** ~ to learn something new; **man kann immer etwas** ~ there's always something [new] to learn; **schon wieder was dazugelernt!** you learn something [new] every day!

da·zu·mal ['da:tsuma:l] *adv* (*veraltend*) in those days; *s. a.* **Anno**

da·zu|rech·nen *vt* ■**etw** ~ ❶ (*hinzurechnen*) to add on sth ❷ (*in Betracht ziehen*) to consider sth, to take sth into consideration

da·zu|set·zen I. *vt* ❶ (*zu jdm setzen*) **kann ich mich ~?** do you mind if I join you? ❷ (*dazuschreiben*) ■**etw** ~ to add sth; **seinen Namen** ~ to add [*or form* append] one's name **II.** *vr* ■**sich [zu jdm]** ~ to sit down [at sb's table]

da·zu|tun *vt irreg* (*fam*) ■**etw** ~ ❶ (*hinzufügen*) to add sth ❷ (*zusätzlich schenken*) to add [*or* contribute] sth; **noch etw** ~ to add [*or* contribute] another sth

Da·zu·tun <-> *nt kein pl* ■**ohne jds** *akk* ~ without sb's intervention [*or* help]

da·zwi·schen [da'tsvɪʃn̩] *adv* ❶ (*räumlich: zwischen zwei Dingen*) between them, [in] between; (*darunter*) among[st] them ❷ (*zeitlich*) in between

da·zwi·schen|fah·ren [da'tsvɪʃn̩fa:rən] *vi irreg sein* ❶ (*eingreifen*) to intervene, to step in [and sort things out] ❷ (*unterbrechen*) to interrupt, to break in; *nicht Angesprochene a.* to butt in *fam*; ■**jdm** ~ to interrupt sb; *nicht Angesprochene a.* to butt in on sb *fam*

da·zwi·schen|fun·ken *vi* (*fam*) ■**[jdm]** ~ to mess sth up [for sb] *sep fam*; (*seinen Senf dazugeben*) to put [*or* stick] one's oar in *pej fam*; (*unaufgefordert in einem Gespräch*) to butt in [on sb] *fam*

da·zwi·schen|kom·men *vi irreg sein* ❶ (*zwischen etw geraten*) ■**mit etw** ~ to get sth caught [in sth] ❷ (*als Unterbrechung eintreten*) **wenn nichts dazwischenkommt!** if all goes well! [*or* to plan]; **leider ist [mir] etwas dazwischengekommen** I'm afraid something has come [*or fam* cropped] up

da·zwi·schen|re·den *vi* ■**[jdm]** ~ to interrupt [sb]; *nicht Angesprochene a.* to butt in [on sb]; ■**das D~** interruptions *pl*

da·zwi·schen|ru·fen *vt, vi irreg* ■**[etw]** ~ to interrupt [sth] loudly [with sth], to yell out [sth] *sep*, to shout [out] interruptions; ■**das D~** [noisy] interruptions *pl*

da·zwi·schen|schla·gen *vi irreg* ■**[mit etw]** ~ to wade in [with sth]

da·zwi·schen|ste·hen *vi irreg* ❶ (*zwischen zweien stehen*) to be between them; *Mensch a.* to stand between them ❷ (*unentschieden sein*) to be [in] between; **[politisch]** ~ to sit on the fence [politically]; **mit seiner Meinung** ~ to be noncommittal ❸ (*geh: trennend sein*) to be in the way

da·zwi·schen|tre·ten *vi irreg sein* ❶ (*schlichtend eingreifen*) to intervene; ■**das/jds** *gen* **D~** the/sb's intervention ❷ (*geh: störend auftreten*) to get in the way; *störender Mensch, Exfreund, etc.* to come between [two people/etc.]

DB <-> *f Abk von* **Deutsche Bahn** ≈ BR BRIT, ≈ Amtrak AM

DCC <-> *f Abk von* **Digital Compact Cassette** DCC

DDR <-> [de:de:'ʔɛr] *f* HIST *Abk von* **Deutsche Demokratische Republik:** ■**die** ~ East Germany, the GDR, the German Democratic Republic *form*; **die ehemalige** ~ [the] former East Germany

DDR-Bür·ger(in) *m(f)* HIST East German [citizen], citizen of the German Democratic Republic *form*

DDT <-> [de:de:'te:] *nt Abk von* **Dichlordiphenyltrichloräthan** DDT

Deal <-s, -s> [di:l] *m* (*sl*) deal; **[mit jdm] einen ~ machen** to make [*or* do] a deal [with sb]

dea·len ['di:lən] *vi* (*sl*) ■**[mit etw]** ~ to deal sth *sl*, to push sth *fam*

Dea·ler(in) <-s, -> ['di:lɐ] *m(f)* (*fam*) dealer *sl*, pusher *fam*

De·ba·kel <-s, -> [de'ba:kl̩] *nt* (*geh*) debacle *form*, fiasco; (*Niederlage a.*) whitewash BRIT, shutout AM

De·bat·te <-, -n> [de'batə] *f* ❶ (*Streitgespräch*) debate; (*schwächer*) discussion; **sich auf [k]eine ~ [über etw** *akk*] **einlassen** to [not] enter into a discussion [about sth]; **zur ~ stehen** to be under [*or* up for] discussion; **das steht hier nicht zur** ~ that's not the issue here, that's beside the point; **etw zur ~ stellen** to put sth up [*or form* forward] for discussion; **etw in die ~ werfen** to throw sth into the discussion ❷ (*Erörterung*) debate (+*gen* on)

de·bat·tie·ren* [deba'ti:rən] **I.** *vt* ■**etw** ~ to debate sth; (*schwächer*) to discuss sth **II.** *vi* ■**[mit jdm] [über etw** *akk*] ~ to discuss [sth] [with sb]

De·bet <-s, -s> ['de:bɛt] *nt* FIN debit column [*or* side]; **mit Euro 10.000 im ~ stehen** to have run up a debt [*or* debts] of 10.000 euros

de·bil [de'bi:l] *adj* MED feeble-minded

De·bi·li·tät <-> [debili'tɛ:t] *f kein pl* MED feeble-mindedness *no pl*

De·büt <-s, -s> [de'by:] *nt* debut; **[mit etw] sein ~ geben** to [make one's] debut [with sth]

De·büt·al·bum *nt* debut album

De·bü·tant(in) <-en, -en> [deby'tant] *m(f)* ❶ (*Anfänger*) novice, debutante *fem* ❷ (*gesellschaftlicher Neuling*) ■**~in** debutante, deb *fam*

de·bü·tie·ren* [deby'ti:rən] *vi* ❶ (*erstmals auftreten*) ■**als jd** ~ to [make one's] debut as sb ❷ (*geh: erstmals in Erscheinung treten*) ■**mit etw** ~ to [make one's] debut with sth

De·büt·ro·man *m* debut [*or* first] novel

De·chant(in) <-en, -en> [dɛ'çant, 'dɛçant] *m(f)* REL dean

de·chiff·rie·ren* [deʃɪ'fri:rən] *vt* ■**etw** ~ to decipher sth, to decode sth

De·chiff·rie·rung <-, -en> *f* decoding, deciphering

Deck <-[e]s, -s> ['dɛk] *nt* ❶ (*Abschluss des Schiffsrumpfs*) deck; **Aufbauten auf dem** ~ superstructure *no pl, no indef art* ❷ (*Schiffsebene*) deck; **an ~ gehen** to go on deck; **an/unter** ~ on/below deck ❸ (*Parkdeck*) level, storey

Deck·adres·se *f* accommodation address BRIT, mail drop AM

Deck·auf·bau·ten *pl* superstructure *no pl, no indef art* **Deck·bett** *nt* ❶ (*Bettdecke*) feather quilt, eiderdown ❷ SCHWEIZ bedding *no indef art* **Deck·blatt** *nt* ❶ BOT bract *spec* ❷ (*von Zigarre*) wrapper ❸ KARTEN top card

Deck·chen <-s, -> *nt dim von* **Decke** ❶ (*kleines Stoffstück*) small cloth ❷ (*Tisch~, bes aus Spitze*) doily

De·cke <-, -n> ['dɛkə] *f* ❶ (*Zimmerdecke*) ceiling ❷ (*Tischdecke*) tablecloth ❸ (*Wolldecke*) blanket; (*Bettdecke*) cover, duvet BRIT ❹ (*Belag*) surface, surfacing *spec* ❺ (*Reifendecke*) outer tyre [*or* cover] [*or* casing] ►WENDUNGEN: **jdm fällt die ~ auf den Kopf** (*fam*) sb feels really cooped in [*or* up] [*or* shut in]; **an die ~ gehen** (*fam*) to blow one's top, to hit [*or* go through] the roof; **[vor Freude] an die ~ springen** (*fam*) to jump for joy; **mit jdm unter einer ~ stecken** to be in league [*or fam* cahoots] with sb, to be hand in glove with sb; **sich nach der ~ strecken** to cut one's coat according to one's cloth

De·ckel <-s, -> ['dɛkl̩] *m* ❶ (*Verschluss*) lid; (*aus Folie*) top; *von Glas, Schachtel a.* top; *einer Uhr* cover ❷ (*Buchdeckel*) cover ►WENDUNGEN: **jdm eins auf den ~ geben** (*fam*) to give sb a clip round the earhole; **[von jdm] eins auf den ~ krie-**

gen (*fam: geschlagen werden*) to get a crack [*or* clout] on the head [from sb]; (*gerügt werden*) to be given a bollocking *fam!* [*or fam* a good talking-to] [off sb]

de·cken ['dɛkn̩] **I.** *vt* ❶ (*breiten*) ■**etw über jdn/etw** ~ to cover sb/sth with sth, to spread sth over sth ❷ (*bedecken*) ■**etw** ~ to cover sth; *s. a.* **gedeckt** ❸ (*eindecken*) **ein Dach mit Schiefer/Ziegeln** ~ to roof a building with slate/tiles, to slate/tile a roof; **ein Dach mit Kupfer** ~ to line a roof with copper; **ein Dach mit Reet/Stroh** ~ to thatch a roof [with reeds/straw]; **ein Haus** [**mit etw**] ~ to roof a house [with sth] ❹ (*zurechtmachen*) **den Tisch** ~ to set [*or* lay] the table; **den Tisch für zwei** ~ to set [*or* lay] the table for two; **es ist gedeckt!** dinner/lunch etc. is ready! [*or form* being served] ❺ (*verheimlichen*) ■**jdn** ~ to cover up for sb; ■**etw** ~ to cover up sth *sep* ❻ (*abschirmen*) ■**jdn** ~ to cover sb, to give sb cover; (*mit dem eigenen Körper*) to shield sb; **einen Spieler** ~ to mark [*or* AM cover] an oppponent ❼ ÖKON (*befriedigen*) **die Nachfrage** ~ to meet [*or* satisfy] the demand; *s. a.* **Bedarf** ❽ FIN (*absichern*) ■**etw** ~ to cover sth; **Kosten** ~ to cover [*or* meet] [*or form* defray] costs; **einen Wechsel** ~ to meet [*or* honour] a bill of exchange; **der Scheck war nicht gedeckt** the cheque wasn't covered, the cheque bounced *fam* ❾ (*wieder ausgleichen*) ■**etw** ~ to make good sth, to offset sth ❿ (*begatten*) **ein Tier** ~ to cover [*or form* service] an animal; **eine Stute** ~ to serve a mare **II.** *vi* ❶ (*überdecken*) to cover; **diese Farbe deckt besser** this paint gives a better cover [*or* covering], this paint has a better body *spec;* ■[**gut**] ~**d** opaque; *s. a.* **gedeckt** ❷ SPORT to mark [*or* AM cover] one's opponent **III.** *vr* ■**sich** ~ ❶ (*übereinstimmen*) to coincide (**in** +*dat* in); *Aussagen* to correspond, to agree; *Meinungen* to coincide; *Geschmäcker* to match; *Zahlen* to tally; **sich** ~**de Dreiecke** MATH congruent triangles *spec* ❷ (*sich schützen*) to cover oneself (**gegen** +*akk* against)

De̲·cken·be·leuch·tung *f* ceiling [*or* overhead] lights *pl* **De̲·cken·ge·mäl·de** *nt* ceiling painting **De̲·cken·ge·wöl·be** *nt* ARCHIT vaulting *no indef art* **De̲·cken·lam·pe** *f* ceiling light **De̲·cken·ma·le·rei** *f* ceiling fresco

De̲ck·far·be *f* opaque colour [*or* AM *a.* -or], body colour [*or* AM *a.* -or] **De̲ck·flü·gel** *m* ZOOL wing case, elytron *spec* **De̲ck·haar** *nt kein pl* ZOOL outer coat **De̲ck·hengst** *m* stud[-horse], [breeding] stallion **De̲ck·man·tel** *m* (*fig*) mask, blind, mantle *liter;* ■**unter dem** ~ **einer S.** *gen* under the guise [*or* cloak] of sth **De̲ck·na·me** *m* assumed name, code name, alias; **unter dem** ~**n „Rudi" auftreten** to go under the alias of "Rudi"

De̲·ckung <-, -en> *f* ❶ (*Feuerschutz*) cover ❷ FBALL marking BRIT, covering AM ❸ (*schützende Haltung*) guard; **seine** ~ **vernachlässigen** to drop [*or* lower] one's guard ❹ (*Schutz*) cover; **volle** ~**!** take cover!; ~ **suchen** [*o* **in** ~ **gehen**] to take cover; **jdm** ~ **geben** to give sb cover, to cover sb ❺ (*Protektion*) backing *no pl* ❻ ÖKON covering, meeting; *von Kosten a.* defrayment *form; von Nachfrage* meeting, satisfaction; **zur** ~ **der Nachfrage** to meet [*or* satisfy] the demand ❼ (*finanzielle Absicherung*) cover; *von Darlehen* security; **der Scheck ist ohne** ~ the cheque is not covered; **ein Wechsel ohne** ~ an unsecured bill, a bill without cover; (*Ausgleich*) offset *no indef art* (+*gen* for); **zur** ~ **einer S.** *gen* to offset [*or* make good] sth; **zur** ~ **der Schäden** to meet the cost of the damage ❽ (*Übereinstimmung*) **etw zur** ~ **bringen** to make sth coincide; *Zahlen* to be made to tally

De̲·ckungs·auf·la·ge *f* break-even quantity (*number of sold publications needed to cover the printing costs*) **de̲·ckungs·gleich** *adj* ❶ MATH congruent *spec* ❷ (*übereinstimmend*) concurring, concurrent; ~**e Zeugenaussagen** agreeing [*or form* concordant] testimonies; ■~ **sein** to coincide **De̲·ckungs·gleich·heit** *f* ❶ MATH congruence *spec* ❷ (*Übereinstimmung*) **die** ~ **der Zeugenaussagen** the agreement between testimonies; **wegen der** ~ **der Ansichten/Aussagen** because of the degree to which these views coincide/these statements agree

De̲·ckungs·ka·pi·tal *nt* covering funds *npl*

De̲ck·weiß *nt* opaque white **De̲ck·wort** <-wörter> *nt* code word

De·co·der <-s, -> [de'ko:dɐ] *m* decoder

de·co·die·ren* [deko'di:rən] *vt* ■**etw** ~ to decode sth

Dé·col·le·té <-s, -s> [dekɔl'te:] *nt s.* **Dekolletee**

De·cre·scen·do <-s, -s *o* Decrescendi> [dekrɛ'ʃɛndo] *nt* MUS diminuendo, decrescendo

De·di·ka·ti·ons·ex·em·plar [dedika'tsi̯o:ns-] *nt* presentation copy [containing a dedication]

de·du·zie·ren* [dedu'tsi:rən] *vt* ■**etw** ~ to deduce sth

Deern <-, -s> ['de:ɐ̯n] *f* NORDD (*fam*) lass[ie] BRIT DIAL

De·es·ka·la·ti·on [deʔɛskala'tsi̯o:n] *f* MIL de-escalation

de·es·ka·lie·ren* [deʔɛska'li:rən] *vt* to de-escalate

de·es·ka·li̲e·rend *adv* (*beschwichtigend, beruhigend*) calmingly; **Frauen wirken in Reibereien meist** ~ women tend to have a pacificatory effect amidst friction

de fac·to [de: 'fakto] *adv* de facto

De-fac·to-An·er·ken·nung [de'fakto-] *f* JUR de facto recognition

De·fä·tis·mus <-> [defɛ'tɪsmʊs] *m kein pl* (*geh*) ■[**der**] ~ defeatism *a. pej*

De·fä·tist(in) <-en, -en> [defɛ'tɪst] *m(f)* (*geh*) defeatist *a. pej*

de·fä·ti̲s·tisch *adj* (*geh*) defeatist *a. pej*

de·fekt [de'fɛkt] *adj* faulty, defective *form*

De·fekt <-[e]s, -e> [de'fɛkt] *m* ❶ (*Funktionsstörung*) fault, defect; **einen** ~ **haben** to be faulty [*or* defective] ❷ (*Missbildung*) defect; **ein geistiger/angeborener** ~ mental deficiency/a congenital defect; **einen geistigen** ~ **haben** to be mentally deficient, to suffer from mental deficiency

de·fen·siv [defɛn'zi:f] **I.** *adj* ❶ (*auf Abwehr bedacht*) defensive ❷ (*auf Sicherheit bedacht*) safety-conscious; **eine** ~**e Fahrweise** non-aggressive [*or* defensive] driving **II.** *adv* defensively; ~ **spielen** to adopt a defensive line of play

De·fen·si·ve <-, -n> [defɛn'zi:və] *f kein pl* ❶ (*Verteidigung*) defence [*or* AM -se]; **für die** ~ for defence [purposes]; **sich in die** ~ **begeben** [*o* **in die** ~ **gehen**] to go on the defensive; **in der** ~ **bleiben** to remain on the defensive; **jd in die** ~ **drängen** to force sb on[to] the defensive ❷ SPORT defensive [line of play]; **aus der** ~ **zum Angriff übergehen** to switch [*or* change] from the defensive to the offensive, to go over to the offensive

De·fen·si̲v·krieg *m* defensive war, defensive warfare *no art* **De·fen·si̲v·spiel** *nt* defensive game **De·fen·si̲v·waf·fe** *f* defensive weapon

de·fi·lie·ren* [defi'li:rən] *vi haben o sein* MIL ■[**vor jdm/etw**] ~ to march [past sb/sth], to parade [before sb/sth]

de·fi·ni̲e̲r·bar *adj* definable; ■**nicht** ~ [**sein**] [to be] indefinable [*or* AM undefinable]; **leicht** ~ [**sein**] [to be] easy to define *pred;* **schwer** ~ [**sein**] [to be] difficult to define *pred;* (*subtil a.*) [to be] elusive

de·fi·nie·ren* [defi'ni:rən] *vt* ❶ (*genau erklären*) ■[**jdm**] **etw** ~ to define sth [for sb]; [**jdm**] **etw kurz** ~ to give [sb] a brief definition of sth ❷ (*beschreiben*) ■**etw** ~ to define [*or* describe] sth; **nicht zu** ~ **sein** to defy [*or* evade] definition [*or* description]; **schwer zu** ~ **sein** to be difficult to define [*or* describe]; (*subtil a.*) to be elusive

De·fi·ni·ti·on <-, -en> [defini'tsi̯o:n] *f* definition; [**jdm**] **eine** ~ **von etw geben** to give [sb] a definition of sth, to define sth [for sb]

de·fi·ni·tiv [defini'ti:f] **I.** *adj* (*genau*) definite; (*endgültig a.*) definitive **II.** *adv* (*genau*) definitely; (*endgültig a.*) definitively

De·fi·zit <-s, -e> ['de:fitsɪt] *nt* ❶ (*Fehlbetrag*) deficit; [**mit etw**] **ein** ~ **machen** to make a loss [with sth] ❷ (*Mangel*) ■**ein** ~ **an etw** *dat* a lack of sth; **ein** ~ **an etw** *dat* **haben** to suffer from a lack of sth

de·fi·zi·tär [defitsi'tɛ:ɐ̯] **I.** *adj* ❶ (*mit Defizit belastet*) in [the] deficit *pred* ❷ (*zu Defiziten führend*) **eine** ~**e Haushaltspolitik führen** to follow an economic policy that can only lead to deficit; **die ~e Entwicklung** [**der Organisation/Firma/etc.**] the trend [in the organization/firm/etc.] to run to a deficit **II.** *adv* **sich ~ entwickeln** to develop a deficit

De·fla·ti·on <-, -en> [defla'tsi̯o:n] *f* ÖKON deflation

de·fla·ti·o·när [deflatsi̯o'nɛ:ɐ̯] *adj* ÖKON deflationary

De·flo·ra·ti·on <-, -en> [deflora'tsi̯o:n] *f* (*fachspr liter: Entjungferung*) defloration *liter*

de·flo·rie·ren* [deflo'ri:rən] *vt* (*fachspr liter: entjungfern*) ■**jdn ~** to deflower sb *liter*

De·for·ma·ti·on <-, -en> [defɔrma'tsi̯o:n] *f* ❶ (*Verunstaltung*) deformation; (*Missbildung*) deformity; (*Entstellung*) disfigurement ❷ (*Verformung*) deformation; (*Verzerrung*) distortion

de·for·mie·ren* [defɔr'mi:rən] *vt* ■**etw ~** ❶ (*verunstalten*) to deform sth; (*entstellen*) to disfigure sth; ■**deformiert** deformed, disfigured; **eine deformierte Nase** a misshapen nose ❷ (*verformen*) to deform sth; (*verzerren*) to distort sth

De·for·mie·rung <-, -en> *f* ❶ (*Verunstaltung*) deformity; (*Entstellung*) disfigurement ❷ (*Verformung*) deformation; (*Verzerrung*) distortion

De·fros·ter <-s, -> [de'frɔstɐ] *m* de-icer

def·tig ['dɛftɪç] **I.** *adj* ❶ (*herzhaft*) good and solid *pred;* **~e Mahlzeit** substantial [*or* [good] solid] meal; **ein ~er Eintopf** a hearty stew ❷ (*anständig, gehörig*) **eine ~e Ohrfeige** a good whack round the ear *fam;* **eine ~e Tracht Prügel** a mother of a beating *fam,* a good hiding ❸ (*urwüchsig*) earthy; **ein ~er Witz** a coarse [*or* crude] joke **II.** *adv* **~ danebenhauen** (*fam*) to drop a clanger BRIT *fam;* **sich ~ ins Zeug legen** (*fam*) to really get going *fam;* **~ reinhauen** [*o* **zulangen**] (*fam*) to really get stuck in *fam*

Def·tig·keit <-, -en> *f* ❶ *kein pl* (*Herzhaftigkeit*) solidness, substantialness; *von Eintopf a.* thickness; *von Wurst* solidness ❷ (*Derbheit*) earthiness; *Witz* crudeness, coarseness

De·gen <-s, -> ['de:gn̩] *m* ❶ SPORT ([*Sport-*]*Waffe*) epée; HIST rapier, sword; **den ~ ziehen** to draw one's sword [*or* rapier]; **mit bloßem** [*o* **nacktem**] **~** with one's sword drawn [*or* rapier]; **jdn auf ~ fordern** HIST to challenge sb to a duel (*with rapiers*) ❷ (*Degenfechten*) [epée] fencing

De·ge·ne·ra·ti·on <-, -en> [degenera'tsi̯o:n] *f* ❶ (*geh*) degeneration ❷ MED, BIOL degeneration; **eine/die ~ von Zellen** cellular degeneration

De·ge·ne·ra·ti·ons·er·schei·nung *f* sign of degeneration

de·ge·ne·rie·ren* [degene'ri:rən] *vi* to degenerate

de·ge·ne·riert *adj* degenerate

De·gen·fech·ten *nt* ■**das ~** epée fencing

de·gor·gie·ren [degɔr'ʒi:rən] *vt* ■**etw ~** KOCHK to disgorge sth

de·gra·die·ren* [degra'di:rən] *vt* ■**jdn** [**zu etw**] **~** ❶ MIL to demote sb [to sth]; (*mit Entlassung*) to cashier sb; **jdn zum einfachen Soldaten ~** to demote sb to the ranks ❷ (*pej geh*) to degrade sb, to reduce sb to [the level of] sth

De·gra·die·rung <-, -en> *f* ■**jds** *gen* **~** [**zu etw**] ❶ MIL sb's demotion [to sth] ❷ (*geh*) sb's degradation [to sth]

de·gres·siv [degrɛ'si:f] *adj* FIN degressive *spec*

De·gus·ta·ti·on <-, -en> [degʊsta'tsi̯o:n] *f bes* SCHWEIZ (*geh*) tasting session

de·gus·tie·ren* [degʊs'ti:rən] *vt bes* SCHWEIZ (*geh*) ■**etw ~** to taste sth

dehn·bar *adj* ❶ (*flexibel*) elastic; **~er Stoff** elastic [*or* stretch] [*or fam* stretchy] material ❷ (*interpretierbar*) flexible, open to interpretation *pred*

Dehn·bar·keit <-> *f kein pl* ❶ (*Flexibilität*) elasticity; *von Stoff a.* stretchiness *fam* ❷ (*Interpretierbarkeit*) flexibility

deh·nen ['de:nən] **I.** *vt* ■**etw ~** ❶ (*ausweiten*) to stretch sth ❷ MED to dilate [*or* stretch] sth ❸ (*gedehnt aussprechen*) to lengthen sth; (*schleppend*) to drawl sth; *s. a.* **gedehnt II.** *vr* ■**sich ~** ❶ (*sich ausdehnen*) to stretch ❷ (*sich strecken*) to stretch

Deh·nung <-, -en> *f* ❶ (*das Dehnen*) stretching ❷ MED dilation ❸ (*Laut- o Silben~*) lengthening; (*schleppend*) drawling

De·hy·dra·da·ti·on <-, -en> [dehydrada'tsi̯o:n] *f* dehydration

de·hy·dra·ti·sie·ren* [dehydrati'zi:rən] *vt* ■**etw ~** to dehydrate sth

de·hy·drie·ren* [dehy'dri:rən] *vt* CHEM ■**etw ~** to dehydrogenate [*or* dehydrogenize] sth *spec;* (*zur Gewinnung von Sauerstoff*) to dehydrate sth

De·hy·drie·rung <-, -en> *f* CHEM dehydrogenation *spec,* dehydrogenization *spec;* (*zur Gewinnung von Sauerstoff*) dehydration

Dei·bel <-s, -> ['daibl̩] *m* NORDD (*fam*) *s.* **Teufel**

Deich <-[e]s, -e> ['daiç] *m* dyke, dike; **einen ~ durchbrechen** to breach a dyke [*or* dike]

Deich·sel <-, -n> ['daiksl̩] *f* shaft; (*Doppeldeichsel*) shafts *pl;* **Ochsen an die ~n spannen** to yoke oxen into [*or* between] the shafts

Deich·sel·bruch *m* broken shafts *pl*

deich·seln ['daiksl̩n] *vt* (*fam*) ■**etw ~** to wangle sth *fam;* ■**es** [**so**] **~, dass ...** to so wangle it that ... *fam*

Deich·ver·band *m association of owners of dyked land*

dein ['dain] **I.** *pron poss* ❶ *adjektivisch* your; **herzliche Grüße, ~e Anita** with best wishes, yours/love Anita ❷ *substantivisch* (*veraltend*) yours, thine *old;* **behalte, was ~ ist** keep what is yours [*or old* thin] **II.** *pron pers gen von* **du** (*veraltet poet*) of thee; **ich werde ewig ~er gedenken** I shall remember thee forever *dated*

dei·ne(r, s) ['dainə] *pron poss, substantivisch* ❶ (*der/die/das dir Gehörende*) yours ❷ (*geh*) ■**der/die ~** [*o* **D~**] yours; **stets und immer der ~** yours ever ❸ (*Angehörige*) ■**die ~n** [*o* **D~n**] your family + *sing/pl vb* [*or* people], your folks; **du und die ~n** [*o* **D~n**] you and yours ❹ (*das in deiner Macht stehende*) ■**das ~** [*o* **D~**] what is yours; **tu du das ~** you do your bit; **kümmere du dich um das ~** you mind your own affairs [*or* what is yours]

dei·ner ['dainɐ] *pron pers gen von* **du** (*geh*) **wir werden uns ~ erinnern** we will remember you

dei·ner·seits ['dainɐ'zaits] *adv* ❶ (*auf deiner Seite*) for your part ❷ (*von dir aus*) on your part

dei·nes·glei·chen ['dainəs'glaiçn̩] *pron inv* ❶ (*pej*) the likes of you *pej,* your sort + *pl vb pej;* ■**du und ~** you and your sort *pej* ❷ (*geh*) **an Schönheit ist keine ~** in beauty there is none to equal you *liter*

dei·net·hal·ben ['dainəthalbn̩] *adv* (*veraltend*), **dei·net·we·gen** ['dainətve:gn̩] *adv* (*wegen dir*) because of you, on your account, on account of you; (*dir zuliebe*) for your sake **dei·net·wil·len** ['dainətvɪlən] *adv* ■**um ~** for your sake; (*als Erwiderung auf Bitte*) seeing that it's you *hum*

dei·ni·ge ['dainɪgə] *pron poss, substantivisch* (*veraltend geh*) ❶ (*der/die/das dir Gehörende*) ■**der/die/das ~** [*o* **D~**] yours, thine *old* ❷ (*deine Angehörigen*) ■**die ~n** [*o* **D~n**] your family + *sing/pl vb* [*or* people] [*or* kin *dated*] ❸ ■**das ~e** [*o* **D~e**] (*das dir Zukommende*) **tu du das ~e** you do your bit

deins ['dains] *pron poss* yours

De·is·mus <-> [de'ɪsmʊs] *m kein pl* PHILOS ■**der ~** deism

Dé·jà-vu-Er·leb·nis [deʒa'vy:-] *nt* PSYCH déjà vu

de ju·re [de: 'ju:rə] *adv* JUR de jure, by right, legally

De·ju·re-An·er·ken·nung [de'ju:rə-] *f* JUR de jure [*or* legal] recognition

De·ka <-[s], -> ['de:ka] *nt* ÖSTERR *s.* **Dekagramm**

De·ka·de <-, -n> [de'ka:də] *f* decade

de·ka·dent [deka'dɛnt] *adj* decadent

De·ka·denz <-> [deka'dɛnts] *f kein pl* decadence

De·ka·e·der <-s, -> [deka'ʔe:dɐ] *m* decahedron

De·ka·gramm ['dɛkagram] *nt* ÖSTERR ten gram[me]s *pl,* decagram[me] *spec*

De·ka·log <-[e]s> [deka'lo:k] *m* REL **der ~** the Ten Commandments, the Decalogue *spec*

De·kan(in) <-s, -e> [de'ka:n] *m(f)* SCH dean

De·ka·nat <-[e]s, -e> [deka'na:t] *nt* ❶ (*Amtszeit eines Dekans*)

deanship ❷ SCH (*Amtssitz*) office of a/the dean; REL deanery
De·ka·nin <-, -nen> [de'ka:nɪn] *f fem form von* **Dekan**
De·kla·ma·ti·on <-, -en> [deklama'tsi̯o:n] *f* ❶ (*geh: Vortrag*) recitation ❷ (*pej: Leerformel*) [empty] rhetoric *no pl*
de·kla·ma·to·risch [deklama'to:rɪʃ] *adj* ❶ *inv* (*ausdrucksvoll im Vortrag*) rhetorical ❷ (*übertrieben im Ausdruck*) rhetorical, declamatory ❸ MUS declamatory
de·kla·mie·ren* [dekla'mi:rən] (*geh*) **I.** *vt* ■**etw** ~ to recite sth **II.** *vi* to recite; **gut ~ können** to be good at reciting
De·kla·ra·ti·on <-, -en> [deklara'tsi̯o:n] *f* ❶ (*geh*) declaration ❷ (*Zollerklärung*) declaration
de·kla·rie·ren* [dekla'ri:rən] *vt* ■**etw** ~ ❶ (*geh*) to declare sth ❷ (*angeben*) to declare sth; **haben Sie etwas zu ~?** do you have anything to declare?; **seine Einkünfte** ~ to file one's income-tax return
De·kla·rie·rung <-, -en> *f* declaration
de·klas·sie·ren* [dekla'si:rən] *vt* ❶ (*als drittklassig erscheinen lassen*) ■**jdn/etw** ~ to downgrade sb/sth ❷ SPORT ■**jdn** ~ to outclass sb; (*vernichtend schlagen a.*) to humiliate sb
De·klas·sie·rung <-, -en> *f* SPORT outclassing; (*durch vernichtenden Schlag a.*) humiliation
De·kli·na·ti·on <-, -en> [deklina'tsi̯o:n] *f* ❶ LING declension ❷ PHYS [magnetic] declination *spec*
de·kli·nier·bar *adj* LING declinable; **nicht** ~ indeclinable
de·kli·nie·ren* [dekli'ni:rən] *vt* LING ■**etw** ~ to decline sth; ■**das D~** the declinations *pl*
de·ko·die·ren* [deko'di:rən] *vt s.* **decodieren**
De·kolle·teeRR, **De·kol·le·té** <-s, -s> [dekɔl'te:] *nt* ❶ (*Körperpartie*) cleavage ❷ MODE low-cut [*or* decolleté] neckline, decolletage; **ein Kleid mit einem gewagten/tiefen** ~ a daringly/very low-cut [*or* decolleté] dress
de·kolle·tiert [dekɔl'ti:ɐt] *adj* low-cut, decolleté; **gewagt/tief** ~ daringly/very low-cut [*or* decolleté]
De·kom·pres·si·on [dekɔmprɛ'si̯o:n] *f* decompression
De·kom·pres·si·ons·kam·mer *f* decompression chamber
De·kon·ta·mi·na·ti·on [dekɔntamina'tsi̯o:n] *f* decontamination, decon *spec sl*
de·kon·ta·mi·nie·ren* [dekɔntami'ni:rən] *vt* ■**jdn/etw** ~ to decontaminate sb/sth
De·kor <-s, -s *o* -e> [de'ko:ɐ̯] *m o nt* ❶ (*Muster*) pattern ❷ THEAT, FILM decor, scenery
De·ko·ra·teur(in) <-s, -e> [dekora'tø:ɐ̯] *m(f)* (*Innenraum~*) interior designer; (*Schaufenster~*) window dresser; (*für Theater- o Filmkulissen*) set designer
De·ko·ra·ti·on <-, -en> [dekora'tsi̯o:n] *f* ❶ *kein pl* (*das Ausschmücken*) decoration *no pl, no indef art* ❷ (*Auslage*) [window] display ❸ (*Ausschmückung*) decoration[s *pl*] ❹ (*Bühnenbild*) decor, scenery
de·ko·ra·tiv [dekora'ti:f] **I.** *adj* decorative; **rein** ~ purely ornamental **II.** *adv* decoratively
de·ko·rie·ren* [deko'ri:rən] *vt* ❶ (*ausgestalten*) ■**etw [mit etw]** ~ to decorate sth [with sth]; (*mit Girlanden a.*) to drape sth [with sth]; **ein Schaufenster** ~ to dress a shop window ❷ (*auszeichnen*) ■**jdn [mit etw]** ~ to decorate sb [with sth], to award sb [sth]; **vielfach dekoriert** highly decorated
De·ko·rier·mes·ser *nt* KOCHK decorating knife **De·ko·rier·zu·cker** *m* decorating sugar
De·ko·stoff ['de:koʃtɔf] *m* furnishing fabric; (*für Vorhänge a.*) drapery
De·kret <-[e]s, -e> [de'kre:t] *nt* decree *form;* **ein ~ erlassen** to issue [*or form* pass] a decree
de·ku·vrie·ren* [deku'vri:rən] (*geh*) **I.** *vt* ■**jdn/etw [als etw]** ~ to expose sb/sth [as sth], to uncover sth [as sth] **II.** *vr* ■**sich als etw** ~ to reveal oneself as sth
De·le·a·tur <-s, -> [dele'a:tʊr] *nt,* **De·le·a·tur·zei·chen** [dele'a:tʊr-] *nt* TYPO deletion [mark]
De·le·ga·ti·on <-, -en> [delega'tsi̯o:n] *f* delegation; **eine aus 25 Mitgliedern bestehende** ~ a body of 25 delegates
De·le·ga·ti·ons·chef(in) *m(f)* head of a/the delegation
de·le·gie·ren* [dele'gi:rən] *vt* ■**etw [an jdn]** ~ to delegate sth [to sb]
De·le·gier·te(r) *f(m) dekl wie adj* delegate
De·le·ti·on <-, -en> [dele'tsi̯o:n] *f* BIOL deletion
Del·finRR <-s, -e> [dɛl'fi:n] *m s.* **Delphin**
Delf·ter ['dɛlftɐ] *adj attr* Delft; **[das] ~ Porzellan** Delft, delftware
de·li·kat [deli'ka:t] *adj* ❶ (*wohlschmeckend*) delicious, exquisite ❷ (*geh: behutsam*) discreet, tactful ❸ (*geh: heikel*) delicate, sensitive ❹ (*geh: empfindlich*) delicate, sensitive
De·li·ka·tes·se <-, -n> [delika'tɛsə] *f* ❶ (*Leckerbissen*) delicacy, tasty morsel *a. fig* ❷ (*geh: Besonderheit*) exquisite example (**für** +*akk* of) ❸ *kein pl* (*geh: Feinfühligkeit*) delicacy, sensitivity, tact
De·li·ka·tes·sen·ge·schäft *nt* delicatessen, deli *fam*
De·likt <-[e]s, -e> [de'lɪkt] *nt* JUR ❶ (*Vergehen*) offence [*or* AM -se], tort *spec,* delict *esp* AM *spec;* **ein geringfügiges** ~ a petty offence ❷ (*Straftat*) crime, penal offence [*or* AM -se]; **ein schweres** ~ a serious crime
De·lin·quent(in) <-en, -en> [delɪŋ'kvɛnt] *m(f)* (*geh*) offender; **jugendliche ~en** juvenile delinquents
de·li·rie·ren* [deli'ri:rən] *vi* MED (*geh*) to be delirious [*or* in a state of delirium]
De·li·ri·um <-s, -rien> [de'li:ri̯ʊm, *pl* de'li:ri̯ən] *nt* delirium; **ins ~ verfallen** to become delirious; (*Alkoholpsychose a.*) alcoholic delirium *form;* ~ **tremens** MED delirium tremens *form,* the DTs *pl fam;* (*physische Symptome*) the shakes *pl fam;* **im ~ sein** (*stark betrunken*) to be paralytic *fam;* (*im Wahn*) to be delirious [*or* in a state of delirium]
Del·le <-, -n> ['dɛlə] *f* dent; **jdm eine ~ hineinfahren** to make a dent in sb's car
de·lo·gie·ren* [delo'ʒi:rən] *vt* ÖSTERR ■**jd** ~ to evict [*or sep* turn out] sb
Del·phin1 <-s, -e> [dɛl'fi:n] *m* dolphin
Del·phin2 <-s> [dɛl'fi:n] *nt,* **Del·phin·schwimmen** <-s> *nt kein pl* butterfly [stroke]; **500 Meter** ~ the 500-metre butterfly
Del·ta <-s, -s *o* Delten> ['dɛlta, *pl* 'dɛltn̩] *nt* delta
Del·ta·glei·ter <-s, -> *m* hang-glider; **mit einem ~ fliegen** to hang-glide, to go hang-gliding **Del·ta·mün·dung** *f* delta estuary **Del·ta·strah·len** *pl* delta rays
De-Luxe-Aus·füh·rung [də'lyks-] *f* de luxe version; ■**in** ~ in the de luxe version
dem ['de:m] **I.** *pron dat von* **der, das** ❶ *siehe auch Verben* to the; *mit Präposition* the ❷ **ist es an ~?** is it the case?; **es ist [nicht] an** ~ that's [not] the case [*or* how it is]; **wenn ~ so ist** if that's the way it is [*or* the case]; **wie ~ auch sei** be that as it may **II.** *pron dem dat von* **der, das** ❶ *attr* (*diesem*) to that ❷ *mit Präposition* (*emph: diesem*) that; **hinter ~ Baum** behind that tree ❸ *substantivisch* (*jenem Mann*) him, to him; (*unter mehreren*) that one **III.** *pron rel dat von* **der, das** *siehe auch Verben* ■**der, ~ ...** the one/man/etc. that/[to etc.] which/who/[to etc.] whom ...
De·ma·go·ge, De·ma·go·gin <-n, -n> [dema'go:gə, dema'go:gɪn] *m, f* (*pej*) demagogue [*or* AM *a.* -og] *pej*
De·ma·go·gie <-, -n> [demago'gi:, *pl* demago'gi:ən] *f* (*pej*) demagog[uer]y, demagoguism
De·ma·go·gin <-, -nen> [dema'go:gɪn] *f fem form von* **Demagoge**
de·ma·go·gisch [dema'go:gɪʃ] (*pej*) **I.** *adj* demagogic, rabble-rousing *pej* **II.** *adv* **die Tatsachen ~ verzerren** to twist the facts to [suit] [one's] demagogic ends
De·marche <-, -n> [de'marʃ] *f* POL diplomatic representation, démarche *spec;* **eine ~ unternehmen** to lodge a diplomatic protest
De·mar·ka·ti·ons·li·nie *f* POL, MIL demarcation line, line of demarcation
de·mas·kie·ren* [demas'ki:rən] (*geh*) **I.** *vt* ■**jdn [als etw]** ~ to

expose [*or* unmask] sb [as sth] **II.** *vr* ■ **sich** [**als etw**] ~ to reveal [*or* show] oneself [to be sth]

De·men·ti <-s, -s> [de'mɛnti] *nt* [official] denial, disclaimer *form*

de·men·tie·ren* [demɛn'tiːrən] **I.** *vt* ■ **etw** ~ to deny [*or form* disclaim] sth **II.** *vi* to deny [*or form* disclaim] it; ■ ~ **lassen** to issue a denial [*or* disclaimer]

De·men·tie·rung <-, -en> *f* denial, denying

De·men·ti·ma·schi·ne·rie *f* POL *party machine producing continual denials*

dem·ent·spre·chend ['deːmʔɛnt'ʃprɛçn̩t] **I.** *adj* appropriate; **eine ~e Bemerkung** a remark to that effect; **ein ~es Gehalt** a commensurate salary *form;* **ein ~es Verhalten** fitting conduct *no pl, no indef art* **II.** *adv* correspondingly; (*demnach*) accordingly; **sich ~ äußern** to utter words to that effect; **~ bezahlt werden** to be paid commensurately *form*

De·me·ra·ra·zu·cker [demerara-] *m* demerara sugar

De·me·ter (Verband)® ['deːmetɐ] *m* AGR, KOCHK *soil association promoting produce cultivated using organic methods*

dem·ge·gen·über ['deːmgeːgn̩ʔyːbɐ] *adv* in contrast **dem·ge·mäß** ['deːmgə'mɛːs] *adj s.* **dementsprechend**

de·mi·li·ta·ri·sie·ren* ['deːmilitari'ziːrən] *vt* ■ **etw** ~ to demilitarize sth; **eine demilitarisierte Zone** a demilitarized zone

De·mi·li·ta·ri·sie·rung <-, -en> *f* demilitarization

De·mis·si·on <-, -en> [demɪ'si̯oːn] *f* POL resignation; **jdn zur ~ zwingen** to force sb to resign

de·mis·si·o·nie·ren* [demɪsi̯o'niːrən] *vi* POL SCHWEIZ to resign; *Minister a.* to resign from the cabinet

dem·nach ['deːmnaːx] *adv* therefore, hence *form* **dem·nächst** [deːm'nɛːçst] *adv* soon, shortly, before long; **„~ im Kino/in diesem Kino"** "coming soon to a cinema near you/coming soon"

De·mo <-, -s> ['deːmo] *f* (*fam*) demo *fam; s. a.* **Demonstration**

de·mo·bi·li·sie·ren* ['deːmobili'ziːrən] *vt* ■ **jdn/etw** ~ to demobilize [*or fam* demob] sb/sth

De·mo·gra·fieRR <-, -en> [demogra'fiː, *pl* demogra'fiːən] *f s.* **Demographie**

de·mo·gra·fischRR [demo'graːfɪʃ] *adj s.* **demographisch**

De·mo·gra·phie <-, -en> [demogra'fiː, *pl* demogra'fiːən] *f* ❶ (*Zusammensetzung der Bevölkerung*) demography ❷ *kein pl* (*Fachbereich*) ■ [**die**] ~ demography

de·mo·gra·phisch [demo'graːfɪʃ] *adj* demographic

De·mo·krat(in) <-en, -en> [demo'kraːt] *m(f)* ❶ POL democrat; **ein überzeugter ~** a staunch democrat ❷ (*Mitglied der Demokratischen Partei*) Democrat

De·mo·kra·tie <-, -n> [demokra'tiː, *pl* demokra'tiːən] *f* democracy

De·mo·kra·tin <-, -nen> [demo'kraːtɪn] *f fem form von* **Demokrat**

de·mo·kra·tisch [demo'kraːtɪʃ] **I.** *adj* ❶ POL democratic; **eine ~e Staatsform** a democratic state, a democracy ❷ (*die Partei der Demokraten betreffend*) Democratic; **Freie D~e Partei** [*o* **FDP**] *centre German political party supporting liberal views;* **ein ~er Abgeordneter** a Democrat[ic representative] **II.** *adv* democratically

De·mo·kra·ti·sche Volks·re·pu·blik Ko·rea *f* BRD, ÖSTERR *s.* **Nordkorea**

De·mo·kra·ti·sche Volks·re·pu·blik La·os *f* BRD, ÖSTERR *s.* **Laos**

de·mo·kra·ti·sie·ren* [demokrati'ziːrən] *vt* ■ **etw** ~ ❶ (*zur Demokratie umwandeln*) to democratize sth, to make sth [more] democratic ❷ (*nach demokratischen Prinzipien gestalten*) to democratize sth, to organize sth along [more] democratic lines

De·mo·kra·ti·sie·rung <-, -en> *f* ■ **die** ~ ❶ (*Umwandlung zur Demokratie*) democratization, the democratic process ❷ (*demokratische Gestaltung*) democratization

de·mo·lie·ren* [demo'liːrən] *vt* ■ **etw** ~ to wreck [*or sep* smash up] [*or fam* trash] sth; *Rowdy a.* to vandalize sth; [**völlig**] **demoliert sein** to be [completely] wrecked; *Auto a.* to be a [complete] wreck [*or* BRIT write-off]

De·mons·trant(in) <-en, -en> [demɔn'strant] *m(f)* demonstrator

De·mons·tra·ti·on <-, -en> [demɔnstra'tsi̯oːn] *f* ❶ POL demonstration, demo *fam* (**für/gegen** +*akk* in support of/against) ❷ (*geh: Bekundung*) demonstration; **eine ~ der Macht** a show of force ❸ (*geh: Veranschaulichung*) presentation, demonstration

De·mons·tra·ti·ons·ma·te·ri·al *nt* presentation aids *pl* **De·mons·tra·ti·ons·recht** *nt kein pl* ■ **das** ~ the right to demonstrate [*or* hold demonstrations] **De·mons·tra·ti·ons·zug** *m* demonstration, [protest] march

de·mons·tra·tiv [demɔnstra'tiːf] **I.** *adj* demonstrative; **~er Beifall** acclamatory applause *form;* **das ~e Fehlen/ein ~er Protest** the pointed absence/a pointed protest **II.** *adv* demonstratively; **jdm/etw ~ Beifall spenden** to give sb/sth acclamatory applause *form;* **den Saal ~ verlassen** to pointedly leave the room, to walk out

De·mons·tra·tiv·pro·no·men *nt* LING demonstrative pronoun

de·mons·trie·ren* [demɔn'striːrən] **I.** *vi* ■ [**für/gegen jdn/etw**] ~ to demonstrate [*or* hold a demonstration/demonstrations] [in support of/against sb/sth]; **eine ~de Menge** a crowd of demonstrators; **~de Studenten** student demonstrators **II.** *vt* (*geh*) ■ **etw** ~ to demonstrate [*or* give a demonstration of] sth

De·mon·ta·ge <-, -n> [demɔn'taːʒə] *f* ❶ (*das Demontieren*) dismantling *no pl* ❷ (*geh: Abbau*) dismantling

de·mon·tie·ren* [demɔn'tiːrən] *vt* ❶ (*abmontieren*) ■ **etw** ~ to dismantle [*or sep* take apart] sth; *Maschine* to dismantle, to take apart *sep,* to break up *sep; Reifen* to take off *sep* ❷ (*geh: abbauen*) ■ **etw/jdn** ~ to dismantle sth/sb['s statue]

De·mo·ra·li·sa·ti·on <-, *selten* -en> [demoraliza'tsi̯oːn] *f* demoralization

de·mo·ra·li·sie·ren* [demorali'ziːrən] *vt* ■ **jdn** ~ ❶ (*entmutigen*) to demoralize sb ❷ (*geh*) to corrupt [*or form* deprave] sb

De·mo·skop(in) <-en -en> [demo'skoːp] *m(f)* [opinion] pollster

De·mo·sko·pie <-, -n> [demosko'piː] *f* ❶ (*Meinungsumfrage*) public opinion survey [*or* poll] ❷ *kein pl* (*Meinungsforschung*) ■ **die** ~ [public] opinion research

De·mo·sko·pin <-, -nen> [demo'koːpɪn] *f fem form von* **Demoskop**

de·mo·sko·pisch *adj* [public] opinion research *attr;* **eine ~e Erhebung** a public opinion survey [*or* poll]; **die ~en Voraussagen** the predictions in the opinion polls

de·mo·ti·viert ['deːmotiviːrt] *adj* PSYCH demotivated, not motivated

de·mou·lie·ren ['deːmu'liːrən] *vt* ■ **etw** ~ KOCHK to unmould sth, to turn out *sep* sth

dem·sel·ben *pron dat von* **derselbe, dasselbe** *siehe auch Verben* the same [one]; (*Person*) the same [person]

De·mut <-> ['deːmuːt] *f kein pl* humility *no pl* (**gegenüber** +*dat* before); ■ **in** ~ with humility

de·mü·tig ['deːmyːtɪç] **I.** *adj* humble; **ein ~er Mensch** a humble person; (*in der Kirche a.*) a supplicant *liter* **II.** *adv* humbly

de·mü·ti·gen ['deːmyːtɪgn̩] **I.** *vt* ■ **jdn** ~ to humiliate sb **II.** *vr* ■ **sich** [**vor jdm**] ~ to humiliate [*or form* abase] oneself [before sb]; (*den Stolz überwinden*) to humble oneself [before sb]

de·mü·ti·gend *adj* humiliating

De·mü·ti·gung <-, -en> *f* humiliation *no pl, no indef art;* **jdm eine ~ zufügen** (*geh*) to humiliate sb

De·muts·hal·tung *f* BIOL submission posture

dem·zu·fol·ge ['deːmtsu'fɔlgə] **I.** *konj* (*laut dem*) according to which; (*aufgrund dessen*) owing to which **II.** *adv* therefore, so, consequently, hence *form*

den ['de:n] **I.** *pron* ❶ *akk von* **der** *siehe auch Verben* the ❷ *dat pl von* **der, die, das** *siehe auch Verben* the **II.** *pron dem akk von* **der** *attr, siehe auch Verben* (*jenen Gegenstand/Mensch*) ~ **da** [**drüben**] that one [over] there; (*Mann a.*) him [*or* the man] [over] there; ~ **da hinten/vorne** the one behind/in front **III.** *pron rel akk von* **der** *siehe auch Verben* (*Gegenstände*) that, which; (*Mensch*) that, who[m *form*]

de·na·tu·rie·ren* [denatu'ri:rən] *vt* CHEM ■**etw** ~ to denature sth *spec*

De·na·tu·rie·rung <-, -en> *f* BIOL, CHEM denaturization *spec*

Den·drit <-en, -en> [dɛn'dri:t] *m* ❶ MED dendrite *spec*, dendron *spec* ❷ GEOL dendrite

de·nen ['de:nən] **I.** *pron dem dat pl von* **der, die, das** *siehe auch Verben* to them; *mit Präposition* them **II.** *pron rel dat pl von* **der, die, das** *siehe auch Verben* to whom; (*von Sachen*) to which, that, which

den·geln ['dɛŋl̩n] *vt* ■**etw** ~ to sharpen [*or* hone] sth (*by hammering*)

Den Haag <-s> [den 'ha:k] *m* The Hague

De·nim <-s, -s> ['de:nɪm] *m o nt* denim

Denk·an·satz *m* starting point [for thought] **Denk·an·stoß** *m* sth to get one thinking [*or* make one think]; **etw als ~ betrachten** to consider sth worth thinking about; **jdm einen ~/Denkanstöße geben** [*o* **vermitteln**] to give sb food for thought [*or* something to think about] **Denk·auf·ga·be** *f* problem; (*Rätsel a.*) [brain-]teaser; **eine schwierige ~** a real poser *fam*

denk·bar I. *adj* conceivable, imaginable; **es ist** [**nicht**] **~, dass ...** it's [in]conceivable that ...; **es ist durchaus ~, dass ...** it's very possible [*or* likely] that ... **II.** *adv* extremely, rather; **das ~ beste/schlechteste Wetter** the best/worst weather imaginable, the best/worst possible weather

Den·ke <-> ['dɛŋkə] *f* (*sl*) way of thinking, mindset, mentality *a. pej*

den·ken <dachte, gedacht> ['dɛŋkn̩] **I.** *vi* ❶ (*überlegen*) to think; **wo ~ Sie hin!** whatever are you thinking of?; **ich denke, also bin ich** I think, therefore I am; **hin und her ~** (*unschlüssig*) to go over and over sth in one's mind; (*angestrengt*) to rack one's brains; **langsam/schnell ~** to be a slow/quick thinker; **laut ~** to think aloud [*or* out loud]; **jdm zu ~ geben** to give sb food for thought [*or* something to think about]; **das gab mir zu ~** that made me think ❷ (*meinen*) to think, to reckon *fam*; **was denkst du?** what do you say [*or* think] [*or fam* reckon]?; **ich denke nicht** I don't think so [*or fam* reckon]; **ich denke schon** I think [*or fam* reckon] so; **an wie viel hatten Sie denn gedacht?** how much were you thinking of?; **bei sich ~** [**, dass...**] to think to oneself [that...] ❸ (*urteilen*) ■[**über jdn/etw** [*o* **von jdm/etw**]] ~ to think [about/of sb/sth]; **wie ~ Sie darüber?** what's your view [of it] [*or* opinion [of [*or* on] it]]?, what do you think [of [*or* about] it]?; **anders über etw ~** to hold a different view of sth, to think differently about sth; **ich denke genauso darüber** that's exactly what I think, I think exactly the same; **gut/schlecht/das Beste/das Schlechteste über jdn** [*o* **von jdm**] ~ to think well/ill/the best/the worst of sb; **denk nicht immer so negativ!** don't be so negative about everything! ❹ (*eingestellt sein*) **edel/engstirnig/kleinlich/liberal ~** to be noble-/narrow-/petty-/liberal-minded ❺ (*sich vorstellen*) ■**an jdn/etw ~** to think of sb/sth; **die viele Arbeit, ich darf gar nicht daran ~** all that work, it doesn't bear thinking about; ■**daran ~, was ...** to think of what ... ❻ (*sich erinnern*) to think; **solange ich ~ kann** [for] as long as I can remember; ■**an jdn/etw ~** to think of sb/sth; **denk an die Telefonrechnung!** remember [*or* don't forget] [to pay] the telephone bill!; **die wird noch an mich ~!** she won't forget me in a hurry!; **wenn ich so an früher denke** when I think [*or* cast my mind] back; ■**daran ~, was ...** to think of what ...; **ich denke mit Entsetzen daran, was damals war** I shudder to think what it was like then ❼ (*beachten*) ■**an etw ~** to bear in mind sth, to think of sth ❽ (*beabsichtigen*) ■**an etw** *akk* ~ to think of [*or* consider] [*or* contemplate] sth; **daran ist gar nicht zu ~** that's [quite] out of the question; **ich denke** [**gar**] **nicht daran!** [I'll be] damned if I will!, not on your life! *fam*, no way [José *hum*]! *fam*; ■**daran ~, etw zu tun** to think of [*or* consider] [*or* contemplate] doing sth; **ich denke** [**gar**] **nicht daran, es zu tun** I don't have the least intention of doing that/it; (*nicht im Traum*) I wouldn't dream of doing that ❾ (*im Sinn haben*) ■[**nur**] **an jdn/etw/sich** *akk* ~ to [only] think of sb/sth/oneself, to only have sb/sth/oneself in mind; **nur an seinen Vorteil ~** to always look out for number one **II.** *vt* ❶ (*überlegen*) ■**etw ~** to think [*or* conceive] of sth; **was denkst du jetzt?** what are you thinking [of]?; (*nachgrüblerisch a.*) a penny for your thoughts?; **es ist kaum zu ~** it's hard to imagine; **das wage ich kaum zu ~** I dare think [about it]; **das habe ich** [**mir**] **schon lange gedacht** I've suspected as much for quite some time ❷ (*annehmen, glauben*) to think; **wer hätte das** [**von ihr**] **gedacht!** who'd have thought [*or* believed] it [of her]?; **was sollen bloß die Leute ~!** what will people think!; **ich habe das ja gleich gedacht!** I [just] knew it!; **da weiß man nicht, was man ~ soll** what is one supposed to make of it?; **denkste!** (*fam*) that's what you think!; **Gutes/Schlechtes/das Beste/das Schlechteste von jdm ~** to think well/ill/the best/the worst of sb ❸ (*bestimmen*) ■**für jdn/etw gedacht sein** to be meant [*or* intended] for sb/sth; **so war das** [**aber**] **nicht gedacht** that wasn't what I/he/she etc. had in mind ❹ (*sich vorstellen*) ■**sich** *dat* **etw ~** to imagine sth; **das kann ich mir ~**[**, dass ...**] I can imagine [that ...]; **den Käse musst du dir ~!** (*hum fam*) cheese would go down well with that, but we'll have to do without; **ich habe mir das so gedacht: ...** this is what I had in mind: ...; **das habe ich mir gleich gedacht!** I thought as much [from the start]!; **dachte ich mir's doch!** I [just] knew it!, I thought as much!; **das hast du dir** [**so**] **gedacht!** that's what you think!; **wie denkst du dir das** [**eigentlich**]? what's the big idea?; *s. a.* **Teil** ❺ (*beabsichtigen*) ■**sich** *dat* **etw bei etw ~** to mean sth by sth; **ich habe mir nichts Böses dabei gedacht**[**, als ...**] I meant no harm [when ...]; **sie denkt sich nichts dabei** she doesn't think anything of it

Den·ken <-s> ['dɛŋkn̩] *nt kein pl* ❶ (*das Überlegen*) thinking *no pl* ❷ (*Denkweise*) [way of] thinking, reasoning, thought, train of thought ❸ (*Gedanken*) thoughts *pl*; **positives ~** positive thinking ❹ (*Denkvermögen*) understanding; **zu klarem ~ kommen** to start thinking clearly

Den·ker(in) <-s, -> *m(f)* thinker; (*Philosoph a.*) philosopher; *s. a.* **Volk**

Den·ker·fal·te *f meist pl* (*hum*) furrow on one's brow; **die Stirn in ~n ziehen** to furrow one's brow [thinking]

Den·ke·rin <-, -nen> *f fem form von* **Denker**

Den·ker·stirn *f* (*hum*) lofty brow *liter*

Denk·fa·brik *f* think tank **denk·faul** *adj* [mentally] lazy, too lazy to think *pred a. hum*; **sei nicht so ~!** use your brain! *fam* **Denk·faul·heit** *f* [mental] laziness **Denk·feh·ler** *m* error in one's/the logic, flaw in one's/the reasoning, fallacy *spec*; **einen ~ begehen** [*o* **machen**] to make an error in one's logic, to commit a fallacy *spec* **Denk·fi·gur** *f* (*geh*) conceived idea **Denk·hil·fe** *f* clue, hint; **jdm eine ~ geben** to give sb a clue; **jdm einen Hinweis** [*o* **Tipp**] **als ~ geben** to give sb a clue; (*Gedächtnisstütze*) reminder

Denk·mal <-s, Denkmäler *o liter* -e> ['dɛŋkma:l, *pl* 'dɛŋkmɛ:lɐ] *nt* ❶ (*Monument*) monument (+*gen*/**für** +*akk* to), memorial; (*Statue*) statue; **jdm ein ~ errichten** [*o* **setzen**] to erect [*or sep* put up] a memorial/statue to sb, to erect a memorial in sb's honour [*or* AM -or] [*or* in honour of sb]; **einer S.** *dat* **ein ~ errichten** [*o* **setzen**] (*fig*) to erect a monument to sth; **sich** *dat* [**selbst**] [**mit etw**] **ein ~ errichten** [*o* **setzen**] (*fig*) to

leave a memorial [to oneself] [with [*or* in the form of] sth] ❷ (*Zeugnis*) monument (+*gen* to)
denk·mal·ge·schützt *adj inv* ARCHIT under a preservation order BRIT, listed for preservation AM **Denk·mal(s)·pfle·ge** *f* preservation of [historical] monuments **Denk·mal(s)·pfle·ger(in)** *m(f)* curator of monuments **Denk·mal(s)·schutz** *m* protection of historical monuments; **unter ~ stehen** to be listed, BRIT *a.* to be under a preservation order; *Gebäude a.* to be a listed [*or* AM landmarked] building; **etw unter ~ stellen** to classify sth as a[n] historical monument
Denk·mo·dell *nt* hypothesis; (*Vorstufe zur Realisierung*) working hypothesis **Denk·pau·se** *f* pause for thought; (*bei Verhandlungen etc. a.*) break; (*länger*) adjournment; **eine ~ einlegen** to have [*or* take] a break to think things over, to adjourn for further thought *form* **Denk·pro·zess**[RR] *m* thought process **Denk·sche·ma** *nt* thought pattern **Denk·schrift** *f* memorandum *form* **Denk·sport** *m* mental exercise [*or hum* acrobatics + *sing vb*] **Denk·sport·auf·ga·be** *f s.* **Denkaufgabe**
denk·ste ['dɛŋkstə] *interj s.* **denken II.2**
Denk·übung *f* mental exercise *no pl, no indef art* **Denk·ver·mö·gen** *nt kein pl* intellectual capacity *no art,* capacity for thought **Denk·wei·se** *f* way of thinking, mindset, mentality *a. pej;* **was ist denn das für eine ~!** what kind of attitude is that? **denk·wür·dig** *adj* memorable, notable, noteworthy *form;* **ein ~er Tag** a memorable [*or* red-letter] day **Denk·wür·dig·keit** *f* memorability, notability, noteworthiness *form* **Denk·zettel** *m* (*fam*) [unpleasant] warning; **jdm einen ~ geben** [*o* **verpassen**] to give sb a warning [he/she/etc. won't forget in a hurry *fam*]; **das soll dir ein ~ sein!** let that be a warning to you!
denn ['dɛn] **I.** *konj* ❶ (*weil*) because, for *liter;* **~ sonst** otherwise ❷ (*jedoch*) ■**es sei ~, [dass]** ... unless ... ❸ (*geh: als*) than; **kräftiger/schöner/etc. ~ je** stronger/more beautiful/ etc. than ever **II.** *adv* NORDD (*fam: dann*) then; **... und so passierte es ~ auch** ... and so it happened **III.** *part* ❶ *gewöhnlich nicht übersetzt* (*eigentlich*) **hast du ~ immer noch nicht genug?** have you still not had enough?; **wie geht's ~ so?** how are you [*or* things [then]]?, how's it going [then]?; **wo bleibt sie ~?** where's she got to?; **was soll das ~?** what's all this [then]?; ■**wann/was/wer/wie/wieso/wo/etc. ~?** when/what/ who/how/why/where/etc.?; (*ungläubig, trotzig*) when/ what/who/how/why/where then?; **wieso ~?** why?, how come? [*or* so]; **wieso ~ nicht?** why not?; (*trotzig*) why not then? ❷ *verstärkend* (*sonst*) ■**was/wen/wo/wohin ~ sonst?** what/who[m *form*]/where/where else?; (*ungläubig, trotzig a.*) what/who[m *form*]/where/where else then?
den·noch ['dɛnɔx] *adv* still, nevertheless *form,* nonetheless *form;* **~ hat sie es versucht** yet [*or* but] she still tried, she tried nonetheless [*or* nevertheless] *form;* **und ~, ...** [and] yet ...
den·sel·ben **I.** *pron akk von* **derselbe** the same [one]; *auf männliche Personen bezogen a.* the same man/boy/etc. **II.** *pron dat von* **dieselben** the same [ones] + *pl vb; auf männliche Personen bezogen a.* the same men/boys/etc. **III.** *pron dem akk von* **derselbe** the same ... **IV.** *pron dem dat von* **dieselben** the same ...
den·tal [dɛn'ta:l] *adj* ❶ LING dental *spec;* (*im Englischen a.*) alveolar *spec* ❷ MED dental
Den·tal <-s, -e> [dɛn'ta:l] *m* LING dental [consonant] *spec;* (*im Englischen a.*) alveolar [consonant] *spec*
Den·tal·hy·gi·e·ni·ker(in) [dɛn'ta:lhygi̯e:nikɐ] *m(f)* [dental [*or* oral]] hygienist **Den·tal·la·bor** *nt* dental laboratory
De·nun·zi·ant(in) <-en, -en> [denʊn'tsi̯ant] *m(f)* (*pej*) informer *pej,* stool pigeon *sl*
De·nun·zi·an·ten·tum <-s> *nt kein pl* (*pej*) ■**das ~** informing *a. pej;* (*Denunzianten*) informers *pl pej*
De·nun·zi·a·ti·on <-, -en> [denʊntsi̯a'tsi̯o:n] *f* (*pej*) ❶ (*das Anschwärzen*) informing *no pl a. pej* ❷ (*denunzierende Anzeige*) denunciation
de·nun·zie·ren* [denʊn'tsi:rən] *vt* ❶ (*pej: anzeigen*) ■**jdn [bei jdm] [als etw** *akk*] ~ to denounce sb [as sth] [to sb], to inform on [*or* against] sb ❷ (*geh: brandmarken*) ■**etw als etw** *akk* ~ to condemn [*or* denounce] sth as [being] sth
Deo <-s, -s> ['de:o] *nt* (*fam*) deodorant
De·o·do·rant <-s, -s *o* -e> [deʔodo'rant] *nt* deodorant
de·o·do·rie·rend [deʔodo'ri:rənt] **I.** *adj* deodorizing, deodorant *attr* **II.** *adv* **~ wirken** to have a deodorizing [*or* deodorant] effect
Deo·rol·ler *m* roll-on [deodorant] **Deo·spray** *nt o m* deodorant spray **Deo·stift** *m* deodorant stick
De·par·te·ment <-s, -s> [departə'mã:] *nt* (*in Frankreich*) département *spec;* (*in der Schweiz*) department; (*Bundesverwaltung*) ministry
De·pen·dance <-, -n> [depã'dã:s] *f* ❶ (*Nebengebäude*) annexe BRIT, annex AM ❷ (*geh: Zweigstelle*) branch
De·pe·sche <-, -n> [de'pɛʃə] *f* (*veraltet*) telegram BRIT, wire AM
de·pla·ciert [depla'si:ɐ̯t], **de·pla·ziert**[ALT] [depla'tsi:ɐ̯t] *adj s.* **deplatziert**
De·plas·mo·ly·se <-, -n> [deplasmo'ly:zə] *f* BIOL flaccidity
de·plat·ziert[RR] [depla'tsi:ɐ̯t] *adj* misplaced; **sich [vollkommen] ~ fühlen** to feel [completely] out of place
De·po·la·ri·sa·ti·on <-, -en> [depolariza'tsi̯o:n] *f* TECH depolarization
de·po·la·ri·sie·ren [depolari'zi:rən] *vt* ■**etw ~** depolarize sth
De·po·nie <-, -n> [depo'ni:, *pl* depo'ni:ən] *f* dump, disposal site
de·po·nie·ren* [depo'ni:rən] *vt* ❶ (*hinterlegen*) ■**etw [bei jdm/in etw** *dat*] ~ to deposit sth [with sb/in sth] ❷ (*hinstellen*) **etw auf/vor etw** *dat* ~ to deposit [*or sep* put down] sth on/in front of sth
De·por·ta·ti·on <-, -en> [depɔrta'tsi̯o:n] *f* deportation
de·por·tie·ren* [depɔr'ti:rən] *vt* ■**jdn ~** to deport sb
De·por·tier·te(r) *f(m) dekl wie adj* deportee
De·po·si·ten [depo'zi:tn̩] *pl* FIN deposits *pl;* **kurzfristige ~** deposits at short notice
De·pot <-s, -s> [de'po:] *nt* ❶ (*Lager*) depot, depository ❷ (*Stahlkammer*) [bank's] strongroom ❸ (*Sammelstelle für öffentliche Verkehrsmittel*) [bus/tram] depot ❹ (*Bodensatz*) deposit, dregs *npl* ❺ SCHWEIZ (*Flaschenpfand*) deposit
Depp <-en *o* -s, -e[n]> ['dɛp] *m* SÜDD, ÖSTERR, SCHWEIZ (*fam*) twit *fam*
dep·pert ['dɛpɐt] SÜDD, ÖSTERR **I.** *adj* (*fam*) stupid; **ein ~er Kerl** a dopey [*or* stupid] guy, a dope **II.** *adv* (*fam*) stupidly; **sich ~ anstellen** to be stupid [*or* dopey]
De·pres·si·on <-, -en> [deprɛ'si̯o:n] *f* ❶ (*seelische Gedrücktheit*) depression *no pl, no indef art;* ■**~en** fits of depression ❷ FIN, POL, ÖKON depression, slackness of business
de·pres·siv [deprɛ'si:f] **I.** *adj* depressive; (*deprimiert*) depressed **II.** *adv* **~ gestimmt/veranlagt sein** to be depressed/ be prone to depression
de·pri·mie·ren* [depri'mi:rən] *vt* ■**jdn ~** to depress sb; **jdn richtig ~** to really get sb down
de·pri·mie·rend *adj* depressing; **~e Aussichten** black [*or* depressing] prospects
de·pri·miert *adj* depressed; **sei nicht so ~!** don't look so down!; **in ~er Stimmung sein** to be depressed [*or* in low spirits]
De·pu·tat <-[e]s, -e> [depu'ta:t] *nt* SCH teaching load
De·pu·ta·ti·on <-, -en> [deputa'tsi̯o:n] *f* (*veraltet*) deputation + *sing/pl vb*
De·pu·tier·te(r) *f(m) dekl wie adj* deputy
der[1] ['de:ɐ̯] **I.** *art def, maskulin, Nom Sing* ❶ (*auf eine Person, ein männliches Tier bezogen*) the; **~ Nachbar/Freund** the neighbour/friend; **~ Eber/Hengst** the boar/stallion ❷ (*allgemein auf ein Tier, eine Sache bezogen*) the; **~ Hund/Wellensittich** the dog/budgerigar; **~ Käse/Salat** the cheese/salad; **~ Tisch/Schlüssel** the table/key; **~ Mai** [the month of] May ❸ (*bei verallgemeinernden Aussagen*) **~ Franzose isst gern**

gut the French like to eat well ❹ (*fam: in Verbindung mit Eigennamen*) ~ **Papa hat's mir erzählt** dad told me; ~ **Andreas lässt dich grüßen** Andreas send his love **II.** *art def, feminin, gen sing von* **die¹, I.** ❶ (*auf eine Person, ein weibliches Tier bezogen*) **die Hände ~ Frau/Freundin** the woman's/friend's hands; **das Fell ~ Kuh/Bärin** the cow's/bear's fur ❷ (*allgemein auf ein Tier, eine Sache bezogen*) **die Augen ~ Maus** the eyes of the mouse; **die Augen ~ Katze** the cat's eyes; **die Form ~ Tasse** the cup's shape; **die Form ~ Schüssel** the shape of the bowl; **eine Frage ~ Ethik** a question of ethics ❸ (*bei verallgemeinernden Aussagen*) **die Trinkfestigkeit ~ Engländerin** the ability of the Englishwoman to hold her drink ❹ (*fam: in Verbindung mit Eigennamen*) **die Eltern/Schuhe ~ Barbara** Barbara's parents/shoes **III.** *art def, feminin, dat sing von* **die¹, I.** ❶ **mit/von ~ Nachbarin sprechen** to speak with/about the neighbour; **an ~ Tür klopfen** to knock at the door; **an ~ Decke hängen** to hang from the ceiling; **sie folgte ~ Frau/Menge** she followed the woman/crowd; **er gab ~ Großmutter den Brief** he gave his grandmother the letter, he gave the letter to his grandmother ❷ (*fam: in Verbindung mit Eigennamen*) **ich werde es ~ Anette sagen** I'll tell Anette **IV.** *art def, gen pl von* **die¹, II.** des; **die Wohnung ~ Eltern** my/his/her etc parents' flat; **das Ende ~ Ferien** the end of the holidays

der² [ˈdeːɐ̯] **I.** *pron dem, maskulin, Nom Sing* ❶ (*auf eine Person, ein männliches Tier bezogen*) that; ~ **Mann/Junge** [**da**] that man/boy [there]; ~ **Hengst** [**da**] that stallion [there]; ~ **weiß das doch nicht!** he doesn't know that!; ~ **Angeber!** that show-off!; ~ **mit den roten Haaren** the man [*or* one] with the red hair, that red-haired man; **dein Freund, ~ war nicht da** (*fam*) your boyfriend, he wasn't there; ~ **und joggen?** him, jogging?; ~ **hier/da** this/that man [*or* one], he; ~, **den ich meine** the man [*or* one] I mean, so-and-so ❷ (*allgemein auf ein Tier, eine Sache bezogen*) that; ~ **Hund/Wellensittich** [**da**] that dog/budgerigar [there]; ~ **Pullover/Tisch** [**da**] **gefällt mir** I like that sweater/table [there]; ~ **Baum** [**da**] that tree [there]; **beißt ~?** does he bite? **II.** *pron rel, maskulin, Nom Sing* who, that; **der Mann, ~ es eilig hatte** the man who was [*or* that] in a hurry; **ein Film, ~ gut ankommt** a much-acclaimed film; **der Kandidat, ~ gewählt wurde** the candidate who was chosen; **ein Roman, ~ von Millionen gelesen wurde** a novel [that has been] read by millions **III.** *pron dem, feminin, gen sing von* **die², I.** ❶ (*auf eine Person, ein weibliches Tier bezogen*) **die Hände ~ Frau** [**da**] that woman's hands; **das Fell ~ Kuh** [**da**] that cow's fur ❷ (*allgemein auf ein Tier, eine Sache bezogen*) **die Augen ~ Katze** [**da**] that cat's eyes; **die Form ~ Tasse** [**da**] the shape of that cup [over there] **IV.** *pron dem, feminin, dat sing von* **die², I.**: **das Fahrrad gehört ~ Frau** [**da**] the bike belongs to that woman [over] there; **man muss ~ Frau** [**da**] **die Eintrittskarte vorzeigen** you have to show that woman [over] there the tickets; **mit ~ Freundin verstehe ich mich gut** I get on well with that friend; **glaub ~ bloß nicht!** don't believe her [of all people]! **V.** *pron dem, gen pl von* **die¹, II.**: **das Verhalten ~ Leute** [**da**] the behaviour of those people [over] there; **die Farbe ~ Blüten** [**da**] the colour of those flowers [over] there **VI.** *pron dem o rel, maskulin, Nom Sing* ~ **dafür verantwortlich ist** the man who [*or form* he who] is responsible for that; ~ **mir das erzählt hat, hat gelogen** the man who told me that lied **VII.** *pron rel, feminin, dat sing von* **die², III.**: **die Kollegin, ~ ich den Brief geben soll** the colleague to whom I was supposed to give the letter; **die Freundin, mit ~ ich mich gut verstehe** the friend who I get on with so well, the friend with whom I get on so well; **die Katze, ~ er zu fressen gibt** the cat which he feeds; **die Hitze, unter ~ sie leiden** the heat they're suffering from

der·art [ˈdeːɐ̯ʔaːɐ̯t] *adv* ❶ *vor vb* ■**etw ~ tun, dass ...** to do sth so much [*or* to such an extent] that ...; **sich ~ benehmen, dass ...** to behave so badly that ...; ~ **vorbereitet trat sie zuversichtlich die Prüfung an** thus prepared[,] she confidently began the exam ❷ *vor adj* ~ **ekelhaft/heiß/etc. sein, dass ...** to be so disgusting/hot/etc. that ...; **sie ist eine ~ unzuverlässige Frau, dass ...** she is such an unreliable woman that ...

der·ar·tig [ˈdeːɐ̯ʔaːɐ̯tɪç] **I.** *adj* such; **eine ~e Frechheit** such impertinence; **bei ~en Versuchen** in such experiments [*or* experiments of that kind]; ■[**etwas**] **D~es** something/things like that [*or* of the kind]; [**etwas**] **D~es habe ich noch nie gesehen** I've never seen anything like it [*or* the like] **II.** *adv* such; **eine ~ hohe Summe, dass ...** such a high sum [that ...]; **ein ~ schönes Wetter**[**, dass/wie ...**] such beautiful weather [that/as ...]

derb [ˈdɛrp] **I.** *adj* ❶ (*grob*) coarse, rough; ~**e Manieren** rough [*or pej* uncouth] manners; ~**e Ausdrucksweise/Sprache** earthy [*or pej* crude] choice of words/language; ~**er Witz** earthy [*or pej* crude] joke ❷ (*fest*) strong; ~**es Material** tough [*or* strong] material; ~**e Schuhe** stout [*or* strong] shoes ❸ (*einfach und kräftig*) coarse **II.** *adv* ❶ (*heftig*) roughly; **jdn ~ anfahren** to snap at sb, to bite sb's head off *fam;* **jdn ~ anfassen** to handle sb roughly, to manhandle sb; **jdn ~ behandeln** to treat sb roughly, to give sb rough treatment ❷ (*grob*) crudely; **sich ~ ausdrücken** to be crude; **um es ~ auszudrücken...** to put it crudely,...

Derb·heit <-, -en> *f* ❶ (*Grobheit*) coarseness, roughness; *von Manieren a.* uncouthness *pej; von Witz* earthiness *no pl,* crudeness *no pl pej; von Ausdrucksweise, Sprache a.* roughness *no pl,* earthiness *no pl* ❷ *kein pl* (*feste Beschaffenheit*) strength, toughness *no pl; von Schuhen a.* stoutness *no pl* ❸ (*grobe Äußerung*) **dass er sich solche ~en in ihrer Gegenwart leistet, ist ja allerhand** I'm shocked that he uses such crude language in her presence

Der·by <-s, -s> [ˈdɛrbi] *nt* derby (*horse race for three-year-olds*)

de·re·gu·lie·ren* [deregu'liːrən] *vt* POL, ÖKON ■**etw ~** *Markt, Arbeitsverhältnisse* to deregulate sth

De·re·gu·lie·rung *f* deregulation

der·einst [deːɐ̯ˈʔainst] *adv* (*geh*) one [*or* some] day

de·ren [ˈdeːrən] **I.** *pron dem gen pl von* **der, die, das** their; ~ **Hintermänner** the men behind them **II.** *pron rel* ❶ *gen sing von* **die** whose; *auf Gegenstand bezogen a.* of which ❷ *gen pl von rel pron* **der, die, das** *auf Personen bezogen* whose; *auf Sachen bezogen a.* of which

de·rent·hal·ben [deːrəntˈhalbn̩] *adv* (*veraltet*), **de·rent·we·gen** [deːrəntˈveːgn̩] *adv* on whose account [*or form* account [*or* because] of whom]; *auf Sachen bezogen* because [*or* on account] of which **de·rent·wil·len** [ˈdeːrəntˈvɪlən] *adv* ■**um ~** *auf Person bezogen* for whose sake [*or form* the sake of whom]; *auf Sachen bezogen* for the sake of which

de·rer [ˈdeːrɐ] *pron gen pl von dem pron* **der, die, das** ❶ (*derjenigen*) ■**~, die ...** of those who ... ❷ (*geh: der Herren und Frauen*) ■**das Geschlecht ~ von Werringen** the von Werringen family

der·ge·stalt [ˈdeːɐ̯gəʃtalt] *adv* (*geh*) thus *form;* ■**etw ~ tun, dass ...** to do sth so much [*or* to such an extent] that ...

der·glei·chen [deːɐ̯ˈglaiçn̩] *pron dem, inv* ❶ *adjektivisch* such, like that *pred,* of that kind *pred* ❷ *substantivisch* that sort of thing; **nichts ~** nothing like it [*or* of that kind]; ~ **ist mir noch nicht passiert** I've never seen the like; **ich will nichts ~ hören!** I don't want to hear any of it; ■**und ~** [**mehr**] and suchlike

De·ri·vat <-[e]s, -e> [deriˈvaːt] *nt* CHEM, LING derivative

De·ri·va·tiv <-s, -e> [derivaˈtiːf, *pl* derivaˈtiːvə] *nt* LING derivative

der·je·ni·ge [ˈdeːɐ̯jeːnɪgə], **die·je·ni·ge** [ˈdiːjeːnɪgə], **das·je·ni·ge** <*gen* desjenigen, derjenigen, desjenigen, *pl* derjenigen; *dat* demjenigen, derjenigen, demjenigen, *pl* denjenigen; *akk*

D

denjenigen, diejenige, dasjenige, *pl* diejenigen> ['das-je:nɪgə] *pron dem* ❶ *substantivisch (Nominativ)* ■**~, der/den .../diejenige, die ...** *auf Personen bezogen* the one [*or* he/she] who [*or* that]/who[m *form*] [*or* that] ...; *auf Sachen bezogen* the one that [*or* which] ...; ■**diejenigen/denjenigen, die ...** *auf Personen bezogen* the ones [*or* they] who [*or* that]/who[m *form*] [*or* that] ...; *auf Gegenstände bezogen* the ones which [*or* that] ...; **ist das ~, welcher .../diejenige, welche ...?** (*fam*) is[n't] that the one who ...?; **ach, ~, welcher!** oh, him!; **etwa diejenige, welche?** you mean her? ❷ *adjektivisch (geh)* that; **~ Mann, der ...** that man who ...

der·lei ['de:ɐ̯lai] *pron inv* such, that kind of, like that *pred;* **~ Worte sollte man für sich behalten** such words should be kept to oneself

der·ma·ßen ['de:ɐ̯ma:sn̩] *adv* **eine ~ lächerliche Frage** such a ridiculous question; **~ schön, dass ...** so beautiful that ...; **jdn ~ unter Druck setzen, dass ...** to put sb under so much pressure that ...; **jdn ~ misshandeln, dass ...** to abuse sb so badly that ...

Der·ma·to·lo·ge, Der·ma·to·lo·gin <-n, -n> [dɛrmato'lo:gə, -'lo:gɪn] *m, f* dermatologist

Der·ma·to·lo·gie <-> [dɛrmatolo'gi:] *f kein pl* ■**die ~** dermatology

Der·ma·to·lo·gin <-, -nen> [dɛrmato'lo:gɪn] *f fem form von* **Dermatologe**

der·sel·be [de:ɐ̯'zɛlbə], **die·sel·be** [di:'zɛlbə], **das·sel·be** <*gen* desselben, derselben, desselben, *pl* derselben; *dat* demselben, derselben, demselben, *pl* denselben; *akk* denselben, dieselbe, dasselbe, *pl* dieselben> [das'zɛlbə] *pron dem* ❶ (*ebender, ebendie, ebendas*) ■**~** *+ substantiv* the same *+ noun* ❷ *substantivisch (fam)* the same; **ein und ~** one and the same; **nicht schon wieder dasselbe!** not this [stuff *fam*] again!; **sie fallen immer auf dasselbe rein** they're always falling for the same things; **immer dieselben kriegen den Ärger** it's always the same people who get into trouble; **noch mal dasselbe, bitte!** (*fam*) [the] same again please!; **es sind immer dieselben, die ...** it's always the same ones [*or* people] who [*or* that] ...

der·wei·l(en) [de:ɐ̯'vail(ən)] **I.** *adv* meanwhile, in the meantime **II.** *konj (veraltend)* while, whilst

Der·wisch <-es, -e> ['dɛrvɪʃ] *m* dervish

der·zeit ['de:ɐ̯tsait] *adv* SÜDD, ÖSTERR at present [*or* the moment]

der·zei·tig ['de:ɐ̯tsaitɪç] *adj attr* present; (*aktuell a.*) current

des[1] ['dɛs] *pron def gen von* **der, das** *siehe auch Substantive* **das Aussehen ~ Kindes/Mannes** the child's/man's appearance; **ein Zeichen ~ Unbehagens** a sign of uneasiness; **das ständige Krähen ~ Hahnes** the constant crowing of the cock [*or* cock's constant crowing]

des[2] <-> *nt*, **Des** <-> ['dɛs] *nt kein pl* MUS ■**das ~** D flat

De·sas·ter <-s, -> [de'zastɐ] *nt* disaster, calamity; **mit einem ~ enden** to end in disaster [*or* calamity]

de·sas·trös *adj (geh)* disastrous, catastrophic

de·sen·si·bi·li·sie·ren* [dezɛnzibili'zi:rən] *vt* MED ■**jdn [gegen etw] ~** to desensitize sb [against sth]

De·ser·teur(in) <-s, -e> [dezɛr'tø:ɐ] *m(f)* MIL deserter

de·ser·tie·ren* [dezɛr'ti:rən] *vi sein o selten haben* MIL ■**[von etw] ~** to desert [sth]; ■**zu jdm ~** to desert [*or* go over] to sb

De·ser·ti·on <-, -en> [dezɛr'tsi̯o:n] *f* MIL desertion

des·glei·chen [dɛs'glaiçn̩] *adv* likewise, also; **er ist Mitglied dieser Kirche, seine Verwandten ~** he's a member of this church, as are his family

des·halb ['dɛs'halp] *adv* ❶ (*daher*) therefore ❷ (*aus dem Grunde*) because of it; **~ frage ich ja** that's why I'm asking; **also ~!, ~ also!** so that's why! [*or* the reason!]; **ich bin ~ hergekommen, weil ich dich sprechen wollte** what I came here for was to speak to you, the reason I came here was that I wanted to speak to you

De·sign <-s, -s> [di'zain] *nt* design; MODE *a.* cut

de·si·gnen* [di'zainən] *vt* ■**etw ~** to design sth

De·si·gner(in) <-s, -> [di'zainɐ] *m(f)* designer

De·si·gner·dro·ge *f* designer drug

De·si·gne·rin <-, -nen> [de'zainərɪn] *f fem form von* **Designer**

De·si·gner·mö·bel *nt meist pl* designer furniture *no pl* **De·si·gner·mo·de** *f kein pl* designer fashion

de·si·gniert [dezɪ'gni:rt] *adj attr* designated

des·il·lu·si·o·nie·ren* [dɛsʔɪluzio'ni:rən, dezɪlu-] *vt* ■**jdn ~** to disillusion sb

Des·il·lu·si·o·nie·rung <-, -en> *f* disillusion[ment]

Des·in·fek·ti·on <-, -en> [dɛsʔɪnfɛk'tsi̯o:n, dezɪnfɛk'tsi̯o:n] *f* disinfection

Des·in·fek·ti·ons·mit·tel *nt* disinfectant; (*für Wunden a.*) antiseptic **Des·in·fek·ti·ons·spray** *nt* disinfectant spray

des·in·fi·zie·ren* [dɛsʔɪnfi'tsi:rən, dezɪnfi'tsi:rən] *vt* ■**etw ~** to disinfect sth; **Instrumente ~** to sterilize instruments

Des·in·fi·zie·rung <-, -en> *f s.* **Desinfektion**

Des·in·for·ma·ti·on [dɛsʔɪnfɔrma'tsi̯o:n, dezɪnfɔrma'tsi̯o:n] *f* disinformation *no pl, no indef art*

Des·in·for·ma·ti·ons·kam·pa·gne *f* disinformation campaign, campaign of disinformation

Des·in·te·gra·ti·on [dɛsʔɪntegra'tsi̯o:n, dezɪntegra'tsi̯o:n] *f* (*geh*) disintegration

Des·in·ter·es·se ['dɛsʔɪntərɛsə, 'dezɪntərɛsə] *nt* lack of interest, indifference; ■**jds** *gen* **~ [an jdm/etw]** sb's lack of interest [for sb/in sth] [*or* indifference [towards sb/sth]]; **sein ~ an etw** *dat* **bekunden** [*o* **zeigen**] to demonstrate one's indifference to [*or* lack of interest in] sth; **auf ~ stoßen** to meet with indifference

des·in·ter·es·siert ['dɛsʔɪntərɛsi:ɐ̯t, dezɪntərɛsi:ɐ̯t] *adj* uninterested, indifferent; **ein ~es Gesicht** a bored face; ■**an jdm/etw ~ sein** to be uninterested in [*or* indifferent to] sb/sth

Desk·top-Pu·bli·shing[RR], **Desk·top pu·bli·shing**[ALT] <-> ['dɛsktɔp-pablɪʃɪŋ] *nt kein pl* ■**[das] ~** desktop publishing, DTP

des·o·do·rie·ren* [dɛsʔodo'ri:rən, dezodo'ri:rən] *vt s.* **desodorisieren**

de·so·lat [dezo'la:t] *adj (geh)* ❶ (*trostlos*) bleak ❷ (*verzweifelt*) wretched, desperate

des·ori·en·tiert [dɛsʔɔri̯ɛn'ti:ɐ̯t, dezɔ-] *adj inv* disorientated

Des·ori·en·tie·rung [dɛsʔɔ-, dezɔ-] *f* ❶ (*Verwirrung*) disorientation, confusion ❷ (*Störung der Orientierungsfähigkeit*) disorientation

Des·oxy·ri·bo·nuk·le·in·säu·re [dɛsʔɔksyribonukle'i:n-, dezɔksy-] *f* ■**die ~** deoxyribonucleic acid *spec*, DNA *spec*

de·spek·tier·lich [despɛk'ti:ɐ̯lɪç] *adj (geh)* disrespectful; (*stärker*) contemptuous

De·spe·ra·do <-s, -s> [dɛspe'ra:do] *m (geh)* desperado

Des·pot(in) <-en, -en> [dɛs'po:t] *m(f)* despot, tyrant

des·po·tisch [dɛs'po:tɪʃ] **I.** *adj* despotic, tyrannical **II.** *adv* despotically, tyrannically; **sich ~ aufführen** to domineer

des·sel·ben [dɛs'zɛlbn̩] *pron gen von* **derselbe, dasselbe**

des·sen ['dɛsn̩] **I.** *pron dem gen von* **der**[2]**, das** his/its; **~ ungeachtet** (*geh*) nevertheless *form*, nonetheless *form*, notwithstanding this *form* **II.** *pron rel gen von* **der**[2]**, das** whose; (*von Sachen a.*) of which

des·sent·wil·len ['dɛsn̩t'vɪlən] *adv* **um ~** for whose sake [*or* *form* the sake of whom]

des·sen·un·ge·ach·tet[ALT] *adv (geh) s.* **dessen I.**

Des·sert <-s, -s> [dɛ'se:ɐ, dɛ'sɛ:ɐ] *nt* dessert; **was gibt es zum ~?** what's for dessert? [*or* BRIT *a.* pudding] [*or* BRIT *fam a.* afters]

Des·sert·tel·ler *m* dessert plate

Des·sin <-s, -s> [dɛ'sɛ̃:] *nt* MODE pattern, design; *von Vorhängen a.* print

Des·sous <-, -> [dɛ'su:, *pl* dɛ'su:s] *nt meist pl* undergarment, underwear *no pl, no art*

de·sta·bi·li·sie·ren [destabili'zi:rən] *vt* ■**etw ~** to destabilize sth

De·stil·lat <-[e]s, -e> [dɛstɪ'la:t] *nt* CHEM distillation, distillate *spec*

De·stil·la·ti·on <-, -en> [dɛstɪla'tsi̯o:n] *f* ❶ (*Brennen*) distillation ❷ CHEM distillation

de·stil·lie·ren* [dɛstɪ'li:rən] *vt* CHEM ■**etw** ~ to distil [*or* AM -ll] sth

De·stil·lier·kol·ben *m* CHEM distilling [*or* distillation] flask [*or* retort]

des·to ['dɛsto] *konj* ~ **besser** all the better; ~ **eher** the earlier; ~ **schlimmer!** so much the worse!; *s. a.* **je**

de·struk·tiv [destrʊk'ti:f] *adj* destructive

des·we·gen ['dɛs've:gn̩] *adv s.* **deshalb**

De·szen·dent <-en, -en> [destsɛn'dɛnt] *m* ASTROL descendant

De·tail <-s, -s> [de'tai, de'ta:j] *nt* detail; ■**die** ~**s** the details [*or* particulars]; **im** ~ in detail; **die Schwierigkeiten liegen im** ~ it's the details that are most difficult; **in allen** ~**s** in the greatest detail; **etw in allen** ~**s berichten** to report sth in full detail, to give a fully detailed account of sth; **ins** ~ **gehen** to go into detail[s]; (*sich daranmachen*) to get down to details

De·tail·fra·ge [de'tai-] *f* question of detail **de·tail·ge·nau** [de'tai-] *adj* down to the last detail **De·tail·kennt·nis·se** [de'tai-] *pl* detailed knowledge *no pl, no indef art*

de·tail·lie·ren* [deta'ji:rən] *vt* ■[**jdm**] **etw** ~ to give [sb] full details [*or* particulars] of [*or* to specify] sth; [**jdm**] **etw genauer** [*o* **näher**] ~ to give [sb] more [*or* fuller] details of sth, to specify sth more precisely, to expand [up]on sth

de·tail·liert [deta'ji:ɐt] **I.** *adj* detailed; ~**e Angaben** details, particulars; **nicht** ~ **genug sein** to be lacking in detail **II.** *adv* in detail; **etw** ~ **beschreiben** to describe sth in detail, to give a detailed description of sth; **etw** ~ **erklären** to explain sth in detail, to expound sth *form*

De·tail·liert·heit <-> *f kein pl* detail; **in aller** ~ in the greatest detail; **etw in aller** ~ **berichten** to report sth in full detail

De·tail·list(in) <-en, -en> [deta'jɪst] *m(f)* SCHWEIZ *s.* **Einzelhändler**

De·tek·tei <-, -en> [detɛk'tai] *f* [private] detective agency, firm of [private] investigators; **„~ Schlupps & Partner"** "Schlupps & Partners, Private Investigators"

De·tek·tiv(in) <-s, -e> [detɛk'ti:f, *pl* detɛk'ti:və] *m(f)* ❶ (*Privat~*) private investigator [*or* detective] [*or fam* eye], AM *a.* gumshoe *fam* ❷ (*Zivilfahnder*) plain-clothes policeman

De·tek·tiv·bü·ro *nt s.* **Detektei**

De·tek·ti·vin <-, -nen> [detɛk'ti:vɪn] *f fem form von* **Detektiv**

de·tek·ti·visch [detɛk'ti:vɪʃ] **I.** *adj* ~**e Kleinarbeit** detailed detection work; ~**er Scharfsinn** a detective's keen perception **II.** *adv* like a detective

De·tek·tiv·ro·man *m* detective novel; (*bes. mit Mörder*) whodun[n]it *fam*

De·ter·mi·nan·te <-, -n> [detɛrmi'nantə] *f* (*geh*) determinant

de·ter·mi·nie·ren* [detɛrmi'ni:rən] *vt* (*geh*) ■**etw** ~ to determine sth; **etw** [**im Voraus**] ~ to [pre]determine sth *form*

De·ter·mi·nis·mus <-> [detɛrmi'nɪsmʊs] *m kein pl* PHILOS ■**der** ~ determinism

de·ter·mi·nis·tisch *adj* PHILOS deterministic *spec*

De·to·na·ti·on <-, -en> [detona'tsi̯o:n] *f* explosion; (*nur hörbar vernommen a.*) blast; **die** ~ **der Bombe** the bomb blast; **etw zur** ~ **bringen** to detonate sth

de·to·nie·ren* [deto'ni:rən] *vi sein* to explode, to detonate

De·tri·tus <-> [de'tri:tʊs] *m kein pl* BIOL detritus *no pl*

De·tri·tus·fres·ser *m* BIOL deposit feeder

Deu·bel <-s, -> ['dɔybl̩] *m* DIAL *s.* **Teufel**

deucht ['dɔyçt] (*veraltet*) *3. pers sing von* **dünken**

De·us ex Ma·chi·na[RR] <- - -, Dei - -> ['de:ʊs ɛks 'maxina, *pl* 'de:i -] *m* (*geh*) deus ex machina *liter*

Deut ['dɔyt] *m* (*bisschen, das Geringste*) *meist in Verbindung mit Verneinung* **keinen** [*o* **nicht einen**] ~ **wert sein** to be not worth tuppence [*or* AM diddly] *fam;* **um keinen** ~ [**besser**] not one bit [*or form* whit] [*or fam* a jot] [better]; **daran ist kein** ~ **wahr** there's not a grain of truth in it; **sie versteht nicht einen** ~ **davon** she doesn't know the first thing about it

deut·bar *adj* interpretable; **kaum/nicht** ~ [**sein**] [to be] difficult/impossible to interpret *pred;* **es ist nicht anders** [**als so**] ~ it cannot be explained in any other way

deu·teln ['dɔytl̩n] *vi* (*geh*) ■**an etw** *dat* ~ to quibble over sth *pej;* **daran gibt es nichts zu** ~**!** there are no ifs and buts about it!

deu·ten ['dɔytn̩] **I.** *vt* ■[**jdm**] **etw** ~ to interpret sth [for sb]; **die Zukunft/jdm die Zukunft** ~ to read the/sb's future; **etw falsch** ~ to misinterpret sth; ■**sich** *dat* **etw** [**von jdm**] ~ **lassen** to have sth interpreted [by sb]; **sich** *dat* **die Zukunft** [**von jdm**] ~ **lassen** to have one's future read [by sb], to get sb to read one's future **II.** *vi* ❶ (*zeigen*) ■[**mit etw**] **auf jdn/etw** ~ to point [sth] at sb/sth; **mit dem** [**Zeige**]**finger auf jdn/etw** ~ to point [one's finger] at sb/sth ❷ (*hinweisen*) ■**auf jdn/etw** ~ to point to sb/sth; **alles deutet auf Frost** everything points to frost, all the signs are that there's going to be frost; **alles deutet darauf** [**hin**], **dass ...** all the indications are that ..., everything indicates that ..., there is every indication that ...

deut·lich ['dɔytlɪç] **I.** *adj* ❶ (*klar*) clear; [**un**]~**e Schrift** [il]legible writing; ~**e Umrisse** distinct [*or* clear] [*or* sharp] outlines; [**jdm**] ~ **werden** to become clear [to sb] ❷ (*eindeutig*) clear; **das war** ~**!** that was clear [*or* plain] enough!; ~ **werden** to make oneself clear [*or* plain], to use words of one syllable *a. iron;* **muss ich** ~**er werden?** have I not made myself clear [enough]?; **ich hoffe, ich muss nicht** ~**er werden!** I hope I won't have to spell it out **II.** *adv* ❶ (*klar*) clearly, plainly; **etw** ~ **fühlen** to distinctly feel sth; ~ **sprechen** to speak clearly [*or* distinctly]; **etw** ~ **zeichnen** to draw sth in sharp detail/contrast ❷ (*eindeutig*) clearly, plainly; **sich** ~ **ausdrücken** to make oneself clear [*or* plain]; ~ **fühlen, dass ...** to have the distinct feeling that ...

Deut·lich·keit <-, -en> *f* ❶ *kein pl* (*Klarheit*) clarity; *von Schrift* legibility; *von Zeichnung* sharp contrast [*or* detail]; **in** [*o* **mit**] **aller** ~ in all clarity [*or* its/their detail] ❷ (*Eindeutigkeit*) plainness; [**jdm**] **etw in** [*o* **mit**] **aller** ~ **sagen** [*o* **zu verstehen geben**] to make sth perfectly clear [*or* plain] [to sb]; **jdm in** [*o* **mit**] **aller** ~ **zu verstehen geben, dass ...** to make it perfectly clear [*or* plain] to sb that ...

deutsch ['dɔytʃ] *adj* ❶ (*Deutschland betreffend*) German; ~**er Abstammung sein** to be of German origin; ~**e Gründlichkeit** German [*or* Teutonic] thoroughness [*or* efficiency]; **die** ~**e Sprache** German, the German language; **die** ~**e Staatsbürgerschaft besitzen** [*o* **haben**] to have German citizenship, to be a German citizen; **das** ~**e Volk** the Germans, the German people[s *pl*]; **die** ~**e Wiedervereinigung** the reunification of Germany, German Reunification; ~ **denken** to have a [very] German way of thinking; **typisch** ~ **sein** to be typically German ❷ LING German; **die** ~**e Schweiz** German-speaking Switzerland; ~ **sprechen** to speak [in] German; ~ **sprechen können** to [be able to] speak German; **etw** ~ **aussprechen** to pronounce sth with a German accent, to give sth a German pronunciation ▸ WENDUNGEN: **mit jdm** ~ **reden** [*o* **sprechen**] (*fam*) to be blunt with sb, to speak bluntly with sb

Deutsch ['dɔytʃ] *nt dekl wie adj* ❶ LING German; **können Sie** ~**?** do you speak/understand German?; ~ **lernen/sprechen** to learn/speak German; **er spricht akzentfrei** ~ he speaks German without an accent; **sie spricht fließend** ~ she speaks German fluently, her German is fluent; **er spricht ein sehr gepflegtes** ~ his German is very refined; ~ **verstehen/kein** ~ **verstehen** to understand/not understand [a word of [*or* any]] German; ~ **sprechend** German-speaking, who speak/speaks German; **auf** ~ in German; **sich auf** ~ **unterhalten** to speak [*or* converse] in German; **etw auf** ~ **sagen/aussprechen** to say/pronounce sth in German; **in** ~ **abgefasst sein** (*geh*) to be written in German; **etw in** ~ **schreiben** to write sth in German; **zu** ~ in German ❷ (*Fach*) German; ~ **unterrichten** [*o* **geben**] to teach German ▸ WENDUNGEN: **auf gut** ~ [**gesagt**] (*fam*) in plain English; **nicht mehr** ~ [*o* **kein** ~

mehr] verstehen (*fam*) to not understand plain English
Deu̲t·sche <-n> *nt* ▪**das** ~ German, the German language; **etw ins ~/aus dem** [*o* **vom**] **~n ins Englische übersetzen** to translate sth into German/from [the] German into English; **die Aussprache des ~n** German pronunciation, the pronunciation of German words
Deu̲t·sche(r) *f(m) dekl wie adj* German; **er hat eine ~ geheiratet** he married a German [woman]; ▪**die ~n** the Germans; **~ sein** to be [a] German, to be from Germany; **[schon] ein halber ~r sein** to be German by formation
Deu̲t·sche De·mo·kra̲·ti·sche Re·pu·bli̲k *f* POL (*hist*) German Democratic Republic
Deu̲t·schen·feind(in) *m(f)* anti-German; (*krankhaft a.*) Germanophobe *form;* (*im Krieg*) enemy of the Germans [*or* Germany] **Deu̲t·schen·freund(in)** *m(f)* pro-German, Germanophile *form,* German-lover *a. pej;* (*im Krieg*) friend of the German people **deu̲tsch-eng·lisch** *adj* ❶ POL Anglo-German ❷ LING German-English, English-German **Deu̲t·schen·hass**[RR] *m* Germanophobia *form,* hatred of Germany [*or* the Germans] **Deu̲t·schen·has·ser(in)** <-s, -> *m(f)* German-hater, Germanophobe *form*
Deu̲t·scher A̱k·ti·en·in·dex® *m* German share index
deu̲tsch·feind·lich *adj* anti-German, Germanophobic *form* **Deu̲tsch·feind·lich·keit** *f* hostility to Germany, Germanophobia *form* **deu̲tsch-fran·zö·sisch** *adj* ❶ POL Franco-German ❷ LING German-French, French-German **deu̲tsch·freund·lich** *adj* pro-German, Germanophile *form,* German-loving *attr a. pej* **Deu̲tsch·freund·lich·keit** *f* love of Germany, Germanophilia *form*
Deutsch·land <-s> ['dɔytʃlant] *nt* Germany; **aus ~ kommen** to come from Germany; **in ~ leben** to live in Germany
Deu̲tsch·land·fra·ge *f* HIST ▪**die** ~ the German question **Deu̲tsch·land·lied** *nt* ▪**das** ~ the German national anthem **Deu̲tsch·land·po·li·tik** *f* (*innerdeutsche Politik*) [German] home affairs [*or* AM domestic policy]; (*gegenüber Deutschland*) policy on [*or* towards] Germany
Deutsch·leh·rer(in) ['dɔytʃle:rɐ] *m(f)* German teacher **deu̲tsch·na·ti·o·nal** *adj* HIST German National; ▪**~ sein** to be a German National **Deutsch·or·dens·rit·ter** [dɔytʃ'ʔɔrdn̩srɪtɐ] *m* HIST Teutonic Knight **deu̲tsch-rus·sisch** *adj* ❶ POL Russo-German ❷ LING Russian-German, German-Russian **Deu̲tsch·schweiz** *f* ▪**die** ~ German-speaking Switzerland **Deu̲tsch·schwei·zer(in)** *m(f)* German Swiss; ▪**die** ~ the German Swiss + *pl vb* **deutsch·schwei·ze·risch** ['dɔytʃʃvaitsərɪʃ] *adj* German-Swiss **deu̲tsch-spa·nisch** *adj* German-Spanish, Spanish-German **deutsch·spra·chig** ['dɔytʃʃpra:xɪç] *adj* ❶ (*Deutsch sprechend*) German-speaking *attr;* ▪**~ sein** to speak German ❷ (*in deutscher Sprache*) German[-language] *attr;* **~e Literatur** German literature; **~er Unterricht** lessons given in German; ▪**~ sein** to be in German; *Unterricht a.* to be given in German **deutsch·sprach·lich** ['dɔytʃʃpra:xlɪç] *adj* German *attr;* **der ~e Unterricht** German, the German lesson **deu̲tsch·spre·chend** *adj attr* German-speaking **deu̲tsch·stäm·mig** *adj* of German origin [*or* stock] *pred* **Deu̲tsch·stäm·mi·ge(r)** *f(m) dekl wie adj* ethnic German
Deutsch·tum <-s> ['dɔytʃtu:m] *nt kein pl* Germanness; (*Kultur*) German culture
Deu·tung <-, -en> ['dɔytʊŋ] *f* ❶ (*das Deuten*) interpretation; (*Erläuterung*) explanation; *von Horoskop, Zukunft* reading ❷ (*Interpretation*) interpretation; *von Text a.* exegesis *spec;* **eine falsche ~** a misinterpretation
Deu̲·tungs·ho·heit *f kein pl* SOZIOL (*geh*) sovereignty of interpretation **Deu̲·tungs·ver·such** *m* attempt at an interpretation; **einen ~ machen** [*o geh* **unternehmen**] to attempt an interpretation
De·vi·se <-, -n> [de'vi:zə] *f* ❶ maxim, motto; ▪**nach der ~...** according to the motto...; **nach der ~: der Zweck heiligt die Mittel** as the saying goes: the end justifies the means ❷ *pl* FIN foreign exchange [*or* currency] *no pl, no indef art;* (*Wechsel*) foreign bills *pl* [of exchange]
De·vi̲·sen·be·schrän·kun·gen *pl* foreign exchange [*or* currency-control] [*or* exchange-control] restrictions *pl* **De·vi̲·sen·be·stim·mun·gen** *pl* foreign exchange control regulations *pl* **De·vi̲·sen·brin·ger** <-s, -> *m* (*fam*) foreign-exchange earner, earner of foreign exchange [*or* currency] **De·vi̲·sen·ge·schäft** *nt* ▪**das** ~ foreign exchange dealing **De·vi̲·sen·han·del** *m* ▪**der** ~ foreign currency [*or* exchange] dealings *npl,* sale and purchase of currencies *form* **De·vi̲·sen·knapp·heit** *f* shortage of foreign exchange **De·vi̲·sen·kurs** *m* [foreign] exchange rate, rate of exchange **De·vi̲·sen·markt** *m* foreign exchange market **De·vi̲·sen·re·ser·ven** *pl* foreign exchange [*or* currency] reserves *pl* **De·vi̲·sen·schmug·gel** *m kein pl* currency smuggling *no pl* **de·vi̲·sen·schwach** *adj* with limited foreign currency reserves *pred,* soft-currency *attr spec* **de·vi̲·sen·stark** *adj* hard-currency *attr spec* **De·vi̲·sen·ver·ge·hen** *nt* breach [*or* violation] of exchange control regulations
devot [de'vo:t] *adj* (*pej geh*) obsequious *pej form*
De·vo·ti·o·na·li·en [devotsi̯o'na:li̯ən] *pl* REL devotional objects [*or* articles]
Dex·tro·se <-> [dɛks'tro:zə] *f kein pl* CHEM dextrose *spec,* dextroglucose *spec*
De·zem·ber <-s, -> [de'tsɛmbɐ] *m* December; *s. a.* **Februar**
de·zent [de'tsɛnt] **I.** *adj* ❶ (*unaufdringlich*) discreet; **~e Farbe** subdued [*or* discreet] colour [*or* AM -or]; **~e Kleidung** modest [*or* discreet] wear ❷ (*zurückhaltend*) discreet **II.** *adv* ❶ (*unaufdringlich*) discreetly; **sich ~ kleiden** to dress modestly [*or* discreetly] ❷ (*zurückhaltend*) discreetly
de·zen·tral [detsɛn'tra:l] **I.** *adj* decentralized **II.** *adv* **etw ~ entsorgen** to send sth to a decentralized disposal system; **etw ~ versorgen** to supply sth from decentralized outlets; **etw ~ verwalten** to govern sth in a decentralized system
de·zen·tra·li·sie·ren* [detsɛntrali'zi:rən] *vt* ▪**etw ~** to decentralize sth
De·zen·tra·li·sie̲·rung <-, -en> *f* decentralization; ▪**die ~ einer S.** *gen* the decentralization of sth
De·zer·nat <-[e]s, -e> [detsɛr'na:t] *nt* department
De·zer·nent(in) <-en, -en> [detsɛr'nɛnt] *m(f)* department head
De·zi·bel <-s, -> [detsi'bɛl] *nt* PHYS decibel
de·zi·diert [detsi'di:ɐ̯t] **I.** *adj bes* ÖSTERR (*geh*) determined, firm **II.** *adv bes* ÖSTERR (*geh*) firmly, with determination
De·zi·gramm [detsi'gram] *nt* decigram[me] **De·zi·li·ter** [detsi'li:tɐ] *m o nt* decilitre [*or* AM -er] *spec*
de·zi·mal [detsi'ma:l] *adj* decimal
De·zi·ma̲l·rech·nung *f kein pl* MATH decimals *pl* **De·zi·ma̲l·stel·le** *f* decimal place; **auf 5 ~n genau** correct to 5 decimal places **De·zi·ma̲l·sys·tem** *nt* ▪**das** ~ the decimal system **De·zi·ma̲l·zahl** *f* decimal number; (*zwischen 0 und 1 a.*) decimal fraction
De·zi·me <-, -n> [de'tsi:mə] *f* MUS tenth
De·zi·me·ter ['de:tsime:tɐ] *m o nt* decimetre [*or* AM -er] *spec*
de·zi·mie·ren* [detsi'mi:rən] *vt* ▪**etw ~** to decimate sth
De·zi·mie̲·rung <-, -en> *f* decimation (+*gen* of), the decimation of sth
DFB [de:ɛf'be:] *m* SPORT *Abk von* **Deutscher Fußball-Bund** ≈ FA BRIT, ≈ US Soccer [Federation] AM
DFÜ <-> [de:ɛf'y:] *f kein pl Abk von* **Datenfernübertragung**
DGB <-s> [de:ge:'be:] *m Abk von* **Deutscher Gewerkschaftsbund:** ▪**der** ~ the Federation of German Trade Unions
dgl. *pron Abk von* **dergleichen, desgleichen**
d. Gr. *Abk von* **der Große** *s.* **groß 14**
d.h. *Abk von* **das heißt** i.e.
Dha·ka <-s> ['daka] *nt* Dhaka, Dacca
Dia <-s, -s> ['di:a] *nt* slide, [positive *form*] transparency, diapositive *spec*
Di·a·be·tes <-> [dia'be:tɛs] *m kein pl* MED diabetes [mellitus *spec*]

Di·a·be·ti·ker(in) <-s, -> [dia'be:tikɐ] *m(f)* MED diabetic
di·a·be·tisch [dia'be:tɪʃ] MED **I.** *adj* diabetic; **ein ~er Mensch** a diabetic **II.** *adv* **~ bedingt [sein]** [to be] caused by diabetes *pred*
di·a·bo·lisch [dia'bo:lɪʃ] *(geh)* **I.** *adj* ❶ *(boshaft)* evil, malicious ❷ *(teuflisch)* diabolical, diabolic, fiendish **II.** *adv* ❶ *(boshaft)* evilly, maliciously ❷ *(teuflisch)* diabolically, fiendishly
di·a·chro·nisch [dia'kro:nɪʃ] *adj* LING diachronic
Di·a·dem <-s, -e> [dia'de:m] *nt* diadem; *(für Frau a.)* tiara
Di·a·do·chen [dia'dɔxən] *pl* ■**die ~** ❶ HIST the Diadochi *spec* ❷ *(fig geh)* rivals in a power struggle
Di·a·do·chen·kämp·fe *pl (geh)* power struggle
Di·a·gno·se <-, -n> [dia'kno:zə] *f* diagnosis; **eine ~ stellen** to make a diagnosis
Di·a·gno·se·zen·trum *nt* diagnostic centre [*or* AM -er]
Di·a·gnos·tik <-> [dia'gnɔstɪk] *f kein pl* MED ■**die ~** diagnostics + *sing vb spec;* **die ~ von Tumoren** the diagnosis of tumours [*or* AM -ors]
di·a·gnos·tisch [dia'gnɔstɪʃ] *adj* MED diagnostic
di·a·gnos·ti·zie·ren* [diagnɔsti'tsi:rən] *vt* ■**etw [bei jdm] ~** to diagnose sth [in sb]
di·a·go·nal [diago'na:l] *adj* diagonal; **eine ~e Gerade** a diagonal [line]
Di·a·go·na·le <-, -n> [diago'na:lə] *f* diagonal [line]
Di·a·gramm <-s, -e> [dia'gram] *nt* graph, chart, diagram
Di·a·kon(in) <-s *o* -en, -e[n]> [dia'ko:n] *m(f)* REL deacon
Di·a·ko·nat <-[e]s, -e> [diako'na:t] *nt* REL diaconate
Di·a·ko·nie <-> [diako'ni:] *f kein pl* REL **die ~** social welfare work
Di·a·ko·nin <-, -nen> [dia'ko:nɪn] *f fem form von* **Diakon**
Di·a·ko·nis·se <-, -n> [diako'nɪsə] *f,* **Di·a·ko·nis·sin** <-, -nen> [diako'nɪsɪn] *f* REL deaconess
di·a·kri·tisch [dia'kri:tɪʃ] *adj* diacritic; **ein ~es Zeichen** a diacritical mark
Di·a·lekt <-[e]s, -e> [dia'lɛkt] *m* dialect
di·a·lek·tal [dialɛk'ta:l] *adj* dialectal
Di·a·lekt·aus·druck *m* dialect expression
Di·a·lek·tik <-> [dia'lɛktɪk] *f kein pl* dialectic, dialectics + *sing vb*
di·a·lek·tisch [dia'lɛktɪʃ] *adj* ❶ PHILOS dialectical ❷ LING *s.* **dialektal**
Di·a·log <-[e]s, -e> [dia'lo:k, *pl* dia'lo:gə] *m (geh)* dialogue [*or* AM -og]; **interessanter ~** interesting discussion; **in einen ~ [über etw] eintreten** to discuss [sth], to enter into discussion [about sth]; **mit jdm einen ~ führen** to have a discussion with sb
Di·a·log·be·reit·schaft *f kein pl* openness to dialogue **Di·a·log·be·trieb** *m* INFORM dialogue, interactive [*or* conversational] mode; **im ~** online **Di·a·log·fä·hig·keit** *f kein pl* openness to dialogue
Di·a·ly·se <-, -n> [dia'ly:zə] *f* dialysis
Di·a·mant <-en, -en> [dia'mant] *f* diamond; **geschliffene/ungeschliffene ~en** cut/uncut diamonds
di·a·man·ten [dia'mantn̩] *adj attr* ❶ *(wie Diamanten funkelnd)* like diamonds; **in/mit ~em Glanz funkeln** to sparkle like diamonds ❷ *(mit Diamanten besetzt)* diamond, set with diamonds
Di·a·mant·ring *m* diamond ring **Di·a·mant·schlei·fer(in)** *m(f)* diamond cutter **Di·a·mant·staub** *m* diamond dust
di·a·me·tral [diame'tra:l] **I.** *adj (geh)* diametrical **II.** *adv (geh)* diametrically; **~ entgegengesetzt sein** to be diametrically opposed [*or* opposite]
Di·a·phrag·ma <-s, -s> [dia'fragma] *nt* diaphragm, Dutch cap BRIT
Dia·po·si·tiv [diapozi'ti:f] *nt* slide **Dia·pro·jek·tor** *m* slide projector **Dia·rah·men** *m* slide frame
Di·ar·rhö <-, -en>, **Di·ar·rhöe** <-, -n> [dia'rø:, -'rø:ən] *f* diarrhoea *no pl, no art* BRIT, diarrhea *no pl, no art* AM
Di·a·spo·ra <-> [di'aspora] *f kein pl* ❶ REL Diaspora ❷ *(fig)* backwater, back of beyond BRIT
Di·a·sto·le <-, -n> [di'astole, dia'sto:lə] *f* diastole
di·a·sto·lisch [dia'sto:lɪʃ] *adj* diastolic
Di·ät <-, -en> [di'ɛ:t] *f* diet; **eine fettarme ~** a diet low in fat, a low-fat diet; **eine salzlose ~** a salt-free diet; **eine strenge ~** a strict diet; **~ halten** to keep to a diet; **~ kochen** to cook according to a diet; **~ leben** to keep to a diet; **auf ~ sein** *(fam)* to be on a diet, to diet; **mit einer ~ anfangen** to go on a diet; **nach einer ~ leben** to keep to a diet; **jdn auf ~ setzen** *(fam)* to put sb on a diet
Di·ät·as·sis·tent(in) *m(f) sb trained to advise in and oversee the setting-up of diet programmes in hospitals and clinics* **Di·ät·bier** *nt* lite [*or* BRIT *a.* diet] beer
Di·ä·ten [di'ɛ:tn̩] *pl* POL [sessional] expenses *pl*
Di·ä·te·tik <-, -en> [diɛ'te:tɪk] *f* diatetics + *sing vb*
di·ä·te·tisch [diɛ'te:tɪʃ] *adj* dietetic
Di·ät·fahr·plan *m (fam)* diet, diet plan, regime[n] **Di·ät·kost** *f* diet food **Di·ät·kur** *f* dietary cure **Di·ät·mar·ga·ri·ne** *f* dietary margarine *(high in polyunsaturates)*
di·a·to·nisch [dia'to:nɪʃ] *adj* diatonic; **die ~e Tonleiter** the diatonic scale
Di·ät·waa·ge *f* food scale
Dia·vor·trag *nt* slide show
dich ['dɪç] **I.** *pron pers akk von* **du** you **II.** *pron refl* yourself
dicht ['dɪçt] **I.** *adj* ❶ *(eng beieinander befindlich)* dense, thick; **~es Laub** dense foliage; **~es Haar** thick hair; **~es Gefieder** dense [*or* thick] layer of feathers; **ein ~es Gedränge/eine ~e Menschenmenge** a dense crowd [*or liter* throng] ❷ *(undurchdringlich)* thick, dense; **~er Verkehr** heavy traffic; **im ~en Verkehr festsitzen** to be stuck in a traffic jam ❸ *(undurchlässig: vor Wasser)* waterproof, watertight; **die Fenster sind wieder ~** the windows are sealed again now; **~e Leitung** watertight pipe; **~e Rollläden/Vorhänge** thick blinds/curtains; **~er Stoff** thickly [*or* densely] woven material, material with a close weave; **nicht mehr ~ sein** to leak ▶ WENDUNGEN: **nicht ganz ~ sein** *(pej sl)* to be off one's head [*or* BRIT *fam* one's trolley], to be out of one's mind, to be out to lunch *sl* **II.** *adv* ❶ *(örtlich)* closely; **~ auffahren** to tailgate, to drive too closely to the next car; **wir standen ~ gedrängt in der S-Bahn** we stood squeezed together in the suburban train; **~ gefolgt von etw** to be followed closely by; **er gewann, ~ gefolgt von ...** he won, closely followed by ...; **~ übersät** thickly strewn; **~ hinter jdm** just [*or* close] behind sb; **~ hinter jdm sein** to be hard [*or* hot] on sb's heels; **~ neben jdm** close beside [*or* just next to] sb; **~ über etw hängen** to hang thickly over sth; **~ vor jdm** just in front of sb; **~ an** close [*or* near] to; **~ unter** close [*or* near] to, just under; **~ beieinander/hintereinander** close together; **~ [an ~] stehen** to be [*or* stand] close together, to be packed together like sardines [in a tin] ❷ *(zeitlich)* **~ bevorstehen** to be coming up soon; **Weihnachten steht ~ bevor** it's not long till Christmas, Christmas is just around the corner; **an etw ~ dran sein** to be close to sth ❸ *(sehr stark)* densely; **~ behaart sein** to have a lot of hair, to be hirsute *liter;* **auf der Brust ~ behaart sein** to have a very hairy chest; **in seiner Jugend war er noch ~er behaart** he had a good head of hair in his youth; **~ belaubte Bäume** trees covered in thick foliage; **~ besiedelt** [*o* **bevölkert**] densely populated; **~ bewaldet** thickly wooded, densely forested; **~ mit Efeu bewachsen sein** to be covered with ivy; **~ bewölkt** very cloudy; **~ mit Rosen bepflanzt sein** to be full of roses ❹ *(fest)* **~ schließen** to close properly; **Gardinen ~ zuziehen** to close the curtains properly, to draw the curtains to; **~ verhängt** thickly draped; **~ gewebt** closely woven
dicht·auf *adv* **~ folgen** to follow close behind **dicht·be·haart** *adj attr s.* **dicht II.3** **dicht·be·laubt** *adj attr s.* **dicht II.3** **dicht·be·sie·delt, dicht·be·völ·kert** *adj attr s.* **dicht II.3** **dicht·be·wölkt** *adj attr s.* **dicht II.3**

D

Dich·te <-, -n> ['dɪçtə] *f* ❶ *kein pl* density; ~ **des Gedränges** dense crowd; ~ **des Nebels** dense [*or* thick] fog ❷ PHYS density; **spezifische** ~ specific gravity

Dich·te·gra·di·ent *m* PHYS density gradient **Dich·te·gra·di·en·ten·zen·tri·fu·ga·ti·on** *f* PHYS density gradient centrifugation

dich·ten¹ ['dɪçtn̩] **I.** *vt* ■**etw** [**auf jdn/etw**] ~ to write [*or form* compose] poetry [to sb/sth]; **ich habe ein paar Verse zu deinem Geburtstag gedichtet** I've written a few verses for your birthday **II.** *vi* to write poetry

dich·ten² ['dɪçtn̩] *vt* (*dicht machen*) ■**etw** [**gegen etw**] ~ to seal sth [against sth]; **Fugen** ~ to grout cracks

Dich·ter(in) <-s, -> ['dɪçtɐ] *m(f)* poet

dich·te·risch ['dɪçtərɪʃ] **I.** *adj* poetic[al]; *s. a.* **Freiheit II.** *adv* ❶ (*was die Dichtkunst betrifft*) poetically; ~ **begabt sein** to have a flair [*or* talent] for writing [poetry] ❷ (*in Art eines Gedichtes*) in poetry [*or* a poem], poetically; **etw** ~ **darstellen/wiedergeben** to present sth in the form of a poem

Dich·ter·le·sung *f* reading (*by a poet from his own work*)

Dich·ter·wort <-worte> *nt* lines of a poem, piece of poetry

dicht·ge·drängt *adj attr s.* **dicht II. 1** **dicht|hal·ten** ['dɪçthaltn̩] *vi irreg* ❶ (*sl: den Mund halten*) to keep quiet [*or fam* one's mouth shut]; (*bei Verhör*) not to give away any information; **nicht** ~ to spill the beans, to let the cat out of the bag ❷ (*dicht bleiben*) to not leak; (*Schuhe*) to be waterproof; **nicht** ~ to begin to leak

Dicht·kunst *f* poetic art, poetry

dicht|ma·chen *vt, vi* (*fam*) ■[**etw**] ~ ❶ (*schließen*) to close [*or* shut] [sth] ❷ (*den Betrieb einstellen*) to close [*or* shut] [sth] [down]

Dich·tung¹ <-, -en> ['dɪçtʊŋ] *f* ❶ *kein pl* (*Dichtkunst*) poetry; **die** ~ **der Renaissance** Renaissance poetry ❷ (*episches Gedicht*) epic poem; ~ **und Wahrheit** fact and fiction

Dich·tung² <-, -en> ['dɪçtʊŋ] *f* seal, sealing; (*Dichtring*) washer; (*von Ventildeckel*) gasket; (*von Zylinderkopf*) head gasket

Dich·tungs·mas·se *f* sealing compound; **Fugen mit** ~ **verschmieren** to smear grout in the cracks **Dich·tungs·mit·tel** *nt* sealant, sealing material **Dich·tungs·ring** *m*, **Dich·tungs·schei·be** *f* washer

dick ['dɪk] **I.** *adj* ❶ (*einen großem Umfang aufweisend*) fat, stout BRIT, corpulent *form;* ~**e Backen** chubby cheeks; **ein** ~**er Baum/Stamm** a thick tree/[tree] trunk; **ein** ~**es Buch/ein** ~**er Band** a thick book/volume; **eine** ~**e Zigarre** (*fam*) a fat [*or* big] cigar *fam;* **eine** ~**e Brieftasche** (*fam*) a fat wallet *fam;* **ein** ~**es Bündel Banknoten** (*fam*) a fat [*or* thick] [*or* big] bundle of bank notes; (*groß, schwer*) big, enormous; **eine** ~**e Limousine** a big limousine ❷ (*fam: beträchtlich*) big fat *fam;* **eine** ~**e Belohnung** a big fat reward; **etw macht** [**jdn**] ~ sth makes [sb] fat, sth is fattening; [**von etw**] ~ **werden** to get fat *fam* [from sth] [*or* put on weight]; *s. a.* **Berta** ❸ *nach Maßangaben* (*stark*) **5 Meter** ~ 5 metres thick; **eine 7 Kilometer** ~**e Schicht** a 7 kilometres thick layer [*or* a layer 7 kilometres thick] ❹ (*fam: schwer*) big; **ein** ~**er Tadel/Verweis** a severe [*or* sharp] reprimand; **ein** ~**es Lob** [**für etw**] **bekommen** to be praised highly [*or* to the high heavens] [for sth] ❺ (*geschwollen*) swollen; ~**e Beule** big lump ❻ (*zähflüssig*) thick, viscous; **eine** ~**e Soße** a thick sauce ❼ (*fam: dicht*) thick ❽ (*dicht*) thick; **sich ins** ~**e Gewühl stürzen** to elbow one's way into the thick of the crowd ❾ (*fam: herzlich*) close ►WENDUNGEN: **mit jdm durch** ~ **und dünn gehen** to go through thick and thin with sb **II.** *adv* ❶ (*warm*) warmly; **sich** ~ **anziehen** to dress warmly ❷ (*fett*) heavily ❸ (*reichlich*) thickly; **etw zu** ~ **auftragen** to lay sth on with a trowel ❹ (*fam: sehr*) very; **jdm etw** ~ **ankreiden** to pay sb back [*or* to get sb] for sth; **mit jdm** ~ **im Geschäft sein** to be well in with sb; **mit jdm** ~[**e**] **befreundet sein** (*fam*) to be as thick as thieves with sb ►WENDUNGEN: **es** ~[**e**] **haben** (*sl: reich sein*) to be loaded *fam;* **es nicht so** ~[**e**] **haben** (*fam*) to be not that loaded *fam;* **jdn/etw** ~[**e**] **haben** (*fam*) to be sick of [*or* fed up with] [*or* fed up to the back teeth with] sb/sth; **die Faxen** ~**e haben** to be fed up with sth; **es kommt immer gleich ganz** ~[**e**] (*fam*) it never rains but it pours *prov;* **sich** ~ **machen** (*fam*) to spread oneself out; ~ **auftragen** (*pej fam*) to lay it on thick [*or* with a trowel] *fam*

dick·bau·chig *adj* pot-bellied; ~**er Krug** big jug **dick·bäu·chig** *adj* pot-bellied; ■~ **sein** to have a big belly *fam* [*or* stomach] **Dick·darm** *m* colon

di·cke ['dɪkə] *adv* (*fam*) *s.* **dick II. 5**

Di·cke <-, -n> ['dɪkə] *f* ❶ (*Stärke*) thickness; **eine** ~ **von rund 3 Metern** a thickness of about 3 metres [*or* AM -ers] ❷ (*dicke Beschaffenheit*) size, stoutness BRIT, corpulence, obesity *form*

Di·cke(r) ['dɪkə] *f(m) dekl wie adj* (*fam*) fatso *fam,* fatty *fam*

Di·cker·chen <-s, -> *nt* (*fam*) *s.* **Dicke(r)**

dick·fel·lig *adj* (*pej fam*) thick-skinned *pej,* insensitive; ■~ **sein** to be thick-skinned *pej,* to be insensitive, to have a hide like a rhinoceros BRIT *pej* **Dick·fel·lig·keit** <-> *f kein pl* (*pej fam*) insensitivity **dick·flüs·sig** *adj* thick; ~**es Öl** viscous oil **Dick·häu·ter** <-s, -> *m* (*hum fam*) ❶ (*Tier*) pachyderm ❷ (*fig*) **ein** ~ **sein** to have a thick skin

Di·ckicht <-[e]s, -e> ['dɪkɪçt] *nt* ❶ (*dichtes Gebüsch*) thicket, brushwood ❷ (*unübersichtliches Konglomerat*) maze, labyrinth

Dick·kopf *m* (*fam*) ❶ (*dickköpfiger Mensch*) stubborn [*or* obstinate] [*or* pigheaded] fool; **ein kleiner** ~ **sein** to be stubborn ❷ (*Starrsinn*) stubbornness, obstinacy, pigheadedness; **seinen** ~ **bekommen** [*o* **seinen** ~ **aufsetzen**] to dig one's heels in; **einen** ~ **haben** to be stubborn [*or* obstinate] [*or* pig-headed], to be as stubborn as a mule; **seinen** ~ **durchsetzen** to have one's way

dick·köp·fig *adj* stubborn, obstinate, pig-headed

dick·lei·big *adj* (*geh*) ❶ (*korpulent*) stout BRIT, corpulent, obese *form* ❷ (*gewichtig*) heavy, bulky

Dick·lei·big·keit <-> *f kein pl* (*geh*) corpulence, obesity *form,* stoutness BRIT

dick·lich *adj* ❶ (*etwas dick*) plump, chubby, podgy BRIT *fam,* pudgy AM *fam;* ~**es Kind** chubby child ❷ (*dickflüssig*) thick; PHYS viscous; ■~ **werden** to get/become thick

Dick·milch *f* curds *pl* **Dick·schä·del** *m* (*fam*) *s.* **Dickkopf** **dick·scha·lig** *adj* with a thick skin; ■~ **sein** to have a thick skin **dick·wan·dig** *adj* thick-walled; ■~ **sein** to be thick-walled, to have thick walls **Dick·wanst** *m* (*pej fam*) fatso *pej fam,* fatty *pej fam,* butterball AM *usu pej fam*

Dic·ty·o·som <-s, -en> [dɪkty'so:m] *m* BIOL dictyosome

Di·dak·tik <-, -en> [di'daktɪk] *f* teaching methodology, didactics + *sing vb form*

di·dak·tisch [di'daktɪʃ] **I.** *adj* didactic *form* **II.** *adv* didactically *form*

die ['di:] *art, pron* the; *s. a.* **der**

Dieb(in) <-[e]s, -e> ['di:p, *pl* 'di:bə] *m(f)* (*Räuber*) thief; (*Bankräuber*) bank robber; (*Einbrecher*) burglar; **zum** ~ **werden** to become a thief, to take to stealing; **als** ~ **verurteilt werden** to be convicted as a thief; **sich wie ein** ~ **davonmachen** to creep away like a thief in the night; **haltet den** ~**!** "stop thief!"; *s. a.* **Gelegenheit** ►WENDUNGEN: **die kleinen** ~**e hängt man, die großen lässt man laufen** (*prov*) little thieves are hanged but great ones escape *prov old*

Die·be·rei <-, -en> [di:bə'rai] *f* (*pej fam*) [constant] thieving; **kleine** ~ petty theft, pilfering

Die·bes·ban·de *f* (*pej*) gang [*or* band] of thieves **Die·bes·ge·sin·del** *nt* thieving rabble; *s. a.* **Diebespack** **Die·bes·gut** *nt kein pl* stolen goods *npl* **Die·bes·nest** *nt* (*veraltend*) thieves' hideout [*or* den], nest of thieves BRIT **Die·bes·pack** *nt kein pl* (*pej*) pack of thieves *pej*

Die·bin <-, -nen> ['di:bɪn] *f fem form von* **Dieb**

die·bisch ['di:bɪʃ] **I.** *adj* ❶ (*stehlend*) thieving ❷ (*fam: heimlich*) malicious, fiendish, diabolic; **mit** ~**er Freude** with fiendish joy **II.** *adv* (*schadenfroh*) maliciously, fiendishly; **sich** ~

[über etw *akk*] **freuen** to take a mischievous pleasure in sth

Dieb·stahl <-[e]s, -stähle> ['di:pʃta:l, *pl* -ʃtɛ:lə] *m* theft, robbery; **geistiger** ~ plagiarism; **schwerer** ~ aggravated robbery; **einen** ~ **begehen** to commit a robbery [*or* theft]

Dieb·stahl·si·che·rung *f* AUTO anti-theft device **Dieb·stahl·ver·si·che·rung** *f* insurance against theft

die·je·ni·ge ['di:je:nɪgə] *pron dem s.* **derjenige**

Die·le <-, -n> ['di:lə] *f* ① (*Vorraum*) hall ② NORDD *central living room* ③ (*Fußbodenbrett*) floorboard

die·nen ['di:nən] *vi* ① (*nützlich sein*) ■ **einer S.** *dat* ~ to be [important] for sth; **jds Interessen** ~ to serve sb's interests; **jds Sicherheit** ~ for sb's safety; **zum Verständnis einer S.** ~ to help in understanding sth; **einem guten Zweck** ~ to be for a good cause ② (*behilflich sein*) **jdm mit etw** ~ **können** to help sb with sth; **womit kann ich Ihnen** ~**?** how can I help you?; **damit können wir im Moment leider nicht** ~ I'm afraid we can't help you there; ■ **jdm ist mit etw gedient** sth is of use to sb; **jd ist mit etw nicht/kaum gedient** sth is of no/little use to sb, sth doesn't help sb/help sb much; **wäre Ihnen vielleicht hiermit gedient?** is this perhaps what you're looking for? ③ (*verwendet werden*) ■ [**jdm**] **als etw** ~ to serve [sb] as sth; **lassen Sie es sich als Warnung** ~ let this be [*or* serve as] a warning to you ④ (*herbeiführen*) ■ **zu etw** ~ to make for [*or* be conducive to] sth; **der allgemeinen Erheiterung** ~ to serve to amuse everyone; **einem Zweck** ~ to serve a purpose ⑤ (*Militärdienst leisten*) ■ [**bei etw/unter jdm**] ~ to do military service [in sth/under sb]; *s. a.* **gedient** ⑥ (*veraltet: Knecht sein*) ■ **jdm** [**als jd**] ~ to serve sb [as sb] ⑦ (*angestellt sein*) ■ **bei jdm/etw** ~ to be in service to sb/sth

Die·ner <-s, -> ['di:nɐ] *m* (*fam*) bow; [**vor jdm**] **einen** ~ **machen** to make a bow [to sb], to bow [to sb]

Die·ner(in) <-s, -> ['di:nɐ] *m(f)* servant; ~ **Gottes** servant of God; **Ihr** [**treu**] **ergebener** ~ (*veraltet*) your [humble] servant *old*

die·nern ['di:nɐn] *vi* (*pej*) ■ [**vor jdm**] ~ to bow and scrape [to sb] *pej*

Die·ner·schaft <-, -en> *f* [domestic] servants *pl*

dien·lich *adj* useful, helpful; ■ **jdm/einer S.** ~ **sein** to be useful [*or* of use] to sb/sth; **das kann dir kaum** ~ **sein** this can't be of much use for you; **kann ich Ihnen noch mit irgendetwas** ~ **sein?** can I do anything else for you?

Dienst <-[e]s, -e> ['di:nst] *m* ① *kein pl* (*berufliche Tätigkeit*) work; ~ **haben** to be at work; **wie lange hast du heute** ~**?** how long do you have to work today?; **beim** ~ at work; **im** ~ at work; **außer** ~ retired; **nach** [**dem**] ~ after work; **vor dem** ~ before work; **zum** ~ **gehen/kommen** to go/come to work; **zum** ~ **müssen** to have to go to work ② *kein pl* (*Arbeitszeit*) **während/nach dem** ~ during/outside working hours; **jdn vom** ~ **befreien** to give [*or* grant] sb [paid] leave [*or* time off]; **jdn vom** ~ **beurlauben** [*o* **suspendieren**] to suspend sb [from work] ③ (*für jdn arbeiten*) ~ **bei jdm als etw tun** to work for sb as sth, to be employed by sb as sth; **jdn in** [**seinen**] ~ [*o* **in seine** ~**e**] **nehmen** (*veraltet*) to take sb into service; **bei jdm in** ~[**en**] [*o* **in jds** *dat* ~[**en**]] **sein** [*o* **stehen**] (*veraltet*) to be in service to sb; **in jds** ~[**e**] **treten** *akk* to enter sb's service ④ *kein pl* (*Amt*) **diplomatischer** [*o* **auswärtiger**] ~ diplomatic service; **der mittlere/gehobene/höhere** ~ *the clerical/higher/senior sections of the civil service;* **öffentlicher** ~ civil service; **jdn vom** ~ **suspendieren** to suspend sb from duty; **außer** ~ retired ⑤ *kein pl* MIL service; **den** ~ **quittieren** to leave the army; **aus dem** ~ **ausscheiden** to leave the service[s]; **aus dem aktiven** ~ **ausscheiden** to leave active service; **außer** ~ retired; **im** ~ on duty; **nicht im** ~ off duty; **der Chef/der Unteroffizier vom** ~ duty editor/NCO in charge ⑥ *kein pl* (*Bereitschaftsdienst*) on call [*or* standby]; ~ **haben** to be on call [*or* standby]; **der** ~ **habende** [*o* **tuende**] **Arzt/Offizier** MIL the doctor/officer on duty ⑦ (*unterstützende Tätigkeit*) services *npl;* **danke für deine** ~**e!** thanks for your help!; **jdm einen** [**guten**] ~ **erweisen** [*o* **tun**] to do sb a good turn, to render sb a valuable service *form;* **jdm einen schlechten** ~ **erweisen** to do sb a bad turn, to do sb a disservice *form;* **jdm gute** ~**e leisten** to stand sb in good stead; **jdm zu** [*o* **zu jds**] ~**en stehen** to be at sb's service [*or* disposal]; **was steht zu** ~**en?** (*veraltend*) how may I be of service? *old;* **sich in den** ~ **einer S. stellen** *gen* to devote oneself to the service [*or* cause] of sth, to embrace a cause; **im** ~[**e**] **einer S. stehen** to be at the service of sth; **sich im** ~[**e**] **einer S. aufopfern** to sacrifice oneself in the service of sth; **etw in** ~ **stellen** to put sth into service; **ein Schiff in** ~ **stellen** to put a ship into commission; **seinen** ~ **versagen** to fail; **seine Stimme versagte ihren** ~ his voice failed ⑧ (*Service*) service; **einen** ~ **leisten** to perform [*or form* render] a service; ~ **am Kunden** service to the customer ▶ WENDUNGEN: ~ **ist** ~**, und Schnaps ist Schnaps** (*prov*) don't mix work and leisure

Dienst·ab·teil *nt* staff compartment

Diens·tag ['di:nsta:k] *m* Tuesday; **wir haben heute** ~ it's Tuesday today; **treffen wir uns** ~**?** shall we get together on Tuesday?; **in der Nacht** [**von Montag**] **auf** [*o* **zu**] ~ on Monday night, in the early hours of Tuesday morning; ~ **in acht Tagen** a week on Tuesday, Tuesday week BRIT; ~ **vor acht Tagen** a week last [*or* BRIT *a.* [ago] on] Tuesday, Tuesday before last; **diesen** [*o* **an diesem**] ~ this Tuesday; **eines** ~**s** one Tuesday; **den ganzen** ~ **über** all day Tuesday; **jeden** ~ every Tuesday; **letzten** [*o* **vorigen**] ~ last Tuesday; **seit letzten** [*o* **letztem**] ~ since last Tuesday; [**am**] **nächsten** ~ next Tuesday; **ab nächsten** [*o* **nächstem**] ~ from next Tuesday [on]; **am** ~ on Tuesday; [**am**] ~ **früh** early Tuesday [morning]; **an** ~**en** on Tuesdays; **an einem** ~ one [*or* on a] Tuesday; **am** ~**, den 4. März** (*Datumsangabe: geschrieben*) on Tuesday 4th March [*or* AM March 4]; (*gesprochen*) on Tuesday the 4th of March [*or* AM March 4th]

Diens·tag·abend[RR] [di:nsta:g'ʔa:bn̩t] *m* Tuesday evening **diens·tag·abends**[RR] *adv* [on] Tuesday evenings **Diens·tag·mit·tag**[RR] *m* [around] noon on Tuesday **diens·tag·mit·tags**[RR] *adv* [around] noon on Tuesdays **Diens·tag·mor·gen**[RR] *m* Tuesday morning **diens·tag·mor·gens**[RR] *adv* [on] Tuesday mornings **Diens·tag·nach·mit·tag**[RR] *m* Tuesday afternoon **diens·tag·nach·mit·tags**[RR] *adv* [on] Tuesday afternoons **Diens·tag·nacht**[RR] *f* Tuesday night **diens·tag·nachts**[RR] *adv* [on] Tuesday nights

diens·tags ['di:nsta:ks] *adv* [on] Tuesdays; ~ **abends/nachmittags/vormittags** [on] Tuesday evenings/afternoons/mornings

Diens·tag·vor·mit·tag[RR] *m* Tuesday morning **diens·tag·vor·mit·tags**[RR] *adv* [on] Tuesday mornings

Dienst·al·ter *nt* length of service **Dienst·äl·tes·te(r)** *f(m) dekl wie adj person who has been in service the longest* **Dienst·an·tritt** *m* **bei/nach/vor** ~ as/after/before work begins [*or* starts]; (*Antreten eines Amtes*) taking up [of] office *form* [*or* a position] **Dienst·an·wei·sung** *f* [civil] service regulations *pl* **Dienst·auf·fas·sung** *f* attitude to work; **nach jds** ~ according to sb's attitude to work [*or* how sb views work] **Dienst·auf·sicht** *f* supervisory authority; **die** ~ **über etw haben** *akk* to be the supervisory authority for sth **Dienst·aus·weis** *m* ADMIN official identity card

dienst·bar *adj* **sich** *dat*/**einer Sache jdn/etw** ~ **machen** to make use of sb/sth, to utilize sb/sth; **durch eine Prämie machte er sich die Belegschaft** ~ he guaranteed his workers' loyalty by paying them a bonus; *s. a.* **Geist**

Dienst·bar·keit <-, -en> *f* JUR easement

dienst·be·flis·sen *adj* diligent, assiduous **dienst·be·reit** *adj* ① (*im Bereitschaftsdienst*) on call; ~**er Arzt** doctor on call ② (*veraltend*) ready to be of service; **ich bin gerne** ~ I'm glad to be of service **Dienst·be·reit·schaft** *f* ① (*Abrufbereitschaft*) standby duty; ~ **haben** to be on call; **welche Apotheke hat dieses Wochenende** ~**?** which is the emergency pharmacy this weekend?, which pharmacy is open after hours this weekend? ② (*Bereitschaft zur Hilfe*) willingness to help, helpfulness

D

Dienst·be·zü·ge *pl* earnings *pl,* salary **Dienst·bo·te, -bo·tin** *m, f* (*veraltend*) [domestic] servant; **die ~n** the domestic staff **Dienst·bo·ten·ein·gang** *m* (*veraltend*) tradesmen's [*or* servants'] entrance **Dienst·bo·tin** *f fem form von* **Dienstbote** **Dienst·eid** *m* oath of service, official oath ▶WENDUNGEN: **etw auf seinen ~ nehmen** to swear sth, to take an oath on sth **Dienst·ei·fer** *m* diligence, assiduousness **dienst·eif·rig** *adj s.* **dienstbeflissen** **dienst·frei** *adj* free; **~er Tag** day off; **~ bekommen** [*o* **haben**] to get [*or* have] time off; **~ nehmen** to take time off **Dienst·ge·brauch** *m* official use; **nur für den ~** for official use only **Dienst·ge·heim·nis** *nt* ❶ (*dienstliche Angelegenheit*) official secret; **~se ausplaudern** to disclose secret information ❷ *kein pl* (*Schweigepflicht*) official secrecy *no pl;* **Verletzung des ~es** breach of confidence; **das ~ verletzten** to cause a breach of confidence **Dienst·ge·spräch** *nt* business call [*or* talks]; ADMIN official call [*or* talks] **Dienst·grad** *m* ❶ (*Rangstufe*) grade; MIL rank ❷ (*Mensch, Militär*) officer; **höherer ~** higher rank; **unterer ~** lower rank **Dienst·grad·ab·zei·chen** *nt* insignia, badge of rank **dienst·ha·bend** *adj attr s.* **Dienst 6** **Dienst·ha·ben·de(r)** *f(m) dekl wie adj,* **Dienst·herr(in)** *m(f)* employer **Dienst·jahr** *nt meist pl* year of service **Dienst·klei·dung** *f* working clothes; **in ~** in uniform

Dienst·leis·tung *f* ❶ *meist pl* ÖKON services *npl;* **industrielle ~en** industrial services ❷ (*Gefälligkeit*) favour [*or* AM -or]

Dienst·leis·tungs·abend *m* (*hist*) late night shopping (*formerly Thursday nights when stores were open until 8.30 p.m.*) **Dienst·leis·tungs·be·reich** *m* service industry **Dienst·leis·tungs·be·ruf** *m* job [*or* career] in the service industries **Dienst·leis·tungs·be·trieb** *m* services business [*or* enterprise] **Dienst·leis·tungs·ge·wer·be** *nt,* **Dienst·leis·tungs·in·dus·trie** *f* service industries *pl,* service industries sector **Dienst·leis·tungs·ge·werk·schaft** *f* ÖKON **vereinte ~** combined trade union for the service industry **Dienst·leis·tungs·sek·tor** *m* service sector

dienst·lich **I.** *adj* official; **~er Befehl/~es Schreiben/~e Zwecke** official order [*or* command]/letter/purposes; **~ werden** (*fam*) to get official [*or* formal] *fam* **II.** *adv* officially, on business; **~ unterwegs sein** to be away on business; **~ [irgendwo] zu tun haben** to have business to attend to [somewhere]; **jdn ~ sprechen** to speak to sb about a business matter

Dienst·mäd·chen *nt* (*veraltend*) maid, servant *old* **Dienst·mann** <-männer *o* -leute> *m* (*veraltend*) porter **Dienst·müt·ze** *f* cap **Dienst·per·so·nal** *nt kein pl* service personnel **Dienst·pflicht** *f* ❶ (*Bürgerpflicht*) civic duty ❷ (*Pflicht im Dienstverhältnis*) [official] duty; **seine ~en verletzen** to not carry out one's work properly **Dienst·plan** *m* [work] schedule, duty roster **Dienst·rang** *m s.* **Dienstgrad** **Dienst·rei·se** *f* business trip; ADMIN official trip; **auf ~ gehen** [*o* **sich** *akk* **auf ~ begeben**] to go on a business trip; ADMIN to go on an official trip **Dienst·schluss**^RR^ *m* closing time; **wir haben jetzt ~!** it's closing time!; **nach/vor ~** after/before closing time **Dienst·sie·gel** *nt* official seal **Dienst·stel·le** *f* office, department; **ich werde mich bei einer höheren ~ über Sie beschweren!** I shall complain about you to a higher authority! **Dienst·stem·pel** *m* official stamp **Dienst·stun·den** *pl* office hours *npl* **dienst·taug·lich** *adj* fit [for service], medically fit, able-bodied; **voll** [*o* **uneingeschränkt**] **~ sein** to be completely fit [for service]; **beschränkt** [*o* **eingeschränkt**] **~ sein** to be not completely fit [for service] **dienst·tu·end** *adj s.* **Dienst 6** **dienst·un·fä·hig** *adj* unfit for work/service **dienst·un·taug·lich** *adj* unfit for military service **Dienst·ver·ge·hen** *nt* breach of duty **dienst·ver·pflich·ten*** *vt* ■**jdn ~** to conscript sb; ■**dienstverpflichtet werden** to be conscripted **Dienst·ver·trag** *m* service contract **Dienst·vil·la** *f* POL house used for official purposes **Dienst·vor·schrift** *f* service regulations [*or* rules] *pl* **Dienst·wa·gen** *m* ❶ ADMIN official car; ÖKON company car ❷ BAHN staff compartment **Dienst·weg** *m* official channels *pl;* **auf dem ~** through official channels; **den ~ einhalten** to go through the official [*or* proper] channels **Dienst·woh·nung** *f* company flat [*or* AM apartment]; ADMIN government flat [*or* AM apartment] **Dienst·zeit** *f* ❶ ADMIN length of service; **30-jährige ~** 30 years of service; **nach Ende der ~** after leaving the [civil] service; **während jds ~** during sb's time in the [civil] service ❷ (*Arbeitszeit*) working hours *pl* **Dienst·zeug·nis** *nt* testimonial, reference

dies ['di:s] *pron dem, inv* ❶ (*das hier*) this; **~ [hier] alles** all this ❷ (*das da*) that [one]; **~es Benehmen gefällt mir ganz und gar nicht!** I don't like that kind of behaviour at all!; **~ [da] alles** all that; **~ und das** this and that ❸ *pl* (*diese hier*) these; **~ sind mein Bruder und meine Schwester!** this is my brother and my sister! ❹ *pl* (*diese da*) those

dies·be·züg·lich ['di:sbətsy:klɪç] **I.** *adj* (*geh*) relating to [*or* concerning] this, in connection with this; **ich lehne jede Aussage ~ ab!** I refuse to make any statement about this matter!; **~e Recherchen** [*o* **Ermittlungen**] investigation[s] into this [matter] **II.** *adv* in this connection, with respect to this *form;* **können Sie uns ~ nähere Angaben machen?** could you give us more details about this?

die·se(r, s) ['di:zə] *pron dem* ❶ *substantivisch* (*der/die/das hier*) this one ❷ *substantivisch* (*der/die/das dort*) that one; **kennst du ~n [Witz]?** do you know [*or* have you heard] this one?; **ich fragte einen Polizisten; ~r sagte mir...** I asked a policeman and he told me... ❸ *substantivisch, pl* (*die hier*) these [ones]; ■**~ [hier]** these [ones] [here] ❹ *substantivisch, pl* (*die dort*) those [ones]; ■**~ [da]** those [ones] there ❺ *attr, sing* (*der/die/das hier*) this; **bis Ende ~r Woche** by the end of the [*or* this] week; **[nur] ~s eine Mal** [just] this once ❻ *attr, pl* (*die hier*) these; **~ Frauen/Männer** these women/these men ❼ *attr, sing* (*der/die/das dort*) that; **~ und jenes** this and that; **~r verdammte Kerl** that wretched man; **~ Birgit!** that Birgit! ❽ *attr, pl* (*die dort*) those; *s. a.* **Nacht, Tag**

Die·sel[1] <-s> ['di:zl̩] *nt kein pl* (*fam*) diesel

Die·sel[2] <-s, -> ['di:zl̩] *m* ❶ (*Wagen mit Dieselmotor*) car run on diesel BRIT, diesel *fam;* **einen ~ fahren** to drive a [car which runs on] diesel ❷ (*Motor*) *s.* **Dieselmotor**

die·sel·be [di:'zɛlbə], **die·sel·bi·ge** [di:'zɛlbɪgə] *pron dem* (*veraltend*) *s.* **derselbe**

Die·sel·kraft·stoff *m kein pl* diesel fuel **Die·sel·lok** *f* diesel locomotive **Die·sel·mo·tor** *m* diesel engine, diesel *fam* **Die·sel·öl** *nt s.* **Diesel 1**

die·ser ['di:zə, -ɐ, əs], **die·ses** *pron dem s.* **diese**

die·sig ['di:zɪç] *adj* misty; **leicht ~** hazy

dies·jäh·rig ['di:sjɛ:rɪç] *adj attr* this year's **dies·mal** ['di:sma:l] *adv* this time; **für ~** this once **dies·sei·tig** ['di:szaitɪç] *adj* ❶ (*auf dieser Seite gelegen*) on this side; **am ~en Ufer** on the near bank ❷ (*geh: irdisch*) worldly, earthly

dies·seits ['di:szaits] *präp* ■**~ einer S.** *gen* this side of sth

Dies·seits <-> ['di:szaits] *nt kein pl* ■**das ~** earthly [*or* worldly] existence, this life; **im ~** here on earth

Diet·rich <-s, -e> ['di:trɪç] *m* picklock

die·weil [di:'vail] **I.** *adv* (*veraltend*) meanwhile, in the meantime **II.** *konj* ❶ (*veraltend: während*) while ❷ (*veraltet: all~*) because

dif·fa·mie·ren* [dɪfa'mi:rən] *vt* ■**jdn/etw [als jdn/etw] ~** to blacken sb's/sth's name/reputation [as sb/sth], to malign [*or* vilify] sb; ■**jdn/etw ~** to drag sb's/sth's name [*or* reputation] through the mud

dif·fa·mie·rend *adj* injurious, defamatory; (*mündlich a.*) slanderous; (*schriftlich a.*) libellous, libelous AM; **sich über jdn ~ äußern** to speak [*or* write] about sb in injurious terms

Dif·fa·mie·rung <-, -en> *f* ❶ (*das Diffamieren*) defamation, vilification ❷ (*Verleumdung*) aspersion, slur, lies *pl,* calumny *form;* (*mündliche a.*) slander; (*schriftliche a.*) libel

Dif·fe·ren·ti·al <-s, -e> [dɪfərɛn'tsi̯a:l] *nt s.* **Differenzial**

Dif·fe·renz <-, -en> [dɪfəˈrɛnts] *f* ① (*Unterschied*) difference ② *meist pl* (*Meinungsverschiedenheit*) difference of opinion, disagreement

Dif·fe·renz·be·trag *m* difference; **für den ~ aufkommen** to pay the difference

Dif·fe·ren·zi·al[RR] <-s, -e> *nt* ① MATH differential ② AUTO (*Getriebe*) differential [gear]

Dif·fe·ren·zi·al·ge·trie·be[RR] *nt* differential [gear] **Dif·fe·ren·zi·al·rech·nung**[RR] *f* differential calculus

dif·fe·ren·zie·ren* [dɪfərɛnˈtsiːrən] **I.** *vt* (*geh: modifizieren*) ■**etw ~** to adjust [*or* modify] sth **II.** *vi* (*geh: Unterschiede machen*) ■**[bei etw] ~** to discriminate [*or* differentiate] [in doing sth]; **zwischen Dingen ~** to discriminate [*or* make a distinction] [*or* distinguish] between things **III.** *vr* (*sich vielfältig entwickeln*) ■**sich ~** to differentiate

dif·fe·ren·ziert **I.** *adj* (*geh: fein unterscheidend*) discriminating, differentiating **II.** *adv* (*geh*) **etw ~ beurteilen** to differentiate in making judgements; **etw ~ sehen** to see sth [more] discriminately; **die Dinge ~er sehen** to be more discriminating

Dif·fe·ren·zie·rung <-, -en> *f* ① (*geh: Unterscheidung*) distinction, differentiation ② MATH differentiation

dif·fe·rie·ren* [dɪfəˈriːrən] *vi* (*geh: sich unterscheiden*) ■**~ [in etw** *dat*] to differ [in sth]; ■**um etw ~** to differ by sth

dif·fi·zil [dɪfiˈtsiːl] *adj* (*geh*) ① (*schwierig*) difficult, awkward, demanding ② (*kompliziert*) complicated; **ein ~er Mensch** a difficult [*or* BRIT *a.* contrary] [*or form* intractable] person; **ein ~es Problem** a tricky [*or* BRIT *fam* knotty] problem

dif·fus [dɪˈfuːs] **I.** *adj* ① (*zerstreut*) diffuse[d] ② (*verschwommen*) diffuse, vague **II.** *adv* (*unklar*) diffusely; **sich ~ ausdrücken** to express oneself vaguely [*or* diffusely]

di·gi·tal [digiˈtaːl] **I.** *adj* digital **II.** *adv* digitally; **etw ~ darstellen** to represent sth digitally, to digitize sth

Di·gi·tal·arm·band·uhr *f* digital watch

di·gi·ta·li·sie·ren* [digitaliˈziːrən] *vt* ■**etw ~** to represent sth digitally, to digitize sth; ■**digitalisiert** digitized

Di·gi·tal·ka·me·ra *f* FOTO, FILM, INFORM digital camera **Di·gi·tal·rech·ner** *m* (*veraltend*) digital calculator **Di·gi·tal·uhr** *f* ① INFORM digital clock ② TECH digital watch

Dik·dik <-, -s> [ˈdɪkdɪk] *nt* ZOOL dik-dik

Dik·tat <-[e]s, -e> [dɪkˈtaːt] *nt* ① (*in der Schule*) dictation; **ein ~ schreiben** to do [*or* write] a dictation ② (*Text für Stenotypistin*) dictation; **ein ~ aufnehmen** to take a dictation; **ein ~ auf Band sprechen** to dictate onto a tape; **Fr. Schulze bitte zum ~!** Ms Schulze, please take a letter!; **nach ~ verreist** *on official communications indicating that the signatory is no longer available* ③ (*geh: Gebot*) dictate[s] *form;* **sich dem ~ [von jdm/etw] fügen** to follow the dictates [of sb/sth]; **~ der Vernunft** dictated by logic ④ POL despotism; **dem ~ der Sieger ausgeliefert sein** to be the mercy of the winner's bidding

Dik·ta·tor, Dik·ta·to·rin <-s, -toren> [dɪkˈtaːtoːɐ̯, dɪktaˈtoːrɪn, *pl* dɪktaˈtoːrən] *m, f* despot *form*

dik·ta·to·risch [dɪktaˈtoːrɪʃ] **I.** *adj* dictatorial; **mit ~en Vollmachten** with the authority of a dictator **II.** *adv* like a dictator

Dik·ta·tur <-, -en> [dɪktaˈtuːɐ̯] *f* ① (*pej*) dictatorship ② **die ~ des Proletariats** the dictatorship of the proletariat

dik·tie·ren* [dɪkˈtiːrən] *vt* ■**[jdm] etw ~** ① (*durch Diktat ansagen*) to dictate sth [to sb] ② (*pej: oktroyieren*) to dictate sth [to sb], to impose sth [on sb]

Dik·tier·ge·rät *nt* Dictaphone®

Dil·do <-s, -s> [ˈdɪldo] *m* dildo *fam*

Di·lem·ma <-s, -s *o* -ta> [diˈlɛma, *pl* diˈlɛmata] *nt* (*geh*) dilemma; **sich in einem ~ befinden** [*o* **in einem ~ stecken**] to be [*or* find oneself] in a dilemma, to be on the horns of a dilemma; **in ein ~ geraten** to run into a dilemma; **vor einem ~ stehen** to be faced with a dilemma

Di·let·tant(in) <-en, -en> [dilɛˈtant] *m(f)* ① (*pej: Stümper*) dilettante *pej,* bungler *fam;* **du ~!** you've bungled it! *fam* ② (*geh: Amateur*) amateur

di·let·tan·tisch [dilɛˈtantɪʃ] **I.** *adj* (*pej*) dilettante, dilettantish *pej,* amateurish *fam;* **eine ~e Arbeit** a botched [*or* bungled] job *fam* **II.** *adv* (*pej*) amateurishly; **~ arbeiten** to make a real mess of sth, to do a sloppy job

Dill <-s, -e> [ˈdɪl] *m* dill

Di·men·si·on <-, -en> [dimɛnˈzi̯oːn] *f* ① (*Ausdehnung*) dimension ② *pl* (*Ausmaße*) ■**~en** dimensions *pl;* **von gewaltigen ~en** of enormous proportions; **bestimmte ~en annehmen** to take on [*or* assume] particular dimensions; **epische ~en annehmen** to assume epic dimensions [*or* proportions]; **ungeahnte ~en annehmen** to take on unimagined dimensions

Di·mi·nu·tiv·form [diminuˈtiːf-] *f* diminutive

Dim·mer <-s, -> [ˈdɪmɐ] *m* dimmer [switch]

DIN® <-> [diːn] *f kein pl Akr von* **Deutsche Industrie-Normen** DIN®

Di·nar <-s, -e> [diˈnaːɐ̯] *m* dinar

Di·ner <-s, -s> [diˈneː] *nt* (*geh*) dinner, dinner party; **er lud seine Gäste zu einem ~ ein** he invited his guests to a banquet

DIN-For·mat *nt* DIN format [*or* size]

Ding <-[e]s, -e *o fam* -er> [ˈdɪŋ] *nt* ① (*Gegenstand*) thing, object; **persönliche ~e** personal effects [*or* items]; **die ~e beim [rechten] Namen nennen** to call a thing by its proper name, to call a spade a spade ② (*Mädchen*) **ein junges ~/ junge ~er** (*fam*) a young thing/young things ③ (*fam: Zeug*) ■**~er** *pl* things *pl,* stuff; **was sind denn das für ~er?** what's that?; **krumme ~er** (*fam*) funny business *fam;* **krumme ~er machen** [*o* **drehen**] (*fam*) to do sth dodgy *fam;* **ein [krummes] ~ drehen** (*sl*) to do a job *sl* ④ (*Angelegenheit*) matters *pl,* things *pl;* **~e des täglichen Lebens** routine [*or* everyday] matters; **in diesen ~en bin ich eigen!** I'm very particular in these matters!; **ein ~ der Unmöglichkeit sein** (*fam*) to be out of the question; **vor allen ~en** above all; **es geht nicht mit rechten ~en zu** there's sth fishy [*or* funny] about sth; **unverrichteter ~e** without carrying out one's intention, without doing what one wanted to, without success; **er musste unverrichteter ~e wieder gehen** he had to leave without achieving what he'd wanted to; **der ~e, die da kommen [sollen], harren** wait and see [what happens/what fate brings]; **das ist [ja] ein ~!** (*fam*) that's a bit thick BRIT [*or fam* much]!; **sich** *dat* **ein ~ leisten** (*fam*) to do a silly [*or fam* stupid] thing; **so wie die ~e liegen** as things stand [at the moment]; **wie ich die ~e sehe** as I see it; **über den ~en stehen** to be above it all [*or* detached] [*or* self-contained]; **guter ~e sein** to be in a good mood [*or* in good spirits], to be hopeful; **jdm ein ~ verpassen** (*sl*) to let sb have it *fam,* to give sb what for BRIT *fam;* **in ~en der/des ...** in ... matters, where ... is concerned; **in ~en des Geschmacks** in matters of taste; **ein tolles ~** (*fam*) something fantastic/amazing ⑤ (*sl: Spezialität*) **das ist nicht so ganz mein ~** that's not really my thing *fam* ⑥ PHILOS matter, entity, the thing in itself ▶ WENDUNGEN: **gut ~ will Weile haben** (*prov*) a thing well done needs time; **aller guten ~e sind drei** all good things come in threes

Din·gel·chen <-s, -> [ˈdɪŋlçən] *nt* (*fam*) knick-knack, bric-a-brac

din·gen <dang *o* dingte, gedungen> [ˈdɪŋən] *vt* ① (*veraltend: anheuern*) ■**jdn ~** to hire sb ② (*pej geh*) **einen Mörder ~** to hire a killer

Din·gens <-, -> *nt* DIAL (*fam*) *s.* **Dings**[1]

ding·fest *adj* behind bars; **jdn ~ machen** to put sb behind bars

Din·gi <-s, -s> [ˈdɪŋgi] *nt* dinghy

Din·go <-s, -s> [ˈdɪŋgo] *m* ZOOL dingo

Dings[1] <-> [ˈdɪŋs] *nt kein pl* (*fam*) thing, whatchamacallit, whatsit BRIT, thingamabob BRIT, thingamajig

Dings[2] <-> [ˈdɪŋs] *m o f kein pl* (*fam*) thingamabob; **Herr ~** Mr What's-his-name [*or* -face], Mr What-d'you-call-him; **Frau ~** Ms [*or* Mrs] What's-her-name [*or* -face], Ms [*or* Mrs] What-d'you-call-her; **die ~ Familie** the What's-their-name family, the What-d'you-call-them family

Dings·bums <-> ['dɪŋsbʊms] *nt kein pl (fam) s.* **Dings[1]**

Dings·da[1] <-> ['dɪŋsda:] *nt kein pl s.* **Dings[1]**

Dings·da[2] <-> ['dɪŋsda:] *m o f kein pl s.* **Dings[2]**

di·nie·ren* [di'ni:rən] *vi (geh)* to dine *form;* ■ **[bei/mit jdm] ~** to dine [at sb's/with sb]; **bei jdm zum D~ eingeladen sein** to have been invited to dine at sb's

Din·kel <-s> ['dɪŋkl̩] *m kein pl* spelt

Di·no·sau·ri·er [dino'zauri̯ɐ] *m* dinosaur

Di·o·de <-, -n> [di'ʔo:də] *f* diode

Di·op·trie <-, -n> [diɔp'tri:, *pl* -'tri:ən] *f* dioptre [*or* AM -er]

Di·o·xid <-s, -e> ['di:ʔɔksi:t, *pl* 'di:ʔɔksi:də] *nt* dioxide

Di·o·xin <-s, -e> [diɔ'ksi:n] *nt* dioxin

di·o·xin·hal·tig *adj inv* containing dioxins

Di·ö·ze·se <-, -n> [diø'tse:zə] *f* diocese

Diph·the·rie <-, -n> [dɪfte'ri:, *pl* -'ri:ən] *f* diphtheria

Di·phthong <-s, -e> [dɪf'tɔŋ] *m* diphthong

Dipl. ['dipl̩] *Abk von* **Diplom**

Dipl.-Ing. ['dipl̩ ɪnʒ] *Abk von* **Diplomingenieur**

Dipl.-Kfm. *Abk von* **Diplomkaufmann**

di·plo·id [diplo'i:t] *adj* BIOL diploid

Di·plom <-s, -e> [di'plo:m] *nt* ❶ *(Hochschulzeugnis)* degree; *(Zeugnis)* certificate, diploma; **ein ~ [in etw** *dat*] **machen** *Hochschulstudium* to get a degree [in sth]; *Ausbildung* to get a diploma [*or* certificate] [in sth] ❷ *(Ehrenurkunde)* diploma, certificate

i Kultur

> A **Diplom** is awarded to graduates in economics, engineering and the social and natural sciences. The **Diplom** curriculum concentrates on one subject (sometimes in combination with a minor) and its practical application. It constitutes a full academic and professional qualification which entitles the holder to work independently in the corresponding professional field.

Di·plom·ar·beit *f* thesis [for a degree]

Di·plo·mat(in) <-en, -en> [diplo'ma:t] *m(f)* ❶ *(Person im auswärtigen Dienst)* diplomat ❷ *(geschickter Taktierer)* diplomat, diplomatist *form*

Di·plo·ma·ten·kof·fer *m* briefcase **Di·plo·ma·ten·lauf·bahn** *f* diplomatic career, career as a diplomat

Di·plo·ma·tie <-> [diploma'ti:] *f kein pl* diplomacy

Di·plo·ma·tin <-, -nen> [diplo'ma:tɪn] *f fem form von* **Diplomat**

di·plo·ma·tisch [diplo'ma:tɪʃ] **I.** *adj* ❶ *(die Diplomatie betreffend)* diplomatic; **~e Beziehungen abbrechen/aufnehmen** to break off/establish diplomatic relations ❷ *(geh: taktisch geschickt)* diplomatic; **~es Vorgehen** diplomacy **II.** *adv* diplomatically; **~ vorgehen** to proceed diplomatically, to act with diplomacy; **einen Staat ~ anerkennen** to give a country official recognition

Di·plom·bi·bli·o·the·kar(in) *m(f)* qualified librarian **Di·plom·bi·o·lo·ge, -bi·o·lo·gin** *m, f* graduate [*or* qualified] biologist

di·plo·mie·ren* [diplo'mi:rən] *vi* SCHWEIZ ■ **in etw ~** *dat (ein Diplom machen)* to take a diploma in sth; *(ein Hochschulexamen machen)* to take a degree in sth; **sie diplomierte an der Universität Bern** her degree was awarded by the University of Bern

di·plo·miert *adj* qualified; *(mit Hochschulabschluss)* graduate

Di·plom·in·ge·ni·eur(in) [-ɪnʒeni̯ø:ɐ̯] *m(f)* graduate [*or* qualified] engineer; **er ist ~** he has a degree in engineering **Di·plom·kauf·frau** *f fem form von* **Diplomkaufmann** [female] business school graduate **Di·plom·kauf·mann** *m* [male] business school graduate **Di·plom·prü·fung** *f* final exam[ination]s *pl,* finals *pl fam* **Di·plom·über·set·zer(in)** *m(f)* graduate [*or* qualified] translator

Di·plont <-s, -en> [di'plɔnt] *m* BIOL diplont

dir ['di:ɐ̯] *pron* ❶ *pers dat von* **du** you; **ich hoffe, es geht ~ wieder besser** I hope you feel better; *nach Präpositionen;* **hinter/neben/über/unter/vor ~** behind/next to/above/under/in front of you ❷ *refl dat von* **sich** you

di·rekt [di'rɛkt] **I.** *adj* ❶ *(durchgehende Verbindung)* direct; **eine ~e Flugverbindung/Zugverbindung** a direct flight/through train; **Sie haben ~en Anschluss nach Paris** you have a direct connection to Paris ❷ *(unmittelbar)* direct, immediate; **in ~er Verbindung mit jdm stehen** to be in direct contact with sb; **in ~er Verbindung zu etw stehen** to have directly to do with sth; **er ging ~ nach Hause** he went straight home [*or* home immediately]; **ein ~er Hinweis auf etw** a direct reference to sth ❸ *(unverblümt)* direct, straightforward, blunt *pej* ❹ *(Übertragung)* live; **eine ~e Übertragung** a live broadcast; *s. a.* **Rede II.** *adv* ❶ *(geradezu)* almost; **das war ja ~ lustig** that was actually funny for a change; **die Bemerkung war ja ~ unverschämt** the comment was really impertinent ❷ *(ausgesprochen)* exactly; **etw nicht ~ verneinen** to not really deny sth; **etw ~ zugeben** to admit sth outright; **das war ja ~ genial!** that was just amazing! ❸ *(unverblümt)* directly, plainly, bluntly *pej;* **bitte sei etwas ~er!** don't beat about the bush! ❹ *(mit Ortsangabe)* direct[ly], straight; **~ von A nach B fliegen** to fly direct from A to B; **diese Straße geht ~ zum Bahnhof** this road goes straight to the station ❺ *(übertragen)* live; **~ übertragen** to broadcast live ❻ *(unverzüglich)* immediately, directly, right away

Di·rekt·flug *m* direct flight

Di·rek·ti·on <-, -en> [dirɛk'tsi̯o:n] *f* ❶ *(Leitung)* management; **die ~ der Schule** the head of the school ❷ *(Direktoren, Vorstand)* board of directors ❸ *(fam: Büro des Direktors)* manager's [*or* director's] office ❹ SCHWEIZ *(Ressort)* department

Di·rek·ti·ve <-n, -n> [dirɛk'ti:və] *f (geh)* directive *form,* instructions *pl;* **eine ~ ausgeben** to issue a directive *form*

Di·rekt·lei·tung *f* **eine ~ zu jdm haben** to have a direct line to sb **Di·rekt·man·dat** *nt* ≈ direct mandate *(i.e. voted for directly by the electorate and not through party quotas as is possible in German parliamentary voting system)*

Di·rek·tor, Di·rek·to·rin <-s, -toren> [di'rɛkto:ɐ̯, dirɛk'to:rɪn, *pl* dirɛk'to:rən] *m, f* ❶ SCH *einer Schule* principal, head BRIT, headmaster *masc* BRIT, headmistress *fem* BRIT ❷ SCH *einer Universität* principal, rector BRIT, president AM ❸ *(Leiter eines Unternehmens)* manager; **der kaufmännische/leitende ~** the business/managing director; *(Mitglied der Leitung)* director; **der ~ der Konzernabteilung/Forschungsabteilung** the head of department/the research department ❹ *(Leiter einer öffentlichen Einrichtung)* head, director; **der ~ des Museums** the museum director; **der ~ der Haftanstalt** the prison director [*or* AM warden]

Di·rek·to·rat <-[e]s, -e> [dirɛkto'ra:t] *nt* SCH ❶ *(geh: Amt)* headship BRIT, position of principal [*or* BRIT *a.* head]; **jdm das ~ übertragen** to appoint sb as principal ❷ *(Amtszeit)* principalship, BRIT *a.* headship ❸ *(Diensträume)* principal's [*or* BRIT *a.* head's] office

Di·rek·to·rin <-, -nen> [dirɛk'to:rɪn] *f fem form von* **Direktor**

Di·rek·to·ri·um <-s, -rien> [dirɛk'to:ri̯ʊm, *pl* dirɛk'to:ri̯ən] *nt* ❶ ÖKON board of directors, managing [*or* executive] board ❷ HIST Directoire, French Directorate

Di·rek·tri·ce <-, -n> [dirɛk'tri:sə] *f manager in the clothing industry who is a qualified tailor and who designs clothes*

Di·rekt·über·tra·gung *f* live broadcast **Di·rekt·ver·bin·dung** *f* direct train [*or* flight]; **eine ~ von A nach B haben** to have a direct train from A to B [*or* a non-stop flight from A to B] **Di·rekt·ver·trieb** *m* direct marketing **Di·rekt·zu·griff** *m kein pl* INFORM direct memory access, DMA

Di·ri·gent(in) <-en, -en> [diri'gɛnt] *m(f)* conductor

Di·ri·gen·ten·stab *m* conductor's baton
Di·ri·gen·tin <-, -nen> [diri'gɛntɪn] *f fem form von* **Dirigent**
di·ri·gie·ren* [diri'gi:rən] **I.** *vt* ❶ MUS **etw/ein Orchester** ~ to conduct sth/an orchestra ❷ *(einweisen)* ■**jdn/etw** ~ to direct sb/sth ❸ *(leiten)* ■**jdn/etw** ~ to lead [*or* steer] sb/sth; **Touristen durch etw** ~ to conduct tourists through sth; **die Unternehmenspolitik** ~ to steer [*or* control] company policy **II.** *vi* MUS to conduct
Di·ri·gis·mus <-> [diri'gɪsmʊs] *m kein pl* state-controlled [*or* planned] economy, dirigisme *form*
Dirndl <-s, -> ['dɪrndl̩] *nt* ❶ *s.* **Dirndlkleid** ❷ SÜDD, ÖSTERR *(Mädchen)* lass BRIT DIAL, gal AM
Dirndl·kleid *nt* dirndl
Dir·ne <-, -n> ['dɪrnə] *f (geh)* prostitute, call girl
Dirnenmilieu *nt* prostitution scene
dis, Dis <-, -> ['dɪs] *nt* D sharp
Dis·agio <-s, -s> [dɪs'ʔa:dʒo] *nt* discount
Dis·co <-, -s> ['dɪsko] *f (fam) s.* **Disko**
Dis·count·la·den [dɪs'kaunt-] *m* discount shop
Dis·har·mo·nie [dɪsharmo'ni:] *f* disharmony, discord; ~ **zwischen Freunden** discord among friends; ~ **in einer Familie** family discord, domestic strife
dis·har·mo·nisch [dɪshar'mo:nɪʃ] *adj* disharmonious, dissonant, discordant
Dis·kant <-s, -e> [dɪs'kant] *m* descant, treble; **eine ~block·flöte** a descant recorder; **eine ~flöte** a treble flute
Dis·ket·te <-, -n> [dɪs'kɛtə] *f* disk
Dis·ket·ten·box *f* disc storage box **Dis·ket·ten·lauf·werk** *nt* disk drive
Disk·jo·ckey ['dɪskdʒɔke, -dʒɔki] *m* disc jockey
Dis·ko <-, -s> ['dɪsko] *f (fam)* disco
Dis·kont <-s, -e> [dɪs'kɔnt] *m* ❶ *(Rabatt)* discount ❷ *s.* **Diskontsatz**
Dis·kont·satz *m* bank rate
Dis·ko·thek <-, -en> [dɪsko'te:k] *f* disco, discotheque BRIT
dis·kre·di·tie·ren* [dɪskredi'ti:rən] *vt (geh)* ■**jdn/etw** ~ to discredit sb/sth; ■**diskreditiert** discredited
Dis·kre·panz <-, -en> [dɪskre'pants] *f (geh)* discrepancy; **eine Zeit~** a time lag
dis·kret [dɪs'kre:t] **I.** *adj* ❶ *(vertraulich)* confidential; **in einer ~en Angelegenheit** on a confidential matter; **etwas D~es** something confidential ❷ *(unauffällig)* discreet; **ein ~er Mensch** a discreet [*or* tactful] person; **eine ~ Farbe** an unobtrusive [*or* quiet] colour [*or* AM -or] **II.** *adv* ~ **behandeln** to treat confidentially; **sich ~ verhalten** to behave discreetly
Dis·kre·ti·on <-> [dɪskre'tsi̯o:n] *f kein pl (geh)* discretion; **[in einer S.] äußerste [*o* strengste] ~ wahren** to exercise [*or* show] complete discretion [in a matter]; ~ **[ist] Ehrensache** you can count on my/our discretion
dis·kri·mi·nie·ren* [dɪskrimi'ni:rən] *vt (geh)* ❶ *(benachteiligen)* ■**jdn** ~ to discriminate against sb ❷ *(herabwürdigen)* ■**jdn** ~ to belittle sb; ■**etw** ~ to disparage sth
dis·kri·mi·nie·rend *adj* ❶ *(benachteiligend)* discriminatory; **~e Behandlung** discrimination ❷ *(herabwürdigend)* discriminatory, disparaging
Dis·kri·mi·nie·rung <-, -en> *f* ❶ *(Benachteiligung)* discrimination; ~ **der Frau/des Mannes** sex[ual] discrimination, discrimination against women/men; ~ **anderer Rassen** racial discrimination; ~ **von Minderheiten** discrimination against minorities ❷ *(pej: Herabwürdigung)* disparagement, insult
Dis·kurs <-es, -e> [dɪs'kʊrs, *pl* dɪs'kʊrzə] *m (geh)* discourse *form;* **mit jdm einen ~ haben [*o* führen]** to have a discussion with sb, to discuss [sth] with sb
Dis·kus <-, -se *o* Disken> ['dɪskʊs, *pl* 'dɪskʊsə, 'dɪskən] *m* discus
Dis·kus·si·on <-, -en> [dɪskʊ'si̯o:n] *f* ❶ *(Meinungsaustausch)* discussion, debate; *(Streitgespräch)* lively debate; *(emotionales Streitgespräch)* argument, fight, row BRIT; **zur ~ stehen** to be discussed; **etw zur ~ stellen** to put sth up for discussion; **keine ~[en]!** no arguments! ❷ *(öffentliche Auseinandersetzung)* discussion, debate
Dis·kus·si·ons·bei·trag *m* contribution to a discussion **Dis·kus·si·ons·teil·neh·mer(in)** *m(f)* participant in a discussion; *in Fernseh-/Rundfunksendung* panel member BRIT; **die ~ bei einer Debatte** the speakers in a debate
Dis·kus·wer·fen <-s> *nt kein pl* discus throwing **Dis·kus·wer·fer(in)** *m(f)* discus thrower
dis·ku·ta·bel [dɪsku'ta:bl̩] *adj (geh)* worth considering [*or* thinking about], interesting; **nicht** ~ out of the question; **etw für ~ halten** to consider sth worth discussing, to regard sth as worthy of discussion *form*
dis·ku·tie·ren* [dɪsku'ti:rən] **I.** *vt* ■**etw** ~ to discuss sth; **etw abschließend** ~ to discuss sth conclusively; **etw ausgiebig** ~ to discuss sth at length; **etw erschöpfend** ~ to have exhaustive discussions about sth; **etw zu Ende** ~ to finish discussing sth **II.** *vi* ■**[über etw** *akk*] ~ to discuss sth, to have a discussion about sth; **was gibt's denn da noch zu ~?** what else is there [*or* what's left] to discuss?
dis·pen·sie·ren* [dɪspɛn'zi:rən] *vt (geh)* ■**jdn von etw** ~ to excuse sb from sth
Dis·per·si·on <-, -en> [dɪspɛr'zi̯o:n] *f* dispersion
Dis·per·si·ons·far·be *f* emulsion paint
Dis·play <-s, -s> [dɪs'ple:] *nt* display
Dis·po·kre·dit ['dɪspo-] *m (fam) s.* **Dispositionskredit**
dis·po·nie·ren* [dɪspo'ni:rən] *vi (geh)* ❶ *(verfügen)* ■**[frei] über etw** ~ *akk* to dispose [at will] of sth; **über ein Bankkonto** ~ to have access to a bank account; **über Geld** ~ to have money at one's disposal, to spend money; **über seine Zeit** ~ to dispose of one's time, to arrange one's time as one likes ❷ *(planen)* to organize oneself; ■**über etw** ~ to arrange sth
Dis·po·si·ti·on <-, -en> [dɪspozi'tsi̯o:n] *f* disposal; ~ **über etw** *akk* **haben** *(geh)* to have sth at one's disposal; **jdn/etw zu seiner ~ haben** to have sb/sth at one's disposal; **zur ~ stehen** to be available; *(in Frage gestellt werden)* to be a matter of debate; **diese Arbeitsstellen stehen zur ~** employees are needed for these jobs; **jdm zur ~ stehen** to be at sb's disposal; **etw zur ~ stellen** to put sth at sb's disposal; **sein Amt/eine Stelle zur ~ stellen** to stand down from one's position [as ...]; **seine ~en treffen** to make one's arrangements, to plan
Dis·po·si·ti·ons·kre·dit *m* overdraft facility
Dis·put <-[e]s, -e> [dɪs'pu:t] *m (geh)* dispute; **einen ~ [über etw** *akk*] **führen** to have a dispute [about [*or* over] sth]
dis·pu·tie·ren* [dɪspu'ti:rən] *vi (geh)* ■**[mit jdm] [über etw** *akk*] ~ to dispute [with sb] [about [*or* over] sth]; **endlos** ~ to have a lengthy [*or* never-ending] dispute; **hitzig** ~ to have a heated argument; **über ein Angebot** ~ to discuss an offer; **über eine Streitfrage** ~ to dispute an issue
Dis·qua·li·fi·ka·ti·on <-, -en> [dɪskvalifika'tsi̯o:n] *f* disqualification; ■~ **wegen einer S.** *gen* disqualification on account of sth; ~ **wegen Missachtung der Regeln** disqualified for disregarding the rules
dis·qua·li·fi·zie·ren* [dɪskvalifi'tsi:rən] *vt* ❶ SPORT ■**jdn/etw** ~ **[wegen etw]** to disqualify sb/sth [for doing sth]; **der Läufer wurde wegen Verlassens der Bahn disqualifiziert** the runner was disqualified for running outside his lane ❷ *(geh)* ■**jdn/etw für etw** ~ to disqualify sb/sth for sth, to rule out sb/sth *sep* as sth
Dis·qua·li·fi·zie·rung <-, -en> *f s.* **Disqualifikation**
Dis·ser·ta·ti·on <-, -en> [dɪsɛrta'tsi̯o:n] *f* dissertation, thesis
Dis·si·dent(in) <-en, -en> [dɪsi'dɛnt] *m(f)* ❶ *(Andersdenkende(r))* dissident ❷ REL dissenter
dis·so·nant [dɪso'nant] *adj inv* ❶ MUS dissonant ❷ *(geh: unstimmig, unschön)* dissonant
Dis·so·nanz <-, -en> [dɪso'nants] *f s.* **Disharmonie**
Dis·tanz <-, -en> [dɪs'tants] *f* ❶ *(Entfernung)* distance; **eine große ~** a good [*or* great] distance ❷ SPORT distance ❸ *kein pl (Zurückhaltung)* distance, reserve; **mit einer gewissen ~** with

D

a certain amount of reserve; ~ **halten** [*o* **wahren**] (*geh*) to keep a [*or* one's] distance ❹ (*geh: Abstand*) detachment, distance; **aus der ~ betrachtet** with the benefit of hindsight; **[zu jdm/etw] auf ~ gehen** to distance [*or* dissociate] oneself [from sb/sth]

dis·tan·zie·ren* [dɪstan'tsi:rən] *vr* ▪**sich von jdm/etw ~** to distance oneself from sb/sth; **ich distanziere mich ausdrücklich davon** I want nothing to do with this

dis·tan·ziert I. *adj* (*geh: zurückhaltend*) reserved, distant, aloof II. *adv* distantly, aloofly; **sich ~ verhalten** to be reserved [*or* distant] [*or* aloof]

Dis·tel <-, -n> ['dɪstl̩] *f* thistle

Dis·tel·fal·ter *m* ZOOL painted lady **Dis·tel·fink** *m* goldfinch **Dis·tel·öl** *nt* safflower oil

di·stin·gu·iert [dɪstɪŋ'gi:ɐt] I. *adj* (*geh*) distinguished II. *adv* (*geh*) in a distinguished way [*or* fashion]

Di·strikt <-[e]s, -e> [dɪs'trɪkt] *m* district

Dis·zi·plin <-, -en> [dɪstsi'pli:n] *f* ❶ *kein pl* (*Zucht*) discipline; **eiserne ~** iron discipline; **[strikte] ~ halten** to maintain [strict] discipline ❷ (*Sportart*) discipline, event ❸ (*Teilbereich*) discipline, branch

dis·zi·pli·na·risch [dɪstsipli'na:rɪʃ] I. *adj* disciplinary; **~e Maßnahmen ergreifen** to take disciplinary measures II. *adv* ❶ (*wegen Verstoß gegen Dienstvorschriften*) **gegen jdn ~ vorgehen** to take disciplinary action against sb ❷ (*besonders hart*) **jdn ~ bestrafen** to discipline sb

Dis·zi·pli·nar·stra·fe *f* disciplinary action; **gegen jdn eine ~ verhängen** to take disciplinary action against sb **Dis·zi·pli·nar·ver·fah·ren** *nt* disciplinary hearing

dis·zi·pli·nie·ren* [dɪstsipli'ni:rən] *vt* (*geh*) ▪**jdn/sich ~** to discipline sb/oneself

dis·zi·pli·niert [dɪstsipli'ni:ɐ̯t] I. *adj* (*geh*) disciplined II. *adv* (*geh*) in a disciplined fashion [*or* way]

dis·zi·plin·los I. *adj* undisciplined, disorderly, unruly BRIT II. *adv* in an undisciplined [*or* a disorderly] [*or* BRIT *a.* an unruly] fashion [*or* way]; **sich ~ verhalten** to behave in an undisciplined [*or* unruly] [*or* a disorderly] fashion

Dis·zi·plin·lo·sig·keit <-, -en> *f* ❶ (*undiszipliniertes Verhalten*) disorderliness, unruliness BRIT ❷ (*undisziplinierte Handlung*) indiscipline, lack of discipline, disorderly conduct

di·to ['di:to] *adv* ditto *fam;* **ich soll dir von Angelika schöne Grüße bestellen! – ihr ~!** Angelika asked me to give you her love! – please give her mine back!; **danke für das Gespräch! – ~!** thanks for the call! – thank you too!

Di·va <-, -s *o* Diven> ['di:va, *pl* 'di:vən] *f* ≈ prima donna (*actress or singer whose theatrical airs and graces make her a subject of discussion*)

di·ver·gie·ren* [divɛr'gi:rən] *vi* to diverge; ▪**~d** divergent; ▪**von etw ~** to diverge from sth; **ihre Sicht der Dinge divergiert stark von der meinen** her way of looking at things is very different from [*or* to] mine

di·vers [di'vɛrs] *adj attr* diverse; **~e Fragen/Möglichkeiten/Ursachen** several [*or* various] questions/possibilities/reasons

Di·ver·ses [di'vɛrzəs] *pl* ❶ (*Verschiedenes*) several [*or* various] things; **ich muss noch ~ einkaufen** I've still got to buy a few things ❷ (*auf Tagesordnung*) miscellaneous

Di·ver·si·fi·ka·ti·on <-, -en> [divɛrzifika'tsi̯o:n] *f* diversification

Di·vi·dend <-en, -en> [divi'dɛnt, *pl* divi'dɛndn̩] *m* MATH dividend

Di·vi·den·de <-, -n> [divi'dɛndə] *f* dividend

Di·vi·den·den·aus·schüt·tung *f* payment of a dividend [*or* dividends]

di·vi·die·ren* [divi'di:rən] *vt, vi* ▪**[etw] [durch etw] ~** to divide [sth] [by [*or* AM in] sth]

Di·vis <-es, -e> [di'vi:s, *pl* di'vi:zə] *nt* hyphen

Di·vi·si·on <-, -en> [divi'zi̯o:n] *f* division

Di·vi·si·o·när(in) <-s, -e> [divizi̯o'nɛ:ɐ̯] *m(f)* SCHWEIZ (*Befehlshaber einer Division*) divisional commander

Di·vi·si·ons·stab *m* [staff] officers of a division

Di·vi·sor <-s, -en> [di'vi:zo:ɐ̯, *pl* divi:'zo:rən] *m* divisor

Di·wan <-s, -e> ['di:va:n] *m* (*veraltend*) divan

DJ <-s, -s> ['di:dʒeɪ] *m* (*fam*) DJ, deejay

d.J. ❶ *Abk von* **dieses Jahres** of this year ❷ *Abk von* **der Jüngere** the younger

DJH <-[s]> *nt Abk von* **Deutsches Jugendherbergswerk** ≈ YHA BRIT

Dji·bou·ti <-s> [dʒibu'ti] *nt* SCHWEIZ *s.* **Dschibuti**

dji·bou·tisch *adj* SCHWEIZ *s.* **dschibutisch**

DKP <-> [de:ka:'pe:] *f Abk von* **Deutsche Kommunistische Partei** *German communist party*

DLRG [de:ɛlɛr'ge:] *f* SPORT *Abk von* **Deutsche Lebens-Rettungs-Gesellschaft** ≈ RNLI BRIT

DM <-, -> [de:'ɛm] *kein art* HIST *Abk von* **Deutsche Mark** Deutschmark, German mark

d.M. *Abk von* **dieses Monats** of this month

D-Mark <-, -> ['de:mark] *f* HIST D-mark

DNA <-, -s> [de:ʔɛn'a:] *f Abk von* **Desoxyribonukleinsäure** DNA

D-Netz [de:-] *nt network for mobile telephones throughout Europe*

DNS <-> [de:ʔɛn'ɛs] *f Abk von* **Desoxyribonukleinsäure** DNA

Dö·bel <-s, -> ['dø:bl̩] *m* ZOOL, KOCHK chub

Do·ber·mann <-s, -männer> ['do:bɐman, *pl* -mɛnɐ] *m* ZOOL Dobermann [pinscher]

doch [dɔx] I. *konj* (*jedoch*) but, however II. *adv* (*emph*) ❶ (*dennoch*) even so; **zum Glück ist aber ~ nichts passiert** fortunately, nothing happened ❷ (*einräumend*) **ich wollte es ja nicht glauben, aber du hattest ~ Recht** I didn't want to believe it but you were right ❸ (*Widerspruch ausdrückend*) **er hat das nicht gesagt – ~, ich weiß genau, dass er das gesagt hat** he didn't say that – yes, he did, I know he did; **du gehst jetzt ins Bett – nein! – ~!** go to bed now – no! – yes! ❹ (*ja*) yes; **hast du keine Lust, mit in die Spielbank zu kommen? – ~, schon, aber leider nicht genug Geld** wouldn't you like to come with me to the casino? – yes, I would, but I haven't got enough money; **hat es dir nicht gefallen? – ~[, ~]!** didn't you enjoy it? – yes, I did!; **darf ich bei Ihnen rauchen? – ~, warum nicht?** may I smoke here? – yes, sure [*or* certainly] III. *part* ❶ (*Nachdruck verleihend*) **es war ~ nicht so wie Du dachtest** it turned out not to be the way you thought it was; **du weißt ja ~ immer alles besser!** you always know better!; **das war ~ gar nicht schlimm, oder?** it wasn't so bad, was it?; **jetzt komm ~ endlich** come on!; **kommen Sie ~ bitte morgen wieder** please could you come back tomorrow; **seid ~ endlich still** for goodness' sake, be quiet!; **sei ~ nicht immer so geizig** don't be so stingy; **sie will dir kündigen! – soll sie ~, das macht mir auch nichts aus** she's going to sack you! – let her, I don't care; **du weißt ~, wie es ist** you know how it is; **wäre es ~ schon endlich Sommer!** if only the summer would come; **wenn er ~ nur endlich mal den Mund halten würde!** if only he would shut up!; **setzen Sie sich ~!** won't you sit down!; **nehmen Sie sich ~ bitte!** do help yourself!; *s. a.* **nicht, wenn** ❷ (*Unmut ausdrückend*) **es wäre ~ schön, wenn du mir endlich mal die Wahrheit sagen würdest** it would be nice if you'd [finally] tell me the truth; **das ist ~ gar nicht wahr** that's not true!; **das ist ~ wirklich eine Frechheit!** what a cheek!; **du hast ihr ~ nicht etwa von unserem Geheimnis erzählt?** you haven't told her our secret?, you haven't gone and told her our secret? *fam; s. a.* **also, ja, nein** ❸ (*noch*) **wie war ~ [gleich] Ihr Name?** sorry, what did you say your name was?, what was your name again?; **das ist Ihnen aber ~ bekannt gewesen, oder?** but you knew that, didn't you?; *s. a.* **Höhe, Letzte(s)**

Docht <-[e]s, -e> ['dɔxt] *m* wick

Dock <-s, -s *o* -e> ['dɔk] *nt* dock

Do·cker(in) <-s, -> *m(f)* docker

Do·ge <-n, -n> ['do:ʒə] *m* (*hist*) doge

Dog·ge <-, -n> ['dɔgə] *f* mastiff

Dog·ma <-s, -men> ['dɔgma, *pl* 'dɔgmən] *nt* ❶ REL dogma, doctrine, article of faith ❷ (*geh*) dogma *pej,* doctrine *pej;* **etw zum** ~ **erheben** [*o* **machen**] to make a dogma [*or* doctrine] out of sth

dog·ma·tisch [dɔ'gma:tɪʃ] *adj* (*pej geh*) dogmatic *pej*

Dog·ma·tis·mus <-> [dɔgma'tɪsmʊs] *m kein pl* (*pej*) dogmatism

Doh·le <-, -n> ['do:lə] *f* jackdaw

Dok·tor, Dok·to·rin <-s, -toren> ['dɔkto:ɐ̯, dɔk'to:rɪn, *pl* dɔk'to:rən] *m, f* ❶ (*Arzt*) doctor; **ich hätte gerne [den] Herrn** ~ **gesprochen** I'd like to speak to the doctor, please; **guten Tag, Frau/Herr** ~ good afternoon, Doctor; **den** ~ **aufsuchen** to go to [*or* visit] the doctor ❷ (*Träger eines Doktortitels*) doctor; **er ist** ~ **der Physik** he's got a PhD in physics; **den** ~ **haben** to have a PhD [*or* Ph.D.] [*or form* Doctor of Philosophy]; **den** [*o* **seinen**] ~ **machen** to do one's doctorate

Dok·to·rand(in) <-en, -en> [dɔkto'rant, *pl* dɔkto'randn̩] *m(f)* doctoral candidate, doctorand

Dok·tor·ar·beit *f* doctorate, doctoral dissertation **Dok·tor·di·plom** *nt* doctor's diploma [*or* certificate] **Dok·tor·ex·a·men** *nt s.* **Doktorprüfung Dok·tor·grad** *m* doctorate; **den** ~ **erwerben** to earn a doctorate, to be awarded a PhD [*or* Ph.D.]; **jdm den** ~ **verleihen** to award sb a PhD [*or* Ph.D.], to confer a PhD [*or* Ph.D.] on sb *form* **Dok·tor·hut** *m* doctoral cap; **den** ~ **erwerben** (*geh*) to be awarded a doctorate

Dok·to·rin <-, -nen> [dɔk'to:rɪn] *f fem form von* **Doktor**

Dok·tor·mut·ter *f fem form von* **Doktorvater** [female] supervisor [of a doctoral candidate] **Dok·tor·prü·fung** *f* doctorate examination **Dok·tor·spie·le** *pl* (*hum fam: Sexspiele*) sex games *pl* **Dok·tor·ti·tel** *m* doctorate; **den** ~ **führen** to be a Doctor of ..., to have a PhD [*or* Ph.D.]; **jdm den** ~ **verleihen** to award sb a doctorate, to confer a doctorate on sb **Dok·tor·va·ter, -mut·ter** *m, f* supervisor [of a doctoral candidate] **Dok·tor·wür·de** *f* (*veraltend*) *s.* **Doktortitel**

Dok·trin <-, -en> [dɔk'tri:n] *f* doctrine, dogma *pej;* **die katholische** ~ the Catholic doctrine [*or* faith]

dok·tri·när [dɔktri'nɛ:ɐ̯] *adj* (*pej geh*) doctrinaire *pej form;* ~**e Ansichten vertreten** to apply doctrinaire principles

Do·ku·ment <-[e]s, -e> [doku'mɛnt] *nt* ❶ (*amtliches Schriftstück*) papers *pl,* document ❷ (*geh: Zeugnis*) proof, record

Do·ku·men·tar(in) <-s, -e> [dokumɛn'ta:ɐ̯] *m(f)* documentalist

Do·ku·men·tar·auf·nah·me *f* documentary record **Do·ku·men·tar·film** *m* documentary film

Do·ku·men·ta·rin <-, -nen> [dokumɛn'ta:rɪn] *f fem form von* **Dokumentar**

do·ku·men·ta·risch [dokumɛn'ta:rɪʃ] I. *adj* documentary II. *adv* (*mit Dokumenten*) by providing documentary evidence; **etw** ~ **beweisen** to prove sth by providing documentary evidence

Do·ku·men·ta·ti·on <-, -en> [dokumɛnta'tsi̯o:n] *f* ❶ (*Sammlung von Nachweisen*) documentation ❷ (*Beschreibung*) documents *pl,* documentation ❸ (*geh: Zeugnis*) proof

do·ku·men·tie·ren* [dokumɛn'ti:rən] I. *vt* ❶ (*durch Dokumente belegen*) ■**etw** ~ to document sth ❷ (*fig: zeigen*) ■**etw** ~ to reveal [*or* demonstrate] sth II. *vr* (*zum Ausdruck kommen*) ■**etw dokumentiert sich in etw** *dat* sth reveals itself [*or* is revealed] [*or* is shown] in sth

Dolby® <-s> *nt kein pl* TECH Dolby®

Dol·ce Vi·ta[RR], **Dol·ce vi·ta**[ALT] <-> ['dɔltʃə'vi:ta] *nt o f kein pl* dolce vita, good life

Dolch <-[e]s, -e> ['dɔlç] *m* dagger *old,* knife; **einen** ~ **ziehen** to draw a dagger *old,* to pull a knife

Dolch·stoß *m* ❶ (*Stoß mit dem Dolch*) stab wound; **jdm einen** ~ **versetzen** to stab sb ❷ (*hinterhältiger Anschlag*) stab in the back; **jdm einen** ~ **versetzen** to stab sb in the back

Dolch·stoß·le·gen·de *f* (*hist*) ■**die** ~ *widespread theory in Germany at the end of WWI that Germany lost the war not through military conquest but through treason*

Dol·de <-, -n> ['dɔldə] *f* umbel

Dol·den·blüt·ler <-s, -> [-bly:tlɐ] *m* BOT umbellifer

doll ['dɔl] I. *adj* (*fam*) ❶ (*schlimm*) dreadful *fam,* awful *fam,* terrible *fam* ❷ (*großartig*) fantastic *fam,* terrific *fam,* great *sl* ❸ (*unerhört*) outrageous; **das ist ja** ~**!** that's a bit much!, that's going a little overboard!; **das wird ja immer** ~**er!** it gets better and better! *iron;* **das ist ja schon ein** ~**es Ding!** that's incredible!; ■**das D**~**ste** the best [of it] *iron;* **das D**~**ste kommt erst noch!** the best is [yet] to come! *iron* II. *adv* DIAL (*sl*) like hell [*or* BRIT mad] *fam;* **sich über etw** ~ **freuen** to be delighted about sth; **sich** ~ **stoßen/wehtun** to knock/hurt oneself badly; **es stürmt immer** ~**er** the storm's getting worse and worse

Dol·lar <-[s], -s> ['dɔlar] *m* dollar; **der kanadische** ~ the Canadian dollar

Dol·lar·kurs *m* dollar rate **Dol·lar·zei·chen** *nt* dollar sign

dol·met·schen ['dɔlmɛtʃn̩] I. *vi* to interpret, to act as interpreter II. *vt* ■**etw** ~ to interpret sth

Dol·met·scher(in) <-s, -> ['dɔlmɛtʃɐ] *m(f)* interpreter

Dol·met·scher·in·sti·tut *nt,* **Dol·met·scher·schu·le** *f* school for interpreters

Do·lo·mit <-s, -e> [dolo'mi:t] *m* ❶ (*Stein*) dolomite ❷ GEOL dolomite, magnesian limestone BRIT

Do·lo·mi·ten [dolo'mi:tn̩] *pl* ■**die** ~ the Dolomites

Dom <-[e]s, -e> ['do:m] *m* ❶ (*große Kirche*) cathedral ❷ ARCHIT dome, cupola

Do·main <-, -s> [də'meɪn] *f* INET domain

Do·mä·ne <-, -n> [do'mɛ:nə] *f* ❶ (*Staatsgut*) state property ❷ (*geh: Spezialgebiet*) domain, area

Do·mes·ti·ka·ti·on <-, -en> [domɛstika'tsi̯o:n] *f* BIOL domestication

Do·mes·ti·zie·rung *f* domestication

Dom·herr *m s.* **Domkapitular**

Do·mi·na <-, -s> ['do:mina] *f* dominatrix, *prostitute specializing in masochism*

do·mi·nant [domi'nant] *adj* dominant, assertive; **ein** ~**er Mensch** an assertive [*or usu pej* domineering] person; **ein** ~**es Merkmal** a dominant feature [*or* characteristic]

Do·mi·nan·te <-, -n> [domi'nantə] *f* ❶ MUS dominant ❷ (*vorherrschendes Merkmal*) dominant

Do·mi·nanz <-, -en> [domi'nants] *f* ❶ (*geh: dominantes Wesen*) assertiveness, dominance *usu pej* ❷ BIOL dominance

Do·mi·ni·ca <-s> [do'mi:nika] *nt* Dominica; *s. a.* **Sylt**

do·mi·nie·ren* [domi'ni:rən] I. *vi* ❶ (*geh: vorherrschen*) to dominate, to be in control ❷ (*geh: überwiegen*) ■[**in etw** *dat*] ~ to prevail [*or* predominate] [*or* dominate] [in sth], to be dominant [*or* predominate] [in sth] II. *vt* (*geh: beherrschen*) ■**jdn/etw** ~ to dominate sb/sth, to be dominant over sb/sth

do·mi·nie·rend *adj* dominating *usu pej,* predominating, prevailing, dominant

Do·mi·ni·ka·ner(in) <-s, -> [domini'ka:nɐ] *m(f)* ❶ REL member of the Dominican order ❷ GEOG, POL Dominican; *s. a.* **Deutsche(r)**

Do·mi·ni·ka·ner·mönch *m* Dominican friar

do·mi·ni·ka·nisch [domini'ka:nɪʃ] *adj* Dominican; *s. a.* **deutsch**

Do·mi·ni·ka·ni·sche Re·pu·blik *f* Dominican Republic; **in der Dominikanischen Republik** in the Dominican Republic; **in die** ~ **fahren** to go [*or* travel] to the Dominican Republic; **in der Dominikanischen Republik leben** to live in the Dominican Republic; *s. a.* **Sylt**

Do·mi·no[1] <-s, -s> ['do:mino] *m* domino

Do·mi·no[2] <-s, -s> ['do:mino] *nt* dominoes + *sing vb;* ~ **spielen** to have a game of [*or* to play] dominoes

Do·mi·no·spiel *nt s.* **Domino**[2] **Do·mi·no·stein** *m* ❶ (*Spiel*) domino ❷ (*Weihnachtsgebäck*) *cube-shaped sweet made of Lebkuchen [a sort of gingerbread], filled with marzipan and jam and covered with chocolate*

Do·mi·zil <-s, -e> [domi'tsi:l] *nt* (*geh*) ❶ (*Wohnung*) resi-

dence, domicile *form,* abode *hum* ❷ (*Sitz*) residence
Dom·ka·pi·tel *nt* chapter [of a cathedral] **Dom·ka·pi·tu·lar** <-s, -e> [-kapitula:ɐ̯] *m* canon **Dom·pfaff** <-en *o* -s, -en> ['do:mpfaf] *m* bullfinch
Domp·teur(in) <-s, -e> [dɔmp'tø:ɐ] *m(f),* **Domp·teu·se** <-, -n> [dɔmp'tø:zə] *f* animal trainer
Do·na·tor, Do·na·to·rin <-s, -toren> [do'na:to:ɐ̯, dona'to:rɪn, *pl* dona'to:rən] *m, f* SCHWEIZ (*Schenker*) donator
Do·nau <-> ['do:nau] *f* ■**die** ~ the Danube
Do·nau·lachs *m* Danube salmon **Do·nau·mon·ar·chie** *f kein pl former Austro-Hungarian monarchy*
Dö·ner <-[s], -> ['dø:nɐ] *m,* **Dö·ner·ke·bab** <-[s], -s> [dø:nɐke'bap] *m* [doner] kebab
Don Ju·an <-[s], -[s]> [dɔn 'xu̯an] *m* Don Juan
Don·ner <-s, *selten* -> ['dɔnɐ] *m* thunder ▸WENDUNGEN: **wie vom ~ gerührt sein** (*fam*) to be thunderstruck [*or* dumbfounded] [*or fam* flabbergasted]
Don·ner·bal·ken *m* MIL (*hum sl*) thunderbox BRIT *sl,* [portable] outhouse AM **Don·ner·gott** *m* Thor, god of thunder **Don·ner·grol·len** *nt kein pl* (*geh*) roll [*or* rumble] [*or* peal] of thunder **Don·ner·keil** *m* thunderbolt
don·nern ['dɔnɐn] **I.** *vi impers haben* to thunder; **hörst du, wie es donnert?** can you hear the thunder? **II.** *vi* ❶ *haben* (*poltern*) ■**[mit etw] an etw** *akk/***gegen etw** ~ to bang *fam* [*or* hammer] [*or* pound] on/at sth [with sth] ❷ *sein* (*krachend prallen*) ■**[mit etw] gegen/in etw** ~ *akk* to crash into sth [with sth]; **genau** [*o* **direkt**] [*o* **voll**] **gegen/in etw** ~ to crash straight [*or* right] into sth; ■**auf/gegen etw** *akk* ~ to crash onto/against sth; **der Fußball donnerte genau gegen die Schaufensterscheibe** the football slammed into the shop window ❸ *sein* (*sich polternd bewegen*) to thunder; ■**an jdm vorbei**~ to thunder past sb; **ein schwerer Laster donnerte heran** a heavy lorry came thundering by **III.** *vt haben* (*schleudern*) ■**etw** ~ to hurl [*or* slam] [*or fam* fling] sth ▸WENDUNGEN: **jdm eine** ~ (*sl*) to clout [*or fam* wallop] sb BRIT, to plaster sb AM *fam*
don·nernd *adj* thundering
Don·ner·rol·len *nt kein pl s.* **Donnergrollen Don·ner·schlag** *m* ❶ METEO clap of thunder ❷ (*Ausdruck des Erstaunens*) ■~**!** (*veraltend fam*) I'll be blowed! *dated,* blow me down! *dated* ▸WENDUNGEN: **jdn wie ein ~ treffen** to hit sb out of the blue, to leave sb thunderstruck [*or* struck dumb [with astonishment/shock]]; **einen ~ loslassen** to unleash a thunderbolt
Don·ners·tag ['dɔnɐsta:k] *m* Thursday; *s. a.* **Dienstag**
Don·ners·tag·abendRR *m* Thursday evening; *s. a.* **Dienstag don·ners·tag·abends**RR *adv* [on] Thursday evenings **Don·ners·tag·mit·tag**RR *m* [around] noon on Thursday; *s. a.* **Dienstag don·ners·tag·mit·tags**RR *adv* [around] noon on Thursdays **Don·ners·tag·mor·gen**RR *m* Thursday morning; *s. a.* **Dienstag don·ners·tag·mor·gens**RR *adv* [on] Thursday mornings **Don·ners·tag·nach·mit·tag**RR *m* Thursday afternoon; *s. a.* **Dienstag don·ners·tag·nach·mit·tags**RR *adv* [on] Thursday afternoons **Don·ners·tag·nacht**RR *f* Thursday night; *s. a.* **Dienstag don·ners·tag·nachts**RR *adv* [on] Thursday nights
don·ners·tags *adv* [on] Thursdays; ~**abends/nachmittags/vormittags** [on] Thursday evenings/afternoons/mornings
Don·ners·tag·vor·mit·tagRR *m* Thursday morning; *s. a.* **Dienstag don·ners·tag·vor·mit·tags**RR *adv* [on] Thursday mornings
Don·ner·wet·ter ['dɔnɐvɛtɐ] *nt* ❶ (*veraltend: Gewitter*) thunderstorm ❷ (*fam: Schelte*) unholy row BRIT *fam,* an awful bawling out AM; **ein ~ über sich ergehen lassen** to be bawled out AM, to get a dressing down BRIT, to be hauled over the coals BRIT ❸ (*fam: alle Achtung!*) I'll be damned! *fam,* gosh! BRIT *fam* ❹ (*in Ausrufen*) [**zum**] ~**!** (*fam*) damn it! *fam,* bloody hell! BRIT *sl*
doof <doofer *o* döfer, doofste *o* döfste> ['do:f] *adj* (*fam*) ❶ (*blöd*) stupid, silly, brainless ❷ (*verflixt*) stupid, damn, bloody BRIT *sl,* fucking *vulg;* ■**jdm ist etw zu** ~ sb finds sth stupid [*or* ridiculous]; **das Ganze wird mir langsam zu** ~ I'm beginning to find the whole business ridiculous; **zu ~ [aber auch]!** oh no!, what a pain ! *sl,* what a nuisance BRIT *fam*
Doof·heit <-, -en> *f* (*fam*) stupidity, brainlessness, silliness BRIT, foolishness
Doo·fi <-[s], -s> ['do:fi] *m* (*fam*) dummy, twit, num[b]skull, BRIT silly nit; **Klein** ~ ≈ Simple Simon
Doof·kopp <-s, -köppe> [-kɔp, *pl* -køpə] *m* (*sl*), **Doof·mann** <-s, -männer> *m* (*sl*) twit, fool
Dope <-s, -s> [do:p] *nt* (*sl*) pot *sl,* hash *fam*
do·pen ['do:pn̩, 'dɔpn̩] *vt* ■**jdn/etw** ~ to dope sb/sth; ■[**sich**] ~ to dope [oneself]
Do·ping <-s, -s> ['dɔpɪŋ] *nt illicit use of drugs before sporting events*
Do·ping·kon·trol·le ['do:pɪŋ-] *f,* **Do·ping·test** ['do:pɪŋ-] *m* drugs test **Do·ping·ver·dacht** ['do:pɪŋ-] *m* SPORT **bei der Tennisspielerin besteht** ~ the tennis player is suspected of having taken drugs
Dop·pel <-s, -> ['dɔpl̩] *nt* ❶ (*Duplikat*) ■**das/ein ~ einer S.** *gen* [**zu etw**] the/a duplicate [*or* copy] [of sth] ❷ SPORT (*Spiel mit 4 Spielern*) doubles; (*Mannschaft von 2 Spielern*) doubles team; **gemischtes** ~ mixed doubles
Dop·pel·ad·ler *m two-headed eagle on a coat of arms or coin*
Dop·pel·agent(in) *m(f)* double agent **Dop·pel·band** *m* ❶ (*doppelter Umfang*) double volume ❷ (*zwei Bände*) set of two volumes **Dop·pel·be·ga·bung** *f* PSYCH, MUS double talent **Dop·pel·be·las·tung** *f* double [*or* BRIT twofold] burden [*or* pressure] [*or* load] **Dop·pel·be·schluss**RR *m* MIL twin-track decision **Dop·pel·be·steu·e·rung** *f* double taxation **Dop·pel·bett** *nt* double bed **Dop·pel·bin·dung** *f* CHEM double bond **Dop·pel·bock** *nt o m very strong German beer* **Dop·pel·bo·den** *m* ARCHIT false bottom **Dop·pel·buch·sta·be** *m* double letter **Dop·pel·de·cker** <-s, -> *m* ❶ (*Flugzeug*) biplane ❷ (*fam: Omnibus*) double-decker [bus] ❸ (*fam: Butterbrot*) double-decker [sandwich] BRIT **dop·pel·deu·tig** ['dɔpl̩dɔytɪç] *adj* ambiguous, equivocal **Dop·pel·deu·tig·keit** <-, -en> *f* ambiguity, equivocation, equivocalness **Dop·pel·feh·ler** *m* double fault **Dop·pel·fens·ter** *nt* double glazing **Dop·pel·gän·ger(in)** <-s, -> [-gɛŋɐ] *m(f)* double, look-alike; ■**jds** ~ sb's double [*or* look-alike]; **einen ~ haben** to have a double [*or* a look-alike] **dop·pel·glei·sig** *adj* ❶ (*auf 2 Gleisen befahrbar*) double-tracked ❷ (*zwei Vorgehensweisen verfolgen*) ~ **fahren** to have two tactics **Dop·pel·haus** *nt* two semi-detached houses *pl* BRIT, duplex house AM **Dop·pel·haus·häl·fte** *f* semi-detached house BRIT, duplex AM **Dop·pel·he·lix** *f* BIOL double helix **Dop·pel·kinn** *nt* double chin; **ein ~ bekommen** [*o* **kriegen**]/**haben** (*fam*) to get/have a double chin **dop·pel|kli·cken** *vi* to double-click **Dop·pel·kon·so·nant** *m* double consonant **Dop·pel·kopf** *m kein pl card game with 4 players and two packs of 24 cards* **Dop·pel·korn** *m schnapps made out of grain, with 38% alcohol instead of the usual 32%*
Dop·pel·laut *m* ❶ (*Diphthong*) diphthong ❷ *s.* **Doppelkonsonant, Doppelvokal Dop·pel·le·ben** *nt* double life; **ein ~ führen** to lead a double life **Dop·pel·mo·ral** *f* double standards *pl* **Dop·pel·mord** *m* double murder; **einen ~ begehen** [*o* **verüben**] (*geh*) to commit a double murder *form* **Dop·pel·na·me** *m* (*Nachname*) double-barrelled [*or* AM hyphenated] [sur]name; (*Vorname*) double first [*or* BRIT *a.* Christian] name **Dop·pel·pass**RR *m kein pl* POL dual citizenship **Dop·pel·punkt** *m* colon **Dop·pel·raf·fi·na·de** *f* KOCHK [doubly-]refined sugar **Dop·pel·rol·le** *f* double role; **eine ~ spielen** to play a double role [*or* two roles] **dop·pel·sei·tig** *adj* ❶ (*beide Hälften betreffend*) double; **eine ~e Lungenentzündung haben** to have double pneumonia; ~**e Lähmung** diplegia ❷ (*beide Seiten betreffend*) double-paged; (*in der Zeitschriftenmitte*) centrefold BRIT, centerfold AM **Dop·pel·sinn** *m* double meaning,

ambiguity, equivocation **dop·pel·sin·nig** *adj s.* **doppeldeutig**
Dop·pel·spiel *nt* (*pej*) double-dealing *pej;* **mit jdm ein ~ treiben** to double-cross sb; (*jdn sexuell betrügen*) to two-time sb **Dop·pel·spit·ze** *f* POL dual [party] leadership **Dop·pel·ste·cker** *m* twin socket **dop·pel·stö·ckig** *adj* ❶ ARCHIT two-storeyed ❷ (*mit 2 Etagen versehen*) **~es Bett** bunk beds; **~er Bus** double-decker bus ❸ KOCHK (*fam*) double **Dop·pel·stück** *nt* KOCHK (*vom Lamm*) [lamb] double **Dop·pel·stun·de** *f* double lesson [*or* period]
dop·pelt ['dɔpl̩t] **I.** *adj* ❶ (*zweite*) second; **ein ~es Gehalt** a second [*or* BRIT double] income; **eine ~e Staatsangehörigkeit haben** to have dual nationality ❷ (*zweifach*) double, twice; **der ~e Preis** double [*or* twice] the price; **aus ~em Grunde** for two reasons; **einem ~en Zweck dienen** to serve a dual purpose; **etw ~ haben** to have sth double [*or* two of sth]; **~ so viel** [**von etw/einer S.** *gen*] (*fig*) twice as much/many [sth]; *s. a.* **Ausfertigung, Hinsicht, Boden, Moral, Verneinung** ❸ (*verdoppelt*) doubled; **mit ~em Einsatz arbeiten** to double one's efforts **II.** *adv* ❶ *direkt vor Adjektiv* (*zweimal*) twice; **~ so groß/klein sein wie etw** to be twice as big/small as sth; **~ so viel bezahlen** to pay double [*or* twice] the price, to pay twice as much ❷ (*zweifach*) twice; **~ sehen** to see double; **~ versichert sein** to have two insurance policies; **~ und dreifach** doubly [and more]; **dem habe ich's aber heimgezahlt, und zwar ~ und dreifach!** I really gave it to him, with knobs on! *sl* ❸ (*um so mehr*) doubly; **sich ~ in Acht nehmen/vorsichtig sein** to be doubly careful; **sich ~ entschuldigen** to apologize twice ▶WENDUNGEN: **~ gemoppelt sein** (*fam*) to be the same thing [said twice]; **~ gemoppelt hält besser!** (*fam*) better [to be] safe than sorry *prov*
Dop·pel·te(r) *m dekl wie adj* (*fam*) **einen ~n, bitte!** a double, please!
Dop·pel·te(s) *nt dekl wie adj* ■**das ~** double, twice; **ich will mindestens das ~** I want at least double [*or* twice] that [amount]; **das ~ wiegen** to weigh twice as much; **auf das ~ ansteigen** to double
Dop·pel·ver·die·ner(in) *m(f)* ❶ (*Person mit zwei Einkünften*) double wage earner ❷ *pl* (*Paar mit zwei Gehältern*) two-income [*or* double-income] couple **Dop·pel·vo·kal** *m* diphthong **Dop·pel·zent·ner** *m* ≈ 2 hundredweights BRIT (*100 kilos*) **Dop·pel·zim·mer** *nt* double [room]; **ein ~ bitte!** a double room, please!
dop·pel·zün·gig ['dɔpl̩tsʏŋɪç] **I.** *adj* (*pej*) devious, two-faced, double-dealing **II.** *adv* (*pej*) **~ reden** to speak with a forked tongue *fam,* to be two-faced
Dop·pel·zün·gig·keit <-, -en> *f kein pl* (*pej*) double-dealing, two-facedness, deviousness
Dop·pler·ef·fekt ['dɔplɐ-] *m* Doppler effect
Do·ra·de <-, -n> [do'ra:də] *f* ZOOL, KOCHK gilthead
Do·ra·do <-s, -s> [do'ra:do] *nt s.* **Eldorado**
Dorf <-[e]s, Dörfer> ['dɔrf, *pl* 'dœrfɐ] *nt* ❶ (*kleine Ortschaft*) village BRIT, AM *usu* [small] town ❷ (*die Dorfbewohner*) village BRIT, AM *usu* town, the villagers BRIT, AM *usu* the town inhabitants; **das Olympische ~** the Olympic village; **das Leben auf dem ~** country [*or* BRIT *a.* village] life; **auf dem ~** in the country; **vom ~** from the country; **sie ist offenbar vom ~** she's obviously a country girl *fam* ▶WENDUNGEN: **für jdn böhmische Dörfer sein** to be all Greek [*or* BRIT double Dutch] to sb; **Potemkinsche Dörfer** (*geh*) a facade, a façade, a sham
Dorf·äl·tes·te(r) *f(m) dekl wie adj* ❶ (*Älteste(r) eines Dorfes*) ≈ oldest person in a village ❷ (*veraltend: Vorsteher eines Dorfes*) village elder[s] **Dorf·be·woh·ner(in)** *m(f)* villager, village inhabitant
Dörf·chen <-s, -> ['dœrfçən] *nt dim von* **Dorf** hamlet
Dorf·ju·gend *f* village [*or* AM country] youth, young hicks *pej,* young people of the village [*or* AM in the country] **Dorf·krug** *m* NORDD (*Gaststätte in einem Dorf*) village pub BRIT, local bar AM
dörf·lich *adj* rural, rustic *liter;* **eine ~e Landschaft** a rural scenery, a rural landscape; **eine ~e Umgebung** a rural [*or* country] area; ■**~ sein** to be rural
Dorf·platz *m* town square, village square BRIT
Dorf·schaft <-, -en> *f* SCHWEIZ village BRIT, [small] town AM
Dorf·schö·ne, Dorf·schön·heit *f* (*euph, a. iron*) rustic beauty *euph* **Dorf·schul·ze** <-n, -n> [-ʃʊltsə] *m* (*veraltet*) village elder **Dorf·trot·tel** *m* (*fam*) local [*or* village] idiot
do·risch ['do:rɪʃ] *adj* ❶ (*Kunst der Dorer betreffend*) Doric, Dorian ❷ (*Musik*) Dorian; **die ~e Tonart** the Dorian mode
Dorn[1] <-[e]s, -en> ['dɔrn] *m* thorn; **ohne ~en** without thorns, thornless ▶WENDUNGEN: **jdm ein ~ im Auge sein** to be a thorn in sb's side, to be a pain in the neck [*or* BRIT *vulg* arse] [*or* AM *vulg* ass]
Dorn[2] <-[e], -e> ['dɔrn] *m* ❶ (*Metallstift*) [hinged] spike ❷ (*Werkzeug*) awl
Dorn·busch *m* thorn bush
Dor·nen·ge·strüpp *nt* bramble[s], briar **Dor·nen·he·cke** *f* thorn hedge, hedge of thorns **Dor·nen·kro·ne** *f* crown of thorns
Dorn·fort·satz *m* BIOL, MED neural spine
Dorn·gras·mü·cke *f* ORN whitethroat **Dorn·hai** *m* ZOOL, KOCHK spiny dogfish
dor·nig ['dɔrnɪç] *adj* ❶ (*viele Dornen aufweisend*) thorny; **~es Gestrüpp** brambles *pl* ❷ (*geh: schwierig*) thorny
Dorn·rös·chen <-> [-'rø:sçən] *nt kein pl* Sleeping Beauty
Dorn·rös·chen·schlaf *f* ≈ sleepy way of life BRIT; **aus seinem ~ erwachen** [*o* **aufwachen**] to wake up, to be shaken out of a sleepy way of life; (*aufwachen aus der Lethargie*) to become aware of sth, to wake up and smell the coffee AM; **in einen ~ versinken** to fall into a deep sleep; **wieder in einen ~ versinken** to return to a sleepy way of life; (*lethargisch werden*) to fall into a stupor
Dörr·ap·pa·rat *m* KOCHK dessicating machine **Dörr·boh·ne** *f* KOCHK dried broad bean
dör·ren ['dœrən] **I.** *vt haben* ■**etw ~** to dry [out] sth *sep* **II.** *vi sein* to dry out, to wither
Dörr·fisch *m* dried fish **Dörr·fleisch** *nt* DIAL dried meat, [smoked] bacon **Dörr·obst** *nt* dried fruit **Dörr·pflau·me** *f* prune
Dorsch <-[e]s, -e> ['dɔrʃ] *m* cod
Dor·schen ['dɔrʃn̩] *m* BOT, KOCHK swede
dort ['dɔrt] *adv hinweisend* there; **schau mal ~!** look at that!; **hast du meine Brille gesehen? – ja, sie liegt ~** have you seen my glasses? – yes, they're over there; **~ drüben** over there; **nach ~** there; **von ~** from there; **von ~ aus** from there; *s. a.* **da I. 1**
dort|be·hal·ten* *vt irreg* **jdn ~** to keep sb there **dort|blei·ben** *vi irreg sein* to stay there **dort·her** ['dɔrt'he:ɐ̯] *adv* from there **dort·hin** ['dɔrt'hɪn] *adv* there; **können Sie mir sagen, wie ich ~ komme?** can you tell me how to get there?; **bis ~** as far as there, up to there; **wie weit ist es bis ~?** how far is it to there? **dort·hin·ab** ['dɔrthɪ'nap] *adv s.* **dorthinunter dort·hin·auf** *adv* up there **dort·hin·aus** ['dɔrthɪ'naʊs] *adv* (*dahinaus*) there, that way, in that direction ▶WENDUNGEN: **bis ~** (*fam*) really, dreadfully, awfully; **das ärgert mich bis ~!** that makes me furious!, that drives me up the wall!, that really gets on my nerves! **dort·hin·ein** *adv* over there **dort·hin·un·ter** *adv* down there
dor·tig ['dɔrtɪç] *adj attr* local; **die ~en Verhältnisse kennen** to know the local situation [*or* the situation there]; **für ~e Verhältnisse** for the local circumstances
Dort·mund <-s> ['dɔrtmʊnt] *nt* Dortmund
Dös·chen <-s, -> ['dø:sçən] *nt dim von* **Dose** little tin [*or* box] [*or* can]
Do·se <-, -n> ['do:zə] *f* ❶ (*Büchse*) box; (*Blech~*) tin BRIT, can AM; **in ~n** in tins ❷ (*Steck~*) socket; (*Verteiler~*) distribution [*or* AM junction] box
Do·sen *pl von* **Dosis**

dö·sen ['dø:zn̩] *vi* (*fam*) ■[**vor sich hin**] ~ to doze [away], to drowse
Do·sen·bier *nt kein pl* canned beer **Do·sen·lo·cher** *m* KOCHK can punch **Do·sen·milch** *f* tinned [*or* evaporated] [*or* condensed] milk **Do·sen·mu·sik** *f* (*hum fam*) muzak®, canned [*or* piped] music *pej;* (*im Gegensatz zu Livemusik*) recorded music **Do·sen·nah·rung** *f* tinned food **Do·sen·öff·ner** *m* tin opener **Do·sen·sup·pe** *f* canned soup
do·sier·bar *adj* measurable; **eine genau ~e Menge von etw** an exact dose of sth
do·sie·ren* [do'zi:rən] *vt* ❶ (*abmessen*) ■**etw** ~ to measure out sth *sep;* **Arzneimittel** ~ to measure out medicine [in doses]; **etw sparsam** ~ to be sparing with sth ❷ (*zumessen*) ■**etw** ~ to measure [*or* hand] out sth, to hand out in measured doses
Do·sier·spen·der *m* dispenser
Do·sie·rung <-, -en> *f* dose, dosage
dö·sig ['dø:zɪç] *adj* (*fam*) ❶ (*blöd*) dozy; **stell dich nicht so ~ an** don't be so dozy ❷ (*dösend*) sleepy, dozy, drowsy
Do·si·me·ter <-s, -> [dozi'me:tɐ] *nt* dosimeter, dosemeter BRIT
Do·sis <-, Dosen> ['do:zɪs, *pl* 'do:zn̩] *f* dose, dosage; **in kleinen Dosen** in small doses
Dös·kopp <-s, -köppe> [-kɔp] *m* NORDD (*fam*) dozy nit BRIT *fam,* dope
Dos·sier <-s, -s> [dɔ'sie:] *nt* file, dossier
Do·ta·ti·on <-, -en> [dota'tsi̯o:n] *f* (*geh: Schenkung*) present; (*für Wohltätigkeitszwecke*) donation; (*ein regelmäßiges Einkommen erzeugend*) endowment
Dot·com <-, -s> ['dɒtkɒm] *f* ÖKON, INET (*sl*) dotcom, dot com
Dot·com-Un·ter·neh·men ['dɒtkɒm-] *nt* INET (*sl*) dotcom [business [*or* company]] *sl*
do·tie·ren* [do'ti:rən] *vt* ❶ (*honorieren*) **eine Stelle** [**mit etw**] ~ to remunerate a position [with sth]; ■**dotiert** salaried ❷ (*ausstatten*) **mit ... Euro dotiert sein** to be worth ... euros; **der erste Preis war mit 25.000 Euro dotiert** the first prize was 25,000 euros
Dot·ter <-s, -> ['dɔtɐ] *m o nt* yolk
Dot·ter·blu·me *f s.* **Sumpfdotterblume**
dou·beln ['du:bln] **I.** *vt* ■**jdn** ~ to double for sb; **sich von jdm ~ lassen** to let sb double one; **Schauspieler lassen sich oft von Stuntmen** ~ actors often let stuntsmen double for them; ■**etw** [**für jdn**] ~ to play sth [for sb]; **ein Stuntman hat die Szene für ihn gedoubelt** a stuntman played the scene for him **II.** *vi* to work as a double
Dou·ble <-s, -s> ['du:bl] *nt* ❶ FILM double, stand-in ❷ (*Doppelgänger*) double, doppelganger
dou·blie·ren [du'bli:rən] *vt* KOCHK ■**etw** ~ to double sth; **Gebäckstücke** ~ to place pastries on top of each other
Dou·glas·fich·te *f*, **Dou·glas·tan·ne** ['duglas-] *f* Douglas fir
Dow-Jones-In·dex ['daʊ'dʒo:nz-] *m* Dow Jones [Index]
down [daʊn] *adj pred* (*sl*) down, miserable; ~ **sein/sich ~ fühlen** to feel down [*or* low] [*or* miserable]
Down·hill-Moun·tain·bi·king ['daʊnhil'maʊntinbaɪkɪŋ] *nt* downhill mountain biking
Down·load <-s, -s> ['daʊnloʊd] *m* INET download
Down·syn·drom *nt* MED Down's syndrome
Do·zent(in) <-en, -en> [do'tsɛnt] *m(f)* ❶ (*Universität*) lecturer ❷ (*Lehrer an einer Volkshochschule*) teacher, instructor; ■~ **für etw sein** to be a teacher of sth
Do·zen·tur <-, -en> [dotsɛn'tu:ɐ̯] *f* (*geh*) lectureship
do·zie·ren* [do'tsi:rən] *vi* ❶ (*an der Universität*) to lecture, to deliver a lecture [*or* lectures]; ■**über etw** ~ *akk* to lecture about sth, to deliver a lecture on ❷ (*geh: belehren*) to lecture, to preach *pej;* ■~**d** lecturing; **in ~dem Ton** in a lecturing tone of voice
dpa <-> ['de:pe:a:] *f Abk von* **Deutsche Presse-Agentur** *leading German press agency*
DPG *f* ÖKON *Abk von* **Deutsche Postgewerkschaft** *union of German postal workers*
dpt *Abk von* **Dioptrie**
Dr. *Abk von* **Doktor** Dr

i Kultur

In der englischsprachigen Welt werden keine Titel vor dem Nachnamen angesammelt. Man spricht eine Person immer nur mit einem Titel an, z.B. *Prof. Sinclair.* Es gibt also keine Titel wie *Frau Prof. Dr. Dr. h.c. Schmid.* Der Doktortitel **Doctor** wird gewöhnlich nur für Ärzte und Ärztinnen verwendet. Man stellt sich nur mit Vor- und Nachnamen vor; Titel werden nicht genannt.

Dra·che <-n, -n> ['draxə] *m s.* **Drachen**
Dra·chen <-s, -> ['draxn̩] *m* ❶ (*Spielzeug*) kite; **einen ~ steigen lassen** to fly a kite ❷ (*Fluggerät*) hang-glider ❸ (*fam: zänkisches Weib*) dragon *fam*
Dra·chen·flie·gen *nt* hang-gliding **Dra·chen·flie·ger(in)** *m(f)* hang-glider **Dra·chen·kopf** *m* ZOOL, KOCHK scorpion fish
Drach·me <-, -n> ['draxmə] *f* drachma
Dra·gee, Dra·gée <-s, -s> [dra'ʒe:] *nt* ❶ PHARM dragée *form,* sugar-coated pill ❷ KOCHK sugar-coated sweet BRIT
Dra·go·ner <-s, -> [dra'go:nɐ] *m* ❶ (*Angehöriger einer leichten Reitertruppe*) dragoon ❷ (*derbe Frau*) battleaxe [*or* AM -ax] *fam,* dragon *fam*
Draht <-[e]s, Drähte> ['dra:t, *pl* 'drɛ:tə] *m* wire; (*sehr dünn*) filament; (*Telefondraht*) telephone cable ► WENDUNGEN: **zu jdm einen guten ~ haben** to be on good terms with sb; **der heiße ~** the hot line; [**schwer**] **auf ~ sein** (*fam*) to be on the ball *fam* [*or* on one's toes]
Draht·bürs·te *f* wire brush **Draht·esel** *nt* (*fam*) bike **Draht·ge·flecht** *nt* wire mesh **Draht·git·ter** *nt* wire grating
drah·tig *adj* wiry
draht·los *adj* wireless, cordless; **~es Telefon** mobile [tele]phone BRIT, mobile BRIT, cellular [tele]phone AM, cellphone AM
Draht·sche·re *f* wire cutters *npl*
Draht·seil *nt* wire cable; *s. a.* **Nerv**
Draht·seil·akt *m* (*geh*) high wire act **Draht·seil·bahn** *f* cable railway [*or* car], gondola AM
Draht·ver·hau *m* wire entanglement **Draht·zaun** *m* wire fence
Draht·zie·her(in) <-s, -> *m(f)* sb pulling the strings
Drai·na·ge <-, -n> [drɛ'na:ʒə] *f s.* **Dränage**
drai·nie·ren* [drɛ'ni:rən] *vt s.* **dränieren**
Drai·si·ne <-, -n> [drɛ'zi:nə] *f* HIST ❶ BAHN rail trolley ❷ (*zweirädriges Fahrzeug*) draisine, dandy-horse *hist*
dra·ko·nisch [dra'ko:nɪʃ] **I.** *adj* (*unbarmherzig hart*) Draconian, harsh; **~e Strafe** Draconian measure [as punishment]; **~e Strenge** harshness **II.** *adv* harshly
drall ['dral] *adj* well-rounded, shapely; **ein ~es Mädchen** a buxom lass BRIT, a shapely girl
Drall <-[e]s, -e> ['dral] *m* ❶ (*Rotation*) spin, twist; **einen ~ nach links/rechts haben** to have a spin to the left/right ❷ (*bei Gewehr*) rifling, groove
Dra·lon® <-[s]> ['dra:lɔn] *nt kein pl* Dralon® *esp* BRIT
Dra·ma <-s, -men> ['dra:ma, *pl* 'dra:mən] *nt* ❶ (*Bühnenspiel*) drama, play ❷ (*erschütterndes Ereignis*) drama, tragedy; **es ist ein ~, dass ...** it is a disaster that ...; **ein ~ aus etw machen** to make a drama out of sth [*or* mountain out of a molehill]
Dra·ma·tik <-> [dra'ma:tɪk] *f kein pl* ❶ (*fig: große Spannung*) drama; **die letzten Minuten des Matches waren von großer ~** the last minutes of the match were very dramatic [*or* full of drama] ❷ LIT (*dramatische Dichtkunst*) drama
Dra·ma·ti·ker(in) <-s, -> [dra'ma:tikɐ] *m(f)* playwright, dramatist
dra·ma·tisch [dra'ma:tɪʃ] **I.** *adj* dramatic, drama-laden *form;*

mach's nicht so ~! don't be so theatrical! **II.** *adv* dramatically

dra·ma·ti·sie·ren* [dramati'zi:rən] *vt* ■**etw ~** ❶ LIT *Stoff, Roman* to dramatize sth ❷ (*fig: übertreiben*) to express [*or* react to] sth in a dramatic way

Dra·ma·ti·sie·rung <-, -en> *f* dramatization; **das ist doch wirklich kein Anlass zur ~!** there is really no call for dramatization!

Dra·ma·turg(in) <-en, -en> [drama'tʊrk, *pl* drama'tʊrgn̩] *m(f)* dramatic advisor, dramaturg

Dra·ma·tur·gie <-, -en> [dramatʊr'gi:, *pl* dramatʊr'gi:ən] *f* ❶ (*Lehre des Dramas*) dramaturgy ❷ (*Bearbeitung eines Dramas*) dramatization ❸ (*Abteilung*) dramaturgy dept

Dra·ma·tur·gin <-, -nen> [drama'tʊrgɪn] *f fem form von* **Dramaturg**

dra·ma·tur·gisch [drama'tʊrgɪʃ] *adj* dramaturgic[al] *form;* **~e Gestaltung** dramatization

dran ['dran] *adv* (*fam*) ❶ (*daran*) **[zu] früh/spät ~ sein** to be [too] early/late; **gut ~ sein** to be well off [*or* AM sitting pretty] [*or* in a privileged position]; **sie ist besser ~ als er** she's better off than he is; **schlecht ~ sein** (*gesundheitlich*) to be off colour [*or* AM -or] [*or* BRIT poorly], to not be very well; (*schlechte Möglichkeiten haben*) to be in a bad position, to have a hard time [of it] ❷ (*an der Reihe sein*) ■**~ sein** to have a turn; **jetzt bist du ~!** now it's your turn!; **wer ist als Nächster ~?** whose turn is it next?, who's next?; **ich war [zuerst] ~** it's my turn [first]; **[bei jdm] ~ sein: heute ist Latein ~** we've got Latin today ❸ (*fam: an den Kragen gehen*) ■**~ sein** to be for it *fam;* **wenn ich ihr das nachweisen kann, dann ist sie ~!** if I can prove it, then she'll really get it!; (*sterben müssen*) to be next ❹ (*vorhanden sein*) **nichts ~ sein an jdm** to be [very] thin [*or* nothing but skin and bones]; (*ohne Reize*) to be not very appealing, to not have much appeal; ■**etw ~ sein an jdm** to have sth [special]; **was ist an ihm ~?** what's so special about him?; **etw ~ sein an etw** to be sth to sth; **an dieser Wachtel ist ja kaum was ~!** there's hardly any meat to this quail! ❺ (*zutreffen*) ■**etw ~ sein an etw** *dat* to be sth in it; **ob an diesem Gerücht doch etwas ~ sein könnte?** could there be anything in this rumour?; **nichts ~ sein an etw** *dat* to be nothing in sth; *s. a.* **daran**

Drä·na·ge <-, -n> [drɛ'na:ʒə] *f* ❶ (*Entwässerungsleitung*) drainage [pipes] ❷ (*System von Entwässerungsgräben*) drainage [ditches]

dran|blei·ben *vi irreg sein* (*fam*) ❶ (*dicht an jdm bleiben*) ■**an jdm ~** to keep [*or* stay] [*or* stick] close to sb ❷ (*am Telefon bleiben*) to hold the line BRIT, to hold AM

drang ['draŋ] *imp von* **dringen**

Drang <-[e]s, Dränge> ['draŋ, *pl* 'drɛŋə] *m* ❶ (*innerer Antrieb*) longing, desire; ■**jds ~, etw zu tun** sb's urge [*or* itch] [*or* longing] to do sth; **ein ~ nach Bewegung[en]** urge to do some [physical] exercise; **~ nach Wissen** thirst for knowledge; **~ nach Freiheit** longing [*or liter* yearning] for freedom; **ein starker ~** a strong desire [*or* urge], a great longing; **einen ~ haben[, etw zu tun]** to feel an urge [to do sth], to have a desire [to do sth] ❷ (*Harn~*) urgent need [*or* urge] to go to the toilet; **einem ~ nachgeben** to answer a call of nature ❸ (*geh: Druck*) ■**der ~ einer S.** *gen* the pressure of sth; **der ~ der Umstände** the force of circumstances

dran|ge·hen *vi irreg sein* (*fam*) ❶ (*sich zu schaffen machen*) ■**[an etw** *akk*] **~** to touch [sth] ❷ *s.* **darangehen**

Drän·ge·lei <-, -en> [drɛŋə'lai] *f* (*pej fam*) ❶ (*lästiges Drängeln*) pushing [and shoving], jostling ❷ (*lästiges Drängen*) nagging, pestering; **hör' auf mit dieser ~!** stop pestering me!

drän·geln ['drɛŋl̩n] **I.** *vi* (*fam*) to push [*or* shove]; **drängle nicht!** don't push!, stop pushing! **II.** *vt, vi* (*fam*) ■**[jdn] ~** to pester [*or* badger] [sb]; ■**jdn ~** to give sb a hard time *fam;* **ich lasse mich von ihm nicht ~** I will not be pestered [*or* badgered] by him; ■**das D~** pestering, nagging; **ständiges D~** constant pestering **III.** *vr* (*fam*) ❶ (*sich drängen*) *s.* **sich drängen** **III.** 1 ❷ (*sich bemühen*) ■**sich [darum] ~, etw zu tun** to push oneself forward to do sth, to be keen to do sth

drän·gen ['drɛŋən] **I.** *vi* ❶ (*schiebend drücken*) to push [*or* shove] [*or* jostle]; **durch die Menge ~** to force [*or* elbow] [*or* BRIT shoulder] one's way through the crowd; **in die S-Bahn ~** to force [*or* elbow] [*or* BRIT shoulder] one's way into the train; **nach vorne ~** to push to the front, to force [*or* elbow] [*or* BRIT shoulder] one's way to the front [*or* forwards]; **zum Ausgang/zur Kasse ~** to force [*or* elbow] [*or* BRIT shoulder] one's way to the exit/the till [*or* BRIT cash desk] [*or* AM cash register] ❷ (*fordern*) ■**auf etw ~** to insist on [*or form* press for] sth; **auf eine baldige Entscheidung ~** to ask for a speedy decision; ■**bei jdm auf etw** *akk* **~** to press sb to do sth; ■**zu etw ~** to want to do sth; **warum drängst du so zur Eile?** why are you in such a hurry?; ■**darauf ~, dass jd etw tut/dass etw getan wird** to insist that sb does sth/that sth gets done ❸ (*pressieren*) to be short [time]; **die Zeit drängt** time is running out [*or* short]; **es drängt nicht** there's no hurry **II.** *vt* ❶ (*schiebend drücken*) ■**jdn ~** to push [*or* shove] [*or* thrust] sb; **jdn zur Seite ~** to push [*or* shove] [*or* thrust] sb aside ❷ (*auffordern*) ■**jdn [zu etw] ~** to pressurize [*or* AM pressure] sb [into sth], to twist sb's arm *fam;* ■**jdn ~, etw zu tun** to pressurize sb into doing sth, to apply pressure to [*or* put pressure on] sb to do sth ❸ (*treiben*) ■**jdn [zu etw] ~** to force sb [to sth]; **was drängt dich denn so?** what's the hurry [*or* rush]?; ■**jdn ~, etw zu tun** to compel [*or* oblige] sb to do sth, to twist sb's arm to do sth *fam;* **sich [von jdm] gedrängt fühlen** to feel pressurized [*or* AM pressured] by sb, to feel sb is trying to pressurize [*or* AM pressure] one **III.** *vr* ❶ (*sich drängeln*) ■**sich ~** to crowd [*or* press]; **vor den Theaterkassen drängten sich die Leute nach Karten** a throng of people in front of the box office were trying to get tickets; ■**sich irgendwohin ~** to force one's way somewhere; **sich durch die Menschenmassen ~** to force [*or* elbow] [*or* BRIT shoulder] one's way through the crowd; **sich in den Bus/in die S-Bahn ~** to crowd [*or fam* pile] into the bus/train; **sich nach vorne ~** to press forwards ❷ (*sich häufen*) ■**sich ~** to pile [*or* mount] up ❸ (*unbedingt wollen*) ■**sich nach etw ~** to put [*or* push] oneself forward for sth

Drän·gen <-s> ['drɛŋən] *nt kein pl* pleading, begging, beseeching *form;* **auf jds** *akk* **~ [hin]** because of sb's pleading [*or* begging]; (*Nörgelei*) pestering *fam;* **schließlich gab er ihrem ~ nach** he finally gave in to her

drän·gend *adj* ❶ (*dringend*) urgent, pressing ❷ (*dringlich*) insistent, urgent, compelling, forceful; **mit ~er Stimme** to speak in an insistent tone

drang·sa·lie·ren* [draŋza'li:rən] *vt* (*plagen*) ■**jdn [mit etw] ~** to plague [*or* harass] sb [with sth]

dran|hal·ten *irreg* **I.** *vt* (*fam: an etw halten*) ■**etw [an etw** *akk*] **~** hold sth up [to sth] **II.** *vr* (*fam: sich ranhalten*) ■**sich ~** to keep at it [*or* sth], to not let up, to persevere

dran|hän·gen **I.** *vt* (*fam*) ❶ (*an etw hängen*) ■**etw [an etw** *akk*] **~** to hang sth [on sth] ❷ (*mehr aufwenden*) ■**[bei etw] etw ~** to add on sth [to sth]; **wir wurden nicht rechtzeitig fertig und mussten noch zwei Stunden ~** we didn't finish in time and had to put in another two hours **II.** *vi irreg* (*fam: an etw hängen*) ■**[an etw** *dat*] **~** to hang [on sth]; **es hing ein Zettel dran** a tag was attached **III.** *vr* (*fam: verfolgen*) ■**sich [an jdn] ~** to follow [sb], to stick close [to sb]

drä·nie·ren* [drɛ'ni:rən] *vt* ■**etw ~** to drain sth

dran|kom·men *vi irreg sein* (*fam*) ❶ (*an die Reihe kommen*) to be sb's turn; **Sie kommen noch nicht dran** it's not your turn yet; **warte bis du drankommst** wait your turn ❷ (*aufgerufen werden*) ■**[bei/mit etw] ~** to be asked [sth]; **bei der Lehrerin komme ich nie dran** this teacher never asks me anything ❸ DIAL (*erreichen können*) ■**[an etw** *akk*] **~** to reach [*or* get at] [sth]; **versuche mal, ob du drankommst** see if you can reach it

dran|krie·gen *vt* (*fam*) ❶ (*zu etw veranlassen*) ■**jdn ~** to get

D

sb to do sth, to make sb do sth; **jdn zur Arbeit** ~ to get sb working ❷ (*reinlegen*) ■**jdn** ~ to fool sb, to take sb in

dran|las·sen *vt irreg (fam)* ❶ (*an etw belassen*) ■**etw [an etw** *dat*] ~ to leave sth [on sth] ❷ *s.* **ranlassen**

dran|ma·chen I. *vr (fam: mit etw beginnen)* ■**sich [an etw** *akk*] ~ to get started [*or* cracking] with sth [*or* going] **II.** *vt (fam: befestigen)* ■**etw [an etw** *akk*] ~ to fix sth [to sth]; **einen Aufkleber/Etikett an etw** ~ to stick a sticker/a label on sth; **eine Steckdose** ~ to put in [*or* install] a socket

dran|neh·men *vt irreg (fam)* ■**jdn** ~ ❶ (*zur Mitarbeit auffordern*) to ask sb ❷ (*zur Behandlung nehmen*) to take sb; **können Sie mich nicht vorher ~?** can't you take me first?

dran|set·zen I. *vt (fam)* ❶ (*anfügen*) ■**etw [an etw** *akk*] ~ to add sth [on] [to sth]; **ein Stück/Teil an etw** *akk* ~ to add a piece/part [on] [to sth] ❷ (*einsetzen*) ■**etw** ~ to put [one's] sth into; **seine ganze Kraft/sein gesamtes Vermögen ~, um sein Ziel zu erreichen** to put all one's effort/fortune into reaching one's goal; **wir müssen alles ~!** we must do everything [*or* make every effort]! ❸ (*beschäftigen*) ■**jdn** ~ to put sb onto the job [*or* it] **II.** *vr (fam)* ❶ (*sich nahe an etw setzen*) ■**sich [an jdn/etw]** ~ to sit [down] [next to sb/sth] ❷ *s.* **dranmachen I.**

dran|wa·gen *vr (fam)* ■**sich [an jdn/etw]** ~ to dare approach [*or fam* touch] sb

dra·pie·ren* [dra'pi:rən] *vt* ❶ (*aufwendig falten*) ■**etw [um etw]** ~ to drape sth [around sth]; **Stoffe** ~ to drape fabrics ❷ (*schmücken*) ■**etw [mit etw]** ~ to drape sth [with sth]

Dra·pie·rung <-, -en> *f* ❶ (*das Drapieren*) *Vorhang* draping ❷ (*Verzierung durch Stoff*) drape, drapery

dras·tisch ['drastɪʃ] **I.** *adj* ❶ (*einschneidend*) drastic ❷ (*eindeutig*) blunt **II.** *adv* ❶ (*einschneidend*) drastically ❷ (*deutlich*) bluntly; ~ **demonstrieren/zeigen** to demonstrate/show clearly

drauf ['drauf] *adv (fam)* on it [*or* them]; **zu dritt warfen sie sich auf ihn ~, um ihn zu verprügeln** three of them launched themselves upon him in order to beat him up ▸ WENDUNGEN: **etw ~ haben** (*fam: mit etw fahren*) to do [*or* be doing] sth; **der Sportwagen hatte bestimmt 250 Sachen/Kilometer ~!** the sports car must have been doing at least 250!; **zu viel ~ haben** to be driving too fast; (*etw beherrschen*) to be well up on sth; **Mathe hat er** ~ he's brilliant at maths; ~ **und dran sein, etw zu tun** to be on the verge [*or* point] of doing sth; **immer feste ~!** let him have it!, give him what for! BRIT, show him who's boss AM; **gut/komisch/schlecht ~ sein** (*fam*) to feel good/strange/bad; *s. a.* **draufhaben**

drauf|be·kom·men* *vt irreg (fam)* ■**etw [auf etw** *akk*] ~ to fit sth on [to sth] ▸ WENDUNGEN: **eins** ~ to get [*or* be given] a smack BRIT, to get it AM; (*geschimpft werden*) to get it in the neck BRIT *fam,* to get it AM

Drauf·ga·be *f* ÖSTERR encore

Drauf·gän·ger(in) <-s, -> ['draufgɛŋɐ] *m(f)* go-getter *fam*

drauf·gän·ge·risch ['draufgɛŋərɪʃ] *adj* go-getting *fam*

drauf|ge·hen ['draufge:ən] *vi irreg sein (sl)* ❶ (*sterben*) ■**[bei/in etw]** ~ to kick the bucket [during [*or* in] sth] *sl;* **im Krieg** ~ to fall [*or* be lost] in [the] war ❷ (*verbraucht werden*) ■**[bei etw]** ~ to be spent [on sth] ❸ (*kaputtgehen*) ■**[bei etw]** ~ to get [*or* be] broken [at sth]; **ein paar Gläser gehen bei solchen Veranstaltungen immer drauf** a few glasses always get [*or* are always] broken at functions like these **drauf|ha·ben** *vt irreg (fam)* ❶ (*Kenntnisse haben*) ■**etwas/nichts/viel** ~ to know sth/nothing/a lot; **sie hat zwar nicht so viel drauf, dafür ist sie ein herzensguter Mensch** she may not be all that bright [*or fam* have that much up top], but she's a good-hearted soul ❷ (*von sich geben*) ■**etw** ~ to come out with sth; **dumme Sprüche** ~ to make [*or* BRIT *a.* come out with] stupid remarks; **Witze** ~ to tell jokes; **sie hat immer einen flotten Spruch drauf** she's always ready with a smart remark [*or* full of smart remarks] **drauf|hal·ten** *irreg* **I.** *vt (fam)* ■**etw [auf etw** *akk*] ~ to hold sth [on sth] **II.** *vi (fam)* ■**[mit etw] [auf jdn/etw]** ~ to aim [at sb/sth] [with sth] **drauf|hau·en** *vi irreg (fam)* ■**[auf jdn/etw]** ~ to hit [sb/sth]; **jdm eins** ~ to hit sb, to fetch sb a blow *dated fam* **drauf|kom·men** *vi irreg sein (fam)* ❶ (*herausbekommen*) to get it *fam,* to figure it out *fam* ❷ (*sich erinnern*) to remember [*or* recall] **drauf|krie·gen** *vt (fam) s.* **draufbekommen drauf|las·sen** *vt irreg (fam)* ■**etw [auf etw** *dat*] ~ to leave sth on [sth] **drauf|le·gen** *vt (fam)* ❶ (*zusätzlich geben*) ■**etw** ~ to fork out sth more *fam;* **wenn Sie noch 5000 ~, können Sie das Auto haben!** for another 5,000 the car is yours! ❷ (*auf etw legen*) ■**etw [auf etw** *akk*] ~ to put sth on [sth]

drauf·los *adv* **[nur] immer feste** [*o* **munter**] **~!** (*drauf*) keep it up!; (*voran*) [just] keep at it!; **wir schaffen das schon, nur immer munter** ~ we'll manage [it], as long as we [just] keep at it!

drauf·los|ar·bei·ten *vi (fam)* to get straight down to work **drauf·los|fah·ren** *vi (fam)* to start driving **drauf·los|ge·hen** *vi irreg sein (fam: ohne Ziel)* to set off **drauf·los|re·den** *vi (fam)* to start talking **drauf·los|schie·ßen** *vi (fam)* to open fire blindly

drauf|ma·chen *vt (fam)* ■**etw [auf etw** *akk*] ~ to put sth on [sth]; **den Deckel wieder auf die Flasche** ~ to put the lid back on the bottle ▸ WENDUNGEN: **einen** ~ (*sl*) to paint the town red *fam* **drauf|sein**^ALT *vi irreg sein (fam) s.* **drauf 2 drauf|set·zen** *vt (fam)* ■**jdn/etw [auf ein Tier/etw** *akk*] ~ to put [*or* place] sb/sth on [an animal/sth]; ■**sich [auf ein Tier/etw** *akk*] ~ to sit [on an animal/sth] ▸ WENDUNGEN: **[noch] eins** ~ (*sl: hinzufügen*) to add sth more [*or* else], to cap it all off **Drauf|sicht** *f (fachspr)* top view **drauf|ste·hen** *vi irreg (fam)* ❶ (*auf etw stehen*) ■**auf etw** *dat* ~ to stand on sth ❷ (*gedruckt/geschrieben stehen*) ■**auf etw** *dat* ~ to be on sth; **ich kann nicht lesen, was da auf dem Etikett draufsteht** I can't read what's [*or* what it says] on the label **drauf|sto·ßen** *irreg* **I.** *vi sein (fam)* to come to it; **zum Bahnhof? – geradeaus, dann links, dann stoßen Sie genau drauf** the station? – straight ahead, then left and you can't miss it [*or* it's right [there] in front of you] **II.** *vt haben (fam)* ■**jdn** ~ to point it out to sb **drauf|zah·len** *vi (fam)* (*drauflegen*) ■**etw [auf etw** *akk*] ~ to add sth [to sth]; **der Teppich gehört Ihnen, wenn Sie noch zwei Hunderter** ~ the carpet is yours if you up [*or* improve] your offer by a couple of hundred ▸ WENDUNGEN: ~ **müssen** (*eine Einbuße erleiden*) to make a loss; (*seelisch betroffen sein*) to suffer [the most]

draus ['draus] *adv (fam) s.* **daraus**

draus|brin·gen *vt irreg* ÖSTERR, SCHWEIZ, SÜDD ■**jdn** ~ to distract sb, make sb lose their track [of thought] **draus|kom·men** *vi irreg sein* ÖSTERR, SCHWEIZ, SÜDD to become distracted, to lose one's track [of thought]

drau·ßen ['drausn̩] *adv* ❶ (*im Freien*) outside; ~ **bleiben** to wait [*or* stay] outside; **nach** ~ outside; **von** ~ from outside; **da ist doch jemand ~ am Fenster/vor der Tür** there's sb [outside] at the window/door ❷ (*weit entfernt*) out there; **ich wohne [weit] ~ auf dem Lande** I live [way] out in the country; **das Lokal liegt noch weiter** ~ the pub is even further away; ~ **auf dem Meer** out at sea

drech·seln ['drɛksl̩n] **I.** *vt* ■**etw** ~ to turn sth; *s. a.* **gedrechselt II.** *vi* to turn

Drechs·ler(in) <-s, -> ['drɛkslɐ] *m(f)* turner

Drechs·ler·bank <-bänke> *f* lathe

Drechs·le·rei <-, -en> [drɛkslə'rai] *f* turner's workshop

Drechs·le·rin <-, -nen> ['drɛkslərɪn] *f fem form von* **Drechsler**

Dreck <-[e]s> ['drɛk] *m kein pl* ❶ (*Erde*) dirt; **die Wege sind vom Regen aufgeweicht, du bleibst bestimmt im ~ stecken** the roads have been softened by the rain, you'll most probably get stuck in the mud; (*Schmutz*) mess, dirt, muck BRIT *fam;* ~ **machen** to make a mess; **vor ~ starren** to be covered in dirt [*or* muck] ❷ (*Schund*) rubbish BRIT, trash AM

▶ WENDUNGEN: ~ **am Stecken haben** (*fam*) to have a skeleton in the cupboard [*or* AM *usu* closet]; **frech wie ~** (*fam*) a real cheeky monkey BRIT, a lippy little devil AM; **aus dem gröbsten ~ heraus sein** (*fam*) to be over the worst; **der letzte ~ sein** (*sl*) to be the lowest of the low; **jdn wie den letzten ~ behandeln** (*fam*) to treat sb like dirt; **jdn einen [feuchten] ~ angehen** (*fam*) to be none of sb's [damned] business; **sich einen ~ um jdn/etw kümmern** [*o* **scheren**] (*fam*) to not give a damn about sb/sth; **seinen ~ alleine machen** (*fam*) to do one's own dirty work; **im ~ sitzen** [*o* **stecken**] (*fam*) to be in a mess [*or* BRIT *a.* the mire]; **jdn/etw in** [*o* **durch**] **den ~ ziehen** (*fam*) to drag sb's name/sth through the mud; **mit jedem ~** (*fam*) with every little thing; **einen ~** (*sl*) fuck all *sl*, naff [*or* sod] all BRIT; **einen ~ verstehen/wert sein/wissen** to not understand/be worth/know a damn thing *fam!* [*or* BRIT sod [*or* naff] all]

Dreck·ar·beit *f* (*fam*) dirty work; (*pej a.*) menial work **Dreck·fin·ger** *pl* (*fam*) dirty fingers [*or esp* AM hands] *pl*

dre·ckig I. *adj* ① (*schmutzig*) dirty; **sich [an etw** *dat*] **~ machen** to make oneself dirty [*or* dirty oneself] [on sth] ② (*fam: gemein*) dirty; **~es Schwein** filthy swine; **~er Verbrecher/Verräter** low-down criminal/traitor ③ (*fam: abstoßend*) dirty **II.** *adv* (*fam*) nastily ▶ WENDUNGEN: **jdm geht es ~** (*fam*) sb feels bad [*or* terrible]; (*finanziell schlecht dastehen*) sb is badly off; (*Übles bevorstehen*) sb is [in] for it *fam;* **wenn er erwischt wird, geht es ihm ~!** if he's caught he'll be [in] for it!

Dreck·loch *nt* (*pej sl*) hovel, dump *fam* **Dreck·nest** *nt* (*pej sl*) hole, dump *fam* **Dreck·pfo·ten** *pl* (*sl*) dirty fingers *pl*, grubby paws *pl* **Dreck·sack** *m* (*sl*) bastard *vulg*

Drecks·ar·beit *f* (*fam*) *s.* **Dreckarbeit**

Dreck·sau *m* (*pej sl*) filthy swine *pej sl* **Dreck·schleu·der** *f* (*pej*) ① (*verleumderische Person*) slanderer ② (*Umweltverschmutzer*) industrial polluter **Dreck·schwein** *nt* (*fam*) *s.* **Drecksau**

Drecks·kerl *m* (*fam*) *s.* **Drecksack**

Dreck·spatz *m* (*fam Kind*) mucky [*or* messy] pup BRIT *fam;* (*pej Erwachsener*) filthy beggar

Drecks·wet·ter *nt* (*pej fam*) foul [*or* BRIT *a.* filthy] weather

Dreh <-s, -s *o* -e> ['dre:] *m* ① FILM, TV shooting *no pl;* **mitten im ~** in the middle of shooting ② (*fam*) trick ▶ WENDUNGEN: **den [richtigen] ~ heraushaben** (*fam*) to get the knack [*or fam* hang] of it; **[so] um den ~** (*fam*) about then [*or* that]; **wir treffen uns morgen Abend um acht, jedenfalls [so] um den ~** we're meeting at round about eight tomorrow evening

Dreh·ar·beit *f meist pl* FILM shooting *no pl* **Dreh·back·ofen** *m* revolving tray oven, reel oven **Dreh·bank** <-bänke> *f* TECH lathe

dreh·bar I. *adj* revolving; **~er Sessel/Stuhl** swivel chair **II.** *adv* revolving; **~ gelagert** pivoted

Dreh·be·we·gung *f* rotation, rotary motion; **eine ~ machen** to turn [*or* rotate] **Dreh·blei·stift** *m* propelling [*or* AM mechanical] pencil **Dreh·brü·cke** *f* TECH swing bridge **Dreh·buch** *nt* FILM screenplay **Dreh·buch·au·tor(in)** *m(f)* FILM screenplay writer **Dreh·büh·ne** *f* THEAT revolving stage

dre·hen ['dre:ən] **I.** *vt* ① (*herumdrehen*) ■**etw ~** to turn sth ② (*verdrehen*) ■**etw ~** to turn [*or* move] sth; **den Kopf ~** to turn [*or* move] one's head ③ (*durch Rollen zubereiten*) ■**[sich** *dat*] **etw ~** to roll sth [for oneself] ④ FILM (*aufnehmen*) ■**etw ~** to shoot sth ⑤ (*stellen*) ■**etw ~** to turn sth; **dreh bitte das Radio etwas lauter/leiser** can you turn the radio up/down a bit, please ⑥ (*sl: hinkriegen*) ■**etw ~** to manage sth; **keine Sorge, ich werde es schon irgendwie ~, dass wir unbeschadet aus dieser Affäre herauskommen** don't worry, I'll make sure somehow that we get out of this affair unscathed; *s. a.* **Ding** ▶ WENDUNGEN: **wie man es auch dreht und wendet** however [*or* no matter how] you look at it, whichever way **II.** *vi* ① FILM (*Aufnahmen machen*) to shoot ② (*stellen*) ■**an etw ~** *dat* to turn sth; **wer hat an der Heizung gedreht?** who's been fiddling with the heating? ③ (*wenden*) to turn round ④ (*umspringen*) ■**[auf etw** *akk*] **~** to change [*or* shift] ▶ WENDUNGEN: **daran ist nichts zu ~ und zu deuteln** there are no two ways about it **III.** *vr* ① (*rotieren*) to rotate [*or* revolve]; ■**sich [um etw] ~** to turn [about sth]; **die Erde dreht sich um die Sonne** the earth turns about [*or* goes round] the sun; **das Auto geriet bei Glatteis ins Schleudern und drehte sich mehrmals** the car skidded on the ice and spun [round] several times; *s. a.* **Kreis** ② (*sich um~*) ■**sich ~** to turn; **sich zur Seite/auf den Bauch/nach rechts ~** to turn to the side/on to one's stomach/to the right ③ (*betreffen*) ■**sich um etw ~** to be about sth; **das Gespräch dreht sich um Sport** the conversation revolves around sport; ■**sich darum ~, dass** the point is that; ■**sich um jdn/etw ~** to be about [*or* concern] sb/sth ▶ WENDUNGEN: **sich ~ und wenden** to try and get out of it; **alles dreht sich um jdn** everything revolves around sb, sb is always the centre [*or* AM -er] of attention; **jdm dreht sich alles** sb's head is spinning [*or* BRIT *a.* swimming]; *s. a.* **Tanz**

Dre·her(in) <-s, -> ['dre:ɐ] *m(f)* lathe operator

Dreh·er·laub·nis *f kein pl* FILM permission to film [*or* shoot]; **eine ~ erhalten** to be granted permission to film [*or* shoot] **dreh·freu·dig** *adj* AUTO free-revving, willing to rev *pred,* revving willingly *pred* **Dreh·ge·neh·mi·gung** <-, -en> *f* FILM permission to film [*or* shoot]; **eine ~ erhalten** to be granted permission to film [*or* shoot]

Dreh·kran *m* TECH rotary [*or* BRIT slewing] [*or* AM sluing] crane **Dreh·kreuz** *nt* turnstile **Dreh·lei·ter** *f* turntable ladder **Dreh·mo·ment** *nt* AUTO, PHYS torque **Dreh·or·gel** *f* MUS barrel organ **Dreh·ort** *m* FILM location **Dreh·pau·se** *f* FILM break in shooting **Dreh·re·stau·rant** *nt* revolving restaurant **Dreh·schal·ter** *m* ELEK rotary switch **Dreh·schei·be** *f* ① (*fig: Angelpunkt, Zentrum*) hub ② (*runde, sich drehende Vorrichtung*) revolving disc ③ (*Töpferscheibe*) potter's wheel **Dreh·spieß** *m* spit **Dreh·strom** *m* ELEK three-phase current **Dreh·stuhl** *m* swivel chair **Dreh·tür** *f* BAU revolving door **Dreh- und An·gel·punkt** *m* key [*or* central] issue

Dre·hung <-, -en> *f* revolution; **eine Pirouette besteht aus einer Vielzahl rascher ~en um die eigene Achse** you perform a pirouette by spinning round quickly a number of times; **eine ~ machen** to turn

Dreh·wurm *m* ▶ WENDUNGEN: **einen** [*o* **den**] **~ haben** [*o* **kriegen**] (*fam*) to feel giddy

Dreh·zahl *f* AUTO, PHYS [number of] revolutions [*or* revs] *pl*

Dreh·zahl·be·reich *m* AUTO rev [*or* [engine] speed] range; **hoher/niedriger ~** high revs [*or* [engine] speed] **Dreh·zahl·mes·ser** *m* AUTO rev[olution] counter

drei ['drai] *adj* three; **sie arbeitet für ~** she works for [*or* does the work of] three; **~ viertel** three quarters; **~ viertel ...** quarter to ... BRIT, quarter before ... AM; **es ist ~ viertel vier** it's quarter to four [*or* 3:45]; *s. a.* **acht**[1] ▶ WENDUNGEN: **aussehen, als könne man nicht bis ~ zählen** to look pretty empty-headed; **ehe man bis ~ zählen konnte** in the twinkling [*or* blink] of an eye, before you could say Jack Robinson [*or* AM lickety-split] *dated*

Drei <-, -en> ['drai] *f* ① (*Zahl*) three ② KARTEN three; *s. a.* **Acht**[1] **4** ③ (*auf Würfel*) **eine ~ würfeln** to roll a three ④ (*Zeugnisnote*) C, satisfactory; **er hat in Deutsch eine ~** he got a C in German ⑤ (*Verkehrslinie*) ■**die ~** the [number] three

Drei·ach·tel·takt [drai'ʔaxtl̩takt] *m* MUS three-eight time **drei·bän·dig** *adj inv* LIT in three volumes *pred,* three-volume *attr* **Drei·bett·zim·mer** *nt* three-bed room **drei·di·men·si·o·nal** *adj* three-dimensional

Drei·eck ['draiʔɛk] *nt* MATH triangle ▶ WENDUNGEN: **im ~ springen** (*fam*) to go off the deep end [*or* berserk] [*or* ballistic] *fam*

drei·eckig, 3-eckig[RR] ['draiʔɛkɪç] *adj* triangular

Drei·ecks·tuch *nt* ① MODE triangular shawl ② MED triangular bandage **Drei·ecks·ver·hält·nis** *nt* love [*or* BRIT *a.* eternal] triangle, ménage à trois; **ein ~ haben** to be [involved] in an eternal triangle

drei·ein·halb ['drai?ain'halp] *adj* ❶ *(3,5)* three and a half ❷ *(fam)* three and a half grand *no pl sl,* three and a half thou *fam sl; s. a.* **achteinhalb**

drei·ei·nig [drai'?ainɪç] *adj s.* **dreifaltig**

Drei·ei·nig·keit <-> [drai'?ainɪçkait] *f kein pl s.* **Dreifaltigkeit**

Drei·er <-s, -> ['draiɐ] *m* ❶ *(fam: drei Richtige im Lotto)* three winning numbers [in the lottery] ❷ SCH *(fam)* [a] satisfactory [mark [*or* AM grade]] ▶WENDUNGEN: **ein flotter ~** *(sl)* a threesome *fam,* three-in-a-bed sex BRIT *sl*

drei·er·lei ['draiɐlai] *adj inv attr* three [different]; *s. a.* **achterlei**

Drei·er·pack *m* pack of three **Drei·er·rei·he** *f* row of three; **die Ehrenkompanie war in ~ angetreten** the guard of honour fell in three abreast

drei·fach, 3-fach ['draifax] **I.** *adj* threefold; **in ~er Ausführung** in triplet, three copies of; **die ~e Menge** three times [*or* BRIT *a.* treble] the amount **II.** *adv* threefold, three times over

Drei·fa·che, 3-fa·che *nt dekl wie adj* three times [*or* BRIT *a.* treble] the amount; *s. a.* **Achtfache**

Drei·fach·ste·cker *m* three-way adapter

drei·fal·tig *adj* REL triune

Drei·fal·tig·keit <-> [drai'faltɪçkait] *f kein pl* REL Trinity; **die Heilige ~** the Holy Trinity

Drei·far·ben·druck [drai'farbn̩drʊk] *m* TYPO ❶ *kein pl (Verfahren)* three-colour [*or* AM -or] printing ❷ *(Bild)* three-colour print **Drei·fel·der·wirt·schaft** [drai'fɛldɐvɪrtʃaft] *f kein pl* AGR crop rotation [with three crops] **Drei·fuß** ['draifu:s] *m* ❶ *(Schemel)* three-legged stool ❷ *(Untergestell)* trivet, tripod **Drei·gang·schal·tung** *f* three-speed; **ein Fahrrad mit ~** a three-speed [bicycle] **Drei·ge·spann** *nt* ❶ *(Troika)* troika, three-horse carriage ❷ *(fam)* threesome; **dieser Verlag wird von einem ~ aus Vater und zwei Söhnen geleitet** this publishing house is run by a father and his two sons **Drei·gro·schen·heft(·chen)** *nt (pej)* a Mills and Boone BRIT, a Harlequin romance novel AM

drei·hun·dert ['drai'hʊndɐt] *adj* three hundred; *s. a.* **hundert**

drei·hun·dert·jäh·rig *adj* three-hundred-year-old *attr;* **das ~e Bestehen von etw feiern** to celebrate the tercentenary [*or* tercentennial] of sth

drei·jäh·rig, 3-jäh·rig[RR] *adj* ❶ *(Alter)* three-year-old *attr,* three years old *pred; s. a.* **achtjährig 1** ❷ *(Zeitspanne)* three-year *attr; s. a.* **achtjährig 2**

Drei·jäh·ri·ge(r), 3-Jäh·ri·ge(r)[RR] *f(m) dekl wie adj* three-year-old

Drei·kampf *m* SPORT three-event [athletics] competition *(100-metre sprint, long jump and shot put)* **Drei·kä·se·hoch** <-s, -s> [drai'kɛ:zəho:x] *m (hum fam)* little fellow [*or* AM guy], BRIT *fam a.* [little] nipper **Drei·klang** *m* MUS triad **Drei·kö·ni·ge** [drai'kø:nɪgə] *pl* REL Epiphany *no pl* **Drei·kö·nigs·fest** *nt* REL [feast of] Epiphany **Drei·kö·nigs·tag** *m* REL Epiphany, Twelfth Night **drei·köp·fig** *adj* three-person *attr; s. a.* **achtköpfig** **Drei·län·der·eck** *nt* GEOG *region where three countries meet*

drei·mal, 3-mal[RR] ['draima:l] *adv* three times, thrice *dated; s. a.* **achtmal** ▶WENDUNGEN: **~ darfst du raten!** *(fam)* I'll give you three guesses; **jdm alles erst ~ sagen müssen** *(fam)* to always have to repeat everything to sb, to always have to tell sb twice

drei·ma·lig, 3-ma·lig ['draima:lɪç] *adj* three times over; *s. a.* **achtmalig**

Drei·mas·ter <-s, -> ['draimastɐ] *m* NAUT three-master **Drei·mei·len·zo·ne** [drai'mailəntso:nə] *f* JUR three-mile limit; **außerhalb/innerhalb der ~** outside/inside the three-mile limit **Drei·me·ter·brett** *nt* three-metre [*or* AM -er] board **Drei·mi·nu·ten·ei** *nt* KOCHK soft-boiled egg

drein ['drain] *adv (fam) s.* **darein**

drein|bli·cken ['drainblɪkn̩] *vi* look **drein|fü·gen** *vr* ■ **sich ~** to accept [*or* fit in with] it **drein|re·den** *vi* DIAL ■ **jdm [bei etw] ~** ❶ *(dazwischenreden)* to interrupt sb [during/in sth] ❷ *(sich einmischen)* to interfere in sb's else's business **drein|schau·en** *vi s.* **dreinblicken** **drein|schla·gen** *vi irreg* DIAL to restore order using [*or* by] force

Drei·punkt·(si·cher·heits·)gurt *m* AUTO lap and shoulder [*or* AM diagonal] seatbelt **Drei·rad** *nt (fam)* tricycle **drei·rä·de·rig** *adj* three-wheeled **Drei·satz** *m kein pl* MATH rule [*or* proportion] of three **Drei·satz·rech·nung** *f* MATH rule of three [calculation] **Drei·spei·chen·lenk·rad** *nt* AUTO three-spoke steering wheel **Drei·spitz** <-es, -e> *m* HIST tricorn[e], three-cornered hat **Drei·sprung** *m* SPORT *kein pl* triple jump **drei·spu·rig** *adj inv* three-lane *attr,* having [*or* with] three lanes *pred*

drei·ßig ['draisɪç] *adj* ❶ *(Zahl)* thirty; *s. a.* **achtzig 1** ❷ *(fam: Stundenkilometer)* thirty [kilometres [*or* AM -meters] an hour]; *s. a.* **achtzig 2**

Drei·ßig <-, -en> ['draisɪç] *f* thirty

drei·ßi·ger, 30·er *adj attr, inv* **die ~ Jahre** the thirties; *(geschrieben a.)* '30s

Drei·ßi·ger[1] <-s, -> *m (Wein aus dem Jahre '30)* ■ **ein ~** a '30s vintage

Drei·ßi·ger[2] *pl* **in den ~n/Mitte der ~ sein** to be in one's thirties/mid-thirties; *s. a.* **Achtziger**[3]

Drei·ßi·ger(in) <-s, -> *m(f) (Mensch in den Dreißigern)* thirty-year-old [man/woman]

Drei·ßi·ger·jah·re *pl* ■ **die ~** the thirties [*or* '30s]

drei·ßig·jäh·rig, 30-jäh·rig[RR] ['draisɪçjɛ:rɪç] *adj attr* ❶ *(Alter)* thirty-year-old *attr,* thirty years old *pred* ❷ *(Zeitspanne)* thirty-year *attr*

Drei·ßig·jäh·ri·ge(r), 30-Jäh·ri·ge(r)[RR] *f(m) dekl wie adj* thirty-year-old

drei·ßigs·te(r, s) *adj* thirtieth; *s. a.* **achte(r, s)**

dreist ['draist] *adj (pej)* brazen *pej;* **~e Anspielung/Behauptung/Weise** barefaced [*or* shameless] allusion/claim/way; ■ **~ sein/werden** to be/become bold [*or pej* brazen]

drei·stel·lig, 3-stel·lig[RR] *adj inv* three-figure *attr*

Dreis·tig·keit <-, -en> *f* ❶ *kein pl (dreiste Art)* brazenness, shamelessness, barefacedness; **die ~ besitzen [*o* haben], etw zu tun** to have the audacity [*or* nerve] [*or* BRIT cheek] to do sth ❷ *(dreiste Handlung)* brazen act

drei·stö·ckig, 3-stö·ckig[RR] *adj inv* three-storey *attr* [*or* AM -story], with three storeys **drei·stün·dig, 3-stün·dig**[RR] *adj* three-hour *attr; s. a.* **achtstündig** **Drei·ta·ge·bart** *m* designer stubble **drei·tä·gig, 3-tä·gig**[RR] *adj* three-day *attr* **drei·tau·send** ['drai'tauzn̩t] *adj* ❶ *(Zahl)* three thousand; *s. a.* **tausend 1** ❷ *(fam: 3.000 Euro)* three grand *no pl,* three thou *no pl sl,* three G's [*or* K's] AM *sl* **Drei·tau·sen·der** ['drai'tauzn̩dɐ] *m* mountain over 3,000 metres [*or* AM meters] **drei·tei·lig, 3-tei·lig**[RR] *adj* FILM three-part; *Besteck* three-piece **Drei·tü·rer** <-s, -> *m* AUTO *(fam)* three-door car [*or* model] **drei·tü·rig** *adj* AUTO three-door *attr,* with three doors *pred*

drei·vier·tel[ALT] *adj, adv inv s.* **drei 1, viertel**

Drei·vier·tel *nt* **in einem ~ ...** in three-quarters ...; **in einem ~ der Zeit** in three-quarters [of] the time; **ich könnte Ihnen das zu einem ~ der Summe anbieten** I could offer you that at three-quarters [of] the price

Drei·vier·tel·är·mel *m* MODE three-quarter [length] sleeve **drei·vier·tel·lang** [drai'fi:rtl̩laŋ] *adj* MODE three-quarter [length] **Drei·vier·tel·li·ter·fla·sche** [draifɪrtl̩'li:tɐflaʃə] *f* three-quarter-litre [*or* AM -er] bottle **Drei·vier·tel·mehr·heit** [drai'fi:rtl̩me:ɐ̯hait] *f* three-quarter[s] majority **Drei·vier·tel·stun·de** ['draifɪrtl̩'ʃtʊndə] *f* three-quarters of an hour, AM *usu* 45 minutes **Drei·vier·tel·takt** [drai'fi:rtl̩takt] *m* MUS three-four [*or* AM three-quarter] time

Drei·we·ge·ka·ta·ly·sa·tor [drai've:gəkatalyza:to:ɐ̯] *m* AUTO three-way catalytic converter [*or* catalyst]

Drei·zack <-s, -e> *m* trident **Drei·ze·hen·mö·we** *f* ORN kittiwake

drei·zehn ['draitse:n] *adj* thirteen; ~ **Uhr** 1pm, 1300hrs *written,* thirteen hundred hours *spoken; s. a.* **acht**[1] ▶WENDUNGEN: **jetzt schlägt's aber** ~ (*fam*) enough is enough

drei·zehn·te(r, s) *adj* thirteenth; *s. a.* **achte(r, s)**

Drei·zehn·tel *nt a.* MATH thirteenth; *s. a.* **Achtel**

Drei·zim·mer·woh·nung [drai'tsɪmɐvo:nʊŋ] *f* three-room flat [*or* AM appartment]

Dre·sche <-> ['drɛʃə] *f kein pl* (*fam*) thrashing, AM licking; ~ **bekommen** [*o* **kriegen**] to get a thrashing

dre·schen <drischt, drosch, gedroschen> ['drɛʃn̩] **I.** *vt* ① AGR ■**etw** ~ to thresh sth; *s. a.* **Phrase** ② (*fam: prügeln*) ■**jdn** ~ to thrash sb; **jd grün und blau** ~ to beat sb black and blue; **jdm eine** ~ (*fam*) to land sb one BRIT; ■**sich** ~ to fight [one another] **II.** *vi* ① AGR to thresh ② (*fam: schlagen*) to hit out ③ (*fam: treten*) to kick out

Dresch·fle·gel *m* AGR flail **Dresch·ma·schi·ne** *f* AGR threshing machine

Dres·den <-s> ['dre:sdn̩] *nt* GEOG Dresden

DressRR <-es *o* -, -e ÖSTERR -en> *m o* ÖSTERR *f,* **Dreß**ALT <-sses *o* -, -sse ÖSTERR -en> ['drɛs] *m o* ÖSTERR *f pl selten* SPORT [sports] kit; (*Fußball*) kit, BRIT *a.* strip

Dres·sier·beu·tel *m s.* **Spritzbeutel**

dres·sie·ren* [drɛ'si:rən] *vt* ① (*abrichten*) ■**ein Tier** [**für etw**] ~ to train an animal [to do sth]; ■**ein Tier** [**darauf**] *akk* ~, **etw zu tun** to train an animal to do sth; *s. a.* **Mann 1** ② (*pej: disziplinierend zwingen*) ■**jdn** ~ to drill sb ③ KOCHK (*mit Spritzbeutel auftragen*) ■**etw** ~ to pipe sth ④ KOCHK (*bratfertig binden*) **einen Vogel/Braten** ~ to truss a bird/roast

Dres·sing <-s, -s> ['drɛsɪŋ] *nt* KOCHK ① (*Salatsoße*) dressing ② (*Kräuter- oder Gewürzmischung*) marinade

Dress·man <-s, -men> ['drɛsmən] *m* MODE male model

Dres·sur <-, -en> [drɛ'su:ɐ̯] *f* ① (*das Dressieren*) training ② (*eingeübte Fertigkeit*) trick ③ (*pej: das Abrichten*) disciplining, conditioning

drib·beln ['drɪbl̩n] *vi* SPORT to dribble

drif·ten ['drɪftn̩] *vi sein* (*a. fig*) to drift *a. fig*

Drill <-[e]s> ['drɪl] *m kein pl* drill

Drill·boh·rer *m* drill

dril·len ['drɪlən] *vt* ■**jdn** ~ to drill sb; ■**jdn auf etw** ~ *akk* to drill sb in sth [*or* sth into sb]; ■**auf etw** *akk* **gedrillt sein** (*fam*) to be drilled in sth

Dril·lich <-s, -e> ['drɪlɪç] *m* MODE drill

Dril·lich·an·zug *m* MODE dungarees *npl* **Dril·lich·zeug** *nt kein pl* MODE dungarees *npl,* overalls *npl*

Dril·ling <-s, -e> ['drɪlɪŋ] *m* ① (*Geschwister*) triplet; ■~**e** [a set of] triplets; ~**e bekommen** to have triplets ② JAGD triple-barrelled [*or* AM -eled] shotgun

drin ['drɪn] *adv* (*fam*) ① (*darin*) in it; **im Krug ist noch etwas** ~ there's still something left in the jug; *s. a.* **darin 1** ② (*drinnen*) inside; **ich bin hier** ~ I'm in here; **du bleibst** ~, **du warst unartig!** you're staying indoors [*or* inside], you've been naughty! ▶WENDUNGEN: **in etw** *dat* ~ **sein** to get into sth; **etw ist** [**bei jdm**] ~ (*fam*) sth is possible [from sb]; **so viel ist bei mir nicht** ~! I can't afford [to pay] that much!; **bei jdm ist alles** ~ anything is possible with sb; **für jdn ist noch alles** ~ anything is still possible for sb

drin·gen <drang, gedrungen> ['drɪŋən] *vi* ① *sein* (*stoßen*) ■**durch etw/in etw** ~ *akk* to penetrate sth; **durch die Bewölkung/den Nebel/in den Nachthimmel** ~ to pierce the cloud/fog/the night sky ② *sein* (*durch etw vorwärtskommen*) ■**durch etw** ~ to force one's/it's way through sth ③ *sein* (*vor~*) ■**an etw** *akk*/**zu jdm** ~ to get through to [*or* reach] sth/sb; **an die Öffentlichkeit** ~ to leak to the public ④ *haben* (*auf etw bestehen*) ■**auf etw** ~ *akk* to insist on sth; **auf mehr Gehalt** ~ to demand more pay [*or* a higher salary]; ■**darauf** ~, **etw zu tun/dass etw getan wird** to insist on sth being done/that sth be done ⑤ *sein* (*bestürmen*) ■[**mit etw**] **in jdn** ~ to press sb [with sth]; **mit Bitten/Fragen in jdn** ~ to bombard sb with requests/questions

drin·gend ['drɪŋənt] **I.** *adj* ① (*schnell erforderlich*) urgent, pressing; **etw** ~ **machen** (*fam*) to make sth a priority; **ein** ~**er Fall/eine** ~**e Operation** MED an emergency ② (*nachdrücklich, zwingend*) strong; ~**er Aufruf/**~**e Bitte** urgent call/request; ~**e Gründe** compelling reasons; ~**e Warnung** dire warning **II.** *adv* ① (*schnellstens*) urgently ② (*nachdrücklich*) strongly ③ (*unbedingt*) absolutely; **ich muss dich** ~ **sehen** I really need to [*or* must] see you

dring·lich ['drɪŋlɪç] *adj s.* **dringend 1**

Dring·lich·keit <-> *f kein pl* urgency

Dring·lich·keits·an·fra·ge *f* POL emergency question **Dring·lich·keits·an·trag** *m* POL emergency motion

drin·hän·gen *vi irreg* (*fam*) *s.* **drinstecken 3, 4**

Drink <-s, -s> ['drɪŋk] *m* drink; **jdm einen** ~ **machen** [*o* **mixen**] to make [*or* mix] [*or* AM *a.* fix] sb a drink

drin·nen ['drɪnən] *adv* (*in einem Raum*) inside; **dort** [*o* **da**]/**hier** ~ in there/here; (*im Haus*) indoors, inside; **ich gehe jetzt nach** ~ I'm going indoors [*or* inside] now; **von** ~ from [the] inside

drin|seinALT *vi irreg* (*fam*) *s.* **drin 3 drin|sit·zen** ['drɪnzɪtsn̩] *vi irreg* ÖSTERR, SÜDD (*fam*) to be in [a bit of] a jam, to be in a real [*or* right] [*or* pretty] pickle BRIT, to be up the creek AM **drin|ste·cken** *vi* (*fam*) ■**in etw** *dat* ~ ① (*sich in etw befinden*) to be in sth ② (*investiert sein*) to go into sth; **man merkt, dass da viel Arbeit/Liebe drinsteckt** you can see that a lot of work/love has gone [*or* been put] into that ③ (*direkt mit etw befasst sein*) to be involved in sth; *s. a.* **Ohr** ④ (*verwickelt sein*) to be involved [*or* mixed up] in sth **drin|ste·hen** *vi* ① (*in etw stehen*) to be in it; ■**in etw** *dat* ~ to be in sth ② (*verzeichnet sein*) ■**in etw** *dat* ~ to be in sth; **es stand also in dieser Zeitung drin?** it was in this paper, was it?

drisch ['drɪʃ] *imper sing von* **dreschen**

dritt ['drɪt] *adv* ■**zu** ~ **sein** to be three together; **wir waren zu** ~ there were three of us

dritt·äl·tes·te(r, s) *adj* third oldest; ~**er Nachkomme** third eldest [*or* oldest] descendant

drit·te(r, s) ['drɪtə] *adj* ① (*nach dem zweiten kommend*) third; **die** ~ **Klasse** primary three BRIT, third grade AM; *s. a.* **achte(r, s) 1** ② (*Datum*) third, 3rd; *s. a.* **achte(r, s) 2**

Drit·te(r) ['drɪtə] *f(m) dekl wie adj* ① (*dritte Person*) third; (*Unbeteiligter*) third party; **der** ~ **im Bunde sein** to make up a trio [*or* threesome]; *s. a.* **Achte(r) 1** ② (*bei Datumsangaben*) ■**der** ~ [*o geschrieben* **der 3.**] the third *spoken,* the 3rd *written; s. a.* **Achte(r) 2** ③ (*Namenszusatz*) **Ludwig der** ~ *gesprochen* Louis the Third; **Ludwig III.** *geschrieben* Louis III ④ SCH **die D**~ (*fam*) primary three BRIT, third grade AM ▶WENDUNGEN: **der lachende** ~ [the] tertius gaudens *rare* (*a third party that benefits from a dispute between two others*); **wenn zwei sich streiten, freut sich der** ~ (*prov*) when two people quarrel, a third rejoices *prov*

drit·tel ['drɪtl̩] *adj* third

Drit·tel <-s, -> ['drɪtl̩] *nt o* SCHWEIZ *m* third; *s. a.* **Achtel**

drit·teln ['drɪtl̩n] *vt* ■**etw** ~ to divide [*or* split] sth three ways [*or* into three parts]

drit·tens ['drɪtn̩s] *adv* thirdly

Drit·te-Welt-La·den *m* Third World import store (*shop which sells products from the Third World countries to support them*) **Drit·te-Welt-Land** *nt* Third World country

dritt·grö·ßte(r, s) *adj* third-largest [*or* biggest] **dritt·höchs·te(r, s)** *adj* third-highest **dritt·klas·sig** *adj* (*pej*) third-rate *pej* **Dritt·kläss·ler(in)**RR, **Dritt·kläß·ler(in)**ALT <-s, -> *m(f)* SCH (*fam*) primary three [*or* P3] pupil BRIT, third-grader AM **Dritt·land** *nt* third country **dritt·letz·te(r, s)** *adj* ■**der/die/das** ~ the third [from] last

Drive-in <-s, -s> ['draifɪn] *nt* drive-in [restaurant]

DRK <-> [deːɛrˈkaː] *nt Abk von* **Deutsches Rotes Kreuz** German Red Cross

dro·ben [ˈdroːbn̩] *adv (geh)* up there; **dort** ~ up there

Dro·ge <-, -n> [ˈdroːgə] *f* PHARM ❶ *(Rauschgift)* drug *a. fig;* **für einen Arbeitswütigen ist die Arbeit eine** ~ work is like a drug for a workaholic; ~**n nehmen** to take [*or sl* do] drugs; **unter** ~**n stehen** to be on drugs ❷ *(Arzneistoff)* drug

drö·ge [ˈdrøːgə] *adj* NORDD ❶ *(trocken)* dry ❷ *(langweilig)* boring

Drö·ge·ler(in) <-s, -> *m(f)* SCHWEIZ drug addict

dro·gen·ab·hän·gig *adj* addicted to drugs *pred;* ■~ **sein** to be a drug addict; **jdn** ~ **machen** to get sb addicted to drugs; **Crack/ein Dealer hat ihn** ~ **gemacht** crack/a dealer got him addicted to [*or* hooked on] drugs [*or* turned him into a drug addict] **Dro·gen·ab·hän·gi·ge(r)** *f(m) dekl wie adj* drug addict **Dro·gen·ab·hän·gig·keit** *f* drug addiction **Dro·gen·be·kämp·fung** *f kein pl* war on [*or* BRIT *a.* fight against] drugs **Dro·gen·boss**[RR], **Dro·gen·boß**[ALT] *m* drug baron, drugs boss **Dro·gen·han·del** *m* drug trafficking [*or* trade] **Dro·gen·kon·sum** *m* drug-taking **Dro·gen·kon·su·ment(in)** *m(f)* drug consumer [*or* AM user] **Dro·gen·miss·brauch**[RR] *f kein pl* drug abuse **Dro·gen·sucht** *f s.* **Drogenabhängigkeit dro·gen·süch·tig** *adj s.* **drogenabhängig Dro·gen·süch·ti·ge(r)** *f(m) dekl wie adj s.* **Drogenabhängige(r) Dro·gen·sze·ne** *f* drug scene **Dro·gen·tod** *m* death from an overdose [of drugs] **Dro·gen·to·te(r)** *f(m) dekl wie adj sb who died of drug abuse*

Dro·ge·rie <-, -n> [drogəˈriː, *pl* drogəˈriːən] *f* chemist's [shop] BRIT, drug store AM

Dro·gist(in) <-en, -en> [droˈgɪst] *m(f)* chemist

Droh·brief *m* threatening letter

dro·hen [ˈdroːən] **I.** *vi* ❶ *(physisch und moralisch be~)* ■[**jdm**] **mit etw** ~ to threaten [sb] with sth; **die Arbeiter drohten mit Streik** the union threatened to strike; ■[**jdm**] ~, **etw zu tun** to threaten to do sth [to sb] ❷ *(unangenehmerweise bevorstehen)* ■[**jdm/etw**] ~ to threaten [sb/sth]; **es droht ein Gewitter** a storm is threatening [*or* about to break]; **ein neuer Konflikt/Krieg droht** there is the threat of renewed conflict/war; **jdm droht etw** sb is threatened by [*or* in danger of] sth; **dir droht Gefahr/der Tod** you're in danger/mortal danger [*or* danger of being killed]; **etw** *dat* **droht** [**etw**] sth threatens [sth]; **vielen schönen Altbauten droht der Abriss** a number of beautiful old buildings are under threat of being demolished **II.** *aux* ■~, **etw zu tun** to be in danger of doing sth; **die Zeitbombe drohte jeden Moment zu explodieren** the time bomb was threatening to explode at any moment

dro·hend **I.** *adj* ❶ *(einschüchternd)* threatening, menacing ❷ *(bevorstehend)* impending, imminent **II.** *adv* threateningly

Droh·ge·bär·de *f* ❶ *(drohende Gebärde)* threatening gesture ❷ *(drohende Aktion)* threatening move

Droh·ne <-, -n> [ˈdroːnə] *f* ❶ *(männliche Biene)* drone ❷ *(pej: Schmarotzer)* parasite, sponger

dröh·nen [ˈdrøːnən] *vi* ❶ *(dumpf klingen)* to roar; *Donner* to roll, to rumble; *Lautsprecher, Musik, Stimme* to boom ❷ *(dumpf widerhallen)* **jdm dröhnt der Kopf** [*o* **Schädel**]/**dröhnen die Ohren** sb's head is/ears are ringing ❸ *(dumpf vibrieren)* to reverberate

dröh·nend *adj* reverberating; ~**er Applaus** resounding [*or* echoing] applause; ~**er Lärm** droning noise; ~**es Gelächter** raucous laughter; ~**e Stimme** booming voice

Dro·hung <-, -en> [ˈdroːʊŋ] *f* threat; **eine leere/keine leere** ~ an/no empty threat; **eine offene** ~ an explicit [*or* overt] threat; **eine versteckte** ~ a veiled [*or* an implicit] threat

drol·lig [ˈdrɔlɪç] *adj* ❶ *(belustigend)* funny, amusing [*or* comical] ❷ *(niedlich)* sweet *esp* BRIT, cute *esp* AM ►WENDUNGEN: **werd' nicht** ~! don't get funny

Dro·me·dar <-s, -e> [dromeˈdaːɐ̯] *nt* ZOOL dromedary

Drops <-, - *o* -e> [ˈdrɔps] *m o nt* fruit drop; **saure** ~ acid drops

drosch [ˈdrɔʃ] *imp von* **dreschen**

Drosch·ke <-, -n> [ˈdrɔʃkə] *f (veraltend)* ❶ *(Pferde~)* hackney cab [*or* carriage], coach ❷ *(veraltend: Taxi)* [taxi-]cab

Dro·so·phi·la <-, -s> [droˈzoːfila] *f* ZOOL drosophila

Dros·sel <-, -n> [ˈdrɔsl̩] *f* ORN thrush

dros·seln [ˈdrɔsl̩n] *vt* ❶ *(kleiner stellen)* ■**etw** ~ to decrease sth; **die Heizung** ~ to turn the heating [*or* AM heater] down ❷ *(verringern)* ■**etw** [**auf etw** *akk*/**um etw**] ~ *Einfuhr, Produktion, Tempo* to reduce sth [to sth/by sth]

Dros·se·lung, **Dross·lung**[RR], **Droß·lung**[ALT] <-, -en> *f* reduction, cutback; **eine** ~ **der Importe** a reduction [*or* cutback] in imports

drü·ben [ˈdryːbn̩] *adv* over there; **da** ~ over there; **nach** ~ over there; **von** ~ from over there

drü·ber [ˈdryːbɐ] *adv (fam)* across [*or* over] [there]; **ich muss da** ~ I must get across [*or* over] that

drü·ber|hüp·fen *vi sein (fam)* to hop over [it] **drü·ber|sprin·gen** *vi sein (fam)* to jump over [it]

Druck[1] <-[e]s, Drücke> [ˈdrʊk, *pl* ˈdrʏkə] *m* ❶ PHYS pressure; **unter** ~ **stehen** to be under pressure ❷ *kein pl (Zwang)* pressure; ~ **bekommen** *(fam)* to be put under pressure; **in** ~ **sein, unter** ~ **stehen** to be pressed for time; ~ [**hinter etw** *akk*] **machen** *(fam)* to put some pressure [*or* bring some pressure to bear] on [sth]; **jdn unter** ~ **setzen** [*o* ~ **auf jdn ausüben**] to put [*or* exert] pressure on sb, to pressurize sb ❸ *(drückendes Gefühl)* pressure; **ich habe so einen** ~ **im Kopf** I have such a feeling of pressure in my head ❹ *(das Drücken)* pressure; **die Raketen werden durch einen** ~ **auf jenen Knopf dort gestartet** the missiles are released by pressing this button; ~ **auf etw** *akk* **ausüben** *(geh)* to put [*or* exert] pressure on sth ❺ *(sl: Rauschgiftspritze)* fix *sl* ►WENDUNGEN: ~ **erzeugt Gegendruck** pressure creates resistance

Druck[2] <-[e]s, -e> [ˈdrʊk] *m* ❶ TYPO *(das Drucken)* printing; **Satz und** ~ **von F. Schmidtmann & Söhne** [type-]setting and printing by F. Schmidtmann & Sons; **in** ~ **gehen** to go into print [*or* to press]; **etw in** ~ **geben** to send sth to print [*or* press]; **im** ~ **sein** to be in print ❷ TYPO *(Druckwerk)* printed work, publication; *(Kunst~)* [art] print ❸ TYPO *(Art des Drucks)* print ❹ MODE *(bedruckter Stoff)* print

Druck·ab·fall *m* PHYS pressure drop, fall [*or* drop] in pressure **Druck·an·stieg** *m* PHYS rise [*or* increase] in pressure **Druck·an·zug** *m* pressure suit **Druck·aus·gleich** *m* PHYS pressure balance **Druck·be·häl·ter** *m* TECH pressure tank **Druck·blei·stift** *m* propelling [*or* AM mechanical] pencil

Druck·bo·gen *m* printed sheet **Druck·buch·sta·be** *m* printed letter; **in** ~**n** in block capitals; **„das Blatt bitte in** ~**n ausfüllen"** "please fill out the form in block capitals"

Drü·cke·ber·ger <-s, -> *m (pej fam)* shirker *pej*

Drü·cke·ber·ge·rei <-> *f kein pl (pej fam)* shirking *pej*

druck·emp·find·lich *adj* sensitive to pressure *pred;* **eine** ~**e Frucht** a fruit that is easily bruised

dru·cken [ˈdrʊkn̩] **I.** *vt* ❶ *(vervielfältigen)* ■[**jdm**] **etw** ~ to print sth [for sb] ❷ *(auf~)* ■**etw auf etw** ~ *dat* to print sth on sth; *s. a.* **gedruckt II.** *vi* TYPO to print

drü·cken [ˈdrʏkn̩], **dru·cken** [ˈdrʊkn̩] DIAL **I.** *vt* ❶ *(pressen)* ■**etw** ~ to press sth; **einen Knopf** ~ to push [*or* BRIT *a.* press] a button; ■**etw aus etw** ~ to squeeze sth from sth; **Saft aus Früchten** ~ to squeeze juice from fruit ❷ *(umarmen)* ■**jdn** [**an etw** *akk*] ~ to hug sb, to press sb [to sth]; **ich will dich an meine Brust** ~ I want to hug you [*or* press you to my breast]; *s. a.* **Daumen, Hand** ❸ *(schieben)* ■**jdn** ~ *akk* to push sb; ■**etw** ~ to push sth; **er drückte den Hut in die Stirn** he pulled his hat down over his forehead [*or* brow] ❹ *(ein Druckgefühl auslösen)* ■**jdn** ~ to be too tight for sb; **die Schuhe** ~ **mich** the shoes are pinching my feet; **das fette Essen drückte ihn** the fatty food lay heavily on his stomach BRIT; **der Rucksack/Sack drückte ihn** the backpack [*or* BRIT *a.* rucksack]/sack weighed him down ❺ *(herabsetzen)* ■**etw** ~ to lower sth [*or* bring sth down] ❻ (*be~*) ■ **jdn** ~ to weigh heavily on sb **II.** *vi* ❶ (*Druck hervorrufen*) to pinch; **der Rucksack drückt auf den Schultern** the rucksack is weighing heavily on my shoulders; **im Magen** ~ to lay heavily on one's stomach BRIT; *s. a.* **Blase** ❷ (*pressen*) ■ [**auf etw** *akk*] ~ to press [sth]; **auf einen Knopf** ~ to push [*or* BRIT *a.* press] a button; **„bitte ~"** "push"; ■ **an etw** ~ *dat* to squeeze sth ❸ METEO (*schwül sein*) to be oppressive ❹ (*bedrückend sein*) to weigh heavily ❺ (*negativ beeinträchtigen*) ■ **auf etw** ~ *akk* to dampen sth ❻ (*Druck auf den Darm ausüben*) to push ❼ (*sl: Rauschgift spritzen*) to shoot up *sl* **III.** *vr* ❶ (*sich quetschen*) ■ **sich ~ +** *Ortsangabe* to squeeze; **sich an die Wand** ~ to squeeze up against the wall; **sich in einen Hausgang** ~ to huddle in a doorway; **sich aus einem Zimmer** ~ to slip out of a room ❷ (*fam: sich einer S. entziehen*) ■ **sich** [**vor etw** *dat*] ~ to shirk [*or* dodge] [sth]; ■ **sich** [**um etw**] ~ to shirk [*or* get out of] [*or* avoid] [doing sth]

drü·ckend *adj* ❶ (*lastend*) heavy; **~e Armut** grinding [*or* extreme] poverty *esp* AM; **~e Sorgen** serious [*or* grave] concerns; **~e Stimmung** oppressive atmosphere ❷ METEO oppressive

Dru·cker <-s, -> *m* INFORM printer

Dru·cker(in) <-s, -> *m(f)* printer

Drü·cker <-s, -> *m* ❶ ELEK [push-]button ❷ (*Abzug*) trigger ❸ TECH (*Klinke*) handle; (*am Türschloss*) latch ▶WENDUNGEN: **auf den letzten** ~ (*fam*) at the last minute; **am ~ sein** [*o* **sitzen**] (*fam*) to be in charge

Drü·cker(in) <-s, -> *m(f)* (*fam*) door-to-door salesman for [*or* BRIT *a.* hawker of] newspaper/magazine subscriptions

Dru·cke·rei <-, -en> [drʊkəˈrai] *f* printing house [*or* BRIT *a.* works], printer's, AM printery

Dru·cke·rin <-, -nen> *f fem form von* **Drucker**

Drü·cke·rin <-, -nen> *f fem form von* **Drücker**

Drü·cker·ko·lon·ne *f* (*fam*) group of newspaper/magazine subscription salespeople [*or* BRIT *a.* hawkers]

Druck·er·laub·nis *f* MEDIA permission to print, imprimatur

Dru·cker·pres·se *f* printing press **Dru·cker·schwär·ze** *f* TYPO printer's [*or* printing] ink **Dru·cker·trei·ber** *m* INFORM printer driver

Druck·er·zeug·nis *nt* MEDIA printed work (*any piece of printed material*) **Druck·fah·ne** *f* galley proof BRIT, galley AM **Druck·far·be** *f* printing colour [*or* AM -or] **Druck·feh·ler** *m* MEDIA misprint, typographical [*or* printer's] error **druck·fer·tig** *adj inv* TYPO ready to print [*or* for press] *pred* **druck·frisch** *adj* MEDIA hot off the press *pred*

druck|ga·ren *vt* ■ **etw** ~ KOCHK to pressure-cook sth **Druck·ga·rer** *m*, **Druck·koch·topf** *m* pressure cooker **Druck·ge·fühl** *nt* feeling of pressure **Druck·ka·bi·ne** *f* LUFT, RAUM pressurized cabin **Druck·knopf** *m* MODE press-stud BRIT, stud fastener AM

Druck·kos·ten *pl* MEDIA printing costs *pl*

Druck·luft *f kein pl* PHYS compressed air **Druck·luft·brem·se** *f* AUTO air brake

Druck·ma·schi·ne *f* printing press

Druck·mes·ser *m* TECH pressure gauge **Druck·mit·tel** *nt* means of bringing pressure to bear; **jdn/etw als ~ benutzen** [*o* **einsetzen**] to use sb/sth as a means of exerting pressure

Druck·plat·te *f* printing plate **Druck·pres·se** *f s.* **Druckmaschine** **druck·reif** *adj* MEDIA ready for publication [*or* press] *pred* **Druck·sa·che** *f* printed matter; **als ~ schicken** [*o* **versenden**] to send at printed matter rate [*or* as printed matter] **Druck·schrift** *f* ❶ TYPO print type[s]; **in ~ ausfüllen/schreiben** to print ❷ (*geheftetes Druckerzeugnis*) pamphlet

druck·sen [ˈdrʊksn̩] *vi* (*fam*) to hum and haw BRIT, be indecisive

Druck·stel·le *f* mark [where pressure has been applied]; **sie suchte sich nur Pfirsiche ohne ~n aus** she chose only the peaches without bruises **Druck·tas·te** *f* TECH push-button; (*auf einer Tastatur*) key **Druck·ty·pe** *f* type

druck·un·emp·find·lich *adj* insensitive to pressure *pred* **Druck·ver·band** *m* MED pressure bandage

Druck·ver·fah·ren *nt* printing process **Druck·vor·la·ge** *f* printer's copy

Druck·was·ser·re·ak·tor *m* TECH pressurized water reactor **Druck·wel·le** *f* PHYS shock wave

Druck·werk *nt* MEDIA printed work, publication

Dru·den·fuß [ˈdruːdn̩-] *m* HIST pentagram

druff [ˈdrʊf] *adv* DIAL (*fam*) *s.* **drauf**

Dru·i·de <-n, -n> [druˈiːdə] *m* REL, HIST druid

drum [ˈdrʊm] *adv* (*fam*) that's why; **... ~ frage ich ja!** ... that's why I'm asking! ▶WENDUNGEN: **das D~ und Dran** the whole works, everything to do with sth; **alles/das** [**ganze**] **D~ und Dran** all the details [*or* no beating about the bush]; **mit allem D~ und Dran** with all the trimmings; **~ rum** [*o* **herum**] all [a]round; **sei's ~!** be that as it may; *s. a.* **darum**

Drum·her·um <-s> [ˈdrʊmhɛˈrʊm] *nt kein pl* (*fam*) ■ **das** [**ganze**] ~ all the trappings

Drum·mer(in) <-s, -> [ˈdramɐ] *m(f)* MUS drummer

drun·ten [ˈdrʊntn̩] *adv* DIAL (*da unten*) down there

drun·ter [ˈdrʊntɐ] *adv* ❶ (*fam: unter einem Gegenstand*) underneath ❷ (*fam: unter einem Begriff*) **da kann ich mir nichts ~ vorstellen** that means nothing to me, I can't make head [n]or tail of it ▶WENDUNGEN: **das D~ und Drüber** the confusion; **alles geht ~ und drüber** everything is at sixes and sevens [*or* in confusion], I'm [he's/she's/etc.] all at sea; *s. a.* **darunter**

Drü·se <-, -n> [ˈdryːzə] *f* ANAT gland; **etw mit den ~n haben** (*fam*) to have sth wrong with one's glands [*or* gland trouble]

Drü·sen·zel·le *f* BIOL glandular cell

DSB <-s> [deːɛsˈbeː] *m Abk von* **Deutscher Sportbund** *German umbrella organization for sports*

Dschi·bu·ti <-s> [dʒiˈbuːti] *nt* BRD, ÖSTERR Djibouti, Jibuti; *s. a.* **Deutschland**

Dschi·bu·tier(in) <-s, -> *m(f)* Djiboutian; *s. a.* **Deutsche(r)**

dschi·bu·tisch *adj* BRD, ÖSTERR Djiboutian; *s. a.* **deutsch**

Dschun·gel <-s, -> [ˈdʒʊŋl̩] *m* GEOG jungle ▶WENDUNGEN: **der ~ der Großstadt** (*geh*) the city jungle BRIT; **der ~ der Paragraphen** (*geh*) the maze of legal bureaucracy

Dschun·ke <-, -n> [ˈdʒʊŋkə] *f* NAUT junk

DTP <-> [deːteːˈpeː] *nt* INFORM *Abk von* **Desktoppublishing** DTP

dt(sch). *adj Abk von* **deutsch** G

Dtzd. *Abk von* **Dutzend** doz.

du <*gen* deiner, *dat* dir, *akk* dich> [ˈduː] *pron pers* ❶ *2. pers sing* you; **he, ~ da!** hey, you there!; **~, kann ich dich mal was fragen?** listen, can I ask you something?; **~, der ~ es erlebt hast** you, who has experienced it; **~ bist es** it's you; **bist ~ das, Peter?** is it you Peter?; **mach ~ das doch gefälligst selber!** do it yourself!; **~, kannst ~ mir mal helfen?** hey, can you help me?; **~, ich muss jetzt aber gehen!** look [*or* listen], I have to go now!; ■ **... und ~?** what about you?; ■ **~ ...!** you ...!; **~ Idiot!** you idiot!; **mit jdm per ~ sein** to use the "du" form [*or* familiar form of address] with sb; **~ [zu jdm] sagen** to use the "du" form [*or* familiar form of address] with sb; **~, ~!** (*fam*) watch it ❷ (*poet*) thou; **sei mir gegrüßt, ~ meine Heimat/mein Vaterland!** greetings, thou, my homeland/fatherland! ❸ (*man*) you; **ob ~ willst oder nicht, ...** whether you want to or not [*or* like it or not], ...

Du <-[s], -[s]> [ˈduː] *nt* you, "du" (*familiar form of address*); **jdm das ~ anbieten** to suggest that sb use the familiar form of address [*or* uses the "du" form]

Du·al·sys·tem *nt* MATH binary system

Dü·bel <-s, -> [ˈdyːbl̩] *m* BAU dowel, plug

dü·beln [ˈdyːbl̩n] *vt* ■ **etw** [**an etw** *akk*] ~ to fix [*or* attach] sth [to sth] using plugs [*or* dowels]

du·bi·os [duˈbi̯oːs] *adj* (*geh*) dubious

Du·blee <-s, -s> [duˈbleː] *nt* rolled gold

D

Du·blet·te <-, -n> [du'blɛtə] *f* ❶ (*doppeltes Exemplar*) duplicate ❷ (*Edelsteinimitat*) doublet

Dub·lin <-s> ['dablɪn] *nt* GEOG Dublin

du·cken ['dʊkn̩] **I.** *vr* ❶ (*sich rasch bücken*) ■**sich [vor etw** *dat*] ~ to duck [sth]; **den Kopf** ~ to duck [*or* lower] one's head; **das Kind duckte sich ängstlich in eine Ecke** the child cowered in a corner ❷ (*den Kopf einziehen*) ■**sich** ~ to stoop ❸ (*pej: sich unterwürfig zeigen*) ■**sich** ~ to humble oneself **II.** *vt* ❶ (*einziehen*) ■**etw** ~ to duck sth; **den Kopf** ~ to duck [*or* lower] one's head ❷ (*unterdrücken*) ■**jdn** ~ to oppress sb **III.** *vi* (*pej*) to submit

Duck·mäu·ser(in) <-s, -> ['dʊkmɔyzɐ] *m(f)* (*pej*) yes-man

duck·mäu·se·risch **I.** *adj* (*pej*) grovelling [*or* AM -l-], obsequious *form* **II.** *adv* (*pej*) grovellingly [*or* AM -l-], obsequiously *form*

Du·de·lei <-, -en> [du:də'lai] *f* (*pej*) racket *fam; von Flöte* tootling; *von Lautsprecher* blare

du·deln ['du:dl̩n] **I.** *vi* (*pej fam*) to drone [on]; *Drehorgel* to grind away; *Flöte* to tootle; *Lautsprecher* to blare **II.** *vt* (*pej fam*) ■**etw** ~ to drone [sth] on and on; **die Lautsprecher dudelten immer wieder die gleichen Lieder** the loudspeakers blared out the same songs over and over again; (*auf der Flöte spielen*) to tootle sth [on the flute]

Du·del·sack ['du:dl̩zak] *m* MUS bagpipes *pl*

Du̲·del·sack·spie·ler(in) *m(f)* MUS bagpipe player, [bag]piper

Du·ell <-s, -e> [du'ɛl] *nt* duel; **ein** ~ **[mit jdm] austragen** to fight a duel [with sb]; **jdn zum** ~ **[heraus]fordern** to challenge sb to a duel

Du·el·lant(in) <-en, -en> [duɛ'lant] *m(f)* duellist, duelist AM

du·el·lie·ren* [duɛ'li:rən] *vr* ■**sich** ~ to [fight a] duel; ■**sich [mit jdm]** ~ to [fight a] duel [with sb]

Du·ett <-[e]s, -e> [du'ɛt] *nt* MUS duet; **[etw] im** ~ **singen** to sing [sth] as a duet

Du̩ffinbohne *f* KOCHK lima bean

Duf·fle·coat <-s, -s> ['dʌflkoʊt] *m* MODE duffel [*or* duffle] [coat]

Duft <-[e]s, Düfte> ['dʊft, *pl* 'dʏftə] *m* [pleasant] smell; *einer Blume* fragrance, scent, perfume; *von Parfüm* scent; *von Essen, Kaffee* aroma, smell; *von Gewürzen* aroma, fragrance

duf·te ['dʊftə] *adj* DIAL (*sl: hervorragend*) great *fam,* smashing BRIT *fam;* **guck mal, die Frau da, ist die nicht** ~**?** look at her, isn't she a cracker? *fam;* **das finde ich** ~ [I think] that's great [*or* smashing] *fam*

duf·ten ['dʊftn̩] **I.** *vi* ■**[nach etw] duften** to smell [of sth]; **hm, wie gut du duftest** mmm, you smell nice **II.** *vi impers* ■**es duftet [nach etw]** it smells [*or* there is a smell] [of sth]

du̩f·tend *adj attr* fragrant

duf·tig ['dʊftɪç] *adj* MODE gossamer

Du̩ft·mar·ke *f* JAGD scent mark **Du̩ft·no·te** *f* ❶ (*Duft von besonderer Prägung*) [a particular type of] scent [*or* fragrance]; **eine schwere/etwas herbe/süßliche** ~ a strong/slightly acrid/sweet scent [*or* fragrance] ❷ (*pej: Ausdünstung*) smell, odour [*or* AM -or] **Du̩ft·reis** *m* basmati rice **Du̩ft·sen·sa·ti·on** *f* fragrant sensation **Du̩ft·stoff** *m* ❶ CHEM aromatic substance ❷ BIOL scent, odour [*or* AM -or] **Du̩ft·was·ser** *nt* (*hum*) perfume, scent, BRIT toilet water **Du̩ft·wol·ke** *f* cloud of perfume

Duis·burg <-s> ['dy:sbʊrk] *nt* Duisburg

Du·ka·ten <-s, -> [du'ka:tn̩] *m* HIST ducat

Du·ka̲·ten·gold *nt* fine [*or* ducat] gold **Du·ka̲·ten·schei·ßer** *m* ►WENDUNGEN: **einen** ~ **haben** (*sl*) to be [absolutely] loaded [*or* stinking rich] *fam;* **ein** ~ **sein** (*sl*) to be made of money [*or fam* loaded]

dul·den ['dʊldn̩] **I.** *vi* (*geh*) to suffer; **klaglos/widerspruchslos** ~ to suffer in silence **II.** *vt* ❶ (*zulassen*) ■**etw** ~ to tolerate sth ❷ (*tolerieren*) ■**jdn** ~ to tolerate sb; **ich will dich für ein paar Tage** ~ I'll put up with [*or* tolerate] you for a few days ❸ (*geh: er~*) ■**etw** ~ to endure sth

Du̩l·der(in) <-s, -> *m(f)* (*geh*) silent sufferer

Du̩l·der·mie·ne *f* (*iron*) martyred expression; **eine** ~ **aufsetzen** to put on a martyred expression [*or* an air of silent suffering]; **mit** ~ with a martyred expression [*or* an air of silent suffering]

duld·sam ['dʊltza:m] *adj* ■~ **[jdm/etw gegenüber] sein** to be tolerant [of [*or* towards] sb/sth]

Du̩ld·sam·keit <-> *f kein pl* tolerance *no pl*

Du̩l·dung <-, *selten* -en> *f* toleration; **mit** [*o* **unter**] **[stillschweigender/offizieller]** ~ with [tacit/official] permission

Du·ma <-> ['du:ma] *f kein pl* (*russische Parlament*) ■**die** ~ the Duma

Dum·dum·ge·schoss[RR] [dʊm'dʊm-] *nt* dumdum [bullet]

dumm <dümmer, dümmste> ['dʊm] **I.** *adj* ❶ (*geistig beschränkt*) stupid, thick, dense ❷ (*unklug, unvernünftig*) foolish; **wirklich kein** ~**er Vorschlag** that's not a bad idea at all; ■**es wäre** ~**, etw zu tun** it would be foolish to do sth; ■**so** ~ **sein, etw zu tun** stupid enough to do sth; ■**etwas D~es** something foolish; **so etwas D~es!** how foolish!; *s. a.* **Gesicht** ❸ (*albern*) silly; ■**jdm zu** ~ **sein/werden** to be/become too much for sb; **diese Warterei wird mir jetzt zu** ~**, ich gehe!** I've had enough of waiting around [*or* I've been waiting around long enough], I'm going [*or* off]! ❹ (*ärgerlich, unangenehm*) *Gefühl* nasty; *Geschichte, Sache* unpleasant; **zu** ~ (*fam*) **es ist zu** ~**, dass er nicht kommen kann** [it's] too bad that he can't come; **zu** ~**, jetzt habe ich mein Geld vergessen!** [oh] how stupid [of me], I've forgotten my money; **[es ist]** ~ **[, dass]** it's a pity [that] **II.** *adv* stupidly; **frag nicht so** ~ don't ask such stupid questions ►WENDUNGEN: ~ **und dämlich** (*fam*) **sich** ~ **und dämlich reden** to talk until one is blue in the face; **sich** ~ **und dämlich suchen** to search high and low; **sich** ~ **und dämlich verdienen** to earn a fortune; **jdm** ~ **kommen** (*fam*) to be insolent [*or* BRIT *a.* cheeky] to sb; ~ **dastehen** to look [*or* to be left looking] stupid, to not lift a little finger to help; **sich** ~ **stellen** to act stupid; **jdn für** ~ **verkaufen** (*fam*) to take sb for a ride

Dumm·chen <-s, -> *nt* (*fam*) *s.* **Dummerchen**

dumm·dreist ['dʊmdraist] *adj* impudent

Du̩m·me(r) *f(m) dekl wie adj* (*fam*) idiot, fool *esp* BRIT, goof AM; **der muss einer von den ganz** ~**n sein** he must be a right [*or* prize] idiot BRIT; **dann kannst du aber kein ganz** ~**r sein** you can't be that [*or* completely] stupid; **einen** ~**n finden** to find some idiot [*or* BRIT a mug] *fam;* **der** ~ **sein** to be left holding the baby [*or* BRIT carrying the can] *fig,* take responsibility for a mistake ►WENDUNGEN: **die** ~**n sterben nicht aus, die** ~**n werden nicht alle** there's one born every minute

Dum·me·jun·gen·streich [dʊmə'jʊŋənʃtraiç] *m* (*fam*) foolish [*or* silly] childish prank

Du̩m·men·fang *m kein pl* (*pej*) attempt to dupe gullible people; **auf** ~ **ausgehen** [*o* **sein**] to attempt to dupe gullible people

Du̩m·mer·chen <-s, -> *nt* (*fam*) silly little boy *masc* [*or fem* girl], silly billy BRIT

du̩m·mer·wei̲·se *adv* ❶ (*leider*) unfortunately ❷ (*unklugerweise*) stupidly, foolishly

Du̩mm·heit <-, -en> *f* ❶ *kein pl* (*geringe Intelligenz*) stupidity; **mit** ~ **geschlagen sein** to be stupid ❷ *kein pl* (*unkluges Verhalten*) foolishness *no pl;* **so eine** ~ **[von dir]**! such foolishness [on your part]!, you acted like a real goof there! ❸ (*unkluge Handlung*) foolish [*or* stupid] action; **das war eine große** ~ **von dir** that was foolish of you; **eine** ~ **machen** [*o* **begehen**] to do sth foolish [*or* stupid]; ~**en machen** to do sth foolish [*or* stupid]; **mach bloß keine** ~**en!** don't do anything foolish [*or* stupid]! ►WENDUNGEN: ~ **und Stolz wachsen auf einem Holz** (*prov*) arrogance and stupidity go hand in hand *prov*

Du̩mm·kopf *m* (*pej fam: Trottel*) idiot, *esp* BRIT fool, goof[ball] AM; **sei kein** ~**!** don't be [such] an idiot

dümm·lich ['dʏmlɪç] **I.** *adj* simple-minded; **ein** ~**es Grinsen** a foolish grin **II.** *adv* simple-mindedly; **sie grinste nur** ~ she just grinned foolishly [*or* like the village idiot], she gave a goofy grin

Dum·my <-, -s> ['dami] *m* AUTO [crash-test] dummy
düm·peln ['dʏmpl̩n] *vi* NAUT to roll [gently]
dumpf ['dʊmpf] **I.** *adj* ❶ (*hohl klingend*) dull; ~**es Geräusch/~er Ton** muffled noise/sound ❷ (*unbestimmt*) vague; ~**e Ahnung** sneaking [*or* vague] suspicion; ~**e Erinnerung** vague [*or* hazy] recollection; ~**es Gefühl** sneaking feeling; ~**er Schmerz** dull pain ❸ (*stumpfsinnig*) dulled, lifeless ❹ (*feucht-muffig*) musty; ~**e Atmosphäre/Luft** oppressive atmosphere/air **II.** *adv* ❶ (*hohl*) **die Lautsprecher klingen** ~ the loudspeakers sound muffled; **als sie gegen das leere Fass klopfte, klang es** ~ when she tapped the empty barrel, it sounded hollow ❷ (*stumpfsinnig*) dully, lifelessly
dump·fig ['dʊmpfɪç] *adj* musty
Dum·ping·preis ['dampɪŋ-] *m* ÖKON dumping price; **zu ~en** at dumping prices
Dü·ne <-, -n> ['dy:nə] *f* dune
Dü·nen·be·fes·ti·gung *f* dune fixation **Dü·nen·be·pflan·zung** *f* dune plants **Dü·nen·gras** *nt* beach [*or* marram] grass **Dü·nen·sand** *m* dune [*or* drift] sand
Dung <-[e]s> ['dʊŋ] *m kein pl* dung *no pl,* manure *no pl*
Dün·ge·mit·tel *nt* CHEM fertilizer
dün·gen ['dʏŋən] **I.** *vt* ■**etw** [**mit etw**] ~ to fertilize sth [with sth] **II.** *vi* ❶ (*mit Dünger versehen*) ■[**mit etw**] ~ to fertilize [with sth] ❷ (*düngende Wirkung haben*) to fertilize; **gut/schlecht** ~ to be a good/poor fertilizer
Dün·ger <-s, -> *m* fertilizer, manure *no pl*
Dün·gung <-, -en> *f* fertilizing, fertilization
dun·kel ['dʊŋkl̩] **I.** *adj* ❶ (*ohne Licht*) dark; ■~ **sein/werden** to be/get dark ❷ (*düster in der Farbe*) dark; **dunkles Brot** brown bread; **ein Dunkles, bitte!** ≈ a dark beer, please!, ≈ a [pint/half of] bitter, please! BRIT ❸ (*tief*) deep ❹ (*unklar*) vague ❺ (*pej: zwielichtig*) shady; **ein dunkles Kapitel der Geschichte** a dark chapter in history ▸WENDUNGEN: **jdn im D~n lassen** to leave sb in the dark; **noch im D~n liegen** to remain to be seen; **im D~n ist gut munkeln** (*prov*) the dark is good for lovers; **im D~n tappen** to be groping around [*or* about] in the dark; **im D~n** in the dark **II.** *adv* darkly
Dun·kel <-s> ['dʊŋkl̩] *nt kein pl* (*geh*) ❶ (*Dunkelheit*) darkness; **das ~ der Nacht** (*liter*) the darkness of the night *liter* ❷ (*Undurchschaubarkeit*) mystery ▸WENDUNGEN: **im ~ der Vorzeit** in the mists of time [*or* dim and distant past]; **in ~ gehüllt sein** to be shrouded in mystery
Dün·kel <-s> ['dʏŋkl̩] *m kein pl* (*pej*) arrogance
dun·kel·blau ['dʊŋkl̩blau] *adj* dark blue **dun·kel·blond I.** *adj* light brown **II.** *adv* light brown; **etw ~ färben** to dye sth [a] light brown [colour [*or* AM -or]] **dun·kel·braun** *adj* dark brown **dun·kel·grau** *adj* dark grey [*or* AM gray] **dun·kel·grün** *adj* dark green **dun·kel·haa·rig** *adj* dark-haired
dün·kel·haft ['dʏŋkl̩haft] *adj* (*pej*) conceited
dun·kel·häu·tig *adj* dark-skinned
Dun·kel·heit <-> *f kein pl* darkness *no pl;* **die ~ bricht herein** (*geh*) darkness is descending, night is falling; **bei einbrechender ~** at nightfall; *s. a.* **Einbruch, Schutz**
Dun·kel·kam·mer *f* FOTO darkroom **Dun·kel·mann** *m* (*pej*) shady character
dun·keln ['dʊŋkl̩n] **I.** *vi* ❶ *haben impers* (*geh: Abend werden*) to grow dark ❷ *sein* (*nach~*) to become darker, to darken **II.** *vt haben* (*selten: künstlich nach~*) ■**etw** ~ to darken sth
Dun·kel·re·ak·ti·on *f* BIOL dark reaction **dun·kel·rot** *adj* dark red; **sie wurde ~ vor Scham** she went dark red [*or* blushed deeply] with shame **Dun·kel·zif·fer** *f* number of unreported cases
dün·ken <dünkte, gedünkt> ['dʏŋkn̩] **I.** *vt, vi impers* (*veraltend*) ■**jdn** [*o* **jdm**] **dünkt etw** sth seems to sb; **das dünkt mich** [*o* **mir**] **...** this seems to me ...; ■**jdm dünkt, dass ...** it seems to sb that ...; **mir dünkt, dass ...** methinks that ... *old* **II.** *vr* ■**sich etw** ~ to think [*or* imagine] oneself sth, to regard oneself as sth

Dün·kir·chen <-s> ['dy:nkɪrçn̩] *nt* GEOG Dunkirk
dünn ['dʏn] **I.** *adj* ❶ (*eine geringe Stärke aufweisend*) thin; ~**es Buch** slim volume; **eine ~e Schneedecke** light covering of snow ❷ (*nicht konzentriert*) weak; ~**es Bier** weak [*or* watery] beer; ~**er Brei/~e Suppe** thin [*or* watery] pulp/soup ❸ MODE (*fein*) light; ~**er Schleier/~e Strümpfe** fine veil/tights ❹ (*spärlich*) thin; **sein Haarwuchs ist schon ~ geworden** he's [already] gone a bit thin on top; **das Land ist ~ besiedelt** the countryside is sparsely populated ▸WENDUNGEN: **sich ~ machen** (*sl*) to breathe in; **he, mach dich mal ~, wir wollen mit dem Schrank da vorbei!** hey, breathe in, we want to get past [you] with this cupboard!; **wenn du dich ein bisschen ~ machst, passen wir auch noch auf die Bank** if you squeeze up a bit, we'll [be able to] fit on the bench too **II.** *adv* sparsely; ~ **besiedelt** [*o* **bevölkert**] sparsely populated; ~ **gesät** thinly scattered; (*fig*) thin on the ground, few and far between; *s. a.* **dick, dünnmachen**
dünn·be·sie·delt *adj attr,* **dünn·be·völ·kert** *adj attr s.* **dünn II. Dünn·brett·boh·rer** *m* (*pej sl*) ❶ (*Drückeberger*) slacker; **er ist ein richtiger ~** he always chooses the path of least resistance ❷ (*unintelligenter Mensch*) idiot, fool *esp* BRIT **Dünn·darm** *m* ANAT small intestine **Dünn·druck·aus·ga·be** *f* MEDIA India paper edition **Dünn·druck·pa·pier** *nt* India paper **dünn·flüs·sig** *adj* runny; ~**er Brei/~e Suppe** thin [*or* watery] pulp/soup; ~**er Teig** liquid [*or* runny] dough **dünn·häu·tig** *adj* ❶ (*mit dünner Haut versehen*) thin-skinned ❷ (*zart besaitet*) sensitive
dünn|ma·chen *vr* (*sl: abhauen*) ■**sich** ~ to make oneself scarce *fam*
Dünn·pfiff <-[e]s> *m kein pl* (*fam*) the runs *npl fam* **Dünn·säu·re** *f* CHEM dilute acid **Dünn·säu·re·ver·klap·pung** *f* dumping of dilute acids **dünn·scha·lig** *adj* thin-skinned; ~**e Nuss/~es Ei** thin-shelled nut/egg **Dünn·schicht·chro·ma·to·gra·phie** *f* BIOL thin-layer chromatography **Dünn·schiss**[RR], **Dünn·schiß**[ALT] *m* (*sl*) the runs *npl fam,* the shits *npl fam!* **dünn·wan·dig** *adj* thin-walled; **aus ~em Glas** made from thin[-walled] glass; **ein ~es Haus** a house with thin walls; ■~ **sein** to have thin walls
Dunst <-[e]s, Dünste> ['dʊnst, *pl* 'dʏnstə] *m* ❶ (*leichter Nebel*) mist, haze; (*durch Abgase*) fumes *npl* ❷ (*Dampf*) steam ❸ (*Geruch*) smell; (*Ausdünstung*) odour [*or* AM -or] ▸WENDUNGEN: **keinen blassen ~ von etw haben** (*fam*) to not have the slightest [*or* faintest] [*or* BRIT *fam a.* foggiest] idea [*or* clue] about sth; **jdm blauen ~ vormachen** (*fam*) to pull the wool over sb's eyes [*or* BRIT throw dust in sb's eyes]
Dunst·ab·zugs·hau·be *f* TECH extractor hood
düns·ten ['dʏnstn̩] *vt* KOCHK ■**etw** ~ to steam sth; **Fleisch ~** to braise meat; **Früchte ~** to stew fruit
Düns·ter *m* KOCHK steamer
Dunst·glo·cke *f* pall [*or* AM blanket] of smog
duns·tig ['dʊnstɪç] *adj* ❶ METEO misty, hazy ❷ (*viele Ausdünstungen aufweisend*) stuffy; **in dieser ~en Kneipe sah man kaum die Hand vor den Augen** you could hardly see your hand in front of your face in that smoky pub
Dunst·kreis *m* (*geh*) ■**jds** ~ sb's entourage **Dunst·obst** *nt* stewed fruit **Dunst·schlei·er** *m* [thin] layer of mist [*or* haze] **Dunst·wol·ke** *f* cloud of smog; (*in einem Raum*) fug BRIT *fam*
Dü·nung <-, -en> ['dy:nʊŋ] *f* NAUT swell
Duo <-s, -s> ['du:o] *nt* ❶ (*Paar*) pair, duo; **Bonnie und Clyde waren ein berüchtigtes ~** Bonnie and Clyde were an infamous [*or* a notorious] couple; **ein feines** [*o* **sauberes**] ~ (*iron*) a fine pair *iron* ❷ MUS duet; *s. a.* **Duett**
Du·o·de·zi·mal·sys·tem *nt kein pl* duodecimal system
dü·pie·ren* [dy'pi:rən] *vt* (*geh*) ■**jdn** ~ to dupe sb; ■**der/die Düpierte** the dupe
Du·pli·kat <-[e]s, -e> [dupli'ka:t] *nt* duplicate
Dur <-, -> ['du:ɐ] *nt* MUS major; **in ~** in a major key; **die Symphonie ist in G-~** the symphony is in G major

durch ['dʊrç] **I.** *präp +akk* ❶ (*räumlich hindurch*) ■**~ etw** through sth; **~ den Fluss waten** to wade across the river; **direkt/quer ~ etw** right through [the middle of] sth; **mitten ~ etw** through the middle of sth ❷ (*sich hindurch bewegend*) ■**~ etw** through sth; **auf seinen Reisen reiste er ~ das ganze Land** on his travels he went all over the country; *s. a.* **Kopf, kreuz** ❸ (*per*) by sth/through sb; **Sie werden von mir ~ meinen Anwalt hören!** you will be hearing from [me through] my lawyer!; **~ die landesweite Fahndung konnten die Täter ausfindig gemacht werden** thanks to a nationwide search the culprits were tracked down; **er ist ~ das Fernsehen bekannt geworden** he became famous through television; **~ Gottes Güte wurden sie gerettet** they were saved by the grace of God; **jdm etw ~ die Post schicken** to send sth to sb by post [*or* AM mail] [*or* post sth to sb]; **etw ~ Beziehungen/Freunde bekommen** to get sth through connections/friends ❹ (*vermittels*) ■**~ etw** by sth, by [means of] sth; **Tod ~ Ertrinken/eine Giftinjektion/den Strang** death by drowning/lethal injection/hanging; **~ [einen] Zufall** by chance; **Tausende wurden ~ das Erdbeben obdachlos [gemacht]** thousands were made homeless by the earthquake ❺ (*zeitlich hindurch*) ■**~ etw** throughout sth; **sich ~s Leben schlagen** to struggle through life; **sie haben die ganze Nacht ~ gefeiert** they partied through[out] the night; **der Prozess ging ~ drei Instanzen** the case lasted for [*or* took] three hearings; **damit kommen wir nicht ~ den Winter** we won't last [*or* get through] the winter with that ❻ MATH (*dividiert*) **27 ~ 3 macht 9** 27 divided by 3 is 9 **II.** *adv* ❶ (*fam: vorbei*) ■**es ist etw ~** *Uhrzeit* it's past [*or* BRIT *a.* gone] sth; **es ist schon 12 Uhr ~** it's already past [*or* BRIT *a.* gone] 12 [o'clock]; **~ sein** to have already left [*or* passed through]; **der Zug ist vor zwei Minuten ~** the train went two minutes ago; **Biberach? da sind wir schon lange ~!** Biberach? we passed that a long time ago! ❷ (*fertig*) **durch [o mit] etw ~ sein** (*durchgelesen haben*) to have finished [with] sth, to be through with sth; **~ sein** (*gar*) to be done; (*reif*) to be ripe; *Käse* to be mature ❸ (*kaputt*) **~ sein** (*durchgescheuert*) to be worn out; (*durchgetrennt*) to be through ▶WENDUNGEN: **jdm ~ und ~ gehen** to go right through sb; **dieser Anblick ging mir ~ und ~** this sight chilled me through and through; **~ und ~** through and through; **jdn/etw ~ und ~ kennen** to know sb/sth like the back of one's hand [*or* through and through]; **~ sein** (*fam: genehmigt sein*) to have gone [*or* got] [*or* come] through; *Antrag a.* to have been approved; **~ und ~ überzeugt sein** to be completely [*or* totally] convinced; (*ganz und gar*) through and through; **er ist ~ und ~ verlogen** he is an out and out liar; **~ und ~ nass** soaked, wet through BRIT

durch|ackern ['dʊrç?akɐn] **I.** *vt* (*fam*) ■**etw ~** to plough [*or* AM plow] through sth **II.** *vr* (*fam*) ■**sich [durch etw] ~** to plough [*or* AM plow] one's way [through sth]

durch|ar·bei·ten ['dʊrç?arbaitn̩] **I.** *vt* ■**etw ~** ❶ (*sich mit etw beschäftigen*) to go [*or* work] through sth ❷ (*durchkneten*) to knead [*or* work] sth thoroughly **II.** *vi* to work through **III.** *vr* ■**sich durch etw ~** ❶ (*durch Erledigung bearbeiten*) to work one's way through sth ❷ (*durchschlagen*) to fight one's way through sth

durch|at·men ['dʊrç?a:tmən] *vi* to breathe deeply, take deep breaths ▶WENDUNGEN: **[wieder] ~ können** to be able to breathe freely [*or* relax] [again]

durch·aus ['dʊrç?aus, dʊrç'?aus], **durchaus** *adv* ❶ (*unbedingt*) definitely; **hat er sich anständig benommen? – ja ~** did he behave himself [properly]? – yes, perfectly [*or* absolutely]; **da beharrt sie ~ auf ihrer Meinung** she is sticking absolutely [*or* resolutely] to her opinion; **wenn Sie es ~ wünschen ...** if you [really [*or* absolutely]] insist ... ❷ (*wirklich*) quite; **~ möglich** quite [*or* perfectly] possible; **~ richtig** quite [*or* absolutely] right; **~ verständlich** completely [*or* totally] understandable; **du hast ~ Recht!** you're quite [*or* absolutely] right!; **das ließe sich ~ machen** that sounds feasible [*or* possible], I'm sure we could swing that [somehow] *sl;* **ich bin ja ~ Ihrer Meinung, aber ...** I quite [*or* entirely] agree with you but ...; **man muss ~ annehmen, dass ...** it's highly likely [*or* we can assume] that ... ❸ (*völlig*) thoroughly; **~ ernst** deadly serious; **~ gelungen** highly successful; **~ unerfreulich** thoroughly [*or* downright] unpleasant; **~ zufrieden** completely [*or* perfectly] [*or* thoroughly] satisfied ❹ (*keineswegs*) ■**~ nicht** by no means; **~ nicht [so] einfach/klug/schlecht** by no means [as] simple/clever/bad; **er wollte seinen Irrtum ~ nicht einsehen** he absolutely refused to [*or* there was no way he would] admit his mistake; **wir konnten sie ~ nicht vom Gegenteil überzeugen** we were completely unable to [*or* there was no way we could] convince her otherwise; **wenn er das ~ nicht tun will ...** if he absolutely refuses to do it ... [*or* there is no possibility of him doing it ...] ❺ (*sicherlich*) ■**~ kein ...** by no means; **~ kein schlechtes Angebot** not a bad offer [at all]; **sie ist ~ kein schlechter Mensch** she is by no means a bad person [*or* far from being a bad person]; **das ist ~ kein Witz** that is no joking matter [*or* certainly no joke]

durch|bei·ßen ['dʊrçbaisn̩] *irreg* **I.** *vt* ■**etw ~** to bite through sth **II.** *vr* (*fam*) ■**sich [durch etw] ~** to struggle one's way through [sth]

durch|be·kom·men* ['dʊrçbəkɔmən] *vt irreg* (*fam*) ❶ (*durchtrennen*) ■**etw ~** to cut through sth ❷ *s.* **durchbringen**

durch|bie·gen ['dʊrçbi:gn̩] *irreg* **I.** *vt* ■**etw ~** to bend sth; **den Rücken ~** to arch one's back **II.** *vr* ■**sich ~** to sag

durch|bla·sen ['dʊrçbla:zn̩] *irreg* **I.** *vt* ■**etw ~** to clear sth by blowing [through it] **II.** *vi* to blows through sth

durch|blät·tern ['dʊrçblɛtɐn], **durch·blät·tern*** [dʊrç'blɛtɐn] *vt* ■**etw ~** to leaf [*or* flick] through sth

Durch·blick ['dʊrçblɪk] *m* ❶ (*Ausblick*) ■**der/ein ~ auf etw** *akk* the/a view of sth; **ein malerischer/schöner ~** a picturesque/beautiful view ❷ (*fam*) overall view; **den ~ [bei etw] haben** (*fam*) to know what's going on [in sth]; **ich habe den [nötigen/völligen] ~** I know [just/exactly] what's going on; **den ~ [bei etw] verlieren** to lose track of what's going on [in sth]; **sich** *dat* **einen ~ [bei etw] verschaffen** to get an idea of what's going on [in sth]

durch|bli·cken ['dʊrçblɪkn̩] *vi* ❶ (*hindurchsehen*) ■**[durch etw] ~** to look through [sth] ❷ (*geh: zum Vorschein kommen*) to show [*or* peep through] ❸ (*fam: den Überblick haben*) to know what's going on, to make head or tail of it BRIT ❹ (*andeuten*) **etw ~ lassen** to hint at [*or* intimate] sth; **~ lassen, dass** to intimate that

durch·blu·ten*¹ [dʊrç'blu:tn̩] *vt* ANAT ■**etw ~** to supply sth with blood; ■**durchblutet** supplied with blood; **mangelhaft/ungenügend durchblutet** with poor circulation

durch|blu·ten² ['dʊrçblu:tn̩] *vi* to soak through; **der Verband blutet durch** the blood is soaking through the bandage

Durch·blu·tung [dʊrç'blu:tʊŋ] *f* ANAT circulation, supply [*or* flow] of blood

Durch·blu·tungs·stö·rung *f* MED circulatory problem, disturbance in blood supply [*or* flow]

durch·boh·ren*¹ [dʊrç'bo:rən] *vt* ■**jdn/etw [mit etw] ~** to run sb through/to pierce sth [with sth]; (*ganz durchdringen*) to go through sb/sth; *s. a.* **Blick** ▶WENDUNGEN: **jdn ansehen, als wollte man ihn/sie ~** to look angrily at sb, to look daggers at sb BRIT

durch|boh·ren² ['dʊrçbo:rən] **I.** *vt* ■**etw durch etw ~** to drill sth through sth; **er bohrte ein kleines Loch durch die Wand durch** he drilled a small hole right through the wall **II.** *vr* ■**sich durch etw ~** to go through sth; **die Borkenkäfer bohren sich durch die Rinde von Bäumen durch** bark beetles chew [their way] through the bark of trees

durch|bo·xen ['dʊrçbɔksn̩] **I.** *vt* (*fam*) ■**etw [bei jdm] ~** to push [*or* force] sth through [with sb] **II.** *vr* (*fam*) ❶ (*sich boxend durchdrängen*) ■**sich [irgendwohin]** ~ to fight one's way through [to somewhere] ❷ (*sich durchschlagen*) ■**sich** ~ to fight *fig;* **sich nach oben/an die Spitze** ~ to fight one's way up/to the top

durch|bra·ten ['dʊrçbra:tn̩] *irreg* **I.** *vt haben* ■**etw** ~ to cook sth until it is well done [*or* thoroughly]; ■**durchgebraten** well-done **II.** *vi sein* KOCHK to cook until [sth is] well done

durch|brau·sen ['dʊrçbrauzn̩] *vi sein* ■**[durch etw]** ~ to speed [*or* tear] through [sth]; **das Auto brauste [durch die Sperre] durch** the car sped [*or* tore] through [the barrier]

durch|bre·chen¹ ['dʊrçbrɛçn̩] *irreg* **I.** *vt haben* ❶ (*in zwei Teile brechen*) ■**etw** ~ to break sth in two ❷ KOCHK **Fleisch/Gemüse** ~ to mince [*or* AM chop] meat/vegetables **II.** *vi sein* ❶ (*entzweibrechen*) ■**[unter etw** *dat*] ~ to break in two [under sth]; **unter dem Gewicht** ~ to break in two under the weight [of sth] ❷ (*einbrechen*) ■**[bei etw]** ~ to fall through [while doing sth] ❸ (*hervorkommen*) ■**[durch etw]** ~ to appear [through sth]; *Zähne* to come through; *Sonne* to break through [the clouds] ❹ (*sich zeigen*) to reveal [*or* show] itself ❺ MED to burst [*or* rupture]

durch·bre·chen*² [dʊrç'brɛçn̩] *vt irreg* ❶ (*gewaltsam durch etw dringen*) ■**etw [mit etw]** ~ to crash through sth [with sth] ❷ (*überwinden*) ■**etw** ~ to break through sth; **die Schallmauer** ~ to break the sound barrier

Durch·bre·chung [dʊrç'brɛçʊŋ] *f* breaking through *no pl;* ~ **der Schallmauer** breaking [of] the sound barrier

durch|bren·nen ['dʊrçbrɛnən] *vi irreg* ❶ *haben* (*weiterbrennen*) to stay alight [*or* keep burning] ❷ *sein* ELEK to burn out; **die Sicherung ist durchgebrannt** the fuse has blown ❸ *sein* (*fam*) ■**[jdm]** ~ to run away [from sb]; ■**[jdm]** ~ to run off [from sb] [*or* leave [sb]]; **der arme Kerl, seine Frau ist ihm mit einem anderen Mann durchgebrannt!** poor fellow, his wife has run off with [*or* has left him for] another man!

durch|brin·gen ['dʊrçbrɪŋən] *vt irreg* ❶ (*durchsetzen*) ■**etw [bei jdm]** ~ to push sth through [with sb]; **einen Änderungsantrag im Parlament** ~ to have an amendment ratified in parliament; **sie hat beim Chef ihre Gehaltserhöhung durchgebracht** she managed to get the boss to approve her pay rise; ■**jdn** ~ to get sb elected ❷ (*für Unterhalt sorgen*) ■**jdn** ~ to support [*or* provide for] sb; ■**sich** ~ to get by; **sich mehr schlecht als recht** [*o* **kümmerlich**] [*o* **mühsam**] ~ to scrape by ❸ (*ausgeben*) ■**etw [für etw]** ~ to get through [*or fam* blow] sth [on sth]

durch·bro·chen [dʊrç'brɔçn̩] *adj* MODE open-work *attr;* ~**e Schuhe/Stickerei/Spitzen/Strümpfe** open-work shoes/embroidery/lace/stockings

Durch·bruch ['dʊrçbrʊx] *m* ❶ (*entscheidender Erfolg*) ■**der/jds** ~ **[zu etw]** the/sb's breakthrough [into sth]; **zum** ~ **kommen** *Idee, Sache* to be gaining acceptance; *Charaktereigenschaft, Naturell, Natur* to come to the fore BRIT [*or* reveal itself [for what it is]]; **jdm/einer S. zum** ~ **verhelfen** to help sb/sth on the road to success ❷ MIL breakthrough ❸ (*das Hindurchkommen*) appearance; *Zahn* coming through *no pl* ❹ MED rupture, bursting ❺ (*durchgebrochene Öffnung*) opening

durch|che·cken ['dʊrçtʃɛkn̩] *vt* ❶ (*fam*) ■**jdn** ~ to screen sb; **sich** ~ **lassen** to have a checkup; ■**etw** ~ to check through sth ❷ LUFT (*registrieren*) ■**etw** ~ to check sth in

durch·dacht *adj* thought-out; **eine gut** ~**e Idee** a well thought-out idea; ■**etwas D~es** sth thought-out

durch|den·ken ['dʊrçdɛŋkn̩], **durch·den·ken*** [dʊrç'dɛŋkn̩] *vt irreg* ■**etw** ~ *irreg* to think sth through [*or* over]

durch·de·signt [-di'zaint] *adj* MODE (*sl: gestylt*) styled

durch|dis·ku·tie·ren* ['dʊrçdɪskuti:rən] *vt* ■**etw [mit jdm]** ~ to discuss sth thoroughly [*or* talk sth through] [with sb]

durch|dre·hen ['dʊrçdre:ən] **I.** *vi* ❶ AUTO to spin ❷ (*fam*) to crack up *fam,* lose it *sl;* **durchgedreht sein** to have cracked up *fam* [*or sl* lost it] **II.** *vt* KOCHK ■**etw** ~ to mince sth; **Fleisch** ~ to mince [*or* AM grind] meat, to put meat through the mincer [*or* AM grinder]; **Obst/Gemüse** ~ to purée fruit/vegetables, to put fruit/vegetables through the blender

durch|drin·gen¹ ['dʊrçdrɪŋən] *vi irreg sein* ❶ (*durch etw dringen*) ■**[durch etw]** ~ to come through [sth] ❷ (*vordringen*) ■**[bis zu jdm]** ~ to carry through [as far as sb]; **ihre Stimmen drangen durch die dünne Wand bis zu den Nachbarn durch** their voices carried through the thin wall as far as the[ir] neighbours [*or* reached the neighbours through the thin wall] ❸ (*erreichen*) ■**zu jdm** ~ to get as far as sb; **der Präsident ist zu gut abgeschirmt, zu ihm kann kein Attentäter** ~ the president is too well protected for any [potential] assassin to get close to him ❹ (*sich durchsetzen*) ■**[bei jdm/in etw** *dat*] **mit etw** ~ to get sth accepted [by sb/sth]

durch·drin·gen*² [dʊrç'drɪŋən] *vt irreg* ❶ (*durch etw dringen*) ■**etw** ~ to penetrate sth ❷ (*geh*) ■**jdn** ~ to pervade sb

durch·drin·gend *adj* piercing; ~**er Blick/**~**es Geräusch/**~**e Stimme** piercing [*or* penetrating] gaze/noise/voice; ~**er Geruch** pungent [*or* penetrating] smell; ~**er Gestank** penetrating stench; ~**e Kälte/**~**er Wind** biting cold/wind; ~**er Schmerz** excruciating pain

durch|drü·cken ['dʊrçdrʏkn̩] *vt* ❶ ■**etw** ~ (*erzwingen*) to push [*or* force] sth through; ■**[es] [bei jdm]** ~**, dass** to get [it] accepted [by sb] that; **wie hast du es denn [beim Chef] durchgedrückt, dass du eine Gehaltserhöhung bekommst?** how did you manage to get a pay rise [out of the boss]? ❷ (*straffen*) to straighten sth

durch·drun·gen [dʊrç'drʊŋən] *adj pred* ■**von etw** ~ **sein** to be imbued [*or* filled] with sth

durch|dür·fen ['dʊrçdʏrfn̩] *vi irreg* (*fam*) to be allowed through; **„entschuldigen Sie, darf ich mal durch?"** "excuse me, can I get through [*or* past]?"

durch·ein·an·der [dʊrçʔai'nandɐ] **I.** *adj pred* (*fam*) ■~ **sein** ❶ (*nicht ordentlich*) to be in a mess [*or* BRIT *a.* muddle]; (*völlig unaufgeräumt*) to be very untidy [*or* in a complete mess] ❷ (*fam: verwirrt*) to be confused [*or* in a state of confusion] **II.** *adv* (*wahllos*) **etw** ~ **essen/trinken** to eat/drink sth indiscriminately; **alles** ~ **trinken** to mix one's drinks

Durch·ein·an·der <-s> [dʊrçʔai'nandɐ] *nt kein pl* ❶ (*Unordnung*) mess, BRIT *esp* muddle ❷ (*Wirrwarr*) confusion

durch·ein·an·der|brin·gen *vt irreg* **etw** ~ to get sth in a mess [*or esp* BRIT muddle]; (*verwechseln*) to mix [*or esp* BRIT muddle] up; sth *sep,* to get sth mixed [*or esp* BRIT muddled] up; ■**jdn/etw [mit etw]** ~ to confuse sb/sth [with sth] **durch·ein·an·der|ge·ra·ten*** *vi irreg sein* to get mixed [*or esp* BRIT muddled] up; (*verwirrt*) to get confused **durch·ein·an·der|kom·men** *vi irreg sein* o get mixed [*or esp* BRIT muddled] up; (*verwirrt*) to get confused **durch·ein·an·der|lau·fen** *vi irreg sein* to be a mess; (*planlos rumrennen*) to run around all over the place; **es lief alles total** ~ the whole affair was total chaos **durch·ein·an·der|lie·gen** *vi irreg haben o sein* to be all over the place **durch·ein·an·der|re·den** *vi* to all talk at once [*or* the same time] **durch·ein·an·der|schrei·en** *vi irreg* to all shout at once [*or* the same time] **durch·ein·an·der|wer·fen** *vt irreg* **[jdm] etw** ~ to get sth [of sb's] in a mess [*or esp* BRIT muddle] **durch·ein·an·der|wir·beln** *vt* **etw** ~ to scatter sth in all directions; ■**jdn/etw** ~ (*fam: in Unruhe versetzen*) to shake sb/sth up

durch|ex·er·zie·ren* ['dʊrçʔɛksɛrtsi:rən] *vt* ■**etw [mit jdm]** ~ ❶ (*wiederholend üben*) to practise [*or* AM -ice] [*or* go through] sth [with sb] ❷ (*durchspielen*) to rehearse [*or* go through] sth [with sb]

durch|fah·ren¹ ['dʊrçfa:rən] *vi irreg sein* ❶ (*zwischen etw fahren*) ■**zwischen etw** *dat* ~ to go [*or* drive] between [*or* through] sth ❷ (*fahrend durchbrechen*) ■**durch etw** ~ to crash through sth ❸ (*nicht anhalten*) ■**[bei etw]** ~ to travel straight through; **das Auto fuhr bei Rot durch** the car drove [straight] through the red light [*or* ran the red light]; **die Nacht** ~ to drive through the night ❹ (*unterqueren*) ■**unter etw** *dat* ~ to travel [*or* pass] under sth; **das hohe Fahrzeug kann unter dieser Brücke nicht** ~ this high vehicle can't drive under the bridge

durch·fah·ren*² [dʊrçˈfa:rən] *vt irreg* ■**jdn** ~ ❶ (*plötzlich bewusst werden*) to flash through sb's mind ❷ (*von Empfindung ergriffen werden*) to go through sb

Durch·fahrt [ˈdʊrçfa:ɐ̯t] *f* ❶ (*Öffnung zum Durchfahren*) entrance ❷ (*das Durchfahren*) thoroughfare; **für Lkws ist hier keine** ~ there's no access [*or* thoroughfare] for trucks here!; ~ **bitte freihalten** please do not obstruct [*or* keep clear]; ~ **verboten** no thoroughfare; **auf der** ~ **sein** to be passing through

Durch·fahrts·recht *nt* JUR right of way **Durch·fahrts·stra·ße** *f* TRANSP through road

Durch·fall [ˈdʊrçfal] *m* ❶ MED diarrhoea BRIT, diarrhea AM; ~ **haben** [*o* **an** ~ **leiden**] to have [an attack of] diarrhoea ❷ (*fam*) fail, failure

durch|fal·len [ˈdʊrçfalən] *vi irreg sein* ❶ (*durch etw stürzen*) ■[**durch etw**] ~ to fall through [sth] ❷ (*fam*) ■**bei** [*o* **in**] **etw** *dat* ~ to fail sth; **bei** [*o* **in**] **einer Prüfung** ~ to fail an exam ❸ (*einen Misserfolg haben*) ■[**bei jdm/etw**] ~ to [be a] failure [*or esp* BRIT flop] [with sb/sth]

durch|fau·len [ˈdʊrçfaulən] *vi sein* to rot through

durch|fech·ten [ˈdʊrçfɛçtn̩] *vt irreg* ■**etw** ~ to fight [*or* see] sth through [to the end]

durch|fei·ern¹ [ˈdʊrçfaiɐn] *vi* (*fam*) to celebrate [*or* party] non-stop; **wir haben die ganze Woche durchgefeiert** the whole week was just one big party; **die Nacht** ~ to celebrate [*or* party] all night [*or* through the night]

durch·fei·ern*² [dʊrçˈfaiɐn] *vt* ■**etw** ~ to celebrate sth without a break; **nach durchfeierte Nacht** after celebrating all night

durch|fei·len [ˈdʊrçfailən] *vt* ■**etw** ~ to file through sth

durchfeuch·ten* [dʊrçˈfɔyçtn̩] *vt* ■**etw** ~ to soak sth; ■**von etw durchfeuchtet sein** to be soaked [through] with sth; **durchfeuchtete Wände** damp-ridden walls

durch|fin·den [ˈdʊrçfɪndn̩] *vi, vr irreg* ■[**sich**] [**durch etw/in etw** *dat*] ~ to find one's way [through sth/in sth]; **durch dieses/bei diesem Durcheinander finde ich langsam nicht mehr durch** I'm finding it increasingly hard to keep track in this chaos

durch|flie·gen¹ [ˈdʊrçfli:gn̩] *vi irreg sein* ❶ LUFT to fly non-stop [*or* direct] ❷ (*fam: nicht schaffen*) ■**durch etw** *akk* ~ *Prüfung* to fail [*or* flunk] sth; ■**in etw** *dat* ~ *Examen* to fail [*or* flunk] sth

durch·flie·gen*² [dʊrçˈfli:gn̩] *vt irreg* ■**etw** ~ to fly through sth

durch|flie·ßen¹ [ˈdʊrçfli:sn̩] *vi irreg sein* to flow through

durch·flie·ßen*² [dʊrçˈfli:sn̩] *vt irreg* ■**etw** ~ to flow through sth

Durch·flug [ˈdʊrçflu:k] *m* LUFT ■**der** ~ **durch etw** flying over *no pl* sth; **auf dem** ~ in transit

Durch·fluss^RR *m,* **Durch·fluß**^ALT *m* ❶ (*fließende Menge*) flow ❷ (*das Durchfließen*) flow ❸ (*Öffnung zum Durchfließen*) opening, outlet

durch·flu·ten* [dʊrçˈflu:tn̩] *vt* (*geh*) ❶ (*ganz erhellen*) ■**etw** ~ to flood sth ❷ (*durchströmen*) ■**jdn** ~ to flow through [*or* pervade] sb

durch·for·schen* [dʊrçˈfɔrʃn̩] *vt* ❶ (*durchstreifen*) ■**etw** ~ to explore sth ❷ (*durchsuchen*) ■**etw** [**nach etw**] ~ to search through sth [for sth]

durch·fors·ten* [dʊrçˈfɔrstn̩] *vt* (*fam*) ■**etw** [**nach etw** *akk*] ~ to sift through sth [for sth]

durch|fra·gen [ˈdʊrçfra:gn̩] *vr* ■**sich** *akk* [**durch etw/zu jdm/zu etw**] ~ to find one's way [through sth/to sb/to sth] by asking

durch|fres·sen [ˈdʊrçfrɛsn̩] *irreg* **I.** *vr* ❶ (*korrodieren*) ■**sich** [**durch etw**] ~ to corrode [*or* eat through] [sth] ❷ (*sich durch etw nagen*) ■**sich** [**durch etw**] ~ *Tier* to eat [its way] through [sth] ❸ (*pej fam: essend schmarotzen*) ■**sich** [**bei jdm**] ~ to live on sb's hospitality, to eat sb out of house and home **II.** *vt* ■**etw frisst durch etw durch** sth eats through sth; **die Motten haben ein Loch durch das Gewebe gefressen** the moths have eaten a hole through the fabric; *Rost, Säure, etc.* sth corrodes through sth

Durch·fuhr [ˈdʊrçfu:ɐ̯] *f* transit

durch·führ·bar *adj* feasible, workable, practicable

durch|füh·ren [ˈdʊrçfy:rən] **I.** *vt* ❶ (*abhalten*) ■**etw** ~ to carry out sth; **eine Untersuchung** ~ to carry out [*or* conduct] an examination; **ein Experiment** ~ to carry out [*or* conduct] [*or* perform] an experiment; **eine Haussuchung** ~ to search a house, to conduct [*or* do] a house search BRIT; **eine Messung** ~ to take a measurement; **eine Sammlung** ~ to take up collecting sth ❷ (*verwirklichen*) ■**etw** ~ to carry out sth ❸ (*hindurchführen*) ■**jdn** [**durch etw**] ~ to guide sb round [sth] [*or* show sb [a]round] ❹ (*durchleiten*) ■**etw durch etw/unter etw** *dat* ~ to pass [*or* run] sth through sth/under sth; **eine neue Autobahn soll quer durch das Gebirge durchgeführt werden** a new motorway is to be built straight through the mountains; **die Gasleitung/das Kanalrohr/das Stromkabel wurde unter der Straße durchgeführt** the gas pipe/sewage pipe/power cable was laid under the street **II.** *vi* ■**durch etw** ~ to pass [*or* run] through sth

Durch·füh·rung *f* ❶ (*Verwirklichung*) carrying out *no pl;* **etw zur** ~ **bringen** (*geh*) to carry out sth; **ein Gesetz zur** ~ **bringen** to apply [*or* enforce] a law; **zur** ~ **kommen** [*o* **gelangen**] (*geh*) to come into force ❷ (*Abhaltung*) carrying out *no pl; Erhebung, Untersuchung a.* conducting *no pl; Experiment* performing; *Messungen* taking

durch|füt·tern [ˈdʊrçfʏtɐn] *vt* (*fam*) ■**jdn** ~ to support sb; ■**sich von jdm** ~ **lassen** to live off sb

Durch·ga·be *f* ❶ (*das Durchgeben*) passing on *no pl; Telegramm* phoning in [*or* through] *no pl* ❷ (*Nachricht*) announcement; *Telefon* message; *Lottozahlen* reading

Durch·gang [ˈdʊrçgaŋ] *m* ❶ (*Passage*) path[way] ❷ (*das Durchgehen*) entry; **kein** ~!, ~ **nicht gestattet!** no thoroughfare [*or* right of way]!; (*an Türen*) no entry!, do not proceed beyond this point! ❸ POL (*Phase*) round

durch·gän·gig [ˈdʊrçgɛŋɪç] **I.** *adj* general, universal; ~**e Besonderheit** constant exceptional [*or* unusual] feature **II.** *adv* universally, generally; **diese Eigenart des Satzbaus ist in ihren Gedichten** ~ **feststellbar** this characteristic syntax is evident [*or* to be found] throughout [all of] her poetry

Durch·gangs·la·ger *nt* transit camp **Durch·gangs·stra·ße** *f* TRANSP through road, thoroughfare **Durch·gangs·ver·kehr** *m* TRANSP ❶ (*durchgehender Ortsverkehr*) through traffic ❷ (*Transitverkehr*) transit traffic

durch·ge·ar·bei·tet *adj* spent working *pred;* **nach zwei** ~**en Nächten/Wochenenden** after two [whole] nights/weekends spent working, after working through two [whole] nights/weekends

durch|ge·ben [ˈdʊrçge:bn̩] *vt irreg* RADIO, TV ■[**jdm**] **etw** ~ to pass sth on [to sb]; **die Lottozahlen** ~ to read the lottery numbers; **eine Meldung** ~ to make an announcement; **die Wetteraussichten** ~ to give the weather forecast; **Telegramme werden telefonisch durchgegeben** telegraphs are [usually] phoned in; **lass dir telefonisch die Wetteraussichten** ~! ring up and get the weather report; ■**jdm** ~, **dass** to tell sb that

durch·ge·fro·ren *adj* frozen stiff *pred*

durch|ge·hen [ˈdʊrçge:ən] *irreg* **I.** *vi sein* ❶ (*gehen*) ■[**durch etw**] ~ to go through [sth]; **„bitte** ~**!"** "pass [*or* move] right down [to the back of the bus] please!" ❷ (*fam: durchpassen*) ■[**durch etw/zwischen/unter etw** *akk*] ~ to fit [*or fam* go] [through sth/between sth/under sth] ❸ LUFT, BAHN (*ohne

Unterbrechung verlaufen) to go non-stop [*or* BRIT direct] ❹ (*fam: ohne Unterbrechung andauern*) to last ❺ (*durchdringen*) ■**durch jdn/etw** ~ to penetrate sth, to go through sb/sth ❻ (*angenommen werden*) to go through; *Antrag* to be carried [*or* passed]; *Gesetz* to be passed ❼ (*fam: weglaufen*) ■[**mit jdm/etw**] ~ to bolt [with sb/sth]; ■[**jdm**] **mit jdm/etw** ~ to run off [from sb] with sb/sth, to leave sb for sb [else]; **seine Frau war ihm mit einem jüngeren Mann einfach durchgegangen** his wife simply upped and left him for a younger man ❽ (*außer Kontrolle geraten*) ■**mit jdm** ~ to get the better of sb ❾ (*gehalten werden*) ■**für etw** ~ to be taken [*or* AM pass] for sth; **du könntest für 30** ~ you could be taken [*or* pass] for 30 ►WENDUNGEN: [**jdm**] **etw** ~ **lassen** to let sb get away with sth; **diese Fehler können wir Ihnen auf Dauer nicht ~ lassen, Herr Lang!** we can't tolerate [*or* overlook] these mistakes forever, Mr Lang!; **für dieses eine Mal will ich Ihnen das noch mal ~ lassen!** I'll let it pass [*or* overlook it] [just] this once! **II.** *vt sein o haben* ■**etw** [**mit jdm**] ~ to go through sth [with sb]

durch·ge·hend ['dʊrçgeːənt] **I.** *adj* ❶ (*nicht unterbrochen*) continuous; **manche Kaufhäuser haben ~e Öffnungszeiten von 9 bis 18 Uhr 30** some stores stay [*or* remain] open from 9am till 6:30pm ❷ BAHN through, direct, non-stop **II.** *adv* all the time; **die Bereitschaftspolizei hat ~ Dienst** the riot police are on call [a]round-the-clock [*or* 24 hours a day]; **~ geöffnet** open right through

durch·geis·tigt [dʊç'gaistɪçt] *adj* (*geh*) intellectual

durch·ge·knallt *adj* (*sl*) ■~ **sein** to have gone crazy [*or fam* cracked up] [*or sl* lost it]; **jetzt ist sie völlig ~!** she's gone completely crazy [*or sl* completely lost it] now!

durch|gie·ßen *vt irreg* ■**etw** ~ to pour through sth *sep;* ■**etw durch etw** ~ to pour sth through sth

durch|gra·ben ['dʊrçgraːbn̩] *irreg* **I.** *vt* ■**etw durch etw** ~ to dig sth through sth; **einen Tunnel durch etw** ~ to dig a tunnel through sth **II.** *vr* ■**sich** ~ to dig through *sep* one's way; ■**sich durch etw/unter etw** *dat* ~ to dig one's way [*or* a tunnel] through/under sth

durch|grei·fen ['dʊrçgraifn̩] *vi irreg* ❶ (*wirksam vorgehen*) to take drastic [*or* decisive] action; **hart** ~ to crack down [hard] ❷ (*hindurchfassen*) ■[**durch etw**] ~ to reach through [sth]

durch·grei·fend **I.** *adj* drastic **II.** *adv* drastically, radically

durch|gu·cken ['dʊrçgʊkn̩] *vi* (*fam*) *s.* **durchblicken 1, 2**

durch|ha·ben ['dʊrçhaːbn̩] *vt irreg* (*fam*) ■**etw** ~ ❶ (*durchgelesen haben*) to be through [*or* have finished] [reading] sth ❷ (*durchgearbeitet haben*) to have finished [*or* got through] sth ❸ (*durchtrennt haben*) to have got through sth

durch|ha·cken *vt* ■**etw** ~ to chop [*or* hack] through sth

durch|hal·ten ['dʊrçhaltn̩] *irreg* **I.** *vt* ■**etw** ~ ❶ (*ertragen*) to stand sth ❷ (*weiterhin durchführen*) to keep sth going ❸ (*beibehalten*) to keep up sth *sep;* **das Tempo** ~ to be able to stand [*or* BRIT last] the pace ❹ (*aushalten*) to [with]stand sth **II.** *vi* ❶ (*standhalten*) to hold out, to stick it out *fam* ❷ (*funktionieren*) *Maschine* to last

Durch·hal·te·pa·ro·le *f* appeal to stand firm **Durch·hal·te·ver·mö·gen** *nt* stamina, staying power; ~ **haben** to have stamina [*or* staying power]

durch|hän·gen ['dʊrçhɛŋən] *vi irreg haben o sein* ❶ (*nach unten hängen*) ■[**nach unten**] ~ to sag ❷ (*fam: erschlafft sein*) to be drained ❸ (*fam: deprimiert sein*) to be down [*or* on a downer] *fam;* **lass dich nicht so** ~ don't mope about like this

Durch·hän·ger <-s, -> *m* **einen** [**totalen**] ~ **haben** (*fam*) to be on a [real] downer *fam*

durch|hau·en ['dʊrçhauən] *irreg* **I.** *vt* ❶ (*spalten*) ■**etw** [**mit etw**] ~ to chop [*or* hack] sth in two [with sth], to split sth [in two] [with sth] ❷ (*fam: verprügeln*) ■**jdn** ~ to give sb a good [*or fam* one hell of a] hiding [*or* thrashing] **II.** *vr* ■**sich** [**durch etw**] ~ to get by [through sth]

durch|he·cheln ['dʊrçhɛçl̩n] *vt* (*pej fam*) ■**etw** ~ to gossip about sth; **intime Details von Prominenten werden in den Klatschspalten immer durchgehechelt** intimate details of prominent people are always picked over in the gossip columns

durch|hei·zen ['dʊrçhaitsn̩] **I.** *vi* ❶ (*gründlich heizen*) to heat thoroughly ❷ (*kontinuierlich heizen*) to heat continuously [*or* day and night] **II.** *vt* ■**etw** ~ ❶ (*gründlich heizen*) to heat [up *sep*] sth thoroughly ❷ (*kontinuierlich heizen*) to heat sth continuously [*or* day and night]

durch|hel·fen ['dʊrçhɛlfn̩] *irreg* **I.** *vi* ❶ (*durch etw helfen*) ■**jdm** [**durch etw**] ~ to help sb through [sth] ❷ (*heraushelfen*) ■**jdm** ~ to help sb through; ■**jdm durch etw** ~ to help sb through [*or* out of] sth; **jdm durch eine schwierige Lage** ~ to help sb through [*or* out of] a difficult situation **II.** *vr* ■**sich** ~ to get by [*or* along], to manage

durch|hö·ren *vt* ❶ (*heraushören*) ■[**bei jdm**] **etw** ~ to detect [*or* sense] sth [in sb] ❷ (*durch etw hören*) ■**etw** [**durch etw**] ~ to hear sth [through sth]

durch|ixen ['dʊrçʔɪksn̩] *vt* (*fam*) ■**etw** ~ to cross [*or* AM x] out sth *sep*

durch|käm·men[1] ['dʊrçkɛmən] *vt* ■**etw** ~ to comb through sth *sep;* **sich/jdm die Haare** ~ to give one's/sb's hair a good comb[ing]

durch·käm·men*[2] [dʊrç'kɛmən] *vt* ■**etw** [**nach jdm**] ~ to comb sth [for sb]

durch|kämp·fen ['dʊrçkɛmpfn̩] **I.** *vt* ■**etw** ~ to force [*or* push] through sth *sep* **II.** *vr* ❶ (*mühselig durchackern*) ■**sich** ~ to battle [*or* fight] one's way through; ■**sich durch etw** ~ to battle [*or* fight] one's way through sth ❷ (*sich durchringen*) ■**sich zu etw** ~ to bring oneself to do sth; **sich zu einem Entschluss** ~ to bring oneself to make [*or* force oneself to [make]] a decision **III.** *vi* to fight continuously

durch|kau·en ['dʊrçkauən] *vt* ❶ (*gründlich kauen*) ■**etw** ~ to chew sth thoroughly ❷ (*fam: erschöpfend besprechen*) ■**etw** [**mit jdm**] ~ to discuss sth thoroughly [*or fam* have sth out] [with sb]

durch|klet·tern ['dʊrçklɛtɐn] *vi sein* ■[**durch etw**] ~ to climb through [sth]

durch|klin·gen ['dʊrçklɪŋən] *vi irreg haben o sein Gemütszustand* to come across; ~ **lassen, dass ...** to intimate [*or* create the impression] that ...

durch|kne·ten *vt* ❶ (*gründlich kneten*) ■**etw** ~ to knead sth thoroughly ❷ (*kräftig massieren*) ■**jdn/etw** ~ to give sb/sth a thorough massage

durch|kom·men ['dʊrçkɔmən] *vi irreg sein* ❶ (*durchfahren*) ■[**durch etw**] ~ to come through [*or* past] [sth]; **nach 300 Metern kommen Sie durch einen Tunnel durch** after 300 metres you go through a tunnel ❷ (*vorbei dürfen*) to come past [*or* through] ❸ (*durchdringen*) ■[**durch etw**] ~ *Regen, Sonne* to come through [sth] ❹ (*sichtbar werden*) ■[**durch etw**] ~ to show through [sth]; *Sonne* to come out [from behind sth] ❺ (*in Erscheinung treten*) ■[**bei jdm**] ~ *Charakterzug* to become noticeable [*or* show through] [in sb]; ■**in jdm** ~ to come [*or* show] through in sb ❻ (*Erfolg haben*) ■[**bei jdm**] **mit etw** ~ to get away with sth [with sb]; **mit so einem Trick kommen Sie bei ihm nicht durch** you won't get away with a dodge like that with him ❼ (*gelangen*) ■[**mit etw**] ~ to get through [*sep* sth]; ■[**mit etw**] **durch etw** ~ to get [sth] through sth; **ich komme mit meiner Hand nicht durch das Loch durch** I can't get my hand through the hole; ■**kein D~ für jdn sein** to be no way through for sb ❽ (*Prüfung bestehen*) ■[**bei jdm/in etw** *dat*] ~ to get through [sb's exam/sth], to pass [sb's exam/sth] ❾ (*überleben*) to pull [*or* come] through, to survive; **nach einer Operation** ~ to survive an operation, to pull through ❿ (*durchgesagt werden*) ■[**in etw** *dat*] ~ to be announced [on sth]

durch|kön·nen ['dʊrçkœnən] *vi irreg* (*fam*) ■[**durch etw**] ~ to be able to get through [sth]

durch·kreu·zen*[1] [dʊrçˈkrɔytsn̩] *vt* ■**etw** ~ ❶ (*vereiteln*) to foil [*or* frustrate] [*or* thwart] sth ❷ (*durchqueren*) to cross sth

durch|kreu·zen[2] [ˈdʊrçkrɔytsn̩] *vt* ■**jdn/etw** ~ to cross out sb/sth *sep;* **jdn aus der Liste** ~ to cross sb['s name] off the list

durch|krie·chen [ˈdʊrçkriːçn̩] *vi irreg sein* ■[**durch etw**] ~ to crawl [*or* creep] through [sth]; ■[**unter etw** *dat*] ~ to crawl [*or* creep] under[neath] [sth]

dụrch|krie·gen *vt* (*fam*) *s.* **durchbekommen**

durch|la·den [ˈdʊrçlaːdn̩] *irreg* **I.** *vt* ■**etw** ~ to charge [*or* prime] sth **II.** *vi* to charge, to prime

dụrch|lan·gen (*fam*) **I.** *vi* to reach through, to put through *sep* one's hand; ■**durch etw** ~ to reach [*or* put one's hand] through sth **II.** *vt* (*durchreichen*) ■[**jdm**] **etw** ~ to pass through *sep* sth [to sb]

Durch·lass[RR] <-es, Durchlässe> *m,* **Durch·laß**[ALT] <-sses, Durchlässe> [ˈdʊrçlas, *pl* ˈdʊrçlɛsə] *m* ❶ (*Durchgang*) passage[way]; (*Eingang*) way through [*or* in] ❷ (*Zugang*) access *no pl, no art;* **jdm/sich** ~ **verschaffen** to obtain permission for sb/oneself to pass, to gain admittance for sb/oneself; *mit Ausweis* to gain sb/oneself admittance; **sich** *dat* **mit Gewalt** ~ **verschaffen** to force one's way through [*or* in] *sep*

durch|las·sen [ˈdʊrçlasn̩] *vt irreg* ❶ (*vorbei lassen*) ■**jdn/etw** [**durch etw**] ~ to let [*or* allow] sb/sth through [sth]; **er ließ jeden durch die Absperrung durch** he let everybody through the barrier ❷ (*durchdringen lassen*) ■**etw** ~ to let through sth *sep* ❸ (*fam: durchgehen lassen*) ■**jdm etw** ~ to let sb get away with sth

durch·läs·sig [ˈdʊrçlɛsɪç] *adj* ❶ (*porös*) porous, permeable (**für** +*akk* to) ❷ (*offen*) ■~ **sein** *Grenze* to be open ❸ (*Veränderungen zulassend*) **etw** ~ **gestalten** *System* to make sth interchangeable

Dụrch·läs·sig·keit <-> *f kein pl* ❶ (*Porosität*) porosity *no pl,* permeability *no pl* (**für** +*akk* to) ❷ (*Offenheit*) ■**seine** ~ one's open nature [*or* openness]

Durch·laucht <-, -en> [ˈdʊrçlauxt] *f* ■**Seine/Ihre/Euer** ~ His [Serene]/Your Highness

Dụrch·lauf *m* ❶ INFORM run ❷ SKI heat

durch|lau·fen[1] [ˈdʊrçlaufn̩] *irreg* **I.** *vi sein* ❶ (*durcheilen*) ■[**durch etw**] ~ to run through [sth] ❷ (*durchrinnen*) ■[**durch etw**] ~ to run through [sth] ❸ (*im Lauf passieren*) ■[**bei jdm**] ~ to pass by [*or* run past] [sb]; ■**durch etw** ~ to run through sth; (*passieren a.*) to pass through sth **II.** *vt haben* ■**etw** ~ to go through sth, to wear through sth *sep;* ■**durchgelaufen** worn [through]

durch·lau·fen*[2] [dʊrçˈlaufn̩] *vt irreg* ❶ (*im Lauf durchqueren*) ■**etw** ~ to run through sth ❷ (*zurücklegen*) ■**etw** ~ to cover [*or* run] sth; **sie durchlief die 100 Meter als Beste** she was the fastest over the 100 metres ❸ (*absolvieren*) ■**etw** ~ to go through sth; ■**das D~ einer S.** *gen*/**von etw** the completion of sth, completing sth; **das D~ einer 2-jährigen Schulung** completing a two-year training course ❹ (*erfassen*) ■**jdn** ~ to run through sb; **es durchlief mich siedend heiß** I suddenly felt hot all over

dụrch·lau·fend *adj* continuous

Dụrch·lauf·er·hit·zer <-s, -> *m* flow heater, continuous-flow water heater *form*

dụrch|la·vie·ren* *vr* (*fam*) ■**sich** [**durch etw/in etw** *dat*] ~ to steer a course [*or* to manoeuvre [*or* AM maneuver] one's way] through sth

durch·le·ben* [dɛçˈleːbn̩] *vt* ■**etw** ~ ❶ (*bis zu Ende erleben*) to go through sth ❷ (*durchmachen*) to experience sth; **schwere Zeiten** ~ to go [*or* live] through hard times

durch·lei·den* [dʊrçˈlaidn̩] *vt irreg* ■**etw** ~ to endure [*or* suffer] sth

durch|le·sen [ˈdʊrçleːzn̩] *vt irreg* ■[**sich** *dat*] **etw** ~ to read through sth *sep;* [**sich** *dat*] **ein Manuskript auf Fehler hin** ~ to read through *sep* a manuscript for errors, to proofread a manuscript

durch·leuch·ten*[1] [dʊrçˈlɔyçtn̩] *vt* ❶ (*röntgen*) ■**jdn** [**auf etw** *akk* **hin**] ~ to X-ray sb [for sth]; **eine Lunge auf Krebs** ~ to X-ray a lung for cancer; ■**jdm etw** ~ to X-ray sb's sth; ■**sich** [**von jdm**] ~ **lassen** to be [*or* get] X-rayed [by sb]; ■**sich** *dat* **etw** ~ **lassen** to have [*or* get] one's sth X-rayed; ■**das D~** [**von etw**] X-raying [sth], an/the X-ray examination [of sth] ❷ (*fam: kritisch betrachten*) ■**jdn/etw** ~ to investigate sb/sth, to probe into sb's records/sth

durch|leuch·ten[2] [ˈdʊrçlɔyçtn̩] *vi* ■[**durch etw**] ~ to shine through [sth]

Durch·leuch·tung <-, -en> [dʊrçˈlɔyçtʊŋ] *f* ❶ (*das Röntgen*) x-ray [examination] ❷ (*Untersuchung*) investigation (+*gen* into); *von Bewerbern* vetting

durch|lie·gen [ˈdʊrçliːgn̩] *irreg* **I.** *vt* ■**etw** ~ to wear out *sep* sth [by lying on it]; ■**durchgelegen** worn out; **ein durchgelegenes Bett** a bed sagging in the middle **II.** *vr* ■**sich** ~ to develop [*or* get] bedsores; **ein durchgelegener Rücken** a back covered with [*or* in] bedsores; **einen durchgelegenen Rücken haben** to have bedsores on one's back

durch·lö·chern* [dʊrçˈlœçɐn] *vt* ■**jdn/etw** [**mit etw**] ~ to riddle sb/sth [with sth]; ■**durchlöchert** full of holes

dụrch|lot·sen *vt* (*fam*) ■**jdn** [**durch/bis zu etw**] ~ to guide sb [through/to sth]; (*als Reiseführer*) to give sb a guided tour [through/to [*or* finishing at] sth]

durch|lüf·ten [ˈdʊrçlʏftn̩] **I.** *vt* ■**etw** ~ to air sth thoroughly; **einen Raum** ~ to air out a room **II.** *vi* to air thoroughly

durch|ma·chen [ˈdʊrçmaxn̩] **I.** *vt* ■**etw** ~ ❶ (*erleiden*) to go through sth; **eine Krankheit** ~ to have an illness; **harte Zeiten** ~ to go through hard times ❷ (*durchlaufen*) to undergo [*or* go through] sth; **eine Ausbildung** ~ to go through [*or* undergo] training **II.** *vi* (*fam*) ❶ (*durchfeiern*) **bis zum anderen Morgen/die ganze Nacht** ~ to make a night of it, to have an all-night party ❷ (*durcharbeiten*) to work right through

Durch·marsch [ˈdʊrçmarʃ] *m* ❶ (*liter*) ■**jds** ~ [**durch etw**] sb's march through [sth]; **auf dem** ~ while [*or* when] marching through; **auf dem** ~ **sein** to be marching through ❷ (*fam: Sieg*) landslide [victory] ❸ (*sl: Durchfall*) the runs *npl fam;* ~ **haben** (*sl*) to have the runs *fam*

durch|mar·schie·ren* [ˈdʊrçmarʃiːrən] *vi sein* ■[**durch etw**] ~ to march through [sth]

durch·mes·sen* [dʊrçˈmɛsn̩] *vt irreg* (*geh*) ■**etw** ~ to cross [*or* stride across] sth; **ein Zimmer mehrmals** ~ to pace a room

Durch·mes·ser <-s, -> [ˈdʊrçmɛsɐ] *m* diameter; **im** ~ in diameter

durch|mi·schen[1] [ˈdʊrçmɪʃn̩] *vt* ■**etw** ~ to mix sth thoroughly

durch·mi·schen*[2] [dʊrçˈmɪʃn̩] *vt* ■**etw mit etw** ~ to mix sth with sth

dụrch|mo·geln (*fam*) **I.** *vr* ■**sich** ~ to wangle [*or* AM finagle] one's way through *fam;* ■**sich durch etw** ~ to wangle one's way through sth *fam;* **sich an der Grenze** ~ to smuggle oneself across [*or* over] the border **II.** *vt* ■**jdn/etw** ~ to smuggle through sb/sth *sep;* ■**jdn/etw durch etw** ~ to smuggle sb/sth through sth; **Zigaretten durch die Grenzkontrolle** ~ to smuggle cigarettes over the border

durch|müs·sen [ˈdʊrçmʏsn̩] *vi irreg* (*fam*) ❶ (*durchgehen müssen*) ■[**durch etw**] ~ to have to get [*or* go] through [sth]; **machen Sie bitte Platz, ich muss hier durch!** make way please, I have to get through here ❷ (*durchmachen müssen*) ■**durch etw** ~ to have to go through sth; **durch schwere Zeiten** ~ to have to go through hard times

durch|na·gen [ˈdʊrçnaːgn̩] *vt* ■**etw** ~ to gnaw through sth *sep*

durch·näs·sen* [dʊrçˈnɛsn̩] *vt* ■**jdn/etw** ~ to drench [*or* soak] sb/sth

durch·nạ̈sst[RR], **durch·nạ̈ßt**[ALT] *adj inv* soaked; **bis auf die Haut** ~ soaked to the skin

durch|neh·men [ˈdʊrçneːmən] *vt irreg* ■**etw** [**in etw** *dat*] ~ to do sth [in sth]; **wir nehmen in Latein demnächst Cäsar**

durch we'll be doing Caesar soon in Latin
durch|num·me·rie·ren*[RR] *vt* ■**etw [von 1 bis 20]** ~ to number sth consecutively [from 1 to 20]
durch|or·ga·ni·sie·ren* ['dʊrçʔɔrganiziːrən] *vt* ■**etw** ~ to organize sth thoroughly [*or* down to the last detail]; ■**durchorganisiert** thoroughly organized, well-planned
durch|pas·sie·ren *vt* ■**etw** ~ KOCHK to strain sth [through a sieve]
durch|pau·ken *vt* (*fam*) ❶ (*gründlich durchnehmen*) ■**etw** ~ to swot up on sth BRIT *fam;* (*übereilt*) to cram for sth ❷ (*durchsetzen*) ■**jdn/etw** ~ to push [*or* force] through sb/sth *sep;* **ein neues Konzept** ~ to push [*or* force] through a new concept ❸ (*heraushelfen*) ■**jdn** ~ to get sb off
durch|pau·sen ['dʊrçpauzn̩] *vt* ■**etw** ~ to trace sth
durch|peit·schen ['dʊrçpaitʃn̩] *vt* ❶ (*auspeitschen*) ■**jdn** ~ to flog sb ❷ (*schnell durchbringen*) ■**etw** ~ to railroad [*or* AM push] through sth *sep;* **die** [*o* **seine**] **eigenen Interessen** ~ to push through *sep* one's own interests
durch·pflü·gen* [dʊrç'pflyːgn̩] *vt* ■**etw** ~ ❶ (*gründlich pflügen*) to plough [*or* AM plow] sth thoroughly ❷ (*durch etw pflügen*) to plough through sth ❸ (*geh: genau prüfen*) to scour [through *sep*] sth
durch|plump·sen *vi sein* (*fam*) *s.* **durchfallen 2**
durch|pow·ern ['dʊrçpauɐn] *vt* ■**etw** ~ (*fam*) to steam through sth
durch|pro·bie·ren* *vt* ■**etw** ~ to try sth in turn [*or* one after the other]; **alle Möglichkeiten** ~ to go through all the possibilities
durch|prü·geln ['dʊrçpryːgl̩n] *vt* ■**jdn** ~ to give sb a good thrashing, to beat sb [to a pulp *fam*]
durch|pus·ten *vt* (*fam*) *s.* **durchblasen**
durch·que·ren* [dʊrç'kveːrən] *vt* ■**etw** ~ to cross [*or form* traverse] sth; **einen Wald** ~ to pass through a wood
durch|quet·schen (*fam*) **I.** *vr* ■**sich [durch etw]** ~ to squeeze [a [*or* one's] way] through [sth] **II.** *vt* ■**etw** ~ to squeeze [*or* press] through sth *sep;* ■**etw durch etw** ~ to squeeze [*or* press] sth through sth
durch|ra·sen ['dʊrçraːzn̩] *vi sein* (*fam*) ■**[durch etw]** ~ to race [*or* tear] through [sth]
durch|ras·seln *vi sein* (*sl*) *s.* **durchfallen 2**
durch|rech·nen ['dʊrçrɛçnən] *vt* ■**etw** ~ to calculate sth [carefully]; (*überprüfen*) to check sth thoroughly
durch|reg·nen ['dʊrçreːgnən] *vi impers* ❶ (*Regen durchlassen*) ■**[durch etw]** ~ to rain through [sth] ❷ (*ununterbrochen regnen*) to rain continuously
Durch·rei·che <-, -n> *f* [serving] hatch, pass-through AM
durch|rei·chen ['dʊrçraiçn̩] *vt* ■**etw** ~ to hand [*or* pass] through sth *sep;* ■**etw durch etw** ~ to hand [*or* pass] sth through sth; ■**jdm etw [durch etw]** ~ to hand [*or* pass] sb sth [*or* sth to sb] [through sth], to hand [*or* pass] through sth to sb *sep*
Durch·rei·se ['dʊrçraizə] *f* journey through; **auf der** ~ on the way through, while [*or* when] passing through; **auf der** ~ **sein** to be passing through
durch|rei·sen[1] ['dʊrçraizn̩] *vi sein* ■**[durch etw]** ~ to pass [*or* travel] through [sth]; **bis Berlin** ~ to be travelling [*or* AM -eling] through to Berlin
durch·rei·sen*[2] [dʊrç'raizn̩] *vt* ■**etw** ~ to travel across [*or* through] sth; **die ganze Welt** ~ to travel all over the world
Durch·rei·sen·de(r) *f(m) dekl wie adj* traveller [*or* AM traveler] [passing through], transient AM; ~ **nach Bangkok** through passengers to Bangkok; ■**ein ~r/eine ~ sein** to be travelling [*or* passing] through
Durch·rei·se·vi·sum *nt* transit visa
durch|rei·ßen ['dʊrçraisn̩] *irreg* **I.** *vt haben* ■**etw [mitten/in der Mitte]** ~ to tear sth in two [*or* in half] [*or* down the middle] **II.** *vi sein* ■**[mitten/in der Mitte]** ~ to tear [in half [*or* two]]; *Seil* to snap [*or* break] [in two]
durch|rie·seln[1] ['dʊrçriːzl̩n] *vi sein* ■**[durch etw]** ~ to trickle through [sth]; ■**etw zwischen etw** *dat* ~ **lassen** to let sth trickle through sth
durch·rie·seln*[2] [dʊrç'riːzl̩n] *vt* (*geh*) ■**jdn** ~ to run through sb
durch|rin·gen ['dʊrçrɪŋən] *vr irreg* ■**sich zu etw** ~ to finally manage to do sth; **sich zu einer Entscheidung** ~ to force oneself to [make] a decision; ■**sich dazu ~, etw zu tun** to bring [*or* force] oneself to do sth
durch|ros·ten ['dʊrçrɔstn̩] *vi sein* to rust through
durch|ru·fen *vi irreg* (*fam*) to call, BRIT *a.* to ring [up]; (*kurz Bescheid sagen*) to give sb a ring [*or* AM *usu* call]
durch|rüh·ren *vt* ■**etw** ~ to stir sth well; (*durchmischen*) to mix sth thoroughly; **etw gut** ~ to give sth a good stir
durch|rut·schen ['dʊrçrʊtʃn̩] *vi sein* ❶ (*durchgleiten*) ■**[durch etw]** ~ to slip through [sth] ❷ (*fam*) **durch eine Prüfung** ~ to scrape through an exam[ination]
durch|rüt·teln ['dʊrçrʏtl̩n] *vt* ■**jdn** ~ ❶ (*gründlich rütteln*) to shake sb violently ❷ (*hin und her schaukeln*) to shake sb about
durchs ['dʊrçs] (*fam*) = **durch das**
durch|sa·cken *vi sein* LUFT to lose height suddenly
Durch·sa·ge ['dʊrçzaːgə] *f* message; (*Radioansage*) announcement; **eine ~ machen** to give an announcement; (*Telefonauskunft*) recorded message
durch|sa·gen ['dʊrçzaːgn̩] *vt* ❶ (*übermitteln*) ■**etw** ~ to announce sth; **die Ergebnisse** ~ to give [*or* announce] the results ❷ (*mündlich weitergeben*) ■**etw [nach vorne]** ~ to pass on *sep* sth [to the front]
durch|sä·gen *vt* ■**etw** ~ to saw through sth *sep*
durch|sau·fen ['dʊrçzaufn̩] *irreg* (*sl*) **I.** *vi* to booze continuously *fam,* to be on a bender *fam* [*or fam!* the piss]; **die ganze Nacht** ~ to booze all night *fam,* to piss away the night *sep fam!* **II.** *vr* ■**sich [bei jdm]** ~ to booze [at sb's expense] BRIT *fam,* to ponce [*or* AM mooch] drinks [off sb] *pej sl*
durch|sau·sen *vi sein* (*fam*) *s.* **durchfallen 2**
durch·schau·bar [dʊrç'ʃaubaːɐ̯] *adj* ❶ (*durchsichtig*) clear, transparent ❷ (*zu durchschauen*) obvious, transparent; **leicht** ~ easy to see through; **schwer** ~ enigmatic, inscrutable; **schwer ~ sein** to be an enigma
durch·schau·en*[1] [dʊrç'ʃauən] *vt* ❶ (*erkennen*) ■**etw** ~ to see through sth ❷ (*jds Absichten erkennen*) ■**jdn** ~ to see through sb; ■**leicht/schwer zu ~ sein** to be easy/difficult to see through; **du bist durchschaut!** I know what you're up to!, you've been rumbled! BRIT *fam*
durch|schau·en[2] ['dʊrçʃauən] *vt s.* **durchsehen**
durch|schei·nen ['dʊrçʃainən] *vi irreg* ❶ (*durch etw scheinen*) ■~ *Licht, Sonne* to shine through ❷ (*sichtbar sein*) ■~ *Farbe, Muster* to show [through]; ■**[unter etw** *dat*] ~ to show through [under [*or* beneath] sth]
durch·schei·nend *adj* transparent; **eine ~e Bluse** a see-through blouse
durch|scheu·ern ['dʊrçʃɔyɐn] **I.** *vt* ❶ (*verschleißen*) ■**etw** ~ to wear through sth *sep;* **die Jacke war an den Ärmeln durchgescheuert** the jacket was worn [through] at the elbows ❷ (*wund scheuern*) ■**[sich** *dat*] **etw** ~ to chafe [one's] sth **II.** *vr* (*verschleißen*) ■**sich [an etw** *dat*] ~ to wear through [at sth]
durch|schie·ben *vt irreg* ■**etw** ~ to push through sth *sep;* ■**etw durch etw/unter etw** *dat* ~ to push sth through/under sth; ■**jdm etw** ~ to push sth through to sb
durch|schie·ßen[1] ['dʊrçʃiːsn̩] *vi irreg* ■**durch etw** ~ to shoot through sth
durch·schie·ßen*[2] [dʊrç'ʃiːsn̩] *vt irreg* ❶ (*mit Kugeln durchbohren*) ■**[jdm] etw** ~ to shoot sb through sth; **ihm wurde die Schulter durchschossen** he was shot through the shoulder ❷ (*plötzlich einfallen*) ■**jdn** ~ to flash through sb's mind ❸ TYPO ■**etw** ~ to space [*or* set] out sth *sep*

durch|schim·mern ['dʊrçʃɪmɐn] *vi* ■[**durch etw**] ~ to shimmer [*or* shine] through [sth]; *Farbe* to show through [sth]

durch|schla·fen ['dʊrçʃla:fn̩] *vi irreg* to sleep through [it]; (*ausschlafen*) to get [*or* have] a good night's sleep

Durch·schlag ['dʊrçʃla:k] *m* ❶ (*Kopie*) copy ❷ (*Sieb*) colander, cullender; (*für Nudeln*) strainer

durch|schla·gen[1] ['dʊrçʃla:gn̩] *irreg* **I.** *vt haben* ❶ (*durchbrechen*) ■**etw** ~ to chop sth in two, to split sth [in two]; **eine Wand** ~ to knock a hole [*or* an opening] through a wall ❷ (*durchtreiben*) ■**etw** ~ to knock through sth *sep;* ■**etw durch etw** ~ to knock sth through sth; **einen Nagel durch etw** ~ to knock a nail through sth **II.** *vi* ❶ *sein* (*durchkommen*) ■[**bei/in jdm**] ~ to show through [in sb]; **in ihm schlägt der Lehrer durch** you can see the teacher in him ❷ *sein* (*durchdringen*) ■[**durch etw**] ~ to come [*or* go] through [sth]; *Geschoss a.* to pierce sth ❸ *haben* (*fam: abführen*) ■[**bei jdm**] ~ to go [*or* run] straight through [sb] *fam* ❹ *sein* (*sich auswirken*) ■[**auf etw** *akk*] ~ to have an effect [*or* make one's/its mark [felt]] [on sth] **III.** *vr haben* ❶ (*Dasein fristen*) ■**sich** ~ to struggle along; **sich allein/irgendwie** ~ to struggle on alone/to get by somehow; **sich nur mit Mühe** ~ to only get by with difficulty ❷ (*ans Ziel gelangen*) ■**sich** ~ to make one's way through; (*durchkämpfen*) to fight through *sep* one's way; ■**sich durch etw** ~ to make/fight one's way through sth; **sich mit Müh und Not durch sein Leben** ~ to make one's way through life with great difficulty

durch·schla·gen*[2] [dʊrç'ʃla:gn̩] *vt irreg* ❶ (*durchtrennen*) ■**etw** [**mit etw**] ~ to chop through sth [with sth] ❷ (*durchdringen*) ■**etw** ~ to penetrate [*or* pierce] sth; **die Kugel durchschlug das Fenster** the bullet smashed through the window

durch·schla·gend ['dʊrçʃla:gn̩t] *adj* ❶ (*überwältigend*) sweeping; **ein ~er Erfolg** a huge [*or* resounding] [*or* tremendous] success; **eine ~e Wirkung haben** to be extremely effective ❷ (*überzeugend*) convincing; **ein ~es Argument** a convincing [*or* persuasive] argument; **ein ~er Beweis** conclusive evidence

Durch·schlag·pa·pier *nt* ❶ (*für Kopien*) copy paper ❷ (*Kohlepapier*) carbon paper

Durch·schlags·kraft *f* ❶ (*Wucht*) penetration ❷ (*fig*) effectiveness; **ohne ~ sein** to be ineffective

durch·schlags·kräf·tig *adj* decisive; **~e Beweise** conclusive evidence

durch|schlän·geln *vr* ■**sich** [**zu jdm/etw**] ~ *Mensch* to thread one's way through [to sb/sth]; **sich durch ein Tal** ~ *Fluss* to meander [*or* wind its way] through a valley

durch|schlep·pen *vt* ❶ (*durchhelfen*) ■**jdn** [**mit**] ~ to carry along *sep* sb [with one]; (*aktiv*) to help along sb *sep* ❷ (*unterhalten*) ■**jdn** [**mit**] ~ to support sb

durch|schleu·sen ['dʊrçʃlɔyzn̩] *vt* (*fam*) ■**jdn** ~ to smuggle through sb *sep;* ■**jdn durch etw** ~ to smuggle sb through sth; **jdn durch eine Ausstellung** ~ to hurry [*or* rush] sb through an exhibition

Durch·schlupf <-[e]s, -schlüpfe> ['dʊrçʃlʊpf, *pl* -ʃlʏpfə] *m* way through [*or* in]; (*Spalte a.*) gap; (*Loch a.*) hole

durch|schlüp·fen ['dʊrçʃlʏpfn̩] *vi sein* ❶ (*durch etw schlüpfen*) ■[**durch etw**] ~ to slip through [sth]; ■**unter etw** *dat* ~ to slip [through] under sth ❷ (*sich durchmogeln*) ■[**durch etw**] ~ to slip through [sth]; **durch die Polizeikontrollen** ~ to slip through the fingers of the police, to give the police the slip *fam*

durch|schme·cken **I.** *vt* ■**etw** ~ to taste sth **II.** *vi* to come through

durch|schmug·geln ['dʊrçʃmʊgl̩n] *vt* ■**etw** ~ to smuggle through sth *sep;* ■**etw durch etw** ~ to smuggle sth through sth

durch|schnei·den[1] ['dʊrçʃnaidn̩] *vt irreg* ■**etw** [**in der Mitte**] ~ to cut sth through [*or* down the middle], to cut sth in half [*or* two]

durch·schnei·den*[2] [dʊrç'ʃnaidn̩] *vt irreg* ■**etw** ~ ❶ (*entzweischneiden*) to cut through sth *sep,* to cut sth in two ❷ (*durchziehen*) to cut through [*or* intersect] sth; (*willkürlich a.*) to criss-cross sth ❸ (*geh: durchpflügen*) to plough [*or* AM plow] [*or* slice] through sth ❹ (*geh: laut durchdringen*) to pierce sth

Durch·schnitt ['dʊrçʃnɪt] *m* average; MATH *a.* [arithmetic *spec*] mean; **guter ~ sein** [*o* **zum guten ~ gehören**] to be a good average; **~ sein** to be average; **im ~** on average; **über/unter dem ~ liegen** to be above/below average

durch·schnitt·lich ['dʊrçʃnɪtlɪç] **I.** *adj* ❶ (*Mittelwert betreffend*) average *attr,* mean *attr;* ■**~ sein** to be a mean [*or* an average] value ❷ (*mittelmäßig*) ordinary; **~e Verhältnisse** modest circumstances **II.** *adv* ❶ (*im Schnitt*) on average; **~ verdienen** to earn an average wage ❷ (*mäßig*) moderately; **~ intelligent** of average intelligence

Durch·schnitts·al·ter *nt* average age **Durch·schnitts·bür·ger(in)** *m(f)* average citizen; ■**der ~** the average citizen, Joe Bloggs BRIT *fam,* Joe Blow AM *fam* **Durch·schnitts·ein·kom·men** *nt* average income **Durch·schnitts·ge·schwin·dig·keit** *f* average speed, mean velocity *spec* **Durch·schnitts·ge·sicht** *nt* ordinary [*or* nondescript] face **Durch·schnitts·mensch** *m* average person; ■**der ~** the average person, Joe Bloggs [*or* AM Blow] *fam* **Durch·schnitts·schü·ler(in)** *m(f)* average pupil **Durch·schnitts·tem·pe·ra·tur** *f* average [*or* mean] temperature **Durch·schnitts·wert** *m* average [*or* mean] value

durch·schnüf·feln* [dʊrç'ʃnʏfl̩n], **durch|schnüf·feln** ['dʊrçʃnʏfl̩n] *vt* (*pej fam*) ■**etw** ~ to nose through sth BRIT *fam;* **jds Zimmer** ~ to nose [*or* poke] around [in] sb's room *fam*

Durch·schrei·be·block *m* duplicating pad

durch|schrei·ben ['dʊrçʃraibn̩] *vi irreg* to print through

Durch·schrei·be·pa·pier *nt* self-copying [*or* carbon] paper

durch·schrei·ten* [dʊrç'ʃraitn̩] *vt irreg* (*geh*) ■**etw** ~ to stride through sth; **ein Feld** ~ to stride across a field; (*bemessen*) to pace across a field

Durch·schrift *f* [carbon] copy

Durch·schussRR ['dʊrçʃʊs] *m* ❶ (*durchgehender Schuss*) **es war ein glatter** ~ the shot had passed clean [*or* right] through ❷ TYPO (*Zwischenraum*) leading *spec*

durch|schüt·teln ['dʊrçʃʏtl̩n] *vt* ❶ (*anhaltend schütteln*) ■**etw** ~ to shake sth thoroughly; **etw kurz** ~ to give sth a shake ❷ (*kräftig rütteln*) ■**jdn** ~ to give sb a good shaking, to shake sb till her/his teeth rattle *fam* ❸ (*durchrütteln*) ■[**in etw** *dat*] **durchgeschüttelt werden** to be shaken about [all over the place *fam*] [in sth]

durch·schwei·fen* [dʊrç'ʃvaifn̩] *vt* (*poet*) ■**etw** ~ to roam [*or* wander] through sth

durch|schwen·ken *vt* ■**etw** ~ KOCHK to toss in butter

durch|schwim·men[1] ['dʊrçʃvɪmən] *vi irreg sein* ❶ (*hindurch schwimmen*) ■**unter/zwischen etw** *dat* ~ to swim [through] under/between sth; (*hindurchgetragen werden*) to float [through] under/between sth ❷ (*ohne Pause schwimmen*) to swim without stopping

durch·schwim·men*[2] [dʊrç'ʃvɪmən] *vt irreg* ■**etw** ~ to swim sth; **den Ärmelkanal** ~ to swim the Channel; **einen See** ~ to swim [across] a lake

durch·schwit·zen* [dʊrç'ʃvɪtsn̩], **durch|schwit·zen** ['dʊrçʃvɪtsn̩] *vt* ■**etw** ~ to soak sth in sweat; ■**durchgeschwitzt** sweaty, soaked in sweat

durch|se·geln ['dʊrçze:gl̩n] *vt sein* ❶ (*liter*) ■**unter/zwischen etw** *dat* ~ to sail [through] between/under sth ❷ (*fam*) *s.* **durchfallen 2**

durch|se·hen ['dʊrçze:ən] *irreg* **I.** *vt* ■**etw** ~ *akk* to go over [*or sep* look through] [*or sep* check through] sth; **einen Text auf Druckfehler** ~ to look over a text for printing errors, to proofread a text **II.** *vi* ❶ (*hin~*) ■[**durch etw**] ~ to look through

[sth]; **sieh mal hier durch!** take [*or* have] a look through this/these; ■**zwischen etw** *dat* ~ to look out from between sth; **zwischen den Fingern** ~ to peep [out] [from] between one's fingers ❷ (*fam: durchblicken*) to grasp [*or fam* get] it; **ich sehe da nicht mehr durch!** I can't make any sense of it any more!

durch|sei·hen *vt* ■**etw [durch etw]** ~ to strain sth [through sth]

durch|sein^ALT *vi irreg sein* (*fam*) *s.* **durch II. 1, II. 2, II. 3, II. 4**

Durch·setz·bar·keit <-> *f kein pl* chances of being accepted

durch|set·zen[1] ['dʊrçzɛtsn̩] **I.** *vt* ❶ (*erzwingen*) ■**etw** ~ to get [*or* push] through sth *sep;* **Maßnahmen** ~ to impose measures; **Reformen** ~ to carry out [*or* effect] reforms; **seinen Willen [gegen jdn]** ~ to get one's own way [with sb], to impose one's will [on sb]; **seine Ziele** ~ to achieve [*or* accomplish] one's goals ❷ (*bewilligt bekommen*) ■**etw [bei jdm]** ~ to get sth through [sb], to get sb to agree to sth; **etw bei der Mehrzahl** ~ to get sth past the majority, to elbow through sth *sep;* ■**[es] [bei jdm] ~, dass etw getan wird** to get sb to agree to [do] sth; **er konnte ~, dass seine Ansprüche anerkannt wurden** he was able to get his claims recognized **II.** *vr* ❶ (*sich Geltung verschaffen*) ■**sich [bei jdm/gegen jdn]** ~ to assert oneself [with/against sb]; ■**sich mit etw** ~ to be successful with sth; **sie hat sich mit ihren verrückten Ideen nicht ~ können** her crazy ideas didn't meet with much success ❷ (*Gültigkeit erreichen*) ■**sich** ~ to be accepted, to gain acceptance; *Trend* to catch on

durch·set·zen*[2] [dʊrç'zɛtsn̩] *vt* ■**etw mit etw** ~ to infiltrate sth with sth; ■**mit [*o* von] jdm durchsetzt sein** to be infiltrated by [*or* with] sb

Durch·set·zung <-> *f kein pl* implementation; ■**die ~ [einer S.** *gen*/**von etw]** the implementation [of sth], implementing [*or sep* putting through] sth; **eine gerichtliche** ~ a legal enforcement

Durch·set·zungs·ver·mö·gen <-s> *nt kein pl* assertiveness

Durch·seu·chung <-> *f kein pl* spread *no pl* of infection

Durch·sicht ['dʊrçzɪçt] *f* examination, inspection; **zur** ~ for inspection [*or* examination]; **hier ist die Post zur** ~ here's the post to look through

durch·sich·tig ['dʊrçzɪçtɪç] *adj* ❶ (*transparent*) transparent ❷ (*offensichtlich*) obvious, apparent

durch|si·ckern ['dʊrçzɪkɐn] *vi sein* ❶ (*liter*) ■**[durch etw]** ~ to seep [*or* trickle] through [sth]; ■**etw ~ lassen** to let sth seep [*or* trickle] through; *Behälter* to leak [sth] ❷ (*allmählich bekannt werden*) ■**[zu jdm/in etw** *akk*] ~ to leak out [to sb/sth]; **Informationen ~ lassen** to leak information; ■**~, dass ...** to get out that ...

durch|sie·ben[1] ['dʊrçzi:bn̩] *vt* ❶ (*liter*) ■**etw** ~ to sieve [*or* sift] sth ❷ (*ausmustern*) ■**jdn** ~ to sift through sb; (*genau überprüfen*) to screen sb

durch·sie·ben*[2] [dʊrç'zi:bn̩] *vt* (*fam*) ■**jdn/etw [mit etw]** ~ to riddle sb/sth [with sth]

durch|spie·len *vt* ❶ **ein Musik-/Theaterstück** ~ to play/act through *sep* a piece/play once ❷ (*durchdenken*) ■**etw** ~ to go [*or* run] through [*or* over] sth

durch|spre·chen ['dʊrçʃprɛçn̩] *vt irreg* ■**etw [mit jdm]** ~ to discuss sth thoroughly [*or fam* have sth out] [with sb]

durch|spü·len *vt* ■**etw** ~ to rinse [out *sep*] sth thoroughly; ■**[sich/jdm] etw** ~ to rinse [out *sep*] one's/sb's sth thoroughly

durch|star·ten ['dʊrçʃtartn̩] *vi* ❶ LUFT to [pull up and] go round again ❷ AUTO to rev up

durch|ste·chen[1] ['dʊrçʃtɛçn̩] *vt irreg* ■**etw** ~ to stick through sth *sep;* ■**etw durch etw** ~ to stick sth through sth

durch·ste·chen*[2] [dʊrç'ʃtɛçn̩] *vt irreg* ■**etw [mit etw]** ~ to pierce sth [with sth]; **sich** *dat* **die Ohrläppchen ~ lassen** to have [*or* get] one's ears pierced

durch|ste·cken *vt* ■**etw** ~ to stick [*or* put] through sth *sep;* ■**etw durch etw** ~ to stick [*or* put] sth through sth

durch|ste·hen ['dʊrçʃte:ən] *vt irreg* ■**etw** ~ ❶ (*ertragen*) to get through sth; **Qualen** ~ to endure great pains; **Schwierigkeiten** ~ to cope with difficulties ❷ (*standhalten*) to [with]stand sth; **das Tempo** ~ to stand the pace, to hold out

durch|stei·gen ['dʊrçʃtaign̩] *vi irreg sein* ❶ (*durch etw steigen*) ■**[durch etw]** ~ to climb through [sth] ❷ (*fam: verstehen*) to get it *fam;* ■**bei etw** ~ to get sth *fam;* **da soll mal einer ~!** just let someone try and understand that lot!

durch|stel·len I. *vt* ■**jdn/etw** ~ to put through sb/sth *sep;* **ein Gespräch** ~ to put a call through; **ein Augenblick bitte, ich stelle Sie durch** one moment please, I'll just put you through **II.** *vi* **soll ich ~?** shall I put the call through?

Durch·stieg <-[e]s, -e> ['dʊrçʃti:k, *pl* -ʃti:gə] *m* opening; (*Durchgang*) passage[way]

durch·stö·bern* [dʊrç'ʃtø:bɐn], **durch|stö·bern** ['dʊrçʃtø:bɐn] *vt* ■**etw [nach etw]** ~ to rummage [*or* root] through sth [for sth]

Durch·stoß ['dʊrçʃto:s] *m* breakthrough

durch·sto·ßen*[1] [dʊrç'ʃto:sn̩] *vt irreg* ❶ (*durchbohren*) ■**jdn/etw** ~ to stab sb/sth; (*spitzer Gegenstand*) to go through sb/sth; (*Pfahl a.*) to impale sb/sth; ■**jdn/etw mit etw** ~ to stab sb/sth with sth; **jdn/ein Tier mit seiner Lanze/seinem Schwert** ~ to run sb/an animal through, to impale sb/an animal on one's lance/sword ❷ (*durchbrechen*) ■**etw** ~ to penetrate [*or* break through] sth; **die feindlichen Linien** ~ to break [*or* breach] the enemy lines

durch|sto·ßen[2] ['dʊrçʃto:sn̩] *irreg* **I.** *vi sein* ❶ (*durchdringen*) ■**[bis zu etw]** ~ to penetrate [as far as sth] ❷ (*vorstoßen*) ■**[bis zu etw/durch etw/zu etw]** ~ to advance [as far as/through/to sth] **II.** *vt haben* ■**etw** ~ to drive through sth *sep;* ■**etw durch etw** ~ to drive sth through sth; **einen Pfahl durch etw** ~ to drive a stake through sth

durch|strei·chen ['dʊrçʃtraiçn̩] *vt irreg* ■**etw** ~ to cross out [*or* through] sth *sep,* to delete sth

durch·strei·fen* [dʊrç'ʃtraifn̩] *vt* (*geh*) ■**etw** ~ to roam [*or* wander] through sth; **die Welt** ~ to rove the world

durch|strö·men[1] ['dʊrçʃtrø:mən] *vi sein* ■**[durch etw/zu etw]** ~ to stream through [sth/to sth]

durch·strö·men*[2] [dʊrç'ʃtrø:mən] *vt* (*geh*) ❶ (*durchfließen*) ■**etw** ~ to flow [*or* run] through sth ❷ (*durchdringen*) ■**jdn** ~ to flow [*or* run] through sb; **von neuer Hoffnung durchströmt** imbued with new hope *form*

durch|sty·len [-stailən] *vt* (*sl*) ■**jdn/etw** ~ to give style to sb/sth; ■**durchgestylt** fully [*or* completely] styled

durch·su·chen* [dʊrçzu:xn̩] *vt* ■**jdn [nach etw]** ~ to search sb [for sth], to frisk sb; ■**jdn nach Drogen/Waffen** ~ to search sb for drugs/weapons; ■**etw [nach jdm/etw]** ~ to search sth [for sb/sth]

Durch·su·chung <-, -en> [dʊrç'zu:xʊŋ] *f* search

Durch·su·chungs·be·fehl *m* search warrant

durch|tan·zen[1] ['dʊrçtantsn̩] *vi* to dance continuously; **die ganze Nacht** ~ to dance all night [long]

durch·tan·zen*[2] [dʊrç'tantsn̩] *vt* ■**etw** ~ to spend sth dancing; **eine durchtanzte Nacht** a night of dancing

durch|trai·nie·ren* [-treni:rən, -trɛ-] *vt* ■**etw** ~ to get sth into peak condition; ■**[gut] durchtrainiert** well-conditioned; **er hat einen gut durchtrainierten Körper** his body is in peak condition

durch·trai·niert *adj* thoroughly fit

durch·trän·ken* [dʊrçtrɛŋkn̩] *vt* ■**etw** ~ to soak sth [completely], to saturate sth; ■**etw mit etw** ~ to soak sth in sth; **ein Tuch mit Wasser** ~ to soak a cloth in water

durch|tren·nen ['dʊrçtrɛnən], **durch·tren·nen*** [dʊrç'trɛnən] *vt* ■**etw** ~ to cut [through *sep*] sth, to cut sth in two, to sever sth

durch|treten ['dʊrçtre:tn̩] *irreg* **I.** *vt haben* ■**etw** ~ ❶ (*fest betätigen*) **die Bremse** ~ to step on the brakes; **das Gaspedal** ~ to step on the accelerator, to hit the gas AM *fam* ❷ (*abnut-*

D

zen) to wear through sth *sep* **II.** *vi sein* ❶ (*geh: durchgehen*) to go [*or* walk] through; **bitte treten Sie [hier] durch, meine Herrschaften!** ladies and gentlemen, please step this way! ❷ (*durchsickern*) ■**[durch etw]** ~ to come [*or* seep] through [sth]

durch·trie·ben [dʊrç'tri:bn̩] *adj* (*pej*) cunning, crafty, sly

Durch·trie·ben·heit <-> *f kein pl* (*pej*) cunningness *no pl,* craftiness *no pl,* slyness *no pl*

durch|trop·fen *vi sein* ■**[durch etw]** ~ to drip through [sth]

durch·wa·chen* [dʊrç'vaxn̩] *vt* ■**etw** ~ to stay awake through sth; **viele Nächte an jds Bett** *dat* ~ to spend many nights awake at sb's bedside

durch|wach·sen¹ ['dʊrçvaksn̩] *vi irreg sein* ■**[durch etw]** ~ to grow through [sth]

durch·wach·sen² [dʊrç'vaksn̩] *adj* ❶ ~**er Speck** streaky bacon BRIT ❷ *pred* (*hum fam: mittelmäßig*) so-so *fam;* **wie war das Wetter? – ~!** what was the weather like? – mixed!; **die Stimmung im Büro ist zurzeit** ~ the atmosphere at work is not always good

Durch·wahl *f* ❶ (*fam:* ~*nummer*) extension number ❷ (*das Durchwählen*) direct dialling [*or* AM -ling] *no pl, no art*

durch|wäh·len ['dʊrçvɛ:lən] **I.** *vi* to dial direct; **nach London** ~ to dial London direct **II.** *vt* ■**etw** ~ to dial sth direct

Durch·wahl·num·mer *f* extension number

durch|wan·dern¹ ['dʊrçvandɐn] *vi sein* ■**[bis zu etw]** ~ to continue [*or* carry on] hiking [as far as sth]; ■**durch etw** ~ to hike through sth

durch·wan·dern*² [dʊrç'vandɐn] *vt* ■**etw** ~ to hike [*or* walk] through sth; **die ganze/halbe Welt** ~ to wander [*or* walk] round/half way round the world

durch|wa·schen *vt irreg* (*fam*) ■**etw** ~ to give sth a thorough wash

durch|wa·ten¹ ['dʊrçva:tn̩] *vi sein* ■**[durch etw]** ~ to wade through [sth]

durch·wa·ten*² [dʊrç'va:tn̩] *vt* ■**etw** ~ to wade across sth

durch·we·ben* [dʊrç've:bn̩] *vt irreg* ❶ (*liter*) ■**etw mit etw** ~ to interweave sth with sth ❷ (*fig geh*) ■**mit** [*o* **von**] **etw durchwoben sein** to be interspersed with sth

durch·weg ['dʊrçvɛk], **durch·wegs** ['dʊrçve:ks] *adv* ÖSTERR without exception; ~ **allen Anforderungen entsprechen** to meet [*or* match] all of the requirements

durch·we·hen* [dʊrç've:ən] *vt* (*geh*) ■**etw** ~ to blow through sth

durch|wei·chen¹ ['dʊrçvaiçn̩] *vi sein* to get drenched [*or* soaked]; ■**durchgeweicht sein** to be sodden BRIT

durch·wei·chen² [dʊrç'vaiçn̩] *vt* (*geh*) ■**etw** ~ to drench [*or* soak] sth

durch|wet·zen *vt* ■**durchgewetzt** worn [through]; **ein durchgewetzter Kragen** a frayed collar

durch|win·den ['dʊrçvɪndn̩] *vr irreg* ❶ (*liter*) ■**sich durch etw** ~ to meander [*or* wind one's way] through sth; ■**sich zwischen etw** *dat* ~ to thread [*or* worm] one's way between sth ❷ (*fig*) ■**sich [durch etw]** ~ to find one's way through [sth]

durch·wir·ken* [dʊrç'vɪrkn̩] *vt* (*geh*) *s.* **durchweben**

durch|wol·len ['dʊrçvɔlən] *vi* (*fam*) ■**[durch etw]** ~ to want to come/go [*or* get] through [sth]; ■**zwischen/unter etw** *dat* ~ to want to get [*or* go] between/under sth

durch|wüh·len¹ ['dʊrçvy:lən] **I.** *vt* ■**etw [nach etw]** ~ to rummage through [*or* about in] sth [in search of sth]; **ein Haus** ~ to ransack a house **II.** *vr* ❶ (*sich durcharbeiten*) ■**sich [durch etw]** ~ to plough [*or* AM plow] through [sth] ❷ (*durch Wühlen gelangen*) ■**sich [durch etw]** ~ to burrow through [sth]; ■**sich unter etw** *dat* ~ to burrow [through] under sth

durch·wüh·len*² [dʊrç'vy:lən] *vt* ■**etw [nach etw]** ~ ❶ (*durchstöbern*) to comb sth [for sth] ❷ (*aufwühlen*) to churn [*or* dig] up sth [in search of sth] *sep*

durch|wursch·teln, durch|wurs·teln *vr* (*sl*) ■**sich irgendwie** ~ to muddle through somehow BRIT

durch|zäh·len ['dʊrçtsɛ:lən] *vt, vi* ■**[etw]** ~ to count out [*or* up] sth *sep;* ■**[jdn]** ~ to count sb

durch·ze·chen* [dʊrç'tsɛçn̩] *vt* (*fam*) ■**etw** ~ to drink [*or fam* booze] through sth; (*weiter trinken*) to carry on drinking [*or fam* boozing] through sth; **die ganze Nacht** ~ to drink all night [long], to piss away BRIT the night *sep fam!;* **eine durchzechte Nacht** a night of drinking, a night on the drink [*or* BRIT *fam!* piss]

durch|zie·hen¹ ['dʊrçtsi:ən] *irreg* **I.** *vt haben* ❶ (*hin~*) ■**etw** ~ to pull [*or* draw] through sth *sep;* ■**etw durch etw** ~ to pull [*or* draw] sth through sth ❷ (*fam: vollenden*) ■**etw** ~ to see sth through; ■**durchgezogen werden** to be brought to a conclusion ❸ (*sl: rauchen*) ■**etw** ~ to smoke sth **II.** *vi sein* ❶ ■**[durch etw]** ~ to come/go [*or* pass] through [sth]; *Truppe a.* to march through [sth] ❷ KOCHK **gebratenes Fleisch** ~ **lassen** to place fried meat in a preheated oven, in order to re-soak escaped juices **III.** *vr haben* ■**sich durch etw** ~ to occur throughout sth

durch·zie·hen*² [dʊrç'tsi:ən] *vt irreg* ■**etw** ~ ❶ (*durchqueren*) to go [*or* pass] [*or* travel] through sth; **ganze Erdteile** ~ to travel across entire continents ❷ (*konsequent verwendet werden*) to run through sth ❸ (*durch etw verlaufen*) to criss-cross sth

durch·zu·cken* [dʊrç'tsʊkn̩] *vt* ❶ (*geh: zuckend durchleuchten*) ■**etw** ~ to flash across sth ❷ (*plötzlich ins Bewusstsein kommen*) ■**jdn** ~ to flash through sb's mind

Durch·zug ['dʊrçtsu:k] *m* ❶ *kein pl* (*Luftzug*) draught BRIT, draft AM; ~ **machen** to create a through draught ❷ *von Truppen* march through ▶WENDUNGEN: **auf** ~ **schalten** (*fam*) to let sth go in one ear and out the other *fam*

dür·fen ['dʏrfn̩] **I.** *modal vb* <darf, durfte, dürfen> ❶ (*Erlaubnis haben*) ■**etw [nicht] tun** ~ to [not] be allowed to do sth; **darf man hier parken?** are you allowed [*or* is it permitted] to park here?; **hier darf man nicht rauchen** smoking is not allowed [*or* permitted] here ❷ *verneint* (*nicht sollen*) ■**etw nicht tun** ~ to ought not [to] do sth *form;* **wir** ~ **den Zug nicht verpassen** we mustn't [*or form* ought not [to]] miss the train; **das darf nicht wieder vorkommen** this mustn't happen again ❸ *verneint* (*nicht müssen*) ■**etw nicht tun** ~ to not have to do sth; **du darfst ihm das nicht übel nehmen** you mustn't hold that against him; **man darf sich nicht wundern, wenn ...** it shouldn't come as a surprise when [*or* if] ... ❹ *fragend* ■**darf/dürfte/dürften ...?** may/might ...?; **darf/dürfte ich wohl wissen, warum ...?** may/might I know why ...?; **darf ich mir noch ein Stück Fleisch nehmen?** may [*or* can] I help myself to another piece of meat?; **dürfte ich wohl noch ein Stück Kuchen haben?** I wonder if I might [*or* could] have another piece of cake? ❺ (*Veranlassung haben*) **ich darf wohl sagen, dass ...** I think I can say that ...; **du darfst mir das ruhig glauben** you can [*or* may] take it from me ❻ *im Konjunktiv* (*sollen*) ■**das/es dürfte ...** that/it should [*or* ought to] ...; **es dürfte eigentlich genügen, wenn ich dir sage, dass...** suffice it to say that ...; **es klingelt, das dürfte Ulrike sein** there's a ring at the door, that must be Ulrike; **es dürfte wohl das Beste sein, wenn ...** it would probably be best when [*or* if] ... ▶WENDUNGEN: **was darf es sein?** what would you like?; **es darf nicht sein, dass ...** it's not on that ... *fam* **II.** *vi* <darf, durfte, gedurft> **darf ich?** may I?; **darf ich nach draußen?** may I go outside?; **sie hat nicht gedurft** she wasn't allowed to **III.** *vt* <darf, durfte, gedurft> ■**etw** ~ to be allowed to do sth; **darfst du das?** are you allowed to?

dürf·tig ['dʏrftɪç] **I.** *adj* ❶ (*kärglich*) paltrey *a. pej,* meagre [*or* AM -er]; ~**e Unterkunft** poor accommodation ❷ (*pej: schwach*) poor; **eine ~e Ausrede** a feeble excuse; ~**e Kenntnisse** scanty knowledge ❸ (*spärlich*) sparse **II.** *adv* scantily; ~ **ausfallen** to be a poor outcome

Dürf·tig·keit <-> *f kein pl* meagreness *no pl* BRIT, meagerness *no pl* AM
dürr ['dʏr] *adj* ❶ (*trocken*) dry; **~es Laub** withered leaves ❷ (*a. fig: unfruchtbar*) barren; **~e Jahre** arid [*or* lean] years ❸ (*mager*) [painfully] thin, skinny *fam;* (*durch Krankheit*) gaunt ❹ (*knapp*) meagre [*or* AM -er]; **die ~en Jahre** (*fig*) the lean years
Dür·re <-, -n> ['dʏrə] *f* drought *no pl*
Dür·re·jahr *nt* year of drought **Dür·re·ka·ta·stro·phe** *f* catastrophic [*or* disastrous] drought **Dür·re·pe·ri·o·de** *f* [period of] drought; (*fig*) barren period
Durst <-[e]s> ['dʊrst] *m kein pl* thirst *no pl;* ■**~ haben** to be thirsty; **jd bekommt** [*o fam* **kriegt**] [**von etw**] **~** sb gets thirsty [*or* a thirst] [from sth], sth makes sb thirsty; **~ auf etw** *akk* **haben** to feel like drinking sth; **ich hätte ~ auf ein kühles Bier** I could do with a chilled beer; **seinen** [*o* **den**] **~** [**mit etw**] **löschen** [*o* **stillen**] to quench [*or* BRIT slake] one's thirst [with sth]; **das macht ~** that makes you thirsty [*or* gives you a thirst]; **einen** [*o* **ein Glas**] **über den ~** <u>**trinken**</u> (*fam*) to have one too many
durs·ten ['dʊrstn̩] *vi* (*geh*) to be thirsty; **~ müssen** to have to go thirsty
dürs·ten ['dʏrstn̩] (*geh*) **I.** *vt impers* ❶ (*Durst haben*) ■**jdn dürstet** [**es**] sb is thirsty, sb thirsts *liter* ❷ (*ständig verlangen*) ■**es dürstet jdn nach etw** sb thirsts for sth **II.** *vi* ■**nach etw ~** to be thirsty for sth; ■**jds D~ nach etw** sb's thirst for sth
Durst·ge·fühl *nt* feeling of thirst
durs·tig ['dʊrstɪç] *adj* thirsty; ■**~ sein** to be thirsty; [**jdn**] **~ machen** to make sb thirsty; ■**jd wird** [**von etw**] **~** sb gets thirsty [*or* a thirst] [from sth], sth makes sb thirsty; **von salzigen Speisen wird man ~** salty food makes you thirsty
durst·lö·schend *adj inv* thirst-quenching **durst·stil·lend** *adj* thirst-quenching **Durst·stre·cke** *f* lean period **Durst·streik** *m* refusal of [*or* to take] liquid; **sich im ~ befinden** to refuse to take liquid
Du·rum·wei·zen ['du:rʊm-] *m* durum wheat
Du·schan·be <-s> [duʃam'bɛ] *nt* Dushanbe
Du·sche <-, -n> ['du:ʃə] *f* ❶ (*Apparatur*) shower ❷ (*das Duschen*) shower; **eine heiße/kalte ~** a hot/cold shower; **wie eine kalte ~ sein** [*o* [**auf jdn**] **wirken**] to pour cold water on sb; **ihr plötzliches Nein wirkte auf ihn wie eine kalte ~** her sudden no brought him down to earth; **unter die ~ gehen, eine ~ nehmen** to have [*or* take] a shower; **unter der ~ sein** [*o* **stehen**] to be in the shower, to be taking [*or* having] a shower
du·schen ['du:ʃn̩] **I.** *vi* to shower; **sich kalt/warm ~** to have [*or* take] a cold/hot shower **II.** *vr* ■**sich ~** to have [*or* take] a shower **III.** *vt* ■**jdn ~** to give sb a shower
Dusch·gel *nt* shower gel **Dusch·ka·bi·ne** *f* shower cubicle; (*Dusche 1.*) shower **Dusch·raum** *m* shower room, showers *pl* **Dusch·vor·hang** *m* shower curtain
Dü·se <-, -n> ['dy:zə] *f* ❶ TECH nozzle ❷ LUFT jet
Du·sel <-s> ['du:zl̩] *m kein pl* (*fam*) ❶ (*unverdientes Glück*) **~ haben** to be lucky; [**reiner**] **~ sein** to be [pure] good fortune [*or* [sheer] luck]; **es war reiner ~, dass ...** it was sheer luck that ...; **so ein ~!** that was lucky!, what luck! ❷ SCHWEIZ, SÜDD ■**im ~** (*benommen*) in a daze; (*schläfrig*) drowsy/drowsily; (*angetrunken*) tipsy; **das hat er mir im ~ erzählt** he told me that after he had had a few
du·s(e)·lig ['du:z(ə)lɪç] *adj* (*fam*) ■**~ sein/werden** (*schläfrig*) to be/get [*or* become] drowsy; (*angetrunken*) to be/get [*or* become] tipsy; **mir wird ~** I'm feeling dizzy, to become dizzy
dü·sen ['dy:zn̩] *vi sein* (*fam: fliegen*) to jet; (*fahren*) to race; (*schnell gehen*) to dash; **nach Rom/zu einer Sitzung ~** to jet/race/dash off to Rome/a meeting
Dü·sen·an·trieb *m* jet propulsion *no pl, no art;* **mit ~** with jet propulsion; **ein Flugzeug mit ~** a jet[-propelled] aircraft **Dü·sen·flug·zeug** *nt* jet [aircraft] **Dü·sen·jä·ger** *m* jet fighter **Dü·sen·trieb·werk** *nt* jet engine
Dus·sel <-s, -> ['dʊsl̩] *m* (*fam*) twit *fam,* prat BRIT *fam,* dork AM *fam*
Düs·sel·dorf <-s> ['dʏsl̩dɔrf] *nt* Düsseldorf
dus·se·lig ['dʊsəlɪç], **duss·lig**RR, **duß·lig**ALT ['dʊslɪç] (*fam*) **I.** *adj* daft *fam,* stupid **II.** *adv* ❶ (*dämlich*) stupidly; **sich ~ anstellen** to act stupidly [*or fam* stupid] ❷ (*enorm viel*) **sich ~ arbeiten** to work oneself silly; **sich dumm und ~ verdienen** to earn a fantastic amount, to rake it in *fam*
Dus·se·lig·keit <-, -en> *f,* **Duss·lig·keit**RR, **Duß·lig·keit**ALT <-, -en> *f* (*fam*) stupidity *no pl*
düs·ter ['dy:stɐ] *adj* ❶ (*finster*) dark, gloomy; **ein ~er Himmel** a gloomy [*or* an overcast] [*or* BRIT a heavy] sky; **~es Wetter** dismal [*or* gloomy] weather ❷ (*bedrückend*) gloomy, melancholy; **~e Gestalten** melancholy figures; **eine ~e Ahnung** a foreboding; **~e Prognosen** gloomy predictions; **ein ~es Szenario** a gloomy scenario ❸ (*schwermütig*) black, gloomy, melancholy; **eine ~e Miene** a gloomy [*or* melancholy] face; **~e Gedanken** black thoughts; **eine ~e Stimmung** a black [*or* melancholy] mood
Düs·ter·keit <-> *f kein pl* ❶ (*Dunkelheit*) darkness, gloominess; **von ~ erfüllt** gloomy; **der Himmel war von großer ~** the sky appeared really gloomy ❷ (*Schwermütigkeit*) gloominess; **Gedanken voller ~** gloomy thoughts
Dutt <-[e]s, -s *o* -e> ['dʊt] *m* DIAL (*Haarknoten*) bun
Du·ty-free-Shop <-s, -s> ['dju:ti'fri:ʃɔp] *m* duty-free shop
Dut·zend <-s, -e> ['dʊtsn̩t, *pl* 'dʊtsn̩də] *nt* ❶ (*zwölf Stück*) dozen; **ein ~** [*o* **d~**] **Mal** a dozen times; **zu einem ~ verpackt** packed in dozens; **ein halbes ~** half a dozen; **ein rundes ~** a full [*or* BRIT round] dozen; **im ~** (*fam*) by the dozen; **die Eier sind im ~ billiger** the eggs are cheaper by the dozen ❷ *pl* (*fam: jede Menge*) dozens; **kaum sagt jemand was von Freibier, kommen gleich ~e** as soon as somebody mentions free beer dozens turn up; **zu ~en** in [their] dozens
dut·zen·d(e)·mal *adv* (*fam*) dozens of times
dut·zend·fach **I.** *adj* dozens of **II.** *adv* dozens of times
Dut·zend·ge·sicht *nt* (*pej*) ordinary [*or* run-of-the-mill] face **Dut·zend·wa·re** *f* (*pej*) mass-produced [*or* mass-market] item
dut·zend·wei·se ['dʊtsn̩tvaizə] *adv* by the dozen, in dozens
du·zen ['du:tsn̩] *vt* ■**jdn ~** to address sb as [*or* with] "Du", ≈ to be on Christian [*or* first] name terms with sb; ■**sich** [**von jdm**] **~ lassen** to allow sb to be on familiar [*or* first name] terms with one; ■**sich ~** to be on familiar [*or* first name] terms with each other
Duz·freund(in) *m(f)* close [*or* good] friend; **alte ~e** old friends
DV <-> [de:'fau] *f Abk von* **Datenverarbeitung** DP
DVD [de:fau'de:] *f Abk von* **digital versatile disc** DVD
DVD-Play·er <-s, -> [-ple:ɐ] *m* DVD player
Dy·na·mik <-> [dy'na:mɪk] *f kein pl* ❶ PHYS dynamics + *sing vb* ❷ (*fig*) dynamism *no pl;* **die ~ dieser Entwicklung war nicht mehr zu bremsen** this development was too dynamic to be slowed down
dy·na·misch [dy'na:mɪʃ] **I.** *adj* ❶ (*schwungvoll*) dynamic ❷ (*vorwärtsdrängend*) dynamic ❸ (*regelmäßig angepasst*) index-linked **II.** *adv* dynamically
dy·na·mi·sie·ren* [dynami'zi:rən] *vt* (*geh*) ■**etw ~** to index-link sth
Dy·na·mi·sie·rung <-, -en> *f* (*geh*) index-linking *no pl;* **das neue Gesetz erfordert die ~ der Renten** the new act requires pensions to be index-linked
Dy·na·mit <-s> [dyna'mi:t] *nt kein pl* ❶ (*liter*) dynamite ❷ (*fig*) dynamite; **da steckt ~ drin!** it's dynamite!
Dy·na·mo <-s, -s> [dy'na:mo] *m* dynamo
Dy·nas·tie <-, -n> [dynas'ti:, *pl* dynas'ti:ən] *f* dynasty
Dys·pro·si·um <-s> [dʏs'pro:zi̯ʊm] *nt kein pl* CHEM dysprosium *no pl*

D

D-Zug ['de:tsu:k] *m* (*veraltend*) express, fast train; **lauf doch nicht so schnell, ich bin doch kein ~!** (*hum fam*) not so fast, I can't run as fast as I used to!

D-Zug-Tem·po *nt* ▸ WENDUNGEN: **im** ~ (*fam*) like [*or* as quick as] a shot

Ee

E, e <-, - *o fam* -s, -s> [e:] *nt* ❶ (*Buchstabe*) E, e; ~ **wie Emil** E for Edward BRIT, E as in Easy AM; *s. a.* **A 1** ❷ MUS ■ **das** ~ [the note] E; *s. a.* **A 2**

Eau de Co·lo·gne <- - -> ['o:dəko'lɔnjə] *nt kein pl* eau de Cologne *no pl* BRIT, Cologne AM

Eb·be <-, -n> ['ɛbə] *f* ebb [*or* low] tide; (*Wasserstand*) low water; ~ **und Flut** the tides *pl;* ~ **sein** to be low tide; **bei** ~ at low tide, when the tide goes out/has gone out; **mit der** ~ with the ebb tide; **mit der** ~ **auslaufen** to leave on the ebb tide ▸ WENDUNGEN: **bei jdm herrscht** [*o* **ist**] ~ (*fam*) sb's finances are at a low ebb; **in meinem Portmonee ist** ~ my finances are at a low ebb

eben¹ ['e:bn̩] **I.** *adj* ❶ (*flach*) even, flat ❷ (*glatt*) level **II.** *adv* evenly

eben² ['e:bn̩] **I.** *adv* ❶ *zeitlich* just; **der Zug ist ~ erst abgefahren** the train has only just left; ~ **war sie noch hier** she was here just a moment ago; **was meintest du ~?** what did you say just now? ❷ (*nun einmal*) just, simply; **das ist ~ so** that's [just] the way it is [*or* things are] ❸ (*gerade noch*) just [about]; **das wird** [**so**] ~ **noch reichen** that'll just about be enough ❹ (*kurz*) **mal** ~ [*o* ~ **mal**] for a minute [*or* second]; **komm mal ~ mit!** come with me a second; **entschuldigen Sie mich mal** ~ excuse me for a minute **II.** *part* ❶ (*genau das*) exactly, precisely; **das ist es ja** ~ that's precisely [*or* exactly] it; **war es das, was du meintest? – nein, das ~ nicht** was that what you meant? – no, not exactly [that]; ~ **das wollte ich sagen** that's precisely [*or* exactly] what I wanted to say; [**na**] ~**!** exactly ❷ (*Abschwächung von Verneinung*) **das ist nicht ~ billig** it's not exactly cheap

Eben·bild *nt* image; ■ **jds** ~ sb's image; **jds** [**genaues**] ~ **sein** to be the [very [*or* spitting]] image of sb

eben·bür·tig ['e:bn̩bʏrtɪç] *adj* equal; ■ **jdm** [**an etw** *dat*] ~ **sein** to be sb's equal [in sth]; **einander** [**nicht**] ~ **sein** [un]evenly matched

Eben·bür·tig·keit <-> *f kein pl* equality *no pl*

eben·da ['e:bn̩'da:] *adv* ❶ (*genau dort*) exactly there; **Bad Tölz? ja, ~ ist sie** Bad Tölz? yes, that's exactly where she is ❷ (*bei Zitat*) ibidem; (*geschrieben a.*) ibid[.]

eben·da·hin [e:bn̩da'hɪn] *adv* ~ **fahre ich ja** that's exactly where I'm going **eben·da·rum** [e:bn̩'da:rʊm] *adv* for that very reason; ~ **frage ich ja!** that is exactly why I'm asking **eben·der** [e:bn̩'de:ɐ̯], **eben·die** [e:bn̩'di:], **eben·das** [e:bn̩'das] *pron* he/she/it; **ist das deine Traumfrau? ebendie ist es** is that the woman of your dreams? yes, she's the one **eben·des·halb** [e:bn̩'dɛs'halp], **eben·des·we·gen** [e:bn̩dɛs've:gn̩] *adv s.* **ebendarum** **eben·die·se**(**r, s**) [e:bn̩'di:zə] *pron* (*geh*) he/she/it; **der Mann da vorne? – du sagst es, ~r!** that man up front there? – you've said it, the very one!

Ebe·ne <-, -n> [e:bənə] *f* ❶ (*Tief~*) plain; (*Hoch~*) plateau ❷ MATH, PHYS plane; **schiefe** ~ inclined plane ❸ (*Schicht*) level; **sich** [**nicht**] **auf jds** ~ *akk* **begeben** (*geh*) to [not] come down to sb's level; **auf wissenschaftlicher** ~ at the scientific level

eben·er·dig *adj* ■ ~ **sein** to be at ground level [*or* level with the ground]; **eine ~e Wohnung** a residence at ground level; **ein ~er Hauseingang** an entrance level with the ground [*or* at ground level]

eben·falls [e:bn̩fals] *adv* also, as well, likewise, too; **ich hätte es ~ getan** I would have done it too [*or* as well], I would also have done it; **ich ~!** me too!; **danke, ~!** thanks, [and] the same to you

Eben·holz [e:bn̩hɔlts] *nt* ebony; **schwarz wie** ~ as black as ebony

eben·je·ne(**r, s**) [e:bn̩'je:nə] *pron* (*geh*) *substantivisch* he/she/it; **war er der Täter? – ja, ~r war es!** was he the culprit? – yes, he was the very one!; *adjektivisch;* ~ **Frau heiratete er** that's the very woman he married

Eben·maß *nt kein pl* (*geh*) evenness *no pl,* regularity; *von Gesichtszügen* regularity *no pl; des Körpers* perfect proportions *pl*

eben·mä·ßig **I.** *adj* regular, symmetrical, well-proportioned, evenly proportioned; **von ~em Wuchs** of even proportions; **~e Zähne** evenly proportioned teeth **II.** *adv* proportionately, symmetrically

eben·so ['e:bn̩zo:] *adv* ❶ (*genauso*) just as; **ich habe eine ~ schöne Wohnung** I have just as nice a flat; ~ **gern** just as well/much; **meinen Vater mag ich ~ gern wie meine Mutter** I like my father just as much as my mother; ~ **gut** [just] as well; **ich kann ~ gut darauf verzichten** I can just as well go without it; ~ **lang**[**e**] just as long; ~ **oft** just as frequently [*or* often]; ~ **sehr** just as much; **ich habe dich ~ sehr lieb wie du mich** I'm just as much fond of you as you are of me; ~ **viel** just as much; ~ **wenig: das ist ~ wenig angebracht** this is just as inappropriate ❷ (*auch*) also, likewise, as well; **die Geschäfte sind geschlossen, ~ alle Kinos** the shops are closed, as are all the cinemas; **diese Waschmaschine ist ~ zu teuer** that washing machine is too expensive as well

eben·so·gernALT *adv s.* **ebenso 1** **eben·so·gut**ALT *adv s.* **ebenso 1** **eben·so·lan·g**(**e**)ALT *adv s.* **ebenso 1** **eben·so·oft**ALT [-zoʔɔft] *adv s.* **ebenso 1** **eben·so·sehr**ALT *adv s.* **ebenso 1** **eben·so·viel**ALT *adv s.* **ebenso 1** **eben·so·we·nig**ALT *adv s.* **ebenso 1**

Eber <-s, -> ['e:bɐ] *m* boar

Eber·esche ['e:bɐʔɛʃə] *f* BOT mountain ash [*or* rowan]

E-Busi·ness <-> ['i:'bɪznɪs] *f kein pl* INET e-business

EC <-s, -s> [e:'tse:] *m* ❶ *Abk von* **Eurocity** Eurocity train ❷ *Abk von* **Euroscheck** eurocheque

echauf·fie·ren* [eʃɔ'fi:rən] *vr* (*geh*) ■ **sich** [**über jdn/etw**] ~ to get worked up [*or form* to excite oneself] [about sb/sth]

Echo <-s, -s> ['ɛço] *nt* ❶ (*Effekt*) echo ❷ (*Reaktion*) response (**auf** +*akk* to); **ein** [**großes**] ~ **finden** to meet with a [big] response ❸ (*Nachbeter*) echoer; **von jdm das** ~ [*o* **jds** ~] **sein** to echo sb's words

Echo·lot *nt* sonar, echo sounder

Ech·se <-, -n> ['ɛksə] *f* saurian *spec;* (*Eid~*) lizard

echt ['ɛçt] **I.** *adj* ❶ (*nicht künstlich*) real; (*nicht gefälscht*) genuine; **eine ~e Blondine** a natural blonde ❷ (*aufrichtig*) *Freundschaft, Schmerz* sincere ❸ (*typisch*) typical ❹ (*beständig*) **~e Farben** fast colours [*or* AM -ors] ❺ (*wirklich*) real; *s. a.* **Bruch** **II.** *adv inv* ❶ (*typisch*) typically ❷ (*rein*) pure; **das Armband ist ~ Platin!** the bracelet is pure platinum! ❸ (*fam: wirklich*) really

Echt·heit <-> *f kein pl* ❶ (*das Echtsein*) authenticity, genuineness ❷ (*Aufrichtigkeit*) sincerity

Echt·zeit *f* INFORM real time

Eck <-[e]s, -e> ['ɛk] *nt* ❶ ÖSTERR, SÜDD (*Ecke*) corner ❷ SPORT corner [of the goal]; **das kurze/lange** ~ the near/far corner [of the goal] ▸ WENDUNGEN: **über** ~ diagonally

EC-Kar·te *f Abk von* **Euroscheckkarte** Eurocheque card

Eck·ball *m* SPORT corner; **einen ~ geben/schießen** to award [*or* give]/take a corner; **einen ~ verwandeln** to score from a

corner **Eck·bank** *f* corner bench **Eck·da·ten** *pl s.* **Eckwert**
Ecke <-, -n> ['ɛkə] *f* ❶ (*spitze Kante*) corner; *eines Kragens* point; **sich an der ~ eines Tisches stoßen** to knock oneself on the edge of a table; **~n und Kanten** (*fig*) rough edges ❷ (*Straßen~*) corner; **gleich um die ~** just round [*or* AM around] the corner ❸ (*Zimmer~*) corner; **jdn in die ~ stellen** to make sb stand in the corner; **ab in die ~!** go and stand in the corner! ❹ (*Käse~*) wedge ❺ (*fam: Gegend*) area; **wir kommen aus der gleichen ~** we come from the same corner of the world ❻ (*fam: Entfernung*) distance, stretch; **bis dahin ist es noch eine ganz schöne ~** it's still a fair old distance away; **mit jdm um/über sieben ~n verwandt sein** (*fam*) to be distantly related to sb ❼ SPORT corner; **eine kurze/lange ~** a short/long corner; **die neutrale ~** the neutral corner ►WENDUNGEN: **jdn um die ~ bringen** (*fam*) to do sb in *fam;* **jdn in die ~ drängen** to push sb aside; **an allen ~n und Enden** (*fam*) everywhere; **eine ganze ~** (*fam*) quite a bit; **mit ~n und Kanten** with a mind of one's own
Ecker <-, -n> ['ɛkɐ] *f* BOT beechnut
Eck·fens·ter *nt* corner window **Eck·haus** *nt* corner house, house on [*or* at] the corner
eckig ['ɛkɪç] *adj* ❶ (*nicht rund*) square; (*verwinkelt*) angular; **ein ~es Gesicht** an angular face; *s. a.* **Klammer** ❷ (*ungelenk*) jerky; **mit ~en Bewegungen gehen** to walk jerkily [*or* with a jerk] ❸ KOCHK rough
Eck·lohn *m* standard [*or* basic] rate of pay **Eck·pfei·ler** *m* ❶ (*liter*) corner pillar ❷ (*fig*) cornerstone **Eck·pfos·ten** *m* corner post **Eck·re·gal** *pl* corner shelves *pl* **Eck·schrank** *m* corner cupboard **Eck·stein** ['ɛkʃtain] *m* ❶ (*liter*) cornerstone ❷ (*fig*) *s.* **Eckpfeiler 2** **Eck·stoß** *m s.* **Eckball** **Eck·stun·de** *f* first/last lesson [*or* AM class] of the day **Eck·tisch** *m* corner table **Eck·wert** *m meist pl* benchmark figure; (*fig*) basis **Eck·wurf** *m* SPORT corner throw **Eck·zahn** *m* eye tooth, canine [tooth]; (*Hauer*) fang **Eck·zins** *m* basic rate of interest
E-Com·merce <-> ['i:'kɔmə:s] *m kein pl* INET e-commerce
Ec·sta·sy <-, -s> ['ɛkstəzi] *f* ecstasy, E *fam*
Ecu <-[s], -[s]> [e'ky:] *m,* **ECU** <-, -> *m* (*hist*) *Akr von* **European currency unit** ECU
Ecu·a·dor, Eku·a·dor <-s> [ekuaˈdo:ɐ̯] *nt* Ecuador; *s. a.* **Deutschland**
Ecu·a·do·ri·a·ner(in) <-s, -> [ekuadoˈri̯a:nɐ] *m(f)* Ecuadorean; *s. a.* **Deutsche(r)**
ecu·a·do·ri·a·nisch [ekuadoˈri̯a:nɪʃ] *adj* Ecuadorean; *s. a.* **deutsch**
Eda·mer <-s, -> ['e:damɐ] *m* Edam [cheese] *no pl, no art*
Ed·da <-> ['ɛda] *f kein pl* LITER Edda
edel ['e:dl̩] **I.** *adj* ❶ (*großherzig*) generous ❷ (*hochwertig*) fine, high-grade ❸ (*aristokratisch*) noble ❹ *attr* (*veraltend: vornehm*) noble; **von edler Abkunft sein** to be of noble origin **II.** *adv* nobly; **~ geformte Züge** aristocratic features
Edel·bou·tique, Edel·bu·ti·ke *f* high-class [*or fam* classy] boutique **Edel·fa·ser** *f* high-grade fibre [*or* AM -er] **Edel·frau** *f* noblewoman **Edel·gas** *nt* inert [*or* rare] [*or* noble] gas **Edel·holz** *nt* high-grade [*or* precious] wood *no pl* **Edel·kas·ta·nie** *f* sweet [*or* Spanish] chestnut **Edel·kitsch** *m* (*iron*) ostentatious rubbish [*or* kitsch] **Edel·klas·se** *f* ■**die ~** the crème de la crème **Edel·mann** <-leute> ['e:dl̩man, *pl* -lɔytə] *m* nobleman **Edel·me·tall** *nt* precious metal **Edel·mut** ['e:dl̩mu:t] *m kein pl* (*geh*) magnanimity *no pl form,* noble-mindedness *no pl* **edel·mü·tig** ['e:dl̩my:tɪç] **I.** *adj* (*geh*) magnanimous *form,* noble-minded **II.** *adv* magnanimously *form* **Edel·pilz·kä·se** *m* blue [vein] cheese **Edel·ro·se** *f* prize rose **Edel·schnul·ze** *f* (*iron*) sentimental ballad, pretentious sob stuff *no pl, no indef art* BRIT *pej* **Edel·stahl** *m* stainless [*or* high-grade] steel **Edel·stein** *m* precious stone **Edel·tan·ne** *f* silver fir
Edel·weiß <-[es], -e> ['e:dl̩vais] *nt* BOT edelweiss
Eden <-s> ['e:dn̩] *nt kein pl* (*geh*) Eden *no pl;* **ein blühendes ~** a flowering paradise; *s. a.* **Garten**
edie·ren* [e'di:rən] *vt* ■**etw ~** to publish sth
Edikt <-[e]s, -e> [e'dɪkt] *nt* edict
Edin·burg <-s> ['e:dɪnbʊrk] *nt* Edinburgh
edi·tie·ren* [edi'ti:rən] *vt* INFORM ■**etw ~** to edit sth
Edi·ti·on <-, -en> [edi'tsi̯o:n] *f* ❶ (*das Herausgeben*) publication; (*die Ausgabe*) edition ❷ (*Verlag*) publishing house
Edi·tor, Edi·to·rin¹ <-s, -toren> ['e:dito:ɐ̯, edi'to:rɪn, *pl* edi'to:rən] *m, f* (*geh*) publisher
Edi·tor² <-s, -s> ['ɛdɪtɐ] *m* INFORM [text] editor
Edi·to·ri·al <-s, -s> [edito'ria:l, ɛdi'tɔ:rɪəl] *nt* editorial
Edi·to·rin <-, -nen> [edi'to:rɪn] *f fem form von* **Editor**
edi·to·risch [edi'to:rɪʃ] *adj* publishing *attr*
EDV <-> [e:de:'fau] *f* INFORM *Abk von* **elektronische Datenverarbeitung** EDP
EDV-An·la·ge [e:de:'fau-] *f* computer system **EDV-Bran·che** [e:de:'fau-] *f* computing business **EDV-Fach·mann, -Fach·frau** [e:de:fau-] *m, f* computer specialist
EEG <-s, -s> [e:ʔe:'ge:] *nt* MED *Abk von* **Elektroenzephalogramm** EEG
Efeu <-s> ['e:fɔy] *m kein pl* ivy *no pl, no indef art*
Eff·eff <-> ['ɛfʔɛf] *nt kein pl* ►WENDUNGEN: **aus dem ~** (*fam*) inside out *fam;* **etw aus dem ~ beherrschen/kennen** to know sth backwards [*or* inside out]
Ef·fekt <-[e]s, -e> [ɛ'fɛkt] *m* ❶ (*Wirkung*) effect; **der ~ war gleich null** it had no effect whatsoever; **im ~** in the end ❷ (*Erscheinung*) effect; ■**~e** effects, FX *sl;* (*in Film*) special effects [*or sl* FX]
Ef·fek·ten [ɛ'fɛktn̩] *pl* securities *pl,* stocks and shares *pl*
Ef·fek·ten·bör·se *f* stock exchange **Ef·fek·ten·han·del** *m* stock trading *no art*
Ef·fekt·ha·sche·rei <-, -en> [ɛfɛkthaʃə'rai] *f* (*fam*) cheap showmanship *no pl, no indef art*
ef·fek·tiv [ɛfɛk'ti:f] **I.** *adj* ❶ (*wirksam*) effective ❷ *attr* (*tatsächlich*) actual *attr* **II.** *adv* ❶ (*wirksam*) effectively; **sich als ~ erweisen** [*o* **herausstellen**] to prove [*or* turn out to be] effective ❷ (*tatsächlich*) actually; **Euro 5.000 ~ verdienen** to gross 5,000 euros
Ef·fek·ti·vi·tät <-> [ɛfɛktivi'tɛ:t] *f kein pl* effectiveness *no pl*
ef·fekt·voll *adj* effective
ef·fi·zi·ent [ɛfi'tsi̯ɛnt] (*geh*) **I.** *adj* efficient **II.** *adv* efficiently
Ef·fi·zi·enz <-, -en> [ɛfi'tsi̯ɛnts] *f* (*geh*) efficiency
EFTA <-> ['ɛfta] *f kein pl Akr von* **European Free Trade Association** EFTA *no pl*
EG <-> [e:'ge:] *f* ❶ (*hist*) *Abk von* **Europäische Gemeinschaft** EC ❷ ÖKON *Abk von* **eingetragene Genossenschaft** registered cooperative society
egal [e'ga:l] (*fam*) **I.** *adj* ❶ (*gleichgültig*) ■**jdm ~ sein** to be all the same to sb; **das ist mir ~** I don't mind; (*unhöflicher*) I couldn't care less; **es ist mir ~, ob/dass ...** I don't care [*or* it makes no difference to me] whether/that ...; **es kann dir doch nicht ~ sein!** how can you not care?, it can't be a matter of indifference to you ❷ (*gleich aussehend*) identical; ■**~ sein** to be identical [*or* the same] ►WENDUNGEN: **~, was/wie/wo/warum ...** no matter what/how/where/why ... **II.** *adv* ❶ DIAL (*gleich*) identically; **~ groß/lang** identical in size/length ❷ DIAL (*ständig*) constantly; **in unserem Urlaub hat es ~ geregnet** it rained continuously during our holiday
ega·li·sie·ren [egali'zi:rən] *vt* **Gemüse/Obst ~** KOCHK to cut vegetables/fruit into equal-sized pieces
Egel <-s, -> ['e:gl̩] *m* leech
Eg·ge <-, -n> ['ɛgə] *f* harrow
eg·gen ['ɛgn̩] **I.** *vt* ■**etw ~** to harrow sth **II.** *vi* to do harrowing
Ego <-s, -s> ['e:go] *nt* (*pej*) ego *a. pej*
Ego·is·mus <-, -ismen> [ego'ɪsmʊs] *m* ego[t]ism *pej*
Ego·ist(in) <-en, -en> [ego'ɪst] *m(f)* ego[t]ist *pej*
ego·is·tisch [ego'ɪstɪʃ] **I.** *adj* ego[t]istical *pej* **II.** *adv* ego[t]istically *pej*

Ego·ma·ne, Ego·ma·nin <-n, -n> [ego'ma:nə, ego'ma:nɪn] *m, f* egomaniac

Ego·ma·nie <-> [egoma'ni:] *f* egomania *no pl, no art*

Ego·ma·nin <-, -nen> *f fem form von* **Egomane**

Ego·trip <-s, -s> ['e:gotrɪp] *m* ego trip *pej;* **auf dem ~ sein** (*fam*) to be on an ego trip *pej*

Ego·zen·tri·ker(in) <-s, -> [ego'tsɛntrikɐ] *m(f)* (*geh*) egocentric

e·go·zen·trisch [ego'tsɛntrɪʃ] *adj* (*geh*) egocentric

eh[1] ['e:] *interj* (*sl*) ❶ (*Anrede*) hey; **~, du da!** hey [*or* BRIT *fam* oy], you there! ❷ (*was?*) eh?

eh[2] [e:] **I.** *adv bes* ÖSTERR, SÜDD (*sowieso*) anyway; **ich habe ~ keine Lust!** I don't feel like it anyway! ▶ WENDUNGEN: **seit ~ und je** since time immemorial, for donkey's years BRIT *fam,* since the year dot BRIT *dated fam;* **wie ~ und je** as always **II.** *konj* (*ehe*) before

ehe ['e:ə] *konj* before; ■ **~ ... nicht** until ...; **~ es nicht aufhört zu regnen, setze ich keinen Fuß vor die Tür!** I'm not stepping outside until it stops raining!

Ehe <-, -n> ['e:ə] *f* marriage; **~ ohne Trauschein** common law marriage; **offene ~** modern marriage; **wilde ~** (*veraltend*) living together; **in wilder ~ leben** to be living together; **die ~ brechen** to commit adultery; **[mit jdm] die ~ eingehen** to marry [sb], to get married [to sb]; **[mit jdm] eine ~ führen** to be married [to sb]; **eine unglückliche ~ führen** to have an unhappy marriage; **die ~ schließen** to get married, to marry; **mit jdm die ~ schließen** (*geh*) to enter into marriage with sb *form;* **jdm die ~ versprechen** to promise to marry sb; **aus der/erster ~** from a/one's first marriage

ehe·ähn·lich *adj* similar to marriage; **[mit jdm] in einer ~en Gemeinschaft leben** to cohabit [with sb] *form* **Ehe·be·ra·ter(in)** *m(f)* marriage guidance counsellor, AM *a.* marriage counselor **Ehe·be·ra·tung** *f* ❶ (*das Beraten*) marriage guidance [*or* AM counseling] ❷ (*Beratungsstelle*) marriage guidance council BRIT **Ehe·bett** *nt* double [*or form* matrimonial] bed **ehe·bre·chen** *vi nur infin* to commit adultery **Ehe·bre·cher(in)** <-s, -> *m(f)* adulterer *masc,* adulteress *fem* **ehe·bre·che·risch** *adj* adulterous **Ehe·bruch** *m* adultery; **~ begehen** to commit adultery

ehe·dem ['e:ə'de:m] *adv* formerly, in former times; ■ **von ~** (*geh*) of [*or* in] former times; ■ **wie ~** (*geh*) as in former times

Ehe·frau *f fem form von* **Ehemann** wife **Ehe·gat·te** *m* (*geh*) ❶ *s.* **Ehemann** ❷ *pl* (*Ehepartner*) ■ **die ~n** [married] partners *pl* **Ehe·gat·ten·split·ting** [-splɪtɪŋ] *nt* separate taxation for man and wife **Ehe·gat·tin** *f* (*geh*) *fem form von fem form von* **Ehegatte** **Ehe·glück** *nt* married [*or hum* domestic] bliss **Ehe·hin·der·nis** *nt* impediment to marriage **Ehe·krach** *m* (*fam*) marital row [*or* AM fight] **Ehe·kri·se** *f* marriage crisis **Ehe·krüp·pel** *m* (*fam*) casualty of married life *hum fam;* (*Pantoffelheld*) henpecked husband **Ehe·le·ben** *nt kein pl* married life **Ehe·leu·te** *pl* (*geh*) married couple + *sing/pl vb*

ehe·lich ['e:əlɪç] **I.** *adj* marital; **ein ~es Kind** a legitimate child **II.** *adv* legitimately; **~ geborene Kinder** legitimate children, children born in wedlock *old*

ehe·li·chen ['e:əlɪçn̩] *vt* (*hum*) ■ **jdn ~** to wed sb *liter*

ehe·los *adv* single, unmarried

Ehe·lo·sig·keit <-> *f kein pl* unmarried state *no pl;* (*Zölibat*) celibacy *no pl, no art*

ehe·ma·lig ['e:əma:lɪç] *adj attr* former; **jds E~er/E~e** (*hum fam*) sb's ex *fam;* ■ **die E~en** SCH the former pupils

ehe·mals ['e:əma:ls] *adv* (*geh*) formerly, previously

Ehe·mann <-männer> *m* husband **Ehe·paar** *nt* [married] couple + *sing/pl vb;* **das ~ Peisert** Mr and Mrs Peisert + *pl vb* **Ehe·part·ner(in)** *m(f)* husband *masc,* wife *fem,* spouse *form*

eher ['e:ɐ] *adv* ❶ (*früher*) earlier, sooner; **je ~, desto besser** the sooner the better; **~ ..., als ...** earlier [*or* sooner] than ... ❷ (*wahrscheinlicher*) more likely ❸ (*mehr*) more; **das lässt sich schon ~ hören!** that sounds more like it! ❹ (*lieber*) rather, sooner; **soll ich ~ am Abend hingehen?** would it be better if I went in the evening?; **~ ..., als ...** rather [*or* sooner] ... than ...

E-Herd *m kurz für* **Elektroherd**

Ehe·ring *m* wedding ring

ehern ['e:ɐn] *adj* (*geh*) ❶ (*liter*) metal ❷ (*fig*) iron; **~ bleiben** to remain firm; **ein ~es Gesetz** an unshak[e]able law; **ein ~er Wille** an iron will

Ehe·schei·dung *f* divorce **Ehe·schlie·ßung** *f* (*geh*) marriage ceremony, wedding

ehest ['e:əst] *adv* ÖSTERR (*baldigst*) as soon as possible

Ehe·stand *m kein pl* (*geh*) marriage *no pl, no art,* matrimony *no pl, no art form;* **in den ~ treten** to enter into matrimony *form*

ehes·te(r, s) **I.** *adj attr* earliest; **bei ~r Gelegenheit** at the earliest opportunity **II.** *adv* ■ **am ~n** ❶ (*am wahrscheinlichsten*) [the] most likely; **das scheint am ~n möglich** that seems [the] most likely ❷ (*zuerst*) the first; **sie ist am ~n da gewesen** she was the first here

ehes·tens ['e:əstn̩s] *adv* ❶ (*frühestens*) at the earliest ❷ ÖSTERR (*baldigst*) *s.* **ehest**

Ehe·ver·kün·di·gung *f* SCHWEIZ (*Aufgebot*) announcement of marriage **Ehe·ver·mitt·lung** *f* ❶ *kein pl* (*Gewerbe*) arrangement of marriages, matchmaking *no pl, no art;* **in der ~ tätig sein** to arrange marriages ❷ (*Büro*) marriage bureau BRIT **Ehe·ver·mitt·lungs·in·sti·tut** *nt* marriage bureau BRIT **Ehe·ver·spre·chen** *nt* promise of marriage **Ehe·ver·trag** *m* marriage contract **Ehe·weib** *nt* (*hum fam*) wife, old woman [*or* AM lady] *fam;* ■ **mein ~** the wife, the missus BRIT *fam,* the old woman *fam* [*or* AM *fam* old lady]

Ehr·ab·schnei·der(in) <-s, -> *m(f)* (*pej geh*) slanderer, calumniator *form*

ehr·bar ['e:ɐ̯ba:ɐ̯] *adj* respectable

Eh·re <-, -n> ['e:rə] *f* ❶ *kein pl* (*Ansehen*) honour [*or* AM -or] *no pl;* **ein Fleck auf seiner ~** a stain on one's honour; **jdm zur ~ gereichen** (*geh*) to bring sb honour [*or* honour to sb]; **jdn in seiner ~ kränken** to wound sb's honour; **~/keine ~ im Leib** respect/not a shred of respect ❷ (*Anerkennung*) honour [*or* AM -or]; **zu jds ~n/zu ~n einer S.** *gen* in honour of sb/sth; **eine große ~** a great honour; **jdm eine ~/große** [*o* **besondere**] **~ sein** (*geh*) to be an honour/a great honour for sb; **mit militärischen ~n** with military honours; **sich** *dat* **etw als ~ anrechnen** to consider sth an honour; **jdm die letzte ~ erweisen** (*geh*) to pay sb one's last respects [*or* one's last respects to sb]; **sich** *dat* **die ~ geben, etw zu tun** (*geh*) to have the honour of doing sth; **etw in ~n halten** to cherish [*or* treasure] sth; **zu ~n kommen** to come back into favour [*or* AM -or]; **jdm ~/wenig ~ machen** to do sb credit/to not do sb any credit; **was verschafft mir die ~?** (*geh o iron*) to what do I owe the honour? *form or iron;* **jdm wird die ~ zuteil, etw zu tun** sb is given the honour of doing sth ▶ WENDUNGEN: **in ~n ergraut sein** (*geh*) to have reached a venerable old age; **~, wem ~ gebührt** (*prov*) honour where honour is due *prov;* **auf ~ und Gewissen** on my/his etc. honour; **~ sei Gott in der Höhe** glory to God in the highest; **habe die ~!** ÖSTERR, SÜDD (*ich grüße Sie!*) [I'm] pleased to meet you; **mit wem habe ich die ~?** (*geh o iron*) with whom do I have the honour [of speaking]? *form or iron;* **... in allen ~n, aber ...** I don't doubt ..., but ...; **jdn bei seiner ~ packen** to appeal to sb's sense of honour; **[das ist] zu viel der ~!** you do me too great an honour! *a. hum; s. a.* **Mann**

eh·ren ['e:rən] *vt* ❶ (*würdigen*) ■ **jdn [durch** [*o* **mit**] **etw] ~** to honour [*or* AM -or] sb [with sth] ❷ (*Ehre machen*) ■ **jdn ~** to make sb feel honoured [*or* AM -ored]; **dieser Besuch ehrt uns sehr** we are very much honoured by this visit; *s. a.* **geehrt, Vater**

Eh·ren·amt *nt* honorary office [*or* post] **eh·ren·amt·lich** **I.** *adj* honorary; **~e Tätigkeiten** voluntary work **II.** *adv* in an honorary capacity, on a voluntary basis **Eh·ren·bür·ger(in)** *m(f)* freeman, honorary citizen; **jdn zum ~ der Stadt ernennen** to give sb the freedom of [*or* AM key to] the city **Eh·ren·bür·ger·recht** *nt* freedom; **jdm das ~ verleihen** to award [*or* give] sb the freedom of the town **Eh·ren·dok·tor, -dok·to·rin** *m, f* ❶ (*Titel*) honorary doctor ❷ (*Inhaber*) honorary doctor; ■ **~ sein** to be an honorary doctor **Eh·ren·dok·tor·wür·de** *f* honorary doctorate; **jdm die ~ verleihen** to make sb an honorary doctor, to give sb an honorary doctorate **Eh·ren·er·klä·rung** *f* ❶ JUR formal apology ❷ (*Vertrauensausspruch*) declaration of confidence **Eh·ren·for·ma·ti·on** *f* MIL guard of honour **Eh·ren·gast** *m* guest of honour

eh·ren·haft ['e:rənhaft] **I.** *adj* honourable [*or* AM -orable] **II.** *adv* honourably [*or* AM -orably]

Eh·ren·haf·tig·keit <-> *f kein pl* honourableness [*or* AM -orableness] *no pl*

eh·ren·hal·ber *adv* ❶ (*als Ehrung*) as an honour [*or* AM -or]; **einen Titel ~ verleihen** to award an honorary title; **jdn ~ zum Vorsitzenden ernennen** to appoint sb honorary chairman ❷ (*ohne Bezahlung*) on a voluntary basis

Eh·ren·le·gi·on *f* legion of honour **Eh·ren·lo·ge** *f* VIP [*or* BRIT royal] box **Eh·ren·mal** *nt* [war] memorial **Eh·ren·mann** *m* man of honour **Eh·ren·mit·glied** *nt* honorary member **Eh·ren·platz** *m* ❶ (*bevorzugter Sitz*) place [*or* seat] of honour ❷ (*besonderer Platz*) special place **Eh·ren·preis** *nt* BOT speedwell BRIT, veronica BRIT, consolation prize AM **Eh·ren·rech·te** *pl* **bürgerliche ~** civil rights **Eh·ren·ret·tung** *f* retrieval of one's honour; **zu jds ~** in sb's defence [*or* AM defense]; **zu seiner ~ sei gesagt, dass ...** let it be said in his defence that ...; **zu jds ~ dienen** to serve to clear sb's name **Eh·ren·run·de** *f* ❶ SPORT lap of honour; **eine ~ drehen** to run a lap of honour ❷ SCH (*fam: Wiederholung einer Klasse*) resitting [*or* AM repeating] a year **Eh·ren·sa·che** *f* matter of honour; **~!** (*fam*) you can count on me! **Eh·ren·sal·ve** [-zalvə] *f* salute **Eh·ren·tag** *m* (*geh*) special day **Eh·ren·tor** *m* consolation goal **Eh·ren·tri·bü·ne** *f* VIP stand [*or* rostrum] **Eh·ren·ur·kun·de** *f* certificate of honour **eh·ren·voll** *adj* ❶ (*ehrend*) honourable; **es als ~ betrachten, etw zu tun** to consider it an honour to do sth ❷ MIL **ein ~er Friede[n]** an honourable peace **Eh·ren·vor·sitz** *m kein pl* POL, SOZIOL honorary chairmanship **Eh·ren·vor·sit·zen·de(r)** *f(m) dekl wie adj* honorary chair[person], honorary chairman *masc* [*or fem* chairwoman] **Eh·ren·wa·che** *f* guard of honour; **[an etw *dat*] die ~ halten** to keep vigil [at sth] **eh·ren·wert** *adj* (*geh*) *s.* **ehrbar** **Eh·ren·wort** <-worte> *nt* word of honour; **sein ~ brechen/halten** to break/keep one's word; **[jdm] sein ~ geben** to give [sb] one's word [of honour]; **~?** (*fam*) promise? *fam,* cross your heart [and hope to die]? *hum fam;* **[großes] ~!** (*fam*) scout's honour! *hum fam;* **mein ~!** you have my word!

ehrerbietig **I.** *adj* (*geh*) respectful, deferential **II.** *adv* (*geh*) respectfully, deferentially

Ehr·er·bie·tung <-, -en> *f* (*geh*) respect, deference

Ehr·furcht *f kein pl* respect; (*fromme Scheu*) reverence; ■ **jds ~ vor jdm/etw** sb's respect [*or* reverence] for sb/sth; **vor jdm/etw ~ haben** to have [great] respect for sb/sth, to revere sb; **~ gebietend** awe-inspiring; **eine ~ gebietende Geste/Stimme** an imperious gesture/voice

ehr·furcht·ge·bie·tend *adj s.* **Ehrfurcht**

ehr·fürch·tig ['e:ɐ̯fʏrçtɪç], **ehr·furchts·voll** **I.** *adj* reverent **II.** *adv* reverentially

Ehr·ge·fühl *nt kein pl* sense of honour [*or* AM -or]

Ehr·geiz ['e:ɐ̯gaits] *m kein pl* ambition; **krankhafter ~** morbid ambition; **keinen ~ haben** to have no [*or* be lacking in] ambition; **er ist ein Mann von sehr großem ~** he is a man of boundless [*or* unbridled] ambition; **seinen ~ dareinsetzen, etw zu tun** to make it one's [sole] ambition to do sth

ehr·gei·zig ['e:ɐ̯gaitsɪç] *adj* ambitious

ehr·lich ['e:ɐ̯lɪç] **I.** *adj* honest; **~e Absichten** honourable [*or* AM -orable] intentions; **~e Besorgnis/Zuneigung** genuine concern/affection; **es ~ mit jdm meinen** to have good intentions towards [*or* mean well by] sb; **ich hatte die ~e Absicht, zu kommen** I really did mean [*or* intend] to come; **der ~e Finder wird einen Finderlohn erhalten** anybody finding and returning it will receive a reward ▶ WENDUNGEN: **~ währt am längsten** (*prov*) honesty is the best policy *prov* **II.** *adv* ❶ (*legal, vorschriftsmäßig*) fairly; **~ spielen** to play fair; **~ verdientes Geld** honestly earned money ❷ (*fam: wirklich*) honestly ▶ WENDUNGEN: **~ gesagt ...** [*o* **um ~ zu sein ...**] to be [quite] honest ...; **[also] ~!** honestly!, really!

ehr·li·cher·wei·se *adv* in all honesty

Ehr·lich·keit *f kein pl* ❶ (*Aufrichtigkeit*) sincerity, genuineness; **sie zweifelte an der ~ seiner Absichten** she doubted that his intentions were honourable ❷ (*Zuverlässigkeit*) honesty

ehr·los **I.** *adj* dishonourable [*or* AM -orable] **II.** *adv* dishonourably [*or* AM -orably]

Ehr·lo·sig·keit <-> *f kein pl* dishonourableness [*or* AM -orableness]

Eh·rung <-, -en> *f* ❶ (*Anerkennung*) recognition; **die ~ der Sieger** the presentation of medals to the winners, the presentation ceremony ❷ (*Beweis der Wertschätzung*) honour [*or* AM -or]; **mit ~en überhäuft werden** to be loaded with honours

Ehr·wür·den <*bei Voranstellung* -[s] *bei Nachstellung* -> ['e:ɐ̯vʏrdn̩] *m kein pl, ohne art* REL (*veraltend*) Reverend; **Euer/Eure ~** Reverend Father/Mother

ehr·wür·dig ['e:ɐ̯vʏrdɪç] *adj* ❶ (*achtenswert*) venerable; **ein ~es Alter erreichen** to reach a grand [*or* ripe] old age ❷ REL (*verehrungswürdig*) reverend; **die ~e Mutter [Oberin]** the Reverend Mother [Superior]

Ehr·wür·dig·keit *f* venerability, venerableness

ei ['ai] *interj* ❶ (*oha!*) well[, well]!, oho! ❷ (*brav!*) there, there; **~, ~, so, jetzt tut es gar nicht mehr weh!** there, there [*or* there now], now it's stopped hurting!; **bei einem Tier/jdm ~ [~] machen** (*Kindersprache*) to stroke an animal/sb, to pet an animal

Ei <-[e]s, -er> ['ai] *nt* ❶ (*Vogel~, Schlangen~*) egg; **faules ~** rotten egg; **ein hartes/hart gekochtes ~** a hard-boiled egg; **ein weiches/weich gekochtes Ei** a soft-boiled egg; **aus dem ~ kriechen** to hatch [out]; **ein ~ legen** to lay an egg; **pochierte** [*o* **verlorene**] **~er** poached eggs; **russische ~er** egg mayonnaise, eggs Russian style; **~er legend** egg-laying [*or* oviparous] *spec* ❷ (*Eizelle*) ovum ❸ *pl* (*sl: Hoden*) balls *pl sl;* **jdm einen Tritt in die ~er geben** [*o* **versetzen**] to kick sb [*or* give sb a kick] in the balls *sl* ❹ *pl* (*sl: Euro*) euros, ≈ quid *no pl* BRIT *fam,* ≈ bucks *pl* AM *fam;* **das kostet dich 500 ~er!** that'll cost you 500 quid! ▶ WENDUNGEN: **das ~ will klüger sein als die Henne!** [don't] try and teach your grandmother to suck eggs!; **das ist das ~ des Kolumbus** that's just the thing; **das ist ein dickes ~!** (*fam*) that's a bit much!; **ach, du dickes ~!** (*fam*) damn [it]!; **jdn wie ein rohes ~ behandeln** to handle sb with kid gloves; **das sind doch noch ungelegte ~er, kümmere dich nicht um ungelegte ~er** we'll cross that bridge when we come to it; **wie auf ~ern gehen** (*fam: ungeschickt gehen*) to teeter around BRIT; (*vorsichtig, ängstlich gehen*) to walk carefully [*or* BRIT gingerly]; **sich** [*o* **einander**] **gleichen wie ein ~ dem anderen** to be as [a]like as two peas in a pod; **wie aus dem ~ gepellt** (*fam*) [to be] dressed up to the nines [*or* BRIT as smart as a guardsman]; **jdm die ~er polieren** (*sl*) to beat up sb *sep fam,* to give sb a good hiding *fam*

Ei·be <-, -n> ['aibə] *f* BOT yew [tree]

Eich·amt *nt* ADMIN Office of Weights and Measures BRIT, Bureau of Standards AM

Eich·blatt·sa·lat *m* KOCHK oak leaf lettuce

Ei·che <-, -n> ['aiçə] *f* ❶ (*Baumart*) oak [tree] ❷ *kein pl* (*Eichenholz*) oak

Ei·chel <-, -n> ['aiçl̩] *f* ❶ BOT (*Frucht der Eiche*) acorn ❷ ANAT glans ❸ *pl* KARTEN ≈ clubs *pl* (*suit on old German playing cards equivalent to clubs*)

Ei·chel·hä·her ['aiç|hɛːɐ] *m* ORN jay

ei·chen¹ ['aiçn̩] *adj* oak, oaken *dated*

ei·chen² ['aiçn̩] *vt* ❶ (*einstellen*) ■**etw** ~ to gauge sth; **ein Instrument/Messgerät/eine Waage** ~ to calibrate an instrument/a gauge/scales; **Gewichte/Maße** ~ to adjust [*or* gauge] weights/measures ❷ (*fam*) ■**auf etw** *akk* **geeicht sein** to be well up on sth *fam;* **darauf ist er geeicht!** that's [right] up his street!

Ei·ch(en)·baum *m* (*veraltend geh*) oak tree **Ei·chen·blatt** *nt* oak leaf **Ei·chen·holz** *nt* oak[wood] **Ei·chen·laub** *nt* ❶ BOT (*Laub der Eiche*) oak leaves *pl* ❷ MIL (*Auszeichnung*) oak-leaf garland, the Oak Leaves *pl*

Eich·ge·wicht *nt* standard weight

Eich·hörn·chen ['aiçhœrnçən] *nt,* **Eich·kätz·chen** *nt* DIAL squirrel

Eich·maß *nt* standard measure **Eich·strich** *m* line showing the correct [*or* standard] measure

Ei·chung <-, -en> *f* ADMIN gauging; *von Instrumenten, Messgeräten* calibration; *von Gewichten, Maßen* adjusting, gauging

Eid <-[e]s, -e> ['ait, *pl* 'aidə] *m* oath; **ein feierlicher/heiliger** ~ a solemn oath; **an ~es statt** JUR in lieu [*or* instead] of [an] oath; **an ~es statt erklären** [*o* **versichern**] to declare solemnly [*or* in lieu of [an] oath]; **eine Erklärung an ~es statt** an affirmation in lieu of [an] oath; **ich erkläre an ~es statt, dass ...** I do solemnly declare that ...; **einen falschen ~ schwören** to perjure oneself [*or* commit perjury]; **einen ~ ablegen** [*o* **leisten**] [*o* **schwören**] to swear [*or* take] an oath; **einen ~ auf jdn/etw leisten** to swear [*or* take] an oath of allegiance to sb/sth; **jdm einen ~ abnehmen** to administer an oath to sb [*or* swear sb in]; **etw auf seinen ~ nehmen** to swear to sth; **jeden ~ schwören, dass...** to swear on one's mother's grave that...; **darauf kann ich einen ~ schwören** I would swear [an oath] to it; **es steht ~ gegen ~** it's one person's word against another's; **unter ~ [stehen]** [to be] under [*or* BRIT on] oath

Eid·bruch *m* breach of [one's [*or* an]] oath, perjury; **einen ~ begehen** to break one's [*or* an] oath, to commit perjury

eid·brü·chig *adj* oath-breaking; ■**~ werden** to break one's [*or* an] oath

Ei·dech·se ['aidɛksə] *f* lizard

Ei·der·en·te ['aidɐ-] *f* eider [duck]

Ei·des·for·mel *f* JUR wording [*or* form] of the oath; **jdm die ~ vorsprechen/nachsprechen** to say the oath for sb to repeat/repeat the oath to sb **ei·des·statt·lich** JUR **I.** *adj* in lieu of [an] oath; **~e Erklärung** [*o* **Versicherung**] affirmation in lieu of [an] oath, solemn affirmation **II.** *adv* **etw ~ erklären** to declare sth under oath

Eid·ge·nos·se, -ge·nos·sin *m, f* Swiss [citizen] **Eid·ge·nos·sen·schaft** *f* **Schweizerische ~** the Swiss Confederation **eid·ge·nös·sisch** ['aitgənœsɪʃ] *adj* Swiss

eid·lich ['aitlɪç] **I.** *adj* [made] under [*or* BRIT on] oath *pred* **II.** *adv* under [*or* BRIT on] oath; **~ gebunden** [*o* **verpflichtet**] **sein** to be bound by [an] oath

Ei·dot·ter *m o nt* egg yolk

Ei·er·ap·fel *m* KOCHK aubergine BRIT, egg plant AM **Ei·er·be·cher** *m* egg cup **Ei·er·bri·kett** *nt* ovoid [of coal] **Ei·er·flip** <-s, -s> [-flɪp] *m* egg-nog **Ei·er·hand·gra·na·te** *f* hand grenade, pineapple *sl,* Mills bomb *hist* **Ei·er·ko·cher** *m* egg cooker **Ei·er·kopf** *m* (*meist pej sl*) egghead *pej fam* **Ei·er·köp·fer** *m* KOCHK egg cutter **Ei·er·korb** *m* egg basket **Ei·er·ku·chen** *m* pancake **Ei·er·li·kör** *m* egg liqueur, advocaat **Ei·er·löf·fel** *m* egg spoon

ei·ern ['aiɐn] *vi* (*fam*) to wobble

Ei·er·pfan·ne *m* KOCHK omelette pan **Ei·er·pfann·ku·chen** *m* pancake **Ei·er·sa·lat** *m* egg salad **Ei·er·scha·le** *f* eggshell **Ei·er·schnei·der** <-s, -> *m* egg slicer

Ei·er·schwamm <-s, -schwämme> *m* ÖSTERR, **Ei·er·schwam·merl** <-s, -> [-ʃvaməl] *nt* ÖSTERR (*fam: Pfifferling*) chanterelle **Ei·er·spei·se** *f* egg dish **Ei·er·stock** *m* ANAT ovary **Ei·er·stock·ent·zün·dung** *f* MED ovaritis, oophoritis **Ei·er·tanz** *m* (*fam*) treading carefully *fig;* **[um etw] einen [regelrechten] ~ aufführen** to tread [very] carefully [in sth] **Ei·er·tei·ler** *m* egg slicer **Ei·er·uhr** *f* egg timer **Ei·er·wär·mer** *m* egg cosy

Ei·fer <-s> ['aifɐ] *m kein pl* enthusiasm; **mit ~** enthusiastically [*or* with enthusiasm]; **im ~** in one's excitement ▶ WENDUNGEN: **im ~ des Gefechts** (*fam*) in the heat of the moment; **blinder ~ schadet nur** (*prov*) more haste, less speed *prov*

ei·fern ['aifɐn] *vi* (*geh*) ❶ (*wettern*) ■**gegen etw ~** to rail [*or* BRIT inveigh] against sth ❷ (*veraltend: streben*) ■**nach etw ~** to strive for sth

Ei·fer·sucht ['aifɐzʊxt] *f kein pl* jealousy; ■**jds ~ auf jdn** sb's jealousy of sb; **aus ~** out of jealousy

Ei·fer·süch·te·lei <-, -en> [aifɐzʏçtə'lai] *f* (*pej*) petty jealousy

ei·fer·süch·tig ['aifɐzʏçtɪç] *adj* jealous; ■**~ [auf jdn/etw] sein** to be jealous [of sb/sth]; **jdn ~ machen** to make sb jealous

Ei·fer·suchts·sze·ne *f* scene [caused by jealousy], jealous scene ▶ WENDUNGEN: **jdm eine ~ machen** to make a scene [in a fit of jealousy]

Eif·fel·turm ['aifl̩tʊrm] *m kein pl* ■**der ~** the Eiffel Tower

ei·för·mig *adj* egg-shaped, oval, ovoid

eif·rig ['aifrɪç] **I.** *adj* enthusiastic, keen; **ein ~er Leser/Sammler** an avid reader/collector; **~e Suche** assiduous [*or* industrious] searching **II.** *adv* eagerly; **sich ~ bemühen/beteiligen/an die Arbeit machen** to try hard/take part/set about one's work enthusiastically; **~ lernen/üben** to learn/practise assiduously [*or* industriously]

Ei·gelb <-s, -e *o bei Zahlenangabe* -> *nt* egg yolk; **man nimmt 6 ~ ...** take 6 egg yolks [*or* the yolks of 6 eggs] ...

ei·gen ['aign̩] *adj* ❶ (*jdm gehörig*) own; **seine ~e Meinung/Wohnung haben** to have one's own opinion/flat [*or* an opinion/a flat of one's own]; **etw sein ~ nennen** (*geh*) to own sth ❷ (*separat*) separate; **mit ~em Eingang** with a separate entrance ❸ (*typisch, kennzeichnend*) ■**[etw ist] jdm ~** [sth is] characteristic of sb; **mit dem ihr ~en Optimismus ...** with her characteristic optimism [*or* the optimism which is characteristic of her] ...; **sich** *dat* **etw zu ~ machen** to make sth a habit [*or* a habit of sth] ❹ (*eigenartig*) peculiar; **er ist ein ganz ~er Mensch** he's a rather peculiar chap; *s. a.* **Ding¹** ❺ (*penibel*) ■**jd ist in etw** *dat* **~** sb is particular in sth; **darin** [*o* **was das angeht,**] **bin ich [sehr] ~** I am [very] particular about that; *s. a.* **Bericht, Hand, Rechnung, Sache**

Ei·gen·art ['aign̩ʔaːɐ̯t] *f* ❶ (*besonderer Wesenszug*) characteristic ❷ (*Flair*) individuality

ei·gen·ar·tig ['aign̩ʔaːɐ̯tɪç] **I.** *adj* peculiar, strange; **das ist aber ~!** that's strange [*or* odd] [*or* unusual]! **II.** *adv* peculiarly, strangely; **~ aussehen** to look strange [*or* peculiar]

Ei·gen·bau *m kein pl* (*selbst [an]gebaut*) **etw im ~ züchten** to grow sth oneself [*or* to grow one's own sth]; **Gemüse im ~** home-grown vegetables; **Bier Marke ~** home brew; **Wein Marke ~** home-made wine; **ein Fahrrad Marke ~** a home-made bicycle; *s. a.* **Marke Ei·gen·be·darf** *m* ❶ (*der eigene Bedarf*) [one's own] personal needs; **zum** [*o* **für den**] **~** for one's [own] personal use ❷ JUR **jdm/eine Wohnung wegen ~s kündigen** to give sb notice because one needs a flat for oneself; **~ geltend machen** to declare [*or* state] that one needs a flat [*or* AM apartment]/house for oneself **Ei·gen·be·richt** *m* report from a newspaper's own correspondent [*or* journalist]

Ei·gen·blut *nt* MED one's own blood

Ei·gen·bröt·ler(in) <-s, -> ['aign̩brøːtlɐ] *m(f)* loner, lone wolf

ei·gen·bröt·le·risch ['aign̩brøːtlərɪʃ] *adj* reclusive; **~e Besonderheiten/Verhaltensweisen** eccentricities

Ei·gen·dy·na·mik *f* momentum of its/their own; **eine ~ entfalten** [*o* **entwickeln**] to gather [a] momentum of its/their own **Ei·gen·ge·wicht** *nt eines Fahrzeugs* unladen weight; *von Waren* net weight **ei·gen·hän·dig** ['aignhɛndɪç] **I.** *adj* personal; **ein ~er Brief** a handwritten letter; **ein ~es Testament** a holographic will; **eine ~e Widmung** a personally inscribed dedication **II.** *adv* personally; **die Bäume habe ich ~ gepflanzt** I planted the trees myself [*or* personally planted the trees] **Ei·gen·heim** *nt* home of one's own; **die Besitzer von ~en** homeowners

Ei·gen·heit <-, -en> *f s.* **Eigenart**

Ei·gen·in·i·ti·a·ti·ve *f* (*jds eigene Initiative*) initiative of one's own; **auf** [*o* **in**] **~** on one's own initiative **Ei·gen·ka·pi·tal** *nt* FIN (*einer Person*) one's own capital; (*einer Firma*) equity capital **Ei·gen·kre·a·ti·on** *f* one's own creation **Ei·gen·le·ben** *nt kein pl* (*Privatleben*) private life; (*selbstständige Existenz*) independent existence **Ei·gen·leis·tung** *f* (*eigene kreative Leistung*) one's own work; (*eigene Arbeit*) one's own work; (*selbst finanzierte Arbeiten, Reparaturen*) one's own payment [*or* [personal] contribution] **Ei·gen·lie·be** *f* PSYCH ❶ (*Liebe zu sich selbst*) self-love ❷ (*Eitelkeit, Egoismus*) love of one's self, amour propre **Ei·gen·lob** *nt* self-praise, self-importance; **~ stinkt!** (*fam*) don't blow your own trumpet! *prov* **ei·gen·mäch·tig** ['aignmɛçtɪç] **I.** *adj* high-handed **II.** *adv* high-handedly **Ei·gen·mäch·tig·keit** <-, -en> *f* ❶ *kein pl* (*Selbstherrlichkeit*) high-handedness ❷ (*eigenmächtige Handlung*) unauthorized act[ion] **Ei·gen·mit·tel** *pl* FIN (*geh*) [one's] own resources; **aus ~n** from [*or* out of] one's own resources **Ei·gen·na·me** *m* LING proper noun [*or* name] **Ei·gen·nutz** <-es> *m kein pl* self-interest; **aus ~** out of self-interest; **ohne [jeden] ~** without [any] self-interest [*or* any thought for oneself] **ei·gen·nüt·zig** ['aignnʏtsɪç] **I.** *adj* selfish **II.** *adv* selfishly

ei·gens ['aigns] *adv* ❶ (*extra*) [e]specially ❷ (*ausschließlich*) solely; **das ist ~ für dich** this is just [*or* [e]specially] for you

Ei·gen·schaft <-, -en> ['aignʃaft] *f* ❶ (*Charakteristik*) quality; **gute/schlechte ~en** good/bad qualities ❷ CHEM, PHYS *etc.* (*Merkmal*) property ❸ (*Funktion*) capacity; **in jds ~ als ...** in sb's capacity as ...; **ich bin in amtlicher ~ hier** I am here in an official capacity

Ei·gen·schafts·wort <-wörter> *nt* LING adjective

Ei·gen·sinn *m kein pl* stubbornness, obstinacy; **aus ~** out of stubbornness [*or* obstinacy] **ei·gen·sin·nig** ['aignzɪnɪç] **I.** *adj* stubborn, obstinate **II.** *adv* stubbornly, obstinately **ei·gen·staat·lich** *adj* sovereign **Ei·gen·staat·lich·keit** *f* sovereignty

ei·gen·stän·dig ['aignʃtɛndɪç] **I.** *adj* independent **II.** *adv* independently

Ei·gen·stän·dig·keit <-> *f kein pl* independence

ei·gent·lich ['aigntlɪç] **I.** *adj* ❶ (*wirklich, tatsächlich*) real; **der ~e Wert** the real [*or* true] value; **jds ~es Wesen** sb's true nature ❷ (*ursprünglich*) original; **im ~en Sinne des Wortes** in the original meaning of the word; *s. a.* **Sinn II.** *adv* ❶ (*normalerweise*) really; **das müsstest du doch ~ wissen!** you really ought to [*or* should] know that!; **da hast du ~ recht** you may be right there; **~ schon** theoretically [yes] ❷ (*wirklich*) actually; **ich bin ~ nicht müde** I'm not actually tired **III.** *part* (*überhaupt*) anyway; **was fällt dir ~ ein!** what [on earth] do you think you're doing!; **was wollen Sie ~ hier?** what do you [actually] [*or* [exactly] do you] want here?; **wie reden Sie ~ mit mir!** how dare you talk to me like that!; **was ist ~ mit dir los?** what [on earth] is wrong [*or fam* up] with you?; **wie alt bist du ~?** [exactly [*or* just]] how old are you?

Ei·gen·tor *nt* SPORT own goal ▶ WENDUNGEN: **ein ~ schießen** to shoot oneself in the foot

Ei·gen·tum <-s> ['aigntu:m] *nt kein pl* property; ■**jds ~** sb's property; **wessen ~ ist diese Villa?** who owns this villa?; ■**das ~ an einer S.** *dat* the ownership of sth; **das ~ an einem Konzern** the assets of a company; **jds geistiges ~** sb's intellectual property; **~ an etw erwerben** *dat* to acquire ownership of sth

Ei·gen·tü·mer(in) <-s, -> ['aignty:mɐ] *m(f)* owner

ei·gen·tüm·lich ['aignty:mlɪç] **I.** *adj* ❶ (*merkwürdig*) strange, odd, peculiar; ■**jdm ist/wird ~** sb has/gets a strange [*or* odd] feeling ❷ (*geh: typisch*) ■**jdm/einer S. ~** characteristic of [*or* peculiar to] sb/sth; **mit der ihm ~en Sorgfalt** with characteristic care ❸ (*übel*) ■**jdm ist/wird ~** sb feels strange [*or* odd] **II.** *adv* strangely, oddly, peculiarly; **~ aussehen** to look odd [*or* strange] [*or* peculiar]

Ei·gen·tüm·lich·keit <-, -en> *f* ❶ (*Besonderheit*) characteristic ❷ (*Eigenheit*) peculiarity ❸ *kein pl* (*Merkwürdigkeit*) peculiarity, strangeness

Ei·gen·tums·de·likt *nt* JUR offence [*or* -se] against property AM **Ei·gen·tums·recht** *nt* JUR right of ownership; ■**jds ~ an jdm/etw** sb's right of ownership of sb/sth **Ei·gen·tums·ver·hält·nis** *nt* distribution of property **Ei·gen·tums·woh·nung** *f* JUR owner-occupied [*or* freehold] flat [*or* AM apartment], condominium AM

ei·gen·ver·ant·wort·lich **I.** *adj* with sole responsibility *pred;* **eine ~e Tätigkeit** a responsible job **II.** *adv* on one's own authority **Ei·gen·ver·ant·wor·tung** *f* self-responsibility, personal responsibility **ei·gen·wil·lig** ['aignvɪlɪç] *adj* ❶ (*eigensinnig*) stubborn, obstinate ❷ (*unkonventionell*) unconventional, original **Ei·gen·wil·lig·keit** <-> *f kein pl* ❶ (*Eigensinn*) stubbornness, obstinacy ❷ (*unkonventionelle Art*) unconventionality, originality

eig·nen ['aignən] *vr* ■**sich für** [*o* **zu**] **etw ~** to be suitable for [*or* suited to] sth; ■**etw eignet sich als** [*o* **zu**] **etw** sth can be of use [*or* could be used] as sth; **dieses Buch eignet sich** [**sehr gut**] **zum Verschenken** this book would make a [very] good [*or* suitable] present

Eig·ner(in) <-s, -> ['aignɐ] *m(f)* (*geh*) owner

Eig·nung <-, -en> ['aignʊŋ] *f* ■**jds ~ für** [*o* **zu**] **etw** sb's suitability for sth; **er besitzt die ~ zum Übersetzer** he would make a good translator; ■**die ~ einer S.** *gen* **für etw** the suitability of sth for sth

Eig·nungs·prü·fung *f*, **Eig·nungs·test** *m* aptitude test

Ei·klar <-s, -> *nt* ÖSTERR, SÜDD egg white

Ei·land <-[e]s, -e> ['ailant, *pl* 'ailandə] *nt* (*liter*) island, isle BRIT *liter*

Eil·bo·te, -bo·tin *m, f* express messenger; **per** [*o* **durch**] **~n** by express delivery, express **Eil·brief** *m* express letter; **als ~** express, by express [delivery]

Ei·le <-> ['ailə] *f kein pl* haste; **warum die ~?** why such haste?, what's the hurry?; **~/keine ~ haben** to be in a/no hurry; **etw hat ~** sth is urgent; **mit etw ~ haben** sth is [extremely] urgent; **in ~ sein** to be in a hurry; **jdn zur ~ mahnen/treiben** to hurry sb up [*or* urge sb to hurry [up]]; **in der/aller/jds ~** in the hurry [*or* sb's haste]/in [the] great haste/in sb's haste; **in großer ~** in great haste [*or* a great hurry]; **nur keine ~!** there's no rush!

Ei·lei·ter <-s, -> *m* ANAT Fallopian tube

Ei·lei·ter·ent·zün·dung *f* MED salpingitis **Ei·lei·ter·schwan·ger·schaft** *f* MED ectopic [*or* tubal] pregnancy

ei·len ['ailən] **I.** *vi* ❶ *sein* (*schnell gehen*) ■**irgendwohin ~** to hurry somewhere; *s. a.* **Hilfe, Weile** ❷ *haben* (*dringlich sein*) ■**etw eilt** sth is urgent; **eilt!** urgent! **II.** *vi impers haben* ■**es eilt** [**mit etw**] (*es hat Eile*) it's urgent, sth is urgent; **eilt es?** is it urgent?; ■**es eilt jdm** sb is in a hurry

ei·lends ['ailənts] *adv* at once, immediately, straight away

eil·fer·tig ['ailfɛrtɪç] **I.** *adj* (*geh*) assiduous, zealous **II.** *adv* assiduously, zealously

Eil·fer·tig·keit *f kein pl* (*geh*) assiduousness, zealousness

ei·lig ['ailɪç] **I.** *adj* ❶ (*schnell, rasch*) hurried; **nur nicht so ~!** don't be in such a hurry [*or* rush]! ❷ (*dringend*) urgent; **in ~en Geschäften** on urgent business; **es** [**mit etw**] **~ haben** to be in a hurry [*or* rush] [with sth]; **jd hat nichts E~eres zu tun, als ...** (*iron*) sb has nothing better to do than ... *iron* **II.** *adv* quickly; **sehr ~ verschwinden** to beat a hasty retreat

ei·ligst *adv* at once, immediately, straight away

Eil·päck·chen *nt* express parcel **Eil·sen·dung** *f* express delivery, express mail [*or* BRIT post] *no pl* **Eil·tem·po** *nt* **im** ~ (*fam*) as quickly as possible **Eil·zug** *m* BAHN ≈ fast stopping train **Eil·zu·stel·lung** *f* express delivery

Ei·mer <-s, -> ['aimɐ] *m* bucket, pail; (*Milch~*) pail; (*Müll~*) [rubbish] bin BRIT, garbage can AM ▶ WENDUNGEN: **es gießt wie mit** [*o* **aus**] ~**n** (*fam*) it's raining cats and dogs *fam,* it's bucketing down BRIT *fam;* **etw ist im** ~ (*sl*) sth is bust [*or* AM kaput *fam*]

ei·mer·wei·se *adv* by the bucketful, in bucketfuls

ein[1] ['ain] *adv* (*eingeschaltet*) on; **E~/Aus** on/off

ein[2] ['ain], **ei·ne** ['ainə], **ein** ['ain] **I.** *adj* one; ~ **Euro ist heutzutage nicht mehr viel Geld** one [*or* a] euro isn't worth very much [*or* doesn't go very far] nowadays; **es ist genau** ~ **Uhr** it's one [o'clock] on the dot [*or* exactly one [o'clock]] ▶ WENDUNGEN: ~ **für allemal** once and for all; **jds E~ und Alles** to be sb's all and everything BRIT, to mean everything to sb; **meine Liebste, mein E~ und Alles!** my love, my all and everything [*or* you mean everything to me]!; ~ **und derselbe/dieselbe/dasselbe** one and the same; *s. a.* **eins II.** *art indef* ❶ (*einzeln*) a/an; ~ **Europäer/Hotel/Umschlag** a European/a hotel/an envelope; ~ **Mann/**~**e Frau** a man/woman; **was bist du doch für** ~ **Dummkopf!** what an idiot!; **das ist** ~ **interessanter Vorschlag** that's an interesting suggestion; **die Tochter** ~**es Pfarrers** the daughter of a priest, a priest's daughter; ~**e Hitze ist das hier!** it's very hot [*or* sweltering] [in] here!; **was für** ~ **Lärm!** what a noise! ❷ (*jeder*) a/an; ~**e Wüste ist immer trocken** a desert is [*or* deserts are] always dry

ein·ach·sig [-aksɪç] *adj* TECH single-axle, two-wheel

Ein·ak·ter <-s, -> ['ainʔaktɐ] *m* THEAT one-act play

ein·an·der [ai'nandɐ] *pron* each other, one another; **die Aussagen widersprechen** ~ [**nicht**] the statements are [not] mutually contradictory

ein|ar·bei·ten I. *vr* ■**sich** [**in etw**] ~ *akk* to get used to [sth], to familiarize oneself [with sth] **II.** *vt* ❶ (*praktisch vertraut machen*) ■**jdn** [**in etw**] ~ *akk* to train sb [for sth], to familiarize sb [with sth] ❷ (*einfügen*) ■**etw** [**in etw**] ~ *akk* to add sth in[to sth]; **eine Ergänzung/ein Zitat** [**in etw**] ~ to incorporate an amendment/quotation [into sth] ❸ ÖSTERR (*nachholen, vorarbeiten*) ■**etw** ~ *Zeitverlust* to make up [for] sth

Ein·ar·bei·tungs·zeit *f* training period

ein·ar·mig ['ainʔarmɪç] *adj* one-armed; *s. a.* **Bandit**

ein|äschern ['ainʔɛʃɐn] *vt* ❶ (*kremieren*) ■**jdn** ~ to cremate sb ❷ (*durch Feuer vernichten*) ■**etw** ~ to burn sth to the ground, to burn down sth *sep,* to reduce sth to ashes

Ein·äsche·rung <-, -en> *f* cremation

ein|at·men I. *vt* ■**etw** ~ to breathe in sth *sep,* to inhale sth **II.** *vi* to breathe in, to inhale

ein·äu·gig ['ainʔɔygɪç] *adj* one-eyed; ■**der/die E~e** the one-eyed man/woman

Ein·bahn·stra·ße *f* one-way street

ein|bal·sa·mie·ren* *vt* ❶ ■**jdn** ~ to embalm sb ❷ (*hum fam: einreiben*) ■**sich** [**mit etw**] ~ to apply [sth] liberally; **sich mit Duftwasser** ~ to splash on the toilet water [*or* AM cologne] ▶ WENDUNGEN: **sich** ~ **lassen können** (*fam*) to be a dead loss

Ein·bal·sa·mie·rung <-, -en> *f* embalming, embalmment

Ein·band <-bände> ['ainbant, *pl* -bɛndə] *m* [book] cover

ein·bän·dig ['ainbɛndɪç] *adj* VERLAG one-volume *attr,* in one volume *pred*

Ein·bau <-bauten> *m* ❶ *kein pl* (*das Einbauen*) fitting *no pl; einer Batterie, eines Getriebes, Motors* installation *no pl* ❷ *meist pl* (*eingebautes Teil*) fitting *usu pl*

ein|bau·en *vt* ❶ ■**etw** [**in etw** *akk*] ~ to build sth in[to sth], to fit sth [in sth]; **eine Batterie** ~ to instal[l] [*or* BRIT fit] a battery; **ein Getriebe/einen Motor** ~ to instal[l] a transmission/engine; ■**eingebaut** built-in ❷ (*fam: einfügen*) ■**etw** [**in etw** *akk*] ~ to incorporate sth [into sth]

Ein·bau·kü·che *f* fitted kitchen

Ein·baum *m* dugout [canoe]

Ein·bau·schrank *m* fitted cupboard, built-in cupboard; (*im Schlafzimmer*) built-in wardrobe

ein|be·hal·ten* *vt irreg* ■**etw** ~ *Abgaben, Steuern etc.* to withhold sth

ein·bei·nig *adj* one-legged

ein|be·ru·fen* *vt irreg* ❶ (*zusammentreten lassen*) ■**etw** ~ to convene [*or* call] sth ❷ MIL ■**jdn** ~ to conscript [*or sep* call up] sb

Ein·be·ru·fe·ne(r) *f(m) dekl wie adj* MIL conscript

Ein·be·ru·fung *f* ❶ (*das Einberufen*) convention, calling ❷ MIL call-up papers *pl* BRIT, draft card AM

Ein·be·ru·fungs·be·fehl *m* MIL call-up papers BRIT *pl,* draft card AM **Ein·be·ru·fungs·be·scheid** *m* MIL call-up papers *pl* BRIT, draft card AM

ein|be·to·nie·ren* *vt* ■**jdn/etw** [**in etw**] ~ *akk* to concrete sb/sth in[to sth], to embed sb/sth in concrete

ein|bet·ten *vt* ■**etw in etw** ~ *akk* to embed sth in sth

Ein·bett·zim·mer *nt* single room

ein|beu·len I. *vt* ■[**jdm**] **etw** ~ to dent sth [of sb's], to make [*or* put] a dent in sb's sth; **ein eingebeulter Hut** a battered hat **II.** *vr* ■**sich** ~ to become dented

ein|be·zie·hen* *vt irreg* ■**jdn** [**in etw**] [**mit**] ~ *akk* to include sb [in sth]; **jdn in eine Aufführung/Diskussion** ~ to involve sb in a performance/discussion; ■**etw** [**in etw**] [**mit**] ~ *akk* to include sth [in sth]

ein|bie·gen *vi irreg sein* ■[**in etw**] ~ *akk* to turn [off] [into sth]; **er bog** [**nach links**] **in eine Fußgängerpassage ein** he turned [left] into a pedestrian precinct; ■**in etw/nach ...** ~ *akk* to turn into sth/to bend to ...; **diese Straße biegt in die Hauptstraße ein** this street joins [up] [*or* links up] with the main road

ein|bil·den *vr* ❶ (*fälschlicherweise glauben*) ■**sich etw** ~ *dat* to imagine [*or* think] sth; **was hast du dir eigentlich eingebildet!** what were you thinking [of]!; ■**sich** ~**, dass ...** *dat* to imagine [*or* think] that ...; **du hast dir doch nicht etwa im Ernst eingebildet, dass ...** did you [*or* you didn't] really think that ...; *s. a.* **steif, Schwachheit** ❷ (*fantasieren*) ■**sich etw** ~ *dat* to imagine sth ❸ (*stolz sein*) ■**sich etw** *dat* **auf etw** ~ to be proud of sth; **darauf brauchst du dir nichts einzubilden** that's nothing to write home [*or* BRIT to crow] about ▶ WENDUNGEN: **du bildest dir wohl viel ein!** you think a lot of yourself!, you fancy yourself a bit! BRIT *fam;* **was bildest du dir eigentlich ein?** (*fam*) what's got into your head?, what are you thinking [of]?

Ein·bil·dung *f* ❶ *kein pl* (*Fantasie*) imagination; **das ist** [**bloße** [*o* **reine**]] ~**!** it's all in the mind! ❷ *kein pl* (*Arroganz*) conceitedness ▶ WENDUNGEN: ~ **ist auch eine Bildung!** (*fam*) what arrogance!; **du leidest wohl an** ~**!** (*hum fam*) you must be joking!

Ein·bil·dungs·kraft *f kein pl* [powers of] imagination

ein|bim·sen [-bɪmzn̩] *vt* (*fam*) ■**jdm etw** ~ to drum sth into sb

ein|bin·den *vt irreg* ❶ VERLAG ■**etw** [**in etw**] ~ *akk* to bind sth [in sth]; **etw neu** ~ to rebind sth ❷ (*einbeziehen*) ■**jdn/etw** [**in etw**] ~ *akk* to integrate sb/sth [into sth]

Ein·bin·dung *f kein pl* integration

ein|bla·sen *vt irreg* (*fam*) ■**jdm etw** ~ to put sth into sb's head; **jdm Blödheiten** ~ to fill sb's head with nonsense

ein|bläu·en[RR] *vt* (*fam*) ■**jdm etw** ~ ❶ (*einschärfen*) to drum [*or* hammer] sth into sb['s head] ❷ (*einprügeln*) to beat sth into sb

ein|blen·den I. *vt* FILM, TV, RADIO to insert; **Geräusche/Musik** ~ to dub in sounds/music; **eine Durchsage** [**in etw**] ~ to interrupt [sth] with an announcement **II.** *vr* TV, RADIO ■**sich** [**in etw**] ~ *akk* (*sich einschalten*) to interrupt [sth]; (*sich dazuschalten*) to go over to [*or* link up with] [sth]

Ein·blen·dung *f* FILM, TV, RADIO ❶ (*das Einblenden*) *von Verkehrsdurchsagen, von Werbung* insertion ❷ (*eingeblendeter*

Teil) insert

ein|bleu·en^ALT^ *vt (fam) s.* **einbläuen**

Ein·blick *m* insight; ■~ **in etw** *akk* insight into sth; **etw eröffnet jdm [...]** ~**e** sth provides sb with a/an [...] insight; **jdm ~ in etw gewähren** *akk* to allow sb to look at sth; *(fig)* to allow sb to gain an insight into sth; ~ **in etw gewinnen** *akk* to gain an insight into sth; ~ **in etw haben** *akk* to be able to see into sth; *(informiert sein)* to have an insight into sth; ~ **in etw nehmen** *akk (geh)* to look at sth

ein|bre·chen *irreg* **I.** *vi* ❶ *sein o haben (Einbruch verüben)* ■**[bei jdm/in etw]** ~ *dat o akk* to break in[to sb's home/sth]; **beim Juwelier ist eingebrochen worden** the jeweller's has been broken into, there has been a break-in at the jeweller's; **bei mir ist eingebrochen worden, man hat bei mir eingebrochen** I've had a break-in, my house [*or* flat] has been broken into ❷ *sein (plötzlich beginnen) Dämmerung, Dunkelheit, Nacht* to fall ❸ *sein (eindringen)* ■**[in etw]** ~ *akk Wasser* to break through [into sth] ❹ *sein (nach unten durchbrechen)* ■**[auf etw]** ~ *dat* to fall through [sth] ❺ *sein (einstürzen)* to fall [*or* cave] in ❻ *sein (Misserfolg haben)* to come a cropper BRIT *sl*, to suffer a setback AM **II.** *vt haben* ■**etw** ~ to break down sth *sep*

Ein·bre·cher(in) <-s, -> *m(f)* burglar

Ein·bren·ne ['ainbrɛnə] *f* KOCHK roux

ein|bren·nen *vt* ■**etw** ~ KOCHK to bind sth in a roux

ein|brin·gen *irreg* **I.** *vt* ❶ *(eintragen)* ■**[jdm] etw** ~ to bring [sb] sth; **Zinsen** ~ to earn [*or* yield] interest ❷ *(einfließen lassen)* ■**etw [in etw]** ~ *akk* to bring sth in[to sth], to bring sth to bear in sth; **Kapital in ein Unternehmen** ~ to contribute capital to a company; **seine Erfahrung** ~ to bring one's experience to bear in sth ❸ AGR *(hineinbringen)* ■**etw** ~ *Ernte* to bring [*or* gather] in sth ❹ POL *(vorschlagen)* ■**etw [in etw]** ~ *dat* to introduce [*or* propose] sth [in sth]; **einen Antrag** ~ to table a motion ❺ *(aufholen, wettmachen)* **Zeit [wieder]** ~ to catch [*or* make] up [on] time **II.** *vr* ■**sich** ~ to contribute

ein|bro·cken *vt (fam)* ■**jdm etw** ~ to land sb in it [*or* BRIT the soup] *fam;* ■**sich** *dat* **etw** ~ to land oneself in it [*or* BRIT the soup] *fam;* **das hast du dir selber eingebrockt!** you've only yourself to thank for that!, you brought that on yourself!

ein|brö·seln *vt* KOCHK *s.* **panieren**

Ein·bruch ['ainbrʊx, *pl* ainbrʏçə] *m* ❶ JUR *(das Einbrechen)* break-in; ■**der/ein ~ in etw** *akk* the/a break-in somewhere; **ein ~ in die Bank** a break-in at the bank; **einen ~ [in etw] begehen** [*o* **verüben**] *akk* to break in [somewhere] ❷ *(das Eindringen)* penetration; **ein ~ von Kaltluft** an influx of cold air ❸ *(Einsturz) Mauer etc.* collapse, caving in ❹ BÖRSE, ÖKON slump, sharp fall [*or* drop] ❺ *(plötzlicher Beginn)* onset; **bei ~ der Dunkelheit** [*o* **Nacht**] [at] nightfall; **vor ~ der Dunkelheit** [*o* **Nacht**] before nightfall

Ein·bruch(s)·dieb·stahl *m* burglary, breaking and entering; **einen ~ begehen** [*o* **verüben**] to commit [a] burglary **ein·bruch(s)·si·cher** *adj* burglar-proof **Ein·bruch(s)·werk·zeug** *nt* house-breaking tool/tools

ein|buch·ten ['ainbʊxtn̩] *vt (sl)* ■**jdn** ~ to put sb away *fam*, to lock [*or* BRIT *sl* bang] sb up

Ein·buch·tung <-, -en> *f* ❶ *(Delle)* dent ❷ *(Aussparung)* indentation ❸ *(Bucht)* bay, inlet

ein|bud·deln *vt (fam)* ■**jdn/etw** ~ to bury sb/sth; ■**sich** ~ to dig oneself in

ein|bun·kern *vr (fig fam)* ■**sich** ~ to cut oneself off from one's surroundings

ein|bür·gern ['ainbʏrgən] **I.** *vt* ❶ ADMIN *(eine Staatsangehörigkeit verleihen)* ■**jdn** ~ to naturalize sb ❷ *(heimisch werden)* ■**eingebürgert werden** to become established **II.** *vr* ❶ *(übernommen werden)* ■**sich** ~ to become established ❷ *(zur Regel werden)* ■**es hat sich [bei jdm/irgendwo] so eingebürgert** it has become a habit [*or* the practice] [*or* custom] [with sb/somewhere]

Ein·bür·ge·rung <-, -en> *f* ❶ ADMIN *(das Einbürgern)* naturalization ❷ BOT *einer Pflanze, eines Tieres* naturalization ❸ *(das Üblichmachen)* establishment; **die ~ einer Sitte** the adoption of a custom

Ein·bu·ße *f* loss; **[mit etw]** ~**n erleiden** to suffer [*or* sustain] losses [on sth]; **etw tut jdm/einer S. [schwere]** ~ *(geh)* sth causes sb/sth to lose sth; **der Skandal hat seinem Ansehen schwere ~ getan** he lost a lot of respect because of the scandal

ein|bü·ßen **I.** *vt* ■**etw** ~ to lose sth **II.** *vi* ■**an etw** ~ *dat* to lose sth; **nichts an Zuverlässigkeit** ~ to lose none of its reliability

Ein·cent·stück *nt* one-cent coin [*or* piece]

ein|che·cken [-tʃɛkn̩] **I.** *vi* to check in; ■**in etw** ~ *dat* to check into sth **II.** *vt* ■**etw/jdn** ~ to check in sth/sb *sep*

ein|cre·men ['ainkre:mən] *vt* ■**[jdm] etw** ~ to put cream on [sb's] sth; ■**sich etw** ~ *dat* to put cream on sth; ■**sich [mit etw]** ~ to put cream on [oneself]

ein|däm·men *vt* ■**etw** ~ to dam sth, to contain sth; **die Ausbreitung einer Krankheit/eines Virus** ~ to check [*or* stem] the spread of a disease/virus; **Inflation** ~ to curb [*or* control] inflation

Ein·däm·mung *f (Verhinderung)* checking, stemming; *(das Eindämmen)* containment; **die ~ der Inflation** curbing [*or* controlling] inflation

ein|de·cken **I.** *vr* ■**sich [mit etw]** ~ to stock up [on sth]; **sich mit Holz/Kohle** ~ to lay [*or* get] in stocks [*or* supplies] of wood/coal **II.** *vt* ❶ BAU ■**etw [mit etw]** ~ to cover sth [with sth]; **ein mit Stroh eingedecktes Dach** a thatched roof ❷ *(fam: überhäufen)* ■**jdn mit etw** ~ to swamp sb with sth; ■**mit etw eingedeckt sein** to be inundated [*or* BRIT snowed under] with sth

Ein·de·cker <-s, -> *m* LUFT monoplane

ein|dei·chen ['aindaiçn̩] *vt* BAU ■**etw** ~ to dike [*or* dyke] sth; **einen Fluss** ~ to embank [*or* dike] [*or* BRIT dyke] a river

ein|del·len ['aindɛlən] *vt (fam)* ■**[jdm] etw** ~ *Auto, Hut* to dent sth [of sb's], to make a dent in sth [of sb's]

ein·deu·tig ['aindɔytɪç] **I.** *adj* ❶ *(unmissverständlich)* unambiguous, unequivocal; **die ~e Absicht** the clear [*or* definite] intention ❷ *(unzweifelhaft)* clear; ~**er Beweis** clear [*or* definite] proof; **eine ~e Niederlage** a resounding defeat; **ein ~er Sieg** a clear [*or* resounding] victory; **ein ~er Umstand** an incontestable [*or* indisputable] fact **II.** *adv* ❶ *(unmissverständlich)* unambiguously; **ich hoffe, ich habe mich ~ ausgedrückt!** I hope I have made myself clear[ly understood]! ❷ *(klar)* clearly; **das stimmt aber ganz ~ nicht!** that's clearly [*or* obviously] not true [at all]!

Ein·deu·tig·keit <-> *f kein pl* ❶ *(Unmissverständlichkeit)* unambiguity, unequivocalness ❷ *(Unzweifelhaftigkeit)* clarity; **die ~ der Beweise** the clarity [*or* definiteness] of the proof

ein|deut·schen ['aindɔytʃn̩] *vt* ❶ *(dem Deutschen anpassen)* ■**etw** ~ to Germanize sth; ■**eingedeutscht** Germanized; **Frisör ist eingedeutscht für Friseur** Frisör is the Germanized version of Friseur ❷ *(deutsch machen)* ■**jdn/etw** ~ to Germanize sb/sth

ein|di·cken ['aindɪkn̩] **I.** *vt haben* KOCHK ■**etw** ~ to thicken sth **II.** *vi sein* to thicken

ein·di·men·si·o·nal *adj* ❶ MATH one-dimensional, unidimensional ❷ *(eingleisig)* one-dimensional

ein|do·sen ['aindo:zn̩] *vt* ■**etw** ~ to tin [*or* AM can] sth

ein|dö·sen *vi sein (fam)* to doze [*or* drop] [*or fam* nod] off

ein|drän·gen *vi sein* ❶ *(bedrängen)* ■**auf jdn** ~ to crowd around sb *fig* ❷ *(sich aufdrängen)* to crowd in on sb *fig*

ein|dre·cken ['aindrɛkn̩] **I.** *vi sein (fam)* to get dirty **II.** *vr (fam)* ■**sich** ~ to get [oneself] dirty

ein|dre·hen *vt* ■**etw [in etw]** ~ *akk* to screw sth in[to sth]; **jdm/sich die Haare** ~ to put sb's/one's hair in curlers [*or* rollers]

ein|dre·schen *vi irreg (fam)* ■**auf jdn** ~ to lay into sb *fam*

ein|drin·gen *vi irreg sein* ① (*einbrechen*) ■**in etw** *akk* ~ to force one's way [*or* an entry] into sth ② (*vordringen*) ■**in etw** *akk* ~ to force one's way into sth; MIL to penetrate [into] sth ③ (*hineindringen, hineinsickern*) ■**in etw** *akk* ~ to penetrate [into] sth; **Grundwasser drang in den Tunnel ein** groundwater got [*or* seeped] into the tunnel ④ (*sich kundig machen*) ■**in etw** *akk* ~ to get to know sth ⑤ (*sich verbreiten*) ■**in etw** *akk* ~ to find its/their way into sth ⑥ (*bestürmen*) ■**[mit etw] auf jdn** ~ to besiege sb [with sth]

ein·dring·lich **I.** *adj* (*nachdrücklich*) forceful, powerful; **eine ~e Schilderung** a vivid account **II.** *adv* strongly

Ein·dring·lich·keit *f* forcefulness; **eine Schilderung von großer ~** a very vivid account [*or* an account of great vividness]

Ein·dring·ling <-s, -e> ['aindrɪŋlɪŋ] *m* intruder; (*in Gesellschaft etc*) interloper

Ein·druck <-drücke> ['aindrʊk, *pl* -drʏkə] *m* ① (*Vorstellung*) impression; **den ~ erwecken, als [*o* dass] ...** to give the impression that ...; **sich des ~s nicht erwehren können, dass ...** (*geh*) to have the strong impression that ...; **[von jdm/etw] einen ~/den ~ gewinnen, dass ...** to gain an/the impression [from sb/sth] that ...; **den ~ haben, dass ...** to have the impression that ...; **ich habe nicht den/diesen ~** I don't have that impression; **[auf jdn] einen ... ~ machen** to give the impression of being ... [to sb]; **sie machte einen nervösen ~** she gave the impression of being [*or* she seemed] nervous; **[auf jdn] den ~ eines ... machen** to give the impression of being a ... [to sb]; **[...] ~ auf jdn machen** to make a/an [...] impression on sb; **einen großen ~ auf jdn machen** to make a great [*or* big] impression on sb; **[bei jdm] ~ machen wollen** [*o fam* **schinden**] to be out to impress [sb]; **Eindrücke sammeln** to gain impressions; **unter dem ~ von etw stehen** to be under the effect of [*or* affected by] sth; **seinen ~ auf jdn nicht verfehlen** to have [*or* achieve] the desired effect on sb; **jdm einen ~ [von etw] vermitteln** to give sb an idea [about sth] ② (*selten: eingedrückte Spur*) impression, imprint

ein|drü·cken **I.** *vt* ① (*nach innen drücken*) ■**etw** ~ to push in sth *sep;* **das Auto/den Kotflügel** ~ to dent the car/[car] wing [*or* AM fender]; **den Damm** ~ to break through the dam; **die Fenster** ~ to break [*or* shatter] the windows; **die Mauer/Tür** ~ to break down the wall/door ② (*verletzen*) ■**jdm etw** ~ to crush sb's sth; **jdm den Brustkorb/Schädel** ~ to crush sb's chest/skull [*or* head]; **jdm die Nase** ~ to flatten sb's nose **II.** *vr* (*einen Abdruck hinterlassen*) ■**sich in etw** *akk* ~ to make an impression [*or* imprint] in sth

ein·drück·lich ['aindrʏklɪç] *adj* SCHWEIZ (*eindrucksvoll*) impressive

ein·drucks·voll **I.** *adj* impressive; **ein ~er Appell** a stirring appeal **II.** *adv* impressively

ei·ne(r, s) ['ainə] *pron indef* ① (*jemand*) someone, somebody; **es hat geklingelt, ist da ~r?** the doorbell rang, is there someone [*or* somebody] [*or* anybody]?; **~s von den Kindern** one of the children; ■**der/die/das ~** [the] one; **das ~ Buch habe ich schon gelesen** I've already read one of the books [*or* the one book]; **die ~n sagen das eine, die anderen gerade das Gegenteil** one lot [*or* some] say one thing, the other lot say [*or* [the] others [say]] exactly the opposite; *s. a.* **andere(r, s)** ② (*fam: man*) one; **und das soll noch ~r glauben?** and I'm/we're expected to swallow [*or* believe] that? ③ (*ein Punkt*) ■**~s** [*o* **eins**] one thing; **~s gefällt mir nicht an ihm** [there's] one thing I don't like about him; **~s muss klar sein** let's make one thing clear; **~s sag ich dir** I'll tell you one thing; **halt, noch eins[, ehe ich's vergesse]** and there's one more [*or* other] thing [before I forget]; *s. a.* **hinauslaufen** ▶ WENDUNGEN: **du bist mir [...] ~(r)!** (*fam*) you're a/an [...] one! BRIT; **du bist mir aber/ja/vielleicht ~r!** you're a right one!; **das ist ~r!** he's quite a man [*or* one]!; **~r für alle, alle für ~n** (*prov*) all for one and one for all *prov*

ein|eb·nen *vt* ■**etw** ~ to level [*or* flatten] sth [off]

Ein·ehe *f* monogamy *no pl, no art*

ein·ei·ig ['ainʔaiɪç] *adj* BIOL identical; **~e Zwillinge** identical twins

ein·ein·halb ['ainʔain'halp] *adj* one and a half; *s. a.* **achteinhalb**

ein·ein·halb·mal *adv* one and a half times; **~ schneller** one and a half times faster; **~ so viel** one and a half times as much

Ein·el·tern·fa·mi·lie *f* one-parent [*or* single-parent] family

ei·nen ['ainən] *vt* (*geh*) ■**etw** ~ to unite sth

Ein·en·der <-s, -> *m* JAGD one-pointer

ein|en·gen ['ainɛŋən] *vt* ① (*beschränken*) ■**jdn in etw** *dat* ~ to restrict [*or* cramp] sb in sth ② (*drücken*) ■**jdn** ~ to restrict sb's movement[s] ③ (*begrenzen*) ■**etw [auf etw** *akk*] ~ to restrict [*or sep* narrow down] sth [to sth]

Ein·en·gung <-, -en> *f* ① (*Bedrängung*) cramping [of sb's style] *hum fam* ② (*Beschränkung*) restriction, limitation

ei·ner ['ainɐ] *pron s.* **eine**

Ei·ner <-s, -> ['ainɐ] *m* ① MATH unit ② SPORT (*einsitziges Ruderboot*) single scull

ei·ner·lei ['ainɐ'lai] *adj inv, pred* (*egal*) ■**jdm ~ sein** to be all the same to sb; **das ist mir ganz ~** it's all the same [*or* doesn't matter] to me, it makes no difference to me, I don't mind; ■**~, ob ...** it doesn't [*or* no] matter whether ...

Ei·ner·lei <-s> ['ainɐ'lai] *nt kein pl* monotony; **das ~ des [grauen] Alltags** the monotony of daily [*or* everyday] life [*or* the daily grind]

ei·ner·seits ['ainɐzaits] *adv* **~ ... andererseits ...** on the one hand ..., on the other hand ...

ei·nes ['ainəs] *pron s.* **eine**

ei·nes·teils ['ainəstails] *adv* **~ ... ander[e]nteils** on the one hand ..., on the other hand ...

ein·fach ['ainfax] **I.** *adj* ① (*leicht*) easy, simple; **das hat einen ~en Grund** there's a simple reason [*or* an easy explanation] for that; **es sich** *dat* **[mit etw] zu ~ machen** to make it too easy for oneself [with sth] ② (*unkompliziert*) straightforward, uncomplicated; **warum ~, wenn's auch umständlich geht?** (*iron*) why do things the easy way [when you can make them [*or* it] difficult]? ③ (*gewöhnlich*) simple; **~es Essen** plain [*or* simple] food; **ein ~es Hemd/eine ~e Hose** a plain shirt/plain trousers; **ein ~er Mensch** a simple [*or* an ordinary] person ④ (*nur einmal gemacht*) single; **eine ~e Fahrkarte** a one-way [*or* BRIT single] ticket; **einmal ~ nach Regensburg** a single [ticket] to Regensburg; **in ~er Ausfertigung** a single copy [of sth]; **~e Buchführung** single-entry bookkeeping; **~er Faden** plain [*or* simple] stitch; **ein ~er Knoten** a simple knot **II.** *adv* ① (*leicht*) simply, easily; **es ist nicht ~ zu verstehen** it's not easy [*or* simple] to understand ② (*schlicht*) simply, plainly ③ (*einmal*) once; **~ zusammenfalten** to fold once **III.** *part* ① (*emph: geradezu*) simply, just; **~ herrlich/lächerlich** simply [*or* just] wonderful/laughable ② (*ohne weiteres*) simply, just; **he, du kannst doch nicht ~ weggehen!** hey, you can't just [*or* simply] leave [like that]! ③ *mit Verneinung* (*zur Verstärkung*) simply, just; **ich kann es ~ nicht verstehen** I just [*or* simply] can't understand it

Ein·fach·heit <-> *f kein pl* ① (*Unkompliziertheit*) straightforwardness ② (*Schlichtheit*) plainness, simplicity ▶ WENDUNGEN: **der ~ halber** for the sake of simplicity [*or* simplicity's sake]

ein|fä·deln ['ainfɛːdl̩n] **I.** *vt* ① (*in etw fädeln*) ■**etw [in etw** *akk*] ~ to thread sth [through sth]; **eine Nadel** ~ to thread a needle; **einen Film** ~ to wind on a film; **ein Tonband** ~ to spool on a tape ② (*fam: anbahnen*) ■**etw** ~ to engineer sth *fig* **II.** *vi* SKI to become entangled in a gate **III.** *vr* AUTO ■**sich [in etw** *akk*] ~ to filter [*or* merge] in[to sth]

ein|fah·ren *irreg* **I.** *vi sein* ① (*hineinfahren*) ■**[in etw** *akk*] ~ to come [*or* pull] in[to sth]; **auf einem Gleis** ~ to arrive at [*or* come into] a platform; **in einen Hafen** ~ to sail into a harbour [*or* AM -or] ② BERGB (*hinunterfahren*) to go down; **in eine Grube/einen Schacht** ~ to go down a pit/shaft **II.** *vt haben*

■**etw** ~ ❶ (*kaputtfahren*) to [drive into and] knock down sth *sep* ❷ (*einziehen*) *Antenne, Objektiv etc.* to retract sth ❸ (*einbringen*) to make sth; **einen Gewinn/Verlust** ~ to make a profit/loss ❹ AGR (*einbringen*) to bring in sth; **das Heu/Korn** ~ to bring in [*or* harvest] the corn/hay

Ein·fahrt *f kein pl* ❶ (*das Einfahren*) entry; **die** ~ **in den Hafen** sailing [*or* coming] into the harbour; **bei der** ~ **in die Zielgerade** entering the final straight; **die** ~ **eines Zuges** the arrival of a train ❷ (*Zufahrt*) entrance; ~ **freihalten!** [please] keep [entrance] clear!

Ein·fall ['ainfal] *m* ❶ (*Idee*) idea; **auf den** ~ **kommen, etw zu tun** to have [*or* get] the idea of doing sth ❷ MIL (*das Eindringen*) ■~ **in etw** *akk* invasion of sth ❸ (*das Eindringen*) incidence; **der** ~ **der Sonnenstrahlen** the way the sun's rays fall

ein|fal·len *vi irreg sein* ❶ (*in den Sinn kommen*) ■**etw fällt jdm ein** sb thinks of sth; **sich** *dat* **etwas** ~ **lassen** to think of sth; **was fällt Ihnen ein!** what do you think you're doing! ❷ (*in Erinnerung kommen*) ■**etw fällt jdm ein** sb remembers sth; **der Name will mir einfach nicht** ~**!** the name just won't come to me! ❸ (*einstürzen*) to collapse [*or* cave in] ❹ (*eindringen*) ■**nach/in etw** *akk* ~ to invade; **in die feindlichen Reihen** ~ to penetrate enemy lines ❺ (*hereinströmen*) ■[**in etw** *akk*] ~ to come in[to sth] ❻ (*einsetzen*) ■[**in etw** *akk*] ~ *Chor, Instrument, Singstimmen* to join in [sth]; (*dazwischenreden*) to interrupt [sth] [*or* break in [on sth]] ❼ (*einsinken*) to become sunken [*or* hollow]

ein·falls·los **I.** *adj* unimaginative **II.** *adv* unimaginatively **Ein·falls·lo·sig·keit** <-> *f kein pl* unimaginativeness, lack of imagination **ein·falls·reich** **I.** *adj* imaginative **II.** *adv* imaginatively **Ein·falls·reich·tum** *m kein pl* imaginativeness **Ein·falls·win·kel** *m* angle of incidence

Ein·falt <-> ['ainfalt] *f kein pl* (*arglose Naivität*) naivety ▶ WENDUNGEN: [**o/du**] **heilige** ~**!** what stunning naivety!, how naive can you be!

ein·fäl·tig ['ainfɛltɪç] **I.** *adj* naive **II.** *adv* naively; **tu doch nicht so** ~ don't act so naively

Ein·falts·pin·sel *m* (*pej fam*) simpleton

Ein·fa·mi·li·en·haus *nt* single family house, detached [family] house BRIT

ein|fan·gen *irreg* **I.** *vt* ❶ (*wieder fangen*) ■**jdn/ein Tier** [**wieder**] ~ to [re]capture sb/an animal ❷ (*wiedergeben*) ■**etw** [**in etw** *dat*] ~ to capture sth [in sth] *fig* **II.** *vr* (*fam*) ■**sich etw** *dat* ~ to catch sth; **eine Erkältung** ~ to catch a cold; **eine Grippe** ~ to come down with [the] flu

ein|fär·ben *vt* ❶ (*neu färben*) ■**etw** [...] ~ *Haare, Stoff* to dye sth [...] ❷ TYPO (*mit Druckfarbe versehen*) ■**etw** [**mit etw**] ~ to ink sth [with sth]

ein·far·big *adj inv* all one colour [*or* AM -or], in [*or* of] one colour [*or* AM -or] *pred*

ein|fas·sen *vt* ■**etw** [**mit etw**] ~ ❶ (*umgeben*) to border [*or* edge] sth [with sth]; **einen Garten mit einer Hecke/einem Zaun** ~ to enclose [*or* surround] a garden with a hedge/fence ❷ (*umsäumen*) to hem sth [with sth] ❸ (*fassen*) to set sth [in sth]

Ein·fas·sung *f* ❶ (*das Einfassen*) enclosure, enclosing ❷ (*Umgrenzung*) border, edging

ein|fet·ten *vt* ❶ (*mit Fett bestreichen*) ■**etw** ~ to grease sth; (*Leder mit Fett behandeln*) to dubbin sth ❷ (*eincremen*) ■**jdn** ~ to put [*or* rub] cream on sb, to cream sb BRIT; ■**sich** ~ apply [a] cream; ■**sich etw** *dat* ~ to rub [*or* apply] cream onto sth

ein|fin·den *vr irreg* (*geh*) ■**sich** [**irgendwo**] ~ to arrive [somewhere]

ein|flech·ten *vt irreg* ❶ (*einfließen lassen*) ■**etw** [**in etw** *akk*] ~ to work sth in[to sth] *sep;* ■~**, dass ...** to add that ... ❷ (*hineinflechten*) ■**etw** [**in etw** *akk*] ~ to plait [*or* braid] sth in[to sth]; **ein Muster** [**in etw**] ~ to weave a pattern in[to sth]

ein|flie·gen *irreg* **I.** *vt haben* ❶ ■**jdn/etw** [**in etw** *akk*] ~ to fly sb/sth in[to sth]; **die Militärtransporter flogen Munition/Nachschub ein** the military transport planes flew [*or* airlifted] munitions/reinforcements in ❷ ■**etw** ~ to make sth; **einen Gewinn/Verlust** ~ to make a profit/loss **II.** *vi sein* to fly in

ein|flie·ßen *vi irreg sein* ❶ (*als Zuschuss gewährt werden*) ■[**in etw** *akk*] ~ to pour in[to sth]; ~ **lassen, dass ...** to let slip that ... ❷ METEO (*hineinströmen*) ■**in etw/nach etw** ~ *akk* to move [*or* come] into sth

ein|flö·ßen *vt* ❶ (*langsam eingeben*) ■**jdm etw** ~ to give sb sth; **einem Kranken Essen** ~ to feed the patient; **jdm etw mit Gewalt** ~ to force-feed sb [with] sth ❷ (*erwecken*) ■**jdm etw** ~ to instil[l] sth in sb; **jdm Angst/Vertrauen** ~ to instil[l] [*or* inspire] fear/confidence in sb; **jdm Ehrfurcht** ~ to instil[l] respect in sb, to command sb's respect

Ein·flug·schnei·se *f* LUFT approach path

Ein·fluss[RR] <-es, Einflüsse> *m,* **Ein·fluß**[ALT] <-sses, Einflüsse> *m* ❶ (*Einwirkung*) ■**jds** ~ [**auf jdn**] sb's influence [on sb]; ■**der** ~ **einer S.** *gen* the influence of sth; **auf etw/jdn** ~ **haben** *akk* to have an influence on sth/sb; ~ **auf etw/jdn ausüben** to exert an influence on sth/sb; **auf etw** *akk* ~ **nehmen** to influence sth; **unter jds** ~ **geraten** *akk* to fall under sb's influence; **unter dem** ~ **von jdm/etw stehen** to be under sb's influence [*or* the influence of sb/sth]; **unter dem** ~ **von jdm/etw** under the influence of sb/sth ❷ (*Beziehungen*) influence, pull *fig*, sway; **seinen** ~ **geltend machen** to use one's influence [*or* pull] [*or* sway]; [...] ~ **besitzen** [*o* **haben**] to have [...] influence [*or* pull] [*or* sway]

Ein·fluss·be·reich[RR] *m* ❶ POL sphere of influence ❷ METEO **Frankreich liegt im** ~ **eines atlantischen Tiefs** an Atlantic depression is affecting the weather over France **ein·fluss·los**[RR] *adj* uninfluential, without [*or* lacking in] influence *pred*

Ein·fluss·nah·me[RR] <-, *selten* -n> *f* (*geh*) ■**jds** ~ [**auf etw** *akk*] sb's exertion of influence [on sth] **ein·fluss·reich**[RR] *adj* influential

ein|flüs·tern *vt* (*pej*) ■**jdm etw** ~ (*suggerieren*) to put sth into sb's head; (*flüsternd vorsagen*) to whisper sth to sb

Ein·flüs·te·rung <-, -en> *f* (*pej*) suggestion

ein|for·dern *vt* (*geh*) ■**etw** [**von jdm**] ~ to demand payment of [*or sep* call in] sth [from sb]; **von jdm ein Versprechen** ~**, etw zu tun** to keep sb to their promise to do sth

ein·för·mig ['ainfœrmɪç] **I.** *adj* monotonous; ~**e Landschaft/Umgebung** uniform landscape/surroundings **II.** *adv* monotonously

Ein·för·mig·keit <-, -en> *f* monotony; **die** ~ **der Landschaft/Umgebung** the uniformity of the landscape/surroundings

ein|frie·den ['ainfri:dn̩] *vt* (*geh*) ■**etw** [**mit etw**] ~ to enclose [*or* surround] sth [with sth]

Ein·frie·dung <-, -en> *f* (*geh*) ❶ (*das Einfrieden*) enclosure, enclosing ❷ (*die Umzäunung*) means of enclosure

ein|frie·ren *irreg* **I.** *vi sein* ❶ (*zufrieren*) to freeze up ❷ (*von Eis eingeschlossen werden*) ■**in etw** ~ *dat* to freeze into sth [*or* become ice-bound in sth] **II.** *vt haben* ■**etw** ~ ❶ (*konservieren*) to [deep-]freeze sth ❷ (*suspendieren*) to suspend sth; **diplomatische Beziehungen** ~ to break off [*or* suspend] diplomatic relations; **ein Projekt/die Planung** ~ to shelve a project/the plans ❸ ÖKON (*festlegen*) to freeze sth

Ein·frie·rung <-, -en> *f* ❶ (*Suspendierung*) suspension; *diplomatische Beziehungen* breaking off, suspension; *Projekt* shelving ❷ ÖKON (*die Festlegung*) freezing

ein|fü·gen **I.** *vt* ❶ (*einpassen*) ■**etw** [**in etw** *akk*] ~ to fit sth in[to sth] ❷ (*einfließen lassen*) ■**etw** [**in etw** *akk*] ~ to add sth [to sth]; **lassen Sie mich gleich an dieser Stelle** ~**, ...** let me just say at this point ...; **darf ich an dieser Stelle kurz** ~**, dass ...** can I just quickly point out that ... **II.** *vr* ❶ (*sich anpassen*) ■**sich** [**in etw**] ~ *akk* to adapt [oneself] [to sth] ❷ (*hineinpassen*) ■**sich** [**in etw**] ~ *akk* to fit in [with sth]

ein|füh·len *vr* ■**sich in jdn** ~ to empathize with sb; ■**sich in etw** ~ *akk* to get into the spirit of sth; **sich in einen Gedan-**

kengang ~ to understand [*or* follow] a train of thought

ein·fühl·sam I. *adj* sensitive; **~e Worte** understanding [*or* sympathetic] words; **ein ~er Mensch** an empathetic person **II.** *adv* sensitively

Ein·füh·lungs·ver·mö·gen *nt* empathy

Ein·fuhr <-, -en> ['ainfu:ɐ̯] *f* ① (*das Importieren*) import, importing, importation ② (*das Eingeführte*) import

Ein·fuhr·be·schrän·kung *f* import restriction, restriction on imports **Ein·fuhr·be·stim·mun·gen** *pl* import regulations *pl*

ein|füh·ren I. *vt* ① ÖKON (*importieren*) ■**etw** ~ to import sth ② (*bekannt machen*) ■**etw [irgendwo]** ~ to introduce sth [somewhere]; **einen Artikel/eine Firma [auf dem Markt]** ~ to establish a product/company [on the market] ③ (*in Gebrauch nehmen, verordnen*) ■**etw [in etw** *dat*] ~ to introduce sth [in sth] ④ (*vertraut machen*) ■**jdn [in etw** *akk*] ~ to introduce sb [to sth] [*or* initiate sb [into sth]] ⑤ (*hineinschieben*) ■**etw [in etw** *akk*] ~ to insert [*or* introduce] sth [into sth] **II.** *vr* ■**sich** [...] ~ to make a [...] start; **sie hat sich gut eingeführt** she's made a good start **III.** *vi* ■**in etw** ~ *akk* to serve as an introduction [*or* insight] into sth; ■**~d** introductory; **~de Worte** introductory words, words of introduction

Ein·fuhr·ge·neh·mi·gung *f* import licence [*or* AM -se] [*or* permit] **Ein·fuhr·land** *nt* ÖKON importing country **Ein·fuhr·sper·re** *f* ÖKON ban on imports, embargo

Ein·füh·rung *f* ① (*das Einführen*) introduction; ■**jds ~ [in etw** *akk*] sb's introduction [to sth] [*or* initiation [into sth]]; **~ in ein Amt** installation in an office ② (*Einleitung*) introduction; **Worte zur ~** words of introduction, introductory words

Ein·füh·rungs·kurs *m* introductory course **Ein·füh·rungs·lehr·gang** *m* introductory course **Ein·füh·rungs·preis** *m* introductory price **Ein·füh·rungs·se·mi·nar** *nt* introductory seminar

Ein·fuhr·ver·bot *nt* ban [*or* embargo] on imports **Ein·fuhr·zoll** *m* ÖKON import duty

ein|fül·len *vt* ■**etw [in etw]** ~ *akk* to pour [*or* put] sth in[to sth]

Ein·füll·öff·nung *f* filler opening [*or* inlet] **Ein·füll·stut·zen** *m* AUTO filler neck [*or* pipe]

Ein·ga·be <-, -en> *f* ① ADMIN (*Petition*) ■**~ [an jdn]** petition [to sb]; **eine ~ [an jdn] machen** to file a petition [with sb] [*or* present a petition [to sb]] ② *kein pl* (*das Verabreichen*) *Arznei* administration ③ *kein pl* INFORM *Daten, Informationen* input, entry

Ein·ga·be·ge·rät *nt* INFORM input device **Ein·ga·be·mo·dus** *m* INFORM entry mode **Ein·ga·be·tas·te** *f* INFORM enter-[*or* return-]key

Ein·gang <-gänge> ['aingaŋ, *pl* -gɛŋə] *m* ① (*Tür, Tor, Zugang*) entrance; *eines Waldes* opening; **„kein ~!"** "no entry!"; **jdm/sich ~ in etw** *akk* **verschaffen** to gain sb[/oneself] entry to sth; **in etw** *akk* **~ finden** (*geh*) to find its way into sth ② *pl* (*eingetroffene Sendungen*) incoming mail [*or* BRIT post] *sing* ③ *kein pl* (*Erhalt*) receipt; **beim ~** on receipt ④ *kein pl* (*Beginn*) start; **gleich zu ~ möchte ich sagen ...** I would like to start by saying [*or* say from the very outset] ...

ein·gän·gig I. *adj* ① (*einprägsam*) catchy ② (*verständlich*) comprehensible; **eine ~e Erklärung** a clear [*or* comprehensible] explanation **II.** *adv* clearly

ein·gangs ['aingaŋs] **I.** *adv* at the start [*or* beginning] **II.** *präp* +*gen* at the start [*or* beginning] of

Ein·gangs·be·stä·ti·gung *f* ADMIN acknowledgement [*or* confirmation] of receipt **Ein·gangs·da·tum** *nt* date of receipt **Ein·gangs·hal·le** *f* entrance hall **Ein·gangs·ka·pi·tel** *nt* first chapter **Ein·gangs·stem·pel** *m* date stamp **Ein·gangs·tür** *f* [entrance] door; *eines Hauses, einer Wohnung* front door **Ein·gangs·ver·merk** *m* notice of receipt

ein|ge·ben *irreg vt* ① (*verabreichen*) ■**jdm etw** ~ to give sb sth [*or* administer sth to sb] ② INFORM (*übertragen*) ■**etw [in etw** *akk*] ~ to input sth [into sth]; **Daten in einen Computer** ~ to enter [*or* input] data into a computer ③ (*geh: inspirieren*) ■**jdm etw** ~ to put sth into sb's head; **von Gott eingegeben** inspired by God

ein·ge·bil·det *adj* ① (*pej: hochmütig*) conceited; ■**auf etw** *akk* **~ sein** to be conceited about sth ② (*imaginär*) imaginary; **eine ~e Schwangerschaft** a false pregnancy

ein·ge·bo·ren[1] ['aingəbo:rən] *adj* native

ein·ge·bo·ren[2] ['aingəbo:rən] *adj* REL **Gottes ~er Sohn** the only begotten Son of God

Ein·ge·bo·re·ne(r) *f(m) dekl wie adj* native

Ein·ge·bo·re·nen·spra·che *f* native language

Ein·ge·bung <-, -en> *f* (*Inspiration*) inspiration; **einer plötzlichen ~ folgend** acting on a sudden impulse ▶ WENDUNGEN: **göttliche ~** divine inspiration

ein·ge·denk ['aingədɛŋk] *adj pred* (*geh*) (*in Anbetracht*) ■**~ einer S.** *gen* bearing in mind [*or* remembering] sth; **~ dessen, was vorgefallen war ...** bearing in mind what had happened ... ▶ WENDUNGEN: **einer S.** *gen* **~ sein/bleiben** (*etw im Gedächtnis behalten*) to be mindful of sth [*or* bear sth in mind]

ein·ge·fah·ren *adj* well-worn

ein·ge·fal·len *adj* hollow, sunken; **ein ~es Gesicht** a gaunt face

ein·ge·fleischt ['aingəflaiʃt] *adj attr* ① (*überzeugt*) confirmed; **ein ~er Junggeselle** a confirmed bachelor; **einer ~er Kommunist** a dyed-in-the-wool communist BRIT; **ein ~er Optimist** an incurable optimist ② (*zur zweiten Natur geworden*) deep-rooted, ingrained

ein|ge·hen *irreg* **I.** *vi sein* ① (*Aufnahme finden*) ■**in etw** ~ *akk* to find its/their way into sth; **in die Annalen/Geschichte** ~ to go down in the annals/in history ② (*ankommen*) ■**[irgendwo/bei jdm]** ~ to be received [somewhere/by sb] [*or* arrive [somewhere]]; **sämtliche Bestellungen, die bei uns ~, werden sofort bearbeitet** all orders which we receive [*or* are received by us] are processed immediately; **soeben geht bei mir eine wichtige Meldung ein** I am just receiving an important report, an important report is just coming in to me; ■**~d** incoming ③ FIN (*gutgeschrieben werden*) ■**[auf etw** *dat*] ~ to be received [in sth]; **die Miete für diesen Monat ist auf meinem Konto immer noch nicht eingegangen** this month's rent has still not been paid into [*or* received in] my account yet ④ ([*ab*]*sterben*) to die [off]; ■**[an etw** *dat*] ~ to die [of [*or* from] sth]; **das ist so schwül hier drinnen, ich geh noch ein!** the closeness in here is killing me!; **in dieser langweiligen Umgebung würde ich ~** I would die of boredom in this environment ⑤ (*fam: sich wirtschaftlich nicht halten*) to fold [*or fam* go bust] ⑥ (*aufgenommen werden*) ■**jdm** ~ to be grasped by sb; **diese Argumente gehen einem leicht ein** these arguments can be easily absorbed [*or* grasped]; **das Lob ging ihr offenbar ein** the praise obviously had the right [*or* desired] effect on her; **ihm will es nicht ~** he can't grasp [*or* fails to grasp] it; **es will mir einfach nicht ~, wieso** I just can't see why ⑦ (*einlaufen*) to shrink; **die Sofabezüge sind mir bei der Wäsche eingegangen** the sofa covers shrank in the wash ⑧ (*sich beschäftigen mit*) ■**auf jdn/etw** ~ to deal with [*or* go into] sth, to pay some attention to sb; **du gehst überhaupt nicht auf deine Kinder ein** you don't pay your kids any attention; **auf diesen Punkt gehe ich zum Schluss noch näher ein** I would like to deal with [*or* go into] this point in more detail at the end ⑨ (*zustimmen*) ■**auf etw** *akk* ~ to agree to sth; (*sich einlassen*) to accept sth; *s. a.* **Ruhe, Frieden II.** *vt sein* ① (*sich einlassen*) ■**etw** ~ to enter into sth; **ein Risiko ~** to take a risk; **eine Wette ~** to make a bet; **ich gehe jede Wette ein, dass er wieder zu spät kommt** I'll bet [you] anything [you like] that he'll arrive late again ② JUR (*abschließen*) ■**[mit jdm] etw** ~ to enter into sth [with sb]; **einen Vergleich ~** to reach a settlement

ein·ge·hend ['ainge:ənt] **I.** *adj* detailed; **ein ~er Bericht** a detailed [*or* an exhaustive] report; **eine ~e Erörterung** a lengthy discussion; **eine ~e Prüfung** an exhaustive [*or* extensive] [*or* a thorough] test; ~**e Studien** detailed [*or* in-depth] [*or* thorough] studies; ~**e Untersuchungen** comprehensive surveys **II.** *adv* in detail; ~ **besprechen/diskutieren/erörtern** to discuss at length; ~ **studieren** to study thoroughly

ein·ge·keilt *adj* hemmed [*or* wedged] in; **das Auto ist ~ worden** the car has been boxed in

Ein·ge·mach·te(s) *nt dekl wie adj* KOCHK (*eingemachtes Obst*) preserved fruit ▸WENDUNGEN: **ans ~ gehen** to draw on one's reserves; **es geht ans ~** (*fam*) the crunch has come

ein|ge·mein·den* ['aingəmaindn̩] *vt* ADMIN ■**etw [nach etw/in etw** *akk*] ~ to incorporate sth [into sth]

Ein·ge·mein·dung <-, -en> *f* ADMIN incorporation

ein·ge·nom·men *adj pred* ❶ (*positiv beeindruckt*) ■**von jdm/etw ~ sein** to be taken with sb/sth ❷ (*voreingenommen*) ■**gegen jdn/etw ~ sein** to be biased [*or* prejudiced] against sb/sth ❸ (*überzeugt*) ■**von sich** *dat* **[selbst]/von etw ~ sein** to think a lot of oneself/sth ❹ (*eingebildet*) ■**von sich ~ sein** to be conceited

ein·ge·ros·tet *adj inv* ❶ (*fest sitzend*) rusted up ❷ (*fam: steif*) stiff ❸ (*hum: aus der Übung gekommen*) rusty

ein·ge·schlech·tig ['aingəʃlɛçtɪç] *adj* BOT unisexual

ein·ge·schnappt *adj inv* (*pej fam*) cross; ■~ **sein** to be miffed, to be in a huff BRIT *fam*

ein·ge·schränkt *adj* limited; ■**[in etw** *dat*] ~ **sein** to be limited [*or* restricted] [in sth]

ein·ge·schrie·ben **I.** *adj* (*eingetragen*) registered; ~**es Mitglied sein** to be enrolled [*or* registered] as a member; **eine ~e Sendung** registered mail **II.** *adv* ~ **schicken** [*o* **versenden**] to send as [*or* by] registered post [*or* AM mail]

ein·ge·schwo·ren *adj* ❶ (*einander durch Schwur verpflichtet*) ~**er Freund/Gegner** sworn friend/enemy ❷ (*fest zusammenhaltend*) close-knit ❸ (*festgelegt*) ■**auf etw** *akk* ~ **sein** to swear by sth

ein·ge·ses·sen *adj* old[*or* long]-established

Ein·ge·sot·te·ne(s) *nt dekl wie adj* ÖSTERR ((*Eingemachte[s]*)) preserved fruit

ein·ge·spannt *adj pred* ■**[sehr]** ~ **sein** to be [very] busy

ein·ge·spielt *adj* operating well together; **ein ~es Ehepaar/Team** a [married] couple/team which work[s] well together; **eine ~e Mannschaft** a team that plays well together; ■**aufeinander ~ sein** to be used to one another

ein·ge·stan·de·ner·ma·ßen *adv* (*geh: wie zugegeben wird*) admittedly

Ein·ge·ständ·nis ['aingəʃtɛntnɪs] *nt* admission, confession

ein|ge·ste·hen* *irreg* **I.** *vt* ■**[jdm] etw** ~ to admit sth [to sb]; **die Schuld/das Versagen** ~ to admit [*or* confess] one's guilt/failure **II.** *vr* ■**sich** *dat* ~, **dass ...** to admit to oneself that ...; **sich** *dat* **etw nicht ~ wollen** to be unable to accept sth; **sich** *dat* **nicht ~ wollen, dass ...** to refuse to accept [*or* admit] that ...

ein·ge·stellt *adj* ❶ (*orientiert, gesinnt*) **fortschrittlich/ökologisch** ~ progressively/environmentally minded; **jd ist kommunistisch/religiös** ~ sb is a Communist [*or* has Communist leanings]/religious [*or* religiously minded]; ■**jd ist gegen jdn** ~ sb is set against sb ❷ ■**auf etw** *akk* ~ **sein** (*vorbereitet*) to be prepared for sth; (*ausgerichtet, interessiert*) to only be interested in [*or* only have time for] sth; (*spezialisiert, festgelegt*) to specialize in sth; **ich war nur auf 3 Personen** ~ I was only expecting three people

ein·ge·tra·gen *adj Mitglied, Verein, Warenzeichen* registered

Ein·ge·wei·de <-s, -> ['aingəvaidə] *nt meist pl* ANAT entrails *npl*, innards *npl;* **dieser Schnaps brennt einem ja richtig in den ~n!** this schnapps certainly takes your breath away!

ein·ge·weiht *adj inv* ❶ (*nach Fertigstellung feierlich übergeben*) christened, officially opened ❷ (*informiert*) initiated; **über etw ~ sein** to know all about sth

Ein·ge·weih·te(r) *f(m) dekl wie adj* ❶ (*Adept*) initiate ❷ (*Experte*) **diese Theorien sind wohl nur etwas für ein paar/wenige** ~ these theories can probably only be understood by a select [*or* chosen] few

ein|ge·wöh·nen* *vr* ■**sich [in etw** *akk*] ~ to settle in[to sth]

Ein·ge·wöh·nung *f* settling in

ein|gie·ßen *vt irreg* ■**[jdm] etw [in etw** *akk*] ~ to pour [sb] sth [into sth]; **darf ich Ihnen noch Kaffee ~?** can I pour you some more coffee?; ■**sich** *dat* **[etw]** ~ to pour [oneself] sth

ein|gip·sen *vt* ❶ MED (*mit Gips bestreichen*) ■**[jdm] etw** ~ to put [*or* set] [sb's] sth in plaster ❷ BAU (*in Gips betten*) ■**etw [in etw** *akk*] ~ to fix sth in[to sth] with plaster [*or* plaster sth in[to sth]]

ein·glei·sig ['ainglaizɪç] **I.** *adj* single-track **II.** *adv* ❶ (*auf einem Gleis*) single-track ❷ (*in einer Richtung*) narrow-mindedly

ein|glie·dern **I.** *vt* ❶ (*integrieren*) ■**jdn [wieder] [in etw** *akk*] ~ to [re]integrate sb [into sth] ❷ ADMIN, POL (*einbeziehen*) ■**etw [in etw** *akk*] ~ to incorporate sth [into sth] **II.** *vr* ■**sich [in etw** *akk*] ~ to integrate oneself [into sth]

Ein·glie·de·rung *f* ❶ (*Integration*) integration ❷ ADMIN, POL (*Einbeziehung*) incorporation

Ein·glie·de·rungs·geld *nt* integration money BRIT **Ein·glie·de·rungs·hil·fe** *f* integration aid BRIT

ein|gra·ben *irreg* **I.** *vt* ❶ (*vergraben*) ■**jdn/etw [in etw** *akk*] ~ to bury sb/sth [in sth]; **einen Pfahl [in etw]** ~ to sink a post [*or* stake] [into sth] ❷ (*geh: einmeißeln*) ■**etw [in etw** *akk*] ~ to carve sth [in sth] **II.** *vr* ❶ MIL (*sich verschanzen*) ■**sich** ~ to dig [oneself] in ❷ (*durch Erosion eindringen*) ■**sich [in etw** *akk*] ~ to carve a channel [in sth] ❸ (*sich einprägen*) ■**sich** ~ to engrave itself; **sich in jds Gedächtnis** ~ to engrave itself on sb's memory ❹ (*eindringen*) ■**sich in etw** *akk* ~ to dig into sth

ein|gra·vie·ren* ['aingraviːrn̩] *vt* ■**etw [in etw** *akk*] ~ to engrave sth [on sth]

ein|grei·fen *vi irreg* ❶ (*einschreiten*) to intervene ❷ (*sich einschalten*) ■**[in etw** *akk*] ~ to intervene [in sth] ❸ (*beschneiden*) ■**in etw** *akk* ~ to intrude [up]on sth; **in jds Rechte** ~ to infringe sb's rights ❹ TECH (*sich hineinschieben*) ■**in etw** *akk* ~ to mesh with sth

Ein·greif·trup·pe *f* intervention force

ein|gren·zen *vt* ■**etw [auf etw** *akk*] ~ to limit [*or sep* narrow down] sth [to sth]

Ein·griff *m* ❶ (*Einschreiten*) ■**ein ~ in etw** [an] intervention in sth ❷ (*Übergriff*) ■**ein ~ in jds ...** *akk* an intrusion [up]on sb's ...; **ein ~ in jds Rechte** an infringement of sb's rights ❸ MED (*Operation*) operation; **sich einem medizinischen ~ unterziehen** to have [*or* undergo] an operation

ein|grup·pie·ren* *vt* ■**jdn [in etw** *akk*] ~ to group sb [in sth]

Ein·grup·pie·rung *f* grouping, classification

ein|ha·ken **I.** *vt* ■**etw [in etw** *akk*] ~ to hook sth in[to sth] **II.** *vi* (*fam*) ■**[bei etw/an etw** *dat*] ~ to butt in [on sth] *fam* **III.** *vr* ■**sich [bei jdm]** ~ to link arms [with sb]; **eingehakt gehen** to walk arm in arm

Ein·halt ['ainhalt] *m kein pl* **jdm/einer S. ~ gebieten** (*geh*) to put a stop to sb/sth

ein|hal·ten *irreg* **I.** *vt* ■**etw** ~ ❶ (*beachten*) to keep sth; **eine Diät/einen Vertrag** ~ to keep to a diet/treaty; **die Spielregeln/Vorschriften** ~ to obey [*or* observe] the rules; **einen Termin** ~ to keep an appointment/a deadline; **Verpflichtungen** ~ to meet commitments ❷ (*beibehalten*) to maintain **II.** *vi* (*geh*) ■**[mit etw]** ~ to stop [doing sth]

Ein·hal·tung <-, -en> *f* ❶ (*das Beachten*) keeping; *von Spielregeln, Vorschriften* obeying, observing; **die ~ von Verpflichtungen** meeting commitments ❷ (*Beibehaltung*) maintaining

ein|häm·mern **I.** *vt* ■**jdm etw** ~ to hammer [*or* drum] sth into sb['s head]; ■**sich ~, dass ...** *dat* to hammer [*or* drum] into oneself that ... **II.** *vi* ❶ (*einschlagen*) ■**[mit etw] auf etw** *akk* ~ to hammer on sth [with sth]; ■**auf jdn** ~ to pound sb ❷ (*dröhnend einwirken*) to pound [in] sb's ears

ein|han·deln **I.** *vt* ■**etw gegen** [*o* **für**] **etw** ~ to barter [*or*

E

trade] sth for sth **II.** *vr* ■**sich** *dat* **etw** [**für etw**] ~ (*fam*) to get sth [for sth]; **sich eine Krankheit** ~ to catch a disease

ein·hän·dig ['ainhɛndɪç] **I.** *adj* one-handed **II.** *adv* with one hand

ein|hän·di·gen ['ainhɛndɪgn̩] *vt* (*geh*) ■**jdm etw** ~ to hand over sth *sep* to sb

ein|hän·gen I. *vt* ❶ (*einsetzen*) ■**etw** [**in etw** *akk*] ~ to hang sth [on sth]; **ein Fenster** ~ to fit a window ❷ (*auflegen*) **den Hörer** ~ to hang up [the receiver] [*or* replace the receiver] **II.** *vi* TELEK to hang up **III.** *vr* ■**sich** [**bei jdm**] ~ to link arms [with sb]

ein|hau·chen *vt* (*geh*) ■**jdm etw** ~ to breathe sth into sb

ein|hau·en *irreg* **I.** *vt* ❶ (*einschlagen*) ■**etw** ~ to smash in sth *sep;* **eine Tür** ~ to knock down a door ❷ (*einmeißeln*) ■**etw** [**in etw** *akk*] ~ to carve sth [in sth] **II.** *vi* ■**auf jdn/etw** ~ to lay into sb [*or* go at sth]

ein|hef·ten *vt* ❶ (*einordnen, Ablegen*) ■**etw** [**in etw** *akk*] ~ to file sth [in sth] ❷ (*einnähen*) ■**etw** ~ to tack in sth *sep*

ein·hei·misch ['ainhaimɪʃ] *adj* ❶ (*ortsansässig*) local; **die** ~**e Bevölkerung** the local residents [*or* population]; (*in dem Land, der Gegend ansässig*) native, indigenous ❷ (*aus dem Lande stammend*) local ❸ BOT, ZOOL (*natürlich vorkommend*) native, indigenous

Ein·hei·mi·sche(r) *f(m) dekl wie adj* (*Ortsansässige(r)*) local; (*Inländer*) native [citizen]

ein|heim·sen ['ainhaimzn̩] *vt* (*fam: erlangen*) ■**etw** ~ to collect sth; **einen Auftrag** ~ to win [*or* clinch] an order; [**einen**] **Erfolg** ~ to score a success; [**ein**] **Gewinn** ~ to rake in profits

Ein·hei·rat *f* ■**jds** ~ **in etw** *akk* sb's marriage into sth

ein|hei·ra·ten *vi* ■**in etw** *akk* ~ to marry into sth

Ein·heit <-, -en> ['ainhait] *f* ❶ (*Gesamtheit*) unity; **eine geschlossene** ~ an integrated whole ❷ (*Einigkeit*) unity; **die deutsche** ~ German reunification ❸ MIL (*militärische Formation*) unit ❹ PHARM (*Teilmenge*) unit ❺ (*Telefon~*) unit

i Kultur

The German Democratic Republic (GDR) or East Germany became part of the Federal Republic of Germany on 3rd October, 1990. The treaty on the final settlement of the German question was signed by the four victorious powers of the Second World War, the Federal Republic and the minister-president of the GDR in Moscow on 12th September. Since then, 3rd October has been celebrated as **Tag der deutschen Einheit** – *the Day of German Unity.*

ein·heit·lich ['ainhaitlɪç] **I.** *adj* ❶ (*gleich*) uniform; **in** ~**er Kleidung** dressed the same [*or* alike] ❷ (*in sich geschlossen*) integrated; **eine** ~**e Front** a united front **II.** *adv* the same; ~ **gekleidet** dressed the same [*or* alike]; ~ **gestaltet** designed along the same lines; ~ **handeln** [*o* **vorgehen**] to act in a similar way

Ein·heit·lich·keit <-> *f kein pl* ❶ (*Gleichheit*) uniformity ❷ (*Geschlossenheit*) unity; *von Design, Gestaltung* standardization, homogeneity

Ein·heits·klei·dung *f* uniform **Ein·heits·preis** *m* standard [*or* uniform] price **Ein·heits·ta·rif** *m* standard [*or* uniform] tariff, flat rate **Ein·heits·wäh·rung** *f* single currency

ein|hei·zen *vi* ❶ (*gründlich heizen*) to turn the heater on, to put the heating on BRIT; **tüchtig** ~ to turn the heating [*or* AM heater] right up ❷ (*fam: die Meinung sagen*) ■**jdm** ~ to haul sb over the coals [*or* AM rake]; (*zu schaffen machen*) to cause sb a lot of trouble

Ein·hei·zer(in) *m(f)* heater

ein·hel·lig ['ainhɛlɪç] **I.** *adj* unanimous **II.** *adv* unanimously

Ein·hel·lig·keit <-> *f kein pl* unanimity

ein·her|ge·hen *vi irreg sein* (*geh*) ■**mit etw** ~ to be accompanied by sth

ein|ho·len I. *vt* ❶ (*einziehen*) ■**etw** ~ to pull in sth *sep;* **eine Fahne/ein Segel** ~ to lower [*or sep* take down] a flag/sail ❷ (*anfordern*) ■**etw** ~ to ask for [*or* seek] sth; **eine Baugenehmigung** ~ to apply for planning permission [*or* AM a building permit] ❸ (*erreichen, nachholen*) ■**jdn/etw** ~ to catch up with sb/sth ❹ (*wettmachen*) ■**etw** [**wieder**] ~ to make up sth [again] **II.** *vt, vi* DIAL (*einkaufen*) ■[**etw**] ~ to go shopping [for sth]

Ein·ho·lung <-, -en> *f* ❶ (*das Herunterziehen*) lowering, taking down; **die** ~ **der Flagge** the lowering of the flag ❷ (*das Anfordern*) seeking, asking for; **die** ~ **einer Genehmigung** obtaining permission

Ein·horn ['ainhɔrn] *nt* unicorn

ein|hül·len *vt* (*geh*) ■**jdn/etw** [**in etw** *akk*] ~ to wrap [up] sb/sth [in sth]; ■**sich** [**in etw** *akk*] ~ to wrap oneself up [in sth]

ein·hun·dert ['ain'hʊndɐt] *adj* (*geh*) one hundred; *s. a.* **hundert**

ein·hun·dert·jäh·rig *adj* one hundred-year-old *attr;* **das** ~**e Bestehen von etw feiern** to celebrate the centenary [*or* centennial] of sth

ei·nig ['ainɪç] *adj* ❶ (*geeint*) united ❷ *pred* (*einer Meinung*) ■**sich** *dat* [**über etw** *akk*] ~ **sein/werden** to be in/reach agreement [on sth]; ■**sich** *dat* [**darüber** [*o* **darin**]] ~ **sein, dass ...** to be in agreement [*or* agreed] that ...

ei·ni·ge(r, s) ['ainɪgə] *pron indef* ❶ *sing, adjektivisch* (*ziemlich*) some; **aus** ~**r Entfernung** [from] some distance away; **nach** ~**r Zeit** after some time [*or* a [little] while]; **das wird** ~**s Geld kosten** that will cost quite a [*or* a fair] bit of money; (*etwas*) a little; **mit** ~**m guten Willen** with a little goodwill ❷ *sing, substantivisch* (*viel*) ■~**s** quite a lot; **ich könnte dir** ~**s über ihn erzählen** I could tell you a thing or two about him; **das wird aber** ~**s kosten!** that will cost a pretty penny!; **dazu gehört schon** ~**s an Mut** that takes some [*or* more than a little] courage ❸ *pl, adjektivisch* (*mehrere*) several; **mit Ausnahme** ~**r weniger** with a few exceptions; ~ **Mal** several times; **an** ~**n Stellen** in some places; **in** ~**n Tagen** in a few days; **vor** ~**n Tagen** a few days ago, the other day ❹ *pl, substantivisch* (*Menschen*) some; ~ **von euch** some of you; **er hat es** ~**n erzählt** he has told some of them; (*Dinge*) some; [**nur**] ~ **davon** [only [*or* just]] a few of them; ~ **wenige** a few

ein|igeln ['ainʔiːgl̩n] *vr* ■**sich** ~ ❶ (*sich zusammenrollen*) to curl up into a ball ❷ (*sich zurückziehen*) to shut oneself away ❸ MIL *Einheit, Truppen* to take up a position of all-round defence [*or* AM -se]

ei·ni·ge·mal^ALT *adv s.* **einige(r,s) 3**

ei·ni·gen ['ainɪgn̩] **I.** *vt* (*einen*) ■**etw** ~ to unite sth **II.** *vr* (*sich einig werden*) ■**sich** *akk* [**auf/über etw** *akk*] ~ to agree [*or* reach [an] agreement] [on sth]; ■**sich** [**dahingehend**] ~**, dass ...** to agree that ...

ei·ni·ger·ma·ßen ['ainɪgɐ'maːsn̩] **I.** *adv* ❶ (*ziemlich*) fairly; **mit etw** ~ **zufrieden sein** to be reasonably happy with sth; **darin kenne ich mich** ~ **aus** I know my way around this subject to some extent [*or* degree] ❷ (*leidlich*) all right, OK *fam,* okay *fam;* **wie geht's dir? –** ~ how are you? – all right [*or* okay] [*or* not [too] bad]; **er hat die Prüfung so** ~ **geschafft** he did reasonably well [*or* all right] in the exam **II.** *adj pred* (*fam: leidlich*) all right, OK *fam,* okay *fam;* **dein Zeugnis ist immerhin** ~ your report is at least not too bad

ei·ni·ges *pron s.* **einige**

ei·nig|ge·hen *vi irreg sein* **mit jdm** [**in etw** *dat*] ~ to agree [*or* be agreed] with sb [on sth]

Ei·nig·keit <-> ['ainɪçkait] *f kein pl* ❶ (*Eintracht*) unity ❷ (*Übereinstimmung*) agreement; **es herrscht** ~ **darüber, dass ...** there is agreement that ... ▶WENDUNGEN: ~ **macht stark** (*prov*) unity is strength *prov,* strength through unity *prov*

Ei·ni·gung <-, -en> *f* ❶ POL (*das Einigen*) unification ❷ (*Übereinstimmung*) agreement; **gütliche** ~ amicable settlement; JUR

settlement out of court; [eine] ~ [über etw *akk*] erzielen to reach [an] agreement [*or* settlement] [on sth]
Ei·ni·gungs·ver·trag *m* POL unification treaty
ein|imp·fen *vt* ■**jdm etw** ~ to drum sth into sb; ■**jdm ~, dass** to drum into sb that
ein|ja·gen *vt* **jdm Angst/Furcht/Schrecken** ~ to scare/frighten/terrify sb
ein·jäh·rig, 1-jäh·rigRR ['ainjɛːrɪç] *adj* ❶ (*Alter*) one-year-old *attr,* one year old *pred; s. a.* **achtjährig 1** ❷ BOT (*ein Jahr alt werdend*) annual ❸ (*Zeitspanne*) one-year *attr,* [of] one [*or* a] year *pred; s. a.* **achtjährig 2**
Ein·jäh·ri·ge(r), 1-Jäh·ri·ge(r)RR *f(m) dekl wie adj* one-year-old
ein|kal·ku·lie·ren* *vt* ❶ (*mit einbeziehen*) ■**etw [mit]** ~ to take sth into account; ■**[mit] ~, dass ...** to take into account that ..., to allow for the fact that ... ❷ (*mit einrechnen*) ■**etw [mit]** ~ to take sth into account, to include sth
ein|kap·seln ['ainkapsl̩n] **I.** *vt* PHARM ■**etw** ~ to encapsulate sth [*or* enclose sth in a capsule] **II.** *vr* MED ■**sich [in etw** *dat*] ~ *krankes Gewebe* to encyst itself [in sth]
ein|kas·sie·ren* *vt* ■**etw [bei/von jdm]** ~ ❶ (*kassieren*) to collect sth [from sb] ❷ (*fam: wegnehmen*) to confiscate sth [from sb]; **he, wer hat meinen neuen Füller einkassiert?** hey, who's pinched [*or* nicked] my new pen? *fam*
Ein·kauf *m* ❶ (*das Einkaufen*) shopping (**von** +*dat* of); **ich muss noch einige Einkäufe erledigen** I've still got a few [more] things to buy [*or* some [more] shopping to do]; **Einkäufe machen** [*o geh* **tätigen**] to do one's [*or* go] shopping ❷ (*eingekaufter Artikel*) purchase; **ein günstiger ~!** a good buy!; **ich stelle gleich die Einkäufe in der Küche ab** I'll take the shopping straight into the kitchen ❸ *kein pl* ADMIN (*Abteilung*) purchasing [*or* BRIT buying] [department]
ein|kau·fen I. *vt* (*käuflich erwerben*) ■**etw** ~ to buy sth; **etw billig/günstiger/teuer** ~ to buy sth cheaply/at a more favourable price/at an expensive price [*or* to pay little/less/a lot for sth] **II.** *vi* ■**[bei jdm/in etw** *dat*] ~ to shop [at sb's/sth]; ~ **gehen** to go shopping **III.** *vr* (*einen Anteil erwerben*) ■**sich in etw** *akk* ~ to buy [one's way] into sth
Ein·käu·fer(in) *m(f)* buyer, purchaser
Ein·kaufs·bum·mel *m* shopping trip [*or* expedition] **Ein·kaufs·lei·ter(in)** *m(f)* chief buyer [*or* purchaser] **Ein·kaufs·mög·lich·keit** *f* shopping facilities BRIT **Ein·kaufs·netz** *nt* string bag **Ein·kaufs·pas·sa·ge** [-pasaːʒə] *f* shopping arcade BRIT **Ein·kaufs·preis** *m* purchase price; **zum** ~ at cost [*or* price] **Ein·kaufs·quel·le** *f* **eine gute ~ für etw** a good place to buy sth **Ein·kaufs·stra·ße** *f* shopping [*or* BRIT pedestrian] precinct [*or* AM district] **Ein·kaufs·ta·sche** *f* shopping bag **Ein·kaufs·wa·gen** *m* [shopping] trolley [*or* AM cart] **Ein·kaufs·zei·le** *f* row of shops [*or* AM *usu* stores]; (*Haupteinkaufsstraße*) high [*or* AM main] street **Ein·kaufs·zen·trum** *nt* [out-of-town] shopping centre [*or* AM -er] [*or* mall] **Ein·kaufs·zet·tel** *m* shopping list
Ein·kehr <-> ['ainkeːɐ̯] *f kein pl* (*geh*) reflection; **innere** ~ contemplation [of oneself]; **jdn zur ~ bringen** to make sb reflect; ~ **halten** to search one's soul [*or* heart]
ein|keh·ren *vi sein* ❶ (*veraltend: besuchen*) ■**[irgendwo/in etw** *dat*] ~ to stop off [somewhere/at sth] ❷ (*geh: sich einstellen*) ■**[bei jdm] [wieder]** ~ to reign [again] [at sb's]; **hoffentlich kehrt bald [wieder] Ruhe ein** hopefully peace will reign [again] soon; (*kommen*) to set in; **der Herbst kehrt [wieder] ein** autumn is setting in [again]
ein|kei·len *vt s.* **eingekeilt**
ein·keim·blätt·rig *adj* BOT monocotyledonous
ein|kel·lern ['ainkɛlɐn] *vt* ■**etw** ~ to store sth in the/a cellar
ein|ker·ben *vt* ■**etw [in etw** *akk*] ~ to cut [*or* carve] sth in[to sth]
Ein·ker·bung *f* cutting, carving
ein|ker·kern ['ainkɛrkɐn] *vt* (*geh*) ■**jdn** ~ to incarcerate sb

ein|kes·seln ['ainkɛsl̩n] *vt* MIL ■**jd kesselt jdn/etw ein** sb surrounds [*or* encircles] sb/sth
Ein·kes·se·lung <-, -en> *f* MIL encirclement, surrounding
ein·klag·bar *adj* JUR actionable, recoverable at law, legally recoverable; **ein ~er Anspruch** a cause of action; **eine ~e Forderung** an actionable [*or* enforceable] claim
ein|kla·gen *vt* JUR ■**etw** ~ to sue for sth, to bring an action for [the recovery of] sth; **Euro 100** ~ to sue [sb] for 100 euros; **einen Anspruch** ~ to sue for a debt, to prosecute a claim
ein|klam·mern *vt* ■**etw** ~ to bracket sth, to put brackets around sth, to put sth in brackets
Ein·klang *m* (*geh*) harmony; **etw [mit etw/miteinander] in ~ bringen** (*etw in Übereinstimmung bringen*) to harmonize sth [with sth/with each other]; **in** [*o* **im**] ~ **mit etw stehen** to be in accord with sth; **im ~ mit jdm/etw** in harmony with sb/sth
ein|kle·ben *vt* ■**etw [in etw** *akk*] ~ to stick sth in[to sth]
ein|klei·den *vt* ❶ (*mit Kleidung ausstatten*) ■**jdn/sich [neu]** ~ to fit [*or* BRIT kit] out sb/oneself [with a [new] set of clothes] ❷ (*geh: fassen*) ■**etw in etw** *akk* ~ to couch sth in sth
Ein·klei·dung *f* fitting [*or* BRIT kitting] out [with a [new] set of clothes]
ein|klem·men *vt* ❶ (*quetschen*) ■**jdm etw** ~ *Daumen etc.* to catch sb's sth; ■**[sich** *dat*] **etw** ~ to catch [one's] sth; **die Fahrerin war hinter dem Steuer eingeklemmt** the driver was pinned behind the [steering] wheel ❷ (*festdrücken*) ■**etw [in etw** *akk*] ~ to clamp sth [in sth]; *s. a.* **Bruch, Schwanz**
ein|kli·cken *vr* INET (*fam*) ■**sich in etw** *akk* ~ *Webseite* to click in *fam*
ein|klin·ken ['ainklɪŋkn̩] **I.** *vt* ❶ (*mit der Klinke schließen*) ■**etw** ~ to latch sth ❷ (*einrasten lassen*) ■**etw [in etw** *akk*] ~ *Sicherheitsgurt, Verschluss* to hook sth in[to sth] **II.** *vi* to latch **III.** *vr* ■**sich in etw** *akk* ~ to work one's way into sth; INFORM to access sth
ein|kni·cken I. *vt haben* ❶ (*umbiegen, umknicken*) ■**etw [an etw** *dat*] ~ to crease sth [at [*or* along] sth] ❷ (*fast zerbrechen*) ■**etw** ~ to snap sth **II.** *vi sein* ❶ (*umknicken*) to buckle, to give way; **er knickte ständig in den Knien ein** his knees were constantly buckling [*or* giving way]; (*sich einwinkeln*) to turn; **mein Knöchel/Fuß knickt dauernd ein** I'm always going over on [*or* turning] my ankle ❷ (*einen Knick bekommen*) ■**[an etw** *dat*] ~ to crease [along sth]; **an der Ecke** ~ to crease [at] the corner ❸ (*nachgeben, umfallen*) to give way
ein·knöpf·bar *adj* MODE button-in
ein|knöp·fen *vt* ■**etw [in etw** *akk*] ~ to button sth in[to sth]
ein|knüp·peln *vi* ■**[mit etw] auf jdn** ~ to beat [*or* club] [*or* cudgel] sb [with sth]
ein|ko·chen I. *vt haben* KOCHK ■**etw** ~ to preserve sth **II.** *vi sein* KOCHK to thicken
Ein·koch·topf *m* preserving pan
ein|kom·men *vi irreg sein* (*geh*) ■**[bei jdm] um etw** ~ to apply [to sb] for sth
Ein·kom·men <-s, -> *nt* income *no pl*
Ein·kom·mens·ein·bu·ße *f* loss of income [*or* earnings] **Ein·kom·mens·ge·fäl·le** *nt* disparity of income **Ein·kom·mens·gren·ze** *f* FIN income limit **Ein·kom·mens·grup·pe** *f* income bracket **ein·kom·mens·schwach** *adj* FIN low-income *attr* **ein·kom·mens·stark** *adj* FIN high-income *attr*
Ein·kom·men·steu·er *f* income tax
Ein·kom·men·steu·er·be·scheid *m* income tax assessment **Ein·kom·men·steu·er·er·klä·rung** *f* income tax return [*or* declaration] **ein·kom·men·steu·er·pflich·tig** *adj* FIN liable to [pay] income tax
Ein·kom·mens·ver·hält·nis·se *pl* income levels *pl* **Ein·kom·mens·ver·tei·lung** *f kein pl* distribution of income
ein|krei·sen *vt* ❶ (*einkringeln*) ■**etw** ~ to circle sth, to put a circle round sth ❷ (*umschließen*) ■**jdn/ein Tier** ~ to surround sb/an animal ❸ (*eingrenzen*) ■**etw** ~ to circumscribe

E

vorschlagen, einladen

vorschlagen	suggesting
Wie wär's, wenn wir heute mal ins Kino gehen würden?	**How about** going to the cinema today?
Wie wär's mit einer Tasse Tee?	**How about** a cup of tea?
Was hältst du davon, wenn wir mal eine Pause machen würden?	**What do you think about** having a break now?
Hättest du Lust, spazieren zu gehen?	**Would you like** to go for a walk?
Ich schlage vor, wir vertagen die Sitzung.	**I suggest** we postpone the meeting.
einladen	**inviting**
Besuch mich doch, ich würde mich sehr freuen.	**Do come and visit (me)**, I'd be delighted.
Nächsten Samstag lasse ich eine Party steigen. **Kommst du auch**? *(fam)*	I'm having a party next Saturday. **Will you come**?
Darf ich Sie zu einem Arbeitsessen **einladen**?	**May I take you out for** a working lunch/dinner?
Ich würde Sie gern zum Abendessen **einladen.**	**I'd like to invite you round** *(at home)*//**out** *(in a restaurant)* for dinner.

sth *form*

Ein·krei·sung <-, -en> *f* surrounding, encirclement; *einer Frage, eines Problems* circumscription *form*

ein|krie·gen *vr meist verneint* (*fam*) **sich nicht** [**mehr**] ~ [**können**] to not be able to contain oneself [any more]; **krieg dich wieder ein!** get a grip on yourself!

ein|krin·geln *vt* ■**etw** ~ to circle sth, to put a circle round sth

Ein·künf·te ['ainkʏnftə] *pl* income *no pl*

ein|kup·peln *vi* to engage the clutch

ein|la·den[1] *irreg* **I.** *vt* ❶ (*zum Besuch auffordern*) ■**jdn** [**zu etw/in etw** *akk*] ~ to invite sb [to sth]; **ich bin zu meinem Cousin in die USA eingeladen** my cousin [who lives] in the USA has invited me to stay with him; **wir sind morgen eingeladen** we've been invited out tomorrow ❷ (*kostenlos teilnehmen lassen*) ■**jdn zu** [*o* DIAL **auf**] **etw** *akk*/**in etw** *akk* ~ to invite sb for/[out] to sth; **jdn zum Essen** ~ to take sb out to [*or* invite sb [out] for] dinner; **jdn ins Theater** ~ to invite [*or* take] sb to the theatre [*or* AM -er]; **ich lade dich ein** it's my treat [*or* on me]; **darf ich Sie zu einem Wein ~?** can I get you a glass of wine?; ■**eingeladen sein** to be invited [*or* asked] out; **du bist eingeladen** this is on me [*or* my treat] **II.** *vi* (*geh*) ■**etw lädt zu etw ein** sth invites [*or* tempts] one to do sth

ein|la·den[2] ['ainla:dn̩] *vt irreg* (*in etw laden*) ■**etw** [**in etw** *akk*] ~ to load sth in[to sth]

ein·la·dend I. *adj* ❶ (*auffordernd*) inviting *attr* ❷ (*appetitlich*) appetizing **II.** *adv* invitingly

Ein·la·dung *f* ❶ (*Aufforderung zum Besuch*) invitation; **einer ~ Folge leisten** (*geh*) to accept an invitation ❷ (*Einladungsschreiben*) [letter of] invitation

Ein·la·dungs·kar·te *f* invitation [card] **Ein·la·dungs·schrei·ben** *nt* [letter of] invitation

Ein·la·ge <-, -n> *f* ❶ (*eingezahltes Geld*) deposit ❷ FIN investment ❸ (*Schuh~*) insole ❹ KUNST inlay, inlaid work; **Elfenbein mit ~n aus Silber** ivory inlaid with silver ❺ THEAT interlude ❻ KOCHK *solid ingredients* [*such as noodles, egg, vegetables etc.*] *added to soup* ❼ (*Beilage*) enclosure; **etw als ~ in einen Brief legen** to enclose sth in a letter ❽ (*provisorische Zahnfüllung*) temporary filling

ein|la·gern *vt* ■**etw** ~ to store sth, to put down a store of sth BRIT; ■**eingelagert** stored

Ein·la·ge·rung *f* ❶ (*das Einlagern*) *Kartoffeln* storing, storage ❷ CHEM, GEOL deposit

ein|lan·gen *vi sein* ÖSTERR (*eintreffen*) to arrive

Ein·lass[RR] <-es, Einlässe> *m*, **Ein·laß**[ALT] <-sses, Einlässe> ['ainlas, *pl* 'ainlɛsə] *m* ❶ *kein pl* (*Zutritt*) admission; (*zu einem privaten Ort*) admittance; **jdm ~ verweigern** to refuse sb admission [*or* admittance]; ~ [**in etw** *akk*] **begehren** to seek admission [to sth]; ~ **finden** to be allowed in [*or* admitted], to gain admission; **auf ~ warten** to want to be let in; **jdm ~** [**in etw** *akk*] **gewähren** to allow [*or* let] sb in[to sth], to admit sb [to sth]; **sich** *dat* ~ [**in etw** *akk*] **verschaffen** to gain admission [to sth]; (*mit Gewalt*) to force one's way in[to sth] ❷ TECH inlet

ein|las·sen *irreg* **I.** *vt* ❶ (*eintreten lassen*) ■**jdn** ~ to let sb in, to admit sb ❷ (*einströmen lassen*) ■**etw** ~ to let sth in ❸ (*einlaufen lassen*) ■**etw in etw** *akk* ~ to run sth into sth; **jdm ein Bad** [*o* **das Badewasser**] ~ to run sb a bath, to run [*or dated* draw] sb's bath *form;* ■**sich** *dat* **etw** ~ *Bad* to run [oneself] sth ❹ (*einfügen*) ■**etw** [**in etw** *akk*] ~ to set sth [in sth]; **einen Edelstein in etw ~** to set [*or* mount] a stone in sth **II.** *vr* ❶ (*auf etw eingehen*) ■**sich** *akk* **auf etw** *akk* ~ to get involved in sth; **sich** *akk* **auf ein Abenteuer ~** to embark on an adventure; **sich auf ein Gespräch/eine Diskussion ~** to get involved in [*or* enter into] a conversation/discussion; **sich** *akk* **auf einen Kompromiss ~** to accept a compromise ❷ (*bes pej: Kontakt aufnehmen*) ■**sich** *akk* **mit jdm ~** to get involved [*or* mixed up] with sb ❸ JUR ■**sich** *akk* [**zu etw**] ~ to make a statement about sth

Ein·las·sung <-, -en> *f* JUR statement, testimony

Ein·lauf *m* ❶ MED enema; **jdm einen ~ machen** to give sb an enema ❷ *kein pl* SPORT run-in, finish; **beim ~ in die Zielgerade** entering the home [*or* finishing] straight

ein|lau·fen *irreg* **I.** *vi sein* ❶ (*schrumpfen*) to shrink; ■**eingelaufen** shrunk[en] ❷ (*hineinströmen*) to run; **das Badewasser läuft schon ein** the bathwater's running; [**jdm**] **ein Bad** [*o* **das Badewasser**] ~ **lassen** to run [*or form* draw] [sb] a bath ❸ (*eintreffen*) ■[**bei jdm**] ~ *Bewerbungen, Spenden* to be received [by sb], to arrive [*or* come in] ❹ SPORT to run in; ■**auf etw** *akk*/**in etw** *akk* ~ to run towards sth/into sth; **in die Zielgerade ~** to enter [*or* come into] the finishing [*or* home] straight; **als Erster ~** to finish [*or* come in] first ❺ (*einfahren*) ■[**in etw** *akk*] ~ to enter [sth], to arrive; **das Schiff läuft in den Hafen ein** the ship is sailing [*or* putting] into harbour **II.** *vt haben* (*durch Tragen anpassen*) ■**etw** ~ to wear sth in; ■**eingelaufen** worn-in

ein|läu·ten *vt* ❶ (*durch Läuten anzeigen*) ■**etw** ~ to ring sth in

② SPORT ■ **etw** ~ to sound the bell for sth
ein|le·ben *vr* ■ **sich [bei jdm/in etw** *dat o akk*] ~ to settle in [with sb/in sth], to feel at home [with sb/in sth] *fam*
Ein·le·ge·ar·beit *f* ① (*Möbelstück mit Intarsien*) furniture with marquetry [*or* inlaid work] ② (*Intarsie*) inlay, inlaid work *no pl,* marquetry *no pl*
ein|le·gen *vt* ① (*hineintun*) ■ **etw [in etw** *akk*] ~ to put sth in [sth], to lay [*or form* place] sth in sth; **eine Kassette/eine CD** ~ to put on a cassette/a CD; **einen Film [in etw]** ~ to put a film in [sth], to insert a film [in sth]; **einen Film in die Kamera** ~ to put [*or* load] a film into the camera, to load the camera [with a film]; ■ **eingelegt** inserted *form* ② AUTO to engage *form;* **den zweiten Gang** ~ to engage second gear, to change [*or* put it] into second [gear]; ■ **eingelegt** engaged *form* ③ KOCHK ■ **etw [in etw** *dat o akk*] ~ to pickle sth [in sth]; **eingelegte Heringe/Gurken** pickled herrings/gherkins ④ (*zwischendurch machen*) **eine Pause** ~ to have [*or* take] a break [*or fam* breather]; **eine Mittagspause** ~ to have [*or* take] a lunch break; **ein Schläfchen** ~ to have forty winks ⑤ (*einreichen*) **ein Veto** ~ to exercise [*or* use] a veto; **einen Protest [bei jdm]** ~ to lodge [*or* make] a protest [with sb]; **einen Vorbehalt** ~ to add a proviso; JUR to file sth; **etw bei einem Gericht** ~ to file sth at a court; **Berufung** ~ to [lodge an] appeal; ■ **eingelegt** filed ⑥ FIN (*einzahlen*) ■ **etw [in etw** *akk*] ~ to deposit sth [in sth], to invest sth [in sth] ⑦ (*intarsieren*) ■ **etw** ~ to inlay sth; ■ **eingelegt** inlaid
Ein·le·ge·soh·le *f* inner sole, insole
ein|lei·ten *vt* ① (*in die Wege leiten*) ■ **etw [gegen jdn]** ~ to introduce sth [against sb]; **Schritte [gegen jdn]** ~ to take steps [against sb]; JUR to initiate [*or* institute] sth [against sb]; **einen Prozess [gegen jdn]** ~ to start proceedings [against sb]; ■ **eingeleitet** initiated, instituted ② MED (*künstlich auslösen*) ■ **etw** ~ to induce sth ③ (*eröffnen*) ■ **etw [mit etw]** ~ to open [*or* begin] [*or form* commence] sth [with sth] ④ (*beginnen lassen*) ■ **etw** ~ to usher sth in, to introduce sth ⑤ (*einleitend kommentieren*) ■ **etw** ~ *Buch, Werk* to preface sth ⑥ (*hineinfließen lassen*) ■ **etw in etw** *akk* ~ to empty sth into sth; **Abwässer in einen Fluss** ~ to discharge effluent into a river
ein·lei·tend I. *adj* introductory, opening **II.** *adv* as an introduction [*or* opening]; **wie ich ~ bereits bemerkte, ...** as I have already said in my introduction, ...
Ein·lei·tung *f* ① ADMIN introduction; **die ~ eines Verfahrens** the institution of proceedings; **die ~ einer Untersuchung** the opening of an inquiry [*or* investigation] ② (*Vorwort*) introduction, preface ③ ÖKOL ■ **die ~ von etw [in etw** *akk*] the discharge [*or* emptying] of sth [into sth]
ein|len·ken *vi* ① (*nachgeben*) ■ **[in etw** *dat*] ~ to give way [*or* in] [in sth], to make concessions [in sth], to capitulate *form,* to yield [in sth] *liter;* ■ **das E~** giving way [*or* in], concession-making, capitulation *form,* yielding *liter;* **jdn zum E~ bringen** to persuade sb to give way [*or* make concessions] ② (*in eine andere Richtung fahren*) ■ **[in etw]** ~ *Straße* to turn [*or* go] [into sth]
ein|le·sen *irreg* **I.** *vt* INFORM ■ **etw [in etw** *akk*] ~ *Daten, Informationen* to read sth in[to sth] **II.** *vr* (*durch Lesen vertraut werden*) ■ **sich** *akk* **in etw** *akk* ~ to familiarize oneself with sth; **sich in ein Buch** ~ to get into a book
ein|leuch·ten *vi* ■ **[jdm]** ~ to be clear [*or* logical] [to sb], to make sense [to sb]; **das leuchtet mir ein** I can see [*or* understand] that; ■ **es leuchtet [jdm] ein, dass ...** it makes sense [to sb] that ...; **es will mir einfach nicht ~, dass ...** I just don't understand why ...
ein·leuch·tend I. *adj* clear, logical, evident; **ein ~es Argument** a persuasive [*or* convincing] argument; **eine ~e Erklärung** a plausible explanation **II.** *adv* clearly, logically
ein|lie·fern *vt* ① (*stationär aufnehmen lassen*) ■ **jdn [in etw** *akk*] ~ *ins Gefängnis, Krankenhaus* to admit sb [to sth]; ■ **eingeliefert** admitted ② JUR **jdn in eine Haftanstalt** ~ to send [*or form* commit] sb to prison; ■ **eingeliefert** imprisoned ③ (*aufgeben*) ■ **etw [bei etw]** ~ to hand sth in [at sth]
Ein·lie·fe·rung *f* ① MED admission ② JUR committal [to prison], internment ③ (*von Sendungen*) *Brief, Paket etc.* handing-in
Ein·lie·fe·rungs·schein *m* certificate of posting BRIT, postal receipt AM
ein|lo·chen *vt* ① (*sl: inhaftieren*) ■ **jdn [wegen etw]** ~ to lock sb up [*or* away] [for sth] *fam,* to put sb away [*or* behind bars] [for sth] *fam* ② SPORT *Golf* to hole [out] BRIT; *Billard, Snooker* to pot
ein|log·gen ['ainlɔgn̩] *vi* ■ **[sich] [in etw** *akk*] ~ *System* to log in [*or* on] [to sth]
ein·lös·bar *adj* redeemable; **ein ~er Gutschein** a [redeemable] coupon [*or* voucher]; ■ **etw ist [gegen etw]** ~ sth can be exchanged [for sth]; **etw ist gegen Geld** ~ sth can be cashed in
ein|lö·sen *vt* ① (*vergüten*) ■ **etw** ~ to honour [*or* AM -or] sth, to meet sth; **einen Scheck** ~ to honour a cheque BRIT, to honor [*or* cash] a check AM ② (*auslösen*) ■ **etw [bei jdm]** ~ to redeem sth [from sb]; **ein Pfand** ~ to redeem a pledge ③ (*wahr machen*) ■ **etw** ~ to honour [*or* AM -or] sth; **ein Versprechen** ~ to keep a promise
Ein·lö·sung *f* ① (*das Vergüten*) payment; **einen Schuldschein/Scheck zur ~ vorlegen** to present a promissory note/cheque for payment ② (*Auslösung*) redemption; **die ~ eines Schmuckstücks** the redemption of a piece of jewellery ③ (*das Wahrmachen*) ■ **die ~ von etw** the honouring [*or* AM -oring] of sth, the keeping of sth; **muss ich dich erst an die ~ deines Wortes erinnern?** do I have to remind you what you promised [*or* of your promise]?
ein|lul·len ['ainlʊlən] *vt* ① (*schläfrig machen*) ■ **jdn** ~ to lull sb to sleep; ■ **~d** *als adj verwendet* lullaby-like; *als adv verwendet* like a lullaby ② (*willfährig machen*) ■ **jdn [mit etw]** ~ to lull sb into a false sense of security [with sth]
ein|ma·chen I. *vt* ■ **etw** ~ to preserve sth; **Obst** ~ to can [*or* BRIT bottle] fruit; **Kompott/Marmelade** ~ to make fruit compote [*or* marmalade]/jam; **etw in Essig** ~ to pickle sth; ■ **eingemacht** preserved, bottled **II.** *vi* to bottle up, to make jam, to preserve [sth]
Ein·mach·glas *nt* [preserving] jar **Ein·mach·ring** *m* [rubber] seal **Ein·mach·zu·cker** *m* preserving sugar
ein·mal[1], **1-mal**[RR] ['ainma:l] *adv* ① (*ein Mal*) once; *s. a.* **achtmal** ② (*ein einziges Mal*) once; **~ am Tag/in der Woche/im Monat** once a day/week/month; **wenn du auch nur ~ [*o* ein Mal] auf mich hören würdest** if you would only listen to me, just once; **das gibt's nur ~** (*fam*) it's [really] unique, it's a one-off; **~ Hamburg und zurück, bitte** one return to Hamburg, please; **~ Tee und zwei Kaffee, bitte!** one tea and two coffees, please!; **auf ~** all at once, suddenly, all of a sudden; (*an einem Stück*) all at once; **~ mehr** once again; **~ [*o* ein Mal] und nie wieder** once and once only [*or* and never again] ③ (*mal*) first; **~ sagst du dies und dann wieder das** first you say one thing and then another; *s. a.* **noch, schon** ④ (*irgendwann, früher*) once, once upon a time *hum;* **sie waren ~ glücklich** they used to be happy [once]; **es war ~** once upon a time; **das war ~!** that's over!, that's a thing of the past! ⑤ (*irgendwann, später*) sometime, one of these days *fam;* **du wirst ~ an meine Worte denken!** you'll remember my words one day!; **es kommt ~ der Tag, an dem ...** the day will come when ...; **ich will ~ Pilot werden** I want to be a pilot [some day] ▶ WENDUNGEN: **~ ist keinmal** (*prov*) just once doesn't count
ein·mal[2] ['ainma:l] *part* ① (*eben*) **so liegen die Dinge nun ~** that's the way things are; **alle ~ herhören!** listen, everyone!; **sag ~, ist das wahr?** tell me, is it true?; **sei doch ~ so lieb und reiche mir die Kaffeekanne!** could you just pass me the pot of coffee?; **komm doch ~ her!** come here a minute!; **kannst du ~ halten?** can you hold onto this for a minute?; **kannst du mir bitte ~ den Zucker geben?** could you please

E

pass me the sugar?; *s. a.* **nun** ❷ (*einschränkend*) **nicht** ~ not even; **er hat sich nicht ~ bedankt** he didn't even say thank you; **wieder ~** [once] again

Ein·mal·be·steck *nt* disposable cutlery, plastic knives, forks and spoons

Ein·mal·eins <-> [ainma:lˈʔains] *nt kein pl* ❶ ■**das ~** [multiplication] tables *pl;* **er kann bereits das ~** he already knows his tables; **das kleine/große ~** the tables from one to ten/eleven to twenty, the one to ten/eleven to twenty times tables ❷ (*die Grundzüge*) basics *pl* ❸ (*Routinearbeit*) **das tägliche ~ eines Anwalts** a lawyer's routine [*or* bread-and-butter] work

Ein·mal·ge·schirr *nt* disposable crockery, paper/plastic plates etc. **Ein·mal·hand·schuh** *m* disposable glove **Ein·mal·hand·tuch** *nt* disposable towel

ein·ma·lig [ˈainma:lɪç] **I.** *adj* ❶ (*nicht wiederkehrend*) unique, unparalleled, unequalled; **ein ~es Angebot** a unique [*or* an exclusive] offer; **eine ~e Chance** [*o* **Gelegenheit**] **haben** to have a unique opportunity [*or* a once-in-a-lifetime chance] ❷ (*nur einmal getätigt*) once only, single; **eine ~e Zahlung** a one-off payment, payment of a lump sum; **eine ~e Anschaffung** a one-off [*or* non-recurring] purchase; *s. a.* **achtmalig** ❸ (*fam: ausgezeichnet*) unique, second to none, unsurpassed *form;* **eine ~e Leistung** an outstanding achievement; ■**etwas E~es** something unique ❹ (*fam: göttlich, köstlich*) terrific *fam,* fantastic *fam,* far-out *sl;* **der Kerl ist ~!** the lad is quite a character [*or* really something]! **II.** *adv* (*besonders*) really; **~ gut** exceptional; **dieses Gericht schmeckt ~ gut** this dish tastes out of this world *fam;* **~ schön** of singular beauty *liter,* uniquely beautiful *form,* really fantastic [*or* superb] *fam*

Ein·ma·lig·keit <-> *f kein pl* uniqueness

Ein·mal·sprit·ze *f* disposable syringe **Ein·mal·win·del** *f* disposable nappy [*or* AM diaper]

Ein·mann·be·trieb *m* ❶ (*Einzelunternehmen*) one-man business [*or* [*or fam* show] company] ❷ TRANSP one-man operation **Ein·mann·bus** *m* one-man bus, bus with a one-man crew

Ein·mark·stück [ainˈmarkʃtʏk] *nt* one-mark coin [*or* piece]

Ein·marsch *m* ❶ (*das Einmarschieren*) invasion; ■**jds ~ in etw** *akk* sb's invasion of sth ❷ (*Einzug*) entrance; ■**jds ~** [**in etw** *akk*] sb's entrance [into sth]

ein|mar·schie·ren* *vi sein* ❶ (*in etw marschieren*) ■[**in etw** *akk*] ~ to invade [sth] ❷ (*einziehen*) ■**in etw** *akk* ~ to march into sth; ■**~d** marching

ein|mas·sie·ren* *vt* ■**etw ~** *akk* to rub sth in; ■[**jdm**] **etw in etw** *akk* ~ to rub sth into [sb's] sth; **Kurspülung in das Haar ~** to work [*or* massage] conditioner into the hair; **Massageöl in die Haut ~** to massage oil into the skin

ein|mau·ern *vt* ❶ (*einlassen*) ■**etw** [**in etw** *akk*] **mit ~** to build [*or* embed] [*or* fix] sth [into sth] ❷ (*ummauern*) ■**jdn/etw** [**in etw** *akk*] ~ to wall sb/sth up [in sth], to immure sb/sth [in sth] *form o liter*

Ein-Me·ga·bit-Chip [-ˈme:gabɪt tʃɪp] *m* INFORM one-megabit chip

ein|mei·ßeln *vt* ■**etw** [**in etw** *akk*] ~ to carve sth [into sth] [with a chisel]; ■**eingemeißelt** carved, chiselled BRIT, chiseled AM

Ein·me·ter·brett [ainˈme:tɐbrɛt] *nt* one-metre [*or* AM -er] [diving] board

ein|mie·ten *vr* ■**sich** [**bei jdm/in etw** *dat*] ~ to move into accommodation [with sb/in sth]; **sich bei einer Familie ~** to lodge with a family, to find lodgings [*or esp* BRIT *fam* digs] with a family

ein|mi·schen *vr* (*eingreifen*) ■**sich** [**bei etw/in etw** *akk*] ~ to interfere [in sth]; **misch dich ja nicht ein!** don't interfere [*or fam* meddle] [*or fam* poke your nose in [where it's not wanted]]!; (*um zu schlichten*) to intervene [in sth]

Ein·mi·schung *f* (*das Eingreifen*) ■**jds ~ in etw** *akk* sb's interference [*or fam* meddling] in sth; (*um zu schlichten*) sb's intervention in sth

ein·mo·na·tig *adj attr* ❶ (*einen Monat dauernd*) one-month *attr,* lasting one month *pred;* **eine ~e Unterbrechung** a break [*or* an interval] of one month; **~e Dauer** one month's duration ❷ (*einen Monat alt*) one-month-old *attr,* one month old *pred*

ein·mo·nat·lich **I.** *adj* monthly **II.** *adv* monthly, once a month

ein|mon·tie·ren* *vt* ■**etw ~** to instal[l] sth; ■**etw in etw** *akk* ~ to put sth into sth, to mount sth in sth; ■**etw** [**in etw** *akk*] **wieder ~** to replace sth [in sth]

ein·mo·to·rig *adj Flugzeug* single-engined

ein|mot·ten [ˈainmɔtn̩] *vt* ❶ MIL ■**etw ~** to mothball [*or* BRIT cocoon] sth; ■**eingemottet** mothballed, cocooned BRIT ❷ (*einlagern*) ■**etw ~** *akk* to put sth in mothballs

ein|mum·me(l)n *vt* (*fam: einhüllen*) ■**jdn** [**in etw** *akk*] ~ to wrap sb up [warm] [in sth]; ■**eingemummt** wrapped up, muffled; ■**sich ~** to wrap up [warm]; **sich ganz dick** [*or* gut] [*or* warm] ~ to wrap up warmly [*or* well]

ein|mün·den *vi sein* ❶ (*auf etw führen*) ■**in etw** *akk* ~ to lead into sth, to join sth, to intersect with sth; ■**~d: achten Sie bitte auf die von rechts ~de Straße!** please watch out for the road joining from the right! ❷ (*in etw münden*) ■**in etw** *akk* ~ to empty [*or* discharge] [*or* flow] into sth

Ein·mün·dung *f* ❶ (*Einfahrt*) entry, road leading up to a junction; **die ~ in die Autobahn** the slip road to the motorway BRIT, the entrance to the highway AM ❷ (*Mündung*) *Fluss* confluence

ein·mü·tig [ˈainmy:tɪç] **I.** *adj* unanimous **II.** *adv* unanimously, with one voice *liter;* **~ zusammenstehen** to stand united

Ein·mü·tig·keit <-> *f kein pl* unanimity, solidarity

ein|nä·hen *vt* MODE ❶ (*in etw nähen*) ■**etw** [**in etw** *akk*] ~ to sew sth [into sth]; ■**eingenäht** sewn in ❷ (*enger machen*) ■**etw ~** to take sth in

Ein·nah·me <-, -n> [ˈainna:mə] *f* ❶ FIN earnings; *bei einem Geschäft* takings *npl* BRIT; *bei einem Konzern* receipts *pl; bei einem Individuum* income *no pl; bei dem Staat* revenue[s]; **~n und Ausgaben** income and expenditure ❷ *kein pl* (*geh: das Einnehmen*) *Arzneimittel, Mahlzeiten* taking ❸ (*Eroberung*) taking, capture

Ein·nah·me·quel·le *f* source of income; *des Staates* source of revenue; [**sich** *dat*] **zusätzliche ~n erschließen** to find additional sources of income

ein|neh·men *vt irreg* ❶ ÖKON ■**etw ~** *Geld* to take sth; *Steuern* to collect sth; ■**eingenommen** collected ❷ (*zu sich nehmen*) ■**etw ~** to take sth; **die Antibabypille ~** to be on the pill; **eine Mahlzeit ~** to have a meal ❸ (*geh: besetzen*) ■**etw ~** to take sth; **bitte, nehmen Sie Ihre Plätze ein** please take your seats [*or form* be seated] ❹ (*vertreten*) **einen Standpunkt ~** to hold an opinion [*or* a view]; ■**jd nimmt den Standpunkt ein, dass ...** sb takes the view that ...; **eine Haltung ~** to assume an attitude ❺ (*innehaben*) ■**etw ~** to hold [*or* occupy] sth; **die Stelle des Chefs ~** to take over the position of boss ❻ SPORT ■**etw ~** to hold sth; **Platz 5 in der Tabelle ~** to be lying fifth in the table ❼ (*erobern*) ■**etw ~** to take [*or* capture] sth; ■**eingenommen** taken, captured ❽ (*beeinflussen*) **jdn für sich** *akk* ~ to win favour [*or* AM -or] with sb, to charm sb; **jdn gegen sich/jdn/etw ~** to turn sb against oneself/sb/sth ❾ (*als Raum beanspruchen, ausfüllen*) to take up; **viel Platz ~** to take up a lot of space ❿ NAUT (*veraltend: laden*) to load

ein·neh·mend [ˈainne:mənt] *adj* charming, engaging; **~er Charme** engaging charm; **~es Lächeln** winning [*or* engaging] smile; **er war ein Mensch von ~em Wesen** he was a person with charming [*or* engaging] manners [*or* with winning ways]; **ihre Art war nicht sehr ~** she was rather unprepossessing; ■**etwas E~es** something charming [*or* engaging]

ein|ni·cken *vi sein* (*fam*) to doze [*or* drop] [*or* nod] off *fam*

ein|nis·ten *vr* ❶ (*sich niederlassen*) ■**sich bei jdm ~** to ensconce oneself [*or* to settle in] [with sb] ❷ (*sich festsetzen*) ■**sich** [**bei jdm**] ~ *Ungeziefer* to nest [*or* build a nest] [in sb's home] ❸ (*einwachsen*) ■**sich** ~ *Eizelle, Parasiten* to lodge

Ein·öde ['ainʔøːdə] *f* waste, wasteland; **eine menschenleere** ~ a deserted wasteland; **er lebt in der** ~ **des schottischen Hochlands** he lives in the wilds of the Scottish Highlands

Ein·öd·hof ['ainʔøːthoːf] *m* isolated [*or* secluded] [*or* out-of-the-way] farm

ein|ölen *vt* (*mit Öl bestreichen*) ■**etw** [**mit etw** *dat*] ~ to oil [*or* lubricate] [*or* grease] sth [with sth]; ■**jdn** ~ to put [*or* rub] oil on sb; ■**eingeölt** oiled, lubricated; ■**sich** *akk* ~ to put [*or* rub] oil on oneself, to rub oneself with oil; **sich mit Sonnenschutz** ~ to put suntan oil on [oneself], to rub suntan oil in[to one's skin]

ein|ord·nen I. *vt* ❶ (*einsortieren*) ■**etw** [**in etw** *akk*] ~ to put sth [in sth] in order, to organize sth [in sth]; **etw alphabetisch** ~ to file sth alphabetically ❷ (*klassifizieren*) ■**jdn/etw** [**unter etw** *dat*] ~ to classify sb/sth [under sth], to categorize sb/sth [under sth], to pigeonhole sb/sth, to put sb/sth under a certain heading *fam;* **ein Kunstwerk zeitlich** ~ to date a work of art II. *vr* ❶ (*sich einfügen*) ■**sich** [**in etw** *akk*] ~ to fit in[to sth], to integrate [into sth] ❷ (*Fahrspur wechseln*) ■**sich links/rechts** ~ to get into the left-/right-hand lane, to move [over] [*or* get] into the correct lane; **bitte** ~ get in lane

ein|pa·cken I. *vt* ❶ (*verpacken*) ■**etw** [**in etw** *akk*] ~ to wrap sth [in sth]; (*um zu verschicken*) to pack sth [*or* parcel sth up] [in sth]; (*um zu verkaufen*) to package sth; ■**etw** ~ **lassen** to have sth wrapped; ■**eingepackt** wrapped, packed, parcelled up, packaged ❷ (*einstecken*) ■[**jdm**] **etw** ~ to pack sth [for sb], to put sth in [for sb]; ■[**sich** *dat*] **etw** ~ to pack sth, to put sth in; ■**eingepackt** packed ❸ (*fam: einmummeln*) ■**jdn** [**in etw** *akk*] ~ to wrap sb up [in sth]; ■**sich** [**in etw** *akk*] ~ to wrap [oneself] up [in sth]; **sich in warme Kleidung** ~ to wrap [oneself] up warm ▸WENDUNGEN: **sich** [**mit etw**] ~ **lassen können** (*sl*) to pack up and go home [after/because of/with sth] *fig fam,* to pack it [all] in [*or* forget it] *fam* II. *vi* (*Koffer etc. füllen*) to pack [one's things] [up] ▸WENDUNGEN: ~ **können** (*sl*) to pack up and go home *fig fam,* to have had it *fam*

ein|par·ken I. *vi* ■[**irgendwie**] ~ to park [somehow]; **richtig** ~ to park correctly [*or* properly]; **rückwärts** ~ to back [*or* reverse] into a parking space BRIT; **vorwärts** ~ to pull into a parking space; ■**das E~** parking II. *vt* ■**etw** ~ to park sth; **etw rückwärts** ~ to back [*or* reverse] into a parking space BRIT; **etw vorwärts** ~ to pull into a parking space; ■**es lässt sich** [**irgendwie**] ~ it's ... to park; **dieser Wagen lässt sich schlecht** ~ this car's difficult to park

Ein·par·tei·en·re·gie·rung *f* one-party government **Ein·par·tei·en·staat** *m* one-party state **Ein·par·tei·en·sys·tem** [ain-par'taiənzʏsteːm] *nt* one-party system

ein|pas·sen I. *vt* ■**etw** [**in etw** *akk*] ~ to fit sth [into sth] II. *vr* ■**sich** [**in etw** *akk*] ~ to integrate [into sth], to adjust [oneself] [to sth]

ein|pau·ken *vt* (*fam*) ■**sich etw** ~ to cram [*or* BRIT *fam* bone up on] sth; ■**jdm etw** ~ (*veraltend*) to drum sth into sb's head

ein|pen·deln *vr* ■**sich** [**auf etw** *akk*] ~ to level off, to even out [at sth]; **sich auf ein bestimmtes Niveau** ~ to find a certain level, to even out at a certain level

ein|pen·nen *vi sein* (*sl*) to drop [*or* doze] [*or* nod] off *fam*

Ein·per·so·nen·haus·halt *m* (*geh*) one-person [*or* single-person] household **Ein·per·so·nen·stück** *nt* one-person show

ein|pfer·chen *vt* to cram in; **Tiere** [**in etw** *akk*] ~ to pen animals [in [sth]]; **Menschen** [**in etw** *akk*] ~ to coop people up [together] [in sth]; ■**eingepfercht** crammed in, penned [in], cooped up; **eingepfercht stehen/sitzen** to stand/sit packed together like sardines [in a can]

ein|pflan·zen *vt* ❶ (*in etw pflanzen*) ■**etw** [**in etw** *dat*] ~ to plant sth [in sth]; **etw wieder** ~ to replant sth; ■**eingepflanzt** planted ❷ MED ■[**jdm**] **etw** ~ to implant sth [in sb]

ein|pin·seln *vt* ❶ MED ■[**jdm**] **etw** [**mit etw** *dat*] ~ to swab [sb's] sth [with sth] ❷ KOCHK ■**etw** [**mit etw** *dat*] ~ to brush sth [with sth]

ein|pla·nen *vt* ❶ (*einbeziehen*) to plan, to schedule; ■**etw** [**mit**] ~ to take sth into consideration, to allow for sth ❷ (*im Voraus planen*) ■**etw** [**mit**] ~ to plan sth [in advance]

ein|pö·keln *vt* KOCHK (*zur Konservierung einsalzen*) ■**etw** ~ *Fleisch* to salt sth

ein|prä·gen I. *vr* ❶ (*sich etw einschärfen*) ■**sich** *dat* **etw** ~ to remember [*or* make a mental note of] sth, to fix sth in your memory; **sich die Formeln gut** ~ to really learn [*or* memorize] the formulae ❷ (*im Gedächtnis haften*) ■**sich jdm** ~ *Bilder, Eindrücke, Worte* to be imprinted on sb's memory, to be engraved in sb's mind; **die Worte haben sich mir unauslöschlich eingeprägt** the words made an indelible impression on me, I'll remember those words till the end of my days II. *vt* ❶ (*einschärfen*) ■**jdm etw** ~ to drum [*or* get] sth into sb's head *fam,* to drive sth home [to sb], to impress sth on sb; ■**jdm** ~, **etw zu tun** to urge sb to do sth ❷ (*in etw prägen*) ■**etw** [**in etw** *akk*] ~ *Inschrift, Muster* to imprint sth [on sth]; **etw in Metall** ~ to engrave sth on metal

ein·präg·sam ['ainprɛːkzaːm] *adj* easy to remember *pred;* ~**e Melodie** catchy melody [*or* tune]

ein|pro·gram·mie·ren* *vt* INFORM ■**etw** ~ *Daten* to program sth in; ■**einprogrammiert** programmed

ein|prü·geln I. *vt* (*fam*) ■**jdm etw** ~ to beat [*or* knock] sth into sb *fam* II. *vi* (*fam: immer wieder prügeln*) ■[**mit etw** *dat*] **auf jdn** ~ to beat up sb *sep* [with sth]

ein|pu·dern *vt* ■**sich** *dat* **etw** ~ to powder sth; **sich die Nase** ~ to powder one's nose; ■[**jdm**] **etw** ~ to powder [sb's] sth; **dem Baby den Po** ~ to powder the baby's bottom; ■**eingepudert** powdered

ein|quar·tie·ren* ['ainkvartiːrən] I. *vt* ❶ (*unterbringen*) ■**jdn** [**bei jdm**] ~ to put sb up [*or* house sb] [*or* find accommodation for sb] [with sb [*or* at sb's]] ❷ MIL ■**jdn irgendwo** ~ to billet sb somewhere II. *vr* ■**sich bei jdm** ~ to move in with sb

ein|rah·men *vt* ❶ (*in Rahmen fassen*) ■[**jdm**] **etw** ~ to frame sth [for sb]; **ein Foto** ~ **lassen** to have a photo framed; ■**eingerahmt** framed ❷ (*fam: links und rechts begleiten*) ■**jdn** ~ to flank sb ▸WENDUNGEN: **das kannst du dir** ~ **lassen!** (*fam*) you can hang that in the toilet! BRIT *fam*

ein|ram·men *vt* ■**etw** [**in etw** *akk*] ~ to ram [*or* drive] sth in[to sth] [*or* home]

ein|ras·ten *vi sein* to click home [*or* into place], to engage *form*

ein|räu·men *vt* ❶ (*in etw räumen*) ■**etw** [**in etw** *akk*] ~ to put sth away [in sth], to clear sth away [into sth]; **die Möbel** [**wieder**] ~ to move the furniture [back] in[to the room]; ■**das E~** putting away ❷ (*füllen*) ■**etw** ~ to fill sth; **der Schrank ist eingeräumt** the cupboard is full [up] ❸ (*mit Möbeln füllen*) ■[**jdm**] **etw** ~ to arrange sth [for sb]; **bei einem Umzug räumen einem die Packer das Haus gleich wieder ein** when you move, the packers set up everything again in the new house for you ❹ (*zugestehen*) ■[**jdm gegenüber**] **etw** ~ to concede [*or* acknowledge] sth [to sb]; ■[**jdm gegenüber**] ~, **dass ...** to admit [*or* acknowledge] [*or* concede] [to sb] that ... ❺ (*gewähren*) ■**jdm etw** ~ *Frist, Kredit* to give [*or* grant] sb sth ❻ (*zugestehen*) ■**jdm etw** ~ *Freiheiten, Rechte etc.* to allow [*or* grant] sb sth

ein|rech·nen *vt* ❶ (*mit einbeziehen*) ■**jdn** [**mit**] ~ to include sb, to count sb; **dich mit eingerechnet sind wir 9 Personen** counting [*or* including] you, there'll be 9 of us; ■**etw** [**mit**] ~ to allow for [*or* include] sth; **ich habe die Getränke noch nicht mit eingerechnet** I haven't allowed for the drinks yet ❷ (*als inklusiv rechnen*) ■**etw** [**mit**] ~ to include sth; **Steuer und Bedienung sind bereits mit eingerechnet** tax and service included

ein|re·den I. *vt* (*durch Reden glauben machen*) ■**jdm etw** ~ to talk [*or* persuade] sb into thinking sth; **wer hat dir denn diesen Unsinn eingeredet?** who told you that nonsense?; ■**jdm** ~, **dass ...** to talk sb into thinking that ...; **rede mir**

E

nicht immer ein, dass nur deine Meinung richtig sei! don't try and tell me that your opinion is the only right one! **II.** *vi* (*bedrängen*) ■**auf jdn** ~ to talk to sb in an insistent tone of voice, to keep on at sb *fam* **III.** *vr* (*sich etw immer wieder sagen*) ■**sich** *dat* **etw** ~ to talk [*or* persuade] oneself into thinking sth; **rede dir doch so was nicht ein!** put that idea out of your head!; ■**sich** ~**, dass ...** to talk [*or* persuade] oneself into thinking that ...

ein|reg·nen *vr impers* ■**es hat sich eingeregnet** the rain has set in

ein|rei·ben *vt irreg* ❶ (*in etw reiben*) ■[**jdm**] **etw irgendwo/irgendwohin** ~ to rub sth in[to] somewhere [for sb] [*or* into [sb's] somewhere]; **reibst du mir die Salbe hier am Rücken ein?** could you rub this cream into my back for me? ❷ (*einmassieren*) ■**jdn/sich** [**mit etw** *dat*] ~ to massage sb/oneself [with sth]; **jdn mit Sonnenöl** ~ to put suntan oil on sb; **sich mit Salbe** ~ to rub cream in[to oneself]; **sich mit Sonnenschutzöl** ~ to put on suntan oil; ■**sich** *dat* **etw mit etw** *dat* ~ to put sth on sth, to rub sth into sth

ein|rei·chen *vt* ❶ (*übersenden*) ■**etw** [**bei jdm**] ~ to submit [*or* present] sth [to sb], to send in sth *sep* [to sb]; **etw schriftlich** ~ to submit [*or* present] sth in writing; **etw persönlich** ~ to hand in sth *sep;* JUR to submit sth; ■**eingereicht** submitted ❷ (*darum bitten*) ■**etw** ~ to submit sth; **seine Kündigung** ~ to hand in [*or* tender] one's resignation; **eine Pensionierung/Versetzung** ~ to submit [*or* present] a request for retirement/a transfer

Ein·rei·chung <-, *selten* -en> *f* ❶ (*das Einreichen*) *Gesuch, Unterlagen* submission, presentation; JUR *Klage* submission ❷ (*die Beantragung*) submission, presentation; **die** ~ **seines Rücktritts** to hand in [*or* offer] one's resignation

ein|rei·hen I. *vt* (*zuordnen*) ■**jdn/etw irgendwie/unter etw** *akk* ~ to classify [*or fam* put] sb/sth somehow/under sth **II.** *vr* (*sich einfügen*) ■**sich in etw** *akk* ~ to join [*or* get into] sth; **sich in eine Schlange** ~ to join a queue, to get into line

Ein·rei·her <-s, -> *m* a single-breasted jacket

Ein·rei·se *f* (*das Einreisen*) entry [into a country]; **jdm die** ~ **verweigern** to refuse sb entry, to be refused entry; ■**jds** ~ **nach etw** *dat*/**in etw** *akk* sb's entry into sth

Ein·rei·se·be·stim·mun·gen *pl* entry requirements **Ein·rei·se·be·wil·li·gung** *f* entry approval **Ein·rei·se·er·laub·nis** *f* entry permit; **eine/keine** ~ **haben** to have/not have an entry permit **Ein·rei·se·ge·neh·mi·gung** *f* entry permit

ein|rei·sen *vi sein* (*geh*) ■[**nach etw** *dat*/**in etw** *akk*] ~ to enter [somewhere]; **in ein Land** ~ to enter a country

Ein·rei·se·ver·bot *nt* refusal of entry; ~ **haben** to have received a refusal of entry, to have been refused entry **Ein·rei·se·vi·sum** *nt* [entry] visa

ein|rei·ßen *irreg* **I.** *vi sein* ❶ (*einen Riss bekommen*) to tear; *Haut* to crack; ■**eingerissen** torn; **eingerissene Haut** cracked skin ❷ (*fam: zur Gewohnheit werden*) to become a habit; **etw** ~ **lassen** to make a habit of sth, to let sth become a habit; **wir wollen das hier gar nicht erst** ~ **lassen!** we don't want that kind of behaviour here! **II.** *vt haben* ❶ (*niederreißen*) ■**etw** ~ to tear [*or* pull] sth down, to demolish sth ❷ (*mit Riss versehen*) ■**etw** ~ to tear sth **III.** *vr haben* ■**sich** *dat* **etw** [**an etw** *dat*] ~ to tear the skin of sth [on sth]; **die Haut an dem Finger** ~ to cut [the skin on] one's finger

ein|rei·ten *irreg* **I.** *vt haben* ■**ein Pferd** ~ to break in a horse **II.** *vi sein* (*in etw reiten*) ■[**in etw** *akk*] ~ to ride in[to sth]

ein|ren·ken ['ainrɛŋkn̩] **I.** *vt* ❶ MED (*wieder ins Gelenk drehen*) ■[**jdm**] **etw** ~ to set [*or spec* reduce] sth [for sb]; **der Arzt hat ihm die Schulter** [**wieder**] **eingerenkt** the doctor [re]set his shoulder ❷ (*fam: bereinigen*) ■**etw** [**wieder**] ~ to straighten sth out [again], to iron sth out *fig,* to put things right [again], to sort sth out, to get sth sorted *sl* **II.** *vr* (*fam: ins Lot kommen*) ■**sich wieder** ~ to sort itself out, to straighten itself out; **das renkt sich schon wieder ein** it'll be all right

ein|ren·nen *irreg* **I.** *vr* (*fam: sich anstoßen*) ■**sich** *dat* **etw** [**an etw** *dat*] ~ to knock [*or fam* bash] sth [on sth]; **sich den Kopf/die Stirn an etw** ~ to crack [*or* knock] one's head/forehead on sth **II.** *vt* (*veraltend fam: einstoßen*) ■**etw** ~ to break down sth *sep; s. a.* **Tür**

ein|rich·ten I. *vt* ❶ (*möblieren*) ■[**jdm**] **etw** [**irgendwie**] ~ to furnish sth [somehow] [for sb]; **die Wohnung war schon fertig eingerichtet** the flat was already furnished; **etw anders** ~ to furnish sth differently; **etw neu** ~ to refurnish [*or* refit] sth; **eine Apotheke/eine Praxis/ein Labor** ~ to fit out *sep* [*or* equip] a pharmacy/surgery/laboratory; ■**irgendwie eingerichtet sein** to be furnished in a certain style, to have some kind of furniture; **antik eingerichtet sein** to have antique furniture; ■**irgendwie eingerichtet** somehow furnished; **ein gut eingerichtetes Büro** a well-appointed office *form* ❷ (*ausstatten*) ■[**jdm**] **etw** ~ to instal[l] sth [for sb]; **ein Spielzimmer/Arbeitszimmer** ~ to fit out [*or* furnish] a playroom/workroom ❸ (*gründen*) ■**etw** ~ to set up *sep* [*or* establish] [*or* open] sth; **einen Lehrstuhl** ~ to establish [*or* found] a chair; ■[**neu**] **eingerichtet** [newly] set-up [*or* established] [*or* opened]; ■**einzurichtend** to be set up [*or* established] [*or* opened] ❹ FIN ■[**jdm**] **etw** [**bei jdm**] ~ to open sth [for sb] [with sb]; **ein Konto bei einer Bank** ~ to open an account at a bank ❺ TRANSP ■**etw** ~ to open [*or* establish] [*or* start] sth ❻ (*arrangieren*) ■**es** ~**, dass ...** arrange [*or* fix] it so that ...; **es lässt sich** ~ that can be arranged [*or* BRIT fixed [up]]; **wenn es sich irgendwie** ~ **lässt, dann komme ich** if it can be arranged, I'll come ❼ (*bearbeiten*) *Musikstück* to arrange; *Theaterstück, Text* to adapt ❽ MED ■[**jdm**] **etw** ~ to set sth [for sb]; **einen gebrochenen Arm** ~ to set a broken arm ❾ (*vorbereitet sein*) ■**auf etw** *akk* **eingerichtet sein** to be prepared [*or* geared up] for sth; **darauf war ich nicht eingerichtet** I wasn't prepared for that **II.** *vr* ❶ (*sich möblieren*) ■**sich** [**irgendwie**] ~ to furnish sth [somehow]; **ich richte mich völlig neu ein** I'm completely refurnishing my home ❷ (*sich einbauen*) ■**sich** *dat* **etw** ~ to instal[l] sth; **er richtet sich eine kleine Atelierwohnung ein** he's putting in a small studio flat ❸ (*sich der Lage anpassen*) ■**sich** ~ to adapt [to a situation], to get accustomed to a situation ❹ (*sich einstellen*) ■**sich auf etw** *akk* ~ to be prepared for sth; **sich auf eine lange Wartezeit** ~ to be ready [*or* prepared] for a long wait

Ein·rich·tung <-, -en> *f* ❶ (*Wohnungs~*) [fittings and] furnishings *npl;* (*Ausstattung*) fittings *npl* ❷ (*das Möblieren*) furnishing; **die** ~ **eines Hauses** the furnishing of a house; (*das Ausstatten*) fitting-out, equipping; **die komplette** ~ **eines Labors** the fitting-out of a complete laboratory ❸ (*das Installieren*) installation ❹ ADMIN (*Eröffnung*) opening; *eines Lehrstuhles* establishment, foundation ❺ FIN opening; **die** ~ **eines Kontos** to open an account ❻ TRANSP opening, establishment ❼ (*Institution*) organization, agency ❽ *Musikstück* arrangement; *Theaterstück, Text* adaptation

Ein·rich·tungs·ge·gen·stand *m Wohnung* furnishings *npl,* fittings *npl; Labor, Apotheke, Praxis* piece of equipment **Ein·rich·tungs·haus** *nt* furniture shop [*or* store]

ein|rit·zen *vt* ■**etw** [**in etw** *akk*] ~ to carve [*or* scratch] sth [in sth]; **seinen Namen** [**in einen Baum**] ~ to scratch one's name [on a tree]

ein|rol·len I. *vr haben* ■**sich** *akk* ~ to curl [*or* roll] up; ■**eingerollt** curled [*or* rolled] up; ■**sich** [**auf etw** *dat*] ~ to snuggle [*or* curl] up [on sth] **II.** *vi sein* (*einfahren*) to pull in; **der Zug rollt gerade ein** the train is just approaching

ein|ros·ten *vi sein* ❶ (*rostig werden*) to rust [*or* go rusty]; ■**eingerostet** rusty ❷ (*ungelenkig werden*) to get stiff, to stiffen up; ■**etw** ~ **lassen** to let sth get stiff [*or* stiffen up], to allow sth to get stiff [*or* to stiffen up]; ■**eingerostet** stiff

ein|rü·cken I. *vi sein* ❶ MIL ■[**in etw** *akk*] ~ to march [into sth], to enter [sth]; **Panzer rückten in die Hauptstadt ein** tanks moved into [*or* entered] the capital; ■**etw** ~ **lassen** *Truppen* to send sth ❷ (*zurückkehren*) ■ [**wieder**] [**in etw** *akk*] ~ to move [back] [to [*or* into] somewhere]; **die Feuerwehr rückte wieder ein** the fire brigade returned to base ❸ (*eingezogen werden*) ■ [**zu etw** *dat*] ~ to join up [to sth], to enlist [in sth]; **zum Militär** ~ to join the services [*or* BRIT forces] [*or* AM armed forces] **II.** *vt haben* ❶ (*vom Rand entfernen*) ■ **etw** ~ to indent sth ❷ VERLAG ■ [**jdm**] **etw** ~ to print sth [for sb], to put sth in [for sb]; **rücken Sie mir die Anzeige noch mal ein?** could you put the advert in again for me?

ein|rüh·ren *vt* ■ **etw** [**in etw** *akk*] ~ to stir [*or* mix] sth [in[to sth]], to stir [*or* mix] sth in[to sth]; KOCHK to add sth [to sth]; **etw mit einem Quirl** ~ to whisk [*or* beat] sth in[to sth]; ■ **eingerührt** stirred in, mixed in [*or* with]

ein|rüs·ten *vt* ■ **etw** ~ *Gebäude* to put up scaffolding around sth *sep*

eins ['ains] **I.** *adj* one; *s. a.* **acht**[1] ► WENDUNGEN: ~ **A** (*fam*) first class [*or* rate], first-class *attr*, first-rate *attr;* ~ **A Ware** first-class goods; ~, **zwei, drei** (*fam*) hey presto *fam*, in no time at all, as quick as a flash; **halt mal fest und ~, zwei, drei habe ich den Dorn entfernt** keep still and before you can say "ouch!" I'll have the thorn out; **es kommt ~ zum anderen** it's [just] one thing after another; **das kommt** [*o* **läuft**] **auf ~ hinaus** (*fam*) it doesn't make any difference, it all amounts to the same thing **II.** *adj pred* ❶ (*eine Ganzheit*) [all] one ❷ (*egal*) ■ **etw ist jdm** ~ sth is all one to sb, sth makes no difference to sb ❸ (*einig*) ■ ~ **mit jdm/sich/etw sein** to be [at] one with sb/oneself/sth; **sich ~ mit jdm wissen/fühlen** to know/feel that one is in agreement with sb ► WENDUNGEN: **das ist alles** ~ (*fam*) it doesn't matter, it's all the same [thing]

Eins <-, -en> ['ains] *f* ❶ (*Zahl*) one ❷ (*auf Würfel*) **lauter ~en würfeln** to throw nothing but ones ❸ (*Verkehrslinie*) ■ **die** ~ the [number] one ❹ (*Zeugnisnote*) ■ **eine ~ bekommen** to get [an] A, to get [an] excellent [*or* an excellent mark]

ein|sa·cken[1] *vt* (*fam*) ❶ (*an sich bringen*) ■ **etw** ~ to bag [*or* pocket] sth; **eine Menge Geld** ~ to rake in *sep* a lot of money ❷ (*einheimsen*) ■ **etw** ~ to walk off with sth, to pocket [*or* claim] sth

ein|sa·cken[2] *vi sein* ■ [**in etw** *akk*] ~ to subside [into sth]

ein|sal·ben *vt* (*mit Salbe bestreichen/mit Öl salben*) ■ **jdn** [**mit etw**] ~ to rub sb [with sth]; ■ [**jdm**] **etw** [**mit etw** *dat*] ~ to put [sth] on [sb's] sth; **kannst du mir die Füße ~?** could you put some ointment on my feet?; ■ **sich** *akk* ~ to rub ointment on [oneself]; ■ **sich** *dat* **etw** ~ to put ointment on one's sth

ein|sal·zen *vt* ■ **etw** ~ to salt sth; ■ **eingesalzt** salted

ein·sam ['ainza:m] **I.** *adj* ❶ (*verlassen*) lonely, lonesome AM; **ein ~es Leben** a solitary life; ~ **und verlassen** lonely and forlorn; **ein ~es Gefühl** a feeling of loneliness; ■ ~ **sein** to be lonely; **es wird ~ um jdn** sb's becoming isolated *fig*, people are distancing themselves from sb *fig* ❷ (*allein getroffen*) **einen ~en Entschluss fassen** [*o* **treffen**] to make a decision on one's own [*or* without consultation] ❸ (*vereinzelt*) single, lone, solitary ❹ (*abgelegen*) isolated, remote; **siehst du dort das ~e Haus?** you see that house standing alone? ❺ (*menschenleer*) deserted, lonely, desolate *pej;* **eine ~e Insel** a desert island ❻ (*fam: absolut*) absolute, outright; **es war ~e Spitze!** it was absolutely fantastic!; **sie ist ~e Klasse** she's in a class of her own **II.** *adv* (*abgelegen*) ~ **leben** to live a solitary life; ~ **liegen** to be situated in a remote [*or* isolated] place; **dieser Gasthof liegt doch etwas** ~ this pub is right off the beaten track [*or* very remote]

Ein·sam·keit <-, *selten* -en> *f* ❶ (*Verlassenheit*) loneliness; **er mag die** ~ he likes solitude; **die ~ des Alters** the loneliness of old age; **in jds** ~ in sb's loneliness ❷ (*Abgeschiedenheit*) remoteness, solitariness, isolation

ein|sam·meln *vt* ❶ (*sich aushändigen lassen*) ■ **etw** ~ to collect [in *sep*] sth; **die Schulhefte** ~ to collect [in/up] the exercise books ❷ (*aufsammeln*) ■ **etw** ~ to pick [*or* collect] [*or* gather] up sth *sep*

ein|sar·gen ['ainzargn̩] *vt* ■ **jdn** ~ to put [*or* place] sb in a coffin ► WENDUNGEN: **jd kann sich mit etw ~ lassen** (*sl*) sb can just as well give up [the ghost] with sth

Ein·satz <-es, Einsätze> *m* ❶ (*eingesetzte Leistung*) effort; ~ **zeigen** to show commitment; **unter ~ aller seiner Kräfte** with a superhuman effort, using [*or* by summoning up] all his strength; **unter ~ ihres Lebens** by putting her own life at risk ❷ *beim Glücksspiel* bet, stake; **bitte Ihre Einsätze!** please make [*or* place] your bets! ❸ FIN (*Kapital~*) deposit ❹ (*Verwendung*) use; MIL employment; **der ~ des Ersatztorwarts war erforderlich** a replacement [goalie] had to be brought on; **zum ~ kommen** to be used [*or* employed] [*or* deployed]; **Spezialeinheiten der Polizei kamen zum** ~ special police units were deployed [*or* brought into action]; ■ **der ~ von jdm/etw** *beim Militär* the deployment [*or* use] of sb/sth; **unter massiertem ~ von Artillerie** through massive use of artillery ❺ (*Aktion*) assignment, mission; **im ~ sein** to be on duty; **die Feuerwehrleute waren rund um die Uhr im** ~ the fire brigade worked [*or* were in action] round the clock; (*Aktion militärischer Art*) operation, campaign; **im ~ sein** to be in action; **ich war damals auch in Vietnam im** ~ I was also [in action] [*or* on active service] in Vietnam, I too saw action in Vietnam ❻ (*das musikalische Einsetzen*) entry; **der ~ der Trompeten war verspätet** the trumpets came in too late; **den ~ geben** to cue [*or* bring] sth in ❼ (*eingesetztes Teil*) inset; **Schubladen~** tray; **der Tisch~** the table extension leaf ❽ (*eingelassenes Stück*) insert, inserted part

Ein·satz·be·fehl *m* order to go into action; MIL *a.* combat order; **ohne ~ darf die Polizei nicht eingreifen** without the order the police may not intervene; **den ~ geben** to give the order [to go into action] **ein·satz·be·reit** *adj* ready for use *pred*, on standby *pred;* **jederzeit** [*o* **ständig**] ~ always on standby; *Menschen* ready for action [*or* duty] *pred;* MIL ready for combat *pred*, combat-ready *attr*, operational **Ein·satz·be·reit·schaft** *f* (*Bereitschaft*) willingness; **ihre ~ bei diesem Projekt ist bewunderungswürdig** her willingness to work for this project is admirable; (*zur Aktion*) readiness for action; **die ~ der Truppen** the troops' readiness for action; **die ~ der Maschinen sollte überprüft werden** the machines' readiness for use should be checked; **in ~ sein** [*o* **sich in ~ befinden**] to be on standby; **die Feuerwehr muss sich in ständiger ~ befinden** the fire brigade must be on constant standby **ein·satz·fä·hig** *adj* ❶ SPORT able to play *pred;* **die ~en Spieler** the players still able to play [*or* the remaining fit players] ❷ (*im Einsatz verwendungsfähig*) serviceable, in working order *pred* ❸ *Mensch* fit for action *pred* **Ein·satz·freu·de** *f* enthusiasm; ~ **erkennen lassen** to show enthusiasm; **es ist ~ zu erkennen** enthusiasm can be seen; ~ **vermissen lassen** to lack enthusiasm; **es ist ~ zu vermissen** enthusiasm is lacking **Ein·satz·kom·man·do** *nt* task force; **mobiles** ~ mobile task force **Ein·satz·lei·ter(in)** *m(f)* officer in charge [of operations] **Ein·satz·wa·gen** *m* (*speziell/zusätzlich eingesetzter Wagen*) special/extra carriage, special/extra [*or* relief] tram/bus; *Polizeifahrzeug* squad car

ein|sau·gen *vt* ■ **etw** [**in etw** *akk*] ~ to inhale sth, to breathe in sth *sep*, to draw [*or* suck] sth into sth

ein|scan·nen [-skɛnən] *vt* INFORM ■ **etw** ~ to scan sth

ein|schal·ten I. *vt* ❶ (*in Betrieb setzen*) ■ **etw** ~ to switch [*or* turn] on sth *sep;* **den Fernseher** ~ to put [*or* switch] [*or* turn] on *sep* the TV; **den ersten Gang** ~ to engage first gear *form*, to put the car in first gear; **den Motor** ~ to start the engine ❷ (*hinzuziehen*) ■ **jdn** [**in etw** *akk*] ~ to call in sb *sep*, to call sb into sth; **du solltest besser einen Anwalt** ~ you'd better get a lawyer ❸ (*einfügen*) **eine Pause** ~ to take a break **II.** *vr* ❶ RADIO, TV ■ **sich** [**in etw** *akk*] ~ to tune in[to sth]; **es wird sich auch der österreichische Rundfunk** ~ Austrian Radio will also be tuning in [*or* taking the broadcast] ❷ (*sich einmi-*

E

schen) ■**sich** [**in etw** *akk*] ~ to intervene [in sth]; **sie schaltet sich gern in Diskussionen ein** she likes to join in discussions

Ein·schalt·quo·te *f* [audience] ratings *npl*

Ein·schal·tung *f* ❶ *(das Einschalten)* turning [*or* switching] on; **die ~ der Alarmanlage erfolgt automatisch** the alarm is switched on [*or* goes off] automatically ❷ *(Hinzuziehung)* calling in; **die ~ eines Anwalts** to call in a lawyer ❸ *(Eingreifung) von Organisationen, Personen* intervention, calling in

ein|schär·fen I. *vt (zu etw ermahnen)* ■**jdm etw ~** to impress on [*or* upon] sb the importance of sth, to stress to sb the importance of sth, to drum sth into sb's head *fam;* **ich hatte dir doch absolutes Stillschweigen eingeschärft!** I told you how important absolute confidentiality is!; ■**jdm ~, etw zu tun** to urge [*or* tell] [*or form* exhort] sb to do sth; **wie oft muss ich dir noch ~, nicht immer so geschwätzig zu sein!** how often do I have to tell you not to be so talkative! **II.** *vr* ■**sich** *dat* **etw ~** to remember sth, to engrave sth on one's memory *form;* **diese Regel musst du dir unbedingt ~** you must make a point of remembering this rule

ein|schät·zen *vt* ■**jdn irgendwie ~** to judge sb [*or* assess sb's character] somehow, to consider sb to be something, to think sb is something; ■**etw irgendwie ~** to appraise [*or* assess] [*or* evaluate] sth somehow; **Sie haben ihn richtig eingeschätzt** your opinion of him was right; **du solltest sie nicht falsch ~** don't misjudge her; **jdn/etw zu hoch ~** to overrate sb/sth; **jdn/etw zu niedrig ~** to underrate sb/sth; **jdn zur Steuer ~** to assess sb for tax [purposes]

Ein·schät·zung *f* appraisal, assessment, evaluation, opinion, view; *einer Person* opinion, appraisal [*or* assessment] of character; **zu einer bestimmten ~ [einer S.** *gen*] **kommen** to come to [*or* form] a particular opinion [about sth]; **nach jds** *akk* **~** in sb's opinion [*or* view], as far as sb's concerned; **nach allgemeiner ~ ...** the popular opinion is that ...

ein|schen·ken *vt (geh: eingießen)* ■**jdm etw ~** to give sb sth, to pour sb sth, to pour sth for sb, to help sb to sth *form;* **schenkst du mir bitte noch etwas Kaffee ein?** could you give me some more coffee?; **darf ich Ihnen etwas Tee ~** can I help you to some tea? *form;* ■**sich** *dat* **~ lassen** to let one's glass/cup be filled/refilled; *s. a.* **Wein**

ein|schi·cken *vt* ■**etw** [**an jdn/etw**] **~** to send sth in [to sb/sth]

ein|schie·ben *vt irreg* ❶ *(in etw schieben)* ■**etw** [**in etw** *akk*] ~ to insert sth [into sth], to push sth in[to sth]; **ein Backblech/einen Grillrost in den Backofen ~** to put a baking tray/a grilling rack in the oven, to slide a baking tray/a grilling rack into the oven ❷ TRANSP ■**etw ~** to run [*or sep* put on] sth ❸ *(zwischendurch drannehmen)* ■**jdn ~** to fit [*or* slip] [*or* squeeze] sb in ❹ *(zwischendurch einfügen)* ■**etw ~** to fit sth in; **eine Pause** [*o* **Unterbrechung**] **~** to have [*or* take] a break

Ein·schie·nen·bahn *f* monorail, single-track railway

ein|schie·ßen *irreg* **I.** *vt haben* ❶ *(zerschießen)* ■**etw** [**mit etw** *dat*] **~** to shoot sth to pieces [with sth]; **eine Tür mit einem Revolver ~** to shoot down a door *sep;* **die Schaufensterscheibe mit dem Ball ~** to kick the football through the shop window ❷ *(durch Schießen funktionssicher machen)* ■**etw ~** *Gewehr, Pistole etc.* to test sth ❸ *(zwischendurch einheften)* ■**etw ~** to insert sth **II.** *vr haben* ❶ *(durch Schießen treffsicher werden)* ■**sich** *akk* **~** to practise [*or* AM -ce]; ■**sich** *akk* **auf jdn/etw ~** to get [*or* find] the range of sb/sth ❷ *(sich jdn als Ziel wählen)* ■**sich** *akk* **auf jdn/etw ~** to get/have sb/sth in one's sights; **die Presse hatte sich auf den korrupten Politiker eingeschossen** the press had the corrupt politician in their sights **III.** *vi* ❶ *haben (ins Tor schießen)* ■**zu etw** *dat* **~** to make the score sth, to bring the score to sth; **er schoss zum 3:0 ein** he made the score 3:0 ❷ *sein* MED ■[**in etw** *akk*] **~** to flow into sth ❸ *sein (hineinströmen)* ■**in etw** *akk* **~** to pour [*or* shoot] into sth

ein|schif·fen I. *vt* ■**jdn/etw ~** to take sb/sth on board **II.** *vr (an Bord gehen)* ■**sich** [**in/nach etw** *dat*] **~** to embark [in/for sth]; **sich nach einem Ort ~** to go on board a ship bound for a place

ein|schir·ren ['ainʃɪrən] *vt* ■**etw ~** to harness [*or* put the harness on] sth

ein|schla·fen *vi irreg sein* ❶ *(in Schlaf fallen)* ■[**bei** [*o* **über**] **etw** *dat*] **~** to fall asleep [during [*or* over] sth]; **schlecht** [*o* **schwer**] **~ können** to have trouble getting off to sleep [*or* falling asleep]; **ich kann nicht ~** I can't sleep; **schlaf nicht ein!** *(fam)* wake up! *fam;* ■**das E~** falling asleep; **die Tropfen sind vor dem E~ zu nehmen** the drops are to be taken before going to sleep ❷ *(euph: sterben)* to pass away ❸ *(taub werden)* to go to sleep, to be[come] numb; **autsch, mir ist das Bein eingeschlafen!** ow, my leg's gone to sleep [*or* I've got pins and needles in my leg]! ❹ *(nachlassen)* to die a [natural] death, to peter out; **wir wollen unsere Freundschaft nicht ~ lassen** we don't want to let our friendship peter out [*or* tail off]

ein|schlä·fern ['ainʃlɛːfɐn] *vt* ❶ *(jds Schlaf herbeiführen)* ■**jdn ~** to lull sb to sleep; **ein Kind ~** to get a child off to sleep ❷ *(schläfrig machen)* ■**jdn ~** to send sb to sleep, to have a soporific effect on sb ❸ MED *(narkotisieren)* ■**jdn ~** to put sb to sleep, to knock sb out *fam* ❹ *(euph: (schmerzlos) töten)* ■**ein Tier ~** to put an animal to sleep *euph;* ■**ein Tier ~ lassen** to have an animal put to sleep [*or* put down]

ein·schlä·fernd ['ainʃlɛːfɐnt] *adj* ❶ MED **ein ~es Mittel** a sleeping pill, a sleep-inducing drug ❷ *(langweilig)* ■**~ sein** to have a soporific effect; ■**es ist ~, etw zu tun** doing sth has a soporific effect

Ein·schlag *m* ❶ METEO *eines Blitzes* striking ❷ MIL shot; *einer Granate* burst of shellfire ❸ *(Schussloch)* hole; *einer Kugel* bullet hole; **dieser Trichter ist der ~ einer Granate** this crater is where a shell struck ❹ *(Anteil)* strain; **diese Sprache hat einen arabischen ~** this language contains elements of Arabic ❺ *(Drehung der Vorderräder)* lock

ein|schla·gen *irreg* **I.** *vt haben* ❶ *(in etw schlagen)* ■**etw ~** to hammer [*or* drive] [*or* knock] in sth *sep* ❷ *(durch Schläge öffnen)* ■[**jdm**] **etw ~** to smash [sb's] sth in; **ein Tor/eine Tür ~** to break [*or* beat] down *sep* a gate/door, to smash a gate/door in; ■**eingeschlagen** smashed-in; **ein eingeschlagenes Fenster** a smashed-in window, a window which has been smashed in ❸ *(zerschmettern)* ■**jdm etw ~** to break sb's sth, to smash sb's sth [in]; **jdm die Nase ~** to smash sb's nose, to plaster sb's nose across [*or* over] their face *fam;* **jdm die Zähne ~** to knock sb's teeth in [*or* out]; ■**eingeschlagen** broken, smashed ❹ *(einwickeln)* ■**etw** [**in etw** *akk*] **~** to wrap sth [in sth], to do sth up [in sth] ❺ *(wählen)* ■**etw ~** to take sth; **eine Laufbahn ~** to choose a career; **eine bestimmte Richtung ~** to go in [*or* take] a particular direction; **einen Weg ~** to choose [*or* follow] a way [*or* path]; ■**eingeschlagen** chosen; **das Schiff änderte den eingeschlagenen Kurs** the ship changed course ❻ AUTO ■**etw ~** to turn sth; ■**eingeschlagen** turned ❼ MODE to take in/up ❽ HORT to heel in **II.** *vi* ❶ *haben o sein* METEO ■[**in etw** *akk*] **~** *Blitz* to strike [sth] ❷ *sein* MIL to fall; ■[**in etw** *akk*] **~** to strike [sth]; **rings um die Soldaten schlugen Granaten ein** shells fell all round the soldiers ❸ *haben o sein (eine durchschlagende Wirkung haben)* to have an impact; **die Nachricht hat eingeschlagen wie eine Bombe!** the news has caused a sensation [*or* an uproar]! ❹ *haben (einprügeln)* ■**auf jdn ~** to hit sb; ■**auf etw ~** to pound [on] sth [with one's fists] ❺ *haben (einen Handschlag geben)* to shake [hands] on it; **lass uns ~, die Wette gilt** you're on: shake hands, let's bet on it ❻ *haben (Anklang finden)* to catch on, to be well received

ein·schlä·gig ['ainʃlɛːgɪç] **I.** *adj (entsprechend)* relevant, respective, pertinent; **~e Literatur** relevant literature **II.** *adv* JUR in this connection; **~ vorbestraft** previously convicted

ein|schlei·chen *vr irreg* ❶ *(in etw schleichen)* ■**sich** *akk* [**in etw** *akk*] **~** to creep [*or* slip] [*or* sneak] in[to sth], to steal in[to sth] *form* ❷ (*unbemerkt auftreten*) ■ **sich** *akk* [**in etw** *akk*] ~ to creep in[to sth]; **der Verdacht schleicht sich ein, dass ...** one has a sneaking suspicion that ...

ein|schlei·fen *vt irreg* SCH ■ **etw** ~ to drill sth; **eine schlechte Gewohnheit** ~ **lassen** to let a bad habit become established

ein|schlep·pen *vt* ■ **etw** [**in etw** *akk*/**nach etw** *dat*] ~ *Krankheiten, Ungeziefer* to bring sth in[to sth]

ein|schleu·sen *vt* ❶ (*heimlich hineinbringen*) ■ **jdn** [**in etw** *akk*/**nach etw** *dat*] ~ *Agenten, Spione* to smuggle sb in[to sth], to infiltrate sb into sth ❷ (*illegal hineinbringen*) ■ **jdn/etw** [**in etw** *akk*/**nach etw** *dat*] ~ *Falschgeld, Personen* to smuggle sb/sth in[to sth]

ein|schlie·ßen *vt irreg* ❶ (*in einen Raum schließen*) ■ **jdn** [**in etw** *akk o dat*] ~ to shut [*or* lock] sb up [*or* in] [*or* [up] in sth]; ■ **sich irgendwo** ~ **lassen** to let oneself be [*or* to allow oneself to be] shut [*or* locked] in somewhere ❷ (*wegschließen*) ■ **etw** [**in etw** *akk*] ~ to lock sth up [*or* away] [in sth]; ■ **eingeschlossen** locked away [*or* up] ❸ (*einbegreifen*) ■ **jdn** [**in etw** *akk*] ~ to include sb [in sth]; ■ [**in etw** *dat*] **eingeschlossen sein** to be included [in sth]; **die Bedienung ist im Preis eingeschlossen** service is included in the price ❹ (*einkesseln*) ■ **jdn/etw** ~ to surround [*or* encircle] sb/sth

ein·schließ·lich ['ainʃliːslɪç] **I.** *präp +gen* (*inklusive*) ■ ~ **einer S.** *gen* inclusive of [*or* including] sth **II.** *adv* (*inbegriffen*) inclusive, including; **vom 5. Januar bis** ~ **2. Februar geschlossen** closed from 5th January until 2nd February inclusive

ein|schlum·mern *vi sein* (*geh*) ❶ (*einschlafen*) to doze [*or* drop] off ❷ (*euph: sterben*) to pass away; **friedlich** ~ to pass away peacefully

Ein·schlussRR <-es, -schlüsse> *m*, **Ein·schluß**ALT <-sses, -schlüsse> *m* inclusion; **mit** [*o* **unter**] ~ **von etw** (*geh*) including sth

ein|schmei·cheln *vr* (*sich durch Schmeicheln beliebt machen*) ■ **sich** *akk* [**bei jdm**] ~ to ingratiate oneself [with sb], to curry favour [*or* AM -or] [with sb], to butter sb up *fam*

ein·schmei·chelnd *adj* fawning, ingratiating, obsequious; **eine** ~**e Stimme** a mellifluous [*or* seductive] voice; **mit einer** ~**en Stimme** in dulcet [*or pej* honeyed] tones

ein|schmei·ßen *vt irreg* (*fam: einwerfen*) ■ [**jdm**] **etw** ~ *Fenster* to smash [sb's] sth in *fam;* ■ **eingeschmissen** smashed in

ein|schmel·zen *vt irreg* (*wieder schmelzen*) ■ **etw** [**zu etw** *dat*] ~ *Metall* to melt sth down [into sth]; ■ **eingeschmolzen** melted down; ■ **das E~** melting down

ein|schmie·ren *vt* ❶ (*einölen*) ■ **etw** ~ to lubricate [*or* grease] sth ❷ (*einreiben*) ■ **etw** [**mit etw** *dat*] ~ to rub sth [with sth]; *mit Öl* to oil sth; **etw mit Salbe** ~ to rub cream into sth, to put cream on sth ❸ (*beschmieren*) ■ **sich** [**mit etw** *dat*] ~ to smear [*or* cover] oneself with sth; **wo habt ihr euch denn wieder so eingeschmiert?** where did you get [yourselves] so mucky?; ■ **sich** *dat* **etw** ~ to get [*or* make] one's sth mucky/greasy, to get covered in muck/grease

ein|schmug·geln *vt* ❶ (*einschleusen*) ■ **jdn** [**in etw** *akk*] ~ to smuggle sb in[to sth]; **Agenten in ein Land** ~ to infiltrate a country with spies, to infiltrate spies into a country; ■ **sich** [**irgendwo/in etw** *akk*] ~ to smuggle oneself in [somewhere/to sth] ❷ (*heimlich hineinschaffen*) ■ **etw** [**in etw** *akk*] ~ *Drogen, Zigaretten etc.* to smuggle sth in[to sth]

ein·schnap·pen *vi sein* ❶ (*ins Schloss fallen*) to click to [*or* shut] ❷ (*fam: beleidigt sein*) to get in a huff [*or* huffy] *fam*, to get het up *fam*, to be offended; ■ **eingeschnappt** in a huff *pred fam*, offended

ein|schnei·den *irreg* **I.** *vt* ❶ (*einen Schnitt in etw machen*) ■ **etw** ~ *Papier, Stoff etc.* to snip sth, to make a cut [*or* an incision] in sth, to slash sth ❷ (*in etw schneiden*) ■ **etw** [**in etw** *akk*] ~ to carve [*or* cut] [*or* engrave] sth [in[to] sth] ❸ (*klein schneiden und hineintun*) ■ **etw in etw** *akk* ~ to chop sth and put it in sth [*or* add it to sth]; **in den Kohl werden noch Apfelstücke eingeschnitten** pieces of apple are chopped into the cabbage ❹ ■ **in etw** *akk* **eingeschnitten sein** to be cut into sth; ■ **eingeschnitten** cut; **ein tief eingeschnittener Hohlweg** a deep cutting [*or* defile] **II.** *vi* (*schmerzhaft eindringen*) ■ [**in etw** *akk*] ~ to cut in[to sth]; **die Ausgaben schneiden tief in unsere Finanzen ein** expenses are cutting deeply into [*or* making deep holes in] our finances

ein·schnei·dend ['ainʃnaidn̩t] *adj* **von** ~**er Bedeutung** of great [*or* utmost] importance; **eine** ~**e Veränderung** a drastic [*or* marked] [*or* radical] change; **eine** ~**e Wirkung** a far-reaching [*or* dramatic] [*or* profound] effect

ein|schnei·en *vi sein* ■ [**in etw** *akk*] **eingeschneit werden** to get snowed in [somewhere]; **in dem Schneesturm wurden viele Fahrzeuge eingeschneit** many vehicles were snowed in by the blizzard

Ein·schnitt *m* ❶ MED incision; **einen** ~ [**in etw** *akk*] **machen** to make an incision [in sth] ❷ (*eingeschnittene Stelle*) cut; **einen** ~ [**in etw** *akk*] **machen** to cut [into sth] ❸ (*Zäsur*) watershed, turning-point

ein|schnü·ren **I.** *vt* (*einengen*) ■ **jdn** ~ to constrict sb; ■ **jdm etw** ~ to constrict sb's sth; **jdm den Hals** ~ to choke [*or* strangle] sb; **der Gürtel schnürte ihr die Taille ein** the belt pulled in her waist tightly **II.** *vr* (*tief eindringen*) ■ **sich** [**in etw** *akk*] ~ to bite [*or* cut] in[to sth]

ein|schrän·ken ['ainʃrɛŋkn̩] **I.** *vt* ❶ (*reduzieren*) ■ **etw** ~ to cut [back on] sth, to reduce sth; **Ausgaben** ~ to curtail spending; ■ **eingeschränkt** reduced; **in eingeschränkten Verhältnissen leben** to live in reduced circumstances ❷ (*beschränken*) ■ **etw** ~ to curb [*or* limit] [*or* restrict] sth, to impose a restriction on sth, to put a check on sth; ■ **jdn in etw** *dat* ~ to curb [*or* limit] [*or* restrict] sb's sth, to impose a restriction on sb's sth, to put a check on sb's sth; **in seiner Bewegungsfreiheit eingeschränkt sein** to have limited freedom of movement **II.** *vr* ■ **sich** [**in etw** *dat*] ~ to cut back [*or* down] [on sth]; **sich im Konsum von etw** *dat* ~ to reduce one's consumption of sth *form;* **sich in den Ausgaben** ~ to curtail one's spending

ein·schrän·kend **I.** *adj* (*beschränkend*) restrictive; **ein** ~**er Satz** a qualifying sentence **II.** *adv* **ich muss aber** ~ **bemerken/sagen, dass ...** I have to qualify that and say that ... [*or* by saying that ...]

Ein·schrän·kung <-, -en> *f* ❶ (*Beschränkung*) limit, restriction; **ohne** ~**en** without restrictions; (*Beschränkung der Rechte*) restriction; **eine** ~/~**en machen** to impose a restriction/restrictions; **mit** ~[**en**] with restriction/restrictions ❷ (*Vorbehalt*) reservation; **mit** ~**en musste ich gestehen, dass ...** with certain reservations, I had to admit that ...; **ohne** ~[**en**] without reservation[s], unreservedly ❸ (*das Reduzieren*) reduction

ein|schrau·ben *vt* ■ **etw** ~ to screw sth in

Ein·schrei·be·brief *m* registered letter; **als** ~ as registered post BRIT, as a registered letter **Ein·schrei·be·ge·bühr** *f* registration fee

ein|schrei·ben *irreg* **I.** *vt* ■ **etw** ~ to register sth; ■ **eingeschrieben** registered **II.** *vr* ❶ (*sich eintragen*) ■ **sich** *akk* [**in/für etw** *akk*] ~ to put one's name down [*or* BRIT enrol] [*or* AM enroll] [in sth/for sth]; **sich in eine Liste** ~ to put one's name on a list; **sich für ein Kurs bei einem Verein** ~ to register [*or* put one's name down] for a course at an organization; **sich bei einem Verein** ~ to enrol [*or* AM -ll] in a club ❷ SCH (*sich immatrikulieren*) ■ **sich** *akk* [**für etw** *akk*] ~ to register [*or* BRIT enrol] [*or* AM enroll] [for sth]; **sich bei einer Universität** ~ to register at a university; **sich für ein Fach/einen Studiengang** ~ to put one's name down [*or* BRIT enrol] [*or* AM enroll] for a subject/course

Ein·schrei·ben *nt* (*eingeschriebene Sendung*) registered post [*or* AM letter]; ~ **mit Rückschein** *registered letter with reply to show receipt;* **etw als** [*o* **per**] ~ **schicken** to send sth by registered post; **den Brief hier will ich per** ~ **schicken** I want to send this as a registered letter

Ein·schrei·be·sen·dung *f* registered post [*or* AM mail]
Ein·schrei·bung *f* SCH registration, enrolment BRIT, enrollment AM
ein|schrei·en *vi irreg* ■ **auf jdn** ~ to scream [*or* yell] [one's head off] at sb
ein|schrei·ten *vi irreg sein* ■ [**gegen jdn/etw**] ~ to do sth [about sb/sth], to take steps [against sb/sth]; **energisch gegen etw** ~ to crack down on sth; **die Polizei schritt mit Wasserwerfern und Tränengas gegen die Rowdies ein** the police used water canons and tear gas against the vandals
Ein·schrei·ten <-s> *nt kein pl* action; (*um etw zu verhindern*) intervention
ein|schrum·peln *vi sein* (*fam*) to shrivel [up]; **ab 40 schrumpelt die Haut ein** at 40 the skin begins to wrinkle; ■ **eingeschrumpelt** shrivelled [up] BRIT, shriveled [up] AM
ein|schrump·fen *vi sein* ❶ (*schrumpfen*) to shrivel [up]; ■ **eingeschrumpft** shrivelled [up] ❷ (*weniger werden*) to shrink; **unsere Vorräte sind eingeschrumpft** our supplies have shrunk
Ein·schub *m* insertion
ein|schüch·tern ['aɪnʃʏçtɐn] *vt* ■ **jdn** [**durch** [*o* **mit**] **etw**] ~ to intimidate [*or* scare] [*or* frighten] sb [with sth/by doing sth]; **jdn mit Gewalt** ~ to menace [*or* bully] sb
Ein·schüch·te·rung <-, -en> *f* intimidation, browbeating
Ein·schüch·te·rungs·ver·such *m* attempt to intimidate [*or* at intimidation]
ein|schu·len *vt* to send to school, to enrol [*or* AM enroll] at [primary] school; ■ **eingeschult werden** to be sent to [*or* enrolled at] school
Ein·schu·lung *f* enrolment [*or* AM enrollment] at [primary] school; **die** ~ **erfolgt meist mit 6 Jahren** most children start school at 6
Ein·schuss[RR] <-es, Einschüsse> *m*, **Ein·schuß**[ALT] <-sses, Einschüsse> *m* (*Schussloch*) bullet hole; (*Einschussstelle*) entry point of a bullet
Ein·schuss·loch[RR] *nt* bullet hole **Ein·schuss·stel·le**[RR] *f* bullet hole, wound at point of entry
ein|schüt·ten *vt* ■ [**jdm**] **etw** [**in etw** *akk*] ~ to pour [sb] sth [into sth]; ■ **sich** *dat* **etw** ~ to pour oneself sth
ein|schwei·ßen *vt* ❶ (*versiegeln*) ■ **etw** [**in etw** *akk*] ~ *Nahrungsmittel, Bücher etc.* to seal sth [in sth]; ■ **eingeschweißt** sealed ❷ TECH (*durch Schweißen einfügen*) ■ **etw irgendwo** ~ to weld sth [on[to]] somewhere
Ein·schweiß·fo·lie [-foːli̯ə] *f* plastic [wrapping]
ein|schwö·ren *vt irreg* ❶ (*verpflichten*) ■ **jdn auf etw** *akk* ~ to bind sb to sth; **jdn auf Geheimhaltung** ~ to swear sb to secrecy; **jdn auf die Parteilinie** ~ to persuade [*or* oblige] sb to take [*or* toe] the party line ❷ JUR (*vereidigen*) ■ **jdn** ~ to swear sb in ❸ (*festgelegt sein*) ■ **auf etw** *akk* **eingeschworen sein** to be a [confirmed] stalwart [*or* supporter] of sth; **er ist auf Porsche eingeschworen** he's a Porsche fan
ein|seg·nen *vt* REL ❶ (*konfirmieren*) ■ **jdn** ~ to confirm sb ❷ (*weihen*) ■ **etw** ~ to bless sth
Ein·seg·nung *f* REL ❶ (*Konfirmation*) confirmation ❷ (*die Weihe*) blessing
ein·seh·bar *adj inv Gelände, Raum* visible
ein|se·hen *vt irreg* ❶ (*begreifen*) ■ **etw** ~ to see [*or* understand] sth; **das sehe ich nicht ein** I don't see why [*or* accept that]; ■ ~, **dass ...** to realize that ..., to see [*or* understand] that ...; **du solltest langsam** ~, **dass ...** it's time you realized [*or* saw] [*or* understood] that ... ❷ (*geh: prüfen*) ■ **etw** ~ to examine [*or* inspect] sth, to have a look at sth ❸ (*in etw hineinsehen*) ■ **etw** ~ to look into sth [from outside]; **unser Garten kann von den Nachbarn nicht eingesehen werden** our garden is not overlooked, you cannot be overlooked in our garden
Ein·se·hen <-> *nt kein pl* understanding; **haben Sie doch ein** ~! please understand!; **so haben Sie doch ein** ~! please be reasonable [*or fam* have a heart]!; [**mit/für etw**] [**k**]**ein** ~ **haben** to show [no] understanding [*or* consideration] [for sth]; **dieser starrköpfige Kerl will einfach kein** ~ **haben** the stubborn fool just doesn't want to understand
ein|sei·fen *vt* ❶ (*mit Seife einreiben*) ■ **jdn** ~ to soap sb, to lather sb with soap; ■ **sich** ~ to soap oneself, to lather oneself with soap; ■ **jdm etw** ~ to soap sb's sth, to lather sb's sth with soap; **jdm den Kopf** ~ to shampoo sb's hair; **jdm** [**das Gesicht**] **mit Schnee** ~ to rub snow into sb's face [*or* sb's face with snow]; ■ **sich von jdm** ~ **lassen** to have sb soap one [*or* lather one with soap]; ■ **sich** *dat* **etw** ~ to soap one's sth; **sich gründlich den ganzen Körper** ~ to soap oneself thoroughly ❷ (*fam: hintergehen*) ■ **jdn** ~ to take sb for a ride *fig;* **der Verkäufer hat dich eingeseift** the salesman ripped you off *fam*
ein·sei·tig ['aɪnzaɪtɪç] **I.** *adj* ❶ (*nur eine von zwei Personen betreffend*) one-sided; ■ **etwas E~es** something one-sided; JUR, POL one-sided, unilateral; ~**e Erklärungen** declarations made by one party ❷ MED one-sided; **eine** ~**e Lähmung** paralysis of one side of the body ❸ (*beschränkt*) one-sided; **eine** ~**e Ernährung** an unbalanced diet ❹ (*voreingenommen*) bias[s]ed BRIT, biased AM, one-sided; ■ ~ [**in etw** *dat*] **sein** to be biased [in sth] **II.** *adv* ❶ (*auf einer Seite*) on one side; **die Folie ist** ~ **bedruckt** the transparency is printed on one side ❷ (*beschränkt*) in a one-sided way; **jdn** ~ **ausbilden** to educate [*or* train] sb in a one-sided fashion; **sich** ~ **ernähren** to have an unbalanced diet ❸ (*parteiisch*) from a one-sided point of view, one-sidedly; ~ **informiert sein** to have heard only one side of the argument
Ein·sei·tig·keit <-, *selten* -en> *f* ❶ (*Voreingenommenheit*) one-sidedness, bias ❷ (*Beschränktheit*) one-sidedness; *Ernährung* imbalance
ein|sen·den *vt irreg* ■ **etw** [**an jdn/etw**] ~ to send sth [in] [to sb/sth]
Ein·sen·der(in) *m(f)* sender
Ein·sen·de·schluss[RR] *m* closing date [for entries]; **irgendwann ist** ~ the closing date is sometime
Ein·sen·dung *f* ❶ *kein pl* (*das Einsenden*) submission ❷ (*Zuschrift*) reply, answer
Ein·ser <-s, -> ['aɪnzɐ] *m* SCH (*fam*) grade one
ein|set·zen I. *vt* ❶ (*hineinschreiben*) ■ **etw** [**in etw** *akk*] ~ to write sth in [sth], to insert sth [in sth] ❷ (*einfügen*) ■ [**jdm**] **etw** [**in etw** *akk*] ~ to insert sth [in sth], to put sth in [sth]; **für die zu Bruch gegangene Scheibe setzte ihnen der Glaser gleich eine neue ein** the glazier replaced the broken pane for them ❸ (*einnähen*) ■ [**jdm**] **etw** [**in etw** *akk*] ~ to sew sth in[to sth] [for sb]; **einen Ärmel** ~ to set in a sleeve; ■ **sich** *dat* [**von jdm**] **etw** [**in etw** *akk*] ~ **lassen** to have sth sewn in[to sth] [by sb], to have sb sew sth in[to sth] ❹ (*ins Leben rufen*) ■ **etw** ~ to establish sth, to set sth up ❺ (*ernennen*) ■ **jdn** [**als etw**] ~ to appoint [*or* instal[l]] sb [as sth]; **im Testament war sie als Alleinerbin eingesetzt worden** in the will she was named [*or* appointed] as the sole inheritor ❻ (*zum Einsatz bringen*) ■ **jdn/etw** [**gegen jdn**] ~ to use sb/sth [*or* bring sb/sth in] [against sb]; **dank der eingesetzten Helfer gelang es, den Katastrophenopfern schneller zu helfen** thanks to the helpers who had been brought in, the victims of the catastrophe could be helped more quickly; **Schlagstöcke/Gummigeschosse/Gas** ~ to use truncheons/rubber bullets/gas; SPORT *Ersatzspieler* to bring on sb *sep,* to use sb ❼ (*zusätzlich fahren lassen*) ■ **etw** ~ to put sth on, to run sth; ■ **eingesetzt** put on *pred,* run *pred* ❽ (*aufbieten*) ■ **etw** ~ to use [*or* employ] sth; **das Leben** [**für etw** *akk*] ~ to put one's life at risk [*or* be ready to die] [for sth] ❾ KARTEN (*benutzen*) ■ **etw** ~ to use [*or* employ] sth; (*aufwenden*) to use sth up; (*wetten*) to bet sth, to wager **II.** *vi* ❶ (*anheben*) to start [up], to begin, to commence; **die Ebbe setzt oft ganz unmerklich ein** the tide often starts to ebb quite imperceptibly; **die** ~**de Ebbe/Flut** the turning ebb tide/flood tide ❷ MED to begin; ■ **etw setzt bei jdm ein** sb

gets sth; **gegen Abend hat bei ihm heftiges Fieber eingesetzt** towards evening he was running a very high temperature; **die Leichenstarre hat bereits eingesetzt** rigor mortis has already set in; **in einem tropischen Klima setzt bei Leichen die Verwesung oft schon nach zwei Tagen ein** in tropical climates bodies often begin to decay after only two days ❸ MUS to begin to play, to start [up] **III.** *vr* ❶ (*sich engagieren*) ■**sich** ~ to make an effort, to exert oneself, to work hard; **sich besonders** ~ to make a special effort, to work particularly hard; **sich voll** ~ to make a wholehearted effort [*or* every effort], to work wholeheartedly; **Sie sollten sich intensiver** ~ you should make a bigger effort [*or* work harder] ❷ (*sich verwenden für*) ■**sich für jdn/etw** ~ to be active on sb's/sth's behalf, to stand up for [*or* support] sb/sth; ■**sich bei jdm für jdn/etw** ~ to intercede with sb on sb's/sth's behalf; **ich werde mich bei Direktor Wengel für dich** ~ I'll have a word with Mr Wengel, the director, on your behalf; ■**sich dafür ~, dass ...** to speak out for [*or* in favour of] sth; **sie hat sich immer öffentlich dafür eingesetzt, dass dieses Gesetz abgeschafft würde** she has always spoken out in favour of getting rid of this law; **er versprach, sich dafür einzusetzen, dass die Haftbedingungen erleichtert würden** he promised to do what he could to make sure prison conditions were improved; **kannst du dich nicht bei ihm dafür einsetzen, dass er mir den Betrag noch etwas stundet?** can't you have a word with him so that he gives me time to pay?

Ein·set·zung <-, -en> *f* (*geh: Ernennung*) appointment, instal[l]ment BRIT, installment AM; ■**jds** ~ **in etw** *akk* sb's appointment to [*or* BRIT instal[l]ment in] [*or* AM installment in] sth

Ein·sicht *f* ❶ (*Erkenntnis*) insight; **jdn zur** ~ **bringen** to make sb see sense [*or* reason], to persuade sb; **zur** ~ **kommen** [*o* **gelangen**] to be reasonable, to see sense [*or* reason], to listen to reason; **komm doch endlich zur** ~**!** come on, be reasonable!; **zu der** ~ **kommen, dass ...** to see [*or* realize] that ... ❷ (*prüfende Durchsicht*) ■~ [**in etw** *akk*] inspection [*or* examination] [of sth]; **jdm** ~ **in die Akten gewähren/verwehren** to grant/refuse sb access to the files; ~ **in etw** *akk* **nehmen** to have access to [*or* inspect] sth; ~ **in etw** *akk* **verlangen** to demand access to sth; **zur** ~ for inspection [*or* examination] ❸ (*Einblick*) view; **der Zaun verwehrte Passanten die** ~ **in den Garten** the fence stopped passers-by looking into the garden

ein·sich·tig ['ainzɪçtɪç] *adj* ❶ (*verständlich*) reasonable, understandable; **ein** ~**er Grund** a valid reason; ■**etw ist** ~ sth is understandable; **es müsste [Ihnen]** ~ **sein, dass ...** you must see that ...; ■**es ist nicht** ~**, warum ...** it is difficult [*or* not easy] to see why ... ❷ (*vernünftig*) reasonable; ■~ **sein** to be reasonable; ■**so** ~ **sein, etw zu tun** to be reasonable enough to do sth

Ein·sicht·nah·me <-, -n> *f* (*geh: Einsicht 2.*) ■**die/jds** ~ **in etw** *akk Akten* the/sb's inspection [*or* examination] of sth

Ein·sied·ler(in) ['ainzi:dlɐ] *m(f)* hermit, recluse

ein·sied·le·risch **I.** *adj* solitary, hermit-like, reclusive **II.** *adv* like a hermit [*or* hermits], solitarily

Ein·sied·ler·krebs *m* ZOOL hermit crab

ein·sil·big ['ainzɪlbɪç] *adj* ❶ LING monosyllabic; **ein** ~**es Wort** a monosyllable, a monosyllabic word ❷ (*wenig redselig*) monosyllabic, taciturn, quiet; **er ist ein sehr** ~**er Mensch** he's a man of few words ❸ (*knapp und wenig aussagekräftig*) monosyllabic; ~**e Antwort geben** to answer in monosyllables; ■**etw ist zu** ~ sth is too brief

Ein·sil·big·keit <-> *f kein pl Wort* monosyllabism; *Mensch* taciturnity, uncommunicativeness; *Reim* masculinity

ein|sin·ken *vi irreg sein* (*in etw sinken*) ■[**in etw** *akk o dat*] ~ *Morast, Schnee etc.* to sink in[to sth]

ein|sit·zen *vi irreg* (*geh*) to serve a [prison] sentence *form,* to be imprisoned *form*

ein|sor·tie·ren* *vt* (*in etw sortieren*) ■**etw** [**in etw** *akk*] ~ to sort sth [out] [into sth]

ein|span·nen *vt* ❶ (*heranziehen*) ■**jdn** [**für etw** *akk*] ~ to rope sb in [for sth]; **manche Leute verstehen es, andere für sich einzuspannen** some people know how to get others to work for them [*or* to rope others in]; **sich für jdn/etw** ~ **lassen** to let oneself be roped in for sb/sth ❷ (*in etw spannen*) ■**etw** ~ to insert sth; *in einen Schraubstock* to clamp [*or* fix] sth ❸ (*ins Geschirr spannen*) ■**Tiere** ~ to harness animals; ■**eingespannt** harnessed ❹ (*viel zu tun haben*) ■**sehr eingespannt sein** to be very busy

Ein·spän·ner <-s, -> ['ainʃpɛnɐ] *m* ❶ (*einspännige Kutsche*) one-horse carriage ❷ KOCHK ÖSTERR *black coffee with whipped cream*

ein·spän·nig ['ainʃpɛnɪç] *adj* one-horse, harnessed with one horse *pred;* ■**etw ist** ~ sth is with [*or* pulled by] one horse; ~ **fahren** to drive out in a carriage with one horse, to drive a one-horse carriage

ein|spa·ren *vt* ❶ (*ersparen*) ■**etw** ~ to save sth ❷ (*kürzen*) ■**etw** ~ to save [*or* cut down] on sth, to economize on sth

Ein·spa·rung <-, -en> *f* ❶ (*das Einsparen*) saving, economizing; **die** ~ **von Rohstoffen/Strom** to save raw materials/electricity ❷ (*Kürzung*) cutting down/out, economizing, saving

ein|spei·chern *vt* ■**etw** [**in etw** *akk*] ~ to store sth [in sth]; **Daten in einen Computer** ~ to feed [*or* input] data into a computer

ein|spei·sen *vt* ❶ (*einleiten*) ■**etw** [**in etw** *akk*] ~ to feed sth in[to sth] ❷ (*einspeichern*) ■**etw** [**in etw** *akk*] ~ to store sth [in sth]

ein|sper·ren *vt* ❶ (*in etw sperren*) ■**jdn/ein Tier** [**in etw** *akk*] ~ to lock [*or* shut] sb/an animal up [in sth] [*or* in [sth]]; ■**eingesperrt sein** to be locked in [*or* up], to be shut in ❷ (*inhaftieren*) ■**jdn** ~ to lock sb up, to put sb behind bars; **er gehört eingesperrt** he belongs behind bars

ein|spie·len **I.** *vr* ❶ (*einstellen*) ■**sich** ~ *Methode, Regelung* to get into full swing, to get going [properly], to get into one's stride ❷ (*sich aneinander gewöhnen*) ■**sich aufeinander** ~ to get used to each other ❸ SPORT (*sich warm spielen*) ■**sich** ~ to warm up **II.** *vt* ❶ FILM ■**etw** ~ to bring in sth; **die Aufwendungen/Produktionskosten** ~ to cover the expenses/production costs ❷ RADIO, TV ■**etw** ~ *Wetter, Interview etc.* to start [*or* begin] sth; ■**sich** *dat* **etw** ~ **lassen** to play sth ❸ INFORM **Daten** [**in etw** *akk*] ~ to load data [into sth]

Ein·spra·che *f* JUR SCHWEIZ (*Einspruch*) objection

ein·spra·chig *adj* monolingual

ein|spre·chen *vi irreg* ■**auf jdn** ~ to speak to sb persuasively

ein|spren·gen *vt* ■**etw** [**mit etw** *dat*] ~ to sprinkle sth [with sth]; ■**jdn mit etw** *dat* ~ to sprinkle sb with sth

ein|sprin·gen *vi irreg sein* (*fam*) ❶ (*vertreten*) ■[**irgendwo/für jdn**] ~ to stand in [*or* help out] [*or* step into the breach] [somewhere/for sb] ❷ (*aushelfen*) ■[**mit etw** *dat*] ~ to help out [with sth]

Ein·spritz·an·la·ge *f* fuel injection [system] **Ein·spritz·dü·se** *f* injection nozzle

ein|sprit·zen *vt* ❶ MED ■**jdm etw** ~ to inject sb with sth; ■**sich** *dat* **etw** ~ to inject oneself with sth ❷ AUTO ■**etw** ~ to inject sth

Ein·sprit·zer <-s, -> *m* (*fam*) car with fuel injection [system], fuel-injected car *fam*

Ein·spritz·mo·tor *m* fuel injection engine **Ein·spritz·pum·pe** *f* [fuel] injection pump

Ein·spruch *m* ❶ (*Protest*) objection ❷ JUR objection; ~**!** objection!; ~ **abgelehnt!** objection overruled!; **dem** ~ **wird stattgegeben!** objection sustained!; [**gegen etw** *akk*] ~ **erheben** to lodge [*or* make] [*or* raise] an objection [against sth]; **ich erhebe** ~**, Euer Ehren!** objection, Your Honour!; [**gegen etw** *akk*] ~ **einlegen** *gegen Entscheidung, Urteil* to appeal [*or*

E

lodge an appeal] [against sth]

ein·spu·rig ['ainʃpuːrɪç] **I.** *adj* ❶ TRANSP one-lane ❷ (*pej: eingleisig*) one-track; **~es Denken** one-track mind **II.** *adv* ❶ TRANSP **die Straße ist nur ~ befahrbar** only one lane of the road is open ❷ (*pej: eingleisig*) in a narrow-minded way; **er denkt so ~** he's so blinkered

einst ['ainst] *adv* ❶ (*früher*) once ❷ (*geh: in Zukunft*) one [*or* some] day

ein|stamp·fen *vt* MEDIA ■**etw ~** to pulp sth

Ein·stand *m* ❶ *bes* SÜDD, ÖSTERR (*Arbeitsanfang*) start of a new job; **wir müssen noch deinen ~ feiern** we must celebrate your new job; **seinen ~ geben** to celebrate getting [*or* starting] a new job ❷ TENNIS deuce

ein|ste·chen I. *vi irreg* ❶ (*mit einer Stichwaffe*) ■**[mit etw** *dat*] **auf jdn ~** to stab sb [repeatedly] [with sth] ❷ (*in etw hineinstechen*) ■**[mit etw** *dat*] **in etw** *akk* **~** *Nadel* to insert [*or* stick] sth into sth; **mit der Gabel in die Kartoffeln ~** to prick the potatoes [with a fork] ❸ (*durch Stechen etw hervorbringen*) ■**[mit etw** *dat*] **in etw** *akk* **~** to pierce [*or* make a hole in] sth [with sth] ❹ KARTEN to [play a] trump **II.** *vt irreg* ■**etw in etw** *akk* **~** to stick [*or* insert] sth into sth; **die Nadel in die Vene ~** to insert the needle into the vein; ■**etw [mit etw** *dat*] **~** KOCHK to prick sth [with sth]; **den Teig mehrmals mit einer Gabel ~** to prick the dough several times with a fork

ein|ste·cken *vt* ❶ (*in die Tasche stecken*) ■**etw ~** to put sth in one's pocket; **er hat das Geld einfach eingesteckt!** he's just pocketed the money!; **hast du deinen Pass eingesteckt?** have you got your passport?; **stecken Sie Ihren Revolver mal wieder ein!** put your revolver away! ❷ (*einwerfen*) ■**etw ~** to post [*or* mail] sth ❸ (*fam: hinnehmen*) ■**etw ~** to put up with [*or* swallow] [*or* take] sth ❹ (*verkraften*) ■**etw ~** to take sth ❺ ELEK ■**etw ~** to plug in sth *sep*

Ein·steck·kar·te *f* smart card

ein|ste·hen *vi irreg sein* ❶ (*sich verbürgen*) ■**für jdn/etw ~** to vouch for sb/sth; **ich stehe [voll] für ihn ein, er wird Sie schon nicht enttäuschen** I can guarantee that he won't disappoint you; ■**[jdm] dafür ~, dass ...** to promise [*or* guarantee] [sb] that ...; ■**dafür ~, dass ...** to vouch for the fact that ... ❷ (*aufkommen*) ■**für etw** *akk* **~** to take responsibility for sth; **für Schulden ~** to assume liability for debts

Ein·stei·ge·kar·te *f* boarding card [*or* AM pass]

ein|stei·gen *vi irreg sein* ❶ (*besteigen*) ■**[in etw** *akk*] **~** to get on [sth]; **in ein Auto/Taxi ~** to get in[to] a car/taxi; **in einen Zug ~** to get on [*or form* board] a train; **das E~ in den Zug** getting onto the train; **~!** all aboard! ❷ (*fam: hineinklettern*) ■**[in etw** *akk*] **~** to climb [*or* get] in[to sth] ❸ ÖKON ■**in etw** *akk* **~** to buy into [*or* take a stake in] sth ❹ (*sich engagieren*) ■**in etw** *akk* **~** to go into sth; **in eine Bewegung ~** to get [*or* become] involved in a movement

Ein·stei·ni·um <-s> [ain'ʃtaini̯ʊm] *nt kein pl* einsteinium

ein·stell·bar *adj* adjustable; ■**auf jdn/etw ~** adjustable [to sb/sth]

ein|stel·len I. *vt* ❶ (*anstellen*) ■**jdn [als etw] ~** to employ [*or* take on] sb [as sth]; **Arbeitskräfte ~** to take on employees; **sie wurde als Redaktionsassistentin eingestellt** she was given a job as [an] editorial assistant ❷ (*beenden*) ■**etw ~** to stop [*or* break off] sth; **eine Suche ~** to call off [*or* abandon] a search; **eine Planung/ein Projekt ~** to shelve a plan/project; **die Firma hat die Arbeit eingestellt** the company has closed ❸ MIL ■**etw ~** to stop sth; **Feindseligkeiten ~** to suspend hostilities; **das Feuer ~** to cease fire; **Kampfhandlungen ~** to cease hostilities [*or* fighting] ❹ JUR ■**etw ~** to abandon sth ❺ FOTO, ORN ■**etw [auf etw** *akk*] **~** to adjust [*or* set] sth [to sth]; **etw auf eine Entfernung ~** to focus sth ❻ ELEK ■**etw [auf etw** *akk*] **~** to set sth [at sth] ❼ TV, RADIO ■**[jdm] etw [auf etw** *akk*] **~** to tune [sb's] sth [to sth]; **der Videorekorder ist auf Aufnahme eingestellt** the video recorder is programmed to record ❽ AUTO ■**[jdm] etw ~** to adjust [sb's] sth; **die Zündung ~** to set [*or* adjust] the [ignition] timing; ■**sich** *dat* **etw ~ lassen** to have sth adjusted ❾ TECH ■**[jdm] etw [irgendwie] ~** to adjust [sb's] sth [somehow]; **etw in der Höhe ~** to adjust the height of sth; **die Lehnenneigung ~** to adjust the angle of a rest ❿ (*hineinstellen*) ■**etw [in etw** *akk*] **~** to put sth away [in sth]; **in den Carport können zwei Autos eingestellt werden** the carport can accommodate two cars; **ein Buch ins Regal ~** to put a book away [on the shelf] ⓫ SPORT (*egalisieren*) ■**etw ~** to equal sth; **den Rekord ~** to equal the record **II.** *vr* ❶ (*auftreten*) ■**sich ~** *Bedenken* to begin; MED *Fieber, Symptome, Übelkeit etc.* to develop, to begin; **Symptome haben sich eingestellt** symptoms have appeared [*or* developed] ❷ (*sich anpassen*) ■**sich auf jdn/etw ~** to adapt to sb/sth; ■**sich auf etw ~** to adjust to sth ❸ (*sich vorbereiten*) ■**sich auf etw** *akk* **~** to prepare oneself for sth ❹ (*geh: sich einfinden*) ■**sich ~** to arrive, to present oneself *form; s. a.* **eingestellt III.** *vi* (*beschäftigen*) to take on [*or* hire] people

ein·stel·lig *adj* single-digit *attr*

Ein·stell·knopf *m* control knob; ■**die Einstellknöpfe** the controls [*or* control knobs] **Ein·stell·platz** *m* ❶ (*Platz zum Unterstellen*) carport ❷ (*Stellplatz*) parking space **Ein·stell·rad** *nt* adjusting [*or* focussing] ring **Ein·stell·schrau·be** *f* setting [*or* adjustment] screw

Ein·stel·lung *f* ❶ (*Anstellung*) taking on, employment; **die ~ zusätzlicher Mitarbeiter** taking on [*or* employing] extra staff; **bei ihrer ~** when she started the job ❷ (*Beendigung*) stopping, termination *form;* **~ einer Suche** abandoning [*or* abandonment] of a search ❸ FOTO adjustment ❹ ELEK setting ❺ AUTO adjustment; **~ der Zündung** setting the timing ❻ TECH (*Regulierung*) adjustment ❼ TV, RADIO tuning; **die ~ des Videorekorders** to programme the video recorder ❽ FILM shot, take ❾ (*Gesinnung, Haltung*) attitude; **die richtige ~ mitbringen** to have the right attitude; **das ist nicht die richtige ~!** that's not the right attitude!; **eine ganz andere ~ haben** to think [*or* see it] differently; **politische/religiöse ~en** political/religious opinions [*or* views]; **eine kritische ~** a critical stance; **kritische ~en** critical views; **keine ~ zu etw haben** to hold no opinion about sth

Ein·stel·lungs·be·din·gung *f* condition of employment *usu pl,* requirement for employment *usu pl* **Ein·stel·lungs·ge·spräch** *nt* interview **Ein·stel·lungs·stopp** *m* freeze on recruitment, stop to new appointments; **einen ~ verhängen** to impose a freeze on recruitment; **einen ~ für Lehrer anordnen** to order a stop to the appointment of new teachers **Ein·stel·lungs·ter·min** *m* starting date **Ein·stel·lungs·test** *m test to be passed as a condition of employment*

Ein·stich *m* ❶ (*das Einstechen*) insertion ❷ (*Einstichstelle*) puncture, prick

Ein·stieg <-[e]s, -e> ['ainʃtiːk, *pl* 'ainʃtiːgə] *m* ❶ *kein pl* (*das Einsteigen*) getting in; ■**jds ~ in etw** *akk* sb's getting in[to] [*or form* entry into/to] sth; **jds ~ in einen Bus/Zug** sb's getting on[to] [*or form* entering] a bus/train; **~ nur mit Fahrausweis** all passengers are required to have a ticket; **„hier kein ~!"** "no entry!", "exit only!"; **„~ nur vorn!"** "entry only at the front!" ❷ (*Tür zum Einsteigen*) *Bahn* door; *Bus a.* entrance; *Panzer* hatch ❸ (*Zugang*) ■**jds ~ in etw** *akk* sb's getting to grips with [*or fam* getting into] sth; **ich habe bisher noch keinen ~ in diese schwierige Materie gefunden** till now I've found no way of approaching [*or* getting to grips with] this difficult material ❹ (*Aufnahme*) start; **der ~ in einen Markt** the penetration of a market; **der ~ in die Kernenergie** to adopt [*or* start] a nuclear energy programme ❺ (*~ an einer Bergwand o.Ä.*) ■**jds ~ in etw** *akk* sb's assault on sth

Ein·stiegs·dro·ge *f* soft drug (*which can supposedly lead on to harder drugs*)

eins·tig ['ainstɪç] *adj attr* former *attr*

ein|stim·men I. *vi* ■**[in etw** *akk*] **~** to join in [sth]; **in ein Lied**

~ to join in the singing; **in eine Klage** [*o* **Beschwerde**] ~ to join in [*or* add one's voice to] a protest [*or* a complaint] **II.** *vt* (*innerlich einstellen*) ■**jdn auf etw** *akk* ~ to get sb in the right mood [*or* in the right frame of mind] [*or fam* psyched up] for sth

ein·stim·mig¹ ['aɪnʃtɪmɪç] **I.** *adj* MUS **ein ~es Lied** a song for one voice **II.** *adv* MUS in unison, with one voice; ~ **singen** to sing in unison

ein·stim·mig² ['aɪnʃtɪmɪç] **I.** *adj* unanimous **II.** *adv* unanimously; **etw ~ beschließen** to come to a unanimous decision on sth

Ein·stim·mig·keit <-> *f kein pl* unanimity; ~ **erzielen** to achieve unanimity, to come to a unanimous agreement

Ein·stim·mung *f kein pl* **zur ~ auf etw** *akk* to get in the right frame of mind [*or* the right mood] for sth; **er sprach einige Worte zur ~ auf den Filmabend** he said a few words as an introduction to the film evening

einst·mals ['aɪnstma:ls] *adv* (*geh*) *s.* **einst**

ein·stö·ckig ['aɪnʃtœkɪç] *adj inv* single-storey *attr* [*or* AM -story], one-storey *attr*

ein|stöp·seln *vt* ELEK (*fam*) ■**etw** ~ to plug sth in; **wo kann ich den Stecker hier ~?** where's the socket?

ein|sto·ßen *vt irreg* (*stoßend eindrücken*) ■**etw** ~ to break sth down; **ein Fenster** ~ to smash a window; **jdm die Zähne** ~ to knock in sb's teeth [unintentionally] *sep;* **den Kopf** ~ to bang one's head

ein|strei·chen *vt irreg* ❶ (*fam: einheimsen*) ■**etw** ~ to pocket sth *fam;* **in dem Geschäft streicht er Unsummen ein** in that business he's raking it in [*or* BRIT he's coining it [in]] *fam* ❷ (*bestreichen*) ■**etw [mit etw** *dat*] ~ to paint [*or* coat] sth [with sth]; **Brot mit Butter** ~ to butter [*or* spread butter on] a piece of bread

ein|streu·en *vt* ❶ (*einflechten*) ■**etw [in etw** *akk*] ~ to work sth in[to sth]; **Zitate in einen Vortrag** ~ to sprinkle a lecture with quotations; **geschickt eingestreute Bemerkungen** shrewdly placed remarks ❷ (*ganz bestreuen*) ■**etw [mit etw** *dat*] ~ to scatter [*or* strew] sth [with sth]; **die Rasenfläche mit Dünger** ~ to scatter [*or* strew] fertilizer on the lawn

ein|strö·men *vi sein* ❶ METEO (*in etw strömen*) ■**[nach etw]** ~ to stream [*or* surge] [*or* pour] in[to sth] ❷ (*rasch hineinfließen*) ■**[in etw** *akk*] ~ to pour [*or* flood] in[to sth]

ein|stu·die·ren* *vt* ■**etw** ~ to rehearse [*or* BRIT practise] [*or* AM practice] sth; **etw vor dem Spiegel** ~ to rehearse sth in front of the mirror; ■**einstudiert** rehearsed

ein|stu·fen ['aɪnʃtu:fn̩] *vt* ❶ (*eingruppieren*) ■**jdn [in etw** *akk*] ~ to grade sb [in sth]; ■**jdn in etw** *akk* ~ to put sb in sth; **jdn in eine bestimmte Steuerklasse** ~ to assess sb as being in a particular tax bracket; **jdn in eine Gehaltsgruppe** ~ to give sb a [salary] grade ❷ (*zuordnen*) ■**etw in etw** *akk* ~ to categorize [*or* grade] sth as sth

Ein·stu·fung <-, -en> *f* categorization, classification; **jds ~ in eine bestimmte Gehaltsklasse** sb's assessment as a particular salary grade

ein·stün·dig, 1-stün·dig^RR *adj* one-hour *attr,* lasting one hour *pred; s. a.* **achtstündig**

ein|stür·men *vi sein* ❶ (*bestürmen*) ■**[mit etw** *dat*] **auf jdn** ~ to bombard [*or* besiege] sb [with sth]; **mit Fragen/Bitten auf jdn** ~ to bombard [*or* besiege] sb with questions/requests ❷ (*eindringen*) ■**auf jdn** ~ to overwhelm sb; **nach dem Urlaub stürmten eine Vielzahl von Verpflichtungen auf ihn ein** after the holiday he was swamped [*or* inundated] with engagements

Ein·sturz *m* ❶ (*das Einstürzen*) collapse; *Decke a.* caving-in, falling-in; *Mauer* falling-down, falling-in ❷ **etw zum ~ bringen** to cause sth to collapse [*or* the collapse of sth]

ein|stür·zen *vi sein* ❶ (*zusammenbrechen*) to collapse; *Decke a.* cave in, fall down ❷ (*heftig eindringen*) ■**auf jdn** ~ to overwhelm [*or* swamp] [*or* crowd in on] sb ❸ **etw zum E~ bringen** to cause sth to collapse

Ein·sturz·ge·fahr *f kein pl* danger of collapse; **„Vorsicht ~!"** "building unsafe!"; **es besteht** ~ sth is threatening to [*or* is in danger of] collapse; **wegen** ~ because sth is threatening to [*or* is in danger of] collapse

einst·wei·len ['aɪnst'vaɪlən] *adv* ❶ (*vorläufig*) for the time being; **jdn ~ auf freien Fuß setzen** to release sb temporarily ❷ (*in der Zwischenzeit*) in the meantime, meanwhile

einst·wei·lig ['aɪnst'vaɪlɪç] *adj attr* temporary; **eine ~e Anordnung** [*o* **Verfügung**] a temporary [*or* interim] order/injunction

ein|sug·ge·rie·ren* *vt* (*fam*) ■**jdm etw** ~ to suggest sth to sb, to persuade sb of sth; ■**jdm ~, dass ...** to suggest to [*or* persuade] sb that ...

ein·tä·gig, 1-tä·gig^RR *adj* one-day *attr,* lasting one day *pred*

Ein·tags·flie·ge *f* ❶ ZOOL mayfly ❷ (*von kurzer Dauer*) nine days' wonder; **sein Erfolg war nur eine** ~ his success was just a flash in the pan

ein|tä·to·wie·ren* *vt* ■**[jdm] etw** ~ to tattoo sth [on sb]; ■**sich** *dat* **etw ~ lassen** to have a tattoo of sth; **er ließ sich seine Initialen** ~ he had a tattoo of his initials; ■**eintätowiert** tattooed

ein|tau·chen I. *vt haben* ■**jdn [in etw** *akk*] ~ to immerse sb [in sth]; ■**etw [in etw** *akk*] ~ to dip sth in [sth]; *Lebensmittel* to dip [*or fam* dunk] sth [in sth] **II.** *vi sein* ■**[in etw** *akk*] ~ to dive [*or* plunge] in[to sth], to dive [*or* submerge]

Ein·tausch *m* exchange; **Hinweis: „~ von Gutscheinen"** sign: "vouchers exchanged here"; **im ~ gegen etw** *akk* in exchange [*or* return] for sth

ein|tau·schen *vt* ❶ (*tauschen*) ■**etw [gegen/für etw]** ~ to exchange sth [for sth]; **ein Gebrauchtwagen gegen einen neuen** ~ to trade in a second-hand car for a new one ❷ (*umtauschen*) ■**etw [gegen etw]** ~ to [ex]change sth [for sth]

ein·tau·send ['aɪn'tauznt] *adj* one thousand; *s. a.* **tausend 1**

Ein·tau·sen·der <-s, -> *m* mountain over 1,000 metres [*or* AM -ers]

ein|tei·len I. *vt* ❶ (*unterteilen*) ■**etw in etw** *akk* ~ to divide sth up into sth; **ich habe die Pastete in sechs Stücke eingeteilt** I've divided [*or* cut] the pie [up] into six pieces ❷ (*sinnvoll aufteilen*) ■**[sich** *dat*] **etw** ~ *Geld, Vorräte, Zeit* to be careful with sth; ■**etw** ~ to plan sth [out]; **die Vorräte müssen so eingeteilt werden, dass sie uns zwei Wochen reichen** we'll have to organize [*or* divide up] the supplies so that they last two weeks; **das Geld** ~ to budget, to manage [*or* organize] one's money [*or* finances]; **die Zeit/den Urlaub** ~ to arrange one's time/holiday; **die Zeit gut** ~ to make good use of one's time, to use one's time well; **sich die Zeit** ~ to plan [*or* organize] [*or* arrange] one's time; **sich die Arbeit** ~ to arrange [*or* organize] one's work ❸ (*für etw verpflichten*) ■**jdn zu etw** *dat* ~ to assign sb to sth **II.** *vi* (*fam: haushalten*) to budget

ein·tei·lig, 1-tei·lig^RR ['aɪntaɪlɪç] *adj* one-piece *attr*

Ein·tei·lung *f* ❶ (*Aufteilung*) management, planning, organization; **bei besserer ~ deiner Zeit hättest du sicher mehr Freizeit** if you organized your time better, you would have more free time ❷ (*Verpflichtung*) ■**jds ~ zu etw** *dat* sb's assignment to sth

ein|tip·pen *vt* ■**etw [in etw** *akk*] ~ to key [*or* type] sth in[to sth]

ein·tö·nig ['aɪntø:nɪç] **I.** *adj* monotonous; **~e Arbeit** monotonous [*or* tedious] work; **~es Leben** humdrum [*or* dull] [*or* monotonous] life **II.** *adv* monotonously; ~ **klingen** to sound monotonous; ~ **vortragen** to read in a monotone

Ein·tö·nig·keit <-> *f kein pl* monotony; **die ~ einer bestimmten Arbeit** the monotony [*or* sameness] [*or* tedium] of a particular job; **die ~ einer bestimmten Art Leben** the monotony [*or* dullness] [*or* dreariness] of a particular way of life

Ein·topf *m,* **Ein·topf·ge·richt** *nt* stew

Ein·tracht <-> ['aɪntraxt] *f kein pl* ❶ (*harmonisches Einvernehmen*) harmony, peace, concord *form;* **in [Frieden und] ~ zusammenleben** to live together in [peace and] harmony ❷ SPORT *part of the name of a sports club,* ≈ United

E

ein·träch·tig ['aintrɛçtɪç] **I.** *adj* harmonious, peaceful; **ein ~es Zusammenleben** a harmonious [*or* peaceful] life together **II.** *adv* harmoniously, peacefully

Ein·trag <-[e]s, Einträge> ['aintra:k, *pl* 'aintrɛ:gə] *m* ❶ *kein pl* (*Vermerk*) note, entry *form;* **~ ins Logbuch** entry in the logbook ❷ (*im Wörterbuch, Nachschlagewerk*) entry ❸ ADMIN registration, record; **~ ins Handelsregister** record in the register of companies

ein|tra·gen *vt irreg* ❶ (*einschreiben*) ■**jdn [in etw** *akk*] **~** to enter [*or* record] sb's name [in sth], to put sb's name down [in sth], to enter sb [in sth]; ■**sich** *akk* **[in etw** *akk*] **~** to write one's name [in sth] ❷ (*amtlich registrieren*) ■**jdn/etw in etw** *akk* **~** to register sb/sth in sth; **ins Handelsregister ~** to record in the register of companies [*or* commercial register]; ■**sich ~ lassen** to register ❸ (*einzeichnen*) ■**etw [auf etw** *dat*] **~** to note [*or* record] sth [on sth], to write sth in [on sth] ❹ (*geh: einbringen*) ■**jdm etw ~** to bring [*or* earn] [*or* win] sb sth; **sein Verhalten hat ihm allseits Achtung eingetragen** his behaviour earned respect on all sides

ein·träg·lich ['aintrɛ:klɪç] *adj* profitable, lucrative, remunerative; **eine ~e Arbeit** a well-paid job

Ein·tra·gung <-, -en> *f s.* **Eintrag 1**

ein·trai·niert *adj* (*einstudiert*) practised, rehearsed

ein|träu·feln *vt* **jdm Tropfen in etw** *akk* **~** to put drops in sb's sth, to administer drops to sb's sth *form*

ein|tref·fen *vi irreg sein* ❶ (*ankommen*) ■**[irgendwo/bei jdm] ~** to arrive [somewhere/at sb's]; **mit Verspätung ~** to arrive late; **frisch eingetroffen** just arrived [*or* in] ❷ (*in Erfüllung gehen*) to come true, to be fulfilled; **die Katastrophe traf doch nicht ein** the catastrophe didn't happen after all

ein|trei·ben *vt irreg* ■**etw [bei/von jdm] ~** to collect sth [from sb]; **Schulden ~** to collect [*or* recover] debts; **die Unkosten ~** to recover the costs

Ein·trei·bung <-, -en> *f* collection; **~ einer Schuld** collection [*or* recovery] of a debt

ein|tre·ten *irreg* **I.** *vi* ❶ *sein* (*betreten*) ■**[in etw** *akk*] **~** to go in [*or* enter] [sth]; **bitte treten Sie ein!** please step this way!; **wir treten in ein neues Zeitalter ein** we are entering a new era; ■**beim E~** on [*or* when] [*or* while] going in [*or* entering] ❷ *sein* (*beitreten*) ■**[in etw** *akk*] **~** to join [sth] ❸ *sein* (*Mitarbeiter werden*) to start somewhere; ■**bei jdm/in etw** *akk o dat* **~** to start working for sb/somewhere; **bei einem Arbeitgeber ~** to start working for sb; **bei einer Firma ~** to join [*or* start working at] a company ❹ *sein* (*aufnehmen*) ■**in etw** *akk* **~ in Diskussionen/Verhandlungen ~** to enter into discussions/negotiations; **in Gespräche ~** to hold talks ❺ *sein* (*sich ereignen*) to occur, to ensue; **eine Katastrophe ist eingetreten** a catastrophe has happened; **es ist noch keine Besserung seines Zustandes eingetreten** his condition has not improved; **sollte der Fall ~, dass ...** if it should happen that ...; **der Fall kann ~, dass ...** it may happen that ...; **dieser Fall ist noch nie eingetreten** that has never happened; ■**das E~** the occurrence ❻ *sein* (*auftreten*) to set in; **das Tauwetter ist eingetreten** the thaw has set in; **dann trat urplötzlich Stille ein** then there was a sudden silence [*or* silence fell] ❼ *sein* RAUM ■**in etw** *akk* **~** to enter [*or* move into] sth; ■**beim E~** on [*or* when] [*or* while] entering ❽ *sein* (*sich einsetzen*) ■**für jdn/etw ~** to stand [*or fam* stick] up for sb/sth, to champion sb/sth *form* ❾ *haben* (*jdn/etw wiederholt treten*) ■**auf jdn/ein Tier ~** to kick sb/an animal [repeatedly] **II.** *vt haben* ❶ (*durch Treten zerstören*) ■**etw ~** to kick sth in ❷ (*sich durch Treten eindrücken*) ■**sich** *dat* **etw ~** to get sth in one's foot; **ich habe mir einen Glassplitter eingetreten** I've trodden on a splinter of glass

Ein·tre·ten <-s> *nt kein pl* standing [*or fam* sticking] up (**für** +*akk* for), championing *form* (**für** +*akk* of)

ein|trich·tern ['aintrɪçtɐn] *vt* (*fam*) ■**jdm etw ~** to drum sth into sb *fam;* **du brauchst mir das nicht immer wieder einzutrichtern** you don't need to keep on at me

Ein·tritt *m* ❶ (*geh: das Betreten*) ■**jds ~ in etw** *akk* sb's entrance into sth *form;* **~ verboten** no admission ❷ (*Beitritt*) ■**jds ~ in etw** *akk* sb's joining sth; **wann hat er sich denn zum ~ in die Partei entschlossen?** so when did he decide to join the party? ❸ (*Eintrittsgeld*) entrance fee, admission; **~ frei** admission free ❹ (*Einlass*) ■**jds ~ [zu etw/in etw** *akk*] sb's admission [to sth]; ■**der ~ [zu etw/in etw** *akk*] admission [to sth] ❺ (*Beginn*) onset; **bei/vor ~ der Dunkelheit** when/before darkness falls [*or* nightfall]; **nach ~ der Dunkelheit** after dark, after darkness has fallen; **der ~ des Todes** (*geh*) death

Ein·tritts·geld *nt* entrance [*or* admission] [fee [*or* charge]] **Eintritts·kar·te** *f* [admission [*or* entrance]] ticket **Ein·tritts·preis** *m* admission [*or* entrance] [fee [*or* charge]]

ein|tro·cknen *vi sein Farbe, Blut* to dry; *Wasser* to dry up; *Obst* to dry out [*or* shrivel up]; ■**eingetrocknet** dried, dried-up

ein|trü·ben *vr impers* ■**sich ~** to cloud over, to become overcast

Ein·trü·bung *f* cloud, cloudy spell

ein|tru·deln *vi sein* (*fam*) to roll [*or* show] [*or* turn] up *fam,* to drift [*or* wander] in *fam*

ein|tun·ken *vt* DIAL (*eintauchen*) ■**etw [in etw** *akk*] **~** to dunk sth [in sth] *fam,* to dip sth in sth; **einen Pinsel in Farbe ~** to dip a [paint]brush in paint

ein|üben *vt* ■**etw ~** to practise [*or* AM -ce] sth; **eine Rolle/ein Stück ~** to rehearse a role/play; **gut eingeübt** well-rehearsed, well-studied

ein|ver·lei·ben* ['ainfɛɐ̯laibn̩] **I.** *vt* ❶ (*eingliedern*) ■**etw einer S.** *dat* **~** *Gebiet, Land* to incorporate sth into sth, to annex sth ❷ (*hinzufügen*) ■**etw einer S.** *dat* **~** to incorporate sth into sth, to feed sth with sth *fam* **II.** *vr* ❶ POL (*annektieren*) ■**sich** *dat* **etw ~** to annex sth; ÖKON to incorporate sth ❷ (*hum fam: verzehren*) ■**sich** *dat* **etw ~** to put sth away, to guzzle sth *hum fam;* **ich habe mir soeben den ganzen Kuchen einverleibt** I've just hoovered the whole cake up *hum fam*

Ein·ver·lei·bung <-, -en> *f* POL annexation; ÖKON incorporation, takeover

Ein·ver·nah·me <-, -n> ['ainfɛɐ̯na:mə] *f* JUR *bes* ÖSTERR, SCHWEIZ (*Vernehmung*) examination; (*durch die Polizei*) questioning; (*aggressive Vernehmung*) interrogation

ein|ver·neh·men* ['ainfɛɐ̯ne:mən] *vt irreg* JUR *bes* ÖSTERR, SCHWEIZ (*vernehmen*) to examine; **die Polizei hat den Zeugen einvernommen** the police questioned the witness; (*aggressiv vernehmen*) to interrogate

Ein·ver·neh·men <-s> *nt kein pl* agreement; JUR *a.* [good] understanding; **bestand nicht ~ immer darüber, dass ...?** didn't we have an understanding that ...?; **in gegenseitigem** [*o* **beiderseitigem**] **~** by mutual agreement; **in gutem** [*o* **bestem**] **~ [mit jdm] stehen** to be on good [*or* the best] terms [with sb]; **im ~ mit jdm** in agreement with sb; **ein stillschweigendes ~** a tacit agreement [*or* understanding]

Ein·ver·neh·mens·er·klä·rung *f* JUR declaration of understanding

ein·ver·nehm·lich **I.** *adj* (*geh*) mutual, joint; **zu einer ~en Regelung gelangen** to come to an agreed ruling **II.** *adv* (*geh*) by [*or* in] mutual agreement

ein·ver·stan·den ['ainfɛɐ̯ʃtandn̩] *adj pred* ■**[mit jdm/etw] ~ sein** to be in agreement [with sb/sth], to agree [with sb/sth]; ■**[damit] ~ sein, dass ...** to be in agreement that ..., to agree that ...; **sich** *akk* **mit etw** *dat* **~ erklären** to agree with sth; **~!** agreed!, OK! *fam*

Ein·ver·ständ·nis ['ainfɛɐ̯ʃtɛntnɪs] *nt* ❶ (*Zustimmung*) approval, consent; **ohne jds ~** without sb's consent; **sein ~ [mit etw** *dat*] **erklären** to voice one's approval [of sth], to give one's approval [*or* consent]; **mit Ihrem ~** with your approval; **im ~ mit jdm** with sb's approval; **in ~ mit jdm handeln** to act with sb's approval [*or* consent] ❷ (*Übereinstimmung*) agreement;

völliges ~ complete [*or* full] agreement; **mit Ihrem** ~ with your agreement; **findet dieser Vorschlag auch Ihr** ~**?** are you in agreement with this proposal?; **stillschweigendes** ~ tacit agreement; **in gegenseitigem** [*o* **beiderseitigem**] ~ by mutual agreement; **sein** ~ **mit etw** *dat* **erklären** to express one's agreement with sth; **im** ~ **mit jdm** in agreement with sb; **zwischen uns herrscht** ~ there is agreement between us *form,* we are in agreement

Ein·ver·ständ·nis·er·klä·rung *f* declaration of consent

Ein·waa·ge ['ainva:gə] *f kein pl* ÖKON ① (*Reingewicht*) weight of the contents ② (*Gewichtsverlust*) loss of weight

ein|wach·sen¹ ['ainvaksn̩] *vt* ■**etw** ~ to wax sth

ein|wach·sen² ['ainvaksn̩] *vi irreg sein* ■[**jdm**] ~ to grow in; **eingewachsene Zehennägel** ingrowing [*or esp* AM ingrown] toenails

Ein·wand <-[e]s, Einwände> ['ainvant, *pl* 'ainvɛndə] *m* objection; **einen** ~ [**gegen etw** *akk*] **haben** to object [*or* to have an objection] [to sth]; **haben Sie einen** ~**?** have you got any objections?; **einen** ~ [**gegen etw** *akk*] **machen** [*o* **vorbringen**] to make [*or* lodge] an objection [to sth]; **einen** ~ [**gegen etw** *akk*] **erheben** to raise an objection [to sth]; JUR to demur

Ein·wan·de·rer, -wan·d[r]e·rin *m, f* immigrant

ein|wan·dern *vi sein* ① (*immigrieren*) ■[**nach/in etw** *akk*] ~ to immigrate [to/into sth] ② (*einziehen*) ■[**nach/in etw** *akk*] ~ to migrate [to/into sth]

Ein·wan·de·rung *f* ■**jds** ~ **nach/in etw** *akk* sb's immigration to/into sth

Ein·wan·de·rungs·be·hör·de *f* immigration authorities *usu pl* **Ein·wan·de·rungs·ge·setz** *nt* immigration laws *usu pl* **Ein·wan·de·rungs·land** *nt country which attracts a large number of immigrants;* **die USA werden heute noch als begehrtes** ~ **betrachtet** the USA is still seen today as a popular country to emigrate [*or* immigrate] to **Ein·wan·de·rungs·po·li·tik** *f kein pl* POL immigration policy **Ein·wan·de·rungs·vi·sum** *nt* immigration visa

ein·wand·frei ['ainvantfrai] **I.** *adj* ① (*tadellos*) flawless, perfect; *Obst* perfect, without a blemish; *Fleisch a.* [perfectly] fresh; ~**e Qualität** excellent [*or* superior] quality; **in einem** ~**en Zustand** in perfect condition; ~**es Benehmen** impeccable [*or* model] behaviour [*or* AM -or]; **ein** ~**er Leumund** an excellent [*or* impeccable] character [*or* reputation] ② (*unzweifelhaft*) indisputable, irrefutable, undeniable, incontrovertible; **eine** ~**e Beweisführung** a conclusive [*or* compelling] [*or* line of argument] argumentation **II.** *adv* ① (*tadellos*) flawlessly, perfectly; **sich** ~ **verhalten** to behave impeccably ② (*unzweifelhaft*) indisputably, irrefutably, undeniably; ~ **beweisen** to prove conclusively [*or* beyond a shadow of a doubt]; ~ **nachweisen** to provide conclusive [*or* indisputable] [*or* irrefutable] evidence; ~ **feststehen** to be absolutely certain; ■**es steht** ~ **fest, dass ...** it is an indisputable [*or* irrefutable] [*or* undeniable] fact that ...; ~ **erfunden** [*o* **erlogen**] **sein** to be a downright [*or* complete] lie; ~ **Betrug sein** to be [a] complete [*or* a clear case of] fraud, to be a complete swindle

ein·wärts ['ainvɛrts] *adv* inwards, in

ein|wäs·sern *vt* KOCHK *s.* **wässern**

ein|we·ben *vt irreg* ■**etw** [**in etw** *akk*] ~ to weave [*or* work] sth in[to sth]; ■**eingewebt** woven-in *attr,* worked-in *attr*

ein|wech·seln ['ainvɛksl̩n] *vt* ① FIN ■[**jdm**] **etw** [**in** [*o* **gegen**] **etw** *akk*] ~ to change sth [for sb] [into sth] ② SPORT ■**jdn** [**für jdn**] ~ to bring on sb [for sb] *sep*

ein|we·cken *vt* DIAL ■**etw** ~ to bottle [*or* preserve] sth; ■**eingeweckt** bottled

Ein·weck·glas *nt* KOCHK preserving [*or* AM canning] jar

Ein·weg·fla·sche *f* non-returnable bottle **Ein·weg·ra·sie·rer** *m* disposable razor **Ein·weg·sprit·ze** *f* disposable needle [*or* syringe] **Ein·weg·ver·pa·ckung** *f* disposable packaging

ein|wei·chen *vt* ■**etw** [**in etw** *dat*] ~ to soak sth [in sth]; ■**eingeweicht** soaked

ein|wei·hen *vt* ① (*offiziell eröffnen*) ■**etw** ~ to open sth [officially], to inaugurate sth *form* ② (*vertraut machen*) ■**jdn** [**in etw** *akk*] ~ to initiate sb [into sth]; **jdn in ein Geheimnis** ~ to tell sb about [*or* let sb in on] a secret, to divulge a secret to sb; **jdn in einen Plan** ~ to outline [*or* unveil] [*or* present] a plan to sb

Ein·wei·hung <-, -en> *f* ① (*das Eröffnen*) [official] opening, inauguration ② (*das Vertrautmachen*) initiation

Ein·wei·hungs·fei·er *f* official opening, inauguration

ein|wei·sen *vt irreg* ① MED ■**jdn** [**in etw** *akk*] ~ to send sb [to sth]; **jdn ins Krankenhaus** ~ to send sb to hospital; **der Patient wurde gestern eingewiesen** the patient was admitted yesterday; **jdn in eine psychiatrische Klinik** ~ to commit sb to a mental hospital ② (*unterweisen*) ■**jdn** [**in etw** *akk*] ~ to brief sb [about sth], to show sb [what sth entails]; **Ihre Kollegin wird Sie in Ihre neue Tätigkeit** ~ your colleague will show you what your new job entails ③ AUTO ■**jdn** [**in etw** *akk*] ~ to direct [*or* guide] sb [into sth]; ■**sich in etw** *akk* ~ **lassen** to have sb direct [*or* guide] one into sth; **in enge Parklücken sollte man sich besser** ~ **lassen** it's better to be guided into tight parking spaces

Ein·wei·sung *f* ① MED ■**jds** ~ **in etw** *akk* sb's admission to sth; ~ **in eine psychiatrische Klinik** committal to a mental hospital ② (*Unterweisung*) ■**jds** ~ [**in etw** *akk*] sb's briefing [*or* instruction] [about sth] ③ AUTO ■**jds** ~/**die** ~ **einer S.** [**in etw** *akk*] sb's/the direction [*or* directing] [*or* guiding] of sth [into sth]; **die** ~ **in eine Parklücke** to be guided into a tight parking space

ein|wen·den *vt irreg* ■**etw** [**gegen jdn/etw**] ~ to object [*or* make [*or* raise] an objection] [to sb/sth]; ■[**dagegen**] ~**, dass ...** to point out [*or* add] that ...; **etwas** [**gegen jdn/etw**] **einzuwenden haben** to have an objection [to sb/sth]; **du hast aber auch immer etwas einzuwenden!** you're always raising some objection or other!; **nichts** [**gegen jdn/etw**] **einzuwenden haben** to have no objection [to sb/sth]; **ich habe nichts** [**dagegen**] **einzuwenden** I have no objection, I don't object, I have nothing against it; **dagegen lässt sich** ~**, dass ...** an objection could be made that ..., one could object that ...; **dagegen lässt sich einiges** ~ there are a number of things to be said against it/that; **dagegen lässt sich nichts** ~ there can be no objection to it/that

Ein·wen·dung *f* ① (*Einwand*) objection (**gegen** +*akk* to); **keine** ~**en machen** to have no objections, to not object ② JUR ~**en** [**gegen etw** *akk*] **machen** to lodge an objection [to sth], to demur [to [*or* at] sth]

ein|wer·fen *irreg* **I.** *vt* ① (*eine Sendung* ~) ■**etw** [**in etw** *akk*] ~ *Brief* to post [*or* AM mail] sth ② (*durch Wurf zerschlagen*) ■[**jdm**] **etw** [**mit etw** *dat*] ~ to break [sb's] sth [with sth]; **eine Fensterscheibe** ~ to smash a window ③ SPORT ■**etw** ~ to throw sth in ④ (*etw zwischendurch bemerken*) ■**etw** ~ to throw sth in; **eine Bemerkung** ~ to throw in a comment [*or* remark], to interject *form* **II.** *vi* ① SPORT to throw in ② (*zwischendurch bemerken*) ■~**, dass ...** to throw in [*or* interject] that ...

ein|wi·ckeln *vt* ① (*in etw wickeln*) ■**etw** [**in etw** *akk*] ~ to wrap [up] sth in sth ② (*einhüllen*) ■**jdn** [**in etw** *akk*] ~ to wrap sb up [in sth]; **wickle das Kind in diese Decke ein** wrap the child [up] in this blanket; ■**sich** [**in etw** *akk*] ~ to wrap oneself up [in sth]; **wickle dich schön warm ein!** wrap yourself up warmly! ③ (*fam: überlisten*) ■**jdn** [**durch etw** *akk*] ~ to fool sb [with sth]; (*fam*) to take sb in; **jdn durch Schmeicheleien** ~ to butter up to sb; ■**sich** [**von jdm/etw**] ~ **lassen** to be fooled [*or* taken in] [by sb/sth]

Ein·wi·ckel·pa·pier *nt* wrapping paper

ein|wil·li·gen ['ainvɪlɪgn̩] *vi* ■[**in etw** *akk*] ~ to consent [*or* agree] [to sth]

Ein·wil·li·gung <-, -en> *f* (*Zustimmung*) consent, agreement;

ohne meine ~ without my consent; ■jds ~ in etw *akk* sb's consent [*or* agreement] to sth; seine ~ [zu etw *dat*] geben to give one's blessing [*or* consent] [to sth]

ein|win·tern ['ainvɪntɐn] *vi* SCHWEIZ (*Winter werden*) to become winter

ein|wir·ken I. *vi* ❶ (*beeinflussen*) ■**auf jdn/etw** ~ to have an effect [*or* influence] on sb/sth; **etw auf sich** *akk* ~ **lassen** to let sth soak in; **er ließ das Kunstwerk auf sich** ~ he soaked the work in ❷ PHYS, CHEM (*Wirkung entfalten*) ■**auf etw** *akk* ~ to react to sth; **etw** ~ **lassen** to let sth work in; **du musst die Creme auftragen und** ~ **lassen** apply the cream and let it be absorbed II. *vt* (*fachspr: einweben*) ■**etw in etw** *akk* ~ **ein Muster in einen Stoff** ~ to work a pattern into a cloth

Ein·wir·kung *f* ■**jds** ~ **auf jdn** sb's influence on sb; **unter [der]** ~ **von etw** *dat*/**einer S.** *gen* under the influence of sth; **unter [der]** ~ **von Drogen** under the influence of drugs; **sie stand unter [der]** ~ **eines Schocks** she was suffering from [the effects of] shock; **nach** ~ **der Salbe** when the ointment has worked in

Ein·wir·kungs·mög·lich·keit *f* (*Möglichkeit der Einwirkung*) influence; **ich sah da keinerlei** ~**en meinerseits** I had no influence on [*or* no say in] the matter, I didn't think there was anything I could do about; **eine** ~/~**en haben** to bring influence to bear on sth

ein·wö·chig *adj* one-week *attr*, lasting one week *pred*

Ein·woh·ner(in) <-s, -> ['ainvo:nɐ] *m(f)* inhabitant

Ein·woh·ner·kon·trol·le *f* SCHWEIZ *s.* **Einwohnermeldeamt**

Ein·woh·ner·mel·de·amt *nt* ADMIN *residents' registration office* **Ein·woh·ner·rat** *m* ADMIN SCHWEIZ ❶ (*Gemeindeparlament in einigen Kantonen*) *regional parliament in large cantons* ❷ (*Mitglied des Gemeindeparlaments*) *member of the regional parliament*

Ein·woh·ner·schaft <-, -en> *meist pl f* (*geh*) population *no pl*, inhabitants

Ein·woh·ner·schwund *m* falling [*or* declining] number of inhabitants; *eines Landes* declining population; **ein starker** ~ a sharp [*or* drastic] drop in the number of inhabitants

Ein·woh·ner·zahl *f* population, number of inhabitants

Ein·wurf *m* ❶ (*geh: das Hineinstecken*) *Münzen* insertion; *Briefe, Pakete* posting; **denke bitte an den** ~ **des Briefes** don't forget to post the letter; ~ **zwei Euro** insert two euros [into the slot]; ~ **hier** [*o* **hier** ~] insert here ❷ SPORT throw-in; **falscher** ~ foul throw ❸ (*Zwischenbemerkung*) interjection ❹ (*schlitzartige Öffnung*) slit

ein|wur·zeln *vi sein* FORST, HORT to take root

Ein·zahl ['aintsa:l] *f* LING singular

ein|zah·len *vt* FIN ■**etw [auf etw** *akk*] ~ to pay sth [into sth]; **die Spenden können auf ein Konto eingezahlt werden** donations can be paid into an account

Ein·zah·lung *f* FIN (*das Einzahlen*) payment, deposit

Ein·zah·lungs·be·leg *m* FIN credit slip **Ein·zah·lungs·for·mu·lar** *nt* FIN paying-in slip BRIT, deposit slip AM **Ein·zah·lungs·schal·ter** *m* FIN paying-in [*or* AM deposit] counter **Ein·zah·lungs·schein** *m* ❶ FIN stub, counterfoil *esp* BRIT ❷ SCHWEIZ *s.* **Zahlkarte**

ein|zäu·nen ['aintsɔynən] *vt* ■**etw** ~ to fence sth in; ■**eingezäunt** fenced in

Ein·zäu·nung <-, -en> *f* ❶ (*Zaun*) fence ❷ (*das Einzäunen*) fencing

ein|zeich·nen *vt* ■**etw [auf etw** *dat*] ~ to draw [*or* mark] sth in [on sth]; ■**eingezeichnet sein** to be drawn [*or* marked] in; **ist der Ort auf der Karte eingezeichnet?** is the place marked on the map?

Ein·zel <-s, -> ['aintsl] *nt* TENNIS singles + *sing vb*; **sie gewann das** ~ **gegen die Weltranglistendritte** she won her singles against the world's number three; **im** ~ at singles

Ein·zel·aus·ga·be *f* MEDIA separate edition, special edition **Ein·zel·band** *m* single volume **Ein·zel·bett** *nt* single bed **Ein·zel·blatt·ein·zug** *m* TYPO cut-sheet feed, single sheet feed **Ein·zel·fahr·schein** *m* single ticket BRIT, one-way ticket AM **Ein·zel·fall** *m* individual case; **das Gericht muss jeden** ~ **prüfen** the court must look at each case individually; **im** ~ in each case; **kein** ~ **sein** to be no exception, to not be an isolated case; **damit bist du kein** ~ you're not the only one **Ein·zel·fra·ge** *f meist pl* detailed question **Ein·zel·gän·ger(in)** <-s, -> *m(f)* (*Mensch, Tier*) loner, lone wolf **Ein·zel·ge·werk·schaft** *f* ÖKON single union **Ein·zel·haft** *f* JUR solitary confinement; **jdn in** ~ **halten** to keep sb in solitary confinement

Ein·zel·han·del *m* ÖKON retail trade; **das ist der Preis für den** ~ that is the retail price; **im** ~ retail; **diese Artikel sind nur im** ~ **erhältlich** these items are only available retail; **im** ~ **kostet die Uhr 4.500 Euro** the watch retails at 4,500 euros

Ein·zel·han·dels·ge·schäft *nt* ÖKON retail outlet [*or* shop] **Ein·zel·han·dels·kauf·mann, -kauf·frau** *m, f* trained retail salesman *masc*, trained retail saleswoman *fem* **Ein·zel·han·dels·preis** *m* ÖKON retail price

Ein·zel·händ·ler(in) *m(f)* ÖKON retailer, retail trader

Ein·zel·haus <-es, -häuser> *nt* detached house

Ein·zel·heit <-, -en> *f* detail; **ich kann nicht jede** ~ **behalten** I can't remember all the details; **in der Dunkelheit kann man keine** ~**en sehen** in the dark you cannot see anything in detail; **auf** ~**en eingehen** to go into detail[s]; **in allen** ~**en beschreiben** [*o* **schildern**] to describe in [great] detail; **bis in die kleinsten** ~**en** right down to the last detail; **sich in** ~**en verlieren** to get bogged down in detail

Ein·zel·ka·bi·ne *f* ❶ NAUT single cabin ❷ (*Umkleidekabine*) [individual] cubicle **Ein·zel·kampf** *m* SPORT individual competition; MIL single combat **Ein·zel·kind** *nt* only child **Ein·zel·leis·tung** *f* individual performance

Ein·zel·ler <-s, -> ['aintsɛlɐ] *m* BIOL single-celled [*or* unicellular] organism

ein·zel·lig ['aintsɛlɪç] *adj* BIOL single-cell[ed], unicellular

ein·zeln ['aintsl̩n] I. *adj* ❶ (*für sich allein*) separate, individual; ~**e Teile des Geschirrs können nachgekauft werden** individual pieces of this crockery can be purchased at a later date; **ein** ~**er Mensch könnte alle Aufgaben erledigen** one person alone could not do all the work ❷ (*detailliert*) ■**E**~**es** some; **an E**~**es erinnere ich mich noch gut** I can remember some things very well; ■**im E**~**en** in detail; **im E**~ **kann ich darauf nicht eingehen** I can't go into anymore details ❸ (*individuell*) individual; ■**der/die E**~**e** the individual; **als E**~**er** as an individual; **ein E**~**er/eine E**~**e** an individual, a single person; **was kann ein E**~**er schon dagegen ausrichten?** what can one person do on his own?; **jede(r, s) E**~**e** each individual; **ich erwarte von jedem E**~**en von Ihnen, dass er seine Pflicht tut** I expect [each and] every one of you to do your duty ❹ (*allein stehend*) single, solitary; **im Feld stand eine** ~**e Eiche** a solitary oak tree stood in the field; **die ganzen Felder gehören zu dem** ~**en Gehöft dort** all the fields belong to that one farm ❺ *pl* (*einige wenige*) some, a few, a handful; **erst waren es nur** ~**e Arbeiter** at the beginning there were only a few workers ❻ *pl* METEO scattered; ~**e Schauer** scattered showers II. *adv* (*separat*) separately; **wir kamen** ~ we came separately; **etw** ~ **aufführen** to list sth separately; **bitte** ~ **eintreten!** please come in one at a time

Ein·zel·per·son *f* (*geh*) single person **Ein·zel·rad·auf·hän·gung** *f* AUTO independent suspension **Ein·zel·stück** *nt* unique object [*or* piece], individual item; ~**e verkaufen wir nicht** we do not sell these items singly **Ein·zel·tä·ter(in)** *m(f)* JUR lone operator **Ein·zel·teil** *nt* (*einzelnes Teil*) separate [*or* individual] part; **ein Puzzle besteht aus vielen** ~**en** a jigsaw puzzle has many separate parts; *Ersatzteil* spare [*or* replacement] part; **etw in seine** ~**e zerlegen** to take sth to pieces **Ein·zel·zel·le** *f* JUR, BIOL single cell **Ein·zel·zim·mer** *nt* MED, TOURIST single room

ein|ze·men·tie·ren* *vt* BAU ■**etw [in etw** *akk*] ~ to cement sth [into sth]; **etw in die Wand ~** to set sth into the wall; **der Safe ist einzementiert** the safe is built [*or* set] into the concrete

ein|zie·hen *irreg* **I.** *vt haben* ❶ FIN (*kassieren*) ■**etw** ~ *Beiträge, Gelder* to collect sth ❷ ADMIN (*aus dem Verkehr ziehen*) ■**etw** ~ to withdraw sth, to call sth in; **die alten Banknoten wurden eingezogen** the old banknotes were withdrawn from circulation ❸ ADMIN (*beschlagnahmen*) ■**etw** ~ to take sth away; **Vermögen** ~ to confiscate property; **einen Führerschein** ~ to take away a driving licence ❹ MIL (*einberufen*) **jdn [zum Militär]** ~ to conscript [*or* call up] [*or* AM draft] sb [into the army] ❺ (*nach innen ziehen*) ■**etw** ~ to take sth in; **der Kopierer zieht die Blätter einzeln ein** the photocopier takes in the sheets one by one ❻ ZOOL (*zurückziehen*) ■**etw** ~ to draw in [*or* retract] sth ❼ (*in die Gegenrichtung bewegen*) ■**etw** ~ to draw [*or* pull] in sth; **die Schulter** ~ to hunch one's shoulder; **den Kopf** ~ to duck one's head; **der Hund zog den Schwanz ein** the dog put its tail between its legs; **mit eingezogenem Schwanz** (*fig*) with his/her/its tail between his/her/its legs ❽ AUTO, NAUT (*einfahren*) ■**etw** ~ *Antenne, Periskop* to retract sth ❾ (*beziehen*) ■**etw [in etw** *akk*] ~ to thread sth [in sth]; (*hineinstecken*) to put sth [into sth]; **ein Kissen in einen Bezug** ~ to put a pillow in a pillowcase ❿ BAU **eine Wand** ~ to put in a wall ⓫ (*einsaugen*) ■**etw** ~ to draw [*or* suck] up sth; **Luft** ~ to breathe in **II.** *vi sein* ❶ (*in etw ziehen*) ■**[bei jdm/in etw** *akk*] ~ to move in [with sb/into sth]; **wer ist im dritten Stock eingezogen?** who has moved in on the third floor? ❷ POL ■**in etw** *akk* ~ to take office in sth; **er wurde gewählt und zog ins Parlament ein** he was elected and took his seat in parliament ❸ SPORT (*einmarschieren*) ■**in etw** *akk* ~ to march [*or* parade] into sth; **die einzelnen Mannschaften zogen in das Olympiastadion ein** the individual teams marched [*or* paraded] into the Olympic stadium; MIL to march into sth ❹ (*einkehren*) ■**[bei jdm]** ~ to come [to sb]; **nach dem Krieg zogen wieder Ruhe und Ordnung im Land ein** after the war law and order returned to the country ❺ (*eindringen*) ■**[in etw** *akk*] ~ to soak [into sth]

Ein·zie·hung *f* ❶ (*Beschlagnahme*) confiscation, seizure ❷ (*Anfordern*) *Gelder, Steuern* collection; *Gebühren a.* recovery; (*aus dem Verkehr*) withdrawal; ~ **einer Forderung** collection of a claim; (*Schulden*) recovery of a debt ❸ MIL conscription, call-up, drafting AM; *Fahrzeug* requisitioning

ein·zig ['aintsɪç] **I.** *adj* ❶ *attr* only, sole; **wir haben nur eine ~e Möglichkeit** there is only one thing we can do, we have only one chance; ■**jds ~es Kind** sb's only child ❷ (*alleinige*) ■**der/die E~e** the only one; **du bist der E~e, dem ich vertraue** you are the only one I trust; **das ist das E~e, was zählt** that is the only thing that counts; **er hat als E~er das Ziel erreicht** he was the only one to reach the finish; **das ~ Gute wäre, das Auto zu verkaufen** the best thing to do would be to sell the car; **kein ~er Gast blieb nach dem Essen** not one solitary guest stayed behind after the meal; **nur noch ein ~er Apfel ist übrig geblieben** there is still one solitary apple left ❸ (*fam: unglaublich*) ■**ein ~er/eine ~e/ein ~es ...** a complete/ an absolute ...; **seine Wohnung ist eine ~e Sauerei** his flat is an absolute [*or* BRIT *fam!* bloody] disgrace; **12 Stunden täglich am Monitor, das ist eine ~e Quälerei** 12 hours a day at the computer is sheer murder; **die Situation ist ein ~er Schlamassel** the situation is a right [*or* an absolute] mess ❹ *pred* (*einzigartig*) ■~ **sein** to be unique **II.** *adv* (*ausschließlich*) only, solely; **das hat er ~ dir zu verdanken** he owes that entirely to you; **die ~ mögliche Lösung** the only possible solution; ~ **und allein** solely; **es liegt ~ und allein an Ihnen** it is entirely up to you

ein·zig·ar·tig ['aintsɪçʔa:ɐ̯tɪç] **I.** *adj* unique; **das Bild war ~ schön** the painting was astoundingly beautiful **II.** *adv* astoundingly

Ein·zig·ar·tig·keit <-> *f kein pl* uniqueness

Ein·zim·mer·woh·nung *f* one-room flat [*or* AM apartment]

ein·zo·nen *vt* ■**etw** ~ ADMIN SCHWEIZ to divide into zones [*or* areas]

Ein·zug *m* ❶ (*das Einziehen*) ■**der/jds** ~ **[in etw** *akk*] the/sb's move [into sth]; **der ~ in ein Haus/eine Wohnung etc.** the/sb's move into a house/flat BRIT [*or* AM apartment] ❷ POL **bei dieser Wahl gelang der Partei der ~ ins Parlament** at this election the party won seats in Parliament ❸ (*der Beginn*) **seinen ~ halten** to arrive; **der Winter hat ~ gehalten** winter arrived ❹ MIL (*Einmarsch*) entry ❺ FIN (*das Kassieren*) collection ❻ TYPO indentation

Ein·zü·ger ['aintsy:gɐ] *m* SCHWEIZ (*Einzieher von geschuldeten Geldbeträgen*) debt collector

Ein·zugs·be·reich *m,* **Ein·zugs·ge·biet** *nt* catchment area

Ein·zugs·er·mäch·ti·gung *f* FIN direct debit authorization

ein|zwän·gen **I.** *vt* ❶ (*beengen*) ■**jdn** ~ to constrain [*or* constrict] sb ❷ (*in etw zwängen*) ■**etw [in etw** *akk*] ~ to jam [*or* squeeze] [*or* wedge] sth [into sth] ❸ (*hineinzwingen*) ■**jdn [in etw** *akk*] ~ to squeeze sb [into sth]; **jdn in ein Korsett** ~ to squeeze sb into a corset **II.** *vr* (*sich hineinzwängen*) ■**sich in etw** *akk* ~ to squeeze oneself into sth; **sich [in etw** *dat*] **eingezwängt fühlen** to feel constricted [in sth]

Ein·zy·lin·der·mo·tor *m* TECH one-[*or* single-]cylinder engine

Eis <-es> ['ais] *nt kein pl* ❶ (*gefrorenes Wasser*) ice; **zu ~ gefrieren** to freeze [*or* turn] to ice ❷ (*Eisdecke*) ice; **aufs ~ gehen** to go onto the ice; ❸ KOCHK (*Eiswürfel*) ice [cube]; **eine Cola mit ~, bitte!** a coke with ice, please; **einen Whisky mit ~, bitte!** a whisky on the rocks, please; (*Nachtisch*) ice [cream]; ~ **am Stiel** KOCHK ice[d] lolly BRIT, Popsicle® AM ▶ WENDUNGEN: **das ~ brechen** to break the ice; **jdn aufs ~ führen** to take sb for a ride *fam,* to lead sb up the garden path; **etw auf ~ legen** (*fam*) to put something on ice; **auf ~ liegen** to be on hold

Eis·bahn *f* SPORT ice rink **Eis·bär** *m* ZOOL polar bear **Eis·be·cher** *m* KOCHK ❶ (*Pappbecher*) [ice-cream] tub; (*Metallschale*) sundae dish ❷ (*Eiscreme*) sundae **Eis·bein** *nt* KOCHK knuckle of pork **Eis·berg** *m* GEOG iceberg; *s. a.* **Spitze** **Eis·beu·tel** *m* ice pack **Eis·block** *m* block of ice **Eis·blu·me** *f meist pl* frost pattern **Eis·bom·be** *f* KOCHK bombe glacée **Eis·bre·cher** *m* NAUT icebreaker **Eis·ca·fé** *nt* ❶ (*Eisdiele*) ice cream parlour [*or* AM -or] ❷ *s.* **Eiskaffee**

Ei·schnee *m* KOCHK beaten egg white

Eis·creme [-kre:m], **Eis·krem** *f* KOCHK ice cream **Eis·de·cke** *f* sheet of ice **Eis·die·le** *f* ice cream parlour [*or* AM -or]

Ei·sen <-s, -> ['aizn̩] *nt* ❶ *kein pl* CHEM, BERGB iron; **der Zaun ist aus ~** the fence is made of iron ❷ TECH (*Eisenbeschlag*) iron fitting ❸ (*beim Golf*) iron ▶ WENDUNGEN: **noch ein/mehrere ~ im Feuer haben** (*fam*) to have another/more than one iron in the fire; **zum alten ~ gehören** [*o* **zählen**] (*fam*) to be on the scrap heap *fam;* **ein heißes ~** a hot potato; **ein heißes ~ anfassen** to take the bull by the horns; **man muss das ~ schmieden, solange es heiß ist** (*prov*) one must strike while the iron is hot *prov*

Ei·sen·bahn ['aizn̩ba:n] *f* ❶ (*Zug*) train ❷ (*Spielzeug~*) train set ▶ WENDUNGEN: **es ist [aller]höchste ~** (*fam*) it is high time, there is no more time to waste

Ei·sen·bah·ner(in) <-s, -> *m(f)* (*fam*) railway employee, railroader AM

Ei·sen·bähn·ler *m* SCHWEIZ (*fam*) *s.* **Eisenbahner**

Ei·sen·be·schlag *m* iron band **ei·sen·be·schla·gen** *adj* with iron fittings; **~e Stiefel** steel-capped [*or* AM toed] boots **Ei·sen·erz** ['aizn̩ʔe:ɐ̯ts] *nt* CHEM, BERGB iron ore **Ei·sen·ge·halt** *m* CHEM iron content **Ei·sen·gie·ße·rei** *f* TECH iron foundry **ei·sen·hal·tig** ['aizn̩haltɪç], **ei·sen·häl·tig** ['aizn̩hɛltɪç] *adj* ÖSTERR CHEM iron [*or form* ferruginous] bearing; ■~ **sein** to contain iron **Ei·sen·hut** ['aizn̩hu:t] *m* ❶ HIST iron helmet ❷ BOT **blauer** ~ monk's hood, aconite **Ei·sen·in·dus·trie** *f* ÖKON *s.* **Eisen- und Stahlindustrie** **Ei·sen·kraut** *nt* BOT verbena **Ei·sen·man·gel**

m MED iron deficiency **Ei·sen·oxid** *nt* CHEM ferric oxide **Ei·sen·prä·pa·rat** *nt* PHARM iron tablets **Ei·sen·spä·ne** *pl* iron filings **Ei·sen·stan·ge** *f* iron bar **Ei·sen- und Stahl·in·dus·trie** *f* ÖKON iron and steel industry **Ei·sen·ver·bin·dung** *f* CHEM iron compound

Ei·sen·wa·ren *pl* ÖKON ironmongery *no pl, no art* BRIT, hardware *no pl, no art*

Ei·sen·wa·ren·händ·ler(in) *m(f)* ÖKON ironmonger BRIT, hardware dealer AM **Ei·sen·wa·ren·hand·lung** *f* ÖKON ironmonger's [shop] BRIT, hardware store AM

Ei·sen·zeit *f kein pl* ARCHÄOL Iron Age

ei·sern ['aizɐn] **I.** *adj* ❶ *attr* CHEM iron ❷ (*unnachgiebig*) iron, resolute; **~e Energie** unflagging [*or* indefatigable] energy; **~e Ruhe** unshakeable patience; ■**~ sein** [*o* **bleiben**] to be/remain resolute; **und wenn du noch so bettelst, da bin/bleibe ich ~!** however much you beg, I will not change my mind; **mit ~em Besen auskehren** (*fig*) to make a clean sweep ❸ (*fest*) firm ❹ *attr* (*für Notfälle*) iron; **jds ~e Reserve** sb's nest egg ▶WENDUNGEN: **aber ~!** (*fam*) of course [*or* absolutely] **II.** *adv* resolutely; **sie hat sich ~ an den Plan gehalten** she stuck firmly [*or* steadfastly] to the plan

Ei·ses·käl·te *f* (*geh*) icy cold

Eis·flä·che *f* [surface of the] ice **eis·frei** *adj* METEO, GEOG free of ice; **~ bleiben** to remain ice-free **eis·ge·kühlt** *adj* KOCHK ice-cold; **ist das Bier ~?** is that beer really cold [*or* out of the fridge]? **Eis·glät·te** *f* black ice **Eis·hei·li·gen** ['aishailɪgn̩] *pl* ■**die** [**drei**] **~n** *3 saints' days, about 12th-14th May, which are often cold and after which further frost is rare* **Eis·ho·ckey** *nt* SPORT ice hockey

ei·sig ['aizɪç] **I.** *adj* ❶ (*bitterkalt*) icy; **ein ~er Wind** an icy [*or* bitter] wind ❷ (*abweisend*) icy; **ein ~es Schweigen** a frosty [*or* chilly] silence; **eine ~e Ablehnung** cold rejection ❸ (*jäh*) chilling; **ein ~er Schreck durchfuhr sie** a cold shiver ran through her ❹ (*frostig*) icy, cold; **ein ~es Lächeln** a frosty smile **II.** *adv* coolly

Eis·kaf·fee *m* KOCHK ❶ (*selten*) iced coffee ❷ (*Kaffee mit Vanilleeis und Schlagsahne*) *chilled coffee with vanilla ice cream and whipped cream* **eis·kalt** ['aiskalt] **I.** *adj* ❶ (*bitterkalt*) ice-cold; **du hast ja ~e Füße** your feet are ice-cold [*or fam* like blocks of ice] ❷ (*kalt und berechnend*) cold and calculating, cold-blooded; **dieser ~e Mörder** this cold-blooded murderer ❸ (*dreist*) cool; **eine ~e Abfuhr bekommen** to be snubbed [*or* rebuffed] by sb **II.** *adv* (*kalt und berechnend*) coolly; **jdn ~ anblicken** to look coolly at sb; **sie macht das ~** she does it without turning a hair **Eis·kas·ten** *m* ÖSTERR refrigerator **Eis·klet·tern** *nt* SPORT ice climbing **Eis·krat·zer** *m* AUTO ice scratch **Eis·kris·tall** *nt* ice crystal **Eis·kunst·lauf** *m* SPORT figure-skating **Eis·kunst·läu·fer(in)** *m(f)* SPORT figure-skater **eis|lau·fen** *vi irreg sein* to ice-skate **Eis·lau·fen** <-s> *nt kein pl* ice skating **Eis·ma·schi·ne** *f* KOCHK ice cream machine **Eis·meer** ['aisme:ɐ̯] *nt* GEOG polar sea; **Nördliches/Südliches ~** Arctic/Antarctic Ocean **Eis·müh·le** *f* ice crusher **Eis·ne·bel** *m* METEO freezing fog **Eis·pi·ckel** *m* SPORT ice axe [*or* pick]

Ei·sprung *m* MED ovulation

Eis·re·gen *m* METEO sleet **Eis·re·vue** [-revy:] *f* SPORT ice show **Eis·sa·lat** *m* iceberg lettuce **Eis·sa·lon** [-zalõ:] *m* DIAL (*veraltend*) *s.* **Eisdiele** **Eis·schicht** *f*, **Eis·schich·te** *f* ÖSTERR layer of ice **Eis·schie·ßen** *nt* SPORT curling **Eis·schnelllauf**ALT *m* SPORT *s.* **Eisschnelllauf** **Eis·schnelllauf·bahn**ALT *f s.* **Eisschnelllaufbahn** **Eis·schnellläu·fer(in)**ALT *m(f)* SPORT *s.* **Eisschnellläufer** **Eis·schnelllauf**RR *m* SPORT speed skating **Eis·schnell·lauf·bahn**RR *f* speed skating circuit **Eis·schnell·läu·fer(in)**RR *m(f)* SPORT speed skater **Eis·schol·le** *f* ice floe **Eis·schrank** *m* (*veraltend*) *s.* **Kühlschrank**

Eis·speed·way [-spi:tve:] *nt* (*Sportdisziplin*) speedway ice racing; (*Bahn*) ice speedway **Eis·speed·way·fah·rer(in)** [-spi:tve:-] *m(f)* speedway ice racer **Eis·sport** *m* ice sports *pl* **Eis·sta·di·on** *nt* SPORT ice rink **Eis·stoß** *m* ÖSTERR (*Eisstau*) *blockage in river caused by ice floes* **Eis·sturm·vo·gel** *m* ORN northern fulmar **Eis·tor·te** *f* KOCHK ice cream cake **Eis·ver·käu·fer(in)** *m(f)* ice cream man **Eis·vo·gel** *m* ORN kingfisher; ZOOL (*Schmetterling*) white admiral **Eis·waf·fel** *f* ice cream wafer; (*Eistüte*) wafer cone **Eis·was·ser** *nt* icy water; **ein Glas ~** a glass of ice-cold water **Eis·wein** *m* KOCHK *wine made from grapes hardened by frost* **Eis·wür·fel** *m* ice cube; **nehmen Sie ~ in die Cola?** do you have ice in your coke? **Eis·zap·fen** *m* METEO icicle **Eis·zeit** *f* ❶ GEOL Ice Age, glacial epoch *form* ❷ POL cold war **eis·zeit·lich** *adj* GEOL Ice Age, of the Ice Age

ei·tel ['aitl̩] *adj* ❶ (*pej: selbstgefällig*) vain; (*eingebildet*) conceited; *s. a.* **Freude, Pfau** ❷ (*veraltend geh*) vain; **seine Hoffnungen erwiesen sich als ~** his hopes proved to be all in vain

Ei·tel·keit <-, -en> ['aitl̩kait] *f* (*pej*) vanity

Ei·ter <-s> ['aitɐ] *m kein pl* MED pus *no pl, no indef art*

Ei·ter·beu·le *f* ❶ MED boil ❷ (*fig: Übelstand*) canker *fig* **Ei·ter·bläs·chen** *nt* MED pustule **Ei·ter·er·re·ger** *m* MED pyogenic organism **Ei·ter·herd** *m* MED suppurative focus

ei·te·rig ['aitərɪç] *adj* MED *Ausfluss* purulent; *Geschwür, Pickel, Wunde* festering, suppurating; ■**~ sein** to fester, to suppurate; (*mit Eiter getränkt*) pus-covered

ei·tern ['aitɐn] *vi* MED to fester, to discharge pus, to suppurate

Ei·ter·pi·ckel *m* MED pimple [with pus]

eit·rig ['aitrɪç] *adj s.* **eiterig**

Ei·weiß ['aivais] *nt* ❶ CHEM protein ❷ KOCHK [egg] white, white of an egg; **~ schaumig** [*o* **steif**] [*o* **zu Schnee**] **schlagen** to beat the egg white until it is stiff

ei·weiß·arm I. *adj* low in protein; **~e Kost** a low-protein diet **II.** *adv* (*mit zu wenig Protein*) low in protein; **Sie ernähren sich zu ~** you are not getting enough protein **ei·weiß·hal·tig** *adj* containing protein **ei·weiß·reich** *adj* rich in protein *pred*

Ei·zel·le *f* BIOL ovum, egg cell AM *fam*

Eja·ku·lat <-[e]s, -e> [ejaku'la:t] *nt* MED ejaculate, ejaculated semen

Eja·ku·la·ti·on <-, -en> [ejakula'tsi̯o:n] *f* BIOL ejaculation; **zur ~ kommen** to ejaculate, to climax

eja·ku·lie·ren* [ejaku'li:rən] *vi* BIOL to ejaculate

Ekel[1] <-s> ['e:kl̩] *m kein pl* disgust, revulsion; **der ~ würgte ihn** he was overcome by nausea [*or* felt nauseous]; **~ erregend** nauseating, revolting, disgusting; **vor jdm/etw einen ~ haben** [*o* **empfinden**] to loathe sb/sth; **vor ~** in disgust [*or* revulsion]; **sie musste sich vor ~ übergeben** she was so nauseated that she vomited

Ekel[2] <-s, -> ['e:kl̩] *nt* (*fam*) revolting person

ekel·er·re·gend *adj s.* **Ekel**[1]

ekel·haft I. *adj* ❶ (*widerlich*) disgusting, revolting; **ich habe so einen ~en Geschmack im Mund** I have got a nasty [*or* vile] taste in my mouth; **so etwas E~es wie diese Würmer** such revolting things like these worms ❷ (*fam: unangenehm*) nasty; **sei nicht so ~ zu ihr** don't be so nasty to her **II.** *adv* ❶ (*widerlich*) disgusting; **der Käse riecht ~** the cheese smells awful ❷ (*fam: unangenehm*) horribly

eke·lig ['e:kəlɪç], **ek·lig** <-er, -ste> ['e:klɪç] *adj s.* **ekelhaft 1**

ekeln ['e:kl̩n] **I.** *vt* ■**jdn ~** to disgust [*or* revolt] [*or* nauseate] sb **II.** *vt impers* ■**es ekelt jdn [vor jdm/etw]** sb/sth disgusts sb; **es ekelt mich vor diesem Anblick** the sight of it disgusts me **III.** *vr* ■**sich [vor jdm/etw] ~** to find sth/sb disgusting [*or* revolting] [*or* nauseating]; **sie ekelte sich vor seinen Frettchen** she found his ferrets revolting

EKG <-s, -s> [e:ka:'ge:] *nt* MED *Abk von* **Elektrokardiogramm** ECG; [**sich** *dat*] **ein ~ machen lassen** to have an ECG; **jdm ein ~ machen** to do an ECG for sb

Eklat <-s, -s> [e'kla:] *m* (*geh*) sensation; **einen ~ verursachen** to cause a stir [*or* sensation]; **es kam zu einem ~** a dispute broke out

ekla·tant <-er, -este> [ekla'tant] *adj* (*geh*) **ein ~es Beispiel** a striking example; **ein ~er Fall** a spectacular [*or* sensational] case; **ein ~er Fehler** a glaring error

Ek·lip·se <-, -n> [e'klɪpsə] *f* ASTRON eclipse

Ek·sta·se <-, -n> [ɛk'sta:zə] *f* ecstasy; [**über etw** *dat*] **in ~ geraten** to go into ecstasies [over sth]; **jdn zur ~ treiben** to drive sb to the limits; (*jdn zum Orgasmus bringen*) to drive sb wild; **jdn in ~ versetzen** to send sb into ecstasies

ek·sta·tisch [ɛk'sta:tɪʃ] *adj* (*geh*) ecstatic

Eku·a·do·ri·a·ner(in) <-s, -> [ekuado'ri̯a:nɐ] *m(f) s.* **Ecuadorianer**

eku·a·do·ri·a·nisch [ekuado'ri̯a:nɪʃ] *adj s.* **ecuadorianisch**

Ek·zem <-s, -e> [ɛk'tse:m] *nt* MED eczema

Ela·bo·rat <-[e]s, -e> [elabo'ra:t] *nt* (*pej geh*) concoction

Elan <-s> [e'la:n] *m kein pl* élan, zest, vigour [*or* AM -or]; **mit ~** with élan [*or* vigour]; **etw mit viel ~ tun** to do sth vigorously

Elast <-[e]s, -e> [e'last] *meist pl m o nt* SCHWEIZ (*Gewebe, Band aus elastischem Material*) elastic

elas·tisch [e'lastɪʃ] **I.** *adj* ❶ (*flexibel*) elastic, flexible; *Federkern, Karosserieaufhängung, Lattenrost* springy; *Stoff, Binde* stretchy ❷ (*spannkräftig*) *Gelenk, Muskel, Mensch* supple; *Gang* springy; **im Alter ist man nicht mehr so ~** when you are old you are no longer supple **II.** *adv* supply; **der Bügel schnellte ~ zurück** the safety catch sprang back easily

Elas·ti·zi·tät <-, -en> [elastitsi'tɛ:t] *meist sing f* ❶ (*elastische Beschaffenheit*) elasticity; *Lattenrost, Federkern* springiness ❷ (*Spannkraft*) *Muskel, Mensch, Leder* suppleness; *Gang* springiness

El·be <-> ['ɛlbə] *f* GEOG river Elbe

Elb·sand·stein·ge·bir·ge [ɛlp'zantʃtaingəbɪrgə] *nt* Elbsandsteingebirge

Elch <-[e]s, -e> ['ɛlç] *m* ZOOL elk

El·do·ra·do <-s, -s> [ɛldo'ra:do] *nt* eldorado; **Las Vegas gilt als das ~ der Spieler** Las Vegas is known as the gambler's paradise [*or* eldorado]

Elec·tro·nic Ban·king <-> [elɛk'trɔnɪk'bɛŋkɪŋ] *nt kein pl* electronic banking

Ele·fant <-en, -en> [ele'fant] *m* ZOOL elephant ▶WENDUNGEN: **wie ein ~ im Porzellanladen** (*fam*) like a bull in a china shop

Ele·fan·ten·ba·by [-be:bi] *nt* ❶ ZOOL baby elephant ❷ (*pej fam*) baby; **er hat die Körpergröße eines Mannes, aber er ist das reinste ~** he is the size of a man but he is still only a baby **Ele·fan·ten·bul·le** *m* ZOOL bull elephant **Ele·fan·ten·hoch·zeit** *f* (*fam*) *merger of two or more very big companies* **Ele·fan·ten·kuh** *f* ZOOL cow elephant **Ele·fan·ten·rüs·sel** *m* ZOOL elephant's trunk

ele·gant [ele'gant] **I.** *adj* ❶ (*vornehm*) elegant; **die ~e Welt** (*veraltet*) high society ❷ (*gewandt*) elegant; **die Probleme auf ~e Weise lösen** to find an elegant solution to the problems **II.** *adv* ❶ MODE elegantly ❷ (*geschickt*) nimbly; **er zog sich ~ aus der Affäre** he deftly extricated himself from the incident

Ele·ganz <-> [ele'gants] *f kein pl* ❶ (*geschmackvolle Beschaffenheit*) elegance ❷ (*Gewandtheit*) deftness

Ele·gie <-, -ien> [ele'gi:, *pl* ele'gi:ən] *f* LIT elegy

ele·gisch [e'le:gɪʃ] *adj* ❶ LIT elegiac ❷ (*voll Schwermut, wehmütig*) elegiac; *Stimmung* melancholy

Elek·to·rat <-[e]s, -e> [elɛkto'ra:t] *nt* HIST (*Kurfürstenwürde, Kurwürde*) rank of elector, electoral prince

elek·tri·fi·zie·ren* [elɛktrifi'tsi:rən] *vt* BAHN ■**etw ~** to electrify sth

Elek·tri·fi·zie·rung <-, -en> *f* BAHN electrification

Elek·trik <-, -en> [e'lɛktrɪk] *f* ❶ (*elektrische Ausstattung*) electrical system ❷ (*Elektrotechnik*) electrics

Elek·tri·ker(in) <-s, -> [e'lɛktrikɐ] *m(f)* electrician; **~ sein** to be an electrician

elek·trisch [e'lɛktrɪʃ] **I.** *adj* ❶ (*durch Strom bewirkt*) electric; **~e Entladung/~es Feld/~er Widerstand** electrical discharge/field/resistance; **~er Schlag/Strom** electric shock/current ❷ (*mit Strom betrieben*) electrical; **~e Geräte** electrical appliances ❸ (*Strom führend*) **~e Leitung/~es Kabel** electric wire/cable **II.** *adv* (*mit elektrischem Strom*) electric; **er rasiert sich lieber ~ als nass** he prefers an electric razor to having a wet shave; **~ betrieben** powered by electricity; **das geht alles ~** it's all automatic; **~ geladen** electrified; *s. a.* **Stuhl, Strom**

elek·tri·sie·ren* [elɛktri'zi:rən] **I.** *vt* ❶ (*fig*) to electrify ❷ (*aufladen*) to charge with electricity ❸ MED ■**jdn ~** to treat sb with electricity **II.** *vr* (*einen elektrischen Schlag bekommen*) ■**sich** [**an etw** *dat*] **~** to give oneself an electric shock [on sth]; **wie elektrisiert** [as if he had been] electrified

Elek·tri·zi·tät <-> [elɛktritsi'tɛ:t] *f kein pl* electricity; **statische ~** static electricity

Elek·tri·zi·täts·ge·sell·schaft *f* ÖKON electric power company **Elek·tri·zi·täts·ver·sor·gung** *f* ELEK [electric] power supply **Elek·tri·zi·täts·werk** *nt* ❶ ELEK (*Anlage*) [electric] power station ❷ *s.* **Elektrizitätsgesellschaft**

Elek·tro·an·trieb *m* AUTO electric drive **Elek·tro·ar·ti·kel** *m* ÖKON electrical appliance **Elek·tro·au·to** *nt* electric car **Elek·tro·che·mie** [e'lɛktroçemi:] *f* CHEM electrochemistry **elek·tro·che·misch** [elɛktro'çe:mɪʃ] *adj* CHEM electrochemical

Elek·tro·de <-, -n> [elɛk'tro:də] *f* electrode

Elek·tro·en·ze·pha·lo·gramm [elɛktroʔɛntsefalo'gram] *nt* MED electroencephalogram, EEG

Elek·tro·fahr·zeug *nt* AUTO electric vehicle **Elek·tro·ge·rät** *nt* TECH electrical appliance **Elek·tro·ge·schäft** *nt* electrical [*or* AM store] shop **Elek·tro·herd** [e'lɛktrohe:ɐ̯t] *m* ELEK electric cooker **Elek·tro·in·dus·trie** [e'lɛktroʔɪndʊstri:] *f* ÖKON electrical industry **Elek·tro·in·gen·ieur(in)** [-ɪnʒeni̯ø:ɐ̯] *m(f)* electrical engineer **Elek·tro·in·stal·la·teur(in)** *m(f)* electrician **Elek·tro·kar·di·o·gramm** [elɛktrokardi̯o'gram] *nt* MED electrocardiogram, ECG **Elek·tro·kar·ren** *m* AUTO small electric truck

Elek·tro·ly·se <-, -n> [elɛktro'ly:zə] *f* electrolysis

Elek·tro·lyt <-en, -en> [elɛktro'ly:t] *m* CHEM, MED electrolyte

elek·tro·ly·tisch *adj* electrolytic

Elek·tro·ma·gnet [e'lɛktromagne:t] *m* electromagnet **elek·tro·ma·gne·tisch** **I.** *adj* electromagnetic **II.** *adv* electromagnetically **Elek·tro·ma·gne·tis·mus** [elɛktromagne'tɪsmʊs] *m* PHYS electromagnetism **Elek·tro·mo·tor** [e'lɛktro,mo:to:ɐ̯] *m* electric motor

Elek·tron <-s, -tronen> ['e:lɛktrɔn, e'lɛktrɔn, elɛk'tro:n] *nt* NUKL electron

Elek·tro·nen·blitz *m* TECH electronic flash **Elek·tro·nen·blitz·ge·rät** *nt* (*veraltend*) *s.* **Elektronenblitz** **Elek·tro·nen·hül·le** *f* NUKL electron shell [*or* cloud] **Elek·tro·nen·mi·kro·skop** *nt* PHYS electron microscope **Elek·tro·nen·strahl** *m* PHYS electron [*or* cathode] ray **Elek·tro·nen·trans·port** *m* BIOL electron transport

Elek·tro·nik <-, -en> [elɛk'tro:nɪk] *f* ❶ *kein pl* electronics + *sing vb* ❷ (*elektronische Teile*) electronics *pl*

elek·tro·nisch [elɛk'tro:nɪʃ] **I.** *adj* electronic **II.** *adv* electronically

Elek·tro·pho·re·se <-, -n> [elɛktrofo're:zə] *f* PHYS electrophoresis **Elek·tro·ra·sie·rer** *m* electric razor [*or* BRIT shaver] **Elek·tro·schock** [e'lɛktroʃɔk] *m* MED electroshock **Elek·tro·smog** [-smɔk] *m* ÖKOL electrosmog **Elek·tro·sta·tik** [elɛktro'sta:tɪk] *f* PHYS electrostatics + *sing vb* **elek·tro·sta·tisch** [elɛktro'sta:tɪʃ] PHYS **I.** *adj* electrostatic **II.** *adv* electrostatically **Elek·tro·tech·nik** [elɛktro'tɛçnɪk] *f* electrical engineering **Elek·tro·tech·ni·ker(in)** *m(f)* ❶ (*mit Hochschulabschluss*) electrical engineer ❷ (*Elektriker*) electrician **elek·tro·tech·nisch** *adj* ELEK electrical, electrotechnical *rare*

Ele·ment <-[e]s, -e> [ele'mɛnt] *nt* ❶ BAU, CHEM element ❷ (*geh: Komponente*) element ❸ *pl* (*geh: Naturgewalten*) ■**die ~e** the elements; **die tobenden ~e** the raging elements;

das nasse ~ (*geh*) water; [**ganz**] **in seinem** ~ **sein** (*fig*) to be in one's element ❹ (*pej: Person*) **kriminelle/subversive** ~**e** criminal/subversive elements

ele·men·tar [elemɛnˈtaːɐ̯] *adj* ❶ (*wesentlich*) elementary ❷ (*urwüchsig*) elemental; ~**er Hass/**~**e Leidenschaft** violent [*or* strong] hate/passion

Ele·men·tar·be·griff *m* elementary concept **Ele·men·tar·ge·walt** *f* (*geh*) elemental force **Ele·men·tar·kennt·nis·se** *pl* elementary knowledge *no pl* **Ele·men·tar·schu·le** *f* (*Grundschule*) primary school BRIT, elementary school BRIT *dated or* AM **Ele·men·tar·teil·chen** *nt* NUKL elementary particle

Ele·ment·bau <-s> *m kein pl* SCHWEIZ *s.* **Fertigbau**

Elen·an·ti·lo·pe [ˈeːlɛn-] *f* ZOOL (*Taurotragus oryx*) eland

elend [ˈeːlɛnt] **I.** *adj* ❶ (*beklagenswert*) wretched, miserable; **ein** ~**es Leben führen** to lead a miserable life ❷ (*krank*) awful, wretched; **sich** ~ **fühlen** to feel wretched [*or* awful] [*or* miserable]; ~ **aussehen** to look awful; **es geht jdm** ~ [*o* **jdm ist** ~ [**zumute**]] **mir wird ganz** ~**, wenn ich daran denke** I feel ill when I think about it, just thinking about it makes me feel sick ❸ (*erbärmlich*) dreadful, awful; **sich in einer** ~**en Verfassung befinden** to be in a dreadful state; **in dieser** ~**en Hütte sollen wir leben?** are we supposed to live in this dump? ❹ (*pej: gemein*) miserable, mean; **du** ~**es Schwein!** you miserable scumbag! *fam!* ❺ (*fam: sehr groß, schlecht*) awful [*or* dreadful]; **ich habe selten so ein** ~**es Wetter erlebt!** I have rarely seen such awful weather **II.** *adv* (*fam*) awfully, dreadfully; ~ **heiß/kalt** awfully [*or* dreadfully] hot/cold

Elend <-[e]s> [ˈeːlɛnt] *nt kein pl* (*Not*) misery [*or* distress]; **es gibt ja so viel** ~ **auf dieser Welt** there is so much misery in the world; **ins** ~ **geraten** to become destitute, to fall into poverty, *form* to be reduced to penury; **im** [**bitteren/schrecklichen**] ~ **leben** to live in [abject] poverty [*or* squalor] [*or* misery]; **jdn/sich selbst ins** ~ **stürzen** to plunge sb/oneself into misery [*or* poverty]; *s. a.* **Bild** ▸ WENDUNGEN: **das heulende** ~ (*fam*) the blues *pl;* **da kann man das heulende** ~ **kriegen** it's enough to make you scream; **ein** ~ **sein, dass ...** (*fam*) to be heartbreaking that...; **es ist einfach ein** ~ **mit ihm** he makes you want to scream [*or* he is hopeless]

elen·dig [ˈeːlɛndɪç] *adj* DIAL *s.* **elend**

elen·dig·lich [ˈeːlɛndɪklɪç] *adv* (*geh*) wretchedly; ~ **zugrunde gehen** to come to a dismal [*or* miserable] [*or* wretched] end

Elends·quar·tier *nt* (*pej*) slum [dwelling] [*or* squalid dwelling] **Elends·vier·tel** *nt* slums *pl,* slum area

Ele·ve, Ele·vin <-n, -n> [eˈleːvə, eˈleːvɪn] *m, f* ❶ (*veraltend geh*) student ❷ (*Schauspiel-, Ballettschüler*) drama/ballet student ❸ (*Land- oder Forstwirtschaftsauszubildender*) farming/forestry trainee

elf [ɛlf] *adj* eleven; *s. a.* **acht**[1]

Elf[1] <-, -en> [ɛlf] *f* ❶ (*Zahl*) eleven ❷ (*Verkehrslinie*) ■**die** ~ the [number] eleven ❸ FBALL team [*or* eleven]

Elf[2] <-en, -en> [ɛlf] *m,* **El·fe** <-, -n> [ˈɛlfə] *f* LIT elf

El·fen·bein [ˈɛlfn̩bain] *nt* ivory

el·fen·bei·ne(r)n *adj* ivory [*or* made of ivory]; *s. a.* **Turm**

el·fen·bein·far·ben *adj* ivory-coloured [*or* AM -ored] **El·fen·bein·turm** *m* (*geh*) ivory tower *fig*

El·fer <-s, -> *m* FBALL (*fam*) penalty [kick]

Elf·me·ter [ɛlfˈmeːtɐ] *m* FBALL penalty [kick]; **einen** ~ **schießen** to take a penalty; **einen** ~ **verschießen** to miss a penalty; **einen** ~ **verwandeln** to score from a penalty

Elf·me·ter·mar·ke *f* FBALL penalty spot **Elf·me·ter·punkt** *m* FBALL penalty spot **Elf·me·ter·schie·ßen** *nt* FBALL penalty; **durch** ~ **entscheiden** to decide a game on penalties [*or* in a penalty shoot-out]

elf·te(r, s) [ˈɛlftə] *adj* ❶ (*nach dem Zehnten kommend*) eleventh; **die** ~ **Klasse** fifth year (*secondary school*), fifth form; *s. a.* **achte(r, s) 1** ❷ (*bei Datumsangabe*) eleventh, 11th; *s. a.* **achte(r, s) 2**

Elf·te(r) [ˈɛlftə] *f(m) dekl wie adj* ❶ eleventh; *s. a.* **Achte(r) 1** ❷ (*bei Datumsangabe*) ■**der** ~ [*o geschrieben* **der 11.**] the eleventh *spoken,* the 11th *written; s. a.* **Achte(r) 2** ❸ SCH **die E**~ (*fam*) fifth year (*secondary school*), fifth form

eli·mi·nie·ren* [elimiˈniːrən] *vt* ❶ (*liquidieren*) ■**jdn** ~ to eliminate sb [*or fam* to get rid of sb] ❷ (*beseitigen*) ■**etw** ~ to eliminate sth; **Unklarheiten** ~ to sort [*or* smooth] out uncertainties

Eli·mi·nie·rung <-, -en> *f* ❶ (*Liquidierung*) *von Feinden, Konkurrenten* elimination ❷ (*Beseitigung*) *Fehler* elimination, eradication; *Unklarheiten* smoothing [*or* sorting] out; **sorgen Sie für die** ~ **dieser Probleme** sort these problems out, get these problems sorted out

eli·tär [eliˈtɛːɐ̯] **I.** *adj* ❶ (*eine Elite betreffend*) elitist ❷ (*pej: arrogant*) elitist **II.** *adv* (*im Sinne der eigenen Elite*) in an elitist way

Eli·te <-, -n> [eˈliːtə] *f* elite

Eli·te·den·ken *nt kein pl* elitism **Eli·te·ein·heit** *f* MIL elite troops *pl;* **die Marines sind eine** ~ the marines are an elite unit **Eli·te·trup·pe** *f* MIL crack [*or* elite] troops *pl*

Eli·xier <-s, -e> [elɪˈksiːɐ̯] *nt* elixir

ell·bö·geln [ˈɛlbøːgl̩n] *vi* SCHWEIZ (*sich rücksichtslos durchsetzen*) to be ruthless

Ell·bo·gen·ge·sell·schaft *f* dog-eat-dog society

El·le <-, -n> [ˈɛlə] *f* ❶ ANAT ulna ❷ (*Maßstock*) yardstick ❸ HIST (*altes Längenmaß*) cubit ▸ WENDUNGEN: **alles mit der gleichen** [*o* **mit gleicher**] ~ **messen** to measure everything by the same yardstick

El·len·bo·gen <-bogen> [ˈɛlənboːgn̩] *m* ❶ ANAT elbow; **er bahnte sich seinen Weg mit den** ~ **durch die Menge** he elbowed his way through the crowd ❷ **die/seine** ~ **gebrauchen** to be ruthless; **keine** ~ **haben** to be soft-hearted

El·len·bo·gen·frei·heit *f kein pl* elbow room; **als Angestellte hatte sie wenig** ~ as an employee she had little room to manoeuvre **El·len·bo·gen·mensch** *m* ruthless [*or fam* pushy] person

el·len·lang *adj* (*fam: überaus lang*) incredibly long; **eine** ~**e Liste** a list a mile long [*or* as long as my arm]; **dieser Roman ist** ~ this novel is interminable [*or* lengthy]; **ein** ~**er Kerl/Mensch** an incredibly tall bloke/person

El·lip·se <-, -n> [ɛˈlɪpsə] *f* MATH ellipse; LING ellipsis

el·lip·tisch [ɛˈlɪptɪʃ] *adj* MATH, LING elliptic[al]

E-Lok <-, -s> [ˈeːlɔk] *f s.* **elektrische Lokomotive** electric locomotive [*or* engine]

elo·quent [eloˈkvɛnt] **I.** *adj* (*geh*) eloquent **II.** *adv* (*geh*) eloquently

Elo·quenz <-> [eloˈkvɛnts] *f kein pl* (*geh*) eloquence

El Sal·va·dor <-s> [ɛl zalvaˈdoːɐ̯] *nt* El Salvador; *s. a.* **Deutschland**

El·sass[RR] <- *o* -es> *nt,* **El·saß**[ALT] <- *o* -sses> [ˈɛlzas] *nt* GEOG ■**das** ~ Alsace

El·säs·ser(in) <-s, -> [ˈɛlzɛsɐ] *m(f)* GEOG Alsatian, inhabitant of Alsace

el·säs·sisch [ˈɛlzɛsɪʃ] *adj* ❶ GEOG Alsatian ❷ LING Alsatian

El·sass-Loth·rin·gen[RR] *nt* GEOG Alsace-Lorraine

Els·ter <-, -n> [ˈɛlstɐ] *f* ORN magpie; **eine diebische** ~ **sein** to be a thief; **geschwätzig wie eine** ~ **sein** to chatter like a magpie, to be a chatterbox; **wie eine** ~ **stehlen** to have sticky fingers *fam*

el·ter·lich *adj* parental

El·tern [ˈɛltɐn] *pl* parents *pl* ▸ WENDUNGEN: **nicht von schlechten** ~ **sein** (*fam*) to be quite a good one *fam;* **dieser Wein ist nicht von schlechten** ~ (*fam*) this wine is a bit of alright [*or* quite a good one] *fam*

El·tern·abend *m* SCH parents' evening BRIT, parent-teacher conference AM **El·tern·bei·rat** *m* SCH parent's council BRIT, parent-teacher association AM **El·tern·ge·ne·ra·ti·on** *f* BIOL parental generation, P generation **El·tern·haus** *nt* ❶ (*Familie*) family;

er kommt [*o* **stammt**] **aus gutem** ~ he comes from a good home ❷ (*Haus*) [parental] home **Ẹl·tern·lie·be** *f* parental love

ẹl·tern·los **I.** *adj* orphaned, parentless **II.** *adv* as an orphan

Ẹl·tern·schaft <-> *f kein pl* (*geh*) parents *pl*

Ẹl·tern·sprech·stun·de *f* SCH consultation hour [for parents] **Ẹl·tern·sprech·tag** *m* SCH parents' evening **Ẹl·tern·teil** *m* parent **Ẹl·tern·ur·laub** *m paid leave given to a new mother or father*

Email <-s, -s> [eˈmai, eˈma:j] *nt* enamel

E-Mail-Be·nut·zer(in) [ˈi:me:l-] *m(f)* e-mail user **E-Mail-Kom·mu·ni·ka·ti·on** [i:me:l-] *f* communication by e-mail

Email·lack *m* enamel paint

Email·le <-, -n> [eˈmaljə, eˈmai, eˈma:j] *f s.* **Email**

email·lie·ren* [emaˈji:rən, emalˈji:rən] *vt* ■ **etw** ~ to enamel sth

E-Mail-Pro·gramm [ˈi:me:l-] *nt* e-mail program **E-Mail-Soft·ware** [ˈi:me:lzɔftvɛ:ɐ̯] *f* e-mail software

Eman·ze <-, -n> [eˈmantsə] *f* (*fam*) women's libber

Eman·zi·pa·ti·on <-, -en> [emantsipaˈtsi̯o:n] *f* ❶ (*Gleichstellung der Frau*) emancipation ❷ (*Befreiung aus Abhängigkeit*) liberation

Eman·zi·pa·ti·ọns·be·we·gung *f* emancipation movement

eman·zi·pie·ren* [emantsiˈpi:rən] *vr* ■ **sich** [**von etw** *dat*] ~ to emancipate oneself [from sth]; **es wird Zeit, dass sich nun auch die Männer** ~ it's time men became emancipated

eman·zi·piert *adj* SOZIOL ❶ (*Gleichberechtigung anstrebend*) emancipated ❷ (*pej veraltet: unweiblich*) butch

Em·bar·go <-s, -s> [ɛmˈbargo] *nt* embargo; **ein** ~ [**über ein Land**] **verhängen** to impose [*or* place] an embargo [on a country]

Em·blem <-[e]s, -e> [ɛmˈble:m, ãˈble:m] *nt* ❶ (*Zeichen*) emblem ❷ (*Sinnbild*) symbol

Em·bo·lie <-, -n> [ɛmboˈli:, *pl* ɛmboˈli:ən] *f* MED embolism

Em·bryo <-s, -s *o* -bryonen> [ˈɛmbryo, *pl* ɛmbryˈo:nən] *m o* ÖSTERR *nt* embryo

Em·bry·o·lo·gie <-> [ɛmbryoloˈgi:] *f kein pl* embryology *no pl, no indef art*

Em·bry·o·nal·ent·wick·lung *f kein pl* BIOL, ZOOL embryonic development

Em·bry·o·nen·trans·fer *m* BIOL, MED embryo transfer

eme·ri·tie·ren* [emeriˈti:rən] *vt* ■ **jdn** ~ to confer emeritus status on sb; **er ist emeritierter Professor** he is a professor emeritus [*or* an emeritus professor]

Emi·grant(in) <-en, -en> [emiˈgrant] *m(f)* ❶ (*Auswanderer*) emigrant ❷ (*politischer Flüchtling*) émigré

Emi·gra·ti·on <-, -en> [emigraˈtsi̯o:n] *f* ❶ (*das Emigrieren*) emigration; **in die** ~ **gehen** to emigrate; **in die innere** ~ **gehen** (*geh*) *to withdraw from current political or religious life in order to express one's opposition* ❷ *kein pl* (*die Emigranten*) emigrant community

emi·grie·ren* [emiˈgri:rən] *vi sein* to emigrate

emi·nent [emiˈnɛnt] **I.** *adj* (*geh*) eminent; **von** ~**er Bedeutung sein** to be of great significance; **von** ~**er Wichtigkeit sein** to be of paramount [*or* the utmost] importance; **ein** ~**er Unterschied** a considerable difference **II.** *adv* extremely

Emi·nenz <-, -en> [emiˈnɛnts] *f* REL **Seine/Eure** ~ His/Your Eminence ▸ WENDUNGEN: **graue** ~ éminence grise, grey eminence

Emir <-s, -e> [ˈe:mɪr, *pl* ˈe:mi:rə] *m* emir

Emi·rat <-[e]s, -e> [emiˈra:t] *nt* emirate; **die Vereinigten Arabischen** ~**e** the United Arab Emirates, U.A.E.

Emis·si·on <-, -en> [emɪˈsi̯o:n] *f* ❶ (*von Abgasen*) emission; **Filteranlagen können die** ~ **von CO_2 verringern** filters reduce CO_2 emissions ❷ FIN (*Wertpapier*) security; **die** ~ **von Wertpapieren** the issue [*or* issuing] of securities

Emis·si·ọns·kurs *m* FIN initial offering [*or* issue] price **Emis·si·ọns·wert** *m* emission level

Em·men·ta·ler <-s, -> [ˈɛmənta:lɐ] *m* Emment[h]al[er] [cheese]

Emo·ti·on <-, -en> [emoˈtsi̯o:n] *f* emotion

emo·ti·o·nal **I.** *adj* emotional; ■ ~ **sein** to be emotional; **eine** ~**e Reaktion** an emotive reaction **II.** *adv* emotionally

emo·ti·o·na·li·sie·ren* *vt* (*geh*) ■ **etw** ~ *Diskussion, Thema* to emotionalize sth

emo·ti·o·nẹll *adj s.* **emotional**

emo·ti·ọns·ge·la·den *adj* emotionally charged

emo·ti·ọns·los *adj* emotionless, unemotional

em·pfahl [ɛmˈpfa:l] *imp von* **empfehlen**

em·pfand [ɛmˈpfant] *imp von* **empfinden**

Emp·fang <-[e]s, Empfänge> [ɛmˈpfaŋ, *pl* ɛmˈpfɛŋə] *m* ❶ TV, RADIO reception; **ein Sprechfunkgerät auf** ~ **schalten** to switch a radiotelephone to "receive" ❷ (*das Entgegennehmen*) receipt; **zahlbar nach** [*o* **bei**] ~ payable on receipt; **etw in** ~ **nehmen** to take receipt [*or* delivery] of sth, to receive sth ❸ (*Hotelrezeption*) reception [desk] ❹ (*Begrüßung*) reception; **einen** ~ **geben** [*o* **veranstalten**] to give [*or* hold] a reception; **jdn in** ~ **nehmen** to greet [*or esp form* receive] sb

emp·fan·gen <empfịng, empfạngen> [ɛmˈpfaŋən] *vt* ❶ (*auffangen*) ■ **etw** ~ to receive sth; ■ **etw lässt sich** ~ sth can be received; **das 4. Programm lässt sich nicht gut** ~ Channel 4 is difficult to receive ❷ (*begrüßen*) ■ **jdn** ~ to welcome [*or* greet] [*or form* receive] sb; ■ **jdn mit etw** *dat* ~ to receive sb with sth; **sie empfingen den Sprecher mit lauten Buhrufen** they greeted the speaker with loud boos ❸ (*geh: schwanger werden*) **ein Kind** ~ to conceive a child

Emp·fän·ger <-s, -> [ɛmˈpfɛŋɐ] *m* RADIO, TV receiver

Emp·fạ̈n·ger(in) <-s, -> *m(f)* ❶ (*Adressat*) addressee, consignee; ~ **unbekannt** not known at this address; ~ **verzogen** gone away ❷ FIN payee ❸ MED recipient

Emp·fạ̈n·ger·ab·schnitt *m* FIN receipt slip

emp·fạ̈ng·lich [ɛmˈpfɛŋlɪç] *adj* ❶ (*zugänglich*) ■ **für etw** *akk* ~ **sein** to be receptive to sth ❷ (*beeinflussbar, anfällig*) ■ **für etw** *akk* ~ **sein** to be susceptible to sth

Emp·fạ̈ng·nis <-> [ɛmˈpfɛŋnɪs] *f pl selten* conception; **die Unbefleckte** [*o* **Mariä**] [*o* **Mariens**] ~ the Immaculate Conception

emp·fạ̈ng·nis·ver·hü·tend **I.** *adj* contraceptive **II.** *adv* ~ **wirken** to have a contraceptive effect, to act as a contraceptive **Emp·fạ̈ng·nis·ver·hü·tung** *f* contraception **Emp·fạ̈ng·nis·ver·hü·tungs·mit·tel** *nt* contraceptive

emp·fạngs·be·rech·tigt *adj* authorized to receive sth **Emp·fạngs·be·rech·tig·te(r)** *f(m) dekl wie adj* authorized recipient; **diese Lieferung darf nur an** ~ **ausgehändigt werden** this delivery can only be handed over to an authorized person **Emp·fạngs·be·stä·ti·gung** *f* [confirmation of] receipt **Emp·fạngs·chef(in)** *m(f)* head receptionist **Emp·fạngs·da·me** *f* receptionist **Emp·fạngs·ge·rät** *nt* RADIO, TV receiver **Emp·fạngs·schüs·sel** *f* TV satellite dish **Emp·fạngs·zim·mer** *nt* reception room

emp·feh·len <empfạhl, empfọhlen> [ɛmˈpfe:lən] **I.** *vt* ❶ (*vorschlagen*) ■ [**jdm**] **etw** ~ to recommend sth to sb; ■ **zu** ~ **sein** to be recommended; **dieses Hotel ist zu** ~ this hotel is [to be] recommended; ■ **jdm jdn** [**als etw**] ~ to recommend sb to sb [as sth]; **ich empfehle Ihnen diese junge Dame** [**als neue Mitarbeiterin**] I recommend this young lady to you [as a colleague]; ■ ~**, etw zu tun** to recommend [*or* advise] doing sth; ■ **jdm** ~**, etw zu tun** to recommend [*or* advise] sb to do sth; **ich** ~ **Ihnen, sofort zum Arzt zu gehen** I recommend [*or* advise] you to go to the doctor at once ❷ (*veraltend geh: anvertrauen*) ■ **jdn jdm/einer S.** ~ to entrust sb to sb/sth; **er empfahl seine Kinder der Obhut seines Bruders** he entrusted his children to the care of his brother ▸ WENDUNGEN: ~ **Sie mich/uns ...!** (*geh*) give my regards [*or form* convey my respects] to...!; **bitte** ~ **Sie mich Ihrer Frau Gemahlin!** please give my regards to your wife **II.** *vr impers* ■ **es empfiehlt sich, etw zu tun** it is advisable to do sth; **es empfiehlt sich immer, einen Experten hinzuzuziehen** it is always a good idea to bring in an expert **III.** *vr* ❶ (*sich anempfehlen*)

■ **sich [jdm] als etw** ~ to recommend oneself [to sb] as sth; **er empfahl sich uns als Experte für Autoreparaturen** he offered us his services as an expert in car repairs ❷ (*geh*) ■ **sich** ~ to take one's leave

emp·feh·lens·wert *adj* ❶ (*wert, empfohlen zu werden*) recommendable, to be recommended *pred;* **das ist ein sehr** ~**es Hotel** that is a highly recommendable hotel; **die Ausstellung ist wirklich** ~ the exhibition is really to be recommended ❷ (*ratsam*) ■ **es ist** ~**, etw zu tun** it is advisable to do sth; **es ist** ~**, einen Schutzhelm zu tragen** it is a good idea to wear a protective helmet

Emp·feh·lung <-, -en> *f* ❶ (*Vorschlag*) recommendation ❷ (*Referenz*) reference, testimonial; **auf** ~ **von jdm** [*o* **auf jds** ~] *akk* on the recommendation of sb [*or* on sb's recommendation] ❸ (*geh*) **mit den besten** ~**en** with best regards; **meine/unsere** ~ **an jdn** my/our [best] regards to sb

Emp·feh·lungs·schrei·ben *nt* letter of recommendation, testimonial

emp·fiehl [ɛmˈpfiːl] *imper sing von* **empfehlen**

emp·fin·den <empfand, empfunden> [ɛmˈpfɪndn̩] *vt* ❶ (*fühlen*) ■ **etw [bei etw** *dat*] ~ to feel [*or* experience] sth [when doing/seeing sth etc]; **Abscheu/Furcht vor etw** ~ to loathe/fear sth; **Freude an etw** ~ to derive pleasure from sth; **große Freude** ~ to be filled with happiness; **Liebe/Hass für jdn** ~ to feel love/hate for sb, to love/hate sb; **viel für jdn** ~ to like sb a great deal, to be very fond of sb ❷ (*auffassen*) ■ **jdn/etw als etw** ~ to feel sb/sth to be sth, to find sb/sth sth; **ich empfinde das als Beleidigung** I feel that to be insulting, I find that insulting; **sie empfanden ihn als Störenfried** they felt him to be [*or* thought of him as] a troublemaker; **wie empfindest du das?** how do you feel about it?

Emp·fin·den <-s> [ɛmˈpfɪndn̩] *nt kein pl* feeling; **meinem** ~ **nach** [*o* **für mein** ~] to my mind

emp·fin·dungs·los *adj* ❶ (*taub*) numb, without sensation *pred* ❷ (*gefühllos*) unfeeling [*or* insensitive]

Emp·fin·dungs·lo·sig·keit <-> *f kein pl* ❶ (*körperliche Gefühllosigkeit*) *der Glieder* numbness ❷ (*Gefühlskälte*) insensitivity

Emp·fin·dungs·ver·mö·gen *nt* (*geh*) ❶ (*Gefühl*) faculty of sensation, sensory perception ❷ (*fig*) sensitivity

em·pfing [ɛmˈpfɪŋ] *imp von* **empfangen**

emp·foh·len [ɛmˈpfoːlən] **I.** *pp von* **empfehlen II.** *adj* **sehr** [*o* **besonders**] ~ highly recommended

em·pfun·den [ɛmˈpfʊndn̩] *pp von* **empfinden**

Em·pha·se <-, -n> [ɛmˈfaːzə] *f* (*geh*) emphasis

em·pha·tisch [ɛmˈfaːtɪʃ] **I.** *adj* (*geh*) emphatic; **er hielt eine** ~**e Rede** he made a vigorous speech **II.** *adv* (*geh*) emphatically; **sie brachte es sehr** ~ **zum Ausdruck** she expressed it very vigorously

Em·pire[1] <-[s]> [ãˈpiːr] *nt kein pl* ❶ HIST the French Napoleonic Empire ❷ KUNST *Stilepoche* Empire [style]

Em·pire[2] <-[s]> [ˈɛmpaɪə] *nt kein pl* (*das britische Weltreich*) [British] Empire

em·pi·risch [ɛmˈpiːrɪʃ] **I.** *adj* (*geh*) empirical **II.** *adv* (*geh*) empirically

em·por [ɛmˈpoːɐ̯] *adv* (*geh*) upwards, up; **zu den Sternen** ~ up to the stars

em·por|ar·bei·ten *vr* (*geh*) ■ **sich [zu etw** *dat*] ~ to work one's way up [to become sth]; **er hat sich zum Millionär emporgearbeitet** he worked his way up to become a millionaire **em·por|bli·cken** *vi* ■ **[zu jdm/etw]** ~ to look up [at sb/sth]

Em·po·re <-, -n> [ɛmˈpoːrə] *f* ARCHIT gallery

em·pö·ren* [ɛmˈpøːrən] **I.** *vt* ■ **jdn** ~ to outrage [*or* incense] sb, to fill sb with indignation **II.** *vr* ❶ (*sich entrüsten*) ■ **sich [über jdn/etw]** ~ to be outraged about [*or* by] sb/sth, to be incensed by sb/sth, to be filled with indignation by sb/sth; **sie empörte sich über sein Benehmen** his behaviour outraged her ❷ (*veraltet: rebellieren*) ■ **sich [gegen jdn/etw]** ~ to rebel against sb/sth

em·pö·rend *adj* outrageous, scandalous

em·por|he·ben *vt irreg* (*geh*) ■ **jdn/etw zu jdm/etw** ~ to raise sb/sth to sb/sth, to lift sb/sth up to sb/sth **em·por|kom·men** [ɛmˈpoːɐ̯kɔmən] *vi irreg sein* (*geh*) ❶ (*vorankommen*) ■ **[in etw** *dat*] ~ to get on [*or* rise] in sth; **wer [im Beruf]** ~ **will, muss mehr leisten als andere** if you want to get on in your profession you have to do more than the others ❷ (*an die Oberfläche kommen*) to rise [up]

Em·por·kömm·ling <-s, -e> [-kœmlɪŋ] *m* (*pej*) upstart, parvenu

em·por|lo·dern *vi sein* (*geh*) to blaze up **em·por|ra·gen** *vi haben o sein* (*geh*) ■ **[über etw** *akk*] ~ to tower above sth **em·por|stei·gen** *irreg* **I.** *vi sein* (*geh*) to rise; **Zweifel stiegen in ihm empor** doubts rose in his mind; (*aufsteigen*) to rise [up]; **der Rauch stieg in die Luft empor** the smoke rose up into the air **II.** *vt sein* (*geh*) ■ **etw** ~ to climb [up] sth

em·pört I. *adj* outraged, scandalized; ■ **[über jdn/etw]** ~ **sein** to be scandalized by sb/sth, to be highly indignant about sb/sth; **mit** ~**er Stimme** in a tone of outrage **II.** *adv* indignantly

Em·pö·rung <-, -en> *f* ❶ *kein pl* (*Entrüstung*) ■ ~ **über jdn/etw** outrage [*or* indignation] about sb/sth; **[über etw** *akk*] **in** ~ **geraten** to become indignant about sth; **vor** ~ **zittern** to tremble with indignation ❷ (*liter: Rebellion*) ■ **jds** ~ **gegen jdn/etw** sb's rebellion [*or* uprising] against sb/sth

em·por|zie·hen *vt irreg* (*geh*) ■ **jdn/etw** ~ to draw [*or* pull] sb/sth up

em·sig [ˈɛmzɪç] **I.** *adj* busy, industrious; ~**e Ameisen** hard-working ants; ~**er Fleiß** diligence **II.** *adv* industriously; **überall wird** ~ **gebaut** they are busy building everywhere

Em·sig·keit <-> *f kein pl* industriousness, industry; **unermüdliche** ~ untiring zeal

Emu <-s, -s> [ˈeːmu] *m* ORN emu

emul·gie·ren* [emʊlˈgiːrən] *vt* CHEM ■ **etw [in etw** *dat*] ~ to emulsify sth [in sth]

Emul·si·on <-, -en> [emʊlˈzi̯oːn] *f* CHEM emulsion

E-Mu·sik [ˈeː-] *f* (*ernste Musik*) serious music

en bloc [ãˈblɔk] *adv* en bloc

End·ab·rech·nung *f* final account [*or* invoice] **End·aus·schei·dung** *f* final qualification round **End·bahn·hof** *m* terminus **End·be·trag** *m* final amount [*or* sum] **End·darm** *m* ANAT rectum

En·de <-s, -n> [ˈɛndə] *nt* ❶ (*Schluss*) end; ~ **August/des Monats/**~ **2001** the end of August/the month/2001; **sie kommt** ~ **August** she's coming at the end of August; **sie ist** ~ **1948 geboren** she was born at the end of 1948; **das** ~ **des Jahrhunderts** the end [*or* close] of the century; **das** ~ **eines Projekts** the conclusion of a project; ~ **20 sein** to be in one's late 20s; **ein böses** ~ **nehmen** to come to a bad end; **kein rühmliches** ~ **finden** [*o* **nehmen**] to come to an unfortunate end; **ein unrühmliches** [*o* **böses**] ~ **finden** to come to a bad [*or fam* sticky] end; **bei** [*o* **mit**] **etw** *dat* **kein** ~ **finden** (*fam*) to not stop doing sth; **das** ~ **nahen fühlen** to feel the end approaching; **dem** ~ **zu gehen** to draw to a close; **ein** ~ **einer S. ist noch nicht abzusehen** there's no end in sight to sth; **damit muss es jetzt ein** ~ **haben** this must stop now; **einer S. ein** ~ **machen** [*o* **bereiten**] to put an end to sth; **ein** ~ **nehmen** (*fam*) to come to an end; **das nimmt gar kein** ~ there's no end to it; **am** ~ (*fam*) finally, at [*or* in] the end; **am** ~ **sein** (*fam*) to be at the end of one's tether; **mit etw** *dat* **am** ~ **sein** to run out of sth; **er war bei dieser Frage mit seinem Wissen am** ~ this question baffled him; **ich bin mit meiner Weisheit am** ~ I've run out of ideas; **ohne** ~ without end, endless; **Fehler ohne** ~ any number of mistakes; **Qualen ohne** ~ suffering without end, endless suffering; **sich ohne** ~ **freuen** to be terribly pleased, to be delighted; **zu** ~ finished, over; **etw zu** ~ **bringen** [*o* **führen**] to complete sth; **etw zu einem guten** ~ **bringen** [*o* **führen**] to complete sth successfully; **etw zu ~ lesen** to finish reading sth; **zu ~ sein** to be finished; **es geht [mit jdm] zu ~** sb is nearing the end; **etw geht zu ~** sth is nearly finished; **alles geht mal zu ~** [*o* **alles hat mal ein ~**] nothing lasts forever, all things must come to an end; (*angenehme Sachen*) all good things must come to an end [some time] ❷ FILM, LIT (*Ausgang*) ending ❸ (*räumliches Ende*) end; **das Telefon befindet sich am ~ des Zuges** the telephone is at the end [*or* rear] of the train; **ans ~** at the end; **er setzte sich ganz ans ~ des Tisches** he sat down at the far end of the table ❹ (*Stückchen*) **ein ~ Brot** a crust of bread ❺ (*Strecke*) way; **von hier bis zum See ist es ein ganzes ~** it's quite a way from here to the lake; **wir haben noch ein schönes ~ Weges vor uns** we have a considerable way [*or* a pretty long way] to go yet ❻ JAGD (*Geweih~*) point, tine *spec;* **das Geweih dieses Hirsches hat zwölf ~n** this stag's antlers have twelve points ▸WENDUNGEN: **das ~ der Fahnenstange** (*fam*) as far as one can go, the limit; **das ~ vom Lied** (*fam*) the outcome [*or* upshot]; **lieber ein ~ mit Schrecken als ein Schrecken ohne ~** (*prov*) it's better to end with a short, sharp shock than to prolong the agony; **am ~ der Welt** (*fam*) at the back of beyond, in the middle of nowhere; **das ~ der Welt ist nahe!** the end of the world is nigh!; **das dicke ~** (*fam*) the worst; **~ gut, alles gut** (*prov*) all's well that ends well; **letzten ~es** when all is said and done, in the last analysis

End·ef·fekt ['ɛntʔɛfɛkt] *m* ■**der ~ einer S.** *gen* the final result [*or* outcome] of sth; **im ~** (*fam*) in the final analysis, in the end

En·de·mie <-, -n> [ɛnde'miː, *pl* ɛnde'miːən] *f* MED endemic disease

en·de·misch [ɛn'deːmɪʃ] *adj* MED endemic

En·de·mit <-s, -en> [ɛnde'miːt, *pl* ɛnde'miːtn̩] *m* BIOL endemic species

en·de·mi·tisch *adj* MED endemic

en·den ['ɛndn̩] *vi* ❶ *haben* (*nicht mehr weiterführen*) stop, end; **die Straße endete nach 40 Kilometern** after 40 kilometres the road came to an end; **der Rock endet knapp oberhalb des Knies** the skirt ends just above the knee ❷ *haben* (*auslaufen*) expire, run out, end; **die Frist endet morgen** etomorrow is the deadline ❸ *haben* (*nicht mehr weiterfahren*) end, stop; **dieser Zug endet hier!** this train terminates here! ❹ *haben* LING (*ausgehen*) ■**auf** [*o* **mit**] **etw** *akk* **~** to end with sth; **das Wort endet auf ein „o"** the word ends with an "o" ❺ *sein* (*fam: landen*) end [up] ❻ *haben* (*zu etw führen*) ■**in etw** *dat*/**irgendwo ~** to end up in sth/somewhere; **das wird böse ~!** that will end in tears [*or* disaster]!; **jd wird schlimm ~** sb will come to a bad end, sb will come to no good; **nicht ~ wollend** endless; **es endete damit, dass sie sich verprügelten** they ended up fighting, in the end they came to blows; **wie soll/wird es mit jdm noch mal ~?** what will happen to sb?, whatever will come of sb

End·er·geb·nis *nt* final result; **im ~** in the final analysis

en·der·go·nisch [ɛndɛ'goːnɪʃ] *adj* MED endergonic

End·ge·halt *nt* final salary **End·ge·rät** *nt* TECH terminal **End·ge·schwin·dig·keit** *f* ❶ TECH terminal velocity ❷ (*erreichbare Höchstgeschwindigkeit*) top speed

end·gül·tig **I.** *adj* final; **eine ~e Antwort** a definitive answer; **ein ~er Beweis** conclusive evidence; ■**etwas/nichts E~es** something/nothing definite **II.** *adv* finally; **~ entscheiden** to decide once and for all; **sich ~ trennen** to separate for good; **~ aus** [*o* **vorbei**] **sein** to be over [and done with]

End·gül·tig·keit <-> *f kein pl* finality; **die ~ einer Entscheidung** the conclusiveness of a decision

End·hal·te·stel·le *f* final stop [*or* terminus] **End·hand·lung** *f* BIOL consummatory action

En·di·vie <-, -n> [ɛn'diːvi̯ə] *f* endive

En·di·vi·en·sa·lat *m* endive

End·kampf *m* ❶ SPORT final ❷ MIL final battle **End·la·ger** *nt* ÖKOL permanent disposal [*or* storage] site **endl·la·gern** *vt* ÖKOL ■**etw [irgendwo] ~** to permanently store sth [somewhere] **End·la·ge·rung** *f* permanent disposal [*or* storage]

end·lich ['ɛntlɪç] **I.** *adv* ❶ (*nunmehr*) at last; **~ kommt der Bus!** there's the bus at last!; **lass mich ~ in Ruhe!** can't you leave me in peace!; **hör ~ auf!** will you stop that!; **komm doch ~!** come on!, get a move on! ❷ (*schließlich*) finally; **na ~!** (*fam*) at [long] last! **II.** *adj* ASTRON, MATH, PHILOS finite

end·los **I.** *adj* ❶ (*lange dauernd*) endless, interminable ❷ (*unbegrenzt*) infinite, endless **II.** *adv* interminably; **~ lange** interminably long; **ich musste ~ lange warten** I had to wait ages

End·los·pa·pier *nt* INFORM continuous paper

End·lö·sung *f* HIST ■**die ~** the Final Solution (*extermination of the European Jews by the Nazis*) **End·mo·rä·ne** *f* GEOL terminal moraine

En·do·cy·to·se <-, -n> [ɛndotsy'toːzə] *f* BIOL endocytosis

en·do·gen [ɛndo'geːn] *adj* endogenous

En·do·plas·ma·ti·sches Re·ti·ku·lum BIOL, MED endoplasmatic reticulum

En·dor·phin <-s, -e> [ɛndɔr'fiːn] *nt meist pl* endorphin

En·do·skop <-s, -e> [ɛndo'skoːp] *nt* MED endoscope

En·do·sperm <-s, -e> [ɛndo'spɛrm] *nt* BOT endosperm

En·do·to·xin ['ɛndotɔksin] *nt* BIOL, MED endotoxin

End·pha·se *f* final stage; **sich in der/seiner ~ befinden** to be in its final stage[s]; **in die/seine ~ eintreten** to enter its final stage[s] **End·preis** *m* final price **End·pro·dukt** *nt* end [*or* final] product **End·punkt** *m* ❶ (*äußerster Punkt*) end; **der ~ einer Rundfahrt** the last stop of a tour ❷ (*Endhaltestelle*) terminus; **der ~ einer Eisenbahnlinie** the end of a railway line **End·reim** *m* end rhyme **End·re·sul·tat** *nt* final result **End·run·de** *f* SPORT **die ~ einer Fußballmeisterschaft** the finals of a football championship; **die ~ eines Boxkampfes** the final round of a boxing match; **die ~ eines Autorennens** the final lap of a motor race **End·sieg** *m* final [*or* ultimate] victory **End·sil·be** *f* final syllable **End·spiel** *nt* SPORT final; **das ~ erreichen** [*o* **ins ~ kommen**] to reach [*or* get into] the final; SCHACH endgame **End·spurt** *m* SPORT final spurt, finish; **zum ~ ansetzen** to start the final spurt **End·sta·di·um** *nt* final stage; MED terminal stage; **Krebs im ~** the final stages of cancer **End·sta·ti·on** *f* ❶ TRANSP terminus ❷ (*letztliche Bestimmung*) the end of the line; **für ihn heißt es: ~ Krankenhaus!** he's going to end up in hospital! **End·sum·me** *f* [sum] total

En·dung <-, -en> *f* ending

End·ur·teil *nt* final verdict [*or* judgement] **End·ver·brau·cher(in)** *m(f)* consumer, end-user **End·vier·zi·ger(in)** *dekl wie adj m(f)* man/woman in his/her late forties **End·zeit** *f* REL last days of the world **end·zeit·lich** *adj attr* REL apocalyptic **End·zeit·stim·mung** *f* apocalyptic mood **End·ziel** *nt* ❶ (*einer Reise*) destination ❷ (*Zweck*) ultimate goal [*or* aim] [*or* objective] **End·zif·fer** *f* final number **End·zu·stand** *m* final state; **im ~** in its final state **End·zweck** *m* ultimate aim [*or* purpose] [*or* object]

Ener·gie <-, -n> [enɛr'giː, *pl* -'giːən] *f* ❶ PHYS energy; **~ sparend** energy-saving ❷ (*Tatkraft*) energy, vigour [*or* AM -or], vitality; **viel ~ haben** to be full of energy; **wenig ~ haben** to lack energy; **etw mit aller** [*o* **ganzer**] **~ tun** to throw all one's energy into doing sth

Ener·gie·be·darf *m* energy requirement[s] **ener·gie·be·wusst**[RR] **I.** *adj* energy-conscious **II.** *adv* **~ bauen/kochen** to build/cook saving energy **Ener·gie·bi·lanz** *f* overview of energy consumption **Ener·gie·ein·spa·rung** *f* saving of energy **Ener·gie·ge·win·nung** *f kein pl* generation of energy **Ener·gie·haus·halt** *m* ANAT energy balance **Ener·gie·kri·se** *f* energy crisis **Ener·gie·po·li·tik** *f* energy policy **Ener·gie·quel·le** *f* energy source, source of energy

Ener·gie·spa·ren *nt* energy saving, saving of energy

ener·gie·spa·rend *adj* ÖKOL *s.* **Energie 1**

Ener·gie·spar·lam·pe *f* low-energy [*or* energy-saving] [electric] bulb **Ener·gie·spar·maß·nah·me** *f* energy-saving measure

Ener·gie·trä·ger *m* energy source **Ener·gie·ver·brauch** *m* energy consumption **Ener·gie·ver·schwen·dung** *f kein pl* energy waste **Ener·gie·ver·sor·gung** *f* supply of energy, energy supply **Ener·gie·ver·sor·gungs·un·ter·neh·men** *nt* energy supplying company **Ener·gie·vor·kom·men** *nt* energy source **Ener·gie·vor·rä·te** *pl* energy supplies *pl* **Ener·gie·wirt·schaft** *f* energy industry [*or* sector] **Ener·gie·zu·fuhr** *f kein pl* energy supply

ener·gisch [e'nɛrgɪʃ] **I.** *adj* ❶ (*Tatkraft ausdrückend*) energetic; **ein ~er Griff** a vigorous [*or* firm] grip; **ein ~er Mensch** a vigorous person ❷ (*entschlossen*) firm; ■**jd ist ~** sb is firm; **~e Maßnahmen** vigorous [*or* firm] measures; **~e Proteste** strong protests; **~e Worte** forceful words; ■**jd wird ~** sb puts his/her foot down **II.** *adv* vigorously; **etw ~ betonen** to stress sth vigorously; **etw ~ dementieren** to hotly [*or* vigorously] deny sth; **~ durchgreifen** to take firm [*or* vigorous] action

Ener·gy-Drink ['enədʒidrɪŋk] *m* energy drink

En·fant ter·ri·ble <-, - *o* -s, -s> [ãfãtɛ'ribl] *nt* (*geh*) enfant terrible

eng ['ɛŋ] **I.** *adj* ❶ (*schmal*) narrow ❷ (*knapp sitzend*) tight [*or* close-fitting]; ■**etw ist [jdm] zu ~** sth is too tight for sb ❸ (*beengt*) cramped; ■**bei jdm ist es sehr ~** sb's home/room is very cramped ❹ (*beschränkt*) narrow, restricted ❺ (*wenig Zwischenraum habend*) close together *pred* ❻ (*intim*) close ❼ (*eingeschränkt*) limited, restricted; **im ~eren Sinn** in the stricter sense; **in die ~ere Wahl kommen** to get on to the short-list, to be short-listed; **die Hochzeit fand in ~em Familienkreis statt** the wedding was attended by close relatives only ▸WENDUNGEN: **es wird ~ [für jdn]** (*fam*) sb faces problems **II.** *adv* ❶ (*knapp*) closely; **~ anliegen** [*o* **sitzen**] to fit closely; **ein ~ anliegendes Kleid** a close-fitting dress; **eine ~ anliegende Hose** very tight trousers; **[jdm] etw ~er machen** *Kleidungsstück* to take sth in [for sb] ❷ (*dicht*) densely; **~ bedruckt** closely printed, densely printed; **~ beschrieben** closely written; **~ nebeneinander** right next to each other; **~ nebeneinander-/beisammen-/zusammenstehen** to stand close to each other ❸ (*intim*) closely; **~ befreundet sein** to be close friends ❹ (*akribisch*) narrowly; **etwas zu ~ sehen** to take too narrow a view of sth; **du siehst das zu ~** there's more to it than that

En·ga·din <-s> ['ɛŋgadiːn] *nt* Engadine

En·ga·ge·ment <-s, -s> [ãgaʒə'mãː] *nt* ❶ (*Eintreten*) commitment (**für** +*akk* to) ❷ THEAT (*Anstellung*) engagement

en·ga·gie·ren* [ãga'ʒiːrən] **I.** *vt* ■**jdn [für etw/als jdn] ~** to engage sb [for sth/as sb]; **sie engagierte einen Privatdetektiv für die Aufgabe** she engaged a private detective for the task; **wir engagierten ihn als Leibwächter** we took him on as a bodyguard **II.** *vr* ■**sich [für jdn/etw] ~** to be [*or* become] committed [to sb/sth], to commit oneself [to sth]; **sich in der Öffentlichkeit für etw ~** to speak out [in public] in favour [*or* AM -or] of sth; ■**sich dafür ~, dass ...** to support an idea that ...

en·ga·giert [ãga'ʒiːɐt] *adj* (*geh*) **politisch/sozial ~** politically/socially committed; **christlich ~ sein** to be a committed Christian; **politisch ~ sein** to be [heavily] involved in politics; **ökologisch ~ sein** to be involved in ecological matters

eng·an·lie·gend *adj attr s.* **eng II. 1** **eng·be·druckt** *adj attr s.* **eng II. 2** **eng·be·freun·det** *adj attr s.* **eng II. 3** **eng·be·schrie·ben** *adj attr s.* **eng II. 2**

En·ge <-, -n> ['ɛŋə] *f* ❶ *kein pl* (*schmale Beschaffenheit*) narrowness ❷ *kein pl* (*Beschränktheit: räumlich*) crampedness, confinement; **in großer räumlicher ~** in very cramped conditions; (*geistig*) narrowness; (*zeitlich*) closeness; **aufgrund der ~ eines Termins** because a deadline is so close; **jdn in die ~ treiben** to drive sb into a corner

En·gel <-s, -> ['ɛŋl̩] *m* angel; **ein gefallener ~** a fallen angel; **ein guter** [*o* **rettender**] **~** a rescuing angel; **ein ~ sein** (*fam*) to be an angel; **nicht gerade ein ~ sein** (*fam*) to be no angel ▸WENDUNGEN: **ich hörte die ~ im Himmel singen** (*fam*) it hurt like mad [*or* hell] *fam*

En·gel·ma·cher(in) *m(f)* (*euph fam*) backstreet abortionist

En·gel(s)·ge·duld *f* **eine [wahre] ~ haben** [*o* **zeigen**] to have [*or* display] the patience of Job [*or* a saint] **En·gel(s)·zun·gen** *pl* **[wie] mit ~ reden** to use all one's powers of persuasion

En·gel·wurz *f* [root] angelica

En·ger·ling <-s, -e> ['ɛŋɐlɪŋ] *m* ZOOL cockchafer grub

eng·her·zig *adj* (*pej*) ■**[in etw *dat*] ~ sein** to be petty [about sth]

Eng·her·zig·keit <-> *f kein pl* (*pej*) pettiness

engl. *adj Abk von* **englisch** Eng.

Eng·land <-s> ['ɛŋlant] *nt* ❶ (*Teil Großbritanniens*) England ❷ (*falsch für Großbritannien*) Great Britain; *s. a.* **Deutschland**

Eng·län·der <-s, -> ['ɛŋlɛndɐ] *m* TECH adjustable spanner, monkey wrench

Eng·län·der(in) <-s, -> ['ɛŋlɛndɐ] *m(f)* Englishman *masc*, Englishwoman *fem*; **~ sein** to be English; ■**die ~** the English; *s. a.* **Deutsche(r)**

eng·lisch ['ɛŋlɪʃ] *adj* ❶ (*England betreffend*) English; *s. a.* **deutsch 1** ❷ LING English; *s. a.* **deutsch 2** ❸ *inv* KOCHK (*Garstufe*) underdone; **sehr ~** bloody

Eng·lisch ['ɛŋlɪʃ] *nt dekl wie adj* ❶ LING English; *s. a.* **Deutsch 1** ❷ (*Fach*) English; *s. a.* **Deutsch 2**

Eng·li·sche <-n> *nt* ■**das ~** English; *s. a.* **Deutsche**

eng·lisch·spre·chend *adj* English-speaking

eng·ma·schig ['ɛŋmaʃɪç] *adj* close-meshed

Eng·pass[RR] <-es, Engpässe> *m*, **Eng·paß**[ALT] <-sses, Engpässe> *m* ❶ GEOG [narrow] pass, defile ❷ (*Fahrbahnverengung*) bottleneck ❸ (*Verknappung*) bottleneck; **es besteht bei dieser Ware derzeit ein ~** these goods are at present in short supply

en gros [ã'gro] *adv* ÖKON wholesale

eng·stir·nig ['ɛŋʃtɪrnɪç] **I.** *adj* (*pej*) ■**jd ist ~** sb is narrow-minded [*or* insular]; ■**es ist ~, etw zu tun** it is narrow-minded to do sth **II.** *adv* (*pej*) narrow-mindedly; **~ denken/handeln** to think/act in a narrow-minded way [*or* fashion]

Eng·stirn·ig·keit <-> *f kein pl* narrow-mindedness

En·jam·be·ment <-s, -s> [ãʒãbə'mãː] *nt* enjambement

En·kel(in)[1] <-s, -> ['ɛŋkl̩] *m(f)* ❶ (*Kind des Kindes*) grandchild ❷ (*später Nachfahr*) descendant; **politischer ~** political heir

En·kel[2] <-s, -> ['ɛŋkl̩] *m* DIAL (*Fußknöchel*) ankle

En·kel·kind *nt* grandchild **En·kel·sohn** *m* (*geh*) grandson **En·kel·toch·ter** *f* (*geh*) *fem form von* **Enkelsohn** granddaughter

En·kla·ve <-, -n> [ɛn'klaːvə] *f* enclave

en masse [ã 'mas] *adv* (*fam*) en masse

enorm [e'nɔrm] **I.** *adj* ❶ (*groß*) enormous; **~e Anstrengung/Belastung** immense [*or* massive] effort/strain; **~e Geschwindigkeit/Hitze/Kälte** tremendous speed/heat/cold; **eine ~e Summe** a vast sum ❷ *pred* (*fam: herrlich, toll*) fantastic **II.** *adv* (*fam*) tremendously; **~ viel/viele** a tremendous amount/number, an enormous amount/number

en pas·sant [ãpa'sãː] *adv* en passant, in passing

En·quete <-, -n> [ã'keːtə, ã'kɛːtə] *f* ❶ (*Umfrage*) survey ❷ ÖSTERR (*geh: Arbeitstagung*) symposium

En·quete·kom·mis·si·on [ã'kɛːt(ə)-] *f* POL commission of enquiry, select [*or* BRIT inquest] committee

En·sem·ble <-s, -s> [ã'sãbl] *nt* ensemble

ent·ar·ten* [ɛnt'aːɐ̯tn̩] *vi sein* ■**[zu etw *dat*] ~** to degenerate [into sth]; *s. a.* **Kunst**

ent·äu·ßern* *vr* (*geh*) ■**sich einer S. ~** *gen* to relinquish [*or* divest oneself of] sth

ent·bar·ten* ['ɛntbartn̩] *vt* KOCHK **Schaltiere ~** to debeard shellfish

ent·beh·ren* [ɛnt'beːrən] **I.** *vt* ❶ (*ohne auskommen*) ■**jdn/etw ~ können** to be able to do [*or* manage] without sb/sth, to be able to spare sb/sth ❷ (*geh: vermissen*) ■**jdn/etw ~** to miss sb/sth ❸ (*überflüssig sein*) ■ **zu ~ sein** to not be necessary; **er ist wirklich nicht zu ~** I really can't do without him **II.** *vi* (*geh*) ❶ (*Not leiden*) to go without ❷ (*ohne etw sein*) ■ **etw entbehrt einer S.** *gen* sth is lacking sth; **die Darstellung entbehrt jedes Reizes** the performance is lacking any charm

ent·behr·lich *adj* dispensable, unnecessary

Ent·beh·rung <-, -en> *f meist pl* deprivation, privation; **~en auf sich** *akk* **nehmen** to make sacrifices

ent·beh·rungs·reich *adj* (*geh*) **~e Jahre** years of privation

ent·bie·ten* *vt irreg* (*geh*) ■ **[jdm] etw ~** to offer [sb] sth; **jdm seine Grüße ~** to present one's compliments to sb

ent·bin·den* *irreg* **I.** *vt* ❶ MED ■ **jdn [von einem Kind] ~** to deliver sb, to deliver sb's baby [*or* child]; ■ **[von einem Kind] entbunden werden** to give birth to a baby [*or* child] ❷ (*dispensieren*) ■ **jdn von etw ~** to release sb from sth; **er wurde von seinem Amt entbunden** he was relieved of his duties **II.** *vi* give birth

Ent·bin·dung *f* ❶ MED delivery, birth; **sie wurde zur ~ ins Krankenhaus eingeliefert** she went to hospital to have the baby ❷ (*Befreiung*) ■ **~ von etw** release from sth; **er bat um ~ von seinem Versprechen** he asked to be released from his promise

Ent·bin·dungs·kli·nik *f* maternity clinic

ent·blät·tern* *vr* ❶ (*die Blätter abwerfen*) to shed its leaves ❷ (*hum fam: sich ausziehen*) ■ **sich [vor jdm] entblättern** to strip [off] [in front of sb]

ent·blö·den* [ɛnt'bløːdn̩] *vr* **sich** *akk* **nicht ~, etw zu tun** (*pej geh*) to have the effrontery [*or* audacity] to do sth

ent·blö·ßen* [ɛnt'bløːsn̩] *vt* (*geh*) ■ **etw ~** to expose sth; **einen Arm ~** to uncover an arm; **den Kopf ~** to bare one's head; **die Gedanken ~** to reveal one's thoughts; ■ **sich** *akk* **~** to take one's clothes off; ■ **sich** *akk* **vor jdm ~** (*geh*) to expose oneself to sb

ent·blößt **I.** *adj* (*geh*) bare, exposed; **mit ~er Brust/~em Kopf** with bared breast/bared head **II.** *adv* (*geh*) **~ umhergehen** to walk around with no clothes on

ent·bren·nen* *vi irreg sein* (*geh*) ❶ (*ausbrechen*) break out ❷ (*Leidenschaft empfinden*) ■ **für jdn ~** (*geh*) to fall passionately in love with sb ❸ ■ **vor etw** *dat* **~** (*geh*) to be inflamed with sth

ent·bü·ro·kra·ti·sie·ren* *vt* ■ **etw/jdn ~** to free sth/sb of bureaucracy

Ent·chen <-s, -> ['ɛntçən] *nt* ZOOL *dim von* **Ente** duckling

ent·de·cken* **I.** *vt* ❶ (*zum ersten Mal finden*) ■ **etw ~** to discover sth ❷ (*ausfindig machen*) ■ **jdn/etw ~** to find sb/sth; **einen Fehler ~** to spot a mistake ❸ (*veraltend: offenbaren*) ■ **jdm etw ~** to reveal sth to sb **II.** *vr* (*geh o veraltend*) ■ **sich** *akk* **jdm ~** to reveal oneself to sb

Ent·de·cker(in) <-s, -> [ɛnt'dɛkɐ] *m(f)* discoverer; **der berühmte ~ Captain Cook** the famous explorer Captain Cook

Ent·de·ckung *f* discovery; **er zeigte uns seine neueste ~** he showed us his latest find

Ent·de·ckungs·rei·se *f* voyage of discovery; **sie machten eine ~ ins Landesinnere** they went on an expedition into the interior [of the country]; **auf ~ gehen** (*hum fam*) to go exploring

En·te <-, -n> ['ɛntə] *f* ❶ ORN duck ❷ (*fam: Zeitungs~*) spoof, canard ❸ AUTO (*fam: Citroen 2 CV*) "deux-chevaux" ► WENDUNGEN: **lahme ~** (*fam*) slowcoach

ent·eh·ren* *vt* ■ **jdn/etw ~** to dishonour [*or* AM -or] sb/sth; ■ **~d** degrading; **eine ~de Anschuldigung** a defamatory accusation

ent·eig·nen* *vt* JUR ■ **jdn ~** to dispossess sb, to seize sb's possessions; ■ **etw ~** to expropriate sth

Ent·eig·nung <-, -en> *f* JUR ■ **~ von jdm** dispossession of sb; ■ **~ von etw** expropriation [*or* seizure] of sth

ent·ei·len* *vi sein* (*geh*) hurry [*or* hasten] away

ent·ei·sen* [ɛnt'ʔaizn̩] *vt* ■ **etw ~** to de-ice sth; **eine Gefriertruhe ~** to defrost a freezer

Ent·ei·sung <-, -en> *f* de-icing

En·ten·bra·ten *m* roast duck **En·ten·ei** *nt* duck's egg **En·ten·grüt·ze** *f* BOT duckweed **En·ten·kü·ken** *nt* duckling

En·tente <-, -n> [ã'tãtə] *f* entente

En·ten·vö·gel *pl* KOCHK, ZOOL (*fachspr*) fowl, wildfowl

ent·er·ben* *vt* ■ **jdn ~** to disinherit sb

En·ter·ha·ken *m* HIST, NAUT grappling iron [*or* hook]

En·te·rich <-s, -e> ['ɛntərɪç] *m* ORN drake

en·tern ['ɛntɐn] **I.** *vt haben* board; **ein Schiff ~** to board a ship [with violence] **II.** *vi sein* board; **den Befehl zum E~ geben** to give the order to board

En·ter·tai·ner(in) <-s, -> [ɛntɐ'teːnɐ] *m(f)* entertainer

En·ter·tas·te ['ɛntɐ-] *f* INFORM enter key

ent·fa·chen* [ɛnt'faxn̩] *vt* (*geh*) ❶ (*zum Brennen bringen*) ■ **etw ~** to kindle [*or* light] sth; **ein Feuer ~** to kindle a fire; **einen Brand ~** to start a fire ❷ (*entfesseln*) ■ **etw ~** to provoke [*or* start] sth; **eine Leidenschaft ~** to arouse a passion

ent·fah·ren* *vi irreg sein* ■ **etw entfährt jdm** sth slips out, sth escapes sb's lips; **das Wort ist ihm nur so ~** the word just escaped his lips, he just used the word inadvertently

ent·fal·len* *vi irreg sein* ❶ (*dem Gedächtnis entschwinden*) ■ **jdm ~** to escape sb, to slip sb's mind, to forget sth; **der Name ist mir gerade ~** the name escapes me, the name has slipped my mind ❷ (*wegfallen*) to be dropped; **dieser Punkt der Tagesordnung entfällt** this point has been dropped from the agenda ❸ (*als Anteil zustehen*) ■ **auf jdn ~** to be allotted to sb; **auf jeden entfallen 50 Euro** each person will receive/pay 50 euros; **auf diese Partei ~ 5 Sitze** this party receives 5 seats ❹ (*geh: herunterfallen*) ■ **jdm ~** to slip [*or* fall] from sb's hand[s]

ent·fal·ten* **I.** *vt* ❶ (*auseinanderfalten*) ■ **etw ~** *Landkarte, Brief* to unfold [*or* open [out]] sth ❷ (*beginnen, entwickeln*) ■ **etw [zu etw** *dat*] **~** to develop sth [into sth] ❸ (*darlegen*) ■ **etw [vor jdm] ~** to set sth forth, to expound sth ❹ (*zur Geltung bringen*) ■ **etw ~** to display sth **II.** *vr* ❶ (*sich öffnen*) ■ **sich [zu etw** *dat*] **~** *Blüte, Fallschirm* to open [into sth] ❷ (*zur Geltung bringen*) ■ **sich ~** to develop ❸ (*sich voll entwickeln*) ■ **sich ~** to develop to the full

Ent·fal·tung <-, -en> *f* ❶ (*das Entfalten*) unfolding; **~ einer Blüte** opening of a flower ❷ (*Entwicklung*) development; **Recht auf freie ~ der Persönlichkeit** JUR right to the free development of one's personality; **etw zur ~ bringen** to help [sb] develop sth; **zur ~ kommen** [*o* **gelangen**] to develop ❸ (*Darstellung*) presentation ❹ (*Demonstration*) display

ent·fär·ben* **I.** *vt* ■ **etw ~** to remove the colour [*or* AM -or] from sth, to take the colour [*or* AM -or] out of sth **II.** *vr* ■ **sich ~** to lose its colour [*or* AM -or], to fade

Ent·fär·ber <-s, -> *m* dye remover

Ent·fär·bungs·mit·tel *nt s.* **Entfärber**

ent·fer·nen* [ɛnt'fɛrnən] **I.** *vt* ❶ (*beseitigen*) ■ **etw [aus/von etw] ~** to remove sth [from sth] ❷ MED (*herausoperieren*) ■ **[jdm] etw ~** to take out sb's sth; **jdm den Blinddarm ~** to take out [*or* remove] sb's appendix ❸ ADMIN (*geh*) ■ **jdn aus** [*o* **von**] **etw** *dat* **~** to remove sb from sth; **jdn aus der Schule ~** to expel sb [from school] ❹ (*weit abbringen*) ■ **jdn von etw** *dat* **~** to take sb away from sth; **das entfernt uns vom Thema** that takes us off the subject **II.** *vr* ❶ (*weggehen*) ■ **sich [von/aus etw] ~** to go away [from sth], to leave [sth]; **sich vom Weg ~** to go off the path ❷ (*nicht bei etw bleiben*) ■ **sich von etw ~** to depart from sth

ent·fernt **I.** *adj* ❶ (*weitläufig*) distant; **ein ~er Verwandter** a distant relative ❷ (*gering, leise*) slight, vague; **eine ~e Ähnlichkeit** a slight similarity; **eine ~e Ahnung** a vague idea; **ein ~er Verdacht** a remote suspicion ❸ (*abgelegen*) remote; **ein ~er Teil eines Landes** a remote part of a country; ■ **von jdm**

E

~ **sein** to be [far] away from sb; [...] ~ **[von etw] liegen** [*o* **sein**] to be [...] away [*or* away from [sth]]; **7 Kilometer von hier** ~ 7 kilometres [away] from here; **zu weit** ~ too far [away] **II.** *adv* vaguely; **sie erinnert mich** ~ **an meine Tante** she vaguely reminds me of my aunt; **nicht im E~esten** not in the least [*or* slightest]; **nicht** ~ **so ...** nothing like as ... BRIT; **weit davon** ~ **sein, etw zu tun** to not have the slightest intention of doing sth; *s. a.* **verwandt**

Ent·fer·nung <-, -en> *f* ❶ (*Distanz*) distance; **auf eine bestimmte** ~ from a certain distance; **auf eine** ~ **von 30 Metern** [*o* **auf 30 Meter** ~] from a distance of 30 metres [*or* AM -ers]; **aus der** ~ from a distance; **aus kurzer/einiger** ~ from a short/considerable distance; **in beträchtlicher** ~ at some [considerable] distance; **in einer** ~ **von 1 000 Metern** at a distance [*or* range] of 1,000 metres [*or* AM -ers], 1,000 metres [*or* AM -ers] away ❷ ADMIN (*geh: Ausschluss*) ~ **aus/von der Schule** expulsion [from school]; ~ **aus dem Amt** removal from office ❸ MIL **unerlaubte** ~ **[von der Truppe]** absence without leave, AWOL

Ent·fer·nungs·mes·ser <-s, -> *m* rangefinder

ent·fes·seln* *vt* (*auslösen*) ■**etw** ~ to unleash sth

ent·fes·selt *adj* unleashed; ~**e Elemente** raging elements; ~**e Leidenschaft** unbridled passion

ent·fet·ten* *vt* ■**etw** ~ KOCHK to remove the grease from sth

Ent·fet·tungs·kur *f* (*fam*) weight-reducing diet

ent·flamm·bar *adj* ❶ (*leicht zu entflammen*) inflammable ❷ (*fig fam*) easily roused

ent·flam·men* [ɛntˈflamən] **I.** *vt haben* ❶ (*anzünden, in Flammen setzen*) ■**etw** ~ to light sth; **ein Streichholz** ~ to light [*or* strike] a match ❷ (*entfachen*) ■**etw** ~ *Leidenschaft* to [a]rouse sth ❸ (*geh: begeistern*) ■**jdn für etw** ~ to arouse sb's enthusiasm for sth ❹ (*verliebt machen*) ■**jdn [für jdn]** ~ to enrapture sb **II.** *vr haben* ❶ (*sich entzünden*) ■**sich** *akk* **[an etw** *dat*] ~: **das Gasgemisch hat sich entflammt** the gas mixture burst into flames ❷ (*sich begeistern*) ■**sich** *akk* **für etw** *akk* ~: **sie entflammte sich für seine Idee** she was filled with enthusiasm for his idea **III.** *vi sein* (*geh: plötzlich entstehen*) **ein Kampf um die Macht ist entflammt** a struggle for power has broken out

ent·flech·ten* *vt irreg* ■**etw** ~ to decartelize sth; **ein Kartell** ~ to break up a cartel; **Interessen** ~ to disentangle interests; **Verkehr** ~ to ease the traffic flow

Ent·flech·tung <-, -en> *f* decartelization; *eines Kartells* break[ing] up of a cartel

ent·flie·gen* *vi irreg sein* (*geh*) ■**ein Vogel entfliegt [jdm/aus etw]** a bird flies away [from sb/sth]; **ein entflogener Papagei** an escaped parrot

ent·flie·hen* *vi irreg sein* ❶ (*geh: fliehen*) ■**[aus etw** *dat*] ~ [*o* **einer S.** *dat* ~] to escape [*or* flee] from sth ❷ (*vergehen*) *Jugend, Zeit etc.* to fly by; **die Zeit entflieht so rasch** time flies by so fast

ent·frem·den* [ɛntˈfrɛmdn̩] **I.** *vt* ■**etw entfremdet sie einander** sth estranges them [from each other]; **die lange Trennung hat sie [einander] entfremdet** the long separation has estranged them [from each other]; ■**etw seinem Zweck** *dat* ~ to use sth for a different purpose; (*falscher Zweck*) to use sth for the wrong purpose **II.** *vr* ■**sich jdm** ~ to become estranged from sb; **er hat sich seiner Frau ganz entfremdet** he has become estranged from his wife, he and his wife have grown apart

Ent·frem·dung <-, -en> *f* estrangement

ent·fros·ten* [ɛntˈfrɔstn̩] *vt* AUTO ■**etw** ~ to defrost sth

Ent·fros·ter <-s, -> *m* defroster

ent·füh·ren* *vt* ❶ (*mit Gewalt fortschaffen*) ■**jdn** ~ to abduct [*or* kidnap] sb; **ein Fahrzeug/Flugzeug** ~ to hijack a car/plane ❷ (*fam: wegnehmen*) ■**jdm jdn/etw** ~ to steal sth/sb from sb, to make off with sb's sth/sb; **darf ich Ihnen eben mal Ihre Kollegin** ~**?** can I just steal your colleague for a moment?

Ent·füh·rer(in) *m(f)* kidnapper, abductor; *Fahrzeug/Flugzeug* hijacker

Ent·füh·rung *f* kidnapping, abduction; *Fahrzeug/Flugzeug* hijacking

ent·ge·gen [ɛntˈgeːgn̩] **I.** *adv* (*geh*) ■**einer S.** *dat* ~ towards sth; **neuen Abenteuern/Ufern** ~ on to new adventures/shores **II.** *präp* +*dat* against; ~ **meiner Bitte** contrary to my request; ~ **allen Erwartungen** against [*or* contrary to] all expectations

ent·ge·gen|ar·bei·ten *vt* ■**einer S.** *dat* ~ to oppose sth, to work against sth **ent·ge·gen|brin·gen** *vt irreg* (*bezeigen*) ■**jdm etw** ~ to show sth for sb, to display sth towards [*or* for] sb; **einer Idee/einem Vorschlag Interesse** ~ to show [*or* display] interest in an idea/a suggestion; **jdm viel Liebe/Verständnis** ~ to show [*or* display] much love/understanding for [*or* towards] sb **ent·ge·gen|ei·len** *vi sein* (*geh*) ■**jdm** ~ to rush [*or* hurry] to meet sb; ■**jdm entgegengeeilt kommen** to rush [*or* hurry] to meet sb; ■**einer S.** *dat* ~ to rush towards sth **ent·ge·gen|fah·ren** *vi irreg sein* ■**jdm** ~ to go [*or* come] to meet sb; **jdm mit dem Auto/Fahrrad** ~ to go [*or* come] to meet sb by car/bicycle; ■**jdm entgegengefahren kommen** to drive [*or* go] to meet sb **ent·ge·gen|fie·bern*** *vi* ■**einer S.** *dat* ~ to feverishly look forward to sth **ent·ge·gen|ge·hen** *vi irreg sein* ■**jdm** ~ to go to meet sb; **dem Ende/seiner Vollendung** ~ to near [*or* approach] an end/completion; ■**jdm entgegengegangen kommen** to walk [*or* come] to meet sb; **seinem Untergang** ~ to go to one's death; **dem sicheren Tod** ~ to face certain death

ent·ge·gen·ge·setzt [ɛntˈgeːgn̩gəzɛtst] **I.** *adj* ❶ (*gegenüberliegend, umgekehrt*) opposite; **am** ~**en Ende des Tisches** at the opposite end of the table; **in der** ~**en Richtung** in the opposite direction ❷ (*einander widersprechend*) opposing, conflicting; ~**e Auffassungen/Interessen/Meinungen** conflicting views/interests/opinions, opposed *pred* **II.** *adv* ~ **denken/handeln** to think/do the exact opposite; ~ **reagieren** to react in exactly the opposite way

ent·ge·gen|hal·ten *vt irreg* ❶ (*in eine bestimmte Richtung halten*) ■**jdm/einer S. etw** ~ to hold out sth towards sb/sth; **er hielt ihr die Hand entgegen** he held out his hand to her ❷ (*einwenden*) **jdm/einer S. eine Einwand** ~ to express an objection to sb/sth; **einem Vorschlag einen anderen** ~ to counter one suggestion with another; ■**jdm** ~**, dass ....** to object to sb that ... **ent·ge·gen|hop·peln** *vi* ■**jdm/etw** ~ *Kaninchen* to hop towards sth/sb **ent·ge·gen|kom·men** [ɛntˈgeːgn̩kɔmən] *vi irreg sein* ❶ (*in jds Richtung kommen*) ■**jdm** ~ to come to meet sb ❷ (*entgegenfahren*) ■**jdm** ~ to drive towards sb; **der uns** ~**de Wagen** the car coming in the opposite direction ❸ (*Zugeständnisse machen*) ■**jdm/einer S.** ~ to accommodate sb/sth; **jds Bitte/Wunsch** ~ to comply with sb's request/wish, to accede to sb's request/wish; **jdm auf halbem Wege** ~ to meet sb halfway ❹ (*entsprechen*) ■**jdm/einer S.** ~ to fit in with sb/sth; **das kommt unseren Plänen entgegen** that fits in with our plans **Ent·ge·gen·kom·men** <-s, -> [ɛntˈgeːgn̩kɔmən] *nt* ❶ (*gefällige Haltung*) cooperation, willingness to cooperate ❷ (*Zugeständnis*) concession; **er ist zu einem gewissen** ~ **bereit** he is willing to make certain concessions

ent·ge·gen·kom·mend *adj* obliging, accommodating

ent·ge·gen·kom·men·der·wei·se *adv* obligingly

ent·ge·gen|lau·fen *vi irreg sein* ❶ (*in jds Richtung laufen*) ■**jdm** ~ to run to meet sb; ■**jdm entgegengelaufen kommen** to run towards sb ❷ (*im Gegensatz stehen*) ■**einer S.** *dat* ~ to run contrary [*or* counter] to sth **Ent·ge·gen·nah·me** <-, -n> *f* (*geh*) receipt; ~ **eines Schmiergelds** acceptance of a bribe **ent·ge·gen|neh·men** *vt irreg* ■**etw [von jdm/für jdn]** ~ *Lieferung* to receive sth [from sb/for sb] **ent·ge·gen|schla·gen** *vi irreg sein* ■**jdm** ~ to confront [*or* meet] sb;

die Flammen schlugen ihnen entgegen the flames leapt to meet them; **ihm schlug eine Welle der Begeisterung entgegen** he was met by a wave of enthusiasm **ent·ge·gen|se·hen** *vi irreg* ❶ (*geh: erwarten*) ■**einer S.** *dat* ~ to await sth; **ich sehe Ihrer Antwort entgegen** I look forward to receiving your reply, I await your reply; **er sieht der Entscheidung mit Skepsis entgegen** he doesn't expect much from the decision ❷ (*in jds Richtung sehen*) ■**jdm/etw** ~ to watch sb; **er sah dem ankommenden Schiff entgegen** he watched the ship approaching **ent·ge·gen|set·zen I.** *vt* ■**einer S.** *dat* **etw** ~ to oppose sth with sth; **Anklagen etw** ~ to reply to accusations; **einer Forderung etw** ~ to counter a claim; **einer S. Alternativen** ~ to put forward alternatives to sth; **einer S. Widerstand** ~ to resist sth, to offer resistance to sth **II.** *vr* ■**sich einer S.** *dat* ~ to resist [*or* oppose] sth **ent·ge·gen|ste·hen** *vi irreg* ■**einer S.** *dat* ~ to stand in the way of sth; **dem steht nichts entgegen** there's no obstacle to that, there's nothing against that **ent·ge·gen|stel·len** *vr* ■**sich jdm/einer S.** ~ to resist [*or* oppose] sb/sth **ent·ge·gen|stre·cken** *vt* ■**jdm etw** ~ to hold sth out to[wards] sb **ent·ge·gen|tre·ten** *vi irreg sein* ❶ (*in den Weg treten*) ■**jdm** ~ to walk up to sb; **einem Feind/Gegner** ~ to go into action against an enemy/opponent ❷ (*sich zur Wehr setzen*) ■**einer S.** *dat* ~ to counter **ent·ge·gen|wir·ken** *vi* ■**einer S.** *dat* ~ to oppose [*or* counteract] sth

ent·geg·nen* [ɛntˈgeːgnən] *vt* ■[**jdm**] **etw** [**auf etw** *akk*] ~ to reply sth [to sb/sth]; **auf eine Anschuldigung/Vorwurf** ~ to respond to an accusation/criticism; **jdm ärgerlich** ~ to retort to sb; **sie entgegnete** [**ihm**] **nichts** she didn't respond [to him]; **er wusste darauf nichts zu** ~ he didn't know what to reply

Ent·geg·nung <-, -en> *f* reply; **eine offizielle** ~ an official response

ent·ge·hen* *vi irreg sein* ❶ (*entkommen*) ■**jdm** ~ to escape [*or form* elude] sb ❷ (*entrinnen*) ■**einer S.** *dat* ~ to escape [*or* avoid] sth; **dem Tod** ~ to escape death ❸ (*nicht bemerkt werden*) ■**etw entgeht jdm** [*o* **es entgeht jdm etw**] sth escapes sb['s notice], sb fails to notice sth; **mir ist kein einziges Wort entgangen** I haven't missed a single word; ■**es entgeht jdm nicht, dass ...** it hasn't escaped sb's notice that ...; **dir entgeht aber auch gar nichts!** you really don't miss a trick, do you? ❹ (*versäumen*) ■**sich** *dat* **etw** ~ **lassen** to miss sth; **schade, dass du dir dieses Konzert hast** ~ **lassen müssen** [it's a] pity that you had to miss this concert

ent·geis·tert [ɛntˈgaistɐt] **I.** *adj* dumbfounded, thunderstruck, flabbergasted *fam* **II.** *adv* in amazement [*or* astonishment]

Ent·gelt <-[e]s, -e> [ɛntˈgɛlt] *nt* ❶ (*Bezahlung*) payment, remuneration *form;* **als** [*o* **zum**] ~ (*Anerkennung*) as a reward; (*Entschädigung*) as compensation [*or* recompense] ❷ (*Gebühr*) **gegen** ~ for a fee; **ohne** ~ for nothing

ent·gel·ten* *vt irreg* (*geh*) ❶ (*vergüten*) ■**jdm etw** ~ to recompense sb for sth ❷ (*büßen*) ■**etw** ~ to pay [*or form* atone] for sth

ent·gif·ten* [ɛntˈgɪftn̩] *vt* ■**etw** ~ ❶ ÖKOL (*von Giften befreien*) to decontaminate sth ❷ MED to detoxicate [*or* detoxify] sth; **Blut** ~ to purify blood

Ent·gif·tung <-, -en> *f* ❶ ÖKOL (*das Entgiften*) decontamination ❷ MED (*Befreiung von Stoffwechselgiften*) detoxication, detoxification, detox *fam*

ent·glei·sen* [ɛntˈglaizn̩] *vi sein* ❶ (*aus den Gleisen springen*) to be derailed; **etw zum E~ bringen** [*o* **etw** ~ **lassen**] to derail sth ❷ (*geh: ausfallend werden*) to make a gaffe [*or* faux pas], to drop a clanger BRIT *fam*

Ent·glei·sung <-, -en> *f* ❶ (*das Entgleisen*) derailment ❷ (*Taktlosigkeit*) gaffe, faux pas, clanger BRIT *fam*

ent·glei·ten* *vi irreg sein* ❶ (*geh: aus den Händen gleiten*) ■**etw entgleitet jdm** sb loses his/her grip on sth, sth slips out of [*or* from] sb's grip [*or* grasp] ❷ (*verloren gehen*) ■**jdm** ~ to slip away from sb

ent·grä·ten* [ɛntˈgrɛːtn̩] *vt* ■**etw** ~ to fillet [*or* bone] sth

ent·haa·ren* *vt* ■**etw** ~ to remove unwanted hair from sth, to depilate; **ich habe mir gestern die Beine enthaart** I shaved/waxed my legs yesterday

Ent·haa·rung <-, -en> *f* the removal of unwanted hair, depilation

Ent·haa·rungs·creme *f* depilatory cream **Ent·haa·rungs·mit·tel** *nt* hair remover, depilator **Ent·haa·rungs·wachs** *nt* depilatory wax

En·thal·pie <-, -n> [ɛntalˈpiː] *f* CHEM (*freiwerdende Energie einer Reaktion*) enthalpy

ent·hal·ten* *irreg* **I.** *vt* ■**etw** ~ ❶ (*in sich haben*) to contain sth ❷ (*umfassen*) to include sth; ■**in etw** *dat* [**mit**] ~ **sein** to be included in [with] sth **II.** *vr* ❶ POL (*nicht abstimmen*) ■**sich** *akk* ~ to abstain; *s. a.* **Stimme** ❷ (*geh: verzichten*) ■**sich** *akk* **einer S.** *gen* ~ to refrain from sth; **sich des Alkohols/Rauchens/etc.** ~ to abstain from alcohol/smoking/etc.; **sich** [**nicht**] ~ **können, etw zu tun** [not] to be able to refrain from doing sth

ent·halt·sam [ɛntˈhaltzaːm] **I.** *adj* [self-]restrained; (*genügsam*) abstinent, abstemious; (*keusch*) chaste, abstinent **II.** *adv* in an abstinent manner; **völlig** ~ **leben** to live a completely abstinent life

Ent·halt·sam·keit <-> *f kein pl* abstinence, abstention, abstemiousness; (*sexuelle Abstinenz*) abstinence, chastity

Ent·hal·tung *f* POL abstention

ent·här·ten* *vt* ■**etw** ~ to soften sth

ent·haup·ten* [ɛntˈhauptn̩] *vt* ■**jdn** ~ (*durch Scharfrichter*) to behead [*or* guillotine] [*or* execute] sb; (*durch Unfall*) to decapitate sb

Ent·haup·tung <-, -en> *f* (*durch Scharfrichter*) beheading, execution; (*durch Unfall*) decapitation

ent·häu·ten* *vt* ■**etw** ~ ❶ KOCHK (*von der Haut befreien*) to skin sth ❷ JAGD (*abhäuten*) to skin sth

ent·he·ben* *vt irreg* ■**jdn einer S.** *gen* ~ ❶ (*suspendieren*) to relieve sb of sth ❷ (*geh: entbinden*) to release sb from sth

ent·hem·men* **I.** *vt* (*von Hemmungen befreien*) ■**jdn** ~ to make sb lose [*or* to free sb from] their inhibitions; ■**~d** disinhibitory, disinhibiting **II.** *vi* (*enthemmend wirken*) to have a disinhibitory [*or* disinhibiting] effect

ent·hem·mend *adj* disinhibiting, making one lose one's inhibitions

ent·hemmt **I.** *adj* ❶ (*von Hemmungen befreit*) disinhibited; ■~ **sein** to have lost one's inhibitions ❷ *inv* TECH (*von einer Blockierung befreit*) uninhibited **II.** *adv* (*von Hemmungen befreit*) uninhibitedly

Ent·hem·mung *f kein pl* loss of inhibitions

ent·hül·len* **I.** *vt* ■[**jdm**] **etw** ~ ❶ (*aufdecken*) to reveal sth [to sb] ❷ (*von einer Bedeckung befreien*) to unveil [*or* reveal] sth [to sb] **II.** *vr* (*sich erweisen*) ■**sich jdm** ~ to reveal oneself to sb; **endlich hat sich mir sein wahrer Charakter enthüllt** his true character was finally revealed to me

Ent·hül·lung <-, -en> *f* ❶ (*die Aufdeckung*) disclosure; *von Skandal, Lüge* revelation, exposure *no pl, no indef art* ❷ (*das Enthüllen*) *von Denkmal, Gesicht* unveiling, revealing

Ent·hül·lungs·jour·na·lis·mus <-> *f kein pl* investigative journalism

En·thu·si·as·mus <-> [ɛntuˈzi̯asmʊs] *m kein pl* enthusiasm; **jds** ~ *akk* **bremsen** [*o* **dämpfen**] [*o* **zügeln**] to dampen sb's enthusiasm

En·thu·si·ast(in) <-en, -en> [ɛntuˈzi̯ast] *m(f)* enthusiast

en·thu·si·as·tisch **I.** *adj* enthusiastic **II.** *adv* enthusiastically

ent·jung·fern* [ɛntˈjʊŋfɐn] *vt* ■**jdn** ~ to deflower sb

Ent·jung·fe·rung <-, -en> *f* defloration

ent·kal·ken* *vt* ■**etw** ~ to decalcify sth

ent·kei·men* *vt* ■**etw** ~ to sterilize sth

ent·ker·nen* [ɛntˈkɛrnən] *vt* ■**etw** ~ ❶ (*von Kernen befreien*)

to stone sth; **einen Apfel** ~ to core an apple; **Trauben** ~ to remove the pips from grapes ❷ ARCHIT to remove the core of sth
ent·klei·den* *vt* (*geh*) ■**jdn** ~ to undress sb; ■**sich** ~ to get undressed, to undress [oneself]
ent·kno·ten* *vt* ■**etw** ~ to untie [*or* undo] sth
ent·kof·fe·i·niert [ɛntkɔfei'ni:ɐt] *adj inv* decaffeinated
ent·ko·lo·ni·a·li·sie·ren* *vt* to decolonialize
Ent·ko·lo·ni·a·li·sie·rung *f* decolonialization
ent·kom·men* *vi irreg sein* ■[**jdm/aus etw** *dat*/**irgendwohin**] ~ to escape [from sb/sth/to somewhere]; **sie konnte über die Grenze** ~ she was able to escape across the border; ■**jdm** ~ to escape from sb; **der Hirsch entkam den Jägern** the deer escaped [from] the hunters
Ent·kom·men <-> *nt kein pl* escape; **es gibt [für jdn] kein** ~ **aus** [*o* **von**] **etw** there is no escape [for sb] from sth
ent·kor·ken* [ɛnt'kɔrkn̩] *vt* ■**etw** ~ to uncork sth
ent·kräf·ten* [ɛnt'krɛftn̩] *vt* ❶ (*kraftlos machen*) ■**jdn** ~ (*durch Anstrengung*) to weaken sb; (*durch Krankheit*) to debilitate sb *form* ❷ (*widerlegen*) ■**etw** ~ to refute [*or* invalidate] sth
Ent·kräf·tung <-, -en> *f* ❶ (*Erschöpfung*) weakening, debilitation *form*, exhaustion ❷ (*fig: Widerlegung*) refutation, invalidation
ent·kramp·fen* **I.** *vt* ■**etw** ~ ❶ (*lockern*) to relax sth ❷ (*entspannen*) to ease sth; **in entkrampfter Atmosphäre** in a relaxed atmosphere **II.** *vr* ■**sich** ~ ❶ MED (*sich lockern*) to relax ❷ (*sich entspannen*) *Krise, Situation* to ease
Ent·kramp·fung <-, -en> *f* ❶ (*Lockerung*) relaxation ❷ (*Entspannung*) easing
ent·kri·mi·na·li·sie·ren* *vt* ■**etw** ~ to decriminalize sth
Ent·kri·mi·na·li·sie·rung [ɛntkriminali'zi:rʊŋ] *f* JUR decriminalization
Ent·lad <-[e]s> [ɛnt'la:d] *m kein pl* SCHWEIZ (*Ausladen*) unloading
ent·la·den* *irreg* **I.** *vt* ■**etw** ~ ❶ (*Ladung herausnehmen*) to unload sth ❷ ELEK (*Ladung entnehmen*) to drain sth ❸ (*Munition entfernen*) to unload sth **II.** *vr* ❶ (*zum Ausbruch kommen*) ■**sich** [**über jdm/etw**] ~ *Gewitter, Sturm* to break [over sb/sth] ❷ ELEK (*Ladung abgeben*) ■**sich** ~ *Akku, Batterie* to run down ❸ (*fig: plötzlich ausbrechen*) ■**sich** [**über jdm**] ~ *Begeisterung, Zorn etc.* to be vented [on sb]
Ent·la·dung *f* ❶ (*das Entladen*) unloading ❷ ELEK discharge
ent·lang [ɛnt'laŋ] **I.** *präp* (*längs*) ■~ **einer S.** *gen* along sth; ■**etw** ~ along sth; **den Fluss** ~ along the river **II.** *adv* ■**an etw** *dat* ~ along; **sie wanderten am Fluss** ~ they wandered along the river; **hier** ~ this/that way
ent·lang|ge·hen *irreg* **I.** *vt sein* (*zu Fuß folgen*) ■**etw** ~ to go [*or* walk] along sth **II.** *vi sein* ■**an etw** *dat* ~ ❶ (*parallel zu etw gehen*) to go [*or* walk] along the side of sth ❷ (*parallel zu etw verlaufen*) to run alongside sth
ent·lar·ven* [ɛnt'larfn̩] *vt* (*enttarnen*) ■**jdn/etw** [**als etw**] ~ *Dieb, Spion* to expose [*or* unmask] sb/sth [as sth]; **das verlockende Angebot wurde als Falle entlarvt** the tempting offer was revealed to be a trap; ■**sich** ~ to reveal one's true character [*or* BRIT colours] [*or* AM colors]; ■**sich** [**selbst**] **als etw** ~ to show oneself to be sth; **sie entlarvte sich als Lügnerin** she showed herself to be a liar
Ent·lar·vung <-, -en> *f* (*Enttarnung, Aufdeckung*) exposure, unmasking; ■**jds** *gen* ~ **als etw** sb's exposure as sth
ent·las·sen* *vt irreg* ❶ (*kündigen*) ■**jdn** ~ (*Stellen abbauen*) to make sb redundant; (*gehen lassen*) to dismiss ❷ (*geh: gehen lassen*) ■**jdn** ~ to dismiss sb; MED, MIL to discharge sb; SCH to expel sb; **die Schüler wurden ins Berufsleben** ~ the pupils left school to start working life ❸ (*geh: entbinden*) ■**jdn aus etw** *dat* ~ to release sb from sth
Ent·las·sung <-, -en> *f* (*Kündigung*) redundancy [notice] BRIT, pink slip AM; **die Firmenleitung soll die** ~ **der halben Belegschaft planen** company management is said to be planning to make half the workforce redundant
Ent·las·sungs·ge·such *nt* [letter of] resignation **Ent·las·sungs·zeug·nis** *nt* SCH *last report before leaving school*
ent·las·ten* *vt* ❶ JUR (*vom Verdacht befreien*) ■**jdn** [**von etw** *dat*] ~ to exonerate sb [from sth], to clear sb [of sth] ❷ (*von einer Belastung befreien*) ■**jdn** ~ to lighten sb's load, to relieve sb ❸ FIN (*ausgleichen*) ■**etw** ~ to settle sth; **ein Konto** ~ to credit an account ❹ (*Geschäftsführung genehmigen*) ■**jdn** ~ to approve sb's activities [*or* actions]
Ent·las·tung <-, -en> *f* ❶ JUR (*Verdachtsbefreiung*) exoneration; **zu jds** *gen* ~ in sb's defence [*or* AM -se] ❷ (*das Entlasten*) relief; **zu jds** *gen* ~ in order to lighten sb's load ❸ (*Genehmigung der Geschäftsführung*) approval
Ent·las·tungs·ma·te·ri·al *nt* JUR evidence for the defence [*or* AM -se] **Ent·las·tungs·zeu·ge, -zeu·gin** *m, f* JUR defence [*or* AM -se] witness, witness for the defence [*or* AM -se] **Ent·las·tungs·zug** *m* relief train
ent·lau·ben* [ɛnt'laubn̩] **I.** *vt* (*von den Blättern befreien*) ■**etw** ~ to strip sth of leaves, to defoliate sth *spec* **II.** *vr* (*das Laub verlieren*) ■**sich** ~ to shed its leaves; ■**entlaubt** stripped of leaves; **entlaubte Äste** bare branches
ent·lau·fen*[1] *vi irreg sein* (*weglaufen*) ■**jdm** ~ to run away from sb; **„Hund entlaufen, 50 Euro Belohnung"** "missing dog, 50 euros reward"
ent·lau·fen[2] *adj* (*entflohen*) escaped; (*weggelaufen*) on the run
ent·le·di·gen* [ɛnt'le:dɪgn̩] *vr* ❶ (*euph: umbringen*) ■**sich jds** *gen* ~ to dispose of sb ❷ (*geh: ablegen*) ■**sich einer S.** *gen* ~ to put sth down; *Kleidungsstück* to remove sth; **wo kann ich mich hier meiner Tasche** ~**?** where can I leave my bag here? ❸ (*loswerden*) ■**sich einer S.** *gen* ~ to carry out [*or* discharge] sth
ent·lee·ren* *vt* ■**etw** ~ ❶ (*vom Inhalt befreien*) to empty sth ❷ PHYSIOL (*leer machen*) to evacuate sth
Ent·lee·rung *f* ❶ (*das Entleeren*) emptying ❷ PHYSIOL (*das Entleeren*) evacuation
ent·le·gen [ɛnt'le:gn̩] *adj* ❶ (*abgelegen*) remote ❷ (*eigenartig*) *Idee, Vorschlag* odd
ent·leh·nen* *vt* LING ■**etw aus etw** *dat* ~ to borrow sth from sth
Ent·leh·nung <-, -en> *f* LING ❶ (*das Entlehnen*) borrowing ❷ (*Lehnwort*) loan word
ent·lei·ben* [ɛnt'laibn̩] *vr* (*geh*) ■**sich** *akk* ~ to commit suicide; **die Grünen haben sich auf politischer Bühne entleibt** the Greens have committed political suicide
ent·lei·hen* *vt irreg* ■**etw** [**von jdm/aus etw**] ~ to borrow sth [from sb/sth]
Ent·lei·her(in) <-s, -> *m(f)* (*geh*) borrower
Ent·lein <-s, -> *nt* duckling
ent·lo·ben* *vr* ■**sich** ~ to break off one's engagement
Ent·lo·bung <-, -en> *f* breaking off of one's engagement
ent·lo·cken* *vt* ❶ (*herausholen*) ■**jdm etw** ~ to elicit sth from sb; **jdm ein Geheimnis** ~ to coax a secret out of sb; **jdm Geld** ~ to worm money out of sb ❷ (*hum: zu etw veranlassen*) ■**einer S.** *dat* **etw** ~ to entice sth out of sth; **versuch mal, ob du dem Spielautomaten nicht noch ein paar Märker** ~ **kannst!** see if you can squeeze a few more quid out of the fruit machine
ent·loh·nen* *vt* ❶ (*bezahlen*) ■**jdn** [**für etw** *akk*] ~ to pay sb [for sth] ❷ (*entgelten*) to reward sb [for sth]
ent·löh·nen* *vt* SCHWEIZ (*entlohnen*) to pay
Ent·loh·nung <-, -en> *f* payment
Ent·löh·nung <-, -en> *f* SCHWEIZ (*Entlohnung*) payment
ent·lüf·ten* *vt* ❶ (*verbrauchte Luft herauslassen*) ■**etw** ~ to ventilate sth ❷ (*Luftblasen entfernen*) ■**etw** ~ to bleed sth
Ent·lüf·tung <-, -en> *f* TECH ❶ (*Ventilation*) ventilation ❷ (*Entfernung von Luftblasen*) bleeding
ent·mach·ten* [ɛnt'maxtn̩] *vt* ■**jdn/etw** ~ to deprive sb/sth of power, to disempower sb/sth

Ent·mạch·tung <-, -en> *f* deprivation of power, disempowerment

ent·man·nen* [ɛntˈmanən] *vt* (*geh: kastrieren*) ■**jdn ~** to castrate [*or* emasculate] sb

ent·menscht [ɛntˈmɛnʃt] *adj* bestial, inhuman

ent·mi·li·ta·ri·sie·ren* [ɛntmilitariˈziːrən] *vt* ■**etw ~** to demilitarize sth

Ent·mi·li·ta·ri·si̲e·rung *f* demilitarization

ent·mün·di·gen* [ɛntˈmʏndɪgn̩] *vt* JUR ■**jdn [wegen etw** *gen*] **~** to declare sb legally incapable [on account of sth]; ■**jdn ~ lassen** to have sb declared legally incapable

Ent·mün·di·gung <-, -en> *f* ❶ JUR (*Entzug des Selbstbestimmungsrechts*) ■**jds** *gen* **~ [wegen etw]** sb's legal incapacitation [on account of sth] ❷ (*Bevormundung*) deprivation of the right of decision-making

ent·mu·ti·gen* [ɛntˈmuːtɪgn̩] *vt* ■**jdn ~** to discourage sb; ■**sich ~ lassen** to be discouraged

Ent·mu̲·ti·gung <-, -en> *f* discouragement

Ent·my·tho·lo·gi·sie·rung [ɛntmytologiˈziːrʊŋ] *f kein pl* PHILOS demythologization

Ent·nah·me <-, -n> [ɛntˈnaːmə] *f* ❶ FIN (*geh: das Abheben*) withdrawal ❷ MED *von Blut* extraction; *von Gewebe* removal

Ent·na·zi·fi·zi̲e·rung <-> *f kein pl* denazification

ent·ne̲h·men* *vt irreg* ❶ (*herausnehmen*) ■**[einer S.** *dat*] **etw ~** to take sth [from sth] ❷ FIN (*abheben*) ■**etw [aus etw** *dat*] **~** to withdraw sth [from sth] ❸ MED (*abnehmen*) ■**jdm etw ~** to extract sth from sb; **jdm eine Gewebeprobe ~** to remove a tissue sample from sb ❹ (*fig: aus etw schließen*) ■**etw aus etw** *dat* **~** to infer *form* [*or* gather] sth from sth; ■**aus etw ~, dass ...** to gather from sth that ...

ent·ne̲r·ven* *vt* (*pej*) ■**jdn ~** (*der Nerven berauben*) to be nerve-[w]racking for sb; (*der Kraft berauben*) to enervate sb

ent·ne̲r·vend *adj* (*der Nerven beraubend*) nerve-[w]racking; (*der Kraft beraubend*) enervating

ent·ne̲rvt I. *adj* (*der Nerven beraubt*) nerve-[w]racked; (*der Kraft beraubt*) enervated II. *adv* out of nervous exhaustion

En·to·mo·lo·gie <-> [ɛntomoloˈgiː] *f kein pl* (*Insektenkunde*) entomology

ent·pup·pen* [ɛntˈpʊpn̩] *vr* (*sich enthüllen*) ■**sich [als etw] ~** to turn out to be sth

ent·ra̲h·men* *vt* ■**etw ~** to skim sth

ent·rä̲t·seln* *vt* ■**etw ~** ❶ (*ein Geheimnis lösen*) to unravel [*or* solve] sth ❷ (*einen Sinn herausfinden*) to work out sth *sep* ❸ (*eine Schrift entschlüsseln*) to decipher sth

ent·rech·ten* [ɛntˈrɛçtn̩] *vt* ■**jdn ~** to deprive sb of their rights

Ent·re̲ch·te·te(r) *f(m) dekl wie adj, meist pl* person deprived of their rights

Ent·re̲ch·tung <-, -en> *f* deprivation of rights

ent·rei̲·ßen* *vt irreg* ❶ (*wegreißen*) ■**jdm etw ~** to snatch sth [away] from sb ❷ (*geh: retten*) ■**jdn einer S.** *dat* **~** to rescue sb from sth; **in letzter Minute wurde er dem Tode entrissen** at the last moment he was snatched from the jaws of death

ent·ri̲ch·ten* *vt* (*geh*) ■**etw ~** *Gebühren, Steuern* to pay sth

Ent·ri̲ch·tung *f* (*geh*) payment

ent·ri̲n·gen* *vt irreg* (*geh*) ■**jdm etw ~** to wrest sth from sb *liter*

ent·ri̲n·nen* *vi irreg sein* (*geh: entkommen*) ■**jdm/einer S. ~** to escape from sb/sth; **es gibt [für jdn] kein E~ [vor etw** *dat*] there's no escape [for sb] [from sth]

ent·ro̲l·len* I. *vt haben* ■**etw ~** to unroll sth; **eine Fahne ~** to unfurl a flag II. *vr haben* (*geh: sich zeigen*) ■**sich ~** to unfold, to reveal [itself]

En·tro·pie <-, -n> [ɛntroˈpiː, *pl* ɛntroˈpiːən] *f* PHYS entropy

ent·ro̲s·ten* *vt* ■**etw ~** to remove the rust from sth, to derust sth

ent·rü̲·cken* *vt* (*geh*) ■**jdn einer S.** *dat* **~** to carry sb away from sth, to transport sb away from sth; **der Realität ganz entrückt sein** to be totally removed from reality, to be on another planet *fam*

ent·rü̲ckt *adj* (*geh*) enraptured, transported

ent·rüm·peln* [ɛntˈrʏmpl̩n] *vt* ■**etw ~** ❶ (*von Gerümpel befreien*) to clear sth out *sep* ❷ (*fig: von Unnützem befreien, revidieren*) to tidy sth up *sep*, to overhaul sth

Ent·rü̲m·p(e)·lung <-, -en> *f* (*das Entrümpeln*) clearing out

ent·rü̲s·ten* I. *vt* (*empören*) ■**jdn ~** to make sb indignant, to fill sb with indignation; (*stärker*) to outrage sb II. *vr* (*sich empören*) ■**sich über jdn/etw ~** to be indignant about [*or* at] sb/sth; (*stärker*) to be outraged by sb/sth

ent·rü̲s·tet I. *adj* indignant (**über** +*akk* about/at) II. *adv* indignantly

Ent·rü̲s·tung *f* indignation; ■**jds** *gen* **~ über jdn/etw** sb's indignation about [*or* at] sb/sth; **voller ~** indignantly; **er stand voller ~ auf** he stood up filled with indignation; *s. a.* **Sturm**

ent·saf·ten* [ɛntˈzaftn̩] *vt* KOCHK ■**etw ~** ❶ (*auspressen*) to extract the juice from sth ❷ (*auskochen*) to boil sth

Ent·sa̲f·ter <-s, -> *m* juicer, BRIT *a.* juice extractor

ent·sa̲·gen* *vi* (*geh*) ■**einer S.** *dat* **~** to renounce [*or form* forgo] sth; **dem Weine kann ich nicht ~** I cannot forgo wine

Ent·sa̲·gung <-, -en> *f* (*geh*) renunciation *form;* **voller ~** full of self-denial

ent·sa̲·gungs·voll *adj* (*geh*) ❶ (*Irdischem entsagend*) full of self-denial ❷ (*Verzicht ausdrückend*) full of resignation

ent·sa̲l·zen* *vt* ■**etw ~** to desalinate sth

Ent·sa̲l·zung <-, -en> *f* desalination

ent·schä̲·di·gen* *vt* ❶ (*Schadensersatz leisten*) ■**jdn [für etw** *akk*] **~** to compensate sb [for sth]; ■**etw [durch etw/mit etw] ~** to compensate for sth [with sth] ❷ (*ein lohnender Ausgleich sein*) ■**jdn [für etw** *akk*] **~** to make up to sb [for sth]

Ent·schä̲·di·gung *f* (*das Entschädigen*) compensation *no pl, no indef art;* **jdm eine ~ zahlen** to pay sb compensation; (*Leistung*) [compensation] payment [*or* settlement]

Ent·schä̲·di·gungs·an·spruch *m* claim for compensation **Ent·schä̲·di·gungs·for·de·rung** *f* claim for compensation **Ent·schä̲·di·gungs·leis·tung** *f* compensation payment [*or* settlement] **Ent·schä̲·di·gungs·sum·me** *f* [amount of] compensation

ent·schä̲r·fen* *vt* ■**etw ~** ❶ (*den Zünder entfernen*) to defuse sth ❷ (*weniger kritisch machen*) to defuse sth; (*weniger anstößig machen*) to tone sth down *sep*

Ent·scheid <-[e]s, -e> [ɛntˈʃait, *pl* ɛntˈʃaidə] *m* (*geh*) *s.* **Entscheidung**

ent·schei̲·den* *irreg* I. *vt* ❶ (*beschließen*) ■**~, dass/ob/was/wann/wie ...** to decide that/whether/what/when/how ...; (*gerichtlich*) to rule that/whether/what/when/how ... ❷ (*endgültig klären*) ■**etw ~** to settle sth; ■**etw [für jdn [*o* zugunsten einer Person]] ~** to settle sth [in sb's favour [*or* AM -or]]; ■**entschieden sein** to be decided; **noch ist nichts endgültig entschieden** nothing has been finally decided yet ❸ (*gewinnen*) ■**etw für sich** *akk* **~** to win sth; **die Mannschaft konnte drei Spiele für sich ~** the team secured victory in three games II. *vi* (*beschließen*) to decide; **hier entscheide ich!** I make the decisions here!; ■**für/gegen jdn/etw ~** to decide in favour [*or* AM -or] /against sb/sth; (*gerichtlich*) to rule in favour [*or* AM -or] /against sb/sth; ■**über etw** *akk* **~** to decide on sth III. *vr* ❶ (*eine Entscheidung treffen*) ■**sich ~** to decide, to reach [*or* come to] a decision; ■**sich [dazu] ~, etw zu tun** to decide to do sth; **ich habe mich dazu entschieden, das Angebot anzunehmen** I have decided to accept the offer; ■**sich für/gegen jdn/etw ~** to decide in favour [*or* AM -or] /against sb/sth ❷ (*sich herausstellen*) ■**sich ~, ob/wann/wer/wie/wie viel ...** to be decided whether/when/who/how/how much ...; **es hat sich noch nicht entschieden, wer die Stelle bekommen wird** it hasn't been decided who will get the job

ent·schei·dend [ɛntˈʃaidn̩t] I. *adj* ❶ (*ausschlaggebend*) deci-

Entscheidungen

nach Entschlossenheit fragen	asking about strength of opinion
Sind Sie sicher, dass Sie das wollen?	**Are you sure** you want it/that?
Haben Sie sich das gut überlegt?	**Have you considered it carefully?**
Wollen Sie nicht lieber dieses Modell?	**Wouldn't you rather** have this model?
Entschlossenheit ausdrücken	**expressing determination**
Ich habe mich entschieden: Ich werde an der Feier nicht teilnehmen.	**I have decided:** I am not going to attend the celebration.
Ich habe mich dazu durchgerungen, ihr alles zu sagen.	**I have made up my mind** to tell her everything.
Wir sind (fest) entschlossen, nach Australien auszuwandern.	**We are (absolutely) determined** to emigrate to Australia.
Ich lasse mich von nichts/niemandem davon abbringen, es zu tun.	**Nothing/Nobody is going to stop me** doing it.
Ich werde auf keinen Fall kündigen.	**I shall on no account** hand in my notice.
Unentschlossenheit ausdrücken	**expressing indecision**
Ich weiß noch nicht, was ich tun soll.	**I don't know what I should do.**
Wir sind uns noch im Unklaren darüber, was wir tun werden.	**We are still unsure about** what we are going to do.
Ich bin mir noch unschlüssig, ob ich die Wohnung mieten soll oder nicht.	**I cannot decide whether** I should take the flat or not.
Ich habe mich noch nicht entschieden.	**I haven't decided yet.**
Ich bin noch zu keinem Entschluss darüber gekommen.	**I haven't reached a decision about it yet.**

sive; ■**für jdn/etw ~ sein** to be crucial for sb/sth ❷ (*gewichtig*) big, crucial **II.** *adv* (*in entschiedenem Maße*) decisively

Ent·schei·dung *f* ❶ (*Beschluss*) decision; **es geht um die ~, ob/wer/wie ...** the decision will be whether/who/how ...; **zu einer ~ kommen** [*o* **gelangen**] to reach [*or* come to] [*or* arrive at] a decision; **die/eine ~ liegt bei jdm** it is for sb to decide; **die ~ liegt beim Chef** it's up to the boss to decide; **vor einer ~ stehen** to be confronted with a decision; **jdn vor eine ~ stellen** to leave a decision to sb; **eine ~ treffen** to make [*or* take] a decision ❷ JUR (*Urteil des Richters*) ruling; (*Votum der Geschworenen*) verdict; **die ~ fiel zugunsten der Angeklagten aus** the verdict was in favour of the accused ❸ SPORT (*Ausgang eines Spiels*) result; **um die ~ spielen** to play the deciding match [*or* BRIT decider]

Ent·schei·dungs·be·fug·nis *f* decision-making powers *npl*; **die ~ haben** to have the power to make decisions **Ent·schei·dungs·frei·heit** *f* freedom of decision-making **ent·schei·dungs·freu·dig** *adj* willing to make a decision **Ent·schei·dungs·kri·te·ri·um** *nt* decision factor, criterion **Ent·schei·dungs·pro·zess**RR *m* decision process **Ent·schei·dungs·schlacht** *f* ❶ MIL decisive battle ❷ (*Kraftprobe*) showdown *fam* **Ent·schei·dungs·spiel** *nt* decider BRIT, deciding match

ent·schie·den [ɛnt'ʃiːdn̩] **I.** *pp von* **entscheiden II.** *adj* ❶ (*entschlossen*) determined, resolute; **ein ~er Befürworter** a staunch supporter; **ein ~er Gegner** a resolute opponent ❷ (*eindeutig*) definite **III.** *adv* ❶ (*entschlossen*) firmly, resolutely; **den Vorschlag lehne ich ganz ~ ab** I categorically reject the proposal ❷ (*eindeutig*) definitely; **diesmal bist du ~ zu weit gegangen** this time you've definitely gone too far

Ent·schie·den·heit <-, -en> *f* determination, resolution; **mit [aller] ~** in the strongest possible way; **etw mit [aller] ~ ablehnen** to refuse sth flatly; **mit ~ dementieren** to deny categorically

ent·schla·cken* [ɛnt'ʃlakn̩] **I.** *vt* MED (*von Schlacken befreien*) ■**etw ~** to purify sth [*or* cleanse] **II.** *vi* MED (*entschlackend wirken*) to have a purifying [*or* cleansing] effect

Ent·schla·ckung <-, -en> *f* MED purification, cleansing

Ent·schla·ckungs·kur *f* detox treatment

ent·schla·fen* *vi irreg sein* (*euph geh: sterben*) to pass away [*or* over] [*or* on] *euph*

Ent·schla·fe·ne(r) *f(m) dekl wie adj* (*euph geh: gestorbene Person*) ■**der/die ~/die ~n** the deceased, the departed

ent·schlei·ern* [ɛnt'ʃlaiɐn] *vt* (*geh*) ■**etw ~** to uncover [*or* reveal] sth

ent·schlie·ßen* *vr irreg* (*sich entscheiden*) ■**sich [für etw/zu etw] ~** to decide [on sth]; ■**sich [dazu] ~, etw zu tun** to decide to do sth; **sich zu nichts ~ können** to be unable to make up one's mind; **ich kann mich so auf die Schnelle zu nichts ~!** I can't make up my mind about anything so quickly!

Ent·schlie·ßung *f* (*geh: Entschluss*) decision; **zu einer ~ gelangen** (*geh*) to come to [*or* reach] a decision; **eine ~ einbringen** POL to propose a resolution; **eine ~ annehmen** POL to pass a resolution

ent·schlos·sen [ənt'ʃlɔsn̩] **I.** *pp von* **entschließen II.** *adj* (*zielbewusst*) determined, resolute, determined [*or* resolute] measures; **fest ~** absolutely determined; **kurz ~ sein** to decide without hesitating [*or* a moment's hesitation]; **etw kurz ~ tun** [to decide] to do sth straight away [*or* on the spur of the moment]; **sie ist immer kurz ~** she always decides without a single hesitation; **wild ~** (*fam*) fiercely determined, with fierce determination; **zu allem ~** determined to do anything **III.** *adv* resolutely, with determination

Ent·schlos·sen·heit <-> *f kein pl* determination, resolution; **mit wilder ~** (*fam*) with fierce determination

ent·schlum·mern* *vi sein* ❶ (*euph geh: sterben*) to go to sleep *euph* ❷ (*veraltend geh*) to fall asleep

ent·schlüp·fen* *vi sein* ❶ (*entkommen*) ■**[jdm] ~** to escape [from sb] ❷ (*fig: entfahren*) ■**etw entschlüpft jdm** *Bemer-*

entschuldigen

zugeben, eingestehen	admitting, confessing
Ich bin schuld daran.	**It's my fault.**
Ja, es war mein Fehler.	**Yes, it was my mistake.**
Da habe ich Mist gebaut. *(sl)*	**I've really messed that/things up.**
Ich gebe es ja zu: Ich habe zu vorschnell gehandelt.	**I admit it:** I acted too hastily.
Sie haben Recht, ich hätte mir die Sache gründlicher überlegen **sollen.**	**You are right, I should have** thought the matter through more.

sich entschuldigen	apologizing
(Oh,) das habe ich nicht gewollt!	**(Oh,) I didn't mean to do that!**
Das tut mir leid!	**I'm sorry!**
Entschuldigung!/Verzeihung!/Pardon!	**Excuse me!/Sorry!/I beg your pardon!**
Entschuldigen Sie bitte!	**Please excuse me!/I'm sorry!**
Das war nicht meine Absicht.	**That wasn't my intention.**
Ich muss mich dafür wirklich entschuldigen.	**I really must apologize.**

auf Entschuldigungen reagieren	accepting apologies
Schon okay! *(fam)***/Das macht doch nichts!**	**That's okay!/It doesn't matter at all!**
Keine Ursache!/Macht nichts!	**That's all right!/Never mind!/It's okay!**
Machen Sie sich darüber keine Gedanken.	**Don't worry about it.**
Lassen Sie sich darüber keine grauen Haare wachsen. *(fam)*	**Don't lose any sleep over it.**

kung, Worte sb lets sth slip

Ent·schluss[RR] <-es, Entschlüsse> *m,* **Ent·schluß**[ALT] <-sses, Entschlüsse> [ɛntˈʃlʊs] *m* decision, resolution; **aus eigenem ~ handeln** to act on one's own initiative; **jds** *gen* **fester ~ sein, etw [nicht] zu tun** to be sb's firm intention [not] to do sth; **ein löblicher/weiser ~** a commendable/wise decision; **seinen ~ ändern** to change one's mind; **einen ~ fassen** to make [*or* take] a decision; **zu einem ~ kommen** [*o* **gelangen**] to reach [*or* come to] a decision; **zu keinem ~ kommen** [*o* **gelangen**] to be unable to come to a decision

ent·schlüs·seln* [ɛntˈʃlʏsl̩n] *vt* ■**etw ~** to decode [*or* decipher] sth

Ent·schlüs·se·lung <-, -en> *f* deciphering, decoding

ent·schluss·freu·dig[RR] *adj* decisive **Ent·schluss·freu·dig·keit**[RR] <-> *f kein pl* decisiveness **Ent·schluss·kraft**[RR] *f kein pl* decisiveness; **~ besitzen** [*o* **haben**] to be decisive; **es fehlt** [*o* **mangelt**] **jdm an** [**genügend**] **~** sb is not decisive [enough]

ent·schluss·los[RR] **I.** *adj* indecisive **II.** *adv* indecisively

ent·scho·ten [ˈəntʃotn̩] *vt* ■**etw ~** KOCHK to pod sth

ent·schuld·bar [ɛntˈʃʊltba:ɐ̯] *adj* excusable, pardonable

ent·schul·di·gen* [ɛntˈʃʊldɪgn̩] **I.** *vi* (*als Höflichkeitsformel*) **~ Sie, können Sie mir sagen, wie ich zum Bahnhof komme?** excuse me, could you tell me how to get to the station?; **~ Sie bitte, was sagten Sie da gerade?** sorry, what were you just saying there? **II.** *vr* ❶ (*um Verzeihung bitten*) ■**sich** [**bei jdm**] [**für etw** *akk* [*o* **wegen etw** *gen*]] **~** to apologize [to sb] [for sth], to say sorry [to sb] [for sth]; **ich muss mich bei Ihnen wegen meines Zuspätkommens ~** I'm terribly sorry I'm so late ❷ (*eine Abwesenheit begründen*) ■**sich** [**bei jdm**] **~** to ask [sb] to be excused; **ich möchte mich für die nächste Schulstunde ~** may I be excused from the next lesson?; ■**sich** [**bei/von jdm**] **~ lassen** to send one's apologies [*or* BRIT excuses], to [ask sb to] convey one's apologies [*or* BRIT excuses] **III.** *vt* ❶ (*als verzeihlich begründen*) ■**etw mit etw** *dat* **~** to use sth as an excuse for sth; **Ihr Verhalten ist durch nichts zu ~!** nothing can excuse your behaviour! ❷ (*eine Abwesenheit begründen*) ■**jdn/etw** [**bei jdm**] **~** to ask [sb] to excuse sb/sth; **ich möchte meine Tochter für morgen ~** I'd like to ask if my daughter can be excused tomorrow; ■**jdn ~** to excuse sb; **ich bitte mich zu ~** please excuse me ❸ (*als verständlich erscheinen lassen*) ■**etw ~** to excuse sth; **das kann Ihr Zuspätkommen nicht ~!** that is no excuse for your late arrival!; (*einen Regelverstoß hinnehmen*) to excuse [*or* forgive] sth; **bitte ~ Sie die Störung** please excuse [*or* forgive] the interruption

ent·schul·di·gend *adj* apologetic

Ent·schul·di·gung <-, -en> *f* ❶ (*Bitte um Verzeihung*) apology; [**jdn**] [**wegen etw** *dat*] **um ~ bitten** to apologize [to sb] [for sth]; **ich bitte um ~, aber ...?** excuse me,...; **um ~ bitten, dass/weil...** to apologize for being.../because...; **ich bitte vielmals um ~, dass ich mich verspätet habe!** I do apologize for being late! ❷ (*Begründung, Rechtfertigung*) **als** [*o* **zur**] **~ für etw** *akk* as an excuse for sth; **zu jds** *dat* **~** in sb's defence [*or* AM -se]; **was haben Sie zu Ihrer ~ zu sagen?** what have you got to say in your defence? ❸ (*als Höflichkeitsformel*) **~!** sorry!; **o, ~, ich habe Sie angerempelt!** oh! sorry for bumping into you!; **~, ...?** excuse me,...? ❹ SCH (*Schreiben*) note, letter of excuse *form;* **jdm eine ~ schreiben** to write sb a note; **ohne ~** without an excuse

ent·schwe·ben* *vi sein* (*hum geh*) to float away *hum*

ent·schwe·feln* *vt* ■**etw ~** to desulphurize sth

Ent·schwe·fe·lung <-, -en> *f* desulphurization

Ent·schwe·fe·lungs·an·la·ge *f* desulphurization plant

ent·schwin·den* *vi irreg sein* (*geh*) ❶ (*verschwinden*) to disappear [*or* vanish] ❷ (*rasch vergehen*) to pass quickly

ent·seelt [ɛntˈze:lt] **I.** *adj* (*geh*) lifeless, dead **II.** *adv* (*geh*) lifelessly

Ent·seel·te(r) *f(m) dekl wie adj (geh)* ■**der/die ~/die ~n** the deceased, the departed

ent·sẹn·den* *vt irreg o reg* ❶ *(abordnen)* ■**jdn in etw** *akk* ~ [*o* **zu etw** *dat*] to send sb to sth ❷ *(schicken)* ■**jdn [zu jdm]** ~ to send [*or form* dispatch] sb [to sb]

Ent·sẹn·dung *f* ❶ POL *(von Abgeordneten)* dispatch ❷ *(das Wegschicken)* sending, dispatch *form*

ent·sẹt·zen* I. *vt (in Grauen versetzen)* ■**jdn** ~ to horrify sb II. *vr (die Fassung verlieren)* ■**sich [über jdn/etw]** ~ to be horrified [at sb/sth]

Ent·sẹt·zen <-s> *nt kein pl (Erschrecken)* horror, dismay; **voller** ~ filled with horror [*or* dismay], horror-struck [*or* -stricken]; **mit** ~ horrified, dismayed; **[bleich/kreideweiß/versteinert] vor** ~ [pale/as white as a sheet/petrified] with horror; **zu jds [großen** [*o* **größten**]] ~ to sb's [great] horror [*or* dismay]

Ent·sẹt·zens·schrei *m* cry of horror

ent·setz·lich [ɛntˈzɛtslɪç] I. *adj* ❶ *(schrecklich)* horrible, awful, dreadful, terrible; **wie ~!** how dreadful [*or* terrible] [*or* awful]! ❷ *(fam: sehr stark)* awful, terrible; **ich habe einen ~en Durst!** I am terribly thirsty! II. *adv* ❶ *(in furchtbarer Weise)* awfully, terribly; ~ **aussehen** to look awful [*or* terrible] ❷ *intensivierend (fam)* awfully, terribly; **diese Bluse ist ~ bunt** this blouse is awfully garish

ent·sẹtzt I. *adj* horrified; ■~ **[über jdn/etw] sein** to be horrified [*or* appalled] [at [*or* by] sb/sth] II. *adv (großes Entsetzen zeigend)* in a horrified manner; **sie schrie ~ auf** she let out a horrified scream

ent·seu·chen* [ɛntˈzɔyçn̩] *vt* ÖKOL ■**etw** ~ to decontaminate [*or* disinfect] sth

ent·sị·chern* *vt* ■**etw** ~ to release the safety catch on sth; **eine entsicherte Pistole** a pistol with the safety catch off

ent·sịn·nen* *vr irreg (geh)* ■**sich [einer S./jds** *gen* [*o* **an jdn/etw**]] ~ to remember [sth/sb]; **wenn ich mich recht entsinne** if I remember correctly, if my memory serves me right

ent·sọr·gen* *vt* ÖKOL ■**etw** ~ ❶ *(wegschaffen)* to dispose of sth ❷ *(von Abfallstoffen befreien)* ■**eine Industrieanlage/eine Stadt** ~ to dispose of an industrial site's/a town's waste [*or* refuse and sewage]

Ent·sọr·gung <-, -en> *f (das Entsorgen)* waste disposal; **die ~ von Schmutzwasser** the disposal of waste water

Ent·sor·gungs·be·trieb *m* waste disposal plant

ent·spạn·nen* I. *vr* ■**sich** ~ ❶ *(relaxen)* to relax, to unwind ❷ *(sich glätten)* to relax, to release, to untighten; **ihre Gesichtszüge entspannten sich** her features relaxed ❸ POL *a. (sich beruhigen)* to ease II. *vt* ■**etw** ~ ❶ *(lockern)* to relax sth ❷ *(die kritische Spannung beseitigen)* to ease sth; **das Friedensangebot entspannte die Lage** the peace offer eased the situation

ent·spạnnt I. *pp von* **entspannen** II. *adj* relaxed; *Atmosphäre a.* easy-going; *politische Lage* calm

Ent·spạn·nung *f* ❶ *(innerliche Ruhe)* relaxation; **zur** ~ for relaxation; **nach der Arbeit sehe ich zur ~ etwas fern** I watch a bit of television to unwind [*or esp* AM *fam* chill out] after work ❷ POL *(Abbau von Spannungen)* easing of [*or* reduction in] tension

Ent·span·nungs·me·tho·de *f* relaxation method **Ent·spạn·nungs·po·li·tik** *f* policy of détente **Ent·spạn·nungs·tech·nik** *f* relaxation technique **Ent·spạn·nungs·übung** *f meist pl* relaxation exercise

ent·spịn·nen* *vr irreg (sich ergeben)* ■**sich [aus etw** *dat*] ~ to develop [*or* arise] [from sth]

ent·sprẹ·chen* *vi irreg* ■**einer S.** *dat* ~ ❶ *(übereinstimmen)* to correspond to [*or* tally with] sth; **der Artikel in der Zeitung entsprach nicht ganz den Tatsachen** the article in the newspaper wasn't quite in accordance with the facts ❷ *(genügen)* to fulfil [*or* AM *usu* -ll] [*or* meet] [*or* answer] sth; **die wenigsten der Bewerber entsprachen den Anforderungen** very few of the applicants fulfilled the requirements ❸ *(geh: nachkommen)* to comply with sth; **der geäußerten Bitte können wir nicht** ~ we cannot comply with the request made

ent·spre·chend [ɛntˈʃprɛçn̩t] I. *adj* ❶ *(angemessen)* appropriate, corresponding; *s. a.* **Umstand** ❷ *(zuständig)* relevant II. *präp +dat* in accordance with, according to, corresponding to; **den Bestimmungen** ~ in accordance with regulations

Ent·sprẹ·chung <-, -en> *f* correspondence, equivalence

ent·sprịn·gen* *vi irreg sein* ■**einer S.** *dat* ~ ❶ GEOG *(seine Quelle haben)* to rise from sth ❷ *(seinen Ursprung haben)* to arise [*or* spring] from sth

ent·stạm·men* *vi sein* ■**einer S.** ~ *dat* ❶ *(aus etw stammen)* to come [*or* stem] from sth; **einer wohlhabenden Familie** ~ to come from an affluent family ❷ *(aus einer bestimmten Zeit stammen)* to originate from sth; *(abgeleitet sein)* to be derived from sth; **die Skulptur entstammt der viktorianischen Epoche** the sculpture originates from the Victorian era

ent·stau·ben* *vt* ■**etw** ~ to remove the dust from sth, to dust sth

ent·ste·hen* *vi irreg sein* ■**[aus etw/durch etw]** ~ ❶ *(zu existieren beginnen)* to come into being [from sth], to be created [from sth]; **aus diesem kleinen Pflänzchen wird ein großer Baum** ~ a great tree will grow from this sapling; **das Haus war in nur 8 Monaten entstanden** the house was built in only eight months; **im E~ begriffen sein** *(geh)* to be in the process of development [*or* emerging] ❷ *(verursacht werden)* to arise [*or* result] [from sth]; **beträchtliche Unruhe entstand unter der Bevölkerung** considerable unrest arose amongst the people ❸ CHEM *(sich bilden)* to be produced [from/through/via sth] ❹ *(sich ergeben)* to arise [*or* result] [from sth]; ~ **mir irgendwelche Verpflichtungen?** am I committing myself to anything?

Ent·ste·hung <-, -en> *f* ❶ *(das Werden)* creation; *des Lebens* origin; *eines Gebäudes* construction, building ❷ *(Verursachung)* creation, cause; **die Nachrichten sorgten für die ~ von Unruhe** the news created unrest ❸ CHEM *(Bildung)* formation

Ent·ste·hungs·ge·schich·te *f* genesis, history of the origins of sth **Ent·ste·hungs·ort** *m* place of origin

ent·stei·gen* *vi irreg sein (geh)* ■**einer S.** *dat* ~ ❶ *(aussteigen)* to alight from sth *form;* **dem Bad/Wasser** ~ to emerge from the bath/water *form* ❷ *(aufsteigen) Dampf, Rauch* to rise from sth

ent·stei·nen* [ɛntˈʃtainən] *vt* ■**etw** ~ to stone sth

Ẹnt·stei·ner *m* pitting machine

ent·stẹl·len* *vt* ■**etw** ~ ❶ *(verunstalten)* to disfigure sth; **jds** *gen* **Gesicht** ~ to disfigure sb's face; *s. a.* **Unkenntlichkeit** ❷ *(verzerren)* to contort [*or* distort] sth; **der Schmerz entstellte ihre Züge** her features were contorted with pain ❸ *(verzerrt wiedergeben)* **etw entstellt wiedergeben** to distort [*or* misrepresent] sth

Ent·stẹl·lung *f* ❶ *(entstellende Narbe)* disfigurement ❷ *(Verzerrung) der Tatsachen, Wahrheit* distortion

ent·stị·cken *vt* CHEM ■**etw** ~ to denitrify [*or* denitrate] sth

Ent·stị·ckung <-, -en> *f* CHEM denitrification, denitration

ent·stö·ren* *vt* ■**etw** ~ ❶ TELEK *(von Störungen befreien)* to eliminate interference in sth, to free sth from interference ❷ ELEK *(von Interferenzen befreien)* to fit a suppressor to sth; **entstörte [Elektro]geräte** [electrical] appliances fitted with a suppressor

Ent·stö·rung *f* ❶ TELEK *(das Entstören)* fault clearance, freeing from interference ❷ ELEK fitting of a suppressor

Ent·stö·rungs·stel·le *f s.* **Störungsstelle**

ent·strö·men* *vi sein (geh)* ■**einer S.** *dat* ~ to pour [*or* gush] out of sth; *Gas, Luft* to escape [*or form* issue] from sth

ent·ta·bu·i·sie·ren* *vt (geh)* ■**etw** ~ to free sth from taboos

ent·tar·nen* *vt* ■**jdn** [**als etw**] ~ to expose sb [as sth]

ent·täu·schen* I. *vt* ❶ (*Erwartungen nicht erfüllen*) ■**jdn** ~ to disappoint sb ❷ (*nicht entsprechen*) **jds Hoffnungen** ~ to dash sb's hopes; **jds Vertrauen** ~ to betray sb's trust II. *vi* (*enttäuschend sein*) to be disappointing; **die Mannschaft hat sehr enttäuscht** the team was very disappointing

ent·täu·schend *adj* disappointing

ent·täuscht I. *adj* disappointed (**über** +*akk*/**von** +*dat* in/with); ~ **aussehen** to look disappointed II. *adv* disappointedly, full of disappointment

Ent·täu·schung *f* disappointment; **eine große** ~ a big disappointment; **jdm eine** ~ **bereiten** to disappoint sb; **zu jds** ~ to sb's disappointment; **zu ihrer großen** ~ **erhielt sie die Stelle nicht** to her great disappointment she didn't get the job

ent·thro·nen* *vt* (*geh*) ■**jdn** ~ to dethrone sb

ent·völ·kern* [ɛntˈfœlkɐn] I. *vt* (*menschenleer machen*) ■**etw** ~ to depopulate sth; **durch die Epidemie wurden ganze Gebiete entvölkert** whole areas became depopulated as a result of the epidemic; (*hum*) to clear sth of people; **der strömende Regen hatte die Innenstadt praktisch entvölkert** pouring rain had practically cleared the town centre of people II. *vr* (*hum: menschenleer werden*) ■**sich** ~ to become deserted

Ent·völ·ke·rung <-> *f kein pl* depopulation

ent·wach·sen* [ɛntˈvaksn̩] *vi irreg sein* (*geh*) ■**einer S.** *dat* ~ to grow out of sth, to outgrow sth; *s. a.* **Kinderschuh**

ent·waff·nen* [ɛntˈvafnən] *vt* ■**jdn** ~ ❶ (*die Waffen abnehmen*) to disarm sb ❷ (*fig: mild stimmen*) to disarm sb

ent·waff·nend I. *adj* disarming II. *adv* disarmingly

Ent·waff·nung <-, -en> *f* disarming; (*eines Landes*) disarmament

ent·war·nen* *vi* to give [*or* sound] the all-clear

Ent·war·nung *f* all-clear; ~ **geben** to give [*or* sound] the all-clear

ent·wäs·sern* *vt* ■**etw** ~ ❶ AGR (*trockenlegen*) to drain sth ❷ BAU (*leer pumpen*) to drain [*or* pump out] sth ❸ MED (*von Wasseransammlung befreien*) to dehydrate sth

Ent·wäs·se·rungs·gra·ben *m* drainage ditch

ent·we·der [ɛntˈveːdɐ] *konj* ~ **... oder ...** either...or; ~ **oder!** yes or no!; **entscheide dich jetzt endlich** ~ **oder!** will you finally make a decision one way or the other!

Ent·we·der-oder[RR] <-, -> [ˈɛntveːdɐˈʔoːdɐ] *nt* alternative; **du hast keine Wahl, es gibt kein** ~**!** you have no choice, there are no two ways about it!

ent·wei·chen* *vi irreg sein* ❶ (*sich verflüchtigen*) ■[**aus** [*o* **durch**] **etw**] ~ to leak [*or* escape] [from sth]; **entweicht da Gas aus der Leitung?** is gas escaping from the pipe there? ❷ (*geh: fliehen*) ■[**aus etw**] ~ to escape [*or* run away] [from sth]

ent·wei·hen* *vt* ■**etw** ~ to desecrate [*or* profane] sth

Ent·wei·hung *f* desecration

ent·wen·den* *vt* (*geh*) ❶ (*stehlen*) ■[**jdm**] **etw** ~ to purloin sth [from sb] *form* ❷ (*hum: an sich nehmen*) ■**jdm etw** ~ to purloin sth from sb *hum form*, to steal [*or* BRIT *fam* nick] sth from sb

ent·wer·fen* *vt irreg* ❶ (*zeichnerisch gestalten*) to sketch; ■[**jdm**] **etw** ~ to design sth [for sb] ❷ (*designen*) ■**etw** ~ to design sth ❸ (*im Entwurf erstellen*) ■**etw** ~ to draft [*or* draw up] sth

ent·wer·ten* *vt* ■**etw** ~ ❶ (*ungültig machen*) to cancel [*or* invalidate] sth; **Banknoten** ~ to demonetize banknotes ❷ (*weniger wert machen*) **Preise** ~ to devalue prices ❸ (*fig: im Wert mindern*) **ein Argument** ~ to undermine an argument

Ent·wer·ter <-s, -> *m* ticket-cancelling machine

Ent·wer·tung *f* ❶ (*das Entwerten*) cancellation, invalidation; (*Wertminderung*) devaluation ❷ (*fig: Wertminderung*) undermining

ent·wi·ckeln* I. *vt* ■**etw** ~ ❶ (*erfinden*) to develop sth ❷ (*entwerfen*) to develop sth; **einen Plan** ~ to develop [*or* devise] a plan ❸ FOTO **einen Film** ~ to develop a film ❹ CHEM (*entstehen lassen*) to produce sth II. *vr* ❶ (*zur Entfaltung kommen*) ■**sich** [**zu etw**] ~ to develop [into sth]; **Ihre Tochter hat sich zu einer bemerkenswerten jungen Dame entwickelt** your daughter has turned out to be a remarkable young lady ❷ (*pej fam: sich entpuppen*) ■**sich** ~ to turn out [*or* show [oneself]] to be ❸ (*vorankommen*) ■**sich** [**irgendwie**] ~ to progress [*or* evolve] [in a certain manner]; **na, wie entwickelt sich euer Projekt?** well, how is your project coming along? ❹ POL (*zivilisatorisch fortschreiten*) ■**sich** [**zu etw**] ~ to develop [into sth] ❺ CHEM (*entstehen*) ■**sich** ~ to be produced

Ent·wick·ler <-s, -> *m* FOTO developer

Ent·wick·lung <-, -en> *f* ❶ (*das Entwickeln*) development; [**noch**] **in der** ~ **sein** [*o* **sich befinden**] to be [still] in the development stage; **in der** ~ in one's [*or* during] adolescence ❷ (*das Entwerfen*) *eines Plans, einer Theorie* evolution, development ❸ FOTO development, processing ❹ (*das Vorankommen*) progress, progression; **die** ~ **der Verhandlungen wird positiv beurteilt** the negotiations are judged to be progressing positively ❺ ÖKON, POL (*Fortschritt*) development; **die** ~ **eines Landes** the development of a country ❻ CHEM (*Entstehung*) production, generation; **die** ~ **entzündlicher Flüssigkeiten** the production of inflammable liquids ❼ ÖKON, POL trend; **eine rückläufige** ~ **der Arbeitslosenzahlen** a falling trend in unemployment figures

Ent·wick·lungs·dienst *m* development aid service, ≈ Voluntary Service Overseas BRIT **ent·wick·lungs·fä·hig** *adj* capable of development **Ent·wick·lungs·ge·schich·te** *f* BIOL evolution **Ent·wick·lungs·hel·fer(in)** *m(f)* development aid worker, ≈ VSO worker BRIT **Ent·wick·lungs·hil·fe** *f* ❶ POL (*Unterstützung unterentwickelter Länder*) development aid ❷ FIN (*finanzielle Zuwendungen an Staaten*) foreign aid **Ent·wick·lungs·jah·re** *pl* adolescence *no pl, no indef art;* **in den** ~**n sein** [*o* **sich in den** ~**n befinden**] to be in adolescence [*or* the teenage years] **Ent·wick·lungs·land** *nt* developing country **Ent·wick·lungs·phy·si·o·lo·gie** *f* developmental physiology **Ent·wick·lungs·rück·stand** *m* MED delayed development, underdevelopment **Ent·wick·lungs·sta·di·um** *nt* development stage **Ent·wick·lungs·stu·fe** *f* stage of development **Ent·wick·lungs·zeit** *f* ❶ (*Entwicklungsjahre*) adolescent years ❷ FOTO developing time

ent·win·den* *irreg* I. *vt* (*geh: aus jds Griff winden*) ■**jdm etw** ~ to wrest sth from sb *liter* II. *vr* (*geh: sich herauswinden*) ■**sich jdm/einer S.** *dat* ~ to free oneself from sb/from sth

ent·wir·ren* [ɛntˈvɪrən] *vt* ■**etw** ~ ❶ (*auflösen*) to disentangle [*or* unravel] sth ❷ (*klarmachen*) to sort sth out *sep*

ent·wi·schen* *vi sein* ■[**jdm/aus etw** *dat*] ~ to escape [from sb/sth]

ent·wöh·nen* [ɛntˈvøːnən] *vt* ❶ ■**jdn** ~ to wean sb; **einen Säugling** ~ to wean an infant ❷ (*nicht mehr gewöhnt sein*) ■[**einer S.** *dat*] **entwöhnt sein** to be weaned off [*or* from] sth, to lose the habit [of doing sth]; **er war jeglicher Ordnung völlig entwöhnt** he had grown unaccustomed to any kind of order

ent·wür·di·gen* *vt* ■**jdn** ~ to degrade sb

ent·wür·di·gend I. *adj* degrading II. *adv* degradingly

Ent·wür·di·gung *f* degradation

Ent·wurf *m* ❶ (*Skizze*) sketch ❷ (*Design*) design ❸ (*schriftliche Planung*) draft; **im** ~ in the planning stage; **das neue Gesetz ist im** ~ the new act is being drafted

ent·wur·zeln* *vt* ❶ (*aus dem Boden reißen*) ■**etw** ~ to uproot sth ❷ (*heimatlos machen*) ■**jdn** ~ to uproot sb

Ent·wur·zel·te(r) *f(m) dekl wie adj* displaced person

Ent·wur·ze·lung <-, -en> *f* ❶ (*das Entwurzeln*) uprooting ❷ (*das Entwurzeltsein*) rootlessness

ent·zau·bern* *vt* ❶ (*den romantischen Glanz nehmen*)

E

■**jdn/etw** ~ to deprive sb/sth of their/its mystique; **ihre romantischen Vorstellungen wurden durch die harte Realität entzaubert** her romantic notions were shattered by harsh reality ② (*geh: von einem Bann befreien*) ■**jdn** ~ to free sb from a spell, to break the spell on sb
ent·zer·ren* *vt* ■**etw** ~ ① (*zeitlich auseinanderziehen*) to stagger sth ② TRANSP (*nicht überlappen lassen*) to regulate the flow of sth; **die Verkehrsströme** ~ to regulate the flow of traffic ③ TECH (*verständlicher machen*) to rectify sth
Ent·zer·rung *f* ① (*zeitliche Auseinanderziehung*) staggering ② TRANSP regulation of traffic ③ TECH (*Verständlichmachung*) rectification
ent·zie·hen* *irreg* **I.** *vt* ① ADMIN (*aberkennen*) ■**jdm etw** ~ to withdraw *form* [*or* take away] sth from sb; **jdm den Führerschein** ~ to revoke sb's driving licence [*or* driver's license] AM ② (*nicht länger geben*) ■**jdm etw** ~ to withdraw sth from sb; *s. a.* **Wort** ③ (*fernhalten*) ■**jdn einer S.** *dat* ~ to remove sb from sth ④ (*wegziehen*) ■**jdm etw** ~ to remove sth from sb; **sie entzog ihm ihren Arm** she removed her arm from him ⑤ AGR, FORST (*aus etw entnehmen*) ■**einer S.** *dat* **etw** ~ to remove sth from sth; **dieses Getreide entzieht dem Boden viele Nährstoffe** this grain removes a lot of nutrients from the soil ⑥ CHEM (*extrahieren*) ■**einer S.** *dat* **etw** ~ to extract sth from sth **II.** *vr* ① (*sich losmachen*) ■**sich jdm/einer S.** ~ to evade sb/sth; **sie wollte ihn streicheln, doch er entzog sich ihr** she wanted to caress him, but he resisted her ② (*nicht berühren*) ■**sich einer S.** *dat* ~ to be beyond sth; **das entzieht sich meiner Kenntnis** that's beyond my knowledge
Ent·zie·hung *f* ① ADMIN (*Aberkennung*) withdrawal, revocation ② (*Entzug*) withdrawal ③ MED (*Entziehungskur*) withdrawal treatment, cure for an addiction; **eine** ~ **machen** to undergo withdrawal treatment
Ent·zie·hungs·an·stalt *f* drug rehabilitation centre [*or* AM -er] **Ent·zie·hungs·kur** *f* cure for an addiction; **eine** ~ **machen** to undergo a cure for an addiction
ent·zif·fer·bar *adj* decipherable; **nicht** ~ indecipherable
ent·zif·fern* [ɛnt'tsɪfɐn] *vt* ■**etw** ~ ① (*mühsam lesen*) to decipher sth ② (*entschlüsseln*) to decipher [*or* decode] sth
Ent·zif·fe·rung <-, -en> *f* ① (*das Entziffern*) deciphering ② (*das Entschlüsseln*) deciphering, decoding
ent·zü·cken* *vt* (*begeistern*) ■**jdn** ~ to delight sb; **ich muss sagen, das entzückt mich** I must say, I find that delightful; ■[**von jdm/etw** [*o* **über jdn/etw**]] **entzückt sein** to be delighted [by [*or* at] sb/sth]; [**von etw**] **wenig entzückt sein** (*iron*) not to be very pleased [about sth] *iron*
Ent·zü·cken <-s> *nt kein pl* (*Begeisterung*) delight; [**über etw** *akk*] **in** ~ **geraten** to go into raptures [over sth]; **zu jds** [**größten**] ~ to sb's great delight [*or* joy]
ent·zü·ckend [ɛnt'tsʏkn̩t] *adj* delightful; **das ist ja** ~**!** (*iron*) that's charming!
Ent·zug <-[e]s> *m kein pl* ① ADMIN (*das Entziehen*) withdrawal, revocation ② MED (*das Entziehen*) withdrawal; (*Entziehungskur*) withdrawal treatment, cure for an addiction; **kalter** ~ (*sl*) cold turkey *sl*; **auf** ~ **sein** (*sl*) to go [through] cold turkey *sl*
Ent·zugs·er·schei·nung *f* withdrawal symptom *usu pl* **Ent·zugs·symp·tom** *nt* (*selten*) withdrawal symptom
ent·zünd·bar *adj* inflammable; **leicht** ~ highly inflammable
ent·zün·den* **I.** *vt* ■**etw** ~ ① MED (*infizieren*) to inflame sth ② (*geh: anzünden*) to light sth **II.** *vr* ① MED (*sich infizieren*) ■**sich** ~ to become inflamed ② (*in Brand geraten*) ■**sich** ~ to catch fire ③ (*fig: aufflackern*) ■**sich an etw** *dat* ~ to be sparked off by sth; *Begeisterung* to be kindled by sth
ent·zünd·lich [ɛnt'tsʏntlɪç] *adj* ① MED (*infektiös*) inflammatory; (*sich leicht entzündend*) inflammatory; **die Mandeln sind leicht** ~ the tonsils become easily inflamed ② (*entzündbar*) inflammable
Ent·zün·dung *f* MED inflammation
ent·zün·dungs·hem·mend *adj* MED anti-inflammatory **Ent·zün·dungs·herd** *m* MED focus of inflammation
ent·zwei [ɛnt'tsvai] *adj pred* in two [pieces], in half; (*zersprungen*) broken; (*zerrissen*) torn
ent·zwei|bre·chen *irreg* **I.** *vi sein* (*zerbrechen*) to break into pieces **II.** *vt haben* (*zerbrechen*) ■**etw** ~ to break sth into pieces, to break sth in two [*or* half]
ent·zwei·en* [ɛnt'tsvaiən] **I.** *vt* (*auseinanderbringen*) ■**jdn** ~ to divide people, to set people against each other; **sie entzweiten sich wegen einer Frau** they fell out [with each other] over a woman **II.** *vr* (*sich überwerfen*) ■**sich mit jdm** ~ to fall out with sb
ent·zwei|ge·hen *vi irreg sein* to break [in two [*or* half]]
Ent·zwei·ung <-, -en> *f* ① (*Bruch*) split, break ② (*Streit*) quarrel
en vogue [ã'vo:k] *adj pred* (*geh*) in vogue [*or* fashion]
En·ze·pha·lo·gramm <-gramme> [ɛntsefalo'gram] *nt* MED encephalogram
En·zi·an <-s, -e> ['ɛntsi̯a:n] *m* ① BOT gentian ② KOCHK (*Schnaps*) *spirit distilled from the roots of gentian*
En·zy·kli·ka <-, Enzykliken> [ɛn'tsy:klika, *pl* ɛn'tsy:klikn̩] *f* REL encyclical
En·zy·klo·pä·die <-, -n> [ɛntsyklopɛ'di:, *pl* -'di:ən] *f* encyclopaedia, encyclopedia *esp* AM
en·zy·klo·pä·disch [ɛntsyklo'pɛ:dɪʃ] **I.** *adj* encyclopaedic, encyclopedic *esp* AM **II.** *adv* encyclopaedically, encyclopedically *esp* AM
En·zym <-s, -e> [ɛn'tsy:m] *nt* enzyme
En·zym·ak·ti·vi·tät *f* BIOL enzyme activity **En·zym·re·gu·la·ti·on** *f* BIOL enzyme regulation
Epen *pl von* **Epos**
Epi·de·mie <-, -n> [epide'mi:, *pl* -'mi:ən] *f* MED epidemic
epi·de·misch [epi'de:mɪʃ] *adj* MED epidemic; (*fig: seuchenartig*) epidemic; **sich** *akk* ~ **verbreiten** to spread like an epidemic
epi·der·mal [epidɛr'ma:l] *adj* MED epidermal
Epi·der·mis <-, -men> [epi'dɛrmɪs] *f* BIOL epidermis
Epi·go·ne <-n, -n> [epi'go:nə] *m* epigone *liter*, imitator
Epi·gramm <-gramme> [epi'gram] *nt* ① LIT epigram ② KOCHK (*Bruststück vom Lamm*) [lamb] epigramme [*or* AM -am]
Epik <-> ['e:pɪk] *f kein pl* epic poetry
Epi·ku·re·er(in) <-s, -> [epiku're:ɐ] *m(f)* ① (*geh: Genussmensch*) epicurean *form* ② PHILOS Epicurean
Epi·lep·sie <-, -n> [epilɛ'psi:, *pl* -'psi:ən] *f* epilepsy
Epi·lep·ti·ker(in) <-s, -> [epi'lɛptikɐ] *m(f)* epileptic
epi·lep·tisch [epi'lɛptɪʃ] **I.** *adj* epileptic **II.** *adv* inclined to have epileptic fits, to have a tendency towards epileptic fits
Epi·log <-s, -e> [epi'lo:k, *pl* epi'lo:gə] *m* epilogue
episch ['e:pɪʃ] *adj* ① (*das Epos betreffend*) epic ② (*geh: endlos ausschmückend*) of epic proportions; ~ **werden** to take on epic proportions; *s. a.* **Breite**
Epi·sko·pat <-[e]s, -e> [epɪsko'pa:t] *m o nt* REL ① *kein pl* (*Amt des Bischofs*) episcopate ② (*Gesamtheit der Bischöfe*) episcopate, episcopacy
Epi·so·de <-, -n> [epi'zo:də] *f* episode
epi·so·den·haft *adj* (*kurzzeitig*) short-lived; ~**e Erscheinung** brief appearance
Epi·stel <-, -n> [e'pɪstl̩] *f* epistle
Epi·taph <-s, -e> [epi'ta:f] *nt* (*geh*) ① (*Gedenktafel*) memorial plaque ② (*Grabinschrift*) epitaph
Epi·zen·trum [epi'tsɛntrʊm] *nt* epicentre [*or* AM -er]
epo·chal [epɔ'xa:l] *adj s.* **epochemachend**
Epo·che <-, -n> [e'pɔxə] *f* epoch; ~ **machen** to be epoch-making; ~ **machend** epoch-making
epo·che·ma·chend *adj s.* **Epoche**
Epos <-, Epen> ['e:pɔs, *pl* 'e:pən] *nt* epic
Equi·pe <-, -n> [e'ki:p, *pl* e'ki:pn̩] *f* team
er <*gen* seiner, *dat* ihm, *akk* ihn> ['e:ɐ̯] *pron pers* ① (*männli-

che Person bezeichnend) he; **sie ist ein Jahr jünger als ~** she is a year younger than him; **nicht möglich, ~ ist es wirklich!** unbelievable, it really is him!; **wer hat das gemacht? – ~!** who did that? – he did!; **ich war's doch gar nicht, ~ da war's!** it certainly wasn't me, it was him there!; **wenn ich ~ wäre,...** if I were him... ❷ (*Sache bezeichnend*) it; **kauf dir doch auch einen Computer, ~ ist ein nützliches Hilfsmittel** do buy yourself a computer, it's a useful aid ❸ (*Tier bezeichnend*) it; (*bei männlichen Tieren*) he; **das ist mein Rabe, ~ heißt Fridolin** that's my raven, he's called Fridolin; **ein E~ und eine Sie** (*hum fam*) a he and a she *hum fam*

ER <-s> *nt kein pl Abk von* **endoplasmatisches Retikulum** ER *no pl*

er·ach·ten* [ɛɐ̯'ʔaxtn̩] *vt* (*geh*) ■**es als etw ~** to consider [*or form* deem] it to be sth; **ich habe es als meine Pflicht erachtet, dir das mitzuteilen** I deemed it [to be] my duty to inform you about that

Er·ach·ten <-s> [ɛɐ̯'ʔaxtn̩] *nt kein pl* **meines ~s** [*o* **nach meinem ~**] in my opinion

er·ah·nen* *vt* (*geh: ahnen*) ■**etw ~** to guess [*or* imagine] sth; ■**etw ~ lassen** to give an idea of sth; **der Marmorblock lässt die Proportionen des späteren Kunstwerks ~** the marble block gives an idea of the size of the eventual work of art; ■**sich ~ lassen** to be sensed

er·ar·bei·ten* *vt* ❶ (*durch Arbeit erwerben*) ■[**sich** *dat*] **etw ~** to work for sth ❷ (*erstellen*) ■**etw ~** to work out sth; **einen Plan ~** to work out a plan

Erb·adel ['ɛrpʔa:dl̩] *m* hereditary nobility **Erb·an·la·ge** *f meist pl* hereditary factor [*or* characteristic] *usu pl*

er·bar·men* [ɛɐ̯'barmən] **I.** *vt* (*leidtun*) ■**jdn ~** to arouse sb's pity, to move sb to pity; ■**es erbarmt mich, wenn...** I feel pity when[ever]... **II.** *vr* ❶ (*Mitleid haben*) ■**sich jds/einer S.** *gen* **~** to take pity on sb/sth; **Herr, erbarme dich unser** Lord, have mercy upon us ❷ (*hum fam: sich annehmen*) ■**sich** [**einer S.** *gen*] **~** to take care of [sth] *hum fam;* **ein Stück Kuchen ist noch übrig, wer erbarmt sich und isst es?** there's a piece of cake left over, who's going to take care of it?

Er·bar·men <-s> [ɛɐ̯'barmən] *nt kein pl* pity, compassion; ■**~ mit jdm/etw** [**haben**] [to have] pity for sb/[to show] compassion for sth; **kein ~** [**mit jdm**] **kennen** [*o* **haben**] to show [sb] no mercy; **aus ~** out of pity; **voller ~** full of pity; **ohne ~** pitiless, merciless; **dieser Killer tötet ohne das geringste ~** this murderer kills without showing the slightest [sign of] pity; **zum E~** (*fam*) pitiful, pathetic; **Mund zu, du singst ja zum ~!** keep your mouth shut, your singing is pitiful!; **~!** mercy!

er·bar·mens·wert *adj* (*geh*) pitiful, wretched

er·bärm·lich [ɛɐ̯'bɛrmlɪç] **I.** *adj* (*pej*) ❶ (*fam: gemein*) miserable, mean; **du ~es Schwein!** you miserable swine!; **ich hätte nie gedacht, dass einer so ~ sein kann** I would never have thought that anyone could be so mean ❷ (*furchtbar*) terrible; **~e Angst haben** to be terribly afraid ❸ (*jämmerlich*) miserable, wretched; **sich in einem ~en Zustand befinden** to be in a wretched condition; [**in etw** *dat*] **~ aussehen** (*fam*) to look terrible [in sth] **II.** *adv* (*pej*) ❶ (*gemein*) wretchedly, abominably; **er hat sich ~ verhalten!** he behaved abominably! ❷ (*fam: furchtbar*) terribly; **draußen ist es ~ kalt!** it's terribly cold outside; **die Wunde tut ~ weh!** the wound hurts terribly!

Er·bärm·lich·keit <-> *f kein pl* ❶ (*Gemeinheit*) meanness, wretchedness ❷ (*Jämmerlichkeit*) awfulness, wretchedness

er·bar·mungs·los [ɛɐ̯'barmʊŋslo:s] **I.** *adj* pitiless, merciless **II.** *adv* pitilessly, mercilessly, without mercy

er·bar·mungs·voll **I.** *adj* compassionate, full of pity **II.** *adv* compassionately

er·bau·en* **I.** *vt* ❶ (*errichten*) ■**etw ~** to build sth ❷ (*seelisch bereichern*) ■**jdn ~** to uplift sb ❸ (*fam: begeistert sein*) ■[**von etw** [*o* **über etw**]] **erbaut sein** to be enthusiastic [about sth]; ■[**von etw** [*o* **über etw**]] **nicht** [**besonders**] **erbaut sein** not to be [particularly] pleased [about sth] [*or* delighted [by sth]] **II.** *vr* (*sich innerlich erfreuen*) ■**sich an etw** *dat* **~** to be uplifted by sth

Er·bau·er(in) <-s, -> *m(f)* architect

er·bau·lich *adj* (*geh*) edifying *form;* **nicht gerade** [*o* **sehr**] **~** (*iron*) not exactly [*or* very] encouraging *iron*

Er·bau·ung <-, -en> *f* ❶ (*Errichtung*) building ❷ (*seelische Bereicherung*) edification; **zur ~** for one's edification

erb·be·rech·tigt *adj* entitled to the/an inheritance, entitled to inherit **erb·bi·o·lo·gisch** *adj* genetic; **ein ~es Gutachten** a genetic test report

Er·be <-s> ['ɛrbə] *nt kein pl* ❶ (*Erbschaft*) inheritance *no pl;* **das ~ ausschlagen** to turn down [*or form* waive] an inheritance ❷ (*fig: Hinterlassenschaft*) legacy

Er·be, Er·bin <-n, -n> ['ɛrbə, 'ɛrbɪn, *pl* 'ɛrbn̩] *m, f* JUR heir *masc,* heiress *fem;* **alleiniger ~** the sole heir; **direkter ~** direct heir; **gesetzlicher ~** rightful heir; **die lachenden ~n** (*hum*) the joyful heirs; **leiblicher ~** blood-related heir; **jdn/ein Tier als ~n einsetzen** to appoint sb/an animal as heir

er·be·ben* *vi sein* (*geh*) ❶ (*beben*) to shake, to tremble, to shudder ❷ (*zittern*) ■[**vor etw** *dat*] **~** to shake [*or* tremble] [with sth]; **ihre Stimme erbebte vor Wut** her voice was shaking with anger

er·ben ['ɛrbn̩] **I.** *vt* ❶ (*als Erbe erhalten*) ■**etw** [**von jdm**] **~** to inherit sth [from sb] ❷ (*fam: geschenkt bekommen*) ■**etw** [**bei/von jdm**] **~** to be given sth [by sb] ❸ (*als Erbanlage bekommen*) ■**etw von jdm ~** to inherit sth from sb **II.** *vi* (*Erbe sein*) to receive an inheritance; **die müssen im Lotto gewonnen oder geerbt haben!** they must have either won the lottery or have been left some money!

Er·ben·ge·mein·schaft *f* community of joint heirs

er·bet·teln* *vt* (*durch Bitten erhalten*) ■[**sich** *dat*] **etw ~** to obtain [*or* get] sth by begging; **sie ließen nicht nach, bis sie sich von ihren Eltern den Kinobesuch erbettelt hatten** they didn't give up until they had wheedled their parents into taking them to the cinema; **sich eine Mahlzeit ~** to beg for a meal

er·beu·ten* [ɛɐ̯'bɔytn̩] *vt* ■**etw ~** ❶ (*als Beute erhalten*) to get away with sth ❷ (*als Kriegsbeute bekommen*) to capture [*or* take] sth ❸ (*als Beute fangen*) to carry off sth *sep*

Erb·fak·tor *m* hereditary factor [*or* gene] **Erb·feind(in)** *m(f)* arch-enemy **Erb·fol·ge** *f* [line of] succession

Erb·gut *nt kein pl* genotype, genetic make-up

Erb·gut·schä·den *pl* genetic abnormality **erb·gut·schä·di·gend** *adj* genetically harmful

er·bie·ten* *vr irreg* (*geh*) ■**sich ~, etw zu tun** to offer [*or* volunteer] to do sth

Er·bin <-, -nen> ['ɛrbɪn] *f fem form von* **Erbe** heiress

Erbinformation *f* genetic information

er·bit·ten* *vt irreg* (*geh*) ■**etw** [**von jdm**] **~** to ask for [*or form* request] sth [from sb]

er·bit·tern* [ɛɐ̯'bɪtɐn] *vt* ■**jdn ~** to enrage [*or* incense] sb

er·bit·tert **I.** *adj* bitter; **~en Widerstand leisten** to put up a bitter resistance; **~e Gegner** bitter opponents **II.** *adv* bitterly; **sie wehrten sich ~ bis zu ihrem Untergang** they fought to the bitter end

Er·bit·te·rung <-> *f kein pl* ❶ (*entschlossene Wut*) bitterness ❷ (*selten: Heftigkeit*) fierceness

Er·bi·um <-s> ['ɛrbi̯ʊm] *nt kein pl* CHEM erbium

Erb·krank·heit *f* hereditary disease

er·blas·sen* [ɛɐ̯'blasn̩] *vi sein* (*erbleichen*) ■[**vor etw** *dat*] **~** to go [*or* turn] pale [with sth]; **sie erblasste vor Schreck** she turned pale with fright; ■**jdn ~ lassen** to make sb go [*or* turn] pale; *s. a.* **Neid**

Erb·las·ser(in) <-s, -> ['ɛrplasɐ] *m(f)* JUR testator **Erb·last** *f* (*fig: Hinterlassenschaft*) legacy; **der radioaktive Müll ist eine gefährliche ~** radioactive waste is a dangerous legacy

er·blei·chen* *vi sein* (*geh*) ■[**vor etw** *dat*] ~ to go [*or* turn] pale [with sth]; **er erbleichte vor Zorn** he turned pale with anger

erb·lich ['ɛrplɪç] **I.** *adj* hereditary; **eine ~e Krankheit** a hereditary disease **II.** *adv* by inheritance; ~ **weitergeben** to pass on as a hereditary condition; **Krampfadern sind ~ bedingt** varicose veins are inherited; ~ **belastet** MED having a hereditary disease; ~ [**vor**]**belastet sein** (*hum*) to run in the family

er·bli·cken* *vt* (*geh*) ❶ (*plötzlich sehen*) ■**jdn/etw** ~ to see [*or* catch sight of] [*or* spot] sb/sth ❷ (*fig: erkennen*) ■**in jdm/einer S. etw** ~ to see sb/sth as sth

er·blin·den* [ɛɐ̯'blɪndn̩] *vi sein* ■[**von etw/durch etw**] ~ to go blind [as a result of sth]

Er·blin·de·te(**r**) *f(m) dekl wie adj* blind person

Er·blin·dung <-, -en> *f* loss of sight; **die ~ auf einem Auge** the loss of sight in one eye; **zur ~/zu einer bestimmten ~ führen** to lead to blindness/to a certain type of blindness

er·blü·hen* *vi sein* (*geh*) to bloom [*or* blossom]; **der Kirschbaum war voll erblüht** the cherry tree was in full blossom

Erb·mas·se *f* genotype, genetic make-up **Erb·on·kel** *m* (*hum fam*) rich uncle *hum fam*

er·bo·sen* [ɛɐ̯'bo:zn̩] **I.** *vt* (*geh: wütend machen*) ■**jdn** ~ to anger [*or* infuriate] sb; ■**erbost** [**über jdn/etw**] **sein** to be furious [*or* infuriated] [with sb/about sth] **II.** *vr* (*geh: wütend werden*) ■**sich über jdn/etw** ~ to become furious [*or* infuriated] with sb/about sth

Erb·pacht *f* hereditary lease

er·bre·chen[1] *irreg* **I.** *vt* (*ausspucken*) ■**etw** ~ to bring up sth *sep;* **etw bis zum E~ tun** (*pej fam*) to do sth ad nauseam; **ich habe mir deine ewigen Klagen bis zum E~ mit anhören müssen!** I'm absolutely sick of listening to your constant moaning; **etw ist zum E~** (*fam*) sth is disgusting [*or* revolting] **II.** *vi* (*den Mageninhalt erbrechen*) to throw up *sl* **III.** *vr* (*sich übergeben*) ■**sich** ~ to be sick; **ich muss mich ~!** I'm going to be sick!

er·bre·chen*[2] *irreg vt* (*geh o veraltet*) ■**etw** ~ to break open sth *sep;* **ein Türschloss** ~ to force a lock

Erb·recht *nt* law of inheritance

er·brin·gen* *vt* ■**etw** ~ *irreg* ❶ (*aufbringen*) to raise sth; **eine hohe Leistung** ~ to perform well ❷ FIN (*als Erlös erzielen*) to raise sth ❸ (*als Resultat zeitigen*) to produce [*or* yield] sth ❹ JUR (*beibringen*) to produce sth

Er·bro·che·ne(**s**) *nt dekl wie adj* vomit

Erb·schaft <-, -en> ['ɛrpʃaft] *f* inheritance; **eine ~ machen** to come into an inheritance

Erb·schaft(**s**)·**steu·er** *f* estate [*or* death] duty [*or* duties], death tax AM

Erb·schein *m* JUR certificate of inheritance; **jdm einen ~ ausstellen** to issue sb with a certificate of inheritance **Erb·schlei·cher**(**in**) <-s, -> *m(f)* (*pej*) legacy-hunter *pej*

Erb·se <-, -n> ['ɛrpsə] *f* pea; **gelbe ~** yellow pea

erb·sen·groß *adj* pea-size, the size of a pea **Erb·sen·sup·pe** *f* pea soup **Erb·sen·zäh·ler**(**in**) *m(f)* (*pej sl*) pedant

Erb·stück *nt* heirloom **Erb·sün·de** *f* REL original sin **Erb·tan·te** *f* (*hum fam*) rich aunt *hum fam* **Erb·teil** *nt* ❶ JUR (*Anteil an einer Erbschaft*) share of an inheritance ❷ MED, PSYCH (*Veranlagung*) inherited trait [*or* characteristics]

Erd·ach·se ['e:ɐ̯daksə] *f* earth's axis

er·dacht [ɛɐ̯'daxt] *adj* invented, made-up

Erd·an·zie·hung *f kein pl* gravitational pull of the earth **Erd·ap·fel** *m* SÜDD, ÖSTERR (*Kartoffel*) potato **Erd·ar·bei·ten** *pl* excavation work **Erd·at·mo·sphä·re** *f* earth's atmosphere **Erd·ball** *m* (*geh*) *s.* **Erdkugel**

Erd·be·ben *nt* earthquake

Erd·be·ben·herd *m* seismic focus centre [*or* AM -er] **erd·be·ben·si·cher** *adj* earthquake-proof **Erd·be·ben·war·te** *f* seismological station

Erd·bee·re ['e:ɐ̯tbe:rə] *f* ❶ (*Pflanze und Frucht*) strawberry ❷ (*Erdbeereis*) strawberry ice cream

erd·beer·far·ben *adj* strawberry-coloured [*or* AM -ored] **Erd·beer·si·rup** *m* strawberry syrup

Erd·be·stat·tung *f* burial, interment **Erd·be·völ·ke·rung** *f* population of the earth, earth's population **Erd·be·woh·ner**(**in**) *m(f)* inhabitant of the earth **Erd·bo·den** *m* ground; **etw dem ~ gleichmachen** to raze sth to the ground; **als hätte ihn/sie der ~ verschluckt** as if the earth had swallowed him/her up

Er·de <-, -n> ['e:ɐ̯də] *f* ❶ *kein pl* (*Welt*) earth; **der Planet ~** the planet Earth; **auf der ganzen ~** in the whole world; **auf der ganzen ~ bekannt** known throughout the world ❷ (*Erdreich*) earth, soil; **in fremder/heimatlicher ~ ruhen** (*geh*) to be buried in foreign/one's native soil *form* ❸ (*Grund, Boden*) ground; **auf der ~** on the ground; **zu ebener ~** at street level; [**mit etw** *dat*] **unter die ~ gehen** BAU to build sth below ground; **etw aus der ~ stampfen** (*fam*) to produce sth out of thin air *fam;* **die neuen Wohnblocks wurden in einem Jahr buchstäblich aus der ~ gestampft** the new blocks of flats were literally thrown up in a year ❹ (*Art des Bodens*) soil; **feuchte/fruchtbare ~** damp/fertile soil ❺ ELEK (*Erdung*) earth ❻ CHEM earth; **seltene ~n** rare earths ▶ WENDUNGEN: **jdn unter die ~ bringen** to be the death of sb

er·den ['e:ɐ̯dn̩] *vt* ELEK ■**etw** ~ to earth sth

Er·den·bür·ger(**in**) *m(f)* mortal; **ein neuer ~** (*hum*) a new member of the human race *hum*

er·den·ken* *vt irreg* ■**etw** ~ to devise [*or* think up] sth

er·denk·lich *adj attr* (*nur denkbar*) conceivable, imaginable; [**jdm**] **alles ~ Gute/Schlechte/Böse** [**wünschen**] [to wish sb] all the very best/every conceivable misfortune/ill; **alles E~e tun** to do everything conceivable [*or* imaginable]

erd·far·ben *adj* earth-coloured [*or* AM -ored] **Erd·fer·kel** *nt* ZOOL aardvark **Erd·gas** *nt* natural gas **Erd·geist** *m* earth spirit **Erd·ge·ruch** *m* earthy smell **Erd·ge·schich·te** *f kein pl* geological history, history of the earth **erd·ge·schicht·lich I.** *adj attr* geological **II.** *adv* geologically **Erd·ge·schoss**[RR] *nt* ground [*or* AM first] floor; **im ~** on the ground [*or* AM first] floor **Erd·hau·fen** *m* mound of earth

er·dich·ten* *vt* (*geh*) ■**etw** ~ to fabricate sth, to make sth up *sep;* **das E~ von Geschichten** the fabrication of stories

er·dig ['e:ɐ̯dɪç] **I.** *adj* ❶ (*nach Erde riechend/schmeckend*) earthy ❷ (*mit Erde beschmutzt*) muddy **II.** *adv* earthily; ~ **schmecken** to have an earthy taste

Erd·in·ne·re(**s**) *nt dekl wie adj* interior [*or* bowels] of the earth *npl* **Erd·kern** *m* earth's core **Erd·klum·pen** *m* clod of earth **Erd·kreis** *m* [entire] world, globe **Erd·krö·te** *f* ZOOL common toad **Erd·krus·te** *f* earth's crust **Erd·ku·gel** *f* globe, world

Erd·kun·de *f* geography

erd·kund·lich *adj* geographical

Erd·nuss[RR] *f* (*Pflanze und Frucht*) peanut

Erd·nuss·but·ter[RR] *f* peanut butter **Erd·nuss·öl**[RR] *nt* peanut oil

Erd·ober·flä·che *f* earth's surface, surface of the earth

Erd·öl *nt* oil, petroleum; ~ **exportierend** oil-exporting *attr*

er·dol·chen* [ɛɐ̯'dɔlçn̩] *vt* (*geh*) ■**jdn** ~ to stab sb [to death]

Erd·öl·em·bar·go *nt* oil embargo **erd·öl·ex·por·tie·rend** *adj attr s.* **Erdöl** **Erd·öl·in·dus·trie** *f* oil industry **Erd·öl·lei·tung** *f* oil pipeline

Erd·reich *nt* earth, soil

er·dreis·ten* [ɛɐ̯'draistn̩] *vr* ■**sich** ~ to take liberties; **was erdreistest du dich?** how dare you!; ■**sich ~, etw zu tun** to have the audacity to do sth

Erd·rin·de *f s.* **Erdkruste**

er·dröh·nen* *vi sein* ❶ (*dröhnend widerhallen*) ■[**von etw** *dat*] ~ to resound [with sth]; **die ganze Disko erdröhnte von dem Lärm** the whole disco resounded with the noise ❷ (*dröhnen*) *Lautsprecher* to boom; *Wand, Decke* to resound

er·dros·seln* *vt* ■**jdn** ~ to strangle [*or* throttle] sb

Er·dros·sel·te(r) *f(m) dekl wie adj* strangled person
er·drü·cken* *vt* ❶ (*zu Tode drücken*) ■**jdn/ein Tier** ~ to crush sb/an animal to death ❷ (*fam: Eigenständigkeit nehmen*) ■**jdn [mit etw** *dat*] ~ to stifle sb [with sth]; **merkst du nicht, dass du dein Kind mit deiner Liebe fast erdrückst?** can't you see that you're almost stifling the child with love ❸ (*sehr stark belasten*) ■**jdn** ~ to overwhelm sb; **die Schulden drohten ihn zu** ~ he's up to his ears in debts
er·drü·ckend *adj* overwhelming; ~**e Beweise** overwhelming evidence
Erd·rutsch *m* (*fig a.: überwältigender Wahlsieg*) landslide
erd·rutsch·ar·tig *adj* landslide; **ein** ~**er Wahlsieg** a landslide election victory **Erd·rutsch·sieg** *m* landslide victory
Erd·schat·ten *m* shadow of the earth **Erd·schicht** *f* ❶ (*eine Schicht Erde*) layer of earth ❷ GEOL stratum **Erd·spal·te** *f* crevice **Erd·spross**^RR *m* BOT underground shoot **Erd·stoß** *m* seismic shock **Erd·teil** *m* continent
er·dul·den* *vt* ■**etw [von jdm]** ~ *dat Kränkungen, Leid* to endure [*or* suffer] sth [from sb]
Erd·um·dre·hung *f* rotation [*or* revolution] of the earth **Erd·um·fang** *m* circumference of the earth **Erd·um·krei·sung** *f* orbit around the earth **Erd·um·lauf·bahn** *f* [earth] orbit
Er·dung <-, -en> *f* ELEK ❶ (*das Erden*) earthing ❷ (*Strom leitende Verbindung*) earth
Erd·wall *m* earth embankment **Erd·wär·me** *f* geothermal heat **Erd·zeit·al·ter** *nt* geological era
er·ei·fern* *vr* ■**sich [über etw** *akk*] ~ to get excited [*or* worked up] [about [*or* over] sth]
er·eig·nen* [ɛɐ̯'ʔaignən] *vr* ■**sich** ~ to occur [*or* happen]
Er·eig·nis <-ses, -se> [ɛɐ̯'ʔaignɪs, *pl* -nɪsə] *nt* event, occurrence; (*etw Besonderes*) occasion; **der Gang der** ~**se** the course of events; **das** ~ **des Jahrhunderts** the event of the century; **bedeutendes/historisches** ~ important/historical incident; **ein freudiges** ~ a happy event
er·eig·nis·los I. *adj* uneventful **II.** *adv* uneventfully
er·eig·nis·reich *adj* eventful, a life full of incident
er·ei·len* *vt* (*geh*) ■**jdn ereilt etw** sth overtakes sb *form;* **plötzlich ereilte ihn der Tod** he was suddenly overtaken by death
Erek·ti·on <-, -en> [erɛk'tsi̯o:n] *f* erection; **eine** ~ **haben** to have an erection
Ere·mit(in) <-en, -en> [ere'mi:t] *m(f)* hermit
er·fah·ren[1] [ɛɐ̯'fa:rən] *irreg* **I.** *vt* ❶ (*zu hören bekommen*) ■**etw [von jdm] [über jdn/etw]** ~ *Nachricht, Neuigkeit etc.* to hear [*or* find out] sth [from sb] [about sb/sth]; ■**etw** ~ to learn of sth; **darf man Ihre Absichten** ~**?** might we enquire as to your intentions? ❷ (*geh: erleben*) ■**etw** ~ to experience sth; **in seinem Leben hat er viel Liebe** ~ he experienced a lot of love in his life ❸ (*geh: mit sich geschehen lassen*) ■**etw** ~ to undergo sth **II.** *vi* (*Kenntnis erhalten*) ■**von etw** *dat*/**über etw** *akk* ~ to learn of [*or* about] sth
er·fah·ren[2] [ɛɐ̯'fa:rən] *adj* (*versiert*) experienced; ■**[in etw** *dat*/**auf einem Gebiet]** ~ **sein** to be experienced [in sth/in a field]
Er·fah·ren·heit <-> *f kein pl* (*geh*) experience
Er·fah·rung <-, -en> *f* ❶ (*prägendes Erlebnis*) experience; **ich bin wieder um eine** ~ **reicher!** I'm the wiser for it!; ■**jds** ~**en mit jdm/etw** sb's experience of sb/sth; **die/diese** ~ **machen[, dass ...]** to have the/that experience [of ...]; **die** ~ **machen, dass ...** to find that ...; **[seine]** ~**en machen** [*o* **sammeln**] to gain experience [for oneself]; **nach meiner** ~ in my experience ❷ (*Übung*) experience; **jahrelange** ~ years of experience; **mit [entsprechender]** ~ with [the appropriate] experience ❸ (*Kenntnis*) **etw in** ~ **bringen** to learn [*or sep* find out] sth ▶WENDUNGEN: **durch** ~ **wird man klug** (*prov*) one learns by experience
Er·fah·rungs·aus·tausch *m* exchange of experiences **er·fah·rungs·ge·mäß** *adv* in sb's experience; ~ **ist ...** experience shows ...
er·fass·bar^RR, **er·faß·bar**^ALT *adj* ❶ (*begreifbar*) conceivable ❷ (*zu ermittelnd*) ascertainable, detectable
er·fas·sen* *vt* ❶ (*mitreißen*) ■**etw/jdn** ~ *Auto, Strömung* to catch sth/sb ❷ (*befallen*) ■**jdn** ~ to seize sb; **sie wurde von Furcht erfasst** she was seized by fear; **eine tiefe Traurigkeit erfasste ihn** he was overcome with great sadness ❸ (*begreifen*) ■**etw** ~ to understand [*or* grasp] sth; **genau, du hast's erfasst!** exactly, you've got it! ❹ ADMIN (*registrieren*) ■**etw** ~ to record sth; **etw statistisch** ~ to record sth statistically ❺ INFORM (*eingeben*) ■**etw** ~ *Daten, Text* to enter sth
Er·fas·sung *f* ❶ ADMIN (*Registrierung*) recording ❷ INFORM (*das Erfassen*) *Daten, Text* entering
er·fin·den* *vt irreg* ■**etw** ~ ❶ (*neu hervorbringen*) to invent sth ❷ (*erdichten*) to invent [*or sep* make up] sth; **frei erfunden sein** to be completely fictitious
Er·fin·der(in) [ɛɐ̯'fɪndɐ] *m(f)* inventor
Er·fin·der·geist *m kein pl* inventive genius
Er·fin·de·rin <-, -nen> [ɛɐ̯'fɪndərɪn] *f fem form von* **Erfinder**
er·fin·de·risch [ɛɐ̯'fɪndərɪʃ] *adj* inventive; *s. a.* **Not**
Er·fin·dung <-, -en> *f* ❶ *kein pl* (*das Erfinden*) invention; **eine** ~ **machen** to invent sth; (*etwas Erfundenes*) invention; **eine sensationelle** ~ a sensational invention ❷ (*Erdichtung, Lüge*) fabrication, fiction; **das Ganze ist doch reine** ~**!** the whole lot is pure fiction!
Er·fin·dungs·ga·be *f s.* **Erfindungsgeist**
er·fle·hen* *vt* (*geh*) ■**etw [von jdm]** ~ to beg [*or liter* beseech] [sb] for sth
Er·folg <-[e]s, -e> [ɛɐ̯'fɔlk, *pl* -fɔlgə] *m* ❶ (*positives Ergebnis*) success; ~ **versprechend** promising; **etw ist ein voller** [*o* **durchschlagender**] ~ sth is a complete success; **etw als** ~ **buchen** [*o* **verbuchen**] to chalk sth up as a success; ~ **[mit etw** *dat*] **haben** to be successful [with sth]; ~ **bei jdm haben** to have success [*or* be successful] with sb; **mit** ~ successfully; **viel** ~**!** good luck!; **keinen** ~ **[mit etw/bei jdm] haben** to have no success [*or* be unsuccessful] [with sth/sb]; **ohne** ~ without success, unsuccessfully ❷ (*Folge*) result, outcome; **mit dem** ~**, dass ...** with the result that ...
er·fol·gen* *vi sein* (*geh*) to occur, to take place; **bisher ist auf meine Anfrage keine Antwort erfolgt** so far there has been no reply to my enquiry
er·folg·los ['ɛɐ̯fɔlklo:s] *adj* ❶ (*ohne Erfolg*) unsuccessful, without success ❷ (*vergeblich*) futile; **unsere** ~**en Bestrebungen** our futile efforts
Er·folg·lo·sig·keit <-> *f kein pl* ❶ (*mangelnder Erfolg*) lack of success ❷ (*Vergeblichkeit*) futility; **sie sah die** ~ **ihrer Bestrebungen** she saw the futility of her efforts; **[etw ist] zur** ~ **verdammt** [sth is] condemned to failure
er·folg·reich *adj* successful
Er·folgs·aus·sich·ten *pl* prospects *pl* of success **Er·folgs·au·tor(in)** *m(f)* successful [*or* best-selling] author **Er·folgs·bi·lanz** *f* success record **Er·folgs·den·ken** <-s> *nt kein pl* positive thinking **Er·folgs·er·leb·nis** *nt* PSYCH sense of achievement; **ein** ~ **haben** to have a sense of achievement; **etw ist ein** ~ sth is an achievement **Er·folgs·ge·heim·nis** *nt* secret of [*or* to] success **Er·folgs·ge·schich·te** *f* success story **Er·folgs·mel·dung** *f* news of success *no pl, no indef art* **Er·folgs·mensch** *m* successful person **Er·folgs·re·zept** *nt* (*fam*) recipe for success
er·folg·ver·spre·chend *adj* promising; **äußerst** ~ **sein** to be extremely promising; **wenig** ~ **sein** to promise little
er·for·der·lich [ɛɐ̯'fɔrdɐlɪç] *adj* ❶ (*notwendig*) necessary; ■**es ist** ~**, dass ...** it is necessary that ...; **etw** ~ **machen** to make sth necessary; **alles E**~**e veranlassen** to do everything necessary [*or* required] ❷ (*bereitzustellend*) necessary; **die** ~**en Mittel** the necessary resources
er·for·dern* *vt* ■**etw** ~ to require sth
Er·for·der·nis <-ses, -se> [ɛɐ̯'fɔrdɐnɪs] *nt* requirement (**für**

+*akk* for)

er·for·schen* *vt* ■**etw** ~ ① (*durchstreifen und untersuchen*) to explore sth ② (*prüfen*) to investigate sth; **sein Gewissen** ~ to examine one's conscience

Er·for·schung *f* ① (*das Erforschen*) exploration ② (*das Prüfen*) investigation

er·fra·gen* *vt* ■**etw [von jdm]** ~ to ask [sb] about sth, to enquire [about] sth [from [*or form* of] sb]; **den Weg** ~ to ask the way; **Einzelheiten** ~ to obtain [*or form* ascertain] details

er·freu·en* **I.** *vt* (*freudig stimmen*) ■**jdn** ~ to please [*or* delight] sb **II.** *vr* ① (*Freude haben*) ■**sich an etw** *dat* ~ to enjoy [*or* take pleasure in] sth ② (*geh: genießen*) ■**sich einer S.** *gen* ~ to enjoy sth, to take pleasure in sth

er·freu·lich [ɛɐ̯ˈfrɔylɪç] **I.** *adj Anblick* pleasant; *Nachricht* welcome; **das ist wirklich ~!** that's really nice!; ■**es ist/wäre ~, dass/falls/wenn ...** it is/would be nice [*or* good] that/if...; **etw ist alles andere als** ~ sth is not welcome news by any means; **wie ~!** how nice! **II.** *adv* happily; **an meinem Vortrag hat sie ~ wenig kritisiert** fortunately enough for me she didn't criticize my paper too much

er·freu·li·cher·wei·se *adv* happily

er·freut **I.** *adj* pleased, delighted (**über** +*akk* about); **ein ~er Blick** a pleased look; **sehr ~!** (*geh*) pleased to meet you!, delighted! *form* **II.** *adv* delightedly

er·frie·ren* *vi irreg sein* ① (*durch Frost eingehen*) to be killed by frost ② (*durch Frost absterben*) *Gliedmassen* to get frostbitten; ■**erfroren** frozen ③ (*an Kälte sterben*) *Person/Tier* to freeze to death, to die of exposure

Er·frie·rung <-, -en> *f meist pl* frostbite; *s. a.* **Tod**

er·fri·schen* [ɛɐ̯ˈfrɪʃn̩] **I.** *vt* ■**jdn** ~ ① (*abkühlen*) to refresh sb ② (*beleben*) to refresh sb **II.** *vi* (*abkühlen*) to be refreshing **III.** *vr* (*sich abkühlen*) ■**sich** ~ to refresh oneself

er·fri·schend *adj* refreshing

Er·fri·schung <-, -en> *f* ① (*Abkühlung, Belebung*) refreshment *no pl* ② KOCHK (*erfrischendes Getränk*) refreshment; **zur** ~ as refreshments; **zur ~ wurde eisgekühlter Tee gereicht** iced tea was served as a refreshment

Er·fri·schungs·ge·tränk *nt* refreshment **Er·fri·schungs·raum** *m* snack bar, refreshment room **Er·fri·schungs·tuch** *nt* tissue wipe

er·fül·len* **I.** *vt* ① (*ausführen*) ■**etw** ~ to fulfil [*or* AM *usu* -ll] [*or* carry out] sth; **welche Funktion erfüllt sie im Betrieb?** what is her function in the company?; **mein altes Auto erfüllt seinen Zweck** my old car serves its purpose ② (*durchdringen*) ■**jdn** ~ to come over sb; **von Ekel erfüllt wandte sie sich ab** filled with disgust she turned away ③ (*anfüllen*) ■**etw** ~ to fill sth; **das Giftgas erfüllte das ganze Gebäude** the poisonous gas filled the whole building **II.** *vr* (*sich bewahrheiten*) ■**sich** ~ to be fulfilled, to come true; **möge sich dein Wunsch ~!** may your wish come true!

Er·fül·lung *f* ① (*die Ausführung*) realization; *von Traum, Verpflichtung* fulfilment BRIT, fulfillment AM; *von Amtspflichten* execution; **in ~ einer S.** *gen* (*geh*) in the performance of sth ② (*innere Befriedigung*) fulfilment BRIT [*or* fulfillment] AM *usu;* **etw geht in** ~ sth is fulfilled [*or* comes true]

Er·fül·lungs·ge·hil·fe, -ge·hil·fin *m, f* JUR accomplice; **sich zum ~n einer Person/einer S. machen** (*pej geh*) to become the instrument [*or* henchman] of a person/agent for sth *pej form*

Erg <-s, -> [ˈɛrk] *nt* PHYS erg

er·gän·zen* [ɛɐ̯ˈgɛntsn̩] *vt* ① (*auffüllen*) ■**etw [um etw** *akk*] ~ to replenish sth [with sth], to fill in sth *sep;* (*vollenden*) to complete sth ② (*vervollständigen, bereichern*) ■**etw durch etw** *akk* ~ to replenish sth with sth; **eine Sammlung durch etw** ~ to complete a collection with sth ③ (*erweitern*) ■**etw um etw** *akk* ~ to complete sth with sth ④ (*ausgleichen*) ■**sie ~ sich** [*o* **einander**] they complement each other [*or* one another]

er·gän·zend **I.** *adj* additional; **ein ~er Satz** an additional sentence; **eine ~e Bemerkung** a further comment **II.** *adv* additionally

Er·gän·zung <-, -en> *f* ① (*das Auffüllen*) replenishment ② (*Bereicherung, Vervollständigung*) replenishment; *einer Sammlung* completion; **zur ~ einer S.** *gen* for the completion of sth ③ (*das Ergänzen, Hinzufügen*) supplementing ④ (*Zusatz*) addition

Er·gän·zungs·ab·ga·be *f* FIN, POL supplementary tax **Er·gän·zungs·band** <-bände> *m* supplementary volume

er·gat·tern* [ɛɐ̯ˈgatɐn] *vt* (*fam*) ■**etw** ~ to get hold of sth *fam*

er·gau·nern* [ɛɐ̯ˈgaunɐn] *vt* (*fam*) ■**[sich** *dat*] **etw** ~ to obtain sth by underhand [*or* dishonest] means, to scrounge sth *fam*

er·ge·ben*[1] *irreg* **I.** *vt* ① MATH (*ausmachen*) ■**etw [für jdn]** ~ to amount [*or* come] to sth [for sb] ② (*als Resultat haben*) ■**etw ergibt etw** sth produces sth; **die Nachforschungen haben bisher nichts** ~ the investigations have produced nothing so far; ■**~, dass ...** to reveal that ... **II.** *vr* ① MIL (*kapitulieren*) ■**sich [jdm]** ~ to surrender [to sb] ② (*sich fügen*) ■**sich in etw** *akk* ~ to submit to sth; **sich in sein Schicksal** ~ to resign oneself to one's fate ③ (*sich hingeben*) ■**sich einer S.** *dat* ~ to take to sth; **sich dem Glücksspiel** ~ to take to gambling; **einer S.** *dat* **~ sein** to be addicted to sth ④ (*daraus folgen*) ■**sich aus etw** *dat* ~ to result [*or* arise] from sth **III.** *vr impers* (*sich herausstellen*) ■**es ergibt sich, dass ...** it transpires [*or* turns out] that ...

er·ge·ben[2] *adj* ① (*demütig*) humble ② (*treu*) devoted; **Ihr/Ihre [sehr] ~er/~e ...** (*veraltend*) your [most] obedient servant *dated*

Er·ge·ben·heit <-> *f kein pl* ① (*Demut*) humility ② (*Treue*) devotion

Er·geb·nis <-ses, -se> [ɛɐ̯ˈgeːpnɪs, *pl* -nɪsə] *nt* (*Ausgang, Resultat*) result, outcome; **zu einem/keinem ~ führen** to produce a result/lead nowhere; **die Verhandlungen führten bisher zu keinem** ~ negotiations have been inconclusive so far; **zu dem ~ führen, dass ...** to result in...; **zu einem/keinem ~ kommen** to reach/fail to reach a conclusion; **im** ~ ultimately, in the final analysis; **ohne** ~ without result [*or* unsuccessful]; SPORT result

Er·geb·nis·fuß·ball *m* SPORT kill-the-clock football [*or* AM soccer]

er·geb·nis·los **I.** *adj* unsuccessful, without result; **~ bleiben** to come to nothing **II.** *adv* without result

er·ge·hen* *irreg* **I.** *vi sein* ① (*geh: abgesandt werden*) ■**[an jdn]** ~ to be sent [to sb] ② (*offiziell erlassen*) ■**etw ~ lassen** to issue sth ③ (*geduldig hinnehmen*) **etw über sich** *akk* **~ lassen** to endure sth **II.** *vi impers sein* (*widerfahren*) ■**es ergeht jdm in einer bestimmten Weise** sb gets on in a certain way; **und wie ist es euch im Urlaub so ergangen?** how did you fare on your holidays?; **wehe, du verrätst etwas, dann wird es dir schlecht ~!** woe betide you if you reveal anything, you'll be for it then! **III.** *vr haben* ① (*sich auslassen*) ■**sich in etw** *dat* **[gegen jdn/etw]** ~ to pour forth sth [against sb/sth]; **er erging sich in Schmähungen** he poured forth a tirade of abuse ② (*geh: spazieren gehen*) ■**sich irgendwo** ~ to go for a walk [*or* stroll] somewhere

er·gie·big [ɛɐ̯ˈgiːbɪç] *adj* ① (*sparsam im Verbrauch*) economical ② (*nützlich*) productive, fruitful

Er·gie·big·keit <-> *f kein pl* (*Sparsamkeit im Verbrauch*) economicalness; **dank neuer Inhaltsstoffe konnte die ~ unseres Shampoos weiter gesteigert werden** thanks to new ingredients our shampoo goes even further

er·glän·zen* *vi sein* (*geh*) to gleam [*or* shine]

er·glü·hen* *vi sein* (*geh*) ■**[vor etw** *dat*] ~ to flush [with sth]; **sie erglühte feuerrot vor Freude** she went bright red with joy

er·go [ˈɛrgo] *konj* ergo, therefore

Er·go·no·mie <-> [ɛrgonoˈmiː] *f* ergonomics + *sing vb*

er·go·no·misch I. *adj* ergonomic II. *adv* ergonomically
Er·go·the·ra·peut(in) ['ɛrgoterapɔyt] *m(f)* (*specialist for the rehabilitation of the physically disabled*) ergotherapist
Er·go·the·ra·pie ['ɛrgoterapi:] *f* ergotherapy
er·göt·zen* [ɛɐ̯'gœtsn̩] I. *vt* (*geh: vergnügen*) ■**jdn** ~ to amuse sb; **zu jds E~** [*o* **zum E~**] to sb's amusement [*or* delight] II. *vr* (*sich vergnügen*) ■**sich** [**an etw** *dat*] ~ to take delight [in sth], to derive pleasure [from sth]
er·grau·en* *vi sein* (*grauhaarig werden*) to turn [*or* go] grey
er·grei·fen* *vt irreg* ❶ (*fassen*) ■**etw** ~ to grab [*or* seize] sth ❷ (*dingfest machen*) ■**jdn** ~ to apprehend sb ❸ (*übergreifen*) ■**etw** ~ *Feuer* to engulf sth ❹ (*fig: wahrnehmen*) ■**etw** ~ to seize sth ❺ (*in die Wege leiten*) ■**etw** ~ to take sth; **es müssen dringend Maßnahmen ergriffen werden** measures must urgently be taken!; *s. a.* **Beruf, Macht** ❻ (*gefühlsmäßig bewegen*) ■**jdn** ~ to seize sb; (*Angst*) to grip sb
er·grei·fend *adj* moving, touching
er·grif·fen [ɛɐ̯'grɪfn̩] *adj* moved, touched
Er·grif·fen·heit <-> *f kein pl* emotion
er·grün·den* *vt* ■**etw** ~ to discover [*or* unearth] [*or form* ascertain] sth; (*verstehen*) to fathom sth [out]
Er·guss[RR] <-es, Ergüsse> *m*, **Er·guß**[ALT] <-sses, Ergüsse> *m* ❶ (*Ejakulation*) ejaculation; **vorzeitiger** ~ premature ejaculation; **einen** ~ **haben** to have an ejaculation ❷ MED bruise
er·ha·ben [ɛɐ̯'ha:bn̩] *adj* ❶ (*feierlich stimmend*) *Gedanken* lofty; *Anblick* awe-inspiring; *Augenblick* solemn; *Schönheit* sublime ❷ (*würdevoll*) illustrious ❸ TYPO (*die Fläche überragend*) embossed ❹ (*über etw stehend*) ■**über etw** *akk* ~ **sein** to be above [*or* beyond] sth; **über jede Kritik/jeden Vorwurf** ~ **sein** to be above [*or* beyond] criticism/reproach
Er·ha·ben·heit <-> *f kein pl* grandeur; *eines Augenblicks* solemnity; *von Schönheit* sublimity
Er·halt <-[e]s> *m kein pl* (*geh*) ❶ (*das Bekommen*) receipt; **zahlbar bei** ~ payable on receipt; **den** ~ **von etw** *dat* **bestätigen** (*geh*) to confirm receipt of sth; **nach/vor** ~ **einer S.** *gen* on/before receipt of sth ❷ (*das Aufrechterhalten*) maintenance; **der** ~ **der Macht** the maintenance of power
er·hal·ten* *irreg* I. *vt* ❶ (*bekommen*) ■**etw** [**von jdm**] ~ to receive sth [from sb]; *Antwort, Brief, Geschenk* receive; *Befehl* to be issued with [*or* receive]; **den Auftrag** ~**, etw zu tun** to be given [*or* assigned] the task of doing sth; **eine Nachricht** ~ to receive [*or* get] a message; **einen Orden** ~ to be decorated ❷ (*erteilt bekommen*) ■**etw** [**für etw** *akk*] ~ to receive sth [for sth]; **ein Lob/eine Rüge/eine Strafe** [**für etw** *akk*] ~ to be praised/reprimanded/punished [for sth]; **einen neuen Namen** ~ to be given a new name [*or* renamed]; **er erhielt 3 Jahre Gefängnis** he got [*or* was sentenced to] 3 years in prison; ■**etw** [**von jdm**] ~ *Aufenthaltsgenehmigung, Erlaubnis* to be granted sth [by sb] ❸ (*eine Vorstellung gewinnen*) **einen Eindruck** [**von jdm/etw**] ~ to gain an impression [of sb/sth] ❹ (*bewahren*) ■**etw** ~ to maintain sth; *Vitamine/Wirkstoffe* to retain; [**durch etw**] ~ **bleiben** to be preserved [by sth]; ■[**sich** *dat*] **etw** ~ to keep sth; **ich sehe, du hast dir deinen Optimismus** ~ I see you're still an optimist ❺ BAU (*bewahren*) ■**etw** ~ to preserve sth; ■**etw ist** ~ sth is preserved; **gut** ~ **sein** (*hum fam*) to be well-preserved *hum fam;* [**durch etw**] ~ **bleiben** *akk* to remain preserved [by means of sth]; **jdm** ~ **bleiben** to be with sb; (*iron*) to be with sb, to not lose sb ❻ (*ausgestattet werden*) **eine andere** [*o* **neue**] **Fassung** ~ to be adapted [*or* reworked] II. *vr* ❶ (*sich halten*) ■**sich irgendwie** ~ to keep [oneself] in a certain way; **sich gesund** ~ to keep [oneself] healthy ❷ (*bewahrt bleiben*) ■**sich** ~ to remain preserved
er·hält·lich [ɛɐ̯'hɛltlɪç] *adj* obtainable; ■**irgendwo/bei jdm** ~ **sein** to be obtainable/from sb somewhere; **wissen Sie, bei welcher Firma dieser Artikel** ~ **ist?** do you know which company stocks this article?; **„jetzt ~!"** "out now!" BRIT, "now available!" AM
Er·hal·tung *f kein pl* ❶ (*das Erhalten*) preservation, maintenance ❷ (*Aufrecht~*) maintenance ❸ (*Versorgung*) support; **sein Lohn reichte nicht aus für die** ~ **der Großfamilie** his wage was not enough to support his large family
er·hän·gen* I. *vt* ■**jdn** ~ to hang sb; **... durch E~** ... by hanging II. *vr* ■**sich** ~ to hang oneself
er·här·ten* I. *vt* ■**etw** ~ to support [*or* strengthen] sth II. *vr* ■**sich** ~ to be reinforced
Er·här·tung <-, -en> *f* ❶ (*Bekräftigung*) support; **die** ~ **eines Verdachts** the confirmation of sb's suspicions ❷ (*das Erhärten*) *Beton* hardening
er·ha·schen* *vt* (*geh*) ❶ (*ergreifen*) ■**etw** ~ to grab ❷ (*wahrnehmen*) ■**etw** ~ to catch sth
er·he·ben* *irreg* I. *vt* ❶ (*hochheben*) ■**etw** ~ to raise sth; **ein Messer** [**gegen jdn**] ~ to pull a knife [on sb]; **eine Schusswaffe** [**gegen jdn**] **erheben** to draw a gun [on sb] ❷ (*hochrecken*) **den Arm/die Hand/die Faust** [**zum Gruß**] ~ to raise an arm/a hand/a fist [in greeting] ❸ (*einfordern*) ■**etw** [**auf etw** *akk*/**von jdm**] ~ to levy sth [on sth/sb] ❹ (*sammeln*) ■**etw** ~ to collect sth, to gather sth ❺ (*machen*) ■**etw zu etw** *dat* ~ to render sth sth; **etw zu einem Prinzip** ~ to make sth into a principle ❻ (*zum Ausdruck bringen*) **ein Geschrei/Gejammer** ~ to kick up [*or* to make] a fuss/to start whing[e]ing BRIT; *Protest* voice; *Einspruch* raise II. *vr* ❶ (*aufstehen*) ■**sich** [**von etw** *dat*] ~ to get up [from sth] ❷ (*sich auflehnen*) ■**sich** [**gegen jdn/etw**] ~ to rise up [against sb/sth] ❸ (*aufragen*) ■**sich** [**über etw** *dat*] ~ to rise up [above sth] ❹ (*geh: sich erhöhen*) ■**sich über jdn** ~ to believe oneself above sb; **Luzifer hatte sich über Gott erhoben** Satan raised himself above God ❺ (*entstehen, aufkommen*) ■**sich** ~ to start; *Brise* to come up; *Wind* to pick up; *Sturm* to blow up, to arise; **ein großes Geschrei/eine Wehklage erhob sich** a cry/wail arose; **es erhebt sich aber immer noch die Frage, ...** the question still remains ...
er·he·bend *adj* (*geh*) uplifting
er·heb·lich [ɛɐ̯'he:plɪç] I. *adj* ❶ (*beträchtlich*) considerable; *Nachteil, Vorteil* great, major; *Stau* huge; *Störung, Verspätung* major; *Verletzung* serious ❷ (*relevant*) relevant II. *adv* ❶ (*beträchtlich*) considerably; **bei dem Unfall wurde das Auto** ~ **beschädigt** the accident caused considerable damage to the car ❷ (*deutlich*) considerably
Er·he·bung[1] *f* ❶ (*Aufstand*) uprising; **eine bewaffnete** ~ an armed revolt ❷ (*das Erheben*) *von Abgaben, Steuern etc.* levying ❸ (*amtliche Ermittlung*) collection, gathering; **eine** ~ [**über etw** *akk*] **machen** [*o* **anstellen**] [*o* **durchführen**] to collect [*or* gather] statistics [about sth], to carry out a survey [on sth]
Er·he·bung[2] *f* (*Boden~*) elevation
er·hei·tern* [ɛɐ̯'haitɐn] I. *vt* (*belustigen*) ■**jdn** ~ to amuse sb II. *vr* (*heiter werden*) ■**sich** ~ to light up; (*Wetter*) to brighten up
Er·hei·te·rung <-, *selten* -en> *f* amusement; **zu jds** ~ for sb's amusement
er·hel·len* [ɛɐ̯'hɛlən] I. *vt* ■**etw** ~ ❶ (*hell machen*) to light up sth ❷ (*klären*) to throw light on sth II. *vr* ■**sich** ~ to clear
Er·hel·lung <-, *selten* -en> *f* explanation, insight; **die** ~ **der Gründe einer S.** *gen* the explanation of/insight into the reasons for sth
er·hit·zen* [ɛɐ̯'hɪtsn̩] I. *vt* ❶ (*heiß machen*) ■**etw** [**auf etw** *akk*] ~ to heat sth [to sth] ❷ (*zum Schwitzen bringen*) ■**jdn** ~ to make sb sweat; ■**erhitzt** sweaty; ■[**von etw** *dat*] **erhitzt sein** to be sweaty [from sth] II. *vr* (*sich erregen*) ■**sich** [**an etw** *dat*] ~ to get excited [about sth]
Er·hit·zung <-, *selten* -en> *f* ❶ (*das Erhitzen*) heating ❷ (*Erregung*) excitement
er·hof·fen* *vt* ■[**sich** *dat*] **etw** [**von jdm/etw**] ~ to hope for sth [from sb/sth]
er·hö·hen* [ɛɐ̯'hø:ən] I. *vt* ❶ (*höher machen, aufstocken*)

■**etw** [**um etw** *akk*] ~ to raise sth [by sth]; **die Mauern wurden um zwei Meter erhöht** the walls were raised by two metres ② (*anheben*) ■**etw** [**auf etw** *akk/***um etw** *akk*] ~ to increase sth [to sth/by sth] ③ (*verstärken*) ■**etw** ~ to heighten sth ④ MUS ■**etw** ~ to sharpen sth **II.** *vr* ① (*steigen*) ■**sich** [**auf etw** *akk/***um etw** *akk*] ~ to increase [to sth/by sth] ② (*sich verstärken*) ■**sich** ~ to increase

er·höht *adj* ① (*verstärkt*) high; *Ausscheidung* increased; *Herzschlag, Puls* rapid ② (*gesteigert*) increased

Er·hö·hung <-, -en> *f* ① (*Steigerung*) increase; **die ~ der Mehrwertsteuer** the increase of the VAT ② (*Anhebung*) raising; **die ~ des Zaunes wurde von den Nachbarn missbilligt** the neighbours objected to the fence being raised higher ③ (*Verstärkung*) heightening, increase

Er·hö·hungs·zei·chen *nt* MUS sharp sign

er·ho·len* *vr* ① (*wieder zu Kräften kommen*) ■**sich** [**von etw** *akk*] ~ to recover [from sth] ② (*ausspannen*) ■**sich** [**von etw** *akk*] ~ to take a break [from sth]; **nach dem Urlaub sah sie erholt aus** after the holiday she looked relaxed ③ BÖRSE ■**sich** ~ to rally ④ HORT ■**sich** ~ to recover

er·hol·sam [ɛɐ̯ˈhoːlzaːm] *adj* relaxing

Er·ho·lung <-> *f kein pl* ① (*das Schöpfen neuer Kräfte*) relaxation; **gute ~!** have a good holiday!; **zur ~ da sein** to be for relaxation; **zur ~ irgendwo sein/hinfahren** to be/go somewhere to relax; **jdm etw zur ~ verschreiben** to prescribe sb sth for stress [*or* relaxing] ② BÖRSE rallying

Er·ho·lungs·auf·ent·halt *m* break **er·ho·lungs·be·dürf·tig** *adj* in need of relaxation *pred* **Er·ho·lungs·ge·biet** *nt* recreation area **Er·ho·lungs·kur** *f* [relaxation] cure; **eine ~ machen** to take a relaxation cure **Er·ho·lungs·ort** *m* [holiday [*or* AM vacation]] resort **Er·ho·lungs·pau·se** *f* break; **eine ~ machen** [*o* **einlegen**] to take a break **Er·ho·lungs·ur·laub** *m* holiday BRIT, vacation AM

er·hö·ren* *vt* (*geh*) ① (*nachkommen*) *Bitte* grant; *Flehen, Gebete* answer ② (*sich hingeben*) ■**jdn** ~ to give oneself to sb

eri·gie·ren* [eriˈgiːrən] *vi* to become erect

eri·giert *adj* erect

Eri·ka <-, Eriken> [ˈeːrika, *pl* ˈeːrikən] *f* heather

er·in·ner·lich [ɛɐ̯ˈʔɪnɐlɪç] *adj pred* (*geh*) ■**etw ist jdm** ~ somebody remembers sth; **soviel mir ~ ist** as far as I can remember, if [my] memory serves me right *form*

er·in·nern* [ɛɐ̯ˈʔɪnɐn] **I.** *vt* ① (*zu denken veranlassen*) ■**jdn an etw** *akk* ~ to remind sb about sth; ■**jdn daran ~, etw zu tun** to remind sb to do sth ② (*denken lassen*) ■**jdn an jdn/etw** ~ to remind sb of sb/sth **II.** *vr* (*sich entsinnen*) ■**sich an jdn/etw** ~ to remember sb/sth; **wenn ich mich recht erinnere, ...** if I remember correctly..., if [my] memory serves me correctly *form;* **soweit ich mich ~ kann** as far as I can remember **III.** *vi* ① (*in Erinnerung bringen*) ■**an jdn** ~ to be reminiscent of sb *form;* ■**an etw** ~ to call sth to mind, to be reminiscent of sth *form* ② (*ins Gedächtnis rufen*) ■**daran ~, dass ...** to point out that ...

Er·in·ne·rung <-, -en> *f* ① (*Gedächtnis*) memory; **jds ~ nachhelfen** to jog sb's memory; **sich** [**bei jdm**] [**mit etw** *dat*] **in ~ bringen** to remind [sb] of oneself [with sth]; **jdn/etw in bestimmter ~ haben** [*o* **behalten**] to have certain memories of sth; **behalte mich in guter ~** remember the good times; **zur ~ an etw** *akk* in memory of sth; **eine/keine ~ an jdn/etw haben** to have memories/no memory of sb/sth ② *pl* (*Eindrücke von Erlebnissen*) memories *pl;* **~en austauschen** to talk about old times ③ *pl* (*Memoiren*) memoirs *npl* ④ (*geh: Mahnung*) reminder

Er·in·ne·rungs·lü·cke *f* gap in one's memory **Er·in·ne·rungs·stück** *nt* memento **Er·in·ne·rungs·ver·mö·gen** *nt kein pl* memory

Eri·trea <-s> [eriˈtreːa] *nt* Eritrea; *s. a.* **Deutschland**

Eri·tre·er(in) <-s, -> [eriˈtreːɐ] *m(f)* Eritrean; *s. a.* **Deutsche(r)**

eri·tre·isch [eriˈtreːɪʃ] *adj* Eritrean; *s. a.* **deutsch**

Eri·wan <-s> [eriˈvaːn] *nt* Yerivan, Erivan

er·kal·ten* [ɛɐ̯ˈkaltn̩] *vi sein* ① (*kalt werden*) to become cold ② (*abkühlen*) to cool [down] ③ (*geh: nachlassen*) to wane

er·käl·ten* [ɛɐ̯ˈkɛltn̩] **I.** *vr* (*eine Erkältung bekommen*) ■**sich** ~ to catch a cold **II.** *vt* (*unterkühlen*) ■**sich** *dat* **etw** ~ to catch a chill in one's sth

er·käl·tet I. *adj* with a cold *pred;* ■[**irgendwie**] ~ **sein** to have a [...] cold **II.** *adv* as if [*or* like] one has a cold *pred;* **du hörst dich ziemlich ~ an** you sound as if [*or* like] you've got quite a bad cold

Er·käl·tung <-, -en> *f* cold; **eine ~ bekommen** [*o* **kriegen**] to catch a cold; **eine ~ haben** to have a cold; **sich** *dat* **eine ~ zuziehen** (*geh*) to catch a cold

Er·käl·tungs·krank·heit *f* cold

er·kämp·fen* *vt* (*erringen*) ■[**jdm**] **etw** ~ to obtain sth [for sb] [with some effort]; ■[**sich** *dat*] **etw** ~ to obtain sth [with some effort], to fight tooth and nail for sth; ■**etw** [**für jdn/etw**] ~ to win sth [for sb/sth] [by fighting/trying hard]; ■**irgendwie erkämpft ...** won; **es war ein hart erkämpfter zweiter Platz** it was a hard-won second place

er·kau·fen* *vt* ① (*durch Bezahlung erhalten*) ■**etw** ~ to buy sth ② (*durch Opfer erlangen*) ■**etw** [**irgendwie**] ~ to pay for sth [somehow]; **die Stellung hat sie teuer** [**genug**] **erkauft** she paid dearly for the post

er·kenn·bar *adj* ① (*sichtbar*) discernible ② (*wahrnehmbar*) ■**für jdn/etw ~ sein** to be perceptible to sb/sth; ■**an etw** *dat* **~ sein, dass ...** to be perceptible from sth that ...; **an seiner Gereiztheit ist ~, dass irgendetwas Unangenehmes vorgefallen sein muss** you can tell from his touchiness that something unpleasant must have happened

er·ken·nen* *irreg* **I.** *vt* ① (*wahrnehmen*) ■**jdn/etw** ~ to discern sb/sth; **er ist der Täter, ich habe ihn gleich erkannt!** he's the culprit, I recognized him straight away; **etw ~ lassen** to show sth; **jdm zu ~ geben, dass ...** to make it clear to sb that ... ② (*identifizieren*) ■**jdn/etw** [**an etw** *dat*] ~ to recognize sb/sth [by sth]; **sich** [**jdm**] [**als jd**] **zu ~ geben** to reveal one's identity [to sb], to reveal [to sb] that one is sb; **er gab sich als ihr Vater zu ~** he revealed that he was her father; ■**sich** [**selbst**] ~ to understand oneself ③ (*einsehen*) ■**etw** ~ to recognize sth; **einen Fehler/Irrtum ~** to realize one's mistake; ■**etw** [**als etw**] ~ to recognize [*or* realize] sth [as being sth] ④ (*feststellen*) ■**etw** ~ to detect sth; ■**sich durch etw ~ lassen** to be detectable using sth ▸ WENDUNGEN: **du bist erkannt!** I know what you're up to! **II.** *vi* ① (*wahrnehmen*) ■**~ ob/um was/wen ...** to see whether/what/who... ② (*einsehen*) ■**~, dass/wie ...** to realize that/how...; **~ lassen, dass ...** to show that ... ③ JUR (*durch Urteil verhängen*) ■**auf etw** *akk* ~ to pronounce sth; **der Richter erkannte auf Freispruch** the judge pronounced an acquittal ④ SPORT ■**auf etw** *akk* ~ to award sth; **der Schiedsrichter erkannte auf Freistoß** the referee awarded a free kick

er·kennt·lich [ɛɐ̯ˈkɛntlɪç] *adj* appreciative, grateful; ■**sich** [**jdm**] [**für etw**] **~ zeigen** to show [sb] one's appreciation [*or* gratitude] for sth

Er·kennt·lich·keit <-, -en> *f kein pl* token of appreciation [*or* gratitude]

Er·kennt·nis [ɛɐ̯ˈkɛntnɪs] *f* ① (*Einsicht*) insight; **eine gesicherte ~** a certain insight; **zu der/einer ~ kommen** [*o* **gelangen**], **dass ...** to realize that ...; **bist du schon zu einer ~ gelangt?** have you managed to gain some insight?; **zu der ~ kommen** [*o* **gelangen**], **dass** to realize that ② PHILOS, PSYCH (*das Erkennen*) understanding

Er·kennt·nis·stand *m kein pl* (*geh*) status of the investigation

Er·ken·nungs·dienst *m* police identification [*or* AM records] department

er·ken·nungs·dienst·lich I. *adj* belonging [*or* related] to the police identification [*or* AM records] department *pred;* **~e Arbeit** identification work **II.** *adv* by the police identification

erlauben

um Erlaubnis bitten	asking for permission
Darf ich Sie kurz stören/unterbrechen?	**May I** interrupt for a moment?
Haben/Hätten Sie was dagegen, wenn ich das Fenster aufmache?	**Do/Would you mind if** I open/opened the window?
Sind Sie damit einverstanden, wenn ich im Juli Urlaub nehme?	**Is it all right with you if** I take my holidays in July?
erlauben	**permitting**
Wenn du mit deinen Hausaufgaben fertig bist, **darfst du** draußen spielen.	**You can** go out to play when you have finished your homework.
Sie dürfen gern hereinkommen.	**You are welcome** to come in.
In diesem Bereich **dürfen** Sie rauchen.	You **may** smoke in this area.
Wenn Sie möchten, können Sie hier parken.	**If you like,** you can park here.

[*or* AM records] department *pred*

Er·kẹn·nungs·mar·ke *f* identification [*or* ID] tag *fam* **Er·kẹn·nungs·zei·chen** *nt* identification mark

Er·ker <-s, -> ['ɛrkɐ] *m* oriel

Ẹr·ker·fens·ter *nt* oriel window, bay window **Ẹr·ker·zim·mer** *nt* oriel, room with a bay window

er·klär·bar *adj* explicable

er·klä·ren* **I.** *vt* ❶ (*erläutern*) ■**[jdm] etw [an etw** *dat*] ~ to explain sth [to sb] [using sth]; ■**jdm ~, dass/wieso ...** to explain to sb that/why ... ❷ (*interpretieren*) ■**[jdm] etw** ~ to interpret sth [to sb] ❸ (*klarmachen*) ■**etw** ~ to explain sth ❹ (*bekannt geben*) ■**etw** ~ to announce sth; **ich erkläre hiermit mein Einverständnis** I hereby give my consent; ■**etw für etw** *akk* ~ to declare sth sth; **die Ausstellung wurde von der Königin für eröffnet erklärt** the queen declared the exhibition open ❺ (*offiziell bezeichnen*) ■**jdn für etw** *akk* ~ to pronounce sb sth; **jdn für vermisst** ~ to declare sb missing; ■**etw für etw** *akk* ~ to declare sth sth **II.** *vr* ❶ (*sich deuten*) ■**sich** *dat* **etw** ~ to understand sth; **wie ~ Sie sich, dass ...** how do you explain that ... ❷ (*sich aufklären*) ■**sich** ~ to become clear ❸ (*sich bezeichnen*) ■**sich irgendwie** ~ to declare oneself sth

er·klä·rend **I.** *adj* explanatory **II.** *adv* as an explanation; **ich muss ~ bemerken, dass** I should explain that

er·klär·lich *adj* explainable, understandable; ■**etw ist jdm** ~ sb can explain sth, sb can understand sth

er·klärt *adj attr* declared

Er·klä·rung *f* ❶ (*Darlegung der Zusammenhänge*) explanation; **sie bemühte sich um eine** ~ she attempted to explain; **es gibt für etw eine/keine** ~ there is an/no explanation for sth; **es gibt für alles eine** ~ there is an explanation for everything; **eine/keine ~ für etw haben** to be able/not be able to explain sth; **für alles eine ~ haben** to be able to explain everything ❷ (*Mitteilung*) statement; **eine ~ [zu etw** *dat*] **abgeben** (*geh*) to make a statement [about sth]

er·klịm·men* *vt irreg* (*geh*) ■**etw** ~ ❶ (*ersteigen*) to climb sth, to ascend sth *form, liter* ❷ (*erreichen*) to reach sth

er·klịn·gen* *vi irreg sein* (*geh*) to sound

er·kor [ɛrko:r] *imp von* **erküren**

erkoren *pp von* **erküren**

er·krạn·ken* *vi* ❶ (*krank werden*) ■**[an etw** *dat*] ~ to be taken ill [with sth]; **sie ist plötzlich an Krebs erkrankt** she suddenly contracted cancer; **die Stadt hat viele an Aids erkrankte Einwohner** the town has many inhabitants with Aids ❷ HORT (*befallen werden*) ■**an etw** *dat* ~ to be diseased [with sth]

Er·krạn·kung <-, -en> *f* ❶ (*Krankheitsfall*) illness ❷ FORST, HORT (*Befall*) disease

er·küh·nen* [ɛɐ̯'ky:nən] *vr* (*geh*) ■**sich ~, etw zu tun** to dare to do sth; **was ~ Sie sich!** how dare you!

er·kun·den* [ɛɐ̯'kʊndn̩] *vt* ■**etw** ~ ❶ (*auskundschaften*) to scout out sth *sep* ❷ (*in Erfahrung bringen*) to discover sth

er·kun·di·gen* [ɛɐ̯'kʊndɪgn̩] *vr* ■**sich [bei jdm] [nach jdm/etw]** ~ to ask [sb] [about sb/sth]; **du musst dich vorher** ~ you have to find out beforehand; ■**sich [bei jdm] über jdn/etw** ~ to make enquiries [*or* AM inquiries] [of sb] about sb/sth

Er·kụn·di·gung <-, -en> *f* enquiry BRIT, inquiry AM; **[bei jdm] ~en [über jdn/etw] einholen** [*o* **einziehen**] (*geh*) to make enquiries [*or* AM inquiries] [of sb] [about sb/sth]

Er·kụn·dung <-, -en> *f* MIL reconnaissance, scouting

er·kü·ren* <erkor, erkoren> *vt* ■**jdn zu etw** *dat* ~ ❶ (*veraltend geh: auswählen*) to choose sb to be sth ❷ (*hum: machen*) to make sb sth

Er·lag·schein [ɛɐ̯'la:k-] *m* ÖSTERR (*Zahlkarte*) postal money order

er·lah·men* *vi sein* ❶ (*kraftlos werden*) to tire; *Kräfte* ebb [away] ❷ (*nachlassen*) to wane

er·lan·gen* [ɛɐ̯'laŋən] *vt* (*geh*) ■**etw** ~ to obtain sth; **jds Freistellung** ~ to secure sb's release

Er·lass^RR <-es, -e *o* ÖSTERR Erlässe> *m,* **Er·laß**^ALT <-sses, -sse *o* ÖSTERR Erlässe> [ɛɐ̯'las, *pl* ɛɐ̯'lɛsə] *m* ❶ (*Verfügung*) decree ❷ (*das Erlassen*) remission

er·lạs·sen* *vt irreg* ❶ (*verfügen*) ■**etw** ~ to issue sth ❷ (*von etw befreien*) ■**jdm etw** ~ to remit sb's sth

Er·lạss·jahr^RR *nt* ~ **2000** (*Schuldenerlass der Dritten Welt*) Jubilee 2000

er·lau·ben* [ɛɐ̯'laubn̩] **I.** *vt* ❶ (*gestatten*) ■**jdm etw** ~ to allow [*or* permit] sb to do sth; **du erlaubst deinem Kind zu viel** you let your child get away with too much; ■**jdm ~, etw zu tun** to allow [*or* permit] sb to do sth; ■**etw ist [nicht] erlaubt** sth is [not] allowed, permitted; ■**es ist [nicht] erlaubt, etw irgendwo zu tun** it is [not] permissible to do sth somewhere; ■**etw ist jdm erlaubt** sb is allowed [*or* permitted] sth; ~ **Sie/erlaubst du, dass ich etw tue?** would you allow [*or* permit] me to do sth?; ~ **Sie, dass ich mich vorstelle** allow me to introduce myself; ~ **Sie?, Sie ~ doch?** (*geh*) may I/we etc.? ❷ (*geh: zulassen*) ■**[jdm] etw** ~ to allow [*or* permit] [sb] sth; ~ **deine Finanzen noch ein Abendessen zu zweit?** are you sure you have enough money for a dinner for two?; ■**es jdm ~, etw zu tun** to permit sb to do sth; **ich komme, soweit es meine Zeit erlaubt** if I have enough time, I'll come ►WENDUNGEN: ~ **Sie mal!**

what do you think you're doing? **II.** *vr* ❶ (*sich gönnen*) ■**sich** *dat* **etw** ~ to allow oneself sth ❷ (*geh: wagen*) ■**sich** *dat* **etw** ~ to venture to do sth *form;* **wenn ich mir die folgende Bemerkung ~ darf** if I might venture to make the following comment ❸ (*sich herausnehmen*) ■**sich** *dat* **~, etw zu tun** to take the liberty of doing sth; **was die Jugend sich heutzutage alles erlaubt!** the things that young people get up to nowadays!; **was ~ Sie sich [eigentlich]!** what do you think you're doing!

Er·laub·nis <-, *selten* -se> *f* ❶ (*Genehmigung*) permission; **[jdn] um ~ bitten** [*o* **fragen**] to ask [sb's] permission; **jdm die ~ geben** [*o* **erteilen**] **[zu etw/, etw zu tun]** (*geh*) to give [*or* grant] sb permission [to do sth]; **jds/die ~ haben, etw zu tun** to have [sb's] permission to do sth; **mit jds ~** with sb's permission; **mit Ihrer [freundlichen/gütigen] ~** (*geh*) if you don't mind; **ohne jds ~** without sb's permission ❷ (*genehmigendes Schriftstück*) permit

er·laucht [ɛɐ̯'lauxt] *adj* (*illuster*) illustrious

er·läu·tern* *vt* ■**[jdm] etw ~** to explain sth [to sb]

er·läu·ternd **I.** *adj* explanatory **II.** *adv* as an explanation; **... zuerst will ich aber folgende Dinge ~ bemerken ...** but first I want to explain the following points

Er·läu·te·rung <-, -en> *f* explanation; **[jdm] ~en [zu etw** *dat*] **geben** to give [sb] explanations [of sth], to explain [sth] [to sb]; **nähere ~en geben** to give detailed explanations; **ohne ~** without explanation; **zur ~** by way of explanation; **zur ~ meiner Idee habe ich einige Materialien zusammengestellt** in order to better illustrate my point I've put together some physical examples

Er·le <-, -n> ['ɛrlə] *f* ❶ (*Baum*) alder [tree] ❷ *kein pl* (*Holz*) alder; **aus** [*o* **in**] **~** made from alder *pred*

er·le·ben* *vt* ❶ (*im Leben mitmachen*) ■**etw ~** to live to see sth; **dass ich das [noch] ~ muss!** couldn't I have been spared that?! ❷ (*erfahren*) ■**etw ~** to experience sth; **wunderschöne Tage/einen wunderschönen Urlaub irgendwo ~** to have a wonderful time/holiday somewhere; **was hast du denn alles in Dänemark erlebt?** what did you do/see in Denmark?; **unser Land hat schon bessere Zeiten erlebt** our country has seen better times; **[mal] etw ~ wollen** to want to do sth exciting [for once]; **wenn Sie hier was ~ wollen, müssen Sie in die Stadt fahren** if you're looking for some excitement here, you have to go into town ❸ (*pej: durchmachen*) ■**etw ~** to go through sth; **eine [große] Enttäuschung ~** to be [bitterly [*or* sorely]] disappointed; **einen Misserfolg ~** to experience failure; **eine Niederlage ~** to suffer defeat ❹ (*mit ansehen*) ■**es ~, dass/wie** to see that/how ❺ (*kennen lernen*) ■**jdn ~** to get to know sb; *Musiker, Redner* to hear sb; *Schauspieler* to see an actor; ■**jdn irgendwie ~** to see somebody a certain way; **so wütend habe ich ihn noch nie erlebt** I've never seen him so furious ▶ WENDUNGEN: **hat man so [et]was schon [mal] erlebt!** (*fam*) well, I'll be damned! *sl,* well, I never! BRIT *fam;* **der/die kann was ~!** (*fam*) he/she'll get what for! BRIT, really get it AM *fam;* **das möchte ich ~!** (*fam*) that'll be the day! *fam;* **das muss man erlebt haben!** you have to see it [to believe it]!

Er·leb·nis <-ses, -se> [ɛɐ̯'le:pnɪs, *pl* -nɪsə] *nt* ❶ (*Geschehen*) experience ❷ ((*beeindruckende*) *Erfahrung*) experience

Er·leb·nis·auf·satz *m* essay (*with the aim of practising clearly relating personal experiences*)

Er·leb·nis·park *m* TOURIST amusement park

Er·leb·nis·welt *f* PSYCH **die ~ eines Kindes** the world of a child

er·le·di·gen* [ɛɐ̯'le:dɪgn̩] **I.** *vt* ❶ (*ausführen*) ■**etw ~** to carry out sth; **Besorgungen ~** to do some [*or* the] shopping; **Formalitäten ~** to complete formalities; **wird erledigt!** (*fam*) I'll/we'll etc. get on [*or* BRIT on to] it [right away]!; ■**erledigt** done; **die erledigte Post kommt in die Ablage** the post which has been dealt with goes in the tray; **zu ~** to be done ❷ (*fam: erschöpfen*) ■**jdn ~** to tire sb out, to wear sb out ❸ (*sl: umbringen*) ■**jdn ~** to do away with sb, to bump sb off ❹ (*sl: k.o. schlagen*) ■**jdn mit etw** *dat* **~** to knock sb out with sth **II.** *vr* ■**etw erledigt sich [von selbst]** sth sorts itself out [on its own]

er·le·digt [ɛɐ̯'le:dɪçt] *adj pred* ❶ (*fam: erschöpft*) shattered *fam,* worn out ❷ (*sl: am Ende*) ■**erledigt sein** to have had it *fam* ❸ (*abgehakt*) ■**jd ist [für jdn] ~** to be history [as far as sb is concerned]; ■**etw ist [für jdn] erledigt** something is over and done with [as far as sb is concerned]; (*schon vergessen*) sth is forgotten [*or* dead and buried] [as far as sb is concerned]

Er·le·di·gung <-, -en> *f* ❶ (*Ausführung*) execution, carrying out, conducting, dealing with; **die ~ der Korrespondenz** dealing with the correspondence; **in ~ einer S.** *gen* (*geh*) further to sth *form;* **in ~ Ihrer Anfrage vom 17. Mai ...** further to your inquiry dated 17th May ... ❷ (*Besorgung*) purchase; **ich habe noch ein paar ~en zu machen** I still have to buy a few things

er·le·gen* *vt* ❶ (*zur Strecke bringen*) ■**ein Tier ~** to bag an animal *spec,* to kill an animal; ■**erlegt** bagged *spec,* killed ❷ ÖSTERR (*bezahlen*) ■**etw ~** to pay sth

er·leich·tern* [ɛɐ̯'laiçtɐn] **I.** *vt* ❶ (*ertragbarer machen*) ■**[jdm] etw ~** to make sth easier [for sb], to make sth more bearable [for sb]; *s. a.* **Gewissen, Herz** ❷ (*innerlich beruhigen*) ■**jdn ~** to be of relief to sb; **es hat mich sehr erleichtert zu erfahren, dass ...** I was greatly relieved to hear that ... ❸ (*fam: beklauen*) ■**jdn um etw** *akk* **~** to relieve sb of sth *hum* ❹ (*hum fam: erbitten*) ■**jdn um etw** *akk* **~** to borrow sth from sb **II.** *vr* (*euph geh*) ■**sich ~** to relieve oneself

er·leich·tert **I.** *adj* relieved; **er stieß einen ~en Seufzer aus** he gave a sigh of relief **II.** *adv* in a relieved manner; **~ aufatmen** to breathe a sigh of relief

Er·leich·te·rung <-, -en> *f* ❶ (*Linderung*) relief; **jdm ~ verschaffen** to bring/give sb relief ❷ *kein pl* (*Beruhigung*) relief; **mit** [*o* **voller**] **~** with [great] relief; **zu jds ~** to sb's relief ❸ (*Vereinfachung*) simplification; **zur ~ der Aufgabe gebe ich euch einige Tipps** to simplify the task I'll give you a few hints

er·lei·den* *vt irreg* ■**etw ~** ❶ (*hinnehmen müssen*) to suffer [*or* put up with] sth; *s. a.* **Schiffbruch** ❷ (*geh: erdulden*) to suffer [*or* endure] sth

er·lern·bar [ɛɐ̯'lɛrnba:ɐ̯] *adj* learnable; ■**[irgendwie] ~ sein** to be learnable [in a certain way]; **diese Tricks sind ohne weiteres ~** you can [easily] learn these tricks; **im Kindesalter sind fremde Sprachen leichter ~** children can learn to speak a foreign language more easily than adults

er·ler·nen* *vt* ■**etw ~** to learn sth

er·le·sen *adj* exquisite

er·leuch·ten* *vt* ❶ (*erhellen*) ■**etw ~** to light [up] sth, to illuminate sth *form;* ■**erleuchtet** lit, illuminated *form* ❷ (*inspirieren*) ■**jdn ~** to inspire sb; ■**erleuchtet** inspired

Er·leuch·tung <-, -en> *f* (*Inspiration*) inspiration; **eine ~ haben** to have an inspiration

er·lie·gen* *vi irreg sein* ❶ (*verfallen*) ■**einer S.** *dat* **~** to fall prey to sth ❷ (*geh: zum Opfer fallen*) ■**einer S.** *dat* **~** to fall victim to sth ▶ WENDUNGEN: **etw zum E~ bringen** to bring sth to a standstill; **der Generalstreik hatte die Wirtschaft zum E~ gebracht** the general strike had brought the economy to its knees; **zum E~ kommen** to come to a standstill

er·lischt [ɛɐ̯'lɪʃt] *3. pers pres von* **erlöschen**

Er·lös <-es, -e> [ɛɐ̯'lø:s] *m* proceeds *npl*

er·lö·schen <erlischt, erlosch, erloschen> *vi sein* ❶ (*zu brennen aufhören*) to stop burning, to go out; **dieser Vulkan ist vor 100 Jahren erloschen** the volcano became dormant 100 years ago ❷ (*vergehen*) to fizzle out ❸ (*seine Gültigkeit verlieren*) to expire; *Ansprüche* become invalid; *s. a.* **Geschlecht 2**

er·lö·sen* *vt* ❶ (*befreien*) ■**jdn [aus/von etw] ~** to release sb [from sth] ❷ REL ■**jdn [aus/von etw] ~** to redeem sb [from sth] ❸ (*einnehmen*) ■**etw [aus etw] ~** to make [*or* earn] sth [from sth]

er·lö·send I. *adj* relieving II. *adv* (*befreiend*) in a liberating manner *pred,* in a relieving manner *pred*

Er·lö·ser(in) <-s, -> *m(f)* ■ **der** ~ the Redeemer

Er·lö·sung *f* ❶ (*Erleichterung*) relief ❷ REL redemption

er·mäch·ti·gen* [ɛɐ̯'mɛçtɪgn̩] *vt* ■ **jdn** [**zu etw** *dat*] ~ to authorize sb [to do sth], to empower sb [to do sth]; ■ **jdn dazu ~, etw zu tun** to authorize sb to do sth, to empower sb to do sth; ■ **zu etw ermächtigt sein** to be authorized to do sth, to be empowered to do sth

Er·mäch·ti·gung <-, -en> *f* authorization, empowerment

er·mah·nen* *vt* ❶ (*warnend mahnen*) ■ **jdn** ~ to warn sb; **sei doch artig, muss ich dich denn immer ~?** be a good child, why do I have to scold you constantly?; ■ **jdn ~, etw zu tun** to tell sb to do sth ❷ (*anhalten*) ■ **jdn zu etw** *dat* ~ to admonish sb to do sth

Er·mah·nung *f* warning

Er·man·g(e)·lung <-> *f kein pl* **in ~ eines Besseren** in the absence of a better alternative; **in ~ einer S.** *gen* (*geh*) in the absence of sth *form*

er·man·nen* [ɛɐ̯'manən] *vr* ■ **sich** ~ to pull oneself together; ■ **sich zu etw** *dat* ~ to summon up [the] courage to do sth

er·mä·ßi·gen* I. *vt* ■ [**jdm**] **etw** [**auf etw** *akk*/**um etw** *akk*] ~ to reduce sth [to sth/by sth] [for sb]; ■ **ermäßigt** reduced II. *vr* ■ **sich** [**auf etw** *akk*/**um etw** *akk*] ~ to be reduced [to sth/by sth]; **bei Kindern unter 12 Jahren ermäßigt sich der Eintritt** there is a reduction for children under the age of 12

Er·mä·ßi·gung <-, -en> *f* reduction; ~ **haben** to be entitled to a reduction

er·mat·ten* [ɛɐ̯'matn̩] I. *vt haben* (*geh*) ■ **jdn** ~ to exhaust sb, to wear sb out; ■ [**von etw** *dat*] **ermattet sein** to be exhausted [*or* worn out] [by sth] II. *vi sein* (*geh*) to tire; **die Bewegungen des Schwimmers ermatteten** the swimmer's movements slowed down

er·mes·sen* *vt irreg* ■ **etw** ~ to comprehend sth

Er·mes·sen <-s> *nt kein pl* discretion; **nach jds** ~ in sb's estimation; **nach freiem** [*o* **eigenem**] ~ at one's [own] discretion; **nach menschlichem** ~ as far as one can tell; **in jds ~ liegen** [*o* **stehen**] to be at [*or* left to] sb's discretion; **es steht in Ihrem eigenen ~, ob Sie bleiben oder gehen wollen** it's up to you whether you stay or go; **etw in jds ~ stellen** *akk* to leave sth to sb's discretion; **die Entscheidung stelle ich ganz in Ihr** ~ I leave the decision completely up to you [*or* at your discretion]

Er·mes·sens·fra·ge *f* matter of discretion

er·mit·teln* I. *vt* ■ **etw** ~ ❶ (*herausfinden*) to find out sth *sep,* to establish sth; ■ **jdn** ~ to establish sb's identity; **der Täter konnte durch die Polizei ermittelt werden** the police were able to establish the culprit's identity ❷ (*errechnen*) to determine [*or* calculate] sth; ■ **jdn** ~ to decide on sb; *den Gewinner* decide [on] II. *vi* (*eine Untersuchung durchführen*) ■ [**gegen jdn**] [**wegen etw** *gen*] ~ to investigate [sb] [for sth]

Er·mitt·ler(in) <-s, -> *m(f)* investigator; **verdeckter** ~ (*geh*) plain-clothes investigator

Er·mitt·lung <-, -en> *f* ❶ *kein pl* (*das Ausfindigmachen*) determining ❷ (*Untersuchung*) investigation; **~en durchführen** [*o* **anstellen**] to carry out [*or* to conduct] investigations

Er·mitt·lungs·rich·ter(in) *m(f)* leader of a judicial inquiry, examining magistrate BRIT **Er·mitt·lungs·schritt** *m* JUR step of inquiry **Er·mitt·lungs·ver·fah·ren** *nt* preliminary proceedings; **ein ~ gegen jdn einleiten** to institute preliminary [*or* initiate] proceedings against sb

er·mög·li·chen* [ɛɐ̯'mø:klɪçn̩] *vt* ■ **jdm etw** ~ to enable sb to do sth; **sie hat jahrelang gespart, um ihrem Sohn das Studium zu** ~ she saved for years so that her son could go to university; ■ **es jdm ~, etw zu tun** to enable sb to do sth; ■ **es ~, etw zu tun** (*geh*) to make it possible for sth to be done; **können Sie es ~, um 9 Uhr an unserem Stand auf der Buchmesse zu sein?** can you be at our stand at the book fair at 9 o'clock?

er·mor·den* *vt* ■ **jdn** ~ to murder sb

Er·mor·de·te(r) *f(m) dekl wie adj* victim of murder, murder victim

Er·mor·dung <-, -en> *f* murder

er·mü·den* [ɛɐ̯'my:dn̩] I. *vt haben* ■ **jdn** ~ to tire sb [out] II. *vi sein* ❶ (*müde werden*) to become tired ❷ (*Spannung verlieren*) to wear, to fatigue

er·mü·dend *adj* tiring

Er·mü·dung <-, *selten* -en> *f* ❶ (*das Ermüden*) tiredness, fatigue; **vor** ~ from tiredness ❷ TECH (*Verlust der Spannung*) wearing, fatigue

Er·mü·dungs·er·schei·nung *f* sign of fatigue *form* [*or* tiredness]

er·mun·tern* [ɛɐ̯'mʊntɐn] *vt* ❶ (*ermutigen*) ■ **jdn** [**zu etw**] ~ to encourage sb [to do sth]; **dieser Erfolg ermunterte ihn zu weiteren Versuchen** this success encouraged him to make further attempts ❷ (*beleben*) ■ **jdn** ~ to perk sb up; **sich ermuntert fühlen** to feel perked up

Er·mun·te·rung <-, -en> *f* encouragement; **zu jds** ~ to encourage sb

er·mu·ti·gen* [ɛɐ̯'mu:tɪgn̩] *vt* ■ **jdn** [**zu etw**] ~ to encourage sb [to do sth]; **dieser Erfolg ermutigte sie zur Weiterarbeit an dem Projekt** this success encouraged her to continue working on the project

er·mu·ti·gend I. *adj* encouraging II. *adv* encouragingly

Er·mu·ti·gung <-, -en> *f* encouragement; **dieser unerwartete Erfolg war eine ~ für alle** this unexpected success gave everybody renewed hope

er·näh·ren* I. *vt* ❶ (*mit Nahrung versorgen*) ■ **jdn/ein Tier** ~ to feed sb/an animal; **sie ernährt ihre Kinder rein vegetarisch** she gives her children vegetarian food only ❷ (*unterhalten*) ■ **jdn** ~ to provide for sb, to support sb; **die Schriftstellerei allein kann keinen** ~ writing on its own doesn't bring in enough to live on II. *vr* ❶ (*sich speisen*) ■ **sich von etw** ~ to eat sth, to feed on sth, to live on sth; ■ **sich irgendwie** ~ to eat in a certain manner; **du musst dich vitaminreicher ~!** you need more vitamins in your diet! ❷ (*sich unterhalten*) ■ **sich** [**von etw**] ~ to support oneself [by doing/on sth]; **sie muss sich von Gelegenheitsjobs** ~ she has to support herself by doing odd jobs

Er·näh·rer(in) <-s, -> [ɛɐ̯'nɛ:rɐ] *m(f)* provider, breadwinner

Er·näh·rung <-> *f kein pl* ❶ (*das Ernähren*) feeding ❷ (*Nahrung*) diet; **falsche/richtige** ~ incorrect/correct diet; **pflanzliche** ~ plant-based diet ❸ (*Unterhalt*) support; **von einem so dürftigen Gehalt ist die ~ einer Familie nicht möglich** it's impossible to support a family on such a meagre salary

Er·näh·rungs·for·schung *f* nutritional research **Er·näh·rungs·ge·wohn·hei·ten** *pl* eating habits *npl,* nutritional habits *npl* **Er·näh·rungs·leh·re** *f* nutritional science, dietetics *spec* **Er·näh·rungs·stö·rung** *f* eating disorder **Er·näh·rungs·wei·se** *f* diet; **eine gesunde** ~ a healthy diet **Er·näh·rungs·wis·sen·schaft** *f* nutritional science, dietetics *spec* **Er·näh·rungs·wis·sen·schaft·ler(in)** *m(f)* dietitian [*or* dietician], nutritionist, nutritional scientist

er·nen·nen* *vt irreg* ■ **jdn** [**zu etw**] ~ to appoint sb [as sth]

Er·nen·nung *f* appointment (**zu** +*dat* as); ~ **eines Stellvertreters** nomination of a deputy; **mit seiner ~ zum Parteivorsitzenden hatte keiner gerechnet** nobody had counted on his being appointed head of the party

Er·nen·nungs·ur·kun·de *f* certificate of appointment

er·neu·er·bar *adj* ❶ (*sich erneuern lassend*) renewable, replaceable ❷ (*regenerativ*) renewable

Er·neu·e·rer, Er·neu·e·rin <-s, -> *m, f* modernizer, revivalist; ~ **einer Institution/Organisation** modernizer of an institution/organization

er·neu·ern* [ɛɐ̯'nɔyɐn] *vt* ❶ (*auswechseln*) ■ **etw** ~ to change sth, to replace sth ② (*renovieren*) to renovate; *Fenster/Leitungen* repair; ■**etw ~ lassen** to have sth renovated [*or* repaired] ③ (*verlängern*) ■**etw** ~ to renew sth ④ (*restaurieren*) ■**etw** ~ to restore sth

Er·neu·e·rung *f* ① (*das Auswechseln*) changing ② (*Renovierung*) renovation; **~ der Heizung/Leitungen** repair to the heating system/pipes ③ (*Verlängerung*) *Pass, Vertrag etc.* renewal ④ (*Restaurierung*) *Gebäude* restoration ⑤ (*Wandel*) rejuvenation; **in diesem Urlaub erlebte sie eine regelrechte ~** she was completely rejuvenated as a result of that holiday

er·neut [ɛɐ̯ˈnɔyt] **I.** *adj attr* repeated **II.** *adv* again

er·nied·ri·gen* [ɛɐ̯ˈniːdrɪɡn̩] *vt* ① (*demütigen*) ■**jdn/sich ~** to degrade sb/oneself, to demean sb/oneself ② MUS ■**etw** ~ to give sth a flatter tone, to play sth less sharp

Er·nied·ri·gung <-, -en> *f* ① (*Demütigung*) degradation, humiliation, abasement ② MUS flattening

Er·nied·ri·gungs·zei·chen *nt* MUS flat sign

ernst [ˈɛrnst] *adj* ① (*gravierend*) serious; **es steht ~ um jdn** sb is seriously ill; **diesmal ist es etwas E~es** it's serious this time; **nichts E~es** (*keine ernste Erkrankung*) nothing serious; (*keine ernsthafte Beziehung*) not serious ② (*Ernst zeigend*) serious; **~ bleiben** to keep a straight face ③ (*aufrichtig, wahr*) genuine, sincere, true; **ich bin der ~en Ansicht/Überzeugung, dass ...** I genuinely [*or* sincerely] [*or* truly] believe/am genuinely convinced that ...; **~ gemeint** serious, genuine; **„bitte nur ~ gemeinte Zuschriften!"** "genuine replies only please!"; **es ~ meinen [mit jdm/etw]** to be serious [about sb/sth]; **jdn/etw ~ nehmen** to take sb/sth seriously ④ (*bedeutungsvoll*) solemn

Ernst <-[e]s> [ˈɛrnst] *m kein pl* ① (*ernster Wille, aufrichtige Meinung*) seriousness; ■**etw ist jds ~** sb is serious about sth; **ist das dein ~?** are you serious [about it/that]?, do you mean it/that [seriously]?; **das kann doch nicht dein/Ihr ~ sein!** you can't be serious!, you must be joking!; **allen ~es** in all seriousness; **feierlicher ~** dead seriousness; **jds voller** [*o* **völliger**] **~ sein** sb is completely serious about sth; **etw ist ~** sth is serious; **jdm ist es ~ mit etw** sb is serious about sth; **im ~** seriously; **das kannst du doch nicht im ~ glauben!** you can't seriously believe that! ② (*Ernsthaftigkeit*) seriousness; ■**jds ~/der ~ einer S.** sb's seriousness/the seriousness of sth; **mit ~ bei der Sache sein** to take sth seriously ③ (*Bedrohlichkeit*) seriousness, gravity; ■**der ~ einer S.** *gen* the seriousness [*or* gravity] of sth; **der ~ des Lebens** the serious part of life; **~ mit etw machen** to be serious about sth

Ernst·fall *m* emergency; **den ~ proben** to practise [*or* AM *a.* -ice] for an emergency; **im ~** in an emergency, in case of emergency **ernst·ge·meint** *adj attr s.* **ernst 3**

ernst·haft I. *adj* ① (*gravierend*) serious ② (*aufrichtig*) genuine, sincere **II.** *adv* ① (*wirklich*) seriously ② (*gravierend*) seriously; **im Urlaub erkrankte er ~** he became seriously ill while on holiday ③ (*eindringlich*) urgently

Ernst·haf·tig·keit <-> *f kein pl* seriousness

Ernst·kampf *m* BIOL *s.* **Beschädigungskampf**

ernst·lich I. *adj attr* serious; **die ~e Absicht haben, etw zu tun** to seriously intend to do sth **II.** *adv s.* **ernsthaft II.**

Ern·te <-, -n> [ˈɛrntə] *f* AGR, HORT ① (*Ertrag*) harvest; **die ~ einbringen** (*geh*) to bring in the harvest ② (*das Ernten*) harvest

Ern·te·(dank·)fest *nt* harvest festival AM *a.*, Thanksgiving

ern·ten [ˈɛrntn̩] *vt* ① (*einbringen*) ■**etw** ~ to harvest sth; **Äpfel ~** to pick [*or* harvest] apples ② (*erzielen*) ■**etw** ~ to earn sth; **Anerkennung ~** to gain [*or* receive] recognition; **Applaus ~** to win [*or* get] applause; **die Früchte seiner Arbeit ~** to reap the fruits of one's labour [*or* AM -or]; **Lob/Spott ~** to earn praise/scorn; **Undank ~** to get little thanks

er·nüch·tern* [ɛɐ̯ˈnʏçtɐn] *vt* ■**jdn ~** ① (*wieder nüchtern machen*) to sober up sb *sep* ② (*in die Realität zurückholen*) to bring sb back to reality [*or* back [*or* [back] down] to earth]; ■**~d** sobering; ■**~d [für jdn] sein** to be sobering [for sb]

Er·nüch·te·rung <-, -en> *f* disillusionment; **auf den Erfolg folgte schnell die ~** he/she etc. experienced disillusionment shortly after success

Er·o·be·rer, Er·o·b(r)e·rin <-s, -> *m, f* conqueror

er·o·bern* [ɛɐ̯ˈʔoːbɐn] *vt* ① (*mit Waffengewalt besetzen*) ■**etw** ~ to conquer sth ② (*durch Bemühung erlangen*) ■**etw** ~ to win sth [with some effort] ③ (*für sich einnehmen*) ■**jdn/etw** ~ to win sb/sth over

Er·o·be·rung <-, -en> *f* ① (*das Erobern*) conquest ② (*erobertes Gebiet*) conquered territory ③ (*fam: eroberte Person*) conquest *hum*; **eine ~ machen** to make a conquest

Er·o·be·rungs·krieg *m* war of conquest

er·öff·nen* I. *vt* ① (*zugänglich machen*) ■**etw** ~ to open sth ② (*in die Wege leiten*) ■**etw** ~ to open sth, to institute sth; *s. a.* **Testament** ③ (*beginnen*) ■**etw** ~ to open sth; **etw für eröffnet erklären** (*geh*) to declare sth open *form* ④ (*hum: mitteilen*) ■**jdm etw** ~ to reveal sth to sb *hum*, to tell sb sth ⑤ (*bieten*) ■**jdm etw** ~ to open up sth to sb ⑥ (*beginnen*) ■**etw** ~ to commence sth; **das Feuer [auf jdn] eröffnen** to open fire [on sb] **II.** *vr* (*sich bieten*) ■**sich jdm [durch etw** *akk*] ~ to open up to sb [through sth] **III.** *vi* FIN ■**irgendwie ~** to be a certain way at the start of trading; ■**mit etw** *dat* ~ to open at sth

Er·öff·nung *f* ① (*das Eröffnen*) opening; **bei der ~ der Galerie herrschte großer Andrang** many people came to the opening of the gallery ② (*das Einleiten*) institution, opening ③ (*Beginn*) opening; **bei ~ der Börse** at the opening of the stock exchange ④ (*Beginn*) commencing; **die ~ des Feuers** the opening of fire ⑤ (*geh: Mitteilung*) revelation; **jdm eine ~ machen** to reveal sth to sb

Er·öff·nungs·an·spra·che *f* opening address, opening speech

ero·gen [eroˈgeːn] *adj* erogenous

er·ör·tern* [ɛɐ̯ˈœrtɐn] *vt* ■**etw** ~ to discuss sth [in detail], to examine sth

Er·ör·te·rung <-, -en> *f* discussion, examination

Eros-Cen·ter <-s, -> [ˈeːrɔs sɛntɐ] *nt* (*euph*) brothel

Ero·si·on <-, -en> [eroˈzi̯oːn] *f* erosion

Ero·tik <-> [eˈroːtɪk] *f kein pl* eroticism

Ero·ti·ka [eˈroːtika] *pl* erotica

ero·tisch [eˈroːtɪʃ] *adj* ① (*die Erotik betreffend*) erotic ② (*sexuell erregend*) erotic

Er·pel <-s, -> [ˈɛrpl̩] *m* drake

er·picht [ɛɐ̯ˈpɪçt] *adj* ■**auf etw** *akk* **~ sein** to be after sth; ■**[nicht] darauf ~ sein, etw zu tun** to [not] be interested in doing sth

er·pres·sen* *vt* ① (*durch Drohung nötigen*) ■**jdn** ~ to blackmail sb ② (*abpressen*) ■**etw [von jdm]** ~ to extort sth [from sb]

Er·pres·ser(in) <-s, -> *m(f)* blackmailer, extortioner [*or* extortionist]

Er·pres·ser·brief *m* blackmail letter

er·pres·se·risch [ɛɐ̯ˈprɛsərɪʃ] **I.** *adj* (*Mensch*) blackmailing, extortive; **~es Verhalten** [*o* **Vorgehen**] blackmail **II.** *adv* in an extortive manner

Er·pres·sung <-, -en> *f* blackmail; (*unter Anwendung der Gewalt*) extortion; **räuberische ~** JUR extortionary robbery

Er·pres·sungs·ver·such *m* attempted blackmail *no pl*, attempted extortion

er·pro·ben* *vt* ■**etw** ~ to test sth; ■**etw [an jdm/an einem Tier]** ~ to test sth [on sb/on an animal]

er·probt *adj* ① (*erfahren*) experienced ② (*zuverlässig*) reliable

er·qui·cken* [ɛɐ̯ˈkvɪkn̩] *vt* (*geh*) ■**jdn** ~ to refresh sb; **sich erquickt fühlen** to feel refreshed

er·quick·lich *adj* (*iron geh*) joyous *iron liter*

Er·qui·ckung <-, -en> *f* (*geh*) refreshment; **zur ~/zu jds ~** for refreshment/to refresh sb

Er·ra·ta [ɛˈraːta] *pl* errata *npl*

er·ra·ten* *vt irreg* ■**etw** ~ to guess sth, to work sth out [by guessing]; **das war nicht schwer zu** ~**!** it wasn't difficult to work that out!; **du hast's** ~**!** (*fam*) you guessed [*or* AM got] it! *fam*

er·rech·nen* *vt* ■**etw** ~ to calculate sth

er·reg·bar *adj* ❶ (*leicht aufzuregen*) excitable ❷ (*sexuell zu erregen*) ■[**irgendwie**] ~ **sein** to be able to be aroused [in a certain way]

Er·reg·bar·keit <-> *f kein pl* excitability

er·re·gen* **I.** *vt* ❶ (*aufregen*) ■**jdn** ~ to irritate sb, to annoy sb ❷ (*sexuell anregen*) ■**jdn** ~ to arouse sb ❸ (*hervorrufen*) ■**etw** ~ to engender *form*, to cause **II.** *vr* ■**sich über jdn/etw** ~ to get annoyed about sb/sth

Er·re·ger <-s, -> *m* (*Krankheits~*) pathogen, causative organism

er·regt **I.** *adj* ❶ (*aufgeregt geführt*) heated ❷ (*aufgeregt*) irritated, annoyed **II.** *adv* in an irritated [*or* annoyed] manner

Er·re·gung *f* ❶ (*erregter Zustand*) irritation, annoyance; **in** ~ **geraten** to become irritated, to get annoyed; **jdn in** ~ **versetzen** to irritate sb, to annoy sb; **vor** ~ with anger ❷ (*sexuell erregter Zustand*) arousal; **bereits ihr Anblick versetzte ihn in** ~ the sight of her alone was enough to arouse him ❸ *kein pl* (*Erzeugung*) engendering, causing; ~ **öffentlichen Ärgernisses** public indecency

er·reich·bar *adj* ❶ (*telefonisch zu erreichen*) ■[**für jdn**] ~ **sein** to be able to be reached [*or* contacted] [by sb] ❷ (*zu erreichen*) ■[**irgendwie**] ~ **sein** to be reachable [in a certain way]; **die Hütte ist zu Fuß nicht** ~ the hut cannot be reached on foot

er·rei·chen* *vt* ❶ (*rechtzeitig hinkommen*) ■**etw** ~ to catch sth ❷ (*hingelangen*) ■**etw** ~ to get to sth ❸ (*antreffen*) ■**jdn** ~ to reach sb, to contact sb, to get hold of sb *fam*; **Ihr Brief/Ihre Nachricht hat mich nicht rechtzeitig erreicht** your letter/message didn't reach me on time, I didn't receive your letter/message on time ❹ (*eintreffen*) ■**etw** ~ to reach sth; **wir werden Paris in einer halben Stunde** ~ in half an hour we will arrive in Paris ❺ (*erzielen*) ■**etw** ~ to reach sth; **ich weiß immer noch nicht, was du** ~ **willst** I still don't know what you want to achieve ❻ (*einholen*) ■**jdn** ~ to catch sb up BRIT, to catch up with sb ❼ (*bewirken*) ■**etw** [**bei jdm**] ~ to get somewhere [with sb]; **hast du beim Chef etwas** ~ **können?** did you manage to get anywhere with the boss? ❽ (*an etw reichen*) ■**etw** [**mit etw** *dat*] ~ to reach sth [with sth]

Er·rei·chung <-> *f kein pl* (*geh*) ❶ (*das Erreichen*) reaching ❷ (*das Erleben*) reaching; **bei** ~ **des 60. Lebensjahres** on one's 60th birthday/when one turns 60/at 60

er·ret·ten* *vt* (*geh*) ❶ (*befreien*) ■**jdn** [**aus etw** *dat*] ~ to rescue sb [from sth], to deliver sb [from sth] *form* ❷ (*retten*) ■**jdn vor etw** *dat* ~ to save sb from sth

Er·ret·ter(in) *m(f)* (*geh*) deliverer *form*

Er·ret·tung *f kein pl* (*geh*) ■**jds** ~ [**aus etw** *dat*] sb's rescue [*or* deliverance] [from sth] *form*

er·rich·ten* *vt* ■**etw** ~ ❶ (*aufstellen*) to erect sth *form*, to put sth up *sep* ❷ (*erbauen*) to erect sth *form*, to construct sth; ■**etw** ~ **lassen** to have sth erected ❸ (*begründen*) to found sth, to set up sth *sep*

Er·rich·tung *f* ❶ (*Aufstellung*) *Barrikade, Gerüst, Podium* erection *form*, putting up ❷ (*Erbauung*) *Denkmal, Gebäude* erection *form*, construction ❸ (*Begründung*) *Gesellschaft, Stiftung* foundation, setting up

er·rin·gen* *vt irreg* ■**etw** ~ to win sth [with a struggle]

er·rö·ten* *vi sein* ■[**vor etw** *dat*] ~ to blush [with sth]; **jdn zum E~ bringen** to make sb blush

Er·run·gen·schaft <-, -en> [ɛɐ̯ˈrʊŋənʃaft] *f* ❶ (*bedeutender Erfolg*) achievement ❷ (*hum fam: Anschaffung*) acquisition, investment *fam*

Er·satz <-es> [ɛɐ̯ˈzats] *m kein pl* ❶ (*ersetzender Mensch*) substitute; (*ersetzender Gegenstand*) replacement; **als** ~ **für jdn** as a substitute for sb; **als** ~ [**für etw** *akk*] as a replacement [for sth] ❷ (*Entschädigung*) compensation; ~ **für etw** *akk* **leisten** to pay compensation for sth

Er·satz·be·frie·di·gung *f* vicarious satisfaction **Er·satz·bril·le** *f* spare pair of glasses **Er·satz·dienst** *m* non-military service for conscientious objectors **Er·satz·dro·ge** *f* ❶ MED (*Ersatzrauschmittel*) substitute drug ❷ (*fam*) substitute **er·satz·ge·schwächt** *adj* SPORT *Mannschaft* weakened by substitute players *pred* **Er·satz·kas·se** *f* substitute health insurance scheme **Er·satz·mann** <-männer *o* -leute> *m* ❶ (*Vertreter*) substitute ❷ *s.* **Ersatzspieler** **Er·satz·mi·ne** *f* refill **Er·satz·rei·fen** *m* spare wheel **Er·satz·schlüs·sel** *m* spare key **Er·satz·spie·ler(in)** *m(f)* substitute **Er·satz·teil** *nt* spare [*or* replacement] part **Er·satz·tor·wart(in)** *m(f)* substitute goalkeeper

er·satz·wei·se *adv* as a replacement [*or* an alternative]

er·sau·fen* *vi irreg sein* (*sl*) to drown

er·säu·fen* [ɛɐ̯ˈzɔyfn̩] *vt* ❶ (*ertränken*) ■**jdn/ein Tier** ~ to drown sb/an animal ❷ (*fam: betäuben*) ■**etw in etw** *dat* ~ to drown sth in sth

er·schaf·fen *vt irreg* (*geh*) ■**jdn/etw** ~ to create sb/sth

Er·schaf·fung *f* creation

er·schal·len *vi sein* (*geh*) to sound; **aus dem Saal erschallten fröhliche Stimmen/erschallte fröhliches Lachen** joyful voices/laughter could be heard coming from the hall

er·schau·dern* *vi sein* (*geh*) ■[**vor etw** *dat*] ~ to shudder [with sth]

er·schau·ern* *vi sein* (*geh*) ■[**vor etw** *dat*] ~ to shiver [with sth]; ■**einen** ~ **lassen** to make one shiver

er·schei·nen* *vi irreg sein* ❶ (*auftreten*) to appear; **du sollst sofort beim Chef** ~**!** the boss wants to see you straight away!; **sie war des Öfteren unpünktlich erschienen** she had often arrived late ❷ (*sichtbar werden*) to be able to be seen; **am sechsten Tag erschien endlich Land am Horizont** on the sixth day we/they etc. finally sighted land ❸ (*veröffentlicht werden*) to come out ❹ (*sich verkörpern*) ■**jdm** ~ to appear to sb; **manchmal** ~ **einem im Traum die seltsamsten Dinge** one sometimes sees the strangest things in dreams ❺ (*scheinen*) ■**jdm irgendwie** ~ to seem a certain way to sb; **diese Hypothese erscheint mir recht weit hergeholt** this hypothesis seems quite far-fetched to me; ■**jdm wie etw** ~ to seem like sth to sb

Er·schei·nen <-s> *nt kein pl* ❶ (*das Auftreten*) appearance; **sie dankte den Gästen für ihr** ~ she thanked the guests for coming; **um rechtzeitiges** ~ **wird gebeten!** please be punctual! ❷ (*die Verkörperung*) appearance ❸ (*die Veröffentlichung*) publication

Er·schei·nung <-, -en> *f* ❶ (*Phänomen*) phenomenon ❷ (*Persönlichkeit*) ■**eine bestimmte** ~ a certain figure ❸ (*Vision*) vision; **eine** ~ **haben** to have a vision ▶ WENDUNGEN: **in** ~ **treten** to appear

Er·schei·nungs·bild *nt* appearance **Er·schei·nungs·form** *f* manifestation **Er·schei·nungs·jahr** *nt* year of publication **Er·schei·nungs·ort** *m* place of publication

er·schie·ßen* *irreg vt* ■**jdn** ~ to shoot sb dead; ■**sich** ~ to shoot oneself [dead]; *s. a.* **Tod**

Er·schie·ßung <-, -en> *f* shooting; **standrechtliche** ~ shooting by order of a court martial

er·schlaf·fen* [ɛɐ̯ˈʃlafn̩] *vi sein* ❶ (*schlaff werden*) to become limp; ■**etw** ~ **lassen** to let sth go limp [*or* relax] ❷ (*die Straffheit verlieren*) to become loose ❸ (*welk werden*) to wither, to become withered

er·schla·gen*[1] *vt* ■**jdn** ~ *irreg* ❶ (*totschlagen*) to beat sb to death ❷ (*durch Darauffallen töten*) to fall [down] and kill sb [in the process]; **die Säule fiel um und erschlug ihn** the pillar fell down and killed him ❸ (*überwältigen*) to overwhelm sb ▶ WENDUNGEN: **du kannst mich** ~**, aber ...** (*fam*) you can do what you want to me but ...

er·schla·gen[2] *adj* (*fam*) ■ ~ **sein** to be dead beat *sl*, BRIT *sl a.* to be knackered

er·schlei·chen* *vr irreg* ■**sich** *dat* **etw** ~ to fiddle sth; **es gelang ihr, sich seine Gunst/sein Vertrauen zu** ~ she managed to gain his favour/trust by tricking him

er·schlie·ßen* *irreg* **I.** *vt* ❶ (*mit Installationen versehen*) ■**etw** ~ to develop sth; ■**erschlossen** developed ❷ (*nutzbar machen*) ■[**jdm**] **etw** ~ to exploit sth [for sb] **II.** *vr* ■**sich** *dat* **jdm** ~ to reveal oneself to sb, to be revealed to sb

Er·schlie·ßung *f* ❶ BAU, ÖKON, ADMIN (*das Zugänglichmachen*) development ❷ GEOL, ÖKON (*das Nutzbarmachen*) tapping ❸ LING (*Schlussregel*) inference

er·schöp·fen* **I.** *vt* ❶ (*ermüden*) ■**jdn** ~ to exhaust sb ❷ (*aufbrauchen*) ■**etw** ~ to exhaust sth; ■**erschöpft sein** to be exhausted **II.** *vr* ❶ (*zu Ende gehen*) ■**sich** ~ to run out; **das Interesse der Bevölkerung erschöpfte sich schnell** the people quickly lost interest ❷ (*etw umfassen*) ■**sich in etw** *dat* ~ to consist only of sth; ■**sich darin ~, dass jd etw tut** to only go as far as sb doing sth; **meine Möglichkeiten ~ sich darin, dass ich versuchen kann, für Sie zu intervenieren** the only thing I can do is try to intervene on your behalf

er·schöp·fend **I.** *adj* ■~ **sein** ❶ (*zur Erschöpfung führend*) exhausting ❷ (*ausführlich*) exhaustive **II.** *adv* exhaustively

Er·schöp·fung <-, *selten* -en> *f* ❶ (*völlige Ermüdung*) exhaustion; **bis zur** [**völligen**] ~ **arbeiten** to work until one is [completely] exhausted [*or* ready to drop] *fam;* **vor** ~ with exhaustion ❷ (*das Aufbrauchen*) *Mittel, Vorräte* running out, exhaustion

Er·schöp·fungs·zu·stand *m* **sich in einem** ~ **befinden** to be in a state of exhaustion; **an Erschöpfungszuständen leiden** to suffer from exhaustion

er·schos·sen [ɛɐ̯ˈʃɔsn̩] *adj* (*fam*) bushed *fam,* BRIT *fam a.* knackered; ■[**völlig**] ~ **sein** to be [completely] bushed [*or* BRIT *sl a.* knackered]

Er·schos·se·ne(r) *f(m) dekl wie adj* victim of shooting

er·schrak [ɛɐ̯ˈʃraːk] *imp von* **erschrecken II.**

er·schre·cken **I.** *vt* <erschreckte, erschreckt> *haben* ❶ (*in Schrecken versetzen*) ■**jdn** ~ to give sb a fright ❷ (*bestürzen*) ■**jdn** ~ to alarm sb, to shock sb **II.** *vi* <erschrickt, erschreckte *o* erschrak, erschreckt *o* erschrocken> *sein* ■[**vor jdm/etw**] ~ to get a fright [from sb/sth]; ~ **Sie nicht, ich bin's nur!** don't get a fright, it's only me! **III.** *vr* <erschrickt, erschreckte, erschreckt *o* erschrocken> *haben* (*fam: einen Schrecken bekommen*) ■**sich** [**über etw** *akk*] ~ to be shocked [by sth]

Er·schre·cken *nt kein pl* fear, terror

er·schre·ckend **I.** *adj* alarming; ■~ **sein** to be alarming **II.** *adv* ❶ (*schrecklich*) terrible ❷ (*fam: unglaublich*) incredibly

er·schrickt *3. pers pres von* **erschrecken**

er·schro·cken **I.** *pp von* **erschrecken II., III. II.** *adj* alarmed, shocked; ■~ **sein** to be alarmed **III.** *adv* with a start *pred*

er·schüt·tern* [ɛɐ̯ˈʃʏtɐn] *vt* ❶ (*zum Beben bringen*) ■**etw** ~ to shake sth ❷ (*in Frage stellen*) ■**etw** ~ to shake sth; *Ansehen* damage; *Glaubwürdigkeit* undermine ❸ (*tief bewegen*) ■**jdn** ~ to shake sb, to distress sb; **jdn kann nichts mehr** ~ nothing can shake [*or* distress] sb anymore; **sich durch nichts ~ lassen** to let nothing shake [*or* distress] oneself

er·schüt·ternd *adj* distressing

er·schüt·tert *adj* shaken, distressed; ■[**über etw** *akk*] **erschüttert sein** to be shaken [*or* distressed] [by sth]

Er·schüt·te·rung <-, -en> *f* ❶ (*erschütternde Bewegung*) shake ❷ (*Destabilisierung*) destabilization *no pl;* **dieses skandalöse Urteil bewirkte eine ~ der gesamten Rechtsprechung** this scandalous judgement has given the whole justice system a shake-up ❸ (*das Erschüttern*) *Vertrauen* shaking ❹ (*seelische Ergriffenheit*) distress; **ihre ~ war ihr deutlich anzumerken** it was easy to see that she was in distress

er·schwe·ren* [ɛɐ̯ˈʃveːrən] *vt* ■[**jdm**] **etw** ~ to make sth more difficult [for sb]; **das Problem erschwerte ihm die Aufgabe** the problem complicated the task for him

er·schwe·rend **I.** *adj* complicating **II.** *adv* ■**sich ~ auswirken** to make things difficult; ~ **kommt noch hinzu ...** to make matters [*or* things] worse...

Er·schwer·nis <-, -se> [ɛɐ̯ˈʃveːɐ̯nɪs, *pl* nɪsə] *f* (*geh*) [additional] difficulty

Er·schwe·rung <-, -en> *f* ■**die ~ einer S.** *gen* the hindrance to sth

er·schwin·deln* *vt* ■[**sich** *dat*] **etw von jdm** ~ to con sth [for oneself] out of sb

er·schwing·lich [ɛɐ̯ˈʃvɪŋlɪç] *adj* affordable; ■~ **sein** to be affordable

er·se·hen* *vt irreg* (*geh*) ■**etw aus etw** *dat* ~ to see sth from sth; **alles Weitere können Sie aus meinem Lebenslauf** ~ you'll find additional information in my CV; ■**aus etw** *dat* **~, dass ...** to see from sth that ...

er·seh·nen* *vt* (*geh*) ■**etw** ~ to long for sth, to yearn for sth; ■**ersehnt** longed for, yearned for

er·setz·bar [ɛɐ̯ˈzɛtsbaːɐ̯] *adj* replaceable; ■~ **sein** to be replaceable

er·set·zen* *vt* ❶ (*austauschen*) ■**etw** [**durch etw**] ~ to replace sth [with sth] ❷ (*vertreten*) ■[**jdm**] **jdn/etw** ~ to replace [sb's] sb/sth; **er ersetzt dem Kind den Vater** he's a replacement father to the child ❸ (*erstatten*) ■**jdm etw** ~ to reimburse sb for sth

er·sicht·lich *adj* apparent; ■**aus etw** *dat* **~ sein, dass ...** to be apparent [*or* clear] from sth that ...

er·sin·nen* *vt irreg* (*geh*) ■**etw** ~ to concoct sth; *Plan* devise

er·spä·hen* *vt* ■**jdn/etw** [**unter etw** *dat*] ~ to spot sb/sth [among sth]

er·spa·ren* *vt* ❶ ■**jdm etw** ~ to spare sb sth; **ich kann Ihnen die Wartezeit leider nicht** ~ I'm afraid you'll have to wait; **jdm bleibt etw/nichts erspart** sb is spared sth/not spared anything; **schon wieder dieser Ärger, mir bleibt aber auch nichts erspart!** not this again! the things I have to put up with!; ■**sich** *dat* **etw** ~ to save oneself sth; **den Ärger hättest du dir ~ können** you could have spared yourself this trouble ❷ (*durch Sparen erwerben*) ■[**sich** *dat*] **etw** ~ to save up [to buy] sth

Er·spar·nis <-, -se> [ɛɐ̯ˈʃpaːɐ̯nɪs, *pl* -nɪsə] *f,* <-ses, -se> *nt* ÖSTERR ❶ *kein pl* (*Einsparung*) ■**die/eine ~ an etw** *dat* the/a saving in [*or* of] [*or* on] sth ❷ *meist pl* (*erspartes Geld*) savings *npl*

Er·spar·te(s) *nt dekl wie adj* savings *npl*

er·sprieß·lich [ɛɐ̯ˈʃpriːslɪç] *adj* (*geh*) useful, helpful; *Zusammenarbeit* successful; ■**irgendwie ~ sein** to be useful [*or* helpful] in some way

erst [ˈeːɐ̯st] **I.** *adv* ❶ (*zuerst*) [at] first; ~ **sagst du ja, dann wieder nein!** first you say yes, then you say no again!; ~ **schien noch die Sonne, aber dann fing es bald an zu regnen** at first it was sunny but it soon started to rain; **mach ~ [ein]mal die Arbeit fertig** finish your work first; **wenn du das ~ einmal hinter dir hast** once you've got that over with ❷ (*nicht früher als*) only; **wecken Sie mich bitte ~ um 8 Uhr!** please don't wake me until 8 o'clock!; **er hat mich ~ darauf aufmerksam gemacht, als es schon zu spät war** he didn't draw my attention to it until it was too late; **ich brauche die Rechnung ~ in 5 Wochen zu bezahlen** I don't need to pay the bill for another 5 weeks; ~ **gestern/heute/morgen** only yesterday/today/tomorrow; **der nächste Zug fährt ~ morgen** the next train doesn't leave until tomorrow; ~ **jetzt** only now; **eben/gerade** ~ [only] just; ~ **vor kurzem** only recently, only just; ~ **als ...** only when...; ~ **wenn** only if; **~ ..., wenn** only...if ❸ (*bloß*) only **II.** *part* (*verstärkend*) **an deiner Stelle würde ich ~ gar nicht anfangen** if I was in your shoes I wouldn't even start; **wenn wir zu Hause sind, dann kannst du ~ was erleben!** when we get home you'll be in real trouble! ▸WENDUNGEN: ~ <u>**recht**</u> all the more; **jetzt ~ <u>recht</u>/<u>recht</u> nicht! jetzt zeigst du es ihr ~ recht!** <u>now</u> you can really show her!; **tu, was man dir sagt! – nein, jetzt ~ recht nicht!** do what you're told! no, now I definitely won't do it!; *s. a.* **gar**

er·star·ken* [ɛɐ̯ˈʃtarkn̩] *vi sein (geh)* ❶ *(stärker werden)* to gain strength ❷ *(intensiver werden)* to become stronger; *(von Hoffnung/Zuversicht)* to increase

er·star·ren* *vi sein* ❶ *(fest werden)* to harden, to solidify; **bei 0 °C erstarrt Wasser zu Eis** at 0 °C water freezes and becomes ice ❷ *(wie gefroren sein)* to freeze; **Dracula bot einen Anblick, der jedem das Blut in den Adern ~ ließ** the sight of Dracula made everybody's blood freeze [in their veins] ❸ *(vor Kälte steif werden)* to freeze ❹ *(starr werden)* ■[**vor etw** *dat*] ~ to freeze [with sth]

er·stat·ten* [ɛɐ̯ˈʃtatn̩] *vt* ❶ *(ersetzen)* ■[**jdm**] **etw** ~ to reimburse [sb] for sth ❷ *(geh: mitteilen)* **Anzeige** ~ to report a crime; **Anzeige gegen jdn** ~ to report sb; **jdm Bericht/Meldung** [**über etw** *akk*] ~ to report to sb/notify sb [about sth]

Er·stat·tung <-, -en> *f von Auslagen, Unkosten* reimbursement

erst·auf·füh·ren *vt nur infin, pp* to première; ■**erstaufgeführt** premièred **Erst·auf·füh·rung** *f* première **Erst·auf·la·ge** *f* first print[-run]

er·stau·nen* **I.** *vt haben* ■**jdn** ~ to amaze sb; **dieses Angebot erstaunt mich** I find this offer amazing **II.** *vi sein* ■**über etw** *akk* ~ to be amazed by sth

Er·stau·nen *nt* amazement; **voller** ~ full of amazement; **jdn in ~ versetzen** to amaze sb; **zu jds** ~ to sb's amazement

er·staun·lich [ɛɐ̯ˈʃtaunlɪç] **I.** *adj* amazing, astonishing; ■~ **sein, dass/was/wie** to be amazing that/what/how; ■**E~es** something amazing, amazing things *pl* **II.** *adv* amazingly, astonishingly

er·staun·li·cher·wei·se *adv inv* astonishingly, amazingly

er·staunt **I.** *adj* amazed; **du machst so ein ~es Gesicht** you look so amazed; ■[**über jdn/etw**] ~ **sein** to be amazed [by sb/sth] **II.** *adv* in amazement

Erst·aus·ga·be *f* ❶ *(erste Veröffentlichung)* first edition ❷ *(Buch)* first edition **erst·bes·te(r, s)** *adj attr* first; ■**der/die/das E~** the first one sees [*or* comes across], the next best **Erst·be·stei·gung** *f* first ascent **Erst·de·lin·quent** *m* first offender

ers·te(r, s) [ˈeːɐ̯stə] *adj* ❶ *(an erster Stelle kommend)* first; **die ~n fünf/die fünf ~n Bäume** the first five trees; **das E~, was ...** the first thing that ...; **die ~ Klasse** [*o fam* **die E~**] primary one BRIT, first grade AM; *s. a.* **achte(r, s) 1** ❷ *(Datum)* first, 1st; *s. a.* **achte(r, s) 2** ❸ *(führend)* leading, number one, top; **das ~ Haus am Platz** *(Hotel)* the best [*or* finest] hotel in town; *(Laden)* the top [*or* best] store in town; *s. a.* **Klasse, Wahl** ▸WENDUNGEN: **der/die/das ~ beste** the first one sees [*or* comes across], the next best; **bei der ~n besten Gelegenheit** at the first opportunity that comes along [*or* presents itself]; **fürs E~** to begin with, for the time being, for starters *fam;* **zum E~n, zum Zweiten, zum Dritten** going once, going twice, sold

Ers·te(r) [ˈɛrstə] *f(m) dekl wie adj* ❶ first; *s. a.* **Achte(r) 1** ❷ *(bei Datumsangabe)* ■**der ~** [*o geschrieben* **der 1.**] the first *spoken,* the 1st *written; s. a.* **Achte(r) 2** ❸ *(Namenszusatz)* **Ludwig der ~** *geschrieben* Louis the First; **Ludwig I.** *geschrieben* Louis I ❹ *(beste)* the best, the leader; **in Mathematik war sie die ~ in der Klasse** she was top of the class in maths; **der Porsche ist wieder ~r geworden** the Porsche won again ▸WENDUNGEN: ~ **unter Gleichen** first among equals

er·ste·chen* *vt irreg* ■**jdn** [**mit etw** *dat*] ~ to stab sb to death [with sth]

er·ste·hen* [ɛɐ̯ˈʃteːən] *irreg* **I.** *vt haben (fam)* ■**etw** ~ to pick up sth *sep* **II.** *vi sein* ❶ *(geh: neu entstehen)* to be rebuilt ❷ *(geh: erwachsen)* ■**jdm** [**aus etw** *dat*] ~ to arise for sb [from sth]; **daraus würden Ihnen nur Unannehmlichkeiten ~** it would only cause you difficulties

Ers·te-Hil·fe-Kurs [eːɐ̯stəˈhɪlfəkʊrs] *m* first-aid course **Ers·te-Hil·fe-Leis·tung** [eːɐ̯stəˈhɪlfəlaistʊŋ] *f* first aid *no pl*

er·stei·gen* *vt irreg* ■**etw** ~ to climb sth; **die höchsten Stufen des Ruhmes** ~ to rise to the dizzy heights of fame

Er·stei·gung *f Berg* climbing

Erst·ein·ga·be *f* first entry **Erst·ein·satz** *m* first use, first deployment

Ers·te-Klas·se-Ab·teil *nt* first class compartment **Ers·te-Klas·se-Wa·gen** *m* first class carriage

er·stel·len* *vt* ❶ *(geh: errichten)* ■**etw** [**in etw** *dat*] ~ to build sth [in sth] ❷ *(anfertigen)* ■[**jdm**] **etw** ~ to draw up, to write, to produce; ■**sich** *dat* **etw** [**von jdm**] ~ **lassen** to have sth drawn up/written/produced [by sb]

Er·stel·lung *f* ❶ *(geh: Errichtung) Gebäude, Wohnungen* building ❷ *(Anfertigung)* drawing up, writing, production; **die ~ eines genauen Konzeptes** to draw up an exact plan

ers·te·mal^ALT *adv s.* **Mal**

ers·ten·mal^ALT *adv s.* **Mal**

ers·tens [ˈeːɐ̯stn̩s] *adv* firstly

ers·te·re(r, s) *adj* ■**der/die/das E~** the former; **fliegen Sie mit der Maschine um 9:00 oder um 14:00? – mit E~r** are you taking the plane at 9 AM or 2 PM? – the one at 9 [*or* the former]

erst·ge·bä·rend *adj inv* primigravida *spec* **Erst·ge·bä·ren·de** *f dekl wie adj* first-time mother, primipara *spec* **erst·ge·bo·ren** *adj attr* first-born; ■**der/die E~e** the first-born [child] **erst·ge·nannt** *adj attr* first, first mentioned

er·sti·cken* **I.** *vt haben* ❶ *(durch Erstickung töten)* ■**jdn** ~ to suffocate sb ❷ *(erlöschen lassen)* ■**etw** ~ to extinguish sth ❸ *(dämpfen)* ■**etw** ~ to deaden sth ❹ *(unterdrücken)* ■**etw** ~ to crush sth **II.** *vi sein* ❶ *(durch Erstickung sterben)* ■**an etw** *dat* ~ to choke to death on sth, to be suffocated by sth; **das Kind ist an einer Fischgräte erstickt** the child choked to death on a fish bone; **zum E~** *(fam)* suffocating *fam,* stifling ❷ *(erlöschen)* to go out ❸ *(übermäßig viel haben)* ■**in etw** *dat* ~ to drown in sth; **Deutschlands Städte ~ im Verkehr** Germany's towns are overflowing with traffic

er·stickt *adj* stifled; **sie sprach mit halb von Tränen ~er Stimme** she could hardly speak through all her tears

Er·stick·te(r) *f(m) dekl wie adj* victim of suffocation [*or* choking]

Er·sti·ckung <-> *f kein pl* ❶ *(von Lebewesen)* suffocation *no pl* [*or* choking] ❷ *(von Feuer)* suffocation; **die ~ der Flammen gelang ihnen nur mit Mühe** they were able to put out the flames only with difficulty

erst·in·stanz·lich *adj* of first instance *pred* **erst·klas·sig** [ˈeːɐ̯stklasɪç] **I.** *adj* first-class **II.** *adv* first class, excellently **Erst·kläss·ler(in)**^RR, **Erst·kläß·ler**^ALT <-s, -> [-klɛslɐ] *m* SÜDD, SCHWEIZ, **Erst·klas·ser(in)** <-s, -> [-klasɐ] *m(f)* ÖSTERR primary one pupil BRIT, first grader AM **Erst·kom·mu·ni·on** *f* first communion **Erst·kon·takt** *m* ÖKON initial approach [*or* contact]

Erst·ling <-s, -e> [ˈeːɐ̯stlɪŋ] *m* ❶ *(erstes Werk)* first work ❷ *(erstgeborenes Kind)* first[-born *dated*] child

Erst·lings·werk *nt* first book [*or* work]

erst·ma·lig [ˈeːɐ̯stmaːlɪç] **I.** *adj* first **II.** *adv (geh) s.* **erstmals**

erst·mals [ˈeːɐ̯stmaːls] *adv* for the first time

Er·sto·che·ne(r) [ɛɐ̯ˈʃtɔçənə] *f(m) dekl wie adj* victim of fatal stabbing

er·strah·len* *vi sein (geh)* ■[**in etw** *dat*] ~ to be aglow [with sth]

erst·ran·gig [ˈeːɐ̯straŋɪç] *adj* ❶ *(sehr wichtig)* major ❷ *(erstklassig)* first-class, first-rate

er·stre·ben* *vt (geh)* ■**etw** ~ to strive for sth

er·stre·bens·wert [ɛɐ̯ˈʃtreːbn̩sveːɐ̯t] *adj* worth striving for *pred;* ■[**für jdn**] ~ **sein** to be worth striving for [in sb's opinion]; ■**es ist ~, etw zu sein** it is worth striving for to be sth; ■**etwas E~es** something worth striving for

E

er·strẹ·cken* I. *vr* ① (*sich ausdehnen*) ■**sich** [**in etw** *akk*/**über etw** *akk*] ~ to extend [in sth/over sth] ② (*betreffen*) ■**sich auf etw** *akk* ~ to include sth II. *vt* SCHWEIZ (*verlängern*) ■**etw** ~ to extend sth

Erst·schlag *m* first strike **Erst·stim·me** *f* first vote (*given for a candidate in the voter's constituency in the first round of the Bundestag elections*) **Erst·tags·brief** *m* first-day cover **Erst·tä·ter(in)** *m(f)* first offender

er·stun·ken [ɛɐ̯ˈʃtʊŋkn̩] *adj* ▸WENDUNGEN: **das ist ~ und erlogen** (*fam*) that's a pack of lies, that's the biggest lie I've ever heard BRIT

ẹr·stür·men* *vt* ① MIL (*durch einen Sturmangriff einnehmen*) ■**etw** ~ to storm sth ② (*fig o selten: ein Ziel erreichen*) ■**etw** ~ to conquer sth

Erst·ver·öf·fent·li·chung *f* first publication **Erst·wäh·ler(in)** *m(f)* first-time voter

er·su·chen* *vt* (*geh*) ① (*auffordern*) ■**jdn um etw** *akk* ~ to request sth from sb; ■**jdn** [**darum**] **~, etw zu tun** to request sb to do sth ② (*bitten*) ■[**jdn** [*o* **bei jdm**]] **um etw** *akk* ~ to request sth [from sb]

Er·su·chen <-s, -> *nt* (*geh*) request; **ein ~ an jdn richten** [*o* **stellen**] to file a request with sb, to submit a request to sb; **auf ~ der/des ...** at the request of the ...

er·tạp·pen* I. *vt* ■**jdn** [**bei etw** *dat*] ~ to catch sb [doing sth]; *s. a.* **in flagranti, Tat** II. *vr* ■**sich bei etw** *dat* ~ to catch oneself doing sth

er·tei·len* *vt* (*geh*) ■[**jdm**] **etw** ~ to give [sb] sth

er·tö·nen* *vi sein* (*geh*) ① (*zu hören sein*) to sound; **vom Nachbarhaus her ertönte laute Musik** loud music was coming from the neighbouring house; ■**etw ~ lassen** to let sth sound ② (*widerhallen*) ■**von etw** *dat* ~ to resound with sth

Er·trag <-[e]s, Erträge> [ɛɐ̯ˈtraːk, *pl* ɛɐ̯ˈtrɛːgə] *m* ① (*Ernte*) yield; **~ bringen** [*o* **abwerfen**] to bring yields ② *meist pl* revenue; **~ bringen** [*o* **abwerfen**] to bring in revenue

er·tra·gen* *vt irreg* ■**etw** ~ to bear sth; **nicht zu ~ sein** to be unbearable

er·träg·lich [ɛɐ̯ˈtrɛːklɪç] *adj* bearable; ■[**irgendwie**] **~ sein** to be bearable [in a certain way]; **schwer ~ sein** to find it difficult to cope with sth

er·trag·reich *adv* productive; *Land* fertile

Er·trags·span·ne *f* margin of return **Er·trags·stei·ge·rung** *f* profits increase

er·trän·ken* I. *vt* ① (*ersäufen*) ■**jdn/ein Tier** ~ to drown sb/an animal ② (*betäuben*) ■**etw** [**in etw** *dat*] ~ to drown sth [in sth] II. *vr* ■**sich** ~ to drown oneself

er·träu·men* *vt* ■[**sich** *dat*] **jdn/etw** ~ to dream about [*or* of] sb/sth

er·trin·ken* *vi irreg sein* ■[**in etw** *dat*] ~ to drown [in sth]

Er·trin·ken <-s> *nt kein pl* drowning

er·trot·zen* *vt* (*geh*) ■[**sich** *dat*] **etw** ~ to obtain by forceful means

Er·trun·ke·ne(r) *f(m) dekl wie adj* victim of drowning

er·tüch·ti·gen* [ɛɐ̯ˈtʏçtɪgn̩] I. *vt* (*geh*) ■**jdn** ~ to strengthen sb II. *vr* ■**sich** ~ to strengthen oneself

Er·tüch·ti·gung <-, -en> *f* strengthening; **körperliche ~** physical strengthening

er·üb·ri·gen* [ɛɐ̯ˈʔyːbrɪgn̩] I. *vr* ■**sich** ~ to be superfluous; ■**es erübrigt sich, etw zu tun** it is not necessary to do sth II. *vt* (*aufbringen*) **etw ~ können** *Geld, Zeit* to spare sth

eru·ie·ren* [eruˈiːrən] *vt* (*geh*) ① (*in Erfahrung bringen*) ■**etw** ~ to find out sth *sep;* ■[**bei jdm**] **~, wann/wer ...** to find out [from sb] when/who ... ② ÖSTERR, SCHWEIZ (*ausfindig machen*) ■**jdn** ~ to find sb

Erup·ti·on <-, -en> [erʊpˈtsi̯oːn] *f* eruption

er·wa·chen* *vi sein* ① (*geh: aufwachen*) ■[**aus etw** *dat*] ~ to wake up [from sth]; **aus der Narkose ~** to come round from the anaesthetic [*or* anesthetic] AM *esp;* **aus einer Ohnmacht ~** to come to; ■**von etw** *dat* ~ to be woken by sth ② (*sich regen*) **in jdm Gefühle ~** to awaken in sb ▸WENDUNGEN: **ein böses E~** a rude awakening

er·wach·sen*[1] [ɛɐ̯ˈvaksn̩] *vi irreg sein* (*geh*) ■**jdm** ~ to arise for sb; ■**etw erwächst jdm aus etw** sth causes sth for sb; **jdm ~ Kosten** [**aus etw** *dat*] sb incurs costs [as a result of sth]

er·wach·sen[2] [ɛɐ̯ˈvaksn̩] *adj* adult, grown-up

Er·wach·se·ne(r) *f(m) dekl wie adj* adult, grown-up

Er·wach·se·nen·bil·dung [ɛɐ̯ˈvaksenən-] *f* adult education **Er·wach·se·nen·tau·fe** *f* adult christening

er·wä·gen* *vt irreg* ① (*in Betracht ziehen*) consider ② (*überlegen*) ■**etw** ~ to consider sth; ■**~, etw zu tun** to consider doing sth

Er·wä·gung <-, -en> *f* consideration; **etw in ~ ziehen** to give sth one's consideration, to consider sth; **in ~ ziehen, etw zu tun** to consider doing sth; **aus bestimmten ~en** [**heraus**] for certain reasons

er·wäh·nen* *vt* ■**jdn/etw** ~ to mention sb/sth; ■[**jdm gegenüber**] **~, dass ...** to mention [to sb] that ...

er·wäh·nens·wert *adj* worth mentioning *pred,* noteworthy; **ich hielt es nicht für ~** I didn't think it worth mentioning

Er·wäh·nung <-, -en> *f* mentioning; **~ finden** (*geh*) to be mentioned

er·wär·men* I. *vt* ① (*warm machen*) ■**etw** ~ to warm sth [up] ② (*begeistern*) ■**jdn für etw** *akk* ~ to arouse [*or* kindle] enthusiasm in sb for sth II. *vr* ① (*warm werden*) ■**sich** [**auf etw** *akk*] ~ to warm up [to sth] ② (*sich begeistern*) ■**sich für jdn/etw** ~ to work up enthusiasm for sb/sth

er·war·ten* I. *vt* ① (*entgegensehen*) ■**jdn/etw** ~ to expect sb/sth ② (*dem Eintritt von etw entgegensehen*) ■**etw** ~ to wait for [*or* to await] sth *form* ③ (*voraussetzen*) ■**etw von jdm** ~ to expect sth from sb; ■**von jdm ~, dass** to expect sb to do sth; **von jdm zu ~ sein** to be expected from sb; **von ihr ist bestimmt keine Hilfe zu ~** she definitely won't [want to] help ④ (*mit etw rechnen*) ■**etw erwartet einen** sth awaits one; **zu ~ sein** [*o geh* **stehen**]**, dass ...** to be expected that ...; **etw war zu ~** sth was to be expected; **wider E~** contrary to [all] expectation[s] ⑤ (*bekommen*) ■**etw** [**von jdm**] ~ to expect [sb's] sth; **sie erwartet ein Baby von ihm** she's expecting his baby II. *vr* (*sich versprechen*) ■**sich** *dat* **etw von jdm/etw** ~ to expect sth from [*or* of] sb/sth

Er·war·tung <-, -en> *f* ① *kein pl* (*Ungeduld*) anticipation; **in gespannter ~** in eager anticipation ② *pl* (*Hoffnung*) expectations *pl;* **jds ~en gerecht werden** to live up to sb's expectations; **seine ~en zu hoch spannen** to raise one's hopes too high; **voller ~** full of expectation; **zu bestimmten ~en berechtigen** to give grounds for certain expectations; **hinter jds ~en zurückbleiben** to not come up to sb's expectations; **den ~en entsprechen** to fulfil [*or* AM *usu* fulfill] the expectations; **jds ~en enttäuschen** to not come [*or* AM live] up to sb's expectations; **große ~en an etw knüpfen** *akk* to place high hopes on sth; **alle ~en übertreffen** to exceed all expectations, to go beyond all expectations ③ (*Entgegensehen*) ■**in ~ einer S.** *gen* (*geh*) in anticipation of sth

Er·war·tungs·druck <-[e]s> *m kein pl* **unter ~ stehen** to be under pressure to perform **er·war·tungs·ge·mäß** *adv* as expected **Er·war·tungs·hal·tung** *f* expectation

er·war·tungs·voll I. *adj* expectant, full of expectation *pred;* **ich fürchte, du bist zu ~** I fear you're expecting too much II. *adv* expectantly

er·wẹ·cken* *vt* ① (*hervorrufen*) ■**etw** ~ to arouse sth; **den Eindruck ~, ...** to give the impression ..., to create the impression ...; **Zweifel ~** to raise doubts ② (*geh: aufwecken*) ■**jdn** [**aus etw** *dat*] ~ to wake sb [from sth]

er·weh·ren* *vr* (*geh*) ■**sich jds/einer S. ~** to fight off sb/sth *sep;* **sich einer S.** *gen* **nicht/kaum ~ können** to not/hardly be able to hold back sth; **sich eines Eindrucks/einer Vorstellung nicht ~ können** to not be able to help thinking sth

er·wei·chen* *vt* ① (*umstimmen*) ■**jdn** ~ to make sb change their mind; **sich** ~ **lassen** to let oneself be persuaded ② KOCHK (*weich machen*) ■**etw** ~ to soften sth

er·wei·sen* *irreg* **I.** *vt* ① (*nachweisen*) ■**etw** ~ to prove sth; ■~, **dass ...** to prove that ...; ■**erwiesen** proved ② (*zeigen*) ■**etw wird** ~, **dass/ob ...** sth will show that/whether ... ③ (*geh: entgegenbringen*) ■[**jdm**] **etw** ~ to express sth [to sb]; **jdm einen Dienst/Gefallen tun** to do somebody a service/favour [*or* AM -or] **II.** *vr* ① (*sich herausstellen*) ■**sich** [**als etw**] ~ to prove oneself [sth]; **dieser Mitarbeiter hat sich als zuverlässig erwiesen** this employee has proved himself reliable; ■**es erweist sich, dass ...** it is evident that ... ② (*sich zeigen*) ■**sich** [**gegen jdn** [*o* **jdm gegenüber**]] **als etw** ~ to be sth [to sb]; **sie sollte sich eigentlich dankbar** [**gegen ihn/ihm gegenüber**] ~ she should really be grateful [to him]

er·wei·tern* [ɛɐ̯ˈvaitɐn] **I.** *vt* ① (*verbreitern*) ■**etw** [**auf etw** *akk*/**um etw** *akk*] ~ to widen sth [to sth/by sth] ② (*vergrößern*) ■**etw** [**auf etw** *akk*/**um etw** *akk*] ~ to expand sth [to sth/by sth] ③ (*weiter machen*) ■**etw** [**um etw** *akk*] ~ to widen sth [by sth]; ■**sich** *dat* **etw** ~ **lassen** to have sth widened ④ (*umfangreicher machen*) ■**etw** [**auf etw** *akk*/**um etw** *akk*] ~ to increase [*or* expand] [by sth/to sth] **II.** *vr* ① (*sich verbreitern*) ■**sich** [**auf etw** *akk*/**um etw** *akk*] ~ to widen [to sth/by sth] ② MED, ANAT ■**sich** ~ to dilate

Er·wei·te·rung <-, -en> *f* ① (*Verbreiterung*) *Anlagen, Fahrbahn* widening ② (*Vergrößerung*) expansion ③ (*Ausweitung*) increase ④ MED, ANAT dilation

Er·werb <-[e]s, -e> [ɛɐ̯ˈvɛrp, *pl* ɛɐ̯ˈvɛrbə] *m* ① *kein pl* (*geh: Kauf*) ■**der** ~ **einer S.** *gen* acquisition of sth *form*, purchase of sth ② (*berufliche Tätigkeit*) ■**jds** ~ sb's occupation; **einem/keinem** ~ **nachgehen** (*geh*) to have an/no occupation

er·wer·ben* *vt irreg* ① (*kaufen*) ■**etw** [**für etw** *akk*] ~ to acquire sth [for sth], to purchase sth [for sth] ② (*an sich bringen*) ■**etw** [**durch etw** *akk*] ~ to acquire sth [through sth]; **einen Titel** ~ to receive a title ③ (*gewinnen*) ■[**sich** *dat*] **etw** ~ to earn sth; **jds Vertrauen** ~ to win sb's trust

Er·wer·ber·mo·dell *nt an investment plan in which sb purchases property and pays a reduced amount of tax through amortization*

er·werbs·fä·hig *adj* (*geh*) fit for gainful employment *form pred,* able to participate in gainful employment *form pred,* fit for work *pred,* able to work *pred* **Er·werbs·le·ben** *nt* working life; **im** ~ **stehen** to lead a working life **er·werbs·los** *adj* (*geh*) unemployed **Er·werbs·lo·se(r)** *f(m) dekl wie adj* unemployed person **er·werbs·tä·tig** *adj inv* working **Er·werbs·tä·tig·keit** <-> *f kein pl* employment; **nach der Geburt setzte sie ihre** ~ **fort** she went back to work after the birth **er·werbs·un·fä·hig** *adj* (*geh*) unfit for gainful employment *form pred,* unable to participate in gainful employment *form pred,* unfit for work *pred,* unable to work *pred;* **jdn** ~ **machen** to render sb unfit for work [*or* unable to work] **Er·werbs·un·fä·hig·keit** <-> *f kein pl* inability to work

Er·wer·bung *f* ① (*Kauf*) acquisition, purchase ② (*erworbener Gegenstand*) acquisition

er·wi·dern* [ɛɐ̯ˈviːdɐn] *vt* ① (*antworten*) ■[**jdm**] **etw** [**auf etw** *akk*] ~ to give [sb] a reply [to sth]; ■[**auf etw** *akk*] ~ to reply [to sth]; **... erwiderte sie frech ...** she replied cheekily; **was haben Sie zu diesen Vorwürfen zu** ~**?** what do you have to say in response to these accusations?; ■[**auf etw** *akk*] ~, **dass ...** to reply [to sth] by saying [that] ...; **auf meine Frage erwiderte sie ...** she replied to my question by saying ... ② (*zurückgeben*) ■**etw** ~ to return sth; *s. a.* **Feuer**

Er·wi·de·rung <-, -en> *f* ① (*Antwort*) reply ② (*das Erwidern*) returning; **die** ~ **jds Liebe** returning of sb's love

er·wie·se·ner·ma·ßen [ɛɐ̯viːzənɐˈmaːsn̩] *adv* as has been proved

er·wir·ken* [ɛɐ̯ˈvɪrkn̩] *vt* (*geh*) ■**etw** [**gegen jdn**] ~ to obtain sth [against sb]

er·wirt·schaf·ten* *vt* ■**etw** ~ to make

er·wi·schen* [ɛɐ̯ˈvɪʃn̩] *vt* (*fam*) ① (*ertappen*) ■**jdn** [**bei etw** *dat*] ~ to catch sb [doing sth] ② (*ergreifen, erreichen*) ■**jdn/etw** ~ to catch sb/sth; **hast du den Bus noch erwischt?** did you manage to catch the bus? ③ (*treffen*) ■**jdn** [**an etw** *dat*] ~ to hit sb['s sth] ▸ WENDUNGEN: **jdn hat's erwischt** (*sl: total verliebt sein*) sb has got it bad; (*plötzlich erkrankt sein*) sb has really come down with it *fam;* (*unerwartet umgekommen sein*) sb has snuffed it *fam*

er·wor·ben *adj* acquired

er·wünscht [ɛɐ̯ˈvʏnʃt] *adj* ① (*gewünscht*) desired ② (*willkommen*) welcome, desirable; **eine** ~**e Gelegenheit** a welcome opportunity; **Ihre Anwesenheit ist zwar kein Muss, aber durchaus** ~ your presence is not compulsory though definitely desirable; **Sie sind hier nicht** ~**!** you are not welcome here!; **Rauchen nicht** ~**!** smoking not permitted!

er·wür·gen* *vt* ■**jdn** ~ to strangle sb

Er·würg·te(r) *f(m) dekl wie adj* victim of strangling

Ery·thro·zyt <-s, -en> [erytroˈtsyːt] *m* BIOL, MED erythrocyte

Erz <-es, -e> [ˈeːɐ̯ts] *nt* ore

Erz·ader *f* vein of ore

er·zäh·len* **I.** *vt* ① (*anschaulich berichten*) explain ② (*sagen*) tell, relate; ■[**jdm**] **etw** ~ to tell [sb sth]; [**jdm**] **seine Erlebnisse** ~ to tell [sb] about one's experiences; ■[**jdm**] ~, **was/wie/wer ...** to tell [sb] what/how/who ...; **was erzählst du da?** what are you saying?; **es wird erzählt, dass ...** they say that ..., there is a rumour [*or* AM -or] that ▸ WENDUNGEN: **das kannst du anderen** ~**!** (*fam*), **das kannst du sonst wem** [*o* **einem anderen**] ~ (*fam*) you can tell that to the marines!, tell me another! BRIT; **mir kannst du viel** ~ (*fam*) say what you like!; **dem/der werd ich was** ~**!** (*fam*) I'll give him/her a piece of my mind!; **wem** ~ **Sie/erzählst du das!** (*fam*) you're telling me! **II.** *vi* to tell a story/stories

Er·zäh·ler(in) [ɛɐ̯ˈtsɛːlɐ] *m(f)* ① (*jd, der erzählt*) storyteller ② (*Schriftsteller*) storyteller, author; (*Romanperson*) narrator

Er·zäh·lung *f* ① (*Geschichte*) story ② *kein pl* (*das Erzählen*) telling; **darf ich jetzt in meiner** ~ **fortfahren?** may I continue telling my joke/story now?

Erz·berg·werk *nt* ore mine

Erz·bi·schof, -bi·schö·fin [ˈɛrtsbɪʃɔf, ˈɛrtsbɪʃœfɪn] *m, f* archbishop **erz·bi·schöf·lich** *adj attr* archiepiscopal **Erz·bis·tum** *nt* archbishopric **Erz·di·a·kon, -di·a·ko·nis·se** *m, f* archdeacon *masc,* archdeaconess *fem* **Erz·di·ö·ze·se** [ˈɛrtsdiøtseːzə] *f* archdiocese **Erz·en·gel** [ˈɛrts?eŋl̩] *m* archangel

er·zeu·gen* *vt* ■**etw** ~ ① *bes* ÖSTERR (*produzieren*) to produce sth ② CHEM, ELEK, PHYS to generate sth ③ (*hervorrufen*) to create sth; **Ärger** ~ to cause trouble; ■**etw bei jdm** ~ to result in sb's sth; **Langeweile bei jdm** ~ to result in sb's becoming bored

Er·zeu·ger(in) <-s, -> *m(f)* ① *bes* ÖSTERR (*geh: Produzent*) producer ② (*hum fam: Vater*) father

Er·zeug·nis <-ses, -se> [ɛɐ̯ˈtsɔyknɪs] *nt* product

Er·zeu·gung <-, -en> *f* ① *kein pl* CHEM, ELEK, PHYS generation ② (*Produktion*) production

Erz·feind(in) *m(f)* arch-enemy **Erz·gau·ner** *m* (*pej*) out-and-out rogue

Erz·ge·bir·ge [ˈɛrtsgəbɪrgə] *nt* Erzgebirge

Erz·ge·win·nung *f* ore mining

Erz·her·zog(in) [ˈɛrtshɛrtsoːk, ˈɛrtshɛrtsoːgɪn] *m(f)* archduke *masc,* archduchess *fem*

er·zieh·bar *adj* educable; ■**irgendwie** ~ **sein** to be educable in a certain way; **Kinder sind nicht immer leicht** ~ bringing children up isn't always easy

er·zie·hen* *vt irreg* ① (*aufziehen*) ■**jdn** ~ to bring up sb *sep;* **meinen Mann werde ich schon noch** ~**!** (*hum*) I'll get my husband trained, don't you worry!; **gut/schlecht erzogen sein** to be well/badly brought-up ② (*anleiten*) ■**jdn zu etw** *dat* ~ to teach sb to be sth; **ihre Eltern hatten sie zur Pünkt-**

lichkeit erzogen her parents had taught her to be punctual

Er·zie·her(in) <-s, -> [ɛɐ̯'tsiːɐ] *m(f)* educator, teacher

er·zie·he·risch *adj* educative

Er·zie·hung *f kein pl* ❶ (*das Erziehen*) education *no pl,* teaching; ■**jds ~ zu jdm/etw** teaching sb to be sb/sth ❷ (*Aufzucht*) upbringing ❸ (*anerzogene Manieren*) manners *npl;* **wo ist deine gute ~ geblieben?** where are your manners?; **keine ~ haben** [*o* **jdm fehlt die ~**] to not be brought up properly, to not have any manners

er·zie·hungs·be·rech·tigt *adj* acting as legal guardian *pred* **Er·zie·hungs·be·rech·tig·te(r)** *f(m) dekl wie adj* legal guardian, parent or legal guardian; **Unterschrift des/der ~n** signature of parent or legal guardian **Er·zie·hungs·geld** *nt* child benefit (*paid for at least 6 months after the child's birth to compensate the parent who takes time off work to look after the child*) **Er·zie·hungs·jahr** *nt year taken off work after the birth of a child to look after the child* **Er·zie·hungs·me·tho·de** *f* method of education **Er·zie·hungs·ur·laub** *m* maternity [*or* paternity] leave, *a period of up to three years taken by either the father or mother after the birth* **Er·zie·hungs·we·sen** *nt kein pl* education system **Er·zie·hungs·wis·sen·schaft** *f kein pl* education, educational studies *npl*

er·zie·len* *vt* ❶ (*erreichen*) ■**etw ~** to reach sth, to achieve sth; **es konnte bisher noch keine Einigung erzielt werden** no agreement has been reached yet; **einen Erfolg ~** to achieve success; **sie erzielte den ersten Preis** she won the first prize ❷ SPORT ■**etw [gegen jdn] ~** to score sth [against sth]; **eine Bestzeit/einen Rekord ~** to establish a personal best/record

er·zit·tern* *vi sein* (*geh*) ❶ (*zu zittern beginnen*) ■**[vor etw** *dat*] ~ to start trembling [with sth] ❷ (*erbeben*) to shake; ■**etw ~ lassen** to make sth shake

Erz·kon·kur·rent(in) *m(f)* (*pej*) arch-rival **erz·kon·ser·va·tiv** *adj* ultra-conservative **Erz·pries·ter(in)** ['eːɐ̯tspriːstɐ] *m(f)* archpriest *masc,* archpriestess *fem* **erz·re·ak·ti·o·när** *adj inv* POL, SOZIOL (*pej*) ultrareactionary **Erz·ri·va·le, -ri·va·lin** *m, f* (*pej*) arch-rival **Erz·schur·ke, -schur·kin** *m, f* (*pej*) arch-villain

er·zür·nen* (*geh*) **I.** *vt* ■**jdn ~** to anger sb; **jdn sehr ~** to anger sb greatly, to incense sb **II.** *vr* ■**sich über jdn/etw ~** to get [*or* become] angry at sb/about [*or* at] sth

Erz·ver·bre·cher(in) *m(f)* (*pej*) arch-villain *masc,* arch-villainess *fem*

Erz·vor·kom·men *nt* ore deposit

er·zwin·gen* *vt irreg* ■**etw [von jdm] ~** [*o* **[jds] etw ~**] to get [*or* obtain] sth [from sb] by force, to force sth from [*or* out of] sb; **jds Einverständnis ~** to make sb [*or* force sb to] agree, to make sb see reason; **eine Entscheidung ~** to force an issue; **jds Zuneigung ~** to force sb's affections; **ein Geständnis/eine Unterschrift [von jdm] ~** to make sb confess/sign, to force sb to confess/sign; **[von jdm] ein Zugeständnis ~** to wring [*or liter* wrest] a concession [from sb]

es <*gen* seiner, *dat* ihm, *akk* es> ['ɛs] *pron pers, unbestimmt* ❶ (*das, diese: auf Dinge bezogen*) it; **wo ist mein Buch? – ~ liegt auf dem Tisch** where's my book? – it's [lying] on the table; ■**~ ist jd/etw** it's sb/sth; **wer ist da? – ich bin ~** who's there? – it's me [*or dated form* it is I]; **ich höre jemanden klopfen, ~ sind die Kinder** I hear somebody knocking, it's the children ❷ *auf vorangehenden Satzinhalt bezogen* it; **alle fanden das Urteil ungerecht, aber niemand sagte ~** everyone found the verdict unjust, but nobody said so; **kommt er auch? – ich hoffe ~** is he coming too? – I hope so ❸ *rein formales Subjekt* **jdm gefällt ~, etw zu tun** sb likes doing sth; **~ gefällt mir** I like it; **~ friert mich** I am cold; **~ freut mich, dass ...** I am glad [*or* pleased] that ...; **~ interessiert mich, warum du das getan hast** I'm interested to know why you did that; **~ scheint ihr egal zu sein** she doesn't seem to care; **~ ist kalt/7 Uhr/28° Celsius** it's cold/7 o'clock/28° Celsius; **~ ist zu dumm, aber ...** it's too bad, but ...; **~ ist schade, dass ...** it's a pity [*or* shame] that ... ❹ *rein formales Objekt* **er hat ~ gut** he's got it made; **wir haben ~ schon längst kommen sehen** we saw it coming for a long time; **sie hat ~ an der Blase** she has bladder trouble ❺ *Subjekt bei unpersönlichen Ausdrücken* **~ klopft** there's a knock [*or* there's somebody knocking] [*or* somebody's knocking] at the door; **hat ~ geklingelt?** did somebody ring?; **~ regnet** it's raining; **~ wurde getanzt** there was dancing; **~ wird immer noch nicht genug getan** there's still not enough being done ❻ *Einleitewort mit folgendem Subjekt* **~ geschah ein Unglück** there was an accident; **~ geschieht manchmal ein Wunder** a miracle happens sometimes; **~ kamen alle** everybody came; **~ waren Tausende** there were thousands

Es <-, -> ['ɛs] *nt* MUS E flat

ESA <-> ['eːza] *f kein pl Abk von* **European Space Agency** ESA

Esche <-, -n> ['ɛʃə] *f* ❶ (*Baumart*) ash [tree] ❷ (*Holz*) ash; **ein Tisch in ~** an ash table

Eschen·holz *nt* ash

Es·cu·do <-[s], -[s]> [ɛs'kuːdo] *m* escudo

Esel(in) <-s, -> ['eːzl̩] *m(f)* ❶ (*Tier*) donkey, ass *old,* she-ass *fem old,* jenny [ass] *fem old* ❷ *nur masc* (*fam: Dummkopf*) idiot; **ich ~!** I'm an idiot!, silly [old] me! *a. hum;* **[du] alter ~!** [you] idiot!

Esels·brü·cke *f* (*fam*) aide-memoire; (*gereimt*) jingle; **jdm/sich eine ~ bauen** to give sb a hint [*or* clue]/to use a mnemonic device **Esels·ohr** *nt* dog-ear, turned-down corner; **das Buch hat ja lauter ~en!** the book has dog-eared pages all over the place!

Es·ka·la·ti·on <-, -en> [ɛskala'tsi̯oːn] *f* escalation

es·ka·lie·ren* [ɛska'liːrən] **I.** *vi* ■**[zu etw** *dat*] ~ to escalate [into sth]; **der Wortwechsel eskalierte schnell zum Streit** the exchange of words quickly escalated into an argument **II.** *vt* ■**etw ~** to escalate sth

Es·ka·pa·de <-, -n> [ɛska'paːdə] *f* ❶ (*geh: mutwillige Unternehmung*) escapade ❷ (*Dressursprung beim Pferd*) caprice

Es·ki·mo, -frau <-s, -s> ['ɛskimo] *m, f* Eskimo; ■**die ~s** the Eskimo[s]

Es·kor·te <-, -n> [ɛs'kɔrtə] *f* escort

es·kor·tie·ren* [ɛskɔr'tiːrən] *vt* ■**jdn ~** to escort sb; ■**etw ~** to convoy [*or* escort] sth

Eso·te·rik <-> [ezo'teːrɪk] *f kein pl* ■**die ~** esotericism

eso·te·risch [ezo'teːrɪʃ] *adj* esoteric

ESP *nt* AUTO *Abk von* **elektronisches Stabilitätsprogramm** ESP

Es·pe <-, -n> ['ɛspə] *f* aspen, trembling poplar

Es·pen·laub *nt* aspen leaves *pl;* **zittern wie ~** to be shaking like a leaf

Es·pe·ran·to <-s> [ɛspe'ranto] *nt kein pl* Esperanto

Es·pres·so <-[s], -s *o* Espressi> [ɛs'prɛso, *pl* ɛs'prɛsi] *m* espresso

Es·pres·so·ma·schi·ne *f* espresso [machine]

Es·prit <-s> [ɛs'priː] *m kein pl* (*geh*) wit; **eine Frau/ein Mann von ~** a [woman/man of] wit, a spirited woman/man

Es·say <-s, -s> ['ɛse, ɛ'seː] *m o nt* essay

ess·bar[RR], **eß·bar**[ALT] *adj* edible; **nicht ~** inedible; ■**etwas E~es** something to eat

Ess·be·steck[RR] *nt* cutlery set **Ess-Brech-Sucht**[RR] *f kein pl* bulimia; **an ~ leiden** to suffer from bulimia

Es·sen <-s> ['ɛsn̩] *nt* Essen

es·sen <isst, aß, gegessen> ['ɛsn̩] **I.** *vt* (*Nahrung zu sich nehmen*) ■**etw ~** to eat sth; **~ Sie gern Äpfel?** do you like apples?; **ich esse am liebsten Schokoladeneis** I like chocolate ice cream most [*or* best] of all; **etw zum Nachtisch ~** to have sth for dessert ►WENDUNGEN: **gegessen sein** (*fam*) to be dead and buried **II.** *vi* to eat; (*dinieren*) to dine *form;* ■**von etw** *dat* ~ to eat some of sth, to eat of sth *old;* (*probieren*) to try sth, to have some of sth; **in der Kantine/einem Restaurant** ~ to eat in the canteen/a restaurant, to take one's meals/a meal in the canteen/a restaurant; **von einem Teller** ~ to eat off a plate; **griechisch/italienisch** ~ to have a Greek/an Italian meal; **lass uns chinesisch** ~ let's have a Chinese *fam;* **gutbürgerlich** ~ to eat good plain food; **kalt/warm** ~ to have a cold/hot meal; ~ **gehen** (*zum E~ gehen*) to go to eat; **ich geh jetzt erst mal** ~ (*fam*) I'm just going for something to eat now; (*im Lokal speisen*) to eat [*or form* dine] out; **[gerade] beim E~ sein** to be in the middle of eating [*or* a meal]; **in diesem Restaurant kann man gut** ~ this restaurant does good food; **ich habe noch nirgends so schlecht gegessen** nowhere have I had such a poor meal; **ich bin** ~ (*fam*) I've gone to eat; **iss mal tüchtig!** tuck in! *fam,* get stuck in! *fam;* ~ **kommen!** come and eat!

Es·sen <-s, -> ['ɛsn̩] *nt* ❶ (*zubereitete Mahlzeit, Speise*) meal, repast *form;* (*Arbeits~*) working lunch/dinner; (*Fest~*) dinner; (*offizielles Dinner*) banquet, formal [*or* official] dinner; ~ **auf Rädern** meals on wheels; **zum** ~ **bleiben** to stay for [*or* BRIT to] lunch/dinner, to stay for a meal; **das** ~ **auf den Tisch bringen** to serve up [lunch/dinner] *sep;* **jdn zum** ~ **einladen** to invite sb to [*or* for] lunch/dinner, to invite sb for a meal; ~ **fassen** MIL to draw rations; (*fam*) to come and get one's meal; **ein** ~ **[für jdn] geben** to give [*or* throw] a banquet [for sb]; **das** ~ **kochen** [*o fam* **machen**] to cook [*or fam* get] the meal; **zum** ~ **kommen** to come and eat ❷ (*Nahrung*) food *no pl, no indef art;* **fettes** ~ fatty food

Ẹs·sen(s)·aus·ga·be *f* ❶ (*Schalter*) serving counter ❷ *kein pl* (*Verteilung einer Mahlzeit*) serving of meals; **die** ~ **ist morgens um 7** meals are served every morning at 7 **Ẹs·sen(s)·mar·ke** *f* meal voucher [*or* AM ticket] **Ẹs·sens·zeit** *f* mealtime

es·sen·ti·ell [ɛsɛn'tsi̯ɛl] *adj, adv s.* **essenziell**

Es·senz <-, -en> [ɛ'sɛnts] *f* KOCHK, CHEM essence

es·sen·zi·e̱ll[RR] **I.** *adj* ❶ (*geh: wesentlich*) essential; **von** ~**er Bedeutung sein** to be of vital importance ❷ BIOL, CHEM, MED essential **II.** *adv inv* PHILOS essentially

Es·ser(in) <-s, -> ['ɛsɐ] *m(f)* mouth to feed; **ein guter/schlechter** ~**/eine gute/ schlechte** ~**in sein** to be a big [*or* BRIT great]/poor eater; **auf einen** ~ **mehr kommt es auch nicht an** one more person won't make any difference

Ẹss·ge·schirr[RR] *nt* (*Service*) dinner service; MIL (*Besteck*) mess tin [*or* AM kit] **Ẹss·ge·wohn·hei·ten**[RR] *pl* eating habits *pl*

Es·sig <-s, -e> ['ɛsɪç, *pl* 'ɛsɪgə] *m* (*saure Flüssigkeit*) vinegar, acetum *spec* ▸ WENDUNGEN: **mit etw** *dat* **ist es** ~ (*fam*) it's all up with sth *fam;* **damit ist es nun** ~ it's all off; **mit dem neuen Auto ist es** ~ we/they etc. can forget the new car

Ẹs·sig·es·senz *f* vinegar concentrate [*or* essence] **Ẹs·sig·gur·ke** *f* [pickled] gherkin **ẹs·sig·sau·er** *adj* CHEM acetic; **essigsaure Tonerde** [basic] aluminium acetate **Ẹs·sig·säu·re** *f* acetic [*or spec* ethanoic] acid

Ẹss·kas·ta·nie[RR] [-kasta:niə] *f* sweet chestnut **Ẹss·kul·tur**[RR] *f kein pl* gastronomic culture **Ẹss·löf·fel**[RR] *m* ❶ (*Essbesteck*) dessert spoon; (*zum Suppeessen*) soup spoon ❷ (*Maßeinheit beim Kochen*) tablespoon; **man nehme einen** ~ **Zucker** take a tablespoon of sugar **Ẹss·stäb·chen**[RR] *nt meist pl* chopstick **Ẹss·stö·rung**[RR] *f meist pl* eating disorder **Ẹss·tisch**[RR] *m* dining table **Ẹss·wa·ren**[RR] *pl* food *no pl, no indef art,* provisions **Ẹss·zim·mer**[RR] *nt* dining room

Es·ta·blish·ment <-s, -s> [ɪs'tɛblɪʃmənt] *nt* ■**das** ~ the Establishment

Es·te, Es·tin <-n, -n> ['e:stə, 'e:stɪn] *m, f* Estonian; *s. a.* **Deutsche(r)**

Es·ter <-s, -> ['ɛstɐ] *m* CHEM ester

Est·land <-s> ['e:stlant] *nt* Estonia; *s. a.* **Deutschland**

est·nisch ['e:stnɪʃ] *adj* Estonian; *s. a.* **deutsch**

Es·tra·gon <-s> ['ɛstragɔn] *m kein pl* tarragon

Ẹs·tra·gon·es·sig *m* tarragon vinegar **Ẹs·tra·gon·öl** *nt* tarragon oil

Est·rich <-s, -e> ['ɛstrɪç] *m* ❶ (*Fußbodenbelag*) concrete floor ❷ SCHWEIZ (*Dachboden*) attic, loft

Es·zett <-, -> [ɛs'tsɛt] *nt* eszett, [the letter] ß

eta·blie·ren* [eta'bli:rən] (*geh*) **I.** *vt* ■**etw** ~ to establish sth **II.** *vr* ❶ (*einen festen Platz gewinnen*) ■**sich [fest]** ~ to become [firmly] established, to establish oneself ❷ (*sich niederlassen*) ■**sich** ~ to settle down ❸ (*ein Geschäft gründen*) ■**sich als etw** ~ to set oneself up as sth

eta·bli̱ert *adj* (*geh*) established; **die** ~**e Oberschicht** the ruling class

Eta·blis·se·ment <-s, -s> [etablɪsə'mã:] *nt* (*geh*) ❶ (*Lokal*) establishment ❷ (*euph: Bordell*) house of pleasure *euph,* bordello *liter*

Eta·ge <-, -n> [e'ta:ʒə] *f* floor; **auf** [*o* **in**] **der 5.** ~ on the 5th floor BRIT, on the 6th floor AM

Eta·gen·bett [e'ta:ʒən-] *nt* bunk bed **Eta·gen·hei·zung** [e'ta:ʒən-] *f* single-storey heating system **Eta·gen·woh·nung** [e'ta:ʒən-] *f* flat BRIT, apartment AM, *occupying a whole floor*

Etap·pe <-, -n> [e'tapə] *f* ❶ (*Abschnitt*) phase; **in** ~**n arbeiten** to work in stages ❷ (*Teilstrecke*) leg, stage ❸ MIL communications zone

Etạp·pen·sieg *m* SPORT stage-win; (*fig*) partial victory **Etạp·pen·sie·ger(in)** *m(f)* SPORT stage-winner

Etat <-s, -s> [e'ta:] *m* POL budget; **einen** ~ **aufstellen** to prepare [*or sep* draw up] a budget; **den** ~ **kürzen** to trim the budget

etc. [ɛt'tse:tera] *Abk von* **et cetera** etc.

ete·pe·te·te ['e:təpe'te:tə] *adj pred* (*fam*) finicky *fam,* pernickety *fam*

Ethik <-> ['e:tɪk] *f kein pl* ❶ (*Wissenschaft*) ethics + *sing vb* ❷ (*moralische Haltung*) ethics *npl* ❸ (*bestimmte Werte*) ethic; **christliche** ~ Christian ethic

ethisch ['e:tɪʃ] *adj* ethical

eth·nisch ['ɛtnɪʃ] *adj* ethnic

Eth·no·gra·fi̱e[RR] <-, -n> *f s.* **Ethnographie**

Eth·no·gra·phie <-, -n> [ɛtnogra'fi:, *pl* -'fi:ən] *f* ethnography

Eth·no·lo·ge, Eth·no·lo·gin [ɛtno'lo:gə, -'lo:gɪn] *m, f* ethnologist

Eth·no·lo·gie <-, -n> [ɛtnolo'gi:, *pl* -'gi:ən] *f kein pl* ethnology *no pl*

Eth·no·lo·gin [ɛtno'lo:gɪn] *f fem form von s.* **Ethnologe**

Etho·gramm <-s, -e> [eto'gram] *nt* BIOL ethogram

Etho·lo·gie <-> [etolo'gi:] *f kein pl* ethology *no pl*

Ethos <-> ['e:tɔs] *nt kein pl* (*geh*) ethos; **berufliches** ~ professional ethics *npl*

Eti·kett <-[e]s, -e> [eti'kɛt] *nt* ❶ (*Preisschild*) price tag ❷ (*Aufnäher*) label

Eti·ket·te <-, -n> [eti'kɛtə] *f* (*geh*) etiquette; **gegen die** ~ **verstoßen** to offend against etiquette

Eti·kẹt·ten·schwin·del *m* ❶ (*Etiketten vertauschen*) fraudulent exchange of labels ❷ (*fig: Augenwischerei*) conmanship; **was dieser Politiker redet ist reinster** ~ this politician is purely juggling with names

eti·ket·tie·ren* [etikɛ'ti:rən] *vt* ■**etw** ~ to label sth; *Preis* to price-tag sth

et·li·che(r, s) ['ɛtlɪçə] *pron indef* ❶ *adjektivisch, sing/pl* quite a lot of; ~ **Mal** (*geh*) several [*or* quite a few] times ❷ *substantivisch, pl* quite a few ❸ *substantivisch, sing* ■~**s** quite a lot; **um** ~**s älter/größer als jdn** quite a lot older/bigger than sb

ẹt·li·che·mal[ALT] *adv* (*geh*) *s.* **etliche(r, s) 1**

Etrus·ker(in) <-s, -> [e'trʊskɐ] *m(f)* Etruscan

etrus·kisch [e'trʊskɪʃ] *adj* Etruscan

Etrus·kisch <-en> [e'trʊskɪʃ] *nt* LING ■~/ **das** ~**e** Etruscan

Etü·de <-, -n> [e'ty:də] *f* MUS étude

Etui <-s, -s> [ɛt'vi:, e'tÿi:] *nt* case; (*verziert a.*) etui

et·wa ['ɛtva] **I.** *adv* ❶ (*ungefähr, annähernd*) about; **in** ~ more or less; **so** ~ [*o* ~ **so**] roughly [*or* more or less] like this; **so** ~ **könnte es passiert sein** it could have happened roughly like this ❷ (*zum Beispiel*) for instance; **wie** ~ **mein Bruder** like my brother for instance **II.** *part* ❶ (*womöglich*) **ist das** ~ **alles, was Sie haben?** are you trying to tell me [*or* do you mean to say] that's all you've got?; **soll das** ~ **heißen, dass ...?** is that supposed to mean [that] ...?; **willst du** ~ **schon gehen?** [surely] you don't want to go already!; **das haben Sie wohl nicht mit Absicht gesagt, oder** ~ **doch?** you didn't say that on purpose – or did you?; **bleibst du nun hier oder kommst du** ~ **doch mit?** do you want to stay here, or are you coming after all? ❷ (*Verstärkung der Verneinung*) **ist das** ~ **nicht wahr?** do you mean to say it's not true?

et·wa·ig [ɛt'vaːɪç] *adj attr* any

et·was ['ɛtvas] *pron indef* ❶ *substantivisch* (*eine unbestimmte Sache*) something; **hast du nicht eben auch** ~ **gehört?** didn't you hear something then as well?; **hast du** ~**?** are you feeling all right?; **merken Sie** ~**?** do you notice anything?; ~ **sein** to be something; **das ist doch schon mal** ~**!** that's something [*or* not bad] for a start! *fam;* **das will** ~ **heißen** that's saying something; **sein Wort gilt** ~ **beim Chef** his word counts for something with the boss; ~ **miteinander haben** to have something going for each other ❷ *adjektivisch* (*nicht näher bestimmt*) something; ~ **anderes** something else; ~ **Dummes/Neues** something stupid/new; **dass ich das vergessen konnte, so** ~ **Dummes!** I'm an idiot for forgetting that; ~ **Schöneres habe ich noch nie gesehen** I have never seen anything more beautiful; (*ein bisschen*) a bit; [**noch**] ~ **Geld/Kaffee** some [more] money/coffee; **nimm dir** ~ **von dem Kuchen** have a bit of cake ❸ *adverbial* (*ein wenig*) a little, somewhat; **du könntest dich ruhig** ~ **anstrengen** you might make a bit of an effort; **kannst du dich nicht** ~ **beeilen?** can't you hurry up a little?; **sie scheint** ~ **sauer zu sein** she seems to be somewhat [*or* a little] annoyed; ~ **seltsam ist das schon, oder?** that's a little strange, don't you think?

Et·was <-> ['ɛtvas] *nt kein pl* **ein hartes/spitzes/...** ~ something hard/sharp/...; **das gewisse** ~ that certain something [*or liter* je ne sais quoi]; **ein winziges** ~ a tiny little thing

Ety·mo·lo·gie <-, -n> [etymolo'giː, *pl* -'giːən] *f* ❶ *kein pl* (*Wissenschaft*) ■**die** ~ etymology *no pl* ❷ (*Herkunft*) etymology *no pl;* **die** ~ **dieses Wortes ist unklar** the etymology of this word is unclear

ety·mo·lo·gisch [etymo'loːgɪʃ] *adj* etymological

EU [eː'uː] *f Abk von* **Europäische Union** EU

EU-Be·hör·de *f* EU authority **EU-Bei·tritt** *m* joining of the EU

euch [ɔyç] **I.** *pron pers akk, dat von* **ihr** you; **wie ist das bei** ~ **in Frankreich mit den Ferien?** what are your holidays like in France?; **ein Freund/eine Freundin von** ~ a friend of yours **II.** *pron refl* **beeilt** ~**!** hurry [up]!; **macht** ~ **fertig!** get [*fam* yourselves] ready!; **wascht** ~**!** get [*fam* yourselves] washed!; **putzt** ~ **die Zähne!** brush your teeth!

Eu·cha·ris·tie <-> [ɔyçarɪs'tiː] *f kein pl* REL Eucharist *no pl, no indef art*

eu·er ['ɔyɐ] **I.** *pron poss* your; **es ist** ~**/eu[e]re/**~**[e]s** it's yours; **viele Grüße,** ~ **Martin!** best wishes, [yours,] Martin; **E**~ [*o* **Eu[e]re**] **Eminenz/Gnaden/Majestät** Your Eminence/Grace/Majesty **II.** *pron pers gen von* **ihr** (*geh*) **wir werden** ~ **gedenken** we will think of you

eue·re(r, s) ['ɔyərə] *pron poss s.* **eure(r, s)**

Eu·ge·nik <-> [ɔy'geːnɪk] *f kein pl* MED eugenics + *sing vb*

eu·ge·nisch [ɔy'geːnɪʃ] *adj* MED eugenic

EU-Gip·fel *m* EU summit

Eu·ka·lyp·tus <-, -lypten> [ɔyka'lʏptʊs] *m* ❶ (*Baum*) eucalyptus [tree] ❷ (*Öl*) eucalyptus [oil]

Eu·ka·lyp·tus·bon·bon [-bɔŋbɔŋ, -bõbõː] *m o nt* eucalyptus lozenge **Eu·ka·lyp·tus·ho·nig** *m* eucalyptus honey

Eu·ka·ry·ont <-en, -en> [ɔyka'rʏ'ɔnt] *m* BIOL eukaryote

EU-Kom·mis·si·on *f* EU Commission

Eu·le <-, -n> ['ɔylə] *f* ❶ (*Vogel*) owl ❷ (*pej: Frau*) **alte** ~ old crow [*or pej* crone] ▶WENDUNGEN: ~**n nach Athen tragen** (*prov*) to carry coals to Newcastle BRIT *prov*

Eu·len·spie·gel ['ɔylənʃpiːgl̩] *m* joker; **unser Sohn ist ein richtiger** ~ our son is a right little rascal; **Till** ~ Till Eulenspiegel *liter*

EU-Mit·glieds·land *nt* EU member-state **EU-Norm** *f* EU standard

Eu·nuch <-en, -en> [ɔy'nuːx] *m* eunuch

Eu·phe·mis·mus <-, -mismen> [ɔyfe'mɪsmʊs] *m* euphemism

eu·phe·mis·tisch [ɔyfe'mɪstɪʃ] *adj* euphemistic

Eu·pho·rie <-, -n> [ɔyfo'riː, *pl* -'riːən] *f* euphoria

eu·pho·risch [ɔy'foːrɪʃ] *adj* euphoric

Eu·ra·tom <-> [ɔyra'toːm] *f Akr von* **Europäische Atomgemeinschaft** Euratom

eu·re(r, s) ['ɔyrə] *pron poss* (*geh*) ■**[der/die/das]** **E**~ yours; [**stets** [*o* **immer**]] **der/die E**~ yours [ever]; **Onkel August, immer der E**~ yours ever, Uncle August; **tut ihr das E**~ you do your bit; **kümmert ihr euch um das Eu[e]re!** you attend to your own business

Eu·re·ka <-> ['ɔyreka] *f Akr von* **European Research Coordination Agency** Eureka

eu·rer·seits ['ɔyrɐ'zaits] *adv* (*soweit es euch angeht*) for your part; (*von eurer Seite aus*) on your part

eu·res·glei·chen ['ɔyrəs'glaiçn̩] *pron inv* (*pej*) your like [*or pej* sort]

eu·ret·we·gen ['ɔyrət'veːgn̩] *adv* (*wegen euch*) because of you, on your account; (*euch zuliebe*) for your sake[s]

Eu·rhyth·mie <-> [ɔyrʏt'miː] *f kein pl* eurhythmics + *sing vb*

EU-Richt·li·nie *f* EU directive

Euro *m* (*Währungseinheit*) euro; **28** ~ **30** 28 euros thirty [cents]

Eu·ro·an·lei·he *f,* **Eu·ro·bond** *m* Eurobond **Eu·ro·cheque** [-ʃɛk] *m s.* **Euroscheck** **Eu·ro·ci·ty** ['ɔyrosɪti], **Eu·ro·ci·ty·zug**[RR] ['ɔyrosɪti-] *m* Eurocity train (*connecting major European cities*) **Eu·ro·dol·lar** *m* Eurodollar

Eu·ro·krat(in) <-en, -en> [ɔyro'kraːt] *m(f)* Eurocrat

Eu·ro·pa <-s> [ɔy'roːpa] *nt* Europe

Eu·ro·pa·ab·ge·ord·ne·te(r) *f(m) dekl wie adj* Member of the European Parliament, MEP **Eu·ro·pa·cup** [-kap] *m s.* **Europapokal**

Eu·ro·pä·er(in) <-s, -> [ɔyro'pɛːɐ] *m(f)* European

eu·ro·pä·isch [ɔyro'pɛːɪʃ] *adj* European; **E**~**e Atomgemeinschaft** [*o* **EURATOM**] European Atomic Energy Community, EURATOM; **E**~**e Einheitswährung** single European currency, euro; **E**~**e Gemeinschaft** [*o* **EG**] European Community, EC; **E**~**er Gerichtshof** European Court of Justice; **E**~**e Kommission** European Commission; **E**~**es Parlament** European Parliament; **E**~**er Rat** European Council; **E**~**e Union** European Union, EU; **E**~**es Währungssystem** [*o* **EWS**] European Monetary System, EMS; **E**~**e Währungsunion** [*o* **EWU**] European Monetary Union, EMU; **E**~**e Wirtschaftsgemeinschaft** [*o* **EWG**] European Economic Community, EEC, [European] Common Market; **E**~**er Wirtschaftsraum** [*o* **EWR**] European Economic Area, EEA; **E**~**e Zentralbank** [*o* **EZB**] European Central Bank, ECB

eu·ro·pä·i·sie·ren* [ɔyropɛi'ziːrən] *vt* ■**etw/jdn** ~ to Europeanize sth/sb

Eu·ro·pa·meis·ter(in) *m(f)* (*als Einzelner*) European champion; (*als Team, Land*) European champions *pl* **Eu·ro·pa·meis·ter·schaft** *f* European championship **Eu·ro·pa·mi·nis·ter(in)** *m(f)* minister for European affairs **Eu·ro·pa·par·la·ment** *nt* ■**das** ~ the European Parliament **Eu·ro·pa·pass**[RR] *m* European passport **Eu·ro·pa·po·kal** *m* European cup **Eu·ro·pa·rat** *m kein pl* Council of Europe *no pl, no indef art* **Eu·ro·pa·stra·ße** *f main European arterial route* **Eu·ro·pa·wahl** *f* European elections *pl* **eu·ro·pa·weit** *adj* Europe-wide, pan-European

Eu·ro·pi·um <-s> [ɔy'ro:pi̯ʊm] *nt kein pl* europium

Eu·ro·scheck *m* Eurocheque **Eu·ro·scheck·kar·te** *f* Eurocheque card **Eu·ro·si·gnal** *nt* TELEK European call signal **Eu·ro·skep·ti·ker(in)** *m(f)* Euro-sceptic **Eu·ro·tun·nel** *m* Channel tunnel **Eu·ro·vi·si·on** [ɔyrovi'zi̯o:n] *f* Eurovision **Eu·ro·vi·si·ons·sen·dung** [-vi-] *f* Eurovision broadcast [*or* BRIT programme], AM program **Euro-Währung** *f* European currency

eu·ro·zen·trisch *adj* SOZIOL, POL, PHILOS Eurocentric

EU-Staat *m* EU country

Eu·ter <-s, -> ['ɔytɐ] *nt o m* udder

Eu·tha·na·sie <-> [ɔytana'zi:] *f kein pl* euthanasia *no pl, no art*, mercy killing *fam*

eu·troph [ɔy'tro:f] *adj* ÖKOL eutrophic

Eu·tro·phie·rung <-, -en> [ɔytro'fi:rʊŋ] *f* ÖKOL eutrophication

ev. *adj Abk von* **evangelisch**

e.V., E.V. [e:'fau] *m Abk von* **eingetragener Verein** registered association

Eva <-s> ['e:fa, 'e:va] *f* ① (*Frauenname*) Eve ② (*hum fam: Frau*) **eine richtige kleine ~** a proper little madam BRIT *hum*

Eva·kos·tüm *nt s.* **Evaskostüm**

eva·ku·ie·ren* [evaku'i:rən] *vt* ① (*an sicheren Ort bringen*) ■**jdn/etw ~** to evacuate sb/remove sth (**aus** +*dat* from, **in/auf** +*akk* to); **jdn aufs Land ~** to evacuate sb to the country ② (*auslagern*) ■**etw ~** to remove sth (**in** +*akk* to)

Eva·ku·ier·te(r) *f(m) dekl wie adj* evacuee

Eva·ku·ie·rung <-, -en> [-va-] *f* evacuation

evan·ge·lisch [evaŋ'ge:lɪʃ] *adj* Protestant; ■**~ sein** to be a Protestant

evan·ge·lisch-lu·the·risch *adj* Lutheran-Protestant

Evan·ge·list <-en, -en> [evaŋge'lɪst] *m* evangelist

Evan·ge·li·um <-s, -lien> [evaŋ'ge:liʊm, *pl* -liən] *nt* Gospel; (*fig*) gospel

Eva(s)·kos·tüm *nt* **im ~** (*hum*) in her birthday suit *hum*, in the altogether BRIT *hum*

Event·be·reich [ɪ'vent-] *m* events area; (*Präsentationsräume*) presentation rooms *pl*; (*Partyräume*) party rooms *pl*

Even·tu·al·an·trag [evɛn'tu̯a:l-] *m* POL secondary motion **Even·tu·al·bud·get** [evɛn'tu̯a:lbʏdʒe:] *nt s.* **Eventualhaushalt** **Even·tu·al·fall** [evɛn'tu̯a:l-] *m* eventuality, contingency; **für den ~ gerüstet sein** to be ready for the eventuality [*or* contingency]; **im ~** in the eventuality **Even·tu·al·haus·halt** [evɛn'tu̯a:l-] *m* FIN, POL emergency [*or* contingency] budget

Even·tu·a·li·tät <-, -en> [evɛntu̯ali'tɛ:t] *f* eventuality, contingency; **für alle ~en gerüstet sein** to be ready for all eventualities

even·tu·ell [evɛn'tu̯ɛl] **I.** *adj attr* possible; **bei ~en Rückfragen wenden Sie sich bitte an die Direktion** if you have any queries please contact the management **II.** *adv* possibly, perhaps; **ich komme ~ etwas später** I might [possibly] come a little later; **könntest du mir ~ 500 Euro leihen?** could you lend me 500 euros, by any chance?

Ever·green <-s, -s> ['ɛvɐgri:n] *m* evergreen

evi·dent [evi'dɛnt] *adj* (*geh*) obvious, patent *attr form*; ■**~ sein, dass ...** to be obvious that ...

ev.-luth. *adj Abk von* **evangelisch-lutherisch**

Evo·lu·ti·on <-, -en> [evolu'tsi̯o:n] *f* evolution

Evo·lu·ti·ons·fak·tor *m* BIOL evolution factor **Evo·lu·ti·ons·the·o·rie** *f* BIOL theory of evolution

evtl. *adj, adv Abk von* **eventuell**

E-Werk ['e:vɛrk] *nt s.* **Elektrizitätswerk**

EWG <-> [e:ve:'ge:] *f Abk von* **Europäische Wirtschaftsgemeinschaft** EEC

ewig ['e:vɪç] **I.** *adj* ① (*immer während*) eternal; **~es Eis/~er Schnee** perpetual ice/snow; **das ~e Leben** eternal [*or* everlasting] life; **~e Liebe** undying love ② (*pej fam: ständig*) **~es Gejammer** never-ending [*or* non-stop] moaning and groaning **II.** *adv* ① (*dauernd*) eternally; (*seit jeher*) always; [**schon**] **~ bestehen** to have always existed; (*für immer*) for ever, forever; **jdm ~ dankbar sein** to be eternally grateful to sb; **schwören, jdn ~ zu lieben** to swear one's undying love to sb; **auf ~** for ever ② (*fam: ständig*) always; **in der Kantine gibt es ~ denselben Fraß** (*fam*) the canteen always dishes up the same [old] grub *fam* ③ (*fam: lange Zeitspanne*) for ages; **den habe ich schon ~ nicht mehr gesehen** I haven't seen him in [*or* for] ages *fam*; **das dauert** [**ja**] **~!** it's taking ages [and ages]! *fam* ▶ WENDUNGEN: **drum prüfe, wer sich ~ bindet** (*prov*) marry in haste, repent at leisure *prov*

Ewig·ges·tri·ge(r) *f(m) dekl wie adj* (*pej*) stick-in-the-mud *pej*

Ewig·keit <-, -en> ['e:vɪçkait] *f* eternity *no pl, no def art*, everlastingness *no pl, no def art*; **eine** [**halbe**] **~ dauern** (*hum fam*) to last an age [*or* an eternity]; **in die ~ eingehen** (*geh*) to pass into eternity *liter*, to enter into eternal life *liter*; **bis in alle ~** (*für alle Zeit*) for ever [*or liter* all eternity]; (*wer weiß wie lange*) for ever [and ever]; **soll ich vielleicht bis in alle ~ warten?** am I supposed to wait for ever?; **seit ~en** [*o* **einer ~**] (*fam*) for ages *fam*

EWS <-> [e:ve:'ɛs] *nt kein pl Abk von* **Europäisches Währungssystem** EMS

EWU <-> [e:ve:'u:] *f Abk von* **Europäische Währungsunion** EMU

Ex <-, -> ['ɛks] *m o f* (*früherer Freund, frühere Freundin*) ex *fam*

ex ['ɛks] *adv* ① (*vorüber*) ■**mit etw** *dat* **ist es ~** it's [all] over with sth; ■**~ sein** (*fam*) to be done for *fam* ② (*auf einmal*) **etw** [**auf**] **~ trinken** to down sth in one; [**aber**] [**trink**] **~!** bottoms up!, down the hatch! *fam* ▶ WENDUNGEN: **~ und hopp** (*fam*) here today, gone tomorrow

Ex <-, -> ['ɛks] *m o f* (*früherer Freund, frühere Freundin*) ex *fam*

ex·akt [ɛ'ksakt] **I.** *adj* exact; **das ist ~, was ich gemeint habe** that's precisely [*or* exactly] what I meant **II.** *adv* exactly; **~ arbeiten** to be accurate [*or* exact] in one's work

Ex·akt·heit <-> *f kein pl* exactness *no pl*, precision *no pl*

ex·al·tiert [ɛksal'ti:rt] *adj* (*geh*) effusive *form*

Ex·a·men <-s, - *o* Examina> [ɛ'ksa:mən, *pl* ɛ'ksa:mina] *nt* final exam[ination]s *pl*, finals *npl*; **mündliches ~** oral exam[ination]; **schriftliches ~** [written] exam[ination]; **das** [*o* **sein**] **~ bestehen** to pass one's finals; **das** [*o* **sein**] **~ mit Auszeichnung bestehen** to pass one's finals with distinction; **das** [*o* **sein**] **~ mit Eins bestehen** [*o* **machen**] ≈ to get a First [*or* AM an A]; **durch das ~ fallen** to fail [in] one's finals; **~ machen** to do [*or* take] one's finals

Ex·a·mens·angst *f* pre-exam anxiety; **unter ~ leiden** to suffer from pre-exam anxiety **Ex·a·mens·kan·di·dat(in)** *m(f)* examinee, [examination] candidate

ex·a·mi·nie·ren* [ɛksami'ni:rən] *vt* (*geh*) ① (*prüfen*) ■**jdn** [**in etw** *dat*] **~** to examine sb [in sth]; **jdn über ein Thema ~** to examine sb in a subject; **eine examinierte Krankenschwester** a qualified nurse ② (*ausforschen*) **jdn** [**streng**] **~** to grill sb *fam*, to question sb closely

Ex·e·ge·se <-, -n> [ɛkse'ge:zə] *f* (*geh*) exegesis

exe·ku·tie·ren* [ɛkseku'ti:rən] *vt* (*geh*) ■**jdn ~** to execute sb; **jdn durch Erhängen ~** to hang sb; **jdn durch Erschießen ~** to execute sb by firing squad

Exe·ku·ti·on <-, -en> [ɛkseku'tsi̯o:n] *f* (*geh*) execution; **eine ~ vollziehen** to carry out an execution; **~ durch Erschießen** execution by firing squad

Exe·ku·ti·ons·kom·man·do *nt* (*geh*) firing [*or* execution] squad

Exe·ku·ti·ve <-n, -n> [ɛkseku'ti:və] *f* JUR executive authority [*or* power]

Ex·em·pel <-s, -> [ɛ'ksɛmpl̩] *nt* ① (*geh: Beispiel*) [warning] example; **an jdm/mit etw ein ~ statuieren** to make an example of sb/use sth as a warning ② (*veraltet: Übungsaufgabe*) [mathematical] problem

Ex·em·plar <-s, -e> [ɛksɛm'pla:ɐ̯] *nt* ① (*einzelnes Stück*) specimen; **ein besonders schönes/gut erhaltenes/seltenes** ~ a particularly lovely/well-preserved/rare specimen; **Marc ist ein merkwürdiges** ~ Marc is a funny character ② (*Ausgabe*) *Buch, Heft* copy; *Zeitung* issue, number

ex·em·pla·risch [ɛksɛm'pla:rɪʃ] **I.** *adj* ① (*beispielhaft*) exemplary, model *attr* ② (*typisch*) ■ ~ **für jdn/etw sein** to be typical [*or* characteristic] of sb/sth **II.** *adv* as an example; **jdn** ~ **bestrafen** to punish sb as an example [to others]

ex·er·zie·ren* [ɛksɛr'tsi:rən] MIL **I.** *vi* to drill **II.** *vt* (*geh*) ■ **etw** ~ to practise [*or* AM -ice] sth

Ex·er·zier·platz *m* MIL parade ground

Ex·er·zi·ti·en [ɛksɛr'tsi:tsi̯ən] *pl* REL spiritual exercise[s *pl*]

Ex·frau *f fem form von* **Exmann** ex[-wife] **Ex·freund** *m* ex[-boyfriend] **Ex·freun·din** *f fem form von* **Exfreund** ex[-girlfriend]

Ex·hi·bi·ti·o·nis·mus <-> [ɛkshibitsi̯o'nɪsmʊs] *m kein pl* exhibitionism *no pl*

Ex·hi·bi·ti·o·nist(in) <-en, -en> [ɛkshibitsi̯o'nɪst] *m(f)* exhibitionist, flasher *pej sl*

ex·hu·mie·ren* [ɛkshu'mi:rən] *vt* (*geh*) ■ **jdn** ~ to exhume [*or form* disinter] sb

Ex·hu·mie·rung <-, -en> *f* (*geh*) exhumation *form*, disinterment *form*

Exil <-s, -e> [ɛ'ksi:l] *nt* exile; **ins** ~ **gehen** to go into exile; **ins amerikanische** ~ **gehen** to be exiled to America; [**in Amerika**] **im** ~ **leben** to live in exile [in America]

Exil·li·te·ra·tur *f* literature written in exile **Exil·re·gie·rung** *f* government in exile

exis·tent [ɛksɪs'tɛnt] *adj* (*geh*) existent

Exis·ten·ti·a·lis·mus <-> [ɛksɪstɛntsi̯a'lɪsmʊs] *m kein pl s.* **Existenzialismus**

Exis·ten·ti·a·list(in) <-en, -en> [ɛksɪstɛntsi̯a'lɪst] *m(f) s.* **Existenzialist**

exis·ten·ti·a·lis·tisch *adj s.* **existenzialistisch**

exis·ten·ti·ell [ɛksɪstɛntsi̯ɛl] *adj* (*geh*) *s.* **existenziell**

Exis·tenz <-, -en> [ɛksɪs'tɛnts] *f* ① *kein pl* (*das Vorhandensein*) existence *no pl;* ■ **die** ~ **von jdm/etw** [*o* **jds** ~/**die** ~ **einer S.**] *gen* the existence of sb/sth ② (*Lebensgrundlage, Auskommen*) livelihood; **eine gesicherte** ~ a secure livelihood ③ (*Dasein, Leben*) life; **eine gescheiterte** [*o fam* **verkrachte**] ~ a failure [in life]; **sich eine neue** ~ **aufbauen** to create a new life for oneself; **eine kärgliche** ~ **fristen** to eke out a meagre [*or* AM -er] existence

Exis·tenz·angst *f* (*geh*) angst, fear for one's existence **Exis·tenz·be·rech·ti·gung** *f kein pl* right to exist **Exis·tenz·grund·la·ge** *f* basis of one's livelihood **Exis·tenz·grün·dung** *f* founding of a business, setting up in business **Exis·tenz·grün·dungs·be·ra·tung** *f* ÖKON [business] start-up advice **Exis·tenz·grün·dungs·bör·se** *f* ÖKON *forum for forging and promoting relations between established and start-up businesses* **Exis·tenz·grün·dungs·se·mi·nar** *nt* ÖKON *workshop for those wishing to set up on their own in business*

Exis·ten·zi·a·lis·mus[RR] <-> *m kein pl* existentialism *no pl*

Exis·ten·zi·a·list(in)[RR] <-en, -en> *m(f)* existentialist

exis·ten·zi·a·lis·tisch[RR] *adj* existential[ist]

exis·ten·zi·ell[RR] *adj* (*geh*) existential; **von** ~**er Bedeutung/Wichtigkeit** of vital significance/importance

Exis·tenz·kampf *m* struggle for survival **Exis·tenz·mi·ni·mum** *nt* subsistence level, bread line BRIT

exis·tie·ren* [ɛksɪs'ti:rən] *vi* ① (*vorhanden sein*) to exist, to be in existence ② (*sein Auskommen haben*) ■ [**von etw** *dat*] ~ to live [on sth], to keep alive [on sth] *iron*

Ex·i·tus <-> ['ɛksitʊs] *m kein pl* MED (*fachspr*) death, exitus *spec*

Ex·kla·ve <-, -n> [ɛks'kla:və] *f* POL exclave

ex·klu·siv [ɛksklu'zi:f] *adj* exclusive, select

Ex·klu·siv·be·richt *m* exclusive [report [*or* story]]

ex·klu·si·ve [ɛksklu'zi:və] **I.** *präp +gen* ÖKON exclusive of, excluding **II.** *adv* (*geh*) exclusively

Ex·klu·si·vi·tät <-> [ɛkskluzivi'tɛ:t] *f kein pl* (*geh*) exclusiveness, selectness

Ex·klu·siv·recht *nt* exclusive rights *npl*, sole right

Ex·kom·mu·ni·ka·ti·on [ɛkskɔmunika'tsi̯o:n] *f* REL excommunication

ex·kom·mu·ni·zie·ren* [ɛkskɔmuni'tsi:rən] *vt* REL ■ **jdn** ~ to excommunicate sb

Ex·kre·ment <-[e]s, -e> [ɛkskre'mɛnt] *nt meist pl* (*geh*) excrement *no pl*, excreta *npl form*

Ex·kur·si·on <-, -en> [ɛkskʊr'zi̯o:n] *f* (*geh*) study trip BRIT; SCH field trip

Ex·li·bris <-, -> [ɛks'li:bri:s] *nt* ex libris, bookplate

Ex·mann *m* ex[-husband]

Ex·ma·tri·ku·la·ti·on <-, -en> [ɛksmatrikula'tsi̯o:n] *f removal of sb's name from the university register*

ex·ma·tri·ku·lie·ren* [ɛksmatriku'li:rən] **I.** *vt* ■ **jdn** ~ to take sb off the university register **II.** *vr* ■ **sich** ~ to have one's name taken off the university register

Ex·o·cy·to·se <-, -n> [ɛksotsy'to:zə] *f* BIOL exocytosis

Ex·o·dus <-, -se> ['ɛksodʊs, *pl* -dʊsə] *m* (*geh*) exodus

Ex·on <-s, -s> ['ɛkson] *nt* BIOL exon

ex·or·bi·tant [ɛksɔrbi'tant] *adj* (*geh*) exorbitant

Ex·or·zist(in) <-en, -en> [ɛksɔr'tsɪst] *m(f)* exorcist

Exot(in) <-en, -en> [ɛ'kso:t] *m(f)* ① (*aus fernem Land: Mensch*) exotic foreigner; (*Pflanze oder Tier*) exotic [plant/animal] ② (*fam: Rarität, ausgefallenes Exemplar*) rarity; (*Person*) eccentric; **wie ein** ~ **wirken** (*euph*) to look like something from outer space *hum*, to look out of place ③ *pl* (*Wertpapiere*) exotics *npl*

exo·tisch [ɛ'kso:tɪʃ] *adj* ① (*aus fernem Land*) exotic ② (*fam: ausgefallen*) unusual, bizarre

Ex·pan·der <-s, -> [ɛks'pandɐ] *m* chest expander

ex·pan·die·ren* [ɛkspan'di:rən] *vi* to expand

Ex·pan·si·on <-, -en> [ɛkspan'zi̯o:n] *f* expansion

Ex·pan·si·ons·po·li·tik *f kein pl* expansionism, expansionist policies *pl*

Ex·pe·di·ti·on <-, -en> [ɛkspedi'tsi̯o:n] *f* ① (*Forschungsreise*) expedition ② (*Versandabteilung*) forwarding department

Ex·pe·ri·ment <-[e]s, -e> [ɛksperi'mɛnt] *nt* experiment; **ein** ~/~**e machen** to carry out [*or* do] an experiment/experiments

ex·pe·ri·men·tell [ɛksperimɛn'tɛl] **I.** *adj* experimental **II.** *adv* by [way of] experiment; **etw** ~ **nachweisen** to prove sth by [way of] experiment

ex·pe·ri·men·tie·ren* [ɛksperimɛn'ti:rən] *vi* ■ [**an/mit etw** *dat*] ~ to experiment [on/with sth]

Ex·per·te, Ex·per·tin <-n, -n> [ɛks'pɛrtə, ɛks'pɛrtɪn] *m, f* expert

Ex·per·ten·an·hö·rung *f* specialist hearing **Ex·per·ten·aus·schuss**[RR] *m*, **Ex·per·ten·grup·pe** *f* panel of experts **Ex·per·ten·hea·ring** [-hi:rɪŋ] *nt* specialist hearing **Ex·per·ten·stab** *m* professional staff **Ex·per·ten·sys·tem** *nt* INFORM expert system

Ex·per·ti·se <-, -n> [ɛkspɛr'ti:zə] *f* expert's report

ex·pli·zit [ɛkspli'tsi:t] *adj* (*geh*) explicit

ex·plo·die·ren* [ɛksplo'di:rən] *vi sein* to explode *a. fig*, to detonate; **die Kosten/Preise** ~ (*fig*) costs/prices are rocketing

Ex·plo·si·on <-, -en> [ɛksplo'zi̯o:n] *f* detonation, explosion *a. fig;* **etw zur** ~ **bringen** to detonate [*or* explode] sth

ex·plo·si·ons·ar·tig *adv* explosively

ex·plo·siv [ɛksplo'zi:f] *adj* explosive

Ex·plo·siv <-s, -e> *m*, **Ex·plo·siv·laut** [ɛksplo'zi:f-] *m* LING plosive

Ex·plo·siv·stoff *m* explosive

Ex·po·nat <-[e]s, -e> [ɛkspo'na:t] *nt* exhibit

Ex·po·nent <-en, -en> [ɛkspo'nɛnt] *m* MATH exponent

Ex·po·nent(in) <-en, -en> [ɛkspo'nɛnt] *m(f)* exponent, advocate

Ex·port <-[e]s, -e> [ɛks'pɔrt] *m* ① *kein pl* (*Ausfuhr*) export

❷ *(ausgeführte Ware)* exports *npl*
Ex·port·ab·tei·lung *f* export department **Ex·port·ar·ti·kel** *m* exported article [*or* item]; *pl* exports **Ex·port·aus·füh·rung** *f* export model [*or* version]
Ex·por·teur(in) <-s, -e> [ɛkspɔr'tøːɐ] *m(f)* exporter
ex·port·freu·dig *adj* export-minded **Ex·port·ge·schäft** *nt* export business **Ex·port·han·del** *m* export trade [*or* business]
ex·por·tie·ren* [ɛkspɔr'tiːrən] *vt* ■**etw** ~ to export sth; **Arbeitslosigkeit in ein Land** ~ to bring unemployment to a country; **Baumwolle/Bananen/Kaffee in ein Land** ~ to export cotton/bananas/coffee to a country
Ex·port·kauf·mann, -kauf·frau *m, f* exporter, export merchant **Ex·port·schla·ger** *m (fam)* export hit **Ex·port·über·schuss**[RR] *m* export surplus **Ex·port·ver·bot** *nt* export ban **Ex·port·wa·re** *f* ❶ *(eine bestimmte Ware)* export commodity ❷ *kein pl (alle für den Export bestimmten Waren)* exports *pl*
Ex·po·sé <-s, -s> *nt s.* **Exposee**
Ex·po·see[RR] <-s, -s> [ɛkspo'zeː] *nt* memo[randum]
Ex·press[RR] <-es> *m kein pl,* **Ex·preß**[ALT] <-sses> [ɛks'prɛs] *m kein pl* ❶ *(Eilzug)* express [train] ❷ *(schnell)* **etw per ~ senden** [*o* **schicken**] to send sth [by] express [delivery]
Ex·press·gut[RR] *nt* express goods *npl* [*or* parcels] *pl;* **etw als ~ versenden** [*o* **verschicken**] to send sth [by] express [delivery]
Ex·pres·si·o·nis·mus <-> [ɛksprɛsi̯o'nɪsmʊs] *m kein pl* expressionism *no pl, no indef art*
Ex·pres·si·o·nist(in) <-en, -en> [ɛksprɛsi̯o'nɪst] *m(f)* expressionist
ex·pres·si·o·nis·tisch *adj* expressionist[ic]
Ex·pres·si·ons·vek·tor [ɛksprɛ'si̯oːns-] *m* BIOL expression vector
ex·pres·sis ver·bis [ɛks'prɛsiːs 'vɛrbiːs] *adv (geh)* explicitly, expressly
ex·qui·sit [ɛkskvi'ziːt] *(geh)* **I.** *adj* exquisite, choice *attr* **II.** *adv* exquisitely; ~ **essen** [*o geh* **speisen**] to have an exquisite [*or* choice] meal
ex·tern [ɛks'tɛrn] *adj* external; **ein ~er Schüler/eine ~e Schülerin** a day boy/girl BRIT, a non-residential pupil
Ex·ter·ne(r) *f(m) dekl wie adj* SCH day boy/girl BRIT, non-residential pupil
ex·ter·ri·to·ri·al [ɛkstɛrito'ri̯aːl] *adj* JUR ex[tra]territorial
ex·tra ['ɛkstra] *adv* ❶ *(besonders)* extra, [e]specially ❷ *(zusätzlich)* extra, to boot; **ich gebe Ihnen noch ein Exemplar ~** I'll give you an extra copy [*or* a copy to boot] ❸ *(eigens)* just, [e]specially; **du brauchst mich nicht ~ anzurufen, wenn du ankommst** you don't need to call me just to say you've arrived ❹ *(fam: absichtlich)* on purpose, deliberately; **etw ~ machen** to do sth on purpose ❺ *(gesondert)* separately; **etw ~ berechnen** to charge sth separately; **etw ~ legen** to put sth in a separate place
Ex·tra <-s, -s> ['ɛkstra] *nt* extra; *Auto* optional extra
Ex·tra·aus·ga·be *f* ❶ MEDIA *(Sonderausgabe)* special edition ❷ FIN *(Zusatzkosten)* sundry expenses *npl* **Ex·tra·blatt** *nt* special supplement **Ex·tra·fahrt** *f* SCHWEIZ *(Sonderfahrt)* special excursion
ex·tra·hie·ren* [ɛkstra'hiːrən] *vt* ❶ MED *(entfernen)* ■**etw** ~ to extract sth ❷ CHEM, PHARM ■**etw** [**aus etw** *dat*] ~ to extract sth [from sth] ❸ *(aus einem Text herausarbeiten)* ■**etw** [**aus etw** *dat*] ~ to extract sth [from sth]
Ex·trakt <-[e]s, -e> [ɛks'trakt] *m o nt* extract
ex·tra·va·gant [ɛkstrava'gant, 'ɛkstravagant] **I.** *adj* extravagant; **~e Kleidung** extravagant [*or* flamboyant] clothes **II.** *adv* extravagantly; ~ **angezogen** flamboyantly dressed
Ex·tra·va·ganz <-, -en> [ɛkstrava'gants] *f* extravagance; *von Kleidung a.* flamboyance
ex·tra·ver·tiert [ɛkstravɛr'tiːɐ̯t] *adj* extrovert[ed]
Ex·tra·wurst *f* ❶ *(fam: Sonderwunsch)* **jdm eine ~ braten** to make an exception for sb; **immer eine ~** [**gebraten haben**] **wollen** to always want special treatment ❷ ÖSTERR *(Lyoner)* pork [*or* veal] sausage
ex·tra·zel·lu·lär [ɛkstratsɛlu'lɛːɐ̯] *adj* BIOL extracellular
Ex·tra·zug *f* SCHWEIZ *(Sonderzug)* special train
ex·trem [ɛks'treːm] **I.** *adj* extreme; **~e Anforderungen** excessive demands; **eine ~e Belastung für jdn darstellen** to be an excessive burden on sb **II.** *adv (sehr)* extremely; ~ **links/rechts** POL ultra-left/right; ~ **sinken/sich ~ verschlechtern** to drop/deteriorate drastically; ~ **steigen/sich ~ verbessern** to rise/improve considerably
Ex·trem <-s, -e> [ɛks'treːm] *nt* extreme; **von einem ~ ins andere fallen** to go from one extreme to another [*or* the other]
Ex·trem·fall *m* extreme [case]; **im ~** in the extreme case
Ex·tre·mis·mus <-, *selten* -men> [ɛkstre'mɪsmʊs] *m* extremism *no pl, no indef art*
Ex·tre·mist(in) <-en, -en> [ɛkstre'mɪst] *m(f)* extremist
ex·tre·mis·tisch *adj* extremist
Ex·tre·mi·tä·ten [ɛkstremi'tɛːtn̩] *pl* extremities *npl*
Ex·trem·sport·art *f* adventure sport
Ex·trem·tou·ris·mus *m* extreme sports tourism
Ex-und-Hopp <-s> *nt kein pl (fam)* **die ~-Mentalität** the mentality of the throwaway society
Ex-und-Hopp-Ver·pa·ckung *f (fam)* throwaway [*or* disposable] packaging
ex·zel·lent [ɛkstsɛ'lɛnt] *(geh)* **I.** *adj* excellent, superior *form* **II.** *adv* excellently; **sich ~ fühlen** to feel on top form; ~ **speisen** to eat very well; ~ **schmecken** to taste delicious [*or* divine]
Ex·zel·lenz <-, -en> [ɛkstsɛ'lɛnts] *f* Excellency; **Seine/Euer** [*o* **Eu**[**e**]**re**] ~ His/Your Excellency; **ganz wie Euer ~ wünschen!** as Your Excellency wishes!
ex·zen·trisch [ɛks'tsɛntrɪʃ] *adj (geh)* eccentric
ex·zer·pie·ren* [ɛkstsɛr'piːrən] *vt (geh)* ■**etw** [**aus etw** *dat*] ~ to extract [*or* select] sth [from sth]; *Textstelle* to excerpt [*or* extract] sth [from sth]
Ex·zerpt <-[e]s, -e> [ɛks'tsɛrpt] *nt (geh)* excerpt
Ex·zess[RR] <-es, -e> *m,* **Ex·zeß**[ALT] <-sses, -sse> [ɛks'tsɛs] *m meist pl* ❶ *(Ausschweifung)* excess, extremes *pl;* **etw bis zum ~ treiben** to take sth to extremes ❷ *(Ausschreitung)* excess, violence *no pl*
ex·zes·siv [ɛkstsɛ'siːf] *adj (geh)* excessive
Eye·li·ner <-s, -> ['aɪlaɪnɐ] *m* eyeliner

Ff

F, f <-, - *o fam* -s, -s> [ɛf] *nt* ❶ *(Buchstabe)* F, f; ~ **wie Friedrich** F for Frederick BRIT, F as in Fox AM; *s. a.* **A 1** ❷ MUS [the note] F; *s. a.* **A 2**
Fa. *Abk von* **Firma** Co.
Fa·bel <-, -n> ['faːbl̩] *f* ❶ LIT fable ❷ *(fam)* tale, story
fa·bel·haft ['faːbl̩haft] **I.** *adj* marvellous, AM marvelous, fabulous; **das ist ja ~!** *(fam)* that's marvellous **II.** *adv* marvellously
fa·beln ['faːbl̩n] **I.** *vt* ■**etw** ~ to fabricate [*or sep* make up] sth **II.** *vi* ■[**von etw** *dat*] ~ to fantasize [about sth]
Fa·bel·tier *nt,* **Fa·bel·we·sen** *nt* mythical creature
Fa·brik <-, -en> [fa'briːk] *f* factory; **in die ~ gehen** *(fam)* to work in a factory
Fa·brik·an·la·ge *f* [manufacturing] plant
Fa·bri·kant(in) <-en, -en> [fabri'kant] *m(f)* ❶ *(Fabrikbesitzer)* industrialist, factory owner ❷ *(Hersteller)* manufacturer, maker
Fa·brik·ar·beit *f* factory work **Fa·brik·ar·bei·ter(in)** *m(f)*

industrial [*or* factory] worker

Fa·bri·kat <-[e]s, -e> [fabri'ka:t] *nt* ❶ (*Marke*) make; *bes. von Autos* marque ❷ (*Produkt*) product; (*Modell*) model

Fa·bri·ka·ti·on <-, -en> [fabrika'tsi̯o:n] *f* production, manufacture

Fa·bri·ka·ti·ons·feh·ler *m* manufacturing defect [*or* fault]

Fa·brik·be·sit·zer(in) *m(f)* industrialist, factory owner [*or* proprietor] **Fa·brik·di·rek·tor(in)** *m(f)* plant manager **Fa·brik·er·zeug·nis** *nt* manufactured article, product **Fa·brik·ge·bäu·de** *nt* factory [building] **Fa·brik·ge·län·de** *nt* factory site [*or pl* premises] **Fa·brik·hal·le** *f* factory building; **in der ~** in the workshop **fa·brik·neu** *adj* brand-new **Fa·brik·schiff** *nt* factory ship **Fa·brik·schorn·stein** *m* [factory] smokestack, factory chimney

fa·bri·zie·ren* [fabri'tsi:rən] *vt* (*fam*) ■**etw ~** ❶ (*anfertigen*) to manufacture sth ❷ (*anstellen*) **Blödsinn ~** to do sth silly; **was hast du denn da fabriziert?** what have you [gone and] done now?, what have you managed to do now?

Face·lif·ting <-s, -s> ['fe:slɪftɪŋ] *nt* (*fig*) facelift

Fa·cet·te <-, -n> [fa'sɛtə] *f* facet

Fa·cet·ten·au·ge [fa'sɛtn-] *nt* compound eye

fa·cet·tie·ren* [fasɛ'ti:rən] *vt* (*geh*) ■**etw ~** to dissect [*or* scrutinize] sth

Fach <-[e]s, Fächer> [fax, *pl* fɛçɐ] *nt* ❶ (*Unterteilung*) *Tasche, Brieftasche, Portmonee* pocket; *Schrank, Regal* shelf; (*Ablegefach*) pigeonhole; *Automat* drawer ❷ (*Wissens-, Sachgebiet*) subject; **vom ~ sein** to be a specialist; **sein ~ verstehen** to understand one's subject, to know one's stuff [*or* BRIT onions] *fam;* **das ist nicht mein ~/ich bin nicht vom ~** that's not my line

Fach·ar·bei·ter(in) *m(f)* skilled worker **Fach·ar·bei·ter·brief** *m* certificate of proficiency **Fach·arzt, -ärz·tin** *m, f* specialist, [medical] consultant (**für** *+akk* in) **fach·ärzt·lich I.** *adj* specialist *attr;* **ein ~es Gutachten** a specialist's report; **ein ~es Attest** a [medical] certificate from a specialist; **eine ~e Untersuchung** an examination by a specialist **II.** *adv* **sich ~ behandeln/untersuchen lassen** to be examined/treated by a specialist **Fach·auf·sicht** *f* specialist [*or* expert] supervision **Fach·aus·druck** *m* technical [*or* specialist] term; **juristischer/medizinischer ~** legal/medical term **Fach·aus·schuss**[RR] *m* panel [*or* committee] of experts **Fach·be·ra·ter(in)** *m(f)* [technical] consultant **Fach·be·ra·tung** *f* expert advice **Fach·be·reich** *m* ❶ (*Sachgebiet*) [specialist] field ❷ (*Fakultät*) faculty **fach·be·zo·gen** *adj* specialized **Fach·bib·li·o·thek** *f* specialist library **Fach·buch** *nt* reference book; (*Lehrbuch*) textbook; **ein juristisches/medizinisches ~** a specialist book on law/medicine **Fach·buch·hand·lung** *f* specialist bookshop; **~ für Medizin/Naturwissenschaften** bookshop specializing in medicine/the natural sciences

fä·cheln ['fɛçl̩n] (*geh*) **I.** *vt* ■**etw ~** to fan sth; **sich/jdm den Kopf/die Stirn ~** to fan one's/sb's head/forehead **II.** *vi* to fan; **sich/jdm [mit Fächern/Palmwedeln] ~** to fan oneself/sb [with fans/palm leaves]

Fä·cher <-s, -> ['fɛçɐ] *m* fan; **ein zusammenklappbarer ~** a folding fan

Fä·cher·pal·me *f* fan palm

fä·cher·über·grei·fend *adj* interdisciplinary

Fa·ch·frau *f fem form von* **Fachmann** **fach·fremd I.** *adj* **~e Aufgaben** tasks outside the/one's field; **~e Mitarbeiter** untrained staff, staff with no background in the field; **~en Unterricht erteilen** to give lessons in a subject other than one's own **II.** *adv* **jdn ~ beschäftigen/einsetzen** to employ sb in a field not his/her own; **~ unterrichten** to give lessons in a subject other than one's own **Fach·ge·biet** *nt s.* **Fachbereich 1** **fach·ge·bun·den** *adj* related [to the/one's field *pred*]; **ein ~es Studium** course of study related to a specialist field **fach·ge·recht I.** *adj* expert, professional **II.** *adv* expertly, professionally; **etw ~ ausführen** to make a professional [*or* an expert] job of sth **Fach·ge·schäft** *nt* specialist shop, stockist **Fach·grup·pe** *f* team of specialists **Fach·han·del** *m* specialist shop [*or* trade] **Fach·hoch·schu·le** *f* ≈ technical college of higher education

i Kultur

A **Fachhochschule (FH)** is a college which offers advanced courses in a special technical or arts subject leading, for instance, to a Diploma in Engineering or DipEng, and the title of *Diplom Ingenieur* shortened to *Dipl.Ing. (FH).* In Austria, a Master's degree can also be attained. The focus of the curricula of a **Fachhochschule** as opposed to a university is on the practical application of the taught knowledge and not on the provided theoretical or scholarly skills.

Fach·idi·ot(in) *m(f)* (*pej sl*) blinkered specialist BRIT (*a specialist who is not interested in anything outside his/her field*) **Fach·jar·gon** *m* jargon, lingo *fam* **Fach·kennt·nis·se** *pl* specialized knowledge **Fach·kraft** *f* qualified employee **Fach·krei·se** *pl* specialist circles *pl,* experts *pl;* **medizinische ~** medical experts; **in [maßgeblichen/wissenschaftlichen] ~n** among [leading/scientific] experts **fach·kun·dig I.** *adj* informed; ■**~ sein** to be an expert **II.** *adv* **jdn ~ beraten** to give sb informed [*or* specialist] advice **fach·kund·lich** *adj* specialist *attr;* **~en Unterricht geben** to teach specialized subjects **Fach·leh·rer(in)** *m(f)* specialist [subject] teacher **Fach·lei·ter(in)** *m(f)* *Gymnasium* course supervisor; *Studienseminare* head of department, department head AM **Fach·leu·te** *pl* experts *pl*

fach·lich I. *adj* ❶ (*fachbezogen*) specialist ❷ (*kompetent*) informed; **ein ~er Rat** informed advice **II.** *adv* professionally; **~ qualifizierte Mitarbeiter** staff [members] who are qualified in their field; **~ auf dem Laufenden bleiben** to keep up to date in one's field; **sich ~ qualifizieren** to gain qualifications in one's/the field

Fach·li·te·ratur *f* specialist literature, specialized literature; **die ~ durcharbeiten** to work through the relevant specialist literature **Fach·mann, -frau** <-leute *o selten* -männer> *m, f* expert, specialist **fach·män·nisch I.** *adj* expert; **~e Ausführung** expert workmanship **II.** *adv* professionally; **jdn ~ beraten** to give sb expert advice; **etw ~ betrachten** to appraise sth with an expert's eye **Fach·mes·se** *f* trade [*or* AM show] fair **Fach·pres·se** *f* specialist publications *pl* **Fach·prü·fung** *f* professional [*or* qualifying] examination **Fach·rich·tung** *f* subject area **Fach·schaft** <-, -en> *f* students *pl* of a/the department **Fach·schu·le** *f* technical college **Fach·schul·rei·fe** *f* *leaving certificate awarded to students at a vocational training school*

Fach·sim·pe·lei [faxzɪmpə'lai] *f* (*fam*) shoptalk *no pl*

fach·sim·peln [faxzɪmpl̩n] *vi* (*fam*) ■**[mit jdm] ~** to talk shop [with sb]

fach·spe·zi·fisch I. *adj* subject-specific **II.** *adv* **~ arbeiten** to work as a specialist; **jdn ~ ausbilden** to train sb in the field; **sich ~ weiterbilden** to gain further qualifications in one's/the field **Fach·spra·che** *f* technical jargon; **die mathematische ~** the jargon of mathematics **Fach·stu·di·um** *nt* specialized studies *npl* **Fach·text** *m* technical [*or* specialist] text **fach·über·grei·fend** *adj* interdisciplinary **Fach·ver·band** *m* professional association **Fach·vo·ka·bu·lar** *nt* technical [*or* specialist] vocabulary **Fach·welt** *f* experts *pl*

Fachwerk *nt kein pl* half-timbering; **in ~ ausgeführt sein** to be half-timbered

Fach·werk·haus *nt* half-timbered house

Fach·wis·sen *nt* specialized knowledge [of one's/the subject] **Fach·wort** *nt* technical [*or* specialist] word [*or* term] **Fach·wör·ter·buch** *nt* specialist [*or* AM technical] dictionary; **ein**

medizinisches ~ a dictionary of medical terms **Fach·zeit·schrift** *f* specialist journal; **eine medizinische** ~ a medical journal; (*für bestimmte Berufe*) trade journal

Fa·ckel <-, -n> ['fakl̩] *f* torch

fa·ckeln ['fakl̩n] *vi* (*fam*) to dither [about], to faff about [*or* BRIT around] *fam*

Fa·ckel·schein *m* torchlight; **im** ~ by torchlight **Fa·ckel·zug** *m* torchlight procession

Fac·to·ring <-s> ['fɛktərɪŋ] *nt kein pl* factoring

fad [fa:t] *adj* SÜDD, ÖSTERR insipid, tasteless

Fäd·chen <-s, -> ['fɛtçən] *nt dim von* **Faden** [small] thread

fa·de ['fa:də] *adj* ❶ (*nach nichts schmeckend*) **~es Essen** bland [*or* tasteless] food; **~r Geschmack** insipid taste ❷ (*langweilig*) dull, colourless BRIT, colorless AM

fä·deln ['fɛdl̩n] *vt* ■**etw durch/auf etw** *akk* ~ to thread sth through/onto sth; **einen Faden in eine Nadel** ~ to thread a needle

Fa·den <-s, Fäden> ['fa:dn̩, *pl* fɛdn̩] *m* ❶ (*Woll~, Zwirn~*) thread; *Marionette* string; **dünner/dicker** ~ fine/coarse thread ❷ MED stitch, suture *spec;* **die Fäden ziehen** to remove [*or sep* take out] the stitches [*or spec* sutures] ❸ (*von Raupe, Spinne*) thread, filament; *s. a.* **Leben** ❹ (*geh: einzelnes Haar*) strand ▶ WENDUNGEN: **alle Fäden [fest] in der Hand halten/behalten** to hold/hold on to the reins; **alle Fäden laufen in jds Hand zusammen** sb pulls all the strings; **keinen trockenen ~ am Leib haben** to be soaked to the skin; **keinen guten ~ an jdm/etw lassen** (*fam*) to tear sb/sth to pieces [*or* shreds], to rip into sb/sth; **der rote** ~ the central [*or* recurrent] theme; **den ~ verlieren** to lose the thread

Fa·den·kreuz *nt* cross hairs *pl;* **jdn mit dem ~ anvisieren** to focus one's cross hairs on sb; **ins ~ geraten** (*fig*) to come under fire *fig;* **jdn/etw im ~ haben** (*fig*) to have sb/sth in one's sights **Fa·den·nu·deln** *pl* vermicelli + *sing/pl vb*

fa·den·schei·nig ['fa:dn̩ʃainɪç] *adj* ❶ (*pej: nicht glaubhaft*) poor, full of holes *pred;* **eine ~e Ausrede** a poor [*or* lame] excuse ❷ (*abgetragen*) threadbare

Fa·den·schnei·der *m* KOCHK canelle knife **Fa·den·wurm** *m* threadworm, nematode *spec*

Fa·gott <-[e]s, -e> [fa'gɔt] *nt* bassoon

Fa·gott·blä·ser(in) *m(f)* bassoonist

Fa·got·tist(in) <-en, -en> [fagɔ'tɪst] *m(f)* bassoonist

fä·hig ['fɛɪç] *adj* able, competent; ■**[nicht] ~ sein, etw zu tun** [not] to be able to do sth; (*imstande*) capable; ■**zu etw [nicht] ~ sein** to be [in]capable of sth; **zu allem ~ sein** to be capable of anything

Fä·hig·keit <-, -en> *f* ability *no pl;* **schauspielerische ~en** acting talent [*or* ability] *no pl;* **die ~ haben, etw zu tun** to be capable of doing sth; **bei deinen ~en ...** with your talents ...

fahl [fa:l] *adj* (*geh*) pale, wan *liter*

Fähn·chen <-s, -> ['fɛnçən] *nt* ❶ *dim von* **Fahne** [little] flag ❷ (*Wimpel*) pennant ❸ (*pej fam: Kleid*) flimsy dress ▶ WENDUNGEN: **sein ~ nach dem Wind hängen** to swim with the tide BRIT, to howl with the wolves BRIT, to go with the flow AM

fahn·den ['fa:ndn̩] *vi* ■**nach jdm/etw** ~ to search [*or* hunt] for sb/sth

Fahn·dung <-, -en> *f* search (**nach** + *dat* for), hunt (**nach** + *dat* for); **eine ~ nach jdm einleiten** to conduct a search for sb, to put out an APB on sb AM; **jd ist zur ~ ausgeschrieben** a warrant for sb' arrest has been issued

Fahn·dungs·fo·to *nt* photo of a wanted person, mug-shot *sl* **Fahn·dungs·lis·te** *f* wanted [persons] list; **auf der ~ stehen** to be on the wanted [persons] list

Fah·ne <-, -n> ['fa:nə] *f* ❶ (*Banner, National~*) flag, standard; MIL *a.* colours [*or* AM -ors] *npl* ❷ (*fig fam: Alkoholgeruch*) smell of alcohol; (*von Bier a.*) beery breath *no indef art;* **eine ~ haben** to smell of alcohol [*or* BRIT the bottle] ❸ TYPO galley [proof]; **~n lesen** to proofread ▶ WENDUNGEN: **mit fliegenden ~n zu jdm [über]wechseln** [*o* **wehenden**] to go over to sb quite openly; **etw auf seine ~ schreiben** to take up the cause of sth

Fah·nen·ab·zug *m* TYPO galley [proof] **Fahn·en·eid** *m* MIL oath of allegiance; **den ~ schwören** to take the oath [of allegiance] **Fah·nen·flucht** *f kein pl* MIL desertion; **~ begehen** to desert, to be a deserter **fah·nen·flüch·tig** *adj* MIL **ein ~er Soldat** a deserter; **~ sein** to be a deserter; **~ werden** to desert **Fah·nen·flüch·ti·ge(r)** *f(m) dekl wie adj* MIL deserter **Fah·nen·mast** *m* flagpole, [flag]staff **Fah·nen·stan·ge** *f* [flag]staff; *s. a.* **Ende Fah·nen·trä·ger(in)** *m(f)* standard-bearer, colour-bearer [*or* AM color-]

Fähn·lein <-s, -> ['fɛ:nlain] *nt* ❶ (*selten*) *dim von* **Fahne** [little] flag ❷ MIL, HIST troop

Fähn·rich <-s, -e> ['fɛ:nrɪç] *m* MIL sergeant; **~ zur See** petty officer

Fahr·aus·weis *m* ❶ (*geh: Fahrkarte*) ticket; **„Kontrolle, die ~e bitte!"** "tickets please!" ❷ SCHWEIZ (*Führerschein*) driving licence [*or* AM -se] **Fahr·bahn** *f* road; **von der ~ abkommen** to leave the road **Fahr·bahn·ver·en·gung** *f* lane closure

fahr·bar *adj* mobile, on castors *pred;* **ein ~er Büroschrank** an office cabinet on castors; *s. a.* **Untersatz**

fahr·be·reit *adj* in running order *pred;* **in einem ~en Zustand sein** to be in good running condition [*or* order] **Fahr·be·reit·schaft** *f* motor pool **Fahr·dienst·lei·ter(in)** *m(f)* BAHN train controller

Fäh·re <-, -n> ['fɛ:rə] *f* ferry

fah·ren <fährt, fuhr, gefahren> ['fa:rən] **I.** *vi* ❶ *sein* (*sich fortbewegen: als Fahrgast*) to go [by vehicle]; **mit dem Auto/Bus/Zug** ~ to go by car/bus/train; **wie fährt man am besten zum Bahnhof?** what's the best way to the station?; (*als Fahrer*) to drive; **mit dem Auto** ~ to drive, to go by car; **links/rechts** ~ to drive on the left/right; **gegen etw** *akk* ~ to drive into sth; **~ Sie nach Heidelberg?** are you going to Heidelberg?; **wie lange fährt man von hier nach Basel?** how long does it take to get to Basel from here?; **dieser Wagen fährt sehr schnell** this car can go very fast, this car is a real goer *fam;* **das Auto hier fährt ruhig** this car is a quiet runner; **mein Auto fährt nicht** my car won't go; **heutzutage ~ alle Bahnen elektrisch** all railways are electrified these days; **die Rolltreppe fährt bis in den obersten Stock** the escalator goes up to the top floor; *s. a.* **Anhalter, Aufzug, Himmel, Hölle, Teufel** ❷ *sein* (*losfahren*) to go, to leave; **wir ~ in 5 Minuten** we'll be going [*or* leaving] in 5 minutes ❸ *sein* (*verkehren*) to run; **der nächste Bus fährt [erst] in 20 Minuten** the next bus [only] leaves in twenty minutes; **die Bahn fährt alle 20 Minuten** the train runs [*or* goes] every 20 minutes; **diese Fähren ~ zwischen Ostende und Dover** these ferries run [*or form* ply] between Ostend and Dover ❹ *sein* (*reisen*) to go; **in [den] Urlaub** ~ to go on holiday; **fährst du mit dem Auto nach Italien?** are you taking the car to Italy?, are you going to Italy by car? ❺ *sein* (*blitzschnell irgendwohin bewegen*) **aus dem Bett** ~ to leap out of bed; **aus dem Schlaf** ~ to wake with a start; **in seine Kleidung** ~ to dress quickly; **blitzartig fuhr es ihm durch den Kopf, dass ...** the thought suddenly flashed through his mind that ...; **diese Idee fuhr mir durch den Kopf, als ...** I suddenly had this inspiration as ...; **der Schreck fuhr ihr in alle Glieder** the shock made her tremble all over; **was ist denn in dich gefahren?** what's got into you? ❻ *sein o haben* (*mit hastiger Bewegung streichen*) **sich** *dat* **mit der Hand über die Stirn** ~ to pass one's hand over one's brow; **er fuhr mit der Hand/einem Tuch über den Tisch** he ran his hand/a cloth over the table ❼ *sein* (*zurechtkommen*) **[mit** [*o* **bei**] **etw** *dat*] **gut/schlecht** ~ to do well/badly [with sth]; **mit jdm gut** ~ to get on all right [*or* to fare well] with sb; **mit jdm schlecht** ~ to not fare [*or* get on] very well with sb **II.** *vt* ❶ *haben* (*lenken*) ■**etw** ~ to drive sth; **ein Fahrrad/Motorrad** ~ to ride a bicycle/motorbike ❷ *haben o sein* (*am Fahrzeug haben, verwenden*) ■**etw** ~ to use

F

sth; **Sommerreifen** ~ to use [*or* drive on] normal tyres ❸ *haben* (*befördern, mitnehmen*) ■ **jdn/etw** ~ to take sb/sth, to drive sb/transport sth; **ich fahr' dich nach Hause** I'll take [*or* drive] you home, I'll give you a lift home ❹ *sein* (*eine bestimmte Geschwindigkeit haben*) ■ **eine bestimmte Geschwindigkeit** ~ to be doing a certain speed; **90 km/h** ~ to be doing 55 mph; **was/wie viel fährt der Wagen denn Spitze?** what's the car's top speed? ❺ *haben o sein* SPORT **die beste Zeit** ~ to do [*or* clock] the best time; **mit nur 4 Stunden fuhr er Bestzeit** his time of only four hours was the best; **die Rennfahrerin fuhr einen neuen Weltrekord** the racing driver set a new world record; **die Wagen** ~ **jetzt die achte Runde** the cars are now on the eighth lap ❻ *haben* (*fachspr: betreiben, organisieren*) ■ **etw** ~ to operate sth; **die Produktion mit 50%** ~ to run production at 50%; **die Produktion nach oben/unten** ~ to step up/cut down production; **ein neues Programm** ~ to start [*or* launch] a new programme; **eine Sonderschicht in der Fabrik** ~ to put on an extra shift at the factory; **ein Angebot/Sortiment nach oben/unten** ~ to increase/reduce an offer/a product range; **Überstunden** ~ to do overtime ❼ (*loslassen*) **etw/jdn** ~ **lassen** to let go of sth/sb; (*verzichten, aufgeben*) to abandon sth/sb ▸ WENDUNGEN: **einen** ~ **lassen** (*fam*) to let [one] off *fam*; *s. a.* **Bruch, Schrott, schrottreif III.** *vr haben* ■ **sich** ~: **der Wagen/das Fahrrad fährt sich gut** it's nice to drive this car/to ride this bicycle; ■ **es fährt sich ...** it's ... to drive; **mit einer Servolenkung fährt es sich viel leichter** it's much easier to drive with power steering

fah·rend *adj* itinerant, wandering, peripatetic *form;* **ein ~es Volk** a wandering people + *pl vb*

Fah·ren·heit ['fa:rənhait] *kein art* Fahrenheit

fah·ren|las·sen* *vt irreg s.* **fahren II.7**

Fah·rens·mann <-leute *o* -männer> *m* DIAL sailor; **ein alter** ~ an old salt [*or* BRIT *fam* tar]

Fah·rer(in) <-s, -> ['fa:rɐ] *m(f)* ❶ (*Auto~*) driver, motorist; (*Motorrad~*) motorbike rider, motorcyclist, biker *fam;* (*Renn~*) racing driver; (*Radrenn~*) racing cyclist ❷ (*Chauffeur*) driver, chauffeur *masc,* chauffeuse *fem*

Fah·re·rei <-, -en> ['fa:rərai] *f* (*pej*) driving [about]; (*Fahren langer Strecken*) long hours of driving

Fah·rer·flucht *f* hit-and-run offence [*or* AM -se]; ~ **begehen** to fail to stop after being involved in an accident, to be a hit-and-run driver; **wegen** ~ **verurteilt werden** to be convicted on a hit-and-run charge **Fah·rer·haus** *nt* [driver's] cab[in] **Fah·rer·la·ger** *nt* SPORT racer's quarters *npl*

Fahr·er·laub·nis *f* (*geh*) driving licence BRIT, driver's license AM

Fahr·gast *m* passenger

fahr·gast·arm *adj* (*geh*) not busy *pred;* **~e Zeiten** off-peak hours [*or* times] **Fahr·gast·auf·kom·men** *nt* (*geh*) number of passengers **Fahr·gast·zah·len** *pl* (*geh*) number of passengers **Fahr·gast·zel·le** *f* AUTO occupant cell *spec,* passenger compartment *spec*

Fahr·geld *nt* fare; **„bitte das** ~ **passend bereithalten"** "please tender the exact fare" *form,* "please have the exact fare ready" **Fahr·ge·le·gen·heit** *f* lift **Fahr·ge·mein·schaft** *f* **eine** ~ **bilden** to share a car to work, to car pool AM **Fahr·ge·stell** *nt s.* **Fahrwerk**

fah·rig ['fa:rɪç] *adj* jumpy, jittery *fam;* **~e Bewegungen** nervous movements; (*unkonzentriert*) distracted

Fahr·kar·te *f* ticket (**nach** +*dat* to); **eine** ~ **erster/zweiter Klasse** a first-/second-class ticket

Fahr·kar·ten·aus·ga·be *f s.* **Fahrkartenschalter Fahr·kar·ten·au·to·mat** *m* ticket machine **Fahr·kar·ten·schal·ter** *m* ticket office

Fahr·kom·fort *m* [driving] comfort

fahr·läs·sig ['fa:ɐ̯lɛsɪç] **I.** *adj* negligent; **~e Körperverletzung** negligent bodily injury; **~e Tötung** negligent homicide, involuntary manslaughter; **grob** ~ grossly negligent, reckless **II.** *adv* negligently; ~ **handeln** to act with negligence

Fahr·läs·sig·keit <-, -en> *f* negligence *no pl;* **grobe** ~ recklessness, gross negligence

Fahr·leh·rer(in) *m(f)* driving instructor

Fähr·mann <-männer *o* -leute> *m* ferryman

Fahr·plan *m* ❶ (*Ankunfts-/Abfahrtstabelle*) timetable, schedule AM ❷ (*fam: Programm*) plans *pl*

Fahr·plan·aus·zug *m* train timetable **fahr·plan·mä·ßig I.** *adj* scheduled; **bei ~er Abfahrt/Ankunft des Zuges** if the train departs/arrives on time [*or* schedule] **II.** *adv* as scheduled; (*rechtzeitig a.*) on time [*or* schedule]

Fahr·pra·xis *f kein pl* driving experience *no pl* **Fahr·preis** *m* fare; ~ **für eine einfache Fahrt** single fare **Fahr·preis·er·mä·ßi·gung** *f* fare reduction **Fahr·prü·fung** *f* driving test

Fahr·rad ['fa:ɐ̯ra:t] *nt* [bi]cycle, bike *fam;* [**mit dem**] ~ **fahren** to ride a bicycle [*or fam* bike], to cycle

Fahr·rad·fah·rer(in) *m(f)* cyclist, bicyclist *form* **Fahr·rad·händ·ler(in)** *m(f)* ❶ (*Geschäftsmann/-frau*) bicycle dealer ❷ (*Laden*) bicycle shop [*or* AM *usu* store] **Fahr·rad·ket·te** *f* bicycle [*or fam* bike] chain **Fahr·rad·klin·gel** *f* [bicycle] bell **Fahr·rad·ku·rier(in)** *m(f)* bicycle courier **Fahr·rad·pum·pe** *f* bicycle [*or* AM tire] pump **Fahr·rad·stän·der** *m* [bi]cycle [*or fam* bike] stand, kick stand AM **Fahr·rad·weg** *m* [bi]cycle [*or fam* bike] path, cycleway

Fahr·rich·tung *f* SCHWEIZ (*Fahrtrichtung*) direction of travel

Fahr·rin·ne *f* shipping [*or* navigable] channel, fairway

Fahr·schein *m* ticket; **„Kontrolle, ~e bitte!"** "tickets please!"

Fahr·schein·au·to·mat *m* ticket machine **Fahr·schein·ent·wer·ter** *m* ticket stamping machine

Fähr·schiff *nt s.* **Fähre**

Fahr·schu·le *f* ❶ (*Firma eines Fahrlehrers*) driving school; **in die** [*o* **zur**] ~ **gehen** to take driving lessons ❷ (*Fahrunterricht*) driving lessons *pl;* **ich habe heute** ~ I have a driving lesson today **Fahr·schü·ler(in)** *m(f)* ❶ (*Schüler einer Fahrschule*) learner [*or* AM student] driver ❷ SCH *pupil who commutes to school* **Fahr·spur** *f* [traffic] lane **Fahr·stil** *m* style of driving **Fahr·stuhl** *m* lift BRIT, elevator AM **Fahr·stuhl·schacht** *m* lift [*or* AM elevator] shaft **Fahr·stun·de** *f* driving lesson; **eine ~/~n nehmen** to take a driving lesson/driving lessons

Fahrt <-, -en> [fa:ɐ̯t] *f* ❶ (*das Fahren*) journey; **„während der ~ nicht hinauslehnen"** "do not lean out of the window while the train is in motion"; **freie** ~ BAHN "go" signal, green light; AUTO clear run; (*fig*) green light, go-ahead ❷ NAUT (*Fahrgeschwindigkeit*) speed; **halbe/volle/wenig** ~ **machen** to sail at half/full/reduced speed; **volle/halbe** ~ **voraus!** full/half speed ahead!; ~ **aufnehmen** to pick up speed; ~ **machen** to make headway; **mit voller** ~ AUTO, BAHN at full [*or* top] speed ❸ (*Reise*) journey; **gute ~!** bon voyage!, [have a] safe journey!; **eine einfache** ~ a single [*or* AM one-way] [ticket [*or* fare]]; **was kostet eine ~/eine einfache** ~ **nach Stuttgart?** how much is it/a single [ticket] to Stuttgart?, what is the fare/the single fare to Stuttgart?; **eine ~/~en machen** to go on a trip/trips; **eine** ~ **ins Blaue** a mystery tour ❹ (*Kamera~*) tracking shot ▸ WENDUNGEN: **jdn in** ~ **bringen** (*fam*) to get sb riled [up] *fam,* to wind sb up *fam;* **in** ~ **kommen** [*o* **geraten**]/**sein** (*fam: wütend werden/sein*) to get/be riled [up] *fam;* (*in Schwung kommen*) to get/have got going

fährt [fɛ:ɐ̯t] *3. Person Präsens von* **fahren**

Fahrt·an·tritt *m* (*geh*) start of a/the journey

fahr·taug·lich *adj* fit [*or* able] to drive *pred*

Fahr·taug·lich·keit *f* fitness [*or* ability] to drive

Fahrt·dau·er *f* journey time, duration of the journey; **eine** ~ **von drei Stunden** a three-hour journey, a journey of three hours

Fähr·te <-, -n> ['fɛ:ɐ̯tə] *f* trail, tracks *pl,* spoor *spec;* **jdn auf die richtige** ~ **bringen** (*fig*) to put sb on the right track *fig;* **jdn**

auf eine falsche ~ locken (*fig*) to throw sb off the scent *fig;* **auf der falschen ~ sein** (*fig*) to be on the wrong track *fig,* to be barking up the wrong tree *fig fam;* **auf der richtigen ~ sein** (*fig*) to be on the right track *fig;* **eine ~ verfolgen** (*a. fig*) to follow a trail *a. fig*

Fahr·ten·buch *nt* driver's log; (*Tagebuch*) diary of a trip **Fahr·ten·mes·ser** *nt* sheath knife **Fahr·ten·schrei·ber** *m* tachometer, *esp* BRIT tachograph

Fahrt·kos·ten *pl* travelling [*or* AM traveling] expenses *npl* **Fahrt·rich·tung** *f* direction of travel; **ein Sitz in ~** a forward facing seat; **die Züge in ~ Norden/Süden** the northbound/southbound trains; **die Autobahn ist in ~ Norden gesperrt** the northbound carriageway [*or* section] of the motorway is closed; **entgegen der/in ~ sitzen** *Bus* to sit facing backwards/the front; *Zug* to sit with one's back to the engine/facing the engine **Fahrt·stun·de** *f* hour's travel; **bis Berlin müssen Sie von hier aus mit drei ~n rechnen** you should allow three hours for the journey from here to Berlin

fahr·tüch·tig *adj* **~er Wagen** roadworthy car; **~er Mensch** person who is fit [*or* able] to drive

Fahr·tüch·tig·keit *f Wagen* roadworthiness; *Mensch* fitness [*or* ability] to drive

Fahrt·un·ter·bre·chung *f* stop, break **Fahr(t)·wind** *m* headwind

fahr·un·tüch·tig *adj* **~er Mensch** person who is unfit [*or* unable] to drive; **~es Fahrzeug** unroadworthy vehicle **Fahr·ver·bot** *nt* driving ban; **befristetes ~** suspension of one's driving licence [*or* AM driver's license]; **[gegen jdn] ein [dreijähriges] ~ verhängen** to ban [*or* disqualify] sb from driving [for three years] **Fahr·ver·hal·ten** *nt kein pl* AUTO, TRANSP *Fahrer* behaviour [*or* AM -or] behind the wheel; *Fahrzeug* vehicle dynamics *pl* **Fahr·was·ser** *nt* NAUT *s.* **Fahrrinne** ▶WENDUNGEN: **in ein ganz anderes ~ geraten** to get on[to] a completely different tack; **in gefährliches ~ geraten** to get on to dangerous ground, to tread on thin ice; **in politisches ~ geraten** to get involved in politics; **in jds ~ dat schwimmen** [*o* **segeln**] to follow in sb's wake **Fahr·wei·se** *f* ■**jds ~** sb's driving, the way sb drives **Fahr·werk** *nt* ❶ LUFT landing gear *no pl,* undercarriage; **das ~ ausfahren/einfahren** to let down *sep*/retract the landing gear [*or* undercarriage] ❷ AUTO chassis **Fahr·zeit** *f s.* **Fahrtdauer**

Fahr·zeug <-s, -e> *nt* vehicle

Fahr·zeug·brief *m* registration document **Fahr·zeug·hal·ter(in)** *m(f)* vehicle owner **Fahr·zeug·len·ker(in)** *m(f)* SCHWEIZ (*Fahrer*) driver of a/the vehicle **Fahr·zeug·num·mer** *f* vehicle identification number, VIN **Fahr·zeug·pa·pie·re** *pl* registration papers *npl* **Fahr·zeug·park** *m* (*geh*) [vehicle] fleet **Fahr·zeug·schein** *m* motor vehicle registration certificate

Fai·ble <-s, -s> ['fɛ:bl̩] *nt* (*geh*) liking, foible *liter;* ■**jds ~ für jdn/etw** sb's liking [*or liter* foible] for sb/sth; **ein ~ für jdn/etw haben** to be partial to sb/sth

fair [fɛ:ɐ̯] *adj* fair; ■**[jdm gegenüber] ~ sein** to be fair [to sb]; **das ist nicht ~!** that's not fair!

Fair·ness[RR], **Fair·neß**[ALT] <-> ['fɛ:ɐ̯nɛs] *f kein pl* fairness *no pl;* ■**aus ~ [jdm gegenüber]** in fairness [to sb]

Fair·way <-s, -s> ['fɛ:ɐ̯ve:] *nt* (*beim Golf*) fairway

Fä·ka·li·en [fɛ'ka:li̯ən] *pl* faeces BRIT, feces AM

Fa·kir <-s, -e> ['fa:ki:ɐ̯] *m* fakir

Fak·si·mi·le <-s, -s> [fak'zi:mile] *nt* facsimile

Fak·si·mi·le·aus·ga·be *f* facsimile edition

Fak·ten ['faktn̩] *pl* facts *pl; s. a.* **Faktum**

fak·tisch ['faktɪʃ] **I.** *adj attr* real, effective **II.** *adv* basically, effectively, practically

Fak·tor <-s, -toren> ['fakto:ɐ̯, *pl* fak'to:rən] *m* factor; **ein wesentlicher ~** an essential factor

Fak·to·tum <-s, -s *o* Faktoten> [fak'to:tʊm, *pl* fak'to:tən] *nt* ❶ (*Arbeitskraft*) factotum *a. hum* ❷ (*fam: älterer Mensch*) funny old bird *fam*

Fak·tum <-s, Fakten> ['faktʊm, *pl* 'faktn̩] *nt* (*geh*) [proven] fact

fak·tu·rie·ren* [faktu'ri:rən] *vt* ÖKON ■**etw ~** to invoice [*or* bill] sth

Fa·kul·tas <-, Fakultäten> [fa'kʊltas, *pl* -'tɛtn̩] *f* (*geh: Lehrbefähigung*) ■**~ [in etw** *dat*] qualification to teach [sth]; **die ~ für etw** *akk* **haben** to be qualified to teach sth

Fa·kul·tät <-, -en> [fakʊl'tɛt] *f* (*zusammengehörende Wissenschaftsgebiete*) faculty; **medizinische ~** faculty of medicine ▶WENDUNGEN: **von der anderen ~ sein** (*hum: von anderer Weltanschauung sein*) to be from the other camp *iron;* (*homosexuell*) to be queer *pej,* to be one of them *pej*

fa·kul·ta·tiv [fakʊlta:'ti:f] *adj inv* (*geh*) optional

Fal·be <-n, -n> ['falbə] *m* BIOL dun [horse]

Falb·kat·ze *f* ZOOL African wild cat

Fal·ke <-n, -n> ['falkə] *m* falcon, hawk

Falk·land·in·seln ['falklantʔɪnzl̩n] *pl* ■**die ~** the Falklands *pl,* the Falkland Islands *pl;* **auf den ~** on the Falklands; **auf die ~ fahren** to go to the Falklands; **auf den ~ leben** to live on the Falklands; **von den ~ stammen** to come from the Falklands

Falk·ner(in) <-s, -> ['falknɐ] *m(f)* falconer

Fall[1] <-[e]s, Fälle> [fal, *pl* 'fɛlə] *m* ❶ *kein pl* (*das Hinunterfallen*) fall; **der freie ~** free fall; **im freien ~** in free fall ❷ (*Sturz*) fall; **jdn zu ~ bringen** (*geh*) to make sb fall, to trip up sb *sep;* **zu ~ kommen** (*geh*) to fall; **sich bei einem ~ verletzen** to fall and injure oneself, to injure oneself [when] falling ❸ (*Untergang*) downfall; *Festung* fall; **Aufstieg und ~** rise and fall; **etw zu ~ bringen** to bring down sth *sep;* **ein Gesetz zu ~ bringen** to defeat a bill; **jds Pläne zu ~ bringen** to thwart sb's plans; **eine Regierung zu ~ bringen** to bring down [*or* overthrow] a government

Fall[2] <-[e]s, Fälle> [fal, *pl* 'fɛlə] *m* ❶ (*Umstand, Angelegenheit*) case, circumstance, instance; **ein hoffnungsloser/schwieriger ~ sein** to be a hopeless/difficult case; **klarer ~!** (*fam*) you bet! *fam;* **sollte der ~ eintreten, dass ...** if the case should arise that ...; **[nicht] der ~ sein** [not] to be the case; **sollte es der ~ sein, dass ...** if it's true that ...; **auf alle Fälle** in any case; (*unbedingt*) at all events; **auf jeden [*o* in jedem] ~** always; **auf keinen [*o* in keinem] ~** never, under no circumstances; **für alle Fälle** just in case; **für den ~ einer Notlage** in case of emergency [*or pl* emergencies]; **für den ~ meines/seines Todes** in case I die/he dies; **für den ~, dass jd etw tut** in case sb does sth; **gesetzt den ~, dass ...** assuming [*or* supposing] [that]...; **im äußersten ~[e]** at the worst; **im günstigsten/schlimmsten [*o* ungünstigsten] ~[e]** at best/worst; **im ~e eines ~es** if it comes [down] to it; **in diesem/dem ~** in this/that case; **in so einem ~** in a case like that; **von ~ zu ~** from case to case, as the case may be ❷ JUR case; **einen ~ übernehmen** to take on a case ❸ MED case ❹ LING (*Kasus*) case; **der erste/zweite ~** the nominative/genitive case ▶WENDUNGEN: **[nicht] jds ~ sein** (*fam*) [not] to be sb's liking, [not] to be sb's cup of tea *fam*

Fall·beil *nt* guillotine; **jdn durch das ~ hinrichten** to guillotine sb

Fall·bei·spiel *nt* example [for a particular case]

Fal·le <-, -n> ['falə] *f* ❶ (*Fangmechanismus*) trap; **~n legen [*o* stellen]** to lay [*or* set] traps *a. fig;* **eine ~ aufstellen** to set a trap *a. fig;* **jdm in die ~ gehen [*o* in jds ~ geraten] [*o* gehen]** to fall [*or* walk] into sb's trap *a. fig,* to get caught in sb's trap *a. fig;* **jdn in eine ~ locken** to lure sb into a trap *a. fig;* **in der ~ sitzen** to be trapped *a. fig;* **jdm eine ~ stellen** to set a trap for sb *a. fig;* **in eine ~ tappen** (*a. fig*) to blunder into a trap *a. fig* ❷ (*sl: Bett*) bed, pit BRIT *sl;* **ab in die ~!** off to bed!; **in die ~ gehen** to turn in, to hit the sack *fam;* **in der ~e liegen [*o* sein]** to be [lying] in bed [*or* BRIT *sl* one's pit]

fal·len <fällt, fiel, gefallen> ['falən] *vi sein* ❶ (*herunterfallen*) *Person* to fall; **Achtung, auf dem nassen Boden kann man leicht ~!** be careful, it's easy to slip on the wet floor; *Gegenstand* to drop; **jdn/etw ~ lassen** (*nicht mehr halten können*)

F

to let go of sb/sth, to drop sth; (*versehentlich verlieren*) to drop sth; **Sie haben Ihren Geldbeutel ~ gelassen** you've dropped your purse; **sich aufs Bett/auf einen Stuhl ~ lassen** to flop onto the bed/flop down onto a chair ❷ (*niederkommen, -gehen*) *Beil* to fall; *Klappe, Vorhang* to drop; (*Hammer*) to come down ❸ (*stolpern*) ■**über etw** *akk* **~** to trip over [*or* on] sth ❹ (*fam: nicht bestehen*) ■**durch etw** *akk* **~** to fail [*or* AM *fam* flunk] sth; **jdn durch eine Prüfung ~ lassen** to fail sb in an exam ❺ (*sinken*) *Barometer, Preise* to fall; *Temperatur* to drop [*or* fall]; *Fieber, Wasserstand* to go down, to subside ❻ (*im Krieg ums Leben kommen*) to fall, to be killed ❼ (*erobert werden*) to fall; **nach langem Kampf fiel die Stadt schließlich** after a prolonged fight the town finally fell ❽ (*treffen*) ■**auf jdn ~** to fall [*or form* light] on sb; **der Verdacht fiel auf den Gärtner** the suspicion fell on the gardener; **die Wahl der Chefin fiel auf den ersten Bewerber** the boss chose the first applicant ❾ (*durchdringen*) ■**auf/durch/in etw** *akk* **~** [*Sonnen*]*strahlen* to shine on[to]/through/into sth ❿ (*stattfinden, sich ereignen*) ■**auf etw** *akk* **~** to fall on sth; **der 1. April fällt dieses Jahr auf einen Montag** April 1st falls on a Monday this year ⓫ (*jdm zukommen, übergehen auf*) ■**an jdn ~** to be annexed by sb; **nach dem Krieg fielen viele Teile Ostdeutschlands an Polen** after the war many parts of East Germany were annexed by Poland; (*nach Verhandlungen*) to go to sb, to devolve on sb *form;* **nach seinem Tod fiel die Versicherungssumme an die Bank** after his death the insurance money went to the bank ⓬ (*einbezogen werden*) ■**in etw** *akk* **~** to be channelled into sth; **sein Privatvermögen fällt nicht in das gemeinschaftliche Vermögen** his private means are not channelled into the collective property ⓭ (*ergehen*) to be reached; *Urteil, Beschluss a.* to be passed ⓮ SPORT to be scored; **das zweite Tor fiel fünf Minuten vor Spielende** the second goal was scored five minutes before the end ⓯ (*abgegeben werden*) *Schuss* to be fired; **sie hörten, wie die Schüsse fielen** they heard the shots being fired ⓰ (*verlauten*) to be spoken [*or* uttered]; **sein Name fiel während der Sitzung mehrere Male** his name was mentioned several times during the meeting; **bei dem Treffen seiner geschiedenen Eltern fiel kein einziges böses Wort** when his divorced parents met, not a single harsh word was said; **etw ~ lassen** (*äußern*) to let drop sth *sep;* **eine Bemerkung ~ lassen** to drop a remark ⓱ (*aufgeben*) **jdn/etw ~ lassen** [*o* **fallenlassen**] to abandon [*or* drop] sb/sth

fäl·len ['fɛlən] *vt* ■**etw ~** ❶ (*umhauen*) to fell sth ❷ (*entscheiden*) to reach [*or* come to] sth; **ein Urteil ~** to reach [*or* pass] a erdict; *s. a.* **Lot¹ 4**

fal·len|las·sen* *vt irreg s.* **fallen 17**

Fạll·gru·be *f* pit[fall]

fäl·lig ['fɛlɪç] *adj* ❶ (*anstehend*) due *usu pred;* FIN *a.* payable; **die Zahlungen sind am 23. ~** the payments are due on 23rd *form;* **~e Beträge/Zahlungen** *pl* amounts/payments due; **längst ~** long overdue ❷ (*fam: dran sein, geliefert sein*) ■**~ sein** to be [in] for it *fam*

Fäl·lig·keit <-, -en> *f* FIN maturity, settlement date; **bei/nach ~ zahlen** to pay by/after the settlement date; **vor ~ zahlen** to pay in advance

Fạll·obst *nt kein pl* windfall

Fall-outRR, **Fall·out** <-s, -s> [fo:l'ʔaut] *m* fall[-]out

Fạll·reep <-s, -s> ['falre:p] *nt* NAUT rope ladder

falls [fals] *konj* if; **~ möglich/nötig** if possible/necessary

Fạll·schirm *m* parachute, chute *fam;* **mit dem ~ abspringen** to parachute, to make a parachute jump; **etw mit dem ~ abwerfen** to drop sth by parachute

Fạll·schirm·ab·sprung *m* parachute jump **Fạll·schirm·jä·ger(in)** *m(f)* paratrooper; ■**die ~** the paratroop[er]s **Fạll·schirm·sprin·gen** *nt* parachuting **Fạll·schirm·sprin·ger(in)** *m(f)* parachutist **Fạll·si·che·rung** *f* SPORT security rope

Fạll·strick *m* trap, snare; **jdm ~e legen** to set a trap [*or* snare] for sb, to ensnare sb

Fạll·stu·die *f* case study

fällt [fɛlt] *3. pers pres von* **fallen**

Fạll·tür *f* trapdoor **Fạll·wind** *m* fall [*or spec* katabatic] wind

falsch [falʃ] **I.** *adj* ❶ (*verkehrt*) wrong; **einen ~en Ton anschlagen** to hit a wrong note; **~e Vorstellung** wrong idea, misconception; **bei jdm an den F~en/die F~e geraten** to pick the wrong person in sb; **Sie sind hier falsch** (*Ort*) you are in the wrong place; (*am Telefon*) you have the wrong number; **wie man's macht, ist es ~!** (*fam*) [regardless of] whatever I/you etc. do, it's [bound to be] wrong! ❷ (*unzutreffend*) false; **eine ~e Anschuldigung** a false accusation; **einen ~en Namen angeben** to give a false name ❸ (*unecht, nachgemacht*) fake, imitation *attr;* **~er Schmuck** fake [*or* paste] jewellery [*or* AM jewelry]; (*gefälscht*) forged, fake; **~es Geld** counterfeit money; **~e Würfel** loaded dice ❹ (*pej: hinterhältig*) two-faced; **ein ~er Hund/eine ~e Schlange** a snake in the grass; *s. a.* **Spiel** ❺ (*unaufrichtig, unangebracht*) false; **~es Pathos** (*geh*) false pathos, bathos; **~er Scham** false shame **II.** *adv* wrongly; **etw ~ aussprechen/schreiben/verstehen** to pronounce/spell/understand sth wrongly, to mispronounce/misspell/misunderstand sth; **jdn ~ informieren** to misinform sb, to give sb wrong information; **alles ~ machen** to do everything wrong; **~ singen** to sing out of tune

Fạlsch·aus·sa·ge *f* JUR **eine** [**uneidliche**] **~** false testimony

Fạlsch·bu·chung *f* false [*or* fraudulent] entry **Fạlsch·eid** *m* false oath

fäl·schen ['fɛlʃn̩] *vt* ■**etw ~** to forge [*or* fake] sth; **gefälschte Papiere** forged [*or* fake] papers; ÖKON to falsify sth; **die Bücher ~** to falsify [*or* BRIT *fam* cook] the books; **Geld ~** to counterfeit money

Fäl·scher(in) <-s, -> *m(f)* forger; *Geld* counterfeiter

Fạlsch·fahrer(in) *m(f) person driving on the wrong side of the road* **Fạlsch·geld** *nt kein pl* counterfeit [*or* forged] money *no pl*

Fạlsch·heit <-> *f kein pl* falseness, falsity; (*pej*) *Charakter* falseness, deceitfulness

fälsch·lich I. *adj* ❶ (*irrtümlich*) mistaken, erroneous ❷ (*unzutreffend*) false **II.** *adv s.* **fälschlicherweise**

fälsch·li·cher·wei·se *adv* ❶ (*irrtümlicherweise*) mistakenly, erroneously ❷ (*zu Unrecht*) wrongly

fạlsch|lie·gen *vi irreg* [**mit etw** *dat*] [**bei jdm**] **~** (*fam*) to be wrong [about sb/in sth]

Fạlsch·mel·dung *f* false report **Fạlsch·mün·zer(in)** <-s, -> *m(f)* counterfeiter, forger **Falsch·mün·ze·rei** <-> [falʃmʏntsə'rai] *f kein pl* counterfeiting *no pl,* forgery **Fạlsch·par·ker(in)** *m(f)* parking offender **fạlsch|spie·len** *vi* to cheat **Fạlsch·spie·ler(in)** *m(f)* cheat; (*professioneller ~*) [card]sharp[er] BRIT, card shark AM

Fäl·schung <-, -en> *f* ❶ *kein pl* (*das Fälschen*) counterfeiting, forgery; **die ~ von Banknoten ist verboten** the counterfeiting of banknotes is forbidden ❷ (*gefälschte Sache*) forgery, fake

fäl·schungs·si·cher *adj* forgery-proof

Fal·sett <-[e]s, -e> [fal'zɛt] *nt* falsetto; **~ singen** to sing falsetto

Fal·si·fi·kat <-[e]s, -e> [falzifi'ka:t] *nt* (*geh*) forgery, fake

Fạlt·blatt *nt* leaflet **Fạlt·boot** *nt* collapsible boat

Fält·chen <-s, -> *nt* fine wrinkle [*or* line]; **~ um die Augen** crow's feet

Fal·te <-, -n> ['faltə] *f* ❶ (*in Kleidung: Knitter~, Bügel~*) crease; (*Rock~*) pleat; **~n bekommen** to get [*or* become] creased; **etw in ~n legen** to pleat sth ❷ (*in Stoff, Vorhang*) fold; **~n werfen** to fall in folds, to drape ❸ (*Linie in der Haut*) wrinkle; **die Stirn in ~n legen** [*o* **ziehen**] to furrow [*or* BRIT knit] one's brows; **kaum/viele ~n haben** to have scarcely any/many wrinkles; **tiefe ~n** deep lines [*or* furrows]; **~n bekommen** to get wrinkles

fal·ten ['faltn̩] *vt* ❶ (*zusammen~*) ■**etw ~** to fold sth; **die**

Hände ~ to fold one's hands ❷ (*in Falten legen*) **die Stirn** ~ to furrow [*or* BRIT knit] one's brow
fal·ten·los *adj* unlined; ~**e Haut** unlined [*or* smooth] skin
Falt·ten·rock *m* pleated skirt
Fal·ter <-s, -> ['faltɐ] *m* (*Tag~*) butterfly; (*Nacht~*) moth
fal·tig ['faltɪç] *adj* ❶ (*zerknittert*) creased, crumpled ❷ (*das Gesicht voller Falten*) wrinkled
Falt·kar·ton *m* collapsible [*or* folding] box
Falz <-es, -e> [falts] *m* ❶ (*in Papier*) fold ❷ TECH join, [lock] seam
falz·en ['faltsn̩] *vt* ■ **etw** ~ to fold sth
Fam. *Abk von* **Familie**
fa·mi·li·är [fami'li̯ɛːɐ̯] **I.** *adj* ❶ (*die Familie betreffend*) family *attr;* **aus** ~**en Gründen** for family reasons ❷ (*zwanglos*) familiar; **in** ~**er Atmosphäre** in an informal atmosphere **II.** *adv* **mit jdm** ~ **verkehren** to be on close [*or* familiar] terms with sb
Fa·mi·lie <-, -n> [fa'miːli̯ə] *f* family; **aus guter** ~ **sein** to come from [*or* to be of] a good family, to be of good stock *form;* **eine kinderreiche** ~ a large family, a family with many children; **eine vierköpfige** ~ a family of four; **in[nerhalb] der** ~ **bleiben** to stay in the family; **zur** ~ **gehören** to be one of the family; **eine** ~ **gründen** (*geh*) to start a family; ~ **haben** (*fam*) to have a family; **das liegt in der** ~ it runs in the family; **das kommt in den besten** ~**n vor** (*fam*) it can happen in the best of families; **„~ Lang"** "The Lang Family", "Mr and Mrs Lang and family"
Fa·mi·li·en·ähn·lich·keit *f* family resemblance **Fa·mi·li·en·al·bum** *nt* family album **Fa·mi·li·en·an·ge·hö·ri·ge(r)** *f(m) dekl wie adj* relative **Fa·mi·li·en·an·schluss**[RR] *m kein pl* **eine Unterkunft mit** ~ *accommodation with a family where one is treated as a member of the family* **Fa·mi·li·en·aus·weis** *m* family pass **Fa·mi·li·en·be·ra·tung** *f* family counselling **Fa·mi·li·en·be·ra·tungs·stel·le** *f* family counselling office **Fa·mi·li·en·be·sitz** *m* family property; **in** ~ **sein** [*o* **sich in** ~ **befinden**] to be owned by the family **Fa·mi·li·en·be·trieb** *m* family concern [*or* business] **Fa·mi·li·en·buch** *nt* genealogical register **Fa·mi·li·en·fei·er** *f* family party [*or* BRIT *fam* do] **Fa·mi·li·en·fest** *nt* family celebration **Fa·mi·li·en·fra·gen** *pl* family issues *pl* **Fa·mi·li·en·glück** *nt* domestic bliss **Fa·mi·li·en·grab** *nt* family grave [*or* AM plot] **Fa·mi·li·en·gruft** *f* family vault **Fa·mi·li·en·hil·fe** *f* family assistance (*afforded by health insurance*) **Fa·mi·li·en·kreis** *m* family circle; **die Beerdigung fand im engsten** ~ **statt** only the immediate family were present at the funeral **Fa·mi·li·en·le·ben** *nt kein pl* family [*or* domestic] life *no pl* **Fa·mi·li·en·mi·nis·ter(in)** *m(f)* minister for family affairs BRIT **Fa·mi·li·en·mi·nis·te·ri·um** *nt* Ministry for Family Affairs BRIT **Fa·mi·li·en·mit·glied** *nt* member of the family; **ein neues** ~ **bekommen/bekommen haben** to be getting/to have had a new addition to the family **Fa·mi·li·en·na·me** *m* surname, last name **Fa·mi·li·en·ober·haupt** *nt* head of the family, pater familias *masc form* **Fa·mi·li·en·pa·ckung** *f* family[-size] pack **Fa·mi·li·en·pla·nung** *f* family planning *no art* **Fa·mi·li·en·po·li·tik** *kein pl f* family policy **Fa·mi·li·en·recht** *nt* family law **Fa·mi·li·en·ro·man** *m* [family] saga **Fa·mi·li·en·schmuck** *m* family jewels *pl* **Fa·mi·li·en·se·rie** *f* family series **Fa·mi·li·en·sitz** *m* family estate [*or* seat] **Fa·mi·li·en·stand** *m* marital status **Fa·mi·li·en·stück** *nt* family heirloom **Fa·mi·li·en·tra·gö·die** *f* family tragedy **Fa·mi·li·en·un·ter·neh·men** *nt* family business [*or* enterprise] **Fa·mi·li·en·un·ter·stüt·zung** *f s.* **Familienzulage** **Fa·mi·li·en·va·ter** *m* father [of a/the family] **Fa·mi·li·en·ver·hält·nis·se** *pl* family background *no pl;* **aus geordneten/zerrütteten** ~**n kommen** to come from a well-ordered background/broken home **Fa·mi·li·en·vor·stand** *m* (*geh*) *s.* **Familienoberhaupt** **Fa·mi·li·en·wap·pen** *nt* family coat of arms, family arms *npl* BRIT **Fa·mi·li·en·zu·la·ge** *f* family allowance **Fa·mi·li·en·zu·sam·men·füh·rung** *f* organized family reunion **Fa·mi·li·en·zu·wachs** *m* addition to the family; ~ **erwarten/bekommen** [*o fam* **kriegen**]/**bekommen haben** to be expecting/getting/have had an addition to the family
fa·mos [fa'moːs] *adj* (*veraltend fam*) capital *dated fam;* **ein** ~**er Mensch** a brick *dated fam*
Fa·mu·lus <-, Famuli> ['faːmulʊs, *pl* 'faːmuli] *m* MED (*veraltend geh*) *medical student doing practical work in a clinic*
Fan <-s, -s> [fɛn] *m* fan; (*Fußball~ a.*) supporter
Fa·nal <-s, -e> [fa'naːl] *nt* (*geh*) signal; **mit etw** *dat* **ein** ~ **setzen** to send a signal by doing sth
Fa·na·ti·ker(in) <-s, -> [fa'naːtikɐ] *m(f)* fanatic; **ein politischer** ~ an extremist; **ein religiöser** ~ a religious fanatic, a [religious] zealot
fa·na·tisch [fa'naːtɪʃ] **I.** *adj* fanatical; **ein** ~**er Anhänger** a fanatical [*or pej* rabid] supporter **II.** *adv* fanatically
fa·na·ti·siert [fanati'ziːrt] *adj* fanaticized
Fa·na·tis·mus <-> [fana'tɪsmʊs] *m kein pl* fanaticism
Fan·club ['fɛnklʊb] *m s.* **Fanklub**
fand ['fant] *imp von* **finden**
Fan·fa·re <-, -n> [fan'faːrə] *f* ❶ (*Trompete*) ceremonial trumpet, fanfare ❷ (*Trompetensignal aus Dreiklangtönen*) fanfare; **eine** ~ **schmettern** to play a fanfare ❸ (*Musikstück*) fanfare ❹ (*zusätzliche Hupe im Auto*) multi-tone horn
Fang[1] <-[e]s, Fänge> [faŋ, *pl* 'fɛŋə] *m* ❶ *kein pl* (*das Fangen*) catching, trapping; **zum** ~ **auslaufen** to go fishing ❷ *kein pl* (*Beute*) catch; *Fisch* haul ▶ WENDUNGEN: **[mit jdm/etw] einen guten** ~ **machen** to make a good catch [with sb/sth]
Fang[2] <-[e]s, Fänge> [faŋ, *pl* 'fɛŋə] *m meist pl* (*Kralle*) talon; (*Reißzahn*) fang ▶ WENDUNGEN: **jd in seinen Fängen haben** (*fam*) to have sb in one's clutches
Fang·arm *m* tentacle
fan·gen <fängt, fing, gefangen> ['faŋən] **I.** *vt* ❶ (*festnehmen*) ■ **jdn** ~ to catch [*or* apprehend] sb; **einen Dieb** ~ to catch a thief ❷ (*erjagen*) ■ **etw** ~ to catch sth ❸ (*erhaschen*) ■ **etw** ~ to catch sth **II.** *vi* ❶ (*erhaschen*) to catch ❷ (*Spiel*) **F~ spielen** to play catch **III.** *vr* ❶ (*ver~*) ■ **sich in etw** *dat* ~ to be caught in sth ❷ (*das Gleichgewicht wiedererlangen*) ■ **sich** ~ to catch oneself; (*seelisch*) to pull oneself together [again]
Fang·flot·te *f* fishing fleet **Fang·fra·ge** *f* trick [*or* BRIT catch] question; [**jdm**] **eine** ~ **stellen** to ask [sb] a trick question **fang·frisch** *adj* ~**e Fische** fresh fish **Fang·grün·de** *pl* fishing grounds *npl* **Fang·heu·schre·cke** *f* ZOOL mantis **Fang·netz** *nt* [fishing] net **Fang·quo·te** *f* [fishing] quota **Fang·schal·tung** *f* interception circuit **Fang·schiff** *nt* fishing boat **Fang·schuss**[RR] *m* finishing shot, coup de grâce
fängt [fɛŋt] *3. pers pres von* **fangen**
Fang·vor·rich·tung *f* ❶ (*Fangschaltung*) intercepting device ❷ (*Einrichtung in Aufzügen*) gripping device, safety catch **Fang·zahn** *m* fang
Fan·klub ['fɛnklʊp] *m* fan club **Fan·post** *f* fan mail
Fan·ta·sie[RR1], **Phan·ta·sie** <-, -n> [fanta'ziː, *pl* -'ziːən] *f* ❶ *kein pl* (*Einbildungsvermögen*) imagination *no pl;* **eine lebhafte** [*o* **blühende**]/**krankhafte/schmutzige** ~ **haben** to have a wild imagination/sick/filthy mind [*or* filthy imagination] ❷ *meist pl* (*Fantasterei*) fantasy
Fan·ta·sie[2] <-, -n> [fanta'ziː, *pl* -'ziːən] *f* MUS fantasia
fan·ta·sie·be·gabt[RR] *adj* (*geh*) *s.* **fantasievoll** **Fan·ta·sie·ge·bil·de**[RR] *nt* fantastic form **Fan·ta·sie·lo·sig·keit**[RR] <-> *f kein pl* unimaginativeness *no pl,* lack of imagination *no pl* **Fan·ta·sie·preis**[RR] *nt* (*fam*) outrageous[ly high] price
fan·ta·sie·ren[RR]*, **phan·ta·sie·ren*** [fanta'ziːrən] **I.** *vi* ❶ (*fabulieren*) ■ [**von jdm/etw**] ~ to fantasize [about sb/sth] ❷ MED to be delirious **II.** *vt* ■ **etw** ~ to imagine sth, to dream sth up
fan·ta·sie·voll[RR] *adj* [highly] imaginative
Fan·tast(in)[RR] <-en, -en> *m(f),* **Phan·tast(in)** <-en, -en> [fan'tast] *m(f)* dreamer
Fan·tas·te·rei[RR] <-, -en> *f,* **Phan·tas·te·rei** <-, -en> [fantastə'rai] *f* (*geh*) fantasy

F

Fan·tas·tin[RR] <-, -nen> *f fem form von* **Fantast**

fan·tas·tisch[RR], **phan·tas·tisch** [fan'tastɪʃ] **I.** *adj* ① (*fam: toll*) fantastic ② (*fam: sagenhaft*) fantastic ③ *attr* (*unglaublich*) incredible ④ (*geh*) unreal **II.** *adv* ① (*fam: toll, sagenhaft*) wonderfully, fantastically ② (*unglaublich*) incredibly; **das klingt ~** that sounds incredible

Fan·ta·sy·ro·man ['fɛntəzi-] *m* fantasy novel

Fan·zi·ne <-s, -s> ['fɛnzi:n] *nt* SOZIOL fanzine

Fa·rad <-[s], -> [fa'ra:t] *nt* PHYS farad

Farb·band <-bänder> *nt* typewriter ribbon **Farb·beu·tel** *m* paint bomb

Far·be <-, -n> ['farbə] *f* ① (*Farbton*) colour [*or* AM -or]; **in ~** in colour [*or* AM -or]; **sanfte ~n** soft hues ② (*Anstreichmittel*) paint; (*Färbemittel*) colour [*or* AM -or], dye ③ *pl* (*optisches Symbol*) colours [*or* AM -ors] ④ KARTEN suit; **~ bedienen** to follow suit ▶ WENDUNGEN: **etw in den schwärzesten ~n malen** [*o* **schildern**] to paint a black [*or* gloomy] picture of sth; **~ bekennen** to come clean, to put one's cards on the table; **~ bekommen** to get a [sun]tan

farb·echt *adj* colourfast

Fär·be·mit·tel *nt* dye

fär·ben ['fɛrbn̩] **I.** *vt* ① (*andersfarbig machen*) ■**etw ~** to dye sth; **sich** *dat* **die Haare blond ~** to bleach one's hair blond; **sich** *dat* **die Haare schwarz ~** to dye one's hair black ② (*etw eine bestimmte Note geben*) **etw humoristisch/politisch/rassistisch ~** to give sth humorous/political/racist overtones; ■**politisch/rassistisch gefärbt sein** to have political/racist overtones **II.** *vi* (*ab~*) to run **III.** *vr* ■**sich ~** to change colour [*or* AM -or]; *Himmel* to turn colour [*or* AM -or]; **die Blätter ~ sich gelb** the leaves are turning yellow

far·ben·blind *adj* colour blind **Far·ben·blind·heit** *f* BIOL colour blindness **far·ben·freu·dig** *adj* ① (*bunt*) colourful ② (*kräftige Farben bevorzugend*) loving bright colours **far·ben·froh** *adj* colourful **Far·ben·pracht** *f* (*geh*) blaze of colour **far·ben·präch·tig** *adj* (*geh*) *s.* **farbenfroh**

Fär·ber(in) <-s, -> ['fɛrbɐ] *m(f)* dyer

Fär·be·rei <-, -en> [fɛrbə'rai] *f* dye-works

Farb·fern·se·hen *nt* colour television [*or* TV] **Farb·fern·se·her** *m* (*fam*) colour television [set] [*or fam* TV] **Farb·fern·seh·ge·rät** *nt* colour television [*or* TV] set **Farb·film** *m* colour film **Farb·fil·ter** *m* colour filter **Farb·fo·to** *nt* colour photograph

far·big ['farbɪç] **I.** *adj* ① (*bunt*) coloured, colourful; (*für Farbabbildungen*) colour; **eine ~e Postkarte** a colour postcard; **ein ~es Passbild** a colour passport photo ② (*anschaulich*) colourful ③ *attr* (*Hautfarbe betreffend*) coloured; **die ~e Bevölkerung** coloured people **II.** *adv* ① (*bunt*) in colour ② (*anschaulich*) colourfully

fär·big *adj* ÖSTERR *s.* **farbig 1**

Far·bi·ge(r) *f(m) dekl wie adj* coloured person, non-white

Farb·kas·ten *m* paint box **Farb·ko·pie·rer** *m* colour copier

farb·lich ['farplɪç] **I.** *adj* colour **II.** *adv* in colour; **sie stimmte die Vorhänge ~ auf die Tapete ab** she matched the colours of the curtains and the carpet

farb·los ['farplo:s] *adj* ① (*ohne Farbe*) colourless; **ein ~er Lippenstift** a clear lipstick ② (*unauffällig, langweilig*) dull; **eine ~ Frau** a drab woman

Farb·ska·la *f* colour range **Farb·stift** *m* coloured pen [*or* pencil] **Farb·stoff** *m* ① (*Färbemittel*) dye; (*in Nahrungsmitteln*) artificial colouring ② (*Pigment*) pigment **Farb·ton** *m* shade **Farb·tup·fer** *m* splash of colour

Fär·bung <-, -en> *f* ① *kein pl* (*das Färben*) colouring ② (*Tönung*) shade; (*von Blättern*) hue ③ (*Einschlag*) bias, slant *fig*

Far·ce <-, -n> ['farsə] *f* ① (*Lustspiel*) farce ② (*lächerliche Karikatur*) farce; **eine einzige ~ sein** it's just a farce! ③ KOCHK (*Füllung für Fleisch- und Fischspeisen*) stuffing, filling

far·cie·ren [far'si:rən] *vt* KOCHK ■**etw ~** to stuff [*or* fill] sth

Fa·rin·zu·cker [fa'ri:n-] *m s.* **Rohrzucker**

Farm <-, -en> [farm] *f* ① (*Bauernhof*) farm ② (*Zuchtbetrieb*) farm

Far·mer(in) <-s, -> ['farmɐ] *m(f)* farmer

Farm·haus *nt* farmhouse

Farn <-[e]s, -e> [farn] *m*, **Farn·kraut** *nt* fern

Farn·pflan·ze *f* BOT fern

Fär·se <-, -n> ['fɛrzə] *f* heifer

Fa·san <-s, -e[n]> [fa'za:n] *m* pheasant

fa·schie·ren* [fa'ʃi:rən] *vt* ÖSTERR (*durch den Wolf drehen*) ■**etw ~** to mince [*or* AM grind] sth

Fa·schier·te(s) *nt dekl wie adj* ÖSTERR (*Hackfleisch*) mince, minced [*or* AM ground] meat

Fa·sching <-s, -e *o* -s> ['faʃɪŋ] *m* SÜDD (*Fastnacht*) carnival

Fa·schings·diens·tag *m* Shrove Tuesday **Fa·schings·krap·fen** *m* jam [*or* AM jelly] doughnut

Fa·schis·mus <-> [fa'ʃɪsmʊs] *m kein pl* fascism

Fa·schist(in) <-en, -en> [fa'ʃɪst] *m(f)* fascist

fa·schis·tisch [fa'ʃɪstɪʃ] *adj inv* POL, HIST ① (*den Faschismus betreffend*) fascist ② (*pej: vom Faschismus geprägt*) fascist

fa·schis·to·id [faʃɪsto'i:d] *adj* POL (*pej*) fascistic *pej*

Fa·sel·boh·ne ['fa:zl̩-] *f s.* **Helmbohne**

Fa·se·lei <-, -en> [fa:zə'lai] *f* (*pej fam*) drivel *pej fam*

fa·seln ['fa:zl̩n] **I.** *vi* (*pej fam*) to babble *pej fam;* **hör auf zu ~!** stop babbling on! **II.** *vt* (*pej fam*) ■**etw ~** to spout on about sth *pej fam;* **was faselt er da ständig?** what's he going on about?

Fa·ser <-, -n> ['fa:zɐ] *f* ① (*synthetisch erzeugter Faden*) fibre [*or* AM -er] ② (*Gewebezelle*) fibre [*or* AM -er]

fa·se·rig ['fa:zərɪç], **fas·rig** ['fa:zrɪç] *adj* fibrous

fa·sern ['fa:zɐn] *vi* to fray

Fas·nacht ['fa:znaxt] *f kein pl s.* **Fastnacht**

fas·rig ['fa:zrɪç] *adj s.* **faserig**

Fass[RR] <-es, Fässer> *nt*, **Faß**[ALT] <-sses, Fässer> [fas, *pl* fɛsɐ] *nt* (*Gefäß*) barrel, vat, cask; **etw in Fässer füllen** to barrel sth, to put sth into barrels; **vom ~** on draught [*or* AM draft], on tap; **Bier vom ~** draught [*or* AM draft] beer; **Wein vom ~** wine from the wood ▶ WENDUNGEN: **ein ~ ohne Boden** a bottomless pit; **das schlägt dem ~ den Boden aus!** that really is the limit!; **das ~ zum Überlaufen bringen** to be the final [*or* last] straw, the straw that broke the camel's back

Fas·sa·de <-, -n> [fa'sa:də] *f* ① (*Vorderfront eines Gebäudes*) façade, front ② (*äußerer Schein*) façade, front; **nur ~ sein** to be just [a] show

Fass·bier[RR] *nt* draught [*or* AM draft] beer

Fäss·chen[RR] <-s, -> *nt*, **Fäß·chen**[ALT] <-s, -> ['fɛsçən] *nt dim von* **Fass** cask, keg

fas·sen ['fasn̩] **I.** *vt* ① (*ergreifen*) ■**etw ~** to grasp sth; **jds Hand ~** to take sb's hand; ■**jdn an/bei etw** *dat* **~** to seize sb by sth; **jdn am Arm ~** to seize sb's arm [*or* sb by the arm]; **jdn bei der Hand ~** to take sb by the hand; ■**etw an etw** *dat* **~** to take hold of sth by sth ② (*festnehmen*) ■**jdn ~** to apprehend [*or* seize] [*or* catch] sb; **die Täter konnten bisher nicht gefasst werden** so far the culprits have not been apprehended ③ (*zu etw gelangen*) ■**etw ~** to take sth; **einen Entschluss ~** to make a decision; **einen Vorsatz ~** to make [*or* come to] a resolution; **keinen klaren Gedanken ~ können** not able to think clearly ④ (*begreifen*) ■**etw ~** to comprehend sth; **er konnte sein Glück kaum fassen** he could scarcely believe his luck; **ich fasse es einfach nicht!** I just don't believe it!; **es nicht ~ können[, dass ...]** not to be able to understand [*or* believe] [that ...]; **[das ist] nicht zu ~!** it's incredible [*or* unbelievable!] ⑤ (*etw enthalten*) ■**etw ~** to contain sth; **wie viel Liter Öl fasst der Tank?** how many litres of oil does the tank hold? ⑥ (*ein~*) ■**etw [in etw** *akk*] **~** to mount [*or* set] sth [in sth]; *s. a.* **Wort II.** *vi* ① (*greifen*) to grip, to grasp; *Zahnrad, Schraube* to bite; **die Reifen fassen nicht in dem tiefen Schnee** the tyres won't grip in the deep snow ② (*berühren*) ■**an etw** *akk*/**in etw** *akk* **~** to touch sth/to feel inside sth; **sie fasste in das Loch** she felt inside the hole ③ (*schnappen*) *von Hund* to bite; **fass!** get [*or* grab] [him/her]! **III.** *vr* ■**sich ~**

to pull oneself together; **sich kaum mehr ~ können** to scarcely be able to contain oneself

fäs·ser·wei·se *adv* by the barrel[ful] [*or* gallon]

Fas·set·te^RR <-, -n> [fa'sɛtə] *f s.* **Facette**

Fas·son <-, -s> [fa'sõ:] *f* (*normale Form*) shape; **aus der ~ geraten** (*fam*) to let oneself go *fam* ▸WENDUNGEN: **jeder soll nach seiner** [*o* **auf seine**] **~ selig werden** (*prov*) each must live as he sees fit

Fass·reif^RR *m*, **Fass·rei·fen**^RR *m* [barrel] hoop

Fas·sung <-, -en> *f* ① (*Rahmen*) mounting, setting ② (*Brillengestell*) frame; **eine Brille mit einer goldenen ~** a pair of glasses with gold frames ③ ELEK socket ④ (*Bearbeitung*) version ⑤ *kein pl* (*Selbstbeherrschung*) composure; **die ~ bewahren** to maintain one's composure, to keep one's cool *sl;* **jdn aus der ~ bringen** to unsettle [*or* disconcert] [*or* throw] sb; **außer ~ geraten** to lose one's composure [*or* self-control], to become rattled *fam;* **etw mit ~ tragen** to bear [*or* take] sth calmly; **trag es mit ~** don't let it get to you; **die ~ verlieren** to lose one's self-control, to lose one's cool *sl*

fas·sungs·los I. *adj* staggered, stunned **II.** *adv* in bewilderment; **~ zusehen, wie ...** to watch in shocked amazement as ...

Fas·sungs·lo·sig·keit <-> *f kein pl* complete bewilderment

Fas·sungs·ver·mö·gen *nt* capacity

Fass·wein^RR *m* wine from the wood

fass·wei·se^RR *adv* by the barrel[ful]

fast [fast] *adv* almost, nearly; **ich konnte ~ nichts sehen** I almost couldn't see anything; **~ nie** hardly ever

fas·ten ['fastn̩] *vi* to fast

Fas·ten·kur *f* diet; **eine ~ machen** to go on a diet **Fas·ten·spei·se** *f* KOCHK, REL fasting [*or* Lenten] food **Fas·ten·zeit** *f* REL Lent, period of fasting

Fast Food^RR, **Fast·food**^RR, **Fast food**^ALT <-> ['fa:stfu:t] *nt kein pl* fast food

Fast·food·ket·te *f* chain of fast food restaurants

Fast·nacht ['fastnaxt] *f kein pl* DIAL carniva
l

i Kultur

The Swabian-Allemannic carnival begins on January 6, on *Heilige Dreikönige – Three Kings Day* and is known as **Fastnacht** or *Fasnet*. It is characterized by the reversal of the usual rules and dressing up in masks and costumes. **Fastnacht** is held in Baden Württemberg, parts of Bavaria, Northern Switzerland and Alsace. The festival starts on *Shrovetide*, the Thursday before Ash Wednesday, known in these regions as *Schmutziger Donnerstag* or *Fettdonnerstag*. Elsewhere the day is called *Weiberfastnacht – Women's Carnival*, being the day when tradition says that women take control. In many towns women take over the town halls and, according to an old tradition, cut off the ties of male politicians, colleagues – whoever comes along, is male, and wears a tie.

Fast·nachts·diens·tag *m* Shrove Tuesday **Fast·nachts·krap·fen** *m* jam [*or* AM jelly] doughnut **Fast·nachts·zeit** *f* carnival season

Fast·tag *m* day of fasting; **einen ~ einlegen** to go on a day of fasting; **einen ~ machen** to fast for a day

Fas·zi·na·ti·on <-> [fastsina'tsi̯o:n] *f kein pl* fascination; [**eine**] **~ auf jdn ausüben** to fascinate sb

fas·zi·nie·ren* [fastsi'ni:rən] **I.** *vt* ■**jdn ~** to fascinate sb; **was fasziniert dich so an ihm?** why do you find him so fascinating?; **er war von ihrem Lächeln fasziniert** he was captivated by her smile **II.** *vi* to fascinate

fas·zi·nie·rend *adj* fascinating

fa·tal [fa'ta:l] *adj* (*geh*) ① (*verhängnisvoll*) fatal; **sich ~** [**auf etw** *akk*] **auswirken** to have fatal repercussions; **~e Folgen haben** to have fatal repercussions ② (*peinlich*) embarrassing, awkward; **ein ~es Gefühl** an awkward feeling; **in eine ~e Lage geraten** to be in an awkward position

Fa·ta·lis·mus <-> [fata'lɪsmʊs] *m kein pl* (*geh*) fatalism

Fa·ta·list(in) <-en, -en> [fata'lɪst] *m(f)* fatalist

fa·ta·lis·tisch *adj* (*geh*) fatalistic

Fa·ta Mor·ga·na <- -, - Morganen *o* -s> ['fa:ta mɔr'ga:na, *pl* -'ga:nən] *f* ① (*Luftspiegelung*) mirage ② (*Wahnvorstellung*) fata morgana, hallucination

Fatz·ke <-n *o* -s, -n> ['fatskə] *m* (*pej fam*) pompous twit

fau·chen ['fauxn̩] *vi* ① (*Tierlaut*) to hiss ② (*wütend zischen*) to spit

faul [faul] *adj* ① (*nicht fleißig*) idle, lazy ② (*verfault*) rotten [*or* bad]; (*verrottet*) decayed, rotten; **~e Blätter** dead leaves; (*faulig*) foul ③ (*pej fam: nicht einwandfrei*) feeble; **ein ~er Kompromiss** a shabby compromise; **ein ~er Kredit** a bad credit; **ein ~er Kunde** a shady customer; ■**an etw** *dat* **ist etw ~** sth is fishy about sth; **an diesem Angebot ist irgendwas ~** there's something fishy about this offer ④ (*ohne zu zögern*) **nicht ~** not slow ▸WENDUNGEN: **etw ist ~ im Staate Dänemark** (*prov*) there's something rotten in the State of Denmark

Faul·baum *m* BOT black alder, alder buckthorn

fau·len ['faulən] *vi sein o haben* to rot; *Kadaver* to decay; *Wasser* to stagnate; *Gemüse, Obst* to rot

fau·len·zen ['faulɛntsn̩] *vi* to laze about [*or* around] BRIT, to loaf around [*or* BRIT about] *pej sl;* ■**das F~** lazing about

Fau·len·zer(in) <-s, -> ['faulɛntsɐ] *m(f)* (*pej*) layabout BRIT *pej fam*, lazybones *fam*, loafer *pej sl*, idler

Fau·len·ze·rei <-, *selten* -en> [faulɛntsə'rai] *f* (*pej*) idleness

Faul·heit <-> *f kein pl* idleness, laziness; **vor ~ stinken** (*pej fam*) to be bone idle BRIT *pej fam*

fau·lig ['faulɪç] *adj* rotten; **ein ~er Geruch** a foul smell; **ein ~er Geschmack** a foul taste; **~es Wasser** stagnant water; **~ riechen/schmecken** to smell/taste foul

Fäul·nis <-> ['fɔylnɪs] *f kein pl* decay, rot; **man muss das Holz gegen ~ schützen** the wood must be protected from rotting; **im Zustand der ~** in a state of decay

Faul·pelz *m* (*pej fam*) layabout BRIT *pej fam*, loafer *pej sl*, lazybones **Faul·schlamm** *m* sludge **Faul·tier** *nt* ① (*Tier*) sloth ② (*fam*) *s.* **Faulpelz**

Faun <-[e]s, -e> [faun] *m* faun

Fau·na <-, Faunen> ['fauna, *pl* 'faunən] *f* fauna

Faust <-, Fäuste> [faust, *pl* fɔystə] *f* (*geballte Hand*) fist; **die** [**Hand zur**] **~ ballen** to clench one's fist ▸WENDUNGEN: **wie die ~ aufs Auge passen** (*nicht passen*) to clash horribly; (*perfekt passen*) to be a perfect match; (*passend sein*) to be [very] convenient; **jds ~ im Nacken spüren** to have sb breathing down your neck; **die ~/Fäuste in der Tasche ballen** to hold [*or* choke] back [*or* bottle up] one's anger; **mit der ~ auf den Tisch schlagen** to bang [*or* thump] the table with one's fist; **auf eigene ~** off one's own bat BRIT, on one's own initiative [*or* under our own steam]; **mit eiserner ~** with an iron fist [*or* hand]

Faust·ball *m kein pl* fistball (*team game in which the ball is hit over a cord with the fist or forearm*)

Fäust·chen <-s, -> ['fɔystçən] *nt dim von* **Faust** little fist ▸WENDUNGEN: **sich** *dat* **ins ~ lachen** (*fam*) to laugh up one's sleeve *fam*

faust·dick ['faust'dɪk] *adj* (*fam*) ① (*dick wie eine Faust*) *s.* **faustgroß** ② (*fam: unerhört*) whopping; **das ist eine ~e Lüge!** that's a real whopper!, that's a whopping lie! ▸WENDUNGEN: **~ auftragen** (*fam*) to lay it on thick *fam;* **es ~ hinter den Ohren haben** to be crafty, to be a sly dog

Fäus·tel <-s, -> ['fɔystl̩] *m* mallet

Faust·feu·er·waf·fe *f* handgun **faust·groß** ['faustgro:s] *adj* the size of [*or* as big as] a fist **Faust·hand·schuh** *m* mitten **Faust·keil** *m* hand-axe

Fäust·ling <-s, -e> *m s.* **Fausthandschuh**

Faust·pfand *nt* security **Faust·recht** *nt kein pl* law of the jungle **Faust·re·gel** *f* rule of thumb **Faust·schlag** *m* blow, punch

Faux·pas <-, -> [fo'pa] *m* (*geh*) faux pas, gaffe; **einen ~ begehen** to make a gaffe, to make [*or* commit] a faux pas

Fa·ve <-, -n> ['fa:və] *f* KOCHK young broad bean

fa·vo·ri·sie·ren* [favori'zi:rən] *vt* (*geh*) ■**jdn ~** to favour [*or* AM -or] sb

Fa·vo·rit(in) <-en, -en> [favo'ri:t, *pl* -ri:tn̩] *m(f)* ❶ (*Liebling*) favourite [*or* AM -orite] ❷ SPORT favourite [*or* AM -orite]

Fax <-, -e> [faks] *nt* ❶ (*Schriftstück*) fax ❷ (*Gerät*) fax [machine]; **schick mir den Vertrag per ~ zu** send me the contract by fax

fa·xen ['faksn̩] **I.** *vi* ■[**jdm**] ~ to fax [sb], to send a fax to sb **II.** *vt* ■**etw ~** to fax sth; ■**etw an jdn** [*o* **jdm etw**] ~ to fax sth to sb [*or* sb sth], to send a fax to sb

Fa·xen ['faksn̩] *pl* ❶ (*Unsinn, Albereien*) clowning around; **lass die ~!** stop clowning around!; **nichts als** [**dumme**] **~ im Kopf haben** to still fool around; **~ machen** (*sl: Schwierigkeiten machen*) to give sb trouble ❷ (*fam: Grimassen*) grimaces *pl*; **lass die ~!** stop pulling [*or* making] faces!; **~ machen** to make [*or* BRIT pull] faces ▶ WENDUNGEN: **die ~ dick**[**e**] **haben** (*fam*) to have had it up to here *sl*

Fax·ge·rät *nt* fax **Fax·mo·dem** *nt* fax modem

Fa·yen·ce <-, -n> [fa'jã:s] *f* faïence

Fa·zit <-s, -s *o* -e> ['fa:tsɪt] *nt* result, upshot, summary, conclusion *fam*; **das ~ aus etw** *dat* **ziehen** to sum up sth *sep*; (*Bilanz ziehen*) to take stock of sth

FCKW <-s, -s> [ɛftse:ka:'ve:] *m Abk von* **Fluorchlorkohlenwasserstoff** CFC

FCKW-frei *adj inv* CFC-free

FDP <-> [ɛfde:'pe:] *f Abk von* **Freie Demokratische Partei** FDP

Fea·ture <-s, -s> ['fi:tʃɐ] *nt* feature programme [*or* AM -am]

Fe·ber <-s, -> ['fe:bɐ] *m* ÖSTERR (*Februar*) February

Feb·ru·ar <-[s], *selten* -e> ['fe:brua:ɐ̯] *m* February; **Anfang/Ende ~** at the beginning/end of February; **Mitte ~** in the middle of February, mid-February; **~ sein** to be February; **~ haben** to be February; **jetzt haben wir** [*o* **ist es**] **schon ~ und ich habe noch immer nichts geschafft** it's February already and I still haven't achieved anything; **im ~** in February; **im Laufe des ~s** [*o* **des Monats ~**] during the course of February, in February; **im Monat ~** in [the month of] February; **in den ~ fallen/legen** to be in February/to schedule for February; **diesen** [*o* **in diesem**] **~** this February; **jeden ~** every February; **bis in den ~** [**hinein**] until [well] into February; **den ganzen ~ über** for the whole of February; **am 14. ~** (*Datumsangabe: geschrieben*) on [the] 14th February [*or* February 14th] BRIT, on February 14 AM; (*gesprochen*) on the 14th of February [*or* AM February the 14th]; **am Freitag, dem** [*o* **den**] **14. Februar** on Friday, February [the] 14th; **Jacob hat am 19. ~ Geburtstag** Jacob's birthday is on February 19th; **auf den 14. ~ fallen/legen** to fall on/to schedule for February 14th; **Hamburg, den 14. ~ 2000** Hamburg, 14th February 2000 BRIT, Hamburg, February 14, 2000 *esp* AM

fech·ten <fẹchtet *o* fịcht, fọcht, gefọchten> ['fɛçtn̩] *vi* ❶ SPORT ■[**mit etw** *dat*] ~ to fence [with sth]; ■**gegen jdn ~** to fence against sb ❷ (*geh: kämpfen*) ■[**für jdn/etw/unter jdm**] ~ to fight [for sb/sth/under sb]

Fech·ten <-s> ['fɛçtn̩] *nt kein pl* fencing

Fech·ter(in) <-s, -> ['fɛçtɐ] *m(f)* fencer

Fe·der <-, -n> ['fe:dɐ] *f* ❶ (*Teil des Gefieders*) feather; (*lange Hut~*) long feathers, plume; **leicht wie eine ~** as light as a feather ❷ (*Schreib~*) nib, quill; **eine spitze ~ führen** to wield a sharp pen; **zur ~ greifen** to put pen to paper; **aus jds ~ stammen** to come from sb's pen ❸ (*elastisches Metallteil*) spring ❹ (*Bett*) **noch in den ~n liegen** (*fam*) to still be in bed; **raus aus den ~n!** (*fam*) rise and shine! *fam* ▶ WENDUNGEN: **sich mit fremden ~n schmücken** to take the credit for sb else's efforts; **~n lassen müssen** (*fam*) not to escape unscathed

Fe·der·ball *m* ❶ *kein pl* (*Spiel*) badminton; **~ spielen** to play badminton ❷ (*leichter Gummiball*) shuttlecock **Fe·der·bein** *nt* TECH, AUTO suspension strut **Fe·der·bett** *nt* continental quilt BRIT, duvet BRIT, comforter AM **Fe·der·busch** *m* ❶ (*Federn auf Vogelkopf*) crest ❷ (*Federn auf Kopfbedeckung*) plume **Fe·der·de·cke** *f s.* **Federbett** **Fe·der·fuch·ser(in)** <-s, -> *m(f)* (*pej*) petty pen pusher *pej* **fe·der·füh·rend** *adj* in charge; ■[**bei etw/für etw**] **~ sein** to be in charge [of sth] **Fe·der·füh·rung** *f* overall control; **unter der ~ von jdm/etw ...** under the overall control of sb/sth ... **Fe·der·ge·wicht** *nt* SPORT ❶ *kein pl* (*niedrige Körpergewichtsklasse*) featherweight ❷ (*Sportler*) *s.* **Federgewichtler** **Fe·der·ge·wicht·ler(in)** <-s, -> *m(f)* SPORT featherweight **Fe·der·hal·ter** *m* fountain pen, pen holder **Fe·der·kern·ma·trat·ze** *f* interior sprung mattress, innerspring mattress AM **Fe·der·kiel** *m* ❶ (*Teil einer Feder*) quill ❷ (*Schreibgerät*) quill **Fe·der·kis·sen** *nt* feather pillow **fe·der·leicht** ['fe:dɐ'laiçt] *adj* as light as a feather *pred* **Fe·der·le·sen** *nt* **ohne langes ~** without further ado; **ohne viel ~s** without much ceremony; **nicht viel ~s mit jdm/etw machen** to waste no time on sb/sth **Fe·der·mäpp·chen** <-s, -> *nt* pencil case

fe·dern ['fe:dɐn] **I.** *vi* ❶ (*nachgeben*) to give slightly, to be springy ❷ SPORT to flex; [**in den Knien**] **~** to bend [at the knees] **II.** *vt* ■**etw ~** to fit sth with suspension

fe·dernd *adj* flexible, springy; **einen jugendlich-~en Gang haben** to have a youthful spring in one's step

Fe·der·strich *m* stroke of the pen; **mit einem ~** with a single stroke of the pen

Fe·de·rung <-, -en> *f* springing; (*für Auto a.*) suspension

Fe·der·vieh *nt* (*fam*) poultry

Fe·der·wei·ße(r) ['fe:dɐ'vaisə, -sɐ] *m dekl wie adj* new wine

Fe·der·wild *nt* feathered game **Fe·der·zeich·nung** *f* pen-and-ink drawing

Fee <-, -n> [fe:, *pl* 'fe:ən] *f* fairy; **die gute/böse ~** the good/bad fairy

Feed-back[RR], **Feed·back** <-s, -s> ['fi:tbɛk] *nt* feedback *no indef art, no pl*; **jdm** [**ein**] **~ geben** to give sb feedback

Fee·ling <-s> ['fi:lɪŋ] *nt kein pl* ❶ (*Gefühl*) feeling ❷ (*Gefühl für etw*) feel; **ein ~ für etw** *akk* **haben** to have a feel for sth; **ein ~ für etw** *akk* **entwickeln** to develop a feel for sth

Fe·ge·feuer ['fe:gə-] *nt* ■**das ~** purgatory

fe·gen ['fe:gn̩] **I.** *vt haben* ❶ (*kehren*) ■**etw ~** to sweep sth; ■**etw von etw** *dat* **~** to sweep sth off sth ❷ (*fortschieben*) ■**etw ~** to sweep sth away ❸ SCHWEIZ (*feucht wischen*) ■**etw irgendwohin ~** to wipe sth [with a damp cloth] **II.** *vi* ❶ *haben* (*ausfegen*) to sweep up ❷ *haben* SCHWEIZ (*feucht wischen*) to wipe ❸ *sein* (*fam: schnell fahren*) to sweep, to tear; **er kam um die Ecke gefegt** he came tearing round the corner ❹ (*stark wehen*) to sweep; **der Sturm fegte durch das Geäst** the storm swept through the boughs of the trees

Feh·de <-, -n> ['fe:də] *f* ❶ (*Konflikt*) feud; **eine ~ mit jdm austragen** [*o* **fechten**] (*geh*) to carry on a feud with sb; **mit jdm in ~ liegen** (*geh*) to be feuding with sb ❷ HIST (*privater Krieg im Mittelalter*) feud

Feh·de·hand·schuh *m* gauntlet; **jdm den ~ hinwerfen** (*fig geh*) to throw down the gauntlet to sb *fig*; **den ~ aufheben** [*o* **nehmen**] (*fig geh*) to pick up the gauntlet *fig*

fehl [fe:l] *adj* **~ am Platz**[**e**] [**sein**] [to be] out of place

Fehl [fe:l] *m* **ohne ~** [**und Tadel**] (*geh*) to be immaculate; **ein Mensch ohne ~ und Tadel** a person without blemish or blame

Fehl·alarm *m* false alarm **Fehl·an·zei·ge** *f* (*fam*) dead loss *fam*; ■**~!** wrong! **fehl·bar** *adj* fallible **Fehl·be·set·zung** *f* wrong appointment; **eine ~ machen** [*o* **vornehmen**] to make a wrong appointment; (*bei Schauspielern*) miscasting; **als Hamlet ist er eine totale ~** he was totally miscast in the role of Hamlet **Fehl·be·stand** *m* deficiency **Fehl·be·trag** *m* ❶ FIN (*fehlender Betrag*) shortfall ❷ ÖKON (*Defizit*) deficit **Fehl·di·a·gno·se** *f* wrong [*or* false] diagnosis **Fehl·druck** *m* misprint

Fehl·ein·schät·zung *f* misjudgement, false estimation

feh·len [ˈfeːlən] **I.** *vi* ❶ (*nicht vorhanden sein*) ■**etw fehlt** [**jdm**] sth is missing [for sb]; **mir ~ noch einige Münzen** I'm still missing a few coins; **wie immer, das Zitat deiner Mutter, das durfte ja nicht ~!** (*iron*) you couldn't leave that out, you had to quote your mother! ❷ (*abhandengekommen sein*) ■**jdm fehlt etw** sb is missing sth; **mir ~ 100 Euro** I'm missing 100 euros; **sie stellte fest, dass einige Bücher fehlten** she discovered that some books were missing ❸ (*abwesend sein*) ■[**in etw** *dat*] **~** to be missing [from sth]; **entschuldigt/unentschuldigt ~** *bes* MIL authorized/unauthorized absence; (*in Schule*) to be absent with/without an excuse ❹ (*schmerzlich vermissen*) ■**jd fehlt jdm** sb misses sb; **du fehlst mir** I miss you ❺ (*an etw leiden*) **ich glaube, mir fehlt etwas** I think there is something wrong with me; **wenn ich nur wüsste, was mir fehlt** if I only knew what was wrong with me; **nein, mir fehlt wirklich nichts** no, there is nothing the matter with me; **fehlt Ihnen etwas?** is there anything wrong with you? **II.** *vi impers* ❶ (*abhandengekommen sein*) to be missing; **es ~ 500 Euro aus der Kassette** 500 euros are missing from the cashbox ❷ (*mangeln*) ■**jdm fehlt es an etw** *dat* sb is lacking sth; **jetzt fehlt es sogar an Brot** there's even a lack of bread now; **das Haus müsste mal wieder gestrichen werden, aber es fehlt eben an Geld** the house should be repainted, but we just don't have enough money; **jdm fehlt an** [**gar**] **nichts** (*geh*) sb wants for nothing; **während unserer Reise fehlte es uns an nichts** during our journey we wanted for nothing ▸WENDUNGEN: **es fehlte nicht <u>viel</u>, und ...** ... almost ...; **es hat nicht viel gefehlt, und du hättest die Kaffeekanne umgestoßen!** you almost knocked the coffee pot over; **<u>weit</u> gefehlt!** way off the mark!, far from it!; **<u>wo</u> fehlt es** [*o* **'s**]**?** what's the matter?, what's wrong? *fam*

Feh·ler <-s, -> [ˈfeːlɐ] *m* ❶ (*Irrtum*) error, mistake; **einen ~ machen** [*o* **begehen**] to make a mistake; **jds ~ sein** to be sb's fault; **jdm ist ein ~ unterlaufen** sb has made a mistake ❷ SCH error, mistake ❸ (*Mangel*) defect; **einen ~ haben** to have a defect, to be defect ❹ (*schlechte Eigenschaft*) fault; **jeder hat** [**seine**] **~** everyone has [their] faults; **den ~** [**an sich** *dat*] **haben, etw zu tun** to have the fault of doing sth; **du hast den ~, dass du immer mehr verlangst** the trouble with you is, you're always asking for more ❺ SPORT fault; **auf ~ erkennen** [*o* **entscheiden**] to indicate a foul ❻ INFORM bug

feh·ler·an·fäl·lig *adj* prone to errors *pred;* **das ist ein sehr ~es Computerprogramm** this computer program is prone to errors **Feh·ler·an·zei·ge** *f* INFORM error message **feh·ler·frei** *adj s.* **fehlerlos**

feh·ler·haft *adj* ❶ (*mangelhaft*) poor, imperfect, substandard; (*bei Waren*) defective ❷ (*falsch*) incorrect

feh·ler·los *adj* faultless, perfect

Feh·ler·mel·dung *f* INFORM error message **Feh·ler·quel·le** *f* source [*or* cause] of error **Feh·ler·quo·te** *f* error rate

Fehl·ge·burt *f* miscarriage; **eine ~ haben** [*o* **erleiden**] to have a miscarriage **fehl|ge·hen** *vi irreg sein* (*geh*) ❶ (*sich irren*) to be mistaken, to err; ■**in etw ~** to be mistaken [*or* wrong] about sth; **fehl in der Annahme gehen, dass ...** to be mistaken [*or* wrong] in assuming that ... ❷ (*sich verlaufen*) to go wrong ❸ (*das Ziel verfehlen*) to go wide, to miss **Fehl·griff** *m* mistake; **einen ~ tun** to make a mistake **Fehl·in·for·ma·ti·on** *f* incorrect [*or* false] information *no indef art, no pl* **Fehl·in·ter·pre·ta·ti·on** *f* misinterpretation **Fehl·in·ves·ti·ti·on** *f* bad investment **Fehl·kal·ku·la·ti·on** *f* miscalculation; **eine schwerwiegende ~** a grave miscalculation **Fehl·kon·struk·ti·on** *f* (*pej*) flawed product; **eine totale ~ sein** to be extremely badly designed **Fehl·leis·tung** *f* mistake, slip; **freudsche ~** Freudian slip **fehl·lei·ten** *vt* to misdirect **Fehl·pla·nung** *f* bad planning **Fehl·rip·pe** *f* KOCHK rib **Fehl·schlag** *m* failure **fehl|schla·gen** *vi irreg sein* to fail; **alle Bemühungen, den Streik zu verhindern, schlugen fehl** all efforts to avert the strike came to nothing **Fehl·start** *m* ❶ LUFT (*missglückter Start*) faulty launch ❷ SPORT false start **Fehl·tritt** *m* (*geh*) ❶ (*Fauxpas*) lapse, slip ❷ (*Ehebruch*) indiscretion **Fehl·ur·teil** *nt* ❶ JUR miscarriage of justice ❷ (*falsche Beurteilung*) misjudgement; **ein ~ fällen** to form [*or* come to] [*or* make] an incorrect judgement **Fehl·ver·hal·ten** *nt* ❶ (*falsches Verhalten*) inappropriate behaviour [*or* AM -or] ❷ PSYCH, SOZIOL aberrant [*or* abnormal] behaviour [*or* AM -or] **Fehl·zün·dung** *f* misfiring; **~ haben** to misfire

Fei·er <-, -n> [ˈfaiɐ] *f* ❶ (*festliche Veranstaltung*) celebration, party; **zur ~ einer S.** *gen* to celebrate sth ❷ (*würdiges Begehen*) ceremony; **zur ~ des Tages** in honour [*or* AM -or] of the occasion

Fei·er·abend [ˈfaiɐʔaːbn̩t] *m* ❶ (*Arbeitsschluss*) end of work, closing time *fam;* **hoffentlich ist bald ~** I hope it's time to go home soon; **so, für mich ist jetzt ~** OK, (it's) time for me to go!, OK, I think I'll call it a day!; ■**~!** that's it for today!; **~ haben** to be time for sb to finish work; **~ machen** to finish work for the day; **nach ~** after work ❷ (*Zeit nach Arbeitsschluss*) evening; **schönen Feierabend!** have a nice evening! ▸WENDUNGEN: **jetzt <u>ist</u>** [**damit**] **aber ~!** (*fam*) that's enough! *fam*

fei·er·lich [ˈfaiɐlɪç] **I.** *adj* ❶ (*erhebend*) ceremonial, formal; **ein ~er Akt** a ceremonial act; **ein ~er Anlass** a formal occasion ❷ (*nachdrücklich*) solemn; **~e Beteuerungen** solemn declaration; **ein ~er Schwur** a solemn oath ▸WENDUNGEN: **nicht mehr ~ <u>sein</u>** (*fam*) to go beyond a joke, to be no longer funny *fam* **II.** *adv* ❶ (*würdig*) formally; **etw ~ begehen** to celebrate sth ❷ (*nachdrücklich*) solemnly

Fei·er·lich·keit <-, -en> *f* ❶ *kein pl* (*würdevolle Beschaffenheit*) solemnity, festiveness ❷ *meist pl* (*Feier*) celebrations, festivities

fei·ern [ˈfaiɐn] **I.** *vt* ❶ (*festlich begehen*) ■**etw ~** to celebrate sth; **seinen Geburtstag ~** to celebrate one's birthday; **eine Party ~** to have a party; *s. a.* **Abschied, Wiedersehen** ❷ (*umjubeln*) ■**jdn ~** to acclaim sb **II.** *vi* to celebrate, to have a party

Fei·er·schicht *f* (*ausgefallene Schicht*) cancelled [*or* AM canceled] shift; **eine ~ fahren** [*o* **einlegen**] to miss [*or* cancel] a shift **Fei·er·stun·de** *f* ceremony **Fei·er·tag** [ˈfaiɐtaːk] *m* holiday; **na dann, schöne ~e!** have a nice holiday!

feig [faik], **fei·ge** [ˈfaigə] **I.** *adj* cowardly; **los, sei nicht ~!** come on, don't be a coward! **II.** *adv* cowardly

Fei·ge <-, -n> [ˈfaigə] *f* ❶ (*Baum*) fig tree ❷ (*Frucht*) fig

Fei·gen·baum *m* fig tree **Fei·gen·blatt** *nt* ❶ (*Blatt des Feigenbaums*) fig leaf ❷ (*dürftige Tarnung*) front; **etw als ~ benutzen** to use sth as a front [to hide sth]

Feig·heit <-, -en> *f kein pl* cowardice; **~ vor dem Feind** cowardice in the face of the enemy

Feig·ling <-s, -e> [ˈfaiklɪŋ] *m* (*pej*) coward *pej*

Fei·le <-, -n> [ˈfailə] *f* file

fei·len [ˈfailən] **I.** *vt* ■**etw ~** to file sth; **seine Fingernägel ~** to file one's nails **II.** *vi* ■**an etw** *dat* **~** ❶ (*mit einer Feile bearbeiten*) to file sth ❷ (*verbessern, vervollkommnen*) to polish, to make improvements, to improve; **ich muss noch etwas an meinem Referat ~** I have to polish up my oral presentation

feil·schen [ˈfailʃn̩] *vi* (*pej*) ■[**mit jdm**] [**um etw** *akk*] **~** to haggle [with sb] [over sth]

fein [ˈfain] **I.** *adj* ❶ (*nicht grob*) fine; (*zart*) delicate; **~es Haar** fine hair ❷ (*vornehm*) distinguished; **~e Dame/~er Herr** a distinguished lady/gentleman; **~er Pinkel** (*pej fam*) a person who gives himself airs BRIT; **sich** *dat* **für etw** *akk* **zu ~ sein** sth is beneath one; **sich ~ machen** to get dressed up, to do oneself up *fam* ❸ (*von hoher Qualität*) exquisite, excellent, choice; **das F~ste vom F~en** the best [of the best], the crème de la crème; **vom F~sten** of the highest quality; (*rein*) pure; **aus ~em Gold/Silber** made out of pure gold/silver ❹ (*fam: anständig*) decent; (*iron*) fine *iron;* **du bist mir ja ein ~er Freund!** you're a fine friend! *iron* ❺ (*scharf, ~sinnig*) keen, acute, sensitive; **ein ~es Gehör haben** to have an acute sense of hearing; **eine ~e Nase haben** to have a very keen [*or* acute] sense of smell ❻ (*dezent*) delicate; **~er Humor** delicate sense of humour [*or* AM -or]; **~e Ironie** subtle irony ❼ (*fam: erfreulich*) fine, super, perfect, great; **~!** great!; **~, dass ...** it's great that ... ▶WENDUNGEN: **~ heraus** [*o* **raus**] **sein** (*fam*) to be in a nice position; *s. a.* **säuberlich II.** *adv* ❶ *vor adj, adv* (*Kindersprache: hübsch*) nice and ..., just *childspeak;* **seid ~ artig!** just be good now! ❷ (*genau*) fine, precise; **~ säuberlich** accurate ❸ (*zart, klein*) finely; **~ gemahlen** fine-ground, finely ground ❹ (*elegant*) **~ angezogen sein** to be dressed up; **sich ~ machen** to dress up

Fein·ab·stim·mung *f* fine tuning **Fein·an·teil** *m* KOCHK fines *npl* **Fein·ar·beit** *f* precision work

Feind(in) <-[e]s, -e> ['faint, *pl* faində] *m(f)* ❶ (*Gegner*) enemy, foe; **jdn zum ~ haben** to have sb as an enemy; **sich** *dat* **jdn zum ~ machen** to make an enemy of sb; **sich** *dat* **~e schaffen** to make enemies ❷ (*Opponent*) opponent; ■**ein ~ einer S.** *gen* an opponent of sth ▶WENDUNGEN: **viel ~ viel Ehr** the greater the opposition, the greater the prestige; **liebet eure ~e** REL love thine enemies; **ran an den ~!** (*fam*) up and at them! *fam*

Feind·bild *nt* concept of an/the enemy

feind·lich I. *adj* ❶ (*gegnerisch*) enemy *attr;* *Stellung* enemy position ❷ (*feindselig*) hostile; **eine ~e Haltung gegenüber jdm/etw einnehmen** to be hostile towards [*or* to] sb/sth; **jdm/einer S. ~ gegenüberstehen** to be hostile to sb/sth **II.** *adv* **jdm/etw gegenüber ~ eingestellt sein** to have a hostile attitude towards [*or* to] sb/sth

Feind·schaft <-, -en> *f kein pl* animosity, hostility; **mit jdm in ~ leben** to be at daggers drawn with sb *fam*

feind·se·lig ['faintze:lɪç] **I.** *adj* hostile **II.** *adv* hostilely; **sich ~ verhalten** to behave in a hostile manner

Feind·se·lig·keit <-, -en> *f* ❶ *kein pl* (*feindselige Haltung*) hostility ❷ *pl* (*Kampfhandlungen*) hostilities *npl*

fein·füh·lig ['fainfy:lɪç] *adj* sensitive **Fein·ge·fühl** *nt kein pl* sensitivity, delicacy, tact; **etw mit viel ~ behandeln** to handle sth with a great deal of tact; **etw verlangt viel ~** this requires [*or* demands] a great deal of tact **Fein·ge·halt** *m* fineness **fein·ge·mah·len** *adj attr s.* **fein II.3 fein·glie·de·rig** ['faingli:dərɪç], **fein·glied·rig** ['faingli:drɪç] *adj* delicate, slender; **von ~er Gestalt sein** to have a slender figure **Fein·gold** *nt* pure gold

Fein·heit <-, -en> *f* ❶ (*Feinkörnigkeit*) fineness; (*Zartheit*) delicacy; (*von Stoff*) superior quality ❷ (*Scharfsinnigkeit*) acuteness, keenness ❸ (*Dezentheit*) subtle ❹ *pl* (*Nuancen*) subtleties, nuances *pl;* **das sind eben die gewissen ~en, die man beachten muss** it's the little things that make the difference

fein·kör·nig *adj* ❶ (*aus kleinen Teilen*) fine-grained; **~er Sand** fine sand ❷ FOTO fine-grain **Fein·kost** *f* delicacies **Fein·kost·ge·schäft** *nt* delicatessen **fein|ma·chen** *vr s.* **fein II.4 fein·ma·schig I.** *adj* fine; **ein ~er Pullover** a finely knitted sweater **II.** *adv* finely knitted **Fein·me·cha·nik** *f* precision engineering **Fein·me·cha·ni·ker(in)** *m(f)* precision engineer **fein·mo·to·risch** *adj inv* ANAT fine-motor *attr spec* **Fein·schme·cker(in)** <-s, -> *m(f)* gourmet **Fein·sil·ber** *nt* pure silver **fein·sin·nig** *adj* (*geh*) sensitive **Fein·wä·sche** *f* delicates *npl* **Fein·wasch·mit·tel** *nt* mild detergent

feist [faist] *adj* fat

fei·xen ['faiksn̩] *vi* (*fam*) to smirk

Fel·chen <-s, -> ['fɛlçn̩] *m* whitefish

Feld <-[e]s, -er> [fɛlt, *pl* 'fɛldɐ] *nt* ❶ (*offenes Gelände, unbebautes Land*) field; **freies** [*o* **offenes**] [*o* **weites**] **~** open country; **auf freiem ~** in the open country; *s. a.* **Wald** ❷ (*Acker*) field; **das ~/die ~er bestellen** to cultivate [*or* till] the land ❸ (*abgeteilte Fläche*) section, field; **die ~er in einem Formular ausfüllen** to fill out all the fields in a form; (*auf Spielbrett*) square; (*Hintergrund*) background; INFORM field ❹ (*Spiel~*) field ❺ (*Öl~*) oilfield ❻ *kein pl* (*Schlacht~*) [battle] field; **im ~** in battle ❼ (*Bereich*) area, field; **ein weites ~ sein** to be a broad subject ❽ SPORT (*Gruppe*) field; **das ~ anführen** to lead the field ❾ PHYS field; **ein elektromagnetisches ~** an electromagnetic field ▶WENDUNGEN: **das ~ behaupten** to stand one's ground; **etw ins ~ führen** (*geh*) to put sth forward; **das ~ räumen** (*weggehen*) to quit the field, to leave; (*seine Stellung aufgeben*) to give up, to quit; **jdn aus dem ~ schlagen** to get rid of sb; **jdm/einer S. das ~ überlassen** to leave the field open to a thing/sb; **gegen jdn/etw zu ~e ziehen** (*geh*) to campaign against sb/sth

Feld·ahorn *m* common maple **Feld·ar·beit** *f* work in the fields **Feld·bett** *nt* camp bed **Feld·fla·sche** *f* canteen, water bottle **Feld·for·schung** *f* field research; **~ betreiben** to carry out field research **Feld·frü·ch·te** *pl* arable products *pl* **Feld·gril·le** *f* ZOOL field cricket **Feld·ha·se** *m* ZOOL hare **Feld·herr(in)** *m(f)* MIL, HIST general, strategist **Feld·huhn** *nt* partridge **Feld·jä·ger(in)** *m(f)* ❶ *pl* (*Truppe*) military police + *sing/pl vb* ❷ (*Truppenangehöriger*) military policeman **Feld·kü·che** *f* MIL field kitchen **Feld·la·za·rett** *nt* MIL field hospital **Feld·ler·che** *f* ORN skylark **Feld·mar·schall(in)** ['feltmarʃal] *m(f)* field marshall [*or* AM marshal] **Feld·maus** *f* field mouse **Feld·post** *f* MIL [*or* AM armed] forces' postal service **Feld·sa·lat** *m* lamb's lettuce **Feld·spat** ['feltʃpa:t] *m* feldspar **Feld·stär·ke** *f* field strength **Feld·ste·cher** <-s, -> *m* binoculars *npl;* (*beim Militär a.*) field glasses *npl* **Feld·stu·die** *f* field study **Feld·thy·mi·an** *m* wild thyme **Feld·ver·such** *m* field trial

Feld·we·bel(in) <-s, -> ['feltve:bl̩] *m(f)* sergeant-major

Feld·weg *m* field path, country lane **Feld·zug** *m* ❶ MIL campaign ❷ ([*Werbe-*]*Kampagne*) campaign

Fel·ge <-, -n> ['fɛlgə] *f* rim

Fel·gen·brem·se *f* rim brake

Fell <-[e]s, -e> [fɛl] *nt* (*Tierhaut*) fur; (*abgezogener Tierpelz*) hide; **einem Tier das ~ abziehen** to skin an animal ▶WENDUNGEN: **jdm das ~ über die Ohren ziehen** (*fam*) to take sb to the cleaners; **ein dickes ~ haben** (*fam*) to be thick-skinned, to have a thick skin; **sich** *dat* **ein dickes ~ anschaffen** (*fam*) to grow a thick skin; **jdm das ~ gerben** [*o* **versohlen**] (*fam*) to give sb a good hiding [*or* spanking] *sl;* **jdn** [*o* **jdm**] **juckt das ~** (*fam*) sb's asking for it [*or* a good hiding]; **jdm schwimmen alle** [*o* **die**] **~e weg** (*fam*) [all] one's hopes are dashed

Fel·la·che, Fel·la·chin <-n, -n> [fɛ'laxə, fɛ'laxɪn] *m, f* fellah

Fel·la·tio <-> [fɛ'la:tsi̯o] *f kein pl* fellatio *no pl*

Fels <-en, -en> [fɛls] *m* ❶ (*geh*) *s.* **Felsen** cliff ❷ (*Gestein*) rock; *s. a.* **Brandung**

Fels·block <-blöcke> *m* boulder **Fels·bro·cken** *m* lump of rock

Fel·sen <-s, -> *m* cliff

Fel·sen·bee·re *f* juneberry **fel·sen·fest** ['fɛlsn̩'fɛst] **I.** *adj* firm, rock solid, steadfast, solid as a rock **II.** *adv* firmly, steadfastly; **~ von etw** *dat* **überzeugt sein** to be firmly convinced of sth **Fel·sen·ge·bir·ge** *nt* rocky mountain range **Fel·sen·hahn** *m* ORN cock-of-the-rock **Fel·sen·riff** *nt,* **Fels·riff** *nt* rocky reef **Fel·sen·schlucht** *f,* **Fels·schlucht** *f* rocky gorge [*or* ravine] **Fel·sen·tau·be** *f* ORN rock dove

Fels·ge·stein *nt* rock

fel·sig ['fɛlzɪç] *adj* rocky

Fels·ma·le·rei *f* rock painting **Fels·spal·te** *f* cleft [*or* crevice] in the rock **Fels·wand** *f* rock face

Fe·me <-, -n> ['fe:mə] *f* (*mittelalterliches Gericht*) vehme

Fe·me·ge·richt *nt,* **Fem·ge·richt** ['fe:məgərɪçt] *nt* (*mittelalterliches Gericht*) vehmic court (*a court in mediaeval Westphalia famous for executing those accused immediately after finding them guilty*) **Fe·me·mord** *m* murder committed under the vehmic system, sectarian killing

Fe·mi·nat <-[e]s, -e> [femi'na:t] *nt* female committee

fe·mi·nin [femiˈniːn] *adj* ❶ LING feminine ❷ (*geh: fraulich*) feminine ❸ (*pej: weibisch*) effeminate *pej*
Fe·mi·ni·num <-s, Feminina> [ˈfeːminiːnʊm, *pl* -na] *nt* LING feminine noun
Fe·mi·nis·mus <-> [femiˈnɪsmʊs] *m kein pl* feminism
Fe·mi·nist(in) <-en, -en> [femiˈnɪst] *m(f)* feminist
fe·mi·nịs·tisch *adj* feminist
Fen·chel <-s> [ˈfɛnçl̩] *m kein pl* BOT fennel
Fẹn·chel·öl *nt* fennel oil **Fẹn·chel·sa·men** *m* fennel seed
Fen·nek <-s, -s> [ˈfɛnɛk] *m* ZOOL fennec
Fens·ter <-s, -> [ˈfɛnstɐ] *nt* ❶ (*zum Hinausschauen*) window ❷ INFORM window ▶ WENDUNGEN: **weg vom ~ sein** (*fam*) to be out of the running; *s. a.* **Geld**
Fẹns·ter·bank <-bänke> *f* window-sill **Fẹn·ster·brett** *nt* window-sill **Fẹn·ster·brief·um·schlag** *m* window envelope **Fẹns·ter·flü·gel** *m* casement **Fẹns·ter·front** *f* glass façade **Fẹns·ter·glas** *nt* window glass, window pane **Fẹns·ter·he·ber** <-s, -> *m* window regulator **Fẹns·ter·kreuz** *nt* mullion and transom **Fẹns·ter·la·den** *m* [window] shutter **Fẹns·ter·le·der** *nt* shammy (leather), chamois (leather)
fens·terln [ˈfɛnstɐln] *vi* SÜDD, ÖSTERR to climb in one's lover's window
fẹns·ter·los *adj* windowless
Fẹns·ter·platz *m* window seat **Fẹns·ter·put·zer(in)** <-s, -> *m(f)* window cleaner [*or* washer] **Fẹns·ter·rah·men** *m* window frame **Fẹns·ter·re·de** *f* SOZIOL, POL (*pej fam*) soapbox speech **Fẹns·ter·schei·be** *f* window pane **Fẹns·ter·sims** *m o nt* window ledge **Fẹns·ter·stock** *m* ÖSTERR (*Fensterrahmen*) window frame **Fẹns·ter·sturz** *m* ❶ ARCHIT [window] lintel ❷ (*Sturz aus einem Fenster*) fall from a window ▶ WENDUNGEN: **der Prager ~** HIST the Defenestration of Prague **Fẹns·ter·tech·nik** *f* INFORM windowing
Fe·ri·en [ˈfeːri̯ən] *pl* ❶ (*Schulferien*) [school] holidays *pl* BRIT, [school] summer vacation AM; **die großen ~** the summer holidays BRIT; **~ haben** to be on holiday [*or* AM vacation] ❷ (*Urlaub*) holidays *pl*, vacation AM; **habt ihr schon irgendwelche Pläne für die ~?** have you made any plans for the holidays [*or* your vacation] ?; **in die ~ fahren** to go on holiday [*or* AM vacation]; **~ machen** to have [*or* take] a holiday, to go on vacation
Fe̱·ri·en·gast *m* holiday-maker **Fe̱·ri·en·haus** *nt* holiday home, cottage **Fe̱·ri·en·kurs** *m* vacation course BRIT, summer school AM **Fe̱·ri·en·la·ger** *nt* [children's] holiday camp; **in ein ~ gehen** [*o* **an einem ~ teilnehmen**] to join a summer [*or* BRIT *a.* holiday] camp **Fe̱·ri·en·ort** *m* holiday resort **Fe̱·ri·en·rei·se** *f* holiday BRIT, vacation AM **Fe̱·ri·en·tag** *m* holiday, day off work; **morgen ist der letzte ~** tomorrow is the last day of the holidays **Fe̱·ri·en·woh·nung** *f* holiday flat BRIT, vacation apartment AM **Fe̱·ri·en·zeit** *f* holiday period [*or* season]
Fer·kel <-s, -> [ˈfɛrkl̩] *nt* ❶ (*junges Schwein*) piglet ❷ (*pej fam: unsauberer Mensch*) pig, mucky pup BRIT *fam* ❸ (*pej fam: obszöner Mensch*) filthy pig *pej fam*
Fer·ke·lei <-, -en> *f* (*pej fam*) ❶ (*Unsauberkeit*) mess; (*unordentliches Benehmen*) filthy behaviour [*or* AM -or] ❷ (*obszöner Witz*) dirty joke
fer·keln [ˈfɛrkl̩n] *vi* ❶ (*Ferkel werfen*) to litter ❷ (*Dreck machen*) to make a mess ❸ (*pej fam: sich unanständig benehmen*) to be acting like a pig, to be dirty [*or* disgusting] [*or* filthy]
Fer·ma·te <-, -n> [fɛrˈmaːtə] *f* MUS pause
Fer·ment <-s, -e> [fɛrˈmɛnt] *nt* (*veraltend*) enzyme
Fer·mi·um <-s> [ˈfɛrmi̯ʊm] *nt kein pl* CHEM fermium
fern [fɛrn] **I.** *adj* ❶ (*räumlich entfernt*) faraway, far off, distant; *Länder* distant lands; **von ~ beobachtet** to observe from afar [*or* a distance]; **von ~ betrachtet** viewed from a distance ❷ (*zeitlich entfernt*) distant; **in nicht allzu ~er Zeit** in the not too distant future ▶ WENDUNGEN: **das sei ~ von mir!** by no means!, far be it from me! **II.** *präp +dat* far [away] from; **~ einem Menschen/einer S.** far [away] from a person/thing; *s. a.* **Heimat**
Fẹrn·amt *nt* telephone exchange **Fẹrn·be·die·nung** *f* remote control **Fẹrn·be·zie·hung** *f* SOZIOL long-distance relationship **fẹrn|blei·ben** *vi irreg sein* (*geh*) ■[**jdm/einer S.**] **~** to stay away [from sb/sth] **Fẹrn·blick** *m* vista, distant view, panorama
fer·ne [ˈfɛrnə] *adv* (*poet, geh*) *s.* **fern**
Fer·ne <-, *selten* -n> [ˈfɛrnə] *f* ❶ (*Entfernung*) distance; **aus der ~** from a distance; **in der ~** in the distance ❷ (*geh: ferne Länder*) distant lands [*or* distant climes] *form;* **in die ~ ziehen** to seek out distant climes [*or* far-off shores]; **aus der ~** from abroad; **in der ~** abroad ❸ (*längst vergangen*) [**schon**] **in weiter ~ liegen** it already happened such a long time ago ❹ (*in ferner Zukunft*) [**noch**] **in weiter ~ liegen** there is still a long way to go
fer·ner [ˈfɛrnɐ] **I.** *adj* ❶ *comp von* **fern** more distant ❷ (*künftig, weiter*) in [the] future; **in der ~en Zukunft** in the long-term, in the distant future ▶ WENDUNGEN: **unter ~ liefen** (*fam*) to be amongst the also-rans BRIT, to be a runner-up AM **II.** *adv* in the future; ■**... auch ~ etw tun werden** to continue to do sth in the future; **ich werde auch ~ zu meinem Versprechen stehen** I shall continue to keep my promise **III.** *konj* furthermore, in addition; **~ möchte ich Sie daran erinnern, dass ...** furthermore I would like to remind you that ...
fer·ner·hin [ˈfɛrnɐhɪn] **I.** *adv* (*veraltend geh*) *s.* **ferner II. II.** *konj* (*veraltend geh*) *s.* **ferner III.**
fer·ner|lie·gen *vi irreg* **nichts liegt** [*o* **läge**] **mir ferner, als ...** nothing could be further from my mind than to ...
Fẹrn·fah·rer(in) *m(f)* long-distance lorry [*or* AM truck] driver **Fẹrn·gas** *nt* gas from the national grid BRIT **fẹrn·ge·lenkt** *adj* remote-controlled, radio-controlled **Fẹrn·ge·spräch** *nt* long-distance call **fẹrn·ge·steu·ert** *adj* remote-controlled, radio-controlled **Fẹrn·glas** *nt* [pair of] binoculars
fẹrn|hal·ten *irreg* **I.** *vt* **jdn von jdm/etw ~** to keep sb away from sb/sth **II.** *vr* **sich von jdm/etw ~** to keep away from sb/sth; **halte dich lieber von mir fern, ich habe eine Erkältung!** you better not come too close, I've got a bad cold
Fẹrn·hei·zung *f* district heating **Fẹrn·ko·pie** *f s.* **Telefax** **Fẹrn·kurs** *m* correspondence course **Fẹrn·las·ter** *m* (*fam*) long-distance lorry [*or* AM truck] **Fẹrn·last·ver·kehr** *m* long-distance commercial haulage **Fẹrn·last·zug** *m* long-distance road train **Fẹrn·lei·he** <-, -> *f* SCH ❶ *kein pl* (*Leihverkehr zwischen Bibliotheken*) inter-library loan ❷ *s.* **Fernleihverkehr** **fẹrn|len·ken** *vt* ■**etw ~** to operate sth by remote control **Fẹrn·len·kung** *f* remote control; **eine Rakete mit ~** a remote-controlled rocket **Fẹrn·licht** *nt* full beam BRIT, high beams AM; **mit ~ fahren** to drive on full beam BRIT, to drive with your high beams on AM; [**das**] **~ an haben** to be on full beam BRIT, to have your high beams on AM
fẹrn|lie·gen *vi irreg* **etw liegt jdm fern** sth is far from sb's mind; **jdm liegt es fern, etw zu tun** to be far from sb's thoughts; **jdm nicht ~** to not be far from one's thoughts
Fẹrn·mel·de·amt *nt* telephone exchange **Fẹrn·mel·de·dienst** *m* telecommunications service **Fẹrn·mel·de·ge·heim·nis** *nt* confidentiality of telecommunications; **das ~ verletzen/wahren** to infringe/maintain the confidentiality of telecommunications **Fẹrn·mel·de·sa·tel·lit** *m* communications satellite **Fẹrn·mel·de·tech·nik** *f kein pl* telecommunications engineering **Fẹrn·mel·de·trup·pe** *f* signals [*or* AM signal] corps **Fẹrn·mel·de·turm** *m* communication tower **Fẹrn·mel·de·we·sen** *nt kein pl* telecommunications + *sing vb*
fẹrn·münd·lich **I.** *adj* (*geh*) by telephone **II.** *adv* (*geh*) by telephone; **wir haben uns ~ für den 18. verabredet** we set a date on the [tele]phone to meet on the 18th
Fern·ost [ˈfɛrnˈʔɔst] *kein art* **aus/in/nach ~** from/in/to the Far East
fern·öst·lich [ˈfɛrnˈʔœstlɪç] *adj* Far Eastern
Fẹrn·rohr *nt* telescope **Fẹrn·ruf** *m* (*geh*) telephone number; **Fernruf: 555-129** Telephone: 555 129 **Fẹrn·schrei·ben** *nt*

telex [message] **Fẹrn·schrei·ber** *m* telex [machine] **Fẹrn·seh·an·sa·ger(in)** *m(f)* television announcer **Fẹrn·seh·an·stalt** *f* broadcasting company **Fẹrn·seh·an·ten·ne** *f* television aerial **Fẹrn·seh·ap·pa·rat** *m* (*geh*) *s.* **Fernseher**

fern|se·hen ['fɛrnze:ən] *vi irreg* to watch television; **stundenlang ~** to watch television for hours on end

Fern·se·hen <-s> ['fɛrnze:ən] *nt kein pl* ❶ (*die Technik der Bildübertragung*) television ❷ (*die Sendeanstalten, das Programm*) television; **das ~ bringt nur Wiederholungen** they're only showing repeats [*or* reruns] on the TV; **beim ~ arbeiten** [*o* **sein**] to work [*or* be] in television; **~ gucken** (*fam*) to watch the boob tube AM; **im ~ kommen** to be on television; **was kommt heute im ~?** what's on telly [*or* TV] today?; **etw im ~ sehen** to see sth on television ❸ (*fam: Fernsehapparat*) **~ haben** to have television

Fẹrn·se·her <-s, -> *m* (*fam*) television [set]; **vor dem ~ hocken** [*o* **sitzen**] to sit in front of the television

Fẹrn·seh·frit·ze *m* guy on the TV, TV bloke BRIT **Fẹrn·seh·ge·büh·ren** *pl* television licence fee BRIT **Fẹrn·seh·ge·rät** *nt* (*geh*) television set **Fẹrn·seh·jour·na·list(in)** *m(f)* television reporter **Fẹrn·seh·ka·me·ra** *f* television camera **Fẹrn·seh·kom·mis·sar** *m detective or policeman in a TV series* **Fẹrn·seh·pro·gramm** *nt* ❶ (*Programm im Fernsehen*) television programme [*or* AM -am] ❷ (*Kanal*) [television] channel **Fẹrn·seh·sa·tel·lit** *m* television satellite **Fẹrn·seh·sen·der** *m* television station **Fẹrn·seh·sen·dung** *f* television programme [*or* AM -am] **Fẹrn·seh·spiel** *nt* television play, made-for-TV movie **Fẹrn·seh·stu·dio** *nt* television studio **Fẹrn·seh·tru·he** *f* TV television cabinet **Fẹrn·seh·turm** *m* television tower **Fẹrn·seh·über·tra·gung** *f* television broadcast **Fẹrn·seh·zeit·schrift** *f* television [*or* TV] guide **Fẹrn·seh·zu·schau·er(in)** *m(f)* viewer

Fẹrn·sicht *f* view; **gute/keine/schlechte ~ haben** to have a good/no/poor [*or* bad] view; **bei guter ~** by good visibility

Fẹrn·sprech·an·la·ge *f* (*geh*) telephone **Fẹrn·sprech·an·schluss**[RR] *m* (*geh*) telephone connection **Fẹrn·sprech·auf·trags·dienst** *m* automatic telephone answering service **Fern·spre·cher** ['fɛrnʃprɛçɐ] *m* telephone **Fẹrn·sprech·ge·bühr** *f* (*geh*) telephone charges *pl*

fẹrn|ste·hen *vi irreg* **jdm/einer S. ~** (*geh*) to have no contact with sb/a thing

fẹrn|steu·ern *vt* ■**etw ~** to operate sth by remote control; *s. a.* **ferngesteuert** **Fẹrn·steu·e·rung** *f* ❶ (*das Fernsteuern*) remote control ❷ (*Gerät*) remote-control system; **~ haben** to be remote-controlled; **ein Fernseher mit ~** a TV with a remote control **Fẹrn·stra·ße** *f* arterial road, highway, motorway BRIT, freeway AM, interstate AM; **auf den Autobahnen und ~n liegen keine Störungen vor** there are no delays on any motorways or major roads **Fẹrn·stu·di·um** *nt* correspondence course **Fẹrn·über·wa·chung** *f* remote monitoring **Fẹrn·uni·ver·si·tät** *f* Open University **Fẹrn·ver·kehr** *m* long-distance traffic **Fẹrn·ver·kehrs·stra·ße** *f s.* **Fernstraße** **Fẹrn·weh** <-[e]s> *nt kein pl* (*geh*) wanderlust **Fẹrn·ziel** *nt* long-term objective

Fer·se <-, -n> ['fɛrzə] *f* (*Teil des Fußes*) heel ▸ WENDUNGEN: **sich jdm an die ~n hängen** to stick close to sb; **sich an jds ~n heften** to stick hard on [*or* to dog] sb's heels; **jdm [dicht] auf den ~n sein** [*o* **bleiben**] to be [hot] on sb's tail

Fẹr·sen·bein *nt* calcaneum, heel bone **Fẹr·sen·geld** *nt* ▸ WENDUNGEN: **~ geben** (*fam*) to take to one's heels *fam*

fer·tig ['fɛrtɪç] **I.** *adj* ❶ (*abgeschlossen, vollendet*) finished; **das Essen ist in ein paar Minuten ~** the food will be done [*or* ready] in a few minutes; **etw ~ haben** to have finished sth; **haben Sie die Briefe schon ~?** have you finished the letters yet?; **etw ~ kaufen** to buy a finished product; **mit etw** *dat* **~ sein** to be finished with sth; **mit etw** *dat* **~ werden** to finish sth ❷ (*bereit*) ready; **ich bin schon lange ~!** I've been ready for ages!; **ich bin ~, wir können gehen** I'm ready, let's go ❸ (*ausgebildet*) trained; **Lehrer** qualified ❹ (*fam: erschöpft*) exhausted, shattered BRIT *fam,* knackered BRIT *sl,* dog-tired; (*verblüfft*) amazed, gobsmacked BRIT, shocked by surprise BRIT *fam* ❺ (*fam: Beziehung beendet*) ■**mit jdm ~ sein** to be through [*or* finished] with sb ❻ (*fam: basta*) **~!** that's that [*or* the end of it]! **II.** *adv* ❶ (*zu Ende*) **etw ~ bekommen** [*o* **bringen**] [*o fam* **kriegen**] (*vollenden*) to complete [*or* finish] sth; **etw/eine S.** *akk* **~ machen** [*o* **tun**] to finish sth; **lass mich wenigstens noch in Ruhe ~ frühstücken!** let me at least finish breakfast in peace; **etw ~ stellen** to finish [*or* complete] sth; **~ gestellt** completed ❷ (*tatsächlich ausführen*) **etw ~ bekommen** [*o* **bringen**] [*o fam* **kriegen**] to carry out sth; (*etw schaffen*) to be capable of sth; **es ~ bekommen** [*o* **bringen**], **etw zu tun** to manage to do sth; **der bringt es ~ und verlangt auch noch Geld dafür!** and he even has the cheek [*or* audacity] to ask for money ❸ (*bereit*) **[jdm] etw ~ machen** to have sth ready [for sb]; **etw rechtzeitig ~ machen** to finish sth [*or* have sth ready] on time; **sich [für etw** *akk***] ~ machen** to get ready [for sth] ▸ WENDUNGEN: **auf die Plätze, ~, los!** on your marks, get set, go!, ready, steady, go!

Fẹr·tig·bau <-bauten> *m* ❶ *kein pl* (*Bauweise*) prefabricated construction ❷ (*Gebäude*) prefab **Fẹr·tig·bau·wei·se** *f kein pl* prefabricated building

fẹr·tig|be·kom·men* *vt irreg* (*fam*) *s.* **fertig II. 1, II. 2**

fẹr·tig|brin·gen *vt irreg s.* **fertig II. 1, II. 2**

fer·ti·gen ['fɛrtɪgn̩] *vt* (*geh*) ■**etw ~** to manufacture sth; **etw ~ lassen** to have sth manufactured

Fẹr·tig·ge·richt *nt* instant meal, ready-to-eat meal **Fẹr·tig·haus** *nt* prefabricated house, prefab *fam*

Fẹr·tig·keit <-, -en> *f* ❶ *kein pl* (*Geschicklichkeit*) skill ❷ *pl* (*Fähigkeiten*) competence, skills; **dafür braucht man besondere ~en** this requires special skills

fẹr·tig|krie·gen *vt* (*fam*) *s.* **fertig II. 1, II. 2**

fẹr·tig|ma·chen *vt* ❶ *s.* **fertig II. 1., II. 3** ❷ (*fam*) **etw macht jdn fertig** (*zermürben*) sth wears out sb *sep;* **jdn ~** (*schikanieren*) to wear sb down *sep;* (*sl: zusammenschlagen*) to beat up sb *sep*

Fẹr·tig·pro·dukt *nt* finished product **fẹr·tig|stel·len** *vt s.* **fertig II. 1** **Fẹr·tig·stel·lung** *f* completion **Fẹr·tig·teil** *nt* prefabricated component [*or* part]

Fẹr·ti·gung <-, -en> *f* manufacture

Fẹr·ti·gungs·stra·ße *f* production line

fẹr·tig|wer·den[RR] *vi irreg sein* (*fam: zurechtkommen*) **mit jdm/etw ~** to cope with sb/sth

Fes <-, -> [fe:s] *nt* MUS F flat

fesch [fɛʃ] *adj* ❶ SÜDD, ÖSTERR (*fam: flott*) smart; **ein ~er Kerl** a smart-looking fellow ❷ ÖSTERR (*fam: nett*) **sei ~!** be a sport!

Fes·sel <-, -n> ['fɛsl̩] *f* ❶ (*Schnur*) bond, fetter; (*Kette*) shackles *npl;* **eiserne ~n** iron shackles; **jdm ~n anlegen** *aus Schnur* to tie sb up; **jdn in ~n legen** [*o liter* **schlagen**] to put sb in chains *fig;* **seine ~n sprengen** to throw off one's chains *fig* ❷ ANAT (*geh: von Mensch*) ankle; (*von Huftier*) pastern

Fẹs·sel·ballon [-balɔŋ] *m* captive balloon

fes·seln ['fɛsl̩n] *vt* ❶ (*Fesseln anlegen*) ■**jdn [mit etw** *dat***] ~** to bind [*or* tie [up *sep*]] sb [with sth]; ■**jdn an etw** *akk* **~** to bind [*or* tie] sb to sth; ■**jdn an etw** *dat* **~** to bind [*or* tie [up *sep*]] sb with sth, to shackle, to handcuff; **er wurde mit gefesselten Händen vorgeführt** he was brought in with his hands tied ❷ (*geh: binden*) ■**jdn an sich** *akk* **~** to tie sb to oneself ❸ (*faszinieren*) ■**etw fesselt jdn [an jdm/etw]** sb is captivated [by sb/sth]; (*in Bann halten*) to captivate

fẹs·selnd *adj* captivating, spellbinding

fest [fɛst] **I.** *adj* ❶ (*hart, stabil*) strong, tough; *Schuhe* sturdy ❷ (*nicht flüssig*) solid; *Nahrung* solid; (*erstarrt*) solidified ❸ (*sicher, entschlossen*) firm; *Absicht* firm; *Zusage* definite; **wir treffen uns also morgen, ist das ~?** we'll meet tomorrow then, is that definite?; *s. a.* **Stimme** ❹ (*kräftig*) firm; **ein ~er Händedruck** a sturdy handshake ❺ (*nicht locker*) tight;

s. a. **Schlaf** ❻ (*konstant, ständig*) permanent; **eine ~e Anstellung** a permanent job; **~e Mitarbeiter** permanent employee *no pl;* (*~gesetzt*) fixed; **~e Kosten** fixed costs; (*eng, dauerhaft*) lasting; *Freund, Freundin* steady; *s. a.* **Redewendung II.** *adv* ❶ (*kräftig*) firmly; **~ an-/zupacken** to firmly grasp; **jdn ~ an sich drücken** to give someone a big hug ❷ (*nicht locker*) tightly; **etw ~ anziehen** to screw in sth tightly; **etw ~ treten** to tread [*or* trample] sth down *sep;* **sich ~ treten** to become trodden down; **geht nicht quer durch das Beet! die Erde tritt sich sonst fest!** don't walk across the flower-bed, otherwise the earth will get trodden down!; **etw ~ ziehen** (*zusammenziehen*) to tighten sth; (*fest drehen*) to tighten; *s. a.* **verankern** ❸ (*mit Nachdruck*) definitely; **~ an etw** *akk* **gebunden sein** to be firmly tied to sth; **jdm etw ~ versprechen** to make sb a firm promise; **etw ~ zusagen** to promise firmly; *s. a.* **entschlossen, schlafen** ❹ (*dauernd*) permanently; **Geld ~ anlegen** to invest in a fixed term deposit; **~ angestellt** permanently employed; **~ angestellt sein** to have a permanent job ❺ (*präzise*) **~ umrissen** clearly defined ▸WENDUNGEN: **das tritt sich ~!** (*hum sl*) don't worry, you'll get used to it!

Fest <-[e]s, -e> [fɛst] *nt* ❶ (*Feier*) celebration; **ein ~ geben** to have [*or* throw] a party ❷ (*kirchlicher Feiertag*) feast, festival; **bewegliches/unbewegliches ~** movable/immovable feast; **frohes ~!** Happy [*or* Merry] Christmas/Happy Easter, etc.; **ein kirchliches ~** a religious festival [*or* feast] ▸WENDUNGEN: **man soll die ~e feiern, wie sie fallen** (*prov*) one should make hay while the sun shines *prov*

Fẹst·akt *m* ceremony

fẹst·an·ge·stellt *adj s.* **fest II.4**

Fẹst·an·ge·stell·te(r) *f(m) dekl wie adj* permanent employee

Fẹst·an·spra·che *f s.* **Festrede**

Fẹst·an·stel·lung *f* steady employment

fẹst|bei·ßen *vr irreg* ❶ (*sich verbeißen*) ■**sich [an jdm/etw] ~** to get a firm grip [on sb/sth] with one's teeth ❷ (*nicht weiterkommen*) ■**sich [an etw** *dat*] ~ to get stuck [on sth]

Fẹst·be·leuch·tung *f* ❶ (*festliche Beleuchtung*) festive lighting [*or* lights] ❷ (*hum fam: zu helle Beleuchtung*) bright lights

fẹst|bin·den *vt irreg* ■**jdn/etw/ein Tier [an etw** *dat*] ~ to tie [*or* fasten] sb/sth/an animal [to sth]

fẹst|blei·ben *vi irreg sein* to stand one's ground

fes·te ['fɛstə] *adv* (*fam*) like mad; **immer ~ drauf!** let him/them, etc. have it!

Fes·te <-, -n> ['fɛstə] *f* (*veraltet*) *s.* **Festung**

Fẹst·es·sen *nt* banquet

fẹst|fah·ren I. *vr irreg* ■**sich [in etw** *dat*] ~ to get stuck [in sth]; ■**sich [an etw** *dat*] ~ to get stuck [on sth] **II.** *vi irreg* to get stuck; **das Auto ist im Schlamm festgefahren** the car got stuck in the mud **fẹst|frie·ren** *vi irreg sein* ■**[an etw** *dat*] ~ to freeze [solid] [to sth] **fẹst·ga·ren** *vt* ■**etw ~** to boil sth until firm

Fẹst·ge·la·ge *nt* (*geh*) banquet, feast

Fẹst·geld *nt* FIN fixed-term deposit **Fẹst·geld·kon·to** *nt* ÖKON, FIN term account, time deposit account

fẹst|ha·ken I. *vt* (*mit einem Haken befestigen*) ■**etw [an etw** *dat*] ~ to hook sth [to sth] **II.** *vr* (*hängen bleiben*) ■**sich an/in etw** *dat* ~ to get caught on/in sth

Fẹst·hal·le *f* [festival] hall

fẹst|hal·ten *irreg* **I.** *vt* ❶ (*fest ergreifen*) ■**jdn [an etw** *dat*] ~ to grab [*or* seize] sb [by sth]; **er hielt sie am Ärmel fest** he grabbed her by the sleeve ❷ (*gefangen halten*) ■**jdn ~** to detain [*or* hold] sb ❸ (*konstatieren*) ■**~, dass ...** to record the fact that ...; ■**etw ~** to record [*or* make a note of] sth; **diesen Punkt sollten wir unbedingt ~** we should certainly make a note of this point **II.** *vi* ■**an etw** *dat* ~ to adhere [*or* stick] to sth; **hartnäckig an etw ~** to stubbornly cling to sth **III.** *vr* ■**sich [an jdm/etw] ~** to hold on [to sb/sth]

fes·ti·gen ['fɛstɪgn̩] **I.** *vt* ■**etw ~** to strengthen sth; *Freundschaft* to establish; *Stellung* secure; *s. a.* **gefestigt II.** *vr* (*sich stabilisieren*) ■**sich ~** to become more firmly established

Fẹs·ti·ger <-s, -> *m* setting lotion

Fes·tig·keit <-> ['fɛstɪçkait] *f kein pl* ❶ (*Stabilität*) strength ❷ (*Unnachgiebigkeit, Entschlossenheit*) resoluteness, steadfastness; **mit ~ auftreten** to appear resolute ❸ (*Standhaftigkeit*) firmness; **die ~ von jds Glauben** sb's firm belief

Fẹs·ti·gung <-, -en> *f* consolidation

Fes·ti·val <-s, -s> ['fɛstivl̩] *nt* festival

fẹst|klam·mern I. *vt* (*mit Klammern befestigen*) ■**etw [an etw** *dat*] ~ to clip sth [to sth] **II.** *vr* (*nicht mehr loslassen*) ■**sich [an jdm/etw] ~** to cling [*or* hang on] [to sb/sth] **fẹst|kle·ben I.** *vt haben* (*durch Kleben befestigen*) ■**etw ~** to stick sth [on]; **festgeklebt sein** to be stuck on [*or* to] **II.** *vi sein* (*klebend haften*) ■**[an etw** *dat*] ~ to stick [to sth] **fẹst|kral·len** *vr* ■**sich [an jdm/etw] ~** to cling [on] [to sb/sth]; **die Katze krallte sich an ihrem Pullover fest** the cat dug its claws into her pullover

Fẹst·land ['fɛstlant] *nt kein pl* ❶ (*Kontinent etc.*) continent, mainland; **nach Wochen auf See tauchte endlich das ~ auf** after weeks at sea land was finally sighted ❷ (*feste Erdoberfläche*) dry land

Fẹst·land(s)·so·ckel *m* continental shelf

fẹst|le·gen I. *vt* ❶ (*bestimmen*) ■**etw ~** to determine [*or* establish] [*or* define] sth; ■**~, dass ...** to stipulate that ...; **die Rechte der Bürger sind im Bürgerlichen Gesetzbuch festgelegt** the rights of every citizen are laid down in the Civil Code ❷ FIN (*unkündbar anlegen*) *Geld* to tie up *sep* ❸ (*bindend verpflichten*) ■**jdn [auf etw** *akk*] ~ to tie sb down [to sth]; **er will sich nicht ~ lassen** he does not want to commit himself to anything **II.** *vr* (*sich verpflichten*) ■**sich [auf etw** *akk*] ~ to commit oneself [to sth]

Fẹst·le·gung <-, -en> *f* determining, establishing, fixing, laying down; **er war zuständig für die ~ der Tagesordnung** he was responsible for creating [*or* defining] the agenda

fẹst·lich I. *adj* ❶ (*feierlich*) festive ❷ (*glanzvoll*) magnificent, splendid; *Beleuchtung* festive **II.** *adv* festively; **etw ~ begehen** (*geh*) to celebrate sth; **~ gekleidet sein** to be dressed up

Fẹst·lich·keit <-, -en> *f* celebration, festivity, festive atmosphere

fẹst|lie·gen *vi irreg* ❶ (*festgesetzt sein*) to be determined [*or* established]; **die Termine liegen jetzt fest** the schedules have now been fixed ❷ (*nicht weiterkönnen*) to be stranded [*or* stuck] ❸ FIN (*fest angelegt sein*) to be tied up **fẹst|ma·chen I.** *vt* ❶ (*befestigen*) ■**etw [an etw** *dat*] ~ to fasten [*or* secure] sth [to sth] ❷ (*vereinbaren*) ■**etw ~** to arrange sth; **ein Geschäft ~** to close a deal ❸ (*ableiten, herleiten*) ■**etw an etw** *dat* ~ to link sth to sth **II.** *vi* NAUT (*anlegen*) ■**[an etw** *dat*] ~ to tie up [to sth], to moor **Fẹst·me·ter** *m o nt* cubic metre [*or* AM -er] **fẹst|na·geln** *vt* ❶ (*mit Nägeln befestigen*) ■**etw [an etw** *dat*] ~ to nail sth [to sth] ❷ (*fam: festlegen*) ■**jdn [auf etw** *akk*] ~ to nail [*or* pin] sb down [to sth]

Fest·nah·me <-, -n> ['fɛstna:mə] *f* arrest; **vorläufige ~** provisional [*or* temporary] detention

fẹst|neh·men *vt irreg* **jdn ~** to take sb into custody; **jdn vorläufig ~** to take sb into [temporary] custody, to detain sb provisionally [*or* temporarily]; **Sie sind [vorläufig] festgenommen** I'm arresting you

Fẹst·plat·te *f* INFORM hard disk

Fẹst·plat·ten·lauf·werk *nt* INFORM hard disk drive

Fẹst·platz *m* fairground

Fẹst·preis *m* fixed price

Fẹst·re·de *f* official speech; **die ~ halten** to give a formal address **Fẹst·red·ner(in)** *m(f)* official speaker **Fẹst·saal** *m* banquet hall

fẹst|sau·gen *vr* ■**sich an jdm/etw ~** to cling to [sb/sth], to attach to sb/sth firmly **fẹst|schrau·ben** *vt* ■**etw ~** to screw

on sth *sep* **fest|schrei·ben** *vt irreg* ■**etw** ~ to establish sth; **das Abkommen schreibt den genauen Verlauf der Grenze zwischen den beiden Ländern fest** the treaty defines the exact borders between the two countries
Fest·schrift *f* commemorative publication
fest|set·zen I. *vt* (*bestimmen*) ■**etw** ~ to determine [*or* define] sth **II.** *vr* (*fest anhaften*) ■**sich** ~ to collect, to settle; **in den Ritzen hat sich Dreck festgesetzt** dirt has collected in the cracks
Fest·set·zung <-, -en> *f* determination, fixing
fest|sit·zen *vi irreg* ❶ (*sich nicht bewegen lassen*) to be stuck; **die Halterung muss richtig** ~ the bracket must be secure ❷ (*festkleben*) to be stuck on ❸ (*stecken geblieben sein*) to be stuck
Festspiele *pl* festival
Fest·spiel·haus *nt* festival theatre [*or* AM -er]
fest|ste·cken I. *vt* ■**etw** ~ to pin sth; **sich** *dat* **die Haare** ~ to pin up one's hair **II.** *vi sein s.* **festsitzen 3**
fest|ste·hen *vi irreg* ❶ (*festgelegt sein*) to be certain [*or* fixed]; **steht das genaue Datum schon fest?** has the exact date been fixed already? ❷ (*sich entschlossen haben*) to be firm; **mein Entschluss steht fest** my decision is firm [*or* final] ❸ (*sicher sein*) ■~, **dass ...** to be certain that ...; **eines steht jedenfalls fest – ...** one thing is for certain [*or* sure] ...
fest·ste·hend *adj attr* established, fixed
fest·stell·bar *adj* ❶ (*herauszufinden*) ■~ **sein** to be ascertainable ❷ (*arretierbar*) lockable
fest|stel·len *vt* ❶ (*ermitteln*) ■**jdn/etw** ~ to identify sb/sth; **jds Personalien** ~ to ascertain sb's personal data; **den Täter** ~ to identify the guilty party ❷ (*bemerken*) ■**etw** ~ to detect sth ❸ (*diagnostizieren*) ■[**bei jdm**] **etw** ~ to diagnose sb with sth; **haben Sie irgendetwas Ungewöhnliches festgestellt?** did you notice anything unusual?; ■~, **dass ...** to see that ...; **zu meinem Erstaunen muss ich ~, dass ...** I am astounded to see that ... ❹ (*arretieren*) ■**etw** ~ to lock sth
Fest·stell·tas·te *f* shift lock
Fest·stel·lung *f* ❶ (*Bemerkung*) remark; **erlauben Sie mir die ~, dass ..** allow me to comment that ... ❷ (*Ermittlung*) ascertainment, establishment ❸ (*Wahrnehmung, Beobachtung*) observation; ~**en machen** to make observations; **die ~ machen, dass ...** (*geh*) to see that ..., to notice that ... ❹ (*Ergebnis*) **zu der ~ kommen** [*o* **gelangen**], **dass ...** to come to the conclusion that ...
Fest·stim·mung *f* festive atmosphere; **in ~ sein** to be in a festive mood **Fest·ta·fel** *f* (*geh*) banquet table *form* **Fest·tag** *m* ❶ (*Ehrentag*) special day ❷ (*Feiertag*) holiday; **wir sind die ~e über verreist** we're away for the holiday period; **frohe ~e!** (*Ostern*) Happy Easter; (*Weihnachten*) Merry [*or* Happy] Christmas **Fest·tags·stim·mung** *f s.* **Feststimmung**
fest|tre·ten *vt, vr irreg s.* **fest II.2** ▸WENDUNGEN: **das tritt sich fest!** (*hum sl*) don't worry, you'll get used to it!
fest·um·ris·sen *adj attr s.* **fest II.5**
Fes·tung <-, -en> [ˈfɛstʊŋ] *f* fortress
fest·ver·zins·lich *adj* fixed-interest
Fest·wie·se *f s.* **Festplatz Fest·zelt** *nt* marquee
fest|zie·hen *vt irreg* to tighten
Fest·zins *m* fixed interest
Fest·zug *m* procession, parade
fest|zur·ren *vt* **etw** ~ to lash sth down [*or* together]; **du musst den Sicherheitsgurt** ~ you must tighten your seat-belt
Fe·te <-, -n> [ˈfeːtə] *f* party; **eine ~ machen** [*o* **feiern**] to have [*or* throw] a party
Fe·tisch <-[e]s, -e> [ˈfeːtɪʃ] *m* fetish
Fe·ti·schis·mus <-> [fetiˈʃɪsmʊs] *m kein pl* fetishism *no def art*
Fe·ti·schist(in) <-en, -en> [fetiˈʃɪst] *m(f)* fetishist
fett [fɛt] *adj* ❶ (~*haltig*) fatty; *Essen, Speisen* fatty ❷ (*pej: dick*) fat ❸ TYPO bold; ~ **gedruckt** in bold [type] *pred; Überschrift* printed in bold ❹ (*üppig*) fertile, rich; *Ackerboden* fertile; *Weide* rich (*fam: Beute*) rich; **die ~en Jahre** the fat years; ❺ (*von Auto*) rich; **wow, ist das ein fetter Wagen!** wow, what a car!
Fett <-[e]s, -e> [fɛt] *nt* ❶ (~*gewebe*) fat; ~ **ansetzen** *Mensch* to gain weight; *Tier* to put on fat ❷ (*zum Schmieren*) grease; **pflanzliches/tierisches** ~ vegetable/animal fat; **etw in schwimmendem ~ backen** to deep-fry sth ▸WENDUNGEN: **sein ~ abbekommen** [*o* **abkriegen**] (*fam*) to get one's comeuppance *fam;* **sein ~ [weg]haben** (*fam*) to get what is coming to you *fam*
Fett·an·satz *m* layers of fat; **zu ~ neigen** to tend to put on weight [easily] **fett·arm I.** *adj* low-fat **II.** *adv* low-fat; ~ **essen** to eat low-fat foods **Fett·au·ge** *nt* fatty globule **Fett·bauch** *m* (*pej fam*) ❶ (*fetter Bauch*) paunch ❷ (*fetter Mann*) fatso *pej fam* **Fett·cre·me** *f* skin cream with oil **Fett·druck** *m* bold [type] **Fett·em·bo·lie** *f* MED fat embolism
fet·ten [ˈfɛtn̩] **I.** *vt* (*ein~*) to grease **II.** *vi* (*Fett absondern*) to become greasy
Fett·film *m* greasy film **Fett·fleck** *m,* **Fett·fle·cken** *m* grease mark [*or* spot], smudge **Fett·ge·ba·cke·nes** *nt* choux pastries *pl* **fett·ge·druckt** *adj attr s.* **fett 3 Fett·ge·halt** *m* fat content **Fett·ge·we·be** *nt* fatty tissue **Fett·grie·be** *f* crackling
fett·hal·tig *adj* fatty
Fett·hen·ne *f* BOT stonecrop
fet·tig [ˈfɛtɪç] *adj* greasy
Fett·kil·ler *m* PHARM (*fam: mittel zur Reduzierung des Gewichts*) slimming product [*or* aid]
Fett·kloß *m* (*pej*) fatso *pej fam,* fatty *pej fam* **Fett·klum·pen** *m* lump of fat **Fett·kraut** *nt* BOT butterwort **Fett·le·ber** *f* fatty liver
fett·lei·big [ˈfɛtlaibɪç] *adj* (*geh*) corpulent *form,* obese
Fett·lei·big·keit *f* (*geh*) corpulence *form,* obesity
Fett·näpf·chen *nt* (*fam*) [**bei jdm**] **ins ~ treten** to put one's foot in it [with sb] **Fett·pfänn·chen** *nt* butter pan **Fett·pols·ter** *nt* (*fam*) cushion of fat **Fett·pres·se** *f* grease gun **fett·reich I.** *adj* rich **II.** *adv* richly; ~ **essen** to eat foods with a very high fat content **Fett·sack** *m* (*sl*) fatso *pej fam;* **he, ~!** hey, fatso! **Fett·säu·re** *f* fatty acid **Fett·schicht** *f* layer of fat **Fett·schwein** *nt* porker **Fettstoffwechsel** *m* lipid metabolism **Fett·sucht** *f kein pl* obesity **fett·trie·fend**[RR] *adj* dripping with fat **Fett·wanst** *m* (*pej*) fatso *pej fam*
fet·zen [ˈfɛtsn̩] **I.** *vt haben* ❶ (*reißen*) ■**etw** [**von etw**] [**irgendwohin**] ~ to rip [*or* tear] sth [off sth] [and put it somewhere else] ❷ (*fam: prügeln*) ■**sich** ~ to tear apart; **hört auf, euch zu ~!** stop tearing each other apart! **II.** *vi haben* (*sl: mitreißen*) ■**das fetzt** this is mind-blowing
Fet·zen <-s, -> [ˈfɛtsn̩] *m* ❶ ([*abgerissenes*] *Stück*) scrap, shred; *Haut* patch, piece; **Papier/Stoff** scrap, piece; **etw in ~ reißen** to tear sth to pieces [*or* shreds] ❷ (*zusammenhangsloser Ausschnitt*) snatches *pl* BRIT, fragments AM; **ab und zu drang ein ~ des Gesprächs an sein Ohr** now and again he heard snatches [*or* bits and pieces] of the conversation ❸ (*sl: billiges Kleid*) rag ▸WENDUNGEN: **... dass die ~ fliegen** (*fam*) ... like mad; **die beiden haben sich gestritten, dass die ~ flogen** the two of them had a row and the sparks flew
fet·zig [ˈfɛtsɪç] *adj* (*sl: mitreißend*) fantastic; *Musik* hot; (*schick, flott*) trendy; *Typ* cool
feucht [fɔyçt] *adj* ❶ (*leicht nass*) damp; *Hände, Stirn* clammy, sweaty; **ihre Augen wurden** ~ her eyes were misty [*or* moist] ❷ (*humid*) humid; *Klima, Luft* humid ❸ (*nicht angetrocknet*) ■**noch ~ sein** to still be wet [*or* damp]; **Achtung, die Farbe ist noch ~!** Attention, wet paint!
Feucht·bi·o·top *f* damp biotope **feucht·fröh·lich** [ˈfɔyçtˈfrøːlɪç] **I.** *adj* (*hum fam*) merry **II.** *adv* (*hum fam*) merrily; ~ **feiern** to have a booze up BRIT, to go out drinking AM **feucht·heiß** *adj* hot and humid
Feuch·tig·keit <-> [ˈfɔyçtɪçkait] *f kein pl* ❶ (*leichte Nässe*) dampness ❷ (*Wassergehalt*) moisture, humidity; **die ~ der**

Luft humidity [in the air]

Feuch·tig·keits·cre·me [-kre:m] *f* moisturizing cream **Feuch·tig·keits·ge·halt** *m* moisture content; **der ~ der Luft** the humidity in the air

feucht·kalt *adj* damp and cold **feucht·warm** *adj* warm and humid

feu·dal [fɔy'da:l] *adj* (1) HIST feudal (2) (*fam: prächtig*) magnificent; *Essen* sumptuous; *Wohnung* plush, exclusive, luxurious

Feu·dal·herr·schaft *f* feudalism

Feu·da·lis·mus <-> [fɔyda'lɪsmʊs] *m kein pl s.* **Feudalherrschaft**

Feu·er <-s, -> ['fɔyɐ] *nt* (1) (*Flamme*) fire; **bengalisches ~** Bengal light (*a thick sparkler with a wooden stem that burns with a green or red light*); **das olympische ~** the Olympic flame; **~ speien** to spit fire; GEOL *Vulkan* to spew out fire; LIT *Drachen* to breathe fire; **~ speiend** GEOL *Vulkan* spewing fire *pred;* LIT *Drachen* fire-breathing *attr;* **~ machen** to make a fire; **am ~** by the fire (2) (*für Zigarette*) **jdm ~ geben** to give sb a light; **~ haben** to have a light; **Entschuldigung, haben Sie mal ~?** excuse me please, have you got a light? (3) (*Kochstelle, Herd*) **etw auf offenem ~ kochen** to cook sth on an open fire; **etw vom ~ nehmen** to take sth off the heat; **etw aufs ~ stellen** to put sth on to cook (4) (*Brand*) fire; **~!** fire!; **~ fangen** to catch [on] fire; **~ [an etw** *akk*] **legen** to set alight [*or* fire] [to sth] [*or* to set sth on fire] (5) MIL (*Beschuss*) fire; **jdn unter ~ nehmen** to open fire on sb/sth; **~ frei!** open fire!; **das ~ einstellen** to cease fire; **„~ einstellen!"** "cease fire!"; **das ~ eröffnen** to open fire; **~ geben** to open fire; **„[gebt] ~!"** "fire!" (6) (*Schwung*) ardour [*or* AM -or]; **jugendliches ~** youthful vigour [*or* AM -or] (7) (*geh: Glanz*) *Augen* sparkle ▶ WENDUNGEN: **~ und Flamme [für jdn/etw] sein** (*fam*) to be enthusiastic [about sb/sth]; **jdm ~ unter dem Hintern** *fam* [*o* **Arsch** *sl*] **machen** to put a rocket under sb *fam;* **wie ~ und Wasser sein** to be as different as night and day, to be as different as chalk and cheese BRIT; **wie ~ brennen** to sting like mad, to burn; **[bei jdm] ~ fangen** to be smitten [by sb]; **für jdn durchs ~ gehen** to go through hell and high water for sb; **mit dem ~ spielen** to play with fire; **jdn/etw unter ~ nehmen** (*fam*) to blast [*or* BRIT *fam* slate] sb/sth

Feu·er·alarm *m* fire alarm; **~ geben** to give out the fire alarm **Feuer·an·zün·der** *m* firelighter, AM *usu* fire starter **Feu·er·ball** *m* fireball **Feu·er·be·fehl** *m* MIL order to fire; **den ~ geben** to give the order to fire **feu·er·be·stän·dig** *adj* fireproof [*or* -resistant] **Feu·er·be·stat·tung** *f* cremation **Feu·er·boh·ne** *f* scarlet runner bean **Feu·er·ei·fer** *m* zeal[ousness]; **mit [wahrem] ~** with [true] zest **Feu·er·ein·stel·lung** *f* MIL cease-fire **feu·er·fest** *adj* fireproof; **~es Geschirr** ovenproof [*or* heat-resistant] dishes **Feu·er·gas·se** *f* fire lane [*or* break] **Feu·er·ge·fahr** *f* fire hazard; **bei ~ benutzen Sie den Notausgang** please use the emergency exit in the event of fire **feu·er·ge·fähr·lich** *adj* [highly] [in]flammable [*or* combustible] **Feu·er·ge·fecht** *nt* MIL gun fight **Feu·er·glo·cke** *f* (*veraltet*) fire bell **Feu·er·ha·ken** *m* poker **Feu·er·holz** *nt kein pl* firewood *no pl* **Feu·er·land** ['fɔyɐlant] *nt* Tierra del Fuego **Feu·er·lei·ter** *f* (1) (*Fluchtweg*) fire escape (2) (*auf einem Feuerwehrauto*) [fire engine's] ladder **Feu·er·lö·scher** *m* fire extinguisher **Feu·er·mel·der** <-s, -> *m* fire alarm

feu·ern **I.** *vi* ■**[auf jdn/etw] ~** to fire [at sb/sth] **II.** *vt* (*fam*) (1) (*werfen*) ■**etw irgendwohin ~** to fling [*or* sling] sth [somewhere] *fam* (2) (*fam: entlassen*) ■**jdn ~** to fire [*or* sack] sb; ■**gefeuert werden** to be fired, to get the sack

Feu·er·pat·sche *f* fire-beater **Feu·er·pau·se** *f* MIL cease-fire **Feu·er·pro·be** *f* acid test; **die/eine ~ bestehen** to pass the acid test **Feu·er·qual·le** *f* stinging jellyfish **feu·er·rot** ['fɔyɐ'ro:t] *adj* (1) (*Farbe*) fiery red, scarlet; **~es Haar** flaming [red] hair (2) (*sich schämen*) ■**~ werden** to turn crimson [*or* scarlet] **Feu·er·sa·la·man·der** *m* [European] fire salamander **Feu·er·säu·le** *f* pillar of fire **Feu·ers·brunst** *f* (*geh*) conflagration **Feu·er·scha·den** *m s.* **Brandschaden** **Feu·er·schein** *m* glow of [a/the] fire **Feu·er·schiff** *nt* lightship **Feu·er·schlu·cker(in)** <-s, -> *m(f)* fire-eater **feu·er·si·cher** ['fɔyɐzɪçɐ] *adj inv* (1) (*widerstandsfähig gegen Feuer*) fireproof (2) (*geschützt vor Feuer*) safe from fire *pred* **feu·er·spei·end** *adj attr s.* **Feuer 1** **Feu·er·sprit·ze** *f* fire hose **Feu·er·stein** *m* (1) (*Zündstein*) flint (2) GEOL flint, chert *spec* **Feu·er·stel·le** *f* fireplace; (*draußen*) campfire site **Feu·er·sturm** *m kein pl* MIL (*fam*) firestorm **Feu·er·tau·fe** *f kein pl* MIL (*fig a.*) baptism of fire **Feu·er·tod** *m* ■**der ~** [death at] the stake; **den ~ sterben** to be burned at the stake **Feu·er·trep·pe** *f s.* **Feuerleiter 1**

Feu·e·rung <-, -en> *f* (1) *kein pl* (*Brennstoff*) fuel (2) (*Heizung*) heating system, heater AM

Feu·er·ver·si·che·rung *f* fire insurance **feu·er·ver·zinkt** *adj* galvanized **Feu·er·wa·che** *f* fire station **Feu·er·waf·fe** *f* firearm **Feu·er·was·ser** *nt* (*fam*) firewater *hum fam*

Feu·er·wehr <-, -en> *f* (1) (*zur Feuerbekämpfung*) fire brigade + *sing/pl vb;* **die freiwillige ~** the voluntary fire brigade + *sing/pl vb* (2) (*Nothelfer*) rescue; **jetzt kann ich wieder ~ spielen** now I'm supposed to come to the rescue again ▶ WENDUNGEN: **wie die ~ fahren** (*fam*) to drive like the clappers BRIT *fam*

Feu·er·wehr·au·to *nt* fire engine **Feu·er·wehr·mann, -frau** <-leute *o* -männer> *m, f* firefighter, fireman **Feu·er·wehr·übung** *f* firefighting exercise

Feu·er·werk *nt* fireworks *npl* [display *nsing*]; **ein ~ veranstalten** to have [*or* BRIT let off] [*or* AM set off] a fireworks display **Feu·er·wer·ker(in)** <-s, -> *m(f)* firework-maker **Feu·er·werks·kör·per** *m* firework **Feu·er·zan·ge** *f* fire tongs *npl* **Feu·er·zan·gen·bow·le** *f a hot red wine punch with a sugar cone soaked in rum lit above it*

Feu·er·zeug *nt* [cigar/cigarette/pipe] lighter

Feu·er·zeug·ben·zin *nt* lighter fuel **Feu·er·zeug·gas** *nt* lighter gas

Feuil·le·ton <-s, -s> [fœjə'tõ:] *nt* (*Zeitungsteil*) culture [*or* feature] section [*or pl* pages]

feu·rig ['fɔyrɪç] *adj* (1) (*temperamentvoll*) fiery (2) (*veraltend: glühend*) glowing

Fez <-[es], -[e]> [fe:ts] *m* fez

ff. [ɛf'ʔɛf] *Abk von* **folgende Seiten**: **[auf] Seite 200 ~** from page 200, pages [*or* pp[.]] 200 ff[.]

FH [ɛf'ha:] *f Akr von* **Fachhochschule**

Fi·a·ker <-s, -> ['fi̯akɐ] *m* ÖSTERR (1) (*Kutsche*) [BRIT hackney] cab (2) (*Kutscher*) cab driver, cabby *fam*

Fi·as·ko <-s, -s> ['fi̯asko] *nt* (*fam*) fiasco; **[mit etw** *dat*] **ein ~ erleben** to end [up] in a fiasco [over sth]

Fi·bel[1] <-, -n> ['fi:bl̩] *f* (*Lesebuch*) primer; (*Leitfaden*) introduction; **„~ für Gartenfreunde"** "Introduction to Gardening"

Fi·bel[2] <-, -n> ['fi:bl̩] *f* ARCHÄOL fibula

Fi·ber <-, -n> ['fi:bɐ] *f* (1) (*Faser*) fibre [*or* AM -er] (2) *kein pl* (*Kunstfaser*) [synthetic] fibre [*or* AM -er] ▶ WENDUNGEN: **mit jeder ~ ihres/seines Herzens** (*geh*) with every fibre [*or* AM -er] of her/his heart

Fi·brin <-s> [fi'bri:n] *nt kein pl* MED fibrin *spec*

Fi·brom <-s, -e> [fi'bro:m] *nt* MED fibroma *spec*

ficellieren *vt* KOCHK ■**etw ~** to secure sth with kitchen string

Fiche <-s> [fi:ʃ] *m o nt* [micro]fiche

ficht [fɪçt] *3. pers pres von* **fechten**

Fich·te <-, -n> [fɪçtə] *f* spruce

fich·ten ['fɪçtn̩] *adj* spruce[wood]

Fich·ten·holz *nt* spruce[wood] **Fich·ten·kreuz·schna·bel** *m* ORN red crossbill, common crossbill **Fich·ten·na·del·ex·trakt** *m* pine essence **Fich·ten·zap·fen** *m* spruce cone

Fick <-s, -s> [fɪk] *m* (*vulg*) fuck *vulg*

fi·cken ['fɪkn̩] (*vulg*) **I.** *vi* ■**[mit jdm] ~** to fuck [sb] *vulg;* ■**das F~** fucking *vulg* **II.** *vt* ■**jdn ~** to fuck sb *vulg;* ■**gefickt werden** to get [*or* be] fucked *vulg;* ■**sich ~ lassen** to [let oneself]

F

get fucked *vulg*

fi·cke·rig, fick·rig DIAL **I.** *adj* fidgety **II.** *adv* in a fluster [*or* flutter]

fi·del [fi'de:l] *adj* (*fam*) merry, jolly *a. hum*

Fi·di·bus <- *o* -ses, - *o* -se> ['fi:dibʊs] *m* spill

Fi·dschi <-s> ['fɪdʒi] *nt* Fiji; *s. a.* **Sylt**

Fi·dschi·a·ner(in) <-s, -> [fɪdʒi̯a:nɐ] *m(f)* Fijian; *s. a.* **Deutsche(r)**

fi·dschi·a·nisch [fɪdʒi̯a:nɪʃ] *adj* Fijian; *s. a.* **deutsch**

Fie·ber <-s, -> ['fi:bɐ] *nt* ❶ (*erhöhte Temperatur*) fever; ~ **haben** to have a temperature, to be feverish [*or* running a fever [*or* temperature]]; [**jdm**] **das** ~ **messen** to measure [*or* take] sb's temperature ❷ (*geh: Besessenheit*) fever

Fie·ber·an·fall *m* bout [*or* attack] of fever, pyrexia *spec* **Fie·ber·fan·ta·si·en**RR *pl* feverish wanderings [*or* ravings] *npl* **fie·ber·frei** *adj* free of [*or* from] fever *pred*, apyretic *spec;* ■ ~ **sein** to not have a fever **Fie·ber·frost** *m* feverish chill [*or* shivering *no art, no pl*], ague *spec*

fie·ber·haft I. *adj* ❶ (*hektisch*) feverish, febrile *liter* ❷ (*fiebrig*) feverish, febrile *form* **II.** *adv* feverishly

fie·be·rig ['fi:bərɪç], **fie·brig** ['fi:brɪç] *adj* ❶ (*krank*) feverish, febrile *form;* **du siehst so** ~ **aus** you look as though you might have a temperature ❷ (*aufgeregt*) feverish

Fie·ber·kur·ve *f* temperature curve **Fie·ber·mes·ser** *m s.* **Fieberthermometer Fie·ber·mit·tel** *nt* anti[-]fever drug, antipyretic [drug [*or* agent]] *spec*

fie·bern ['fi:bɐn] *vi* ❶ (*Fieber haben*) to have a temperature [*or* fever] ❷ (*aufgeregt sein*) **vor Erregung/Ungeduld** ~ *dat* to be in a fever of excitement/impatience ❸ (*geh: sehnsüchtig verlangen*) ■ **nach etw** *dat* ~ to long feverishly for sth **fie·ber·sen·kend** *adj* fever-reducing, antipyretic *spec;* ~**es Medikament** medicine to reduce [*or sep* bring down] fever, antipyretic [drug [*or* agent]] *spec* **Fie·ber·ther·mo·me·ter** *nt* [clinical] thermometer

fie·brig ['fi:brɪç] *adj s.* **fieberig**

Fie·del <-, -n> ['fi:dl̩] *f* (*veraltet*) fiddle *fam*

fie·deln ['fi:dl̩n] *vt, vi* (*hum, pej*) ■ [**etw**] ~ to fiddle *fam*, to play [sth] on the fiddle *fam*

Fie·der·blatt ['fi:dɐ-] *nt* BOT compound leaf

fiel ['fi:l] *imp von* **fallen**

fie·pen ['fi:pn̩] *vi* ❶ (*kläglich tönen*) to whimper; *Vogel* to cheep ❷ *Pieper* to b[l]eep

fies [fi:s] *adj* (*pej fam*) ❶ (*abstoßend*) horrible, horrid *fam*, nasty; (*gemein*) mean, nasty; **sei nicht so** ~**!** don't be so mean [*or fam* horrid] ❷ (*ekelhaft*) horrible, disgusting

Fies·ling <-s, -e> *m* (*fam*) [mean] bastard *fam!*

Fi·fa, FI·FA <-> ['fi:fa] *f kurz für* **Fédération Internationale de Football Association** Fifa

fif·ty-fif·ty ['fɪftɪ'fɪftɪ] *adv* (*fam*) fifty-fifty; ~ [**mit jdm**] **machen** to go fifty-fifty [with sb]; ~ **stehen** to be fifty-fifty; **es steht** ~ it is [*or* the chances are] fifty-fifty

Fi·ga·ro <-s, -s> ['fi:garo] *m* (*hum: Friseur*) hairdresser

Fi·gur <-, -en> [fi'gu:ɐ̯] *f* ❶ (*Bildwerk*) figure ❷ (*Karikatur*) figure ❸ (*Gestalt*) figure, physique; **auf seine** ~ **achten** to watch one's figure; (*sl: Typ*) character *fam* ❹ FILM, LIT (*Charakter*) character ❺ SPORT figure ▸ WENDUNGEN: **eine gute/schlechte/jämmerliche** ~ **abgeben** [*o* **machen**] to cut a good/bad/sorry figure

fi·gu·ra·tiv [figura'ti:f] **I.** *adj* figurative **II.** *adv* figuratively

Fi·gür·chen <-s, -> [fi'gy:ɐ̯çən] *nt dim von* **Figur** figure; **ein reizendes** ~ a nice little figure

fi·gür·lich [fi'gy:ɐ̯lɪç] *adj* ❶ (*figurbezogen*) regarding the/his/her figure ❷ (*übertragen*) figurative

Fik·ti·on <-, -en> [fɪk'tsi̯o:n] *f* (*geh*) fiction

fik·tiv [fɪk'ti:f] *adj* (*geh*) fictitious

Fi·let <-s, -s> [fi'le:] *nt* fillet; **falsches** ~ clod, shoulder

Fi·let·steak [fi'le:ste:k] *nt* fillet steak

Filettiermesser *nt* filleting knife

Fi·lia <-, -s> ['fi:li̯a] *f* (*hum*) *fem form von* **Filius**

Fi·li·a·le <-, -n> [fi'li̯a:lə] *f* branch

Fi·li·al·ge·ne·ra·ti·on *f* BIOL (*Nachkommen aus der Kreuzung reinerbiger Eltern*) F1 generation **Fi·li·al·lei·ter(in)** *m(f)* branch manager

fi·lie·ren [fi'li:rən] *vt* KOCHK ■ **etw** ~ to fillet sth

Fi·lier·mes·ser *nt s.* **Filetiermesser**

fi·li·gran [fili'gra:n] *adj* filigree *attr*

Fi·li·gran·ar·beit *f* filigree work *no pl*, piece of filigree work

Fi·li·pi·no, Fi·li·pi·na <-s, -s> [fili'pi:no, fili'pi:na] *m, f* Filipino; *s. a.* **Deutsche(r)**

Fi·li·us <-, -se> ['fi:li̯ʊs] *m* (*hum*) offspring *hum*, son

Film <-[e]s, -e> [fɪlm] *m* ❶ (*Spiel~*) film, motion picture, movie AM; **in einen** ~ **gehen** to go and see [*or* to go to] a film; **im Fernsehen läuft ein guter** ~ there's a good film on television ❷ FOTO film; **einen** ~ **entwickeln lassen** to get [*or* have] a film developed ❸ (~*branche*) film industry; **beim** ~ **arbeiten** [*o* **sein**] to work in the film industry [*or* in films]; **zum** ~ **gehen** to go into films ❹ (*dünne Schicht*) film; **ein Fett-/Öl-/Staub~** a film of grease/oil/dust ▸ WENDUNGEN: **bei jdm reißt der** ~ (*fam: sich nicht erinnern*) sb has a mental blackout; (*ausflippen*) something snaps [in sb] *fam*

Film·ar·chiv *nt* film archives *pl* **Film·auf·nah·me** *f* film recording, recording on film **Film·di·va** *f* screen goddess [*or* diva]

Fil·me·ma·cher(in) *m(f)* (*sl*) film-maker

Film·emp·find·lich·keit *f* FOTO film speed

fil·men ['fɪlmən] **I.** *vt* ■ **jdn/etw** ~ to film sb/sth **II.** *vi* to film; ■ **das F~** filming

Fil·mer(in) ['fɪlmɐ] *m(f)* film-maker

Film·fes·ti·val *nt* film festival **Film·fest·spie·le** *nt pl* film festival *nsing* **Film·held(in)** *m(f)* screen [*or* AM movie] hero **Film·in·dust·rie** *f* film industry

fil·misch ['fɪlmɪʃ] **I.** *adj* cinematic **II.** *adv* from a cinematic point of view; ~ **ausgezeichnet** superb from a cinematic point of view

Film·ka·me·ra *f* film [*or* AM movie] camera **Film·kar·rie·re** *f* career as an actor/actress **Film·kas·set·te** *f* film cassette **Film·kri·tik** *f* film review **Film·ma·te·ri·al** *nt* film [coverage] *no pl* **Film·pro·du·zent(in)** *m(f)* film [*or* AM movie] producer **Film·pro·jek·tor** *m* film projector **Film·rech·te** *nt pl* film rights *npl* **Film·re·gis·seur(in)** *m(f)* film [*or* AM movie] director **Film·riss**RR *m* (*sl*) mental blackout; ■ **einen** ~ **haben** to have a mental blackout **Film·rol·le** *f* ❶ (*Part*) [film] part [*or* role], part [*or* role] in a/the film ❷ (*Spule*) roll [*or* spool] of film **Film·schaf·fen·de(r)** *f(m) dekl wie adj* film-maker **Film·schau·spie·ler(in)** *m(f)* film [*or* AM movie] actor *masc* [*or fem* actress] **Film·star** *m* film [*or* AM movie] star **Film·stu·dio** *nt* film [*or* AM movie] studio **Film·the·a·ter** *nt* (*geh*) cinema, movie theater AM **Film·trans·port** *m* FOTO film transport **Film·ver·leih** *m* film distributors *pl* **Film·vor·füh·rer(in)** *m(f)* projectionist **Film·vor·führ·ge·rät** *nt* (*geh*) projector **Film·vor·füh·rung** *f* film showing **Film·vor·schau** *f* [film] preview

Fi·lo·fax® <-, -e> ['failofɛks] *nt* filofax®, personal organizer

Filou <-s, -s> [fi'lu:] *m* (*fam*) devil *fam*

Fil·ter <-s, -> ['fɪltɐ] *nt o m* ❶ TECH filter ❷ (*Kaffee-/Tee~*) filter ❸ (*Zigaretten~*) filter

Fil·ter·an·la·ge *f* filter **Fil·ter·kaf·fee** *m* filter [*or* AM drip] coffee **Fil·ter·mund·stück** *nt* filtertip

fil·tern ['fɪltɐn] *vt* ■ **etw** ~ to filter sth

Fil·ter·pa·pier *nt* filter paper **Fil·ter·tü·te** *f* filter bag **Fil·ter·zi·ga·ret·te** *f* filter[-tipped] cigarette

Fil·trat <-[e]s, -e> [fɪltra:t] *nt* filtrate

fil·trie·ren* [fɪltri:rən] *vt* ■ **etw** ~ to filter sth

Filz <-es, -e> [fɪlts] *m* ❶ (*Stoff*) felt ❷ (*verwobene Masse*) felt ❸ (*fam: Bierdeckel*) beer mat BRIT, coaster AM ❹ POL (*pej*) spoils system

fil·zen ['fɪltsn̩] **I.** *vi* to felt, to go felty **II.** *vt* (*fam: durchsuchen*)

■ **jdn/etw** ~ to search sb/sth, to frisk sb; ■ **etw nach etw** *dat* ~ to go through sth for sth
fil·zig *adj* felty, feltlike
Filz·laus *f* crab [*or* pubic] louse **Filz·schrei·ber** *m s.* **Filzstift**
Filz·stift *m* felt-tip [pen], BRIT *a.* fibre-tip [pen]
Fim·mel <-s, -> ['fɪml] *m* (*fam*) mania, obsession; **einen ~ haben** to have a screw loose *hum fam,* to be crazy [*or esp* BRIT mad] *fam;* **den ~ haben, etw zu tun** to have a thing about doing sth *fam*
fi·nal [fi'na:l] *adj* (*geh*) final
Fi·na·le <-s, -s *o* -> [fi'na:lə] *nt* ① (*Endkampf*) final ② MUS finale
Fi·nal·satz *m* LING final clause
Fi·nan·ci·er <-s, -s> [finã'si̯e:] *m* (*geh*) *s.* **Finanzier**
Fi·nanz·amt *nt* tax [and revenue] office; ■ **das ~** the Inland Revenue BRIT, Internal Revenue Service AM **Fi·nanz·aus·gleich** *m redistribution of revenue between the government, Länder and local authorities,* ≈ revenue sharing AM **Fi·nanz·be·am·te(r), -be·am·tin** *m, f* tax official **Fi·nanz·be·hör·de** *f* tax authority **Fi·nanz·be·ra·ter(in)** *m(f) s.* **Steuerberater Fi·nanz·buch·hal·tung** *f* accounts [*or* AM accounting] department
Fi·nan·zen [fi'nantsn̩] *pl* ① (*Einkünfte*) finances *npl* ② (*Geldmittel*) ■ **jds** ~ sb's means *npl;* **jds ~ übersteigen** to be beyond sb's means
Fi·nanz·ex·per·te, -ex·per·tin *m, f* financial expert **Fi·nanz·ge·nie** *nt* financial genius [*or* wizard]; ■ **ein ~ sein** to be a financial genius [*or* wizard], to have a genius for finance **Fi·nanz·ge·richt** *nt* tax [*or form* fiscal] court **Finanzgeschäfte** *pl s.* **Geldgeschäfte Fi·nanz·hil·fe** *f* financial assistance, financing aid **Fi·nanz·ho·heit** *f* financial sovereignty *form*
fi·nan·zi·ell [finan'tsi̯ɛl] **I.** *adj* financial; ■ **das F~e** the financial aspect; **er beauftragte sie mit dem F~en** he charged her with the finances [*or* the financial side] **II.** *adv* financially
Fi·nan·zier <-s, -s> [finan'tsi̯e:] *m* (*geh*) financier
fi·nan·zier·bar *adj inv* FIN, ÖKON able to be financed
fi·nan·zie·ren* [finan'tsi:rən] *vt* ■ **etw** ~ ① (*bezahlen*) to finance sth; (*sich leisten können*) to be able to afford sth; **frei finanziert** privately financed ② (*durch Kredit*) to pay sth with credit; ■ **finanziert sein** to be bought on credit
Fi·nan·zie·rung <-, -en> *f* ■ **die ~ [einer S.** *gen* [*o* **von etw** *dat*]] financing [sth]; **für die ~ eines Eigenheimes braucht man erhebliche Fremdmittel** considerable outside means are necessary to finance buying a house
Fi·nan·zie·rungs·plan *m* financing plan [*or* scheme]
Fi·nanz·jahr *nt* financial [*or spec* fiscal] year **fi·nanz·kräf·tig** *adj* financially strong; **sehr ~** financially very strong **Fi·nanz·mi·nis·ter(in)** *m(f)* finance minister, chancellor of the exchequer BRIT, secretary of the treasury AM **Fi·nanz·mi·nis·te·ri·um** *nt* tax and finance ministry, treasury BRIT, Department of the Treasury AM **Fi·nanz·platz** *m* financial centre [*or* AM -er] **Fi·nanz·po·li·tik** *f kein pl* ① (*Teil der Politik*) financial policy/policies ② (*Wissenschaft*) politics + *sing vb* of finance **fi·nanz·schwach** *adj* financially weak; **sehr ~** financially very weak **Fi·nanz·sprit·ze** *f* cash infusion [*or* injection], injection of fresh funds [*or* capital] **fi·nanz·stark** *adj s.* **finanzkräftig fi·nanz·tech·nisch** *adj* financial, fiscal *spec* **Fi·nanz·wirt·schaft** *f kein pl* public finance
Fin·del·kind ['fɪndlkɪnt] *nt* (*veraltet*) foundling
fin·den <fand, gefunden> ['fɪndn̩] **I.** *vt* ① (*entdecken*) ■ **jdn/etw** ~ to find sb/sth; **es muss doch [irgendwo] zu ~ sein!** it has to be [found] somewhere!; **ich finde das [richtige] Wort nicht** I can't find [*or* think of] the [right] word ② (*heraus~*) ■ **etw** ~ to find sth; **einen Anlass/Grund/Vorwand [für etw** *akk*] ~ to find an occasion/reason/excuse [for sth] ③ (*feststellen*) ■ **etw** ~ to find sth; **eine Ursache** ~ to find a cause; ■ **etw an jdm** ~ to see sth in sb; **in letzter Zeit finde ich unerklärliche Veränderungen an ihm** I see inexplicable changes in him recently ④ (*vor~*) ■ **jdn/etw** ~ to find sb/sth; **jdn müde/bewusstlos/tot** ~ to find sb tired/unconscious/dead; **sie fanden ihre Wohnung durchwühlt** they found their apartment turned upside down ⑤ *in Verbindung mit subst siehe auch dort* (*erhalten*) ■ **etw [bei jdm]** ~ to find sth [with sb]; **bei ihrem Vater fand sie immer Verständnis** she always found understanding with her father; **[großen/reißenden] Absatz** ~ to sell [well/like hot cakes]; **Berücksichtigung** ~ to be taken into consideration; **Unterstützung** ~ to receive [*or* win] [*or* get] support; **Zustimmung [bei jdm]** ~ to meet with approval [from sb] [*or* sb's approval]; **dieser Vorschlag fand bei den Delegierten breite Zustimmung** this suggestion met widespread support from the delegates ⑥ (*aufbringen*) ■ **etw** ~ to find sth; **den Mut/die Kraft ~, etw zu tun** to find the courage/strength to do sth ⑦ (*einschätzen, empfinden*) **jdn blöd/nett/angenehm** ~ to think [that] sb is stupid/nice/pleasant; **wie findest du das?** what do you think [of that]?; **etw gut/unmöglich/billig** ~ to think sth is [*or* to find sth] good/impossible/cheap; **ich finde es nicht richtig, dass Frauen weniger verdienen** I don't think it's right that women earn less; **ich finde, die Ferien sind zu kurz** I find that the holidays are too short; **es kalt/warm** ~ to find it cold/warm; **ich finde das Wetter gar nicht mal so übel** I find the weather is not too bad, I don't think the weather is all that bad; **ich fände es dumm, jetzt nachzugeben** I think it would be silly to give up now; **findest du es richtig, dich so zu verhalten?** do you think it's right for you to behave like this?; **das ist teuer, finde ich** that's expensive, I think ▶ WENDUNGEN: **nichts an etw** *dat* ~ to not think much of sth; **nichts dabei ~, etw zu tun** to think nothing of doing sth **II.** *vi* ① (*den Weg ~*) ■ **zu jdm/etw** ~ to find one's way to sb/sth; **zu sich selbst** ~ to find oneself, to sort oneself out ② (*meinen*) to think; ■ **~, [dass] ...** to think that ...; **ich fände es besser, wenn ...** I think it would be better when [*or* if] ...; **~ Sie?** [do] you think so? **III.** *vr* ■ **sich** ~ ① (*wieder auftauchen*) to turn up; **es wird sich wieder** ~ it will turn up again ② (*zu verzeichnen sein*) to be found; **es fand sich niemand, der es tun wollte** there was nobody to be found who wanted to do it, nobody was willing to do it ③ (*in Ordnung kommen*) to sort itself out; **es wird sich schon alles** ~ it will all sort itself out [in time]
Fin·der(in) <-s, -> *m(f)* finder; **der ehrliche** ~ the honest finder
Fin·der·lohn *m* reward for the finder
Fin de SiècleRR, **Fin de siècle**ALT <-> [fɛ̃ də 'zi̯ɛ:kl] *nt kein pl* fin de siècle *no pl;* **die Kunst/Literatur des ~** fin de siècle art/literature
fin·dig ['fɪndɪç] *adj* resourceful
Fin·dig·keit <-> *f kein pl* resourcefulness
Find·ling <-s, -e> ['fɪntlɪŋ] *m* GEOL erratic [boulder] *spec*
Fi·nes·se <-, -n> [fi'nɛsə] *f* (*geh*) ① *pl* (*Kunstgriffe*) finesse *nsing* ② *pl* (*Ausstattungsdetails*) refinement *nsing;* **mit allen ~n** with every refinement ③ *kein pl* (*Schlauheit*) finesse *no pl*
fing ['fɪŋ] *imp von* **fangen**
Fin·ger <-s, -> ['fɪŋɐ] *m* finger, digit[us] *spec;* **der kleine** ~ the [*or* one's] little finger, the [*or* one's] pinkie AM *fam;* **[nimm/lass die] ~ weg!** [get/take your] hands off!; **~ weg davon!** hands off [it]!; **den ~ am Abzug haben** to hold the trigger; **jdm mit dem ~ drohen** to wag one's finger at sb; **jdm was [*o* eins] auf die ~ geben** to rap sb's [*or* sb across [*or* on] the] knuckles, to give sb a rap across [*or* on] the knuckles; **[sich** *dat*] **den ~ in den Hals stecken** to stick one's finger down one's throat; **den ~ heben** to lift one's finger; **jdm auf die ~ klopfen** (*fig fam*) to give sb a rap across [*or* on] the knuckles, to rap sb's knuckles; **mit den ~n knipsen** [*o* **schnippen**] [*o* **schnackeln**] (*fam*) to snap one's fingers; **mit dem ~ auf jdn/etw zeigen** to point [one's [*or* a] finger] at sb/sth; **mit [den] ~n auf jdn zeigen** (*fig*) to point [one's finger] at sb ▶ WENDUNGEN: **ich hätte es**

F

mir/du hättest es dir etc. an den fünf [*o* **zehn**] **~n abzählen können!** (*fam*) a five-year-old could have worked that out! *fam;* **etw in die ~ bekommen** [*o fam* **kriegen**] to get one's fingers on sth; **jdn in die ~ bekommen** [*o fam* **kriegen**] to get one's hands on sb, to get a hold of sb; **der elfte ~** (*hum*) one's third leg *hum fam;* **jdm in** [*o* **zwischen**] **die ~ geraten** to fall into sb's hands; **einen** [*o* **zehn**] **an jedem ~ haben** (*hum fam*) to have a woman/man for every day of the week; **überall seine ~ im Spiel** [*o sl* **drin**] **haben** (*pej*) to have a finger in every pie *fam;* **wenn man ihm den kleinen ~ gibt,** [**dann**] **nimmt er** [**gleich**] **die ganze Hand** (*prov*) give him an inch and he'll take a mile; **jdn** [*o* **jdm**] **juckt** [*o* **zuckt**] **es in den ~n**[**, etw zu tun**] (*fam*) sb is dying [*or fam* itching] to do sth; **keinen ~ krumm machen** (*fam*) to not lift a finger; **lange ~ machen** (*hum fam*) to be light-[*or* nimble-]fingered; **die ~ von jdm/etw lassen** (*fam*) to keep away from sb/sth; **sich** *dat* **die** [*o* **alle**] **~ nach etw lecken** (*fam*) to kill for sth; **für jdn keinen ~ rühren** to not lift a finger for sb; **sich** *dat* **etw aus den ~n saugen** (*fam*) to conjure up sth *sep;* **sich** *dat* **nicht die ~ schmutzig machen** to not get one's hands dirty; **jdm** [**scharf**] **auf die ~ sehen** (*fam*) to keep a watchful eye [*or* an eye] on sb; **etw mit spitzen ~n anfassen** to pick up sth with two fingers; **sich** *dat* **bei** [*o* **an**] **etw** *dat* **die ~ verbrennen** (*fam*) to get one's fingers burnt over sth; **jdn um den** [**kleinen**] **~ wickeln** (*fam*) to wrap sb [a]round one's little finger; **sich** *dat* **die ~ wund schreiben** to write one's fingers to the bone

Fin·ger·ab·druck *m* fingerprint; **jds** [*o* **von jdm die**] **Fingerabdrücke nehmen** to fingerprint sb, to take sb's fingerprints **Fin·ger·bow·le** *f* finger basin **Fin·ger·breit** <-, -> *m* finger['s] breadth ▸WENDUNGEN: **keinen ~** not an [*or* one] inch **fin·ger·dick I.** *adj* as thick as a finger *pred* **II.** *adv* fingerthick **Fin·ger·far·be** *f* finger paint **fin·ger·fer·tig** *adj* nimble-[*or* quick-]fingered, dexterous **Fin·ger·fer·tig·keit** *f* dexterity **Fin·ger·ge·lenk** *nt* finger joint; (*Knöchel*) knuckle **Fin·ger·glied** *nt* phalanx [of a/the finger] *spec* **Fin·ger·ha·keln** *nt* finger-wrestling **Fin·ger·hand·schuh** *m* glove **Fin·ger·hut** *m* (1) (*fürs Nähen*) thimble; **ein ~** [**voll**] a thimbleful (2) BOT foxglove **Fin·ger·knö·chel** *m* knuckle **Fin·ger·kno·chen** *m* finger bone, phalanx *spec* **Fin·ger·kraut** *nt* BOT cinquefoil **Fin·ger·kup·pe** *f* fingertip

Fin·ger·ling <-s, -e> ['fɪŋɐlɪŋ] *m* fingerstall

fin·gern ['fɪŋɐn] **I.** *vi* ■**an/mit etw** *dat* **~** to fiddle with sth; ■**in etw** *dat* [**nach etw** *dat*] **~** to fumble around in sth [for sth] **II.** *vt* (1) (*hervorholen*) ■**etw aus etw** *dat* **~** to fish sth out of sth (2) (*fam: tricksen*) ■**etw ~** to fiddle sth *fam*

Fin·ger·na·gel *m* fingernail; **an den Fingernägeln kauen** to bite [*or* chew] one's nails **Fin·ger·spit·ze** *f* fingertip ▸WENDUNGEN: **das muss man in den ~n haben** you have to have a feel for it; **jdm juckt** [*o* **kribbelt**] **es in den ~n, etw zu tun** sb is itching to do sth *fam* **Fin·ger·spit·zen·ge·fühl** *nt kein pl* fine feeling *no pl,* instinctive feel *no pl,* tact [and sensitivity] *no pl;* **das fordert sehr viel ~** that demands a lot of tact; **~/kein ~ haben** to be tactful/tactless **Fin·ger·zeig** <-s, -e> *m* hint, pointer; **von jdm einen ~ bekommen** [*o* **erhalten**] to get [*or* receive] a hint from sb; **jdm einen ~ geben** to give sb a hint; **etw als** [**einen**] **~** [**Gottes/des Schicksals**] **empfinden** to regard sth [meant] as a sign [from God/of fate]

fin·gie·ren* [fɪŋ'gi:rən] *vt* ■**etw ~** to fake [*or* fabricate] sth; ■**fingiert** bogus, fictitious

Fi·nish <-s, -s> ['fɪnɪʃ] *nt* (1) (*Politur*) finish (2) SPORT finish

Fink <-en, -en> [fɪŋk] *m* finch

Fin·ne <-, -n> ['fɪnə] *f* (1) ZOOL (*Stadium des Bandwurms*) bladder worm, cysticercus *spec* (2) MED (*Mitesser*) pimple (3) (*Flosse*) fin

Fin·ne, Fin·nin <-n, -n> ['fɪnə, 'fɪnɪn] *m, f* Finn, Finnish man/woman/boy/girl; ■**~ sein** to be Finnish

fin·nisch ['fɪnɪʃ] *adj* Finnish; **auf ~** in Finnish; *s. a.* **Meerbusen**

Fin·nisch ['fɪnɪʃ] *nt dekl wie adj* Finnish; ■**das ~e** Finnish, the Finnish language; **auf ~** in Finnish; **ins ~e/aus dem ~en übersetzen** to translate into/from Finnish [*or* the Finnish language]

Finn·land <-s> ['fɪnlant] *nt* Finland

Finn·wal *m* finback, rorqual

fins·ter ['fɪnstɐ] *adj* (1) (*düster*) dark; **im F~en** in the dark (2) (*mürrisch*) grim; **~ entschlossen sein** to be grimly determined (3) (*schrecklich*) dark; **das ~e Mittelalter** the Dark Ages *npl* (4) (*unheimlich*) sinister, shady ▸WENDUNGEN: **~** [**für jdn**] **aussehen** to look bleak [for sb]

Fins·ter·nis <-, -se> ['fɪnstɐnɪs] *f* (1) *kein pl* (*Dunkelheit*) darkness *no pl* (2) (*Sonnen~*) eclipse; **partielle/totale ~** partial/total eclipse

Fin·te <-, -n> ['fɪntə] *f* subterfuge, trick

Fir·le·fanz <-es> ['fɪrləfants] *m kein pl* (*fam*) (1) (*Krempel*) trumpery (2) (*Quatsch*) nonsense *no art, no pl*

firm [fɪrm] *adj pred* ■**in etw** *dat* **~ sein** to have a sound knowledge of sth

Fir·ma <-, Firmen> ['fɪrma, *pl* 'fɪrmən] *f* (1) (*Unternehmen*) company, firm, business (2) (*Handelsname*) company name

Fir·ma·ment <-s> [fɪrma'mɛnt] *nt kein pl* (*poet*) ■**das ~** the firmament *liter,* the heavens *npl*

fir·men ['fɪrmən] *vt* ■**jdn ~** to confirm sb

Fir·men ['fɪrmən] *pl von* **Firma**

Fir·men·chef(in) *m(f)* head of a/the company [*or* firm] [*or* business] **fir·men·ei·gen** *adj* company *attr;* ■**~ sein** to belong to the company **Fir·men·grün·dung** *f* formation [*or* establishment] of a/the business [*or* company] **Fir·men·in·ha·ber(in)** *m(f)* owner [*or* proprietor] of a/the company **Fir·men·kon·zept** *nt* corporate concept **Fir·men·kopf** *m* business [*or* company] letterhead **Fir·men·lei·ter** *m s.* **Geschäftsleiter Fir·men·lei·tung** *f* company management [*or* direction] **Fir·men·lo·go** *nt* company [*or* business] logo **Fir·men·na·me** *m* company name **Fir·men·rech·ner** *m* INFORM company computer system **Fir·men·schild** *nt* company [*or* firm] [*or* business] plaque **Fir·men·sitz** *m* company seat, company headquarters AM **Fir·men·wa·gen** *m* company car **Fir·men·zei·chen** *nt* company logo, trademark **Fir·men·zu·ge·hö·rig·keit** *f* length [*or* period] of employment; **in seiner 12-jährigen ~ ...** during [*or* in] his twelve years with the firm ... **Fir·men·zu·sam·men·schluss**[RR] *m* company merger

fir·mie·ren* [fɪr'mi:rən] *vi* ■**als** [*o* **mit**] **XYZ ~** to trade under the name of XYZ

Firm·ling <-s, -e> ['fɪrmlɪŋ] *m* candidate for confirmation

Fir·mung <-, -en> *f* confirmation

Firn <-[e]s, -e> [fɪrn] *m* firn *spec,* névé *spec*

Fir·nis <-ses, -se> ['fɪrnɪs] *m* [oil-]varnish

fir·nis·sen ['fɪrnɪsn̩] *vt* ■**etw ~** to varnish [*or* BRIT oil] sth

First <-[e]s, -e> [fɪrst] *m* roof ridge, crest of a/the roof

First·zie·gel *m* ridge tile

Fis <-, -> [fɪs] *nt* MUS F sharp

Fisch <-[e]s, -e> [fɪʃ] *m* (1) (*Tier*) fish; **~ verarbeitend** fish-processing *attr* (2) *kein pl* ASTROL Pisces *no art, no pl;* [**ein**] **~ sein** to be [a] Pisces (3) (*fam*) **weder ~ noch Fleisch sein** to be neither fish nor fowl, to be in fine fettle BRIT; **ein großer** [*o* **dicker**] **~** a big fish; **ein kleiner ~** one of the small fry; **das sind kleine ~e** that's child's play; **ein** [**kalter**] **~ sein** to be a cold fish; **stumm wie ein ~ sein** [*o* **bleiben**] to be as silent as a post; **munter wie ein ~ im Wasser sein** to be as happy as a pig in mud *fam*

Fisch·ad·ler <-s, -> *m* osprey **fisch·arm** *adj* low in fish *pred* **Fisch·au·ge** *nt* (1) (*Auge*) fish eye (2) FOTO fish-eye lens **Fisch·bein** *nt kein pl* whalebone *no pl* **Fisch·be·stand** *m* fish population; (*kommerziell*) fish stock[s *pl*] **Fisch·bla·se** *f* air [*or* swim] bladder

fi·schen ['fɪʃn̩] **I.** *vi* to fish; ■**das F~** fishing **II.** *vt* (1) (*fangen*) ■**etw ~** to catch sth (2) (*herausnehmen*) ■**etw** [**aus/von etw**

dat] ~ to fish sth out of/from sth
Fi·scher(in) <-s, -> ['fɪʃɐ] *m(f)* fisher, fisherman *masc*, fisherwoman *fem*
Fi·scher·boot *nt* fishing boat **Fi·scher·dorf** *nt* fishing village
Fi·sche·rei <-> [fɪʃə'rai] *f kein pl* fishing *no art, no pl*
Fi·sche·rei·ha·fen *m* fishing port **Fi·sche·rei·we·sen** *nt* fishing *no art, no pl*
Fi·scher·netz *nt* fishing net
Fisch·fang *m kein pl* fishing *no art, no pl;* **zum ~ auslaufen** to set off for the fishing grounds; **auf ~ gehen** to go fishing; **vom ~ leben** to live from [*or* by] fishing
Fisch·fang·flot·te *f* fishing fleet **Fisch·fang·ge·biet** *nt* fishing grounds *npl*
Fisch·fi·let [-file:] *nt* fillet of fish **Fisch·fut·ter** *nt* fish food **Fisch·ge·ruch** *m* fishy smell, smell of fish **Fisch·ge·schäft** *nt* fishmonger's **Fisch·grä·te** *f* fish bone **Fisch·grä·ten·mus·ter** *nt* herringbone [pattern] **Fisch·grund** *m meist pl* NAUT fishery **Fisch·grün·de** *pl* fisheries *npl*, fishing grounds *npl* **Fisch·händ·ler(in)** *m(f)* ÖKON fishmonger BRIT, fish dealer AM; *Großhändler* fish merchant **Fisch·he·ber** *m* fish lifter **Fisch·kes·sel** *m* fish steamer **Fisch·kut·ter** *m* fishing cutter **Fisch·markt** *m* fish market **Fisch·mehl** *nt* fish meal **Fisch·mes·ser** *nt* fish knife **Fisch·ot·ter** *m* otter **Fisch·pfan·ne** *f* fish frying pan **Fisch·reich·tum** *m kein pl* abundance of fish **Fisch·rei·her** *m* grey heron **Fisch·reu·se** *f* weir basket, fish trap **Fisch·ro·gen** *m* fish [*or spec* hard] roe **Fisch·schup·pe** *f* [fish] scale **Fisch·schwarm** *m* shoal of fish **Fisch·stäb·chen** *nt* fish-finger BRIT, fish stick AM **Fisch·ster·ben** *nt* dying [*or* death] of fish; (*als Statistik*) fish mortality *no indef art, no pl spec* **Fisch·sud** *m* fish stock **Fisch·teich** *m* fish pond **fisch·ver·ar·bei·tend** *adj attr s.* **Fisch 1** **Fisch·zucht** *f* fish-farming **Fisch·zug** *m* raid; **einen [guten] ~ machen** to make a [good] foray
Fi·si·ma·ten·ten [fizima'tɛntn̩] *pl* (*fam*) ❶ (*Umstände*) fuss *nsing;* **~ machen** to make [*or* create] [*or fam* kick up] a fuss, to mess about; **mach keine ~!** don't make [*or fam* kick up] [such] a fuss! ❷ (*Albernheiten*) nonsense *nsing*
Fis·kus <-, -se *o* Fisken> ['fɪskʊs, *pl* 'fɪskən] *m* ■ **der ~** the treasury, BRIT exchequer
Fisolen *pl* ÖSTERR green beans *pl*
Fis·sur <-, -en> [fɪ'su:ɐ̯] *f* crack
Fis·tel <-, -n> ['fɪstl̩] *f* MED fistula *spec*
Fistelstimme *f* piping voice, falsetto [voice]
fit [fɪt] *adj pred* fit; **sich ~ halten/machen** to keep/get fit
Fi·tis <-, -se> ['fi:tɪs] *m* ORN willow warbler
Fit·nessRR, **Fit·neß**ALT <-> ['fɪtnɛs] *f kein pl* ❶ (*Leistungsfähigkeit*) fitness *no art, no pl* ❷ BIOL fitness *no pl*, adaptive value
Fit·ness·cen·terRR [-sɛntɐ] *nt* health [*or* fitness] centre [*or* AM -er] **Fit·ness·raum**RR *m* fitness room **Fit·ness·stu·dio**RR *m s.* **Fitnesscenter** **Fit·ness·trai·ning**RR *nt* fitness training
Fit·tich <-[e]s, -e> ['fɪtɪç] *m* (*liter*) wing ▶ WENDUNGEN: **jdn unter die** [*o* **seine**] **~e nehmen** (*hum*) to take sb under one's wing
Fit·zel ['fɪtsl̩] *m o nt*, **Fit·zel·chen** <-s, -> ['fɪtsl̩çən] *nt* DIAL (*Stückchen*) little bit
fix [fɪks] **I.** *adj* ❶ (*feststehend*) fixed ❷ (*fam: flink*) quick, nippy BRIT *fam;* **~ sein** to be quick [*or* BRIT *fam* nippy]; **~ gehen** to not take long [doing [*or* to do] sth]; **~ machen** to hurry up; **mach aber ~!** hurry up!, don't take your time about it! ▶ WENDUNGEN: **~ und fertig sein** (*erschöpft*) to be exhausted [*or fam* shattered] [*or* BRIT *sl a.* knackered]; (*am Ende*) to be at the end of one's tether; **jdn ~ und fertig machen** (*fam: zusammenschreien*) to do in sb *sep fam;* (*erschöpfen*) to wear [*or* BRIT *fam* fag] out sb *sep;* **~ und foxi sein** (*sl*) to be worn out [*or* BRIT *fam* shattered]; *s. a.* **Idee II.** *adv* quickly
Fi·xa ['fɪksa] *pl von* **Fixum**
fi·xen ['fɪksn̩] *vi* (*sl*) to fix *sl* [*or* to shoot] *sl*
Fi·xer(in) <-s, -> ['fɪksɐ] *m(f)* (*sl*) fixer BRIT *sl*, junkie AM
Fi·xer·be·steck *nt* fixing tools *pl* BRIT *sl*
fi·xie·ren* [fɪ'ksi:rən] *vt* ❶ (*anstarren*) ■ **jdn/etw ~** to fix one's eyes [*or* one's gaze] on sb/sth, to stare [at sb/sth] ❷ PSYCH (*auf jdn/etw völlig ausgerichtet sein*) ■ **auf jdn/etw fixiert sein** to be fixated on sb/sth; ■ **darauf fixiert sein, etw zu tun** to be fixated with doing sth ❸ FOTO ■ **etw ~** to fix sth ❹ (*geh: festlegen*) ■ **etw ~** to fix sth ❺ (*schriftlich niederlegen*) ■ **etw ~** to record sth; **ich habe die Besprechung auf Montag fixiert** I've fixed the appointment for Monday ❻ SCHWEIZ (*befestigen*) ■ **etw ~** to fix sth
Fi·xie·rung <-, -en> *f* ❶ (*Festlegung*) specification, specifying, recording, setting out *sep* ❷ PSYCH (*Ausrichtung*) fixation; ■ **jds ~ auf jdn/etw** sb's fixation on sb/sth
Fi·xing <-s, -s> *nt* fixing *no art, no pl*
Fix·kos·ten *pl* fixed costs *pl* **Fix·punkt** *m s.* **Festpunkt** **Fix·stern** *m* fixed star
Fi·xum <-s, Fixa> ['fɪksʊm, *pl* 'fɪksa] *nt* basic salary; (*Zuschuss*) fixed allowance
Fjord <-[e]s, -e> [fjɔrt] *m* fjord, fiord
FKK [ɛfka:'ka:] *kein art Abk von* **Freikörperkultur**
FKK-An·hän·ger(in) *m(f)* naturist, nudist; **~ sein** to be a naturist [*or* nudist] **FKK-Strand** *m* nudist beach
flach [flax] *adj* ❶ (*eben, platt*) flat; (*nicht hoch*) low; (*nicht steil*) gentle; **~ [zu etw** *dat*] **abfallen** to slope down gently [into [*or* towards] sth]; **sich ~ hinlegen** to lie [down] flat; **~ liegen** [*o* **schlafen**] to sleep without a pillow ❷ (*nicht tief*) shallow; **~ atmen** to take shallow breaths ❸ (*oberflächlich*) shallow
Flach·bau *m* low building **flach·brüs·tig** *adj* flat-chested **Flach·dach** *nt* flat roof; (*Terrasse*) terrace **Flach·druck** *m* TYPO ❶ *kein pl* (*Verfahren*) planography *no pl spec* ❷ (*Produkt*) planograph *spec*
Flä·che <-, -n> ['flɛçə] *f* ❶ (*flache Außenseite*) surface; (*Würfel~*) face ❷ (*Gebiet*) expanse; (*mit Maßangaben*) area
Flach·ei·sen *nt* ❶ (*flaches Metall*) flat bar, flat *spec* ❷ (*Werkzeug*) flat-bladed chisel
Flä·chen·brand *m* wildfire; **sich zu einem ~ ausweiten** to spread to a large-scale fire; (*fig*) to spread like wildfire **flä·chen·de·ckend** *adj* covering the needs *pred;* **in unterentwickelten Ländern ist keine ~e medizinische Versorgung gewährleistet** there is no sufficient coverage of medical supplies in undeveloped countries **flä·chen·gleich** *adj* equal in area *pred* **Flä·chen·in·halt** *m* [surface] area **Flä·chen·land** *nt large-area land with a low population density* **Flä·chen·maß** *nt* [unit of] square measure **Flä·chen·nut·zungs·plan** *m* land utilization plan; (*in einer Stadt*) local [*or* AM zoning] plan **Flä·chen·staat** *m* state
flach|fal·len *vi sep irreg sein* (*fam*) to not come off *fam*
Flach·glas *nt* sheet glass *no pl*
Flach·heit <-> *f kein pl* flatness *no pl*, planeness *no pl spec*
flä·chig ['flɛçɪç] *adj* ❶ (*breit*) flat ❷ (*ausgedehnt*) extensive
Flach·kopf·schrau·be *f* TECH (*Blechschraube*) pan head screw AM *spec;* (*Senkschraube*) countersunk bolt/screw *spec*
Flach·land *nt* lowland, plain **flach|le·gen** (*fam*) **I.** *vt* ■ **jdn ~** to knock out sb *sep*, to floor sb BRIT **II.** *vr* ■ **sich ~** (*sich hinlegen*) to lie down; (*flach hinfallen*) to fall flat [on one's face] **flach|lie·gen** *vi irreg* (*fam*) to be laid up [in bed] **Flach·mann** *m* (*fam*) hipflask **Flach·mei·ßel** *m* flat [*or spec* cold] chisel
Flachs <-es> [flaks] *m kein pl* ❶ (*Pflanze*) flax *no art, no pl* ❷ (*fam: Witzelei*) kidding *no art, no pl fam*, joke; **~ machen** to kid around *fam;* **[jetzt mal ganz] ohne ~** joking aside
flachs·blond *adj* flax-coloured [*or* AM -ored], flaxen *liter*
Flach·schlitz·schrau·ben·dre·her *m* [slotted] screwdriver
flach·sen ['flaksn̩] *vi* (*fam*) to kid around *fam;* ■ **[mit jdm] ~** to kid sb on *fam*
Flach·sinn *m kein pl* shallowness *no pl* **Flach·zan·ge** *f* flat[-nosed] pliers *npl*
fla·ckern ['flakɐn] *vi* to flicker

Fla·den <-s, -> ['fla:dn̩] *m* ❶ KOCHK round flat dough-cake ❷ (*fam: breiige Masse*) flat blob; (*Kuh~*) cowpat

Fla̲·den·brot *nt* round flat loaf [of bread], ≈ Turkish bread *no art, no pl*

Fla·geo·lett·boh·ne [flaʒo'lɛt-] *f* flageolet bean

Flag·ge <-, -n> ['flagə] *f* flag; **die englische/französische ~ führen** to fly the English/French flag [*or* BRIT colours] [*or* AM colors]; **die ~ streichen** to strike the flag ▶ WENDUNGEN: ~ **zei·gen** to nail one's colours [*or* AM -ors] to the mast

flag·gen ['flagn̩] *vi* to fly a flag/flags

Flag·gen·al·pha·bet *nt* semaphore *no art, no pl* **Flag·gen·mast** *m* flagpole, flagstaff **Flag·gen·sig·nal** *nt* flag signal; **ein ~ geben** to give a flag signal

Flagg·schiff *nt* flagship

fla·grant [fla'grant] *adj* (*geh*) flagrant; *s. a.* **in flagranti**

Flair <-s> [flɛ:ɐ̯] *nt o selten m kein pl* (*geh*) aura

Flak <-, -[s]> [flak] *f Akr von* **Flugabwehrkanone** ❶ (*Kanone*) anti-aircraft [*or hist* ack-ack] gun ❷ (*Einheit*) anti-aircraft [*or hist* ack-ack] unit

Flak·hel·fer(in) *m(f)* HIST anti-aircraft auxiliary

Fla·kon <-s, -s> [fla'kõ:] *nt o m* (*geh*) [small] bottle, flacon *spec*

fla·mbie·ren* [flam'bi:rən] *vt* ■**etw** ~ to flambé[e] sth

Flam·bie̲r·pfan·ne *f* flaming [*or* flambéing] pan

Fla·me, Fla·min *o* **Flä·min** <-n, -n> ['flamə, fla:mɪn, flɛ:mɪn] *m, f* Fleming, Flemish man/woman/boy/girl

Fla·min·go <-s, -s> [fla'mɪŋgo] *m* flamingo

flä·misch ['flɛmɪʃ] *adj* Flemish; **auf** ~ in Flemish

Flä·misch ['flɛmɪʃ] *nt dekl wie adj* Flemish; ■**das ~e** Flemish; **auf** ~ in Flemish, the Flemish language

Flam·me <-, -n> ['flamə] *f* ❶ (*Feuer*) flame; **in ~n aufgehen** to go up in flames; **mit ruhiger/flackernder ~ brennen** to burn with a steady/flickering flame; **etw auf großer/kleiner ~ kochen** to cook sth on a high/low heat; **in [hellen] ~n ste·hen** to be ablaze/in flames ❷ (*veraltend fam: Geliebte*) flame *dated*

flam·mend *adj* (*liter*) flaming

Flam·men·meer *nt* (*geh*) sea of flames [*or* fire] **Flam·men·tod** *m* (*geh*) ■**der ~** death by burning; **den ~ erleiden** to be burned [*or* burnt] to death; (*auf dem Scheiterhaufen*) to be burned [*or* burnt] at the stake **Flam·men·wer·fer** <-s, -> *m* flamethrower

Flan·dern <-s> ['flandɐn] *nt* Flanders + *sing vb*

fland·risch ['flandrɪʃ] *adj* Flemish

Fla·nell <-s, -e> [fla'nɛl] *m* flannel

fla·nie·ren* [fla'ni:rən] *vi haben o sein* to stroll; (*bummeln*) to go for a stroll; **sie flanierten an den Schaufenstern entlang** they went window-shopping

Flan·ke <-, -n> ['flaŋkə] *f* ❶ ANAT flank ❷ AUTO (*selten*) side ❸ FBALL cross ❹ MIL *einer Stellung* flank; **eine offene ~** an open flank

flan·ken ['flaŋkn̩] *vi* FBALL to centre [*or* AM -er]

Flan·ken·schutz *m* MIL protection on the flank; **jdm ~ geben** to give sb added support

flan·kie·ren* [flaŋ'ki:rən] *vt* ❶ (*begleiten*) ■**jdn** ~ to flank [*or* accompany] sb ❷ (*seitlich begrenzen*) ■**etw** ~ to flank sth ❸ (*ergänzen*) ■**etw [mit etw** *dat*] ~ to support sth [with sth]

Flansch <-[e]s, -e> [flanʃ] *m* TECH flange

Flap·pe <-, -n> ['flapə] *f* DIAL pout; **eine ~ ziehen** to pout, to look petulant

flap·sig ['flapsɪç] (*fam*) **I.** *adj* cheeky BRIT; **eine ~e Bemer·kung** an offhand [*or* a flippant] remark **II.** *adv* cheekily BRIT

Fläsch·chen <-s, -> ['flɛʃçən] *nt dim von* **Flasche** [small] bottle

Fla·sche <-, -n> ['flaʃə] *f* ❶ (*Behälter*) bottle; **etw in ~n füllen** to bottle sth, to fill sth into bottles; **einem Kind die ~ geben** to bottle-feed a child, to give [*or* feed] a child its bottle; **aus der ~ trinken** to drink straight from [*or* out of] the bottle; **Bier/Wein auf ~n ziehen** to bottle beer/wine ❷ (*fam: Versager*) dead loss *fam;* (*einfältiger Mensch*) pillock BRIT *pej fam,* dork AM *pej fam* ▶ WENDUNGEN: **zur ~ greifen** to take to [*or fam* hit] the bottle

Fla̲·schen·bier *nt* bottled beer **Fla̲·schen·bürs·te** *f* bottle-brush **Fla̲·schen·gä·rung** *f* fermentation in the bottle, secondary fermentation *spec* **Fla̲·schen·hals** *m* ❶ (*Teil einer Flasche*) bottleneck, neck [of a/the bottle] ❷ (*fig*) bottleneck **Fla̲·schen·kind** *nt* bottle-fed baby **Fla̲·schen·kür·bis** *m* bottle gourd **Fla̲·schen·milch** *f* bottled milk, milk [sold] in bottles **Fla̲·schen·nah·rung** *f* baby milk, formula AM **Fla̲·schen·öff·ner** *m* bottle-opener **Fla̲·schen·pfand** *m* deposit [*or* refund] on a/the bottle **Fla̲·schen·post** *f* message in a bottle **Fla̲·schen·re·gal** *nt* wine rack **Fla̲·schen·to·ma·te** *f* plum tomato **Fla̲·schen·ver·schluss**RR *m* bottle top **fla̲·schen·wei·se** *adv* by the bottle **Fla̲·schen·zug** *m* TECH block and tackle [*or* pulley]

Fla̲sch·ner(in) <-s, -> *m(f)* SÜDD, SCHWEIZ (*Klempner*) plumber

Flash·back <-s, -s> ['flɛʃbɛk] *m* flashback

Fla̲t·ter·bin·se *f* BOT soft rush

fla̲t·ter·haft *adj* (*pej*) fickle *pej*

Fla̲t·ter·haf·tig·keit <-> *f kein pl* (*pej*) fickleness *no pl pej*

Fla̲t·ter·mann <-männer> *m* (*hum fam*) chicken

flat·tern ['flatɐn] *vi* ❶ *haben* (*mit den Flügeln schlagen*) to flap [*or* flutter] [its wings] ❷ *haben* (*vom Wind bewegt*) ■**[im Winde]** ~ to flutter [*or* flap] [in the wind]; *lange Haare* to stream [in the wind] ❸ *sein* (*durch die Luft getragen*) ■**irgendwohin** ~ to fly [*or* float] [*or* be blown] somewhere ❹ *sein* (*fam: zugestellt werden*) ■**jdm [irgendwohin]** ~ to land [*or* turn up] [*or* arrive] somewhere; **heute flatterte eine Rechnung ins Haus** a bill landed on the mat today ❺ *haben* AUTO (*hin und her schlagen*) to wobble, to shimmy AM

Fla̲t·ter·satz *m* unjustified text [*or* print *no art, no pl*]

flau [flau] *adj* ❶ (*leicht unwohl*) queasy; **jdm ist ~ [im Magen]** sb feels queasy; **mir wurde ganz ~ im Magen** I started to feel queasy ❷ (*träge*) slack; **heute war das Geschäft sehr ~** business was very slack today

Flaum <-[e]s> [flaum] *m kein pl* down *no art, no pl*

flau·mig ['flaumɪç] *adj* downy

Flausch <-[e]s, -e> ['flauʃ] *m* fleece *no pl*

flau̲·schig *adj* fleecy, soft

Flau·sen ['flauzən] *pl* (*fam*) ❶ (*Unsinn*) nonsense *nsing;* (*Illusionen*) fancy [*or* crazy] ideas *pl;* ~ **im Kopf haben** to have crazy ideas; **jdm die ~ austreiben** to get sb to return to reality, to knock some sense into sb *fam* ❷ (*Ausflüchte*) excuses *pl;* **verschone mich mit deinen ~!** save [*or* spare me] your excuses!

Flau·te <-, -n> ['flautə] *f* ❶ (*Windstille*) calm *no pl;* ■**~n** calm periods *pl* ❷ (*mangelnde Nachfrage*) lull, period of slackness [*or* reduced activity]

flä·zen ['flɛtsn̩] *vr* (*fam*) ■**sich [auf/in etw** *akk*] ~ to sprawl [oneself *fam*] [on/in sth] *a. pej*

Flech·te <-, -n> ['flɛçtə] *f* ❶ BOT lichen ❷ MED lichen *no pl;* (*Herpes*) herpes *no pl;* (*Ekzem*) eczema *no pl* ❸ (*geh*) plait, *esp* AM braid

flech·ten <flo̲cht, geflo̲chten> ['flɛçtn̩] *vt* ■**etw** ~ to plait [*or esp* AM braid] sth; **sich/jdm die Haare [zu Zöpfen** [*o* **in Zöpfe**]] ~ to plait [*or esp* AM braid] one's/sb's hair; **einen Korb/Kranz/eine Matte** ~ to weave [*or* make] a basket/wreath/mat; ■**etw zu etw** *dat* ~ to plait [*or* weave] sth into sth; **Blumen zu einem Kranz** ~ to weave flowers into a garland; ■**geflochten** woven

Fle̲cht·werk *nt kein pl* wickerwork *no art, no pl*

Fleck <-[e]s, -e *o* -en> [flɛk] *m* ❶ (*Schmutz~*) stain; **~en machen** to stain ❷ (*dunkle Stelle*) mark; (*auf Stirn vom Pferd*) blaze; **ein blauer ~** a bruise; **~en haben** to be bruised; *Apfel a.* to be blemished ❸ (*Stelle*) spot, place; **sich nicht vom ~ rühren** to not move [*or fam* budge] [an inch]; **rühr dich nicht vom ~, ich bin sofort wieder da!** stay where you are, I'll be right back! ▶ WENDUNGEN: **einen ~ auf der [weißen]**

Weste haben to have blotted one's copybook BRIT; **der blinde** ~ the blind spot; [**mit etw** *dat*] **nicht vom** ~ **kommen** to not get any further [with sth]; **vom** ~ **weg** on the spot; *s. a.* **Herz**

Fleck·chen <-s, -> *nt* ❶ *dim von* **Fleck** mark, stain ❷ (*Gegend*) **ein schönes** [*o* **herrliches**] ~ **Erde** a nice [*or* lovely] little spot

Fle·cken <-s, -> ['flɛkn̩] *m* ❶ (*veraltet: Markt~*) small town ❷ *s.* **Fleck 1, 2**

Fle·cken·fal·ter *m* ZOOL fritillary

fle·cken·los *adj* spotless

Fleck·ent·fer·ner <-s, -> *m* stain remover

Fle·cken·was·ser *nt* stain remover

Fle·ckerl·tep·pich ['flɛkɐl-] *m* SÜDD, ÖSTERR rag rug

Fleck·fie·ber *nt* typhus [fever], fleckfieber *spec*

fle·ckig ['flɛkɪç] *adj* ❶ (*befleckt*) marked, stained ❷ (*voller dunkler Stellen*) blemished; ~**e Haut** blotchy skin

fled·dern [flɛdɐn] *vt* ❶ (*pej fam: durchwühlen*) ■**etw** ~ to rummage through sth; ■**jdn/etw** ~ to harm sb/sth ❷ **eine Leiche** ~ to rob a dead body

Fle·der·maus ['fle:dɐmaus] *f* ❶ (*Tier*) bat ❷ KOCHK ÖSTERR (*Fleischstück*) round steak

Fle·der·maus·är·mel *m* batwing sleeve

Fleece <-> [fli:s] *nt kein pl* fleece

Fleet <-[e]s, -e> [fle:t] *nt* NORDD canal

Fle·gel <-s, -> ['fle:gl̩] *m* (*pej: Lümmel*) lout *fam*, yob[bo] BRIT *fam*; (*ungezogenes Kind*) brat *pej fam*

Fle·gel·al·ter *nt* adolescence *no indef art, no pl*; ■**im** ~ **sein** to be [an] adolescent [*or* in one's adolescence]

Fle·ge·lei <-, -en> [fle:gə'lai] *f* (*pej*) uncouthness *no art, no pl*, uncouth [*or fam* loutish] behaviour [*or* AM -or] *no pl*

fle·gel·haft *adj* (*pej*) uncouth, loutish *fam*

fle·geln ['fle:gl̩n] *vr* (*fam*) ■**sich** [**auf/in etw** *akk*] ~ to sprawl [oneself *fam*] on [*or* [all] over] sth *a. pej*

fle·hen ['fle:ən] *vi* (*geh*) ■[**bei jdm**] [**um etw** *akk*] ~ to beg [sb] [for sth]

fle·hent·lich ['fle:əntlɪç] **I.** *adj* (*geh*) pleading, imploring **II.** *adv* pleadingly; **jdn** ~ **bitten, etw zu tun** to implore [*or* entreat] sb to do sth

Fleisch <-[e]s> ['flaiʃ] *nt kein pl* ❶ (*Nahrungsmittel*) meat *no art, no pl*; ~ **fressend** carnivorous, meat-eating *attr* ❷ (*Gewebe, Muskel~*) flesh *no indef art, no pl* ❸ (*Frucht~*) flesh *no indef art, no pl* ▸WENDUNGEN: **jds eigen**[**es**] ~ **und Blut** (*geh*) sb's own flesh and blood; **jdm in** ~ **und Blut übergehen** to become sb's second nature; **sich** *dat o akk* [**mit etw** *dat*] **ins eigene** ~ **schneiden** to cut off one's nose to spite one's face, to harm one's own interests; **vom** ~[**e**] **fallen** to lose a lot of weight

fleisch·arm *adj* low-meat *attr*, containing little meat *pred*, with a low meat content *pred*; [**sehr**] ~ **essen** to eat [very] little meat **Fleisch·be·schau** *f* ❶ ADMIN meat inspection ❷ (*hum fam*) cattle market *hum o pej*, meat market *hum o pej* **Fleisch·be·schau·er(in)** <-s, -> *m(f)* meat inspector **Fleisch·blut·ma·gen** *m* blood sausage **Fleisch·brat·ling** *m* rissole, burger **Fleisch·brü·he** *f* ❶ (*Bouillon*) bouillon, beef stock ❷ (*Fond*) meat stock **Fleisch·dau·er·wa·re** *f kein pl* preserved meats *pl* **Fleisch·dün·nung** *f* flank

Flei·scher(in) <-s, -> ['flaiʃɐ] *m(f)* butcher

Flei·scher·beil *nt* [meat] cleaver

Flei·sche·rei <-, -en> [flaiʃə'rai] *f* butcher's [shop BRIT]

Flei·scher·mes·ser *nt* butcher's knife

Fleisch·es·ser(in) *m(f)* meat eater **Fleisch·ex·trakt** *m* meat extract **fleisch·far·ben** *adj* flesh-coloured [*or* AM -ored] **Fleisch·far·ce** *f* meat filling **Fleisch·fon·due** *nt* meat fondue **fleisch·fres·send** *adj s.* **Fleisch 1 Fleisch·fres·ser** <-s, -> *m* carnivore, meat-eater **Fleisch·ga·bel** *f* meat fork **Fleisch·ge·lee** *nt* meat jelly **Fleisch·glace** *nt s.* **Jus Fleisch·hau·er(in)** <-s, -> *m(f)* ÖSTERR (*Fleischer*) butcher's [shop BRIT] **Fleisch·hau·e·rei** <-, -en> *f* ÖSTERR (*Fleischerei*) butcher's [shop BRIT]

flei·schig ['flaiʃɪç] *adj* fleshy

Fleisch·jus *m s.* **Jus Fleisch·kä·se** *m* meatloaf **Fleisch·klop·fer** <-s, -> *m* steak hammer **Fleisch·kloß** *m* ❶ KOCHK meatball ❷ (*fam: fetter Mensch*) mountain of flesh **Fleisch·klöß·chen** *nt* [small] meatball **Fleisch·knepp** *m* meat ball (*flavoured with herbs*) **Fleisch·kraut** *nt* BOT winter chicory

fleisch·lich *adj attr* ❶ (*von Fleisch*) consisting of/containing meat *pred*; ~**e Genüsse** meat delicacies ❷ (*liter: sexuell*) carnal, of the flesh *pred*; ~**e Begierden** carnal desires, desires of the flesh

fleisch·los I. *adj* vegetarian, meatless **II.** *adv* ~ **kochen** to cook vegetarian

Fleisch·no·ckerl [-nɔkɐl] *pl* SÜDD meat balls (*poached in pigs' stomach*) **Fleisch·pas·te·te** *f* meat vol-au-vent [*or* BRIT pasty] **Fleisch·saft** *m* meat juices *pl* **Fleisch·sa·lat** *m a salad of diced sausage or ham, gherkins and mayonnaise* **Fleisch·spieß** *m* meat skewer, skewered meat **Fleisch·stück** *nt*, **Fleisch·stück·chen** *nt* piece of meat **Fleisch·tee** *m* beef tea, Bovril® **Fleisch·ther·mo·me·ter** *nt* meat thermometer **Fleisch·to·ma·te** *f* beef[steak] tomato **Fleisch·topf** *m* meat pan **Fleisch·ver·gif·tung** *f* food poisoning (*from meat*), meat poisoning BRIT **Fleisch·vo·gel** *m* SCHWEIZ (*Roulade*) beef olive **Fleisch·wa·ren** *pl* meat produce *nsing* [*or pl* products] **Fleisch·wolf** *m* mincer BRIT, grinder AM; **etw durch den** ~ **drehen** to mince [*or* AM grind] sth ▸WENDUNGEN: **jdn durch den** ~ **drehen** (*fam*) to put sb through the mill **Fleisch·wun·de** *f* flesh wound **Fleisch·wurst** *f* ≈ pork sausage

Fleiß <-[e]s> [flais] *m kein pl* hard work *no art, no pl*, diligence *no art, no pl*, industriousness *no art, no pl*, application *no art, no pl form* ▸WENDUNGEN: **mit** ~ SÜDD on purpose; **ohne** ~ **kein Preis** (*prov*) success doesn't come easily; SPORT no pain, no gain!

Fleiß·ar·beit *f* laborious task; **eine** [**reine**] ~ (*pej*) a grind BRIT *fam*

flei·ßig ['flaisɪç] **I.** *adj* ❶ (*hart arbeitend*) industrious, hard-working ❷ (*Fleiß zeigend*) diligent, painstaking; **eine** ~**e Leistung** a painstaking effort ❸ (*fam: eifrig*) keen **II.** *adv* ❶ (*arbeitsam*) diligently, industriously ❷ (*fam: unverdrossen*) assiduously

flek·tie·ren* [flɛk'ti:rən] **I.** *vt* LING ■**etw** ~ (*deklinieren*) to decline sth; (*konjugieren*) to conjugate sth *spec* **II.** *vi* to inflect; ■**schwach/stark** ~ to be [conjugated as] a weak/strong verb

flen·nen ['flɛnən] *vi* (*pej fam*) to blubber *pej*, to blub BRIT *pej fam*

flet·schen ['flɛtʃn̩] *vt* **die Zähne** ~ to show [*or* bare] one's/its teeth

fleucht [flɔyçt] (*veraltet poet*) *3. pers sing von* **fliegen** *s.* **kreucht**

Fleu·rop® <-> ['flɔyrɔp] *f kein pl* Interflora® *no art, no pl*

fle·xi·bel [flɛ'ksi:bl̩] *adj* ❶ (*anpassungsfähig*) flexible ❷ (*nicht fest*) flexible ❸ (*elastisch*) pliable

Fle·xi·bi·li·sie·rung <-, -en> *f* **die** ~ **der Altersgrenze/Arbeitszeit/Ladenschlusszeiten** the transition to a flexible age limit/to flexible opening/working hours

Fle·xi·bi·li·tät <-> [flɛksibili'tɛ:t] *f kein pl* ❶ (*Anpassungsfähigkeit*) flexibility *no art, no pl* ❷ (*Elastizität*) pliability *no art, no pl*

Fle·xi·on <-, -en> [flɛ'ksi̯o:n] *f* (*Deklinieren*) inflection; (*Konjugieren*) conjugation *spec*

Fle·xi·ons·en·dung *f* inflectional ending [*or* suffix]

flicht *imper sing und 3. pers sing pres von* **flechten**

fli·cken ['flɪkn̩] *vt* ■**etw** [**mit etw** *dat*] ~ to mend sth [with sth]; **einen Fahrradschlauch** ~ to patch [up *sep*] a bicycle tube; *s. a.* **Zeug**

Fli·cken <-s, -> ['flɪkn̩] *m* patch

Fli·cken·tep·pich *m* rag rug

Flick·schus·ter(in) *m(f)* (*pej fam*) bungler, bungling idiot *pej*

F

Flick·werk *nt kein pl* (*pej*) **ein ~ sein** to have been carried out piecemeal **Flick·zeug** *nt kein pl* ❶ (*für Fahrräder*) [puncture] repair kit [*or* outfit] ❷ (*Nähzeug*) sewing kit

Flie·der <-s, -> ['fli:dɐ] *m* lilac

Flie·der·busch *m* lilac **flie·der·far·ben** *adj* lilac

Flie·ge <-, -n> ['fli:gə] *f* ❶ (*Insekt*) fly ❷ MODE bow tie [*or* dickie [*or* dick[e]y] bow] BRIT *fam* ▶ WENDUNGEN: **zwei ~n mit einer Klappe schlagen** (*fam*) to kill two birds with one stone; **jdn stört die ~ an der Wand** sb is irritated by every little thing; **wie die ~n umfallen** to go down like ninepins BRIT, to drop [off] like flies; **die** [*o sl* **'ne**] **~ machen** to beat [*or* leg] it *fam;* **he, mach die ~!** get lost!, piss off! BRIT *fam!;* **wie die ~n sterben** to fall [*or* drop [off]] like flies

flie·gen <flog, geflogen> ['fli:gn̩] **I.** *vi sein* ❶ (*mit Flügeln*) to fly ❷ (*im Flugzeug*) ■[**irgendwohin**] ~ to fly [somewhere]; **wann fliegt die nächste Maschine** [**nach Paris**]? when is the next flight [to Paris]? ❸ (*sl: hinausgeworfen werden*) ■[**aus etw** *dat*] ~ to get kicked [*or fam* chucked] out [of sth]; **aus einer Firma** ~ to get [*or* be given] the sack [*or fam* the boot] ❹ (*fam: schnell fallen*) ■**jdm aus/von etw** *dat* ~ to fall out of/off sb's sth ❺ (*fam: fallen*) to fall; **von der Leiter** ~ to fall off a ladder ❻ (*wehen*) to fly ❼ (*eilen*) to fly ❽ (*geworfen werden*) to fly, to be flung; **die Schneebälle flogen wild hin und her** snowballs were flying about all over the place ❾ (*fam*) **auf jdn/etw** ~ to go for sb/sth *fam;* **ich kann doch nicht ~!** (*fam*) I can't fly [*or fam* haven't got wings], you know! **II.** *vt* ❶ *haben o sein* (*steuern*) ■**etw** ~ to fly sth ❷ *haben* (*befördern*) ■**jdn/etw irgendwohin** ~ to fly sb/sth somewhere ❸ *haben o sein* (*zurücklegen*) ■**etw** ~ to fly sth; **wir sind heute eine weite Strecke geflogen** we flew a long way today

flie·gend *adj attr* mobile; **die ~e Pommesbude** the chippie van BRIT *fam,* the roach coach AM; *s. a.* **Fisch, Personal, Start, Untertasse**

Flie·gen·dreck *m* fly spot/spots, fly droppings *npl* **Flie·gen·fän·ger** *m* flypaper **Flie·gen·fens·ter** *nt* [window with a] fly screen **Flie·gen·ge·wicht** *nt* ❶ *kein pl* (*Gewichtsklasse*) flyweight *no indef art, no pl* ❷ (*Sportler*) flyweight **Flie·gen·ge·wicht·ler(in)** <-s, -> *m(f)* flyweight **Flie·gen·git·ter** *nt* flyscreen BRIT, screen AM **Flie·gen·klat·sche** *f* fly swatter, BRIT *a.* fly swat **Flie·gen·pilz** *m* fly agaric *no indef art, no pl spec*

Flie·ger[1] <-s, -> *m* (*sl*) plane, bird *sl*

Flie·ger(in)[2] <-s, -> *m(f)* ❶ (*Pilot*) pilot, airman *masc,* airwoman *fem* ❷ (*Dienstgrad*) aircraftman BRIT, airman basic AM ❸ (*fam: Luftwaffe*) ■**die** ~ the air force + *sing/pl vb*

Flie·ger·alarm *m* air-raid warning **Flie·ger·an·griff** *m* air raid

Flie·ge·rei <-> [fli:gə'rai] *f kein pl* flying *no art, no pl*

Flie·ger·horst *m* military airfield [*or* BRIT *a.* aerodrome]

flie·ge·risch *adj attr* aeronautical

flie·hen <floh, geflohen> ['fli:ən] **I.** *vi sein* ❶ (*entkommen*) to escape, to flee; **aus dem Gefängnis** ~ to escape from prison ❷ (*davoneilen*) to flee; **vor der Polizei/einem Sturm** ~ to flee from the police/before a storm **II.** *vt haben* (*liter*) ■**etw** ~ to shun sth, to flee [*or* get away] from sth; **jds Gegenwart/Nähe** ~ to avoid sb

flie·hend *adj* receding; **ein ~es Kinn** a receding chin; **eine ~e Stirn** a sloping forehead

Flieh·kraft *f kein pl* centrifugal force

Flie·se <-, -n> [fli:zə] *f* tile; **etw mit ~n auslegen** to tile sth; **~n legen** to lay tiles

flie·sen ['fli:zn̩] *vt* ■**etw** ~ to tile sth; ■**gefliest** tiled

Flie·sen·bo·den *m* tiled floor **Flie·sen·fuß·bo·den** *m* tiled floor **Flie·sen·le·ger(in)** <-s, -> *m(f)* tiler

Fließ·band <-bänder> *nt* assembly [*or* production] line; (*Förderband*) conveyer [belt]; **am ~ arbeiten** [*o fam* **stehen**] to work on a/the production line

Fließ·band·ar·beit *f* work on a production [*or* assembly] line

flie·ßen <floss, geflossen> ['fli:sn̩] *vi sein* ❶ (*strömen*) to flow; **es fließt kein Wasser aus dem Hahn** there's no water coming from the tap; (*sich dahinbewegen*) to flow, to move; METEO (*einströmen*) to move ❷ (*eingehen*) **aus China ~ die Informationen immer spärlicher** the flow of information from China is getting minimal ▶ WENDUNGEN: **alles fließt** PHILOS all is in a state of flux

flie·ßend **I.** *adj* ❶ (*flüssig*) fluent; **eine ~e Rede** a fluent speech; **ein ~es Französisch sprechen** to speak fluent French [*or* French fluently] ❷ (*übergangslos*) fluid **II.** *adv* ❶ (*bei Wasser*) ~ **warmes und kaltes Wasser** running hot and cold water ❷ (*ohne zu stocken*) fluently; ~ **Französisch sprechen** to speak fluent French [*or* French fluently]

Fließ·heck *nt* AUTO fastback

flim·mer·frei *adj* flicker[-]free **Flim·mer·kis·te** *f* (*fam*) TV, telly BRIT *fam;* ■**die** ~ the box BRIT *fam,* boob tube AM *fam*

flim·mern ['flɪmɐn] *vi* ❶ (*unruhig leuchten*) to flicker ❷ (*flirren*) to shimmer; *s. a.* **Auge**

flink [flɪŋk] *adj* quick, nippy BRIT *fam;* **eine ~e Zunge/ein ~es Mundwerk haben** to have a quick [*or* BRIT ready] tongue/mouth

Flin·te <-, -n> ['flɪntə] *f* ❶ (*Schrot~*) shotgun ❷ (*veraltet: Gewehr*) gun ▶ WENDUNGEN: **die ~ ins Korn werfen** (*fam*) to throw in the towel; **jdn/etw vor die ~ bekommen** (*fam*) to get hold of sb/sth

Flin·ten·weib *nt* (*a. pej*) gunwoman

Flip·chart <-, -s> ['flɪptʃart] *f* flipchart

Flip·per <-s, -> ['flɪpɐ] *m* pinball machine

flip·pern ['flɪpɐn] *vi* to play pinball

flip·pig *adj* (*fam*) hip *fam*

flir·ren ['flɪrən] *vi* to whirr [*or esp* AM whir]; **~de Luft/Hitze** shimmering air/heat

Flirt <-s, -s> [flø:ɐ̯t] *m* flirt[ation]

flir·ten ['fløɐ̯tn̩] *vi* ■[**mit jdm**] ~ to flirt [with sb]

Flitt·chen <-s, -> ['flɪtçən] *nt* (*pej fam*) slut *pej,* hussy *a. hum*

Flit·ter <-s, -> ['flɪtɐ] *m* ❶ (*Pailletten*) sequins *pl* ❷ *kein pl* (*pej: Tand*) trash *no art, no pl pej fam,* trumpery *no pl*

Flit·ter·wo·chen *pl* honeymoon *nsing;* **in die ~ fahren** to go on [one's] honeymoon; **in den ~ sein** to be on [one's] honeymoon; **die ~ in Paris verbringen** to [spend one's] honeymoon in Paris

Flitz·bo·gen [flɪts-] *m,* **Flit·ze·bo·gen** [flɪtsə-] *m* (*fam*) bow and arrow[s *pl*] ▶ WENDUNGEN: **gespannt wie ein ~ sein** to be dying with suspense

flit·zen ['flɪtsn̩] *vi sein* ❶ (*sich schnell bewegen*) ■[**irgendwohin**] ~ to dash [*or fam* whizz [*or esp* AM whiz]] [somewhere] ❷ (*fam: abhauen*) to run off, to leg it *fam* ❸ (*fam: nackt laufen*) to streak

Flit·zer <-s, -> *m* (*fam*) snappy [*or* AM sharp] little sports car *fam*

floa·ten ['flo:tn̩] *vi* ÖKON to float

Floa·ting <-> ['flo:tɪŋ] *nt kein pl* ■**das ~** [**einer S.** *gen* [*o* **von etw** *dat*]] floating [sth]

flocht ['flɔxt] *imp von* **flechten**

Flöck·chen <-s, -> ['flœkçən] *nt* ❶ *dim von* **Flocke** flake ❷ **ein ~ Butter** a knob [*or* AM hunk] of butter

Flo·cke <-, -n> ['flɔkə] *f* ❶ (*Schnee~*) snowflake ❷ (*Staub~*) ball of fluff

Flo·cken·blu·me *f* BOT knapweed

flo·ckig ['flɔkɪç] *adj* fluffy

flog ['flo:k] *imp von* **fliegen**

floh ['flo:] *imp von* **fliehen**

Floh <-[e]s, Flöhe> [flo:] *m* ❶ (*Tier*) flea; **Flöhe haben/knacken** to have/squash fleas ❷ *pl* (*sl: Geld*) dough *nsing dated fam,* bread *nsing fam,* dosh BRIT *sl* ❸ (*fam*) **jdm einen ~ ins Ohr setzen** to put an idea into sb's head; **die Flöhe husten hören** to imagine things

Floh·kraut *nt* BOT pennyroyal **Floh·krebs** *m* ZOOL sand hopper **Floh·markt** *m* flea market, jumble [*or* AM rummage] sale

Floh·zir·kus *m* flea circus
Flo·ka·ti <-s, -s> [flo'ka:ti] *m* (*griechischer Teppich*) flokati
Flom <-s> ['flo:m] *m,* **Flo·men** <-s> ['flo:mən] *m kein pl* DIAL (*Schweineschmalz*) lard *no art, no pl*
Flop <-s, -s> [flɔp] *m* (*fam*) flop *fam;* **mit etw** *dat* **einen ~ landen** to suffer [*or* land] a flop with sth *fam*
flop·pen ['flɔpn̩] *vi* ÖKON (*fam*) *Projekt, Film, CD* to flop *fam*
Flop·py Disk^RR^, **Flop·py disk**^ALT^ ['flɔpidɪsk] *f* floppy disk
Flor <-s, -e *o selten* Flöre> [flo:ɐ̯, *pl* 'flørə] *m* ❶ (*dünnes Gewebe*) gauze ❷ (*Teppich-/Samt~*) pile
Flo·ra <-, Floren> ['flo:ra, *pl* 'flo:rən] *f* flora *npl spec*
Flo·ren·reich *nt* BOT floral region
Flo·ren·ti·ner <-s, -> [florɛn'ti:nɐ] *m* ❶ (*Gebäck*) Florentine ❷ MODE (*Strohhut*) picture hat
Flo·renz <-> [flo'rɛnts] *nt kein pl* Florence
Flo·rett <-[e]s, -e> [flo'rɛt] *nt* foil; (*Sport*) foil-fencing
Flor·flie·ge *f* ZOOL lacewing
flo·rie·ren* [flo'ri:rən] *vi* to flourish; ■ **~d** flourishing
Flo·rist(in) <-en, -en> [flo'rɪst] *m(f)* florist
Flos·kel <-, -n> ['flɔskl̩] *f* set phrase; (*klischeehaft*) cliché; **eine höfliche/abgedroschene ~** a polite but meaningless phrase, a hackneyed phrase *pej*
floss^RR^, **floß**^ALT^ ['flɔs] *imp von* **fließen**
Floß <-es, Flöße> [flo:s, *pl* 'flø:sə] *nt* raft
Flos·se <-, -n> ['flɔsə] *f* ❶ (*Fisch~*) fin ❷ (*Schwimm~*) flipper ❸ (*sl: Hand*) paw *hum fam,* mitt *pej fam*
Flös·sel·hecht *m* ZOOL bichir
flö·ßen ['flø:sn̩] *vt* ❶ ■ **etw ~** to raft sth ❷ (*ein~*) **jdm die Suppe/Medizin in den Mund ~** to give sb his/her soup/medicine
Flö·ßer(in) <-s, -> ['flø:sɐ] *m(f)* raftsman *masc,* raftswoman *fem*
Flö·te <-, -n> ['flø:tə] *f* ❶ (*Musikinstrument*) pipe; (*Quer~*) flute; (*Block~*) recorder; (*Pan~*) panpipes *npl;* **~ spielen** [*o* **blasen**] to play the pipe/flute/recorder/panpipes ❷ (*Kelchglas*) flute [glass] *spec*
flö·ten ['flø:tn̩] **I.** *vi* ❶ (*Flöte spielen*) to play the flute ❷ (*trillern*) to whistle ❸ (*hum fam: süß sprechen*) to warble, to flute ▶ WENDUNGEN: **etw geht jdm ~** sb loses sth **II.** *vt* ■ **etw ~** ❶ (*mit der Flöte*) to play sth on the flute ❷ (*pfeifen*) to whistle sth
flö·ten|ge·hen^ALT^ *vi irreg sein* (*sl*) *s.* **flöten I.4**
Flö·ten·kes·sel *m* whistling kettle **Flö·ten·spiel** *nt* piece for the pipe/flute/recorder/panpipes **Flö·ten·spie·ler(in)** *m(f)* piper; (*Quer~*) flute player, flautist *form;* (*Block~*) recorder player **Flö·ten·ton** *m* sound of a/the flute/of flutes; **jdm die Flötentöne beibringen** (*fam*) to tell [*or* teach] sb what's what *fam*
Flö·tist(in) <-en, -en> [flø'tɪst] *m(f)* flautist *form*
flott [flɔt] **I.** *adj* ❶ (*zügig*) quick, nippy BRIT *fam;* **eine ~e Fahrt** a fast drive; **ein ~es Tempo** [a] high speed; **eine ~e Bedienung** quick [*or* speedy] service; **aber ein bisschen ~!** (*fam*) make it snappy! *fam* ❷ (*schwungvoll*) lively ❸ (*schick*) smart, chic ❹ (*verschwenderisch*) fast-living; **ein ~es Leben führen** to live life in the fast lane ❺ *pred* (*manövrierfähig*) in working order *pred;* **ein Auto wieder ~ machen** (*fam*) to get a car back on the road ❻ (*flüssig*) racy ❼ KOCHK **~e Lotte** mouli-légumes, food mill; *s. a.* **Otto, Heinrich II.** *adv* ❶ (*zügig*) fast; (*hurtig a.*) quickly ❷ (*schick*) smartly, chic
flott|be·kom·men* *vt irreg* ■ **etw ~** to get sth working; **ein Schiff ~** to float off *sep* a ship; **ein Auto ~** to get a car on the road
Flot·te <-, -n> ['flɔtə] *f* NAUT, LUFT fleet
Flot·ten·stütz·punkt *m* naval base **Flot·ten·ver·band** *m* naval unit
Flot·til·le <-, -n> [flɔ'tɪlə] *f* ❶ MIL flotilla ❷ NAUT fleet
flott|krie·gen *vt* (*fam*) *s.* **flottbekommen flott|ma·chen** *vt* ■ **etw ~** to get sth back in working order; **ein Schiff [wieder] ~** to [re]float a ship; **ein Auto ~** to get a car back on the road; **eine Firma [wieder] ~** to get a company [back] on its feet
flott·weg ['flɔt'vɛk] *adv* (*fam*) non-stop
Flöz <-es, -e> [flø:ts] *nt* BERGB seam
Fluch <-[e]s, Flüche> [flu:x, *pl* 'fly:çə] *m* ❶ (*Schimpfwort*) curse, oath *dated* ❷ (*Verwünschung*) curse ▶ WENDUNGEN: **das [eben] ist der ~ der bösen Tat** (*prov*) evil begets evil *prov*
fluch·be·la·den *adj* (*geh*) cursed
flu·chen ['flu:xn̩] *vi* ❶ (*schimpfen*) ■ **[auf/über jdn/etw] ~** to curse [*or* swear] at sb/sth ❷ (*geh: verwünschen*) ■ **jdn/etw ~** to curse sb/sth
Flucht^1^ <-, -en> [flʊxt] *f* escape; **jdm glückt die ~** sb escapes [successfully]; **die ~ vor der Realität/Verantwortung** an escape from reality/responsibility; ■ **die ~ in etw** *akk* refuge in sth; **die ~ in den Selbstbetrug** a resort to self-defiance; **die ~ ergreifen** (*geh*) to take flight, to flee; **auf der ~ erschossen werden** to be shot trying to escape [*or* on the run]; **auf der ~ sein** [*o* **sich auf der ~ befinden**] to be on the run; **jdn in die ~ schlagen** to put sb to flight, to chase away sb *sep;* **jdm zur ~ verhelfen** to help sb [to] escape; **auf der ~ vor jdm sein** to be fleeing [*or* on the run] from sb; **in kopfloser/wilder ~** in a stampede; **die ~ nach Ägypten** REL the flight to Egypt; **die ~ nach vorn antreten** to take the bull by the horns
Flucht^2^ <-, -en> [flʊxt] *f* ❶ (*~linie*) alignment; (*Häuser~*) row ❷ (*geh: Zimmer~*) suite
flucht·ar·tig I. *adj* hasty, hurried **II.** *adv* hastily, hurriedly, in a hurry **Flucht·au·to** *nt* getaway car *fam,* escape vehicle
flüch·ten ['flʏçtn̩] **I.** *vi sein* to flee, to get away; (*aus der Gefangenschaft, einer Gefahr*) to escape **II.** *vr haben* ❶ (*Schutz suchen*) ■ **sich [vor etw** *dat*] **irgendwohin ~** to seek refuge [from sth] somewhere; **sich vor einem Unwetter in eine Scheune ~** to [seek] shelter from a storm in a barn ❷ ■ **sich in etw** *akk* **~** to take refuge in sth; **sich in Ausreden ~** to resort to excuses
Flucht·fahr·zeug *nt* getaway car *fam,* escape vehicle **Flucht·ge·fahr** *f* **bei jdm besteht ~** sb is always trying [*or* attempting] to escape **Flucht·hel·fer(in)** *m(f)* accomplice in an/the escape **Flucht·hil·fe** *f* escape aid
flüch·tig ['flʏçtɪç] **I.** *adj* ❶ (*geflüchtet*) fugitive *attr;* ■ **~ sein** to be a fugitive [*or* on the run] [*or* at large] ❷ (*kurz*) fleeting, brief; **ein ~er Blick** a fleeting glance, a glimpse; **ein ~er Kuss/Gruß** a brief [*or* passing] [*or* perfunctory] kiss/hello ❸ (*oberflächlich*) cursory, sketchy; **eine ~e Arbeit** a hurried piece of work; **eine ~e Bekanntschaft** a passing acquaintance ❹ (*schnell verdunstend*) volatile **II.** *adv* ❶ (*kurz*) briefly, perfunctorily ❷ (*oberflächlich*) cursorily; **~ arbeiten** to work hastily; **etw ~ erwähnen** to mention sth in passing; **jdn ~ kennen** to have met sb briefly; **etw ~ lesen** to skim through sth *sep*
Flüch·ti·ge(r) ['flʏçtɪgə, -gɐ] *f(m) dekl wie adj* fugitive
Flüch·tig·keit^1^ <-> *f kein pl* ❶ (*Kürze*) briefness *no pl,* brevity *no pl* ❷ (*Oberflächlichkeit*) cursoriness *no pl,* sketchiness *no pl;* **mit ~ arbeiten** to work hastily [*or* with hastiness] ❸ CHEM volatility *no pl*
Flüch·tig·keit^2^ <-, -en> *f* (*Unachtsamkeit*) carelessness *no pl;* ■ **~en** careless mistakes *pl*
Flüch·tig·keits·feh·ler *m* careless mistake; **einen ~ machen** to make a careless mistake, to slip up
Flücht·ling <-s, -> ['flʏçtlɪŋ] *m* refugee
Flücht·lings·aus·weis *m* refugee's identity card **Flücht·lings·camp** <-s, -s> *nt* refugee camp **Flücht·lings·la·ger** *nt* refugee camp **Flücht·lings·strom** *m* flood of refugees
Flucht·ver·such *m* attempted [*or* attempt to] escape, escape attempt [*or* bid] **Flucht·weg** *m* escape route; (*fig*) means of escape + *sing vb*
fluf·fig ['flʊfɪç] *adj* (*fam*) fluffy
Flug <-[e]s, Flüge> [flu:k, *pl* 'fly:gə] *m* ❶ (*durch die Luft*) flight ❷ (*mit einem Flugzeug*) flight; **ich hoffe, ihr hattet einen**

F

angenehmen ~? I hope you had a good flight; **einen ~ [nach ...] buchen** to book a flight [to ...]; **einen ~ stornieren** to cancel a booking; **der ~ zum Mond/Mars/zu den Sternen** a/the journey to the moon/to Mars/to the stars ▸ WENDUNGEN: **wie im ~[e]** in a flash *fam*

Flug·ab·wehr *f* air defence [*or* AM -se]

Flug·ab·wehr·ka·no·ne *f* anti-aircraft [*or hist* ack-ack] gun **Flug·ab·wehr·ra·ke·te** *f* anti-aircraft missile

Flug·angst *f* fear of flying **Flug·asche** *f* flue ash **Flug·auf·kom·men** *nt kein pl* air traffic **Flug·bahn** *f* flight path; (*Kreisbahn*) orbit; *einer Kugel/Rakete* trajectory **Flug·be·glei·ter(in)** *m(f)* steward *masc*, stewardess *fem*, air-hostess *fem* **Flug·ben·zin** *nt* aviation fuel **Flug·be·reit·schaft** *f* LUFT preparation of plane[s] for take-off **Flug·be·trieb** *m kein pl* air traffic *no pl* **Flug·be·we·gung** *f* aircraft movement **Flug·blatt** *nt* leaflet, flyer, handbill **Flug·da·ten·schrei·ber** *m* flight recorder **Flug·dau·er** *f* duration of a/the flight, flying time **Flug·dra·che** *m* ZOOL flying dragon

Flü·gel <-s, -> ['fly:gl̩] *m* ① (*zum Fliegen*) wing; **mit den ~n schlagen** to flap its wings; (*größer a.*) to beat its wings; (*Hubschrauber~*) rotor, blade ② TECH sail *spec*, vane *spec*; **Ventilator~** blade ③ (*seitlicher Trakt*) wing, side; *eines Altars* side-piece; *eines Fensters* casement ④ ANAT (*Lungen~*) lung ⑤ ARCHIT (*seitlicher Teil*) wing ⑥ MIL (*seitlicher Truppenteil*) wing; SPORT (*Flanke*) wing ⑦ POL (*extreme Gruppierung*) wing ⑧ (*Konzert~*) grand piano, grand *fam*; **auf dem ~ spielen** to play the piano; **am ~: ...** at the piano: ... ▸ WENDUNGEN: **jdm die ~ beschneiden** [*o* **stutzen**] to clip sb's wings; **die ~ hängen lassen** (*fam*) to lose heart; **jdm ~ verleihen** (*geh*) to lend sb wings

Flü·gel·al·tar *m* winged altar **Flü·gel·boh·ne** *f* goa bean **Flü·gel·erb·se** *f* asparagus pea **Flü·gel·fens·ter** *nt* casement window **Flü·gel·horn** *nt* flugelhorn **Flü·gel·kämp·fe** *pl* factional disputes *pl* **flü·gel·lahm** *adj* injured at the wing(s) **Flü·gel·mann** <-männer *o* -leute> *m* ① FBALL wing forward ② MIL flank man ③ POL person on the wing of a party **Flü·gel·mut·ter** <-muttern> *f* butterfly nut **Flü·gel·tür** *f* double door, French door

Flug·feld *nt* airfield **Flug·gast** *m* passenger

flüg·ge ['flygə] *adj pred* fledged; ■ **[noch nicht] ~ sein** (*fig fam*) to be [not yet] ready to leave the nest

Flug·ge·päck *nt* luggage **Flug·ge·rät** *nt* flying machine **Flug·ge·sell·schaft** *f* airline **Flug·ha·fen** *m* airport; **auf dem ~ landen** to land at the airport **Flug·hö·he** *f* altitude; **„unsere ~ beträgt derzeit 32.000 Fuß“** “we are currently flying at an altitude of 32,000 feet” **Flug·hörn·chen** *nt* ZOOL flying squirrel **Flug·hund** *m* flying fox **Flug·ka·pi·tän(in)** *m(f)* captain **Flug·ki·lo·me·ter** *m* air kilometre [*or* AM -er] **Flug·kör·per** *m* projectile **Flug·lärm** *m* aircraft noise **Flug·leh·rer(in)** *m(f)* flying instructor **Flug·li·nie** *f* ① (*Strecke*) air route ② (*Fluggesellschaft*) airline **Flug·lot·se, -lot·sin** *m, f* flight controller, air traffic controller **Flug·mus·kel** *m* ZOOL pectoralis **Flug·num·mer** *f* flight number **Flug·ob·jekt** *nt* **unbekanntes ~** unidentified flying object, UFO **Flug·per·so·nal** *nt* aircrew **Flug·plan** *m* flight plan **Flug·platz** *m* airfield **Flug·raum** *m* air space **Flug·rou·te** *f* flight route

flugs [flʊks] *adv* (*veraltend*) at once, immediately

Flug·sand *m* shifting sand **Flug·schein** *m* ① (*Pilotenschein*) pilot's licence [*or* AM -se] ② (*Ticket*) [plane] ticket **Flug·schrei·ber** *m* flight recorder, black box *fam* **Flug·schü·ler(in)** *m(f)* pupil pilot **Flug·si·cher·heit** *f kein pl* air safety **Flug·si·che·rung** *f* flight control, air traffic control **Flug·si·mu·la·tor** *m* flight simulator **Flug·steig** <-s, -e> *m* gate **Flug·stun·de** *f* ① (*Flugzeit von einer Stunde*) hour's flight; **drei ~n entfernt sein** to be three hours away by air ② (*Unterricht*) flying lesson; **[bei jdm] ~n nehmen** to take flying lessons [with sb] **flug·taug·lich** *adj* fit to fly *pred* **Flug·ti·cket** *nt* [plane] ticket **Flug·ver·bin·dung** *f* [flight [*or* air]] connection **Flug·ver·kehr** *m* air traffic **Flug·waf·fe** *f* SCHWEIZ (*Luftwaffe*) Swiss Air Force **Flug·wild** *nt kein pl* feathered game **Flug·zeit** *f* flight time **Flug·zet·tel** *m* ÖSTERR leaflet

Flug·zeug <-[e]s, -e> *nt* [aero]plane BRIT, [air]plane AM; **einmotoriges/zweimotoriges/dreimotoriges ~** single/twin/three engine[d] [aero]plane; **im ~** in an/the aeroplane; **mit dem ~** by [aero]plane

Flug·zeug·ab·sturz *m* plane [*or* BRIT air] crash **Flug·zeug·bau** *m kein pl* aircraft construction **Flug·zeug·be·sat·zung** *f* flight [*or* air] crew **Flug·zeug·ent·füh·rer(in)** *m(f)* [aircraft] hijacker **Flug·zeug·ent·füh·rung** *f* [aircraft] hijacking **Flug·zeug·hal·le** *f* hangar **Flug·zeug·ka·ta·stro·phe** *f* air disaster **Flug·zeug·trä·ger** *m* aircraft carrier **Flug·zeug·un·glück** *nt* plane [*or* BRIT air] crash **Flug·zeug·wrack** *nt* aircraft wreckage *no pl*

Flug·ziel *nt* [flight] destination

Flu·i·dum <-s, Fluida> ['flu:idʊm, *pl* -ida] *nt Stadt, Ort* atmosphere; *Person* aura

Fluk·tu·a·ti·on <-, -en> [flʊktu̯a'tsi̯o:n] *f* (*geh*) fluctuation; **die ~ der Mitarbeiter** the turnover of staff

fluk·tu·ie·ren* [flʊktu'i:rən] *vi* (*geh*) to fluctuate; **die Zahl der Beschäftigten fluktuiert sehr stark** there is a very high turnover of employees

Flun·der <-, -n> ['flʊndɐ] *f* (*Fisch*) flounder ▸ WENDUNGEN: **platt wie eine ~ sein** (*fam*) to be [completely] flabbergasted *fam*

Flun·ke·rei <-, -en> [flʊŋkə'rai] *f* (*fam*) ① *kein pl* (*das Flunkern*) fibbing *fam* ② (*kleine Lüge*) fib *fam*

flun·kern ['flʊŋkɐn] *vi* (*fam*) to fib *fam*

Flu·or <-s> ['flu:o:ɐ̯] *nt kein pl* fluorine

Flu·or·chlor·koh·len·was·ser·stoff *m* chlorofluorocarbon, CFC

flu·o·res·zie·ren* [fluorɛs'tsi:rən] *vi* to fluoresce

Flu·o·rid <-[e]s, -e> [fluo'ri:t] *nt* fluoride

Flur[1] <-[e]s, -e> [flu:ɐ̯] *m* corridor; (*Hausflur*) entrance hall

Flur[2] <-, -en> [flu:ɐ̯] *f* ① (*im Bebauungsplan festgelegtes Gebiet*) plot ② (*geh: freies Land*) open fields *pl*; **durch Feld, Wald und ~ schweifen** to roam the open countryside ▸ WENDUNGEN: **allein auf weiter ~ sein** to be [all] on one's tod BRIT *fam*; **mit etw** *dat* **allein auf weiter ~ stehen** to be all on one's own with sth

Flur·be·rei·ni·gung *f* reallocation of agricultural land **Flur·buch** *nt* cadastral survey register **Flur·hü·ter** *m s.* **Feldhüter** **Flur·na·me** *m* plot name **Flur·scha·den** *m* damage to [fields and] crops

Flu·se <-, -n> ['flu:zə] *f* piece of fluff

Fluss[RR] <-es, Flüsse> *m*, **Fluß**[ALT] <-sses, Flüsse> [flʊs, *pl* 'flysə] *m* ① (*Wasserlauf*) river; **den ~ aufwärts-/abwärtsfahren** to travel upriver/downriver [*or* upstream/downstream]; **jdn/etw über den ~ setzen** to ferry sb/sth across the river; **am ~** next to the river ② (*kontinuierlicher Verlauf*) flow; **Verkehrs~** flow of traffic; **sich im ~ befinden** to be in a state of flux; **etw [wieder] in ~ bringen** to get sth going [again]; **[wieder] in ~ kommen, geraten** to get going [again]; **[noch] im ~ sein** (*sich verändern*) to be [still] in a state of flux; (*im Gange sein*) to be in progress

fluss·ab[RR] [flʊs'ʔap], **fluss·ab·wärts**[RR] [flʊs'ʔapvɛrts] *adv* downriver, downstream **Fluss·arm**[RR] *m* arm [*or* branch] of a river **fluss·auf·wärts**[RR] [flʊs'ʔaufvɛrts] *adv* upriver, upstream **Fluss·barsch**[RR] *m* ZOOL common [*or* river] perch **Fluss·be·gra·di·gung**[RR] *f* river straightening **Fluss·bett**[RR] *nt* riverbed **Fluss·bie·gung**[RR] *f* bend in a/the river

Flüss·chen[RR] <-s, -> *nt*, **Flüß·chen**[ALT] <-s, -> ['flysçən] *nt dim von* **Fluss 1** stream

Fluss·del·ta[RR] *nt* delta **Fluss·di·a·gramm**[RR] *nt* flow chart, flow diagram **Fluss·ebe·ne**[RR] *f* flood plain **Fluss·fisch**[RR] *m* freshwater fish **Fluss·hecht**[RR] *m* ZOOL northern pike

flüs·sig ['flysɪç] **I.** *adj* ① (*nicht fest*) liquid; **~es Glas** molten glass; **~er Stahl** molten steel; **etw ~ machen** to melt sth;

~ **werden** to melt ❷ *(fließend)* flowing; **ein ~er Stil** a flowing [*or* fluid] style; **~er Verkehr** moving traffic ❸ FIN *(fam)* liquid; **[nicht] ~ sein** [not] to have a lot of money **II.** *adv* flowingly; ~ **lesen** to read effortlessly; ~ **sprechen** to speak fluently; ~ **Französisch sprechen** to speak fluent French

Flüs·sig·ei *nt* egg mixture **Flüs·sig·gas** *nt* liquid gas

Flüs·sig·keit <-, -en> *f* ❶ *(flüssiger Stoff)* liquid, fluid ❷ *kein pl (fließende Beschaffenheit)* liquidity, liquidness; *Rede, Sprache* fluency

Flüs·sig·keits·brem·se *f* hydraulic brake **Flüs·sig·keits·maß** *nt* fluid [*or* liquid] measure **Flüs·sig·keits·men·ge** *f* amount of fluid [*or* liquid]

Flüs·sig·kris·tall *m* liquid crystal

Flüs·sig·kris·tall·an·zei·ge *f* liquid crystal display, LCD

flüs·sig|ma·chen *vt (fam)* **etw** ~ to mobilize sth

Fluss·krebs[RR] *m* crayfish **Fluss·land·schaft**[RR] *f* ❶ *(Gebiet)* riverside [area] ❷ *(Bild)* riverside scene **Fluss·lauf**[RR] *m* course of a river **Fluss·mün·dung**[RR] *f* river mouth **Fluss·neun·au·ge**[RR] *nt* ZOOL lamprey **Fluss·pferd**[RR] *nt* hippopotamus **Fluss·re·gu·lie·rung**[RR] *f* river control **Fluss·sand**[RR] *m* river-sand **Fluss·schiff·fahrt**[RR], **Fluß·schiffahrt**[ALT] *f* river navigation, shipping traffic **Fluss·see·schwal·be**[RR] *f* ORN common tern **Fluss·spat**[RR] ['flʊsʃpa:t] *m* fluorite, fluorspar **Fluss·ufer**[RR] *nt* river bank

flüs·tern ['flʏstɐn] **I.** *vi* to whisper; **miteinander** ~ to whisper to one another; **sich ~d unterhalten** to talk in whispers [to one another] **II.** *vt* ❶ *(sehr leise sprechen)* ■**etw** ~ to whisper sth ❷ *(munkeln, sich erzählen)* ■**man flüstert** [*o* **es wird geflüstert**], **dass ...** it is whispered that ..., rumour [*or* AM -or] [*or* word] has it that ... ▶WENDUNGEN: **das kann ich dir ~!** *(fam: darauf kannst du dich verlassen)* that's a promise!; *(na und ob!)* you bet!; **jdm [et]was flüstern** *(fam)* to give sb a good talking-to; **dem werde ich was ~!** I'll give him a piece of my mind!

Flüs·ter·pro·pa·gan·da *f* underground propaganda **Flüs·ter·stim·me** *f* whispered voice; **mit [leiser]** ~ in a [soft] whisper **Flüs·ter·ton** *m* whisper; **im** ~ in whispers **Flüs·ter·tü·te** *f (hum fam)* megaphone

Flut <-, -en> [flu:t] *f* ❶ *(angestiegener Wasserstand)* high tide; *(ansteigender Wasserstand)* incoming tide; **die ~ geht zurück** the tide is going out; **es ist** [*o* **herrscht**] ~ the tide's in; **die ~ kommt** [*o* **steigt**] the tide is coming in; **bei** ~ at high tide; *s. a.* **Ebbe** ❷ *meist pl (geh: Wassermassen)* torrent; **sich in die [kühlen] ~en stürzen** *(hum geh)* to jump in the water ❸ *(große Menge)* ■**eine ~ von etw** *dat* a flood of sth

flu·ten ['flu:tn̩] **I.** *vi sein (geh)* **über die Dämme/in den Keller** ~ to flood the banks/cellar **II.** *vt haben* ■**etw** ~ to flood sth

Flut·ka·ta·stro·phe *f* flood disaster **Flut·licht** *nt kein pl* floodlight **Flut·licht·an·la·ge** *f* floodlights *pl;* **die ~ anschalten** to turn on the floodlights

flut·schen ['flʊtʃn̩] **I.** *vi sein (fam: rutschen)* ■**[aus der Hand/ins Wasser]** ~ to slip [out of one's hand/into the water] **II.** *vi impers haben o sein (fam)* to go smoothly

Flut·wel·le *f* tidal wave

Fly-and-drive[RR], **fly and drive**[ALT] [flaiən'draiv] *nt* fly-and-drive [holiday]

focht ['fɔxt] *imp von* **fechten**

Fock <-, -en> [fɔk] *f* NAUT foresail

Fock·mast *m* foremast

Fö·de·ra·lis·mus <-> [fødera:'lɪsmʊs] *m kein pl* federalism *no pl*

fö·de·ra·lis·tisch [fødera:'lɪstɪʃ] *adj* federalist

Fö·de·ra·ti·on <-, -en> [fødera'tsi̯o:n] *f* federation

foh·len ['fo:lən] *vi* to foal

Foh·len <-s, -> ['fo:lən] *nt* foal; *(männlich a.)* colt; *(weiblich a.)* filly

Föhn <-[e]s, -e> [fø:n] *m* ❶ *(Wind)* föhn [*or* foehn]; **bei ~** during a föhn wind ❷ *(Haartrockner)* hair-dryer [*or* drier]

föh·nen[RR] *vt* **[jdm/sich] die Haare** ~ to dry [sb's/one's] hair with a hair drier [*or* dryer], to blow-dry [sb's/one's] hair **Föhn·fes·ti·ger**[RR] *m* setting [*or* styling] lotion [*or* AM gel] **Föhn·fri·sur**[RR] *f* blow-dry style

föh·nig ['fønɪç] *adj* ■**es ist** ~ there is a föhn [*or* foehn]

Föh·re <-, -n> ['fø:rə] *f* DIAL pine tree

Fo·kus <-, -se> ['fo:kʊs] *m* focus

Fol·ge <-, -n> ['fɔlgə] *f* ❶ *(Auswirkung)* consequence; **für die ~n aufkommen** to suffer [*or* take] the consequences; **ohne ~n bleiben** to have no [negative] consequences; **nicht ohne ~n bleiben** not to be without consequences, to have repercussions; **etw zur ~ haben** to result in sth; **an den ~n einer S.** *gen* **sterben, den ~n einer S.** *gen* **erliegen** *(geh)* to die as a result of sth; **böse/unangenehme ~n nach sich ziehen** to have nasty/unpleasant consequences; **als ~ von etw** *dat* as a consequence/result of sth ❷ *(Abfolge)* series; *von Bildern, Tönen a.* sequence; **in rascher ~** in quick succession ❸ *(Teil einer TV-/Radio-Serie)* episode; **ein Spielfilm in drei ~n** a film in three parts ❹ *(geh: einer Aufforderung nachkommen)* **einer S.** *dat* **~ leisten** to comply with sth; **einer Einladung ~ leisten** to accept an invitation; **einer Vorladung ~ leisten** to answer a summons ❺ *(im Weiteren)* **in der** [*o* **für die**] ~ subsequently

Fol·ge·er·schei·nung *f* consequence **Fol·ge·kos·ten** *pl* FIN follow-up [*or* resulting] costs *pl* **Fol·ge·las·ten** *pl* resulting [*or* consequential] costs

fol·gen ['fɔlgn̩] *vi* ❶ *sein (nachgehen/-fahren)* ■**jdm/etw** ~ to follow sb/sth; ~ **Sie mir unauffällig!** follow me quietly ❷ *sein (als Nächstes kommen)* ■**[auf etw/jdn]** ~ to follow [sth/sb]; **es folgt die Ziehung der Lottozahlen** the lottery draw will follow; ■**auf etw** *akk* ~ to come after sth; **wie folgt** as follows; **wir werden wie folgt vorgehen** we will proceed as follows ❸ *haben (gehorchen)* ■**[jdm]** ~ to be obedient [to sb]; **einer Anordnung/einem Befehl** ~ to follow [*or* obey] an order ❹ *sein (verstehen)* ■**jdm** ~ to follow sb; **jdm/einer S. ~ können** to be able to follow sb/sth ❺ *sein (sich richten nach)* ■**einer S.** *dat* ~ to follow sth; **jds Kurs/einer Politik** ~ to follow sb's line/pursue a policy; **einem Vorschlag** ~ to act on a suggestion ❻ *sein (hervorgehen)* ■**es folgt, dass ...** it follows that; ■**aus etw folgt, dass ...** the consequences of sth are that...

fol·gend ['fɔlgn̩t] *adj* following; **weitere Angaben entnehmen Sie bitte den ~en Erklärungen** for further information please refer to the following explanations; ■**F~es** the following; ■**im F~en** in the following [speech/text]

fol·gen·der·ma·ßen ['fɔlgn̩də'ma:sn̩] *adv* as follows

fol·gen·los *adj pred* without consequence; ~ **bleiben** not to have any consequences [*or* repercussions]; **nicht ~ bleiben** to have consequences [*or* repercussions]

fol·gen·schwer *adj* serious; **eine ~e Entscheidung treffen** to make a momentous decision

fol·ge·rich·tig *adj* logical

fol·gern ['fɔlgɐn] **I.** *vt* ■**etw [aus etw** *dat*] ~ to conclude sth [from sth]; ■**[aus etw** *dat*] **~, dass ...** to conclude [from sth] that ... **II.** *vi* to draw a conclusion [*or* conclusions]; **vorschnell** ~ to jump to conclusions

Fol·ge·rung <-, -en> *f* conclusion; **eine ~ aus etw** *dat* **ziehen** to draw a conclusion from sth

Fol·ge·satz *m* consecutive clause **Fol·ge·scha·den** *m* JUR consequential loss **Fol·ge·zeit** *f (Zukunft)* future; *(darauf folgende Zeit)* following period; **für die ~** for the future; **in der ~** *(in der Zukunft)* in [the] future; *(in der darauf folgenden Zeit)* afterwards

folg·lich ['fɔlklɪç] *adv* therefore, consequently

folg·sam ['fɔlkza:m] *adj* obedient

Folg·sam·keit <-> *f kein pl* obedience *no pl*

Fo·li·ant <-en, -en> [fo'li̯ant] *m* tome

Fo·lie <-, -n> ['fo:li̯ə] *f* ❶ *(Plastikfolie)* [plastic] film; *(Metallfo-*

F

lie) foil; **Kartoffeln/Fisch in der** ~ potatoes/fish baked in foil ❷ (*Projektorfolie*) [projector] slide ❸ (*geh: geistiger Hintergrund*) backdrop

Fo·li·en·schweiß·ge·rät *nt* sealing device

Fo·lio <-s, -s *o* Folien> ['fo:li̯o, *pl* -li̯ən] *nt* folio

Fol·klo·re <-> [fɔlk'lo:rə] *f kein pl* folklore; (*folkloristische Tänze, Lieder etc.*) folk dance/songs etc.

fol·klo·ris·tisch *adj* folkloristic [*or* folklorist]

Folk·sän·ger(in) ['fo:k-] *m(f)* folk singer **Folk·song** ['fo:k-] *m* folk song

Fol·li·kel <-s, -> [fɔ'li:kl̩] *m* follicle

Fol·li·kel·sprung *m* ovulation

Fol·ter <-, -n> ['fɔltɐ] *f* torture; **die reinste ~ sein** (*fig*) to be sheer torture *fig;* [**bei jdm**] **die ~ anwenden** to use torture [on sb] ▸WENDUNGEN: **jdn auf die ~ spannen** to keep sb on tenterhooks

Fol·ter·bank <-bänke> *f* rack

Fol·te·rer, Fol·te·rin <-s, -> *m, f* torturer

Fol·ter·in·stru·ment *nt* instrument of torture **Fol·ter·kam·mer** *f* torture chamber **Fol·ter·kel·ler** *m* torture chamber [in a cellar] **Fol·ter·knecht** *m* torturer

fol·tern ['fɔltɐn] **I.** *vt* ■**jdn** ~ to torture sb **II.** *vi* to use torture

Fol·ter·op·fer *nt* victim of torture

Fol·te·rung <-, -en> *f* ❶ *kein pl* (*das Foltern*) torture *no pl* ❷ (*das Gefoltertwerden*) torture *no pl*

Fol·ter·werk·zeug *nt* instrument of torture

Fon [fo:n] *nt* (*fam*) *kurz für* **Telefon** phone

Fon^RR <-s, -s *o nach Zahlenangabe* -> [fo:n] *nt s.* **Phon**

Fön® [fø:n], **Föhn**^RR <-[e]s, -e> [fø:n] *m* hair-dryer [*or* drier]

Fond <-s, -s> [fõ:] *m* ❶ (*Hintergrund*) background ❷ (*Untergrund bei Stoffen*) base, background ❸ (*Fleischsaft*) meat juice ❹ AUTO (*geh*) rear compartment

Fonds <-, -> [fõ:, *pl* fõ:s] *m* ❶ FIN (*Geldreserve für bestimmten Zweck*) fund; (*Kapital*) funds *pl* ❷ (*geh: geistiger Grundstock*) wealth; **ein ~ an Erfahrung** a wealth of experience

Fonds·ma·na·ger(in) *m(f)* ÖKON, BÖRSE fund manager

Fon·due <-s, -s> [fõ'dy:] *nt* fondue

Fo·nem^RR <-s, -e> *nt s.* **Phonem**

fö·nen^ALT ['fø:nən] *vt s.* **föhnen**

Fo·ne·tik^RR <-> [fo'ne:tɪk] *f s.* **Phonetik**

fo·ne·tisch^RR [fo'ne:tɪʃ] *adj inv s.* **phonetisch**

Fön·fe·sti·ger^ALT *m s.* **Föhnfestiger** **Fön·fri·sur**^ALT *f s.* **Föhnfrisur**

Fo·no·lo·gie^RR <-> [fonolo'gi:] *f s.* **Phonologie**

fo·no·lo·gisch^RR [fono'lo:gɪʃ] *adj s.* **phonologisch**

Fo·no·ty·pist(in)^RR <-en, -en> [fono-] *m(f) s.* **Phonotypist**

Fon·tä·ne <-, -n> [fɔn'tɛ:nə] *f* fountain

Fon·ta·nel·le <-, -n> [fɔnta'nɛlə] *f* fontanel[le]

fop·pen ['fɔpn̩] *vt* (*fam*) ■**jdn** [**mit etw** *dat*] ~ to pull sb's leg [about sth] *fam*

Fo·ra ['fo:ra] *pl von* **Forum**

for·cie·ren* [fɔr'si:rən] *vt* (*geh*) ■**etw** ~ to push ahead with sth; **den Export/die Produktion** ~ to boost exports/production

for·ciert [fɔr'si:rt] *adj* (*geh*) forced

För·de <-, -n> ['fø:ɐ̯də] *f* firth

För·der·band <-bänder> *nt* conveyor belt

För·de·rer, För·de·rin <-s, -> *m, f* sponsor

För·der·gel·der *pl* ADMIN development funds **För·der·klas·se** *f* SCH special class **För·der·korb** *m* hoisting cage **För·der·kos·ten** *pl* development costs *pl* **För·der·kreis** *m* sponsors' association **För·der·kurs** *m* remedial course **För·der·land** *nt* (*im Bergbau*) coal producing country; (*für Ölförderung*) oil producing country

för·der·lich *adj* useful; ■**einer S.** *dat* ~ **sein** to be useful [*or* good] for sth

För·der·ma·schi·ne *f* hoist **För·der·mit·tel** *nt* winding means

for·dern ['fɔrdɐn] **I.** *vt* ❶ (*verlangen*) ■**etw** [**von jdm**] ~ to demand sth [from sb] ❷ (*erfordern*) ■**etw** [**von jdm**] ~ to require sth [of [*or* from] sb] ❸ (*kosten*) ■**etw** ~ to claim sth; **der Flugzeugabsturz forderte 123 Menschenleben** the [aero]plane crash claimed 123 lives ❹ (*Leistung abverlangen*) ■**jdn/ein Tier** ~ to make demands on sb/an animal ❺ (*herausfordern*) ■**jdn** [**zu etw** *dat*] ~ to challenge sb [to sth]; **jdn zum Duell/Kampf** ~ to challenge sb to a duel/fight **II.** *vi* (*verlangen*) to make demands; ■[**von jdm**] **~, dass ...** to demand [of sb] that ...; **mit allem Nachdruck ~, dass ...** to insist that ...

för·dern ['fœrdɐn] *vt* ❶ (*unterstützen*) ■**etw** ~ to support sth; **den Handel** ~ to promote trade; **jds Karriere/Talent** ~ to further sb's career/talent; ■**jdn** ~ *Gönner, Förderer* to sponsor sb; *Eltern, Verwandte* to support sb ❷ (*förderlich sein*) ■**etw** ~ to help sth along; MED to stimulate; **den Stoffwechsel/die Verdauung** ~ to aid the metabolism/digestion ❸ (*steigern*) ■**etw** ~ to promote sth; **die Konjunktur/den Umsatz** ~ to boost the economy/turnover ❹ (*aus der Tiefe abbauen*) ■**etw** ~ to mine for sth; **Erdöl** ~ to drill for oil

for·dernd **I.** *adj* overbearing, domineering *fam* **II.** *adv* in a domineering [*or* an overbearing] manner *pred*

För·der·pro·gramm *nt* ÖKON development programme

För·der·schacht *m* winding shaft **För·der·seil** *nt* winding cable [*or* rope] **För·der·stu·fe** *f* transition stage (*from junior to senior school*) **För·der·turm** *m* winding tower

For·de·rung <-, -en> *f* ❶ (*nachdrücklicher Wunsch*) demand; **jds ~ erfüllen** to meet sb's demands; **einer ~ nachkommen** to act as requested; **eine ~/~en nach etw** *dat* **erheben** to demand sth; **~en** [**an jdn**] **haben** to demand sth [of sb]; **~en** [**an jdn/etw**] **stellen** to make demands [on sb/sth] ❷ ÖKON debt claim; **~en** [**an jdn**] **haben** to have claims against sb; **eine ~ einklagen** [*o* **eintreiben**] to sue for a debt ❸ (*Erfordernis*) requirement ❹ (*hist: Herausforderung zum Duell*) challenge to a duel

För·de·rung <-, -en> *f* ❶ (*Unterstützung*) promotion, support ❷ (*das Fördern*) promotion ❸ MED (*Anregung*) stimulation ❹ BERGB mining; **die ~ von Erdöl** drilling for oil

For·de·rungs·ab·tre·tung *f* JUR assignment of a claim [*or* debt]

for·de·rungs·be·rech·tigt *adj* entitled to assert a claim

För·de·rungs·maß·nah·men *pl* assistance, supportive measures *pl* **För·de·rungs·mit·tel** *pl* aid *no pl,* funds for financial support **För·de·rungs·pro·gramm** *nt* aid [*or* financial support] programme [*or* AM -am] **för·de·rungs·wür·dig** *adj* worthy of aid [*or* financial support]

För·der·un·ter·richt *m kein pl* special tuition **För·der·ver·ein** *m* aid association

För·der·wa·gen *m* mine car

Fo·rel·le <-, -n> [fo'rɛlə] *f* trout

Fo·rel·len·barsch *m* black bass, moss bass AM **Fo·rel·len·teich** *m* trout pond **Fo·rel·len·zucht** *f* trout farming

Fo·ren ['fo:rən] *pl von* **Forum**

fo·ren·sisch [fo'rɛnzɪʃ] *adj* forensic

For·ke <-, -n> ['fɔrkə] *f* NORDD pitch fork

Form <-, -en> [fɔrm] *f* ❶ (*äußere Gestalt*) shape; **etw in ~ bringen** to knock sth into shape; **eine bizarre/eigenwillige ~ haben** to have a bizarre/unconventional shape; **seine ~ verlieren** [*o* **aus der ~ geraten**] to lose shape ❷ *pl* (*Rundungen*) curves *pl* ❸ (*Kunst~*) form ❹ (*Substanz, Ausmaße*) ~ **annehmen** to take shape; **allmählich/langsam ~ annehmen** to be slowly/gradually taking shape; **in ~ einer S.** *gen,* **in ~ von etw** *dat* in the form of sth ❺ (*Art und Weise*) form; **welche ~ der Zusammenarbeit schlagen Sie vor?** what form of co-operation do you suggest?; **in mündlicher/schriftlicher** ~ verbally/in writing ❻ *pl* (*Manieren*) manners ❼ (*fixierte Verhaltensweise*) conventions *pl;* **in aller ~** formally; **sich in aller ~ entschuldigen** to apologize formally, to make a formal apology; **um der ~ zu genügen** for form's sake, as a matter of form; **die ~ wahren** (*geh*) to remain polite; **der ~ wegen** [*o* **halber**] for form's sake, as a matter of form ❸ (*Kondition*) form, shape *fam;* **in ~ bleiben/kommen** to stay in form/get into form, to stay in shape/get into shape *fam;* **[nicht] in ~ sein** to be out of shape *fam;* **in guter/schlechter ~** in good/bad shape *fam;* **ich bin heute nicht gut in ~** I'm not really on form today ❾ (*Gussform*) mould, mold AM

for·mal [fɔr'ma:l] **I.** *adj* ❶ (*die Gestaltung betreffend*) formal; **der ~e Aufbau eines Gedichts** the formal structure of a poem ❷ (*Formsache betreffend*) technical; **der Antrag wurde aus rein ~en Gründen abgelehnt** the application was refused for purely technical reasons **II.** *adv* ❶ (*der äußeren Gestaltung nach*) formally ❷ (*nach den Vorschriften*) formally, technically

Form·al·de·hyd <-s> ['fɔrmʔaldehy:t] *m kein pl* formaldehyde *no pl*

For·ma·lie <-, -n> [fɔr'ma:li̯ə] *f meist pl* formality

For·ma·li·tät <-, -en> [fɔrmali'tɛ:t] *f* ❶ (*Formsache*) formality; **der Rest ist eine reine ~** the rest is a pure formality ❷ (*Vorschrift*) formality; **die/alle ~en erledigen** to complete [*or* go through] the/all the formalities

For·mat <-[e]s, -e> [fɔr'ma:t] *nt* ❶ (*Größenverhältnis*) format; **im ~ DIN A 4** in A 4 format ❷ (*Bedeutung*) distinction; **ein Komponist/eine Komponistin von ~** a composer of distinction ❸ (*Niveau*) quality; **ein Politiker/eine Politikerin von ~** a politician of stature; **internationales ~** international standing; **[kein] ~ haben** to have [no] class

for·ma·tie·ren* [fɔrma'ti:rən] *vt* ■ **etw ~** to format sth; **eine Diskette/eine Festplatte/einen Text ~** to format a disc/a hard disc/a text

For·ma·tie·rung *f* formatting

For·ma·ti·on <-, -en> [fɔrma'tsi̯o:n] *f* ❶ (*Gruppierung*) formation; **geschlossene ~** close formation; **in gestaffelter ~** in staggered formation ❷ GEOL formation

form·bar *adj* malleable

form·be·stän·dig *adj* dimensionally stable

Form·blatt *nt* form

For·mel <-, -n> ['fɔrml̩] *f* ❶ (*Kürzel*) formula ❷ (*Wortlaut*) wording ❸ (*kurz gefasster Ausdruck*) set phrase; **etw auf eine einfache ~ bringen** to reduce sth to a simple formula

For·mel-1-Pi·lot(in) ['fɔrml̩'ʔains-] *m(f)* Formula One driver **For·mel-1-Ren·nen** *nt* Formula One racing **For·mel-1-Wa·gen** *m* Formula One racing car

for·mel·haft I. *adj* stereotyped **II.** *adv* in a stereotyped manner; **~ klingen** to sound stereotyped

For·mel·kram *m kein pl* (*pej fam*) stupid formulae [*or* formulas] *pl pej*

for·mell [fɔr'mɛl] **I.** *adj* ❶ (*offiziell*) official; **eine ~e Stellungnahme** an official statement ❷ (*förmlich*) formal **II.** *adv* ❶ (*offiziell*) officially; **zu etw** *dat* **~ Stellung nehmen** to comment officially on sth ❷ *s.* **formal 2**

for·men [fɔrmən] **I.** *vt* ❶ (*modellieren*) ■ **etw [aus etw** *dat*] **~** to mould [*or* AM mold] sth [from sth]; **hübsch/wohl geformt** beautifully/well formed ❷ (*bilden*) ■ **etw ~** to form sth; **Sätze ~** to form sentences ❸ (*prägen*) ■ **jdn/etw ~** to mould [*or* AM mold] sb/sth **II.** *vr* ■ **sich ~** to form

For·men·leh·re *f* ❶ LING morphology ❷ MUS musical form **For·men·reich·tum** *m* variety of forms **For·men·sinn** *m* sense of form

For·men·te·ra [fɔrmen'tera] *nt* Formentera; *s. a.* **Sylt**

For·mer(in) <-s, -> *m(f)* TECH moulder, molder AM

For·me·rei <-, -en> [fɔrmə'rai] *f* TECH moulding [*or* AM molding] shop

Form·feh·ler *m* ❶ (*Verstoß gegen formale Vorschriften*) irregularity; JUR formal defect ❷ (*Verstoß gegen Etikette*) breach of etiquette, faux pas **Form·ge·bung** *f* design

for·mie·ren* [fɔr'mi:rən] **I.** *vr* ❶ (*sich ordnen*) ■ **sich [zu etw** *dat*] **~** to form up [into sth] ❷ (*sich bilden/zusammentun*) ■ **sich ~** to form **II.** *vt* ■ **etw ~** to form sth; **eine Mannschaft ~** SPORT to position the players of a team

For·mie·rung <-, -en> *f* formation

förm·lich ['fœrmlɪç] **I.** *adj* ❶ (*offiziell*) official, formal; **~e Bitte/Entschuldigung** an official/a formal request/apology ❷ (*steif, unpersönlich*) formal **II.** *adv* ❶ (*steif, unpersönlich*) formally ❷ (*geradezu*) really

Förm·lich·keit <-, -en> *f* ❶ *kein pl* (*förmliche Art*) formality ❷ *meist pl* (*gesellschaftliche Umgangsformen*) formality *usu pl*

form·los *adj* ❶ (*gestaltlos*) formless; (*nur die äußere Gestalt betreffend*) shapeless ❷ (*zwanglos*) informal; **~e Begrüßung/Zeremonie** informal greeting/ceremony; **schicken Sie uns einfach einen ~en Antrag** just simply send us an informal application

Form·lo·sig·keit <-> *f kein pl* ❶ (*Gestaltlosigkeit*) formlessness; (*nur der äußeren Gestalt*) shapelessness ❷ (*Zwanglosigkeit*) informality

Form·sa·che *f* formality; **eine [reine] ~ sein** to be a [mere] formality **form·schön** *adj* well-shaped, well-designed **Form·schwä·che** *f* ■ **eine ~ haben** to be in [*or* on] poor form **Form·tief** *nt* low; **sich in einem ~ befinden** (*geh*), **ein ~ haben** to experience a low

For·mu·lar <-s, -e> [fɔrmu'la:ɐ̯] *nt* form

for·mu·lie·ren* [fɔrmu'li:rən] **I.** *vt* ■ **etw ~** to formulate sth; **... wenn ich es mal so ~ darf** ... if I might put it like that **II.** *vi* to express oneself

For·mu·lie·rung <-, -en> *f* ❶ *kein pl* (*das Formulieren*) wording; **kannst du mir mal bei der ~ dieses Briefes helfen?** can you help me with the wording of this letter? ❷ (*textlicher Ausdruck*) formulation, phraseology; **welche ~ würden Sie hier wählen?** what phraseology would you choose here?

For·mung <-, -en> *f kein pl* shaping; **~ des Charakters/der Persönlichkeit** moulding [*or* AM molding] [*or* shaping] of the character/personality

form·voll·en·det I. *adj* perfect[ly shaped] **II.** *adv* perfectly

forsch [fɔrʃ] **I.** *adj* bold **II.** *adv* boldly, in a bold manner; **~ daherreden** to waffle confidently; **~ klingen** to sound bold

for·schen ['fɔrʃn̩] *vi* ❶ (*Forschung betreiben*) to research, to conduct [*or* carry out] research ❷ (*suchen*) ■ **nach jdm/etw ~** to search for sb/sth; (*versuchen herauszufinden*) to investigate sb/sth

for·schend I. *adj* inquiring **II.** *adv* inquiringly

For·scher(in) <-s, -> *m(f)* ❶ (*Wissenschaftler*) researcher ❷ (*Forschungsreisender*) explorer

For·scher·drang *m* urge to research **For·scher·team** *nt* research team, team of researchers

Forsch·heit <-> *f kein pl* boldness *no pl*

For·schung <-, -en> *f* ❶ *kein pl* (*die forschende Wissenschaft*) scientific research; **die moderne ~** modern research ❷ (*Untersuchung*) research; **~ und Lehre** research and teaching; **~en betreiben** to conduct [*or* carry out] research

For·schungs·ab·tei·lung *f* research and development department, R & D department **For·schungs·an·stalt** *f* research institution **For·schungs·auf·trag** *m* research assignment **For·schungs·be·reich** *m s.* **Forschungsgebiet** **For·schungs·be·richt** *m* research report **For·schungs·er·geb·nis** *nt* result of the research; **nach neuesten ~sen** according to the latest research **For·schungs·ge·biet** *nt* area of research **For·schungs·ge·mein·schaft** *f* research council **For·schungs·in·sti·tut** *nt* research institute **For·schungs·la·bo·ra·to·ri·um** *nt* research laboratory **For·schungs·me·tho·de** *f* research method **For·schungs·mi·nis·te·ri·um** *nt* Ministry of Research and Development BRIT **For·schungs·pro·gramm** *nt* research programme [*or* AM -am] **For·schungs·pro·jekt** *nt* research project **For·schungs·ra·ke·te** *f* research rocket **For·schungs·rei·se** *f* expedition **For·schungs·rei·se·nde(r)** *f(m) dekl wie adj* explorer **For·**

F

schungs·rich·tung *f* branch of research **For·schungs·sa·tel·lit** *m* research satellite **For·schungs·schiff** *nt* research vessel **For·schungs·se·mes·ter** *nt* sabbatical term, sabbatical *fam* **For·schungs·sta·ti·on** *f* research station **For·schungs·stät·te** *f* research establishment **For·schungs·sti·pen·di·um** *nt* research grant **For·schungs·ur·laub** *m* sabbatical leave **For·schungs·vor·ha·ben** *nt* research project **For·schungs·zen·trum** *nt* research centre [*or* AM -er] **For·schungs·zweck** *m* purpose of the research **For·schungs·zweig** *m* branch of research

Forst <-[e]s, -e[n]> [fɔrst] *m* [commercial] forest

Forst·amt *nt* forestry office, forestry service AM **Forst·amts·chef(in)** *m(f)* head of a/the local forestry office; **der Murrhardter** ~ head of the Murrhardt Forestry Office **Forst·be·am·te(r)**, **-be·am·tin** *m, f* forestry official

Förs·ter(in) <-s, -> ['fœrstɐ] *m(f)* forester, forest warden

Förs·te·rei <-, -en> [fœrstə'rai] *f* forest warden's [*or* AM forest ranger's] lodge

Forst·haus *nt* forester's house **Forst·recht** *nt kein pl* forest law **Forst·re·vier** *nt* forestry district **Forst·scha·den** *m* forest damage **Forst·schäd·ling** *m* forest pest **Forst·ver·wal·tung** *f* forest management **Forst·we·sen** *nt kein pl* forestry *no pl* **Forst·wirt(in)** *m(f)* forester **Forst·wirt·schaft** *f kein pl* forestry *no pl* **Forst·wis·sen·schaft** *f* forestry *no pl*, forest science

For·sy·thie <-, -n> [fɔr'zy:tsi̯ə] *f* Forsythia

fort [fɔrt] *adv* ❶ (*weg*) **nur ~ von hier!** (*geh*) let's get away!; (*verreist*) away; **er wird noch eine Woche ~ sein** he will be away for another week; ■**~ sein** DIAL (*nicht zu Hause*) to be gone ❷ (*weiter*) **und so ~** and so on; **in einem ~** constantly; **gestern hat mein Telefon in einem ~ geklingelt** my telephone rang non-stop yesterday

Fort <-s, -s> [fo:ɐ̯] *nt* fort

fort·an [fɔrt'ʔan] *adv* (*geh*) from now on, henceforth *form*

fort|be·ge·ben* *vr irreg* (*geh*) ■**sich [von irgendwo] ~** to depart [from somewhere] *form*, to leave [somewhere] **Fort·be·stand** *m kein pl* continued existence *no pl*, survival *no pl* **fort|be·ste·hen*** *vi irreg* (*weiterhin bestehen*) to survive; (*andauern*) to continue **fort|be·we·gen*** I. *vt* ■**etw ~** to move sth, to convey sth II. *vr* ■**sich ~** to move **Fort·be·we·gung** *f kein pl* movement, locomotion **Fort·be·we·gungs·mit·tel** *nt* means of locomotion

fort|bil·den *vt* ■**sich ~** to take [*or* go on] [further] education courses, to take [*or* go on] [further] training courses; ■**jdn ~** to provide sb with further education, to provide sb with further training

Fort·bil·dung *f kein pl* [further] training [*or* education]

Fort·bil·dungs·kon·zept *nt* further education programme **Fort·bil·dungs·kurs** *m*, **Fort·bil·dungs·kur·sus** *m* [further] training course **Fort·bil·dungs·se·mi·nar** *nt* further vocational training course

fort|blei·ben *vi irreg sein* ■**[von irgendwo] ~** to stay away [from sth [*or* somewhere]], to stay out [of sth] **Fort·bleiben** <-s> *nt kein pl* absence **Fort·dau·er** *f* continuation **fort|dau·ern** *vi* to continue **fort·dau·ernd** I. *adj* continuous II. *adv* continuously, constantly

for·te ['fɔrtə] *adv* ❶ MUS forte ❷ PHARM extra

fort|ent·wi·ckeln* I. *vt* ■**etw ~** to develop sth [further] II. *vr* ■**sich ~** to develop [further] **Fort·ent·wick·lung** *f kein pl* development **fort|fah·ren** I. *vi* ❶ *sein* (*wegfahren*) to go [*or* drive] [away/off]; **diesmal fahren wir im Urlaub nicht fort** we're not going away on holiday this time ❷ *sein o haben* (*weiterreden*) to continue ❸ *sein o haben* (*weitermachen*) ■**~, etw zu tun** [*o* **mit etw** *dat* **~**] to continue to do [*or* doing] sth, to keep [on] doing sth II. *vt haben* ■**jdn/etw ~** to drive sb/sth away **fort|fal·len** *vi irreg sein* ■**etw fällt [für jdn] fort** sth does not apply [to sb] **fort|flie·gen** *vi sein* to fly away **fort|füh·ren** *vt* ❶ (*fortsetzen*) ■**etw ~** to continue sth ❷ (*wegführen*) ■**jdn ~** to lead sb away **Fort·füh·rung** *f* continuation **Fort·gang** *m kein pl* ❶ (*weiterer Verlauf*) continuation *no pl*; **der ~ der Verhandlungen ist noch völlig offen** it cannot yet be estimated how the negotiations will continue [*or* progress]; **seinen ~ nehmen** (*geh*) to progress ❷ (*Weggang*) departure **fort|ge·ben** *vt irreg s.* **weggeben fort|ge·hen** *vi sein* to leave, to go away **fort·ge·schrit·ten** *adj* advanced; **im ~en Alter** at an advanced age; *s. a.* **Stunde Fort·ge·schrit·te·ne(r)** *f(m) dekl wie adj* advanced student **Fort·ge·schrit·ten·en·kurs** *m*, **Fort·ge·schrit·ten·en·kur·sus** *m* advanced course **fort·ge·setzt** *adj* constant **fort|ja·gen** I. *vt haben* ■**jdn/ein Tier ~** to chase sb/an animal away II. *vi sein* to scarper BRIT *sl*, run away **fort|kom·men** *vi sein* ❶ (*fam: wegkommen*) ■**[aus/von etw** *dat*] **~** to get out of/away from sth; **mach, dass du fortkommst!** (*fam*) get lost! *fam* ❷ (*abhandenkommen*) to go missing, to get lost ❸ (*beruflich vorankommen*) to get on **Fort·kom·men** *nt* progress, career [*or* professional] advancement; **jdn an jds ~ hindern** to hinder sb's career [*or* professional] advancement **fort|kön·nen** *vi irreg* to be able to go, to be able to leave; **du kannst jetzt nicht fort, draußen gießt es in Strömen!** you can't leave now, it's pouring down outside **fort|las·sen** *vt irreg* ❶ (*weggehen lassen*) ■**jdn ~** to let sb go ❷ (*weg-/auslassen*) ■**etw ~** to leave sth out, to omit sth **fort|lau·fen** *vi irreg sein* to run away; **von zu Hause ~** to run away from home; ■**jdm ~** to go missing; **uns ist unsere Katze fortgelaufen** our cat has gone missing; (*verlassen*) to leave sb; **ihm ist seine Frau fortgelaufen** his wife has left him **fort·lau·fend** I. *adj* (*ständig wiederholt*) continual; (*ohne Unterbrechung*) continuous II. *adv* (*ständig*) constantly; (*in Serie*) consecutively **fort|le·ben** *vi* (*liter*) to live on; ■**in jdm/etw ~** to live on in sb/sth **fort|lo·ben** *vt* ■**jdn ~** to get rid of sb by praising them **fort|müs·sen** *vi irreg* ❶ (*weggehen müssen*) to have to go [*or* leave] ❷ (*weggebracht werden müssen*) to have to go **fort|neh·men** *vt irreg* ■**[jdm] etw ~** to take sth away [from sb]

fort|pflan·zen *vr* ■**sich ~** ❶ (*sich vermehren*) to reproduce ❷ (*sich verbreiten*) to spread

Fort·pflan·zung *f kein pl* reproduction *no pl*

fort·pflan·zungs·fä·hig *adj* able to reproduce *pred*; **im ~en Alter sein** to be at an age where reproduction is possible **Fort·pflan·zungs·ge·schwin·dig·keit** *f* PHYS velocity of propagation **Fort·pflan·zungs·me·di·zin** *f* reproductive medicine **Fort·pflan·zungs·or·gan** *nt* (*geh*) reproductive organ **Fort·pflan·zungs·tech·no·lo·gie** *f* reproductive technology **fort·pflan·zungs·un·fä·hig** *adj* incapable of reproduction *pred*; **~e Männer/Frauen** men who cannot have children/women who cannot conceive

fort|räu·men *vt* ■**etw ~** to clear away sth *sep* **fort|rei·ßen** *vt irreg* ■**jdn/etw mit sich** *dat* **~** to sweep away sb/sth *sep*; **sich von seinen Gefühlen ~ lassen** to allow oneself to get swept away by one's emotions **fort|ren·nen** *vi irreg sein* (*fam*) to run away **Fort·satz** *m* ANAT process **fort|schaf·fen** *vt* ■**jdn/etw ~** to get rid of sb/sth **fort|sche·ren** *vr* (*veraltet fam*) ■**sich [von irgendwo] ~** to clear off [from somewhere]; **scher dich fort von hier!** get lost! **fort|schi·cken** *vt* ■**jdn/etw ~** to send sb/sth away **fort|schrei·ben** *vt irreg* ■**etw ~** ❶ (*fortlaufend ergänzen*) to update sth ❷ (*weiterführen*) to continue sth **Fort·schrei·bung** *f* ❶ (*das Ergänzen*) updating ❷ (*Weiterführung*) continuation **fort|schrei·ten** *vi irreg sein* to progress **fort·schrei·tend** *adj* progressive

Fort·schritt ['fɔrtʃrɪt] *m* ❶ (*Schritt nach vorn*) step forward; **[gute] ~e machen** to make progress *no pl* ❷ (*Verbesserung*) improvement

fort·schritt·lich I. *adj* progressive II. *adv* progressively; **eine ~ eingestellte Person** a person with a progressive attitude, a forward-thinking person

Fort·schritt·lich·keit <-> *f kein pl* progressiveness

fort·schritts·feind·lich *adj* anti-progressive, opposed to progress *pred* **Fort·schritts·glau·be** *m* belief in progress **fort·schritts·gläu·big** *adj* having belief in progress *pred*

fort|set·zen **I.** *vt* ■**etw** ~ to continue [*or sep* carry on] sth **II.** *vr* (*zeitlich, räumlich*) ■**sich** ~ to continue, to carry on

Fortset·zung <-, -en> ['fɔrtzɛtsʊŋ] *f* ① *kein pl* (*das Fortsetzen*) continuation; **die Zeugen wurden zur ~ der Gerichtsverhandlung in den Saal gerufen** the witnesses were summoned to the courtroom for the continuation of the proceedings ② (*darauf folgender Teil*) **die ~ eines Buches/Films** the sequel to [*or* of] a book/film; **eine ~ einer Fernsehserie/eines Hörspiels** an episode of a television series/radio play; **„~ folgt"** "to be continued"; **ein Roman in drei ~en** a novel in three parts

Fort·set·zungs·rei·he *f* series **Fort·set·zungs·ro·man** *m* serialized novel **Fort·set·zungs·se·rie** *f* series

fort|trei·ben *irreg* **I.** *vt haben* ① (*verjagen*) ■**jdn/ein Tier** ~ to chase sb/an animal away ② (*an einen anderen Ort treiben*) ■**jdn/etw** ~ to sweep sb/sth away; **der Sturm hat das Boot fortgetrieben** the storm swept the boat away **II.** *vi sein* to drift away

For·tu·na <-> [fɔr'tu:na] *f kein pl* Fortune

For·tü·ne <-> [fɔr'ty:nə] *f kein pl* (*geh*) [good] fortune [*or* luck]; **~ haben** to be lucky; **keine ~ haben** to be unlucky, to be out of luck

fort·wäh·rend ['fɔrtvɛ:rənt] **I.** *adj attr* constant **II.** *adv* constantly; **bitte unterbrich mich nicht ~** please don't keep interrupting me

fort|wir·ken *vi* to continue to have an effect **fort|wol·len** *vi* ■**[aus/von etw** *dat*] ~ to want to leave [sth], to want to go [away from somewhere] **fort|zie·hen** *irreg* **I.** *vt haben* ■**jdn/etw** ~ to pull sb/sth away **II.** *vi sein* to move [away]

Fo·rum <-s, Foren *o* Fora> ['fo:rʊm, *pl* 'fo:rən, 'fo:ra] *nt* ① (*Personenkreis*) audience; **vor einem ~ sprechen** to speak in front of an audience ② *pl* (*öffentliche Diskussion*) public discussion ③ (*Ort für öffentliche Diskussion*) forum ④ (*Platz in altrömischen Stätten*) forum; **das ~ Romanum** the Forum

Fo·rums·dis·kus·sion *f* forum discussion **Fo·rums·ge·spräch** *nt* public discussion

fos·sil [fɔ'si:l] *adj attr* fossil

Fos·sil <-s, -ien> [fɔ'si:l, *pl* -i̯ən] *nt* ① (*Versteinerung*) fossil ② (*überalterte Person*) dinosaur

Fö·ten ['fø:tən] *pl von* **Fötus**

Fo·to <-s, -s> ['fo:to] *nt* photograph, photo *fam;* **ein ~ [von jdm/etw] machen** to take a photo [of sb/sth]

Fo·to·al·bum *nt* photo album **Fo·to·ap·pa·rat** *m* camera **Fo·to·ar·chiv** *nt* photo archives **Fo·to·ar·ti·kel** *m* item of photographic equipment **Fo·to·ate·lier** *nt* photographic studio **Fo·to·bi·o·lo·gie**[RR] *f s.* **Photobiologie Fo·to·che·mie**[RR] *f s.* **Photochemie fo·to·che·misch**[RR] *adj s.* **photochemisch Fo·to·de·sign** *nt* photo design **Fo·to·ecke** *f* mounts *pl* **Fo·to·elek·tri·zi·tät** *f* photoelectricity **Fo·to·ele·ment**[RR] *nt s.* **Photoelement Fo·to·fi·nish** [-fɪnɪʃ] *nt* photo finish

fo·to·gen [foto'ge:n] *adj* photogenic

Fo·to·graf(in) <-en, -en> [foto'gra:f] *m(f)* photographer

Fo·to·gra·fie <-, -n> [fotogra'fi:, *pl* fotogra'fi:ən] *f* ① *kein pl* (*Verfahren*) photography *no pl* ② (*Bild*) photograph

fo·to·gra·fie·ren* [fotogra'fi:rən] **I.** *vt* ■**jdn/etw** ~ to take a photograph/photographs of sb/sth; **sich [von jdm] ~ lassen** to have one's photograph taken [by sb] **II.** *vi* to take photographs

fo·to·gra·fisch [foto'gra:fɪʃ] **I.** *adj* photographic; **~e Effekte/Tricks** photographic effects/trick photography **II.** *adv* photographically; **etw ~ abbilden** [*o* **darstellen**] to illustrate sth with photographs

Fo·to·han·dy *nt* camera phone **Fo·to·in·dust·rie** *f* photographic industry **Fo·to·ko·pie** [fotoko'pi:] *f* photocopy **fo·to·ko·pie·ren*** [fotoko'pi:rən] *vt* (*geh*) ■**etw** ~ to photocopy sth

Fo·to·ko·pie·rer *m* (*fam*) photocopier, copier *fam* **Fo·to·ko·pier·ge·rät** *nt* photocopier **Fo·to·la·bor** *nt* photographic [processing] laboratory **Fo·to·ma·te·ri·al** *nt* photographic material **Fo·to·mo·dell** ['fo:tomodɛl] *nt* photographic model **Fo·to·mon·ta·ge** *f* photo montage

Fo·ton[RR] <-s, -tonen> [fo'tɔn] *nt s.* **Photon Fo·to·pa·pier** *nt* photographic paper **Fo·to·re·por·ta·ge** *f* photo report **Fo·to·re·por·ter(in)** *m(f)* press photographer **Fo·to·sa·fa·ri** *f* photographic safari **Fo·to·satz** *m s.* **Filmsatz Fo·to·Shoo·ting** <-s, -s> [-ʃu:tɪŋ] *nt* (*Fototermin*) photo call [*or* shoot] **Fo·to·syn·the·se**[RR] *f* photosynthesis **Fo·to·ter·min** *m* photo session

Fo·to·thek <-, -en> [foto'te:k] *f* photographic library **Fo·to·vol·ta·ik**[RR] <-> [fotovɔl'ta:ɪk] *f s.* **Photovoltaik**

Fo·to·zeit·schrift *f* photographic magazine

Fo·to·zel·le[RR] *f s.* **Photozelle**

Fö·tus <-[ses], Föten *o* -se> ['fø:tʊs, *pl* 'fø:tən, 'fø:tʊsə] *m* foetus Brit, fetus Am

Fot·ze <-, -n> ['fɔtsə] *f* (*vulg*) cunt *vulg*

Foul <-s, -s> [faul] *nt* foul; **ein ~ begehen** to commit a foul

Foul·elf·me·ter ['faul-] *m* penalty

fou·len ['faulən] **I.** *vt* ■**jdn** ~ to foul sb **II.** *vi* to foul

Fox·trott <-s, -e *o* -s> ['fɔkstrɔt] *m* foxtrot

Fo·yer <-s, -s> [fo̯a'je:] *nt* foyer

Fr. *Abk von* **Frau** Mrs, Ms (*feminist address*)

Fracht <-, -en> ['fraxt] *f* ① (*Ladung*) cargo, freight; (*giftig, gefährlich*) load ② (*Beförderungspreis*) carriage, freight[age]

Fracht·brief *m* consignment note

Frach·ten·bahn·hof *m* ÖSTERR (*Güterbahnhof*) goods depot

Frach·ter <-s, -> ['fraxtɐ] *m* cargo boat [*or* ship], freighter

Fracht·flug·zeug *nt* cargo plane **Fracht·gut** *nt* freight **Fracht·kos·ten** *pl* carriage [costs], freight[age] **Fracht·luft·fahrt** *f* air freight [*or* cargo] transport **Fracht·raum** *m Schiff* cargo hold; *Flugzeug* cargo compartment **Fracht·schiff** *nt* cargo boat; (*groß*) cargo ship, freighter **Fracht·schiff·fahrt**[RR], **Fracht·schiffahrt**[ALT] *f* freight shipping **Fracht·ver·kehr** *m* goods traffic **Fracht·ver·trag** *m* contract of carriage

Frack <-[e]s, Fräcke *o* -s> [frak, *pl* 'frɛkə] *m* tails *npl;* **einen ~ tragen** to wear tails; **im ~** in tails

Frack·sau·sen <-s> *nt* **~ haben/bekommen** (*fam*) to be/become scared stiff **Frackzwang** *nt kein pl* obligation to wear tails; **es herrscht ~** tails must be worn

Fra·ge <-, -n> ['fra:gə] *f* ① (*zu beantwortende Äußerung*) question; **das ist die [große] ~!** that's the [sixty-four thousand dollar] question; **gute ~!** [that's a] [very] good question!; **eine ~ zu etw** *dat* **haben** to have a question about [*or* concerning] sth; **eine ~/~n [an jdn] haben** to have a question/questions [for sb]; **mit einer ~/mit ~n kommen** to come with a question/questions; **jdm eine ~ stellen** [*o* **eine ~ an jdn stellen**] [*o geh* **richten**] to ask sb a question, to put a question to sb ② (*Problem*) question, problem, issue; **das ist eine ~ des Anstandes/des Geldes/der Zeit** this is a question of decency/money/time; **keine ~** no problem; **ohne ~** without doubt; **etw steht** [*o* **ist**] **außer ~ [für jdn]** there is no question [*or* doubt] about sth [as far as sb is concerned]; **die großen ~n unserer Zeit** the great issues of our time; **eine strittige ~** a contentious issue; **ungelöste ~n** unsolved issues; **~n aufwerfen** to prompt [*or* raise] questions ③ (*Betracht*) **[für jdn/etw] in ~ kommen** to be worthy of consideration [for sb/sth]; **für diese schwierige Aufgabe kommt nur eine Spezialistin/ein Spezialist in ~** only an expert can be considered for this difficult task; **[für jdn/etw] nicht in ~ kommen** to be out of the question [for sb/sth]; **[das] kommt nicht in ~!** that's [completely] out of the question!; **es steht** [*o* **ist**] **außer ~, dass ...** there is no question [*or* doubt] that ... ► WENDUNGEN: **auf eine dumme ~ gibt es [immer] eine dumme Antwort** (*prov*) ask a silly question[, get a silly answer]

Fra·ge·bo·gen *m* questionnaire **Fra·ge·für·wort** *nt* LING interrogative pronoun

fragen

Informationen erfragen	**obtaining information**
Wie komme ich am besten zum Hauptbahnhof?	**What's the best way** to the station?
Können Sie mir sagen, wie spät es ist?	**Can you tell me what** time it is?
Gibt es hier in der Nähe ein Café?	**Is there** a café **anywhere round here**?
Ist die Wohnung **noch zu haben**?	Is the flat **still available**?
Kennst/Weißt du einen guten Zahnarzt?	**Do you know** a good dentist?
Kennst du dich mit Autos **aus**?	**Do you know anything about** cars?
Weißt du Näheres über diese Geschichte?	**Do you know any more/details about** this story?
um Erlaubnis bitten	**asking permission**
Darf ich hereinkommen?	**May I come in?**
Störe ich gerade?	**Am I disturbing you?**
nach Meinungen fragen	**asking someone's opinion**
Was hältst du von dem neuen Gesetz?	**What do you think of** the new law?
Glaubst du, das ist so richtig?	**Do you think that's right?**
Hältst du das für möglich?	**Do think it's possible?**
Meinst du, sie hat Recht?	**Do you think** she's right?

fra·gen ['fra:gn̩] **I.** *vi* ① (*eine Frage stellen*) to ask; **da fragst du mich zu viel** (*fam*) you've got me there *fam;* **da müssen Sie woanders ~** you'll have to ask someone else; **man wird ja wohl noch ~ dürfen** (*fam*) I was only asking; **ohne [lange] zu ~** without asking [a lot of] questions; **ohne nach etw** *dat* **zu ~** without bothering about the consequences of sth ② (*sich erkundigen*) ■ **nach jdm ~** to ask for sb; **hat während meiner Abwesenheit irgendwer nach mir gefragt?** did anyone ask for me while I was away?; ■ **nach etw** *dat* **~** to enquire [*or* ask] about sth; **nach der Uhrzeit ~** to ask the time; **nach dem Weg ~** to ask for directions; **nach jds Gesundheit ~** to enquire [*or* ask] about [*or* BRIT *a.* after] sb's health; **dürfte ich Sie wohl nach Ihrem Alter/Beruf ~?** may I enquire how old you are/what you do for a living?; ■ **nicht nach etw** *dat* **~** to not be bothered about sth **II.** *vr* ■ **sich ~, ob/wann/wie ...** to wonder whether/when/how ...; ■ **es fragt sich, ob ...** it is doubtful whether ... **III.** *vt* ■ **[jdn] etwas ~** to ask [sb] sth; ■ **jdn ~, ob/wann/...** to ask sb whether/when ...

Fra·ge·satz *m* LING interrogative clause **Fra·ge·stel·ler(in)** <-s, -> *m(f)* questioner **Fra·ge·stel·lung** *f* ① (*Formulierung*) formulation of a question ② (*Problem*) problem **Fra·ge·stun·de** *f* question time **Fra·ge·wort** *nt* LING interrogative particle **Fra·ge·zei·chen** *nt* question mark; **ein ~ setzen** to write [*or* put] a question mark; **ein [dickes/großes] ~ hinter etw** *akk* **setzen** (*fig*) to call sth into question; **etw ist mit einem [dicken/großen] ~ versehen** (*fig*) a [big] question mark hangs over sth *fig*

fra·gil [fra'gi:l] *adj* (*geh*) fragile

Fra·gi·li·tät <-> [fragili'tɛt] *f kein pl* (*geh*) fragility

fra·glich ['fra:klɪç] *adj* ① (*fragwürdig*) **eine ~e Angelegenheit** a suspect matter ② (*unsicher*) doubtful; **es ist ~, ob sie überhaupt noch kommen wird** it's doubtful [*or* I doubt] whether she's going to come at all ③ *attr* (*betreffend*) in question *pred;* **zur ~en Zeit** at the time in question

frag·los ['fra:klo:s] *adv* unquestionably, undoubtedly

Frag·ment <-[e]s, -e> [fra'gmɛnt] *nt* fragment

frag·men·ta·risch [fragmɛn'ta:rɪʃ] **I.** *adj* fragmentary **II.** *adv* in fragments

frag·wür·dig ['fra:kvʏrdɪç] *adj* (*pej*) dubious, shady *fam*

Frag·wür·dig·keit <-, -en> *f* (*pej*) dubiousness, dubious nature

Frak·ti·on <-, -en> [frak'tsi̯o:n] *f* ① POL parliamentary party [*or* BRIT *a.* group], congressional faction AM ② (*Sondergruppe*) faction *pej*

Frak·ti·ons·aus·schuss[RR] *m* parliamentary party committee **Frak·ti·ons·be·schluss**[RR] *m* resolution adopted by a parliamentary party **Frak·ti·ons·bil·dung** *f* formation of a parliamentary party **Frak·ti·ons·chef(in)** *m(f) s.* **Fraktionsvorsitzende(r)** **Frak·ti·ons·füh·rer(in)** *m(f)* floor leader AM; *s.* **Fraktionsvorsitzende(r)** **frak·ti·ons·los** *adj* POL independent **Frak·ti·ons·mit·glied** *nt* member of a parliamentary party **Frak·ti·ons·ord·nung** *f* parliamentary party rules **Frak·ti·ons·sit·zung** *f* parliamentary party meeting **Frak·ti·ons·spre·cher(in)** *m(f)* parliamentary party spokesmen **Frak·ti·ons·stär·ke** *f* ① (*Größe in Mitgliederzahlen*) party membership ② (*zur Parteibildung benötigte Mitgliederzahl*) *numerical strength required to form a parliamentary party* **Frak·ti·ons·sta·tus** *m* parliamentary party status **Frak·ti·ons·ver·samm·lung** *f s.* **Fraktionssitzung** **Frak·ti·ons·vor·sit·zen·de(r)** *f(m) dekl wie adj* chairman [*or* leader] of a parliamentary party **Frak·ti·ons·vor·stand** *m* party executive **Frak·ti·ons·zwang** *m* three-line whip BRIT (*obligation to vote according to parliamentary party policy*); **Abstimmung ohne ~** free vote

Frak·tur <-, -en> [frak'tu:ɐ̯] *f* ① TYPO Gothic type ② MED fracture ▸ WENDUNGEN: **mit jdm ~ reden** (*fam*) to talk straight to sb

Franc <-, -s *o bei Zahlenangabe* -> [frã:] *m* franc

Fran·chise <-, -n> ['frɛntʃais] *f* franchise

Fran·chise·neh·mer(in) ['frɛntʃaɪz-] *m(f)* ÖKON franchisee

Fran·chi·sing <-s> ['frɛntʃaizɪŋ] *nt kein pl* franchising

Fran·ci·um <-s> ['frantsi̯ʊm] *nt kein pl* francium *no pl*

frank [fraŋk] *adv* frank; **~ und frei antworten** to give a frank answer

Fran·ken <-s, -> ['fraŋkn̩] *m* franc

Frank·furt <-s> ['fraŋkfʊrt] *nt* Frankfurt

Frank·fur·ter <-, -> ['fraŋkfʊrtɐ] *f* Frankfurter [sausage]

Frank·fur·ter-Kranz-Form *f* savarin tin

fran·kie·ren* [fraŋ'ki:rən] *vt* ■**etw** ~ to stamp sth; (*mit Frankiermaschine*) to frank sth; **könnten Sie mir bitte diesen Brief ~?** could you frank this letter for me?; **„bitte mit 1 Euro ~"** "please put a one mark stamp on this"

Fran·kier·ma·schi·ne *f* franking machine

Fran·kie·rung <-, -en> *f* ❶ (*das Frankieren*) franking ❷ (*Porto*) postage

fran·ko ['fraŋko] *adv inv* ÖKON prepaid

Fran·ko·ka·na·di·er(in) ['fraŋkokana:di̯ɐ] *m(f)* French-Canadian **fran·ko·ka·na·disch** *adj* French-Canadian **fran·ko·phil** [fraŋko'fi:l] *adj* (*geh*) Francophile **Fran·ko·phi·lie** <-> [fraŋkofi'li:] *f kein pl* (*geh*) francophilia **fran·ko·phon** [fraŋko'fo:n] *adj* (*geh*) francophone

Frank·reich <-s> ['fraŋkraiç] *nt* France; *s. a.* **Deutschland**

Fran·se <-, -n> ['franzə] *f* fringe

fran·sen ['franzn̩] *vi* to fray

fran·sig ['franzɪç] *adj* frayed

Franz·brannt·wein *m* alcoholic liniment BRIT, rubbing alcohol AM

Fran·zis·ka·ner(in) <-s, -> [frantsɪs'ka:nɐ] *m(f)* Franciscan

Fran·zis·ka·ner·or·den *m* Franciscan Order

Fran·zo·se[1] <-n, -n> [fran'tso:zə] *m* adjustable spanner

Fran·zose, Fran·zö·sin[2] <-n, -n> [fran'tso:zə, fran'tsø:zɪn] *m, f* Frenchman *masc,* Frenchwoman *fem;* ~ **sein** to be French [*or* from France]; ■**die ~n** the French; *s. a.* **Deutsche(r)**

Fran·zo·sen·krank·heit *f* (*veraltet*) French pox *old*

fran·zö·sisch [fran'tsø:zɪʃ] *adj* ❶ (*Frankreich betreffend*) French; **~es Bett** double bed; *s. a.* **deutsch 1, Revolution** ❷ LING French; **die f~e Schweiz** French Switzerland; *s. a.* **deutsch 2** ❸ (*sl: Oralsex betreffend*) **~er Verkehr** Frenching *sl,* oral sex; **es jdm ~ machen** *Mann* to give sb a blow job *vulg sl; Frau* to go down on sb *vulg sl* ▶ WENDUNGEN: **sich ~ empfehlen** [*o* **verabschieden**] to leave without saying goodbye

Fran·zö·sisch [fran'tsø:zɪʃ] *nt dekl wie adj* ❶ LING French; *s. a.* **Deutsch 1** ❷ (*Fach*) French; *s. a.* **Deutsch 2** ▶ WENDUNGEN: **sich auf ~ empfehlen** [*o* **verabschieden**] to leave without saying goodbye

fran·zö·sisch·spra·chig *adj* French-speaking

frap·pant [fra'pant] *adj* (*geh*) frappant *form,* striking; **eine ~e Wendung nehmen** to take a surprising turn

Frap·pé, Frap·peeRR <-s, -s> [fra'pe] *nt* SCHWEIZ milk shake

frap·pie·ren* [fra'pi:rən] *vt* ❶ (*geh: überraschen*) ■**jdn** ~ to amaze sb; (*stärker*) to stun sb ❷ KOCHK to cool sth rapidly with crushed ice

frap·pie·rend *adj* ❶ (*verblüffend*) amazing... ❷ *s.* **frappant**

Frä·se <-, -n> ['frɛ:zə] *f* TECH mortising machine

frä·sen ['frɛ:zn̩] *vt* ■**etw** ~ to mill sth; **Holz** ~ to sink wood

Frä·ser <-s, -> ['frɛ:zɐ] *m* milling cutter

Frä·ser(in) <-s, -> ['frɛ:zɐ] *m(f)* milling worker

Fräs·ma·schi·ne *f s.* **Fräse**

fraß ['fra:s] *imp von* **fressen**

Fraß <-es, *selten* -e> [fra:s] *m* ❶ (*pej fam: schlechtes Essen*) muck *fam;* **einem Tier jdn/etw zum ~ vorwerfen** to feed sb/sth to an animal ❷ (*Schaden durch Insekten*) damage by insects

fra·ter·ni·sie·ren* [fratɛrni'zi:rən] *vi* (*geh*) ■**mit jdm** ~ to fraternize with sb

Fra·ter·ni·sie·rung <-> *f kein pl* (*geh*) fraternization

Fratz <-es, -e *o* ÖSTERR -en, -en> [frats] *m* ❶ (*fam: niedliches Kind*) little sweetie [*or* cutie] ❷ *bes* ÖSTERR, SÜDD (*pej: lästiges Kind*) little brat

Frat·ze <-, -n> ['fratsə] *f* ❶ (*ekelhaft hässliches Gesicht*) grotesque face ❷ (*pej sl: Typ*) [ugly] mug *pej sl* ❸ (*Grimasse*) grimace; **[jdm] eine ~ schneiden** to pull a face [at sb]

frau [frau] *pron* one (*feminist alternative to the German masculine form man*); **das sollte man/~ nicht so ernst nehmen** it should not be taken so seriously

Frau <-, -en> [frau] *f* ❶ (*weiblicher Mensch*) woman; **sie ist die ~ meines Lebens** she's the woman of my dreams; **selbst ist die ~!** self-reliance is the thing!; **eine ~ schneller Entschlüsse/der Tat** a woman who is quick to decide/act; **junge ~!** young lady!; **Unsere Liebe ~** REL our Lady; **eine verheiratete ~** a married woman; **eine ~ von Format** a woman of stature; **eine ~ mit Grundsätzen** a woman with principles, a principled woman; **die ~ von heute** today's woman; **eine ~ von Welt** a woman of the world; **jdn zur ~ machen** (*fig*) to take sb's virginity; **zur ~ werden** to become a woman ❷ (*Ehefrau*) wife; **darf ich vorstellen – meine ~!** may I introduce my wife; **jds [ehemalige/zukünftige] ~** sb's [ex- [*or* former]/future] wife; **jdn zur ~ haben** to be married to sb; **jdn zur ~ nehmen** to take sb for one's wife; **willst du meine ~ werden?** will you be my wife? ❸ (*Anrede*) Mrs, Ms (*feminist version of Mrs*); ~ **Doktor** Doctor; **Ihre ~ Gemahlin** (*geh*) your lady wife BRIT *form;* **Ihre ~ Mutter** (*geh*) your mother; **gnädige ~** (*geh*) my dear lady *form;* **die gnädige ~** (*veraltend*) the lady of the house *dated*

Frau·chen <-s, -> ['frauçən] *nt* (*fam*) *dim von* **Frau** ❶ (*fam: Kosename*) wifie *fam* ❷ (*Haustierbesitzerin*) mistress; **komm zu ~!** come to your mistress

Frau·en·ar·beit *f* women's work; **schlecht bezahlte** ~ poorly paid jobs for women **Frau·en·arzt, -ärz·tin** *m, f* gynaecologist BRIT, gynecologist AM **Frau·en·be·auf·trag·te(r)** *f(m) dekl wie adj* women's representative (*official responsible for woman's affairs*) **Frau·en·be·ra·tungs·stel·le** *f* women's advice centre [*or* AM -er] **Frau·en·be·ruf** *m* female profession

frau·en·be·wegt *adj inv* feminist **Frau·en·be·we·gung** *f kein pl* women's movement *no pl* **Frau·en·chor** *m* female voice choir **Frau·en·eman·zi·pa·ti·on** *f* women's [*or* female] emancipation **Frau·en·feind** *m* woman hater, misogynist **frau·en·feind·lich** *adj* anti-women, misogynist[ic] **Frau·en·funk** *m* radio programmes [*or* AM programs] for women **Frau·en·ge·fäng·nis** *nt* women's prison **Frau·en·ge·schich·ten** *pl* affairs **Frau·en·grup·pe** *f* women's group **Frau·en·haar** *nt* ❶ (*Haar von Frauen*) woman's hair ❷ (*Moos*) **Goldenes** ~ haircap moss, golden maidenhair **Frau·en·hand** *f* (*geh*) **von [zarter]** ~ by the [delicate] hand of a woman **Frau·en·has·ser** *m s.* **Frauenfeind** **Frau·en·haus** *nt* women's refuge **Frau·en·heil·kun·de** *f* gynaecology BRIT, gynecology AM **Frau·en·held** *m* ladies' man **Frau·en·ken·ner** *m* connoisseur of women **Frau·en·klei·dung** *f* women's [*or* ladies'] clothing **Frau·en·kli·nik** *f* gynaecological [*or* AM gynecological] clinic **Frau·en·klos·ter** *nt* convent **Frau·en·krank·heit** *f* female disease **Frau·en·lei·den** *nt s.* **Frauenkrankheit** **Frau·en·mi·nis·te·ri·um** *nt* Ministry for Women's Affairs BRIT **Frau·en·mör·der** *m* murderer of women **Frau·en·or·den** *m* REL women's order **Frau·en·po·li·tik** *f kein pl* feminist politics *pl* **frau·en·po·li·tisch** *adj inv* feminist **Frau·en·quo·te** *f* proportion of women (*working in a certain sector*) **Frau·en·recht·ler(in)** <-s, -> *m(f)* women's rights' activist **Frau·en·schuh** *m kein pl* lady's slipper **Frau·en·stim·me** *f* ❶ (*Stimme einer Frau*) female voice ❷ (*weibliche Wählerstimme*) woman's vote **Frau·en·ta·xi** *nt* women's taxi (*driven by female taxi drivers for women only*) **Frau·en·über·schuss**RR *m* surplus of women **Frau·en·ver·band** *m* women's association **Frau·en·ver·ein** *m s.* **Frauenverband** **Frau·en·wahl·recht** *nt* women's suffrage **Frau·en·zeit·schrift** *f* women's magazine **Frau·en·zim·mer** *nt* ❶ (*veraltet: weibliche Person*) woman ❷ (*pej: Frau*) bird

Fräu·lein <-s, - *o* -s> ['frɔylain] *nt* (*fam*) ❶ (*veraltend: unverheiratete weibliche Person*) young [unmarried] woman; **ein altes** [*o* **älteres**] ~ an old maid [*or pej* spinster] ❷ (*veraltend: Anrede*) Miss; **mein hochverehrtes** ~ my dear Miss; **Ihr ~ Tochter** your daughter; **das ~ Braut** the [young] bride; *s. a.* **Frau** ❸ (*veraltend: Verkäuferin*) assistant; (*Kellnerin*) waitress; **~!** excuse me!, Miss!; **~, bitte zahlen!** excuse me, I'd/we'd/etc. like to pay, please; **das ~ vom Amt** the girl on the

F

switchboard

i Kultur

Unmarried women used to be addressed as **Fräulein** – *Miss.* However, since the 1970s the women's movement has been campaigning against this form of address as *Herrlein* – literally *little man* does not exist. Nowadays no distinction is made between married and unmarried women; the normal form of address is *Frau* – *Mrs* or *Ms.*

frau·lich ['fraulɪç] *adj* womanly
Frau·lich·keit <-> *f kein pl* womanliness
Freak <-s, -s> [fri:k] *m* (*fam*) freak
frech [frɛç] **I.** *adj* ❶ (*dreist*) cheeky BRIT, fresh AM; **werd bloß nicht ~!** don't get cheeky [*or* fresh]!; **eine ~e Lüge** a barefaced lie; *s. a.* **Oskar** ❷ (*kess*) daring; **eine ~e Frisur** a peppy hairstyle **II.** *adv* ❶ (*dreist*) cheekily BRIT, freshly AM; **jdn ~ anlügen** to tell sb a barefaced lie/barefaced lies; **jdm ~ kommen** to be cheeky [*or* AM fresh] to sb ❷ (*kess*) daringly; **~ angezogen sein** to be provocatively dressed; **~ frisiert sein** to have a peppy hairstyle
Frech·dachs *m* (*fam*) cheeky [little] monkey BRIT *fam*, cheeky chops + *sing vb* BRIT *fam*
Frech·heit <-, -en> *f* ❶ *kein pl* (*Dreistigkeit*) impudence, cheekiness BRIT; (*Unverfrorenheit*) barefacedness; **die ~ haben** [*o* **besitzen**], **etw zu tun** to have the nerve [*or* BRIT cheek] to do sth, to be cheeky enough to do sth BRIT ❷ (*freche Äußerung*) cheeky remark BRIT; (*freche Handlung*) insolent [*or* BRIT *a.* cheeky] behaviour [*or* AM -or]; **sich einige ~en erlauben** to be a bit cheeky BRIT [*or* AM fresh]
free·clim·ben[RR], **free-clim·ben**[ALT] ['fri:klaimən] *vi* SPORT to free-climb
Free-Flyer ['fri:flaiɐ] *m* SPORT freeflyer
Free-Fly·ing *nt* freeflying (*type of skydiving where the parachute is opened very late in the descent*)
Free·sie <-, -n> ['fre:zi̯ə] *f* freesia
Fre·gat·te <-, -n> [fre'gatə] *f* frigate
frei [frai] **I.** *adj* ❶ (*nicht gefangen, unabhängig*) free; **~er Autor** freelance writer; **~e Kirche** free church; **ein ~er Mann/eine ~e Frau** a free man/woman; **[Recht auf] ~e Meinungsäußerung** [right to] freedom of speech; **ein ~er Mensch** a free person; **~er Mitarbeiter/~e Mitarbeiterin** freelance[r]; **aus ~em Willen** [*o* **~en Stücken**] of one's own free will; **es war sein ~er Wille auszuwandern** he emigrated of his own free will; **~ und ungebunden** footloose and fancy-free; **sich von etw** *dat* **~ machen** to free oneself from sth ❷ (*freier Tag*) free; **nächsten Donnerstag ist ~, da ist Feiertag** we've got next Thursday off - it's a holiday; **~ haben** to have time off; **er hat heute ~** he's off [*or* not in] today; **drei Tage/eine Woche ~ haben** to have three days/a week off; [**sich** *dat*] **~ nehmen** to take time off [*or* some holiday]; **drei Tage/eine Woche ~ machen**, [**sich** *dat*] **drei Tage/eine Woche ~ nehmen** to take three days/a week off; **er hat sich ~ genommen, da seine Tochter krank ist** he's taken [some] time off because his daughter is ill ❸ (*verfügbar*) available; **es sind noch Mittel ~ für kulturelle Veranstaltungen** there are still funds available for cultural events; **sich** [**für jdn/etw**] **~ machen** to make oneself available [for sb/sth]; ■**~** [**für jdn**] **sein** to be free [to see/speak to sb] ❹ (*nicht besetzt/belegt*) free; **eine ~e Stelle/Toilette** a vacant position/toilet; **ein ~es Zimmer** a vacant room; **ist dieser Platz noch ~?** is this seat [already] taken?; **haben Sie noch ein Zimmer ~?** do you still have a room available?; **einen Platz ~ lassen** to keep a seat free; **einen Platz ~ machen** to vacate a seat *form* ❺ (*kostenlos*) free; **der Eintritt ist ~** entrance is free; **„Eintritt ~"** 'admission free'; **„Lieferung ~ Haus"** free home delivery ❻ (*ohne etw*) ■**~ von etw** *dat* **sein** to be free of sth; **~ von Konservierungsstoffen** free from preservatives; **~ von Schuld** blameless ❼ (*ohne Hilfsmittel*) off-the-cuff; **~e Rede/~er Vortrag** impromptu speech/lecture ❽ (*auslassen*) **eine Zeile ~ lassen** to leave a line free ❾ (*offen*) open; **~es Gelände** open country ❿ (*ungezwungen*) free and easy; **ihre Auffassungen sind mir doch etwas zu ~** her views are a little too liberal for me; **ich bin so ~** (*geh*) if I may; **ich bin so ~ und nehme mir noch ein Stück** I'll have another piece if I may ⓫ (*unbekleidet*) bare; **sich ~ machen** to get undressed; **machen Sie bitte Ihren Arm ~** please roll up your sleeve; **machen Sie bitte ihren Bauch ~** please uncover your stomach ⓬ (*ungefähr*) **~ nach ...** roughly quoting... **II.** *adv* ❶ (*unbeeinträchtigt*) freely; **der Baum sollte jetzt ~ gestellt werden** a space should be cleared around the tree now; **das Haus steht ganz ~** the house stands completely on its own; **die Mörderin läuft immer noch ~ herum!** the murderess is still on the loose!; **~ atmen** to breathe easy ❷ (*uneingeschränkt*) casually; **sich ~ bewegen können** to be able to move in an uninhibited manner ❸ (*nach eigenem Belieben*) **~ erfunden** to be completely made up ❹ (*ohne Hilfsmittel*) **~ sprechen** to speak off-the-cuff; **~ in der Luft schweben** to hover unsupported in the air ❺ (*nicht gefangen*) **~ laufend** *Tiere* free-range; **~ lebend** living in the wild
Frei·bad *nt* outdoor swimming pool, lido **frei|be·kom·men*** *vt irreg* ❶ (*fam: nicht arbeiten müssen*) **einen Tag/eine Woche** [**von jdm**] **~** to be given a day/a week off [by sb] ❷ (*befreien*) ■**jdn ~ bekommen** to have sb released **Frei·be·ruf·ler(in)** <-s, -> *m(f)* freelance[r] **frei·be·ruf·lich I.** *adj* freelance **II.** *adv* freelance **Frei·be·trag** *m* allowance **Frei·beu·ter(in)** <-s, -> ['fraibɔytɐ] *m(f)* buccaneer **Frei·beu·te·rei** <-> *f kein pl* piracy **Frei·bier** *nt* free beer **Frei·brief** *m* (*Urkunde*) charter ▶ WENDUNGEN: **jdm einen ~ für etw** *akk* **ausstellen** to give sb carte blanche to do sth; **etw als einen ~ für etw** *dat* **betrachten** [*o* **ansehen**] to see sth as carte blanche to do sth; **kein ~ für jdn sein** to not give sb carte blanche
Frei·burg <-s> ['fraibʊrk] *nt* ❶ (*in Deutschland*) Freiburg ❷ (*in der Schweiz*) Fribourg
Frei·den·ker(in) *m(f)* freethinker
Frei·e(r) *f(m) dekl wie adj* freeman
Frei·e(s) *nt dekl wie adj* **jdn ins ~ befördern** to throw sb out; **im ~n** in the open air; **bei schönem Wetter findet die Party im ~ statt** the party takes place outdoors when the weather is fine; **ins ~** outside
frei·en ['fraiən] (*veraltet*) **I.** *vt* ■**jdn ~** to marry sb **II.** *vi* ■**um jdn ~** to court [*or dated* woo] sb; *s. a.* **jung**
Frei·er <-s, -> *m* ❶ (*euph: Kunde einer Hure*) punter BRIT, John AM ❷ (*veraltet: Bewerber*) suitor
Frei·ers·fü·ße *pl* ▶ WENDUNGEN: **auf ~n wandeln** [*o* **gehen**] (*hum*) to be on the lookout for a wife
Frei·ex·em·plar *nt* free copy **Frei·fahr·kar·te** *f* free ticket **Frei·fahr·schein** *m s.* **Freifahrkarte Frei·fahrt** *f* free journey **frei·fi·nan·ziert** *adj* privately-financed **Frei·frau** *f fem form von* **Freiherr** baroness
Frei·ga·be *f* release; FIN unblocking, unfreezing; **~ des Wechselkurses** floating of the exchange rate; **die ~ der Preise** the lifting of price controls
Frei·gang *m* day-release from imprisonment (*the prisoner may go out to work during the day but has to return for the night*) **Frei·gän·ger(in)** <-s, -> *m(f)* prisoner on day-release (*allowed to go out to work during the day but obliged to return at night*) **frei|ge·ben** *irreg* **I.** *vt* ❶ (*nicht mehr zurückhalten*) ■**etw ~** to unblock [*or* unfreeze] sth; **Wechselkurs[e] ~** to float the exchange rate[s]; (*zur Verfügung stellen*) to make accessible; **die Straße wurde wieder freigegeben** the street was opened up again ❷ (*Urlaub geben*) ■**jdm einen Tag/eine Woche etc. ~** to give sb a day/a week etc. off **II.** *vi* ■**jdm ~** to give sb time off

frei·ge·big ['fraige:bɪç] *adj* generous

Frei·ge·big·keit <-> *f kein pl* generosity

Frei·ge·he·ge *nt* open-air enclosure **Frei·geist** ['fraigaist] *m s.* **Freidenker** **Frei·ge·päck** *nt* luggage allowance **Frei·gren·ze** *f* exemption limit **Frei·gut** *nt* duty-free goods **frei|ha·ben** *vi irreg* to have time off, to be off; **ich habe heute frei** I've got the day off today **Frei·ha·fen** *m* free port **frei|hal·ten** *vt irreg* ❶ (*nicht versperren*) ■**etw** ~ to keep sth clear; **„Einfahrt ~"** 'do not obstruct the entrance', 'private entrance – no parking' ❷ (*reservieren*) [**jdm/für jdn**] **einen Platz** ~ to save [*or* reserve] [sb] a seat, to save [*or* reserve] a seat [for sb] ❸ (*jds Zeche begleichen*) ■**jdn** ~ to pay for sb; **sich ~ lassen** to have one's bill paid; **sich von jdm ~ lassen** to let sb pay for one **Frei·han·del** *m* free trade **Frei·han·dels·zo·ne** *f* free trade area; **die Europäische ~** European Free Trade Area

frei·hän·dig ['fraihɛndɪç] **I.** *adj* ❶ (*ohne Hände*) with no hands *pred* ❷ (*ohne Hilfsmittel*) freehand; **~es Zeichnen** to draw freehand; **~es Schießen** offhand shooting **II.** *adv* ❶ (*ohne Hände*) without the use of one's hands; **~ Rad fahren** to cycle with no hands ❷ (*ohne Hilfsmittel*) freehand; **~ zeichnen** to draw freehand; **~ schießen** to shoot offhand

Frei·heit <-, -en> ['fraihait] *f* ❶ *kein pl* (*das Nichtgefangensein*) freedom *no pl,* liberty *no pl form;* **~, Gleichheit, Brüderlichkeit** liberty, equality, fraternity; **jdm/einem Tier die ~ schenken** to free sb/an animal; **in ~ lebende Tiere** animals living in the wild; **in ~ sein** to have escaped ❷ ([*Vor*]*recht*) liberty, privilege; **sich** *dat* **~en erlauben** to take liberties; **besondere ~en genießen** to enjoy certain liberties; **sich** *dat* **die ~ nehmen** [*o* **herausnehmen**], **etw zu tun** to take the liberty of doing sth *form* ❸ (*nach eigenem Willen handeln können*) freedom *no pl;* **dichterische ~** poetic licence [*or* AM -se]; **sich in seiner persönlichen ~ eingeschränkt fühlen** to feel one's personal freedom is restricted; **alle ~en haben** to be free to do as one pleases; **die ~ haben** [*o geh* **genießen**], **etw zu tun** to be at liberty to do sth *form*

frei·heit·lich *adj* liberal; *s. a.* **Grundordnung**

Frei·heits·be·rau·bung *f* unlawful detention **Frei·heits·drang** *m* urge to be free, urge for freedom **Frei·heits·ent·zug** *m* imprisonment **Frei·heits·kampf** *m* struggle for freedom **Frei·heits·kämp·fer(in)** *m(f)* freedom fighter **Frei·heits·krieg** *m* HIST war of independence [*or* liberation]; ■**die ~e** the Wars of Liberation **Frei·heits·lie·be** *f* love of freedom **frei·heits·lie·bend** *adj* freedom-loving **Frei·heits·raum** *m* sphere of freedom [*or* liberty] **Frei·heits·sta·tue** *f* ■**die** [**amerikanische**] ~ the [American] Statue of Liberty **Frei·heits·stra·fe** *f* prison sentence

frei·he·raus [fraihɛ'raus] *adv* frankly **Frei·herr** *m* baron **frei·herr·lich** *adj attr* baronial **Frei·kar·te** *f* free ticket **frei|kau·fen** *vt* ❶ (*loskaufen*) ■**jdn** ~ to pay for sb's release; **eine Geisel ~** to pay for the release of a hostage; ■**sich** ~ to buy one's freedom ❷ (*entledigen*) ■**sich von etw** *dat* ~ to buy one's way out of sth **Frei·kir·che** *f* free church **Frei·klet·tern** *nt* cliff hanging **frei|kom·men** *vi irreg sein* ■ [**aus etw** *dat*] ~ to be freed [from sth], to be released [from sth] **Frei·kör·per·kul·tur** *f kein pl* nudism *no pl* **Frei·korps** *nt* volunteer corps

Frei·land *nt* open land; **auf/im/ins ~** outdoors, in the open

Frei·land·ge·mü·se *nt* vegetables grown outdoors **Frei·land·kul·tur** *f* cultivation of outdoor crops **Frei·land·mu·se·um** *nt* open-air museum **Frei·land·pflan·ze** *f* plant grown outdoors

frei|las·sen *vt irreg* ■**jdn/ein Tier** ~ to free [*or* release] sb/an animal **Frei·las·sung** <-, -en> *f* release **Frei·lauf** *m Fahrrad* free-wheeling mechanism; *Maschinen* free-running mechanism **frei·lau·fend** *adj s.* **frei II. 5** **frei·le·bend** *adj s.* **frei II. 5** **frei|le·gen** *vt* ■**etw** ~ *Grundmauern* to uncover [*or* unearth] sth; **ein Organ ~** to expose organ **Frei·le·gung** <-, -en> *f* *Grundmauern* uncovering, unearthing; *Organ* exposing **Frei·lei·tung** *f* overhead line

frei·lich ['frailɪç] *adv* ❶ (*allerdings*) though, however; **bei dem Preis kannst du ~ keine Spitzenqualität erwarten** at that price, though, you can't really expect to get top quality ❷ *bes* SÜDD (*natürlich*) [**ja**] **~!** [but] of course

Frei·licht·büh·ne *f* open-air theatre [*or* AM -er] **Frei·licht·Dis·co, Frei·licht·Dis·ko** *f* open-air disco **Frei·licht·ki·no** *nt* open-air cinema **Frei·licht·mu·se·um** *nt* open-air exhibition **Frei·licht·spie·le** *pl* open-air theatre *no pl* **Frei·licht·the·a·ter** *nt s.* **Freilichtbühne**

Frei·los *nt* free draw **frei|ma·chen I.** *vt* ■**etw** ~ to stamp sth; (*without stamping*) to frank sth **II.** *vi* (*fam*) to take time off **III.** *vr* (*fam*) ■**sich** *akk* ~ to take time off; **kannst du dich morgen für ein paar Stunden ~?** can you take a couple of hours off tomorrow?

Frei·mau·rer ['fraimaurɐ] *m* Freemason

Frei·mau·re·rei <-> [fraimaurə'rai] *f kein pl* Freemasonry *no pl*

Frei·mau·rer·lo·ge *f* Masonic lodge

Frei·mut ['fraimu:t] *m kein pl* frankness; **mit allem ~** in all frankness

frei·mü·tig ['fraimy:tɪç] *adj* frank

Frei·mü·tig·keit <-> *f kein pl* frankness

Frei·plas·tik *f* outdoors sculpture **Frei·platz** *m* ❶ (*kostenloser Platz*) free seat ❷ (*Stipendium*) scholarship **frei|pres·sen** *vt* ■**jdn** ~ to secure sb's release by menaces **Frei·raum** *m* freedom; **mehr ~ brauchen** to need more freedom; **jdm viel ~ geben** to give sb a lot of freedom; **jdm den ~ nehmen** to invade sb's personal space **frei·re·li·gi·ös** *adj* non-denominational **frei·schaf·fend** *adj attr* freelance **Frei·schaf·fen·de(r)** *f(m) dekl wie adj* freelance[r] **Frei·schär·ler(in)** <-s, -> ['fraiʃɛ:ɐ̯lɐ] *m(f)* guer[r]illa **frei|schau·feln** *vt* ■**etw** ~ to shovel sth free **frei|schie·ben** *vt* KOCHK **Brot ~** *to bake bread loaves freely spaced out to form dark crusts along the sides* **frei|schie·ßen** *vt irreg* ■**jdn** ~ to free sb in a shootout **frei|schwim·men** *vr irreg* ■**sich** ~ to get one's swimming certificate (*certificate for which one must swim for 15 minutes*) **Frei·schwim·mer(in)** *m(f)* ❶ (*jd mit einem ~*) person who has his/her swimming certificate (*swimming certificate for which one must swim for 15 minutes*) ❷ (*fam: Bescheinigung*) *swimming certificate for which one must swim for 15 minutes;* **den ~ haben** to have one's swimming certificate; **den ~ machen** to do the test for the swimming certificate **Frei·schwim·mer·zeug·nis** *nt* swimming certificate **frei|set·zen** *vt* ❶ (*entfesseln*) ■ [**bei jdm**] **etw** ~ to release sth [in sb] ❷ CHEM ■**etw** ~ to release sth ❸ (*euph: entlassen*) ■**jdn** ~ to make sb redundant, to have to let sb go *euph* **Frei·set·zung** <-, -en> *f* ❶ (*Entfesselung*) release ❷ CHEM release ❸ (*euph: Entlassung*) redundancy **frei·sin·nig** *adj* (*veraltet*) liberal **frei|spre·chen** *vt irreg* ❶ JUR ■**jdn** ~ to acquit sb; **sie wurde im Urteil in allen Punkten der Anklage freigesprochen** she was acquitted on all accounts ❷ (*lossprechen*) ■**jdn von etw** *dat* ~ to clear sb of sth ❸ (*zum Gesellen etc. erklären*) ■**jdn** ~ to present sb with his/her skilled trades certificate etc. **Frei·sprech·mi·kro·fon** *nt,* **Frei·sprech·mi·kro·phon** *nt* TECH wireless headset **Frei·spruch** *m* acquittal; **~ beantragen** to apply for an acquittal; **auf ~ plädieren** to plead for an acquittal **Frei·staat** *m* (*veraltend*) free state; **der ~ Bayern** the Free State of Bavaria **Frei·statt** *f,* **Frei·stät·te** *f* (*geh*) sanctuary **frei|ste·hen** *vi irreg* ❶ (*überlassen sein*) ■**jdm steht es frei, etw zu tun** sb is free to do sth; **wenn du gehen willst, bitte, das steht dir völlig frei** if you want to go that's completely up to you ❷ (*leer stehen*) to be [*or* stand] empty **frei|stel·len** *vt* ❶ (*selbst entscheiden lassen*) ■**jdm etw** ~ to leave sth up to sb ❷ (*euph: entlassen*) ■**jdn** ~ to make sb redundant ❸ (*befreien*) ■**jdn von etw** *dat* ~ to exempt [*or* excuse] sb from sth; **jdn vom Wehrdienst ~** to exempt sb from military service; ■**jdn** [**für etw** *akk*] ~ to release sb [for sth] **Frei·stem·pel** *m* postmark

Frei·stil·rin·gen *nt* freestyle wrestling **Frei·stil·schwim·men** *nt* freestyle [swimming]

Frei·stoß *m* free kick; **einen ~ verhängen, auf ~ entschei-**

den to award a free kick; **einen ~ verwandeln** to put a free kick away; **direkter/indirekter** ~ direct/indirect free kick **Frei·stück** *nt s.* **Freiexemplar** **Frei·stun·de** *f* SCH free period; **eine ~/~n haben** to have a free period/free periods

Frei·tag <- [e]s, -e> ['fraita:k, *pl* -ta:gə] *m* Friday; *s. a.* **Dienstag**

Frei·tag·abend[RR] *m* Friday evening; *s. a.* **Dienstag** **frei·tag·abends**[RR] *adv* [on] Friday evenings

frei·tä·gig *adj* on Friday

frei·täg·lich *adj* [regular] Friday *attr*

Frei·tag·mit·tag[RR] *m* [around] noon on Friday; *s. a.* **Dienstag** **frei·tag·mit·tags**[RR] *adv* [around] noon on Fridays **Frei·tag·mor·gen**[RR] *m* Friday morning; *s. a.* **Dienstag** **frei·tag·mor·gens**[RR] *adv* [on] Friday mornings **Frei·tag·nach·mit·tag**[RR] *m* Friday afternoon; *s. a.* **Dienstag** **frei·tag·nach·mit·tags**[RR] *adv* [on] Friday afternoons **Frei·tag·nacht**[RR] *f* Friday night; *s. a.* **Dienstag** **frei·tag·nachts**[RR] *adv* [on] Friday nights

frei·tags ['fraita:ks] *adv* [on] Fridays; ~ **abends/nachts/vormittags** on Friday evenings/nights/mornings

Frei·tag·vor·mit·tag[RR] *m* Friday morning; *s. a.* **Dienstag** **frei·tag·vor·mit·tags**[RR] *adv* [on] Friday mornings

Frei·tod *m* (*euph*) suicide; **den ~ wählen** to commit suicide **frei·tra·gend** *adj* self-supporting **Frei·trep·pe** *f* flight of stairs **Frei·übung** *f* SPORT exercise; **~en machen** to exercise **Frei·um·schlag** *m* stamped addressed envelope

freiweg *adv* (*fam*) cooly

Frei·wild *nt* fair game

frei·wil·lig ['fraivɪlɪç] **I.** *adj* voluntary; **~er Helfer** voluntary helper; **~e Versicherung** voluntary insurance; *s. a.* **Feuerwehr** **II.** *adv* voluntarily; **etw ~ tun** to do sth voluntarily; **sich ~ versichern** to take out voluntary insurance

Frei·wil·li·ge(r) ['fraivɪlɪgə, 'fraivɪlɪgɐ] *f(m) dekl wie adj* **a.** MIL volunteer; **~e vor!** volunteers, one pace forwards!

Frei·wil·lig·keit <-> *f kein pl* voluntary nature

Frei·wurf *m* free throw **Frei·zei·chen** *nt* ringing tone

Frei·zeit *f* ① (*arbeitsfreie Zeit*) free time, leisure [time] ② (*Zusammenkommen einer Gruppe*) weekend/holiday course; **auf eine ~ gehen** to attend a weekend/holiday course; **eine ~ veranstalten** to organize a weekend/holiday course

Frei·zeit·an·zug *m s.* **Freizeitkleidung** **Frei·zeit·aus·gleich** *m* time off in lieu **Frei·zeit·be·schäf·ti·gung** *f s.* **Freizeitgestaltung** **Frei·zeit·ge·stal·tung** *f* free-time activities, leisure activities **Frei·zeit·hemd** *nt* casual shirt **Frei·zeit·in·dust·rie** *f* leisure industry **Frei·zeit·klei·dung** *f* leisure wear **Frei·zeit·park** *m* amusement park **Frei·zeit·wert** *m* value in terms of leisure

frei·zü·gig *adj* ① (*großzügig*) liberal, generous ② (*moralisch liberal*) liberal, tolerant, permissive; (*offenherzig*) revealing *a. hum;* **~er Ausschnitt** a revealing[ly low] [*or* daring] neckline ③ (*frei in der Wahl des Wohnsitzes*) free to move [*or* roam]

Frei·zü·gig·keit <-> *f kein pl* ① (*großzügige Beschaffenheit*) liberalness, generosity ② (*moralisch lockere Einstellung*) liberalness, permissiveness ③ (*Freiheit in der Wahl des Wohnortes*) freedom of movement

fremd [frɛmt] *adj* ① (*anderen gehörig*) somebody else's; **ich schlafe nicht gern in ~en Betten** I don't like sleeping in strange beds; **~es Eigentum** somebody else's property, property of another *form; s. a.* **Hilfe, Ohr** ② (*fremdländisch*) *Gegend, Länder, Sitten* foreign; *bes* ADMIN alien ③ (*unbekannt*) strange, unfamiliar, alien; **ich bin hier ~** I'm not from round here [*or* these parts]

fremd·ar·tig ['frɛmtʔa:ɐ̯tɪç] *adj* (*ungewöhnlich*) strange, outlandish; (*exotisch*) exotic

Fremd·ar·tig·keit <-> *f kein pl* (*Ungewöhnlichkeit*) strangeness, outlandishness; (*exotische Art*) exoticism

Fremd·be·ein·flus·sung *f* external [*or* outside] influence **Fremd·be·stäu·bung** *f* cross-pollination [*or* -fertilization] **fremd·be·stimmt** *adj* heteronomous *spec*

Frem·de <-> ['frɛmdə] *f kein pl* (*geh*) ■**die ~** foreign [*or* distant] parts *npl;* **in die ~ gehen** to go abroad; **in der ~ sein** to be abroad [*or* BRIT in foreign parts]

Frem·de(r) ['frɛmdə, -dɐ] *f(m) dekl wie adj* stranger; (*Ausländer*) foreigner

Fremd·ein·wir·kung *f* outside [*or* external] influence **Fremd·ei·weiß** *nt* foreign protein

frem·deln ['frɛmdl̩n] *vi* to be shy [*or* frightened] of strangers

frem·den ['frɛmdn̩] *vi* SCHWEIZ (*fremdeln*) to be scared of strangers

frem·den·feind·lich *adj* hostile to strangers *pred,* xenophobic; **ein ~er Anschlag** a racist [*or* racially-provoked] attack **Frem·den·feind·lich·keit** *f* hostility to strangers, xenophobia **Frem·den·füh·rer(in)** *m(f)* [tourist] guide **Frem·den·le·gi·on** *f kein pl* ■**die ~** the [French] Foreign Legion; **zur ~ gehen** to join the Foreign Legion **Frem·den·le·gi·o·när** *m* Foreign Legionnaire **Frem·den·ver·kehr** *m* ■**[der] ~** tourism *no indef art, no pl,* [the] tourist trade **Frem·den·ver·kehrs·ver·ein** *m* tourist association **Frem·den·zim·mer** *nt* ① *s.* **Gästezimmer** ② (*veraltend: Zimmer in Pension*) room; **„~"** 'vacancies'

Fremd·fi·nan·zie·rung *f* outside [*or spec* debt] financing **Fremd·fir·ma** *f* outside company

fremd|ge·hen *vi irreg sein* (*fam*) to be unfaithful, to two-time sb *fam*

Fremd·gen *nt* BIOL (*Gen, welches einem anderen Organismus übertragen worden ist*) heterologous gene

Fremd·heit <-, *selten* -en> *f* strangeness, foreignness

Fremd·herr·schaft *f kein pl* foreign rule [*or* domination] **Fremd·ka·pi·tal** *nt* outside [*or* borrowed] capital **Fremd·kör·per** *m* ① MED foreign body; **einen ~ im Auge haben** to have a foreign body in one's eye ② (*fig: jd, der sich nicht dazugehörig fühlt*) alien element; **sich als** [*o* **wie ein**] **~ fühlen** to feel out of place **fremd·län·disch** ['frɛmtlɛndɪʃ] *adj* foreign, exotic

Fremd·ling <-s, -e> ['frɛmtlɪŋ] *m* (*veraltend geh*) stranger

Fremd·mit·tel *pl* FIN borrowed funds [*or* money *nsing*]

Fremd·spra·che *f* foreign language; **~n studieren/unterrichten** to study/teach [modern] languages

Fremd·spra·chen·kor·res·pon·dent(in) *m(f)* bilingual [*or* multilingual] secretary **Fremd·spra·chen·un·ter·richt** *m* language teaching; **~ geben** [*o geh* **erteilen**] to give language classes

fremd·spra·chig *adj* foreign-language *attr;* **~e Literatur** foreign literature; **~e Texte** foreign-language texts **fremd·sprach·lich** *adj* foreign-language *attr;* **~er Unterricht** teaching in a foreign language **Fremd·wäh·rung** *f* FIN external [*or* foreign] currency **Fremd·wort** *nt* borrowed [*or* foreign] word, borrowing; **Höflichkeit ist für dich wohl ein ~!** politeness isn't part of your vocabulary!, I see you never went to charm school! *iron* **Fremd·wör·ter·buch** *nt* dictionary of borrowed [*or* foreign] words

fre·ne·tisch [fre'ne:tɪʃ] **I.** *adj* frenetic, frenzied; **~er Beifall** wild applause **II.** *adv* frenetically; **jdn/etw ~ beklatschen** to applaud sb/sth wildly, to give sb/sth wild applause

fre·quen·tie·ren* [frekvɛn'ti:rən] *vt* (*geh*) ■**etw** [**häufig**] ~ *Kneipe, Lokal etc.* to [often] frequent sth [*or* patronize]

Fre·quenz [fre'kvɛnts] *f* ① (*Häufigkeit*) frequency ② PHYS frequency ③ (*Zahl des Puls- o Herzschlags*) [pulse] rate ④ (*Verkehrsstärke*) volume of traffic

Fre·quenz·mo·du·la·ti·on *f* RADIO frequency modulation, FM

Fres·ko <-s, Fresken> ['frɛsko, *pl* 'frɛskən] *nt* fresco

Fres·sa·li·en [frɛ'sa:li̯ən] *pl* (*fam*) grub *no indef art, no pl fam,* nosh *no indef art, no pl fam*

Fres·se <-, -n> ['frɛsə] *f* (*derb*) ① (*Mund*) gob BRIT *sl,* trap *sl,* cakehole BRIT *sl* ② (*Gesicht*) mug *fam,* phiz[og] BRIT *sl* ▶ WENDUNGEN: **eine große ~ haben** to shoot one's mouth off *sl,* to be a loudmouth *fam;* **die ~ halten** to shut one's gob BRIT *sl* [*or sl* face] [*or sl* mouth]; **halt die ~!** shut your face!; **jdm eins** [*o*

Freude, Begeisterung

Freude ausdrücken	expressing joy
Wie schön, dass du gekommen bist!	**It's great of** you to come!
Ich bin sehr froh, dass wir uns wieder sehen.	**I'm really glad** to see you again.
Sie haben mir damit **eine große Freude bereitet.**	**You have made me very happy** (by doing that/this).
Ich könnte vor lauter Freude in die Luft springen. *(fam)*	**I could jump for joy.**

Begeisterung ausdrücken	expressing enthusiasm
Fantastisch!	Fantastic!
Toll! *(fam)*/**Wahnsinn!** *(sl)*/**Super!** *(sl)*/**Cool!** *(sl)*/**Krass!** *(sl)*	**Great!/Amazing!** *(fam)*/**Super!** *(fam)*/**Cool!** *(fam)*/**Wicked!** *(fam)*
Auf diesen Sänger **fahre ich voll ab.** *(sl)*	**I'm really into** this singer.
Ich bin ganz hin und weg. *(fam)*	**I'm completely bowled over.** *(fam)*
Ihre Darbietung **hat mich richtig mitgerissen.**	**I got really carried away by** her performance.

was| in die ~ hauen, jdm die ~ polieren to smash sb's face in *fam;* **ach du meine ~!** Jesus [*or hum sl* Jesus H.] Christ!

fres·sen <fraß, gefressen> ['frɛsn̩] **I.** *vi* ① (*von Tieren: Nahrung verzehren*) ■**[aus/von etw** *dat***]** ~ to eat [*or* feed] [out of/from sth] ② (*pej derb: von Menschen: in sich hineinschlingen*) **[gierig]** ~ to guzzle *fam,* to scoff *fam;* **für drei** ~ to eat enough for a whole army *fam* ③ (*fig: langsam zerstören*) ■**an etw** *dat* ~ to eat away at [*or* into] sth, to attack sth ④ (*fig geh: an jdm nagen*) ■**in jdm** ~ to eat [*or* gnaw] at sb **II.** *vt* ■**etw** ~ ① (*von Tieren: Nahrung verzehren*) to eat sth; (*sich ernähren von*) to feed on sth; **etw leer** ~ to lick sth clean; **etw zu** ~ **bekommen** [*o* **kriegen**] (*pej fam: bei Menschen*) to get [*or* be given] sth to eat ② (*pej derb: von Menschen: in sich hineinschlingen*) to scoff [*or* guzzle] sth *fam* ③ (*fig: verbrauchen*) to gobble up sth *sep fam;* **Benzin/Öl** ~ to gobble up *sep* [*or* guzzle] petrol/oil *fam;* **[viel] Geld** ~ *Anschaffungen, Vorhaben* sth is swallowing [up *sep*] [a lot of] money ▸WENDUNGEN: **jdn zum F~ gernhaben** (*fam*) sb is good enough to eat *fam;* **jdn/etw gefressen haben** (*fam*) to have had one's fill with sb/sth, to have had just about as much as one can take of sb/sth; **endlich hat sie/er es gefressen!** (*fam*) she/he got there [*or* it] at last!, at last the penny's dropped! BRIT; **jdn ansehen, als ob man ihn/sie ~ will** (*fam*) to look daggers at sb BRIT, to give sb a murderous look; **ich werd' dich schon nicht gleich ~** (*fam*) I'm not going to eat you *fam* **III.** *vr* ① (*fig: sich vorarbeiten*) ■**sich in/durch etw** *akk* ~ to work into/through sth ② (*fig: langsam zerstören*) ■**sich durch etw** *akk* ~ to eat through sth ③ (*Nahrung aufnehmen*) **sich satt** ~ to eat one's fill, to gorge oneself; (*Menschen a.*) to stuff oneself

Fres·sen <-s> ['frɛsn̩] *nt kein pl* ① (*Tierfutter*) food ② (*pej sl: Fraß*) muck *fam,* yuk BRIT *fam;* (*Festessen*) blowout *fam,* nosh-up BRIT *fam* ▸WENDUNGEN: **ein gefundenes ~ für jdn sein** (*fam*) to be handed to sb on a plate

Fres·ser(in) <-s, -> *m(f)* (*fig sl*) glutton, greedyguts BRIT, bottomless pit AM *fam;* **ein unnützer** ~ an idle mouth to feed

Fres·se·rei <-, -en> [frɛsə'rai] *f* (*pej sl*) guzzling *fam,* gluttony

Fress·gier^{RR} *f* (*pej*) greediness, gluttony **Fress·korb**^{RR} *m* (*fam*) food hamper [*or* AM basket]; (*für Picknick*) [picnic] basket [*or* BRIT hamper] **Fress·napf**^{RR} *m* [feeding] bowl **Fress·pa·ket**^{RR} *nt* (*fam*) food parcel

fresst^{RR}, **freßt**^{ALT} *imper pl von* **fressen**

Fress·werk·zeu·ge^{RR} *pl* (*Organe von Tieren, bes Insekten*) mouthparts **Fress·zel·le**^{RR} *f* MED phagocyte

Frett·chen <-s, -> ['frɛtçən] *nt* ferret

Freu·de <-, -n> ['frɔydə] *f* ① *kein pl* (*freudige Gemütsverfassung*) pleasure, joy, delight; **was für eine ~, dich wiederzusehen!** what a pleasure to see you again!; **es ist mir eine ~, Ihnen behilflich sein zu können** it gives me [great [*or* real]] pleasure to be of help [to you]; **nur** [*o* **bloß**] **die halbe ~ sein** to be only half the pleasure; **seine helle ~ an etw** *dat* **haben** to get sheer pleasure out of sth; **sie hatte ihre helle ~ daran** she got sheer pleasure out of it; **keine reine ~ sein, etw zu tun, aber ...** to be not exactly a pleasure to do sth, but ... *a. iron;* **eine wahre** [*o* **die reinste**] **~ sein, etw zu tun** it is a real joy [*or* pleasure] to do sth; **~ an etw** *dat* **haben** to derive pleasure from sth; **~ am Leben haben** to enjoy life; **keine ~ am Leben haben** to get no joy out of life; **da kommt ~ auf** it's a joy to see [*or* behold]; **jdm eine [große] ~ machen** [*o geh* **bereiten**] to make sb [very] happy, to be a [great] joy to sb; **etw macht jdm ~** sb enjoys [doing] sth; **das macht mir keine ~** I don't enjoy it at all; **von ~ erfüllt werden** to be filled with pleasure [*or* joy] [*or* delight]; ■**jds ~ an etw** *dat* the joy [*or* pleasure] sb gets from sth; **aus ~ an der Sache** (*fam*) for the love of it; ■**jds ~ über etw** *akk* sb's joy [*or* delight] at sth; **vor ~** with joy [*or* delight]; **vor ~ in die Luft springen können** to want to jump for joy; **vor ~ weinen** to weep for [*or* with] joy; **zu unserer großen ~** to our great delight; **zu meiner [aller]größten ~ kann ich Ihnen mitteilen ...** it gives me the greatest of pleasure to be able to inform you ... ② *pl* (*Vergnügungen*) **die ~n des Ehelebens/der Liebe** the pleasures [*or* joys] of married life/of love; **die kleinen ~n [des Lebens]** the little pleasures [in life]; **mit ~n** with pleasure; **herrlich und in ~n leben** to live a life of ease [*or* in the lap of luxury]; **etw herrlich und in ~n genießen** to enjoy sth to the full ▸WENDUNGEN: **Freud und Leid mit jdm teilen** to share one's joys and sorrows with sb; **in Freud und Leid zueinander halten** to stand by each other through thick and thin

Freu·den·bot·schaft *f* (*geh*) good news *no pl, no indef art,* glad tidings *npl liter* **Freu·den·fest** *nt* [joyful] celebration **Freu·den·feu·er** *nt* bonfire **Freu·den·ge·schrei** *nt* cries of joy, cheering *no indef art, no pl;* **ein ~ erheben** (*geh*) to give a cheer **Freu·den·haus** *nt* (*euph veraltend*) brothel **Freu·den·mäd·chen** *nt* (*euph veraltend*) prostitute, lady of the night *dated* **Freu·den·schrei** *m* joyful cry, cry of joy; **in ~e ausbrechen** to start cheering [for joy] **Freu·den·sprung** *m* joyful leap; **Freudensprünge/einen ~ machen** to jump for joy **Freu·den·tag** *m* happy [*or* joyful *liter*] day, red-letter day BRIT **Freu·den·tanz** *m* dance of joy; **Freudentänze/einen ~ aufführen** [*o* **vollführen**] to dance with joy; **wilde Freuden-**

tänze aufführen [*o* **vollführen**] to dance with wild abandon **Freu·den·tau·mel** *m* ecstasy [of joy], raptures *npl* [*or* euphoria]; **in einen [wahren] ~ verfallen** to become [absolutely] euphoric, to go into raptures [*or* transports of delight] **Freu·den·trä·nen** *pl* tears of joy; **~ weinen** [*o* **vergießen**] to cry for joy, to shed tears of joy

freu·de·strah·lend I. *adj nicht pred* beaming [with delight], radiant II. *adv* joyfully, with great joy

freu·dig ['frɔydɪç] I. *adj* ❶ (*voller Freude*) joyful, happy; **in ~er Erwartung** looking forward to sth with great pleasure, in joyful expectation *form;* **ein ~es Gefühl** a delightful feeling ❷ (*erfreulich*) pleasant, joyful *liter;* **eine ~e Entwicklung** a happy [*or* pleasing] development; *s. a.* **Ereignis** II. *adv* with joy [*or* delight]; **~ erregt** excited; **~ überrascht** pleasantly surprised

freud·los ['frɔytlo:s] *adj* (*pej*) cheerless, joyless, bleak

freu·en ['frɔyən] I. *vr* ❶ (*voller Freude sein*) ■**sich [über etw** *akk*] **~** to be glad [*or* pleased] [about sth]; **sich über ein Geschenk ~** to be pleased with a present; **sich sehr [über etw** *akk*] **~** to be delighted [with sth]; ■**sich für jdn ~** to be pleased [*or* glad] for sb['s sake]; ■**sich mit jdm ~** to share sb's happiness; **sich ~, etw tun zu dürfen/können** to be pleased to be able to do sth ❷ (*freudig erwarten*) ■**sich auf jdn ~** to look forward to seeing sb; ■**sich auf etw** *akk* **~** to look forward to [doing] sth ▸WENDUNGEN: **sich zu früh ~** to get one's hopes up too soon; **freu dich nicht zu früh!** don't get your hopes up too soon!, don't count your chickens before they're hatched! *fig* II. *vt* ❶ (*erfreuen*) ■**jdn ~** to please sb, to be a cause of pleasure to sb *form* ❷ *impers* ■**es freut mich, dass ...** I'm pleased [*or* glad] that ...; **es freut mich, dir helfen zu können** I'm pleased to be able to help you; **[das] freut mich für dich** I'm pleased [*or* happy] for you, that's great; **freut mich[, Ihre Bekanntschaft zu machen]** [I'm] pleased to meet you

Freund(in) <-[e]s, -e> ['frɔynt,'frɔyndɪn, *pl* 'frɔyndə] *m(f)* ❶ (*Kamerad*) friend; **ist das ein ~ von dir?** is that a friend of yours?; **du bist mir ja ein schöner ~** (*iron fam*) a fine friend you are *iron;* **mein lieber ~!** (*iron*) my dear fellow! *iron dated;* **sie sind alte ~e** they're old friends; **~ und Feind** friend and foe; **jdn zum ~ gewinnen** to gain sb's friendship [*or* sb as a friend]; **mit jdm gut ~ sein** to be good friends with sb; **unter ~en** (*fam*) among friends ❷ (*intimer Bekannter*) boyfriend; (*intime Bekannte*) girlfriend; **jdn zum ~ haben** to be [going out] with sb ❸ (*fig: Anhänger*) lover; **ein ~ der Natur** a nature-lover, a lover of nature; **kein ~ von etw** *dat* **sein** to not be one for sth; **kein ~ von vielen Worten sein** to not be one for talking much, to be a man/woman of few words

Freund·chen <-s, -> *nt* (*fam*) my [fine] friend *iron,* sonny [Jim] BRIT *iron;* **~!** watch it, pal! [*or* BRIT mate] *fam*

freund·eid·ge·nös·sisch *adj* SCHWEIZ (*geh*) ≈ [politically] reconciliatory (*what is deemed proper for friends - Freunde - and politically responsible citizens - Eidgenossen - to promote unity between the disparate Swiss cantons*)

Freun·des·kreis *m* circle of friends; **im engsten ~** with one's closest friends

Freund-Feind-Den·ken *nt* attitude of "if you're not for us, you're against us"

freund·lich ['frɔyntlɪç] I. *adj* ❶ (*liebenswürdig*) kind; ■**~ [zu jdm] sein** to be kind [to sb], to be good to sb; **das ist sehr ~ von Ihnen** that's very kind [*or* good] of you; **würden Sie so ~ sein, mir zu helfen?** would you be so kind [*or* good] as to help me?; *s. a.* **Gruß** ❷ (*hell, heiter*) pleasant; **ein ~er Himmel** a beckoning sky; **~es Wetter** pleasant [*or* fine] weather; **bitte recht ~!** smile please!, say cheese! *fam;* (*ansprechend*) cheerful; **ein ~es Ambiente** a friendly [*or* congenial] atmosphere; **~e Farben** cheerful colours [*or* AM -ors] ❸ (*wohlwollend*) friendly; **eine ~e Einstellung gegenüber etw/jdm haben** to have a friendly [*or* an obliging] attitude towards sb/sth II. *adv* in a friendly way, kindly; **jdn ~ behandeln** to treat sb in a friendly [*or* kindly] way, to be friendly to[wards *form*] [*or* kind to] sb

freund·li·cher·wei·se *adv* kindly; **er trug uns ~ die Koffer** he was kind enough to carry our cases [for us]

Freund·lich·keit <-, -en> *f* ❶ *kein pl* (*liebenswürdige Art*) friendliness *no pl, no indef art* ❷ (*liebenswürdige Handlung*) kindness; **danke für die ~!** thank you for your kindness!; **würden Sie [wohl] die ~ haben, das zu tun?** would you be kind [*or* good] enough to do that? *form,* would you be so kind [*or* good] as to do that? *form* ❸ *meist pl* (*freundliche Bemerkung*) kind word [*or* remark]

Freund·schaft <-, -en> *f kein pl* friendship; **da hört die ~ auf!** (*fam*) friendship doesn't extend that far!; **auf gute ~ trinken** to drink to a lasting friendship; **[prost,] auf gute ~!** [cheers,] here's to good friends [*or* a lasting friendship]!; **jdm die [*o* seine] ~ anbieten** to offer sb one's friendship; **jdm die ~ kündigen** to break off [*or liter* sever] one's friendship with sb; **eine ~ pflegen** to cultivate a friendship; **[mit jdm] ~ schließen** to make [*or* become] friends [with sb], to form a friendship [with sb]; **in aller ~** in all friendliness

freund·schaft·lich I. *adj* friendly; **~e Gefühle** feelings of friendship II. *adv* **jdm ~ auf die Schulter klopfen** to give sb a friendly slap on the back; **jdm ~ gesinnt sein** to be well-disposed towards sb; **mit jdm ~ verbunden sein** to be close friends with sb; **mit jdm ~ verkehren** to be on friendly terms with sb

Freund·schafts·ban·de *pl* (*geh*) ties [*or* bonds] of friendship **Freund·schafts·dienst** *m* favour [*or* AM -or] [*or* good turn] to a friend; **jdm einen ~ erweisen** to do sb a favour [*or* AM -or] [*or* good turn] **Freund·schafts·preis** *m* [special] price for a friend; **ich mache dir einen ~** seeing as we're friends, I'll let you have it for a special price **Freund·schafts·spiel** *nt* friendly match [*or* game], friendly *fam*

Fre·vel <-s, -> ['fre:fl̩] *m* (*geh*) ❶ (*Verstoß gegen menschliche Ordnung*) heinous crime, outrage; **einen ~ begehen** to commit a heinous crime [*or* an outrage] ❷ REL sacrilege, desecration; **einen ~ begehen** to commit an outrage

fre·vel·haft *adj* (*geh: schändlich*) flagrant, outrageous; **~er Leichtsinn** wanton carelessness; **eine ~e Tat** an outrageous [*or* a disgraceful] deed; **~e Verschwendung** wanton extravagance

Fre·vel·haf·tig·keit <-> *f kein pl* (*geh*) ❶ (*schändliche Handlung*) outrageousness, wantonness *liter* ❷ REL sinfulness *no pl, no indef art*

fre·veln ['fre:fl̩n] *vi* (*geh*) ■**[gegen jdn/etw] ~** ❶ (*eine schändliche Tat begehen*) to commit a crime [*or* an outrage] [against sb/sth] ❷ REL to sin [against sb/sth]

Fre·vel·tat *f* (*geh*) ❶ (*schändliche Tat*) outrage, wicked deed; **~en/eine ~ begehen** to commit outrages/an outrage ❷ REL sacrilege; **~en/eine ~ begehen** to commit [a] sacrilege

Frev·ler(in) <-s, -> ['fre:flɐ] *m(f)* REL (*geh*) sinner

frev·le·risch ['fre:flərɪʃ] *adj* (*veraltend*) *s.* **frevelhaft**

Frie·de <-ns, -n> ['fri:də] *m* (*veraltend*) peace; **~ seiner/ihrer Asche** God rest his/her soul; **~ sei mit euch!** peace be with [*or old* unto] you! ▸WENDUNGEN: **~, Freude, Eierkuchen** (*hum*) and everybody was happy *hum*

Frie·den <-s, -> ['fri:dn̩] *m* ❶ (*Gegenteil von Krieg*) peace; **dauerhafter ~** lasting [*or* enduring] peace; **sozialer ~** social harmony; **[mit jdm] ~ schließen** to make peace [with sb]; **im ~** in peacetime, in time[s] of peace; **in ~ leben** to live in peace ❷ (*Friedensschluss*) peace treaty; **den ~ diktieren** to dictate the peace terms; **über den ~ verhandeln** to hold peace negotiations; **der Westfälische ~** HIST the Peace of Westphalia ❸ (*Harmonie*) peace, tranquillity; **in ~ und Freundschaft [*o* Eintracht] leben** to live in peace and harmony; **der häusliche ~** domestic harmony; **seinen ~ mit jdm machen** (*geh*) to make one's peace with sb; **~ [zwischen jdm] stiften** to bring about peace [between sb], to reconcile sb ❹ *(Ruhe)* peace [and quiet], peace of mind; **um des lieben ~s willen** *(fam)* for the sake of peace and quiet; **seinen ~ finden** to be at peace; **jdn in ~ lassen** to leave sb in peace; **lasst mich mit eurem Klatsch in ~!** spare me your gossip!; **[er/sie] ruhe in ~!** [may he/she] rest in peace, RIP, requiescat in pace *form;* **ich traue dem ~ nicht** *(fam)* there's something fishy going on *fam,* I smell a rat *fam*

Frie·dens·ak·ti·vist(in) *m(f)* peace campaigner, peacenik *sl*

Frie·dens·be·din·gun·gen *pl* peace terms; **~ aushandeln** to negotiate [the] terms of peace **Frie·dens·be·reit·schaft** *f* readiness for [*or* openness to] peace **Frie·dens·be·we·gung** *f* peace movement **Frie·dens·bruch** *m* POL violation of the peace **Frie·dens·dik·tat** *nt* dictated peace, peace dictate **Frie·dens·fah·ne** *f* white flag **Frie·dens·for·scher(in)** *m(f)* peace researcher **Frie·dens·in·it·ia·ti·ve** *f* peace initiative **Frie·dens·kon·fe·renz** *f* peace conference **Frie·dens·kuss**RR *m* REL kiss of peace, pax **Frie·dens·lie·be** *f* love of peace **Frie·dens·no·bel·preis** *m* Nobel peace prize **Frie·dens·ord·nung** *f* keeping of the peace **Frie·dens·pfei·fe** *f* peace pipe, pipe of peace; **mit jdm/miteinander die ~ rauchen** *(hum fam)* to make [one's] peace with sb, to bury the hatchet **Frie·dens·pflicht** *f* ÖKON *obligation of the parties involved in a collective agreement to keep industrial peace;* **die ~ verletzen** to violate the obligation to keep industrial peace **Frie·dens·plan** *m* peace plan **Frie·dens·po·li·tik** *f* policy of peace; **eine aktive ~ verfolgen** [*o* **betreiben**] to pro-actively pursue a policy of peace **Frie·dens·rich·ter(in)** *m(f)* ❶ *(Einzelrichter in USA, Großbritannien)* justice of the peace, JP ❷ SCHWEIZ *(Laienrichter)* lay justice **Frie·dens·schluss**RR *m* peace agreement [*or* treaty] **Frie·dens·si·che·rung** *f* keeping of the peace **Frie·dens·stär·ke** *f* MIL peacetime strength **frie·dens·stif·tend** *adj* peacemaking **Frie·dens·tau·be** *f* dove of peace

frie·den·stif·tend *adj* peacemaking

Frie·dens·trup·pen *pl* peacekeeping force[s *npl*] **Frie·dens·ver·hand·lun·gen** *pl* peace negotiations **Frie·dens·ver·trag** *m* peace treaty; **[mit jdm] einen ~ schließen** to sign a peace treaty [with sb] **Frie·dens·vor·schlag** *m* peace proposal, proposal for peace **Frie·dens·wil·le** *m* desire [*or* wish] for peace **Frie·dens·zeit** *f* period of peace; **in ~en** in peacetime, in times of peace

fried·fertig *adj* peaceable, peace-loving

Fried·fer·tig·keit *f kein pl* peaceableness

Fried·hof *m* graveyard; *(in Städten)* cemetery; **auf den ~ gehen** to go to [*or* visit] the graveyard [*or* cemetery]; **auf dem ~ [liegen]** [to be buried] in the graveyard [*or* cemetery]

Fried·hofs·ka·pel·le *f* cemetery chapel **Fried·hofs·ru·he** *f (liter)* peace of the graveyard [*or* cemetery]; *(fig)* deathly quiet [*or* silence]

fried·lich ['fri:tlɪç] **I.** *adj* ❶ *(gewaltlos) Lösung* peaceful; **die ~e Nutzung von Kernenergie** the utilization of nuclear energy for peaceful purposes ❷ *(friedfertig)* peaceable, peace-loving; **er ist eigentlich ein ganz ~er Mensch** he's really a very amiable person; *Tier* placid, docile; **sei doch ~!** take it easy!, calm down!; **wirst du wohl ~ sein!** will you give it a rest!; *s. a.* **Weg** ❸ *(friedvoll, ruhig)* peaceful; **eine ~e Gegend** a peaceful area **II.** *adv* ❶ *(gewaltlos)* peacefully; **~ demonstrieren** to demonstrate peacefully; **einen Konflikt ~ lösen** to settle a conflict amicably ❷ *(friedvoll, in Ruhe)* **~ sterben** [*o euph* **einschlafen**] to die in peace [*or* peacefully]

fried·lie·bend *adj* peace-loving

Fried·rich <-s> ['fri:drɪç] *m* Frederick; **~ der Große** Frederick the Great; **seinen ~ Wilhelm unter etw** *akk* **setzen** *(fam)* to put one's signature to [*or* AM *sl* one's John Hancock at the bottom of] sth

frie·ren <fror, gefroren> ['fri:rən] **I.** *vi* ❶ *haben (sich kalt fühlen)* ■**jd friert** [*o* **jdn friert es**] sb is cold; ■**jd friert** [*o* **jdn friert es**] **an etw** *dat* sb's sth is cold; **mach das Fenster zu, mich friert es am ganzen Körper!** shut the window, I'm cold all over! [*or* through and through] ❷ *sein (gefrieren)* to freeze **II.** *vi haben impers* ■**es friert** it's freezing; **heute Nacht hat es gefroren** it was below zero [*or* freezing] last night

Fries <-es, -e> [fri:s, *pl* 'fri:zə] *m* ARCHIT frieze

fri·gid [fri'gi:t], **fri·gi·de** [fri'gi:də] *adj* frigid

Fri·gi·di·tät <-> [frigidi'tɛ:t] *f kein pl* frigidity

Fri·ka·del·le <-, -n> [frika'dɛlə] *f* KOCHK rissole BRIT, meatball AM

Fri·kas·see <-s, -s> [frika'se:] *nt* fricassee

Fri·ka·tiv <-s, -e> [frika'ti:f] *m,* **Fri·ka·tiv·laut** *m* LING fricative, spirant

Frik·ti·on <-, -en> [frɪk'tsi̯o:n] *f (a. fig geh)* friction *no pl*

Fris·bee® <-, -s> ['frɪsbi] *nt,* **Fris·bee-Schei·be** *f* frisbee®

frisch [frɪʃ] **I.** *adj* ❶ *(noch nicht alt)* fresh; **~e Brötchen** fresh[ly baked] rolls; **~es Obst** fresh[-picked] fruit ❷ *(neu, rein) Handtuch, Wäsche* fresh, clean; **ein ~es Blatt Papier** a new [*or* blank] sheet [of paper]; **sich ~ machen** to freshen up ❸ *(noch nicht getrocknet) Farbe* wet ❹ *(gesund) Hautfarbe* fresh, healthy; **~ und munter sein** *(fam)* to be [as] fresh as a daisy ❺ *(unverbraucht) Luft* fresh; **mit ~en Kräften** with fresh [*or* renewed] strength [*or* vigour] [*or* AM -or] ❻ *(gerade erst entstanden) Fleck, Wunde* fresh; **die Erinnerung ist noch ~** the memory is still fresh in my mind ❼ *(kühl) Brise, Wind* fresh, cool; *s. a.* **Luft II.** *adv* ❶ *(gerade erst, neu)* freshly; **die Betten ~ beziehen** to change the beds, to make the beds with fresh sheets; **~ gebacken** freshly-baked; **~ gefallener Schnee** freshly [*or* newly] fallen snow; **~ geschlachtet** freshly slaughtered; *Geflügel* freshly killed; **~ gestrichen** newly painted; **„~ gestrichen!“** “wet paint”; **~ gewaschene Hände** clean hands; **ein ~ gewaschenes Hemd** a clean [*or* freshly washed [*or* laundered]] shirt; **Bier ~ vom Fass** beer on tap, beer [straight] from the barrel ❷ *(immer weiter)* **immer ~ drauflos!** keep at it!, don't hold back! ▶ WENDUNGEN: **~ gewagt ist halb gewonnen** *(prov)* a good start is half the battle *prov; s. a.* **Erinnerung**

Fri·sche <-> ['frɪʃə] *f kein pl* ❶ *(frische Beschaffenheit) Backwaren, Obst, etc* freshness ❷ *(Feuchtigkeit) von Farbe* wetness ❸ *(Kühle) der Luft, des Waldes, etc* freshness, coolness ❹ *(Sauberkeit, gutes Gefühl)* freshness, cleanness; **ein Gefühl von ~** a feeling of freshness, a fresh feeling ❺ *(volle körperliche und geistige Fitness)* health, vigour [*or* AM -or]; **in alter ~** *(fam)* as always; **in geistiger/körperlicher ~** with perfect mental clarity/in perfect physical health; **in voller körperlicher und geistiger ~** in perfect physical and mental health

Frisch·ei *nt* fresh [*or* newly laid] [*or* new-laid] egg **Frisch·fisch** *m* fresh fish **Frisch·fleisch** *nt* fresh meat **frisch·ge·ba·cken** *adj* ❶ *s.* **frisch II. 1** ❷ *(fig)* **eine ~e Ehefrau** a newly married wife; **ein ~er Lehrer/Rechtsanwalt** a teacher/lawyer straight [*or* fresh] from university **Frisch·ge·mü·se** *nt* fresh vegetables *pl*

Frisch·hal·te·beu·tel *m* airtight bag **Frisch·hal·te·fo·lie** *f* cling film **Frisch·hal·te·pa·ckung** *f* airtight pack; **in einer ~** vacuum-packed

Frisch·kä·se *m* cream cheese

Frisch·ling <-s, -e> ['frɪʃlɪŋ] *m* JAGD young wild boar *(of less than one year)*

Frisch·luft *f* fresh air **Frisch·was·ser** *nt* fresh [*or* drinking] water

frisch·weg [frɪʃ'vɛk] *adv* straight out [*or* off] *fam*

Frisch·wurst *f unsmoked, undried sausage* **Frisch·zel·le** *f* MED live cell **Frisch·zel·len·the·ra·pie** *f* MED Niehans' therapy *spec*

Fri·seur <-s, -e> [fri'zø:ɐ̯] *m (Friseursalon)* hairdresser's; *(Herrensalon)* barber's; **zum ~ gehen** to go to the hairdresser's/barber's

Fri·seur(in) <-s, -e> [fri'zø:ɐ̯] *m(f),* **Fri·seu·se** <-, -n> [fri'zø:zə] *f (Haarschneider)* hairdresser; *(Herrenfriseur)* bar-

F

ber

Fri·seur·sa·lon [fri'zø:ɐ̯zalɔŋ] *m* hairdresser's, hairdressing salon

Fri·seu·se <-, -n> [fri'zø:zə] *f fem form von* **Friseur 1**

fri·sie·ren* [fri'zi:rən] *vt* ❶ (*formend kämmen*) ■**jdn/sich** ~ to do sb's/one's hair; [**jdm**] **das Haar** [*o* **die Haare**] [*o* **den Kopf**] ~ to do sb's hair; **elegant frisiert sein** to have an elegant hairstyle [*or* hairdo] *fam;* **sie ist stets gut frisiert** her hair is always beautifully done ❷ (*fig fam: fälschen*) ■**etw** ~ to fiddle sth; **einen Bericht/den Beweis** ~ to doctor a report/the evidence *fam;* **die Bilanzen** ~ to cook the books *fam* ❸ AUTO **ein Auto/Mofa** ~ to soup up a car/moped *sep;* **den Motor** ~ to hot up [*or* AM soup up] an engine *sep*

Fri·sier·kom·mo·de *f* dressing table **Fri·sier·spie·gel** *m* dressing [table] mirror

Fri·sör <-s, -e> [fri'zø:ɐ̯] *m,* **Fri·sö·se** <-, -n> [fri'zø:zə] *f fem form von* **Friseur**

friss[RR], **friß**[ALT] *imper sing von* **fressen**

Frist <-, -en> [frɪst] *f* ❶ (*festgelegte Zeitspanne*) period; **festgesetzte** ~ fixed time; **gesetzliche** ~ statutory period; **innerhalb kürzester** ~ (*geh*) without delay; **innerhalb einer** ~ **von zwei Wochen/Monaten** within [a period of] two weeks/months *form;* **eine** ~ **einhalten** to pay within the stipulated period; **eine** ~ **verstreichen lassen** to not pay within the stipulated period ❷ (*Aufschub*) respite, period of grace; (*bei Zahlung*) extension; **jdm eine letzte** ~ **einräumen** to grant sb a final extension

fris·ten ['frɪstn̩] *vt* **sein Dasein** [*o* **Leben**] ~ to eke out an existence [*or* a living]; **ein kümmerliches Dasein** ~ to eke out a miserable existence, to scrape a living

Fris·ten·lö·sung *f,* **Fris·ten·re·ge·lung** *f* JUR *law permitting an abortion within the first three months of pregnancy*

frist·ge·recht I. *adj* (*innerhalb vorgegebener Frist*) within the stipulated period *pred;* ~**e Entlassung** instant dismissal; (*pünktlich*) punctual; **nicht** ~**e Lieferungen** late deliveries II. *adv* (*innerhalb vorgegebener Frist*) within the stipulated period; (*pünktlich*) punctually, on time; **etw** ~ **bearbeiten** to process sth to meet [*or* for] the deadline [*or* on time]

frist·los I. *adj* instant, without notice *pred;* ~**e Kündigung** instant dismissal II. *adv* at a minute's warning, without notice; **jdn** ~ **entlassen** [*o* **jdm** ~ **kündigen**] to fire sb on the spot; **Sie sind** ~ **entlassen!** you're fired!

Frist·ver·län·ge·rung *f* extension

Fri·sur <-, -en> [fri'zu:ɐ̯] *f* hairstyle, hairdo *fam*

Fri·teu·se[ALT] <-, -n> [fri'tø:zə] *f s.* **Fritteuse**

fri·tie·ren*[ALT] [frɪ'ti:rən] *vt s.* **frittieren**

Frit·ten ['frɪtn̩] *pl* (*fam*) chips BRIT, fries AM *fam*

Frit·ten·bu·de *f* (*fam*) chippie BRIT *fam*

Frit·teu·se[RR] <-, -n> [frɪ'tø:zə] *f* deep [*or* BRIT *a.* deep-fat] fryer

frittieren*[RR] [frɪ'ti:rən] *vt* ■**etw** ~ to [deep-]fry sth

Frit·tier·pa·let·te[RR] *f* frying pallet

Frit·tü·re[RR] <-, -n> *f* ❶ (*Fritteuse*) deep-fat fryer ❷ (*heißes Fett*) fat ❸ (*im Fett Gebackenes*) fried food

Fri·tü·re[ALT] <-, -n> [frɪ'ty:rə] *f s.* **Frittüre**

fri·vol [fri'vo:l] *adj* ❶ (*anzüglich*) suggestive, lewd, risqué ❷ (*leichtfertig*) irresponsible, frivolous; **in** ~**er Weise** irresponsibly, frivolously

Fri·vo·li·tät <-, -en> [frivoli'tɛ:t] *f* ❶ *kein pl* (*anzügliches Verhalten*) lewdness, suggestiveness ❷ *kein pl* (*anzügliche Bemerkung*) suggestive remark ❸ (*Bedenkenlosigkeit*) irresponsibility, frivolousness

Frl. *nt Abk von* **Fräulein** (*veraltend*) Miss

froh [fro:] *adj* ❶ (*erfreut*) happy; ■~ [**über etw** *akk* [*o* SÜDD, ÖSTERR, SCHWEIZ **um etw** *akk*]] **sein** to be pleased [with/about sth]; ■~ [**darüber**] **sein, dass ...** to be pleased [*or* glad] that ...; ~ **gelaunt** [*o geh* **gestimmt**] cheerful, joyful *liter* ❷ (*erfreulich*) pleasing, joyful *liter;* **die F**~**e Botschaft** the Gospel; **eine** ~**e Nachricht** good [*or* pleasing] [*or liter* joyful] news ❸ (*glücklich*) ~**e Feiertage!** have a pleasant [*or* nice] holiday!; ~**e Ostern!** Happy Easter!; ~**e Weihnachten!** Merry [*or* Happy] Christmas!

Froh·bot·schaft *f* (*veraltend*) ■**die** ~ the Gospel **froh·ge·launt** *adj s.* **froh 1 froh·ge·stimmt** *adj* (*geh*) *s.* **froh 1**

fröh·lich ['frø:lɪç] I. *adj* ❶ (*von heiterem Gemüt*) cheerful, merry; **ein** ~**er Mensch** a cheerful [*or* happy] person ❷ (*vergnügt*) merry; *Lieder, Musik* cheerful, jolly *dated;* ~**es Treiben** merry-making *liter,* merriment, gaiety *dated* ❸ (*glücklich*) *s.* **froh 3** II. *adv* (*fam*) merrily, cheerfully

Fröh·lich·keit <-> *f kein pl* cheerfulness, happiness

froh·lo·cken* [fro'lɔkn̩] *vi* (*geh*) ■[**über etw** *akk*] ~ ❶ (*Schadenfreude empfinden*) to gloat [over sth] ❷ (*jubeln*) to rejoice [over [*or* at] sth] *liter*

Froh·na·tur *f* (*geh*) ❶ (*fröhliche Wesensart*) cheerful [*or* happy-go-lucky] [*or liter* blithe] nature ❷ (*fröhlicher Mensch*) cheerful [*or* happy] soul **Froh·sinn** *m kein pl s.* **Frohnatur 1**

fromm <frömmer *o* -er, frömmste *o* -ste> [frɔm] *adj* ❶ (*gottesfürchtig*) religious, practising [*or* AM -icing], devout; **ein** ~**er Katholik** a devout Catholic ❷ (*religiös*) religious; *s. a.* **Betrug, Lüge, Wunsch**

Fröm·me·lei <-, -en> [frœmə'lai] *f* (*pej*) false piety, pietism *pej*

fröm·meln ['frœmḷn] *vi* (*pej*) to affect piety, to act piously

Fröm·mig·keit <-> ['frœmɪçkait] *f kein pl* devoutness, piety

Fron <-, -en> [fro:n] *f* ❶ (*geh*) drudge[ry] ❷ *s.* **Frondienst 2**

Fron·ar·beit *f* ❶ SCHWEIZ unpaid voluntary work ❷ *s.* **Frondienst 2**

Fron·de <-, -n> ['frõ:də] *f* (*politische Opposition*) faction

Fron·dienst ['fro:ndi:nst] *m* ❶ *s.* **Fronarbeit 1** ❷ HIST soc[c]age *no pl, feudal tenure of lands by service fixed and determinate in quality*

fro·nen ['fro:nən] *vi* (*geh*) to toil, to drudge

frö·nen ['frø:nən] *vi* (*geh*) ■**einer S.** *dat* ~ to indulge in sth; **seiner** [**eigenen**] **Eitelkeit** ~ to indulge one's [own] vanity

Fron·leich·nam <-[e]s> [fro:n'laiçna:m] *m kein pl, meist ohne art* [the Feast of] Corpus Christi

Fron·leich·nams·fest *nt* ■**das** ~ the Feast of Corpus Christi **Fron·leich·nams·pro·zes·sion** *f* Corpus Christi procession

Front <-, -en> [frɔnt] *f* ❶ (*Vorderseite*) *Gebäude* face, front, frontage; **die hintere** [*o* **rückwärtige**] ~ the back [*or* rear] ❷ MIL front; **auf breiter** ~ along a wide front; **die gegnerische** ~ the opposing front; **in vorderster** ~ **stehen** to be in the front line; **jdn/etw an die** ~ **schicken** to send sb/sth to the front [lines] ❸ (*politische Opposition*) front; **eine geschlossene** ~ **bilden** to put up a united front; [**geschlossen**] ~ **gegen jdn/etw machen** to make a [united] stand against sb/sth ❹ METEO (*Wetterlage*) front ❺ SPORT (*Führung*) **in** ~ **liegen/gehen** to be in/go into [*or* take] the lead ▶ WENDUNGEN: **klare** ~**en schaffen** to clarify the/one's position; **die** ~**en verhärten sich** [the] attitudes are hardening; **eine** [**geschlossene**] ~ **bilden** to form a [continuous] front

Front·ab·schnitt *m* MIL section of the front

fron·tal [frɔn'ta:l] I. *adj attr* frontal; **ein** ~**er Zusammenstoß** a head-on collision II. *adv* frontally; ~ **zusammenstoßen** to collide head-on; **jdn** ~ **angreifen** to make a frontal attack on sb; **etw** ~ **darstellen** to depict sth from the front

Fron·tal·an·griff *m* frontal attack **Fron·tal·un·ter·richt** *m* SCH didactic teaching, chalk and talk *fam* **Fron·tal·zu·sam·men·stoß** *m* head-on collision

Front·an·trieb *m* AUTO front-wheel drive, FWD *spec;* **mit** ~ with front-wheel drive **Front·be·richt** *m* report from the front **Front·hau·be** *f* AUTO bonnet BRIT, hood AM

Fron·ti·spiz <-es, -e> [frɔnti'spi:ts] *nt* ARCHIT, TYPO frontispiece

Front·mo·tor *m* front[-mounted] engine **Front·pas·sa·gier(in)** *m(f)* front[-seat] passenger **Front·sitz** *m* AUTO front seat; (*geschrieben a.*) f/seat **Front·sol·dat(in)** *m(f)* front-line soldier **Front·spoi·ler** *m* AUTO front spoiler **Front·ur·laub** *m* leave [of absence] [*or spec* furlough] from the front **Front·**

wand *f* frontage **Front·wech·sel** *m* (*fig*) about-turn, volte-face *liter*

fror ['fro:ɐ̯] *imp von* **frieren**

Frosch <-[e]s, Frösche> [frɔʃ, *pl* 'frœʃə] *m* ❶ ZOOL frog ❷ (*Feuerwerkskörper*) [fire]cracker, jumping jack ▶ WENDUNGEN: **einen ~ im Hals haben** (*fam*) to have a frog in one's throat; **sei kein ~!** (*fam*) be a sport!, don't be a spoilsport! [*or fam* party-pooper]

Frosch·au·ge *nt* ❶ (*Auge des Frosches*) frog's eye; (*fig: Glupschaugen*) pop-eye ❷ AUTO frogeye *fam*, bugeye AM **Frosch·biss**RR *m* BOT frogbit **Frosch·laich** *m* frogspawn **Frosch·mann** *m* (*Taucher*) frogman **Frosch·per·spek·ti·ve** *f* worm's-eye view; **etw aus der ~ betrachten** to have a worm's-eye view of sth; **etw aus der ~ fotografieren** to photograph sth from a worm's-eye view **Frosch·schen·kel** *m* frog's leg

Frost <-[e]s, Fröste> [frɔst, *pl* 'frœstə] *m* frost; **es herrscht strenger ~** there's a heavy [*or* hard] frost; **bei eisigem ~** in heavy frost; **~ abbekommen** to get [*or* become] frostbitten; **~ vertragen können** to be able to stand [the] frost

Frost·beu·le *f* chilblain

frös·te·lig ['frœstəlɪç], **fröst·lig** ['frœstlɪç] *adj* (*fam*) chilly; **sie ist ein ~er Mensch** she's a chilly soul, she feels the cold

frös·teln ['frœstl̩n] **I.** *vi* ■[**vor Kälte**] ~ to shiver [with cold] **II.** *vt impers* ■**jdn fröstelt es** sb is shivering; **jdn fröstelt es vor Angst** sb is trembling with fear; **jdn fröstelt es vor Entsetzen** sb is shuddering with horror

frost·frei I. *adj* frost-free, free of [*or* from] frost; **die Nacht war ~** there was no frost overnight **II.** *adv* **Fundamente ~ gründen** to sink foundations to a frost-free depth; **Pflanzen ~ halten** to keep plants protected against [*or* from] [the] frost **Frost·ge·fahr** *f* danger of frost; **bei ~** with frost expected

fros·tig ['frɔstɪç] *adj* (*a. fig geh*) frosty, chilly; **ein ~er Wind** an icy [*or liter* a chill] wind

Fros·tig·keit <-> *f kein pl* (*a. fig geh*) frostiness, chilliness; (*von Wind*) iciness

frost·klar *adj* clear and frosty **Frost·scha·den** *m* frost damage **Frost·schutz·mit·tel** *nt* AUTO antifreeze **Frost·wet·ter** *nt* frost[y weather]

Frot·tee <-s, -s> [frɔ'te:] *nt o m* (*Stoffart*) terry towelling [*or* AM cloth]

Frot·tee·hand·tuch *nt* [terry] towel **Frot·tee·kleid** *nt* towelling [*or* AM toweling] dress

frot·tie·ren* [frɔ'ti:rən] *vt* ■**jdn/sich** [**mit etw** *dat*] ~ to rub down *sep* sb/oneself [with sth]; (*massieren*) to massage sb [with sth]; ■**etw** [**mit etw** *dat*] ~ to rub sth [with sth]; (*massieren*) to massage sth [with sth]

Frot·ze·lei <-, -en> [frɔtsə'lai] *f* (*fam*) ❶ *kein pl* (*anzügliches Necken*) [constant] ribbing [*or* teasing] ❷ (*anzügliche Bemerkung*) sniggering [*or* barbed] remark

frot·zeln ['frɔtsl̩n] *vi* (*fam*) ■[**über jdn/etw**] ~ to tease [*or* rib] [sb/sth], to make fun of sb/sth

Frucht <-, Früchte> [frʊxt, *pl* 'frʏçtə] *f* ❶ (*Teil von Pflanze*) fruit; ■**Früchte** (*Obst*) fruit *no pl, no indef art;* **kandierte Früchte** candied fruit *no pl, no indef art;* SÜDD, SCHWEIZ (*Getreide*) crops *pl;* **die ~ steht gut** the crops are looking good; **Früchte tragen** to bear [*or* yield] fruit *no pl* ❷ (*fig geh: Ergebnis*) fruit, product; **Früchte tragen** to bear fruit ▶ WENDUNGEN: **verbotene Früchte** forbidden fruit[s *pl*]

Frucht·an·satz *m* BOT fruit buds *pl*

frucht·bar ['frʊxtba:ɐ̯] *adj* ❶ (*vermehrungsfähig*) fertile, prolific ❷ (*ertragreich*) fertile, fecund *form* ❸ (*künstlerisch produktiv*) prolific, voluminous *form* ❹ (*fig: nutzbringend*) fruitful, productive; **eine ~e Aussprache** a fruitful discussion; **etw für jdn/etw ~ machen** to use sth for the benefit of sb/sth

Frucht·bar·keit <-> *f kein pl* ❶ (*Vermehrungsfähigkeit*) fertility ❷ (*Ertragreichtum*) fertility, fecundity *form*

Frucht·be·cher *m* ❶ BOT cup[ule] ❷ (*Eisbecher mit Früchten*) fruit sundae **Frucht·blatt** *nt* BOT (*Bestandteil des Fruchtknotens*) carpel

Frücht·chen <-s, -> *nt* (*fam*) good-for-nothing; **du bist mir ja ein sauberes ~** (*iron*) you're a [right] one BRIT

Früch·te·be·cher *m s.* **Fruchtbecher 2 Früch·te·brot** *nt* fruit loaf

fruch·ten ['frʊxtn̩] *vi meist negiert* ■[**bei jdm**] ~ to be of use [to sb]; **nichts/wenig ~** to be of no/little use [*or* avail]

Früch·te·tee *m* fruit tea

Frucht·fleisch *nt* [fruit] pulp [*or* flesh] **Frucht·flie·ge** *f* fruit fly **Frucht·fol·ge** *f* AGR crop rotation **Frucht·gum·mi** *nt* (*Bonbon*) fruit gum

fruch·tig *adj* fruity; **~ schmecken** to taste fruity

Frucht·jo·ghurt *m o nt* fruit yogurt **Frucht·kap·sel** *f* BOT capsule **Frucht·kno·ten** *m* BOT ovary **frucht·los** *adj* (*fig*) fruitless **Frucht·mark** *nt* [concentrated] [fruit] pulp **Frucht·saft** *m* fruit juice **Frucht·säu·re** *f* fruit acid **Frucht·stand** *m* BOT multiple fruit, syncarp *spec* **Frucht·was·ser** *nt* MED amniotic fluid, the waters *pl* **Frucht·was·ser·un·ter·su·chung** *f* MED amniocentesis *spec* **Frucht·zu·cker** *m* fructose

fru·gal [fru'ga:l] **I.** *adj* (*geh*) frugal **II.** *adv* frugally

früh [fry:] **I.** *adj* ❶ (*nicht spät*) early; **~ am** [*o* **am ~en**] **Morgen** early in the morning; **in ~er/~[e]ster Kindheit** in one's early childhood/very early in one's childhood ❷ (*vorzeitig*) early; **ein ~er Tod** an early [*or* untimely] death ❸ (*am Anfang stehend*) *Person* young; **der ~e Goethe** the young Goethe; *Werke* early; **ein ~er Picasso** an early Picasso; **ein Werk des ~en Mozart** an early work by Mozart, a work by the young Mozart **II.** *adv* early; **Montag ~** Monday morning; **~ genug** in good time; **daran wirst du dich noch ~ genug gewöhnen müssen** there's no two ways about it. you'll just have to get used to it; **etw nicht ~ genug tun** to not do sth soon enough; **sich zu ~ freuen, zu ~ jubeln** to crow too soon; **freu' dich bloß nicht zu ~!** don't count your chickens before they're hatched *prov;* **von ~ bis spät** from morning till night, from dawn till dusk; *s. a.* **heute, morgen**

Früh·an·ti·ke *f* early classical period **früh·auf** *adv* **von ~** from early childhood, from childhood on **Früh·auf·ste·her(in)** <-s, -> *m(f)* early riser [*or hum* bird] **Früh·beet** *nt* cold frame

Früh·chen *nt* premature baby

früh·christ·lich *adj* early Christian **Früh·di·a·gno·se** *f* early diagnosis **Früh·dienst** *m* early duty; (*in der Fabrik*) morning [*or* early] shift; **~ haben** to be on early duty; (*in der Fabrik*) to do [*or* have] [*or* be on] the morning shift

Frü·he <-> ['fry:ə] *f kein pl* **in aller ~, gleich in der ~** at the crack of dawn, at the break of day; **in der ~** SÜDD, ÖSTERR early in the morning; **um sieben in der ~** at seven in the morning

frü·her ['fry:ɐ] **I.** *adj* ❶ (*vergangen*) earlier; **in ~en Jahren** [*o* **Zeiten**] in the past, in former times ❷ (*ehemalig*) former, previous; **~e Adresse** previous [*or* last] address; **~e Freundin/~er Freund** ex[-girlfriend]/ex[-boyfriend] **II.** *adv* ❶ (*eher*) earlier; **~ als 6 Uhr kann ich nicht kommen** I can't come before [*or* earlier than] 6 o'clock; **~ geht's nicht** it can't be done [*or* I/he/she etc. can't make it] any earlier; **~ oder später** sooner or later ❷ (*ehemals*) **ich habe ihn ~** [**mal**] **gekannt** I used to know him; **~ hast du so etwas nie gemacht** you never used to do that kind of thing [before]; **~ war das alles anders** things were different in the old days; **Bekannte von ~** old acquaintances; **Erinnerungen an ~** memories of times gone by [*or* of bygone days *liter*]; **genau wie ~, als ...** exactly as it/he etc. used to [be/do] as ...; **von ~** from former times [*or* days]; **ich kenne sie von ~** I've known her for some time

Früh·er·ken·nung *f* MED early diagnosis [*or* recognition]

frü·hes·tens *adv* at the earliest; **~ in drei Wochen** in three weeks at the soonest [*or* earliest]

frü·hest·mög·lich *adj attr* earliest possible

Früh·ge·burt *f* ❶ (*zu frühe Geburt*) premature birth; **eine ~**

haben to give birth prematurely ❷ (*zu früh geborenes Kind*) premature baby; **eine ~ sein** to be premature [*or* born prematurely] **Früh·ge·schich·te** *f* ❶ *kein pl* (*Zeitabschnitt der Geschichte*) early [*or* ancient] history ❷ (*frühe Phase*) early stages *pl* **Früh·go·tik** *f* early Gothic period **Früh·herbst** *m* early autumn [*or* AM fall] **früh·herbst·lich** *adj* early autumn [*or* AM fall] *attr;* **~e Stimmung** an atmosphere of early autumn

Früh·jahr ['fry:ja:ɐ̯] *nt* spring; **im späten/zeitigen ~** in [the] late/early spring

Früh·jahrs·kol·lek·ti·on *f* MODE spring collection **Früh·jahrs·mü·dig·keit** *f* springtime lethargy **Früh·jahrs·putz** *m* spring-clean[ing]; **[den] ~ machen** to do the spring-cleaning

Früh·ka·pi·ta·lis·mus *m* early capitalism **Früh·kar·tof·fel** *f* new potato **früh·kind·lich** *adj* **~e Entwicklung/Sexualität** development/sexuality in early childhood; **~e Erlebnisse/Traumen** experiences/traumas from early childhood **Früh·kul·tur** *f* early culture

Früh·ling <-s, -e> ['fry:lɪŋ] *m* spring[time]; **es wird ~** spring is coming; **im ~** in [the] spring[time]; **seinen zweiten ~ erleben** (*hum*) to go through one's second adolescence

Früh·lings·an·fang *m* first day of spring; **bei/nach ~** on/after the first day of spring; **vor ~** before [the] spring **Früh·lings·ge·fühl** *nt meist pl* (*Gefühl der Gelöstheit*) spring feeling ▸ WENDUNGEN: **~ haben** [*o* **bekommen**] (*hum fam*) to be [*or* get] frisky *fam* **früh·lings·haft** *adj* springlike **Früh·lings·rol·le** *f* KOCHK spring [*or* AM egg] roll **Früh·lings·zeit** *f kein pl* (*geh*) spring[time], springtide *liter*

früh·mor·gens [fry:'mɔrgn̩s] *adv* early in the morning **Früh·ne·bel** *m* early morning mist [*or* fog] **Früh·pen·si·on** *f* early retirement; **~ nehmen, in ~ gehen** to take early retirement **früh·reif** *adj* precocious; (*körperlich*) [sexually] mature [at an early age *pred*]; **~es Früchtchen** (*pej*) a precocious little thing *pej;* (*Mädchen*) a proper little madam BRIT *pej* **Früh·rent·ner(in)** *m(f) person who has retired early;* **er ist ~** he has retired early **Früh·ro·man·tik** *f* early Romanticism **Früh·schicht** *f* early [*or* morning] shift; **~ haben** to do [*or* have] [*or* be on] the morning shift **Früh·schop·pen** *m* morning pint BRIT, eye-opener AM *fam* **Früh·som·mer** *m* early summer; **im ~** in [the] early summer **früh·som·mer·lich** *adj* early summer *attr;* **draußen ist es schon so richtig schön ~** there's already a real feel of early summer in the air **Früh·sport** *m* [early] morning workout [*or* exercise]; **~ treiben** [*o* **machen**] to have a[n early] morning workout, to get some [early] morning exercise **Früh·sta·di·um** *nt* early stage; **im ~** in the early stages *pl* **Früh·start** *m* SPORT false start; **~ begehen** [*o* **machen**] to jump the gun

Früh·stück <-s, -e> ['fry:ʃtʏk] *nt* breakfast; **um 8 Uhr gibt's ~** breakfast is at 8 o'clock; **zum ~** for breakfast; **die ganze Familie saß beim ~** the whole family were having breakfast; **der Preis versteht sich inklusive ~** the price includes breakfast; **zweites ~** midmorning snack, elevenses *npl* BRIT *fam;* **das zweite ~ einnehmen** to have [one's] elevenses BRIT *fam*

früh·stü·cken ['fry:ʃtʏkn̩] **I.** *vi* to have [one's] breakfast, to breakfast *form;* **sie ~ immer um 8 Uhr** they always have breakfast at 8 o'clock **II.** *vt* ■ **etw ~** to have sth for breakfast, to breakfast on sth *form*

Früh·stücks·brett *nt* wooden board, *on which breakfast is eaten* **Früh·stücks·brot** *nt* sandwich, *for one's morning snack* **Früh·stücks·bü·fett** *nt* breakfast buffet **Früh·stücks·fern·se·hen** *nt* breakfast television [*or* TV] **Früh·stücks·fleisch** *nt* luncheon [*or* AM lunch] meat **Früh·stücks·pau·se** *f* morning [*or* coffee] break; **~ machen** to have a morning [*or* coffee] break **Früh·stücks·zim·mer** *nt* breakfast room

Früh·warn·sys·tem *nt* early warning system **Früh·zeit** *f* early days; **die ~ einer Kultur** the early period of a culture; **die ~ des Christentums** early Christian times; **die ~ menschlicher Zivilisation** the early days of human civilization **früh·zei·tig** ['fry:tsaitɪç] **I.** *adj* early; *Tod* early, untimely **II.** *adv* ❶ (*früh genug*) in good time; **möglichst ~** as soon as possible ❷ (*vorzeitig*) prematurely

Frust <-[e]s> [frʊst] *m kein pl* (*fam*) frustration *no indef art, no pl;* **einen ~ haben/bekommen** [*o fam* **kriegen**] to be/become [*or* get] frustrated

frus·ten *vt* (*fam*) ■ **jdn frustet es** sth is frustrating sb; **das hat mich total gefrustet** I found that very frustrating

Frus·tra·ti·on <-, -en> [frʊstra'tsi̯o:n] *f* frustration

frus·trie·ren* [frʊs'tri:rən] *vt* (*fam*) ■ **jdn frustriert etw** sth is frustrating sb; ■ **~d** frustrating

frus·trie·rend *adj* frustrating

F-Schlüs·sel ['ɛf-] *m* MUS F [*or* bass] clef

Fuchs, Füch·sin <-es, Füchse> [fʊks, 'fʏksɪn, *pl* 'fʏksə] *m, f* ❶ (*Tier*) fox; (*weibliches Tier*) vixen ❷ (*Fuchspelz*) fox [fur] ❸ (*Pferd*) chestnut; (*mit hellerem Schwanz und hellerer Mähne*) sorrel ❹ (*fam: schlauer Mensch*) cunning [old] devil [*or* fox] *fam;* **ein alter** [*o* **schlauer**] **~** (*fam*) a cunning [old] devil [*or* fox] *fam,* a sly one ▸ WENDUNGEN: **wo sich Hase und ~ gute Nacht sagen** [*o* **wo sich die Füchse gute Nacht sagen**] (*hum*) at the back of beyond BRIT, out in the sticks [*or* AM boondocks] *fam*

Fuchs·bau *m* [fox's] earth

fuch·sen ['fʊksn̩] *vt* (*fam*) ■ **jdn fuchst etw** sth is riling sb *fam,* to piss off sb *sep sl*

Fuch·sie <-, -n> ['fʊksi̯ə] *f* fuchsia

Füch·sin ['fʏksɪn] *f fem form von* **Fuchs** vixen

Fuchs·jagd *f* fox-hunt[ing]; **auf die ~ gehen** to go fox-hunting **Fuchs·pelz** *m* fox [fur] **Fuchs·schwanz** *m* ❶ (*Schwanz des Fuchses*) [fox's] tail [*or* brush] BRIT ❷ (*Säge*) [straight back] handsaw **Fuchs·schwanz·gras** *nt* BOT foxtail

fuchs·teu·fels·wild ['fʊks'tɔyfl̩s'vɪlt] *adj* (*fam*) mad as hell *fam,* hopping mad *fam;* **jdn ~ machen** to make sb mad [as hell] *fam,* to piss off sb *sl*

Fuch·tel <-, -n> ['fʊxtl̩] *f* ÖSTERR, SÜDD (*fam*) shrew *pej;* **unter jds ~ stehen** to be [well] under sb's control

fuch·teln ['fʊxtl̩n] *vi* (*fam*) ■ **mit etw** *dat* **~** to wave sth about [wildly] *fam;* (*drohend*) to brandish sth; **[mit den Händen] ~** to wave one's hands about [wildly] *fam*

fuch·tig ['fʊxtɪç] *adj* (*fam*) [hopping] mad *fam,* pissed off *sl*

Fu·der <-s, -> ['fu:dɐ] *nt* ❶ (*Wagenladung*) cartload; **ein ~ Heu** a [cart]load of hay ❷ (*Hohlmaß für Wein*) tun [of wine]

fu·der·wei·se *adv* (*hum fam*) by the cartload; **~ belegte Brote vertilgen** to polish off tons of sandwiches *fam*

Fu·er·te·ven·tu·ra [fu̯ɛrteven'tura] *nt* Fuerteventura; *s. a.* **Sylt**

Füess·li <-, -s> ['fy:ɛsli] *nt* SCHWEIZ (*Schweinefuß*) pig's trotter

Fuff·zi·ger <-s, -> ['fʊftsɪgɐ] *m* DIAL (*Geldstück*) fifty-cents piece [*or* coin]; (*Geldschein*) fifty-euros note; **ein falscher ~ sein** (*pej sl*) to be a real crook *fam,* to be [as] bent as they come BRIT *sl*

Fug [fu:k] *m* **mit ~ und Recht** (*geh*) with complete justification

Fu·ge[1] <-, -n> ['fu:gə] *f* join, gap; **aus den ~n geraten** (*fig*) *Menschheit* to go awry *liter; Welt* to be out of joint; **in allen ~n krachen** to creak at the joints [*or* in every joint]

Fu·ge[2] <-, -n> ['fu:gə] *f* MUS fugue

fü·gen ['fy:gn̩] **I.** *vt* ❶ (*geh: anfügen*) ■ **etw an etw** *akk* **~** to add sth to sth; ■ **etw auf etw** *akk* **~** to lay sth on sth; **Wort an Wort ~** to string words together, to cast a sentence ❷ (*geh: bewirken*) ■ **etw fügt etw** sth ordains sth; **der Zufall fügte es, dass wir uns wiedersahen** coincidence had it that we met [*or* saw each other] again **II.** *vr* ❶ (*sich unterordnen*) to toe the line; ■ **sich jdm/einer S. ~** to bow to sb/sth; **sich den Anordnungen ~** to obey instructions ❷ (*geh: akzeptieren*) ■ **sich in etw** *akk* **~** to submit to [*or* accept] sth ❸ ([*hinein*]*passen*) ■ **sich in etw** *akk* **~** to fit into sth ❹ *impers* (*geh: geschehen*) ■ **es fügt sich** it so happened; **sei getrost, es wird sich schon alles ~** never fear, it'll all work out in the end

fu·gen·los I. *adj* smooth **II.** *adv* without gaps [*or* BRIT joins]/a gap [*or* BRIT a join]

füg·sam ['fy:kza:m] *adj* (*geh*) obedient; *Kind a.* tractable *form*

Fü̲·gung <-, -en> *f* ❶ (*Bestimmung*) stroke of fate; **eine ~ Gottes/des Schicksals** an act of divine providence/of fate; **eine göttliche ~** divine providence *no indef art, no pl;* **eine glückliche ~** a stroke of luck [*or* good fortune] ❷ LING (*Wortgruppe*) construction

fü̲hl·bar *adj* (*merklich*) perceptible, noticeable, marked

füh·len ['fy:lən] **I.** *vt* ❶ (*körperlich spüren, wahrnehmen*) ■**etw ~** to feel sth ❷ (*seelisch empfinden*) to feel sth; **Achtung/Verachtung für jdn ~** to feel respect/contempt for sb; **Erbarmen/Mitleid mit jdm ~** to feel pity/sympathy for sb; ■**~, dass ...** to feel [that] ... ❸ ■**etw ~** to feel sth; **jds Puls ~** to take sb's pulse **II.** *vi* ■**nach etw** *dat* **~** to feel for sth **III.** *vr* ■**sich [in einer bestimmten Art] ~** to feel [in a particular way] ❶ (*das Empfinden haben*) **wie ~ Sie sich?** how are you feeling [*or* do you feel]?; **sich besser/benachteiligt/schuldig/unwohl/verantwortlich ~** to feel better/disadvantaged/guilty/unwell/responsible ❷ (*sich einschätzen*) ■**sich als jd ~** to regard [*or* consider] oneself as sb; **wie ~ Sie sich jetzt als Direktorin?** how do you feel now [that] you're director? *fam* ❸ (*stolz sein*) ■**sich [wunder wie [*o* was]] ~** to think the world of oneself *fam*

Fü̲h·ler <-s, -> *m* ❶ (*Tastorgan*) antenna, feeler; (*von Schnecke*) horn; **die ~ ausstrecken/einziehen** to put out [*or* extend]/retract its horns [*or* AM feelers] ❷ (*Messfühler*) sensor, probe ▶ WENDUNGEN: **seine [*o* die] ~ [nach etw** *dat*] **ausstrecken** (*fam*) to put out [one's] feelers [towards sth]

Fü̲h·lung <-, -en> *f* contact; **mit jdm in ~ bleiben/stehen** to stay [*or* remain]/be in touch [*or* contact] with sb; **mit jdm ~ aufnehmen** to contact sb, to get in touch with sb

Fü̲h·lung·nah·me <-, -n> *f* [an initial] contact

fuhr ['fu:ɐ̯] *imp von* **fahren**

Fuh·re <-, -n> ['fu:rə] *f* ❶ (*Wagenladung*) [cart]load; **zwei ~n Stroh** two [cart]loads of straw ❷ (*Taxifahrt*) fare

füh·ren ['fy:rən] **I.** *vt* ❶ (*geleiten*) ■**jdn [durch/über etw** *akk*] **~** to take sb [through/across sth]; (*vorangehen*) to lead sb [through/across sth]; **eine alte Dame über die Straße ~** to help an old lady across [*or* over] the road; **jdn durch ein Museum/Schloss ~** to show sb round a museum/castle; ■**jdn zu jdm ~** to take sb to sb; **was führt Sie zu mir?** (*geh*) what brings you to me? *form* ❷ (*leiten*) ■**etw ~** *Betrieb, Geschäft* to run sth; *Armee* to command; *Expedition, Gruppe* to lead, to head ❸ (*in bestimmte Richtung lenken*) ■**jdn auf etw** *akk* **~** to lead sb to sth; **der Hinweis führte die Polizei auf die Spur des Diebes** the tip put the police on the trail of the thief; **das führt uns auf das Thema ...** that brings [*or* leads] us on[to] the subject ...; **jdn auf Abwege ~** to lead sb astray ❹ (*registriert haben*) **jdn/etw in einem Verzeichnis/auf einer Liste ~** to have a record of sb/sth in a register/on a list; **wir ~ keinen Schmidt in unserer Kartei** we have no [record of a] Schmidt on our files ❺ (*heranbringen, handhaben*) **einen Bogen [über die Saiten] ~** to wield a bow [across the strings]; **die Kamera [an etw** *akk*] **~** to guide the camera [towards sth]; (*durch Teleobjektiv*) to zoom in [on sth]; **die Kamera ruhig ~** to operate the camera with a steady hand; **etw zum Mund[e] ~** to raise sth to one's mouth; **einen Pinsel [über etw** *akk*] **~** to wield a brush [over sth] ❻ (*entlangführen*) ■**etw durch etw** *akk*/**über etw** *akk* **~** to lay sth through sth/across [*or* over] sth; **er führte das Satellitenkabel durch die Wand** he laid [*or* fed] the satellite cable through the wall ❼ (*geh: steuern*) **ein Kraftfahrzeug/einen Zug ~** to drive a motor vehicle/a train ❽ (*geh: einen Titel o. Namen tragen*) ■**etw ~** to bear sth; **verheiratete Frauen ~ oft ihren Mädchennamen weiter** married women often retain [*or* still go by] their maiden name; **einen Titel ~** to bear [*or* hold] a title ❾ (*geh: haben*) **Gepäck bei [*o* mit] sich** *dat* **~** to be carrying luggage; **seine Papiere/eine Schusswaffe bei [*o* mit] sich ~** to carry one's papers/a firearm on one's person, to carry around *sep* one's papers/a firearm ❿ (*im Angebot haben*) ■**etw ~** to stock [*or spec* carry] sth **II.** *vi* ❶ (*in Führung liegen*) **mit drei Punkten/einer halben Runde ~** to have a lead of [*or* to be in the lead by] three points/half a lap ❷ (*verlaufen*) *Weg, etc* to lead, to go; **wohin führt dieser Weg?** where does this path lead [*or* go] to?; **die Brücke führt über den Rhein** the bridge crosses [over] [*or* spans] the Rhine; ■**durch etw** *akk*/**über etw** *akk* **~** *Straße, Weg* to lead [*or* go] through/over sth; *Kabel, Pipeline* to run through/over sth; *Spuren* to lead through/across sth ❸ (*als Ergebnis haben*) ■**zu etw** *dat* **~** to lead to sth, to result in sth; ■**dazu ~, dass ...** that will lead to ... + *gerund;* **das führte zu dem Ergebnis, dass er entlassen wurde** this led to [*or* resulted in] his [*or* him] being dismissed; **[all] das führt [doch] zu nichts** (*fam*) that will [all] come to nothing [*or* get you/us etc. nowhere] **III.** *vr* (*geh: sich benehmen*) ■**sich ~** to conduct oneself *form;* **sich gut/schlecht ~** to conduct oneself well/badly [*or* to misbehave]

fü̲h·rend *adj* leading *attr;* **diese Firma ist im Stahlbau ~** this is one of the leading companies in steel construction; **eine ~e Persönlichkeit/Rolle** a prominent [*or* leading] personality/role; **der ~e Wissenschaftler auf diesem Gebiet** the most prominent scientist in this field

Füh·rer <-s, -> ['fy:rɐ] *m* guide[book]; **ein ~ durch Deutschland** a guide to Germany

Füh·rer(in) <-s, -> ['fy:rɐ] *m(f)* ❶ (*Leiter*) leader; (*Oberhaupt einer Bewegung etc.*) head [honcho AM *fam*]; ■**der ~** HIST (*Hitler*) the Führer [*or* Fuehrer] ❷ (*Fremdenführer, Bergführer*) guide ❸ (*geh: Lenker*) driver; (*von Kran*) operator

Füh·rer·aus·weis *m* SCHWEIZ (*Führerschein*) driving licence BRIT, driver's license AM **Fü̲h·rer·flucht** *m* SCHWEIZ (*Fahrerflucht*) a hit-and-run [accident] **Fü̲h·rer·haus** *nt* AUTO [driver's] cab; (*von Kran*) cabin

fü̲h·rer·los **I.** *adj* ❶ (*ohne Führung*) leaderless, without a leader *pred* ❷ (*geh: ohne Lenkenden*) driverless, without a driver *pred;* (*auf Schiff*) with no one at the helm **II.** *adv* without a driver; (*auf Schiff*) with no one at the helm

Fü̲h·rer·schein *m* driving licence BRIT, driver's license AM; **jdm den ~ entziehen** to take away [*or form* withdraw] sb's driving licence, to disqualify sb from driving; **den [*o* seinen/ihren] ~ machen** (*das Fahren lernen*) to learn to drive; (*die Fahrprüfung ablegen*) to take one's driving test

Fü̲h·rer·schein·ent·zug *m* driving ban, disqualification from driving **Fü̲h·rer·schein·prü·fung** *f* driving test

Fü̲h·rer·stand *m* BAHN [driver's] cab

Fu̲hr·mann <-leute> *m* ❶ (*Lenkender*) carter; (*Kutscher*) coachman ❷ ASTRON ■**der ~** the Charioteer, Auriga **Fu̲hr·park** *m* fleet [of vehicles]

Fü̲h·rung <-, -en> *f* ❶ *kein pl* (*Leitung*) leadership; MIL command; **innere ~** MIL morale; **unter jds ~** under sb's leadership of, led [*or* headed] by sb; MIL under command of sb, commanded by sb ❷ *kein pl* (*die Direktion*) management, directors *pl;* MIL commanding officers *pl* ❸ (*Besichtigung*) guided tour (**durch** + *akk* of) ❹ *kein pl* (*Vorsprung*) lead; (*in einer Liga o. Tabelle*) leading position; **seine ~ ausbauen** to increase one's lead; (*in einer Liga o. Tabelle*) to strengthen [*or* consolidate] one's leading position; **in ~ gehen [*o* die ~ übernehmen]** to go into [*or* take] the lead; **in ~ liegen** to be in the lead [*or* the leading position] ❺ *kein pl* (*Betragen*) conduct; **bei [*o* wegen] guter ~** on/for good conduct; **wegen guter ~ vorzeitig entlassen werden** to get a couple of years'/a few months' etc. remission for good conduct ❻ *kein pl* (*geh: Lenkung*) **der Führerschein berechtigt zur ~ eines Kraftfahrzeuges der angegebenen Klasse** to be licensed to drive a motor vehicle of a given class ❼ TECH (*Schiene*) guide ❽ *kein pl* (*das fortlaufende Eintragen*) **die ~ der Akten/Bücher** keeping the files/books ❾ *kein pl* (*das Tragen eines Namens o. Titels*) use; **die ~ des Doktortitels ist erst nach Erhalt der Urkunde**

erlaubt only after the awarding of the certificate is one permitted to have the title of doctor

Füh·rungs·an·spruch *m* claim to leadership **Füh·rungs·auf·ga·be** *f* executive duty [*or* function] **Füh·rungs·eli·te** *f* POL leadership [*or* governing] elite **Füh·rungs·eta·ge** *f* management level **Füh·rungs·gre·mi·um** *nt* controlling [*or* governing] body **Füh·rungs·kraft** *f* executive [officer] **Füh·rungs·macht** *f* leading power **Füh·rungs·qua·li·tä·ten** *pl* leadership qualities *pl* **Füh·rungs·rol·le** *f* leading role; **[in etw** *dat*] **eine ~ spielen** to play a leading role [in sth] **Füh·rungs·schicht** *f* the ruling classes *pl* **Füh·rungs·schwä·che** *f* weak leadership **Füh·rungs·spit·ze** *f* higher echelons *pl;* (*von Unternehmen*) top[-level] management **Füh·rungs·stab** *m* MIL operations staff + *sing/pl vb* **Füh·rungs·stär·ke** *f* strong leadership **Füh·rungs·stil** *m* style of leadership; (*in einer Firma*) management style **Füh·rungs·wech·sel** *m* change of leadership; (*in einer Firma*) change of management **Füh·rungs·zeug·nis** *nt* good-conduct certificate; **polizeiliches ~** clearance certificate BRIT

Fuhr·un·ter·neh·men [fu:ɐ̯-] *nt* haulage business BRIT, hauliers *pl* BRIT, trucking company AM **Fuhr·un·ter·neh·mer(in)** [fu:ɐ̯-] *m(f)* haulage contractor BRIT, haulier BRIT, trucking company AM, trucker AM **Fuhr·werk** [fu:ɐ̯-] *nt* wag[g]on; (*mit Pferden*) horse and cart; (*mit Ochsen*) oxcart **fuhr·wer·ken** [fu:ɐ̯-] *vi* (*fam: ungestüm hantieren*) ■**[mit etw** *dat*] **~** to wave sth about

Fül·le <-> ['fʏlə] *f kein pl* ① (*Körperfülle*) corpulence *form,* portliness *hum* ② (*Intensität*) richness, full[l]ness BRIT, fullness AM; (*Volumen*) *Haar* volume ③ (*Menge*) wealth, abundance; ■**eine ~ von etw** *dat* a whole host of sth; **in [Hülle und] ~** in abundance

fül·len ['fʏlən] **I.** *vt* ① (*voll machen*) ■**etw [mit etw** *dat*] **~** to fill sth [with sth]; **halb gefüllt** half-full ② KOCHK (*eine Speise mit Füllung versehen*) ■**etw [mit etw** *dat*] **~** to stuff sth [with sth] ③ (*einfüllen*) ■**etw in etw** *akk* **~** to put sth into sth, to fill sth with sth; **etw in Flaschen ~** to bottle sth; **etw in Säcke ~** to put sth into sacks, to sack sth ④ (*Platz in Anspruch nehmen*) ■**etw ~** to fill sth; **meine Bücher ~ ganze drei Regale** my books take up the whole of three shelves **II.** *vr* ■**sich [mit etw** *dat*] **~** to fill [up] [with sth]; **sich [mit Menschen] ~** to fill [up] [with people]

Fül·len <-s, -> ['fʏlən] *nt* (*veraltend*) *s.* **Fohlen**

Fül·ler <-s, -> ['fʏlɐ] *m* fountain pen; (*mit Tintenpatrone*) cartridge pen

Füll·fe·der·hal·ter *m s.* **Füller**

Füll·ge·wicht *nt* ① ÖKON net weight ② (*Fassungsvermögen einer Waschmaschine*) maximum load, capacity **Füll·horn** *nt* cornucopia

fül·lig ['fʏlɪç] *adj* ① (*von Mensch: rundlich*) plump, corpulent *form,* portly *hum;* **ein ~er Busen/eine ~e Figur** an ample [*or* a generous] bosom/figure ② (*voluminös*) **eine ~e Frisur** a bouffant hairstyle

Füll·sel ['fʏlzl̩] *nt* filler *no indef art, no pl,* padding *no indef art, no pl*

Fül·lung <-, -en> *f* ① KOCHK (*Masse in einer Speise*) stuffing ② (*ausfüllende Masse*) *von Matratzen, Federbetten* stuffing; (*von Kissen a.*) filling ③ (*Türfüllung*) panel ④ (*Zahnfüllung*) filling

Füll·wort <-wörter> *nt* filler [word], expletive *spec*

ful·mi·nant [fʊlmi'nant] *adj* (*geh*) brilliant

Fum·mel <-s, -> [fʊml̩] *m* (*sl*) cheap frock, rag *pej*

Fum·me·lei <-, -en> *f* (*fam*) fumbling, fiddling

fum·meln ['fʊml̩n] *vi* (*fam*) ① (*hantieren*) ■**[an/mit etw** *dat*] **~** to fumble [around], to fiddle [about BRIT] [*or* fumble [around]] with sth ② (*Petting betreiben*) to pet, to grope *fam*

Fund <-[e]s, -e> [fʊnt, *pl* 'fʊndə] *m* ① *kein pl* (*geh: das Entdecken*) discovery ② (*das Gefundene*) find; **einen ~ machen** (*geh*) to make a find

Fun·da·ment <-[e]s, -e> [fʊnda'mɛnt] *nt* ① (*tragfähiger Untergrund*) foundation[s *npl*] ② (*fig: geistige Grundlage*) basis, foundation[s *npl*]; **das ~ für etw** *akk* **sein** to form a basis for sth; **das ~ zu etw** *dat* **legen, das ~ für etw** *akk* **schaffen** to lay the foundations for sth

fun·da·men·tal [fʊndamɛn'taːl] **I.** *adj* fundamental **II.** *adv* fundamentally; **sich ~ irren** to make a fundamental error; **sich ~ unterscheiden** to be significantly different

Fun·da·men·ta·lis·mus <-> [fʊndamɛnta'lɪsmʊs] *m kein pl* fundamentalism *no indef art, no pl*

Fun·da·men·ta·list(in) <-en, -en> [fʊndamɛnta'lɪst] *m(f)* fundamentalist

fun·da·men·ta·lis·tisch *adj* fundamentalist

fun·da·men·tie·ren* [fʊndamɛn'tiːrən] *vi* to lay the foundations

Fund·bü·ro *nt* lost property office BRIT, lost-and-found office AM

Fund·gru·be *f* treasure trove

Fun·di <-s, -s> ['fʊndi] *m* POL fundamentalist, hard-liner, *of the Green Party*

fun·diert *adj* sound; **gut ~** well founded; **schlecht ~** unsound

fün·dig ['fʏndɪç] *adj* **~ werden** to discover what one is looking for

Fund·ort *m* ■**der ~ von etw** *dat* [the place] where sth is/was found **Fund·sa·che** *f* found object; (*in Fundbüro*) piece [*or* item] of lost property; ■**~n** lost property *no pl, no indef art* **Fund·stät·te** *f* (*geh*) *s.* **Fundort**

Fun·dus <-, -> ['fʊndʊs] *m* ① (*geistiger Grundstock*) fund *a. fig;* **einen reichen ~ an Erfahrungen haben** to have a wealth of experience ② THEAT basic [*or* general] equipment

fünf [fʏnf] *adj* five; *s. a.* **acht**[1] ▶ WENDUNGEN: **es ist ~ [Minuten] vor zwölf** it's almost too late, it's high time; **[alle] ~[e] gerade sein lassen** (*fam: etw nicht so genau nehmen*) to turn a blind eye, to look the other way

Fünf <-, -en> [fʏnf] *f* ① (*Zahl*) five ② (*Karten*) five; *s. a.* **Acht**[1] **4** ③ (*Verkehrslinie*) ■**die ~** the [number] five ④ (*Zeugnisnote*) "unsatisfactory" (*the lowest examination grade in the German school system*), ≈ F BRIT

fünf·bän·dig *adj* five-volume *attr,* of five volumes *pred* **Fünf·eck** *nt* pentagon **fünf·eckig** *adj* pentagonal, five-cornered **fünf·ein·halb** ['fʏnfʔain'halp] *adj* ① (*Bruchzahl*) five and a half; *s. a.* **anderthalb** ② (*fam: Kurzform für: 5.500 Euro*) five and a half thousand [*or* grand] [*or* K] [*or* AM G's] *fam*

Fün·fer <-s, -> ['fʏnfɐ] *m* (*fam*) ① SCH (*Note: mangelhaft*) "unsatisfactory", ≈ "E" BRIT ② (*Lottogewinn*) [score of] 5 correct ③ (*Geldstück*) five-cents piece [*or* coin]; (*Geldschein*) five-euro note

fün·fer·lei ['fʏnfɐ'lai] *adj inv attr* five [different]; *s. a.* **achterlei**

Fün·fer·pack *m* pack of five, five-pack

fünf·fach, 5fach ['fʏnffax] **I.** *adj* fivefold; **die ~e Menge/Summe** five times the amount/sum **II.** *adv* fivefold, five times; **~ ausgefertigt** issued in five copies [*or form* quintuplicate]

Fünf·fa·che, 5fache *nt dekl wie adj* ■**das ~** five times as much [*or* that amount]; *s. a.* **Achtfache**

Fünf·fü·ßer <-s, -> *m* ZOOL pentapedal **fünf·fü·ßig** *adj* (*liter: Versmaß*) pentametrical; **~er Jambus** iambic pentameter **Fünf·gang·ge·trie·be** *nt* five-speed gearbox [*or* transmission] **Fünf·gang-Schal·tung** *f* TECH [vehicle] gearbox with five gears

fünf·hun·dert ['fʏnf'hʊndɐt] *adj* five hundred; *s. a.* **hundert**

fünf·hun·dert·jäh·rig *adj* five hundred-year-old *attr*

fünf·jäh·rig, 5-jäh·rig[RR] *adj* ① (*Alter*) five-year-old *attr,* five years old *pred; s. a.* **achtjährig 1** ② (*Zeitspanne*) five-year *attr; s. a.* **achtjährig 2** **Fünf·jäh·ri·ge(r), 5-Jäh·ri·ge(r)**[RR] *f(m) dekl wie adj* five-year-old **Fünf·kampf** *m* pentathlon **fünf·köp·fig** *adj* five-person *attr; s. a.* **achtköpfig**

Fünf·ling <-s, -e> *m* quin[tuplet]

fünf·mal, 5-mal[RR] *adv* five times; *s. a.* **achtmal** **fünf·ma·lig** *adj* fifth; *s. a.* **achtmalig** **Fünf·mark·schein** [fʏnf'mark-] *m* five-mark note **Fünf·mark·stück** *nt* five-mark piece **Fünf·**

me̱·ter·brett *nt* five-metre [*or* AM -er] [diving] board **Fünf·pro·ze̱nt·hür·de** *f* POL five-percent hurdle **Fünf·pro·ze̱nt·klau·sel** *f* POL five-percent rule [*or* clause]

fü̱nf·sei·tig *adj* five-sided, pentagonal; (*von Brief*) five-page *attr,* of five pages *pred* **fü̱nf·spal·tig** *adj* five-column *attr,* [extending] over five columns *pred* **fü̱nf·stel·lig** *adj* five-digit *attr;* **ein ~es Einkommen** a five-figure income **fü̱nf·stö·ckig** *adj* five-storey *attr* [*or* AM -story], with five storeys **fü̱nf·stün·dig, 5-stün·dig**[RR] *adj* five-hour *attr; s. a.* **achtstündig** **fü̱nf·stünd·lich** *adj* every five hours *pred*

fünft [fʏnft] *adv* **zu ~ sein** to be a party of five

fü̱nf·tä·gig, 5-tä·gig[RR] *adj* five-day *attr* **fünf·tau·send** [ˈfʏnfˈtauzn̩t] *adj* ❶ (*Zahl*) five thousand; *s. a.* **tausend 1** ❷ (*fam: 5.000 Euro*) five grand *no pl,* five thou *no pl sl,* five G's [*or* K's] *no pl* AM *sl* **Fü̱nf·tau·sen·der** *m* five-thousand-metre [*or* AM -er] peak [*or* mountain]

fünf·te(r, s) [ˈfʏnftə, ˈfʏnftɐ, ˈfʏnftəs] *adj* ❶ (*nach dem vierten kommend*) fifth; **die ~ Klasse** [*o fam* **die ~**] primary, elementary AM; *s. a.* **achte(r, s) 1** ❷ (*Datum*) fifth, 5th; *s. a.* **achte(r, s) 2**

Fünf·te(r) [ˈfʏnftə, ˈfʏnftɐ] *f(m) dekl wie adj* ❶ (*Person*) fifth; *s. a.* **Achte(r) 1** ❷ (*bei Datumsangabe*) ■ **der ~/am ~en** [*o geschrieben* **der 5./am 5.**] the/on the fifth *spoken,* the 5th *written; s. a.* **Achte(r) 2** ❸ (*Namenszusatz*) **Ludwig der ~** *gesprochen* Louis the Fifth; **Ludwig V.** *geschrieben* Louis V

fü̱nf·tei·lig *adj* five-part [*or* -piece] *attr;* **~ sein** to be in five parts, to consist of five pieces

fünf·tel [ˈfʏnftl̩] *adj* fifth

Fünf·tel <-s, -> [ˈfʏnftl̩] *nt o* SCHWEIZ *m* fifth; *s. a.* **Achtel**

fünf·tens [ˈfʏnftn̩s] *adv* fifth[ly], in [the] fifth place

fü̱nf·tü·rig *adj* five-door; **ein ~es Auto** a five-door car *attr;* **~ sein** to have five doors **Fünf·uhr·tee** [fʏnfˈʔuːɐ̯teː] *m* [afternoon] tea **Fünf·und·drei·ßig·stu̱n·den·wo·che, 35-Stun·den-Wo·che** *f* thirty-five-hour week **fü̱nf·wer·tig** *adj* CHEM pentavalent **fü̱nf·wö·chig** *adj* five-week; **von ~er Dauer sein** to take [*or* last] five weeks **fünf·zehn** [ˈfʏnftseːn] *adj* fifteen; **~ Uhr** 3pm, 1500hrs *written,* fifteen hundred hours *spoken; s. a.* **acht**[1] **fü̱nf·zehn·te(r, s)** *adj* fifteenth; *s. a.* **achte(r, s)** **Fü̱nf·zei·ler** *m* LITER five-line poem/stanza, pentastich *spec* **fü̱nf·zei·lig** *adj* LITER five-line *attr,* of five lines *pred*

fünf·zig [ˈfʏnftsɪç] *adj* ❶ (*Zahl*) fifty; *s. a.* **achtzig 1** ❷ (*Stundenkilometer*) thirty [kilometres [*or* AM -meters] an hour]; *s. a.* **achtzig 2**

Fünf·zig <-, -en> [ˈfʏnftsɪç] *f* fifty

Fünf·zig·ce̱nt·stück *nt* fifty-cents piece [*or* coin]

fünf·zi·ger, 50er [ˈfʏnftsɪgɐ] *adj attr, inv* (*das Jahrzehnt von 50 bis 60*) ■ **die ~ Jahre** the fifties; (*geschrieben a.*) the '50s

Fünf·zi·ger[1] <-s, -> [ˈfʏnftsɪgɐ] *m* ❶ (*fam: Geldstück*) fifty-cents piece [*or* coin]; (*Geldschein*) fifty-euros note ❷ (*Wein aus dem Jahre '50*) ■ **ein ~** a fifties vintage

Fünf·zi·ger(in)[2] <-s, -> [ˈfʏnftsɪgɐ] *m(f)* person in their fifties, fifty-year-old

Fü̱nf·zi·ger·jah·re *pl* ■ **die ~** the fifties [*or* '50s]

Fünf·zig·e̱u̱·ro·schein *m* fifty-euros note **fü̱nf·zig·jäh·rig, 50-jäh·rig**[RR] *adj attr* ❶ (*Alter*) fifty-year-old *attr,* fifty years old *pred* ❷ (*Zeitspanne*) **~er Frieden** fifty years of peace; **nach ~er Besatzung** after a/the fifty-year occupation **Fü̱nf·zig·jäh·ri·ge(r), 50-Jäh·ri·ge(r)**[RR] *f(m) dekl wie adj* fifty-year-old

fü̱nf·zig·ste(r, s) *adj* fiftieth; *s. a.* **achte(r, s)**

fun·gie·ren* [fʊŋˈgiːrən] *vi* ■ **etw fungiert als etw** sth functions as sth; **als Dach ~** to serve [*or* make do] as a roof; **als Mittelsmann ~** to function as a middleman

Fun·gi·zid <-s, -e> [fʊŋgiˈtsiːt, *pl* -ˈtsiːdə] *nt* fungicide

Funk <-s> [fʊŋk] *m kein pl* radio; **etw über ~ durchgeben** to announce sth on the radio

Fu̱nk·ama·teur(in) *m(f)* radio ham, amateur radio enthusiast **Fu̱nk·aus·stel·lung** *f* radio and television exhibition

Fünk·chen <-s, -> [ˈfʏŋçən] *nt* ❶ *dim von* **Funke** [tiny] spark ❷ (*geringes Maß*) **es besteht ein/kein ~ Hoffnung** there's a glimmer of hope; **es besteht kein ~ Hoffnung** there's not a scrap of hope; **ein/kein ~ Wahrheit** *gen* a grain/not a shred of truth

Fun·ke <-ns, -n> [ˈfʊŋkə] *m,* **Fu̱nken** <-s, -> *m* ❶ (*glimmendes Teilchen*) spark *a. fig;* **~n sprühen** to emit [*or sep* send out] sparks, to spark; **~n sprühend** emitting sparks *pred,* sparking; **der zündende ~** (*fig*) the vital [*or* igniting] spark ❷ (*geringes Maß*) scrap; **ein ~ [von] Anstand** a scrap of decency; **ein ~ Hoffnung** a gleam [*or* glimmer] [*or* ray] of hope; **ein/kein ~ Wahrheit** a grain/not a shred of truth ▶ WENDUNGEN: **etw [so] tun, dass die ~n fliegen** (*fam*) to work like mad [*or* crazy] *fam;* **der ~ springt [zwischen zwei Menschen/den beiden] über** (*fam*) something clicked [between two people/the two] *fam*

fun·keln [ˈfʊŋkl̩n] *vi* to sparkle; *Sterne a.* to twinkle; *Edelsteine* to glitter, to flash; *Gold* to glitter, to gleam; **vor Freude ~** *Augen* to gleam [*or* sparkle] with joy; **vor Zorn ~** to glitter [*or* flash] with anger

fun·kel·na·gel·neu [ˈfʊŋklˈnaːglˈnɔy] *adj* (*fam*) brand-new, spanking-new

funk·en [ˈfʊŋkn̩] **I.** *vt* ■ **etw ~** to radio sth; **SOS ~** to send out *sep* [*or* radio] an SOS **II.** *vi* ❶ (*senden*) to radio; **um Hilfe ~** to radio for help ❷ (*Funken sprühen*) to emit [*or sep* send out] sparks, to spark ❸ (*fam: richtig funktionieren*) to work; **das Radio funkt wieder** the radio's going again ❹ (*sich verlieben*) to click; **zwischen den beiden hat's gefunkt** there's a special chemistry between those two, those two have really clicked **III.** *vi impers* (*fam*) ❶ (*Prügel geben*) to be in for it; **noch eine Bemerkung und es funkt!** another remark and you'll be in for it ❷ (*verstehen*) to click; **endlich hat es bei ihm gefunkt!** it finally clicked [with him] *fam*

Funk·en <-s, -> [ˈfʊŋkn̩] *m s.* **Funke**

Fu̱n·ken·flug *m* flying sparks *pl* **fu̱n·ken·sprü·hend** *adj s.* **Funke 1**

fu̱nk·ent·stört *adj* with noise suppression *pred*

Fu̱n·ker(in) <-s, -> *m(f)* radio operator

Fu̱nk·feu·er *nt* radio beacon **Fu̱nk·ge·rät** *nt* ❶ (*Sende- und Empfangsgerät*) RT unit ❷ (*Sprechfunkgerät*) radio set, walkie-talkie **fu̱nk·ge·steu·ert** *adj* ELEK, TECH radio-controlled **Fu̱nk·haus** *nt* studios *pl,* broadcasting centre [*or* AM -er] **Fu̱nk·kol·leg** *nt* educational [*or* BRIT ≈ Open University] radio broadcasts **Fu̱nk·kon·takt** *m* radio contact **Fu̱nk·pei·lung** *f* [radio] direction finding **Fu̱nk·sprech·ge·rät** *nt* walkie-talkie **Fu̱nk·sprech·ver·kehr** *m* radiotelephony **Fu̱nk·spruch** *m* radio message **Fu̱nk·stil·le** *f* radio silence; **bei jdm herrscht ~** (*fig*) sb is [completely] incommunicado; **und dann herrschte ~** (*fig*) and then there was silence **Fu̱nk·strei·fe** *f* [police] radio patrol **Fu̱nk·strei·fen·wa·gen** *m* (*veraltend*) [police] radio patrol [*or* squad] car **Fu̱nk·ta·xi** *nt* radio taxi [*or* cab] **Fu̱nk·te·le·fon** *nt* cordless [tele]phone

Funk·ti·on <-, -en> [fʊŋkˈtsi̯oːn] *f* ❶ *kein pl* (*Zweck, Aufgabe*) function; **eine bestimmte ~ haben** to have a particular function ❷ (*Stellung, Amt*) position; **in ~ treten** *Gremium etc.* to come into operation; *Person* to begin [*or* take up] work; **in jds ~ als etw** in sb's capacity as sth ❸ MATH function ❹ (*Benützbarkeit*) function; **außer/in ~ sein** not to be working [*or* to be out of order] [*or* functioning]/to be working; *Stromkreis* not to be/to be switched on [*or* activated]; **etw außer/in/wieder in ~ setzen** *Stromkreis* to deactivate [*or sep* switch off]/activate [*or sep* switch on]/reactivate sth

funk·ti·o·nal [fʊŋktsi̯oˈnaːl] *adj s.* **funktionell**

Funk·ti·o·när(in) <-s, -e> [fʊŋktsi̯oˈnɛːɐ̯] *m(f)* functionary *form,* official; **ein hoher ~** a high-ranking official; **die [politischen] ~e** the [political] machine

funk·ti·o·nell [fʊŋktsi̯oˈnɛl] *adj* ❶ MED functional; **eine ~e Störung** a dysfunction *spec* ❷ (*funktionsgerecht*) practical, functional

F

funk·ti·o·nie·ren* [fʊŋktsi̯o'niːrən] *vi* ❶ (*betrieben werden, aufgebaut sein*) to work; **wie funktioniert dieses Gerät?** how does this device work?; *Maschine a.* to operate, to function ❷ (*reibungslos ablaufen, intakt sein*) to work out; *Organisation* to run smoothly ❸ (*fam: gehorchen*) to obey [without question] ❹ (*fam: möglich sein*) **wie soll denn das ~?** how [on earth] is that going to work?

Funk·ti·o̲ns·bild *nt* job profile **funk·ti·o̲ns·fä·hig** *adj* in working order *pred; Anlage* operative; *Maschinen, Schusswaffen* in working order; **voll ~** fully operative, in full working order **Funk·ti·o̲ns·stö·rung** *f* MED functional disorder, dysfunction *spec* **Funk·ti·o̲ns·tas·te** *nt* function key **funk·ti·o̲ns·tüch·tig** *adj s.* **funktionsfähig** **Funk·ti·o̲ns·wei·se** *f* functioning *no pl;* **die ~ des Gehirns** the functioning of the brain

Fu̲nk·turm *m* radio tower **Fu̲nk·ver·bin·dung** *f* radio contact; **mit jdm/etw in ~ stehen** [*o* **sein**] to have [*or* be in] radio contact with sb/sth **Fu̲nk·ver·kehr** *m* radio communication [*or* traffic] *no art* **Fu̲nk·wa·gen** *m* radio car

Fun·zel <-, -n> ['fʊntsl̩] *f* (*pej fam*) dim light

für [fyːɐ̯] *präp +akk* ❶ (*Nutzen, Zweck, Bestimmung betreffend*) ■ **~ jdn/etw** for sb/sth; **kann ich sonst noch etwas ~ Sie tun?** will there be anything else?; **sind Sie ~ den Gemeinsamen Markt?** do you support the Common Market?; **~ was ist denn dieses Werkzeug?** DIAL what's this tool [used] for?; **~ was soll es gut sein?** DIAL what good is that? *fam;* **~ ganz** SCHWEIZ (*für immer*) for good; **~ sich** [**allein**] for oneself; **~ sich bleiben** to remain by oneself ❷ (*als jd, in der Funktion als*) for; **~ ihr Alter ist sie noch erstaunlich rüstig** she's still surprisingly sprightly for her age; **~ jdn** (*jds Ansicht nach*) in sb's opinion, for sb ❸ MED (*gegen*) for; **gut ~ Migräne** good for migraine ❹ (*zugunsten*) for, in favour [*or* AM -or] of; **was Sie da sagen, hat manches ~ sich** there's something in what you're saying; **~ jdn stimmen** to vote for sb ❺ (*zahlend, in Austausch mit*) for; **er hat es ~ 45 Euro bekommen** he got it for 45 euros ❻ (*statt*) for, in place of, instead of ❼ (*als etw*) **ich halte sie ~ intelligent** I think she is intelligent ❽ *in Kombination mit „was"* **was ~ ein Blödsinn!** what nonsense!; **was ~ ein Pilz ist das?** what kind [*or* sort] of mushroom is that? ►WENDUNGEN: **~ einmal** SCHWEIZ (*ausnahmsweise*) for once; (*einstweilen*) for the time being

Für <-> [fyːɐ̯] *nt* **das ~ und Wider** [**einer S.** *gen*] the pros and cons [of sth], the reasons for and against [sth]

Fu·ran <-s, -e> [fu'raːn] *nt* CHEM fur[fur]an

Für·bit·te ['fyːɐ̯bɪtə] *f* REL *a.* intercession, plea; [**bei jdm**] **für jdn ~ einlegen** to intercede [*or* plead] [with sb] for [*or* on behalf of] sb

Fur·che <-, -n> ['fʊrçə] *f* ❶ (*Ackerfurche*) furrow; **~n ziehen** to plough [*or* AM plow] furrows ❷ (*Wagenspur*) rut ❸ (*Gesichtsfalte*) furrow

fur·chen ['fʊrçn̩] *vt* (*geh*) ■**etw ~** ❶ (*in Falten legen*) *Stirn* to furrow sth ❷ (*mit Furchen versehen*) to furrow sth

Furcht <-> ['fʊrçt] *f kein pl* fear; **jdm sitzt die ~ im Nacken** sb's frightened out of his/her wits; **~** [**vor jdm/etw**] **haben** [*o geh* **empfinden**] to be afraid of sb/sth, to fear sb/sth; **hab' keine ~!** don't be afraid!, fear not! *hum;* **sei ohne ~!** (*geh*) do not fear! *form,* fear not! *hum;* **~ einflößend** [*o* **erregend**] terrifying; **jdn in ~ versetzen** to frighten sb; **jdm ~ einflößen** to strike fear into sb *form;* **vor ~ zittern** to tremble with fear; **aus ~ vor jdm/etw** for fear of sb/sth

fu̲rcht·bar I. *adj* terrible, dreadful; **einen ~en Durst/Hunger haben** to be parched/famished *form* [*or fam* terribly thirsty/hungry]; **~ aussehen** to look awful [*or* dreadful] II. *adv* ❶ (*äußerst*) terribly; **~ kalt/unangenehm** terribly cold/unpleasant ❷ (*schrecklich*) terribly, horribly; **~ durstig/hungrig sein** to be terribly thirsty/hungry

fu̲rcht·ein·flö·ßend *adj s.* **Furcht**

fürch·ten ['fʏrçtn̩] I. *vt* ❶ (*sich ängstigen*) ■**jdn/etw ~** to fear [*or* be afraid of] sb/sth; ■**gefürchtet sein** to be feared; **jdn das F~ lehren** to teach sb the meaning of fear ❷ (*befürchten*) ■**etw ~** to fear sth; ■**~, dass ...** to fear that ...; ■**zum F~** (*furchtbar*) frightful; **zum F~ aussehen** to look frightful [*or fam* a fright]; **das ist ja zum F~** that's really frightful II. *vr* ■**sich** [**vor jdm/etw**] **~** to be afraid [of sb/sth]; **sich im Dunkeln ~** to be afraid of the dark; **fürchtet euch nicht!** don't be afraid!, fear not! *old* III. *vi* ■**um jdn/etw ~** (*geh*) to fear for sb/sth *form*

fü̲rch·ter·lich *adj s.* **furchtbar**

fu̲rcht·er·re·gend *adj s.* **Furcht**

fu̲rcht·los I. *adj* fearless, dauntless *liter;* (*von Mensch a.*) intrepid II. *adv* **~ kämpfen/einer S.** *dat* **~ standhalten** to fight/withstand sth fearlessly [*or* without fear]

Fu̲rcht·lo·sig·keit <-> *f kein pl* fearlessness

furcht·sam ['fʊrçtzaːm] *adj* (*geh*) timorous *liter,* fearful

Fu̲rcht·sam·keit <-, *selten* -en> *f* (*geh*) timorousness *liter,* fearfulness

für·der·hin ['fʏrdɐhɪn] *adv* (*veraltet*) in [the] future, hereafter *form*

für·ein·an·der [fyːɐ̯ʔai'nandɐ] *adv* for each other [*or form* one another]; **~ einspringen** to help each other [*or* one another] out

Fu·rie <-, -n> ['fuːri̯ə] *f* ❶ (*pej: wütende Frau*) hellcat, termagant *pej* ❷ (*mythisches Wesen*) fury; **... wie von ~n gejagt** [*o* **gehetzt**] ... as if the devil himself were after him/her etc.; **sie gingen wie ~n aufeinander los** they went for each other['s throats] like [wild]cats

Fur·nier <-s, -e> [fʊr'niːɐ̯] *nt* veneer

fur·nie·ren* [fʊr'niːrən] *vt* ■**etw ~** to veneer sth; **mit Walnussholz furniert** with [a] walnut veneer

Fu·ro·re [fu'roːrə] ►WENDUNGEN: **~ machen** [*o* **für ~ sorgen**] (*fam*) to cause a sensation

Für·sor·ge ['fyːɐ̯zɔrgə] *f kein pl* ❶ (*Betreuung*) care ❷ (*fam: Sozialamt*) welfare services *npl,* welfare *no art fam* ❸ (*fam: Sozialhilfe*) social security *no art,* welfare AM; **von der ~ leben** to live on benefits

Fü̲r·sor·ge·amt *nt* SCHWEIZ (*Sozialamt*) welfare services *npl* **Fü̲r·sor·ge·pflicht** *f employer's obligation to provide welfare services*

Fü̲r·sor·ger(in) <-s, -> *m(f)* (*veraltet*) *s.* **Sozialarbeiter**

für·sorg·lich ['fyːɐ̯zɔrklɪç] I. *adj* considerate (**zu** *+dat* towards); (*von Mensch a.*) solicitous *form* (**zu** *+dat* of) II. *adv* with [solicitous *form*] care

Fü̲r·sorg·lich·keit <-> *f kein pl* care; (*von Mensch a.*) solicitude *form*

Für·spra·che ['fyːɐ̯ʃpraːxə] *f* recommendation; [**bei jdm**] **~ für jdn einlegen** to recommend sb [to sb], to put in a word for sb [with sb] *fam;* **auf jds ~** on sb's recommendation

Für·spre·cher(in) ['fyːɐ̯ʃprɛçɐ] *m(f)* ❶ (*Interessenvertreter*) advocate ❷ JUR SCHWEIZ (*Anwalt*) barrister BRIT, attorney AM

Fürst(in) <-en, -en> [fʏrst] *m(f)* ❶ (*Adliger*) prince; **~ Bismarck** Prince Bismarck; **wie ein ~/die ~en leben** to live like a lord [*or* king]/lords [*or* kings] ❷ (*Herrscher*) ruler; **der ~ der Finsternis** [*o* **dieser Welt**] (*euph geh: Satan*) the Prince of Darkness *liter;* **geistlicher ~** prince bishop

Fü̲rs·ten·ge·schlecht *nt,* **Fü̲rs·ten·haus** *nt* house [*or* dynasty] of princes

Fü̲rs·ten·tum *nt* principality; **das ~ Monaco** the principality of Monaco

Fü̲rs·tin <-, -nen> *f fem form von* **Fürst** (*Adlige*) princess; (*Herrscherin*) ruler

fürst·lich ['fʏrstlɪç] I. *adj* ❶ (*den Fürsten betreffend*) princely; **eine ~e Kutsche/ein ~es Schloss** a prince's coach/castle; **eure ~e Durchlaucht/Gnaden** Your Highness ❷ (*fig: prächtig*) lavish; *Gehalt, Trinkgeld* lavish, handsome *form* II. *adv* (*prächtig*) lavishly; **jdn ~ bewirten** to entertain sb lavishly [*or* [right] royally]; **~ leben/speisen** to live/eat like lords [*or* kings]/a lord [*or* king]

Furt <-, -en> ['fʊrt] *f* ford
Fu·run·kel <-s, -> [fu'rʊŋkl̩] *nt o m* MED boil, furuncle *spec*
für·wahr [fy:ɐ̯'va:ɐ̯] *adv* (*veraltet*) forsooth *old liter,* in truth
Für·wort <-wörter> ['fy:ɐ̯vɔrt, *pl* -vœrtɐ] *nt* LING pronoun; *s. a.* **Pronomen**
Furz <-[e]s, Fürze> [fʊrts, *pl* 'fʏrtsə] *m* (*derb*) fart *fam!;* **einen ~ lassen** to [let off a] fart *fam!*
fur·zen ['fʊrtsn̩] *vi* (*derb*) to fart *fam!*
Fu·sel <-s, -> ['fu:zl̩] *m* (*pej*) rotgut *sl,* bad liquor, hooch AM *fam*
Fu·si·on <-, -en> [fu'zi̯o:n] *f* ❶ ÖKON merger, amalgamation ❷ PHYS fusion
fu·si·o·nie·ren* [fuzi̯o'ni:rən] *vi* ÖKON ■**[zu etw** *dat*] **~** to merge [*or* amalgamate] [into sth]; ■**mit etw** *dat* **~** to merge [*or* amalgamate] with sth
Fu·si·ons·re·ak·tor *m* PHYS fusion reactor
Fuß <-es, Füße> [fu:s, *pl* 'fy:sə] *m* ❶ (*Körperteil*) foot; **gut/schlecht zu ~ sein** to be steady/not so steady on one's feet; *Wanderer* to be a good/poor walker; **trockenen ~es** without getting one's feet wet; **etw ist zu ~ zu erreichen** sth is within walking distance; **an den Füßen** [*o* **die Füße**] **frieren** SÜDD to freeze one's feet off; **zu ~ gehen/kommen** to walk, to go/come on foot; **den ~ auf festen Boden/die Erde/den Mond setzen** to set foot on solid ground/the earth/the moon; **den ~ in** [*o* **zwischen**] **die Tür stellen** to put [*or* get] one's foot in the door; **über seine** [**eigenen**] **Füße stolpern** to trip [*or* fall] over one's own feet; **jdm auf die Füße treten** to stand on sb's feet; (*fig: jdn beleidigen*) to step on sb's toes; **so schnell/weit ihn die** [*o* **seine/ihre**] **Füße trugen** as fast/far as his/her legs could carry him; **bei ~!** (*Befehl für Hunde*) heel! ❷ SÜDD, ÖSTERR (*Bein*) leg ❸ (*Sockel*) base; (*vom Schrank, Berg*) foot; (*Stuhl-, Tischbein*) [chair/table] leg ❹ LITER (*Versfuß*) [metrical] foot ❺ (*Teil eines Strumpfes*) foot ❻ *kein pl* (*Längenmaß*) foot; **sie ist sechs ~ groß** she's six feet [*or* foot] tall; **ein sechs ~ großer Mann** a six-foot man, a six-footer *fam* ❼ KOCHK (*Schwein*) trotter; (*Lamm*) foot ▸ WENDUNGEN: **mit einem ~ im Grabe stehen** to have one foot in the grave; **die Füße unter jds Tisch strecken** to have one's feet under sb's table; **keinen ~ vor die Tür setzen** to not set foot outside; **auf eigenen Füßen stehen** to stand on one's own two feet; **wie eingeschlafene Füße schmecken** (*sl*) to taste of nothing; **jdn auf dem falschen ~ erwischen** to catch sb unprepared; **sich auf freiem ~[e] befinden** to be free; *Ausbrecher* to be at large; **jdn** [**wieder**] **auf freien ~ setzen** to release sb, to set sb at liberty; **auf großem ~[e] leben** to live the high life; **mit jdm auf gutem ~ stehen** to be on good terms with sb; **kalte Füße bekommen** to get cold feet; **auf schwachen** [*o* **tönernen**] [*o* **wackligen**] **Füßen stehen** to rest on shaky foundations; **stehenden ~es** (*geh*) forthwith *form;* **sich** *dat* **die Füße wund laufen** (*fam*) to run one's legs off *fam;* **jdm zu Füßen fallen** [*o* **sinken**] to go down on one's knees to [*or* before] sb; [**immer wieder**] **auf die Füße fallen** to fall one's feet [again]; [**festen**] **~ fassen** to gain a [firm] foothold; **jdm/einer S. auf dem ~e folgen** to follow sb/sth closely; (*fig*) to follow hard on sb/sth *fig;* **sich auf die Füße getreten fühlen** to feel offended; **jdm zu Füßen liegen** to lie at sb's feet; **jdm auf die Füße treten** (*fam*) to step [*or* tread] on sb's toes; **jdn/etw mit Füßen treten** (*fig*) to trample all over sb, to treat sb/sth with contempt; **sich** *dat* **die Füße vertreten** to stretch one's legs; **sich jdm zu Füßen werfen** to throw oneself at sb's feet, to prostrate oneself before sb
Fuß·ab·druck <-abdrücke> *m* footprint **Fuß·ab·strei·fer** <-s, -> *m,* **Fuß·ab·tre·ter** <-s, -> *m* footscraper; (*Matte*) doormat **Fuß·an·gel** *f* mantrap **Fuß·bad** *nt* ❶ (*das Baden der Füße*) footbath; **ein ~ nehmen** to take a footbath, to wash one's feet ❷ (*Wasser zum Baden der Füße*) footbath ❸ (*hum fam: verschütteter Tee o. Kaffee*) tea/coffee spilt in the saucer
Fuß·ball ['fu:sbal] *m* ❶ *kein pl* (*Spiel*) football BRIT, soccer AM; **~ spielen** to play football ❷ (*Ball*) football BRIT, soccer ball AM
Fuß·bal·ler(in) <-s, -> ['fu:sbalɐ] *m(f)* (*fam*) footballer
Fuß·ball·fan *m* football fan **Fuß·ball·mann·schaft** *f* football team **Fuß·ball·meis·ter·schaft** *f* football league championship **Fuß·ball·platz** *m* football pitch BRIT, soccer field AM **Fuß·ball·pro·fi** *m* professional footballer **Fuß·ball·row·dy** [-raudi] *m* football hooligan **Fuß·ball·spiel** *nt* football match **Fuß·ball·spie·ler(in)** *m(f)* football player **Fuß·ball·sta·di·on** *nt* football stadium **Fuß·ball·to·to** *m o nt* the [football] pools *npl;* **~ spielen** to play the pools **Fuß·ball·ver·ein** *m* football club
Fuß·bank <-bänke> *f* footrest
Fuß·bo·den *m* floor
Fuß·bo·den·be·lag *m* floor covering **Fuß·bo·den·hei·zung** *f* [under]floor heating
Fuß·breit <-> ['fu:sbrait] *m kein pl* ❶ (*Breite des Fußes*) width of a foot, foot ❷ (*fig: bisschen*) inch *fig;* **keinen ~ weichen** to not budge an inch **Fuß·brem·se** *f* footbrake
fus·se·lig ['fʊsəlɪç] *adj* fluffy *attr,* full of fluff *pred;* **ein ~er Stoff** a fluffy material; *s. a.* **Mund**
fus·seln ['fʊsl̩n] *vi* to get fuzzy; (*von Wolle a.*) to pill *spec*
füßeln *vi* to play footsie *fam*
fu·ßen ['fu:sn̩] *vi* ■**auf etw** *dat* **~** to rest [*or* be based] on sth
Fuß·en·de *nt* foot [of a/the bed] **Fuß·fes·seln** *pl* shackles
Fuß·gän·ger(in) <-s, -> *m(f)* pedestrian
Fuß·gän·ger·am·pel *f* pedestrian [*or* BRIT pelican] crossing **Fuß·gän·ger·brü·cke** *f* footbridge **Fuß·gän·ger·strei·fen** *m* SCHWEIZ, **Fuß·gän·ger·über·weg** *m* pedestrian crossing **Fuß·gän·ger·zo·ne** *f* pedestrian precinct
Fuß·ge·lenk *nt* ankle **Fuß·he·bel** *m* TECH [foot] pedal **fuß·hoch** ['fu:sho:x] **I.** *adj* ankle-deep **II.** *adv* ankle-deep **fuß·kalt** *adj* **~ sein** *Boden* to be cold on one's/the feet; *Wohnung* to have a cold floor **Fuß·lap·pen** *m* footcloth **fuß·läu·fig** *adj* (*zu Fuß*) on foot **Fuß·leis·te** *f* skirting [board] BRIT, baseboard AM
fuss·lig[RR], **fuß·lig**[ALT] ['fʊslɪç] *adj s.* **fusselig**
Fuß·marsch *m* ❶ MIL march ❷ (*anstrengender Marsch*) long hike **Fuß·mat·te** *f* doormat **Fuß·no·te** *f* LITER footnote **Fuß·pfad** *m* footpath **Fuß·pfle·ge** *f* care of one's/the feet; (*professionell*) pedicure **Fuß·pfle·ger(in)** *m(f)* chiropodist **Fuß·pilz** *m kein pl* athlete's foot **Fuß·pu·der** *m* foot powder **Fuß·re·flex·zo·nen·mas·sa·ge** *f* reflexology massage **Fuß·schal·ter** *m* foot[-operated] switch **Fuß·schweiß** *m* foot sweat; **an ~ leiden** to suffer from sweaty feet **Fuß·soh·le** *f* sole [of a/the foot] **Fuß·spit·ze** *f* toes *pl;* **passen die Schuhe? – nein, ich stoße mit der ~ an** do the shoes fit? no, my toes are pressing at the end **Fuß·spur** *f meist pl* footprints *pl* **Fuß·stap·fen** <-s, -> *m* footprint; **in jds ~ treten** (*fig*) to follow in sb's footsteps *fig* **Fuß·stüt·ze** *f* ❶ (*Stütze beim Sitzen*) footrest ❷ (*in Schuhen*) arch support **Fuß·tritt** *m* kick; **einen ~ bekommen** [*o fam* **kriegen**] to get kicked [*or* a kick]; **jdm einen ~ geben** [*o geh* **versetzen**] to give sb a kick, to kick sb **Fuß·volk** *nt kein pl* ❶ MIL (*veraltet*) infantry, foot soldiers *pl* ❷ (*pej: bedeutungslose Masse*) ■**das ~** the rank and file **Fuß·weg** *m* ❶ (*Pfad*) footpath ❷ (*beanspruchte Zeit zu Fuß*) **es sind nur 15 Minuten ~** it's only 15 minutes [*or* a 15-minute] walk
futsch [fʊtʃ] *adj pred* bust *fam;* **~ sein** to have had it *fam; verspieltes Geld a.* to be blown *fam*
Fut·ter[1] <-s, -> ['fʊtɐ] *nt* ([*tierische*] *Nahrung*) [animal] feed; *von Pferd, Vieh a.* fodder; **dem Hund/der Katze ~ geben** to feed the dog/cat ▸ WENDUNGEN: **gut im ~ sein** [*o* **stehen**] to be well-fed [*or* -fattened]
Fut·ter[2] <-s> ['fʊtɐ] *nt kein pl* ❶ (*Innenstoff, Auskleidung*) lining ❷ (*Spannfutter*) chuck
Fut·te·ral <-s, -e> [fʊtə'ra:l] *nt* case
Fut·ter·ge·trei·de *nt* fodder [*or* forage] cereal **Fut·ter·krip·pe** *f* (*Futterbehälter*) manger ▸ WENDUNGEN: **an der ~ sitzen** (*fam*) to have got it easy
fut·tern ['fʊtɐn] **I.** *vi* (*hum fam*) to stuff oneself *fam* **II.** *vt* (*hum fam*) ■**etw ~** to scoff sth

F

füt·tern¹ ['fʏtɐn] *vt* ■**jdn** [**mit etw** *dat*] ~ to feed sb [with [*or* on] sth]; ■**ein Tier** [**mit etw** *dat*] ~ [*o* **einem Tier etw** ~] to feed an animal on sth, to give an animal sth [to eat]; **„F~ verboten"** "do not feed the animals"; **Hafer/Klee** ~ to feed an animal with [*or* on] oats/clover
füt·tern² ['fʏtɐn] *vt* (*mit einem Stofffutter versehen*) ■**etw** [**mit etw** *dat*] ~ to line sth [with sth]; **etw neu** ~ to re[-]line sth
Fut·ter·napf *m* [feeding] bowl **Fut·ter·neid** *m* ❶ ZOOL envy of another animal's food ❷ PSYCH jealousy; ~ **haben** (*fig*) to be jealous **Fut·ter·pflan·ze** *f* fodder crop, forage plant [*or* crop] **Fut·ter·sack** *m* nosebag **Fut·ter·stoff** *m* lining [material] **Fut·ter·trog** *m* feeding trough
Füt·te·rung <-, -en> *f* feeding
Fu·tur <-s, -e> [fu'tu:ɐ̯] *nt* LING future [tense]
fu·tu·risch [fu'tu:rɪʃ] *adj* LING future *attr*
Fu·tu·ris·mus <-> [futu'rɪsmʊs] *m kein pl* futurism
fu·tu·ris·tisch [futu'rɪstɪʃ] *adj* futurist[ic]
Fu·tu·ro·lo·ge, Fu·tu·ro·lo·gin <-n, -n> [futuro'lo:gə, -'lo:gɪn] *m, f* futurologist
Fu·tu·ro·lo·gie <-> [futurolo'gi:] *f kein pl* futurology *no pl*

Gg

G, g <-, - *o fam* -s, -s> [ge:] *nt* ❶ (*Buchstabe*) G, g; ~ **wie Gustav** G for [*or* AM as in] George; *s. a.* **A 1** ❷ MUS G, g; *s. a.* **A 2**
g g; *Abk von* **Gramm** g, gram, gramme BRIT
G-8 [ge:ʔaxt] *f* ÖKON, POL (*Gemeinschaft führender Industrienationen*) G-8, Group of Eight; ~**-Gipfel** G-8 summit; ~**-Treffen** meeting of the G-8 members
gab ['ga:p] *imp von* **geben**
Ga·bar·di·ne <-s> ['gabardi:n] *m kein pl* gabardine, gaberdine
Ga·be <-, -n> ['ga:bə] *f* ❶ (*geh: Geschenk*) gift, present; REL offering; **eine milde** ~ alms *pl*, a small donation *hum* ❷ (*Begabung*) gift; **die** ~ **haben, etw zu tun** to have a [natural] gift of doing sth ❸ *kein pl* MED (*das Verabreichen*) administering *no indef art, no pl* ❹ SCHWEIZ (*Preis, Gewinn*) prize
Ga·bel <-, -n> ['ga:bl̩] *f* ❶ (*Essens~*) fork ❷ (*Heu~, Mist~*) pitchfork ❸ (*~deichsel*) shafts *pl*; (*Rad~*) fork ❹ TELEK cradle, rest; **du hast den Hörer nicht richtig auf die** ~ **gelegt** you haven't replaced the receiver properly ❺ JAGD spire
Ga·bel·bis·sen *m* ❶ (*Heringsfilet*) rollmops ❷ (*Appetithappen*) canapé **Ga·bel·flug** *m* open-jaw flight **Ga·bel·früh·stück** *nt* mid-morning snack, elevenses + *sing/pl verb* BRIT *fam*
ga·beln ['ga:bl̩n] *vr* ■**sich** ~ to fork; **hier gabelt sich der Weg** the path [*or* road] forks here
Ga·bel·stap·ler <-s, -> [-ʃta:plɐ] *m* fork-lift truck
Ga·be·lung <-, -en> ['ga:bəlʊŋ] *f* fork
Ga·ben·tisch *m table for laying out presents*
Ga·bun <-s> [ga'bu:n] *nt* Gabun, Gabon; *s. a.* **Deutschland**
Ga·bu·ner(in) <-s, -> [ga'bu:nɐ] *m(f)* Gabonese; *s. a.* **Deutsche(r)**
ga·bu·nisch [ga'bu:nɪʃ] *adj* Gabonese; *s. a.* **deutsch**
ga·ckern ['gakɐn] *vi* ❶ *Huhn* to cluck ❷ (*fig fam: kichern*) to cackle *fig*
Ga·do·li·ni·um <-s> [gado'li:ni̯ʊm] *nt kein pl* CHEM gadolinium *no pl, no art*
gaf·fen ['gafn̩] *vi* (*pej*) ■[**nach jdm/etw**] ~ (*fam*) to gape [*or* BRIT *pej fam* gawp] [at sb/sth], to stare [at sb/sth]; **was gaffst du so?** what are you gawping [*or* gaping] at!
Gaf·fer(in) <-s, -> *m(f)* (*pej*) gaper, gawper BRIT *pej*
Gag <-s, -s> [gɛk] *m* (*fam*) joke, gag; ~**s über jdn/etw machen** to do gags about sb/sth; (*Spaß*) stunt, gag
ga·ga [ga'ga] *adj prädikativ, inv* (*pej fam*) gaga *pej fam*
Ga·ge <-, -n> ['ga:ʒə] *f bes* THEAT fee
gäh·nen ['gɛ:nən] *vi* ❶ (*Müdigkeit, Langeweile*) yawn; ■**ein G~** a yawn; **das G~ unterdrücken** to stop oneself [from] yawning, to stifle a yawn; **zum G~** [**langweilig**] **sein** to be one big yawn ❷ (*geh: sich auftun*) to yawn; **ein ~es Loch** a gaping hole
GAL <-> *f kein pl Abk von* **Grün-Alternative-Liste** *electoral pact of green and alternative parties*
Ga·la <-, -s> ['ga:la] *f* ❶ *kein pl* formal [*or* festive] dress *no pl*; **sich in** ~ **werfen** [*o fam* **schmeißen**] to get all dressed up [to the nines] *fam*, to put on one's Sunday best *fam* ❷ *s.* **Galavorstellung**
Ga·la·abend *m* gala evening **Ga·la·an·zug** *m kein pl* ❶ (*festliche Kleidung*) formal [*or* evening] dress ❷ MIL ceremonial dress **Ga·la·di·ner** [-dine:] *nt* formal dinner **Ga·la·emp·fang** *m* formal reception
ga·lak·tisch [ga'laktɪʃ] *adj* galactic
ga·lant [ga'lant] *adj* (*veraltend*) ❶ (*betont höflich gegenüber Damen*) chivalrous *dated* ❷ (*amourös*) amorous; **ein ~es Abenteuer** an amorous adventure
Ga·la·pa·gos·fink [ga'lapagɔs-] *m s.* **Darwinfink**
Ga·la·uni·form *f* ceremonial [*or* full dress] uniform **Ga·la·vor·stel·lung** *f* THEAT gala performance
Ga·la·xie <-, -n> [gala'ksi:, *pl* gala'ksi:ən] *f* galaxy
Ga·lee·re <-, -n> [ga'le:rə] *f* galley
Ga·lee·ren·skla·ve, -skla·vin *m, f* galley slave **Ga·lee·ren·sträf·ling** *m* galley slave
Ga·le·o·ne <-, -n> [gale'o:nə] *f* HIST galleon
Ga·le·rie <-, -n> [galə'ri:, *pl* -'ri:ən] *f* ❶ ARCHIT gallery ❷ (*Gemälde~*) art gallery; (*Kunsthandlung*) art dealer's ❸ (*a. hum: Menge, Reihe*) collection; **meine Oma besitzt eine ganze** ~ **hässlicher Vasen** my granny has quite a collection of ugly vases ❹ (*Geschäftspassage*) arcade ❺ ÖSTERR, SCHWEIZ (*Tunnel mit fensterartigen Öffnungen*) gallery
Ga·le·rist(in) <-en, -en> [galə'rɪst] *m(f)* proprietor of an art dealer's [shop], proprietor of a gallery
Gal·gen <-s, -> ['galgn̩] *m* ❶ (*zum Erhängen*) gallows + *sing vb*, gibbet; **jdn an den** ~ **bringen** to send sb to the gallows; **jdn am** ~ **hinrichten** to hang sb [from the gallows] ❷ FILM boom
Gal·gen·frist *f* (*fam*) stay of execution, reprieve; **eine** ~ **erhalten** to receive a stay of execution; **jdm eine** ~ [*o geh* **einräumen**] **geben** to grant sb a reprieve [*or* stay of execution] **Gal·gen·hu·mor** *m* gallows humour [*or* AM -or] **Gal·gen·vo·gel** *m* (*pej veraltend*) gallows bird *old*, rogue *dated*
Ga·li·cisch [ga'li:tsɪʃ] *nt dekl wie adj* Galician; *s. a.* **Deutsch**
Ga·li·ci·sche <-n> *nt* ■**das** ~ Galician, the Galician language; *s. a.* **Deutsche**
Ga·li·läa <-s> [gali'lɛ:a] *nt kein pl* Galilee
Ga·li·ons·fi·gur [ga'li̯o:ns-] *f* (*a. fig*) figurehead *a. fig*
Gä·lisch ['gɛ:lɪʃ] *nt decl wie adj* Gaelic; *s. a.* **Deutsch**
gä·lisch ['gɛ:lɪʃ] *adj* ❶ (*keltisch*) Gaelic; *s. a.* **deutsch 1** ❷ LING Gaelic; *s. a.* **deutsch 2**
Gä·li·sche <-n> *nt* ■**das** ~ Gaelic, the Gaelic language; *s. a.* **Deutsche**
Ga·li·zi·er <-s, -> *m*, **Ga·li·zi·er·krebs** <-, -e> [ga'li:tsi̯ɐ(-)] *m* freshwater crayfish
Gall·ap·fel ['gal-] *m* oak gall, oak apple, gallnut
Gal·le <-, -n> ['galə] *f* ❶ (*~nblase*) gall-bladder ❷ (*Eichen~*) *s.* **Gallapfel** ❸ (*Gallenflüssigkeit*) bile, gall; **bitter wie** ~ as bitter as gall [*or old* wormwood] ► WENDUNGEN: **jdm kommt die** ~ **hoch** sb's blood begins to boil; **jdm läuft die** ~ **über** sb is seething [*or* livid]; ~ **verspritzen** to pour out one's venom
gal·le(n)·bit·ter ['galə(n)'bɪtɐ] *adj* (*äußerst bitter*) as bitter as gall, extremely bitter, caustic; ~**er Humor** a caustic sense of humour [*or* AM -or] **Gal·len·bla·se** *f* gall bladder **Gal·len·**

gang *m* bile duct **Gal·len·grieß** *m* small gallstones *pl* **Gal·len·ko·lik** *f* biliary colic **Gal·len·lei·den** *nt* gall bladder complaint **Gal·len·säu·re** *f* bile acid; BOT gallic acid **Gal·len·stein** *m* gallstone

Gal·lert <-[e]s, -e> ['galɐt, ga'lɛrt] *nt*, **Gal·ler·te** <-, -n> [ga'lɛrte, 'galɛtə] *f* jelly

gal·lert·ar·tig [ga'lɛrt-] *adj* gelatinous

Gal·li·en <-s> ['gali̯ən] *nt* HIST Gaul

Gal·li·er(in) <-s, -> ['gali̯ɐ] *m(f)* HIST Gaul

gal·lig ['galɪç] *adj* caustic; **eine ~e Bemerkung** a caustic remark; **~er Humor** a caustic sense of humour [*or* AM -or]

gal·lisch ['galɪʃ] *adj* Gallic; *s. a.* **deutsch**

Gal·li·um <-s> ['gali̯ʊm] *nt kein pl* CHEM gallium *no pl*

Gal·lo·ne <-, -n> [ga'lo:nə] *f* gallon

Gall·wes·pe ['gal-] *f* ZOOL gall wasp

Ga·lopp <-s, -s *o* -e> [ga'lɔp] *m* ❶ (*Pferdegangart*) gallop; **in gestrecktem ~** at full gallop; **in ~ fallen** to break into a gallop; **im ~** (*a. fig*) at a gallop, at top [*or* full] speed *fig;* **sie erledigte die Einkäufe im ~** she did the shopping at top speed; **langsamer ~** canter ❷ (*Tanz*) galop

ga·lop·pie·ren* [galɔ'pi:rən] *vi haben o sein* to gallop

galt ['galt] *imp von* **gelten**

gal·va·nisch [gal'va:nɪʃ] *adj* galvanic

Gal·va·ni·seur(in) <-s, -e> [galvani'zø:ɐ̯] *m(f)* electroplater, galvanizer [*or* BRIT *a.* -iser]

gal·va·ni·sie·ren* [galvani'zi:rən] *vt* ■**etw ~** to electroplate sth, to galvanize sth

Ga·ma·sche <-, -n> [ga'maʃə] *f* (*veraltet*) gaiter *dated;* **kurze ~** spat; **Wickel~** puttee

Gam·be <-, -n> ['gambə] *f* MUS viola da gamba

Gam·bia <-s> ['gambi̯a] *nt* the Gambia; *s. a.* **Deutschland**

Gam·bi·er(in) <-s, -> ['gambi̯ɐ] *m(f)* Gambian; *s. a.* **Deutsche(r)**

gam·bisch ['gambɪʃ] *adj* Gambian; *s. a.* **deutsch**

Game·boy® <-s, -s> ['ge:mbɔy] *m* Gameboy®

Gam·ma·strah·len *pl* PHYS, MED gamma rays *pl*

gam·me·lig ['gaməlɪç] *adj* (*pej fam*) ❶ (*ungenießbar*) bad, rotten; **ein ~es Stück Käse** a piece of stale cheese ❷ (*unordentlich*) scruffy; **ein ~es Auto** an old banger *fam;* **~e Kleidung** scruffy [*or* grotty] clothes BRIT; **~ herumlaufen** to walk around looking scruffy

gam·meln ['gaml̩n] *vi* ❶ (*ungenießbar werden*) to go off, to spoil ❷ (*fam: herumhängen*) to laze [*or fam* loaf] [*or sl* bum] around

Gamm·ler(in) <-s, -> ['gamlɐ] *m(f)* (*veraltend fam*) layabout *fam,* loafer *fam, sl*

Gams <-, -[en]> ['gams] *f* JAGD ÖSTERR, SÜDD (*Gämse*) chamois

Gams·bart, Gäms·bartRR *m* JAGD, MODE *tuft of chamois hair worn as a hat decoration* **Gams·bock, Gäms·bock**RR *m* chamois buck

Gäm·seRR <-, -n> ['gɛmzə] *f* chamois

Gams·le·der *nt,* **Gäms·le·der**RR *nt* chamois leather

gang ['gaŋ] *adj* **~ und gäbe sein** to be customary, to be the norm

Gang[1] <-[e]s, Gänge> ['gaŋ, *pl* 'gɛŋə] *m* ❶ *kein pl* (*~art*) walk, gait, way of walking; **ich erkenne ihn schon am ~** I recognize him from the way he walks; **sie beschleunigte ihren ~** she quickened [*or* speeded up] her pace; **er verlangsamte seinen ~** he slowed down; **aufrechter ~** upright carriage; **einen federnden ~ haben** to have a spring in one's step; **einen hinkenden ~ haben** to walk with a limp; **einen schnellen ~ haben** to walk quickly; **einen unsicheren ~ haben** to be unsteady on one's feet ❷ (*Weg*) walk; **sein erster ~ war der zum Frühstückstisch** the first thing he did was to go to the breakfast table; **ich traf sie auf dem ~ zum Arzt** I bumped into [*or* met] her on the way to the doctor's; (*Besorgung*) errand; **einen ~ machen** [*o* **tun**] to go on an errand; **ich muss heute in der Stadt einige Gänge erledigen** I must do [*or* go on] a few errands in town today; **machst du für mich einen ~ zur Bank?** could you go to the bank for me?; **einen schweren ~ tun** to do sth difficult ❸ *kein pl* TECH (*Bewegung*) action, operation; **den Motor in ~ halten** to keep the engine running; **ihre Uhr hat einen gleichmäßigen ~** her clock operates smoothly; **etw in ~ bringen** [*o* **setzen**] to start [up *sep*] sth, to get sth going, to get sth off the ground [*or* running] *a. fig;* **den Motor wieder in ~ bringen** to get the engine going again; **in ~ kommen** to get off the ground; **die Vorbereitungen sind endlich in ~ gekommen** the preparations are finally underway; **mit diesem Schalter wird die Anlage in ~ gesetzt** this switch starts up the plant ❹ (*Ablauf*) course; **der ~ der Ereignisse** the course of events; **er verfolgte den ~ der Geschäfte** he followed the company's developments; **seinen gewohnten** [*o* **alten**] **~ gehen** to run its usual course; **alles geht wieder seinen gewohnten ~** everything is proceeding as normal; **im ~[e]** [*o* **in ~**] **sein** to be underway; *Handlung* [*einer Erzählung/eines Filmes etc.*] development [of a narration's/film's etc. plot] ❺ (*~ in einer Speisenfolge*) course ❻ AUTO gear; (*Fahrrad*) a. speed; **einen ~ einlegen** to engage a gear; **vorsichtig den ersten ~ einlegen!** carefully engage first gear!; **hast du den zweiten ~ drin?** (*fam*) are you in second gear?; **den ~ herausnehmen** to engage neutral, to put the car into neutral; **in den 2. ~ schalten** to change into 2nd gear; **einen ~ zulegen** (*fig*) to get a move on *fig* ❼ (*eingefriedeter Weg*) passageway; **rings um das Atrium führte ein überdachter ~** there was a covered walkway all around the atrium; (*Korridor*) corridor; **bitte warten Sie draußen auf dem ~** please wait outside in the corridor; *Theater, Flugzeug, Kirche, Laden, Stadion* aisle; (*Säulen~*) colonnade, passage; (*Bergwerk~*) tunnel, gallery ❽ (*Erz~*) vein ❾ ANAT duct; (*Gehör~*) meatus ▶WENDUNGEN: **den ~ nach Canossa antreten** to eat humble pie *fam;* **in die Gänge kommen** (*fam*) to get going; **er braucht 6 Tassen Kaffee, um morgens in die Gänge zu kommen** he needs 6 cups of coffee to get going in the morning; **in [vollem] ~ sein** to be in full swing; **im ~[e] sein gegen jdn** to act against sb's interests; **es ist etwas im ~e** something's up *fam*

Gang[2] <-, -s> [gɛŋ] *f* gang

Gang·art *f* ❶ (*Art des Gehens*) gait, walk, way of walking; (*bei Pferden*) gait, pace; **er hat eine etwas schleppende ~** he drags his feet when he walks; **in eine andere ~ fallen** to change pace; **eine harte ~ anschlagen** (*fig*) to take a tough stance [*or* line] *fig;* **eine schnellere ~ anschlagen** to quicken one's pace, to walk faster ❷ SPORT (*Verhaltensweise*) action

gang·bar *adj* ❶ (*begehbar*) passable ❷ (*fig*) practicable; **etw für einen ~en Weg halten** to view sth as a practicable plan of action; **eine ~e Lösung** a practicable solution

Gän·gel·band <-[e]s, *selten* -bänder> *nt* **jdn am ~ führen/haben/halten** (*pej*) to keep sb tied to one's apron strings *pej*

Gän·ge·lei <-, -en> [gɛŋə'lai] *f* (*pej*) ≈ nagging *pej*

gän·geln ['gɛŋl̩n] *vt* (*pej*) ■**jdn ~** to treat sb like a child *pej*

gän·gig ['gɛŋɪç] *adj* ❶ (*üblich*) common; **ein ~er Brauch** a common custom ❷ (*gut verkäuflich*) in demand, popular; **die ~ste Ausführung** the bestselling model ❸ (*im Umlauf befindlich*) current; **die ~e Währung** the currency in circulation, the local currency

Gan·gli·en ['gaŋliən] *pl* ANAT ganglia *pl*

Gang·schal·tung *f* gears *pl*

Gangs·ter <-s, -> ['gɛŋstɐ] *m* (*pej*) gangster *pej*

Gangs·ter·ban·de ['gɛŋstɐ-] *f* gang [*or* band] of criminals **Gangs·ter·boss**RR ['gɛŋstɐ-] *m* gangland boss **Gangs·ter·me·tho·den** ['gɛŋstɐ-] *pl* (*pej*) gangster methods *pl pej*

Gang·way <-, -s> ['gɛŋve:] *f* gangway

Ga·no·ve <-n, -n> [ga'no:və] *m* ❶ (*pej fam: Verbrecher*) crook *pej fam* ❷ (*hum fam: listiger Kerl*) sly old devil *hum fam*

Ga·no·ven·eh·re *f* honour [*or* AM -or] among[st] thieves **Ga·no·ven·spra·che** *f* thieves' argot *no pl*

G

Gans <-, Gänse> ['gans, *pl* 'gɛnzə] *f* ① (*Tier*) goose; (*Gänsebraten*) roast goose ② (*Schimpfwort*) **blöde** [*o* **dumme**] ~ (*pej fam*) silly goose *pej fam*

Gạns·bra·ten *m* ÖSTERR (*Gänsebraten*) roast goose

Gäns·chen <-s, -> ['gɛnsçən] *nt dim von* **Gans** gosling

Gạ̈n·se·blüm·chen *nt* daisy **Gạ̈n·se·bra·ten** *m* roast goose **Gạ̈n·se·brä·ter** *m oval roasting tin for roasting goose* **Gạ̈n·se·brust** *f* goose breast **Gạ̈n·se·con·fit** *nt* goose confit **Gạ̈n·se·fe·der** *f* goose feather [*or* quill] **Gạ̈n·se·fuß** *m* BOT goosefoot **Gạ̈n·se·füß·chen** *pl* (*fam*) inverted commas *pl,* quotation marks *pl,* quotes *pl fam* **Gạ̈n·se·gei·er** *m* griffon vulture **Gạ̈n·se·haut** *f kein pl* goose-pimples *pl,* goose flesh *no pl, esp* AM goose bumps *pl;* **eine** ~ **bekommen** [*o fam* **kriegen**] to go all goose-pimply, to get goose-pimples [*or esp* AM bumps] **Gạ̈n·se·keu·le** *f* leg of goose **Gạ̈n·se·kiel** *m* goose-quill **Gạ̈n·se·klein** <-s> *nt kein pl* goose giblets *pl* **Gạ̈n·se·le·ber** *f* goose liver **Gạ̈n·se·le·ber·pas·te·te** *f* pâté de foie gras **Gạ̈n·se·marsch** *m kein pl* single file; **im** ~ in single file

Gän·se·rich <-s, -e> ['gɛnzərɪç] *m* gander

Gạ̈n·se·sä·ger *m* ORN goosander, common merganser **Gạ̈n·se·schmalz** *nt* goose dripping **Gạ̈n·se·wein** *m kein pl* (*hum veraltend: Wasser*) Adam's ale *hum dated*

Gan·ter <-s, -> ['gantɐ] *m* NORDD (*Gänserich*) gander

ganz ['gants] **I.** *adj* ① (*vollständig*) all, entire, whole; **die** ~**e Arbeit** all the work; **die** ~**e Wahrheit** the whole truth; **die** ~**e Zeit** all the time, the whole time; **es regnet schon den** ~**en Tag** it's been raining all day; **man hat mir die** ~**en 500 Euro geklaut!** someone has pinched my entire 500 euros!; **ist das Ihre** ~**e Auswahl an CDs?** are those all the CDs you've got?; ~ **Berlin schaute zu, als das letzte Stück Mauer entfernt wurde** the whole of [*or* all] Berlin looked on as the last piece of the wall was removed; **diese Verordnung gilt in** ~ **Bayern** this regulation applies to the whole of [*or* throughout] Bavaria; **wir fuhren durch** ~ **Italien** we travelled all over Italy; (*pej fam*) all; **der** ~**e Schrott wanderte in den Müll** all that rubbish ended up on the scrap heap; **das** ~**e Theater wegen einer Frau** all that fuss over a woman; *s. a.* **Ganze(s)** ② (*unbestimmtes Zahlwort*) **eine** ~**e Drehung** a complete turn; **eine** ~**e Menge** quite a lot; **eine** ~**e Note** a semibreve; ~**e Zahl** whole number, integer ③ (*fam: unbeschädigt*) intact; **hoffentlich sind unsere guten Gläser noch** ~ I hope our good glasses are still in one piece; **etw wieder** ~ **machen** to mend sth; **wieder** ~ **sein** to be mended; **das Auto ist wieder** ~ the car has been repaired ④ (*fam: nicht mehr als*) no more than; **sie verdient** ~**e 3.200 Euro im Monat** she earns all of 3,200 euros a month **II.** *adv* ① (*sehr, wirklich*) really; **das war** ~ **lieb von dir** that was really kind of you; **etwas** ~ **Dummes** something really stupid; **das hast du ja** ~ **toll hinbekommen!** (*iron*) you've made a really good job of that! *iron;* **der Kuchen ist dir** ~ **wunderbar gelungen** you've made a really good job of this cake; ~ **besonders** especially, particularly; **das war** ~ **besonders ungeschickt von dir** that was particularly careless of you!; **ist das auch** ~ **bestimmt die Wahrheit?** are you sure you're telling the whole truth? ② (*ziemlich*) quite; **ich verdiene eigentlich ein** ~ **gutes Gehalt** I earn quite a good salary really; **der Vorschlag ist** ~ **interessant** the proposal is quite interesting ③ (*vollkommen*) completely; **das Kind war** ~ **mit Schlamm bedeckt** the child was completely covered in mud; **du bist** ~ **nass** you're all wet; **er ist** ~ **der Vater** he is just like his father; ~ **gewiss** definitely; ~ **und gar** completely, utterly; **das ist** ~ **und gar etwas anderes** that is something completely different; ~ **und gar nicht** not at all, not in the least; **etw** ~ **oder gar nicht machen** to do sth properly or not at all; **etw** ~ **lesen** to read sth from cover to cover; **ich habe die Zeitschrift noch nicht** ~ **gelesen** I haven't finished reading the magazine yet; ~ **Recht haben** to be quite [*or* absolutely] right; ~ **allein sein** to be all alone; ~ **gleich, was passiert, ich bleibe bei dir** no matter what happens, I stay with you; **das ist mir** ~ **gleich** it's all the same to me; **ich muss diesen Wagen haben,** ~ **gleich, was er kostet!** I must have this car, no matter what it costs; ~ **wie Sie wünschen/meinen** just as you wish/think best ④ KOCHK ~ **durch** well-done ⑤ (*extreme räumliche Position ausdrückend*) ~ **hinten/vorne** right at the back/front; *s. a.* **gleich**

Gạnz·auf·nah·me *f* full-length photograph

Gạn·ze(s) *nt decl wie adj* ① (*alles zusammen*) whole; **etw als** ~ **sehen** to see sth as a whole; **was macht das** ~**?** how much is that all together?; **im** ~**n** on the whole, all in all; **das Essen war im** ~**n gut** on the whole the meal was good ② (*die ganze Angelegenheit*) the whole business; **das** ~ **hängt mir zum Halse heraus** I've had it up to here with everything!; **das ist nichts** ~**s und nichts Halbes** that's neither one thing nor the other ▶WENDUNGEN: **aufs** ~ **gehen** (*fam*) to go for broke; **es geht** [**für jdn**] **ums** ~ everything is at stake [for sb]; **im Großen und** ~**n** on the whole; **im großen** ~**n** all in all; **das** ~ **halt!** MIL company halt!

Gän·ze <-> ['gɛntsə] *f kein pl* (*geh*) entirety; **in seiner/ihrer** ~ in its entirety; **zur** ~ completely, entirely

gạnz·flä·chig *adj* all over

Gạnz·heit <-, *selten* -en> *f* (*Einheit*) unity; (*Vollständigkeit*) entirety; **in seiner/ihrer** ~ in its entirety; **man muss das Ökosystem in seiner** ~ **betrachten** you have to look at the ecosystem as a whole

gạnz·heit·lich **I.** *adj* integral *attr;* **eine** ~**e Betrachtungsweise** an integral way of viewing things **II.** *adv* all in all; **etw** ~ **betrachten** to look at sth in its entirety

Gạnz·heits·me·di·zin *f kein pl* holistic medicine *no pl* **Gạnz·heits·me·tho·de** *f kein pl* SCH "look and say" method

gạnz·jäh·rig *adj* all [the] year round

Gạnz·kör·per·be·strah·lung *f* whole [*or* total] body irradiation

Gạnz·lei·nen *nt* pure linen

gänz·lich ['gɛntslɪç] **I.** *adj* (*selten*) complete, total **II.** *adv* completely, totally; **jdm/einer S.** ~ **zustimmen** to unreservedly agree with sb/to sth

gạnz·sei·tig *adj* full-page **gạnz·tä·gig** **I.** *adj* all-day; ~**e Betreuung** round-the-clock supervision; **eine** ~**e Stelle** a full-time job **II.** *adv* all day; **das Schwimmbad ist** ~ **geöffnet** the swimming pool is open all day **Gạnz·tags·schu·le** *f* full-time day school **Gạnz·ton** *m* MUS whole tone

gar[1] ['ga:ɐ̯] *adj* ① KOCHK done, cooked; **etw** ~ **kochen** to cook [*or* boil] sth [until done]; **etw auf kleiner Flamme** ~ **kochen** to simmer sth until it's done; ~ **sein/werden** to be done [*or* cooked]; **etw** ~ **schwenken** to sauté sth; **etw** ~ **ziehen** to poach sth ② (*bei Leder*) dressed, tanned

gar[2] ['ga:ɐ̯] *adv* ① (*überhaupt*) at all, whatsoever; ~ **keine[r]** no one at all [*or* whatsoever]; ~ **keiner hat die Tat beobachtet** no one whatsoever saw the crime; ~ **keinen/keine/keines** none at all [*or* whatsoever]; **hattest du denn** ~ **keine Angst?** weren't you frightened at all?; ~ **nicht** not at all; **er hat sich** ~ **nicht gefreut** he wasn't at all pleased; **wir kommen** ~ **nicht voran** we're not making any progress whatsoever; ~ **nichts** nothing at all [*or* whatsoever]; **du hast noch** ~ **nichts** [**dazu**] **gesagt** you still haven't said anything at all [about it]; ~ **nie** never ever; ~ **niemand** not a soul, nobody [*or* no one] at all [*or* whatsoever]; ~ **mancher** (*liter*) many a person; ~ **manchmal** many a time; *s. a.* **ganz** ② ÖSTERR, SCHWEIZ, SÜDD (*sehr*) really; **es war** ~ **so kalt** it really was so cold; **ein** ~ **feinfühliger Mensch** a very sensitive person ③ (*geh: etwa*) perhaps, by any chance; **bin ich dir mit meiner Bemerkung** ~ **zu nahe getreten?** did my remark offend you by any chance?; **hast du eine Wohnung oder** ~ **ein eigenes Haus?** have you a flat or even your own house? ④ (*emph: erst*) even worse, even more so, to say nothing of; **die Suppe schmeckte schon nicht und** ~ **das Hauptgericht!** the soup didn't taste nice and the main course was even worse; **sie ist schon hässlich genug, aber** ~ **ihr Mann!** she's ugly enough, to say nothing of her husband!

Ga·ra·ge <-, -n> [ga'ra:ʒə] *f* garage

ga·ra·gie·ren* [gara'ʒi:rən] *vt* ÖSTERR ■**etw** ~ to put sth in the garage

Ga·ra·gist(in) <-en, -en> ['garaʒɪst] *m(f)* SCHWEIZ garage owner

Ga·rant(in) <-en, -en> [ga'rant] *m(f)* guarantor

Ga·ran·tie <-, -n> [garan'ti:, *pl* -'ti:ən] *f* ❶ ÖKON guarantee, warranty; **jdm** ~ **auf** [*o* **für**] **etw** *akk* **geben** to guarantee sth for sb; ~ **haben** to be guaranteed; **unsere Elektrogeräte haben ein Jahr** ~ our electrical appliances are guaranteed for a year [*or* have a year's guarantee]; **die** ~ **läuft ab** the guarantee expires [*or* runs out]; **auf** ~ under guarantee ❷ (*Sicherheit*) guarantee; **für etw** *akk* ~ **übernehmen** to give a guarantee for sth; **unter** ~ (*fam: ganz bestimmt*) absolutely certain

ga·ran·tie·ren* [garan'ti:rən] **I.** *vt* (*zusichern*) ■[**jdm**] **etw** ~ to guarantee [sb] sth; ■**jdm** ~, **dass** to guarantee sb that **II.** *vi* (*für etw stehen*) ■**für etw** *akk* ~ to guarantee sth; **für die Qualität** ~ to guarantee good quality

ga·ran·tiert *adv* (*fam*) for sure; **er hat den Termin** ~ **vergessen** I bet he has forgotten the appointment *fam*

Ga·ran·tie·schein *m* guarantee [*or* warranty] [certificate]

Gar·aus ['ga:ɐ̯ʔaus] *m* ▶ WENDUNGEN: **jdm den** ~ **machen** (*fam*) to do sb in *fam*, to bump sb off *fam*; **einer S.** *dat* **den** ~ **machen** to put an end to [*or* stop] sth

Gar·be <-, -n> ['garbə] *f* ❶ (*Getreidebündel*) sheaf ❷ MIL **eine** ~ **abgeben** to fire a short burst

Gar·da·see ['garda-] *m* Lake Garda

Gar·de <-, -n> ['gardə] *f* guard; **die königliche** ~ the household troops; **bei der** ~ in the Guards; **noch von der alten** ~ **sein** (*fig*) to be one of the old guard *fig*

Gar·de·maß *nt kein pl eligible height to join the Guards* ▶ WENDUNGEN: ~ **haben** (*fam*) to be as tall as a tree *fam* **Gar·de·of·fi·zier** *m* Guards officer **Gar·de·re·gi·ment** *nt* Guards regiment

Gar·de·ro·be <-, -n> [gardə'ro:bə] *f* ❶ (*Kleiderablage*) hallstand; (*Aufbewahrungsraum*) cloakroom ❷ *kein pl* (*geh: Kleidung*) wardrobe ❸ THEAT (*Ankleideraum*) dressing-room

Gar·de·ro·ben·frau <-, -frauen> *f fem form von* **Garderobenmann** **Gar·de·ro·ben·ha·ken** *m* coat hook **Gar·de·ro·ben·mann, -frau** <-männer> *m, f* cloakroom attendant **Gar·de·ro·ben·mar·ke** *f* cloakroom disc [*or* number] **Gar·de·ro·ben·schrank** *m* hall cupboard **Gar·de·ro·ben·stän·der** *m* hatstand

Gar·de·ro·bier <-s, -s> [gardəro'bie:] *m* THEAT dresser

Gar·de·ro·bie·re <-, -n> [gardəro'bie:rə] *f* ❶ THEAT dresser ❷ (*veraltend*) *s. a.* **Garderobenfrau**

Gar·di·ne <-, -n> [gar'di:nə] *f* net curtain ▶ WENDUNGEN: **hinter schwedischen** ~**n** (*hum fam*) behind bars *fam*

Gar·di·nen·pre·digt *f* (*hum fam*) telling-off *fam*; **jdm eine** ~ **halten** to give sb a telling-off [*or* dressing down] **Gar·di·nen·stan·ge** *f* curtain rod

ga·ren ['ga:rən] **I.** *vt* ■**etw** ~ to cook sth **II.** *vi* to cook; **auf kleiner Flamme** ~ to simmer

gä·ren ['gɛ:rən] *vi haben o sein* ❶ (*sich in Gärung befinden*) to ferment ❷ (*fig*) to seethe; **etw gärt in jdm** sth is making sb seethe; **die Wut hatte schon lange in ihm gegärt** he had been seething with fury a long time

Ga·ret·te <-, -n> [ga'rɛtə] *f* SCHWEIZ wheelbarrow

Gar·flüs·sig·keit *f* cooking liquids *pl* **Gar·fo·lie** *f* baking foil

gar|ko·chen *vt s.* **gar**[1] **1**

Garn <-[e]s, -e> ['garn] *nt* ❶ (*Faden*) thread ❷ NAUT yarn; **ein** ~ **spinnen** to spin a yarn *fig* ▶ WENDUNGEN: **jdm ins** ~ **gehen** to fall [*or* walk] into sb's trap; **jdn ins** ~ **locken** to lure sb into a trap

Gar·ne·le <-, -n> [gar'ne:lə] *f* prawn

gar·ni [gar'ni:] *s.* **Hotel garni**

gar·nie·ren* [gar'ni:rən] *vt* ■**etw** [**mit etw** *dat*] ~ ❶ KOCHK (*verzieren*) to garnish sth [with sth] ❷ (*fig: aufbessern*) to embellish sth with sth

Gar·nier·kamm *m* decorating scraper **Gar·nier·mes·ser** *nt* citrus zester **Gar·nier·tül·le** *f* piping bag

Gar·nie·rung <-, -en> *f* ❶ *kein pl* (*das Garnieren*) garnishing ❷ (*Material zur* ~) garnish

Gar·ni·son <-, -en> [garni'zo:n] *f* garrison; **in** ~ **liegen** [*o* **sein**]/**legen** to be garrisoned

Gar·ni·son(s)·stadt *f* garrison town

Gar·ni·tur <-, -en> [garni'tu:ɐ̯] *f* ❶ (*Satz*) set; **eine** ~ **Unterwäsche** a set of underwear; **eine Couch**~ a three-piece suite ❷ (*fam: Klasse, Kategorie*) representative; **die erste** ~ the pick of the bunch *fig*; **erste/zweite** ~ **sein** to be first-rate/second-rate

Garn·knäu·el *m o nt* ball of thread [*or* yarn] **Garn·rol·le** *f* cotton reel, spool of cotton

Ga·rot·te, Gar·rot·te <-, -n> [ga'rɔtə] *f* garrotte

gar|schwen·ken *vt s.* **gar**[1] **1**

gars·tig ['garstɪç] *adj* (*veraltend*) ❶ (*ungezogen*) bad; **ein** ~**es Kind** a naughty child ❷ (*abscheulich*) horrible, nasty; **ein** ~**er Wind** a biting wind

Gar·ten <-s, Gärten> ['gartn̩, *pl* 'gɛrtn̩] *m* garden; **botanischer/zoologischer** ~ botanical/zoological gardens; **im** ~ **arbeiten** to work in the garden, to do some gardening; **der** ~ **Eden** the Garden of Eden

Gar·ten·an·la·ge *f* gardens *pl*, park **Gar·ten·ar·beit** *f* gardening *no pl* **Gar·ten·ar·chi·tekt(in)** *m(f)* landscape gardener [*or* architect] **Gar·ten·bau** *m kein pl* horticulture *no pl* **Gar·ten·blu·me** *f* garden [*or* cultivated] flower **Gar·ten·erb·se** *f* garden pea **Gar·ten·fest** *nt* garden party **Gar·ten·ge·mü·se** *nt* garden vegetable **Gar·ten·ge·rät** *nt* gardening implement [*or* tool] **Gar·ten·ge·stal·tung** *f* landscaping, garden design **Gar·ten·hag** <-häge> [-ha:k, *pl* -hɛ:gə] *m* SCHWEIZ (*Garteneinfriedung*) garden hedge [*or* fence] **Gar·ten·haus** *nt* ❶ (*kleines Haus im Garten*) summer house; (*Geräteschuppen*) [garden] shed ❷ (*fam: Hinterhaus mit Garten*) building at the back [*or* rear] **Gar·ten·he·cke** *f* garden hedge **Gar·ten·kräu·ter** *ntpl* pot-herbs **Gar·ten·kres·se** *f* garden cress **Gar·ten·lau·be** *f* ❶ (*Geräteschuppen*) [garden] shed; (*kleines Haus im Garten*) summer house ❷ (*Pergola*) arbour [*or* AM -or], bower **Gar·ten·lo·kal** *nt* open-air restaurant, beer garden **Gar·ten·mö·bel** *pl* garden furniture **Gar·ten·rot·schwanz** *m* ORN redstart **Gar·ten·sa·lat** *m* round lettuce **Gar·ten·schau** *f* horticultural [*or* gardening] show **Gar·ten·sche·re** *f* garden [*or* pruning] shears *npl*, secateurs *npl* BRIT **Gar·ten·schlauch** *m* garden hose **Gar·ten·sitz·platz** *m* SCHWEIZ (*Terrasse*) patio **Gar·ten·tor** *nt* garden gate **Gar·ten·zaun** *m* ❶ HORT (*den Garten abgrenzender Zaun*) garden [*or* picket] fence; **eine Unterhaltung über den** ~ **haben** to have a conversation across the garden fence ❷ SPORT (*Hindernis beim Pferdesprung*) picket fence ❸ INFORM hash [sign] **Gar·ten·zwerg** *m* ❶ HORT garden gnome ❷ (*pej: Kleinwüchsiger*) little squirt *pej*

Gärt·ner(in) <-s, -> ['gɛrtnɐ] *m(f)* ❶ (*Berufs*~) horticulturist ❷ (*Freizeit*~) gardener; *s. a.* **Bock**[1]

Gärt·ne·rei <-, -en> [gɛrtnə'rai] *f* ❶ (*Gartenfachbetrieb für Setzlinge*) nursery; (*für Obst, Gemüse, Schnittblumen*) market garden ❷ *kein pl* (*fam: Gartenarbeit*) gardening

gärt·ne·risch I. *adj attr* gardening; **eine** ~**e Ausbildung** horticultural training; ~**e Gestaltung** landscaping; ~**e Pflege** upkeep of the garden **II.** *adv* in terms of gardening

gärt·nern ['gɛrtnɐn] *vi* (*fam*) to do [a bit of] gardening

Gä·rung <-, -en> ['gɛ:rʊŋ] *f* fermentation; **in** ~ **sein** (*a. fig*) to be fermenting, to be in turmoil *fig*; **in** ~ **übergehen** to start to ferment

gar|zie·hen *vt s.* **gar**[1] **1**

Gas <-es, -e> ['ga:s, *pl* 'ga:zə] *nt* ❶ (*luftförmiger Stoff*) gas; **mit** ~ **kochen** to have gas [for cooking]; **jdn mit** ~ **vergiften** to gas sb ❷ (*fam:* ~*pedal*) accelerator; ~ **geben** to accelerate; **gib'** ~**!** put your foot down! *fam*; [**das**] ~ **wegnehmen** to take one's foot off the accelerator, to decelerate

Gas·alarm *m* warning of a gas attack **Gas·an·griff** *m* gas attack **Gas·be·häl·ter** *m* gasometer, gasholder **Gas·bren·ner** *m* gas burner **Gas·ent·wick·lung** *f* generation of gas **Gas·er·zeu·gung** *f* gas production **Gas·feu·er·zeug** *nt* gas lighter **Gas·fla·sche** *f* gas canister, cylinder **gas·för·mig** *adj* gaseous **Gas·ge·ruch** *m* smell of gas **Gas·hahn** *m* gas tap; **den ~ auf·drehen** (*euph*) to stick one's head in the [gas] oven *euph* **Gas·hei·zung** *f* gas heater; (*ganzes System*) gas heating **Gas·herd** *m* gas cooker **Gas·hül·le** *f* atmosphere **Gas·kam·mer** *f* HIST gas chamber **Gas·ko·cher** *m* camping stove **Gas·krieg** *m* gas warfare **Gas·lam·pe** *f* gas lamp **Gas·la·ter·ne** *f* gas [street] lamp **Gas·lei·tung** *f* gas pipe; (*Hauptrohr*) gas main **Gas·licht** *nt* gaslight **Gas·mann** *m* (*fam*) gasman *fam* **Gas·mas·ke** *f* gas mask **Gas·ofen** *m* (*Heizungsofen*) gas-fired furnace; (*Backofen*) gas oven; (*Herd*) gas cooker [*or* stove]

Ga·so·lin <-s> [gazo'li:n] *nt kein pl* petroleum ether

Ga·so·me·ter <-s, -> [gazo'me:tɐ] *m* (*veraltend*) gasometer

Gas·pe·dal *nt* accelerator [pedal]

Gas·pel·dorn ['gaspl̩-] *m* BOT gorse bush

Gas·pis·to·le *f* tear gas gun

Gäss·chenRR, **Gäß·chen**ALT <-s, -> ['gɛsçən] *nt dim von* **Gasse** small alley

Gas·se <-, -n> ['gasə] *f* ❶ (*schmale Straße*) alley [*or* alleyway] ❷ (*Durchgang*) way through; **eine ~ bilden** to clear a path [*or* make way]; SPORT line-out; **sich** *dat* **eine ~ bahnen** to force one's way through ❸ (*die Bewohner einer ~*) street ❹ ÖSTERR (*Straße*) street; **auf der ~** on the street; **über die ~** to take away

Gas·sen·hau·er *m* (*veraltet fam: Lied*) popular song; (*einfach*) ditty; (*Musik*) popular tune

Gas·si ['gasi] **[mit einem Hund] ~ gehen** (*fam*) to take a dog for a walk [*or* BRIT *fam a.* walkies]

Gast <-es, Gäste> ['gast, *pl* 'gɛstə] *m* ❶ (*eingeladene Person*) guest; **ein willkommener** [*o* **gern gesehener**] **~ sein** to be a welcome guest; **geladener ~** invited guest; **ungeladener ~** uninvited guest, gatecrasher *fam;* **betrachten Sie sich als mein ~!** this one's on me! *fam;* **jdn zu ~ haben** (*geh*) to have sb staying [*or* BRIT round]; **bei jdm zu ~ sein** (*geh*) to be sb's guest[s]; **jdn zu ~[e] laden** [*o* **bitten**] (*geh*) to request the pleasure of sb's company *form;* (*~star*) special guest; **Ehren~** guest of honour [*or* AM -or]; **ein seltener ~** a rare visitor ❷ (*Besucher einer fremden Umgebung*) **~ in einer Stadt/einem Land sein** to be a visitor to a city/country ❸ (*Besucher eines Lokals, Hotels*) customer; **wir bitten alle Gäste, ihre Zimmer bis spätestens 12 Uhr zu räumen** all guests are kindly requested to vacate their rooms by midday; **einen ~ bedienen** to serve a customer

Gast·ar·bei·ter(in) *m(f)* guest worker

i Kultur

> **Gastarbeiter** are foreign workers, living and working in Germany on a temporary basis. During the economic boom of the 1950s and 1960s, workers from southern European countries and Turkey were invited to work in the FRG, many of whom have since made Germany their home.

Gast·do·zent(in) *m(f)* guest [*or* visiting] lecturer

Gäs·te·buch *nt* visitors' [*or* guest] book **Gäs·te·hand·tuch** *nt* towel [reserved] for guests **Gäs·te·haus** *nt* guesthouse **Gäs·te·sei·fe** *f* soap [reserved] for guests **Gäs·te·to·i·let·te** *f* toilet [reserved] for guests **Gäs·te·zim·mer** *nt* guestroom, spare room

gast·freund·lich *adj* hospitable **Gast·freund·schaft** *f* hospitality; **danke für deine ~!** thanks for your hospitality [*or* having me] **Gast·ge·ber(in)** <-s, -> *m(f)* host *masc,* hostess *fem* **Gast·ge·schenk** *nt* present for one's host **Gast·haus** *nt* inn **Gast·hof** *m* inn **Gast·hö·rer(in)** *m(f)* SCH observer, auditor AM

gas·tie·ren* [gas'ti:rən] *vi* to make a guest appearance

Gast·kon·zert *nt* guest concert **Gast·land** *nt* host country

gast·lich ['gastlɪç] (*geh*) **I.** *adj* hospitable; **ein ~es Haus** a welcoming place **II.** *adv* hospitably; **jdn ~ empfangen** [*o* **aufnehmen**] to welcome sb into one's home

Gast·mann·schaft *f* visiting team, visitors *pl*

Gas·tod *m* death as a result of gas poisoning

Gast·pro·fes·sor(in) *m(f)* visiting professor **Gast·pro·fes·sur** *f* SCH guest professorship **Gast·recht** *nt kein pl* right to hospitality; **~ genießen** to be accorded the right to hospitality; **das ~ missbrauchen** to abuse sb's right to hospitality

Gas·tri·tis <-, Gastritiden> [gas'tri:tɪs, *pl* gastri'ti:dn̩] *f* gastritis

Gast·rol·le *f* THEAT guest part [*or* role]; **eine ~ geben** [*o* **spielen**] to make a guest appearance

Gas·tro·nom(in) <-en, -en> [gastro'no:m] *m(f)* restaurateur, restaurant proprietor

Gas·tro·no·mie <-,-n> [gastrono'mi:, *pl* -'mi:ən] *f* ❶ (*geh: Gaststättengewerbe*) catering trade ❷ (*geh: Kochkunst*) gastronomy

gas·tro·no·misch *adj* gastronomic

Gast·spiel *nt* ❶ THEAT guest performance; **auf ~reise sein** to be on tour; **ein ~ geben** to give a guest performance; (*fig fam: nur kurz angestellt sein*) to be with a company for a brief period ❷ SPORT (*Auswärtsspiel*) away game [*or* match]

Gast·stät·te *f* restaurant

Gast·stät·ten·ge·wer·be *nt* catering trade

Gast·stu·be *f Bar* lounge; *Restaurant* restaurant

Gas·tur·bi·ne *f* gas turbine

Gast·vor·le·sung *f* SCH guest lecture **Gast·wirt(in)** *m(f)* (*Besitzer*) restaurant owner, proprietor; (*Pächter*) restaurant manager; *Kneipe* landlord *masc,* landlady *fem* **Gast·wirt·schaft** *f s.* **Gaststätte**

Gas·uhr *f* (*fam*) *s.* **Gaszähler** **Gas·ver·brauch** *m* gas consumption **Gas·ver·gif·tung** *f* gas poisoning **Gas·ver·sor·gung** *f* gas supply **Gas·wol·ke** *f* gas cloud **Gas·zäh·ler** *m* gas meter

GATT <-> ['gat] *nt kein pl* ÖKON (*allgemeines Zoll- und Handelsabkommen*) *Akr von* **General Agreement on Tariffs and Trade** GATT

Gat·te, Gat·tin <-n, -n> ['gatə, 'gatɪn] *m, f* (*geh*) spouse *form*

Gat·ter <-s, -> ['gatɐ] *nt* ❶ (*Holztor*) gate ❷ (*Holzzaun*) fence ❸ (*Rost*) grating, grid ❹ JAGD [game] preserve

Gat·tung <-, -en> ['gatʊŋ] *f* ❶ BIOL genus ❷ KUNST, LIT category, genre

Gat·tungs·be·griff *m* generic concept **Gat·tungs·na·me** *m* ❶ (*Name einer Gattung*) generic name ❷ LING appellative

Gau <-[e]s, -e> ['gau] *m o nt* HIST ❶ (*Bezirk*) district (*administrative district during the Nazi period*) ❷ (*Siedlungsbereich eines germanischen Stammes*) region, area (*a tribal district in Germanic times*)

GAU <-s, -s> ['gau] *m Akr von* **größter anzunehmender Unfall** MCA

Gauch·heil ['gauxhail] *m* BOT pimpernel

Gau·di <-> ['gaudi] *f o nt kein pl* ÖSTERR, SÜDD (*fam: Spaß*) fun; **das war eine ~!** that was such good fun!; **sich** *dat* **eine ~ aus etw** *dat* **machen** to get a kick out of doing sth *fam*

Gauk·ler(in) <-s, -> ['gauklɐ] *m(f)* ❶ (*veraltet: Artist, Akrobat, Erzähler*) travelling [*or* AM traveling] entertainer [*or* performer] ❷ ORN bateleur eagle

Gaul <-[e]s, Gäule> ['gaul, *pl* 'gɔylə] *m* (*pej: minderwertiges Pferd*) nag *pej,* hack *pej;* **Acker~** workhorse ▶ WENDUNGEN: **einem geschenkten ~ sieht** [*o* **schaut**] **man nicht ins Maul** (*prov*) never look a gift-horse in the mouth *prov; s. a.* **Schwanz**

Gau·lei·ter(in) <-s, -> *m(f)* HIST *head of an administrative district during the Nazi period*

Gaul·lis·mus <-> [go'lɪsmʊs] *m kein pl* Gaullism *no pl*
Gaul·list(in) <-en, -en> [go'lɪst] *m(f)* Gaullist
Gau·men <-s, -> ['gaumən] *m* ANAT palate; **harter/weicher** ~ hard/soft palate; **einen feinen ~ haben** to have a discerning palate, to enjoy good food; **etw für den** [*o* **seinen**] **verwöhnten** ~ a delicacy for the gourmet [*or* connoisseur]
Gau·men·freu·de *f* (*geh*) culinary delight **Gau·men·kit·zel** *m* (*fam*) treat for the taste buds *fam* **Gau·men·laut** *m* LING palatal [sound] **Gau·men·se·gel** *nt* soft palate **Gau·men·zäpf·chen** *nt* uvula
Gau·ner(in) <-s, -> ['gaunɐ] *m(f)* (*pej*) ❶ (*Betrüger*) crook *pej,* rogue *pej,* scoundrel *pej* ❷ (*Schelm*) rogue, picaro *liter* ❸ (*fam: gerissener Kerl*) crafty customer
Gau·ne·rei <-, -en> [gaunə'rai] *f* (*pej*) cheating *no pl pej,* swindling *no pl pej*
Gau·ner·spra·che *f* thieves' argot
Ga·za·strei·fen ['ga:za-] *m* Gaza Strip
Ga·ze <-, -n> ['ga:zə] *f* gauze
Ga·zel·le <-, -n> [ga'tsɛlə] *f* gazelle; **flink wie eine** ~ as light-footed as a gazelle
Ge·äch·te·te(r) <-n, -n> [gə'ʔɛçtətə] *f(m) decl wie adj* (*a. fig*) outlaw, outcast *a. fig*
ge·ädert [gə'ʔɛ:dɐt] *adj* ANAT, BOT veined
ge·ar·tet [gə'ʔa:ɐ̯tət] *adj* ❶ (*veranlagt*) disposed, natured; **gut ~e Kinder** good-natured children ❷ (*beschaffen*) constituted; **dieser Fall ist anders** ~ the nature of this problem is different
Ge·äst <-[e]s> [gə'ʔɛst] *nt kein pl* boughs *pl,* branches *pl*
geb. *Abk von* **geboren** née
Ge·bäck <-[e]s, -e> [gə'bɛk] *nt pl selten* (*Plätzchen*) biscuits *pl;* (*Teilchen*) pastries *pl;* (*kleine Kuchen*) cakes *pl*
ge·ba·cken *pp von* **backen[1]**
Ge·bäck·zan·ge *f* pastry tongs *npl*
Ge·bälk <-[e]s, -e> [gə'bɛlk] *nt pl selten* (*Balkenwerk*) timberwork *no pl,* beams *pl* ▸WENDUNGEN: **es knistert im** ~ (*fam*) there's trouble brewing [*or* afoot]
ge·ballt I. *adj* ❶ (*konzentriert*) concentrated; *s. a.* **Ladung** ❷ (*zur Faust gemacht*) **~e Fäuste** clenched fists **II.** *adv* in concentration; **solche Probleme treten immer ~ auf** these kinds of problems never occur singly
ge·bannt *adj* (*gespannt*) fascinated, spellbound; **mit ~em Interesse** with fascination; **vor Schreck** ~ rigid with fear; **wie** ~ as if spellbound
ge·bar [gə'ba:ɐ̯] *imp von* **gebären**
Ge·bär·de <-, -n> [gə'bɛ:ɐ̯də] *f* gesture, gesticulation; **eine drohende/beschwichtigende ~ machen** to make a threatening/soothing [*or* calming] gesture
ge·bär·den* [gə'bɛ:ɐ̯dn̩] *vr haben* ■**sich** ~ to behave
Ge·bär·den·spra·che *f* LING sign language
Ge·ba·ren <-s> [gə'ba:rən] *nt kein pl* behaviour [*or* AM -or]; **du legst ein sonderbares ~ an den Tag** you are behaving strangely today; **geschäftliches** ~ businesslike conduct; **ein weltmännisches ~ haben** to conduct oneself [*or* behave] like a man of the world
ge·bä·ren <gebiert, gebar, geboren> [gə'bɛ:rən] I. *vt* ❶ (*zur Welt bringen*) ■**geboren werden** to be born; **das Kind wurde einen Monat zu früh geboren** the child was born four weeks premature; ■**[jdm] ein Kind** ~ (*veraltend*) to bear [sb] a child *dated* ❷ (*eine natürliche Begabung haben*) ■**zu etw geboren sein** to be born to sth; **er ist zum Schauspieler geboren** he is a born actor; *s. a.* **geboren II. II.** *vi* (*ein Kind zur Welt bringen*) to give birth; ■**eine/die G~de** a woman/the one giving birth, a/the woman in labour [*or* AM -or]
ge·bär·fä·hig *adj* capable of child-bearing; **im ~en Alter sein** to be of childbearing age
Ge·bär·mut·ter <-mütter> *f* ANAT uterus, womb
Ge·bär·mut·ter·hals *m* cervix, neck of the uterus [*or* womb] **Ge·bär·mut·ter·mund** *m* mouth of the uterus

ge·bauch·pin·selt [gə'bauxpɪnzl̩t] *adj* (*hum fam*) flattered; **sich ~ fühlen** to feel flattered
Ge·bäu·de <-s, -> [gə'bɔydə] *nt* ❶ (*Bauwerk*) building ❷ (*Gefüge*) structure; **ein ~ von Lügen** a web [*or* BRIT tissue] of lies; **ein ~ von fantastischen Ideen und Wahnvorstellungen** a mental edifice [*or* construct] of fantastic ideas and delusions
Ge·bäu·de·kom·plex *m* building complex **Ge·bäu·de·rei·ni·gung** *f* ❶ (*das Reinigen*) industrial cleaning ❷ (*Betrieb*) cleaning contractors *pl* **Ge·bäu·de·sa·nie·rung** *f* building renovation *no indef art, no pl* **Ge·bäu·de·teil** *m* part of a building **Ge·bäu·de·ver·si·che·rung** *f* building insurance **Ge·bäu·de·zu·stand** *m* condition [*or* state] of a building
Ge·bäu·lich·kei·ten [gə'bɔylɪçkaitn̩] *pl* SÜDD, SCHWEIZ (*Gebäude*) buildings
ge·baut *adj* built; ■**gut/stark ~ sein** to be well-built; **so wie jd ~ ist** (*hum fam*) sb like you/him/her
ge·be·freu·dig *adj* generous
Ge·bein <-[e]s, -e> [gə'bain] *nt* ❶ (*Skelett*) skeleton ❷ (*Knochen*) ■**~e** *pl* bones *pl,* mortal remains *pl form; eines Heiligen* relics *pl* ▸WENDUNGEN: **der Schreck fuhr ihm ins** [*o* **durchs**] ~ (*veraltet*) his body shook with fear
Ge·bell(e) <-s> [gə'bɛl(ə)] *nt kein pl* (*pej fam*) incessant barking, bellowing
ge·ben <gibt, gab, gegeben> ['ge:bn̩] I. *vt* ❶ (*reichen*) ■**jdm etw** ~ to give sb sth, to give sth to sb; **gibst du mir bitte mal das Brot?** could you give [*or* hand] me the bread, please? [*or* pass]; **ich würde alles darum ~, ihn noch einmal zu sehen** I would give anything to see him again; (*beim Kartenspiel*) to deal; **du hast mir 3 Joker gegeben** you've dealt me 3 jokers; **wer gibt jetzt?** whose turn is it to deal? ❷ (*schenken*) to give [as a present] ❸ (*mitteilen*) **jdm die** [*o* **seine**] **Telefonnummer** ~ to give sb one's telephone number; ■**sich** *dat* **etw** [**von jdm**] ~ **lassen** to ask [sb] for sth number; **er ließ sich die Speisekarte** ~ he asked for the menu ❹ ÖKON (*verkaufen*) ■**jdm etw** ~ to get sb sth; (*bezahlen*) ■**[jdm] etw für etw** *akk* ~ to give [sb] sth for sth; **was darf ich Ihnen ~?** what can I get you?; **darf ich Ihnen sonst noch was ~?** can I get you anything else?; **~ Sie mir bitte fünf Brötchen** I'd like five bread rolls please; **ich gebe Ihnen 500 Euro für das Bild** I'll give you [*or* let you have] 500 euros for the picture; **Preisnachlass/Skonto** ~ to give a reduction/cash discount ❺ (*spenden*) ■**etw gibt jdm etw** sth gives [sb] sth; **Schutz/Schatten** ~ to give [*or* provide] protection/shade ❻ (*verleihen*) **einen Preis** ~ to award a prize; **Titel/Namen** ~ to give a title/name; **diese erfreuliche Nachricht gab ihr neue Zuversicht** this welcome piece of news gave her new confidence; **der Gedanke an eine Rettung gab uns immer wieder Kraft** the thought of being rescued always gave us strength ❼ TELEK (*telefonisch verbinden*) ■**jdm jdn** ~ to put sb through to sb; **~ Sie mir bitte Frau Schmidt** can I speak to Mrs Smith, please ❽ (*stellen*) ■**jdm etw** ~ to give [*or* set] sb sth; **eine Aufgabe/ein Problem/ein Thema** ~ to set a task/problem/topic ❾ (*abhalten*) ■**etw** ~ to give sth; **der Minister wird eine Pressekonferenz** ~ the minister will give [*or* hold] a press conference ❿ (*bieten, gewähren, zukommen lassen*) ■**jd gibt [jdm] etw** sb gives [*or* allows] [sb] sth; **jdm einen Namen** ~ to name a person; **jdm ein Interview** ~ to grant sb an interview; **jdm eine Verwarnung** ~ to give sb a warning; SPORT to book sb; **der Schiedsrichter gab dem Spieler eine Verwarnung wegen Foulspiels** the referee booked the player for a foul; **einen Freistoß** ~ FBALL to award a free-kick; *s. a.* **Bescheid, Nachricht** ⓫ (*aufführen*) **ein Theaterstück** ~ to put on a play ⓬ (*feiern*) **ein Fest** ~ to give a party ⓭ DIAL (*abgeben, vorübergehend weggehen*) ■**etw/jdn irgendwohin** ~ *akk* to send sth/sb somewhere; **sein Auto in [die] Reparatur** ~ to have one's car repaired; **sein Kind in ein Internat** ~ to send one's child to boarding school; **dürfen wir während unseres Urlaubs unsere Katze zu euch ~?** can

you take our cat while we're away? ⓮ KOCHK (*fam: tun*) ■**etw in/an etw** *akk* ~, ■**etw zu etw** *dat* ~ to add sth to sth; **Wein in die Soße** ~ to add wine to the sauce ⓯ (*ergeben*) ■**etw** ~ to produce sth; **sieben mal sieben gibt neunundvierzig** seven times seven equals forty-nine, seven sevens are forty-nine; **Rotwein gibt Flecken** red wine stains [*or* leaves stains]; **keinen Sinn** ~ that makes no sense; **ein Wort gab das andere** one word led to another ⓰ (*erteilen*) ■**etw** ~ to teach sth; **Nachhilfestunden** ~ to give private tuition; **Unterricht** ~ to teach; **jdm etw zu tun** ~ to give sb sth to do ⓱ (*äußern*) ■**etw von sich** *dat* ~ to utter sth; **er gab wenig Worte von sich** he said very little ⓲ (*euph fam: sich erbrechen*) ■**etw [wieder] von sich** *dat* ~ to throw up [sth], to bring up sth *sep* [again] *euph* ▸ WENDUNGEN: **jdm etw zu tun** ~ to give sb sth to do; **das wird ihm für die nächsten Monate zu tun geben!** that'll keep him busy for the next few months!; **das sollte der Firmenleitung zu denken** ~ that should give the company management something to think about!; **jdm ist etw nicht gegeben** sth is not given to sb; **nicht allen ist es gegeben, einem solchen Ereignis beizuwohnen** not everybody gets the opportunity to be present at such an event; **es war ihm nicht gegeben, seine Heimatstadt wiederzusehen** he was not destined to see his home town again; **nichts auf etw** *akk* ~ to think nothing of sth; **viel/nicht viel auf etw** *akk* ~ to set great/not much store by sth; **ich gebe nicht viel auf die Gerüchte** I don't pay much attention to rumours; **es jdm** ~ (*fam*) to let sb have it *fam;* **gib's ihm!** let him have it! **II.** *vi* ❶ KARTEN (*austeilen*) to deal; **jetzt hast du genug gemischt, gib endlich!** you've shuffled enough now, just deal them! ❷ SPORT (*Aufschlag haben*) to serve; **du gibst!** it's your serve **III.** *vt impers* ❶ (*gereicht werden*) ■**es gibt etw** there is sth; **hoffentlich gibt es bald was zu essen!** I hope there's something to eat soon!; **was gibt es zum Frühstück?** what's for breakfast?; **freitags gibt es bei uns immer Fisch** we always have fish on Fridays ❷ (*eintreten*) ■**es gibt etw** there is sth; **heute gibt es noch Regen** it'll rain today; **hat es sonst noch etwas gegeben, als ich weg war?** has anything else happened while I was away; **was wird das noch geben?** where will it all lead to?; **gleich gibt es was** (*fam*) there's going to be trouble ❸ (*existieren, passieren*) ■**etw/jdn gibt es** there's sth/sb; **das gibt es nicht!** (*fam*) no way!, nothing doing!, forget it!; **das gibt es nicht, dass du einfach meinen Wagen nimmst** there's no way that you're taking [*or* using] my car; **ein Bär mit zwei Köpfen? das gibt es nicht!** a bear with two heads? there's no such thing!; **das gibt es doch nicht!** (*fam*) that's unbelievable; **so was gibt es bei uns nicht!** that's not on [as far as we're concerned]!; **was gibt es?** (*fam*) what's the matter, what's up *fam;* **was es nicht alles gibt!** (*fam*) well, I'll be damned! *fam,* stone me! *sl,* stone the crows BRIT *sl* ▸ WENDUNGEN: **da gibt es nichts!** (*fam*) there are no two ways about it; **seine Lieder sind einmalig, da gibt es nichts!** there's no doubt about it, his songs are unique **IV.** *vr* ❶ (*nachlassen*) ■**etw gibt sich** sth eases [off] [*or* lets up]; **das gibt sich** it will sort itself out; **die Kopfschmerzen werden sich** ~ your headache will go off; **diese Aufsässigkeit wird sich bald von ganz alleine** ~ this rebelliousness will soon die down of its own accord; (*sich erledigen*) to sort itself out; **manches gibt sich von selbst wieder** some things sort themselves out; **das wird sich schon** ~ it will all work out [for the best] ❷ (*sich benehmen, aufführen*) ■**sich als etw** ~ to behave in a certain way; **sie gab sich sehr überrascht** she acted very surprised; **nach außen gab er sich heiter** outwardly he behaved cheerfully; **sie gibt sich, wie sie ist** she doesn't try to be anything she isn't; **sich von der besten Seite** ~ to show one's best side ❸ (*sich finden, ergeben*) ■**etw gibt sich** sth arises; **es wird sich schon noch eine Gelegenheit** ~ there's sure to be another opportunity

Ge·be·ne·dei·te <-n> [gəbene'daitə] *f kein pl* REL ■**die** ~ the Blessed Virgin

Ge·ber(in) <-s, -> *m(f)* ❶ KARTEN dealer ❷ TELEK transmitter

Ge·ber·lau·ne *f kein pl* generous mood; **in** ~ **sein** to be in a generous mood [*or* feeling generous]

Ge·bet <-[e]s, -e> [gə'be:t] *nt* (*religiöses Ritual*) prayer; **ein** ~ **sprechen** to say a prayer; **sein** ~ **sprechen** [*o* **verrichten**] to say one's prayers; **zum** ~ in prayer; **den Kopf zum** ~ **neigen** to lower one's head in prayer; **das** ~ **des Herrn** (*geh*) the Lord's Prayer ▸ WENDUNGEN: **jdn ins** ~ **nehmen** (*fam*) to give sb a good talking to, to take sb to task

Ge·bet·buch *nt* ❶ (*Büchlein mit Gebeten*) prayer book ❷ (*hum fam: Spielkarten*) pack of [playing] cards ▸ WENDUNGEN: **das falsche** ~ **haben** to belong to the wrong denomination

ge·be·ten [gə'be:tn̩] *pp von* **bitten**

Ge·bets·müh·le *f* prayer wheel

ge·bets·müh·len·haft *inv* **I.** *adj* (*pej fam*) constant, continual **II.** *adv* (*pej fam*) constantly, continually

Ge·bets·tep·pich *m* prayer mat [*or* rug]

ge·beugt I. *adj* bowed, stooping; **ein ~er Kopf** a bowed head; **~e Schultern** rounded shoulders **II.** *adv* in a stooping posture; ~ **sitzen** to sit hunched up

ge·biert [gə'bi:ɐ̯t] *3. pers pres von* **gebären**

Ge·biet <-[e]s, -e> [gə'bi:t] *nt* ❶ (*Fläche*) area; (*Region*) a. region; (*Staats~*) territory ❷ (*Fach*) field; **auf dem** ~ **der Kernphysik ist er Spezialist** he's a specialist in the field of nuclear physics

ge·bie·ten* [gə'bi:tn̩] *irreg* (*geh*) **I.** *vt* ❶ (*befehlen*) ■**[jdm] etw** ~ to command [*or* order] [sb] to do sth; **Einhalt** ~ to put an end to [*or* stop] sth ❷ (*verlangen, erfordern*) ■**etw** ~ to demand sth; **der Anstand/die Situation gebietet es** decency/the situation demands it; **es ist Vorsicht geboten** care must be taken **II.** *vi* ❶ (*herrschen*) ■**über jdn/etw** ~ to have control over sb/sth *liter,* to have dominion over sb/sth ❷ (*verfügen*) ■**über etw** *akk* ~ to have sth at one's disposal; **über Geldmittel** ~ to have financial resources at one's disposal; **über Wissen** ~ to have knowledge at one's command

Ge·bie·ter(in) <-s, -> *m(f)* (*veraltet geh*) lord *form,* master *form; s. a.* **Herr**

ge·bie·te·risch [gə'bi:tərɪʃ] (*geh*) **I.** *adj* domineering, peremptory **II.** *adv* domineeringly, in a domineering manner

Ge·biets·an·spruch *m* territorial claim; **einen ~/Gebietsansprüche haben** [*o* **erheben**] [*o* **geltend machen**] to make a territorial claim/ territorial claims **Ge·biets·re·form** *f* local government restructuring

ge·biets·wei·se *adv* locally, in places; ~ **kann es auf einigen Strecken zu Glatteisbildung kommen** icy roads could develop in some places

ge·big *adj* SCHWEIZ ❶ (*praktisch*) practical ❷ (*prima*) terrific

Ge·bil·de <-s, -> [gə'bɪldə] *nt* ❶ (*Ding*) thing, object ❷ (*Form*) shape; (*Struktur*) structure ❸ (*Muster*) pattern ❹ (*Schöpfung*) creation ❺ (*Staats~*) entity

ge·bil·det *adj* educated, learned, erudite *form;* **ein ~er Mensch** a refined [*or* cultured] person; **vielseitig** ~ **sein** to have a broad education; **ein ~es Benehmen** to be well bred

Ge·bil·de·te(r) *f(m) decl wie adj* educated person

Ge·bim·mel <-s,> [gə'bɪml̩] *nt kein pl* (*pej fam*) [continual] ringing

Ge·bin·de <-s, -> [gə'bɪndə] *nt* (*geh*) bunch; **ein** ~ **aus Blumen und Zweigen** an arrangement of flowers and twigs; **ein großes** ~ **Möhren** a large bunch of carrots; (*Blumenkranz*) wreath; (*Getreide~*) sheaf

Ge·bir·ge <-s, -> [gə'bɪrgə] *nt* mountains *pl,* mountain range

ge·bir·gig [gə'bɪrgɪç] *adj* mountainous

Ge·birgs·bach *m* mountain stream **Ge·birgs·bahn** *f* mountain railway **Ge·birgs·be·woh·ner(in)** *m(f)* mountain dweller **Ge·birgs·jä·ger(in)** *m(f)* MIL ❶ (*einzelner Gebirgssoldat*) mountain soldier ❷ *pl* (*Einheit des Heeres*) mountain troops *npl* **Ge·birgs·kamm** *m* mountain ridge [*or* crest] **Ge·birgs·**

ket·te *f* mountain chain [*or* range] **Ge·birgs·land·schaft** *f* mountainous region **Ge·birgs·mas·siv** *nt* massif **Ge·birgs·rü·cken** *m* mountain ridge **Ge·birgs·stra·ße** *f* mountain road **Ge·birgs·zug** *m* mountain range

Ge·bissRR <-es, -e> *nt,* **Ge·biß**ALT <-sses, -sse> [gəˈbɪs] *nt* ❶ (*Zähne*) [set of] teeth; **ein gesundes/kräftiges ~ haben** to have healthy/strong teeth ❷ (*Zahnprothese*) dentures *npl;* **künstliches** [*o fam* **falsches**] **~** false teeth *pl* ❸ (*Mundstück am Pferdezaum*) bit

Ge·biss·ab·druckRR <-abdrücke> *m* dental impression

ge·bi·ssen [gəˈbɪsn̩] *pp von* **beißen**

Ge·blä·se <-s, -> [gəˈblɛːzə] *nt* blower, fan

ge·bla·sen *pp von* **blasen**

ge·bli·chen [gəˈblɪçn̩] *pp von* **bleichen**

ge·blie·ben [gəˈbliːbn̩] *pp von* **bleiben**

Ge·blö·del <-s> [gəˈbløːdl̩] *nt kein pl* (*pej fam*) twaddle *pej,* baloney; *von Komikern* patter

ge·blumt [gəˈbluːmt] *adj* ÖSTERR *s.* **geblümt**

ge·blümt [gəˈblyːmt] *adj* ❶ (*mit Blumenmuster*) flowered, floral; **eine ~e Tischdecke** a tablecloth with a floral pattern; **~es Kleid** dress with a floral design ❷ (*fig: kunstvoll, blumenreich*) flowery; **ein ~er Stil** a flowery style

Ge·blüt <-[e]s> [gəˈblyːt] *nt kein pl* ❶ (*Abstammung*) descent, lineage; **von edlem ~** of noble blood *form* ❷ (*Veranlagung*) **etw liegt jdm im ~** sth is in sb's blood

ge·bo·gen [gəˈboːgn̩] **I.** *pp von* **biegen II.** *adj* bent; **ein ~es Kinn** a pointed chin; **eine ~e Nase** a hooked [*or* Roman] nose

ge·bo·ren [gəˈboːrən] **I.** *pp von* **gebären II.** *adj* ❶ (*gebürtig*) by birth; **ein ~er Prinz sein** to be a prince by birth, to be born a prince ❷ (*eine natürliche Begabung haben*) **der ~e Koch sein** to be a born cook

ge·bor·gen [gəˈbɔrgn̩] **I.** *pp von* **bergen II.** *adj* safe, secure; **sich ~ fühlen** [*o geh* **wissen**] to feel safe; **bei jdm ~ sein** to be safe and sound with sb

Ge·bor·gen·heit <-> *f kein pl* security; **häusliche ~** secure place

ge·bors·ten [gəˈbɔrstn̩] *pp von* **bersten**

Ge·bot <-[e]s, -e> [gəˈboːt] *nt* ❶ (*Regel, Vorschrift*) regulation, rule; **ein ~ missachten/befolgen** to break [*or* disregard]/obey [*or* observe] a rule ❷ REL (*moralische Regel o Gesetz*) commandment; **die zehn ~e** the ten commandments; **göttliches ~** divine law; **~ der Menschheit/Vernunft** law of humanity/reason; **das ~ der Nächstenliebe** the commandment to love one's neighbour [*or* AM -or] ❸ (*geh: Erfordernis*) requirement; **das ~ der Stunde** the dictates of the moment; **ein ~ der Vernunft** the dictates of reason ❹ ÖKON (*Angebot*) bid; **gibt es ein höheres ~?** does anyone bid more? ❺ (*Gesetz*) law; (*Verordnung*) decree ▸WENDUNGEN: **jdm zu ~[e] stehen** to be at sb's disposal

ge·bo·ten [gəˈboːtn̩] **I.** ❶ *pp von* **gebieten** ❷ *pp von* **bieten II.** *adj* (*geh: notwendig*) necessary; (*angebracht*) advisable; **dringend ~** imperative; **bei aller ~en Achtung** with all due respect

Ge·bots·schild <-[e]s, -er> *nt* mandatory sign

Gebr. *Abk von* **Gebrüder** Bros.

Ge·brab·bel <-s> [gəˈbrabl̩] *nt kein pl* (*pej fam*) jabbering *pej fam*

ge·bracht [gəˈbraxt] *pp von* **bringen**

ge·brannt [gəˈbrant] **I.** *pp von* **brennen II.** *adj* burned, burnt; **~e Mandeln** roasted almonds; *s. a.* **Kalk, Kind**

ge·bra·ten *pp von* **braten**

Ge·bra·te·ne(s) [gəˈbraːtənə] *nt decl wie adj* fried food

Ge·bräu <-[e]s, -e> [gəˈbrɔy] *nt* (*pej*) brew, concoction *pej*

Ge·brauch <-[e]s, Gebräuche> [gəˈbraux, *pl* gəˈbrɔyçə] *m* ❶ *kein pl* (*Verwendung*) use; (*Anwendung*) application; **zum äußerlichen/innerlichen ~** to be applied externally/to be taken internally; **falscher ~** improper use, misuse; **etw in** [*o* **im**] **~ haben** to use sth; **außer/in ~ kommen** to become outdated/fashionable; **von etw** *dat* **~ machen** to make use of sth; **etw in ~ nehmen** (*geh*) to start using sth; **vor ~ schütteln** shake well before use; **in** [*o* **im**] **~ sein** to be used; *Auto* to be running; **nach ~** after use; LING usage ❷ *usu pl* (*Brauch, Gepflogenheit*) custom; **Sitten und Gebräuche** manners and customs

ge·brau·chen* [gəˈbrauxn̩] *vt* ❶ (*verwenden*) ■**etw ~** to use sth; **ein gebrauchtes Auto** a used [*or* second-hand] car; **nicht mehr zu ~ sein** to be no longer [of] any use, to be useless; **das kann ich gut ~** I can really use that, I can make good use of that; **zu nichts zu ~ sein** to be no use at all; **sich zu etw** *dat* **~ lassen** to let oneself be used for sth ❷ (*fam: benötigen, brauchen*) ■**etw/jd könnte etw ~** sth/sb could need sth; **dein Wagen könnte eine Wäsche ~** your car could do with a wash again

ge·bräuch·lich [gəˈbrɔyçlɪç] *adj* ❶ (*allgemein üblich*) customary, usual, common; (*in Gebrauch*) in use; LING in general use; **„okay" ist ein sehr ~er Ausdruck** "okay" is a very common expression ❷ (*herkömmlich*) conventional

Ge·brauchs·an·lei·tung *f* directions [*or* instructions] [for use]; *s. a.* **Gebrauchsanweisung Ge·brauchs·an·wei·sung** *f* ❶ (*Beipackzettel*) directions [*or* instructions] [for use] ❷ (*Betriebsanleitung*) operating instructions **Ge·brauchs·ar·ti·kel** *m* basic consumer item **ge·brauchs·fer·tig** *adj inv* ready for use **Ge·brauchs·ge·gen·stand** *m* basic commodity **Ge·brauchs·li·te·ra·tur** *f literature published for a particular purpose* **Ge·brauchs·wert** *m* utility value

ge·braucht *adj* second-hand

Ge·braucht·wa·gen *m* second-hand [*or* used] car

ge·bre·chen* [gəˈbrɛçn̩] *vi irreg haben* (*geh*) ■**jdm gebricht es an etw** *dat* sb is lacking sth; **jdm gebricht es an Geld/Mut** sb lacks money/courage

Ge·bre·chen <-s, -> [gəˈbrɛçn̩] *nt* (*geh*) affliction; **ein körperliches/geistiges ~ haben** to have a physical/mental affliction

ge·brech·lich [gəˈbrɛçlɪç] *adj* frail, infirm

Ge·brech·lich·keit <-> *f kein pl* frailty, infirmity

ge·bro·chen I. *pp von* **brechen II.** *adj* ❶ (*völlig entmutigt*) broken, crushed; **ein ~er Mann** a broken man; **ein ~es Herz** (*fig*) a broken heart *fig* ❷ (*sehr fehlerhaft*) broken; **in ~em Englisch** in broken English ❸ MATH **~e Zahl** fraction **III.** *adv* imperfectly; **sie sprach nur ~ Deutsch** she only spoke broken German

Ge·brü·der [gəˈbryːdɐ] *pl* (*veraltet*) brothers; **die ~ Grimm** the Brothers Grimm

Ge·brüll <-[e]s> [gəˈbrʏl] *nt kein pl* bellowing; *Esel* braying; *Löwe* roaring; (*pej*) *Kind* bawling; *Mensch* screaming; **auf ihn mit ~!** (*fam*) go get him! *fam*

Ge·brum·m(e) <-[e]s> [gəˈbrʊm(ə)] *nt kein pl* (*fam*) humming; *Flugzeug* droning

ge·bückt I. *pp von* **bücken II.** *adj* bowed, stooped; **einen ~en Gang haben** to walk with a stoop **III.** *adv* with bad posture

ge·bügelt I. *pp von* **bügeln II.** *adj* (*sl: baff*) gobsmacked BRIT *fam,* speechless; *s. a.* **geschniegelt**

Ge·bühr <-, -en> [gəˈbyːɐ̯] *f* charge; (*Honorar, Beitrag*) fee; *für eine Vermittlung* commission; **~** [**be**]**zahlt Empfänger** postage to be paid by addressee; **ermäßigte ~** reduced charges/fee; **eine ~ erheben** to levy [*or* make] a charge; **eine ~ bezahlen** [*o* **entrichten**] to pay a charge/fee ▸WENDUNGEN: **nach ~** appropriately, suitably; **über ~** excessively, unduly

ge·büh·ren* [gəˈbyːrən] (*geh*) **I.** *vi* (*zukommen, zustehen*) ■**jdm/etw gebührt etw** sb/sth deserves [*or* is due] sth; **ihm gebührt unsere Anerkennung** he deserves our recognition **II.** *vr* ■**sich** [**für jdn**] **~** to be fitting [*or* proper] [for sb]; **wie es sich gebührt** as is fitting [*or* proper]

Ge·büh·ren·an·sa·ge *f* TELEK "advise duration and charge" call **Ge·büh·ren·an·zei·ger** *m* call-charge indicator

ge·büh·rend I. *adj* (*zustehend*) due, owed; (*angemessen*) appropriate, fitting, suitable; **etw in ~er Weise würdigen** to

G

show suitable appreciation of sth **II.** *adv* (*angemessen*) appropriately, fittingly, suitably

Ge·büh·ren·ein·heit *f* TELEK [tariff] unit **Ge·büh·ren·er·hö·hung** *f* increase in charges [*or* fees] **Ge·büh·ren·er·lass**^RR^ *m* remission of charges [*or* fees] **Ge·büh·ren·er·mä·ßi·gung** *f* reduction of charges [*or* fees] **Ge·büh·ren·er·stat·tung** *f* refund of charges **ge·büh·ren·frei** *adj, adv* free of charge **Ge·büh·ren·mar·ke** *f* revenue stamp **Ge·büh·ren·ord·nung** *f* scale of charges [*or* fees], tariff **ge·büh·ren·pflich·tig I.** *adj* subject [*or* liable] to a charge; **~e Verwarnung** fine; **~e Straße** toll road **II.** *adv* **jdn ~ verwarnen** to fine sb **Ge·büh·ren·rück·er·stat·tung** *f* refund of charges **Ge·büh·ren·zäh·ler** *m* TELEK meter

ge·bun·den [gəˈbʊndn̩] **I.** *pp von* **binden II.** *adj* fixed, set; **~es Buch** hardcover, BRIT *a.* hardback; **~e Preise** controlled prices; **durch Verpflichtungen ~ sein** to be tied down by duties; **anderweitig ~ sein** to be otherwise engaged; **vertraglich ~ sein** to be bound by contract; **zeitlich ~ sein** to be restricted as regards time

Ge·burt <-, -en> [gəˈbuːɐ̯t] *f* ❶ (*Entbindung*) birth; **bei der ~** at the birth; **von ~ an** from birth ❷ (*Abstammung*) birth; **von ~ Deutscher sein** to be German by birth; **von niedriger/hoher ~ sein** to be of low/noble birth; **die Gnade der späten ~** *to be lucky not to have been born at a certain time in history, e.g. World War Two* ▶ WENDUNGEN: **das war eine schwere ~!** (*fam*) that took some doing! *fam*

Ge·bur·ten·an·stieg *m* rise in the birth rate; **schlagartiger ~** baby boom **Ge·bur·ten·be·schrän·kung** *f* population control **Ge·bur·ten·kon·trol·le** *f kein pl* birth control **Ge·bur·ten·ra·te** *f* birth rate; **die ~ steigt** the birth rate is up; **die ~ fällt** the birth rate is falling **Ge·bur·ten·re·ge·lung** *f kein pl* birth control **Ge·bur·ten·rück·gang** *m* decline [*or* drop] in the birth rate **ge·bur·ten·schwach** *adj* with a low birth rate; **ein ~er Jahrgang** a year in which there is a low birth rate **ge·bur·ten·stark** *adj* with a high birth rate **Ge·bur·ten·über·schuss**^RR^ *m* excess of births over deaths **Ge·bur·ten·zahl** *f* birth rate **Ge·bur·ten·zu·wachs** *f* birth increase

ge·bür·tig [gəˈbʏrtɪç] *adj* by birth; **er ist ~er Londoner** he was born in London, he is a native Londoner; **aus Berlin ~ sein** to have been born in Berlin

Ge·burts·an·zei·ge *f* birth announcement **Ge·burts·da·tum** *nt* date of birth **Ge·burts·feh·ler** *m* congenital defect **Ge·burts·haus** *nt* birthplace; **das ~ von Beethoven steht in Bonn** the house where Beethoven was born is in Bonn **Ge·burts·hel·fer(in)** *m(f)* obstetrician **Ge·burts·hel·fer·krö·te** *f* ZOOL midwife toad **Ge·burts·hil·fe** *f kein pl* obstetrics; **~ leisten** to assist at a birth **Ge·burts·jahr** *nt* year of birth **Ge·burts·land** *nt* country of origin **Ge·burts·ort** *m* birthplace, place of birth **Ge·burts·ra·te** *f* birth rate **Ge·burts·recht** *nt* JUR ■ **das ~** *right of a child born in Germany to claim German nationality irrespective of the parents' nationality* **Ge·burts·stadt** *f* hometown, native city [*or* town]

Ge·burts·tag *m* birthday; (*Geburtsdatum*) date of birth; **herzlichen Glückwunsch zum ~** happy birthday to you; **[seinen/jds] ~ feiern** to celebrate one's/sb's birthday; **ein runder ~** *the number of years to be celebrated ends in a zero;* **jdm zum/zu jds ~ gratulieren** to wish sb many happy returns [*or* a happy birthday]; **~ haben** to be one's birthday; **wann hast du ~?** when is your birthday?; **jdm etw zum ~ schenken** to give sb a present for his/her birthday

Ge·burts·tags·fei·er *f* birthday celebration *form* [*or* party] **Ge·burts·tags·ge·schenk** *nt* birthday present **Ge·burts·tags·kar·te** *f* birthday card **Ge·burts·tags·kind** *nt* (*hum*) birthday boy/girl **Ge·burts·tags·ku·chen** *m* birthday cake **Ge·burts·tags·par·ty** *f* birthday party **Ge·burts·tags·tor·te** *f* birthday cake

Ge·burts·ter·min *m* due date; **den ~ errechnen** [*o* **bestimmen**] to calculate the date of birth **Ge·burts·ur·kun·de** *f* birth certificate **Ge·burts·vor·be·rei·tung** *f* ante-natal preparation

Ge·büsch <-[e]s, -e> [gəˈbʏʃ] *nt* bushes *pl;* (*Unterholz*) undergrowth

Geck <-en, -en> [ˈgɛk] *m* (*pej*) dandy *pej old,* fop *pej old,* toff BRIT *pej sl*

Ge·cko <-s, -s> [ˈgɛko] *m* gecko

ge·dacht [gəˈdaxt] ❶ *pp von* **denken** ❷ *pp von* **gedenken**

Ge·dächt·nis <-ses, -se> [gəˈdɛçtnɪs, *pl* gəˈdɛçtnɪsə] *nt* ❶ (*Informationsspeicherung im Gehirn*) memory; **ein gutes/schlechtes ~ [für etw** *akk*] **haben** to have a good/poor memory [for sth]; **ein kurzes ~ haben** (*fam*) to have a short memory; **sein ~ anstrengen** to make a real effort to remember sth; **etw im ~ behalten** [*o geh* **bewahren**] to remember sth; **jds ~ entfallen** to slip one's mind; **ein ~ wie ein Sieb haben** (*fam*) to have a memory like a sieve *fam;* **etw aus dem ~ hersagen** to recite [*or* quote] sth from memory; **wenn mich mein ~ nicht täuscht** [*o* **trügt**] if my memory serves me right; **sein ~ verlieren** to lose one's memory; **jdn/etw aus dem ~ verlieren** to erase sb/sth from one's memory; **jdm/sich etw ins ~ zurückrufen** to remind sb of sth/to recall sth ❷ (*Andenken, Gedenken*) memory, remembrance; **zum ~ der Toten** in memory [*or* remembrance] of the dead

Ge·dächt·nis·hil·fe *f* aide-mémoire, mnemonic; **jdm eine ~ geben** to jog sb's memory; **als ~** as a reminder **Ge·dächt·nis·lü·cke** *f* gap in one's memory; **eine ~ haben** to not remember anything; MED localized amnesia **Ge·dächt·nis·pro·to·koll** *nt* minutes taken from memory **Ge·dächt·nis·schwund** *m* amnesia, loss of memory; **an ~ leiden** (*fam*) to suffer from amnesia, to suffer a loss of memory **Ge·dächt·nis·stüt·ze** *f* memory aid **Ge·dächt·nis·trai·ning** *nt kein pl* memory training **Ge·dächt·nis·ver·lust** *m kein pl* loss of memory

ge·dämpft *adj inv* low; **~er Schall/~e Stimme** muffled echo/voice; **~es Licht/~e Farbe** muted [*or* subdued] light/colour [*or* AM -or]; **~er Aufprall** softened impact

Ge·dan·ke <-ns, -n> [gəˈdaŋkə] *m* ❶ (*das Gedachte, Überlegung*) thought; **der bloße ~ an jdn/etw** the mere thought of sb/sth; **in ~n vertieft** [*o* **versunken**] [*o geh* **verloren**] deep [*or* sunk] [*or* lost] in thought; **sich mit einem ~n vertraut machen** to get used to an idea; **jdn auf andere ~n bringen** to take sb's mind off sth; **jdn auf einen ~n bringen** to put an idea into sb's head; **einen ~n fassen** to form an idea; **ich kann keinen vernünftigen ~n fassen** I just can't think properly; **den ~n fassen, etw zu tun** to form [*or* have] the idea of doing sth; **jds ~n lesen** to read sb's thoughts; **sich** *dat* **über etw** *akk* **~n machen** to be worried about sth; **mach dir darüber keine ~n** don't worry [about it]; **sich** *dat* **so seine ~n machen** (*fam*) to begin to wonder; **jdn aus seinen ~n reißen** to interrupt sb's thoughts; **in ~n bei jdm/etw sein** to be in sb's thoughts/to have one's mind on sth; **in ~n bin ich stets bei dir** my thoughts are with you; **ganz in ~n sein** to be lost in thought; **mit seinen ~n woanders sein** to have one's mind on sth else; **wo hast du nur deine ~n?** whatever are you thinking about?; **etw ganz in ~n tun** to do sth while lost in thought [*or* while one's thoughts are far away]; **kein ~ [daran]!** certainly not!, no way!, out of the question! ❷ (*Einfall, Plan*) idea, plan; **einen ~n in die Tat umsetzen** to put a plan [*or* an idea] into action; **jdm kommt ein ~** the thought occurs to sb, sb has [*or* hits upon] an idea; **mir kommt da gerade ein ~!** I've just had an idea!; **der rettende ~** the idea that saves the day; **plötzlich kam mir der rettende ~** suddenly I came up with an idea to save the day; **auf einen ~n kommen** to have an idea; **auf dumme ~n kommen** (*fam*) to get up to mischief *fam;* **mit dem Gedanken spielen, etw zu tun** [*o geh* **sich mit dem ~ tragen, etw zu tun**] to toy with the idea of doing sth ❸ (*Begriff*) concept; **der europäische ~ ist die Idee von einem vereinten Europa** the European idea is the concept of a united Europe

Ge·dan·ken·as·so·zi·a·ti·on *f* association of ideas **Ge·dan·**

ken·aus·tausch *m* exchange of ideas **Ge·dan·ken·blitz** *m* (*hum fam*) brain wave *fam;* **einen ~ haben** to have a brain wave **Ge·dan·ken·frei·heit** *f kein pl* freedom of thought *no pl* **Ge·dan·ken·gang** *m* thought process, train of thought; **einem ~ folgen** to follow a train of thought **Ge·dan·ken·ge·bäu·de** *nt* (*geh*) edifice of ideas; *einer Philosophie* concepts *pl* **Ge·dan·ken·gut** *nt kein pl* philosophy; **christliches ~** Christian thinking; **braunes ~** (*fig*) National socialist ideas **Ge·dan·ken·ket·te** *f* chain of thought **Ge·dan·ken·klar·heit** *f* clarity of thought **ge·dan·ken·los I.** *adj* (*unüberlegt*) unconsidered, thoughtless **II.** *adv* thoughtlessly **Ge·dan·ken·lo·sig·keit** <-, -en> *f* ❶ *kein pl* (*Unüberlegtheit*) lack of thought *no pl;* (*Zerstreutheit*) absent-mindedness *no pl* ❷ (*unüberlegte Äußerung*) thoughtlessness *no pl* **Ge·dan·ken·schritt** *m* logical step **Ge·dan·ken·sprung** *m* jump from one idea to another, mental leap; **einen ~/Gedankensprünge machen** to jump from one idea to another **Ge·dan·ken·strich** *m* dash **Ge·dan·ken·über·tra·gung** *f* telepathy *no indef art,* thought transference **ge·dan·ken·ver·lo·ren** (*geh*) **I.** *adj* lost in thought **II.** *adv* lost in thought; **sie rührte ~ ihren Kaffee um** she stirred her coffee, completely lost in thought **ge·dan·ken·voll I.** *adj inv, attr* pensive **II.** *adv inv* pensively **Ge·dan·ken·welt** *f* thought *no pl;* **jds eigene ~** a world of one's own

ge·dank·lich [gəˈdaŋklɪç] *adj* intellectual; **eine ~e Anstrengung** a mental effort; **die ~e Klarheit** the clarity of thought; **in keinem ~en Zusammenhang stehen** to be disjointed [*or* incoherent]

Ge·därm <-[e]s, -e> *nt,* **Ge·där·me** [gəˈdɛrm(ə)] *nt* (*selten*) intestines *pl,* bowels *pl,* entrails *pl old liter;* **da drehen sich einem ja die ~e um!** it's enough to make your stomach turn!

Ge·deck <-[e]s, -e> [gəˈdɛk] *nt* ❶ (*Tisch~*) cover, place; **die ~e abräumen** to clear the table; **ein ~ auflegen** to lay [*or* set] a place; **eine Tafel mit vier ~en** a table laid for four ❷ (*Menü*) set menu; **das ~ bestellen** to order the set menu ❸ (*obligates Getränk*) drink with a cover charge

ge·deckt I. *pp von* **decken II.** *adj* muted; **~e Farben** muted colours [*or* AM -ors]

Ge·deih [gəˈdai] ▸ WENDUNGEN: **auf ~ und Verderb** for better or [for] worse; **ich bin der Bank auf ~ und Verderb ausgeliefert** I am completely at the mercy of the bank

ge·dei·hen <gedieh, gediehen> [gəˈdaiən] *vi sein* ❶ (*sich gut entwickeln*) to flourish, to thrive ❷ (*vorankommen*) to make headway [*or* progress]

Ge·dei·hen <-s> [gəˈdaiən] *nt kein pl* (*geh*) ❶ (*gute Entwicklung*) flourishing, thriving ❷ (*Gelingen*) success; **jdm gutes ~ wünschen** to wish sb every success

ge·deih·lich [gəˈdailɪç] *adj* (*geh*) successful; (*vorteilhaft*) advantageous, beneficial

Ge·denk·aus·ga·be *f* commemorative edition **Ge·denk·aus·stel·lung** *f* commemorative exhibition

ge·den·ken* [gəˈdɛŋkn̩] *vi irreg* ❶ (*geh: ehrend zurückdenken*) ■**jds/einer S.** *gen* **~** to remember [*or* commemorate] sb/sth; (*lobend erwähnen*) to mention sb/sth in glowing terms ❷ (*beabsichtigen*) ■**~, etw zu tun** to intend [*or* propose] to do sth; **was gedenkst du, jetzt zu tun?** what are you going to do now?

Ge·den·ken <-s> [gəˈdɛŋkn̩] *nt kein pl* memory, remembrance; **in ~** in memory [*or* remembrance]; **zum** [*o* **im**] **~ an jdn/etw** in memory [*or* remembrance] of sb/sth; **jdn/etw in gutem ~ behalten** to treasure the memory of sb/sth

Ge·denk·fei·er *f* commemorative ceremony **Ge·denk·got·tes·dienst** *m* commemorative [*or* memorial] service **Ge·denk·mar·ke** *f* commemorative stamp **Ge·denk·mi·nu·te** *f* minute's silence **Ge·denk·mün·ze** *f* commemorative coin **Ge·denk·re·de** *f* commemorative speech **Ge·denk·stät·te** *f* memorial **Ge·denk·stein** *m* commemorative [*or* memorial] stone **Ge·denk·stun·de** *f* hour of commemoration **Ge·denk·ta·fel** *f* commemorative plaque **Ge·denk·tag** *m* day of remembrance

Ge·dicht <-[e]s, -e> [gəˈdɪçt] *nt* poem; **ein ~ aufsagen** [*o geh* **vortragen**] to recite a poem; [**jdm**] **ein ~ schreiben** to write [sb] a poem; **~e schreiben** to write poetry; **ein ~ sein** (*fig fam*) to be sheer poetry *fig*

Ge·dicht·band <-bände> *m* volume of poems **Ge·dicht·form** *f* poetic form; **in ~** in verse **Ge·dicht·in·ter·pre·ta·ti·on** *f* interpretation of verse [*or* the/a poem] **Ge·dicht·samm·lung** *f* collection of poems; (*von mehreren Dichtern*) anthology

ge·die·gen [gəˈdiːgn̩] *adj* ❶ (*rein*) pure; **~es Gold** pure gold ❷ (*solide gearbeitet*) solidly constructed, high quality ❸ (*geschmackvoll*) tasteful ❹ (*gründlich, gut*) sound; **~e Kenntnisse haben** to have sound knowledge ❺ (*gut und verlässlich*) **ein ~er Mensch** an upright person ❻ (*fam: lustig*) funny; (*wunderlich*) strange

Ge·die·gen·heit <-> *f kein pl* ❶ (*Solidität*) sound construction ❷ (*Gründlichkeit*) thoroughness

ge·dieh [gəˈdiː] *imp von* **gedeihen**

ge·die·hen [gəˈdiːən] *pp von* **gedeihen**

ge·dient I. *pp von* **dienen II.** *adj* having completed one's military service; **ein ~er Soldat** a former soldier

Ge·döns <-es> [gəˈdøːns] *nt kein pl* NORDD (*fam*) ❶ (*Krempel*) stuff, things; **lauter ~ kaufen** to buy a load of knick-knacks ❷ (*Aufheben*) **viel ~** [**um etw** *akk*] **machen** to make a lot of fuss [about sth]; **was soll das ganze ~?** what's all the fuss about?

Ge·drän·ge <-s> [gəˈdrɛŋə] *nt kein pl* ❶ (*drängende Menschenmenge*) crowd, crush; **es herrscht ein ~** there is a crowd; **im ~ untertauchen** [*o* **verschwinden**] to disappear into the crowd ❷ (*das Drängen*) jostling; SPORT bunching; **ein offenes ~** an open scrum[mage] ▸ WENDUNGEN: [**mit etw** *dat*] **ins ~ geraten** [*o* **kommen**] to get into [*or* a fix] difficulties [with sth]

Ge·drän·gel <-s> [gəˈdrɛŋl̩] *nt kein pl* (*fam*) crush

ge·drängt I. *adj* ❶ (*kurz*) brief, concise, short ❷ (*voll*) packed **II.** *adv* ❶ (*kurz*) briefly, concisely ❷ (*voll*) packed; **~ voll sein** to be packed full [*or fam* jam-packed]

Ge·dröh·n(e) <-[e]s> [gəˈdrøːn(ə)] *nt kein pl* (*fam*) droning; *Musik, Kanonen* booming

ge·dro·schen [gəˈdrɔʃn̩] *pp von* **dreschen**

ge·druckt *adj* (*als Druckwerk*) printed; **wie ~** as if printed ▸ WENDUNGEN: **lügen wie ~** to lie one's head off *fam*

ge·drückt *adj* dejected, depressed; **~er Stimmung sein** to be in low spirits [*or* depressed]

Ge·drückt·heit <-> *f kein pl* dejection, depression

ge·drun·gen [gəˈdrʊŋən] **I.** *pp von* **dringen II.** *adj* stocky, sturdy; **von ~em Wuchs** of stocky build

Ge·drun·gen·heit <-> *f kein pl* stockiness, sturdiness

ge·duckt I. *adj* crouching; **mit ~em Kopf** with his/her head bowed **II.** *adv* crouching

Ge·du·del <-s> [gəˈduːdl̩] *nt kein pl* (*pej fam*) [incessant] tootling

Ge·duld <-> [gəˈdʊlt] *f kein pl* (*Ausdauer*) patience; **eine engelhafte ~ haben** to have the patience of a saint; **eine große ~ haben** to have great patience; **jds ~ ist erschöpft** sb has lost patience; **sich in ~ fassen** [*o* **üben**] (*geh*) to have patience *form;* **Sie müssen sich etwas in ~ üben** you must be patient for a while; **hab' ~!** be patient!; **mit jdm/etw ~ haben** to be patient with sb/sth; **keine ~** [**zu etw** *dat*] **haben** to have no patience [with sth]; **jdm fehlt die ~** sb's patience is wearing thin; **jdm reißt die ~** (*fam*) sb runs out of patience; **gleich reißt mir die ~** you're trying my patience; **~ üben** [*o* **lernen**] (*geh*) to learn to be patient *form;* **die ~ verlieren** to lose one's patience; **sich mit ~ wappnen** (*geh*) to summon up one's patience; **~!** be patient! ▸ WENDUNGEN: **mit ~ und Spucke fängt man eine Mucke** (*prov*) patience and snare catch many a hare *rare*

ge·dul·den* [gəˈdʊldn̩] *vr* ■**sich ~** to be patient

ge·dul·dig [gəˈdʊldɪç] *adj* patient; ~ **wie ein Lamm** meek as a lamb

Ge·dulds·fa·den *m* ▶WENDUNGEN: **jdm reißt der** ~ (*fam*) sb is at the end of his/her tether **Ge·dulds·pro·be** *f* test of one's patience **Ge·dulds·spiel** *nt* puzzle

ge·dun·gen [gəˈdʊŋən] *pp von* **dingen**

ge·dun·sen [gəˈdʊnzn̩] *adj* bloated

ge·durft [gəˈdʊrft] *pp von* **dürfen**

ge·ehrt *adj* honoured [*or* AM -ored]; **sehr** ~**e Damen, sehr** ~**e Herren!** ladies and gentlemen!; (*Anrede in Briefen*) dear; **sehr** ~**e Damen und Herren!** Dear Sir or Madam

ge·eig·net [gəˈʔaignət] *adj* (*passend*) suitable; **jetzt ist nicht der** ~**e Augenblick, darüber zu sprechen** it's not the right time to talk about it; ■**für etw** *akk*/**zu etw** *dat* ~ **sein** to be suited to sth

Geest <-, -en> [ˈgeːst] *f*, **Geest·land** [ˈgeːstlant] *nt sandy uplands on the German North Sea coast*

Ge·fahr <-, -en> [gəˈfaːɐ̯] *f* (*Bedrohung*) danger; **die** ~**en des Straßenverkehrs/Dschungels** the dangers [*or* perils] [*or* hazards] of the traffic/jungle; **eine** ~ **abwenden** to avert danger; **sich** ~**en** [*o* **einer** ~] **aussetzen** to expose oneself to danger; **jdn in** ~ **bringen** to endanger sb; **eine** ~ **darstellen** to constitute [*or* pose] a threat; **außer** ~ **sein** to be out of danger; **in** ~ **sein** [*o geh* **schweben**] to be in danger; **bei** ~ in case of emergency; (*Risiko*) threat, risk; **auf eigene** ~ at one's own risk; **sich in** ~ **begeben** to put oneself at risk; **es besteht die** ~ **einer S.** *gen* there is a risk of sth; ~ **laufen, etw zu tun** to run the risk of doing sth; **auf die** ~ **hin, etw zu tun** at the risk of doing sth; **ich werde es tun, auch auf die** ~ **hin, zu scheitern** I'll do it even at the risk of failing ▶WENDUNGEN: **wer sich in** ~ **begibt, kommt darin um** (*prov*) if you play with fire you get burnt *prov*

ge·fähr·den* [gəˈfɛːɐ̯dn̩] *vt* ■**sich/jdn/etw** ~ to endanger oneself/sb/sth [*or* to jeopardize oneself/sb/sth]; **jds Leben** ~ to endanger sb's life; **den Erfolg einer S.** *gen* ~ to jeopardize [*or* threaten] the success of sth

ge·fähr·det *adj* endangered; **eine** ~**e Tierart** an endangered species [of animal]

Ge·fähr·dung <-, -en> *f* danger, threat

ge·fah·ren *pp von* **fahren**

Ge·fah·ren·herd *m* source of danger, danger area **Ge·fah·ren·mo·ment** *nt* potential danger **Ge·fah·ren·quel·le** *f* source of danger **Ge·fah·ren·stel·le** *f* danger spot **Ge·fah·ren·zo·ne** *f* danger area [*or* zone] **Ge·fah·ren·zu·la·ge** *f* danger money BRIT, hazardous duty pay AM

Ge·fahr·gut *nt* hazardous [*or* dangerous] material

Ge·fahr·gut·trans·port *m* dangerous goods transport

ge·fähr·lich [gəˈfɛːɐ̯lɪç] **I.** *adj* dangerous; **für jdn/etw** ~ **sein** to be dangerous for sb/sth; **jdm** ~ **werden** (*eine Gefahr darstellen*) to be a threat to sb; (*fam: erotisch anziehend sein*) to fall for sb; **sich im** ~**en Alter befinden** (*a. fig, hum*) to be at a dangerous age *fig;* (*risikoreich*) risky; **ein** ~**er Plan** a risky plan **II.** *adv* dangerously; ~ **aussehen** to look dangerous; ~ **leben** to live dangerously

Ge·fähr·lich·keit <-> *f kein pl* danger, riskiness *no pl*

ge·fahr·los [gəˈfaːɐ̯loːs] *adj* safe, harmless

Ge·fährt <-[e]s, -e> [gəˈfɛːɐ̯t] *nt* (*geh*) vehicle, wagon, carriage *old*

Ge·fähr·te, Ge·fähr·tin <-n, -n> [gəˈfɛːɐ̯tə, gəˈfɛːɐ̯tɪn] *m, f* (*geh*) companion; **jds** ~ **sein** to be sb's companion; **ein treuer** ~ a faithful companion; (*Lebens~*) partner [in life]; (*Spiel~*) playmate; **einen neuen** ~**n finden** to find a new friend

ge·fahr·voll *adj* (*geh*) dangerous, fraught with danger

ge·fakt [gefeɪkt] *adj inv* (*sl*) *Information* fake

Ge·fäl·le <-s, -> [gəˈfɛlə] *nt* ❶ (*Neigungsgrad*) gradient; **ein starkes** ~ a steep gradient; *Land* slope; *Fluss* drop ❷ (*fig: Unterschied*) difference; **geistiges** ~ difference in intellect; **soziales** ~ difference in social class

ge·fal·len[1] <gefiel, gefallen> [gəˈfalən] **I.** *vi* ■**jdm** ~ to please sb; **gefällt dir mein Kleid?** do you like my dress?; ■**durch etw** *akk* ~ to be popular as a result of sth; ■**etw könnte jdm** ~ sb could fancy sth; **so ein Sportwagen könnte mir auch** ~ I could fancy a sports car like that; **du gefällst mir gar nicht** (*fig fam*) you don't look well; **die Sache gefällt mir nicht** (*fam*) I don't like the look of that; **das gefällt mir schon besser!** (*fam*) that's more like it! *fam;* **der Wunsch, zu** ~ the desire to please **II.** *vr* ❶ (*etw hinnehmen*) ■**sich** *dat* **etw** ~ **lassen** (*fam*) to put up with sth; (*etw akzeptabel finden*) to be happy with sth; **das lasse ich mir** ~ there's nothing I like better, that'll do nicely, that's just the ticket ❷ (*sich mögen*) ■**sich** *dat* [**in etw** *dat*] ~ to fancy oneself [in sth] ❸ (*sich hervortun*) ■**sich** *dat* **in etw** *dat* ~ to like to play the part of sth; **er gefällt sich in der Rolle des Märtyrers** he likes to play the martyr

gefallen[2] *pp von* **fallen, gefallen**[1]

Ge·fal·len[1] <-s, -> [gəˈfalən] *m* favour [*or* AM -or]; **jdn um einen** ~ **bitten** to ask sb for a favour, to ask a favour of sb; **jdm einen** ~ **tun** [*o geh* **erweisen**] to do sb a favour

Ge·fal·len[2] <-s> [gəˈfalən] *nt kein pl* (*geh*) pleasure; **an etw** *dat* ~ **finden** [*o* **haben**] to enjoy sth/doing sth, to derive pleasure from sth/doing sth *form;* **allgemein** ~ **finden** to go down well; **an jdm/aneinander** ~ **finden** [*o* **haben**] to become fond of sb/each other; **jdm/etw zu** ~ **tun** to do sth to please sb; **nach** ~ arbitrarily

Ge·fal·le·ne(r) *f(m) decl wie adj* soldier killed in action

Ge·fal·le·nen·denk·mal *nt* war memorial

ge·fäl·lig [gəˈfɛlɪç] *adj* ❶ (*hilfsbereit*) helpful, obliging; ■**jdm** ~ **sein** to help [*or form* oblige] sb; **sich jdm** ~ **zeigen** [*o geh* **erweisen**] to show oneself willing to help [*or form* oblige] ❷ (*ansprechend*) pleasant, pleasing; ~**e Kleidung** smart clothes; **ein** ~**es Äußeres** a pleasant appearance ❸ (*gewünscht*) **Zigarette** ~**?** would you care for a cigarette? *form;* **wenn's** ~ **ist** (*iron*) if you don't mind *iron;* **wir würden jetzt gerne gehen, wenn's** ~ **ist** we would like to go now if you don't mind

Ge·fäl·lig·keit <-, -en> *f* ❶ (*Gefallen*) favour [*or* AM -or]; **jdm eine** ~ **erweisen** to do sb a favour ❷ *kein pl* (*Hilfsbereitschaft*) helpfulness; **aus** ~ out of the kindness of one's heart

ge·fäl·ligst [gəˈfɛlɪçst] *adv* (*euph, pej fam*) kindly *euph, pej;* **sei** ~ **still!** kindly be quiet!; **würden Sie mich** ~ **ausreden lassen!** would you kindly let me finish [speaking]!

Ge·fäll·stre·cke *f* incline

ge·fan·gen [gəˈfaŋən] **I.** *pp von* **fangen II.** *adj* ❶ (*in Gefangenschaft*) **jdn** ~ **halten** to hold sb captive [*or* prisoner]; **ein Tier** ~ **halten** to keep an animal in captivity; **jdn** ~ **nehmen** MIL to take sb prisoner, to capture sb; JUR (*verhaften*) to arrest sb ❷ (*beeindruckt*) **jdn** ~ **halten** [*o* **nehmen**] to captivate sb; **ihre Bücher nehmen mich ganz** ~ I find her books captivating [*or* riveting]

Ge·fan·ge·ne(r) *f(m) decl wie adj* captive; (*im Gefängnis*) prisoner; (*im Krieg*) prisoner of war; ~ **machen** to take prisoners; **keine** ~**n machen** (*euph, a. fig*) to take no prisoners [alive] *euph, a. fig*

Ge·fan·ge·nen·aus·tausch *m* exchange of prisoners **Ge·fan·ge·nen·be·frei·ung** *f* JUR aiding and abetting a gaolbreak [*or* AM jailbreak] **Ge·fan·ge·nen·la·ger** *nt* prisoner camp

ge·fan·gen|hal·ten[ALT] *vt irreg s.* **gefangen 1, 2 Ge·fan·gen·nah·me** <-, -n> *f* ❶ MIL (*das Gefangennehmen*) capture ❷ JUR (*Verhaftung*) arrest **ge·fan·gen|neh·men**[ALT] *vt irreg s.* **gefangen 1, 2**

Ge·fan·gen·schaft <-, *selten* -en> *f* ❶ MIL (*Kriegs~*) captivity; **in** ~ **geraten** [*o* **kommen**] to be taken prisoner; **in** ~ **sein** to be held in captivity; **aus der** ~ **zurückkehren** [*o* **heimkehren**] to return home from captivity ❷ (*im Käfig*) captivity; **in** ~ **gehalten werden** to be kept in captivity

Ge·fäng·nis <-ses, -se> [gəˈfɛŋnɪs, *pl* gəˈfɛŋnɪsə] *nt* ❶ (*Haft-*

anstalt) prison, jail, gaol BRIT; **im ~ sein** [*o fam* **sitzen**] to be in prison, to be inside *sl;* **jdm ins ~ bringen** to have sb sent to prison, to get sb sent down *fam;* **ins ~ kommen** to be sent to prison, to go down *sl;* **aus dem ~ ausbrechen** to break out of prison ❷ *kein pl* (*Haftstrafe*) imprisonment *no pl;* **zwei Jahre ~ bekommen** to get two years imprisonment [*or* in prison]; **auf etw** *akk* **steht ~** sth is punishable by imprisonment; **auf Mord steht lebenslänglich ~** murder carries a life sentence; **jdn zu zwei Jahren ~ verurteilen** to sentence sb to two years imprisonment [*or* in prison]

Ge·fäng·nis·auf·se·her(in) *m(f)* prison officer [*or* warder] BRIT, jailer *old,* corrections officer AM **Ge·fäng·nis·di·rek·tor(in)** *m(f)* prison governor BRIT, warden AM **Ge·fäng·nis·in·sas·se, -in·sas·sin** *m, f* inmate **Ge·fäng·nis·mau·er** *f* prison wall **Ge·fäng·nis·re·vol·te** *f* prison riot **Ge·fäng·nis·stra·fe** *f* prison sentence; **eine ~ verbüßen** [*o fam* **absitzen**] to spend time in prison, to do time [*or* BRIT *fam* porridge]; **jdn zu einer ~ verurteilen** to give sb a prison sentence **Ge·fäng·nis·wär·ter(in)** *m(f) s.* **Gefängnisaufseher Ge·fäng·nis·zel·le** *f* prison cell

Ge·fa·sel <-s> [gəˈfaːzl̩] *nt kein pl* (*pej fam*) drivel *pej,* twaddle *pej*

Ge·fäß <-es, -e> [gəˈfɛːs] *nt* ❶ (*kleinerer Behälter*) container, receptacle *form;* **etw in ein ~ füllen** to fill a container with sth ❷ (*Ader*) vessel

Ge·fäß·chir·urg(in) *m(f)* vascular surgeon **ge·fäß·er·wei·ternd** MED, PHARM **I.** *adj* vasodilatory **II.** *adv* vasodilatory **Ge·fäß·in·nen·haut** *f* internal membrane of a vessel **Ge·fäß·krank·heit** *f* vascular disease **Ge·fäß·ope·ra·ti·on** *f* vascular operation **Ge·fäß·pflan·ze** *f* BOT vascular plant **ge·fäß·schä·di·gend** *adj* causing vascular damage **Ge·fäß·sys·tem** *nt* vascular system

ge·fasst[RR], **ge·faßt**[ALT] **I.** *adj* ❶ (*beherrscht*) composed, calm; **einen ~en Eindruck machen** to appear calm and collected ❷ (*eingestellt*) ■**auf etw** *akk* **~ sein** to be prepared for sth; **sich auf etw** *akk* **~ machen** to prepare oneself for sth; **sich darauf ~ machen, dass** to be prepared [*or* ready] for sth; **sich auf etwas** *akk* **~ machen können** (*fam*) to be in for it *fam* **II.** *adv* calmly, with composure

Ge·fasst·heit[RR], **Ge·faßt·heit**[ALT] <-> *f kein pl* composure, calmness

ge·fäß·ver·en·gend MED **I.** *adj* vasoconstrictive **II.** *adv* **~ wir·ken** to have a vasoconstrictive effect **Ge·fäß·ver·en·gung** *f* vascular constriction **Ge·fäß·ver·let·zung** *f* vascular injury **Ge·fäß·ver·schluss**[RR] *m* embolism **Ge·fäß·ver·stop·fung** *f* embolism **Ge·fäß·wand** *f* vascular wall

Ge·fecht <-[e]s, -e> [gəˈfɛçt] *nt* (*a. fig*) battle; MIL engagement, encounter; **in schwere ~e verwickelt werden** to be engaged in fierce fighting; **etw ins ~ führen** (*geh*) to bring sth into the argument [*or* equation]; **jdm ein ~ liefern** to engage sb in battle, to do battle with sb; **jdn außer ~ setzen** to put sb out of action; *s. a.* **Eifer, Hitze**

Ge·fechts·aus·bil·dung *f* MIL combat training **ge·fechts·be·reit** *adj* ready for action [*or* battle]; **etw ~ machen** to get sth ready for action **ge·fechts·klar** *adj* NAUT cleared for action; **ein Schiff ~ machen** to clear a ship for action **Ge·fechts·kopf** *m* MIL warhead **Ge·fechts·pau·se** *f* MIL lull [*or* break] in [the] fighting **Ge·fechts·stand** *m* MIL command post

ge·fei·ert *adj* celebrated

ge·feit [gəˈfait] *adj* ■**gegen etw** *akk* **~ sein** to be immune to sth

ge·fes·tigt *adj* ❶ (*etabliert*) **~e Traditionen** established traditions ❷ (*sittlich stark*) staunch, steadfast

Ge·fie·del <-s> [gəˈfiːdl̩] *nt kein pl* (*pej fam*) fiddling *fam,* scraping, sawing *pej*

Ge·fie·der <-s, -> [gəˈfiːdɐ] *nt* plumage *no indef art, no pl,* feathers *pl*

ge·fie·dert [gəˈfiːdɐt] *adj* ❶ BOT pinnate ❷ (*geh*) feathered; **unsere ~en Freunde** our feathered friends

ge·fiel [gəˈfiːl] *imp von* **gefallen**[1]

Ge·fil·de <-s, -> [gəˈfɪldə] *nt* (*geh*) scenery; **heimatliche ~** (*hum*) home pastures

ge·fin·kelt [gəˈfɪŋkl̩t] *adj* ÖSTERR (*schlau*) cunning, crafty, sly

Ge·flecht <-[e]s, -e> [gəˈflɛçt] *nt* ❶ (*Flechtwerk*) wickerwork ❷ (*Gewirr*) tangle

ge·fleckt *adj* spotted; **ein ~es Gefieder** speckled plumage; **eine ~e Haut** blotchy skin

Ge·flim·mer <-s> [gəˈflɪmɐ] *nt kein pl* ❶ FILM, TV flickering ❷ (*flimmernde Luft*) shimmering

ge·flis·sent·lich [gəˈflɪsn̩tlɪç] *adv* (*geh*) deliberately

ge·floch·ten [gəˈflɔxtn̩] *pp von* **flechten**

ge·flo·gen [gəˈfloːgn̩] *pp von* **fliegen**

ge·floh·en [gəˈfloːən] *pp von* **fliehen**

ge·flos·sen [gəˈflɔsn̩] *pp von* **fließen**

Ge·flü·gel <-s> [gəˈflyːgl̩] *nt kein pl* ❶ ORN poultry *no indef art, no pl,* fowl *no pl* ❷ KOCHK poultry *no indef art, no pl*

Ge·flü·gel·brü·he *f* chicken/turkey etc. broth **Ge·flü·gel·creme·sup·pe** *f* cream of chicken/turkey etc. soup **Ge·flü·gel·fleisch** *nt* poultry [meat] **Ge·flü·gel·hal·tung** *f* poultry farming **Ge·flü·gel·händ·ler(in)** *m(f)* poulterer, poultry dealer **Ge·flü·gel·hand·lung** *f* poulterer's **Ge·flü·gel·klein** *nt* giblets *npl* **Ge·flü·gel·le·ber** *f* chicken/turkey etc. liver **Ge·flü·gel·pres·se** *f* poultry press **Ge·flü·gel·sa·lat** *m* chicken/turkey etc. salad **Ge·flü·gel·sche·re** *f* poultry shears *npl*

ge·flü·gelt [gəˈflyːgl̩t] *adj* winged; *s. a.* **Wort**

Ge·flü·gel·zucht *f* poultry farm[ing]

Ge·flun·ker <-s> [gəˈflʊŋkɐ] *nt kein pl* (*pej fam*) fibbing *fam*

Ge·flüs·ter <-s> [gəˈflʏstɐ] *nt kein pl* whispering

ge·foch·ten [gəˈfɔxtn̩] *pp von* **fechten**

Ge·fol·ge <-s, -> [gəˈfɔlgə] *nt* retinue, entourage; **etw im ~ haben** to lead to [*or* result in] sth; **im ~ einer S.** *gen* (*geh*) in the wake of sth

Ge·folg·schaft <-, -en> *f* ❶ (*Anhängerschaft*) followers *pl,* following *no pl* ❷ HIST retinue, entourage ❸ *kein pl* (*veraltend: Treue*) loyalty, allegiance (**gegenüber jdm** to sb); **jdm ~ leis·ten** to obey sb; **jdm die ~ verweigern** to refuse to obey sb

Ge·folgs·mann, -frau <-männer *o* -leute> *m, f* follower

ge·fragt *adj* in demand *pred;* **nicht ~ sein: du bist jetzt nicht ~** I'm not asking you

ge·frä·ßig [gəˈfrɛːsɪç] *adj* ❶ (*fressgierig*) voracious ❷ (*pej: unersättlich*) greedy, gluttonous

Ge·frä·ßig·keit <-> *f kein pl* ❶ (*Fressgier*) voracity, voraciousness ❷ (*pej: Unersättlichkeit*) gluttony

Ge·frei·te(r) [gəˈfraitə] *f(m) decl wie adj* ❶ MIL *sb holding the second lowest rank in the armed forces,* ≈ lance corporal BRIT, private AM ❷ NAUT able seaman ❸ LUFT leading aircraftman BRIT, airman first class AM

ge·fres·sen *pp von* **fressen**

Ge·frier·beu·tel *m* freezer bag

ge·frie·ren* [gəˈfriːrən] *vi irreg sein* to freeze; *s. a.* **Blut**

Ge·frier·fach *nt* freezer compartment **Ge·frier·fleisch** *nt* frozen meat **Ge·frier·ge·mü·se** *nt* frozen vegetables *pl* **ge·frier·ge·trock·net** *adj* freeze-dried **Ge·frier·punkt** *m* freezing point; **über dem ~** above freezing [*or* BRIT zero]; **um den ~** around freezing [*or* BRIT zero]; **unter dem/den ~** below freezing [*or* BRIT zero] **Ge·frier·schrank** *m* upright freezer **ge·frier·trock·nen** *vt* ■**etw ~** to freeze-dry sth **Ge·frier·trock·nung** *f* freeze-drying **Ge·frier·tru·he** *f* chest freezer

ge·fro·ren [gəˈfroːrən] *pp von* **frieren, gefrieren**

Ge·fuch·tel <-s> [gəˈfʊxtl̩] *nt kein pl* (*pej*) gesticulating

Ge·fü·ge <-s, -> [gəˈfyːgə] *nt* (*geh*) structure; **das wirtschaftliche und soziale ~ eines Staates** a country's economic and social fabric

ge·fü·gig [gəˈfyːgɪç] *adj* submissive, compliant; [**sich** *dat*] **jdn ~ machen** to make sb submit [*or* bend] to one's will

Ge·fühl <-[e]s, -e> [gəˈfyːl] *nt* ❶ (*Sinneswahrnehmung*) feeling ❷ (*seelische Empfindung, Instinkt*) feeling; ■**ein ~ einer S.** *gen* a feeling [*or* sense] of sth; **das [...] ~ haben, dass/als ob** to have the [...] feeling that/as though; **das ~ nicht loswerden, dass** to not get rid of the feeling that; **ich werde das ~ nicht los, dass** I cannot help feeling that; **mit ~** with feeling [*or* sensitivity], carefully; **mit gemischten ~en** with mixed feelings; **mit widerstrebenden ~en** with [some] reluctance; **jds ~e erwidern** to reciprocate sb's feelings, to return sb's affections; **jds ~e verletzen** to hurt sb's feelings; **~[e] in jdn/etw investieren** (*fam*) to become emotionally involved with sb/sth; **etw im ~ haben** to feel sth instinctively; **mein ~ täuscht mich nie** my instinct is never wrong ❸ (*Sinn*) sense; **ein ~ für etw** *akk* **[haben]** [to have] a feeling for [*or* sense of] sth; **ein ~ für Zahlen/Kunst/Musik** a feeling for figures/art/music; **ein ~ für Gerechtigkeit** a sense of justice; **Tiere haben ein ~ dafür, wer sie mag** animals can sense who likes them ▶WENDUNGEN: **das ist ein ~ wie Weihnachten** (*hum fam*) it feels [just] like Christmas; **seinen ~en keinen Zwang antun** (*fam*) to not hide one's feelings; **das höchste der ~e** (*fam*) the maximum, the final offer

ge·fühl·los I. *adj* ❶ (*ohne Sinneswahrnehmung*) numb ❷ (*herzlos*) insensitive, callous II. *adv* insensitively, callously

Ge·fühl·lo·sig·keit <-, -en> *f* ❶ (*Herzlosigkeit*) insensitivity, callousness ❷ (*physischer Zustand*) numbness

Ge·fühls·an·wand·lung *f* rush of emotion **Ge·fühls·aus·bruch** *m* outburst of emotion, emotional outburst **ge·fühls·be·tont** *adj* emotional **Ge·fühls·du·se·lei** <-, -en> [-du:zəˈlai] *f* (*pej fam*) mawkishness, overweening sentimentality **ge·fühls·echt** *adj* ultrasensitive; **eine Packung Kondome „London ~"** a pack of 'London ultrasensitive' condoms **Ge·fühls·haus·halt** *m* emotional balance [*or* equilibrium] **ge·fühls·kalt** *adj* ❶ (*frigide*) frigid ❷ (*eiskalt*) cold, unfeeling **Ge·fühls·käl·te** *f* ❶ (*Frigidität*) frigidity ❷ (*Gefühllosigkeit*) coldness, unfeelingness **Ge·fühls·le·ben** *nt kein pl* emotional life; **das ~ abstumpfen** to numb one's emotions **ge·fühls·mä·ßig** *adv* instinctively, by instinct **Ge·fühls·mensch** *m* person guided [*or* ruled] by emotion, emotionalist **Ge·fühls·re·gung** *f* [stirring of] emotion **Ge·fühls·sa·che** *f* matter of feel [*or* instinct]

ge·fühl·voll I. *adj* (*empfindsam*) sensitive II. *adv* expressively, with feeling

ge·füllt *adj* ❶ (*mit einer Füllung versehen*) stuffed; **~e Paprikaschoten/Tomaten** stuffed peppers/tomatoes; **~e Kekse** biscuits with a filling; **[mit Kirschgeist, Weinbrand etc.] ~e Pralinen** liqueur chocolates ❷ (*voll*) full; **eine gut ~e Brieftasche** a well-stuffed wallet

Ge·fum·mel <-s> [gəˈfʊml̩] *nt kein pl* (*fam*) ❶ (*lästiges Hantieren*) fiddling, fumbling ❷ (*sexuelle Berührung*) fumbling, groping *fam*, pawing *fam*

ge·fun·den [gəˈfʊndn̩] *pp von* **finden**

ge·füt·tert *adj inv* lined

Ge·ga·cker <-s> [gəˈgakɐ] *nt kein pl* cackling

ge·gan·gen [gəˈgaŋən] *pp von* **gehen**

ge·ge·ben [gəˈgeːbn̩] I. *pp von* **geben** II. *adj* ❶ (*geeignet*) right; *s. a.* **Zeit** ❷ (*vorhanden*) given; **die ~en Tatsachen** the facts at hand; **unter den ~en Umständen** under [*or* in] these circumstances; **in diesem ~en Fall** in this case; **unter Berücksichtigung der ~en Lage** in view of [*or* given] the situation; **etw als ~ voraussetzen** to take sth for granted; *s. a.* **Anlass** ❸ (*das Nächstliegende*) ■**das G~e sein** to be the right thing

ge·ge·be·nen·falls [gəˈgeːbənənˈfals] *adv* if necessary [*or* need be], should the need [*or* occasion] arise; **vielen Dank für Ihr Angebot, wir kommen ~ wieder darauf zurück** thank you for your offer, we may possibly come back to you on it [*or* we will get back to you if applicable]

Ge·ge·ben·heit <-, -en> *f meist pl* (*die Realitäten*) fact; **die wirtschaftlichen/sozialen ~en** the economic/social conditions; **die politischen ~en** the political reality

ge·gelt [gəˈgeːlt] *adj inv* MODE *Haare, Frisur* gelled

ge·gen [ˈgeːgn̩] I. *präp +akk* ❶ (*wider*) against; **ich brauche etwas ~ meine Erkältung** I need sth for my cold ❷ SPORT ■**X ~ Y** X versus [*or* against] Y ❸ (*ablehnend*) ■**~ jdn/etw sein** to be against [*or* opposed to] sb/sth ❹ (*entgegen*) contrary to; **~ alle Vernunft** against all reason ❺ JUR versus ❻ (*an*) against; **der Regen klatscht ~ die Fenster** the rain beats against the windows; **~ die Wand stoßen** to run into the wall; **~ die Tür schlagen** to hammer on the door ❼ (*gegenüber*) towards, to ❽ (*für*) for; **~ Kaution/Quittung** against a deposit/receipt ❾ (*verglichen mit*) compared with [*or* to], in comparison with ❿ (*zum ... zu*) towards; **~ Morgen/Mittag/Abend** towards morning/afternoon/evening II. *adv* about, around; **er kommt ~ drei Uhr an** he's arriving around three o'clock

Ge·gen·an·ge·bot *nt* counteroffer; **jdm ein ~ machen** to make sb a counteroffer **Ge·gen·an·griff** *m* counterattack **Ge·gen·an·sicht** *f* opposite [*or* different] opinion **Ge·gen·an·trag** *m* ❶ (*im Parlament*) countermotion ❷ JUR counterclaim **Ge·gen·an·zei·ge** *f* MED contraindication **Ge·gen·ar·gu·ment** *nt* counterargument **Ge·gen·be·haup·tung** *f* counterclaim; **eine ~ machen** [*o* **aufstellen**] to make [*or* bring] [*or* enter] a counterclaim **Ge·gen·bei·spiel** *nt* counterexample; **[jdm] ein ~ bringen** to provide [sb with] an example to the contrary **Ge·gen·be·such** *m* return visit; **jdm einen ~ machen** to return sb's visit **Ge·gen·be·we·gung** *f* countermovement **Ge·gen·be·weis** *m* counterevidence; **[jdm] den ~ [zu etw** *dat*] **erbringen** [*o* **antreten**] to furnish [sb] with [*or* to offer sb] evidence to the contrary **Ge·gen·bu·chung** *f* FIN cross [*or* contra] entry

Ge·gend <-, -en> [ˈgeːgn̩t, *pl* ˈgeːgn̩dən] *f* ❶ (*geographisches Gebiet*) region, area ❷ (*Wohngegend*) area, neighbourhood BRIT, neighborhood AM, district; **die ~ unsicher machen** (*fam*) to be on the loose [in the area], to paint the town red *fam* ❸ (*fam: Richtung*) direction ❹ (*Nähe*) area; **in der Münchner ~** [*o* **~ von München**] in the Munich area; **in der ~ um etw** *akk* (*sl*) in the region of sth, approximately; **in der ~ um Ostern/um den 15.** around about Easter/the 15th ❺ ANAT region ❻ (*Gebiet um jdn herum*) **in der ~ herumbrüllen** to yell one's head off; **durch die ~ laufen/fahren** (*fam*) to stroll about/drive around; **in die ~** (*fam*) anywhere; **heb das Papier auf, das kannst du nicht einfach so in die ~ werfen** pick that paper up, you can't just throw it anywhere

Ge·gen·dar·stel·lung *f* ❶ MEDIA reply; **nach dem Pressegesetz sind wir verpflichtet, eine ~ abzudrucken** according to press law we are obliged to print a reply ❷ (*gegensätzliche Darstellung*) account [of sth] from an opposing point of view; **eine ~ machen** to dispute [sth] **Ge·gen·de·mon·stra·ti·on** *f* counterdemonstration **Ge·gen·dienst** *m* favour [*or* AM -or] in return; **jdm einen ~ erweisen** to do sb a favour [*or* AM -or] in return **Ge·gen·druck** *m* TECH counterpressure

ge·gen·ein·an·der [geːgn̩ʔaiˈnandɐ] *adv* ❶ (*eine(r, s) gegen den anderen*) against each other [*or* one another]; **etwas ~ haben** (*fam*) to have sth against each other; **habt ihr 'was ~?** have you got something against each other? ❷ (*für den anderen*) for each other [*or* one another]

Ge·gen·ein·an·der <-s> [geːgn̩ʔaiˈnandɐ] *nt kein pl* conflict

ge·gen·ein·an·der|hal·ten *vt irreg* **etw ~** to hold up side by side [*or* together] **ge·gen·ein·an·der|pral·len** *vi sein* to collide **ge·gen·ein·an·der|ste·hen** *vi irreg* to conflict; **~de Aussagen** conflicting statements **ge·gen·ein·an·der|sto·ßen** *vi irreg sein* to knock against one another, to collide

Ge·gen·ein·la·dung *f* return invitation **Ge·gen·er·klä·rung** *f* counter statement, counter declaration **Ge·gen·fahr·bahn** *f* oncoming carriageway BRIT; (*Fahrspur*) oncoming lane **Ge·gen·feu·er** *nt* FORST backfire **Ge·gen·for·de·rung** *f* counterdemand, counterclaim **Ge·gen·fra·ge** *f* counterquestion,

question in return; **etw mit einer ~ beantworten** to answer a question with a[nother] question **Ge·gen·ge·ra·de** *f* SPORT back straight, backstretch AM **Ge·gen·ge·walt** *f* counterviolence; **Gewalt mit ~ beantworten** to meet force with force [*or* violence with violence] **Ge·gen·ge·wicht** *nt* counterweight, counterbalance **Ge·gen·gift** *nt* antidote; **ein/kein ~ gegen etw** *akk* **sein** to be an/no antidote to sth **ge·gen|hal·ten** *vi irreg* ■**[mit etw** *dat*] ~ to counter [with sth] **Ge·gen·kam·pa·gne** [-kampanjə] *f* rival campaign **Ge·gen·kan·di·dat(in)** *m(f)* rival candidate; **jdn als ~en/~in [zu jdm] auf·stellen** to put sb up [*or* nominate sb] as a rival candidate [to [*or* against] sb] **Ge·gen·kla·ge** *f* JUR countercharge **Ge·gen·kö·nig(in)** *m(f)* HIST rival claimant to the throne **Ge·gen·kul·tur** *f* counterculture **Ge·gen·kurs** *m* opposite [*or* reciprocal] course; **einen ~ steuern** to take an opposing course of action

ge·gen·läu·fig *adj* ① TECH opposed, contra-rotating ② (*entgegengesetzt*) **eine ~e Entwicklung/Tendenz** an opposite [*or* reverse] development/trend

Ge·gen·leis·tung *f* payment [*or* service] in return; **eine/keine ~ erwarten** to expect something/nothing in return; **als ~ für etw** *akk* in return for sth **ge·gen|len·ken** ['ge:gn̩lɛŋkn̩] *vi* to countersteer, to steer into a skid **ge·gen|le·sen** *vt irreg* to check through; **ein Manuskript ~** to check [through] a manuscript **Ge·gen·licht** *nt* light shining towards the viewer; **bei ~** against the light; **ein Foto bei ~ aufneh·men** to take a backlit [*or* contre-jour] photo[graph] **Ge·gen·lie·be** *f kein pl* **mit etw** *dat* **[bei jdm] keine/wenig ~ fin·den** to find no/little favour [*or* AM -or] [with sb] for sth; **[bei jdm] auf keine/wenig ~ stoßen** to meet with no/little approval [from sb] **Ge·gen·maß·nah·me** *f* countermeasure **Ge·gen·mehr** <-s> *nt* SCHWEIZ votes against; **ohne ~** unanimously **Ge·gen·mei·nung** *f* opposite opinion **Ge·gen·mit·tel** *nt* (*gegen Gift*) antidote; (*gegen Krankheit*) remedy; ■**ein ~ gegen etw** *akk* an antidote for [*or* to] [*or* a remedy for] sth **Ge·gen·of·fen·si·ve** *f s.* **Gegenangriff** **Ge·gen·papst** *m* HIST antipope **Ge·gen·par·tei** *f* other [*or* opposing] side **Ge·gen·pol** *m* opposite pole; ■**jds ~** sb's opposite; ■**der ~ zu jdm** the opposite of sb **Ge·gen·pro·be** *f* ① (*Überprüfung*) crosscheck; **die ~ zu etw** *dat* **machen** to carry out a crosscheck on sth, to crosscheck sth ② (*bei Abstimmung*) recount using the opposite motion **Ge·gen·re·ak·ti·on** *f* counter-reaction **Ge·gen·rech·nung** *f* contra account; **[jdm] die/eine ~ [für etw** *akk*] **aufmachen** [*o* **aufstellen**] to present the other side of the account [to sb] [*or* offset that against] **Ge·gen·re·for·ma·ti·on** *f* HIST Counter-Reformation **Ge·gen·re·gie·rung** *f* rival government **Ge·gen·rich·tung** *f* opposite direction

Ge·gen·satz *m* ① (*Gegenteil*) opposite; **einen [krassen] ~ zu etw** *dat* **bilden** to contrast [starkly] with sth, to be in stark contrast to sth; **im scharfen** [*o* **schroffen**] **~ zu etw** *dat* **stehen** to conflict sharply with sth, to be in sharp conflict with sth; **der [genaue] ~ zu jdm sein** to be the [exact] opposite of sb; **im ~ zu jdm/etw** in contrast to [*or* unlike] sb/sth ② *pl* differences; **unüberbrückbare Gegensätze** irreconcilable differences ▶WENDUNGEN: **Gegensätze ziehen sich an** (*prov*) opposites attract

ge·gen·sätz·lich ['ge:gn̩zɛtslɪç] **I.** *adj* conflicting, differing; **den ~en Standpunkt vertreten** to represent the opposite point of view; **~e Menschen/Temperamente** different people/temperaments **II.** *adv* differently

Ge·gen·sätz·lich·keit <-, -en> *f* difference[s]; **bei aller ~** in spite of all [the] differences

Ge·gen·schlag *m* retaliation; **zum ~ ausholen** to prepare to retaliate **Ge·gen·sei·te** *f* ① (*gegenüberliegende Seite*) other [*or* opposite] side ② (*gegnerische Partei*) other [*or* opposing] side

ge·gen·sei·tig ['ge:gn̩zaitɪç] **I.** *adj* mutual; **in ~er Abhängigkeit stehen** to be mutually dependent; *s. a.* **Einvernehmen** **II.** *adv* mutually; **sich ~ beschuldigen/helfen/unterstützen** to accuse/help/support each other [*or* one another]

Ge·gen·sei·tig·keit <-> *f kein pl* mutuality; **auf ~ beruhen** to be mutual; **ein Abkommen/Vertrag auf ~** a reciprocal agreement/treaty

Ge·gen·sinn <-[e]s> *m kein pl* **im ~** in the opposite direction **Ge·gen·spie·ler(in)** *m(f)* opposite number **Ge·gen·spi·o·na·ge** *f* counterespionage **Ge·gen·sprech·an·la·ge** *f* two-way intercom, duplex system

Ge·gen·stand <-[e]s, Gegenstände> *m* ① (*Ding*) object; **Gegenstände des täglichen Bedarfs** objects [*or* articles] of everyday use ② (*Thema*) subject ③ (*Objekt*) ■**der ~ einer S.** *gen* the object of sth; **~ der Kritik** target of criticism; **sich zum ~ des Gespötts machen** (*geh*) to make oneself an object of ridicule [*or* a laughing stock]

ge·gen·ständ·lich ['ge:gn̩ʃtɛntlɪç] KUNST **I.** *adj* representational **II.** *adv* representationally

Ge·gen·stand·punkt *m* opposite point of view

ge·gen·stands·los *adj* ① (*unbegründet*) unfounded, groundless ② (*hinfällig*) invalid; **bitte betrachten Sie dieses Schreiben als ~, falls ...** please disregard this notice if ...

ge·gen|steu·ern *vi s.* **gegenlenken** **Ge·gen·stim·me** *f* ① (*bei einer Abstimmung*) vote against; **der Antrag wurde mit 323 Stimmen bei 142 ~n/ohne ~ angenommen** the motion was carried by 323 votes to 142/unanimously ② (*kritische Meinungsäußerung*) dissenting voice **Ge·gen·stoß** *m* counterattack; **einen ~ führen** to counterattack **Ge·gen·strö·mung** *f* countercurrent, crosscurrent; (*entgegengesetzte Opposition*) current of opposition **Ge·gen·stück** *nt* companion piece, counterpart; **jds ~ sein** to be sb's opposite **Ge·gen·teil** ['ge:gn̩tail] *nt* opposite; **[mit etw** *dat*] **das [genaue** [*o* **genau das**]] **~ bewirken** to achieve the [exact] opposite [*or* [exactly] the opposite] effect [by sth]; **im ~!** on the contrary!; **ganz im ~!** quite the reverse [*or* opposite]!; **ins ~ umschlagen** to change completely; **sich in sein ~ verkehren** to change to the opposite, to twist right round **ge·gen·tei·lig** ['ge:gn̩tailɪç] **I.** *adj* opposite; ■**etwas/nichts G~es** anything/nothing to the contrary **II.** *adv* to the contrary; **sich ~ entscheiden** to come to a different decision **Ge·gen·tref·fer** *m* goal against; **einen ~ erzielen** to score; **einen ~ hinnehmen** [*o fam* **einstecken**] **müssen** to concede a goal

ge·gen·über [ge:gn̩'ʔy:bɐ] **I.** *präp +dat* ① (*örtlich*) ■**jdm/einer S. ~** opposite sb/sth; **er saß ihr genau/schräg ~** he sat directly opposite [*or* facing] her/diagonally across from her ② (*in Bezug auf*) ■**jdm/einer S. ~** towards sb/sth; **er ist allem Neuen ~ wenig aufgeschlossen** he is not very open-minded about anything new ③ (*vor ...*) ■**jdm ~** in front of sb ④ (*im Vergleich zu*) ■**jdm ~** in comparison with [*or* compared to] sb; **jdm ~ im Vorteil sein** to have an advantage over sb **II.** *adv* opposite; **die Leute von ~** the people [from] opposite [*or* from across the road [*or* way]]

Ge·gen·über <-s, -> [ge:gn̩'ʔy:bɐ] *nt* ■**jds ~** ① (*Mensch*) person opposite ② (*Terrain*) land opposite; **wir haben einen freien Ausblick und kein ~** we have an open view with no buildings opposite

ge·gen·über|lie·gen *irreg* **I.** *vi* ■**jdm/einer S. ~** to be opposite [*or* face] sb/sth **II.** *vr* ■**sich** *dat* **~** to face each other [*or* one another] **ge·gen·über·lie·gend** *adj attr* opposite; **das ~e Gebäude** the building opposite **ge·gen·über|se·hen** *vr irreg* ■**sich jdm/einer S. ~** to be faced with sb/sth; **sich einer Herausforderung/Aufgabe ~** to be confronted with a challenge/task **ge·gen·über|sit·zen** *vi irreg* ■**jdm/sich ~** to sit opposite [*or* facing] sb/each other [*or* one another] **ge·gen·über|ste·hen** *irreg* **I.** *vi* ① (*zugewandt stehen*) ■**jdm ~** to stand opposite [*or* facing] sb; ■**sich** *dat* **~** to stand opposite [*or* facing] each other [*or* one another] ② (*eingestellt sein*) ■**jdm/einer S. [...] ~** to have a [...] attitude towards sth **II.** *vr* ① (*konfrontiert sein*) ■**sich** *dat* **als etw ~** to face [*or* confront] each other [*or* one another] as sth ② (*widerstreiten*) ■**sich** *dat* **~** to be in opposition to each other [*or* one another] **ge·gen·über|stel·len** *vt* ❶ (*konfrontieren*) ■**jdm jdn** ~ to confront sb with sb ❷ (*vergleichen*) ■**einer S.** *dat* **etw** ~ to compare sth with sth **Ge·gen·über·stel·lung** *f* ❶ (*Konfrontation*) confrontation ❷ (*Vergleich*) comparison **ge·gen·über|tre·ten** *vi irreg sein* ■**jdm** ~ to face sb

Ge·gen·un·ter·schrift *f* countersignature **Ge·gen·ver·kehr** *m* oncoming traffic **Ge·gen·vor·schlag** *m* counterproposal; **einen ~ haben/machen** to have/make a counterproposal

Ge·gen·wart <-> ['ge:gn̩vart] *f kein pl* ❶ (*jetziger Augenblick*) present; [**ganz**] **in der ~ leben** to live in [*or* for] the present [*or* for the day] ❷ (*heutiges Zeitalter*) present [time [*or* day]]; **unsere** ~ the present day, this day and age; **die Literatur/Kunst/Musik der** ~ contemporary literature/art/music ❸ LING present [tense] ❹ (*Anwesenheit*) presence; **in ~ der/des ...** in the presence of the ...; **in jds** ~ in sb's presence, in the presence of sb

ge·gen·wär·tig ['ge:gn̩vɛrtɪç] **I.** *adj* ❶ *attr* (*derzeitig*) present, current ❷ (*heutig*) present[-day]; **zur ~en Stunde** at the present time; **der ~e Tag** this day ❸ (*geh: erinnerlich*) ■**etw ist jdm** ~ to remember [*or* recall] sth; **die Adresse ist mir im Augenblick nicht** ~ I cannot remember [*or* recall] the address at the moment ❹ (*präsent*) ■**irgendwo/in etw** *dat* **~ sein** to be ever-present somewhere/in sth; **in diesen steinernen Zeugen ist die ruhmreiche Vergangenheit der Stadt stets** ~ these stones bear constant witness to the town's glorious past **II.** *adv* at present, currently

ge·gen·warts·be·zo·gen *adj* relevant to the present day; **ein ~er Mensch** a person whose life revolves around the present **Ge·gen·warts·form** *f* LING present tense **ge·gen·warts·nah** **I.** *adj* (*geh*) relevant to the present day, topical **II.** *adv* in a way that is relevant to the present [day], topically **Ge·gen·warts·spra·che** *f* present-day language; **die deutsche** ~ modern German

Ge·gen·wehr *f* resistance; [**keine**] **~ leisten** to put up [no] resistance **Ge·gen·wert** *m* equivalent; **im ~ von etw** *dat* to the value of sth; **Dollar im ~ von 1.000 Euro** 1,000 euros' worth of dollars **Ge·gen·wind** *m* headwind; **sie hatten starken** ~ they had a strong headwind against them, there was a strong headwind **ge·gen|zeich·nen** *vt* ■**etw** ~ to countersign sth **Ge·gen·zeu·ge, -zeu·gin** *m, f* ❶ JUR witness for the other side ❷ (*Zeuge für gegenteilige Meinung*) sb who can witness to the contrary **Ge·gen·zug** *m* ❶ (*Reaktion*) counter[move]; **im ~ [zu etw** *dat*] as a counter[move] [to sth] ❷ (*entgegenkommender Zug*) oncoming train; (*gleicher Zug in Gegenrichtung*) corresponding train in the opposite direction

ge·ges·sen [gə'gɛsn̩] *pp von* **essen**

ge·gli·chen [gə'glɪçn̩] *pp von* **gleichen**

ge·glit·ten [gə'glɪtn̩] *pp von* **gleiten**

ge·glom·men [gə'glɔmən] *pp von* **glimmen**

Geg·ner(in) <-s, -> ['ge:gnɐ] *m(f)* ❶ (*Feind*) enemy; ■**ein ~/eine ~in einer S.** *gen* an opponent of sth ❷ (*Gegenspieler*) opponent, adversary, rival ❸ JUR adversary, opponent ❹ SPORT opponent, opposing team

geg·ne·risch *adj attr* ❶ MIL (*feindlich*) opposing, enemy *attr;* **die ~e Übermacht** the enemy's superior numbers ❷ JUR opposing, of the opposition [*or* opposing party] ❸ SPORT opposing; **das ~e Tor** the opponent's goal

Geg·ner·schaft <-, -en> *f* ❶ (*feindliche Einstellung*) opposition ❷ *kein pl* (*die Gegner*) opponents; ■**die ~ einer S.** *gen* the opponents of sth

ge·gol·ten [gə'gɔltn̩] *pp von* **gelten**

ge·go·ren [gə'go:rən] *pp von* **gären**

ge·gos·sen [gə'gɔsn̩] *pp von* **gießen**

ge·gra·ben *pp von* **graben**

ge·grif·fen [gə'grɪfn̩] *pp von* **greifen**

Ge·grö·le <-s> [gə'grø:lə] *nt kein pl* (*pej fam*) raucous bawling

Ge·ha·be <-s> [gə'ha:bə] *nt kein pl* (*pej fam: Getue*) fuss; (*Gebaren*) affectation

ge·habt [gə'ha:pt] *pp von* **haben**

ge·hackt *adj* KOCHK chopped

Ge·hack·te(s) *nt decl wie adj* mince[d meat] BRIT, ground[meat] AM; **~s vom Schwein/Rind** minced [*or* AM ground] pork/beef

Ge·halt[1] <-[e]s, Gehälter> [gə'halt, *pl* gə'hɛltɐ] *nt o* ÖSTERR *m* salary, pay *no indef art, no pl*

Ge·halt[2] <-[e]s, -e> [gə'halt] *m* ❶ (*Anteil*) content; ■**der ~ an etw** *dat* the ... content; **der ~ an Kohlendioxid** the carbon dioxide content ❷ (*gedanklicher Inhalt*) content, meaning

ge·hal·ten [gə'haltn̩] **I.** *pp von* **halten** **II.** *adj* (*geh*) ■**~ sein, etw zu tun** to be required [*or* obliged] to do sth

ge·halt·los *adj* ❶ (*nährstoffarm*) non-nutritious ❷ (*oberflächlich*) insubstantial, lacking in substance, shallow, superficial

Ge·halts·ab·rech·nung *f* salary statement, pay slip **Ge·halts·an·spruch** *m meist pl* salary [*or* pay] claim; **Gehaltsansprüche [an jdn] haben** to have salary outstanding [against sb]; **Gehaltsansprüche geltend machen** to negotiate a salary claim **Ge·halts·be·schei·ni·gung** *f* salary declaration **Ge·halts·emp·fän·ger(in)** *m(f)* salaried employee, salary earner **Ge·halts·er·hö·hung** *f* salary increase, rise in salary, pay rise; **jährliche/regelmäßige ~en** annual/regular increments **Ge·halts·for·de·rung** *f* salary [*or* pay] claim **Ge·halts·fort·zah·lung** *f* continued payment of salary (*during illness*) **Ge·halts·grup·pe** *f* salary bracket **Ge·halts·kon·to** *nt* account into which a salary is paid **Ge·halts·kür·zung** *f* salary cut, cut in salary **Ge·halts·stu·fe** *f* salary bracket **Ge·halts·vor·rü·ckung** *f* ÖSTERR (*Gehaltserhöhung*) salary increase, rise in salary **Ge·halts·vor·stel·lung** *f* salary expectation **Ge·halts·wunsch** *m* salary requirement **Ge·halts·zah·lung** *f* salary payment **Ge·halts·zu·la·ge** *f* salary bonus

ge·halt·voll *adj* ❶ (*nahrhaft*) nutritious, nourishing ❷ (*gedankliche Tiefe aufweisend*) thought-provoking, stimulating

Ge·häm·mer <-s> [gə'hɛmɐ] *nt kein pl* (*pej*) hammering

ge·han·di·kapt [gə'hɛndikɛpt] *adj* handicapped; ■**durch etw** *akk* **~ sein** to be handicapped by sth

Ge·hän·ge <-s, -> [gə'hɛŋə] *nt* drop earring, ear pendant

ge·han·gen [gə'haŋən] *pp von* **hängen**

Ge·häng·te(r) *f(m) decl wie adj* hanged man/woman

Ge·hän·sel <-s> [gə'hɛnzl̩] *nt kein pl* (*fam*) [constant] teasing

ge·har·nischt [gə'harnɪʃt] *adj* ❶ (*fig*) strong, sharply-[*or* strongly-]worded; *s. a.* **Abfuhr** ❷ HIST (*gepanzert*) armour [*or* AM -or] -clad; **~e Ritter** knights in armour

ge·häs·sig [gə'hɛsɪç] **I.** *adj* spiteful **II.** *adv* spitefully

Ge·häs·sig·keit <-, -en> *f* ❶ *kein pl* (*Boshaftigkeit*) spite[fulness] ❷ (*gehässige Bemerkung*) spiteful remark

ge·hau·en *pp von* **hauen**

ge·häuft **I.** *adj* ❶ (*hoch gefüllt*) heaped ❷ (*wiederholt*) frequent, repeated **II.** *adv* in large numbers

Ge·häu·se <-s, -> [gə'hɔyzə] *nt* ❶ (*Schale*) casing; *Kamera a.* body; *Lautsprecher-* cabinet ❷ (*Schneckengehäuse*) shell ❸ (*Kerngehäuse*) core

geh·be·hin·dert *adj* with a mobility handicap; **leicht/stark ~ sein** to have a slight/severe mobility handicap

Ge·he·ge <-s, -> [gə'he:gə] *nt* ❶ (*im Zoo*) enclosure ❷ (*Wildgehege*) preserve ▸ WENDUNGEN: **jdm ins ~ kommen** (*fam*) to get in sb's way [*or fam* under sb's feet]

ge·hei·ligt *adj* sacred

ge·heim [gə'haim] **I.** *adj* ❶ (*verborgen*) secret; **im G~en** in secret, secretly ❷ (*nicht allen bekannt*) secret; **„Streng ~"** "Top secret" ❸ (*nicht geäußert*) secret; **meine ~sten Gedanken/Wünsche** my most secret [*or* innermost] thoughts/desires **II.** *adv* secretly; **~ abstimmen** to vote by secret ballot; **etw [vor jdm] ~ halten** to keep sth secret [from sb]; **~ gehalten** classified

Ge·heim·ab·kom·men *nt* secret agreement **Ge·heim·**

agent(in) *m(f)* secret agent **Ge·heim·bund** *m* secret society **Ge·heim·dienst** *m* secret service BRIT, intelligence service AM **Ge·heim·dienst·ler(in)** <-s, -> *m(f)* (*fam*) secret [*or* AM intelligence] service man/woman, spook *fam;* ■**die** ~ the secret service BRIT, the intelligence services AM **Ge·heim·fach** *nt* secret compartment **Ge·heim·gang** *m* secret passage **ge·heim|hal·ten**^ALT *vt irreg s.* **geheim II. Ge·heim·hal·tung** *f* secrecy; **zur** ~ **verpflichtet werden** to be sworn to secrecy **Ge·heim·kon·to** *nt* secret bank account

Ge·heim·nis <-ses, -se> [gəˈhaimnɪs, *pl* gəˈhaimnɪsə] *nt* ❶ (*Wissen*) secret; **ein/jds** ~ **bleiben** to remain a/sb's secret; **vor jdm keine** ~**se haben** to have no secrets from sb; **aus etw** *dat* **ein/kein** ~ **machen** to make a [big]/no secret of sth; **ein offenes** ~ an open secret ❷ (*Rätsel*) ■**das** ~ **einer S.** *gen* the secret of sth; **das** ~ **des Lebens** the mystery of life; **das ganze** ~ **sein** (*fam*) to be all there is to it; **jdn in die** ~**se von etw** *dat* **einweihen** to initiate [*or* let] sb into the secrets of sth

Ge·heim·nis·krä·mer(in) <-s, -> *m(f)* (*fam*) *s.* **Geheimnistuer Ge·heim·nis·krä·me·rei** [gəhaimnɪskrɛːməˈrai] *f* (*pej fam*) cloak and daggers *pej,* secretiveness **Ge·heim·nis·trä·ger(in)** *m(f)* POL person cleared for classified information **Ge·heim·nis·tu·er(in)** <-s, -> *m(f)* (*fam*) mystery-monger **Ge·heim·nis·tu·e·rei** <-, -en> [gehaimnɪstuːəˈrai] *f* (*fam*) secretiveness, secrecy **ge·heim·nis·um·wit·tert** *adj* (*geh*) shrouded in mystery **Ge·heim·nis·ver·rat** *m* divulgence of official secrets **ge·heim·nis·voll I.** *adj* mysterious **II.** *adv* mysteriously; ~ **tun** to act mysteriously [*or* be mysterious]

Ge·heim·num·mer *f* ❶ TELEK ex-directory number ❷ FIN secret [account] number ❸ (*geheime Kombination*) secret combination **Ge·heim·po·li·zei** *f* secret police **Ge·heim·po·li·zist(in)** *m(f)* member of the secret police **Ge·heim·rat, -rä·tin** *m, f* HIST privy councillor [*or* AM councilor] **Ge·heim·rats·ecken** *pl* (*hum fam*) receding hairline; **er hat** ~ he's receding [*or* going bald at the temples] **Ge·heim·re·zept** *nt* secret recipe **Ge·heim·sa·che** *f* classified information **Ge·heim·schrift** *f* code, secret writing *no indef art, no pl* **Ge·heim·sen·der** *m* secret transmitter **Ge·heim·tin·te** *f* invisible ink **Ge·heim·tipp**^RR *m* inside tip **ge·heim|tun** *vi irreg* (*fam*) to be secretive **Ge·heim·tür** *f* secret door **Ge·heim·waf·fe** *f* secret weapon **Ge·heim·zahl** *f* FIN secret number [*or* code], PIN number

Ge·heiß <-es> [gəˈhais] *nt kein pl* (*geh*) behest *form,* command; **auf jds** ~ at sb's behest [*or* bidding]

ge·hei·ßen *pp von* **heißen**

ge·hemmt I. *adj* inhibited **II.** *adv* **sich** ~ **benehmen** to be inhibited, to act self-consciously; ~ **sprechen** to speak with inhibitions

ge·hen <ging, gegangen> [ˈgeːən] **I.** *vi sein* ❶ (*sich fortbewegen*) ■[**irgendwohin**] ~ to go [somewhere]; (*zu Fuß*) to walk [somewhere]; **geh schon!** go on!; ~ **wir!** let's go!; ~ **wir oder fahren wir mit dem Auto?** shall we walk or drive?; **ich gehe raus, frische Luft schnappen** I'm going out for some fresh air; **gehst du heute in die Stadt/auf die Post/zur Bank?** are you going to town/to the post office/to the bank today?; **wann geht er nach Paris/ins Ausland?** when is he going to Paris/abroad?; **in Urlaub** ~ to go on holiday [*or* AM vacation]; **auf die andere Straßenseite** ~ to cross over to the other side of the street; **ich gehe eben mal schnell auf den Dachboden** I'm just going up to the loft quickly; [**im Zimmer**] **auf und ab** ~ to walk up and down [*or* pace] [the room]; ■**in/an etw** *akk* ~ to go into/to sth; **ans Telefon** ~ to answer the telephone; ■**über etw** *akk* ~ to go over [*or* cross] sth; ■**zu jdm/etw** ~ to go to sb/sth; **wie lange geht man bis zur Haltestelle/zur Post?** how far is it to the bus stop/post office?; **kannst du für mich noch zum Metzger/Bäcker** ~**?** can/could you go to the butcher['s]/baker['s] for me?; *s. a.* **Stelzen, Stock, weit** ❷ (*besuchen*) ■**zu jdm** ~ to go and visit [*or* see] sb; ■**in etw** *akk* ~ to go to sth; **ins Theater/in die Kirche/Messe/Schule** ~ to go to the theatre/to church/mass/school; ■**zu etw** *dat* ~ to go to sth; **zu einem Vortrag/zu einer Messe/zur Schule** ~ to go to a lecture/to a [trade] fair/to school; ■**an etw** *akk* ~ to go to sth; **an die Uni** ~ to go to university; ■**auf etw** *akk* ~ to go to sth; **aufs Gymnasium/auf einen Lehrgang** ~ to go to [a] grammar school/on a course; ■**etw tun** ~ to go to do sth; **schwimmen/tanzen/einkaufen/schlafen** ~ to go swimming/dancing/shopping/to bed ❸ (*tätig werden*) ■**in etw** *akk* ~ to go into [*or* enter] sth; **in die Industrie/Politik/Computerbranche** ~ to go into industry/politics/computers; **in die Partei/Gewerkschaft** ~ to join the party/union; ■**zu etw** *dat* ~ to join sth; **zum Film/Radio/Theater/zur Oper** ~ to go into films/radio/on the stage/become an opera singer; ■**an etw** *akk* ~ to join sth; **ans Gymnasium/an die Uni** ~ to join the grammar school/university [as a teacher/lecturer] ❹ (*weggehen*) to go; (*abfahren a.*) to leave; **ich muss jetzt** ~ I have to be off [*or* must go]; **wann geht der Zug nach Hamburg?** when does the train to Hamburg leave?; **heute geht leider keine Fähre mehr** there are no more ferries today, I'm afraid; **jdn** ~ **lassen** (*davongehen lassen*) to let sb go; **von uns gegangen sein** (*euph: gestorben sein*) to have departed from us *euph; s. a.* **Licht, Weg** ❺ (*blicken*) ■**auf etw** *akk*/**nach etw** *akk* ~ to look onto/towards sth; **die Fenster** ~ **auf das Meer/den Strand** the windows look [out] onto the sea/beach; **der Balkon ging nach Süden/auf einen Parkplatz** the balcony faced south/overlooked a car park ❻ (*führen*) ■**irgendwohin** ~ to go somewhere; **die Brücke geht über den Fluss** the bridge crosses the river; **ist das die Straße, die nach Oberstdorf geht?** is that the road [*or* way] to Oberstdorf?; **wohin geht dieser Weg/Geheimgang?** where does this path/secret passage go [*or* lead [to]]?; **die Tür geht direkt auf unseren Parkplatz** the door leads [*or* opens] directly onto our parking space; ■**von ... bis/über etw** *akk* ~ to go from ... to/via somewhere; **die nach Biberach** ~**de Reise** the trip to Biberach; **dieser Rundweg geht über die Höhen des Schwarzwaldes** this circular walk takes in the highest points [*or* peaks] of the Black Forest ❼ (*ausscheiden*) ■[**zu jdm**] ~ to leave [for sb], to go [to sb]; **er ist zu Klett gegangen** he left to go to Klett; **gegangen werden** (*hum fam*) to be given the push [*or fam* the sack] ❽ (*funktionieren*) to work; **meine Uhr geht nicht mehr** my watch has stopped ❾ (*sich bewegen*) to move; **ich hörte, wie die Tür ging** I heard the door [go]; **diese Schublade geht schwer** this drawer is stiff; **vielleicht geht das Schloss wieder, wenn man es ölt** perhaps the lock will work again if you oil it ❿ (*gelingen*) ■[**irgendwie**] ~ to go [somehow]; **wie ist die Prüfung gegangen?** how was the exam [*or* did the exam go]?; **zurzeit geht alles drunter und drüber** things are a bit chaotic right now; **versuch's einfach, es geht ganz leicht** just try it, it's really easy; **kannst du mir bitte erklären, wie das Spiel geht?** can you please explain the rules of the game to me?; **wie soll das denn bloß** ~**?** just how is that supposed to work? ⓫ ÖKON (*laufen*) to go; **das Geschäft geht vor Weihnachten immer gut** business is always good before Christmas; **wie** ~ **die Geschäfte?** how's business?; **der Export geht nur noch schleppend** exports are sluggish; (*sich verkaufen*) to sell; **diese teuren Zigarren** ~ **gut/nicht gut** these expensive cigars sell/don't sell well; **diese Pralinen** ~ **bei uns so schnell weg, wie sie reinkommen** we sell these chocolates as soon as they come in ⓬ (*verlaufen*) ■[**irgendwie**] **vor sich** ~ to go on [*or* happen] [in a certain way]; **erkläre mir mal, wie das vor sich** ~ **soll** now just tell me how that's going to happen [*or* how it's going to work]; **das kann auf verschiedene Arten vor sich** ~ it can proceed in a variety of ways; **kannst du mir mal erklären, wie das vor sich geht, wenn man die deutsche Staatsbürgerschaft annehmen will?** can you explain the procedure for taking up German citizenship to me?; **was geht hier vor sich?** (*fam*) what's going on here? ⓭ (*hineinpassen*)

■ **in etw** *akk*/**durch etw** *akk* ~ to go into/through sth; **es ~ über 450 Besucher in das neue Theater** the new theatre holds over 450 people; **wie viele Leute ~ in deinen Wagen?** how many people [can] fit in[to] your car?; *s. a.* **Kopf** ⑭ (*dauern*) to go on; ■ **eine bestimmte Zeit** ~ to last a certain time; **dieser Film geht drei Stunden** this film goes on for [*or* lasts] three hours; **der Film geht schon über eine Stunde** the film has been on for over an hour already [*or* started over an hour ago] ⑮ (*reichen*) to go; ■ **[jdm] bis zu etw** *dat* ~ to reach [sb's] sth; **das Wasser geht einem bis zur Hüfte** the water comes up to one's hips; **der Rock geht ihr bis zum Knie** the skirt goes down to her knee; ■ **in etw** *akk* ~ to run into sth; **in die Hunderte** [*o* **hunderte**]/**Tausende** [*o* **tausende**] ~ to run into [the] hundreds/thousands ⑯ KOCHK *Teig* to rise ⑰ (*sich kleiden*) ■ **in etw** *dat* ~ to wear sth; (*verkleidet sein*) ■ **als etw** ~ to go as sth; (*gekleidet sein*) ■ **mit/ohne etw** ~ to go with/without sth; **bei dem Nieselregen würde ich nicht ohne Schirm** ~ I wouldn't go out in this drizzle without an umbrella; **sie geht auch im Winter nur mit einer dunklen Brille** she wears dark glasses even in winter; **ich gehe besser nicht in Jeans dorthin** I'd better not go there in jeans ⑱ (*ertönen*) to ring ⑲ (*möglich sein*) ■ **[bei jdm]** ~ to be all right [*or fam* OK] [with sb]; **haben Sie am nächsten Mittwoch Zeit? – nein, das geht [bei mir] nicht** are you free next Wednesday? – no, that's no good [for me] [*or* I can't manage that]; **das geht doch nicht!** that's not on!; **ich muss mal telefonieren - geht das?** I have to make a phone call - would that be alright?; **nichts geht mehr** (*beim Roulette*) no more bets; (*hoffnungslos sein*) there's nothing more to be done ⑳ (*lauten*) to go; **weißt du noch, wie das Lied ging?** can you remember how the song went [*or* the words of the song]?; **wie geht nochmal der Spruch?** what's that saying again?, how does the saying go? ㉑ (*anfassen*) ■ **an etw** *akk* ~ to touch sth; **um ihre Schulden zu bezahlen, musste sie an ihr Erspartes** ~ she had to raid her savings to pay off her debts; **wer ist dieses Mal an meinen Computer gegangen?** who's been messing around with my computer this time? ㉒ (*zufallen*) ■ **an jdn** ~ to go to sb; **das Erbe/der Punkt ging an sie** the inheritance/point went to her; **der Vorsitz ging turnusmäßig an H. Lantermann** H. Lantermann became chairman in rotation ㉓ (*beeinträchtigen*) ■ **[jdm] an etw** *akk* ~ to damage [sb's] sth; **das geht [mir] ganz schön an die Nerven** that really gets on my nerves; **das geht an die Kraft** [*o* **Substanz**] that takes it out of you ㉔ (*fam: angreifen*) ■ **auf etw** *akk* ~ to attack sth; **das Rauchen geht auf die Lunge** smoking affects the lungs; **das Klettern geht ganz schön auf die Pumpe** climbing really puts a strain on the old ticker ㉕ (*gerichtet sein*) ■ **an jdn** ~ to be addressed to sb; ■ **gegen jdn/etw** ~ to be directed against sb/sth; **das geht nicht gegen Sie, aber die Vorschriften!** this isn't aimed at you, it's just the rules!; **das geht gegen meine Prinzipien/Überzeugung** that is [*or* goes] against my principles/convictions ㉖ (*fam: liiert sein*) ■ **mit jdm** ~ to go out with sb ㉗ (*urteilen*) ■ **nach etw** *dat* ~ to go by sth; **der Richter ging in seinem Urteil nach der bisherigen Unbescholtenheit des Angeklagten** on passing sentence the judge took into account the defendant's lack of previous convictions; **nach dem, was er sagt, kann man nicht** ~ you can't go by what he says ㉘ (*überschreiten*) **zu weit** ~ to go too far, to overstep the line; **das geht zu weit!** that's just too much! ㉙ (*übersteigen*) **über jds Geduld** ~ to exhaust sb's patience; **über jds Kräfte/Möglichkeiten** ~ to be too much for [*or* beyond] sb; **das geht einfach über meine finanziellen Möglichkeiten** I just don't have the finances for that ㉚ (*hum: werden zu*) **unter die Politiker/Künstler/Säufer** ~ to join the ranks of politicians/artists/alcoholics ㉛ (*fam: akzeptabel sein*) to be OK; **er geht gerade noch, aber seine Frau ist furchtbar** he's just about OK [*or* tolerable] but his wife is awful; **wie ist das Hotel? – es geht [so]** how's the hotel? – it's ok; **ist das zu klein? – nein, das geht [so]** is it too small? – no, it's ok like this ㉜ (*Altersangabe*) ■ **auf die ...** ~ + *Zahl* to be approaching ...; **er geht auf die dreißig** he's approaching [*or* coming up for] thirty ▶ WENDUNGEN: **wo jd geht und steht** (*fam*) wherever [*or* no matter where] sb goes [*or* is]; **in sich** *akk* ~ to turn one's gaze inward, to take stock of oneself; **Mensch, geh in dich!** for heaven's sake, think again!; ~ **Sie [mir] mit ...** (*fam*) spare [me] ...; ~ **Sie [mir] doch mit Ihren Ausreden!** spare me your excuses, please!; **jdm über alles** ~ to mean more to sb than anything else; **das Kind geht mir über alles!** that child means the whole world to me!; **es geht nichts über jdn/etw** nothing beats sb/sth, there's nothing better than [*or* to beat] [*or* like] sb/sth; **[ach] geh, ...!** (*fam*) [oh] come on, ...!; **ach geh, das kann doch nicht dein Ernst sein!** oh come on, you can't be serious!; **geh, so was kannst du sonst wem erzählen!** go and tell that to the marines!; **geh!** ÖSTERR, SÜDD get away!; **geh, was du nicht sagst!** go on, you're kidding!; *s. a.* **Konto II.** *vi impers sein* ❶ + *adv* (*sich befinden*) ■ **jdm geht es ...** sb feels ...; **wie geht es Ihnen? – danke, mir geht es gut/ausgezeichnet!** how are you? – thank you, I am well/I'm feeling marvellous!; **mir ist es schon mal besser gegangen!** I have felt better!; **nach der Spritze ging es ihr gleich wieder besser** she soon felt better again after the injection; **wie geht's denn [so]?** (*fam*) how are things?, how's it going? ❷ + *adv* (*verlaufen*) ■ **irgendwie** ~ to go somehow; **wie war denn die Prüfung? – ach, es ging ganz gut** how was the exam? – oh, it went quite well; **es ging wie geschmiert** it went like clockwork ❸ (*sich handeln um*) ■ **[bei etw** *dat*] **um etw** *akk* ~ to be about sth; **um was geht's denn?** what's it about then?; **worum geht's denn?** what's it all about then?; **in dem Gespräch ging es um die zugesagte Gehaltserhöhung** the conversation was about the promised increase in salary; **worum geht es in diesem Film?** what is this film about?; **hierbei geht es um meinen guten Ruf** my reputation is at stake [*or* on the line] here; **hierbei geht es um Millionen** we're talking millions here *fam*, there are millions involved here; **wenn es um mein Glück geht, lasse ich mir von niemandem dreinreden** when it comes to my happiness I don't let anyone tell me what to do; **es geht hier um eine wichtige Entscheidung** there is an important decision to be made here; **wenn es nur um ein paar Minuten geht, warten wir** we'll wait if it's just a question [*or* matter] of a few minutes ❹ (*wichtig sein*) ■ **jdm geht es um etw** *akk* sth matters to sb; **worum geht es dir eigentlich?** what are you trying to say?; **es geht mir nur ums Geld/um die Wahrheit** I'm only interested in the money/truth; **es geht mir ums Prinzip** it's a matter [*or* question] of principle; *s. a.* **Leben** ❺ (*ergehen*) ■ **jdm geht es irgendwie** to be somehow with sb; **mir ist es ähnlich/genauso/nicht anders gegangen** it was the same [*or* like that]/just the same [*or* just like that]/no different with me, I felt the same/just the same/no different; **warum soll es dir etwa besser ~ als mir?** why should you have it better than me?; **lass es dir/lasst es euch gut ~!** look after [*or* take care of] yourself! ❻ (*sich machen lassen*) to be all right; **geht es, dass ihr uns zu Weihnachten besuchen kommt?** will it be possible for you to visit us at Christmas?; **das wird kaum ~, wir sind über Weihnachten verreist** that won't be possible [*or* work], we're away for Christmas; **ich werde arbeiten, solange es geht** I shall go on [*or* continue] working as long as possible; **geht es, oder soll ich dir tragen helfen?** can you manage, or shall I help you carry it/them; **es geht einfach nicht mehr** it won't do any more ❼ (*führen*) ■ **nach/in etw** *akk* ~ to go [*or* lead] somewhere; **erst fahren Sie über drei Ampeln, dann geht es rechts ab** go past three traffic lights then turn right; **wohin geht's eigentlich im Urlaub?** just where are you off to on holiday?; **auf, Leute, es geht wieder nach Hause** come on people, it's time to go home; **das nächste Mal geht's in die**

Berge/an die See we're off to [*or* heading for] the mountains/coast next time; **im Sommer geht es immer in den Süden** we always go [*or* head] south for the summer; **gleich geht's ins Wochenende** soon it'll be the weekend; **wo geht's hier zum Flughafen?** how do I get to the airport from here?; **wo geht es hier raus?** where is the exit?; *s. a.* **geradeaus** ❽ (*nach jds Kopf* ~) ■**nach jdm** ~ to go by sb; **wenn es nach mir ginge** if it were up to me; **es kann nicht immer alles nach dir** ~ you can't always have things your own way ▶ WENDUNGEN: **aber sonst geht's dir gut?** (*iron*) but you're OK otherwise?, are you feeling all right?, are you quite right in the head?; **auf geht's!** let's go!, come on!; **es geht das Gerücht/die Sage, dass ...** rumour/legend has it that ...; **geht's noch!?** SCHWEIZ (*iron*) are you crazy?! **III.** *vt sein* ■**etw** ~ to walk sth; **Sie haben aber noch drei Stunden/17 Kilometer zu** ~! you've still got another three hours/17 kilometres to go!; **ich gehe immer diesen Weg/diese Straße** I always walk this way/take this road **IV.** *vr haben* ❶ *impers* **es geht sich schlecht hier** it's hard going [*or* hard to walk] here; **in diesen Schuhen geht es sich bequem** these shoes are very comfortable for walking [*or* to walk in] ❷ (*sich nicht beherrschen*) **sich** ~ **lassen** to lose control of oneself [*or* one's self-control]; (*nachlässig sein*) to let oneself go

Ge·hen <-s> ['ge:ən] *nt kein pl* ❶ (*Zu-Fuß-*~) walking ❷ (*das Weggehen*) going, leaving; **schon im** ~, **wandte sie sich noch einmal um** she turned round once more as she left; **sein frühes/vorzeitiges** ~ his early departure ❸ SPORT walking

Ge·henk·te(r) [gə'hɛŋktə] *f(m) decl wie adj s.* **Gehängte(r)**

ge·hen|las·senALT*1 *vt irreg s.* **gehen I.4**

ge·hen|las·sen*2 *vr irreg s.* **gehen IV.2**

Ge·her(in) <-s, -> ['ge:ɐ, 'ge:ərɪn] *m(f)* SPORT walker

ge·hetzt [gə'hɛtst] *adj* harassed

ge·heu·er [gə'hɔyɐ] *adj* [**jdm**] **nicht** [**ganz**] ~ **sein** to seem [a bit] suspicious [to sb]; **jdm ist nicht ganz** ~ [**bei etw** *dat*] sb feels a little uneasy [about sth]; **irgendwo ist es jdm nicht** [**ganz**] ~ somewhere gives sb the creeps *fam;* **irgendwo ist es nicht** ~ somewhere is eerie [*or* spooky]

Ge·heu·l(e) <-[e]s> [gə'hɔyl(ə)] *nt kein pl* (*pej*) howling

Ge·hil·fe, Ge·hil·fin <-n, -n> [gə'hɪlfə, gə'hɪlfɪn] *m, f* assistant, helper; **kaufmännischer** ~ (*geh*) commercial assistant

Ge·hil·fen·brief *m* commercial assistant diploma **Ge·hil·fen·prü·fung** *f* commercial assistant examination

Ge·hil·fen·schaft <-> *f kein pl* JUR SCHWEIZ (*Beihilfe*) aiding and abetting

Ge·hirn <-[e]s, -e> [gə'hɪrn] *nt* brain ▶ WENDUNGEN: **kein** ~ **im Kopf haben** (*fam*) to have no sense; **sein** ~ **anstrengen** (*fam*) to use [*or* rack] [*or esp* AM wrack] one's brains

Ge·hirn·ak·ro·ba·tik *f* (*fam*) mental acrobatics *pl* **ge·hirn·am·pu·tiert** *adj* (*hum*) ■~ **sein** to be off one's head BRIT *fam* [*or* out of one's mind] **Ge·hirn·blu·tung** *f* brain [*or* cerebral] haemorrhage [*or* AM hemorrhage] **Ge·hirn·chir·ur·gie** *f* brain surgery **Ge·hirn·er·schüt·te·rung** *f* concussion **Ge·hirn·haut·ent·zün·dung** *f* meningitis **Ge·hirn·schlag** *m* MED stroke; **einen** ~ **bekommen** [*o geh* **erleiden**] to have [*or form* suffer] a stroke **Ge·hirn·sub·stanz** *f* ANAT brain matter **Ge·hirn·tu·mor** *m* brain tumour [*or* AM -or] **Ge·hirn·wä·sche** *f* brainwashing *no indef art, no pl;* **eine** ~ **mitmachen** to undergo brainwashing, to be brainwashed; **jdn einer** ~ **unterziehen** to brainwash sb **Ge·hirn·zel·le** *f* brain cell

ge·ho·ben [gə'ho:bn̩] **I.** *pp von* **heben II.** *adj* ❶ LING elevated, refined; **sich** ~ **ausdrücken** to use elevated language ❷ (*anspruchsvoll*) sophisticated, refined ❸ (*höher*) senior ❹ (*froh*) festive; **in** ~**er Stimmung sein** to be in a festive mood [*or* high spirits]

Ge·höft [gə'hœft, gə'hø:ft], **Gehöft** <-[e]s, -e> *nt* farm[stead]

ge·hol·fen [gə'hɔlfn̩] *pp von* **helfen**

Ge·hölz <-es, -e> [gə'hœlts] *nt* (*geh*) copse, wood

Ge·hör <-[e]s, *selten* -e> [gə'hø:ɐ̯] *nt* ❶ (*das Hören*) hearing; **oder täuscht mich mein** ~? or do my ears deceive me?; **das** ~ **verlieren** to go deaf; [**jdn**] **um** ~ **bitten** to ask [sb] for attention [*or* a hearing]; [**mit etw** *dat*] [**bei jdm**] ~/**kein** ~ **finden** to gain/not to gain a hearing [with sb] [for sth], to meet with [*or* get] a/no response [from sb] [to sth]; **ein gutes/schlechtes** ~ **haben** to have a good/bad hearing; **jdm zu** ~ **kommen** to come to sb's ears [*or* attention]; **jdm/einer S.** ~/**kein** ~ **schenken** to listen/not to listen to sb/sth, to lend/not to lend an ear to sb/sth; **sich** *dat* [**bei jdm**] [**mit etw** *dat*] ~ **verschaffen** to make oneself heard [to sb] [with sth]; **nach dem** ~ **singen/spielen** to sing/play by ear ❷ MUS **absolutes** ~ absolute [*or fam* perfect] pitch ❸ MUS, THEAT (*geh*) **etw zu** ~ **bringen** to bring sth to the stage, to perform sth

ge·hor·chen* [gə'hɔrçn̩] *vi* ❶ (*gefügig sein*) ■[**jdm/einer S.**] ~ to obey [sb/sth]; **aufs Wort** ~ to obey sb's every word ❷ (*reagieren*) ■**jdm** ~ to respond to sb

ge·hö·ren* [gə'hø:rən] **I.** *vi* ❶ (*jds Eigentum sein*) ■**jdm** ~ to belong to sb, to be sb's; **ihm** ~ **mehrere Häuser** he owns several houses ❷ (*jdm zugewandt sein*) ■**jdm/einer S.** ~ to belong to sb/sth; **ihre ganze Liebe gehört ihrem Sohn** she gives all her love to her son; **mein Herz gehört einem anderen** my heart belongs to another *poet* ❸ (*den richtigen Platz haben*) ■**irgendwohin** ~ to belong somewhere; **die Kinder** ~ **ins Bett** the children should be in bed; **wohin** ~ **die Hemden?** where do the shirts go? ❹ (*angebracht sein*) ■**irgendwohin** ~ to be relevant somewhere; **dieser Vorschlag gehört nicht zum Thema/hierher** this suggestion is not to [*or* off] the point/is not relevant here ❺ (*Mitglied sein*) ■**zu jdm/einer S.** ~ to belong to sb/sth; **zur Familie** ~ to be one of the family; ~ **sie wirklich alle zu unserer Verwandtschaft?** are they really all relatives [*or* relations] of ours [*or* related to us]? ❻ (*Teil sein von*) ■**zu etw** *dat* ~ to be part of sth; **es gehört zu meiner Arbeit/meinen Pflichten** it is part of my job/one of my duties; **gehört zu der Hose denn kein Gürtel?** shouldn't there be a belt with these trousers?; **zu einem grauen Mantel gehört entweder ein grauer oder ein schwarzer Hut** with a grey coat one should wear a grey or black hat, a grey or black hat goes with a grey coat ❼ (*Voraussetzung, nötig sein*) ■**zu etw** *dat* ~ to be called for with sth; **zu dieser Arbeit gehört viel Konzentration** this work calls for [*or* requires] a lot of concentration; **es gehört viel Mut dazu, ...** it takes a lot of courage to ...; **dazu gehört nicht viel** that doesn't take much, that's no big deal *fam;* **dazu gehört** [**schon**] **einiges** [*o* **etwas**] that takes something [*or* some doing]; **dazu gehört** [**schon etwas**] **mehr** there's [a bit] more to it than that! ❽ DIAL (*muss ... werden*) ■**...** ~ to deserve ...; **er meint, dass sie ganz einfach wieder zurückgeschickt** ~ he thinks they ought simply to be sent back again **II.** *vr* ■**sich** ~ to be fitting [*or* proper] [*or* right]; **das gehört sich auch so** that's as it should be; **wie es sich gehört** as is right and proper, as one should; **sich** [**einfach/eben**] **nicht** ~ to be [simply/just] not good manners; **das gehört sich einfach nicht** that's [*or* it's] just [*or* simply] not done

Ge·hör·feh·ler *m* ■**ein** ~ defective hearing, a hearing defect

Ge·hör·gang *m* ANAT auditory canal

ge·hö·rig [gə'hø:rɪç] **I.** *adj* ❶ *attr* (*fam: beträchtlich*) good *attr;* **eine** ~**e Achtung vor jdm haben** to have a healthy respect for sb; **jdm einen** ~**en Schrecken einjagen** to give sb a good [*or* BRIT *fam* right] fright; **jdm eine** ~**e Tracht Prügel verpassen** to give sb a good [*or* sound] thrashing ❷ *attr* (*entsprechend*) proper ❸ (*geh: gehörend*) ■**zu etw** *akk* ~ belonging to sth; **nicht zur Sache** ~ **sein** not to be relevant, to be irrelevant; **alle nicht zum Thema** ~**en Vorschläge** all suggestions not relevant to the topic **II.** *adv* (*fam*) good and proper *fam,* well and truly; **jdn** ~ **ausschimpfen** to tell sb off good and proper, to tell sb well and truly off; **du hast dich** ~ **getäuscht** you are very much mistaken

ge·hör·los *adj* (*geh*) deaf **Ge·hör·lo·se(r)** *f(m) decl wie adj* (*geh*) deaf person
Ge·hör·lo·sig·keit <-> *f kein pl* (*geh*) deafness **Ge·hör·nerv** *m* auditory nerve
ge·hörnt [gəˈhœrnt] *adj* ❶ (*mit Geweih*) horned, antlered ❷ (*veraltend: betrogen*) cuckolded; **ein ~er Ehemann** a cuckold
ge·hor·sam [gəˈhoːɐ̯zaːm] **I.** *adj* obedient; ■ **[jdm] ~ sein** to be obedient [to sb] **II.** *adv* obediently; **melde ~st, Befehl ausgeführt** respectfully report, order carried out
Ge·hor·sam <-s> [gəˈhoːɐ̯zaːm] *m kein pl* obedience; **sich** *dat* **~ verschaffen** to gain [*or* win] obedience; **jdm den ~ verweigern** to refuse to obey sb
Ge·hör·scha·den *m* hearing defect **Ge·hör·sinn** *m kein pl* sense of hearing
Geh·rock *m* MODE frock coat
Geh·rung <-, -en> [ˈgeːrʊŋ] *f* TECH ❶ (*das Gehren*) mitring [*or* AM -ering] ❷ (*Eckfuge*) mitre [*or* AM -er] [joint]
Geh·steig *m s.* **Bürgersteig**
Geht·nicht·mehr [ˈgeːtnɪçtmeːɐ̯] *nt kein pl* **bis zum ~** ad nauseam; **ich habe ihr das bis zum ~ erklärt** I've explained it to her till I was blue in the face
ge·hupft *pp von* **hupfen** ▶ WENDUNGEN: **etw ist ~ wie gesprungen** it makes no difference at all [*or* odds]
Geh·weg *m* ❶ *s.* **Bürgersteig** ❷ (*Fußweg*) walk
Gei·er <-s, -> [ˈgaiɐ] *m* vulture ▶ WENDUNGEN: **weiß der ~!** (*sl*) God [*or* Christ] knows! *sl*
Gei·fer <-s> [ˈgaifɐ] *m kein pl* slaver, slobber *esp* AM
gei·fern [ˈgaifɐn] *vi* ❶ (*sabbern*) to slaver, to slobber *esp* AM ❷ (*pej: Gehässigkeiten ausstoßen*) ■ **[gegen jdn/etw] ~** to rail [against sb/sth], to rant [*or* rave] [at sb/sth], to revile [*or form* vilify] [sb/sth]
Gei·ge <-, -n> [ˈgaigə] *f* violin, fiddle *fam;* **~ spielen** to play the violin; **etw auf der ~ spielen** to play sth on the violin; **die zweite ~ spielen** to play second violin ▶ WENDUNGEN: **die erste ~ spielen** to call the tune; **die zweite ~ spielen** to play second fiddle
gei·gen [ˈgaign̩] **I.** *vi* to play the violin, to [play the] fiddle *fam* **II.** *vt* ■ **etw ~** to play sth on the violin [*or fam* fiddle]
Gei·gen·bau·er(in) <-s, -> *m(f)* violin-maker **Gei·gen·bo·gen** *m* violin bow **Gei·gen·kas·ten** *m* violin case
Gei·ger(in) <-s, -> [ˈgaigɐ] *m(f)* violinist; **erster ~** first violin
Gei·ger·zäh·ler *m* Geiger counter
geil [ˈgail] **I.** *adj* ❶ (*lüstern*) lecherous; ■ **~ auf jdn sein** to lust after sb, to have the hots for sb; **jdn ~ machen** to make sb horny [*or* BRIT randy] *fam* ❷ (*sl: toll*) wicked *sl*, outstanding *sl* ❸ DIAL (*veraltet: üppig wuchernd*) *Pflanzen* rank, luxuriant **II.** *adv* ❶ (*lüstern*) lecherously ❷ (*sl*) wicked *sl*
Geil·heit <-, -en> *f* lecherousness, lechery
Gei·sel <-, -n> [ˈgaizl̩] *f* hostage; **jdn als ~ nehmen** to take sb hostage; **[jdm] ~n/jdn als ~ stellen** to provide [sb with] hostages/sb as a hostage
Gei·sel·dra·ma *nt* hostage drama [*or* crisis] **Geisel·gangs·ter** [-gɛŋstɐ] *m* [terrorist] hostage-taker **Gei·sel·haft** *f* captivity [as a hostage] **Gei·sel·nah·me** <-, -n> *f* hostage-taking **Gei·sel·neh·mer(in)** <-s, -> *m(f)* hostage-taker
Gei·sha <-, -s> [ˈgeːʃa, ˈgaiʃa] *f* geisha
Geiß <-, -en> [ˈgais] *f* ❶ SÜDD, ÖSTERR, SCHWEIZ [nanny-]goat ❷ JAGD [roe deer, chamois or ibex] doe
Geiß·blatt *nt* honeysuckle, woodbine **Geiß·bock** *m* SÜDD, ÖSTERR, SCHWEIZ (*Ziegenbock*) billy goat
Gei·ßel <-, -n> [ˈgaisl̩] *f* ❶ (*Peitsche*) scourge, whip ❷ (*geh: Plage*) scourge ❸ BIOL flagellum
gei·ßeln [ˈgaisl̩n] *vt* ❶ (*mit der Geißel schlagen*) ■ **jdn/sich ~** to scourge [*or* flagellate] sb/oneself ❷ (*anprangern*) ■ **etw ~** to castigate sth
Gei·ßel·tier·chen *nt* BIOL flagellate
Gei·ße·lung <-, -en> *f* ❶ (*das Geißeln*) scourging, flagellation ❷ (*Anprangerung*) castigation
Geist <-[e]s, -er> [ˈgaist] *m* ❶ *kein pl* (*Vernunft*) mind; **der menschliche ~** [*o* **der ~ des Menschen**] the human mind; **die Rede zeugte nicht von großem ~** the speech was no testament to a great mind ❷ *kein pl* (*Esprit*) wit; **er sprühte vor ~** he was as witty as could be; **ein Mann von ~** a witty man; **~ versprühen** to scintillate; **~ haben** to have esprit ❸ (*Denker*) mind, intellect; **kleine ~er** (*pej*) small-minded people, people of limited intellect ❹ *kein pl* (*Wesen, Sinn, Gesinnung*) spirit; **in kameradschaftlichem ~** in a spirit of camaraderie [*or* comradeship]; **in diesem Büro herrscht ein kollegialer ~** there's a spirit of cooperation in this office; **wes ~es Kind jd ist** (*geh*) the kind of person sb is; **der ~ der Zeit** the spirit of the times, age ❺ (*körperloses Wesen*) spirit, ghost; **der ~ der Finsternis** (*geh*) the Prince of Darkness; **der ~ Gottes** the Spirit of God; **der gute ~ des Hauses** (*geh*) the moving [*or* guiding] spirit of the household; **der böse ~** (*geh*) the Evil One; **dienstbarer ~** ministering angel; **gute/böse ~er** good/evil spirits; **der Heilige ~** the Holy Ghost [*or* Spirit] ▶ WENDUNGEN: **der ~ ist willig, aber das Fleisch ist schwach** (*prov*) the spirit is willing, but the flesh is weak; **von allen guten ~ern verlassen sein** (*fam*) to have taken leave of one's senses; **ein unruhiger ~** (*fam*) a restive spirit, a restless creature; **verwandte ~er** kindred spirits; **jdm auf den ~ gehen** (*fam*) to get on sb's nerves; **seinen** [*o* **den**] **~ aufgeben** (*fig fam*) to give up the ghost *a. fig fam;* **seinen ~ aushauchen** (*euph geh*) to breathe one's last; **da** [*o* **hier**] **scheiden sich die ~er** opinions differ here; **etw im ~e vor sich** *dat* **sehen** to see sth in one's mind's eye, to picture sth; **ich bin** [*o geh* **weile**] **im ~e bei euch** I am with you in spirit
Geis·ter·bahn *f* ghost train **Geis·ter·bil·der** *pl* TV ghosts, ghost images **Geis·ter·fah·rer(in)** *m(f)* (*fam*) *sb driving down a road* [*often a motorway*] *in the wrong direction* **Geis·ter·glau·be** *m* belief in the supernatural
geis·ter·haft **I.** *adj* ghostly **II.** *adv* eerily
Geis·ter·hand *f* ▶ WENDUNGEN: **wie von** [*o* **durch**] **~** as if by magic
geis·tern [ˈgaistɐn] *vi sein* ❶ (*herumgehen*) ■ **durch etw** *akk* **~** to wander through sth like a ghost; **was geisterst du denn im Dunkeln durchs Haus?** what are you doing wandering about [*or* round] the house in the dark like a ghost? ❷ (*spuken*) ■ **durch etw** *akk* **~** to haunt sth; **es geistert immer noch durch die Köpfe** it still haunts people's minds
Geis·ter·se·her(in) *m(f)* seer, visionary **Geis·ter·stadt** *f* ghost town **Geis·ter·stun·de** *f* witching hour
geis·tes·ab·we·send **I.** *adj* absent-minded **II.** *adv* absent-mindedly **Geis·tes·ab·we·sen·heit** *f* absent-mindedness **Geis·tes·blitz** *m* (*fam*) brainwave *fam*, brainstorm AM *fam*, flash of inspiration **Geis·tes·ge·gen·wart** *f* presence of mind **geis·tes·ge·gen·wär·tig** **I.** *adj* quick-witted **II.** *adv* with great presence of mind **Geis·tes·ge·schich·te** *f kein pl* intellectual history **geis·tes·ge·stört** *adj* mentally disturbed [*or* deranged]; **[wohl] ~ sein** (*fam*) to be not quite right in the head *fam* **Geis·tes·ge·stör·te(r)** *f(m) decl wie adj* mentally disturbed person **Geis·tes·grö·ße** *f(m)* ❶ *kein pl* (*überragende Fähigkeit*) greatness of mind, intellectual genius ❷ (*Genie*) genius, great mind **Geis·tes·hal·tung** *f* attitude [of mind] **geis·tes·krank** *adj* mentally ill; ■ **~ sein** to be mentally ill; **[wohl] ~ sein** (*fam*) to be crazy [*or fam* mad] **Geis·tes·kran·ke(r)** *f(m) decl wie adj* mentally ill person, mental patient; **wie ein ~r/eine ~** (*fam*) like a madman/madwoman *fam* **Geis·tes·krank·heit** *f* mental illness **Geis·tes·stö·rung** *m* mental disorder **geis·tes·ver·wandt** *adj* spiritually akin; **~ sein** to be kindred spirits **Geis·tes·ver·wir·rung** *f* mental aberration **Geis·tes·wis·sen·schaf·ten** *pl* arts, humanities **Geis·tes·wis·sen·schaft·ler(in)** *m(f)* ❶ (*Wissenschaftler*) arts [*or* humanities] scholar ❷ (*Student*) arts [*or* humanities] student **geis·tes·wis·sen·schaft·lich** *adj* arts **Geis·tes·zu·stand** *m*

mental condition, state of mind; **jdn auf seinen ~ untersuchen** to examine sb's mental state; **du solltest dich [mal] auf deinen ~ untersuchen lassen!** (*fam*) you need your head looking at! *fam!*

Geist·hei·ler(in) *m(f)* spiritual healer

geis·tig ['gaistɪç] **I.** *adj* ❶ (*verstandesmäßig*) intellectual, mental ❷ (*nicht leiblich, spirituell*) spiritual **II.** *adv* ❶ (*verstandesmäßig*) intellectually, mentally; **~ anspruchslos/anspruchsvoll** intellectually undemanding/demanding, low-brow/high-brow *fam* ❷ MED mentally; **~ auf der Höhe sein** to be mentally [fighting] fit; **~ behindert/zurückgeblieben** mentally handicapped/retarded, with learning difficulties

geis·tig-mo·ra·lisch *adj* spiritual and moral

geist·lich ['gaistlɪç] **I.** *adj* ❶ (*religiös*) religious ❷ (*kirchlich*) ecclesiastical; **~es Amt** religious office; **der ~e Stand** the clergy; **~er Beistand** spiritual support **II.** *adv* spiritually

Geist·li·che(r) *f(m) decl wie adj* clergyman *masc*, minister, priest, woman priest *fem*

Geist·lich·keit <-> *f kein pl* clergy

geist·los *adj* ❶ (*dumm*) stupid, witless ❷ (*einfallslos*) inane

Geist·lo·sig·keit <-, -en> *f* ❶ *kein pl* (*geistlose Art*) inanity ❷ (*geistlose Äußerung*) inanity, stupid remark

geist·reich *adj* ❶ (*intellektuell anspruchsvoll*) intellectually stimulating ❷ (*voller Esprit*) Mensch witty ❸ (*iron: dumm*) bright *iron;* **das war sehr ~ [von dir]!** that was very bright [of you]! **geist·tö·tend** *adj* (*pej fam*) soul-destroying **geist·voll** *adj* ❶ (*scharfsinnig*) astute, sagacious ❷ (*intellektuell anspruchsvoll*) intellectual[ly stimulating]

Geiz <-es> ['gaits] *m kein pl* meanness BRIT, miserliness

gei·zen ['gaitsn̩] *vi* ❶ (*knauserig sein*) ■**mit etw** *dat* **~** to be mean [*or* BRIT stingy] with sth ❷ (*zurückhaltend sein*) ■**mit etw** *dat* **~** to be sparing with sth

Geiz·hals *m* (*pej*) miser, skinflint *fam*

gei·zig ['gaitsɪç] *adj* mean BRIT, stingy *fam*, tight-fisted *fam*, miserly, cheap AM

Geiz·kra·gen *m* (*fam*) *s.* **Geizhals**

Ge·jam·mer <-s> [gə'jamɐ] *nt kein pl* (*pej fam*) yammering *fam*

Ge·joh·le <-s> [gə'jo:lə] *nt kein pl* (*pej*) howling; **unter lautem ~** with loud howls

ge·kannt [gə'kant] *pp von* **kennen**

Ge·kei·fe <-s> [gə'kaifə] *nt kein pl* (*pej*) nagging, scolding

Ge·ki·cher <-s> [gə'kɪçɐ] *nt kein pl* (*pej fam*) giggling, tittering

Ge·klap·per <-s> [gə'klapɐ] *nt kein pl* (*pej fam*) clatter[ing]

ge·klei·det *adj* (*geh*) dressed; **eine weiß ~e Dame** a lady dressed in white; ■**... ~ sein** to be ... dressed

Ge·klim·per <-s> [gə'klɪmpɐ] *nt kein pl* (*pej fam*) ❶ (*auf dem Klavier*) plonking *fam* ❷ (*mit Saiteninstrument*) twanging, twanking *fam*

Ge·klir·r(e) <-[e]s> [gə'klɪr(ə)] *nt kein pl* clinking

ge·klom·men [gə'klɔmən] *pp von* **klimmen**

ge·klont *adj inv* cloned

ge·klun·gen [gə'klʊŋən] *pp von* **klingen**

Ge·knat·ter <-s> [gə'knatɐ] *nt kein pl* (*pej*) racket *fam*

ge·knickt *adj* (*fam*) glum, dejected

ge·knif·fen [gə'knɪfn̩] *pp von* **kneifen**

Ge·knis·ter <-s> [gə'knɪstɐ] *nt kein pl* ❶ (*Papier*) rustling ❷ (*Feuer*) crackling

ge·kom·men *pp von* **kommen**

ge·konnt [gə'kɔnt] **I.** *pp von* **können** **II.** *adj* masterly, accomplished; **ein ~er Schuss** an excellent shot

Ge·kräch·z(e) <-es> [gə'krɛçts(ə)] *nt kein pl* ❶ (*eines Vogels*) cawing ❷ (*eines Menschen*) croaking

Ge·kra·kel <-s> [gə'kra:kl̩] *nt kein pl* (*pej fam*) ❶ (*krakelige Schrift*) scrawl, scribble ❷ (*lästiges Krakeln*) scrawling, scribbling

Ge·kreu·zig·te(r) *f(m) decl wie adj* (*gekreuzigter Mensch*) crucified person; **[Jesus] der ~** [Jesus] the Crucified

Ge·krit·zel <-s> [gə'krɪtsl̩] *nt kein pl* (*pej*) ❶ (*Gekritzeltes*) scribble, scrawl ❷ (*lästiges Kritzeln*) scribbling, scrawling

ge·kro·chen [gə'krɔxn̩] *pp von* **kriechen**

Ge·krö·se <-s, -> [gə'krø:zə] *nt* ANAT mesentery

ge·küns·telt **I.** *adj* (*pej*) artificial; **~es Lächeln** forced smile; **~e Sprache/~es Benehmen** affected language/behaviour [*or* AM -or] **II.** *adv* (*pej*) artificially, affectedly

Gel <-s, -e> ['ge:l] *nt* gel

Ge·la·ber(e) <-s> [gə'la:bɐ] *nt kein pl* (*pej fam: andauerndes Reden*) blabbering, rabbiting BRIT *fam;* **Schluss jetzt mit dem ~** stop blabbering [*or* BRIT rabbiting [on]]; (*dummes Gerede*) babbling [*or* babble], blather[ing], prattling [*or* prattle]

Ge·läch·ter <-s, -> [gə'lɛçtɐ] *nt* laughter; **in ~ ausbrechen** to burst into laughter [*or* out laughing]; **jdn dem [o** *geh* **jds] ~ preisgeben** to make sb a/the laughing stock

ge·lack·mei·ert [gə'lakmaiɐt] *adj* (*fam*) ■**~ [o der/die G~e] sein** to be the one who has been conned [*or* duped] [*or* had] *fam*

ge·la·den **I.** *pp von* **laden¹, laden²** **II.** *adj* (*fam*) ■**~ sein [auf jdn]** to be furious [*or* livid] [with sb]

Ge·la·ge <-s, -> [gə'la:gə] *nt* blowout *fam*, binge *fam*

ge·la·gert **I.** *pp von* **lagern** **II.** *adj* **in so ~en Fällen** in such cases; **der Fall ist etwas anders ~** the case is somewhat different

ge·lähmt **I.** *pp von* **lähmen** **II.** *adj* paralyzed; **ganzseitig/halbseitig ~** totally paralyzed down one side [*or* hemiplegic]; **spastisch ~ sein** to suffer from spastic paralysis

Ge·lähm·te(r) *f(m) decl wie adj* person who is paralyzed, paralytic

Ge·län·de <-s, -> [gə'lɛndə] *nt* ❶ (*Land*) ground, terrain; **das ~ fällt sanft/steil ab/steigt sanft/steil an** the ground falls [away]/rises gently/steeply; **freies [o offenes] ~** open terrain [*or* country] ❷ (*bestimmtes Stück Land*) site; **das ~ erkunden** to check out the area [*or* lie of the land]

Ge·län·de·auf·nah·me *f* land survey **Ge·län·de·fahrt** *f* cross-country [*or* off-road] drive **Ge·län·de·fahr·zeug** *nt* all-terrain vehicle, ATV, off-road vehicle **ge·län·de·gän·gig** *adj* suitable for off-road driving **Ge·län·de·lauf** *m* cross-country run

Ge·län·der <-s, -> [gə'lɛndɐ] *nt* railing[s]; (*Treppengeländer*) banister[s]

Ge·län·de·rei·fen *m* cross-country [*or* all-terrain] tyre [*or* AM tire] **Ge·län·de·ren·nen** *nt* cross-country race **Ge·län·de·ritt** *m* cross-country riding **Ge·län·de·strei·fen** *m* strip of land **Ge·län·de·übung** *f* MIL field exercise **Ge·län·de·wa·gen** *m* all-terrain vehicle, ATV, off-road vehicle

ge·lang [gə'laŋ] *imp von* **gelingen**

ge·lan·gen* [gə'laŋən] *vi sein* ❶ (*hinkommen*) ■**irgendwohin ~** to reach somewhere; **ans Ziel/an den Bestimmungsort ~** to reach one's destination; **in die falschen Hände ~** to fall into the wrong hands ❷ (*erwerben*) ■**zu etw** *dat* **~** to achieve [*or* acquire] sth; **zu hohem Ansehen ~** to attain high standing; **zu hohen Ehren/zu Ruhm und Reichtum ~** to gain great honour [*or* AM -or] /fame and fortune ❸ (*geh: getan werden*) ■**zu etw** *dat* **~** to come to sth; **zum Abschluss ~** to come to an end [*or* reach a conclusion]; **zum Einsatz ~** to be deployed; **zur Aufführung/Ausführung ~** to be performed/carried out ❹ SCHWEIZ ■**[mit etw** *dat*] **an jdn ~** to turn to [*or* consult] sb [about sth]

ge·lang·weilt **I.** *adj* bored **II.** *adv* **~ dasitzen** to sit there bored; **er gähnte ~** he gave a bored yawn, he yawned with boredom

ge·las·sen [gə'lasn̩] **I.** *pp von* **lassen** **II.** *adj* calm, composed **III.** *adv* calmly, with composure

Ge·las·sen·heit <-> *f kein pl* calmness, composure

Ge·la·ti·ne <-> [ʒela'ti:nə] *f kein pl* gelatin[e]

ge·lau·fen *pp von* **laufen**

ge·läu·fig [gə'lɔyfɪç] *adj* common, familiar; **dieser Ausdruck ist mir leider nicht ~** I'm afraid I'm not familiar with this expression

G

Gelassenheit, Erleichterung

Gelassenheit ausdrücken	expressing composure
Nur keine Panik/Aufregung!	Don't panic/get excited!
Machen Sie sich keine Sorgen.	Don't you worry about a thing.
Keine Angst, das werden wir **schon** hinkriegen.	**Don't worry,** we'll manage (it) **all right.**
Abwarten und Tee trinken. *(fam)*	We'll just have to wait and see (what happens).
Es wird schon werden.	It'll be all right.
Alles halb so schlimm.	It's not as bad as all that.
Ganz ruhig bleiben!	Stay calm!/Keep cool! *(fam)*

Erleichterung ausdrücken	expressing relief
Bin ich froh, dass es so gekommen ist!	I'm so glad it turned out like this!
Mir fällt ein Stein vom Herzen!	That's a weight off my mind!
Ein Glück, dass du gekommen bist!	**It's lucky** you came!
Gott sei Dank!	Thank God!
Geschafft!	Done it!
Endlich!	At last!

ge·launt [gə'launt] *adj pred* ■**...** ~ **sein** to be in a ... mood
Ge·läu·t(e) <-[e]s> [gə'lɔyt(ə)] *nt kein pl* pealing, chiming
gelb ['gɛlp] *adj* yellow; **die Blätter werden** ~ the leaves are turning yellow; *s. a.* **Post, Seite**
Gelb <-s, - *o* -s> ['gɛlp] *nt* ❶ *(gelbe Farbe)* yellow; **ein schreiendes/grelles** ~ a loud/garish yellow ❷ *(bei Verkehrsampel)* amber; **die Ampel stand auf** ~ the lights were amber
Gel·be(s) ['gɛlbə] *nt decl wie adj* ►WENDUNGEN: **nicht das** ~ **vom Ei sein** *(fam)* to be nothing to write home about, to not be exactly the bee's knees BRIT *fam*
Gel·ber FlussRR *m s.* **Huang-he**
Gelb·fie·ber *nt* yellow fever **Gelb·fil·ter** *m* FOTO yellow filter **gelb·grün** *adj* yellowish-green
gelb·lich ['gɛlplɪç] *adj* yellowish, yellowy; **eine ~e Gesichtsfarbe** a sallow complexion
Gelb·pflau·me *f* hog plum **gelb·sti·chig** *adj* ■~ **werden** to go [rather] yellow **Gelb·sucht** *f kein pl* jaundice, icterus **gelb·süch·tig** *adj* jaundiced; ■~ **sein** to have jaundice **Gelb·wur·zel** *f kein pl* turmeric
Geld <-[e]s, -er> ['gɛlt, *pl* 'gɛldɐ] *nt* ❶ *kein pl (Zahlungsmittel)* money; **für ~ ist alles zu haben** anything can be bought with money; **bares** ~ cash; **das ist bares ~!** that's worth hard cash!; **falsches** [*o* **gefälschtes**] ~ counterfeit money; **großes/kleines** ~ notes *pl*/change; **das ist doch hinausgeworfenes ~!** that is a waste of money [*or fam* money down the drain]!; ~ **wie Heu haben** *(fam)* to have money to burn [*or fam* stacks of money]; **das große ~ verdienen** to earn big money *fam;* **schnelles** ~ *(fam)* easy money *fam;* **etw für teures ~ kaufen** to pay a lot [of money] for sth; **nicht mit ~ zu bezahlen sein** *(fam)* to be priceless; **ins ~ gehen** [*o* **laufen**] *(fam)* to cost a pretty penny *fam;* **nicht für ~ zu haben sein** *(fam)* not to be had for money, not to be bought; **hinterm ~/hinter jds ~ her sein** *(fam)* to be a money-grabber/after sb's money; **nicht mit ~ umgehen können** not to be able to handle money, to be hopeless with money *fam;* [**mit etw** *dat*] **~ machen** *(fam)* to make money [from sth]; **etw zu ~ machen** *(fam)* to turn sth into money [*or* cash], to cash on sth; ~ **aufnehmen** to raise money; **um ~ spielen** to play for money ❷ *pl (Mittel)* money, funds ►WENDUNGEN: **das ~ zum Fenster hinauswerfen** *(fam)* to throw money down the drain *fam;* **jdm das ~ aus der Tasche ziehen** *(fam)* to squeeze money out of sb; ~ **regiert die Welt** *(prov)* money makes the world go round *prov;* **nicht für ~ und gute Worte** *(fam)* not for love or money; ~ **allein macht nicht glücklich** *(prov)* money isn't everything *prov;* **gutes ~ dem Schlechten nachwerfen** to throw good money after bad; **in** [*o* **im**] ~ **schwimmen** *(fam)* to be rolling in money [*or* it] *fam;* ~ **stinkt nicht** *(prov)* money has no smell, there's nothing wrong with money, money is not to be sniffed at; **mit ~ um sich werfen** [*o fam* **schmeißen**] to throw [*or fam* chuck] one's money about [*or* around]
Geld·ab·wer·tung *f* currency devaluation **Geld·adel** *m kein pl* financial aristocracy, plutocracy **Geld·an·ge·le·gen·heit** *f meist pl* financial [*or* money] matter; ■**jds ~en** sb's financial affairs; **in ~en** when it comes to matters of money **Geld·an·la·ge** *f* [financial] investment **Geld·aris·to·kra·tie** *f s.* **Geldadel Geld·auf·wer·tung** *f* currency revaluation **Geld·au·to·mat** *m* cashpoint, cash dispenser, automated teller machine, ATM **Geld·be·schaf·fung** *f* obtaining [of] money **Geld·be·trag** *m* sum **Geld·beu·tel** *m* SÜDD *s.* **Geldbörse Geld·bom·be** *f* ≈ night-safe box **Geld·bör·se** *f* ÖSTERR *(sonst geh: Portmonee)* purse, wallet **Geld·brief·trä·ger(in)** *m(f) postman who delivers items containing money or COD items* **Geld·bu·ße** *f* JUR fine; **eine hohe/saftige** *fam* ~ a heavy/hefty fine **Geld·ent·wer·tung** *f* currency depreciation, inflation
Gel·der *pl* moneys *pl;* **über die nötigen ~ verfügen** to have the necessary means
Geld·er·werb *m* acquisition of money; **einem ~ nachgehen** to pursue an occupation, to work **Geld·for·de·rung** *f* claim [for money], demand for money; ■**eine ~ an jdn haben** to have a claim against sb **Geld·ge·ber(in)** <-s, -> *m(f)* [financial] backer, sponsor **Geld·ge·schäft** *nt* financial transaction **Geld·ge·schenk** *nt* gift of money, gratuity **Geld·gier** *f* avarice **geld·gie·rig** *adj* avaricious, greedy for money **Geld·grün·de** *pl* ■**aus ~n** for reasons of money, for [*or* because of] the money **Geld·gür·tel** *m* money belt **Geld·hahn** *m* ►WENDUNGEN: **jdm/einer S. den ~ zudrehen** to cut off sb's/sth's supply of money **Geld·hei·rat** *f (pej)* marriage for money **Geld·herr·schaft** *f* plutocracy **Geld·in·sti·tut** *nt* financial institution **Geld·kas·set·te** *f* cash box **Geld·knapp·heit** *f* shortage of money **Geld·kurs** *m* FIN buying [*or* bid] price
geld·lich ['gɛltlɪç] *adj* financial
Geld·man·gel *m* lack [*or* shortage] of money **Geld·markt** *m*

money [*or* financial] market **Gẹld·men·ge** *f* ❶ (*Geldsumme*) amount [*or* sum] of money ❷ (*Geldumlauf*) money supply **Gẹld·mit·tel** *pl* funds *pl* **Gẹld·not** *f* lack of money, financial straits *npl* [*or* difficulties] *pl* **Gẹld·po·li·tik** *f* financial [*or* monetary] policy **Gẹld·prä·mie** *f* [cash] bonus **Gẹld·preis** *m* cash prize, prize money **Gẹld·quel·le** *f* financial source, source of income **Gẹld·rol·le** *f* roll of coins **Gẹld·rück·ga·be** *f* (*an Automaten*) returned [*or* rejected] coins **Gẹld·schein** *m* banknote, bill AM **Gẹld·schrank** *m* safe **Gẹld·schwie·rig·kei·ten** *pl* financial straits *npl* [*or* difficulties] *pl* **Gẹld·se·gen** *m kein pl* (*emph fam*) welcome sum; (*unerwartet a.*) windfall **Gẹld·sor·gen** *pl* money troubles *pl,* financial worries *pl;* **~ haben** [*o* **in ~ sein**] to have money troubles [*or* financial worries] **Gẹld·spen·de** *f* [monetary] donation [*or* contribution] **Gẹld·spiel·au·to·mat** *m* slot machine **Gẹld·sprit·ze** *f* injection of money, cash injection **Gẹld·stra·fe** *f* fine; **jdn zu einer ~ verurteilen** [*o* **jdn mit einer ~ belegen**] to fine sb, to impose a fine on sb **Gẹld·stück** *nt* coin **Gẹld·summe** *f* sum of money **Gẹld·ta·sche** *f* money bag [*or* pouch] **Gẹld·trans·por·ter** *m* security van BRIT, armored car AM **Gẹld·um·lauf** *m* circulation of money, money supply **Gẹld·um·tausch** *m* exchange of money, foreign exchange **Gẹld·ver·die·ner(in)** <-s, -> *m(f)* money earner; **solange ich der einzige ~ in der Familie bin ...** as long as I'm the only one in the family earning any money ... [*or* the only breadwinner in the family ...] **Gẹld·ver·kehr** *m kein pl* money transactions *pl* **Gẹld·ver·le·gen·heit** *f* financial embarrassment *no pl;* **in ~en sein** to be short of money, to have a cash-flow problem *euph* **Gẹld·ver·lei·her(in)** <-s, -> *m(f)* moneylender **Gẹld·ver·schwen·dung** *f* waste of money **Gẹld·wasch·an·la·ge** *f* money-laundering operation [*or* outfit] **Gẹld·wä·sche** *f* money-laundering **Gẹld·wä·scher(in)** <-s, -> *m(f)* money launderer **Gẹld·wech·sel** *m* exchange of money, foreign exchange; **„~"** bureau de change **gẹld·wert** *adj* **~er Vorteil** perk *fam,* perquisite **Gẹld·wert** *m* ❶ (*Kaufkraft*) value of a currency ❷ (*eines Gegenstandes*) cash value **Gẹld·zu·wen·dun·gen** *pl* allowance

ge·lẹckt *adj* ► WENDUNGEN: **wie ~ aussehen** *Mensch* to be spruced up [*or* BRIT look spruce]; *Zimmer, Boden* to be [*or* look] spick and span

Ge·lee <-s, -s> [ʒeˈleː, ʒəˈleː] *m o nt* jelly

Ge·le·ge <-s, -> [gəˈleːgə] *nt* [clutch of] eggs

ge·le·gen [gəˈleːgn̩] I. *pp von* **liegen** II. *adj* (*passend*) convenient, opportune; **jdm gerade ~ kommen** (*iron*) **du kommst mir gerade ~** your timing is brilliant *iron,* you do pick your time *iron;* **jdm ~ kommen** to come at the right time for sb; **diese Rechnung kommt mir nicht sehr ~** this bill comes just at the wrong time for me

Ge·le·gen·heit <-, -en> [gəˈleːgn̩hait] *f* ❶ (*günstiger Moment*) opportunity; **bei der nächsten** [*o* **ersten** [**besten**]] **~** at the first opportunity; **bei nächster ~** at the next opportunity; **bei passender ~** at an opportune moment, when the opportunity arises; **jdm die ~ bieten** [*o* **geben**], **etw zu tun** to give sb the opportunity of doing [*or* to do] sth; **die ~ haben, etw zu tun** to have the opportunity of doing [*or* to do] sth; **bei ~** some time ❷ (*Anlass*) occasion; **bei dieser ~** on this occasion ❸ (*günstiges Angebot*) bargain ► WENDUNGEN: **~ macht Diebe** (*prov*) opportunity makes a thief; **die ~ beim Schopf[e] ergreifen fassen** [*o fam* **packen**] [*o geh* **ergreifen**] to seize [*or* grab] the opportunity with both hands

Ge·le·gen·heits·ar·beit *f* casual work **Ge·le·gen·heits·ar·bei·ter(in)** *m(f)* casual labourer [*or* AM -orer] **Ge·le·gen·heits·dieb(in)** *m(f)* occasional thief **Ge·le·gen·heits·kauf** *m* bargain [purchase]

ge·le·gent·lich [gəˈleːgn̩tlɪç] I. *adj attr* occasional; **von ~en Ausnahmen abgesehen** apart from the odd exception II. *adv* ❶ (*manchmal*) occasionally ❷ (*bei Gelegenheit*) some time; **wenn Sie ~ in der Nachbarschaft sind ...** if you happen to be around here ...

ge·leh·rig [gəˈleːrɪç] I. *adj* quick to learn II. *adv* **sich ~ anstellen** to be quick to learn

Ge·leh·rig·keit <-> *f kein pl* ability to learn quickly

ge·lehr·sam *adj* ❶ (*geh*) *s.* **gelehrig** ❷ (*veraltet*) *s.* **gelehrt**

Ge·lehr·sam·keit <-> *f kein pl* (*geh*) *s.* **Gelehrtheit**

ge·lehrt *adj* ❶ (*gebildet*) learned, erudite ❷ (*wissenschaftlich*) scholarly

Ge·lehr·te(r) *f(m) decl wie adj* scholar; **darüber sind sich die ~n noch nicht einig, darüber streiten sich die ~n noch** (*hum*) the experts cannot agree on that, that's a moot point, the jury's still out on that one *fam*

Ge·lehrt·heit <-> *f kein pl* learning, erudition, scholarship

Ge·lei·se <-s, -> [gəˈlaizə] *nt* ÖSTERR, SCHWEIZ (*geh: Gleis*) platform

Ge·leit <-[e]s, -e> [gəˈlait] *nt* **freies** [*o* **sicheres**] **~** safe-conduct; **jdm das ~ geben** (*geh*) to escort [*or* accompany] sb; **jdm das letzte ~ geben** (*fig geh*) to pay one's last respects to sb

ge·lei·ten* [gəˈlaitn̩] *vt* (*geh*) ■**jdn** [**irgendwohin**] **~** to escort [*or* accompany] sb [somewhere]

Ge·leit·schutz *m* MIL escort; **jdm/einer S. ~ geben** to escort sb/sth

Ge·lenk <-[e]s, -e> [gəˈlɛŋk] *nt* ANAT, TECH joint

Ge·lẹnk·bus *m* articulated bus **Ge·lẹnk·ent·zün·dung** *f* MED arthritis **Ge·lẹnk·fahr·zeug** *nt* articulated vehicle

ge·len·kig [gəˈlɛŋkɪç] *adj* agile, supple

Ge·len·kig·keit <-> *f kein pl* agility, suppleness

Ge·lẹnk·kopf *m s.* **Gelenkkugel** **Ge·lẹnk·ku·gel** *f* ANAT head [of a bone], condyle *spec* **Ge·lẹnk·pfan·ne** *f* ANAT socket, glenoid *spec* **Ge·lẹnk·rheu·ma·tis·mus** *m* MED rheumatic fever, acute [*or* articular] rheumatism **Ge·lẹnk·schmie·re** *f* ANAT synovial fluid, synovia **Ge·lẹnk·wel·le** *f* TECH cardan shaft BRIT

ge·lẹrnt *adj* skilled *attr;* (*qualifiziert*) trained *attr*

ge·le·sen *pp von* **lesen**

Ge·lich·ter <-s> [gəˈlɪçtɐ] *nt kein pl* (*pej geh*) riff-raff + *pl vb pej*

ge·liebt *adj* dear; **ihr ~er Mann** her dear [*or form a.* beloved] husband

Ge·lieb·te(r) *f(m) decl wie adj* lover, sweetheart

ge·lie·fert *adj* (*fam*) ■**~ sein** to have had it *fam,* to be history *fam*

ge·lie·hen [gəˈliːən] *pp von* **leihen**

ge·lie·ren* [ʒeˈliːrən, ʒəˈliːrən] *vi* to gel

Ge·lier·zu·cker *m* gelling sugar

ge·lin·d(e) [gəˈlɪnt, gəˈlɪndə] *adj* ❶ (*geh: mäßig, mild*) mild, light; **ein ~es Klima** a mild [*or* gentle] climate; **ein ~er Regen/Frost** a light rain/frost ❷ (*fam: heftig*) awful ► WENDUNGEN: **~ gesagt** to put [*or* putting] it mildly

ge·lin·gen <gelang, gelungen> [gəˈlɪŋən] *vi sein* ■**jdm gelingt es, etw zu tun** sb succeeds in doing sth, sb manages to do sth; ■**jdm gelingt es nicht, etw zu tun** sb fails to do sth; *s. a.* **gelungen**

Ge·lin·gen <-s> [gəˈlɪŋən] *nt kein pl* (*geh*) success; *Projekt* successful outcome; **auf gutes ~!** to success!

ge·lit·ten [gəˈlɪtn̩] *pp von* **leiden**

gel·l(e) [ˈgɛl(ə)] *interj* SÜDD, SCHWEIZ (*gelt?*) right?

gel·len [ˈgɛlən] *vi* ■[**laut**] **~** to ring [loudly]

gẹl·lend I. *adj* piercing, shrill II. *adv* piercingly, shrilly; **~ um Hilfe schreien** to scream for help

ge·lo·ben* [gəˈloːbn̩] *vt* (*geh*) ■[**jdm**] **etw ~** to vow [*or* pledge] sth [to sb]; **jdm Gefolgschaft ~** to swear [*or* pledge] [*or* vow] [one's] allegiance to sb; **ein einsichtigeres Verhalten ~** to swear to behave more reasonably; ■[**jdm**] **~, etw zu tun** to swear [*or* vow] [to sb] that one will do sth

Ge·löb·nis <-ses, -se> [gəˈløːpnɪs, *pl* gəˈløːpnɪsə] *nt* ❶ (*geh*) vow; **ein ~ ablegen** to take a vow ❷ MIL vow; **das ~ ablegen** to be sworn in

ge·lọckt *adj* curly; **ein ~es Kind** a curly-haired child

ge·lo·gen [gəˈlo:gn̩] *pp von* **lügen**
ge·löst *adj* relaxed
Gel·se <-, -n> [ˈgɛlzə] *f* ÖSTERR gnat; (*größer*) mosquito
gelt [ˈgɛlt] *interj* SÜDD, ÖSTERR, SCHWEIZ (*nicht wahr?*) right?
Gel·te <-, -n> [ˈgɛltə] *f* SCHWEIZ (*Bütte*) vat, tub
gel·ten <gilt, galt, gegolten> [ˈgɛltn̩] **I.** *vi* ❶ (*gültig sein*) ■ [**für jdn**] ~ *Regelung* to be valid [for sb]; *Bestimmungen* to apply [to sb]; *Gesetz* to be in force; *Preis, Gebühr, Satz, Angebot* to be effective; *Geld* to be legal tender; *s. a.* **Wette** ❷ (*bestimmt sein für*) ■ **jdm/einer S.** ~ to be meant for sb/sth; *Buhrufe* to be aimed at sb/sth; *Frage* to be directed at sb; **der Applaus gilt dir!** the applause was for you! ❸ (*geh: betreffen*) ■ **jdm/einer S.** ~ to be for sb/sth; **seine ganze Liebe galt der Kunst** art was his greatest love ❹ (*zutreffen*) ■ **für jdn** ~ to go [*or* hold] for sb; **das gleiche gilt auch für mich** the same goes for [*or* is true of] me too ❺ (*gehalten werden*) ■ **als** [*o selten* **für**] **etw** ~ to be regarded as sth; **er gilt als absolut zuverlässig** he is regarded as being absolutely reliable ▶ WENDUNGEN: **etw** ~ **lassen** to accept sth; **für diesmal werde ich es ausnahmsweise** ~ **lassen** I'll let it go this time **II.** *vi impers* (*geh*) ■ **es gilt, etw zu tun** it is necessary to do sth; **jetzt gilt es, zusammenzuhalten** it is now a matter of sticking together; **es gilt!** you're on!; **jetzt gilt's!** this is it!; **das gilt nicht!** that's not allowed!; **was gilt's?** what shall we bet for?, what do you bet?
gel·tend *adj attr* (*gültig*) current; (*vorherrschend*) prevailing; **es ist die** ~**e Meinung, dass ...** it's the prevailing opinion that ...; **etw** ~ **machen** (*geh*) to assert sth; **einen Einwand** ~ **machen** to raise an objection; **Ansprüche/Forderungen** ~ **machen** to make claims/demands; **sich** ~ **machen** to make itself noticeable [*or* felt]
Gel·tend·ma·chung <-> *f kein pl* (*geh*) enforcement *no pl*
Gel·tung <-, -en> *f* ❶ (*Gültigkeit*) validity *no indef art, no pl;* ~ **erlangen/haben** to become/be valid ❷ (*Ansehen*) prestige *no indef art, no pl;* **etw zur** ~ **bringen** to show off *sep* sth to [its] advantage; ~ **haben** [*o* **besitzen**] to have influence; [**voll**] **zur** ~ **kommen** to be shown to [one's/its fullest] advantage; **sich/einer S.** *dat* ~ **verschaffen** to establish one's position/to enforce sth
Gel·tungs·be·dürf·nis *nt kein pl* need for admiration **gel·tungs·be·dürf·tig** *adj* needing admiration *pred;* (*stärker*) desperate for admiration *pred;* ■ ~ **sein** to need to be admired/to be desperate for admiration **Gel·tungs·be·reich** *m* *Fahrkarte* zone [*or* area] of validity; *Gesetz* scope, purview *form* **Gel·tungs·dau·er** *f* [period of] validity **Gel·tungs·drang** *m kein pl* PSYCH need for recognition **Gel·tungs·sucht** *f kein pl* PSYCH craving for recognition [*or* admiration] *no pl* **Gel·tungs·trieb** *m s.* **Geltungsbedürfnis**
Ge·lüb·de <-s, -> [gəˈlʏpdə] *nt* (*geh*) vow; **ein/sein** ~ **ablegen** to take a/one's vow
ge·lun·gen [gəˈlʊŋən] **I.** *pp von* **gelingen II.** *adj attr* successful; **das ist doch eine** ~**e Überraschung, oder?** wasn't that a great surprise?
Ge·lüst <-[e]s, -e> [gəˈlʏst] *nt,* **Ge·lüs·te** <-s, -> [gəˈlʏstə] *nt* (*geh*) craving; **ein** ~ [**auf etw** *akk*/**nach etw** *dat*] **haben** to have a craving [for sth]
ge·lüs·ten* [gəˈlʏstn̩] *vt impers* (*geh*) ■ **jdn gelüstet es nach etw** *dat* sb craves for sth; (*schwächer*) sb fancies sth BRIT; ■ **jdn gelüstet es, etw zu tun** sb is tempted to do sth
ge·mach [gəˈma:x] *interj* (*liter*) no rush!, take it easy!
Ge·mach <-[e]s, Gemächer> [gəˈma:x, *pl* gəˈmɛ:çɐ] *nt* (*liter*) chamber[s *pl*] *old;* **sich in seine Gemächer zurückziehen** (*hum*) to repair to bed *hum old,* to retire to one's chamber[s] *hum old*
ge·mäch·lich [gəˈmɛ:çlɪç] **I.** *adj* leisurely, unhurried; **ein** ~**es Leben** a quiet life **II.** *adv* leisurely; ~ **frühstücken** to have a leisurely breakfast
Ge·mahl(in) <-s, -e> [gəˈma:l] *m(f)* (*geh*) spouse *form,* husband *masc,* wife *fem;* ■ **ihr Herr** ~**/Ihre Frau** ~ **in** your husband/wife
ge·mah·nen* [gəˈma:nən] *vt* (*geh*) ❶ (*denken lassen*) ■ **jdn an etw** *akk* ~ to remind sb of sth ❷ (*ernst erinnern*) ■ [**jdn**] **an jdn** ~ to [cause sb to] remember sb
Ge·mäl·de <-s, -> [gəˈmɛ:ldə] *nt* painting
Ge·mäl·de·aus·stel·lung *f* exhibition of paintings **Ge·mäl·de·ga·le·rie** *f* picture gallery **Ge·mäl·de·samm·lung** *f* art collection, collection of paintings
Ge·mar·kung <-, -en> [gəˈmarkʊŋ] *f* district
ge·ma·sert *adj* grained
ge·mäß [gəˈmɛ:s] **I.** *präp +dat* in accordance with; ~ **§ 198** according to § 198; ~ **Ihrem Wunsch** [*o* **Ihrem Wunsch** ~] as per your wish **II.** *adj* ■ **jdm/einer S.** ~ appropriate to sb/sth; **einem Anlass** ~**e/**~**ere Kleidung** clothes suitable for the occasion; **ein** ~**es Benehmen** appropriate behaviour [*or* AM -or]; **eine seinen Fähigkeiten** ~**e Beschäftigung** a job suited to one's abilities; **das einzig G**~**e** the only fitting thing
ge·mäßigt *adj* ❶ METEO **ein** ~**es Klima** a temperate climate ❷ (*moderat*) moderate
Ge·mäu·er <-s> [gəˈmɔyɐ] *nt kein pl* (*geh*) masonry *no indef art, no pl,* walls *pl;* (*Ruine*) ruins *pl*
Ge·me·cker <-s> [gəˈmɛkɐ] *nt,* **Ge·me·cke·re** <-s> [gəˈmɛkərə] *nt,* **Ge·meck·re** <-s> [gəˈmɛkrə] *nt kein pl* (*pej*) ❶ ([*lästiges*] *Meckern*) bleating[s *pl*] ❷ (*fam: Nörgelei*) moaning, whining *pej,* whinging *no pl* BRIT *pej fam*
ge·mein [gəˈmain] **I.** *adj* ❶ (*niederträchtig*) mean, nasty; **das war** ~ [**von dir**]! that was nasty [*or* mean] [of you]! ❷ (*fam: unfair*) mean; **das ist** ~**!** that's so mean! ❸ (*böse*) nasty ❹ *attr, kein comp/superl* BOT, ZOOL common ❺ *pred* (*geh: gemeinsam*) ■ **jdm/einer S.** ~ **sein** to be common to sb/sth; **etw mit jdm/etw** ~ **haben** to have sth in common with sb/sth ▶ WENDUNGEN: **sich mit jdm** ~ **machen** to be in cahoots with sb *fam* **II.** *adv* (*fam*) awfully *fam,* AM *a.* awful *fam,* horribly
Ge·mein·be·sitz *m* common property; **etw in** ~ **überführen** to place sth in common property
Ge·mein·de <-, -n> [gəˈmaində] *f* ❶ (*Kommune*) municipality ❷ (*fam:* ~*bewohner*) community *+ sing/pl vb* ❸ (*Pfarr*~) parish; (*Gläubige a.*) parishioners *pl* ❹ (*Anhängerschaft*) following
Ge·mein·de·ab·ga·ben *pl* [local [*or* county]] rates *pl* BRIT *hist,* municipal taxes *pl* AM **Ge·mein·de·am·mann** *m* SCHWEIZ (*Gemeindevorsteher*) community spokesperson [*or masc* spokesman] **Ge·mein·de·amt** *nt* local authority **Ge·mein·de·bann** *m* SCHWEIZ (*Gemeindegebiet*) district **Ge·mein·de·bau** *m* ÖSTERR council house BRIT, town hall AM **Ge·mein·de·be·am·te(r), -be·am·tin** *m, f* local government official [*or* officer] **Ge·mein·de·be·zirk** *m* [community [*or* municipal]] district, borough BRIT; ÖSTERR district **ge·mein·de·ei·gen** *adj* local authority *attr* **Ge·mein·de·haus** *nt* REL parish rooms *pl* **Ge·mein·de·hel·fer(in)** *m(f)* REL parish worker **Ge·mein·de·mit·glied** *nt* REL parishioner **Ge·mein·de·ord·nung** *f* by[e-]laws *pl* BRIT, municipal ordinance *no pl* AM **Ge·mein·de·prä·si·dent(in)** *m(f)* SCHWEIZ mayor, *fem a.* mayoress BRIT **Ge·mein·de·rat**[1] *m* district council **Ge·mein·de·rat, -rä·tin**[2] *m, f* (~*smitglied*) district councillor BRIT, councilman AM **Ge·mein·de·saal** *m* REL church hall **Ge·mein·de·schwes·ter** *f* REL *parish nun operating as visiting nurse to the elderly and sick* **Ge·mein·de·steu·er** *f* local tax **Ge·mein·de·ver·samm·lung** *f* SCHWEIZ community meeting **Ge·mein·de·ver·wal·tung** *f* district council **Ge·mein·de·vor·stand** *m* ❶ (*Verwaltungsgremium*) aldermen *pl* BRIT *hist* (*elected members of a local government*) ❷ (*Bürgermeister*) mayor **Ge·mein·de·vor·ste·her(in)** *m(f) s.* **Gemeindevorstand 2 Ge·mein·de·wahl** *f* local election **Ge·mein·de·zen·trum** *nt* REL parish rooms *pl*
Ge·mein·ei·gen·tum *nt* common property **ge·mein·ge·fähr·lich** *adj* (*pej*) constituting a public danger *pred form;* **ein** ~**er**

Krimineller a dangerous criminal; ■**~ sein** to be [*or form* constitute] a danger to the public **Ge·mein·gut** *nt kein pl* common heritage [*or* property] *no pl*

Ge·mein·heit <-, -en> *f* ❶ *kein pl* (*Niedertracht*) meanness *no art, no pl* ❷ (*niederträchtiges Handeln*) meanness *no art, no pl;* **so eine ~!** that was a mean thing to do!; (*Bemerkung*) mean remark ❸ (*fam: ärgerlicher Umstand*) nuisance

ge·mein·hin *adv* generally

Ge·mein·kos·ten *pl* overheads *npl* BRIT, overhead AM **Ge·mein·nutz** [gəˈmainnʊts] *m* ■**der ~** the common good ►WENDUNGEN: **~ geht vor Eigennutz** (*prov*) service before self *prov* **ge·mein·nüt·zig** [gəˈmainnʏtsɪç] *adj* charitable **Ge·mein·nüt·zig·keit** <-> *f kein pl* charitable benefit **Ge·mein·platz** *m* commonplace

ge·mein·sam [gəˈmainza:m] **I.** *adj* ❶ (*mehreren gehörend*) common; **ein ~es Konto** a joint account; **ein ~er Freund** a mutual friend ❷ (*von mehreren unternommen*) joint *attr;* **eine ~e Wanderung machen** to go on a hike together; ■**das G~e** common ground; **etw ~ haben** to have sth in common; **jdm ist etw ~** sb has sth in common **II.** *adv* jointly, together

Ge·mein·sam·keit <-, -en> *f* ❶ (*gemeinsame Eigenschaft*) common ground *no art, no pl* ❷ *kein pl* (*Einvernehmen*) agreement *no pl*

Ge·mein·schaft <-, -en> *f* ❶ POL (*Zusammenschluss*) community; **in ~ mit jdm/etw** together [*or* jointly] with sb/sth; **~ unabhängiger Staaten** Commonwealth of Independent States ❷ *kein pl* (*gegenseitige Verbundenheit*) sense of community *no pl* ►WENDUNGEN: **die ~ der Heiligen/Gläubigen** REL the communion of saints/the faithful; **eheliche ~** matrimony *form*

ge·mein·schaft·lich *adj s.* **gemeinsam**

Ge·mein·schafts·an·ten·ne *f* TELEK block [*or* community] aerial BRIT **Ge·mein·schafts·ar·beit** *f* teamwork *no art, no pl;* **in ~** with teamwork **Ge·mein·schafts·er·zie·hung** *f kein pl* co-education *no art, no pl* **Ge·mein·schafts·ge·fühl** *nt kein pl* sense of community *no pl* **Ge·mein·schafts·geist** *m kein pl* community spirit *no pl* **Ge·mein·schafts·kun·de** *f kein pl* SCH social studies + *sing vb* **Ge·mein·schafts·le·ben** *nt kein pl* community life *no pl* **Ge·mein·schafts·pra·xis** *f* MED joint practice [*or* AM *a.* -se] **Ge·mein·schafts·pro·duk·ti·on** *f* ❶ *kein pl* joint production; **eine deutsch-französische ~** a joint Franco-German production ❷ RADIO, TV, FILM co-production *spec* **Ge·mein·schafts·raum** *m* common room **Ge·mein·schafts·schu·le** *f* inter-denominational school **Ge·mein·schafts·un·ter·neh·men** *nt* joint venture **Ge·mein·schafts·zel·le** *f* communal cell

Ge·mein·sinn *m kein pl* public spirit *no pl* **Ge·mein·spra·che** *f* LING standard language **ge·mein·ver·ständ·lich** *adj s.* **allgemeinverständlich** **Ge·mein·we·sen** *nt* community **Ge·mein·wohl** *nt* ■**das ~** the public welfare; **dem ~ dienen** to be in the public interest

Ge·men·ge <-s, -> [gəˈmɛŋə] *nt* ❶ (*Mischung*) mixture; ■**ein ~ aus etw** *dat* a mixture of sth ❷ (*Gewühl*) crowd, bustle ❸ (*Durcheinander*) jumble *no pl* ►WENDUNGEN: **mit jdm ins ~ kommen** to come to blows with sb

ge·mes·sen [gəˈmɛsn̩] **I.** *pp von* **messen** **II.** *adj* (*geh*) proper; (*würdig langsam*) measured

Ge·met·zel <-s, -> [gəˈmɛtsl̩] *nt* massacre, bloodbath

ge·mie·den [gəˈmi:dn̩] *pp von* **meiden**

Ge·misch <-[e]s, -e> [gəˈmɪʃ] *nt* ❶ (*Mischung*) mixture; ■**ein ~ aus etw** *dat* a mixture of sth ❷ *kein pl* (*Durcheinander*) jumble *no pl* ❸ AUTO [air/fuel [*or* A/F]] mixture *spec;* **ein mageres/fettes ~** a lean/rich mixture

ge·mischt *adj* mixed; *s. a.* **Gesellschaft, Gefühl**

ge·mischt·spra·chig *adj* multilingual

Ge·mischt·wa·ren·hand·lung *f* (*veraltend*) [grocery and] general shop [*or* AM store]

Gem·me <-, -n> [ˈgɛmə] *f* cameo

ge·mocht [gəˈmɔxt] *pp von* **mögen**

ge·mol·ken [gəˈmɔlkn̩] *pp von* **melken**

ge·mop·pelt [gəˈmɔpl̩t] *adj* ►WENDUNGEN: **doppelt ~** (*fam*) saying the same thing twice over

Ge·mot·ze <-s> [gəˈmɔtsə] *nt kein pl* (*fam*) nagging *fam*

Gems·bart[ALT] *m s.* **Gämsbart**

Gems·bock[ALT] *m s.* **Gämsbock**

Gems·le·der[ALT] *nt s.* **Gämsleder**

Gem·se[ALT] <-, -n> [ˈgɛmzə] *f s.* **Gämse**

Ge·mun·kel <-s> [gəˈmʊŋkl̩] *nt kein pl* rumour [*or* AM -or]; (*dauerndes Mukeln*) gossip

Ge·mur·mel <-s> [gəˈmʊrml̩] *nt kein pl* murmuring; (*unverständlich*) mumbling

Ge·mü·se <-s, *selten* -> [gəˈmy:zə] *nt* vegetables *pl;* ■**ein ~** a vegetable; **frisches ~** fresh vegetables *pl* ►WENDUNGEN: **junges ~** (*hum fam*) whippersnappers *pl hum dated*

Ge·mü·se·aus·höh·ler *m sharp serrated knife for hollowing out cucumbers and courgettes etc.* **Ge·mü·se·ba·na·ne** *f* cooking banana, plantain **Ge·mü·se·bei·la·ge** *f* vegetables *pl* **Ge·mü·se·boh·ne** *f* butter bean **Ge·mü·se·fach** *nt* vegetable compartment **Ge·mü·se·gar·ten** *m* vegetable garden, kitchen garden ►WENDUNGEN: **quer durch den ~** (*hum fam*) everything but the kitchen sink *hum* **Ge·mü·se·händ·ler(in)** *m(f)* greengrocer BRIT, fruit and vegetable retailer **Ge·mü·se·ho·bel** *m* vegetable grater **Ge·mü·se·kar·de** [-kardə] *f* cardoon **Ge·mü·se·kon·ser·ve** *f* canned [*or* BRIT *a.* tinned] vegetables *pl* **Ge·mü·se·la·den** *m* fruit and vegetable store, greengrocer's BRIT **Ge·mü·se·mes·ser** *nt* vegetable knife **Ge·mü·se·plat·te** *f* assorted vegetables *pl* **Ge·mü·se·sor·te** *f* type of vegetable **Ge·mü·se·sup·pe** *f* vegetable soup [*or* broth] **Ge·mü·se·zwie·bel** *f* onion

ge·musst[RR], **ge·mußt**[ALT] [gəˈmʊst] *pp von* **müssen**

ge·mus·tert *adj* patterned; **grün und braun ~ sein** to have a green and brown pattern

Ge·müt <-[e]s, -er> [gəˈmy:t] *nt* ❶ (*Seele*) soul ❷ (*Mensch*) soul ❸ (*Emotionen*) feelings *pl;* **ein sonniges ~ haben** (*iron fam*) to be gullible; **jds ~ bewegen** (*geh*) to stir sb's emotions [*or* heart]; **die ~er erregen** [*o* **erhitzen**] to cause a stir; **sich** *dat* **etw zu ~[e] führen** (*hum: etw einnehmen*) to indulge in sth; (*etw beherzigen*) to take sth to heart; **viel ~ haben** [*o* **besitzen**] [*o* **zeigen**] to be sentimental; **jdm aufs ~ schlagen** to get to sb *fam;* **etwas fürs ~** (*hum*) something sentimental [*or* to tug at one's/sb's heartstrings]

ge·müt·lich **I.** *adj* ❶ (*bequem*) comfortable, comfy *fam,* cosy BRIT, AM *usu* cozy; **es sich/jdm ~ machen** to make oneself/sb comfortable, to get [oneself]/sb cosy *fam* ❷ (*gesellig*) pleasant; (*ungezwungen*) informal **II.** *adv* ❶ (*gemächlich*) leisurely ❷ (*behaglich*) comfortably

Ge·müt·lich·keit <-> *f kein pl* comfortableness *no art, no pl,* snugness *no art, no pl,* cosiness *no art, no pl* BRIT, coziness *no art, no pl* AM *usu;* (*Ungezwungenheit*) informality *no art, no pl;* **in aller ~** at one's leisure ►WENDUNGEN: **da hört doch die ~ auf!** (*fam*) that's going too far!

Ge·müts·art *f* disposition *form,* nature; **von stiller/heiterer/sanfter ~ sein** to have a quiet/happy/soft disposition [*or* nature] **Ge·müts·be·we·gung** *f* [signs *pl* of] emotion **ge·müts·krank** *adj* emotionally disturbed **Ge·müts·kran·ke(r)** *f(m)* emotionally disturbed person **Ge·müts·krank·heit** *f* emotional disturbance *no pl* **Ge·müts·la·ge** *f* mood; **je nach ~** depending on one's mood, as the mood takes me/him etc. **Ge·müts·mensch** *m* (*fam*) good-natured person; **du bist vielleicht ein ~!** (*iron*) you're a fine one! BRIT *fam* **Ge·müts·re·gung** *f s.* **Gemütsbewegung** **Ge·müts·ru·he** *f* calmness *no pl;* **in aller ~** (*fam*) in one's own time, leisurely; **deine ~ möchte ich haben!** (*iron*) I'd like [to have] your cool! **Ge·müts·ver·fas·sung** *f,* **Ge·müts·zu·stand** *m s.* **Gemütslage**

ge·müt·voll *adj* sentimental

gen [gɛn] *präp* +*akk* (*veraltend*) towards

G

Gen <-s, -e> ['ge:n] *nt* gene
ge·nannt [gə'nant] *pp von* **nennen**
ge·narbt *adj* grained
ge·nas [gə'na:s] *imp von* **genesen**
ge·nau [gə'nau] **I.** *adj* ❶ (*exakt*) exact; **haben Sie die ~e Uhrzeit?** have you got the right [*or* exact] time?; ■**G~es/G~eres** particulars *npl*/further details *pl;* **man weiß noch nichts G~es** nobody knows any details as yet ❷ (*gewissenhaft*) meticulous; ■**[in etw** *dat*] **~ sein** to be meticulous [in sth] **II.** *adv* ❶ (*exakt*) exactly, precisely; **~!** (*fam*) exactly!, precisely!, quite!; **~ in der Mitte** right in the middle; **~ genommen** strictly speaking; **etw ~er betrachten** to take a closer look at sth; **~ das Gegenteil trifft zu** just [*or* exactly] the opposite is true; **~estens, aufs ~este** [*o* **G~este**] [right] down to the last detail; **etw [nicht] ~ wissen** to [not] know sth for certain [*or* sure]; **so ~ wollte ich es [nun auch wieder] nicht wissen!** (*iron*) [you can] spare me the details!; **auf den Millimeter ~** accurate to the millimetre BRIT, dead nuts AM *sl;* **auf die Minute ~** exactly [*or* dead] on time ❷ (*eben, gerade*) just; **sie ist ~ die richtige Frau für diesen Job** she's just the right woman for the job ►WENDUNGEN: **es [mit etw** *dat*] **[nicht] ~ nehmen** to [not] be very particular [about sth]; **wenn man es ~ nimmt** strictly speaking
ge·nau·ge·nom·men *adv s.* **genau II.1**
Ge·nau·ig·keit <-> [gə'nauɪçkait] *f kein pl* exactness, precision; *Daten* accuracy; (*Sorgfalt*) meticulousness
ge·nau·so [gə'nauzo:] *adv* just [*or* exactly] the same; **mir geht es ganz ~** I feel exactly the same; **~ frech/kalt/klein etc. wie ...** just as cheeky BRIT /cold/small etc. as ...; **~ gut** just as well; **~ viel** just as much; **~ wenig** just as little; *s. a.* **ebenso**
Gen·bank *f* gene bank
Gen·darm <-en, -en> [ʒan'darm, ʒã'darm] *m* ÖSTERR (*Polizist*) gendarme
Gen·dar·me·rie <-, -n> [ʒandarmə'ri:, ʒãdarmə'ri:, 'ri:ən] *f* ÖSTERR (*Polizeistation*) gendarmerie
Ge·ne·a·lo·ge, Ge·ne·a·lo·gin <-n, -n> [genea'lo:gə, -'lo:gɪn] *m, f* genealogist
Ge·ne·a·lo·gie <-> [genealo'gi:, *pl* -'gi:ən] *f kein pl* genealogy
ge·ne·a·lo·gisch [genea'lo:gɪʃ] *adj* genealogical
ge·nehm [gə'ne:m] *adj* (*geh*) suitable, acceptable; ■**jdm ~[er] sein** to suit sb [better]; ■**jdm [nicht] ~ sein** to [not] be agreeable to sb; **wenn es ~ ist** if that is agreeable, if you don't mind
ge·neh·mi·gen* [gə'ne:mɪgn̩] **I.** *vt* ■**[jdm] etw ~** to grant [sb] permission for sth, to approve sth; **„genehmigt"** "approved" **II.** *vr* ■**sich** *dat* **etw ~** to indulge in sth; **sich** *dat* **etw von seinem Geld ~** to splash out on sth BRIT, to spend money freely; **sich** *dat* **einen ~** (*hum fam*) to have a little drink *a. hum*
Ge·neh·mi·gung <-, -en> *f* ❶ (*das Genehmigen*) approval *no art, no pl* ❷ (*Berechtigungsschein*) permit, permission *no indef art, no pl,* authorization *no pl*
Ge·neh·mi·gungs·pflicht *f* licence [*or* AM -se] requirement **ge·neh·mi·gungs·pflich·tig** *adj* requiring a licence [*or* AM -se] *pred;* ■**~ sein** to need [*or* require] a licence **Ge·neh·mi·gungs·ver·fah·ren** *nt* authorization process
ge·neigt *adj* (*geh*) kind, friendly; ■**jdm ~ sein** to be well [*or* favourably] [*or* AM favorably] disposed towards sb; ■**~ sein, etw zu tun** to be inclined to do sth; **sich jdm ~ zeigen** to show sb kindness
Ge·neigt·heit <-> *f kein pl* (*geh*) ❶ (*Wohlwollen*) goodwill; ■**jds ~ jdm gegenüber** sb's goodwill towards sb ❷ (*Bereitwilligkeit*) willingness; ■**jds ~, etw zu tun** sb's willingness to do sth
Ge·ne·ra ['gɛnera] *pl von* **Genus**
Ge·ne·ral(in) <-[e]s, -e *o* Generäle> [genə'ra:l, *pl* genə'rɛ:lə] *m(f)* general; **der kommandierende ~** the general in command
Ge·ne·ral·am·nes·tie *f* general amnesty **Ge·ne·ral·be·voll·mäch·tig·te(r)** *f(m) decl wie adj* general agent **Ge·ne·ral·bun·des·an·walt, -an·wäl·tin** *m, f* Federal Public Prosecutor BRIT, Chief Federal Prosecutor AM **Ge·ne·ral·di·rek·tor(in)** *m(f)* president, director general **Ge·ne·ral·in·spek·teur(in)** *m(f)* MIL inspector general **Ge·ne·ral·in·ten·dant(in)** *m(f)* THEAT, MUS director
ge·ne·ra·li·sie·ren* [genərali'zi:rən] *vi* (*geh*) to generalize
Ge·ne·ra·list(in) <-en, -en> [genəra'lɪst] *m(f)* generalist
Ge·ne·ra·li·tät <-, *selten* -en> [genərali'tɛ:t] *f* MIL generals *pl*
Ge·ne·ral·kon·sul(in) *m(f)* consul general **Ge·ne·ral·kon·su·lat** *nt* consulate general **Ge·ne·ral·leut·nant(in)** [genə'ra:llɔytnant] *m(f)* lieutenant general **Ge·ne·ral·ma·jor(in)** [genə'ra:lmajo:ɐ̯] *m(f)* major general BRIT, brigadier general AM **Ge·ne·ral·pro·be** *f* THEAT dress rehearsal; MUS final rehearsal **Ge·ne·ral·sek·re·tär(in)** *m(f)* general secretary; (*höchster Beamter*) Secretary-General **Ge·ne·ral·staats·an·walt, -an·wäl·tin** *m, f* ≈ district attorney AM (*chief public prosecutor at a provincial high court*)
Ge·ne·ral·stab *m* MIL general staff + *sing/pl vb*
Ge·ne·ral·stabs·kar·te *f* ordnance survey map **ge·ne·ral·stabs·mä·ßig** *adv* meticulously
Ge·ne·ral·streik *m* general strike **ge·ne·ral·über·ho·len*** *vt nur infin und pp* ■**etw ~** to completely overhaul sth; ■**generalüberholt werden** to have a complete overhaul; ■**etw ~ lassen** to take sth in for a complete overhaul; ■**generalüberholt** completely overhauled **Ge·ne·ral·über·ho·lung** <-> *f kein pl* TECH complete overhaul **Ge·ne·ral·ver·samm·lung** *f* general meeting **Ge·ne·ral·ver·tre·ter(in)** *m(f)* general representative **Ge·ne·ral·ver·tre·tung** *f* ÖKON sole [*or* general] agency **Ge·ne·ral·voll·macht** *f* general [*or* full] power of attorney
Ge·ne·ra·ti·on <-, -en> [genəra'tsi̯o:n] *f* ❶ (*Menschenalter*) generation; **seit ~en** for generations ❷ (*Menschen einer ~*) generation + *sing/pl vb;* **die ältere ~** the older generation + *sing/pl vb;* **die heranwachsende ~** the adolescent generation + *sing/pl vb;* **die junge/jüngere ~** the young/younger generation + *sing/pl vb* ❸ SOZIOL generation ❹ TECH, INFORM generation
Ge·ne·ra·ti·o·nen·ver·trag *m younger generation's commitment to provide for the older generation, i.e. in form of pensions*
Ge·ne·ra·ti·ons·kon·flikt *m* generation gap **Ge·ne·ra·ti·ons·wech·sel** *m* ❶ SOZIOL change of generation ❷ BIOL alternation of generations
Ge·ne·ra·tor <-s, -toren> [genə'ra:to:ɐ̯, *pl* genəra'to:rən] *m* TECH generator
ge·ne·rell [genə'rɛl] **I.** *adj* general **II.** *adv* generally; **~ kann man sagen, ...** generally one can say, ...
ge·ne·rie·ren* [genə'ri:rən] *vt* INFORM ■**etw ~** to generate sth
Ge·ne·ri·kum <-s, -ka> [ge'ne:rɪkʊm, *pl* ge'ne:rɪka] *nt* PHARM generic [drug]
ge·ne·rös [genə'rø:s, ʒenə'rø:s] *adj* (*geh*) generous, munificent *form*
Ge·ne·se <-, -n> [ge'ne:zə] *f* MED genesis *no pl form*
ge·ne·sen <genas, genesen> [gə'ne:zn̩] *vi sein* (*geh*) ■**[nach/von etw** *dat*] **~** to recover [after/from sth], to convalesce
Ge·ne·sen·de(r) *f(m) decl wie adj* convalescent
Ge·ne·sis <-> ['ge:nezɪs] *f kein pl* REL ■**die ~** [the Book of] Genesis
Ge·ne·sung <-, *selten* -en> [gə'ne:zʊŋ] *f* (*geh*) convalescence *no pl,* recovery *no pl;* **auf dem Wege der ~** on the road to recovery; **[jdm] baldige ~ wünschen** to wish [sb] a speedy recovery
Ge·ne·tik <-> [ge'ne:tɪk] *f kein pl* genetics + *sing vb*
ge·ne·tisch [ge'ne:tɪʃ] *adj* genetic; **~er Code** genetic code; **~er Fingerabdruck** genetic [*or* DNA] fingerprint
Genf <-s> ['gɛnf] *nt* Geneva
Gen·fer See *m* Lake Geneva

Gen·for·scher(in) *m(f)* genetic researcher **Gen·for·schung** *f* genetic research

ge·ni·al [ge'ni̯a:l] *adj* ❶ *(überragend)* brilliant; *(erfinderisch)* ingenious ❷ *(erfindungsreich)* inspired

Ge·ni·a·li·tät <-> [geni̯ali'tɛ:t] *f kein pl* ❶ *(überragende Art)* genius *no pl* ❷ *(Erfindungsreichtum)* ingenuity *no art, no pl*

Ge·nick <-[e]s, -e> [gə'nɪk] *nt* neck; **ein steifes ~** *(fam)* a stiff neck; **jdm/sich das ~ brechen** to break sb's/one's neck ▸ WENDUNGEN: **jdm das ~ brechen** *(fig)* to finish sb

Ge·nick·schuss[RR] *m* shot in the neck **Ge·nick·star·re** *f* stiffness of the neck; **~ haben** *(fam)* to have a stiff neck; MED [cerebral] meningitis *no pl*

Ge·nie <-s, -s> [ʒe'ni:] *nt* ❶ *(Mensch)* genius; **ein verkanntes ~** an unrecognized genius ❷ *kein pl (Fähigkeit)* genius *no art, no pl*

Ge·ni·en ['ge:niən] *pl von* **Genius**

ge·nie·ren* [ʒe'ni:rən] *vr* ■ **sich [vor jdm] ~** to be embarrassed [*or* shy] [in front of sb]; **~ Sie sich nicht!** don't be shy!; ■ **sich für etw** *akk* **~** to be embarrassed about sth; ■ **sich ~, etw zu tun** to not like doing sth

ge·nieß·bar *adj (essbar)* edible; *(trinkbar)* drinkable; **nicht ~ sein** *(fam)* to be unbearable

ge·nie·ßen <genoss, genossen> [gə'ni:sn̩] *vt* ❶ *(auskosten)* ■ **etw ~** to enjoy [*or* relish] sth; *(bewusst kosten)* to savour [*or* AM -or] sth ❷ *(essen)* ■ **etw ~** to eat sth; ■ **nicht zu ~ sein** to be inedible; *(trinken)* to drink ❸ *(geh: erfahren)* ■ **etw ~** to enjoy sth ▸ WENDUNGEN: **nicht zu ~ sein** *(fam)* to be unbearable

Ge·nie·ßer(in) <-s, -> *m(f)* gourmet; **ein stiller ~** sb who knows how to enjoy life in his own quiet way [*or* BRIT on the quiet]; **ein stiller ~ sein** to know how to enjoy life on the quiet [*or* in one's quiet way]; **ein stiller ~ von etw** *dat* **sein** to know how to enjoy sth in one's quiet way

ge·nie·ße·risch I. *adj* appreciative II. *adv* with pleasure [*or* relish]

Ge·nie·streich [ʒe'ni:] *m (iron fam)* a stroke of genius *a. iron* **Ge·nie·trup·pe** [ʒe'ni:-] *f* MIL SCHWEIZ engineer corps

ge·ni·tal [geni'ta:l] I. *adj* genital II. *adv* **sie wurde ~ untersucht** her genitals were examined

Ge·ni·ta·li·en [geni'ta:li̯ən] *pl* genitals *npl,* genitalia *npl spec*

Ge·ni·tiv <-s, -e> ['ge:niti:f, *pl* 'ge:niti:və] *m* LING genitive [case]

Ge·ni·us <-, Genien> ['ge:ni̯ʊs, *pl* 'ge:ni̯ən] *m* ❶ *(Genie)* genius ❷ *(schöpferischer Geist)* genius

Gen·ma·ni·pu·la·ti·on *f* genetic manipulation

Ge·nom <-s, -e> [ge'no:m] *nt* genome *spec*

Ge·nom·ana·ly·se *f* BIOL, MED genome analysis

ge·nom·men [gə'nɔmən] *pp von* **nehmen**

ge·noppt [gə'nɔpt] *adj* nubbly; **~es Garn** knopped yarn *spec*

ge·normt *adj inv* standardized

ge·noss[RR], **ge·noß**[ALT] [gə'nɔs] *imp von* **genießen**

Ge·nos·se, Ge·nos·sin <-n, -n> [gə'nɔsə, gə'nɔsɪn] *m, f* comrade; **... und ~n** *(pej)* ... and his/her posse *fam* [*or pej* cronies]

ge·nos·sen [gə'nɔsn̩] *pp von* **genießen**

Ge·nos·sen·schaft <-, -en> [gə'nɔsn̩ʃaft] *f* cooperative, co-op; **eingetragene ~** registered cooperative society

Ge·nos·sen·schaft·(l)er(in) <-s, -> *m(f)* member of a cooperative

ge·nos·sen·schaft·lich I. *adj* cooperative II. *adv* **~ organisiert** organized as a cooperative

Ge·nos·sen·schafts·bank <-banken> *f* cooperative [*or* AM mutual savings] bank

Ge·nos·sin [gə'nɔsɪn] *f fem form von* **Genosse**

ge·nö·tigt *adj* forced; ■ **~ sein, etw zu tun** to be forced [*or* obliged] to do sth; **sich ~ sehen, etw zu tun** to feel obliged [*or* compelled] to do sth

Ge·no·typ <-s, -en> ['ge:noty:p] *m* BIOL genotype

Ge·no·zid <-[e]s, -e *o* -ien> [geno'tsi:t, *pl* geno'tsi:də, geno'tsi:di̯ən] *m o nt (geh)* genocide *no art, no pl;* ■ **~ an jdm** genocide against sb

Gen·pool <-s, -e> [-pu:l] *m* BIOL gene pool

Gen·re <-s, -s> ['ʒãrə] *nt* KUNST, LITER genre *spec;* **nicht jds ~ sein** to not be sb's thing

Gen·re·bild ['ʒãrə] *nt* genre painting **Gen·re·ma·le·rei** ['ʒãrə-] *f* genre painting *no art, no pl*

Gen·son·de *f* BIOL, MED DNA probe

Gent <-s> ['gɛnt] *nt* Ghent

Gen·tech·nik *f* genetic engineering *no art, no pl* **Gen·tech·ni·ker(in)** *m(f)* genetic engineer **gen·tech·nisch** I. *adj* **~e Methoden** methods in genetic engineering II. *adv* using genetic engineering; **etw ~ manipulieren** to genetically manipulate sth, to manipulate sth by means of genetic engineering **Gen·tech·no·lo·gie** *f* genetic engineering *no art, no pl* **Gen·the·ra·pie** *f* BIOL, MED gene therapy **Gen·trans·fer** *m* BIOL, MED gene transfer

Ge·nua <-s> ['ge:nu̯a] *nt* Genoa

ge·nug [gə'nu:k] *adv* enough; **~ jetzt/davon!** enough of that!; **es ist noch ~ Zeit** there's still enough [*or* sufficient] time; **alt/groß/gut/schlimm ~** old/big/good/bad enough; ■ **~ einer S.** *gen* enough of sth; **ich kann davon einfach nicht ~ bekommen** [*o fam* **kriegen**]**!** I just can't get enough of it; **~ haben** to have [got] enough; [**von etw** *dat*] **~ haben** to have had enough [of sth]; **jetzt ist['s] aber ~!** that's enough!, that does it!; **sich** *dat* **selbst ~ sein** to be happy with one's own company; *s. a.* **damit, schlimm, wenig**

Ge·nü·ge <-> [gə'ny:gə] *f kein pl* **einer S.** *dat* **~ tun** *(geh)* to satisfy [*or* meet [with]] sth; **zur ~** [quite] enough; *(oft genug)* often enough

ge·nü·gen* [gə'ny:gn̩] *vi* ❶ *(ausreichen)* ■ **[jdm] ~** to be enough [*or* sufficient] [for sb]; ■ **für jdn ~** to be enough for sb ❷ *(gerecht werden)* ■ **einer S.** *dat* **~** to fulfil [*or* AM *usu* -ll] sth

ge·nü·gend [gə'ny:gn̩t] *adv* enough, sufficient

ge·nüg·sam [gə'ny:kza:m] I. *adj (bescheiden)* modest; *(pflegeleicht)* undemanding II. *adv* modestly

Ge·nüg·sam·keit <-> *f kein pl* modesty, simple needs *pl*

Ge·nug·tu·ung <-, *selten* -en> [gə'nu:ktu:ʊŋ] *f* ❶ *(Befriedigung)* satisfaction ❷ *(geh: Wiedergutmachung)* compensation; **für etw** *akk* **~ leisten** to make amends for sth

ge·nu·in [genu'i:n] *(geh)* I. *adj* genuine II. *adv* genuinely

Ge·nus <-, Genera> ['gɛnʊs, *pl* 'gɛnera] *nt* LING gender *spec*

Ge·nuss[RR] <-es, Genüsse> *m,* **Ge·nuß**[ALT] <-sses, Genüsse> [gə'nʊs, *pl* gə'nʏsə] *m* ❶ *(Köstlichkeit)* [culinary] delight ❷ *kein pl (geh: das Zusichnehmen)* consumption *no art, no pl;* **der übermäßige ~ von Tabak ist gesundheitsschädlich** excessive smoking is damaging to one's health ❸ *(das Genießen)* enjoyment; **in den ~ einer S.** *gen* [*o fam* **von etw** *dat*] **kommen** to enjoy sth; *(aus etw Nutzen ziehen a.)* to benefit from sth; **mit ~** with relish; **etw mit ~ tun** to do sth with relish, to relish sth; **ein ~ sein, etw zu tun** to be a pleasure doing/to do sth

ge·nüss·lich[RR], **ge·nüß·lich**[ALT] I. *adj* pleasurable II. *adv* with relish

Ge·nuss·mensch[RR] *m* hedonist **Ge·nuss·mit·tel**[RR] *nt* luxury foods, alcohol and tobacco **Ge·nuss·schein**[RR] *m* FIN [profit] participating certificate *spec* **Ge·nuss·sucht**[RR] [gə'nʊszʊxt] *f kein pl (pej)* hedonism *no art, no pl* **ge·nuss·süch·tig**[RR] *adj (pej)* hedonistic

Geo·bo·ta·nik [geobo'ta:nɪk] *f* BOT plant geography

Geo-Drei·eck, Geo·drei·eck® ['ge:odraiʔɛk] *nt* MATH *(fam)* set square

Ge·o·graf(in)[RR] <-en, -en> [geo'gra:f] *m(f) s.* **Geograph**

Ge·o·gra·fie[RR] <-> [geogra'fi:] *f kein pl s.* **Geographie**

geografisch[RR] *adj s.* **geographisch**

Ge·o·graph(in) <-en, -en> [geo'gra:f] *m(f)* geographer

Ge·o·gra·phie <-> [geogra'fi:] *f kein pl* geography *no art, no pl*

ge·o·gra·phisch [geo'gra:fɪʃ] *adj* geographic[al]

Ge·o·lo·ge, Ge·o·lo·gin <-n, -n> [geo'lo:gə, -'lo:gɪn] *m, f* geologist

G

Ge·o·lo·gie <-> [geolo'gi:] *f kein pl* geology *no art, no pl*

ge·o·lo·gisch [geo'lo:gɪʃ] *adj* geological

Ge·o·me·trie <-> [geome'tri:] *f kein pl* geometry *no art, no pl*

ge·o·me·trisch [geo'me:trɪʃ] *adj* geometric

Geo·phy·sik [geofy'zi:k] *f* geophysics *no art, + sing vb* **Geo·po·li·tik** [geopoli'ti:k] *f* geopolitics *no art, + sing vb* **geo·po·li·tisch** [geopo'li:tɪʃ] *adj* geopolitical

ge·ọrd·net *adj* ❶ (*in einer bestimmten Weise angeordnet*) arranged; **nach Größe ~ sein** to be ordered [*or* arranged] according to size ❷ (*in angemessener Weise geregelt*) orderly; **einen ~en Geschäftsablauf sichern** to insure an orderly course of business; **in ~en Verhältnissen leben** to live an orderly life; **ein ~er Rückzug** MIL an orderly retreat

George·town <-s> ['dʒɔ:dʒtaʊn] *nt* George Town

Ge·or·gi·en <-s> [ge'ɔrgi̯ən] *nt* Georgia; *s. a.* **Deutschland**

Ge·or·gi·er(in) <-s, -> [ge'ɔrgi̯ɐ] *m(f)* Georgian; *s. a.* **Deutsche(r)**

Ge·or·gisch [ge'ɔrgɪʃ] *nt decl wie adj* Georgian; *s. a.* **Deutsch**

ge·or·gisch [ge'ɔrgɪʃ] *adj* Georgian; *s. a.* **deutsch**

Ge·ọr·gi·sche <-n> *nt* ■**das ~** Georgian, the Georgian language; *s. a.* **Deutsche**

geo·ther·misch [geo'tɛrmɪʃ] *adj* geothermal **Geo·wis·sen·schaft** [geo'vɪsn̩ʃaft] *f* geoscience *no art, no pl spec* **Geo·wis·sen·schaft·ler(in)** [geo'vɪsn̩ʃaftlɐ] *m(f)* geoscientist *spec*

Ge·päck <-[e]s> [gə'pɛk] *nt kein pl* luggage *no pl,* baggage *no pl esp* Am

Ge·pạ̈ck·ab·fer·ti·gung *f* ❶ *kein pl* (*Vorgang*) luggage [*or esp* Am baggage] check-in *no pl* ❷ (*Schalter*) luggage [*or esp* Am baggage] check-in **Ge·päck·ab·la·ge** *f* luggage rack **Ge·päck·an·nah·me** *f* ❶ *kein pl* (*Vorgang*) checking-in of luggage [*or esp* Am baggage] *no pl* ❷ (*Schalter*) luggage [*or esp* Am baggage] check-in **Ge·päck·auf·be·wah·rung** *f* ❶ (*das Aufbewahren*) looking after left-luggage ❷ (*Schalter*) left-luggage office Brit, baggage room Am **Ge·pạ̈ck·auf·ga·be** *f* BAHN ❶ *kein pl* (*Aufgeben des Reisegepäcks*) handing in of unaccompanied baggage ❷ (*Schalter*) [in-counter of the] luggage [*or* baggage] office **Ge·pạ̈ck·aus·ga·be** *f* ❶ *kein pl* (*Vorgang*) giving out of left-luggage ❷ (*Schalter*) luggage reclaim Brit, baggage pickup Am **Ge·pạ̈ck·kar·ren** *m* luggage trolley Brit, baggage cart Am **Ge·pạ̈ck·kon·trol·le** *f* luggage [*or* Am *esp* baggage] check [*or* control] **Ge·pạ̈ck·netz** *nt* luggage rack **Ge·pạ̈ck·schein** *m* luggage [*or esp* Am baggage] ticket **Ge·pạ̈ck·stück** *nt* piece [*or* item] of luggage [*or* Am *esp* baggage] **Ge·pạ̈ck·trä·ger**[1] *m* (*am Fahrrad*) carrier **Ge·pạ̈ck·trä·ger(in)**[2] *m(f)* porter, baggage handler **Ge·pạ̈ck·wa·gen** *m* luggage van Brit, baggage car Am

Ge·pard <-s, -e> ['ge:part, *pl* 'ge:pardə] *m* cheetah

ge·pfẹf·fert *adj* (*fam*) ❶ (*überaus hoch*) steep *fam* ❷ (*schwierig*) tough

ge·pfif·fen [gə'pfɪfn̩] *pp von* **pfeifen**

ge·pflegt I. *adj* ❶ (*nicht vernachlässigt*) well looked after; **ein ~es Aussehen** a well-groomed appearance; **ein ~er Garten** a well-tended garden; **ein ~er Park** a well-kept park ❷ (*fam: kultiviert*) civilized; **eine ~e Atmosphäre** a sophisticated atmosphere; **eine ~e Ausdrucksweise/ein ~es Gespräch** a cultured expression/conversation ❸ (*erstklassig*) first-rate, excellent; **ein ~es Restaurant** a first-rate Restaurant; **~e Weine** excellent [*or* select] wines II. *adv* ❶ (*kultiviert*) in a civilized way; **sich ~ ausdrücken** to have a cultured way of speaking; **sich ~ unterhalten** to have a civilized conversation ❷ (*erstklassig*) **~ essen gehen** to go to a first-rate restaurant; **~ wohnen** to live in style

Ge·pflo·gen·heit <-, -en> [gə'pflo:gn̩hait] *f* (*geh*) habit

ge·pierct [-pɪəst] *adj* pierced

Ge·plän·kel <-s> [gə'plɛŋkl̩] *nt kein pl* ❶ MIL (*veraltend: leichtes Gefecht*) skirmish ❷ (*harmlose Auseinandersetzung*) squabble *fam*

Ge·plap·per <-s> [gə'plapɐ] *nt kein pl* chatter[ing] *no pl,* babblings *npl pej*

Ge·plärr <-[e]s> [gə'plɛr] *nt,* **Ge·plär·re** <-s> [gə'plɛrə] *nt kein pl* (*pej fam*) bawling *no def art, no pl*

Ge·plät·scher <-s> [gə'plɛtʃɐ] *nt kein pl* splashing *no def art, no pl*

Ge·plau·der <-s> [gə'plaudɐ] *nt kein pl* chatt[er]ing

Ge·pol·ter <-s> [gə'pɔltɐ] *nt kein pl* banging; (*stumpf*) thudding *no pl*

Ge·prä·ge <-s> [gə'prɛ:gə] *nt kein pl* (*geh*) character *no pl*

ge·prie·sen [gə'pri:zn̩] *pp von* **preisen**

ge·pụnk·tet *adj* ❶ (*aus Punkten bestehend*) dotted ❷ (*mit Punkten versehen*) spotted, polka-dot *attr*

ge·quält I. *adj* forced II. *adv* **~ lachen/seufzen** to give a forced [*or* to force a] smile/sigh

Ge·quas·sel <-s> [gə'kvasl̩] *nt kein pl* (*pej fam*) yak *fam,* rabbiting Brit *pej fam*

Ge·quat·sche <-s> [gə'kvatʃə] *nt kein pl* (*pej sl*) chattering, gabbing *no pl fam*

ge·quol·len [gə'kvɔlən] *pp von* **quellen**

ge·ra·de [gə'ra:də] I. *adj* ❶ (*nicht krumm, aufrecht*) straight; (*aufrecht*) upright; **etw ~ biegen** to straighten out sth *sep;* **etw ~ halten** to hold [*or* keep] sth straight; **sich ~ halten** to hold oneself [up] straight; **~ sitzen** to sit up straight; **sitz ~!** sit up straight!; **~ stehen** to stand up straight ❷ (*nicht ungerade*) even ❸ (*aufrichtig*) honest; **ein ~r Mensch** an upright [*or* honest] person II. *adv* (*fam*) ❶ (*im Augenblick, soeben*) just; **haben Sie ~ einen Moment Zeit?** do you have time just now?; **da du ~ da bist, ...** just while you're here, ...; **ich wollte mich ~ ins Bad begeben, da...** I was just about to get into the bath when ...; **der Bus ist uns ~ vor der Nase weggefahren!** we've just missed the bus!; **da wir ~ von Geld sprechen, ...** talking of money, ...; **über was unterhaltet ihr euch denn da ~?** what are you talking about just now? ❷ (*knapp*) just; **sie verdient ~ so viel, dass sie davon leben kann** she earns just enough for her to live on; **sie hat die Prüfung ~ so bestanden** she only just passed the exam; **ich kam ~ [noch] rechtzeitig** I came just in time ❸ (*genau*) just; **~ heute hab' ich an dich gedacht** I was thinking of you only today; **es war ~ umgekehrt!** it was just [*or* exactly] the opposite III. *part* (*ausgerechnet*) **warum ~ er/ich?** why him/me of all people?; **~ heute/morgen** today/tomorrow of all days; **warum ~ jetzt?** why now of all times?; **~ du solltest dafür Verständnis haben** you of all people should understand that; **~ du kannst dich beklagen** (*iron*) what are you complaining about?; **~ deswegen** that's precisely why ▶ WENDUNGEN: **das hat ~ noch gefehlt!** (*iron*) that's all I need!; **so ist es ~ nicht!** that's just the way it isn't!; **nicht ~ billig etc.** not exactly cheap etc.; **~, weil ...** especially because ..., for the very reason that ...

Ge·ra·de <-n, -n> [gə'ra:də] *f* ❶ MATH straight line ❷ SPORT straight ❸ (*beim Boxen*) straight; **eine linke/rechte ~** a straight left/right

ge·ra·de·aus [gəra:də'ʔaus] *adv* straight ahead; **~ fahren** to drive straight on **ge·ra·de|bie·gen** *vt irreg* ■**etw ~** ❶ (*in gerade Form biegen*) *s.* **gerade I. 1** ❷ (*fam: in Ordnung bringen*) to straighten [*or* sort] out sth *sep* **ge·ra·de|hal·ten**[ALT] *vt, vr irreg s.* **gerade I. 1** **ge·ra·de·her·aus** [gəra:dəhɛ'raus] I. *adj pred* (*fam*) straightforward, frank, plain-spoken II. *adv* (*fam*) frankly

ge·rä·dert *adj* (*fam*) ▶ WENDUNGEN: **wie ~ sein, sich wie ~ fühlen** to be [*or* feel] completely [*or* absolutely] exhausted [*or* Brit whacked] *fam*

ge·ra·de|sit·zen[ALT] *vi irreg s.* **gerade I. 1**

ge·ra·de·so [gə'ra:dəzo:] *adv s.* **ebenso**

ge·ra·de·so·viel[ALT] *adv s.* **ebenso 1**

ge·ra·de|ste·hen[ALT1] *vi irreg* (*aufrecht stehen*) *s.* **gerade I. 1**

ge·ra·de|ste·hen[2] *vi irreg* (*einstehen*) ■**für jdn/etw ~** to answer for sb/sth

ge·ra·de·wegs [gəˈraːdəveːks] *adv* straight; ~ **nach Hause** straight home
ge·ra·de·zu [gəˈraːdətsuː] *adv* really, absolutely; ~ **lächerlich etc.** really [*or* absolutely] [*or* nothing short of] ridiculous etc.
ge·rad·li·nig I. *adj* ① (*in gerader Richtung*) straight ② (*aufrichtig*) straight **II.** *adv* straight; ~ **verlaufen** to run in a straight line
Ge·rad·li·nig·keit *f* ① (*Verlaufen in gerader Richtung*) straightness ② (*fig: Aufrichtigkeit*) straightness, straight-laced nature
ge·ram·melt *adv* ~ **voll** (*fam*) jam-packed, chock-a-block BRIT *fam*
Ge·ran·gel <-s> [gəˈraŋl̩] *nt kein pl* ① (*Balgerei*) scrapping *no art, no pl;* (*Geschubse*) tussle ② (*Auseinandersetzung*) quarrelling [*or* AM *usu* quarreling] *no art*
Ge·ra·nie <-, -n> [geˈraːni̯ə] *f* geranium
ge·rann [gəˈran] *imp von* **gerinnen**
ge·rannt [gəˈrant] *pp von* **rennen**
Ge·rant(in) <-en, -en> [ʒeˈrant] *m(f)* SCHWEIZ (*Gastwirt*) restaurant proprietor
Ge·ras·sel <-s> [gəˈrasl̩] *nt kein pl* (*fam*) rattling
Ge·rät <-[e]s, -e> [gəˈrɛːt] *nt* ① (*Vorrichtung*) device, gadget; (*Garten~*) tool ② ELEK, TECH piece of equipment, appliance; ■ ~**e** equipment *nsing;* (*Fernseh~, Radio~*) set ③ SPORT (*Turn~*) [piece of] apparatus ④ *kein pl* (*Ausrüstung*) equipment *no pl; eines Handwerkers* tools *pl*
ge·ra·ten¹ <gerät, geriet, geraten> [gəˈraːtn̩] *vi sein* ① (*zufällig gelangen*) ■ **irgendwohin** ~ to get to somewhere; **in schlechte Gesellschaft/eine Schlägerei/einen Stau** ~ to get into bad company/a fight/a traffic jam; **an einen Ort** ~ to come to a place ② (*unbeabsichtigt kommen*) ■ [**mit etw** *dat*] **an/in/unter etw** *akk* ~ to get [sth] caught in/under sth; **unter einen Lastwagen** ~ to fall under a lorry [*or* AM truck]; **in einen Sturm** ~ to get caught in a storm ③ (*sich konfrontiert sehen mit*) ■ **in etw** *akk* ~ to get into sth; **in Armut** ~ to end up in poverty; **in eine Falle** ~ to fall into a trap; **in Gefangenschaft** ~ to be taken prisoner; **in Schulden/Schwierigkeiten/eine Situation** ~ to get into debt[s]/difficulties/a situation ④ (*erfüllt werden von*) ■ **in etw** *akk* ~ to get into sth; **in Furcht/Verlegenheit/Wut** ~ to get scared/embarrassed/angry; **in Panik** ~ to start to panic ⑤ *Funktionsverb* (*beginnen, etw zu tun*) ■ **in etw** *akk* ~ to begin to do sth; **in Bewegung** ~ to begin to move; **in Brand** ~ to catch fire; **ins Schleudern** ~ to get into a skid; **ins Schwärmen/Träumen** ~ to fall into a rapture/dream; **ins Stocken** ~ to come to a halt; **in Vergessenheit** ~ to fall into oblivion ⑥ (*ausfallen*) **der Pulli ist mir zu groß** ~ my jumper turned out too big; **das Essay ist zu kurz** ~ the essay turned out too short ⑦ (*gelingen*) **das Soufflé ist mir ~/mir nicht** ~ my soufflé turned/didn't turn out well; **alle meine Kinder sind gut** ~ all my children turned out well ⑧ (*fam: kennen lernen*) ■ **an jdn** ~ to come across sb ⑨ (*arten*) ■ **nach jdm** ~ to take after sb ▸ WENDUNGEN: [**vor etw** *dat*] [**über jdn/etw**] **außer sich** ~ to be beside oneself [with sth] [over sb/sth]
ge·ra·ten² [gəˈraːtn̩] **I.** *pp von* **raten II.** *adj* (*geh*) advisable
Ge·rä·te·raum *m* equipment room **Ge·rä·te·schup·pen** *m* tool shed **Ge·rä·te·tur·nen** *nt* gymnastics + *sing vb* (*on apparatus*); (*Schulübung a.*) apparatus work *no pl*
Ge·ra·te·wohl [gəraːtəˈvoːl, gəˈraːtəvoːl] *nt* ▸ WENDUNGEN: **aufs** ~ (*fam: auf gut Glück*) on the off-chance; (*willkürlich*) randomly; **wir schlugen aufs ~ diesen Weg ein** we decided to trust our luck and came this way
Ge·rät·schaf·ten *pl* tools *pl,* equipment *sing*
Ge·rat·ter <-s> [gəˈratɐ] *nt kein pl* (*pej fam*) clatter[ing], rattle, rattling
Ge·räu·cher·te(s) *nt decl wie adj* smoked meat *no pl*
ge·raum [gəˈraum] *adj attr* (*geh*) some *attr;* **vor ~er Zeit** some time ago; **seit ~er Zeit** for some time
ge·räu·mig [gəˈrɔymɪç] *adj* spacious, roomy, capacious *form*
Ge·räu·mig·keit <-> *f kein pl* spaciousness, roominess, capaciousness *form*
Ge·räusch <-[e]s, -e> [gəˈrɔyʃ] *nt* sound; (*unerwartet, unangenehm a.*) noise
ge·räusch·arm *adj* quiet, low-noise *spec* **ge·räusch·emp·find·lich** *adj* sensitive to noise *pred;* TECH sound-sensitive **Ge·räusch·ku·lis·se** *f* ① (*Lärm*) background noise *no pl;* (*verschiedenartig a.*) background noise[s *pl*] ② FILM, RADIO, TV sound effects *pl* **ge·räusch·los I.** *adj* silent **II.** *adv* silently, noiselessly **Ge·räusch·min·de·rung** *f* noise reduction **Ge·räusch·pe·gel** *m* noise level[s *pl*] **ge·räusch·voll I.** *adj* loud; (*unangenehm a.*) noisy **II.** *adv* loudly; (*unangenehm a.*) noisily
Ge·räus·per <-s> [gəˈrɔyspɐ] *nt kein pl* throat-clearing
ger·ben [ˈgɛrbn̩] *vt* ■ **etw** ~ to tan sth; **eine gegerbte Haut** a tanned hide; *eines Menschen* a weather-beaten skin; ■ **das G~** tanning
Ger·ber(in) <-s, -> [ˈgɛrbɐ] *m(f)* tanner
Ger·be·rei <-, -en> [gɛrbəˈrai] *f* tannery
ge·recht [gəˈrɛçt] **I.** *adj* ① (*rechtgemäß*) just; ■ ~ [**gegen jdn**] **sein** to be fair [to sb], to be just; ■ **die G~en** the just + *pl vb old* ② (*verdient*) just, fair; **einen ~en Lohn** (*Geld*) a fair wage; (*Anerkennung*) a just reward; **es ist doch nur** ~ it's only fair [*or* right] [*or* just] ③ (*berechtigt*) just, legitimate; **eine ~e Sache** a just cause; **in ~em Zorn** with righteous anger *form* ④ (*angemessen beurteilen*) ■ **jdm/einer S.** ~ **werden** to do justice to sb/sth ⑤ (*eine Aufgabe erfüllen*) ■ **einer S.** *dat* ~ **werden** to fulfil [*or* AM *usu* -ll] sth; **den Anforderungen** [*o* **Bedingungen**] ~ **werden** to fulfil the demands; **Erwartungen** ~ **werden** to fulfil/meet/come up to expectations **II.** *adv* justly, fairly
ge·rech·ter·wei·se *adv* justifiably; ~ **muss gesagt/zugestanden werden, ...** to be fair, ...
ge·recht·fer·tigt *adj* justified
Ge·rech·tig·keit <-> [gəˈrɛçtɪçkait] *f kein pl* ① (*das Gerechtsein*) justice *no art, no pl; eines Urteils* justness *no art, no pl* ② (*Unparteilichkeit*) fairness *no art, no pl* ▸ WENDUNGEN: **die** ~ **nimmt ihren Lauf** justice takes its course; **ausgleichende** ~ poetic justice
Ge·rech·tig·keits·ge·fühl *nt* sense of justice **Ge·rech·tig·keits·lie·be** *f* love of justice **ge·rech·tig·keits·lie·bend** *adj* just; **ein ~er Mensch** a lover of justice **Ge·rech·tig·keits·sinn** *m kein pl s.* **Gerechtigkeitsgefühl**
Ge·re·de <-s> [gəˈreːdə] *nt kein pl* gossip *no indef art, no pl,* talk *no indef art, no pl;* **kümmere dich nicht um das ~ der Leute** don't worry about what [other] people say; **jdn ins ~ bringen** to get sb gossiped [*or* talked] about; **ins ~ kommen** [*o* **geraten**] to get oneself gossiped [*or* talked] about
ge·re·gelt *adj* regular; **ein ~es Leben** a well-ordered life
ge·rei·chen* [gəˈraiçn̩] *vi* (*geh*) **jdm zur Ehre** ~ to do sb honour [*or* AM -or]; **jdm/einer S. zum Nachteil/Vorteil** ~ to be an advantage to/a drawback for sb/sth; **jdm zum Nutzen/Schaden** ~ to be beneficial/damaging to sb
ge·reizt I. *adj* (*verärgert*) irritated; (*nervös*) edgy; **es herrschte eine ~e Stimmung** there was a strained atmosphere **II.** *adv* irritably, touchily
Ge·reizt·heit <-> *f kein pl* (*Verärgerung*) irritability, touchiness; *einer Stimmung* strainedness; (*Nervosität*) edginess
Ger·i·a·ter(in) <-s, -> [geˈri̯aːtɐ] *m(f)* geriatrician
Ger·i·a·trie <-> [geri̯aˈtriː] *f kein pl* geriatrics *no art,* + *sing vb*
ger·i·a·trisch [geˈri̯aːtrɪʃ] *adj* geriatric
Ge·richt¹ <-[e]s, -e> [gəˈrɪçt] *nt* (*Speise*) dish
Ge·richt² <-[e]s, -e> [gəˈrɪçt] *nt* ① JUR (*Behörde*) court [of justice]; (*Gebäude*) court [house], law courts *pl;* **jdn/einen Fall vor ~ bringen** to take sb/a case to court; [**mit etw** *dat*] **vor ~ gehen** (*fam*) to take legal action [*or* to go to court] about sth; **vor ~ kommen** to appear in [*or* come to] court, to appear [*or* come] before a/the court; *Fall* to come to court; [**etw**] **vor ~ aussagen** to testify in court; [**wegen etw** *dat*] **vor ~ stehen**

G

to appear in [*or* before a/the] court [for sth]; **jdn/einen Fall vor ~ vertreten** to represent sb/a case in court ❷ JUR (*die Richter*) court, bench ▶WENDUNGEN: **Hohes ~!** My Lord! BRIT, Your Honor! AM; **das Jüngste ~** REL the last Judg[e]ment, Judg[e]ment Day; **mit jdm ins ~ gehen** to sharply criticize sb; **über jdn/etw ~ halten** to pronounce judg[e]ment on sb/sth; **über jdn zu ~ sitzen** to sit in judgement on sb

ge·richt·lich I. *adj attr* judicial, court *attr;* **laut ~en Beschlusses** [*o* **~em Beschluss**] according to a/the court decision [*or* decision of a/the court]; **eine ~e Klärung** a court settlement; **ein ~es Nachspiel** a court sequel II. *adv* legally, in court; **Schulden ~ eintreiben** to recover debts through [a/the] court order; **~ belangt werden** to be legally prosecuted; **etw ~ klären** to settle sth in court; **~ gegen jdn vorgehen** to take sb to court, to take legal proceedings [*or* to litigate] against sb

Ge·richts·ak·ten *pl* court records *pl* **Ge·richts·as·ses·sor(in)** *m(f)* (*veraltet: Richter auf Probe*) trainee judge

Ge·richts·bar·keit <-, -en> *f* JUR ❶ *kein pl* (*Befugnis zur Rechtsprechung*) jurisdiction ❷ *pl* (*Ausübung der rechtsprechenden Gewalt*) jurisdiction

Ge·richts·be·schluss[RR] *m* court decision, decision of a/the court **Ge·richts·be·zirk** *m* juridical district *form,* judicial circuit AM **Ge·richts·fe·ri·en** *pl* court recess *sing* **Ge·richts·hof** *m* law court, court of justice, court of law *esp* AM; **der Europäische ~** the European Court of Justice; **der Internationale ~** the International Court of Justice; **der Oberste ~** the High Court of Justice BRIT, the Supreme Court [of Justice] AM **Ge·richts·kas·se** *f* taxing master's office BRIT (*court office where court fees and fines are paid*); (*Person*) court cashier **Ge·richts·kos·ten** *pl* court fees [*or* costs] *pl;* **jdm die ~ auferlegen** (*geh*) to order sb to pay the court fees [*or* costs] **Ge·richts·me·di·zin** *f* forensic medicine *no art, no pl,* medical jurisprudence *no art, no pl form* **Ge·richts·me·di·zi·ner(in)** *m(f)* forensic scientist, medical examiner AM **ge·richts·me·di·zi·nisch** I. *adj* forensic, medico-legal *form* II. *adv* **die Leiche wurde ~ untersucht** the body was examined by a forensic scientist **Ge·richts·ort** *m* town/city with a court; **der zuständige ~** the venue AM *spec* **Ge·richts·saal** *m* courtroom **Ge·richts·schrei·ber(in)** *m(f)* clerk [of a/the court], keeper of the records **Ge·richts·stand** *m* court of jurisdiction **Ge·richts·ter·min** *m* date of a/the trial **Ge·richts·ver·fah·ren** *nt* legal [*or* court] proceedings *pl;* **ein ~ gegen jdn einleiten** to take [*or form* institute] legal proceedings against sb **Ge·richts·ver·hand·lung** *f* trial; (*zivil*) hearing **Ge·richts·voll·zie·her(in)** <-s, -> *m(f)* bailiff BRIT, U.S. Marshal AM

ge·rie·ben [gəˈriːbn̩] I. *pp von* **reiben** II. *adj* (*fam: gerissen*) cunning, crafty; (*betrügerisch*) tricky

ge·riet [gəˈriːt] *imp von* **geraten**[1]

ge·ring [gəˈrɪŋ] I. *adj* ❶ (*niedrig*) low; METEO low; **eine ~e Anzahl/Menge** a small number/amount; **von ~em Wert** of little value; **~ gerechnet** at a modest estimate; **nicht das G~ste** nothing at all; **nicht im G~sten** not in the least [*or* slightest] [bit]; **das stört mich nicht im G~sten** it doesn't disturb me in the slightest [*or* least] [bit] ❷ (*unerheblich*) slight; **~e Bedeutung** minor significance; **eine ~e Chance** a slim [*or* slight] [*or* small] chance ❸ (*unzulänglich*) poor, low; **eine ~e Lebenserfahrung** little experience in life ▶WENDUNGEN: **kein G~erer als ...** ..., no less *a. hum,* no less a person than ... *a. hum* II. *adv* ❶ (*schlecht*) poorly; **~ von jdm denken/sprechen** to have a poor opinion/speak badly of sb ❷ (*wenig, kaum*) **jdn/etw ~ achten** [*o* **schätzen**] (*verachten*) to think little of sb/sth, to have a low opinion of sb/to have little regard for sth, to place little/no importance on sth; **etw ~ achten** [*o* **schätzen**] (*missachten*) to disregard sth; (*unterschätzen*) to underestimate sth

ge·ring|ach·ten *vt s.* **gering II.2**

ge·rin·gelt *adj* ringed; **~e Socken** hooped socks

ge·ring·fü·gig [gəˈrɪŋfyːgɪç] I. *adj* insignificant; **ein ~er Betrag/~es Einkommen** a small amount/income; **ein ~er Unterschied** a slight difference; **~e Verbesserungen** slight improvements; **ein ~es Vergehen/ein ~er Verstoß/eine ~e Verletzung** a minor [*or* trivial] offence/violation/injury II. *adv* slightly **Ge·ring·fü·gig·keit** <-, -en> *f* insignificance *no indef art, no pl,* slightness *no indef art, no pl,* triviality *no indef art, no pl;* **wegen ~ eingestellt werden** JUR to dismiss a case for want of sufficient ground *form* **ge·ring|schät·zen** *vt s.* **gering II. 2** **ge·ring·schät·zig** [gəˈrɪŋʃɛtsɪç] I. *adj* contemptuous; **eine ~e Bemerkung** a disparaging remark II. *adv* contemptuously, disparagingly; **~ über jdn/etw sprechen** to speak disparagingly of sb/sth, to deprecate sth **Ge·ring·schät·zung** *f kein pl* disparagement *no indef art, no pl,* contempt[uousness] *no indef art, no pl;* (*Ablehnung*) disdain *no indef art, no pl;* **~ für jdn** a low opinion of sb **ge·ring·wer·tig** *adj* inferior; **~e Nahrung** poor [*or* low-value] food

ge·rin·nen <gerann, geronnen> [gəˈrɪnən] *vi sein* to coagulate; *Blut a.* to clot; *Milch a.* to curdle

Ge·rinn·sel <-s, -> [gəˈrɪnzl̩] *nt* [blood] clot, coagulum *spec*

Ge·rin·nung <-, *selten* -en> *f* coagulation *no pl; von Blut a.* clotting *no art, no pl; von Milch a.* curdling *no art, no pl*

Ge·rip·pe <-s, -> [gəˈrɪpə] *nt* ❶ (*Skelett*) skeleton ❷ (*innere Struktur*) skeleton, frame ❸ (*Grundplan*) framework

ge·rippt *adj* MODE ribbed

ge·ris·sen [gəˈrɪsn̩] I. *pp von* **reißen** II. *adj* (*fam*) crafty, cunning

Ge·ris·sen·heit <-> *f kein pl* (*fam*) craftiness *no art, no pl,* cunning *no art, no pl*

ge·rit·ten [gəˈrɪtn̩] *pp von* **reiten**

Germ <-s> [ˈgɛrm] *m kein pl* ÖSTERR (*Hefe*) yeast

Ger·ma·ne, Ger·ma·nin <-n, -n> [gɛrˈmaːnə, gɛrˈmaːnɪn] *m, f* HIST Teuton

Ger·ma·nia <-> [gɛrˈmaːni̯a] *f* Germania (*symbol of the former German Reich: a female figure in armour*)

Ger·ma·ni·en <-s> [gɛrˈmaːni̯ən] *nt* HIST Germania

Ger·ma·nin [gɛrˈmaːnɪn] *f fem form von* **Germane**

ger·ma·nisch [gɛrˈmaːnɪʃ] *adj* ❶ HIST Teutonic ❷ LING Germanic; ■**G~** [*o* **das G~e**] Germanic, the Germanic language

Ger·ma·nist(in) <-en, -en> [gɛrmaˈnɪst] *m(f)* ❶ (*Wissenschaftler*) Germanist ❷ (*Student*) student of German, German student; ■**~ sein** to study German

Ger·ma·nis·tik <-> [gɛrmaˈnɪstɪk] *f kein pl* German [studies *npl*]

ger·ma·nis·tisch *adj* German; **eine ~e Fachzeitschrift** a journal on German[ic] studies

Ger·ma·ni·um <-s> [gɛrˈmaːni̯ʊm] *nt kein pl* CHEM germanium *no art, no pl spec*

ger·n(e) <lieber, am liebsten> [ˈgɛrn(ə)] *adv* ❶ (*freudig*) with pleasure; **~ gesehen** welcome; **ich mag ihn sehr ~** I like him a lot, I'm very fond of him; **etw ~ tun** to like doing/to do sth, to enjoy doing sth; **das mache ich doch ~ für dich!** of course I'll do it for you!; **seine Arbeit ~ machen** to enjoy one's work; **etw ~ essen** to like [eating] sth; **er sieht das nicht ~** he doesn't like that; **ich hätte ~ gewusst, ...** I would like to know ... ❷ (*ohne weiteres*) **das kannst du ~ haben** you're welcome to [have] it; **das glaube ich ~!** I can quite believe that!, I believe that straight away! ❸ (*gewöhnlich, oft*) **etw ~ tun** to tend to do sth; **morgens lässt sie sich ~ viel Zeit** she likes to leave herself a lot of time in the mornings; **ein ~ gehörtes Lied** a popular song; **ein ~ gelesenes Buch** a popular book ▶WENDUNGEN: **aber ~!** of course!, please do!; **~ geschehen!** don't mention it!, my pleasure!; **wie hätten** [*o* **möchten**] **Sie es** [**denn**] **~?** how would you like that?; **ja, ~!** with pleasure!; **du kannst mich mal ~ haben!** (*iron fam*) you can go to hell! *hum* [*or* BRIT *hum fam* go and whistle]; **rasend ~!** (*fam*) I'd simply love to!; *s. a.* **sehen**

Ger·ne·groß <-, -e> *m* (*hum fam*) somebody who likes to act big, wannabe *pej fam;* ■**ein ~ sein** to like to act big, to be a wannabe *pej fam*

gern·ge·hört *adj s.* **gern 3** **gern·ge·le·sen** *adj s.* **gern 3** **gern·ge·se·hen** *adj attr s.* **gern 1** **gern|ha·ben**RR *vt irreg* **jdn/sich** ~ to be fond of sb/one another; **es** ~, **wenn ...** to like it when ...

Ge·rö·chel <-s> [gəˈrœçl̩] *nt kein pl* groaning, groans *pl*

ge·ro·chen [gəˈrɔxn̩] *pp von* **riechen**

Ge·röll <-[e]s, -e> [gəˈrœl] *nt* scree *no pl spec,* talus AM; (*größer*) boulders *pl*

ge·ron·nen1 [gəˈrɔnən] *pp von* **rinnen, gerinnen**

geronnen2 *adj* congealed, coagulated; (*Milchprodukte*) clotted

Ge·ron·to·lo·ge, Ge·ron·to·lo·gin <-n, -n> [gerɔntoˈloːgə, -ˈloːgɪn] *m, f* MED gerontologist *spec*

Ge·ron·to·lo·gie <-> [gerɔntoloˈgiː] *f kein pl* MED gerontology *no art, no pl spec*

Gers·te <-, -n> [ˈgɛrstə] *f* BOT barley *no art, no pl*

Gers·ten·korn *nt* ❶ BOT barleycorn ❷ MED stye **Gers·ten·saft** *m kein pl* (*hum*) beer

Ger·te <-, -n> [ˈgɛrtə] *f* switch; **schlank wie eine** ~ **sein** to be as thin as a reed

ger·ten·schlank *adj* slim, willowy

Ge·ruch <-[e]s, Gerüche> [gəˈrʊx, *pl* gəˈrʏçə] *m* ❶ (*Duft*) smell, odour [*or* AM -or]; *einer Blume, eines Parfüms* scent; (*Gestank*) stench ❷ *kein pl* (*~ssinn*) sense of smell ▸ WENDUNGEN: **in dem** ~ **stehen, etw zu tun** (*geh*) to be rumoured [*or* AM -ored] to be doing sth

ge·ruch·los *adj* odourless [*or* AM -orless]

Ge·ruch(s)·be·läs·ti·gung *f* **das ist eine** ~ the smell is a real nuisance **Ge·ruch(s)·emp·fin·dung** *f s.* **Geruch[s]sinn** **Ge·ruch(s)·nerv** *m s.* **Riechnerv** **Ge·ruch(s)·or·gan** *nt s.* **Riechorgan** **Ge·ruch(s)·sinn** *m kein pl* sense of smell **Ge·ruch(s)·ver·schluss**RR *m* odour [*or* AM -or] trap, siphon *spec*

Ge·rücht <-[e]s, -e> [gəˈrʏçt] *nt* rumour [*or* AM -or]; **etw für ein** ~ **halten** (*fam*) to have [one's] doubts about sth; **ein** ~ **in die Welt setzen** to start a rumour; **es geht das** ~, **dass ...** there's a rumour [going round] that ...

Ge·rüch·te·kü·che *f* rumour-mongers [*or* AM rumor-] *pl*

ge·ru·fen *pp von* **rufen**

ge·ru·hen* [gəˈruːən] *vt* (*geh*) ■ ~, **etw zu tun** to deign *a. pej* [*or hum a. form* condescend] to do sth

ge·ruh·sam I. *adj* peaceful; **ein** ~**er Abend am Kamin** a quiet evening in front of the fireplace; **ein** ~**er Spaziergang** a leisurely walk **II.** *adv* leisurely, peacefully; ~ **essen** to eat in peace [and quiet]

Ge·rüm·pel <-s> [gəˈrʏmpl̩] *nt kein pl* (*pej*) junk *no indef art, no pl*

Ge·run·di·um <-s, -ien> [geˈrʊndi̯ʊm, *pl* geˈrʊndi̯ən] *nt* LING gerund *spec*

Ge·run·div <-s, -e> [gerʊnˈdiːf, *pl* gerʊnˈdiːvə] *nt,* **Ge·run·di·vum** <-s, -diva> [gerʊnˈdiːvʊm, *pl* gerʊnˈdiːva] *nt* LING gerundive *spec*

ge·run·gen [gəˈrʊŋən] *pp von* **ringen**

Ge·rüst <-[e]s, -e> [gəˈrʏst] *nt* ❶ BAU scaffold[ing *no pl*] ❷ (*Grundplan*) framework

Ge·rüst·bau *m* ❶ *kein pl* BAU erection of scaffolding *no indef art, no pl* ❷ (*Firma*) scaffolders *pl* **Ge·rüst·bau·er(in)** <-s, -> *m(f)* scaffolder **Ge·rüst·bau·fir·ma** *f* scaffolders *pl*

ge·rüt·telt *adj* ▸ WENDUNGEN: ~ **voll** jam-packed, chock-a-block BRIT *fam*

ges, Ges <-, -> [gɛs] *nt* MUS G flat

ge·sal·zen [gəˈzaltsn̩] **I.** *pp von* **salzen** **II.** *adj* (*fam: überteuert*) steep *fam*

ge·sam·melt *adj* ❶ *Werke* collected ❷ *Aufmerksamkeit, Kraft* collective

ge·samt [gəˈzamt] *adj attr* whole, entire; **die** ~**e Familie** the whole [*or* entire] family + *sing/pl vb;* **die** ~**en Kosten** the total costs; **die** ~**e Verwandtschaft** all the relatives

Ge·samt·an·sicht *f* general view **Ge·samt·ar·beits·ver·trag** *m* SCHWEIZ (*Tarifvertrag*) collective agreement **Ge·samt·auf·la·ge** *f eines Buchs* total edition; *einer Zeitschrift, Zeitung* total circulation **Ge·samt·aus·ga·be** *f* complete edition **Ge·samt·be·trag** *m* total [amount] **Ge·samt·bild** *nt* overall [*or* general] picture **ge·samt·deutsch** [gəˈzamtdɔytʃ] *adj* all-German; **die** ~**e Frage** the German Question **Ge·samt·ein·druck** *m* overall [*or* general] impression **Ge·samt·er·geb·nis** *nt* total outcome [*or* result] **ge·samt·eu·ro·pä·isch** *adj* all-European **ge·samt·ge·sell·schaft·lich** *adv* by society as a whole **Ge·samt·ge·wicht** *nt* AUTO laden [*or form* gross vehicle] weight; **zulässiges** ~ gross vehicle weight rating *form,* GVWR *form*

Ge·samt·heit <-> *f kein pl* totality; ■ **die** ~ **der ...** all the ...; **in seiner** ~ as a whole, in its entirety

Ge·samt·hoch·schu·le *f* amalgamated university, ≈ polytechnic BRIT *hist* **Ge·samt·in·ter·es·se** *nt* ■ **das** ~ the general interest **Ge·samt·kos·ten** *pl* total costs **Ge·samt·kunst·werk** *nt* synthesis of the arts **Ge·samt·scha·den** *m* total damage **Ge·samt·schu·le** *f* ≈ comprehensive school; **integrierte** ~ ≈ comprehensive school **Ge·samt·sie·ger(in)** *m(f)* SPORT overall winner **Ge·samt·stra·fe** *f* JUR overall sentence (*covering individual sentences of several offences, but not exceeding maximum sentence*) **Ge·samt·sum·me** *f* total [amount] **Ge·samt·über·sicht** *f* general survey **Ge·samt·ver·brauch** *m kein pl* total consumption **Ge·samt·werk** *nt* complete works *pl* **Ge·samt·wert** *m* total value; **im** ~ **von ...** totalling [*or* AM *usu* totaling] ... [in value] **Ge·samt·wer·tung** *f* SPORT overall placings *pl;* **in der** ~ in the overall placings

ge·sandt [gəˈzant] *pp von* **senden**1

Ge·sand·te(r) [gəˈzantə] *f(m) decl wie adj,* **Ge·sand·tin** [gəˈzantɪn] *f* envoy, legate; (*Botschafter*) ambassador; **päpstlicher** ~**r** nuncio *spec*

Ge·sandt·schaft <-, -en> [gəˈzantʃaft] *f* embassy

Ge·sang <-[e]s, Gesänge> [gəˈzaŋ, *pl* gəˈzɛŋə] *m* ❶ *kein pl* (*das Singen*) singing *no art, no pl* ❷ (*Lied*) song; **geistliche Gesänge** religious hymns; **ein Gregorianischer** ~ a Gregorian chant ❸ LIT book; *eines Gedichts* canto *spec*

Ge·sang·buch *nt* hymn book

ge·sang·lich *adj* vocal, singing *attr*

Ge·sang·stun·de *f* singing lesson; ~**n geben/nehmen** to give/take singing lessons **Ge·sang·un·ter·richt** *m* singing lessons *pl* **Ge·sang·ver·ein** *m* choral society, glee club AM

Ge·säß <-es, -e> [gəˈzɛːs] *nt* seat, bottom, posterior *hum*

Ge·säß·ba·cke *f* buttock, cheek, bun AM *fam* **Ge·säß·mus·kel** *m* gluteal [*or* gluteus] muscle *spec* **Ge·säß·ta·sche** *f* back pocket

ge·sät·tigt *adj* CHEM saturated

Ge·säu·sel <-s> [gəˈzɔyzl̩] *nt kein pl* ❶ (*anhaltendes Säuseln*) rustling *no pl,* rustle *no pl; des Windes* murmur[ing], whisper[ing], sigh[ing] ❷ (*iron: einschmeichelndes Reden*) sweet talk *no art, no pl fam*

Ge·schä·dig·te(r) *f(m) decl wie adj* victim

ge·schaf·fen *pp von* **schaffen**1

Ge·schäft <-[e]s, -e> [gəˈʃɛft] *nt* ❶ (*Laden*) shop, AM *usu* store; (*Kaufhaus*) department store; **im** ~ in the shop [*or* department store] ❷ (*Gewerbe, Handel*) business, trade; [**mit jdm**] ~**e machen** to do business [with sb]; (*Handel* [*mit jdm*] *betreiben*) to do a deal [with sb], to strike a bargain [with sb]; **mit etw** *dat* ~**e machen** to trade in sth; (*Handel mit etw betreiben*) to do a deal in sth; **für jdn die** ~**e führen** to manage [*or* run] the business for sb; **im** ~ **sein** to be in business; **mit jdm ins** ~ **kommen** (*eine einmalige Transaktion*) to do a deal with sb; (*dauerhaftes Geschäft*) to do business with sb; **wie gehen die** ~**e?** how's business?; **das** ~ **mit der Angst** trading on [people's] fears; ~ **ist** ~ business is business; **sein** ~ **verstehen** to know one's onions [*or* AM stuff] *fam* ❸ (*Geschäftsabschluss*) deal, transaction; **ein** ~ **machen** to do [*or esp* AM make] a deal; **ein gutes** ~ **machen** to get a good [*or* real] bargain; **für jdn ein/kein** ~ **sein** to be a good deal/not much of a deal for sb; [**mit jdm**] **ein** ~ **abschließen** to

G

complete a transaction [*or* deal] [with sb]; [**mit jdm**] **ein ~ tätigen** to do a deal [with sb] ❹ DIAL (*Firma*) work; **ich gehe um 8 Uhr ins ~** I go to work at 8 o'clock ❺ DIAL (*große, mühsame Arbeit*) job *fam*, job and a half *fam* ❻ (*Angelegenheit*) business, matter ▶ WENDUNGEN: **kleines/großes ~** (*Kindersprache*) number one [*or* pee] /number two [*or* big job] [*or* pooh] *vulg* [*or* AM poop] *vulg or childspeak;* **sein ~ verrichten** to do a job BRIT *vulg*, to relieve oneself, to go to the toilet *euph*

ge·schäf·te·hal·ber *adv* (*in Geschäften*) on business; (*wegen der Geschäfte*) because of business **Ge·schäf·te·ma·cher(in)** *m(f)* (*pej*) profiteer, sb who is out for what he/she can get; **er ist ein übler ~** he'd sell his own grandmother **Ge·schäf·te·ma·che·rei** <-, -en> *f* (*pej*) profit-seeking, profiteering **Ge·schäf·te·ma·che·rin** <-, -nen> *f fem form von* **Geschäftemacher**

ge·schäf·tig [gəˈʃɛftɪç] **I.** *adj* busy, industrious; **ein ~es Treiben** bustling activity **II.** *adv* busily, industriously

Ge·schäf·tig·keit <-> *f kein pl* bustle; **was herrscht hier für eine ~?** what's all this hustle and bustle?

ge·schäft·lich [gəˈʃɛftlɪç] **I.** *adj* ❶ (*das Geschäft betreffend*) business *attr;* **etwas G~es besprechen** to discuss business [matters] ❷ (*unpersönlich*) business-like; **ein ~er Ton** a business-like [*or* brisk] tone **II.** *adv* on business; **~ verreist** away on business; **ich habe ~ hier zu tun** I'm here on business

Ge·schäfts·ab·lauf *m* course of business **Ge·schäfts·ab·schluss**^RR *m* conclusion of a deal **Ge·schäfts·an·teil** *m* share [in a business] **Ge·schäfts·auf·ga·be** *f* closing [*or* closure] of a/the business/shop **Ge·schäfts·auf·lö·sung** *f* closing [*or* closure] of a/the business/shop; **„Räumungsverkauf wegen ~"** 'closing down sale' **Ge·schäfts·au·to** *nt* company car **Ge·schäfts·be·din·gun·gen** *pl* terms and conditions of trade *pl* **Ge·schäfts·be·reich** *m* ❶ (*Zuständigkeitsbereich*) portfolio ❷ (*Sparte*) division **Ge·schäfts·be·richt** *m* company [*or* management] report **Ge·schäfts·be·zie·hung** *f* business connection **Ge·schäfts·brief** *m* business letter **Ge·schäfts·buch** *nt* accounts *pl*, books *pl* **Ge·schäfts·er·öff·nung** *f* opening of a shop [*or* store] **Ge·schäfts·es·sen** *nt* business lunch/dinner **ge·schäfts·fä·hig** *adj* legally competent, competent to contract BRIT; **beschränkt/unbeschränkt ~ sein** to have limited/unlimited legal competence **Ge·schäfts·fä·hig·keit** *f* legal competence, capacity to contract BRIT **Ge·schäfts·frau** *f fem form von* **Geschäftsmann** businesswoman *fem* **Ge·schäfts·freund(in)** *m(f)* business associate **ge·schäfts·füh·rend** *adj attr* ❶ (*amtierend*) acting; **eine ~e Regierung** a caretaker government ❷ (*leitend*) **~er Direktor** managing [*or* executive] director **Ge·schäfts·füh·rer(in)** *m(f)* ❶ ADMIN manager ❷ (*in einem Verein*) secretary ❸ POL chairperson **Ge·schäfts·füh·rung** *f s.* **Geschäftsleitung** **Ge·schäfts·ge·ba·ren** *nt* business practice **Ge·schäfts·ge·heim·nis** *nt* business [*or* trade] [*or* industrial] secret **Ge·schäfts·haus** *nt* ❶ (*Gebäude*) office block ❷ (*Firma*) company **Ge·schäfts·idee** *f* ÖKON business concept **Ge·schäfts·in·ha·ber(in)** *m(f)* owner, proprietor **Ge·schäfts·in·ter·es·se** *nt* business interest **Ge·schäfts·jahr** *nt* financial year **Ge·schäfts·ka·pi·tal** *nt* working capital **Ge·schäfts·kos·ten** *pl* expenses *pl;* **auf ~** on expenses **Ge·schäfts·le·ben** *nt* business life; **im ~ stehen** to be active in the business world; **sich aus dem ~ zurückziehen** to retire from the business world **Ge·schäfts·lei·tung** *f* ADMIN ❶ *kein pl* management ❷ (*Personen*) management, executive **Ge·schäfts·leu·te** *pl von* **Geschäftsmann/-frau** businessmen/-women **Ge·schäfts·lis·te** *f* SCHWEIZ (*Tagesordnung*) agenda **Ge·schäfts·mann** <-leute *o selten* -männer> *m* businessman **Ge·schäfts·ord·nung** *f* procedural rules [*or* rules of procedure] **Ge·schäfts·part·ner(in)** *m(f)* business partner **Ge·schäfts·raum** *m* office space, business premises *pl* **Ge·schäfts·rei·se** *f* business trip; **auf ~ sein** to be on a business trip **ge·schäfts·schä·di·gend** **I.** *adj* damaging to [the interests of] a/the company [*or* bad for business] **II.** *adv* in a way that may damage [the interests of] a/the company [*or* in a way that may be bad for business] **Ge·schäfts·schä·di·gung** *f* damage to [the interests of] a/the company **Ge·schäfts·schluss**^RR *m* ❶ (*Ladenschluss*) closing time ❷ (*Büroschluss*) **nach ~** after work [*or* [business] hours]; **was machst du heute nach ~?** what are you doing after work today? **Ge·schäfts·sinn** *m* business acumen [*or* sense] **Ge·schäfts·sitz** *m* place of business; (*offizieller Sitz*) registered office **Ge·schäfts·stel·le** *f* ❶ (*Büro*) office; (*einer Bank, einer Firma*) branch ❷ JUR court office **Ge·schäfts·stra·ße** *f* shopping street **Ge·schäfts·stra·te·gie** *f* business strategy **Ge·schäfts·stun·den** *pl* business hours; **~ eines Büros** office hours; **~ eines Ladens** opening hours **Ge·schäfts·trä·ger(in)** <-s, -> *m(f)* chargé d'affairs **ge·schäfts·tüch·tig** *adj* business-minded; **eine ~e Frau** a capable [*or* an able] businesswoman **Ge·schäfts·ver·bin·dung** *f s.* **Geschäftsbeziehung** **Ge·schäfts·vier·tel** *nt* business district **Ge·schäfts·vo·lu·men** *nt* volume of business [*or* trade] **Ge·schäfts·wa·gen** *m* company car **Ge·schäfts·wert** *m* goodwill **Ge·schäfts·zeit** *f* opening [*or* business] hours **Ge·schäfts·zen·trum** *nt* shopping centre [*or* AM -er] **Ge·schäfts·zim·mer** *nt* office **Ge·schäfts·zweig** *m* branch [of the business]

ge·schah [gəˈʃaː] *imp von* **geschehen**

ge·schätzt *adj inv* ❶ (*eingeschätzt, vermutet*) estimated ❷ (*sehr geachtet*) valued; **mein ~er Kollege** (*iron fam*) my esteemed [*or* dearest] colleague

Ge·schau·kel <-s> [gəˈʃaukl̩] *nt kein pl* rocking; **das ~ eines Busses/einer Kutsche/einer Straßenbahn** the bumpiness of a bus/a coach/a tram

ge·scheckt [gəˈʃɛkt] *adj* skewbald; **ein schwarz-weiß ~es Pferd** a piebald horse; **schwarz-weiß ~** black and white spotted

ge·sche·hen <geschah, geschehen> [gəˈʃeːən] *vi sein* ❶ (*stattfinden*) to happen, to occur; **es muss etwas ~** something's got to be done; *s. a.* **Unglück, Wille, Wunder** ❷ (*ausgeführt werden*) to be carried out [*or* done]; **ein Mord geschieht** a murder is committed ❸ (*widerfahren*) ■**jdm geschieht etw** sth happens to sb; **es wird Ihnen nichts ~** nothing will happen to you; **das geschieht dir recht!** it serves you right! ❹ (*verfahren werden*) ■**mit jdm/etw ~** to happen to sb/sth; **als sie ihn sah, war es um sie ~** she was lost the moment she set eyes on him; **um etw** *akk* **~ sein** sth is shattered; **nicht wissen, wie einem geschieht** to not know what is happening [to one] [*or* whether one is coming or going]

Ge·sche·hen <-s, -> [gəˈʃeːən] *nt* events *pl;* **der Ort des ~s** the scene [of the event]

Ge·scheh·nis <-ses, -se> [gəˈʃeːnɪs] *nt* (*geh*) event, happening, occurrence

ge·scheit [gəʃait] *adj* clever, quick-witted, bright; **eine ~e Idee** a brilliant [*or* clever] [*or* ingenious] idea; **ein ~er Vorschlag** a pertinent suggestion; ■**etwas/nichts G~es** sth/nothing sensible; **du bist wohl nicht [recht] ~?** (*fam*) are you off your head? *fam*, have you lost your marbles? *fam;* **sei ~!** be sensible!; **~er sein** (*fam*) to be more sensible; **aus etw** *dat* **nicht ~ werden** to be unable to make head or [*or* nor] tail of sth

Ge·schenk <-[e]s, -e> [gəˈʃɛŋk] *nt* (*Gabe*) present, gift; **jdm ein ~ machen** to give sb a present [*or* gift]; **jdm etw zum ~ machen** to make sb a present [*or* gift] of sth, to give sb sth as a present [*or* gift] ▶ WENDUNGEN: **kleine ~e erhalten die Freundschaft** (*prov*) small gifts help keep a friendship alive; **ein ~ des Himmels sein** to be heaven sent; (*eine Rettung sein*) to be a godsend

Ge·schenk·ar·ti·kel *m* gift [article] **Ge·schenk·gut·schein** *m* gift voucher **Ge·schenk·pa·ckung** *f* gift pack **Ge·schenk·pa·pier** *nt*, **Ge·schenks·pa·pier** *nt* ÖSTERR [gift] wrapping paper, gift wrap

Ge·schich·te <-, -n> [gəˈʃɪçtə] *f* ❶ *kein pl* (*Historie*) history; **in die ~ eingehen** to go down in [the annals of] history; **Alte/Mittlere/Neue ~** ancient/medieval/modern history; **~ machen** to make history ❷ (*Erzählung*) story; **eine wahre ~** a true story; **eine ~ erzählen** to tell a story; **~n erzählen** (*fam*) to talk nonsense [*or* rubbish]; **mach keine ~n!** don't do anything stupid [*or* silly] !; **mach keine langen ~n!** stop messing [*or* dithering] about [*or* AM around] ! ❸ (*fam: Angelegenheit, Sache*) business; **alte ~n sein** to be old hat [*or* water under the bridge]; **alte ~n wieder aufwärmen** to rake up old stories; **die ganze ~** the whole lot; **schöne ~n!** (*iron*) that's a fine state of affairs! *iron;* **~n mit jdm haben** to have an affair with sb

ge·schicht·lich [gəˈʃɪçtlɪç] **I.** *adj* ❶ (*die Geschichte betreffend*) historical ❷ (*bedeutend*) historic; **ein ~es Ereignis/ein ~er Vorgang** a historic occasion/event **II.** *adv* historically; **~ bedeutsam** of historic importance

Ge·schichts·at·las *m* historical atlas **Ge·schichts·auf·fas·sung** *f* conception of history **Ge·schichts·be·wusst·sein**[RR] *nt* awareness of history **Ge·schichts·epo·che** *f* historical epoch **Ge·schichts·fäl·schung** *f* falsification of history **Ge·schichts·for·scher(in)** *m(f)* historical researcher **Ge·schichts·for·schung** *f* historical research **Ge·schichts·kennt·nis** *f* knowledge of history **Ge·schichts·klit·te·rung** *f* historical misrepresentation **ge·schichts·los** *adj* ❶ (*ohne Geschichte*) with no past, without a history ❷ (*ohne Beziehung zur Vergangenheit*) with no sense of one's own history **Ge·schichts·phi·lo·so·phie** *f* philosophy of history **ge·schichts·phi·lo·so·phisch** *adj* **ein ~es Buch** a book on the philosophy of history **Ge·schichts·schrei·ber(in)** *m(f)* chronicler **Ge·schichts·schrei·bung** *f* historiography *no art, no pl,* writing of history **ge·schichts·träch·tig** *adj* historic; **ein ~er Moment** a historic moment **Ge·schichts·un·ter·richt** *m* (*das Unterrichten*) history teaching; (*Unterrichtsstunde*) history lesson **Ge·schichts·wis·sen·schaft** *f* [science of] history **Ge·schichts·wis·sen·schaft·ler(in)** *m(f)* historian **Ge·schichts·zahl** *f* [historical] date

Ge·schick[1] <-[e]s> [gəˈʃɪk] *nt kein pl* skill, expertise *no pl*

Ge·schick[2] <-[e]s, -e> [gəˈʃɪk] *nt* (*Schicksal*) fate; **ein furchtbares** [*o* **grässliches**] **~** a cruel fate; **ein schlimmes ~** a fate worse than death *usu iron*

Ge·schick·lich·keit <-> *f kein pl* skill, skilfulness [*or* AM skillfulness] *no pl,* expertise *no pl*

ge·schickt **I.** *adj* skilled, skilful [*or* AM skillful], expert; ■ **mit den Händen ~ sein** to be clever with one's hands; **ein ~es Verhalten** diplomatic behaviour [*or* AM -or] **II.** *adv* cleverly, adroitly, skilfully

Ge·schickt·heit <-> *f kein pl s.* **Geschick**[1]

ge·schie·den [gəˈʃiːdn̩] **I.** *pp von* **scheiden** **II.** *adj* divorced; **jds ~e Frau/~er Mann** sb's ex-wife/husband

Ge·schie·de·ne(r) *f(m) decl wie adj* divorcee; **ihr ~r/seine ~** (*fam*) her/his ex *fam*

ge·schie·nen [gəˈʃiːnən] *pp von* **scheinen**

Ge·schimp·fe <-[e]s> [gəˈʃɪmpfə] *nt kein pl* cursing, scolding

Ge·schirr <-[e]s, -e> [gəˈʃɪr] *nt* ❶ *kein pl* (*Haushaltsgefäße*) crockery *no pl,* dishes *pl;* **das benutzte ~** the dirty crockery [*or* dishes]; **feuerfestes ~** ovenware ❷ (*Service*) [tea/dinner] service; **das gute ~** the best china ❸ (*Riemenzeug*) harness; ■ **einem Tier ~ anlegen** to harness an animal, to put the harness on an animal

Ge·schirr·ab·la·ge *f* dish rack **Ge·schirr·auf·zug** *m* dumb waiter **Ge·schirr·schrank** *m* china cupboard **Ge·schirr·spü·len** *nt* washing-up **Ge·schirr·spü·ler** <-s, -> *m* (*fam*) *s.* **Geschirrspülmaschine** **Ge·schirr·spül·ma·schi·ne** *f* dishwasher **Ge·schirr·spül·mit·tel** *nt* washing-up liquid BRIT, dish soap AM **Ge·schirr·tuch** *nt* tea towel BRIT, drying-up cloth BRIT, dish cloth AM **Ge·schirr·wasch·ma·schi·ne** *f* SCHWEIZ (*Geschirrspülmaschine*) dishwasher

Ge·schiss[RR] <-es> *nt,* **Ge·schiß**[ALT] <-sses> [gəˈʃɪs] *nt* (*Getue*) fuss; **er macht um jede Kleinigkeit ein ~** he makes a huge fuss about the slightest thing

ge·schis·sen [gəˈʃɪsn̩] *pp von* **scheißen**

ge·schla·fen *pp von* **schlafen**

ge·schla·gen *pp von* **schlagen**

Ge·schlecht <-[e]s, -er> [gəˈʃlɛçt] *nt* ❶ *kein pl* BIOL sex, gender; **das andere ~** the other [*or* opposite] sex; **beiderlei ~s** of both sexes; **männlichen/weiblichen ~s** (*geh*) male/female, of the male/female sex *form;* **das schwache/schöne/zarte ~** (*hum*) the weaker/fairer/gentle sex; **das starke ~** (*hum*) the stronger sex *iron* ❷ (*liter: Geschlechtsteile*) sex *liter* ❸ (*Sippe*) family, lineage *form, liter;* **er stammt aus einem adligen/alten ~** he comes from a noble/ancient family, he is of noble/ancient lineage; **das menschliche ~** the human race; **zukünftige/spätere/die kommenden ~er** future generations ❹ LING gender

Ge·schlech·ter·fol·ge *f* line **Ge·schlech·ter·kampf** *m* battle of the sexes **Ge·schlech·ter·kun·de** *f* genealogy **Ge·schlech·ter·rol·le** *f* gender role **Ge·schlech·ter·tren·nung** *f* separation [*or* segregation] of the sexes **Ge·schlech·ter·ver·hält·nis** *nt* SOZIOL sex [*or* gender] ratio

ge·schlecht·lich [gəˈʃlɛçtlɪç] **I.** *adj* ❶ (*sexuell*) sexual; **~e Aufklärung** sex education; **~e Lust** lust; **~es Verlangen** sexual desire ❷ BIOL sexual; **~e Entwicklung** sexual development; **~e Reifung** sexual maturation; **~e Fortpflanzung** sexual reproduction **II.** *adv* sexually; **~ verkehren** to have sexual intercourse; **sich ~ fortpflanzen** [*o* **vermehren**] to reproduce sexually

Ge·schlechts·akt *m* sex[ual] act, sexual intercourse *no pl,* coitus *no pl form;* [**mit jdm**] **den ~ vollziehen** (*geh*) to have [*or* enjoy] sexual intercourse [with sb] *hum* **Ge·schlechts·be·stim·mung** *f* sex determination **Ge·schlechts·chro·mo·som** *nt* sex chromosome **Ge·schlechts·drü·se** *f* sex gland **Ge·schlechts·er·zieh·ung** *f* sex education **Ge·schlechts·ge·nos·se, -ge·nos·sin** *m, f* (*hum*) sb of the same sex [*or* gender] **Ge·schlechts·hor·mon** *nt* sex hormone **ge·schlechts·krank** *adj* suffering from a sexually transmitted disease **Ge·schlechts·kran·ke(r)** *f(m) decl wie adj* sb with a sexually transmitted disease **Ge·schlechts·krank·heit** *f* sexually transmitted disease **Ge·schlechts·le·ben** *nt kein pl* sexual habits, form, sex life *fam* **ge·schlechts·los** *adj* asexual, sexless **Ge·schlechts·lust** *f kein pl* [sexual] lust **Ge·schlechts·merk·mal** *nt* sex[ual] characteristic **Ge·schlechts·or·gan** *nt* sexual organ; **äußere ~e** external sex [*or* sexual] organs, genitals *npl,* genitalia *npl;* **innere ~e** internal sex [*or* sexual] organs **ge·schlechts·reif** *adj* sexually mature **Ge·schlechts·rei·fe** *f* sexual maturity **Ge·schlechts·teil** *nt* genitals *npl* **Ge·schlechts·trieb** *m* sex [*or* sexual] drive [*or* urge] **Ge·schlechts·um·wand·lung** *f* sex change **Ge·schlechts·ver·kehr** *m* sexual intercourse, sex *fam* **Ge·schlechts·wort** *nt* LING article **Ge·schlechts·zel·le** *f* sexual cell

ge·schli·chen [gəˈʃlɪçn̩] *pp von* **schleichen**

ge·schlif·fen [gəˈʃlɪfn̩] **I.** *pp von* **schleifen**[2] **II.** *adj* polished, faultless; **~e Manieren** faultless [*or* impeccable] manners

ge·schlos·sen [gəˈʃlɔsn̩] **I.** *pp von* **schließen** **II.** *adj* ❶ (*gemeinsam*) united; **~e Ablehnung** unanimous rejection ❷ (*zusammenhängend*) thick; **eine ~e Wolkendecke** [*o* **~e Bewölkung**] cloudy skies; **eine ~e Schneedecke** a layer of snow; *s. a.* **Gesellschaft, Ortschaft** ❸ (*nicht geöffnet*) closed; **eine ~e Abteilung** a closed ward ❹ (*abgerundet*) **eine ~e Persönlichkeit** a well-rounded character; **ein ~es Bild** a complete picture; **ein ~es Konzept** a [complete] concept **III.** *adv* (*einheitlich*) unanimously; **~ für etw** *akk* **stimmen** to vote unanimously for sth

Ge·schlos·sen·heit <-> *f kein pl* ❶ (*gemeinsame Haltung*) unity ❷ (*Einheitlichkeit*) uniformity

Ge·schluch·ze [gəˈʃlʊxtsə] *nt* sobbing
ge·schlun·gen [gəˈʃlʊŋən] *pp von* **schlingen**[1], **schlingen**[2]
Ge·schmack <-[e]s, Geschmäcke *o hum fam* Geschmäcker> [gəˈʃmak, *pl* gəˈʃmɛkə, *pl* gəˈʃmɛkɐ] *m* ❶ *kein pl* (*Aroma*) taste; **einen ... ~ haben** (*schmecken*) to have a ... taste ❷ *kein pl* (*Geschmackssinn*) sense of taste ❸ (*ästhetisches Empfinden*) taste; **mit ~ eingerichtet** tastefully furnished; **mit sicherem ~** with unerring good taste; **einen guten/keinen guten ~ haben** to have good/bad taste; **etw ist nicht mein/nach meinem ~** sth is not to my taste, sth is not my cup of tea *fam;* **an etw** *dat* **~ finden** [*o* **einer S.** *dat* **~ abgewinnen**] to develop [*or* acquire] a taste for sth; **auf den ~ kommen** to acquire a taste for sth, to grow to like sth; **für meinen ~** for my taste; **etw ist im ~ ...** the taste of sth is ...; **je nach ~** according to taste; **die Geschmäcker sind verschieden** tastes differ ▶ WENDUNGEN: **über ~ lässt sich [nicht] streiten** (*prov*) there's no accounting for taste
ge·schmack·lich I. *adj* as regards [*or* in terms of] taste; **ein ~er Unterschied** a difference in taste; **eine ~e Veränderung/Verbesserung** a change/an improvement in taste **II.** *adv* as regards [*or* in terms of] taste; **etw ist ~ hervorragend** the taste of sth is excellent; **etw ~ verbessern** to improve the taste of sth
ge·schmack·los *adj* ❶ KOCHK (*ohne Geschmack*) bland, tasteless ❷ (*taktlos*) tasteless, in bad taste; **ein ~er Mensch** a person lacking in good taste ❸ (*nicht ästhetisch*) in bad taste; **wie ~!** how tasteless!
Ge·schmack·lo·sig·keit <-, -en> *f* ❶ *kein pl* (*Taktlosigkeit*) tastelessness, bad taste *no pl,* lack of good taste *no pl;* **ein Witz von seltener ~** a particularly tasteless joke ❷ (*taktlose Bemerkung*) tasteless remark
Ge·schmacks·fra·ge *f* **eine ~ sein** to be a matter [*or* question] of taste; **in ~n** in matters of taste **Ge·schmacks·knos·pe** *f* taste bud **Ge·schmacks·rich·tung** *f* flavour [*or* AM -or]; **jds ~ sein** (*fam*) to be sb's cup of tea *fam,* to be just the thing [for sb] *fam;* **genau meine ~!** my favourite! **Ge·schmacks·sa·che** *f* **~ sein** to be a matter [*or* question] of taste **Ge·schmacks·sinn** *m* sense of taste **Ge·schmacks·ur·teil** *nt* ■**sein ~** [**in etw** *dat*] one's taste [in [*or* for] sth] **Ge·schmacks·ver·ir·rung** *f* (*pej*) bad taste, eccentric taste *euph;* **unter ~ leiden** (*fam*) to have bad taste [*or* no idea of good taste]
ge·schmack·voll I. *adj* tasteful; **~e Bemerkung** tasteful remark, remark in good taste **II.** *adv* tastefully
Ge·schmat·ze <-s> [gəˈʃmatsə] *nt kein pl* slurping, noisy eating
Ge·schmei·de <-s, -> [gəˈʃmaidə] *nt* (*geh*) jewellery *no pl* BRIT, jewelery *no pl* AM
ge·schmei·dig [gəˈʃmaidɪç] **I.** *adj* ❶ (*schmiegsam*) sleek; **~es Haar/Fell** silky hair/coat; **~e Haut** soft [*or* smooth] skin; **~es Leder** supple leather; **~e Masse/~er Teig/~es Wachs** smooth mass/pastry/wax ❷ (*biegsam*) supple, agile, lithe, lissom ❸ (*anpassungsfähig*) adaptable **II.** *adv* (*biegsam*) supply [*or* supplely], agilely, lithely
Ge·schmei·dig·keit <-> *f kein pl* ❶ (*Schmiegsamkeit*) sleekness; *von Haar/Fell* silkiness; *von Leder* suppleness; *von Haut* smoothness, suppleness ❷ (*Biegsamkeit*) suppleness, agility ❸ (*Anpassungsfähigkeit*) adaptability
Ge·schmeiß <-es> [gəˈʃmais] *nt kein pl* (*pej*) ❶ (*ekliges Ungeziefer*) bugs *pl fam,* vermin *no pl pej* ❷ (*widerliche Menschen*) vermin *no pl,* scum *fam*
Ge·schmie·r(e) <-s> [gəˈʃmiːɐ̯, gəˈʃmiːrə] *nt kein pl* (*pej fam*) ❶ (*unleserliche Handschrift*) scribble, scrawl ❷ (*kritisierter Artikel*) rubbish *no pl,* trash *no pl,* drivel *no pl* ❸ (*schlechte Malerei*) rubbish *no pl,* mess *no pl*
ge·schmis·sen [gəˈʃmɪsn̩] *pp von* **schmeißen**
ge·schmol·zen [gəˈʃmɔltsn̩] *pp von* **schmelzen**
Ge·schmor·te <-es> *nt kein pl* (*fam*) braised meat
Ge·schmun·zel <-es> [gəˈʃmʊntsl̩] *nt kein pl* smiling; **der Witz löste allgemeines ~ aus** the joke caused everyone to smile [*or* raised a smile from everyone]
Ge·schmu·s(e) <-es> [gəˈʃmuːs, gəˈʃmuːzə] *nt kein pl* (*fam*) kissing and cuddling *no pl,* canoodling *no pl* BRIT
Ge·schnat·ter <-s> [gəˈʃnatɐ] *nt kein pl* (*pej fam: lästiges Schnattern*) cackle *no pl,* cackling *no pl;* **~ der Menschen** chatter [*or* chattering] of people
Ge·schnet·zel·te(s) *nt decl wie adj thin strips of meat;* **Zür[i]cher ~s** *originating in Zurich, a way of preparing Geschneltzeltes in a sauce*
ge·schnie·gelt [gəˈʃniːgl̩t] *adj* **~ und gebügelt** (*pej fam*) [all] dressed-up, dressed to kill *pred,* dressed to the nines *pred*
ge·schnit·ten [gəˈʃnɪtn̩] *pp von* **schneiden**
ge·schno·ben [gəˈʃnoːbn̩] (*veraltend*) *pp von* **schnauben**
ge·scho·ben [gəˈʃoːbn̩] *pp von* **schieben**
ge·schol·ten [gəˈʃɔltn̩] *pp von* **schelten**
Ge·schöpf <-[e]s, -e> [gəˈʃœpf] *nt* ❶ (*Lebewesen*) creature; **Gottes ~e** God's creatures ❷ (*Person*) creature; **ein dummes ~** a silly [*or* stupid] [little] thing; **ein bezauberndes ~** a fascinating creature ❸ (*Fantasiefigur*) creation; **jds ~ sein** to be sb's creation; (*jdm völlig ergeben sein*) to be sb's slave
ge·scho·ren [gəˈʃoːrən] *pp von* **scheren**[1]
Ge·schoss[RR1] <-es, -e> *nt,* **Ge·schoß**[ALT] <-sses, -sse> [gəˈʃɔs] *nt* storey [*or* AM story], floor; **im ersten ~** on the first [*or* AM second] floor
Ge·schoss[RR2] <-es, -e> *nt,* **Ge·schoß**[ALT] <-sses, -sse> [gəˈʃɔs] *nt* ❶ MIL projectile; **~ aus einer Pistole** bullet from a gun; **Hagel von ~en** hail of bullets; (*Granate*) grenade, shell ❷ (*Wurfgeschoss*) missile
Ge·schoss·bahn[RR] *f* trajectory
ge·schos·sen [gəˈʃɔsn̩] *pp von* **schießen**
ge·schraubt I. *adj* (*pej*) affected, pretentious **II.** *adv* affectedly, pretentiously, stiltedly
Ge·schrei <-s> [gəˈʃrai] *nt kein pl* ❶ (*Schreien*) shouting, yelling *no pl;* **was ist denn da draußen für ein ~?** what's all that shouting [*or* yelling] [going on] outside?; (*von Verletzten*) screaming; (*schrill*) shrieking ❷ (*fam: Lamentieren*) fuss *no pl;* [**wegen einer S.** *gen*] **ein** [**großes/riesiges**] **~ machen** [*o geh* **erheben**] to make [*or* kick up] a [big] fuss [*or fam* to start squawking] [*or sl* to bellyache [a lot]] [about sth]; **viel ~ um nichts** a lot of fuss about nothing
ge·schrie·ben [gəˈʃriːbn̩] *pp von* **schreiben**
ge·schrie(·e)n [gəˈʃriː(ə)n] *pp von* **schreien**
ge·schrit·ten [gəˈʃrɪtn̩] *pp von* **schreiten**
ge·schun·den [gəˈʃʊndn̩] *pp von* **schinden**
ge·schüt·telt *adj inv* shaken (**von** +*dat* by); **vom Jugendwahn ~** gripped in delusions of youth
Ge·schütz <-es, -e> [gəˈʃʏts] *nt* gun, piece of artillery; **schweres ~** big gun; **ein ~ auffahren** to bring a gun into position; **schweres** [*o* **grobes**] **~ auffahren** (*a. fig*) to bring up the big guns [*or* the artillery]
Ge·schütz·be·die·nung *f* gun crew **Ge·schütz·bet·tung** *f* gun bed **Ge·schütz·don·ner** *m* thunder of guns **Ge·schütz·feu·er** *nt* gunfire, artillery fire **Ge·schütz·rohr** *nt* barrel of a gun, gun-barrel **Ge·schütz·stand** *m* gun emplacement
ge·schützt I. *adj* ❶ (*abgeschirmt*) sheltered ❷ (*unter Naturschutz stehend*) protected ❸ JUR **gesetzlich ~** protected by law; (*eingetragen*) registered; **urheberrechtlich ~** protected by copyright; **nicht mehr ~ sein** to be in/pass into the public domain **II.** *adv* in a sheltered place; **~ stehen** to stand in a sheltered place
Ge·schütz·turm *m* gun turret
Ge·schwa·der <-s, -> [gəˈʃvaːdɐ] *nt* squadron
Ge·schwa·fel <-s> [gəˈʃvaːfl̩] *nt kein pl* (*pej fam*) hot air *no pl pej fam,* waffle *no pl* BRIT *pej fam,* twaddle *no pl pej fam;* **verschone mich bitte mit diesem dummen ~** spare me this stupid nonsense
Ge·schwätz <-es> [gəˈʃvɛts] *nt kein pl* (*pej fam*) ❶ (*dummes

Gerede) waffle *no pl* BRIT *pej fam,* hot air *no pl pej fam,* twaddle *no pl pej fam* ❷ (*Klatsch*) gossip *no pl*

ge·schwät·zig [gəˈʃvɛtsɪç] *adj* (*pej*) ❶ (*redselig*) talkative, garrulous ❷ (*Klatsch verbreitend*) gossipy *pej fam;* **ein ~er Mensch** a gossipmonger; **~ wie ein Marktweib sein** to be a real gossip

Ge·schwät·zig·keit <-> *f kein pl* (*pej*) ❶ (*Redseligkeit*) talkativeness, garrulousness ❷ (*Neigung zu klatschen*) love of gossip

ge·schwei·ge [gəˈʃvaigə] *konj* ■ **~ [denn]** never mind, let alone; **ich erwarte von ihm kein Wort des Zuspruches, ~ denn, dass er mich finanziell unterstützt** I don't expect a word of encouragement from him, never mind [*or* let alone] financial support

ge·schwie·gen [gəˈʃviːgn̩] *pp von* **schweigen**

ge·schwind [gəˈʃvɪnt] **I.** *adj* SÜDD (*veraltet: rasch*) quick, swift, fast; *s. a.* **Schritt II.** *adv* quickly, swiftly, fast; **~!** quickly!, hurry up!

Ge·schwin·dig·keit <-, -en> [gəˈʃvɪndɪçkait] *f* speed; **die ~ erhöhen** to speed up; **die ~ herabsetzen** to slow down; **die ~ steigern/verringern** to increase/decrease speed; **an ~ zunehmen** to increase speed, to go faster; **mit affenartiger ~** (*fam*) at the speed of light, like lightning, at an incredible speed; **mit einer ~ von ...** at a speed of ...; **überhöhte ~** excessive speed; **er hat wegen überhöhter ~ einen Strafzettel bekommen** he was fined for exceeding the speed limit

Ge·schwin·dig·keits·be·gren·zung *f,* **Ge·schwin·dig·keits·be·schrän·kung** *f* speed limit; **die ~ nicht einhalten** to exceed the speed limit **Ge·schwin·dig·keits·kon·trol·le** *f* speed [*or* radar] trap **Ge·schwin·dig·keits·mes·ser** *m* tachometer, speedometer **Ge·schwin·dig·keits·über·schrei·tung** *f* exceeding the speed limit

Ge·schwirr [gəˈʃvɪr] *nt* buzzing

Ge·schwis·ter [gəˈʃvɪstɐ] *pl* brothers and sisters *pl,* siblings *pl form or spec;* **wir sind zu Hause drei ~** there are three children in our family

ge·schwis·ter·lich **I.** *adj* brotherly/sisterly **II.** *adv* like brother and sister; **etw ~ teilen** to divide sth fairly

Ge·schwis·ter·lie·be *f* brotherly/sisterly love [*or* affection] **Ge·schwis·ter·paar** *nt* brother and sister

ge·schwol·len [gəˈʃvɔlən] **I.** *pp von* **schwellen II.** *adj* (*pej*) pompous *pej,* high-flown *pej,* inflated *pej* **III.** *adv* in a pompous [*or* high-flown] [*or* an inflated] way; **rede doch nicht so ~!** don't talk in such a pompous way!

ge·schwom·men [gəˈʃvɔmən] *pp von* **schwimmen**

ge·schwo·ren [gəˈʃvoːrən] **I.** *pp von* **schwören II.** *adj attr* sworn *attr;* **ein ~er Feind/Gegner** a sworn enemy/opponent

Ge·schwo·re·ne(r) *f(m) decl wie adj,* **Ge·schwor·ne(r)** *f(m) decl wie adj* ÖSTERR member of the jury, juror; **die ~n** the jury

Ge·schwo·re·nen·bank <-bänke> *f* jury box **Ge·schwo·re·nen·ge·richt** *nt court with a jury;* **vor ein ~ kommen** to be tried by a jury **Ge·schwo·re·nen·lis·te** *f list of people from which the jurors are taken*

Ge·schwulst <-, Geschwülste> [gəˈʃvʊlst, *pl* gəˈʃvʏlstə] *f* tumour [*or* AM -or]

ge·schwun·den [gəˈʃvʊndn̩] *pp von* **schwinden**

ge·schwun·gen [gəˈʃvʊŋən] **I.** *pp von* **schwingen II.** *adj* curved; **~e Augenbrauen** arched eyebrows; **eine ~e Nase** an aquiline nose

Ge·schwür <-s, -e> [gəˈʃvyːɐ̯] *nt* abscess; (*Furunkel*) boil; **Magen~** stomach ulcer

ge·seg·net *adj* (*geh*) blessed; ■ **~e(s) ...!** happy [*or* blessed] ...! *form;* **~ Mahlzeit!** enjoy your meal!; **~s Neues Jahr!** Happy New Year!

ge·se·hen *pp von* **sehen**

Ge·selch·te(s) *nt decl wie adj* KOCHK SÜDD, ÖSTERR smoked meat

Ge·sel·le, Ge·sel·lin <-n, -n> [gəˈzɛlə, gəˈzɛlɪn] *m, f* ❶ (*Handwerksgeselle*) journeyman, worker who has completed an apprenticeship ❷ (*Kerl*) chap BRIT, guy AM

ge·sel·len* [gəˈzɛlən] *vr* (*geh*) ❶ (*sich anschließen*) ■ **sich zu jdm ~** to join sb; **darf ich mich zu Ihnen ~?** may [*or* do you mind if] I join you? ❷ (*hinzukommen*) ■ **sich zu etw** *dat* **~** to add to sth

Ge·sel·len·brief *m* certificate of completion of an apprenticeship **Ge·sel·len·prü·fung** *f* examination at the end of an apprenticeship **Ge·sel·len·stück** *nt piece of practical work which has to be produced at the end of an apprenticeship*

ge·sel·lig [gəˈzɛlɪç] **I.** *adj* sociable, gregarious; **ein ~er Abend** a convivial evening; **ein ~es Beisammensein** [*o* **eine ~e Runde**] a friendly get-together **II.** *adv* sociably; **~ zusammensitzen** to sit together and chat [*or* talk]

Ge·sel·lig·keit <-, -en> *f* ❶ *kein pl* (*geselliges Leben*) **~ lieben** to enjoy company, to be a sociable sort of person ❷ (*geselliger Anlass*) social gathering, friendly get-together ❸ (*gesellige Art*) gregariousness, friendly manner

Ge·sel·lin <-, -nen> [gəˈzɛlɪn] *f fem form von* **Geselle**

Ge·sell·schaft <-, -en> [gəˈzɛlʃaft] *f* ❶ (*Gemeinschaft*) society ❷ ÖKON company BRIT, corporation AM; **~ mit beschränkter Haftung** limited liability company BRIT, close corporation AM ❸ (*Vereinigung*) society, association; **~ des bürgerlichen Rechts** JUR company constituted under civil law; **die ehrenwerte ~** (*Mafia*) the Cosa Nostra ❹ (*Fest*) party; **eine ~ geben** to have [*or* give] [*or* throw] a party; **Schild: geschlossene ~** sign: private function ❺ (*Oberschicht*) **jdn in die ~ einführen** to introduce sb to society life; **eine Dame der ~** a high-society lady ❻ (*Kreis von Menschen*) group of people, crowd, bunch *fam,* lot *fam;* **eine bunte ~** a mixed crowd; **gemischte ~** (*pej*) bad crowd; **sich [mit etw** *dat***] in guter ~ befinden** to be in good company [with sth]; **in schlechte ~ geraten** to get in [*or* fall in] with the wrong crowd, to get into bad company; **in zweifelhafter ~** in doubtful company; **jdm ~ leisten** to join sb; **in ~** with sb; **in ~ von jdm** in the company of sb ❼ (*Umgang*) company

Ge·sell·schaf·ter(in) <-s, -> *m(f)* ❶ (*Unterhalter*) interesting [*or* good] company; (*euph: als Begleitung angestellt*) escort; **ein amüsanter/brillanter ~** an amusing/a brilliant conversationalist ❷ (*Teilhaber*) shareholder; **stiller ~** sleeping [*or* AM silent] partner

ge·sell·schaft·lich **I.** *adj* ❶ (*die Gesellschaft betreffend*) social; **~e Schicht** social class, class of society; **den ~en Aufstieg schaffen** to move up though the social classes; **ein ~er Missstand** a social evil ❷ (*in besseren Kreisen üblich*) socially acceptable; **~e Umgangsformen** [socially] acceptable manners **II.** *adv* (*in besseren Kreisen*) **sich ~ unmöglich machen** to behave outrageously, to be beyond the pale BRIT

Ge·sell·schafts·abend *m* social evening **Ge·sell·schafts·an·zug** *m* formal dress **ge·sell·schafts·fä·hig** *adj* socially acceptable **ge·sell·schafts·feind·lich** *adj* anti-social **Ge·sell·schafts·form** *f* ❶ (*Gesellschaftsordnung*) social system, form of society ❷ ÖKON type of company **Ge·sell·schafts·ka·pi·tal** *nt* corporate [*or* share] capital **Ge·sell·schafts·klei·dung** *f* formal dress **Ge·sell·schafts·kri·tik** *f* social criticism **Ge·sell·schafts·mo·dell** *nt* POL, SOZIOL, PHILOS societal model **Ge·sell·schafts·ord·nung** *f* social order **Ge·sell·schafts·po·li·tik** *f* social policy **ge·sell·schafts·po·li·tisch** *adj* in terms of social policy *pred* **Ge·sell·schafts·schicht** *f* social class **Ge·sell·schafts·spiel** *nt* party game **Ge·sell·schafts·tanz** *m* ballroom dance **Ge·sell·schafts·ver·trag** *m* ❶ ÖKON partnership agreement, articles of partnership ❷ PHILOS social contract **Ge·sell·schafts·wis·sen·schaf·ten** *pl* social sciences *pl*

ge·ses·sen [gəˈzɛsn̩] *pp von* **sitzen**

Ge·setz <-es, -e> [gəˈzɛts] *nt* ❶ (*staatliche Vorschrift*) law; **gegen das ~ verstoßen** to break the law; **ein ~ verabschieden** to pass a law; **zum ~ werden** to become law; **das ~ beachten/einhalten** to observe/obey the law; **ein ~ bre-**

G

chen to break [*or* violate] the law *form;* **das ~ missachten** to take the law into one's own hands; **nach dem ~** according to the law; **mit dem ~ in Konflikt geraten** to fall foul of the law; **kraft ~es** by law ❷ PHYS law; **Natur~** law of nature; **das ~ der Schwerkraft** the law of gravity ❸ (*fam: ~ buch*) statute book ▸ WENDUNGEN: **das ~ des Dschungels** the law of the jungle; **das ~ des Handelns** the need to act, the necessity for action; **das ~ der Serie** the probability that a recurring event occurs again; **vor dem ~ sind alle gleich** we are all equal in the eyes of the law; **jdm oberstes ~ sein** to be sb's golden rule; **ein ungeschriebenes ~** an unwritten law

Ge·setz·blatt *nt* law gazette **Ge·setz·buch** *nt* statute book; **Bürgerliches ~** Civil Code **Ge·setz·ent·wurf** *m* bill, draft legislation

Ge·set·zes·bre·cher(in) <-s, -> *m(f)* law-breaker **Ge·set·zes·bruch** *m* (*geh*) violation of a/the law **Ge·set·zes·hü·ter(in)** *m(f)* (*hum*) long arm *iron* [*or iron* BRIT guardian] of the law **Ge·set·zes·ini·ti·a·ti·ve** *f* legislative initiative **Ge·set·zes·kraft** *f kein pl* force of the law, legal force; **~ haben** [*o* **erlangen**] to be legal, to have legal force **Ge·set·zes·lü·cke** *f* judicial loophole **Ge·set·zes·no·vel·le** *f* amendment [to a/the law] **Ge·set·zes·samm·lung** *f* legal digest **Ge·set·zes·text** *m* text [*or* wording] of a law **ge·set·zes·treu** *adj inv* law-abiding **Ge·set·zes·treue** *f* law-abidance **Ge·set·zes·vor·la·ge** *f s.* **Gesetzentwurf**

ge·setz·ge·bend *adj attr* legislative

Ge·setz·ge·ber <-s, -> *m* legislator, law-maker; (*Versammlung*) legislature, legislative body

Ge·setz·ge·bung <-, -en> *f* legislation

ge·setz·lich [gəˈzɛtslɪç] **I.** *adj* legal, statutory; **~e Bestimmung** legal requirement; **~er Feiertag** statutory holiday; **~e Regelung** legal regulation; **~e Verpflichtung** statutory duty; *s. a.* **Unterhalt, Vertreter, Zahlungsmittel, Zinsen II.** *adv* legally; **~ verankert sein** to be established in law

Ge·setz·lich·keit <-> *f kein pl* ❶ (*Rechtmäßigkeit*) legality ❷ (*Rechtsordnung*) legal system

ge·setz·los *adj* lawless

Ge·setz·lo·sig·keit <-> *f kein pl* lawlessness

ge·setz·mä·ßig I. *adj* (*gesetzlich*) lawful; (*rechtmäßig*) rightful **II.** *adv* (*einem Naturgesetz folgend*) according to the law [*or* laws] of nature, according to natural law; (*rechtmäßig*) lawfully, legally

Ge·setz·mä·ßig·keit <-, -en> *f* (*Gesetzlichkeit*) legality; (*Rechtmäßigkeit*) legitimacy, lawfulness

ge·setzt I. *adj* sober, dignified, staid *pej* **II.** *konj* (*angenommen, ...*) ■ **~, ...** assuming that ...; (*vorausgesetzt, dass ...*) providing that ...; *s. a.* **Fall**

Ge·setzt·heit <-> *f kein pl* sedateness

ge·setz·wid·rig I. *adj* illegal, unlawful *form* **II.** *adv* illegally, unlawfully *form*

Ge·setz·wid·rig·keit *f* illegality, unlawfulness *form*

ges. gesch. JUR *Abk von* **gesetzlich geschützt** protected by law; (*eingetragen*) registered

Ge·sicht[1] <-[e]s, -er> [gəˈzɪçt] *nt* ❶ (*Antlitz*) face; **jdm ins ~ schauen** to look sb in the face; **jdm ins ~ scheinen** to shine in sb's eyes; **mitten im ~** in the middle of sb's face; **er ist im ~ etwas mager geworden** his face has got rather thin, he's got thin in the face; **jdm ins ~ spucken** to spit in sb's face; **das ~ verzerren** to contort one's face; **jdm [in] das ~ schlagen** to slap sb's face; **ein anderes ~ machen** (*fam*) to put on a different expression; **mach doch ein anderes ~!** stop looking like that!; **grün im ~ werden** (*fam*) to go green in the face; **ein langes ~** a long face; **ein langes ~ machen** [*o* **ziehen**] to pull a [long] face; **jdn/etw zu ~ bekommen** to set eyes on [*or* see] sb/sth; **diese Unterlagen dürfen nur wenige zu ~ bekommen** these papers are [intended] for the eyes of only a few; **jdm [...] ins ~ lachen** to laugh in sb's face; **jdm etw vom ~ ablesen** to see sth from sb's expression [*or* the expression [*or* look] on sb's face]; **jdm ins ~ lügen** to tell sb a downright [*or* an outright] lie; **ein ~ machen** [*o* **ziehen**] (*fam*) to make [*or* pull] a face; **was machst du denn für ein ~?** why are you looking like that?; **ein ... ~ machen** to look ...; **ein böses/trauriges/enttäuschtes ~ machen** to look angry/sad/disappointed; **jdm etw [direkt** [*o* **glatt**]] **ins ~ sagen** to say sth [straight] to sb's face; **jdm etw am ~ ansehen** to read from the expression on sb's face; **das ~ verziehen** to make [*or* pull] a face; **jdm das ~ zuwenden** to turn to sb, to look at sb; **über das ganze ~ strahlen** (*fam*) to be grinning like an idiot *fam,* to beam all over one's face ❷ (*Erscheinungsbild*) appearance; **die verschiedenen ~er Deutschlands** the different faces of Germany; **ein anderes ~ bekommen** to take on a different character ▸ WENDUNGEN: **ein ~ wie drei** [*o* **acht**] **Tage Regenwetter machen** (*fam*) to look as miserable as sin; **einer S.** *dat* **ein anderes ~ geben** [*o geh* **verleihen**] (*etw anders erscheinen lassen*) to make sth look different, to give sth a different character; **sein wahres ~ zeigen** [*o geh* **enthüllen**] to show one's true colours [*or* oneself in one's true colours], to show one's true character; **jdm wie aus dem ~ geschnitten sein** to be the spitting image of sb; **zwei ~er haben** to be two-faced; **einer S.** *dat* **ins ~ schlagen** to be a slap in the face for sth; **jdm im ~ geschrieben stehen** to be written on [*or* all over] sb's face; **das** [*o* **sein**] **~ verlieren** to lose face; **das** [*o* **sein**] **~ wahren** to keep up appearances, to save face

Ge·sicht[2] <-[e]s, -e> [gəˈzɪçt] *nt* sight; **etw zu ~ bekommen** to have sight of sth *form,* to see sth; **ich habe diese Unterlagen nie zu ~ bekommen** I have never had sight of [*or* seen] these papers; **das zweite ~ haben** (*veraltet*) to have second sight

Ge·sichts·aus·druck <-ausdrücke> *m* expression [*or* look] [on sb's face]; **jdn am ~ erkennen** to see from sb's expression [*or* the expression [*or* look] on sb's face] **Ge·sichts·creme** [-kreːm] *f* face cream **Ge·sichts·far·be** *f* complexion; (*vorübergehende Farbe*) colour [*or* AM -or]; **eine blasse ~ haben** to look pale; **eine gesunde ~ bekommen** to acquire a healthy colour **Ge·sichts·feld** *nt* ❶ (*Blickfeld*) field of vision ❷ MED [circular] visual field [*or* field of vision] **Ge·sichts·hälf·te** *f* side [*or* half] of the face **Ge·sichts·kon·trol·le** *f* (*fam*) *visual check carried out by some bars and discos so that only appropriate guests are allowed in* **Ge·sichts·kreis** *m* ❶ (*Umkreis*) field [*or* range] of vision ❷ (*geistiger Horizont*) horizon, outlook; **ein umfassender ~** a broad outlook, wide horizons **ge·sichts·los** *adj* characterless, nondescript, faceless **Ge·sichts·mas·ke** *f* face mask; (*kosmetisch*) face pack; SPORT (*Schutz für das Gesicht*) face guard **Ge·sichts·milch** *f* moisturizing fluid *no pl;* (*zur Reinigung*) cleansing milk *no pl* **Ge·sichts·plas·tik** *f* cosmetic surgery **Ge·sichts·punkt** *m* point of view; **unter diesem ~ betrachtet** seen from this/that point of view **Ge·sichts·schlei·er** *m* [lace] veil; (*einer Moslemin a.*) yashmak **Ge·sichts·schnitt** *m* features *pl;* **ein ovaler ~** an oval face, oval features **Ge·sichts·ver·lust** *m* loss of face **Ge·sichts·wah·rung** *f kein pl* face-saving **Ge·sichts·was·ser** *nt* toner; (*zur Reinigung*) cleansing lotion **Ge·sichts·win·kel** *m* ❶ (*Winkel*) visual angle ❷ (*Gesichtspunkt*) angle, point of view **Gesichtszug** *m meist pl* [facial] feature

Ge·sims <-es, -e> [gəˈzɪms, *pl* gəˈzɪmzə] *nt* cornice, ledge

Ge·sin·de <-s, -> [gəˈzɪndə] *nt* (*veraltet*) servants *pl;* (*vom Bauernhof*) farmhands *pl*

Ge·sin·del <-s> [gəˈzɪndl̩] *nt kein pl* (*pej*) riff-raff *no pl pej,* rabble *no pl pej*

ge·sinnt [gəˈzɪnt] *adj meist pred* minded; **demokratisch ~** democratically minded; **sozial ~** socially minded, public spirited; ■ **jdm ... ~ sein** to feel ... towards sb; **jdm gut** [*o* **freundlich**] **~ sein** to be [*or* feel] well-disposed towards sb; **jdm übel** [*o* **feindlich**] **~ sein** to be [*or* feel] ill-disposed towards sb

Ge·sin·nung <-, -en> *f* ❶ (*Einstellung*) conviction, attitude; **eine miese ~** a cavalier attitude; **wegen seiner ~ verfolgt**

werden to be persecuted for one's convictions ❷ (*Charakter*) **seine wahre ~ zeigen** [*o geh* **enthüllen**] to show one's true colours [*or* AM -ors] [*or* oneself in one's true colours]

Ge·sin·nungs·ge·nos·se, -ge·nos·sin *m, f* like-minded person

ge·sin·nungs·los *adj* (*pej*) immoral, unprincipled, profligate *form;* ■ **sich ~ verhalten** to behave in an unprincipled fashion [*or* immorally]

Ge·sin·nungs·schnüf·fe·lei [-ʃnʏfəlai] *f* snooping into people's political views **Ge·sin·nungs·tä·ter(in)** *m(f) sb who breaks the law out of moral conviction* **Ge·sin·nungs·wan·del** *m* change of [*or* shift in] attitude **Ge·sin·nungs·wech·sel** *m s.* **Gesinnungswandel**

ge·sit·tet [gəˈzɪtət] **I.** *adj* well-brought up, well-mannered **II.** *adv* **sich ~ aufführen** [*o* **benehmen**] to be well-behaved, to behave properly

Ge·söff <-[e]s, -e> [gəˈzœf] *nt* (*pej sl*) pigswill, muck *no pl*

ge·sof·fen [gəˈzɔfn̩] *pp von* **saufen**

ge·so·gen [gəˈzoːgn̩] *pp von* **saugen**

ge·son·dert [gəˈzɔndɐt] **I.** *adj* separate; (*für sich*) individual; **jeder Gewinner erhält eine ~e Benachrichtigung** each winner is informed individually; **eine ~e und bevorzugte Behandlung** special, individual treatment *uncountable* **II.** *adv* separately; (*für sich*) individually

ge·son·nen [gəˈzɔnən] **I.** *pp von* **sinnen** **II.** *adj* ❶ (*geh: gewillt*) ■ **~ sein, etw zu tun** to feel inclined to do sth; **keineswegs ~ sein, etw zu tun** to have no intention of doing sth, to feel in no way inclined to do sth ❷ (*eingestellt*) *s.* **gesinnt**

ge·spal·ten *pp von* **spalten**

Ge·spann <-[e]s, -e> [gəˈʃpan] *nt* ❶ (*Zugtiere*) team [of oxen/horses] ❷ (*Wagen und Zugtier*) horse and carriage [*or* cart] ❸ (*fam: Paar*) pair, couple

ge·spannt *adj* ❶ (*sehr erwartungsvoll*) expectant; **mit ~er Aufmerksamkeit** with rapt [*or* undivided] attention; **~e Erwartung** great [*or* high] expectations *pl;* ■ **~ sein, ob/was/wie ...** to be anxious [*or* keen] to see [*or* to know] whether/what/how ...; **ich bin sehr ~, wie er darauf reagiert** I'm very keen [*or* I'm dying] [*or* I'm all agog] to see [*or* to know] how he reacts; ■ **~ [auf etw** *akk*] **sein: ich bin auf seine Reaktion ~** I wonder what his reaction will be *a. iron; s. a.* **Regenschirm, Flitzebogen** ❷ (*konfliktträchtig*) tense; **eine ~e Lage** a tense [*or* explosive] [*or* volatile] situation

Ge·spannt·heit <-> *f* ❶ (*Erwartung*) curiosity ❷ (*Konfliktträchtigkeit*) tension

Ge·spenst <-[e]s, -er> [gəˈʃpɛnst] *nt* ❶ (*Geist*) ghost, apparition, spook *fam;* **an ~er glauben** to believe in ghosts; **wie ein ~ aussehen** (*fam*) to look like a ghost ❷ (*Gefahr*) spectre [*or* AM -er]; **das ~ eines neuen Krieges** the spectre of a new war ▶ WENDUNGEN: **~er sehen** (*fam*) to imagine [*or* see] things

Ge·spens·ter·ge·schich·te *f* ghost story

ge·spens·ter·haft *adj* ghostly, eerie, unearthly

ge·spens·tisch [gəˈʃpɛnstɪʃ] *adj* ❶ (*bizarr, unheimlich*) uncanny, weird, eerie; (*grausam*) grotesque ❷ *s.* **gespensterhaft**

ge·spie(·e)n [gəˈʃpiː(ə)n] *pp von* **speien**

ge·spielt *adj* feigned, assumed, pretended, sham *pej*

Ge·spinst <-[e]s, -e> [gəˈʃpɪnst] *nt* gossamer; **~ [eines Insekts]** cocoon [of an insect]

ge·spon·nen [gəˈʃpɔnən] *pp von* **spinnen**

ge·spornt [gəˈʃpɔrnt] *adj s.* **gestiefelt**

Ge·spött <-[e]s> [gəˈʃpœt] *nt kein pl* mockery, ridicule; **jdn/sich zum ~ [der Leute] machen** to make sb/oneself a laughing stock; **zum ~ [der Leute] werden** to be/become a laughing stock

Ge·spräch <-[e]s, -e> [gəˈʃprɛːç] *nt* ❶ (*Unterredung*) conversation, chat *fam;* **sich in ein ~ einmischen** to interfere in a conversation; **jdn in ein ~ einwickeln** to engage sb in conversation; **ein ~ mit jdm führen** to have [*or* hold] a conversation with sb, to have a chat with sb *fam;* **das ~ auf etw** *akk* **bringen** to steer a conversation on to [the subject of] sth; **mit jdm ins ~ kommen** to get into conversation with sb; [**mit jdm**] **im ~ bleiben** to stay [*or* keep] in touch with sb; **ein ~ unterbrechen** to interrupt a conversation; **die Missverständnisse in einem ~ ausräumen** to overcome differences by talking about them; **ein ~ unter Frauen/Männern** a word [*or* chat] from woman to woman/man to man; **im ~ sein** to be under consideration [*or* still being considered]; **ein ~ unter vier Augen** a private conversation [*or fam* chat] ❷ (*Vorstellungsgespräch*) [job] interview ❸ *pl* (*Verhandlungen*) talks *pl;* **~e aufnehmen** to begin [*or* commence] talks *form;* **~e abbrechen** to break off talks; **mit jdm ins ~ kommen** to begin talks [*or* a dialogue] ❹ (*Anruf*) [telephone/phone] call; **ein ~ führen** to make a [telephone/phone] call; **ein ~ für dich!** it's for you!, there's a call for you! ❺ (*Gesprächsstoff*) **das ~ der Stadt/des Tages sein** to be the talk of the town/the subject of the day

ge·sprä·chig [gəˈʃprɛːçɪç] *adj* garrulous, talkative; **du bist aber heute nicht sehr ~** you haven't got much to say for yourself today; **jdn ~ machen** to loosen sb up, to make sb more expansive

Ge·sprä·chig·keit <-> *f kein pl* garrulousness, talkativeness

Ge·sprächs·ba·sis *f kein pl* basis for talks [*or* discussions] **ge·sprächs·be·reit** *adj* ready to talk; (*bereit zu verhandeln*) ready to begin talks **Ge·sprächs·be·reit·schaft** *f* (*geh*) readiness to talk, willingness to negotiate **Ge·sprächs·dau·er** *f* ❶ (*Dauer einer Unterredung*) discussion time ❷ (*Dauer eines Telefonates*) length of a [telephone/phone] call **Ge·sprächs·ein·heit** *f* TELEK unit **Ge·sprächs·fa·den** *m* thread of a conversation; **den ~ abreißen lassen** to break off a conversation **Ge·sprächs·fet·zen** *m* scrap [*or* snippet] of conversation **Ge·sprächs·ge·bühr** *f* call charge **Ge·sprächs·ge·gen·stand(in)** *m(f)* topic [*or* subject] of conversation **Ge·sprächs·kon·takt(in)** *m(f)* contact for talks [*or* discussions] **Ge·sprächs·no·tiz** *f* telephone memo **Ge·sprächs·part·ner(in)** *m(f)* **die ~ bei einer Fernsehdiskussion** the guests in a TV panel discussion; **ein angenehmer ~** a pleasant person to talk to **Ge·sprächs·pau·se** *f* break in a/the conversation **Ge·sprächs·stoff** *m* topics of conversation, things to talk about *fam;* **viel ~** plenty to talk about **Ge·sprächs·teil·neh·mer(in)** *m(f)* participant in a conversation [*or* discussion] **Ge·sprächs·the·ma** *nt* conversation topic, subject of discussion **Ge·sprächs·the·ra·pie** *f* discussion therapy

ge·sprächs·wei·se *adj* in conversation

ge·spreizt *adj s.* **affektiert**

ge·spren·kelt *adj* mottled; **ein ~es Vogelei** a speckled bird's egg; **~er Stoff** spotted cloth, cloth with spots [*or* dots] on it; **ein [rot, weiß und grün] ~es Kleidungsstück** a [red, white and green] spotted piece of clothing

Ge·spritz·te(r) *m decl wie adj* SÜDD, ÖSTERR spritzer AM (*wine mixed with mineral water*)

ge·spro·chen [gəˈʃprɔxn̩] *pp von* **sprechen**

ge·spros·sen [gəˈʃprɔsn̩] *pp von* **sprießen**

ge·sprun·gen [gəˈʃprʊŋən] *pp von* **springen**

Ge·spür <-s> [gəˈʃpyːɐ̯] *nt kein pl* instinct; **ein ~ für etw** *akk* **entwickeln** to develop a feel for sth; **ein gutes ~ für etw** *akk* **haben** to sense sth by intuition; **ein gutes ~ für Farben** a good feel for colours [*or* AM -ors]

Ge·sta·de <-s, -> [gəˈʃtaːdə] *nt* (*liter*) shores *pl;* **unbekannte ~** foreign shores

Ges·ta·gen <-s, -e> [gɛstaˈgeːn] *nt* gestagen, progestogen

Ge·stalt <-, -en> [gəˈʃtalt] *f* ❶ (*Mensch*) figure; **eine verdächtige ~** a suspicious character ❷ (*Wuchs*) build; **eine ebenmäßige ~** an evenly proportioned build; **... von ~ sein** [*o* **von einer ... ~ sein**] to be of a ... build ❸ (*Person, Persönlichkeit*) figure, character; **in ~ von jdm** [*o* **in jds ~**] in the form of sb

▶ WENDUNGEN: **sich in seiner wahren ~ zeigen** to show one's true character [*or* true colours] [*or* AM colors]; **[feste] ~ annehmen** to take [definite] shape; **einer S.** *dat* **~ geben** [*o geh* **verleihen**] to give shape and form to sth

ge·stal·ten* [gəˈʃtaltn̩] **I.** *vt* ■ **etw irgendwie ~** ❶ (*einrichten*) to design; **einen Garten/einen Gartenteich/eine Terrasse ~** to lay out [*or* plan] a garden/a garden pond/a terrace; **ein Schaufenster ~** to dress a shop window; **etw neu/anders ~** to redesign sth ❷ (*darbieten, präsentieren*) to arrange; **ein Programm/einen Abend/Unterricht ~** to arrange [*or* organize] a programme [*or* AM -am] /an evening/lesson [*or* lessons]; **einen Text ~** to formulate a text ❸ (*organisieren*) to arrange, to organize ❹ ARCHIT (*konstruieren*) to build; **eine Terrasse ~** to lay out a terrace; **einen Einrichtungsgegenstand/einen Gebrauchsgegenstand ~** to design a fitting [*or pl* furnishings]/an object of use; **ein Kunstwerk ~** to design a piece of art **II.** *vr* (*geh*) ■ **sich irgendwie ~** to turn out [*or* prove] to be somehow

Ge·stal·ter(in) <-s, -> *m(f)* designer

ge·stal·te·risch [gəˈʃtaltərɪʃ] **I.** *adj* (*Design betreffend*) **eine ~e Frage/ein ~es Problem** a question/problem of design; **eine ~e Begabung/ein ~es Talent** a creative [*or* an artistic] gift/talent **II.** *adv* (*Design betreffend*) from the point of view of design; **~ einmalig** uniquely designed; **~ gelungen** well-designed; **~ hervorragend** excellently designed; (*schöpferisch*) artistically, creatively

ge·stalt·los *adj* formless

Ge·stalt·psy·cho·lo·gie <-> *f* Gestalt psychology

Ge·stal·tung <-, -en> *f* ❶ (*das Einrichten*) planning, design; **die ~ eines Gartens** the laying-out of a garden; **die ~ eines Schaufensters** window dressing ❷ (*Darbietung*) arrangement, organization ❸ (*das Organisieren*) organization ❹ ARCHIT building ❺ (*Design*) design

Ge·stam·mel <-s> [gəˈʃtaml̩] *nt kein pl* stammering and stuttering

ge·stand [gəˈʃtant] *imp von* **gestehen**

ge·stan·den **I.** *pp von* **stehen, gestehen** **II.** *adj attr* experienced; **ein ~er Kämpfer/Parlamentarier** a seasoned campaigner/parliamentarian; **ein ~es Mannsbild** an older, more experienced man

ge·stän·dig [gəˈʃtɛndɪç] *adj* **ein ~er Täter** a culprit who has confessed [*or* admitted his/her crime]; ■ **~ sein** to have confessed

Ge·ständ·nis <-ses, -se> [gəˈʃtɛntnɪs, *pl* gəˈʃtɛntnɪsə] *nt* (*das Zugeben*) admission; (*das Zugeben eines Verbrechens*) confession; **[vor jdm] ein ~ ablegen, jdm ein ~ machen** to admit sth to sb, to confess [sth] [*or hum* to make a confession [about sth]] to sb

Ge·stän·ge <-s, -> [gəˈʃtɛŋə] *nt* (*Gerüst*) bars, struts, rods; (*Gerüst für Kletterpflanzen*) trellis[work]; **das ~ eines Himmelbetts** the posts of a four-poster bed

Ge·stank <-[e]s> [gəˈʃtaŋk] *m kein pl* stench, stink *fam*

Ge·sta·po <-> [geˈʃta:po, gəˈʃta:po] *f kein pl s.* **Geheime Staatspolizei** Gestapo

ge·stat·ten* [gəˈʃtatn̩] **I.** *vt* ❶ (*geh: erlauben*) to allow, to permit *form;* ■ **jdm etw ~** to allow [*or form* permit] sb sth; ■ **jdm ~, etw zu tun** to allow [*or form* permit] sb to [*or* let sb] do sth; ■ **etw ist jdm gestattet** sb is allowed [*or form* permitted] to do sth; **das Fotografieren ist Unbefugten nicht gestattet** no photographs are to be made without authorization ❷ (*geh: möglich machen*) ■ **etw gestattet jdm etw** sth allows [*or form* permits] sb sth; ■ **etw gestattet jdm, etw zu tun** sth allows [*or form* permits] sb to [*or* lets sb] do sth ❸ (*geh: als Höflichkeitsformel*) **jdm eine Frage ~** to allow [*or form* permit] sb to [*or* let sb] ask [*or* put] a question; **~ Sie mir den Hinweis, dass das Rauchen hier verboten ist** may I point out that smoking is not allowed here; ■ **jdm ~, etw zu tun** to allow sb to do sth **II.** *vi* (*geh*) to not mind; **wenn Sie ~, das war mein Platz!** if you don't mind, that was my seat! **III.** *vr* (*geh*) ❶ (*sich erlauben*) ■ **sich** *dat* **etw ~** to allow oneself sth; **wenn ich mir eine Bemerkung/eine Frage ~ darf** if I may be so bold as to say something/ask a question *form,* if you don't mind me saying/asking *a. hum form;* ■ **sich** *dat* **~, etw zu tun** to allow [*or* permit] oneself to do sth *form,* to take the liberty of doing sth *form* ❷ (*zu sich nehmen*) ■ **sich** *dat* **etw ~** to allow oneself sth

Ges·te <-, -n> [ˈge:stə, ˈgɛstə] *f* ❶ (*Körperbewegung*) gesture; **eine ablehnende/auffordernde ~** a gesture of refusal/invitation; **eine eindringliche/warnende ~** an urgent/ a warning gesture ❷ (*Ausdruck von etw*) gesture; **eine ~ der Höflichkeit** a mark of politeness

Ge·steck <-[e]s, -e> [gəˈʃtɛk] *nt* flower arrangement

ge·ste·hen <gestand, gestanden> [gəˈʃte:ən] **I.** *vi* to confess; ■ **[jdm] ~, etw getan zu haben** to confess to having done sth [to sb] **II.** *vt* ❶ (*zugeben*) ■ **[jdm] etw ~** to confess [*or* make a confession of] sth [to sb]; **eine Tat ~** to confess to having done sth, to confess to a deed *liter* ❷ (*offenbaren*) ■ **[jdm] etw ~** to confess sth [to sb]; **jdm seine Gefühle ~** to reveal [*or* confess] one's feelings to sb; ■ **[jdm] ~, dass ...** to confess to sb that ...

Ge·ste·hungs·kos·ten *pl* production costs

Ge·stein <-[e]s, -e> [gəˈʃtain] *nt* rock

Ge·steins·kun·de *f* petrography **Ge·steins·pro·be** *f* rock sample **Ge·steins·schicht** *f* rock stratum

Ge·stell <-[e]s, -e> [gəˈʃtɛl] *nt* ❶ (*Bretterregal*) rack, shelves *pl* ❷ (*Rahmen*) frame ❸ (*Unter~*) frame; **das ~ eines Theodolites** the tripod of a theodolite ❹ (*Fahr~*) chassis ❺ (*Flugzeug~*) undercarriage, landing gear ❻ (*hum fam: Beine*) legs *pl,* pins *pl*

ge·stellt *adj* arranged

ge·stelzt **I.** *pp von* **stelzen** **II.** *adj* stilted **III.** *adv* stiltedly

ges·tern [ˈgɛstɐn] *adv* (*der Tag vor heute*) yesterday; **~ vor einer Woche/acht Tagen** a week ago yesterday; **~ in einer Woche/acht Tagen** a week yesterday; **~ Abend/Morgen/Nachmittag** yesterday evening/morning/afternoon; **~ Mittag** yesterday lunchtime ❷ (*von früher*) yesterday's *attr,* of yesteryear *liter,* outdated; **nicht von ~ sein** (*fig fam*) to be not born yesterday; *s. a.* **Schnee**

Ges·tern <-> [ˈgɛstɐn] *nt kein pl* ■ **das ~** yesterday, the past

ge·stie·felt *adj* (*Stiefel tragend*) booted, boot-clad *liter;* ■ **~ sein** to have one's boots on ▶ WENDUNGEN: **~ und gespornt** (*fam*) ready and waiting, ready to go

ge·stie·gen [gəˈʃti:gn̩] *pp von* **steigen**

Ges·tik <-> [ˈge:stɪk, ˈgɛstɪk] *f kein pl* gestures *pl;* **ausdrucksstarke ~** expressive body language

Ges·ti·ku·la·ti·on [gɛstikulaˈtsi̯o:n] *f* gesticulation

ges·ti·ku·lie·ren* [gɛstikuˈli:rən] *vi* to gesticulate

ge·stimmt *adj* **heiter ~** cheerful, in a cheerful mood [*or* frame of mind]; **du bist ja heute so froh ~!** you're happy [*or* in a happy mood [*or* frame of mind]] today!

Ge·stirn <-[e]s, -e> [gəˈʃtɪrn] *nt* (*geh: Himmelskörper*) heavenly body *form;* (*Stern*) star; (*Sternbild*) constellation

ge·sto·ben [gəˈʃto:bn̩] *pp von* **stieben**

ge·sto·chen [gəˈʃtɔxn̩] **I.** *pp von* **stechen** **II.** *adj* (*sehr exakt*) exact; **eine ~e Handschrift** [extremely] neat handwriting **III.** *adv* **~ scharf** crystal clear; **wie ~ schreiben** to write [extremely] neatly

ge·stoh·len [gəˈʃto:lən] *pp von* **stehlen**

Ge·stöh·n(e) <-s> [gəˈʃtø:n(ə)] *nt kein pl* groaning, moaning

ge·stor·ben [gəˈʃtɔrbn̩] *pp von* **sterben**

ge·stört *adj* PSYCH ❶ (*beeinträchtigt*) disturbed; **eine ~e Ehe** an unhappy [*or fam* a rocky] marriage; **eine ~e Familie** a disturbed [*or* problematic] family background; **ein ~es Verhältnis** an uneasy [*or* unhappy] relationship; **geistig ~ sein** to be mentally unbalanced [*or* disturbed] ❷ (*fam: verrückt*) crazy *fam,* insane *fam,* nuts *fam pred*

ge·sto·ßen [gəˈʃto:sn̩] *pp von* **stoßen**

Ge·stot·ter <-s> [gəˈʃtɔtɐ] *nt kein pl* stammering, stuttering

Ge·sträuch <-[e]s, -e> [gəˈʃtrɔyç] *nt* bushes *pl*

ge·streift I. *pp von* **streifen** II. *adj* ❶ (*mit Streifen versehen*) striped ❷ (*fam: Kleidung mit Streifen*) striped clothes; **ihr steht ~ gut** stripes suit her

ge·streng [gəˈʃtrɛŋ] *adj* (*veraltend*) stern, strict

ge·stresst^RR, **ge·streßt**^ALT *adj* stressed

ge·stri·chen [gəˈʃtrɪçn̩] I. *pp von* **streichen** II. *adj* level; **ein ~er Löffel** a level spoon[ful] III. *adv* **~ voll** full to the brim ▶WENDUNGEN: **die Nase ~ voll haben** to be fed up to the back teeth; **die Hose ~ voll haben** to be shaking in one's shoes

ge·strie·gelt *adj* ▶WENDUNGEN: **~ und gebügelt** *s.* **geschniegelt**

ges·trig [ˈgɛstrɪç] *adj attr* yesterday's *attr,* [of] yesterday *pred;* **das ~e Gespräch** yesterday's conversation; **unser ~es Telefonat** our phone call [of] yesterday; **der ~e Abend** yesterday evening; **der ~e Tag** yesterday; **die ewig G~en** those who [constantly] live in the past [*or* who refuse to live in the present]

ge·strit·ten [gəˈʃtrɪtn̩] *pp von* **streiten**

Ge·strüpp <-[e]s, -e> [gəˈʃtrʏp] *nt* ❶ (*Strauchwerk*) undergrowth ❷ (*undurchsichtiger Wirrwarr*) maze

ge·stuft I. *pp von* **stufen** II. *adj* ❶ (*in Stufen*) terraced ❷ (*zeitlich abgestuft*) staggered, phased

Ge·stüm·per <-s> [gəˈʃtʏmpɐ] *nt* bungling; **~ auf dem Klavier** plonking away on the piano

ge·stun·ken [gəˈʃtʊŋkn̩] *pp von* **stinken**

Ge·stüt <-[e]s, -e> [gəˈʃtyːt] *nt* stud farm

Ge·such <-[e]s, -e> [gəˈzuːx] *nt* (*veraltend*) request; (*Antrag*) application; [**bei jdm**] **ein ~** [**auf/um etw** *akk*] **einreichen** to hand in [*or* submit] an application [for sth] [to sb]

ge·sucht *adj* (*gefragt*) in demand *pred,* much sought-after

Ge·sül·ze <-s> [gəˈzʏltsə] *nt kein pl* (*sl*) waffle BRIT *sl,* drivel *sl,* claptrap

Ge·summ <-[e]s> [gəˈzʊm] *nt kein pl* buzzing, humming

ge·sund <gesünder, gesündeste> [gəˈzʊnt] *adj* healthy; **geistig und körperlich ~** sound in mind and body; **~e Organe** healthy [*or* sound] organs; **~e Zähne** healthy [sound] teeth; **~ und munter** top fit, in fine fettle, in good shape, in the pink BRIT *fam;* **eine ~e Firma** a healthy [*or* viable] company; **wirtschaftlich ~** financially sound; **Rauchen ist nicht ~** smoking is unhealthy; **sonst bist du ~?** (*iron fam*) are you feeling OK? *fam,* have you lost your marbles? *sl,* are you off your chump? BRIT *sl;* **bleib** [**schön**] **~!** take care [of yourself]!, look after yourself!; **jdn ~ pflegen** to nurse sb back to health; **jdn ~ schreiben** to pass sb as fit; **wieder ~ werden** to get well again, to get better

Ge·sun·de(r) *f(m) decl wie adj* healthy person

ge·sun·den* [gəˈzʊndn̩] *vi sein* ❶ (*geh: genesen*) to recover, to get better, to regain one's health *form* ❷ (*sich erholen*) to recover, to bounce back

Ge·sund·heit <-> *f kein pl* health; **was macht die ~?** how are you?; **sich ausgezeichneter/guter/bester ~ erfreuen** to be in excellent/good/the best of health; **eiserne/robuste ~** good/robust health; **zarte ~** frail health; **schlechte ~** poor [*or* ill] health; **hoffentlich geht es mit deiner ~ bald wieder besser** I hope you feel [*or* get] better soon; **bei bester/guter ~** in the best of/in good health; **eine ... ~ haben** to have a ... constitution; **eine eiserne ~ haben** to have an iron [*or* rugged] constitution; **eine unerschütterliche ~ haben** to have a strong constitution; **auf Ihre ~!** your health!; [**ich erhebe das Glas**] **auf Ihre ~!** [a toast] to your health!; **~!** bless you!

ge·sund·heit·lich I. *adj* **das ~e Befinden** the state of health; **ein ~es Problem** a health problem; **aus ~en Gründen** for health reasons [*or* reasons of health]; **in ~er Hinsicht** with regard to [one's] health II. *adv* (*hinsichtlich der Gesundheit*) as regards health; **wie geht es Ihnen ~?** how are you?

Ge·sund·heits·amt *nt* local public health department [*or* BRIT office] **Ge·sund·heits·apos·tel** *m* (*iron*) health freak [*or* fanatic] *pej* **Ge·sund·heits·be·wusst·sein**^RR *nt kein pl* health awareness **Ge·sund·heits·drink** [-drɪŋk] *m* health drink **ge·sund·heits·för·dernd** *adj* healthy, good for one's health *pred* **Ge·sund·heits·mi·nis·ter(in)** *m(f)* minister of health BRIT, health minister BRIT, Secretary of Health AM **Ge·sund·heits·mi·nis·te·ri·um** *nt* ministry of health BRIT, health ministry BRIT, Department of Health AM **Ge·sund·heits·pfle·ge** *f* hygiene; **öffentliche ~** public health [care] **Ge·sund·heits·re·form** *f* POL [national] health reform **ge·sund·heits·schäd·lich** *adj* detrimental [*or* damaging] to one's health *pred;* **Rauchen ist ~** smoking damages your health **Ge·sund·heits·wel·le** *f* wave of health awareness **Ge·sund·heits·we·sen** *nt* health system [*or* service] **Ge·sund·heits·zeug·nis** *nt* certificate of health, health certificate **Ge·sund·heits·zu·stand** *m kein pl* state of health; **ein ausgezeichneter/guter ~** a clean bill of health; **der ~ eines Patienten** a patient's condition

ge·sund|schrump·fen I. *vt* ■**etw ~** to slim down sth *sep* [*or* streamline] II. *vr* ■**sich ~** to slim down **ge·sund|sto·ßen** *vr irreg* (*sl*) ■**sich ~** to make some money (*to improve one's financial state or economic condition*)*;* **sich an jdm ~** to get rich [quick] at sb's expense

Ge·sun·dung <-> *f kein pl* recovery

ge·sun·gen [gəˈzʊŋən] *pp von* **singen**

ge·sun·ken [gəˈzʊŋkn̩] *pp von* **sinken**

ge·tan [gəˈtaːn] *pp von* **tun**

Ge·tier <-s> [gəˈtiːɐ̯] *nt kein pl* animals *pl;* (*Insekten*) creepy crawlies *pl fam*

ge·ti·gert *adj* striped; **ein ~es Fell** fur striped like a tiger's

Ge·tö·se <-s> [gəˈtøːzə] *nt kein pl* crash [*or* din]; *des Verkehrs* roar[ing], rumble, rumbling, thunder[ing]; *eines Wasserfalls* roar[ing], thunder[ing]; (*anhaltender Lärm*) racket; *einer Menschenmenge* roar[ing]; **mit ~** loudly, noisily; **eine Tür mit ~ zuschlagen** to slam a door noisily

ge·tra·gen [gəˈtraːgn̩] I. *pp von* **tragen** II. *adj* ❶ (*feierlich*) solemn; **ein ~es Tempo** a stately tempo ❷ (*gebraucht*) second-hand

Ge·tram·pel <-s> [gəˈtrampl̩] *nt kein pl* (*fam*) tramping; (*als Beifall*) stamping

Ge·tränk <-[e]s, -e> [gəˈtrɛŋk] *nt* drink, beverage *form;* **alkoholische** [*o geh* **geistige**] **~e** alcoholic drinks; **nichtalkoholische ~e** soft [*or* non-alcoholic] drinks

Ge·trän·ke·ab·tei·lung *f* drinks department **Ge·trän·ke·au·to·mat** *m* drinks dispenser [*or* machine] **Ge·trän·ke·in·dus·trie** *f* drinks industry **Ge·trän·ke·kar·te** *f* list of drinks [*or* beverages]; (*in einem Restaurant*) wine list **Ge·trän·ke·markt** *m* off licence [*or* AM -se] **Ge·trän·ke·steu·er** *f alcohol tax*

Ge·trap·pel <-s> [gəˈtrapl̩] *nt kein pl* clatter

Ge·trat·sch(e) <-[e]s> [gəˈtraːtʃə] *nt kein pl* (*pej*) gossip[ing]

ge·trau·en* [gəˈtrauən] *vr* (*wagen*) ■**sich ~, etw zu tun** to dare to do sth; (*wagen, etw Unangenehmes zu tun*) to face [up to] doing sth; ■**sich irgendwohin ~** to venture [*or* dare to go] somewhere

Ge·trei·de <-s, -> [gəˈtraidə] *nt* cereal; (*geerntet*) grain, corn, cereal

Ge·trei·de·(an·)bau *m kein pl* farming [*or* cultivation] [*or* growing] of cereal **Ge·trei·de·art** *f* kind [*or* type] of cereal **Ge·trei·de·ern·te** *f* grain [*or* corn] harvest **Ge·trei·de·feld** *nt* field of corn BRIT, cornfield BRIT, field of grain AM, grain field AM **Ge·trei·de·han·del** *m* cereal trade **Ge·trei·de·kaf·fee** *m* cereal coffee **Ge·trei·de·korn** *nt* grain, corn **Ge·trei·de·land** *nt* ❶ (*Land, in dem viel Getreide angebaut wird*) cereal-producing country ❷ *kein pl* (*Acker*) cereal [*or* corn] land **Ge·trei·de·müh·le** *f* mill [for grinding grain] **Ge·trei·de·pro·dukt** *nt* cereal [product] **Ge·trei·de·si·lo** *nt o m* [grain] silo **Ge·trei·de·spei·cher** *m s.* **Getreidesilo** **Ge·trei·de·vor·rat** *m* cereal [*or* grain] supply, supply of cereal [*or* grain] [*or* corn]

ge·trennt I. *adj* separate; **~e Haushalte** separate [*or* independent] households II. *adv* separately; **~ leben** [*o* **wohnen**] to live apart [*or* to be separated] [from one another]; ~ **schlafen** to sleep in separate rooms ▸WENDUNGEN: ~ **marschieren, vereint schlagen** united we stand, divided we fall

Ge·trennt·schrei·bung *f* writing sth as two or more words

ge·tre·ten *pp von* **treten**

ge·treu[1] [gəˈtrɔy] *adj* ❶ (*genau, entsprechend*) exact; **eine ~e Wiedergabe** a true [*or* faithful] reproduction ❷ (*geh: treu*) faithful, loyal; **ein ~er Freund** a true [*or* real] [*or* faithful] [*or* loyal] friend

ge·treu[2] [gəˈtrɔy] *präp* + *dat* (*gemäß*) ■~ **einer S.** *dat* in accordance with sth *form*, according to sth

Ge·treue(r) *f(m) decl wie adj* (*geh*) faithful [*or* loyal] follower

Ge·trie·be <-s, -> [gəˈtriːbə] *nt* ❶ TECH transmission, gear[s] *pl;* **automatisches ~** automatic transmission [*or* gears]; *Uhrwerk* movement, works; **das ~ umschalten** to change gear; **da stimmt was nicht mit dem ~!** there's something wrong with the gears!; *s. a.* **Sand** ❷ (*lebhaftes Treiben*) bustle, hustle and bustle, bustling activity

Ge·trie·be·brem·se *f* gear brake

ge·trie·ben [gəˈtriːbn̩] *pp von* **treiben**

Ge·trie·be·öl *nt* gear[box] oil **Ge·trie·be·rad** *nt* gearwheel **Ge·trie·be·scha·den** *m* damage to the gear box [*or* transmission]

Ge·tril·ler [gəˈtrɪlɐ] *nt* warbling

Ge·trip·pel [gəˈtrɪpl̩] *nt* pitter-patter

ge·trof·fen [gəˈtrɔfn̩] *pp von* **treffen, triefen**

ge·tro·gen [gəˈtroːgn̩] *pp von* **trügen**

Ge·trom·mel <-s> [gəˈtrɔml̩] *nt kein pl* drumming

ge·trost [gəˈtroːst] **I.** *adj* confident, sure, positive; **sei ~** never fear, look on the bright side **II.** *adv* ❶ (*geh: in ruhiger Gewissheit*) ■~ **etw tun** to have no qualms [*or sl* worries] about doing sth ❷ (*ruhig, ohne weiteres*) safely; **du kannst dich ~ auf ihn verlassen** take my word for it [*or* believe me], you can rely on him; ~ **behaupten, dass ...** to safely say that ...

ge·trun·ken [gəˈtrʊŋkn̩] *pp von* **trinken**

Get·to <-s, -s> [ˈgɛto] *nt* ghetto

get·to·i·sie·ren [gɛtoiˈziːrən] *vt* ■**jdn ~** to ghettoize

Get·to·i·sie·rung *f* (*pej*) ghettoization *pej*

Ge·tue <-s> [gəˈtuːə] *nt kein pl* (*pej*) fuss *pej;* **ein ~ machen** to make [*or* kick up] a fuss; **ein vornehmes ~ machen** to give oneself [*or* put on] airs

Ge·tüm·mel <-s> [gəˈtʏml̩] *nt kein pl* commotion, hubbub; **ein dichtes ~** a dense mob [*or* crush] [*or* throng] [of people]; **sich ins ~ stürzen** (*hum*) to enter [*or* join] the fray *hum*

Ge·tu·schel <-s> [gəˈtʊʃl̩] *nt kein pl* whispering

ge·übt *adj* experienced; **ein ~es Auge/Ohr/~er Griff** a practised [*or* trained] eye/ear/touch; **ein ~er Pianist/Sportler/Koch** an accomplished pianist/sportsman/cook; **ein ~er Rhetoriker** a proficient speaker; **in einem Handwerk/einer Kunst ~ sein** to be accomplished in a craft/in an art form

Ge·vat·ter [gəˈfatɐ] *nt* ~ **Tod** the [grim] reaper

Ge·viert [gəˈfiːɐ̯t] *nt* square; **4 Meter im ~** 4 metres [*or* AM -ers] square

Gew. *Abk von* **Gewerkschaft**

GEW <-> [ˈgeːeːveː] *f Abk von* **Gewerkschaft Erziehung und Wissenschaft** *trade union representing workers in education and science*

Ge·wächs <-es, -e> [gəˈvɛks] *nt* ❶ (*Pflanze*) plant ❷ (*Weinsorte*) wine ❸ (*Geschwulst*) growth, tumour [*or* AM -or]; **ein bösartiges/gutartiges ~** a malignant/benign growth [*or* tumour] [*or* AM -or]

ge·wach·sen [gəˈvaksn̩] **I.** *pp von* **wachsen**[1] **II.** *adj* (*ebenbürtig*) equal; ■**jdm ~ sein** to be sb's equal; **einem Gegner ~ sein** to be a match for an opponent; ■**einer S.** *dat* ~ **sein** to be up to [*or* be able to cope with] sth

Ge·wächs·haus *nt* greenhouse, glasshouse; (*Treibhaus*) hothouse

Ge·wa·ckel <-s> [gəˈvakl̩] *nt kein pl* (*pej fam*) rocking [backwards and forwards]; *Schwanz* wagging

ge·wagt *adj* ❶ (*kühn*) rash, audacious; (*gefährlich*) risky, dangerous ❷ (*freizügig*) risqué, daring

ge·wählt **I.** *adj* elegant, refined, polished **II.** *adv* in an elegant [*or* in a refined] way

Ge·wählt·heit *f* elegance

ge·wahr [gəˈvaːɐ̯] *adj* (*geh: wahrnehmen*) ■**jdn** [*o* **jds**] ~ **werden** to catch sight of [*or* become aware of] sb; ■**etw/einer S.** *dat o geh* **gen ~ werden** to become aware of [*or* notice] sth

Ge·währ <-> [gəˈvɛːɐ̯] *f kein pl* guarantee; **[jdm] die ~ [dafür] bieten** [*o* **geben**], **dass** to give [sb] a guarantee that, to guarantee [sb] that; **die ~ ist gegeben, dass** it is guaranteed that; **die ~ haben, dass** to have a guarantee that; ~ **leisten** to guarantee; **keine ~ für etw** *akk* **übernehmen** to be unable to guarantee [*or* offer a guarantee for] sth; **„ohne ~"** subject to change; **die Angaben erfolgen wie immer ohne ~!** no responsibility can be taken for the correctness of this information

ge·wah·ren* [gəˈvaːrən] *vt* (*liter*) ■**jdn ~** to catch sight of [*or* become aware of] sb; ■**etw ~** to become aware of sth

ge·wäh·ren* [gəˈvɛːrən] *vt* ❶ (*einräumen*) ■**[jdm] etw ~** to grant [sb] sth; **jdm einen Rabatt ~** to give sb a discount; **ein Zahlungsziel ~** to allow a credit period; **jdm einen Versuch ~** to give sb [*or* let sb have] a go; **jdn ~ lassen** (*geh*) to let sb do [*or* allow sb to do] what he/she likes [*or* wants], to give sb free [*or* full] rein *form* ❷ (*zuteilwerden lassen*) ■**[jdm] etw ~** to grant [*or* give] [sb] sth; **Sicherheit ~** to provide [*or* ensure] security; **Trost ~** to afford [*or* offer] consolation

ge·währ·leis·ten* [gəˈvɛːɐ̯laistn̩] *vt* (*sicherstellen*) ■**[jdm] etw ~** to guarantee [sb] sth; ■**etw ~** to ensure [*or* guarantee] sth; **Zahlung ~** to guarantee [sb] payment

Ge·währ·leis·tung *f* ❶ (*das Sicherstellen*) guarantee; **zur ~ einer Zahlung** as [a] guarantee of payment ❷ (*Mängelhaftung*) liability for defects; ~ **auf etw** *akk* guarantee against [*or* warranty for] sth

Ge·wahr·sam <-s> [gəˈvaːɐ̯zaːm] *m kein pl* ❶ (*Verwahrung*) place; **jdm** [*o* **bei jdm**] **etw in ~ geben** to give sb sth for safekeeping; **etw in ~ nehmen/haben** to take sth into/have sth in safekeeping; **in ~ sein, sich in ~ befinden** to be in safekeeping ❷ (*Haft*) custody; **jdn in ~ nehmen** to take sb into custody; **in ~ sein** to be in custody; **sich in ~ befinden** to find oneself [*or* be] in custody

Ge·währs·mann <-männer *o* -leute> *m* informant, source

Ge·wäh·rung <-, *selten* -en> *f* granting

Ge·walt <-, -en> [gəˈvalt] *f* ❶ (*Machtbefugnis, Macht*) power; **die oberste ~ im Staat** the highest authority [*or* power] in the country; **mit unbeschränkter ~ ausgestattet sein** to be vested with unlimited power[s] [*or* authority]; ~ **ausüben** to exercise power [*or* authority]; ~ **über etw** *akk* **ausüben** to exert power over sth, to hold sway [*or* dominion] over sth *liter;* ~ **über Leben und Tod bei jdm haben** to decide whether sb should live or die; **mit aller ~** (*fam*) with everything in one's power; **etw mit aller ~ erreichen** to move heaven and earth [*or* do everything in ones power] [*or* do everything one can] to get sth to happen; **die drei ~en** *the executive, legislative and judicial powers;* **die vollziehende/gesetzgebende/richterliche ~** the executive/legislative/judicial power; **elterliche ~** parental authority; **höhere ~** force majeure, act of God, circumstances beyond one's control; **jdn in seine ~ bringen** to catch sb; **ein Land/ein Gebiet in seine ~ bringen** to bring a country/a region under one's control, to seize power over a country/a region; **jdn in seiner ~ haben** to have sb in one's power; ~ **über jdn haben** [*o* **besitzen**] to exercise [complete] power over sb, to have [complete] control over sb; **sich in der ~ haben** to have oneself under control; **in jds ~ sein** to be in sb's hands [*or* power]; **die ~ über etw** *akk* **verlieren** to lose control of sth ❷ *kein pl* (*gewaltsames Vorgehen*) force; (*Gewalttätigkeit*) violence; **nackte ~** brute force; **nackte** [*o* **rohe**] ~ [sheer] brute force; **mit sanfter ~** gently but firmly;

be·trieb *m s.* **Gießerei**
Gie·ße·rin <-, -nen> *f fem form von* **Gießer**
Gieß·kan·ne *f* watering can
Gieß·kan·nen·prin·zip *nt kein pl* the principle of giving everybody an equal share [of sth]; **etw nach dem ~ verteilen** (*fam*) to give everybody an equal share of sth; **Subventionen nach dem ~ verteilen** to give everyone a slice of the budget
Gift <-[e]s, -e> ['gɪft] *nt* ❶ (*giftige Substanz*) poison, toxin *spec;* (*Schlangengift*) venom; **jdm ~ geben** to poison sb; **ein schleichendes ~** a slow[-acting] poison; **[wie] ~ für jdn sein** (*fam*) to be very bad [*or liter* poisonous] for sb; **~ nehmen** to poison oneself; **darauf kannst du ~ nehmen** (*fig fam*) you can bet your life [*or* Am *a.* bottom dollar] on that *fig fam* ❷ (*fig: Bosheit*) venom; **~ und Galle spucken** [*o* **speien**] (*fam*) to vent one's rage [*or* spleen]; **sein ~ verspritzen** to be venomous [*or* vitriolic]
Gift·am·pul·le *f* poison ampoule [*or* Am *a.* ampul[e]] **Gift·be·cher** *m* cup of poison **Gift·drü·se** *f* venom gland
gif·ten ['gɪftn̩] *vi* (*fam*) ■**[gegen jdn/etw] ~** to rile [at sb/sth]
Gift·fracht *f* toxic freight **Gift·gas** *nt* poison gas **gift·grün** *adj* bilious [*or* garish] green **gift·hal·tig** *adj,* **gift·häl·tig** *adj* ÖSTERR poisonous, toxic; **stark ~** highly poisonous [*or* toxic]
gif·tig ['gɪftɪç] **I.** *adj* ❶ (*Gift enthaltend*) poisonous; **~e Stoffe/Chemikalien** toxic [*or* poisonous] substances/chemicals ❷ (*boshaft*) venomous, vitriolic ❸ (*grell*) garish, loud *fam,* bilious *liter* **II.** *adv* (*pej: boshaft*) viciously; **~ antworten** to give a catty [*or* an unkind] reply
Gift·kü·che *f* (*hum: Labor*) devil's workshop; (*pej: Gerüchteküche*) gossipmonger's **Gift·mi·scher(in)** <-s, -> *m(f)* (*pej, a. fig*) preparer of poison **Gift·mord** *m* [murder by] poisoning **Gift·mör·der(in)** *m(f)* poisoner
Gift·müll *m* toxic waste
Gift·müll·ex·port *m* toxic waste export **Gift·müll·ver·bren·nungs·an·la·ge** *f* toxic waste incineration plant
Gift·nu·del *f* (*pej fam*) spiteful old devil [*or* Brit *a.* git] *pej fam* **Gift·pfeil** *m* poison[ed] arrow; (*in Blasrohr*) poison[ed] dart **Gift·pflan·ze** *f* poisonous plant **Gift·pilz** *m* poisonous fungus, toadstool **Gift·pro·duk·ti·on** *f* production of poison **Gift·schlan·ge** *f* venomous [*or* poisonous] snake **Gift·schrank** *m* ❶ (*in Apotheken und Krankenhäusern*) poison cupboard [*or* cabinet] ❷ (*hum veraltet fam*) the hidey-hole for porn [mags *pl*] *fam* **Gift·sprit·ze** *f* (*fam*) spiteful old devil [*or* Brit *a.* git] *fam* **Gift·stoff** *m* toxic [*or* poisonous] substance, toxin *spec* **Gift·un·fall** *m accident causing the release of toxic substances into the environment* **Gift·wol·ke** *f* cloud of toxins **Gift·zahn** *m* [poison] fang **Gift·zwerg(in)** *m(f)* (*pej fam*) poison[ed] dwarf *pej fam*
Gi·ga·hertz ['gi:gahɛrts] *nt* PHYS gigahertz, GHz
Gi·gant(in) <-en, -en> [gi'gant] *m(f)* giant; (*fig a.*) colossus
gi·gan·tisch [gi'gantɪʃ] *adj* gigantic, colossal
Gi·gan·to·ma·nie <-> [gigantoma'ni:] *f kein pl* (*geh*) craze for things big
Gi·gerl <-s, -[n]> ['gi:gɐl] *m o nt* SÜDD, ÖSTERR (*fam*) dandy *dated*
Gi·go·lo <-s, -s> ['ʒi:golo, 'ʒɪgolo] *m* gigolo
Gi·got <-s, -s> [ʒi'go:] *nt* KOCHK leg of lamb
gil·ben ['gɪlbn̩] *vi sein* (*geh*) to [go [*or* become]] yellow
Gil·de <-, -n> ['gɪldə] *f* guild
gilt ['gɪlt] *3. pers pres von* **gelten**
Gim·mick <-s, -s> ['gɪmɪk] *m* gimmick *fam*
Gim·pel <-s, -> ['gɪmpl̩] *m* ❶ ORN bullfinch ❷ (*einfältiger Mensch*) dimwit *fam*
Gin <-s, -s> [dʒɪn] *m* gin; **~ Tonic** gin and tonic
ging ['gɪŋ] *imp von* **gehen**
Gink·go <-s, -s> ['gɪŋko] *m* BOT gingko, maidenhair tree
Gin·seng <-s, -s> ['gɪnzɛŋ] *m* BOT ginseng
Gins·ter <-s, -> ['gɪnstɐ] *m* BOT broom
Gip·fel <-s, -> ['gɪpfl̩] *m* ❶ (*Bergspitze*) peak; (*höchster Punkt*) summit; DIAL (*Wipfel*) treetop ❷ (*fig: Zenit*) peak; **auf dem ~ der Macht/des Ruhmes angelangt sein** to have reached the peak of one's power/fame; (*Höhepunkt*) height; **der ~ der Vollkommenheit sein** to be the epitome of perfection; **der ~ der Frechheit sein** to be the height of cheek; **der ~ der Geschmacklosigkeit/Perversion** the depths [*or* the height] of bad taste/perversion; **das ist der ~!** (*fam*) that's the limit, that [really] takes the biscuit [*or* Am cake] *fam* ❸ POL summit [conference]
Gip·fel·kon·fe·renz *f* POL summit conference **Gip·fel·kreuz** *nt* cross on the summit [of a mountain]
gip·feln ['gɪpfl̩n] *vi* ■**in etw** *dat* **~** to culminate in sth
Gip·fel·punkt *m* ❶ (*höchstes erreichbares Maß*) zenith, high point ❷ (*höchster Punkt eines Flugkörpers*) maximum altitude **Gip·fel·tref·fen** *nt* POL summit [meeting]
Gips <-es, -e> ['gɪps] *m* ❶ (*Baumaterial*) plaster; (*in Mineralform*) gypsum; (*zum Modellieren*) plaster of Paris ❷ (*Kurzform für Gipsverband*) [plaster] cast; **den Arm/Fuß in ~ haben** to have one's arm/foot in a [plaster] cast; **einen Arm/Fuß in ~ legen** to put an arm/foot in plaster [*or* in a [plaster] cast]
Gips·ab·druck <-abdrücke> *m,* **Gips·ab·guss**^RR^ <-abgüsse> *m* plaster cast **Gips·arm** *m* (*fam*) arm in plaster [*or* a cast] **Gips·bein** *nt* (*fam*) leg in plaster [*or* a cast] **Gips·büs·te** *f* plaster [of Paris] bust
gip·sen ['gɪpsn̩] *vt* ■**etw ~** ❶ (*mit Gips reparieren*) to plaster sth ❷ MED to put sth in plaster [*or* a cast]
Gip·ser(in) <-s, -> *m(f)* plasterer
gip·sern ['gɪpsɐn] *adj attr* (*aus Gips*) plaster
Gips·fi·gur *f* plaster [of Paris] figure **Gips·kor·sett** *nt* MED plaster [of Paris] jacket **Gips·ver·band** *m* MED plaster cast [*or* bandage]; **jdm einen ~ anlegen** to put a [plaster] cast on sb's arm/leg; **den Arm/Fuß im ~ tragen** to have one's arm/foot/etc. in plaster [*or* in a [plaster] cast]
Gi·raf·fe <-, -n> [gi'rafə] *f* giraffe
Gir·lan·de <-, -n> [gɪr'landə] *f* garland (**aus** of)
Gir·lie <-s, -s> ['gɜli] *nt* (*sl*) girlie *sl,* girly *sl*
Gir·litz <-es, -e> ['gɪrlɪts] *m* ORN canary
Gi·ro <-s, -s *o* Giri> ['ʒi:ro, *pl* 'ʒi:ri] *nt* FIN ÖSTERR [bank] assignment [*or* transfer]; **etw per ~ überweisen** to transfer sth
Giro·kon·to ['ʒi:ro-] *nt* current [*or* Am checking] account
gir·ren ['gɪrən] *vi* (*a. fig liter: zwitschern*) to coo *a. fig*
Gis <-, -> ['gɪs] *nt* MUS G sharp
Gischt <-[e]s, -e> ['gɪʃt] *m pl selten* [sea] spray
Gi·tar·re <-, -n> [gi'tarə] *f* guitar
Gi·tar·re(n)·spiel *nt* guitar-playing **Gi·tar·re(n)·spie·ler(in)** *m(f)* guitarist, guitar-player
Gi·tar·rist(in) <-en, -en> [gita'rɪst] *m(f)* guitarist
Git·ter <-s, -> ['gɪtɐ] *nt* ❶ (*Absperrung*) fencing *no pl, no indef art;* (*vor Türen, Fenstern: engmaschig*) grille; (*grobmaschig*) grating; (*parallel laufende Stäbe*) bars *pl;* (*vor dem Kamin*) fireguard; (*für Gewächse*) lattice, trellis; (*am Rohrende*) grid, grating ❷ (*fig fam*) bars *fam;* **jdn hinter ~ bringen** to put sb behind bars, to lock sb up; **hinter ~ kommen** to land [*or* be put] behind bars; **hinter ~n sitzen** to be behind bars [*or* doing time] ❸ MATH grid ❹ PHYS, CHEM lattice
Git·ter·bett *nt* cot Brit, crib Am **Git·ter·fens·ter** *nt* barred window **Git·ter·mast** *m* ELEK [lattice *spec*] pylon **Git·ter·stab** *m* bar **Git·ter·zaun** *m* lattice [*or* trellis] fence
giv·rie·ren [gif'ri:rən] *vt* KOCHK **einen Behälter/ein Glas ~** *to cool a container/glass with ice cubes;* **eine Speise ~** *to cover a dish with grated, sugared ice;* **eine ausgehöhlte Orange ~** *to fill a hollowed orange with orange sorbet*
Glace <-, -n> ['glasə] *f* SCHWEIZ ice cream, Brit *a.* ice
Gla·cee·hand·schuh^RR^ *m,* **Gla·cé·hand·schuh** [gla'se:-] *m* kid glove; **jdn/etw mit ~en anfassen** to handle sb/sth with kid gloves [*or* very carefully]

gla·cie·ren* ['gla'si:rən] *vt* KOCHK ■**etw** ~ to glaze sth; **einen Kuchen** ~ to frost [*or* ice] a cake

Gla·cis <-, -> [gla'si:, *pl* gla'si:s] *nt* MIL glacis

Gla·di·a·tor <-s, -toren> [gla'di̯a:to:ɐ̯, *pl* gladi̯a'to:rən] *m* gladiator

Gla·di·o·le <-, -n> [gla'di̯o:lə] *f* BOT gladiolus

Gla·mour <-s> ['glɛmɐ] *m o nt kein pl* glamour [*or* AM *a.* -or]

Gla·mour·girl ['glɛmɐgœrl] *nt* glamour [*or* AM *a.* -or] girl

Glanz <-es> ['glants] *m kein pl* ❶ (*das Glänzen*) gleam, shine; *Augen* sparkle, brightness; *Haar* glossiness, sheen; *Lack* gloss; *Perlen, Seide* sheen, lustre [*or* AM -er]; (*heller Schein*) light; **blendender** ~ glare, dazzle ❷ (*herrliche Pracht*) splendour [*or* AM -or]; **welch** ~ **in meiner Hütte!** (*iron*) to what do I owe the honour [of this visit [to my humble abode]]? *iron;* **mit** ~ **und Gloria** (*iron fam*) in grand style *a. iron;* **ein Examen mit** ~ **und Gloria bestehen** to pass an exam with flying colours [*or* AM -ors]; **mit** ~ **und Gloria durch eine Prüfung fallen** (*iron*) to fail an exam miserably

Glanz·ab·zug *m* FOTO gloss[y] print

glän·zen ['glɛntsn̩] *vi* ❶ (*widerscheinen*) to shine; (*von polierter Oberfläche*) to gleam; *Augen* to sparkle; *Nase* to be shiny; *Wasseroberfläche* to glint, to glisten; (*scheinen*) to shine; *Sterne* to twinkle ❷ (*sich hervortun*) to shine; *s. a.* **Abwesenheit**

glän·zend ['glɛntsn̩t] **I.** *adj* ❶ (*widerscheinend*) shining; ~**e Oberfläche** gleaming [*or* shiny] surface; ~**e Augen** sparkling [*or* bright] eyes; ~**es Haar** shiny [*or* lustrous] hair; ~**es Papier** glossy [*or* shiny] paper; ~**e Perlen** bright [*or* lustrous] pearls; ~**e Seide** shining [*or* lustrous] silk; ~**er See** glittering [*or* glistening] lake ❷ (*blendend, hervorragend*) brilliant; **ein** ~**es Aussehen** dazzling looks *npl* **II.** *adv* (*hervorragenderweise*) brilliantly, splendidly; **sich** ~ **amüsieren** to have a great [*or* marvellous] time [of it]

Glanz·le·der *nt* patent leather **Glanz·leis·tung** *f* brilliant achievement [*or* performance] *a. iron;* **eine literarische/wissenschaftliche** ~ a brilliant literary/scientific achievement **Glanz·licht** *nt* highlight; **einer S.** *dat* ~**er/ein** ~ **aufsetzen** to add highlights/a highlight to sth **glanz·los** *adj* dull, lacklustre [*or* AM -er] **Glanz·num·mer** *f* star attraction, pièce de résistance **Glanz·pa·pier** *nt* glossy paper **glanz·voll** *adj* brilliant; ~**e Aufführung/Darstellung** sparkling [*or* brilliant] performance/depiction **Glanz·zeit** *f* prime [of life]; ■**jds** ~ sb's heyday [*or* prime]

Gla·rus <-> ['gla:rʊs] *nt* Glarus

Glas <-es, Gläser> ['gla:s, *pl* 'glɛ:zɐ] *nt* ❶ (*Werkstoff*) glass *no indef art, + sing vb;* **buntes** ~ stained glass; **„Vorsicht ~!"** 'glass – handle with care'; **unter** [*o* **hinter**] ~ under [*or* behind] glass ❷ (*Trinkgefäß*) glass; **zwei** ~ **Wein** two glasses of wine; **ein** ~ **über den Durst trinken, zu tief ins** ~ **schauen** (*fam*) to have one too many [*or fam* one over the eight] ❸ (*Konservenglas*) jar, pot; **ein** ~ **Honig** a jar [*or* pot] of honey ❹ *kein pl* (*Maßeinheit*) glass ❺ (*Brillenglas*) lens; (*Fernglas*) binoculars *npl,* [field] glasses *npl;* (*Opernglas*) lorgnette, opera glasses *npl*

Glas·aal *m* ZOOL, KOCHK elver, silver eel **Glas·au·ge** *nt* glass eye **Glas·bau·stein** *m* glass block [*or* brick] **Glas·blä·ser(in)** *m(f)* glassblower **Glas·blä·se·rei** *f* glassworks *+ sing/pl verb* **Glas·bruch** *m kein pl* [glass] breakage

Gläs·chen ['glɛ:sçən] *nt dim von* **Glas 2** (*Maßeinheit o. Getränk*) nip, drop, tot, dram; **darauf müssen wir ein** ~ **trinken** we must drink to that, that calls for a little drink

Glas·con·tai·ner [kɔnte:nɐ] *m* bottle bank BRIT, container for depositing bottles for recycling AM

Gla·sen ['gla:zn̩] *pl* NAUT bells *pl*

Gla·ser(in) <-s, -> ['gla:zɐ] *m(f)* glazier

Gla·se·rei [gla:zə'rai] *f* glazier's workshop

Gla·se·rin <-, -nen> ['gla:zərɪn] *f fem form von* **Glaser**

glä·sern ['glɛ:zɐn] *adj* ❶ (*aus Glas*) glass *attr,* [made] of glass *pred* ❷ (*fig: seine Einnahmequellen offenlegend*) transparent ❸ (*fig: ausdruckslos*) ~**e Augen/**~**er Blick** glassy eyes/gaze

Glas·fa·brik *f* glassworks *+ sing/pl verb*

Glas·fa·ser *f meist pl* glass fibre [*or* AM -er]; (*als Isolierungsstoff*) fibreglass *no pl* BRIT, fiberglass *no pl* AM

Glas·fa·ser·ka·bel *nt* fibre [*or* AM -er] optic cable **Glas·fa·ser·lei·tung** *f* optical fibre [*or* AM -er] cable

Glas·fens·ter *nt* [glass] window **Glas·fi·ber·stab** *m* SPORT glass fibre [*or* AM -er] pole **Glas·ge·schirr** *nt* glassware **Glas·haus** *nt* greenhouse; (*in botanischen Gärten*) glass house ▶ WENDUNGEN: **wer [selbst] im** ~ **sitzt, soll nicht mit Steinen werfen** (*prov*) people living [*or* who live] in glass houses shouldn't throw stones *prov* **Glas·her·stel·ler(in)** *m(f)* glass producer [*or* manufacturer] **Glas·her·stel·lung** *f* glass production **Glas·hüt·te** ['gla:shʏtə] *f* glassworks *+ sing/pl verb*

gla·sie·ren* [gla'zi:rən] *vt* ■**etw** ~ ❶ (*Keramik: mit Glasur überziehen*) to glaze [*or spec* enamel] sth ❷ KOCHK *s.* **glacieren**

gla·sig ['gla:zɪç] *adj* ❶ (*ausdruckslos*) glassy ❷ KOCHK transparent

Glas·in·dus·trie *f* glass industry **Glas·ke·ra·mik·koch·feld** *nt* ceramic hob **glas·klar** **I.** *adj* ❶ (*durchsichtig*) transparent, [as] clear as glass *pred* ❷ (*fig: klar und deutlich*) crystal-clear **II.** *adv* (*klar und deutlich*) in no uncertain terms **Glas·kol·ben** *m* [glass] flask **Glas·kör·per** *m* ANAT vitreous body **Glas·ma·le·rei** *f* glass painting

Glas·nost <-> ['glasnɔst] *f kein pl* POL, HIST glasnost

Glas·nu·deln *pl* Chinese noodles **Glas·plat·te** *f* glass top **Glas·scha·le** *f* glass bowl [*or* dish] **Glas·schei·be** *f* ❶ (*dünne Glasplatte*) glass sheet, sheet of glass ❷ (*Fensterscheibe*) [glass] pane, pane of glass **Glas·scher·be** *f* [glass] shard, shard of glass **Glas·schlei·fer(in)** *m(f)* ❶ (*von Ornamenten*) glass cutter ❷ (*optische Zwecke*) glass [*or* lens] grinder **Glas·schnei·der(in)** *m(f)* glass cutter **Glas·schrank** *m* vitrine, glass cabinet **Glas·schüs·sel** *f* glass bowl **Glas·split·ter** *m* glass splinter, splinter of glass **Glas·tür** *f* glass door

Gla·sur [gla'zu:ɐ̯] *f* ❶ (*Keramik~*) glaze, glazing ❷ KOCHK icing, *esp* AM frosting

Glas·ver·si·che·rung *f* [plate-]glass insurance **Glas·wol·le** *f* glass wool

glatt <-er *o fam* glätter, -este *o fam* glätteste> ['glat] **I.** *adj* ❶ (*eben*) *Fläche, Haut* smooth; *Fisch* slippery; **ein** ~**es Gesicht** an unlined face; ~**es Haar** straight hair; ~**e See** calm [*or* smooth] [*or* unruffled] sea; ~**er Stoff** uncreased fabric; ~ **rasiert** clean-shaven; **etw** ~ **bügeln** to iron [out *sep*] sth, to iron sth smooth; **etw** ~ **feilen** to file sth smooth; **etw** ~ **hobeln/schmirgeln** to plane down/sand down sth; **sich die Haare** ~ **kämmen** to comb one's hair straight; **etw** ~ **pürieren/rühren** to purée/stir sth until smooth; **etw** ~ **schleifen** to grind sth smooth; **etw** ~ **stoßen** TYPO *Papier* to jog [*or sep* knock up] sth; **etw** ~ **streichen** to smooth out sth *sep;* **Haare** ~ **streichen** to smooth [*or* pat] down one's hair *sep;* ~ **rechts stricken** to knit garter stitch; **etw** ~ **walzen** to flatten sth; **etw** ~ **ziehen** to smooth out sth; *Betttuch a.* to straighten [out] sth ❷ (*rutschig*) *Straße, Weg* slippery, icy ❸ (*problemlos*) smooth; **ein** ~**er Bruch** MED a clean break; **eine** ~**e Landung** a smooth landing; ~ **aufgehen** *Rechnung* to work out exactly ❹ *attr* (*fam: eindeutig*) outright, sheer; **eine** ~**e Lüge** a downright [*or* blatant] [*or* barefaced] lie; ~**er Unsinn** sheer [*or* utter] nonsense; **eine** ~**e Eins/Fünf [schreiben]** SCH [to get] an A/E BRIT [*or* AM an A/F] ❺ (*pej: aalglatt*) slick, smooth **II.** *adv* (*fam: rundweg*) clearly, plainly; (*ohne Umschweife*) straight out; *leugnen* flatly; **jdm etw** ~ **ins Gesicht sagen** to say sth [straight] to sb's face; **etw** ~ **ablehnen** to turn sth down flat; **etw** ~ **abstreiten** [*o* **leugnen**] to flatly deny sth; **etw** ~ **[und sauber] vergessen** to clean forget sth

glatt|bü·geln *vt s.* **glatt I.1**

Glatt·butt *m* ZOOL, KOCHK bonnet fluke, brill

glauben, vermuten

Glauben ausdrücken	expressing belief
Ich glaube, dass sie die Prüfung bestehen wird.	**I believe/think** she will pass the exam.
Ich glaube an den Sieg unserer Mannschaft.	**I believe** our team will win.
Ich halte diese Geschichte **für wahr.**	**I think** this story **is true.**

Vermutungen ausdrücken	expressing assumption
Ich vermute, sie wird nicht kommen.	**I suspect** she's not going to come.
Ich nehme an, dass er mit seiner neuen Arbeit zufrieden ist.	**I assume/suppose** he's happy with/in his new job.
Ich halte einen Börsenkrach in der nächsten Zeit **für (durchaus) denkbar/möglich.**	**I consider it to be a distinct possibility** that the stockmarket will crash in the near future.
Ich habe da so eine Ahnung.	**I've got a feeling about it.**
Es kommt mir so vor, als würde er uns irgendetwas verheimlichen.	**It feels to me as if** he's keeping something from us.
Ich habe da so den Verdacht, dass sie bei der Abrechnung einen Fehler gemacht hat.	**I suspect/I have a suspicion** she might have made a mistake with the final bill.
Ich habe das Gefühl, dass sie das nicht mehr lange mitmacht.	**I have the feeling** she won't stand it much longer.

Glät·te <-> ['glɛtə] *f kein pl* ❶ (*Ebenheit*) smoothness; *von Haar* sleekness ❷ (*Rutschigkeit*) *von Straße, Weg, etc.* slipperiness ❸ (*fig: aalglatte Art*) slickness, smoothness

Glatt·eis *nt* [thin sheet of] ice; **„Vorsicht ~!"** "danger, black ice" ▸ WENDUNGEN: **aufs ~ geraten, sich auf ~ begeben** to skate on thin ice; **jdn aufs ~ führen** to trip up sb *sep,* to catch sb out

Glatt·eis·ge·fahr <-> *f kein pl* danger of black ice

glät·ten ['glɛtn̩] **I.** *vt* ■**etw ~** ❶ (*glatt streichen*) to smooth out sth *sep;* **sich die Haare ~** to smooth [*or* pat] down one's hair *sep* ❷ (*besänftigen*) to allay sth *form;* **jds Zorn ~** to calm sb's anger; **jds aufgebrachte Stimmung ~** to smooth sb's ruffled feathers **II.** *vr* ■**sich ~** ❶ (*glatt werden*) *Meer, Wellen* to subside, to become calm ❷ (*fig: sich beruhigen*) *Wut, Erregung* to subside, to die down

glatt|fei·len *vt s.* **glatt I. 1 glatt|ge·hen** *vi irreg sein* (*fam*) to go smoothly [*or fam* OK] **Glatt·ha·fer** *m* BOT false oat grass **Glatt·hai** *m* smooth dogfish **glatt|käm·men** *vt s.* **glatt I. 1 glatt|pü·rie·ren** *vt s.* **glatt I. 1 glatt·ra·siert** *adj s.* **glatt I. 1 glatt|rüh·ren** *vt s.* **glatt I. 1 glatt|schlei·fen** *vt irreg s.* **glatt I. 1 glatt|strei·chen** *vt irreg s.* **glatt I. 1**

glatt·weg ['glatvɛk] *adv* (*fam*) simply, just like that *fam;* **etw ~ ablehnen** to turn sth down flat [*or* AM *a.* flat out]; **etw ~ abstreiten** [*o* **leugnen**] to flatly deny sth

glatt|zie·hen *vt s.* **glatt I. 1**

Glat·ze <-, -n> ['glatsə] *f* ❶ (*ohne Haare*) bald head [*or hum* pate]; **eine ~ bekommen/haben** to go/be bald; **sich** *dat* **eine ~ schneiden** [*o fam* **scheren**] **lassen** to have one's head shaved; **mit ~** with a bald head, bald[-headed] ❷ (*pej sl: Skinhead*) skinhead *pej*

Glatz·kopf *m* (*fam*) ❶ (*kahler Kopf*) bald head [*or hum* pate] ❷ (*fam: Mann mit Glatze*) bald[-headed] man, baldie *fam,* baldy *fam*

glatz·köp·fig ['glatskœpfɪç] *adj* bald[-headed]

Glau·be <-ns> ['glaubə] *m kein pl* ❶ (*Überzeugung*) belief (**an** +*akk* in); (*gefühlsmäßige Gewissheit*) faith (**an** +*akk* in); **der ~ versetzt Berge** [*o* **kann Berge versetzen**] faith can move mountains; **ein blinder/fanatischer/unerschütterlicher ~** an ardent/a fanatical/an unshakeable belief; **ein törichter ~** a false [*or* mistaken] belief; **den festen ~n haben, dass ...** to be of the firm belief [*or* conviction] that ...; **im guten ~n, in gutem ~n** in good faith; **guten ~ns sein, dass ...** to be convinced that ...; **den ~n aufgeben, dass** to give up [*or* stop] believing that ...; **jdn von seinem ~n abbringen** to dissuade sb, to shake sb's faith; **jdn bei** [*o* **in**] **dem ~n** [**be**]**lassen, dass ...** to leave sb in the belief [*or* let sb believe] that ...; [**bei jdm**] **~n finden** to find credence [with sb]; **in dem ~n leben, dass ...** to live in the belief that ...; **des ~ns** [*o* **in dem ~n**] **sein, dass ...** to believe [*or* be of the opinion] that ...; **jdm/einer S.** [**keinen**] **~n schenken** to [not] believe [*or form* give [no] credence to] sb/sth; **den ~n an jdn/etw verlieren** to lose faith in sb/sth; **jdn in dem ~n wiegen, dass ...** to make sb believe [wrongly] that ...; **sich in dem ~n wiegen, dass ...** to labour [*or* AM -or] under the illusion [*or* believe [wrongly]] that ... ❷ REL [religious] faith [*or* belief]; **der christliche/jüdische/muslimische etc. ~** the Christian/Jewish/Muslim etc. faith; **ein Mensch muslimischen/etc ~ns** a person of the Muslim/etc. faith; **vom ~n abfallen** (*geh*) to renounce one's [*or* lapse from the] faith *form,* to apostatize *spec;* **seinen ~n bekennen** to profess one's faith; **für seinen ~n sterben müssen** to die for one's beliefs; **den ~n verlieren** to lose one's faith

glau·ben ['glaubn̩] **I.** *vt* ❶ (*für wahr halten*) ■[**jdm**] **etw ~** to believe sth [of sb's]; **das glaubst du doch selbst nicht!** you don't really believe that, do you! [*or* can't be serious!]; **ob du es glaubst oder nicht, aber...** believe it or not, but...; **jdm jedes Wort ~** to believe every word sb says; **kaum** [*o* **nicht**] **zu ~** unbelievable, incredible; **etw nicht ~ wollen** to not want to believe sth; **jdn etw ~ machen wollen** (*fam*) to try to make sb believe sth ❷ (*wähnen*) **sich in der Mehrzahl/im Recht ~** to believe oneself in the majority/to think [that] one is right; **sich allein/unbeobachtet ~** to think [that] one is alone/nobody is watching one; *s. a.* **selig II.** *vi* ❶ (*vertrauen*) ■**jdm ~** to believe sb; **jdm aufs Wort ~** to take sb's word for it; ■**an jdn/etw ~** to believe in sb/sth; **an jds Ehrlichkeit/das Gute im Menschen ~** to believe in sb's honesty/the good in people; **an sich selbst ~** to believe [*or* have faith] in oneself ❷ (*für wirklich halten*) ■**an etw ~** to believe in sth; **an Gott/Gespenster/den Weihnachtsmann/Wunder ~** to believe in God/ghosts/Father Christmas [*or* AM Santa Claus]/miracles ❸ (*gläubig sein*) **fest/unerschütterlich ~** to have a strong/an unshakeable faith ▸ WENDUNGEN: **dran ~ müssen** (*sl: sterben müssen*) to kick the bucket *sl,* to snuff [*or* AM buy] it *sl;* (*weggeworfen werden müssen*) to get chucked out *sl;* (*etw*

G

tun müssen) to be stuck with it *sl;* (*getrunken/gegessen werden müssen*) to have to go [*or hum* be sacrificed]; **wer's glaubt, wird selig** a likely story *iron,* only an idiot would buy it

Glau·ben <-s> ['glaubn̩] *m kein pl s.* **Glaube**

Glau·bens·be·kennt·nis *nt* ❶ (*Religionszugehörigkeit*) profession [of faith] ❷ *kein pl* (*formelhafte Glaubenslehre*) creed, confession [of faith]; ■**das** ~ The Creed **Glau·bens·fra·ge** *f* question of faith; **eine reine** ~ purely a question of faith; **in** ~**n** in questions of faith **Glau·bens·frei·heit** *f* freedom of worship, religious freedom **Glau·bens·ge·mein·schaft** *f* denomination **Glau·bens·krieg** *m* religious war **Glau·bens·kri·se** *f* religious crisis **Glau·bens·rich·tung** *f* religious persuasion **Glau·bens·zwei·fel** *m meist pl* religious doubt[s *pl*]

glaub·haft I. *adj* believable, credible; **eine** ~**e Ausrede/Story** a plausible excuse/story; ~**e Informationsquellen** sound [*or* reliable] sources of information **II.** *adv* convincingly

Glaub·haf·tig·keit <-> *f kein pl* credibility

gläu·big ['glɔybɪç] *adj* ❶ (*religiös*) religious ❷ (*vertrauensvoll*) trusting

Gläu·bi·ge(r) *f(m) decl wie adj* believer; ■**die** ~**n** the faithful + *pl verb*

Gläu·bi·ger(in) <-s, -> ['gløybɪgɐ] *m(f)* ÖKON creditor

Gläu·bi·ger·bank *f* ÖKON creditor bank

Gläu·bi·ge·rin <-, -nen> ['glɔybɪgərɪn] *f fem form von* **Gläubiger**

glaubl·ich *adj* credible; **kaum** [*o* **wenig**] ~ **klingen/scheinen/sein** to sound/seem/be scarcely [*or* scarcely sound/seem/be] credible

glaub·wür·dig *adj* credible

Glaub·wür·dig·keit *f kein pl* credibility

Glau·kom <-s, -e> [glau'ko:m] *nt* MED glaucoma

gleich ['glaiç] **I.** *adj* ❶ (*in allen Merkmalen übereinstimmend*) same; **der/die/das** ~**e wie ..** the same ... as you; **zwei mal zwei** [**ist**] ~ **vier** two times two is [*or* equals] four; ■**der/die/das G**~**e/die G**~**en** the same [one/ones]; ~**e Dreiecke** congruent triangles; **G**~**es mit G**~**em vergelten** to pay like with like, to give tit for tat *sl;* ~**e Rechte/Pflichten** equal rights/responsibilities; **in** ~**er** [*o* **auf die** ~**e**] **Weise** in the same way; **zur** ~**en Zeit** at the same time; ~ **alt** the same age; ~ **groß/lang** equal in [*or* the same] size/length; ~ **schwer** equally heavy, the same weight; **mit etw** *dat* ~ **bedeutend sein** to be synonymous with sth; (*so gut wie*) to be tantamount to sth; ~ **bezahlt werden** to be paid the same, to receive the same pay; ~ **gelagert** comparable; ~ **gesinnt** [*o* **denkend**] like-minded, of like minds; ~ **gestimmte Seelen** kindred spirits [*or* souls]; ~ **lautend** identical; ~ **teuer** equally expensive; **ein Gleiches tun** (*iron geh*) to do the same ❷ (*unverändert*) ■**der/die/das G**~**e** [...] **wie** the same [...] as; **es ist immer das** [**ewig**] **G**~**e** it's always the same [old thing]; [**sich** *dat*] ~ **bleiben** to stay [*or* remain] the same [*or* unchanged]; ~ **bleibend gut** consistent[ly] good; **aufs G**~**e hinauslaufen** [*o* **hinauskommen**] it comes [*or* boils] down [*or* amounts] to the same thing ❸ (*gleichgültig*) ■**jdm** ~ **sein** to not care, to be all the same to sb; ■**ganz** ~ **wer/was** [...] no matter who/what [...] ▸ WENDUNGEN: **G**~ **und G**~ **gesellt sich gern** (*prov*) birds of a feather flock together *prov* **II.** *adv* ❶ (*sofort, bald*) just, straightaway, in a minute; **bis** ~**!** see you then! [*or* later!]; (*sofort*) see you in a minute! [*or* moment!]; **ich komme** ~**!** I'm just coming!, I'll be right there!; **habe ich es nicht** ~ **gesagt!** what did I tell you?; **warum nicht** ~ **so?** why didn't you say/do that in the first place?; ~ **danach** [*o* **darauf**] soon afterward[s]; (*sofort*) right away, straight [*or* right] afterward[s]; ~ **jetzt** [right] now; ~ **heute/morgen** [first thing] today/tomorrow; ~ **nach dem Frühstück** right [*or* straight] after breakfast ❷ (*unmittelbar daneben/danach*) immediately, right; ■~ **als** [*o* **nachdem**] ... as soon as ...; ~ **daneben** right beside [*or* next to] it; ~ **danach** just [*or* immediately] after it ❸ (*zugleich*) at once [*or* the same time]; **sie kaufte sich** ~ **zwei Paar** she bought two pairs! **III.** *part* ❶ *in Aussagesätzen* (*emph*) just as well; **du brauchst deswegen nicht** ~ **zu weinen** there's no need to start crying because of that ❷ *in Fragesätzen* (*noch*) again; **wie war doch** ~ **Ihr Name?** what was your name again? **IV.** *präp* +*dat* (*geh: wie*) like

gleich·al·te·rig ['glaiçʔaltərɪç], **gleich·alt·rig** *adj* [of] the same age *pred* **gleich·ar·tig** *adj* of the same kind *pred;* (*ähnlich*) similar **gleich·auf** *adv* SPORT equal; **sie liegen/sind** ~ (*wertungsgleich*) they're [lying] equal [*or* BRIT *a.* on level pegging]; (*auf gleicher Höhe*) they're neck and neck **gleich·be·deu·tend** *adj s.* **gleich I. 1 Gleich·be·hand·lung** *f* equal treatment **gleich·be·rech·tigt** *adj* with equal [*or* the same] rights *pred;* ■~ **sein** to have equal rights **Gleich·be·rech·ti·gung** *f kein pl* equality *no pl,* equal rights + *sing/pl verb* **gleich|blei·ben**ALT *vi, vr irreg sein s.* **gleich I. 2 gleich·blei·bend** *adj, adv s.* **gleich I. 2**

glei·chen <glịch, geglịchen> ['glaiçn̩] *vt* ■**jdm/einer S.** ~ to be [just] like sb/sth; ■**sich** *dat* ~ to be alike [*or* similar]

glei·chen·tags *adv* SCHWEIZ on the same day

glei·cher·ma·ßen, glei·cher·wei·se *adv* equally; ■~ **... und ... sein** to be both ... and ...

gleich·falls *adv* likewise, also; **danke** ~**!** thank you, [and] the same to you *a. iron* **gleich·far·big** *adj* [of] the same colour [*or* AM -or] *pred* **gleich·för·mig I.** *adj* uniform; ~**e Struktur** symmetrical structure **II.** *adv* uniformly; ~ **strukturiert sein** to have a symmetrical structure **gleich·ge·la·gert** *adj s.* **gleich I. 1 gleich·ge·schlech·tig** *adj* same-sex *attr,* of the same sex *pred;* ~**e Zwillinge** same-sex twins; ~**e Pflanzen** homogamous plants *spec* **gleich·ge·schlecht·lich** *adj* ❶ (*homosexuell*) homosexual ❷ *s.* **gleichgeschlechtig gleich·ge·sinnt** *adj s.* **gleich I. 1**

Gleich·ge·wicht *nt kein pl* ❶ *eines Körpers* balance, equilibrium; **sein** [*o* **das**] ~ **halten** to keep [*or* maintain] one's balance, to maintain one's equilibrium; **im** ~ **sein** to be balanced [*or form* in equilibrium]; **wieder im** ~ **sein, sich wieder im** ~ **befinden** to regain [*or* recover] one's balance, to restore one's equilibrium; **das** ~ **verlieren, aus dem** ~ **kommen** [*o* **geraten**] to lose one's balance ❷ (*Stabilität, Ausgewogenheit*) balance; **militärisches/politisches** ~ military/political stability; **natürliches** ~ natural balance; ÖKOL balance of nature; **ökologisches** ~ ecological [*or* environmental] balance; **das** ~ **der Kräfte** the balance of power; **ein** ~ **zwischen ... und ... halten** to maintain a proper balance between ... and ... ❸ (*innere Ausgeglichenheit*) **das innere** [*o* **seelische**] ~ one's equilibrium [*or* emotional balance]; **im** ~ in equilibrium; **jdn aus dem** ~ **bringen** to throw sb off balance; **aus dem** ~ **geraten, das** ~ **verlieren, aus dem** ~ **kommen** to lose one's equilibrium [*or* balance]

gleich·ge·wich·tig *adj* ❶ (*ausgeglichen*) balanced ❷ (*gleich schwer*) equal in weight *pred*

Gleich·ge·wichts·or·gan *nt* organ of equilibrium, vestibular organ *spec* **Gleich·ge·wichts·sinn** *m* sense of balance, vestibular sense *spec* **Gleich·ge·wichts·stö·rung** *f* impaired balance *no pl,* vestibular disorder *spec*

gleich·gül·tig I. *adj* ❶ (*uninteressiert*) indifferent (**gegenüber** +*gen* to[wards]), uninterested (**gegenüber** +*gen* to[wards]); (*apathisch*) apathetic (**gegenüber** +*gen* towards); **ein** ~**es Gesicht machen** to look impassive [*or* disinterested]; ~**e Stimme** expressionless [*or* uninterested] voice ❷ (*unwichtig*) trivial, immaterial; ■**etw ist jdm** ~ sb couldn't care [less] about sth; **jdm nicht** ~ **bleiben/sein** to not remain/be unimportant to sb **II.** *adv* (*uninteressiert*) with indifference [*or* a lack of interest]; (*apathisch*) with apathy, apathetically

Gleich·gül·tig·keit ['glaiçgʏltɪçkait] *f kein pl* (*Desinteresse*) indifference; (*Apathie*) apathy; ■**jds** ~ **gegenüber jdm/etw** [*o* **gegen jdn/etw**] sb's indifference to[wards]/apathy towards sb/sth

Gleich·heit <-, -en> *f* ❶ (*Übereinstimmung*) correspondence, similarity ❷ *kein pl* (*gleiche Stellung*) equality

Gleich·heits·zei·chen *nt* MATH equals sign

gleich|kom·men *vi irreg sein* ❶ (*Gleiches erreichen*) ■**jdm/einer S.** [**an etw** *dat*] ~ to equal [*or* match] [*or* be a match for] sb/sth [in sth] ❷ (*gleichbedeutend sein*) ■**einer S.** *dat* ~ to be tantamount [*or* equivalent] [*or* to amount] to sth **gleich·lau·tend** *adj s.* **gleich I. 1** **gleich|ma·chen** *vt* ■**etw/alles** ~ to make sth/everything the same **Gleich·ma·cher(in)** *m(f)* (*pej*) egalitarian, leveller *pej*, AM *usu* leveler *pej* **Gleich·ma·che·rei** <-, -en> [glaiçmaxəˈrai] *f* (*pej*) egalitarianism, levelling [*or* AM *usu* leveling] down *pej* **Gleich·ma·che·rin** <-, -nen> *f fem form von* **Gleichmacher**

Gleich·maß *nt kein pl* ❶ (*Ebenmaß*) evenness; *von Proportionen* symmetry ❷ (*Regelmäßigkeit*) regularity, monotony *pej*

gleich·mä·ßig I. *adj* regular, even; **~e Bewegungen** synchronized [*or* regular] movements; **~er Puls** steady [*or* regular] [*or* even] pulse; **mit ~en Schritten** at a steady pace; **in ~em Tempo** at a steady speed [*or* pace]; **~ atmen** to breathe regularly; **~ schlagen** *Herz, Puls, etc.* to beat steadily [*or* regularly] [*or* evenly] **II.** *adv* ❶ (*in gleicher Stärke/Menge*) evenly, equally; **Farbe ~ auftragen** to apply an even coat of paint [*or* paint evenly] ❷ (*ohne Veränderungen*) consistently

Gleich·mä·ßig·keit [ˈglaiçmɛːsɪçkait] *f* evenness, regularity; *von Puls, Herzschlag a.* steadiness; *von Bewegungen* regularity, synchronization; *von Tempo, Schritte* steadiness

Gleich·mut *m* composure, serenity, equanimity *form* **gleich·mü·tig** [ˈglaiçmyːtɪç] *adj* composed, serene **gleich·na·mig** *adj* of the same name *pred; Buch* of the same title *pred; s. a.* **Bruch**

Gleich·nis <-ses, -se> [ˈglaiçnɪs, *pl* ˈglaiçnɪsə] *nt* allegory; (*aus der Bibel*) parable

gleich·ran·gig *adj inv* equal in rank *pred*, at the same level *pred*

gleich·sam [ˈglaiçzaːm] *adv* (*geh*) so to speak, as it were; ■**~, als ob ...** [just] as if ...

gleich|schal·ten *vt* POL (*pej*) ■**etw** ~ to bring [*or* force] sth into line; **eine gleichgeschaltete Presse** a party mouthpiece **Gleich·schal·tung** *f* POL (*pej*) bringing [*or* forcing] into line; (*unter den Nazis a.*) Gleichschaltung *spec*, elimination of all opposition **Gleich·schritt** *m kein pl* MIL marching *no pl* in step; **aus dem ~ kommen** [*o* **geraten**] to fall out of step; **im ~ marschieren** to march in step; **im ~, marsch!** forward, march! **gleich|se·hen** *vi irreg* DIAL ❶ (*ähnlich sehen*) ■**jdm/etw** ~ to look like [*or* resemble] sb/sth ❷ (*fam*) ■**jdm** ~ to be typical of [*or* just like] sb **gleich·sei·tig** [ˈglaiçzaitɪç] *adj* equilateral **gleich|set·zen** *vt* ■**etw** [**mit etw** *dat*] ~ to equate sth [with sth] **Gleich·stand** *m kein pl* SPORT tie; **den ~ erzielen** [*o* **herstellen**] to draw level BRIT, to tie up the score [*or* game] AM; (*im Fußball*) to score the equalizer [*or* AM tying goal] **gleich|ste·hen** *vi irreg haben o* SÜDD, ÖSTERR, SCHWEIZ *sein* ■**jdm/etw** ~ to be on a par with sb/sth **gleich|stel·len** *vt* ■**jdn jdm** ~ to give sb the same rights as sb **Gleich·stel·lung** *f kein pl* equality (+*gen* of/for) **Gleich·strom** *m* ELEK DC, direct current **Gleich·strom·ag·gre·gat** *nt* ELEK DC system **gleich|tun** *vt impers irreg* ❶ (*imitieren, sich ebenso benehmen*) ■**es jdm** ~ to copy [*or* follow] sb['s example], to follow suit ❷ (*gleichkommen*) ■**es jdm** [**in etw** *dat*] ~ to match [*or* equal] sb [in [*or* at] sth], to be a match for sb [in [*or* at] sth]

Glei·chung <-, -en> [ˈglaiçʊŋ] *f* MATH equation; **eine ~ auflösen** to solve an equation; **eine ~ n-ten Grades** an equation of the nth degree; **eine ~ mit einer Unbekannten** an equation with one unknown

gleich·viel [ˈglaiçfiːl] *adv* (*geh: einerlei*) nonetheless, nevertheless, notwithstanding *form;* **~ ob/wie/wie sehr/wohin** no matter whether [*or* if]/how/how much/where **gleich·warm** *adj* homeotherm **gleich·wer·tig** *adj* equal; ■**jdm/etw ~ sein** to be a match for sb/sth; ■**~ sein** to be equally matched; **ein ~er Gegner** an equally [*or* evenly] matched opponent **Gleich·wer·tig·keit** *f kein pl* equal value; *von Gegner, Armee* equivalence **gleich·wohl** [ˈglaiçvoːl] *adv* (*geh: dennoch*) nonetheless, nevertheless, notwithstanding *form* **gleich·zei·tig I.** *adj* simultaneous, concurrent **II.** *adv* ❶ (*zur gleichen Zeit*) simultaneously, at the same time ❷ (*ebenso, zugleich*) also, at the same time **Gleich·zei·tig·keit** *f* simultaneity, concurrence **gleich|zie·hen** *vi irreg* (*fam*) ■[**mit jdm**] ~ to catch up [*or* draw even [*or* level]] [with sb]

Gleis <-es, -e> [ˈglais, *pl* ˈglaizə] *nt* BAHN line, track, rails *pl;* (*einzelne Schiene*) rail; (*Bahnsteig*) platform; **~ ...** platform ..., AM *a.* track ...; **aus dem ~ springen** to jump the rails, to be derailed ▶WENDUNGEN: **aufs falsche ~ geraten** to stray from the straight and narrow, to go astray; **jdn auf ein totes ~ schieben** to kick sb upstairs, to put sb out of harm's way; **etw auf ein totes ~ schieben** to shelve sth, to file sth away; **jdn** [**ganz**] **aus dem ~ bringen** [*o* **werfen**] to throw sb *fam*, to send sb off the rails *fam;* **etw ins** [**rechte**] **~ bringen** to straighten [*or* sort] sth out; [**völlig**] **aus dem ~ geraten** [*o* **kommen**] to go off the rails [*or* astray]; **aus dem ~ kommen** to go off the rails *fam;* **wieder ins** [**rechte**] **~ kommen** (*ins Lot kommen*) to sort oneself out again; (*auf die richtige Bahn kommen*) to get back on the right track; [**wieder**] **im ~ sein** to be all right [*or* back to normal] [*or* straightened out] [again]

Gleis·an·la·ge *f* track system **Gleis·an·schluss**[RR] *m* siding **Gleis·ar·bei·ten** *pl* line [*or* AM *a.* track] repairs *pl*, work on the line *no pl*

glei·ßend *adj* glaring, dazzling

Gleit·boot *nt* hydroplane

glei·ten <glitt, geglitten> [ˈglaitn̩] *vi* ❶ *sein* (*schweben*) ■[**durch/über etw** *akk o. dat*] ~ to glide [through/over sth]; *Wolke* to sail [through/over sth] ❷ *sein* (*sich leicht dahinbewegen*) ■[**durch/in/über etw** *akk*] **gleiten** to glide [through/into/over sth]; *Schlange a.* to slide [*or* slip] [through/into/over sth] ❸ *sein* (*streichen, huschen*) ■**über etw** *akk* ~ *Augen* to wander [*or* travel] over sth; *Blick* to pass [*or* range] over sth; *Finger* to explore sth; *Hand* to slide over sth; **die Finger/Hand über etw** *akk* **~ lassen** to glide [*or* slide] [*or* run] one's fingers/hand over [*or* across] sth ❹ *sein* (*rutschen*) to slide, to slip; **zu Boden ~** to slip to the floor/ground; **ins Wasser ~** to slip into the water; **etw ins Wasser ~ lassen** to let sth slip into the water; **jdm aus den Fingern/der Hand ~** (*fig a.*) to slip out of sb's fingers/hand; **jdm auf den Boden ~** to fall to the floor [on sb *hum fam*] ❺ *haben* (*fam*) to be on flexitime [*or* flexihours] *fam; s. a.* **Arbeitszeit**

Gleit·flug *m* glide; LUFT *a.* power-off glide; **im ~ niedergehen** to glide [*or* plane] down; **im ~ schweben** to glide; **eine Landung im ~ versuchen** LUFT to attempt a landing from a glide **Gleit·klau·sel** *f* ÖKON escalator [*or* rise-and-fall] clause **Gleit·ku·fe** *f* LUFT landing skid **Gleit·mit·tel** *nt* TECH, MED lubricant

Gleit·schirm *m* hang-glider

Gleit·schirm·flie·gen *nt* hang-gliding, paragliding **Gleit·schirm·flie·ger(in)** *m(f)* [pilot of a] hang-glider [*or* paraglider]

Gleit·zeit *f* ADMIN ❶ (*fam*) flexitime, flexihours *pl* ❷ (*Zeitspanne außerhalb der Fixzeit*) *set periods outside fixed working hours in which an employee may choose to start/end work*

Glen·check <-[s], -s> [ˈglɛntʃɛk] *m* ([*schottisches*] *Karomuster*) glen check, Scottish check fabric

Glet·scher <-s, -> [ˈglɛtʃɐ] *m* glacier

Glet·scher·brand *m* glacier sunburn **Glet·scher·kun·de** *f kein pl* glaciology *no pl* **Glet·scher·spal·te** *f* crevasse

Glib·ber <-s> [ˈglɪbɐ] *m kein pl* NORDD (*fam*) slime

glib·be·rig *adj* NORDD (*fam*) slimy

glich [ˈglɪç] *imp von* **gleichen**

Glied <-[e]s, -er> [ˈgliːt, *pl* ˈgliːdɐ] *nt* ❶ (*Körperteil*) limb, member *form;* (*Fingerglied, Zehenglied*) joint; (*Fingerspitze*) fingertip; **seine ~er recken** to stretch [oneself]; **kein ~ mehr**

rühren können to not be able to move a muscle; **etw in allen ~ern spüren** to feel sth in one's bones; **an allen ~ern zittern** [*o geh* **beben**] to be trembling in every limb [*or* all over], to be shivering [*or* shaking] all over ❷ (*euph: Penis*) penis, [male] member *form* ❸ (*Ketten~*) link *a. fig* ❹ (*Teil*) part, link ❺ (*Mitglied*) member ❻ (*Rang*) rank ❼ (*Generation*) generation

Glie·der·fü·ßer <-s, -> *m* ZOOL arthropod

glie·dern ['gli:dɐn] **I.** *vt* ■**etw** [**in etw** *akk*] ~ (*unterteilen*) to [sub]divide sth [into sth]; (*ordnen*) to organize sth [into sth]; (*einordnen*) to classify sth [under sth]; ■[**in etw** *akk*] **gegliedert sein** to be divided [into sth]; **eine straff gegliederte Hierarchie** a tight hierarchy; **ein wenig** [*o* **schwach**] **gegliedertes Unternehmen** a company with little structure **II.** *vr* ■**sich in etw** *akk* ~ to be [sub]divided into sth

Glie·der·pup·pe *f* jointed doll; (*Marionette*) [string] puppet **Glie·der·schmerz** *m meist pl* rheumatic pains *pl*

Glie·de·rung <-, -en> *f* ❶ *kein pl* (*das Gliedern*) structuring *no pl* (**in** +*akk* into), organization (**in** +*akk* into); (*das Unterteilen*) subdivision (**in** +*akk* into); (*nach Eigenschaften a.*) classification ❷ (*Aufbau*) structure

Glied·ma·ßen *pl* limbs, arms and legs **Glied·staat** *m* member [*or* constituent] state

glim·men <glọmm *o selten* glimmte, geglọmmen *o selten* geglimmt> ['glɪmən] *vi* ❶ (*schwach glühen*) to glow; *Feuer, Asche a.* to smoulder, AM *usu* to smolder; **~de Asche** embers, hot ashes ❷ (*schwach vorhanden sein*) ■**in jdm** ~ *Hoffnung, etc.* to glimmer within sb

Glim·mer <-s, -> ['glɪmɐ] *m* ❶ GEOL mica ❷ (*selten: Schimmer*) [faint] gleam [*or* glow]

Glimm·stän·gel^RR^, **Glimm·sten·gel**^ALT^ *m* (*hum fam*) cig[gy] *fam,* smoke *fam,* coffin nail *hum sl,* BRIT *a.* fag *fam*

glimpf·lich ['glɪmpflɪç] **I.** *adj* ❶ (*ohne schlimmere Folgen*) without serious consequences *pred;* [**weniger**] ~ **sein** to be [more] serious, to have [*or form* entail] [more] serious consequences ❷ (*mild*) lenient, light, mild **II.** *adv* ❶ (*ohne schlimmere Folgen*) ~ **davonkommen** to get off lightly; **~/weniger ~/~er abgehen** [*o* **ablaufen**] [*o* **verlaufen**] to pass [off] without/with more/with less serious consequences ❷ (*mild*) **mit jdm ~ umgehen** [*o* **verfahren**] to treat sb leniently [*or* mildly]; **jdn ~ bestrafen** to give sb a mild [*or* lenient] sentence

glit·schen ['glɪtʃn̩] *vi sein* (*fam*) ■**aus etw** *dat*/**in etw** *akk*/**auf etw** *akk* ~ to slip out of/into/on[to] sth; **jdm aus der Hand ~** to slip out of sb's hand; **von der Hand ~** to slip out of sb's hand

glit·schig ['glɪtʃɪç] *adj* (*fam*) slippery; **~er Fisch** slithery fish

glitt ['glɪt] *imp von* **gleiten**

Glit·ter <-s> ['glɪtɐ] *m kein pl* glitter

glit·zern ['glɪtsɐn] *vi* to sparkle, to glitter; *Stern* to twinkle; ■**das G~** the sparkle [*or* glitter]

Glit·zer·welt *f* SOZIOL (*iron*) glitter world

glo·bal [glo'ba:l] **I.** *adj* ❶ (*weltweit*) global, worldwide ❷ (*umfassend*) **~e Vorstellung/~es Wissen** general idea/knowledge **II.** *adv* ❶ (*weltweit*) ~ **verbreitet** global, worldwide; ~ **vorhanden** found worldwide [*or* throughout the world] ❷ (*ungefähr*) generally; **sich etw ~ vorstellen** to have a general idea about sth

glo·ba·li·siert [globali'zi:rt] *adj inv* globalized; **die ~e Finanzwelt** globalized finance

Glo·ba·li·sie·rung <-> *f* globalization

Glo·ben ['glo:bn̩] *pl von* **Globus**

Glo·be·trot·ter(in) <-s, -> ['glo:bətrɔtɐ, 'glo:ptrɔtɐ] *m(f)* globetrotter

Glo·bus <- *o* -ses, Globen *o* -se> ['glo:bʊs, *pl* 'glo:bn̩] *m* globe

Glöck·chen <-s, -> ['glœkçən] *nt dim von* **Glocke** [little] bell

Glo·cke <-, -n> ['glɔkə] *f* ❶ (*Läutewerk*) bell; **die ~n läuten** to ring the bells; (*vor dem Feind*) to ring the tocsin ❷ (*glockenförmiger Deckel*) [glass] cover ▶WENDUNGEN: **etw an die große ~ hängen** (*fam*) to shout sth from the rooftops, to broadcast sth loudly; **etw nicht an die große ~ hängen** (*fam*) to keep mum [*or* BRIT *a.* shtumm] about sth *fam*

Glo·cken·bal·ken *m* [bell] yoke **Glo·cken·blu·me** *f* bellflower, campanula **glo·cken·för·mig** *adj* bell-shaped; BOT *a.* campanulate *spec* **Glo·cken·ge·läu·t(e)** *nt kein pl* bells *pl,* peal [*or* ringing] of bells **Glo·cken·gie·ßer(in)** *m(f)* bell-founder **Glo·cken·hei·de** *f* BOT cross-leaved heather **Glo·cken·klang** *m* ringing [*or* pealing] [of bells] **Glo·cken·läu·ten** *nt s.* **Glockengeläut(e)** **Glo·cken·rock** *m* flared skirt **Glo·cken·schlag** *m* stroke [of a/the bell]; **mit dem ~ kommen/gehen** to arrive/leave dead on time [*or* on the dot]; **auf den** [*o* **mit dem**] ~ on the dot, precisely **Glo·cken·spiel** *nt* ❶ (*in Kirch- oder Stadttürmen*) carillon ❷ (*Musikinstrument*) glockenspiel **Glo·cken·stuhl** *m* bell cage [*or* frame] **Glo·cken·tier·chen** *nt* ZOOL vorticella **Glo·cken·turm** *m* belfry, belltower; (*einzelnes Gebäude*) campanile

glo·ckig ['glɔkɪç] *adj s.* **glockenförmig**

Glöck·ner(in) <-s, -> ['glœknɐ] *m(f)* bellringer; (*Kirchendiener*) sexton; **„Der ~ von Notre-Dame"** "The Hunchback of Notre Dame"

glomm ['glɔm] *imp von* **glimmen**

Glo·rie <-> ['glo:ri̯ə] *f kein pl* (*geh*) glory, splendour [*or* AM -or]

Glo·ri·en·schein ['glo:ri̯ən-] *m s.* **Heiligenschein**

glo·ri·fi·zie·ren* [glorifi'tsi:rən] *vt* ■**jdn/etw** ~ to glorify sb/sth (**als** +*akk* as)

Glo·ri·fi·zie·rung <-, -en> *f* glorification

Glo·ri·o·le <-, -n> [glo'ri̯o:lə] *f* (*geh*) *s.* **Heiligenschein**

glo·ri·os [glo'ri̯o:s] *adj s.* **glorreich 1**

glor·reich *adj* ❶ (*meist iron*) magnificent *a. iron;* **eine ~e Idee** a terrific idea *iron* ❷ (*großartig, ruhmreich*) glorious

Glos·sar <-s, -e> [glɔ'sa:ɐ̯] *nt* glossary

Glos·se <-, -n> ['glɔsə] *f* ❶ (*knapper Kommentar*) gloss, commentary; (*polemisch*) ironic comment[ary]; (*schriftlich a.*) lampoon, squib ❷ *pl* (*fam: spöttische Bemerkung*) snide comments [*or* remarks]; **seine ~n über jdn/etw machen** to make snide comments [*or* remarks] about sb/sth

glos·sie·ren* [glɔ'si:rən] *vt* ■**etw** ~ ❶ (*kurz kommentieren*) to commentate on sth ❷ (*spöttische Bemerkungen machen*) to sneer at sth

Glotz·au·ge *nt meist pl* (*fam*) goggle eye *fam;* **~n machen** to stare [goggle-eyed *fam*], to gawk *fam,* BRIT *a.* to gawp *fam;* **mit ~n auf etw** *akk* **starren** (*fam*) to stare at sth [goggle-eyed *fam*], to gawk [*or* BRIT *a.* gawp] at sth *fam*

Glot·ze <-, -n> ['glɔtsə] *f* (*sl: Fernseher*) one-eyed monster *pej fam,* goggle-box BRIT *fam,* telly BRIT *fam,* boob tube AM *fam;* (*Computerbildschirm*) [computer] screen

glot·zen ['glɔtsn̩] *vi* (*pej fam*) ■[**auf jdn/etw**] ~ to stare [*or* gape] [*or* BRIT *fam a.* gawp] [at sb/sth]; **in etw** *akk* [**hinein**] ~ to put [*or* stick] one's nose into sth

Glück <-[e]s> ['glʏk] *nt kein pl* ❶ (*günstige Fügung*) luck; (*Fortuna*) fortune; **ein ~!** (*fam*) how lucky!, what a stroke of luck!; **ein ~, dass ...** it is/was lucky that ...; **jdm zum Geburtstag ~ wünschen** to wish sb [a] happy birthday; **ein Kind des ~s sein** (*geh*) to have been born under a lucky star; **jdm ~ und Segen wünschen** (*geh*) to wish sb every good fortune; **mehr ~ als Verstand** [*o* **als sonst was**] **haben** (*fam*) to have more luck than sense [*or* brains]; **~ bringend** lucky; **großes/seltenes ~** a great/rare stroke of luck; **~ verheißend** auspicious, propitious; **wahres ~ sein, dass ...** to be really lucky [*or* a good thing] that ...; **auf sein ~ bauen** to rely on [*or* trust to] one's good fortune; **jdm ~ bringen** to bring sb luck; **viel ~** [**bei/in etw**]! good [*or* the best of] luck [with/in sth]!; **~/kein ~ haben** to be lucky [*or* in luck]/unlucky [*or* to not be in luck]; **~ gehabt!** (*fam*) that was lucky! [*or* a close shave!]; **das ~ haben, etw zu tun** to be lucky enough [*or* have the good fortune] to do sth; **das ist dein ~!** (*fam*) lucky for you!; **~ bei jdm haben** to be successful with sb; **in sein ~ hinein-**

stolpern (*fam*) to have the luck of the devil, to be incredibly lucky; **dem ~ ein bisschen nachhelfen** to improve [*or* help] one's/sb's luck; (*mogeln*) to cheat a bit; **sein ~ [bei jdm] probieren** [*o* **versuchen**] to try one's luck [with sb]; **von ~ reden** [*o* **sagen**] **können, dass ...** to count [*or* consider] oneself lucky [*or fam* thank one's lucky stars] that ...; **das ~ ist jdm gewogen** [*o* **hold**] (*geh*) luck was with them, fortune smiled upon [*or form* favoured [*or* AM -ored]] them; **sein ~ verscherzen** to throw away one's good fortune [*or* chance]; **auf sein ~ vertrauen** to trust to one's luck; **noch nichts von seinem ~ wissen** [*o* **ahnen**] (*iron*) to not know what's in store for one [*or* anything about it] yet; **jdm [viel] ~ [bei/zu etw** *dat*] **wünschen** to wish sb [good] luck [with/in sth]; **~ ab!** (*Fliegergruß*) good luck!, happy [*or* safe] landing!; **~ auf!** (*Bergmannsgruß*) good luck!; **zu jds ~** luckily [*or* fortunately] for sb; **zum ~** luckily, fortunately, happily; **zu seinem/ihrem etc. ~** luckily for/her etc. ❷ (*Freude*) happiness, joy; **jdm ~ [und Zufriedenheit] wünschen** to wish sb joy; **in ~ und Unglück zusammenhalten** to stick together through thick and thin [*or* come rain or come shine]; **echtes/großes ~** true/great happiness; **eheliches/häusliches ~** marital [*or* wedded]/domestic bliss; **junges ~** young love; **kurzes ~** short-lived happiness; **ein stilles ~** bliss, a serene sense of happiness; **das vollkommene ~** perfect bliss; **tiefes ~ empfinden** to feel great [*or* deep] joy; **sein ~ genießen** to enjoy [*or* bask in] one's happiness; **jds ganzes ~ sein** to be sb's [whole] life, to mean the whole world to sb; **nach ~ streben** to pursue happiness ▸ WENDUNGEN: **sein ~ mit Füßen treten** to turn one's back on fortune; **~ und Glas, wie leicht bricht das!** (*prov*) glass and luck, brittle muck *prov*; **~ muss der Mensch** [*o* **man**] **haben!** (*fam*) this must be my/your/our etc. lucky day!, my/your/our etc. luck must be in!; **jeder ist seines ~es Schmied** (*prov*) life is what you make [of] it *prov*, everyone is the architect of his own fortune *prov*; **das war das ~ des Tüchtigen** he/she deserved his/her good luck [*or* fortune], he/she deserved the break *fam*; **~ im Unglück haben** it could have been much worse [for sb], to be quite lucky in [*or* under] the circumstances; **etw auf gut ~ tun** to do sth on the off-chance, to trust to chance; **jdm lacht das ~** fortune smiles on [*or* favours [*or* AM -ors]] sb; **sein ~ machen** to make one's fortune; **man kann niemanden zu seinem ~ zwingen** (*prov*) you can lead a horse to water but you cannot make him drink *prov*; *s. a.* Pech

Glu·cke <-, -n> ['glʊkə] *f* ❶ (*brütende Henne*) sitting [*or* broody] hen ❷ (*fig: besorgte Mutter*) mother hen

glü·cken ['glʏkn̩] *vi sein* ❶ (*gelingen*) to be successful [*or* a success]; **nicht ~** to be a failure, to not be successful [*or* a success]; *Plan a.* to miscarry; ■**jdm glückt etw** sb succeeds in sth; ■**jdm glückt es, etw zu tun** sb manages to do sth; ■**geglückt** successful; **eine geglückte Überraschung** a real surprise ❷ (*vorteilhaft werden*) to turn out well; ■**etw ist jdm [gut] geglückt** sb's sth has turned out [very] well

glu·cken·haft *adj* (*iron fam*) mollycoddling *pej fam*

glu·ckern ['glʊkɐn] *vi* ❶ (*Geräusch machen*) ■**[in etw** *dat*] **~** *Wasser* to glug [*or* gurgle] [in sth]; **~d fließen** to gurgle ❷ (*fließen*) ■**in etw** *akk* **~** *Wein* to gurgle [*or* glug] into sth

glück·lich ['glʏklɪç] **I.** *adj* ❶ (*vom Glück begünstigt, erfolgreich*) lucky, fortunate; **ihr G~en!** lucky you! *a. iron*; **sich ~ schätzen können, dass .../etw getan zu haben** to consider [*or* count] oneself lucky that .../to have done sth ❷ (*vorteilhaft, erfreulich*) happy, fortunate; **ein ~es Ende** [*o* **~er Ausgang**] a happy ending; **eine ~e Nachricht** [some] good news + *sing vb*; **ein ~er Umstand** a fortunate circumstance; **ein ~er Zufall** a stroke of luck; **ein [wenig] ~er Zeitpunkt** a [not very] happy moment ❸ (*froh*) happy; ■**~ mit jdm/etw sein** to be happy with sb/sth; ■**~ über jdn/etw sein** to be happy about sb/sth; **wunschlos ~ sein** to be happy beyond all one's wishes; **jdn ~ machen** to make sb happy, to bring sb happiness ▸ WENDUNGEN: **dem G~en schlägt keine Stunde** time stands still for those who are happy **II.** *adv* ❶ (*vorteilhaft, erfreulich*) happily; **~ gelingen** to turn out happily [*or* a success] ❷ (*froh und zufrieden*) happily; **~ [mit jdm] liiert/verheiratet sein** to be happily united [with sb]/married [to sb] ❸ (*fam: zu guter Letzt*) after all

glück·li·cher·wei·se *adv* luckily, fortunately

glück·los *adj* hapless, luckless

Glücks·brin·ger <-s, -> *m* lucky charm

glück·se·lig [glʏk'ze:lɪç] *adj* blissful[ly happy]; **~es Lächeln** rapturous smile

Glück·se·lig·keit <-, -en> *f* ❶ *kein pl* (*überglücklicher Zustand*) bliss; **in ~ schwelgen** to float in bliss ❷ (*beglückendes Ereignis*) blissful occasion

gluck·sen ['glʊksn̩] *vi s.* **gluckern**

Glücks·fall *m* stroke of luck; **durch einen ~** by a lucky chance **Glücks·ge·fühl** *nt* ■**ein ~** [a feeling of] happiness **Glücks·göt·tin** *f* goddess of luck [*or* fortune], Fortune *no art*, + *sing vb* **Glücks·kind** *nt* (*fam*) a lucky person; **sie war ein ~** she was born lucky **Glücks·klee** *m* four-leaf[ed] clover **Glücks·pfen·nig** *m* lucky penny **Glücks·pilz** *m* (*fam*) lucky devil [*or* BRIT *a.* beggar] *fam* **Glücks·rad** *nt* wheel of fortune **Glücks·rit·ter** *m* adventurer, soldier of fortune **Glücks·sa·che** *f* ■**etw ist [reine] ~** sth's a matter of [sheer] luck **Glücks·schwein(·chen)** *nt* good-luck pig (*pig as a symbol of good luck*) **Glücks·spiel** *nt* game of chance; ■**~e** gambling *no pl* **Glücks·spie·ler(in)** *m(f)* gambler **Glücks·sträh·ne** *f* lucky streak, run of good luck **Glücks·tag** *m* lucky [*or* red-letter] day **Glücks·tref·fer** *m* stroke of luck; (*beim Schießen*) lucky shot **Glücks·zahl** *f* ❶ (*Zahl, die Glück bringen soll*) lucky number ❷ (*Lottotreffer*) winning [lottery] number

Glück·wunsch *m* congratulations *npl* (**zu** + *dat* on); **jdm seinen ~ zu etw** *dat* **aussprechen** to offer sb one's congratulations on sth; **herzlichen ~!, meinen ~!** congratulations!; **herzlichen ~ zum Geburtstag!** happy birthday, many happy returns [of the day]

Glück·wunsch·kar·te *f* greetings [*or* AM greeting] card **Glück·wunsch·te·le·gramm** *nt* greetings [*or* AM greeting] telegram

Glu·co·se <-> [glu'ko:zə] *f kein pl s.* **Glukose**

Glüh·bir·ne *f* [electric] light bulb

glü·hen ['gly:ən] *vi* ❶ (*rot vor Hitze sein*) to glow ❷ (*sehr heiß sein*) to burn; *Wangen* to glow ❸ (*geh*) ■**vor etw** *dat* **~** to burn with sth; **vor Scham ~** to be flushed [*or* to burn] with shame

glü·hend I. *adj* ❶ (*rot vor Hitze*) glowing; **~e Kohlen** glowing [*or* [red-]hot] coals; **~es Metall** [red-]hot metal ❷ (*brennend, sehr heiß*) burning; **~e Hitze** blazing heat; **~e Wangen** burning [*or* flushed] cheeks; **~er Hass** (*fig*) burning hatred **II.** *adv* **~ heiß** scorching [hot]; **jdn ~ lieben** to love sb passionately; **jdn ~ hassen** to have a burning hatred for sb

Glüh·lam·pe *f* (*geh*) [electric] light bulb **Glüh·wein** *m* glühwein, [hot] mulled wine

i Kultur

Glühwein – hot red wine, spiced with cinnamon, aniseed and cloves – is sold in winter, especially on the Christmas markets.

Glüh·würm·chen <-s, -> *nt* glow-worm; (*fliegend*) firefly

Glu·ka·gon <-s> [gluka'go:n] *nt* BIOL glucagon *no pl*

Glu·ko·se <-> [glu'ko:zə] *f kein pl* glucose *no pl*

Glut <-, -en> ['glu:t] *f* ❶ (*glühende Masse*) embers *npl*; *Tabak* burning ash ❷ (*geh*) ardour [*or* AM -or] *form*, fervour [*or* AM -or] *form*

Glu·ta·mat <-[e]s, -e> [gluta'ma:t] *nt* [sodium] glutamate

Glu·ta·min <-s, -e> [gluta'mi:n] *nt* glutamine

Glu·ta·min·säu·re *f* glutam[in]ic acid

glut·äu·gig *adj* (*geh*) fiery-eyed *attr,* with smouldering [*or* fiery] eyes *pred* **Glut·hit·ze** *f* sweltering heat

Gly·ko·gen <-s> [glyko'ge:n] *nt kein pl* BIOL glycogen *no pl*

Gly·kol <-s, -e> [gly'ko:l] *nt* glycol

Gly·ze·rin <-s> [glytse'ri:n] *nt kein pl* CHEM glycerin[e]

GmbH <-, -s> [ge:ʔɛmbe:ha:] *f Abk von* **Gesellschaft mit beschränkter Haftung** ≈ Ltd BRIT

Gna·de <-, -n> ['gna:də] *f* ❶ (*Gunst*) favour [*or* AM -or]; ~ **vor jds Augen finden** to find favour in sb's eyes [*or* with sb]; **von jds/Gottes ~n** by the grace of sb/God [*or* sb's/God's grace]; **Euer ~n!** Your Grace! ❷ (*Milde, Nachsicht*) mercy; **etw aus ~ und Barmherzigkeit tun** to do sth out of the kindness [*or* goodness] of one's heart [*or* out of Christian charity]; ~ **vor Recht ergehen lassen** to temper justice with mercy; **um ~ bitten** to ask [*or* beg] [*or liter* crave] for mercy; **die ~ haben, etw zu tun** (*iron*) to graciously consent to do sth *iron;* **ohne ~** without mercy; **~!** mercy!, spare me!

Gna·den·akt *m* act of mercy [*or* clemency] **Gna·den·brot** *nt kein pl* charity; **bei jdm das ~ bekommen** to be provided for by sb [in one's old age]; (*beim Pferd*) to have been put out to grass [by sb] **Gna·den·frist** *f* [temporary] reprieve; **jdm eine ~ geben** [*o* **gewähren**] to give sb a [temporary] reprieve **Gna·den·ge·such** *nt* plea [*or* petition] for clemency; **ein ~ [bei jdm] einreichen** to present a plea [*or* petition] for clemency [to sb], to petition for clemency **gna·den·los I.** *adj* merciless; ■**~ [gegen jdn] sein** to be merciless [with sb] **II.** *adv* mercilessly, without mercy **Gna·den·schuss**^RR^ *m,* **Gna·den·stoß** *m* coup de grâce; **einem Tier den ~ geben** to put an animal out of its misery, to kill an animal out of mercy **Gna·den·weg** *m* JUR pardon; **auf dem ~** by a pardon

gnä·dig ['gnɛ:dɪç] **I.** *adj* ❶ (*herablassend*) gracious *a. iron* ❷ (*Nachsicht zeigend*) merciful; **Gott sei ihm ~** [may] God have mercy on him ❸ (*veraltend: verehrt*) **~e Frau** madam, ma'am; **~es Fräulein** madam; (*jünger*) miss; **~er Herr** (*veraltet*) sir; **die ~e Frau/das ~e Fräulein/der ~e Herr** the lady/young lady/master [*or* [young] gentleman]; **meine G~ste** (*hum*) my dear madam, your ladyship *iron* **II.** *adv* ❶ (*herablassend*) graciously ❷ (*milde*) leniently; **~ davonkommen** to get off lightly; **mach es ~** don't be too hard

Gneis <-es, -e> ['gnais, *pl* 'gnaizə] *m* GEOL gneiss

Gnom <-en, -en> ['gno:m] *m* (*pej*) gnome; (*kleiner Mensch*) dwarf, little squirt *pej fam;* (*Giftzwerg*) poison[ed] dwarf *pej fam*

Gnos·tik <-> ['gnɔstɪk] *f kein pl* REL Gnosticism

Gnos·ti·ker(in) <-s, -> ['gnɔstikɐ] *m(f)* REL Gnostic

gnos·tisch ['gnɔstɪʃ] *adj* REL gnostic

Gnu <-s, -s> ['gnu:] *nt* gnu, wildebeest

Goa·boh·ne ['go:a-] *f* asparagus pea, winged bean

Goal <-s, -s> [go:l] *nt* FBALL ÖSTERR, SCHWEIZ goal

Goal·get·ter <-s, -> ['go:lgɛtɐ] *m* FBALL ÖSTERR, SCHWEIZ scorer

Goal·kee·per <-, -s> ['go:lki:pɐ] *m,* **Goal·mann** ['go:l-] *m* FBALL ÖSTERR, SCHWEIZ goalkeeper, goalie *fam*

Go·be·lin <-s, -s> [gobə'lɛ̃:] *m* Gobelin [tapestry]

Go·ckel <-s, -> ['gɔkl̩] *m bes* SÜDD cock

Go-go-Tän·ze·rin ['go:go-] *f* go-go dancer [*or* girl]

Go·kart^RR^, **Go-Kart**^ALT^ <-[s], -s> ['go:kart] *m* go-cart [*or* -kart]

Go·lan·hö·hen [go'la:n-] *pl* ■**die ~** the Golan Heights

Gold <-[e]s> ['gɔlt] *nt kein pl* ❶ (*Edelmetall*) gold *no pl;* **etw mit ~ überziehen** to gold-plate sth, to plate sth with gold; **schwarzes ~** black gold, crude [oil]; **treu wie ~ sein** to be faithful and loyal; **nicht mit ~ zu bezahlen** [*o* **aufzuwiegen**] **sein** to be worth one's/its weight in gold; **aus ~** gold; **in ~** in gold; (*ungemünzt*) in bullion ❷ SPORT (*sl*) gold, a/the gold medal (**in** +*dat* in); **~ holen** (*sl*) to fetch gold [*or* a/the gold medal] ▶ WENDUNGEN: **es ist nicht alles ~, was glänzt** (*prov*) all that glitters [*or* glisters] is not gold *prov,* all is not gold that glitters *prov;* **~ in der Kehle haben** (*fig fam*) to have a golden voice, sb's voice is his/her fortune [*or* a goldmine]; **nicht für alles ~ der Welt** not for all the money in the world

Gold·ader *f* vein of gold; **eine ergiebige ~** a rich vein of gold, a bonanza **Gold·am·mer** ['gɔltʔamɐ] *f* yellowhammer **Gold·am·sel** *f* [golden] oriole **Gold·arm·band** *nt* gold bracelet **Gold·bar·ren** *m* gold ingot **Gold·barsch** *m* redfish **gold·be·stickt** *adj* embroidered with gold [thread] *pred* **Gold·bras·se** *f* ZOOL, KOCHK gilthead **Gold·de·ckung** *f* FIN gold backing [*or* cover]

Gold·du·blee [-duble:] *nt* gold-plated metal

gol·den ['gɔldn̩] **I.** *adj attr* ❶ (*aus Gold*) gold[en *liter*] ❷ (*poet: goldfarben*) golden; *s. a.* **Herz, Hochzeit, Mitte, Wort II.** *adv* like gold

Gold·esel *m* ❶ LIT ass which rained gold coins ❷ (*fig fam*) bottomless source of money **Gold·fa·den** ['gɔltfa:dn̩] *m* gold thread **gold·far·ben, gold·far·big** *adj* golden, gold-coloured **Gold·fa·san** *m* golden pheasant **Gold·fisch** *m* gold fish **Gold·fund** *m* discovery of gold **Gold·ge·halt** *m* gold content **gold·gelb** *adj* golden yellow; KOCHK golden brown **Gold·gier** *f* greed for gold **gold·gie·rig** *adj* greedy for gold *pred* **Gold·grä·ber(in)** <-s, -> *m(f)* gold-digger **Gold·grä·ber·stim·mung** *f kein pl* SOZIOL, ÖKON euphoria **Gold·gru·be** *f* ❶ (*fig: Fundgrube*) goldmine ❷ (*liter*) *s.* **Goldmine Gold·hähn·chen** *nt* ORN goldcrest **gold·hal·tig** *adj,* **gold·häl·tig** *adj* ÖSTERR gold-bearing, auriferous *spec* **Gold·hams·ter** *m* [golden] hamster

gol·dig ['gɔldɪç] *adj* ❶ (*fam: allerliebst*) sweet, cute ❷ *pred* DIAL (*fam: rührend nett*) frightfully nice *a. iron* ❸ DIAL (*iron fam*) **du bist aber ~!** you're a right one [*or* card][, you are]! BRIT *iron fam,* you're [*or* very] funny! AM *iron fam*

Gold·jun·ge, -mäd·chen *m, f* (*fam*) ❶ (*Kind, das man besonders lieb hat*) blue-eyed [*or* golden] boy, mother's little boy/girl ❷ SPORT gold medallist **Gold·klum·pen** *m* gold nugget **Gold·kro·ne** *f* gold crown **Gold·lack** *m* BOT wallflower, gillyflower **Gold·mäd·chen** *nt* (*fam*) *fem form von* **Goldjunge Gold·ma·kre·le** *f* KOCHK, ZOOL dorado, dolphinfish **Gold·mark** ['gɔltmark] *f* HIST [German] gold mark **Gold·me·dail·le** [-medaljə] *f* SPORT gold [medal] **Gold·me·dail·len·ge·win·ner(in)** [-medaljən-] *m(f)* SPORT gold medallist **Gold·mi·ne** *f* gold mine **Gold·nes·sel** *f* BOT yellow archangel **Gold·pa·pier** *nt* gold [*or* gilt] paper **Gold·rah·men** *m* gilt frame **Gold·rand** *m* gold edge; (*auf Tassen*) gold [*or* gilt] rim; **mit/ohne ~** with/without a gold edge [*or* gold [*or* gilt] rim] **Gold·rausch** *m* gold fever **Gold·rau·te** *f* BOT spiked wormwood **Gold·re·gen** *m* ❶ BOT laburnum, golden rain ❷ (*Feuerwerkskörper*) Roman candle **Gold·re·gen·pfei·fer** *m* ORN golden plover **Gold·reif** *m* (*geh*) gold bracelet **Gold·re·ser·ve** *f* FIN gold reserves *pl* **gold·rich·tig** *adj* (*fam*) ❶ (*völlig richtig*) dead right [*or* on] *fam;* **sich ~ verhalten** to behave exactly right ❷ *pred* (*in Ordnung*) all right *fam* **Gold·schatz** *m* ❶ (*Schatz aus goldenen Gegenständen*) golden treasure ❷ (*Kosewort*) treasure *fam*

Gold·schmied(in) *m(f)* goldsmith

Gold·schmie·de·ar·beit *f* worked gold article **Gold·schmie·de·kunst** *f kein pl* goldsmith's art **Gold·schmie·de·kurs** *m* goldsmith[e]ry course

Gold·schmie·din <-, -nen> *f fem form von* **Goldschmied**

Gold·schnitt *m kein pl* gilt edging **Gold·schnit·te** *f* KOCHK sweet French toast **Gold·staub** *m* gold dust **Gold·stück** *nt* ❶ (*veraltet*) gold coin [*or* piece], piece of gold *old* ❷ *s.* **Goldschatz 2 Gold·uhr** *f* gold watch **Gold·vor·kom·men** *nt* gold deposit **Gold·waa·ge** *f* gold balance [*or* BRIT scales *pl*] [*or* AM scale]; **[bei jdm] jedes Wort** [*o* **alles**] **auf die ~ legen müssen** to have to weigh one's words [with sb], to have to watch what one says [to sb]; **du darfst [bei ihm] nicht jedes Wort auf die ~ legen** you should take him with a pinch of salt, you shouldn't take what he says too seriously **Gold·wa·ren** *pl* gold articles **Gold·wä·scher(in)** <-s, -> *m(f)* gold panner

Go·lem <-s> ['go:lɛm] *m kein pl* golem

Golf[1] <-[e]s, -e> ['gɔlf] *m* GEOL gulf; **der ~ von Alaska/**

Genua/Guinea/Mexiko the Gulf of Alaska/Genoa/Guinea/Mexico; **der ~ von Bengalen/Biskaya** the Bay of Bengal/Biscay; **der Persische ~, der ~** (*fam*) the [Persian] Gulf

Golf[2] <-s> ['gɔlf] *nt kein pl* SPORT golf *no pl;* **~ spielen** to [play] golf

Gọlf·ball *m* golf ball **Gọlf·club** [-klʊp] *m* golf club

Gol·fer(in) <-s, -> ['gɔlfɐ] *m(f)* (*fam*) *s.* **Golfspieler** golfer

Gọlf·krieg *m* gulf war; ■**der ~** the Gulf War **Gọlf·kri·se** *f* ■**die ~** the Gulf Crisis

Gọlf·platz *m* golf course [*or* links] + *sing/pl verb;* **ein ~ mit 18 Löchern** an 18-hole golf course

Gọlf·po·li·tik *f* Gulf policies *pl*

Gọlf·schlä·ger *m* golf club **Gọlf·spie·ler(in)** *m(f)* golfer, golf player; **~ sein** to play golf

Gọlf·staat *m* ■**die ~en** the Gulf States **Gọlf·strom** *m* GEOL ■**der ~** the Gulf Stream

Gọlf·ta·sche *f* golf bag

Gol·ga·tha <-s> ['gɔlgata] *nt* Golgotha

Gol·gi-Ap·pa·rat ['gɔldʒi-] *m* BIOL Golgi apparatus [*or* body]

Go·li·ath <-s, -s> ['go:li̯at] *m* ① (*Riese in der Bibel*) Goliath ② (*fig fam*) giant, goliath

Go·me·ra [go'me:ra] *nt* Gomera; *s. a.* **Sylt**

Go·na·de <-, -n> [go'na:də] *f* BIOL gonad

Gon·del <-, -n> ['gɔndl̩] *f* ① (*Boot in Venedig*) gondola ② (*Seilbahn~*) [cable-]car ③ (*Ballon~*) gondola, basket

Gọn·del·bahn *f* SCHWEIZ cable railway

gon·deln ['gɔndl̩n] *vi sein* (*fam*) ■[**mit etw** *dat*] **durch etw** *akk* **~** (*per Boot reisen*) to go [*or* cruise] [leisurely] through sth [in sth], to cruise around sth

Gon·do·li·e·re <-, Gondolieri> [gɔndo'li̯e:rə, *pl* gɔndo'li̯e:ri] *m* gondolier

Gong <-s, -s> ['gɔŋ] *m* gong; SPORT bell

gon·gen ['gɔŋən] **I.** *vi impers* **das Essen ist fertig, es hat schon gegongt!** it's mealtime, the gong has already sounded! **II.** *vi* to sound the gong

Gọng·schlag *m* sound [*or* stroke] of the gong

gön·nen ['gœnən] **I.** *vt* ① (*gern zugestehen*) ■**jdm etw ~** not to begrudge sb sth; **ich gönne ihm diesen Erfolg von ganzem Herzen!** I'm absolutely delighted that he has succeeded ② (*iron: es gern sehen*) ■**es jdm ~, dass** to be pleased [to see] that sb *iron;* **ich gönne ihm, dass er auch mal reingefallen ist!** I'm pleased [to see] that he's been taken for a ride for once **II.** *vr* ■**sich** *dat* **etw ~** to allow oneself sth; **sich ein Glas Wein/etwas Kaviar/ein paar Pralinen ~** to treat oneself to [*or* allow oneself] a glass of wine/some caviar/a few chocolates

Gön·ner(in) <-s, -> ['gœnɐ] *m(f)* patron

gọ̈n·ner·haft I. *adj* (*pej*) patronizing [*or* BRIT *a.* -ising]; **ein ~es Lächeln** a patronizing smile **II.** *adv* patronizingly [*or* BRIT *a.* -isingly]; **sich ~ geben, ~ tun** to play the big benefactor

Gön·ne·rin <-, -nen> ['gœnərɪn] *f fem form von* **Gönner**

Gọ̈n·ner·lau·ne *f* generous mood; **ich gebe heute Champagner aus, ich bin in ~** the Champagne's on me today, I'm [feeling] in a generous mood [*or fam* feeling flush] **Gọ̈n·ner·mie·ne** *f* (*pej*) patronizing expression [*or* air]; **eine ~ aufsetzen** to put on a patronizing expression [*or* air]; **mit ~** with a patronizing expression [*or* air]

Go·no·kok·kus <-, -kokken> [gono'kɔkʊs, *pl* gono'kɔkn̩] *m meist pl* MED gonococcus

Go·nor·rhö(e) <-, -en> [gɔno'rø:] *f* MED gonorrhoea BRIT, gonorrhea AM

Good·will <-s> ['gudwil] *m kein pl* ① ÖKON (*Firmenwert*) goodwill *no pl* ② (*Wohlwollen*) goodwill *no pl*

Good·will·tour ['gudwiltu:ɐ] *f* goodwill trip

gor ['go:ɐ̯] *imp von* **gären**

gor·disch ['gɔrdɪʃ] *adj s.* **Knoten**

Gö·re <-, -n> ['gø:rə] *f* (*fam*) [BRIT cheeky] little madam *fam,* brat *pej fam*

Go·ril·la <-s, -s> [go'rɪla] *m* ① (*Menschenaffe*) gorilla ② (*sl: Leibwächter*) heavy *sl*

Gọs·pel·song <-s, -s> [-zɔŋ] *m* gospel song

goss[RR], **goß**[ALT] ['gɔs] *imp von* **gießen**

Gos·se <-, -n> ['gɔsə] *f* (*veraltend: Rinnstein*) gutter ▶ WENDUNGEN: **jdn aus der ~ <u>auflesen</u>** [*o* **<u>holen</u>**] to drag [*or* pull] sb [up] out of the gutter; **in der ~ <u>aufwachsen</u>** to grow up in the gutter; **in der ~ <u>enden</u>** [*o* **<u>landen</u>**] to end up in the gutter; **aus der ~ <u>kommen</u>** [*o* **<u>stammen</u>**] to come from the gutter; **jdn** [*o* **jds <u>Namen</u>**] **durch die ~ <u>ziehen</u>** to drag sb's name through the mud

Go·te, Go·tin <-n, -n> ['go:tə, 'go:tɪn] *m, f* Goth

Go·tik <-> ['go:tɪk] *f kein pl* ARCHIT, KUNST Gothic period

Go·tin <-, -nen> ['go:tɪn] *f fem form von* **Gote**

go·tisch ['go:tɪʃ] *adj* ① HIST, LING Gothic ② ARCHIT, ART (*die Epoche der Gotik betreffend*) Gothic [style]; *s. a.* **Schrift**

Go·tisch ['go:tɪʃ] *nt* LING Gothic; ■**das ~e** [the] Gothic [language]

Gott, Göt·tin <-es, Götter> ['gɔt, 'gœtɪn, *pl* 'gœtɐ] *m, f* ① *no pl* (*das höchste Wesen*) God; **vor ~ sind alle Menschen gleich** all men are equal before God; (*christlicher ~*) God; **~ sei Dank!** (*a. fig fam*) thank God! *a. fig;* **~ im Himmel!** (*emph fam*) heavens above!, goodness gracious!; **~ sei gepriesen** God be praised; **was ~ zusammengefügt hat, soll der Mensch nicht scheiden** those whom God hath joined together let no man put asunder; **~ der Allmächtige** Almighty God; **~ der Herr** the Lord; **~ [der] Vater[, der Sohn und der Heilige Geist]** God the Father[, Son and Holy Ghost]; **im Namen ~es** in the name of God; **der liebe ~** (*Kindersprache*) the good Lord; **bete zu ~, dass ...!** (*a. fig*) pray to God that ...! *a. fig;* **zu ~ beten** to pray to God; **an ~ glauben** to believe in God; **bei ~ schwören** to swear by Almighty God; **so ~ will** (*geh*) God willing; **~ steh' mir bei!** (*emph fam*) God help me!; **~ ist mein Zeuge** (*geh*) as God is my witness; **~ hab' ihn selig!** God rest his soul!; **~ sei mit dir/euch!** (*veraltend*) God be with you! *dated;* **da sei ~ vor!** (*emph*) God [*or* Heaven] forbid!; **vergelt's ~!** (*veraltend*) God bless you!; **großer** [*o* **gütiger**] [*o* **gerechter**] **~!** good Lord [*or* God]! ② (*ein ~*) god ▶ WENDUNGEN: **wie ~ in <u>Frankreich</u> leben** (*fam*) to live in the lap of luxury; **den lieben ~ einen guten <u>Mann</u> sein lassen** (*fam*) to live for the day [*or* take things as they come]; **~es <u>Mühlen</u> mahlen langsam** (*prov*) the mills of the Lord grind slowly[, but they grind exceeding small] *prov;* **in ~es <u>Namen</u>!** (*fam*) in the name of God; **halte dich in ~es Namen etwas zurück, wenn du mit ihnen sprichst** for heaven's [*or* goodness] sake go easy on them when you speak to them; **über ~ und die <u>Welt</u> reden** [*o* **sprechen**], **sich über ~ und die <u>Welt</u> unterhalten** (*fam*) to talk about everything under the sun; **ach du <u>lieber</u> ~!** oh heavens [*or* Lord]!; **ach du lieber ~, wie siehst du denn aus?** good heavens, what do you look like?; **~ <u>behüte</u>** [*o* **<u>bewahre</u>**]**!** God [*or* Heaven] forbid!; **<u>gebe</u> ~, dass** pray [*or* please] God that; **[nackt,] wie ~ ihn/sie <u>geschaffen</u> hat** (*hum fam*) naked as the day he/she was born, in his/her birthday suit *hum fam* [*or fam* the altogether]; **<u>gnade</u> dir ~, wenn ..., ... dann <u>gnade</u> dir ~!** woe betide you, if...; **<u>grüß</u> ~!** *bes* SÜDD, ÖSTERR hello!, hallo!, good day [*or* morning] [*or* afternoon] [*or* evening]!; **jds ~ <u>sein</u>** to be sb's god; **~ weiß was/wie viel/wann ...** (*fam*) God knows what/how much/when ...; **da kann man ~ weiß was finden** one can find all sorts of [*or* God knows how many] things there; **<u>weiß</u> ~ nicht ...** (*fam*) certainly not ...; **das ist weiß ~ nicht zu teuer** that is certainly not too expensive; **das <u>wissen</u> die Götter** (*fam*) Heaven only knows; **<u>ach</u> ~** (*resignierend*) oh God [*or* Lord]!; (*tröstend*) oh dear; **<u>bei</u> ~** (*fam*) by God!; **<u>leider</u> ~es** (*emph*) unfortunately, I'm afraid; **leider ~es, ja/nein!** I'm afraid so/not!; **<u>mein</u> ~** (*emph fam*) [my] God!; **<u>o</u> ~** (*entsetzt*) oh God!; (*empört*) my God!; **<u>um</u> ~es willen!** (*emph: o je!*) [oh] my God!; (*bitte*) for God's [*or* Heaven's] sake!

Got·te <-, -n> ['gɔtə] *f* SCHWEIZ *fem form von* **Götti** godmother
Got·ter·bar·men *nt* ▶ WENDUNGEN: **zum** ~ (*fam: Mitleid erregend*) pitifully, pathetically; (*pej: fürchterlich*) atrociously, dreadfully, terribly
Göt·ter·bild *nt* idol **Göt·ter·bo·te** *m* messenger of the Gods **Göt·ter·däm·me·rung** *f* Götterdämmerung, twilight of the gods **Göt·ter·gat·te, -gat·tin** *m, f* (*hum fam*) ■**jds** ~ sb's better half *hum*
gott·er·ge·ben I. *adj* meek **II.** *adv* meekly
Göt·ter·spei·se *f* KOCHK jelly BRIT
Got·tes·acker *m* (*veraltet*) God's acre *dated no art,* graveyard **Got·tes·an·be·te·rin** *f* ZOOL praying mantis **Got·tes·dienst** *m* REL [church] service; **zum** ~ **gehen** to go to church **Got·tes·furcht** *f kein pl* REL fear of God *no pl* **got·tes·fürch·tig** ['gɔtəsfʏrçtɪç] *adj* (*veraltend*) God-fearing *dated* **Got·tes·haus** *nt* REL house of God *esp liter, form,* place of worship, church **Got·tes·läs·te·rer, -läs·te·rin** *m, f* blasphemer **got·tes·läs·ter·lich** *adj* blasphemous **Got·tes·läs·te·rung** *f* blasphemy **Got·tes·mut·ter** *f kein pl* REL ■**[Maria,] die** ~ [Mary,] Mother of God **Got·tes·sohn** *m kein pl* REL ■**[Jesus Christus,] der** ~ [Jesus Christ,] Son of God **Got·tes·ur·teil** *nt* HIST trial by ordeal
gott·ge·wollt *adj inv* REL willed by God, divinely ordained
Gott·heit <-, -en> *f* deity
Göt·ti <-s, -> ['gœti] *m* SCHWEIZ (*Pate*) godfather
Göt·tin <-, -nen> ['gœtɪn] *f fem form von* **Gott** goddess
gött·lich ['gœtlɪç] *adj* ❶ (*von Gott gegeben*) divine; ~**e Gnade/Vorsehung** divine mercy/providence ❷ (*einer Gottheit ähnlich*) divine, godlike ❸ (*fam: extrem gut*) divine *fam*
gott·lob [gɔt'lo:p] *adv* (*veraltend*) thank God [*or* goodness] [*or* heaven[s]]
gott·los *adj* godless **Gott·lo·sig·keit** *f* godlessness **Gott·sei·bei·uns** [gɔtzai'baiʔʊns] *m* (*euph veraltend*) ■**der** [**leibhaftige**] ~ the Evil One [himself], the devil [incarnate]
gotts·er·bärm·lich ['gɔtsʔɛɐ̯'ɛrmlɪç] **I.** *adj* (*emph fam*) dreadful, terrible; **eine** ~**e Hitze** a dreadful [*or* terrible] heat **II.** *adv* terribly; **du zitterst ja** ~**!** you're shaking terribly!
Gott·va·ter [gɔt'fa:tɐ] *m kein pl* God the Father *no pl* **gott·ver·dammt** *adj attr* (*emph sl*) damn[ed] *sl,* goddamn[ed] *esp* AM *fam* **gott·ver·las·sen** *adj* (*emph fam*) god-forsaken *pej* **Gott·ver·trau·en** *nt kein pl* trust in God *no pl*
Göt·ze <-n, -n> ['gœtsə] *m* (*pej*) ❶ (*heidnischer Gott*) idol, false god ❷ *s.* **Götzenbild**
Göt·zen·bild *nt* (*pej*) idol, graven image **Göt·zen·die·ner(in)** *m(f)* (*pej*) idolater, worshipper of idols
Götz·zi·tat ['gœts-] *nt* ■**das** ~ *the verbal equivalent of the V-sign vulg*
Gour·mand <-s, -s> [gʊr'mã:] *m* gourmand, glutton
Gour·met <-s, -s> [gʊr'me:] *m* gourmet
Gou·ver·nan·te <-, -n> [guvɛr'nantə] *f* (*veraltet*) governess *dated*
Gou·ver·ne·ment <-s, -s> [guvɛrnə'mã:] *nt* HIST province
Gou·ver·neur(in) <-s, -e> [guvɛr'nø:ɐ] *m(f)* ❶ POL (*höchster Verwaltungsbeamter eines Bundesstaats der USA*) governor ❷ HIST (*Befehlshaber einer Provinz eines Reiches*) governor
Grab <-[e]s, Gräber> ['gra:p, *pl* 'grɛ:bɐ] *nt* (*letzte Ruhestätte*) grave; **ein** ~ **in fremder Erde finden** (*geh*) to be buried in foreign soil; **sein** ~ **in den Wellen finden, ein feuchtes** [*o* **nasses**] ~ **finden** (*geh*) to go to a watery grave [*or liter* meet a watery end]; **das Heilige** ~ REL the Holy Sepulchre [*or* AM *a.* -er] ▶ WENDUNGEN: **ein Geheimnis mit ins** ~ **nehmen** to carry a secret [with one] to the grave; **das bringt mich/dich noch ins** ~**!** (*fam*) it'll be the death of me/you yet!; **du bringst mich noch ins** ~**!** (*fam*) you'll send me to an early grave!; **sich** *dat* **sein** ~ **selbst schaufeln** [*o* **graben**], **sich** *dat* **sein eigenes** ~ **schaufeln** [*o* **graben**] to dig one's own grave; **etw mit ins** ~ **nehmen** to take sth [with one] to the grave; **schweigen können wie ein** ~ to be [as] silent as the grave [*or* [be able to] keep quiet]; **jdn zu** ~**e tragen** (*geh*) to carry [*or* bear] sb to the grave, to bury sb; **jd würde sich im** ~[**e**] **umdrehen, wenn ...** (*fam*) sb would turn in their grave if ...; *s. a.* **Hoffnung**
Grab·bei·ga·be *f* ARCHÄOL burial object
Grab·bel·tisch ['grabl̩-] *m* DIAL (*fam*) counter with cheap goods
gra·ben <grub, gegraben> ['gra:bn̩] **I.** *vi* ❶ (*Erde ausheben*) to dig ❷ (*durch Graben suchen*) ■**nach etw** *dat* ~ to dig for sth **II.** *vt* ❶ (*ausheben*) ■**etw** ~ *Grube, Loch* to dig sth ❷ (*geh: versenken*) ■**etw in etw** *akk* ~ to sink sth into sth; **sie grub mir ihre Fingernägel in den Arm** she dug her fingernails into my arm **III.** *vr* ■**sich in etw** *akk* ~ to sink into sth; **ihre Fingernägel gruben sich in seine Haut** her nails dug into his skin
Gra·ben <-s, Gräben> ['gra:bn̩, *pl* 'grɛ:bn̩] *m* ❶ (*ausgehobene, längliche Vertiefung in der Erde*) ditch ❷ MIL (*Schützen~*) trench ❸ HIST (*Festungsgraben*) moat ❹ GEOL rift valley; **der** ~ **der Marianen** the Marianas Trench
Gra·bes·rand *m* graveside **Gra·bes·ru·he** *f,* **Gra·bes·stil·le** *f* (*geh*) deathly hush [*or* silence] **Gra·bes·stim·me** *f* ▶ WENDUNGEN: **mit** ~ (*fam*) in a sepulchral voice
Grab·ge·wöl·be *nt* (*Krypta*) crypt, vault, tomb; (*Gruft*) tomb **Grab·hü·gel** *m* ARCHÄOL barrow, grave-mound, tumulus **Grab·in·schrift** *f* epitaph, inscription on a/the gravestone **Grab·kam·mer** *f* ARCHÄOL burial chamber **Grab·kreuz** *nt* cross on a/the grave **Grab·mal** <-mäler *o geh* -e> *nt* ❶ (*Grabstätte*) mausoleum ❷ (*Gedenkstätte*) memorial; **das** ~ **des Unbekannten Soldaten** the tomb of the Unknown Soldier [*or* BRIT Warrior] **Grab·mil·be** *f* ZOOL mange mite **Grab·plat·te** *f* memorial slab **Grab·schän·dung** *f* desecration of a grave/[the] graves; ~ **begehen** to desecrate a grave/[the] graves
grab·schen ['grabʃn̩] *vt, vi s.* **grapschen**
Grab·scher <-s, -> *m,* **Grapscher** <-s, -> ['grabʃɐ] *m* SOZIOL (*pej fam*) groper *pej fam*
Grab·stät·te *f* (*geh*) grave, tomb, sepulchre [*or* AM *a.* -er] *dated* **Grab·stein** *m* gravestone, tombstone **Grab·stel·le** *f* burial plot
Gra·bung <-, -en> *f* ARCHÄOL excavation
Grab·wes·pe *f* ZOOL sand wasp
Gracht <-, -en> ['graxt] *f* canal (*a navigable canal in Dutch towns*)
Grad <-[e]s, -e> ['gra:t, *pl* 'gra:də] *m* ❶ MATH degree ❷ GEOG degree ❸ PHYS degree; **...** ~ **unter null** [*o* **minus**] [*o* **Kälte**] degree/s below [zero]; **...** ~ **über null** [*o* **plus**] [*o* **Wärme**] ... degree/s above zero [*or* freezing]; **Wasser gefriert bei null** ~**/kocht bei 100** ~ **Celsius** water freezes at zero/boils at 100 degrees Celsius ❹ SCH degree; **akademischer** ~ [university] degree ❺ (*Maß, Stufe*) level; **ersten/zweiten/dritten** ~**es** MED first-/second-/third-degree; **Verbrennungen ersten** ~**es** first-degree burns; **eine Tante/ein Onkel etc. ersten** ~**es** an immediate uncle/aunt etc.; **eine Tante/ein Onkel etc. zweiten/dritten** ~**es** an aunt/uncle etc. once/twice removed; **bis zu einem gewissen** ~[**e**] to a certain degree [*or* extent]; **im höchsten/in hohem** ~[**e**] extremely/to a great [*or* large] extent ▶ WENDUNGEN: **der dritte** ~ (*euph*) the third degree *fam;* **um** [**ein**]**hundertachtzig** ~ (*fam*) complete[ly]; **die Regierung hat sich in Bezug auf ihre politische Linie um 180** ~ **gedreht** the government has made a u-turn in respect of their policies
gra·de ['gra:də] *adj, adv* (*fam*) *s.* **gerade**
Grad·ein·tei·lung *f* MATH, SCI calibration, graduation
Gra·di·ent <-en, -en> [gra'di̯ɛnt] *m* (*fachspr: Konzentrationsgefälle*) gradient
Grad·mes·ser <-s, -> *m* gauge, yardstick; **ein** ~ **für etw** *akk* **sein** a yardstick for sth
gra·du·ell [gra'du̯ɛl] *adj* ❶ (*gering*) slight ❷ (*allmählich*) gradual
gra·du·iert [gradu'i:rt] *adj* SCH graduate; **ein** ~**er Betriebswirt** a business management graduate

Graf, Grä·fin[1] <-en, -en> ['gra:f, 'grɛ:fɪn] *m, f* count, earl BRIT ▶ WENDUNGEN: ~ **Rotz** *(fam)* Lord Muck BRIT *hum fam*
GrafRR2 <-en, -en> ['gra:f] *m* MATH *s.* **Graph**
Graf·fi·to <-[s], Graffiti> [gra'fi:to, *pl* gra'fi:ti] *m o nt* ❶ KUNST graffito ❷ *pl (auf Mauerwerk aufgesprüht)* ■**Graffiti** graffiti
Gra·fik ['gra:fɪk] *f* ❶ *kein pl* KUNST *(grafische Technik)* graphic arts *pl* ❷ KUNST *(grafische Darstellung)* graphic ❸ *(Schaubild)* diagram
Gra·fi·ker(in) <-s, -> ['gra:fikɐ] *m(f)* graphic artist
Gra·fik·kar·te *f* INFORM graphics card
Grä·fin <-, -nen> ['grɛ:fɪn] *f fem form von* **Graf** countess
gra·fisch ['gra:fɪʃ] *adj, adv s.* **graphisch**
Gra·fitRR <-s, -e> [gra'fi:t] *m* CHEM *s.* **Graphit**
gräf·lich ['grɛ:flɪç] *adj* count's *attr,* earl's *attr* BRIT, of [*or* belonging to] the count [*or* earl] *pred*
Gra·fo·lo·geRR, **Gra·fo·lo·gin** <-n, -n> [grafo'lo:gə, -'lo:gɪn] *m, f s.* **Graphologe**
Gra·fo·lo·gieRR <-> [grafolo'gi:] *f kein pl s.* **Graphologie**
Gra·fo·lo·ginRR <-, -nen> [grafo'lo:gɪn] *f fem form von* **Graphologin** *s.* **Graphologe**
Graf·schaft <-, -en> *f* ❶ HIST count's land, earldom BRIT ❷ *(Verwaltungsbezirk in Großbritannien)* county
Gra·ham·brot ['gra:hambro:t] *nt* graham bread *(type of wholemeal bread made from unbolted wheat flour)*
Gral <-s> ['gra:l] *m kein pl* LIT ■**der** [**heilige**] ~ the [Holy] Grail
Grals·hü·ter(in) *m(f)* ❶ LIT keeper of the [Holy] Grail ❷ *(Hüter)* guardian **Grals·rit·ter** *m* LIT knight of the [Holy] Grail **Grals·sa·ge** *f* LIT legend of the [Holy] Grail
gram ['gra:m] *adj pred (geh)* ■**jdm** ~ **sein** to have a grievance against sb, to bear sb ill-will
Gram <-[e]s> ['gra:m] *m kein pl (geh)* grief, sorrow
grä·men ['grɛ:mən] *(geh)* **I.** *vr* ■**sich** [**über/um jdn/etw**] ~ to grieve [over sb/sth] **II.** *vt* ■**jdn** ~ to worry [*or* trouble] sb
gram·er·füllt *adj (geh)* sorrowful, grief-stricken
Gramm <-s, -e *o bei Zahlenangaben* -> ['gram] *nt* gram, BRIT *a.* gramme
Gram·ma·tik <-, -en> [gra'matɪk] *f* ❶ *(Teil der Sprachwissenschaft)* grammar ❷ *(Lehrbuch der ~)* grammar [book] ❸ PHILOS, LING *(gesetzmäßige Struktur)* framework
gram·ma·ti·ka·lisch [gramati'ka:lɪʃ] *adj s.* **grammatisch**
Gram·ma·tik·re·gel *f* grammatical rule, rule of grammar
gram·ma·tisch [gra'matɪʃ] *adj* grammatical
Gram·mo·fonRR <-s, -e> [gramo'fo:n] *nt (veraltet) s.* **Grammophon**
Gram·mo·phon® <-s, -e> *nt (veraltet)* gramophone *dated,* phonograph *old*
gram·voll *adj s.* **gramerfüllt**
Gra·nat <-[e]s, -e *o* ÖSTERR -en> [gra'na:t] *m* garnet
Gra·nat·ap·fel *m* BOT pomegranate
Gra·na·te <-, -n> [gra'na:tə] *f* MIL shell
Gra·nat·split·ter *m* shell splinter **Gra·nat·wer·fer** <-s, -> *m* MIL mortar
Gran Ca·na·ria [graŋ ka'na:ri̯a] *nt* Gran Canary; *s. a.* **Sylt**
Gran·de <-n, -n> ['grandə] *m* grandee
Grand·hotel ['grã:hotɛl] *nt* luxury [*or* five-star] hotel
gran·di·os [gran'di̯o:s] *adj* magnificent; **ein** ~**er Erfolg** a brilliant [*or* tremendous] success; **eine** ~**e Idee** a grandiose [*or* brilliant] idea; **ein** ~**er Vorschlag** an excellent suggestion
Grand Prix, Grand·prixRR <- -, - -> [grã'pri:] *m* SPORT Grand Prix
Grand·prix-Stim·mungRR [grã'pri:-] *f* **trotz des Dauerregens herrschte weiterhin** ~ even the persistent rain couldn't dampen the crowd's enthusiasm for the Grand Prix
Gra·nit <-s, -e> [gra'ni:t] *m* GEOL granite ▶ WENDUNGEN: **bei jdm** [**mit etw** *dat*] **auf** ~ **beißen** *(fam)* to get nowhere with sb [with sth]
Gran·ne <-, -n> ['granə] *f* BOT awn, beard
gran·teln ['grantl̩n] *vi* SÜDD *(fam)* to grumble
gran·tig ['grantɪç] *adj (fam)* grumpy
Gra·nu·lat <-[e]s, -e> [granu'la:t] *nt* granules *pl;* **als** ~ in granulated form
gra·nu·lie·ren* [granu'li:rən] *vt* ■**etw** ~ to granulate sth
Grape·fruit <-, -s> ['gre:pfru:t] *f* grapefruit
Grape·fruit·mes·ser *nt* grapefruit knife
Graph <-en, -en> [gra:f] *m* MATH graph
Gra·phik <-, -en> ['gra:fɪk] *f s.* **Grafik**
Gra·phi·ker(in) <-s, -> ['gra:fikɐ] *m(f) s.* **Grafiker**
Gra·phik·kar·te *f* INFORM *s.* **Grafikkarte**
gra·phisch ['gra:fɪʃ] **I.** *adj* ❶ KUNST graphic ❷ *(schematisch)* diagrammatic **II.** *adv* diagrammatically
Gra·phit <-s, -e> [gra'fi:t] *m* CHEM graphite
Gra·pho·lo·ge, Gra·pho·lo·gin <-n, -n> [grafo'lo:gə, -'lo:gɪn] *m, f* graphologist
Gra·pho·lo·gie <-> [grafolo'gi:] *f kein pl* graphology *no pl*
Gra·pho·lo·gin <-, -nen> [grafo'lo:gɪn] *f fem form von* **Graphologe**
grap·schen ['grapʃn̩] **I.** *vr (fam)* ❶ *(an sich raffen)* ■**sich** *dat* **etw** ~ to grab sth [for oneself] ❷ *(packen)* ■**sich** *dat* **jdn** ~ to grab hold of sb **II.** *vi (fam)* ■**nach etw** *dat* ~ to make a grab for sth
Gras <-es, Gräser> ['gra:s, *pl* 'grɛ:zɐ] *nt* ❶ *kein pl (Gesamtheit von Gräsern)* grass ❷ *meist pl (~ pflanze)* grass ▶ WENDUNGEN: **ins** ~ **beißen** *(sl)* to kick the bucket *sl,* to bite the dust; **das** ~ **wachsen hören** *(jdm entgeht nicht das Geringste)* to have a sixth sense; *(zu viel in etwas hineindeuten)* to read too much into things; **über etw** *akk* **wächst** ~ *(fam)* [the] dust settles on sth; [**wo der hinhaut**], **da wächst kein** ~ **mehr** *(fam)* he puts the kiss of death on everything he touches
gras·be·wach·sen *adj* grass-covered, grassy **Gras·bü·schel** *nt* tuft of grass
gra·sen ['gra:zn̩] *vi* to graze
Gras·frosch *m* grass frog **gras·grün** *adj* grass-green **Gras·halm** *m* blade of grass **Gras·hüp·fer** <-s, -> *m (fam)* grasshopper **Gras·land** *nt kein pl* grassland **Gras·mü·cke** *f* ORN warbler **Gras·nar·be** *f* turf **Gras·nel·ke** *f* BOT thrift **Gras·pflan·ze** *f* grass, gramin[ac]eous plant
Grass <-> ['gra:s] *nt kein pl (sl)* grass *sl*
Gras·sa·men *m* grass seed
gras·sie·ren* [gra'si:rən] *vi* ❶ *(sich verbreiten)* to rage [*or* be rampant] ❷ *(um sich greifen)* to be rife
gräss·lichRR, **gräß·lich**ALT ['grɛslɪç] **I.** *adj* ❶ *(furchtbar)* horrible, terrible; **ein** ~**es Verbrechen** a heinous [*or* horrible] crime; ~**e Verwüstungen** complete [*or* total] [*or* utter] devastation; ~**e Kopfschmerzen haben** to have a splitting headache ❷ *(fam: widerlich)* horrible, beastly *fam;* **was für ein** ~**es Wetter!** what foul [*or fam* beastly] weather!; **einen** ~**en Geschmack haben** to have awful taste **II.** *adv (fam)* terribly; **sich** ~ **langweilen** to be bored stiff [*or* to death] [*or* to tears] *fam;* ~ **müde** dead tired, dog-tired *fam*
Gräss·lich·keitRR, **Gräß·lich·keit**ALT <-, -en> *f* ❶ *kein pl (grässliche Art)* horribleness, terribleness; **die** ~ **eines Verbrechens** the heinousness [*or* horrible nature] of a crime ❷ *(grässliche Tat etc.)* atrocity
Gras·step·pe *f* [grassy] steppe, savanna[h]
Grat <-[e]s, -e> ['gra:t] *m* ❶ *(oberste Kante)* ridge ❷ TECH *(scharfkantiger Rand)* burr ❸ ARCHIT *(Schnittlinie)* hip
Grä·te <-, -n> ['grɛ:tə] *f* [fish]bone ▶ WENDUNGEN: **sich** *dat* **die** ~**n brechen** *(sl)* to break sth; **jdm alle** ~**n** [**im Leib**] **brechen** *(sl)* I'll break every bone in your body!
Gra·ti·fi·ka·ti·on <-, -en> [gratifika'tsi̯o:n] *f* ÖKON bonus
gra·ti·nie·ren* [grati'ni:rən] *vt* KOCHK ■**etw** ~ to brown [the top of] sth; **gratinierte Zwiebelsuppe** onion soup au gratin
Gra·tin·pfan·ne [gra'tɛ̃:-] *f* gratin dish
gra·tis ['gra:tɪs] *adv* free [of charge], gratis
Gra·tis·ak·tie *f* BÖRSE bonus share [*or* AM stock] **Gra·tis·an·zei·ger** *m* SCHWEIZ *(Wochenblatt)* free [weekly] advertiser **Gra·tis·**

kar·te *f* free [*or* complimentary] ticket **Gra·tis·pro·be** *f* free sample

Grät·sche <-, -n> ['grɛ:tʃə] *f* SPORT straddle-vault; **in die ~ gehen** to [adopt the] straddle [position]

grät·schen ['grɛ:tʃn̩] **I.** *vi sein* SPORT to straddle[-vault]; ■**das G~ [der Beine]** straddle-vaulting; ■**über etw** *akk* **~** to straddle-vault over sth **II.** *vt haben* SPORT ■**etw ~** to straddle sth; **die Beine ~** to straddle one's legs

Grätsch·sprung *m* SPORT straddle-vault

Gra·tu·lant(in) <-en, -en> [gratu'lant] *m(f)* well-wisher

Gra·tu·la·ti·on <-, -en> [gratula'tsi̯o:n] *f* ❶ (*das Gratulieren*) congratulating ❷ (*Glückwunsch*) congratulations

gra·tu·lie·ren* [gratu'li:rən] *vi* (*Glück wünschen*) ■**[jdm] [zu etw** *dat*] **~** to congratulate [sb] [on sth]; **jdm zum Geburtstag ~** to wish sb many happy returns; **[ich] gratuliere** [my] congratulations! ▶ WENDUNGEN: **sich** *dat* **~ können** to be able to congratulate oneself, to be pleased [with oneself]

Grat·wan·de·rung *f* tightrope walk *fig*, balancing act

grau ['grau] *adj* ❶ (*Farbe*) grey, AM *esp* gray; ■**~ werden/sein** to go [*or* turn]/be grey; **~ gestreift** grey-striped; **~ meliert** (*leicht ergraut*) greying; MODE (*grau und weiß*) flecked with grey *pred* ❷ (*trostlos*) dull, drab; **der ~e Alltag** the dullness [*or* drabness] [*or* dull monotony] of everyday life; **die ~e Realität** [*o* **Wirklichkeit**] the grim [*or* harsh] reality; **~ in ~** gloomy, bleak; **alles [nur noch] ~ in ~ sehen/malen** to [just] look on the black side BRIT /paint a gloomy picture of everything ❸ (*fam: nicht ganz legal*) grey, AM *esp* gray

Grau <-s, -[s]> ['grau] *nt* grey [*or* AM *esp* gray] [colour [*or* AM -or]]

grau·äu·gig ['grauʔɔygɪç] *adj* grey-eyed **Grau·bart** *m* (*fam*) greybeard **grau·bär·tig** *adj* grey-bearded, with a grey beard **grau·blau** *adj* grey-blue, greyish blue **Grau·brot** *nt* DIAL (*Mischbrot*) *bread made from rye and wheat flour*

Grau·bün·den <-s> [grau'bʏndn̩] *nt* GEOG the Grisons

Grau·bünd·ner(in) <-s, -> [grau'bʏndnɐ] *m(f)* GEOG inhabitant of the Grisons

Gräu·elRR <-s, -> *m* (*geh: ~tat*) atrocity; **die ~ des Krieges** the horrors of war ▶ WENDUNGEN: **jdm ist es ein ~, etw zu tun** sb detests [*or* loathes] doing sth; **jdm ein ~ sein** to be detestable [*or* loathsome] [for sb]

Gräu·el·mär·chenRR *nt* (*pej*) horror story **Gräu·el·pro·pa·gan·da**RR *f* (*pej*) atrocity [*or* horror] propaganda (*using horror stories for propaganda purposes*) **Gräu·el·tat**RR *f* (*pej*) atrocity

grau·en¹ ['grauən] *vi* (*geh: dämmern*) to dawn; **der Morgen/Tag graut** morning is breaking/day is breaking [*or* dawning]; ■**es graut** it's getting light

grau·en² ['grauən] *vi impers* ■**jdm vor jdm/etw ~** to be terrified of sb/sth; ■**es graut jdm vor jdm/etw** sb is terrified of sb/sth

Grau·en <-s> ['grauən] *nt kein pl* ❶ (*Entsetzen*) horror; ■**jds ~ vor jdm/etw** sb's dread of sb/sth; **~ erregend** terrible ❷ (*grauenhaftes Ereignis*) horror; **die ~ des Krieges** the horrors of war

grau·en·er·re·gend *adj s.* **Grauen 1**

grau·en·haft, grau·en·voll *adj* ❶ (*furchtbar*) terrible; **ein ~es Verbrechen** a terrible crime ❷ (*fam: schlimm*) terrible, dreadful; **er hat eine ~e Aussprache** his pronunciation is dreadful [*or* terrible] ❸ *s.* **Grauen 1**

grau·er Star <-[e]s> *m kein pl* cataract

Grau·gans *f* ORN greylag [goose] **grau·ge·streift** *adj s.* **grau 1** **grau·grün** *adj* grey [*or esp* AM gray] -green, greyish green **grau·haa·rig** *adj* grey-haired; ■**~ werden** to go [*or* turn] grey

grau·len ['graulən] **I.** *vi impers* (*fam*) ■**jdm** [*o* **jdn**] **~ vor jdm/etw** to dread sb/sth; **mir grault vor morgen** I'm dreading tomorrow **II.** *vr* (*fam*) ■**sich vor jdm/etw ~** to be scared [*or* frightened] [*or* afraid] of sb/sth **III.** *vt* ■**jdn aus etw** *dat* **~** to drive sb out of sth

gräu·lich¹ ['grɔylɪç] *adj* greyish, grayish *esp* AM

gräu·lichRR2 *adj s.* **grässlich**

grau·me·liert *adj attr s.* **grau 1**

Grau·pe <-, -n> ['graupə] *f meist pl* KOCHK grain of pearl barley

Grau·pel <-, -n> ['graupl̩] *f meist pl* METEO soft hail

Grau·pel·schau·er *m* METEO sleet shower

Grau·pen·sup·pe *f* pearl barley soup [*or* broth]

Grau·rei·her *m* ORN grey [*or esp* AM gray] [*or* common] heron

Graus <-es> ['graus] *m kein pl* ▶ WENDUNGEN: **es ist ein ~ [mit jdm/etw]** sb/sth is terrible; **es ist wirklich ein ~ mit dir!** you're really terrible!; **o ~!** (*hum*) oh horror! *hum*

grau·sam ['grauza:m] **I.** *adj* ❶ (*brutal*) cruel ❷ (*furchtbar*) terrible ❸ (*fam: schlimm*) terrible; **eine ~e Hitze** a terrible heat **II.** *adv* cruelly

Grau·sam·keit <-, -en> *f* ❶ *kein pl* (*Brutalität*) cruelty ❷ (*grausame Tat*) act of cruelty

Grau·schim·mel *m* grey [*or esp* AM gray] [horse] **Grau·schlei·er** *m* grey tinge

grau·sen ['grauzn̩] *vi impers s.* **grauen**²

Grau·sen <-s> ['grauzn̩] *nt kein pl* (*Entsetzen*) horror ▶ WENDUNGEN: **da kann man das große** [*o* **kalte**] **~ kriegen** (*fam*) it's enough to give you the creeps! *fam;* **jdm kommt das ~** (*fam*) sb is horrified

grau·sig ['grauzɪç] *adj s.* **grauenhaft**

graus·lich *adj bes* ÖSTERR (*grässlich*) terrible, horrible

Grau·specht *m* ORN grey [*or esp* AM gray] -headed woodpecker **Grau·zo·ne** *f* grey area *fig*

Gra·veur(in) <-s, -e> [gra'vø:ɐ] *m(f)* engraver

Gra·vier·an·stalt *f* engraving establishment, engraver's **Gra·vier·ar·beit** *f* engraving

gra·vie·ren* [gra'vi:rən] *vt* ❶ (*mit einer Gravur versehen*) ■**etw ~** to engrave sth ❷ (*ein~*) ■**etw in etw** *akk* **~** to engrave sth on sth

gra·vie·rend [gra'vi:rənt] *adj* serious; **~e Unterschiede** considerable [*or* marked] differences

Gra·vier·ma·schi·ne *f* engraving machine **Gra·vier·na·del** *f* engraving needle

Gra·vie·rung <-, -en> *f* ❶ *kein pl* (*das Gravieren*) engraving ❷ (*Eingraviertes*) engraving

Gra·vis <-, -> ['gra:vɪs] *m* LING grave [accent]

Gra·vi·ta·ti·on <-> [gravita'tsi̯o:n] *f kein pl* PHYS gravity, gravitation[al pull]

Gra·vi·ta·ti·ons·feld *nt* PHYS gravitational field **Gra·vi·ta·ti·ons·ge·setz** *nt* PHYS law of gravitation

gra·vi·tä·tisch [gravi'tɛ:tɪʃ] **I.** *adj* dignified, solemn **II.** *adv* **~ einhergehen** [*o* **schreiten**] to move [about] with dignity

Gra·vur <-, -en> [gra'vu:ɐ] *f* engraving

Graz <-> ['gra:ts] *nt* Graz

Gra·zie¹ <-> ['gra:tsi̯ə] *f kein pl* (*geh: Liebreiz*) grace[fulness]

Gra·zie² <-, -n> ['gra:tsi̯ə] *f* ❶ (*hum: schöne junge Frau*) lovely *hum dated sl* ❷ (*eine der drei römischen Göttinnen der Anmut*) Grace; **die drei ~n** the Three Graces

gra·zil [gra'tsi:l] *adj* (*geh*) delicate

gra·zi·ös [gra'tsi̯ø:s] *adj* (*geh*) graceful

Green·cardRR, **Green Card**RR, **Green card**ALT <-, -s> ['gri:nka:d] *f* ADMIN green card, Green Card

Green·fee <-s, -s> ['gri:nfi:] *nt* SPORT *Golf* green [*or* AM *a.* greens] fee

Green·kee·per <-s, -> ['gri:nki:pɐ] *m* SPORT greenkeeper, AM *a.* greenskeeper

Green·wi·cher Zeit ['grɪnɪdʒɐ-] *f* ■**[die] ~** Greenwich Mean Time, GMT

gre·go·ri·a·nisch [grego'ri̯a:nɪʃ] *adj* Gregorian

Greif <-[e]s *o* -en, -e[n]> ['graif] *m* ■**ein/der [Vogel] ~** a/the griffin [*or* gryphon]

Greif·arm *m* TECH claw [*or* grip] arm **Greif·bag·ger** *m* TECH grab dredger [*or* excavator]

greif·bar *adj* ❶ *pred* (*verfügbar*) available; **etw ~ haben/hal-**

ten to have/keep sth to hand ❷ (*konkret*) tangible, concrete; **~e Vorteile** genuine advantages

grei·fen <griff, gegriffen> ['graifn̩] **I.** *vt* (*nehmen, packen*) ■**[sich** *dat*] **etw** ~ to take hold of sth; **er griff ein Buch** he took hold of a book ▸WENDUNGEN: **sich [mal] jdn** ~ (*fam*) to give sb a good talking-to *fam; s. a.* **nahe II.** *vi* ❶ (*fassen*) ■**vor/hinter/über/unter/neben etw/sich** *akk* ~ to reach in front of/behind/above/under/beside sth/one; ■**in etw** *akk* ~ to reach into sth; ■**jdn bei etw** *dat* ~ to grasp sb's sth; **sie griff mich bei der Hand** she took my hand; **der Fahrlehrer griff ihr ins Steuer** the driving instructor grabbed the wheel from her; ■**nach etw** *dat* ~ to reach for sth; **er wollte nach dem Revolver ~, doch der andere war schneller** he made a grab for his revolver, but the other person was quicker; **hätte sie nicht nach seiner Hand gegriffen, wäre sie gestürzt** if she hadn't grabbed his hand she would have fallen ❷ (*geh: er~*) ■**zu etw** *dat* ~ to reach for sth; **in den Ferien greift sie gerne mal zum Buch** during the holidays she occasionally enjoys reading a book ❸ (*einsetzen*) **zu etw** *dat* ~ to resort to sth ❹ (*festen Griff haben*) ■**etw greift** sth grips ❺ (*wirksam werden*) to take effect ▸WENDUNGEN: **um sich** ~ to spread

Grei·fer <-s, -> *m* TECH grab[-bucket]

Greif·trupp *m* riot squad **Greif·vo·gel** *m* bird of prey

grei·nen ['grainən] *vi* (*pej fam*) to whine *pej,* to grizzle *pej*

greis ['grais] *adj* (*geh*) very aged; **ein ~es Paar** a very old couple

Greis(in) <-es, -e> ['grais, *pl* 'graizə] *m(f)* very old man

Grei·sen·al·ter *nt* extreme old age

grei·sen·haft *adj* like [that of] a very old man/woman *pred*

Grei·sin <-, -nen> ['graizɪn] *f fem form von* **Greis** very old woman

Greis·kraut *nt* BOT ragwort

grell ['grɛl] **I.** *adj* ❶ (*sehr hell*) dazzling, glaring ❷ (*schrill klingend*) shrill, piercing ❸ (*sehr intensiv*) bright, brilliant ❹ (*Aufsehen erregend*) flashy, loud **II.** *adv* ❶ (*sehr hell*) dazzlingly; ~ **beleuchtet** dazzlingly lit ❷ (*schrill*) ~ **klingen** [*o* **tönen**] to sound shrill [*or* piercing]

grell·be·leuch·tet *adj attr s.* **grell II.1**

Grell·heit *f* ❶ (*blendende Helligkeit*) dazzling brightness, glare ❷ (*Schrillheit*) shrillness ❸ (*große Intensität*) brightness, briliancy

grell·rot I. *adj* bright red **II.** *adv* **etw ~ anmalen/lackieren/schminken** to paint sth bright red

Gre·mi·um <-s, -ien> ['greːmi̯ʊm, *pl* 'greːmi̯ən] *nt* committee

Gre·na·da <-s> [gre'naːda] *nt* Grenada; *s. a.* **Sylt**

Gre·na·der(in) <-s, -> *m(f)* Grenadian; *s. a.* **Deutsche(r)**

gre·na·disch *adj* Grenadian; *s. a.* **deutsch**

Grenz·bahn·hof *m* border [*or* frontier] [railway [*or* train]] station **Grenz·be·las·tung** *f* TECH limit load [*or* stress] **Grenz·be·reich** *m* ❶ *kein pl* (*Umkreis der Grenze*) border [*or* frontier] area [*or* zone] ❷ (*äußerste Grenze*) fringe range, limit[s] **Grenz·be·zirk** *m* border [*or* frontier] district

Gren·ze <-, -n> ['grɛntsə] *f* ❶ (*Landes~*) border, frontier; **die ~ zwischen Spanien und Frankreich** the border between Spain and France, the Spanish-French border; **die ~ zu einem Land** the border with sth; **an der** ~ on [*or* along] the border [*or* frontier]; **über die ~ gehen/fahren** to cross the border [*or* frontier] ❷ ADMIN, JUR (*Trennlinie*) border, boundary; **an der** ~ at the boundary ❸ (*natürliche Abgrenzung*) boundary; **das Gebirge bildet eine natürliche ~ zwischen den beiden Ländern** the mountain range forms a natural boundary between the two countries ❹ (*äußerstes Maß*) limit; **eine zeitliche** ~ a deadline; **die oberste/unterste** ~ the upper/lower limit; **alles hat seine ~n** there is a limit [*or* are limits] to everything; **etw kennt keine ~n** sth knows no bounds; **seine ~n kennen** to know one's limitations; **an ~n stoßen** to come up against limiting factors; **die ~ des Machbaren/Möglichen/Sittlichen** the bounds of feasibility/possibility/morality; **jdm/einer S. sind [keine/enge] ~n gesetzt** [no/tight] restrictions are placed on sb/a thing; **eurer Fantasie sind keine ~n gesetzt** your imagination knows no bounds ❺ (*gedachte Trennlinie*) boundary, dividing line ▸WENDUNGEN: **grüne** ~ unguarded border [*or* frontier] area [*or* zone]; **nasse** ~ river forming the/a border [*or* frontier], water border [*or* frontier]; **sich in ~n halten** to be limited, to keep within limits

gren·zen ['grɛntsn̩] *vi* ❶ (*angrenzen*) ■**an etw** *akk* ~ to border on sth ❷ (*beinahe sein*) ■**an etw** *akk* ~ to border [*or* verge] on sth *fig;* **das grenzt ja an Wahnsinn!** that borders on madness!

gren·zen·los I. *adj* ❶ (*unbegrenzt*) endless; **eine ~e Weite** an endless expanse ❷ (*maßlos*) extreme; **~e Dummheit** extreme foolishness, sheer stupidity; **~e Verachtung** utter contempt; **~es Vertrauen** blind [*or* unquestioning] trust **II.** *adv* extremely

Gren·zen·lo·sig·keit <-> *f kein pl* ❶ (*ungeheure Weite*) immensity ❷ (*Maßlosigkeit*) extremeness

Gren·zer(in) <-s, -> *m(f)* (*fam*) ❶ (*Zöllner*) customs officer ❷ (*Grenzsoldat*) border [*or* frontier] guard

Grenz·fall *m* borderline case **Grenz·gän·ger(in)** <-s, -> *m(f)* regular cross-border commuter; **illegaler** ~ illegal border [*or* frontier] crosser **Grenz·ge·biet** *nt* ❶ POL (*direkt an einer Landesgrenze liegendes Gebiet*) border [*or* frontier] area [*or* zone] ❷ (*marginales Sachgebiet*) adjacent field **Grenz·kon·flikt** *m* POL border [*or* frontier] conflict **Grenz·kon·trol·le** *f* ❶ (*amtliche Kontrolle an der Grenze*) border [*or* frontier] control ❷ (*Polizeibeamte*) border [*or* frontier] guards **Grenz·land** *nt s.* **Grenzgebiet 1 Grenz·li·nie** *f* SPORT line [marking the edge of the playing area] **Grenz·mau·er** *f* border [*or* frontier] wall **grenz·nah** *adj* close to the border [*or* frontier] **Grenz·pos·ten** *m* border [*or* frontier] guard **Grenz·schutz** *m* ❶ (*Sicherung der Landesgrenze*) border [*or* frontier] protection ❷ (*fam: Bundesgrenzschutz*) Federal Border Guard, border [*or* frontier] police **Grenz·stein** *m* ADMIN boundary stone **Grenz·strei·tig·keit** *f meist pl* border [*or* frontier] dispute **Grenz·über·gang** *m* ADMIN ❶ (*Stelle*) border [*or* frontier] crossing-point ❷ (*Überschreiten einer Grenze*) crossing of the border [*or* frontier] **grenz·über·schrei·tend** *adj attr* JUR, ÖKON **~er Handel** international trade; **~er Verkehr** cross-border [*or* cross-frontier] traffic **Grenz·ver·kehr** *m* [cross-]border [*or* [cross-] frontier] traffic; **kleiner** ~ local [cross-]border [*or* [cross-]frontier] traffic **Grenz·ver·lauf** *m* course of the border **Grenz·ver·let·zung** *f* border [*or* frontier] violation **Grenz·wall** *m* border [*or* frontier] rampart **Grenz·wert** *m* ❶ (*äußerster Wert*) limiting value ❷ MATH (*Limes*) limit, limiting value **Grenz·zwi·schen·fall** *m* border [*or* frontier] incident

Gret·chen·fra·ge ['greːtçən-] *f* (*Gewissensfrage*) crucial [*or fam* sixty-four-thousand-dollar] question; **jdm die ~ stellen** to ask sb the crucial [*or fam* sixty-four-thousand-dollar] question, to put the crucial [*or fam* sixty-four-thousand-dollar] question to sb

Greu·el^ALT <-s, -> ['grɔyəl] *m s.* **Gräuel**

greu·lich^ALT *adj s.* **gräulich**²

Grey·er·zer <-s, -> ['graietsɐ] *m* KOCHK ■~ **[Käse]** Gruyère [cheese]

Grie·be <-, -n> ['griːbə] *f meist pl* [bacon] crackling

Grie·ben·schmalz *nt* lard with [bacon] crackling

Grie·che, Grie·chin <-n, -n> ['griːçə, 'griːçɪn] *m, f* Greek

Grie·chen·land <-s> ['griːçn̩lant] *nt* Greece

Grie·chin <-, -nen> ['griːçɪn] *f fem form von* **Grieche**

grie·chisch ['griːçɪʃ] *adj* ❶ (*aus Griechenland*) Greek; **~e Kleidung/Tempel/Vasen** Greek [*or* Grecian] clothing/temples/vases ❷ LING Greek; **auf** ~ in Greek

Grie·chisch ['griːçɪʃ] *nt decl wie adj* LING Greek; ~ **lernen/sprechen/studieren** to learn/speak/study Greek; ■**das G~e** [the] Greek [language]; **auf** ~ in Greek

grie·chisch-or·tho·dox ['griːçɪʃʔɔrto'dɔks] **I.** *adj* REL Greek

Orthodox **II.** *adv* REL ~ **heiraten** to marry in the Greek Orthodox religion; **ein Kind ~ taufen** to baptize a child in the Greek Orthodox religion **grie·chisch-rö·misch** *adj* SPORT Graeco-Roman

grie·nen ['gri:nən] *vi* NORDD (*fam: grinsen*) to grin

Gries·gram <-[e]s, -e> ['gri:sgra:m] *m* (*pej*) grouch *pej*

gries·grä·mig ['gri:sgrɛ:mɪç] *adj* grumpy, grouchy

Grieß <-es, -e> ['gri:s] *m* semolina *no pl*

Grieß·brei *m* semolina *no pl* **Grieß·klöß·chen** [-klø:sçən] *nt* semolina dumpling **Grieß·pudding** [-pʊdɪŋ] *m* semolina pudding

griff ['grɪf] *imp von* **greifen**

Griff <-[e]s, -e> ['grɪf] *m* ❶ (*Zu~*) grip, grasp; **mit festem ~** with a firm grip, firmly; **~ in die [Laden]kasse tun** (*fam*) to put one's hand in the till; **ein rascher/flinker ~ [nach etw** *dat*] a quick/grab [at sth] ❷ (*Hand~*) movement; **mit einem ~** in a flash [*or* the twinkling of an eye]; **mit wenigen ~en** with very little effort ❸ SPORT hold; **einen ~ ansetzen** to apply a hold ❹ (*Öffnungsmechanismus*) *Tür, Fenster, Pistole, Revolver* handle; *Messer, Dolch, Schwert* hilt; (*Gewehr*) butt ▶ WENDUNGEN: **der ~ nach der Macht** the attempt to seize power; **mit jdm/etw einen glücklichen** [*o* **guten**] **~ tun** to make a good [*or* wise] choice with sb/sth; **etw in den ~ bekommen** [*o fam* **kriegen**] to get the hang [*or* knack] of sth *fam;* **jdn/etw im ~ haben** to have sb/sth under control; **~e kloppen** MIL (*fam*) to do rifle drill; **der ~ zu etw** *dat* (*euph: die Verwendung von etw*) to reach for sth; (*die Hinwendung zu etw*) to turn to sth; **der ~ zur Droge/Flasche** turning to drugs/the bottle

griff·be·reit *adj* ready to hand *pred;* **etw ~ haben** to have [*or* keep] sth ready to hand; **~ liegen** to be ready to hand

Grif·fel <-s, -> ['grɪfl] *m* ❶ SCH (*Schreibstift für Schiefertafeln*) slate-pencil ❷ BOT style ❸ *meist pl* (*sl: Finger*) finger, mitt *sl,* paw *fam*

Grif·fel·kas·ten *m* SCH pencil box [*or* case]

grif·fig ['grɪfɪç] *adj* ❶ (*festen Griff ermöglichend*) easy to grip *pred* ❷ (*Widerstand bietend*) non-slip; *Fußboden, Fahrbahn, Profil* non-skid, anti-skid ❸ (*eingängig*) useful, handy; **ein ~er Slogan** a catchy slogan

Griff·loch *nt* MUS finger-hole

Grill <-s, -s> ['grɪl] *m* ❶ (*Gerät zum Rösten von Nahrungsmitteln*) grill ❷ (*~rost*) barbecue; **vom ~** grilled ❸ AUTO (*Kühler~*) [radiator] grille

Gril·le <-, -n> ['grɪlə] *f* cricket ▶ WENDUNGEN: **nichts als ~n im Kopf haben** (*veraltend fam*) to have one's head full of silly ideas

gril·len ['grɪlən] **I.** *vi* to have a barbecue; ■**das G~** having a barbecue **II.** *vt* ■**etw ~** to grill sth

Grill·ge·richt *nt* grill[ed dish] **Grill·hähn·chen** *nt* grilled chicken **Grill·koh·le** *f* barbecue coal, charcoal **Grill·pfan·ne** *f* grilling pan **Grill·re·stau·rant** [-rɛstorã:] *nt* grill [room] **Grill·würst·chen** *nt* barbecue sausage

Gri·mas·se <-, -n> [gri'masə] *f* grimace; **~n schneiden** [*o* **ziehen**] [*o* **machen**] to make [*or* pull] faces

Grimm <-[e]s> ['grɪm] *m kein pl* (*veraltend geh*) fury; **voller ~ [auf jdn] sein** to be furious [with sb]

grim·mig ['grɪmɪç] **I.** *adj* ❶ (*zornig*) furious; **ein ~es Gesicht** an angry face; **ein ~es Lachen** grim laughter; *s. a.* **Humor** ❷ (*sehr groß, heftig*) severe; *Hunger* ravenous **II.** *adv* angrily; **~ lächeln** to smile grimly

Grind <-[e]s, -e> ['grɪnt, *pl* 'grɪndə] *m* ❶ MED (*krustiger Hautausschlag*) impetigo; (*Verkrustung von heilender Wunde*) scab ❷ JAGD SÜDD, SCHWEIZ (*Kopf von Gämse oder Hirsch*) head

grin·sen ['grɪnzn̩] *vi* to grin; **frech ~** to smirk; **höhnisch ~** to sneer; **schadenfroh** [*o* **vor Schadenfreude**] **~** to gloat

Grin·sen <-s> ['grɪnzn̩] *nt kein pl* grin; **freches ~** smirk; **höhnisches ~** sneer

grip·pal [grɪ'pa:l] *adj* MED influenzal

Grip·pe <-, -n> ['grɪpə] *f* influenza, flu *fam;* **mit ~ im Bett liegen** to be [laid up] in bed with [the] flu; (*fam grippaler Infekt*) flu bug *fam;* **[die/eine] ~ haben** to have [the] flu

Grip·pe·epi·de·mie *f* influenza [*or* flu] epidemic **Grip·pe·schutz·imp·fung** *f* influenza vaccination **Grip·pe·vi·rus** *nt o m* influenza virus **Grip·pe·wel·le** *f* wave of influenza [*or fam* flu]

Grips <-es, -e> ['grɪps] *m* (*fam*) intelligence *no pl,* brains *pl,* nous *fam no pl;* **~ haben** to have plenty up top *fam;* **seinen ~ anstrengen** to use one's grey [*or esp* AM gray] matter *fam* [*or pl* brains]

Gris·li·bärRR, **Grizz·ly·bär** ['grɪsli-] *m* grizzly bear

grob <gröber, gröbste> ['gro:p] **I.** *adj* ❶ (*nicht fein*) coarse; **~e Hände** coarse [*or* rough] hands; ■**das G~e** the dirty work ❷ (*derb*) coarse, uncouth; **~e Manieren** coarse manners ❸ (*ungefähr*) rough; **eine ~e Erklärung** an approximate explanation; **in ~en Umrissen** [*o* **Zügen**] roughly ❹ (*unhöflich*) rude; ■**~ werden** to become rude [*or* abusive] ❺ (*unsanft, unsensibel*) rough; **ein ~er Mensch** a rough person ❻ (*schlimm*) bad, serious; **eine ~e Lüge** a terrible lie ▶ WENDUNGEN: **aus dem Gröbsten heraus sein** to be over the worst [of it] [*or* able to see the light at the end of the tunnel] **II.** *adv* ❶ (*nicht fein*) coarsely; **~ gemahlen** coarsely ground *pred,* coarse-ground ❷ (*in etwa*) roughly; **~ gemessen** [*o* **gerechnet**] [*o* **geschätzt**] at a rough estimate; **etw ~ erklären** to give a rough explanation of sth [*or* explain sth roughly]; **etw ~ skizzieren** [*o* **umreißen**] to make a rough outline of sth [*or* outline sth roughly]; **etw ~ wiedergeben** to give a rough account of sth ❸ (*unhöflich*) rudely; **jdn ~ zurechtweisen** to rudely reprimand sb ❹ (*unsanft, unsensibel*) roughly; **jdn ~ behandeln** to treat sb roughly ❺ (*schlimm*) **sich ~ täuschen** to be badly mistaken; **jdn ~ belügen** to lie barefaced to sb

grob·fa·s(e)·rig *adj* coarse-fibred [*or* AM *usu* -ered]; **~es Holz** coarse-grained wood **grob·ge·mah·len** *adj attr s.* **grob II.1**

Grob·heit <-, -en> *f* ❶ *kein pl* (*gefühllose Art*) rudeness *no pl* ❷ (*grobe Äußerung*) rude remark ❸ (*unsanfte Art, Behandlung*) roughness

Gro·bi·an <-[e]s, -e> ['gro:bia:n] *m* (*pej: ungehobelter Mensch*) boor; (*unsanfter Mensch*) rough person

grob·kno·chig *adj* big-boned **grob·kör·nig** *adj* ❶ (*von grober Körnung*) coarse-grained ❷ FOTO **ein ~er Film** a coarse-grained film

gröb·lich ['grø:plɪç] **I.** *adj* (*geh, form*) gross; **~e Missachtung** wilful [*or* AM willful] disregard; **~e Verletzung einer S.** *gen,* **~er Verstoß gegen etw** *akk* brazen [*or* flagrant] violation of sth **II.** *adv* (*geh, form: in grober Weise, heftig*) grossly; **~ missachten** to wilfully [*or* AM willfully] disregard; **etw ~ verletzen, gegen etw** *akk* **~ verstoßen** to brazenly [*or* flagrantly] violate sth

grob·ma·schig **I.** *adj* ❶ (*mit weiten Maschen*) wide-meshed ❷ MODE (*grob gestrickt*) loose-knit **II.** *adv* **~ gehäkelt/gestrickt** loose-crocheted/knit **grob·schläch·tig** *adj* (*pej*) heavily built **Grob·struk·tur** *f* basic structure

Grog <-s, -s> ['grɔk] *m* grog

grog·gy ['grɔgi] *adj pred* ❶ SPORT (*schwer angeschlagen*) groggy ❷ (*fam: erschöpft*) exhausted, all in BRIT, knackered BRIT *sl*

grö·len ['grø:lən] **I.** *vi* (*pej fam*) to shout [loudly]; ■**~d** raucous[ly]; ■**das G~** the bawling; **unter lautem G~ zogen die angetrunkenen Fans durch die Straßen** shouting loudly the drunken fans made their way through the streets **II.** *vt* (*pej fam*) ■**etw ~** to bawl sth

Groll <-[e]s> ['grɔl] *m kein pl* (*geh*) resentment, rancour [*or* AM -or] *form;* **[einen] ~ gegen jdn hegen** to bear [*or* harbour [*or* AM -or]] resentment [*or* a grudge] against sb

grol·len ['grɔlən] *vi* (*geh*) ❶ (*zürnen*) ■**[jdm] [wegen etw** *dat*] **~** to be resentful [of sb] [*or* angry [with sb]] [because of sth] ❷ (*dumpf hallen*) to roll [*or* rumble]; ■**das G~** the rumbling

Grön·land ['grøːnlant] *nt* Greenland; *s. a.* **Deutschland**

Grön·län·der(in) <-s, -> ['grøːnlɛndɐ] *m(f)* Greenlander; *s. a.* **Deutsche(r)**

grön·län·disch ['grøːnlɛndɪʃ] *adj* Greenlandic; *s. a.* **deutsch**

Grön·land·see *f* Greenland Sea

groo·ven ['gruːvən] *vi* (*sl*) ■ **[zu etw** *dat*] ~ to groove [to sth] *sl*

Grop·pe <-, -n> ['grɔpə] *f* (*Fisch*) bullhead

Gros <-, -> [groː] *nt* ■ **das** ~ the majority

Gro·schen <-s, -> ['grɔʃn̩] *m* ÖSTERR groschen ▶ WENDUNGEN: **der ~ fällt** [*o* **ist gefallen**] (*hum fam*) the penny has dropped BRIT *fam*, the big light has went on AM; **seine [paar] ~ zusammenhalten** to hang on to one's money; **sich** *dat* **ein paar ~ [dazu]verdienen** to earn [oneself] a bit of [extra] pocket money

Gro·schen·blatt *nt* (*pej*) tabloid, [cheap] rag BRIT *pej fam* **Gro·schen·grab** *nt* (*hum veraltend: Parkuhr, Spielautomat etc.*) penny-eater BRIT *hum fam* **Gro·schen·heft** *nt* (*pej veraltend*) penny dreadful BRIT *dated*, dime novel AM *dated*

groß <größer, größte> ['groːs] **I.** *adj* ❶ (*flächenmäßig, räumlich ausgedehnt*) large, big ❷ (~ *es Glas*) large, big; **ein ~es Bier** ≈ a pint [of beer] BRIT, *rare* a large beer; **nach den drei ~en Bier war ich ziemlich angeheitert** I felt quite merry *fam* [*or fam* tipsy] after three pints [of beer]; ■ **ein G~es** ≈ a pint [of beer] BRIT, *rare* a large beer ❸ (*lang*) long; **ein ~er Mast/Turm/Kirchturm** a high pylon/tower/church steeple ❹ (*das Maß oder Ausmaß betreffend*) great; **in ~en/größeren Formaten/Größen** in large/larger formats/sizes; **mit ~er Geschwindigkeit** at high [*or* great] speed; **im G~ einkaufen** to buy in bulk ❺ (*hoch, hoch gewachsen*) tall; **du bist ~ geworden** you've grown; **er ist 1,78 m ~** he is 5 foot 10 [*or* 1.78m] [tall]; **ein ~er Baum/eine ~e Vase** a tall tree/vase ❻ (*älter*) big, elder, older; ■ **die G~en** (*die Erwachsenen*) the grown-ups; (*ältere Kinder*) the older children; ■ **jds G~e/jds G~er** (*fam*) sb's eldest [*or* oldest] [daughter/son]; **das ist Anita, unsere G~e** this is Anita, our eldest; **wenn ich ~ bin** when I'm grown up; **G~ und Klein** young and old [alike]; **mit etw** *dat* **~ geworden sein** to have grown up with sth ❼ (*zeitlich ausgedehnt*) long, lengthy; **auf große[r] Fahrt** on a long journey ❽ (*bevölkerungsreich*) large, big; (*zahlreich*) large; **die ~e Masse** most [*or* the majority] of the people; **ein ~er Teil der Bevölkerung** a large part of the population ❾ (*erheblich*) great; **ein ~er Aufstieg** a meteoric rise; **ein ~er Durchbruch/Reinfall** a major breakthrough/disaster; **ein ~er Misserfolg** an abject [*or* a dismal] failure ❿ (*hoch*) large; **ein ~er Betrag** a large amount; **eine ~e Preissteigerung** a massive price rise [*or* increase] ⓫ (*beträchtlich*) great; **~e Angst haben** [*o* **empfinden**] to be terribly afraid [*or* frightened]; **eine ~e Beeinträchtigung** a major impairment; **eine ~e Dummheit** sheer stupidity; **[eine] ~e Enttäuschung** [a] great [*or* deep] [*or* profound] disappointment; **~es Leid** great [*or* deep] [*or* profound] sorrow; **~e Nachfrage** a big demand; **ein ~er Schrecken** a nasty fright; **~e Schwierigkeiten** serious [*or* real] trouble; **~e Wut** unbridled fury; **~er Zorn** deep [*or* profound] anger; **was für eine ~e Freude!** how delightful!; **du redest ganz ~en Unsinn** you're talking complete rubbish ⓬ (*bedeutend*) great; **ein ~er Konzern/Supermarkt/ein ~es Unternehmen** a leading [*or* major] group/supermarket/company; ■ **[etwas/nichts] G~es** [something/nothing] great; **sie hat in ihrem Leben nichts G~es geleistet** she never achieved anything great [*or* major] in her life, she did not achieve great things in her life; **mit diesem Gemälde hat sie etwas G~es geschaffen** she has created something great [*or* profound] with this painting; *s. a.* **klein** ⓭ (*laut*) loud; **was ist denn da auf der Straße für ein ~er Lärm?** what's all that noise in the street?; **wir bekamen ~en Beifall** we received loud applause; **macht doch nicht so einen ~en Lärm!** don't make so much noise! ⓮ (*in Eigennamen*) ■ **... der G~e** ... the Great; **Friedrich der G~e** Frederick the Great ⓯ (*besonders [gut]*) big; **im Meckern ist sie ganz ~** she's quite good at moaning; **ich bin kein ~er Esser/Trinker** I'm not a big eater/drinker; **ich bin kein ~er Redner** I'm no [*or* not a] great speaker ▶ WENDUNGEN: **im G~en und Ganzen [gesehen]** on the whole, by and large; *s. a.* **Terz, Geld, Masse** **II.** *adv* ❶ (*fam: besonders*) **was ist da jetzt schon ~ dabei!** big deal! *fam;* **er hat sich aber nicht gerade ~ für uns eingesetzt!** he didn't exactly do very much [*or* put himself out much] for us!; **was soll man da schon ~ sagen?** you can't really say very much; **ich habe mich nie ~ für Politik interessiert** I've never been particularly interested in politics; **~ einsteigen** to go in for sth in a big way; **sie ist ganz ~ in die Politik eingestiegen** she's gone into politics in a big way; **[mit etw** *dat*] **[ganz] ~ rauskommen** to have a real success [*or* big hit] with sth ❷ MODE **etw größer machen** to let out sth *sep* ❸ (*von weitem Ausmaß*) **~ angelegt** large-scale; **eine ~ angelegte Offensive** a full-scale offensive [*or* attack] ❹ (*nicht klein*) **~ kariert** MODE large-checked *attr* ▶ WENDUNGEN: **~ und breit** (*fam*) at great length; **~ machen** (*fam*) to do number two [*or* BRIT a poo] *fam or childspeak*

Groß·ab·neh·mer(in) *m(f)* bulk buyer [*or* purchaser] **Groß·ak·ti·o·när(in)** *m(f)* major shareholder **Groß·alarm** *m* red alert; **~ geben** [*o* **auslösen**] to sound a red alert **groß·an·ge·legt** *adj attr s.* **groß II. 3**

groß·ar·tig ['groːsʔaːɐ̯tɪç] **I.** *adj* ❶ (*prächtig*) magnificent, splendid ❷ (*hervorragend*) brilliant, superb; **ein ~es Angebot** a superb offer ❸ (*wundervoll*) wonderful ▶ WENDUNGEN: **~ tun** (*pej fam*) to put on airs [and graces] *pej* **II.** *adv* magnificently, splendidly

Groß·ar·tig·keit <-> *f kein pl* magnificence, splendour [*or* AM -or]

Groß·auf·nah·me *f* FOTO, FILM close-up **Groß·auf·trag** *m* (*von Produkt*) bulk order; (*von Dienstleistung*) major commission, major contract **Groß·bank** *f* big [*or* major] bank **Groß·bau·er** *m* big [*or* large] farmer **Groß·bau·stel·le** *f* large building site **Groß·be·trieb** *m* (*großer Gewerbe- oder Industriebetrieb*) large enterprise [*or* business]; AGR (*großer landwirtschaftlicher Betrieb*) large [*or* big] farm **Groß·bild·lein·wand** *f* MEDIA large-scale video display **Groß·brand** *m* large fire [*or* blaze]

Groß·bri·tan·ni·en <-s> [groːsbriˈtani̯ən] *nt* Great Britain; *s. a.* **Deutschland**

groß·bri·tan·nisch [groːsbriˈtanɪʃ] *adj* British

Groß·buch·sta·be *m* capital [letter], upper-case letter *spec* **Groß·bür·ger·tum** *nt kein pl* upper classes *pl* **Groß·com·pu·ter** [-kɔmpjuːtɐ] *m* mainframe [computer]

Grö·ße <-, -n> ['grøːsə] *f* ❶ (*Flächeninhalt oder räumliche Ausdehnung*) size; **in voller ~** in full size ❷ ÖKON size ❸ (*Höhe, Länge*) height ❹ MODE (*Format, Maßeinheit*) size; **ich suche einen Mantel ~ 56** I'm looking for a size 56 coat ❺ *kein pl* (*Körper~*) height; **sich zu voller ~ aufrichten** to draw oneself up to one's full height ❻ MATH, PHYS (*Wert*) quantity; **unbekannte ~** (*a. fig*) unknown quantity *a. fig* ❼ *kein pl* (*Bevölkerungsreichtum*) population, size ❽ *kein pl* (*Erheblichkeit*) magnitude; *Problem* seriousness *no pl; Erfolg* extent *no pl* ❾ *kein pl* (*Bedeutsamkeit*) significance *no pl,* importance *no pl* ❿ (*bedeutender Mensch*) important figure, leading light BRIT *fam;* **zu seiner Zeit war er eine der ~n des Showgeschäfts** in his time he was one of the show business greats ⓫ *kein pl* (*Höhe*) size ⓬ *kein pl* (*Beträchtlichkeit*) strength; *Interesse* a. keenness; *Kummer, Leid, Zorn* depth; *Schmerz* intensity ⓭ ASTRON **erster/zweiter/dritter/etc. ~** first/second/third/etc. magnitude

Groß·ein·kauf *m* bulk purchase **Groß·ein·satz** *m* large-scale operation **groß·el·ter·lich** *adj attr* [one's] grandparents', grandparental *form;* **das ~e Vermögen betrug einst viele Millionen** the grandparental estate was once worth several million **Groß·el·tern** *pl* grandparents *pl* **Groß·en·kel(in)** *m(f)* great-grandchild, great-grandson

Grö·ßen·ord·nung *f* ❶ (*Dimension*) order of magnitude

G

❷ MATH, PHYS (*Zahlenbereich*) order [of magnitude]

gro·ßen·teils *adv* largely, for the most part

Grö·ßen·un·ter·schied *m* ❶ (*Unterschied in der Länge*) difference in length ❷ (*Unterschied im Wuchs*) difference in height **Grö·ßen·ver·hält·nis** *nt* ❶ (*Maßstab*) scale; **im ~ von 1:100** on a/the scale of 1:100 ❷ (*Proportion*) proportions *pl* **Grö·ßen·wahn(·sinn)** *m* (*pej*) megalomania; **an ~ leiden** to suffer from megalomania **grö·ßen·wahn·sin·nig** *adj* (*pej*) megalomaniac[al]; ■ **~ sein** to be a megalomaniac

grö·ßer ['grø:sɐ] *adj comp von* **groß**

Groß·er·eig·nis *nt* major event

grö·ße·r(e)n·teils *adv s.* **großenteils**

Groß·fahn·dung *f* large-scale search, manhunt **Groß·fa·mi·lie** *f* SOZIOL extended family **groß·flä·chig** *adj* ❶ (*sich über eine große Fläche erstreckend*) extensive; **~e Verwüstungen** widespread devastation *sing* ❷ (*eine große Fläche aufweisend*) large **Groß·for·mat** *nt* large format; **im ~** in large format **groß·for·ma·tig** *adj* large-format **Groß·fürst(in)** ['gro:sfʏrst] *m(f)* HIST Grand Duke **Groß·ge·mein·de** *f* ADMIN *municipality made up of several, formerly independent municipalities* **Groß·grund·be·sitz** *m* large estate [holdings], extensive landed property **Groß·grund·be·sit·zer(in)** *m(f)* big landowner, owner of a large estate

Groß·han·del *m* wholesale trade; **etw im ~ kaufen** to buy sth wholesale; **im ~ einkaufen** to buy wholesale

Groß·han·dels·kauf·mann, -kauf·frau *m, f* wholesaler, wholesale trader **Groß·han·dels·preis** *m* wholesale price

Groß·händ·ler(in) *m(f)* wholesaler, wholesale trader; **beim ~** at the wholesaler's **Groß·hand·lung** *f* wholesale business [*or* firm] **groß·her·zig** *adj* (*geh*) magnanimous *form*, generous **Groß·her·zig·keit** <-> *f kein pl* (*geh*) magnanimity *form*, generosity **Groß·her·zog(in)** ['gro:shɛrtso:k] *m(f)* Grand Duke **Groß·her·zog·tum** *nt* Grand Duchy **Groß·hirn** *nt* cerebrum, great brain **Groß·hirn·rin·de** *f* cerebral cortex **Groß·in·dus·tri·el·le(r)** *f(m)* big industrialist, industrial magnate **Groß·in·qui·si·tor** *m* HIST Grand Inquisitor

Gros·sist(in) <-en, -en> [grɔ'sɪst] *m(f) s.* **Großhändler**

Groß·ka·pi·ta·list(in) *m(f)* big capitalist, tycoon **groß·ka·riert** *adj s.* **groß II. 4** **Groß·kat·ze** *f* big cat **Groß·kind** *nt* SCHWEIZ (*Enkelkind*) grandchild **Groß·kop·fe(r)·te(r)** ['gro:skɔpfətə, 'gro:skɔpfɐtɐ] *m decl wie adj* ÖSTERR, SÜDD (*pej*) bigwig *fam*, big gun *fam* **groß·kot·zig** *adj* (*pej sl*) swanky *pej fam* **Groß·kü·che** *f* large kitchen **Groß·kun·de** *m* major customer **Groß·kund·ge·bung** *f* mass rally [*or* [public] meeting] **Groß·macht** *f* POL Great Power **Groß·ma·ma** *f* (*fam*) *s.* **Großmutter** **Groß·markt** *m* central [*or* wholesale] market **Groß·mast** *m* NAUT mainmast **Groß·maul** *nt* (*pej fam*) bigmouth *pej fam*, loudmouth *pej fam* **groß·mäu·lig** ['gro:smɔylɪç] *adj* (*pej fam*) big-mouthed *pej fam*, loudmouthed *pej fam* **groß·mehr·heit·lich** *adj* SCHWEIZ (*mit großer Mehrheit*) with a large majority *pred* **Groß·meis·ter(in)** *m(f)* grand master **Groß·mo·gul** *m* HIST Great [*or* Grand] Mogul **Groß·muf·ti** *m* HIST grand mufti **Groß·mut** *f s.* **Großherzigkeit** **groß·mü·tig** ['gro:smy:tɪç] *adj s.* **großherzig** **Groß·mut·ter** *f* ❶ (*Mutter jds Vaters oder jds Mutter*) grandmother, grandma *fam*, granny *fam*; **jds ~ mütterlicherseits/väterlicherseits** sb's grandmother on one's mother's/father's side; **~ werden** to become a grandmother ❷ (*alte Frau*) grandma ▸ WENDUNGEN: **das kannst du deiner ~ erzählen!** (*fam*) [you can] tell that to the marines *fam* **groß·müt·ter·lich** *adj attr* ❶ (*der Großmutter gehörend*) [one's] grandmother's *attr* ❷ (*in der Art einer Großmutter*) grandmotherly **Groß·nef·fe** *m* great-nephew **Groß·nich·te** *f* great-niece **Groß·on·kel** *m* great-uncle, grand-uncle **Groß·pa·pa** *m* (*fam*) *s.* **Großvater** **Groß·rat, -rä·tin** *m, f* SCHWEIZ (*Mitglied eines schweizerischen Kantonsparlaments*) ≈ Great Councillor [*or* AM *usu* Councilor] (*member of a* [*Swiss*] *cantonal* [*Great Council*] *parliament*)

Groß·raum *m* conurbation; **im ~ Berlin** in the Berlin conurbation [*or* area], in Greater Berlin, in Berlin and its environs [*or* the surrounding area]

Groß·raum·bü·ro *nt* open-plan office **Groß·raum·flug·zeug** *nt* wide-bodied [*or* large-capacity] aircraft **groß·räu·mig I.** *adj* ❶ (*mit viel Platz, geräumig*) spacious, roomy; **~e Büros** spacious offices ❷ (*große Flächen betreffend*) extensive **II.** *adv* **die Polizei empfiehlt, das Gebiet ~ zu umfahren** the police recommend making a wide detour around the area **Groß·raum·wa·gen** *m* ❶ BAHN open-plan carriage ❷ TRANSP (*Straßenbahnwagen mit zwei oder drei Gelenken*) articulated tram [carriage] BRIT

Groß·rech·ner *m* mainframe [computer] **Groß·rei·ne·ma·chen** <-s> [gro:s'rainəmaxn̩] *nt kein pl* (*fam*) spring clean **groß|schrei·ben**[RR] *vt irreg* ❶ (*mit großem Anfangsbuchstaben*) ■ **etw ~** to write sth with a[n initial] capital letter ❷ (*fam: besonders schätzen*) **etw wird [bei jdm] großgeschrieben** to be high on the[/sb's] list of priorities; **Pünktlichkeit wird bei Hahn & Haehnle großgeschrieben** punctuality is high on Hahn & Haehnle's [*or* the Hahn & Haehnle] list of priorities **Groß·schrei·bung** *f* LING capitalization **Groß·se·gel** *nt* NAUT mainsail **groß·spu·rig** *adj* (*pej*) boastful *pej* **Groß·stadt** ['gro:sʃtat] *f* city, large town **Groß·stadt·be·völ·ke·rung** *f* city population **Groß·städ·ter(in)** ['gro:sʃtɛ:tɐ] *m(f)* city-dweller **groß·städ·tisch** ['gro:sʃtɛ:tɪʃ] *adj* big-city *attr* **Groß·stadt·mensch** *m* city-dweller **Groß·tan·te** *f* great-aunt, grand-aunt **Groß·tat** *f* great feat, achievement

grö·ßte(r, s) ['grø:stə] *adj superl von* **groß**

groß·tech·nisch *adj* large-scale; **~e Anlage/Produktion/Erzeugung** large scale [*or* industrial] installations/production/manufacture **Groß·teil** *m* ❶ (*ein großer Teil*) ■ **ein ~** a large part ❷ (*der überwiegende Teil*) ■ **der ~** the majority; **zum ~** for the most part

größ·ten·teils *adv* for the most part

größt·mög·lich ['grø:st'mø:klɪç] *adj attr* greatest possible

Groß·un·ter·neh·men *nt s.* **Großbetrieb** **Groß·va·ter** *m* grandfather, grandpa *fam*; **~ werden** to become a grandfather **groß·vä·ter·lich** *adj* ❶ (*dem Großvater gehörend*) [one's] grandfather's *attr* ❷ (*in der Art eines Großvaters*) grandfatherly **Groß·ver·an·stal·tung** *f* big event **Groß·ver·die·ner(in)** *m(f)* big earner **Groß·we·sir** *m* HIST grand vizier

Groß·wild *nt* big game

Groß·wild·jagd *f* big-game hunting; ■ **eine ~** a big-game hunt; **auf ~ gehen** to go big-game hunting

groß|zie·hen ['gro:stsi:ən] *vt irreg* ■ **ein Kind ~** to raise [*or sep* bring up] a child; ■ **ein Tier ~** to rear an animal

groß·zü·gig I. *adj* ❶ (*generös*) generous; **ein ~es Trinkgeld** a generous [*or* handsome] tip ❷ (*nachsichtig*) lenient ❸ (*in großem Stil*) grand; **ein ~er Plan** a large-scale plan **II.** *adv* ❶ (*generös*) generously ❷ (*nachsichtig*) leniently ❸ (*weiträumig*) spaciously

Groß·zü·gig·keit <-> *f kein pl* ❶ (*Generosität*) generosity ❷ (*Toleranz*) leniency ❸ (*Weiträumigkeit*) spaciousness *no pl; Park, Planung* large scale

gro·tesk [gro'tɛsk] *adj* grotesque

Gro·tesk <-> [gro'tɛsk] *f kein pl* TYPO grotesque, sanserif

Gro·tes·ke <-, -n> [gro'tɛskə] *f* ❶ KUNST grotesquerie ❷ LIT grotesque tale

Grot·te <-, -n> ['grɔtə] *f* grotto

Grot·ten·olm <-s, -e> *m* ZOOL olm

Grou·pie <-s, -s> ['gru:pi] *nt* (*sl*) groupie *sl*

grub ['gru:p] *imp von* **graben**

Grüb·chen <-s, -> ['gry:pçən] *nt* dimple

Gru·be <-, -n> ['gru:bə] *f* ❶ (*größeres Erdloch*) pit, [large] hole ❷ (*Bergwerk*) pit, mine ▸ WENDUNGEN: **in die ~ fahren** (*veraltet geh*) to give up the ghost; **wer andern eine ~ gräbt, fällt selbst hinein** (*prov*) you can easily fall into your own trap *prov*

Grü·be·lei <-, -en> [gry:bə'lai] *f* brooding
grü·beln ['gry:bl̩n] *vi* ■[**über etw** *dat o akk*] ~ to brood [over [*or* about] sth]; ■**das G~** brooding; **ins G~ geraten** [*o* **kommen**] to begin to brood
Gru̲·ben·ar·bei·ter *m* miner, mineworker **Gru̲·ben·aus·bau** *m* support of mine workings **Gru̲·ben·bau** *m* excavation chamber **Gru̲·ben·brand** *m* pit fire **Gru̲·ben·feld** *nt* mining field **Gru̲·ben·gas** *nt* firedamp, methane **Gru̲·ben·holz** *nt* mine [*or* pit] props **Gru̲·ben·lam·pe** *f* miner's lamp **Gru̲·ben·licht** *nt s.* **Grubenlampe** **Gru̲·ben·un·glück** *nt* pit [*or* mine] disaster
Grüb·ler(in) <-s, -> ['gry:blɐ] *m(f)* brooder, broody person
grüb·le·risch ['gry:blərɪʃ] *adj* broody
Gruft <-, Grüfte> ['grʊft, *pl* 'grʏftə] *f* ❶ (*Grabgewölbe*) vault, tomb; (*Kirche*) crypt ❷ (*offenes Grab*) grave
Gruf·ti <-s, -s> ['grʊfti] *m* (*sl*) old fogy [*or* fogey] *fam,* crumbly BRIT *fam*
grum·meln ['grʊml̩n] *vi* (*fam*) ❶ (*brummeln*) to mumble [*or* mutter] ❷ (*leise rollen*) to rumble
grün ['gry:n] *adj* ❶ (*die Farbe des Chlorophylls*) green ❷ (*unreif*) green; *Tomaten, Pflaumen* green, immature; ~**er Junge** greenhorn; ~**e Weihnachten** a snow-free Christmas ❸ POL green ▸ WENDUNGEN: **jdn ~ und blau schlagen** (*fam*) to beat sb black and blue; **sich ~ und blau ärgern** to be furious; **jdm nicht ~ sein** (*fam*) to dislike [*or* not like] sb; **sich** *dat* **nicht ~ sein** (*fam*) to dislike [*or* not like] each other; *s. a.* **Gesicht**

i Kultur

Packaging materials such as cartons, cans, bottles and yoghurt pots carry a characteristic **grüner Punkt** – *green spot* which indicates that they can be collected, sorted and re-used, according to the *Duales System – recycling system* – thus avoiding large mountains of waste.

Grün <-s, - *o fam* -s> ['gry:n] *nt* ❶ (*Farbe*) green; **ein grelles/schreiendes ~** a bright/garish green; **~ haben** to be [at [*or* on]] green; **die Ampel zeigt ~** the [traffic] lights are [at [*or* on]] green ❷ (*~flächen*) green spaces [*or* areas]; **ein ~ am Golfplatz** a green on a/the golf course ❸ (*grüne Pflanzen*) greenery; **das erste ~ nach dem Winter** the first green shoots of spring ❹ (*Spielfarbe im deutschen Kartenspiel*) spades *npl* ▸ WENDUNGEN: **das ist dasselbe in ~** (*fam*) it's one and the same [thing]
Grü̲n·al·ge *f* BOT green alga [*or* algae] **grün·al·ter·na·tiv** *adj* POL green alternative; **Grün-Alternative-Liste** *electoral pact of green and alternative parties* **Grü̲n·an·la·ge** *f* green space [*or* area] **grü̲n·äu·gig** *adj* green-eyed; ■**~ sein** to have green eyes **grü̲n·bär·tig** *adj* ZOOL green-gilled
Grund <-[e]s, Gründe> ['grʊnt, *pl* 'grʏndə] *m* ❶ (*Ursache, Veranlassung*) reason; **jede Naturkatastrophe hat einen ~** every natural disaster has a cause; **habt ihr denn einen ~ zum Feiern?** have you got [a] cause [*or* a reason] to celebrate?; **der ~ des schlechten Wetters ist ein Tiefdruckgebiet** the reason for [*or* cause of] the bad weather is an area of low pressure; **keinen/nicht den geringsten ~** no/not the slightest reason; **eigentlich besteht kein ~ zur Klage** there is no [real] cause for complaint; **du hast keinen ~, dich zu beklagen** you have no reason to complain; **jdm ~ [zu etw** *dat*] **geben** to give sb reason [*or* cause] [to do sth]; **sehr wohl ~ zu etw** *dat* **haben** to have every [*or* very good] reason [*or* good cause] to do sth; **ohne ~** without reason; ■**ein/kein ~ zu etw** *dat* [no] reason for sth; (*Beweg~, Motiv*) grounds *pl,* reason; **Eifersucht ist schon oft der ~ für eine Bluttat gewesen** jealousy is often the motive for a bloody deed; **~ zu der Annahme haben, dass** to have reason to believe [*or* grounds for believing] that; **Gründe und Gegengründe** pros and cons; **berechtigten/guten/keinen/nicht den geringsten ~ haben, etw zu tun** to have a legitimate/good/no/not the slightest reason for doing sth; **du hast wirklich keinen ~, dich ihm gegenüber so ablehnend zu verhalten** you have no real cause to be so stand-offish towards him; **aus dem einfachen ~, weil** for the simple reason that; **aus finanziellen Gründen** for financial reasons; **aus gesundheitlichen Gründen** for reasons of health, on health grounds; **aus gutem ~** with good reason; **aus unerfindlichen Gründen** for some obscure reason; **sie hat die Gründe für ihre Entscheidung genau dargelegt** she has detailed the reasons for her decision; **die Gründe für und wider genau abwägen** to closely weigh up the arguments for and against; **aus Gründen einer S.** *gen* for reasons of sth; **aus Gründen der Diplomatie** for reasons of diplomacy; **aus diesem ~[e]** for this reason; **aus welchem ~[e]** for what reason; **auf ~ einer S.** *gen* owing to [*or* because of] sth; *s. a.* **aufgrund** ❷ *kein pl* (*Erdboden*) ground; **etw bis auf den ~ abtragen** to raze sth to the ground; **ein Schiff auf ~ setzen** to scuttle a ship; **auf ~ laufen** [*o* **geraten**] NAUT to run aground ❸ DIAL (*Land, Acker*) land; **~ erwerben** to acquire land; **den ~ bewirtschaften** to cultivate [*or* work] the land; **~ und Boden** land ❹ (*veraltend: Erdreich*) soil; **für solche Pflanzen muss der ~ sehr feucht sein** the soil must be very moist for plants like these ❺ (*Boden eines Gewässers*) bed, bottom; **am ~e des Sees** on the seabed, at the bottom of the sea; **ich habe keinen ~ mehr unter den Füßen** I can't touch the bottom [*or* feel the bottom under my feet] any longer; **steiniger/felsiger ~** a stony/rocky bottom; **auf den ~ sinken** to sink to the bottom ❻ *kein pl* (*geh: Gefäßboden*) bottom; **sich auf dem ~ des Glases absetzen** to settle to the bottom of the glass; **etw bis auf den ~ auspumpen/austrinken/leeren** to pump sth out/drain/empty sth completely ❼ *kein pl* (*Unter~*) background; **ein weißes Kreuz auf rotem ~** a white cross on a red background ▸ WENDUNGEN: **in ~ und Boden** thoroughly; **du solltest dich in ~ und Boden schämen!** you should be thoroughly [*or* completely] ashamed of yourself; **jdn in ~ und Boden reden** to shoot sb's arguments to pieces *fam;* **im ~e jds Herzens** (*geh*) in one's heart of hearts; **einer S.** *dat* **auf den ~ gehen** [*o* **kommen**] to get to the bottom of sth; **den ~ zu etw** *dat* **legen** to lay the foundations *pl* of [*or* for] sth; **auf ~ von etw** *dat* [*o* **einer S.** *gen*] on the strength [*or* basis] of sth; **im ~e** [**genommen**] basically; **von ~ auf** [*o* **aus**] completely; (*von Anfang an*) from scratch
Gru̲nd·ak·kord *m* MUS common chord, basic triad **gru̲nd·an·stän·dig** *adj* thoroughly decent **Gru̲nd·aus·bil·dung** *f* basic training **Gru̲nd·aus·stat·tung** *f* basic equipment **Gru̲nd·be·din·gung** *f* basic condition **Gru̲nd·be·griff** *m meist pl* ❶ (*elementarer Begriff*) basic [*or* fundamental] notion ❷ SCH (*Minimalvoraussetzung*) rudiments *npl* **Gru̲nd·be·sitz** *m* landed property **Gru̲nd·be·sit·zer(in)** *m(f)* landowner **Gru̲nd·buch** *nt* JUR land register **Gru̲nd·buch·amt** *nt* land registry, land registration office **grund·ehr·lich** [grʊnt'ʔe:ɐ̯lɪç] *adj* (*emph*) thoroughly honest **Gru̲nd·ei·gen·tü·mer(in)** *m(f) s.* **Grundbesitzer**
grün·den ['grʏndn̩] **I.** *vt* ❶ (*neu schaffen*) ■**etw ~** to found sth; **einen Betrieb/eine Firma ~** to establish [*or* set up] a business/firm; **eine Partei ~** to form [*or* establish] a party; **eine Universität ~** to found [*or* establish] a university ❷ (*fußen lassen*) ■**etw auf etw** *akk* **~** to base [*or* found] sth on sth; **worauf gründet er seine Entscheidung?** what does he base his decision on? **II.** *vr* ■**sich auf etw** *akk* **~** to be based [*or* founded] on sth
Grü̲n·der(in) <-s, -> *m(f)* founder
Grü̲n·der·jah·re *pl,* **Grü̲n·der·zeit** *f* HIST *period in the last third of the last century when many industrial firms were established in Germany*
Gru̲nd·er·werb *m* acquisition [*or* purchase] of land **Gru̲nd·er·**

werb·steu·er *f* land transfer tax **grund·falsch** ['grʊnt'falʃ] *adj* (*emph*) completely [*or* totally] wrong; **eine ~e Annahme** a completely false assumption **Grụnd·far·be** *f* ❶ (*Primärfarbe*) primary colour [*or* AM -or] ❷ (*als Untergrund aufgetragene Farbe*) ground colour [*or* AM -or] **Grụnd·fes·ten** *pl* [very] foundations; **etw bis in die ~ [*o* in seinen ~] erschüttern** to shake sth to its [very] foundations; **an den ~ von etw** *dat* **rütteln** to shake the [very] foundations of sth **Grụnd·flä·che** *f* area **Grụnd·form** *f* ❶ (*elementare Form*) basic form ❷ LING basic form **Grụnd·frei·be·trag** *m* FIN basic exemption, tax-free [*or* BRIT personal] allowance **Grụnd·ge·bühr** *f* FIN basic charge **Grụnd·ge·dan·ke** *m* basic idea **Grụnd·ge·halt** *nt* basic salary **Grụnd·ge·setz** *nt* ❶ (*Grundprinzip*) basic [*or* fundamental] law; **physikalische/chemische ~e** the fundamental laws of physics/chemistry ❷ (*deutsche Verfassung*) Basic Law

i Kultur

The **Grundgesetz** is the constitution of the Federal Republic of Germany. It outlines Germany's legal and political system, defining amongst other things the basic rights of people living in Germany and the relationship between the *Länder – the federal states* and the national government.

grụnd·ge·setz·wi·drig *adj* violating [*or* contrary to] the Basic Law **grụnd·gü·tig** *adj* kind-hearted **Grụnd·hal·tung** *f* basic attitude **Grụnd·herr** *m* HIST lord of the manor

grun·die·ren* ['grʊn'di:rən] *vt* ■**etw ~** to prime sth

Grun·die·rung <-, -en> *f* ❶ *kein pl* (*das Grundieren*) priming ❷ (*erster Anstrich*) primary [*or* priming] coat

Grụnd·ka·pi·tal *nt* share capital BRIT, stock capital AM **Grụnd·kennt·nis** *f meist pl* basic knowledge **Grụnd·kon·sens** *m* SOZIOL, POL fundamental consensus **Grụnd·kon·zep·ti·on** *f* basic [*or* fundamental] conception [*or* idea] **Grụnd·kurs** *m* SCH basic course; (*Einführungskurs*) foundation course **Grụnd·la·ge** *f* basis, foundation; **als ~ für etw** *akk* **dienen** to serve as a basis for sth; **jeder ~ entbehren** to be completely unfounded [*or* without foundation]; **auf der ~ von etw** *dat* on the basis of sth; **eine gute ~** (*fam*) a good lining for one's stomach

Grụnd·la·gen·for·schung *f* basic research **Grụnd·last** *f* ELEK base load

grụnd·le·gend **I.** *adj* ❶ (*wesentlich*) fundamental, basic ❷ (*die Grundlage bildend*) standard **II.** *adv* fundamentally; **das hat sich ~ geändert** that has fundamentally changed

gründ·lich ['grʏntlɪç] **I.** *adj* ❶ (*gewissenhaft*) thorough ❷ (*umfassend*) thorough; **eine ~e Bildung** a broad education **II.** *adv* ❶ (*fam: total*) completely; **sich ~ täuschen** to be completely mistaken ❷ (*gewissenhaft*) thoroughly

Gründ·lich·keit <-> *f kein pl* thoroughness

Gründ·ling <-s, -e> ['grʏntlɪŋ] *m* ZOOL gudgeon

Grụnd·li·nie *f* ❶ MATH ground-line ❷ SPORT baseline **Grụnd·li·ni·en·spiel** *nt* SPORT baseline play **Grụnd·lohn** *m* basic pay [*or* wage] **grụnd·los** **I.** *adj* ❶ (*unbegründet*) groundless, unfounded; **~es Lachen** laughter for no reason [at all] ❷ (*ohne festen Boden*) bottomless **II.** *adv* groundlessly; **~ lachen** to laugh for no reason [at all] **Grụnd·mau·er** *f* (*Fundament*) foundation wall; **etw bis auf die ~n niederbrennen** to burn sth to the ground; **etw bis auf die ~n niederreißen/zerstören** to raze sth to the ground **Grụnd·nah·rungs·mit·tel** *nt* basic food[stuff]

Grün·don·ners·tag [gry:n'dɔnɐsta:k] *m* REL Maundy Thursday

Grụnd·ord·nung *f* basic [*or* fundamental] order **Grụnd·pfei·ler** *m* ❶ BAU (*tragender Pfeiler*) supporting pillar; *Brücke* supporting pier ❷ (*fig: wesentliches Element*) cornerstone **Grụnd·re·chen·art** *f* fundamental rule of arithmetic **Grụnd·recht** *nt* basic [*or* fundamental] right **Grụnd·ren·te** *f* ❶ (*Mindestrente*) basic pension ❷ FIN (*Einkommen aus Eigentum von Grund und Boden*) ground rent **Grụnd·riss**RR *m* ❶ BAU ground-plan ❷ (*Abriss*) sketch, outline, summary

Grụnd·satz ['grʊntzats] *m* principle; **es sich** *dat* **zum ~ machen, etw zu tun** to make it a matter of principle to do sth; **aus ~** on principle

Grụnd·satz·dis·kus·si·on *f* debate on [fundamental] principles **Grụnd·satz·ent·schei·dung** *f* decision of general principle **Grụnd·satz·er·klä·rung** *f* POL declaration of principles

grụnd·sätz·lich ['grʊntzɛtslɪç] **I.** *adj* ❶ (*grundlegend*) fundamental; **~e Bedenken/Zweifel** serious [*or* strong] misgivings/doubts ❷ (*prinzipiell*) in principle *pred* **II.** *adv* ❶ (*völlig*) completely; **~ anderer Meinung sein** to be of a completely different opinion ❷ (*prinzipiell*) in principle ❸ (*kategorisch*) absolutely

Grụnd·satz·pa·pier *nt* written declaration of principles **Grụnd·satz·ur·teil** *nt* JUR leading decision

Grụnd·schrift *f* TYPO base type **Grụnd·schuld** *f* FIN, JUR land charge **Grụnd·schu·le** *f* primary [*or* AM elementary] [*or* AM grade] school **Grụnd·schü·ler(in)** *m(f)* primary school [*or* AM elementary school] [*or* AM grade school] pupil **Grụnd·schul·leh·rer(in)** *m(f)* primary[-school] teacher BRIT **Grụnd·si·che·rung** *f* basic [insurance] cover **grụnd·so·li·d(e)** *adj* very respectable **Grụnd·stein** *m* foundation-stone; **[mit etw** *dat*] **den ~ zu etw** *dat* **legen** to lay the foundations for [*or* of] sth [with sth]; **der ~ zu etw** *dat* **sein** to form the foundations for [*or* of] sth **Grụnd·stein·le·gung** *f* laying of the foundation stone **Grụnd·stel·lung** *f* ❶ SPORT (*Ausgangsstellung für eine Turnübung*) normal position ❷ (*Stellung der Schachfiguren am Spielanfang*) starting positions *pl* **Grụnd·steu·er** *f* FIN [local] property tax, ≈ council tax BRIT **Grụnd·stock** *m* basis, foundation **Grụnd·stoff** *m* ❶ (*Rohstoff*) raw material ❷ CHEM (*Element*) element

Grụnd·stück *nt* ❶ (*Bau~*) plot [of land]; **bebaute ~e** developed plots [*or* sites] ❷ (*Anwesen*) estate, property

Grụnd·stücks·ei·gen·tü·mer(in) *m(f)* property owner **Grụnd·stücks·mak·ler(in)** *m(f)* estate agent **Grụnd·stücks·preis** *m* land price

Grụnd·stu·di·um *nt* basic course **Grụnd·stu·fe** *f* SCH *years 3 and 4 of primary/elementary school in Germany* **Grụnd·sub·stanz** *f* basic substance, base **Grụnd·ton** *m* ❶ MUS (*eines Akkords*) root; (*einer Tonleiter*) keynote ❷ (*Grundfarbe*) ground colour [*or* AM -or]

Grụnd·über·zeu·gung *f* PHIL, SOZIOL fundamental conviction

Grün·dung <-, -en> *f* ❶ (*das Gründen*) foundation, founding; *Betrieb* establishment, setting up; *Familie* [the] starting; *Schule, Universität* establishment, founding, foundation ❷ BAU (*Fundament*) foundation[s]; *kein pl* (*das Anlegen des Fundaments*) laying of the foundation[s]

Grün·dungs·fei·er *f* foundation ceremony **Grün·dungs·jahr** *nt* year of [the] foundation **Grün·dungs·ju·bi·lä·um** *nt* anniversary of the foundation

grụnd·ver·kehrt *adj* completely wrong **grụnd·ver·schie·den** ['grʊntfɛɐ'ʃi:dn̩] *adj* (*emph*) completely different **Grụnd·was·ser** *nt* ground water; **auf ~ stoßen** to come across underground water **Grụnd·was·ser·spie·gel** *m* ground-water level, water table **Grụnd·wehr·dienst** *m* national service BRIT; **den ~ leisten** to do one's national service **Grụnd·wis·sen** *nt* basic knowledge **Grụnd·wort** *nt* LING root, etymon *spec* **Grụnd·wort·schatz** *m* basic vocabulary **Grụnd·zahl** *f* MATH *s.* **Kardinalzahl** **Grụnd·zug** *m* ❶ (*wesentliches Merkmal*) essential feature; **etw in seinen Grundzügen darstellen/erläutern** to outline/explain the essentials of sth ❷ *pl* (*Abriss*) the basics [*or* fundamentals]

Grü·ne(r) ['gry:nə] *f(m) decl wie adj* POL [member of the] Green [Party]; **die ~n** the Green Party [*or* Greens]

Grü·ne(s) ['gry:nə(s)] *nt decl wie adj* ❶ (*Schmuckreisig*) ■**~s** greenery *sing* ❷ (*Gemüse*) ■**~s** greens ▸ WENDUNGEN: **ins ~ fahren** (*fam*) to drive [*or* take a trip] into the country; **im ~n**

in the country

grü·nen ['gry:nən] *vi* (*geh*) to become [*or* turn] green; **ist es nicht schön, dass es wieder grünt und blüht?** isn't it nice that spring is here again?

Grün·fink *m* greenfinch **Grün·flä·che** *f* green [*or* open] space **Grün·fut·ter** *nt* green fodder *no pl, no indef art,* herbage [*or* silage] *no pl, no indef art spec* **Grün·gür·tel** *m* green belt **Grün·kern** *m* dried unripe spelt grain *no indef art* **Grün·kohl** *m* [curly] kale *no pl, no indef art* **Grün·land** *nt kein pl* meadowland, pastureland

grün·lich ['gry:nlɪç] *adj* greenish

Grün·ling ['gry:nlɪŋ] *m s.* **Grünfink**

Grün·pflan·ze *f* non-flowering plant **Grün·schen·kel** *m* ORN greenshank **Grün·schna·bel** *m* (*fam*) greenhorn *fam* **Grün·span** ['gry:nʃpa:n] *m kein pl* verdigris *no pl;* ~ **ansetzen** to become covered with verdigris **Grün·specht** *m* green woodpecker **Grün·strei·fen** *m* central reservation, median strip AM; (*am Straßenrand*) grass verge

grun·zen ['grʊntsn̩] **I.** *vi* to grunt; ■**das G~** grunting **II.** *vt* (*fam*) ■**etw** ~ to grunt sth

Grüpp·chen <-s, -> ['grʏpçən] *nt dim von* **Gruppe** (*bes pej*) small group [*or pej* clique]

Grup·pe <-, -n> ['grʊpə] *f* ❶ (*Anzahl von Personen, Dingen*) group; **in** ~**n zu sechs** [**Leuten**] in groups of six ❷ (*Zusammenschluss*) group ❸ SPORT group ❹ (*Kategorie*) category, class

Grup·pen·ak·kord *m* ÖKON group piecework *no pl, no indef art* **Grup·pen·ar·beit** *f kein pl* teamwork *no pl, no indef art* **Grup·pen·auf·nah·me** *f,* **Grup·pen·bild** *nt* group photograph **Grup·pen·dy·na·mik** *f* PSYCH group dynamics + *sing/pl vb, no art* **Grup·pen·füh·rer(in)** *m(f)* ❶ (*Leiter*) team [*or* group] leader ❷ HIST (*in der SS*) lieutenant-general **Grup·pen·iden·ti·tät** *f* SOZIOL group identity **Grup·pen·lei·ter(in)** *m(f)* team leader **Grup·pen·mo·ral** *f* ❶ (*sittliches Empfinden einer Gruppe*) group morals *pl,* morals of a/the group; **gegen die** ~ **verstoßen** to contravene group morals ❷ (*innere Haltung*) group morale *no pl, no indef art* **Grup·pen·rei·se** *f* group travel *no pl, no art* **Grup·pen·sex** *m* group sex *no pl, no art* **Grup·pen·sieg** *m* first place in the group **Grup·pen·the·ra·pie** *f* ❶ MED group treatment *no pl, no indef art* ❷ PSYCH group therapy *no pl, no indef art* **Grup·pen·un·ter·richt** *m* group learning *no pl, no art*

grup·pen·wei·se *adv* in groups

Grup·pen·zwang *m* [peer] group pressure *no pl, no indef art*

grup·pie·ren* [grʊ'pi:rən] **I.** *vt* ■**etw** [**um etw**] ~ to group sth [around sth] **II.** *vr* ■**sich** [**zu etw**] ~ to be grouped [into sth]

Grup·pie·rung <-, -en> *f* ❶ (*Gruppe 3*) group ❷ *kein pl* (*Aufstellung*) grouping

Gru·sel·film *m* horror film **Gru·sel·ge·schich·te** *f* horror story

gru·se·lig ['gru:zəlɪç] *adj* gruesome, spine-chilling; ~ **zumute werden** to have a creepy feeling

gru·seln ['gru:zl̩n] **I.** *vt, vi impers* ■**jdn** [*o* **jdm**] **gruselt es** sb gets the creeps; ■**das G~** fear; **nachts in einem unheimlichen Schloss kann man das G~ lernen** one learns what fear is in an eerie castle at night **II.** *vr* ■**sich** [**vor jdm/etw**] ~ to shudder [at the sight of sb/sth]

Gruß <-es, Grüße> ['gru:s, *pl* 'gry:sə] *m* ❶ (*Begrüßung/Verabschiedung*) greeting/farewell; MIL salute; **jdm Grüße übermitteln** [*o* **bestellen**] to pass on/give [one's] regards [*or* best wishes] to sb; **einen** [**schönen**] ~ **an Ihre Gattin** [please] give my [best] regards to your wife; **liebe Grüße auch an die Kinder** give my love to the children, too; **jdm seine Grüße entbieten** (*geh*) to present one's compliments to sb *form;* **ohne** ~ without saying hello/goodbye; **zum** ~ as a greeting; **sie reichten die Hände zum** ~ they shook hands ❷ ([*Floskeln am*] *Briefschluss*) regards; **mit besten Grüßen** [*o* **bestem Gruß**] Yours sincerely; **mit freundlichen Grüßen** [*o* **freundlichem** ~] Yours sincerely [*or* faithfully]; **mit kollegialen Grüßen** Yours sincerely; **herzliche Grüße** best wishes; ~ **und Kuss** (*fam*) love [and kisses] ▸ WENDUNGEN: **der Deutsche** ~ HIST the Nazi salute; **der Englische** ~ REL the Ave Maria; **viele Grüße aus Davos** (*hum*) they say Davos [in the Alps] is good for coughs *hum;* **viele Grüße vom Getriebe, Gang kommt nach!** (*hum*) greetings from the gearbox, how about using the clutch! *hum;* **Gruß und Kuss, dein Julius** (*hum*) time to close/go, with love from Rose/Joe *hum*

Gruß·adres·se *f,* **Gruß·bot·schaft** *f* message of greetings

grü·ßen ['gry:sn̩] **I.** *vt* ❶ (*be~*) ■**jdn** ~ to greet sb; MIL to salute sb; **sei** [**mir**] **gegrüßt!** (*geh*) greetings! *form;* **grüß dich!** (*fam*) hello there! *fam* ❷ (*Grüße übermitteln*) ■**jdn von jdm** ~ to send sb sb's regards; **jdn** ~ **lassen** to say hello to sb **II.** *vi* ❶ (*einen Gruß sagen*) to say hello; ~ **lassen** to send one's regards; MIL to salute; ■**das G~** saluting ❷ (*geh: locken, winken*) to greet; **die Berge grüßten aus der Ferne** the mountains greeted us from afar **III.** *vr* ■**sich** ~ to say hello to one another

Gruß·for·mel *f* salutation

gruß·los *adv* without a word of greeting/farewell; **er ging** ~ **an mir vorbei** he went past me without saying hello

Gruß·wort <-worte> *nt* welcoming speech; **ein** ~ **an jdn richten** to address a few words of welcome to sb

Grüt·ze <-, -n> ['grʏtsə] *f* groats *npl,* grits *npl* AM; **rote** ~ *red fruit slightly stewed and thickened* ▸ WENDUNGEN: ~ **im Kopf haben** (*fam*) to have a bit of nous *sl*

Gu·am [gu̯am] *nt* Guam; *s. a.* **Sylt**

Gu·ar·kern·mehl *nt,* **Gu·ar·mehl** ['gu̯ar-] *nt* guar gum [flour]

Gu·a·te·ma·la <-s> [gu̯ate'ma:la] *nt* Guatemala; *s. a.* **Deutschland**

Gu·a·te·ma·la-Stadt <-> *nt* Guatemala City

Gu·a·te·mal·te·ke, Gu·a·te·mal·te·kin <-n, -n> [gu̯atemal'te:kə, gu̯atemal'te:kɪn] *m, f* Guatemalan; *s. a.* **Deutsche(r)**

gu·a·te·mal·te·kisch [gu̯atemal'te:kɪʃ] *adj* Guatemalan; *s. a.* **deutsch**

Gu·a·ve <-, -n> ['gu̯a:və] *f* guava

gu·cken ['gʊkn̩] *vi* ❶ (*sehen*) ■[**in/durch etw** *akk*/**aus etw**] ~ to look [in/through/out of sth]; **was guckst du so dumm!** take that silly look off your face!; **ich habe schon Weihnachtsgeschenke gekauft, aber nicht** ~**!** I've already bought the Christmas presents, so no peeping! ❷ (*ragen*) ■**aus etw** ~ to stick out of sth; **was guckt denn da aus der Tasche?** what's that sticking out of your pocket?

Guck·loch *nt* peephole

Gue·ril·la[1] <-, -s> [ge'rɪlja] *f* guer[r]illa war

Gue·ril·la[2] <-[s], -s> [ge'rɪlja] *m* guer[r]illa

Guern·sey <-[s]> ['gə:nzɪ] *nt* Guernsey

Gu·gel·hopf ['gu:gl̩hɔpf] *m* SCHWEIZ, **Gu·gel·hopf·form** *f* SCHWEIZ, **Gu·gel·hupf** ['gu:gl̩hʊpf] *m* SÜDD, ÖSTERR, **Gu·gel·hupf·form** *f* SÜDD, ÖSTERR kugelhopf [tin]

Guil·lo·ti·ne <-, -n> [gɪljo'ti:nə, gijo'ti:nə] *f* guillotine; **auf die** ~ **kommen** to go to the guillotine

guil·lo·ti·nie·ren* [gɪljoti'ni:rən, gijoti'ni:rən] *vt* ■**jdn** ~ to guillotine sb

Gui·nea <-s> [gi'ne:a] *nt* Guinea; *s. a.* **Deutschland**

Gui·nea-Bis·sau <-s> [gi'ne:a-bɪ'sau] *nt* Guinea-Bissau; *s. a.* **Deutschland**

Gui·nea-Bis·sau·er(in) <-s, -> *m(f)* Guinea-Bissauan, Bissau Guinean; *s. a.* **Deutsche(r)**

gui·nea-bis·sau·isch *adj* Guinea-Bissauan, Bissau Guinean; *s. a.* **deutsch**

Gui·ne·er(in) <-s, -> [gi'ne:ɐ] *m(f)* Guinean; *s. a.* **Deutsche(r)**

gui·ne·isch [gi'ne:ɪʃ] *adj* Guinean; *s. a.* **deutsch**

Gu·lasch <-[e]s, -e *o* -s> ['gʊlaʃ] *nt o m* KOCHK goulash

Gu·lasch·ka·no·ne *f* (*sl*) field kitchen **Gu·lasch·sup·pe** *f* goulash soup

Gul·den <-s, -> ['gʊldn̩] *m* guilder; **niederländischer** ~ [the/a] Dutch guilder

gül·den ['gʏldn̩] *adj* (*poet*) golden

Gül·le <-> ['gʏlə] *f kein pl* liquid manure *no pl, no indef art,* slurry *no pl*

Gul·ly <-s, -s> ['gʊli] *m o nt* drain

gül·tig ['gʏltɪç] *adj* ❶ (*Geltung besitzend*) valid; **diese Fahrkarte ist zwei Monate ~** this ticket is valid for two months; **ein ~er Vertrag** a valid contract; **der Sommerfahrplan ist ab dem 1.4. ~** the summer timetable comes into effect from 1.4. ❷ (*allgemein anerkannt*) universal; **eine ~e Maxime** a universal maxim

Gül·tig·keit <-> *f kein pl* ❶ (*Geltung*) validity *no pl;* **der Ausweis besitzt nur noch ein Jahr ~** the identity card is only valid for one more year ❷ (*gesetzliche Wirksamkeit*) legal force

Gül·tig·keits·dau·er *f* period of validity

Gum·mi <-s, -s> ['gʊmi] *nt o m* ❶ (*Material*) rubber *no pl, no indef art* ❷ (*fam: Radiergummi*) rubber ❸ (*fam: ~band*) elastic [*or* rubber] band ❹ (*~zug*) elastic *no pl, no indef art* ❺ (*fam: Kondom*) rubber *sl*

Gum·mi·band <-bänder> *nt* elastic [*or* rubber] band **Gum·mi·bär·chen** <-s, -> [-bɛːɐ̯çən] *nt* jelly bear, ≈ jelly baby **Gum·mi·baum** *m* ❶ (*Kautschukbaum*) rubber tree ❷ (*Zimmerpflanze*) rubber plant

gum·mie·ren* [gʊ'miːrən] *vt* ■**etw ~** ❶ (*Klebstoffschicht auftragen*) to gum sth; **gummierte Etiketten/Briefumschläge** gummed labels/envelopes ❷ (*Gummischicht auftragen*) to rubberize sth

Gum·mie·rung <-, -en> *f* ❶ *kein pl* (*das Gummieren*) gumming *no pl;* (*von Textilien*) rubberizing *no pl* ❷ (*Klebstoffschicht*) gummed surface; (*Gummischicht*) rubberized surface

Gum·mi·knüp·pel *m* rubber truncheon **Gum·mi·pa·ra·graph** *m* (*fam*) flexible [*or* ambiguous] clause **Gum·mi·stie·fel** *m* rubber boot, wellington [boot], wellie BRIT *fam* **Gum·mi·strumpf** *m* elastic stocking **Gum·mi·zel·le** *f* padded cell **Gum·mi·zug** *m* elastic *no pl, no indef art;* **einen ~ einziehen** to insert a piece of elastic

Gun·der·mann ['gʊndɐman] *m* BOT ground ivy

Gün·sel <-s> ['gʏnzl̩] *m kein pl* BOT bugle

Gunst <-> ['gʊnst] *f kein pl* ❶ (*Wohlwollen*) goodwill *no pl, no indef art;* **jds ~ besitzen** [*o* **genießen**] to enjoy sb's favour [*or* AM -or]; **in jds** *dat* **~ stehen** to be in sb's favour; **jdm eine ~ erweisen** (*geh*) to do [*or* grant] sb a favour; **sich** *dat* **jds ~ verscherzen** to lose sb's favour ❷ (*Vergünstigung*) favour [*or* AM -or]; **zu jds ~en** in sb's favour; **er schloss eine Lebensversicherung zu ~en seiner Tochter ab** he took out a life assurance policy for the benefit of his daughter ❸ (*günstige Konstellation*) ■**die ~ einer S.** *gen* the advantageousness of sth; **er nutzte die ~ des Augenblicks aus** he took advantage of the favourable moment

Gunst·be·weis *m,* **Gunst·be·zei·gung** *f* mark of favour

güns·tig ['gʏnstɪç] **I.** *adj* ❶ (*zeitlich gut gelegen*) convenient; **Mittwoch ist nicht so ~** Wednesday is not so convenient ❷ (*begünstigend*) favourable [*or* AM -orable] ❸ (*preis~*) reasonable **II.** *adv* ❶ (*preis~*) reasonably ❷ (*passend, geeignet*) favourably; **es trifft sich ~, dass** it's a stroke of luck that

güns·tigs·ten·falls *adv* at best

Günst·ling <-s, -e> ['gʏnstlɪŋ] *m* (*pej*) favourite [*or* AM -orite]

Günst·lings·wirt·schaft *f kein pl* (*pej*) favouritism [*or* AM -oritism] *no pl pej*

Gupf <-[e]s, -e> ['gʊpf] *m* SÜDD, ÖSTERR, SCHWEIZ (*fam*) peak; (*Kuppe*) rounded hilltop

Gup·py <-s, -s> ['gʊpi] *m* ZOOL guppy

Gur·gel <-, -n> ['gʊrgl̩] *f* throat; **jdm an die ~ gehen** [*o* **springen**] (*fam*) to go for sb's throat ▶ WENDUNGEN: **sich die ~ ölen** [*o* **schmieren**] (*hum fam*) to wet one's whistle *hum fam*

Gur·gel·mit·tel *nt* gargle

gur·geln ['gʊrgl̩n] *vi* ❶ (*den Rachen spülen*) ■**[mit etw] ~** to gargle [with sth]; ■**das G~** gargling ❷ (*von ablaufender Flüssigkeit*) to gurgle; ■**~d** gurgling

Gürk·chen <-s, -> ['gʏrkçən] *nt dim von* **Gurke** small [*or* cocktail] gherkin

Gur·ke <-, -n> ['gʊrkə] *f* ❶ (*Frucht*) cucumber; (*Essig~*) gherkin; **eingelegte** [*o* **saure**] **~n** pickled gherkins ❷ (*Pflanze*) cucumber plant ❸ (*hum fam: Nase*) conk BRIT *hum fam,* hooter BRIT *hum fam* ❹ (*sl: Penis*) knob BRIT *sl,* dick *sl*

Gur·ken·ho·bel *m* cucumber slicer **Gur·ken·sa·lat** *m* cucumber salad

gur·ren ['gʊrən] *vi Tauben* to coo; (*fam*) *Mensch* to purr

Gurt <-[e]s, -e> ['gʊrt] *m* ❶ (*Riemen*) strap ❷ (*Sicherheitsgurt*) seat belt ❸ (*breiter Gürtel*) belt

Gür·tel <-s, -> ['gʏrtl̩] *m* ❶ (*Hosen~*) belt ❷ (*Ring, Zone*) belt ▶ WENDUNGEN: **den ~ enger schnallen** (*fam*) to tighten one's belt

Gür·tel·li·nie [liːniə] *f* waist[line] ▶ WENDUNGEN: **unter die ~ zielen** to aim below the belt; *s. a.* **Schlag Gür·tel·rei·fen** *m* radial[-ply] tyre [*or* AM tire] **Gür·tel·ro·se** *f* MED shingles *no art, + sing/pl verb* **Gür·tel·schnal·le** *f* belt buckle **Gür·tel·tier** *nt* armadillo

Gurt·muf·fel *m* (*fam*) *person who refuses or does not like to wear a seat belt* **Gurt·pflicht** *f* compulsory wearing of seat belts

Gu·ru <-s, -s> ['guːru] *m* guru

GUS <-> [gus, geːʔuː'ʔɛs] *f Akr von* **Gemeinschaft Unabhängiger Staaten** CIS

Guss[RR] <-es, Güsse> *m,* **Guß**[ALT] <-sses, Güsse> ['gʊs, *pl* 'gʏsə] *m* ❶ (*fam: Regenguss*) downpour ❷ (*Zuckerguss*) icing ❸ *kein pl* TECH (*das Gießen*) casting ❹ *kein pl* (*~eisen*) cast iron; **aus ~** made from cast iron ❺ MED **kalte Güsse** cold effusions ▶ WENDUNGEN: **[wie] aus einem ~** forming a uniform and integrated whole

Guss·ei·sen[RR] *nt* cast iron **guss·ei·sern**[RR] *adj* cast-iron

Guss·form[RR] *f* mould [*or* AM mold]

Gus·to <-s, -s> ['gʊsto] *m* ▶ WENDUNGEN: **nach eigenem ~** to one's own taste; **[ganz] nach ~** (*geh*) [just] as one pleases

gut <besser, beste> ['guːt] **I.** *adj* ❶ (*ausgezeichnet, hervorragend*) good; **eine ~e Ausbildung** a good education; **ein ~es Gedächtnis** a good memory; SCH (*zweitbeste Note*) "B"; **jdn/etw ~ finden** to think sb/sth is good; **jdm geht es ~/nicht ~** sb is well/not well; **lass es dir ~ gehen!** (*fam*) look after yourself! ❷ (*fachlich qualifiziert*) good; **den Rechtsanwalt kann ich dir empfehlen, der ist ~** I can recommend this lawyer to you, he's good ❸ *attr* (*lieb*) good; (*intim*) close, good; **wir sind ~e Bekannte** we are close acquaintances ❹ *meist attr* (*untadelig*) good ❺ (*nicht übel, vorteilhaft*) good; **eine ~e Idee** a good idea; **ein ~es Angebot** a good offer; **mit jdm geht es ~** to turn out well for sb; **das geht auf die Dauer nicht ~** it won't turn out well in the long run; **das kann nicht ~ gehen!** that just won't work!, it has to go wrong! ❻ (*reichlich*) good; **bis Mürzwiehlen gehen wir noch eine ~e Stunde** we've got another good hour's walk until we get to Mürzwiehlen ❼ (*in Wünschen*) good; **lass es dir ~ gehen** (*fam*) have a great time; **~e Fahrt/Reise** have a good trip; **~e Erholung/Besserung** get well soon; **~en Appetit** enjoy your meal; **~es Gelingen** good luck; **einen ~en Rutsch ins neue Jahr** happy New Year!; **ein ~es neues Jahr** happy New Year!; **~e Unterhaltung** enjoy the programme; **auf ~e Zusammenarbeit!** here's to our successful co-operation!; **auf ~e Nachbarschaft!** here's to us as neighbours! ▶ WENDUNGEN: **~ beieinander sein** SÜDD to be a bit tubby [*or* chubby] *fam;* **~ und schön** (*fam*) well and good; **das ist ja alles ~ und schön, aber ...** (*fam*) that's all very well, but ...; **du bist ~!** (*iron fam*) you're a fine one! *iron fam;* **jdm wieder ~ sein** to be friends again with sb; **~ draufsein** (*fam*) to be in good spirits; **für etw ~ sein** to be good for sth; **sich für etw zu ~ sein** to be too good for sth; **manchmal packt der Chef auch mal selbst mit an, dafür ist er sich nicht zu ~** sometimes the boss lends a hand too, that's not beneath him; ~ **gegen** [*o* **für**] **etw sein** (*fam*) to be good for sth; **trinke einen heißen Tee mit Rum, der ist ~ gegen Erkältung!** drink hot tea with rum, it's good for colds; ~ **in etw** *dat* **sein** to be good at sth; **in Mathematik bin ich immer ~ gewesen** I have always been good at mathematics; **es ist ganz ~, dass** it's good that; **noch/nicht mehr ~ sein** to still be/no longer be any good; **es mit etw ~ sein lassen** to leave sth at that; **mit dieser Verwarnung will ich es für heute ~ sein lassen!** having warned you I'll leave it at that for today!; **lass mal ~ sein!** (*fam*) let's drop the subject!; **wer weiß, wozu es ~ ist** perhaps it's for the best; ~ **werden** to turn out all right; **sind die Fotos ~ geworden?** did the photos turn out all right?; **wieder ~ werden** to be all right; **sorge dich nicht um die Zukunft, es wird alles wieder ~** don't worry about the future, everything will be all right; **also** [*o* **nun**] [*o* **na**] **~!** well, all right then!; **schon ~!** (*fam*) all right!; ~ **so sein** to be just as well; ~ **so!** that's it!; **fein gemacht, ~ so!** well done, that's it!; **und das ist auch ~ so** and a good thing too; **sei so ~ und ...** would you be kind enough to; **wenn du in die Stadt gehst, sei so ~ und nimm die Post mit** if you're going into town would you be good enough to take my post?; [**aber**] **sonst geht's dir ~?** (*iron*) you must be mad [*or* AM crazy]! *iron;* **wozu ist das ~?** (*fam*) what's the use of that?; [**wie**] **~, dass** it's a good job that; **wie ~, dass er das nicht gehört hat!** it's a good job he didn't hear that!; **~!** (*in Ordnung!*) good!, OK!; **~, ~!** yes, all right! **II.** *adv* ❶ (*nicht schlecht*) well; ~ **aussehend** *inv, attr* good-looking; ~ **bezahlt** *attr* well-paid; ~ **dotiert** *attr* (*geh*) well-paid; ~ **gehend** *attr* flourishing, thriving; ~ **gelaunt** in a good mood, cheerful; ~ **gemeint** *attr* well-meant, well-intentioned; ~ **situiert** *attr* well-to-do; ~ **unterrichtet** *attr* well-informed; **du sprichst aber ~ Englisch!** you really can speak good English; ~ **verdienend** *attr* high-income *attr* ❷ (*geschickt*) well ❸ (*reichlich*) good; **es dauert noch ~ eine Stunde, bis Sie an der Reihe sind** it'll be a good hour before it's your turn ❹ (*einfach, recht*) easily; ■**nicht ~** not very well; **ich kann ihn jetzt nicht ~ im Stich lassen** I can't very well leave him in the lurch now ❺ (*leicht, mühelos*) well; **hast du die Prüfung ~ hinter dich gebracht?** did you get through the exam all right?; ~ **leserlich** *Schrift* very legible, well-legible BRIT ❻ (*angenehm*) good; **hm, wonach riecht das denn so ~ in der Küche?** hm, what's making the kitchen smell so lovely?; **schmeckt es dir auch ~?** do you like it too? ❼ (*wohltuend sein*) ■[**jdm**] **~ tun** to do [sb] good; **das hat mir unheimlich ~ getan** that did me a power [*or* world] of good; ■**es tut jdm ~, etw zu tun** it does sb good to do sth; ~ **tun** (*fam: sich einordnen*) to fit in ▸WENDUNGEN: ~ **und gern** easily; **so ~ es geht** as best one can; **wir haben den Vertrag übersetzt, so ~ es geht** we translated the contract as best we could; [**das hast du**] **~ gemacht!** well done!; **es ~ haben** to be lucky; **er hat es in seiner Jugend nicht ~ gehabt** he had a hard time when he was young; **das kann ~ sein** that's quite possible; **du kannst** [*o* **hast**] **~ reden!** (*fam*) it's easy for you to talk!; **mach's ~!** (*fam*) bye!, cheerio! BRIT; **pass ~ auf!** be very careful!; **sich ~ mit jdm stellen** to get into sb's good books; ~ **daran tun, etw zu tun** to do well to do sth; **du tätest ~ daran, vor dem Examen noch etwas zu lernen** you would do well to learn something before the exam; *s. a.* **so**

Gut <-[e]s, Güter> ['gu:t, *pl* 'gy:tɐ] *nt* ❶ (*Landgut*) estate ❷ (*Ware*) commodity; ■**Güter** (*Frachtgut*) goods *npl;* **unbewegliche Güter** immovables *npl;* **geistige Güter** intellectual wealth *no pl, no indef art;* **irdische Güter** (*geh*) worldly goods *npl* ❸ *kein pl* (*das Gute*) good *no pl, no indef art;* ~ **und Böse** good and evil ▸WENDUNGEN: **jenseits von ~ und Böse sein** (*iron*) to be past it *fam*

Gut·ach·ten <-s, -> ['gu:tʔaxtn̩] *nt* [expert's] report

Gut·ach·ter(in) <-s, -> *m(f)* expert

gut·ar·tig *adj* ❶ MED benign ❷ (*nicht widerspenstig*) good-natured

gut·bür·ger·lich ['gu:t'bʏrgɐlɪç] *adj* middle-class; KOCHK home-made; **~e Küche** home-style cooking; ~ **essen** [**gehen**] to have some good home cooking **Gut·dün·ken** <-s> *nt kein pl* discretion *no pl, no indef art;* **nach** [**eigenem**] ~ at one's own discretion

Gu·te(r) *f(m) decl wie adj* (*guter Mensch*) ■**der/die ~** the good man/woman; **mein ~r/meine ~** my dear fellow/my dear *fam;* **die ~n und die Bösen** the good and the bad, the goodies and the baddies BRIT *fam*

Gu·te(s) *nt decl wie adj* ❶ (*Positives*) ■**~s** good; **man hört viel ~s über ihn** you hear a lot of good things about him; ■**etwas ~s** something good; **ich habe im Schrank etwas ~s für dich** I've got something nice for you in the cupboard; ■**etwas/nichts ~s** (*eine gute/keine gute Tat*) something/nothing good; **er tat in seinem Leben viel ~s** he did a lot of good in his life; [**auch**] **sein ~s haben** to have its good points [*or* good side] [too]; **ein ~s hat die Sache** there is one good thing about it; **jdm schwant nichts ~s** sb has a nasty feeling about sth; **nichts ~s versprechen** to not sound very promising, to bode ill [*or* no good]; **jdm ~s tun** to be good to sb; **was kann ich dir denn ~s tun?** how can I spoil [*or* what can I do for] you?; **sich zum ~n wenden** to take a turn for the better; **alles ~!** all the best!; **alles ~ und viele Grüße an deine Frau!** all the best and give my regards to your wife; **das ~ daran** the good thing about it ❷ (*friedlich*) **im ~n** amicably; **lass dir's im ~n gesagt sein, dass ich das nicht dulde** take a bit of friendly advice, I won't put up with it!; **sich im ~n trennen** to part on friendly [*or* good] terms ❸ (*gute Charakterzüge*) **das ~ im Menschen** the good in man; **~s tun** to do good ▸WENDUNGEN: **~s mit Bösem/~m vergelten** (*geh*) to return evil/good for good; **des ~n zu viel sein** to be too much [of a good thing]; **das ist wirklich des ~n zu viel!** that's really overdoing things!; **alles hat sein ~s** (*prov*) every cloud has a silver lining *prov;* **im ~n wie im Bösen** (*mit Güte wie mit Strenge*) every way possible; (*in guten und schlechten Zeiten*) through good [times] and bad; **ich habe es im ~n wie im Bösen versucht, aber sie will einfach keine Vernunft annehmen** I've tried to do everything I can, but she simply won't see sense

Gü·te <-> ['gy:tə] *f kein pl* ❶ (*milde Einstellung*) kindness; **die ~ haben, zu ...** (*iron geh*) to be so kind as to ... *iron form* ❷ (*Qualität*) [good] quality ▸WENDUNGEN: **erster ~** (*fam*) of the first order; **ach du liebe** [*o* **meine**] **~!** (*fam*) oh my goodness! *fam;* **in ~** amicably

Gü·te·klas·se *f* grade, class

Gu·te·nacht·ge·schich·te *f* bedtime story **Gu·te·nacht·kuss** [gu:tə'naxtkʊs] *m* goodnight kiss

Gü·ter·ab·fer·ti·gung *f* ❶ *kein pl* (*das Abfertigen von Gütern*) dispatch of goods ❷ (*Abfertigungsstelle*) goods office, dispatch office **Gü·ter·bahn·hof** *m* goods [*or* freight] depot **Gü·ter·fern·ver·kehr** *m* long-distance haulage *no pl, no art* **Gü·ter·ge·mein·schaft** *f* JUR community of property; **in ~ leben** to have community of property

Gu·ter Hein·rich [-'hainrɪç] *m* BOT Good King Henry

Gü·ter·nah·ver·kehr *m* short-distance haulage *no pl, no indef art* **Gü·ter·schiff** *nt* cargo ship **Gü·ter·tren·nung** *f* JUR separation of property; **in ~ leben** to have separation of property **Gü·ter·ver·kehr** *m* goods traffic *no pl, no indef art* **Gü·ter·wa·gen** *m* goods truck [*or* van], freight car [*or* wagon] **Gü·ter·zug** *m* goods [*or esp* AM freight] train

Gü·te·sie·gel *nt* seal [*or* mark] of quality, kite mark BRIT **Gü·te·ver·hand·lung** *f* JUR conciliation proceedings **Gü·te·zei·chen** *nt* mark of quality, kite mark BRIT

gut·gläu·big *adj* trusting, gullible **Gut·gläu·big·keit** *f* gullibility *no pl* **gut|ha·ben** *vt irreg* ■**etw bei jdm ~** to be owed sth by sb; **du hast ja noch 125 Euro/einen Gefallen bei mir gut** I still owe you 125 euros/a favour **Gut·ha·ben** <-s, -> *nt*

credit balance **gut|hei·ßen** *vt irreg* ■**etw** ~ to approve of sth
gut·her·zig *adj* (*geh*) kind-hearted
gü·tig ['gy:tɪç] *adj* kind; **würden Sie so ~ sein, zu ...** (*geh*) would you be so kind as to ... *form;* [**danke,**] **zu ~!** (*iron*) [thank you,] you're too kind! *iron*
güt·lich ['gy:tlɪç] **I.** *adj* amicable **II.** *adv* amicably ►WENDUNGEN: **sich an etw** *dat* **~ tun** to help oneself freely to sth
gut|ma·chen *vt* ❶ (*in Ordnung bringen*) ■**etw ~** to put sth right; **etw an jdm gutzumachen haben** to have sth to make up to sb for ❷ (*entgelten*) ■**etw ~** to repay sth; **wie kann ich das jemals ~?** how can I ever repay you? ❸ (*wettmachen*) ■**etw mit etw ~** to make sth up again with sth; ■**etw bei etw ~** to make sth from sth
Gut·mensch *m* (*pej fam*) starry-eyed idealist *usu pej*
gut·mü·tig ['gu:tmy:tɪç] *adj* good-natured
Gut·mü·tig·keit <-> *f kein pl* good-naturedness *no pl*
Guts·be·sit·zer(in) *m(f)* landowner
Gut·schein *m* coupon, voucher
gut|schrei·ben *vt irreg* ■**jdm etw ~** to credit sb with sth
Gut·schrift *f* ❶ *kein pl* (*Vorgang*) crediting *no pl* ❷ (*Bescheinigung*) credit note ❸ (*Anlage*) credit slip ❹ (*im Haben gebuchter Betrag*) credit entry [*or* item]
Guts·haus *nt* manor house **Guts·herr(in)** *m(f)* lord/lady of the manor **Guts·her·ren·art** *f kein pl* (*pej fam*) **nach ~** in the style of lord of the manor; **nach ~ regieren** to rule as one pleases **Guts·hof** *m* estate, manor
Guts·ver·wal·ter(in) *m(f)* estate manager, steward, bailiff BRIT
gut·tu·ral [gʊtu'ra:l] *adj* guttural
gut·wil·lig I. *adj* (*entgegenkommend*) willing, obliging **II.** *adv* (*freiwillig*) voluntarily
Gu·ya·na <-s> [gu'ja:na] *nt* Guyana; *s. a.* **Deutschland**
Gu·ya·ner(in) <-s, -> [gu'ja:nɐ] *m(f)* Guyanese; *s. a.* **Deutsche(r)**
gu·ya·nisch [gu'ja:nɪʃ] *adj* Guyanese; *s. a.* **deutsch**
gym·na·si·al [gʏmna'zi̯a:l] *adj attr* ≈ grammar-school *attr* BRIT, ≈ high-school *attr* AM
Gym·na·si·al·leh·rer(in) *m(f),* **Gym·na·si·al·pro·fes·sor(in)** *m(f)* ÖSTERR ≈ grammar-school [*or* AM ≈ high-school] teacher
Gym·na·si·ast(in) <-en, -en> [gʏmna'zi̯ast] *m(f)* ≈ grammar-school pupil [*or* ≈ high-school student] AM
Gym·na·si·um <-s, -ien> [gʏm'na:zi̯ʊm, *pl* gʏm'na:zi̯ən] *nt* ≈ grammar school BRIT, ≈ high school AM; **humanistisches/mathematisch-naturwissenschaftliches ~** ≈ grammar school specializing in humanities/mathematics and natural science

i Kultur

German schoolchildren who after primary school go to the **Gymnasium** are trained to achieve the necessary academic standard required for university entrance between Years 5 and 13. In Austria, this takes eight years and in Switzerland the pupils have to spend at least eight years (and in some cantons nine) at *Maturitätsschule – grammar school.* Traditionally, there are several types of grammar school: those that specialize in classical languages (Latin and Greek), those that emphasize modern languages (with or without Latin), those that specialize in maths and science or economics, and those that put emphasis on music and art.

Gym·nas·tik <-> [gʏm'nastɪk] *f* gymnastics + *sing vb*
Gym·nas·tik·un·ter·richt *m* gymnastics + *sing vb*
gym·nas·tisch *adj* gymnastic
Gy·nä·ko·lo·ge, Gy·nä·ko·lo·gin <-n, -n> [gynɛko'lo:gə, -'lo:gɪn] *m, f* gynaecologist BRIT, gynecologist AM
Gy·nä·ko·lo·gie <-> [gynɛkolo'gi:] *f kein pl* gynaecology *no pl, no art* BRIT, gynecology *no pl, no art* AM
Gy·nä·ko·lo·gin <-, -nen> [gynɛko'lo:gɪn] *f fem form von* **Gynäkologe**
gy·nä·ko·lo·gisch [gynɛko'lo:gɪʃ] *adj* gynaecological BRIT, gynecological AM

Hh

H, h <-, - *o fam* -s, -s> [ha:] *nt* ❶ (*Buchstabe*) H [*or* h]; **~ wie Heinrich** H for [*or* AM as in] Harry [*or* AM How]; *s. a.* **A 1** ❷ MUS B; *s. a.* **A 2**
h *Abk von* **hora[e]** hr ❶ *gesprochen: Uhr* (*Stunde der Uhrzeit*) hrs; **Abfahrt des Zuges: 9 h 17** train departure: 9.17 a.m. ❷ *gesprochen: Stunde* (*Stunde*) h.; **130 km/h ist auf deutschen Autobahnen empfohlene Richtgeschwindigkeit** 130 kph is the recommended speed on German motorways
ha[1] [ha:] *Abk von* **Hektar** ha
ha[2] [ha] *interj* ❶ (*triumphierend*) ha!; **~, wusste ich's doch!** ha! I knew it! ❷ (*überrascht, erstaunt*) oh!; **~, guck mal, was ich da entdeckt habe!** oh! look what I've found here!
hạ̈ *interj* SÜDD, ÖSTERR, SCHWEIZ (*fam*) eh
Haag [ha:k] *m* ■**Den ~** The Hague
Haar <-[e]s, -e> [ha:ɐ̯] *nt* ❶ (*einzelnes Körperhaar*) hair ❷ *sing o pl* (*gesamtes Kopfhaar*) hair *no pl, no indef art;* **sie hat schönes, blondes ~** she's got lovely blonde hair; **graue ~e bekommen** to go grey BRIT [*or esp* AM gray]; **sich** *dat* **die ~e legen lassen** to have one's hair set; **sich** *dat* **die ~e** [*o* **das ~**] **schneiden lassen** to get [*or* have] one's hair cut; *s. a.* **Schulden** ►WENDUNGEN: **jdm stehen die ~e zu Berge** (*fam*) sb's hair stands on end; **jdm die ~e vom Kopf fressen** (*fam*) to eat sb out of house and home *fam;* **ein ~ in der Suppe finden** (*fam*) to find fault with sth; **~e auf den Zähnen haben** (*fam*) to be a tough customer *fam;* **um kein ~ besser** not a bit better; **sich** *dat* **über etw** *akk* **keine grauen ~e wachsen lassen** not to lose any sleep over sth; **an jdm/etw kein** [*o* **nicht ein**] **gutes ~ lassen** to pick [*or* pull] sb/sth to pieces; **krauses ~, krauser Sinn** frizzy hair, muddled mind; **lange ~e, kurzer Verstand** long hair, stunted mind; **sich** *dat* **die ~e ausraufen** (*fam*) to tear one's hair out; **sich** *dat* [**über etw** *akk*] **in die ~e geraten** [*o fam* **kriegen**] to quarrel [*or* squabble] [about sth]; **jdm kein ~ krümmen** (*fam*) not to touch a hair on sb's head; **~e lassen müssen** (*fam*) not to escape unscathed; **sich** *dat* [**wegen etw**] **in den ~en liegen** (*fam*) to be at loggerheads [about sth]; **sich** *dat* **die ~e raufen** to tear one's hair; **da sträuben sich einem ja die ~e!** (*fam*) it's enough to make your hair stand on end!; **etw an den ~en herbeiziehen** (*fam*) to be far-fetched; **aufs ~** exactly; **die Zwillinge gleichen sich aufs ~** the twins are as alike as two peas in a pod; **um ein** [*o* **ums**] **~** within a hair's breadth
Haar·an·satz *m* hairline **Haar·aus·fall** *m* hair loss *no pl* **Haar·band** *nt* hairband **Haar·breit** *nt* ►WENDUNGEN: **nicht** [**um**] **ein** [*o* **um kein**] **~** not an inch; **er wollte um kein ~ zurückweichen** he wouldn't give an inch **Haar·bürs·te** *f* hairbrush **Haar·bü·schel** *nt* tuft of hair
haa·ren ['ha:rən] *vi* to moult BRIT [*or* AM molt]; **haart der Pelzmantel?** is the fur coat losing it's hair?
Haar·ent·fer·ner <-s, -> *m* hair remover
Haa·res·brei·te *f inv* ►WENDUNGEN: [**nur**] **um ~** [only] by a hair's breadth [*or* a whisker]
Haar·far·be *f* colour [*or* AM -or] of one's hair **Haar·fes·ti·ger** <-s, -> *m* setting lotion **Haar·ge·fäß** *nt* capillary **haar·ge·nau** *adj* exact; **die Beschreibung trifft ~ auf ihn zu** the description fits him to a T

haa·rig ['ha:rɪç] *adj* ❶ (*stark behaart*) hairy ❷ (*fam: heikel, vertrackt*) tricky *fam;* **eine ~e Angelegenheit** a tricky matter ❸ (*riskant, gefährlich*) hairy *fam* ❹ (*fam: extrem*) tough *fam;* **das sind aber ~e Preise** these prices are really steep

Haar·klam·mer *f* hair clip **haar·klein** ['ha:ɐ̯'klain] *adv* in minute detail **Haar·klem·me** *f s.* **Haarklammer Haar·kno·ten** *m* bun, knot **Haar·lack** *m* hairspray **haar·los** *adj* hairless **Haar·na·del** *f* hairpin **Haar·na·del·kur·ve** *f* hairpin bend **Haar·netz** *nt* hairnet; **flüssiges ~** extra-hold hairspray **Haar·pfle·ge** *f* hair care; **zur ~** for the care of one's hair **Haar·pracht** *f* splendid head of hair **Haar·pro·be** *f* hair analysis **Haar·reif** *m* Alice band **Haar·riss**RR *m* hairline crack **haar·scharf** *adv* ❶ (*ganz knapp*) by a hair's breadth ❷ (*sehr exakt*) exactly **Haar·schlei·fe** *f* bow, hair ribbon **Haar·schnitt** *m* ❶ (*Frisur*) hairstyle, haircut ❷ (*das Haareschneiden*) haircut **Haar·schopf** *m* mop [*or* BRIT shock] of hair **Haar·sieb** *nt* extra-fine sieve **Haar·spal·te·rei** <-, -en> [ha:ɐ̯ʃpalte'rai] *f* (*pej*) splitting hairs *no pl, no art* **Haar·span·ge** *f* hair slide **Haar·spit·ze** *f* end of a hair; **gespaltene ~n** split ends **Haar·spray** *nt o m* hairspray **Haar·stern** *m* ZOOL feather star **Haar·sträh·ne** *f* strand of hair **haar·sträu·bend** ['ha:ɐ̯ʃtrɔybn̩t] *adj* hair-raising **Haar·teil** *nt* hairpiece **Haar·tracht** *f* (*veraltend geh*) hairstyle **Haar·trock·ner** *m* hair dryer **Haar·wä·sche** *f* hair wash **Haar·wasch·mit·tel** *nt* shampoo **Haar·was·ser** *nt* hair lotion **Haar·wild** *nt kein pl* furred game *no pl* **Haar·wuchs** *m* growth of hair; **einen ... ~ haben** to have a ... head of hair; **in meiner Jugend hatte ich einen dichteren ~ als heute** I had a lot more hair in my youth than I have today **Haar·wuchs·mit·tel** *nt* hair restorer **Haar·wur·zel** *f* root of a/the hair

Hab [ha:p] *nt* **~ und Gut** (*geh*) belongings *npl,* possessions *pl*

Hab·acht·stel·lung *f* MIL attention *no pl, no indef art;* **in ~ gehen** to stand to attention

Ha·be <-> ['ha:bə] *f kein pl* (*geh*) belongings *npl,* possessions *pl;* **bewegliche ~** movables *pl*

ha·ben <hatte, gehabt> ['ha:bn̩] **I.** *vt* ❶ (*besitzen*) ■**etw/jdn ~** to have sth/sb; **wir ~ zwei Autos** we've got two cars; **die/wir ~'s [ja]** (*fam*) they/we can afford it; (*iron a.*) [well] what's that to them/us!; **wer hat, der hat** (*fam*) I'd/we'd rather have it than not; **~ wir noch etwas Käse?** have we still got some cheese?; **er hat eine erwachsene Tochter** he's got a grown-up daughter; **sie hatte gestern Geburtstag** it was her birthday yesterday; **jdm zur Frau/zum Mann ~ wollen** to want to make sb one's wife/husband ❷ (*erhalten*) **ich hätte gern eine größere Wohnung** I'd like a bigger flat; **könnte ich mal das Salz ~?** could I have the salt please?; **ich hätte gern ein Pfund Zucker** I'd like a pound of sugar, please, can I have a pound of sugar, please; **ich hätte gern ein Bier** I'd like a beer, please, can I have a beer, please; **wie hätten Sie es gern?** how would you prefer it?; **woher hast du das?** where did you get that? ❸ (*fam: bekommen*) ■**etw ~** to have sth; **wir ~ um zwei eine Besprechung** we've got a meeting at two; **ein Glück, wir ~ morgen keine Schule** that's lucky, there's no school for us tomorrow; **was hast du diesmal in Französisch?** what did you get for French this time?; **in der Schule hat sie immer gute Noten gehabt** she always got good marks at school; **wen habt ihr eigentlich in Mathe?** who have you got for maths? ❹ (*aufweisen*) ■**etw ~** to have sth; **sie hat eine Narbe am rechten Kinn** she has a scar on the right-hand side of her chin; **leider hat der Wagen eine Beule** unfortunately the car has a dent; **hat das Haus einen Swimmingpool?** has the house got a swimming pool?; **er hat Beziehungen** he's got connections ❺ (*zur Verfügung ~*) ■**etw ~** to have sth; **hast du heute Abend ein Stündchen Zeit für mich?** could you spare me a little time this evening?; **ich habe morgen leider keine Zeit** I'm afraid I don't have time tomorrow ❻ ÖKON (*führen*) ■**etw ~** to have sth; **bedauere, den Artikel ~ wir leider nicht** sorry, unfortunately we don't have this item; **das Buch ist noch zu ~** the book is still available; **dieser Artikel ist leider nicht mehr zu ~** this item is unfortunately no longer available ❼ *in Maßangaben* ■**etw ~** to have sth; **ein Meter hat 100 Zentimeter** there are 100 centimetres in a metre; **die Kugel hat einen Inhalt von 600 Kubikmeter** the sphere has a capacity of 600 cubic metres; **das Grundstück dürfte über 4000 Quadratmeter ~** the plot should be over 4,000 square metres ❽ (*von etw erfüllt sein*) ■**etw ~** to have sth; **ich habe Fieber/eine Erkältung** I've got a temperature/a cold; **ich habe doch noch einige Zweifel** I've still got a few doubts; **hast du Lust, mit ins Theater zu kommen?** do you feel like coming to the theatre with us?; **Durst/Hunger ~** to be thirsty/hungry; **gute/schlechte Laune ~** to be in a good/bad mood; **Angst/Sorgen ~** be afraid/worried; **hast du was?** is something [*or* what's] the matter [*or* wrong]?; **ich hab nichts!** nothing's the matter!; **was hat er/sie denn [*o* bloß] [*o* nur]?** what's up with him/her? *fam,* whatever's [*or fam* what on earth's] the matter with him/her? ❾ (*herrschen*) **wie viel Uhr ~ wir bitte?** what time is it, please?; **wir ~ heute den 13.** it's the 13th today; **in Australien ~ sie jetzt Winter** it's winter now in Australia; **morgen sollen wir über 35° C im Schatten ~** it's supposed to be over 35 in the shade tomorrow; **in Bayern ~ wir seit Tagen strengen Frost** we've had a severe frost in Bavaria for days ❿ *mit adj* ■**es ... ~: ihr habt es sicher sehr angenehm in dieser Wohngegend** it must certainly be very pleasant for you in this residential area; **so hast du es bequemer** you'll be more comfortable that way; **ich habe es etwas kalt im Haus** my house is a bit cold; **es bei jdm gut ~** to be well off with sb; *s. a.* **leicht, schlecht, schwer** ⓫ *in Infinitivkonstruktion mit zu* (*tun müssen*) ■**etw zu tun ~** to have to do sth; **du hast zu tun, was ich sage!** you're to do what [*or* as] I say!; **Sie ~ hier keine Fragen zu stellen!** it's not for you to ask questions here!; **ich habe noch zu arbeiten** I've still got work to do; **als Rekrut ~ Sie sich nicht zu beschweren!** as a recruit it's not your place to complain! ⓬ *in Infinitivkonstruktion mit Raumangabe* **im Schlafzimmer hat er ein Bild hängen** he's got a picture hanging in his bedroom; **ich habe über 4000 Bücher in den Regalen stehen** I've got over 4,000 books on the shelves ⓭ DIAL (*geben*) ■**es hat** there is/are; **im Sommer hat es dort immer reichlich Obst** there's always an abundance of fruit there in the summer; ■**jdm etw ~** to have sth for sb; **geh zu deinem Opa, der hat dir was** go and see grandad, he's got something for you ⓮ *mit präp* ■**etw an sich** *dat* **~** to have sth about one; **sie hat so etwas an sich, das sie sehr anziehend macht** she has something about her that makes her very attractive; **ich weiß nicht, was er an sich hat, dass alle ihn so mögen** I don't know what it is about him that makes everyone like him so much; **das hat er/sie/es so an sich** *dat* that's [just] the way he/she/it is; **das hat sie so an sich** that's just the way she is; ■**etw an jdm ~: jetzt weiß ich, was ich an ihr habe** now I know how lucky I am to have her; **an diesen Idioten habe ich doch nichts!** these idiots are useless to me!; **an den Kindern habe ich eine große Hilfe** the children are a great help to me; **es an/in etw** *dat* **~** (*fam: leiden*) to have trouble with sth; **ich habe es im Rücken!** I've got trouble with my back; **er hat es am Herz** he's got heart trouble; **was hat es damit auf sich?** what's all this about?; **für etw zu haben/nicht zu ~ sein** to be/not to be keen on sth; **für einen schönen Videoabend bin ich schon immer zu ~ gewesen** I've always been keen on a nice video evening; **er ist immer für einen Spaß zu ~** he's always on for a laugh; **etwas für sich ~: keine schlechte Idee, sie hat etwas für sich** not a bad idea, there's something to be said for it; **jdn/etw gegen sich ~** to have sb/sth against one; **jetzt hat sie die ganze Firma gegen sich** now she's got the whole firm against her; **etwas/nichts gegen jdn/etw ~** to have something/nothing against sb/sth; **hast du was**

gegen mein neues Kleid? have you got something against my new dress?; **es in sich** ~ (*fam*) to be tough; **der Trick hat es in sich!** the trick's a tough one!; **der Wein hat es aber in sich!** the wine has really got some punch!; **das Essen muss es wohl in sich gehabt** ~ the food must have been really rich; **etwas mit jdm** ~ (*euph*) to have something [*or* a thing] going with sb *euph;* **der Chef hat wohl etwas mit seiner Sekretärin** there's something [going on] between the boss and his secretary; **es mit etw** ~ to have a thing about sth; ▪**etw von jdm** ~ to have sth from sb; **die blauen Augen hat sie vom Vater** she has her father's blue eyes, she gets her blue eyes from her father; **er hat etwas von einem Bengel [an sich]** he's a bit of a rascal; **ihre Skulpturen** ~ **etwas von Rubin** her sculpture owes much to Rubin; **von wem hast du deine schlechten Manieren?** from whom did you get your bad manners?; **mehr/viel/wenig von jdm/etw** ~ to get more/a lot/little from [*or* out of] sb/sth; **die Kinder** ~ **bisher wenig von ihrem Vater gehabt** the children have seen little of their father so far; ▪**etw von etw** ~ to get sth out of sth; **das hast du nun von deiner Kompromisslosigkeit** that's what comes of being unwilling to compromise; **das Kleid hat etwas von Eleganz** the dress has a certain elegance about it; **nichts davon** ~ not to gain anything from it; **warum tut sie das? davon hat sie doch gar nichts!** why does she do it? she doesn't gain anything from it; **das hast du jetzt davon[, dass ...]** (*fam*) that's what you get for ...; **das hast du jetzt davon!** now see where it's got you!; **das hast du nun davon, dass du immer so schnell fährst!** that's what you get for speeding all the time!; **jdn vor sich** *dat* ~ to deal with sb; **wissen Sie überhaupt, wen Sie vor sich haben?** have you any idea whom you are dealing with? ▸WENDUNGEN: **das nicht** ~ **können** (*fam*) to not be able to stand that; **hör auf mit diesen Ausdrücken, ich kann das nicht haben!** stop using these expressions, I can't stand it!; **noch/nicht mehr zu** ~ **sein** (*fam*) to be still/no longer available; **ich habe mich von meiner Freundin getrennt, ich bin jetzt wieder zu** ~ my girlfriend and I have split up, so now I'm available again; **da hast du/~ Sie ...** there you are; **da hast du zehn Euro!** there you are, there's ten euros!; **also gut, da** ~ **Sie das Geld** right, well there you are, there's the money; **da hast du's/~ wir's!** (*fam*) there you are [*or fam* go]!; **da** ~ **wir's, genau wie ich es vorausgesagt hatte!** there you go! exactly as I predicted!; **ich hab's!** (*fam*) I've got it! *fam;* **lass mich nachdenken, ja, ich hab's!** let me think, yes, I've got it!; **wie gehabt** as usual; **hat sich was geändert? – nein, es ist alles noch wie gehabt** has anything changed? – no, it's still just as it was **II.** *vr* (*fam*) ❶ (*sich aufregen*) ▪**sich [mit/wegen etw]** ~ to make a fuss [about sth]; **musst du dich immer so haben?** must you always make such a fuss? ❷ (*sich streiten*) to argue; **sie** ~ **sich mal wieder gehabt** they have been arguing [*or* fighting] again **III.** *vr impers* (*fam*) (*wieder in Ordnung sein*) ▪**es hat sich wieder** it's all right again; **er gab ihr einen Kuss, und es hatte sich wieder** he gave her a kiss and it was all right again; **hat es sich wieder, oder bist du immer noch wütend?** is everything OK now or are you still furious? ▸WENDUNGEN: **und damit hat es sich** (*fam*) and that's it! *fam;* **hier sind noch mal 500 Euro, und damit hat es sich!** here's another 500 euros, but that's it!; **hat sich was!** (*fam*) you must be joking!; **Ihr Schirm? hat sich was, das ist meiner!** your umbrella? don't make me laugh, that's mine! **IV.** *vb aux* ▪**etw getan** ~ to have done sth; **ich habe das nicht getan, das war meine Schwester!** I didn't do that, it was my sister!; **hätten Sie das nicht voraussehen können?** could you not have foreseen that?; **du hättest den Brief früher schreiben können** you could have written the letter earlier; **also, ich hätte das nicht gemacht** well, I wouldn't have done that; ▪**etw getan** ~ **wollen** to claim to have done sth; **sie will ihn in einem Laden gesehen** ~ she claims to have seen him in a shop; **ich will nichts gesagt haben, verstanden?** I didn't say anything, OK?

Ha·ben <-s> ['ha:bn̩] *nt kein pl* credit; **mit etw im** ~ **sein** to be in credit by sth

Ha·be·nichts <-[es], -e> ['ha:bənɪçts] *m* (*fam*) have-not *usu pl,* pauper

Ha·ben·sei·te *f* credit side **Ha·ben·zin·sen** *pl* credit interest, interest on credit

Hab·gier ['ha:pgi:ɐ̯] *f* (*pej*) greed *no pl,* avarice *no pl*

hab·gie·rig ['ha:pgi:rɪç] *adj* (*pej*) greedy, avaricious

hab·haft *adj* (*geh*) ▪**jds** *gen* ~ **werden** to catch sb; ▪**einer S.** *gen* ~ **werden** get hold of sth

Ha·bicht <-s, -e> ['ha:bɪçt] *m* ORN hawk

Ha·bichts·kraut *nt* BOT hawkweed

ha·bil. [ha'bi:l] *adj Abk von* **habilitatus** *qualified to lecture at a university*

Ha·bi·li·ta·ti·on <-, -en> [habilita'tsi̯o:n] *f* habilitation (*qualification as a university lecturer*)

Ha·bi·li·ta·ti·ons·schrift *f postdoctoral thesis relating to qualification as a university lecturer*

ha·bi·li·tie·ren* [habili'ti:rən] **I.** *vr* ▪**sich** ~ to qualify as a university lecturer **II.** *vt* ▪**jdn** ~ to award sb the qualification of university lecturer

Ha·bit <-s, -e> [ha'bi:t] *nt o m* ❶ (*Ordenskleid*) habit ❷ (*geh: Aufzug*) attire *no pl, no indef art*

Ha·bi·tat <-s, -e> [habi'ta:t] *nt* habitat

Habs·bur·ger(in) <-s, -> ['ha:psbʊrgɐ] *m(f)* Hapsburg

habs·bur·gisch ['ha:psbʊrgɪʃ] *adj* Hapsburg *attr*

Hab·se·lig·kei·ten ['ha:pze:lɪçkaitn̩] *pl* [meagre [*or* AM -er]] belongings *npl* [*or* possessions *pl*] [*or* effects *npl*]

Hab·sucht *f s.* **Habgier**

hab·süch·tig ['ha:pzʏçtɪç] *adj s.* **habgierig**

hach [hax] *interj* huh

Ha·chel <-, -n> ['haxl̩] *f* ÖSTERR (*Küchenhobel*) slicer

ha·cheln ['haxl̩n] *vt, vi* ÖSTERR (*hobeln*) ▪**[etw]** ~ to chop [*or* slice] [sth]

Hach·se <-, -n> ['haksə] *f* KOCHK DIAL (*Haxe*) knuckle [of lamb]

Hack·beil *nt* chopper, cleaver **Hack·block** *m s.* **Hackklotz** **Hack·bra·ten** *m* meat loaf **Hack·brett** *nt* ❶ KOCHK chopping board ❷ MUS dulcimer

Ha·cke[1] <-, -n> ['hakə] *f* ❶ DIAL (*Ferse*) heel; **die** ~**n zusammenschlagen** [*o* **zusammenklappen**] MIL to click one's heels ❷ DIAL (*Ferse an Socken, Strümpfen*) heel ▸WENDUNGEN: **sich** *dat* **die** ~**n [nach etw] ablaufen** (*fam*) to run [*or* walk] one's legs off [*or* wear oneself out] looking for something; **jdm nicht von den** ~**n gehen** to dog sb; **die** ~**n voll haben** [*o* **einen im** ~**n haben**] NORDD (*fam*) to be tanked up *fam;* **sich jdm an die** ~**n hängen** [*o* **heften**] to stick to sb's heels; **jdm [dicht] auf den** ~**n sein** [*o* **bleiben**] [*o* **sitzen**] (*fam*) to be [*or* stay] hard on sb's heels

Ha·cke[2] <-, -n> ['hakə] *f* ❶ (*Gartengerät*) hoe ❷ ÖSTERR (*Axt*) axe

Ha·cke·beil *nt s.* **Hackbeil**

ha·cken ['hakn̩] **I.** *vt* ❶ (*zerkleinern*) ▪**etw** ~ to chop [up *sep*] sth ❷ (*hackend lockern*) ▪**etw** ~ to hoe sth ❸ (*durch Hacken herstellen*) ▪**etw [in etw** *akk*] ~ to hack sth [in sth] **II.** *vi* ❶ (*mit dem Schnabel schlagen*) ▪**[nach jdm/etw]** ~ to peck [sb/sth] ❷ (*mit der Hacke arbeiten*) ▪**[in/zwischen etw]** ~ to hoe [in/between sth] ❸ INFORM (*sl*) ▪**auf etw** *dat* ~ to sit at sth hacking away; **er hackt schon seit Stunden auf seinem Computer** he's been hacking away on his computer for hours; ▪**das H**~ hacking

Ha·cken <-s, -> ['hakn̩] *m s.* **Hacke**[1] **1**

Ha·cke·pe·ter <-s, -> *m* ❶ NORDD (*Hackfleisch*) mince BRIT, minced [*or* AM ground] meat ❷ KOCHK steak tartare (*seasoned lean minced beef, eaten raw*)

Ha·cker(in) <-s, -> ['hakɐ] *m(f)* INFORM (*sl: Computerpirat*) hacker; (*Computerfan*) computer freak

Hack·fleisch *nt* mince, minced [*or* AM ground] meat ▸ WENDUNGEN: ~ **aus jdm machen** [*o* **jdn zu ~ machen**] (*sl*) to make mincemeat of sb *fam* **Hack·frucht** *f usu pl* AGR root crop **Hack·klotz** *m* chopping block **Hack·ord·nung** *f* (*fig a.*) pecking order

Häck·sel <-s> ['hɛksl̩] *nt o m kein pl* chaff *no pl, no indef art*

Hack·steak ['hakste:k] *nt* hamburger **Hack·stock** *m* ÖSTERR (*Hackklotz*) chopping block

Ha·der <-s> ['ha:dɐ] *m kein pl* (*geh*) discord *no pl, no indef art form;* **mit jdm in ~ leben** to live in strife with sb

Ha·der·lump *m* ÖSTERR, SÜDD (*pej*) waster BRIT *pej,* good-for-nothing *pej*

ha·dern ['ha:dɐn] *vi* (*geh*) ■[**mit etw**] ~ to quarrel [with sth]; **mit seinem Schicksal** ~ to rail against one's fate

Ha·des <-> ['ha:dɛs] *m kein pl* Hades *no pl, no art*

Ha·fen[1] <-s, Häfen> ['ha:fn̩, *pl* 'hɛ:fn̩] *m* ❶ (*größerer Ankerplatz*) harbour [*or* AM -or], port; **ein Schiff läuft in den ~ ein/läuft aus dem ~ aus** a ship enters/leaves port ❷ (*geh: Zufluchtsort*) [safe] haven ▸ WENDUNGEN: **den ~ der Ehe ansteuern** to be looking to get married; **in den ~ der Ehe einlaufen** (*hum fam*) to finally tie the knot *hum fam;* **im ~ der Ehe landen** (*hum fam*) to get married [*or* hitched] [*or* BRIT *hum fam* spliced]

Ha·fen[2] <-s, Häfen *o* -> ['ha:fn̩, *pl* 'hɛ:fn̩] *m o nt* DIAL, BES ÖSTERR ❶ (*größerer Topf*) pan, pot ❷ (*Nachttopf*) chamber pot, potty BRIT

Hä·fen <-s, -> ['hɛ:fn̩] *m* ÖSTERR ❶ *s.* **Hafen**[2] ❷ (*sl: Gefängnis*) clink *sl*

Ha·fen·amt *nt* port [*or* harbour [*or* AM -or]] authority **Ha·fen·an·la·gen** *pl* docks *pl* **Ha·fen·ar·bei·ter(in)** *m(f)* docker **Ha·fen·be·hör·de** *f* harbour [*or* port] authority **Ha·fen·ein·fahrt** *f* harbour entrance **Ha·fen·knei·pe** *f* (*fam*) dockland [*or* harbour] bar [*or* BRIT pub] **Ha·fen·meis·ter(in)** *m(f)* harbour master **Ha·fen·po·li·zei** *f* dock [*or* port] police + *sing/pl vb* **Ha·fen·rund·fahrt** *f* boat trip round the harbour **Ha·fen·stadt** *f* port **Ha·fen·vier·tel** *nt* dock area, docklands *pl*

Ha·fer <-s, -> ['ha:fɐ] *m* oats *pl* ▸ WENDUNGEN: **jdn sticht der ~** (*fam*) sb is feeling his oats AM *sl,* sb has the wind up his tail BRIT *fam*

Ha·fer·brei *m* porridge *no pl, no indef art* **Ha·fer·flo·cken** *pl* oat flakes *pl,* rolled oats *pl* **Ha·fer·grüt·ze** *f* groats *npl,* grits *npl* AM **Ha·fer·kleie** *f* oat bran *no pl, no indef art* **Ha·fer·korn** *nt* oat grain **Ha·fer·küm·mel** *m* cumin **Ha·fer·mehl** *nt* oatmeal *no pl, no indef art* **Ha·fer·sack** *m* nosebag **Ha·fer·schleim** *m* gruel *no pl* **Ha·fer·wurz** *f* salsify, vegetable oyster

Haff <-[e]s, -s *o* -e> ['haf] *nt* lagoon

Haf·ni·um <-s> ['ha:fniʊm] *nt kein pl* CHEM hafnium *no pl, no indef art*

Haft <-> [haft] *f kein pl* (*~strafe*) imprisonment *no pl;* (*~zeit*) prison sentence, term of imprisonment; **in ~ sein** [*o* **sich in ~ befinden**] to be in custody [*or* prison]; **aus der ~ entlassen werden** to be released from custody [*or* prison]; **jdn in ~ nehmen** to take sb into custody

Haft·an·stalt *f* detention centre [*or* AM -er], prison **Haft·aus·set·zung** <-, -en> *f* parole *no pl, no art*

haft·bar ['haftba:ɐ̯] *adj* ■**für etw ~ sein** to be liable for sth; **jdn für etw ~ machen** to hold sb [legally] responsible for sth

Haft·be·fehl *m* [arrest] warrant; **einen ~ gegen jdn ausstellen** to issue a warrant for sb's arrest; **jdn mit ~ suchen** to have a warrant out for sb's arrest **Haft·dau·er** *f* term of imprisonment

Haf·tel <-s, -n> ['haftl̩] *nt* MODE ÖSTERR (*Häkchen und Öse*) hook and eye

Haf·tel·ma·cher *m* ÖSTERR ▸ WENDUNGEN: **wie ein ~ aufpassen** to watch like a hawk

haf·ten[1] ['haftn̩] *vi* ❶ ÖKON ■[**mit etw**] ~ to be liable [with sth]; **sie haftet mit ihrem ganzen Vermögen** she is liable with the whole of her property; **auf Schadenersatz ~** to be liable for compensation ❷ (*die Haftung übernehmen*) ■**für jdn/etw ~** to be responsible for sb/sth; **im Falle von Schäden ~ Eltern für Ihre Kinder** parents are responsible for their children in cases of damage; **jdm dafür ~, dass ...** to provide sb with a guarantee that ...

haf·ten[2] ['haftn̩] *vi* ❶ (*festkleben*) ■[**auf etw** *dat*] ~ to adhere [*or* stick] [to sth] ❷ (*sich festsetzen*) ■**an etw** *dat* ~ to cling to sth; ■[**an/auf etw** *dat*] ~ **bleiben** to adhere [*or* stick] [to sth] ❸ (*hängen bleiben*) ■**an jdm ~** to stick to sb ❹ (*verinnerlicht werden*) ■**bei jdm ~** to stick in sb's mind; ■[**in jdm**] ~ **bleiben** [*o* **haftenbleiben**] to stick [in sb's mind]; **die Eindrücke des Krieges werden für immer in ihm ~** the impressions of war will stay with him for ever

haf·ten|blei·ben[ALT1] *vi irreg sein s.* **haften**[2] **2**

haf·ten|blei·ben[2] *vi irreg sein* (*verinnerlicht werden*) *s.* **haften**[2] **4**

Haft·ent·las·sung *f* release from custody [*or* prison] **Haft·ent·schä·di·gung** *f* compensation for wrongful imprisonment

haft·fä·hig[1] *adj* (*klebend*) adhesive

haft·fä·hig[2] *adj* JUR fit for a custodial sentence

Haft·fä·hig·keit[1] *f von Reifen* roadholding *no pl, no indef art*

Haft·fä·hig·keit[2] *f* JUR fitness for a custodial sentence

Häft·ling <-s, -e> ['hɛftlɪŋ] *m* prisoner

Haft·no·tiz *f* self-adhesive note

Haft·pflicht *f* ❶ (*Schadenersatzpflicht*) liability ❷ (*fam: Haftpflichtversicherung*) personal [*or* AM public] liability insurance *no pl, no art;* AUTO third-party insurance *no pl, no art*

haft·pflich·tig *adj* liable

haft·pflicht·ver·si·chert *adj* ■~ **sein** to have personal liability insurance; AUTO to have [*or* be covered by] third-party insurance **Haft·pflicht·ver·si·che·rung** *f* personal [*or* AM public] liability insurance *no pl, no art;* AUTO third-party insurance *no pl, no art*

Haft·rich·ter(in) *m(f)* magistrate **Haft·stra·fe** *f* (*veraltend*) *s.* **Freiheitsstrafe** **haft·un·fä·hig** *adj* unfit for a custodial sentence

Haf·tung[1] <-, -en> ['haftʊŋ] *f* JUR liability; **für Garderobe übernehmen wir keine ~** articles are left at the owner's risk

Haf·tung[2] <-> ['haftʊŋ] *f kein pl* roadholding *no pl, no indef art*

Haf·tungs·be·schrän·kung *f* JUR limitation of liability

Haft·ur·laub *m* parole *no pl, no art* **Haft·ver·kür·zung** *f* JUR shortened sentence **Haft·ver·scho·nung** *f* conditional discharge **Haft·zeit** *f* term of imprisonment

Ha·ge·but·te <-, -n> ['ha:gəbʊtə] *f* rose hip

Ha·ge·but·ten·tee *m* rose-hip tea

Ha·ge·dorn ['ha:gədɔrn] *m* NORDD (*Weißdorn*) hawthorn

Ha·gel <-s> ['ha:gl̩] *m kein pl* ❶ METEO hail *no pl, no indef art* ❷ (*Schauer*) hail; ■**ein ~ von etw** a hail of sth ❸ (*Kanonade*) torrent; ■**der/ein ~ von etw** the/a stream [*or* torrent] of sth; ~ **von Flüchen und Schimpfwörtern** [*o* **Beschimpfungen**] torrent of abuse

Ha·gel·korn <-körner> *nt* hailstone

ha·geln ['ha:gl̩n] **I.** *vi impers* to hail **II.** *vt impers* (*fam*) ■**es hagelt etw** there is a hail of sth

Ha·gel·scha·den *m* damage caused by hail **Ha·gel·schau·er** *m* hail shower **Ha·gel·schlag** *m* hailstorm **Ha·gel·zu·cker** *m* white sugar crystals

ha·ger ['ha:gɐ] *adj* gaunt, thin; **ein ~es Gesicht** a gaunt face; **~e Arme** thin arms

Ha·ge·stolz <-es, -e> ['ha:gəʃtɔlts] *m* (*hum veraltend*) confirmed bachelor

Ha·gi·o·gra·phie, Ha·gi·o·gra·fie[RR] <-, -n> [hagi̯ogra'fi:, *pl* -'fi:ən] *f* (*fachspr*) hagiography

ha·ha [ha'ha:], **ha·ha·ha** [haha'ha:] *interj* haha; ha, ha, ha

Hä·her <-s, -> ['hɛhɐ] *m* ORN jay

Hahn[1] <-[e]s, Hähne> [ha:n, *pl* 'hɛnə] *m* ❶ (*männliches Haushuhn*) cock, rooster AM; (*jünger*) cockerel ❷ (*Wetterhahn*) weathercock ▸ WENDUNGEN: [**bei jdm**] **der ~ im Korbe sein**

(*fam*) to be the only male in a group of females, to be cock of the walk *fam;* **der gallische** ~ the French cockerel; **ein guter** ~ **wird selten fett** a sexually active man remains fit; **jdm den roten** ~ **aufs Dach setzen** to set sb's house on fire; **nach etw kräht kein** ~ **mehr** (*fam*) no one cares two hoots about sth anymore *fam*

Hahn² <-[e]s, Hähne *o* -en> [ha:n, *pl* 'hɛnə] *m* ❶ (*Wasserhahn*) tap, faucet AM ❷ *pl Hähne* (*Vorrichtung an Schusswaffen*) hammer, cock ▶WENDUNGEN: **[jdm] den** ~ **zudrehen** to stop sb's money supply

Hähn·chen <-s, -> ['hɛnçən] *nt* chicken

Hähn·chen·brust *f* chicken breast

Hah·nen·fuß *m* BOT buttercup **Hah·nen·fuß·ge·wächs** *nt* BOT ranunculus **Hah·nen·kamm** *m* (*Frisur a.*) cockscomb **Hah·nen·kampf** *m* cockfight **Hah·nen·schrei** *m* cockcrow; **beim** [*o* **mit dem**] **ersten** ~ at first cockcrow **Hah·nen·tritt·mus·ter** *nt* MODE dogtooth check

Hah·ni·um <-s> ['ha:ni̯ʊm] *nt kein pl* CHEM hahnium *no pl, no indef art*

Hahn·rei <-s, -e> ['ha:nrai] *m* (*hum veraltet*) cuckold *dated;* **jdn zum** ~ **machen** to cuckold sb *dated*

Hai <-[e]s, -e> ['hai] *m* shark

Hai·fisch ['haifɪʃ] *m s.* **Hai**

Hai·fisch·flos·sen·sup·pe *f* shark-fin soup

Hain <-[e]s, -e> [hain] *m* (*poet, geh*) grove; **ein heiliger** ~ a sacred grove

Hain·bu·che *f* BOT hornbeam **Hain·sim·se** <-, -n> *f* BOT woodrush

Ha·i·ti <-s> [ha'i:ti] *nt* Haiti; *s. a.* **Sylt**

Ha·i·ti·a·ner(in) <-s, -> [hai'ti̯a:nɐ] *m(f)* Haitian; *s. a.* **Deutsche(r)**

ha·i·ti·a·nisch [hai'ti̯a:nɪʃ] *adj* Haitian; *s. a.* **deutsch**

ha·i·tisch [ha'i:tɪʃ] *adj s.* **haitianisch**

Häk·chen <-s, -> ['hɛkçən] *nt dim von* **Haken** ❶ (*kleiner Haken*) [small] hook ❷ (*v-förmiges Zeichen*) tick ❸ LING (*fam*) diacritic ▶WENDUNGEN: **was ein** ~ **werden will, krümmt sich beizeiten** (*prov*) there's nothing like starting young

Hä·kel·ar·beit [hɛkəl-] *f* ❶ (*Handarbeit*) crochet[ing] ❷ (*gehäkelter Gegenstand*) [piece of] crochet [work] **Hä·kel·garn** *nt* crochet thread

ha·keln ['ha:kl̩n] **I.** *vi* DIAL to finger-wrestle **II.** *vt* SPORT ■**jdn** ~ to hook sb

hä·keln ['hɛkl̩n] **I.** *vi* to crochet; ■**das H**~ crocheting **II.** *vt* ■**etw** ~ to crochet sth

Hä·kel·na·del *f* crochet hook

ha·ken ['ha:kn̩] **I.** *vi* ❶ (*fest~*) to have got caught [*or* stuck]; **der Schlüssel hakt irgendwie im Schloss** somehow the key's got stuck in the lock ❷ *impers* (*fam: schwierig sein*) ■**es hakt [bei jdm]** sb is stuck **II.** *vt* ❶ (*befestigen*) ■**etw an/auf/in etw** *akk* ~ to hook sth to/on[to]/in[to] sth ❷ SPORT to hook

Ha·ken <-s, -> ['ha:kn̩] *m* ❶ (*gebogene Halterung*) hook ❷ (*beim Boxen*) hook ❸ (*hakenförmiges Zeichen*) tick ❹ (*fam: hindernde Schwierigkeit*) catch, snag; **einen** ~ **haben** (*fam*) to have a catch ▶WENDUNGEN: **mit/ohne** ~ **und Ösen** with/with no strings attached; **mit** ~ **und Ösen** by hook or by crook; ~ **schlagen** to change tactics; **ein Hase schlägt einen** ~ a hare doubles back [*or* darts sideways]

ha·ken·för·mig *adj* hooked, hook-shaped **Ha·ken·kreuz** *nt* swastika **Ha·ken·na·se** *f* hooked nose, hooknose **Ha·ken·wurm** *m* MED hookworm **Ha·ken·wurm·krank·heit** *f* hookworm disease, ancylostomiasis *spec*

Ha·la·li <-s, -[s]> [hala'li:] *nt* JAGD mort

halb [halp] **I.** *adj* ❶ (*die Hälfte von*) half; **die** ~**e Flasche ist leer** the bottle is half empty ❷ *inv* (*halbe Stunde der Uhrzeit*) **es ist genau** ~ **sieben** it is exactly half past six; ■**... nach/vor** ~ **...** after/before half past; **es ist erst fünf nach/vor** ~ it's only twenty-five to/past ❸ *inv, kein art* (*ein Großteil*) ■~ **...** half of ...; ~ **Deutschland verfolgt die Fußballweltmeisterschaft** half of Germany is following the World Cup; ■**der/die/das** ~**e ...** half the ... ❹ (*fam: fast*) ■**eine** ~**e/ein** ~**er/ein** ~**es ...** something of a ...; **du bist ja ein** ~**er Elektriker** you're something of an electrician ❺ (*halbherzig*) half-hearted; *s. a.* **Weg** ❻ KOCHK (*Garstufe*) half-done ▶WENDUNGEN: **nichts H**~**es und nichts Ganzes** (*fam*) neither one thing nor the other **II.** *adv* ❶ *vor Verb* (*zur Hälfte*) half; ■**nur** ~ only half; **ich habe nur** ~ **verstanden, was sie sagte** I only half understood what she said; **etw nur** ~ **machen** to only half-do sth; **ein Glas** ~ **vollgießen** to fill [up *sep*] a glass halfway [*or* to the halfway mark]; ~ **so ... sein** to be half as ...; **er ist nicht** ~ **so schlau wie sein Vorgänger** he's not nearly as crafty as his predecessor; ~ **...,** ~ **...** half ..., half ...; **diese Nachricht quittierte sie** ~ **lachend,** ~ **weinend** she took this news half laughing, half crying ❷ *vor adj, adv* (~ *wegs*) half; ~ **nackt** half-naked; ~ **offen** half-open; ~ **voll** half-filled, half-full; ~ **tot** (*fam*) half-dead; ~ **wach** half-awake; **der Braten ist erst** ~ **gar** the roast is only half-done; **die Straße knickt hier** ~ **rechts ab** the street forks off to the right here ▶WENDUNGEN: **[mit jdm]** ~ **und** ~ [*o* ~**e**-~**e**] **machen** (*fam*) to go halves with sb; **das ist** ~ **so schlimm** it's not as bad as all that; ~ **und** ~ (*fam*) sort of

Halb·af·fe ['halpʔafə] *m* ❶ ZOOL prosimian ❷ (*pej sl: blödes Arschloch*) silly arse [*or* AM ass] *pej sl* **Halb·bil·dung** *f* (*pej*) superficial education **halb·bit·ter** *adj Schokolade* plain **Halb·blut** *nt kein pl* ❶ (*Mensch*) half-caste ❷ (*Tier*) crossbreed **Halb·bru·der** *m* half-brother **Halb·dun·kel** ['halpdʊnkl̩] *nt* semi-darkness *no pl* **Halb·edel·stein** *m* semi-precious stone

hal·ber ['halbɐ] *präp +gen nachgestellt* (*geh*) ■**der ...** ~ for the sake of ...

halb·er·wach·sen *adj attr* adolescent **Halb·fab·ri·kat** *nt* ÖKON semi-finished product **halb·fer·tig** *adj attr* half-finished **halb·fest** *adj attr* semi-solid **halb·fett** **I.** *adj* ❶ TYPO semibold ❷ KOCHK medium-fat **II.** *adv* TYPO in semibold **Halb·fi·na·le** *nt* semi-final **halb·ge·bil·det** *adj attr* half-educated **Halb·ge·schwis·ter** *pl* half-brother[and -sister[s] **Halb·gott, -göt·tin** *m, f* demigod *masc,* demigoddess *fem*

Halb·hei·ten *pl* (*pej*) half measures *pl*

halb·her·zig *adj* half-hearted

Halb·her·zig·keit *f* half-heartedness *no pl*

hal·bie·ren* [hal'bi:rən] **I.** *vt* ❶ (*teilen*) ■**etw** ~ to divide sth in half ❷ (*um die Hälfte vermindern*) ■**etw** ~ to halve sth **II.** *vr* (*sich um die Hälfte verringern*) ■**sich** ~ to halve

Hal·bie·rung <-, -en> *f* halving *no pl, no indef art*

Halb·in·sel ['halpʔɪnzl̩] *f* peninsula **Halb·jahr** *nt* half-year **halb·jäh·rig** ['halpjɛ:rɪç] *adj attr* ❶ (*ein halbes Jahr dauernd*) six-month *attr;* **eine** ~**e Probezeit wurde vereinbart** a six-month trial period was agreed ❷ (*ein halbes Jahr alt*) six-month-old *attr* **halb·jähr·lich** ['halpjɛ:ɐ̯lɪç] **I.** *adj* half-yearly, six-monthly **II.** *adv* every six months, twice a year **Halb·ju·de, -jü·din** *m, f* half-Jew/Jewess; ~ **sein** to be half-Jewish **Halb·kan·ton** *m* SCHWEIZ demicanton **Halb·kreis** *m* semicircle; **im** ~ in a semicircle **Halb·ku·gel** *f* hemisphere; **nördliche/südliche** ~ northern/southern hemisphere **halb·lang** *adj* MODE *Mantel, Rock* mid-calf length; *Haar* medium-length ▶WENDUNGEN: **[nun] mach mal** ~**!** (*fam*) cut it out! *fam,* stop exaggerating! **halb·laut** **I.** *adj* quiet **II.** *adv* in a low voice, quietly **Halb·le·der·band** *m* VERLAG half-leather bound [*or* half-bound] edition **Halb·lei·nen·band** *m* VERLAG half-linen bound [*or* half-cloth] edition **Halb·lei·ter** *m* ELEK semiconductor **halb·mast** ['halpmast] *adv* at half mast; **auf** ~ at half mast **Halb·mes·ser** *m s.* **Radius** **Halb·me·tall** *nt* CHEM semimetal **Halb·mond** *m* ❶ ASTRON half-moon ❷ (*Figur*) crescent ▶WENDUNGEN: **der Rote** ~ the Red Crescent **halb·mond·för·mig** *adj* crescent-shaped **halb·part** ['halppart] *adv* **[mit jdm]** ~ **machen** (*fam*) to go halves [with sb] **Halb·pen·si·on** *f* half-board *no pl, no art* **Halb·schat·ten** *m* half shade *no pl, no indef art;* ASTRON penumbra **Halb·schlaf** *m* light sleep *no pl;* **im** ~ **sein** to be half-asleep **Halb·schuh** *m* shoe **Halb·schwer·ge·wicht** ['halpʃveːɐ̯gəvɪçt] *nt* SPORT ① *kein pl* (*Gewichtsklasse*) light heavyweight *no pl, no art* ② (*Sportler*) light heavyweight **Hạlb·schwer·ge·wicht·ler(in)** *m(f)* s. **Halbschwergewicht 2** **Hạlb·schwes·ter** *f* half-sister **halb·sei·tig** ['halpzaitɪç] **I.** *adj* ① MEDIA, TYPO (*eine halbe Seite umfassend*) half-page ② (*eine Seite betreffend*) on [*or* down] one side; MED hemiplegic; **~e Lähmung** hemiplegia **II.** *adv* ① MEDIA, TYPO in half-page format ② MED on [*or* down] one side; **~ gelähmt** hemiplegic **Hạlb·star·ke(r)** *f(m) decl wie adj* (*veraltend fam*) [young] hooligan **halb·stün·dig** ['halpʃtʏndɪç] *adj attr* half-hour *attr,* lasting half an hour; **in ~en Intervallen** at half-hourly intervals **halb·stünd·lich** ['halpʃtʏntlɪç] **I.** *adj* half-hourly **II.** *adv* every half-hour **Hạlb·stür·mer(in)** *m(f) bes* FBALL attacking midfielder

hạlb·tags *adv* on a part-time basis; **sie arbeitet wieder ~ im Büro** she's working half-day at the office again

Hạlb·tags·ar·beit *f* ① *kein pl* (*Arbeit an halben Tagen*) part-time work *no pl, no indef art* ② *s.* **Halbtagsbeschäftigung** **Hạlb·tags·be·schäf·ti·gung** *f* half-day [*or* part-time] job, part-time employment *no pl, no indef art* **Hạlb·tags·kraft** *f* part-time worker [*or* employee]

hạlb·tro·cken *adj* **~er Wein** medium dry wine **Hạlb·vo·kal** *m* semivowel **Hạlb·wahr·heit** *f kein pl* half-truth **Hạlb·wai·se** *f* child without a father/mother; **~ sein** to be fatherless/motherless

halb·wegs ['halp'veːks] *adv* ① (*einigermaßen*) partly; **jetzt geht es mir wieder ~ besser/gut** I'm feeling a bit better/reasonably well again now ② (*nahezu*) almost ③ (*veraltend: auf halbem Wege*) halfway

Hạlb·welt *f kein pl* demimonde **Hạlb·wert(s)·zeit** *f* PHYS half-life **Hạlb·wis·sen** *nt* (*pej*) superficial knowledge *no pl,* smattering [of knowledge]

hạlb·wüch·sig *adj* adolescent

Hạlb·wüch·si·ge(r) *f(m) decl wie adj* adolescent

Hạlb·zeit *f* half-time

Hal·de <-, -n> ['haldə] *f* ① (*Müllhalde*) landfill, rubbish tip BRIT ② (*Kohlehalde*) coal tip; (*Abraumhalde*) slagheap ③ (*unverkaufte Ware*) stockpile; **etw auf ~ fertigen** [*o* **produzieren**] to manufacture sth for stock; **etw auf ~ legen** [*o* **lagern**] to stockpile sth ④ SÜDD (*Hang*) slope

half ['half] *imp von* **helfen**

Hälf·te <-, -n> ['hɛlftə] *f* (*der halbe Teil*) half; **die ~ von dem, was sie sagt, ist frei erfunden** half of what she says is pure invention; ■ **eine/die ~ der/des ...** half [of] ...; **wenn nur die ~ von dem, was man liest, stimmt, wäre das ja schon entsetzlich** if only half of what one reads were true, that would be terrible enough; **die erste/zweite ~ einer S.** *gen* the first/second half of sth; **die kleinere/größere ~** the smaller/larger half; **die vordere/hintere ~** the front/back half; **um die ~** by half, by 50%; **die Inflation ist um die ~ gestiegen** inflation has increased by half [*or* by 50%]; **zur ~** half, 50%; **wieso lässt du ein noch zur ~ volles Glas stehen?** why are you leaving a glass that's half-full? ▸ WENDUNGEN: **jds bessere ~** (*hum fam*) sb's better half *hum fam;* **meine bessere ~ ist zu Hause geblieben** my better half has stayed at home; **[von etw] die ~ abstreichen können** [*o* **müssen**] (*fam*) to disregard half of sth

hälf·ten ['hɛlftn̩] *vt* (*selten*) *s.* **halbieren**

Half·ter¹ <-s, -> ['halftɐ] *m o nt* (*Zaum*) halter

Half·ter² <-s, - *o* -, -n> ['halftɐ] *nt o f* (*Tasche für Pistolen*) holster

Hall <-[e]s, -e> [hal] *m* ① (*dumpfer Schall*) reverberation ② (*Widerhall*) echo

Hal·le <-, -n> ['halə] *f* ① (*Ankunfts~*) hall ② (*Werks~*) workshop ③ (*Ausstellungs-, Messe~*) hall ④ (*Hangar*) hangar ⑤ (*Sport~*) sports hall; **in der ~** indoors, inside ⑥ (*großer Saal*) hall ▸ WENDUNGEN: **in diesen heiligen ~n** (*iron*) within these hallowed halls *iron*

hal·le·lu·ja [hale'luːja] *interj* ① REL hallelujah! ② (*fam: ein Glück!*) hurray! [*or hum fam* hallelujah!]

hal·len ['halən] *vi* ■ **[durch/über etw** *akk*] **~** to echo [*or* reverberate] [through/across sth]

Hạl·len·bad *nt* indoor swimming pool **Hạl·len·kir·che** *f* church *with nave and side aisles of equal height* **Hạl·len·sport** *m kein pl* indoor sport

Hal·lig <-, -en> ['halɪç] *f* small flat island (*esp off Schleswig-Holstein*)

Hal·li·masch <-[e]s, -e> ['halimaʃ] *m* BOT honey agaric

hal·lo [ha'loː] *interj* ① *betont: 'hallo* (*zur Begrüßung*) hello ② *betont: hal'lo* (*überrascht*) hello

Hal·lo <-s, -s> [ha'loː] *nt* hello

Hal·lo·dri <-[s], -[s]> [ha'loːdri] *m* ÖSTERR, SÜDD (*fam*) playboy *fam*

Hal·lu·zi·na·ti·on <-, -en> [halutsina'tsi̯oːn] *f* hallucination; **~en haben** to have hallucinations; **[wohl] an ~en leiden** (*iron fam*) to suffer from hallucinations

hal·lu·zi·no·gen [halutsino'geːn] *adj* hallucinogenic

Hal·lu·zi·no·gen <-s, -e> [halutsino'geːn] *nt* hallucinogen

Halm <-[e]s, -e> [halm] *m* ① (*Stängel*) stalk, stem; **die Felder stehen hoch im ~** the corn etc. is almost ready for harvesting ② (*Trinkhalm*) straw

Ha·lo <-[s], -s *o* Halonen> ['haːlo, *pl* ha'loːnən] *m* PHYS halo

Ha·lo·gen <-s, -e> [halo'geːn] *nt* halogen

Ha·lo·gen·bir·ne *f* halogen bulb **Ha·lo·gen·lam·pe** *nt* halogen lamp **Ha·lo·gen·leuch·te** *f* halogen lamp **Ha·lo·gen·schein·wer·fer** *m* AUTO halogen headlamp

Hals <-es, Hälse> [hals, *pl* 'hɛlzə] *m* ① ANAT neck; *von Knochen* collum; (*von Gebärmutter*) cervix; **sich** *dat* **den ~ brechen** (*fam*) to break one's neck; **den ~ recken** to crane one's neck; **einem Tier den ~ umdrehen** to wring an animal's neck; **jdm um den ~ fallen** to fling one's arms around sb's neck; **~-Nasen-Ohren-Arzt** ear, nose and throat specialist ② (*Kehle*) throat; **jdm im ~ stecken bleiben** to become stuck in sb's throat; **es im ~ haben** (*fam*) to have a sore throat ③ KOCHK *vom Kalb, Rind* neck; *vom Lamm a.* scrag ④ (*Flaschen~*) neck ▸ WENDUNGEN: **~ über Kopf** in a hurry [*or* rush]; **etw in den falschen ~ bekommen** (*fam*) to take sth the wrong way *fam;* (*etw missverstehen*) to take sth wrongly; **einen langen ~ machen** (*fam*) to crane one's neck; **aus vollem ~[e]** at the top of one's voice; **den ~ nicht voll [genug] kriegen können** (*fam*) not to be able to get enough of sth; **jdm mit etw vom ~[e] bleiben** (*fam*) not to bother sb with sth; **jdn auf dem** [*o* **am**] **~ haben** (*fam*) to be saddled [*or* BRIT lumbered] with sb *fam;* **jdm hängt etw zum ~e heraus** (*fam*) sb is sick to death of sth; **immer Spinat, langsam hängt mir das Zeug zum ~e heraus!** spinach again! I'm getting sick to death of the stuff!; **jdn** [*o* **jdm**] **den ~ kosten** [*o* **jdm den ~ brechen**] (*fam*) to finish sb; **jdm/sich etw auf den ~ laden** (*fam*) to saddle [*or* BRIT lumber] sb/oneself with sth *fam;* **sich/jdm jdn vom ~ schaffen** (*fam*) to get sb off one's/sb's back; **jdm jdn auf den ~ schicken** [*o* **hetzen**] (*fam*) to get [*or* put] sb onto sb; **dem hetze ich die Polizei auf den ~!** I'll get the police onto him!; **sich** *dat* **nach jdm/etw den ~ verrenken** (*fam*) to crane one's neck to see sb/sth; **sich jdm an den ~ werfen** (*pej fam*) to throw oneself at sb; **jdm etw an den ~ wünschen** (*fam*) to wish sth upon sb; **bis über den ~** (*fam*) up to one's ears [*or* neck]; **ich stecke bis über den ~ in Schulden** I'm up to my ears in debt

Hạls·ab·schnei·der(in) *m(f)* (*pej fam*) shark *pej fam* **Hạls·aus·schnitt** *m* neckline **Hạls·band** *nt* ① (*für Haustiere*) collar ② (*Samtband*) choker **hals·bre·che·risch** ['halsbrɛçərɪʃ] *adj* breakneck *attr* **Hạls·bund** *m* neckband **Hạls·bünd·chen** *nt* neckband **Hạls·ent·zün·dung** *f* sore throat **Hạls·ket·te** *f* necklace **Hạls·krau·se** *f* ① MODE, ZOOL ruff ② MED surgical collar **Hạls-Na·sen-Oh·ren-Arzt, -ärz·tin** *m, f* ear, nose and throat specialist **Hạls·schlag·ader** *f* carotid [artery] **Hạls·schmer·zen** *pl* sore throat **Hạls·schmuck** *m* neck jewellery [*or* AM jewelry] [*or* adornment]

hals·star·rig ['halsʃtarɪç] *adj* (*pej*) obstinate, stubborn

Hals·star·rig·keit <-> *f kein pl* (*pej*) obstinacy *no pl*, stubbornness *no pl*

Hals·tuch *nt* scarf, cravat, neckerchief **Hals- und Bein·bruch** *interj* good luck!, break a leg! **Hals·weh** *nt s.* **Halsschmerzen** **Hals·wei·te** *f* neck size **Hals·wir·bel** *m* ANAT cervical vertebra

halt¹ [halt] *interj* MIL halt!

halt² [halt] *adv* DIAL (*eben*) just, simply; **du musst es ~ noch mal machen** you'll just have to do it again

Halt <-[e]s, -e> [halt] *m* ❶ (*Stütze*) hold; **jdm/einer S. ~ geben** to support sb/sth; **an jdm ~/keinen ~ haben** to have support/no support from sb; **keinen ~ haben** not to be supported; **den ~ verlieren** to lose one's hold [*or* footing] ❷ (*inneres Gleichgewicht*) stability, security; **sie ist sein moralischer ~** she is his moral support ❸ (*Stopp*) stop; **ohne ~** without stopping; **~ machen** to stop, to pause; **vor nichts ~ machen** to stop at nothing; **vor niemandem ~ machen** to spare nobody

halt·bar ['haltba:ɐ̯] *adj* ❶ (*nicht leicht verderblich*) non-perishable; ■**~ sein** to keep; **nur begrenzt ~** perishable; **etw ~ machen** to preserve sth ❷ (*widerstandsfähig*) durable, hard-wearing; ■**~ sein** to be durable [*or* hard-wearing] ❸ (*aufrechtzuerhalten*) tenable

Halt·bar·keit <-> *f kein pl* ❶ (*Lagerfähigkeit*) shelf life ❷ (*Widerstandsfähigkeit*) durability

Halt·bar·keits·da·tum *nt* sell-by date

Hal·te·griff *m* [grab] handle; (*an Badewanne*) bath handle [*or* rail]; (*am Gewehr*) grip; (*Riemen*) [grab] strap

hal·ten <hielt, gehalten> ['haltn̩] **I.** *vt* ❶ (*fest~*) ■**[jdm] jdn/etw ~** to hold sb/sth [for sb] ❷ (*zum Bleiben veranlassen*) ■**jdn ~** to stop sb; ■**jdn irgendwo ~** to keep sb somewhere; **warum bleibst du noch bei dieser Firma, was hält dich noch da?** why do you stay with the firm, what's keeping you there? ❸ (*in eine bestimmte Position bringen*) ■**etw irgendwohin/irgendwie ~** to put sth somewhere/in a certain position; **er hielt den Arm in die Höhe** he put his hand up ❹ (*tragen, stützen*) ■**etw ~** to hold sth ❺ (*zurück~*) ■**etw ~** to hold [*or* retain] sth; **das Ventil konnte den Überdruck nicht mehr ~** the valve could no longer contain the excess pressure ❻ SPORT ■**etw ~** to save sth; **der Tormann konnte den Ball nicht ~** the goalkeeper couldn't stop the ball ❼ (*angestellt haben*) ■**[sich** *dat*] **jdn ~** to employ [*or* have] sb; ■**[sich** *dat*] **etw ~** to keep sth; **er hält sich ein Privatflugzeug, eine Segeljacht und ein Rennpferd** he keeps a private aircraft, a yacht and a racehorse ❽ (*behandeln*) ■**jdn irgendwie ~** to treat sb in a certain way; **er hält seine Kinder sehr streng** he is very strict with his children ❾ (*weiter innehaben*) ■**etw ~** to hold on to sth; **hoffentlich kann ich den Weltrekord noch ~** hopefully I can still hold on to the world record; *s. a.* **Kurs, Melodie** ❿ (*verteidigen*) ■**etw [gegen jdn] ~** to hold sth [in the face of sb]; **die Verteidiger hielten ihre Stellungen weiterhin** the defenders continued to hold their positions ⓫ (*in einem Zustand er~*) ■**etw irgendwie ~** to keep sth in a certain condition; **die Fußböden hält sie immer peinlich sauber** she always keeps the floors scrupulously clean; *s. a.* **besetzt** ⓬ (*handhaben*) ■**es [mit etw] irgendwie ~** to do sth in a certain way; **wir ~ es ähnlich** we do things in a similar way ⓭ (*gestalten*) ■**etw in etw** *dat* **~** to be done in sth; **das Haus war innen und außen ganz in Weiß gehalten** the house was completely white inside and out ⓮ (*ab~*) ■**etw ~** to give sth; **er hielt eine kurze Rede** he made a short speech; *s. a.* **Wache** ⓯ (*einhalten, erfüllen*) ■**etw ~** to keep sth; **der Film hält nicht, was der Titel verspricht** the film doesn't live up to its title ▸ WENDUNGEN: **nicht zu ~ sein** not to be able to stop sb; **wenn sie etwas von Sahnetorte hört, ist sie nicht mehr zu ~** if she hears cream gateau mentioned there's no holding her!; **das kannst du ~, wie du willst** that's completely up to you; **nichts/viel davon ~, etw zu tun** to think nothing/a lot of doing sth; **nicht viel davon ~, etw zu tun** to not think much of doing sth; **jdn/etw für jdn/etw ~** to take sb/sth for sb/sth; **ich habe ihn für seinen Bruder gehalten** I mistook him for his brother; **das halte ich nicht für möglich** I don't think that's possible; **es [mehr/lieber/eher] mit jdm/etw ~** to like [*or* prefer] sb/sth; **etw von jdm/etw ~** to think sth of sb/sth; **vom Sparen hält er scheinbar nicht viel** he doesn't appear to think much of saving; **wofür ~ Sie mich?** who do you take me for! **II.** *vi* ❶ (*fest~*) to hold; **kannst du mal 'n Moment ~?** can you hold that for a second? ❷ (*haltbar sein*) to keep [*or* last]; **wie lange hält der Fisch noch?** how much longer will the fish keep? ❸ (*stehen bleiben, anhalten*) to stop; **~ Sie bitte an der Ecke!** stop at the corner, please; **etw zum H~ bringen** to bring sth to a stop [*or* standstill] ❹ SPORT to make a save; **unser Tormann hat heute wieder großartig gehalten** our goalkeeper made some great saves today ❺ (*zielen*) ■**[mit etw] irgendwohin ~** to aim at sth [with sth]; **Sie müssen mit dem Bogen mehr nach links ~** you must aim the bow more to the left ▸ WENDUNGEN: **an sich** *akk* **~** to control oneself; **ich musste an mich ~, um nicht zu lachen** I had to force myself not to laugh; **auf etw** *akk* **~** to attach a lot of importance to sth; **auf sich** *akk* **~** to take [a] pride in oneself; **zu jdm ~** to stand [*or* stick] by sb; **halt mal, ...** hang [*or* hold] on, ... **III.** *vr* ❶ (*sich festhalten*) ■**sich an etw** *dat* **~** to hold on to sth ❷ (*nicht verderben*) ■**sich ~** to keep [*or* last]; **im Kühlschrank hält sich Milch gut drei Tage** milk keeps for a good three days in the fridge ❸ METEO (*konstant bleiben*) ■**sich ~** to last; **manchmal kann der Nebel sich bis in die späten Vormittagsstunden ~** sometimes the fog can last until the late morning ❹ (*eine Richtung beibehalten*) ■**sich irgendwo/nach ... ~** to keep to somewhere/heading towards ...; **~ Sie sich immer in dieser Richtung** keep going in this direction ❺ (*sich richten nach*) ■**sich an etw** *akk* **~** to keep [*or* stick] to sth; **ich halte mich immer an die Vorschriften** I always stick to the rules ❻ (*haften*) ■**sich ~** to linger ❼ (*sich behaupten*) ■**sich [noch] [mit etw] ~** to prevail [with sth]; **trotz der hauchdünnen Mehrheit hielt sich die Regierung noch über ein Jahr** despite its wafer-thin majority the government lasted [*or* kept going for] over a year ❽ (*eine bestimmte Haltung haben*) ■**sich irgendwie ~** to carry [*or* hold] oneself in a certain manner; **es ist nicht leicht, sich im Gleichgewicht zu ~** it's not easy to keep one's balance ▸ WENDUNGEN: **sich gut gehalten haben** (*fam*) to have worn well *fam*; **für seine 50 Jahre hat er sich gut gehalten** he has worn well for a 50-year-old; **sich gut/besser ~** to do well/better; **sich nicht ~ können** not to be able to control oneself; **sich an etw** *akk* **~** (*bei etw bleiben*) to stay with [*or* stick to] sth; **ich halte mich lieber an Mineralwasser** I prefer to stay with mineral water; **sich an jdn ~** (*sich wenden*) to refer to sb; (*sich richten nach*) to stay [*or* stick] with sb; **sich für jdn/etw ~** to think one is sb/sth; **er hält sich für besonders klug** he thinks he's really clever

Hal·te·punkt *m* stop

Hal·ter <-s, -> *m* holder

Hal·ter(in) <-s, -> *m(f)* ❶ AUTO [registered] keeper BRIT, owner ❷ (*Tier~*) owner

Hal·te·rung <-, -en> *f* mounting, support

Hal·te·schlau·fe *f* (*im Bus*) [hanging] strap; (*im Auto a.*) assist strap **Hal·te·stel·le** *f* stop **Hal·te·ver·bot** *nt* ❶ *kein pl* no stopping; **hier ist ~** this is a no stopping area; **im ~ parken** [*o* **stehen**] [*o* **halten**] to park [*or* wait] [*or* stop] in a no stopping area ❷ (*Verkehr*) **absolutes** [*o* **uneingeschränktes**] **~** strictly no stopping; **eingeschränktes ~** limited waiting **Hal·te·ver·bot(s)·schild** *nt* "no stopping" sign

halt·los *adj* ❶ (*labil*) weak; *Mensch* unsteady, unstable ❷ (*unbegründet*) groundless, unfounded

Halt·lo·sig·keit <-> *f kein pl* ① (*Labilität*) instability ② (*Unbegründetheit*) groundlessness

Hal·tung[1] <-, -en> ['haltʊŋ] *f* ① (*Körperhaltung*) posture; *bes* SPORT (*typische Stellung*) stance, style; **für schlechte ~ wurden ihr Punkte abgezogen** she lost marks for poor stance ② (*Einstellung*) attitude ③ *kein pl* (*Verhalten*) manner, behaviour [*or* AM -or], conduct ▸WENDUNGEN: **~ bewahren** to keep one's composure; **~ annehmen** MIL to stand to [*or* at] attention

Hal·tung[2] <-> ['haltʊŋ] *f kein pl* keeping; **der Mietvertrag untersagt die ~ von Haustieren** the tenancy agreement forbids the keeping of pets

Hal·tungs·feh·ler *m* bad posture **Hal·tungs·scha·den** *m* damaged posture

Ha·lun·ke <-n, -n> [ha'lʊŋkə] *m* ① (*pej: Gauner*) scoundrel ② (*hum: Schlingel*) rascal

Hä·ma·tom <-s, -e> [hɛma'to:m] *nt* haematoma BRIT, AM hematoma

Ham·burg <-s> ['hambʊrk] *nt* Hamburg

Ham·bur·ger[1] <-s, -> ['hambʊrgɐ] *m* hamburger

Ham·bur·ger[2] ['hambʊrgɐ] *adj attr* Hamburg; **Blankenese ist ein nobler ~ Stadtteil** Blankenese is a posh Hamburg suburb

Ham·bur·ger(in) <-s, -> ['hambʊrgɐ] *m(f)* native of Hamburg

Hä·me <-> ['hɛ:mə] *f kein pl* malice

hä·misch ['hɛ:mɪʃ] **I.** *adj* malicious, spiteful **II.** *adv* maliciously

Hämm·chen <-s, -> ['hɛmçən] *nt* KOCHK cured knuckle of pork

Ham·mel <-s, - *o selten* Hämmel> ['haml̩, *pl* 'hɛml̩] *m* ① (*kastrierter Schafbock*) wether ② *kein pl* (*~fleisch*) mutton ③ (*pej: Dummkopf*) idiot, ass *pej*

Ham·mel·bei·ne *pl* **jdm die ~ lang ziehen** (*fam*) to give sb a good telling off [*or* dressing down]; **jdn bei den ~n kriegen** [*o* **nehmen**] (*fam*) to take sb to task **Ham·mel·bra·ten** *m* roast mutton **Ham·mel·fleisch** *nt* mutton **Ham·mel·keu·le** *f* leg of mutton **Ham·mel·sprung** *m* POL division

Ham·mer <-s, Hämmer> ['hamɐ, *pl* 'hɛmɐ] *m* ① (*Werkzeug*) hammer ② SPORT (*Wurfgerät*) hammer ③ ANAT hammer, malleus ④ MUS hammer ⑤ (*sl: schwerer Fehler*) howler, AM *esp* major error, clanger BRIT ⑥ (*Unverschämtheit*) outrageous thing ▸WENDUNGEN: **zwischen Amboss und ~ geraten** to be under attack from both sides; **~ und Sichel** hammer and sickle; **du hast einen ~!** (*sl*) you must be round the bend! BRIT *sl*, you must be off your rocker! AM *sl;* **das ist ein ~!** (*sl*) that's fantastic!; **ein ~ sein** (*sl*) to be absurd; **diese Unterstellung ist ja ein dicker ~!** this insinuation is really absurd!; **unter den ~ kommen** (*fam*) to come under the hammer *fam*

Häm·mer·chen <-s, -> ['hɛmɐçən] *nt dim von* **Hammer** small hammer

Ham·mer·hai *m* ZOOL hammerhead

häm·mern ['hɛmɐn] **I.** *vi* ① (*mit dem Hammer arbeiten*) to hammer, to forge; ■**das H~** hammering ② (*wie mit einem Hammer schlagen*) to hammer, to pound ③ (*wie Hammerschläge ertönen*) to make a hammering noise ④ (*fam: auf dem Klavier spielen*) to hammer away at the piano; ■**auf etw ~** *dat* to hammer on sth ⑤ (*rasch pulsieren*) to pound **II.** *vt* ① (*mit dem Hammer bearbeiten*) ■**etw ~** to hammer sth ② (*wiederholt schlagen*) ■**jdm etw auf etw ~** *akk* to pound a part of sb's body with sth; **jdm** *dat* **etw ins Bewusstsein ~** to hammer [*or* knock] sth into sb's head

Ham·mer·schlag *m* hammer blow **Ham·mer·stiel** *m* shaft [*or* handle] of a hammer **Ham·mer·wer·fen** <-s> *nt kein pl* hammer-throwing **Ham·mer·wer·fer(in)** <-s, -> *m(f)* hammer-thrower **Ham·mer·ze·he** *f* MED hammertoe

Ham·mond·or·gel ['hɛmənt-] *f* Hammond organ

Hä·mo·glo·bin <-s> [hɛmoglo'bi:n] *nt kein pl* haemoglobin BRIT, hemoglobin AM

Hä·mo·ly·se <-, -n> [hɛmo'ly:zə] *f* MED (*Auflösung roter Blutkörperchen*) haemolysis BRIT, hemolysis AM

Hä·mo·phi·lie <-, -n> [hɛmofi'li:, *pl* -'li:ən] *f* haemophilia BRIT, hemophilia AM

Hä·mor·ri·de <-, -n> [hɛmɔ'ri:də] *f*, **Hä·mor·rho·i·de** <-, -n> [hɛmɔro'i:də] *f meist pl* haemorrhoids *pl* BRIT, hemorrhoids *pl* AM

Ham·pel·mann <-männer> ['hamp̩lman, *pl* -mɛnɐ] *m* ① (*Spielzeug*) jumping jack ② (*pej fam: labiler Mensch*) gutless person, spineless creature, puppet; **ich bin doch nicht dein ~!** I'm not your puppet!; **jdn zu einem ~ machen, aus jdm einen ~ machen** to make sb sb's puppet

ham·peln ['hamp̩ln] *vi* (*fam*) to fidget

Hams·ter <-s, -> ['hamstɐ] *m* hamster

Hams·ter·ba·cken *pl* (*fam*) chubby cheeks *fam*

Hams·te·rer, Hams·te·rin <-s, -> *m, f* (*fam*) hoarder

Hams·ter·kauf *m* panic-buying; **Hamsterkäufe machen** to panic-buy

hams·tern ['hamstɐn] *vt, vi* to hoard; ■**[etw] ~** to panic-buy [sth]

Hand <-, Hände> [hant, *pl* 'hɛndə] *f* ① ANAT hand; **die ~ zur Faust ballen** to clench one's fist; **die Hände in die Seiten stemmen** to put one's hands on one's hips; **eine ~/zwei Hände breit** six inches/a foot wide; **es ist nur noch etwa eine ~ breit Wein im Fass** there's only about six inches of wine left in the barrel; **mit der flachen ~** with the flat of one's hand; **Hände hoch!** hands up!; **eine hohle ~ machen** to cup one's hands; **aus der hohlen ~** from one's cupped hands; **sie tranken an der Quelle aus der hohlen ~** they drank at the spring from their cupped hands; **linker/rechter ~** on the left/right; **links liegt der See, der Gutshof liegt rechter ~** the lake is on the left and the estate on the right; **zur linken/rechten ~** on the left-hand/right-hand side; **zur linken ~ sehen Sie das Rathaus** on the left-hand side you can see the town hall; **eine ruhige** [*o* **sichere**] **~** a steady hand; **mit sanfter ~** with a gentle hand; **sie versteht es, ihre Abteilung mit sanfter ~ zu führen** she knows how to run her department with a calm hand; **jdm die ~ drücken** [*o* **schütteln**] to shake sb's hand; **jdm etw in die ~ drücken** to press sth into sb's hand; **jdm die ~ geben** [*o geh* **reichen**] to shake sb's hand; **etw in Händen halten** (*geh*) to have sth in one's hands; **das ist ein interessantes Buch, das Sie da gerade in Händen halten** that's an interesting book that you've got there at the moment; **jdn an der** [*o* **bei der**] **~ haben** [*o* **nehmen**] [*o* **fassen**] to take hold of sb's hand; **etw aus der ~ essen** to eat sth out of one's hand; **in die Hände klatschen** to applaud [*or* clap]; **jdm die ~ küssen** to kiss sb's hand; **etw aus der ~ legen** to put down sth *sep;* **lege jetzt die Zeitung aus der ~, wir frühstücken!** put the paper down now, we're having breakfast; **jdm die ~ auflegen** to lay one's hand on sb; **Jesus hat Kranke geheilt, indem er ihnen die ~ auflegte** Jesus healed the sick by laying his hands on them; **etw in die ~ nehmen** to pick up sth *sep;* **er nimmt niemals ein Buch in die ~** he never picks up a book; (*sich darum kümmern*) to attend to sth; **lass mich die Sache mal in die ~ nehmen** let me take care of the matter; **jdm etw aus der ~ nehmen** to take sth from [*or* off] sb, to take sth out of sb's hand; **sie nahm ihrem Kind das Messer aus der ~** she took the knife away from her child; **der Fall ist dem Richter aus der ~ genommen worden** the judge has been relieved of the case; **sich** *dat* **die Hände reiben** to rub one's hands [together]; **jdm die ~ reichen** [*o geh* **bieten**] to give sb one's hand; **sie reichten sich zur Begrüßung die Hände** they greeted each other by shaking hands; **jdm etw aus der ~ schlagen** to knock sth out of sb's hand; **Hände weg!** hands off!; **die ~ nicht vor den Augen sehen können** not to be able to see one's hand in front of one's face ② *kein pl* SPORT (*~spiel*) handball; **der Schiedsrichter erkannte auf ~** the referee blew for handball ③ (*Besitz, Obhut*) hands; **der Besitz gelangte in fremde Hände** the property passed into foreign hands ④ POL **die öffentliche ~** (*der Staat*) [central] government; (*die Gemeinde*) local government; **das Vorhaben wird durch**

die öffentliche ~ finanziert the project is being financed by the public sector ▶WENDUNGEN: **mit seiner Hände Arbeit** with one's own hands; **die Firma hat er mit seiner Hände Arbeit aufgebaut** he built the firm up with his own hands; **seine Hände mit Blut beflecken** (*geh*) to have blood on one's hands; **für jdn/etw seine** [*o* **die**] **~ ins Feuer legen** (*fam*) to vouch for sb/sth; **~ und Fuß haben** to be purposeful; **weder ~ noch Fuß haben** to have no rhyme or reason, to make no sense; **dieser Plan hat weder ~ noch Fuß** there's no rhyme or reason to this plan; **mit Händen und Füßen** (*fam*) tooth and nail; **gegen diese Pläne werde ich mich mit Händen und Füßen wehren** I will fight these plans tooth and nail; **~ aufs Herz!** (*fam*) cross your heart, word of honour [*or* honor] AM; **~ aufs Herz, hast du wirklich nichts davon gewusst?** give me your word of honour, did you really know nothing about it?; **die Hände überm Kopf zusammenschlagen** to throw one's hands up in amazement; **wenn man sieht, wie sie sich benimmt, kann man nur noch die Hände überm Kopf zusammenschlagen** when you see how she behaves you can only throw your hands up in amazement [*or* horror]; **von der ~ in den Mund leben** to live from hand to mouth; **die Hände in den Schoß legen** to sit back and do nothing; [**bei etw**] **die** [*o* **seine**] **Hände im Spiel haben** to have a hand in sth; **dieser Geschäftemacher hat überall seine Hände im Spiel!** this wheeler dealer has his finger in every pie; **seine Hände in Unschuld waschen** to wash one's hands of a matter; **ich hatte damit nichts zu tun, ich wasche meine Hände in Unschuld!** I had nothing to do with it, I wash my hands of the matter; **bei jdm** [**mit etw**] **in besten Händen sein** to be in safe hands with sb [regarding sth]; **bei ihr sind Sie damit in besten Händen** you're in safe hands with her as far as that is concerned; **mit der bloßen ~** with one's bare hands; **aus erster/zweiter ~** first-hand/second-hand; **Informationen aus zweiter ~ sind meist wenig verlässlich** second-hand information is in most cases unreliable; (*vom ersten/zweiten Eigentümer*) with one previous owner/two previous owners; **er kauft Gebrauchtwagen, aber nur aus erster ~** he buys second-hand cars but only with one previous owner; **in festen Händen sein** (*fam*) to be spoken for; **bei der kannst du nicht mehr landen, die ist schon in festen Händen** you won't get anywhere with her, she's already spoken for; **fleißige Hände** hard workers; **freie ~ haben** to have a free hand; **jdm freie ~ lassen** to give sb a free hand; **bei der Regelung dieser Angelegenheit will Ihnen unser Konzern freie ~ lassen** our company will give you free reign in settling this matter; **von fremder ~** from a stranger; **die Unterschrift stammt von fremder ~** this is a stranger's signature; **in fremde Hände übergehen** to change hands; **bei etw eine glückliche ~ haben** to have the Midas touch with sth; **sie hat bei all ihren Geschäftsabschlüssen immer eine glückliche ~ gehabt** she has always had the Midas touch in all of her business deals; **von langer ~** well in advance; **der Bankraub muss von langer ~ geplant gewesen sein** the bank robbery must have been planned well in advance; **mit leeren Händen** empty-handed; **eine leitende** [*o* **lenkende**] **~** a guiding hand; **letzte ~ an etw legen** *akk* to put the finishing touches to sth; **eine lockere ~ haben** (*fam*) to let fly at the slightest provocation *fam;* **gib ihm ja keine Widerworte, du weißt, er hat eine lockere ~!** don't contradict him, you know he likes to let fly; **aus** [*o* **von**] **privater ~** privately; **haben Sie den Leuchter aus einem Antiquitätengeschäft? – nein, aus privater ~** did you get the candelabra from an antique shop? – no, from a private individual; **jds rechte ~ sein** to be sb's right-hand man; **mit etw schnell** [*o* **flink**] [*o* **gleich**] **bei der ~ sein** (*fam*) to be quick to do sth; **sie ist mit abfälligen Bemerkungen schnell bei der ~** she's quick to make disparaging remarks; **eine starke** [*o* **feste**] **~** a firm hand; **jdm etw zu treuen Händen übergeben** to give sth to sb for safekeeping, to entrust sth to sb; **alle Hände voll zu tun haben** to have one's hands full; **mit vollen Händen** excessively, plentifully, lavishly; **er gab das Geld mit vollen Händen aus** he spent his money left, right and centre [*or* AM center]; **sie verteilte das Geld mit vollen Händen unter den Bedürftigen** she gave generously to the needy; **hinter vorgehaltener ~** in confidence; **man erzählt sich hinter vorgehaltener ~ davon** people are telling each other about it in confidence; **jdm/einer S. in die ~ arbeiten** to play into sb's hands/the hands of sth; **jdm in die Hände** [*o* **in jds Hände**] **fallen** to fall into sb's hands; **schaut mal, was mir zufällig in die Hände gefallen ist!** look what I came across by chance; **jdm aus der ~ fressen** (*fam*) to eat out of sb's hand; **jdm sind die Hände gebunden, jds Hände sind gebunden** sb's hands are tied; **ich würde dir gerne helfen, aber meine Hände sind gebunden** I would like to help you, but my hands are tied; **jdm zur** [*o* **an die**] **~ gehen** to lend sb a [helping] hand; **durch jds Hände** [*o* **~**] **gehen** to pass through sb's hands; **jdm ... von der ~ gehen** to be ... for sb; **am Computer gehen einem viele Textarbeiten leicht von der ~** working with texts is easy on a computer; [**mit etw**] **~ in ~ gehen** to go hand in hand [with sth]; **das Ansteigen der Massenarbeitslosigkeit geht mit der Rezession ~ in ~** the rise in mass unemployment goes hand in hand with the recession; **von ~ zu ~ gehen** to pass from hand to hand; **in jds Hände** *akk* **übergehen** to pass into sb's hands; **jdm etw auf die ~ geben** to promise sb sth faithfully; **etw aus der ~ geben** to let sth out of one's hands; **Bücher gebe ich nicht aus der ~** I don't lend people books; **sie musste vorübergehend die Konzernleitung aus der ~ geben** she had to relinquish the management of the group temporarily; **mit Händen zu greifen sein** to be as plain as the nose on your face [*or* BRIT as a pikestaff] *fam;* **die ~ auf etw halten** *akk* (*fam*) to keep a tight rein on sth; **um jds ~ anhalten** (*geh*) to ask for sb's hand in marriage *form;* **die** [*o* **seine** [**schützende**]] **~ über jdn halten** (*geh*) to protect sb; **die** [*o* **seine**] **~ hinhalten** [*o* **aufhalten**] (*fam*) to hold out one's hand [for money]; **jdn** [**für etw**] **an der ~ haben** (*fam*) to have sb on hand [for sth]; **für Autoreparaturen habe ich jdn an der ~** I've got someone on hand who can fix cars; **etw bei der** [*o* **zur**] **~ haben** to have sth to hand; **ich möchte zu gerne wissen, welche Erklärung er diesmal bei der ~ hat!** I'd like to know what explanation he's got to hand this time!; **etw in der ~ haben** to have sth in one's hands; **ich habe diese Entscheidung nicht in der ~** this decision is not in my hands; **etw gegen jdn in der ~ haben** to have sth on sb; **die Staatsanwaltschaft hat gegen den Konzern nicht genügend Beweise in der ~** the state prosecution didn't have sufficient evidence on the company; **jdn** [**fest**] **in der ~ haben** to have sb [well] in hand; **in jds Händen sein** to be in sb's hands; **die Geiseln sind in den Händen der Terroristen** the hostages are in the hands of the terrorists; **der Vertrag wird morgen in Ihren Händen sein** the contract will be in your hands tomorrow; [**bei jdm**] **in ... Händen sein** to be in ... hands [with sb]; **sie wird bei Ihnen in guten Händen sein** she will be in good hands with you; **bei uns ist Ihr Wagen in den richtigen Händen** your car is in the right hands with us; **zur ~ sein** to be at hand; **der Brief ist gerade nicht zur Hand** the letter is not at hand at the moment; **jdn/etw in die ~** [*o* **Hände**] **kriegen** [*o* **bekommen**] to get one's hands on sb/sth; **als Zollbeamter kriegt man so manche Waffe in die ~** customs officers come across quite a few weapons in their job; [**bei etw**] **mit ~ anlegen** to lend a hand [with sth]; **~ an sich legen** *akk* (*geh*) to kill oneself; [**klar**] **auf der ~ liegen** (*fam*) to be [perfectly] obvious; **in jds ~** *dat* **liegen** [*o* **sein**] (*geh*) to be in sb's hands; **mein Schicksal liegt in Gottes ~** my fate lies in God's hands; **jdm** [**etw**] **aus der ~ lesen** to read [sth] from sb's hand; **die Wahrsagerin las ihm aus der ~** the fortune teller read his palm; **etw [alleine/selber] in die [eigene] ~ nehmen** to take sth in hand [oneself] [*or* into one's own hands]; **ich muss die Sache selber in die ~ nehmen** I'm going to have to take the matter into my own hands; **etw zur ~ nehmen** (*geh*) to pick up sth *sep;* **nach dem Essen nahm er die Zeitung zur ~** after the meal he picked up the paper; **sich** [*o geh* **einander**] **die Hände reichen können** to be two of a kind; **was Schusseligkeit angeht, können die beiden sich die Hände reichen** when it comes to being clumsy they're two of a kind; **sich die ~ reichen können ach, du hältst das auch für das Beste? dann können wir uns ja die Hände reichen, ich nämlich auch!** oh, you think that's for the best? well, great, so do I!; **keine ~ rühren** not to lift a finger; **ich arbeite mich halb zu Tode, und er sitzt da und rührt keine ~** I'm working myself half to death and he just sits there and doesn't lift a finger!; **jdm ist die ~ ausgerutscht** (*fam*) sb could not resist slapping sb; **wenn er gar zu frech ist, kann ihr schon mal die ~ ausrutschen** if he gets too cheeky sometimes she can't resist slapping him; **jdm etw in die ~** [*o* **Hände**] **spielen** to pass sth on to sb; **der Verräter spielte ihnen diese Unterlagen in die Hände** the traitor passed these documents on to them; **in die Hände spucken** to roll up one's sleeves *sep;* **so, jetzt heißt es in die Hände gespuckt und frisch an die Arbeit gegangen!** okay, let's roll up our sleeves and get cracking!; **jdm unter der ~** [*o* **den Händen**] **wegsterben** to die while under sb's care; **der Patient starb den Chirurgen unter den Händen weg** the patient died while under the surgeons' care; **jdn auf Händen tragen** to fulfil [*or* AM fulfill] sb's every wish; **jdm etw in die ~ sprechen** to promise sb sth; **eine ~ wäscht die andere** you scratch my back I'll scratch yours; **sich nicht von der ~ weisen lassen, nicht von der ~ zu weisen sein** not to be able to be denied; **dieses Argument hat etwas für sich, es lässt sich nicht von der ~ weisen** there's something in this argument, there's no denying it; **die Erklärung klingt plausibel, sie ist also nicht von der ~ zu weisen** the explanation sounds plausible, there's no getting away from it; **es ist nicht von der ~ zu weisen, dass ...** there's no getting away from the fact that ...; **es ist nicht von der ~ zu weisen, dass die Verhandlungen in einer Sackgasse angelangt sind** there's no getting away from the fact that the negotiations have reached an impasse; **jdm unter den Händen zerrinnen** [*o* **wegschmelzen**] to slip through sb's fingers; **jdm zuckt es in der ~** sb's itching to hit sb; **an ~ einer S.** *gen* with the aid of sth; **sie erklärte die Aufgabe an ~ eines Beispiels** she explained the task with the aid of an example; **[bar] auf die ~** (*fam*) cash in hand; **das Bestechungsgeld wurde ihm bar auf die ~ gezahlt** the bribe was paid to him in cash; **ich will die 10.000 Euro aber auf die ~** I want the 10,000 euros in cash; **aus der ~** offhand; **aus der ~ weiß ich auch keine Antwort** I don't know the answer offhand either; **als Lehrerin muss man in der Lage sein, Schülern etwas aus der ~ erklären zu können** as a teacher you have to be able to explain something to pupils straight off the bat; **~ in ~** hand in hand; **sie gingen ~ in ~ spazieren** they went for a walk hand in hand; **unter der ~** secretly, on the quiet *fam;* **etw unter der ~ erfahren** to hear sth through the grapevine; **von ~** by hand; **ein von ~ geschriebener Lebenslauf** a handwritten curriculum vitae; **von jds ~** (*geh*) at sb's hand *form;* **von jds ~ sterben** to die at sb's hand; **zu jds Händen, zu Händen von jdm** for the attention of sb, attn: sb; **„An Fa. Duss & Dümmler GmbH & Co KG, zu Händen von Herrn Weissner"** Duss & Dümmler GmbH & Co. KG. Attn: Mr. Weissner

Hand·ap·pa·rat *m* reference books **Hand·ar·beit** *f* ❶ (*von Hand gefertigter Gegenstand*) handicraft, handiwork; **~ sein** to be handmade, to be made by hand; **in ~** by hand ❷ *kein pl* (*körperliche Arbeit*) manual labour [*or* AM -or] ❸ (*Nähen, Stricken etc*) sewing and knitting; **neben dem Fernsehen mache ich immer irgendwelche ~en** I always sew or knit in front of the television; SCH needlework; (*Gegenstand*) needlework **Hand·ar·bei·ten** *nt kein pl* needlework **Hand·auf·he·ben** <-s> *nt kein pl* show of hands; **durch ~** by a show of hands; **abgestimmt wird durch ~** voting takes place by a show of hands **Hand·auf·le·gen** <-s> *nt,* **Hand·auf·le·gung** <-> *f kein pl* laying on of hands; **durch ~** by the laying on of hands **Hand·ball** *m o fam nt* SPORT ❶ *kein pl* (*Spiel*) handball; **~ spielen** to play handball ❷ (*Ball*) handball **Hand·bal·len** *m* ball of the thumb **Hand·bal·ler(in)** <-s, -> *m(f)* (*fam*) *s.* **Handballspieler Hand·ball·spiel** *nt* SPORT ❶ (*Spiel*) game of handball ❷ *kein pl* (*Sportart*) handball **Hand·ball·spie·ler(in)** *m(f)* handball player **Hand·be·die·nung** *f* manual operation; **mit ~** hand-operated **Hand·be·trieb** *m kein pl* manual operation **Hand·be·we·gung** *f* movement of the hand, motion, gesture; **eine ~ machen** to move one's hand **Hand·bib·li·o·thek** *f* reference library **Hand·boh·rer** *m* gimlet **hand·breit** ['hantbrait] **I.** *adj* a few centimetres [*or* AM -ers] wide **II.** *adv* a few centimetres [*or* AM -ers]; **die Tür ließ sich nur ~ öffnen** the door could only be opened a few centimetres **Hand·breit** <-, -> ['hantbrait] *f* a few centimetres; **das Wasser im Keller stand zwei ~ hoch** there was a foot of water in the cellar **Hand·brem·se** *f* handbrake **Hand·buch** *nt* handbook, manual, guide, textbook

Händ·chen <-s, -> ['hɛntçən] *nt dim von* **Hand** little hand; **~ geben** to shake hands; **für etw ein ~ haben** (*fam*) to have a knack for sth *fam;* **~ halten** (*fam*) to hold hands; **~ haltend** holding hands

Hand·creme [-kre:m] *f* hand cream

Hän·de·druck <-drücke> *m* ❶ *kein pl* (*jds Art, jdm die Hand zu geben*) handshake; **Sie haben aber einen kräftigen ~!** you really have a firm handshake ❷ (*Handschlag*) handshake; **die Gäste wurden jeweils mit ~ begrüßt** each of the guests was greeted with a handshake ▸WENDUNGEN: **nur einen warmen ~ bekommen** (*fam*) to get just a pat on the back *fam*

Hän·de·klat·schen *nt* applause *no pl,* clapping *no pl*

Han·del[1] <-s> ['handl̩] *m kein pl* ❶ (*Wirtschaftszweig der Händler*) commerce ❷ (*Warenverkehr*) trade ❸ (*fam: Abmachung, Geschäft*) deal, transaction; **auf so einen unsicheren ~ würde ich mich nicht einlassen** I wouldn't let myself in for such a risky deal ❹ (*das Handeln*) dealing, trading; ■**der ~ mit etw** dealing [*or* trading] in sth; **der ~ mit Drogen ist illegal** drug trafficking is illegal; **[mit jdm/etw] ~ treiben** [*o* **betreiben**] to do business [with sb], to trade [in sb/sth] ❺ (*Laden*) business; **etw in den ~ bringen** to put sth on the market; **im ~ sein** to be on the market; **etw aus dem ~ ziehen** to take sth off the market

Han·del[2] <-s, Händel> ['handl̩, *pl* 'hɛndl̩] *m meist pl* argument, quarrel

han·deln ['handl̩n] **I.** *vi* ❶ (*kaufen und verkaufen*) ■**mit/in etw ~** *dat* to trade with/in sth; **sie hat einen Laden, in dem sie mit Bioprodukten handelt** she owns a shop selling natural foods; **er soll mit Drogen gehandelt haben** he is supposed to have been trafficking drugs; ■**mit jdm ~** (*als Person*) to trade with sb; (*Sklave*) to trade in sb; **die alten Ägypter haben mit Ländern des gesamten Mittelmeerraumes gehandelt** the ancient Egyptians traded with countries throughout the Mediterranean area; **im Orient soll immer noch mit Frauen gehandelt werden** the Orient is still supposed to trade in women ❷ (*feilschen*) ■**[um etw] ~** to haggle [over sth]; **auf dem Basar wird um den Preis der Ware lange gehandelt** a lot of haggling goes on at the bazaar over the price of goods; **es ist immer peinlich, mit einem Verkäufer zu ~** it's always embarrassing to haggle with a salesman; **mit sich [über etw** *akk*] **~ lassen** to be prepared to negotiate [sth]; **wenn Sie alles nehmen, lasse ich auch noch mit mir über einen Rabatt ~** if you take everything I'm prepared to negotiate a discount; **über den Preis lasse ich nicht mit mir ~** the price is not open to negotiation; **meine Entscheidung steht, da lasse ich nicht mit mir ~** my decision stands, I'm not open to any suggestions ❸ (*agieren*) to act; **wir müssen ~, ehe es zu spät ist** we must act before it is too late; **er ist ein schnell ~der Mensch** he is a quick-acting person; ■**irgendwie ~** to act in a certain manner; **die Regierung hätte entschlossener ~ müssen** the government should have acted in a more decisive manner; ■**aus etw ~** to act out of sth; **die Frau handelte aus purer Eifersucht** the woman acted out of pure jealousy ❹ (*geh: sich verhalten*) ■**irgendwie [an jdm/gegen jdn] ~** to act [*or* behave] [towards sb] in a certain manner; **wie konntest du so übel an ihr ~** how could you behave so badly towards her; **sie hat barmherzig gegen ihn gehandelt** she acted in a compassionate way towards him ❺ (*befassen*) ■**von** *dat* [*o* **über** *akk*] **etw ~** to be about sth, to deal with sth; **der Zeitungsartikel handelte von dem Streik** the newspaper article dealt with the strike; **ein neues Buch? über was handelt es?** a new book? what's it about? **II.** *vr impers* ❶ (*etw Bestimmtes sein*) ■**sich um jdn/etw ~** to be a matter of sth, to concern sb/sth; **hoffentlich ist Ihnen klar, dass es sich hier um etwas sehr Ernstes handelt** hopefully you appreciate that something very serious is involved here; **es handelt sich bei diesen angeblichen UFOs um optische Täuschungen** these alleged UFOs are simply optical illusions; **die Polizei vermutet, dass es sich nicht um Selbstmord handelt** the police suspect that it was not suicide; **bei den Tätern soll es sich um Angehörige einer Terrorgruppe ~** the culprits are said to be members of a terrorist group ❷ (*betreffen*) ■**sich um etw ~** to be about sth, to concern sth; **worum handelt es sich, bitte?** what's it about, please?; **es handelt sich um einige Beobachtungen, die ich gemacht habe** it's about some observations that I have made; ■**sich darum ~, dass ...** to be a matter of ...; **es handelt sich jetzt darum, dass wir die veranschlagten Kosten reduzieren** it's a matter now of reducing the estimated costs ❸ (*darauf ankommen*) ■**sich darum ~, etw zu tun** to be a question of doing sth; **es handelt sich einzig und allein darum, über die Runden zu kommen** it is purely and simply a question of getting by **III.** *vt* ❶ (*angeboten und verkauft werden*) ■**[für etw] gehandelt werden** to be traded [at sth]; **Silber wird für etwa 216 Euro das Kilo gehandelt** silver is trading at 216 euros a kilo; **an den Börsen werden Aktien gehandelt** shares are traded on the stock exchanges ❷ (*im Gespräch sein*) ■**als jd/für etw gehandelt werden** to be touted as sb/for sth; **er wird schon lange als Nachfolger für Dr. Alle gehandelt** he has been touted for a long time as Dr Alle's successor

Han·deln <-s> ['handl̩n] *nt kein pl* ❶ (*Feilschen*) haggling ❷ (*das Handeltreiben*) trading; ■**das ~ mit etw** trading sth; **das ~ mit Drogen ist verboten** drug trafficking is against the law ❸ (*Verhalten*) behaviour [*or* AM -or] ❹ (*das Tätigwerden*) action

Han·dels·ab·kom·men *nt* trade agreement **Han·dels·aka·de·mie** *f* ÖSTERR (*höhere Handelsschule*) ≈ business school **Han·dels·ar·ti·kel** *m s.* **Handelsware** **Han·dels·at·ta·ché** *m* commercial attaché **Han·dels·be·schrän·kung** *f* trade restriction **Han·dels·be·zie·hun·gen** *pl* trade relations **Han·dels·bi·lanz** *f* ÖKON balance of trade; **aktive ~** balance of trade surplus; **passive ~** balance of trade deficit **Han·dels·bi·lanz·de·fi·zit** *nt* balance of trade deficit **han·dels·ei·nig, han·dels·eins** ['handl̩s?ains] *adj pred* ■**~ sein/werden** to agree terms, to come to an agreement; ■**mit jdm ~ sein/werden** to agree terms with sb; ■**[sich] ~ sein/werden** to agree terms [with each other] **Han·dels·em·bar·go** *nt* ÖKON trade embargo; **ein ~ gegen einen Staat verhängen** to impose a trade embargo on a state **Han·dels·flot·te** *f* TRANSP, ÖKON merchant fleet **Han·dels·frei·heit** *f kein pl* ❶ ÖKON freedom of trade, free trade ❷ (*selten: Handlungsfreiheit*) freedom of action [*or* to act] **Han·dels·ge·sell·schaft** *f* ÖKON commercial company, trading company; **offene ~** general partnership **Han·dels·kam·mer** *f* ÖKON chamber of commerce **Han·dels·klas·se** *f* grade **Han·dels·ma·ri·ne** *f kein pl* TRANSP, ÖKON merchant navy [*or* AM marine] **Han·dels·mar·ke** *f* trademark, brand **Han·dels·mis·si·on** *f* trade mission **Han·dels·po·li·tik** *f kein pl* ÖKON, POL trade [*or* commercial] policy **Han·dels·re·gis·ter** *nt* Register of Companies [*or* Corporations], registrar of business names BRIT **Han·dels·schran·ke** *f meist pl* trade barrier *usu pl* **Han·dels·schu·le** *f* ÖKON business school; **höhere ~** commercial college BRIT **Han·dels·schü·ler(in)** *m(f)* student at a business school **Han·dels·span·ne** *f* profit margin **Han·dels·stra·ße** *f* HIST trade route **han·dels·üb·lich** *adj* in accordance with standard commercial practice; **250 Gramm für Konservendosen ist eine ~e Größe** 250 grammes is a standard size for tinned food **Han·dels·ver·tre·ter(in)** *m(f)* ÖKON commercial agent **Han·dels·wa·re** *f* commodity, merchandise, [commercial] article; **ausländische ~n sind ziemlich billig** foreign goods are fairly cheap **Han·dels·wert** *m* ÖKON market [*or* commercial] value **Han·dels·zweig** *m* ÖKON branch [*or* sector] [of industry]

Hän·de·rin·gen <-s> *nt kein pl* wringing of one's hands **hän·de·rin·gend I.** *adj* wringing one's hands **II.** *adv* ❶ (*die Hände ringend*) **er flehte ~ um Gnade** wringing his hands he pleaded for mercy ❷ (*fam: dringend*) desperately, urgently; **ich brauche ~ Facharbeiter** I urgently need skilled workers

Hän·de·schüt·teln *nt kein pl* handshaking *no pl, no indef art*

i Kultur

Nur in informellen Situationen begrüßt man sich in England mit einem kurzen, festen Händedruck. Ansonsten sollte man es möglichst vermeiden, zur **Begrüßung** oder beim Abschied Hände zu schütteln.

Hän·de·trock·ner *m* hand drier [*or* dryer] **Hän·de·wa·schen** *nt kein pl* washing one's hands

Hand·fe·ger <-s, -> *m* hand brush **Hand·fer·tig·keit** *f* dexterity **hand·fest** *adj* ❶ (*deftig*) substantial; ■**etwas H~es** something substantial; **ich bestelle mir etwas H~eres als einen Salat** I'm ordering something more substantial than a salad ❷ (*robust*) sturdy; ■**etwas H~es** something well-built ❸ (*ordentlich*) proper, real; **die Affäre wuchs sich zu einem ~en Skandal aus** the affair turned into a full-blown scandal ❹ (*hieb- und stichfest*) well-founded; **ich hoffe, Sie haben ~e Beweise für Ihre Behauptung** I hope you've got solid proof for your allegation **Hand·feu·er·lö·scher** *m* (hand) fire extinguisher **Hand·feu·er·waf·fe** *f* hand-gun, portable firearm **Hand·flä·che** *f* palm of one's hand **hand·ge·ar·bei·tet** *adj inv* handmade **Hand·geld** *nt* ❶ SPORT signing-on fee [*or* transfer fee] ❷ HIST bounty **Hand·ge·lenk** *nt* wrist ►WENDUNGEN: **etw aus dem ~ schütteln** (*fam*) to do sth straight off, to do sth effortlessly; **aus dem ~** (*fam*) with the greatest of ease, just like that, off the cuff **hand·ge·macht** *adj* handmade **hand·ge·mein** *adj* ■**[mit jdm] ~ werden** to come to blows [with sb]; ■**miteinander ~ werden** to come to blows with each other **Hand·ge·men·ge** *nt* fight, scuffle **Hand·ge·päck** *nt* hand luggage **Hand·ge·rät** *nt* ❶ (*handwerkliches Gerät*) small [hand-held] device ❷ SPORT hand apparatus **hand·ge·schrie·ben** *adj inv* handwritten **hand·ge·strickt** *adj* ❶ (*von Hand gestrickt*) hand-knitted ❷ (*amateurhaft gemacht*) homespun **Hand·gra·na·te** *f* hand grenade

hand·greif·lich ['hantgraiflɪç] *adj* ❶ *Auseinandersetzung, Streit* violent; ■**[gegen jdn] ~ werden** to become violent [towards sb] ❷ (*offensichtlich*) clear

Hand·greif·lich·keit <-, -en> *f* ❶ (*konkrete Fassbarkeit*) obviousness *no pl*, palpability *no pl* ❷ *kein pl* (*Tätlichkeit*) fight *no pl*; **bei dem Streit kam es zu ~en** the argument became violent

Hand·griff *m* ❶ (*Aktion*) movement; **das ist mit ein paar ~en wieder in Ordnung gebracht** that can be repaired with a few simple touches ❷ (*Griff*) handle; (*Tragegriff*) handle ▶ WENDUNGEN: **mit einem ~** with a flick of the wrist; **das Fenster lässt sich mit einem ~ öffnen** the window can be opened with a flick of the wrist; **mit ein paar ~en** in no time; **das haben wir mit ein paar ~en wieder repariert** we'll have that repaired again in no time

Hand·ha·be *f* tangible evidence; [**gegen jdn**] **eine/keine ~ haben** to have something/nothing on sb

hand·ha·ben ['hantha:bn̩] *vt* ❶ (*bedienen*) ■**etw ~** to handle sth; **die Maschine lässt sich leicht ~** the machine can be operated easily ❷ (*anwenden*) ■**etw ~** to apply sth; **die Vorschriften müssen strenger gehandhabt werden** the regulations must be applied more strictly ❸ (*verfahren*) ■**etw irgendwie ~** to manage sth in a certain way; **so wurde es hier schon immer gehandhabt** we've always dealt with it here in this way

Hand·ha·bung <-> *f kein pl* ❶ (*Bedienung*) operation ❷ (*Anwendung*) application

Hand·har·mo·ni·ka *f* accordion

Han·di·kap <-s, -s> *nt,* **Han·di·cap** ['hɛndikɛp] *nt* ❶ (*Behinderung, Nachteil*) handicap ❷ SPORT handicap

han·di·ka·pen, han·di·ca·pen ['hɛndikɛpn̩] *vt* ■**jdn ~** to handicap sb

hän·disch ['hɛndɪʃ] *adj* ÖSTERR (*manuell*) manual

Hand·kan·te *f* the side of the [*or* one's] hand **Hand·kan·ten·schlag** *m* karate chop **Hand·kä·se** *m* DIAL (*small flat round curd cheese formed by hand*) ▶ WENDUNGEN: **Handkäs mit Musik** (*hand-formed small round cheese coated in marinade*) **Hand·kof·fer** *m* small suitcase **Hand·kuss**[RR] *m* kiss on the hand ▶ WENDUNGEN: **etw mit ~ tun** (*fam*) to do sth with pleasure

Hand·lan·ger(in) <-s, -> ['hantlaŋɐ] *m(f)* ❶ (*ungelernter Helfer*) labourer [*or* AM -orer] ❷ (*pej: Erfüllungsgehilfe*) stooge *pej*

Hand·lan·ger·dienst *m* dirty work; **jdm ~e leisten** to do sb's dirty work

Hand·lauf *m* handrail

Händ·ler(in) <-s, -> ['hɛndlɐ] *m(f)* ❶ (*Fachhändler*) dealer ❷ AUTO (*Vertragshändler*) dealer ▶ WENDUNGEN: **fliegender ~** street trader

Hand·le·se·kunst *f* ■[**die**] ~ palmistry *no pl, no art*

hand·lich ['hantlɪç] *adj* ❶ (*bequem zu handhaben*) easy to handle, manageable ❷ (*leicht lenkbar*) manoeuvrable BRIT, maneuverable AM

Hand·lich·keit <-> *f kein pl* handiness, manageability; **dieser Koffer lässt sich dank seiner ~ gut auf allen Reisen mitnehmen** you can take this suitcase with you on any journey thanks to its convenient size

Hand·li·nie *f* line on the palm of the hand

Hand·li·ni·en·deu·tung *f* ■[**die**] ~ *s.* **Handlesekunst**

Hand·lung <-, -en> ['handlʊŋ] *f* ❶ (*Tat, Akt*) act ❷ (*Geschehen*) action, plot, story ❸ **kriegerische ~** act of war; **strafbare ~** criminal offence [*or* AM -se], punishable act; **unzüchtige ~** indecent act

Hand·lungs·ab·lauf *m* plot **Hand·lungs·be·darf** *m* need for action; **es besteht ~/kein ~** there is a need/no need for action **Hand·lungs·be·voll·mäch·tig·te(r)** *f(m)* authorized agent, proxy **hand·lungs·fä·hig** *adj* ❶ (*fähig und in der Lage, tätig zu werden*) capable of acting; **eine ~e Mehrheit** a working majority ❷ JUR having the capacity to act on one's own account **Hand·lungs·fä·hig·keit** *f* ❶ (*Möglichkeit zu handeln*) ability to act ❷ JUR capacity to act on one's own account **Hand·lungs·frei·heit** *f kein pl* freedom of action **Hand·lungs·spiel·raum** *m* room for manoeuvre BRIT [*or* AM maneuver] **hand·lungs·un·fä·hig** *adj* ❶ (*nicht handlungsfähig*) incapable of acting ❷ JUR (*unfähig zu handeln*) not having the capacity to act on one's own account **Hand·lungs·un·fä·hig·keit** *f* ❶ ADMIN, POL inability to act ❷ JUR without the capacity to act on one's own account **Hand·lungs·voll·macht** *f* power of attorney **Hand·lungs·wei·se** *f* conduct, way of acting

Hand·mi·xer *m* hand mixer **Hand·or·gel** *f* SCHWEIZ (*Handharmonika*) accordion **Hand·pfle·ge** *f* (*Maniküre*) care of the hands, manicure **Hand·pres·se** *f* hand press **Hand·pup·pe** *f* glove [*or* AM hand] puppet **Hand·rei·chung** <-, -en> *f* ❶ (*Hilfe*) helping hand, assistance ❷ (*Instruktion, Richtlinien*) recommendation; (*Handout*) handout **Hand·rü·cken** *m* back of the [*or* one's] hand **Hand·rüh·rer** *m s.* **Handmixer** **Hand·satz** *m kein pl* hand composition **Hand·schel·le** *f meist pl* handcuffs *pl;* **jdm ~n anlegen** to handcuff sb; **in ~n** in handcuffs, handcuffed; **~n tragen** to be handcuffed [*or* in handcuffs]; **jdn in ~n abführen** to take [*or* lead] sb away in handcuffs **Hand·schlag** *m* (*Händedruck*) handshake; **mit** [*o* **durch**] [*o* **per**] ~ with a handshake ▶ WENDUNGEN: **goldener ~** golden handshake; **einen ~ tun** (*fam*) to lend a hand; **keinen ~ tun** (*fam*) not to lift a finger *fam;* **er hat im Garten gelegen und keinen ~ getan!** he lay in the garden and didn't lift a finger! **Hand·schrei·ben** *nt* handwritten letter

Hand·schrift ['hantʃrɪft] *f* ❶ (*Schrift*) handwriting; **eine bestimmte ~ haben** to have a certain style of handwriting ❷ (*Text*) manuscript ▶ WENDUNGEN: **jds ~ tragen** [*o* **verraten**] to bear sb's [trade]mark

Hand·schrif·ten·deu·tung *f* ■[**die**] ~ graphology *no art*

hand·schrift·lich I. *adj* ❶ (*von Hand geschrieben*) handwritten ❷ (*als Handschrift überliefert*) in manuscript form **II.** *adv* ❶ (*von Hand*) by hand; **die Korrekturen im Text waren ~ eingefügt worden** the corrections to the text were entered by hand ❷ (*in Form von Handschriften*) in manuscript form

Hand·schuh *m* glove ▶ WENDUNGEN: **den ~ aufheben** to take up the gauntlet

Hand·schuh·fach *nt,* **Hand·schuh·kas·ten** *m* glove compartment

Hand·spiel *nt kein pl* handball **Hand·stand** *m* handstand; **einen ~ machen** to do a handstand **Hand·stand·über·schlag** *m* handspring; **einen ~ machen** to do a handspring **Hand·streich** *m* coup de main; **in einem** [*o* **durch einen**] ~ in a surprise coup **hand·streich·ar·tig** *adj* coup-style action **Hand·ta·sche** *f* handbag, purse AM **Hand·tel·ler** *m* palm [of one's [*or* the] hand]

Hand·tuch <-tücher> *nt* towel ▶ WENDUNGEN: **das ~ werfen** [*o sl* **schmeißen**] SPORT to give up, to throw in the towel

Hand·tuch·hal·ter *m* towel rack **Hand·tuch·spen·der** *m* towel dispenser

Hand·um·dre·hen ['hantʔʊmdre:ən] *nt* ▶ WENDUNGEN: **im ~** in a jiffy, in no time, in a trice BRIT

hand·ver·le·sen *adj* ❶ (*mit der Hand gepflückt*) hand-picked ❷ (*sorgfältig überprüft*) hand-picked; **nur ~e Gäste waren zugelassen** only specially invited guests were admitted

Hand·voll <-, -> *f* handful; **eine ~ Freiwilliger** a handful of volunteers **Hand·wa·gen** *m* handcart **hand·warm I.** *adj* tepid, lukewarm; **zum Spülen nimmt sie nur ~es Wasser** she only uses lukewarm water for rinsing **II.** *adv* **das darf nur ~ gewaschen werden** this may only be washed in lukewarm water **Hand·wasch·be·cken** *nt* washbasin, sink **Hand·wä·sche** *f* ❶ (*Vorgang*) hand-wash ❷ *kein pl* (*Wäschestücke*) item for hand-washing

Hand·werk *nt* ❶ (*handwerklicher Beruf*) trade ❷ (*Beschäftigung*) business ❸ *kein pl* (*Berufsstand der Handwerker*) trade ▶ WENDUNGEN: **das ~ nährt seinen Mann** a trade will always provide; **jdm das ~ legen** to put an end to sb's game; **jdm ins ~ pfuschen** to encroach on sb's activities; **sein ~ verstehen** [*o* **beherrschen**] to know one's job [*or* stuff *sl*]

Hand·wer·ker(in) <-s, -> *m(f)* tradesman

hand·werk·lich I. *adj* relating to a trade; **eine ~e Ausbildung machen** to undergo training for a skilled trade; **~es Können**

H

craftsmanship **II.** *adv* concerning craftsmanship
Hạnd·werks·be·ruf *m* skilled trade **Hạnd·werks·be·trieb** *m* workshop **Hạnd·werks·kam·mer** *f* Chamber of Handicrafts **Hạnd·werks·meis·ter(in)** *m(f)* ÖKON master craftsman **Hạnd·werks·zeug** *nt kein pl* tools of the trade, equipment
Hạnd·wur·zel *f* carpus, wrist
Hạnd·wur·zel·kno·chen *m* carpal bone
Han·dy <-s, -s> ['hɛndi] *nt* TELEK mobile [phone]
Hạnd·zei·chen *nt* (*Geste*) gesture, sign; **durch ~** by gesturing; **sie konnten sich nur durch ~ verständigen** they could only make themselves understood by using their hands **Hạnd·zet·tel** *m* leaflet
ha̱·ne·bü·chen *adj* (*veraltend geh*) outrageous
Hanf <-[e]s> [hanf] *m kein pl* ❶ (*Faser, Pflanze*) hemp ❷ (*Samen*) hempseed
Hänf·ling <-s, -e> ['hɛnflɪŋ] *m* ❶ ORN linnet ❷ (*fam: schwächlicher Mensch*) weakling *pej*
Hang <-[e]s, Hänge> [haŋ, *pl* 'hɛŋə] *m* ❶ (*Abhang*) slope; **schräg zum ~ fahren** SKI to ski at an angle to the slope ❷ *kein pl* (*Neigung*) tendency; ■**jds ~ zu etw** sb's tendency towards sth; **einen ~ zu jdm/etw haben** to have a penchant for sb/sth; **sie hat einen deutlichen ~ zu Übertreibungen** she has a marked tendency to exaggerate; **den ~ haben, etw zu tun** to be inclined to do sth
Han·gar <-s, -s> ['haŋgaːɐ̯] *m* hangar
Hạ̈n·ge·bir·ke *f* BOT white birch, silver birch
Hạ̈n·ge·glei·ter <-s, -> *m* hang-glider
han·geln ['haŋl̩n] *vi, vr vi: sein und haben* ■**[sich] irgendwohin ~** to proceed hand over hand; **er hangelte [sich] an einem Tau über den Abgrund** he made his way across an abyss hand over hand along a rope
Hạ̈n·ge·map·pe *f* suspension file **Hạ̈n·ge·mat·te** *f* hammock
hän·gen ['hɛŋən] **I.** *vi* <hịng, gehạngen> ❶ (*mit dem oberen Teil angebracht sein*) to hang; **das Bild hängt nicht gerade** the picture's not hanging straight; ■**an etw** *dat*/**über etw** *dat*/**von etw ~** to hang on sth/over sth/from sth; **hängt die Wäsche noch an der Leine?** is the washing still hanging on the line?; **die Spinne hing an einem Faden von der Decke** the spider hung by a thread from the ceiling; **die Lampe hing direkt über dem Tisch** the lamp hung directly above the table; **voller ... hängen** to be full of ...; **warum muss die Wand nur so voller Bilder ~?** why must there be so many pictures on the wall?; **der Baum hängt voller Früchte** the tree is laden with fruit; **[an etw** *dat*] **~ bleiben** (*befestigt bleiben*) to stay on [sth]; **ob das Gemälde an dem Nagel ~ bleiben wird?** I wonder if the painting will stay on that nail; (*kleben bleiben*) to stick to sth; **der Kaugummi blieb an der Wand hängen** the chewing gum stuck to the wall ❷ (*gehenkt werden*) ■**jd muss/soll ~** sb must/ought to be hanged; **Mörder müssen ~!** murderers must be hanged; **an den Galgen mit ihm, er muss ~!** to the gallows with him, he must hang!; ■**das H~** hanging; **der Richter verurteilt Verbrecher gerne zum H~** the judge likes sentencing criminals to hang ❸ (*sich neigen*) ■**in eine bestimmte Richtung ~** to lean in a certain direction; **das Bücherregal hängt nach vorne** the bookshelf is tilting forwards; **der Wagen hängt nach rechts** the car leans to the right ❹ (*befestigt sein*) ■**an etw ~** *dat* to be attached to sth; **der an dem Wagen ~de Wohnwagen schlingerte bedenklich** the caravan attached to the car swayed alarmingly ❺ (*fam: angeschlossen, verbunden sein*) ■**an etw ~** *dat* to be connected to sth; **der Patient hängt an allen möglichen Apparaturen** the patient is connected to every conceivable apparatus ❻ (*fam: emotional verbunden sein*) ■**an jdm/etw ~** to be attached to sb/sth; **die Schüler hingen sehr an dieser Lehrerin** the pupils were very attached to this teacher ❼ (*festhängen*) ■**[mit etw] an etw ~** *dat* to be caught [by sth] on sth; **ich hänge mit dem Pullover an einem Haken!** my pullover's caught on a hook; **[mit etw] an etw** *dat* **~ bleiben** to get caught on sth [by sth]; **halt, nicht weiter, du bist mit dem Pullover an einem Nagel ~ geblieben!** wait, stay there! you've got your sweater caught on a nail ❽ (*fam: sich aufhalten*) ■**an/vor etw ~** *dat* to remain on/in front of sth; **musst du stundenlang am Telefon ~!** must you spend hours on the phone!; **er hängt den ganzen Tag vorm Fernseher** he spends all day in front of the television; **~ bleiben** to be kept down; **bist du irgendwann in einer Klasse ~ geblieben?** did you ever have to repeat a year of school at some stage? ❾ (*fam: zu erledigen sein*) **an jdm ~ bleiben** to be down to sb; **ja, ja, das Putzen bleibt wie üblich an mir ~!** oh yes, the cleaning's down to me as usual! ❿ (*sich festsetzen*) **[an jdm] ~ bleiben** to rest on sb; **der Verdacht blieb an ihm ~** the suspicion rested on him ⓫ (*fam: in der Erinnerung bleiben*) ■**[bei jdm] ~ bleiben** to stick [in sb's mind]; **vom Lateinunterricht ist bei ihm nicht viel ~ geblieben** not much of the Latin registered in his case; **ich hoffe, dass es nun ~ bleibt** I hope that's sunk in now! ▶WENDUNGEN: **mit H~ und Würgen** (*fam*) by the skin of one's teeth *fam;* **die Klassenarbeit ist noch ausreichend, aber auch nur mit H~ und Würgen** your test is satisfactory, but only just; **etw ~ lassen** to dangle sth; **sie ließ die Beine ins Wasser ~** she dangled her legs in the water; **er war müde und ließ den Kopf etwas ~** he was tired and let his head droop a little; **wo[ran] hängt es denn?** (*fam*) why is that then?; **woran hängt es denn, dass du in Mathe immer solche Schwierigkeiten hast?** how come you always have so much trouble in maths?; *s. a.* **Kopf II.** *vt* <hängte *o* DIAL hịng, gehängt *o* DIAL gehạngen> ❶ (*anbringen*) ■**etw an/auf etw** *akk* **~** to hang sth on sth; **wir müssen noch die Bilder an die Wand ~** we still have to hang the pictures on the wall; **sie hängt die Hemden immer auf Kleiderbügel** she always hangs the shirts on clothes hangers; **lass bitte die Wäsche nicht auf der Leine ~!** please don't leave the washing on the line; **wir können die Gardinen doch nicht noch länger ~ lassen!** we simply can't leave the curtains up any longer!; ■**etw in etw** *akk* **~** to hang sth in sth; **hast du die Jacke in den Kleiderschrank gehängt?** have you hung your jacket in the wardrobe [*or* closet]? AM ❷ (*henken*) ■**jdn ~** to hang sb; **die meisten Kriegsverbrecher wurden gehängt** most of the war criminals were hanged ❸ (*hängen lassen*) ■**etw in etw ~** *akk* to dangle sth in sth; **er hängte den Schlauch in den Teich** he dangled the hose in the pond; **hoffentlich hast du deinen Schal nicht irgendwo ~ lassen** I hope you haven't left your scarf behind somewhere ❹ (*anschließen*) ■**etw an etw** *akk* **~** to attach sth to sth ❺ (*im Stich lassen*) ■**jdn ~ lassen** to leave sb in the lurch, to let sb down **III.** *vr* <hängte *o* DIAL hịng, gehängt *o* DIAL gehạngen> ❶ (*sich festsetzen*) ■**sich an jdn/etw ~** *akk* to hang on to sb/sth; **das Kind hängte sich ihr an den Arm** the child hung on to her arm; **Blutegel hatten sich ihr an Waden und Arme gehängt** leeches had attached themselves to her calves and arms; **diese Bettler ~ sich an einen wie die Blutsauger!** these beggars latch on to you like leeches! ❷ (*sich gefühlsmäßig binden*) ■**sich an jdn/etw ~** to become attached to sb/sth ❸ (*verfolgen*) ■**sich an jdn/etw ~** to follow sb/sth ❹ (*sl: sich einmischen*) ■**sich in etw ~** *akk* to meddle in sth; **~ Sie sich nicht immer in fremder Leute Angelegenheiten!** stop meddling in other people's affairs! ❺ (*sich gehen lassen*) ■**sich ~ lassen** to let oneself go; **nach ihrer Heirat begann sie, sich ~ zu lassen** after her marriage she began to let herself go
Han·gen <-s> ['haŋən] *nt* ▶WENDUNGEN: **mit ~ und Bangen** (*geh*) with fear and dread
Hạ̈n·ge·ohr *nt* lop-ear, drooping ears **Hạ̈n·ge·par·tie** *f* ❶ SCHACH adjourned game ❷ (*hinausgezögerte Entscheidung*) long-drawn-out affair
Hạ̈n·ger <-s, -> *m* ❶ AUTO (*fam: Anhänger*) trailer ❷ (*sl: Formtief*) downer *sl;* **ich hab irgendwie gerade 'nen ~** somehow

I'm on a bit of a downer at the moment

Hạn·ge·schrank *m* wall-cupboard **Hạn·ge·schul·tern** *pl* round [*or* drooping] shoulders *pl*

hän·gig ['hɛŋɪç] *adj* SCHWEIZ ❶ JUR *s.* **anhängig** pending ❷ (*geh: unerledigt*) unresolved

Hạng·la·ge *f* hillside location; **in** ~ in a hillside location

Han·no·ver <-s> [ha'no:fɐ] *nt* Hanover

Han·no·ve·ra·ner <-s, -> [hanovə'ra:nɐ] *m* AGR Hanoverian horse

Han·no·ve·ra·ner(in) <-s, -> [hanovə'ra:nɐ] *m(f)* Hanoverian

han·no·versch [ha'no:fɐʃ] *adj attr* Hanoverian

Ha·noi <-s> [ha'nɔy] *nt* Hanoi

Hans <- *o* -ens> [hans] *m* (*Name*) Hans ► WENDUNGEN: ~ **im Glück** (*fam*) lucky so-and-so *fam;* **der blanke** ~ (*poet*) the North Sea

Han·sa·plast® <-[e]s> [hanza'plast] *nt kein pl* [sticking] plaster, Elastoplast®, Band-Aid®

Häns·chen <-s> ['hɛnsçən] *nt dim von* **Hans** ► WENDUNGEN: **was** ~ **nicht lernt, lernt Hans nimmermehr** (*prov*) you can't teach an old dog new tricks *prov*

Hans·dampf <-[e]s, -e> [hans'dampf] *m* Jack-of-all-trades; **ein** ~ **in allen Gassen sein** (*fam*) to be a Jack-of-all-trades *fam*

Han·se <-> ['hanzə] *f kein pl* HIST Hanseatic league

i Kultur

The **Hanse** or Hanseatic League was originally an association of towns lying on important trade routes. The aim of these *Hansestädte* was to protect and control trade. The German Hanse had a trade monopoly on the Baltic for 200 years. Today, there are still seven north German towns which call themselves *Hansestädte*: Hamburg, Bremen, Lübeck, Greifswald, Rostock, Stralsund and Wismar.

Han·se·at(in) <-en, -en> [hanze'a:t] *m(f)* ❶ (*fam*) inhabitant of a Hanseatic city ❷ HIST Hanseatic merchant

han·se·a·tisch *adj* Hanseatic

Han·sel <-s> ['hanzl̩] *m* DIAL (*pej fam*) twit *pej fam*

Hän·sel <-s> ['hɛnzl̩] *m dim von* **Hans** ► WENDUNGEN: ~ **und Gretel** Hansel and Gretel

Hän·se·lei <-, -en> *f* [relentless] teasing

hän·seln ['hɛnzl̩n] *vt* ■**jdn** [**wegen etw**] ~ to tease sb [constantly] [about sth]

Hạn·se·stadt *f* ❶ (*Bremen, Hamburg und Lübeck*) Hanseatic city ❷ HIST city of the Hanseatic league

Hans·wurst <-[e]s, -e *o* -würste> [hans'vʊrst] *m* (*hum fam*) buffoon, clown

Han·tel <-, -n> ['hantl̩] *f* SPORT dumb-bell, barbell

han·teln ['hantl̩n] *vi* SPORT to exercise with dumb-bells; ■[**das**] **H**~ exercising with dumb-bells

han·tie·ren* [han'ti:rən] *vi* ❶ (*sich beschäftigen*) ■[**mit etw**] ~ to be busy [with sth]; **ich hörte ihn im Keller mit Werkzeug** ~ I heard him using tools in the cellar ❷ (*herum~*) ■[**mit etw**] **an etw** ~ *dat* to work on sth [with sth]

ha·pern ['ha:pɐn] *vi impers* (*fam*) ❶ (*fehlen*) ■**an etw** ~ *dat* to be lacking sth; **es hapert bei uns etwas an Geld** we're somewhat short of money ❷ (*schlecht bestellt sein*) ■**es hapert** [**bei jdm**] **mit etw** sb has a problem with sth; **leider hapert es bei uns im Augenblick mit der Ersatzteilversorgung** unfortunately we have a problem at the moment with the supply of spare parts; ■**es hapert** [**bei jdm**] **mit/in etw** *dat* sb is weak in sth; **in Mathe hapert es bei ihr noch etwas** she's still a bit weak in maths

Häpp·chen <-s, -> ['hɛpçən] *nt dim von* **Happen** morsel, titbit BRIT *fam,* AM tidbit

hạpp·chen·wei·se *adv* (*fam*) in small mouthfuls; (*nach und nach*) bit by bit

Hap·pen <-s, -> ['hapn̩] *m* (*fam*) (*kleine Mahlzeit*) snack; **ich habe heute noch keinen** ~ **gegessen** I haven't eaten a thing all day! ► WENDUNGEN: **ein fetter** ~ (*fam*) a good [*or* fine] catch

Hap·pe·ning <-s, -s> ['hɛpənɪŋ] *nt* happening; **ein** ~ **machen** [*o* **veranstalten**] to stage a happening

hap·pig ['hapɪç] *adj* ❶ (*fam: hoch*) steep; **550 Euro für eine Bluse, das ist mir einfach zu** ~ 550 euros for a blouse, that's simply too expensive for me; ■[**ganz schön**] ~ **sein** to be [pretty] steep ❷ (*schwierig*) tough, difficult

hap·py ['hɛpi] *adj* (*fam*) happy

Happy End^RR^ <-s, -s> *nt,* **Hap·py·end** ['hɛpi'ʔɛnt] *nt* ÖSTERR happy ending

Ha·ra·ki·ri <-[s], -s> [hara'ki:ri] *nt* hara-kiri; ~ **begehen** to commit hara-kiri

Ha·rass^RR^ <-es, -e> *m,* **Ha·raß^ALT^** <-sses, -sse> ['haras] *m* SCHWEIZ ❶ (*Lattenkiste*) crate ❷ (*Getränkekiste*) crate

Här·chen <-s, -> ['hɛɐ̯çən] *nt dim von* **Haar** tiny hair

Hard·core(**-Por·no**) <-s> ['ha:ɐ̯tkɔ:ɐ̯-] *m kein pl* hard-core [porn]

Hard·core-Strei·fen <-s,> ['ha:ɐ̯tkɔ:ɐ̯-] *m* hard-core film

Hard·co·ver^RR^, Hard Co·ver^RR^, Hard co·ver^ALT^ <-s, -s> ['ha:ɐ̯tkavɐ] *nt* hardback BRIT, hardcover AM

Hard·li·ner(in) <-s, -> ['ha:ɐ̯tlainɐ] *m(f)* hardliner

Hard·top <-s, -s> ['ha:ɐ̯ttɔp] *nt* AUTO ❶ (*abnehmbares Dach*) hardtop ❷ (*Cabrio mit* ~) cabriolet [*or esp* AM convertible] with a hardtop

Hard·ware <-, -s> ['ha:ɐ̯tvɛɐ̯] *f* INFORM hardware

Ha·rem <-s, -s> ['ha:rɛm] *m* harem

Hä·re·ti·ker(in) <-s, -> [hɛ're:tikɐ] *m(f)* heretic

hä·re·tisch [hɛ're:tɪʃ] *adj* heretical

Har·fe <-, -n> ['harfə] *f* harp; [**auf der**] ~ **spielen** to play the harp

Har·fe·nist(in) <-en, -en> [harfə'nɪst] *m(f)* harpist

Hạr·fen·spiel *nt kein pl* harp-playing

Har·ke <-, -n> ['harkə] *f bes* NORDD (*Gerät zur Garten- und Feldarbeit*) rake ► WENDUNGEN: **jdm zeigen, was eine** ~ **ist** (*fam*) to show sb what's what

har·ken ['harkn̩] *vt bes* NORDD *Beet* ■**etw** ~ (*mit der Harke bearbeiten*) to rake sth; (*mit der Harke entfernen*) to rake sth [together]; ■**geharkt** raked

Har·le·kin <-s, -e> ['harleki:n] *m* Harlequin

hạrm·los I. *adj* ❶ (*ungefährlich*) harmless ❷ (*arglos*) innocent; *Frage* innocent; *Mensch* harmless **II.** *adv* ❶ (*ungefährlich*) harmlessly ❷ (*arglos*) innocently

Hạrm·lo·sig·keit <-, -en> *f* ❶ *kein pl* (*Ungefährlichkeit*) harmlessness ❷ (*Arglosigkeit*) innocence; **in aller** ~ in all innocence

Har·mo·nie <-, -n> [harmo'ni:, *pl* -'ni:ən] *f* harmony

har·mo·nie·ren* [harmo'ni:rən] *vi* ❶ (*angenehm zusammenklingen*) to harmonize; ■**sie** ~ they harmonize ❷ (*zueinander passen*) ■[**mit etw**] ~ to go with sth, to match [sth] ❸ (*gut zusammenpassen*) to get on well [with each other], to gel together BRIT *sl;* ■**sie** ~ [**miteinander**] they get on well with each other

har·mo·nie·süch·tig *adj* seeking harmony

Har·mo·ni·ka <-, -s *o* Harmoniken> [har'mo:nika, *pl* -nikən] *f* accordion

har·mon·isch [har'mo:nɪʃ] **I.** *adj* (*wohlklingend, ausgewogen, einträchtig*) harmonious; **eine** ~**e Ehe** a harmonious marriage **II.** *adv* harmoniously

har·mo·ni·sie·ren* [harmoni'zi:rən] *vt* ■**etw** ~ to harmonize sth

Har·mo·ni·sie·rung <-, -en> *f* harmonization

Har·mo·ni·um <-s, -ien> [har'mo:ni̯ʊm, *pl* -ni̯ən] *nt* harmonium

Harn <-[e]s, -e> [harn] *m* urine; ~ **lassen** (*geh*) to urinate

Hạrn·bla·se *f* bladder **Hạrn·drang** *m* (*geh*) urge to urinate

har·nen ['harnən] *vi* (*veraltend geh*) to urinate

Har·nisch <-[e]s, -e> ['harnɪʃ] *m* (*Ritterrüstung*) armour [*or* AM -or] ► WENDUNGEN: **jdn in ~ bringen** to enrage [*or* infuriate] sb, to get sb's back up BRIT; **[wegen etw] in ~ sein** to be furious about sth, to be in a fury [about sth]

Harn·las·sen <-s> *nt kein pl* (*geh*) urination **Harn·lei·ter** *m* ureter **Harn·röh·re** *f* urethra **Harn·säu·re** *f* uric acid **Harn·stoff** *m* urea **harn·trei·bend** I. *adj* (*geh*) diuretic II. *adv* (*geh*) having a diuretic effect **Harn·ver·gif·tung** *f* MED uraemia BRIT, AM uremia **Harn·we·ge** *pl* urinary tract

Har·pu·ne <-, -n> [har'pu:nə] *f* harpoon

Har·pu·nier(in) <-s, -e> [harpu'ni:ɐ̯] *m(f)* harpooner

har·pu·nie·ren* [harpu'ni:rən] *vt* ■**ein Tier ~** to harpoon an animal

har·ren ['harən] *vi* (*geh*) ❶ (*darauf warten*) ■**jds/einer S.** [*o* **auf jdn/etw**] ~ to await sb/a thing [*or* to wait for sb/a thing] ❷ (*bevorstehen*) ■**jds** [*o* **auf jdn**] ~ to await sb

Harsch <-[e]s> [harʃ] *m kein pl* compacted snow

harsch [harʃ] *adj* ❶ *inv* (*mit einer Eiskruste überzogen*) hard-frozen, hard-packed ❷ *inv* (*selten: rau, eisig*) biting, cutting, raw ❸ (*geh: unfreundlich, barsch*) harsh

har·schig *adj* hard-packed

hart <härter, härteste> [hart] I. *adj* ❶ (*nicht weich*) hard; (*straff*) firm; KOCHK (*fest im Zustand*) hard; **ich schlafe auf einer härteren Matratze als du** I sleep on a firmer mattress than you; **dein Bett ist mir zu ~** your bed is too hard for me; **eine Decke auf dem Fußboden wird ein ~es Nachtlager sein** a blanket on the floor will be a hard surface to sleep on; **diese Früchte haben eine sehr ~e Schale** these fruits have a very hard skin; *s. a.* **Nuss** ❷ (*heftig*) severe; **ein ~er Aufprall** a severe impact; **ein ~er Ruck** a severe jolt; **ein ~er Winter** a harsh [*or* severe] winter ❸ (*unmelodisch*) harsh; **er spricht mit einem ~en Akzent** he has a harsh accent; *s. a.* **Konsonant** ❹ (*vehement*) violent; **die Konflikte werden immer härter** the conflicts are becoming increasingly violent ❺ (*drastisch*) strong; *Schnaps* strong; *Drogen* hard; *Pornografie* hard-core ❻ (*brutal*) violent; **das war der härteste Film, den ich je gesehen habe** that was the most violent film I have ever seen ❼ (*abgehärtet, robust*) tough; **Söldner sind ~e Kerle** mercenaries are tough fellows; ■**~ werden** to become tough ❽ (*stabil, sicher*) stable; **sie hat ihre Ersparnisse in ~en Währungen angelegt** she invested her savings in hard currencies ❾ (*streng, unerbittlich*) hard; **seine Mutter ist immer eine ~e Frau gewesen** his mother has always been a hard woman; **das sind aber ~e Worte!** those are harsh words!; *Regime* harsh; *Strafe* severe; *Gesetze* harsh; (*intensiv*) severe; *Winter* severe; ■**~ mit jdm sein** to be hard on sb ❿ (*schwer zu ertragen*) cruel, hard; **der Tod ihres Mannes war für sie ein ~er Schlag** the death of her husband was a cruel blow for her; *Zeiten* hard; *Realität* harsh; *Wahrheit* harsh; ■**~ für jdn sein, dass ...** to be hard on sb that ...; **es war sehr ~ für sie, dass ihr gekündigt worden war** it was very hard on her that she had been handed her notice [*or* had been fired] ⓫ (*mühevoll*) hard, tough; **20 Jahre ~er Arbeit** 20 years of hard work; **die Tarifverhandlungen werden härter als gewohnt werden** wage negotiations will be tougher than usual ► WENDUNGEN: **[in etw** *dat*] **~ bleiben** to remain [*or* stand] firm [about sth]; **~ auf ~ gehen** [*o* **kommen**] to come to the crunch; **wir werden keinen Deut nachgeben, auch wenn es ~ auf ~ geht** we're not going to give an inch, even if it comes to the crunch; **~ im Nehmen sein** (*beim Boxen*) to be able to take a lot of punishment; **dieser Boxer ist wirklich ~ im Nehmen!** this boxer really can take a lot of punishment; (*mit Schicksalsschlägen gut fertigwerden*) to be resilient II. *adv* ❶ (*nicht weich*) hard; **~ gefroren** *attr* frozen hard *pred*, frozen; **der Boden ist bis in zwei Meter Tiefe ~ gefroren** the ground is frozen solid to a depth of two metres; **~ gekocht** *attr* hard-boiled; **möchtest du ein weiches oder ein ~es Ei?** would you like a soft-boiled or hard-boiled egg?; **~ gesotten** hard-bitten; **ich schlafe lieber ~** I prefer to sleep on a firm surface ❷ (*heftig*) **bei dem Sturz ist er so ~ gefallen, dass er sich das Bein brach** he had such a severe fall that he broke his leg; **sie prallte ~ auf die Windschutzscheibe auf** she hit the windscreen with tremendous force; **~ bedrängt** *Gegner* strong, powerful ❸ (*rau*) harshly; **die Sprache klingt in europäischen Ohren ganz ~** the language sounds quite harsh to a European ear ❹ (*streng*) severely; **du verhältst dich ihr gegenüber zu ~** you're behaving too harshly towards her ❺ (*mühevoll*) hard; **wir werden in Zukunft noch härter arbeiten müssen** we'll have to work even harder in future ❻ (*unmittelbar*) close; ■**~ an etw** *dat* close to sth; **das Auto kam ~ an dem steilen Abhang zum Stehen** the car came to a halt just before the steep slope; *s. a.* **Grenze, Wind** ► WENDUNGEN: **jdn ~ anfassen** to treat sb severely; **~ aneinandergeraten** to come to blows, to have a real set-to, to have a fierce argument; **~ gesotten** hardened; **er ist ein ~ gesottener Geschäftsmann, der alle Tricks kennt** he's a hardened businessman who knows all the tricks; **~ durchgreifen** to take tough [*or* rigorous] action; **jdn ~ ankommen** (*geh*) to be hard for sb; **auch wenn es mich ~ ankommt, ich muss bei meiner Entscheidung bleiben** even if I find it hard I must stick by [*or* to] my decision; **jdm ~ zusetzen** to press sb hard; **jdn ~ treffen** to hit sb hard; **der Tod seiner Frau hat ihn doch ~ getroffen** the death of his wife has hit him very hard

hart·be·drängt *adj attr s.* **hart II. 2**

Här·te <-, -n> ['hɛrtə] *f* ❶ (*Härtegrad*) hardness ❷ *kein pl* (*Wucht*) force ❸ *kein pl* (*Robustheit*) robustness ❹ *kein pl* (*Stabilität*) stability ❺ *kein pl* (*Strenge*) severity; (*Unerbittlichkeit*) relentlessness ❻ (*schwere Erträglichkeit*) cruelty, harshness ❼ (*Kalkgehalt*) hardness; **die ~ des Wassers** the hardness of the water ► WENDUNGEN: **soziale ~n** cases of social hardship; **die ~ sein** (*sl*) to be the absolute limit

Här·te·fall *m* ❶ (*bei strenger Anwendung von Vorschriften eintretender Fall von sozialer Belastung*) case of hardship ❷ (*fam*) *Person* case of hardship **Här·te·fonds** *m* hardship fund **Här·te·grad** *m* degree of hardness **Här·te·klau·sel** *f* hardship clause

här·ten ['hɛrtn̩] I. *vt* (*hart machen*) ■**etw ~** to harden sth II. *vi* (*er~*) to harden

Här·ter <-s, -> ['hɛrtɐ] *m* hardener, hardening agent

Här·te·ska·la *f* scale of hardness **Här·te·test** *m* endurance test; **jdn/etw einem ~ unterziehen** to subject sb/sth to an endurance test

Hart·fa·ser·plat·te *f* hardboard BRIT, fiberboard AM **Hart·geld** *nt* (*geh*) coins *pl* **Hart·gum·mi** *nt* hard rubber **hart·her·zig** *adj* hard-hearted **Hart·her·zig·keit** <-> *f* ❶ *kein pl* (*Gefühllosigkeit*) hard-heartedness ❷ (*hartherzige Tat*) hard-hearted deed **Hart·holz** *nt* hardwood **Hart·kä·se** *m* KOCHK hard cheese **hart·lei·big** *adj* constipated **Hart·lei·big·keit** <-> *f kein pl* constipation

hart·nä·ckig I. *adj* ❶ (*beharrlich*) persistent ❷ (*langwierig*) stubborn; **der Schnupfen ist doch ~er als ich dachte** the cold is more stubborn than I thought II. *adv* (*beharrlich*) persistently

Hart·nä·ckig·keit <-> *f kein pl* ❶ (*Beharrlichkeit*) persistence ❷ (*Langwierigkeit*) stubbornness, obstinacy, doggedness

Hart·platz *m* TENNIS hard court **Hart·rie·gel** *m kein pl* BOT dogwood **Hart·scha·len·kof·fer** *m* hard-top suitcase

Här·tung <-, -en> *f* hardening

Hart·wei·zen *m* durum wheat **Hart·wurst** *f* hard sausage

Harz[1] <-es, -e> [ha:ɐ̯ts] *nt* resin

Harz[2] <-es> [ha:ɐ̯ts] *m* ■**der ~** the Harz mountains

har·zen ['ha:ɐ̯tsn̩] I. *vt* (*mit Harz versetzen*) ■**etw ~** to resinate sth II. *vi* ❶ (*Harz gewinnen*) to tap for resin ❷ (*Harz absondern*) to exude resin

Har·zer <-s, -> ['ha:ɐ̯tsɐ] *m* Harz cheese; *s. a.* **Käse, Roller**

har·zig ['ha:ɐ̯tsɪç] *adj* resinous

Ha·sard <-s> [ha'zart] *nt kein pl* [**mit etw**] ~ **spielen** (*geh*) to gamble [with sth]
Ha·sar·deur(in) <-s, -e> [hazar'døːɐ̯] *m(f)* (*pej geh*) gambler
Ha·sard·spiel *nt* (*geh*) game of chance, gamble
Hasch <-[s]> [haʃ] *nt kein pl* (*fam*) hash
Ha·schee <-s, -s> [ha'ʃeː] *nt* hash
ha·schen[1] ['haʃn̩] *vi* (*veraltend geh*) ■**nach etw** ~ ❶ (*greifen*) to make a grab for sth ❷ (*streben*) to angle [*or* fish] for sth; **nach Lob** ~ to fish for compliments
ha·schen[2] ['haʃn̩] *vi* (*fam*) to smoke hash
Ha·schen <-s> ['haʃn̩] *nt kein pl* DIAL (*Fangen*) catch
Hä·schen <-s, -> ['hɛːsçən] *nt* ❶ *dim von* **Hase** young hare, bunny, leveret ❷ (*fam: Kosename*) sweetheart
Hä·scher <-s, -> ['hɛʃɐ] *m* (*veraltend geh*) bailiff
Ha·scherl <-s, -[n]> ['haʃɐl] *nt* ÖSTERR (*fam: bedauernswertes Wesen*) poor soul; **armes** ~ poor little thing
Ha·schisch <-[s]> ['haʃɪʃ] *nt o m kein pl* hashish, hash *no pl, no indef art*
Ha·se <-n, -n> ['haːzə] *m* ❶ (*wild lebendes Nagetier*) hare ❷ KOCHK (~*nbraten*) roast hare ❸ DIAL (*Kaninchen*) rabbit ▸WENDUNGEN: **da liegt der** ~ **im Pfeffer** (*fam*) that's the crux of the matter, that's the real cause, there's the rub BRIT; **ein alter** ~ **sein** (*fam*) to be an old hand; **falscher** ~ KOCHK meat loaf; **sehen** [*o* **wissen**], **wie der** ~ **läuft** (*fam*) to see [*or* know] which way the wind blows
Ha·sel <-, -n> ['haːzl̩] *f* hazel
Ha·sel·huhn *nt* ORN hazel [*or* black] grouse **Ha·sel·kätz·chen** *nt* hazel catkin, lamb's-tail **Ha·sel·maus** *f* ZOOL [common] dormouse **Ha·sel·nuss**[RR] ['haːzl̩nʊs] *f* ❶ (*Nuss*) hazelnut ❷ (*Hasel*) hazel **Ha·sel·nuss·öl**[RR] *nt* hazelnut oil **Ha·sel·strauch** *m s.* **Hasel**
Ha·sen·bra·ten *m* roast hare **Ha·sen·fuß** *m* (*fam*) chicken *sl*, coward **Ha·sen·pa·nier** *nt* ▸WENDUNGEN: **das** ~ **ergreifen** (*veraltend fam*) to take to one's heels **Ha·sen·pfef·fer** *m* jugged hare BRIT, Hasenpfeffer AM **Ha·sen·schar·te** *f* MED harelip
Hä·sin *f* doe, female hare
Häs·ling <-s, -e> *m* ZOOL dace
Has·pel <-, -n> ['haspl̩] *f* windlass, winch; *Garn* reel
has·peln ['haspl̩n] I. *vt* (*wickeln*) ■**etw** ~ to reel sth, to wind sth II. *vi* (*fam: hastig sprechen*) to gabble
Hass[RR] <-es> *m*, **Haß**[ALT] <-sses> [has] *m kein pl* hate, hatred, animosity, rancour [*or* AM -or], loathing; **einen** ~ **auf jdn haben/kriegen** (*fam*) to be/become angry with sb; **aus** ~ out of hatred; **sich** *dat* **jds** ~ **zuziehen, jds** ~ **auf sich** *akk* **ziehen** to incur sb's wrath
has·sen ['hasn̩] *vt* ❶ (*voller Hass ablehnen*) ■**jdn** ~ to hate sb ❷ (*nicht mögen*) ■**etw** ~ to hate [*or* loathe] [*or* detest] sth ❸ (*widerwillig sein*) ■**es** ~, **etw zu tun** to hate doing sth; *s. a.* **Pest**
hass·er·füllt[RR] I. *adj* full of hate, filled [*or* seething] with hatred II. *adv* full of hate
häss·lich[RR], **häß·lich**[ALT] ['hɛslɪç] I. *adj* ❶ (*unschön*) ugly, hideous; **sie wohnen in einer ~en Gegend** they don't live in a very nice area ❷ (*gemein*) nasty; ■~ **zu jdm sein** to be nasty [*or* mean] to sb; ■~ **von jdm sein** to be nasty [*or* mean] of sb ❸ (*unerfreulich*) nasty, ugly, unpleasant II. *adv* (*gemein*) nastily
Häss·lich·keit[RR], **Häß·lich·keit**[ALT] <-, -en> *f* ugliness, nastiness, hideousness
Hass·lie·be[RR] *f* love-hate relationship **Hass·ti·ra·de**[RR] *f* (*pej*) tirade of hate **hass·ver·zerrt**[RR] *adj* twisted with hatred [*or* hate]
hast [hast] *2. pers sing pres von* **haben**
Hast <-> [hast] *f kein pl* (*Eile*) haste, hurry; **nur keine** ~**!** there's no rush!; **ohne** ~ without rushing; **voller** ~ in a great hurry [*or* rush]; **sie zog sich voller** ~ **an** she dressed in a great hurry ▸WENDUNGEN: **in fliegender** ~ in a tearing hurry
has·te ▸WENDUNGEN: ~ **was, biste was** (*prov*) wealth brings status; [**was**] ~ **was kannste** (*fam*) as quick as possible
has·ten ['hastn̩] *vi sein* (*geh*) ❶ (*hastig sein*) to hurry [*or* rush] ❷ (*eilen*) ■**irgendwohin** ~ to hurry [*or* rush] somewhere
has·tig ['hastɪç] I. *adj* hurried, rushed; **nicht so** ~**!** not so fast! II. *adv* (*eilends*) hastily, hurriedly; **er schlang sein Essen** ~ **hinunter** he bolted down his meal
hat *3. pers sing pres von* **haben**
hät·scheln ['hɛːtʃl̩n] *vt* ❶ (*liebkosen*) ■**jdn** ~ to caress sb, to cuddle sb ❷ (*gut behandeln*) ■**jdn** ~ to pamper sb ❸ (*gerne pflegen*) ■**etw** ~ to cherish sth; **eine gehätschelte Ideologie** a cherished ideology
hat·schi [ha'tʃiː] *interj* atishoo, atchoo, AM ahchoo; ~ **machen** (*Kindersprache*) to sneeze
hat·te ['hatə] *imp von* **haben**
Hat·trick <-s, -s> ['hɛttrɪk] *m* ❶ SPORT (*Dreifachtreffer*) hat-trick; (*dreifacher Gewinn*) hat-trick ❷ (*Dreifacherfolg*) third success
Hatz <-, -en> [hats] *f* ❶ SÜDD, ÖSTERR (*Hetze*) rush; **immer diese** ~**!** this constant rushing around! ❷ (*Hetzjagd*) hunt, chase; **die** ~ **auf Bären** bear hunting
Hau·be <-, -n> ['haubə] *f* ❶ (*weibliche Kopfbedeckung*) bonnet ❷ (*Trockenhaube*) hair dryer ❸ (*Motorhaube*) bonnet ❹ ÖSTERR, SÜDD (*Mütze*) cap ❺ ÖSTERR (*Auszeichnung von Restaurants*) star ❻ (*Büschel von Kopffedern*) crest ❼ (*Aufsatz*) covering ▸WENDUNGEN: **jdn unter die** ~ **bringen** (*hum fam*) to marry sb off; **unter der** ~ **sein** (*hum fam*) to be married; **unter die** ~ **kommen** (*hum fam*) to get married; **es wird Zeit, dass du unter die** ~ **kommst** it's time you got married
Hau·ben·ler·che *f* crested lark **Hau·ben·mei·se** *f* crested tit [*or esp* AM titmouse] **Hau·ben·tau·cher** *m* great crested grebe
Hau·bit·ze <-, -n> [hau'bɪtsə] *f* MIL howitzer
Hauch <-[e]s, -e> [haux] *m* (*geh, poet*) ❶ (*Atemhauch*) breath ❷ (*Luftzug*) breath of air ❸ (*leichter Duft*) waft, whiff ❹ (*Flair*) aura ❺ (*Andeutung, Anflug*) hint, trace, touch
hauch·dünn ['haux'dʏn] I. *adj* ❶ (*äußerst dünn*) wafer-thin ❷ (*äußerst knapp*) extremely narrow; *Mehrheit* narrow; *Sieg* extremely narrow II. *adv* extremely thin
hau·chen ['hauxn̩] I. *vi* (*sanft blasen*) ■**auf/gegen/in etw** ~ *akk* to breathe on/against/into sth II. *vt* ❶ (*blasen*) ■**jdm etw in etw** ~ *akk* to blow sth into sb's sth ... ❷ (*flüstern*) ■**etw** ~ to whisper sth; ■**jdm etw in etw** ~ *akk* to whisper sth in sb's sth ...
Hauch·laut *m* aspirate
hauch·zart ['haux'tsaːɐ̯t] *adj* ❶ (*butterweich*) extremely delicate ❷ MODE (*sehr leicht*) very light
Hau·de·gen ['haudeːgn̩] *m* old soldier [*or* warhorse]
Haue <-, -n> ['hauə] *f* ❶ SÜDD, SCHWEIZ, ÖSTERR (*Hacke*) hoe ❷ *kein pl* (*fam: Prügel*) thrashing; ~ **kriegen** (*fam*) to get a good hiding, to get a thrashing; **es gibt** ~ (*fam*) you'll get a good hiding
hau·en <haute, gehauen *o* DIAL gehaut> ['hauən,] I. *vt* ❶ *pret: hieb* (*fam: schlagen*) ■**etw auf etw** *akk*/**gegen etw** ~ to hit sth against sth ❷ (*fam: verprügeln*) ■**jdn** ~ to hit [*or* clout] sb; ■**sie** ~ **sich** they are fighting each other; **bitte hau mich nicht, ich tu es ja auch nicht wieder!** don't hit me please, I won't do it again!; **du blutest ja, hat dich einer von deinen Schulkameraden ge~?** you're bleeding, did one of your classmates hit you? ❸ (*meißeln*) ■**etw in etw** ~ *akk* to carve sth in sth; **der Künstler hat diese Statue in Marmor ge~** the artist carved this statue in marble; **um fischen zu können, mussten sie ein Loch ins Eis** ~ in order to fish they had to cut a hole in the ice; **die Stufen waren von Hand in den harten Fels ge~ worden** the steps had been hewn by hand in the hard rock ❹ (*fam: stoßen*) ■**etw an/auf etw** ~ *akk* to hit sth on sth; **au verdammt, ich habe mir das Knie an die Tischkante ge~!** ow damn it, I've hit my knee on the edge of the table II. *vi* ❶ *pret: hieb* (*fam: schlagen*) ■[**mit etw**] **auf etw** *akk*/**gegen etw** ~ to smash sth against sth; **er nahm die Axt**

und hieb damit gegen das Türschloss he picked up the axe and smashed it against the door lock; **hau doch nicht so auf die Klaviertasten!** don't thump the piano keys like that!; ■**jdm auf/in/gegen/vor etw** *akk* ~ to hit sb on sth/in sth; **sie hieb ihm mit der flachen Hand ins Gesicht** she slapped his face; **er hieb ihm mit dem Schlagstock auf den Kopf** he hit him on the head with the baton ❷ (*fam: prügeln*) **bitte nicht ~!** please don't hit me! ❸ *sein* (*fam: stoßen*) ■**[mit etw] gegen etw** ~ to bang sth against [*or* on] sth; **er ist mit dem Fuß gegen einen Stein ge~** he banged his foot on a rock **III.** *vr* (*fam: sich setzen, legen*) ■**sich auf/in etw** ~ *akk* to throw oneself onto/into sth; **hau dich nicht so aufs Sofa!** don't throw yourself onto the sofa like that!

Hau·er[1] <-s, -> ['haue] *m* ❶ (*Eckzahn*) tusk ❷ (*hum: großer Zahn*) fang

Hau·er[2] <-s, -> ['haue] *m* faceworker

Häuf·chen <-s, -> ['hɔyfçən] *nt dim von* **Haufen** small pile [*or* heap] ▶WENDUNGEN: **ein ~ Elend** (*fam*) a picture of misery; **ein ~ machen** (*koten*) to do one's toilet BRIT, to go to the bathroom AM

häu·feln ['hɔyfl̩] *vt* ■**etw** ~ to hill up sth BRIT; (*aufhäufen*) *Essen* to heap [*or* pile] up sth

Hau·fen <-s, -> ['haufn̩] *m* ❶ (*Anhäufung*) heap, pile ❷ (*fam: große Menge*) load, accumulation, mass; *Arbeit* load; **du erzählst da einen ~ Quatsch!** what a load of rubbish! ❸ (*Schar*) crowd ❹ (*Gruppe, Gemeinschaft*) crowd, bunch ▶WENDUNGEN: **einen ~ machen** (*euph*) to do one's business; **Vorsicht, da hat ein Hund einen ~ gemacht!** watch out for that dog poop [*or* poo] [*or* doo]; **jdn/ein Tier über den ~ rennen/fahren** (*fam*) to run over sb/an animal *sep;* **jdn/ein Tier über den ~ schießen** [*o* **knallen**] (*fam*) to shoot sb/an animal down; **etw über den ~ werfen** [*o* **schmeißen**] (*fam*) to throw out sth *sep;* **[jdm] etw über den ~ werfen** [*o* **schmeißen**] (*fam*) to mess up sth [for sb] *sep;* **auf einem ~** (*fam*) in one place

häu·fen [hɔyfn̩] **I.** *vt* (*auf~*) ■**[jdm] etw auf etw** ~ *akk* to pile sth on sth [for sb]; *s. a.* **gehäuft I. II.** *vr* ❶ (*zahlreicher werden*) ■**sich** ~ to become more frequent, to accumulate, to multiply, to increase; *s. a.* **gehäuft II.** ❷ (*sich türmen*) ■**sich [irgendwo]** ~ to pile up [somewhere] ❸ (*türmen*) ■**sich** *dat* **etw auf etw** ~ *akk* to pile sth on sth

Hau·fen·dorf *nt village that has evolved haphazardly*

hau·fen·wei·se *adv* ❶ (*in Haufen*) in heaps [*or* piles] ❷ (*fam*) in great quantities; **etw ~ haben** [*o* **besitzen**] to have loads [*or* piles] of sth; **sie besitzt ~ Antiquitäten** she owns loads of antiques

Hau·fen·wol·ke *f* cumulus [cloud]

häu·fig ['hɔyfɪç] **I.** *adj* frequent **II.** *adv* frequently, often

Häu·fig·keit <-, -en> *f* frequency; **abnehmende/zunehmende ~** decreasing/increasing frequency

Häu·fig·keits·zahl, Häu·fig·keits·zif·fer *f* frequency

Häu·fung <-, -en> *f* increasing number

Haupt <-[e]s, Häupter> [haupt, *pl* 'hɔypte] *nt* (*geh*) ❶ (*Kopf*) head ❷ (*zentrale Figur*) head ▶WENDUNGEN: **an ~ und Gliedern** totally, drastically; **die gesamte Verwaltung dieses Staates ist verfault an ~ und Gliedern** the entire administration of this state is totally corrupt; **entblößten ~es, mit bloßem ~** bareheaded; **gesenkten/erhobenen ~es** with one's head bowed/raised; **jdn aufs ~ schlagen** to vanquish sb; **zu jds Häupten** at sb's head

Haupt·ak·zent *m* LING (*stärkste Betonung*) main stress ▶WENDUNGEN: **den ~ auf etw legen** *akk* to place the main emphasis on sth **Haupt·al·tar** *m* high altar **haupt·amt·lich I.** *adj* full-time; (*im Hauptberuf ausgeübt*) full-time; **neben ihrer ~en Tätigkeit als Lehrerin gibt sie noch Unterricht an Volkshochschulen** in addition to her full-time job as a teacher she teaches at adult education centres **II.** *adv* on a full-time basis **Haupt·an·ge·klag·te(r)** *f(m)* main [*or* principal] defendant **Haupt·an·schluss**[RR] *m* TELEK main extension **Haupt·auf·ga·be** *f* main duty [*or* task] **Haupt·au·gen·merk** *f kein pl* **sein ~ auf etw richten** to pay particular attention to sth **Haupt·aus·gang** *m* main exit **Haupt·bahn·hof** *m* central [*or* main] station **Haupt·be·las·tungs·zeu·ge, -zeu·gin** *m, f* JUR chief witness for the prosecution **Haupt·be·ruf** *m* chief [*or* main] occupation; **im ~** as one's main occupation **haupt·be·ruf·lich I.** *adj* full-time **II.** *adv s.* **hauptamtlich II. Haupt·be·stand·teil** *m* main component **Haupt·buch** *nt* ÖKON [general] ledger **Haupt·dar·stel·ler(in)** *m(f)* leading man [*or* actor] **Haupt·deck** *nt* main deck **Haupt·ein·gang** *m* main entrance **Haupt·ein·nah·me·quel·le** *f* ÖKON main [*or* principal] source of income

Häup·tel <-s, -[n]> ['hɔyptl̩] *nt* KOCHK ÖSTERR head; **drei ~ Kopfsalat, bitte!** three heads of lettuce, please

Häup·tel·sa·lat *m* ÖSTERR (*Kopfsalat*) lettuce

Haup·tes·län·ge *f* ▶WENDUNGEN: **jdn um ~ überragen** (*geh*) to be a head taller than sb

Haupt·fach *nt* SCH ❶ (*Studienfach*) main [*or* principal] subject, major AM; **etw im ~ studieren** to study sth as one's main subject, to major in sth AM ❷ SCH (*wichtigstes Schulfach*) major subject **Haupt·fi·gur** *f* LIT central [*or* main] [*or* principal] character **Haupt·film** *m* main [*or* feature] film **Haupt·gang** *m* ❶ (*Hauptgericht*) main course; **im ~** as a main course ❷ (*zentraler Gang*) main corridor ❸ (*Waschgang*) main wash **Haupt·ge·bäu·de** *nt* main building **Haupt·ge·frei·ter** *m* lance corporal **Haupt·ge·richt** *nt* main course

Haupt·ge·schäft *nt* main branch **Haupt·ge·schäfts·stel·le** *f* ÖKON head office, headquarters *npl* **Haupt·ge·schäfts·zeit** *f* peak shopping hours, main business hours **Haupt·ge·wicht** *nt* main emphasis; **das ~ auf etw legen** *akk* to place the main emphasis on sth **Haupt·ge·winn** *m* first prize **Haupt·haar** *nt kein pl* (*geh*) hair [on the head] **Haupt·hahn** *m* main cock [*or esp* AM tap] **Haupt·last** *f* main load; **die ~ der Steuererhöhungen werden die mittleren Einkommensgruppen zu tragen haben** the middle-income groups will have to bear the main burden of tax increases

Haupt·leu·te *pl von* **Hauptmann**

Häupt·ling <-s, -e> ['hɔyptlɪŋ] *m* chief

Haupt·mahl·zeit *f* main meal

Haupt·mann <-leute> ['hauptman] *m* captain

Haupt·me·nü *nt* INFORM main menu **Haupt·merk·mal** *nt* main feature **Haupt·mie·ter(in)** *m(f)* main tenant **Haupt·nah·rungs·mit·tel** *nt* KOCHK staple food **Haupt·nen·ner** *m* common denominator **Haupt·per·son** *f* ❶ (*wichtigste Person*) central figure, most important person ❷ (*die tonangebende Person*) centre [*or* AM -er] of attention; (*wichtigste Person*) main person; **er ist eindeutig die ~ bei diesem Projekt** he's the main person on this project **Haupt·pla·ti·ne** *f* INFORM motherboard **Haupt·por·tal** *nt* main portal **Haupt·post** *f* (*fam*), **Haupt·post·amt** *nt* main post office **Haupt·pro·blem** *nt* main problem **Haupt·quar·tier** *nt* headquarters **Haupt·rei·se·zeit** *f* peak travel period **Haupt·rol·le** *f* leading [*or* main] role; **[in etw** *dat***] die ~ spielen** to play the leading role [in sth] ▶WENDUNGEN: **[bei etw] die ~ spielen** to play a leading part [in sth] **Haupt·sa·che** ['hauptzaxə] *f* (*das Wichtigste*) main thing [*or* point]; **in der ~** in the main, mainly, on the whole; **~, ...** the main thing is ...; **~, du bist glücklich!** the main thing is that you're happy!

haupt·säch·lich ['hauptszɛçlɪç] **I.** *adv* mainly, principally, especially, essentially, above all **II.** *adj* main, principal, chief, most important, essential; **in den ~en Punkten sind wir uns einig** we agree on the main points

Haupt·sai·son *f* peak season; **~ haben** to be one's peak season; **vom 23.4. bis zum 15.9. haben wir ~** 23/04 - 15/09 is our peak season **Haupt·satz** *m* LING main clause **Haupt·schal·ter** *m* main [*or* master] switch **Haupt·schiff** *nt* ARCHIT nave **Haupt·schlag·ader** *f* aorta **Haupt·schlüs·sel** *m* master key, passkey **Haupt·schul·ab·gän·ger(in)** *m(f)* SCH *school-leavers/graduates from a Hauptschule* **Haupt·schuld** *f kein pl* main blame; ■**die/jds ~ an etw** *dat* the/sb's principal fault regarding sth **Haupt·schul·di·ge(r)** *f(m)* person mainly to blame, person mainly at fault, major offender **Haupt·schu·le** *f* ≈ secondary modern school BRIT, ≈ junior high school AM (*covering years 5 to 9 or the last 5 years of the compulsory nine years at school in Germany or years 5 to 8 in Austria*)

i Kultur

The **Hauptschule** – *roughly equivalent to the old secondary modern school in the UK* runs from Years 5 to 9. It caters for pupils whose average mark at the end of primary school does not satisfy the requirements of the *Realschule* or the *Gymnasium – grammar school.* School leavers with only a *Hauptschule* certificate often find it difficult to obtain the further training required for most kinds of employment. In Austria, it is possible, given the necessary academic achievement, to switch to a grammar school after completing four years in a *Hauptschule.*

Haupt·schü·ler(in) *m(f)* ≈ secondary modern school pupil BRIT, ≈ junior-high student AM **Haupt·schul·leh·rer(in)** *m(f)* ≈ secondary modern [*or* AM ≈ junior high] school teacher **Haupt·se·mi·nar** *nt* seminar for advanced students **Haupt·sen·de·zeit** *f* TV, RADIO peak viewing time **Haupt·si·che·rung** *f* ELEK, TECH, BAU main fuse **Haupt·sitz** *m* headquarters *npl,* head office **Haupt·spei·cher** *m* INFORM main memory **Haupt·stadt** *f* capital [city] **Haupt·stra·ße** *f* main street **Haupt·stre·cke** *f* main line, main route **Haupt·stu·di·um** *nt* SCH main [part of a university] course **Haupt·teil** *m* main [*or* major] part **Haupt·tref·fer** *m* jackpot; **den ~ erzielen** to hit the jackpot **Haupt·ur·sa·che** *f* main [*or* chief] [*or* principal] cause **Haupt·ver·hand·lung** *f* main hearing **Haupt·ver·kehrs·stra·ße** *f* arterial road, main road [*or* highway] [*or* thoroughfare] **Haupt·ver·kehrs·zeit** *f* rush hour **Haupt·ver·samm·lung** *f* general meeting **Haupt·ver·wal·tung** *f* ADMIN head office, headquarters *npl* **Haupt·wa·che** *f* main police station **Haupt·wä·sche** *f* main wash **Haupt·wasch·gang** *m* main wash **Haupt·wasch·mit·tel** *nt* strong-action detergent **Haupt·wohn·sitz** *m* main place of residence **Haupt·wort** *nt* noun **Haupt·zeu·ge, -zeu·gin** *m, f* chief [*or* principal] witness

hau ruck ['hau 'rʊk] *interj* heave; **so, jetzt ziehen wir alle gemeinsam an dem Seil – ~! ~!** right, let's all pull on the rope together – heave-ho! heave-ho!

Hau·ruck <-s, -s> [hau'rʊk] *nt* heave ho

Hau·ruck·ver·fah·ren *nt* any old how; **die haben das Gebäude im ~ hochgezogen** they just threw up the building any old how

Haus <-es, Häuser> [haus, *pl* 'hɔyzɐ] *nt* ❶ (*Gebäude*) house; **das Internat bestand aus mehreren Häusern** the boarding school consisted of several buildings; **wie geht's zu ~e?** how are things at home?; **das ~ Gottes** [*o geh* **des Herrn**] the house of God [*or form* the Lord]; **~ und Hof** (*geh*) house and home; **das Weiße ~** the White House; **für jdn ein offenes ~ haben** to keep open house for sb; **jdn nach ~e bringen** to see [*or* take] sb home; **kannst du mich mit dem Auto nach ~e bringen?** can you drive me home?; **jdn ans ~ fesseln** to confine sb to the house; **seit sie krank ist, ist sie ans ~ gefesselt** since she's been ill she's been confined to the house; **sich [irgendwo/bei jdm] wie zu ~e fühlen** to feel at home [somewhere/in sb's house]; **fühlen Sie sich wie zu ~e!** make yourself at home; **aus dem ~ gehen** to leave the house; **das ~ hüten müssen** to have to stay at home; **ich muss wegen einer Grippe das ~ hüten** I have to stay in due to a bout of flu; **außer ~ essen** to eat out; **am Wochenende essen sie außer ~** they eat out at weekends; **aus dem ~ sein** to have left home; **irgendwo zu ~[e] sein** to live [*or* come from] somewhere; **wo sind Sie eigentlich zu ~e?** tell me, where are you from?; **der Pandabär ist nur in China zu ~e** the panda bear can only be found in China; **jd/etw kommt jdm nicht ins ~** sb does not allow sb/sth in the house; **eine Katze kommt mir nicht ins ~!** I'm not having a cat in the house!; **[etw] ins ~ liefern** to deliver [sth] to the door; **liefern Sie ins ~?** do you make home deliveries?; **frei ~ liefern** to deliver free of charge; **jdn ins ~ nehmen** to take sb in[to one's home]; **jdn nach ~e schicken** (*fam*) to send sb packing *fam,* to send sb home; **ich habe den Vertreter gleich wieder nach ~e geschickt** I sent the rep packing straight away; **die Lehrerin schickte den Schüler nach ~e** the teacher sent the pupil home; **jdm das ~ verbieten** to not allow sb in the house; **~ an ~** next door; **wir wohnen ~ an ~** we live next door to each other; **im ~[e]** in the house; **bei der Kälte bleibe ich lieber im ~** I prefer to stay indoors [*or* inside] when it's cold; **nichts mehr im ~ haben** to have nothing [left] [to eat/drink] in the house; **ins ~** into the house, indoors; **es wird schon kühl, lass uns ins ~ gehen** it's getting cool, let's go indoors [*or* inside]; **meine Klavierlehrerin kommt immer ins ~** my piano teacher always comes to our house; **nach ~e,** ÖSTERR, SCHWEIZ *a.* **nachhause**[RR] home; **komm nicht so spät nach ~e!** don't come home so late!; **es ist nicht mehr weit bis nach ~e!** we're not far from home now!; **ich muss nach ~e!** I must [*or* have to] go home!; **von ~ zu ~ gehen/wandern/ziehen** to go/wander/roam from house to house [*or* door to door]; **zu ~e,** ÖSTERR, SCHWEIZ *a.* **zuhause**[RR] at home; **seid unbedingt vor Mitternacht wieder zu ~e!** make sure you're back home before midnight!; **wir können schon in drei Stunden zu ~e sein** we can be home in three hours; **bei jdm zu ~e,** ÖSTERR, SCHWEIZ *a.* **zuhause** in sb's home; **bei euch zu ~e ist es so gemütlich** there's such a relaxed atmosphere in your home; **bei uns zu ~e wurde vor dem Essen gebetet** we always said prayers before a meal in our house ❷ (*Villa, Pension*) house; **„~ Talblick"** "Talblick House"; **das erste ~ am Platze** the best hotel in town; **ein gepflegtes** [*o* **gut geführtes**] **~** a well-run restaurant ❸ (*Familie*) household; **er ist ein alter Freund des ~es** he's an old friend of the family; **die Dame/der Herr des ~es** the lady/master of the house; **aus bürgerlichem/gutem/schlechtem ~e stammend** from a middle-class/good/bad family; **aus adligem ~e** from a noble family; **aus angesehenem ~e** from a respectable family; **von ~e aus** by birth; **von ~e aus ist sie musikalisch** she comes from a musical family ❹ (*Dynastie*) house; **die Kaiser von Österreich stammten aus dem ~e Habsburg** the Emperors of Austria came from the House of the Hapsburgs ❺ (*geh: Unternehmen*) firm, company; **Rauchen ist im ganzen ~ verboten!** smoking is not allowed anywhere in the company buildings; **das erste ~ am Platze** the best firm in the area; **im ~e sein** to be in; **Sie können mich jederzeit im Büro erreichen, ich bin den ganzen Tag im ~e** you can get me at the office any time, I'm in [*or* there] all day ❻ (*geh: Saal, Publikum*) house; **das große/kleine ~** the large/small theatre; **vor vollem** [*o* **ausverkauftem**]**/leerem ~e spielen** to play to a full [*or* packed]/empty house ❼ POL (*Kammer*) House; **das Gesetz passierte das ~ ohne Gegenstimmen** the act passed through the House without opposition; **Hohes ~!** (*geh*) honourable members! *form* ❽ ZOOL (*Schnecken~*) house, shell ❾ ASTROL (*Kraftfeld*) house ❿ (*Haushalt*) **ein großes ~ führen** (*geh*) to entertain in style; **jdm das ~ führen** to keep house for sb ▶ WENDUNGEN: **~ und Herd verlassen** (*geh*) to leave one's home and family; **[du] altes ~!** (*fam*) old chap *dated;* **das europäische ~** the family of Europe; **sein ~ bestellen** to put [*or* set] one's house in order; **~ halten** (*sparsam wirtschaften*) to be economical; (*dosiert einsetzen*) to conserve; **für jdn/niemanden zu ~ sein** to be at home to sb/

nobody; **in etw** *dat* **zu ~e sein** to be at home in sth; **in der Physik bin ich nicht so zu ~e wie Sie!** I'm not as much at home in physics as you are; **jdm ins ~ schneien** (*fam*) to descend on sb; [**jdm**] **ins ~ stehen** to be in store [for sb]; **vielleicht steht uns ein großer Lottogewinn ins ~** perhaps we're in store for a big win on the lottery; **von ~e aus** originally

Haus·al·tar *m* family altar **Haus·an·ge·stell·te(r)** *f(m)* domestic servant, domestic *esp fem* **Haus·an·schluss**RR *m* private connection, mains [*or* AM utilities] connection **Haus·an·ten·ne** *f* outside aerial [*or esp* AM antenna] **Haus·an·zug** *m* leisure suit **Haus·apo·the·ke** *f* medicine cabinet **Haus·ar·beit** *f* ❶ (*Arbeit im Haushalt*) housework ❷ SCH (*Schulaufgaben*) homework ❸ SCH (*wissenschaftliche Arbeit*) [academic] assignment **Haus·ar·rest** *m* ❶ (*Verbot*) confinement to the house; **~ haben** to be grounded ❷ (*Strafe*) house arrest **Haus·arzt, -ärz·tin** *m, f* family doctor, GP **Haus·auf·ga·be** *f* piece of homework; ■**~n** homework *no pl;* **seine ~n machen** (*a. fig*) to do one's homework; **seine ~n nicht gemacht haben** (*a. fig*) not to have done one's homework **Haus·auf·satz** *m* homework essay **haus·ba·cken** ['hausbakn̩] *adj* plain, unadventurous **Haus·bar** *f* ❶ (*eine Bar zu Hause*) home bar ❷ (*Inhalt*) range of drinks at home **Haus·bau** *m* building of a/the house **Haus·be·set·zer(in)** <-s, -> *m(f)* squatter **Haus·be·set·zer·sze·ne** *f* SOZIOL, POL squatting fraternity **Haus·be·set·zung** *f* squatting **Haus·be·sit·zer(in)** *m(f)* homeowner; (*Vermieter*) landlord **Haus·be·sor·ger(in)** <-s, -> *m(f)* ÖSTERR (*Hausmeister*) janitor **Haus·be·such** *m* home visit **Haus·be·woh·ner(in)** *m(f)* tenant, occupant of a house **Haus·bib·li·o·thek** *f* library **Haus·boot** *nt* houseboat **Haus·brief·kas·ten** *m* letter box

Häus·chen <-s, -> ['hɔysçən] *nt* ❶ *dim von* **Haus** little [*or* small] house, cottage ❷ SCHWEIZ (*Kästchen auf kariertem Papier*) square ►WENDUNGEN: **jdn** [**ganz**] **aus dem ~ bringen** (*fam*) to drive sb wild with excitement; [**über etw** *akk*] **ganz aus dem ~ geraten** (*fam*) to go completely wild with excitement [about sth]; **ganz aus dem ~ sein** (*fam*) to be beside oneself

Haus·dach *nt* roof **Haus·da·me** *f* housekeeper **Haus·de·tek·tiv(in)** *m(f)* store detective **Haus·dra·chen** *m* (*pej fam*) battleaxe *pej fam,* dragon *pej fam* **Haus·durch·su·chung** *f* ÖSTERR house search **Haus·durch·su·chungs·be·fehl** *m* JUR, ADMIN ÖSTERR (*Legitimation zu einer Haussuchung*) search warrant **haus·ei·gen** *adj* belonging to the establishment; **die Gäste können den ~en Tennisplatz benutzen** the guests can use the hotel's own tennis court **Haus·ei·gen·tü·mer(in)** *m(f)* (*geh*) *s.* **Hausbesitzer Haus·ein·fahrt** *f* drive[way] of a/the house **Haus·ein·gang** *m* entrance [to a/the house]

hau·sen ['hauzn̩] *vi* ■**irgendwo ~** ❶ (*pej fam: erbärmlich wohnen*) to live [in poor conditions] somewhere ❷ (*wüten*) to wreak havoc somewhere

Häu·ser·block *m* block [of houses] **Häu·ser·front** *f* terrace front **Häu·ser·meer** *nt* (*geh*) sea of houses **Häu·ser·rei·he** *f* row of houses **Häu·ser·zei·le** *f* row of houses

Haus·flur *m* entrance hall **Haus·frau** *f* ❶ (*nicht berufstätige Frau*) housewife ❷ ÖSTERR, SÜDD (*Zimmerwirtin*) landlady **Haus·frau·en·art** *f* home-made style; ■**nach ~** in a home-made style **haus·frau·lich** *adj* housewifely; **~e Aufgaben** a housewife's duties **Haus·freund(in)** *m(f)* ❶ (*Freund der Familie*) friend of the family ❷ *nur m* (*euph fam: Liebhaber der Ehefrau*) man-friend *euph* **Haus·frie·de(n)** *m* domestic peace; (*zwischen Hausbewohnern*) harmonious relations between tenants **Hausfriedensbruch** *m* trespassing **Haus·ge·brauch** *m* domestic use; **für den ~** for domestic use; (*fam: für durchschnittliche Ansprüche*) for average requirements **Haus·ge·burt** *f* home birth **Haus·ge·hil·fe, -ge·hil·fin** *m, f* home help **haus·ge·macht** *adj* ❶ (*im eigenen Haushalt hergestellt*) home-made ❷ (*intern begründet*) created by domestic factors; **Experten bezeichnen die Inflation als zum Teil ~** experts ascribe inflation partially to domestic factors **Haus·ge·mein·schaft** *f* household; **mit jdm in ~ leben, in einer ~ mit jdm leben** to live together with sb **Haus·gott** *m* household god

Haus·halt <-[e]s, -e> *m* ❶ (*Hausgemeinschaft*) household ❷ (*~sführung*) housekeeping; [**jdm**] **den ~ führen** to keep house [for sb] ❸ MED, BIOL (*Kreislauf*) balance ❹ ÖKON (*Etat*) budget

haus|hal·ten *vi irreg* ❶ (*sparsam wirtschaften*) ■[**mit etw**] **~** to be economical [with sth] ❷ (*dosiert einsetzen*) ■**mit etw ~** to conserve sth

Haus·häl·ter(in) <-s, -> *m(f)* housekeeper

haus·häl·te·risch ['haushɛltərɪʃ] **I.** *adj* economical, thrifty **II.** *adv* economically

Haus·halts·ar·ti·kel *m* household article [*or* item] **Haus·halts·buch** *nt* housekeeping book **Haus·halts·de·bat·te** *f* budget debate **Haus·halts·de·fi·zit** *nt* POL, ÖKON budget[ary] deficit **Haus·halts·füh·rung** *f* housekeeping; **doppelte ~** running two households **Haus·halts·geld** *nt* housekeeping money **Haus·halts·ge·rät** *nt* household [*or* domestic] appliance **Haus·halts·hil·fe** *f* home help **Haus·halts·jahr** *nt* financial [*or* fiscal] year **Haus·halts·kas·se** *f kein pl* budget account **Haus·halts·loch** *nt* budgetary gap **Haus·halts·mit·tel** *nt* ÖKON, ADMIN budget[ary] funds *npl* **Haus·halts·pa·ckung** *f* family[-size] pack **Haus·halts·plan** *m* budget **Haus·halts·po·li·tik** *f* budgetary policy **Haus·halts·raf·fi·na·de** *f* granulated sugar **Haus·halts·rei·ni·ger** *m* CHEM household cleaner **Haus·halts·waa·ge** *f* kitchen scales *npl* **Haus·halts·wa·ren** *pl* household goods *npl*

Haus·hal·tung *f* ❶ *kein pl* (*Haushaltsführung*) housekeeping *no pl, no indef art* ❷ *kein pl* (*der sparsame Einsatz*) ■**die ~ mit etw** economizing with sth ❸ (*geh: Haushalt 1*) household

Haus·herr(in) <-en, -en> *m(f)* head of the household; (*der Gastgeber*) host **haus·hoch** ['haushoːx] **I.** *adj* ❶ (*euph: sehr hoch*) as high as a house; **haushohe Flammen** gigantic [*or* huge] flames; **haushohe Wellen** mountainous waves ❷ SPORT (*eindeutig*) clear, definite; **eine haushohe Niederlage** a crushing defeat; **ein haushoher Sieg** an overwhelming victory; **ein haushoher Favorit** a hot favourite [*or* AM -orite] **II.** *adv* (*eindeutig*) clearly, definitely; **die gegnerische Mannschaft wurde ~ geschlagen** the opposition was decisively defeated

hau·sie·ren* [hau'ziːrən] *vi* ■[**mit etw**] **~** to hawk [*or* peddle] [sth]; **H~ verboten!** no hawkers!; **mit etw ~ gehen** to peddle sth around; **sie geht mit allen möglichen Gerüchten ~** she peddles every rumour possible around

Hau·sie·rer(in) <-s, -> *m(f)* hawker, peddler

Haus·ja·cke *f* casual jacket **Haus·ka·pel·le** *f* private chapel **Haus·kat·ze** *f* domestic cat **Haus·kauf** *m* house-buying *no pl, no indef art,* house purchase **Haus·kleid** *nt* house dress **Haus·leh·rer(in)** *m(f)* private tutor

häus·lich ['hɔylɪç] **I.** *adj* ❶ (*die Hausgemeinschaft betreffend*) domestic; **der ~e Frieden** domestic peace; **~e Pflichten** domestic duties ❷ (*das Zuhause liebend*) homely, home-loving **II.** *adv* **sich irgendwo ~ einrichten** to make oneself at home somewhere; **sich irgendwo ~ niederlassen** to settle down somewhere

Häus·lich·keit <-> *f kein pl* domesticity *no pl*

Haus·ma·cher·art *f* home-made style; **nach ~** home-made-style *attr* **Haus·ma·cher·kost** *f kein pl* home cooking *no pl, no indef art*

Haus·macht *f kein pl* ❶ (*fig: Macht*) power base ❷ HIST (*Territorien*) allodium **Haus·mann** ['hausman] *m* house husband **Haus·manns·kost** *f kein pl* ❶ *s.* **Hausmacherkost** ❷ (*fam: durchschnittliche Leistung*) average performance **Haus·man·tel** *m* housecoat **Haus·mar·ke** *f* ❶ (*Sekt eines Gastronomiebetriebes*) sparkling house wine ❷ (*bevorzugte Marke*) favourite [*or* AM -orite] brand **Haus·maus** *f* ZOOL house mouse

Haus·meis·ter(in) *m(f)* caretaker, janitor **Haus·mit·tei·lung** *f* ❶ *(firmeninterne Mitteilung)* [internal] memo ❷ *(periodische Druckschrift für Kunden)* company newsletter **Haus·mit·tel** *nt* household remedy **Haus·müll** *m* domestic refuse *no pl, no indef art* **Haus·müll·ton·ne** *f (geh)* dustbin BRIT, garbage can AM *(for non-recyclable and non-toxic waste)* **Haus·mu·sik** *f* music within the family circle **Haus·mut·ter** *f* house-mother; *(im Internat)* housemistress **Haus·müt·ter·chen** *nt (pej)* little housewife *pej; (hum: Mädchen)* little mother *hum* **Haus·num·mer** *f* house number **Haus·ord·nung** *f* house rules *pl* **Haus·putz** *m* clean-out of the house **Haus·rat** *m kein pl* household contents *pl* **Haus·rat·te** *f* ZOOL black rat **Haus·rat·ver·si·che·rung** *f* household contents insurance *no pl* BRIT, home owner's [*or* renter's] insurance AM **Haus·recht** *nt* authority as a householder *no pl (to deny sb entry)*; **von seinem ~ Gebrauch machen** to ask sb to leave **Haus·rot·schwanz** *m* ORN black redstart **Haus·samm·lung** *f* door-to-door [*or* house-to-house] collection **Haus·schlach·tung** *f* on-site domestic slaughtering **Haus·schlüs·sel** *m* front-door key **Haus·schuh** *m* slipper **Haus·schwamm** *m* dry rot

Hausse <-, -n> ['ho:sə] *f* BÖRSE bull market; **auf ~ spekulieren** to bull

Haus·se·gen *m* house blessing ▶ WENDUNGEN: **der ~ hängt [bei jdm] schief** *(hum fam)* there is a strained atmosphere [in sb's home] **Haus·sper·ling** *m* ORN house sparrow **Haus·stand** *m (geh)* household; **einen [eigenen] ~ gründen** to set up house [*or* home] [on one's own] **Haus·su·chung** <-, -en> *f s.* **Hausdurchsuchung** **Haus·su·chungs·be·fehl** *m* search warrant **Haus·ta·rif** *m* company wage structure **Haus·te·le·fon** *nt* internal telephone **Haus·tier** *nt* pet, domestic animal *form* **Haus·tür** *f* front door; **direkt vor der ~** *(fam)* right on one's doorstep **Haus·tür·ge·schäft** *nt* door-to-door selling **Haus·ty·rann(in)** *m(f) (pej fam)* tyrant at home **Haus·va·ter** *m* house father **Haus·ver·bot** *nt* ban from entering one's/sb's premises; **jdm ~ erteilen** to ban sb from entering one's/sb's premises; **[irgendwo/bei jdm] ~ haben** to be banned [*or* barred] [from somewhere/sb's home] **Haus·ver·wal·ter(in)** *m(f)* manager of a tenement block **Haus·ver·wal·tung** *f* management of a tenement block **Haus·wart(in)** <-s, -e> *m(f) s.* **Hausmeister** **Haus·wirt(in)** *m(f)* landlord

Haus·wirt·schaft *f kein pl* domestic science *no pl, no indef art,* home economics + *sing vb* **Haus·wirt·schaf·ter(in)** <-s, -> *m(f)* housekeeper **haus·wirt·schaft·lich** *adj* domestic **Haus·wirt·schafts·schu·le** *f* domestic science college

Haus·zelt *nt* frame tent

Haut <-, Häute> [haut, *pl* 'hɔytə] *f* ❶ ANAT skin; **nass bis auf die ~** soaked to the skin; **viel ~ zeigen** *(hum)* to reveal a lot *hum; (gegerbtes Fell)* hide ❷ BOT, HORT *(dünne Schale)* peel, skin ❸ *(Außen~)* skin ❹ *(erstarrte Schicht)* skin ▶ WENDUNGEN: **mit ~ und Haar[en]** *(fam)* completely, totally; **nur ~ und Knochen sein** *(fam)*, **nur noch aus ~ und Knochen bestehen** *(fam)* to be nothing but skin and bone; **[für jdn/etw] seine ~ zu Markte tragen** to risk one's neck [for sb/sth]; **eine ehrliche ~ sein** *(fam)* to be an honest sort; **auf der faulen ~ liegen** *(fam)*, **sich auf die faule ~ legen** *(fam)* to laze around [*or* BRIT about]; **mit heiler ~ davonkommen** *(fam)* to escape unscathed; **seine ~ so teuer wie möglich verkaufen** *(fam)* to make things as difficult as possible; **sich nicht wohl in seiner ~ fühlen** *(fam)* not to feel too good; **jdm ist nicht wohl in seiner ~** *(fam)* sb is not feeling too good; **aus der ~ fahren** *(fam)* to hit the roof *fam;* **etw geht [jdm] unter die ~** *(fam)* sth gets under one's skin *fam;* **jd kann nicht aus seiner ~ heraus** *(fam)* a leopard cannot change its spots *prov;* **seine [eigene] ~ retten** *(fam)* to save one's own skin; **jd möchte nicht in jds ~ stecken** sb would not like to be in sb's shoes; **ich möchte nicht in seiner ~ stecken** I wouldn't like to be in his shoes; **sich seiner ~ wehren** *gen (fam)* to stick up for oneself *fam*

Haut·ab·schür·fung *f* graze **Haut·at·mung** *f* cutaneous respiration *no pl* **Haut·aus·schlag** *m* [skin] rash

Häut·chen <-s, -> ['hɔytçən] *nt dim von* **Haut** ❶ *(dünne Haut)* thin skin; *(schuppend)* flaky skin; *(Nagelhaut)* cuticle ❷ ORN, ZOOL membrane ❸ *(erstarrte Schicht: auf Milch etc.)* skin

Haut·creme *f* skin cream

Haute Cou·ture <- -> [(h)o:t ku'ty:ɐ̯] *f kein pl* haute couture *no pl, no art*

häu·ten ['hɔytn̩] **I.** *vt* ■**etw ~** to skin sth **II.** *vr (die Haut abstreifen)* ■**sich ~** to shed its skin

haut·eng I. *adj* skintight **II.** *adv* skintight

Haute·vo·lee <-> [o:tvo'le:] *f kein pl* upper crust *no pl, no indef art fam*

Haut·far·be *f* skin colour [*or* AM -or] **haut·far·ben** *adj* flesh-coloured **haut·freund·lich** *adj* kind to the skin **Haut·kli·nik** *f* MED dermatological clinic [*or* hospital] **Haut·kon·takt** *m* physical contact **Haut·krank·heit** *f* MED skin disease, dermatosis *spec,* dermatopathy *spec* **Haut·krebs** *m* MED skin cancer *no pl,* skin [*or* cutaneous] carcinoma *spec* **Haut·lo·ti·on** *f* skin lotion **haut·nah I.** *adj* ❶ *(sehr eng)* very close ❷ *(fam: wirklichkeitsnah)* vivid **II.** *adv* ❶ *(sehr eng)* very closely ❷ *(fam: wirklichkeitsnah)* vividly **Haut·pfle·ge** *f* skin care *no pl* **Haut·pilz** *m* fungal skin disorder **Haut·rei·ni·gung** *f kein pl* skin cleansing *no pl, no indef art* **Haut·rei·zung** *f* skin irritation **haut·scho·nend** *adj* MED kind to the [*or* one's] skin *pred* **Haut·trans·plan·ta·ti·on** *f* skin graft **Haut·typ** *m* PHARM, MED skin type

Häu·tung <-, -en> *f* ❶ *(das Häuten)* skinning, flaying ❷ *(das Sichhäuten)* shedding of the skin *no pl*

Haut·un·rein·heit *f* MED, PHARM skin blemish **Haut·ver·bren·nung** *f* burns to the skin **Haut·ver·pflan·zung** *f* skin graft

Ha·van·na <-, -s> [ha'vana] *f,* **Ha·van·na·zi·gar·re** *f* Havana [cigar]

Ha·va·rie <-, -n> [hava'ri:, *pl* 'ri:ən] *f* ❶ *(Schiffsunglück)* accident ❷ ÖSTERR *(Autounfall)* [car] accident

ha·va·riert [hava'ri:ɐ̯t] *adj* ❶ NAUT *(verunglückt)* wrecked ❷ ÖSTERR *(im Autounfall verunglückt)* damaged

Ha·waii <-s> [ha'vai] *nt* Hawaii; *s. a.* **Sylt**

Ha·waii·gi·tar·re *f* Hawaiian guitar

ha·wai·isch [ha'vaiɪʃ] *adj* Hawaiian

Ha·xe <-, -n> ['haksə] *f* ❶ KOCHK SÜDD *(Beinteil von Kalb/Schwein)* leg ❷ *(fam: Fuß)* foot

Hbf. *Abk von* **Hauptbahnhof**

H-Bom·be ['ha:] *f* H-bomb

HBV [ha:be:'fau] *f Abk von* **Gewerkschaft für Handel, Banken und Versicherungen** union for commerce, banking and insurance

h.c. [ha:'ʔtse:] *Abk von* **honoris causa** h.c.

HDTV <-s> [ha:de:te:'fau] *nt kein pl Abk von* **High Definition Television** HDTV

he [he:] *interj (ärgerlicher Ausruf)* oi! BRIT *fam,* hey! AM *fam;* **~, können Sie nicht besser aufpassen!** oi! can't you be more careful!; *(erstaunter Ausruf)* cor!; *(Aufmerksamkeit erregend)* hey!

Head·hun·ter(in) <-s, -> ['hɛthantɐ] *m(f)* ÖKON headhunter

Hea·ring <-[s], -s> ['hi:rɪŋ] *nt* hearing

hea·vy ['hɛvi] *adj pred (sl)* unbelievable *sl*

Hea·vy·me·tal, Hea·vy Me·tal <- -> ['hɛvi'mɛtl] *nt kein pl* heavy metal *no pl, no indef art*

Heb·am·me <-, -n> ['he:pʔamə] *f* midwife

He·be·büh·ne *f* hydraulic lift

He·bel <-s, -> ['he:bl̩] *m* ❶ *(Griff)* lever ❷ SPORT *s.* **Hebelgriff** ▶ WENDUNGEN: **alle ~ in Bewegung setzen, um etw zu tun** *(fam)* to move heaven and earth to do sth, to set all wheels in motion to do sth; **den ~ an der richtigen Stelle ansetzen** to set about [*or esp* AM tackle] sth in the right way; **am längeren ~ sitzen** *(fam)* to hold the whip hand; **an vielen ~n sitzen** to occupy several positions of power and influence; **[an etw] den**

H

~ **so ansetzen, dass ...** (*fam*) to tackle sth in such a way that ...; **am ~ sitzen** to be in charge [*or* control]
He·bel·griff *m* SPORT lever hold ► WENDUNGEN: **[bei jdm] einen ~ ansetzen** to get a lever hold [on sb] **He·bel·kraft** *f* leverage *no pl*
he·ben <hob, gehoben> ['he:bn̩] **I.** *vt* ❶ (*nach oben bewegen*) ■**etw ~** to lift [*or* raise] sth; **den Kopf ~** to raise [*or* lift] one's head; **den Arm/das Bein ~** to raise one's arm/leg; **50 kg/eine Last ~** to lift 50 kg/load; **sie griff zum Fernglas und hob es vom Tisch** she picked the binoculars up off the table; **hebt eure Füße!** pick your feet up! ❷ (*liften*) ■**jdn/etw [aus/von/auf/in etw] ~** to lift sb/sth [out of/onto/into sth] ❸ (*ans Tageslicht befördern*) ■**etw ~** to dig sth up; **ein Wrack ~** to raise a wreck ❹ (*verbessern*) ■**etw ~** to improve sth; **jds Stimmung ~** to lift [*or* improve] sb's mood, to cheer sb up *fam;* **ein Niveau ~** to improve [*or* raise] a standard ❺ SÜDD (*halten*) ■**etw ~** to hold sth; **kannst du mal schnell das Baby ~** can you hold the baby for a second? ❻ (*Alkohol trinken*) **einen ~ gehen** (*fam*) to go for a drink; **einen [auf etw** *akk*] **~** (*fam*) to have a drink [to sth]; **darauf müssen wir einen ~!** we'll have to drink to that!; **gern einen ~** (*fam*) to like to have a drink **II.** *vr* (*sich nach oben bewegen*) ■**sich ~** to rise; **der Vorhang hob sich** the curtain rose **III.** *vi* ❶ (*Lasten hochhieven*) to lift loads; **er musste den ganzen Tag schwer ~** he had to do a lot of heavy lifting all day ❷ SÜDD (*haltbar sein*) to keep [*or* last]; **bei dem Wetter hebt die Milch halt nicht** the milk won't keep in this weather
He·ber <-s, -> ['he:bɐ] *m* CHEM pipette
He·ber(in) <-s, -> ['he:bɐ] *m(f)* (*fam*) *s.* **Gewichtheber**
He·be·satz *m* rate of assessment
He·brä·er(in) <-s, -> [he'brɛ:ɐ] *m(f)* Hebrew
he·brä·isch [he'brɛ:ɪʃ] *adj* Hebrew; **auf ~** in Hebrew
He·brä·isch [he'brɛ:ɪʃ] *nt decl wie adj* Hebrew; ■**das ~e** Hebrew
He·bung <-, -en> *f* ❶ (*das Hinaufbefördern*) raising *no pl* ❷ GEOL elevation *no pl* ❸ (*Verbesserung*) improvement; **eine ~ des Lebensstandards** a rise in the standard of living ❹ LIT (*betonte Silbe im Vers*) accented [*or* stressed] syllable
he·cheln ['hɛçl̩n] *vi* ❶ (*keuchen*) *Hund a.* to pant ❷ (*fam: herziehen*) ■**über jdn/etw ~** to pick sb/sth to pieces
Hecht <-[e]s, -e> [hɛçt] *m* pike ► WENDUNGEN: **der ~ im Karpfenteich sein** (*fam*) to create a stir; **ein toller ~** (*fam*) an incredible bloke [*or* AM guy], a remarkable fellow
Hecht·barsch *m* pikeperch, AM *usu* walleye
hech·ten ['hɛçtn̩] *vi sein* ■**von etw/in etw** *akk* **~** to dive off/into sth; ■**über etw** *akk* **~** to do a forward dive over sth; ■**irgendwohin ~** to dive full length somewhere
Hecht·rol·le *f* dive roll **Hecht·sprung** *m* forward dive **Hecht·sup·pe** *f* ► WENDUNGEN: **es zieht wie ~** (*fam*) there's a terrible draught [*or* AM draft]
Heck <-[e]s, -e *o* -s> [hɛk] *nt* AUTO back, rear; NAUT stern; LUFT tail
Heck·an·trieb *m* rear-wheel drive *no pl;* **mit ~** with rear-wheel drive
He·cke <-, -n> ['hɛkə] *f* hedge
He·cken·brau·nel·le <-, -n> *f* ORN dunnock, house sparrow **He·cken·kir·sche** *f* BOT honeysuckle **He·cken·ro·se** *f* dog rose **He·cken·sche·re** *f* hedge clippers *npl* **He·cken·schüt·ze, -schüt·zin** *m, f* (*pej*) sniper
Heck·fens·ter *nt* AUTO rear window [*or* windscreen] **Heck·flos·se** *f* AUTO tail fin **Heck·hau·be** *f* AUTO boot BRIT, trunk AM **Heck·klap·pe** *f* AUTO tailgate **heck·las·tig** *adj* tail-heavy; **ein ~es Boot** a boat weighed down at the stern
Heck·meck <-s> ['hɛkmɛk] *m kein pl* (*fam*) fuss *no pl;* **keinen ~ machen** to not make [*or fam* kick up] a fuss
Heck·mo·tor *m* AUTO rear engine
Heck·schei·be *f* AUTO rear window [*or* windscreen]
Heck·schei·ben·hei·zung *f* rear window heater **Heck·schei·ben·wi·scher** *m* rear windscreen wiper
Heck·spoi·ler *m* rear spoiler **Heck·tür** *f* tailgate
he·da ['he:da] *interj* (*veraltet*) hey there
Hedge·ge·schäft ['hɛtʃ-] *nt* ÖKON hedge transaction
He·do·nis·mus <-> [hedo'nɪsmʊs] *m kein pl* hedonism *no pl*
he·do·nis·tisch [hedo'nɪstɪʃ] *adj* hedonistic
Heer <-[e]s, -e> [he:ɐ̯] *nt* ❶ (*Armee*) armed forces *npl;* (*Bodenstreitkräfte*) ground forces *npl;* **stehendes ~** standing army; **beim ~** in the armed forces ❷ (*große Anzahl*) army; **ein ~ von Touristen** an army of tourists
Hee·res·be·richt *m* military communiqué **Hee·res·zug** *m* ❶ (*Kolonne*) army on the march ❷ (*Feldzug*) campaign
Heer·füh·rer *m* HIST military leader **Heer·la·ger** *nt* army camp; **einem ~ gleichen** to resemble a military camp **Heerschar** *f meist pl* ❶ MIL (*veraltet: Truppe*) troop[s], legion[s]; **ganze ~en** (*fam*) horde ❷ REL **die himmlischen ~en** the heavenly host **Heer·stra·ße** *f* HIST military road
He·fe <-, -n> ['he:fə] *f* yeast ► WENDUNGEN: **die ~ [des Volkes]** (*pej geh*) the scum [of the earth] *pej*
He·fe·ge·bäck *nt kein pl* pastries *pl* (*made from yeast dough*) **He·fe·ku·chen** *m* yeast cake **He·fe·pilz** *m* yeast fungus **He·fe·teig** *m* yeast dough **He·fe·teil·chen** *nt* pastry (*made with yeast dough*)
Heft[1] <-[e]s, -e> [hɛft] *nt* ❶ (*Schreib~*) exercise book ❷ (*Zeitschrift*) magazine; (*Ausgabe*) issue, number ❸ (*geheftetes Büchlein*) booklet
Heft[2] <-[e]s, -e> [hɛft] *nt* (*Griffstück*) handle, grip ► WENDUNGEN: **das ~ in der Hand halten/behalten** (*geh*) to remain in control; **das ~ aus der Hand geben** (*geh*) to hand over control; **jdm das ~ aus der Hand nehmen** (*geh*) to seize control from sb
Heft·chen <-s, -> *nt dim von* **Heft**[1] ❶ (*kleinformatiges Schreibheft*) [small] notebook, booklet ❷ (*Comic~*) comic
hef·ten ['hɛftn̩] **I.** *vt* ❶ (*befestigen*) ■**etw an etw** *akk* **~** to pin [*or* stick] sth to sth; **er heftete einen Zettel an die Haustür** he stuck a note on the front door; ■**jdm etw an etw ~** *akk* to pin sth on sb ❷ (*nähen*) ■**etw ~** to tack [up *sep*] sth ❸ (*klammern*) ■**etw ~** to staple sth **II.** *vr* ❶ (*sich unverwandt richten*) ■**sich auf jdn/etw ~** to fix one's eyes on sb/sth ❷ (*ständig verfolgen*) ■**sich an jdn ~** to stay on sb's tail
Hef·ter <-s, -> *m* ❶ (*Mappe*) [loose-leaf] file ❷ (*Heftmaschine*) stapler
Heft·fa·den *m,* **Heft·garn** *nt* tacking thread
hef·tig ['hɛftɪç] **I.** *adj* ❶ (*stark, gewaltig*) violent; **ein ~er Aufprall/Schlag** a violent impact/blow; **~e Kopfschmerzen** an intense [*or* a splitting] headache; **~e Schneefälle** heavy snowfalls; **~e Seitenstiche** a severe stitch in one's side; **ein ~er Sturm** a violent storm; **eine ~e Tracht Prügel** (*fam*) a good thrashing *fam* ❷ (*intensiv*) intense; **~e Auseinandersetzungen** fierce arguments; **nach ~en Kämpfen** after heavy fighting; **eine ~e Sehnsucht/Leidenschaft** an intense longing/passion ❸ (*unbeherrscht*) violent; (*scharf*) vehement; **ich hatte eine ~ere Reaktion befürchtet** I had feared a more vehement reaction; ■**~ werden** to fly into a rage **II.** *adv* violently; **es schneite ~** it snowed heavily; **die Vorwürfe wurden ~ dementiert** the accusations were vehemently denied
Hef·tig·keit <-> *f kein pl* ❶ (*Stärke*) violence *no pl;* **im Tagesverlauf nahm die ~ des Sturmes noch zu** the severity of the storm increased during the day ❷ (*Intensität*) intensity; *Diskussion* ferocity; *Widerstand* severity ❸ (*Unbeherrschtheit*) violence; (*Schärfe*) vehemence; **die ~ seiner Reaktion war überraschend** the vehemence of his reaction was surprising ❹ (*heftige Äußerung*) fierceness
Heft·klam·mer *f* staple **Heft·ma·schi·ne** *f* stapler
Heft·pflas·ter *nt* [sticking] plaster **Heft·strei·fen** *m* subject divider
Heft·zwe·cke *f* drawing pin

He·ge·mo·nie <-, -n> [hegemo'ni:, *pl* -'ni:ən] *f* hegemony *no pl*

he·gen ['he:gn̩] *vt* ❶ JAGD (*sorgsam schützen*) **Wild** ~ to preserve wildlife ❷ HORT (*pflegen*) ■**etw** ~ to tend sth ❸ (*sorgsam bewahren*) ■**etw** ~ to look after sth; **jdn** ~ **und pflegen** to lavish care and attention on sb ❹ (*geh: empfinden, haben*) ■**etw gegen jdn** ~ to feel sth towards sb; **Zweifel/Bedenken** [**an etw**] ~ to have doubts/misgivings [about sth]; **diese Hoffnung habe ich schon lange gehegt** I've cherished this hope for a long time

Hehl [he:l] *nt o m* ▶ WENDUNGEN: **kein**[**en**] ~ **aus etw machen** to make no secret of sth

Heh·ler(in) <-s, -> *m(f)* receiver [of stolen goods], fence *sl* ▶ WENDUNGEN: **der** ~ **ist schlimmer als der Stehler** (*prov*) the fence is worse than the thief

Heh·le·rei <-, -en> [he:lə'rai] *f* receiving *no pl* stolen goods

Heh·le·rin <-, -nen> *f fem form von* **Hehler**

hehr [he:ɐ̯] *adj* (*veraltet geh*) ❶ (*erhaben*) noble; ~**e Ideale** noble ideals ❷ (*erhebend*) impressive; **ein** ~**er Anblick** an impressive sight

hei [hai] *interj* wow

Hei·de <-, -n> ['haidə] *f* ❶ (*Heideland*) heath, moor; **die Lüneburger** ~ the Lüneburg Heath ❷ (*Heidekraut*) heather

Hei·de, Hei·din <-n, -n> ['haidə, 'haidɪn] *m, f* heathen, pagan

Hei·de·ho·nig *m* heather honey **Hei·de·kraut** *nt* heather **Hei·de·land** *nt* heathland, moorland

Hei·del·bee·re ['haid|be:rə] *f* bilberry

Hei·de·ler·che *f* ORN woodlark

Hei·den·angst *f* mortal fear *no pl;* ■**eine** ~ **vor jdm/etw haben** to be scared stiff of sb/sth *fam* **Hei·den·ar·beit** *f kein pl* (*fam*) a [*or* one] hell of a job *fam;* ■**eine** ~ a devil of a job

Hei·den·be·keh·rung *f* conversion of pagans

Hei·den·geld *nt kein pl* (*fam*) **ein** ~ a packet [*or* heck [*or fam* hell] of a lot of money] **Hei·den·lärm** *m* awful racket **Hei·den·schreck** *m* terrible fright **Hei·den·spaß** *m* (*fam*) terrific fun *no pl;* **einen** ~ **haben** to have terrific fun

Hei·den·tum *nt kein pl* ■**das** ~ paganism *no pl;* (*die Heiden*) heathens *pl,* pagans *pl*

Hei·din <-, -nen> *f fem form von* **Heide**

heid·nisch ['haidnɪʃ] **I.** *adj* heathen, pagan **II.** *adv* in a pagan manner

Heid·schnu·cke <-, -n> ['haitʃnʊkə] *f German moorland sheep*

hei·kel ['haikl̩] *adj* ❶ (*schwierig, gefährlich*) delicate, awkward; **eine heikle Angelegenheit** a delicate matter; **eine heikle Frage/Situation** a tricky [*or* delicate] question/situation ❷ DIAL ■**in etw** *dat* ~ **sein** to be particular [*or fam* fussy] about sth

heil [hail] **I.** *adj* ❶ (*unverletzt, gesund*) unhurt, uninjured; ■**noch** ~ **sein** to not have broken any bones ❷ (*unbeschädigt*) intact; *Tasse* unbroken; ■**noch/wieder** ~ **sein** to be still intact/mended again; **hoffentlich bleiben die Gläser bei dem Umzug** ~ I hope the glasses stay in one piece during the move; **etw** ~ **machen** (*fam*) to repair sth **II.** *adv* (*unverletzt*) uninjured, unscathed; (*unbeschädigt*) undamaged, intact

Heil [hail] **I.** *nt* <-s> *kein pl* welfare *no pl,* well-being; **sein** ~ **in der Flucht suchen** to seek refuge in flight; **jds seelisches** ~ sb's spiritual well-being; **sein** ~ **in etw suchen** *dat* to seek one's salvation in sth ▶ WENDUNGEN: **sein** ~ **bei jdm versuchen** (*fam*) to try one's luck with sb **II.** *interj* ~ **Hitler!** HIST heil Hitler!; ~! hail!; ~ **dem Kaiser!** hail to the emperor!; ~ **dir!** hail to thee! *old*

Hei·land <-[e]s, -e> ['hailant] *m* Saviour [*or* AM -or]

Heil·an·stalt *f* (*veraltet*) ❶ (*Trinker~*) sanatorium ❷ (*Irrenanstalt*) mental hospital **Heil·bad** *nt* health spa

heil·bar *adj* curable

Heil·bar·keit <-> *f kein pl* MED curability

Heil·butt <-s, -e> ['hailbʊt] *m* halibut

hei·len ['hailən] **I.** *vi sein* (*gesund werden*) to heal [up] **II.** *vt* ❶ (*gesund machen*) ■**jdn** [**von etw**] ~ to cure sb [of sth]; ■**geheilt** cured; ■**etw** ~ to cure sth ❷ (*kurieren*) ■**von jdm/etw geheilt sein** to have got over sb/sth

Heil·er·de *f* MED *dried mud used for its therapeutic properties* **Heil·er·folg** *m* successful cure **Heil·fas·ten** *nt kein pl* therapeutic fasting *no pl* **heil·froh** ['hail'fro:] *adj pred* (*fam*) jolly [*or* AM really] glad *fam* **Heil·gym·nas·tik** *f s.* **Krankengymnastik** **Heil·haut** *f* **eine gute/keine gute** ~ **haben** to have skin that heals well/badly

hei·lig ['hailɪç] *adj* ❶ REL (*geweiht*) holy; **die** ~**e katholische Kirche** the Holy Catholic Church; **die** ~**e Kommunion** Holy Communion; ■**jdm ist etw** ~ sth is sacred to sb; ■**jdm ist nichts** ~ nothing is sacred to sb; **bei allem, was jdm** ~ **ist** by all that is sacred to sb ❷ (*bei Namen von Heiligen*) saint; **der** ~**e Matthäus/die** ~**e Katharina** Saint Matthew/Saint Catherine; **die H~e Jungfrau** the Blessed Virgin ❸ (*ehrfürchtig*) awed ❹ (*fam: groß*) incredible; **ein** ~**er Zorn** incredible anger; **ein** ~**er Respekt** healthy respect ▶ WENDUNGEN: **etw ist jds** ~**e Pflicht es ist deine** ~**e Pflicht, dich um deine alten Eltern zu kümmern** it's your solemn duty to look after your old parents; *s. a.* **Ernst**

Hei·lig·abend [hailɪç'ʔa:bn̩t] *m* Christmas Eve

Hei·li·ge(r) ['hailɪgə, -gɐ] *f(m) decl wie adj* saint ▶ WENDUNGEN: **ein sonderbarer** [*o* **wunderlicher**] ~**r** (*fam*) a funny customer *fam;* **nicht gerade ein** ~**r/eine** ~ **sein** (*fam*) not to be exactly a saint *fam;* **bei allen** ~**n!** (*fam*) for heaven's sake! *fam*

hei·li·gen ['hailɪgn̩] *vt* ❶ (*weihen*) ■**etw** ~ to hallow [*or* sanctify] sth; ■**geheiligt** hallowed ❷ (*heilig halten*) ■**etw** ~ to keep sth holy

Hei·li·gen·bild *nt* picture of a saint **Hei·li·gen·bild·chen** *nt small picture of a saint printed on paper detailing his/her life with a prayer on the back* **Hei·li·gen·schein** *m* halo; **seinen** ~ **einbüßen** to lose one's aura of respectability; **jdn/sich mit einem** ~ **umgeben** to paint a saintly picture of sb/oneself **Hei·li·gen·ver·eh·rung** *f* veneration of the saints

hei·lig|hal·ten *vt irreg* **etw** ~ to keep sth holy

Hei·lig·keit <-> *f kein pl* holiness *no pl;* **Eure/Seine** ~ Your/His Holiness

hei·lig|spre·chen *vt irreg* **jdn** ~ to canonize sb

Hei·lig·spre·chung <-, -en> *f* canonization

Hei·lig·tum <-[e]s, -tümer> ['hailɪçtu:m, *pl* -ty:mɐ] *nt* shrine; **jds** ~ **sein** (*fam*) to be sb's sanctuary

Heil·kli·ma *nt* healthy climate **Heil·kraft** *f* healing power **heil·kräf·tig** *adj* medicinal **Heil·kraut** *nt meist pl* medicinal herb **Heil·kun·de** *f kein pl* medicine *no pl* **heil·kun·dig** *adj* (*geh*) skilled in the art of healing **Heil·kun·di·ge(r)** *f(m) decl wie adj* person skilled in the art of healing

heil·los ['haillo:s] **I.** *adj* terrible **II.** *adv* hopelessly

Heil·mit·tel *nt* remedy; **ein** ~ **gegen etw** a remedy for sth; (*Präparat*) medicine **Heil·pflan·ze** *f* medicinal plant **Heil·prak·ti·ker(in)** *m(f)* non-medical practitioner **Heil·quel·le** *f* medicinal [*or* mineral] spring

heil·sam ['hailza:m] *adj* salutary

Heils·ar·mee *f kein pl* Salvation Army

Heil·stät·te *f* (*geh*) sanatorium

Hei·lung <-, -en> ['hailʊŋ] *f* ❶ (*das Kurieren*) curing *no pl* ❷ (*Genesung*) recovery *no pl* ❸ (*das Abheilen*) healing *no pl*

Hei·lungs·pro·zess[RR] *m* healing process

Heil·ver·fah·ren *nt* [course of] treatment **Heil·was·ser** *nt* NATURMED mineral [spring] water; (*mit angeblich heilender Wirkung*) medicinal water

heim [haim] *adv* DIAL home; ~ **geht's!** let's head home!; *s. a.* **Reich**

Heim <-[e]s, -e> [haim] *nt* ❶ (*Zuhause*) home ❷ (*Senioren~*) home ❸ ADMIN (*Jugendanstalt*) home ❹ (*Stätte eines Clubs*) club[house] ❺ (*Erholungs~*) convalescent home

Heim·abend *m* social evening **Heim·ar·beit** *f kein indef art* work at home, outwork BRIT; **in** ~ **angefertigt** manufactured by homeworkers **Heim·ar·bei·ter(in)** *m(f)* homeworker

Hei·mat <-, -en> ['haima:t] *f* ❶ (*Gegend, Ort*) native country, home town; (*~land*) home; **jds engere ~** sb's immediate home town; **fern der ~** far from home; **jdm zur zweiten ~ sein/werden** to be/become one's second home ❷ BOT, ZOOL (*Herkunftsland*) natural habitat ❸ (*Zugehörigkeit*) home; **jds geistige ~** sb's spiritual home

Hei·mat·an·schrift *f* home address **hei·mat·be·rech·tigt** *adj* SCHWEIZ (*mit Bürgerrecht*) having civil rights **Hei·mat·dich·ter(in)** *m(f)* regional writer [*or* poet] **Hei·mat·er·de** *f kein pl* native soil *no pl* **Hei·mat·film** *m sentimental film in a regional setting* **Hei·mat·flug·ha·fen** *m* regional airport **Hei·mat·ge·mein·de** *f* native town **Hei·mat·ha·fen** *m* home port **Hei·mat·kun·de** *f kein pl* local geography and history **Hei·mat·land** *nt* native country

hei·mat·lich **I.** *adj* ❶ (*zur Heimat gehörend*) native; **~es Brauchtum/~e Lieder** local customs/songs ❷ (*an die Heimat erinnernd*) native **II.** *adv* of home; **die Landschaft mutet mich ~ an** the countryside reminds me of home

Hei·mat·lie·be *f* love of one's native country **hei·mat·los** *adj* homeless; POL stateless **Hei·mat·lo·se(r)** *f(m) decl wie adj* stateless person; (*durch den Krieg*) displaced person **Hei·mat·mu·se·um** *nt* museum of local history **Hei·mat·ort** *m* home town [*or* village] **Hei·mat·recht** *nt kein pl* right of domicile *no pl* **Hei·mat·schein** *m* SCHWEIZ certificate of citizenship **Hei·mat·stadt** *f* home town **Hei·mat·ver·ein** *m* local history club **hei·mat·ver·trie·ben** *adj* displaced **Hei·mat·ver·trie·be·ne(r)** *f(m) decl wie adj* displaced person, expellee

heim|be·ge·ben* *vr irreg* (*geh*) ■**sich ~** to make one's way home **heim|brin·gen** *vt irreg* DIAL ■**jdn ~** to see [*or* take] sb home

Heim·chen <-s, -> ['haimçən] *nt* cricket ▶WENDUNGEN: **~ am Herd** (*pej*) little housewife *pej*

Heim·com·pu·ter *f* home computer

hei·me·lig ['haiməlɪç] *adj* cosy

heim|fah·ren *irreg* DIAL **I.** *vi sein* to drive home **II.** *vt haben* ■**jdn ~** to drive sb home **Heim·fahrt** *f* journey home, return journey **heim|fin·den** *vi irreg* DIAL to find one's way home **heim|füh·ren** *vt* (*geh*) ❶ (*nach Hause geleiten*) ■**jdn ~** to take sb home ❷ (*nach Hause ziehen*) ■**jdn ~** to bring sb home ❸ (*veraltet: heiraten*) ■**jdn [als jdn] ~** to take sb as one's wife **heim|ge·hen** *vi irreg sein* DIAL to go home; **es geht heim** we're going home **Heim·in·dust·rie** *f* cottage industry **Heim·in·sas·se, -in·sas·sin** *m, f* resident of a home

hei·misch ['haimɪʃ] *adj* ❶ (*einheimisch*) indigenous, native; **die ~en Bäche** the local streams; **die ~e Bevölkerung** the native population; **die ~e Tier- und Pflanzenwelt** the indigenous flora and fauna; **etw [in etw *dat*] ~ machen** to establish sth [in sth]; **sich irgendwo ~ fühlen/sein** to feel/be at home somewhere ❷ (*bewandert*) ■**in etw *dat* ~ sein** to be at home with sth; **sie ist in diesem Fachgebiet recht ~** she's really at home in this specialist field

Heim·kehr <-> *f kein pl* homecoming *no pl*, return home *no pl*

heim|keh·ren ['haimke:rən] *vi sein* (*geh*) ■**[aus/von etw] ~** to return home [from sth]

Heim·keh·rer(in) <-s, -> *m(f)* homecomer; (*Kriegs~*) repatriated prisoner of war; (*Gastarbeiter*) returnee

Heim·kind *nt* child raised in a home; **als ~ aufwachsen** to grow up in a home **Heim·ki·no** *nt* ❶ (*Filmvorführung zu Hause*) home movies *pl* ❷ (*Ausrüstung*) home movie kit **heim|kom·men** *vi irreg sein* DIAL to come [*or* return] home **Heim·lei·ter(in)** *m(f)* warden of a home [*or* hostel] **heim|leuch·ten** *vi* (*fam*) ■**jdm ~** to give sb a piece of one's mind

heim·lich ['haimlɪç] **I.** *adj* ❶ (*geheim, verborgen*) secret; **ein ~es Treffen** a secret [*or* clandestine] meeting ❷ (*verstohlen*) furtive; **sie tauschten ~e Blicke** they exchanged furtive glances ❸ (*inoffiziell*) unofficial **II.** *adv* ❶ (*unbemerkt*) secretly ❷ (*verstohlen*) furtively; **~, still und leise** (*fam*) on the quiet *fam*

Heim·lich·keit <-, -en> *f* ❶ *kein pl* (*heimliche Art*) secrecy *no pl*; **in aller ~** secretly, in secret ❷ (*Geheimnis*) secret; **~en vor jdm haben** to keep something from sb

Heim·lich·tu·er(in) <-s, -> *m(f)* (*pej*) secretive person **Heim·lich·tu·e·rei** <-, -en> [haimlɪçtu:əˈrai] *f* (*pej*) secrecy *no pl*, secretiveness *no pl* **Heim·lich·tu·e·rin** <-, -nen> *f fem form von* **Heimlichtuer** **heim·lich|tun** *vi irreg* **[mit etw] ~** (*pej*) to be secretive [about sth]

heim|müs·sen *vi irreg* DIAL to have to go home; **es wird mir zu spät, ich muss jetzt heim** it's getting late for me, I must go home now **Heim·nie·der·la·ge** *f* SPORT home defeat; **die Mannschaft erlitt eine ~** the team suffered a home defeat [*or* were beaten [*or* lost] at home] **Heim·rei·se** *f* homeward journey, journey home **heim|rei·sen** *vi sein* (*geh*) to travel home **Heim·sau·na** *f* home sauna **heim|schi·cken** *vt* DIAL ■**jdn ~** to send sb home **Heim·sieg** *m* SPORT home win [*or* victory] **Heim·spiel** *nt* SPORT home game [*or* match] **Heim·statt** *f* (*geh*) home **Heim·stät·te** *f* ❶ *pl selten* (*Heimstatt*) home ❷ (*Siedlung für Vertriebene*) homestead

heim|su·chen ['haimzu:xn̩] *vt* ❶ (*überfallen*) ■**jdn/etw ~** to strike sb/sth; **von Armut/Dürre heimgesucht** poverty-/drought-stricken ❷ (*pej fam: besuchen*) ■**jdn ~** to descend on sb *fam* ❸ (*bedrängen*) ■**jdn ~** to haunt sb; **sie wurde von grässlichen Albträumen heimgesucht** she was haunted by hideous nightmares

Heim·su·chung <-, -en> *f* affliction

Heim·trai·ner [trɛːnɐ] *m* home exercise kit

heim|trau·en *vr* DIAL ■**sich ~** to dare to go home

Heim·tü·cke ['haimtʏkə] *f kein pl* ❶ (*heimtückische Art*) malice *no pl*, treachery ❷ (*verborgene Gefährlichkeit*) insidiousness *no pl*

heim·tü·ckisch ['haimtʏkɪʃ] **I.** *adj* ❶ (*verborgen tückisch*) malicious; **eine ~e Aktion** a malicious operation; **ein ~er Kollege** an insidious colleague ❷ (*verborgen gefährlich*) insidious; **Glatteis ist besonders ~** black ice is particularly treacherous **II.** *adv* maliciously

Heim·vor·teil *m kein pl* SPORT home advantage *no pl* **heim·wärts** ['haimvɛrts] *adv* (*geh*) homeward[s]; **wir sollten uns langsam ~ begeben** we should start making our way home **Heim·weg** *m* way home; **auf dem ~** on the way home; **sich auf den ~ machen** to set out [*or* head] for home **Heim·weh** <-[e]s> *nt kein pl* homesickness; *no art, no pl*; **~ [nach jdm/etw] haben/bekommen** to be/become homesick [for sb/sth] **heim·weh·krank** *adj* homesick

heim|wer·ken *vi meist Inf und 1. Part* to do some DIY [*or* AM work around the house]

Heim·wer·ker(in) *m(f)* DIY enthusiast BRIT, handyman *esp* AM

heim|wol·len *vi* DIAL to want to go home

heim|zah·len *vt* ■**jdm etw ~** to pay sb back for sth, to get even with sb for sth; **das werd ich dir noch ~!** I'm going to get you for that!

heim|zie·hen *irreg* **I.** *vi sein* (*geh*) to return home **II.** *vt impers haben* (*geh*) ■**jdn ~** to make sb want to go home

Hei·ni <-s, -s> ['haini] *m* (*fam*) fool, idiot

Hein·zel·männ·chen *nt* brownie

Hei·rat <-, -en> ['haira:t] *f* marriage

hei·ra·ten ['haira:tn̩] **I.** *vt* ■**jdn ~** to marry sb; ■**sich ~** to get married **II.** *vi* to get married; **wir wollen nächsten Monat ~** we want to get married next month; ■**irgendwie ~** to marry in a certain way; **sie hat reich geheiratet** she married into money; **„wir ~"** "we are getting married"; **irgendwohin ~** to end up somewhere as a result of marriage; **in eine reiche Familie ~** to marry into a rich family

Hei·ra·ten <-s> ['haira:tn̩] *nt kein pl* marriage *no pl*, getting married *no pl*

Hei·rats·ab·sich·ten *pl* marriage plans *pl*; **~ haben** to intend to get married **Hei·rats·al·ter** *nt* JUR minimum age for mar-

riage; **im besten ~ sein** *(fam)* to be at the prime age to marry
Hei·rats·an·trag *m* [marriage] proposal; **jdm einen ~ machen** to propose to sb **Hei·rats·an·zei·ge** *f* ❶ *(Briefkarte)* announcement of a forthcoming marriage ❷ *(Annonce für Partnersuche)* lonely-hearts advertisement, advertisement for a marriage partner **hei·rats·fä·hig** *adj (veraltet)* of marriageable age; *s. a.* **Alter Hei·rats·kan·di·dat(in)** *m(f)* suitor **Hei·rats·schwind·ler(in)** *m(f) person who proposes marriage for fraudulent reasons* **Hei·rats·ur·kun·de** *f* marriage certificate [*or* AM license] **Hei·rats·ver·mitt·ler(in)** *m(f)* marriage broker **Hei·rats·ver·mitt·lung** *f* marriage bureau
hei·schen ['haiʃn̩] *vt (geh)* ■**etw ~** to demand sth
hei·ser ['haizɐ] **I.** *adj* ❶ *(von rauer Stimme)* hoarse ❷ *(dunkel klingend)* husky, throaty **II.** *adv* hoarsely, in a hoarse voice
Hei·ser·keit <-, *selten* -en> *f* hoarseness *no pl*
heiß [hais] **I.** *adj* ❶ *(sehr warm)* hot; **[jdm] etw ~ machen** to heat [*or* warm] up sth *sep* [for sb]; ■**jdm ist/wird es ~** sb is/gets hot; **ist das ~!** it's so hot!; **~!** *(fam: beim Erraten)* you're getting warm *fam* ❷ *(heftig)* heated; **eine ~e Debatte** a heated debate; **ein ~er Kampf** a fierce fight ❸ *(innig)* fervent; **eine ~e Liebe** a burning love; **ein ~er Wunsch** a fervent wish ❹ *(fam: aufreizend)* hot; *Kleid* sexy ❺ *(fam: gestohlen)* hot *fam* ❻ *(brisant)* explosive; **ein ~es Thema** an explosive issue ❼ *(fam: konfliktreich)* hot *fam* ❽ *attr (fam: aussichtsreich)* hot *fam;* **die Polizei ist auf einer ~en Fährte** the police are on a hot trail ❾ *(sl: großartig)* fantastic; *(rasant)* fast ❿ *(fam: brünstig)* on [*or* AM in] heat ⓫ *(neugierig)* ■**auf etw** *akk* **~ sein** *(fam)* to be dying to know about sth *fam* **II.** *adv* ❶ *(sehr warm)* hot; **~ laufen** *(fam)* to overheat ❷ *(innig)* ardently, fervently; **~ ersehnt** much longed for; **~ geliebt** dearly beloved; **mein ~ geliebter Mann** my dearly beloved husband ❸ *(erbittert)* fiercely; **~ umkämpft** fiercely contested; **~ umstritten** hotly disputed; *(Person)* highly controversial ▶WENDUNGEN: **es geht ~ her** *(fam)* things are getting heated, sparks are beginning to fly; **jdn überläuft es ~ und kalt** sb feels hot and cold all over; **es wird nichts so ~ gegessen, wie es gekocht wird** *(prov)* things are not as bad as they first seem
heißa ['haisa] *interj (veraltet) s.* **hei**
heiß·blü·tig ['haisbly:tɪç] *adj* ❶ *(impulsiv)* hot-tempered ❷ *(leidenschaftlich)* ardent, passionate
hei·ßen <hieß, geheißen> ['haisn̩] **I.** *vi* ❶ *(den Namen haben)* to be called; **wie ~ Sie?** what's your name?; **ich heiße Schmitz** my name is Schmitz; **wie soll das Baby denn ~?** what shall we call [*or* will we name] the baby?; **so heißt der Ort, in dem ich geboren wurde** that's the name of the place where I was born; **ich glaube, der Bach heißt Kinsbeke oder so ähnlich** I think the stream is called Kinsbeke or something like that; **wie hieß die Straße noch, wo Sie wohnen?** what did you say was the name of the street where you live?; ■**nach jdm ~** to be named after sb; *s. a.* **wahr** ❷ *(bedeuten)* to mean; **ich kann die Schrift nicht lesen, was soll das ~?** I can't read the script, what is that meant to read?; **„ja" heißt auf Japanisch „hai"** 'hai' is Japanese for 'yes'; **was heißt eigentlich „Liebe" auf Russisch?** tell me, what's the Russian for 'love'? ❸ *(bedeuten, besagen)* to mean; **gut, er will sich darum kümmern, aber was heißt das schon** good, he wants to take care of it, but that doesn't mean anything; **heißt das, Sie wollen mehr Geld?** does that mean you want more money?; **was soll das [denn] ~?** what does that mean?, what's that supposed to mean?; **soll** [*o* **will**] **~:** in other words; **das will nichts/nicht viel ~** that means nothing/doesn't really mean much; **das heißt, ...** that is to say ...; *(vorausgesetzt)* that is, ...; *(sich verbessernd)* or should I say, ..., or what I really mean is, ...; **was es heißt, ...** what it means; **ich weiß, was es heißt, allein zu sein** I know what it means to be alone ❹ *(lauten)* ■**irgendwie ~** to go somehow; **du irrst dich, das Sprichwort heißt anders** you're wrong, the proverb goes something else; **jetzt fällt mir wieder ein, wie der Spruch heißt** now I remember how the motto goes ▶WENDUNGEN: **dann will ich ... ~!** *(fam)* then I'm a Dutchman! **II.** *vi impers* ❶ *(zu lesen sein)* ■**irgendwo/in etw/bei jdm heißt es ...** it says somewhere/in sth/in sb's ...; **in ihrem Brief heißt es, dass sie die Prüfung bestanden hat** it says in her letter that she's passed the exam; **Auge um Auge, wie es im Alten Testament heißt** an eye for an eye, as it says in the Old Testament; **bisher hieß es doch immer, dass wir eine Gehaltserhöhung bekommen sollten** it has always been said up to now that we were to get a pay rise; **wie es im Faust heißt** to quote from Faust; **in der Firma heißt es, dass Massenentlassungen geplant sind** there's talk in the company that mass redundancies are planned; **es soll nicht ~, dass ...** never let it be said that ...; **hier hast du hundert Euro, es soll nicht ~, dass ich geizig bin** here's a hundred euros for you, never let it be said that I'm tight-fisted ❷ *(als Gerücht kursieren)* ■**es heißt, dass ...** it seems that ..., there is a rumour [*or* AM rumor] that ... ❸ *(geh: nötig sein)* ■**es heißt, etw zu tun** I/we/you must do sth; **nun heißt es handeln** now is the time for action **III.** *vt (geh)* ❶ *(nennen)* ■**jdn irgendwie ~** to call sb sth ❷ *(auffordern)* ■**jdn etw tun ~** to tell sb to do sth; **sie hieß ihn hereinkommen** she asked him to come in; *s. a.* **willkommen**
Heiß·hun·ger *m* ravenous hunger *no pl;* **einen ~ auf etw haben/verspüren** to have/feel a craving for sth; **mit ~** ravenously **heiß·hung·rig I.** *adj* ravenous **II.** *adv* ravenously, voraciously
Heiß·luft *f kein pl* hot air *no pl*
Heiß·luft·dämp·fer *m* steam oven, combination oven **Heiß·luft·grill** *m* hot air grill **Heiß·luft·hei·zung** *f* hot-air heating *no pl* **Heiß·luft·herd** *m* fan-assisted [*or esp* AM convection] oven **Heiß·luft·trock·ner** *m* hot-air dryer
heiß|ma·chenRR *vt* **jdn [auf etw** *akk*] **~** *(fam)* to get sb really interested [in sth] **was ich nicht weiß, macht mich nicht heiß** *(prov)* what the eye does not see, the heart does not grieve over *prov*
Heiß·man·gel <-mangeln> *f* heated mangle *esp* AM *(machine with heated rollers used to dry and press sheets and other fabrics)* **Heiß·sporn** *m* hothead
Heiß·was·ser·be·rei·ter <-s, -> *m* water heater **Heiß·was·ser·spei·cher** *m* hot water tank
hei·ter ['haitɐ] *adj* ❶ *(fröhlich)* cheerful; **sie ist von Natur aus ein ~er Mensch** she is a cheerful person by nature ❷ *(fröhlich stimmend)* amusing ❸ METEO *(wolkenlos und hell)* bright; ■**~ werden** to brighten up ▶WENDUNGEN: **das kann ja ~ werden!** *(iron)* that'll be a hoot! *iron*
Hei·ter·keit <-> *f kein pl* ❶ *(heitere Stimmung)* cheerfulness *no pl* ❷ *(Belustigung)* amusement *no pl;* **die Bemerkung rief allgemeine ~ hervor** the remark caused general amusement
Heiz·an·la·ge *f* BAU, TECH heating system, heater *esp* AM
heiz·bar ['haitsba:ɐ̯] *adj* ❶ *(beheizbar)* heated; **eine ~e Heckscheibe** a heated rear windscreen [*or* AM window] ❷ *(zu heizen)* able to be heated
Heiz·bett·de·cke, **Heiz·de·cke** *f* electric blanket
hei·zen ['haitsn̩] **I.** *vi* ❶ *(die Heizung betreiben)* ■**[mit etw] ~: „womit heizt ihr zu Hause?" – „wir ~ mit Gas"** 'how is your house heated?' – 'it's gas-heated' ❷ *(Wärme abgeben)* to give off heat **II.** *vt* ■**etw ~** ❶ *(be~)* to heat sth ❷ *(an~)* to stoke sth
Hei·zer(in) <-s, -> *m(f)* stoker
Heiz·kes·sel *m* boiler **Heiz·kis·sen** *nt* heating pad **Heiz·kör·per** *m* radiator **Heiz·kos·ten** *pl* heating costs *pl* **Heiz·leis·tung** *f* TECH heating [*or* calorific] power **Heiz·lüf·ter** *m* fan heater **Heiz·ma·te·ri·al** *nt* TECH fuel [for heating] **Heiz·ofen** *m* heater **Heiz·öl** *nt* fuel oil **Heiz·son·ne** *f* electric fire **Heiz·strah·ler** *m* radiant heater
Hei·zung <-, -en> *f* ❶ *(Zentral~)* heating *no pl* ❷ *(fam: Heiz-*

H

körper) radiator

Hei·zungs·an·la·ge *f* heating system **Hei·zungs·kel·ler** *m* boiler room **Hei·zungs·mon·teur(in)** *m(f)* heating engineer **Hei·zungs·rohr** *nt* heating pipe

Heiz·wert *m* calorific value

Hekt·ar <-s, -e *o bei Maßangabe* -> [hɛkt'aːɐ̯] *nt o m* hectare

Hekt·a·re <-, -n> ['hɛktaːrə] *f* SCHWEIZ hectare

Hek·tik <-> ['hɛktɪk] *f kein pl* hectic pace *no pl,* mad rush *fam;* [**eine**] ~ **verbreiten** [*o fam* **machen**] to do sth at a frantic pace; **mit einer** [**solchen**] ~ at [such] a hectic pace, in [such] a mad rush; **nur keine** ~**!** take it easy!

hek·tisch ['hɛktɪʃ] **I.** *adj* hectic; **nur mal nicht so** ~**!** (*fam*) take it easy! **II.** *adv* frantically; ~ **leben** to lead a hectic life; **du isst zu** ~**!** you're bolting your food down

Hek·to·graf [hɛkto'graːf] *m s.* **Hektograph**

Hek·to·gra·fie [hɛktogra'fiː] *m s.* **Hektographie**

hek·to·gra·fie·ren [hɛktogra'fiːrən] *vt s.* **hektographieren**

Hek·to·gramm [hɛkto'gram] *nt* hectogramme [*or* AM -am] **Hek·to·graph, Hek·to·graf**[RR] <-en, -en> [hɛkto'graːf] *m* hectograph **Hek·to·gra·phie, Hek·to·gra·fie**[RR] <-, -n> [hɛktogra'fiː] *f* ❶ *kein pl* (*Verfahren*) hectography ❷ (*Vervielfältigung*) hectograph copy **hek·to·gra·phie·ren*, hek·to·gra·fie·ren**[RR] [hɛktogra'fiːrən] *vt* ■**etw** ~ to hectograph sth **Hek·to·li·ter** [hɛkto'liːtɐ] *m o nt* hectolitre [*or* AM -er] **Hek·to·me·ter** [hɛkto'meːtɐ] *m o nt* hectometre [*or* AM -er] **Hek·to·pas·cal** *nt* hectopascal **Hek·to·watt** ['hɛktovat ʊʃθ] *nt* hectowatt

he·lau [he'lau] *interj form of greeting during the carnival period*

Held(in) <-en, -en> [hɛlt] *m(f)* ❶ (*kühner Recke*) hero; **in etw** *dat* **kein** [*o* **nicht gerade ein**] ~ **sein** to be no great shakes at sth BRIT, to not be very good at sth AM; **den** ~**en spielen** (*fam*) to play the hero ❷ LIT, FILM (*Hauptperson*) hero, heroine *fem;* **der** ~**/die** ~ **in des Tages sein** to be the hero/heroine of the hour ▶ WENDUNGEN: **die** ~**en sind müde** (*hum*) our heroes have had enough *hum;* **du bist mir ein** [**...**] ~**!** (*iron fam*) a fine one you are! *iron fam*

Hel·den·dar·stel·ler(in) *m(f)* actor/actress playing a heroic role **Hel·den·dich·tung** *f kein pl* epic [*or* heroic] poetry *no pl* **Hel·den·epos** *nt* heroic epic

hel·den·haft *adj* heroic, valiant

Hel·den·lied *nt* epic [*or* heroic] song **Hel·den·mut** *m* heroic courage *no pl,* valour [*or* AM -or] *no pl* **hel·den·mü·tig** ['hɛldn̩myːtɪç] *adj s.* **heldenhaft** **Hel·den·rol·le** *f* part [*or* role] of a hero **Hel·den·sa·ge** *f* heroic saga **Hel·den·tat** *f* heroic deed [*or* feat] **Hel·den·te·nor** *m* heroic tenor **Hel·den·tod** *m* (*euph geh*) death in battle; **den** ~ **sterben** to die in battle

Hel·den·tum <-s> *nt kein pl* heroism *no indef art, no pl*

Hel·din <-, -nen> *f fem form von* **Held**

hel·fen <half, geholfen> ['hɛlfn̩] *vi* ❶ (*unterstützen*) ■**jdm** [**bei/in etw** *dat*] ~ to help sb [with/in sth]; **warte mal, ich helfe dir** wait, I'll help you; **können/könnten Sie mir mal/bitte** ~**?** could/would you help me please/a minute?; ■**jdm aus/in etw** ~ to help sb out of/into sth; **darf ich Ihnen in den Mantel** ~**?** may I help you into your coat?; ■**jdm aus etw** ~ to help sb out of sth; **er half mir aus der schwierigen Lage** he helped me out of the difficult situation ❷ (*dienen, nützen*) ■**jdm** ~ to help sb, to be of help to sb; ■**jdm ist mit etw geholfen/nicht geholfen** sth is of help/no help to sb; **damit ist mir nicht geholfen** that's not much help to me; **da hilft alles nichts** [*o* **es hilft nichts**], **...** there's nothing for it, ... ❸ MED (*heilen*) ■[**jdm**] ~ to help [sb]; ■**jdm ist nicht** [**mehr**] **zu** ~ sb is beyond help; (*ein hoffnungsloser Fall*) sb is a hopeless case ❹ MED (*heilsam sein*) ■[**gegen/bei etw**] ~ to help [relieve sth]; **Knoblauch soll gegen Arteriosklerose** ~ garlic is supposed to be good for arteriosclerosis ▶ WENDUNGEN: **ich kann mir nicht** ~, [**aber**] ... I'm sorry, but...; **ich werde dir/euch/...** ~**, etw zu tun!** (*fam*) I'll teach you to do sth!; **man muss sich** *dat* **nur zu** ~ **wissen** (*prov*) you just have to be resourceful; **was hilft's?** what can I/we/you do about it?; *s. a.* **wissen**

Hel·fer(in) <-s, -> ['hɛlfɐ] *m(f)* ❶ (*unterstützende Person*) helper; (*Komplize*) accomplice; **ein** ~ **in der Not** a friend in need ❷ (*fam: nützliches Gerät*) aid

Hel·fers·hel·fer(in) *m(f)* accomplice

Hel·fer·syn·drom *nt* helpers' syndrome *no pl* **Hel·fer·zel·le** *f* MED helper cell

Hel·go·land ['hɛlgolant] *nt* Heligoland *no pl*

He·li·kop·ter <-s, -> [heli'kɔptɐ] *m* helicopter

He·li·um <-s> ['heːli̯ʊm] *nt kein pl* helium *no pl*

hell [hɛl] **I.** *adj* ❶ (*nicht dunkel*) light; ~ **bleiben** to stay light; **es wird** ~ it's getting light ❷ (*kräftig leuchtend*) bright ❸ (*gering gefärbt*) light-coloured [*or* AM -ored]; ~**es Haar/**~**e Haut** fair hair/skin; ~**es Holz** light-coloured wood ❹ (*hoch klingend*) clear; **eine** ~**e Stimme** a clear, high voice ❺ (*fam: aufgeweckt*) bright; **du bist ein** ~**es Köpfchen** you've got brains ❻ *attr* (*rein, pur*) sheer, pure; ~**e Freude** sheer joy **II.** *adv* ❶ (*licht*) brightly; ~ **leuchtend** *attr* bright; **die Fenster des Hauses waren** ~ **erleuchtet** the windows of the house were brightly lit ❷ (*hoch*) high and clear

Hel·las ['hɛlas] *nt* Hellas *no pl*

hell·auf ['hɛl'ʔauf] *adv* extremely; ~ **begeistert** extremely enthusiastic

hell·blau *adj* light-blue **hell·blond I.** *adj* blonde **II.** *adv* blonde; **sind die Haare** ~ **gefärbt?** is your hair dyed blonde?

Hel·le <-> ['hɛlə] *f kein pl* (*geh*) *s.* **Helligkeit**

Hel·le(s) ['hɛlə(s)] *nt decl wie adj* ≈ lager; **ein kleines** ~**s** half a lager

Hel·le·bar·de <-, -n> [hɛlə'bardə] *f* HIST halberd

Hel·le·ne, Hel·le·nin <-n, -n> [hɛ'leːnə, hɛ'leːnɪn] *m, f* Hellene, Greek

hel·le·nisch [hɛ'leːnɪʃ] *adj* Hellenic

Hel·le·nis·mus <-> [hɛle'nɪsmʊs] *m kein pl* Hellenism *no pl*

hel·le·nis·tisch *adj* Hellenistic

Hel·ler <-s, -> ['hɛlɐ] *m* HIST heller ▶ WENDUNGEN: **auf** ~ **und Pfennig** (*fam*) down to the last penny; **bis auf den letzten** ~ (*fam*) down to the last penny; **seine Rechnung ist korrekt, bis auf den letzten** ~ his invoice is correct down to the last penny; **keinen roten** [*o* **lumpigen**] [*o* **nicht einen**] ~ **wert sein** (*fam*) not to be worth tuppence [*or* AM a dime]; **keinen roten** [*o* **lumpigen**] ~ **besitzen** [*o* **haben**] (*fam*) to not have a penny to one's name [*or* two pennies to rub together]

hell·grün *adj* light-green **hell·haa·rig** *adj* fair-haired **hell·häu·tig** *adj* fair-skinned **hell·hö·rig** ['hɛlhøːrɪç] *adj* badly soundproofed ▶ WENDUNGEN: ~ **werden** to prick up one's ears; **jdn** ~ **machen** to make sb prick up their ears

hellicht[ALT] *adj attr s.* **helllicht**

Hel·lig·keit <-, -en> *f* ❶ *kein pl* (*Lichtfülle*) lightness *no pl;* (*helles Licht*) [bright] light ❷ (*Lichtstärke*) brightness *no pl* ❸ ASTRON (*Leuchtkraft*) luminosity *no pl*

Hel·lig·keits·reg·ler *m* brightness control

hell·licht[RR] ['hɛllɪçt] *adj attr* **es ist** ~**er Tag** it's broad daylight; **am** ~**en Tag** in broad daylight

Hell·raum·pro·jek·tor *m* SCHWEIZ (*Tageslichtprojektor*) overhead projector

hell·rot *adj* bright red

hell·se·hen *vi nur infin* ~ **können** to be clairvoyant, to have second sight; **du kannst wohl** ~**!** (*fam*) you must be clairvoyant!; **ich kann doch nicht** ~**!** (*iron fam*) I'm not clairvoyant! *iron fam*

Hell·se·her(in) ['hɛlzeːɐ] *m(f)* clairvoyant

hell·se·he·risch I. *adj attr* clairvoyant **II.** *adv* using clairvoyant powers; **dieser Mann muss** ~ **begabt sein!** this man must have the gift of clairvoyance

hell·wach ['hɛl'vax] *adj* wide-awake

Hell·wer·den <-s> *nt kein pl* daybreak *no pl*

Helm <-[e]s, -e> ['hɛlm] *m* helmet

Hẹlm·boh·ne *f* young runner bean **Hẹlm·busch** *m* plume **Hẹlm·pflicht** *f* compulsory wearing of a helmet *no pl* **Hẹlm·schmuck** *m* crest

Hel·sin·ki <-s> ['hɛlzɪŋki] *nt* Helsinki *no pl, no art*

Hemd <-[e]s, -en> [hɛmt, *pl* 'hɛmdən] *nt* shirt; (*Unter~*) vest; **nass bis aufs ~** soaked to the skin [*or* AM bone], wet through; (*Nacht~*) nightshirt ▸WENDUNGEN: **das ~ ist jdm näher als der Rock** (*prov*) charity begins at home *prov;* **mach dir nicht [gleich] ins ~!** don't make such a fuss!; **jdn/etw wie das [*o* sein] ~ wechseln** to change sb/sth with monotonous regularity; **jdn bis aufs ~ ausziehen** (*fam*) to have the shirt off sb's back; **sich bis aufs [letzte] ~ ausziehen** (*fam*) to spend every last penny, to give the shirt off one's back [for sth] *fam*

Hẹmd·blu·se *f* shirt **Hẹmd·blu·sen·kleid** *nt* shirt dress **Hẹmd·brust** *f* shirt front, dickey

Hẹm·den·knopf *m* shirt button **Hẹm·den·matz** <-es, Hemdenmätze> *m* (*hum fam*) bare bum [*or* AM butt] *hum fam* (*small child dressed only in a vest*) **Hẹm·den·stoff** *m* shirt material *no pl*

Hẹmd·ho·se *f* (*veraltend*) combinations *npl dated,* coms *npl dated* **Hẹmd·kra·gen** *m* shirt collar

Hẹmds·är·mel *m* shirt sleeve; **in ~n** (*fam*) in shirt sleeves

hemds·är·me·lig ['hɛmtsʔɛrməlɪç] *adj* (*fam*) casual

He·mis·phä·re <-, -n> [hemi'sfɛ:rə] *f* ❶ (*Erdhalbkugel*) hemisphere; **die nördliche/südliche ~** the northern/southern hemisphere ❷ (*Gehirnhälfte*) hemisphere; **die linke/rechte ~** the left/right hemisphere

hem·men [hɛmən] *vt* ❶ (*ein Hemmnis sein*) ■**etw ~** to hinder sth ❷ (*bremsen*) ■**etw ~** to stop sth ❸ PSYCH (*inhibieren*) ■**jdn ~** to inhibit sb

Hemm·nis <-ses, -se> ['hɛmnɪs] *nt* obstacle

Hẹmm·schuh *m* ❶ (*keilförmige Vorrichtung*) chock ❷ (*fig: Hemmnis*) obstacle **Hẹmm·schwel·le** *f* inhibition level; **seine ~ überschreiten** to overcome one's inhibitions

Hẹm·mung <-, -en> *f* ❶ *kein pl* (*das Hemmen*) obstruction ❷ *pl* PSYCH inhibitions *pl* ❸ (*Bedenken, Skrupel*) inhibition, scruple; **~en haben** to have scruples; **ich habe ein bisschen ~en, ihr das so ohne weiteres ins Gesicht zu sagen** I feel a bit awkward about saying it straight to her face; **keine ~en kennen** to have no scruples; **nur keine ~en!** don't hold back!; **es ist für jeden genug da, nur keine ~en!** there's enough for everybody there, have as much as you like!

hẹm·mungs·los I. *adj* ❶ (*zügellos*) uncontrolled, unrestrained ❷ (*skrupellos*) unscrupulous II. *adv* ❶ (*zügellos*) unrestrainedly, without restraint ❷ (*skrupellos*) unscrupulously

Hẹm·mungs·lo·sig·keit <-> *f kein pl* ❶ (*Zügellosigkeit*) lack of restraint ❷ (*Skrupellosigkeit*) unscrupulousness

Hendl <-s, -[n]> ['hɛndl] *nt* ÖSTERR (*Brathähnchen*) roast chicken

Hengst <-[e]s, -e> [hɛŋst] *m* stallion; (*Esel, Kamel*) male

Hen·kel <-s, -> ['hɛŋkl] *m* handle

Hẹn·kel·glas *nt* glass with a handle **Hẹn·kel·korb** *m* basket with a handle **Hẹn·kel·krug** *m* jug [with a handle] **Hẹn·kel·mann** *m* (*fam*) *portable set of stacked containers holding hot food* **Hẹn·kel·topf** *m* pot/pan with a handle/handles

hen·ken ['hɛŋkn̩] *vt* (*veraltet*) ■**jd ~** to hang sb

Hẹn·ker <-s, -> *m* executioner ▸WENDUNGEN: **scher dich [*o* geh] zum ~!** (*fam*) go to blazes! *dated;* **zum ~!** (*fam*) hang it all! *dated;* **hol's der ~!** (*veraltend*) damn [it]!; **was zum ~ ...** (*fam*) what the devil ... *fam*

Hẹn·ker(s)·beil *nt* executioner's axe **Hẹn·kers·knecht** *m* executioner's assistant **Hen·kers·mahl** *nt,* **Hẹn·kers·mahl·zeit** *f* ❶ (*vor der Hinrichtung*) last meal [before one's/sb's execution] ❷ (*hum fam: vor einem großen Ereignis*) final square meal

Hen·na <- *o* -[s]> ['hɛna] *f o nt kein pl* henna *no pl*

Hen·ne <-, -n> ['hɛnə] *f* hen

He·pa·ti·tis <-, Hepatitiden> [hepa'ti:tɪs, *pl* hepati'ti:dn̩] *f* hepatitis *no pl*

her [he:ɐ̯] *adv* ❶ (*raus*) here, to me; **~ damit!** (*fam*) give it here! *fam;* **immer ~ damit!** (*fam*) keep it/them coming! *fam* ❷ (*herum*) ■**um jdn ~** all around sb ❸ (*von einem Punkt aus*) ■**von etw ~** *räumlich* from sth; **von weit ~** from a long way away [*or* off]; **wo kommst du so plötzlich ~?** where have you come from so suddenly?; **~ zu mir!** come here!; ■**irgendwo ~ sein** to come [*or* be] from somewhere; ■**von ... ~** *zeitlich* from; **ich kenne ihn von meiner Studienzeit ~** I know him from my time at university; **lange/nicht lange/drei Wochen ~ sein** to be long/not so long/three weeks ago; **unser letztes Treffen ist jetzt genau neun Monate her** we last met exactly nine months ago; **längere Zeit ~ sein, dass ...** to be a long time [ago] since ...; **lang ~ sein, dass ...** to be long ago since ...; **nicht [so] lange ~ sein, dass ...** to be not such a long [ago] since ...; **wie lange ist es ~, dass wir uns das letzte Mal gesehen haben?** how long is it since we last saw each other?, how long ago did we last see each other?, when did we last see each other?; ■**von etw ~** *kausal* as far as sth is concerned [*or* goes]; **von der Technik ~ ist dieser Wagen Spitzenklasse** as far as the technology is concerned this car is top class ❹ (*verfolgen*) ■**hinter jdm/einem Tier/etw ~ sein** to be after sb/an animal/sth *fam* ❺ (*haben wollen*) ■**hinter jdm/etw ~ sein** to be after sb/sth *fig fam;* **hinter jdm ~ sein, etw zu tun** to keep on at sb to do sth, to keep an eye on it to see that sth is done ▸WENDUNGEN: **es ist nicht weit ~ mit jdm/etw** (*fam*) sb/sth is not up to much *fam*

he·rab [hɛ'rap] *adv* (*geh*) down

he·rạb|bli·cken *vi* (*geh*) *s.* **herabsehen** **he·rạb|fle·hen** *vt* (*geh*) ■**etw auf jdn ~** to call down sth *sep* on sb; **der Pfarrer flehte den Segen Gottes auf seine Gemeinde herab** the priest called down God's blessing on his congregation **he·rạb|flie·ßen** *vi irreg sein* ■[**von etw**] **~** to flow down [from sth] **he·rab|hän·gen** [hɛ'raphɛŋən] *vi irreg* ■[**von etw**] [**auf etw** *akk*] **~** to hang down [from sth] [on sth] **he·rạb|las·sen** *irreg* I. *vt* (*geh: herunterlassen*) ■**etw** [**von etw**] **~** to let down [*or* lower] sth [from sth]; **den Schrank müssen wir aus dem Fenster ~** we'll have to lower the cupboard from the window II. *vr* ■**sich** [**zu etw**] **~** to lower oneself [to sth]; ■**sich** [**dazu**] **~, etw zu tun** to condescend [*or* deign] to do sth **he·rạb·las·send** I. *adj* condescending, patronizing; ■[**zu jdm**] **~ sein** to be condescending [*or* patronizing] [towards sb] II. *adv* condescendingly, patronizingly

He·rạb·las·sung <-> *f kein pl* condescension *no pl*

he·rạb|min·dern *vt* ■**etw ~** ❶ (*schlechtmachen*) to belittle [*or* disparage] sth ❷ (*bagatellisieren*) to trivialize sth **he·rạb|se·hen** *vi irreg* ■**auf jdn/etw ~** ❶ (*geh: heruntersehen*) to look down on sb/sth ❷ (*abschätzig betrachten*) to look down on sb/sth **he·rạb|set·zen** *vt* ■**etw ~** ❶ (*reduzieren*) to reduce sth; **die Geschwindigkeit ~** to reduce speed; **herabgesetzte Preise** reduced prices ❷ (*herabmindern*) to belittle [*or* disparage] sth **He·rạb·set·zung** <-, -en> *f* ❶ *kein pl* (*das Herabsetzen*) belittling *no pl,* disparagement *no pl* ❷ (*Kränkung*) slight, snub **he·rạb|stei·gen** *vi irreg sein* (*geh*) ■[**von etw**] **~** to climb down [*or* descend] [from sth] **he·rạb|wür·di·gen** I. *vt* ■**jdn/etw ~** to belittle [*or* disparage] sb/sth II. *vr* ■**sich ~** to degrade [*or* lower] oneself **He·rạb·wür·di·gung** *f* belittling *no pl,* disparagement *no pl*

He·ral·dik <-> [he'raldɪk] *f kein pl* heraldry *no pl, no indef art*

he·ral·disch [he'raldɪʃ] *adj* heraldic

he·ran [hɛ'ran] *adv verstärkend* close up, near; **wir müssen ganz dicht an die Mauer ~** we must go right up to the wall

he·rạn|ar·bei·ten *vr* ■**sich an jdn/etw ~** to work one's way towards sb/sth **he·rạn|fah·ren** *vi irreg sein* ■[**an etw** *akk*] **~** to drive up [to sth] **he·rạn|füh·ren** I. *vt* ❶ (*hinbringen*) ■**jdn/etw** [**an jdn/etw**] **~** to bring sb/sth [up to sb/sth]; **er führte das Heer bis auf eine Meile an den Feind** he brought the army to within a mile of the enemy ❷ (*einweihen in*) ■**jdn an**

etw *akk* ~ to introduce sb to sth **II.** *vi* ■ **an etw** *akk* ~ to lead to sth; **der Weg führte fast bis ans Haus heran** the path lead almost up to the house **he·ran|ge·hen** *vi irreg sein* ❶ *(zu etw hingehen)* ■ **[an jdn/etw]** ~ to go [up to sb/sth]; **lass uns lieber nicht zu nahe ~!** don't let's get too close! ❷ *(in Angriff nehmen)* ■ **an etw** *akk* ~ to tackle sth; **wir müssen anders an die Sache** ~ we'll have to tackle the matter differently **he·ran|kom·men** *vi irreg sein* ❶ *(herbeikommen)* ■ **[an jdn/etw]** ~ to come up [to sb/sth], to approach [sb/sth]; *(bis an etw kommen)* to get to sth; **sie kamen nicht an die Stellungen heran** they didn't get to the enemy positions ❷ *(herangelangen können)* ■ **an jdn/etw** ~ to reach sb/sth; **man kommt nur schwer an diese Stelle heran** it's a difficult spot to reach ❸ *(sich beschaffen können)* ■ **an etw** *akk* ~ to get hold of sth ❹ *(in persönlichen Kontakt kommen)* ■ **an jdn** ~ to get hold of sb; **man kommt einfach sehr schwer an sie heran** it's so difficult to really get to know her ❺ *(gleichwertig sein)* ■ **[in etw** *dat*] **an jdn/etw** ~ to be up to the standard of sb/sth [in sth]; **in Leistung kommt das Modell an das Konkurrenzfahrzeug fast heran** the model is almost up to the standard of the competition in performance ▸ WENDUNGEN: **alles an sich ~ lassen** *(fam)* to cross a bridge when one comes to it; **nichts an sich ~ lassen** *(fam)* not to let anything get to one *fam;* **sie lässt nichts an sich** ~ she doesn't let anything get to her **he·ran|ma·chen** *vr (fam)* ■ **sich an jdn** ~ to approach sb **he·ran|na·hen** *vi sein (geh)* to approach **he·ran|rei·chen** *vi* ❶ *(gleichkommen)* ■ **an jdn/etw** ~ to measure up to [the standard of] sb/sth ❷ *(bis an etw reichen)* ■ **an etw** ~ to reach [as far as] sth **he·ran|rei·fen** *vi sein (geh)* ❶ *(allmählich reifen)* to ripen ❷ *(durch Wachstum werden)* ■ **[zu jdm]** ~ to mature [into sb] ❸ *(sich langsam konkretisieren)* ■ **[zu etw]** ~ to mature [into sth] **he·ran|rü·cken I.** *vi sein* ❶ *(sich nähern)* ■ **[an jdn/etw]** ~ to approach [sb/sth] ❷ *(dicht aufrücken)* ■ **[mit etw] [an jdn/etw]** ~ to bring [*or* draw] sth [up to sb/sth]; **sie rückte mit ihrem Stuhl dicht an ihn heran** she drew her chair right up to him **II.** *vt (an etw rücken)* ■ **etw an jdn/etw** ~ to move sth closer [*or* nearer] to sb/sth **he·ran|schaf·fen** *vt* ■ **[jdm] jdn/etw** ~ to bring sb/sth [to sb] **he·ran|schlei·chen** *vi, vr irreg vi: sein* ■ **[sich] [an jdn/etw]** ~ to creep up [to [*or* on] sb/sth] **he·ran|tas·ten** *vr* ❶ *(sich tastend nähern)* ■ **sich an jdn/etw** ~ to feel [*or* grope] one's way towards sb/sth ❷ *(sich vorsichtig heranarbeiten)* ■ **sich an etw** *akk* ~ to approach sth cautiously **he·ran|tra·gen** *vt irreg* ❶ *(nahe an etw tragen)* ■ **jdn/etw an etw** *akk* ~ to take [*or* bring] sth up to sb/sth ❷ *(geh: vorbringen)* ■ **etw an jdn** ~ to approach sb with sth; **dieser Wunsch ist schon verschiedentlich an die Regierung herangetragen worden** the government has been approached with this request on several occasions **he·ran|tre·ten** *vi irreg sein* ❶ *(in die Nähe treten)* ■ **an jdn/etw** ~ to come [*or* go] up to sb/sth ❷ *(konfrontieren)* ■ **an jdn** ~ to confront sb ❸ *(geh: sich wenden an)* ■ **[mit etw] an jdn** ~ to approach sb [with sth]; **sie ist schon mit dieser Bitte an uns herangetreten** she has already approached us with this request **he·ran|wach·sen** *vi irreg sein (geh)* ■ **[zu jdm]** ~ to grow up [into sb]; **sein Sohn war zu einem gut aussehenden jungen Mann herangewachsen** his son had grown up into a handsome young man **He·ran·wach·sen·de** *pl* adolescents *pl* **he·ran|wa·gen** *vr* ❶ *(heranzukommen wagen)* ■ **sich an jdn/ein Tier** ~ to dare to come [*or* go] near sb/an animal ❷ *(sich zu beschäftigen wagen)* ■ **sich an etw** *akk* ~ to dare to attempt sth **he·ran|zie·hen** *irreg* **I.** *vt* ❶ *(näher holen)* ■ **jdn/etw [an etw** *akk*/**sich/zu sich]** ~ to pull sb/sth [to sth/to oneself] ❷ *(einsetzen)* ■ **jdn/etw [zu etw]** ~ to bring sb/sth in [for sth]; **sie wurde in der Firma zu allen möglichen niedrigen Jobs herangezogen** she was used to do all the menial jobs possible ❸ *(anführen)* ■ **etw [für/zu etw]** ~ to consult sth [for sth]; **für seine Promotion hat er griechische Zitate herangezogen** he consulted Greek quotations for his PhD ❹ *(aufziehen)* ■ **jdn [zu etw]** ~ to raise sb [until he/she is/becomes sth]; **ein Tier [zu etw]** ~ to rear an animal [to be sth]; ■ **etw [zu etw]** ~ to grow sth [until it becomes sth]; **den Baum habe ich mir aus einem kleinen Sämling herangezogen** I grew the tree from a seedling; ■ **[sich** *dat*] **jdn** ~ to raise sb to be somebody **II.** *vi sein* MIL *(näher ziehen)* to advance

he·rauf [hɛˈrauf] **I.** *adv* ❶ *(in Richtung oben)* ■ **von ... ~: was, von da unten soll ich den Sack bis oben ~ schleppen?** what, I'm supposed to drag this sack from down here all the way up there? ❷ *(fam: in Richtung Norden)* **vom Süden** ~ up from the south **II.** *präp +akk* up; **sie ging die Treppe** ~ she went up the stairs

he·rauf|be·schwö·ren* *vt irreg* ❶ *(wachrufen)* ■ **etw [in jdm]** ~ to evoke [*or* stir up] sth [in sb] ❷ *(herbeiführen)* ■ **etw** ~ to cause [*or* give rise to] sth **he·rauf|brin·gen** *vt irreg* ❶ *(nach oben tragen)* ■ **etw [zu jdm]** ~ to bring sth up [to sb]; **vergiss nicht, die Zeitung mit heraufzubringen!** don't forget to bring the newspaper up with you ❷ *(nach oben mitbringen)* ■ **jdn [zu jdm]** ~ to bring sb up [to sb]; **bring doch deine Freunde mal mit herauf in die Wohnung!** why don't you bring your friends up to the flat with you **he·rauf|füh·ren** *vt* ■ **jdn** ~ to show sb up; **führen Sie die Herren zu mir herauf** please show the gentlemen up to my office **he·rauf|kom·men** *vi irreg sein* ❶ *(von unten kommen)* ■ **[zu jdm]** ~ to come up [to sb]; **komm doch später auf einen Kaffee zu mir herauf!** come up [to my place] for a coffee later, if you like ❷ *(geh: aufziehen)* to approach [*or* gather]; *Nebel* to form **he·rauf|set·zen** *vt* ■ **etw** ~ to put up *sep* [*or* increase] sth **he·rauf|stei·gen** *vi irreg sein (geh)* ❶ *(nach oben steigen)* ■ **zu jdm** ~ to climb up to sb; **einen Berg/eine Treppe** ~ to climb [up] a mountain/flight of stairs ❷ *(aufsteigen)* to rise; **von der Niederung stiegen Nebelschwaden herauf** veils of mist rose out of the depression **he·rauf|zie·hen** *irreg* **I.** *vt haben* ■ **jdn/etw [zu sich]** ~ to pull up *sep* sb/sth [to one] **II.** *vi sein (aufziehen)* to approach, to gather

he·raus [hɛˈraus] *adv* ❶ *(nach draußen)* out; ■ **aus etw** ~ out of sth; **sie betrank sich aus einem Gefühl der Einsamkeit** ~ she got drunk out of a feeling of loneliness; ~ **da!** *(fam)* get out!; ~ **damit!** *(fam: mit einer Antwort)* out with it!; *(mit Geld)* give it here!; ~ **mit ihm/ihr!** *(fam)* get him/her out! ❷ *(entfernt sein)* ■ ~ **sein** to have been taken out [*or* removed] ❸ MEDIA *(veröffentlicht sein)* ■ ~ **sein** to be out ❹ *(entschieden sein)* ■ ~ **sein** to have been decided ❺ *(hinter sich haben)* ■ **aus etw ~ sein** to leave behind sth *sep;* **aus dem Alter bin ich schon** ~ that's all behind me ❻ *(gesagt worden sein)* ■ ~ **sein** to have been said, to be out in the open; **die Wahrheit ist** ~ the truth has come out [*or* is out]

he·raus|ar·bei·ten I. *vt* ❶ *(plastisch hervorheben)* ■ **etw [aus etw]** ~ to carve sth [out of sth] ❷ *(hervorheben)* ■ **etw [deutlicher/besser]** ~ to bring out sth *sep* [more clearly/better] **II.** *vr* ■ **sich aus etw** ~ to work one's way out of sth **he·raus|be·kom·men*** *vt irreg* ❶ *(entfernen)* ■ **etw [aus etw]** ~ to get sth out [of sth] ❷ *(herausziehen)* ■ **etw [aus etw]** ~ to get sth out [of sth], to remove sth [from sth] ❸ *(herausfinden)* ■ **etw** ~ to find out sth *sep* ❹ *(ausgezahlt bekommen)* ■ **etw** ~ to get sth back **he·raus|bil·den** *vr* ■ **sich [aus etw]** ~ to develop [*or* form] [out of sth] **he·raus|bre·chen I.** *vt haben* ■ **etw [aus etw]** ~ to knock sth out [of sth] **II.** *vi sein* ■ **aus jdm** ~ to erupt from sb **he·raus|brin·gen** *vt irreg* ❶ *(nach draußen bringen)* ■ **[jdm] etw** ~ to bring sth out [to sb] ❷ *(auf den Markt bringen)* ■ **etw** ~ to launch sth ❸ *(der Öffentlichkeit vorstellen)* ■ **etw** ~ to publish sth ❹ *(hervorbringen)* ■ **etw** ~ to say [*or* utter] sth; **sie brachte keinen Ton heraus** she didn't utter a sound ❺ *(fam: ermitteln)* ■ **etw** ~ *s.* **herausbekommen 3 he·raus|dre·hen** *vt* ■ **etw [aus etw]** ~ to unscrew sth [from sth] **he·raus|drü·cken** *vt* ❶ *(durch Drücken hervorkommen lassen)* ■ **etw aus etw** ~ to squeeze sth out of sth ② (*durch Drücken vorwölben*) ■**etw** ~ to stick out sth *sep*

he·raus|fah·ren *irreg* **I.** *vi sein* ① (*nach draußen fahren*) ■**[aus etw]** ~ to drive out [of sth] ② (*entschlüpfen*) ■**jdm** ~ to slip out **II.** *vt haben* ① (*nach draußen fahren*) ■**etw [aus etw]** ~ to drive sth out [of sth] ② (*erzielen*) ■**etw** ~ to achieve sth

he·raus|fil·tern *vt* ■**etw [aus etw]** ~ ① (*durch Filtern entnehmen*) to filter sth out [of sth] ② (*als brauchbar aussondern*) to sift sth out [of sth]

he·raus|fin·den *irreg* **I.** *vt* ① (*dahinterkommen*) ■**etw** ~ to find out [*or* discover] sth ② (*herauslesen*) ■**etw [aus etw]** ~ to find sth [from amongst sth] **II.** *vi* ■**[aus etw]** ~ to find one's way out [of sth]; **ich begleite Sie noch zur Tür! – danke, ich finde selbst heraus** I'll accompany you to the door – thank you, but I can find my own way out

he·raus|fi·schen **I.** *vt* (*fam*) ■**etw [aus etw]** ~ to fish sth out [of sth] **II.** *vr* (*fam*) ■**sich** *dat* **etw [aus etw]** ~ to pick out sth *sep* [from amongst sth]

he·raus|flie·gen *irreg* **I.** *vi sein* ① (*nach draußen fliegen*) ■**[aus etw]** ~ to fly out [of sth] ② SPORT (*fam: herausfallen*) ■**[aus etw]** ~ to be thrown out [of sth] **II.** *vt haben* LUFT (*ausfliegen*) ■**jdn/etw [aus etw]** ~ to fly sb/sth out [of sth]

He·raus·for·de·rer, -for·d(r)e·rin <-s, -> *m, f* challenger; **sich seinem ~ stellen** to take on one's [*or* the] challenger

he·raus|for·dern **I.** *vt* ① SPORT (*zum Kampf fordern*) ■**jdn** ~ to challenge sb ② (*auffordern*) ■**jdn zu etw** ~ to challenge sb to sth ③ (*provozieren*) ■**jdn [zu etw]** ~ to provoke sb [into doing sth] ④ (*heraufbeschwören*) ■**etw** ~ to invite sth; **Gefahr** ~ to court danger; **Kritik** ~ to invite [*or* provoke] criticism; **das Schicksal** ~ to tempt fate **II.** *vi* ■**zu etw** ~ to invite sth

he·raus·for·dernd **I.** *adj* provocative, challenging, inviting **II.** *adv* provocatively

He·raus·for·de·rung *f* ① (*Aufforderung*) challenge ② *kein pl* SPORT (*das Herausfordern*) challenge ③ (*Provokation*) provocation, open defiance ④ (*Bewährungsprobe*) challenge; **sich einer ~ stellen** *dat* to take up [*or* respond to] [*or* accept] a challenge; **die ~ annehmen** to accept the challenge, to take up the gauntlet

he·raus|füh·ren **I.** *vt* ■**jdn [aus etw]** ~ to lead sb out [of sth] **II.** *vi* ■**[aus etw]** ~ to lead out [of sth]

He·raus·ga·be <-, -n> *f* ① MEDIA (*Veröffentlichung*) publication ② (*Rückgabe*) return; *Wechselgeld* to give [back] ③ ADMIN issue, issuing; *neue Banknoten* to issue; (*von [Brief]marken*) issue, issuing

he·raus|ge·ben *irreg* **I.** *vt* ① MEDIA ■**etw** ~ (*veröffentlichen*) to publish sth; (*editieren*) to edit sth ② (*zurückgeben*) ■**jdn/etw [an jdn]** ~ to return [*or sep* hand back] [*or sep* give back] sb/sth [to sb], to surrender sb/sth [to sb] *usu form,* to hand over sb/sth [to sb] *sep;* ■**jdm etw** ~ to give sb sth [back]; **Sie haben mir nur 12 statt 22 Euro herausgegeben!** you've only given me [back] 12 euros instead of 22 ③ (*herausreichen*) ■**jdm etw** ~ to pass [*or* hand out] sth to sb, to pass [*or* hand out] sb sth **II.** *vi* ■**[jdm] [auf etw** *akk*] ~ to give [sb] change [out of sth]; **können Sie mir auf 100 Euro ~?** can you give me change out of 100 euros?; **falsch ~** to give the wrong change [back]

He·raus·ge·ber(in) <-s, -> *m(f)* MEDIA (*Verleger*) publisher; (*editierender Lektor*) editor

he·raus|ge·hen *vi irreg sein* ① (*herauskommen*) ■**[aus/von etw]** ~ to go out [of sth]; **ich sah ihn um 19 Uhr [aus der Wohnung]** ~ I saw him leave [the flat] at 7 pm ② (*entfernt werden können*) ■**[aus etw]** ~ to come out [of sth] ③ (*herausgezogen werden können*) ■**[aus etw]** ~ to come out [of sth] ④ (*lebhaft werden*) ■**aus sich** ~ to come out of one's shell

he·raus|grei·fen *vt irreg* ■**[sich** *dat*] **jdn [aus etw]** ~ to pick [*or* single] out *sep* [*or* select] sb [from sth]; ■**[sich** *dat*] **etw [aus etw]** ~ to choose sth [from sth]; **morgens greife ich mir irgendetwas aus dem Schrank heraus** in the morning[s] I just grab any old thing out of the wardrobe

he·raus|ha·ben *vt irreg* (*fam*) ① (*entfernt haben*) ■**etw [aus etw]** ~ to have got sth out [of sth] ② (*gekündigt haben*) ■**jdn aus etw** ~ to get sb out of sth ③ (*begriffen haben*) ■**etw** ~ to get [*or* have] the knack [*or* hang] of sth ④ (*herausgefunden haben*) ■**etw** ~ to have solved sth; **ein Geheimnis/einen Namen/die Ursache** ~ to have found out a secret/name/the cause; ■**~, wann/wer/wie/warum/wo/wohin ...** to have found out when/who/how/why/where ...

he·raus|hal·ten *irreg* **I.** *vt* ① (*nach draußen halten*) ■**etw [aus etw]** ~ to hold [*or* put] sth out [of sth] [*or fam* stick] ② (*nicht verwickeln*) ■**jdn/etw [aus etw]** ~ to keep sb/sth out [of sth] ③ (*fernhalten*) ■**jdn/ein Tier [aus etw]** ~ to keep sb/an animal out [of sth] **II.** *vr* ■**sich [aus etw]** ~ to keep [*or* stay] out of sth; **halt du dich [da] mal heraus!** you [just] keep [*or* stay] out of it [*or* this]!

he·raus|hän·gen **I.** *vi* ■**[aus etw]** ~ to hang out [of sth] ▶ WENDUNGEN: **jdm hängt die Zunge schon heraus** sb is completely exhausted **II.** *vt* ■**etw [aus etw]** ~ ① (*nach außen hängen*) to hang out sth *sep,* to hang sth out of sth ② (*herauskehren, zeigen*) to show off; **in solchen Situation, hängt sie immer die Akademikerin heraus** she always shows [*or* likes to show] off about being an academic in such situations ③ DIAL (*protzen mit etw*) to show off sth; **ich denke, er hängt sein Geld zu sehr heraus** I think he shows his money off too much

he·raus|he·ben *vr irreg* ■**sich aus etw** ~ *dat Masse, Hintergrund* to stand out from sth

he·raus|hel·fen *vi irreg* ■**jdm [aus etw]** ~ ① (*auszusteigen helfen*) to help sb out [of sth]; **jdm aus dem Bus/Zug** ~ to help sb off the bus/train ② (*zu überwinden helfen*) to help sb out [of sth]

he·raus|ho·len *vt* ① (*nach draußen holen*) ■**etw [aus etw]** ~ to bring [*or* get] sth out [of sth]; ■**jdn [aus etw]** ~ to get sb out [of sth] ② (*als Aussage bekommen*) ■**etw [aus jdm]** ~ to get sth out [of sb]; **eine Information aus jdm** ~ to extract a piece of information from sb ③ (*durch Bemühungen erreichen*) ■**[bei etw] etw** ~ to get sth [out of sth] ④ SPORT (*durch körperlichen Einsatz erzielen*) ■**etw** ~ to gain [*or* win] sth; **ein gutes Ergebnis** ~ to achieve a good result; **den dritten Platz** ~ to take third place; **eine gute Zeit** ~ to achieve [*or* record] a good time ⑤ (*fam: an Leistung abgewinnen*) ■**[aus jdm/etw] etw** ~ to get sth out [of sb/sth]

he·raus|hö·ren *vt* ① (*durch Hinhören wahrnehmen*) ■**jdn/etw [aus etw]** ~ to hear sb/sth [in sth] ② (*abwägend erkennen*) ■**etw [aus etw]** ~ to detect sth [in sth]

he·raus|keh·ren *vt* ■**jdn/etw** ~ to play [*or* parade] [*or* act] sb; **den Chef/väterlichen Freund/reichen Gönner** ~ to play the boss/fatherly friend/rich patron

he·raus|kit·zeln *vt* (*fam*) ■**etw** ~ to provoke sth

he·raus|kom·men [hɛrauskɔmən] *vi irreg sein* ① (*nach draußen kommen*) ■**[aus etw]** ~ to come out [of sth] ② (*nach außen dringen*) ■**[irgendwo]** ~ to come out [somewhere] ③ (*etw ablegen können*) ■**aus etw kaum/nicht** ~ to hardly/not have sth off [*or* be out of sth] ④ (*etw verlassen können*) ■**aus etw** ~ to get out of sth; **viele Bewohner sind noch nie aus diesem Dorf herausgekommen** many of the residents have never [even] left [*or* been out of] this village ⑤ (*aufhören können*) ■**aus etw kaum/nicht** ~ to hardly/not be able to stop doing sth; **da kommt man aus dem Staunen/der Verwunderung kaum mehr heraus** one can hardly get over one's astonishment/surprise ⑥ (*fam: überwinden können*) ■**aus etw** ~ to get out of sth; **aus den Problemen** ~ to solve one's problems; **aus den Schulden** ~ to get out of debt, to settle [*or* to clear] one's debts; **aus Schwierigkeiten/Sorgen** ~ to get over one's difficulties/worries ⑦ (*auf den Markt kommen*) to come out [*or* be launched]; ■**mit etw** ~ to come out with [*or sep* bring out] [*or* launch] sth; (*erscheinen*) to come out [*or* be published] ⑧ (*bekannt gegeben werden*) to be published; *Gesetz, Verordnung* to be enacted ⑨ (*bekannt werden*) to come out; ■**es kam heraus, dass/warum/wer/wo ...** it came out that/why/who/where ... ⑩ (*zur Sprache bringen*) ■**mit etw** ~ to come out with sth ⑪ (*Resultat haben*) ■**bei etw** ~ to come of sth; **und was soll dabei ~?** and what good will that do? [*or* what good is supposed to come of that?];

auf eins [*o* **dasselbe**] ~, **auf das** [*o* **aufs**] **Gleiche** ~ to [all] amount to the same thing ⓬ (*fam: aus der Übung kommen*) ■ [**aus etw**] ~ to get out of practice [in sth], to get rusty ⓭ KARTEN (*die erste Karte ausspielen*) to lead ⓮ (*zur Geltung kommen*) ■ **irgendwie** ~ to show [off] somehow; **bei Tageslicht kommt das Muster viel besser heraus** you can see the pattern much better in the daylight ▸ WENDUNGEN: [**mit etw**] **groß** ~ (*fam*) to be a great success, to have a great success with sth

he·raus|krie·gen *vt* (*fam*) *s. a.* **herausbekommen, rauskriegen** **he·raus|kris·tal·li·sie·ren*** **I.** *vt* ■ **etw** [**aus etw**] ~ to extract sth [from sth] **II.** *vr* ■ **sich** ~ to crystallize **he·raus|las·sen** *vt irreg* ❶ (*aus etw fortlassen*) ■ **jdn/ein Tier** ~ to let out sb/an animal *sep;* ■ **jdn/ein Tier** [**aus etw**] ~ to let sb/an animal out [of sth] ❷ (*fam: weglassen*) ■ **etw** [**aus etw**] ~ to leave out sth *sep,* to leave sth out [of sth] ❸ (*fam: mitteilen*) ■ **etw** ~ to announce sth **he·raus|lau·fen** *irreg* **I.** *vi sein* ❶ (*nach draußen laufen*) ■ [**aus/durch etw**] ~ to run out [of/through sth] ❷ (*herausfließen*) ■ [**aus etw**] ~ to run out [of sth] **II.** *vt* SPORT ■ **etw** ~ to gain sth; **den ersten Platz** ~ to take first place, to come first; **einen Sieg** ~ to win a victory; **einen Vorsprung** ~ to build up a lead **he·raus|le·sen** *vt irreg* ❶ (*durch Lesen deuten*) ■ **etw aus etw** ~ to read sth into sth ❷ (*aussondern*) ■ **etw** [**aus etw**] ~ to pick out sth [from sth] *sep* **he·raus|lo·cken** *vt* ❶ (*nach draußen locken*) ■ **jdn/ein Tier** ~ to lure out sb/an animal *sep;* ■ **jdn/ein Tier aus etw** ~ to lure [*or* to entice] sb/an animal out of sth ❷ (*entlocken*) ■ **etw aus jdm** ~ to worm sth out of sb **he·raus|ma·chen** **I.** *vt* (*fam*) ■ **etw** [**aus etw**] ~ to get sth out [of sth] [*or* remove sth [from sth]] **II.** *vr* (*fam*) ■ **sich irgendwie** ~ to turn out [*or* develop] somehow; **Ihre Tochter hat sich aber in den letzten Jahren herausgemacht** your daughter has really blossomed in the last few years **he·raus|müs·sen** *vi irreg* (*fam*) ❶ MED (*entfernt werden müssen*) to have to come out [*or* be removed] ❷ (*gesagt werden müssen*) to have to come out; **das musste mal heraus!** I had to get that off my chest! ❸ (*nach draußen müssen*) ■ [**aus etw**] ~ to have to get out [of sth]; **ab und zu muss ich einfach aus der Wohnung heraus** sometimes I just have to get out of the apartment **he·raus·nehm·bar** *adj* removable; ■ [**aus etw**] ~ **sein** to be removable [from sth] **he·raus|neh·men** *irreg* **I.** *vt* ❶ (*entnehmen*) ■ **etw** [**aus etw**] ~ to take sth out [of sth] ❷ MED (*fam: operativ entfernen*) ■ [**jdm**] **etw** ~ to take out *sep* [*or* remove] [sb's] sth; *Zahn* to pull [*or* take out] [*or* extract] [sb's] sth; ■ **sich** *dat* **etw** ~ **lassen** to have one's sth taken out [*or* removed] ❸ (*aus einer Umgebung entfernen*) ■ **jdn aus etw** ~ to take sb away [*or* remove sb] from sth **II.** *vr* ❶ (*pej: frech für sich reklamieren*) ■ **sich** *dat* **etw** ~ to take liberties; **also, sie hat sich in letzter Zeit ja einiges herausgenommen!** well, she's been taking some real liberties recently!; **sich zu viel** ~ to go too far ❷ (*sich erlauben*) ■ **sich** *dat* ~, **etw zu tun** to have the nerve to do sth **he·raus|pau·ken** *vt* (*fam*) ■ **jdn** [**aus etw**] ~ to bail sb out [of sth] **he·raus|pi·cken** *vt* ■ [**sich** *dat*] **etw** [**aus etw**] ~ to pick sth out [of sth] **he·raus|plat·zen** *vi sein* (*fam*) ❶ (*lachen*) to burst out laughing ❷ (*spontan sagen*) ■ **mit etw** ~ to blurt out sth *sep* **he·raus|put·zen** *vt* ■ **jdn** ~ to smarten up sb *sep;* ■ **etw** ~ to deck out sth *sep;* ■ **sich** ~ to dress [*or* spruce] oneself up **he·raus|ra·gen** *vi s.* **hervorragen** **he·raus|re·den** *vr* ■ **sich** [**mit etw**] ~ to talk one's way out of it [by using sth as an excuse]; ■ **sich auf etw** *akk* ~ to use sth as an excuse **he·raus|rei·ßen** *vt irreg* ❶ (*aus etw reißen*) ■ **etw** [**aus etw**] ~ to tear out sth *sep,* to tear sth out [of sth]; **einen Baum/eine Wurzel** ~ to pull [*or* root] out a tree/root; **eine Seite** [**aus einem Buch/einer Zeitung**] ~ to tear [*or* rip] a page out [of a book/newspaper]; **einen Zahn** ~ to pull [*or* extract] a tooth ❷ (*ablenken*) ■ **jdn aus etw** ~ to tear sb away from sth; **jdn aus seiner Arbeit** ~ to interrupt sb in their work; **jdn aus seiner Konzentration** ~ to disrupt sb's concentration; **jdn aus seiner Meditation/seinen Träumen** ~ to startle sb out of their meditation/dreaming ❸ (*fam: aus Bedrängnis befreien*) ■ **jdn** ~ to get sb out of it *fam,* to save sb ❹ (*fam: wettmachen*) ■ **etw** ~ to save sth **he·raus|rü·cken** **I.** *vt haben* (*fam*) ■ **etw** [**wieder**] ~ to hand over [*or* back] sth *sep;* **komm, rück das Buch wieder heraus, das gehört mir!** come on, give me back the book, it belongs to me! **II.** *vi sein* (*fam*) ■ **mit etw** ~ to come out with sth; *s. a.* **Sprache** **he·raus|rut·schen** *vi sein* ❶ (*aus etw rutschen*) ■ **jdm rutscht etw heraus** sth slips out, sb lets sth slip out ❷ (*fam: ungewollt entschlüpfen*) ■ **jdm** ~ to let slip out; **entschuldige, das ist mir nur so herausgerutscht!** sorry, it just slipped out! **he·raus|schä·len** **I.** *vt* ■ **etw** [**aus etw**] ~ ❶ (*aus etw schälen*) to scrape out sth [from sth] *sep* ❷ (*ausschneiden*) to cut out sth [from sth] *sep;* MED to cut away sth [from sth] *sep* **II.** *vr* ■ **sich** [**aus etw**] ~ to become evident [*or* apparent] [from sth], to crystallize **he·raus|schau·en** *vi* DIAL ❶ (*zu sehen sein*) ■ [**aus etw**] ~ to be showing [through sth] ❷ (*nach draußen schauen*) ■ [**aus etw**] ~ to look out [of sth] ❸ (*fam: als Gewinn zu erwarten sein*) **etw schaut** [**für jdn**] **dabei heraus** sth is in it [for sb]; **dabei schaut wenig/nichts heraus** there's not much/nothing in it **he·raus|schla·gen** *irreg* **I.** *vt haben* ❶ (*aus etw schlagen*) ■ **etw** [**aus etw**] ~ to knock sth out [of sth] ❷ (*durch Schlagen entfernen*) ■ **etw** ~ to knock out sth *sep* ❸ (*fam: geschickt erhandeln*) ■ [**bei jdm/etw**] **etw** [**für sich**] ~ to make sth [out of sb/sth] [for oneself]; **Erlaubnis/Konzessionen** ~ to get permission/concessions; **Vorteile/Zeit** ~ to gain advantages/time; **möglichst viel aus etw** ~ to get the most out of sth **II.** *vi sein* ■ **aus/zu etw** ~ to leap out of sth **he·raus|schleu·dern** *vt* ❶ (*aus etw schleudern*) ■ **etw** ~ to hurl [*or* fling] out sth *sep;* ■ **etw aus etw** ~ to hurl [*or* fling] sth out of sth; ■ [**aus etw**] **herausgeschleudert werden** to be thrown [*or* catapulted] from [*or* out of] sth; **aus einem Sitz/einer Kanzel herausgeschleudert werden** to be ejected from a seat/cockpit ❷ (*erregt aussprechen*) ■ **etw** ~ to hurl out sth *fig sep* **he·raus|schlüp·fen** *vi sein* ❶ (*aus etw schlüpfen*) ■ [**aus etw**] ~ to hatch [out of sth] ❷ (*herausrutschen*) ■ **jdm schlüpft etw heraus** sth slips out, sb lets sth slip out **he·raus|schme·cken** **I.** *vt* ■ **etw** [**aus etw**] ~ to be able to taste sth [in sth] **II.** *vi* to taste; **das Majoran schmeckt etwas zu stark heraus** the marjoram tastes a bit too strong [*or* the taste of [the] marjoram is too strong] **he·raus|schnei·den** *vt irreg* ■ **etw** ~ to cut out sth *sep;* ■ **etw aus etw** ~ to cut sth out of sth **he·raus|schrei·ben** *vt irreg* ■ **etw** [**aus etw**] ~ to copy out sth *sep* [from sth] **he·raus|schrei·en** *vt irreg* ■ **etw** ~ to vent [*or* give vent to] sth

he·rau·ßen *adv* SÜDD, ÖSTERR (*hier draußen*) out here

he·raus|sprin·gen *vi irreg sein* ❶ (*aus etw springen*) ■ [**aus etw**] ~ to jump [*or* leap] out [of sth] ❷ (*abbrechen*) ■ [**aus etw**] ~ to chip off [sth] ❸ ELEK (*den Kontakt unterbrechen*) to blow ❹ (*fam*) *s.* **herausschauen 3** **he·raus|spru·deln** **I.** *vi sein* ■ [**aus etw**] ~ to bubble out [of sth] **II.** *vt haben* ■ **etw** ~ to blurt out sth *sep* **he·raus|ste·hen** *vi irreg* ■ [**aus etw**] ~ to stick out [of sth], to protrude [from sth] **he·raus|stel·len** **I.** *vt* ❶ (*nach draußen stellen*) ■ **etw** ~ to put out sth *sep,* to put sth outside ❷ (*hervorheben*) ■ **etw** [**irgendwie**] ~ to emphasize sth [somehow], to point out sth **II.** *vr* ■ **sich** ~ to come to light, to emerge, to become apparent; **jds Unschuld wird sich** ~ sb's innocence will be proven; ■ **sich als etw** ~ to be shown [*or* proven] to be sth; ■ **es stellte sich heraus, dass ...** it turned out [*or* it was found] [*or* it became apparent] that ...; **ob Sie im Recht sind, muss sich erst noch** ~ we must wait and see whether you're right; **hat sich eigentlich schon herausgestellt, wer der Täter war?** have they already found out who the culprit was? **he·raus|stre·cken** *vt* ■ **etw** ~ to stick out sth *sep;* ■ **etw aus/zu etw** ~ to stick sth out [of sth] **he·raus|strei·chen** *vt irreg* ❶ (*aus etw tilgen*) ■ **etw** ~ to cross out sth *sep;* ■ **etw aus etw** ~ to delete sth [*or* cross sth out] from sth ❷ (*betonen*) ■ **etw** ~ to stress sth **he·raus|stür·zen** *vi sein* ■ [**aus etw**] ~ to rush out [of sth] **he·raus|su·chen**

vt ■[jdm] etw [aus etw] ~ to pick out sth *sep* [from sth] [for sb]; **kannst du mir mal die Textstelle ~, wo ...** can you find me the place [in the text] where ...; ■**jdn** ~ to pick out sb *sep*, to choose [*or* select] sb **he·raus|tre·ten** *vi irreg sein* ❶ (*nach außen treten*) ■**[aus etw]** ~ to step out [of sth]; **jeder, der sich freiwillig meldet, ~!** any volunteers step forward! ❷ (*anschwellen*) to stand out **he·raus|wa·gen** *vr* ■**sich [aus etw]** ~ to venture out [of sth], to venture forth [from sth] **he·raus|win·den** *vr irreg* ■**sich [aus etw]** ~ to wriggle [*or* AM wiggle] out [of sth] **he·raus|wol·len** *vi* ■**[aus etw]** ~ to want to get out [of sth]; *s. a.* **Sprache**

herb [hɛrp] **I.** *adj* ❶ (*bitter-würzig*) sharp, astringent; *Duft, Parfüm* tangy; *Wein* dry ❷ (*schmerzlich*) bitter; *Erkenntnis* sobering ❸ (*etwas streng*) severe; *Schönheit* austere ❹ (*scharf*) harsh **II.** *adv* ~ **schmecken** to taste sharp, to have an astringent taste; ~ **duften/riechen** to smell tangy; **der Wein schmeckt etwas** ~ this wine tastes somewhat dry

Her·ba·ri·um <-s, -ien> [hɛr'ba:ri̯ʊm, *pl* -ri̯ən] *nt* herbarium

her·bei [hɛɐ̯'bai] *adv* (*geh*) come [over] here [*or old* hither]

her·bei|brin·gen *vt irreg* (*geh*) ■**jdn/etw** ~ to bring over sb/sth *sep* **her·bei|ei·len** *vi sein* to rush [*or* hurry] over **her·bei|füh·ren** [hɛɐ̯'baify:rən] *vt* ■**etw** ~ ❶ (*bewirken*) to bring about sth *sep* ❷ MED (*verursachen*) to cause sth, to lead to sth **her·bei|ho·len** *vt* (*geh*) ■**jdn/etw** ~ to fetch sb/sth; **holen Sie bitte einen Arzt herbei** please call [*or* fetch] [*or* send for] a doctor **her·bei|las·sen** *vr irreg* ■**sich zu etw** ~ to deign [*or* condescend] to do sth; ■**sich dazu ~, etw zu tun** to bring oneself to do sth **her·bei|re·den** *vt* ■**etw** ~ to talk sth into happening; **Panik** ~ to create panic; **den Tod** ~ to conjure up death; **hör auf, Probleme herbeizureden** stop trying to find problems where there are none **her·bei|ru·fen** *vt irreg* (*geh*) ■**jdn** ~ to call sb [over]; ■**etw** ~ to call for sth; **rasch, rufen Sie einen Arzt/die Polizei herbei!** call a doctor/the police at once! **her·bei|schaf·fen** *vt* (*geh*) ■**jdn/etw** ~ to bring sb/sth here; **schnell, wir müssen einen Feuerlöscher** ~ hurry, we need to get a fire extinguisher **her·bei|sehn·en** *vt* (*geh*) ■**jdn/etw** ~ to long for sb/sth **her·bei|strö·men** *vi sein* to come flocking **her·bei|win·ken** *vt* ■**jdn** ~ to beckon [*or* motion] over sb *sep;* **ein Taxi** ~ to hail a taxi **her·bei|wün·schen** *vt* ■**jdn/etw** ~ to long for sb/sth

her|be·kom·men* *vt irreg* (*fam*) ■**etw** ~ to get hold of sth *fam* **her|be·mü·hen*** **I.** *vr* (*geh*) ■**sich** ~ to take the trouble to come [here]; **ich habe mich schließlich extra herbemüht** after all, I did take the trouble to come here **II.** *vt* (*geh*) ■**jdn** ~ to trouble sb to come [here]; **wir werden den Minister persönlich ~ müssen** we will have to trouble the minister to come here in person

Her·ber·ge <-, -n> ['hɛrbɛrgə] *f* ❶ (*Jugend~*) hostel ❷ *kein pl* (*veraltend: Unterkunft*) lodging, shelter *no pl* ❸ (*veraltet: einfaches Gasthaus*) inn

Her·bergs·el·tern *pl* [youth] hostel wardens *pl* **Her·bergs·mut·ter** *f* [female] [youth] hostel warden **Her·bergs·va·ter** *m* [male] [youth] hostel warden

her|be·stel·len* *vt* ■**jdn** ~ to ask sb to come, to send for sb, to summon sb

her|be·ten *vt* (*pej*) ■**etw** ~ to recite sth mechanically, to reel [*or* rattle] sth off

Herb·heit <-> *f kein pl* sharpness, tanginess, acerbity; **die ~ eines Dufts/Parfüms** the tanginess of a smell/perfume; **der Wein ist von zu großer** ~ this wine is too dry

her|bit·ten *vt irreg* ■**jdn** ~ to ask sb to come

her·bi·vor [hɛrbi'vo:ɐ̯] *adj* (*Pflanzen fressend*) herbivorous

Her·bi·vor <-s, -en> [hɛrbi'vo:ɐ̯] *m* ZOOL herbivore

Her·bi·zid <-[e]s, -e> [hɛrbi'tsi:t] *nt* herbicide

her|brin·gen *vt irreg* ■**jdn** ~ to bring sb [here]; ■**jdm etw** ~ to bring sb sth

Herbst <-[e]s, -e> [hɛrpst] *m* autumn, fall AM; **im** ~ in [the] autumn; **der ~ des Lebens** (*liter*) the autumn of [one's] life *liter*

Herbst·an·fang *m* beginning of autumn **Herbst·as·ter** *f* BOT Michaelmas daisy **Herbst·en·de** *nt* end of autumn **Herbst·far·ben** *pl* autumn [*or* autumnal] colours [*or* AM -ors] [*or* hues] [*or* tints] *pl* **Herbst·fe·ri·en** *pl* SCH [autumn] half-term holiday[s] BRIT, [fall] midterm vacation AM **Herbst·kol·lek·ti·on** *f* MODE autumn collection **Herbst·laub** *nt* autumn leaves *pl*, fall foliage + *sing vb* AM

herbst·lich ['hɛrpstlɪç] *adj* autumn *attr*, autumnal; ■~ **sein/werden** to be/become autumnal

Herbst·mo·de *f* autumn fashion **Herbst·mo·nat** *m* autumn month **Herbst·sturm** *m* autumn storm **Herbst·tag** *m* autumn day **Herbst·wet·ter** *nt kein pl* autumn[al] weather *no pl* **Herbst·zeit·lo·se** <-n, -n> *f* BOT meadow saffron, autumn crocus

Herd <-[e]s, -e> [he:ɐ̯t, *pl* 'he:ɐ̯də] *m* ❶ (*Küchen~*) cooker, stove, range AM; **am heimischen** ~ (*geh*) in the comfort of one's [own] home, by one's own fireside ❷ MED (*Krankheits~*) focus ❸ GEOL (*Zentrum*) focus, epicentre [*or* AM -er] ▸ WENDUNGEN: **eigener ~ ist Goldes wert** (*prov*) there's no place like home *prov*

Her·de <-, -n> ['he:ɐ̯də] *f* (*Anzahl von Tieren gleicher Art*) herd; *Schafe* flock ▸ WENDUNGEN: **mit der ~ laufen** (*pej*) to follow the crowd [*or pej* herd]

Her·den·tier *nt* ❶ (*Tier*) gregarious animal ❷ (*pej: unselbstständiger Mensch*) sheep *pej*, person who follows the crowd [*or pej* herd] **Her·den·trieb** *m* (*pej*) herd instinct *pej*

Herd·plat·te *f* hotplate, [electric] ring, burner, stove top

he·rein [hɛ'rain] *adv* in [here]; **„dort ~?" – „nein, diese Tür!"** "in there?" – "no, it's this door!"; **nur** [*o* **immer**] **~!** come on in!; **~!** come in!

he·rein|be·kom·men* *vt irreg* ■**etw** ~ to get in sth *sep* **he·rein|bit·ten** *vt irreg* ■**jdn [zu sich]** ~ to ask sb [to come] in[to one's office], to invite sb in[to one's office]; **darf ich Sie gleich zu mir** ~ would you like to come straight in [*or* into my office] **he·rein|bre·chen** [hɛ'rainbrɛçn̩] *vi irreg sein* ❶ (*gewaltsam zusammenstürzen*) ■**[über jdn/etw]** ~ to collapse [over sb/sth] ❷ (*hart treffen*) ■**über jdn/etw** ~ *Katastrophe, Krieg, Unglück* to befall [*or* overtake] sb/sth ❸ (*geh: anbrechen*) to fall; **der Winter bricht herein** winter is setting in **he·rein|brin·gen** *vt irreg* ❶ (*nach drinnen bringen*) ■**jdn/etw** ~ *akk* to bring in sb/sth *sep* ❷ (*fam: wettmachen*) **etw wieder** ~ to recoup sth; **Verluste** ~ to recoup [*or* make up] losses **he·rein|dür·fen** *vi irreg* (*fam*) to be allowed [to come] in; **darf ich herein?** can [*or* may] I come in? **he·rein|fah·ren** *irreg* **I.** *vi sein* to drive in **II.** *vt haben* ■**etw [in etw** *akk*] ~ to drive sth in[to sth]; **er fuhr das Auto in die Garage herein** he drove the car into the garage **he·rein|fal·len** *vi irreg sein* ❶ (*nach innen fallen*) ■**[in etw** *akk*] ~ to fall in[to sth] ❷ (*fam: betrogen werden*) ■**[auf jdn/etw]** ~ to be taken in [by sb/sth]; ■**mit jdm/etw** ~ to be taken for a ride by sb/with sth **he·rein|füh·ren** *vt* ■**jdn [in etw** *akk*] ~ to lead [*or* bring] sb in[to sth] **he·rein|ho·len** *vt* ■**jdn/etw** ~ to bring in sb/sth *sep* **he·rein|kom·men** *vi irreg sein* ■**[in etw** *akk*] ~ to come in[to sth]; **wie bist du hier hereingekommen?** how did you get in here? **he·rein|krie·gen** *vt* (*fam*) *s.* **hereinbekommen he·rein|las·sen** *vt irreg* ■**jdn** ~ to let sb in **he·rein·lau·fen** *vi* to run in **he·rein|le·gen** *vt* ❶ (*fam: betrügen*) ■**jdn [mit etw]** ~ to cheat [*or* swindle] sb [with sth], to take sb for a ride [with sth] ❷ (*nach drinnen legen*) ■**[jdm] etw [in et** *akk*] ~ to put sth in [sth] [for sb] **he·rein|neh·men** *vt irreg* ❶ (*mit hereinbringen*) ■**etw [mit]** ~ to bring sth in; **nimm den Hund nicht mit ins Haus herein** don't bring the dog into the house ❷ (*zusätzlich aufnehmen*) ■**etw [in etw** *akk*] **[mit]** ~ to include sth [in sth] **he·rein|plat·zen** *vi sein* (*fam*) ■**[bei jdm]** ~ to burst in [on sb]; ■**bei etw** ~ to burst into sth **he·rein·pol·tern** *vi* to come crashing [*or* clattering] in **he·rein|reg·nen** *vi impers sep* ■**es regnet herein** the rain's coming [*or* getting] in **he·rein|rei·ten**

irreg **I.** *vt haben* (*fam*) ■**jdn/sich** [**in etw** *akk*] ~ to land sb/oneself in it [*or fam* in the soup] **II.** *vi sein* ■[**in etw**] ~ to ride in [to sth] **he·rein|ru·fen** *vt irreg* (*nach drinnen holen*) ■**jdn** [**zu sich**] ~ to call sb in; **ich rufe mal die Kinder zum Essen herein** I'll call the children in to [*or* for] dinner **he·rein|schau·en** *vi* ❶ DIAL (*hereinsehen*) to look in ❷ (*fam: besuchen*) ■[**bei jdm**] ~ to look in [*or* drop in] [on sb], to drop by [sb's place] **he·rein|schnei·en** **I.** *vi impers haben* ■**es schneit herein** the snow's coming in **II.** *vi sein* (*fam*) ❶ (*unverhofft zu Besuch kommen*) to turn up out of the blue [*or* suddenly] [*or* unexpectedly] ❷ (*unverhofft angeliefert werden*) ■**jdm** ~ to be received by sb out of the blue **he·rein|se·hen** *vi irreg* ❶ (*nach drinnen sehen*) ■[**in etw** *akk*] ~ to look [*or* see] in[to sth] ❷ *s.* **hereinschauen 2** **he·rein|spa·zie·ren*** *vi sein* (*fam*) ■[**in etw** *akk*] ~ to walk [*or* breeze] in[to sth]; ■**hereinspaziert!** come right in! **he·rein|ste·cken** *vt* ■**etw** [**in etw** *akk*] ~ to put sth [into sth]; **schau mal, wer da den Kopf zu uns hereinsteckt!** look who's popped his/her head through [*or* round] the door! **he·rein|strö·men** *vi sein* ■[**in etw** *akk*] ~ ❶ (*geströmt kommen*) to pour [*or* flood] in[to sth] ❷ (*in etw gedrängt kommen*) to pour in[to sth/through sth] **he·rein|stür·men** *vi* to rush [*or* dash] in, to come rushing [*or* dashing] in; **wütend kam er ins Zimmer hereingestürmt** he stormed into the room angrily **he·rein|stür·zen** *vi sein* ■[**in etw** *akk*] ~ to rush [*or* burst] in[to sth] **he·rein|wa·gen** *vr* ■**sich** [**in etw** *akk*] ~ to venture in[to sth], to dare to come in[to sth]; **hast du dich schon zu ihm hereingewagt?** have you ventured into his office yet? **he·rein|wol·len** *vi* (*fam*) ■[**in etw** *akk*/**zu jdm**] ~ to want to come in[to sth/ to sb]

her|fah·ren *irreg* **I.** *vi sein* ❶ (*gefahren kommen*) to drive [*or* come] here; **wir sind gestern erst hergefahren** we only just drove here yesterday ❷ (*fahrend verfolgen*) ■**hinter jdm/etw** ~ to follow sb/sth [by car], to drive behind sb/sth ❸ (*entlangfahren*) ■**vor jdm/etw** ~ to drive [along] in front of sb/sth **II.** *vt haben* ■**jdn/etw** ~ to drive [*or* bring] sb/sth here

Her·fahrt *f* journey [*or* trip] here; **die ~ war ganz schön anstrengend** it was [*or* I had] a tough journey getting here; **auf** [*o* **während**] **der ~** on the way [*or* journey] here

her|fal·len *vi irreg sein* ❶ (*überfallen*) ■**über jdn** ~ to attack sb ❷ (*bestürmen*) ■[**mit etw**] **über jdn** ~ to besiege [*or* pounce upon] sb [with sth] ❸ (*sich hermachen*) ■**über jdn/etw** ~ to attack sb/sth ❹ (*sich stürzen*) ■**über etw** *akk* ~ to fall upon sth

her|fin·den *vi irreg* to find one's way here; **hast du gut hergefunden?** did you find your way here alright?

Her·gang <-[e]s> *m kein pl* course of events; **schildern Sie mir genau den ~ dieses Unfalls** tell me exactly what happened in this accident

her|ge·ben *irreg* **I.** *vt* ❶ (*weggeben*) ■**etw** ~ to give away sth *sep*, to part with [*or* relinquish] sth ❷ (*überreichen, aushändigen*) ■[**jdm**] **etw** ~ to hand over sth [to sb] *sep* ❸ (*fam: erbringen*) ■**etw** ~ to say sth *fam;* **der Artikel gibt eine Fülle an Information her** the article contains a lot of information ❹ (*leihen*) **seinen guten Ruf** [*o* **Namen**] **für etw** ~ to stake one's reputation [*or* name] on sth **II.** *vr* ■**sich zu** [*o* **für**] **etw** ~ to have something to do with sth

her·ge·bracht *adj s.* **althergebracht**

her|ge·hen *irreg* **I.** *vi sein* ❶ (*entlanggehen*) ■[**hinter/neben/vor jdm**] ~ to walk [along] [behind/beside/in front of sb] ❷ (*sich erdreisten*) ■~ **und ...** to just go and ...; **du kannst doch nicht einfach ~ und meine Anweisungen ignorieren!** you can't just go and ignore my instructions! ❸ SÜDD, ÖSTERR (*herkommen*) to come [here] **II.** *vi impers sein* (*fam*) ❶ (*zugehen*) **bei der Diskussion ging es heiß her** it was a heated discussion [*or* sparks flew during the discussion]; **bei ihren Feten geht es immer toll/lustig her** her parties are always great fun ❷ (*kritisiert werden*) **es geht scharf über jdn/etw her** sb/sth is being pulled [*or* picked] to pieces *fam*

her|ge·hö·ren* *vi s.* **hierher**

her·ge·lau·fen *adj attr* (*pej*) *s.* **dahergelaufen**

her|ha·ben *vt irreg* (*fam*) ■**etw irgendwo** ~ to get sth [from] somewhere; **wo haben Sie das her?** where did you get that [from]?

her|hal·ten *irreg* **I.** *vt* ■[**jdm**] **etw** ~ to hold sth out [to sb] **II.** *vi* ■**als etw ~ müssen** to be used [*or* serve] as sth; **als Prellbock ~ müssen** to act [*or* be used] as a buffer

her|ho·len *vt* (*fam*) ■**jdn/etw** ~ to fetch [*or fam* get hold of] sb/sth; **wo soll ich denn jetzt um Mitternacht noch Champagner und Kaviar ~?** where am I supposed to get hold of champagne and caviar at midnight?; *s. a.* **weit**

her|hö·ren *vi* (*fam*) to listen, to pay attention; **alle** [*o* **alles**] **mal ~!** listen everybody!

He·ring <-s, -e> ['heːrɪŋ] *m* ❶ ZOOL, KOCHK (*Fisch*) herring; **mager** [*o* **dünn**] **wie ein ~** (*fam*) as thin as a rake ❷ (*Zeltpflock*) [tent] peg

He·rings·hai *m* ZOOL, KOCHK porbeagle, beaumaris shark *esp* BRIT **He·rings·kö·nig** *m* KOCHK, ZOOL John Dory **He·rings·mö·we** *f* ORN lesser black-headed gull **He·rings·sa·lat** *m* herring salad **He·rings·topf** *m a dish of pickled herring, pickled gherkin, onion and apple, covered in a fresh cream sauce and traditionally served in a small earthenware pot*

he·rin·nen [hɛ'rɪnən] *adv* SÜDD, ÖSTERR (*drinnen, innen*) in here

her|ja·gen **I.** *vt haben* ■**jdn/ein Tier** ~ to drive [*or* chase] sb/an animal [here]; ■**jdn vor sich** *dat* ~ to drive sb along in front of one **II.** *vi sein* ■**hinter jdm/einem Tier** ~ to chase after sb/an animal

her|kom·men *vi irreg sein* ❶ (*herbeikommen*) to come here; **kannst du mal ~?** can you come here a minute?; **von wo kommst du denn so spät noch her?** where have you come from at [*or* been until] this late hour? ❷ (*herstammen*) ■**von irgendwo** ~ to come from somewhere ❸ (*hergenommen werden können*) ■**irgendwo** ~ to come from somewhere; **ich weiß beim besten Willen nicht, wo das Ersatzteil so schnell ~ soll** I honestly don't know where I'm going to get my hands on the spare part so quickly

her·kömm·lich *adj* traditional, conventional

Her·ku·les <-, -se> ['hɛrkulɛs] *m* Hercules; **ein wahrer ~** a regular Hercules

Her·ku·les·ar·beit *f* Herculean task **Her·ku·les·kä·fer** *m* ZOOL Hercules beetle

Her·kunft <-, *selten* -künfte> ['heːɐ̯kʊnft, *pl* heːrkʏnftə] *f* ❶ (*Abstammung*) origins *pl*, descent, background; **ihrer ~ nach ist sie Baskin** she is of Basque descent [*or* extraction]; **von ... ~ sein** *gen* to be of ... origin [*or* stock]; **er ist von bäuerlicher ~** he comes from a family of farmers ❷ (*Ursprung*) origin; **von ... ~ sein** (*Ursprung*) to have a/an ... origin; **dieses Wort ist von unklarer ~** this word has an unclear origin

Her·kunfts·land *nt* ÖKON country of origin

her|lau·fen *vi irreg sein* ❶ (*entlanglaufen*) ■**irgendwo** ~ to run along somewhere ❷ (*gelaufen kommen*) ■**zu jdm** ~ to run over here to sb ❸ (*im Laufe begleiten*) ■**hinter/neben/vor jdm** ~ to run [along] behind/beside/in front of sb

her|lei·ten **I.** *vt* ■**etw aus etw** ~ ❶ (*ableiten*) to derive sth from sth ❷ (*folgern*) to deduce [*or* infer] [*or* conclude] sth from sth **II.** *vr* ■**sich von etw** ~ to derive [*or* be derived] from sth

her|ma·chen **I.** *vr* (*fam*) ❶ (*energisch beschäftigen*) ■**sich über etw** *akk* ~ to get stuck into sth *fam;* **ich will mich doch gleich über den neuen Computer ~!** I want to get my hands on the new computer right away! ❷ (*Besitz ergreifen*) ■**sich über etw** *akk* ~ to fall upon sth *fam;* **er machte sich über die Kekse her, als hätte er seit Tagen nicht gegessen** he fell upon the cookies as if he hadn't eaten in days ❸ (*herfallen*) ■**sich über jdn** ~ to attack [*or* fall [up]on] sb **II.** *vt* (*fam*) to be impressive; **das macht doch nichts/nicht viel her!** that's not very impressive!, that's not impressive at all!; **in dem neuen Kleid machst du wirklich viel her** you look great [*or* really good] in the new dress; **viel von sich** ~ to be full of oneself *pej;* **wenig** [*o* **nichts**] **von sich** ~ to be modest

Her·ma·phro·dit <-en, -en> [hɛrmafro'diːt] *m* MED, BIOL hermaphrodite

Her·ma·phro·di·tis·mus, Her·ma·phro·dis·mus <-> [hɛrmafrodi'tɪsmʊs] *m kein pl* BIOL (*Zwittrigkeit*) hermaphroditism

Her·me·lin[1] <-s, -e> [hɛrmə'liːn] *nt* ZOOL (*braun*) stoat; (*weiß*) ermine

Her·me·lin[2] <-s, -e> [hɛrmə'liːn] *m* MODE ermine

Her·me·neu·tik <-> [hɛrme'nɔytɪk] *f kein pl* hermeneutics + *sing vb*

her·me·neu·tisch [hɛrme'nɔytɪʃ] *adj* hermeneutic[al]

her·me·tisch [hɛr'meːtɪʃ] **I.** *adj* (*geh*) hermetic **II.** *adv* hermetically, airtight; ~ **verschlossen** hermetically sealed; ~ **abgeriegelt** [*o* **abgeschlossen**] [*o* **geschlossen**] completely sealed [*or* shut] [*or* closed off]

her|müs·sen *vi irreg* (*fam*) to be needed urgently

her·nach [hɛɐ̯'naːx] *adv* DIAL (*danach*) afterwards, after that

her|neh·men *vt irreg* ❶ (*beschaffen*) ■**etw irgendwo** ~ to get [*or* find] sth somewhere; **ich weiß nicht, wo ich so viel Geld** ~ **soll** I don't know where I'm going to find [*or* get my hands on] that much money ❷ (*aufbringen*) ■**etw irgendwo** ~ to find sth somewhere ❸ DIAL (*fam: stark fordern, belasten*) ■**jdn** ~ to overwork sb ❹ DIAL (*fam: mitnehmen*) ■**jdn** ~ to take it out of sb ❺ DIAL (*sich vornehmen*) ■[**sich** *dat*] **jdn** ~ to give sb a good talking-to *fam* ►WENDUNGEN: **woher nehmen und nicht stehlen?** where on earth am I going to get hold of it?

her·nie·der [hɛɐ̯'niːdɐ] *adv* (*liter*) down

He·ro·in <-s> [hero'iːn] *nt kein pl* heroin

He·ro·i·ne <-, -n> [hero'iːnə] *f* THEAT heroine

he·ro·isch [he'roːɪʃ] **I.** *adj* (*geh*) heroic **II.** *adv* (*geh*) heroically

He·rold <-[e]s, -e> ['heːrɔlt, *pl* -ldə] *m* ❶ HIST (*Bote eines Fürsten*) herald ❷ (*Vorbote*) ■**der** ~ **einer S.** *gen* the harbinger of sth

He·ros <-, Heroen> ['heːrɔs, *pl* he'roːən] *m* ❶ (*geh: Held*) hero ❷ (*Halbgott*) demigod

Her·pes <-> ['hɛrpɛs] *m kein pl* herpes

Her·pes·vi·rus *nt* herpes virus

her|plap·pern *vt* (*fam*) ■**etw** ~ to say sth without thinking, to reel [*or* rattle] off sth *sep*

Herr(in) <-n, -en> [hɛr] *m(f)* ❶ *nur m* (*männliche Anrede: vor Eigennamen*) Mr; **die** ~**en Schmidt und Müller** Messrs Schmidt and Müller; **der** ~ **Botschafter/Professor** the Ambassador/Professor; ~ **Doktor/Kollege ...** Dr/Mr ...; **tut mir leid, der** ~ **Doktor ist heute Nachmittag nicht in der Praxis** I'm sorry, but the doctor is not in his office this afternoon; ~ **Präsident/Vorsitzender** Mr President/Chairman; **sehr geehrter** ~ **...** Dear Mr ...; **sehr geehrte** ~**en!** Dear Sirs; **gnädiger** ~ (*veraltend*) sir; **der** ~ **wünscht?** what can I do for you, sir?; **der** ~ sir; **hat der** ~ **schon gewählt?** is sir ready to order? ❷ (*iron: sarkastisch*) sir *iron;* **wenn sich der** ~ **für so etwas zu fein ist** if this is beneath you, sir; **mein** ~ (*geh*) sir *form;* **bitte, mein** ~**, nach Ihnen** after you, sir; **meine** ~**en** gentlemen; [**aber**] **meine** ~**en!** gentlemen, please!; **„**~**en"** "gentlemen", "men", "gents" BRIT ❸ *nur m* (*in Anrede ohne Namen*) **jds** ~ **Onkel/Vater/Sohn etc** sb's uncle/father/son etc; **ach, das ist Ihr** ~ **Onkel auf dem Foto?** oh, that's your uncle in the picture? ❹ *nur m* (*Tanzpartner, Begleiter*) [gentleman] companion, partner ❺ *nur m* (*geh: Mann*) gentleman; **wir führen alles für den modebewussten** ~**n** we stock everything for the well-dressed man; **ein geistlicher** ~ (*geh*) a clergyman ❻ (*Herrscher*) ruler, sovereign; ■~**/**~**in über jdn/etw sein** to be ruler of sb/sth; (*Gebieter*) master, mistress *fem;* ~ **über** [**jds**] **Leben und Tod sein** to have the power of life and death [over sb]; **der** ~ **des Hauses** the master of the house; ~ **im eigenen Hause sein** to be master in one's own house; **der gnädige** ~ (*veraltet*) the master [of the house]; **der junge** ~ (*geh*) the young master; ~ **der Lage sein** to be master of the situation, to have the situation under control; **nicht mehr** ~ **seiner Sinne sein** to no longer be in control of oneself; **sein eigener** ~ **sein** to be one's own master [*or* boss]; **nicht** ~ **über jdn werden** to not be able to control [*or* master] sb ❼ (*Besitzer*) master; **sind Sie der** ~ **dieses Hundes?** do you own this dog?, are you the owner of this dog?, does this dog belong to you?, is this your dog? ❽ REL (*Gott*) Lord; ■**der** ~ the Lord God; **der** ~ **der Heerscharen** the Lord of hosts ►WENDUNGEN: **mein** ~ **und Gebieter** [*o* **Meister**] (*hum*) my lord and master *hum;* **wie der** ~**, so 's Gescherr!** (*prov*) like master, like man! *prov;* ~ **des Himmels!** (*emph*) good Lord!; **aus aller** ~**en Län·der**[**n**] from all over the world, from the four corners of the earth; **die** ~**en der Schöpfung** (*hum*) their lordships *hum;* **jds alter** ~ (*hum fam*) sb's old man *sl;* **den großen** ~**n spielen** [*o* **markieren**] (*fam*) to act like the lord of the manor; **man kann nicht** [*o* **niemand kann**] **zwei** ~**en dienen** (*prov*) no man can serve two masters *prov;* [**mein**] ~**!** sir!

Herr·chen <-s, -> *nt* (*fam*) [young] master

Her·ren·aus·stat·ter <-s, -> *m* [gentle]men's outfitters **Her·ren·be·glei·tung** *f* (*geh*) **in** ~ in the company of [*or* accompanied by] a gentleman, with a male companion **Her·ren·be·kannt·schaft** *f* gentleman acquaintance; **eine** ~ **machen** to make the acquaintance of a gentleman **Her·ren·be·klei·dung** *f* menswear **Her·ren·be·such** *m* ❶ (*Besucher*) gentleman visitor [*or* caller] ❷ (*Besuch durch einen Herrn*) visit from a gentleman **Her·ren·dop·pel** *nt* TENNIS *etc.* men's doubles *pl* **Her·ren·ein·zel** *nt* TENNIS men's singles *pl* **Her·ren·(fahr·)rad** *nt* men's bicycle [*or* bike] **Her·ren·fri·seur, -fri·seu·se** *m, f* barber, men's hairdresser **Her·ren·ge·sell·schaft** *f* ❶ (*gesellige Runde von Herren*) all-male [*or* [gentle]men only] party [*or* gathering] ❷ (*Herrenbegleitung*) **in** ~ in the company of [*or* accompanied by] a gentleman, with a male companion **Her·ren·haus** *nt* manor house **Her·ren·hemd** *nt* men's shirt **Her·ren·ho·se** *f* men's trousers [*or* AM pants] *npl* **Her·ren·hut** *m* men's hat **her·ren·los** *adj* abandoned; *Hund, Katze* stray **Her·ren·mo·de** *f* men's fashion **Her·ren·sitz** *m* manor house **Her·ren·to·i·let·te** *f* men's toilet[s] [*or* AM restroom], gents BRIT

Herr·gott ['hɛrgɔt] *m* (*fam*) SÜDD, ÖSTERR (*Gott*) ■**der/unser** ~ God, the Lord [God] ►WENDUNGEN: ~ **Sakrament!** SÜDD (*fam*), ~ **noch mal!** (*fam*), ~**!** (*fam*) for God's [*or* Heaven's] sake!

Herr·gotts·frü·he ['hɛrgɔtsfryːə] *f* **in aller** ~ (*fam*) at the crack of dawn, at an unearthly hour of the morning **Herr·gotts·schnit·zer(in)** *m(f)* SÜDD, ÖSTERR (*Holzbildhauer für Kruzifixe*) carver of crucifixes **Herr·gotts·win·kel** *m* SÜDD, ÖSTERR *corner of a room* [*decorated*] *with a crucifix and other devotional objects*

her|rich·ten **I.** *vt* ❶ (*vorbereiten*) to arrange, to prepare; ■[**jdm/für jdn**] **etw** ~ to get sth ready [for sb]; **den Tisch** ~ to set the table ❷ (*in Stand setzen, ausbessern*) ■**etw** ~ to repair [*or* fix] sth **II.** *vr* DIAL (*sich zurechtmachen*) ■**sich** ~ to get [oneself] ready

Her·rin <-, -nen> *f fem form von* **Herr** mistress, lady

her·risch ['hɛrɪʃ] **I.** *adj* domineering, overbearing; *Ton* imperious, commanding, peremptory **II.** *adv* imperiously, peremptorily

herr·je(h) [hɛr'jeː], **herr·je·mi·ne** [hɛr'jeːmine] *interj* goodness gracious!, cripes!

herr·lich **I.** *adj* ❶ (*prächtig*) marvellous, AM marvelous; **eine** ~**e Aussicht** a beautiful [*or* magnificent] [*or* superb] view; ~**er Sonnenschein** glorious sunshine; ~**er Urlaub** delightful [*or* wonderful] holiday; (*wunderschön*) magnificent; **ist das Wetter wieder** ~ **heute!** what gorgeous [*or* excellent] weather we're having again today! ❷ (*köstlich*) delicious, exquisite ❸ (*iron*) wonderful *iron;* **das ist ja** ~ (*iron*) oh great! *iron* **II.** *adv* ❶ (*prächtig*) **sich** ~ **amüsieren** to have a marvellous [*or* AM marvelous] [*or* excellent] time, to have great fun

❷ (*köstlich*) ~ **munden** [*o* **schmecken**] to taste delicious

Herr·lich·keit <-, -en> *f* ❶ *kein pl* (*Schönheit, Pracht*) magnificence, splendour [*or* AM -or], grandeur; **die ~ der Landschaft** the beauty [*or* magnificence] of the landscape; **die ~ Gottes** REL the glory of God; **ist das die ganze ~?** (*iron*) is that [all there is to] it?; **die ~ wird nicht lange dauern** [*o* **anhalten**] (*fam*) it's too good to last ❷ *meist pl* (*prächtiger Gegenstand*) treasure ❸ (*Köstlichkeit*) delicacy

Herr·schaft <-, -en> ['hɛrʃaft] *f* ❶ *kein pl* (*Macht, Kontrolle*) power, rule, reign; **eine totalitäre ~** totalitarian rule; **sich der ~ bemächtigen** [*o* **die ~ usurpieren**] to seize power; **an die ~ gelangen** [*o* **kommen**] to come to power; **die ~ über etw/sich verlieren** *akk* to lose control of sth/oneself; **unter der ~ der/des ...** under the rule of the ... ❷ *pl* (*Damen und Herren*) ■**die ~en** ladies and gentlemen; **guten Abend, meine ~en!** good evening, ladies and gentlemen!; **darf ich den ~en sonst noch etwas bringen?** can I bring sir and madam anything else? ❸ (*veraltend: Dienstherr*) master *no indef art;* (*hum*) lordship, ladyship; **und wann gedenken die ~en, wieder nach Hause zu kommen?** and when do his lord- and ladyship expect to come home again? ▶WENDUNGEN: **jds alte ~en** (*hum fam*) sb's old man and old woman *sl*, sb's folks *esp* AM

herr·schaft·lich *adj* grand, elegant

Herr·schafts·an·spruch *m* claim to power; **der ~ des Thronfolgers** the heir's claim to the throne **Herr·schafts·be·reich** *m* territory, jurisdiction

herr·schen ['hɛrʃn̩] **I.** *vi* ❶ (*regieren*) ■[**über jdn/etw**] ~ to rule [*or* govern] [[over] sb/sth]; **diese Partei herrscht seit 1918** this party has been in power since 1918 ❷ (*walten, in Kraft sein*) to hold sway ❸ (*vorhanden sein*) to prevail, to be prevalent; *Ruhe, Stille* to reign; *Hunger, Krankheit, Not* to be rampant [*or* rife], to be raging; **hoffentlich herrscht hier bald wieder Ruhe!** hopefully we'll soon be having a bit of quiet here!; **seit Tagen herrscht in Mitteleuropa eine drückende Hitze** there has been an oppressive heatwave in central Europe for [some] days [now]; **was herrscht hier wieder für eine schreckliche Unordnung!** what a terrible mess this place is in again! **II.** *vi impers* **es herrscht Zweifel, ob ...** there is doubt whether ...; *Bedenken, Zweifel* to prevail; **es herrscht Stille** silence reigns; **es herrscht Unklarheit, wann/warum/wer/wie/ob ...** there is [some] doubt as to when/why/who/how/whether ...

herr·schend *adj* ❶ (*regierend*) ruling, dominant ❷ (*Machthaber*) ■**die H~en** the rulers, those in power ❸ (*in Kraft befindlich*) prevailing ❹ (*obwaltend*) prevailing, prevalent

Herr·scher(in) <-s, -> *m(f)* ruler, sovereign, monarch; ■**~ über jdn/etw** ruler of sb/sth

Herr·scher·ge·schlecht *nt*, **Herr·scher·haus** *nt* [ruling] dynasty

Herr·sche·rin <-, -nen> *f fem form von* **Herrscher**

Herrsch·sucht *f* thirst [*or* lust] for power; PSYCH domineering nature

herrsch·süch·tig *adj* domineering

her|ru·fen *vt irreg* ❶ (*zu jdm rufen*) ■**jdn/ein Tier** [**zu sich**] ~ to call [over *sep*] sb/an animal ❷ (*nachrufen*) ■**etw hinter jdm** ~ to call sth after sb

her|rüh·ren *vi* (*geh*) ■**von etw** ~ to come from sth; **von einem Albtraum/einer Feindschaft/einem Gegensatz** ~ to stem from a nightmare/animosity/a paradox

her|sa·gen *vt* ■**etw** ~ to recite sth

her|schau·en *vi* DIAL (*hersehen*) ■[**zu jdm**] ~ to look over [at sb]; **der Mann schaut schon die ganze Zeit zu uns her!** that man has been looking over at us the whole time! ▶WENDUNGEN: **da schau her!** ÖSTERR (*fam: sieh mal an!*) well, I never!

her|schi·cken *vt* ❶ (*zu jdm schicken*) ■**jdn/etw** [**zu jdm**] ~ to send sb/sth [here [*or* over]] [to sb] ❷ (*nachschicken*) ■**jdn/etw hinter jdm/etw** ~ to send sb/sth after sb/sth

her|se·hen *vi irreg* ❶ (*in jds Richtung sehen*) ■[**zu jdm**] ~ to look this way [*or* over here] [at sb]; **sieh doch mal gerade her, ich will dir was zeigen!** look this way [*or* over here], I want to show you something! ❷ (*nachsehen*) ■**hinter jdm/etw** ~ to follow sb/sth with one's eyes

her|stam·men *vi* ❶ (*herkommen*) ■**irgendwo** ~ to come [*or* be] from somewhere ❷ (*herrühren*) ■**von etw** ~ to come from sth ❸ (*herkommen*) ■**von jdm/etw** ~ to come from sb/sth; **diese Aussage stammt von der Geschäftsleitung her** that statement came from the management

her|stel·len *vt* ❶ (*erzeugen*) ■**etw** ~ to produce [*or* manufacture] sth; **die Schnitzereien sind alle von Hand hergestellt** the carvings are all made [*or* produced] by hand ❷ (*zustande bringen*) ■**etw** ~ to establish [*or* make] sth ❸ (*gesundheitlich*) ■**jdn wieder** ~ to restore sb back to health; **ich fühle mich noch etwas schlapp, sonst bin ich wieder einigermaßen hergestellt** I still feel a little run-down, but other than that I feel much better ❹ (*irgendwohin stellen*) ■**etw** [**zu jdm/etw**] ~ to put sth here [next to sb/sth]

Her·stel·ler(in) <-s, -> *m(f)* ❶ (*Produzent*) manufacturer, producer ❷ (*Mitarbeiter der Herstellung*) production department employee [*or* worker]

Her·stel·ler·fir·ma *f* manufacturer, manufacturing firm

Her·stel·le·rin <-, -nen> *f fem form von* **Hersteller**

Her·stel·lung *f kein pl* ❶ ÖKON (*das Herstellen*) production, manufacturing, making; (*Produktion*) production, manufacture; **am Design merkt man gleich, dass die Schuhe aus italienischer ~ sind** you can immediately tell from the design that the[se] shoes are [*or* were] made in Italy ❷ (*Aufbau*) establishing, establishment; **die ~ von Kontakten** establishing [*or* making] contacts; **seine Reise nach China diente vornehmlich der ~ von Kontakten** the main purpose of his trip to China was to establish new contacts ❸ (*Produktionsabteilung*) production department

Her·stel·lungs·kos·ten *pl* production [*or* manufacturing] costs *pl*, cost of production **Her·stel·lungs·land** *nt s.* **Herkunftsland**

her|tra·gen *vt irreg* ❶ (*herbeitragen*) ■**jdn/etw** [**zu jdm**] ~ to carry sth [over] here [to sb] ❷ (*entlangtragen*) ■**etw hinter/neben/vor jdm** ~ to carry sth [along] behind/beside/in front of sb

her|trau·en *vr* ■**sich** [**zu jdm**] ~ to dare to come [here] [to sb]; **er traut sich nicht mehr her** he doesn't dare come here any more

Hertz <-, -> [hɛrts] *nt* hertz

he·rü·ben *adv* SÜDD, ÖSTERR (*auf dieser Seite*) over here

he·rü·ber [hɛ'ry:bɐ] *adv* over here; **die Flussfähre fährt ans andere Ufer hinüber und dann wieder zu uns** ~ the river boat travels over to the other bank and then back over [*or* across] [here] to us

he·rü·ber|bit·ten *vt irreg* ■**jdn** [**zu jdm/sich**] ~ to ask sb [to come] over [to sb] **he·rü·ber|brin·gen** *vt irreg* ■**jdn/etw** [**zu jdm**] ~ to bring sb/sth over [to sb] **he·rü·ber|dür·fen** *vi irreg* ■[**zu jdm**] ~ to be allowed [to come] over [*or* across] [to sb]; **darf ich zu Ihnen herüber?** may I come over to you [*or* where you are]? **he·rü·ber|fah·ren** *irreg* **I.** *vi sein* ■[**zu jdm**] ~ to drive [*or* come] over [*or* across] [to sb] **II.** *vt haben* ■**jdn/etw** ~ to drive sb/sth over **he·rü·ber|ge·ben** *vt irreg* ■**etw** [**zu jdm**] ~ to pass [*or* hand] over sth *sep* [to sb] [*or* sth over [here]] **he·rü·ber|ho·len** *vt* ■**jdn/etw** [**zu sich**] ~ to bring sb/sth over [to sb], to fetch sb/sth **he·rü·ber|kom·men** [hɛ'ry:bɐkɔmən] *vi irreg sein* ■[**zu jdm**] ~ ❶ (*hierher kommen*) to come over [here] [to sb] ❷ (*hierher gelangen*) to get over [*or* across] [to sb] **he·rü·ber|las·sen** *vt irreg* ■**jdn/etw** ~ to allow sb/sth [to come] over [*or* across] **he·rü·ber|lau·fen** *vi irreg sein* ■[**zu jdm**] ~ to run over [here] [to sb] **he·rü·ber|rei·chen** **I.** *vt* (*geh*) *s.* **herübergeben** **II.** *vi* ■[**irgendwohin**] ~ to extend [*or* reach] over [somewhere] **he·rü·ber|ret·ten** *vt s.* **hinüberretten he·rü·ber|schi·cken** *vt* ■**jdn/etw [zu jdm]** ~ to send sb/sth over [here] [to sb] **he·rü·ber|schwim·men** *vi irreg sein* ■**[über etw** *akk*] **[zu jdm]** ~ to swim across [sth] [to sb] **he·rü·ber|se·hen** *vi irreg* ■**[zu jdm]** ~ to look over [*or* across] [here] [at sb] **he·rü·ber|wer·fen** *vt irreg* ■**etw [zu jdm]** ~ to throw sth over [*or* across] [here] [to sb] **he·rü·ber|wol·len** *vi* ■**[zu jdm]** ~ to want to come over [*or* across] [to sb] **he·rü·ber|zie·hen** *vt irreg* ■**jdn/etw [zu sich]** ~ *akk* to pull sb/sth over [here] [to oneself]

he·rum [hɛˈrʊm] *adv* ① (*um etw im Kreis*) ■**um etw** ~ [a]round sth ② (*überall in jds Nähe*) ■**um jdn** ~ [all] around sb; ■**um jdn** ~ **sein** to be [a]round sb ③ (*gegen*) ■**um ...** ~ around [*or* about] ...; **es mögen um 45.000 Zuschauer ~ im Stadion gewesen sein** there must have been around [*or* about] 45,000 spectators in the stadium; (*um zirka*) [at] about ... [*or* around]; **„wieviel Uhr mag es jetzt sein?“ – „ich schätze, um 17 Uhr 30 ~“** “what time is it?” – “I'd guess that it's about [*or* around] half past five” ④ (*vorüber sein*) ■~ **sein** to be over ⑤ (*verbreitet worden sein*) ■~ **sein** to have got [a]round [*or* about]

he·rum|al·bern *vi* (*fam*) to fool [*or* clown] around [*or* about]; ■**jds H~** sb's fooling around [*or* about] **he·rum|är·gern** *vr* (*fam*) ■**sich mit jdm/etw** ~ to keep getting worked up about [*or* annoyed with] sb/sth, to have constant trouble with sb/sth *fam* **he·rum|be·kom·men*** *vt irreg* ■**jdn [zu etw]** ~ to talk sb round [*or esp* Am around] [to sth] **he·rum|blät·tern** *vi* ■**in etw** *dat* ~ to leaf through sth **he·rum|brül·len** *vi* (*fam*) to shout [*or* scream] one's head off *fam* **he·rum|bum·meln** *vi* (*fam*) ① *haben* (*trödeln*) to dawdle ② *sein* (*herumspazieren*) ■**[irgendwo]** ~ to stroll [*or* wander] [a]round [somewhere] **he·rum|dok·tern** *vi* (*fam*) ① (*zu kurieren versuchen*) ■**an jdm/etw** ~ to try treating [*or* curing] sb/sth ② (*zu reparieren versuchen*) ■**an etw** *dat* ~ to tinker [*or* fiddle] about with sth **he·rum|dre·hen I.** *vt* ① (*um die Achse drehen*) ■**etw** ~ to turn sth ② (*wenden*) ■**jdn/etw** ~ to turn sb/sth over **II.** *vr* ■**sich [zu jdm]** ~ to turn [a]round [to sb] **he·rum|drü·cken I.** *vr* (*fam*) ① (*ohne Ziel aufhalten*) ■**sich irgendwo** ~ to hang [a]round [*or* about] [*or* out] somewhere *fam* ② (*drücken*) ■**sich um etw** ~ to dodge sth *fig;* **wir können uns nicht länger um eine Entscheidung ~!** we can't dodge making a decision any longer! **II.** *vi* ■**an etw** *dat* ~ to [try and] squeeze sth **he·rum|druck·sen** *vi* (*fam*) to hum and haw Brit, to hem and haw Am **he·rum|er·zäh·len*** *vt* (*fam*) ■**etw** ~ to spread sth [a]round **he·rum|fah·ren** *irreg* **I.** *vi* ① *sein* (*umherfahren*) ■**irgendwo** ~ to drive [a]round somewhere; **ich bin ein bisschen in der Stadt herumgefahren** I drove [*or* went] [a]round [the] town for a while ② *sein* (*im Kreis darum fahren*) ■**um jdn/etw** ~ to drive [a]round sb/sth ③ *sein* (*sich rasch umdrehen*) to spin [*or* turn] [a]round quickly ④ *haben o sein* (*ziellos streichen, wischen*) ■**[mit etw] auf/in etw** *dat* ~ to wipe sth [with sth]; **er fuhr sich nervös mit den Händen im Haar herum** he ran his hands nervously through his hair **II.** *vt haben* ■**jdn** ~ to drive sb [a]round **he·rum|fle·geln** *vr* (*fam*) ■**sich [irgendwo]** ~ to loll [a]round [*or* about] [somewhere] **he·rum|fra·gen** *vi* (*fam*) to ask around, to make inquiries **he·rum|fuch·teln** *vi* (*fam*) ■**[mit etw]** ~ to wave sth around [*or* about], to fidget with sth **he·rum|füh·ren I.** *vt* ① (*durch die Gegend führen*) ■**jdn [in etw** *dat*] ~ to show sb [a]round [sth] ② *meist passiv* (*darum herum bauen*) ■**etw um etw** ~ to build sth [a]round sth **II.** *vi* ■**um etw** ~ to go [a]round sth **he·rum|fuhr·wer·ken** *vi* (*fam*) ■**[mit etw]** ~ to fiddle [*or fam* mess] about [*or* around] [with sth] **he·rum|fum·meln** *vi* (*fam*) ① (*anhaltend hantieren*) ■**[an etw** *dat*] ~ to fiddle [*or fam* mess] about [*or* around] [with sth] ② (*anfassen*) ■**an jdm/etw** ~ to fiddle [*or* fumble] about with sb/sth; (*mit sexueller Absicht*) to touch [*or* feel] sb up *fam,* to grope sb **he·rum|ge·ben** *vt irreg* ■**etw** ~ to pass [*or* hand] sth [a]round, to circulate sth **he·rum|ge·hen** *vi irreg sein* (*fam*) ① (*einen Kreis gehen*) ■**um jdn/etw** ~ to go [*or* walk] [a]round sb/sth ② (*ziellos umhergehen*) ■**[in etw** *dat*] ~ to go for a walk [a]round [sth], to wander [*or* walk] around [sth] ③ (*herumgereicht werden*) to be passed [*or* handed] [a]round; ■**etw ~ lassen** to circulate sth ④ (*weitererzählt werden*) to go [a]round; *s. a.* **Kopf** ⑤ (*vorübergehen*) to pass, to go by **he·rum|geis·tern** *vi sein* (*fam*) ■**[in etw** *dat*] ~ ① (*ziellos umhergehen*) to wander [a]round [sth] ② *s.* **herumspuken he·rum|ha·cken** *vi* (*fam*) ■**auf jdm** ~ to pick on sb, to get [on] at sb *fam* **he·rum|hän·gen** *vi irreg sein* (*sl*) ① (*ständig zu finden sein*) ■**irgendwo/in etw** *dat* ~ to hang [a]round [*or* about] [*or* out] in sth/somewhere *fam* ② (*untätig sein*) to lounge [a]round [*or* about], to bum [a]round [*or* about] *fam* **he·rum|hor·chen** *vi* (*fam*) to ask around, to keep one's ears open **he·rum|hu·ren** *vi* (*sl*) to sleep around *fam,* to go whoring *dated,* to put it about Brit *sl;* **die hurt doch mit jedem herum!** she sleeps with anybody! **he·rum|ir·ren** *vi sein* to wander [a]round [*or* about] **he·rum|kom·man·die·ren* I.** *vt* (*fam*) ■**jdn** ~ to boss *pej fam* [*or* order] sb about [*or* around] **II.** *vi* (*fam*) to give orders

he·rum|kom·men *vi irreg sein* (*fam*) ① (*herumfahren können*) ■**um etw** ~ to get [a]round sth; **kommen Sie mit Ihrem Gepäckwagen um die Säule herum?** are you able to get around this pillar with your luggage trolley? ② (*vermeiden können*) ■**um etw** ~ to get out of sth; **die Regierung kam um Steuererhöhungen nicht herum** the government was unable to get [a]round raising taxes; ■**darum ~, etw zu tun** to get out of doing sth; **wir kommen um die Tatsache nicht herum, dass er nun mal einfach kompetenter ist** we can't get [a]round the fact that he is simply more competent ③ (*reisen*) ■**[irgendwo]** ~ to get around [*or* about] [somewhere]; **viel** ~ to see a great deal, to do a lot of travelling; **in Dänemark bin ich auf meinen Reisen viel herumgekommen** I saw a lot of Denmark on my travels

he·rum|kra·men *vi* (*fam*) ■**in etw** ~ to rummage about [*or* around] in sth **he·rum|kreb·sen** *vi* (*fam*) to struggle [on] **he·rum|krie·gen** *vt* (*fam*) *s.* **herumbekommen he·rum|kut·schie·ren*** *vt* (*fam*) ■**jdn [in etw** *dat*] ~ to drive sb [a]round [in sth] **he·rum|lau·fen** *vi irreg sein* ① (*herumführen*) ■**um etw** ~ to run [*or* go] [a]round sth ② (*Kreis laufen*) ■**um etw** ~ to run [a]round sth ③ (*fam: umherlaufen*) to go [a]round [*or* about]; **um Gottes Willen, wie läufst du denn herum?** for heaven's sake, what do you look like!; **[noch] frei ~** to be [still] at large **he·rum|lie·gen** *vi irreg* (*fam*) to lie about [*or* around]; ■**etw ~ lassen** to leave sth lying about [*or* around] **he·rum|lun·gern** *vi* (*fam*) ■**irgendwo** ~ to loaf [*or* loiter] [*or* hang] about [*or* around] somewhere *fam* **he·rum|ma·chen I.** *vi* (*fam*) ① (*herumtasten*) ■**an etw** *dat* ~ to fiddle [about [*or* around]] with sth, to monkey with sth ② (*herumnörgeln*) ■**an etw** ~ to find fault with sth; ■**an jdm** ~ to nag sb *fam* **II.** *vt* (*fam*) ■**etw um etw** ~ to put sth [a]round sth **he·rum|nör·geln** *vi* (*pej fam*) ■**[an jdm]** ~ to nag [[at] sb]; ■**an etw** ~ to find fault with sth **he·rum|quä·len** *vr* (*fam*) ① (*sich qualvoll befassen*) ■**sich mit jdm/etw** ~ to battle against [*or* with] sb/sth, to struggle with sb/sth ② (*qualvoll leiden*) ■**sich [mit etw]** ~ to be plagued [by sth] **he·rum|rät·seln** *vi* ■**[an etw** *dat*] ~ to try to figure out [sth] *fam sep* **he·rum|re·den** *vi* (*fam*) ① (*ausweichend reden*) ■**um etw** ~ to talk round [*or* Am around] sth, to dodge the issue, to beat about [*or* Am around] the bush ② (*belangloses Zeug reden*) ■**[nur]** ~ to waffle on *pej* **he·rum|rei·chen** *vt* ① (*geh*) *s.* **herumgeben** ② (*fam: allen möglichen Leuten vorstellen*) ■**jdn** ~ to introduce sb to everybody [*or* everyone] **he·rum|rei·sen** *vi sein* to travel about [*or* around] **he·rum|rei·ßen** *vt irreg* ■**etw** ~ to pull sth round [*or esp* Am around] hard **he·rum|rei·ten** *vi irreg sein* ① (*umherreiten*) ■**[in etw** *dat*] ~ to ride around [*or* about] [[in] sth] ② (*reitend umgehen*) ■**um etw** ~ to ride [a]round sth ③ (*fam: herumhacken*) ■**auf jdm** ~ to get at sb *fam;* ■**auf etw** *dat* ~ (*pej*) to harp on about sth *pej fam,* to keep bringing sth up, to keep going on about sth *fam* **he·rum|ren·nen** *vi irreg sein* ❶ (*fam: umherrennen*) to run around [*or* about] ❷ *s.* **herumlaufen 2** **he·rum|schar·wen·zeln*** *vi sein* (*pej fam*) ■**um jdn** ~ to dance attendance on sb Brit, to grovel **he·rum|schla·gen** *irreg* **I.** *vt* (*geh*) *s.* **herumwickeln** **II.** *vr* (*fam*) ■**sich mit jdm/etw** ~ to keep battling against [*or* with] sb/sth, to struggle with sb/sth **he·rum|schlep·pen** *vt* (*fam*) ❶ (*umherschleppen*) ■**etw** [**mit sich**] ~ to lug sth [a]round [*or* about] *fam* ❷ (*belastet sein*) ■**etw mit sich** ~ to be worried [*or* troubled] by sth; **eine Krankheit/Infektion/ein Virus mit sich** ~ to go [a]round [*or* about] with an illness/a cold/a virus **he·rum|schnüf·feln** *vi* ❶ (*anhaltend schnüffeln*) ■[**an etw** *dat*] ~ to sniff [a]round [sth] ❷ (*pej fam: spionierend wühlen*) ■[**in etw** *dat*] ~ to snoop around [*or* about] [in sth] *pej fam* **he·rum|schrei·en** *vi irreg* (*fam*) to scream and shout **he·rum|sit·zen** *vi irreg sein* ❶ (*fam: untätig dasitzen*) ■[**nur**] ~ to sit [a]round [*or* about] *fam* ❷ (*sitzend gruppiert sein*) ■**um jdn/etw** ~ to sit [a]round sb/sth; **sie saßen um den Tisch herum** they sat around the table **he·rum|spre·chen** *vr irreg* ■**sich** [**bei jdm/in etw** *dat*] ~ to get [a]round [*or* about] [sth], to reach sb; ■**es hat sich herumgesprochen, dass/was ...** it has got [a]round [*or* about] that/what ... **he·rum|sprin·gen** *vi* (*fam*) to jump [*or* leap] around [*or* about] **he·rum|spu·ken** *vi* ■**irgendwo** ~ to go around somewhere; **mir spukt da wieder so eine Idee im Kopf herum** I've got this idea going [*or* floating] around in my head **he·rum|ste·hen** *vi irreg sein* ❶ (*fam: in der Gegend stehen*) to stand [*or* loiter] [a]round [*or* about] ❷ (*stehend gruppiert sein*) ■**um jdn/etw** ~ to stand [a]round sb/sth **he·rum|stö·bern** *vi* (*fam*) ❶ (*wahllos stöbern*) ■[**in etw** *dat*] ~ to rummage around [*or* about] [in sth] ❷ *s.* **herumschnüffeln 2** **he·rum|sto·chern** *vi* (*fam*) ■**in etw** *dat* ~ to poke [a]round [*or* about] in sth; **er stocherte im Essen herum** he picked at [*or* poked around in] his food **he·rum|sto·ßen** *vt irreg* (*fam*) ■**jdn** ~ to push sb about [*or* [a]round] **he·rum|strei·ten** *vr irreg* (*fam*) ■**sich** [**mit jdm**] ~ to keep quarrelling [with sb], to wrangle with sb **he·rum|streu·nen** *vi sein* (*pej*) to roam around [*or* about] **he·rum|tan·zen** *vi sein* ❶ (*umhertanzen*) ■[**in/auf etw** *dat*] ~ to dance [a]round [*or* about] [sth] ❷ (*im Kreis um jdn/etw tanzen*) ■**um jdn/etw** ~ to dance [a]round sb/sth; *s. a.* **Nase** **he·rum|to·ben** *vi* (*fam*) ❶ *sein o haben* (*ausgelassen umherlaufen*) ■[**irgendwo/in/auf etw** *dat*] ~ to romp around [*or* about] [somewhere/sth] ❷ *haben* (*wüst schimpfen*) to rant and rave **he·rum|tra·gen** *vt irreg* ❶ (*bei sich tragen*) ■**etw mit sich** ~ to carry [a]round [*or* about] sth *sep* ❷ (*weitererzählen*) ■**etw** ~ to spread sth [a]round [*or* about] **he·rum|tram·peln** *vi sein* ❶ (*fam: umhertrampeln*) ■[**irgendwo/auf etw** *dat*] ~ to trample around [*or* about] [somewhere/on sth]; *s. a.* **Kopf** ❷ (*mit Füßen treten*) ■**auf jdm/etw** ~ to trample on sb/sth; ■**auf jdm** ~ (*fig*) to walk all over sb *fig;* **auf jds Gefühlen** ~ to trample on sb's feelings **he·rum|trei·ben** *vr irreg* ❶ (*ziellos aufhalten*) ■**sich irgendwo** ~ to hang [a]round [*or* about] [*or* out] somewhere *fam;* **wo er sich nur wieder herumtreibt?** where's he got to now? ❷ (*müßig die Zeit verbringen*) ■**sich mit jdm** ~ to hang [a]round [*or* about] [*or* out] with sb *fam*

He·rum·trei·ber(in) <-s, -> *m(f)* (*pej*) ❶ (*Mensch ohne feste Arbeit, Wohnsitz*) down-and-out, tramp, loafer, vagrant *esp dated* ❷ (*fam: Streuner*) layabout, good-for-nothing

he·rum|trö·deln *vi* (*fam*) to dawdle around [*or* about] **he·rum|tur·nen** *vi sein* (*fam*) ■**auf/in etw** *dat* ~ to climb around [*or* about] on/in sth **he·rum|wer·fen** *irreg* **I.** *vt* ❶ (*achtlos umherstreuen*) ■**etw** [**irgendwo**] ~ to throw sth [a]round [*or* about] [somewhere] ❷ (*herumreißen*) ■**etw** ~ to pull sth round [*or esp* Am around] hard; **schnell den Hebel** ~**!** pull down the lever quickly! **II.** *vr* ■**sich auf/in etw** *dat* ~ to toss and turn on/in sth **he·rum|wi·ckeln** *vt* ■**etw** [**um jdn/etw**] ~ to wrap sth [a]round [sb/sth]; **eine Binde** [**um jdn**] ~ to wind [*or* wrap] a bandage [a]round [sb]; **Faden/Kordel/Schnur** [**um etw**] ~ to wind thread/cord/string [a]round [sth] **he·rum|wie·seln** *vi sein* (*fam*) to scurry [a]round [*or* about]; ■**um jdn** ~ to scurry [a]round sb **he·rum|wüh·len** *vi* ■[**in etw** *dat*] ~ to rummage [*or* Brit root] around [*or* about] [in sth]; **in jds Vergangenheit** ~ (*fam*) to dig into sb's past **he·rum|zei·gen** *vt* ■**etw** ~ to show sth around **he·rum|zie·hen** *irreg* **I.** *vi sein* ❶ (*von Ort zu Ort ziehen*) ■[**mit jdm/etw**] ~ to move about [*or* around] [with sb/sth] ❷ (*um etw ziehen*) ■**um etw** ~ to go [a]round sth **II.** *vr haben* ■**sich um etw** ~ to run [a]round sth

he·run·ten [hɛˈrʊntn̩] *adv* südd, österr (*hier unten*) down here

he·run·ter [hɛˈrʊntɐ] **I.** *adv* ❶ (*hinab*) down; **sie liefen den Berg** ~ **bis zum Fluss** they ran down the hill to the river; ~ **mit den Waffen/Händen!** drop your weapons/hands!; ~ **mit dir!** come [*or* get] down from there at once! ❷ (*heruntergeklettert sein*) ■[**von etw**] ~ **sein** to be down [from sth]; **bist du wohl bald vom Baum herunter!** get down from that tree, now! ❸ (*heruntergelassen sein*) ■~ **sein** to be down ❹ (*reduziert sein*) ■~ **sein** to be down; **wenn die 16 Kilogramm nur herunter wären** if only I could lose these 16 kilograms **II.** *präp nachgestellt* ■**etw** *akk* ~ down sth; **den Berg** ~ **geht es leichter als hinauf** it's easier to go down the hill than up it

he·run·ter|be·kom·men* *vt irreg* ❶ (*herunterschlucken können*) ■**etw** ~ to get sth down, to be able to eat sth ❷ (*abbekommen*) ■**etw** ~ to get sth off ❸ (*heruntertransportieren können*) ■**etw** ~ to get sth down **he·run·ter|bren·nen** *vi irreg* ❶ *haben* (*intensiv herniederscheinen*) ■**auf jdn/etw** ~ to burn [*or* beat] down on sb/sth ❷ *sein* (*völlig abbrennen*) to burn down; *Feuer* to burn out **he·run·ter|brin·gen** *vt irreg* ❶ (*nach hier unten bringen*) ■**jdn/etw** ~ to bring down sb/sth *sep* ❷ (*fam*) *s.* **herunterbekommen 2** to get sth off **he·run·ter|drü·cken** *vt* ❶ (*nach unten drücken*) ■**etw** ~ to press down sth *sep* ❷ (*auf ein niedrigeres Niveau zwingen*) ■**etw** [**auf etw** *akk*] ~ to force down sth *sep* [to sth] **he·run·ter|fah·ren** *irreg* **I.** *vi sein* ■[**zu jdm**] ~ to drive [*or* come] down [to sb]; **wir sind zu meinen Eltern in den Schwarzwald** ~ we drove down to see my parents in the Black Forest; ■[**irgendwo**] **heruntergefahren kommen** to drive [*or* come] down [somewhere]; **in einem höllischen Tempo kam sie die Piste heruntergefahren** she came skiing down the piste at a hellish speed **II.** *vt haben* ❶ (*transportieren*) ■**jdn/etw** ~ to bring [*or* drive] down sb/sth; **die Seilbahn hat uns heruntergefahren** we came down on the cable car ❷ (*drosseln*) ■**etw** ~ to reduce [*or sep* cut back] sth **he·run·ter|fal·len** *vi irreg sein* ■[**von etw**] ~ to fall off [sth]; **dass du mir bloß nicht von der Leiter herunterfällst!** just [be careful that you] don't fall off the ladder!; **mir ist der Hammer heruntergefallen** I've dropped the hammer **he·run·ter|ge·ben** *vt irreg* ■[**jdm**] **etw** ~ to pass [*or* hand] down sth *sep* [to sb]; **gib mir den Eimer herunter** pass [*or* hand] me down the bucket, hand [*or* pass] the bucket down to me **he·run·ter|ge·hen** *vi irreg sein* ❶ (*hierher nach unten gehen*) ■[**etw**] ~ to go down [sth]; **die Treppen** ~ to go down the stairs ❷ (*aufstehen und weggehen*) ■**von etw** ~ to get off sth; **was machst du da auf der Mauer? geh da sofort herunter!** what are you doing [up there] on the wall? get down [off [*or* from] it] at once! ❸ (*sinken*) to drop, to fall, to go down; **die Löhne/Preise gehen** [**auf etw**] **herunter** the wages/prices are dropping [*or* falling] [*or* coming down] [to sth] ❹ (*Flughöhe verringern*) to descend; **auf 5000 m** ~ to descend to 5000 m ❺ (*fam: abrücken*) ■**von etw** ~ to soften sth; **kommt gar nicht in Frage, von den drei Millionen gehen wir nicht herunter!** it's out of the question, we won't go any lower than three million! ❻ (*reduzieren*) to reduce, to lower; **mit der Geschwindigkeit/dem Tempo** [**auf etw**] ~ to slow down [*or* reduce [one's] speed] [to sth]; **er ging mit dem Verkaufspreis noch auf Euro 10.200 herunter** he brought the sales price down to 10,200 euros

he·run·ter·ge·kom·men *adj (pej)* ❶ *(abgewohnt)* run-down, dilapidated ❷ *(verwahrlost)* down-at-[the-]heel BRIT, down-and-out

he·run·ter|han·deln *vt (fam)* ■~ *akk* to knock down sth *sep;* **einen Preis von ... auf ...** ~ to knock down a price from ... to ...; **ich habe noch 20 Euro vom Verkaufspreis ~ können** I managed to get 20 euros knocked off the sales price **he·run·ter|hän·gen** *vi irreg* ■[**von etw/auf etw** *akk*] ~ to hang down [from sth/over sth], to dangle [from sth/over sth] **he·run·ter|hau·en** *vt irreg (fam)* ■**jdm eine** ~ to slap sb, to give sb a slap **he·run·ter|ho·len** **I.** *vt* ❶ *(fam: abschießen)* **einen Vogel** ~ to shoot [*or* bring] down a bird *sep* ❷ *(von oben holen)* ■**etw** [**von irgendwo**] ~ to fetch down sth [from somewhere] *sep;* **eine Flagge** ~ to take down a flag; **er hat die Katze vom Baum heruntergeholt** he rescued the cat from [up] the tree **II.** *vr (vulg) s.* **runterholen he·run·ter|klap·pen** *vt* ■**etw** ~ to put down sth *sep;* **einen Sitz** ~ to put [*or* fold] down a seat; **einen Kragen** ~ to turn down a collar; **einen Deckel** ~ to close a lid **he·run·ter|klet·tern** *vi sein* ■[**von etw/irgendwohin**] ~ to climb down [from sth/somewhere] **he·run·ter|kom·men** *vi irreg sein* ❶ *(hierher nach unten kommen)* to come [*or fam* get] down; **ohne Hilfe wird sie den steilen Weg wohl kaum** ~ she will have trouble getting down this steep path on her own ❷ *(fam: verfallen)* to become run-down [*or* dilapidated] ❸ *(fam: verwahrlosen)* to become down-and-out [*or* BRIT down-at-heel]; **sie sieht völlig heruntergekommen aus** she looks completely down-and-out ❹ *(fam: wegkommen)* ■**von etw** ~ to get off [*or* give up] sth; **von einer Gewohnheit** ~ to kick a habit *sl;* **vom Rauchen** ~ to quit *fam* [*or* give up] smoking, to kick the habit *sl;* **von einer schlechten Zensur** ~ to improve on a bad mark **he·run·ter|kön·nen** *vi irreg* ■[**von etw**] ~ to be able to get down [[from] sth]; ■**zu jdm** ~ to be able to come down to sb **he·run·ter|krie·gen** *vt (fam)* ■**etw** ~ *s.* **herunterbekommen he·run·ter|kur·beln** *vt* ■**etw** ~ to wind down sth *sep* **he·run·ter|las·sen** *vt irreg* ❶ *(abseilen)* ■**jdn/etw** [**irgendwo**] ~ to lower [*or* let down] sb/sth [somewhere]; ■**sich** [**an etw** *dat*] ~ to lower oneself [on sth] *sep* ❷ *(nach unten gleiten lassen)* ■**etw** ~ to lower sth; *s. a.* **Hose he·run·ter|lei·ern** *vt (pej fam)* ■**etw** ~ to drone out sth *sep,* to recite sth monotonously, to rattle [*or* BRIT reel] off sth **he·run·ter|ma·chen** *vt (fam)* ❶ *(schlechtmachen)* ■**jdn/etw** ~ to run down sb/sth; **im Testbericht ist der Wagen sehr heruntergemacht worden** the car received a terrible [*or* real] slating in the test report, the car was pulled to pieces in the test report ❷ *(zurechtweisen)* ■**jdn** ~ to tell sb off, to tear sb off a strip BRIT; **der Chef machte sie so herunter, dass sie heulend aus dem Büro lief** she received such a telling off from the boss that she ran from the office in tears **he·run·ter|neh·men** *vt irreg* ■**etw** [**von etw**] ~ to take sth off [sth], to remove sth [from sth]; **jdn von der Schule** ~ *(fam)* to take sb out of [*or* remove sb from] school **he·run·ter|put·zen** *vt (sl)* ■**jdn** ~ *s.* **heruntermachen 2 he·run·ter|ras·seln** *vt (fam)* ■**etw** ~ ❶ *(rasch aufsagen)* to rattle [*or* BRIT reel] off sth *sep* ❷ *s.* **herunterleiern he·run·ter|rei·chen** **I.** *vt (geh)* ■[**jdm**] **etw** ~ *s.* **heruntergeben** to pass [*or* hand] down sth [to sb] *sep* **II.** *vi* ■[**bis zu jdm/etw**] ~ to reach down [to sb/sth] **he·run·ter|rei·ßen** *vt irreg* ❶ *(abreißen)* ■[**jdm**] **etw** ~ to pull off [sb's] sth *sep;* **ein Foto von der Wand** ~ to tear down a photo from the wall ❷ *(sl: absitzen)* ■**etw** ~ to get through sth **he·run·ter|schal·ten** *vi* AUTO to change down; **in den zweiten etc Gang** ~ to change down [*or* AM down shift] into second gear **he·run·ter|schie·ßen** *vt irreg* **einen Vogel** ~ to shoot down a bird *sep* **he·run·ter|schlu·cken** *vt (fam) s.* **hinunterschlucken he·run·ter|schrau·ben** *vt* ❶ *(reduzieren)* ■**etw** ~ to lower sth ❷ *s.* **abschrauben he·run·ter|se·hen** *vi irreg* ❶ *(herabsehen)* ■[**zu jdm**] ~ to look down [at sb] ❷ *(mustern)* ■**an jdm** ~ to look sb up and down ❸ *(pej) s.* **herabsehen he·run·ter|stei·gen** *vi irreg sein* ■[**von etw**] ~ to climb [*or* come] down [from sth]; **von einer Leiter** ~ to come down off a ladder **he·run·ter|stür·zen** **I.** *vi sein (herunterfallen)* ■[**von etw**] ~ to fall off [sth] **II.** *vt haben* ❶ *(hierher nach unten stürzen)* ■**jdn/etw** [**von etw**] ~ to push sb/sth off [sth] ❷ *(fam) s.* **hinunterstürzen** to dash [*or* rush] down **III.** *vr haben* ■**sich** [**von etw**] ~ to throw oneself off [sth] **he·run·ter|wer·fen** *vt irreg* ■**etw** [**zu jdm**] [**von etw**] ~ to throw down sth *sep* [to sb] [from sth] **he·run·ter|wirt·schaf·ten** *vt (pej fam)* ■**etw** ~ to ruin sth; **die Firma ist durch schlechtes Management bis fast zum Konkurs heruntergewirtschaftet worden** bad management has brought the firm to the brink of bankruptcy **he·run·ter|wol·len** *vi (fam)* ■[**zu jdm**] [**von etw**] ~ to want to get [*or* come] down [to sb] [from sth]

her·vor [hɛɐ̯ˈfoːɐ̯] *interj* ■~ **mit dir/euch!** *(geh)* out you come!, come on out!

her·vor|brin·gen *vt irreg* ■**jdn/etw** ~ to produce sb/sth **her·vor|ge·hen** *vi irreg sein* ❶ *(geh: entstammen)* ■**aus etw** ~ to come from sth; **aus der Ehe gingen vier Kinder hervor** the marriage produced four children; *s. a.* **siegreich, Sieger** ❷ *(sich ergeben, zu folgern sein)* to follow; **aus etw geht heraus ...** it follows from sth ..., sth proves that ...; **aus etw geht heraus, wann/wer/wie/dass/ob ...** it is clear from sth when/who/how/that/whether ... **her·vor|gu·cken** *vi (fam)* ■**unter etw** *dat* ~ to peep out from [*or* show] under sth; **dein Unterrock guckt unterm Rock hervor** your slip is showing under your dress **her·vor|he·ben** *vt irreg* ❶ *(betonen)* ■**etw** ~ to emphasize sth, to stress sth; ■~, **wann/warum/wer/wie/dass/ob ...** to emphasize [*or* stress] when/why/who/how/that/whether ... ❷ *(besonders kennzeichnen)* ■**etw** ~ to make sth stand out; **die Einträge werden durch Fettdruck hervorgehoben** the entries stand out in bold type **her·vor|ho·len** *vt* ■**etw** [**aus etw**] ~ to take out sth [from sth] *sep* **her·vor|keh·ren** *vt (geh) s.* **herauskehren her·vor|kom·men** *vi irreg sein* ■[**aus/hinter etw** *dat*] ~ to come out [of sth/from behind sth], to emerge [*or* appear] [from sth] **her·vor|lo·cken** *vt* ■**ein Tier** [**irgendwo**] ~ to entice [*or* lure] out *sep* an animal [from somewhere] **her·vor·lu·gen** *vi* to look [*or* peep] out **her·vor|ra·gen** [hɛɐ̯ˈfoːɐ̯raːgn̩] *vi* ❶ *(sich auszeichnen)* ■[**unter ihnen**] [**durch etw**] ~ to stand out [among [*or* from] sb] [because of sth] ❷ *(weit vorragen)* ■[**aus etw**] ~ to jut out [*or* protrude] [from sth]

her·vor·ra·gend **I.** *adj* excellent, outstanding, first-rate **II.** *adv* excellently

her·vor|ru·fen *vt irreg* to evoke; ■[**bei jdm** [*o* **jds**]] **etw** ~ to arouse [*or* stir up] [sb's] sth; [**bei jdm**] **Bestürzung** ~ to cause consternation [in sb]; [**bei jdm**] **Unmut** ~ to incur [sb's] displeasure **her·vor|se·hen** *vi irreg* ■[**irgendwo**] ~ to peep out [from somewhere]; **dein Unterrock sieht unterm Rock hervor** your slip is showing under your dress **her·vor·spä·hen** *vi* to look [*or* peep] out **her·vor|sprin·gen** *vi irreg sein* ❶ *(mit einem Sprung hervorkommen)* ■[**hinter etw** *dat*] ~ to jump [*or* leap] out [from behind sth] ❷ *s.* **hervorragen 1**

her·vor·ste·chend *adj inv* ❶ *(spitz aus etw herausstehend)* protruding; **sie ist ziemlich dürr und hat ~e Schulterblätter** she's pretty skinny and has protruding shoulder blades [*or* shoulder blades which stick out] ❷ *(sich abhebend) Schönheit, Eigenschaft* striking

her·vor|sto·ßen *vt irreg* ■**etw** ~ to utter sth **her·vor|tre·ten** *vi irreg sein* ❶ *(heraustreten)* ■[**hinter etw** *dat*] ~ to step out [*or* emerge] [from behind sth] ❷ *(erhaben werden)* to stand out; *Wangenknochen, Kinn* to protrude ❸ *(erkennbar werden)* to become evident ❹ *(in Erscheinung treten)* to make a name for oneself, to distinguish oneself **her·vor|tun** *vr irreg (fam)* ❶ *(sich auszeichnen)* ■**sich** [**mit etw**] ~ to distinguish oneself [with sth] ❷ (*sich wichtigtun*) ■ **sich** ~ to show off **her·vor|wa·gen** *vr* ■ **sich** ~ to dare to come out, to venture forth **her·vor|zau·bern** *vt* ■ **etw** [**aus etw**] ~ to conjure up *sep* [*or* produce] sth [from sth]; **es braucht Zeit, so was lässt sich nicht einfach aus dem Ärmel** ~**!** it'll take time, I can't just conjure up [*or* produce] something like that from nothing! **her·vor|zie·hen** *vt irreg* ■ **jdn/etw** [**aus etw**] ~ to pull out sb/sth *sep;* ■ **jdn/etw** [**hinter/zwischen etw**] ~ to pull sb/sth [from behind/from between sth]

her|wa·gen *vr* ■ **sich** ~ to dare [*or* venture] to come here

Her·weg *m* way here; **auf dem** ~ on the way here

Herz <-ens, -en> [hɛrts] *nt* ❶ ANAT heart; **ihr** ~ **pochte/hämmerte** her heart was pounding; **am offenen** ~ open-heart; **Chirurgie** [*o* **eine Operation**] **am offenen** ~ open-heart surgery ❷ KOCHK (*Gericht aus einem Tierherzen*) heart; **zwei Kilo** ~ [**vom Ochsen**] **bitte!** two kilos of [ox] heart, please! ❸ (*Gemüt, Gefühl*) heart; **du regelst immer alles nur mit dem Verstand, wo bleibt das/dein** ~**?** you always listen to the voice of reason, can't you ever let your heart rule [*or* can't you follow your heart]?; **zeigen Sie mehr Verständnis, mehr** ~**!** show more understanding, more sensitivity!; **mit ganzem** ~**en** wholeheartedly; **wenn sie ein neues Projekt beginnt, ist sie immer mit ganzem** ~**en dabei** when she starts a new project, she always puts her heart and soul into it!; **von ganzem** ~**en** sincerely; **etw mit ganzem** ~**en bejahen/unterstützen/zustimmen** to approve of/support/agree with sth wholeheartedly; **an/mit gebrochenem** ~**en** of/with a broken heart; **von** ~**en gern!** with pleasure!, I'd love to!; **jdn von** ~**en gernhaben** to love sb dearly; **etw von** ~**en gern tun** to love doing sth; **ein gutes** ~ **haben** to have a good heart, to be good-hearted; **ein hartes** ~ **haben** to have a hard heart, to be hard-hearted; **im Grunde seines** ~**ens** in his heart of hearts; **leichten** ~**ens** with a light heart, light-heartedly; **jdm wird leicht ums** ~ sb has a load lifted from one's mind; **schweren** [*o* **blutenden**] ~**ens** with a heavy heart; **jdm das** ~ **schwer machen** to sadden sb's heart; **jdm ist das** ~ **schwer** sb has a heavy heart [*or* is heavy-hearted]; **aus tiefstem** ~**en** (*geh*) with all one's heart; **traurigen** ~**ens** with a heavy heart; **ein weiches** ~ **haben** to have a soft heart; **jdm/sich sein** ~ **erleichtern** to get sth off sb's/one's chest *fam;* **jds** ~ **erweichen** to soften up sb *sep;* **jdm bis ins** ~ **gehen** [*o* **jdm zu** ~**en gehen**] to make sb's heart bleed; **ein** ~ **für jdn/Tiere haben** to have a love of sb/animals; **er hat ein** ~ **für Kinder** he loves children; **haben Sie doch ein** ~**!** have a heart!; **hast du denn kein** ~**?** haven't you got [*or* don't you have] a heart?; **jdm ist irgendwie ums** ~ sb feels somehow; **von** ~**en kommen** to come from the heart; **ohne** ~ without feeling ❹ KOCHK (*innerer Teil*) heart; **von diesem Salat verwende ich nur die** ~**en** I'll only use the heart of this lettuce ❺ (*Zentrum*) heart ❻ (*Schatz*) **mein** ~ my dear, my love ❼ (*Nachbildung*) heart ❽ KARTEN hearts *pl;* (~ *karte*) heart; **ich habe** ~ **ausgespielt, du musst auch** ~ **bedienen!** I led with hearts, [so] you have to follow suit [with hearts]! ▶ WENDUNGEN: **das** ~ **auf dem** [*o* **am**] **rechten Fleck haben** to have one's heart in the right place; **ein** ~ **aus Gold haben** to have a heart of gold; **jdm schlägt das** ~ **bis zum Hals** sb's heart is in one's mouth; **jdm rutscht** [*o* **fällt**] **das** ~ **in die Hose** (*fam*) sb's heart sank into his/her boots BRIT *fam;* **jdm lacht das** ~ **im Leibe** sb's heart jumps for joy; **jdm dreht sich das** ~ **im Leib um, jdm tut das** ~ **im Leibe weh** sb's heart turns over; **seinem** ~**en Luft machen** (*fam*) to give vent to one's feelings; **aus einem** ~**en keine Mördergrube machen** to speak frankly, to not make a secret of one's thoughts; **jdn/etw auf** ~ **und Nieren prüfen** (*fam*) to examine sb/sth thoroughly; **ein** ~ **und eine Seele sein** to be the best of friends; **ein** ~ **aus Stein haben** to have a heart of stone; **seinem** ~**en einen Stoß geben** to [suddenly] pluck up courage; **jetzt gib deinem** ~**en einen Stoß, versöhn dich wieder mit ihm!** go on, pluck up the courage and make up with him!; **alle** ~**en** [*o* **die** ~**en aller**] **im Sturm erobern** to capture everybody's heart; **das** ~ **auf der Zunge tragen** to speak one's mind; **jdm wird bang ums** ~ sb's heart sinks; **jds** ~ **höher schlagen lassen** to make sb's heart beat faster; **jds** ~ **schlägt höher** sb's heart beats faster; **alles, was das** ~ **begehrt** (*geh*) everything one's heart desires; **jdm blutet das** ~, **jds** ~ **blutet** (*verspürt großes Mitleid*) sb's heart bleeds [for sb]; (*iron*) sb's heart bleeds [for sb] *iron;* **jdm das** ~ **brechen** (*geh*) to break sb's heart; **etw nicht übers** ~ **bringen** to not have the heart [*or* be able to bring oneself] to do sth; **jdn an sein** ~ **drücken** to clasp sb to one's breast; **sich** *dat* [*o* **nehmen**] **ein** ~ **fassen** to pluck up courage [*or* take one's courage in both hands]; **jds** ~ **gehört jdm** (*geh*) sb's heart belongs to sb; **jds** ~ **gehört einer S.** *dat* (*geh*) sth is sb's first love; **jds** ~ **gewinnen** (*geh*) to win sb's heart; **etw auf dem** ~**en haben** to have sth on one's mind; **nicht das** ~ **haben, etw zu tun** to not have the heart to do sth, to not be able to bring oneself to do sth; **sein** ~ **an jdn/etw hängen** (*geh*) to devote oneself to sb/sth; **häng dein** ~ **nicht an ihn, er spielt doch nur mit den Gefühlen der Frauen!** don't give your heart to him, he only plays with women's feelings!; **jds** ~ **hängt an etw** *dat* sb is attached to sth; **jds** ~ **hängt an Geld** sb is preoccupied with money; **jdm etw ans** ~ **legen** to entrust sb with sth; **jdm ans** ~ **legen, etw zu tun** to strongly recommend sb to do sth; **jdm liegt etw am** ~**en** sth concerns [*or* troubles] sb; **sich** *dat* **etw zu** ~**en nehmen** to take sth to heart; **sich** *dat* **etw vom** ~**en reden** (*geh*) to get sth off one's chest *fam;* **jdm sein** ~ **schenken** (*liter*) to give sb one's heart; **jdn in sein** ~ **schließen** to take sb to one's heart; **jdm sein** ~ **ausschütten** (*geh*) to pour out one's heart to sb *sep;* **jdm aus dem** ~**en sprechen** to say just what sb was thinking; **sein** ~ **sprechen lassen** to listen to one's heart; **jd wächst jdm ans** ~ sb grows fond of [*or* becomes attached to] sb; **jdm das** ~ **zerreißen** (*geh*) to break sb's heart

herz·al·ler·liebst ['hɛrtsʔalɐ'li:pst] *adj* (*geh*) beloved, darling; **ist dieser süße Säugling nicht ganz einfach** ~**?** isn't this sweet little baby simply adorable?; **das ist mein** ~**es Spielzeug** that's my most favourite toy **Herz·al·ler·liebs·te(r)** ['hɛrtsʔalɐ'li:pstə] *f(m) decl wie adj* (*geh*) [my] darling [*or* beloved] **Herz·an·fall** *m* heart attack; **einen** ~ **haben** to have a heart attack **Herz·ass**RR *nt* KARTEN ace of hearts **Herz·be·schwer·den** *pl* heart trouble; ~ **haben** to have heart trouble **Herz·beu·tel** *m* ANAT heart sac, pericardium *spec* **herz·be·we·gend** *adj s.* **herzerweichend Herz·blatt** *nt* ❶ HORT (*inneres Blatt einer Pflanze*) inner leaf ❷ (*fam: Schatz*) darling; **mein** ~**!** my darling! **Herz·blut** *nt* ▶ WENDUNGEN: **sein** ~ **für jdn hingeben** (*poet*) to sacrifice [*or* give] one's lifeblood [*or* all] for sb; **etw mit** [**seinem**] ~ **schreiben** to put one's heart and soul in one's writing *fig* **Herz·bu·be** *m* KARTEN jack [*or* knave] of hearts

Herz·chen <-s, -> *nt* (*fam*) darling

Herz·chi·rurg(in) *m(f)* heart [*or* cardiac] surgeon

Herz·chi·rur·gie *f* heart [*or* cardiac] surgery

Herz·chi·rur·gin <-, -nen> *f fem form von* **Herzchirurg Herz·da·me** *f* KARTEN queen of hearts

her|zei·gen *vt* ■ [**jdm**] **etw** ~ to show [sb] sth [*or* sth [to sb]]; **zeig doch mal her, was du da in der Hand hast!** let me see what you've got in your hand!; **zeig mal her!** let me [*or* let's] see! *fam*

her·zen ['hɛrtsn̩] *vt* (*geh*) ■ **jdn** ~ to cuddle sb, to embrace [*or* hug] sb

Her·zens·an·ge·le·gen·heit *f* ❶ (*wichtiges Anliegen*) matter close to one's heart; **jdm eine** ~ **sein** to be a matter very close to sb's heart ❷ (*Liebe betreffende Angelegenheit*) affair of the heart, affaire de coeur **Her·zens·be·dürf·nis** *nt* **jdm ein** ~ **sein** to be a matter very close to sb's heart **Her·zens·bil·dung** *f kein pl* (*geh*) nobleness of heart *form* **Her·zens·bre·cher(in)** *m(f)* heartbreaker, ladykiller *dated* **her·zens·gut**

['hɛrtsn̩s'gu:t] *adj* good-hearted, kind-hearted **Her·zens·gü·te** *f kein pl* (*geh*) kind-heartedness, good-heartedness; **er ist ein Mensch von großer** ~ he's a very kind-hearted [*or* good-hearted] person **Her·zens·lust** *f kein pl* **nach** ~ to one's heart's content **Her·zens·wunsch** *m* dearest wish, heart's desire

herz·er·fri·schend *adj* refreshing **herz·er·grei·fend** *adj* heart-rending **herz·er·wei·chend** **I.** *adj* heart-rending **II.** *adv* heart-rendingly **Herz·er·wei·te·rung** *f* MED dila[ta]tion of the heart, cardiectasis *spec* **Herz·feh·ler** *m* heart [*or* cardiac] defect **Herz·flat·tern** *nt kein pl* MED ventricular flutter *usu pl spec* **Herz·flim·mern** *nt kein pl* ❶ MED (*Kontraktionsstörungen am Herzmuskel*) fibrillation [of the heart], cardiac fibrillation ❷ (*Erregung*) heart flutter; **wenn ich ihn sehe, kriege ich** ~ when I see him my heart flutters **herz·för·mig** *adj* heart-shaped **Herz·ge·räu·sche** *nt pl* heart [*or* cardiac] murmurs *pl*

herz·haft **I.** *adj* ❶ (*würzig-kräftig*) tasty, savoury [*or* AM -ory]; ~**es Essen** hearty [*or* substantial] meal; ~**er Eintopf** hearty stew ❷ (*kräftig*) hearty; **ein** ~**er Kuss** a passionate kiss **II.** *adv* ❶ (*würzig-kräftig*) ~ **schmecken** to be tasty ❷ (*kräftig*) heartily; ~ **gähnen** to yawn loudly; ~ **küssen** to kiss passionately

her|zie·hen *irreg* **I.** *vt haben* ❶ (*heranziehen*) ■**jdn/etw [zu sich]** ~ to pull [*or* draw] sb/sth closer [*or* nearer] ❷ (*mitschleppen*) ■**jdn/etw hinter/neben sich** *dat* ~ to pull [*or* drag] sb/sth [along] behind/beside one **II.** *vi* ❶ *sein* (*herlaufen*) ■**hinter/neben/vor jdm** ~ to walk along behind/beside/in front of sb ❷ *sein* (*hierhin ziehen*) to move here ❸ *haben* (*fam: sich auslassen*) ■**über jdn/etw** ~ to run sb/sth down, to pull sb/sth to pieces

her·zig ['hɛrtsɪç] *adj* sweet, dear, lovely, cute AM

Herz·in·farkt *m* MED ❶ (*Verstopfung eines Herzkranzgefäßes*) heart attack, cardiac infarct[ion] *spec;* **einen** ~ **bekommen/haben** to have/suffer a heart attack ❷ (*sl: Patient*) heart attack [patient] **Herz·in·nen·haut** *f* ANAT endocardium **Herz·in·nen·haut·ent·zün·dung** *f* MED endocarditis **Herz·in·suf·fi·zi·enz** *f* MED cardiac insufficiency **Herz·ja·gen** *nt* MED tachycardia **Herz·kam·mer** *f* ANAT ventricle; **linke/rechte** ~ left/right ventricle **Herz·kir·sche** *f* HORT heart-cherry **Herz·klap·pe** *f* heart [*or* cardiac] valve; **künstliche** ~ artificial heart [*or* cardiac] valve **Herz·klap·pen·feh·ler** *m* MED valvular [heart] defect **Herz·klop·fen** *nt kein pl* pounding of the heart, palpitations *pl;* **mit** ~ with a pounding heart **Herz·kö·nig** *m* KARTEN king of hearts **herz·krank** *adj* suffering from a heart condition [*or* heart trouble] *pred;* ■~ **sein** to have a heart condition **Herz·krank·heit** *f* heart [*or* cardiac] disease **Herz·kranz·ge·fäß** *nt meist pl* ANAT coronary vessel [*or* artery] **Herz·kranz·ge·fäß·ver·kal·kung** *f* MED sclerosis [*or* hardening] of the arteries **Herz-Kreis·lauf-Er·kran·kung** *f* MED cardiovascular disease [*or* complaint] **Herz-Kreis·lauf-Sys·tem** *nt* MED cardiovascular system **Herz·lei·den** *nt* (*geh*) *s.* **Herzkrankheit**

herz·lich **I.** *adj* ❶ (*warmherzig*) warm; *Begrüßung* warm, friendly, cordial; **ein** ~**es Lächeln** a sunny [*or* cheerful] [*or* happy] smile; **ein** ~**es Lachen** a hearty laugh; **ein** ~**es Willkommen** a warm [*or* hearty] welcome ❷ (*in Grußformeln: aufrichtig*) kind; *s. a.* **Dank, Gruß** **II.** *adv* ❶ (*aufrichtig*) warmly, with pleasure; **sich bei jdm** ~ **bedanken** to thank sb sincerely, to express one's sincere thanks to sb *form;* **jdn** ~ **Glück wünschen** to sincerely wish sb the best of luck; **jdn** ~ **gratulieren** to congratulate sb heartily [*or* sincerely] [*or* warmly]; **... verbleibe ich als Ihr** ~**/**~**st grüßender A. Lang** ... Yours sincerely,/kind[est] regards, A. Lang ❷ (*recht*) thoroughly, really *fam;* ~ **wenig** precious little *fam*

Herz·lich·keit <-> *f kein pl* ❶ (*herzliches Wesen*) warmth ❷ (*Aufrichtigkeit*) sincerity, cordiality

herz·los *adj* heartless, unfeeling

Herz·lo·sig·keit <-, -en> *f* heartlessness *no pl*

Herz-Lun·gen-Ma·schi·ne *f* MED heart-lung machine **Herz·mas·sa·ge** *f* MED heart [*or* cardiac] massage **Herz·mit·tel** *nt* MED cardiac stimulant **Herz·mu·schel** *f* ZOOL common cockle, winkle AM **Herz·mus·kel** *m* ANAT heart [*or* cardiac] muscle, myocardium *spec* **Herz·mus·kel·schwä·che** *f* ANAT myocardial insufficiency

Her·zog(in) <-s, Herzöge *o selten* -e> ['hɛrtso:k, *pl* -tsø:gə] *m(f)* duke; ~ **Christian von Braunschweig** Christian, Duke of Brunswick

her·zog·lich ['hɛrtso:klɪç] *adj attr* ducal, of the/a duke *pred*

Her·zog·tum <-s, -tümer> *nt* duchy, dukedom

Herz·pa·ti·ent(in) *m(f)* heart [*or* cardiac] patient **Herz·ra·sen** *nt kein pl* MED ventricular tachycardia *no pl spec* **Herz·rhyth·mus** *m* heart [*or* cardiac] rhythm **Herz·rhyth·mus·stö·rung** *f* MED deviation of the heart [*or* cardiac] rhythm, ar[r]hythmia *spec;* ~**en haben** to suffer from heart rhythm [*or* cardiac] deviations [*or* ar[r]hythmia] **Herz·schei·de·wand** *f* ANAT interventricular septum **Herz·schlag** *m* MED ❶ (*Kontraktion des Herzmuskels*) heartbeat, beating of the heart; **einen** ~ **lang** (*geh*) for one [*or* a] fleeting moment ❷ (*Herzstillstand*) cardiac arrest, heart failure **Herz·schritt·ma·cher** *m* MED pacemaker **Herz·schwä·che** *f s.* **Herzinsuffizienz** **Herz·spe·zi·a·list(in)** *m(f)* MED heart specialist, cardiologist **herz·stär·kend** **I.** *adj* MED, PHARM stimulating to the heart **II.** *adv* ~ **wirken** to have a stimulatory effect on the heart **Herz·stich** *m meist pl* stabbing pain in the chest; MED cardialga *no pl spec,* cardiodynia *no pl spec;* ~**e bekommen/haben** to get/have stabbing pains in the chest **Herz·still·stand** *m* MED cardiac arrest **Herz·stück** *nt* heart [*or* core] **Herz·tä·tig·keit** *f* MED activity of the heart, cardiac activity **Herz·tod** *m* MED death by heart [*or* cardiac] failure, cardiac death **Herz·ton** *m meist pl* heart [*or* cardiac] sound *usu pl* **Herz·trans·plan·ta·ti·on** *f* MED heart transplant **Herz·ver·fet·tung** *f* MED fatty degeneration of the heart, cardiomyoliposis *spec* **Herz·ver·sa·gen** *nt kein pl* MED heart [*or* cardiac] failure *no pl* **Herz·wand** *f* ANAT heart [*or* cardiac] wall **herz·zer·rei·ßend** *adj s.* **herzerweichend**

Hes·se <-, -n> ['hɛsə] *f* KOCHK [beef] shin

Hes·se, Hes·sin <-n, -n> ['hɛsə, 'hɛsɪn] *m, f* GEOG Hessian

Hes·sen <-s> ['hɛsn̩] *nt* GEOG Hesse

Hes·sin <-, -nen> *f fem form von* **Hesse**

hes·sisch ['hɛsɪʃ] *adj* Hessian; **ihre Aussprache klingt** ~ she speaks with a Hessian accent, she sounds Hessian

He·te·ro <-s, -s> ['he:tero] *m* (*sl*) hetero *fam,* heterosexual

he·te·ro·gen [hetero'ge:n] *adj* (*geh*) heterogeneous

He·te·ro·ge·ni·tät <-> [heterogeni'tɛ:t] *f kein pl* heterogeneity *no pl*

He·te·ro·se·xu·a·li·tät <-> [heterozɛksu̯ali'tɛ:t] *f kein pl* heterosexuality *no pl*

he·te·ro·se·xu·ell [heterazɛ'ksu̯ɛl] *adj* heterosexual

he·te·ro·zy·got [heterotsy'go:t] *adj* BIOL heterozygous

He·thi·ter(in) <-s, -> [he'ti:tɐ] *m(f)* HIST Hittite

Hetz·blatt ['hɛts-] *nt* MEDIA (*pej*) [political] smearsheet

Het·ze <-, -n> ['hɛtsə] *f* ❶ *kein pl* (*übertriebene Hast*) mad rush ❷ (*pej: Aufhetzung*) smear campaign; (*gegen Minderheiten*) hate campaign

het·zen ['hɛtsn̩] **I.** *vi* ❶ *haben* (*sich abhetzen*) to rush about [*or* around] ❷ *sein* (*eilen*) ■**[irgendwohin]** ~ to rush [*or* race] [somewhere] ❸ *haben* (*pej: Hass schüren*) ■**[gegen jdn/etw]** ~ to stir up hatred [against sb/sth]; **gegen eine Regierung** ~ to agitate against a government **II.** *vt haben* ❶ JAGD (*jagen*) ■**ein Tier** ~ to hunt an animal ❷ (*losgehen lassen*) ■**jdn/einen Hund auf jdn** ~ to sick [*or* set] sb/a dog [up]on sb ❸ (*fam: antreiben*) ■**jdn** ~ to rush [*or* hurry] sb ❹ (*vertreiben*) ■**jdn von etw** ~ **lassen** to have sb chased off sth **III.** *vr* ■**sich** ~ to rush [*or* hurry]

Het·zer(in) <-s, -> ['hɛtsɐ] *m(f)* (*pej*) agitator, rabble-rouser

Het·ze·rei <-, -en> *f* ❶ *kein pl* (*ständige Hetze*) mad rush, rushing around *fam;* **immer diese** ~ **morgens – kannst du nicht eine halbe Stunde früher aufstehen?** it's always a mad rush every morning – can't you wake up half an hour ear-

H

lier? ❷ (*ständiges Hetzen*) [continual] stirring up of hatred, malicious agitation

Het·ze·rin <-, -nen> *f fem form von* **Hetzer**

het·ze·risch *adj* inflammatory, virulent, slanderous, incendiary

Hetz·jagd *f* ❶ JAGD (*Wildjagd*) hunt ❷ (*pej: Hetze*) smear campaign; (*auf Minderheiten*) hate campaign; **zur ~ auf jdn blasen** to stir up a hate/smear campaign against sb ❸ (*übertriebene Hast*) mad rush **Hetz·kam·pa·gne** *f* (*pej*) smear campaign, hate campaign

Heu <-[e]s> [hɔy] *nt kein pl* AGR hay; **ins ~ gehen** to harvest the hay; **~ machen** to hay [*or* make hay] ▸WENDUNGEN: **Geld wie ~ haben** to have heaps of money

Heu·bal·len *m* AGR hay bale **Heu·bo·den** *m* hayloft

Heu·che·lei <-, -en> [hɔyçəˈlai] *f* (*pej*) ❶ (*ständiges Heucheln*) hypocrisy ❷ (*heuchlerische Äußerung*) hypocritical remark

heu·cheln [ˈhɔyçl̩n] **I.** *vi* to play the hypocrite, to be a hypocrite **II.** *vt* ■**etw ~** to feign sth

Heu·chler(in) <-s, -> [ˈhɔyçlɐ] *m(f)* (*pej*) hypocrite

heuch·le·risch **I.** *adj* (*pej*) ❶ (*unaufrichtig*) insincere ❷ (*geheuchelt*) hypocritical **II.** *adv* (*pej*) hypocritically

heu·en [ˈhɔyən] *vi* AGR DIAL (*Heu ernten*) to [make] hay; ■**das H~** haymaking [*or* haying]

heu·er [ˈhɔyɐ] *adv* SÜDD, ÖSTERR, SCHWEIZ (*in diesem Jahr*) this year

Heu·er <-, -n> [ˈhɔyɐ] *f* NAUT [sailor's] pay [*or pl* wages]

Heu·ern·te *f* AGR ❶ (*das Einbringen des Heus*) harvesting of [the] hay, hay harvest, haymaking ❷ (*Ertrag*) hay crop [*or* harvest] **Heu·ga·bel** *f* AGR hay fork, pitchfork **Heu·hau·fen** *m* AGR (*angehäuftes Heu*) haystack, hayrick ▸WENDUNGEN: **eine Stecknadel im ~ suchen** to look for a needle in a haystack

Heul·bo·je *f* NAUT whistling buoy

heu·len [ˈhɔylən] *vi* ❶ (*fam: weinen*) to howl *fam,* to wail, to cry; **vor Enttäuschung ~** to cry with disappointment; **es ist [einfach/wirklich] zum H~** (*fam*) it's enough to make you cry [*or* weep] ❷ (*lang gezogene Laute produzieren*) to howl; *Motor* to wail; *Motorrad, Flugzeug* to roar; *Sturm* to rage

Heu·len <-s> [ˈhɔylən] *nt kein pl* ❶ (*fam: das Weinen*) howling *fam,* wailing, crying, bawling ❷ (*das Geheul*) howling ▸WENDUNGEN: **~ und Zähneklappern** weeping and gnashing of teeth

Heu·ler <-s, -> *m* ZOOL (*junger Seehund*) seal pup ▸WENDUNGEN: **das ist ja der letzte ~** (*sl*) that's the last [*or* final] straw

Heul·su·se <-, -n> *f* (*pej fam*) crybaby *pej fam* **Heul·ton** *m* wail[ing sound]

Heu·ri·ge(r) *m decl wie adj* ÖSTERR ❶ (*Weinlokal*) wine tavern ❷ (*Wein der letzten Lese*) new wine, wine of the latest vintage

Heu·schnup·fen *m* MED hay fever **Heu·scho·ber** <-s, -> *m* SÜDD, ÖSTERR, SCHWEIZ (*großer Heuhaufen*) haystack **Heu·schre·cke** <-, -n> *f* grasshopper; (*Wander~*) locust **Heu·schre·cken·krebs** *m* mantis shrimp, squill **Heu·sta·del** <-s, -> *m* SÜDD, ÖSTERR, SCHWEIZ (*Scheune für Heu*) barn

heut *adv* (*fam*) *s.* **heute**

heu·te [ˈhɔytə] *adv* ❶ (*an diesem Tag*) today; **~ Abend** this evening, tonight; **~ Morgen/Nachmittag** this morning/afternoon; **~ Mittag** this lunchtime, today at noon, [at] midday today; **~ Nacht** tonight; **~ früh** [early] this morning; **bis ~** until today; **er hat die Rechnung leider bis ~ nicht bezahlt** unfortunately, he still hasn't paid the bill to this day; **ab ~** from today; **~ in/vor acht Tagen** a week [from] today/ago today, BRIT today week; **von ~ auf morgen/nächste Woche** *akk* until tomorrow/next week; **können wir das Gespräch nicht von ~ auf morgen verschieben?** could we not postpone the talks until tomorrow?; **von ~ ab** [*o* **an**] from [*or* as of] today; **etw von ~** today's sth; **das Brot/die Post/die Zeitung von ~** today's bread/mail/newspaper ❷ (*der Gegenwart*) today; **das Deutschland von ~** Germany [of] today; **lieber ~ als morgen** (*fam*) sooner today than tomorrow; **von ~ auf morgen** overnight, all of a sudden; **von ~ auf morgen ändert er seine Meinung** he changes his mind from one day to the next ❸ (*heutzutage*) nowadays, today ▸WENDUNGEN: **was du ~ kannst besorgen, das verschiebe nicht auf morgen** (*prov*) never put off till tomorrow what you can do today *prov*

Heu·te <-> [ˈhɔytə] *nt kein pl* the present, today; **viele Menschen leben ganz im H~** many people live just for today [*or* the present]

heu·tig [ˈhɔytɪç] *adj attr* ❶ (*heute stattfindend*) today's; **die ~e Veranstaltung** today's event ❷ (*von heute*) *Zeitung, Nachrichten* today's; **der ~e Abend** this evening; **der ~e Anlass** this occasion; **der ~e Geburtstag: ich gratuliere zu deinem ~en Geburtstag recht herzlich** congratulations on your birthday; **der ~e Tag** today; **am ~en Tag** today; **bis zum ~en Tag** to date, to this very day ❸ (*gegenwärtig*) **die ~e Zeit** nowadays; **der ~e Stand der Technik** today's state of the art ❹ (*von heute stammend*) **die ~e Jugend** the youth of today; *s. a.* **Sicht, Tag**

heut·zu·ta·ge [ˈhɔyttsuta:gə] *adv* nowadays, these days

Heu·wa·gen *m* hay cart [*or liter* wain]

He·xa·de·zi·mal·sys·tem *nt* hexadecimal system [*or* notation] **He·xa·e·der** <-s, -> [hɛksaˈʔe:dɐ] *nt* hexagon **he·xa·go·nal** [hɛksagoˈna:l] *adj* hexagonal **He·xa·me·ter** [hɛˈksa:metɐ] *m* hexameter

He·xe <-, -n> [ˈhɛksə] *f* ❶ (*böses Fabelwesen*) witch ❷ (*pej fam: bösartige Frau*) witch *pej;* (*schlecht gelaunte und zeternde Frau*) virago *pej,* shrew *pej;* **eine alte ~** an old crone [*or* hag] [*or* bag] *pej;* **eine kleine ~** a little minx, sexy little bitch

he·xen [ˈhɛksn̩] **I.** *vi* to cast spells, to perform magic; **ich kann doch nicht ~** (*fig fam*) I can't work miracles **II.** *vt* ■**jdn ~** to cast a spell on sb; **weicht von hinnen, oder ich hexe euch die Pest an den Hals!** go or I will bring the plague down upon you!; ■**jdn irgendwohin ~** to magic sb somewhere; **die Hexe im Märchen hat ihn in die Wüste gehext** the witch in the fairy tale magicked him to the desert; **wie gehext** like magic

He·xen·häus·chen *nt sort of gingerbread in the shape of a witch's cottage* **He·xen·jagd** *f* (*pej*) witch-hunt *pej* **He·xen·kes·sel** *m* (*pej*) madhouse *pej* **He·xen·meis·ter** *m* (*veraltend*) *s.* **Zauberer** **He·xen·pro·zess**[RR] *m* witch trial **He·xen·schuss**[RR] *m kein pl* MED (*fam*) lumbago *no pl* **He·xen·ver·bren·nung** *f* burning [at the stake] of a witch/witches; **Millionen unschuldiger Frauen wurden Opfer der kirchlichen ~en** millions of innocent women were burnt at the stake by the church **He·xen·wahn** *m irrational belief in the evil power of witches*

He·xe·rei <-, -en> [hɛksəˈrai] *f* magic, sorcery *pej,* witchcraft *pej*

hg. *Abk von* **herausgegeben** ed.

HG <-, -s> [ha:ˈge:] *f Abk von* **Handelsgesellschaft**

Hi·bis·kus <-, Hibisken> [hiˈbɪskʊs, *pl* -skən] *m* hibiscus

hick [hɪk] *interj* (*Geräusch beim Schluckauf*) hic; **~ machen** to hiccup

Hick·hack <-s, -s> [ˈhɪkhak] *m o nt* (*fam*) bickering, squabbling, wrangling

hie [hi:] *adv* ▸WENDUNGEN: **~ und da** (*stellenweise*) here and there, in places; (*von Zeit zu Zeit*) now and then; **~ Tradition, da Fortschritt** on the one hand tradition, on the other progress

hieb *imp von* **hauen**

Hieb <-[e]s, -e> [hi:p, *pl* ˈhi:bə] *m* ❶ (*Schlag*) blow; (*Peitschen~*) lash [of a whip]; **jdm einen ~ versetzen** to deal sb a blow; (*mit einer Peitsche*) to lash sb with a whip; (*mit der Faust*) to punch sb ❷ *pl* (*Prügel*) beating *sing,* hiding *sing;* **der Vater drohte ihm ~e an** his father threatened him with a beating; **noch ein so freches Wort, und es gibt/setzt ~e!**

one more cheeky remark like that and you'll get walloped *fam* [*or* a beating] [*or* a hiding]! ❸ DIAL (*veraltend: Schluck Alkohol*) ■**ein ~ etw** a drop of sth; **einen ~ Wein trinken** to drink a drop of wine ❹ DIAL (*veraltend: leichter Alkoholrausch*) **einen ~ haben** to be tipsy ❺ *kein pl* FORST (*Fällen von Bäumen zur Verjüngung*) cut[ting], felling ❻ TECH DIAL (*an Feilen*) cut ▶ WENDUNGEN: **auf den ersten ~** at the first attempt; **einen ~ haben** (*sl*) to be out of one's mind; **der ~ saß** the dig [*or* gibe] hit [*or* struck] home; **auf einen ~** (*fam*) at [*or* in] one go

hieb- und stich·fest *adj* conclusive, irrefutable, incontestable; **ein ~es Alibi** a cast-iron [*or* watertight] alibi

Hieb·waf·fe *f* cutting weapon

Hie·fer·scher·zel *nt* KOCHK ÖSTERR (*Bürgermeisterstück*) topside, round AM **Hie·fer·schwanzl** *nt* KOCHK ÖSTERR (*Kugel vom Rind*) silverside, round AM

hielt ['hi:lt] *imp von* **halten**

hier [hi:ɐ̯] *adv* ❶ (*an diesem Ort*) here; **sehen Sie mal ~! entdecken Sie an dem Bild nichts Auffälliges?** have a look at this! can you see anything strange about the picture?; **wo sind wir denn ~? ich fürchte fast, wir haben uns verlaufen!** where have we landed? I'm beginning to think we're lost!; **er müsste doch schon längst wieder ~ sein!** he should have been back ages ago!; **~ draußen/drinnen** out/in here; **~ entlang** this way; **~ oben/unten** up/down here; **~ vorn/hinten** here at the front/at the back; **~ ist/spricht Dr. Dralle** [this is] Dr Dralle, Dr Dralle speaking; **nach ~** here; **von ~ ab** from here on, from here on in *fam;* **von ~ aus** from here; **~!** MIL, SCH here!, present! ❷ (*in diesem Land, in dieser Stadt*) here; ■**~ sein** to be [*or* arrive] here; **wann soll der Zug ~ sein?** when is the train due?; **~ bei uns/in Deutschland** here in this country/Germany; (*in dieser Gegend*) here; **von ~ sein** to be from here; **nicht von ~ sein** to be a stranger here, to not be from here; **es jdn nach ~ verschlagen** to end up [*or* land] here; **irgendwie scheint es mir, als sei ich früher schon mal ~ gewesen** somehow I have the feeling that I've been here before ❸ (*da!*) here; **gib mal die Akten rüber! – ~! – danke!** pass me the files! – here you are! – thanks! ❹ (*in diesem Moment*) at this point; **~ versagte ihm die Stimme** at this point his voice failed him; **~ und heute** (*geh*) here and now; **von ~ an** from now on, from here on in *fam* ▶ WENDUNGEN: **~ und da** (*stellenweise*) here and there; (*gelegentlich*) now and then; **ein bisschen ~ sein** (*sl*) to be daft [*or* nuts] *fam,* to be off one's trolley BRIT *sl;* **jdm steht etw bis ~ [oben]** (*fam*) sb is sick of [*or* fed up with] sth; **Herr/Frau ... ~, Herr/Frau ... da** (*iron*) Mr/Mrs ... this, Mr/Mrs ... that

hier·an ['hi:'ran] *adv* ❶ (*an diesem Gegenstand*) on here; **ich erinnere mich, ~ schon früher mal vorbeigekommen/vorübergegangen zu sein** I can remember passing this way [*or* being here] once ❷ (*an diesen Gegenstand*) on here; **Sie können das Gerät ~ anschließen** you can connect the machine here; **etw ~ werfen** to throw sth here ❸ (*an diesem Sachverhalt*) here; **~ kann es keinen Zweifel geben** there can be no doubt of that ❹ (*an dieses Ereignis*) **sich ~ erinnern** to remember this; **ein wundervolles Fest, ~ werde ich mich sicher noch lange erinnern** a wonderful party, I won't forget it for a long time

Hie·rar·chie <-, -n> [hi̯erar'çi:, *pl* -'çi:ən] *f* hierarchy

hie·rar·chisch [hie'rarçɪʃ] **I.** *adj* hierarchical **II.** *adv* hierarchically; **viele Großunternehmen sind streng ~ aufgebaut** many large companies have a strict hierarchy

hie·rauf ['hi:'rauf] *adv* ❶ (*auf diesem Gegenstand herauf*) [on] here ❷ (*auf diesen Gegenstand obendrauf*) down here, down on this; **setz dich doch einfach ~** just sit yourself down on this [*or* here] *fam;* **etw ~ stellen** to put sth down here ❸ (*daraufhin*) as a result of this/that, thereupon, whereupon

hie·raus ['hi:'raus] *adv* ❶ (*aus diesem Gegenstand*) from [*or* out of] here ❷ (*aus diesem Material*) out of [*or* from] this ❸ (*aus dem Genannten*) from this; **~ folgt/geht hervor ...** it follows from this ... ❹ (*aus diesem Werk*) from this

hier|be·hal·ten* *vt irreg* **jdn/etw ~** to keep sb/sth here

hier·bei ['hi:ɐ̯'bai] *adv* ❶ (*bei diesem Anlass, währenddessen*) while doing this [*or* that]; **sei vorsichtig beim Holzhacken, ~ hat sich schon mancher verletzt!** be careful when you're chopping wood, it's easy to hurt yourself doing it! ❷ (*nahe bei etw*) in the same place; **~ lag auch das Zeugnis, das ich jetzt suche** the certificate I was looking for was in the same place ❸ (*dabei*) here; **das ist also die Vorgehensweise; ~ sind gewisse Punkte besonders zu beachten** so that's the procedure; particular attention should be paid to certain points here

hier|blei·ben *vi irreg sein* to stay here; **hiergeblieben!** you stay here!

hier·durch ['hi:ɐ̯'dʊrç] *adv* ❶ (*hier hindurch*) through here ❷ (*dadurch*) in this way; **das waren meine Vorschläge; ich hoffe, ich konnte Ihnen ~ etwas weiterhelfen** those were my suggestions; I hope they are of use to you

hie·rein ['hi:'rain] **I.** *adv* (*in dieses Behältnis hinein*) in/into here **II.** *interj* (*in dieses Gebäude hinein*) in here

hier·für ['hi:ɐ̯'fy:ɐ̯] *adv* ❶ (*im Austausch für etw*) [in exchange] for this ❷ (*für diese Sache*) for this; **~ interessiere ich mich nicht** I'm not interested in this

hier·ge·gen ['hi:ɐ̯'ge:gn̩] *adv* ❶ (*gegen diesen Gegenstand*) against this; **er ist ~, gegen diesen Pfeiler, gefahren** he drove into this pillar ❷ (*gegen diesen Sachverhalt*) against this; **diese Behauptung ist falsch, ~ muss ich mich ausdrücklich verwehren** this allegation is false, I refuse to accept it ❸ (*im Vergleich zu diesem*) compared to this; **wir haben auch einen Weinkeller, aber der ist ~ doch sehr bescheiden** we have a wine cellar too but it's pretty modest compared to this

hier·her ['hi:ɐ̯'he:ɐ̯] *adv* here; **~!** come here!; **jdn/etw ~ bringen** to bring sb/sth here; **~ gehören** (*hier angestammt sein*) to belong here; (*hier an diese Stelle gehören*) to belong here; (*zum Thema gehören*) to be relevant; **jdn/etw ~ holen** to bring sb/sth here; **ich habe Sie alle ~ holen lassen, um Ihnen eine erfreuliche Mitteilung zu machen** I've had you all called here so that I can give you some good news; **~ kommen** to come [over] here; **jdn/etw ~ schaffen** to bring sb/sth here, to get sb/sth here *pej;* **schaffen Sie mir die Frau ~, die kann was erleben!** get the woman here, she's in for it now!; **jdn/etw ~ schicken** to send sb/sth here; ■**etw ~ setzen** to put sth here; ■**sich ~ setzen** to sit here; **setz dich mal ~ zu mir** come and sit [here] next to me; ■**etw ~ stellen** to put sth here; **stell doch bitte mal die Leiter ~ an die Wand!** please stand the ladder here against the wall!; ■**sich ~ stellen** to stand here; **musste der Laster sich ~ vor meine Einfahrt stellen?** did the lorry have to park here in front of my drive?; **bis ~** up to here; (*so weit*) so far; **bis ~ und nicht weiter** this far and no further

hier·he·rauf ['hi:ɐ̯hɛ'rauf] *adv* up here; **bis ~** up here

hier·he·rum ['hi:ɐ̯hɛ'rʊm] *adv* ❶ (*in diese Richtung*) round [*or esp* AM around] this way ❷ (*fam: in dieser Gegend*) around here **hier·hin** ['hi:ɐ̯hɪn] *adv* here; **setz dich ruhig ~ auf den Sessel!** you sit [right] here in the armchair!; **~ und dorthin** here and there; **bis ~** up to here [*or* to this point]; **bis ~ und nicht weiter** up to here [*or* this far] and no further **hier·hi·nab** *adv* down here **hier·hi·nauf** *adv* up here **hier·hi·naus** *adv* ❶ (*an dieser Stelle hinaus*) out here; **zum Garten geht es ~** this is the way to the garden ❷ (*aus etw hinaus*) from here; **wo ist der Ausgang? – bitte ~!** where is the exit? – this way out! **hier·hi·nein** *adv* ❶ (*an dieser Stelle hinein*) in here; **wir müssen ~** we have to go in here ❷ (*in etw hinein*) in; **der Umschlag ist zu klein, die Unterlagen passen nicht alle ~** the envelope is too small, the documents won't all fit in **hier·hin·ter** *adv* behind here **hier·hi·nun·ter** *adv* ❶ (*unter diesen Gegenstand*) under here ❷ (*an dieser Stelle hinunter*)

s. **hierhinab hie·rin** ['hi:'rɪn] *adv* ❶ (*in diesem Raum, Gegenstand*) in here ❷ (*was das angeht*) in this
hier|las·sen *vt irreg* **jdn/etw** ~ to leave sb/sth here
hier·mit ['hi:ɐ̯'mɪt] *adv* ❶ (*geh: durch dieses Schriftstück*) with this; ~ **erkläre ich, dass ...** I hereby declare that ...; ~ **wird bescheinigt, dass ...** this is to certify that ... ❷ (*mit diesem Gegenstand/diesen Gegenständen*) with this/these ❸ (*mit dieser Angelegenheit*) with this/these; **das sind unsere Vorschläge, sind Sie** ~ **einverstanden?** those are our proposals, are you in agreement with them? ❹ (*somit*) with this; ~ **möchte ich dann auch die Konferenz beenden** I declare this conference closed *form,* now I would like to bring this conference to a close; ~ **ist die Angelegenheit abgeschlossen/erledigt** that is the end of the matter **hier·nach** ['hi:ɐ̯'na:x] *adv* after this
Hie·ro·gly·phe <-, -n> [hiero'gly:fə] *f* ❶ (*Zeichen der ägyptischen Bilderschrift*) hieroglyph ❷ *pl* (*hum: schwer entzifferbare Schrift*) hieroglyphics *pl*
Hier·ro ['jɛrro] *nt* Hierro; *s. a.* **Sylt**
Hier·sein *nt* (*geh*) ■**jds** ~ sb's presence [*or* being here]; **ich hatte sie ausdrücklich um ihr** ~ **gebeten** I expressly asked her to be here
hie·rü·ber ['hi:'ry:bɐ] *adv* ❶ (*hier über diese Stelle*) over here ❷ (*genau über dieser Stelle*) above here ❸ (*geh: über diese Angelegenheit*) about this [*or form* this matter] **hie·rum** ['hi:'rʊm] *adv* ❶ (*um diese Angelegenheit*) about this; ~ **geht es mir nicht** that's not what I'm worried about ❷ *s.* **hierherum 1 hie·run·ter** ['hi:'rʊntɐ] *adv* ❶ (*unter diesem Gegenstand*) under here ❷ (*unter diesen Gegenstand*) under here ❸ (*in diese Gruppe*) among it/them; ~ **fallen** to fall into this category **hier·von** ['hi:ɐ̯'fɔn] *adv* ❶ (*von diesem Gegenstand*) of this/these; **wenn Sie diesen Teppichboden nehmen wollen,** ~ **habe ich noch reichlich** if you would like this carpet, I've still got a lot [of it] ❷ (*davon*) among them **hier·vor** ['hi:ɐ̯'fo:ɐ̯] *adv* ❶ (*vor dieser Stelle*) in front of here ❷ (*vor diese Stelle*) in front of here ❸ *s.* **davor hier·zu** ['hi:ɐ̯'tsu:] *adv* ❶ (*dazu*) with it; **hmm, Lachs,** ~ **gehört eigentlich ein trockener Weißwein!** hmm, salmon, you should really drink dry white wine with it! ❷ (*zu dieser Kategorie*) ~ **gehören** [*o* **zählen**] to belong to [*or* in] this category; ~ **gehört** [*o* **zählt**] **...** this includes ... ❸ (*zu diesem Punkt*) to this; **sich** ~ **äußern** to say something/anything about this; ~ **vergleichen Sie bitte die Anmerkung auf Seite 23** please compare this to the note on page 23 **hier·zu·lan·de, hier zu Lan·de** ['hi:ɐ̯tsu'landə] *adv* here in this area, here in these parts, round [*or esp* AM around] here *fam;* (*in diesem Land*) [here] in this country
hie·sig ['hi:zɪç] *adj attr* ❶ (*hier heimisch*) local; ~**e Freunde/Verwandte** friends/relatives [who live around] here ❷ (*hier herrschend*) local
Hie·si·ge(r) *f(m) decl wie adj* local
hieß ['hi:s] *imp von* **heißen**
hie·ven ['hi:fn̩] *vt* ❶ (*hochwinden*) ■**etw [irgendwohin]** ~ to hoist sth [somewhere]; **den Anker** ~ to weigh anchor; **den Anker an Deck** ~ to bring the anchor on deck ❷ (*hum fam: heben*) ■**jdn irgendwohin** ~ to heave sb somewhere *fam*
Hi-Fi ['haifi] *f* TECH *kurz für* **High Fidelity** hi-fi
Hi-Fi-An·la·ge ['haifi-] *f* stereo [*or* sound] system, hi-fi **Hi-Fi-Fan** ['haifi-] *m* hi-fi fan **Hi-Fi-Qua·li·tät** ['haifi-] *f* hi-fi quality **Hi-Fi-Ton** ['haifi-] *m* hi-fi sound **Hi-Fi-Turm** ['haifi-] *m* hi-fi [*or* sound] system (*placed one on top of the other to form a tower*)
Hift·horn ['hɪfthɔrn] *nt hunting horn made out of a cattle horn*
high [hai] *adj pred* (*sl*) ❶ (*von Drogen berauscht*) high, as high as a kite *fig,* loaded *fam,* stoned *fig sl,* on a trip *fig fam* ❷ (*euphorisch*) euphoric, ecstatic, high *fig*
High De·fi·ni·tion Te·le·vi·sion [haidɛfi'nɪʃn̩ tele'vɪʃn̩] *nt* TV, TECH high-definition television
High·fly·er <-s, -> ['haɪ'flaiɐ] *m* high-flyer
High·heelsRR, **High Heels** ['haɪ'hi:ls] *pl* high heels, stilettos
High·life ['hailaif], **High Life** <-s> [haɪ'laɪf] *nt kein pl* **irgendwo/bei jdm ist** [*o* **herrscht**] ~ (*fam*) somewhere/at sb's place they are living it up *fam* [*or* making merry] [*or fam* whooping it up]; ~ **machen** (*fam*) to live it up *fam,* to make merry, to whoop it up *fam*
High·light <-s, -s> ['hailait] *nt* MUS (*geh: Höhepunkt*) highlight
High So·cie·tyRR, **High-So·cie·ty**ALT <-> ['haizo'saiiti] *f kein pl* high society
High·techRR, **High-Tech**ALT <-[s]> ['hai'tɛk] *nt kein pl* high-tech *fam*
High·tech-Aus·rüs·tungRR ['hai'tɛk-] *f* high-tech equipment **High·tech-Ge·rät**RR ['hai'tɛk-] *nt* high-tech device **High·tech-Kom·po·nen·te**RR ['hai'tɛk-] *f* high-tech component **High·tech-Pro·dukt**RR ['hai'tɛk-] *nt* high-tech product
hi·hi [hi'hi:] *interj* hee hee; ~, **reingefallen!** hee hee, got you!
hi·ja·cken ['haidʒɛkn̩] *vt* (*fam*) ■**ein Flugzeug** ~ to hijack a plane
Hi·ja·cker(in) <-s, -> ['haidʒɛkɐ] *m(f)* hijacker
hilf [hɪlf] *imper sing von* **helfen**
Hil·fe <-, -n> ['hɪlfə] *f* ❶ *kein pl* (*Beistand, Unterstützung*) help *no pl,* assistance *no pl;* **lauf und hole** ~**!** go and get help!; **jds Gedächtnis zu** ~ **kommen** to jog sb's memory; **eine** ~ **für das Gedächtnis sein** to jog the memory; **jdm seine** ~ **anbieten** to offer sb one's help; **auf jds** ~ **angewiesen sein** to be dependent on sb's help; **jds** ~ **bedürfen** (*geh*) to need sb's help; **jdn um** ~ **bitten** to ask sb for help [*or* assistance]; **jdm eine [wertvolle]** ~ **sein** to be a [great] help to sb; **jdm zu** ~ **kommen** to come to sb's assistance; **[jdm]** ~ **leisten** (*geh*) to help [*or* assist] [sb]; **etw zu** ~ **nehmen** *gen* to use [*or* make use of] sth; **um** ~ **rufen** [*o* **schreien**] to call [*or* shout] for help; **jdn zu** ~ **rufen** to call sb [to help]; **sich** ~ **suchend umsehen** to look round for help; **sich** ~ **suchend an jdn/etw wenden** to turn to sb/sth for help; **ein** ~ **suchender Blick** a pleading look; **ein** ~ **suchender Mensch** a person seeking help; **jdm seine** ~ **verweigern** to refuse to help sb; **mit jds** ~ with sb's help [*or* assistance]; **mit** ~ **einer S.** *gen* with [the help of] sth; **ohne [jds]** ~ without [sb's] help; **[zu]** ~**!** help!; **du bist mir eine schöne** ~**!** (*iron*) well, you're a great help! *iron;* **ohne fremde** ~ without outside help; **erste** ~ first aid; **jdm erste** ~ **leisten** to give sb first aid ❷ (*Zuschuss*) **finanzielle** ~ financial assistance; (*für Notleidende*) relief, aid; **wirtschaftliche** ~ economic aid ❸ (*Hilfsmittel*) aid ❹ (*Haushalts~*) help
Hil·fe·leis·tung *f* (*geh*) help, assistance; **zur** ~ **verpflichtet** obliged to help [*or* give [*or form* render] assistance]; **unterlassene** ~ JUR failure to render assistance in an emergency **Hil·fe·ruf** *m* cry [*or* call] [*or* shout] for help **Hil·fe·schrei** *m s.* **Hilferuf Hil·fe·stel·lung** *f* ❶ (*Unterstützung bei einer Turnübung*) **ohne** ~ **springe ich nicht über das Pferd!** I'm not jumping over that horse without help!; **jdm** ~ **geben** to give sb a hand ❷ (*Mensch*) somebody to help; **jdm** ~ **geben** to help sb, to give sb a hand **Hil·fe·su·chen·de(r)** *f(m) decl wie adj* sb looking for [*or* seeking] help; **als Pfarrer bin ich stets für** ~ **da** as a priest, I'm always available for those seeking help
hilf·los ['hɪlflo:s] **I.** *adj* ❶ (*auf Hilfe angewiesen*) helpless ❷ (*ratlos*) at a loss *pred;* **ein** ~**er Eindruck** a confused [*or* helpless] [*or* nonplussed] impression; **ich muss gestehen, ich bin etwas** ~ I must admit I don't know what to do [*or* I'm at a loss] [*or* I'm a bit nonplussed] **II.** *adv* ❶ (*schutzlos*) helplessly; **jdm/etw** ~ **ausgeliefert sein** to be at the mercy of sb/sth ❷ (*ratlos*) helplessly, at a loss; **offensichtlich [sehr]** ~ obviously at a [complete] loss
Hilf·lo·sig·keit <-> *f kein pl* ❶ (*völlige Hilfsbedürftigkeit*) helplessness ❷ (*Ratlosigkeit*) helplessness, bafflement, perplexity; **ich muss meine** ~ **eingestehen** I have to confess I'm baffled [*or* at a loss]
hilf·reich *adj* ❶ (*hilfsbereit*) helpful ❷ (*nützlich*) helpful, useful; ■**es wäre** ~, **wenn ...** it would be a help if ...

Hilfs·ak·ti·on *f* aid [*or* relief] programme [*or* AM -am] **Hilfs·ar·bei·ter(in)** *m(f)* (*veraltend*) labourer [*or* AM -orer]; (*in einer Fabrik*) unskilled worker **Hilfs·ar·beits·kräf·te** *pl* unskilled labour [*or* AM -or] **hilfs·be·dürf·tig** *adj* ❶ (*auf Hilfe angewiesen*) in need of help *pred* ❷ FIN (*bedürftig*) needy, in need *pred,* on one's uppers *fam pred* BRIT, short of cash *esp* AM **Hilfs·be·dürf·tig·keit** *f* need, neediness, hardship, privation **hilfs·be·reit** *adj* helpful; **sich ~ zeigen** to be willing to help **Hilfs·be·reit·schaft** *f* helpfulness, willingness to help **Hilfs·fonds** *m* aid [*or* relief] fund **Hilfs·kraft** *f* help *no pl;* **in der Hauptsaison beschäftigen wir mehrere Hilfskräfte** in the high season we employ several extra staff; **~ im Haus** domestic help; **wissenschaftliche ~** (*Assistent eines Hochschullehrers*) assistant [lecturer] **Hilfs·maß·nah·me** *f* aid [*or* relief] measure *usu pl* **Hilfs·mit·tel** *nt* ❶ MED [health] aid ❷ *pl* (*Geldmittel zur Unterstützung*) [financial] aid [*or* relief] **Hilfs·mo·tor** *m* auxiliary engine/motor; **ein Fahrrad mit ~** a motor-assisted bicycle **Hilfs·or·ga·ni·sa·ti·on** *f* aid [*or* relief] organization **Hilfs·pro·gramm** *nt* POL, SOZIOL relief [*or* aid] programme [*or* AM -am] **Hilfs·quel·le** *f* resource **Hilfs·trieb·werk** *nt* auxiliary gear **Hilfs·trupp** *m* troop of helpers; MIL reserve troop **Hilfs·verb** *nt* auxiliary verb **Hilfs·werk** *nt* SOZIOL relief organization **hilfs·wil·lig** *adj* helpful, willing to help *pred* **Hilfs·wil·li·ge(r)** *f(m) decl wie adj* [willing] helper, person willing to help

Hi·ma·la·ja [hiˈmaːlaja, himaˈlaːja], **Himalaja** <-s> *m* Himalaya, Himalayas *npl*

Him·bee·re [ˈhɪmbeːrə] *f* ❶ (*Strauch*) raspberry [cane] ❷ (*Frucht*) raspberry

Him·beer·geist *m kein pl schnapps made out of raspberries* **Him·beer·ge·lee** *nt* raspberry jelly **Him·beer·saft** *m* raspberry juice **Him·beer·si·rup** *m kein pl* KOCHK raspberry syrup *no pl* **Him·beer·strauch** *m s.* **Himbeere 1**

Him·mel <-s, *poet* -> [ˈhɪml̩] *m* ❶ (*Firmament*) sky; **der ~ hellt** [*o* **klärt**] **klärt sich auf** the sky is brightening [*or* clearing] up; **der ~ bezieht sich** the sky [*or* it] is clouding over; **zwischen ~ und Erde** between the earth and sky; **unter freiem ~** under the open sky, outdoors, in the open air; **am ~ stehen** to be [up] in the sky; **ist das der Polarstern, der da oben am ~ steht?** is that the Pole Star up there [in the sky]?; **am ~** in the sky; **bei wolkenlosem/wolkenverhangenem ~** when the sky is clear/cloudy; **bei klarem/trübem/bedecktem ~** when the sky is clear/dull/overcast; **unter italienischem/südlichem ~** under Italian/southern skies *liter;* **die Sonne steht hoch am ~** the sun is high in the sky; **den Blick gen ~ richten** (*geh*) to raise one's eyes towards the heavens; **der ~ lacht** (*geh*) the sun is shining brightly; **der ~ öffnet seine Schleusen** (*geh*) the heavens open ❷ (*Himmelreich*) heaven; **den ~ auf Erden haben** (*geh*) to be heaven [*or* paradise] on earth for one; **der ~ ist** [*o* **sei**] **mein Zeuge** (*veraltend*) as heaven is my witness *old;* **zum ~ auffahren** [*o* **in den ~ fahren**] to ascend into heaven; **in den ~ kommen** to go to heaven; **im ~** in heaven; **dem ~ sei Dank** (*veraltend*) thank heaven[s]; **jdm hängt der ~ voller Geigen** (*geh*) sb is in paradise [*or* is walking on air] [*or* is [walking] on cloud nine] [*or* is over the moon] ❸ (*Baldachin*) canopy ❹ AUTO [interior] roof ▸ WENDUNGEN: **~, Arsch und Zwirn!** (*sl*) bloody hell! BRIT *sl,* Christ almighty! *vulg;* **den ~ für eine Bassgeige** [*o* **einen Dudelsack**] **ansehen** DIAL (*fam: völlig betrunken sein*) to be three sails [*or* AM sheets] to the wind; **~ und Erde** KOCHK NORDD *north German dish of fried black pudding and liver sausage, puréed potato and apple;* **~ und Hölle** hopscotch; **~ und Hölle in Bewegung setzen** (*fam*) to move heaven and earth; **~ und Menschen** DIAL hordes of people; **gerechter** [*o* **gütiger**] **~!** good heavens!; **aus heiterem ~** (*fam*) out of the blue; [**ach**] **du lieber ~!** (*fam*) [oh] heavens!; **im sieb[en]ten ~ sein** [*o* **sich fühlen wie im siebenten ~**] (*fam*) to be in seventh heaven; **jdn/etw in den ~ heben** (*fam*) to praise sb/sth [up] to the skies; **nicht** [**einfach**] **vom ~ fallen** to not fall out of the sky; **zum ~ schreien** to be scandalous [*or* a scandal]; **es schreit zum ~, wie ...** it's a scandal that ...; **zum ~ stinken** (*fam*) to stink to high heaven; **eher stürzt der ~ ein, als dass ...** ... won't happen in a million years; **eher stürzt der ~ ein, als dass er das täte** he wouldn't do that in a million years; [**das**] **weiß der ~!** (*fam*) heaven knows!; **um ~s willen** (*fam*) for heaven's [*or* goodness'] sake; **~** [**noch mal**]! (*fam*) for heaven's [*or* goodness'] sake

him·mel·angst [ˈhɪml̩ˈʔaŋst] *adj pred* ■ **jdm ist/wird ~** sb is scared to death; (*Angst in einer bestimmten Situation*) sb is shaking in their shoes **Him·mel·bett** *nt* four-poster [bed] **him·mel·blau** [ˈhɪml̩ˈblau] *adj* sky-blue, azure [blue]; **~e Augen** blue eyes **Him·mel·don·ner·wet·ter** [ˈhɪml̩ˈdɔnɐˈvɛtɐ] *interj* ▸ WENDUNGEN: **~** [**noch** [**ein**]**mal**]! (*sl*) for heaven's sake!, for crying out loud! *sl*

Him·mel·fahrt *f* ascension into heaven; **Christi ~stag** Ascension Day; *s. a.* **Christus, Mariä**

Him·mel·fahrts·kom·man·do *nt* MIL (*fam*) ❶ (*selbstmörderisches Unternehmen*) suicide [*or* kamikaze] mission [*or* operation] ❷ (*Angehörige eines ~s*) suicide [*or* kamikaze] squad **Him·mel·fahrts·na·se** *f* (*hum fam*) turned-up nose **Him·mel·fahrts·tag** *m* Ascension Day; ■ **der ~** Ascension Day

Him·mel·herr·gott *interj* ▸ WENDUNGEN: **~** [**noch** [**ein**]**mal**]! (*sl*) God in heaven!, [God] give me strength!, for crying out loud! *fam* **him·mel·hoch** [ˈhɪml̩ˈhoːx] **I.** *adj* sky-high, soaring, sky-scraping **II.** *adv* **jdm/etw ~ überlegen sein** to be far superior to sb/sth, to be a million times [*or* BRIT miles] better than sb/sth *fam* ▸ WENDUNGEN: **~ jauchzend**[**, zu Tode betrübt**] on top of the world [*or* over the moon][, down in the dumps]; **ihre Stimmung schwankt zwischen ~ jauchzend und zu Tode betrübt** her moods change from being up one minute to down the next, one minute she's as high as a kite, the next she's down in the dumps **Him·mel·reich** *nt kein pl* REL heaven, paradise, kingdom of God; **ins ~ kommen** [*o* **eingehen**] (*geh*) to go to heaven ▸ WENDUNGEN: **ein ~ für etw** (*fam*) **ein ~ für einen Schluck Wasser – ich sterbe vor Durst!** I'd give my right arm [*or* my eye teeth] [*or* anything] for a drink of water! I'm dying of thirst! **him·mel·schrei·end** *adj* ❶ (*unerhört*) downright *attr,* appalling, monstrous; **das ist ein ~es Unrecht!** it's just downright wrong! ❷ (*skandalös*) scandalous, appalling; **die hygienischen Verhältnisse in den Lagern waren ~** the standard of hygiene in the camps was disgraceful

Him·mels·kör·per *m* heavenly [*or* celestial] body **Him·mels·rich·tung** *f* direction; **die vier ~en** the four points of the compass; **aus allen ~en** from all directions [*or liter* all four corners of the earth]; **in alle ~en** in all directions; **in alle ~en senden** to send to all four corners of the earth *liter* **Him·mels·schlüs·sel** *m o nt s.* **Schlüsselblume Him·mels·zelt** *nt* (*poet*) dome of the sky *liter,* firmament *liter or dated*

him·mel·weit **I.** *adj* (*fam*) enormous; **ein ~er Unterschied** a considerable [*or* world of] [*or* vast] difference **II.** *adv* **sich ~ unterscheiden** to be completely different, to differ greatly [*or* considerably]; **~ voneinander entfernt** far apart from one another; **~ voneinander verschieden** to be completely different

himm·lisch [ˈhɪmlɪʃ] **I.** *adj* ❶ *attr* (*göttlich*) heavenly, divine; **ich nehme das als ein ~es Zeichen!** I take that as a sign from heaven! ❷ (*herrlich*) divine, heavenly; **einfach ~** perfectly divine [*or* heavenly]; **der Urlaub war** [**einfach**] **~** the holiday was just heavenly [*or* divine]; *s. a.* **Geduld, Vater** **II.** *adv* divinely, wonderfully; **~ munden/schmecken** to taste divine [*or* wonderful]

Himm·li·sche(r) *f(m) decl wie adj* ■ **die ~n** the gods

hin [hɪn] *adv* ❶ *räumlich* (*dahin*) **die Geschäfte schließen gleich, jetzt aber noch schnell ~!** the shops will close soon, we'll have to get there quick!; **wie kommen wir dorthin? – mit dem Fahrrad ~ und dann mit dem Dampfer zurück**

how are we going to get there? – there by bicycle and back by steamer; **wo der so plötzlich ~ ist?** where's he gone [*or fam* disappeared to] all of a sudden?; **bis/nach ... ~** to [*or* as far as] ...; **bis zu euch ~ werde ich es heute nicht schaffen** I won't make it to you [*or* as far as your place] today; **er hat es bis München ~ geschafft** he made it as far as [*or* to] Munich; **~ und her laufen** to run to and fro; **nach rechts ~** to the right; **bis zu dieser Stelle ~** up to here; **über etw** *akk* **~** over sth; **von hier aus gesehen, erstreckt sich die Wüste noch über 200 Kilometer ~** from here, the desert stretches another 200 kilometres; **zu jdm/etw ~** to sb/sth; **der Balkon liegt zur Straße ~** the balcony faces the street ❷ (*einfache Fahrt*) **eine Fahrkarte nach Bärben-Lohe! – nur ~ oder auch zurück?** a ticket to Bärben-Lohe! – just a single or a return [ticket]?; **~ und zurück** there and back, a return [ticket]; **was kostet eine Fahrkarte nach Bad Tiefenbleichen ~ und zurück?** what does a return [ticket] to Bad Tiefenbleichen cost? ❸ *zeitlich* (*sich hinziehend*) **das ist lange ~** that's a long time; **wann fährt der Zug? um 21 Uhr 13? das sind ja noch fast zwei Stunden ~!** when does the train leave? at 9.13? that's almost another two hours [to wait]!; **wie lange ist es noch ~ bis zu deiner Prüfung?** how long [*or* much longer] is it to your exam [*or* before you take your exam]?; **über etw** *akk* **~** over sth; **über die Jahre ~** over the years; **über eine Woche ~** for a week; **es ist fraglich, ob sie sich über diese lange Zeit ~ noch daran erinnern wird** it's doubtful whether she will remember that after all this time; **zu jdm/etw ~** towards sb/sth; **zum Frühjahr ~ führen die Flüsse oft Hochwasser** the rivers are often flooded as spring approaches ❹ (*fig*) **auf jds Bitte/Vorschlag ~** at sb's request/suggestion; **auf jds Rat ~** on sb's advice; **auf die Gefahr ~, dass ich mich wiederhole** at the risk of repeating myself; **auf das Versprechen ~, die Schuld in drei Wochen zurückzuzahlen, hat sie ihm das Geld geliehen** she agreed to lend the money when he promised to repay it within three weeks; ■ **auf etw** *akk* **~** (*mit etw als Ziel*) **auf lange Sicht/einen langen Zeitraum ~ etw planen** to make long-term plans; **jdn/etw auf etw ~ prüfen/untersuchen** to test [*or* examine] sth for sth; **du bist immer müde? vielleicht solltest du dich mal auf Eisenmangel ~ untersuchen lassen** you're always tired? perhaps you should have tested yourself for iron deficiency ❺ (*fam: kaputt sein*) ■ **~ sein** to have had it *fam,* to be bust *sl;* (*mechanische Geräte*) to be a write-off *fam,* to be kaputt ❻ (*sl: tot sein*) ■ **~ sein** to have kicked the bucket *fam,* to have snuffed it *fam,* to have popped one's clogs *sl* ❼ (*verloren sein*) ■ **~ sein** to be gone [*or* a thing of the past] ❽ (*fasziniert sein*) ■ **[von jdm/etw] ~ sein** to be bowled over [by sb/sth], to be taken [with sb/sth]; ■ **von jdm ~ sein** to be smitten by sb ▸ WENDUNGEN: **das H~ und Her** (*Kommen und Gehen*) to-ing and fro-ing; **ich wollte im Wartezimmer lesen, aber bei dem ständigen H~ und Her konnte ich mich nicht konzentrieren** I wanted to read in the waiting room but with all the constant to-ing and fro-ing I couldn't concentrate; (*der ständige Wechsel*) backwards and forwards; **nach einigem/langem H~ und Her** after some/a lot of discussion; **auf Wirkung nach außen ~ bedacht sein** to be concerned about the impression one makes; **still vor sich ~** quietly to oneself; **nicht ~ und nicht her reichen** (*fam*) to be nowhere near [*or* nothing like] enough *fam;* **nach außen ~** outwardly; **nach außen ~ ruhig wirken** to appear calm; **~ oder her** (*fam*) more or less; **auf einen Tag ~ oder her kommt es nun auch nicht mehr an** one day [more or less] won't make any difference; **... ~, ... her** ... or not [*or* no ...]; **Arbeit ~, Arbeit her, irgendwann musst du auch mal an etwas anderes denken!** work is all very well, but you've got to think about other things some of the time; **nichts wie ~** (*fam*) let's go!, what are we/you waiting for!; **~ ist ~** (*fam*) what's bust is bust; **~ und wieder** from time to time, every now and then [*or* again]; **vor sich ~ stieren** to stare [vacantly] into space; **vor sich ~ trödeln** to wander along [absent-mindedly]; **bis dahin noch [lange] ~** there's some/a long time to go until then

hi·nab [hɪˈnap] *adv* (*geh*) *s.* **hinunter**

hịn|ar·bei·ten *vi* ■ **auf etw** *akk* **~** to work [one's way] towards sth; **auf ein Examen ~** to work for an exam; **gezielt auf etw ~** to expressly work towards sth; ■ **darauf ~, dass ...** to work with the aim of ...; **wir sollten darauf ~, dass eine Einigung doch noch möglich wird** we should work with the aim of making an agreement possible after all

hi·nauf [hɪˈnauf] *adv* up; **[die Treppe] ~ gehen** to go up[stairs]; **den Fluss ~** up the river, upstream; **bis ~ zu etw** (*im Rang nach oben bis zu etw*) up to sth

hi·nauf|be·glei·ten* *vt* ■ **jdn ~** to go up [to the top] with sb; **jdn die Treppe ~** to go upstairs with sb, to accompany sb upstairs; **schaffst du es alleine die Treppe hoch, oder soll ich dich ~?** can you manage the stairs alone, or shall I come with you? **hi·nauf|bli·cken** [hɪˈnaufblɪkn̩] *vi* (*geh*) to look up; **zum Himmel ~** to look [up] at the sky; **da/dort ~** to look up there; ■ **an jdm ~** to look up at sb **hi·nauf|brin·gen** *vt irreg* ■ **jdn ~** to take sb up; ■ **[jdm] etw ~** to take sth up [to sb], to take [sb] sth up **hi·nauf|fah·ren** *irreg* **I.** *vi sein* (*nach oben fahren*) ■ **[in etw** *dat*/**mit etw] ~** to go up [in sth/by sth]; **im Auto zur Burg ~** to drive up to the castle, to go up to the castle by car; **mit dem Aufzug in den 3. Stock ~** to go up in the lift [*or* AM elevator] to the third [*or* AM second] floor; **beim H~** during the ascent, while sb/sth is going up; ■ **irgendwo ~** to go up somewhere; **ob der Lastwagen es schafft, auf diese Rampe hinaufzufahren?** do you think the lorry will manage to get [*or* drive] up this ramp? **II.** *vt haben* ■ **jdn [mit etw] ~** to take sb up [in sth] **hi·nauf|füh·ren I.** *vi* ■ **[auf etw** *akk*/**irgendwo] ~** to lead [*or* go] up [to sth/somewhere]; **auf den Berg ~** to lead [*or* go] up the mountain; **aufs Dach ~** to lead [*or* go] up onto the roof **II.** *vt* (*geh*) ■ **jdn [irgendwo] ~** to take sb [up] somewhere, to accompany sb [somewhere] *form* **hi·nauf|ge·hen** *vi irreg sein* ❶ (*nach oben gehen*) ■ **[auf etw** *akk*/**irgendwo] ~** to go up [to something/somewhere]; **die Treppe ~** to go up the stairs [*or* upstairs] ❷ (*steigen*) to go up, to increase, to rise ❸ (*hochgehen*) ■ **mit etw ~** to put sth up; **mit dem Preis ~** to put the price up, to raise the price **hi·nauf|klet·tern** *vi sein* (*nach oben klettern*) ■ **[etw** *akk*/**auf etw** *akk*/**irgendwo] ~** to climb [up] [sth/onto sth/somewhere]; **an dieser Stelle [o hier] ~** to climb up here **hi·nauf|kom·men** *vi irreg sein* ❶ (*nach oben kommen*) ■ **[etw** *akk*/**in etw** *akk*/**zu jdm] ~** to come up [sth/into sth/to sb] ❷ (*es nach oben schaffen*) ■ **[etw** *akk*] **~** [to manage] to get [*or* go/come] up [sth/to sth]; **die Treppe ~** to manage [*or* get up] [*or* manage to get up] the stairs **hi·nauf|lau·fen** *vi irreg sein* (*nach oben laufen*) ■ **[etw** *akk*/**zu jdm] ~** to run up [sth/to sb] **hi·nauf|rei·chen I.** *vi* ❶ (*nach oben reichen*) ■ **[mit etw] [bis zu etw] ~** to reach [up] [to sth] [with sth] ❷ (*sich erstrecken*) ■ **[bis zu etw] ~** to reach [up to sth] **II.** *vt* (*geh: nach oben angeben*) ■ **jdm etw [auf etw** *akk*] **~** to hand [*or* pass] sb up sth [on sth] **hi·nauf|schau·en** *vi* (*geh*) *s.* **hinaufsehen hi·nauf|schrau·ben I.** *vt* (*konstant steigern*) ■ **etw ~** to raise [*or* increase] sth; **Forderungen ~** to continue to increase demands **II.** *vr* to wind upwards **hi·nauf|se·hen** *vi irreg* ■ **[zu jdm/etw] ~** to look up [to sb/sth] **hi·nauf|set·zen** *vt* (*erhöhen*) *s.* **heraufsetzen hi·nauf|stei·gen** *vi irreg sein* ■ **[etw** *akk*/**auf etw** *akk*] **~** to climb [*or* go] up [sth/onto sth] **hi·nauf|tra·gen** *vt irreg* ■ **[jdm] etw [irgendwohin] ~** to carry [*or* take] sth up [somewhere] [for sb]

hi·naus [hɪˈnaus] **I.** *interj* (*nach draußen*) get out! **II.** *adv* ❶ (*von hier nach draußen*) out; **hier/da/dort ~ bitte!** this/that way out, please!; **da hinten/vorne ~** out the back/front way!; **die Hintertür ist verriegelt, also geht's nur da vorne ~** the back door is locked so we'll have to go out the front [door/way]; **zum Ausgang die zweite Tür links ~!** the exit is out through the second door on the left; ■~ **sein** to have gone outside; ■**aus** *dat* **etw** ~ out of sth; **er trat aus dem Haus ~ in den Garten** he stepped out of the house into the garden; ■**durch** [*o* **zu**] **etw** ~ out of sth; **die Katze muss durch das/zum Fenster ~ entwischt sein** the cat must have got out of the window; **nach hinten/vorne ~ liegen** to be [situated] at the back/front [of a house]; **das Schlafzimmer geht nach hinten ~** the bedroom is at the back; **nach hinten/vorne ~ wohnen** to live at the back/front ❷ (*fig*) ■**über etw** *akk* ~ (*weiter gehend als etw*) including sth; ■**über etw** *akk* ~ **sein** (*hinter sich haben*) to be past sth; **über ein bestimmtes Stadium ~ sein** to have got beyond a particular stage; ■**über etw** *akk* ~ **sein** (*zu weit gefahren sein*) to have gone past sth; **über etw ~ reichen** to include sth; (*sich über etw erstreckend*) extending beyond sth; **sich über etw ~ hinziehen** to extend [*or fam* drag on] beyond sth; **über das Notwendigste ~** beyond what is immediately necessary; **er hat darüber ~ nichts Neues zu sagen** other than that he has nothing new to say ❸ (*zeitlich*) **auf Jahre ~** for years to come; **über Mittag ~** till after midday; **über die Zwanzig ~** well into the [*or* one's] twenties, well over twenty; ■**über etw ~** (*etw übersteigend*) more than sth, well over sth; *s. a.* **darüber**

hi·naus|be·för·dern* *vt* (*fam: nach draußen befördern*) ■**jdn** [**aus etw**] ~ to propel [*or* throw] [*or* [*or* outside] chuck] sb out of sth *fam;* ■**jdn ~ lassen** to have sb thrown [*or fam* chucked] out **hi·naus|be·glei·ten** *vt* ■**jdn** ~ to see sb out; **bleiben Sie ruhig sitzen, Sie brauchen mich nicht hinauszubegleiten** [you] stay where you are [*or* in your seat], you don't have to see me [*or* I can see myself] out **hi·naus|beu·gen** *vr, vt* ■**sich/etw** [**zu etw**] ~ to lean out [of sth]; **er beugte den Kopf zum Fenster hinaus** he stuck his head out of the window **hi·naus|bli·cken** *vi* (*geh*) *s.* **hinaussehen** **hi·naus|brin·gen** *vt irreg* ❶ (*nach draußen begleiten*) ■**jdn** ~ to see sb out; **jdn zur Tür ~** to see sb to the door; **jdn zum Haus/zur Wohnung ~** to see sb out of the house/the flat ❷ (*nach draußen bringen*) ■**etw** ~ to take sth out **hi·naus|drän·gen** **I.** *vt haben* (*nach draußen drängen*) ■**jdn** [**aus etw**] ~ to push [*or* propel] sb out [of sth] **II.** *vi sein* (*nach draußen drängen*) to push [*or* force] one's way out; (*hetzen*) to champ at the bit *fig* **hi·naus|dür·fen** *vi irreg* ❶ (*nach draußen dürfen*) ■[**auf etw** *akk*/**in etw** *akk*] ~ to be able/allowed to go outside [to sth/in sth] ❷ (*nach draußen gebracht werden dürfen*) ■**etw darf** [**auf etw** *akk*] **hinaus** sth can be taken/put outside [on sth] **hi·naus|ekeln** *vt* (*fam*) ■**jdn** [**aus etw**] ~ to drive sb out [of sth] **hi·naus|fah·ren** *irreg* **I.** *vi sein* ❶ (*nach draußen fahren*) ■[**aus etw**] ~ to drive out [of sth]; ■**beim H~** when driving out; **beim H~ aus der Garage solltest du erst gucken, ob die Straße frei ist** when you drive out of the garage, you should look first to see if the road is clear ❷ (*irgendwohin fahren*) ■[**auf etw** *akk*/**zu jdm/etw**] ~ to drive [out] [to sth/to sb] ❸ (*überfahren*) ■**über etw** *akk* ~ to drive over sth **II.** *vt haben* (*nach draußen fahren*) ■**etw** [**aus etw**] ~ to drive sth out [of sth] **hi·naus|fin·den** *vi irreg* ■[**aus etw**] ~ to find one's way out [of sth]; **finden Sie alleine hinaus?** can you find your own way out? **hi·naus|flie·gen** *vi irreg sein* ❶ (*nach draußen fliegen*) ■[**aus etw**] ~ to fly out [of sth] ❷ (*fam: hinausfallen*) ■[**aus etw**] ~ to fall out [of sth] ❸ (*fam: hinausgeworfen werden*) to be kicked [*or fam* chucked] out **hi·naus|füh·ren** **I.** *vi* ❶ (*nach draußen führen*) ■[**aus etw**] ~ to lead out [of sth] ❷ (*überschreiten*) ■**über etw** *akk* ~ to go [*or* extend] beyond sth **II.** *vt* (*hinausgeleiten*) ■**jdn** [**aus etw**] ~ to show sb out [of sth] **hi·naus|ge·hen** [hɪˈnausgeːən] *irreg* **I.** *vi sein* ❶ (*nach draußen gehen*) ■[**aus etw/auf etw** *akk*] ~ to go out [of sth]; **aus einem Gebäude ~** to go out of [*or* leave] a building; **auf die Straße ~** to go out to the road ❷ (*führen*) ■**zu etw** ~ to lead [out] to sth ❸ (*abgeschickt werden*) ■[**zu jdm**] ~ to be sent off [to sb] ❹ (*gerichtet sein*) ■**auf** *akk* [*o* **nach**] **etw** ~ to look out on/onto sth; **nach Osten ~** to face east ❺ (*überschreiten*) ■[**weit**] **über etw** *akk* ~ to go [far] beyond sth, to exceed sth **II.** *vi impers sein* **wo geht es auf die Straße hinaus?** which is the way out [*or* how can I get out] to the road?; **es geht dort hinaus!** that's the way out! **hi·naus|ge·lei·ten*** *vt* (*geh*) ■**jdn** [**aus/zu etw**] ~ to show sb out [of sth/to sth] **hi·naus|gu·cken** *vi* (*fam*) *s.* **hinaussehen** **hi·naus|hal·ten** *vt irreg* ■**jdn/etw** [**zu etw**] ~ to hold sb/sth out [of sth]; **den Kopf zum Fenster ~** to put [*or fam* stick] one's head out of the window **hi·naus|hän·gen** *vt* ■**etw** [**zu etw/auf etw** *akk*] ~ to hang sth out [of/on sth] **hi·naus|ja·gen** **I.** *vt haben* ■**jdn/ein Tier** [**aus etw/zu etw/auf etw** *akk*] ~ to chase [*or* drive] sb/an animal out [of/to sth]; ■**jdn** [**aus etw**] ~ **lassen** to have sb removed [*or* chased] [*or* driven] [from sth] **II.** *vi sein* to rush [*or form* hasten] out **hi·naus|ka·ta·pul·tie·ren*** *vt* POL (*sl*) ■**jdn** [**aus etw**] ~ to catapult [*or* eject] sb [out of sth] **hi·naus|klet·tern** *vi sein* ■[**aus etw**] ~ to climb out [of sth] **hi·naus|kom·men** *vi irreg sein* ❶ (*nach draußen kommen*) to get out/outside; ■[**zu jdm**] ~ to come out [to sb] ❷ (*gelangen*) ■**über etw** *akk* ~ to get beyond sth ❸ (*gleichbedeutend mit etw sein*) ■**etw kommt auf etw** *akk* **hinaus** sth amounts to sth; **das kommt auf dasselbe hinaus** it's all the same **hi·naus|kom·pli·men·tie·ren*** *vt* ■**jdn** [**aus etw**] ~ to bow sb out [of sth], to usher out sb *sep* **hi·naus|las·sen** *vt irreg* ■**jdn/ein Tier** [**aus etw**] ~ to let sb/an animal out [of sth] **hi·naus|lau·fen** *vi irreg sein* ❶ (*nach draußen laufen*) ■[**durch etw/auf etw** *akk*] ~ to run out [through/to sth]; **hiergeblieben, lauf mir ja nicht auf die Straße hinaus!** stay here, don't run out onto the road! ❷ (*gleichbedeutend mit etw sein*) ■**auf etw** *akk* ~ to be [*or* mean] the same as sth; **auf was soll das ~?** what's that supposed to mean?; **auf dasselbe** [*o* **aufs Gleiche**] ~ to be [*or* mean] the same, to come [*or* amount] to the same thing; ■**darauf ~, etw zu tun** to lead to sth being done **hi·naus|leh·nen** *vr* ■**sich** [**aus etw**] ~ to lean out [of sth] **hi·naus|po·sau·nen*** *vt* (*fam*) *s.* **ausposaunen** **hi·naus|ra·gen** *vi sein* ❶ (*nach oben ragen*) to rise; ■**über etw** *akk* ~ to tower over sth ❷ (*nach außen ragen*) ■[**auf etw** *akk*] ~ to jut [*or fam* stick] out [onto sth] ❸ (*überragen*) ■**über jdn/etw** ~ to stand out over sb/sth; **über ein Zeitalter ~** to stand out in a time **hi·naus|rei·chen** **I.** *vt* (*geh*) ■[**jdm**] **etw** [**durch etw/zu etw**] ~ to pass [*or* hand] out sth *sep* [to sb] [through sth], to pass [*or* hand] [sb] out sth [through sth]; **etw durch das Fenster ~** to pass [*or* hand] sth out of [*or* through] the window **II.** *vi* ❶ (*bis nach draußen reichen*) to reach; ■**bis zu etw** ~ to reach [as far as] [*or* stretch as far as] sth ❷ (*weiterhin reichen*) ■**über etw** *akk* ~ to be more than sth; **der Betrag reicht weit über das hinaus, was ich kalkuliert hatte** the amount is a lot more than what I had calculated; **über einen bestimmten Zeitraum ~** to last beyond a particular period of time **hi·naus|ren·nen** *vi irreg sein* (*fam*) to run [*or* rush] out **hi·naus|schaf·fen** *vt* (*hinausbringen*) ■**jdn/etw** [**aus etw/auf etw** *akk*] ~ to take sb/sth out [of sth]; **eine lästige Person ~** to get a troublesome person out **hi·naus|schau·en** *vi* (*geh*) *s.* **hinaussehen** **hi·naus|schi·cken** *vt* (*nach draußen schicken*) ■**jdn** [**aus etw/auf etw** *akk*/**in etw** *akk*] ~ to send sb out [of/to/into sth] **hi·naus|schie·ben** *vt irreg* ❶ (*nach draußen schieben*) ■**etw** [**aus etw/auf etw** *akk*] ~ to push sth out [of/into/onto sth] ❷ (*hinausdrängen*) ■**jdn** [**zu etw/auf etw** *akk*] ~ to push [*or* force] sb out [of/into/onto sth] ❸ (*auf später verschieben*) ■**etw** [**bis irgendwann**] ~ to postpone sth [*or* put sth off] [until some time] **hi·naus|schie·ßen** *vi irreg sein* ❶ (*nach draußen schießen*) ■[**aus etw**] ~ to fire [from sth] ❷ (*fam: hinausjagen*) ■[**aus etw/auf etw** *akk*] ~ to shoot out [of/onto/into sth]; *s. a.* **Ziel** **hi·naus|schmei·ßen** *vt irreg* (*fam*) ■**jdn/etw** [**aus etw/auf etw** *akk*] ~ to throw [*or fam* chuck] sb/sth out [of/into/onto sth]

Hi·naus·schmissRR <-sses, -sse> *m s.* **Rausschmiss**RR

hi·naus|schmug·geln *vt* ■**jdn/etw** [**aus etw**] ~ to smuggle sb/sth out [of sth] **hi·naus|schrei·en** *irreg* **I.** *vi* ■ **[zu etw]** ~ to scream [out of sth] **II.** *vt* (*geh: schreiend kundtun*) ■ **etw** ~ to cry out sth *form* **hi·naus|schwim·men** *vi irreg sein* ■ **[zu etw]** ~ to swim out [to sth] **hi·naus|se·hen** *vi irreg* ■ **[zu etw/auf etw** *akk*/**in etw** *akk*] ~ to look [*or* take a look] out [of/at sth] **hi·naus|set·zen I.** *vt* ❶ (*nach draußen setzen*) ■ **jdn/etw** ~ to put sb/sth out ❷ (*hinauswerfen*) ■ **jdn** ~ to throw [*or fam* chuck] sb out **II.** *vr* (*sich nach draußen setzen*) ■ **sich [auf etw** *akk*/**in etw** *akk*] ~ to sit outside [on/in sth] **hi·naus|steh·len** *vr irreg* (*geh*) ■ **sich [auf etw** *akk*/**in etw** *akk*] ~ to slip [*or liter* steal] [*or pej* sneak] out [to/in sth] **hi·naus|stei·gen** *vi irreg sein* (*nach draußen steigen*) ■ **[durch/zu etw]** ~ to get out [through sth] **hi·naus|stel·len** *vt* ■ **[jdm/einem Tier] etw [auf etw** *akk*] ~ to put out sth *sep* [in/on sth] [for sb/an animal] **hi·naus|stre·cken** *vt* ■ **etw [aus/zu etw]** ~ to stretch out sth *sep* [out of sth], to stick sth out [of sth] *fam;* **den Kopf** ~ to put [*or fam* stretch] one's head out **hi·naus|stür·men** *vi sein* ■ **[aus/zu/auf etw** *akk*] ~ to rush out [of/to sth]; **zur Tür** ~ to rush out of the door; **in Wut** ~ to storm out **hi·naus|stür·zen I.** *vi sein* ❶ (*geh: hinausfallen*) to fall out; **zum Fenster** ~ to fall out of the window ❷ (*kopflos hinauseilen*) ■ **[aus/zu etw/auf etw** *akk*/**in etw** *akk*] ~ to rush [*or* dash] out [of/to/into sth]; **zur Tür** ~ to rush [*or* dash] out of the door **II.** *vr haben* **sich zum Fenster** ~ to throw oneself out of the window **hi·naus|tra·gen** *vt irreg* ❶ (*nach draußen tragen*) ■ **jdn/etw [aus/zu etw/auf etw** *akk*] ~ to carry sb/sth out [of/to sth]; **jdn/etw zur Tür** ~ to carry sb/sth out of the door ❷ (*geh: nach außen verbreiten*) ■ **etw** ~ to broadcast sth ❸ (*weiter tragen, treiben*) ■ **jdn/etw über etw** ~ to carry sb/sth beyond sth; **der Wagen wurde nach einer Rechtskurve über die Straßenmitte hinausgetragen** after the right hand bend, the car was carried across the middle of the road **hi·naus|trei·ben** *vt irreg* ❶ (*nach draußen treiben*) ■ **jdn/ein Tier [aus etw]** ~ to drive sb/an animal out [of sth] ❷ (*vom Ufer weg treiben*) **das Kanu wurde langsam hinausgetrieben** the canoe drifted gently away **hi·naus|tre·ten I.** *vi irreg sein* (*geh: nach draußen treten*) ■ **[aus/zu etw/auf etw** *akk*/**in etw** *akk*] ~ to go out [of/into/onto/to sth]; **auf den Hof/in den Garten** ~ to go out into the yard [*or* garden]; **aus/zur Tür** ~ to go out of the door **II.** *vt* **einen Ball** ~ to kick a ball into touch **hi·naus|wach·sen** *vi irreg sein* ❶ (*durch Leistung übertreffen*) ■ **über jdn** ~ to surpass [*or* outstrip] [*or* outshine] sb ❷ (*überwinden*) ■ **über etw** *akk* ~ to rise above sth **hi·naus|wa·gen** *vr* ■ **sich [aus/zu etw/auf etw** *akk*/**in etw** *akk*] ~ to venture out[side] [of/to/into sth]; **sich auf den Hof/in den Garten** ~ to venture out into the garden; **sich auf die Straße** ~ to venture out onto the street/road; **sich aus der/zur Tür** ~ to venture out of the door; **sich aus einem Versteck** ~ to venture out of a hiding place; **sich in die Kälte** ~ to venture out into the cold **hi·naus|wer·fen** *vt irreg* ❶ (*nach draußen werfen*) ■ **etw [aus etw/auf etw** *akk*] ~ to throw [*or fam* chuck] sth out [of/onto/into sth]; **etw zur Tür** ~ to throw sth out of the door ❷ (*fam: fristlos kündigen*) ■ **jdn [aus etw]** ~ to throw [*or fam* chuck] sb out [of sth]; (*entlassen*) to throw [*or fam* chuck] sb out [of sth], to sack sb [from sth] ▶ WENDUNGEN: **Geld zum Fenster** ~ to throw [*or* chuck] money out of the window [*or* down the drain] **hi·naus|wol·len** *vi* ❶ (*nach draußen wollen*) ■ **[aus etw/auf etw** *akk*/**in etw** *akk*/**zu jdm]** ~ to want to go out [of/to sth/to sb]; **auf den Hof/in den Garten** ~ to want to go out into the yard/garden; **auf die Straße** ~ to want to go out to the street/road; **aus der/zur Tür** ~ to want to go out of the door; *s. a.* **hoch** ❷ (*etw anstreben*) ■ **[mit etw] auf etw** *akk* ~ to get [*or* drive] at sth [with sth]; **Sie haben Recht, genau auf diesen Punkt wollte ich ja hinaus** you're right, that's just what I was getting [*or* driving] at **hi·naus|zie·hen** *irreg* **I.** *vt haben* ❶ (*nach draußen ziehen*) ■ **jdn/ein Tier/etw [aus etw]** ~ to drag [*or* pull] sb/an animal out [of sth]; **jdn am Rockärmel** ~ to pull sb outside by their sleeve; **jdn sanft** ~ to draw sb outside; **ein Tier/ein Kind mit Gewalt** ~ to haul an animal/a child outside ❷ (*mit sich fort ziehen*) ■ **jdn [auf etw** *akk*] ~ to carry sb out [to sth] **II.** *vi sein* ❶ (*nach draußen abziehen*) to get out; **öffne die Fenster, damit der Rauch** ~ **kann!** open the window so we can get rid of this smoke! ❷ (*nach außerhalb ziehen*) ■ **[auf etw** *akk*/**in etw** *akk*] ~ to go off [to/into sth]; **in die weite Welt** ~ to go out into the wide world; **wir werden [aufs Land]** ~ we will be moving out [to live in the country] **III.** *vr haben* (*sich verzögern*) ■ **sich** ~ to be delayed **IV.** *vt impers haben* ■ **es zieht jdn hinaus [in etw** *akk*] sb feels an urge [*or* sb is driven] to go out [in sth]; **bei dem schönen Wetter zog es sie förmlich hinaus** the beautiful weather awakened a great urge [*or* desire] in her to go out, the beautiful weather positively drove her outside **hi·naus|zö·gern I.** *vt* (*durch Verzögern hinausschieben*) ■ **etw** ~ to put off sth *sep,* to delay sth **II.** *vr* (*sich durch Verzögerung verschieben*) ■ **sich** ~ to be delayed

Hi·naus·zö·ge·rung <-, -en> *f* delay

hin|be·kom·men* *vt irreg s.* **hinkriegen** **hin|be·stel·len*** *vt* ■ **jdn [irgendwo]** ~ to tell sb to go/be somewhere **hin|bie·gen** *vt irreg* (*fam*) ❶ (*bereinigen*) ■ **etw** ~ to sort out sth *sep;* **ein Problem** ~ to iron out a problem ❷ (*pej: drehen*) ■ **es so** ~, **dass ...** to manage [*or* BRIT *fam* wangle] [*or fam* work] it [*or* things] so that ... ❸ (*entsprechend beeinflussen*) ■ **jdn** ~ to lick [*or* knock] sb into shape *fam* **hin|blät·tern** *vt* (*fam: hinzahlen*) ■ **etw** ~ to pay out sth; (*viel Geld bezahlen*) to shell [*or* fork] out sth *fam,* to stump up sth BRIT *fam*

Hin·blick *m* ❶ (*angesichts*) **im** [*o* **in**] ~ **auf etw** *akk* in view of [*or* considering] sth ❷ (*in Bezug auf*) with regard to; **im** ~ **darauf, dass ...** in view of the fact that ...

hin|brei·ten *vt* (*geh*) ■ **etw [vor jdn]** ~ to spread out sth [in front of sth], to display sth [to sb] **hin|brin·gen** *vt irreg* ❶ (*bringen*) ■ **[jdm] etw** ~ to bring/take sth [to sb]; ■ **etw zu jdm** ~ **lassen** to have sth brought/delivered to sb ❷ (*begleiten*) ■ **jdn** ~ to take sb **hin|den·ken** *vi irreg* **wo denkst du/wo denken Sie hin!** what an idea!, what are you talking about?

hin·der·lich [ˈhɪndɐlɪç] **I.** *adj* (*geh*) ❶ (*behindernd*) cumbersome; ■ **[bei etw]** ~ **sein** to be a hindrance [*or* a nuisance] [with sth/in doing sth], to get in sb's [*or* the] way [when doing sth]; **die Stiefel sind beim schnellen Gehen doch zu** ~**!** I can't walk fast in these boots! ❷ (*ein Hindernis darstellend*) ■ **jdm/für etw** ~ **sein** to be an obstacle for sb/sth **II.** *adv* (*geh: als Hinderungsgrund*) as an obstacle; **sich** ~ **auswirken** to prove to be an obstacle

hin·dern [ˈhɪndɐn] *vt* ❶ (*von etw abhalten*) ■ **jdn [an etw** *dat*/**etw zu tun]** ~ to stop [*or* prevent] [*or* hinder] sb [from doing sth]; **machen Sie, was Sie wollen, ich kann Sie nicht** ~ do what you want, I can't stop you ❷ (*stören*) ■ **jdn [bei etw]** ~ to be a hindrance to sb [in sth/when sb is doing sth], to hamper [*or* hinder] sb [in sth/when sb is doing sth]

Hin·der·nis <-ses, -se> [ˈhɪndɐnɪs] *nt* ❶ (*Hemmnis*) obstacle, hindrance, stumbling block [*or* stone] *fig;* **ein** ~ **für etw** an obstacle [*or* a hindrance] to sth; **jdm** ~ **se in den Weg legen** to put obstacles in sb's way; **gesetzliches** ~ legal impediment ❷ (*behindernder Gegenstand*) obstacle ❸ SPORT (*Barriere beim Hindernislauf*) obstacle, jump; (*bei Leichtathletik*) hurdle; (*bei Jagdrennen*) fence; (*bei Hürdenrennen*) hurdle

Hin·der·nis·lauf *m* hurdle race **Hin·der·nis·läu·fer(in)** *m(f)* steeplechaser **Hin·der·nis·ren·nen** *nt* (*Jagdrennen*) steeplechase; (*Hürdenrennen*) hurdle race, hurdles

Hin·de·rungs·grund *m* reason [why sth cannot happen]

hin|deu·ten *vi* (*vermuten lassen*) ■ **auf etw** *akk* ~ to suggest [*or* point to] sth, to be suggestive of sth; ■ **darauf** ~**, dass ...** to point to the fact [*or* suggest] that ...; **alles deutet darauf hin, dass es zu einer baldigen Einigung kommen wird** everything points to [*or* suggests] a speedy agreement

Hin·di <-> [ˈhɪndi] *nt kein pl* LING Hindi; **auf** ~ in Hindi

Hin·din <-, -nen> ['hɪndɪn] *f* (*liter*) hind
Hin·du <-[s], -[s]> ['hɪndu] *m* Hindu
Hin·du·gott, -göt·tin *m, f* Hindu god *masc,* Hindu goddess
Hin·du·is·mus <-> [hɪndu'ɪsmʊs] *m kein pl* Hinduism *no art*
hin·du·is·tisch [hɪndu'ɪstɪʃ] **I.** *adj* Hindu **II.** *adv* **ein Kind ~ erziehen** to bring a child up as a Hindu
Hin·du·ka·len·der *m* Hindu calendar
Hin·du·my·tho·lo·gie *f* ■**die ~** Hindu mythology
hin·durch [hɪn'dʊrç] *adv* ❶ *räumlich* (*ganz durch*) through; **durch etw ~** through sth; **durch ein Moor ~** across a moor; *s. a.* **mitten, quer** ❷ *zeitlich* ■**etw ~** through [*or* throughout] sth; **all die langen Jahre ~** through [*or* throughout] all those long years; **das ganze Jahr ~** throughout the year; **Monate ~** for months; **die ganze/halbe Nacht ~** the whole night [*or* all night long]/half the night; **den ganzen Tag ~** the whole day [through], all day long; **die ganze Zeit ~** all the [*or* the whole] time
hin·durch|ge·hen *vi irreg sein* ❶ (*durchschreiten*) ■**irgendwo/durch/unter etw** *dat* **~** to go [*or* walk] [*or* get] through/under sth somewhere; **ohne Sonderausweis dürfen Sie durch diesen Eingang nicht ~** you are not allowed to go through [*or* use] this entrance without a special permit ❷ (*durchdringen*) ■**durch jdn/etw ~** to go [*or* pass] through sb/sth ❸ (*durch etw passen*) ■**[durch etw] ~** to go through [sth]
hin|dür·fen *vi irreg* ■**irgendwo/zu jdm ~** to be able [*or* allowed] to go somewhere/to sb; **morgen ist Kirmes, dürfen wir [auch] hin?** it's the fair tomorrow, can [*or* are we allowed to] [*or form* may] we go? **hin|ei·len** *vi sein* (*geh*) ❶ (*irgendwohin eilen*) ■**[zu jdm] ~** to hurry [*or* rush] somewhere [to sb]; **ich bin sofort hingeeilt** I hurried over there at once ❷ *s.* **dahineilen**
hi·nein [hɪ'nain] *adv* ■**irgendwo/in etw** *akk* **~** in somewhere/in sth; **wo geht's entlang? – da/dort/drüben/hier ~, bitte!** which way? – that way/over there/this way, please!; **~ mit dir!** (*fam*) in/into [somewhere] with you!; **nur ~!** (*fam*) come on in! *fam; s. a.* **bis II**
hi·nein|be·ge·ben* *vr irreg* (*geh: sich in etw begeben*) ■**sich ~** to go [on] in [*or* inside]; ■**sich in etw** *akk* **~** to go [on] into [*or* enter] sth **hi·nein|be·kom·men*** *vt irreg* (*fam*) ■**etw [in etw** *akk*] **~** to get sth in, to get sth into sth **hi·nein|bli·cken** *vi* (*geh*) to look in; ■**durch etw/in etw** *akk* **~** to look through sth/in/into sth, to have [*or* take] a look through sth/at sth; **da sie keine Vorhänge haben, kann jeder in ihr Wohnzimmer ~** since they haven't got any curtains, everyone can look [*or* see] into their living room; **in etw kurz ~** to have [*or* take] a quick look [*or* to glance] at sth **hi·nein|brin·gen** *vt irreg* ❶ (*hineintragen*) ■**[jdm] etw [in etw** *akk*] **~** to bring/take sth in *sep* [sth] [to sb] ❷ *s.* **hineinbekommen hi·nein|bug·sie·ren*** *vt* (*fam*) ■**etw [in etw** *akk*] **~** to manoeuvre [*or* AM maneuver] sth [in/into sth] **hi·nein|den·ken** *vr irreg* ■**sich in jdn ~** to put oneself in sb's position, to try to understand sb/sb's position; ■**sich in etw ~** to think one's way into sth **hi·nein|deu·ten** *vt* ■**etw in etw** *akk* **~** to look for sth in sth, to read sth into sth; **allzu viel in etw ~** to read too much into sth **hi·nein|drän·gen I.** *vt haben* (*in etw drängen*) ■**jdn [in etw** *akk*] **~** to push [*or fam* shove] sb [into sth] **II.** *vi sein* ■**[in etw** *akk*] **~** to push one's way in[to sth] **III.** *vr haben* ■**sich [irgendwo] ~** to push one's way in [somewhere]; (*sich in eine Menschenschlange drängen*) to push in **hi·nein|fal·len** *vi irreg sein* ■**[in etw** *akk*] **~** to fall in[to sth] **hi·nein|fin·den** *irreg* **I.** *vi* ■**[in etw** *akk*] **~** to find one's way [in] [into sth]; **danke, ich finde alleine/selbst hinein!** thanks, I can find my own way [in]! **II.** *vr* ❶ (*mit etw vertraut machen*) ■**sich [in etw** *akk*] **~** to familiarize oneself [with sth]; ■**sich in etw** *akk* **~** to make oneself familiar [*or* to get to grips] with sth; (*mit einer neuen Situation*) to get used to sth ❷ (*sich mit etw abfinden*) ■**sich in etw** *akk* **~** to get used [*or* to become reconciled] to [*or* to come to terms with] sth **hi·nein|fres·sen I.** *vt irreg* ❶ (*fam: verschlingen*) ■**etw in sich** *akk* **~** to gobble sth [up [*or* down]], to devour [*or* BRIT bolt] sth, to wolf sth down, to guzzle [*or* scoff] sth *fam* ❷ (*unterdrücken*) ■**etw in sich** *akk* **~** to bottle up *sep* [*or* suppress] [*or* stifle] sth **II.** *vr* ■**sich in etw ~: die Motten haben sich in den Pullover hineingefressen** moths have eaten their way into the pullover **hi·nein|ge·hen** *vi irreg sein* ❶ (*etw betreten*) ■**[in etw** *akk*] **~** to go in[to sth], to enter [sth]; **geht bitte schon hinein, ich komme gleich nach** please go on in, I'll follow in a minute ❷ (*fam: hineinpassen*) ■**in etw** *akk* **~** to fit into sth; **wie viele Leute gehen in den Bus hinein?** how many people does the bus hold? **hi·nein|ge·ra·ten*** *vi irreg sein* ■**[in etw** *akk*] **~** to be drawn in[to sth]; **in eine Demonstration/Schlägerei/Unannehmlichkeit ~** to get into [*or* to find oneself in] a demonstration/a fight/difficulties **hi·nein|gie·ßen** *vt irreg* ❶ (*in etw gießen*) ■**etw [in etw** *akk*] **~** to pour sth [into sth]; **etw in den Abguss ~** to pour sth down the drain ❷ (*sl: sich mit etw abfüllen*) ■**etw in sich** *akk* **~** to pour sth down one's throat, to gulp sth down **hi·nein|grei·fen** *vi irreg* ■**[in etw** *akk*] **~** to put one's hand in[to sth] **hi·nein|gu·cken** *vi* (*fam*) *s.* **hineinsehen hi·nein|hal·ten** *irreg* **I.** *vt* (*in etw halten*) ■**etw [in etw** *akk*] **~** to put sth in[to sth]; **sie hielt ihre Hand in das Badewasser, um zu fühlen, ob es richtig temperiert war** she tested the temperature of the bathwater with her hand **II.** *vi* (*fam: in etw feuern*) ■**[mit etw] in etw** *akk* **~** to fire into sth [with sth]; **mitten in die Menge ~** to fire into the crowd **hi·nein|in·ter·pre·tie·ren*** *vt* ■**etw in etw** *akk* **~** to read sth into sth **hi·nein|klet·tern** *vi sein* (*in etw klettern*) ■**[durch etw] [in etw** *akk*] **~** to climb [*or* get] in[to sth] [through sth] **hi·nein|kni·en** *vr* (*fam*) ■**sich [in etw** *akk*] **~** to get stuck in[to sth], to get on [*or* BRIT *fig fam!* one's finger out] [with sth] **hi·nein|kom·men** *vi irreg sein* ❶ (*hineingelangen können*) ■**[in etw** *akk*/**auf etw** *akk*] **~** to get in[to sth] ❷ (*fam: in etw gehören*) ■**irgendwo/in etw** *akk* **~** to go [*or* belong] somewhere/in sth; **die Briefe kommen hier hinein** the letters go in [*or* belong] here **hi·nein|kom·pli·men·tie·ren*** *vt* (*höflich hineinbitten*) ■**jdn [in etw** *akk*] **~** to welcome sb in[to sth] **hi·nein|krie·gen** *vt* (*fam*) *s.* **hineinbekommen hi·nein|la·chen** *vi* ■**in sich** *akk* **~** to laugh to oneself **hi·nein|las·sen** *vt irreg* ■**jdn/ein Tier [in etw** *akk*] **~** to let sb/an animal in[to sth]; **die Wachen werden Sie nicht ins Labor ~** the guards won't allow [*or* let] you into the laboratory **hi·nein|lau·fen** *vi irreg sein* ❶ (*in etw laufen*) ■**[in etw** *akk*] **~** to run/walk in[to sth]; **in etw genau ~** to run/walk straight into sth ❷ (*hineinfließen*) **etw in sich** *akk* **~ lassen** (*sl*) to knock back sth; **Bier in sich ~ lassen** to swill beer **hi·nein|le·gen I.** *vt* ❶ (*in etw legen*) ■**etw [in etw** *akk*] **~** to put sth in[to sth/sth]; **etw wieder ~** to put sth back ❷ (*investieren*) ■**etw in etw** *akk* **~** to put sth in[[to] sth] ❸ (*hineindeuten*) ■**etw in etw** *akk* **~** to read sth into sth **II.** *vr* (*sich in etw legen*) ■**sich [in etw** *akk*] **~** to lie down [in sth] **hi·nein|ma·nö·vrie·ren*** *vt* ❶ (*in etw manövrieren*) ■**etw [in etw** *akk*] **~** to manoeuvre [*or* AM maneuver] sth in[to sth] ❷ (*durch Ungeschicktheit bringen*) ■**jdn/sich in etw** *akk* **~** to put [*or* manage to get] sb/oneself in sth **hi·nein|pas·sen** *vi* ❶ (*in etw passen*) ■**[in etw** *akk*] **~** to fit in[to sth]; ■**jd passt in etw** *akk* **hinein** sth fits sb; **jd passt mit den Füßen in Schuhe hinein** sb gets their feet into shoes, shoes fit [sb] ❷ (*harmonieren*) ■**irgendwo/in etw** *akk* **~** to fit in somewhere/with sth **hi·nein|pfu·schen** *vi* (*fam*) ■**jdm [in etw** *akk*] **~** to meddle [*or* interfere] with sb's sth, to poke [*or* stick] one's nose in sb's sth *fam* **hi·nein|plat·zen** *vi sein* (*fam*) ■**[in etw** *akk*] **~** to burst in [on sth] **hi·nein|pres·sen** *vt* ■**etw [in etw** *akk*] **~** to force sth in[[to] sth] **hi·nein|pum·pen** *vt* ■**etw [in etw** *akk*] **~** to pump sth in[[to] sth] **hi·nein|ra·gen** *vi sein* ■**in etw** *akk* **~** ❶ (*in etw ragen*) to rise up into sth, to project into sth ❷ (*sich in etw strecken*) to stick out into sth **hi·nein|re·den I.** *vi* (*dreinre-*

H

den) ■**jdm** [**in etw** *akk*] ~ to tell sb what to do [about sth], to interfere in sth **II.** *vr* (*sich durch Reden in etw versetzen*) **sich in Wut** ~ to talk oneself [*or* work oneself up] into [a state of] fury **hi·nein|reg·nen** *vi impers* ■**es regnet** [**in/durch etw** *akk*] **hinein** the rain gets in [sth/through sth] **hi·nein|rei·chen I.** *vt* ■[**jdm**] **etw** [**zu etw/durch etw/in etw** *akk*] ~ to pass [sb] sth [through sth/into/in sth]; **etw zum Fenster** ~ to pass sth through the window **II.** *vi* ❶ (*lang genug ausreichen*) ■[**bis**] **in etw** *akk* ~ to last [until] through sth; **bis in den Januar** ~ to last into January ❷ (*sich bis hinein erstrecken*) ■[**irgendwo/bis in etw** *akk*] ~ to extend [*or* reach] [somewhere/into sth] **hi·nein|rei·ßen** *vt irreg* (*fam*) ■**jdn** [**in etw** *akk*] ~ to drag sb in[to sth] **hi·nein|rei·ten** *irreg* **I.** *vi sein* ■[**in etw** *akk*] ~ to ride in[to sth] **II.** *vt haben* (*fam*) ■**jdn** [**in etw** *akk*] ~ to drag sb in[to sth] **hi·nein|ren·nen** *vi irreg sein* (*fam*) *s.* **hineinlaufen hi·nein|schaf·fen** *vt* ■**jdn/etw** [**in etw** *akk*] ~ to get sb/sth in[to sth]; **schaffen Sie den Verletzten hier hinein!** bring the injured man in here! **hi·nein|schau·en** *vi* ❶ (*fam: kurz zu Besuch kommen*) ■[**bei jdm**] ~ to look [*or* drop] in [on sb] ❷ DIAL (*hineinsehen*) to look in **hi·nein|schla·gen** *vt irreg* ■**etw** [**in etw** *akk*] ~ to knock [*or* drive] sth in[to sth] **hi·nein|schlei·chen** *vi, vr irreg vi: sein* ■[**sich**] [**in etw** *akk*] ~ to creep [*or* steal] [*or fam* sneak] in[to sth] **hi·nein|schlin·gen** *vt irreg* (*in sich schlingen*) ■**etw in sich** *akk* ~ to devour sth, to scoff sth down, to gobble sth [up [*or* down]] *fam* **hi·nein|schlit·tern** *vi sein* (*fam*) ❶ (*unversehens hineingeraten*) ■**in etw** *akk* ~ to get [oneself] into sth; **in die Arbeitslosigkeit** ~ to become [*or* find oneself] unemployed, to have one's job disappear ❷ (*schlitternd in etw gleiten*) ■**in etw** *akk* ~ to slide [*or* slither] into sth **hi·nein|schlüp·fen** *vi sein* ❶ (*sich rasch anziehen*) ■[**in etw** *akk*] ~ to slip sth on, to slip into sth ❷ (*in etw schlüpfen*) ■[**in/durch etw** *akk*] ~ to slip in[to sth/through sth]; **ins Loch/in den Bau** ~ to disappear into the hole/warren **hi·nein|schmug·geln I.** *vt* (*in etw schmuggeln*) ■**etw** [**in etw** *akk*] ~ to smuggle sth in[to sth] **II.** *vr* (*sich in etw schmuggeln*) ■**sich** [**in etw** *akk*] ~ to worm one's way in[to sth], to infiltrate sth **hi·nein|schrei·ben** *vt irreg* ■[**jdm**] **etw** [**in etw** *akk*] ~ to write sth [in sth] [for sb] **hi·nein|schüt·ten** *vt* (*in etw schütten*) ■**etw** [**in etw** *akk*] ~ to pour sth in[to sth] **hi·nein|se·hen** *vi irreg* ■[**in etw** *akk*] ~ to look in[to sth]; **in einen Garten/in ein Zimmer** ~ **können** to be able to look [*or* see] into a garden/a room **hi·nein|set·zen I.** *vt* (*in etw setzen*) ■**jdn** [**in etw** *akk*] ~ to put sb in[[to] sth] **II.** *vr* (*sich in etw setzen*) ■**sich** [**in etw** *akk*] ~ to sit down [in sth]; **sich in ein Fahrzeug** ~ to get in[to] a vehicle **hi·nein|spa·zie·ren*** *vi sein* (*fam*) ■[**in etw** *akk*] ~ to walk in[[to] sth]; **nur hineinspaziert!** just go [on] in! **hi·nein|spie·len I.** *vi* (*bei etw zur Geltung kommen*) ■**irgendwo/in etw** *akk* [**mit**] ~ to play a role [somewhere/in sth]; **etw spielt in etw hinein** sth is a contributory factor in sth; **es spielen noch andere Aspekte in diese Entscheidung hinein** other factors have also contributed to this decision **II.** *vt* SPORT **den Ball in den Strafraum** ~ to play the ball into the area **hi·nein|ste·cken** *vt* ❶ (*in etw stecken*) ■**etw** [**zu etw/durch etw/in etw** *akk*] ~ to put sth in[to sth/through sth/sth]; **eine CD/Videokassette** ~ to put on a CD/a video; **einen Füller in die Verschlusskappe** ~ to put the cap back on a [fountain] pen; **eine Injektionsnadel** [**in/durch etw**] ~ to stick a needle in[to sth/sth/through sth]; **den Kopf** [**zum Fenster**] ~ to stick [*or* put] one's head in the window; **ein Glied ins Wasser** ~ to stick [*or* put] a limb in[to] the water ❷ (*in etw investieren*) ■**etw** [**in etw** *akk*] ~ to put sth in[[to] sth] **hi·nein|stei·gern** *vr* ■**sich in etw** *akk* ~ to get into sth, to allow oneself to be overwhelmed by sth; **sich in Wut/Hysterie** ~ to work oneself [up] into a rage [*or* state of rage]/ into a state of hysteria **hi·nein|stop·fen** *vt* ❶ (*in etw stopfen*) ■**etw** [**in etw** *akk*] ~ to stuff sth in[[to] sth] ❷ (*in sich stopfen*) ■**etw in sich** *akk* ~ to stuff sth down, to gobble sth down [*or* up] **hi·nein|sto·ßen I.** *vt irreg* ❶ (*in etw stoßen*) ■**jdn** [**in etw** *akk*] ~ to push [*or fam* shove] sb in[to] sth] ❷ (*in etw schieben*) ■**etw** [**in etw** *akk*] ~ to put sth in[to sth]; **ein Messer in jds Leib** ~ to stab sb [with a knife]; **eine Waffe in die Scheide** ~ to sheath a weapon **II.** *vi sein* **in eine Lücke** ~ to steer smartly into a space; **in ein Gebiet** ~ to penetrate a region **hi·nein|strö·men** *vi sein* ■[**in/durch etw** *akk*] ~ to pour in[to sth/sth/through sth] **hi·nein|stür·zen I.** *vi sein* ❶ (*unversehens hineinfallen*) ■[**in etw** *akk*] ~ to fall in[[to] sth] ❷ (*nach dort drin eilen*) to rush in[[to] sth]; **in ein Zimmer** ~ to burst [*or* rush] into a room **II.** *vt haben* (*geh*) *s.* **hineinstoßen I. 1**: ■**jdn** [**in etw** *akk*] ~ to push [*or fam* shove] sb in[[to] sth] **III.** *vr haben* (*sich in etw stürzen*) ■**sich** [**in etw** *akk*] ~ to throw oneself in[[to] sth]; **sich in eine Menschenmenge** ~ to plunge into a crowd **hi·nein|tap·pen** *vi sein* (*fam*) ■[**in etw** *akk*] ~ to tread in sth; **in Pfützen** ~ to walk into/through puddles; **in Pfützen absichtlich** ~ to paddle in puddles; **in eine Falle** ~ to walk right into a trap **hi·nein|tra·gen** *vt irreg* ■**jdn/etw** [**in etw** *akk*] ~ to carry sb/sth in[[to] sth] **hi·nein|tun** *vt irreg* ■**etw** [**in etw** *akk*] ~ to put sth in[[to] sth]; **etw wieder** [**in etw**] ~ to put sth back in[[to] sth]; *s. a.* **Blick hi·nein|ver·set·zen*** *vr* ❶ (*sich hineindenken*) ■**sich in jdn** ~ to put oneself in sb's place [*or* position] [*or* shoes] ❷ (*sich hineindenken*) ■**sich in etw** *akk* ~ to acquaint oneself with sth, to familiarize oneself with sth; **sich in jds Lage** ~ to put oneself in sb's place [*or* position] [*or* shoes]; **sich in etw** *akk* **hineinversetzt fühlen** to feel as though [*or* if] one is in sth; **sich in frühere Zeiten/in das Zeitalter der Renaissance hineinversetzt fühlen** to feel one has been transported back in time/to the Renaissance **hi·nein|wach·sen** *vi irreg sein* ❶ (*sich durch Wachstum in etw ausdehnen*) ■**in etw** *akk* ~ to grow in[to sth]; **ein in den Zeh hineingewachsener Nagel** an ingrowing toenail ❷ (*langsam mit etw vertraut werden*) ■**in etw** *akk* ~ to get used to sth **hi·nein|wa·gen** *vr* ■**sich** [**in etw** *akk*] ~ to dare to go in[[to] sth]; ■**sich zu jdm** ~ to have the courage to go and see sb **hi·nein|wol·len** *vi* (*fam*) ■[**in etw** *akk*] ~ to want to go in[[to] sth], to want to enter [sth] *form* **hi·nein|zie·hen** *irreg* **I.** *vt haben* ■**jdn mit** [**in etw** *akk*] ~ to involve sb [in sth]; ■**jdn mit in etw** ~ to drag sb into sth *fam;* ■**jd wird in etw hineingezogen** sb gets involved in sth, sb gets drawn [*or fam* dragged] into sth **II.** *vi sein* (*in etw dringen*) ■[**in etw** *akk*] ~ to drift [*or* get] in[to sth] **hi·nein|zwän·gen I.** *vt* (*in etw zwängen*) ■**etw** [**in etw** *akk*] ~ to force sth in[[to] sth] **II.** *vr* (*sich in etw zwängen*) ■**sich** [**in etw** *akk*] ~ to push [one's way] in[[to] sth], to squeeze in[[to] sth]; **sich in ein Kleidungsstück** ~ to force [*or* squeeze] oneself into an item of clothing; **obwohl der Saal schon überfüllt war, versuchten sich noch viele hineinzuzwängen** although the hall was already overcrowded a lot of people were still trying to squeeze their way in **hi·nein|zwin·gen** *vt irreg* (*in etw zu gehen zwingen*) ■**jdn** [**in etw** *akk*] ~ to force sb to go in[[to] sth]

hin|fah·ren *irreg* **I.** *vi sein* ■[**zu jdm/irgendwo**] ~ to go [to see sb/somewhere]; ■**irgendwo** ~ to go [*or* drive] somewhere; **ich muss sofort zu ihr** ~ I must go and see [*or* drive over to] her at once **II.** *vt haben* (*mit dem Auto hinbringen*) ■**jdn** [**zu jdm/irgendwo**] ~ to drive sb [to sb/somewhere]

Hin·fahrt *f* drive, trip; (*lange* ~) journey; **gute ~!** have a good trip [*or* journey]!; **auf der** ~ on the way, during the drive [*or* trip]/journey

hin|fal·len *vi irreg sein* ❶ (*zu Boden fallen*) to fall [over] ❷ (*auf den Boden fallen*) to fall; ■**jdm fällt etw hin** sb drops sth

hin·fäl·lig *adj* ❶ (*gebrechlich*) frail, infirm *form* ❷ (*ungültig*) invalid; **ein ~es Argument** a spurious argument; **etw ~ machen** to make [*or form* render] sth invalid

Hin·fäl·lig·keit <-> *f kein pl* infirmity *no pl,* frailness *no pl*

hin|fin·den *vi irreg* (*fam*) ■[**zu jdm/etw**] ~ to find one's [*or* the] way [to sb/sth]; **finden Sie alleine hin?** can you find your own way [*or* the way on your own]? **hịn|flä·zen** *vr,* **hịn|fle·geln** *vr* (*fam*) ■**sich** ~ to flop [*or* plump] [*or* AM plop] down *fam* **hịn|flie·gen I.** *vi irreg sein* ❶ (*irgendwohin fliegen*) ■[**zu jdm/irgendwo**] ~ to fly [to see sb/somewhere] ❷ (*fam: hinfallen*) to fall; ■**jdm fliegt etw hin** sb drops sth **II.** *vt* ■**jdn/etw irgendwo** ~ to fly sb/sth somewhere **Hịn·flug** *m* flight; **guten ~!** have a good flight!; **auf dem** ~ on [*or* during] the flight **hịn|füh·ren I.** *vt* (*irgendwohin geleiten*) ■**jdn** [**zu jdm/irgendwo**] ~ to take sb [to sb/somewhere] **II.** *vi* (*in Richtung auf etw verlaufen*) ■[**zu etw**] ~ to lead [*or* go] [to sth] ▶WENDUNGEN: **wo soll das ~?** where will it [all] end?, what will it [all] lead to?

hing ['hɪŋ] *imp von* **hängen**

Hịn·ga·be *f kein pl* (*rückhaltlose Widmung*) dedication; (*Widmung zu einem Mensch*) devotion; **sie spielt die Flöte mit ~** she plays the flute with passion [*or* all her soul]

hịn|ge·ben *irreg* **I.** *vt* (*geh*) ■**etw** ~ to give sth; **einen guten Ruf** ~ to sacrifice one's reputation [*or* one's good name] **II.** *vr* ❶ (*sich überlassen*) ■**sich einer S.** *dat* ~ to abandon oneself to sth; *s. a.* **Hoffnung, Illusion** ❷ (*euph geh: den Sexualakt vollziehen*) ■**sich jdm** ~ to give oneself to sb *euph form*

Hịn·ge·bung <-> *f kein pl s.* **Hingabe**

hịn·ge·bungs·voll I. *adj* dedicated; **mit ~em Blick** with a devoted look; **~e Pflege** devoted care **II.** *adv* with dedication; ~ **lauschen** to listen raptly [*or* with rapt attention]; **jdn ~ pflegen** to care for sb devotedly [*or* selflessly]; **sich einem Menschen ~ widmen** to devote oneself [selflessly] to a person

hin·ge·gen [hɪn'ge:gn̩] *konj* (*geh*) but, however; **er raucht, seine Frau ~ nicht** he smokes but his wife doesn't

hịn·ge·gos·sen *adj* **wie** ~ (*fam*) draped; **auf etw wie ~ liegen/sitzen** to drape oneself over sth **hịn|ge·hen** *vi irreg sein* ❶ (*dorthin gehen*) to go ❷ (*geh: vergehen*) to pass, to go by, to elapse *form;* **über eine Entscheidung können noch Monate ~** a decision could take months yet ❸ (*angehen*) ■[**noch**] **~: diesmal mag es noch ~** this time we'll let it pass [*or* go]; ■**nicht ~, dass ...** to not be all right [*or* acceptable] that ... ▶WENDUNGEN: [**jdm**] **etw ~ <u>lassen</u>** to let [sb's] sth pass; **jdm etw ~ <u>lassen</u>** to let sb get away with sth; **du lässt dem Kind zu viel ~!** you let that child get away with too much! **hịn|ge·hö·ren*** *vi* (*fam*) ■**irgendwo** ~ to belong [*or* go] somewhere; ■**jd gehört irgendwo hin** sb belongs somewhere **hịn|ge·ra·ten*** *vi irreg sein* (*an einen bestimmten Ort geraten*) ■**irgendwo** ~ to land [*or* get] somewhere; **wo ist meine Tasche ~?** where has my bag got to?; **wo bin ich denn hier ~?** what [on earth] am I doing here?, what's going on here?

hịn·ge·ris·sen I. *adj* spellbound; **er war von der Geschichte** ~ he was carried away by the story **II.** *adv* raptly, with rapt attention; ~ **lauschen** to listen spellbound [*or* raptly] [*or* with rapt attention]

hịn|gu·cken *vi* (*fam*) to look

hịn|hal·ten *vt irreg* ❶ (*entgegenhalten*) ■**jdm etw** ~ to hold sth out to sb ❷ (*aufhalten*) ■**jdn** ~ to hold sb up, to keep sb waiting; ■**sich von jdm** [**mit etw**] ~ **lassen** to be [*or* to let oneself be] fobbed off by sb [with sth]; **jdn mit faulen Ausreden** ~ to fob sb off with [glib] excuses

Hịn·hal·te·tak·tik *f* delaying tactics

hịn|hau·en *irreg* **I.** *vi* (*fam*) ❶ (*gut gehen*) to work, to be all right; **Sie halten das Werkzeug falsch, das haut so nicht hin** you're holding the tool wrong, you won't manage it like that ❷ (*ausreichen*) to be enough ❸ (*zuschlagen*) to lash out, to take a swing; **mit einer Axt** ~ to take a swing with an axe, to swing an axe **II.** *vr* (*sl*) ❶ (*schlafen*) ■**sich** [**eine bestimmte Zeit**] ~ to lie down [for a certain length of time], to lie down and have a snooze [*or* BRIT *fam* kip], to turn in *fam,* to hit the sack *fam;* **er schläft schon, er hat sich vor einer halben Stunde hingehauen** he's already asleep, he went to bed [*or* turned in] half an hour ago ❷ (*sich hinflegeln*) ■**sich** ~ to plonk down **III.** *vt* (*fam: schlampig erledigen*) ■**etw** ~ to rush through sth; (*ein Schriftstück schlampig erledigen*) to dash off sth; ■**hingehauen** rushed through

hịn|hö·ren *vi* to listen; **genau** ~ to listen carefully **hịn|kau·ern** *vr* ■**sich** [**irgendwo**] ~ to crouch [*or* squat] [somewhere]; (*ängstlich*) to cower [somewhere]

Hịn·ke·bein *nt,* **Hịnkefuß** *m* (*fam*) ❶ (*hinkendes Bein*) gammy [*or* AM bum] leg [*or* foot] *fam* ❷ (*Mensch mit einem Hinkefuß*) person who walks with a limp

Hịn·kel·stein *m* standing stone, menhir *form*

hin·ken ['hɪŋkn̩] *vi* ❶ *haben* (*das Bein nachziehen*) ■[**auf etw** *dat*/**mit etw**] ~ to limp [with sth]; **mit einem Bein** ~ to have a gammy leg [*or* a limp]; ■**~d** limping ❷ *sein* (*sich ~d fortbewegen*) ■**irgendwohin** ~ to limp [*or* hobble] somewhere ❸ *haben* (*nicht ganz zutreffen*) to not work; **der Vergleich hinkt** the comparison doesn't work, you can't compare them

hịn|knal·len I. *vi sein* (*fam*) to fall heavily, to come a cropper BRIT *fam;* (*ohnmächtig hinfallen*) to crash to the ground, to fall heavily on the ground; **der Länge nach** ~ to measure one's length on the ground *liter* **II.** *vt haben* (*fam*) ■[**jdm**] **etw** ~ to throw [*or* slam] sth down [in front of sb] **hịn|kni·en** *vi, vr vi: sein* (*niederknien*) ■[**sich** *akk*] [**auf etw** *akk*/**vor jdn**] ~ to kneel down [on sth/before sb] **hịn|kom·men** *vi irreg sein* ❶ (*irgendwohin gelangen*) ■**irgendwo** ~ to get [*or* go] somewhere; **wie komme ich zu euch hin?** how do I get to you? ❷ (*verloren gehen*) ■**irgendwo** ~ to get to, to go; **ich weiß nicht, wo die Brille hingekommen ist** I don't know where the glasses have got to [*or* gone] ❸ (*an bestimmten Platz gehören*) ■**irgendwo** ~ to belong [*or* go] somewhere ❹ (*fam: auskommen*) ■[**mit etw**] ~ to manage [with sth] ❺ (*fam: stimmen*) to be [about] right ▶WENDUNGEN: **<u>wo</u> kämen wir denn** [**da**] **hin, wenn ...!** (*fam*) where would we be [*or* finish up] if ...!; **gegessen wird erst, wenn alle am Tisch sitzen! wo kämen wir denn <u>da</u> hin!** you can start when everybody is at the table! whatever are you thinking of!

hịn|krie·gen *vt* (*fam*) ❶ (*richten*) ■**etw wieder** ~ to mend [*or* fix] sth, to put sth to rights ❷ (*fertig bringen*) ■**es/etw** ~ to manage it/sth; **etw gut** [*o sl* **toll**] ~ to make a good [*or* great] job of sth; **es ist schon erstaunlich, was man so alles hinkriegt, wenn man nur will!** it's amazing what you can do if you try!; ■**es ~, dass ...** to manage it/things so that ... ❸ (*kurieren*) ■**jdn wieder** ~ to put sb right **hịn|lan·gen** *vi* (*fam*) ❶ (*nach etw greifen*) to reach across/over ❷ (*zuschlagen*) to hit [*or* lash] out, to take a swipe ❸ (*sich bedienen*) to help oneself ❹ (*viel Geld verlangen*) **da haben die aber ganz schön hingelangt!** that's daylight robbery! ❺ (*ausreichen*) to be enough ❻ (*auskommen*) ■**mit etw** ~ to manage with sth; (*mit Geld auskommen*) to manage on sth

hịn·läng·lich I. *adj* sufficient, adequate **II.** *adv* sufficiently, adequately; ~ **bekannt** sufficiently well-known

hịn|las·sen *vt irreg* ■**jdn** ~ to let sb [*or* allow sb to] go; (*in die Nähe*) to let sb near [*or* get near], to allow sb near [*or* to get near] **hịn|lau·fen** *vi irreg sein* ❶ (*an eine bestimmte Stelle eilen*) ■[**irgendwo/zu jdm**] ~ to run [somewhere/to sb] ❷ DIAL (*fam: zu Fuß gehen*) ■**irgendwo** ~ to walk somewhere, to go somewhere on foot **hịn|le·gen I.** *vt* ❶ (*niederlegen*) ■**jdn/etw** ~ to put sb/sth down, to leave sb/sth ❷ (*vorlegen*) ■**jdm etw** ~ to put sth [down] in front of sb ❸ (*flach lagern*) ■**jdn** ~ to lay sb down ❹ (*ins Bett bringen*) ■**jdn** ~ to put sb to bed ❺ (*fam: bezahlen müssen*) ■**etw** [**für etw**] ~ to pay sth [for sth], to shell [*or* fork] out sth [for sth] *fam,* to stump up sth [for sth] BRIT *fam* ❻ (*fam: eindrucksvoll darbieten*) ■**etw** ~ to do sth *fam;* **eine brillante Rede** ~ to make [*or* do] a brilliant speech *fam;* **eine Solonummer** ~ to do a solo [number] **II.** *vr* ❶ (*schlafen gehen*) ■**sich** [**eine bestimmte Zeit**] ~ to have a lie-down [for a certain length of time] ❷ (*fam: hinfallen*) ■**sich** ~ to fall [over], to come a cropper BRIT ▶WENDUNGEN: **<u>da</u> legst du dich** [**lang**] **hin!** (*fam*) **rate mal, was**

passiert ist! da legst du dich hin! guess what's happened! you won't believe your ears [*or* what I'm going to tell you]!; **~!** MIL down [on the ground]! **hin|lüm·meln** *vr* (*fam*) *s.* **hinflegeln**

hin|ma·chen I. *vt* (*fam: anbringen*) ■**[jdm] etw ~** to put [*or fam* stick] sth somewhere [for sb]; **ein Bild/eine Lampe ~** to put [*or fam* stick] up a picture/a lamp; **irgendwo Farbe ~** to put [*or fam* stick] paint on somewhere **II.** *vi* (*fam: Notdurft verrichten*) ■**[da] ~** to do a job [there] [*or* one's business] [*or fam* a mess], to have [*or* AM take] a crap/piss *vulg*

hin|mor·den *vt* (*geh*) ■**jdn ~** to butcher [*or* slaughter] sb; **viele Menschen ~** to massacre a lot of people **hin|müs·sen** *vi irreg* to have to go [somewhere]

Hin·nah·me <-> *f kein pl* acceptance

hin|neh·men *vt irreg* ❶ (*ertragen*) ■**etw [als etw] ~** to accept [*or* tolerate] [*or* to put up with] [*or* suffer] sth [as sth]; **etw als selbstverständlich ~** to take sth for granted; **etw ~ müssen** to have to accept [*or* put up with] sth ❷ (*einstecken*) **eine Niederlage ~** to [have to] suffer a defeat; **einen Verlust ~** to [have to] suffer [*or* sustain] a loss ❸ (*fam: irgendwohin mitnehmen*) ■**jdn/etw mit ~** to take sb/sth [with one]; **ich fahre jetzt dorthin, soll ich Sie mit ~?** I'm going there now, shall I take you [*or* would you like to come] [with me]?

hin|nei·gen I. *vr* ■**sich [zu jdm] ~** to lean over [to[wards] sb [*or* in sb's direction]] **II.** *vt* (*in eine bestimmte Richtung neigen*) ■**etw zu jdm ~** to incline sth to[wards] sb; **den Kopf [zu jdm] ~** to bend [*or* incline] one's head [towards sb [*or* in sb's direction]]; **den Körper ~** to lean over **III.** *vi* ■**zu etw ~** (*eine Neigung haben zu*) to incline towards sth

hin·nen ['hɪnən] *adv* ▶ WENDUNGEN: **von ~ scheiden** (*veraltend geh*) to pass [*or* move] on *euph;* **von ~** from here; **wir müssen nun wieder von ~** we have to leave here

hin|pas·sen *vi* ❶ (*sich gut einfügen*) ■**irgendwo ~** to go somewhere; **die Vase würde hier gut/besser ~** the vase would look good/better here; ■**jd passt irgendwo hin** sb fits in somewhere ❷ (*Platz haben*) ■**irgendwo ~** to go [*or* fit] somewhere **hin|pfef·fern** *vt* (*fam*) ❶ (*hinschleudern*) ■**[jdm] etw ~** to fling [*or fam* chuck] sth down [in front of sb] ❷ (*in scharfer Form äußern*) **einen Artikel ~** to write [*or* produce] a scathing [*or* withering] article; **jdm eine Kritik ~** to level biting [*or* harsh] criticism at sb **hin|plump·sen** *vi sein* (*fam*) to plump [*or* AM plop] down, to fall with a thud; ■**etw ~ lassen** to drop sth with a thud [*or* clunk] [*or* thump], to plunk sth down; ■**sich ~ lassen** to plump BRIT down, to plunk [*or* AM plop] oneself down **hin|raf·fen** *vt s.* **dahinraffen** **hin|rei·chen I.** *vt* (*geh: geben*) ■**jdm etw ~** to pass [*or* hand] sth to sb **II.** *vi* (*geh: ausreichen*) to last, to hold out **hin·rei·chend I.** *adj* sufficient; **ein ~es Gehalt/Einkommen** an adequate salary/income **II.** *adv* ❶ (*genügend*) **~ lange/oft** long/often enough ❷ (*zur Genüge*) sufficiently, adequately **Hin·rei·se** *f* trip [*or* journey] [somewhere], outward trip [*or* journey]; (*mit dem Auto*) drive; (*mit dem Schiff*) voyage; **auf der ~** on the way [*or* trip] [*or* journey] [*or* drive] [there], during the trip [*or* journey] [*or* drive] there; **Hin- und Rückreise** both ways *fam,* [the journey] there and back *fam;* (*Fahrkarte*) return journey **hin|rei·ßen** *vt irreg* ❶ (*begeistern*) ■**jdn ~** to send sb into transports of delight *form,* to enchant [*or* captivate] [*or* enrapture] sb; ■**[von jdm/etw] hingerissen sein** to be enchanted [*or* captivated] [*or* enraptured] [by sb/sth]; ■**von jdm hingerissen sein** (*verliebt sein*) to be smitten [*or* infatuated] with sb; **hin- und hergerissen sein** to be unable to decide [*or* unable to make up one's mind]; **was meinst du? – ich bin ganz hin- und hergerissen** what do you think? – oh! I don't know [*or* I can't make up my mind]!; *s. a.* **hingerissen** ❷ (*spontan verleiten*) ■**jdn zu etw ~** to drive sb to sth, to provoke sb into sth; **sich zu etw ~ lassen** to allow oneself to be [*or* to let oneself be] driven to sth/into doing sth [*or* provoked into doing sth]; **sich ~ lassen** to allow oneself to be carried away, to let oneself be carried away; **sich dazu ~ lassen, etw zu tun** to allow oneself to [*or* to let oneself] be provoked into doing [*or* be driven to] sth **hin·rei·ßend I.** *adj* enchanting, captivating; **von ~er Schönheit** of striking beauty **II.** *adv* enchantingly; **~ aussehen** to look enchanting [*or* captivating] **hin|ren·nen** *vi irreg sein s.* **hinlaufen 1**

hin|rich·ten *vt* ■**jdn ~** to execute sb; **jdn durch den Strang ~** to put sb to death by hanging; **jdn durch den elektrischen Stuhl ~** to execute sb on the electric chair; ■**hingerichtet werden** to be executed

Hin·rich·tung *f* execution; **eine ~ vollziehen** (*geh*) to carry out an execution

hin|rot·zen *vt* (*sl*) ■**[jdm] etw ~** to dash sth off [for sb] BRIT, to do sth [for sb] in a hurry **hin|schaf·fen** *vt* ■**etw [zu jdm] ~** to get sth somewhere/there [to sb]; (*liefern*) to deliver sth [to sb]; ■**irgendwo hingeschafft werden** to be taken somewhere/there **hin|schau·en** *vi* DIAL (*hinsehen*) to look **hin|schi·cken** *vt* ■**jdn [zu jdm] ~** to send sb [to sb]

Hin·schied <-s, -e> *m* SCHWEIZ (*geh: Tod*) passing *euph,* demise *form*

hin|schla·gen *vi irreg* ❶ *sein* (*hinfallen*) to fall [flat on one's face *fam*], to collapse ❷ *haben* (*zuschlagen*) to strike; **mit einem Gegenstand ~** to strike out with an object **hin|schlei·chen** *vi, vr irreg vi: sein* ■**[sich] ~** to creep [*or* sneak] over [there]/to somewhere **hin|schlep·pen I.** *vr* ❶ (*sich mühselig an einen bestimmten Ort bewegen*) ■**sich ~** to drag oneself along; ■**sich irgendwo/zu jdm ~** to drag oneself somewhere/to sb ❷ (*sich hinziehen*) ■**sich ~** to drag on **II.** *vt* ❶ (*an einen bestimmten Ort schleppen*) ■**etw [zu jdm] ~** to drag [*or fam* lug] [*or fam* cart] sth over [to sb]; ■**etw irgendwo ~** to drag [*or fam* lug] [*or fam* cart] sth somewhere ❷ (*fam: mitnehmen*) ■**jdn mit ~** to drag [*or fam* cart] sb along **hin|schlu·dern** *vt* (*pej fam*) ■**etw ~** to dash sth off; **einen Artikel ~** to scribble off [*or* scrawl] [*or* BRIT dash off] an article **hin|schmei·ßen** *vt irreg* (*fam*) *s.* **hinwerfen** **hin|schmel·zen** *vi irreg sein* (*hum fam*) ■**[vor etw *dat*] ~** to [practically] swoon [with sth]; **vor Rührung ~** to be overcome with emotion; **wenn er sie nur sieht, schmilzt er schon hin** when he sees her, he practically swoons **hin|schmie·ren** *vt* (*fam*) ❶ (*an eine bestimmte Stelle schmieren*) ■**[jdm] etw ~** to smear sth [somewhere]; **schmier mir bloß diesen ganzen Dreck nicht an die Tapete** don't [you dare] smear all that dirt on the wallpaper ❷ (*pej: flüchtig malen*) ■**etw ~** to daub sth; **eine Parole an eine Wand ~** to scrawl a slogan on a wall **hin|schrei·ben** *irreg* **I.** *vt* (*niederschreiben*) ■**[sich *dat*] etw ~** to write [*or* note] sth down **II.** *vi* (*fam: an eine bestimmte Stelle schreiben*) to write [in]; **vor einer Woche habe ich hingeschrieben, ob sie mir wohl bald zurückschreiben?** it's a week since I wrote; I wonder if they'll write back soon?

hin|se·hen *vi irreg* to look; **ich kann/mag gar nicht ~!** I can't [bear to] look!; **vom bloßen H~** just the sight [of sth]; **vom bloßen H~ wird mir schon übel!** just the sight of it makes me feel sick!; **bei genauerem** [*o* **näherem**] **H~** on closer inspection

hin|set·zen I. *vr* ❶ (*sich niederlassen*) ■**sich ~** to sit down; ■**sich irgendwie ~** to sit somehow ❷ (*fam: sich bemühen*) ■**sich ~** to get down to it, to get one's finger out BRIT *fam!* **II.** *vt* ❶ (*absetzen*) ■**etw ~** to put [*or dated* set] sth down ❷ (*niedersetzen*) ■**jdn ~** to put [*or* sit] sb down

Hin·sicht *f kein pl* **in beruflicher ~** with regard to a career, career-wise *fam;* **in finanzieller ~** financially, with regard to finances, finance-wise *fam;* **in anderer ~** in other respects; **in gewisser ~** in certain respects; **in jeder ~** in every respect; **in mancher ~** in some respects; **in sonstiger ~** in other respects

hin·sicht·lich *präp +gen* (*geh*) with regard to

hin|sin·ken *vi irreg sein* (*geh*) to sink down/to the ground *liter*

hin·sit·zen *vi irreg sein* SÜDD, SCHWEIZ (*hinsetzen I*) to sit [down]

Hin·spiel *nt* first game [*or* leg] (*of a series of two games*)

hịn·ste·hen *vi irreg sein* SÜDD, SCHWEIZ (*hinstellen*) to stand up straight **hịn|stel·len I.** *vt* ❶ (*an einen bestimmten Platz stellen*) ■**[jdm] etw** ~ to put [*or dated* set] sth [for sb]; **einen Sonnenschirm** ~ to put up a parasol [*or* sun umbrella] ❷ (*fam: bauen*) ■**[jdm] etw** ~ to put up sth [for sb] *fam* ❸ (*abstellen*) ■**etw** ~ to park [*or fam* put] sth ❹ (*charakterisieren*) ■**etw/jdn als etw/jdn** ~ to make sb out to be sth; **jdn als Beispiel** ~ to hold sb up as an example; **er versucht, den Betrug als ein Versehen hinzustellen** he's trying to make his fraud out to be a simple mistake **II.** *vr* ❶ (*sich aufrichten*) ■**sich** ~ to stand up straight ❷ (*sich an eine bestimmte Stelle stellen*) ■**sich vor jdn** ~ to plant oneself in front of sb **hịn|steu·ern** *vi sein* ■**[mit etw] auf etw** *akk* ~ to aim at sth [with sth]; ■**auf etw** ~ to make [*or* head] for sth; **worauf steuern Sie eigentlich [mit Ihrer Argumentation] hin?** what are you getting at [with your argumentation]? **hịn|strö·men** *vi sein* ■**[zu etw]** ~ to flock [*or* swarm] somewhere; **am Sonntag ist Pokalendspiel, da werden Zehntausende ~!** on Sunday it's the Cup Final, there'll be thousands flocking [*or* swarming] to the game! **hịn|stür·zen** *vi sein* ❶ (*eilends hinlaufen*) to rush somewhere ❷ (*hinfallen*) to fall [heavily]

hintan|stel·len [hɪnt'ʔan-] *vt* (*geh*) ■**etw** ~ to put sth last [*or* at the bottom of the list]

hin·ten ['hɪntn̩] *adv* ❶ (*entfernt*) at the end; **er sitzt ganz ~ in der vorletzten Reihe** he's sitting at the back in the last row but one; ~ **im Buch** at the back of the book; **ein Buch von vorn[e] bis ~ lesen** to read a book from cover to cover; ~ **im Garten** at the bottom of the garden; **sich ~ anstellen** to join the back [of a queue [*or* AM line]]; **weit ~ liegen** to be tailed off BRIT; **das wird weiter ~ erklärt** that's explained further towards the end ❷ (*auf der abgewandten Seite*) at the back; **hast du schon bemerkt, dass du ~ [an der Hose/am Hemd] einen Fleck hast?** have you seen that there's a stain on the back [of your trousers/shirt]?; ~ **ein Geschwür haben** (*euph fam*) to have a boil on one's derrière *euph;* **ein Zimmer nach ~** a room at the back; **nach ~ abgehen** THEAT to leave the stage; **nach ~ ausschlagen** (*Pferd*) to kick out; ~ **ein paar draufkriegen** (*fam*) to get a spanking; **nach ~ durchgehen** TRANSP to go to the back; **von ~ kommen** to come from behind; **vorn[e] und ~ nichts haben** (*fam*) to be flat and skinny; **nach ~ wohnen/gelegen sein** to live/be at the back of the house ▶ WENDUNGEN: ~ **und vorn[e]** (*fam*) left, right and centre [*or* AM -er]; **jdn ~ und vorn[e] bedienen** to wait on sb hand and foot; **weder ~ noch vorn[e], ~ und vorn[e] nicht** (*fam*) no way *fam;* **das reicht doch ~ und vorne nicht!** that's nothing like enough!; **das stimmt doch ~ und vorn[e] nicht/das stimmt weder ~ noch vorn[e]** that can't [*or* there's no way that can] be right; **nicht mehr wissen, wo ~ und vorn[e] ist** to not know if one's on one's head or one's heels [*or* if one's coming or going]; **Frau/Herr ... ~, Frau/Herr ... vorn** (*fam*) it's Mrs/Mr ... this, Mrs/Mr ... that, it's yes Mrs/Mr ... , no Mrs/Mr ..., [three bags full, Mrs/Mr ...]; ~ **nicht mehr hochkommen** (*fam*) to be [utterly] shattered *fam* [*or* exhausted] [*or* BRIT *sl* knackered] [*or* BRIT *fam* dead beat]; **jdm ~ reinkriechen** (*fam*) to crawl *fam* [*or* grovel] to sb, to lick [*or* AM kiss] sb's arse [*or* AM ass] *vulg;* **jdn am liebsten von ~ sehen** (*fam*) to be glad to see the back of sb

hin·ten·dran ['hɪntn̩'dran] *adv* (*fam*) on the back **hin·ten·drauf** ['hɪntn̩'drauf] *adv* (*fam*) ❶ (*hinten auf der Ladefläche*) at the back ❷ *s.* **hintendran** ▶ WENDUNGEN: **jdm eins ~ geben** to smack sb's bottom [*or* behind]; **eins [von jdm] ~ kriegen** to be [*or* have one's bottom] smacked [by sb] **hin·ten·he·rum** ['hɪntn̩hɛ'rʊm] *adv* ❶ (*von der hinteren Seite*) round [*or esp* AM around] the back ❷ (*fam: auf Umwegen*) indirectly, in a roundabout way; **ich habe es ~ erfahren** a little bird told me *prov* ❸ (*fam: illegal*) through the back door; **diese Handtücher hat er ~ bekommen** these towels fell off the back of a lorry *fig fam* **hin·ten·nach** ['hɪntn̩'nax] *adv* ÖSTERR, SÜDD (*hinterdrein*) behind, at the back **hin·ten·rum** ['hɪntn̩rʊm] *adv* (*fam*) *s.* **hintenherum hin·ten·über** ['hɪntn̩'ʔy:bɐ] *adv* backwards

hin·ter ['hɪntɐ] **I.** *präp* ❶ *+dat räumlich* (*an der Rückseite von etw*) at the back of, behind ❷ *+akk räumlich* (*auf die Rückseite von etw*) behind; **etw fällt/rutscht ~ ein Sofa/einen Schrank** sth falls/slips behind [*or* down the back of] a sofa/a cupboard; **20 km ~ sich haben** to have covered 20 km ❸ *+dat räumlich* (*jenseits von etw*) behind; ~ **diesem Berg/Hügel** on the other side of this mountain/hill; ~ **der Grenze** on the other side of [*or* beyond] the border ❹ *+dat räumlich* (*am Schluss von etw*) after ❺ *+dat zeitlich* (*nach*) after; ~ **jdm an die Reihe kommen** to come after sb; **das Studium ~ sich haben** to have completed one's studies; **5 Minuten hinter der Zeit sein** to be 5 minutes late; **etw ~ sich bringen** to get sth over with ❻ *+akk* (*selten: zeitlich*) **die Probleme reichten bis ~ den 2. Weltkrieg zurück** the problems reached back to pre-war days ❼ *+dat* (*in Rangfolge*) ~ **den Erwartungen/Anforderungen zurückbleiben** to not live up to expectations/requirements ❽ *+dat* ~ **etw kommen** to find out about sth; **endlich kamen wir hinter dieser komischen Geschichte** we finally got to the bottom of this strange story; **sich ~ jdn stellen** to back sb up **II.** *adv inv* SÜDD, ÖSTERR (*nach hinten*) **wenn du ~ in den Garten gehst, bring ein paar Zwiebeln mit!** when you go out to the garden, can you fetch a few onions? **III.** *part* (*fam*) *s.* **dahinter, wohinter**

Hịn·ter·ach·se *f* back [*or* rear] axle **Hịn·ter·aus·gang** *m* back [*or* rear] exit; (*zu einem privaten Haus*) back door **Hịn·ter·ba·cke** *f meist pl* (*fam*) (*Hälfte eines Gesäßes*) buttock; ■~**n** buttocks, backside *fam,* bum BRIT *fam,* butt AM ▶ WENDUNGEN: **sich auf die ~n setzen** to get one's finger out BRIT *fam!,* to put one's shoulder to the wheel BRIT, to go all out **Hin·ter·bänk·ler(in)** <-s, -> ['hɪntɐbɛŋklɐ] *m(f)* POL (*pej*) ≈ backbencher (*insignificant member of parliament*) **Hịn·ter·bein** *nt* ZOOL hind [*or* back] leg ▶ WENDUNGEN: **sich auf die ~e stellen** [*o* **setzen**] (*fam*) to put up a fight, to take a stand

Hin·ter·blie·be·ne(r) [hɪntɐ'bli:bənə, -nɐ] *f(m) dekl wie adj* bereaved [family]; **seine Tochter war die einzige ~** his daughter was his only survivor; ■**die/jds ~n** the/sb's surviving dependants

Hin·ter·blie·be·nen·ren·te *f* surviving dependant's pension

hin·ter·brin·gen* ['hɪntɐbrɪŋən] *vt irreg* (*geh: heimlich in Kenntnis setzen*) ■**jdm etw** ~ to tell sb sth confidentially, to whisper sth in sb's ear *fig*

Hịn·ter·deck *nt* NAUT afterdeck

hin·ter·drein [hɪntɐ'drain] *adv* at the back, behind

hịn·te·re(r, s) ['hɪntərə, -rɐ, -rəs] *adj* ■**der/die/das ~ ...** the rear ...; **der ~ Teil eines Käses/Schinkens** the back of a cheese/ham; **das ~ Stück eines Käses/Schinkens** the last part of a cheese/ham

hin·ter·ein·an·der [hɪntɐʔain'andɐ] *adv* ❶ *räumlich* (*einer hinter dem anderen*) one behind the other ❷ *zeitlich* (*aufeinanderfolgend*) one after the other; **drei/mehrere Tage/Wochen/Monate ~** three/several days/weeks/months running [*or* BRIT *fam* on the trot] [*or* in succession], on three/several consecutive *form* days/weeks/months

hin·ter·ein·ạn·der|fah·ren *vi irreg sein* to go/drive/ride one behind [*or* after] the other **hin·ter·ein·ạn·der|ge·hen** *vi irreg sein* to go/walk one behind [*or* after] the other, to walk in single file

hin·ter·ein·an·der·her *adv* one behind [*or* after] the other

hin·ter·ein·ạn·der|ste·hen *vi irreg* to stand one behind the other; **die Kunden mussten stundenlang ~** the customers had to queue for hours

Hịn·ter·ein·gang *m* the rear [*or* back] entrance, tradesmen's entrance *old;* (*zu einem privaten Haus*) back door

hin·ter·fot·zig ['hɪntɐfɔtsɪç] *adj* DIAL (*fam*) underhand, devious; **ein ~er Mensch** an underhand [*or* a devious] [*or* a shifty] person; **eine ~e Bemerkung** a snide remark

H

hin·terfra·gen* [hɪntɐˈfraːgn̩] *vt (geh)* ■**etw** ~ to analyse [*or* question] sth

Hin·ter·fuß *m* ZOOL hind [*or* back] foot **Hin·ter·gau·men·laut** *m* velar [*or* back] consonant **Hin·ter·ge·bäu·de** *nt building situated behind another;* **die Pferde werden in dem ~ gehalten** the horses are housed in the building at the rear [*or fam* out the back] **Hin·ter·ge·dan·ke** *m* ulterior motive; **ich kann mir kaum vorstellen, dass sie ohne ~n auf einmal so zuvorkommend ist** I can't imagine that she can be so obliging without [having] an ulterior motive

hin·ter·ge·hen* [ˈhɪntɐgeːən] *vt irreg* ❶ *(betrügen)* ■**jdn** ~ to deceive sb, to go behind sb's back; *(jdn betrügen, um Profit zu machen)* to cheat [*or* double-cross] sb; **wie er mich hintergangen hat, und ihm habe ich so vertraut!** I was so taken in [by him] and I really trusted him! ❷ *(sexuell betrügen)* ■**jdn [mit jdm]** ~ to be unfaithful to sb, to two-time sb *fam*

Hin·ter·glas·ma·le·rei [hɪntɐˈglaːsmaːlərai] *f* KUNST ❶ *(Bild) pictures painted on the back of glass* ❷ *kein pl (Technik) technique of painting at the back of glass*

Hin·ter·grund *m* ❶ *(hinterer Teil des Blickfeldes)* background; **der ~ einer Bühne/eines Raums/eines Saals** the back of a stage/a room/a hall; **im ~** in the background; **im ~ eines Raums/eines Saals** at the back of a room/a hall; **im ~ bleiben** [*o* **sich halten**] to stay in the background ❷ *(Bedingungen und Umstände)* ■**der ~ einer S.** *gen* the background to sth; **der ~ einer Geschichte** the backdrop *liter* [*or liter* setting] [*or* background] to a story; **der Hexenwahn und der Teufelsglaube bildeten den ~ der Hexenverfolgungen** fear of witches and belief in the devil led up to [*or* formed the background to] the witch hunts ❸ *pl (verborgene Zusammenhänge)* ■**die Hintergründe einer S.** *gen* the [true] facts [*or* story] about sth; **vor dem ~ einer S.** *gen* in/against the setting of sth, against the backdrop *liter* [*or* background] of sth ▸WENDUNGEN: **jdn in den ~ drängen** [*o* **spielen**] to push [*or* thrust] sb into [*or* to relegate sb to] the background, to steal the limelight from sb; **im ~ stehen** to remain in the background, to be part of the furniture BRIT *fam;* **in den ~ treten** [*o* **geraten**] [*o* **rücken**] to fade [*or* recede] [*or* retreat] into the background

hin·ter·grün·dig **I.** *adj* enigmatic, mysterious **II.** *adv* enigmatically, mysteriously

Hin·ter·grund·mu·sik <-> *f kein pl* background music *no pl;* FILM soundtrack

hin·ter·ha·ken *vi (fam)* to question sth; **mit dieser Antwort würde ich mich nicht zufriedengeben, da musst du ~** I wouldn't be satisfied with that answer, you'll have to ask a few probing questions

Hin·ter·halt *m (pej)* ambush; **in einen ~ geraten** to be ambushed, to be the victim of an ambush; **im ~ liegen** [*o* **lauern**] to lie in wait [*or* ambush]; **jdn in einen ~ locken** to lure sb into an ambush; **aus dem ~ anfallen/angreifen** to attack without warning, to make a surprise attack

hin·ter·häl·tig [ˈhɪntɐhɛltɪç] **I.** *adj (pej)* underhand, devious, shifty **II.** *adv (pej)* in an underhand [*or* devious] [*or* shifty] manner [*or* way]

Hin·ter·häl·tig·keit <-, -en> *f (pej)* ❶ *kein pl (Heimtücke)* underhandedness, deviousness, shiftiness ❷ *(heimtückische Tat)* underhand [*or* devious] [*or* shifty] act [*or fam* thing to do]

Hin·ter·hand *f* ZOOL hindquarters *npl* ▸WENDUNGEN: **etw in der ~ haben** to have sth up one's sleeve [*or* in reserve] **Hin·ter·haus** *nt* back [part] of a building *(also a separate building at the back of another)*

hin·ter·her [hɪntɐˈheːɐ̯] *adv* ❶ *räumlich* after; **da haut einer mit deinem Fahrrad ab, los, ~!** there's someone stealing your bike, come on, after him!; ■**jdm ~ sein** to be after sb ❷ *zeitlich* after that, afterwards; **~ ist man immer schlauer!** it's easy to be clever in retrospect [*or* after the event] ! ❸ *(intensiv suchen)* ■**hinter etw** *dat* **~ sein** to be after [*or* look for] sth

hin·ter·her|fah·ren *vi irreg sein* ■**[jdm/einer S.]** ~ to follow [*or* drive behind] [sb/sth]; **fahren Sie hinter diesem Taxi hinterher!** follow that taxi! **hin·ter·her|he·cheln** *vi (pej fam)* ■**jdm/etw** ~ to try to catch up with sb/sth *fig* **hin·ter·her|hin·ken** *vi sein* ❶ *(hinter jdm/etw herhinken)* ■**jdm/einer S.** ~ to limp after sb/sth ❷ *(mit Verzögerung nachfolgen)* ■**einer S.** *dat* ~ to lag behind sth **hin·ter·her|kom·men** *vi irreg sein* ❶ *(folgen)* ■**[jdm]** ~ to follow [behind] [sb], to come after [sb]; **nicht so schnell, ich komme nicht hinterher!** not so fast, I can't keep up! ❷ *(danach kommen)* to follow, to happen afterwards ❸ *(als Letzter kommen)* ■**[noch]** ~ to bring up the rear **hin·ter·her|lau·fen** [hɪntɐˈheːɐ̯laufn̩] *vi irreg sein* ❶ *(im Lauf folgen)* ■**jdm** ~ to run [*or* chase] after sb ❷ *(fam: sich eifrig bemühen)* ■**jdm/einer S.** ~ to run [*or* chase] after sb/sth **hin·ter·her|schi·cken** *vt (nachschicken)* ■**jdm etw** ~ to send sth [on] after sb

Hin·ter·hof *m* courtyard, back yard; *(Garten)* back garden **Hin·ter·in·di·en** *nt* Indochina **Hin·ter·kopf** *m (hinterer Teil des Kopfes)* back of one's/the head ▸WENDUNGEN: **etw im ~ haben/behalten** *(fam)* to keep [*or* bear] sth in mind; **ich habe noch im ~, dass wir damals ...** I can vaguely remember that ... **Hin·ter·la·der** <-s, -> *m* breech-loading gun **Hin·ter·land** *nt kein pl* hinterland

hin·ter·las·sen* [hɪntɐˈlasn̩] *vt irreg* ❶ *(vermachen)* ■**jdm etw** ~ to leave [*or form* bequeath] [*or* will] sb sth ❷ *(als Hinterbliebene übrig lassen)* ■**jdn** ~ to leave sb; **er hinterlässt eine Frau und drei Kinder** he leaves a wife and three children, he is survived by a wife and three children ❸ *(als Erbschaft übrig lassen)* ■**etw** ~ to leave sth ❹ *(als literarisches Vermächtnis übrig lassen)* ■**etw** ~ to leave sth behind; **die ~e Werke** the posthumous works ❺ *(hinterlegen)* ■**[jdm] etw** ~ to leave sth [for sb] ❻ *(nach dem Verlassen zurücklassen)* ■**etw irgendwie** ~ to leave sth somehow; **wie die Kinder ihr Zimmer ~!** the way these children leave their room!; **etw in Unordnung ~** to leave sth in a mess [*or* a muddle] ❼ *(übrig lassen)* ■**[bei jdm] etw** ~ to leave [sb with] sth; **bei jdm einen Eindruck ~** to make an impression on sb

Hin·ter·las·sen·schaft <-, -en> *f* ❶ *(literarisches Vermächtnis)* posthumous works ❷ *(fam: übrig gelassene Dinge)* leftovers *pl* ❸ JUR **jds ~ antreten** to inherit sb's estate

Hin·ter·las·sung <-> *f kein pl* **ohne ~ einer S.** *gen (geh)* without leaving sth; **unter ~ einer S.** *gen (geh)* leaving behind sth *sep;* **er verstarb unter ~ einer Unmenge von unbezahlten Rechnungen** he died, leaving behind a lot of unpaid bills

Hin·ter·lauf *m* hind [*or* back] leg

hin·ter·le·gen* [hɪntɐˈleːgn̩] *vt* ■**etw [bei jdm]** ~ to leave sth [with sb]; **einen Betrag/eine Unterschriftsprobe/eine Sicherheitsleistung [bei jdm] ~** to supply [sb with] an amount/a signature/security

Hin·ter·le·gung <-, -en> *f* leaving behind; **das Gericht setzte im Urteil die ~ einer Summe bei der Gerichtskasse fest** the court ordered that an amount be deposited with the court cashier; **gegen ~ einer S.** *gen* against a deposit of sth; **jdn gegen ~ einer Kaution auf freien Fuß setzen** to release sb on bail

Hin·ter·list *f kein pl* ❶ *(Heimtücke)* deceit *no pl, no art,* deception *no pl, no art,* craftiness *no pl, no art,* duplicity *no pl, no art* ❷ *(Trick, List)* trick, ploy, ruse

hin·ter·lis·tig **I.** *adj* deceitful, deceptive, crafty, shifty **II.** *adv* deceitfully, deceptively, craftily, shiftily; **aufs H~ste** in the most deceitful [*or* deceptive] [*or* crafty] [*or* shifty] way [*or* manner]

hin·term [ˈhɪntɐm] = **hinter dem** *s.* **hinter**

Hin·ter·mann <-männer> *m* ❶ *(Mensch hinter jdm in der Reihe)* ■**jds** ~ the person behind sb ❷ *pl (pej fam)* person pulling the strings *pej,* brains [behind the operation]

Hin·ter·mann·schaft *f* defence [*or* AM -se]

hin·tern [ˈhɪntɐn] = **hinter den** *s.* **hinter**

Hin·tern <-s, -> ['hɪntɐn] *m* (*fam*) (*Gesäß*) bottom, behind, backside, bum BRIT *sl;* **ein paar auf den ~ bekommen** to have one's bottom smacked; **[von jdm] den ~ voll bekommen** to have one's bottom [*or* behind] [*or* backside] [*or* hide] tanned; **sich auf den ~ setzen** (*fam*) to fall on one's bottom [*or* behind] [*or* backside]; **jdm den ~ versohlen** to tan sb's bottom [*or* behind] [*or* backside] [*or* hide] ▶ WENDUNGEN: **jd kann sich in den ~ beißen** (*sl*) sb can kick themselves; **jdm in den ~ kriechen** (*pej sl*) to grovel [*or fam* suck up] to sb, to lick [*or* AM kiss] sb's arse [*or* AM ass] *vulg;* **sich auf den ~ setzen** (*fam*) to get one's finger out BRIT *fam,* to knuckle down to [*or fam* get stuck into] sth

Hin·ter·pfo·te *f* ZOOL hind [*or* back] paw **Hin·ter·rad** *nt* rear [*or* back] wheel **Hin·ter·rad·an·trieb** *m* rear-wheel drive

hin·ter·rücks ['hɪntɐrʏks] *adv* ❶ (*von hinten*) from behind ❷ (*im Verborgenen*) behind sb's back

hin·ters ['hɪntɐs] = **hinter das** *s.* **hinter**

Hin·ter·schin·ken *m* KOCHK ham **Hin·ter·sei·te** *f* ❶ (*Rückseite*) back, rear; **an der/zur ~ des Hauses** at/to the back [*or* rear] of the house ❷ *s.* **Hintern Hin·ter·sinn** *m* hidden [*or* deeper] meaning **hin·ter·sin·nen*** [hɪntɐ'zɪnən] *vr irreg* SCHWEIZ ❶ (*grübeln*) ■**sich wo/wann/warum ~** to rack [*or esp* AM wrack] one's brains as to where/when/why ❷ (*sich Gedanken machen*) ■**sich ~** to think [*or* speculate] [about sth]; **es hat keinen Wert, sich jetzt zu ~** there's no point thinking [*or* speculating] about it now **hin·ter·sin·nig** *adj* with a deeper [*or* profound] meaning; **eine ~e Bemerkung** a profound [*or* subtle] remark, a remark with a deeper meaning; (*Bemerkung mit verschleierter Gemeinheit*) a veiled remark; **manchmal ist er sehr ~** sometimes he's very profound; **ein ~er Sinn für Humor** a subtle sense of humour [*or* AM -or]

hin·ters·te(r, s) ['hɪntɐstə, -tɐ, -təs] *adj superl von* **hintere(r, s)** (*entlegenste*) farthest [*or* furthest], deepest *hum,* the wildest parts of *hum* ▶ WENDUNGEN: **das H~ zuvorderst kehren** (*fam*) to turn everything upside down

Hin·ter·ste·ven [-ʃteːvn̩] *m* ❶ NORDD (*Gesäß*) behind, bottom *fam* ❷ *s.* **Achtersteven Hin·ter·teil** *nt* (*fam*) *s.* **Hintern 1 Hin·ter·tref·fen** *nt kein pl* **[gegenüber jdm] ins ~ geraten** [*o* **kommen**] to fall behind [sb]; **[jdm gegenüber/im Vergleich mit jdm] im ~ sein** [*o* **sich befinden**] to be [*or* find oneself] at a disadvantage [to sb/in comparison to sb]

hin·ter·trei·ben* *vt irreg* ■**etw ~** to thwart [*or* prevent] sth, to oppose sth successfully; **einen Plan ~** to foil [*or* frustrate] [*or* thwart] a plan

Hin·ter·trep·pe *f* back stairs [*or* steps] **Hin·ter·tup·fin·gen** <-s> [hɪntɐ'tʊpfɪŋən] *nt kein pl* (*fam: Topos für rückständigen Ort*) the back of beyond BRIT, Timbuktu **Hin·ter·tür** *f,* **Hin·ter·türl** <-s, -[n]> *nt* ÖSTERR ❶ (*hintere Eingangstür*) back entrance; (*zu einem privaten Haus*) back door ❷ (*fam: Ausweg*) back door, loophole *fig* ▶ WENDUNGEN: **sich** *dat* **[noch] eine Hintertür** [*o* **ein Hintertürchen**] [*o* **ein Hintertürl**] **offen halten** [*o* **offen lassen**] to leave a back door open, to leave a loophole; **durch die Hintertür** by the back door **Hin·ter·wäld·ler(in)** <-s, -> ['hɪntɐvɛltlɐ] *m(f)* (*pej fam*) country bumpkin *pej fam,* yokel *pej fam* **hin·ter·wäld·le·risch** *adj* (*pej fam*) country bumpkin, provincial BRIT; **~e Ansichten** country bumpkin [*or* provincial] mentality BRIT; ■**~ sein** to be a country bumpkin [*or* provincial] BRIT

hin·ter·zie·hen* [hɪntɐ'tsiːən] *vt irreg* ■**etw ~** to evade sth

Hin·ter·zie·hung *f* evasion

Hin·ter·zim·mer *nt* ❶ (*nach hinten liegendes Zimmer*) back room, room at the back ❷ ÖKON back office

hin|tra·gen *vt irreg* ■**jdn/etw [zu jdm/etw] ~** to carry sb/sth [to sb/sth] **hin|tre·ten** *vi irreg sein* ❶ (*jdm gegenübertreten*) ■**vor jdn ~** to go up to sb, to face [*or* confront] sb ❷ (*sich jdm nähern*) ■**zu jdm ~** to go/come up to sb ❸ (*zutreten*) to kick, to put the boot in *sl* **hin|tun** *vt irreg* (*fam: hinlegen*) ■**[jdm] etw irgendwohin ~** to put sth somewhere [for sb]; **wer hat mir diesen Zettel hingetan?** who's left this note for me?

hi·nü·ber [hɪ'nyːbɐ] *adv* ❶ (*nach drüben*) across, over; **bis zu den Hügeln ~ war die Erde kahl und ausgetrocknet** the earth up to the hills was bare and arid; **eine Mauer/einen Zaun ~** over a wall/a fence; **~ und herüber** back and forth, backwards and forwards; ■**[zu jdm] ~ sein** (*fam*) to have gone across [*or* over] [to sb]; **Mutter ist nur kurz ~ zu Frau Lang** mother has popped over to Mrs Lang's *fam* ❷ (*fam: verdorben sein*) ■**~ sein** to be [*or* have gone] off, to be bad ❸ (*fam: defekt sein*) ■**~ sein** to have had it; (*ruiniert sein*) to be done for ❹ (*fam: ganz hingerissen sein*) ■**~ sein** to be bowled over; **völlig ~ sein** to be completely bowled over ❺ (*fam: tot sein*) ■**~ sein** to have had it

hi·nü·ber|bli·cken *vi* ■**[zu jdm/etw] ~** to look [*or* have a look] across [*or* over] [at/to sb/sth] **hi·nü·ber|brin·gen** [hɪ'nyːbɐbrɪŋən] *vt irreg* ■**etw [zu jdm/etw] [über etw** *akk*] **~** to take across [*or* over] sth *sep* [to sb/sth] **hi·nü·ber|fah·ren** *irreg* **I.** *vt haben* ■**jdn/etw [auf etw** *akk*] **~** to drive [*or* take] sb/sth [to sth]; **jdn/etw mit der Fähre ~** to take sb/sth by ferry **II.** *vi sein* (*nach drüben fahren*) ■**[nach etw** *dat*/**über etw** *akk*] **~** to drive [*or* go] across [*or* over] [to sth]/across [*or* over] [sth]; **über die Wolga ~** to drive [*or* go] across [*or* over] the Volga; **über die Wolga mit einem Boot ~** to go over [*or* across] [*or* to cross] the Volga by boat **hi·nü·ber|füh·ren I.** *vt* (*nach drüben geleiten*) ■**jdn [auf etw** *akk*/**in/über etw** *akk*] **~** to take sb across [*or* over] [to sth]/across [*or* over] [sth]; **wenn Sie meinen Arm nehmen, führe ich Sie gerne auf die andere Straßenseite hinüber** if you take my arm, I'll be happy to take you to the other side of the road **II.** *vi* (*nach drüben verlaufen*) ■**[auf etw** *akk*/**über etw** *akk*] **~** to go across [*or* over] [*or* to cross] [to sth]/to go across [*or* over] [*or* to cross] [sth]; **die Brücke führt über das Tal hinüber** the bridge goes over [*or* across] [*or* the bridge crosses] a valley **hi·nü·ber|ge·hen** *vi irreg sein* (*nach drüben gehen*) ■**[auf etw** *akk*/**in/über etw** *akk*] **~** to go over [*or* across] [*or* to cross] [to sth]/to go over [*or* across] [*or* to cross] [sth]; **man darf erst bei Grün auf die andere Straßenseite ~** you have to wait for the green light before you cross the road **hi·nü·ber|hel·fen** *vi irreg* ■**jdm ~** to help sb over [*or* across] [sth]; **jdn über die Straße ~** to help sb over [*or* across] the road **hi·nü·ber|kom·men** *vi irreg sein* ■**zu jdm ~** to come/go over [*or* across] [to sb]; **über die Brücke ~** to come/go over [*or* across] the bridge **hi·nü·ber|las·sen** *vt irreg* ■**jdn ~** to let sb go/drive over [*or* across] [*or* to let sb cross] [sth] **hi·nü·ber|rei·chen I.** *vt* (*geh*) ■**[jdm] etw [über etw** *akk*] **~** to pass sth across [*or* over] [sth] [to sb] **II.** *vi* ■**[über etw** *akk*] **~** to reach over [sth]; **der Ast reicht drei Meter in Nachbars Garten hinüber!** the branch reaches three metres over the neighbour's garden [*or* overhangs the neighbour's garden by three metres] **hi·nü·ber|ret·ten I.** *vt* ❶ (*nach drüben in Sicherheit bringen*) ■**etw ~** to save sth by getting/taking it across [*or* over]; **die Habseligkeiten in ein anderes Land ~** to save one's worldly goods by getting/taking them to another country ❷ (*erhalten und übernehmen*) ■**etw [in etw** *akk*] **~** to preserve [*or* keep] [*or* maintain] sth [in sth] **II.** *vr* ❶ (*sich in Sicherheit bringen*) ■**sich [über etw** *akk*] **~** to reach safety [*or* save oneself] [by crossing sth] ❷ (*sich erhalten und übernommen werden*) ■**sich ~** *akk* to survive [in sth] **hi·nü·ber|schwim·men** *vi irreg sein* ■**[zu etw** *dat*] **~** to swim across [*or* over] [to sth]; ■**über etw** *akk* **~** to swim over [*or* across] sth

hi·nü·ber|stei·gen *vi irreg sein* ■**[auf/in/über etw** *akk*] **~** to climb over [onto sth/into sth/sth] **hi·nü·ber|wer·fen** *vt irreg* ■**etw ~** to throw over sth *sep* [onto/into sth]; ■**[jdm] etw** *akk* **über etw** *akk* **~** to throw sth over sth [to sb]; **er warf den Kindern den Ball über die Mauer hinüber** he threw the ball over the wall to the children

hin- und her·be·we·gen* ['hɪn ʊnt 'heːɐ̯-] *vt* ■**etw ~** to move sth back and forth [*or* to and fro]; ■**sich ~** to move back and forth; **sich** *akk* **zur Musik** ~ to rock [*or* move back and forth] to music/the music **hin- und her·fah·ren** *irreg* **I.** *vi sein* to travel back and forth [*or* to and fro] **II.** *vt* ■**jdn** ~ to drive sb back and forth [*or* to and fro] **Hin·und·her·ge·re·de, Hin-und-Her-Ge·re·de** *nt* (*fam*) aimless chatter; (*Streit*) argy-bargy BRIT *fam*

Hin- und Rück·fahrt *f* return journey; **einfache Fahrt oder ~?** single or return? **Hin- und Rück·flug** *m* return flight **Hin- und Rück·weg** *m* round trip

hi·nun·ter [hɪ'nʊntɐ] *adv* down; **die Treppe ~ ist es leichter als umgekehrt** going down the stairs is easier than going up; **~ damit!** get it down!; (*Bier a.*) get it down your neck! *fam*; *s. a.* **bis**

hi·nun·ter|bli·cken *vi* (*geh*) to look down; **vom Turm kann man schön in den Ort ~** you get a lovely view of the place looking down from the tower **hi·nun·ter|brin·gen** *vt irreg* ❶ (*nach unten tragen*) ■**jdn/etw** ~ to take/bring down sb/sth *sep*; **kannst du den schweren Sack alleine ~?** can you bring/take that heavy sack down alone? ❷ (*fam: hinunterschlucken*) **ich weiß nicht, ob ich das scheußliche Zeug hinunterbringe** I don't know if I can get that hideous stuff down **hi·nun·ter|fah·ren** *irreg* **I.** *vi sein* to go down; **fährt der Fahrstuhl hoch oder hinunter?** is the lift going up or down? **II.** *vt* ❶ *haben* ■**jdn/etw [irgendwohin]** ~ to drive [*or* take] down sb/sth *sep* [somewhere]; **ich kann Sie in die Stadt ~** I can drive [*or* take] you down to town ❷ *sein* ■**etw** ~ to go down sth; **diesen Abhang fahre ich nicht hinunter!** I'm not going down that slope! **hi·nun·ter|fal·len** *irreg sein* **I.** *vi* ■**etw fällt [jdm] hinunter** sth falls down/off; (*aus den Händen*) sb drops sth; **aus dem 8. Stock/von der Fensterbank ~** to fall from the 8th floor/off the window sill **II.** *vt* ■**etw** ~ to fall down sth **hi·nun·ter|flie·ßen** *irreg sein* **I.** *vi* ■**[in etw** *akk*] ~ to flow down [into sth] **II.** *vt* ■**etw** ~ to flow down sth **hi·nun·ter|ge·hen** [hɪ'nʊntɐge:ən] *irreg sein* **I.** *vi* ❶ (*von hier nach unten gehen*) to go down; **geh mal schnell hinunter und hol mir eine Flasche Wein aus dem Keller** nip down and get me a bottle of wine from the cellar ❷ (*die Flughöhe verringern*) ■**[auf etw** *akk*] ~ to descend [to sth] **II.** *vt* ■**etw** ~ to go down sth **hi·nun·ter|kip·pen** *vt* (*fam*) ■**etw** ~ to gulp down sth *sep*; **Schnaps ~** to knock back schnapps *sep fam* **hi·nun·ter|klet·tern** *sein* **I.** *vi* to climb down **II.** *vt* ■**etw** ~ to climb down sth **hi·nun·ter|las·sen** *vt irreg* ❶ (*nach unten hinablassen*) ■**jdn/etw** ~ to lower sb/sth ❷ (*fam: nach unten gehen lassen*) ■**jdn [in etw** *akk*] ~ to let sb down [[in]to sth] ❸ (*fam: auf den Boden lassen*) ■**jdn [auf etw** *akk*] ~ to set down sb *sep* [onto sth] **hi·nun·ter|lau·fen** *irreg sein* **I.** *vi* ■**[zu jdm/irgendwohin]** ~ to run down [to sb/somewhere] **II.** *vt* ■**etw** ~ to run down sth; **die Treppe ~** to run downstairs; *s. a.* **Rücken hi·nun·ter|rei·chen I.** *vt* ■**jdm etw** *akk* ~ to hand [*or* pass] down sth *sep* to sb **II.** *vi* ■**[jdm] bis zu etw** *dat* ~ to reach down to sb's sth; **das Kleid reicht mir bis zu den Knöcheln hinunter** the dress reaches down to my ankles **hi·nun·ter|schal·ten** *vi* **[in den ersten/zweiten etc. Gang]** ~ *akk* to change [*or* AM shift] down [into first/second etc. gear] **hi·nun·ter|schau·en** *vi* DIAL *s.* **hinuntersehen hi·nun·ter|schlin·gen** *vt irreg* (*fam*) ■**etw** ~ to devour sth; **Essen ~** to gobble [*or* BRIT bolt] down food **hi·nun·ter|schlu·cken** *vt* ■**etw** ~ ❶ (*ganz schlucken*) to swallow [down *sep*] sth, to swallow sth whole ❷ (*fam: sich verkneifen*) to suppress [*or sep* choke back] sth; **eine Erwiderung ~** to stifle [*or sep* bite back] a reply **hi·nun·ter|schmei·ßen** *vt irreg* (*fam*) ■**[jdm] etw** *akk* ~ to sling [*or fam* chuck] down *sep* sth [to sb] **hi·nun·ter|schüt·ten** *vt* (*fam*) ■**etw** ~ to gulp down sth *sep* **hi·nun·ter|se·hen** *vi irreg* ■**[zu jdm/auf etw** *akk*] ~ to look down [at sb/sth]; **sieh doch mal hinunter, wer unten gerade bei uns klingelt!** have a look down and see who's ringing our doorbell **hi·nun·ter|spü·len** *vt* ❶ (*nach unten wegspülen*) ■**etw** ~ to flush down sth *sep* ❷ (*mit einem Getränk hinunterschlucken*) ■**etw [mit etw** *dat*] ~ to wash down sth *sep* [with sth] ❸ (*fam: verdrängen*) ■**etw [mit etw** *dat*] ~ to ease sth [with sth] **hi·nun·ter|stür·zen I.** *vi sein* ❶ (*heftig hinunterfallen*) ■**[auf etw** *akk*/**von etw** *dat*] ~ to fall [down] [onto sth/from/off sth] ❷ (*eilends hinunterlaufen*) to dash [*or* rush] down; **sie stürzte hinunter, um die Tür aufzumachen** she rushed down[stairs] to answer the door **II.** *vt* ❶ *sein* (*schnell hinunterlaufen*) ■**etw** ~ to dash [*or* rush] down sth; **die Treppe ~** to rush [*or* dash] down[the]stairs ❷ *haben* (*nach unten stürzen*) ■**jdn** ~ to throw down sb *sep* ❸ *haben* (*fam: in einem Zug hastig schlucken*) ■**etw** ~ to gulp down sth *sep*; **einen Schaps ~** to knock back a schnapps *sep fam* **III.** *vr* ■**sich** ~ to throw oneself down/off; **sich** *akk* **eine Brücke/die Treppe ~** to throw oneself off a bridge/down the stairs **hi·nun·ter|wer·fen** *vt irreg* ■**[jdm] etw** *akk* ~ to throw down sth *sep* [to sb]; **wirf mir den Schlüssel hinunter!** throw me the key! **hi·nun·ter|wür·gen** *vt* ■**etw** ~ to choke down sth *sep* **hi·nun·ter|zie·hen** *irreg* **I.** *vt haben* ■**jdn/etw** ~ to pull down sb/sth *sep* **II.** *vi sein* ❶ (*nach unten umziehen*) ■**[in etw** *akk*] ~ to move down [into sth]; **ich ziehe in eine Einzimmerwohnung im zweiten Stock hinunter** I'm moving down into a one-room flat on the second floor ❷ (*nach Süden ziehen*) to move [down] south **III.** *vr haben* (*abwärtsverlaufen*) ■**sich** ~ to stretch [*or* extend] down; **ihre Narbe zieht sich vom Oberschenkel bis zum Knie hinunter** her scar stretches from the thigh down to the knee

hin|wa·gen *vr* ■**sich [zu jdm/etw]** ~ to dare [to] go [up to sb/sth]; ■**sich** *akk* **zu einem Tier** ~ to dare [to] approach [*or* go up to] an animal

hin·weg [hɪn'vɛk] *adv* (*veraltend geh*) ■**~!** away with you!, begone! *liter or old*; ■**~ mit jdm/etw** away with sb/sth; **über jdn/etw ~ sein** to have got over sb/sth; **über etw** *akk* **~ sein** to be over sth; **über lange Jahre ~** for [many [long]] years

Hin·weg ['hɪnve:k] *m* way there; **der ~ wird zehn Stunden dauern** the journey there will take ten hours; **auf dem ~** on the way there; **hoffentlich werden wir auf dem ~ nicht aufgehalten!** hopefully we won't get held up on our way

hin·weg|brin·gen *vt irreg* ■**jdn über etw** *akk* ~ to help sb [to] get over sth; **jdn über schwere Zeiten ~** to help sb [[to] get] through difficult times **hin·weg|ge·hen** [hɪn'vɛkge:ən] *vi irreg sein* ■**über etw** *akk* ~ to disregard [*or* pass over] sth **hin·weg|hel·fen** *vi irreg* ■**jdm über etw** *akk* ~ to help sb [to] get over sth; **jdm über schwierige Zeiten ~** to help sb [[to] get] through difficult times **hin·weg|kom·men** *vi irreg sein* ■**über etw** *akk* ~ to get over sth; ■**darüber ~, dass ...** to get over the fact that ... **hin·weg|raf·fen** *vt* (*geh*) ■**jdn** ~ to carry off sb *sep* **hin·weg|se·hen** *vi irreg* ❶ (*unbeachtet lassen*) ■**über etw** *akk* ~ to ignore [*or* overlook] sth; ■**darüber ~, dass jd etw** *akk* **[nicht] tut** to ignore [*or* overlook] the fact that sb is[n't] doing sth, to overlook sb's [not] doing sth *form* ❷ (*ignorieren*) ■**über jdn/etw** ~ to ignore sb/sth, to cut sb ❸ (*darüber sehen*) ■**über jdn/etw** ~ to see over [*or* past] sb['s head]/sth **hin·weg|set·zen** *vr* ■**sich** *akk* **über etw** *akk* ~ to disregard [*or* dismiss] sth **hin·weg|täu·schen** *vt* ■**jdn über etw** *akk* ~ to deceive [*or* mislead] sb about sth; ■**jdn darüber ~, dass ...** to blind sb to the fact that ...; ■**darüber ~, dass ...** to hide [*or* obscure] the fact that ...; ■**sich** *akk* **[nicht] darüber ~ lassen, dass ...** to [not] be blind to the fact that ... **hin·weg|trös·ten** *vt* ■**jdn über etw** *akk* ~ to console sb [about sth]

Hin·weis <-es, -e> ['hɪnvais, *pl* -aizə] *m* ❶ (*Rat*) advice *no pl, no art*, piece of advice, tip; **ich erlaube mir den ~, dass ...** I must point out that ...; **detaillierte ~e finden Sie in der Gebrauchsanleitung** you will find detailed information in the operating instructions; **unter ~ auf etw** *akk* with reference to sth ❷ (*Anhaltspunkt*) clue, indication; **für ~e, die zur Ergreifung der Täter führen, ist eine Belohnung in Höhe von 23.000 Euro ausgesetzt** there is a reward of 23,000 euros for information leading to the arrest of the perpetrators

hin|wei·sen *irreg* **I.** *vt* ■**jdn auf etw** *akk* ~ to point out sth *sep* to sb; ■**jdn darauf ~, dass ...** to point out [to sb] that ... **II.** *vi* ■**auf jdn/etw** ~ to point to sb/sth; ■**darauf ~, dass ...** to indicate that ...; *s. a.* **Fürwort**

Hin·weis·schild *nt* sign **Hin·weis·ta·fel** *f* information board

hin|wen·den *irreg* (*geh*) **I.** *vt* ■**etw zu jdm** ~ to turn sth to[wards] sb **II.** *vr* ■**sich** *akk* **zu jdm/etw** ~ to turn to[wards] sb/sth

Hin·wen·dung *f* **eine ~ zum Besseren** a turn for the better

hin|wer·fen *irreg* **I.** *vt* ❶ (*zuwerfen*) ■**jdm/einem Tier etw** *akk* ~ to throw sth to sb/an animal ❷ (*irgendwohin werfen*) ■**[jdm] etw** *akk* ~ to throw down sth [to sb] *sep;* (*fallen lassen*) to drop sth ❸ (*fam: aufgeben*) ■**etw** ~ to give up sth *sep,* to chuck [in *sep*] sth *fam* ❹ (*flüchtig erwähnen*) ■**etw** ~ to drop sth *fam;* **das war nur so hingeworfen** that was just a casual remark ❺ (*flüchtig zu Papier bringen*) ■**etw** ~ to dash off sth *sep;* ■**hingeworfen** hurried **II.** *vr* ■**sich [vor jdn/etw]** ~ to throw oneself down [in front of [*or form* before] sb/sth]

hin|wir·ken *vi* ■**[bei jdm] auf etw** *akk* ~ to work towards [getting sb to do] sth; **ich werde darauf ~, dass du eingestellt wirst** I'll work towards getting you appointed

hin|wol·len *vi* (*fam*) ■**[zu jdm/etw]** ~ to want to go [to sb/sth]

Hinz [hɪnts] *m* ▶ WENDUNGEN: **~ und Kunz** (*pej fam*) every Tom, Dick and Harry [*or* BRIT Harriet] *pej;* **von ~ zu Kunz** (*pej fam*) in a fruitless manner, from pillar to post BRIT

hin|zäh·len *vt* ■**jdm etw** *akk* ~ to count out sth *sep* to sb

hin|zau·bern *vt* (*fam*) ■**[jdm] etw** *akk* ~ to whip [*or* rustle] up sth *sep* [for sb]; **eine Mousse au Chocolat** ~ to conjure up a chocolate mousse

hin|zie·hen *irreg* **I.** *vt haben* ❶ (*zu sich ziehen*) ■**jdn/etw zu sich** ~ to pull [*or* draw] sb/sth towards one; *s. a.* **fühlen** ❷ (*anziehen*) ■**es zieht jdn zu etw** *dat* **hin** sb is attracted to sth; **es hatte sie immer nach Köln hingezogen** she had always been attracted to Cologne ❸ (*hinauszögern*) ■**etw** ~ to delay sth **II.** *vi sein* ❶ (*sich hinbewegen*) ■**[zu etw** *dat*] ~ to move [*or* go] [to sth]; **da zieht sie hin, die Karawane!** there goes the caravan! ❷ (*umziehen*) ■**zu jdm/nach etw** ~ to move in with sb/to move to sth; **du könntest doch zu uns** ~ you could move in with us **III.** *vr* ❶ (*sich verzögern*) ■**sich** ~ to drag on ❷ (*sich erstrecken*) ■**sich** *akk* **entlang einer S.** *gen* ~ to extend [*or* stretch] along sth

hin|zie·len *vi* ❶ (*zum Ziel haben*) ■**auf etw** *akk* ~ to aim at sth ❷ (*auf etw gerichtet sein*) ■**auf etw** *akk* ~ to be aimed at sth, to refer to sth ❸ (*entstehen lassen wollen*) ■**[mit etw** *dat*] **auf etw** *akk* ~ to aim at sth [using sth]

hin·zu [hɪnˈtsuː] *adv* in addition, besides

hin·zu|fü·gen *vt* ❶ (*beilegen*) ■**etw [etw** *dat*] ~ to add sth [to sth], to enclose sth [with sth]; **einen Scheck einem Brief** ~ to enclose a cheque [*or* AM check] in [*or* with] a letter ❷ (*zusätzlich bemerken*) ■**[einer S.** *dat*] **etw** *akk* ~ to add sth [to sth]; **das ist meine Meinung, dem habe ich nichts mehr hinzuzufügen!** that is my opinion, I have nothing further to add to it ❸ (*nachträglich hineingeben*) ■**etw** ~ to add sth

Hin·zu·fü·gung *f* addition; **unter ~ einer S.** *gen* (*geh*) with the addition of sth

hin·zu|ge·ben *vt* ❶ (*zusätzlich geben*) ■**jdm etw** *akk* ~ to add sth for sb ❷ (*beigeben*) ■**[einer S.** *dat*] **etw** *akk* ~ to add sth [to sth] **hin·zu|ge·win·nen** *vt irreg* ■**jdn** ~ to gain sb **hin·zu|kom·men** [hɪnˈtsuːkɔmən] *vi irreg sein* ❶ (*zusätzlich eintreffen*) to arrive; (*aufkreuzen*) to appear [on the scene]; **die anderen Gäste kommen dann später hinzu** the other guests are coming along [*or* arriving] later ❷ (*sich noch ereignen*) ■**es kommt [noch] hinzu, dass ...** there is also the fact that ... ❸ (*dazukommen*) **die Mehrwertsteuer kommt noch hinzu** that's not including VAT; **kommt sonst noch etwas hinzu?** will there be anything else? **hin·zu|rech·nen** *vt* ■**etw [mit]** ~ to add on sth *sep,* to include sth; **Bedienung nicht hinzugerechnet** service not included **hin·zu|zäh·len** *vt* ❶ (*als dazugehörig ansehen*) ■**jdn/etw [mit]** ~ to include sb/sth ❷ *s.* **hinzurechnen hin·zu|zie·hen** *vt irreg* ■**jdn/etw [mit]** ~ to consult sb/sth **Hin·zu·zie·hung** *f kein pl* consultation; **unter ~ einer Person/einer S.** *gen* by/after consulting a person/sth; **ich kann mich zu der Angelegenheit nur unter ~ eines Sachverständigen äußern** I can only comment on the matter after consulting an expert

Hi·obs·bot·schaft [ˈhiːɔps-] *f* bad news *no pl, no indef art*

hip [hɪp] *adj* (*sl*) hip *sl*

Hip-Hop <-s> [ˈhɪphɔp] *m kein pl* MUS, MODE hip-hop *no pl, no art*

hipp, hipp, hur·ra [ˈhɪp ˈhɪp hʊˈraː] *interj* hip, hip, hurrah [*or* hurray]

hip·pe(r, s) [ˈhɪpə, -pɐ, -pəs] *adj* (*emph sl*) hip *fam*

Hipp·hipp·hur·ra <-s, -s> [hɪphɪphʊˈraː] *nt* cheer; **ein dreifaches ~ [auf jdn/etw]** three cheers *pl* [for sb/sth]

Hip·pie <-s, -s> [ˈhɪpi] *m* hippie

Hips·ter <-s, -> [ˈhɪpstɐ] *m* (*fam*) ❶ (*cooler Typ*) hipster *fam,* hip cat *sl* ❷ MODE hipster ❸ (*Hip-Hopper*) hip-hopper

Hirn <-[e]s, -e> [hɪrn] *nt* ❶ (*Ge~*) brain; **jds ~ entspringen** [*o* **entstammen**] to be sb's idea ❷ (*~masse*) brains *pl* ❸ KOCHK brains *pl*

Hirn·an·hang·drü·se *f* pituitary [gland] **Hirn·ge·fäß** *nt* cerebral blood vessel **Hirn·ge·spinst** *nt* fantasy; ■**~e** figments of the imagination **Hirn·ge·we·be** *nt* brain tissue **Hirn·haut** *f* meninx *spec,* meninges *npl spec* **Hirn·haut·ent·zün·dung** *f* meningitis **hirn·los** *adj* (*fam*) brainless **Hirn·mas·se** *f* cerebral mass *spec* **Hirn·rin·de** *f* cerebral cortex *spec*

hirn·ris·sig *adj* (*pej fam*) hare-brained, half-baked *pej fam,* half-arsed [*or* AM -assed] *fam!*

Hirn·stamm *m* ANAT brainstem **Hirn·tod** *m* brain death *no pl, no art* **hirn·tot** *adj* brain-dead **Hirn·to·te(r)** *f(m) decl wie adj* brain-dead person, brain death *spec sl;* ■**ein ~r/eine ~ sein** to be brain-dead **Hirn·tu·mor** *m* brain tumour [*or* AM -or]

hirn·ver·brannt *adj* (*fam*) *s.* **hirnrissig**

Hirn·win·dung *f* convolution [of the brain] *spec,* gyrus *spec*

Hirsch <-es, -e> [hɪrʃ] *m* ❶ (*Rot~*) deer ❷ (*Fleisch*) venison *no art, no pl*

Hirsch·bra·ten *m* roast venison *no art, no pl* **Hirsch·fän·ger** <-s, -> *m* hunting knife **Hirsch·füt·te·rung** *f* deer feeding *no art, no pl;* **„~ verboten!"** "don't feed the deer" **Hirsch·ge·weih** *nt* antlers *pl* **Hirsch·horn** *nt* horn **Hirsch·jagd** *f* ❶ (*Blutsport*) ■**die ~** deer [*or* stag] hunting ❷ (*einzelne Jagd*) deer [*or* stag] hunt **Hirsch·kä·fer** *m* stag beetle **Hirsch·kalb** *nt* [male] fawn **Hirsch·kuh** *f* hind **Hirsch·le·der** *nt* buckskin *no art, no pl,* deerskin *no art, no pl* **Hirsch·zie·gen·an·ti·lo·pe** *f* ZOOL blackbuck **Hirsch·zun·ge** *f* BOT hart's tongue

Hir·se <-, -n> [ˈhɪrzə] *f* millet *no pl, no art*

Hir·se·brei *m* millet gruel *no pl* **Hir·se·korn** *nt* millet seed

Hirt(in) <-en, -en> [ˈhɪrt] *m(f)* herdsman *masc;* (*Schaf~*) shepherd, shepherdess *fem* ▶ WENDUNGEN: **wie der ~[e], so die Herde** (*prov*) like master, like man *prov*

Hir·te <-n, -n> [ˈhɪrtə] *m* ❶ (*geh*) *s.* **Hirt** ❷ REL pastor ▶ WENDUNGEN: **der Gute ~** the Good Shepherd

Hir·ten·brief *m* REL pastoral letter **Hir·ten·flö·te** *f* shepherd's pipe **Hir·ten·hund** *m* sheepdog **Hir·ten·stab** *m* ❶ (*geh*) *eines Hirten* shepherd's crook ❷ *eines Bischofs* crosier, crozier **Hir·ten·tä·schel** <-s, -> [ˈhɪrtn̩tɛʃl] *nt,* **Hir·ten·tä·schel·kraut** *nt* BOT shepherd's-purse

Hir·tin <-, -nen> *f s.* **Hirt** shepherd[ess]

his, His <-, -> [hɪs] *nt* MUS B sharp

His·bol·lah <-> [hɪsˈbɔla] *f kein pl* Hezbollah *no pl, + sing/pl vb*

His·pa·nis·tik <-> [hɪspaˈnɪstɪk] *f kein pl* SCH Spanish [language and literature] *no pl*

his·sen [ˈhɪsn̩] *vt* ■**etw** ~ to hoist [*or* fly] sth

His·ta·min <-s> [hɪstaˈmiːn] *nt kein pl* histamine *no pl, no art*

His·to·lo·gie <-> [hɪstoloˈgiː] *f kein pl* histology *no pl, no art*

spec

his·to·lo·gisch [hɪsti'lo:gɪʃ] *adj* histological *spec*

His·ton <-s, -e> [hɪs'to:n] *nt* BIOL histone

His·to·ri·ker(in) <-s, -> [hɪs'to:rikɐ] *m(f)* historian

His·to·ri·o·gra·phie, His·to·ri·o·gra·fieRR <-> [hɪstori̯ogra'fi:] *f kein pl* historiography *no pl, no art spec*

his·to·risch [hɪs'to:rɪʃ] **I.** *adj* ❶ (*die Geschichte betreffend*) historical ❷ (*geschichtlich bedeutsam*) historic ❸ (*geschichtlich belegt*) historical **II.** *adv* historically; ~ **belegt sein** to be historically proven [*or* a historical fact]; **etw** ~ **betrachten** to look at sth from a historical perspective

Hit <-s, -s> [hɪt] *m* (*fam*) ❶ (*erfolgreicher Schlager*) hit ❷ (*Umsatzrenner*) roaring success

Hit·ler·gruß ['hɪtlɐ-] *m* HIST Nazi [*or* Hitler] salute **Hit·ler·ju·gend** *f* HIST ■**die** ~ the Hitler Youth **Hit·ler·zeit** *f* HIST Hitler era *no pl, no indef art*

Hit·lis·te *f* charts *npl* **Hit·pa·ra·de** *f* ❶ (*Musiksendung*) chart show, top of the pops *no indef art* BRIT ❷ *s.* **Hitliste**

Hit·ze <-, -n> ['hɪtsə] *f* ❶ (*große Wärme*) heat *no pl, no indef art;* **bei einer bestimmten** ~ KOCHK at a certain oven temperature; **bei starker/mittlerer/mäßiger** ~ **backen** to bake in a hot/medium/moderate oven ❷ (*heiße Witterung*) heat *no pl, no indef art,* hot weather *no pl, no indef art;* **eine** ~ **ist das!** (*fam*) it's really hot!; **brütende** [*o* **sengende**] ~ sweltering [*or* scorching] heat; **vor** ~ **umkommen** (*fam*) to die of the heat ❸ ZOOL (*Zeit der Läufigkeit*) heat *no pl, no art* ▶ WENDUNGEN: **in der** ~ **des Gefecht[e]s** in the heat of the battle; **[leicht] in** ~ **geraten** to [easily] get heated [*or* worked up]

hit·ze·be·stän·dig *adj* heat-resistant **Hit·ze·be·stän·dig·keit** *f* heat resistance **Hit·ze·bläs·chen** *nt* MED heat spot [*or* blister] **hit·ze·emp·find·lich** *adj* heat-sensitive, sensitive to heat *pred* **hit·ze·frei** *adj pred* SCH **heute haben wir** ~**!** school's out today because of the heat **Hit·ze·pe·ri·o·de** *f* ❶ METEO hot spell, spell [*or* period] of hot weather ❷ BIOL heat *no pl* **Hit·ze·schild** *m* heat shield **Hit·ze·wal·lung** *f meist pl* hot flush **Hit·ze·wel·le** *f* heat wave

hit·zig ['hɪtsɪç] **I.** *adj* ❶ (*leicht aufbrausend*) hot-headed, quick-tempered; ■~ **sein/werden** to be quick-tempered/to flare up; **eine** ~**e Reaktion** a heated reaction; **ein** ~**es Temperament** a fiery temperament ❷ (*leidenschaftlich*) passionate; **eine** ~**e Debatte** a heated [*or* passionate] debate ▶ WENDUNGEN: **nicht so** ~**!** don't get so excited! **II.** *adv* passionately

Hitz·kopf *m* (*fam*) hothead **hitz·köp·fig** *adj* (*fam*) hot-headed; ■~ **sein** to be hot-headed [*or* a hothead] **Hitz·schlag** *m* heatstroke; (*von der Sonne a.*) sunstroke; **einen** ~ **bekommen** [*o geh* **erleiden**] [*o fam* **kriegen**] to get heatstroke/sunstroke

HIV <-[s]> [ha:ʔi:'fau] *nt Abk von* **Human Immunodeficiency Virus** HIV *no pl, no art*

HIV-Fall [ha:ʔi:'fau-] *m* HIV case **HIV-in·fi·ziert** [ha:ʔi:'fau-] *adj inv* MED HIV-positive **HIV-ne·ga·tiv** [ha:ʔi:fau'-] *adj* HIV-negative **HIV-po·si·tiv** [ha:ʔi:'fau'-] *adj* HIV-positive **HIV-Test** [ha:ʔi:'fau-] *m* HIV test

Hi·wi <-s, -s> ['hi:vi] *m* (*sl*) assistant

hl. *adj Abk von* **heilig**: **der hl. Petrus** St Peter

Hl. *Abk von* **Heilige(r)** St

hm *interj* ❶ (*anerkennendes Brummen*) hm; ~, **das schmeckt aber gut** hm, that really tastes good ❷ (*fragendes Brummen*) er[m] ❸ (*bejahendes Brummen*) hm; **na, gefällt dir mein neues Kleid? – ~, nicht schlecht!** well, do you like my new dress? – hm, not bad!

H-Milch ['ha:] *f* long-life milk

h-Moll ['ha:'mɔl] *nt* MUS B minor

HNO [ha:ʔɛn'ʔo:] *Abk von* **Hals, Nasen, Ohren** ENT

HNO-Arzt, -Ärz·tin [ha:ʔɛn'ʔo:-] *m, f* ENT specialist **HNO-Pra·xis** *f* ENT practice [*or* AM *a.* -se]

hob ['ho:p] *imp von* **heben**

Hob·by <-s, -s> ['hɔbi] *nt* hobby; **etw als** ~ **betreiben** to do sth as [*or* for] a hobby

Hob·by·fil·mer(in) *m(f)* amateur film-maker **Hob·by·fun·ker(in)** *m(f)* radio ham **Hob·by·gärt·ner(in)** *m(f)* amateur gardener **Hob·by·kel·ler** *m* hobby room in a cellar **Hob·by·koch, -kö·chin** *m, f* amateur cook **Hob·by·ma·ler(in)** *m(f)* amateur artist **Hob·by·raum** *m* hobby room, workroom

Ho·bel <-s, -> ['ho:bl̩] *m* ❶ (*Werkzeug*) plane ❷ (*Küchengerät*) slicer

Ho·bel·bank <-bänke> *f* carpenter's [*or* joiner's] bench

ho·beln ['ho:bl̩n] **I.** *vt* ■**etw** ~ ❶ (*mit dem Hobel glätten*) to plane sth ❷ (*mit dem Hobel schneiden*) to slice sth **II.** *vi* ■**[an etw** *dat*] ~ to plane [sth]

Ho·bel·span *m* ❶ *meist pl* (*Holz, Metall*) [wood] shaving ❷ *pl* KOCHK ÖSTERR (*gebackene Süßspeise*) baked desserts *pl*

hoch <*attr* hohe(r, s), höher, *attr* höchste(r, s)> [ho:x] **I.** *adj* ❶ (*groß an vertikaler Ausdehnung*) high, tall; **ein hoher Turm** a tall [*or* high] tower; **ein hoher Baum/Mensch** a tall tree/person; **eine hohe Decke** a high ceiling; **eine hohe Schneedecke** deep snow; **[gut] 20 Meter** ~ **sein** to be [a good] 20 metres [*or* AM -ers] tall/high [*or* in height]/deep; *Aufhängung, Dach* to be [a good] 20 metres [*or* AM -ers] off the ground; **ein Mann von hohem Wuchs** (*liter*) a man of tall stature *a. form;* **ein 125 Meter hoher Turm** a 125 metre [high] tower ❷ (*beträchtlich*) high, large; **hohe Beträge** large amounts; **hohe Kosten** high costs; **ein hoher Lotteriegewinn** a big lottery win ❸ (*stark gesteigert*) high; **etw einem hohen Druck aussetzen** to expose sth to a high pressure; **hohes Fieber haben** to be running a high temperature ❹ (*erheblich*) extensive, severe; **hohe Verluste** severe losses; **ein hoher Sachschaden** extensive damage to property ❺ (*groß*) great, high; **ein hoher Lebensstandard** a high standard of living; **du hast aber hohe Ansprüche!** you're very demanding [*or form* exigent]!; **eine hohe Freude** a great pleasure; **die Gesundheit ist ein hohes Gut** health is a precious commodity ❻ (*bedeutend*) great, high; **hohe Ämter/ein hohes Amt bekleiden** to hold high office; **hohes Ansehen** great respect; **ein hoher Feiertag** an important public holiday; **ein hoher Funktionär/eine hohe Funktionärin** a high-level official; **hohe Offiziere** high-ranking officers; **ein hohe Position in der Firma** a senior position in the firm ❼ (*sehr*) highly; ~ **angesehen** (*geh*) highly regarded [*or form* esteemed]; ~ **begabt** highly gifted [*or* talented]; ~ **beladen** heavily laden; ~ **besteuert** highly taxed; ~ **bezahlt** highly paid, well paid; ~ **dotiert** highly remunerated *form;* **eine** ~ **dotierte Stelle** a highly remunerative position *form;* ~ **empfindlich** extremely [*or* very] delicate; TECH highly sensitive; FOTO high speed, fast *attr;* ~ **entwickelt** (*weit fortgeschritten*) highly developed [*or* evolved]; **eine** ~ **entwickelte Kultur** a highly developed civilization; (*verfeinert*) sophisticated; ~ **favorisiert sein** to be the strong favourite [*or* AM -orite]; ~ **geehrt** (*geh*) highly honoured [*or* AM -ored]; ~ **geehrter Herr Präsident!** dear Mr President!; ~ **gelobt** highly praised; ~ **geschätzt** highly esteemed [*or* valued] [*or* prized]; ~ **infektiös** highly infectious; ~ **industrialisiert** highly industrialized; ~ **kompliziert** highly complicated; ~ **konzentriert arbeiten** to be completely focused on one's work; ~ **motiviert** highly motivated; ~ **qualifiziert** highly qualified; ~ **radioaktiv** highly radioactive; ~ **rentabel** highly profitable; ~ **sensibel** highly sensitive; ~ **stehend** advanced; **eine** ~ **stehende Kultur** an advanced civilization; **wirtschaftlich/wissenschaftlich** ~ **stehend** economically/scientifically advanced; **gesellschaftlich** ~ **stehende Leute** people of high social standing; ~ **versichert** heavily insured; ~ **verschuldet** deep in debt *pred;* **wie** ~ **bist du verschuldet?** how much [*or* deep] in debt are you?; ■**jdn [als jdn/etw]** ~ **achten** to respect sb highly [*or* greatly] [as sb/sth]; ~ **geachtet** highly [*or* greatly] respected; **etw** ~ **achten** to respect sth highly [*or* greatly]; **jdm etw** ~ **anrechnen** to give sb a great credit for sth; **jdn/etw** ~ **einschätzen** to have a high opinion of sb/sth; ~ **eingeschätzt werden** to be thought highly [*or* highly thought] [*or* well] of; **jdn/etw zu ~ einschätzen** to overestimate sb/sth; **jdn/etw ~ schätzen** to appreciate sb/sth very much, to value sb/sth highly ❸ *pred* **jdm zu ~ sein** (*fam*) to be above sb's head; *s. a.* **Schule, C, Haus, Herrschaft II.** *adv* <höher, am höchsten> ❶ (*nach oben*) **wie ~ kannst du den Ball werfen?** how high can you throw the ball?; **der Berg ragt 5000 Meter ~ empor** the mountain towers to a height of 5000 metres; **etw ~ halten** (*in die Höhe halten*) to hold up sth *sep;* **~ zum Himmel zeigen** to point up at [*or* to] the sky; **~ gewachsen** tall; **einen Gang ~ schalten** AUTO to shift [up] gears; **[zu] ~ singen** MUS to sing [too] high ❷ (*in einiger Höhe*) **~ auf dem Berg befindet sich eine Jagdhütte** there's a hunting lodge high up on the mountain; **die Sterne stehen ~ am Himmel** the stars are high up in the sky; **wir fliegen 4000 Meter ~** we're flying at a height of 4,000 metres; **~ gelegen** high-lying [*or* -altitude] *attr;* **im ~ gelegenen Gebirgstal** high up in the mountains; **~ oben** high up; **im Keller steht das Wasser 3 cm ~** the water's 3 cm deep in the cellar; **wie ~ steht das Thermometer?** how high is the temperature?; *s. a.* **Ross** ❸ (*äußerst*) extremely, highly, very; **der Vorschlag ist mir ~ willkommen** I very much welcome the suggestion ❹ (*eine hohe Summe umfassend*) highly; **~ gewinnen** to win a large amount; **~ wetten** to bet heavily ❺ MATH (*Bezeichnung der Potenz*) **2 ~ 4** 2 to the power of 4 *spec;* **x ~ 3** x to the power of 3 *spec,* x cubed *spec* ▶WENDUNGEN: **zu ~ gegriffen sein** to be an exaggeration; **~ und heilig** (*fam*) faithfully; **~ und heilig schwören, dass ...** to swear blind that ...; **etw ~ und heilig versprechen** to promise sth faithfully; **~ hergehen** (*fam*) to be lively; **auf ihren Partys geht es immer ~ her** there's always a lively atmosphere at her parties; **~ hinauswollen** (*fam*) to aim high; **jd ist ~ in den Fünfzigern/Sechzigern etc.** sb's in his/her late fifties/sixties etc.; **wenn es ~ kommt** (*fam*) at the most; **[bei etw] ~ pokern** [*o* **reizen**] (*fam*) to take a big chance [with sth]; **~ stehen** to be high up; **er stand in der Rangordnung recht ~** he was very high up in the hierarchy; **~!** get up!; **~, ihr Faulpelze!** [get] up, you lazy so-and-sos!

Hoch[1] <-s, -s> [ho:x] *nt* cheer; **ein dreifaches ~ dem glücklichen Brautpaar** three cheers for the happy couple; **ein ~ auf jdn ausbringen** to give sb a cheer

Hoch[2] <-s, -s> [ho:x] *nt* METEO high **Hoch·ach·tung** *f* deep respect; **mit vorzüglicher ~** (*veraltend geh*) your obedient servant *dated form;* **jdm seine ~ für etw zollen** to pay tribute to sb for sth; **bei aller ~ vor jdm/etw** with the greatest respect for sb/sth; **bei aller ~, die ich vor Ihnen habe, ...** with all due respect to you, ...; **meine ~!** my compliments!, well done! **hoch·ach·tungs·voll** *adv* (*geh*) your obedient servant *dated form* **Hoch·adel** *m* high/higher nobility **hoch·ak·tu·ell** *adj* ❶ (*äußerst aktuell*) highly topical ❷ MODE (*top-modern*) highly fashionable, all the rage *pred* **Hoch·al·tar** *m* high altar **Hoch·amt** *nt* ■**das ~** High Mass **hoch·an·stän·dig** *adj* very decent; ■**~ von jdm sein** to be very decent of sb; **etw ~ von jdm finden** to find sth very decent of sb **hoch|ar·bei·ten** *vr* ■**sich [bis zu etw** *dat***] ~** to work one's way up [to [the position of] sth] **hoch·auf·lö·send** *adj* INFORM, TV high-resolution *attr;* ■**~ sein** to have a high resolution **Hoch·bahn** *f* elevated [*or* overhead] railway [*or* AM railroad], el AM *fam* **Hoch·bau** *m kein pl* structural engineering *no pl, no art* **hoch|be·kom·men*** *vt irreg* ■**etw ~** to [manage to] get [*or* lift] up sth *sep;* **ich bekomme kaum mehr den Arm hoch** I can scarcely lift my arm up any more **hoch·be·rühmt** *adj* very famous **hoch·be·tagt** *adj* (*geh*) aged; **~ sterben** to die at an advanced age **Hoch·be·trieb** *m* intense activity *no pl;* **abends herrscht bei uns immer ~** we are always very busy in the evenings; **[einen] ~ haben** to be very busy **hoch|bin·den** *vt irreg* ■**etw ~** to tie up sth *sep* **hoch|bli·cken** *vi* (*geh*) *s.* **hochsehen Hoch·blü·te** *f* golden age; **seine ~ haben** [*o* **erleben**] to have its golden age, to be at its zenith **hoch|bo·cken** *vt* ■**etw ~** to jack up sth *sep* **hoch|brin·gen** *vt irreg* (*fam*) ❶ (*nach oben bringen*) ■**[jdm] jdn/etw ~** to bring/take up sb/sth *sep* [to sb] ❷ (*fam: hochheben können*) ■**etw ~** to manage to lift [up *sep*] sth ❸ (*zuversichtlich machen*) ■**jdn [wieder] ~** to get sb [back] on his/her feet ❹ (*sl: Erektion haben*) **kriegt er denn [k]einen hoch?** can[’t] he get it up? *fam* **Hoch·burg** *f* stronghold **hoch·deutsch** ['ho:xdɔytʃ] *adj* High [*or* standard] German **Hoch·deutsch** ['ho:xdɔytʃ] *nt* High [*or* standard] German

i Kultur

The term **Hochdeutsch** describes spoken German free of regional accents or dialects. Although **Hochdeutsch** is spoken in most public institutions, the language used around the city of Hanover is thought to best represent this kind of German.

hoch|dre·hen *vt* ❶ AUTO ■**etw ~** to rev sth; **den Motor auf 7000 U/min ~** to rev the engine to 7000 rpm ❷ *s.* **hochkurbeln**

Hoch·druck[1] *m kein pl* ❶ MED high blood pressure *no pl* ❷ PHYS high pressure ▶WENDUNGEN: **mit ~ [an etw** *dat***] arbeiten** to work flat out [on sth] *fam;* **etw mit ~ betreiben** to carry out sth *sep* at a terrific rate

Hoch·druck[2] *m* TYPO *kein pl* letterpress [*or* surface] [*or spec* relief] printing *no pl, no art*

Hoch·druck·ge·biet *nt* METEO area of high pressure, high-pressure area

Hoch·ebe·ne *f* plateau **hoch·er·freut** *adj inv* overjoyed, delighted **hoch·er·ho·ben** *adj attr* raised high *pred;* **~en Hauptes** with [one's] head held high **hoch·ex·plo·siv** *adj* highly explosive

hoch|fah·ren *irreg* **I.** *vi sein* ❶ (*in ein oberes Stockwerk fahren*) to go up; **fahren Sie hoch oder nach unten?** are you going up or down? ❷ (*nach oben fahren*) ■**[zu etw** *dat***] ~** to go up [to sth]; **mit der Bergbahn ~** to go up by mountain railway ❸ (*sich plötzlich aufrichten*) **aus dem Schlaf ~** to start up from one's sleep, to wake up with a start ❹ (*aufbrausen*) to flare up **II.** *vt sein* ■**etw ~** to go up sth; **etw mit dem Rad ~** to cycle up sth **III.** *vt haben* ❶ (*nach oben fahren*) ■**jdn/etw [zu jdm/irgendwohin] ~** to drive [*or* take] up sb/sth *sep* [to sb/somewhere]; **können Sie uns nach Hamburg ~?** can you drive us up to Hamburg? ❷ (*auf volle Leistung bringen*) **die Produktion ~** to raise [*or* increase] production; **einen Computer ~** to boot [up *sep*] a computer *spec;* **einen Computer neu ~** to reboot a computer

hoch·fah·rend *adj* ❶ (*geh: überheblich*) arrogant ❷ *s.* **hochfliegend**

Hoch·fi·nanz *f* high finance *no pl, no art* **Hoch·flä·che** *f s.* **Hochebene hoch|flie·gen** *vi irreg sein* ❶ (*in die Höhe fliegen*) to fly up [into the air]; *Vogel a.* to soar [up]; **einige Wildenten flogen verschreckt hoch** a few wild ducks flew off in alarm ❷ (*in die Luft geschleudert werden*) to be hurled upwards [*or* thrown up[wards]] **hoch·flie·gend** *adj* (*geh*) ambitious **Hoch·form** *f* top [*or* peak] form; **in ~ sein, sich in ~ befinden** to be in top [*or* peak] form; **zur ~ auflaufen** (*fam*) to approach top [*or* peak] form **Hoch·for·mat** *nt* portrait [*or* vertical] format; **im ~** in portrait format **Hoch·fris·ur** *f* upswept hairstyle; **eine ~ haben** to wear up one's hair *sep* **Hoch·ga·ra·ge** *f s.* **Parkhochhaus**

Hoch·ge·bir·ge *nt* high mountains *pl*

Hoch·ge·birgs·for·ma·ti·on *f* formation of mountains **Hoch·ge·birgs·ve·ge·ta·ti·on** *f* alpine vegetation **Hoch·ge·fühl** *nt* elation; **ein ~ haben** to feel elated, to have a feeling of elation **hoch|ge·hen** *irreg sein* **I.** *vi* ❶ (*hinaufgehen*) to go up; **ich**

gehe wieder hoch in mein Büro I'll go up to my office ❷ (*fam: detonieren*) to go off; ■**etw ~ lassen** to blow up sth *sep* ❸ (*fam: wütend werden*) to blow one's top *fam* ❹ (*fam*) *Preise* to go up; *s. a.* **Welle** ❺ (*fam: enttarnt werden*) to get caught [*or* BRIT *fam* nicked]; ■**jdn/etw ~ lassen** to bust sb/sth *sl* **II.** *vt* ■**etw** [**zu etw** *dat*] ~ to go up sth [to sth] **hoch·geis·tig I.** *adj attr* highly intellectual **II.** *adv* intellectually; **der Schriftsteller schreibt mir zu ~** the author writes in a way that is much too intellectual for me **hoch·ge·lehrt** *adj* (*geh*) erudite *form*, very learned **Hoch·ge·nuss**^RR *m* real delight; **jdm einen ~ bereiten** to be a real [*or* great] [*or* special] treat for sb; [**jdm**] **ein ~ sein** to be a real delight [for sb] **hoch·ge·schlos·sen** *adj* MODE high-necked

Hoch·ge·schwin·dig·keits·tras·se *f* BAHN high-speed track **Hoch·ge·schwin·dig·keits·zug** *m* high-speed train

hoch·ge·stellt *adj attr* high-ranking, important **hoch·ge·sto·chen I.** *adj* (*pej fam*) ❶ (*geschraubt*) highbrow *pej;* **dieser Autor schreibt einen sehr ~en Stil** this author has a very highbrow style ❷ (*eingebildet*) conceited *pej,* stuck-up *pej fam* **II.** *adv* in a highbrow way [*or* manner]

Hoch·glanz *m* FOTO high gloss; **etw auf ~ bringen** [*o* **polie·ren**] to polish sth till it shines; **ein Zimmer auf ~ bringen** to make a room spick and span

Hoch·glanz·fo·to *nt* glossy print **Hoch·glanz·lack** *m* glossy varnish **Hoch·glanz·pa·pier** *nt* high-gloss paper **Hoch·glanz·po·li·tur** *f* ❶ (*Poliermittel*) furniture polish ❷ *einer Oberfläche* mirror polish [*or* finish]

hoch·gra·dig I. *adj* extreme **II.** *adv* extremely **hoch|gu·cken** *vi* (*fam*) *s.* **hochsehen hoch·ha·ckig** *adj* high-heeled; ■**~ sein** to have high heels **hoch|hal·ten** *vt irreg* ❶ (*in die Höhe halten*) ■**etw ~** to hold up sth *sep* ❷ (*ehren*) ■**etw ~** to uphold sth **Hoch·haus** *nt* high-rise [*or* multi-storey] [*or* AM multi-story] building **hoch|he·ben** *vt irreg* ❶ (*in die Höhe heben*) ■**jdn/etw ~** to lift up sb/sth *sep* ❷ (*emporstrecken*) ■**etw ~** to put [*or* hold] up sth *sep,* to raise [*or* lift] sth **hoch·herr·schaft·lich** *adj* palatial, grand

hoch·her·zig ['ho:xhɛrtsɪç] *adj* (*geh*) generous, magnanimous *form*

Hoch·her·zig·keit <-> *f kein pl* (*geh*) generosity *no pl, no art,* magnanimity *no pl, no art form* **hoch·in·tel·li·gent** *adj* highly intelligent **hoch·in·te·res·sant** *adj* most interesting **hoch|ja·gen** *vt* ❶ (*fam: sprengen*) ■**etw ~** to blow up sth *sep* ❷ (*fam: hochdrehen*) ■**etw ~** to rev up sth *sep* ❸ (*aufwecken*) ■**jdn ~** to get sb up ❹ (*aufscheuchen*) **Vögel ~** to scare [up *sep*] birds; JAGD to flush out birds *sep* **hoch|ju·beln** *vt* (*fam*) ■**jdn/etw ~** to hype sb/sth *fam*

hoch·kant ['ho:xkant] *adv* on end; **~ stehen** to stand on end; **etw ~ stellen** to stand sth on end

hoch·kan·tig ['hoxkantɪç] *adv s.* **achtkantig**

hoch·ka·rä·tig *adj* ❶ (*mit einem hohen Karatgewicht*) high-carat ❷ (*mit einem hohen Feingewicht*) high-carat ❸ (*fam: äußerst qualifiziert*) top-flight, top-notch *fam* **hoch·klapp·bar** *adj* folding *attr,* foldable; **ein ~er Sitz** a tip-up seat; **die Luke ist hydraulisch ~** the hatch is folded hydraulically **hoch|klap·pen I.** *vt haben* ■**etw ~** to fold up sth *sep;* **mit hochgeklapptem Kragen** with one's collar turned up **II.** *vi sein* to tip up **hoch|klet·tern** *sein* **I.** *vi* ■[**an etw** *dat*] ~ to climb up sth **II.** *vt* ■**etw ~** to climb up sth **hoch|kom·men** *irreg sein* **I.** *vi* ❶ (*fam: nach oben kommen*) to come up ❷ (*hin-, heraufkommen*) ■[**zu jdm**] ~ to come up [*or* in] [to sb]; **kommen Sie doch zu mir ins Büro hoch** come up to my office ❸ (*an die Oberfläche kommen*) ■[**wieder**] ~ to come up [again]; *Taucher a.* to [re]surface ❹ (*fam: aufstehen können*) ■[**aus/von etw** *dat*] ~ to get up [out of/from sth] ❺ (*fam*) ■**es kommt jdm hoch** it makes sb sick; **wenn ich nur daran denke, kommt es mir schon hoch!** it makes me sick just thinking about it! ❻ (*in Erscheinung treten*) ■[**in jdm**] ~ to well up [in sb]; *Betrug* to come to light ► WENDUNGEN: **niemanden neben sich** *dat* ~ **lassen** to allow no competition **II.** *vt* ■**etw ~** to come up sth **Hoch·kon·junk·tur** *f* [economic] boom **hoch|kön·nen** *vi irreg* (*fam*) ❶ (*aufstehen können*) **kannst du alleine hoch, oder soll ich dir helfen?** can you get up on your own, or should I help you? ❷ (*hochklettern können*) **ich kann nicht** [**auf den Baum**] **hoch** I can't get up [the tree] **hoch·kon·zen·triert** *adj Säure* highly concentrated; *s. a.* **hoch I. 7 hoch|krem·peln** *vt* ■[**sich** *dat*] **etw** *akk* ~ to roll up sth *sep;* **die Hemdsärmel ~** to roll up one's shirt-sleeves; **mit hochgekrempelten Hosenbeinen** with one's trouser [*or* AM pant] legs rolled up **hoch|krie·gen** *vt* (*fam*) *s.* **hochbekommen Hoch·kul·tur** *f* [very] advanced civilization [*or* culture] **hoch|kur·beln** *vt* ■**etw ~** to wind up sth *sep*

Hoch·land ['ho:xlant] *nt* highland *usu pl;* **das schottische ~** the Scottish Highlands *npl* **hoch|le·ben** ['ho:xle:bn̩] *vi* **jd/etw lebe hoch!** three cheers for sb/sth!; **hoch lebe der/die ...!** three cheers for the ...!; **hoch lebe der Kaiser!** long live the emperor!; **jdn ~ lassen** to give three cheers for sb [*or* sb three cheers] **hoch|le·gen** *vt* ■**etw ~** ❶ (*höher lagern*) to put up sth *sep;* **die Beine ~** to put up one's feet ❷ (*fam: nach oben legen*) to put sth high up; ■**etw auf etw** *akk* ~ to put sth [up] on top of sth; **ich habe die Geschenke auf den Schrank hochgelegt** I've put the presents up on top of the cupboard

Hoch·leis·tung *f* top-class [*or* -rate] [*or* first-class [*or* -rate]] performance

Hoch·leis·tungs·mo·tor *m* high-performance engine **Hoch·leis·tungs·sport** *m* top-level sport **Hoch·leis·tungs·sport·ler(in)** *m(f)* top athlete **Hoch·leis·tungs·trai·ning** *nt* hard [*or* intensive] training *no pl, no art*

Hoch·lohn·land *nt* country with high wage costs

hoch·mo·dern I. *adj* ultra-modern; ■**~ sein** to be the latest fashion **II.** *adv* in the latest fashion[s]; **~ eingerichtet** furnished in the latest style **Hoch·moor** *nt* [upland] moor **Hoch·mut** ['ho:xmu:t] *m* (*pej*) arrogance ► WENDUNGEN: **~ kommt vor dem Fall** (*prov*) pride goes [*or* comes] before a fall *prov*

hoch·mü·tig ['ho:xmy:tɪç] *adj* (*pej*) arrogant

Hoch·mü·tig·keit <-> *f kein pl s.* **Hochmut**

hoch·nä·sig ['ho:xnɛ:zɪç] **I.** *adj* (*pej fam*) conceited *pej,* stuck-up *pej fam,* snooty *fam* **II.** *adv* (*pej fam*) conceitedly *pej,* snootily *fam*

Hoch·nä·sig·keit <-> *f kein pl* (*pej fam*) conceitedness *no pl, no art pej,* snootiness *no pl, no art fam*

Hoch·ne·bel *m* METEO [low] stratus *spec* **hoch|neh·men** *vt irreg* ❶ (*abheben*) ■**etw ~** to lift [up *sep*] sth ❷ (*nach oben heben*) ■**jdn/etw ~** to lift [*or* pick] up sb/sth *sep* ❸ (*fam: auf den Arm nehmen*) ■**jdn ~** to have [*or* AM put] sb on *fam* ❹ (*sl: verhaften*) ■**jdn ~** to pick up sb *sep* **Hoch·ofen** *m* blast furnace **hoch|päp·peln** *vt* (*fam*) ■**jdn/ein Tier ~** to feed up sb/an animal *sep* **Hoch·par·ter·re** *nt* raised ground floor **Hoch·pla·teau** *nt s.* **Hochebene**

Hoch·preis·ap·par·te·ment *nt* apartment in the upper price bracket **Hoch·preis·au·to** *nt* car in the upper price range, upmarket car **Hoch·preis·markt** *m* upper price range of a/the market

hoch·pro·zen·tig *adj* ❶ (*Alkohol enthaltend*) high-proof ❷ (*konzentriert*) highly concentrated **hoch|pu·schen** *vt* (*sl*) ■**etw ~** to jack up sth *sep fam* **hoch|ra·gen** *vi sein o haben* to rise [*or* tower] [up]; **die Berge ragen 4000 Meter hoch** the mountains tower to a height of 4000 metres; ■**~d** towering **hoch·ran·gig** <höherrangig, höchstrangig> *adj attr* high-ranking **hoch|rech·nen** *vt* ■**etw** [**bis zu etw** *dat*] ~ to project sth [to sth] **Hoch·rech·nung** *f* projection **Hoch·re·gal** *nt* ÖKON high rack [*or* shelf] **hoch|rei·ßen** *vt irreg* ■**etw ~** to lift sth quickly; **sie riss blitzschnell die Arme hoch, um den Ball zu fangen** her arms shot up to catch the ball; LUFT to put sth into a steep climb, to hoick sth *spec fam* **Hoch·rip·pe** *f* KOCHK foreribs *pl* **hoch·rot** ['ho:x'ro:t] *adj* bright red; **mit ~em Gesicht** with a bright red face, with one's face as red as a beetroot [*or* AM beet] **Hoch·ruf** *m* cheer **hoch|rüs·ten** *vt* ■**etw** ~ to increase the weaponry of sth; **die Streitkräfte mit etw** ~ to equip the armed forces with sth **Hoch·rüs·tung** *f* arms build-up **hoch|rut·schen** *vi sein* ❶ *Kleidungsstück* ■**[jdm]** ~ to ride up; **dein Hemd ist hochgerutscht** your shirt has ridden up ❷ (*aufrücken*) to move up **Hoch·sai·son** *f* ❶ (*Zeit stärksten Betriebes*) the busiest time; **bei heißem Wetter haben die Eisdielen** ~ the busiest time for ice-cream parlours is during hot weather ❷ (*Hauptsaison*) high [*or* peak] season **hoch|schau·keln** **I.** *vt* ■**etw** ~ to blow up sth *sep* **II.** *vr* ■**sich [gegenseitig]** ~ to get [each other] worked up **hoch|schie·ßen** *irreg* **I.** *vi sein* to shoot up [into the air] **II.** *vt haben* ■**etw** ~ to send up sth *sep* **hoch|schla·gen** *irreg* **I.** *vt haben* ■**etw** ~ to turn up sth *sep;* **mit hochgeschlagenem Kragen** with one's collar turned up **II.** *vi sein* to surge; *Flammen* to leap up; ■~**d** surging/leaping **hoch|schnel·len** *vi sein* ■**[von etw** *dat*] ~ to leap up [from/out of sth]; *Sprungfeder* to pop up [out of sth] **hoch|schrau·ben** *vt* ■**etw** ~ ❶ (*immer mehr steigern*) to force up sth *sep* ❷ (*immer größer werden lassen*) to raise sth; **seine Ansprüche** ~ to increase one's demands **hoch|schre·cken** **I.** *vt haben* ■**jdn** ~ to startle sb; (*aus dem Schlaf*) to wake sb rudely **II.** *vi irreg sein* to start up; (*aus dem Schlaf a.*) to awake with a start

Hoch·schul·ab·schluss[RR] *m* degree; **mit/ohne** ~ with/without a degree **Hoch·schul·ab·sol·vent(in)** <-en, -en> *m(f)* SCH college [*or* university] graduate **Hoch·schul·bil·dung** *f* university/college education; **mit/ohne** ~ with/without a university/college education

Hoch·schu·le ['ho:xʃu:lə] *f* ❶ (*Universität*) university ❷ (*Fach~*) college [of higher education]; **pädagogische** ~ teacher training college

Hoch·schü·ler(in) *m(f)* student

Hoch·schul·ge·bäu·de *nt* university/college building **Hoch·schul·leh·rer(in)** *m(f)* university/college lecturer **Hoch·schul·pro·fes·sor(in)** *m(f)* university/college professor **Hoch·schul·re·form** *f* university reform **Hoch·schul·rei·fe** *f* *entrance requirement for higher education;* **mit/ohne** ~ with/without the requirements for further education **Hoch·schul·stu·di·um** *nt* university/college [*or* higher] education; **ein naturwissenschaftliches** ~ a university science course; **mit/ohne** ~ with/without a university/college [*or* higher] education **Hoch·schul·we·sen** *nt kein pl* SCH [system of] higher education, university and college [system] **Hoch·schul·zu·las·sung** *f* SCH entrance requirement

hoch·schwan·ger *adj* in an advanced stage of pregnancy *pred,* well advanced in pregnancy *pred*

Hoch·see *f kein pl* high sea[s *npl*]; **auf hoher See** on the high seas [*or* the open sea]

Hoch·see·damp·fer *m* ocean[-going] steamer **Hoch·see·fi·sche·rei** *f* deep-sea fishing *no pl, no art* **Hoch·see·flot·te** *f* deep-sea fleet **Hoch·see·schiff·fahrt**[RR] *f* deep-sea shipping *no pl, no indef art;* **zur** ~ **geeignet sein** to be suitable for navigating the high seas **hoch·see·tüch·tig** *adj* ocean-going, sea-going; ■~ **sein** to be suitable for the high seas

hoch|se·hen *vi irreg* to look up **Hoch·seil** *nt* high wire, tightrope **Hoch·seil·akt** *m* high-wire [*or* tightrope] act

Hoch·si·cher·heits·ge·fäng·nis *nt* high-security prison **Hoch·si·cher·heits·la·bor** *nt* high-security laboratory

Hoch·sitz *m* JAGD [raised] hide **Hoch·som·mer** *m* high summer *no pl, no art,* height of summer *no pl, no indef art,* midsummer *no pl, no art;* **im** ~ in midsummer, at the height of summer **hoch·som·mer·lich** **I.** *adj* midsummer-like; ~**e Temperaturen** midsummer-like temperatures **II.** *adv* as in midsummer; **es ist fast** ~ **warm** it's almost as hot as in midsummer

Hoch·span·nung *f* ❶ ELEK high voltage; **„Vorsicht ~!"** 'danger – high voltage' ❷ *kein pl* (*Belastung*) enormous tension; **mit** ~ with a great deal of tension

Hoch·span·nungs·lei·tung *f* high-voltage [*or form* high-tension] [transmission] line **Hoch·span·nungs·mast** *m* pylon **Hoch·span·nungs·trans·for·ma·tor** *m* high-voltage transformer

hoch|spie·len *vt* ■**etw** ~ to blow up [the importance of] sth; **etw künstlich** ~ to blow up sth *sep* out of all proportion **Hoch·spra·che** *f* standard language **hoch|sprin·gen** *vi irreg sein* ❶ (*fam: aufspringen*) ■**[von etw** *dat*] ~ to jump up [from/out of sth]; ■**auf etw** *akk* ~ to jump up onto sth ❷ (*nach oben springen*) ■**an jdm/etw** ~ to jump up at sb/sth ❸ *nur infin und pp* SPORT to do the high jump **Hoch·sprin·ger(in)** *m(f)* high jumper **Hoch·sprung** *m* high jump

höchst [hø:çst] **I.** *adj s.* **höchste(r, s)** **II.** *adv* most, extremely; ~ **erfreut** extremely delighted

Höchst·al·ter *nt* maximum age

Hoch·stand *m s.* **Hochsitz**

Hoch·sta·pe·lei <-, -en> [ho:xʃta:pə'lai] *f* (*pej*) fraud *no pl, no art*

hoch|sta·peln *vi* (*pej*) to practise [*or* AM *usu* -ice] fraud; **sie stapelt gerne hoch und gibt sich als Managerin aus** she likes to deceive people and pass herself off as a manager

Hoch·stap·ler(in) <-s, -> ['ho:xʃta:plɐ] *m(f)* (*pej*) con man *fam,* confidence trickster [*or* man] BRIT

Höchst·bei·trag *m* maximum contribution **Höchst·be·trag** *m* maximum amount **Höchst·bie·ten·de(r)** *f(m) decl wie adj* highest bidder

höchs·te(r, s) *attr* **I.** *adj superl von* **hoch** ❶ (*die größte Höhe aufweisend*) highest, tallest; **die** ~**n Bäume/Menschen** the tallest trees/people; **der** ~ **Berg** the highest mountain ❷ (*dem Ausmaß nach bedeutendste*) highest; **die** ~**n Profite** the biggest profits; **die bisher** ~ **zu zahlende Entschädigung** the largest amount of compensation payable to date; **aufs H~** extremely, most; **das H~, was ...** the most [that] ...; **zu jds** ~**n/**~**r ...** to sb's great ...; **zu meiner** ~**n Bestürzung** to my great consternation; *s. a.* **Wesen** ❸ (*gravierendste*) severest, most severe; **die** ~**n Verluste** the highest [*or* greatest] losses ❹ (*dem Rang nach bedeutendste*) highest; **das** ~ **Amt** the highest office; **von** ~**m Ansehen** of the highest repute; **der** ~ **Feiertag** the most important public holiday; **der** ~ **Offizier** the highest-ranking officer; **die** ~**n Würdenträger** dignitaries of the highest level ❺ (*der Qualität nach bedeutendste*) greatest; **die** ~**n Ansprüche** the most stringent demands; **von** ~**r Bedeutung sein** to be of the utmost importance; **die Freiheit ist das** ~ **Gut** freedom is the most precious commodity **II.** *adv* ❶ (*in größter Höhe*) the highest; **mittags steht die Sonne am** ~**n** the sun is highest at midday ❷ (*in größtem Ausmaß*) the most, most of all; **er war von den Bewerbern am** ~**n qualifiziert** he was the most qualified of the applicants ❸ (*die größte Summe umfassend*) the most; **die am** ~**n versicherten Firmen** the most heavily insured firms

hoch|ste·cken *vt* ■**etw** ~ to put [*or* pin] [*or* wear] up sth *sep;* **mit hochgesteckten Haaren** with one's hair pinned [*or* worn] up **hoch|stei·gen** *vi irreg* PSYCH (*fam*) ■**in jdm** ~ *Wut, Angst, Freude* to well up in sb **hoch|stel·len** *vt* ■**etw** ~ to put up sth *sep*

höchs·tens ['hø:çstn̩s] *adv* ❶ (*bestenfalls*) at the most, at best; **er besucht uns selten,** ~ **zweimal im Jahr** he seldom visits us, twice a year at the most ❷ (*außer*) except **Höchst·fall** *m* **im** ~ at the most, at best **Höchst·form** *f* top form **Höchst·ge·bot** *nt* highest bid **Höchst·ge·schwin·dig·keit** *f* ❶ (*höchste mögliche Geschwindigkeit*) maximum speed; *eines Autos a.* top speed ❷ (*höchste zulässige Geschwindigkeit*) speed limit **Höchst·gren·ze** *f* upper limit

hoch|sti·li·sie·ren *vt* ■**etw [zu etw** *dat*] ~ to build up sth *sep* [into sth]; ■**hochstilisiert** souped-up *attr fam,* souped up *pred fam* **Hoch·stim·mung** *f kein pl* high spirits *npl;* **in** ~ in high spirits; **in festlicher** ~ in a festive mood

Höchst·leis·tung *f* maximum [*or* best] performance *no pl;* **etw auf** ~ *akk* **trimmen** to tune sth to maximum performance

Höchst·maß *nt* maximum amount; **ein ~ an Bequemlichkeit** a maximum amount of comfort; **ein ~ an Verantwortung** a maximum degree of responsibility **Höchst·men·ge** *f* maximum amount [*or* quantity] **höchst·per·sön·lich** *adv* personally, in person; **es war die Königin ~** it was the Queen in person **Höchst·preis** *m* maximum [*or* top] price **höchst·rich·ter·lich** *adj* of the supreme court *pred;* **ein ~es Urteil** a ruling of the supreme court **Höchst·satz** *m* maximum rate **Höchst·stand** *m* ❶ (*höchstes Niveau*) highest level; **beim ~ der Flut** when the tide is at its highest ❷ ÖKON (*höchster Stand*) highest level; **absolute Höchststände verzeichnen** to be [at] an all-time high **Höchst·steu·er·satz** *m* maximum tax rate **Höchst·stra·fe** *f* maximum penalty **höchst·wahr·schein·lich** ['hø:çstva:ɐ̯ʃainlɪç] *adv* most likely [*or* probably] **Höchst·wert** *m* maximum value **höchst·zu·läs·sig** *adj attr* maximum [permissible]; **das ~e Achsgewicht** the maximum [permissible] axle weight

Hoch·tech·no·lo·gie *f* high technology **Hoch·tem·pe·ra·tur·re·ak·tor** *m* high-temperature reactor **Hoch·tour** *f* ❶ SPORT (*Hochgebirgstour*) mountain climbing in a high mountain range [*or* area]; **eine ~ machen** to go mountain climbing in a high mountain range [*or* area] ❷ *pl* TECH (*größte Leistungsfähigkeit*) **auf ~en laufen** [*o* **arbeiten**] to operate [*or* work] at full speed [*or fig* run]; (*unter großer Hektik und unter Aufbringen aller Kraftreserven vonstattengehen*) to be in full swing; **die Werbekampagne lief auf ~** the election campaign was in full swing ▸ WENDUNGEN: **jdn auf ~ bringen** (*fam*) to get sb working flat out; **etw auf ~ bringen** (*fam*) to increase sth to full capacity **hoch·tou·rig** ['ho:xtu:rɪç] **I.** *adj* high-revving **II.** *adv* at high revs **hoch·tra·bend** (*pej*) **I.** *adj* pompous *pej* **II.** *adv* pompously *pej* **hoch|trei·ben** *vt irreg* ■**etw ~** to drive up sth *sep;* **Kosten/Löhne/Preise ~** to force [*or* drive] up costs/wages/prices *sep* **Hoch- und Tief·bau** *m* structural and civil engineering **hoch·ver·ehrt** *adj attr* highly respected [*or form* esteemed]; **~er Herr Vorsitzender!** dear Mr Chairman!; **meine ~en Damen und Herren!** ladies and gentlemen! **Hoch·ver·rat** *m* high treason *no pl, no art* **hoch·ver·zins·lich** *adj* yielding [*or* bearing] a high interest rate *pred* **Hoch·wald** ['ho:xvalt] *m* high forest

Hoch·was·ser *nt* ❶ (*Flut*) high tide ❷ (*überhoher Wasserstand*) high [level of] water; **~ führen** [*o* **haben**] to be in flood ❸ (*Überschwemmung*) flood

Hoch·was·ser·damm *m* dyke BRIT, dike AM **Hoch·was·ser·ge·fahr** *f* danger of flooding *no pl, no indef art* **Hoch·was·ser·ka·ta·stro·phe** *f* flood disaster **Hoch·was·ser·scha·den** *m* flood damage *no pl, no indef art* **Hoch·was·ser·schutz** *m* flood protection *no pl* **Hoch·was·ser·stand** *m* METEO high-water level

hoch|wer·fen *vt irreg* ■[**jdm**] **etw** *akk* **~** to throw up sth *sep* [to sb] **hoch·wer·tig** ['ho:xve:ɐ̯tɪç] *adj* ❶ (*von hoher Qualität*) [of *pred*] high quality; **~er Stahl** high-grade steel ❷ (*von hohem Nährwert*) highly nutritious **Hoch·wild** *nt* big game *no pl, no art* **hoch·will·kom·men** ['ho:xvɪlkɔmən] *adj attr* most [*or* very] welcome **Hoch·zahl** *f* exponent *spec*

Hoch·zeit[1] <-, -en> ['hɔxtsait] *f* wedding; **~ feiern** [*o veraltend* **halten**] to have a wedding; **~ haben** [*o* **machen**] to get married; **diamantene/eiserne/goldene/silberne ~** diamond/65th/gold/silver wedding anniversary; **grüne ~** wedding day ▸ WENDUNGEN: **man kann nicht auf zwei ~en tanzen** (*prov*) you can't have your cake and eat it; (*an zwei Orten gleichzeitig sein wollen*) you can't be in two places at once

Hoch·zeit[2] <-, -en> ['ho:xtsait] *f* (*geh: Blütezeit*) golden age

Hoch·zeits·fei·er *f* wedding reception **Hoch·zeits·gast** *m* wedding guest **Hoch·zeits·ge·schenk** *nt* wedding present [*or* gift] **Hoch·zeits·kleid** *nt* ❶ MODE wedding [*or* bridal] dress [*or* gown] ❷ ZOOL nuptial coloration; (*von Vögeln*) nuptial plumage, nuptial display **Hoch·zeits·nacht** *f* wedding night **Hoch·zeits·rei·se** *f* honeymoon *no pl;* **auf ~ sein** to be on [one's] honeymoon **Hoch·zeits·schuh** *m* wedding shoe **Hoch·zeits·ta·fel** *f* wedding table **Hoch·zeits·tag** *m* ❶ (*Tag der Hochzeit*) wedding day ❷ (*Jahrestag*) wedding anniversary

hoch|zie·hen *irreg* **I.** *vt* ■**etw ~** ❶ (*nach oben ziehen*) to pull up sth *sep;* ■**sich** *akk* [**an etw** *dat*] **~** to pull oneself up [on sth] ❷ (*höher ziehen*) to pull up sth *sep; s. a.* **Augenbraue, Nase** ❸ LUFT (*steil steigen lassen*) to pull up sth *sep* ❹ (*fam: rasch bauen*) to build sth [rapidly] **II.** *vr* (*pej sl: sich an etw aufgeilen*) ■**sich** *akk* **an etw** *dat* **~** to get a kick out of sth

Hoch·zins·pha·se *f* period of high interest [rates] **Hoch·zins·po·li·tik** *f* high interest rate policy, policy of high interest rates [*or* of keeping interest rates high]

Ho·cke <-, -n> ['hɔkə] *f* ❶ (*Körperhaltung*) crouching [*or* squatting] position; **in die ~ gehen** to crouch [*or* squat] [*or* AM hunker] down; **in der ~ sitzen** to crouch, to squat ❷ SPORT (*Turnübung*) squat vault

ho·cken ['hɔkn̩] **I.** *vi* ❶ *haben* (*kauern*) ■[**an/vor etw** *dat*] **~** to crouch [*or* squat] [at sth/in front of sth]; **sie hockte gebückt vor dem Feuer, um sich zu wärmen** she crouched over the fire to get warm ❷ *haben* (*fam: sitzen*) ■[**an/auf/vor etw** *dat*] **~** to sit [at/on sth/in front of sth]; **hock nicht so krumm am Tisch!** don't slouch at the table! ❸ *sein* SPORT (*in der Hocke springen*) ■**über etw** *akk* **~** to squat-vault over sth **II.** *vr* DIAL (*fam: sich setzen*) ■**sich** *akk* [**an etw** *akk*/**zu jdm**] **~** to sit down [at sth/next to sb]; **hock dich hin, hier ist noch Platz!** plonk *fam* yourself down, there's room for you here

Ho·cker <-s, -> *m* ❶ (*Stuhl ohne Lehne*) stool; (*in einer Kneipe a.*) bar stool ❷ ARCHÄOL (*Sitzgrab*) seated burial ▸ WENDUNGEN: **jdn vom ~ hauen** (*fam*) to bowl sb over *fam*

Hö·cker <-s, -> ['hœkɐ] *m* ❶ (*Wulst*) hump ❷ (*fam: Buckel*) hump ❸ (*kleine Wölbung*) bump

Hö·cker·schwan *m* ORN mute swan

Ho·ckey <-s> ['hɔki] *nt kein pl* hockey *no pl, no art,* field hockey AM *no pl, no art*

Ho·ckey·ball *m* hockey ball **Ho·ckey·mann·schaft** *f* hockey team **Ho·ckey·schlä·ger** *m* hockey stick **Ho·ckey·spiel** *nt* game of hockey **Ho·ckey·spie·ler** *m* hockey player **Ho·ckey·sta·di·on** *nt* hockey stadium

Ho·den <-s, -> ['ho:dn̩] *m* testicle

Ho·den·krebs *m kein pl* MED testicular cancer *no pl* **Ho·den·sack** *m* MED scrotum

Hof <-[e]s, Höfe> [ho:f, 'hø:fə] *m* ❶ (*Innen~*) courtyard; (*Schul~*) schoolyard, playground; **auf dem/den ~** in/into the courtyard/on the playground ❷ (*Bauern~*) farm ❸ HIST (*Fürstensitz*) court; **bei** [*o* **am**] **~e** at court ❹ HIST (*~staat*) court ❺ (*Halo*) halo ▸ WENDUNGEN: **jdm den ~ machen** (*veraltend*) to woo sb *dated*

Hof·arzt *m* HIST court physician **Hof·aus·fahrt** *f* courtyard exit **Hof·ball** *m* HIST court ball **Hof·ein·fahrt** *f* courtyard entrance, entrance to a/the courtyard

hof·fen ['hɔfn̩] **I.** *vi* ❶ (*von Hoffnung erfüllt sein*) to hope ❷ (*erwarten*) ■**~, dass ...** to hope [that] ... ❸ (*er~*) ■**auf etw** *akk* **~** to hope for sth ❹ (*auf jdn bauen*) ■**auf jdn ~** to put one's trust in sb; **auf Gott ~** to trust in God ▸ WENDUNGEN: **H~ und Harren macht manchen zum Narren** (*prov*) some people never give up hoping, he who lives in hope dances to an ill tune *prov;* (*als Antwort auf Unmögliches*) [and] pigs might fly *iron* **II.** *vt* ■**etw ~** to hope for sth; **ich hoffe es wenigstens** at least I hope so; **es bleibt zu ~, dass ...** the hope remains that ...; **nichts mehr zu ~ haben** to have no hope left; **das will ich/wollen wir ~** I/let's hope so; *s. a.* **Beste**

Hof·fens·ter *nt* courtyard window

hof·fent·lich ['hɔfn̩tlɪç] *adv* hopefully; ■**~ nicht** I/we hope not; **~!** let's hope so!

Hoff·nung <-, -en> ['hɔfnʊŋ] *f* hope (**auf** +*akk* for/of); **seine ~en begraben** to abandon [*or form* relinquish] one's hopes; **es besteht noch ~** [**auf etw** *akk*] there is still hope [of sth]; **zu**

den besten ~en berechtigen to give rise to the best hopes; **sich** *akk* **von der ~ auf etw** *akk* **blenden lassen** to be blinded by one's hope for sth; **jds einzige** [*o* **letzte**] **~ sein** to be sb's only [*or* last] hope; **alle ~ fahrenlassen** to abandon all hope; **sich** *akk* **an eine falsche ~ klammern** to cling to a false hope; **in seinen ~en getäuscht** [*o* **getrogen**] **werden** to have one's hopes dashed; **~ auf etw** *akk* **haben** to have hopes of sth; **hast du denn noch ~ auf ein Gelingen unserer Pläne?** do you still have hopes that our plans will succeed?; **sich** *akk* **bestimmten ~en hingeben** to cherish certain hopes; **in der ~, [dass] ...** (*geh*) in the hope [that] ...; **in der ~, recht bald wieder von Ihnen zu hören, ...** hoping to hear from you again shortly, ...; **seine [letzte] ~ auf jdn/etw setzen** to pin one's [last] hopes on sb/sth; **sich** *dat* **~en machen** to have hopes; **sich** *dat* **keine ~en machen** to not hold out any hopes; **machen Sie sich keine großen ~en** don't hold out any great hopes; **jdm ~ machen** to hold out hope to sb; **die ersten Informationen machen mir ~** the initial information gives me reason to hope; **jdm ~ machen, dass ...** to hold out hope to sb that ...; **jdm ~ auf etw** *akk* **machen** to raise sb's hopes of sth; **jdm seine ~[en] nehmen** [*o* **rauben**] to rob sb of his/her hopes; **neue ~ [aus etw] schöpfen** to find fresh hope [in sth], to draw new hope from sth; **die ~ sinken lassen** (*geh*) to lose hope; **sich** *akk* **in trügerischen ~en wiegen** to nurture false hopes; **die ~ verlieren** [*o* **aufgeben**] to lose [*or* give up] hope; **guter ~ sein** (*euph*) to be expecting

Hoff·nungs·fun·ke(n) *m s.* **Hoffnungsschimmer**

hoff·nungs·los I. *adj* hopeless; *s. a.* **Fall II.** *adv* ❶ (*ohne Hoffnung*) without hope ❷ (*völlig*) hopelessly; **~ veraltet** hopelessly out of date, antediluvian *hum* ❸ (*fam: ausweglos*) hopelessly; **sich** *akk* **~ in jdn verlieben** to fall hopelessly [*or* head over heels] in love with sb

Hoff·nungs·lo·sig·keit <-> *f kein pl* hopelessness *no pl, no art;* (*Verzweiflung*) despair *no pl, no art*

Hoff·nungs·schim·mer *m* (*geh*) glimmer of hope **Hoff·nungs·trä·ger(in)** *m(f)* sb's hope; **sie ist unsere ~in** she's our hope, we've pinned our hopes on her **hoff·nungs·voll I.** *adj* hopeful; **eine ~e Karriere** a promising career **II.** *adv* full of hope

Hof·hund *m* watchdog

ho·fie·ren* [ho'fi:rən] *vt* ■**jdn ~** to pay court to sb

hö·fisch ['hø:fɪʃ] *adj* courtly

Hof·knicks *m* HIST court [*or* formal] curts[e]y **Hof·le·ben** *nt* HIST court life *no pl, no art*

höf·lich ['hø:flɪç] **I.** *adj* courteous, polite **II.** *adv* courteously, politely; **wir teilen Ihnen ~[st] mit, ...** we beg to inform you ... *form*

Höf·lich·keit <-, -en> *f* ❶ *kein pl* (*höfliche Art*) courtesy *no pl, no art,* courteousness *no pl, no art,* politeness *no pl, no art;* **aus [reiner] ~** out of [pure] courtesy [*or* politeness]; **ich sage das nicht nur aus ~** I'm not just saying that to be polite; **mit aller ~** courteously, politely, with the utmost politeness; **er lehnte dankend und mit aller ~ ab** expressing his thanks he politely declined ❷ (*höfliche Bemerkung*) compliment

i Kultur

Im täglichen Leben ist **Höflichkeit** von größter Bedeutung. Immer wenn man jemanden ansprechen möchte, sagt man *Excuse me, ...* Es gilt übrigens als äußerst unhöflich, wenn man versucht, sich irgendwo vorzudrängen. Bevor man in öffentlichen Verkehrsmitteln, z.B. im Bus oder im Zug, das Fenster öffnet, sollte man unbedingt vorher fragen, ob es jemanden stört: *Do you mind if I open the window?– Macht es Ihnen etwas aus, wenn ich das Fenster öffne?*

Höf·lich·keits·be·such *m* courtesy visit; **jdm einen ~ abstatten** to pay sb a courtesy visit **Höf·lich·keits·flos·kel** *f* polite phrase

Hof·lie·fe·rant *m* supplier [*or form* purveyor] to the court

Höf·ling <-s, -e> ['hø:flɪŋ] *m* ❶ HIST courtier ❷ (*pej: Schmeichler*) sycophant *pej form*

Hof·narr *m* HIST court jester **Hof·rat** *m* ÖSTERR *honorary title conferred on a senior civil servant* **Hof·staat** *m kein pl* HIST [royal] court **Hof·tor** *nt* courtyard gate

Hö·he <-, -n> ['hø:hə] *f* ❶ (*Ausdehnung nach oben*) height; **die Wand hat eine ~ von 3 Metern** the wall is 3 metres high [*or* in height]; **er schätzte die Wand auf eine ~ von 3 Metern** he estimated the wall to be 3 metres [*or* AM -ers] high [*or* in height]; **aus der ~** from above; **auf halber ~** halfway up; **in einer ~ von** at a height of; **in der ~** up there; **in die ~** into the air; **in die ~ sehen** to look up; **in die ~ schießen** to shoot up *fam;* **in schwindelnder ~** at a dizzy[ing] height; **in die ~ wachsen** to grow tall ❷ (*Tiefe*) depth; **diese Schicht hat eine ~ von 80 Zentimetern** this layer is 80 centimetres deep ❸ (*vertikale Entfernung*) height; **der Adler erhob sich in die ~** the eagle rose into the air; **an ~ gewinnen** LUFT to gain height; **sich** *akk* **in die ~ schwingen** (*geh*) to soar up into the air ❹ (*Gipfel*) summit, top ❺ (*Ausmaß*) amount, level; **die ~ des Drucks** the amount of pressure; **die ~ seines Gehalts** the size of one's salary; **die ~ der Preise** [the] price levels; **die ~ des Schadens** the extent of the damage; **Schulden in ~ von 45.000 Euro** debts of 45,000 euros; **in die ~ gehen** *Preise* to rise; **etw in die ~ schrauben** to push up sth *sep;* **seine Forderungen in die ~ schrauben** to increase one's demands; **Löhne/Preise in die ~ treiben** to force up wages/prices; **in unbegrenzter ~** of an unlimited amount; **er hat bei uns Kredit in unbegrenzter ~** there is no restriction on the amount of credit he has with us ❻ (*Größe*) level; **die ~ seines Lebensstandards** one's standard of living ❼ (*Ton~*) treble ❽ (*Breitenlage*) latitude; **auf der gleichen ~ liegen** to be located in the same latitude ▸ WENDUNGEN: **nicht ganz auf der ~ sein** to be a bit under the weather; **das ist doch die ~!** (*fam*) that's the limit!; **auf der ~ sein** to be in fine form; **die ~n und Tiefen des Lebens** the ups and downs in life; **auf der ~ der Zeit** up-to-date

ho·he(r, s) ['ho:ə, -ɐ, -əs] *adj s.* **hoch**

Ho·heit <-, -en> ['ho:hait] *f* ❶ (*Mitglied einer fürstlichen Familie*) member of a/the royal household [*or* family]; **Seine/Ihre Kaiserliche/Königliche ~** His/Your Imperial/Royal Highness ❷ *kein pl* (*oberste Staatsgewalt*) sovereignty *no pl, no art;* **die ~ über etw** *akk* **haben** to have sovereignty over sth

ho·heit·lich *adj* sovereign *attr*

Ho·heits·ad·ler *m* national eagle; **der deutsche ~** the German national eagle **Ho·heits·ge·biet** *nt* sovereign territory **Ho·heits·ge·walt** *f* sovereignty *no pl, no art* **Ho·heits·ge·wäs·ser** *pl* territorial waters *npl* **Ho·heits·recht** *nt meist pl* POL sovereign right, rights of sovereignty **ho·heits·voll** *adj* (*geh*) majestic **Ho·heits·zei·chen** *nt* national emblem

Hö·hen·an·ga·be *f* altitude reading; **Wanderkarten sind immer mit genauen ~n versehen** maps of trails always indicate the exact height of the land **Hö·hen·angst** *f* fear of heights *no pl* **Hö·hen·flug** *m* ❶ LUFT high-altitude flight ❷ (*Fantasiererei*) flight of fancy; **zu Höhenflügen ansetzen** to have lofty thoughts **Hö·hen·leit·werk** *nt* LUFT tailplane **Hö·hen·li·nie** *f* contour [line] **Hö·hen·mes·ser** *m* LUFT altimeter **Hö·hen·ru·der** *nt* LUFT elevator **Hö·hen·son·ne** *f* ❶ (*im Gebirge*) mountain sun ❷ (*UV-Strahler*) sun lamp **Hö·hen·un·ter·schied** *m* difference in altitude **hö·hen·ver·stell·bar** *adj* height-adjustable **Hö·hen·zug** *m* range of hills; (*größer*) mountain range

Ho·he·pries·ter(in) [ho:ə'pri:stɐ] *m(f)* high priest, high priestess *fem*

H

Hö·he·punkt *m* ❶ (*bedeutendster Teil*) high point; *einer Veranstaltung* highlight ❷ (*Gipfel*) height, peak; **auf dem ~ seiner Karriere** at the height of one's career; **der ~ seiner Macht** the peak of one's power; **den/seinen ~ erreichen/überschreiten** to reach/pass the/its critical stage; **bald hatte die Krise ihren ~ erreicht** the crisis had soon reached its climax; (*Zenith*) zenith ❸ (*Orgasmus*) climax; **jdn zum ~ bringen** to bring sb to a climax; **zum ~ kommen** to reach a climax

hö·her ['hø:ɐ] **I.** *adj comp von* **hoch** ❶ (*größer an vertikaler Ausdehnung*) higher, taller; **~e Bäume/Menschen** taller trees/people; **eine ~e Decke** a higher ceiling ❷ (*dem Ausmaß nach bedeutender*) greater, larger; **ein ~er Druck** a greater pressure; **~e Forderungen** greater demands; **~e Gewinne** higher profits; **~e Preise** higher prices; **eine ~e Strafe** a severer [*or* more severe] fine; **~e Temperaturen** higher temperatures; **~e Verluste** greater losses ❸ (*dem Rang nach bedeutender*) higher; **eine ~e Funktionärin** a more senior official; **ein ~er Offizier** a higher-ranking officer ❹ (*der Qualität nach bedeutender*) higher; **die Gesundheit ist ein ~es Gut als der Reichtum** health is a more precious commodity than wealth ▶ WENDUNGEN: **sich** *akk* **zu H~em berufen fühlen** to feel destined for higher things **II.** *adv comp von* **hoch** ❶ (*weiter nach oben*) higher/taller ❷ (*mit gesteigertem Wert*) higher; **sich** *akk* **~ versichern** to increase one's insurance

hö·her·ge·stellt *adj* more senior **hö·her|schrau·ben** *vt* **etw ~** to increase [*or sep* step up] sth; **seine Anforderungen ~** to increase one's demands; **Preise ~** to force up prices *sep* **hö·her|stu·fen** *vt* **jdn [um etw** *akk*] **~** to upgrade sb [by sth]

hohl [ho:l] **I.** *adj* ❶ (*leer*) hollow ❷ (*eine Mulde bildend*) hollow; **in der ~en Hand** in the hollow of one's hand; **mit der ~en Hand** with cupped hands; **~e Wangen** sunken cheeks; *s. a.* **Gasse** ❸ (*dumpf klingend*) hollow ❹ (*pej: nichts sagend*) empty, hollow; **~e Phrasen** empty phrases **II.** *adv* hollow; **das Fass klingt ~** the barrel sounds empty

hohl·äu·gig *adj* hollow-[*or* sunken-]eyed

Höh·le <-, -n> ['hø:lə] *f* ❶ (*Fels~*) cave ❷ (*Tierbehausung*) cave, lair ❸ (*Höhlung*) hollow ❹ (*Augen~*) socket, orbit *spec* ▶ WENDUNGEN: **sich** *akk* **in die ~ des Löwen begeben** [*o* **wagen**] to venture into the lion's den

Höh·len·be·woh·ner(in) *m(f)* ❶ (*in Höhlen lebendes Tier*) cave-dwelling animal; ■**ein ~ sein** to live in caves ❷ *s.* **Höhlenmensch Höh·len·for·scher(in)** *m(f)* cave explorer, speleologist **Höh·len·for·schung** *f* cave exploration, speleology **Höh·len·gang** *m* underground passage **Höh·len·ge·stein** *nt* cave rock **Höh·len·kun·de** *f* speleology **Höh·len·ma·le·rei** *f* cave painting **Höh·len·mensch** *m* cave dweller, caveman *masc,* cavewoman *fem,* troglodyte *spec*

Hohl·heit <-> *f kein pl* ❶ (*pej: Geistlosigkeit*) emptiness *no pl, no art,* hollowness *no pl, no art,* vacuousness *no pl, no art form* ❷ (*selten: hohle Beschaffenheit*) emptiness *no pl, no art*

Hohl·hip·pe *f* KOCHK *biscuit made of eggs, flour, almonds, cream, cinnamon and sugar* **Hohl·kopf** *m* (*pej fam*) blockhead *fam,* airhead AM *fam* **Hohl·kör·per** *m* hollow body **Hohl·kreuz** *nt* MED hollow back; **ein ~ haben** to have a hollow back **Hohl·maß** *nt* ❶ (*Maßeinheit für Rauminhalt*) measure of capacity, cubic measure *spec* ❷ (*Messgefäß*) dry measure **Hohl·raum** *m* cavity, hollow space **Hohl·spie·gel** *m* concave mirror **Hohl·stun·de** *f* SCH free period **Hohl·tau·be** *f* ORN stock dove **Hohl·tier** *nt* ZOOL coelenterate

Höh·lung <-, -en> *f* hollow

hohl·wan·gig ['ho:lvaŋɪç] *adj* hollow-[*or* sunken-]cheeked; ■**~ sein** to have hollow [*or* sunken] cheeks, to be hollow-[*or* sunken-]cheeked **Hohl·weg** *m* narrow pass [*or liter* defile] **Hohl·zie·gel** *m* perforated [*or* BRIT air] brick

Hohn <-[e]s> [ho:n] *m kein pl* scorn *no pl, no art,* derision *no pl, no art,* mockery *no pl, no art;* **das ist blanker** [*o* **der rein[st|e]**] **~!** (*fam*) this is utterly absurd [*or* sheer [*or* utter] mockery]; **nur ~ und Spott ernten** to receive [*or* get] nothing but scorn and ridicule [*or* but derision]; **jdn mit ~ und Spott überschütten** to heap [*or* pour] scorn on sb; **~ lachen** to laugh scornfully; **jdm ~ sprechen** to mock [at] [*or* deride] sb; **einer S.** *dat* **~ sprechen** (*etw verballhornen*) to make a mockery of sth; (*einen krassen Gegensatz zu etw bilden*) to be contrary to sth; **dieses Vorgehen spricht dem gesunden Menschenverstand ~** this action is contrary to [*or* goes against] all common sense; **jeder Vernunft ~ sprechen** to fly in the face of all reason

höh·nen *vi* to sneer; ■**das H~** sneering, jibes *pl,* AM *usu* gibes *pl*

Hohn·ge·läch·ter *nt* scornful [*or* derisive] [*or* sneering] laughter

höh·nisch ['hø:nɪʃ] **I.** *adj* scornful, mocking, sneering **II.** *adv* scornfully, mockingly, sneeringly **Hohn·la·chen** *nt* scornful laughter *no pl;* **unter lautem ~** with loud scornful laughter

hoho [ho'ho:] *interj* oho

Ho·kai·do·kür·bis [hɔ'kaido-] *m* Hubbard squash

Ho·kus·po·kus <-> [ho:kʊs'po:kʊs] *m kein pl* ❶ (*Zauberformel*) abracadabra; (*vor dem Schluss*) hey presto BRIT *fam;* **~ fidibus!** abracadabra!, hey presto! BRIT *fam* ❷ (*fam: fauler Zauber*) hocus-pocus ❸ (*fam: Brimborium*) fuss, palaver *fam;* **einen ~ veranstalten** to make [such] a fuss [*or fam* palaver]

hold [hɔlt] *adj* ❶ (*hum: lieb*) dear, beloved, fair *hum* ❷ (*veraltend geh: anmutig*) sweet ❸ (*gewogen*) ■**jdm/etw ~ bleiben/sein** (*geh*) to be kind to sb/sth; **mir ist Fortuna nie ~!** [good] fortune never smiles on me!; **meine H~e** (*iron*) [my] dear *a. iron*

Hol·der <-s, -> ['hɔldɐ] *m* SCHWEIZ, SÜDD (*Holunder*) elder

Hol·ding <-, -s> ['ho:ldɪŋ] *f,* **Hol·ding·ge·sell·schaft** *f* ÖKON holding company

ho·len ['ho:lən] **I.** *vt* ❶ (*hervor~*) ■**etw [aus/von etw] ~** to get sth [out of/from sth] ❷ (*herein~*) ■**jdn [irgendwohin] ~** to send sb [somewhere]; **Sie können den Patienten jetzt ~** you can send for the patient now; ■**jdn ~ lassen** to fetch sb ❸ (*herbeirufen*) ■**jdn/etw ~** to send for sb/sth; **Hilfe ~** to get help ❹ SPORT (*sl: erringen*) ■**etw [für etw] ~** to win sth [for sth]; **das Team hat ein olympisches Gold für Deutschland geholt** the team won an Olympic gold for Germany ▶ WENDUNGEN: **bei jdm ist etwas/nichts zu ~** (*fam*) to get something/nothing out of sb; **bei dem ist nichts mehr zu ~** you won't get any more out of him **II.** *vr* (*fam*) ❶ (*sich nehmen*) ■**sich** *dat* **etw [aus/von etw] ~** to get oneself sth [out of/from sth]; (*selbstverständlich*) to help oneself to sth [out of/from sth] ❷ (*sich zuziehen*) ■**sich** *dat* **etw [an etw** *dat*/**bei etw] ~** to get [*or* catch] sth [from/in sth]; **bei dem kalten Wetter holst du dir eine Erkältung** you'll catch a cold in this chilly weather; **au verdammt, ich habe mir an dem blöden Gerät einen Schlag geholt!** ow damn, I've got a shock from this stupid appliance!; *s. a.* **Tod** ❸ (*sich einhandeln*) ■**sich** *dat* **etw [von jdm] ~** to get sth; **er hat sich einen Anschnauzer vom Chef geholt** he got a rollicking from the boss

hol·la ['hɔla] *interj* **~, wen haben wir denn da?** hallo, who have we here?; **~, nicht so hastig!** hey, not so fast!

Hol·land <-s> ['hɔlant] *nt* ❶ (*Niederlande*) Holland, the Netherlands *npl; s. a.* **Deutschland** ❷ (*Provinz der Niederlande*) Holland

Hol·län·der <-s> ['hɔlɛndɐ] *m kein pl* Dutch cheese *no pl*

Hol·län·der(in) <-s, -> ['hɔlɛndɐ] *m(f)* Dutchman *masc,* Dutchwoman *fem;* ■**die ~** the Dutch + *pl vb;* **~ sein** to be Dutch [*or* a Dutchman/Dutchwoman]; **der Fliegende ~** the Flying Dutchman; *s. a.* **Deutsche(r)**

hol·län·disch ['hɔlɛndɪʃ] *adj* ❶ (*Holland betreffend*) Dutch; **eine ~e Frau/ein ~er Mann** a Dutchwoman/Dutchman; *s. a.* **deutsch 1** ❷ LING Dutch; **auf ~** in Dutch; *s. a.* **deutsch 2**

Hol·län·disch ['hɔlɛndɪʃ] *nt decl wie adj* Dutch; *s. a.* **Deutsch**

Höl·le <-, *selten* -n> ['hœlə] *f* hell *no pl, no art;* **in die ~ kommen** to go to hell; **in der ~** in hell; **jdn zur ~ jagen** (*pej fam*) to tell sb to go to hell *fam; s. a.* **Leben** ▶WENDUNGEN: **die ~ auf Erden** hell on earth; **die grüne ~** *(geh)* the tropical jungle; **jdm die ~ heißmachen** *(fam)* to give sb hell *fam;* **die ~ ist los** *(fam)* all hell has broken loose *fam;* **fahr zur ~!** *(geh)* go to hell [*or* the devil]! *fam;* **die [reinste] ~ sein** *(fam)* to be [sheer [*or* pure]] hell; **zur ~ mit jdm!** *(fam)* to hell with sb! *fam*

Höl·len·angst ['hœlən'ʔaŋst] *f (fam)* awful [*or* terrible] fear; **jdm eine ~ einjagen** to frighten sb to death; **eine ~ haben** to be terribly afraid, to be shitting bricks *fam!* **Höl·len·durst** *m (fam)* raging thirst **Höl·len·fürst** *m (geh)* ■**der ~** the Prince of Darkness *liter* **Höl·len·ge·stank** *m* awful stench **Höl·len·hund** *m* hellhound **Höl·len·lärm** ['hœlən'lɛrm] *m* hell of a noise *no pl, no def art fam,* terrible [*or* hellish] [*or* infernal] racket *no pl* **Höl·len·ma·schi·ne** *f (fam)* time bomb **Höl·len·qual** *f (fam)* agony *no pl, no art* **Höl·len·spek·ta·kel** *nt s.* **Höllenlärm** **Höl·len·stein** *m* CHEM silver nitrate *no pl, no art*

höl·lisch ['hœlɪʃ] **I.** *adj* ❶ *attr* infernal; **das ~e Feuer** the fires *pl* of hell ❷ *(fam: fürchterlich)* dreadful, terrible, hell *pred;* **eine ~e Angst haben** to be scared stiff; **ein ~er Lärm** a terrible racket **II.** *adv (fam)* dreadfully, terribly; **~ brennen/schmerzen** to burn/hurt terribly [*or fam* like hell]

Hol·ly·wood·schau·kel ['hɔlivʊt-] *f* garden swing

Holm <-[e]s, -e> [hɔlm] *m* ❶ SPORT *(Stange)* bar ❷ *(Rahmen)* side piece; *einer Leiter* upright ❸ *(Handlauf)* rail ❹ AUTO *(tragende Leiste)* cross member; LUFT spar ❺ *(Stiel)* shaft

Hol·mi·um <-s> ['hɔlmi̯ʊm] *nt kein pl* CHEM holmium *no pl, no art*

Ho·lo·caust <-s> ['ho:lokaust] *m kein pl* holocaust

Ho·lo·caust-Mahn·mal ['ho:lokaust-] *nt* Holocaust memorial

Ho·lo·gramm <-e> [holo'gram] *nt* hologram

Ho·lo·gra·phie, Ho·lo·gra·fieRR <-, -n> [hologra'fi:, *pl* -'fi:ən] *f* holography *no pl, no art*

hol·pe·rig ['hɔlpərɪç] *adj* ❶ *(sehr uneben)* bumpy, uneven ❷ *(ungleichmäßig)* clumsy, halting; **ein ~es Versmaß** a clumsy metre [*or* AM -er]; **in ~em Deutsch** in halting German

hol·pern ['hɔlpɐn] *vi* ❶ *haben (holperig sein)* to bump, to jolt; **auf der unebenen Straße hat es unterwegs sehr geholpert** it was a very bumpy journey on the uneven road; **~d über etw** *akk* **fahren** to jolt across/over sth ❷ *sein (sich rüttelnd fortbewegen)* ■**durch/über etw** *akk* **~** to jolt [along] across/over sth

Hol·schuld *f debt for collection at the debtor's address*

hol·ter·die·pol·ter [hɔltɐdi'pɔltɐ] *adv* helter-skelter; **die Blechdose fiel ~ die Treppe hinunter** the tin can clattered down the stairs; **etw ~ hinunterfahren** to hurtle down sth

Ho·lun·der <-s, -> [ho'lʊndɐ] *m* elder

Ho·lun·der·bee·re *f* elderberry **Ho·lun·der·blü·te** *f* elder blossom **Ho·lun·der·busch** *m,* **Ho·lun·der·strauch** *m* elder bush **Ho·lun·der·wein** *m* elderberry wine

Holz <-es, Hölzer> [hɔlts, 'hœltsɐ] *nt* ❶ *kein pl (Substanz der Bäume)* wood *no pl, no art;* **neues ~** fresh wood; **~ verarbeitend** wood-processing *attr;* **~ fällen** to cut down trees *sep;* **~ sägen** to saw wood ❷ *(~ art)* wood *no pl, no art;* **tropische Hölzer** tropical wood ❸ *pl (Bauhölzer)* timber; **aus ~** wooden; **ein Haus ganz aus ~** a completely wooden house; **massives ~** solid wood ❹ SPORT *Golf* wood; **ein Zweier ~** a [number] 2 wood ▶WENDUNGEN: **[ordentlich] ~ vor der Hütte[n] haben** *(sl)* to have [really] big breasts [*or fam!* knockers]; **aus anderem/aus dem gleichen ~ geschnitzt sein** to be cast in a different/in the same mould [*or* AM mold]; **aus hartem** [*o* **härterem**] [*o* **grobem**] **~ geschnitzt sein** to be a tough character

Holz·ap·fel ['hɔltsʔapfl̩] *m* BOT crab apple **Holz·art** *f* type [*or* kind] of wood; **eine tropische ~** a type [*or* kind] of tropical wood **Holz·au·ge** *nt* ▶WENDUNGEN: **~, sei wachsam** *(fam)* better watch out [*or* be careful] **Holz·bank** *f* wooden bench **Holz·bau** *m* ❶ *kein pl (das Bauen mit Holz)* construction with timber ❷ *(Gebäude aus Holz)* wooden building **Holz·be·ar·bei·tung** *f* wood processing, processing of wood **Holz·bein** *nt* wooden leg, peg leg *dated fam* **Holz·blä·ser(in)** *m(f)* woodwind player **Holz·blas·in·stru·ment** *nt* woodwind instrument **Holz·bock** *m* ❶ *(Stützgestell)* wooden stand [*or* trestle] ❷ *(Bockkäfer)* wood [*or* dog] tick ❸ *(fam) s.* **Zecke** **Holz·boh·rer** *m* wood drill

Hölz·chen <-s, -> ['hœltsçən] *nt dim von s.* **Holz 3** small piece of wood ▶WENDUNGEN: **vom ~ aufs Stöckchen kommen** *(fam)* to keep digressing

hol·zen ['hɔltsn̩] *vi* FBALL *(pej)* to hack; **beim Match wurde mächtig geholzt** it was a dirty match

höl·zern ['hœltsɐn] **I.** *adj* ❶ *(aus Holz)* wooden ❷ *(steif)* wooden **II.** *adv* awkwardly, woodenly; **~ tanzen** to have two wooden legs *hum*

Holz·fäl·len <-s> *nt kein pl* tree-felling *no pl, no art,* lumbering *no pl, no art* AM **Holz·fäl·ler(in)** <-s, -> *m(f)* woodcutter, lumberjack AM, woodsman *masc* **Holz·fäl·ler·hemd** *nt* MODE lumberjack shirt **Holz·fa·ser** *f* wood fibre [*or* AM -er] **Holz·fa·ser·plat·te** *f* fibreboard BRIT, fiberboard AM **Holz·fi·gur** *f* wooden figure **holz·frei** *adj* wood-free **Holz·ha·cken** *nt kein pl* chopping wood *no pl, no art* **Holz·ha·cker(in)** *m(f)* ÖSTERR *s.* **Holzfäller** **holz·hal·tig** *adj* woody **Holz·ham·mer** *m* mallet ▶WENDUNGEN: **etw mit dem ~ abgekriegt haben** *(pej sl)* to be a bit touched *fam;* **jdm etw mit dem ~ beibringen** *(fam)* to hammer sth home to sb **Holz·ham·mer·me·tho·de** *f (fam)* sledgehammer approach **Holz·han·del** *m* timber [*or* AM lumber] trade **Holz·haus** *nt* wooden [*or* timber] house

hol·zig ['hɔltsɪç] *adj* KOCHK stringy

Holz·kitt *m* wood cement **Holz·klotz** *m* ❶ *(Klotz aus Holz)* wooden block, block of wood ❷ *(Spielzeug)* wooden brick **Holz·koh·le** *f* charcoal *no pl, no art* **Holz·koh·len·grill** *m* charcoal grill **Holz·kopf** *m* ❶ *(pej fam: Schwachkopf)* blockhead *fam* ❷ *einer Spielfigur* wooden head **Holz·la·dung** *f* load [consisting] of wood **Holz·pflock** *m* wooden stake; *(kleiner)* [wooden] peg **Holz·scheit** *nt* log, piece of [fire]wood **Holz·schnitt** *m* ❶ *kein pl (grafisches Verfahren)* wood engraving *no pl, no art* ❷ *(Abzug)* woodcut **holz·schnitt·ar·tig** **I.** *adj* simplistic **II.** *adv* simplistically **Holz·schnit·zer(in)** *m(f)* wood carver **Holz·schuh** *m* clog, wooden shoe **Holz·schutz·mit·tel** *nt* wood preservative **Holz·split·ter** *m* splinter [of wood]; *(größer)* sliver of wood **Holz·stich** *m s.* **Holzschnitt 2** **Holz·stoß** *m* pile [*or* stack] of wood **Holz·ver·tä·fe·lung** *f* wood[en] panelling [*or* AM *usu* paneling] **Holz·wa·ren** *pl* wooden articles *pl* **Holz·weg** *m* ▶WENDUNGEN: **auf dem ~ sein** *(fam)* to be on the wrong track, to be barking up the wrong tree *fam* **Holz·wol·le** *f* wood wool, excelsior *no pl, no art* AM **Holz·wurm** *m* woodworm

ho·me·risch [ho'me:rɪʃ] *adj* Homeric

Home·trai·ner [homtrɛ:nɐ] *m* SPORT, MED *s.* **Heimtrainer**

Hom·ma·ge <-, -n> [ɔ'ma:ʃ] *f (geh)* homage *no pl*

Ho·mo <-s, -s> ['ho:mo] *m (veraltend fam)* homo *fam*

Ho·mo·fonRR <-s, -e> *nt s.* Homophon

ho·mo·gen [homo'ge:n] *adj (geh)* homogen[e]ous

ho·mo·ge·ni·sie·ren* [homogeni'zi:rən] *vt* ■**etw ~** to homogenize sth *spec*

Ho·mo·ge·ni·tät [homogeni'tɛ:t] *f (geh)* homogeneity *no pl*

Ho·mo·graph, Ho·mo·grafRR <-s, -e> [homo'gra:f] *nt* homograph *spec*

Ho·mo·nym <-[e]s, -e> [homo'ny:m] *nt* homonym *spec*

ho·mo·nym [homo'ny:m] *adj inv* LING homonym

Ho·mö·o·path(in) <-en, -en> [homøo'pa:t] *m(f)* hom[o]eopath

Ho·mö·o·pa·thie <-> [homøopa'ti:] *f kein pl* hom[o]eopathy *no pl, no art; s. a.* **Facharzt**

ho·mö·o·pa·thisch [homøo'pa:tɪʃ] *adj* hom[o]eopathic

ho·mo·phob [homo'fo:p] *adj* PSYCH homophobic

Ho·mo·phon <-s, -e> [homo'fo:n] *nt* homophone *spec*

Ho·mo·se·xu·a·li·tät [homozɛksu̯ali'tɛ:t] *f* homosexuality *no pl, no art*

ho·mo·se·xu·ell [homozɛ'ksu̯ɛl] *adj* homosexual

Ho·mo·se·xu·el·le(r) *f(m) decl wie adj* homosexual

Hon·du·ra·ner(in) <-s, -> [hɔndu'ra:nɐ] *m(f)* GEOL Honduran

hon·du·ra·nisch [hɔndu'ra:nɪʃ] *adj inv* GEOL Honduran

Hon·du·ras <-> [hɔn'du:ras] *nt* GEOG Honduras; *s. a.* **Deutschland**

Hong·kong ['hɔŋkɔŋ] *nt* Hong Kong; *s. a.* **Deutschland**

Ho·nig <-s, -e> ['ho:nɪç] *m* honey *no pl, no art;* **türkischer ~** halva[h] *no pl, no art* ► WENDUNGEN: **jdm ~ ums Maul** [*o* **um den Bart** [*o* **Mund**]] **schmieren** (*fam*) to butter up sb *sep fam*

Ho·nig·bie·ne *f* honeybee **ho·nig·far·ben** *adj* honey-coloured [*or* AM -ored] **ho·nig·gelb** *adj* honey-yellow **Ho·nig·gras** *nt* BOT Yorkshire fog **Ho·nig·ku·chen** *m* honey cake **Ho·nig·ku·chen·pferd** *nt* simpleton ► WENDUNGEN: **wie ein ~ grinsen** (*hum fam*) to grin like a Cheshire cat **Ho·nig·le·cken** *nt* ► WENDUNGEN: **kein ~ sein** (*fam*) to be no picnic, to not be a piece of cake *fam* **Ho·nig·me·lo·ne** *f* honeydew melon **ho·nig·süß** (*pej*) **I.** *adj* honeyed; **mit ~er Stimme sprechen** to speak with [*or* in] honeyed [*or hum, liter* dulcet] tones **II.** *adv* as sweet as honey [*or* AM pie] *pej;* **er lächelte ~** he smiled as sweetly as honey **Ho·nig·tau** *m* honeydew **Ho·nig·tau·ho·nig** *m* honeydew honey **Ho·nig·wa·be** *f* honeycomb **Ho·nig·wein** *m* mead *no pl, no art*

Ho·no·rar <-s, -e> [hono'ra:ɐ̯] *nt* fee; *eines Autors* royalties *npl;* **gegen ~** on payment of a fee

Ho·no·rar·pro·fes·sor(in) *m(f)* honorary professor

Ho·no·ra·ti·o·ren [honora'tsi̯o:rən] *pl* dignitaries *pl*

ho·no·rie·ren* [hono'ri:rən] *vt* ① (*würdigen*) ■**etw ~** to appreciate sth; **sein Chef wusste seine Einsatzbereitschaft zu ~** his boss appreciated his willingness to become involved ② (*bezahlen*) ■**jdm etw** *akk* [**mit etw** *akk*] **~** to pay sb [sth] for sth ③ ÖKON (*akzeptieren*) ■**etw ~** to honour [*or* AM -or] sth

ho·no·rig [ho'no:rɪç] *adj* (*geh*) honourable [*or* AM -orable]

ho·no·ris cau·sa [ho'no:rɪs 'kauza] *adv* honorary; **Dr. ~** honorary doctor

Hool <-s, -s> ['hu:l] *m* (*sl: Hooligan*) hooligan

Hoo·li·gan <-s, -s> ['hu:lɪgn̩] *m* hooligan

Hop·fen <-s, -> ['hɔpfn̩] *m* hop ► WENDUNGEN: **bei** [*o* **an**] **jdm ist ~ und Malz verloren** (*fam*) sb is a hopeless case [*or* dead loss]

Hop·fen·an·bau *m* hop-growing *no pl, no art* **Hop·fen·stan·ge** *f* hop pole ► WENDUNGEN: **eine** [**richtige**] **~ sein** (*fam*) to be a [real] beanpole *hum fam* **Hop·fen·zu·satz** *m* addition of hops

hopp [hɔp] (*fam*) **I.** *interj* jump to it!; **~, auf! wir müssen los!** get a move on, we must be off! **II.** *adv* ► WENDUNGEN: **bei jdm muss alles ~ ~ gehen** everything has to be done in a tearing hurry with sb BRIT *fam;* **mach mal ein bisschen ~!** put a sock in it! *hum fam;* **mach mal ein bisschen ~, dass wir loskommen!** put a sock in it, then we can get away!; **~, ~!** look lively!

hop·peln ['hɔpl̩n] *vi sein* to lollop [along] *fam*

hopp·la ['hɔpla] *interj* ① (*o je!*) [wh]oops! *fam* ② (*Moment!*) hang on! *fam;* **~, wer kommt denn da?** hallo, who's this coming?

hops [hɔps] **I.** *interj* jump! **II.** *adj* (*fam*) ■**~ sein** to be lost

Hops <-es, -e> [hɔps] *m* (*fam*) short jump; (*auf einem Bein*) hop; **mit einem ~** with a hop

hop·sa·la ['hɔpsala], **hop·sa·sa** ['hɔpsasa] *interj* (*Kindersprache*) [wh]oops-a-daisy *childspeak*

hop·sen ['hɔpsn̩] *vi sein* (*fam*) ■[**durch etw** *akk*] **~** to skip [through sth]; (*auf einem Bein*) to hop [through sth]; **auf einem Bein ~** to hop on one leg

Hop·ser <-s, -> *m* (*fam*) jump

hops|ge·hen *vi irreg sein* (*sl*) ① (*umkommen*) to snuff it BRIT, to kick the bucket *fam* ② (*verloren gehen*) to go missing

hör·bar *adj* audible

Hör·bril·le *f* hearing-aid glasses *npl*

hor·chen ['hɔrçn̩] *vi* ① (*lauschen*) ■[**an etw** *dat*] **~** to listen [at sth]; (*heimlich a.*) to eavesdrop [at sth] ② (*durch Hinhören achten*) ■**horch!** listen!; ■**auf etw** *akk* **~** to listen [out] for sth

Hor·cher(in) <-s, -> *m(f)* eavesdropper ► WENDUNGEN: **der ~ an der Wand hört seine eigne Schand** (*prov*) eavesdroppers always hear ill [*or* never hear any good] of themselves

Horch·pos·ten *m* MIL listening post ► WENDUNGEN: **auf ~ sein** (*fam*) to keep one's ear cocked [*or* one's ears open], to be listening out for sth

Hor·de[1] <-, -n> ['hɔrdə] *f* ① (*wilde Schar*) horde ② (*wandernder Volksstamm*) horde

Hor·de[2] <-, -n> ['hɔrdə] *f* HORT rack

hö·ren ['hø:rən] **I.** *vt* ① (*mit dem Gehör vernehmen*) ■**jdn/etw ~** to hear sb/sth; ■**jdn etw tun ~** to hear sb doing sth; **ich habe dich ja gar nicht kommen ~!** I didn't hear you coming at all; ■**etw tun ~** to hear sth being done; **ich habe es sagen ~** I've heard it said; **sich gern reden ~** to like the sound of one's own voice *iron,* to like to hear oneself talking *iron;* **etw ~ müssen, etw zu ~ bekommen** to [get to] hear about sth; **was bekomme ich da zu ~?** what are you telling me!; **nichts gehört haben wollen** (*fam*) to pretend not to have heard anything; **das ist geheim, ich will nichts gehört haben!** that's confidential, I'll pretend I didn't hear that!; **etwas nicht gehört haben wollen** to ignore sth; **das will ich nicht gehört haben!** I'll ignore that comment; **sie behauptete,** [**von**] **nichts gehört zu haben** she maintained that she didn't hear anything; **nie gehört!** (*fam*) never heard of him/her/it etc.!; **gehört werden wollen** to want to be heard; **nichts** [**davon**] **~ wollen** to not want to hear anything [about it]; **ich will nichts davon ~!** I don't want to hear anything about it; **~ Sie mich** [**noch**]?/ **können Sie mich** [**noch**] **~?** are you [still] able to hear me?; **ich höre Sie nicht** [**gut**] I can't understand [*or* hear] you [very well] ② (*an~*) ■**etw ~** to listen to sth; **einen Vortrag ~** to hear a lecture ③ RADIO (*empfangen*) ■**etw ~** to get sth; **Radio Luxemburg/ausländische Stationen ~** to tune into Radio Luxemburg/to listen in to foreign stations ④ (*durch das Gehör feststellen*) ■**etw an etw** *dat* **~** to hear [*or* tell] sth from sth; **schon an deinem Tonfall kann ich ~, dass du nicht die Wahrheit sagst!** I can tell from the tone of your voice that you're lying ⑤ (*erfahren*) ■**etw** [**über jdn/etw**] **~** to hear sth [about sb/sth]; **so etwas habe ich ja noch nie gehört!** I've never heard anything like that before; **..., wie ich höre** I hear ...; **wie man hört, ..., wie zu ~ ist, ...** I/we hear ...; **soviel man hört, ...** word has it ...; **der neue Nachbar soll Arzt sein, soviel man hört** our new neighbour is said to be a doctor, by all accounts ► WENDUNGEN: **etwas** [**von jdm**] **zu ~ bekommen** [*o fam* **kriegen**] to get a rollicking [from sb] BRIT *fam,* to get chewed out [by sb] BRIT *fam;* **ich kann das nicht mehr ~!** I'm fed up with it!; **etwas/nichts von sich ~ lassen** to get/to not get in touch; **hat sie in letzter Zeit mal was von sich ~ lassen?** has she been in touch recently?; **sich** [**schon eher**] **~ lassen** (*fam*) to sound [*or* be] [a bit] more like it; **180.000 p.a.? hm, das lässt sich ~** 180,000 p.a.? hm, that sounds good; **das lässt sich schon eher ~!** that's a bit more like it! **II.** *vi* ① (*zu~*) to listen; **jetzt hör doch endlich!** just listen will you!; **hör mal!, ~ Sie mal!** listen [up *fam*]! ② (*vernehmen*) ■**~, was/wie ...** to hear what/how ...; ■**~, dass jd etw tut** to hear sb doing sth; **gut/schlecht ~** to have good/poor hearing ③ (*erfahren*) ■**~, dass ...** to hear [that] ...; ■**von jdm/etw ~** to hear of [*or* about] sb/sth ④ (*gehorchen*) to listen; **ich sagte, herkommen! kannst du nicht ~?** I said come here! can't you do as you're told? ⑤ (*sich nach jdm/etw richten*) ■**auf jdn/etw ~** to listen to sb/sth; **auf dich hört er!** he listens to you! ⑥ (*jds Worte befolgen*) ■**auf etw** *akk* **~** to answer to the name of sth ► WENDUNGEN: **du hörst wohl schwer** [*o*

schlecht]! (*fam*) are you deaf or something?; **na hör/~ Sie mal!** (*euph*) now look here!; **wer nicht ~ will, muss fühlen** (*prov*) if he/she/you etc. won't listen, he/she/you must suffer the consequences; **hört, hört!** hear! hear!; **lass von dir/lassen Sie von sich ~!** keep in touch!; **von sich ~ lassen** to be in touch; **ich lasse jedenfalls von mir ~** I'll be in touch anyway; **man höre und staune!** would you believe it!; **Sie werden [noch] von mir ~!** you'll be hearing from me!

Hö·ren <-s> ['hø:rən] *nt kein pl* ❶ (*das Vernehmen mit dem Gehör*) hearing *no pl, no art* ❷ (*das An~*) listening *no pl, no art* ▸ WENDUNGEN: **..., dass jdm ~ und Sehen vergeht** that sb doesn't/won't know what day it is

Hö·ren·sa·gen ['hørənza:gn̩] *nt* hearsay; **vom ~** from hearsay; **etw vom ~ wissen** to get to know sth from hearsay, to have heard sth on [*or* through] the grapevine

Hö·rer <-s, -> *m* (*Telefon~*) receiver; **den ~ auflegen** to replace the receiver, to hang up [on sb]; **den ~ auf die Gabel knallen** [*o fam* **schmeißen**] to slam down the phone *sep*

Hö·rer(in) <-s, -> *m(f)* ❶ (*Zu~*) listener ❷ (*Student in einer Vorlesung*) student

Hö·rer·brief *m* listener's letter, letter from a listener

Hö·rer·schaft <-, -en> *f meist sing* audience; (*Radio~*) listeners *pl*, audience, listenership *rare*

Hör·feh·ler *m* hearing defect; **das habe ich nicht gesagt, das war ein ~!** I didn't say that, you misheard [me] **Hör·funk** *m* radio **Hör·ge·rät** *nt* hearing aid

hö·rig ['hø:rıç] *adj* ❶ (*sexuell abhängig*) sexually dependent; ■**jdm ~ sein** to be sexually dependent on sb; **sich** *dat* **jdn ~ machen** to make sb sexually dependent on one ❷ HIST (*an die Scholle gebunden*) in serfdom *pred*

Hö·ri·ge(r) *f(m) decl wie adj* HIST serf

Hö·rig·keit <-, *selten* -en> *f* ❶ (*sexuelle Abhängigkeit*) sexual dependence *no pl* ❷ *kein pl* HIST (*Rechtsverhältnis Höriger*) bondage *no pl*, serfdom *no pl*

Ho·ri·zont <-[e]s, -e> [hori'tsɔnt] *m* horizon; **am ~** on the horizon; **künstlicher ~** LUFT artificial horizon; **ein begrenzter** [*o* **beschränkter**] **~** a limited horizon; **einen begrenzten** [*o* **beschränkten**] **~ haben** to have a limited horizon; **über jds ~** *akk* **gehen** to be beyond sb['s comprehension]

ho·ri·zon·tal [horitsɔn'ta:l] *adj* horizontal; **das ~e Gewerbe** (*hum fam*) the oldest profession in the world *hum*

Ho·ri·zon·ta·le [horitsɔn'ta:lə] *f decl wie adj* horizontal [line]; **sich in die ~ begeben** (*hum fam*) to lie down, to have a [bit of a] lie-down BRIT *fam*

Hor·mon <-s, -e> [hɔr'mo:n] *nt* hormone

hor·mo·nal [hɔrmo'na:l], **hor·mo·nell** [hɔrmo'nɛl] **I.** *adj* hormone *attr*, hormonal **II.** *adv* hormonally; **~ gesteuert** controlled by hormones

Hor·mon·aus·schüt·tung *f* hormone release **Hor·mon·be·hand·lung** *f* hormone treatment, hormonotherapy *spec* **Hor·mon·haus·halt** *m* hormone [*or* hormonal] balance **Hor·mon·kur** *f* hormone treatment **Hor·mon·prä·pa·rat** *nt* MED, PHARM, CHEM hormone preparation **Hor·mon·pro·duk·ti·on** *f* hormone production **Hor·mon·sprit·ze** *f* hormone injection [*or* BRIT *fam* jab] **Hor·mon·sys·tem** *nt* MED hormonal system

Hör·mu·schel *f* TELEK earpiece

Horn <-[e]s, Hörner> [hɔrn, *pl* 'hœrnɐ] *nt* ❶ (*Auswuchs*) horn; **das ~ von Afrika** the Horn of Africa; **das Goldene ~** the Golden Horn ❷ (*Material aus ~*) horn ❸ MUS horn; **ins ~ stoßen** to sound the horn ❹ AUTO (*Hupe*) hooter BRIT, horn; (*Martinshorn*) siren ▸ WENDUNGEN: **sich** *dat* **die Hörner abstoßen** (*fam*) to sow one's wild oats; **jdm Hörner aufsetzen** (*fam*) to cuckold sb *pej dated;* **ins gleiche ~ stoßen** (*fam*) to sing the same tune

Horn·blä·ser(in) *m(f)* MUS horn player **Horn·blen·de** *f* GEOL hornblende *spec* **Horn·bril·le** *f* horn-rimmed glasses [*or* spectacles] *npl*

Hörn·chen <-s, -> ['hœrnçən] *nt* ❶ *dim von* **Horn 1** small [*or* little] horn ❷ (*Gebäck*) *horn-shaped bread roll of yeast pastry;* (*aus Blätterteig*) croissant

Hör·ner·klang *m* (*geh*) sound of horns [*or* bugles]

Hör·nerv *m* auditory nerve *spec*

Horn·ge·stell *nt* spectacle frames [made] of horn; **eine Brille mit ~** horn-rimmed glasses [*or* spectacles] *npl* **Horn·griff** *m* horn handle

Horn·haut *f* ❶ (*des Auges*) cornea ❷ (*der Haut*) hard skin *no pl, no art,* callus

Horn·haut·bil·dung *f* MED callous formation, callosity **Horn·haut·ent·zün·dung** *f* inflammation of the cornea *no pl*, keratitis *no pl, no art spec* **Horn·haut·ho·bel** *m* MED callus clipper *usu pl* **Horn·haut·trans·plan·ta·ti·on** *f* corneal transplant [*or* grafting] *spec* **Horn·haut·trü·bung** *f* corneal opacity *spec*

Horn·hecht *m* ZOOL, KOCHK garfish, needlefish

Hor·nis·se <-, -n> [hɔr'nısə] *f* hornet

Hor·nis·sen·nest *nt* hornets' nest **Hor·nis·sen·schwarm** *m* swarm of hornets **Hor·nis·sen·stich** *m* sting from a hornet

Hor·nist(in) <-en, -en> [hɔr'nıst] *m(f)* horn player

Horn·kamm *m* horn comb **Horn·klee** *m* BOT bird's foot trefoil **Horn·ochs(e)** *m* (*fam*) stupid [*or* blithering] idiot

Ho·ro·skop <-s, -e> [horo'sko:p] *nt* horoscope; **jdm das ~ stellen** to cast sb's horoscope; **sich** *dat* **sein ~ erstellen lassen** to have one's horoscope cast

hor·rend [hɔ'rɛnt] *adj* horrendous; ■**~ sein, was/wie viel ...** to be horrendous what/how much ...

Hör·rohr *nt* ❶ (*früheres Hörgerät*) ear trumpet ❷ (*veraltend*) *s.* **Stethoskop**

Hor·ror <-s> ['hɔro:ɐ̯] *m kein pl* horror; **einen ~ vor jdm/etw haben** to have a horror of sb/sth

Hor·ror·bild *nt* grisly scene **Hor·ror·er·leb·nis** *nt* horrific experience **Hor·ror·film** *m* horror film [*or* AM *a.* movie] **Hor·ror·ro·man** *m* horror story **Hor·ror·sze·ne** *f* horrific [*or* horror] scene, scene of horror **Hor·ror·trip** *m* ❶ (*grässliches Erlebnis*) nightmare ❷ (*negativer Drogenrausch*) bad trip

Hör·saal *m* ❶ (*Räumlichkeit*) lecture hall [*or* BRIT theatre] ❷ *kein pl* (*Zuhörerschaft*) audience; **der ~ tobte** the audience went wild

Hors·d'oeu·vre <-s, -s> [(h)ɔr'dø:vrə] *nt* hors d'oeuvre

Hör·spiel *nt* RADIO ❶ *kein pl* (*Gattung*) radio drama, drama for radio ❷ (*Stück*) radio play, play for radio

Horst <-[e]s, -e> [hɔrst] *m* ❶ (*Nest*) nest, eyrie [*or* AM *a.* aerie] ❷ MIL (*Fliegerhorst*) military airbase [*or* airfield] ❸ BOT thicket, shrubbery; (*Gras~, Bambus~*) tuft

Hör·sturz *m* sudden deafness, acute hearing loss

Hort <-[e]s, -e> [hɔrt] *m* ❶ (*Kinder~*) crèche BRIT, after-school care center AM (*place for school children to stay after school if parents are at work*) ❷ (*geh: Zufluchtsort*) refuge, shelter; **ein ~ der Bedürftigen** a shelter for the poor and needy [*or* homeless]; **ein ~ des Lasters** a hotbed of vice; **ein ~ des Friedens** a haven of peace, a sanctuary ❸ (*Goldschatz*) hoard, treasure

hor·ten ['hɔrtn̩] *vt* ■**etw ~** to hoard sth; **Rohstoffe ~** to stockpile raw materials

Hor·ten·sie <-, -n> [hɔr'tɛnzi̯ə] *f* hortensia, lacecap [hydrangea]

Hör·ver·mö·gen <-s> *nt kein pl* MED hearing *no pl, no indef art;* **durch laute Musik kann das ~ geschädigt werden** one's hearing can be damaged by loud music, loud music can damage one's hearing **Hör·wei·te** *f* hearing range, earshot; **in/außer ~** within/out of hearing range [*or* earshot]

Hös·chen <-s, -> ['hø:sçən] *nt dim von* **Hose** ❶ (*fam: Damenslip*) knickers *npl* BRIT, panties *npl* AM; **heiße ~** (*fam*) saucy knickers *npl* BRIT; (*Kinderhose*) [pair of] trousers *npl* [*or* AM pants]; (*Kinderunterhose*) pants *npl;* (*Strampel~*) [pair of] rompers *npl* ❷ ZOOL (*Bienen~*) pollen load

Hös·chen·win·del *f* disposable nappy BRIT [*or* AM diaper]

Ho·se <-, -n> ['ho:zə] *f* trousers *npl*, pants *npl* AM; (*Unterhose*) [under]pants *npl;* **eine enge ~** [a pair of] tight-fitting trousers; **kurze ~[n]** shorts *npl;* **die ~n voll haben** (*fam*) to have

H

pooed [*or* AM *fam a.* pooped] one's pants ▶ WENDUNGEN: **jdm rutscht das Herz in die ~** (*fam*) sb's heart was in their mouth; **die ~n [gestrichen] voll haben** (*sl*) to be scared shitless *vulg,* to shit oneself *vulg,* to shit bricks *vulg;* **tote ~** (*sl*) dead boring *fam;* **die Fete war tote ~** the party was a washout [*or* dead loss]; **die ~n anhaben** (*fam*) to wear the trousers; **in die ~ gehen** (*sl*) to fail, to be a failure [*or* flop]; **hoffentlich geht die Prüfung nicht in die ~!** hopefully I/you, etc. won't make a mess [*or fam* cock-up] of the exam!; **[sich** *dat*] **in die ~[n] machen** (*Angst haben*) to wet oneself *sl,* to shit oneself *vulg;* **sich** *dat* **vor Lachen fast in die ~ machen** to nearly wet oneself laughing; **die ~[n] runterlassen [müssen]** (*fam*) to come clean *fam,* to put one's cards on the table; **jdm die ~n strammziehen** (*fam*) to give sb a [good] hiding *hum;* **die ~n voll kriegen** (*fam*) to get a [good] hiding; *s. a.* **hochkrempeln**

Ho·sen·an·zug *m* trouser suit **Ho·sen·auf·schlag** *m* turn-up **Ho·sen·band** *nt* kneeband **Ho·sen·band·or·den** *m* Order of the Garter **Ho·sen·bein** *nt* trouser leg **Ho·sen·bo·den** *m* (*Gesäßteil der Hose*) seat [of trousers] ▶ WENDUNGEN: **den ~ voll kriegen** (*fam*) to get a [good] hiding *hum;* **sich** *akk* **auf den ~ setzen** (*fam*) to buckle down, to pull one's socks up BRIT, to get stuck in BRIT *fam;* **jdm den ~ strammziehen** (*fam*) to give sb a [good] hiding *hum* **Ho·sen·bü·gel** *m* trouser [*or* AM pants] hanger **Ho·sen·bund** *m* [trouser] waistband **Ho·sen·gür·tel** *m* [trouser] belt **Ho·sen·klam·mer** *f* cycle clip **Ho·sen·knopf** *m* [trouser] button **Ho·sen·latz** *m* ❶ (*Latz*) flap; *von Latzhosen* bib ❷ DIAL (*Hosenschlitz*) flies *npl,* fly **Ho·sen·matz** <-es, -mätze> *m* (*hum fam*) nipper *fam,* little nipper **Ho·sen·naht** *f* [trouser] seam; **die Hände an die ~ legen** to stand to attention, thumbs on trouser seams **Ho·sen·rock** *m* culottes *npl* **Ho·sen·schei·ßer** *m* (*sl*) ❶ (*hum: kleines Kind*) ankle-biter ❷ (*pej: Feigling*) chicken, scaredy[-cat] *pej sl* **Ho·sen·schlitz** *m* flies *npl,* fly; **dein ~ ist offen!** your flies are down! **Ho·sen·span·ner** *m s.* **Hosenbügel** **Ho·sen·stall** *m* (*hum fam*) *s.* **Hosenschlitz** **Ho·sen·ta·sche** *f* trouser [*or* AM pants] pocket ▶ WENDUNGEN: **etw** *akk* **aus der linken ~ bezahlen** to pay [for sth] out of one's loose change; **etw** *akk* **wie seine ~ kennen** to know sth like the back of one's hand **Ho·sen·trä·ger** *pl* [a pair of] braces *npl* BRIT, suspenders *npl* AM **Ho·sen·tür·chen** *nt* (*hum fam*) *s.* **Hosenschlitz**

ho·si·an·na [ho'zi̯ana] *interj* hosanna

Hos·pi·tal <-s, -e *o* Hospitäler> [hɔspi'ta:l, *pl* hɔspi'tɛ:lɐ] *nt* ❶ DIAL hospital ❷ (*veraltet: Pflegeheim*) old people's home

Hos·pi·ta·lis·mus <-> [hɔspita'lɪsmʊs] *m kein pl* ❶ (*psychische o physische Schädigung*) hospitalism, institutionalism ❷ MED *infection picked up during a stay in hospital*

Hos·pi·tant(in) <-en, -en> [hɔspi'tant] *m(f)* ❶ SCH (*Referendar*) *PGCE student who sits in on sb's classes;* (*Gasthörer*) *student permitted to attend a course who is not enrolled at the university/institute* ❷ POL *independent member of parliament who is the guest of a parliamentary party*

hos·pi·tie·ren* [hɔspi'ti:rən] *vi* ■**[bei jdm] ~** to sit in on [sb's] classes

Hos·piz <-es, -e> [hɔs'pi:ts] *nt* ❶ (*Sterbeheim*) hospice ❷ (*christlich geführtes Hotel*) *hotel run by a religious organization* ❸ (*Pilgerunterkunft in einem Kloster*) hospice, guests' hostel

Hos·tess <-, -en> ['hɔstɛs] *f* ❶ (*im Flugzeug*) stewardess, flight attendant; (*auf dem Flughafen*) airline representative ❷ TOURIST (*Reiseführerin auf Reisen, Messen, in Hotels o.ä.*) [female] tour guide ❸ (*euph: Prostituierte*) hostess *euph*

Hos·tie <-, -n> ['hɔsti̯ə] *f* REL host

Hot·dogRR, **Hot Dog**RR, **Hot dog**ALT <-s, -s> ['hɔt'dɔk] *nt o m* hot dog

Ho·tel <-s, -s> [h'tɛl] *nt* hotel

Ho·tel·boy *f* page[boy] [*or* AM bellboy] [*or* AM bellhop] **Ho·tel·ein·gang** *m* hotel entrance **Ho·tel·fach** *nt kein pl s.* **Hotelgewerbe** **Ho·tel·fach·schu·le** *f* school of hotel management **Ho·tel·füh·rer** *m* hotel guide **Ho·tel gar·ni** <--,-s-s> [ho'tɛl gar'ni:] *nt* bed and breakfast [hotel] **Ho·tel·ge·wer·be** *nt* hotel trade [*or* business] **Ho·tel·hal·le** *f* hotel foyer [*or* lobby]

Ho·te·lier <-s, -s> [hotɛ'li̯e:] *m* hotelier

Ho·tel·ket·te *f* chain of hotels **Ho·tel·re·zep·ti·on** *f* hotel reception [desk] **Ho·tel- und Gast·stät·ten·ge·wer·be** *nt* hotel and restaurant trade **Ho·tel·zim·mer** *nt* hotel room

Hot·line <-, -s> ['hɔtlaɪn] *f* hotline

hott [hɔt] *interj* gee up! BRIT, giddyap! AM; **einmal hü und einmal ~ sagen** to chop and change BRIT, to hum and haw BRIT *fam,* to be indecisive

House [haus] *nt o m* MUS house [music]

Hr. *Abk von* **Herr**

Hrn. *dat und akk Abk von* **Herrn** *s.* **Herr**

hrsg. *Abk von* **herausgegeben** ed.

Hrsg. *Abk von* **Herausgeber** ed.

hu [hu:] *interj* (*Ausruf des Schauderns*) ugh; (*Ausruf der Kälte*) brrr

hü [hy:] *interj s.* **hott**

Huang·he <-s> [xu̯aŋxʌ] *m* Huang He [*or* Ho] River, Yellow River

Hub <-[e]s, Hübe> [hu:p, *pl* 'hy:bə] *m* ❶ (*das Heben*) lifting capacity; **der ~ von Lasten** lifting [*or* hoisting] capacity of loads ❷ (*Kolben~*) [piston] stroke

Hub·(b)el <-s, -> ['hʊbl̩] *m* DIAL (*fam*) bump

hub·be·lig ['hʊbəlɪç] *adj* DIAL (*fam*) bumpy

Hubble-Te·le·skop *nt* Hubble telescope

Hub·brü·cke *f* lifting [*or* lift] bridge

hü·ben ['hy:bn̩] *adv* (*selten: auf dieser Seite*) over here, on this side; **~ wie [*o* und] drüben** both here and there, on both sides

Hub·raum *m* cubic capacity

hübsch [hʏpʃ] *adj* ❶ (*Aussehen*) pretty; **ein ~es Mädchen/Kleid** a pretty little girl/dress; **eine ~e Gegend** a lovely area; **na, ihr zwei [*o* beiden] H~en?** (*fam*) well, my two lovelies? *fam;* **sich** *akk* **~ machen** to get all dressed up; **sich** *akk* **~ anziehen** (*fam*) to dress smartly; **ein ~es Lied** a pretty [*or* nice] song ❷ (*fam: beträchtlich*) real, pretty; **ein ~es Sümmchen** a pretty penny, a tidy sum; **ein ~es Stück Arbeit** pretty hard work ❸ (*fam: sehr angenehm*) nice and ...; **fahr ~ langsam** drive nice and slow[ly]; **sind die Kinder auch ~ leise gewesen?** were the children nice and quiet?; **das wirst du ~ bleiben lassen** you'll do no such thing; **immer ~ der Reihe nach!** everyone must wait his turn! ❹ (*iron fam: unschön*) fine *iron;* **das ist ja eine ~e Geschichte** that is a real [*or* fine] mess; **da hast du dir etwas H~es eingebrockt!** that's a fine mess [*or* pretty kettle of fish] you've got yourself into!

Hub·schrau·ber <-s, -> *m* helicopter

Hub·schrau·ber·cock·pit *nt* helicopter cockpit **Hub·schrau·ber·lan·de·platz** *m* heliport, helipad **Hub·schrau·ber·lärm** *m* helicopter noise **Hub·schrau·ber·ro·tor** *m* helicopter blade

huch [hʊx] *interj* (*Ausruf der Überraschung*) oh!; (*Ausruf bei unangenehmen Empfindungen*) ugh!

Hu·chen <-s, -> ['hu:xn̩] *m* ZOOL, KOCHK Danube salmon, huchen

Hu·cke <-, -n> ['hʊkə] *f* ▶ WENDUNGEN: **die ~ voll kriegen** to get beaten up, to get done over *fam;* **jdm die ~ voll hauen** to beat sb up *sep,* to give sb a thrashing [*or* hiding] *fam,* to beat the shit *fam!* [*or* living daylights] out of sb; **jdm die ~ voll lügen** to tell sb a pack of lies, to lie one's head off; **sich** *dat* **die ~ voll saufen** to get hammered [*or* plastered]

hu·cke·pack ['hʊkəpak] *adv* piggy back, pickaback BRIT; **etw/jdn ~ nehmen [*o* tragen]** to give sb/sth a piggy back [ride]; **bei [*o* mit] jdm ~ machen** to have sb give one a piggy back [ride]

Hu·cke·pack·ver·fah·ren *nt* piggyback system; CHEM piggyback process **Hu·cke·pack·ver·kehr** *m kein pl* piggyback transport; **im** ~ by means of piggyback transport

hu·deln ['hu:dl̩n] *vi bes* SÜDD, ÖSTERR (*fam: schlampen*) to work sloppily [*or* slipshod]; **nur nicht** ~**!** don't rush into things!, take your time!

Hud·ler(in) <-s, -> ['hu:dlɐ] *m(f) bes* SÜDD, ÖSTERR (*fam*) sloppy worker

hud·lig ['hu:dlɪç] *adj bes* SÜDD, ÖSTERR (*fam*) sloppy, slipshod

Hud·son·bai <-> ['hʌdsnbeɪ] *f* Hudson Bay

Huf <-[e]s, -e> [hu:f] *m* hoof; **einem Pferd die** ~**e beschlagen** to shoe a horse

Huf·ei·sen *nt* horseshoe

huf·ei·sen·för·mig *adj* horseshoe[-shaped], in [the shape of] a horseshoe

Hü·fer·scher·zel *nt* KOCHK ÖSTERR *s.* **Hieferscherzel** **Hü·fer·schwanzl** *nt* KOCHK ÖSTERR *s.* **Hieferschwanzl**

Huf·lat·tich <-s, -e> *m* coltsfoot, foalfoot

Huf·na·gel *m* horseshoe nail **Huf·schlag** *m* ❶ (*Geräusch von Pferdehufen beim Gang*) clatter of hooves ❷ (*Stoß mit dem Huf*) kick [by a hoof]; **der blaue Fleck stammt von einem** ~ the bruise is the result of being kicked by a horse **Huf·schmied(in)** *m(f)* blacksmith, farrier **Huf·schmie·de** *f* blacksmith's [*or* farrier's] workshop, smithy **Huf·schmie·din** *f fem form von* **Hufschmied**

Hüft·bein *nt* hip bone

Hüf·te <-, -n> ['hʏftə] *f* ❶ (*Körperpartie*) hip; **die Arme in die** ~**n stemmen** to put one's hands on one's hips, to stand [with] arms akimbo; *Tier* haunch; **mit den** ~**n wackeln, die** ~**n wiegen** to wiggle one's hips; **aus der** ~ **schießen** to shoot from the hip; **bis an die** ~**en reichen** to come up to the waist; **wir standen bis an die** ~ **im Wasser** we stood waist-deep [*or* up to the waist] in water; *s. a.* **Arm** ❷ *kein pl* KOCHK (*Fleischstück*) topside; (*vom Rind*) top rump; (*Schinkenspeck*) back bacon

Hüft·ge·lenk *nt* hip joint **Hüft·gür·tel** *m* girdle **Hüft·hal·ter** *m* girdle **hüft·hoch** *adj* reaching to the hips *pred,* waist-high; **das Wasser ist hier nur** ~ the water is only waist-high [*or* waist-deep] here

Huf·tier *nt* hoofed animal, ungulate *spec*

Hüft·kno·chen *m s.* **Hüftbein** **Hüft·lei·den** *nt* hip complaint [*or* trouble] **Hüft·steak** *nt* top rump, topside

Hü·gel <-s, -> ['hy:gl̩] *m* (*größere Anhöhe*) hill; (*kleiner a.*) hillock; (*Erdhaufen*) mound

hü·ge·lig ['hy:gəlɪç] *adj* hilly; **eine** ~**e Landschaft** rolling [*or* undulating] countryside

Hü·gel·land *nt* hilly land [*or* country]

Hu·ge·not·te, Hu·ge·not·tin <-n, -n> [hugəˈnɔtə, hugəˈnɔtɪn] *m, f* Huguenot

huh [hu:] *interj s.* **hu**

hüh [hy:] *interj s.* **hü**

Huhn <-[e]s, Hühner> [hu:n, *pl* 'hy:nɐ] *nt* ❶ (*Haushuhn*) hen, chicken; **Hühner halten** to keep hens; **frei laufende Hühner** free-range chickens [*or* hens] ❷ (*Hühnerfleisch*) chicken; **gekochtes/gebratenes** ~ boiled/roast chicken ❸ (*Person*) **dummes** ~**!** (*pej fam*) [you] silly [*or* stupid] idiot! *pej;* **armes** ~ (*fam*) you poor little thing; **ein komisches** [*o* **verrücktes**] [*o* **ulkiges**] ~ (*fam*) a nutcase, a queer fish [*or* bird] BRIT ▸ WENDUNGEN: **mit den Hühnern aufstehen** (*fam*) to get up at the crack of dawn; **mit den Hühnern zu Bett gehen** (*fam*) to go to bed [nice and] early; **ein blindes** ~ **findet auch einmal ein Korn** (*prov*) every dog has its day *prov;* **wie ein aufgescheuchtes** ~ **herumlaufen** to run round like a headless chicken; **da lachen ja die Hühner!** (*fam*) pull the other one, you must be joking!

Hühn·chen <-s, -> ['hy:çən] *nt dim von* **Huhn**[1] spring chicken AM ▸ WENDUNGEN: **mit jdm ein** ~ **zu rupfen haben** (*fam*) to have a bone to pick with sb

Hühn·chen·brust *f* chicken breast

Hüh·ner·au·ge *nt* corn ▸ WENDUNGEN: **jdm auf die** ~**n treten** (*hum fam: an einer empfindlichen Stelle treffen*) to tread on sb's corns [*or* toes], to offend sb; (*jdm die Meinung sagen*) to give sb a talking-to **Hüh·ner·au·gen·pflas·ter** *nt* corn plaster **Hüh·ner·bouil·lon** [-bʊlˈjɔŋ] *m* chicken stock, consommé **Hüh·ner·brü·he** *f* chicken broth **Hüh·ner·brust** *f* ❶ (*Fleisch*) chicken breast ❷ (*hum fam: sehr schmaler Brustkorb*) pigeon's chest [*or* breast]; **eine** ~ **haben** to be pigeon breasted ❸ MED pigeon-breast **Hüh·ner·ei** *nt* chicken egg **Hüh·ner·farm** *f* chicken farm **Hüh·ner·fe·der** *f* chicken feather **Hüh·ner·fleisch** *nt* chicken [meat] **Hüh·ner·fond** *m* chicken stock **Hüh·ner·fut·ter** *nt* chicken feed **Hüh·ner·ha·bicht** *m* goshawk **Hüh·ner·hof** *m* chicken run **Hüh·ner·keu·le** *f* chicken leg **Hüh·ner·klein** <-s> *nt kein pl* chicken giblets and trimmings **Hüh·ner·schen·kel** *m* chicken thigh **Hüh·ner·stall** *m* hen [*or* chicken] coop **Hüh·ner·sup·pe** *f* chicken soup **Hüh·ner·topf** *m* chicken casserole **Hüh·ner·zucht** *f* chicken rearing [*or* farming]

hui [hui] *interj* (*lautmalerisch für schnelle Bewegung*) whoosh; **im** [*o* **in einem**] **H**~ (*fam*) in a flash [*or* BRIT *fam* trice]; **im H**~ **war sie fertig** she was finished in no time at all; **oben** ~**, unten pfui** outside swank, inside rank, nice outside but filthy underneath

Huld <-> [hʊlt] *f kein pl* (*veraltet: Gunst*) favour [*or* AM -or]; **jdm seine** ~ **erweisen** to bestow one's favour on sb; (*Güte*) graciousness, grace

hul·di·gen ['hʊldɪgn̩] *vi* (*geh*) ❶ (*anhängen*) ■**einer S.** *dat* ~ to subscribe to sth; *Glauben, Sitte* to embrace sth; *Verein* to be devoted to sth ❷ (*verfallen*) ■**einer S.** *dat* ~ to indulge in sth; **er huldigt dem Alkohol** (*iron*) he is addicted to alcohol ❸ (*veraltend: seine Reverenz erweisen*) ■**jdm** ~ to pay homage to sb, to pay tribute to sb

Hul·di·gung <-, -en> *f* (*veraltet*) homage, tribute; **jdm seine** ~ **darbringen** to pay homage to sb, to pay tribute to sb, to show one's respect to sb; **ich möchte dieser Dame meine** ~ **darbringen** I would like to pay my addresses to this lady; **jds** ~ **entgegennehmen** to accept sb's tribute

huld·voll I. *adj* (*veraltend geh*) gracious; (*a. iron*) patronizing **II.** *adv* (*geh*) graciously; ~ **tun** (*iron*) to act patronizingly [*or* BRIT *a.* -isingly]

Hül·le <-, -n> ['hʏlə] *f* (*Umhüllung*) cover; *Ausweis* wallet; (*Plattenhülle a.*) sleeve; **jds sterbliche** ~ (*geh*) sb's mortal remains *npl form* ▸ WENDUNGEN: **die** [**letzten**] ~**n fallen lassen** (*fam*) to strip off one's clothes; **in** ~ **und Fülle** (*geh*) in abundance [*or* plenty]

hül·len ['hʏlən] *vt* (*geh*) ■**jdn/etw in etw** *akk* ~ to wrap sb/sth in sth; **sie hüllte das Kind in eine Decke** she wrapped the child up in a blanket; ■**in etw** *akk* **gehüllt** shrouded in sth; **in Dunkelheit gehüllt** shrouded in darkness; ■**sich** *akk* **in etw** *akk* ~ to wrap oneself [up] in sth; **sich** *akk* **in Schweigen** ~ to maintain one's silence, to keep mum *fam*

hül·len·los *adj* ❶ (*nackt*) naked, in one's birthday suit *hum fam,* starkers BRIT *hum fam,* in the altogether BRIT *fam* ❷ (*unverhüllt, offen*) plain, clear; **erst nach einer Weile trat sein Charakter** ~ **zu Tage** only after a while was his true character revealed

Hüll·wort <-wörter> *nt* euphemism

Hül·se <-, -n> ['hʏlzə] *f* ❶ BOT pod ❷ (*röhrenförmige Hülle*) capsule; (*Patronenhülle*) case; (*Film-, Zigarrenhülle*) container

Hül·sen·frucht ['hʏlzn̩-] *f meist pl* pulse

hu·man [huˈma:n] *adj* ❶ (*menschenwürdig*) humane; **eine** ~**e Behandlung** humane treatment; **eine** ~ **Strafe** lenient punishment ❷ (*nachsichtig*) considerate; **ein** ~**er Lehrer/Chef** a considerate teacher/boss ❸ (*Menschen betreffend*) human

Hu·man·ge·ne·tik *f* human genetics + *sing vb* **Hu·man·in·su·lin** *nt* human insulin

Hu·ma·ni·sie·rung <-> *f kein pl* humanization *no pl*

Hu·ma·nis·mus <-> [humaˈnɪsmʊs] *m kein pl* (*geh*) humanism

H

no pl; **sozialistischer** ~ socialist humanism

Hu·ma·nist(in) <-en, -en> [humaˈnɪst] *m(f)* ❶ *(Mensch)* humanist ❷ *(veraltend: humanistisch gebildete Person)* humanist, classicist

hu·ma·nis·tisch *adj* ❶ *(im Sinne des Humanismus)* humanistic; **der ~e Geist** the spirit of humanism ❷ HIST *(dem Humanismus angehörend)* humanist ❸ *(altsprachlich)* humanistic, classical; **eine ~e Bildung** a classical education; *s. a.* **Gymnasium**

hu·ma·ni·tär [humaniˈtɛːɐ̯] *adj* humanitarian

Hu·ma·ni·tät [humaniˈtɛːt] *f kein pl (geh)* humanity

Hu·ma·ni·täts·du·se·lei <-, -en> *f (pej)* sentimentalism

Hu·man·me·di·zin *f kein pl* human medicine

Hu·man·me·di·zi·ner(in) *m(f)* doctor of human medicine

Hum·bug <-s> [ˈhʊmbʊk] *m kein pl (pej fam)* ❶ *(Unfug)* rubbish *no pl* BRIT, trash *no pl* AM; **er redet nur ~** he's talking rubbish ❷ *(Schwindel)* humbug *no pl;* **Zauberei ist doch nur ~** magic is a load of humbug [*or* [stuff and] nonsense]

Hum·mel <-, -n> [ˈhʊml̩] *f* bumblebee ▶WENDUNGEN: **~n im** [*o* **unterm**] **Hintern** [*o sl* **Arsch**] **haben** *(fam)* to have ants in one's pants *hum*

Hum·mer <-s, -> [ˈhʊmɐ] *m* lobster

Hum·mer·cock·tail [-kɔkteːl] *m* lobster cocktail **Hum·mer·ga·bel** *f* lobster fork **Hum·mer·kopf** *m* lobster head **Hum·mer·krab·be** *f* freshwater [*or* giant river] prawn **Hum·mer·pas·te·te** *f* lobster vol-au-vent **Hum·mer·sche·re** *f* lobster claw [*or* BRIT *pl* prongs] **Hum·mer·schwanz** *m* lobster tail

Hu·mor[1] <-s, *selten* -e> [huˈmoːɐ̯] *m* ❶ *(Laune)* good humour [*or* AM -or], cheerfulness; **einen goldenen ~ haben** to be irrepressibly good-humoured ❷ *(Witz, Wesensart)* [sense of] humour [*or* AM -or]; **etw** *akk* **mit ~ nehmen** [*o* **tragen**] to take sth good-humouredly; **den ~ verlieren** to become bad-tempered [*or* ill-humoured]; **der rheinische ~** the Rhineland brand of humour; **du hast** [**vielleicht**] **~!** *(iron)* you're a funny one! *iron;* [**einen Sinn für**] **~ haben** to have a sense of humour; **keinen** [**Sinn für**] **~ haben** to not have a sense of humour, to be humourless; **schwarzer ~** black humour ▶WENDUNGEN: **~ ist, wenn man trotzdem lacht** *(prov)* you've got to laugh

Hu·mor[2] <-s,-es> [ˈhuːmɔːɐ̯] *m* MED *(Körperflüssigkeit)* [cardinal] humour [*or* AM -or]

Hu·mo·res·ke <-, -n> [humoˈrɛskə] *f* ❶ LIT *(kleine humoristische Erzählung)* humorous story [*or* sketch] ❷ MUS *(heiteres Musikstück)* humoresque

Hu·mo·rist(in) <-en, -en> [humoˈrɪst] *m(f)* ❶ *(Komiker)* comedian ❷ *(humoristischer Autor/Künstler)* humorist

hu·mo·ris·tisch *adj* ❶ *(humorvoll)* humorous, amusing ❷ *(witzig)* comic; **eine ~e Geschichte/Darbietung** a funny [*or* humorous] story/sketch

hu·mor·los *adj* humourless BRIT, humorless AM; **ein ~er Mensch** a cantankerous person, BRIT a crosspatch *fam;* **er hat recht ~ auf den Witz reagiert** he didn't find the joke at all funny

Hu·mor·lo·sig·keit *f kein pl* humourlessness *no pl,* lack of a sense of humour

hu·mor·voll *adj* humorous; **er hat eine sehr ~e Art, Geschichten zu erzählen** he has a very amusing way of telling stories

hum·peln [ˈhʊmpl̩n] *vi* ❶ *haben o sein (hinken)* to limp, to hobble ❷ *sein (fam: sich hinkend fortbewegen)* ■**irgendwohin ~** to limp somewhere

Hum·pen <-s, -> [ˈhʊmpn̩] *m* tankard; *(Ton~)* stein; **einen ~ Bier trinken** to drink a tankard of beer

Hu·mus [ˈhuːmʊs] *m kein pl* humus

Hu·mus·bo·den *m,* **Hu·mus·er·de** *f* humus soil

Hund <-[e]s, -e> [hʊnt, *pl* ˈhʊndə] *m* ❶ *(Tier)* dog; *(Jagd~)* hound; **zur Familie der ~e gehören** to be a canine; **fliegender ~** flying fox; **„[Vorsicht,] bissiger ~!"** "beware of the dog!"; **„~e müssen draußen bleiben"** "no dogs allowed"; **einen ~ auf jdn hetzen** to set [*or* AM *usu* sick] one's dog on sb; **einen ~ auf jds Spur** [*o* **Fährte**] **setzen** to put a dog on sb's trail; **ein ~ schlägt an** a dog gives a warning bark; **der Große/Kleine ~** ASTROL Canis Major/Canus Minor, the Great Dog/the Little Dog ❷ *(Mensch)* swine, bastard *fam!;* **ein armer ~ sein** *(fam)* to be a poor soul *fam,* to be a poor sod *sl;* **blöder ~!** *(sl)* stupid idiot, dickhead *fam!;* [**du**] **falscher ~!** *(sl)* [you] dirty rat!; [**du**] **gemeiner** [*o sl* **räudiger**] **~** [you] dirty [*or* low-down] dog; **krummer ~** *(sl)* rogue, villain; **ein räudiger ~** a mang[e]y dog; **wie einen räudigen ~** like a mad dog; **ein scharfer ~** a vicious dog; *(fam)* a tough customer [*or* cookie]; [**du**] **schlauer** [*o* **gerissener**] **~** *(sl)* [you] sly dog *sl* [*or* crafty devil] ▶WENDUNGEN: **kein ~ nimmt ein Stückchen Brot von ihm** *(fam)* everyone avoids him like the plague; **viele ~e sind des Hasen Tod** *(prov)* as one against many you don't stand a chance; **wie ~ und Katze leben** *(fam)* to be at each other's throats, to fight like cats and dogs; **den Letzten beißen die ~e** the last one [out] has to carry the can BRIT; **mit etw** *dat* **keinen ~ hinterm Ofen hervorlocken können** *(fam)* to not be able to tempt a single soul with sth; **da wird der ~ in der Pfanne verrückt** *(fam)* it's enough to drive a person mad [*or* BRIT sb round the twist]; **bekannt sein wie ein bunter ~** *(fam)* to be known far and wide; **das ist ja ein dicker ~** *(sl)* that is absolutely outrageous; [**ja**] **zum Junge-~e-Kriegen sein** *(fam)* to be maddening, to be enough to drive one around the bend [*or* AM off of the deep end]; **schlafende ~e wecken** *(fam)* to wake sleeping dogs, to stir something up; **schlafende ~e soll man nicht wecken** one should let sleeping dogs lie; **da liegt der ~ begraben** *(fam)* that's the crux of the matter, that's what's behind it; **jdn wie einen ~ behandeln** *(fam)* to treat sb like a dog; **~e, die** [**viel**] **bellen, beißen nicht** *(prov)* sb's bark is worse than their bite *fam;* **jdn auf den ~ bringen** *(fam)* to be sb's ruin *fam,* to bring about sb's downfall; **vor die ~e gehen** *(sl)* to go to the dogs; **er ist mit allen ~en gehetzt** *(fam)* he knows all the tricks; **auf den ~ kommen** *(fam)* to go to the dogs

Hünd·chen <-s, -> [ˈhʏntçən] *nt dim von* **Hund** *(kleiner Hund)* little dog; *(junger Hund)* puppy

Hun·de·bissRR *m* dog bite **hun·de·elend** [ˈhʊndəˈʔeːlɛnt] *adj (fam)* **jd fühlt sich** *akk* **~, jdm ist ~** sb feels [BRIT bloody] awful [*or* terrible] [*or* lousy] **Hun·de·fän·ger(in)** <-s, -> *m(f)* dog catcher **Hun·de·fell** *nt* dog fur **Hun·de·floh** *m* dog flea **Hun·de·fut·ter** *nt* dog food **Hun·de·ge·bell** *nt* barking **Hun·de·haft·pflicht·ver·si·che·rung** *f* dog owner's liability insurance **Hun·de·hals·band** *nt* dog collar **Hun·de·hal·ter(in)** *m(f) (geh)* dog owner **Hun·de·hal·tung** *f (geh)* dog-owning, dog-keeping; **die ~ ist in diesem Haus streng verboten** dogs are not allowed to be kept in this house, it is forbidden to keep dogs in this house **Hun·de·hüt·te** *f* [dog] kennel **Hun·de·käl·te** [ˈhʊndəˈkɛltə] *f (fam)* bitter cold; **eine ~ ist das draußen wieder!** it's bloody cold again outside! *fam* **Hun·de·korb** *m* dog basket **Hun·de·ku·chen** *m* dog biscuit **Hun·de·le·ben** *nt (pej fam)* dog's life; **ein ~ führen** to lead a dog's life **Hun·de·lei·ne** *f* dog lead [*or* leash] **Hun·de·lohn** *m (pej fam)* miserly wage[s *pl*] **Hun·de·mar·ke** *f (a. fig, hum)* dog tag **hun·de·mü·de** [ˈhʊndəˈmyːdə] *adj pred (fam)* dog-tired, dead beat BRIT **Hun·de·ras·se** *f* breed of dog

hun·dert [ˈhʊndɐt] *adj* ❶ *(Zahl)* [a [*or* one]] hundred; **die Linie ~ fährt zum Bahnhof** the No. 100 goes to the station; **ich wette mit dir ~ zu eins, dass er verliert** I'll bet you a hundred to one [*or* anything] that he loses; **~** [**Jahre alt**] **sein** to be a hundred [years old]; **mit ~** [**Jahren**] at the age of a hundred, at a hundred years of age, as a hundred-year-old; **über ~ sein** to be over [*or* older than] a hundred; **einige ~ Euro** several hundred euros; **einer von ~ Menschen** one in every hundred people; **von eins bis ~ zählen** to count from one to a hundred; **in ~ Jahren** in one hundred years [from now] ❷ *(fam: sehr viele)* a hundred, hundreds; **sie macht ~ Dinge gleich-**

zeitig she does a hundred [and one] things all at the same time ❸ *(fam: Stundenkilometer)* [a] hundred [kilometres [*or* AM -ers] an hour]; *s. a.* **achtzig 2** ❹ *pl, auch großgeschrieben* *(viele hundert)* hundreds *pl; s. a.* **Hundert[1] 2** ▶WENDUNGEN: **jdn auf ~ bringen** *(fam)* to drive sb up the wall; **auf ~ kommen** *(fam)* to blow one's top; **auf ~ sein** *(fam)* to be hopping mad [*or* livid]; *s. a.* **Sache**

Hun·dert[1] <-s, -e> ['hʊndɐt] *nt* ❶ *(Einheit von 100)* hundred; **ein halbes ~** fifty; **mehrere ~** several hundred; **[zehn/zwanzig etc.] vom ~** [ten/twenty etc.] per cent [*or* out of every hundred]; **das ~ voll machen** to round up to the next hundred ❷ *pl, auch kleingeschrieben (viele hundert)* hundreds *pl;* **einige/viele ~e ...** a few/several hundred ...; **~e von ...** hundreds of ...; **~e von Fliegen** [*o* **~er Fliegen**] hundreds of flies; **einer unter ~en** one in a hundred; **das kann von ~en nur einer** only one out of all these hundreds can do that; **in die ~e gehen** *(fam) Kosten, Schaden* to run into the hundreds; **zu ~en** in [their] hundreds, by the hundred; **~e und aber ~e** hundreds upon hundreds

Hun·dert[2] <-, -en> ['hʊndɐt] *f* [one [*or* a]] hundred

Hun·der·ter <-s, -> ['hʊndɐtɐ] *m* ❶ *(fam: Banknote zu 100 Euro)* hundred euro note; **es hat mich einen ~ gekostet** it cost me a hundred euros ❷ *(100 als Zahlenbestandteil)* hundred

hun·der·ter·lei ['hʊndɐtɐ'lai] *adj inv (fam)* a hundred [different]; **ich habe ~ zu tun heute** I've a hundred and one things to do today; *s. a.* **achterlei**

hun·dert·fach, 100fach ['hʊndɐtfax] **I.** *adj* hundredfold; *s. a.* **achtfach II.** *adv* hundredfold, a hundred times over

Hun·dert·fa·che, 100fache *nt decl wie adj* a hundred times the amount, the hundredfold *rare; s. a.* **Achtfache**

hun·dert·fün·fzig·pro·zen·tig *adj (fam)* fanatical, out-and-out, overzealous; **er ist ein ~er Tierschützer** he's a fanatical animal rights activist; **ein H~er/eine H~e sein** to be a fanatic

Hun·dert·fü·ßer <-s, -> *m* ZOOL centipede **Hun·dert·jahr·fei·er** [hʊndɐt'ja:ɐ̯faiɐ] *f* centenary [celebrations *pl*] **hun·dert·jäh·rig, 100-jährig[RR]** ['hʊndɐtjɛ:rɪç] *adj* ❶ *(Alter)* hundred-year-old *attr,* one hundred years old *pred; s. a.* **achtjährig 1** ❷ *(Zeitspanne)* hundred-year *attr; s. a.* **achtjährig 2, Kalender, Krieg Hun·dert·jäh·ri·ge(r), 100-Jährige(r)[RR]** *f(m) decl wie adj* hundred-year-old [person], centenarian

hun·dert·mal, 100-mal[RR] ['hʊndɐtma:l] *adv* ❶ *(Wiederholung)* a hundred times; *s. a.* **achtmal** ❷ *(fam: sehr viel, sehr oft)* a hundred times; **ich kann das ~ besser als du** I can do that a hundred times better than you; **das habe ich dir schon ~ gesagt** if I've told you once I've told you a hundred times ❸ *(fam: noch so sehr)* **auch wenn du ~ Recht hast, keiner wird dir glauben** even if you are right, nobody will believe you

Hun·dert·mark·schein *m* hundred-mark note **Hun·dert·me·ter·lauf** *m* hundred-metre [*or* AM -er] race [*or* sprint] **hun·dert·pro·zen·tig** ['hʊndɐtprotsɛntɪç] **I.** *adj* ❶ *(100% umfassend)* one hundred percent; *(Alkohol)* pure ❷ *(fam: typisch)* through and through; **er ist ein ~er Bayer** he's a Bavarian through and through, he's a true Bavarian; *(absolut, völlig)* absolute, complete; **es gibt keine ~e Sicherheit** there's no such thing as absolute security; **du hast ~ Recht** you're absolutely right; **er galt als ~** he was thought to be totally reliable; **sich** *dat* **~ sicher sein** to be absolutely sure **II.** *adv (fam)* absolutely, completely; **auf sie kannst du dich ~ verlassen** you can always rely on her completely; **das weiß ich ~** I know that for certain, that's a fact **Hun·dert·satz** ['hʊndɐtzats] *m (geh) s.* **Prozentsatz**

Hun·dert·schaft <-, -en> *f* hundred-strong unit

hun·derts·te(r, s) ['hʊndɐtstə, -tɐ, -təs] *adj* [one] hundredth; *s. a.* **achte(r, s)**

Hun·derts·te(r, s) ['hʊndɐtstə, -tɐ, -təs] *nt* the [one] hundredth ▶WENDUNGEN: **vom H~n ins Tausendste kommen** *(fam)* to get carried away

Hun·derts·tel <-s, -> ['hʊndɐtstl̩] *nt o* SCHWEIZ *m* hundredth

hun·dert·tau·send ['hʊndɐt'tauzn̩t] *adj* ❶ *(Zahl)* a [*or* one] hundred thousand; *s. a.* **tausend** ❷ *auch großgeschrieben (ungezählte Mengen)* hundreds of thousands; **H~e von jungen Menschen** [*o* **junger Menschen**] hundreds of thousands of young people

Hun·de·sa·lon *m* dog parlour [*or* AM -or], grooming salon [*or* parlour] for dogs **Hun·de·schei·ße** *f (derb)* dog shit **Hun·de·schlit·ten** *m* dog sleigh [*or* sled[ge]] **Hun·de·schnau·ze** *f* muzzle; **kalt wie eine ~ sein** *(fam)* to be as cold as ice **Hun·de·sohn** *m (pej fam)* son of a bitch; LIT cur **Hun·de·steu·er** *f* dog licence [*or esp* AM -se] fee **Hun·de·wet·ter** *nt (fam) s.* **Sauwetter Hun·de·zwin·ger** *m* kennels *npl*

Hün·din ['hʏndɪn] *f* bitch

hün·disch ['hʏndɪʃ] *adj (pej)* ❶ *(unterwürfig)* sycophantic, fawning, grovelling, groveling AM; **mit ~em Gehorsam** with slavish obedience ❷ *(niederträchtig)* **eine ~e Gemeinheit** despicable meanness

Hünd·lein <-s, -> *nt (selten) dim von* **Hund** little dog, doggy

hunds·ge·mein ['hʊntsgə'main] **I.** *adj (fam)* ❶ *(niederträchtig)* low-down, rotten *fam;* **eine ~e Lüge** a malicious lie; **er kann ~ sein** he can be really nasty ❷ *(sehr groß)* severe; **eine ~e Kälte** a biting [*or* bitter] cold **II.** *adv (fam)* **es tut ~ weh** it hurts like hell *fam* **hunds·mi·se·ra·bel** ['hʊntsmizə'ra:bl̩] *adj (fam)* ❶ *(niederträchtig)* low-down, rotten; **er ist ein hundsmiserabler Typ** he's a nasty piece of work, he's a real bastard *fam!* ❷ *(äußerst schlecht)* awful; **jdm geht es ~, jdm ist ~ [zumute]** sb feels really lousy *sl;* **sich** *akk* **~ fühlen** to feel really lousy **Hunds·ta·ge** *pl* dog days *pl*

Hü·ne <-n, -n> ['hy:nə] *m (riesenhafter Mensch)* giant; **ein ~ von Mann** [*o* **Mensch**] *(fam)* a giant of a man

Hü·nen·grab *nt (fam)* megalithic tomb

hü·nen·haft *adj* gigantic, colossal; **von ~er Gestalt** a titanic [*or* colossal] figure

Hun·ger <-s> ['hʊŋɐ] *m kein pl* ❶ *(~gefühl)* hunger; **~ bekommen/haben** to get/be hungry; **keinen richtigen ~ haben** to not really be hungry; **~ auf etw** *akk* **haben** *(Appetit)* to feel like [eating] sth, to fancy [eating] sth; **~ leiden** *(geh)* to starve, to go hungry; **etw macht ~** sth makes sb hungry; **Holzfällen macht ~!** woodcutting helps you work up an appetite; **seinen ~ stillen** to satisfy one's hunger; **~ wie ein Wolf** [*o* **Bär**] **haben** *(fam)* to be ravenous[ly hungry]; **guten ~!** DIAL *(fam)* bon appetit!, enjoy your meal!; **vor ~ sterben** [*o fam* **umkommen**] to be starving, to die of hunger; **der ~ treibt es rein** [*o* **hinein**] if you're hungry enough you'll eat anything ❷ *(Hungersnot)* famine; **es herrschte großer ~** the area was stricken by famine ❸ *(geh: großes Verlangen)* ■**jds ~ nach etw** sb's thirst for sth; **ihr ~ nach Wissen war unstillbar** her thirst for knowledge was insatiable ▶WENDUNGEN: **~ ist der beste Koch** *(prov)* hunger is the best sauce *prov,* a hungry stomach will eat anything

Hun·ger·ge·fühl *nt* feeling of hunger **Hun·ger·jahr** *nt* year of famine [*or* hunger] **Hun·ger·kur** *f* MED starvation diet **Hun·ger·lei·der(in)** <-s, -> *m(f) (fam)* starving wretch **Hun·ger·lohn** *m (pej)* starvation wage *pej,* pittance; **für einen ~ arbeiten** to work for a pittance

hun·gern I. *vi* ❶ *(Hunger leiden)* to go hungry, to starve; **jdn ~ lassen** to let sb starve; *(fam: fasten)* to fast; **nach Weihnachten muss ich erst einmal ein paar Wochen ~** after Christmas I'll have to fast for a few weeks ❷ *(geh: dürsten)* ■**nach etw** *dat* **~** to thirst after [*or* for] sth *fig,* to hunger after [*or* for] sth; **sie hungerte nach Aufmerksamkeit** she yearned for attention **II.** *vt impers (poet)* ■**es hungert jdn nach etw** *dat* sb hungers [*or* thirsts] after [*or* for] sth; **es hungerte ihn nach Liebe** he was hungry for love; **ihn hungert nach Macht** he's hungry for power **III.** *vr (hungernd verbringen)* **sich** *akk*

H

durch etw *akk* ~ to starve one's way through sth; **sich** *akk* **gesund** ~ to go on a starvation diet; **sich** *akk* **zu Tode** ~ to starve oneself to death; *s. a.* **schlank**

Hun·gers·not *f* famine

Hun·ger·streik *m* hunger strike; **in den** ~ **treten** to go on hunger strike **Hun·ger·tod** *m kein pl* death by starvation; **den** ~ **sterben** (*geh*) to starve to death **Hun·ger·tuch** *nt* ▶ WENDUNGEN: **am** ~ **nagen** (*hum fam*) to be starving [*or* on the breadline]

hun·grig ['hʊŋrɪç] *adj* ❶ (*Hunger verspürend*) hungry; ~ **sein** to be hungry; **ein** ~**es Kind** a hungry child; ~ **ins Bett gehen müssen** to have to go to bed hungry; ~ **machen** to work up an appetite; **allein der Gedanke macht mich** ~ just the thought [of it] makes me feel hungry; ~ **nach** [*o* **auf**] **Süßigkeiten sein** to feel like eating sweets, to fancy some sweets ❷ (*geh: verlangend*) hungry; **nach Anerkennung/Erfolg** ~ **sein** to long [*or* yearn] for recognition/success

Hun·ne, Hun·nin <-n -n> ['hʊnə, 'hʊnɪn] *m, f* Hun

Huns·rück <-s> ['hʊnsrʏk] *m* ■**der** ~ the Hunsrück Mountains

Hu·pe <-, -n> ['hu:pə] *f* horn; **die** ~ **betätigen** (*geh*) to sound the [*or* one's] horn; **auf die** ~ **drücken** to beep [*or* press] the [*or* one's] horn

hu·pen ['hu:pn̩] *vi* to sound the [*or* one's] horn, to beep [*or* hoot] [*or* honk] the [*or* one's] horn; ■**das H**~ horn-beeping

hüp·fen ['hʏpfn̩] *vi sein* to hop; *Lamm, Zicklein* to frisk, to gambol; *Ball* to bounce; **vor Freude** ~ to jump for joy; **mein Herz hüpfte vor Freude** (*liter*) my heart leapt for joy

hup·fen ['hʊpfn̩] *vi sein bes* SÜDD, ÖSTERR *s.* **hüpfen** ▶ WENDUNGEN: **das ist gehupft wie gesprungen** (*fam*) it's six of one and half a dozen of the other

Hüp·fer *m,* **Hup·fer** <-s, -> *m bes* SÜDD, ÖSTERR hop, skip; **einen** ~ **machen** to hop; **mein Herz machte einen** ~ my heart missed a beat

Hup·kon·zert *nt* (*fam*) cacophony of car horns; **ein** ~ **veranstalten** (*fig fam*) to honk like mad **Hup·sig·nal** *nt* beep, hoot **Hup·ton** *m* sound of a horn [*or* BRIT hooter] **Hup·zei·chen** *nt* **jdm ein** ~ **geben** [*o* **machen**] to hoot [*or* sound one's horn] at sb

Hur·de <-, -n> ['hʊrdə] *f* SCHWEIZ, SÜDD fruit and vegetable rack

Hür·de <-, -n> ['hʏrdə] *f* ❶ (*Leichtathletik, Reitsport*) hurdle; **eine** ~ **nehmen** [*o* **überspringen**] to take [*or* clear] a hurdle; **110 Meter** ~**n laufen** to run the 110 metres [*or* AM -ers] hurdles ❷ (*tragbare Einzäunung für Tiere*) fold, pen ▶ WENDUNGEN: **eine** ~ **nehmen** to overcome an obstacle

Hür·den·lauf *m* hurdling, hurdles *npl* **Hür·den·ren·nen** *nt* steeplechase

Hu·re <-, -n> ['hu:rə] *f* ❶ (*pej: Frau*) whore, loose woman ❷ (*veraltend: Prostituierte*) whore *vulg sl*

hu·ren ['hu:rən] *vi* (*pej fam*) to whore, to go whoring, to sleep around *fam*

Hu·ren·bock *m* (*pej vulg*) randy goat *dated fam,* randy bugger BRIT *sl, vulg,* horny bastard AM *sl, vulg* **Hu·ren·sohn** *m* (*pej vulg*) son of a bitch, bastard

Hu·ron·see ['hjʊərən-, hu'ro:n-] *m* Lake Huron

hur·ra [hʊ'ra:] *interj* hurray [*or* hooray] [*or* hurrah]; ~ **schreien** to yell hurray, to cheer

Hur·ra <-s, -s> [hʊ'ra:] *nt* cheer; **ein dreifaches** ~ [**auf jdn/etw**] three cheers [for sb/sth]

Hur·ra·ruf *m* cheer [*or* hooray] [*or* hurrah]

Hur·ri·kan <-s, -e> [hʊrikan, 'harikn̩] *m* hurricane

hur·tig ['hʊrtɪç] *adj* DIAL (*veraltend*) quick, nimble; **sich** *akk* ~ **davonmachen** to make a speedy exit

Hu·sar <-en, -en> [hu'za:ɐ̯] *m* hussar

husch [hʊʃ] *interj* (*fam: los, fort!*) shoo; ~, **weg mit dir!** shoo, get away with you; (*schnell*) whoosh; ~, **war er schon wieder verschwunden** and whoosh he'd gone again; **etw geht** ~ ~ sth is done in a flash [*or fam* jiffy], sth is done at the double *dated fam*

hu·schen ['hʊʃn̩] *vi sein* to dart, to flit; *Maus* to scurry; *Licht* to flash; **ein Lächeln huschte über ihr Gesicht** a smile flitted across her face; **die Katze huscht von Baum zu Baum** the cat darts from tree to tree

hüs·teln ['hy:stl̩n] *vi* to cough [slightly]; **nervös** ~ to clear one's throat

hus·ten ['hu:stn̩] **I.** *vi* to cough; **wie lange hustest du schon?** how long have you had that cough?; **stark** ~ to have a bad [*or* nasty] cough; ■**auf etw** *akk* ~ (*fam*) to not give a damn about sth **II.** *vt* (*auswerfen*) ■**etw** *akk* ~ to cough up sth *sep;* **Schleim/Blut** ~ to cough up mucus/blood ▶ WENDUNGEN: **dem werde ich eins** [*o* **was**] ~ (*sl*) he can go jump in a lake [*or* go take a running jump], he can get lost

Hus·ten <-s> ['hu:stn̩] *m kein pl* cough; ~ **stillend** cough-relieving; ~ **stillend wirken** to relieve a cough

Hus·ten·an·fall *m* coughing fit **Hus·ten·bon·bon** *m o nt* cough drop [*or* BRIT sweet] **Hus·ten·mit·tel** *nt* cough medicine **Hus·ten·reiz** *m* tickly throat **Hus·ten·saft** *m* cough syrup [*or* mixture] **Hus·ten·tee** *m herbal tea to relieve cough* **Hus·ten·trop·fen** *pl* cough mixture

Hut[1] <-[e]s, Hüte> [hu:t, 'hy:tə] *m* ❶ (*Kopfbedeckung*) hat; **den** ~ **aufsetzen/abnehmen** to put on/take off one's hat ❷ BOT (*oberer Teil bei Hutpilzen*) cap ▶ WENDUNGEN: **mit dem** ~[**e**] **in der Hand kommt man durch das ganze Land** (*prov*) a little politeness goes a long way; **ein alter** ~ **sein** (*fam*) to be old hat; **vor jdm/etw den** ~ **abnehmen** [*o* **ziehen**] to take one's hat off to sb/sth; ~ **ab** [**vor jdm**]! (*fam*) hats off to sb!, well done!, I take my hat off [to sb]; **etw** *akk* **unter einen** ~ **bringen** [*o* **kriegen**] (*fam*) to reconcile sth, to accommodate sth; (*Termine*) to fit in sth; **man kann nicht alle Menschen unter einen** ~ **bringen** you can't please everyone all of the time; **mit jdm/etw nichts/nicht viel am** ~ **haben** (*fam*) to not have anything in common with/to not [really] go in for sb/sth; **eins auf den** ~ **kriegen** (*fam*) to get a dressing-down [*or* telling-off] *fam;* **den** [*o* **seinen**] ~ **nehmen müssen** (*fam*) to have to pack one's bags *fig,* to have to step [*or* stand] down, to be dismissed; **etw** *akk* **an den** ~ **stecken können** (*fam*) to stick [*or* keep] sth *sl;* **da geht einem ja der** ~ **hoch** it's enough to make you blow your top

Hut[2] <-> [hu:t] *f* (*geh*) protection; **irgendwo/bei jdm in bester** [*o* **sicherer**] ~ **sein** to be in safe hands somewhere/with sb; **ich habe die Diamanten in meiner** ~ I have the diamonds in safe keeping; **auf der** ~ [**vor jdm/etw**] **sein** to be on one's guard [against sb/sth]

Hut·ab·la·ge *f* hat shelf [*or* rack]; (*im Auto*) rear parcel shelf **Hut·band** *nt* hatband

Hüt·chen <-s, -> ['hy:tçən] *nt dim von* **Hut**[1] little hat

hü·ten ['hy:tn̩] **I.** *vt* ❶ (*beaufsichtigen*) ■**jdn/etw** ~ to look after sb/sth, to mind sb/sth; **Schafe** ~ to mind [*or* tend] sheep ❷ (*geh: bewahren*) ■**etw** ~ to keep sth; **etw sorgsam** ~ to look after sth carefully; **ein Geheimnis** ~ to keep [*or* guard] a secret; *s. a.* **Bett, Haus II.** *vr* (*sich in Acht nehmen*) ■**sich** *akk* **vor jdm/etw** ~ to be on one's guard against sb/sth; **hüte dich vor unüberlegten Entscheidungen** beware of making rash decisions; ■**sich** *akk* ~, **etw zu tun** to take care not to do sth; **ich werde mich** [**schwer**] ~**!** (*fam*) not [bloody] likely! *sl,* I'll do nothing of the kind

Hü·ter(in) <-s, -> *m(f)* (*geh*) guardian; ~ **des Schatzes** custodian of the treasure; **ein** ~ **des Gesetzes** (*hum*) a custodian of the law; **Vieh**~ herdsman

Hut·fe·der *f* [hat] feather **Hut·ge·schäft** *nt* ÖKON hat shop; (*für Herren*) hat shop, hatter's; (*für Damen*) hat shop, milliner's **Hut·krem·pe** *f* brim [of a/the hat] **Hut·ma·cher(in)** *m(f)* hatter, hat maker; *für Damen* milliner **Hut·ma·te·ri·al** *nt* [hat] fabric **Hut·na·del** *f* hatpin **Hut·schach·tel** *f* hatbox

Hut·sche <-, -n> ['hʊtʃə] *f* SÜDD, ÖSTERR (*fam*) ❶ (*Schaukel*) swing ❷ (*pej sl: alte Schlampe*) old tart *pej fam,* old floozie [*or* floosie] [*or* floozy] *pej, hum fam*

hut·schen ['hʊtʃn̩] **I.** *vi* SÜDD, ÖSTERR (*fam: schaukeln*) to swing **II.** *vr* (*verschwinden, weggehen*) ■**sich** *akk* ~ to disappear; **hutsch dich!** get lost!

Hut·schnur *f* hat string [*or* cord] ▶WENDUNGEN: **etw geht jdm über die** ~ (*fam*) sth goes too far, sth oversteps the mark; **das geht mir über die** ~**!** now you've/she's, etc. really gone too far! **Hut·stän·der** *m* hatstand

Hüt·te <-, -n> ['hʏtə] *f* ❶ (*kleines Haus*) hut; (*ärmliches Häuschen*) shack, humble abode *hum;* **eine** ~ **bauen** to build a hut; **die** ~ **der Eingeborenen** the natives' huts ❷ (*Berghütte*) [mountain] hut; (*Holzhütte*) cabin; (*Hundehütte*) kennel; (*Jagdhütte*) hunting lodge ❸ (*industrielle Anlage*) **Eisen~** iron and steel works; **Glas~** glassworks; **Ziegel~** brickworks

Hüt·ten·kä·se *m* cottage cheese **Hüt·ten·schuh** *m* slipper sock

hut·ze·lig ['hʊtsəlɪç], **hutz·lig** ['hʊtslɪç] *adj* (*fam*) shrivelled [*or* AM *usu* shriveled]; ~**es Obst** shrivelled fruit; **ein** ~**es Gesicht** a wizened [*or* wrinkled] [*or* wrinkly] face

Hy·ä·ne <-, -n> [hy̆ɛːnə] *f* ❶ (*hundeähnliches Raubtier*) hy[a]ena ❷ (*pej fam: profitgieriger, skrupelloser Mensch*) unscrupulous rogue

Hy·ä·nen·hund *m* ZOOL African hunting dog

Hy·a·zin·the <-, -n> [hy̆a'tsɪntə] *f* hyacinth

hy·brid [hy'briːt] *adj* ❶ (*fachspr*) hybrid ❷ (*geh: hochmütig*) arrogant

Hy·brid·an·trieb *m* hybrid drive

Hy·bri·de <-, -n> [hy'briːdə] *f* hybrid

Hy·brid·rech·ner *m* hybrid computer **Hy·brid·züch·tung** *f* ❶ (*Vorgang der Züchtung*) hybrid breeding *no pl,* hybridizing ❷ (*Ergebnis der Züchtung*) hybrid

Hy·bris <-> ['hyːbrɪs] *f kein pl* (*geh*) hubris *form*

Hy·dra[1] <-> ['hyːdra] *f* ❶ (*griechisches Fabelwesen*) Hydra ❷ *kein pl* (*fig: gefährliches Phänomen*) hydra; **die gefährliche** ~ **des Imperialismus** the treacherous hydra of imperialism ❸ (*Sternbild*) Hydra [the water serpent]

Hy·dra[2] <-, Hydren> ['hyːdra, *pl* -drən] *f* (*Süßwasserpolyp*) hydra

Hy·drant <-en, -en> [hy'drant] *m* hydrant

Hy·drau·lik <-> [hy'draulɪk] *f kein pl* ❶ (*hydraulisches System*) hydraulic system, hydraulics *npl;* **die** ~ **der Bremse** the brake's hydraulics ❷ (*wissenschaftliche Lehre*) hydraulics + *sing vb*

hy·drau·lisch [hy'draulɪʃ] *adj* hydraulic

Hy·dro·kul·tur *f* hydroponics + *sing vb spec* **Hy·dro·ly·se** <-, -n> [hydro'lyːzə] *f* hydrolysis **hy·dro·phil** [hydro'fiːl] *adj* BIOL, CHEM hydrophilic **hy·dro·phob** [hydro'foːp] *adj* BIOL, CHEM hydrophobic **Hy·dro·tech·nik** [hydro'tɛçnɪk] *f* hydraulic engineering **hy·dro·tech·nisch** *adj* hydraulic engineering *attr* **hy·dro·the·ra·peu·tisch** [hydrotera'pɔytɪʃ] *adj* hydrotherapeutic **Hy·dro·the·ra·pie** [hydrotɛra'piː] *f* hydrotherapy, hydrotherapeutics + *sing vb*

Hy·gi·e·ne <-> [hy'gi̯eːnə] *f kein pl* hygiene *no pl*

hy·gi·e·nisch [hy'gi̯eːnɪʃ] *adj* hygienic; **eine** ~ **Überwachung** hygienic precautions; **eine** ~ **Aufbewahrung ist sehr wichtig** this must be kept in hygienic conditions

Hy·gro·me·ter <-s, -> [hygro'meːtɐ] *nt* hygrometer

Hy·men <-s, -> ['hyːmən] *nt o m* (*fachspr*) hymen, maidenhead *liter*

Hym·ne <-, -n> ['hʏmnə] *f* ❶ (*Loblied*) hymn ❷ (*feierliches Gedicht*) literary hymn; **eine** ~ **auf die Liebe** a literary hymn to love ❸ (*kurz für Nationalhymne*) national anthem; **die** ~ **spielen** to play the [national] anthem

hy·per·ak·tiv *adj* hyperactive

Hy·per·bel <-, -n> [hy'pɛrbl̩] *f* ❶ MATH hyperbola *spec* ❷ LING (*rhetorische Figur*) hyperbole

hy·per·bo·lisch [hypɐ'boːlɪʃ] *adj* ❶ MATH hyperbolic ❷ LING (*Hyperbeln aufweisend*) hyperbolic[al]; **eine** ~**e Wendung** a hyperbolic phrase [*or* expression]

hy·per·kor·rekt ['hypɐkɔrɛkt] *adj inv* ❶ (*übertrieben korrekt*) hypercorrect, excessively correct ❷ LING hypercorrect **hy·per·mo·dern** [hypɐ-] *adj* (*fam*) ultra-modern **hy·per·sen·si·bel** [hypɐ-] *adj* hypersensitive

Hy·per·to·nie <-, -n> [hypɐto'niː, *pl* -'niːən] *f* MED ❶ (*Bluthochdruck*) hypertension *spec,* high blood pressure ❷ (*gesteigerte Muskelspannung*) hypertonia ❸ (*erhöhte Spannung im Augapfel*) hypertonia

hy·per·troph [hypɐ'troːf] *adj* (*fachspr*) ❶ MED (*Hypertrophie aufweisend*) hypertrophic[al] *spec;* ~**es Gewebe** hypertrophic tissue ❷ (*geh: übersteigert, übermäßig*) hypertrophied *liter;* **ein** ~**es Geltungsbedürfnis** an excessive need to be admired

Hy·per·tro·phie <-, -n> [hypɐtro'fiː, *pl* -'fiːən] *f* (*fachspr*) ❶ MED, BIOL hypertrophy *spec;* ~ **der Muskeln** muscular hypertrophy ❷ (*geh: Übermaß*) excess; **eine** ~ **des Selbstbewusstseins** an enormous ego

Hy·per·ven·ti·la·ti·on [hypɐvɛntila'tsi̯oːn] *f* MED hyperventilation

Hyp·no·se <-, -n> [hʏp'noːzə] *f* hypnosis; **in** ~ **fallen** to fall [*or* go] into a hypnotic trance; **unter** ~ **stehen** to be under hypnosis; **jdn in** ~ **versetzen** to hypnotize sb, to put sb under hypnosis; **in** ~ under hypnosis; **aus der** ~ **erwecken** to come out of a hypnotic trance

hyp·no·tisch [hʏp'noːtɪʃ] *adj* hypnotic; **ein** ~**er Schlaf** a hypnotic trance; ~**e Kräfte** hypnotic powers; **die** ~**e Wirkung von Musik** the hypnotic effect of music

Hyp·no·ti·seur(in) <-s, -e> [hʏpnoti'zøːɐ̯] *m(f)* hypnotist

hyp·no·ti·sier·bar *adj* hypnotizable; **manche Menschen sind leichter** ~ **als andere** some people are easier to hypnotize than others

hyp·no·ti·sie·ren* [hʏpnoti'ziːrən] *vt* ■**jdn** ~ to hypnotize sb; **wie hypnotisiert** as if hypnotized; **hypnotisiert von etw** *dat* **sein** (*fig*) to be hypnotized by sth; **sie war ganz hypnotisiert von seinen Worten** she was hypnotized [*or* entranced] by his words

Hy·po·chon·der <-s, -> [hypo'xɔndɐ] *m* hypochondriac

Hy·po·phy·se <-, -n> [hypo'fyːzə] *f* ANAT pituitary gland *spec*

Hy·po·te·nu·se <-, -n> [hypote'nuːzə] *f* hypotenuse

Hy·po·tha·la·mus <- , Hypothalami> [hypo'taːlamʊs, *pl* -mi] *m* ANAT hypothalamus

Hy·po·thek <-, -en> [hypo'teːk] *f* ❶ (*Grundpfandrecht*) mortgage; **die erste/zweite/dritte** ~ the first/second/third mortgage; **eine** ~ **auf seinem Haus haben** to have mortgaged one's house; **eine** ~ **[auf etw** *akk***] aufnehmen** to take out a mortgage [on sth]; **eine** ~ **eintragen** to register a mortgage ❷ (*geh: Belastung*) burden; (*fig a.*) millstone around one's neck

Hy·po·the·ken·bank <-banken> *f bank dealing primarily with mortgage business* **Hy·po·the·ken·brief** *m* mortgage certificate [*or* deed] **Hy·po·the·ken·gläu·bi·ger(in)** *m(f)* mortgagee **Hy·po·the·ken·schuld** *f* ÖKON mortgage debt **Hy·po·the·ken·schuld·ner(in)** *m(f)* mortgagor **Hy·po·the·ken·zin·sen** *pl* mortgage interest

Hy·po·the·se <-, -n> [hypo'teːzə] *f* hypothesis; **eine** ~ **aufstellen/widerlegen** to advance/refute a hypothesis

hy·po·the·tisch [hypo'teːtɪʃ] *adj* hypothetical

Hys·te·rie <-, -n> [hʏste'riː] *f* ❶ MED hysteria ❷ (*Erregung*) hysteria; **man spürte eine allgemeine** ~ there was a general air of hysteria

hys·te·risch [hʏs'teːrɪʃ] *adj* ❶ MED hysterical; **einen** ~**en Anfall haben** to have hysterics ❷ (*nervös*) hysterical

I i

I, i <-, - *o fam* -s, -s> [iː] *nt* (*Buchstabe*) I, i; ~ **wie Ida** I for Isaac BRIT, I as in Item AM; *s. a.* **A 1** ▸WENDUNGEN: **das Tüpfelchen auf dem** ~ the final touch, the cherry on top

i [iː] *interj* ❶ (*fam: Ausdruck von Ablehnung, Ekel*) ugh; ~, **wie ekelig** ugh, that's horrible ❷ (*abwertend*) ~ **wo!** no way! *fam*

i.A. *Abk von* **im Auftrag** pp

iah ['iː'aː] *interj* hee-haw

ibe·risch [i'beːrɪʃ] *adj* Iberian

Ibis <-, -se> ['iːbɪs] *m* ORN ibis

Ibi·za [i'bɪtsa] *nt* Ibiza; *s. a.* **Sylt**

IC <-s, -s> [iː'tseː] *m Abk von* **Intercity**

ICE <-s, -s> [iːtseː'ʔeː] *m Abk von* **Intercity Express** *a high speed train*

ICE-Zu·schlag *m* Intercity Express surcharge

ich <*gen* meiner, *dat* mir, *akk* mich> [ɪç] *pron pers* I, me; ~ **bin/war es** it's/it was me; ~ **bin es, dein Onkel Hans** it's me, Uncle Hans; ~ **nicht!** not me!; ~, **der/die ...** me, who ...; ~, **der immer putzt ...** me, who always cleans ...; ~ **selbst** I myself; **nicht einmal** ~ **selbst könnte die beiden Bilder auseinanderhalten** not even I could tell the difference between the two pictures; *s. a.* **meiner, mir, mich, immer**

Ich <-[s], -s> [ɪç] *nt* ❶ (*das Selbst*) self ❷ PSYCH (*Ego*) ego; **jds anderes** [*o* **zweites**] ~ sb's alter ego; **jds besseres** ~ sb's better self

ich·be·zo·gen *adj* egocentric; *Äußerung* egotistic **Ich·er·zäh·lung** *f* first-person narrative **Ich·form** *f* first person form; **in der** ~ in the first person

IC-Zu·schlag *m* Intercity surcharge

ide·al [ide'aːl] **I.** *adj* ideal; **eine** ~**e Lage** an ideal position; ~**e Bedingungen** ideal conditions **II.** *adv* ideally; ~ **wohnen** to live in an ideal location

Ide·al <-s, -e> [ide'aːl] *nt* ❶ (*erstrebenswerte Idee*) ideal; **das künstlerische** ~ the artistic ideal; [**noch**] ~**e haben** to [still] have ideals; **keine** ~**e mehr haben** to no longer have any ideals ❷ (*Idealbild*) ideal; **das** ~ **einer Frau** the ideal woman; **das** ~ **der Schönheit** the ideal of beauty; **eine** ~ **an Gerechtigkeit** an ideal vision of justice

Ide·al·bild *nt* ideal **Ide·al·fall** *m* ideal case; **im** ~[**e**] ideally **Ide·al·fi·gur** *f* ideal figure **Ide·al·ge·wicht** *nt* ideal [*or* optimum] weight

ide·a·li·sie·ren* [ideali'ziːrən] *vt* ■**jdn/etw** ~ to idealize sb/sth; **ein idealisierendes Bild von etw** *dat* **haben** to have an idealized picture of sth

Ide·a·li·sie·rung <-, -en> *f* idealization

Ide·a·lis·mus <-> [idea'lɪsmʊs] *m kein pl* idealism

Ide·a·list(in) <-en, -en> [idea'lɪst] *m(f)* idealist

ide·a·lis·tisch *adj* idealistic

Ide·al·maß *nt* ideal shape **Ide·al·vor·stel·lung** *f* ideal **Ide·al·zu·stand** *m* ideal situation

Idee <-, -n> [i'deː, *pl* i'deːən] *f* ❶ (*Einfall, Vorstellung*) idea; **eine blendende** [*o* **glänzende**] ~ (*fam*) a bright idea; **eine fixe** ~ obsession; **eine** ~ **haben** (*fig*) to have an idea; **du hast manchmal** ~**n!** the ideas [*or* things] you come up with!; **keine** [*o fam* **nicht die leiseste** [*o* **geringste**]] ~ **haben** to have no idea, to not have the faintest idea; **hast du eine** ~, **wo er sein könnte** do you have any idea where he might be?; **jdn auf eine** ~ **bringen** to give sb an idea; **eine** ~ **aufgreifen/übernehmen** to pick up on an idea; **wer hat Sie denn auf diese** ~ **gebracht?** who put this idea into your head?; **jdn auf die** ~ **bringen, etw** *akk* **zu tun** to give sb the idea of doing sth; **jdn auf andere** ~**n bringen** to take sb's mind off of sth/it; **auf eine** ~ **kommen** to get [*or* hit upon] an idea, to come up with an idea; **wie kommst du denn auf die** ~**?** whatever gave you that idea?; **jdm kommt eine** ~ sb gets an idea, sb comes up with an idea; **mir kommt da gerade eine** ~ I've just had an idea; **auf die** ~ **kommen, etw zu tun** (*fam*) to decide to do sth, to come up with the idea of doing sth ❷ (*ideale Vorstellung, Leitbild*) ideal; **humanistische** ~**n** humanistic ideas; **für seine** ~ **kämpfen** to fight for one's ideals; **die** ~ **eines vereinten Europas** the idea of a united Europe [*or* European Union] ❸ (*ein wenig*) **keine** ~ **besser sein** (*fam*) to be not one bit better; **eine** ~ **...** a touch ..., a tad ... *fam;* **die Hose ist eine** ~ **zu eng** these trousers are a bit too tight

ide·ell [ide'ɛl] *adj* spiritual; **der** ~**e Wert zählt** the intrinsic value counts

ide·en·arm *adj* unimaginative **Ide·en·ge·halt** *m* ideal **Ide·en·gut** *nt kein pl* set of ideas **ide·en·los** *adj* unimaginative, devoid of ideas **Ide·en·lo·sig·keit** <-> *f kein pl* unimaginativeness *no pl,* lack of imagination **ide·en·reich** *adj* imaginative, full of ideas **Ide·en·reich·tum** *m kein pl* imaginativeness *no pl,* inventiveness *no pl* **Ide·en·welt** *f* world of ideas; **die** ~ **der Antike** the ideas of the ancient world

Iden ['iːdn̩] *pl* Ides + *sing/pl vb;* **die** ~ **des März** the Ides of March

Iden·ti·fi·ka·ti·on <-, -en> [idɛntifika'tsi̯oːn] *f* ❶ PSYCH identification; ■**jds** ~ [**mit jdm/etw**] sb's identification [with sb/sth] ❷ *s.* **Identifizierung**

Iden·ti·fi·ka·ti·ons·fi·gur *f* role model

iden·ti·fi·zie·ren* [idɛntifi'tsiːrən] **I.** *vt* ❶ (*die Identität feststellen*) ■**jdn/etw** [**als etw** *akk*] ~ to identify sb/sth [as sth]; **bitte** ~ **Sie sich** please identify yourself ❷ (*gleichsetzen*) ■**jdn mit etw** *dat* ~ to identify sb with sth **II.** *vr* ■**sich** *akk* **mit jdm/etw** ~ to identify with sb/sth; **sich** *akk* **mit seinem Beruf** ~ to be married to one's job; **ich kann mich nicht mit den Idealen der Partei** ~ I can't relate to the party's ideals

Iden·ti·fi·zie·rung <-, -en> *f* identification

iden·tisch [i'dɛntɪʃ] *adj* identical; ■[**mit jdm**] ~ **sein** to be identical [to sb]; **die Bilder sind völlig** ~ the pictures are indistinguishable [*or* identical]

Iden·ti·tät <-> [idɛnti'tɛːt] *f kein pl* ❶ (*Echtheit*) identity; **seine** ~ **suchen/finden** to look for/find one's identity ❷ (*Übereinstimmung*) identicalness

Iden·ti·täts·kar·te *f bes* SCHWEIZ (*Personalausweis*) identity card **Iden·ti·täts·kri·se** *f* PSYCH identity crisis **iden·ti·täts·stif·tend** *adj inv* SOZIOL (*geh*) serving identity development **Iden·ti·täts·ver·lust** *m kein pl* PSYCH loss of identity *no pl*

Ide·o·lo·ge, Ide·o·lo·gin <-n, -n> [ideo'loːgə, -'loːgɪn] *m, f* ❶ (*Vertreter einer Ideologie*) ideologist, ideologue ❷ (*veraltend: weltfremder Schwärmer*) hopeless idealist

Ide·o·lo·gie <-, -n> [ideolo'giː, *pl* ideolo'giːən] *f* ideology; **demokratische** ~ democratic ideology; **politische** ~**n** political ideology *sing*

ide·o·lo·gie·frei *adj* POL, SOZIOL, PHILOS free of ideologies

Ide·o·lo·gin <-, -nen> *f fem form von* **Ideologe**

ide·o·lo·gisch [ideo'loːgɪʃ] **I.** *adj* ❶ (*eine Ideologie betreffend*) ideologic[al]; ~**e Vorgaben** ideological premises; ~ **gefestigt sein** to be ideologically sound ❷ (*pej veraltend: weltfremden Theorien anhängend*) idealist **II.** *adv* ideologically

Idi·om <-s, -e> [i'di̯oːm] *nt* ❶ (*geh: eigentümlicher Sprachgebrauch einer Gruppe*) idiom; **ein schwer verständliches** ~ an almost incomprehensible idiom ❷ (*Redewendung*) idiom, saying

Idi·o·ma·tik <-> [idi̯o'maːtɪk] *f kein pl* ❶ (*Wissenschaft*) idiomology ❷ (*Aufstellung von Redewendungen*) glossary of idioms

idi·o·ma·tisch [idi̯o'maːtɪʃ] **I.** *adj* idiomatic **II.** *adv* idiomatically

Idi·ot(in) <-en, -en> [i'di̯oːt] *m(f)* ❶ (*pej fam: Dummkopf*) idiot, prat BRIT ❷ MED (*veraltet: Schwachsinniger*) idiot

Idi·o·ten·hü·gel *m* (*hum fam*) nursery [*or* beginner's] slope

idi·o·ten·si·cher **I.** *adj* (*hum fam*) foolproof **II.** *adv* (*fam*) effortlessly

Idi·o·tie <-, -n> [idio'ti:] *f* ❶ (*pej fam: dummes Verhalten*) idiocy ❷ MED (*veraltet: Schwachsinn*) idiocy

Idi·o·tin <-, -nen> *f fem form von* **Idiot**

idi·o·tisch [i'dio:tɪʃ] *adj* (*fam*) idiotic, stupid; **etw ~ finden** to find sth idiotic; **wie ~ von mir** how stupid [*or* idiotic] of me

Idol <-s, -e> [i'do:l] *nt* ❶ (*Vorbild*) idol; **in jdm ein ~ sehen** to see sb as one's idol; **zum ~ werden** to become an idol ❷ KUNST (*Götzenbild*) idol

Idyll <-s, -e> [i'dʏl] *nt* idyll; **ein ländliches ~** a rural [*or* pastoral] idyll

Idyl·le <-, -n> [i'dʏlə] *f* ❶ LIT (*Darstellung*) idyll ❷ (*Zustand*) idyll, idyllic situation

idyl·lisch [i'dʏlɪʃ] **I.** *adj* ❶ (*einem Idyll gemäß*) idyllic; **eine ~e Landschaft** an idyllic countryside ❷ LIT (*pastoral friedlich*) idyllic **II.** *adv* idyllically

IG <-, -s> *f Abk von* **Industriegewerkschaft**

Igel <-s, -> ['i:gl̩] *m* ❶ (*Stacheltier*) hedgehog ❷ (*hum fam: sehr kurzer Haarschnitt*) crew cut

igitt, igitt·igitt [i'gɪtigɪt] *interj* ugh, yuk

Ig·lu <-s, -s> ['i:glu] *m o nt* igloo

Ig·no·rant(in) <-en, -en> [ɪgno'rant] *m(f)* (*pej geh*) ignoramus *hum form;* **künstlerischer ~** sb with no idea about art

Ig·no·ranz <-> [ɪgno'rants] *f kein pl* (*pej geh*) ignorance *no pl*

ig·no·rie·ren* [ɪgno'ri:rən] *vt* ■**jdn/etw ~** to ignore sb/sth; ■**~, dass** to ignore the fact that

IHK <-, -s> [i:ha:'ka:] *f Abk von* **Industrie- und Handelskammer**

ihm [i:m] *pron pers dat von* **er, es**[1] ❶ (*dem Genannten*) him; **es geht ~ nicht gut** he doesn't feel very well; *nach Präpositionen* him; **ich war gestern bei ~** I was at his place yesterday; **das ist ein Freund von ~** he's a friend of his ❷ *bei Tieren und Dingen* (*dem genannten Tier oder Ding*) it; *bei Haustieren* him

ihn [i:n] *pron pers akk von* **er** ❶ (*den Genannten*) him; **ich liebe ~** I love him ❷ *bei Tieren und Dingen* (*das genannte Tier oder Ding*) it; *bei Haustieren* him

ih·nen ['i:nən] *pron pers dat pl von* **sie** them; *nach Präpositionen* them; **ich war die ganze Zeit bei ~** I was at their place the whole time

Ih·nen ['i:nən] *pron pers dat sg o pl von* **Sie** you; **schönes Wochenende! – ~ auch** have a nice weekend! – you too [*or* and you]; *nach Präpositionen* you

ihr[1] <*gen* euer, *dat* euch, *akk* euch> [i:ɐ̯] *pron pers 2. pers pl nomin von* **sie** you ❶ (*Anrede an Personen, die man duzt*) **~ seid herzlich willkommen** you're very welcome; **~ Lieben!** my dears! ❷ (*veraltet: Anrede an Einzelperson*) thou *hist*

ihr[2] [i:ɐ̯] *pron pers dat sing von* **sie** (*der Genannten*) her; **ich habe ~ vertraut** I trusted her

ihr[3] [i:ɐ̯] *pron poss, adjektivisch* ❶ *sing* her; **~ Kleid** her dress; **~ letzter Film** her last film ❷ *pl* their; **Eltern mit ~en Kindern** parents with their children

Ihr [i:ɐ̯] *pron poss, adjektivisch* ❶ *sing* your; **~ Brief hat mich sehr berührt** your letter was very touching ❷ *pl* your; **wir freuen uns über ~ zahlreiches Erscheinen** we are pleased to see so many of you here today

ih·re(r, s) *pron poss, substantivisch* ❶ *sing* (*dieser weiblichen Person*) her; **das ist nicht seine Aufgabe, sondern ~** that isn't his task, it's hers; ■**der/die/das ~** hers ❷ *pl* theirs

Ih·re(r, s)[1] *pron poss, substantivisch, auf Sie bezüglich* ❶ *sing* your; ■**der/die/das ~** yours; **ich bin ganz/stets der ~** I am always at your service ❷ *pl* your; ■**der/die/das ~** yours ❸ *sing und pl* (*Angehörige*) ■**die ~n** your loved ones ❹ *sing und pl* (*Eigentum*) ■**das ~** yours; (*was Ihnen zukommt*) what you deserve; **Sie haben alle das ~ getan** they have all done their bit

Ih·re(r, s)[2] *pron poss, substantivisch, auf sie sing bezüglich* ❶ (*Angehörige*) ■**der/[die] ~[n]** her loved one[s]; **sie dachte immer an die ~n** she always thought of her family ❷ (*Eigentum*) ■**das ~** hers ❸ (*was ihr zukommt*) **das ~ besteht darin, sich um die Korrespondenz zu kümmern** it's her job to deal with the correspondence

Ih·re(r, s)[3] *pron poss, substantivisch, auf sie pl bezüglich* ❶ (*Angehörige*) ■**der/[die] ~[n]** their loved ones ❷ (*Eigentum*) ■**das ~** their things ❸ (*was ihnen zukommt*) **nun müssen die Mitarbeiter das ~ tun** now the workers have to do their bit

ih·rer *pron pers gen von* **sie** ❶ *sing* (*geh*) her ❷ *pl* (*geh*) them; **es waren ~ sechs** there were six of them

Ih·rer *pron pers* (*geh*) *gen von* **Sie** ❶ *sing* [of] you ❷ *pl* you

ih·rer·seits ['i:rɐ'zaits] *adv* ❶ *sing* for her [*or* its] part ❷ *pl* for their part

Ih·rer·seits ['i:rɐ'zaits] *adv sing o pl* (*von Ihrer Seite aus*) for your part

ih·res·glei·chen ['i:rəs'glaiçn̩] *pron inv* ❶ *sing* (*Leute wie sie* [*sing f*]) her [own] kind, people like her, her sort, the likes of her *pej;* **sie pflegt nur Kontakte zu ~** she only has contact with her own kind ❷ *pl* (*Leute wie sie*) their [own] kind

Ih·res·glei·chen ['i:rəs'glaiçn̩] *pron inv* ❶ *sing* (*Leute wie Sie*) people like you; **Sie umgeben sich nur mit ~** you are only surrounded by your own sort ❷ *pl* (*pej: Leute wie Sie*) your [own] kind ❸ (*solches Pack wie Sie*) your sort, the likes of you *a pej;* **ich kenne [Sie und] ~** I know your kind!

ih·ret·hal·ben ['i:rət'halbn̩] *adv* (*veraltend*) *s.* **ihretwegen**

Ih·ret·hal·ben ['i:rət'halbn̩] *adv* (*veraltend*) *s.* **Ihretwegen**

ih·ret·we·gen ['i:rət've:gn̩] *adv* ❶ *fem sing* (*wegen ihr*) as far as she is/was concerned; **~ brauchen wir uns keine Sorgen zu machen** we don't need to worry about her ❷ *pl* (*wegen ihnen*) as far as they are/were concerned; **ich mache mir ~ schon Sorgen** I'm starting to worry about them

Ih·ret·we·gen ['i:rət've:gn̩] *adv sing/pl* because of you, for you; **ich bin nur ~ hiergeblieben** I've only stayed here for you

ih·ret·wil·len ['i:rət'vɪlən] *adv* ■**etw** *akk* **um ~ tun** (*ihr zuliebe*) to do sth for her [sake]; (*ihnen zuliebe*) for them, for their sake

Ih·ret·wil·len ['i:rət'vɪlən] *adv sing und pl* ■**etw** *akk* **um ~ tun** to do sth for you, for your sake; **das tue ich nur um ~** I'm only doing it because it's you

ih·ri·ge(r, s) <-n, -n> ['i:rɪgə, 'i:rɪgɐ, 'i:rɪgəs] *pron poss* (*veraltend geh*) *s.* **ihre(r, s)**

Ih·ri·ge(r, s) <-n, -n> ['i:rɪgə, 'i:rɪgɐ, 'i:rɪgəs] *pron poss* (*veraltend geh*) *s.* **Ihre(r, s)**

i.J. *Abk von* **im Jahre** in the year of

Iko·ne <-, -n> [i'ko:nə] *f* icon

Iko·nen·blick *m expression in the eyes of icons;* **ein schwermütiger ~** melancholy eyes typical of icons

Ilex <-> ['i:lɛks] *m kein pl* BOT holly

il·le·gal ['ɪlega:l] *adj* illegal

Il·le·ga·li·tät <-, -en> ['ɪlegalitɛ:t, ɪlegali'tɛ:t] *f* ❶ *kein pl* (*Gesetzwidrigkeit*) illegality; **in der ~ leben** to lead a life of crime ❷ (*illegale Tätigkeit*) something illegal; **ich beteilige mich nicht an ~en** I'm not getting involved in anything illegal

il·le·gi·tim ['ɪlegiti:m, ɪlegi'ti:m] *adj* ❶ (*unrechtmäßig*) unlawful, illegitimate; **eine ~e Thronfolge** an illegitimate line of succession ❷ (*unehelich*) illegitimate; **ein ~es Kind** an illegitimate child ❸ (*nicht berechtigt*) wrongful; **eine ~e Forderung** an unjust demand

il·li·quid ['ɪlikvi:t, ɪlik'vi:t] *adj* (*fachspr*) illiquid *spec*

il·lo·yal ['ɪloaja:l, ɪloa'ja:l] **I.** *adj* (*geh*) disloyal; **eine ~e Einstellung gegenüber jdm/etw haben** to have a disloyal attitude towards sb/sth **II.** *adv* disloyally; **sich** *akk* **~ gegenüber jdm/etw verhalten** to behave disloyally towards sb/sth

Il·lo·ya·li·tät <-, -en> ['ɪloajalitɛ:t, ɪloajali'tɛ:t] *f pl selten* (*geh*) disloyalty

Il·lu·mi·na·ti·on <-, -en> [ɪlumina'tsi̯o:n] *f* ❶ (*Beleuchtung*) illumination *form* ❷ REL (*göttliche Erleuchtung*) enlightenment ❸ KUNST (*Buchmalerei*) illumination

il·lu·mi·nie·ren* [ɪlumi'ni:rən] *vt* (*geh*) ❶ (*festlich beleuchten*) ■**etw** ~ to illuminate sth *form* ❷ KUNST (*mit Buchmalerei versehen*) to illuminate

Il·lu·si·on <-, -en> [ɪlu'zi̯o:n] *f* illusion; **kindliche ~en** childish illusions; **~en haben** to have illusions, to delude oneself; **sich** *akk* **einer ~** *dat* **hingeben** to be under an illusion; **sich** *akk* **der ~ hingeben, [dass]** to be under the illusion [that]; **sich** *dat* **[über etw** *akk*] **~en machen** to harbour [*or* AM -or] illusions [about sth]; **einer ~ nachjagen** to chase dreams; **sich** *dat* **keine ~en machen** to not have any illusions; **jdm alle ~en nehmen** [*o* **rauben**] to dispel [*or* strip sb of] all of sb's illusions

il·lu·si·o·när [ɪluzi̯o'nɛ:ɐ̯] *adj* (*geh*) ❶ (*auf Illusionen beruhend*) illusory *form;* **er hat völlig ~e Vorstellungen vom Leben** he has totally illusory conceptions of life ❷ KUNST illusionary

il·lu·si·ons·los *adj* without any illusions *pred,* having no illusions *pred*

il·lu·so·risch [ɪlu'zo:rɪʃ] *adj* ❶ (*trügerisch*) illusory ❷ (*zwecklos*) pointless, futile

il·lus·ter [ɪ'lʏstɐ] *adj* (*geh*) illustrious *fam;* **ein illustrer Kreis** an illustrious circle

Il·lus·tra·ti·on <-, -en> [ɪlʊstra'tsi̯o:n] *f* ❶ (*Abbildung zu einem Text*) illustration ❷ (*Veranschaulichung*) illustration; **zur ~ von etw** to illustrate sth

il·lus·tra·tiv [ɪlʊstra'ti:f] *adj* (*geh*) ❶ (*als Illustration dienend*) illustrative; **eine ~e Zeichnung** an illustrational drawing ❷ (*anschaulich*) illustrative, illustratory

Il·lus·tra·tor(in) <-s, -toren> [ɪlʊs'tra:toɐ̯, *pl* ɪlʊstra'to:rən] *m(f)* illustrator

il·lus·trie·ren* [ɪlʊs'tri:rən] *vt* ❶ (*bebildern*) ■**etw [mit etw** *dat*] ~ to illustrate sth [with sth] ❷ (*geh: veranschaulichen*) ■**[jdm] etw** ~ to illustrate sth [to/for sb]

Il·lus·trier·te <-n, -n> *f* magazine, illustrated *dated*

Il·lus·trie·rung <-, -en> *f* illustration

Il·tis <-ses, -se> ['ɪltɪs] *m* ❶ (*Raubtier*) polecat ❷ (*Fell des ~*) polecat [fur], fitch; **[einen] ~ tragen** to wear [a] polecat fur

im [ɪm] = **in dem** ❶ (*sich dort befindend*) in the; **~ Bett** in bed; **~ Haus** at the house; **~ Januar** in January; **~ Begriff sein, etw zu tun** to be about to do sth; **~ Prinzip** in principle; **~ Bau sein** to be under construction ❷ (*dabei seiend, etw zu tun*) while; **etw ist ~ Kommen** sth is coming; **er ist noch ~ Wachsen** he is still growing; *s. a.* **in**[1]

IM <-s, -s> [i:'ʔɛm] *m o f Abk von* **inoffizieller Mitarbeiter** [Stasi] collaborator

Image <-[s], -s> ['ɪmɪtʃ] *nt* image; **ein gutes/schlechtes ~ haben** to have a good/poor image; **jds ~ aufpolieren** to improve sb's image; **sein ~ pflegen** to be image-conscious

Image·pfle·ge *f kein pl* image-making *no pl;* **~ treiben** to maintain an image **Image·ver·lust** *m* blow to one's image, loss of face *fam*

ima·gi·när [imagi'nɛ:ɐ̯] *adj* (*geh*) imaginary

Ima·gi·na·ti·on <-, -en> [imagina'tsi̯o:n] *f* (*geh*) imagination

Imam <-s, -e> [i'ma:m] *m* Imam

Im·biss[RR] <-es, -e> ['ɪmbɪs] *m,* **Im·biß**[ALT] <-sses, -sse> *m* ❶ (*kleine Mahlzeit*) snack; **einen ~ zu sich nehmen** to have a snack; **einen ~ reichen** to offer a snack ❷ (*fam*) *s.* **Imbissstand**[RR]

Im·biss·hal·le[RR] *f* fast food restaurant **Im·biss·stand**[RR] *m* fast food stall **Im·biss·stu·be**[RR] *f* snack bar, cafe

Imi·ta·ti·on <-, -en> [imita'tsi̯o:n] *f* imitation

Imi·ta·tor(in) <-s, -toren> [imi'ta:to:ɐ̯, *pl* imita'to:rən] *m(f)* imitator; (*von Personen*) impressionist

imi·tie·ren* [imi'ti:rən] *vt* ■**etw** ~ to imitate sth; ■**jdn** ~ to imitate sb; (*im Kabarett*) to impersonate sb; **imitierter Schmuck** imitation jewellery [*or* AM *usu* jewelry]

Im·ker(in) <-s, -> ['ɪmkɐ] *m(f)* bee-keeper, apiarist

Im·ke·rei <-, -en> [ɪmkə'rai] *f* (*Betrieb*) apiary; (*Beruf, Bienenzucht*) beekeeping, apiculture

Im·ke·rin <-, -nen> *f fem form von* **Imker**

im·ma·te·ri·ell ['ɪmateri̯ɛl, ɪmater'i̯ɛl] *adj* (*geh*) immaterial

Im·ma·tri·ku·la·ti·on <-, -en> [ɪmatrikula'tsi̯o:n] *f* matriculation; (*an der Universität*) registration

im·ma·tri·ku·lie·ren* [ɪmatriku'li:rən] **I.** *vt* ❶ (*einschreiben*) ■**jdn** ~ to matriculate [*or* register] sb; ■**immatrikuliert sein** to be matriculated *form,* to be registered ❷ SCHWEIZ (*zulassen*) **ein Fahrzeug** ~ to register a vehicle **II.** *vr* (*sich einschreiben*) ■**sich** *akk* ~ to matriculate, to register

im·mens [ɪ'mɛns] *adj* (*geh*) immense, huge

im·mer ['ɪmɐ] **I.** *adv* ❶ (*ständig, jedes Mal*) always, all the time; **hier scheint ~ die Sonne** the sun always shines here [*or* the sun shines all the time here]; **das wollte ich ~ schon einmal tun** I've always wanted to do that; **für ~** forever; **~ und ewig** for ever and ever; **wie ~** as usual; **~ weiter** just [you] carry on, go ahead; **~ langsam voran!** take your time!; **~ mit der Ruhe** take it easy; **nur ~ her damit** hand it over; **~, wenn** every time; **~, wenn ich spazieren gehen will, regnet es** why does it always rain when I want to go for a walk?; **~ wieder** again and again, over and over [again]; **etw ~ wieder tun** to keep on doing sth ❷ (*zunehmend*) increasingly; **~ häufiger** more and more frequently; **~ mehr** more and more ❸ (*fam: jeweils*) each; **~ am vierten Tag** every fourth day; **er nahm ~ zwei Stufen auf einmal** he took two steps at a time **II.** *part* **[nur] ~ her damit!** (*fam*) let's have it/them then! *fam,* hand it/them over! *fam;* **~ mal** (*fam*) now and again; **~ noch** still; **~ noch nicht** still not; **ist er denn ~ noch nicht zurück?** is he still not back?; **wann/was/wer/wie/wo [auch] ~** whenever/whatever/whoever/however/wherever

im·mer·dar ['ɪmɐ'da:ɐ̯] *adv* (*geh*) forever; **jetzt und ~** for now and ever more; **„~ und in alle Ewigkeit, Amen!"** 'forever and ever, amen' **im·mer·fort** ['ɪmɐ'fɔrt] *adv* continually, constantly **im·mer·grün** ['ɪmɐgry:n] *adj attr* evergreen **Im·mer·grün** ['ɪmɐgry:n] *nt* evergreen, periwinkle; **das große/kleine ~** the periwinkle/lesser periwinkle **im·mer·hin** ['ɪmɐ'hɪn] *adv* ❶ (*wenigstens*) at least ❷ (*schließlich*) after all; **~ ist er älter als du** after all he is older than you ❸ (*allerdings, trotz allem*) all the same, at any rate, anyhow; **~!** all the same! **im·mer·wäh·rend** *adj attr* (*geh*) continuous; **ein ~er Kampf** a perpetual battle; *s. a.* **immer**[1], **Kalender im·mer·zu** ['ɪmɐ'tsu:] *adv s.* **immerfort**

Im·mi·grant(in) <-en, -en> [ɪmi'grant] *m(f)* immigrant

Im·mi·gra·ti·on <-, -en> [ɪmigra'tsi̯o:n] *f* immigration

im·mi·grie·ren* [ɪmi'gri:rən] *vi sein* to immigrate

Im·mis·si·on <-, -en> [ɪmɪ'si̯o:n] *f* immission

im·mo·bil ['ɪmobi:l] *adj* (*geh*) ❶ (*unbeweglich*) immobile; ÖKON (*bei Vermögen*) real, immovable ❷ MIL (*nicht kriegsbereit*) not on a war footing; **~e Truppe/Einheit** troops/unit unable to engage the enemy

Im·mo·bi·lie <-, -n> [ɪmo'bi:li̯ə] *f meist pl* real estate *no pl;* ■**~n** property *no pl;* **eine ~ veräußern** to dispose of a property; **Geld in ~n anlegen** to invest money in property

Im·mo·bi·li·en·be·stand *m* real estate **Im·mo·bi·li·en·fonds** *m* property fund **Im·mo·bi·li·en·händ·ler(in)** *m(f)* property dealer, real estate dealer, realtor AM **Im·mo·bi·li·en·mak·ler(in)** *m(f)* estate agent **Im·mo·bi·li·en·markt** *m* ÖKON property market

Im·mor·tel·le <-, -n> [ɪmɔr'tɛlə] *f* BOT immortelle, everlasting [flower]

im·mun [ɪ'mu:n] *adj* ❶ (*gefeit*) ■**[gegen etw** *akk*] **~ sein** (*a. fig*) to be immune [to sth] ❷ (*vor Strafverfolgung geschützt*) immune

Im·mun·ab·wehr *f* immune defence [*or* AM -se] [system]

Im·mun·glo·bu·lin <-s, -e> [ɪmunglobu'li:n] *nt* MED, CHEM immunoglobin

im·mu·ni·sie·ren* [ɪmuni'zi:rən] *vt* ■**jdn** [**gegen etw** *akk*] ~ to immunize sb [against sth]

Im·mu·ni·sie·rung <-, -en> *f* immunization

Im·mu·ni·tät <-, *selten* -en> [ɪmuni'tɛ:t] *f* ① (*Unempfänglichkeit*) ■**die/eine/jds** ~ [**gegen etw** *akk*] [sb's] immunity [to sth]; ~ **gegen Krankheitserreger** immunity to pathogenes ② (*Schutz vor Strafverfolgung*) immunity; **jds** ~ **aufheben** to withdraw sb's immunity; **diplomatische** ~ **genießen** to have diplomatic immunity

Im·mu·no·lo·ge, Im·mu·no·lo·gin <-n, -n> [ɪmuno'lo:gə, -'lo:gɪn] *m, f* immunologist

Im·mun·re·ak·ti·on *f* MED immune response **Im·mun·schwä·che** *f* immunodeficiency *spec* **Im·mun·schwä·che·krank·heit** *f* MED immune deficiency syndrome **Im·mun·sys·tem** *nt* immune system

Im·pa·la <-, -s> [ɪm'pa:la] *f* ZOOL impala

Im·pe·ra·tiv <-s, -e> ['ɪmperati:f, *pl* -ti:ve] *m* ① LING (*Verb in der Befehlsform*) imperative [form] *spec* ② PHILOS (*sittliches Gebot*) **kategorischer** ~ categorical imperative

Im·per·fekt <-s, -e> ['ɪmpɛrfɛkt] *nt* imperfect [tense] *spec; s. a.* **Präteritum**

Im·pe·ri·a·lis·mus <-, *selten* -lismen> [ɪmperi̯a'lɪsmʊs] *m* imperialism

Im·pe·ri·a·list(in) <-en, -en> [ɪmperi̯alɪst] *m(f)* (*pej*) imperialist

im·pe·ri·a·lis·tisch [ɪmperi̯a'lɪstɪʃ] *adj* (*pej*) imperialist[ic]; ~**e Machtpolitik** imperialistic power politics

Im·pe·ri·um <-s, -rien> [ɪm'pe:ri̯ʊm] *nt* ① HIST (*Weltreich, Kaiserreich*) empire ② (*geh: Machtbereich*) imperium *fig;* **das** ~ **der großen Konzerne** the imperium of the multinationals

im·per·ti·nent [ɪmpɛrti'nɛnt] *adj* (*geh*) impertinent, impudent

Im·per·ti·nenz <-, -en> [ɪmpɛrti'nɛnts] *f* (*geh*) ① *kein pl* (*Unverschämtheit*) impertinence, impudence ② (*selten: unverschämte Äußerung*) impertinent/impudent remark

Im·pe·tus <-> ['ɪmpetʊs] *m* (*geh: Schwungkraft*) verve, zest

Impf·aus·weis *f* MED vaccination certificate

imp·fen ['ɪmpfn̩] *vt* ① (*mit Impfstoff spritzen*) ■**jdn** [**gegen etw** *akk*] ~ to inoculate sb [against] sth, to vaccinate sb [against sth]; ■**jdn/sich** ~ **lassen** to have sb/oneself inoculated/vaccinated; **jd ist geimpft worden** (*fig*) sb has been indoctrinated ② BIOL (*Mikroorganismen einbringen*) ■**etw** [**mit etw** *dat*] ~ to inoculate sth [with sth]

Impf·ling <-s, -e> ['ɪmpflɪŋ] *m* (*geh*) *child who is to be or who has just been inoculated*

Impf·pass^RR *m* vaccination card, vaccination certificate **Impf·pis·to·le** *f* vaccination gun **Impf·scha·den** *m* adverse effect of vaccination **Impf·stoff** *m* vaccine, serum

Imp·fung <-, -en> *f* inoculation, vaccination

Im·plan·tat <-[e]s, -e> [ɪmplan'ta:t] *nt* implant

Im·plan·ta·ti·on <-, -en> [ɪmplanta'tsi̯o:n] *f* MED implantation

im·plan·tie·ren [ɪmplan'ti:rən] *vt* ■[**jdm**] **etw** ~ to implant sth [into sb]

im·pli·zie·ren* [ɪmpli'tsi:rən] *vt* (*geh*) ■**etw** ~ to imply sth

im·pli·zit [ɪmpli'tsi:t] *adj inv* (*geh*) implicit

im·plo·die·ren* [ɪmplo'di:rən] *vi sein* (*fachspr*) to implode *spec*

Im·plo·si·on <-, -en> [ɪmplo'zi̯o:n] *f* (*fachspr*) implosion *spec*

Im·pon·de·ra·bi·li·en <-> [ɪmpɔndera'bi:li̯ən] *fpl* (*geh*) imponderables *pl*

im·po·nie·ren* [ɪmpo'ni:rən] *vi* ■[**jdm**] ~ to impress [sb]

im·po·nie·rend *adj* impressive; **eine** ~**e Leistung** an impressive performance

Im·po·nier·ge·ha·be *nt* ① ZOOL display pattern ② (*fig, pej*) show, exhibitionism *pej;* **das ist bloßes/reines** ~ that's all show

Im·port <-[e]s, -e> [ɪm'pɔrt] *m* ① *kein pl* (*Einfuhr*) import[ation]; **der** ~ **von Rohstoffen** raw material imports ② (*Importware*) import; **zollpflichtige** ~**e** dutiable imports

Im·port·ab·ga·ben *pl* ÖKON import duties **Im·port·ar·ti·kel** *m* imported item, imported product **Im·port·be·schrän·kung** *f* import restriction

Im·por·teur(in) <-s, -e> [ɪmpɔr'tø:ɐ] *m(f)* importer

Im·port·han·del *m* import trade [*or* business]

im·por·tie·ren* [ɪmpɔr'ti:rən] *vt* ■**etw** ~ to import sth

Im·port·wa·re *f* imported item, imported product

im·po·sant [ɪmpo'zant] *adj* imposing, impressive; *Stimme* commanding; **eine** ~**e Figur** an imposing figure; ~ **wirken** to be imposing/impressive

im·po·tent ['ɪmpotɛnt] *adj* impotent; ~ **sein** to be impotent; **etw macht** ~ sth causes impotence; **jdn** ~ **machen** to render sb impotent

Im·po·tenz <-> ['ɪmpotɛnts] *f kein pl* impotence

im·präg·nie·ren* [ɪmprɛgni:rən] *vt* ■**etw** [**mit etw** *dat*] ~ ① (*wasserabweisend machen*) to waterproof sth [with sth] ② (*behandeln*) to impregnate sth [with sth]

Im·präg·nie·rung <-, -en> *f* ① (*das Imprägnieren*) impregnation ② (*behandelter Zustand*) impregnated finish

Im·pres·si·on <-, -en> [ɪmprɛ'si̯o:n] *f* (*geh*) impression; ~**en wiedergeben/schildern** to recount/describe impressions

Im·pres·si·o·nis·mus <-> [ɪmprɛsi̯o'nɪsmʊs] *m* Impressionism

Im·pres·si·o·nist(in) <-en, -en> [ɪmprɛsi̯o'nɪst] *m(f)* Impressionist

im·pres·si·o·nis·tisch *adj* Impressionist

Im·pres·sum <-s, Impressen> [ɪm'prɛsʊm] *nt* imprint

Im·pro·vi·sa·ti·on <-, -en> [ɪmproviza'tsi̯o:n] *f* improvisation ① (*das Improvisieren*) improvisation ② (*Stegreifschöpfung*) improvisation, extemporization; ~**en spielen** to play improvisations

im·pro·vi·sie·ren* [ɪmprovi'zi:rən] **I.** *vi* to improvise **II.** *vt* ■**etw** ~ to improvise sth; **ein Essen** ~ to make an improvised meal; **eine Rede** ~ to give an improvised speech

Im·puls <-es, -e> [ɪm'pʊls] *m* ① (*Anstoß, Auftrieb*) stimulus, impetus; **etw** *akk* **aus einem** ~ **heraus tun** to do sth on impulse ② ELEK (*Stromstoß von kurzer Dauer*) pulse ③ PHYS impulse, momentum

im·pul·siv [ɪmpʊl'zi:f] *adj* impulsive; **ein** ~**er Mensch** an impulsive person

im·stan·de, im Stan·de [ɪm'ʃtandə] *adj pred* ■**zu etw** *dat* ~ **sein** to be capable of doing sth, to be able to do sth, to be in a position to do sth; ~ **sein, etw zu tun** to be able to do sth; **er ist sehr wohl** ~**, sich zu benehmen** he can behave when he wants to; **sich** *akk* ~ **fühlen, etw zu tun** to feel able to do sth, to feel capable of doing sth; **zu allem** ~ **sein** (*fam*) to be capable of anything; **zu nichts mehr** ~ **sein** (*fam*) to be shattered *fam*, to be knackered BRIT *sl;* **jd ist** ~ **und tut etw** (*iron fam*) you can bet sb will do sth; **sie ist** ~ **und glaubt alles, was er sagt** she is quite capable of believing everything he says

in[1] [ɪn] *präp* ① +*dat* (*darin befindlich*) in; **sie wohnt** ~ **Berlin** she lives in Berlin; **bist du schon mal in New York gewesen?** have you ever been to New York?; **ich arbeite seit einem Jahr** ~ **dieser Firma** I've been working for this company for a year; **du siehst** ~ **diesem Kleid toll aus** you look great in that dress; **es stand gestern** ~ **der Zeitung** it was in the newspaper yesterday ② +*akk* (*hin zu einem Ziel*) into; **wir fahren** ~ **die Stadt** we're going into town; **er warf die Reste** ~ **den Mülleimer** he threw the leftovers in the bin; ~ **die Kirche/Schule gehen** to go to church/school ③ +*dat* (*innerhalb von*) in; ~ **diesem Sommer** this summer; ~ **diesem Augenblick** at the moment; ~ **diesem Jahr/Monat** this year/month; ~ **einem Jahr bin ich 18** in a year I'll be 18 ④ +*akk* (*bis zu einer Zeit*) until; **wir haben bis** ~ **die Nacht getanzt** we danced until the early hours ⑤ +*dat o akk* (*Verweis auf ein Objekt*) at; **es** ~ **sich haben** to have what it takes; **der Schnaps hat es** ~ **sich** the schnapps packs a punch, that's some schnapps!; **sich** ~ **jdm täuschen** to be wrong about sb;

er ist Fachmann ~ seinem Beruf he is an expert in his field ❻ (*fachspr: mit*) in; **er handelt ~ Textilien** he deals in textiles ❼ +*dat* (*auf eine Art und Weise*) in; ~ **Schwierigkeiten sein** [*o* **stecken**] to be in difficulties; ~ **Wirklichkeit** in reality; **haben Sie nichts ~ Blau?** haven't you got anything in blue?; *s. a.* **im, ins**

in² [ɪn] *adj* (*fam*) in *fam*; ■~ **sein** to be in; **diese Musik ist gerade ~** this kind of music is really in at the moment

in·ak·zep·ta·bel ['ɪnʔaktsɛpta:bl] *adj* (*geh*) unacceptable

In·an·spruch·nah·me <-> *f kein pl* (*geh*) ❶ (*Nutzung*) use, utilization; **nur durch die ~ eines Kredits kann ich das Projekt verwirklichen** I can only realize the project if I can get a loan; **auf ~ seiner Rechte verzichten** to waive one's rights; **die ~ von Rechtsbeistand/Vergünstigungen/Sozialhilfe** claims for legal aid/privileges/social security ❷ (*Belastung, Beanspruchung*) demand; **die berufliche ~** the demands of one's job; **die starke ~ führt zu hohem Verschleiß** frequent use leads to rapid signs of wear and tear

In·be·griff ['ɪnbəgrɪf] *m kein pl* epitome, quintessence (+*gen* of); **der ~ von Eleganz** the epitome of elegance; **der ~ des Schreckens** the quintessence of terror; **der ~ von einem Spießer** the epitome of a square

in·be·grif·fen ['ɪnbəgrɪfn̩] *adj pred* inclusive; ■**in etw** *dat* ~ **sein** to be included in sth; **die Bedienung ist im Preis ~** service is included in the price

In·be·trieb·nah·me <-, -n> *f* (*geh*) ❶ (*erstmalige Nutzung*) opening; **die ~ des neuen Supermarkts** the opening of the new supermarket ❷ (*Einschaltung*) operation; **die ~ des Kraftwerks** the commissioning of the power station; **die ~ einer Maschine** bringing a machine into service

In·brunst <-> *f kein pl* (*geh*) fervour [*or* AM -or], ardour [*or* AM -or]; **mit ~** ardently; **voller ~** full of ardour

in·brüns·tig ['ɪnbrʏnstɪç] *adj* (*geh*) fervent, ardent

In·bus·schlüs·sel ['ɪnbʊs-] *m* Allen key® *spec* **In·bus·schrau·be** *f* Allen screw®

in·dem [ɪn'de:m] *konj* ❶ (*dadurch, dass*) by; **ich halte mich gesund, ~ ich viel Sport treibe** I stay healthy by doing lots of sport ❷ (*während*) while, whilst BRIT *form*

In·der(in) <-s, -> ['ɪndɐ] *m(f)* Indian; ~ **sein** to be Indian [*or* from India]; ■**die ~** the Indian; *s. a.* **Deutsche(r)**

in·des [ɪn'dɛs], **in·des·sen** [ɪn'dɛsn̩] **I.** *adv* ❶ (*inzwischen*) in the meantime, meanwhile ❷ (*jedoch*) however; **einige Tierarten passen sich an, andere sterben ~ aus** some species adapt but others die out [*or* become extinct] **II.** *konj* (*geh*) ❶ (*während* [*temporal*]) while ❷ (*wohingegen*) while; **ich trinke gerne Bier, ~ meine Frau Wein bevorzugt** I like to drink beer while my wife prefers wine

In·dex <-[es], -e *o* Indizes> ['ɪndɛks, *pl* 'ɪnditse:s] *m* ❶ (*alphabetisches Verzeichnis*) index ❷ (*statistischer Messwert*) index; **die Miete ist an den ~ der Lebenshaltungskosten gekoppelt** the rent is linked to the cost-of-living index ❸ LING, MATH (*Hochzahl, Tiefzahl*) index ❹ REL index [librorum prohibitorum] [*or* [expurgatorius]]; **etw** *akk* **auf den ~ setzen** to put something on the index; **auf dem ~ stehen** to be on the blacklist

In·di·a·ner(in) <-s, -> [ɪn'di̯a:nɐ] *m(f)* Indian *esp pej*, Native American

In·di·a·ner·boh·ne *f* kidney bean

in·di·a·nisch [ɪn'di̯a:nɪʃ] *adj* Native American, Indian *esp pej*

In·di·a·nisch [ɪn'di̯a:nɪʃ] *nt decl wie adj* Indian; ■**das ~e** [the] Indian [language]

In·di·en <-s> ['ɪndi̯ən] *nt* India; *s. a.* **Deutschland**

in·dif·fe·rent ['ɪndɪfərɛnt, ɪndɪfə'rɛnt] *adj* (*geh*) indifferent; ■[**einer S.** *dat* **gegenüber**] ~ **sein** to be indifferent [towards sth]

in·di·gniert [ɪndɪgni:ɐ̯t] *adj* (*geh*) indignant

In·di·go <-s, -s> ['ɪndigo] *nt o m* indigo

in·di·go·blau *adj* indigo [blue]

In·dik <-> ['ɪndɪk] *m* Indian Ocean

In·di·ka·ti·on <-, -en> [ɪndika'tsi̯o:n] *f* ❶ MED (*Heilanzeige*) indication *spec* ❷ JUR (*Grund für einen Schwangerschaftsabbruch*) grounds for the termination of a pregnancy; **ethische/medizinische/soziale ~** ethical/medical/social grounds for the termination of a pregnancy

In·di·ka·tiv <-s, -e> ['ɪndikati:f] *m* indicative [mood] *spec*

In·di·ka·tor <-s, -toren> [ɪndi'ka:to:ɐ̯, *pl* ɪndika'to:rən] *m* ❶ (*geh: Anzeichen*) indicator, sign; **ein ~ für etw** *akk* **sein** to be an indicator/sign of sth ❷ CHEM (*Substanz*) indicator *spec* ❸ TECH indicator

In·dio <-s, -s> ['ɪndi̯o] *m* Indian (*from Central or Latin America*)

in·di·rekt ['ɪndirɛkt, ɪndi'rɛkt] *adj* indirect; **einen ~en Freistoß ausführen** to take an indirect free kick; *s. a.* **Rede**

in·disch ['ɪndɪʃ] *adj* ❶ (*Indien betreffend*) Indian; *s. a.* **deutsch 1** ❷ LING Indian; *s. a.* **deutsch 2**

In·disch ['ɪndɪʃ] *nt decl wie adj* ❶ LING Indian; *s. a.* **Deutsch 1** ❷ (*Fach*) Indian; *s. a.* **Deutsch 2**

In·di·sche <-n> *nt* ■**das ~** Indian; *s. a.* **Deutsche**

in·dis·kret ['ɪndɪskre:t, ɪndɪs'kre:t] *adj* indiscreet

In·dis·kre·ti·on <-, -en> [ɪndɪskre'tsi̯o:n, 'ɪndɪskretsi̯o:n] *f* ❶ (*Mangel an Verschwiegenheit*) indiscretion; **eine gezielte ~** a deliberate/intentional indiscretion ❷ (*Taktlosigkeit*) tactlessness

in·dis·ku·ta·bel ['ɪndɪskuta:bl̩] *adj* (*geh*) unworthy of discussion; **eine indiskutable Forderung** an absurd demand; **dieser Vorschlag ist einfach ~** this suggestion is simply not worth discussing

In·di·um <-s> ['ɪndi̯ʊm] *nt kein pl* indium *spec*

In·di·vi·du·a·lis·mus <-> [ɪndividu̯a'lɪsmʊs] *m kein pl* individualism *no pl*

In·di·vi·du·a·list(in) <-en, -en> [ɪndividu̯a'lɪst] *m(f)* (*geh*) individualist

in·di·vi·du·a·lis·tisch *adj* (*geh*) individualistic

In·di·vi·du·a·li·tät <-, en> [ɪndividu̯ali'tɛ:t] *f* ❶ (*Besonderheit eines Menschen*) individuality *no pl*; **seine ~ aufgeben** to give up one's individuality; **seine ~ entfalten** to express one's individuality; **seine ~ verlieren** to lose one's individuality ❷ (*Persönlichkeit*) personality

In·di·vi·du·al·ver·kehr *m* private transport

in·di·vi·du·ell [ɪndivi'du̯ɛl] *adj* individual; **Begabungen sind ~ verschieden** people's gifts vary; **~e Lösungsansätze** individual ways of solving sth; **eine ~e Behandlung** individual treatment; **etw ~ gestalten** to give sth one's personal touch; **~es Eigentum** private property

In·di·vi·du·um <-s, Individuen> [ɪndi'vi:duʊm, *pl* ɪndi'vidu̯ən] *nt* (*a. pej geh*) individual; **ein verdächtiges ~** a suspicious individual [*or* character]

In·diz <-es, -ien> [ɪn'di:ts, *pl* ɪn'di:tsi̯ən] *nt* ❶ JUR (*Verdachtsmoment*) piece of circumstantial evidence ❷ (*Anzeichen*) ■**ein ~ für etw** *akk* **sein** to be a sign of sth

In·di·zes *pl von* **Index**

In·di·zi·en·be·weis *m* circumstantial evidence *no pl* **In·di·zi·en·ket·te** *f* chain of circumstantial evidence **In·di·zi·en·pro·zess**[RR] *m* trial based on circumstantial evidence **In·di·zi·en·ur·teil** *nt verdict based on circumstantial evidence*

in·di·zie·ren* [ɪndi'tsi:rən] *vt* ■**etw ~** ❶ (*geh: erkennen lassen*) to indicate sth; **der Erfolg indiziert ihre Kompetenz** this success is an indication of her competence ❷ MED (*angezeigt sein lassen*) to indicate sth; ■[**bei etw** *dat*] **indiziert sein** to be indicated [for sth]; **etw** *akk* **für indiziert halten** MED to consider sth to be indicated ❸ REL (*auf den Index setzen*) to put sth on the index [librorum prohibitorum] [*or* [expurgatorius]] ❹ (*als moralisch bedenklich verbieten*) to ban sth on moral grounds; **dieser Film ist indiziert** this film has been banned on moral grounds

in·di·ziert *adj* censored, placed on the Index *hist*

In·do·chi·na [ɪndo'çi:na] *nt* Indo-China

in·do·ger·ma·nisch [ɪndogɛr'ma:nɪʃ] *adj* HIST Indo-European; **der ~e Sprachraum** the Indo-European language area

In·do·ger·ma·nisch [ɪndogɛr'ma:nɪʃ] *nt decl wie adj* Indo-Germanic, Indo-European; ■**das ~e** [the] Indo-Germanic [language]

In·dok·tri·na·ti·on <-, -en> [ɪndɔktrina'tsi̯o:n] *f (pej)* indoctrination

in·dok·tri·nie·ren* [ɪndɔktri'ni:rən] *vt haben (pej)* ■**jdn ~** to indoctrinate sb

In·do·ne·si·en <-s> [ɪndo'ne:zi̯ən] *nt* Indonesia; *s. a.* **Deutschland**

In·do·ne·si·er(in) <-s, -> [ɪndo'ne:zi̯ɐ] *m(f)* Indonesian; *s. a.* **Deutsche(r)**

in·do·ne·sisch [ɪndo'ne:zɪʃ] *adj* Indonesian; *s. a.* **deutsch**

In·duk·ti·on <-, -en> [ɪndʊktsi̯o:n] *f* induction

In·duk·ti·ons·herd *m* MED focus of a pulmonary [*or* lung] disease **In·duk·ti·ons·koch·feld** *nt* induction hob

in·dus·tri·a·li·sie·ren* [ɪndʊstriali'zi:rən] *vt* ■**etw ~** to industrialize sth

In·dus·tri·a·li·sie·rung <-, -en> *f* industrialization

In·dus·trie <-, -n> [ɪndʊs'tri:] *f* industry *no art;* **die britische ~** British industry; **in der ~ sein** [*o* **arbeiten**] to be [*or* work] in industry; **in die ~ gehen** to go into industry; **die chemische/pharmazeutische ~** the chemical/pharmaceutical industry

In·dus·trie·ab·wäs·ser *pl* ÖKOL, ÖKON industrial waste water *no pl, no indef art* [*or* effluent] *no pl, no indef art* **In·dus·trie·an·sied·lung** *f* establishment of industries **In·dus·trie·be·trieb** *m* industrial plant, company **In·dus·trie·er·zeug·nis** *nt* industrial product, manufactured good **In·dus·trie·flä·che** *f* industrial area **In·dus·trie·ge·biet** *nt* industrial area [*or* region] **In·dus·trie·ge·sell·schaft** *f* SOZIOL, POL, ÖKON industrial society **In·dus·trie·ge·werk·schaft** *f* industrial trade union **In·dus·trie·hal·le** *f* factory **In·dus·trie·kauf·mann, -kauf·frau** *m, f* industrial [*or* sales] [*or* purchase] clerk **In·dus·trie·land** *nt* POL, ÖKON industrial country **In·dus·trie·land·schaft** *f* industrial landscape

in·dus·tri·ell [ɪndʊstri'ɛl] *adj* industrial; **~e Fertigung** industrial production; **die ~e Revolution** the Industrial Revolution

In·dus·tri·el·le(r) [ɪndʊstri'ɛlə, ɪndʊstri'ɛlɐ] *f(m) decl wie adj* industrialist

In·dus·trie·me·la·nis·mus *m* BIOL industrial melanism **In·dus·trie·müll** *m* ÖKOL, ÖKON industrial waste **In·dus·trie·na·ti·on** *f,* **Industriestaat** *m* industrial nation **In·dus·trie·norm** <-, -e> *m* industry standard **In·dus·trie·pro·dukt** *nt* industrial product **In·dus·trie·spi·o·na·ge** *f* industrial espionage **In·dus·trie·staat** *m* industrial nation [*or* country] **In·dus·trie·stadt** *f* industrial town [*or* city] **In·dus·trie- und Han·dels·kam·mer** *f* Chamber of Commerce **In·dus·trie·un·ter·neh·men** *nt* industrial enterprise [*or* concern] **In·dus·trie·wirt·schaft** *f* ÖKON industrial economy **In·dus·trie·zen·trum** *nt* ÖKON industrial centre [*or* AM -er] **In·dus·trie·zweig** *m* branch of industry

in·ef·fek·tiv ['ɪnʔɛfɛkti:f] *adj* ineffective

in·ef·fi·zi·ent ['ɪnʔɛfitsi̯ɛnt] *adj inv (geh)* inefficient

In·ef·fi·zi·enz <-, -en> ['ɪnʔɛfitsi̯ɛnts] *f (geh)* inefficiency

in·ein·an·der [ɪnʔai'nandɐ] *adv* in each other, in one another; **~ verliebt sein** to be in love with one another; **~ aufgehen** to complement each other perfectly; **~ übergehen** to merge

in·ein·an·der|flie·ßen *vi irreg sein* to flow into one another, to merge; *Farben, Farbtöne* to run into each other **in·ein·an·der|grei·fen** *vi irreg* to mesh **in·ein·an·der|schie·ben** *vi irreg* **etw ~** to telescope up sth *sep* BRIT, to telescope sth AM; **sich ~ lassen** to be telescopic

in·fam [ɪn'fa:m] *adj (pej)* ❶ *(geh: bösartig)* malicious, vicious; **ein ~er Kerl** *(veraltend)* a nasty piece of work; **eine ~e Verleumdung** vicious slander ❷ *(fam: negative Sachverhalte verstärkend)* disgraceful; **~e Schmerzen** dreadful pain; **heute ist es aber ~ heiß!** today it's terribly [*or* awfully] hot

In·fa·mie <-, -n> [ɪnfa'mi:] *f (pej geh)* ❶ *kein pl (niederträchtige Art)* maliciousness *no pl,* viciousness *no pl* ❷ *(Niederträchtigkeit)* infamy

In·fan·te·rie <-, -n> [ɪnfantə'ri:] *f* infantry

In·fan·te·rie·aus·rüs·tung *f* infantry equipment **In·fan·te·rie·ba·tail·lon** *nt* infantry batallion **In·fan·te·rie·be·waff·nung** *f* infantry weapons *pl* **In·fan·te·rie·di·vi·si·on** *f* infantry division **In·fan·te·rie·re·gi·ment** *nt* infantry regiment **In·fan·te·rie·waf·fe** *f* infantry weapon

In·fan·te·rist(in) <-en, -en> [ɪnfantə'rɪst] *m(f)* infantryman

in·fan·til [ɪnfan'ti:l] *adj* ❶ *(pej)* infantile *pej,* childish *pej* ❷ *(fachspr)* early; **eine ~e Entwicklungsstufe** an early stage in development

In·farkt <-[e]s, -e> [ɪn'farkt] *m* ❶ MED infarction *spec;* **ein ~ in der Lunge** an infarct in the lung ❷ *(Herzinfarkt)* coronary

In·fekt <-[e]s, -e> [ɪn'fɛkt] *m* infection; **grippaler ~** influenza

In·fek·ti·on <-, -en> [ɪnfɛk'tsi̯o:n] *f* ❶ *(Ansteckung)* infection; **eine ~ der Nieren** a kidney infection ❷ *(fam: Entzündung)* inflammation; **eine ~ am Finger/Auge** inflammation of the finger/eye

In·fek·ti·ons·be·hand·lung *f* treatment [of an infection] **In·fek·ti·ons·er·re·ger** *m* causal agent of an infection **In·fek·ti·ons·ge·fahr** *f* risk [*or* danger] of infection **In·fek·ti·ons·herd** *m* focus [*or* seat] of [an] infection **In·fek·ti·ons·krank·heit** *f* infectious disease, contagious disease **In·fek·ti·ons·pro·phy·la·xe** *f* prophylaxis **In·fek·ti·ons·ra·te** *f* rate of infection **In·fek·ti·ons·ri·si·ko** *nt* risk of infection

in·fek·ti·ös [ɪnfɛk'tsi̯ø:s] *adj* infectious, contagious

in·fer·na·lisch [ɪnfɛr'na:lɪʃ] *adj (pej geh)* ❶ *(teuflisch, höllisch)* infernal; **ein ~es Gelächter** demonic [*or* evil] laughter; **ein ~er Lärm** a dreadful [*or* awful] noise ❷ *(widerlich)* fetid *form,* foul-smelling; **~ stinken** to be foul-smelling, to stink something terrible *fam*

In·fer·no <-s> [ɪn'fɛrno] *nt kein pl (geh)* ❶ *(entsetzliches Geschehen)* calamity, disaster, cataclysm *liter;* **das ~ des Krieges** the ravages of war ❷ *(entsetzlicher Zustand)* predicament; **ein ~ der Gefühle durchmachen** to go through the whole gamut of emotions

in·fil·trie·ren* [ɪnfɪl'tri:rən] *vt (geh)* ■**etw ~** to infiltrate sth

In·fi·ni·tiv <-s, -e> ['ɪnfiniti:f] *m* infinitive *spec*

in·fi·zie·ren* [ɪnfi'tsi:rən] **I.** *vt* ■**jdn [mit etw** *dat*] **~** to infect sb [with sth]; **mit einem Gedanken infiziert sein** to be infected by an idea **II.** *vr* ■**sich** *akk* **[an etw** *dat*/**bei jdm] ~** to catch an infection [from sth/sb]; **er hat sich im Urlaub mit Malaria infiziert** he caught malaria on holiday

in fla·gran·ti [ɪn fla'granti] *adv (geh)* in flagrante

In·fla·ti·on <-, -en> [ɪnfla'tsi̯o:n] *f* ❶ ÖKON inflation; **eine fortschreitende ~** growing inflation ❷ *(übermäßig häufiges Auftreten)* upsurge, proliferation

in·fla·ti·o·när [ɪnflatsi̯onɛ:ɐ̯] *adj* ❶ *(eine Inflation vorantreibend)* inflationary; **eine ~e Preisentwicklung** an inflationary price increase; **~e Tendenzen** inflationary tendencies ❷ *(übertrieben häufig)* excessive

in·fla·ti·o·nis·tisch [ɪnflatsi̯o'nɪstɪʃ] *adj* inflationary

In·fla·ti·ons·ra·te *f* ÖKON inflation rate, rate of inflation; **die ~ steigt** the rate of inflation [*or* inflation rate] is rising [*or* increasing]; **die ~ sinkt** the rate of inflation [*or* inflation rate] is falling

in·fle·xi·bel ['ɪnflɛksi:bl̩] *adj* inflexible

In·fo <-s, -s> ['ɪnfo] *f (fam) kurz für* **Information** info *fam no pl*

In·fo·abend *m (fam)* information evening **In·fo·bro·ker** <-s, -> *m* ÖKON, INET infobroker **In·fo·bro·schü·re** *f (fam)* information brochure

in·fol·ge [ɪn'fɔlgə] **I.** *präp +gen* owing to, consequently **II.** *adv* ■**~ von etw** *dat* as a result of sth; **~ von starken Schneefällen waren die Straßen unpassierbar** owing to heavy snowfalls the roads were impassable

in·fol·ge·des·sen [ɪnfɔlgə'dɛsn̩] *adv* consequently, therefore

In·fo·ma·te·ri·al *nt* (*fam*) information material *no pl*
In·for·ma·tik <-> [ɪnfɔr'ma:tɪk] *f kein pl* computing science
In·for·ma·ti·ker(in) <-s, -> [ɪnfɔr'ma:tikɐ] *m(f)* computer specialist
In·for·ma·ti·on <-, -en> [ɪnfɔrma'tsi̯o:n] *f* ❶ (*Mitteilung, Hinweis*) [a piece of] information *no pl;* **~en liefern/sammeln** to give/collect [*or* gather] information ❷ (*das Informieren*) informing; **zu Ihrer ~** for your information ❸ (*Informationsstand*) information desk; **melden Sie sich bitte bei der ~** please report to the information desk
in·for·ma·ti·o·nell [ɪnfɔrmatsi̯o'nɛl] *adj* informational
In·for·ma·ti·ons·aus·tausch *m* exchange of information **In·for·ma·ti·ons·fluss**[RR] <-es> *m kein pl* flow of information *no pl* **In·for·ma·ti·ons·flut** *f* flood of information **In·for·ma·ti·ons·ge·sell·schaft** *f* SOZIOL information society **In·for·ma·ti·ons·ma·te·ri·al** *nt* informative material *no pl* **In·for·ma·ti·ons·po·li·tik** *f* POL policy of disclosure **In·for·ma·ti·ons·quel·le** *f* source of information **In·for·ma·ti·ons·stand** *m* ❶ (*Stand*) information stand ❷ *kein pl* (*Kenntnisstand*) the way things stand **In·for·ma·ti·ons·sys·tem** *nt* MED, INFORM information system **In·for·ma·ti·ons·ta·fel** *f* information board
in·for·ma·tiv [ɪnfɔrma'ti:f] (*geh*) **I.** *adj* informative; **ein ~es Gespräch** an informative talk **II.** *adv* in an informative manner *pred*
in·for·mell ['ɪnfɔrmɛl] *adj* informal
in·for·mie·ren* [ɪnfɔr'mi:rən] **I.** *vt* ■**jdn** [**über etw** *akk*] **~** to inform sb [about/of sth]; **jd ist gut informiert** sb is well-informed **II.** *vr* ■**sich** *akk* [**über etw** *akk*] **~** to find out [about sth], to inform oneself
In·for·mie·rung <-, *selten* -en> *f* process of informing
In·fo·stand *m* (*fam*) information stand
In·fo·tain·ment <-s> [ɪnfo'te:nmənt] *nt kein pl* MEDIA, TV infotainment *no pl*
in·fra·rot ['ɪnfraro:t] *adj* infrared
In·fra·rot·fern·be·die·nung *f* infrared remote control **In·fra·rot·grill** *m* infrared grill **In·fra·rot·lam·pe** *f* infrared lamp **In·fra·rot·licht** *nt kein pl* PHYS, MED infra-red light *no pl* **In·fra·rot·strah·ler** *m* infrared radiator
In·fra·struk·tur ['ɪnfraʃtrʊktu:ɐ̯] *f* infrastructure
In·fu·si·on <-, -en> [ɪnfu'zi̯o:n] *f* infusion; **eine ~ bekommen** to receive a transfusion
Ing. *Abk von* **Ingenieur**
In·ge·ni·eur(in) <-s, -e> [ɪnʒe'ni̯ø:ɐ̯] *m(f)* engineer
In·ge·ni·eur·bü·ro *nt* engineering firm
In·ge·ni·eu·rin <-, -nen> *f fem form von* **Ingenieur**
In·ge·ni·eur·schu·le *f* technical college
In·gre·di·enz <-, -en> [ɪngre'di̯ɛnts] *f* PHARM, KOCHK ingredient
Ing·wer <-s> ['ɪŋvɐ] *m kein pl* ginger
Inh. *Abk von* **Inhaber**
In·ha·ber(in) <-s, -> ['ɪnha:bɐ] *m(f)* ❶ (*Besitzer*) owner ❷ (*Halter*) holder; *Scheck* bearer
in·haf·tie·ren* [ɪnhaf'ti:rən] *vt* ■**jdn ~** to take sb into custody, to detain sb; ■**inhaftiert sein** to be in custody
In·haf·tie·rung <-, -en> *f* ❶ (*das Inhaftieren*) arrest, detention ❷ (*Haft*) imprisonment, detention
in·ha·lie·ren* [ɪnha'li:rən] **I.** *vt* ■**etw ~** to inhale sth **II.** *vi* to inhale
In·halt <-[e]s, -e> ['ɪnhalt] *m* ❶ (*enthaltene Gegenstände*) contents *pl* ❷ (*Sinngehalt*) content ❸ (*wesentliche Bedeutung*) meaning, significance; *Leben* meaning ❹ MATH (*Flächeninhalt*) area; (*Volumen*) volume, capacity ❺ INFORM **aktiver ~** active content
in·halt·lich I. *adj* in terms of content **II.** *adv* with regard to content
In·halts·an·ga·be *f* summary; *Buch, Film, Theaterstück* outline, synopsis **in·halts·los** *adj* (*geh*) lacking in content; **~es Leben/~er Satz** meaningless [*or* empty] life/sentence **in·halts·schwer** *adj* (*geh*) significant **In·halts·ver·zeich·nis** *nt* list [*or* table] of contents, contents *pl*
in·hu·man ['ɪnhuma:n] *adj* ❶ (*menschenunwürdig*) inhumane; **~e Zustände** inhumane conditions ❷ (*unmenschlich*) inhuman; **~e Grausamkeit** inhuman cruelty; ■**~ sein, etw zu tun** to be inhuman to do sth
In·hu·ma·ni·tät <-, -en> [ɪnhumanɪ'tɛ:t] *f* ❶ *kein pl* (*inhumanes Wesen*) inhumanity *no pl* ❷ (*inhumane Handlung*) inhumane act
In·i·ti·a·le <-, -n> [ini'tsi̯a:lə] *f* (*geh*) initial [letter]
in·i·ti·a·li·sie·ren [initsi̯ali'zi:rən] *vt* INFORM ■**etw ~** to initialize sth
In·i·ti·a·li·sie·rung <-, -en> *f* INFORM initialization
In·i·ti·a·ti·on <-, -en> [initsi̯a'tsi̯o:n] *f* SOZIOL initiation
In·i·ti·a·ti·ons·ri·tus *f* SOZIOL initiation rite
in·i·ti·a·tiv [initsi̯a'ti:f] *adj* ❶ (*Initiative besitzend*) with initiative; ■**~ sein** to be pro-active; **Sie sollten nicht passiv, sondern ~ sein** you should be pro-active rather than passive ❷ (*Schritte ergreifen*) ■[**in etw** *dat*] **~ werden** to take the initiative [in sth]
In·i·ti·a·tiv·be·wer·bung *f* speculative application [*or* letter]
In·i·ti·a·ti·ve <-, -n> [initsi̯a'ti:və] *f* ❶ (*erster Anstoß*) initiative; **aus eigener ~** on one's own initiative; [**in etw** *dat*] **die ~ ergreifen** to take the initiative [in sth]; **auf jds** *akk* **~ hin** on sb's initiative ❷ *kein pl* (*Unternehmungsgeist*) drive, initiative ❸ (*Bürgerinitiative*) pressure group ❹ SCHWEIZ (*Volksbegehren*) demand for a referendum
In·i·ti·a·tor(in) <-s, -toren> [ini'tsi̯a:tɔ:ɐ̯, *pl* initsi̯a'tɔ:rən] *m(f)* (*geh*) ■**der ~/die ~in einer S.** *gen* the initiator of a thing
in·i·ti·ie·ren* [initsi'i:rən] *vt* (*geh*) ■**etw ~** to initiate sth
In·jek·ti·on <-, -en> [ɪnjɛk'tsi̯o:n] *f* injection; **jdm eine ~ geben** [*o geh* **verabreichen**] to give sb an injection
in·ji·zie·ren* [ɪnji'tsi:rən] *vt* (*geh*) ■[**jdm**] **etw ~** to inject [sb with] sth
In·ka <-[s], -s> ['ɪŋka] *m* Inca
In·kar·na·ti·on <-, -en> [ɪnkarna'tsi̯o:n] *f* incarnation
In·kas·so <-s, -s *o* ÖSTERR Inkassi> [ɪn'kaso] *nt* FIN collection
In·kauf·nah·me <-> *f* acceptance; **bei ~ einer S.** *gen* (*geh*) with the acceptance of sth; **ohne ~ einer S.** *gen* (*geh*) without accepting sth; **unter ~ einer S.** *gen* (*geh*) [by] accepting sth
inkl. *präp Abk von* **inklusive** incl.
in·klu·si·ve [ɪnklu'zi:və] **I.** *präp +gen* inclusive [of]; **die genannten Preise sind** [*o* **verstehen sich**] **~ Transport und Verpackung** the prices quoted include [*or* are inclusive of] packing and transport **II.** *adv* including; **bis ~** up to and including; **vom 25. bis zum 28. ~** from 25th to 28th inclusive
in·kog·ni·to [ɪn'kɔgnito] *adv* (*geh*) incognito
In·kog·ni·to <-s, -s> [ɪn'kɔgnito] *nt* (*geh*) incognito; **sein ~ lüften** [*o* **preisgeben**] to reveal one's identity
in·kom·pa·ti·bel ['ɪnkɔmpati:bl̩] *adj inv* MED, INFORM, JUR, LING incompatible
in·kom·pe·tent ['ɪmkɔmpetɛnt] *adj* (*geh*) incompetent; ■[**in etw** *dat*] **~ sein** to be incompetent [at [*or* in] sth]; **er ist in diesen Dingen völlig ~** he is completely incompetent in these matters
In·kom·pe·tenz ['ɪnkɔmpetɛnts, ɪnkɔmpe'tɛnts] *f* (*geh*) incompetence
in·kon·gru·ent ['ɪnkɔngruɛnt, ɪnkɔŋgru'ɛnt] *adj* MATH incongruent
in·kon·se·quent ['ɪnkɔnzekvɛnt, ɪnkɔnze'kvɛnt] *adj* (*geh*) inconsistent
In·kon·se·quenz ['ɪnkɔnzekvɛnts, ɪnkɔnze'kvɛnts] *f* (*geh*) inconsistency
in·kon·sis·tent ['ɪnkɔnzɪstɛnt, ɪnkɔnzɪ'stɛnt] *adj inv* (*geh*) inconsistent
In·kon·sis·tenz <-> ['ɪnkɔnzɪstɛnts, ɪnkɔnzɪ'stɛnts] *f kein pl* inconsistency

In·kon·ti·nenz <-,-en> ['ɪnkɔntinɛnts, ɪnkɔnti'nɛnts] *f* MED incontinence *no pl, no art*
in·kor·rekt ['ɪnkɔrɛkt, ɪnkɔ'rɛkt] *adj* (*geh*) incorrect
In·kraft·tre·ten <-s> *nt kein pl* coming into effect [*or* force]; ■**das ~ einer S.** *gen* the coming into effect [*or* force] of sth; **das ~ der neuen Vorschrift wurde für den 1.1. beschlossen** 1st Jan[uary] has been decided as the date on which the new regulation comes into force
In·ku·ba·ti·ons·zeit *f* incubation period
In·land ['ɪnlant] *nt kein pl* ❶ (*das eigene Land*) home; **für das ~ bestimmte Waren** goods for the domestic market ❷ (*Binnenland*) inland, interior; **an der Küste ist der Winter milder als weiter im ~** the winter is milder on the coast than further inland
In·land·flug *m* domestic [*or* internal] flight
in·län·disch ['ɪnlɛndɪʃ] *adj* domestic, home; **~e Industrie/Produkte** home industry/products
In·lands·ge·spräch *nt* TELEK inland call **In·lands·markt** *m* ÖKON home [*or* domestic] market **In·lands·preis** *m* domestic market price **In·lands·wa·re** *f* domestic commodity
In·laut ['ɪnlaut] *m* LING medial sound
In·lett <-[e]s, -e> ['ɪnlɛt] *nt* MODE tick[ing]
in·li·nen ['ɪnlaɪnən] *vi* to go inlining, to blade
in·mit·ten [ɪn'mɪtn̩] **I.** *präp +gen* (*geh*) in the middle [*or* midst] of **II.** *adv* (*geh*) in the midst of; ■**~ von etw** in the midst of sth; **das Haus lag ~ von Feldern und blühenden Wiesen** the house was surrounded by fields and meadows in bloom
in na·tu·ra [ɪn na'tu:ra] *adv* ❶ (*in Wirklichkeit*) in real life; **du siehst ~ ganz anders aus** you look quite different in real life [*or* in the flesh] ❷ (*geh: in Naturalien*) in kind; **jdn ~ bezahlen** to pay sb in kind; (*hum mit Koseeinheiten*) to offer one's services as payment *euph*
in·ne|ha·ben ['ɪnə-] *vt irreg* (*geh*) ■**etw ~** to hold sth
in·ne|hal·ten ['ɪnə-] *vi irreg* (*geh*) ■**[in etw** *dat*] ~ to pause, to stop [doing sth] for a moment; **er hielt in seinem Vortrag inne** he paused in the middle of his lecture
in·nen ['ɪnən] *adv* ❶ (*im Inneren*) on the inside; **das Haus ist ~ ganz mit Holz verkleidet** the interior of the house has wood panelling throughout; **~ und außen** on the inside and outside; **nach ~** indoors, inside; **die Tür geht nach ~ auf** the door opens inwards; **von ~** from the inside; **ein Computer von ~ ist recht verwirrend** the inside of a computer is extremely confusing ❷ (*auf der Innenseite*) on the inside ❸ *bes* ÖSTERR (*drinnen*) inside
In·nen·ar·chi·tekt(in) *m(f)* interior designer **In·nen·ar·chi·tek·tur** *f* interior design **In·nen·aus·stat·tung** *f* ❶ (*Gestaltung eines Innenraums*) interior decor *no pl; Auto* interior fittings *npl* [*or no pl* trim] ❷ MODE *Jacke* inside **In·nen·bahn** *f* SPORT inside lane **In·nen·be·leuch·tung** *f* interior lighting **In·nen·dienst** *m* office work; **~ haben** to work in an office; **im ~ [sein]** [to work] in an office **In·nen·ein·rich·tung** *f* ❶ (*das Einrichten*) interior furnishing *no pl* ❷ (*die Einrichtung*) interior fittings *pl* **In·nen·hof** *m* inner courtyard **In·nen·kur·ve** *f* inside bend **In·nen·le·ben** *nt kein pl* ❶ (*fam: Seelenleben*) inner feelings *pl* ❷ (*fam: innere Struktur*) inner workings *pl;* **das ~ eines Computers ist für Laien unverständlich** the inner workings of a computer are incomprehensible to a layperson **In·nen·mi·nis·ter(in)** *m(f)* Minister [*or* AM Secretary] of the Interior, BRIT *a.* Home Secretary **In·nen·mi·nis·te·ri·um** *nt* Ministry [*or* AM Department] of the Interior, BRIT *a.* Home Office **In·nen·ohr** *nt* ANAT inner ear **In·nen·po·li·tik** *f* home affairs *pl* BRIT, domestic policy AM **in·nen·po·li·tisch** ['ɪnənpolitɪʃ] **I.** *adj* concerning home affairs [*or* AM domestic policy] **II.** *adv* with regard to home affairs [*or* AM domestic policy]; **die Regierung hat ~ versagt** the government has failed on the issue of home affairs **In·nen·raum** *m* ❶ ARCHIT interior ❷ AUTO (*Fahrgastraum*) interior **In·nen·sei·te** *f* ❶ (*die innere Seite*) inside ❷ ANAT inside **In·nen·ske·lett** *nt* BIOL endoskeleton **In·nen·stadt** *f* city/town centre [*or* AM -er] **In·nen·ta·sche** *f* inside pocket **In·nen·tem·pe·ra·tur** *f* inside temperature
in·ner·be·trieb·lich **I.** *adj* in-house; **~e Angelegenheit/~er Konflikt** internal matter/conflict **II.** *adv* internally **in·ner·deutsch** *adj* German domestic; **eine ~e Angelegenheit** an internal German matter **in·ner·dienst·lich** *adj* internal; **~e Angelegenheiten** internal office matters
in·ne·re(r, s) ['ɪnərə, 'ɪnərɐ, 'nərəs] *adj* ❶ *räumlich* (*das innen Gelegene betreffend*) inner; **die ~n Wände wurden komplett entfernt** the inner walls were completely removed ❷ MED, ANAT internal; *s. a.* **Abteilung, Station** ❸ (*innewohnend*) internal; *eines Konzerns* internal structure ❹ POL internal ❺ PSYCH inner; **~e Spannung/Ruhe** inner tension/calm
In·ne·re(s) ['ɪnərə, 'ɪnərəs] *nt decl wie adj* ❶ (*innerer Teil*) inside ❷ GEOL centre [*or* AM -er], middle ❸ PSYCH heart; **sein ganzes ~s ausbreiten** to bare one's soul; **in jds** *dat* **~n** in sb's soul; **tief in seinem ~n war ihm klar, dass es nur so funktionieren konnte** deep down he knew that it could only work in this way
In·ne·rei·en [ɪnər'aiən] *pl* KOCHK innards *npl*
in·ner·halb ['ɪnɐhalp] **I.** *präp +gen* ❶ (*in einem begrenzten Bereich*) inside, within; **~ der Wohnung war es sehr dunkel** it was very dark inside the flat ❷ (*binnen eines gewissen Zeitraums*) within; **~ einer Minute** within a minute **II.** *adv* ■**~ von etw** ❶ (*in einem begrenzten Bereich*) within sth ❷ (*binnen eines gewissen Zeitraums*) within sth; **ich brauche diese Auskunft ~ von drei Tagen** I need this information within three days
in·ner·lich ['ɪnɐlɪç] **I.** *adj* ❶ MED internal ❷ PSYCH inner **II.** *adv* ❶ (*im Inneren des Körpers*) internally; **etw ~ verabreichen** to administer sth internally ❷ PSYCH inwardly; **~ war er sehr aufgewühlt** he was in inner turmoil
in·ner·orts *adv* SCHWEIZ in a built-up area **in·ner·par·tei·lich** *adj* within the party
in·ners·te(r, s) ['ɪnɐstə, 'ɪnɐste, 'ɪnɐstəs] *adj superl von* **innere(r, s)** ❶ GEOL (*am weitesten innen befindlich*) *Stadtbezirk, Landesteil, etc* innermost ❷ PSYCH (*jds tiefes Inneres betreffend*) innermost; **entspricht diese Äußerung deiner ~n Überzeugung?** does this statement represent your innermost conviction?
In·ners·te(s) ['ɪnɐstə, 'ɪnɐstəs] *nt decl wie adj* core being; **tief in ihrem ~n wusste sie, dass er recht hatte** deep down inside she knew he was right
in·nert ['ɪnɐt] *präp +gen o dat* ÖSTERR, SCHWEIZ ■**~ eines gewissen Zeitraums** within a certain period of time; **~ eines Jahres, ~ einem Jahr** within a year
in·ne|woh·nen *vi* ■**jdm/einer S. ~** to be inherent in sb/a thing
in·nig ['ɪnɪç] **I.** *adj* ❶ (*tief empfunden*) deep, heartfelt; **unser ~er Dank** our heartfelt thanks; **er verspürte für sie eine ~e Zuneigung** he felt deep affection for her; **aufs I~ste** most sincerely ❷ (*sehr eng*) intimate; **eine ~e Beziehung** (*fig*) an intimate relationship **II.** *adv* deeply, intimately; **jdn ~ lieben** to love sb deeply
In·nig·keit <-> *f kein pl* sincerity, warmth
in·nig·lich ['ɪnɪklɪç] *adv* (*geh*) deeply, sincerely; **jdm ~ verbunden sein** to be deeply attached to sb; **jdn treu und ~ lieben** to love sb truly and deeply
In·no·va·ti·on <-, -en> [ɪnova'tsi̯o:n] *f* innovation
in·no·va·tiv [ɪnova'ti:f] **I.** *adj* innovative **II.** *adv* innovatively
Inns·bruck <-s> ['ɪnsbrʊk] *nt* Innsbruck
In·nung <-, -en> ['ɪnʊŋ] *f* ÖKON guild ▶WENDUNGEN: **die ganze ~ blamieren** (*hum fam*) to let the whole side [*or* AM everyone] down *fam*
In·nungs·be·trieb *m business belonging to a guild*
in·of·fi·zi·ell *adj* unofficial
in·ope·ra·bel ['ɪnʔopera:bl̩, ɪnʔope'ra:bl̩] *adj* MED inoperable

in·op·por·tun ['ɪnʔɔpɔrtu:n, ɪnʔɔpɔr'tu:n] *adj* (*geh*) inopportune, ill-timed; **es für ~ halten, etw zu tun** to consider it inappropriate to do sth

in pet·to [ɪn 'pɛto] *adv* **etw [gegen jdn] ~ haben** (*fam*) to have sth up one's sleeve [for sb] *fam*

in punc·to [ɪn 'pʊŋkto] *adv* (*fam*) concerning, with regard to; ■ **~ einer S.** *gen* concerning [*or* with regard to] sth, in so far as sth is concerned

In·put <-s, -s> ['ɪnpʊt] *m* ① INFORM (*eingegebenes Material*) input ② (*Anregung*) stimulus; (*Einsatz*) commitment; **in unserer Beziehung ist mein ~ wesentlich größer als der seine** I bring considerably more to the relationship than he does

In·qui·si·ti·on <-> [ɪnkvizi'tsi̯o:n] *f kein pl* HIST Inquisition *no pl*

In·qui·si·tor <-s, -toren> [ɪnkvi'zi:to:ɐ̯, *pl* ɪnkvizi'to:rən] *m* HIST inquisitor

in·qui·si·to·risch [ɪnkvizi'to:rɪʃ] **I.** *adj* (*geh*) inquisitorial *form* **II.** *adv* (*geh*) in an inquisitorial manner *form*

ins [ɪns] = **in das** *s.* **in**

In·sas·se, In·sas·sin <-n, -n> ['ɪnzasə, 'ɪnzasɪn] *m, f* ① (*Fahrgast*) passenger ② (*Heimbewohner*) resident ③ (*Bewohner einer Heilanstalt*) patient, resident ④ (*Gefängnis- o Lager~*) inmate

In·sas·sen·ver·si·che·rung *f* passenger insurance

In·sas·sin <-, -nen> ['ɪnzasɪn] *f fem form von* **Insasse**

ins·be·son·de·re [ɪnsbə'zɔndərə] *adv* especially, in particular, particularly

In·schrift ['ɪnʃrɪft] *f* inscription

In·sekt <-[e]s, -en> [ɪn'zɛkt] *nt* insect

In·sek·ten·au·ge *nt* insect eye **In·sek·ten·be·fall** *m* infestation of insects **In·sek·ten·bein** *nt* insect leg **In·sek·ten·be·kämp·fung** *f* insect control **In·sek·ten·be·stäu·bung** *f* BOT insect pollination **In·sek·ten·flü·gel** *m* insect wing **In·sek·ten·fres·ser** <-s, -> *m* insect-eater **In·sek·ten·gift** *nt* insecticide **In·sek·ten·kun·de** *f* entomology **In·sek·ten·pla·ge** *f* plague of insects **In·sek·ten·pul·ver** *nt* insect powder **In·sek·ten·spray** *nt* insect spray **In·sek·ten·staat** *m* BIOL insect society **In·sek·ten·stich** *m* insect sting; *Mücke, Moskito etc.* insect sting **In·sek·ten·ver·til·gungs·mit·tel** *nt* insecticide

In·sek·ti·zid <-s, -e> [ɪnzɛkti'tsi:t] *nt* insecticide

In·sel <-, -n> ['ɪnzl̩] *f* island; **Langerhansche ~n** islets of Langerhans

In·sel·be·woh·ner(in) *m(f)* inhabitant of an island, islander; **~ sein** to be an islander

In·sel·chen <-s, -> *nt dim von* **Insel** small island, islet

In·sel·flug·ha·fen *m* island airport **In·sel·grün** *nt* SPORT *Golf* island green **In·sel·grup·pe** *f* archipelago, group of islands **In·sel·ju·gend** *f* ■ **die ~** the youth [*or* young people] + *pl vb* of an/the island **In·sel·küs·te** *f* island coast **In·sel·strand** *m* island beach **In·sel·welt** *f* islands *pl*

In·se·rat <-[e]s, -e> [ɪnze'ra:t] *nt* advertisement, ad[vert] *fam*

In·se·rent(in) <-en, -en> [ɪnze'rɛnt] *m(f)* advertiser

in·se·rie·ren* [ɪnze'ri:rən] **I.** *vi* (*annoncieren*) ■ **[in etw** *dat*] **~** to advertise [in sth]; **sie inserierte in der Tageszeitung** she placed an advert in the newspaper **II.** *vt* (*etw annoncieren*) ■ **etw [in etw** *dat*] **~** to advertise sth [in sth]; **inseriere doch mal dein Auto in der Zeitung!** why don't you advertise your car in the newspaper!

ins·ge·heim [ɪnsgə'haim] *adv* in secret, secretly

ins·ge·samt [ɪnsgə'zamt] *adv* ① (*alles zusammen*) altogether ② (*im Großen und Ganzen*) all in all, on the whole

In·si·der(in) <-s, -> ['ɪnzaidɐ] *m(f)* ① (*Eingeweihter*) insider; **der Witz war nur für ~ verständlich** the joke could only be understood by those in the know ② BÖRSE insider

In·si·der·ge·schäft *nt* BÖRSE insider trading

In·si·de·rin <-, -nen> *f fem form von* **Insider**

In·sig·nien [ɪn'zɪgniən] *pl* insignia *pl*

in·sis·tie·ren* [ɪnzɪs'ti:rən] *vi* (*geh*) ■ **[auf etw** *dat*] **~** to insist [on sth]; ■ **darauf ~, dass** to insist that

In·skrip·ti·on <-, -en> [ɪnskrɪp'tsi̯o:n] *f* SCH ÖSTERR enrolment BRIT, enrollment AM

in·so·fern [ɪnzo'fɛrn, ɪn'zo:fɛrn] **I.** *adv* in this respect; **~ ... als** inasmuch as, in that **II.** *konj* ÖSTERR (*vorausgesetzt, dass*) if; **~ sie Zeit hat, hilft sie dir bestimmt** if she's got time, she'll undoubtedly help you; **~ als** in so far [*or* as much] as

in·sol·vent ['ɪnzɔlvɛnt, ɪnzɔl'vɛnt] *adj* insolvent

In·sol·venz <-, -en> ['ɪnzɔlvɛnts, ɪnzɔl'vɛnts] *f* insolvency

in·so·weit [ɪnzo'vait, 'ɪnzovait, ɪn'zovait] **I.** *adv* in this respect; **~ sind wir uns einig geworden** we've reached agreement in this respect **II.** *konj bes* ÖSTERR **~ als** if

in spe [ɪn 'spe:] *adj* (*fam*) future, to be; ■ **der/die/jds ... ~** the/sb's ... to be; **das ist meine Braut ~** this is my future bride [*or* bride to be]

In·spek·teur(in) <-s, -e> [ɪnspɛk'tø:ɐ] *m(f)* MIL Chief of Staff

In·spek·ti·on <-, -en> [ɪnspɛk'tsi̯o:n] *f* ① (*technische Wartung*) service ② (*Überprüfung*) inspection

In·spek·tor, In·spek·to·rin <-s, -toren> [ɪn'spɛkto:ɐ̯, ɪnspɛk'to:rɪn, *pl* ɪnspɛk'to:rən] *m, f* ① ADMIN (*unterste Rangstufe des gehobenen Dienstes*) executive officer; *Kriminalpolizei* inspector ② (*Prüfer*) supervisor

In·spi·ra·ti·on <-, -en> [ɪnspira'tsi̯o:n] *f* (*geh*) inspiration

in·spi·rie·ren* [ɪnspi'ri:rən] *vt* ■ **jdn [zu etw] ~** to inspire sb [to do sth]; ■ **sich von etw [zu etw] ~ lassen** to get one's inspiration from sth [to do sth]

In·spi·zi·ent(in) <-en, -en> [ɪnspi'tsi̯ɛnt] *m(f)* stage manager

in·spi·zie·ren* [ɪnspi'tsi:rən] *vt* (*geh*) ■ **etw ~** to inspect sth

in·sta·bil ['ɪnstabi:l] *adj* (*geh*) unstable

In·sta·bi·li·tät <-, *selten* -en> ['ɪnstabilitɛ:t, ɪnstabili'tɛ:t] *f* (*geh*) instability

In·stal·la·teur(in) <-s, -e> [ɪnstala'tø:ɐ] *m(f)* (*Elektroinstallateur*) electrician; (*Klempner*) plumber

In·stal·la·ti·on <-, -en> [ɪnstala'tsi̯o:n] *f* ① *kein pl* (*das Installieren*) installation; (*installierte Leitungen od. Anlage*) installations *pl* ② SCHWEIZ (*Amtseinsetzung*) installation

in·stal·lie·ren* [ɪnsta'li:rən] *vt* ① TECH (*einbauen*) ■ **[jdm] etw ~** to install sth [for sb]; ■ **sich** *dat* **etw ~ lassen** to have sth installed ② INFORM (*einprogrammieren*) ■ **[jdm] etw [auf etw** *akk*] **~** to load sth [for sb] [onto sth]; **der Computer wird von uns mit fertig installierter Software geliefert** the computer is supplied by us with software already loaded

in·stand, in Stand [ɪn'ʃtant] *adj* in working order; **etw ~ halten** to keep sth in good condition; **ein Haus ~ besetzen** (*fam*) *illegally to occupy and renovate a house that is scheduled for demolition;* **etw ~ setzen** to repair sth

In·stand·hal·tung *f* (*geh*) maintenance

In·stand·hal·tungs·kos·ten *pl* maintenance costs *pl*

in·stän·dig ['ɪnʃtɛndɪç] **I.** *adj Bitte, etc* urgent **II.** *adv* urgently; **~ um etw bitten** to beg for sth

In·stand·set·zung <-, -en> *f* (*geh*) repair

In·stant·kaf·fee ['ɪnstn̩t-] *m* KOCHK instant coffee

In·stanz <-, -en> [ɪn'stants] *f* ① ADMIN authority ② (*Stufe eines Gerichtsverfahrens*) instance; **in erster/zweiter/oberster/letzter ~, in der ersten/zweiten/obersten/letzten ~** trial court/appellate court/supreme court of appeal/court of last instance

In·stan·zen·weg <-[e]s, -e> *m meist sing* official channels *pl;* JUR stages of appeal; **den ~ durchlaufen** [*o* **nehmen**] to go through the official channels

In·stinkt <-[e]s, -e> [ɪn'stɪŋkt] *m* (*unbewusster Antrieb*) instinct; (*Gefühl der Gewissheit*) instinct, gut feeling *fam;* **[mit etw] [den richtigen] ~ beweisen** to show one's instincts [are correct] [about sth]

In·stinkt·hand·lung *f* BIOL instinct

in·stink·tiv [ɪnstɪŋk'ti:f] *adj* instinctive; **ein ~es Gefühl** an instinctive feeling, instinctive; **die ~en Verhaltensweise von Tieren** the instinctive behaviour [*or* AM -or] of animals

In·sti·tut <-[e]s, -e> [ɪnstiˈtuːt] *nt* ❶ (*öffentliche Anstalt*) institute ❷ (*geh: Internat*) boarding-school

In·sti·tu·ti·on <-, -en> [ɪnstituˈtsi̯oːn] *f* institution; **die ~ der Ehe/Familie/etc.** the institution of marriage/of the family/etc.; **religiöse/wissenschaftliche ~** religious/scientific institution; **zu einer** [*o* **zur**] **~ werden** (*fig*) to become an institution *fig*

in·sti·tu·ti·o·nell [ɪnstitutsi̯oːˈnɛl] *adj inv* (*geh*) institutional

In·sti·tuts·an·ge·hö·ri·ge(r) *f(m) decl wie adj* member of the institute **In·sti·tuts·an·schrift** *f* institute address **In·sti·tuts·bib·li·o·thek** *f* institute library **In·sti·tuts·di·rek·tor(in)** *m(f)* director of the institute **In·sti·tuts·ver·wal·tung** *f* administration of the institute

in·stru·ie·ren* [ɪnstruˈiːrən] *vt* ❶ (*in Kenntnis setzen*) ■**jdn** [**über etw** *akk*] ~ to advise sb [about sth]; ■[**über etw** *akk*] **instruiert sein** to be informed [about sth] ❷ (*Anweisungen geben*) ■**jdn** ~[, **etw zu tun**] to instruct sb [to do sth]

In·struk·ti·on <-, -en> [ɪnstrʊkˈtsi̯oːn] *f* (*Anweisung*) instruction; (*Anleitung*) instruction[s] *usu pl;* **laut ~** according to instructions

In·stru·ment <-[e]s, -e> [ɪnstruˈmɛnt] *nt* ❶ MUS instrument; (*Gerät für wissenschaftliche Zwecke*) instrument ❷ (*a. fig geh: Werkzeug*) tool; **sich zum ~ einer S.** *gen* **machen** (*fig geh*) to become the instrument of sth

in·stru·men·tal [ɪnstrumɛnˈtaːl] **I.** *adj* instrumental; **~e Musik** instrumental music **II.** *adv* instrumentally

In·stru·men·tal·be·glei·tung *f* instrumental accompaniment; **mit/ohne ~** with/without instrumental accompaniment

in·stru·men·ta·li·sie·ren* [ɪnstrumɛntaliˈziːrən] *vt* (*geh*) ■**etw/jdn** ~ to instrumentalize sth/sb

in·stru·men·ta·li·sie·ren* [ɪnstrumɛntaliˈziːrən] *vt* (*geh*) ■**etw** ~ ❶ MUS to arrange [for instruments] ❷ (*fig: als Mittel zum Zweck benutzen*) to exploit sth

In·stru·men·tal·mu·sik *f* instrumental music **In·stru·men·tal·stück** *nt* MUS instrumental piece

In·stru·men·ta·ri·um <-, -rien> [ɪnstrumɛnˈtaːri̯ʊm, *pl* ɪnstrumɛnˈtaːri̯ən] *nt* (*geh*) ❶ (*Gesamtheit der Ausrüstung*) instruments *pl,* apparatus, equipment; (*medical equipment*) equipment ❷ MUS range of instruments ❸ (*Gesamtheit von Mittel o Möglichkeiten*) range [*or* series] of measures

in·stru·men·ta·to·risch [ɪnstrumɛntaˈtoːrɪʃ] *adj attr, inv* MUS instrumental

In·stru·men·ten·flug *m* LUFT instrument flight

In·suf·fi·zi·enz <-, -en> [ˈɪnzʊfitsi̯ɛnts, ɪnzʊfiˈtsi̯ɛnts] *f* MED (*geh*) insufficiency

In·su·la·ner(in) <-s, -> [ɪnzuˈlaːnɐ] *m(f)* islander

In·su·lin <-s> [ɪnzuˈliːn] *nt kein pl* insulin *no pl*

In·su·lin·prä·pa·rat *nt* insulin preparation **In·su·lin·sprit·ze** *f* insulin injection

in·sze·nie·ren* [ɪnstseˈniːrən] *vt* ■**etw** ~ ❶ (*dramaturgisch gestalten*) ■**etw** ~ to stage sth ❷ (*pej*) to stage-manage [*or* engineer] sth

In·sze·nie·rung <-, -en> *f* ❶ FILM, MUS, THEAT production ❷ (*pej: Bewerkstelligung*) stage-managing, engineering

in·takt [ɪnˈtakt] *adj* ❶ (*unversehrt*) intact ❷ (*voll funktionsfähig*) in working order; ■~ **sein** to be one hundred percent

In·tar·sia <-, -> [ɪnˈtarzi̯a] *f,* **In·tar·sie** <-, -n> [ɪnˈtarzi̯ə] *f meist pl* (*Einlegearbeit in Holz*) wood inlay [work], marquetry, intarsia

in·te·ger [ɪnˈteːgɐ] **I.** *adj* (*geh*) of integrity; ■~ **sein** to have integrity **II.** *adv* (*geh*) with integrity; **sich ~ verhalten** to behave with integrity

in·te·gral [ɪnteˈgraːl] *adj attr* MATH integral

In·te·gral <-s, -e> [ɪnteˈgraːl] *nt* MATH integral

In·te·gral·rech·nung *f kein pl* MATH integral calculus

In·te·gra·ti·on <-, -en> [ɪntegraˈtsi̯oːn] *f* ❶ SOZIOL integration; ■**jds ~** [**in etw** *akk*] sb's integration [into sth] ❷ (*Verbindung zu einer Einheit*) integration; ■**die ~ von etw** [**zu etw**] the integration of sth [into sth]; **die wirtschaftliche ~ Osteuropas zu einer einheitlichen Gemeinschaft wird sich schwer gestalten** the economic integration of Eastern Europe into a single community will prove difficult

In·te·gra·ti·ons·fi·gur *f* (*geh*) unifying figure

in·te·grie·ren* [ɪnteˈgriːrən] **I.** *vt* (*eingliedern*) ■**jdn/etw** [**in etw** *akk*] ~ to integrate sb/sth [into sth] **II.** *vr* (*sich einfügen*) ■**sich** [**in etw** *akk*] ~ to become integrated [into sth]

In·te·grie·rung <-, -en> *f s.* **Integration**

In·te·gri·tät <-> [ɪntegriˈtɛːt] *f kein pl* (*geh*) ❶ (*untadeliger Charakter*) integrity ❷ POL, JUR (*Unverletzlichkeit*) integrity

In·tel·lekt <-[e]s> [ɪntɛˈlɛkt] *m kein pl* intellect

in·tel·lek·tu·ell [ɪntɛlɛkˈtu̯ɛl] *adj* intellectual; **eine ~e Diskussion** an intellectual discussion

In·tel·lek·tu·el·le(r) *f(m) decl wie adj* intellectual

in·tel·li·gent [ɪntɛliˈgɛnt] *adj* ❶ (*mit Verstand begabt*) intelligent; (*strategisch klug*) clever, smart; ■~ [**von jdm**] **sein**[**, etw zu tun**] to be clever [of sb] [to do sth]; **das war nicht gerade sehr ~ von dir!** that wasn't exactly very clever of you! ❷ INFORM intelligent; **eine ~e Bombe** an intelligent bomb

In·tel·li·genz <-, -en> [ɪntɛliˈgɛnts] *f* ❶ *kein pl* (*Verstand*) intelligence *no pl* ❷ *kein pl* (*Gesamtheit der Intellektuellen*) intelligentsia *no pl* ❸ (*vernunftbegabtes Lebewesen*) intelligence; **ständig suchen Radioteleskope nach Signalen außerirdischer ~ ab** radio telescopes are constantly searching for signals from an extraterrestrial intelligence ❹ INFORM **künstliche ~** artificial intelligence, AI

In·tel·li·genz·bes·tie *f* (*fam*) brainbox *fam*

In·tel·li·gen·zi·ja <-> [ɪntɛliˈgɛntsija] *f kein pl* Russian intelligentsia + *sing vb*

In·tel·li·genz·quo·ti·ent [-kvotsi̯ɛnt] *m* intelligence quotient **In·tel·li·genz·test** *m* intelligence test; **einen ~ machen** to sit an intelligence test; **jdn einem ~ unterziehen** to subject sb to an intelligence test

In·ten·dant(in) <-en, -en> [ɪntɛnˈdant] *m(f)* THEAT artistic director, theatre-manager [*or* AM theater-]; RADIO, TV director-general

In·ten·danz <-, -en> [ɪntɛnˈdants] *f* ❶ THEAT directorship; RADIO, TV director-generalship ❷ THEAT (*Büro des Intendanten*) director's office; RADIO, TV director-general's office

in·ten·die·ren* [ɪntɛnˈdiːrən] *vt* (*geh: beabsichtigen*) ■**etw** ~ to intend sth

In·ten·si·tät <-, *selten* -en> [ɪntɛnziˈtɛːt] *f* ❶ (*Stärke, Eindringlichkeit*) intensity, intenseness ❷ PHYS intensity

in·ten·siv [ɪntɛnˈziːf] **I.** *adj* ❶ (*gründlich*) intensive ❷ (*eindringlich, durchdringend*) intense, strong; **~er Duft** strong fragrance; **~er Schmerz** strong pain **II.** *adv* ❶ (*gründlich*) intensively; **~ bemüht sein, etw zu tun** to make intense efforts to do sth ❷ (*eindringlich, durchdringend*) strongly, intensely; **die Suppe schmeckt ~ nach Curry** the soup has a strong taste of curry

In·ten·siv·be·hand·lung *f* MED intensive care treatment

in·ten·si·vie·ren* [ɪntɛnziˈviːrən] *vt* ■**etw** ~ to intensify sth

In·ten·si·vie·rung <-, *selten* -en> *f* intensification

In·ten·siv·kurs *m* intensive course **In·ten·siv·sta·ti·on** *f* MED intensive care unit

In·ten·ti·on <-, -en> [ɪntɛnˈtsi̯oːn] *f* (*geh*) intent, intention; **jds ~ geht dahin, dass...** it is sb's intention that...

in·ten·ti·o·nal [ɪntɛntsi̯oˈnaːl] *adj* (*geh: zweckbestimmt*) intentional

in·ter·ak·tiv [ɪntɐʔakˈtiːf] *adj* interactive

In·ter·ci·ty <-s, -s> [ɪntɐˈsɪti] *m,* **In·ter·ci·ty·zug**[RR] [ɪntɐˈsɪti-] *m* inter-city [train]

In·ter·ci·ty·ex·press[RR] *m,* **Intercity-Express**[ALT] *m* BAHN inter-city express

in·ter·dis·zi·pli·när [ɪntɐdɪstsipliˈnɛːɐ̯] *adj* interdisciplinary

in·ter·es·sant [ɪntərɛˈsant] **I.** *adj* ❶ (*Interesse erweckend*) interesting; ■[**für jdn**] ~ **sein** to be interesting [for sb]; **gibt es**

in der Zeitung von heute irgendwas I~es? is there anything interesting in today's paper?; **sich [bei jdm] ~ machen** to attract [sb's] attention; **sie will sich nur bei ihm ~ machen** she's only trying to attract his attention; **wie ~!** how interesting! ❷ ÖKON **~es Angebot/Gehalt** attractive offer/salary **II.** *adv* interestingly; **der Vorschlag hört sich ~ an** the proposal sounds interesting; **das liest sich äußerst ~** that's extremely interesting to read

in·ter·es·san·ter·wei·se *adv* interestingly enough

In·ter·es·se <-s, -n> [ɪntəˈrɛsə] *nt* ❶ *kein pl* (*Aufmerksamkeit*) interest; **~ [an jdm/etw [*o* für jdn/etw]] haben** to have an interest [in sb/sth]; **wir haben ~ an Ihrem Angebot** we are interested in your offer; **bedauere, ich habe kein ~!** sorry, I'm not interested!; **~ daran haben, etw zu tun** to be interested in doing sth; **hätten Sie ~ daran, für uns tätig zu werden?** would you be interested in working for us? ❷ *pl* (*Neigungen*) interests *pl*; **aus ~** out of interest; **mit ~** with interest; **sie lauschte dem Redner mit großem ~** she listened to the speaker with great interest ❸ *pl* (*Belange*) interests *pl* ❹ (*Nutzen*) interest; **[für jdn] von ~ sein** to be of interest [to sb]; **in jds [*o* sein] *dat* ~ liegen** to be in sb's interest; **in jds *dat* ~ liegen, etw zu tun** to be in sb's interest to do sth; **im ~ einer S. *gen*** in the interest of sth; **im ~ des Friedens sollte weltweit abgerüstet werden** in the interest of peace there should be global disarmament; **in jds *dat* ~** in sb's interest

in·ter·es·se·los *adj* indifferent; **jd ist [völlig] ~** sb is [completely] indifferent

In·ter·es·sen·ge·biet *nt* area of interest **In·ter·es·sen·ge·mein·schaft** *f* community of interests, syndicate **In·ter·es·sen·kon·flikt** *m* conflict of interests **In·ter·es·sen·sphä·re** *f* sphere of influence

In·ter·es·sent(in) <-en, -en> [ɪntərɛˈsɛnt] *m(f)* ❶ (*an einer Teilnahme Interessierter*) interested party ❷ ÖKON (*an einem Kauf Interessierter*) potential buyer [*or* purchaser]

In·ter·es·sen·ver·band *m* POL, SOZIOL interest [*or* pressure] group **In·ter·es·sen·ver·tre·tung** *f* ❶ POL, SOZIOL interest group ❷ *kein pl* JUR representation of interests

in·ter·es·sie·ren* [ɪntərɛˈsiːrən] **I.** *vt* ❶ (*jds Interesse hervorrufen*) ■**jdn ~** to interest sb; **dein Vorschlag interessiert mich sehr** your suggestion interests me greatly; **das hat Sie nicht zu ~!** that's no concern of yours! ❷ (*jds Interesse auf etw lenken*) ■**jdn für etw ~** to interest sb in sth **II.** *vr* (*mit Interesse verfolgen*) ■**sich für jdn/etw ~** to be interested in sb/sth

in·ter·es·siert **I.** *adj* ❶ (*Interesse zeigend*) interested; ■**[irgendwie] ~ sein** to be interested [in sth] [in a certain way]; **sie ist politisch ~** she is interested in politics ❷ (*mit ernsthaften Absichten*) ■**an jdm/etw ~ sein** to be interested in sb/sth; ■**daran ~ sein, etw zu tun** to be interested in doing sth; **ich bin sehr daran ~, mehr darüber zu erfahren!** I'm very interested in learning more about it! **II.** *adv* with interest

In·ter·face <-, -s> [ˈɪntɐfeɪs] *nt* INFORM interface

In·ter·face·de·sign [ˈɪntɐfeːsdɪˈzaɪn] *nt* INFORM interface design

In·ter·fe·renz <-, -en> [ɪntɐfeˈrɛnts] *f* PHYS interference *no pl*

In·ter·fe·ron <-s, -e> [ɪntɐfeˈroːn] *nt* BIOL interferon

In·te·ri·eur <-s, -s *o* -e> [ɛ̃teˈrjøːɐ] *nt* (*geh*) interior

In·te·rim <-s, -s> [ˈɪnterɪm] *nt* (*geh*) interim

In·te·rims·lö·sung *f* (*geh*) interim solution **In·te·rims·re·gie·rung** *f* (*geh: Übergangsregierung*) interim government

In·ter·jek·ti·on <-, -en> [ɪntɐjɛkˈtsi̯oːn] *f* LING interjection

in·ter·kon·ti·nen·tal [ɪntɐkɔntinɛnˈtaːl] *adj* GEOG intercontinental

In·ter·kon·ti·nen·tal·ra·ke·te *f* MIL intercontinental ballistic missile

In·ter·mez·zo <-s, -s *o* -mezzi> [ɪntɐˈmɛtso] *nt* ❶ MUS intermezzo ❷ (*geh*) incident

in·tern [ɪnˈtɛrn] **I.** *adj* (*im eigenen Bereich liegend*) internal; (*innenpolitisch*) domestic, internal **II.** *adv* internally; **etw ~ regeln [*o* klären]** to resolve sth internally

In·ter·na [ɪnˈtɛrna] *pl* (*geh*) internal matters *pl*

In·ter·nat <-[e]s, -e> [ɪntɐˈnaːt] *nt* boarding-school

in·ter·na·ti·o·nal [ɪntɐnatsi̯oˈnaːl] **I.** *adj* international **II.** *adv* internationally

In·ter·na·ti·o·na·le <-, -n> [ɪntɐnatsi̯oˈnaːlə] *f* ■**„die ~"** 'the Internationale'; **die sozialistische ~** the Internationale

in·ter·na·ti·o·na·li·sie·ren* [ɪntɐnatsi̯onaliˈziːrən] *vt* ■**etw ~** ❶ (*geh*) to internationalize sth ❷ JUR to internationalize sth; ■**internationalisiert werden** to become internationalized

In·ter·na·ti·o·na·li·sie·rung *f kein pl* SOZIOL internationalization

In·ter·nats·lei·ter(in) *m(f)* principal of a boarding-school

In·ter·naut(in) <-en, -en> [ɪntɐˈnaut] *m(f)* INET (*euph*) internaut *euph*

In·ter·net <-s, -s> [ˈɪntɐnɛt] *nt* INFORM, TELEK Internet; **im ~ surfen** to surf the Internet [*or fam* net]

In·ter·net·agen·tur *f* INET Internet agency **In·ter·net·auf·tritt** *m* INET *presentation of a firm through an Internet website* **In·ter·net·dienst** *m* internet service **In·ter·net-Kon·takt·bör·se** *f* INET Internet personal ads

in·ter·nie·ren* [ɪnteniːrən] *vt* ■**jdn ~** ❶ (*in staatlichen Gewahrsam nehmen*) to intern sb ❷ MED to isolate sb, to put sb into isolation

In·ter·nier·te(r) *f(m) decl wie adj* internee

In·ter·nie·rung <-, -en> *f* ❶ (*Einsperrung*) internment ❷ MED isolation

In·ter·nie·rungs·la·ger *nt* internment camp

In·ter·nist(in) <-en, -en> [ɪnteˈnɪst] *m(f)* MED internist

In·tern·ver·bin·dung *f* TELEK internal connection

in·ter·par·la·men·ta·risch [ɪntɐparlamɛnˈtaːrɪʃ] *adj* interparliamentary

in·ter·pla·ne·ta·risch [ɪntɐplaneˈtaːrɪʃ] *adj* interplanetary

In·ter·pol <-> [ˈɪntɐpoːl] *f* Interpol

In·ter·pret(in) <-en, -en> [ɪntɐˈpreːt] *m(f)* MUS, THEAT (*geh*) interpreter

In·ter·pre·ta·ti·on <-, -en> [ɪntɐpretaˈtsi̯oːn] *f* LIT, MUS, THEAT (*inhaltliche Erläuterung*) interpretation

in·ter·pre·tie·ren* [ɪntɐpreˈtiːrən] *vt* ❶ LIT, MUS ■**[jdm] etw ~** to interpret sth [for sb]; **diesen Satz kann man unterschiedlich ~** this sentence can be interpreted in different ways ❷ (*geh: auslegen*) ■**etw irgendwie ~** to interpret sth in a certain way

In·ter·punk·ti·on <-, -en> [ɪntɐpʊŋkˈtsi̯oːn] *f* LING punctuation

In·ter·punk·ti·ons·re·gel *f* punctuation rule **In·ter·punk·ti·ons·zei·chen** *nt* punctuation mark

In·ter·rail·kar·teRR [ˈɪntereːl-] *f*, **In·ter·rail-Kar·te**ALT *f* inter-rail ticket

In·ter·re·gio <-s, -s> [ɪntɐˈreːgi̯o] *m* regional city stopper (*train that travels between regional centres*)

In·ter·reg·num <-s, -regnen *o* -regna> [ɪntɐˈrɛgnʊm] *nt* interregnum

in·ter·re·li·gi·ös *adj* interreligious

In·ter·ro·ga·tiv·pro·no·men [ɪnteroɡaˈtiːf-] *nt* LING interrogative pronoun **In·ter·ro·ga·tiv·satz** *m* interrogative sentence

in·ter·stel·lar [ɪntɐstɛˈlaːɐ̯] *adj* ASTRON interstellar

In·ter·vall <-s, -e> [ɪntɐˈval] *nt* (*geh*) interval

In·ter·vall·schal·tung *f* AUTO intermittent wiper control

in·ter·ve·nie·ren* [ɪntɐveˈniːrən] *vi* ❶ (*geh: protestierend einschreiten*) ■**[bei jdm] [für jdn] ~** to intervene [on sb's behalf] [with sb] ❷ POL ■**irgendwo *dat* ~** to intervene somewhere

In·ter·ven·ti·on <-, -en> [ɪntɐvɛnˈtsi̯oːn] *f* ❶ (*geh*) intervention ❷ POL (*das aktive Intervenieren*) intervention; **militärische ~** military intervention

In·ter·view <-s, -s> [ˈɪntɐvjuː, ɪntɐˈvjuː] *nt* interview; **[jdm] ein ~/~s geben [*o geh* gewähren]** to give [*or* grant] [sb] an interview/interviews

in·ter·view·en* [ɪntɐˈvjuːən, ˈɪntɐvjuːən] *vt* ❶ (*durch ein Interview befragen*) ■**jdn [zu etw] ~** to interview sb [about sth]; ■**sich [von jdm] ~ lassen** to give [sb] an interview ❷ (*hum fam: befragen*) ■**jdn ~ [ob/wann/wo etc.]** to consult sb about [whether/when/where etc.]

In·ter·view·er(in) <-s, -> [ɪntɐ'vjuːɐ, 'ɪntɐvjuːɐ] *m(f)* interviewer

In·ti·fa·da <-> [ɪnti'faːda] *f kein pl* intifada; ■**die** ~ the intifada

in·tim [ɪn'tiːm] *adj* ❶ (*innig*) intimate; ~**er Freund/Bekannter** close friend/acquaintance ❷ (*persönlich*) intimate; ~**e Einzelheiten** intimate details ❸ (*geh: vertraut*) intimate; **aus ~er Kenntnis** from intimate knowledge ❹ (*sexuell liiert*) ■**mit jdm ~ sein/miteinander ~ sein** to have intimate relations with sb [*or* to be intimate with sb]/to be intimate with each other; ■[**mit jdm**] ~ **werden** to become intimate [with sb] ❺ (*geh: tief innerlich*) intimate; ~**e Gefühle** intimate feelings ❻ (*geh: gemütlich*) intimate; **ich kenne ein kleines, sehr ~es Lokal** I know a small, very intimate [*or* cosy] pub

In·ti·ma <-, Intimae> ['ɪntima, *pl* -mɛ] *f fem form von* **Intimus**

In·tim·be·reich *m* ❶ (*euph: Bereich der Geschlechtsorgane*) private parts *pl euph* ❷ *s.* **Intimsphäre** **In·tim·feind(in)** *m(f)* (*geh*) devil one knows **In·tim·hy·gi·e·ne** *f* (*euph*) feminine hygiene

In·ti·mi·tät <-, -en> [ɪntimi'tɛːt] *f* (*geh*) ❶ *kein pl* (*Vertrautheit*) intimacy *no pl* ❷ *pl* (*private Angelegenheit*) intimate affairs *pl* ❸ *usu pl* (*sexuelle Handlung o Äußerung*) intimacy ❹ *kein pl* (*gemütliche Atmosphäre*) *Kneipe, Lokal etc.* intimacy

In·tim·kon·takt *m* intimate contact **In·tim·lo·ti·on** *f* feminine hygiene lotion **In·tim·sphä·re** *f* (*geh*) private life **In·tim·spray** *nt* feminine deodorant spray

In·ti·mus, In·ti·ma <-, Intimi> ['ɪntimʊs, 'ɪntima, *pl* -mi] *m, f* (*hum geh*) confidant *liter*

In·tim·ver·kehr *m kein pl* (*euph*) intimate relations *pl euph;* [**mit jdm**] ~ **haben** to have intimate relations [with sb]

in·to·le·rant ['ɪntolerant, ɪntole'rant] **I.** *adj* (*geh*) intolerant **II.** *adv* intolerantly

In·to·le·ranz ['ɪntolerants, ɪntole'rants] *f* (*geh*) intolerance

In·to·na·ti·on <-, -en> [ɪntona'tsi̯oːn] *f* LING, MUS intonation

in·to·nie·ren* [ɪnto'niːrən] *vt* ■**etw** ~ MUS to begin singing sth

in·tran·si·tiv ['ɪntranzitiːf] *adj* LING intransitive

in·tra·ve·nös [ɪntrave'nøːs] *adj* intravenous

in·tra·zel·lu·lär [ɪntratsɛlu'lɛːɐ̯] *adj* BIOL, MED intracellular

In-Treff *m* (*fam*) fashionable [*or* trendy] pub [*or* AM bar]

in·tri·gant [ɪntri'gant] *adj* (*pej geh*) scheming; ■~ **sein** to be a schemer *pej*

In·tri·gant(in) <-en, -en> [ɪntri'gant] *m(f)* (*pej geh*) schemer *pej*

In·tri·ge <-, -n> [ɪn'triːgə] *f* (*pej geh*) conspiracy, intrigue; **eine ~ einfädeln, eine ~ spinnen** to conspire, to intrigue, to hatch a plot

in·tri·gie·ren* [ɪntri'giːrən] *vi* (*pej geh*) ■[**gegen jdn**] ~ to intrigue [*or* scheme] [against sb]

In·tron <-s, -s> ['ɪntrɔn] *nt* BIOL intron

in·tro·ver·tiert [ɪntrovɛr'tiːɐ̯t] *adj* introverted

In·tu·i·ti·on <-, -en> [ɪntui'tsi̯oːn] *f* intuition

in·tu·i·tiv [ɪntui'tiːf] *adj* intuitive

in·tus ['ɪntʊs] *adj* ❶ *Alkohol, Essen* **etw ~ haben** (*fam: zu sich genommen haben*) to have had sth; **einen** [*o* **einiges**] ~ **haben** (*fam: leicht betrunken sein*) to have had a few ❷ (*verstanden haben*) to have got sth into one's head; **hast du es jetzt endlich ~?** have you finally got that into your head now?

In·va·li·de, In·va·li·din <-n, -n> [ɪnva'liːdə, ɪnva'liːdɪn] *m, f* invalid; ■~ **sein** to be an invalid

In·va·li·di·tät <-> [ɪnvalidi'tɛːt] *f kein pl* disability

in·va·ri·a·bel ['ɪnvari̯aːbl̩, ɪnva'ri̯aːbl̩] *adj* invariable

In·va·si·on <-, -en> [ɪnva'zi̯oːn] *f* ❶ MIL, POL (*kriegerischer Einfall*) invasion ❷ (*hum fam*) invasion *hum fam*

In·va·sor, In·va·so·rin <-s, -soren> [ɪn'vaːzoːɐ̯, ɪnva'zoːrɪn, *pl* ɪnva'zoːrən] *m, f meist pl* (*geh*) invader

In·ven·tar <-s, -e> [ɪnvɛn'taːɐ̯] *nt* ❶ FIN (*bilanziertes Firmenvermögen*) inventory; **das ~ erstellen** [*o* **aufstellen**] to draw up an inventory [*or* a list of assets and liabilities]; **lebendes ~** *Vieh* livestock; **totes ~** *Gegenstände, Mobiliar* fixtures and fittings ❷ JUR (*Verzeichnis des Nachlasses*) inventory ▸ WENDUNGEN: [**schon**] **zum ~ gehören** (*fam*) to be part of the furniture *hum fam*

In·ven·tur <-, -en> [ɪnvɛn'tuːɐ̯] *f* stocktaking; ~ **machen** to stocktake, to do the stocktaking

In·ver·si·ons·wet·ter·la·ge *f* inverted atmospheric conditions *pl*

In·vert·zu·cker [ɪn'vɛrttsʊkɐ] *m* inverted sugar

in·ves·tie·ren* [ɪnvɛs'tiːrən] *vt* ❶ FIN (*anlegen*) ■**etw** [**in etw** *akk*] ~ to invest sth [in sth] ❷ (*fig fam: aufwenden*) ■**etw** [**in jdn/etw**] ~ to invest sth [in sb/sth]; **er hat so viel Zeit in dieses Projekt investiert** he has invested so much time in this project

In·ves·ti·ti·on <-, -en> [ɪnvɛsti'tsi̯oːn] *f* FIN investment; **eine ~/~en vornehmen** [*o* **tätigen**] to invest; (*Geldausgabe*) investment

In·ves·ti·ti·ons·an·lei·he *f* investment loan **In·ves·ti·ti·ons·an·reiz** *m* ÖKON incentive to invest, investment incentive **In·ves·ti·ti·ons·be·darf** *m* capital expenditure requirements *pl* **In·ves·ti·ti·ons·be·reit·schaft** *f* willingness to invest **in·ves·ti·ti·ons·freu·dig** *adj* eager to invest **In·ves·ti·ti·ons·gü·ter** *pl* capital equipment *no pl* **In·ves·ti·ti·ons·kos·ten** *pl* investment costs *pl* **In·ves·ti·ti·ons·pro·gramm** *nt* investment programme [*or* AM -am]

In·vest·ment <-s, -s> [ɪn'vɛstmənt] *nt* (*Geldanlage*) investment; (*Geldanlage in Investmentfonds*) investing in investment funds

In·vest·ment·be·ra·ter(in) *m(f)* ÖKON, BÖRSE investment adviser **In·vest·ment·fonds** *m* investment fund **In·vest·ment·ge·sell·schaft** *f* investment trust **In·vest·ment·pa·pier** *nt* investment fund certificate **In·vest·ment·trust** *m* investment trust **In·vest·ment·zer·ti·fi·kat** *nt* investment fund certificate

In·ves·tor(in) <-s, -en> [ɪn'vɛstoːɐ̯, *pl* ɪnvɛs'toːrən] *m(f)* ÖKON investor

in vi·tro [ɪn 'viːtro] *adv* MED, BIOL in vitro

In-vi·tro-Fer·ti·li·sa·ti·on <-, -en> [-fɛrtiliza'tsi̯oːn] *f* MED, BIOL in vitro fertilization, I.V.F.

in·vol·vie·ren* [ɪnvɔl'viːrən] *vt* (*geh*) ■**etw** ~ to involve sth

in·wen·dig ['ɪnvɛndɪç] **I.** *adv* inside; **jdn/etw in- und auswendig kennen** (*fam*) to know sb/sth inside out *fam* **II.** *adj* (*selten*) inside; **der Mantel besitzt drei ~e Taschen** the coat has three inside pockets

in·wie·fern [ɪnvi'fɛrn] *adv Interrogativpronomen* how, in what way; **„Sie haben mich da falsch verstanden" – „~"?** "you've misunderstood me" – "in what way?"

in·wie·weit [ɪnvi'vait] *adv* how far, to what extent; **Sie können selbst entscheiden, ~ Sie meinem Rat folgen wollen** you can decide yourself how far you're going to follow my advice

In·zah·lung·nah·me <-, -n> *f* ■**die ~ einer S.** *gen* the acceptance of a thing in part exchange [*or* payment]

In·zest <-[e]s, -e> [ɪn'tsɛst] *m* (*geh*) incest *no pl*

In·zucht ['ɪntsʊxt] *f* inbreeding ▸ WENDUNGEN: **verfluchte ~!** (*derb sl*) sod [*or* AM damn] it!, the hell with it AM *fam!*, BRIT *a.* bugger! *vulg*

in·zwi·schen [ɪn'tsvɪʃn̩] *adv* ❶ (*in der Zwischenzeit*) in the meantime, meanwhile; **so, da bin ich wieder, waren ~ irgendwelche Anrufe?** right, I'm back, have there been any calls in the meantime? ❷ (*mittlerweile*) in the meantime, since then; **ich hoffe, du hast dich ~ wieder erholt** I hope you've recovered in the meantime

IOK <-s> [iːʔoːkaː] *nt kein pl Abk von* **Internationales Olympisches Komitee** IOC

Ion <-s, -en> [i̯oːn] *nt* PHYS, CHEM ion

Io·nen·bin·dung *f* CHEM ionic bond

Io·ni·sa·ti·on <-, -en> [i̯oniza'tsi̯oːn] *f* PHYS, CHEM ionization

io·nisch ['i̯oːnɪʃ] *adj* ❶ ARCHIT, KUNST ionic ❷ MUS Ionian

Io·ni·sches Meer *nt* Ionian Sea

Io·no·sphä·re [ionoˈsfɛːrə] *f kein pl* PHYS, CHEM ionosphere

i-Punkt [ˈiː-] *m* (*i-Tüpfelchen*) dot on the "i" ▶ WENDUNGEN: **bis auf den** ~ down to the last detail

IQ <-[s], -[s]> [iːˈkuː] *m Abk von* **Intelligenzquotient** IQ

i.R. *Abk von* **im Ruhestand** ret. (*retired*), BRIT *a.* retd. (*retired*)

Irak <-s> [iˈraːk] *m* ■ **[der]** ~ Iraq; *s. a.* **Deutschland**

Ira·ker(in) <-s, -> [iˈraːkɐ] *m(f) s.* **Iraki**

Ira·ki <-s, -s> *m fem form gleich* Iraqi; ~ **sein** to be [an] Iraqi; *s. a.* **Deutsche(r)**

ira·kisch [iˈraːkɪʃ] *adj* Iraqi; *s. a.* **deutsch**

Iran <-s> [iˈraːn] *m* ■ **der** ~ Iran; *s. a.* **Deutschland**

Ira·ner(in) <-s, -> [iˈraːnɐ] *m(f)* Iranian; ~ **sein** to be [an] Iranian; *s. a.* **Deutsche(r)**

ira·nisch [iˈraːnɪʃ] *adj* ❶ (*den Iran betreffend*) Iranian; *s. a.* **deutsch 1** ❷ LING Iranian; **auf I**~ in Iranian; *s. a.* **deutsch 2**

Ira·nisch [iˈraːnɪʃ] *nt decl wie adj* Iranian; ■ **das** ~**e** Iranian; *s. a.* **Deutsch**

ir·den [ˈɪrdn̩] *adj* (*veraltend: aus Ton*) earthenware

ir·disch [ˈɪrdɪʃ] *adj* earthly

Ire, Irin <-n, -n> [ˈiːrə, ˈiːrɪn] *m, f* Irishman *masc,* Irishwoman *fem;* ■ **die** ~**n** the Irish; **[ein]** ~ **sein** to be Irish

ir·gend [ˈɪrgn̩t] *adv* at all; **wenn** ~ **möglich** if at all possible; **wenn ich** ~ **kann, werde ich Sie am Bahnhof abholen** if I possibly can, I'll pick you up at the station; ~ **so ein/e ...** some ... or other; **„wer war am Apparat?" – „ach, wieder** ~ **so ein Spinner!"** "who was that on the 'phone?" – "oh, some lunatic or other again"

ir·gend·ein [ˈɪrgn̩tʔain], **ir·gend·ei·ne(r, s)** [ˈɪrgn̩tʔainə, -ainɐ, -ainəs], **ir·gend·eins** [ˈɪrgn̩tʔains] *pron indef* ❶ *adjektivisch* (*was auch immer für ein*) some; **haben Sie noch irgendeinen Wunsch?** would you like anything else?; **nicht irgendein/e ...** *adjektivisch* not any [old] ...; **ich will nicht irgendein Buch, sondern diesen Roman** I don't just want any old book, I want this novel ❷ *substantivisch* (*ein Beliebiger*) any [old] one; **welchen Wagen hätten Sie denn gern? – ach, geben Sie mir** ~**en, Hauptsache er fährt** which car would you like then? – oh, [just] give me any old one, so long as it goes; **nicht irgendeine[r, s]** *substantivisch* not just anybody; **ich werde doch nicht irgendeinen einstellen** I'm not going to appoint just anybody

ir·gend·ein·mal [ˈɪrgn̩tʔainˈmaːl] *adv* sometime, some time or other; **kommt doch** ~ **wieder vorbei!** drop in again some time or other!

ir·gend·et·was[RR] [ˈɪrgn̩tˈɛtvas] *pron indef* something; **haben wir noch** ~ **zu essen im Kühlschrank?** have we still got something to eat in the fridge?; **gibt es** ~ **Neues zu berichten?** is there anything new to report?; ~ **anderes** something else; **nicht [einfach]** ~ not just anything

ir·gend·je·mand[RR] [ˈɪrgn̩tˈjeːmant] *pron indef* somebody, someone, anybody *after a negative,* anyone *after a negative;* **hallo, ist dort** ~**?** hallo, is anybody there?; ~ **anderer** somebody else; **gib das** ~ **anderem** give that to somebody else; **nicht [einfach]** ~ not just anybody; **wissen Sie überhaupt, mit wem Sie es zu tun haben? schließlich bin ich Direktor und nicht** ~**!** do you know who you're dealing with? I'm the director, not just anybody!

ir·gend·wann [ˈɪrgn̩tˈvan] *adv* sometime, some time or other; **ich hoffe, wir sehen uns** ~ **einmal wieder** I hope we'll see each other again some time or other

ir·gend·was [ˈɪrgn̩tˈvas] *pron indef* (*fam*) anything, something; **hast du schon** ~ **Neues über diese Angelegenheit erfahren?** have you learned anything new about this matter?; **was soll ich ihr nur sagen, wenn sie mich fragt? – ach, erzähle ihr** ~**!** what should I tell her if she asks me? – oh, tell her anything!

ir·gend·wel·che(r, s) [ˈɪrgn̩tˈvɛlçə, -ˈvɛlçɐ, -ˈvɛlçəs] *pron indef* ❶ (*welche auch immer*) any, some; **brauchst du noch irgendwelche Sachen aus der Stadt?** do you need any bits and pieces from town? ❷ (*irgendein, beliebig*) some; *substantivisch* anything; **was für ein Rasierwasser soll ich dir mitbringen? – egal, irgendwelches!** what sort of aftershave shall I get you? – it doesn't matter, anything!

ir·gend·wer [ˈɪrgn̩tˈveːɐ̯] *pron indef* (*fam*) anybody, somebody; **hat da nicht eben** ~ **gerufen?** didn't somebody or other just call out?; **hallo! aufmachen! hört mich denn nicht** ~**?** hallo! open up! can no one hear me?; **nicht [einfach]** ~ not just anybody; **ich bin nicht** ~**, ich habe Beziehungen!** I'm not just anybody, I have connections!

ir·gend·wie [ˈɪrgn̩tˈviː] *adv* somehow [or other]; ~ **kommt mir das komisch vor** somehow or other I find that funny; **Sie kommen mir** ~ **bekannt vor, haben wir uns früher schon mal getroffen?** I seem to know you somehow, have we met before?

ir·gend·wo [ˈɪrgn̩tˈvoː] *adv* ❶ (*wo auch immer*) somewhere [or other]; ~ **muss der verdammte Schlüsselbund doch sein!** the damned key ring must be somewhere [or other]! ❷ (*in irgendeiner Weise*) somehow [or other]; ~ **versteh ich das nicht** somehow I don't understand [that]

ir·gend·wo·her [ˈɪrgn̩tvoˈheːɐ̯] *adv* (*woher auch immer*) from somewhere [or other]; **ich kenne Sie doch** ~**!** I know you from somewhere or other; **von** ~ from somewhere [or other]; **woher dieses Brummen nur kommt, von** ~ **muss es doch kommen!** where's this humming coming from, it must be coming from somewhere or other

ir·gend·wo·hin [ˈɪrgn̩tvoˈhɪn] *adv* (*wohin auch immer*) somewhere [or other]; **die Brille habe ich** ~ **gelegt** I've put my glasses down somewhere [or other] ▶ WENDUNGEN: ~ **müssen** (*euph fam*) to have to spend a penny [*or* pay a visit] BRIT *euph fam,* to have to go AM *euph fam*

Iri·di·um <-s> [iˈriːdi̯ʊm] *nt kein pl* CHEM iridium *no pl*

Irin <-, -nen> [ˈiːrɪn] *f fem form von* **Ire** Irishwoman

Iris[1] <-, -> [ˈiːrɪs] *f* BOT iris

Iris[2] <-, - *o* Iriden> [ˈiːrɪs, *pl* iˈriːdən] *f* ANAT iris

irisch [ˈiːrɪʃ] *adj* ❶ (*Irland betreffend*) Irish; *s. a.* **deutsch 1** ❷ LING Irish; *s. a.* **deutsch 2**

Irisch [ˈiːrɪʃ] *nt decl wie adj* Irish; *s. a.* **Deutsch**

Iri·sche <-n> *nt* ■ **das** ~ Irish, the Irish language; *s. a.* **Deutsche**

Ir·land [ˈɪrlant] *nt* Ireland, Eire; *s. a.* **Deutschland**

Iro·nie <-, *selten* -n> [iroˈniː, *pl* -iːən] *f* ❶ (*gegenteilige Bedeutung einer Äußerung*) irony; **ich sage das ganz ohne jede** ~ I'm not being at all ironic when I say that ❷ (*Paradoxie*) irony; ■ **die** ~ **einer S.** *gen* the irony of sth; **es war eine der vielen** ~**n des Lebens** it was one of life's many ironies

iro·nisch [iˈroːnɪʃ] **I.** *adj* ironic[al]; ■ **das I**~**e** [the] irony; **das I**~**e in seinem Unterton war ihr keineswegs entgangen** she did not fail to notice the ironical undertone in his voice; **irgendwie hatte diese Äußerung etwas I**~**es** somehow this statement had an ironical flavour about it **II.** *adv* ironically; ~ **lächeln** to give an ironic smile

irr [ɪr] *adj s.* **irre**

ir·ra·ti·o·nal [ˈɪratsi̯onaːl, ɪratsi̯oˈnaːl] *adj* (*geh*) irrational

ir·re [ɪrə] **I.** *adj* ❶ (*verrückt*) crazy, insane, mad; **der Kerl muss** ~**[e] sein!** the bloke must be mad!; **jdn für** ~**[e] erklären** (*fam*) to call sb mad; **jdn für** ~**[e] halten** (*fam*) to think sb is mad ❷ (*verstört*) crazy; **so ein Blödsinn! du redest** ~**es Zeug!** what nonsense! this is just crazy talk!; **jdn [noch] ganz** ~ **machen** (*fam*) to drive sb crazy *fam;* **dieser Partylärm macht mich noch ganz** ~ the noise from this party is driving me crazy [*or* mad] ❸ (*sl: toll*) fantastic, terrific ▶ WENDUNGEN: **an jdm/etw** ~ **werden** (*geh*) to lose one's faith in sb/sth **II.** *adv* ❶ (*verrückt, verstört*) insanely, in a crazy way; **was fällt dir ein, mitten in der Nacht so** ~**e rumzubrüllen!** all this crazy yelling in the middle of the night, what [the hell] do you think you're doing!; ~**[e] reden** (*geh*) to say crazy things; **hör nicht auf ihn, der redet** ~**!** don't listen to him, he comes out with all this crazy talk!; **wie** ~ (*fam*) like crazy [*or* mad]; **ich musste arbeiten wie** ~ I had to work like mad ❷ (*sl: ausgeflippt*) wild, crazy, wacky *sl*, way-out *sl*; (*toll*) fantastically *fam*, terrifically *fam* ❸ (*sl: äußerst*) incredibly; **der Witz ist ja** ~**e komisch!** the joke is incredibly funny!

Ir·re <-> ['ɪrə] *f* **jdn in die** ~ **führen** to mislead sb, to lead sb up the garden path, to take sb for a ride; **da geht es doch nie und nimmer nach Bremen, du führst uns in die** ~**!** that's never the way to Bremen, you're taking us for a ride!; **in die** ~ **gehen** to go wrong; **halt, die andere Richtung, Sie gehen sonst in die** ~**!** stop, the other direction, otherwise you'll be going wrong!

Ir·re(r) ['ɪrə, -rɐ] *f(m) decl wie adj* (*irrer Mensch*) lunatic, madman ▶ WENDUNGEN: **armer** ~**r** (*fam*) poor fool; **du armer** ~**r, der Kerl hat dich reingelegt!** you poor fool, the bloke's taken you for a ride!

ir·re·al ['ɪrea:l] *adj* (*geh*) unreal; **die Vorstellung, es würde sich irgendwie schon alles fügen, ist einfach** ~ this idea that everything is going to work out somehow is simply unrealistic

ir·re|füh·ren *vt* ■**jdn** ~ to mislead sb; ■**sich von jdm/etw** ~ **lassen** to be misled by sb/sth

ir·re·füh·rend *adj* misleading

Ir·re·füh·rung *f* deception; **die bewusst mehrdeutige Erklärung stellt eine vorsätzliche** ~ **der Delegierten dar** the intentionally ambiguous statement represents a deliberate attempt to mislead the delegates

ir·re|ge·hen *vi irreg sein* (*geh*) ❶ (*sich irren*) ■~**, wenn** to be mistaken, if; **gehe ich irre in der Annahme, dass Sie mein Angebot ablehnen?** am I mistaken in assuming that you're declining my offer? ❷ (*selten*) to go astray

ir·re·gu·lär ['ɪregulɛ:ɐ̯] *adj* (*geh*) irregular; ~**e Methode** irregular method

ir·re|lei·ten *vt* (*geh*) ■**jdn** ~ ❶ (*falsch leiten*) to misdirect sb; **hier geht es ja gar nicht nach Ochsenhausen, man hat uns irregeleitet!** this isn't the way to Ochsenhausen, we've been wrongly directed! ❷ (*schlecht beeinflussen*) to lead sb astray; **durch Propaganda sind viele schlecht unterrichtete Menschen irregeleitet worden** many people who are ill-informed have been led astray by propaganda; ■**irregeleitet** misguided; **die irregeleiteten Sektenmitglieder setzten sich für verlogene Werte ein** the misguided members of the sect supported dishonest values

ir·re·le·vant ['ɪrelevant, ɪrele'vant] *adj* (*geh*) irrelevant; ■~ **[für etw] sein** to be irrelevant [for [*or* to] sth]; **zusätzliche Einwände sind für die Urteilsfindung des Gerichts** ~ additional objections are irrelevant to the verdict of the court

Ir·re·le·vanz ['ɪrelevants, ɪrele'vants] *f* (*geh*) irrelevance

ir·re|ma·chen *vt* ■**jdn** ~ to confuse sb; ■**sich [durch jdn/etw] nicht** ~ **lassen** not to be put off [by sb/sth]

ir·ren[1] ['ɪrən] *vi sein* ■**durch/über etw** *akk* ~ to wander through/across sth

ir·ren[2] ['ɪrən] **I.** *vi* (*geh*) (*sich täuschen*) to be mistaken [*or* wrong] ▶ WENDUNGEN: **I**~ **ist menschlich** (*prov*) to err is human *prov* **II.** *vr* (*sich täuschen*) ■**sich** ~ to be mistaken [*or* wrong]; **da irrst du dich** you're wrong there; **ich irre mich bestimmt nicht, ich weiß, was ich gesehen habe** I'm definitely not wrong, I know what I saw; ■**sich in jdm/etw** ~ to be mistaken [*or* wrong] about sb/sth; **so kann man sich in jdm** ~**!** it shows you how wrong you can be about someone!; **wenn ich mich nicht irre, ...** if I am not mistaken ...

Ir·ren·an·stalt *f* (*pej veraltend*) lunatic asylum, funny farm *pej sl*, loony bin *pej sl*; **der Kerl spinnt ja, der gehört in die** ~**!** the bloke's crackers, he should be locked up! **Ir·ren·haus** *nt* (*veraltet o o pej*) lunatic asylum, funny farm *pej sl*, loony bin *pej sl*; **wie im** ~ (*fam*) like a madhouse *fam*; **schreit nicht alle durcheinander, das ist ja hier wie im** ~**!** don't all start shouting at once, it's like a madhouse in here! ▶ WENDUNGEN: **[bald] reif fürs** ~ **sein** (*fam*) to be cracking up *fam*, to need putting away *sl*

ir·re·pa·ra·bel ['ɪrepara:bl̩, ɪrepa'ra:bl̩] **I.** *adj* (*geh*) irreparable; ~**e körperliche/nervliche/seelische Schäden** irreparable physical/nerve/psychological damage; **irreparabler Maschinenschaden** engine damage beyond repair **II.** *adv* (*geh*) irreparably

ir·re|re·den *vi* (*geh*) to rant, to rave; **Blödsinn! rede nicht so irre!** rubbish! stop ranting [on] like that! **Ir·re·sein** *nt* insanity

ir·re·ver·si·bel ['ɪrevɛrzi:bl̩, ɪrevɛr'zi:bl̩] *adj* (*fachspr*) irreversible

Irr·fahrt *f* wandering; **warum kommt ihr erst so spät? – es war eine lange** ~**, bis wir zu eurem Haus gelangten** why are you so late? – we've been all around the houses trying to get to your place; **Odysseus erreichte Ithaka erst nach zehnjähriger** ~ Odysseus reached Ithaka after having wandered for ten years **Irr·gang** *m meist pl* twists and turns *pl* **Irr·gar·ten** *m* labyrinth, maze **Irr·glau·be(n)** *m* ❶ (*irrige Ansicht*) mistaken belief ❷ (*veraltend: falscher religiöser Glaube*) heresy, heretical belief **irr·gläu·big** *adj* heretical; ■**die I**~**en** the heretics

ir·rig ['ɪrɪç] *adj* (*geh*) incorrect, wrong

Ir·ri·ta·ti·on <-, -en> [ɪrita'tsi̯o:n] *f* (*geh*) ❶ MED irritation ❷ (*das Erregtsein, Verärgerung*) irritation *no pl* ❸ (*selten: auf jdn/etw ausgeübter Reiz*) irritation *no pl*

ir·ri·tie·ren* [ɪri'ti:rən] *vt* ■**jdn** ~ ❶ (*verwirren*) to confuse sb ❷ (*stören*) to annoy sb; **lassen Sie sich von seinen Fragen nicht** ~ don't let his questions annoy you

Irr·läu·fer *m* misdirected item; **das ist hier ein** ~**, die Mappe ist für Abteilung A 13** this file's for department A 13, it's been misdirected **Irr·leh·re** *f* false doctrine, heresy **Irr·licht** ['ɪrlɪçt] *nt* jack-o'-lantern, will-o'-the wisp

Irr·sinn ['ɪrzɪn] *m kein pl* ❶ (*veraltet: psychische Krankheit*) insanity, madness *no pl* ❷ (*fam: Unsinn*) lunacy, madness *no pl*; **es wäre kompletter** ~**, ohne finanzielle Sicherheiten eine Luxusvilla bauen zu wollen** it would be complete lunacy to try and build a luxury villa without financial security

irr·sin·nig ['ɪrzɪnɪç] **I.** *adj* ❶ (*veraltet: psychisch krank*) insane, mad; **wie ein I**~**er/eine I**~**e** (*fam*) like a madman/madwoman; **wir haben gearbeitet wie die I**~**en, um rechzeitig fertig zu werden** we worked like crazy to get finished in time; **er lief wie ein I**~**er, hat den Zug aber trotzdem verpasst** he ran like crazy, but still missed the train ❷ (*fam: völlig wirr, absurd*) crazy, mad; **wer ist denn auf diese** ~**e Idee gekommen?** who thought up this crazy idea?; **völliger Quatsch, der Vorschlag ist ganz einfach** ~ utter rubbish, the suggestion is quite simply crazy; ■~ **sein/werden** to be/go crazy [*or* mad]; **ich werde noch völlig** ~ **in diesem Haushalt!** I'll go completely crazy in this household! ❸ (*fam: stark, intensiv*) terrific, tremendous; ~ **Hitze/Kälte** incredible heat/cold; *Kälte* incredible; **um diese Zeit ist immer ein** ~**er Verkehr** there's always an incredible amount of traffic around this time; **ich habe** ~**e Kopfschmerzen** I've got a terrible headache **II.** *adv* (*fam: äußerst*) terrifically, tremendously; **draußen ist es wieder** ~ **heiß** it's terrifically hot outside again; **mit meinem dünnen Hemd habe ich** ~ **gefroren** I was terribly cold with my thin shirt on; **der Zahn tut** ~ **weh** the tooth is hurting terribly; **wie** ~ (*fam*) like crazy [*or* mad]; **das schmerzt wie** ~**!** it's hurting like mad!

Irr·sinns·hit·ze *f* (*fam*) incredible heat **Irr·sinns·käl·te** *f* (*fam*) incredible cold; **was ist das heute wieder für eine** ~**!** what incredible cold again today! **Irr·sinns·tat** *f* (*fam*) act of lunacy [*or* madness], insanity

Irr·tum <-[e]s, -tümer> ['ɪrtu:m, *pl* 'ɪrty:mɐ] *m* ❶ (*irrige Annahme*) error, mistake; **[schwer] im** ~ **sein** [*o* **sich [schwer] im** ~ **befinden**] to be [badly] mistaken; ~**!** (*fam*) wrong! *fam*, you're wrong there! ❷ (*fehlerhafte Handlung*) error, mistake; **einen** ~ **begehen** to make a mistake; **diese**

Akte ist durch einen ~ auf meinem Tisch gelandet this file has landed on my desk by mistake; ~ **vorbehalten!** ÖKON errors and omissions excepted!

irr·tüm·lich ['ɪrty:mlɪç] **I.** *adj attr* (*versehentlich*) erroneous, mistaken; **ich muss meine Meinung als ~ korrigieren** I'll have to alter my mistaken belief **II.** *adv* erroneously, mistakenly; **ich habe Sie ~ für jemand anders gehalten** I mistakenly took you for somebody else

irr·tüm·li·cher·wei·se *adv* erroneously, mistakenly, in error, by mistake; **ich bin ~ zu früh von der Autobahn abgefahren** I turned off the motorway too early by mistake

Irr·weg *m* wrong track; **für manche Studenten erweist sich das Studium als ~** some students find that study is not the right course for them; **diese Vorgehensweise ist ein ~** we're not on the right track with this procedure; **auf einem ~ sein** [*o* **sich auf einem ~ befinden**] to be on the wrong track

Irr·wisch <-es, -e> ['ɪrvɪʃ] *m* (*fam*) little rascal

irr·wit·zig *adj* ridiculous, absurd

ISBN <-, -s> [i:ʔɛsbe:'ʔɛn] *f Abk von* **Internationale Standardbuchnummer** ISBN

Is·chi·as <-> ['ɪʃi̯as] *m o nt kein pl* sciatica *no pl;* ~ **haben** to suffer from sciatica

Is·chi·as·nerv *m* sciatic nerve

ISDN <-s> [i:ʔɛsde:'ʔɛn] *nt kein pl Abk von* **Integrated Services Digital Network** ISDN

ISDN-An·schluss^RR *m* INFORM, TELEK ISDN connection

Is·lam <-s> [ɪs'la:m, 'ɪslam] *m kein pl* Islam; ■**der ~** Islam *no pl*

is·la·misch [ɪs'la:mɪʃ] *adj* Islamic

is·la·mi·sie·ren* [ɪslami'zi:rən] *vt* GEOL, REL ■**jdn/etw ~** to Islamize sb/sth

Is·la·mi·sie·rung *f* GEOL, REL Islamization

Is·la·mist(in) <-en, -en> [ɪsla'mɪst] *m(f)* Islamist

is·la·mis·tisch [ɪsla'mɪstɪʃ] *adj* Islamist *attr*

Is·land ['i:slant] *nt* Iceland; *s. a.* **Deutschland**

Is·län·der(in) <-s, -> ['i:slɛndɐ] *m(f)* Icelander; ~ **sein** to be an Icelander; *s. a.* **Deutsche(r)**

Is·län·disch ['i:slɛndɪʃ] *nt dekl wie adj* Icelandic; *s. a.* **Deutsch**

is·län·disch ['i:slɛndɪʃ] *adj* ❶ (*Island betreffend*) Icelandic; *s. a.* **deutsch 1** ❷ LING Icelandic; **auf I~** in Icelandic; *s. a.* **deutsch 2**

Iso·ba·re <-, -n> [izo'ba:rə] *f* PHYS isobar

Iso·la·ti·on <-, -en> [izola'tsi̯o:n] *f* ❶ (*das Abdichten*) insulation; **nach der Verlegung der Heizungsrohre erfolgt deren ~** after the heating pipes have been laid they are insulated; (*isolierende Schicht*) insulation ❷ (*das Isolieren*) *Patienten, Häftlingen, etc.* isolation ❸ (*Abgeschlossenheit*) isolation; ~ **von der Außenwelt** isolation from the outside world

Iso·la·ti·o·nis·mus <-> [izolatsi̯o'nɪsmʊs] *m kein pl* POL isolationism

Iso·la·ti·ons·haft *f* solitary confinement; **jdn in ~ halten** to keep sb in solitary confinement

Iso·la·tor <-s, -toren> [izo'la:to:ɐ̯, *pl* izola'to:rən] *m* TECH, PHYS insulator

Iso·lier·band <-bänder> [izo'li:ɐ̯-] *nt* insulating tape

iso·lie·ren* [izo'li:rən] **I.** *vt* ❶ TECH (*mit Isoliermaterial versehen*) ■**etw** [**gegen etw**] ~ to insulate sth [against sth] ❷ JUR, MED ([*von anderen*] *absondern*) ■**jdn** [**von jdm/etw**] ~ to isolate sb [from sb/sth]; **die Virusträger wurden von den anderen Patienten isoliert** the carriers of the virus were isolated from the other patients **II.** *vr* (*sich absondern*) ■**sich** [**von jdm/etw**] ~ to isolate oneself [from sb/sth]; **warum isolierst du dich von der Außenwelt?** why do you cut yourself off from the outside world?

Iso·lier·fla·sche *f* insulated [*or* thermos] flask **Iso·lier·kan·ne** *f* thermos flask **Iso·lier·ma·te·ri·al** *nt* insulating material **Iso·lier·schicht** *f* insulating layer **Iso·lier·sta·ti·on** *f* isolation ward

iso·liert **I.** *adj* (*aus dem Zusammenhang gegriffen*) isolated; **eine ~e Betrachtungsweise von Problemen verleitet rasch zu Fehlschlüssen** an isolated way of looking at problems quickly leads to wrong conclusions **II.** *adv* ❶ (*abgeschlossen, abgesondert*) isolated; **so weit draußen auf dem Land wohnt ihr doch völlig ~!** you're completely isolated so far out in the country! ❷ (*aus dem Zusammenhang gegriffen*) in an isolated way; **diese Erscheinung darf man nicht ~ betrachten** you shouldn't look at this phenomenon in an isolated way

Iso·lie·rung <-, -en> *f s.* **Isolation**

Iso·mat·te *f* insulating underlay

Iso·me·trie <-> [izome'tri:] *f kein pl* ❶ BOT isometrics ❷ MED isometry

iso·me·trisch [izo'me:trɪʃ] *adj* isometric

iso·to·nisch [-'to:nɪʃ] *adj inv* CHEM isotonic

Iso·top <-s, -e> [izo'to:p] *nt* PHYS isotope

Is·ra·el <-s> ['ɪsrae:l, 'ɪsraɛl] *nt* Israel; *s. a.* **Deutschland**

Is·ra·e·li <-[s], -[s]> [ɪsra'e:li] *m,* **Is·ra·e·li** <-s, -[s]> *f* Israeli; *s. a.* **Deutsche(r)**

is·ra·e·lisch [ɪsra'e:lɪʃ] *adj* Israeli; *s. a.* **deutsch**

isst^RR [ɪst], **ißt**^ALT *3. pers sing pres von* **essen**

ist [ɪst] *3. pers sing pres von* **sein**[1]

Ist·be·stand^RR [ɪstbəʃtant] *m,* **Ist-Be·stand** *m* ÖKON actual stock

Isth·mus <-, Isthmen> ['ɪstmʊs] *m* GEOL (*Landenge*) isthmus

Ist·stär·ke^RR *f,* **Ist-Stär·ke** *f* MIL actual [*or* effective] strength

Ita·li·en <-s> [i'ta:li̯ən] *nt* Italy; *s. a.* **Deutschland**

Ita·li·e·ner(in) <-s, -> [ita'li̯e:nɐ] *m(f)* Italian; ~ **sein** to be [an] Italian; ■**die ~** the Italian; *s. a.* **Deutsche(r)**

ita·li·e·nisch [ita'li̯e:nɪʃ] *adj* ❶ (*Italien betreffend*) Italian; *s. a.* **deutsch 1** ❷ LING Italian; *s. a.* **deutsch 2**

Ita·li·e·nisch [ita'li̯e:nɪʃ] *nt decl wie adj* ❶ LING Italian; *s. a.* **Deutsch 1** ❷ (*Fach*) Italian; *s. a.* **Deutsch 2**

Ita·li·e·ni·sche <-n> *nt* ■**das ~** Italian; *s. a.* **Deutsche**

Ita·lo·wes·tern ['i:talo-] *m* spaghetti western

IT-Bran·che [aɪ'ti:'brã:ʃə] *f* ÖKON IT sector

i-Tüp·fel·chen <-s, -> ['i:-] *nt* finishing touch; **ein Kronleuchter über dem Esstisch, das wäre das ~!** a chandelier over the dining room table, that would be the finishing touch! ▸ WENDUNGEN: **bis aufs ~** down to the last detail

i.V. *Abk von* **in Vertretung** p.p.

IVF [,aɪvi:'ef] *f* MED *Abk von* **In-vitro-Fertilization** IVF

Ivo·rer(in) <-s, -> [i'vo:rɐ] *m(f)* Ivorian; *s. a.* **Deutsche(r)**

ivo·risch [i'vo:rɪʃ] *adj* Ivorian; *s. a.* **deutsch**

Iwan <-s> ['i:va:n] *m kein pl* (*meist pej veraltend fam*) ■**der ~** the Russkies *pl*

IWF <-> [i:ve:'ʔɛf] *m kein pl Abk von* **Internationaler Währungsfonds** IMF

J j

J, j <-, - *o fam* -s, -s> [jɔt] *nt* J, j; ~ **wie Julius** J for Jack BRIT, J as in Jig AM; *s. a.* **A 1**

ja [ja:] *part* ❶ (*bestätigend: so ist es*) yes; **ist da wer? – ~, ich bin's** is someone there? – yes, it's me; **~, bitte?** yes, hallo?; **ist dort Prof. Schlüter am Apparat? – ~ bitte?** is that Prof. Schlüter speaking? – yes, hallo?; **einen Moment mal! – ~, bitte? – Sie haben da was fallen gelassen!** just a moment! – yes, what is it? – you've dropped something!; **das sag' ich ~!** (*fam*) that's exactly what I say!; **das sag' ich ~ die ganze Zeit!** that's exactly what I've been saying the whole time!; **zu etw ~ sagen** to say yes to sth, to agree to sth; **aber ~!** yes, of course!; **kommt ihr zu der Party von Wilhelm? – aber ~!** are you coming to Wilhelm's party? – yes, of course! ❷ (*fragend: so? tatsächlich?*) really?; **„ich habe die Nase voll, ich kündige!" – „~?"** 'I've had a bellyful, I'm handing in my notice' – 'really?'; **ach ~?** really?; **ich wandre aus – ach ~?** I'm emigrating – really? ❸ (*warnend: bloß*) make sure; **kommen Sie ~ pünktlich!** make sure you arrive on time!; **sei ~ vorsichtig mit dem Messer!** do be careful with the knife!; **geh ~ nicht dahin!** don't go there whatever you do! ❹ (*abschwächend, einschränkend: schließlich*) after all; **weine nicht, es ist ~ alles nur halb so schlimm!** don't cry, after all it's not that bad; **ich kann es ~ mal versuchen** I can try it of course; **das ist ~ richtig, doch sollten wir trotzdem vorsichtiger sein** that's certainly true, but we should be more careful anyhow ❺ (*revidierend, steigernd: und zwar*) in fact; **ich muss das anerkennen, ~ mehr noch, es loben** I have to recognize that, even praise it in fact ❻ (*anerkennend, triumphierend: doch*) of course; **du bist ~ ein richtiges Schlitzohr!** you really are a crafty devil!; **siehst du, ich habe es ~ immer gesagt!** what did I tell you? I've always said that, you know; **es musste ~ mal so kommen!** it just had to turn out like that!; **auf Sie haben wir ~ die ganze Zeit gewartet** we've been waiting for you the whole time, you know; **wo steckt nur der verfluchte Schlüssel? ach, da ist er ~!** where's the damned key? oh, that's where it's got to! ❼ (*bekräftigend: allerdings*) admittedly, certainly, to be sure; **ach ~!** oh yes!; **„so war das doch damals, erinnerst du dich?" – „ach ~!"** 'that's how it was in those days, do you remember?' – 'oh yes!'; **was Sie mir da berichten, ist ~ kaum zu glauben!** what you're telling me certainly is scarcely believable!; **Ihr Mann ist bei einem Flugzeugabsturz ums Leben gekommen? das ist ~ entsetzlich!** your husband died in a plane crash? why, that's just terrible!; **ich verstehe das ~, aber trotzdem finde ich's nicht gut** I understand that admittedly, even so, I don't think it's good; **das ist ~ die Höhe!** that's the absolute limit!; **es ist ~ immer dasselbe** it's always the same, you know ❽ (*na*) well; **~, wenn das so ist, komme ich natürlich mit!** well, if that's the case, I'll surely come with you!; **~, was du nicht sagst, kaum zu glauben!** well, you don't say! it's scarcely believable! ❾ (*als Satzabschluss: nicht wahr?*) isn't it?; **es bleibt doch bei unserer Abmachung, ~?** our agreement does stand though, doesn't it?; **aber du hältst zu mir, wenn es brenzlig wird, ~?** but you'll stand by me when things get hot, won't you? ❿ (*ratlos: nur*) **ich weiß ~ nicht, wie ich es ihm beibringen soll** I'm sure I don't know how I'm going to get him to understand that ⓫ (*beschwichtigend*) **„he, wo bleibst du denn nur so lange?" – „ich komm ~ schon!"** 'hey, where have you been all this time?' – 'all right! all right! I'm coming!'; **~ doch!** yes, all right! ▶WENDUNGEN: **~ und amen** [*o* **J~ und Amen**] **zu etw sagen** (*fam*) to give sth one's blessing; **wenn die Geschäftsleitung ~ und amen zu dem Plan sagt, können wir loslegen** if the management gives it's blessing to the plan, we can get going; **nun ~** well; **„wie schmeckt das Essen?" – „nun ~, eigentlich gar nicht so übel"** 'how's the food?' – 'well, not bad at all really'; **wenn** [*o* **falls**] **~** if so; **hoffentlich trifft das nicht zu, falls ~, werden wir noch einige Probleme bekommen** hopefully that won't apply, if it does we'll have a few more problems; **~! ~!** go on! go on!; **~, ~, gib's ihm!** go on! go on! let him have it!

Ja <-s, -[s]> [ja:] *nt* yes; POL *o* DIAL aye; **mit ~ stimmen** to vote yes

Jacht <-, -en> [jaxt] *f* yacht

Jacht·klub *m* yacht club

Jäck·chen <-s, -> ['jɛkçən] *nt dim von* **Jacke** small jacket

Ja·cke <-, -n> ['jakə] *f* (*Stoffjacke*) jacket; (*Strickjacke*) cardigan ▶WENDUNGEN: **das ist ~ wie Hose** (*fam*) it makes no odds [either way], it's six of one and half a dozen of the other

Ja·cken·är·mel *m* jacket sleeve **Ja·cken·fut·ter** *nt* jacket lining **Ja·cken·knopf** *m* jacket button **Ja·cken·ta·sche** *f* jacket pocket

Ja·cket·kro·ne ['dʒɛkɪt-] *f* MED jacket crown

Ja·ckett <-s, -s> [ʒa'kɛt] *nt* jacket

Jack·pot <-s, -s> ['dʒɛkpɔt] *m* ❶ KARTEN stake [money] ❷ (*Lottogewinn*) jackpot

Ja·de <-> ['ja:də] *m o f kein pl* jade

Jagd <-, -en> ['ja:kt] *f* ❶ (*das Jagen*) hunting; ■**die ~ auf ein Tier** hunting an animal; **auf die ~ [nach einem Tier] gehen** to go out hunting [an animal]; **hohe/niedere ~** big/small game hunting; **in wilder ~** in headlong flight [*or* a mad rush]; **zur ~ [auf ein Tier] blasen** to sound the horn for the start of the hunt; **auf der ~ sein** to be [out] hunting; **~ auf jdn/etw machen** (*pej*) to hunt for sb/sth *pej* ❷ (*Jagdrevier*) preserve, BRIT *a.* shoot ❸ (*Verfolgung*) hunt; ■**die ~ auf jdn** the hunt for sb ❹ (*pej: wildes Streben*) pursuit; ■**die ~ nach etw** the pursuit of sth; **die ~ nach Erfolg** the pursuit of success; **die ~ nach Gold** the quest for gold

Jagd·auf·se·her(in) *m(f)* game warden **Jagd·bom·ber** *m* MIL fighter-bomber **Jagd·flie·ger(in)** *m(f)* MIL fighter pilot **Jagd·flin·te** *f* shotgun **Jagd·flug·zeug** *nt* MIL fighter plane [*or* aircraft] **Jagd·ge·schwa·der** *nt* MIL fighter squadron **Jagd·ge·sell·schaft** *f* hunting [*or* shooting] party **Jagd·ge·wehr** *nt* hunting rifle **Jagd·glück** *nt* good fortune [during the hunt]; **ich hatte heute kein ~!** I was out of luck today during the hunt **Jagd·grün·de** *pl* hunting grounds *pl* ▶WENDUNGEN: **in die ewigen ~ eingehen** (*euph geh*) to go to the happy hunting grounds *euph* **Jagd·haus** *nt* hunting lodge **Jagd·horn** *nt* hunting horn **Jagd·hund** *m* hound, hunting dog **Jagd·klei·dung** *f* hunting attire **Jagd·mes·ser** *nt* hunting knife **Jagd·re·vier** [-revi:ɐ̯] *nt* preserve, BRIT *a.* shoot **Jagd·schein** *m* (*Berechtigung zur Jagd*) hunting licence [*or* AM -se]; **den ~ haben** to have a hunting licence; **den ~ machen** to prepare for a hunting licence exam ▶WENDUNGEN: **einen ~ haben** (*hum sl*) to be certified **Jagd·schloss**RR *nt* hunting lodge **Jagd·zeit** *f* hunting [*or* shooting] season

ja·gen ['ja:gn̩] **I.** *vt haben* ❶ (*auf der Jagd verfolgen*) ■**ein Tier ~** to hunt an animal ❷ (*hetzen*) ■**jdn ~** to pursue sb ❸ (*fam: antreiben, vertreiben*) ■**jdn aus etw** *dat*/**in etw** *akk* **~** to drive sb out of/into sth; **los, aufstehen, oder muss ich euch erst aus dem Bett ~?** come on, up! or do I have to chase you out of bed?; **eine Sache jagt die andere** [*o* **nächste**] one thing comes after another; **bei mir jagt im Augenblick ein Unglück das nächste** I'm suffering one misfortune after another at the moment ❹ (*fam: [in einen Körperteil] stoßen*) ■**jdm etw durch/in etw** *akk* **~** to stick sth through/in sb's sth; **jeden Tag kriegte ich eine Spritze in den Hintern gejagt** I got a syringe stuck in my backside everyday; ■**sich** *dat* **etw in etw** *akk* **~** to jab sth into one's sth *fam* ▶WENDUNGEN: **jdn mit etw ~ können** (*fam*) to not be able to abide [*or* stand] sth; **ich esse nie Hamburger, damit könnte man mich ~** I never eat hamburgers, I wouldn't touch them with a barge pole *fam* **II.** *vi* ❶ *haben* (*auf die Jagd gehen*) to hunt, to go hunting ❷ *sein* (*rasen*) ■**aus etw** *dat*/**durch etw** *akk*/**in etw** *akk* **~** to race [*or* tear] out of sth/through sth/into sth; **er kam plötzlich aus dem Haus gejagt** he suddenly came racing out of the house

Jä·ger <-s, -> ['jɛ:gɐ] *m* MIL, LUFT fighter [plane]

Jä·ger(in) <-s, -> ['jɛ:gɐ] *m(f)* hunter

Jä·ger·la·tein *nt* (*fam*) hunter's jargon

Ja·gu·ar <-s, -e> ['ja:gu̯a:ɐ̯] *m* jaguar

jäh ['jɛ:] **I.** *adj* (*geh*) ❶ (*abrupt, unvorhergesehen*) abrupt; **~e Bewegung** sudden movement ❷ (*steil*) sheer, steep **II.** *adv* (*geh*) ❶ (*abrupt, unvorhergesehen*) abruptly, suddenly ❷ (*steil*) steeply; **der Abhang fiel ~ ab** the slope fell steeply away

jäh·lings ['jɛ:lɪŋs] *adv* (*geh*) ❶ (*abrupt*) suddenly ❷ (*steil*) steeply

J

Jahr <-[e]s, -e> ['jaːɐ̯] *nt* ❶ (*Zeitraum von 12 Monaten*) year; **die 20er-/30er-~e etc.** the twenties/thirties etc. + *sing/pl vb;* **anderthalb** ~**e** a year and a half; **ein dreiviertel** ~ nine months; **ein halbes** ~ six months, half a year; **das ganze** ~ **über** throughout the whole year; **ein viertel** ~ three months; **letztes** [*o* **im letzten**] ~ last year; **nächstes** [*o* **im nächsten**] ~ next year; **das neue** ~ the new year; **alles Gute zu Weihnachten und viel Glück im neuen** ~**!** merry Christmas and a happy new year; ~ **für** [*o* **um**] ~ year after year; **noch früh im** ~ **sein** to be at the beginning of the year; **im** ~**e ...** in [the year] ...; **... im** [*o* **pro**] ~ **...** a year; **ich gehe zweimal im** ~ **zum Arzt** I go to the doctor's twice a year; **in diesem/im nächsten** ~ this/next year; **in einem** ~**/in ...** ~**en** in a year/in ... years; **mit den** ~**en** as the years go by, over the years; **mit ...** ~**en** at ... [years of age]; **nach einem** ~ after a year; **nach** ~**en** for years; **vor einem** ~ a year ago; **vor** [**...**] ~**en** [...] years ago; **alle ...** ~**e** every ... years; **alle hundert** ~**e ändert sich das Klima** the climate changes every hundred years; **alle** ~**e wieder** every year; **der/die/das ... des** ~**es** the ... of the year; **dieser Bestseller wurde zum Buch des** ~**es gekürt** this bestseller was chosen as book of the year; **soziales** ~ *year spent by young people doing work in the area of social services;* **auf** ~**e hinaus** for years to come ❷ (*Lebensjahre*) ... [years old]; **...** ~**e jung sein** (*hum*) ... years young *hum;* **sie ist 80** ~**e jung** she's 80 years young ▸WENDUNGEN: **im** ~**e des Heils** (*veraltet*) in the year of grace *old;* **im** ~**e des Herrn** anno domini, in the year of our Lord; **nach/seit** ~ **und Tag** (*geh*) after/for many years; **in den besten** ~**en** [**sein**] [to be] in one's prime; **das verflixte siebte** ~ (*fam*) the seven-year itch; **in die** ~**e kommen** (*euph fam*) to be getting on [in years]

jahr·aus [jaːɐ̯'ʔaus] *adv* **jahrein,** ~ year in, year out

Jahr·buch *nt* yearbook

Jähr·chen <-s, -> ['jɛːɐ̯çən] *nt* (*hum fam*) *dim von* **Jahr** year

jah·re·lang ['jaːrəlaŋ] **I.** *adj attr* lasting for years; **das Ergebnis war die Frucht** ~**er Forschungen** the result was the fruits of years of research **II.** *adv* for years; **ich hoffe, es dauert nicht** ~**, bis ich an die Reihe komme** I hope it won't take years before it's my turn

jäh·ren ['jɛːrən] *vr* (*geh*) ■**sich** ~ to be the anniversary of; **im Juni jährt sich sein Hochzeitstag** it'll be his wedding anniversary in June

Jah·res·abon·ne·ment [-abɔnəmãː] *nt* annual subscription **Jah·res·ab·schluss**RR *m* annual [*or* year-end] accounts; [**jdm**] **den** ~ **machen** [*o* **erstellen**] to produce annual [*or* year-end] accounts [for sb] **Jah·res·an·fang** *m,* **Jah·res·be·ginn** *m* beginning of the year; **bei/nach/vor** ~ at/after/before the beginning of the year **Jah·res·aus·stoß** *m* annual output **Jah·res·bei·trag** *m* annual subscription **Jah·res·be·richt** *m* annual report **Jah·res·best·zeit** *f* SPORT fastest time for the year **Jah·res·bi·lanz** *f* ÖKON, BÖRSE annual balance sheet **Jah·res·durch·schnitt** *m* annual [*or* yearly] average **Jah·res·ein·kom·men** *nt* annual income **Jah·res·en·de** *nt* end of the year, year's end; **es ist** ~**, wir haben** ~ it's the end of the year; **bis zum/vor** ~ by/before the end of the year **Jah·res·etat** *m* ÖKON annual budget **Jah·res·frist** *f* **nach** ~ after a period of one year; **vor** [*o geh* **binnen**] ~ within a period of one year, before the year is out **Jah·res·ge·bühr** *f* annual fee **Jah·res·ge·halt** *nt* annual salary **Jah·res·kar·te** *f* ❶ (*ein Jahr gültige Eintrittskarte*) annual membership card, [annual] season ticket ❷ TRANSP (*ein Jahr gültige Fahrkarte*) [annual] season ticket **Jah·res·pro·duk·ti·on** *f* annual production **Jah·res·ring** *m* BOT annual ring **Jah·res·tag** *m* anniversary **Jah·res·ur·laub** *m* annual holiday [*or* leave]; **seinen** ~ **nehmen** to take one's annual holiday [*or* leave]; **seinen** ~ [**bei jdm**] **einreichen** to apply [to sb] for one's annual holiday [*or* leave] **Jah·res·ver·trag** *m* one-year contract **Jah·res·wa·gen** *m car which can be bought by company employees at a discount and resold after one year* **Jah·res·wech·sel** *m* turn of the year; **zum** ~ at the turn of the year **Jah·res·zahl** *f* year **Jah·res·zeit** *f* season **Jah·res·zeit·raum** *m* whole year

Jahr·gang <-gänge> *m* ❶ (*Personen eines Geburtsjahrs*) age-group; (*Gesamtheit der Schüler eines Schuljahres*) [school] year; ~ **... sein** to have been born in ...; **ich bin** ~ **1962** I was born in 1962; **jds** ~ **sein** to be born in the same year as sb; **ein** ~ **sein** to be born in the same year; **wir sind ein** ~**, beide 1974** we were born in the same year, both 1974 ❷ VERLAG (*Publikationen eines gesamten Jahres*) year ❸ (*Erntejahr*) vintage, year; (*Herstellungsjahr*) year

Jahr·hun·dert <-s, -e> [jaːɐ̯'hʊndɐt] *nt* century; ~**e, über** ~**e** for centuries

jahr·hun·der·te·alt *adj* centuries-old *pred;* ■~ **werden** to live to be centuries-old; **Eichen werden** ~ oaks live to be centuries-old **jahr·hun·der·te·lang I.** *adj* [lasting] for centuries *pred;* **es hat einer** ~**en Entwicklung bedurft** centuries of development were required **II.** *adv* for centuries **Jahr·hun·dert·wech·sel** *m* turn of the century **Jahr·hun·dert·wen·de** *f* turn of the century

jähr·lich ['jɛːɐ̯lɪç] *adj* annual, yearly

Jahr·markt *m* [fun]fair

Jahr·markts·bu·de *f* fairground booth [*or* stall]

Jahr·mil·li·o·nen [jaːɐ̯mɪ'li̯oːnən] *pl* millions of years; **in/vor** ~ in millions of years/millions of years ago

Jahr·tau·send <-s, -e> [jaːɐ̯'tauzn̩t] *nt* millennium; **das kommende** ~ the coming millennium; ■~**e** thousands of years; **die menschliche Zivilisation existiert erst seit wenigen** ~**en** human civilization has only existed for a few thousand years

jahr·tau·sen·de·lang I. *adj* thousands of years of; **nach einer** ~**en Entwicklung hat diese Kultur ihre höchste Blüte erreicht** after thousands of years of development this civilization reached its highest peak **II.** *adv* for millennia, for thousands of years

Jahr·tau·send·wen·de *f* turn of the millennium

Jahr·zehnt <-[e]s, -e> [jaːɐ̯'tseːnt] *nt* decade

jahr·zehn·te·lang I. *adj* decades of *attr;* **durch diesen Vertrag wurde der Konflikt nach** ~**er Dauer beendet** decades of conflict were ended by this treaty **II.** *adv* for decades

Jäh·zorn ['jɛːtsɔrn] *m* outburst of anger [*or* temper], violent outburst; **im** ~ in an outburst of temper [*or* rage]

jäh·zor·nig *adj* violent-tempered, irascible *form*

Ja·kob <-s> ['jaːkɔp] *m* Jacob ▸WENDUNGEN: **ein billiger** ~ (*fam*) a cheap-jack; **das ist** [**auch**] **nicht der wahre** ~ (*fam*) that's no great shakes *fam*

Ja·ko·bi·ner(in) <-s, -> [jako'biːnɐ] *m(f)* HIST Jacobin

Ja·ko·bi·ner·müt·ze *f* HIST liberty cap

Ja·kobs·kraut *nt* tansy ragwort **Ja·kobs·lei·ter** *f* NAUT rope ladder **Ja·kobs·mu·schel** *f* ZOOL scallop shell

Ja·lou·sie <-, -n> [ʒalu'ziː, *pl* -'ziːən] *f* venetian blind

Ja·mai·ka <-s> [ja'maika] *nt* Jamaica; *s. a.* **Sylt**

Ja·mai·ka·ner(in) <-s, -> [jamai'kaːnɐ] *m(f)* Jamaican; *s. a.* **Deutsche(r)**

ja·mai·ka·nisch *adj* Jamaican; *s. a.* **deutsch**

Ja·mai·ka·pfef·fer *m* allspice, pimento **Ja·mai·ka·rum** *m* Jamaican rum

Ja·mai·ker(in) <-s, -> [ja'maikɐ] *m(f) s.* **Jamaikaner(in)**

Jam·bus <-, Jamben> ['jambʊs, *pl* 'jambən] *m* LIT iambus

Jam·mer <-s> ['jamɐ] *m kein pl* ❶ (*Kummer*) misery, sorrow; **es ist ein** ~**, dass/wie** (*fam*) it is a terrible shame that/how; (*skandalös*) disgraceful; **es ist ein** ~**, wie wenig Zeit wir haben** it's deplorable how little time we have ❷ (*das Wehklagen*) wailing, lamentation *form;* **in wilden** ~ **ausbrechen** to begin to sob uncontrollably, to burst into uncontrollable sobbing

Jam·mer·bild *nt* (*geh*) picture of misery, wretched [*or* pitiful] sight **Jam·mer·ge·schrei** *nt* (*geh*) wailing, lamentation *form* **Jam·mer·ge·stalt** *f* ❶ (*jämmerliche Gestalt*) pitiful figure

❷ *s.* **Jammerlappen** **Jam·mer·lap·pen** *m* (*pej sl*) sissy *pej,* scaredy-cat *pej fam,* Brit *a.* cowardy-custard *pej fam,* Brit *a.* big [*or* great] girl's blouse *pej sl*

jäm·mer·lich ['jɛmɐlɪç] **I.** *adj attr* ❶ (*beklagenswert*) pitiful, wretched; **das Haus war in einem ~en Zustand** the house was in a wretched state ❷ (*kummervoll*) sorrowful ❸ (*fam: äußerst dürftig*) pathetic; **eine ~e Ausrede** a pathetic excuse ❹ (*pej fam: verächtlich*) miserable **II.** *adv* ❶ (*elend*) miserably, pitifully ❷ (*fam: erbärmlich*) terribly, awfully

jam·mern ['jamɐn] **I.** *vi* ❶ (*lamentieren*) ■**[über etw** *akk*/ **wegen etw** *dat*] ~ (*a. pej*) to whine [about sth] *pej;* **warum musst du wegen jeder Kleinigkeit immer so ~!** why do you have to moan about every little thing!; ■**das J~** moaning, wailing; **lass das J~** stop moaning ❷ (*wimmernd verlangen*) ■**nach jdm/etw** ~ to beg [*or* moan] [*or* plead] for sb/sth **II.** *vt* (*geh: dauern*) ■**jdn** ~ to distress sb; **so etwas kann einen wirklich** ~ something like that can be really distressing

jam·mer·scha·de ['jamɐ'ʃa:də] *adj* (*fam*) ■~ **[sein], dass/ wenn/wie** to be a terrible pity that/if/how; **es ist ~, wie er seinen Garten verwildern lässt** it's a terrible pity how he's letting his garden go to rack and ruin; ■**es ist ~ um jdn** it is an awful pity about sb **jam·mer·voll** *adj* (*geh*) *s.* **jämmerlich 4**

Jang·tse·ki·ang <-s> ['jaŋtsəki̯aŋ] *m* Yangtze River

Jan·ker <-s, -> ['jaŋkɐ] *m* südd, österr ❶ (*dicke Strickjacke*) thick cardigan ❷ (*Trachtenjacke*) mountain jacket

Jän·ner <-s, -> ['jɛnɐ] *m* österr January

Ja·nu·ar <-[s], -e> ['janu̯a:ɐ̯] *m* January; *s. a.* **Februar**

Ja·pan <-s> ['ja:pan] *nt* Japan; *s. a.* **Deutschland**

Ja·pa·ner(in) <-s, -> [ja'pa:nɐ] *m(f)* Japanese; ■**die** ~ the Japanese; ~ **sein** to be Japanese; *s. a.* **Deutsche(r)**

ja·pa·nisch [ja'pa:nɪʃ] *adj* ❶ (*Japan betreffend*) Japanese; *s. a.* **deutsch 1** ❷ ling Japanese; *s. a.* **deutsch 2**

Ja·pa·nisch [ja'pa:nɪʃ] *nt decl wie adj* ling Japanese; *s. a.* **Deutsch 1**

Ja·pa·ni·sches Meer *nt* Sea of Japan

Ja·pan·kohl *m s.* **Chinakohl**

Ja·pa·no·lo·gie <-> [japanolo'gi:] *f kein pl* Japanese [linguistic] studies

jap·sen ['japsn̩] *vi* (*fam*) ■**[nach etw]** ~ to gasp [for sth]; **er tauchte aus dem Wasser und japste nach Luft** he surfaced gasping for air

Jar·gon <-s, -s> [ʒar'gõ:] *m* ❶ (*Sondersprache von Gruppen*) jargon ❷ (*saloppe Sprache*) slang

Ja·sa·ger(in) <-s, -> *m(f)* (*pej*) yes-man *pej;* **ein ~ sein** to be a [little] yes-man; **eine ~in sein** to be a [little] yes-girl

Jas·min <-s, -e> [jas'mi:n] *m* jasmine; **echter** ~ jasmine; **falscher** ~ mock orange

Jas·pis <-[ses], -se> ['jaspɪs, *pl* 'jaspɪsə] *m* jasper

Ja·stim·me *f* yes-vote; **es gab 23 ~n und 17 Neinstimmen** there were 23 votes in favour and 17 against

jä·ten ['jɛ:tn̩] **I.** *vt* ■**etw** ~ ❶ (*aushacken*) to hoe sth; **von Hand Unkraut zu ~ ist eine mühselige Angelegenheit** pulling up weeds by hand is an arduous affair ❷ (*von Unkraut befreien*) to weed sth; **die Beete müssen in regelmäßigen Abständen gejätet werden** the flower-beds must be weeded at regular intervals **II.** *vi* to weed, to do the weeding

Jau·che <-, -n> ['jauxə] *f* liquid manure

Jauche·gru·be *f* liquid manure pit

jau·chen ['jauxn̩] **I.** *vt* (*mit Jauche düngen*) ■**etw** ~ to manure sth **II.** *vi* to spread manure

jauch·zen ['jauxtsn̩] *vi* (*geh*) to rejoice *liter,* to shout with glee

Jauch·zer <-s, -> *m* jubilant cheer

jau·len ['jaulən] *vi* to howl

Ja·un·de <-s> [ja'ʔʊnde] *nt* Yaoundé

Jau·se <-, -n> ['jauzə] *f* österr (*Imbiss*) snack; **zur ~ einladen** (*Nachmittagskaffee*) to invite sb for coffee

jau·sen ['jauzn̩] *vi* österr (*einen Imbiss einnehmen*) to have a snack

ja·wohl [ja'vo:l] *adv* yes; **„stimmt das auch wirklich?" – „~, ganz sicher!"** 'is that really right?' – 'yes, absolutely!'

ja·woll [ja'vɔl] *interj* mil (*a. hum*) yes, sir!, yes, sir?

Ja·wort *nt* **jdm das ~ geben** to say yes to sb's marriage proposal, to consent to marry sb; (*bei Trauung*) to say I do

Jazz <-> [dʒɛs, jats] *m kein pl* jazz *no pl*

Jazz·fes·ti·val ['dʒɛs-, 'jats-] *nt* jazz festival **Jazz·gym·nas·tik** ['dʒɛsgʏmnastɪk] *f* ≈ jazz dance *no pl*

jaz·zig ['dʒɛsɪç, 'jatsɪç] *adj inv* mus jazzy; (*pej fam*) jazz-like

Jazz·kel·ler ['dʒɛs-, 'jats-] *m* [cellar] jazz club **Jazz·trom·pe·ter** ['dʒɛs-, 'jats-] *m* jazz trumpeter

je ['je:] **I.** *adv* ❶ (*jemals*) ever ❷ (*jeweils*) each, every; **die Mietshäuser haben ~ sechs Wohnungen** the tenement blocks each have six flats **II.** *präp* +*akk* (*pro*) per; ~ **verkauftes Stück erhält er 50 Euro Provision** he gets 50 euros commission per item sold **III.** *konj* ~ **... desto** the more ... the more; ~ **öfter du übst, desto besser kannst du dann spielen** the more you practice the better you will be able to play; ~ **nach ...** according to ..., depending on ...; ~ **nach Belieben liefern wir sofort oder zum gewünschten Termin** we'll deliver straight away or at the required time, just as you wish; ~ **nachdem!** it [all] depends!; **hast du morgen für mich Zeit? – ~ nachdem!** can you spare me a bit of time tomorrow? – it depends!; ~ **nachdem, wann/wie/ob ...** depending on when/how/whether ...; ~ **nachdem, wie lange die Konferenz dauert, bin ich um 19 Uhr zu Hause oder später** I'll be back home at 7 p.m. or later depending on how long the conference lasts; *s. a.* **seit**

Jeans <-, -> ['dʒi:nz] *f meist pl* jeans *npl*

Jeans·hemd ['dʒi:nz-] *nt* denim shirt **Jeans·ja·cke** ['dʒi:nz-] *f* denim jacket **Jeans·rock** ['dʒi:nz-] *m* denim skirt

Jeck <-en, -en> ['jɛk] *m* dial carnival jester

je·de(r, s) ['je:də, 'je:dɐ, 'je:dəs] *pron indef* ❶ *attr* (*alle einzelnen*) each, every; **sie saß ~ Woche 60 Stunden am Computer** she sat 60 hours each week in front of the computer; **es ist doch ~s Mal das Gleiche** it's the same every time; **~s Mal, wenn** whenever, each [*or* every] time that ❷ *attr* (*jegliche*) any; **es wäre abwegig, zu glauben, man könne das Ziel ohne ~ Anstrengung erreichen** it would be a mistake to believe that the objective could be achieved without any effort ❸ *attr* (*in einem/einer beliebigen*) any; **Sie können mich zu ~r Zeit anrufen** you can call me at any time ❹ *substantivisch* everybody, everyone; **von mir aus kannst du ~n fragen, du wirst immer das Gleiche hören** as far as I'm concerned you can ask anyone, you'll get the same answer; ■**~r der** [*o* **~ von den**]**/meiner/seiner/etc.** each of the/my/his/her/etc.; **ich kann doch nicht ~n meiner Angestellten rund um die Uhr kontrollieren!** I can't supervise each one of my employees round the clock!; **ein ~r/eine ~** each one; **das weiß doch ein ~r!** everybody knows that!; dial (*jeweils der/ die einzelne*) each [one]; **~r gegen ~n** dog-eat-dog; **~e[r, s] zweite/dritte/...** one in two/three ...

je·den·falls ['je:dn̩'fals] *adv* ❶ (*immerhin*) anyhow, in any case, nevertheless; ~ **weiß ich davon!** I know about it anyway! ❷ (*auf jeden Fall*) anyhow, at any rate; **egal, was du als Entschuldigung vorbringst, es war ~ nicht richtig von dir** it doesn't matter what excuse you've got, in any event it was wrong of you

je·der·mann ['je:dɐman] *pron indef substantivisch* everybody, everyone; (*jeder* [*beliebige*]) anyone, anybody; **das kann doch ~** anyone can do that; *s. a.* **Frau, Herr**

je·der·zeit ['je:dɐ'tsait] *adv* ❶ (*zu jeder beliebigen Zeit*) at any time; **ihr seid uns ~ willkommen** you're welcome at any time ❷ (*jeden Augenblick*) at any minute [*or* moment]; **wir erwarten ihn ~** we're expecting him at any moment

je·des·malALT *adv s.* **jede(r, s)**

je·doch [je'dɔx] *konj, adv* however

jed·we·de(r, s) ['je:t've:də, -ve:dɐ, -ve:dəs] *pron indef* (*ver-*

J

altend) each, every

Jeep® <-s, -s> [dʒiːp] *m* jeep; (*fam: irgendein Geländewagen*) jeep

jeg·li·che(r, s) ['jeːklɪçə, 'jeːklɪçɐ, 'jeːklɪçəs] *pron indef* any

je·her ['jeːhɛr] *adv* **seit** [*o* **von**] ~ (*geh*) always; **das ist von ~ nicht anders gewesen** that has always been the same

jein ['jain] *adv* (*hum*) yes and no

Je·län·ger·je·lie·ber <-s, -> [je'lɛŋɐje'liːbɐ] *nt* BOT honeysuckle

je·mals ['jeːmaːls] *adv* ever; **hast du ihn ~ anders erlebt?** have you ever known him to be any different?

je·mand ['jeːmant] *pron indef* somebody, someone; (*bei Fragen, Negation, etc.*) anybody, anyone; **da ist ~ für dich an der Tür** there's somebody at the door for you; **ist da ~?** is anyone there?; ~ **andere[r, s]** [*o* **anders**] somebody [*or* someone] else

Je·men <-s> ['jeːmən] *m* ■**der** ~ Yemen; *s. a.* **Deutschland**

Je·me·nit(in) <-en, -en> [jeme'niːt] *m(f)* Yemeni; *s. a.* **Deutsche(r)**

je·me·ni·tisch [jeme'niːtɪʃ] *adj* Yemeni; *s. a.* **deutsch**

je·ne(r, s) ['jeːnə, 'jeːnɐ, 'jeːnəs] *pron dem* (*geh*) ❶ (*der/die/das Bewusste*) that *sing*, those *pl* ❷ (*der/die/das dort*) that *sing*, those *pl*

jen·seits ['jeːnzaits] **I.** *präp* +*gen* (*auf der anderen Seite*) ■~ **einer S.** *gen* on the other side of sth; ~ **der Alpen beginnt Norditalien** Northern Italy begins on the other side of the Alps; ~ **der zwanzig/dreißig/etc.** on the other side of twenty/thirty/etc. **II.** *adv* (*über ... hinaus*) ■~ **von etw** beyond sth; *s. a.* **gut**

Jen·seits <-> ['jeːnzaits] *nt kein pl* hereafter, next world; ■**das/ein** ~ the/a hereafter [*or* next world], the beyond; **jdn/ein Tier ins ~ befördern** (*euph fam*) to dispatch sb/an animal *euph*

Je·re·mi·as <-> [jere'miːas] *m* REL Jeremiah

Je·re·wan <-s> [jɪrɪ'van] *nt s.* **Eriwan**

Jer·sey <-[s], -s> ['dʒøːɐzi, 'dʒœrzi] *m* MODE jersey

Je·ru·sa·lem <-s> [je'ruːzalɛm] *nt* Jerusalem

Jes·ses ['jɛsəs] *interj* (*fam*) good Lord!, Jesus! *fam!*

Je·su·it <-en, -en> [jezu'i̯t] *m* Jesuit

Je·su·i·ten·or·den *m* Jesuit Order **Je·su·i·ten·schu·le** *f* Jesuit school

Je·sus <*gen/dat* Jesu, *akk* Jesum> ['jeːzʊs] *m* REL Jesus; ~ **Christus** Jesus Christ ▸WENDUNGEN: ~ **Maria** [**und Josef**]! DIAL (*fam*) holy mother of God! *fam!*; **bin ich ~?, ich bin doch nicht ~!** (*fam*) I'm not the fount of all knowledge!; **was soll ich nicht noch alles tun, bin ich ~?** the things I have to do, I'm not a miracle worker!

Je·sus·kind *nt* ■**das** ~ the Christ Child, the Infant Jesus **Je·sus·lat·schen** *pl* (*fam*) Jesus sandals *pl fam*

Jet <-[s], -s> [dʒɛt] *m* LUFT (*fam*) jet

Jet·lag, Jet-Lag[RR], **Jet-lag**[ALT] <-s, *selten* -s> ['dʒɛtlɛg] *m* jet lag

Je·ton <-s, -s> [ʒə'tõ] *m* chip

Jet·set[RR], **Jet-Set**[RR], **Jet-set**[ALT] <-s, *selten* -s> ['dʒɛtsɛt] *m* (*fam*) jet-set *fam*

jet·ten ['dʒɛtn] *vi sein* (*fam*) ■**irgendwohin** ~ to jet off somewhere *fam*

jet·zig ['jɛtsɪç] *adj attr* current, present; **die ~e Situation ist kritisch** the current situation is critical

jetzt ['jɛtst] *adv* ❶ (*zurzeit*) now; **es ist ~ genau 13 Uhr** it's now exactly 1 p.m.; ~ **gleich** right now, straight away; ~ **oder nie!** [it's] now or never!; **von ~ auf nachher** momentarily, instantly; ~ **noch?** now?; ~ **schon?** already?; **beeil dich, wir müssen los! – ~ schon?** hurry up, we must be off! – what, already?; **bis ~** so far, up till now; **ich habe bis ~ gewartet** I've been waiting up till now; **für ~** for now, for the present; **für ~ wollen wir erst mal Schluss machen!** let's call it a day for now! ❷ (*verstärkend: nun*) now; **habe ich ~ den Brief eingeworfen oder nicht?** now, have I posted the letter or not?; **hast du es ~ endlich kapiert?** has it finally registered now?; **wer ist das ~ schon wieder?** who on earth is that now? ❸ (*heute*) now[adays], these days; **wo sich früher die alte Schule befand, steht ~ ein Kaufhaus** there's a department store now where the old school used to be; **das Verfahren ist auch ~ noch das gleiche wie vor fünf Jahren** the procedure these days is exactly the same as it was five years ago; **das ist ~ nicht mehr der Fall** that's no longer the case [now]

Jetzt <-> ['jɛtst] *nt kein pl* (*geh*) present; ■**das** ~ the present, the moment

je·wei·lig ['jeː'vailɪç] *adj attr* current, prevailing; **es gibt Geschichtswerke, in denen zu jeder Epoche Bilder der ~en Mode gezeigt werden** there are historical works showing pictures of the prevailing fashions for each epoch

je·weils ['jeː'vails] *adv* ❶ (*jedes Mal*) each [*or* every] time; **die Miete ist ~ monatlich im Voraus fällig** the rent is due each month in advance; **die ~ Betroffenen können gegen die Bescheide Einspruch einlegen** each of the persons concerned can lodge an objection to the decisions taken ❷ (*immer zusammengenommen*) each; **die Schulklassen haben ~ einen Klassensprecher zu wählen** the classes must each elect a class spokesperson; ~ **drei Pfadfinder mussten sich einen Teller Eintopf teilen** in each instance three scouts had to share one plate of stew ❸ (*zur entsprechenden Zeit*) at the time; **historische Uniformen wurden aus den ~ existierenden Staaten ausgestellt** historical uniforms were exhibited from the states existing at the time

Jg. *Abk von* **Jahrgang** year

Jh. *Abk von* **Jahrhundert** century

JH *Abk von* **Jugendherberge** YH

jid·disch ['jɪdɪʃ] *adj* Yiddish; **auf J~** in Yiddish; *s. a.* **deutsch**

Jid·disch ['jɪdɪʃ] *nt decl wie adj* Yiddish; ■**das ~e** Yiddish; *s. a.* **Deutsch**

Jiu-Jit·su <-s> ['dʒiːu'dʒɪtsu] *nt kein pl* j[i]u-jitsu

Job <-s, -s> [dʒɔp] *m* (*fam*) job; ([*vorübergehende*] *Beschäftigung*) job, work *no pl*

job·ben ['dʒɔbn̩] *vi* (*fam*) ■[**irgendwo**] ~ to do casual work [somewhere]; **in den Schulferien jobbe ich immer etwas** I always do some sort of casual work in the school holidays

Job·bör·se ['dʒɔb-] *f* ÖKON [graduate] job fair **Job·sha·ring**[RR], **Job-sha·ring**[ALT] <-[s]> ['dʒɔbʃɛːrɪŋ] *nt kein pl* ÖKON jobsharing *no pl, no art* **Job·su·che** ['dʒɔb-] *f kein pl* ÖKON (*fam*) job-hunting *no pl, no art*, job-seeking *no pl, no art*; **auf ~ sein** to be looking for a job **Job·ver·mitt·lung** ['dʒɔb-] *f* ÖKON employment agency

Joch <-[e]s, -e> ['jɔx] *nt* ❶ (*Teil des Geschirrs von Zugtieren*) yoke ❷ ARCHIT bay ❸ GEOL col, pass ▸WENDUNGEN: **jds/das ~ einer S. abwerfen** [*o* **abschütteln**] *gen* (*liter*) to shake [*or* throw] off the yoke of sb/of sth *liter*; **sich jds** *dat* ~ **beugen** (*liter*) to submit to the yoke of sb *liter*

Joch·bein *nt* ANAT cheek-bone

Jo·ckei, Jo·ckey <-s, -s> ['dʒɔke, 'dʒɔki] *m* jockey

Jo·ckey·müt·ze ['dʒɔke-, 'dʒɔki-] *f* jockey cap

Jod <-s> ['joːt] *nt kein pl* iodine

jo·deln ['joːdl̩n] *vi* to yodel

jod·hal·tig *adj inv* iodic, containing iodine *pred*

Jod·ler <-s, -> ['joːdlɐ] *m* yodel; **er beendete das Liedchen mit einem ~** he finished the short song with a yodel

Jod·ler(in) <-s, -> ['joːdlɐ] *m(f)* yodeller

Jod·man·gel *m kein pl* MED iodine deficiency *no pl* **Jod·salz** *nt kein pl* CHEM iodate; KOCHK, MED, PHARM iodized salt **Jod·tink·tur** *f* tincture of iodine

Jo·ga <-[s]> ['joːga] *m o nt kein pl* yoga *no pl*

jog·gen ['dʒɔgn̩] *vi* ❶ *haben* (*als Jogger laufen*) to jog; **ich halte mich fit, indem ich regelmäßig jogge** I keep fit by jogging regularly ❷ *sein* ■**irgendwohin** ~ to jog somewhere

Jog·ger(in) <-s, -> ['dʒɔgɐ] *m(f)* jogger

Jog·ging <-s> ['dʒɔgɪŋ] *nt kein pl* jogging *no pl*

Jog·ging·an·zug ['dʒɔgɪŋ-] *m* tracksuit **Jog·ging·ho·se** ['dʒɔgɪŋ-] *f* tracksuit bottoms *pl* **Jog·ging·schuh** ['dʒɔgɪŋ-] *m* trainer BRIT, running shoe AM; **meine ~e sind aus leichtem Material** my trainers are made of a light material

Jo·ghurt, Jo·gurt^{RR} <-[s], -[s]> ['jo:gʊrt] *m o nt* yog[h]urt, yoghourt

Jo·ghurt·ge·rät *nt,* **Jo·gurt·ge·rät**^{RR} *nt* yoghurt maker

Jo·gi <-s, -s> ['jo:gi] *m* yogi

Jo·han·na <-> [jo'hana] *f* Joanna; [**die heilige**] ~ **von Orléans** HIST Joan of Arc

Jo·han·nes <-> [jo'hanəs, jo'hanɛs] *m* John; ~ **der Täufer** John the Baptist

Jo·han·nes·evan·ge·li·um *nt* Gospel according to St. John

Jo·han·nis·bee·re [jo'hanɪs-] *f* currant; **rote/schwarze** ~ redcurrant/blackcurrant **Jo·han·nis·brot·baum** [jo'hanɪs-] *m* BOT carob, locust tree **Jo·han·nis·kä·fer** [jo'hanɪs-] *m* (*fam*) glow-worm **Jo·han·nis·kraut** [jo'hanɪs-] *nt* BOT St. John's wort

joh·len ['jo:lən] *vi* to yell

Joint <-s, -s> [dʒɔɪnt] *m* (*sl: Haschzigarette*) joint *sl*

Joint Ven·ture^{RR}, **Joint-ven·ture**^{ALT} <-[s], -s> [dʒɔynt'vɛntʃɐ] *nt* ÖKON joint venture

Jo-Jo <-s, -s> [jo'jo:] *nt* yo-yo

Jo-Jo-Ef·fekt *m* (*erneute Gewichtszunahme nach Diät*) yo-yo effect

Jo·ker <-s, -> ['jo:kɐ, 'dʃo:kɐ] *m* KARTEN joker

Jol·le <-, -n> ['jɔlə] *f* NAUT ❶ (*Beiboot*) jolly [boat] ❷ (*kleines Segelboot mit Schwert*) small sailing yacht

Jon·gleur(in) <-s, -e> [ʒɔŋ'løːɐ] *m(f)* juggler

jon·glie·ren* [ʒɔŋ'li:rən] *vi* ❶ (*werfen und auffangen*) ■[**mit etw**] ~ to juggle [with sth] ❷ (*geh: spielerisch umgehen*) ■**mit etw** ~ to juggle with sth

Jop·pe <-, -n> ['jɔpə] *f* DIAL jacket

Jor·dan <-s> ['jɔrdan] *m* Jordan ▶ WENDUNGEN: **über den ~ gehen** (*euph fam*) to pass away *euph;* **jdn über den ~ gehen lassen** to have sb bumped off *fam*

Jor·da·ni·en <-s> [jɔr'da:ni̯ən] *nt* Jordan; *s. a.* **Deutschland**

Jor·da·ni·er(in) <-s, -> [jɔr'da:ni̯ɐ] *m(f)* Jordanian; *s. a.* **Deutsche(r)**

jor·da·nisch [jɔr'da:nɪʃ] *adj inv* Jordanian; *s. a.* **deutsch**

Jo·sef, Jo·seph <-s> ['jo:zɛf] *m* Joseph

Jot <-, -> ['jɔt] *nt* J, j

Jo·ta <-[s], -s> ['jo:ta] *nt* iota ▶ WENDUNGEN: **kein** [*o* **nicht ein**] ~ (*geh*) not one iota [*or* a jot]; **er ist nicht ein ~ anders als sein Bruder** there's not a jot of difference between him and his brother

Joule <-[s], -> [ʒu:l] *nt* PHYS joule

Jour fixe <- -, -s -s> [ʒu:ɐ̯'fɪks] *m* (*geh*) regular meeting

Jour·nail·le <-> [ʒʊr'naljə] *f kein pl* (*pej geh*) gutter [*or* yellow] press *pej*

Jour·nal <-s, -e> [ʒʊr'na:l] *nt* ❶ (*Tagebuch*) daybook, journal ❷ (*geh: Zeitschrift*) magazine, periodical, journal *form*

Jour·na·lis·mus <-> [ʒʊrna'lɪsmʊs] *m kein pl* ❶ (*Pressewesen*) press ❷ (*journalistische Berichterstattung*) journalism *no pl*

Jour·na·list(in) <-en, -en> [ʒʊrna'lɪst] *m(f)* journalist

Jour·na·lis·tik <-> [ʒʊrna'lɪstɪk] *f kein pl* journalism *no pl*

Jour·na·lis·tin <-, -nen> [ʒʊrna'lɪstɪn] *f fem form von* **Journalist**

jour·na·lis·tisch [ʒʊrna'lɪstɪʃ] **I.** *adj* (*das Pressewesen betreffend*) journalistic **II.** *adv* journalistically; **ich habe bisher freiberuflich ~ gearbeitet** I've worked up till now as a freelance journalist

jo·vi·al [jovi'a:l] *adj* (*geh*) jovial; ■~ [**zu jdm**] **sein** to be jovial [towards sb]

Jo·vi·a·li·tät <-> [joviali'tɛ:t] *f kein pl* (*geh*) joviality

Joy·stick <-s, -s> ['dʒɔystɪk] *m* joy-stick

jr. *adj Abk von* **junior** jnr., jr.

Ju·bel <-s> ['ju:bl̩] *m kein pl* (*Jubelrufe*) cheering *no pl* ▶ WENDUNGEN: ~, **Trubel, Heiterkeit** (*fam*) laughter and merriment

Ju·bel·ge·schrei *nt* cry of jubilation *liter,* shouting and cheering **Ju·bel·hoch·zeit** *f* (*fam*) [silver, golden etc.] wedding anniversary **Ju·bel·jahr** *nt* (*Jubiläumsjahr*) jubilee ▶ WENDUNGEN: **nur alle ~e** [**einmal**] (*fam*) once in a blue moon *fam*

ju·beln ['ju:bl̩n] *vi* ■[**über etw** *akk*] ~ to celebrate [sth]; **„juhu! ich habe gewonnen!" jubelte sie freudestrahlend** "yippee, I've won", she cheered, beaming with joy; **eine ~e Menge** a cheering crowd

Ju·bel·ruf *m* cheer; **unter ~en** accompanied by cheers

Ju·bi·lar(in) <-s, -e> [jubi'la:ɐ̯] *m(f) person celebrating an anniversary*

Ju·bi·lä·um <-s, Jubiläen> [jubi'lɛ:ʊm, *pl* jubi'lɛ:ən] *nt* anniversary

Ju·bi·lä·ums·es·sen *nt* anniversary dinner **Ju·bi·lä·ums·gast** *m* guest invited to the anniversary **Ju·bi·lä·ums·ku·chen** *m* anniversary cake

ju·bi·lie·ren* [jubi'li:rən] *vi* (*geh*) ■[**über etw** *akk*] ~ ❶ (*jubeln*) to celebrate [sth]; **wenn meine Bewerbung erfolgreich ist, besteht Anlass, zu ~** if my application is successful, there'll be cause for celebration ❷ (*frohlocken*) to rejoice *liter*

juch·he [jʊx'he:], **juch·hei·ßa** [jʊx'haisa], **juch·hu** ['ju:xhu] *interj* (*fam*) hooray!, yippee!, hurrah!

Juch·ten <-s> ['jʊxtn̩] *nt o m kein pl* ❶ (*wasserdichtes Leder*) Russia leather ❷ (*Parfümduft*) Russian leather

juch·zen ['jʊxtsn̩] *vi* (*fam*) to shout with joy; ■**das J~** joyous shouts

ju·cken ['jʊkn̩] **I.** *vi* (*Juckreiz erzeugen*) to itch **II.** *vi impers* to itch; **zeig mir mal genau, wo es juckt!** show me where it's itching! **III.** *vt impers* ❶ (*zum Kratzen reizen*) ■**es juckt jdn** [**irgendwo**] sb has an itch [somewhere]; **mich juckt's am Rücken** my back's itching; **genau da, da juckt es mich immer!** right there, I always get an itch there! ❷ (*fam: reizen*) ■**jdn juckt es, etw zu tun** sb's itching to do sth; **es juckte sie schon, ihn zu korrigieren** she was itching to correct him **IV.** *vt* ❶ (*kratzen*) ■**jdn** ~ to make sb itch; **das Unterhemd juckt mich** the vest makes me itch ❷ (*reuen*) ■**jdn juckt etw** sb regrets sth; ■**jdn juckt es, etw getan zu haben** sb regrets having done sth; **hinterher hat es ihn gehörig gejuckt, nichts gesagt zu haben** afterwards he really regretted having said nothing [*or* not having said anything] ❸ *meist verneint* (*fam: kümmern*) ■**jdn juckt etw** [**nicht**] sth is of [no] concern to sb; **das juckt mich doch nicht** I couldn't care less *fam;* **die Firma will nach Leipzig umziehen! – na und, wen juckt das?** the company intends to move to Leipzig! – so what, who cares about that? **V.** *vr* (*fam: sich kratzen*) ■**sich** [**an etw** *dat*] ~ to scratch [one's sth]; **ich muss mich immer so am Kopf ~** I keep on having to scratch my head

Ju·cken <-s> ['jʊkn̩] *nt kein pl* itching *no pl*

Juck·pul·ver *nt* itching powder **Juck·reiz** *m* itch[ing *no pl*]

Ju·das <-, -se> ['ju:das, *pl* 'ju:dasə] *m* ❶ REL Judas ❷ (*pej geh: Verräter*) Judas *pej*

Ju·das·lohn *m* (*pej geh*) thirty pieces of silver

Ju·de, Jü·din <-n, -n> ['ju:də, 'jy:dɪn] *m, f* Jew *masc,* Jewess *fem;* ■**die ~n** the Jews; **der Ewige ~** (*geh*) the Wandering Jew; ~ **sein** to be a Jew/Jewess, to be Jewish

Ju·den·hass^{RR} *m* anti-Semitism **Ju·den·stern** *m* HIST star of David

Ju·den·tum <-s> *nt kein pl* ❶ (*Gesamtheit der Juden*) Jewry *no pl,* Jews *pl* ❷ (*jüdische Wesensart*) Jewishness

Ju·den·ver·fol·gung *f* HIST persecution of [the] Jews **Ju·den·ver·nich·tung** *f kein pl* POL, SOZIOL, REL extermination of the Jews; (*im 3. Reich*) Holocaust *no pl*

Jü·din <-, -nen> ['jy:dɪn] *f fem form von* **Jude** Jewess

jü·disch ['jy:dɪʃ] *adj* Jewish

Ju·do <-s> ['ju:do] *nt kein pl* judo *no pl*

Ju·do·ka <-s, -s> [ju'do:ka] *m* judoist

Ju·gend <-> ['ju:gn̩t] *f kein pl* ❶ (*Jugendzeit*) youth *no pl;*

frühe/früheste ~ early/earliest youth; **in jds** *dat* ~ in sb's youth; **in meiner ~ kostete ein Brötchen sechs Pfennige** when I was young a roll cost six pfennigs; **von ~ an** [*o* **auf**] from one's youth; **wir haben schon von ~ auf immer zusammen gespielt** we have always played together right from our youth ❷ (*Jungsein*) youthfulness ❸ (*junge Menschen*) ■**die** ~ young people *pl;* **die europäische** ~ the youth [*or* young people] of Europe; **die ~ von heute, die heutige** ~ young people [*or* the youth of] today; **die reifere** ~ (*hum*) the young at heart *hum;* **auch die reifere ~ war zugegen** the older age-group were also present; **die studentische** ~ young students; **die weibliche/männliche** ~ (*geh*) young women/men *pl*

Ju·gend·al·ko·ho·lis·mus *m kein pl* youth alcoholism *no pl* **Ju·gend·ar·beits·lo·sig·keit** *f kein pl* youth unemployment *no pl* **Ju·gend·aus·tausch** *m kein pl* SOZIOL student exchange programme [*or* AM -am] [*or* BRIT *a.* scheme] **Ju·gend·be·we·gung** *f* HIST ■**die** ~ the German Youth Movement **Ju·gend·bild** *nt* photograph of sb as a young person **Ju·gend·bild·nis** *nt* KUNST portrait of a young person **Ju·gend·buch** *nt* book for young readers **ju·gend·frei** *adj* (*veraltend*) *Film* U-cert[ificate] BRIT, [rated] G AM **Ju·gend·freund(in)** *m(f)* childhood friend **ju·gend·ge·fähr·dend** *adj* morally damaging to juveniles **Ju·gend·ge·richt** *nt* juvenile court **Ju·gend·grup·pe** *f* youth group **Ju·gend·hel·fer(in)** *m(f)* youth worker **Ju·gend·her·ber·ge** *f* youth hostel **Ju·gend·her·bergs·werk** *nt* **Deutsches** ~ *German youth hostelling association* **Ju·gend·hil·fe** *f kein pl* JUR *organization offering support and various services such as counselling to young people* **Ju·gend·jah·re** *pl* youth *sing;* ■**jds** ~ sb's youth **Ju·gend·kri·mi·na·li·tät** *f kein pl* juvenile delinquency *no pl* **Ju·gend·kult** *m kein pl* youth cult *no pl*

ju·gend·lich ['ju:gn̩tlɪç] **I.** *adj* ❶ (*jung*) young ❷ (*durch jds Jugend bedingt*) youthful; ~**er Leichtsinn** youthful carelessness ❸ (*jung wirkend*) youthful **II.** *adv* youthfully

Ju·gend·li·che(r) *f(m) decl wie adj* young person

Ju·gend·lich·keit <-> *f kein pl* ❶ (*jugendliches Alter*) youth *no pl* ❷ (*jugendliches Erscheinungsbild*) youthfulness *no pl*

Ju·gend·lie·be *f* childhood sweetheart **Ju·gend·mann·schaft** *f* youth team **Ju·gend·pfle·ge** *f* (*veraltend*) youth welfare **Ju·gend·rich·ter(in)** *m(f)* magistrate in a juvenile court **Ju·gend·schutz** *m kein pl* JUR protection of children and young persons **Ju·gend·sek·te** *f* youth sect **Ju·gend·stil** *m* KUNST, ARCHIT Art Nouveau **Ju·gend·straf·an·stalt** *f* JUR (*geh*) youth detention centre [*or* AM -er] **Ju·gend·stra·fe** *f* JUR sentence for young offenders **Ju·gend·straf·tä·ter, -tä·te·rin** *m, f* JUR, SOZIOL young offender **Ju·gend·sün·de** *f* youthful misdeed **Ju·gend·tor·heit** *f* youthful folly **Ju·gend·traum** *m* childhood dream **Ju·gend·wahn** *m kein pl* SOZIOL (*pej fam*) delusions *pl* of youth **Ju·gend·wohn·heim** *nt* hostel for young workers **Ju·gend·zeit** *f kein pl* youth *no pl* **Ju·gend·zen·trum** *nt* youth centre [*or* AM -er]

Ju·go·sla·we, Ju·go·sla·win <-n, -n> [jugo'sla:və, -'sla:vɪn] *m, f* Yugoslav; *s. a.* **Deutsche(r)**

Ju·go·sla·wi·en <-s> [jugo'sla:vi̯ən] *nt* Yugoslavia; *s. a.* **Deutschland**

Ju·go·sla·win <-, -nen> [jugo'sla:vɪn] *f fem form von* **Jugoslawe**

ju·go·sla·wisch [jugo'sla:vɪʃ] *adj* Yugoslav[ian]; *s. a.* **deutsch**

Ju·lei <-s, -s> [ju'lai] *m bes* COM (*Juli*) July; *s. a.* **Februar**

Ju·li[1] <-[s], -s> ['ju:li] *m* July; *s. a.* **Februar**

Ju·li[2] <-s, -s> ['ju:li] *m* POL *kurz für* **Jungliberale(r)**

Jum·bo, Jum·bo·jet[RR], **Jum·bo-Jet** <-s, -s> ['jʊmbodʒɛt] *m* jumbo [jet]

jun. *adj Abk von* **junior**

jung <jünger, jüngste> ['jʊŋ] **I.** *adj* ❶ (*noch nicht älter*) young; ■**jünger** [**als jd**] **sein** to be younger [than sb]; ~ **und alt** young and old alike; *s. a.* **Jahr** ❷ (*jung wirkend*) youthful; **das hält ~!** it keeps you young! ❸ (*später geboren*) young; ■**der/die Jüngere/der/die Jüngste** the younger/youngest ❹ (*erst kurz existierend*) new **II.** *adv* (*in jungen Jahren*) young; ~ **heiraten/sterben** to marry/die young; **von ~ auf** since one's youth, from an early age ▶WENDUNGEN: ~ **gefreit, nie gereut** (*prov*) he who marries young won't regret it

Jung·brun·nen *m* ❶ (*revitalisierender Umstand*) tonic; **der Urlaub war ein wahrer** ~ the holiday was a real tonic ❷ LIT fountain of youth

Jun·ge <-n, -n> ['jʊŋə] *m* ❶ (*männliches Kind*) boy ❷ (*Laufbursche*) errand boy ❸ (*fam*) ■**Jungs,** ■**Jungens** *pl* (*veraltend fam: Leute*) lads *pl* BRIT, chaps *pl* BRIT, guys *pl* AM ▶WENDUNGEN: **alter** ~ (*fam*) old chap [*or* AM fellow], BRIT *a.* [old] mate; **dummer** ~ wet behind the ears; **wie ein dummer** ~ like a child [*or* an idiot]; **ein schwerer** ~ (*fam*) big-time crook; **mein ~!** (*fam*) my dear boy!; ~, ~! (*fam*) boy oh boy! *fam*

Jun·ge(s) ['jʊŋə(s)] *nt decl wie adj* ❶ ZOOL (*Jungtier*) young ❷ ORN (*Jungvogel*) young

Jun·gen·ge·sicht *nt* boyish face

jun·gen·haft *adj* boyish

jün·ger ['jʏŋɐ] *adj* ❶ *comp von* **jung** younger ❷ (*noch nicht allzu alt*) youngish ❸ (*wenig zurückliegend*) recent

Jün·ger(in) <-s, -> ['jʏŋɐ] *m(f)* ❶ REL (*Schüler Jesu*) disciple ❷ (*Anhänger*) disciple

Jün·ge·re(r) *f(m) decl wie adj* ❶ (*jüngerer Mensch*) younger person ❷ (*Junior*) junior; **Breughel der** ~ Breughel junior [*or esp* BRIT the junior]

Jün·ge·rin <-, -nen> ['jʏŋərɪn] *f fem form von* **Jünger**

Jung·fer <-, -n> ['jʊŋfɐ] *f* (*veraltet*) mistress *hist;* **eine alte** ~ (*pej*) an old maid *pej*

Jung·fern·fahrt *f* NAUT maiden voyage **Jung·fern·flug** *m* LUFT maiden flight **Jung·fern·häut·chen** *nt* ANAT hymen **Jung·fern·in·seln** *pl* **die amerikanischen/britischen** ~ the US/British Virgin Islands; *s. a.* **Falklandinseln** **Jung·fern·re·de** *f* POL maiden speech

Jung·frau ['jʊŋfrau] *f* ❶ (*Frau vor ihrem ersten Koitus*) virgin; **die ~ Maria** the Virgin Mary; **die ~ von Orléans** Joan of Arc, the Maid of Orleans; **die Heilige** ~ the Holy [*or* Blessed] Virgin; **die Eiserne** ~ HIST the Iron Maiden ❷ ASTROL (*Tierkreiszeichen*) Virgo; ■~ **sein** to be a Virgo ▶WENDUNGEN: [**zu etw kommen**] **wie die ~ zum Kind**[e] (*hum fam*) to fall into sb's lap; **zu dem Job kam sie wie die ~ zum Kinde** the job just fell into her lap

jung·fräu·lich ['jʊŋfrɔylɪç] *adj* (*geh*) ❶ (*Zustand*) virgin ❷ (*noch unberührt*) virgin; ~**er Schnee** virgin snow

Jung·fräu·lich·keit <-> *f kein pl* (*geh*) ❶ (*Zustand*) virginity *no pl* ❷ (*Unberührtheit*) virginity *no pl,* purity *no pl*

Jung·ge·sel·le, -ge·sel·lin ['jʊŋgəzɛlə, -gəzɛlɪn] *m, f* bachelor; **ein eingefleischter ~ sein** to be a confirmed bachelor

Jung·ge·sel·len·bu·de *f* (*fam*) bachelor pad *fam* **Jung·ge·sel·len·da·sein** *nt* bachelor existence **Jung·ge·sel·len·le·ben** *nt* bachelor life **Jung·ge·sel·len·woh·nung** *f* bachelor flat **Jung·ge·sel·len·zeit** *f kein pl* bachelor days *pl*

Jung·ge·sel·lin <-, -nen> ['jʊŋgəzɛlɪn] *f fem form von* **Junggeselle** a single woman

Jung·li·be·ra·le(r) *f(m) decl wie adj* POL Young Liberal

Jüng·ling <-s, -e> ['jʏŋlɪŋ] *m* (*geh*) (*junger Mann*) youth ▶WENDUNGEN: [**auch**] **kein ~ mehr sein** to be no spring chicken anymore

Jung·mast·hähn·chen *nt* young poulard[e] **Jung·so·zi·a·list, -so·zia·lis·tin** *m, f* POL Young Socialist

jüngst ['jʏŋst] *adv* (*geh*) recently

jüngs·te(r, s) *adj* ❶ *superl von* **jung** youngest; [**auch**] **nicht mehr der/die Jüngste sein** (*hum*) to be no spring chicken anymore [either] ❷ (*nicht lange zurückliegend*) [most] recent ❸ (*neueste*) latest; *s. a.* **Gericht, Tag**

Jung·stein·zeit *f* Neolithic period, New Stone Age

jüngs·tens ['jʏŋstn̩s] *adv* (*veraltend geh*) *s.* **jüngst**

Jung·tier *nt* ZOOL young animal **Jung·ver·hei·ra·te·te(r)** *f(m) decl wie adj* newly-wed; ■**die ~n** the newly-weds **Jung·ver·mähl·te(r)** *f(m) decl wie adj* (*geh*) *s.* **Jungverheiratete Jung·vieh** *nt* young cattle + *pl vb* **Jung·wäh·ler, -wäh·le·rin** *m, f* young voter **Jung·wild** *nt* young game

Ju·ni <-[s], -s> ['ju:ni] *m* June; *s. a.* **Februar**

ju·ni·or ['ju:ni̯o:ɐ̯] *adj* (*geh*) junior

Ju·ni·or, Ju·ni·o·rin <-s, -en> ['ju:ni̯o:ɐ̯, ju'ni̯o:rɪn, *pl* ju'ni̯o:rən] *m, f* ❶ ÖKON (~ *chef*) son *masc*/daughter *fem* of the boss ❷ (*fam: Sohn*) junior ❸ *pl* SPORT (*junge Sportler zwischen 18 und 23*) juniors *npl*

Ju·ni·or·chef, -che·fin *m, f* ÖKON boss' [*or* owner's] son *masc*/daughter *fem*

Ju·ni·o·ren·aus·weis *m* BAHN young persons' railcard BRIT

Ju·ni·o·rin <-, -nen> [ju'ni̯o:rɪn] *f fem form von* **Junior**

Ju·ni·or·part·ner, -part·ne·rin *m, f* junior partner **Ju·ni·or·pass**RR *m* BAHN young person's railcard BRIT

Junk-Bond <-s, -s> ['dʒaŋkbɔnt] *m* FIN (*Risikoanleihe*) junk bond

Junk·food <-s> ['dʒaŋkfu:d] *nt kein pl,* **Junk-food** <-s> ['dʒaŋkfu:d] *nt kein pl* junk food *no pl*

Jun·kie <-s, -s> ['dʒaŋki] *m* (*sl*) junkie *sl*

Junk·tim <-s, -s> ['jʊŋktɪm] *nt* POL package deal; **zwischen Dingen besteht ein** ~ different things are dependent upon [*or* go hand-in-hand with] each other

Ju·no <-s, -s> [ju'no:] *m bes* COM June; *s. a.* **Julei**

Jun·ta <-, Junten> ['xʊnta, 'jʊnta, *pl* 'xʊntn̩, 'jʊntn̩] *f* POL junta

Jupe <-s, -s> [ʒy:p] *m* SCHWEIZ (*Rock*) skirt

Ju·pi·ter <-s> ['ju:pitɐ] *m* Jupiter

jur. *adj Abk von* **juristisch**

Ju·ra¹ ['ju:ra] *kein art* SCH law

Ju·ra² <-s> ['ju:ra] *m* GEOL Jurassic [period/system]

Ju·ra³ <-s> ['ju:ra] *nt kein pl* GEOG ❶ (*Gebirge in der Ostschweiz*) Jura Mountains *pl* ❷ (*Schweizer Kanton*) Jura

Ju·ra·stu·di·um *nt* law studies *pl*

Ju·ris·dik·ti·on <-, *selten* -en> [jurɪsdɪk'tsi̯o:n] *f* (*geh*) jurisdiction

Ju·ris·pru·denz <-> [jurɪspru'dɛnts] *f kein pl* (*geh*) jurisprudence *no pl*

Ju·rist(in) <-en, -en> [juʁɪst] *m(f)* ❶ JUR (*Akademiker*) jurist ❷ SCH (*fam: Jurastudent*) law student

Ju·ris·ten·deutsch *nt,* **Ju·ris·ten·spra·che** *f kein pl* legal jargon

Ju·ris·te·rei <-> [jurɪstə'rai] *f kein pl* JUR law *no pl,* legal practice *no pl;* (*Studium der Rechtswissenschaft*) law *no pl*

Ju·ris·tin <-, -nen> [ju'rɪstɪn] *f fem form von* **Jurist**

ju·ris·tisch [ju'rɪstɪʃ] **I.** *adj* ❶ SCH (*Jura betreffend*) legal; **~es Studium** law studies; **die ~e Fakultät** Faculty of Law ❷ JUR (*die Rechtsprechung betreffend*) law *attr;* **ein ~es Problem** a juridical problem; *s. a.* **Person II.** *adv* JUR ~ **argumentiert/betrachtet** argued/seen from a legal point of view

Ju·ror, Ju·ro·rin <-s, Juroren> ['ju:ro:ɐ̯, ju'ro:rɪn, *pl* ju'ro:rən] *m, f meist pl* juror, member of the jury

Ju·ry <-, -s> [ʒy'ri:, 'ʒy:ri, 'dʒu:ri] *f* jury

Jus¹ <-> ['ju:s] *nt kein art* ÖSTERR (*Jura*¹) law

Jus² <-> [ʒy:] *f o m o nt kein pl* ❶ SCHWEIZ (*Fruchtsaft*) fruit juice ❷ (*Bratensaft*) [meat] juices *pl*

Ju·so <-s, -s> ['ju:zo] *m kurz für* **Jungsozialist**

just ['jʊst] *adv* ❶ (*veraltet: eben gerade*) just; **da fällt mir ~ ein** I've just remembered ❷ (*liter: genau*) exactly; ~ **in dem Moment** at that very [*or* just at that] moment

jus·tier·bar *adj* TECH adjustable; **elektrisch ~e Sitze** electrically adjustable [*or* power-adjusted] seats

jus·tie·ren* [jʊs'ti:rən] *vt* ■**etw** ~ to adjust sth

Jus·tie·rung <-, -en> *f* ❶ (*das Justieren*) adjustment ❷ (*Einstellmechanismus*) adjustment

Jus·ti·tia <-s> [jʊs'ti:tsia] *f kein pl* ❶ (*geh: das personifizierte Recht*) the law ❷ (*römische Göttin der Gerechtigkeit*) Justice

Jus·ti·ti·ar(in) <-s, -e> [jʊsti'tsi̯a:ɐ̯] *m(f) s.* **Justiziar**

Jus·tiz <-> [jʊs'ti:ts] *f kein pl* JUR ❶ (*Gerichtsbarkeit*) justice *no pl* ❷ (~ *behörden*) legal authorities *pl*

Jus·tiz·ap·pa·rat *m kein pl* JUR, POL (*pej fam*) judicial machinery **Jus·tiz·be·am·te(r)** *f(m) decl wie adj* JUR, ADMIN judicial officer **Jus·tiz·be·hör·de** *f* legal authority **Jus·tiz·ge·bäu·de** *nt* JUR, ADMIN court-house

Jus·ti·zi·ar(in)RR <-s, -e> [jʊsti'tsia:ɐ] *m(f)* ❶ (*für Rechtliches zuständiger Angestellter*) in-house lawyer ❷ HIST (*Gerichtsherr in der Patrimonialgerichtsbarkeit*) lord of the manor **Jus·tiz·irr·tum** *m* miscarriage of justice **Jus·tiz·mi·nis·ter, -mi·nis·te·rin** *m, f* Minister of Justice BRIT, Attorney General AM **Jus·tiz·mi·nis·te·ri·um** *nt* Ministry of Justice BRIT, Department of Justice AM, Justice Department AM **Jus·tiz·mord** *m* judicial murder **Jus·tiz·voll·zugs·an·stalt** [jʊs'ti:tsfɔl'tsu:ks-] *f* (*geh*) place of detention

Ju·te <-> ['ju:tə] *f kein pl* ❶ BOT (~ *liefernde Pflanze*) jute ❷ MODE (*Bastfaser aus ~*) jute

Ju·ve·nil·hor·mon [juve'ni:l-] *nt* ZOOL juvenile hormone

Ju·wel¹ <-s, -en> [ju've:l] *m o nt* ❶ (*Schmuckstein*) gem[stone], jewel ❷ *pl* (*Schmuck*) jewellery *no pl,* jewelry *no pl*

Ju·wel² <-s, -e> [ju've:l] *nt* ❶ (*geschätzte Person oder Sache*) gem; **ein ~ von einer Köchin sein** to be a gem of a cook ❷ (*prachtvoller Ort*) gem, jewel; **der Schwarzwald ist ein Juwel unter den deutschen Landschaften** the Black Forest is one of the jewels of the German countryside ❸ (*kostbares Exemplar*) gem, jewel; **das Juwel der Sammlung** the jewel [*or* gem] of the collection

Ju·we·lier(in) <-s, -e> [juve'li:ɐ̯] *m(f)* ❶ (*Besitzer eines ~geschäftes*) jeweller BRIT, jeweler AM ❷ (*Juweliergeschäft*) jeweller's BRIT, jeweler's AM

Ju·we·lier·ge·schäft *nt* jeweller's [*or* AM jeweler's] [shop [*or* AM *usu* store]]

Ju·we·lie·rin <-, -nen> [juve'li:rɪn] *f fem form von* **Juwelier**

Jux <-es, -e> ['jʊks] *m* (*fam: Scherz*) joke; **aus [lauter] ~ und Tollerei** (*fam*) out of sheer fun; **sich** *dat* **einen ~ aus etw machen** to make a joke out of sth; **aus ~** as [*or* BRIT *a.* for] a joke

ju·xen ['jʊksn̩] *vi* (*fam*) to joke

jwd [jɔtve:'de:] *adv* (*hum fam*) *Abk von* **ganz weit draußen** in the middle of nowhere *fam,* miles from anywhere *fam*

Kk

K, k <-, - *o fam* -s, -s> [ka:] *nt* K, k; ~ **wie Kaufmann** K for [*or* AM as in] King; *s. a.* **A 1**

Ka·ba·rett <-s, -e *o* -s> [kaba'rɛt] *nt* ❶ *kein pl* (*Kleinkunst*) cabaret ❷ (*Kleinkunstbühne*) cabaret ❸ (*Ensemble*) cabaret ensemble

Ka·ba·ret·tist(in) <-en, -en> [kabarɛ'tɪst] *m(f)* cabaret artist

ka·ba·ret·tis·tisch *adj* cabaret

Ka·bäus·chen <-s, -> [ka'bɔysçən] *nt* DIAL (*fam*) hut, cabin

kab·beln ['kabl̩n] *vr* (*fam*) to squabble, to bicker; ■**sie ~ sich** they're squabbling [*or* bickering]

Ka·bel <-s, -> ['ka:bl̩] *nt* ❶ ELEK (*Elektroleitung*) wire ❷ TELEK, TV (*Leitung*) cable ❸ NAUT (*starkes Tau*) rope ❹ BAU (*Drahtseil*) cable

Ka·bel·an·schlussRR *m* TV cable connection **Ka·bel·baum** *m* cable harness **Ka·bel·fern·se·hen** *nt* TV cable TV

Ka·bel·jau <-s, -e *o* -s> ['ka:bl̩jau] *m* ZOOL, KOCHK cod

Ka·bel·ka·nal *m* TV, RADIO cable channel **Ka·bel·netz** *nt* TV

K

cable network **Ka·bel·rol·le** *f* TECH cable drum **Ka·bel·trom·mel** *f* ELEK cable drum

Ka·bi·ne <-, -n> [ka'biːnə] *f* ❶ (*Umkleidekabine*) changing room ❷ TELEK booth ❸ NAUT (*Passagierunterkunft*) cabin ❹ TRANSP (*Gondel*) cable-car

Ka·bi·nett[1] <-s, -e> [kabi'nɛt] *nt* ❶ POL (*Kollegium der Minister*) cabinet ❷ KUNST (*kleiner Raum im Museum*) gallery

Ka·bi·nett[2] <-s, -e> *m* KOCHK *special quality German wine*

Ka·bi·netts·be·schluss[RR] *m* POL Cabinet decision **Ka·bi·netts·sit·zung** *f* POL Cabinet meeting

Ka·bi·nett·stück *nt* masterstroke

Ka·bi·netts·um·bil·dung *f* cabinet reshuffle

Ka·bi·nett·wein *m s.* **Kabinett**[2]

Kab·rio <-[s], -s> ['kaːbrio] *nt* AUTO convertible

Ka·bri·o·lett <-s, -s> [kabrio'lɛt] *nt* ÖSTERR, SÜDD (*geh: Kabrio*) convertible

Ka·buff <-s, -e *o* -s> [ka'bʊf] *nt* (*fam*) boxroom BRIT, cubby-hole AM

Ka·chel <-, -n> ['kaxl̩] *f* tile

ka·cheln ['kaxl̩n] *vt* to tile; ■**etw** ~ to tile sth

Ka·chel·ofen ['kaxl̩ʔoːfn̩] *m* tiled stove

Ka·cke <-> ['kakə] *f kein pl* ❶ (*derb: menschliche Exkremente*) shit *vulg*, crap *vulg* ❷ (*sl: Hundekot*) dog shit *vulg* ▸ WENDUNGEN: **dann ist die ~ am Dampfen** (*sl*) then the shit will really hit the fan *vulg*

ka·cken ['kakn̩] *vi* (*vulg*) to shit *vulg*, to crap *vulg*

Ka·cker <-s, -> *m* (*pej sl*) shithead *vulg*

Ka·da·ver <-s, -> [ka'daːvɐ] *m* carcass

Ka·da·ver·ge·hor·sam *m* (*pej*) blind obedience

Ka·denz <-, -en> [ka'dɛnts] *f* MUS cadenza

Ka·der <-s, -> ['kaːdɐ] *m* ❶ MIL (*Kerntruppe des Heers*) cadre ❷ SPORT squad ❸ (*Spezialistentruppe*) group of specialists ❹ (*Angehöriger einer Spezialistentruppe*) specialist

Ka·dett <-en, -en> [ka'dɛt] *m* MIL cadet

Ka·di <-s, -s> ['kaːdi] *m* (*islamischer Richter*) Kadi, cadi ▸ WENDUNGEN: **jdn vor den ~ bringen** [*o* **schleppen**] (*fam*) to take sb to court

Kad·mi·um <-s> ['katmiʊm] *nt kein pl* cadmium

Kä·fer <-s, -> ['kɛfɐ] *m* ❶ ZOOL (*Insekt*) beetle ❷ AUTO (*fam: Volkswagen*) beetle ▸ WENDUNGEN: **ein flotter** [*o* **hübscher**] ~ (*veraltend sl*) a nice bit of skirt BRIT *fam*, a hot chick AM *fam*

Kaff <-s, -s *o* -e> ['kaf] *nt* (*pej fam*) dump *fam*, hole *fam*

Kaf·fee <-s, -s> ['kafe] *m* ❶ (*Getränk*) coffee; ~ **und Kuchen** coffee and cake; ~ **mit Milch** white coffee; **koffeinfreier** ~ decaffeinated coffee; **schwarzer** ~ black coffee; **den/seinen** ~ **schwarz trinken** to drink one's coffee black; [**jdm einen**] ~ **machen** to make [sb a] coffee; ~ **trinken** to have [*or* drink] [a] coffee ❷ *kein pl* BOT (*Strauch*) coffee ❸ (~*einladung*) coffee ▸ WENDUNGEN: **kalter** ~ **sein** (*pej fam*) to be old hat

Kaf·fee·baum *m* BOT coffee tree **Kaf·fee·boh·ne** *f* coffee bean **kaf·fee·braun** *adj* coffee-coloured [*or* AM -ored] **Kaf·fee-Er·satz** *m*, **Kaf·fee·er·satz**[RR] *m* coffee substitute **Kaf·fee-Ex·trakt** *m*, **Kaf·fee·ex·trakt**[RR] *m* coffee essence **Kaf·fee·fahrt** *f* promotional trip **Kaf·fee·fil·ter** *m* ❶ (*Vorrichtung*) coffee filter ❷ (*fam: Filterpapier*) filter paper **Kaf·fee·ge·schirr** *nt s.* **Kaffeeservice Kaf·fee·haus** *nt* ÖSTERR coffee-house **Kaf·fee·kan·ne** *f* coffeepot **Kaf·fee·klatsch** *m kein pl* (*fam*) coffee morning BRIT, coffee klat[s]ch AM, kaffeeklatsch AM **Kaf·fee·kränz·chen** <-, -s> *nt* (*hum veraltend*) ≈ coffee morning BRIT; (*die Gruppe, die sich trifft*) ≈ coffee morning circle [*or* group] [of friends] **Kaf·fee·löf·fel** *m* coffee spoon **Kaf·fee·ma·schi·ne** *f* coffee machine **Kaf·fee·müh·le** *f* coffee grinder **Kaf·fee·pau·se** *f* coffee break; ~ **machen** to have a coffee break **Kaf·fee·satz** *m* coffee grounds *npl;* **aus dem ~ wahrsagen** to read the coffee grounds **Kaf·fee·ser·vice** *nt* coffee set **Kaf·fee·sieb** *nt* coffee sieve **Kaf·fee·strauch** *m* coffee tree **Kaf·fee·tas·se** *f* coffee cup **Kaf·fee·was·ser** *nt* hot water for coffee; ~ **aufsetzen** to put the kettle on for coffee

Kaf·fer <-n, -n> ['kafɐ] *m* (*pej*) nigger *pej*

Kaf·fern·büf·fel *m* ZOOL African buffalo

Kä·fig <-s, -e> ['kɛːfɪç] *m* ❶ (*Vogelbauer*) [bird]cage ❷ (*vergittertes Gehege*) cage; **faradayscher** ~ PHYS Faraday cage ▸ WENDUNGEN: **im goldenen ~ sitzen** to sit in a gilded cage

Kä·fig·hal·tung *f* caging

Kaf·tan <-s, -e> ['kaftan] *m* caftan

kahl [kaːl] **I.** *adj* ❶ (*ohne Kopfhaar*) bald; ■~ **sein/werden** to be/become bald; ~ **geschoren** shorn, shaven ❷ (*leer*) bare; ~**e Wände** bare walls ❸ (*ohne Blätter*) bare ❹ (*ohne Bewuchs*) barren, bleak **II.** *adv* **etw ~ fressen** to strip sth bare; **jdn ~ scheren** to shave sb's head

Kahl·heit <-> *f kein pl* ❶ (*Kahlköpfigkeit*) baldness *no pl* ❷ (*Blattlosigkeit*) bareness *no pl* ❸ (*kahle Beschaffenheit*) bleakness *no pl*, barrenness *no pl*

Kahl·kopf *m* ❶ (*kahler Kopf*) bald head ❷ (*fam: Glatzkopf*) baldy *fam*

kahl·köp·fig *adj* bald-headed, bald

Kahl·köp·fig·keit <-> *f kein pl* baldness *no pl*

Kahl·schlag *m* ❶ FORST (*abgeholzte Fläche*) clearing ❷ *kein pl* (*das Abholzen*) deforestation ❸ (*fam: völliger Abriss*) demolition

Kahn <-[e]s, Kähne> [kaːn, *pl* 'kɛːnə] *m* ❶ NAUT (*flaches Boot*) small boat; (*Schleppkahn*) barge; (*fam: alter Dampfer*) old tub ❷ *pl* (*fam: große Schuhe*) clodhoppers *pl fam*

Kahn·fahrt *f* trip in a rowing-boat; (*durch Stoßen*) trip in a punt; **eine ~ machen** to go boating; (*durch Stoßen*) to go punting

Kai <-s, -e *o* -s> [kai] *m* quai

Kai·man <-s, -e> ['kaiman] *m* ZOOL cayman

Kai·man·in·seln *pl* ■**die** ~ the Cayman Islands *pl; s. a.* **Falklandinseln**

Kains·mal ['kains-] *nt* mark of Cain

Kai·ro <-s> ['kairo] *nt* Cairo

Kai·ser(in) <-s, -> ['kaizɐ] *m(f)* (*Herrscher eines Reiches*) emperor *masc*, empress *fem;* **der letzte deutsche** ~ the last German Emperor; **zum ~ gekrönt werden** to be crowned emperor ▸ WENDUNGEN: **sich um des ~s Bart streiten** to split hairs; **wo nichts ist, hat der ~ sein Recht verloren** (*prov*) you can't get blood out of a stone *prov;* **dem ~ geben, was des ~s ist** to render unto Caesar that which is Caesar's

Kai·ser·ad·ler *m* ORN imperial eagle **Kai·ser·gra·nat** *m* ZOOL, KOCHK Dublin Bay prawn, scampi **Kai·ser·kro·ne** *f* ❶ (*Krone des Kaisers*) imperial crown ❷ BOT crown imperial

kai·ser·lich ['kaizɐlɪç] **I.** *adj* ❶ (*dem Kaiser gehörend*) imperial ❷ (*das Kaiserreich betreffend*) imperial ❸ (*einem Kaiser angemessen vornehm oder reichlich*) **ein ~es Frühstück** a breakfast fit for a king **II.** *adv* (*dem Kaiser treu*) imperialistic, monarchistic

kai·ser·lich-kö·nig·lich *adj* imperial and royal (*referring to the Austro-Hungarian Empire*)

Kai·ser·pfalz *f* HIST imperial palace **Kai·ser·pin·gu·in** *m* ORN emperor penguin **Kai·ser·reich** *nt* HIST empire **Kai·ser·schmar·ren** *m* KOCHK ÖSTERR, SÜDD *shredded pancake*

i Kultur

Kaiserschmarren is a type of pancake, commonplace in Austria, southern Germany and Switzerland, which is pulled to pieces and sprinkled with sugar, and sometimes contains raisins. Its origins can be traced back to the Empress Elisabeth of Austria.

Kai·ser·schnitt *m* MED Caesarean [section] **Kai·ser·scho·te** *f* KOCHK sugar-snap pea

Kai·ser·tum <-[e]s, -tümer> *nt* empire

Ka·jak <-s, -s> ['kaːjak] *m o nt* NAUT, SPORT Kayak

Ka·jal·stift [ka'ja:l] *m* MODE, PHARM eyeliner pencil
Ka·jü·te <-, -n> [ka'jy:tə] *f* NAUT cabin
Kakadu <-s, -s> *m* ORN cockatoo
Ka·kao <-s, -s> [ka'kau] *m* ① (*Getränk*) cocoa, chocolate milk; (*heiss*) hot chocolate; (*Pulver*) cocoa [powder] ② BOT cocoa palm ▶ WENDUNGEN: **jdn/etw durch den ~ ziehen** (*fam*) to take the mickey out [*or* AM make fun] of sb/sth
Ka·kao·boh·ne *f* cocoa bean **Ka·kao·but·ter** *f kein pl* cocoa butter *no pl* **Ka·kao·pul·ver** *nt* cocoa powder
Ka·ker·la·ke <-, -n> ['ka:kɐlak] *f* cockroach
Ka·ki <-, -s> ['ka:ki] *f* khaki
Ka·ki·pflau·me *f* BOT, KOCHK Japanese persimmon, kaki, date plum
Kak·tee <-, -n> [kak'te:ə] *f*, **Kak·tus** <-, Kakteen *o fam* -se> ['kaktʊs, *pl* kak'te:ən, -ʊsə] *m* cactus
Ka·la·mi·tät <-, -en> [kalami'tɛt] *f meist pl* (*geh*) ① (*Schwierigkeiten*) predicament; **sich** *akk* **in einer ~ befinden** to be in a predicament ② (*Unglück*) calamity; **jdn in ~en bringen** to get sb into deep trouble; **in ~en kommen** to get into deep trouble
Ka·lasch·ni·kow <-, -s> [ka'laʃnikɔf] *f* Kalashnikov
Ka·lau·er <-s, -> ['ka:lauɐ] *m* corny joke
Kalb <-[e]s, Kälber> [kalp, *pl* 'kɛlbɐ] *nt* ① ZOOL (*junges Rind*) calf; **das Goldene ~** the golden calf ② ZOOL (*Junges*) calf; (*Rehwild*) fawn ③ (~*fleisch*) veal ▶ WENDUNGEN: **wie ein abgestochenes ~ glotzen** (*sl*) to look goggle-eyed at sth
kal·ben ['kalbn̩] *vi* ① (*ein Kalb gebären*) to calve ② GEOG (*kleinere Stücke abbrechen lassen*) to calve
Kalb·fisch *m s.* **Heringshai Kalb·fleisch** *nt* veal
Kalbs·beu·schel *nt* KOCHK DIAL veal lights *npl* **Kalbs·blan·kett** *nt* KOCHK veal ragout **Kalbs·far·ce** *nt* veal stuffing (*bound with egg and cream*) **Kalbs·fond** *m* veal stock **Kalbs·fri·kan·deau** *nt* veal flank **Kalbs·fri·kas·see** *nt* veal fricassee **Kalbs·fuß** *m* calf's foot **Kalbs·ge·krö·se** *nt* calf's mesentery **Kalbs·gre·na·din** *nt* KOCHK lardened veal chump **Kalbs·hach·se** [-ks-], **Kalbs·ha·xe** *f* knuckle of veal **Kalbs·kar·ree** *nt* veal loin **Kalbs·kä·se** *m meat loaf of finely-ground veal* **Kalbs·le·der** *nt* calfskin **Kalbs·lun·ge** *f* calf's lights *npl* **Kalbs·nuss**[RR] *f* flank of veal **Kalbs·schnit·zel** *nt* veal cutlet **Kalbs·stel·ze** *f* KOCHK ÖSTERR (*Kalbshachse*) veal knuckle
Kal·dau·ne <-, -n> [kal'daunə] *f meist pl* DIAL entrails *npl*
Ka·lei·dos·kop <-s, -e> [kalaido'sko:p] *nt* kaleidoscope
ka·len·da·risch [kalɛn'da:rɪʃ] *adj* calendrical
Ka·len·der <-s, -> ['kalɛndɐ] *m* calendar; **der gregorianische ~** the Gregorian Calender; **der julianische ~** the Julian Calendar
Ka·len·der·jahr *nt* calendar year
Ka·le·sche <-, -n> [ka'lɛʃə] *f* HIST barouche
Ka·li <-s, -s> ['ka:li] *nt* potash *no pl*
Ka·li·ber <-s, -> [ka'li:bɐ] *nt* ① TECH (*Laufdurchmesser*) calibre [*or* AM -er] ② TECH (*Geschoßdurchmesser*) calibre [*or* AM -er] ③ (*pej fam: Sorte*) calibre [*or* AM -er]; **ein Politiker von unzureichendem ~** a politician of insufficient calibre
Ka·lif <-en, -en> [ka'li:f] *m* HIST caliph
Ka·li·fat <-[e]s, -e> [kali'fa:t] *nt* HIST ① (*Amt eines Kalifen*) caliphate ② (*Herrschaftsbereich*) caliphate
Ka·li·um <-s> ['ka:li̯ʊm] *nt kein pl* potassium *no pl*
Kalk <-[e]s, -e> [kalk] *m* ① BAU (~*milch*) whitewash *no pl*; **gebrannter ~** quicklime *no pl*, slaked lime *no pl* ② (*Kalziumkarbonat*) lime *no pl* ③ MED (*Kalzium*) calcium *no pl*
Kalk·ab·la·ge·rung *f* ① CHEM (*Ablagerung von Kalkstein*) [lime]scale *no pl, no indef art*, [deposit of] calcium carbonate *no pl form* ② MED (*Ablagerung von Kalksalzen im Körpergewebe*) calcification *no pl*, calcific deposit **Kalk·bil·dung** <-> *f kein pl* CHEM build-up of [lime]scale *no pl*, calcification *no pl* **Kalk·bo·den** *m* lime soil
kal·ken ['kalkn̩] *vt* ■**etw ~** ① (*tünchen*) to whitewash sth ② AGR, FORST (*düngen*) to lime sth
kalk·hal·tig *adj* chalky; (*Wasser*) hard
Kalk·man·gel *m kein pl* ① MED (*Mangel an Kalzium*) calcium deficiency *no pl* ② AGR, FORST, HORT (*Mangel an Kalk*) lime deficiency *no pl* **Kalk·stein** *m* limestone
Kal·kül <-s, -e> [kal'ky:l] *m o nt* calculation; **etw [mit] ins ~ ziehen** to take sth into consideration; **ins ~ ziehen, dass ...** to consider, that ...
Kal·ku·la·ti·on <-, -en> [kalkula'tsi̯o:n] *f* ① ÖKON (*Kostenberechnung*) costing ② (*Schätzung*) calculation; **falsche ~** miscalculation; **nach jds ~** according to sb's calculations
kal·ku·lier·bar *adj inv* calculable
kal·ku·lie·ren* [klaku'li:rən] **I.** *vi* ① ÖKON (*veranschlagen*) ■**[mit etw** *dat*] **~** to calculate [with sth] ② (*fam: schätzen*) ■**~, [dass]** ... to calculate, [that] ... **II.** *vt* ÖKON (*veranschlagen*) ■**etw ~** to calculate sth
Kal·kut·ta <-s> [kal'kʊta] *nt* Calcutta
Kal·li·gra·fie[RR] [kaligra'fi:], **Kal·li·gra·phie** <-> *f kein pl* calligraphy *no pl*
Kal·mar <-s, Kalmare> ['kalmar, *pl* kal'ma:rə] *m* ZOOL squid
Kal·ma·re [kal'ma:rə] *f* calamari, squid
Kal·me <-, -n> ['kalmə] *f* METEO calm
kal·mie·ren* [kal'mi:rən] *vt* (*geh*) ■**jdn ~** to appease *pej form*
Ka·lo·rie <-, -n> [kalo'ri:, *pl* kalo'ri:ən] *f* calorie
ka·lo·ri·en·arm **I.** *adj* low-calorie **II.** *adv* low-calorie **Ka·lo·rien·be·darf** *m kein pl* MED calorific requirement **Ka·lo·rien·bom·be** *f* (*fam*) **eine echte ~** *a food or drink packed with calories* **Ka·lo·rien·ge·halt** *m* calorie content **ka·lo·ri·en·re·du·ziert** *adj* reduced-calorie **ka·lo·ri·en·reich** **I.** *adj* high-calorie **II.** *adv* **~ essen** to eat foods high in calories
kalt <kälter, kälteste> [kalt] **I.** *adj* ① (*nicht warm*) cold; ■**etwas K~es** something cold; ■**im K~en** in the cold; **mir ist ~** I'm cold ② (*fam: ohne Nebenkosten*) not including heating and other costs; *s. a.* **Krieg II.** *adv* ① (*mit kaltem Wasser*) with cold water; **~ duschen** to have a cold shower; **sich** *akk* **~ waschen** to wash in cold water ② (*in einem ungeheizten Raum*) in an unheated room; **~ schlafen** to sleep in an unheated room ③ (*ohne Aufwärmen*) cold; **etw ~ essen** to eat sth cold ④ (*an einen kühlen Ort*) in a cool place; **etw ~ stellen** to chill sth ⑤ (*ungerührt*) **~ lächelnd** (*pej*) cool and calculating *pej*; **~ bleiben** to remain unmoved [*or* cold] ▶ WENDUNGEN: **jdn ~ erwischen** (*fam*) to catch sb out; **jdn überläuft es ~** cold shivers run down sb's back
Kalt·blut *nt kein pl* carthorse
Kalt·blü·ter <-s, -> ['kaltbly:tɐ] *m* cold-blooded animal
kalt·blü·tig [kaltbly:tɪç] **I.** *adj* ① (*emotionslos*) cold ② (*skrupellos*) cold-blooded **II.** *adv* ① (*ungerührt*) coolheaded, coolly ② (*skrupellos*) unscrupulously; **jdn ~ ermorden** to kill sb cold-bloodedly
Kalt·blü·tig·keit <-> *f kein pl* ① (*Emotionslosigkeit*) coolness *no pl*, cool-headedness *no pl* ② (*Skrupellosigkeit*) unscrupulousness *no pl*; (*Mörder*) cold-bloodedness *no pl*
Käl·te <-> ['kɛltə] *f kein pl* ① (*niedrige Temperatur*) cold *no pl*, coldness *no pl*; **vor ~** with cold; **arktische [*o* polare] [*o* sibirische] ~** arctic cold, polar conditions, Siberian temperatures; **zehn Grad ~** ten below [zero] ② METEO (~*welle*) cold spell
Käl·te·be·hand·lung *f* MED frigotherapy *no pl*, cry[m]otherapy *no pl* **käl·te·be·stän·dig** *adj* ① (*unempfindlich gegen Kälteeinwirkung*) cold-resistant ② (*nicht gefrierend*) non-freezing **Käl·te·brü·cke** *f* ARCHIT cold spot **Käl·te·ein·bruch** *m* cold spell **käl·te·emp·find·lich** *adj* sensitive to cold *pred* **Käl·te·grad** *m* ① (*Grad der Kälte*) degree of coldness ② (*fam: Minusgrad*) degrees *pl* below zero **Käl·te·pe·ri·o·de** *f* METEO spell of cold weather **Käl·te·tech·nik** *f* refrigeration technology **Käl·te·wel·le** *f* cold spell
kalt·ge·presst *adj Öl* cold pressed, virgin **kalt·her·zig** *adj* cold-hearted **kalt|las·sen** *vi irreg* **jdn ~** to leave sb cold **Kalt·luft** *f* cold air **Kalt·luft·front** *f* METEO cold front **kalt|ma·chen** *vt* (*umbringen*) **jdn ~** to do sb in **Kalt·mie·te** *f* rent exclusive

K

of heating costs **Kạlt·scha·le** *f cold fruit compote* **kạlt·schnäu·zig I.** *adj* (*fam*) cold, callous **II.** *adv* (*fam*) callously, coldly **Kạlt·schnäu·zig·keit** *f kein pl* (*fam*) callousness *no pl*, coldness *no pl* **Kạlt·start** *m* AUTO cold start **kạltlstel·len** *vt* ❶ (*kühlen*) *s.* **kalt II. 4** ❷ (*ausschalten*) **jdn** ~ to put sb out of the running, to sideline sb; **die Konkurrenz** ~ to sideline the competition

Kal·vi·nis·mus <-> [kalviˈnɪsmʊs] *m kein pl* REL Calvinism *no pl*

Kal·vi·nist(in) <-en, -en> [kalviˈnɪst] *m(f)* REL Calvinist

kal·vi·nịs·tisch *adj* REL calvinist[ic]

Kal·zi·um <-s> [ˈkaltsi̯ʊm] *nt kein pl* calcium *no pl*

Kạl·zi·um·man·gel <-s> *m kein pl* MED calcium deficiency *no pl*, calcipenia *no pl, no indef art spec*

ka̱m *imp von* **kommen**

Kam·bi·um <-s, Kambien> [ˈkambi̯ʊm, *pl* -i̯ən] *nt* BOT cambium

Kam·bod·scha <-s> [kamˈbɔdʒa] *nt* Cambodia; *s. a.* **Deutschland**

Kam·bod·scha·ner(in) <-s, -> [kambɔˈdʒanɐ] *m(f)* Cambodian; *s. a.* **Deutsche(r)**

kam·bod·scha·nisch [kambɔˈdʒaːnɪʃ] *adj* Cambodian; *s. a.* **deutsch**

Kam·bri·um <-s> [ˈkambriʊm] *nt kein pl* GEOL (*Erdzeitalter*) cambian *no pl*

Kam·cor·der <-s, -> [ˈkamkɔrdɐ] *m s.* **Camcorder**

Ka·mee <-, -n> [kaˈmeːə] *f* cameo

Ka·mel <-[e]s, -e> [kaˈmeːl] *nt* ❶ ZOOL camel ❷ (*pej fam: Dummkopf*) idiot

Ka·me̱l·haar *nt kein pl* camel hair

Ka·me̱l·haar·man·tel *m* camel hair coat

Ka·me·lie <-, -n> [kaˈmeːli̯ə] *f* BOT camellia

Ka·mel·len [kaˈmɛlən] *pl* carnival sweets ▶WENDUNGEN: **das sind alte** [*o* **olle**] ~ (*fam*) that's old hat

Ka·me·ra <-, -s> [ˈkaməra] *f* camera; **vor die ~[s] treten** to make oneself available to the reporters; **vor der** ~ on television; **jdn vor die ~ bringen** to bring sb in front of the camera

Kạ·me·ra·au·ge *nt* FILM, FOTO (*fam*) lens

Ka·me·rad(in) <-en, -en> [kaməˈraːt, *pl* -aːdn̩] *m(f)* comrade; (*veraltend: Klassenkamerad*) classmate, friend; (*Vereinskamerad*) friend

Ka·me·rad·schaft <-, -en> [kaməˈraːtʃaft] *f* camaraderie *no pl*; **aus** ~ out of camaraderie

ka·me·ra̱d·schaft·lich I. *adj* ❶ (*in der Art von Kameraden*) comradely ❷ (*rein freundschaftlich*) friendly, platonic **II.** *adv* on a friendly basis

Ka·me·ra̱d·schafts·geist *m kein pl* spirit of comradeship *no pl*, esprit de corps *no pl*

Kạ·me·ra·fahrt *f* FILM tracking shot

Kạ·me·ra·frau *f fem form von* **Kameramann** camerawoman *fem* **Kạ·me·ra·füh·rung** *f* FILM, TV camera work **Kạ·me·ra·mann, -frau** *m, f* cameraman **kạ·me·ra·scheu** *adj* camera-shy

Ka·me·run [ˈkaməruːn], **Kameru̱n** <-s> *nt* GEOL Cameroon

Ka·me·ru·ner(in) <-s, -> [ˈkaməruːnɐ] *m(f)* Cameroonian; *s. a.* **Deutsche(r)**

ka·me·ru̱n·isch *adj* Cameroonian; *s. a.* **deutsch**

Ka·mi·ka·ze <-, -> [kamiˈkaːtsə] *m* Kamikaze

Ka·mil·le <-, -n> [kaˈmɪlə] *f* camomile

Ka·mịl·len·tee *m* camomile tea

Ka·min <-s, -e> [kaˈmiːn] *m o* DIAL *nt* ❶ (*offene Feuerstelle*) fireplace ❷ (*Schornstein*) chimney ❸ GEOL (*Felsspalt*) chimney ▶WENDUNGEN: **etw in den ~ schreiben** to write sth off

Ka·mi̱n·be·steck *nt* fireside companion set **Ka·mi̱n·fe·ger(in)** <-s, -> *m(f)* DIAL, **Ka·mi̱n·keh·rer(in)** <-s, -> *m(f)* DIAL (*Schornsteinfeger*) chimney sweep **Ka·mi̱n·feu·er** *nt* open fire; **ein ~ machen** to light the fireplace **Ka·mi̱n·sims** *m o nt* mantelpiece

Kamm <-[e]s, Kämme> [kam, *pl* ˈkɛmə] *m* ❶ (*Frisier~*) comb ❷ ORN, ZOOL comb; (*Pferdenacken*) crest ❸ KOCHK (*Nackenstück*) neck; (*von Schweinefleisch*) spare rib ❹ (*Bergrücken*) ridge ❺ (*Wellenkamm*) crest ▶WENDUNGEN: **alle/alles über einen ~ scheren** to lump everyone/everything together; **jdm schwillt der** ~ (*fam*) sb is getting big-headed

käm·men [kɛmən] *vt* ❶ (*Kamm oder Bürste benutzen*) ■**[jdm] etw** ~ to comb [sb's] sth; ■**sich** *akk* ~ to comb one's hair ❷ (*aus~*) ■**[jdm] etw aus etw** *dat* ~ to comb sth out of [sb's] sth; **ich kämme dir das Stroh aus den Haaren** I'll comb the straw out of your hair

Kam·mer <-, -n> [ˈkamɐ] *f* ❶ (*kleiner Raum*) small room, BRIT *a.* boxroom ❷ POL (*parlamentarische Instanz*) chamber, house ❸ JUR (*Richtergremium*) chamber ❹ ADMIN (*Berufsvertretung*) professional association ❺ ANAT (*Herzkammer*) ventricle

Kạm·mer·chor *m* MUS chamber choir

Kạm·me·rer <-s, -> *m* ADMIN treasurer

Kạm·mer·ge·richt *nt* JUR Supreme Court **Kạm·mer·jä·ger(in)** *m(f)* pest controller **Kạm·mer·kon·zert** *nt* MUS chamber concert

Kạ̈m·mer·lein <-s, -> *nt dim von* **Kammer 1** (*poet*) chamber ▶WENDUNGEN: **im stillen** ~ in private

Kạm·mer·mu·sik *f* chamber music **Kạm·mer·or·ches·ter** *nt* chamber orchestra **Kạm·mer·sän·ger(in)** *m(f) title awarded to a singer of outstanding ability* **Kạm·mer·schau·spie·ler(in)** *m(f) title awarded to an actor of outstanding ability* **Kạm·mer·ton** *m kein pl* concert pitch *no pl* **Kạm·mer·zo·fe** *f* HIST chambermaid

Kạmm·garn *nt* worsted **Kạmm·molch**[RR] *m* ZOOL crested newt **Kạmm·mu·schel**[RR] *f* ZOOL, KOCHK deep sea [*or* bay] scallop **Kạmmolch**[ALT] *m* ZOOL *s.* **Kammmolch Kạmmuschel**[ALT] *f s.* **Kammmuschel**

Kam·pag·ne <-, -n> [kamˈpanjə] *f* campaign; **eine ~ für/gegen jdn/etw führen** to run a campaign for/against sb/sth

Käm·pe <-n, -n> [ˈkɛmpə] *m* (*hum*) campaigner; **alter** ~ old soldier [*or* campaigner]

Kampf <-[e]s, Kämpfe> [kampf, *pl* ˈkɛmpfə] *m* ❶ MIL (*Gefecht*) battle; **den ~ aufnehmen** to go into battle; **den ~** [*o* **die Kämpfe**] **einstellen** (*geh*) to cease fighting; **im ~ fallen** to fall in battle, to be killed in action; **zum ~ kommen** a fight breaks out, clashes occur; **sich** *akk* **[jdm] zum ~ stellen** to be prepared to go into battle; **in den ~ [gegen jdn/etw] ziehen** to take up arms [against sb/sth]; (*eine Herausforderung annehmen*) to accept a challenge ❷ SPORT fight; **den ~ abbrechen** to stop the fight; **einen ~ kämpfen** to put up a fight ❸ (*Auseinandersetzung*) fight; (*innere Auseinandersetzung*) struggle; **innere Kämpfe** inner struggles; **der ~ der Geschlechter** the battle of the sexes; **ein ~ auf Leben und Tod** a life and death struggle ❹ (*das Ringen*) **der ~ für** [*o* **um**]**/gegen etw** *akk* the fight [*or* struggle] for/against sth; **der ~ ums Dasein** the struggle for existence; **den ~ aufgeben** to give up the struggle ▶WENDUNGEN: **jdm/einer S. den ~ ansagen** to declare war on sb/sth; **auf in den ~!** (*hum fam*) let's get cracking!

Kạmpf·ab·stim·mung *f* POL crucial vote **Kạmpf·an·sa·ge** *f* declaration of war; ■**eine ~ an jdn/etw** a declaration of war against sb/sth **Kạmpf·bahn** *f* sports stadium [*or* arena] **kạmpf·be·reit** *adj* ready for battle; **sich** *akk* **~ machen** to prepare oneself for battle **Kạmpf·bom·ber** *m* fighter bomber **Kạmpf·ein·satz** *f* ❶ MIL [military] action *no pl, no indef art* ❷ SPORT (*Kampfgeist*) commitment *no pl*

kämp·fen [ˈkɛmpfn̩] **I.** *vi* ❶ MIL ■**[für/gegen jdn/etw]** ~ to fight [for/against sb/sth]; **bis auf den letzten Mann** ~ to fight to the last man ❷ SPORT ■**[gegen jdn]** ~ to fight [against sb], to contend [with sb]; ■**um etw** *akk* ~ to fight for sth ❸ (*sich angestrengt einsetzen*) ■**für/gegen etw** *akk* ~ to fight for/against sth ❹ (*ringen*) ■**mit sich/etw** *dat* ~ to struggle with oneself/sth; **mit einem Problem** ~ to struggle with a problem; *s. a.* **Träne II.** *vr* ■**sich** *akk* **durch etw** *akk* ~ to struggle through sth

Kạmp·fer <-s> *m kein pl* camphor *no pl*

Kämp·fer(in) <-s, -> ['kɛmpfɐ] *m(f)* ❶ MIL (*Krieger*) fighter, warrior ❷ SPORT fighter, contender ❸ (*engagierter Streiter*) **ein ~ für/gegen etw** *akk* a fighter for/against sth; **ein echter ~** a real fighter; **ein großer ~/eine große ~in** a great fighter; **kein großer ~/keine große ~in sein** to not be a great fighter

kämp·fe·risch I. *adj* ❶ SPORT (*einsatzfreudig*) attacking ❷ (*Kampfgeist aufweisend*) aggressive ❸ MIL (*den Kampf betreffend*) fighting II. *adv* MIL aggressively

Kämp·fer·na·tur *f* fighter; **er ist eine ~** he is a fighter [by nature] [*or* has a fighting nature]

kạmpf·fä·hig *adj pred* fit to fight [*or* for active service] **Kạmpf·fisch** *m* ZOOL fighting fish **Kạmpf·flug·zeug** *nt* combat aircraft **Kạmpf·gas** *nt* poison gas **Kạmpf·geist** *m kein pl* fighting spirit *no pl* **Kạmpf·ge·wicht** *nt* SPORT fighting weight **Kạmpf·grup·pe** *f* MIL ❶ (*Einsatzgruppe*) task force ❷ HIST (*Brigade der Waffen-SS*) combat group **Kạmpf·hand·lung** *f meist pl* MIL fighting *no pl, no indef art*, clash, hostilities *pl;* **die ~en einstellen** to cease hostilities, to stop fighting **Kạmpf·hub·schrau·ber** *m* combat helicopter **Kạmpf·hund** *m* fighting dog **Kạmpf·kraft** *f kein pl* military strength **Kạmpf·läu·fer** *m* ORN ruff **kạmpf·los** I. *adj* peaceful II. *adv* peacefully, without conflict **kạmpf·lus·tig** *adj* belligerent **Kạmpf·maß·nah·me** *f* offensive measure **Kạmpf·mit·tel** *pl* weapons *pl* **Kạmpf·mon·tur** <-, -en> *f* ADMIN, MIL (*fam*) combat gear **Kạmpf·platz** *m* SPORT stadium, arena **Kạmpf·preis** *m* ÖKON cut-throat price **Kạmpf·rich·ter(in)** *m(f)* referee **Kạmpf·sa·tel·lit** *m* military satellite **Kạmpf·sport** *m kein pl* martial arts *pl* **Kạmpf·sport·art** *f* martial art **Kạmpf·stär·ke** *f* MIL combat strength **Kạmpf·stoff** *m* MIL warfare agent **Kạmpf·trup·pe** *f* ❶ MIL fighting unit ❷ (*kampfbereite Gruppe von Personen*) fighting unit **kạmpf·un·fä·hig** *adj* unable to fight; MIL unfit for battle [*or* active service]; **jdn/etw ~ machen** MIL (*a. fig*) to put sb/sth out of action; **jdn ~ schießen** to cripple sb **Kạmpf·wa·gen** *m* MIL (*geh*) combat vehicle; HIST chariot

kam·pie·ren* [kam'pi:rən] *vi* ■ **irgendwo ~** ❶ (*sich lagern*) to camp [out] somewhere ❷ (*fam: vorübergehend wohnen*) to doss [*or* AM crash [out]] [down] somewhere *fam*

Ka·na·da <-s> ['kanada] *nt* Canada; *s. a.* **Deutschland**

Kạ·na·da·gans *f* ORN Canada goose

Ka·na·di·er <-s, -> [ka'na:di̯ɐ] *m* SPORT Canadian canoe

Ka·na·di·er(in) <-s, -> [ka'na:di̯ɐ] *m(f)* Canadian; *s. a.* **Deutsche(r)**

ka·na·disch [ka'na:dɪʃ] *adj* ❶ (*Kanada betreffend*) Canadian; *s. a.* **deutsch 1** ❷ LING Canadian; *s. a.* **deutsch 2**

Ka·nail·le <-, -n> [ka'naljə] *f* (*pej*) scoundrel *pej*

Ka·na·ke <-n, -n> [ka'na:kə] *m* ❶ GEOG (*Südseeinsulaner*) Kanaka ❷ (*pej sl: exotischer Asylant*) dago *pej sl* ❸ (*pej sl: türkischer Arbeitnehmer*) Turkish immigrant worker

Ka·nal <-s, Kanäle> [ka'na:l, *pl* ka'nɛlə] *m* ❶ NAUT, TRANSP (*Binnenschifffahrtsweg*) canal ❷ (*Abwasserkanal*) sewer ❸ *kein pl* GEOG (*Ärmelkanal*) ■ **der ~** the [English] Channel ❹ RADIO, TV, TELEK (*Frequenzbereich*) channel; **einen anderen ~ wählen** to change channels ❺ *pl* (*Wege*) channel; **dunkle Kanäle** dubious channels; **etw in die richtigen Kanäle leiten** to lead sth [*or* have sth go] through the proper channels ▸ WENDUNGEN: **den ~ voll haben** (*sl: betrunken sein*) to be tanked up; (*es satthaben*) to have had enough [*or* it up to here]

Ka·nal·ar·bei·ter(in) *m(f)* ❶ (*Arbeiter für das Abwassernetz*) sewerage worker ❷ POL (*sl: im Hintergrund Agierender*) member of the back-room staff

Ka·nal·in·seln *pl* ■ **die ~** the Channel Islands *pl; s. a.* **Falklandinseln**

Ka·na·li·sa·ti·on <-, -en> [kanaliza'tsi̯o:n] *f* ❶ (*Abwassernetz*) sewerage system, sewers *pl* ❷ *kein pl* (*geh: das Kanalisieren*) canalization *no pl, no indef art*

ka·na·li·sie·ren* [kanali'zi:rən] *vt* ■ **etw ~** ❶ (*schiffbar machen*) to canalize sth ❷ (*mit einer Kanalisation versehen*) to lay sewers *pl*, to install a sewerage system ❸ (*geh: in Bahnen lenken*) to channel sth

Ka·nal·tun·nel *m* ■ **der ~** the Channel Tunnel

Ka·na·pee <-s, -s> ['kanape] *nt* ❶ (*hum: Sofa*) couch, settee, sofa ❷ KOCHK (*belegtes Schnittchen*) canapé

Ka·na·ren [ka'na:rən] *pl s.* **Kanarische Inseln**

Ka·na·ri·en·vo·gel [ka'na:ri̯ənfo:gl] *m* canary

Ka·na·ri·sche In·seln *pl* ■ **die ~** the Canary Islands *pl; s. a.* **Falklandinseln**

Kan·da·re <-, -n> [kan'da:rə] *f* (*Gebissstange*) bit ▸ WENDUNGEN: **[bei] jdm die ~ anziehen** to draw in the rein on sb; **jdn [fest] an der ~ haben** to have sb [firmly] under one's thumb; **jdn an die ~ nehmen** to keep a tight rein on sb

Kan·de·la·ber <-s, -> [kande'la:bɐ] *m* candelabra

Kan·di·dat(in) <-en, -en> [kandi'da:t] *m(f)* ❶ (*Bewerber*) candidate, applicant; **jdn als ~en [für etw** *akk*] **aufstellen** POL to nominate sb [for sth], to put sb forward as a candidate ❷ SCH (*Student*) candidate

Kan·di·da·tur <-, -en> [kandida'tu:ɐ̯] *f* application; **seine ~ anmelden/zurückziehen** to forward/withdraw one's application

kan·di·die·ren* [kandi'di:rən] *vi* POL ■ **[für etw** *akk*] **~** to stand [*or* run] [for sth]

kan·die·ren [kan'di:rən] *vt* KOCHK ■ **etw ~** to gláce [*or* candy] sth; **Obst ~** to crystallize fruit

kan·diert *adj* candied

Kan·dis <-> ['kandɪs] *m*, **Kan·dis·zu·cker** ['kandɪs-] *m kein pl* rock candy *no pl*

Kän·gu·ru[RR], **Kän·gu·ruh**[ALT] <-s, -s> ['kɛŋguru] *nt* kangaroo

Ka·nin·chen <-s, -> [ka'ni:nçən] *nt* rabbit

Ka·nin·chen·bau <-baue> *m* burrow **Ka·nin·chen·stall** *m* rabbit hutch

Ka·nis·ter <-s, -> [ka'nɪstɐ] *m* ❶ (*Behälter*) canister, can ❷ AUTO (*Reservekanister*) canister

Kạnn·be·stim·mung *f* JUR discretionary provision

Känn·chen <-s, -> ['kɛnçən] *nt dim von* **Kanne** ❶ (*kleine Kanne*) jug ❷ (*im Café*) pot; **ein ~ Kaffee** a pot of coffee

Kan·ne <-, -n> ['kanə] *f* ❶ (*Behälter mit Tülle*) pot ❷ HORT (*Gießkanne*) watering can ▸ WENDUNGEN: **volle ~ gegen etw** *akk* **fahren** (*fam*) to crash into sth; **die ~ voll haben** (*fam*) to be plastered *fam*

kan·ne·lie·ren [kanə'li:rən] *vt* KOCHK **Gemüse ~** *to peel vegetables decoratively using a canelle knife*

Kan·ne·lier·mes·ser *nt* canelle knife

Kan·ni·ba·le <-n, -n> [kani'ba:lə] *m* cannibal

Kan·ni·ba·lis·mus <-> [kaniba'lɪsmʊs] *m kein pl* cannibalism *no pl*

kann·te ['kantə] *imp von* **kennen**

Ka·non <-s, -s> ['ka:nɔn] *m* canon

Ka·no·na·de <-, -n> [kano'na:də] *f* ❶ HIST (*Beschuss durch Kanonen*) barrage ❷ (*Flut*) tirade; **eine [wahre] ~ von etw** *dat* a [real] tirade of sth

Ka·no·ne <-, -n> [ka'no:nə] *f* ❶ HIST (*Geschütz*) cannon; **~n auffahren** HIST to bring up the big guns ❷ (*sl: Pistole*) rod *sl* ▸ WENDUNGEN: **mit ~n auf Spatzen schießen** (*fam*) to take a sledgehammer to crack a nut; **unter aller ~ sein** (*fam*) to be lousy [*or* dreadful]

Ka·no·nen·boot *nt* gunboat **Ka·no·nen·don·ner** *m* rumbling of guns **Ka·no·nen·fut·ter** *nt* (*sl*) cannon fodder **Ka·no·nen·ku·gel** *f* HIST cannonball **Ka·no·nen·ofen** *m* cylindrical iron stove **Ka·no·nen·rohr** *nt* HIST gun barrel ▸ WENDUNGEN: **[ach du] heiliges ~!** (*veraltend fam*) good grief! *fam*

Ka·no·nier <-s, -e> [kano'ni:ɐ̯] *m* MIL artilleryman, gunner

Ka·no·ni·ker <-s, -> [ka'no:nikɐ] *m*, **Ka·no·ni·kus** <-, Kanoniker> [ka'no:nikʊs] *m* REL canon

Ka·no·ni·sa·ti·on <-, -en> [kanoniza'tsi̯o:n] *f* REL canonization

ka·no·nisch [ka'no:nɪʃ] *adj* REL canonical

ka·no·ni·sie·ren* [kanoni'ziːrən] *vt* REL ■**jdn** ~ to canonize sb

Ka·nos·sa <-s> [ka'nɔsa] *nt (geh)* **nach** ~ **gehen** to eat humble pie *fam*

Ka·nọs·sa·gang <-gänge> *m,* **Ca·nọs·sa·gang** <-gänge> *m (geh)* humble pie; **einen** ~ **antreten** to eat humble pie

Kan·ta·te <-, -n> [kan'taːtə] *f* MUS cantata

Kan·te <-, -n> ['kantə] *f* ❶ *(Rand)* edge ❷ MODE *(Rand)* border ▶ WENDUNGEN: **etw auf der hohen** ~ **haben** *(fam)* to have sth put away; **etw [für etw** *akk*] **auf die hohe** ~ **legen** *(fam)* to put sth away [for a rainy day]

Kan·ten <-s, -> ['kantn̩] *m* NORDD crust

Kạnt·ha·ken *m* ▶ WENDUNGEN: **jdn beim** ~ **nehmen** [*o* **kriegen**] *(veraltend fam)* to haul sb over the coals *fam* **Kạnt·holz** *nt* squared timber

kan·tig ['kantɪç] *adj* ❶ *(Kanten besitzend)* squared ❷ *(markant)* angular

Kan·ti·ne <-, -n> [kan'tiːnə] *f* canteen

Kan·ton <-s, -e> [kan'tɔːn] *m* ADMIN canton

i Kultur

Switzerland consists of 26 **Kantone** of which three, Unterwalden, Basel and Appenzell, are divided into *Halbkantone – demicantons.* The cantons elect a total of 46 representatives to the *Ständerat,* one of the two chambers of the Swiss legislature. The largest cantons are Graubünden, Bern and Waadt (Vaud).

kan·to·nal [kanto'naːl] *adj* cantonal

Kan·to·nist <-en, -en> [kanto'nɪst] *m* ▶ WENDUNGEN: **ein unsicherer** ~ **sein** to be unreliable

Kan·tor, Kan·to·rin <-s, -toren> ['kantoːɐ̯, kan'toːrɪn, *pl* kan'toːrən] *m, f* ❶ *(Organist)* choirmaster ❷ REL *(Vorsänger)* cantor

Kan·to·rei <-, -en> [kanto'rai] *f* [church] choir

Kan·to·rin <-, -nen> *f fem form von* **Kantor**

Ka·nu <-s, -s> ['kaːnu] *nt* canoe

Ka·nü·le <-, -n> [ka'nyːlə] *f* cannula

Ka·nu·te, Ka·nu·tin <-n, -n> [ka'nuːtə, ka'nuːtɪn] *m, f* SPORT canoeist

Kan·zel <-, -n> ['kantsl̩] *f* ❶ REL pulpit ❷ LUFT *(veraltend: Cockpit)* cockpit

kan·ze·ro·gen [kantsero'geːn] *adj* carcinogenic

Kanz·lei <-, -en> [kants'lai] *f* ❶ *(Büro)* office ❷ HIST *(Behörde)* chancellery

Kanz·ler(in) <-s, -> ['kantslɐ] *m(f)* ❶ POL *(Regierungschef)* chancellor; **der Eiserne** ~ the Iron Chancellor ❷ POL *(Verwaltungschef einer Auslandsvertretung)* chief secretary ❸ SCH *(Verwaltungschef)* vice-chancellor

Kạnz·ler·amt *nt* POL Chancellory **Kạnz·ler·bo·nus** *m advantage of being the incumbent chancellor during elections*

Kạnz·le·rin <-, -nen> *f fem form von* **Kanzler**

Kạnz·ler·kan·di·dat(in) *m(f)* POL candidate for the position of chancellor

Ka·o·lin <-s, -e> [kao'liːn] *m o nt* kaolin *no pl*

Kap <-s, -s> [kap] *nt (Landspitze)* cape; ~ **der Guten Hoffnung** Cape of Good Hope; ~ **Hoorn** Cape Horn

Ka·paun <-s, -e> [ka'paun] *m* ZOOL, KOCHK capon

Ka·pa·zi·tät <-, -en> [kapatsi'tɛt] *f* ❶ *kein pl (Fassungsvermögen)* capacity ❷ *kein pl* ÖKON *(Produktionsvermögen)* [production] capacity ❸ ÖKON *(Produktionsanlagen)* capacity ❹ INFORM capacity ❺ *kein pl (geh: Begriffsvermögen)* mental capacity ❻ *(kompetente Person)* expert

Ka·pel·le[1] <-, -n> [ka'pɛlə] *f* chapel

Ka·pel·le[2] <-, -n> [ka'pɛlə] *f* MUS band, orchestra

Ka·pẹll·meis·ter(in) *m(f)* MUS ❶ *(Orchesterdirigent)* conductor ❷ *(Leiter einer Kapelle*[2]*)* director of music; *(Tanzkapelle)* band leader

Ka·per <-, -n> ['kaːpɐ] *f* caper

ka·pern ['kaːpɐn] *vt* ❶ *(fam: sich angeln)* ■[**sich** *dat*] **jdn** ~ to hook [oneself] sb ❷ HIST ■**etw** ~ to capture [*or* seize] sth

Ka̲·per·schiff *nt* HIST privateer

ka·pie·ren* [ka'piːrən] **I.** *vi (fam)* to get *fam;* ■~, **dass/was/wie/wo ...** to understand that/what/how/where ...; **kapiert?** understood?, got it? **II.** *vt (fam: begreifen)* ■**etw** ~ to get [*or* understand] sth

Ka·pil·la̲r·ge·fäß *nt* ANAT capillary

ka·pi·tal [kapi'taːl] *adj* ❶ JAGD *(gewaltig)* royal ❷ *(veraltend: groß)* major; **ein** ~**er Irrtum** a real howler; **ein** ~**er Spaß** great fun; *s. a.* **Bock**

Ka·pi·tal <-s, -e *o* -ien> [kapi'taːl, *pl* -liən] *nt* ❶ *kein pl* FIN *(Geldvermögen)* capital; ~ **aufnehmen** FIN to take up credit; ~ **auflösen** to unlock capital; ~ **aus etw** *dat* **schlagen** *(pej)* to cash in on sth; **totes** ~ *(geh)* dead assets, unproductive capital ❷ ÖKON *(Gesellschaftskapital)* capital

Ka·pi·ta̲l·ab·fluss[RR] *m* capital outflow **Ka·pi·ta̲l·ab·wan·de·rung** *f kein pl* ÖKON exodus of capital **Ka·pi·ta̲l·an·la·ge** *f* FIN capital investment **Ka·pi·tal·an·le·ger(in)** *m(f)* FIN investor **Ka·pi·ta̲l·de·cke** *f* capital resources *pl* **Ka·pi·ta̲l·er·trag(s)·steu·er** *f* capital gains tax **Ka·pi·ta̲l·flucht** *f* flight of capital **Ka·pi·ta̲l·ge·sell·schaft** *f* joint-stock company

ka·pi·ta·li·sie·ren* [kapitali'ziːrən] *vt* ■**etw** ~ to make capital out of sth; **Profit** ~ to realize profits

Ka·pi·ta·lis·mus <-> [kapita'lɪsmʊs] *m kein pl* capitalism

Ka·pi·ta·list(in) <-en, -en> [kapita'lɪst] *m(f)* capitalist

ka·pi·ta·lị̈s·tisch *adj* capitalist

ka·pi·ta̲l·kräf·tig *adj* financially strong **Ka·pi·ta̲l·markt** *m* money market

Ka·pi·ta̲l·ver·bre·chen *nt* JUR capital offence

Ka·pi·tän(in) <-s, -e> [kapi'tɛːn] *m(f)* captain; ~ **zur See** MIL captain

Ka·pi·tän·leut·nant [kapi'tɛːnlɔytnant] *m* MIL lieutenant-commander

Ka·pi·tä̲ns·pa·tent *nt* master's certificate

Ka·pi·tel <-s, -> [ka'pɪtl̩] *nt* ❶ *(Abschnitt)* chapter ❷ *(Angelegenheit)* chapter of events, story; **ein anderes** ~ **sein** to be another story; **ein** ~ **für sich sein** to be a story in itself; **dieses** ~ **wäre nun erledigt** that's the end of that then ❸ REL *(Domkapitel)* chapter

Ka·pi·tell <-s, -e> [kapi'tɛl] *nt* ARCHIT capital

Ka·pi·tu·la·ti·on <-, -en> [kapitula'tsi̯oːn] *f* ❶ MIL *(das Kapitulieren)* capitulation, surrender; **bedingungslose** ~ unconditional surrender ❷ *(Resignation)* ■**eine** ~ **vor jdm/etw** capitulating to sb/sth

ka·pi·tu·lie·ren* [kapitu'liːrən] *vi* ❶ MIL *(sich ergeben)* ■[**vor jdm/etw**] ~ to capitulate [*or* surrender] [to sb/sth] ❷ *(fam: aufgeben)* ■[**vor etw** *dat*] ~ to give up [in the face of sth]; **vor Terroristen/jds Forderungen** ~ to give in to terrorists/sb's demands

Ka·plan <-s, Kapläne> [ka'plaːn, *pl* ka'plɛːnə] *m* REL chaplain

Ka·po <-s, -s> ['kapo] *m* ❶ MIL *(sl: Unteroffizier)* sarge *sl* ❷ *(beaufsichtigender Häftling)* overseer, gaffer *sl*

Ka·pok <-s> ['kapɔk] *m kein pl (Pflanzenfaser)* kapok *no pl*

Ka·po·si-Sar·kom <-s, -e> [ka'poːsi-zar'koːm] *nt* MED Kaposi's sarcoma

Kap·pe <-, -n> ['kapə] *f* ❶ *(Mütze)* cap ❷ *(Verschluss)* top; *eines Autoreifens* hubcap ❸ *(Schuhaufsatz: vorne)* toecap; *(hinten)* heel ▶ WENDUNGEN: **auf jds** ~ **gehen** *(fam)* to be sb's responsibility; *(die Bezahlung übernehmen)* to be on sb *fam;* **das Essen geht auf meine** ~**!** the meal's on me!; **etw [jdm gegenüber] auf seine** ~ **nehmen** *(fam)* to take responsibility [*or* the blame] for sth

kap·pen ['kapn̩] *vt* ❶ *(durchtrennen)* ■**etw** ~ to cut sth; **jdm das Telefon** ~ to cut sb's phone off ❷ *(fam: beschneiden)* ■[**jdm**] **etw [um etw** *akk*] ~ to cut back [sb's] sth [by sth]; **dem**

Unternehmen wurden vom Ministerium die Zuschüsse gekappt the ministry cut back the company's subsidies
Kap·pes <-> ['kapəs] *m kein pl* DIAL ❶ (*Weißkohl*) cabbage ❷ (*sl: Unsinn*) rubbish BRIT, nonsense AM
Kapp·hahn *m* ZOOL, KOCHK *s.* **Kapaun**
Käp·pi <-s, -s> ['kɛpi] *nt* cap
Ka·pri·o·le <-, -n> [kapri'o:lə] *f* ❶ (*ausgelassener Streich*) capriole, caper ❷ (*Luftsprung*) caper
ka·pri·zi·ös [kapri'tsi̯ø:s] *adj* (*geh*) capricious
Kap·sel <-, -n> ['kapsl̩] *f* ❶ PHARM, BOT, RAUM capsule ❷ (*kleiner Behälter*) small container
Kap·stadt <-s> ['kapʃtat] *nt* Cape Town
ka·putt [ka'pʊt] *adj* (*fam*) ❶ (*defekt*) broken ❷ (*beschädigt*) damaged; (*Kleidung: zerrissen*) torn; ■ ~ **sein** to be damaged, to have had it *fam* ❸ (*erschöpft*) shattered, knackered *sl;* **total ~ sein** to be completely shattered [*or* knackered] *sl* ❹ (*ruiniert*) ruined, in ruins; *s. a.* **Typ** ❺ MED (*schwer geschädigt*) damaged; (*verletzt*) injured; (*gebrochen*) broken
ka·putt|fah·ren *vt irreg* (*fam*) ■**[jdm] etw** ~ to smash [into] [sb's] sth *fam;* **ein Auto** ~ to write off a car **ka·putt|ge·hen** *vi irreg sein* (*fam*) ❶ (*defekt werden*) ■**[von etw** *dat*] ~ to break down [as a result of sth]; **pass' auf! das geht [davon] kaputt!** careful! it'll break! ❷ (*beschädigt werden*) to become damaged ❸ (*ruiniert werden*) ■**[an etw** *dat*] ~ to be ruined [*or* go bust] [because of sth]; (*Ehe, Partnerschaft*) to break up [because of sth] ❹ (*eingehen: Blume, Pflanze*) ■**[jdm] [an etw** *dat*] ~ to die [off] [as a result of sth] ❺ (*sl: sich erschöpfen*) ■**[bei etw** *dat*] ~ to be worn out [from sth]; **bei dieser Schufterei geht man ja kaputt!** this work does you in! **ka·putt|krie·gen** *vt* (*fam: ruinieren können*) ■**etw** ~ (*Spielzeug, Gerät*) to break sth; (*Kleidungsstück, Möbelstück*) to ruin sth; (*Geschirr*) to smash sth; **nicht kaputtzukriegen sein** to last forever **ka·putt|la·chen** *vr* (*fam*) ■**sich** *akk* ~ to die laughing *fam;* **du lachst dich kaputt!** what a laugh! **ka·putt|ma·chen** I. *vt* (*fam*) ❶ (*zerstören*) ■**[jdm] etw** ~ (*Gerät, Auto*) to break [sb's] sth; (*Kleidungsstück, Möbelstück*) to ruin [sb's] sth; (*Geschirr*) to smash [sb's] sth ❷ (*ruinieren*) ■**etw/jdn** ~ to ruin sth/sb ❸ (*erschöpfen*) ■**jdn** ~ to wear sb out II. *vr* (*fam: sich verschleißen*) ■**sich** *akk* **[mit etw** *dat*] ~ to wear oneself out [*or sl* knacker oneself] [with sth], to slog oneself into the ground *fam* **ka·putt|schla·gen** *vt irreg* (*fam*) ■**[jdm] etw** ~ to smash [sb's] sth
Ka·pu·ze <-, -n> [ka'pu:tsə] *f* hood; (*Kutte*) cowl
Ka·pu·zi·ner <-s, -> [kapu'tsi:nɐ] *m* ❶ REL (*Mönch*) Capucin [monk] ❷ ÖSTERR (*Milchkaffee*) milk coffee
Ka·pu·zi·ner·af·fe *m* ZOOL capuchin **Ka·pu·zi·ner·kres·se** *f* BOT, KOCHK nasturtium
Kap Ver·de <-s> ['kap 'vɛrdə] *nt,* **Kap·ver·den** [kap'vɛrdn̩] *pl* SCHWEIZ, BRD (*fam*), **Kap·ver·di·sche In·seln** *pl* Cape Verde [Islands]; *s. a.* **Sylt, Falklandinseln**
Kap·ver·di·er(in) <-s, -> [kap'vɛrdi̯ɐ] *m(f)* Cape Verdean; *s. a.* **Deutsche(r)**
kap·ver·disch [kap'vɛrdɪʃ] *adj* Cape Verdean; *s. a.* **deutsch**
Kar <-[e]s, -e> [ka:ɐ̯] *nt* (*Mulde zwischen Bergen im Gebirge*) col
Ka·ra·bi·ner <-s, -> [kara'bi:nɐ] *m* ❶ (*Gewehr*) carbine ❷ ÖSTERR (~ *haken*) karabiner, snap link
Ka·ra·cho <-s> [ka'raxo] *nt kein pl* **mit** ~ (*fam*) full tilt; **sie fuhr mit** ~ **gegen die Hauswand** she drove smack into the wall
Ka·raf·fe <-, -n> [ka'rafə] *f* decanter, carafe
Ka·ram·bo·la·ge <-, -n> [karambo'la:ʒə] *f* AUTO (*fam*) pile-up *fam*
Ka·ram·bo·le <-, -n> [karam'bo:lə] *f* BOT, KOCHK star fruit, carambola
Ka·ra·mel[ALT], **Ka·ra·mell**[RR] <-s> [kara'mɛl] *m kein pl* caramel
Ka·ra·mel·le <-, -n> [kara'mɛlə] *f* caramel toffee
Karaoke <-[s]> [kara'o:kə] *nt kein pl* MUS karaoke *no pl*
Ka·ra·see ['karaze:] *f* Kara Sea
Ka·rat <-[e]s, -e *o* -> [ka'ra:t] *nt* carat
Ka·ra·te <-[s]> [ka'ra:tə] *nt kein pl* SPORT karate *no pl*
Ka·rau·sche <-, -n> [ka'rauʃə] *f* ZOOL, KOCHK crucian carp
Ka·ra·vel·le <-, -n> [kara'vɛlə] *f* HIST, NAUT caravel
Ka·ra·wa·ne <-, -n> [kara'va:nə] *f* caravan
Kar·bid <-[e]s, -e> [kar'bi:t] *nt* CHEM ❶ *kein pl* (*stechend riechende Masse*) carbide *no pl* ❷ (*Kohlenstoffverbindung*) carbide
Kar·bol <-s> [kar'bo:l] *nt kein pl* carbolic acid *no pl*
Kar·bon <-s> [kar'bo:n] *nt kein pl* GEOL [the] Carboniferous *no pl*
Kar·bo·nat <-[e]s, -e> [karbo'na:t] *nt* carbonate
Kar·bun·kel <-s, -> [kar'bʊŋkl̩] *m* MED carbuncle
Kar·da·mom <-s> [karda'mo:m] *m o nt kein pl* cardamom *no pl*
Kar·dan·ge·lenk [kar'da:n-] *nt* TECH universal joint **Kar·dan·tun·nel** *m* TECH transmission tunnel **Kar·dan·wel·le** *f* TECH propeller shaft
Kar·di·nal <-s, Kardinäle> [kardi'na:l, *pl* -nɛ:lə] *m* REL, ORN cardinal
Kar·di·nal·feh·ler *m* cardinal error **Kar·di·nal·fra·ge** *f* (*geh*) essential question **Kar·di·nal·tu·gend** *f* REL, PHILOS cardinal virtue **Kar·di·nal·zahl** *f* cardinal number
Kar·di·o·gramm <-gramme> [kardi̯o'gram] *nt* cardiogram
Kar·di·o·lo·ge, Kar·di·o·lo·gin <-n, -n> [kardi̯o'lo:gə, -'lo:gɪn] *m, f* MED cardiologist
Kar·di·o·lo·gie <-> [kardi̯olo'gi:] *f kein pl* ❶ (*Wissenschaft*) cardiology *no pl* ❷ (*sl: Station*) cardiology [ward]
Kar·di·o·lo·gin <-, -nen> *f* MED *fem form von* **Kardiologe**
Kar·do·ne <-, -n> [kar'do:nə] *f* ZOOL, KOCHK cardoon
Ka·renz·tag *m* day of unpaid sick leave **Ka·renz·zeit** *f* ❶ (*Wartezeit*) waiting period ❷ ÖSTERR (*Mutterschaftsurlaub*) maternity leave
Kar·fi·ol <-s> [kar'fi̯o:l] *m kein pl* SÜDD, ÖSTERR (*Blumenkohl*) cauliflower
Kar·frei·tag [ka:ɐ̯'fraita:k] *m* Good Friday
Kar·fun·kel <-s, -> [kar'fʊŋkl̩] *m,* **Kar·fun·kel·stein** [kar'fʊŋkl̩-] *m* LIT carbuncle
karg [kark] I. *adj* ❶ (*unfruchtbar*) barren ❷ (*dürftig*) sparse; (*Einkommen, Mahl*) meagre [*or* AM -er] ❸ (*geh: geizig*) sparing, stingy *fam,* tight-fisted; ■ ~ **mit etw** *dat* **sein** to be sparing with [*or* in] sth; **er ist** ~ **mit seinem Lob** he is sparing in his praise II. *adv* ❶ (*dürftig*) sparsely ❷ (*knapp*) ~ **bemessen** stingy with sth; **die Portionen sind** ~ **bemessen** they're stingy with the helpings
Karg·heit <-> *f kein pl* ❶ (*Unfruchtbarkeit*) barrenness *no pl* ❷ (*Dürftigkeit*) sparseness *no pl; Essen, Mahl* meagreness [*or* AM -erness] *no pl*
kärg·lich ['kɛrklɪç] *adj* ❶ (*ärmlich*) shabby, meagre [*or* AM -er]; ~**e Kleidung** cheap clothing; **ein** ~**es Leben führen** to live a life of poverty ❷ (*sehr dürftig*) meagre [*or* AM -er], sparse; ~**e Mahlzeit** frugal meal; **der** ~**e Rest** the last [pathetic] scrap; **ein** ~**er Lohn** pittance
Ka·ri·bik <-> [ka'ri:bɪk] *f* ■**die** ~ the Caribbean
Ka·ri·bi·sche In·seln *pl* ■**die** ~**n** ~ the Caribbean Islands
Ka·ri·bi·sches Meer *nt* Caribbean Sea
Ka·ri·bu <-s, -s> ['ka:ribu:] *nt* ZOOL caribou
ka·riert [ka'ri:rt] I. *adj* ❶ (*mit Karos gemustert*) checked ❷ (*quadratisch eingeteilt*) squared II. *adv* (*veraltend fam*) ~ **reden** to talk rubbish [*or* AM nonsense]; ~ **gucken** to look puzzled
Ka·ri·es <-> [ka:ri̯ɛs] *f kein pl* tooth decay *no pl,* caries *no pl spec*
Ka·ri·ka·tur <-, -en> [karika'tu:ɐ̯] *f* (*a. pej*) caricature; ■**eine** ~ **einer S.** *gen* a caricature of sth
Ka·ri·ka·tu·rist(in) <-en, -en> [karikatu'rɪst] *m(f)* cartoonist
ka·ri·kie·ren* [kari'ki:rən] *vt* ■**jdn/etw** ~ to caricature sb/sth

K

ka·ri·ös [ka'ri̯øːs] *adj* MED decayed, carious *spec*
ka·ri·ta·tiv [karita'tiːf] **I.** *adj* charitable **II.** *adv* charitably
Kar·kas·se <-, -n> [kar'kasə] *f* AUTO casing
Karl <-s> [karl] *m* Charles; ~ **der Große** Charlemagne
Kar·me·li·ter(in) <-s, -> [karme'liːtɐ] *m(f)* REL Carmelite
Kar·me·sin <-s> [karme'ziːn] *nt kein pl* crimson
kar·me·sin·rot, kar·min·rot *adj* crimson
Kar·ne·val <-s, -e *o* -s> ['karnəval] *m* carnival
Kar·ne·vals·kos·tüm *nt* carnival costume **Kar·ne·vals·sit·zung** *f* carnival session **Kar·ne·vals·ver·ein** *m* carnival society **Kar·ne·vals·zeit** *f* carnival period **Kar·ne·vals·zug** *m* carnival procession
Kar·ni·ckel <-s, -> [kar'nɪkl̩] *nt* (*fam*) bunny [rabbit]; **sich** *akk* **wie die** ~ **vermehren** (*pej fam*) to breed like rabbits
Kär·nten <-s> ['kɛrntn̩] *nt* Carinthia
Ka·ro <-s, -s> ['kaːro] *nt* ❶ (*Raute*) check ❷ *kein pl* KARTEN (*Spielfarbe*) diamonds *pl*
Ka·ro·lin·ger(in) <-s, -> ['kaːrolɪŋɐ] *m(f)* HIST Carolingian
ka·ro·lin·gisch ['kaːrolɪŋɪʃ] *adj* HIST Carolingian
Ka·ro·mus·ter *nt* checked pattern
Ka·ros·se <-, -n> [ka'rɔsə] *f* ❶ (*Prunkkutsche*) state coach ❷ (*veraltend fam: große Limousine*) limo *fam* ❸ *s.* **Karosserie**
Ka·ros·se·rie <-, -n> [karɔsə'riː, *pl* -'riːən] *f* AUTO bodywork
Ka·ros·se·rie·bau·er(in) *m(f),* **Ka·ros·sier(in)** <-s, -> [karɔ'si̯eː, -'si̯eːrɪn] *m(f)* body maker, BRIT *a.* coachbuilder
Ka·ros·se·rie·be·trieb *m* coachworks *pl,* coach bodybuilder
Ka·ro·tin <-s, -e> [karo'tiːn] *nt* carotene
Ka·rot·te <-, -n> [ka'rɔtə] *f* carrot
Kar·pa·ten [kar'paːtn̩] *pl* ■**die** ~ the Carpathian Mountains *pl*
Karp·fen <-s, -> ['karpfn̩] *m* ZOOL, KOCHK carp
Karp·fen·milch *f* KOCHK soft roe of carp **Kar·pfen·teich** *m* carp pond; *s. a.* **Hecht**
Kar·re <-, -n> ['karə] *f* ❶ (*fam: Auto*) old banger [*or* AM clunker] *fam* ❷ *s.* **Karren**
Kar·ree <-s, -s> [ka'reː] *nt* ❶ (*Geviert*) square; **im** ~ in a square ❷ (*Häuserblock*) block; **ums** ~ (*fam*) around the block ❸ ÖSTERR (*Rippenstück*) loin
kar·ren ['karən] *vt* ❶ (*fam: fahren*) to cart, to drive; ■**jdn irgendwohin** ~ to cart [*or* drive] sb somewhere ❷ (*mit der Schubkarre bringen*) ■**etw** *akk* **irgendwohin** ~ to cart sth somewhere
Kar·ren <-s, -> ['karən] *m* ❶ (*Schubkarre*) wheelbarrow ❷ (*offener Pferdewagen*) cart ▶WENDUNGEN: **den** ~ **in den Dreck fahren** (*pej fam*) to mess things up; **der** ~ **steckt im Dreck** (*pej fam*) things are in a real mess; **den** ~ **[für jdn] aus dem Dreck ziehen** (*fam*) to get [sb] out of a mess; **der** ~ **ist total verfahren** (*fam*) things are in a real mess; **jdm an den** ~ **fahren** [*o* **pinkeln**] (*fam*), **jdm an den** ~ **pissen** (*sl*) to come down hard on sb; **den** ~ **[einfach] laufen lassen** (*fam*) to let things slide *fam;* **jdn vor seinen** ~ **spannen** to use sb for one's own purposes; **sich** *akk* **nicht vor jds** ~ **spannen lassen** to not allow oneself to be used by sb
Kar·rie·re <-, -n> [ka'ri̯eːrə] *f* career; ~ **machen** to make a career [for oneself]
kar·rie·re·be·wusst[RR] *adj* career-minded [*or* -oriented] **Kar·rie·re·frau** *f* career woman **Kar·rie·re·knick** *m* setback in one's career **Kar·rie·re·ma·cher(in)** *m(f),* **Kar·rie·rist(in)** <-en, -en> [kari̯e'rɪst] *m(f)* (*pej*) careerist
Kar·sams·tag [kaːɐ̯'zamstaːk] *m* Easter Saturday
Karst <-[e]s, -e> [karst] *m* GEOL karst
kars·tig ['karstɪç] *adj* karstic
Kar·te <-, -n> ['kartə] *f* ❶ (*Ansichts~*) [post]card; (*Eintritts~*) ticket; (*Fahr~*) ticket; (*Kartei~*) index card; (*Telefon~*) phone card; (*Visiten~*) [business] card; INFORM (*Grafik~, Sound~*) card; **die gelbe/rote** ~ FBALL the yellow/red card; **die grüne** ~ AUTO international car insurance card; **statt** ~**n** *announcement in the press instead of sending out individual announcements* ❷ (*Auto-/Landkarte*) map; **nach der** ~ according to the map; NAUT (*Seekarte*) chart; HIST (*Geschichtskarte*) historical map ❸ (*Speisekarte*) menu ❹ (*Spielkarte*) card; ~**n spielen** to play cards; **eine** ~ **aufspielen** [*o* **ausspielen**] to play a card; **die** ~**n mischen** to shuffle the cards; **jdm die** ~**n legen** to tell sb's fortune from the cards ▶WENDUNGEN: **auf die falsche/** ~ **setzen** to back the wrong horse; **auf die richtige** ~ **setzen** to back the winner, to back the right horse; **gute/schlechte** ~**n haben** (*bei etw*) to have a good/bad chance of winning, to have good/bad prospects; (*bei jdm*) to be in sb's good/bad books; **mit offenen** ~**n spielen** to play with one's cards on the table; **mit verdeckten** ~**n spielen** to play with one's cards close to one's chest; **seine** ~**n aufdecken** to show one's cards; **jdm in die** ~**n sehen** [*o* **schauen**] (*fam*) to look at sb's cards; **sich** *dat* **nicht in die** ~**n sehen** [*o* **schauen**] **lassen** (*fam*) to play with one's cards close to one's chest; **alles auf eine** ~ **setzen** to stake everything on one chance [*or* card]
Kar·tei <-, -en> [kar'tai] *f* card index; **eine** ~ **[über jdn/etw] führen** to maintain a card index [on sb/sth]; **eine** ~ **[zu etw** *dat*] **anlegen** to start an index card [on sth]
Kar·tei·kar·te *f* index card **Kar·tei·kas·ten** *m* card index box **Kar·tei·lei·che** *f* (*hum*) inactive member **Kar·tei·schrank** *m* filing cabinet
Kar·tell <-s, -e> [kar'tɛl] *nt* ÖKON cartel; **ein** ~ **bilden** to form a cartel
Kar·tell·amt *nt* monopolies [*or* AM antitrust] commission **Kar·tell·ge·setz** *nt* JUR monopolies [*or* AM antitrust] law
Kar·ten·be·sit·zer(in) *m(f)* card holder **Kar·ten·haus** *nt* ❶ (*Figur aus Spielkarten*) house of cards; **wie ein** ~ **zusammenstürzen, wie ein** ~ **in sich zusammenfallen** to collapse like a house of cards ❷ NAUT (*Raum für Seekarten*) chart room **Kar·ten·in·ha·ber(in)** *m(f)* ticketholder **Kar·ten·kunst·stück** *nt* card trick **Kar·ten·le·gen** <-s> *nt* fortune telling using cards **Kar·ten·le·ger(in)** <-s, -> *m(f)* fortune-teller [who uses cards] **Kar·ten·le·se·ge·rät** *nt* INFORM card reader **Kar·ten·or·ga·ni·sa·ti·on** *f* credit card company **Kar·ten·spiel** *nt* ❶ (*ein Spiel mit Karten*) game of cards ❷ (*Satz Karten*) pack of cards **Kar·ten·te·le·fon** *nt* cardphone **Kar·ten·vor·ver·kauf** *m* advance ticket sale **Kar·ten·vor·ver·kaufs·stel·le** *f* THEAT, SPORT, MUS [advance] ticket [*or* booking] office **Kar·ten·werk** *nt* map book
Kar·tof·fel <-, -n> [kar'tɔfl̩] *f* potato; **neue** ~**n** new potatoes ▶WENDUNGEN: **jdn/etw wie eine heiße** ~ **fallen lassen** (*fam*) to drop sb/sth like a hot potato
Kar·tof·fel·acker *m* potato field **Kar·tof·fel·aus·ste·cher** *m* Parisienne-potato cutter **Kar·tof·fel·brei** *m kein pl* mashed potatoes *pl* **Kar·tof·fel·chips** *pl* [potato] crisps [*or* AM chips] *pl* **Kar·tof·fel·ern·te** *f* potato harvest **Kar·tof·fel·ho·bel** *m* potato slicer **Kar·tof·fel·kä·fer** *m* Colorado beetle **Kar·tof·fel·klö·ße** *f pl* potato dumplings **Kar·tof·fel·knol·le** *f* potato tuber **Kar·tof·fel·kraut** *nt* potato foliage **Kar·tof·fel·mes·ser** *nt* potato peeling knife **Kar·tof·fel·pres·se** *f* potato press **Kar·tof·fel·puf·fer** <-s, -> *m* potato fritter **Kar·tof·fel·pü·ree** *nt s.* **Kartoffelbrei Kar·tof·fel·sack** *m* potato sack **Kar·tof·fel·sa·lat** *m* potato salad **Kar·tof·fel·scha·le** *f* potato peel **Kar·tof·fel·stamp·fer** *m* potato masher **Kar·tof·fel·stär·ke** *f* potato starch **Kar·tof·fel·sup·pe** *f* potato soup
Kar·to·graf(in)[RR] [karto'graːf], **Kar·to·graph(in)** <-en, -en> *m(f)* cartographer
Kar·to·gra·fie[RR] [kartogra'fiː], **Kar·to·gra·phie** <-> *f kein pl* cartography
Kar·to·gra·fin[RR], **Kar·to·gra·phin** <-, -nen> *f fem form von* **Kartograf**
kar·to·gra·fisch[RR], **kar·to·gra·phisch** *adj* cartographical
kar·to·gra·phie·ren*, kar·to·gra·fie·ren*[RR] *vt* GEOG map
Kar·ton <-s, -s> [kar'tɔŋ] *m* ❶ (*Schachtel*) carton, cardboard box ❷ (*Pappe*) cardboard, card
Kar·to·na·ge <-, -n> [karto'naːʒə] *f* cardboard packaging

kar·to·niert *adj* paperback; ~**e Bücher** paperbacks *pl*
Kar·tu·sche <-, -n> [kar'tʊʃə] *f* ❶ TECH (*Behälter*) cartouche ❷ (*Tonerpatrone*) cartridge ❸ KUNST (*Zierornament*) cartouche ❹ MIL (*Geschosshülse*) cartridge
Ka·rus·sell <-s, -s *o* -e> [karʊ'sɛl] *nt* merry-go-round, carousel; [**mit dem**] ~ **fahren** to ride [*or* go] on the merry-go-round ▶WENDUNGEN: **mit jdm ~ fahren** to give sb hell
Kar·wen·del·ge·bir·ge <-s> [kar'vɛndl] *nt* Karwendel Mountains
Kar·wo·che [ka:ɐ̯vɔxə] *f* REL Holy Week
Ka·ry·a·ti·de <-, -n> [karya'ti:də] *f* ARCHIT caryatid
Ka·ry·o·gramm <-s, -e> *nt* BIOL, MED karyogram
Kar·zer <-s, -> ['kartsɐ] *m* HIST ❶ (*Zelle*) detention cell ❷ *kein pl* (*veraltet: Strafe*) detention
kar·zi·no·gen [kartsino'ge:n] **I.** *adj* MED carcinogenic **II.** *adv* MED carcinogenically
Kar·zi·nom <-s, -e> [kartsi'no:m] *nt* MED carcinoma, malignant growth
Ka·sa·che, Ka·sa·chin <-n, -n> [ka'zaxə, ka'zaxɪn] *m, f* Kazak[h]stani; *s. a.* **Deutsche(r)**
ka·sa·chisch [ka'zaxɪʃ] *adj* Kazak[h]; *s. a.* **deutsch**
Ka·sa·chisch [ka'zaxɪʃ] *nt decl wie adj* Kazakh; *s. a.* **Deutsch**
Ka·sa·chi·sche <-n> [ka'zaxɪʃə] *nt* ■**das** ~ Kazakh, the Kazakh language; *s. a.* **Deutsche**
Ka·sach·stan <-s> ['kazaxsta:n] *nt* Kazakhstan; *s. a.* **Deutschland**
Ka·schem·me <-, -n> [ka'ʃɛmə] *f* (*pej fam*) dive *pej fam*
ka·schie·ren* [ka'ʃi:rən] *vt* ❶ (*überdecken*) ■**etw** ~ to conceal sth ❷ (*überziehen*) ■**etw** [**mit etw** *dat*] ~ to laminate sth [with sth]
Kasch·mir[1] <-s> ['kaʃmi:ɐ̯] *nt* GEOG Kashmir
Kasch·mir[2] <-s, -e> ['kaʃmi:ɐ̯] *m* cashmere
Kä·se <-s, -> ['kɛ:zə] *m* ❶ (*Lebensmittel*) cheese; **Harzer** ~ Harz cheese; **weißer** ~ DIAL quark (*low-fat curd cheese*); **mit ~ überbacken** au gratin ❷ (*pej fam: Quatsch*) rubbish BRIT, nonsense AM ▶WENDUNGEN: ~ **schließt den Magen** cheese rounds off a meal nicely
Kä·se·blatt *nt* (*pej fam*) local rag **Kä·se·brot** *nt* cheese sandwich **Kä·se·fon·due** *nt* cheese fondue **Kä·se·ge·bäck** *nt* cheese savouries [*or* AM -ories] *pl* **Kä·se·ge·ruch** *m* smell of cheese, cheesy smell **Kä·se·glo·cke** *f* cheese cover **Kä·se·har·fe** *f* cheese wire **Kä·se·her·stel·lung** *f* cheese production
Ka·se·in <-s, -e> [kaze'i:n] *nt* casein
Kä·se·kohl *m* (*selten: Blumenkohl*) cauliflower **Kä·se·ku·chen** *m* cheesecake **Kä·se·laib** *m* cheese loaf
Ka·se·mat·te <-, -n> [kazɛ'matə] *f* HIST casemate
Kä·se·rei <-, -en> *f* cheese dairy
Kä·se·rin·de *f* cheese rind
Ka·ser·ne <-, -n> [ka'zɛrnə] *f* MIL barracks *pl*
Ka·ser·nen·hof *m* MIL barrack square
ka·ser·nie·ren* [kazɛr'ni:rən] *vt* ❶ MIL (*in Kasernen unterbringen*) ■**jdn** ~ to quarter sb in barracks ❷ (*in Gemeinschaftsunterkünften unterbringen*) ■**jdn** ~ to house sb in mass accommodation
Kä·se·schei·be *f* slice of cheese **Kä·se·schnit·te** *f s.* **Käsebrot** **Kä·se·the·ke** *f* cheese counter **Kä·se·was·ser** *nt* whey **kä·se·weiß, kä·sig** ['kɛsɪç] *adj* (*fam*) white, pasty, pale
Ka·si·no <-s, -s> [ka'zi:no] *nt* ❶ (*Spielkasino*) casino ❷ (*Speiseraum: für Offiziere*) [officers'] mess; (*in einem Betrieb*) cafeteria
Kas·ka·de <-, -n> [kas'ka:də] *f* ❶ (*künstlicher Wasserfall*) cascade, waterfall ❷ (*fig geh: Flut*) cascade
Kas·ko·ver·si·che·rung *f* AUTO fully comprehensive insurance
Kas·per <-s, -> ['kaspɐ] *m*, **Kas·perl** <-s, -[n]> ['kaspɐl] *m o nt* ÖSTERR, SÜDD, **Kas·per·le** <-s, -> ['kaspɐlə] *m o nt* SÜDD ❶ (*Holzfigur*) Punch ❷ (*hum fam: albernes Kind*) clown
Kas·per-Hau·ser-Ver·such *m* BIOL, PSYCH Kasper-Hauser-experiment
Kas·per·le·the·a·ter *nt* Punch and Judy show
Kas·pi·sches Meer ['kaspɪʃəs me:ɐ̯] *nt* Caspian Sea
Kas·sa <-, Kassen> ['kasa, *pl* 'kasən] *f bes* ÖSTERR (*Kasse 1*) cash desk, till
Kas·san·dra·ruf [ka'sandra-] *m* (*geh*) prophecy of doom
Kas·se <-, -n> ['kasə] *f* ❶ (*Zahlstelle*) cash desk, till; (*Supermarkt*) check-out; **netto** ~ net cash; **gegen** ~ for cash; *s. a.* **Loch** ❷ (*Kartenverkauf*) ticket office ❸ (*Registrierkasse*) cash register, till; **jdn** [**für etw** *akk*] **zur ~ bitten** to ask sb to pay [for sth]; ~ **machen** to cash up BRIT; (*sl*) to close out a register AM; (*fig*) to earn a packet; **die ~ stimmt** (*fam*) the money's ok *fam;* **die ~n klingeln** (*fam*) the tills are ringing ❹ (*fam: Sparbank*) savings bank; **gut/schlecht bei ~ sein** (*fam*) to be well/badly off; **knapp/nicht bei ~ sein** to be short of cash/hard up ❺ ADMIN (*Krankenkasse*) health insurance fund ❻ (*Stahlkiste zur Geldaufbewahrung*) cash box; **gemeinsame/getrennte ~ machen** to have joint/separate housekeeping
Kas·se·ler <-s, -> ['kasəlɐ] *nt smoked pork loin*
Kas·sen·arzt, -ärz·tin *m, f* MED National Health doctor (*who treats non-privately insured patients*) **Kas·sen·au·to·mat** *m* automatic cash register [*or* till] **Kas·sen·be·leg** *m s.* **Kassenbon** **Kas·sen·be·stand** *m* cash balance **Kas·sen·bon** *m* [sales] receipt **Kas·sen·er·folg** *m s.* **Kassenschlager** **Kas·sen·ge·stell** *nt* (*fam*) ≈ National Health glasses [*or fam* specs] (*spectacles frame paid for by the German equivalent of the National Health Service*) **Kas·sen·knül·ler** <-s, -> *m* (*emph fam: CD*) smash hit; (*Film*) box office hit **Kas·sen·leis·tung** *f* MED, ÖKON health insurance benefits *pl* **Kas·sen·pa·ti·ent(in)** *m(f)* MED National Health [*or* AM Medicaid] patient **Kas·sen·schla·ger** *m* (*fam*) ❶ (*erfolgreicher Film*) box-office hit ❷ ÖKON (*Verkaufsschlager*) best-seller **Kas·sen·stun·den** *pl* cash desk opening hours BRIT, business hours AM **Kas·sen·sturz** *m* cashing-up BRIT, closing out a [cash] register/the [cash] registers AM; **einen ~ machen** [*o geh* **vornehmen**] to cash up BRIT, to close out a [cash] register/the [cash] registers AM; ~ **machen** (*fam*) to check one's finances **Kas·sen·wart(in)** <-s, -e> *m(f)* treasurer **Kas·sen·zet·tel** *m s.* **Kassenbon**
Kas·se·rol·le <-, -n> [kasə'rɔlə] *f* casserole
Kas·set·te <-, -n> [ka'sɛtə] *f* ❶ (*Videokassette*) video tape [*or* cassette]; (*Musikkassette*) [cassette] tape, cassette; (*Filmkassette*) [camera] film; **etw** *akk* **auf ~ haben** to have sth on cassette/tape/video; [**jdm/sich**] **etw** *akk* **auf ~ aufnehmen** to record [*or fam* tape] [sb/oneself] sth on cassette/video ❷ (*Kästchen*) case ❸ (*Schutzkarton*) box; (*für bibliophile Blätter*) set; (*für Bücher*) library case ❹ ARCHIT panel, coffer
Kas·set·ten·deck *nt* cassette [*or fam* tape] deck **Kas·set·ten·de·cke** *f* ARCHIT coffered ceiling **Kas·set·ten·ra·dio** *nt* radio cassette player **Kas·set·ten·re·kor·der** *m*, **Kas·set·ten·re·cor·der** *m* cassette [*or fam* tape] recorder
Kas·si·ber <-s, -> [ka'si:bɐ] *m* (*veraltend sl*) secret message
Kas·sier(in) <-s, -e> [ka'si:ɐ̯] *m(f)* SÜDD, ÖSTERR, SCHWEIZ (*Kassierer*) cashier
kas·sie·ren* [ka'si:rən] **I.** *vt* ❶ FIN (*einziehen*) ■**etw** [**bei jdm**] ~ to collect sth [from sb] ❷ (*fam: einstreichen*) ■**etw** ~ to pick up sth *fam;* **sie kassierte den ersten Preis** she picked up first prize ❸ (*fam: einbehalten*) ■**etw** ~ to confiscate sth, to take sth away ❹ (*fam: einstecken müssen*) ■**etw ~ müssen** to have to take [*or* swallow] sth *fam* ❺ JUR ■**etw** ~ to quash sth; **ein Urteil** ~ to quash a verdict **II.** *vi* ❶ (*abrechnen*) ■[**bei jdm**] ~ to settle the bill [with sb]; **darf ich schon** [**bei Ihnen**] **~?** would you mind settling the bill now? ❷ (*sl: verdienen*) to clean up *sl;* **gut** [*o* **ganz schön**] ~ to clean up nicely
Kas·sie·rer(in) <-s, -> [ka'si:rɐ] *m(f)* ❶ (*in Geschäft*) cashier; (*Bankkassierer*) clerk, teller ❷ *s.* **Kassenwart**
Kas·so·let·te *f* KOCHK cassolette (*small casserole*)
Kas·ta·gnet·te <-, -n> [kastan'jɛtə] *f* castanet
Kas·ta·nie <-, -n> [kas'ta:ni̯ə] *f* BOT ❶ (*Rosskastanie*) [horse]

K

chestnut; (*Esskastanie*) chestnut ❷ (*Frucht der Rosskastanie*) [horse]chestnut, conker *fam;* (*Marone*) chestnut ►WENDUNGEN: [**für jdn**] **die ~n aus dem Feuer holen** (*fam*) to pull sb's chestnuts out of the fire

Kas·ta·ni·en·baum *m s.* **Kastanie 1** **kas·ta·ni·en·braun** *adj* maroon

Käst·chen <-s, -> ['kɛstçən] *nt dim von* **Kasten** ❶ (*kleiner Kasten*) little box, case ❷ (*Karo*) square, rectangle; **im ~ ankreuzen** to put a cross in the box

Kas·te <-, -n> ['kastə] *f* caste

kas·tei·en* [kas'taiən] *vr* (*veraltend*) ■**sich** *akk* ~ ❶ (*geh: auf Genüsse verzichten*) to deny oneself, to abstain ❷ (*büßen*) to castigate oneself

Kas·tei·ung <-, -en> *f* (*veraltend*) castigation, self-denial

Kas·tell <-s, -e> [kas'tɛl] *nt* HIST ❶ (*Burg*) castle ❷ (*befestigtes Lager*) fort

Kas·tel·lan <-s, -e> [kastɛ'la:n] *m* ❶ ADMIN (*Aufsichtsbeamter*) steward ❷ HIST (*Burgwart*) castellan

Kas·ten <-s, Kästen> ['kastn̩, *pl* 'kɛstn̩] *m* ❶ (*kantiger Behälter*) box ❷ (*offene Kiste*) crate, case; **ein ~ Bier** a crate of beer ❸ ÖSTERR, SCHWEIZ (*Schrank*) cupboard ❹ (*fam: Briefkasten*) letterbox BRIT, mailbox AM ❺ SPORT (*Turngerät*) vaulting horse ❻ (*fam: großes Gebäude*) barrack ❼ (*Schaukasten*) showcase ❽ (*unförmiges Fahrzeug*) tank ►WENDUNGEN: **etwas/viel/nichts auf dem ~ haben** (*fam*) to be/not be on the ball *fam*

Kas·ten·brot *nt* sandwich loaf, pan bread **Kas·ten·form** *f* ❶ (*die Form eines Kastens*) box-like shape ❷ (*Backform*) baking tin

Kas·ten·geist *m kein pl* SOZIOL (*pej*) caste spirit

Kas·ten·rei·be *f* KOCHK box grater **Kas·ten·wa·gen** *m* AUTO [box] van, truck

Kas·ten·we·sen *nt* REL caste system

Kas·ti·li·en <-s> [kas'ti:li̯ən] *nt* Castile

Kas·tor·zu·cker ['kasto:ɐ̯-] *m* KOCHK castor [*or* caster] sugar

Kas·trat <-en, -en> [kas'tra:t] *m* eunuch; MUS castrato

Kas·tra·ti·on <-, -en> [kastra'tsi̯o:n] *f* castration

kas·trie·ren* [kas'tri:rən] *vt* ■**ein Tier** ~ to castrate an animal; ■**jdn/sich selbst** ~ to castrate sb/oneself

Ka·su·ar <-s, -e> [ka'zu̯a:ɐ̯] *m* ORN cassowary

Ka·su·is·tik <-> [ka'zu̯ɪstɪk] *f kein pl* ❶ (*geh: Haarspalterei*) casuistry ❷ MED (*Fallstudien*) case studies *pl*

ka·su·is·tisch *adj* (*geh*) casuistic

Ka·sus <-, -> ['ka:zʊs] *m* LING case

Kat <-s, -s> [kat] *m kurz für* **Katalysator** cat

Ka·ta·bo·lis·mus <-> [katabo'lɪsmʊs] *m kein pl* BIOL catabolism *no pl*

Ka·ta·falk <-s, -e> [kata'falk] *m* catafalque

Ka·ta·kom·be <-, -n> [kata'kɔmbə] *f* catacomb

Ka·ta·la·ne, Ka·ta·la·nin <-n, -n> [kata'la:nə, kata'la:nɪn] *m, f* Catalan

ka·ta·la·nisch [kata'la:nɪʃ] *adj inv* Catalan

Ka·ta·la·nisch [kata'la:nɪʃ] *nt decl wie adj* Catalan; *s. a.* **Deutsch**

Ka·ta·la·ni·sche <-n> [kata'la:nɪʃə] *nt* ■**das** ~ Catalan, the Catalan language; *s. a.* **Deutsche**

Ka·ta·log <-[e]s, -e> [kata'lo:k, *pl* -lo:gə] *m* catalogue [*or* AM -og]

ka·ta·lo·gi·sie·ren* [katalogi'zi:rən] *vt* ■**etw** ~ to catalogue [*or* AM -og] sth

Ka·ta·lo·gi·sie·rung <-, -en> *f* cataloguing [*or* AM -oging]

Ka·ta·ly·sa·tor <-s, -toren> [kataly'za:to:ɐ̯, *pl* -za'to:rən] *m* ❶ AUTO (*Abgaskatalysator*) catalytic converter, cat; **geregelter** ~ AUTO regulated catalytic converter ❷ CHEM (*Reaktionen auslösender Stoff*) catalyst

Ka·ta·ly·sa·tor·au·to *nt* car with catalytic converter

Ka·ta·ly·se <-, -n> [kata'ly:zə] *f* CHEM catalysis

ka·ta·ly·tisch [kata'ly:tɪʃ] *adj* CHEM catalytic

Ka·ta·ma·ran <-s, -e> [katama'ra:n] *m* NAUT catamaran

Ka·ta·pult <-[e]s, -e> [kata'pʊlt] *nt o m* catapult

ka·ta·pul·tie·ren* [katapʊl'ti:rən] **I.** *vt* ■**jdn/etw irgendwohin** ~ (*a. fam*) to catapult sb/sth somewhere **II.** *vr* ■**sich** *akk* **irgendwohin** ~ ❶ (*sich schleudern*) to eject oneself somewhere; **sich** *akk* **aus einem Flugzeug** ~ to eject from an aircraft ❷ (*fam: sich rasch versetzen*) to catapult oneself somewhere

Ka·tar <-s> [ka'ta:r] *nt* Qatar; *s. a.* **Deutschland**

Ka·ta·rakt <-[e]s, -e> [kata'rakt] *m* GEOG, MED cataract

Ka·ta·rer(in) <-s, -> [ka'ta:rɐ] *m(f)* Qatari; *s. a.* **Deutsche(r)**

ka·ta·risch [ka'ta:rɪʃ] *adj* Qatari; *s. a.* **deutsch**

Ka·tarrh, Ka·tarr[RR] <-s, -e> [ka'tar] *m* MED catarrh

Ka·tas·ter <-s, -> [ka'tastɐ] *m o nt* land register

Ka·tas·ter·amt *nt* land registry

ka·ta·stro·phal [katastro'fa:l] **I.** *adj* (*pej*) ❶ (*verheerend*) catastrophic, devastating ❷ (*fam: furchtbar*) dreadful, awful **II.** *adv* (*pej*) ❶ (*verheerend*) catastrophically, devastatingly ❷ (*furchtbar*) awfully, dreadfully

Ka·ta·stro·phe <-, -n> [kata'stro:fə] *f* catastrophe, disaster; **eine ~ sein** (*fam*) to be a disaster

Ka·ta·stro·phen·ab·wehr *f* disaster prevention **Ka·ta·stro·phen·alarm** *m* emergency alert **Ka·ta·stro·phen·ein·satz** *m* emergency aid operation; **für den** ~ for use in emergency aid operations **Ka·ta·stro·phen·ge·biet** *nt* disaster area **Ka·ta·stro·phen·hil·fe** *f kein pl* POL aid for disaster victims; ~ **leisten** to provide aid for disaster victims **Ka·ta·stro·phen·op·fer** *nt* disaster victim, victim of a disaster **Ka·ta·stro·phen·schutz** *m* ❶ (*Schutz gegen Katastrophen*) disaster control ❷ (*Organisation*) disaster control organization **Ka·ta·stro·phen·stim·mung** *f* hysteria *no pl*

Ka·te <-, -n> ['ka:tə] *f* NORDD cottage, croft

Ka·te·chis·mus <-, Katechismen> [katɛ'çɪsmʊs] *m* REL catechism

Ka·te·go·rie <-, -n> [katego'ri:, *pl* -ri:ən] *f* ❶ (*Gattung*) category; **unter eine ~ fallen** to belong to a certain category ❷ (*Gruppe*) sort; **er gehört nicht zu dieser ~ von Menschen** he is not that sort of person

ka·te·go·risch [kate'go:rɪʃ] **I.** *adj* (*emph*) categorical **II.** *adv* (*emph*) categorically

Ka·ter[1] <-s, -> ['ka:tɐ] *m* tomcat; **der Gestiefelte ~** LIT Puss-in-Boots ►WENDUNGEN: **wie ein verliebter ~** like an amorous tomcat

Ka·ter[2] <-s, -> ['ka:tɐ] *m* hangover; **einen ~ bekommen** to get a hangover; **einen ~ haben** to have a hangover

Ka·ter·früh·stück <-[e]s> *nt kein pl* KOCHK breakfast [[which is] supposed] to cure a hangover

Ka·ter·stim·mung *f* (*fam*) morning-after feeling

kath. *adj Abk von* **katholisch**

Ka·the·der <-s, -> [ka'te:dɐ] *m o nt* ❶ (*veraltend: Podium*) podium ❷ (*veraltet: Lehrerpult*) lectern

Ka·the·dra·le <-, -n> [kate'dra:lə] *f* cathedral

Ka·the·ter <-s, -> [ka'te:tɐ] *m* MED catheter

Ka·tho·de <-, -n> [ka'to:də] *f* PHYS cathode

Ka·tho·lik(in) <-en, -en> [kato'li:k] *m(f)* [Roman] Catholic

ka·tho·lisch [ka'to:lɪʃ] **I.** *adj* Roman Catholic; ■~ **sein** to be [Roman] Catholic **II.** *adv* Catholic; **sie wuchs streng ~ auf** she had a strict Catholic upbringing

Ka·tho·li·zis·mus <-> [katolo'tsɪsmʊs] *m kein pl* Catholicism *no pl*

Kat·man·du <-s> [katman'du:] *nt* Kathmandu

Katz <-> [kats] *f kein pl* SÜDD (*Katze*) cat ►WENDUNGEN: ~ **und Maus mit jdm spielen** (*fam*) to play cat and mouse with sb; **für die ~ sein** (*fam*) to be a waste of time [*or* all for nothing]

katz·bu·ckeln ['katsbʊkl̩n] *vi* (*pej fam*) ■[**vor jdm**] ~ to grovel [before sb]; ■**das K~** grovelling

Kätz·chen <-s, -> ['kɛtsçən] *nt* ❶ *dim von* **Katze** kitten ❷ BOT (*Blütenstand*) catkin

Kat·ze <-, -n> ['katsə] *f* ❶ ZOOL (*Hauskatze*) cat; **siamesische**

~ Siamese cat ❷ ZOOL (*weibliche ~*) [female] cat ❸ ZOOL (*Raubkatze*) cat ▶ WENDUNGEN: **wie die ~ um den heißen Brei herumschleichen** to beat about [*or* AM *a.* around] the bush; **wenn die ~ aus dem Haus ist, tanzen die Mäuse** (*prov*) when the cat's away, the mice come out to play *prov;* **die ~ lässt das Mausen nicht** (*prov*) a leopard never changes its spots *prov;* **die ~ aus dem Sack lassen** (*fam*) to let the cat out of the bag; **die ~ im Sack kaufen** to buy a pig in a poke *prov; s. a.* Kater

Kat·zen·au·ge *nt* ❶ (*veraltend fam: Rückstrahler*) reflector ❷ BERGB (*schillernder Halbedelstein*) cat's-eye ❸ ZOOL (*Auge einer Katze*) a cat's eye **kat·zen·freund·lich** *adj* (*pej veraltend fam*) overfriendly, nice as pie *fam*

kat·zen·haft *adj* cat-like, feline

Kat·zen·hai *m* ZOOL sandy dogfish **Kat·zen·jam·mer** *m* (*fam*) ❶ (*jämmerliche Stimmung*) the blues + *sing vb* ❷ (*veraltend: Kater*[2]) hangover **Kat·zen·mu·sik** *f kein pl* (*pej fam*) racket, din, caterwauling **Kat·zen·schrei·syn·drom** *nt* MED (*letaler Erbfehler*) cri-du-chat-syndrome **Kat·zen·sprung** *m* (*fam*) a stone's throw; **[nur] einen ~ entfernt sein** to be [only] a stone's throw away **Kat·zen·streu** *f* cat litter **Kat·zen·wä·sche** *f* (*hum fam*) cat's lick *fam* **Kat·zen·wels** *m* ZOOL, KOCHK catfish, bullhead **Kat·zen·zun·ge** *f* ❶ (*Schokoladenspezialität*) langue de chat ❷ ZOOL cat's tongue

Katz-und Maus-Spiel *nt* cat-and-mouse game

Kau·der·welsch <-[s]> ['kaudɐvɛlʃ] *nt kein pl* (*pej*) ❶ (*Sprachgemisch*) a hotchpotch [*or* AM *usu* hodgepodge] (*of different languages*) ❷ (*Fachsprache*) jargon

kau·en ['kauən] **I.** *vt* ■**etw ~** to chew sth; *s. a.* **Nagel II.** *vi* (*mit den Zähnen bearbeiten*) ■**[an etw** *dat*] **~** to chew [on sth]; **an den Fingernägeln ~** to chew [*or* bite] one's nails ▶ WENDUNGEN: **gut gekaut ist halb verdaut** (*prov*) you should chew your food well for better digestion; **an etw** *dat* **zu ~ haben** to have sth to chew on [*or* over], to have some food for thought

kau·ern ['kauɐn] **I.** *vi sein* ■**irgendwo ~** to be huddled [up] somewhere; **sie kauerten rund um das Feuer** they were huddled around the fire **II.** *vr haben* ■**sich** *akk* **in etw** *akk*/ **hinter etw** *akk* **~** to crouch in/behind sth

Kauf <-[e]s, Käufe> [kauf, *pl* 'kɔyfə] *m* ❶ (*das Kaufen*) buying *no pl,* purchasing *no pl form;* **ich würde Ihnen vom ~ dieses Anzugs abraten** I would advise you against buying [*or* not to buy] this suit; **so, jetzt ist der ~ perfekt!** right, that's the purchase concluded!; **etw zum ~ anbieten** to offer sth for sale; **zum ~ stehen** to be [up] for sale; **einen ~ tätigen** (*geh*) to conclude [*or* effect] a purchase *form* ❷ (*Ware*) buy, purchase *form;* **der Computer war ein sehr guter ~** the computer was a very good buy ▶ WENDUNGEN: **etw in ~ nehmen** to put up with [*or* accept] sth; **ein Risiko in ~ nehmen** to accept a risk; **in ~ nehmen, dass ...** to accept that ...

Kauf·be·reit·schaft <-> *f kein pl* ÖKON disposition to buy

kau·fen ['kaufn̩] **I.** *vt* ❶ (*ein~*) ■**[jdm/sich] etw ~** *dat* to buy [sb/oneself] sth, to buy [*or form* purchase] sth [for sb/oneself]; **er hat sich ein neues Auto gekauft** he['s] bought [himself] a new car; ■**das K~ von etw** [the] buying [of] sth; **ich fange mit dem ~ der Geschenke immer viel zu spät an** I always start buying the presents much too late ❷ (*pej: bestechen*) ■**jdn ~** to buy [off *sep*] [*or* bribe] sb ▶ WENDUNGEN: **gekauft ist gekauft!** a deal is a deal; **dafür kann ich mir nichts ~!** (*iron*) a [*fam* fat] lot of use that is to me!; **den/die kaufe ich mir/ werde ich mir kaufen!** I'll tell him/her what's what! **II.** *vi* to shop; **auf dem Markt kauft man billiger** it costs less to shop at the market, shopping at the market is cheaper; ■**das K~** [the] shopping **III.** *vr* (*fam*) ■**sich** *dat* **jdn ~** to give sb a piece of one's mind

Käu·fer(in) <-s, -> ['kɔyfɐ] *m(f)* buyer, purchaser *form;* **ein solches Buch wird zu wenige ~ finden** a book like this won't sell very well

Kauf·frau *f fem form von* **Kaufmann Kauf·haus** *nt* department store **Kauf·haus·de·tek·tiv(in)** *m(f)* ÖKON store detective **Kauf·kraft** *f* ÖKON ❶ (*Wert*) purchasing [*or* buying] power ❷ (*Finanzkraft*) spending power **kauf·kräf·tig** *adj* with money to spend *pred;* **Studenten und Auszubildende sind nicht sehr ~** Students and trainees haven't got much money to spend **Kauf·la·den** *m* ❶ (*Spielzeug*) [child's] toy shop [*or* AM *usu* store] ❷ (*veraltend: Laden*) [corner [*or* small]] shop [*or* AM *usu* store], small grocer's shop **Kauf·leu·te** *pl s.* **Kaufmann**

käuf·lich I. *adj* ❶ (*zu kaufen*) for sale *pred* ❷ (*pej: bestechlich*) bribable, corruptible, venal *form;* ■**~ sein** to be easily bought; **ich bin nicht ~!** I can't be bought! **II.** *adv* (*geh*) **~ erwerben** to purchase *form* [*or* buy]

Käuf·lich·keit <-> *f kein pl* (*pej*) corruptibility, venality *form*

Kauf·lust *f* inclination [*or* desire] to buy **kauf·lus·tig** *adj* eager [*or* keen] to buy *pred* **Kauf·lus·ti·ge(r)** *f(m) decl wie adj* prospective [*or* would-be] buyer

Kauf·mann, -frau <-leute> ['kaufman] *m, f* ❶ (*Geschäftsmann*) businessman; **gelernter ~/gelernte Kauffrau** *person with qualifications in business or commerce;* **ehrliche Kaufleute** honest businessmen ❷ (*veraltend: Einzelhandelskaufmann*) grocer, [corner [*or* small]] shopkeeper

kauf·män·nisch I. *adj* commercial, business *attr;* **der ~e Leiter ist für den Vertrieb zuständig** the commercial director is responsible for sales; ■**das K~e** commerce, business; **leider bin ich mit dem K~en weniger vertraut** unfortunately, I'm not very well up on the business side of things **II.** *adv* commercially; **~ tätig sein** to be in business

Kauf·preis *m* purchase price **Kauf·rausch** *m kein pl* spending spree **Kauf·sum·me** *f* amount [of purchase] **Kauf·ver·trag** *m* contract [*or* bill] of sale **Kauf·zwang** *m* **kein ~** no obligation [to buy]; **ohne ~** without obligation [to buy]

Kau·gu·mmi *m* chewing gum; **~ kauen** to chew gum

Kau·ka·sus <-> ['kaukazʊs] *m* Caucasus

Kaul·kopf *m* ZOOL, KOCHK bullhead, miller's thumb

Kaul·quap·pe <-, -n> ['kaulkvapə] *f* tadpole

kaum [kaum] **I.** *adv* ❶ (*gerade* [*erst*]) hardly, scarcely; **sie war ~ aus der Tür, da fingen sie schon an zu lästern** she had hardly [*or* scarcely] gone out the door before they started making nasty remarks about her, no sooner was she out the door than they started making nasty remarks about her ❷ (*höchstwahrscheinlich nicht*) hardly, scarcely; **[wohl] ~!** certainly not!, I don't think so!; *s. a.* **wohl** ❸ (*fast nicht*) hardly, scarcely; **ich habe euch dieses Jahr ~ gesehen** I've scarcely seen you this year; **das ist ja wohl ~ anzunehmen!** you'd scarcely credit it!; **~ jemals** [*o* **je**] hardly ever; **~ noch/ mehr** hardly [*or* scarcely] ... any more; **seit vier Tagen hat er ~ etwas gegessen** he has hardly [*or* scarcely] eaten anything for four days [now]; **wir haben ~ noch Zeit** we've hardly [*or* scarcely] got any time left; **wir hatten ~ noch damit gerechnet!** we scarcely expected that!; **~ eine[r]** [*o* **jemand**] [*o* **wer**] hardly [*or* scarcely] anyone [*or* anybody]; **~ eine Rolle spielen** to be scarcely of any importance; *s. a.* **glauben II.** *konj* ■**~ dass** no sooner ... than; **~ dass sie sich kennen gelernt hatten, heirateten sie auch schon** no sooner had they met than they were married, they had hardly [*or* scarcely] met before they were married

Kau·mus·kel *m* masticatory muscle, muscle of mastication; **seine ~n anstrengen** (*hum fam*) to get chomping *hum fam*

kau·sal [kau'za:l] **I.** *adj* ❶ (*geh: ursächlich*) causal; **ein ~er Zusammenhang** a causal connection ❷ LING (*begründend*) causal **II.** *adv* (*geh*) causally

Kau·sa·li·tät <-, -en> [kauzali'tɛ:t] *f* (*geh*) causality

Kau·sal·zu·sam·men·hang *m* (*geh*) causal connection

Kau·ta·bak *m* chewing tobacco

Kau·ti·on <-, -en> [kau'tsi̯o:n] *f* ❶ JUR (*Sicherheitsleistung*) bail; **eine ~ stellen** to stand [*or* put up] bail; **gegen ~** on bail ❷ (*Mietkaution*) deposit

K

Kau·tschuk <-s, -e> ['kautʃʊk] *m* [India] rubber, caoutchouc

Kauz <-es, Käuze> [kauts, *pl* 'kɔytsə] *m* ❶ (*Eulenvogel*) [tawny] owl ❷ (*Sonderling*) [odd [*or* strange]] character

kau·zig ['kautsɪç] *adj* odd, strange

Ka·va·lier <-s, -e> [kava'liːɐ̯] *m* gentleman ▶ WENDUNGEN: **der ~ genießt und schweigt** a gentleman does not boast about his conquests

Ka·va·liers·de·likt *nt* trifling [*or* trivial] [*or* minor] [*or* petty] offence [*or* AM -se]

Ka·va·lier·spitz *m* KOCHK clod

Ka·va·lier(s)·start *m* AUTO racing start

Ka·val·le·rie <-, -n> ['kavaləriː, *pl* -'riːən] *f* HIST, MIL cavalry

Ka·val·le·rie·an·griff *m* cavalry charge **Ka·val·le·rie·ein·heit** *f* cavalry unit **Ka·val·le·rie·of·fi·zier** *m* cavalry officer

Ka·vi·ar <-s, -e> ['kaːvi̯ar] *m* caviar[e]; **deutscher ~** lumpfish roe

KB ['kaː'beː] *nt Abk von* **Kilobyte** kbyte

kcal *f Abk von* **Kilokalorie** kcal

Ke·bab <-[s], -[s]> [ke'bap] *m* KOCHK kebab

keck [kɛk] *adj* ❶ (*vorlaut*) cheeky, saucy ❷ (*provokant*) bold

Keck·heit <-, -en> *f* cheek[iness], sauciness

Ke·fir <-s> ['keːfɪr] *m kein pl* kefir

Ke·gel <-s, -> ['keːgl̩] *m* ❶ (*Spielfigur*) skittle, pin, ninepin, tenpin; **~ spielen** to play skittles, to go [tenpin/ninepin] bowling; **kommt ihr mit ~ spielen?** are you coming bowling? [*or* for a game of skittles?] ❷ MATH cone ❸ GEOG (*kegelförmige Erhebung*) cone; **der ~ des Berges** the mountain peak ❹ (*Strahl*) beam [of light]; *s. a.* **Kind**

Ke·gel·bahn *f* ❶ (*Anlage*) [ninepin/tenpin] bowling alley, skittle alley ❷ (*einzelne Bahn*) [bowling] lane **Ke·gel·bru·der** *m* (*fam*) fellow skittle [*or* bowling] club member **ke·gel·för·mig** *adj* conical, cone-shaped **Ke·gel·ku·gel** *f* bowl, skittle [*or* bowling] ball

ke·geln ['keːgl̩n] *vi* to play skittles, to go [ninepin/tenpin] bowling, to bowl; **hast du schon mal gekegelt?** have you ever played skittles [*or* been bowling] [*or* bowled] [before]?; ■**das K~** game of skittles, [ninepin/tenpin] bowling

Ke·gel·schnitt *m* MATH conic section **Ke·gel·stumpf** *m* MATH frustum [of a cone]

Keg·ler(in) <-s, -> ['keːglɐ] *m(f)* skittle player, [ninepin/tenpin] bowler

Keh·le <-, -n> ['keːlə] *f* ❶ (*Kehlkopf*) throat; **in die falsche ~ geraten** to go down the wrong way; **etw in die falsche ~ bekommen** (*fam*) to have sth go down the wrong way; **eine raue ~ haben** to be hoarse, to have a hoarse voice ❷ ANAT (*Gurgel*) throat; **in der ~ stecken bleiben** to stick [*or* get stuck] in one's throat; **jdm die ~ zudrücken** to throttle sb; **jdm/einem Tier an die ~ springen** to leap at [*or* go for] sb's/an animal's throat; **aus voller ~** at the top of one's voice ▶ WENDUNGEN: **sich** *dat* **die ~ aus dem Hals schreien** (*fam*) to scream one's head off; **es geht jdm an die ~** sb's life is at stake; **jdm an die ~ springen können** (*fam*) to want to leap at [*or* go for] sb's throat; **jdm die ~ zusammenschnüren** to make sb freeze with fear

keh·lig ['keːlɪç] *adj* guttural; **ein ~es Lachen/eine ~e Stimme** a guttural [*or* throaty] laugh/voice

Kehl·kopf *m* larynx

Kehl·kopf·ent·zün·dung *f* MED laryngitis *no pl, no indef art* **Kehl·kopf·ka·tarrh** *m* laryngeal catarrh **Kehl·kopf·krebs** *m* cancer of the larynx, laryngeal cancer

Kehr·aus <-> ['keːɐ̯ʔaus] *m kein pl* SÜDD last dance (*after Carnival celebrations on Shrove Tuesday*) ▶ WENDUNGEN: **[den] ~ feiern** to have a farewell celebration

Kehr·be·sen *m* SÜDD (*Besen*) broom **Kehr·blech** *nt* SÜDD (*Handschaufel*) small shovel

Keh·re <-, -n> ['keːrə] *f* hairpin bend

keh·ren[1] ['keːrən] **I.** *vt* ❶ (*wenden*) ■**etw irgendwohin ~** to turn sth somewhere; **kehre die Innenseite nach außen** turn it inside out; **in sich** *akk* **gekehrt** pensive, lost in thought; **er ist ein stiller, in sich gekehrter Mensch** he is a quiet, introverted person; *s. a.* **Rücken** ❷ (*veraltend: kümmern*) ■**jdn ~** to matter to sb **II.** *vr* ❶ (*sich wenden*) ■**sich gegen jdn ~** (*geh*) to turn against sb; ■**sich zu etw ~** to turn out [in] a certain way; **du wirst sehen, es wird sich alles zum Guten ~** you'll see, everything will turn out for the best ❷ (*sich kümmern*) ■**sich an etw ~** *dat* to take notice of [*or* care about] sth; **am Geschwätz der Leute habe ich mich noch nie groß gekehrt** I've never really taken much notice of [*or* cared much about] people's gossiping

keh·ren[2] ['keːrən] *vt, vi bes* SÜDD (*fegen*) ■**[etw] ~** to sweep [sth]

Keh·richt <-s> ['keːrɪçt] *m o nt kein pl* ❶ (*geh: zusammengefegter Dreck*) sweepings *npl*, rubbish BRIT, garbage AM ❷ SCHWEIZ (*Müll*) refuse, AM *usu* garbage ▶ WENDUNGEN: **jdn einen feuchten ~ angehen** (*sl*) not to be any of sb's [damned [*or* BRIT *a.* bloody]] business *fam;* **das geht Sie einen feuchten ~ an!** that's none of your [damned [*or* bloody]] business!, mind your own [damned [*or* bloody]] business!

Kehr·ma·schi·ne *f* ❶ (*Straßenkehrmaschine*) road-sweeper, street-sweeper ❷ (*Teppichkehrmaschine*) carpet-sweeper

Kehr·reim *m* LIT refrain

Kehr·schau·fel *f* dustpan

Kehr·sei·te *f* ❶ (*veraltend: Rückseite*) back ❷ (*Schattenseite*) downside, drawback; **alles hat seine ~** there's a downside to everything, everything has its drawbacks ❸ (*hum: Rücken, Gesäß*) back; **jdm die ~ zuwenden** to turn one's back on sb ▶ WENDUNGEN: **die ~ der Medaille** the other side of the coin

kehrt [keːɐ̯t] *interj* MIL **~ marsch!** about turn [*or* AM face], forward march!

kehrt|ma·chen *vi* ❶ (*den Rückweg antreten*) to turn [round [*or* AM around] and go] back; **wenn ein Gewitter kommt, müssen wir sofort ~!** if there is a storm, we'll have to turn around and go straight back ❷ MIL (*eine Kehrtwendung machen*) to about-turn [*or* AM -face] **Kehrt·wen·de** *f* about-face **Kehrt·wen·dung** *f* ❶ MIL (*Drehung um sich selbst*) about-turn [*or* -face] AM ❷ (*scharfer Positionswechsel*) about-turn [*or* AM -face] *fig*, U-turn *fig fam*

Kehr·wo·che *f* SÜDD ≈ cleaning week (*a week in which it is a resident's turn to keep clean the communal areas in and around a block of flats*); **die ~ machen** to carry out cleaning duties for a week

i Kultur

The **Kehrwoche** – *cleaning, or literally sweeping, week* is a Swabian invention. Residents in an apartment block take turns to clean the communal areas in and around their building, such as the stairwell and the pavement.

kei·fen ['kaifn̩] *vi* (*pej*) to nag; **musst du immer gleich so ~?** must you keep nagging all the time like that?; ■**das K~** nagging; ■**~d** nagging

Keil <-[e]s, -e> [kail] *m* ❶ AUTO (*Unterlegkeil*) chock ❷ TECH, FORST wedge; **einen ~ in etw treiben** *akk* to drive a wedge into sth ❸ (*Zwickel*) gusset ▶ WENDUNGEN: **einen ~ zwischen sie treiben** to drive a wedge between them

Kei·le ['kailə] *pl* DIAL (*fam: Prügel*) thrashing *sing*, hiding *sing fam;* **~ bekommen** [*o* **kriegen**] [*o* **beziehen**] to get [*or* be given] a [good] thrashing [*or* hiding] *fam*

kei·len ['kailən] **I.** *vt* FORST ■**etw ~** to split sth with a wedge **II.** *vr* DIAL (*fam: sich prügeln*) ■**sie ~ sich** they are scrapping *sl* [*or* fighting] **III.** *vi* to kick

Kei·ler <-s, -> ['kailɐ] *m* JAGD wild boar

Kei·le·rei <-, -en> [kailə'rai] *f* (*fam*) scrap *sl*, fight, BRIT *a.* punch-up

keil·för·mig *adj* wedge-shaped; **~e Schriftzeichen** cuneiform characters **Keil·ho·se** *f* ski pants *npl* **Keil·kis·sen** *nt* wedge-shaped bolster **Keil·rie·men** *m* AUTO V-belt **Keil·schrift** *f* HIST cuneiform script

Keim <-[e]s, -e> [kaim] *m* ❶ BOT (*Trieb*) shoot ❷ (*befruchtete Eizelle*) embryo ❸ (*Erreger*) germ, pathogen *spec* ❹ (*fig: Ausgangspunkt*) seed *usu pl;* **der kleinste ~ der Hoffnung** the faintest flicker [*or* glimmer] [*or* ray] of hope; **den ~ zu etw legen** to sow the seeds of sth ❺ PHYS (*Ausgangspunkt für einen Prozess*) nucleus ▶ WENDUNGEN: **etw im ~[e] ersticken** to nip sth in the bud

Keim·bahn *f* BIOL germ line **Keim·bahn·the·ra·pie** *f* MED germ line gene therapy **Keim·blatt** *nt* BOT seed-leaf, cotyledon *spec* **Keim·drü·se** *f* ANAT gonad

kei·men ['kaimən] *vi* ❶ BOT (*Keime bilden*) to germinate; **die alten Kartoffeln/Zwiebeln fangen an zu ~** the old potatoes/onions are beginning to sprout/ put out shoots; ■ **das K~** [the] germination; **diese chemische Behandlung soll die Kartoffeln am K~ hindern** this chemical treatment is supposed to prevent the potatoes [from] sprouting ❷ (*geh: zu entstehen beginnen*) to stir; **diese Bemerkung ließ bei ihr einen ersten, leisen Verdacht ~** this comment aroused a first sneaking [*or* slight] suspicion in her

keim·frei *adj* sterile, sterilized; **eine ~e Infusionslösung** a sterile infusion solution; **eine ~e Umgebung** a sterile [*or* germ-free] environment; **etw ~ machen** to sterilize sth

Keim·ling <-s, -e> *m* ❶ (*keimende Pflanze*) shoot ❷ (*Embryo*) embryo

Keim·saat *m* germinating seed **keim·tö·tend** *adj* germicidal

Kei·mung <-, -en> *f* BIOL, BOT germination

Keim·zel·le *f* ❶ BIOL germ cell, gamete ❷ (*geh: Ausgangspunkt*) nucleus; **sie verstanden sich als ~ der Revolution** they viewed themselves as a seedbed for revolution

kein [kain] **I.** *pron indef, attr* ❶ ([*verneint ein Substantiv*] *nicht* [*irgend*]*ein, niemand*) no; **er sagte ~ Wort** he didn't say a word; **auf ~en Fall** [*o* **unter ~en Umständen**] no way, under no circumstances; **darauf lasse ich mich auf ~en Fall ein!** there's no way I'm [*or* under no circumstances am I] going to get involved in that!; **in ~ster Weise** in no way; **~ anderer/~e andere/anderes** no other; **gibt es ~en anderen Zug?** isn't there another train?; **~ anderer/~e andere als ...** none other than ...; *s. a.* **einzig** ❷ ([*bezieht sich auf ein Singularetantum, meist auf ein Abstraktum oder einen Sammelbegriff*] *nichts davon, nichts an*) not ... any; **ich habe jetzt wirklich ~e Zeit [für Sie]!** I really haven't got any time [for you] now!; **ich habe heute einfach ~e Lust, ins Kino zu gehen** I just don't fancy going to the cinema today ❸ ([*kehrt das zugehörige Adjektiv ins Gegenteil*]) not; **das ist ~ dummer Gedanke** that's not a [*or* no] bad idea; **das ist ~ großer Unterschied** that's not much of a difference ❹ (*fam:* [*vor Zahlwörtern*] *nicht ganz,* [*noch*] *nicht einmal*) not, less than; **die Reparatur dauert ~e 5 Minuten** it won't take 5 minutes to repair; **er wartete ~e drei Minuten** he waited [for] less than three minutes **II.** *pron indef, substantivisch* ❶ (*niemand, nichts aus einer nicht ausdrücklich bestimmten Menge: von Personen*) nobody, no one; (*von Gegenständen*) none; **~er sagte etwas** nobody [*or* no-one] said a thing; **mir kann ~er!** (*fam*) nobody [*or* no-one] can touch me!; **will ~er von euch mitkommen?** don't any of you want to come along?; **die Vorstellung war zu Ende, aber ~er klatschte** the performance was over, but no one [*or* nobody] clapped; **~[r, s] von beiden** neither [of them]; **ich habe es noch ~er von beiden gesagt** I've told neither [*or* I haven't told either] of them yet ❷ ([*durch hervorhebende Umstellung aus eigentlichem attributiven Gebrauch verselbständigt*] [*überhaupt*] *nicht*) any; **ich gehe zu der Verabredung, aber Lust hab' ich ~e** I'm going to keep the appointment, but I don't feel like going; **Lust habe ich schon, aber Zeit habe ich ~** I'd like to, it's just that I don't have the time

kei·ner·lei ['kainɐ'lai] *adj attr inv* no ... at all [*or* what[so]ever]; **er scheint ~ Interesse daran zu haben** he appears to have no interest what[so]ever in it, he doesn't appear to have any interest at all in it

kei·ner·seits ['kainɐ'zaits] *adv* ❶ (*selten: von niemandem*) from any side [*or* anybody] ❷ (*bei niemandem*) on any [*or* either] side, anybody

kei·nes·falls ['kainəs'fals] *adv* on no account, under no circumstances

kei·nes·wegs ['kainəs've:ks] *adv* not at all, by no means

kein·mal ['kainma:l] *adv* not once, never [once]; **ich habe ~ gewonnen** not once have I ever won

keins *pron s.* **keine(r, s)**

Keks <-es, -e> [ke:ks] *m o nt* (*selten*) ❶ *kein pl* (*Dauergebäck*) biscuit BRIT, cookie AM ❷ (*Stück ~*) biscuit BRIT, cookie AM ▶ WENDUNGEN: **jdm auf den ~ gehen** (*sl*) to get on sb's nerves [*or* BRIT *fam a.* up sb's nose]

Kelch <-[e]s, -e> [kɛlç] *m* ❶ (*Sektkelch*) [champagne] glass ❷ REL (*Messkelch*) chalice, [communion-]cup ❸ BOT (*Blütenkelch*) calyx ▶ WENDUNGEN: **den [bitteren] ~ bis zur Neige leeren [müssen]** (*geh*) [to have] to drain the [bitter] cup of sorrow to the dregs; **der [*o* dieser] ~ geht an jdm vorüber** sb is spared the [*or* this] ordeal; **dieser ~ ist Gott sei Dank an mir vorübergegangen** I've been spared this ordeal, thank God!

Kelch·blatt *nt* BOT (*äußere grüne Blätter einer Blüte*) sepal **kelch·för·mig** *adj* cup-shaped; **~e Blüten** cup-shaped [*or spec* calyciform] flowers **Kelch·glas** *nt s.* **Kelch 1**

Kel·le <-, -n> ['kɛlə] *f* ❶ (*Schöpflöffel*) ladle ❷ BAU (*Maurerkelle*) trowel ❸ (*Signalstab*) signalling [*or* AM signaling] disc

Kel·ler <-s, -> ['kɛlɐ] *m* cellar

Kel·ler·as·sel *f* woodlouse

Kel·le·rei <-, -en> [kɛlə'rai] *f* wine producer's, winery

Kel·ler·fens·ter *nt* cellar window **Kel·ler·ge·schoss**[RR] *nt* basement **Kel·ler·ge·wöl·be** *nt* [underground [*or* cellar]] vault **Kel·ler·kind** *nt* (*fam*) slum kid **Kel·ler·lo·kal** *nt* cellar bar **Kel·ler·meis·ter(in)** *m(f)* [wine] cellarman **Kel·ler·spei·cher** *m* INFORM last-in-first-out memory, push-down store **Kel·ler·tür** *f* cellar door

Kell·ner(in) <-s, -> ['kɛlnɐ] *m(f)* waiter

kell·nern ['kɛlnɐn] *vi* (*fam*) to work as a waiter [*or* waitress]

Kel·te, Kel·tin <-n, -n> ['kɛltə, 'kɛltɪn] *m, f* HIST Celt

Kel·ter <-, -n> ['kɛltɐ] *f* winepress

kel·tern ['kɛltɐn] *vt* ■ **etw ~** to press sth; ■ **das K~** [the] pressing

Kel·ter·obst *nt* fruit for juicing

Kel·tin <-, -nen> *f fem form von* **Kelte**

kel·tisch ['kɛltɪʃ] *adj* Celtic

Ke·me·na·te <-, -n> [keme'na:tə] *f* ❶ HIST (*Frauengemächer*) ladies' heated apartment[s] [in a medieval castle] ❷ (*hum fam: Damenzimmer*) boudoir

Ke·nia <-s> ['ke:ni̯a] *nt* Kenya; *s. a.* **Deutschland**

Ke·nia·boh·ne *f* Kenya bean

Ke·ni·a·ner(in) <-s, -> [ke'ni̯a:nɐ] *m(f)* Kenyan; *s. a.* **Deutsche(r)**

ken·i·a·nisch [ke'ni̯a:nɪʃ] *adj* Kenyan; *s. a.* **deutsch**

ken·nen <kannte, gekannt> ['kɛnən] *vt* ❶ (*jdm bekannt sein*) ■ **jdn/etw ~** to know sb/sth; **ich kenne ihn noch von unserer gemeinsamen Studienzeit** I know him from our time at college together; **kennst du das Buch/diesen Film?** have you read this book/seen this film?; **ich kenne das Gefühl** I know the feeling; **jdn als jdn ~** to know sb as sb; **ich kannte ihn nicht als Liedermacher** I didn't know he was a songwriter; **das ~ wir [schon]** (*iron*) we've heard all that before; **immer die gleichen Ausreden, das ~ wir schon!** always the same old excuses, we've heard them all before!; **du kennst dich doch!** you know what you're like!; **kein[e] ... ~** to know no ...; **kennst du mich noch?** do you remember me?; **jdn ~ lernen** to meet sb, to make sb's acquaintance *form;* **sich ~ lernen** to meet; **jdn als jdn ~ lernen** to come to know sb as sb; **ich habe ihn als einen sehr eigensinnigen Menschen ~ gelernt** I have come to know him as a very stubborn person; **wie ich ihn/sie kenne ...** if I know him/her ...; **jdn so [noch] gar nicht ~** to have never seen sb like this [before]; **so kenne ich dich gar nicht** I've never seen you like this; ■**sich ~** to know one another [*or* each other] ❷ (*vertraut sein*) ■**etw ~** to be familiar with sth; **die Leute dort ~ keinen Schnee** the people there have no experience of snow; **jdn/etw ~ lernen** to get to know [*or* become acquainted with] sb/sth; **sich ~ lernen** (*miteinander vertraut werden*) to get to know one another [*or* each other] ❸ (*gut verstehen*) ■**etw ~** to know sth ❹ (*wissen*) ■**etw ~** to know sth; **~ Sie hier ein gutes Restaurant?** do you know [of] a good restaurant here? ▶WENDUNGEN: **sich nicht mehr vor etw ~** *dat* to be beside oneself with sth; **er kannte sich kaum noch vor Wut** he was almost beside himself with rage; **jdn nicht mehr ~** to have nothing more to do with sb; **jdn nicht mehr ~ wollen** to not want anything more to do with sb; **jdn noch ~ lernen** (*fam*) to have sb to reckon with; **sofort das Geld zurück, sonst lernst du mich noch ~!** give me the money back right now or you'll have me to reckon with!

Ken·ner(in) <-s, -> ['kɛnɐ] *m(f)* expert, authority; ■**ein ~ einer S.** *gen* an expert [*or* authority] on a thing; ■**ein ~ von etw** an expert on [*or* in] [*or* authority on] sth; **was gute Weine angeht, ist er ein absoluter ~** as far as good wine is concerned, he's an absolute connoisseur; **da zeigt sich der [wahre] ~** you can tell who the [real] expert is [*or* who's the [real] expert]

Ken·ner·blick *m* expert eye; **mit ~** with an expert eye

ken·ner·haft, ken·ne·risch I. *adj* discerning II. *adv* discerningly

Ken·ne·rin <-, -nen> *f fem form von* **Kenner**

Ken·ner·mie·ne *f* air of expertise; **mit ~** with the air of an expert

kennt·lich ['kɛntlɪç] *adj* ■**[an etw** *dat*] **~ sein** to be recognizable [*or* BRIT *a.* -isable] by sth; **etw [durch etw] [als etw] ~ machen** to identify [*or* mark] sth [as sth] [with [*or* by [means of]] sth], to label sth [as sth] [with sth]

Kennt·nis <-ses, -se> ['kɛntnɪs] *f* ❶ *kein pl* (*Vertrautheit*) knowledge; **sich jds ~ entziehen** (*geh*) sb has no knowledge of [*or* doesn't know anything about] sth; **~ von etw erhalten** (*geh*) to learn [*or* be informed] of [*or* about] sth; **von etw ~ haben** (*geh*) to have knowledge of [*or* know about] sth; **etw zur ~ nehmen** to take note of sth; **zur ~ nehmen, dass** to note that; **jdn von etw in ~ setzen** (*geh*) to inform [*or* notify] sb of sth; **jdn davon in ~ setzen, dass** (*geh*) to inform sb that; **ohne ~ einer S.** *gen* without knowing sth; **ohne ~ der familiären Situation können wir nicht viel tun** we can't do much without knowing about the family situation ❷ *pl* (*Wissen*) knowledge *no pl;* **Sie sollten Ihre ~se vertiefen** you should broaden your knowledge; **[gründliche] ~se in etw haben** to have a [thorough] knowledge of sth; **über ~se [in etw] verfügen** (*geh*) to be knowledgeable [*or* know] [about sth]; **von etw ~ haben** (*geh*) to have knowledge of [*or* know about] sth

Kennt·nis·nah·me <-> *f kein pl* (*geh*) **nach ~** after perusal; **zur ~** for sb's attention

kennt·nis·reich I. *adj* (*geh*) knowledgeable, well-informed II. *adv* (*geh*) knowledgeably

Kenn·wort <-wörter> *nt* ❶ (*Codewort*) code name ❷ (*Losungswort*) password **Kenn·zahl** *f* ❶ TELEK (*Ortsnetzkennzahl*) dialling [*or* AM area] code ❷ (*charakteristischer Zahlenwert*) index

Kenn·zei·chen *nt* ❶ (*Autokennzeichen*) number plate BRIT, registration number BRIT, license plate AM; **amtliches ~** (*geh*) license plate, BRIT *a.* registration number ❷ (*Merkmal*) mark; **in Pässen wird auch nach besonderen oder unveränderlichen ~ gefragt** there is a section in passports for distinguishing marks [*or* features] ❸ (*Markierung*) insignia *npl;* **der Wanderweg ist durchgängig mit diesem ~ markiert** the ramblers' footpath is marked with this sign along the whole route

kenn·zeich·nen ['kɛntsaiçnən] I. *vt* ❶ (*markieren*) ■**etw [als etw] ~** to mark [*or* label] sth [as sth]; ■**etw/ein Tier [durch/mit etw] ~** to mark sth [with [*or* by [means of]] sth] [*or* label sth [with sth]]/tag an animal [with sth]; **Pakete mit Gläsern müssen als „zerbrechlich" gekennzeichnet werden** packages containing glasses must be marked "fragile" ❷ (*charakterisieren*) ■**jdn als jdn/etw ~** to characterize [*or* describe] sb as sb/sth; ■**durch etw gekennzeichnet sein** to be characterized by sth II. *vr* ■**sich durch etw ~** to be characterized by sth; **ihre Kunstwerke ~ sich durch Präzision** precision is a hallmark of her works of art

kenn·zeich·nend *adj* typical, characteristic; **ein ~es Charakteristikum** a typical characteristic; **ein ~es Merkmal** a distinguishing mark [*or* feature]; ■**~ für jdn/etw sein** to be typical [*or* characteristic] of sb/sth

Kenn·zif·fer *f* ÖKON box number

ken·tern ['kɛntɐn] *vi sein* to capsize; **etw zum K~ bringen** to capsize sth

Ke·ra·mik <-, -en> [ke'ra:mɪk] *f* ❶ *kein pl* (*Töpferwaren*) ceramics *npl,* pottery *no indef art* ❷ (*Kunstgegenstand*) ceramic, piece of pottery ❸ *kein pl* (*gebrannter Ton*) fired [*or* baked] clay

ke·ra·misch [ke'ra:mɪʃ] *adj* ceramic, pottery *attr*

Ke·ra·tin <-s, -e> [kera'ti:n] *nt* BIOL keratin

Ker·be <-, -n> ['kɛrbə] *f* (*Einkerbung*) notch ▶WENDUNGEN: **in die gleiche [o dieselbe] ~ hauen [o schlagen]** (*fam*) to take the same line

Ker·bel <-s> ['kɛrbl̩] *m kein pl* chervil

ker·ben ['kɛrbn̩] *vt* ■**etw ~** *akk* to carve sth

Kerb·holz *nt* ▶WENDUNGEN: **etw auf dem ~ haben** (*fam*) to have blotted one's copybook *fam* [*or* committed a few dirty deeds in the past]

Kerb·tier *nt* insect

Ker·ker <-s, -> ['kɛrkɐ] *m* ❶ HIST (*Verlies*) dungeon ❷ (*Strafe*) imprisonment *no pl* ❸ ÖSTERR (*Zuchthaus*) prison, jail, BRIT *a.* gaol

Ker·ker·meis·ter *m* HIST jailer, BRIT *a.* gaoler

Kerl <-s, -e *o* -s> [kɛrl] *m* (*fam*) ❶ (*Bursche*) fellow *fam,* BRIT *a.* chap *fam,* BRIT *a.* bloke *fam* ❷ (*Mensch*) person; **er ist ein anständiger/toller ~** he's a decent/terrific bloke [*or* fellow] *fam* ❸ (*Freund*) guy *fam,* fellow *fam,* BRIT *a.* bloke *fam;* **ihr ~ gefällt mir nicht** I don't like her fellow [*or* bloke]

Kern <-[e]s, -e> [kɛrn] *m* ❶ BOT, HORT *Kernobst* pip; *Steinobst* stone; **in ihr steckt ein guter ~** (*fig*) she's good at heart; **einen wahren ~ haben** (*fig*) to contain a core of truth ❷ (*Nusskern*) kernel ❸ (*Atomkern*) nucleus ❹ (*Zellkern*) nucleus ❺ (*der zentrale Punkt*) heart, crux; **der ~ eines Problems** the crux of a problem; **zum ~ eines Problems kommen** to get to the heart of a problem; **kommen wir zum ~ der Sache!** let's get to the point! ❻ (*zentraler Teil*) centre [*or* AM -er]; (*Familie*) nucleus; (*wichtigster Teil*) core, nucleus ▶WENDUNGEN: **der harte ~** the hard core

Kern·ar·beits·zeit *f* core work time [*or* working hours] **Kern·bei·ßer** <-s, -> *m* ORN hawfinch **Kern·be·stand** *m* core [constituents *pl*] **Kern·brenn·stoff** *m* nuclear fuel **Kern·ener·gie** *f* nuclear [*or* atomic] energy **Kern·ex·plo·si·on** *f* nuclear explosion **Kern·fach** *nt* SCH core subject **Kern·fa·mi·lie** *f* nuclear family **Kern·for·schung** *f* nuclear research **Kern·for·schungs·zent·rum** *nt* nuclear research centre [*or* AM -er] **Kern·fra·ge** *f* central issue, crucial question **Kern·frucht** *f* pome [fruit], pomaceous [*or* hard pip] [*or* seed] fruit **Kern·fu·si·on** *f* nuclear fusion **Kern·ge·dan·ke** *m* central idea **Kern·ge·häu·se** *nt* BOT, HORT core

kern·ge·sund *adj* fit as a fiddle *pred,* fighting fit *pred*

Kern·holz *nt* FORST heartwood **Kern·hül·le** *f* BIOL nuclear membrane
ker·nig ['kɛrnɪç] *adj* ❶ (*markig*) robust; **der Auspuff dieses Sportwagens hat einen satten, ~en Klang** this sports car's exhaust makes a lovely, powerful noise ❷ (*urwüchsig*) earthy; **die haben ~e Sprüche drauf** they come out with some earthy language ❸ (*voller Obstkerne*) full of pips *pred*
Kern·kraft *f* nuclear power
Kern·kraft·be·für·wor·ter(in) *m(f)* advocate [*or* supporter] of nuclear power **Kern·kraft·geg·ner(in)** *m(f)* opponent of nuclear power **Kern·kraft·werk** *nt* nuclear power plant [*or* station]
Kern·land *nt* heartland **kern·los** *adj* pipless; **~e Trauben** seedless grapes **Kern·obst** *nt* pome [fruit], pomaceous [*or* hard pip] [*or* seed] fruit **Kern·phy·sik** *f* nuclear physics + *sing vb, no art* **Kern·phy·si·ker(in)** *m(f)* nuclear physicist **Kern·pro·blem** *nt* central problem **Kern·punkt** *m s.* **Kern 5** **Kern·re·ak·ti·on** *f* nuclear reaction **Kern·re·ak·tor** *m* nuclear reactor **Kern·schat·ten** *m* ASTRON umbra, total shadow **Kern·schmel·ze** *f* core meltdown, meltdown of the core **Kern·sei·fe** *f* washing [*or* hard] soap **Kern·spal·tung** *f* PHYS nuclear fission *no pl, no indef art* **Kern·spin·to·mo·graf**[RR], **Kern·spin·to·mo·graph** *m* magnetic resonance imaging scanner, MRI **Kern·stück** *nt* crucial [*or* central] part [*or* element] **Kern·tech·nik** *f* nuclear engineering **Kern·tech·no·lo·gie** *f* PHYS nuclear technology **Kern·tei·lung** *f* BIOL nuclear division **Kern·ver·schmel·zung** *f* ❶ PHYS *s.* **Kernfusion** ❷ BIOL cell union, karyogamy *spec* **Kern·ver·suchs·an·la·ge** *f* nuclear test site
Kern·waf·fe *f meist pl* MIL, PHYS nuclear [*or* atomic] weapon
kern·waf·fen·frei *adj* nuclear-free **Kern·waf·fen·ver·such** *m* nuclear [*or* atomic] weapons test
Kern·zeit *f* core work time [*or* working hours]
Ke·ro·sin <-s, -e> [kero'zi:n] *nt* kerosene
Ker·ze <-, -n> ['kɛrtsə] *f* ❶ (*Wachskerze*) candle; (*elektrische Kerze*) electric Christmas-tree light ❷ AUTO (*Zündkerze*) spark [*or* BRIT *a.* sparking] plug ❸ SPORT (*Bodenübung*) shoulder stand; **eine ~ machen** to do a shoulder stand ❹ BOT (*Blütenstand*) candle, thyrus *spec*
Ker·zen·be·leuch·tung *f s.* **Kerzenlicht** **Ker·zen·docht** *m* [candle]wick **ker·zen·ge·ra·de I.** *adj* erect **II.** *adv* as straight as a die **Ker·zen·hal·ter** *m* candle-holder **Ker·zen·leuch·ter** *m* candlestick; **ein fünfarmiger ~** a candelabrum with five branches **Ker·zen·licht** *nt kein pl* candlelight; **bei ~** by candlelight **Ker·zen·schlüs·sel** *m* AUTO [spark [*or* BRIT *a.* sparking]] plug spanner **Ker·zen·stän·der** *m* candlestick, candelabrum
Ke·scher <-s, -> ['kɛʃɐ] *m* fishing-net
kess[RR], **keß**[ALT] [kɛs] **I.** *adj* ❶ (*frech und pfiffig*) cheeky, cocky; **eine kesse Antwort** a cheeky answer; **kesse Sprüche** cheeky language ❷ (*hübsch*) pert ❸ (*flott*) pert, jaunty; **eine kesse Hose** a natty pair of trousers **II.** *adv* cheekily
Kes·sel <-s, -> ['kɛsəl] *m* ❶ (*Wasserkessel*) kettle; **sie setzte den ~ auf** she put the kettle on ❷ (*großer Kochtopf*) pot ❸ (*Heizkessel*) boiler ❹ GEOG (*Mulde*) basin, basin-shaped valley ❺ MIL (*Einschlussring*) encircled area
Kes·sel·fli·cker(in) <-s, -> *m(f)* tinker **Kes·sel·haus** *nt* boiler house **Kes·sel·pau·ke** *f* kettledrum **Kes·sel·stein** *m kein pl* scale, fur **Kes·sel·trei·ben** *nt* witch-hunt
Kess·heit[RR] <-, -en> *f*, **Keß·heit**[ALT] <-, -en> *f* cheek[iness], sauciness
Ket·chup <-[s], -s> ['kɛtʃap] *m o nt s.* **Ketschup**
Ketsch <-, -en> [kɛtʃ] *f* NAUT ketch
Ket·schup[RR] <-[s], -s> ['kɛtʃap] *m o nt* ketchup
Ket·te <-, -n> ['kɛtə] *f* ❶ (*Gliederkette*) chain; **einen Hund an die ~ legen** to chain up a dog *sep*, to put a dog on a chain; **jdn an die ~ legen** (*fig*) to keep sb on a tight [*or* short] leash *fig;* **jdn in ~n legen** to put sb in chains, to clap sb in irons; **in ~n liegen** (*geh*) to be in chains; **seine ~n zerreißen** [*o* **sprengen**] (*fig geh*) to throw off [*or* break] one's chains [*or* shackles] [*or* fetters]; (*Fahrradkette*) [bicycle] chain; (*Schmuckkette*) necklace ❷ (*ununterbrochene Reihe*) line; **viele tausende Demonstranten hatten eine ~ gebildet** several thousand demonstrators had formed a human chain; (*Reihe von Gleichartigem*) *Blumen* row; *Bergen* chain; **eine ~ von Beweisen/Indizien** a body of evidence; **eine ~ von Ereignissen** a chain of events; **eine ~ von Unglücksfällen** a series [*or* chapter] of accidents ❸ ÖKON chain; **dieses Restaurant gehört zu einer ~** this restaurant is part of a chain ❹ (*in Längsrichtung verlaufende Fäden*) warp
ket·ten ['kɛtn̩] *vt* ❶ (*mit einer Kette befestigen*) ■**jdn/ein Tier an etw ~** *akk* to chain sb/an animal to sth ❷ (*fest binden*) ■**jdn an sich ~** *akk* to bind [*or* tie] sb to oneself *fig;* ■**jdn an jdn ~** to bind [*or* tie] sb to sb *fig*
Ket·ten·brief *m* chain letter **Ket·ten·fahr·zeug** *nt* tracked vehicle, Caterpillar® [vehicle] **Ket·ten·glied** *nt* link **Ket·ten·hemd** *nt* HIST coat of chain mail **Ket·ten·hund** *m* [chained-up] guard dog [*or* watchdog] **Ket·ten·ka·rus·sell** *nt* merry-go-round **Ket·ten·rau·chen** *nt* chain-smoking **Ket·ten·rau·cher(in)** *m(f)* chain-smoker **Ket·ten·re·ak·ti·on** *f* ❶ NUKL chain reaction ❷ (*aufeinanderfolgende Ereignisse*) chain reaction *fig* **Ket·ten·schal·tung** *f* derailleur gear **Ket·ten·schutz** *m* chain guard
Ket·zer(in) <-s, -> ['kɛtsɐ] *m(f)* ❶ REL (*Häretiker*) heretic ❷ (*geh: Abweichler*) heretic *fig*
Ket·ze·rei <-, -en> [kɛtsə'rai] *f* ❶ REL (*Häresie*) heresy ❷ (*geh: Abweichlertum*) heresy *fig*
Ket·ze·rin <-, -nen> *f fem form von* **Ketzer**
ket·ze·risch *adj* ❶ REL (*häretisch*) heretical, heterodox *form* ❷ (*geh: abweichlerisch*) heretical *fig*, heterodox *fig form*
keu·chen ['kɔyçn̩] *vi* ❶ *haben* (*schwer atmen*) to puff [*or* pant] ❷ *sein* (*sich schwer atmend fortbewegen*) ■**irgendwohin ~** to puff [*or* pant] somewhere
Keuch·hus·ten *m* whooping cough *no art*, pertussis *spec*
Keu·le <-, -n> ['kɔylə] *f* ❶ (*Waffe*) club, cudgel; **chemische ~** (*fig, euph*) Chemical Mace® ❷ SPORT Indian club ❸ KOCHK (*Schenkel*) leg
Keu·len·schlag *m* blow with a club [*or* cudgel] ▶WENDUNGEN: **jdn wie ein ~ treffen** to hit sb like a thunderbolt
keusch [kɔyʃ] *adj* chaste
Keusch·heit <-> *f kein pl* chastity, chasteness; **~ geloben** to take a vow of chastity
Keusch·heits·ge·lüb·de *nt* vow of chastity; **das ~ ablegen** to take a vow of chastity **Keusch·heits·gür·tel** *m* HIST chastity belt
Key·board <-s, -s> ['ki:bo:ɐ̯t] *nt* keyboard
Kfor ['ka:fo:ɐ] *f Akr von* **Kosovo-Friedenstruppe** Kfor (*NATO peacekeeping force in Kosovo*)
K-Fra·ge ['ka:-] *f kurz für* **Kanzlerfrage** *issue concerning who was to be the CDU/CSU's chancellor candidate in the 2002 German elections*
Kfz <-[s], -[s]> [ka:ɛf'tsɛt] *nt Abk von* **Kraftfahrzeug**
Kfz-Brief *m* [vehicle] registration document, BRIT *a.* log-book **Kfz-Me·cha·ni·ker(in)** *m(f)* motor [*or* AM car] mechanic **Kfz-Ver·si·che·rung** *f* motor [vehicle] insurance BRIT, motor vehicle [*or* car] insurance AM **Kfz-Werk·statt** *f* motor vehicle workshop **Kfz-Zu·be·hör** *nt* motor vehicle accessories
kg *Abk von* **Kilogramm** kg
KG <-, -s> [ka:'ge:] *f Abk von* **Kommanditgesellschaft**
kgl. *adj Abk von* **königlich**
K-Grup·pe *f* POL Communist splinter group
Kha·ki[1] <-s> ['ka:ki] *m kein pl* khaki
Kha·ki[2] <-s> ['ka:ki] *nt kein pl* (*Farbe*) khaki
kha·ki·far·ben *adj* khaki[-coloured [*or* AM -ored]]
Khar·t(o)um ['kartʊm, kar'tu:m], **Khartoum** <-s> *nt* Khartoum
Khmer [kme:ɐ̯] *nt decl wie adj* Khmer, Cambodian; *s. a.* **Deutsch**

K

kHz *Abk von* **Kilohertz** kHz

KI *f* INFORM *Abk von* **Künstliche Intelligenz** AI

Kib·buz <-, Kibbuzim *o* -e> [kɪ'bu:ts, *pl* kɪbu'tsi:m] *m* GEOG kibbutz

Ki·cher·erb·se ['kɪçɐʔɛrpsə] *f* chick-pea

ki·chern ['kɪçɐn] *vi* to giggle; ■**das K~** [the] giggling

Kick [kɪk] *m* ❶ SPORT kick ❷ (*fam: Nervenkitzel*) kick

ki·cken ['kɪkn̩] FBALL **I.** *vi* (*fam*) to play football; [**für einen Verein**] ~ to play [football] [for a club] **II.** *vt* (*fam*) **den Ball** ~ to kick the ball

Ki·cker(in) ['kɪkɐ] *m(f)* FBALL (*fam*) football [*or* AM soccer] player

Kick·star·ter *m* TECH kick-start[er]

Kid <-s, -s> [kɪt] *nt* (*sl*) kid *fam,* youngster *fam*

kid·nap·pen ['kɪtnɛpn̩] *vt* ■**jdn** ~ to kidnap sb

Kid·nap·per(in) <-s, -> ['kɪtnɛpɐ] *m(f)* kidnapper

Kid·nap·ping <-s, -s> ['kɪtnɛpɪŋ] *nt* kidnapping

kie·big ['ki:bɪç] *adj* DIAL ❶ (*frech*) cheeky, saucy, fresh *fam* ❷ (*aufgebracht*) ■~ **sein/werden** to be/get annoyed

Kie·bitz <-es, -e> ['ki:bɪts] *m* lapwing, pe[e]wit

Kie·bitz·ei·er *pl* lapwing eggs *pl*

Kie·fer[1] <-, -n> ['ki:fɐ] *f* ❶ (*Baum*) pine [tree] ❷ *kein pl* (*Holz*) pine[wood]

Kie·fer[2] <-s, -> ['ki:fɐ] *m* ANAT jaw[-bone]

Kie·fer·bruch *m* MED fracture of the jaw, jaw fracture **Kie·fer·chi·rurg(in)** *m(f)* oral surgeon **Kie·fer·chi·rur·gie** *f* oral surgery **Kie·fer·chi·rur·gin** *f fem form von* **Kieferchirurg** **Kie·fer·ge·lenk** *nt* ANAT, MED [temporo]mandibular joint *spec* **Kie·fer·höh·le** *f* ANAT maxillary sinus **Kie·fer·höh·len·ent·zün·dung** *f* maxillary sinusitis, antritis *spec*

Kie·fern·ast *m* pine[-tree] branch **Kie·fern·holz** *nt* pine[wood] **Kie·fern·kreuz·schna·bel** *m* ORN parrot crossbill **Kie·fern·na·del** *f* pine needle **Kie·fern·rin·de** *f* bark of the pine [tree], pine[-tree] bark **Kie·fern·stamm** *f* pine[-tree] trunk **Kie·fern·wald** *m* pine wood **Kie·fern·zap·fen** *m* pine cone **Kie·fern·zweig** *m* pine[-tree] twig

Kie·fer·or·tho·pä·de, -or·tho·pä·din <-n, -n> *m, f* MED orthodontist

kie·ken ['ki:kn̩] *vi* NORDD (*gucken*) to look

Kie·ker <-s, -> ['ki:kɐ] *m* ▶ WENDUNGEN: **jdn auf dem ~ haben** (*fam: sich jdn herausgepickt haben, um auf ihm herumhacken zu können*) to have it in for sb *fam;* (*jdn seit längerem mit Misstrauen beobachten*) to have one's eye on sb; (*an jdm sehr interessiert sein*) to have one's eye on sb

kie·ksen *vi* to squeak

Kiel <-[e]s, -e> [ki:l] *m* ❶ (*Schiffskiel*) keel ❷ (*Federkiel*) quill ▶ WENDUNGEN: **ein Schiff auf ~ legen** NAUT to lay down [the keel of] a ship *sep*

kiel·ho·len *vt* ■**gekielholt werden** ❶ NAUT to be careened ❷ HIST to be keel-hauled **kiel·oben** [ki:l'ʔo:bn̩] *adv* bottom [*or* keel] up **Kiel·raum** *m* bilge **Kiel·was·ser** *nt* wake, wash; **in jds ~ segeln** [*o* **schwimmen**] (*fig*) to follow in sb's wake *fig*

Kie·me <-, -n> ['ki:mə] *f* gill

Kie·men·schne·cke *f* ZOOL whelk

Kien <-[e]s> ['ki:n] *m,* **Kien·span** ['ki:n-] *m kein pl* pine[wood] spill

Kie·pe <-, -n> ['ki:pə] *f* NORDD pannier, dosser

Kies <-es, -e> [ki:s] *m* ❶ (*kleines Geröll*) gravel *no pl* ❷ *kein pl* (*sl: Geld*) dough *sl no indef art,* bread *sl no indef art,* BRIT *a.* dosh *sl no indef art*

Kie·sel <-s, -> ['ki:zl̩] *m s.* **Kieselstein**

Kie·sel·säu·re *f* CHEM silicic acid **Kie·sel·stein** *m* pebble **Kie·sel·strand** *m* shingle [*or* pebble] beach

Kies·gru·be *f* gravel pit **Kies·weg** *m* gravel path

Kie(t)z <-es, -e> [ki:ts] *m* ❶ (*Berliner Stadtviertel*) neighbourhood BRIT, neighborhood AM, area of town ❷ (*sl: Strich*) red-light district; **auf dem ~** (*sl*) in the neighbourhood [*or* AM neighborhood]

Kiew <-s> ['ki:ɛf] *nt* Kiev

kif·fen ['kɪfn̩] *vi* (*sl*) to smoke pot *fam* [*or fam* dope] [*or sl* grass]

Kif·fer(in) <-s, -> *m(f)* (*sl*) pot-smoker *fam,* pot-head *fam,* dope-head *fam*

ki·ke·ri·ki [kikəri'ki:] *interj* cock-a-doodle-doo

kil·len ['kɪlən] *vt* (*sl*) ■**jdn** ~ to bump off [*or* do in] sb *sep sl,* to kill sb

Kil·ler(in) <-s, -> ['kɪlɐ] *m(f)* (*sl*) hit man

Kil·ler·in·stinkt *m* (*sl*) killer instinct **Kil·ler·zel·le** *f* MED (*Zellen des Immunsystems, die Fremdsubstanzen unschädlich macht*) T cytotoxic cell

Ki·lo <-s, -[s]> ['ki:lo] *nt* (*fam*) *s.* **Kilogramm** kilo

Ki·lo·byte ['ki:lobait] *nt* kilobyte **Ki·lo·gramm** *nt* kilogramme [*or* AM -am] **Ki·lo·hertz** *nt* PHYS kilohertz, kilocycle [per second] **Ki·lo·joule** ['ki:lodʒaul, -dʒu:l] *nt* kilojoule **Ki·lo·ka·lo·rie** ['ki:lokalori:] *f* PHYS kilocalorie

Ki·lo·me·ter [kilo'me:tɐ] *m* ❶ (*1000 Meter*) kilometre [*or* AM -er]; **bei ~ ...** SPORT after ... kilometres; **bei ~ 15 gab es den ersten Getränkestand** the first drinks stand came after 15 kilometres ❷ (*fam: Stundenkilometer*) ... [kilometres [*or* AM -ers] per hour]; **auf dieser Strecke herrscht eine Geschwindigkeitsbeschränkung von 70 ~n** there's a speed limit of 70 [kilometres per hour] on this stretch [of road]

Ki·lo·me·ter·geld *nt* FIN mil[e]age [allowance] **ki·lo·me·ter·lang** **I.** *adj* stretching for miles *pred;* **eine ~e Autoschlange/Fahrzeugschlange/ein ~er Stau** a line of cars/vehicles/a traffic jam stretching [back] [*or* BRIT *a.* tailback stretching] for miles; **ein ~er Strand** a beach stretching for miles [and miles] **II.** *adv* for miles [and miles], for miles on end **Ki·lo·me·ter·pau·scha·le** *f* FIN [tax] mil[e]age allowance **Ki·lo·me·ter·stand** *m* mil[e]age [reading]; **bei ~ ...** with a mil[e]age reading of ..., with ... on the clock, after ... kilometres [*or* AM -ers] [*or* miles]; **bei ~ 25.000 haben Sie die nächste Inspektion!** your next service is due at [*or* after] 25,000 kilometres! **Ki·lo·me·ter·stein** *m* milestone **ki·lo·me·ter·weit** **I.** *adj* for miles [and miles] *pred;* **sie machen gerne ~e Wanderungen** they like taking walks which last for many miles [*or* walking for miles] **II.** *adv* for miles [and miles]; **von der Bergkuppe kann man ~ sehen** you can see for kilometres [*or* miles] from the top of the mountain **Ki·lo·me·ter·zäh·ler** *m* milometer, odometer, mil[e]age counter [*or* indicator]

Ki·lo·watt [kilo'vat, 'kilo-] *nt* kilowatt

Ki·lo·watt·stun·de [kilo'vat-, 'kilo-] *f* kilowatt-hour

Kim·me <-, -n> ['kɪmə] *f* back [*or* rear] sight; **über ~ und Korn zielen** to aim over notch and bead sight [*or* open sights]

Kind <-[e]s, -er> [kɪnt, *pl* kɪndɐ] *nt* ❶ (*Nachkomme*) child; **ihre ~er sind drei und vier Jahre alt** her children are three and four years old; **~er Gottes** (*fig*) God's children; **ein ~ in die Welt setzen** [*o geh* **zur Welt bringen**] to bring a child into the world; **das ist nichts für kleine ~er** that's not for your young eyes/ears; [**du bist aber ein**] **kluges ~!** (*iron*) oh, aren't you clever! *iron;* **jds leibliches ~** sb's own child; **ein uneheliches** [*o* **nicht eheliches**] **~** an illegitimate child, a child born out of wedlock; **bei jdm ist ein ~ unterwegs** sb is expecting [a baby] [*or* pregnant]; **ein ~** [**von jdm**] **bekommen** [*o* **erwarten**] [*o* **kriegen**] to be expecting a baby [*or* pregnant] [by sb], to be with child *form,* to be pregnant with sb's child; **wir bekommen ein ~!** we're going to have a baby!; **jdm ein ~ machen** (*sl*) to put sb in the club *fam* [*or* BRIT *sl* up the duff], to put a bun in sb's oven *hum sl,* to get sb in the family way *fam,* to knock sb up *sl;* **sich** *dat* **ein ~ wegmachen lassen** (*sl*) to get rid of a baby *euph;* **das weiß doch jedes ~!** (*fam*) any child [*or* five-year-old] knows [*or* could tell you] that; **von ~ auf** [*o* **an**] from childhood [*or* an early age]; **aber ~!** child, child!; **das ~ im Manne** (*fig*) he's a boy at heart; **jdn an ~es Statt annehmen** JUR to adopt sb; **ein ~ des Todes sein** (*fig veraltend geh*) to be as good as dead; **ein großes ~ sein** to be a big baby; **noch ein halbes ~ sein** to be still almost a child; **sich wie ein ~ freuen** to be as pleased as Punch; **kein ~**

mehr sein not to be a child any more ❷ *pl* (*fam: Leute*) folks *pl;* **~er, ~er!** (*fam*) dear oh dear!, goodness me! ▶ WENDUNGEN: **das ~ mit dem Bade ausschütten** to throw out the baby with the bathwater; **jdm ein ~ in den Bauch reden** (*fam*) to talk the hind legs off a donkey; **reden Sie mir kein ~ in den Bauch, ich kaufe Ihnen sowieso nichts ab** I'm not going to buy anything off you, however much you try and soft-soap me; **mit ~ und Kegel** (*hum fam*) with the whole family; **aus ~ern werden Leute** (*prov*) children grow up [all too] quickly; **das ~ muss einen Namen haben** it must be called something; **das ~ beim [rechten] Namen nennen** to call a spade a spade; **~er und Narren [o Betrunkene] sagen die Wahrheit** (*prov*) children and fools speak the truth *prov;* **kleine ~er, kleine Sorgen, große ~er, große Sorgen** (*prov*) children when they are little make parents fools, when great, mad [*or* they are great they make them mad] *prov;* **kein ~ von Traurigkeit sein** (*hum*) to be sb who enjoys life; **ich bin kein ~ von Traurigkeit** I [like [*or* know how] to] enjoy life; **ein ~ seiner Zeit sein** to be a child of one's time; **[ein] gebranntes ~ scheut das Feuer** once bitten, twice shy *prov;* **was Glücksspiele angeht, bin ich ein gebranntes ~!** I've learned my lesson as far as games of chance are concerned; **bei jdm lieb ~ sein** (*fam*) to be sb's favourite [*or* blue-eyed boy] [*or* girl]; **sich bei jdm lieb ~ machen** (*fam*) to [try and] get on the right side of sb [*or* in sb's good books]; **wie sag' ich's meinem ~e?** (*hum*) I don't know how to put it, how should I put it?; **ich kann ihm nicht helfen, aber wie sag' ich's meinem ~e?** I can't help him, but how am I going to tell him?; **wir werden das ~ schon schaukeln** (*fam*) we'll manage to sort it [*or* everything] out

Kind·bett *nt* (*veraltend*) *s.* **Wochenbett**

Kind·bett·fie·ber *nt s.* **Wochenbettfieber**

Kind·chen <-s, -> ['kɪntçən] *nt dim von* **Kind** ❶ (*Baby*) baby ❷ (*mein liebes Kind*) my dear child, little one

Kind·chen·sche·ma *nt* PSYCH baby schema

Kin·der·ar·beit *f* child labour [*or* AM -or] **Kin·der·arzt, -ärz·tin** *m, f* paediatrician BRIT, pediatrician AM **Kin·der·au·gen** *pl* children's [*or* child's] eyes; **[vor Erstaunen] ~ bekommen** [*o* **machen**] to be wide-eyed [with astonishment] **Kin·der·be·klei·dung** *f* children's wear **Kin·der·bett** *nt* cot **Kin·der·bild** *nt* childhood photograph **Kin·der·buch** *nt* children's book **Kin·der·bü·ro** *nt* children's advice centre [*or* AM -er]

Kin·der·chen *pl dim von* **Kind** kiddie

Kin·der·chor [-koːɐ] *m* children's choir **Kin·der·dorf** *nt* children's village **Kin·der·ehe** *f* child marriage

Kin·de·rei <-, -en> [kɪndə'rai] *f* childishness *no pl, no indef art*

Kin·der·er·zie·hung *f* bringing up [*or* raising] [*or* rearing] children **Kin·der·fahr·kar·te** *f* child's ticket **Kin·der·fahr·rad** *nt* child's bicycle [*or fam* bike] **kin·der·feind·lich I.** *adj* anti-children; **eine ~e Architektur/Planung** architecture/planning which does not cater for children [*or* take children into account] **II.** *adv* with little thought [*or* regard] [*or* without regard] for children **Kin·der·feind·lich·keit** *f* anti-children attitude; **die ~ von Architektur/Gesellschaft** the failure of architecture/society to cater for children [*or* take children into account] **Kin·der·fest** *nt* children's party **Kin·der·film** *m* children's film **Kin·der·frei·be·trag** *m* child [*or* children's] allowance **Kin·der·freund(in)** *m(f)* sb who loves children; **ein ~ sein** to be [very] fond of children **kin·der·freund·lich I.** *adj* child-orientated [*or* AM -oriented] [*or* -friendly]; **~e Architektur** architecture which caters for children [*or* takes children into account] **II.** *adv* with children in mind **Kin·der·gar·ten** *m* kindergarten, nursery school

i Kultur

Kindergärten in Germany are public institutions which are usually run by the to the local authority. Children of pre-school age are supervised by specially trained teachers for between four and six hours a day. Every 3-year-old in Germany has a basic right to a place in a **Kindergarten.**

Kin·der·gärt·ner(in) *m(f)* kindergarten [*or* nursery-school] teacher **Kin·der·ge·burts·tag** *m* child's birthday **Kin·der·geld** *nt* child benefit, family allowance *dated* **Kin·der·ge·sicht** *nt* ❶ (*Gesicht eines Kindes*) child's face; **beim Fest sah man nur frohe/glückliche ~er** one could see only happy children's faces at the party ❷ (*kindliches Gesicht*) childlike face **Kin·der·got·tes·dienst** *m* children's service **Kin·der·heil·kun·de** *f* paediatrics BRIT *no art, + sing vb,* pediatrics AM *no art, + sing vb* **Kin·der·heim** *nt* children's home **Kin·der·hort** *m* day-nursery, BRIT *a.* crèche **Kin·der·kli·nik** *f* MED children's [*or* paediatric [*or* AM pediatric]] clinic **Kin·der·kran·ken·haus** *nt s.* **Kinderklinik Kin·der·krank·heit** *f* ❶ (*Krankheit*) childhood disease [*or* illness] ❷ *meist pl* (*fig: Anfangsprobleme*) teething troubles *pl fig* **Kin·der·krie·gen** <-s> *nt kein pl* (*fam*) (*das Gebären*) giving birth *no art,* having children *no art* ▶ WENDUNGEN: **zum ~ sein** to be enough to drive one up the wall [*or* round [*or* AM around] the bend] *fam* **Kin·der·krip·pe** *f* day-nursery, BRIT *a.* crèche **Kin·der·la·den** *m* anti-authoritarian kindergarten [*or* nursery school] **Kin·der·läh·mung** *f* polio, poliomyelitis *spec,* infant[ile] paralysis *dated* **kin·der·leicht** ['kɪndɐ'laiçt] **I.** *adj* very [*or* BRIT *a. fam* dead] easy; ■ **~ sein** to be child's play *fam* **II.** *adv* very easily; **etw ist ~ zu bedienen/montieren** sth is very [*or* BRIT *a. fam* dead] easy to operate/assemble

Kin·der·lein *pl s.* **Kinderchen**

kin·der·lieb ['kɪndɐliːp] *adj* fond of children *pred* **Kin·der·lie·be** *f* love of children **Kin·der·lied** *nt* nursery rhyme

kin·der·los *adj* childless

Kin·der·lo·sig·keit <-> *f kein pl* childlessness

Kin·der·mäd·chen *f* nanny, nursemaid **Kin·der·mär·chen** *nt* (*fam*) fairy story, fairy-tale **Kin·der·mo·de** *f* children's fashion **Kin·der·mord** *m* (*Mord an einem Kind*) child murder, infanticide; **einen ~ begehen** to murder a child, to commit child murder [*or* infanticide] **Kin·der·mör·der(in)** *m(f)* child murderer **Kin·der·mund** *m* (*Mund eines Kindes*) child's mouth ▶ WENDUNGEN: **~ tut Wahrheit kund** (*prov*) out of the mouths of babes and sucklings *prov,* children are never shy about telling the truth **Kin·der·narr, -när·rin** *m, f* sb who loves children **Kin·der·por·no·gra·phie, Kin·der·por·no·gra·fie**[RR] *f* child pornography **Kin·der·pro·gramm** *nt* TV, RADIO children's programme [*or* AM -am] **Kin·der·pros·ti·tu·ti·on** *f* child prostitution **Kin·der·psy·cho·lo·gie** *f* child psychology **kin·der·reich** *adj* with many children *pred;* **eine ~e Familie** a large family **Kin·der·reich·tum** *m kein pl* abundance of children **Kin·der·reim** *m* nursery rhyme **Kin·der·schän·der(in)** <-s, -> *m(f)* JUR, SOZIOL child molester [*or* abuser] **Kin·der·schar** *f* crowd of children **Kin·der·schreck** *m kein pl* (*pej*) bog[e]yman **Kin·der·schuh** *m* (*Schuh für Kinder*) child's shoe; **den ~en entwachsen sein** (*geh*) to have grown up [*or* become an adult]; **noch in den ~en stecken** (*fig*) to be still in its infancy; **dieses Verfahren steckt noch in den ~en** this process is still in its infancy **Kin·der·se·gen** *m* (*bes hum*) large number of children **Kin·der·si·che·rung** *f* AUTO child[proof] safety catch **Kin·der·sitz** *m* ❶ AUTO (*Rücksitzaufsatz*) child safety seat ❷ (*Fahrradaufsatz*) child-carrier seat **Kin·der·spiel** *nt* children's game; **[für jdn] ein ~ sein** (*fig*) to be child's play [to sb] **Kin·der·spiel·platz** *m* [children's] playground **Kin·der·spiel·zeug** *nt* [children's [*or* child's]] toy **Kin·der·spra·che** *f* child [*or* children's] language **Kin·der·sterb·lich·keit** *f* infant mortality **Kin·der·stim·me** *f* child's voice **Kin·der·stu·be** *f* DIAL (*Kinderzimmer*) children's room, nursery ▶ WENDUNGEN: **eine/keine gute ~ gehabt haben** to have been well/badly brought up [*or* had a good/bad upbringing] **Kin·der·ta·ges·**

K

stät·te *f s.* Kinderhort **Kịn·der·tel·ler** *m* child [*or* children's] portion **Kịn·der·vers** *m s.* **Kinderreim Kịn·der·wa·gen** *m* pram BRIT, pushchair BRIT, perambulator BRIT *dated,* baby carriage AM **Kịn·der·zahl** *f* number of children **Kịn·der·zim·mer** *nt* children's room **Kịn·der·zu·schlag** *m* FIN [additional] child benefit [*or dated* family allowance]

Kịn·des·al·ter *nt* **seit frühestem** ~ from a very early age; **im** ~ **sein** to be a child; **sich noch im** ~ **befinden** (*geh*) to be still a child **Kịn·des·bei·ne** *pl* **von** ~**n an** from childhood [*or* an early age] **Kịn·des·ent·füh·rung** *f* kidnapping [*or* abduction] of a child, child abduction **Kịn·des·kind** ['kɪndəskɪnt] *nt* (*veraltet: Enkelkind*) grandchild ▶WENDUNGEN: **Kind und** ~**er** [all] sb's [*or* one's] children and grandchildren **Kịn·des·miss·brauch**RR *m* JUR child abuse *no pl* [*or* molestation] *no pl* **Kịn·des·miss·hand·lung**RR *f* child abuse **Kịn·des·mord** *m* child murder, murder of a child, infanticide, murder of one's own child [*or* children] **Kịn·des·mör·der(in)** *m(f)* child-murderer

kịnd·ge·mäß I. *adj* suitable for children *pred* **II.** *adv* suitably for children

kịnd·haft *adj* childlike

Kịnd·heit <-> *f kein pl* childhood; **von** ~ **an** from childhood [*or* an early age]

Kịnd·heits·er·in·ne·rung *f* childhood memory *usu pl*

kin·disch ['kɪdɪʃ] *adj* (*pej*) childish *pej;* ~**es Benehmen/Verhalten** childish [*or* infantile] behaviour [*or* AM -or]

kind·lich ['kɪntlɪç] **I.** *adj* childlike; **ein** ~**es Gesicht** a childlike face [*or* baby-faced]; **eine** ~**e Verhaltensweise** a childlike way of behaving **II.** *adv* ~ **scheinen/wirken** to appear/seem childlike; **sich** ~ **verhalten** to behave in a childlike way

Kinds·kopf ['kɪntskɔpf] *m* (*fam*) big kid; **ihr seid vielleicht Kindsköpfe!** you really are childish! **Kịnd(s)·tau·fe** *f* christening **Kịnds·tod** *m* infant death; **plötzlicher** ~ sudden infant death syndrome

Ki·ne·ma·thek <-, -en> [kinema'te:k] *f* film library [*or* archive]

Ki·ne·tik <-> [ki'ne:tɪk] *f kein pl* kinetics + *sing vb, no art*

ki·ne·tisch [ki'ne:tɪʃ] *adj* kinetic

King <-s> [kɪŋ] *m* **der** ~ **sein** (*sl*) to be [the] top dog *fam*

Kin·ker·litz·chen ['kɪnkelɪtsçən] *pl* (*fam*) trifles *pl,* trivialities *pl*

Kinn <-[e]s, -e> [kɪn] *nt* chin; **ein eckiges/kantiges** ~ a square chin; **ein energisches** ~ a strong [*or* firm] chin; **ein spitzes** ~ a pointed chin; **ein vorspringendes** ~ a prominent [*or* projecting] chin

Kịnn·bart *m* goatee [beard] **Kịnn·ha·ken** *m* hook to the chin **Kịnn·la·de** *f* jaw[-bone], mandible *spec;* **vor Verblüffung klappte ihm die** ~ **hinunter** his jaw dropped [open] in amazement **Kịnn·rie·men** *m* chin-strap

Ki·no <-s, -s> ['ki:no] *nt* cinema, AM *usu* [movie] theater; (*Filmvorführung*) film; **im** ~ **kommen** [*o* **spielen**] to be on [*or* AM playing] at the cinema [*or* AM *a.* movies *npl*] [*or* AM *usu* [movie] theater]

Ki̱·no·be·such *m* visit to the cinema [*or* AM *usu* movie theater] **Ki̱·no·be·su·cher(in)** *m(f)* cinema-goer **Ki̱·no·film** *m* cinema film BRIT, movie AM **Ki̱·no·gän·ger(in)** <-s, -> *m(f)* cinema-goer **Ki̱·no·kar·te** *f* [cinema] ticket **Ki̱·no·kas·se** *f* cinema box-office **Ki̱·no·pro·gramm** *nt* cinema [*or* film] guide **Ki̱·no·vor·hang** *m* [cinema [*or* AM *usu* movie theater]] curtain **Ki̱·no·wer·bung** *f* cinema advertising

Ki·osk <-[e]s, -e> ['ki:ɔsk] *m* kiosk

Kip·fe(r)l <-s, -[n]> ['kɪpfl̩, -fəl] *nt* KOCHK ÖSTERR (*Hörnchen*) croissant

Kip·pe <-, -n> ['kɪpə] *f* ❶ (*fam: Deponie*) tip BRIT, dump AM ❷ (*fam: Zigarettenstummel*) dog-[*or* fag-]end BRIT *sl,* cigarette end [*or* AM butt]; (*Zigarette*) fag BRIT *sl,* snout BRIT *sl,* cigarette AM ▶WENDUNGEN: **auf der** ~ **stehen** (*fam*) to hang in the balance; [**in etw** *dat*] **auf der** ~ **stehen** (*fam*) to be on the borderline [in sth]; **sie steht in mehreren Fächern auf der** ~ she's on the borderline [*or* a borderline case] in several subjects; **auf der** ~ **stehen, ob ...** (*fam*) it's touch and go whether ...

kip·pen ['kɪpn̩] **I.** *vt haben* ❶ (*schütten*) ■**etw irgendwohin** ~ to tip sth somewhere ❷ (*schräg stellen*) ■**etw** ~ to tilt [*or* tip [up *sep*]] sth; **ein Fenster** ~ to tilt a window; **„bitte nicht** ~**"** "please do not tilt" ❸ (*scheitern lassen*) ■**jdn/etw** ~ to topple sb/to halt sth; **einen Artikel/eine Reportage** ~ to pull an article/a report; **eine Gesetzesvorlage** ~ to vote down a bill; **ein Urteil** ~ to overturn a judgement ▶WENDUNGEN: [**gerne**] **einen/ein paar kippen** (*fam*) to like a drink [or two] **II.** *vi sein* ❶ (*aus dem Schrägstand umfallen*) to tip [*or* topple] over; ■[**von etw**] ~ to fall [off sth]; **er kippte ganz plötzlich nach vorne/vom Sessel** he suddenly toppled forwards/fell off his chair ❷ (*zurückgehen*) to fall, to go down; **hoffentlich kippt das Wetter nicht** hopefully the weather won't change for the worse ❸ (*nicht mehr funktionieren*) *Ökosystem* to collapse ▶WENDUNGEN: **aus den Latschen** ~ to fall through the floor

Kịpp·fens·ter *nt* laterally pivoted window **Kịpp·lo·re** *f* BERGB tipper wagon BRIT, dumper [*or* AM dump] truck **Kịpp·schal·ter** *m* ELEK toggle [*or* tumbler] switch

Kir·che <-, -n> ['kɪrçə] *f* ❶ (*Gebäude, Gottesdienst*) church ❷ (*bestimmte Glaubensgemeinschaft*) Church, religion; **die Bekennende** ~ HIST the Confessional [*or* Confessing] Church (*in Germany under National Socialism*)*;* **die evangelische** ~ the Protestant Church; **die katholische** ~ the Catholic Church; **aus der** ~ **austreten** to leave the Church ❸ (*Institution*) Church ▶WENDUNGEN: **die** ~ **im Dorf lassen** (*fam*) to not get carried away; **die** ~ **ums Dorf tragen** to do things in a roundabout way

Kịr·chen·äl·tes·te(r) *f(m) decl wie adj* [church-]elder **Kịr·chen·asyl** *nt* REL religious asylum *no pl* **Kịr·chen·aus·tritt** *m* secession from [*or* leaving [of]] the Church **Kịr·chen·bank** *f* [church] pew **Kịr·chen·bann** *m* REL excommunication **Kịr·chen·buch** *nt* parish register **Kịr·chen·chor** *m* church choir **kịr·chen·feind·lich** *adj* REL anticlerical **Kịr·chen·fens·ter** *nt* church window **Kịr·chen·ge·mein·de** *f* parish **Kịr·chen·ge·schich·te** *f* ❶ REL (*Geschichte der christlichen Kirche*) church [*or* ecclesiastical] history ❷ HIST history of the church **Kịr·chen·glo·cke** *f* church bell **Kịr·chen·kup·pel** *f* cathedral['s] dome, dome of a/the cathedral **Kịr·chen·licht** *nt* ▶WENDUNGEN: **kein** [**großes**] ~ **sein, nicht gerade ein großes** ~ **sein** (*fam*) to be not very bright [*or fam* a bit dim] **Kịr·chen·lied** *nt* hymn **Kịr·chen·maus** *f* ▶WENDUNGEN: **arm wie eine** ~ **sein** (*fam*) to be as poor as a church mouse *fam* **Kịr·chen·mu·sik** *f* church [*or* sacred] music **Kịr·chen·pfle·ger** *m* church warden **Kịr·chen·por·tal** *nt* church portal **Kịr·chen·recht** *nt* canon [*or* ecclesiastical] law **Kịr·chen·schiff** *nt* ARCHIT (*Längsschiff*) nave; (*Querschiff*) transept **Kịr·chen·staat** *m* HIST Papal States *pl* **Kịr·chen·steu·er** *f* church tax

i Kultur

Kirchensteuer – *church tax* is equivalent to about 8% of earnings and is payable, in addition to income tax, by everyone who belongs to the Protestant or Catholic churches. It is usually forwarded directly to the relevant churches by the Inland Revenue. In Austria, the churches themselves collect the contributions in varying amounts and in Switzerland, church tax is regulated by cantonal law.

Kịr·chen·tag *m* Church congress **Kịr·chen·va·ter** *m* Church Father **Kịr·chen·volk** *nt kein pl* REL, SOZIOL church members *pl* **Kịr·chen·vor·stand** *m* parochial church council

Kịrch·gang <-gänge> *m* church-going, going to church; **der sonntägliche** ~ going to church on Sunday[s] **Kịrch·gän·ger(in)** <-s, -> *m(f)* church-goer **Kịrch·hof** *m* (*veraltend*) church graveyard

kirch·lich ['kɪrçlɪç] **I.** *adj* REL ❶ (*von der Kirche ausgehend*) church *attr;* ecclesiastical; **ein ~er Dispens** an ecclesiastical dispensation, a dispensation from the church; **ein ~er Feiertag** a religious holiday; **auf ~e Missbilligung treffen** to meet with ecclesiastical disapproval [*or* the disapproval of the church] ❷ (*nach den Riten der Kirche*) church *attr;* **ein ~es Begräbnis** a church burial **II.** *adv* ~ **bestattet werden** to have a church funeral [*or* Christian burial]; **sich ~ trauen lassen/~ heiraten** to get married in church [*or* have a church wedding]

Kirch·spiel *nt* REL, ADMIN (*veraltend*) parish

Kirch·turm *m* [church] steeple, church tower

Kirch·turm·po·li·tik *f* (*pej*) parish-pump politics + *sing vb*

Kirch·turm·spit·ze *f* church spire

Kirch·weih <-, -en> *f,* **Kirch·wei·he** *f* (*ländlicher Jahrmarkt*) [country] fair

Kir·gi·se, Kir·gi·sin <-n, -n> [kɪr'gi:zə, kɪr'gi:zɪn] *m, f* Kyrgyz[stani], Kirghiz; *s. a.* **Deutsche(r)**

Kir·gi·sisch [kɪr'gi:zɪʃ] *nt decl wie adj* Kyrgyz, Kirghiz; *s. a.* **Deutsch**

kir·gi·sisch [kɪr'gi:zɪʃ] *adj* Kyrgyz[stani]; *s. a.* **deutsch**

Kir·gi·si·sche <-n> [kɪr'gi:zɪʃə] *nt* ■**das** ~ Kyrgyz, the Kyrgyz language; *s. a.* **Deutsche**

Kir·gi·sis·tan <-s> [kɪr'gi:zɪsta:n] *nt* Kyrgyzstan, Kirghizia; *s. a.* **Deutschland**

Ki·ri·ba·ti <-s> [kiri'ba:ti] *nt* Kiribati; *s. a.* **Sylt**

Ki·ri·ba·ti·er(in) <-s, -> *m(f)* I-Kiribati; *s. a.* **Deutsche(r)**

ki·ri·ba·tisch *adj* I-Kiribati; *s. a.* **deutsch**

Kir·mes <-, -sen> ['kɪrmɛs] *f* DIAL (*Kirchweih*) fair (*held on the anniversary of the consecration of a church*)

kir·re ['kɪrə] *adj pred* (*fam*) **jdn ~ machen** to bring sb to heel; (*verrückt machen*) to drive sb mad [*or* up the wall] *fam;* ~ **werden** to get [*or* become] confused

Kirsch <-[e]s, -> [kɪrʃ] *m* DIAL (*Kirschwasser*) kirsch

Kirsch·baum ['kɪrʃbaum] *m* ❶ (*Baum*) cherry tree ❷ *kein pl* (*Holz*) cherry[-wood] *no pl* **Kirsch·blü·te** *f* cherry blossom

Kir·sche <-, -n> ['kɪrʃə] *f* ❶ (*Frucht des Kirschbaums*) cherry ❷ (*Kirschbaum 1*) cherry tree ❸ *kein pl* (*Kirschholz*) cherry[-wood] *no pl* ▶ WENDUNGEN: **mit jdm ist nicht gut ~n essen** (*fam*) it's best not to tangle with sb

Kirsch·ent·ker·ner <-s, -> *m* cherry-stoner **Kirsch·ge·schmack** *m* cherry flavour [*or* AM -or] **Kirsch·kern** *m* cherry stone **Kirsch·li·kör** *m* cherry brandy [*or* liqueur] **Kirsch·mar·me·la·de** *f* cherry jam **kirsch·rot** ['kɪrʃro:t] *adj* cherry[-red] **Kirsch·stän·gel**[RR] *m* cherry stalk **Kirsch·to·ma·te** *f* cherry tomato **Kirsch·tor·te** *f* cherry gateau [*or* AM cake]; **Schwarzwälder** ~ Black Forest gateau **Kirsch·was·ser** *nt* kirsch **Kirsch·zweig** *m* cherry-tree twig

Kis·sen <-s, -> ['kɪsn̩] *nt* (*Kopfkissen*) pillow; (*Zierkissen*) cushion

Kis·sen·be·zug *m* (*Kopfkissenbezug*) pillowcase, pillowslip; (*Zierkissenbezug*) cushion cover **Kis·sen·schlacht** *f* (*fam*) pillow-fight

Kis·te <-, -n> ['kɪstə] *f* ❶ (*hölzerner Behälter*) box, crate; **eine ~ Wein/Champagner** a case of wine/champagne; **eine ~ Zigarren** a box of cigars ❷ (*sl: Auto*) crate *fam,* [old] banger [*or* AM clunker] *fam;* (*Flugzeug*) old crate *fam;* (*Boot*) old tub *fam* ❸ (*Fernseher*) the box *fam;* (*Computer*) computer ❹ (*Bett*) sack; **ab in die ~!** hit the sack! ▶ WENDUNGEN: **eine faule ~** a fishy business; **fertig ist die ~!** (*fam*) that's it! [*or* that], BRIT *a.* Bob's your uncle! *fam;* **eine tolle ~** a big spree; **in die ~ springen** [*o* **hüpfen**] (*sl*) to kick the bucket *fam,* BRIT *a.* to snuff it *sl,* BRIT *a.* to peg out *sl*

kis·ten·wei·se *adv* ❶ (*viele Kisten umfassend*) several cases [*or* boxes] of; ~ **Champagner** several cases of champagne ❷ (*in Kisten verpackt*) by the case [*or* box]

Ki·su·a·he·li, Kis·wa·hi·li [kizua'he:li] *nt decl wie adj* Swahili

Kitsch <-es> [kɪtʃ] *m kein pl* kitsch

kit·schig ['kɪtʃɪç] **I.** *adj* kitschy **II.** *adv* kitschily

Kitt <-[e]s, -e> [kɪt] *m* putty

Kitt·chen <-s, -> ['kɪtçən] *nt* (*fam*) jail, clink *sl,* stir *sl,* BRIT *a.* nick *sl*

Kit·tel <-s, -> ['kɪtl̩] *m* ❶ (*Arbeitskittel*) overall; **der ~ eines Arztes/Laboranten** a doctor's/lab technician's white coat ❷ SÜDD (*Jacke*) jacket

Kit·tel·schür·ze *f* overall

kit·ten ['kɪtn̩] *vt* ❶ (*ver~*) ■**etw** [**mit etw**] ~ to fill sth [with sth] ❷ (*mit Kitt kleben*) ■**etw** ~ to stick sth together with cement; ■**etw** [**an etw** *akk*] ~ to cement sth [to sth] ❸ (*in Ordnung bringen*) ■**etw** [**wieder**] ~ to patch up sth *sep* [again] *fig*

Kitz <-es, -e> [kɪts] *nt* kid

Kit·zel <-s, -> ['kɪtsl̩] *m* ❶ (*Juckreiz*) tickling feeling ❷ (*Lust auf Verbotenes*) thrill

kit·ze·lig ['kɪtsəlɪç] *adj* ❶ (*gegen Kitzeln empfindlich*) ticklish; ■[**irgendwo/an etw** *dat*] ~ **sein** to be ticklish [somewhere/on sth] ❷ (*heikel*) ticklish; **eine ~e Angelegenheit** a delicate matter

kit·zeln ['kɪtsl̩n] **I.** *vt* ❶ (*einen Juckreiz hervorrufen*) ■**jdn** [**irgendwo/an etw** *dat*] ~ to tickle sb [somewhere/on sth] ❷ (*reizen*) ■**jdn** ~ to titillate sb ❸ (*die Sinne reizen*) ■**etw** ~ to arouse sth **II.** *vi* ■[**irgendwo/an etw** *dat*] ~ to tickle [somewhere]; **hör auf, das kitzelt!** stop it, it [*or* that] tickles! **III.** *vt impers* ❶ (*jucken*) ■**es kitzelt jdn** [**irgendwo**] sth is tickling somewhere ❷ (*reizen*) ■**es kitzelt jdn**[**, etw zu tun**]: **es kitzelt mich sehr, da mitzumachen** I'm really itching to join in

Kit·zeln <-s> ['kɪtsl̩n] *nt kein pl* tickling

Kitz·ler <-s, -> *m* ANAT clitoris

kitz·lig ['kɪtslɪç] *adj s.* **kitzelig**

Ki·wi <-, -s> ['ki:vi] *f* kiwi [fruit]

KKW <-s, -s> [ka:ka:'ve:] *nt Abk von* **Kernkraftwerk**

Kla·bau·ter·mann <-männer> *m* (*guter Geist*) protective spirit (*watching over a ship*); (*Kobold*) ship's kobold

klack [klak] *interj* (*Geräusch zweier aufeinandertreffender harter Gegenstände*) clack; ~ **machen** to go clack; (*platschendes Geräusch*) splosh

kla·cken ['klakn̩] *vi* (*fam*) to click, to clack; **die Billardkugel stieß ~d gegen die andere** the billiard balls hit each other with a clack

klacks [klaks] *interj* splat

Klacks <-es, -e> [klaks] *m* (*fam*) ❶ (*platschendes Geräusch*) splat, splosh ❷ (*kleines bisschen*) dab, blob ▶ WENDUNGEN: [**für jdn**] **ein ~ sein** (*einfach*) to be a piece of cake [for sb]; (*wenig*) to be nothing [to sb]

Klad·de <-, -n> ['kadə] *f* NORDD (*Notizbuch*) rough book BRIT, notebook AM

klaf·fen ['klafn̩] *vi* to yawn, to gape; **vor ihm klaffte eine Gletscherspalte** a crevasse yawned in front of him; **der Schnitt/die Wunde klaffte** the cut/wound gaped [open]

kläf·fen ['klɛfn̩] *vi* to yap *pej;* ■**das K~** [the] yapping

klaf·fend *adj* ❶ (*gähnend*) yawning, gaping ❷ (*auseinander~*) gaping

Kläf·fer <-s, -> *m* (*pej fam*) yapper *pej*

Klaff·mu·schel *f* soft-shelled [*or* sand] clam

Klaf·ter <-s, - *o veraltet selten* -, -n> ['klaftɐ] *m o nt o veraltet selten f* ❶ (*Maß für Holz*) cord ❷ (*altes Längenmaß*) fathom

Kla·ge <-, -n> ['kla:gə] *f* ❶ (*geh: Ausdruck von Trauer*) lament[ation] *form;* ■~ **um jdn/etw** lamentations for sb/sth ❷ (*Beschwerde*) complaint; **ein berechtigter Grund zur ~** reasonable grounds for complaint; **dass mir keine ~n kommen!** (*fam*) don't let me hear any complaints [about you]! ❸ JUR [legal] action, suit; [**über jdn/etw**] **~n vorbringen** to make complaints [*or* complain] [about sb/sth]; [**bei jdm**] **über jdn/etw ~ führen** to make [*or* lodge] a complaint [with sb] [*or* complain [to sb]] about sb/sth; **eine ~ [gegen jdn] einreichen** to institute [legal] proceedings [against sb], to bring [*or* enter] [*or* file] an action [against sb], to take legal action [against sb]; **eine**

K

~ [gegen jdn] **anstrengen** to file a suit [*or* bring an action] [against sb]; **eine ~ abweisen** to dismiss a suit [*or* an action]; **eine ~ auf etw** *akk* an action for sth; **eine ~ auf Schadenersatz** a claim for compensation

Kla·ge·ge·schrei *nt* wailing; **ein [lautes/jämmerliches] ~ anstimmen** to start [a loud/pitiful] wailing [*or* wailing [loudly/pitifully]] **Kla·ge·laut** *m* plaintive cry; **... ~e von sich geben** to give [*or* utter] ... plaintive cries **Kla·ge·lied** *nt* **ein ~ [über jdn/etw] anstimmen/singen** to start to moan [about sb/sth] **Kla·ge·mau·er** *f* REL ■ **die ~** the Wailing Wall

kla·gen ['kla:gn̩] **I.** *vi* ❶ (*jammern*) ■ **[über etw** *akk*] ~ to moan [*or* grumble] [*or* complain] [about sth]; **sie klagt regelmäßig über Kopfschmerzen** she regularly complains of having headaches ❷ (*geh: trauern*) ■ **um jdn/etw ~** to mourn [for [*or* over]] sb/for [*or* over] sth; ■ **über etw ~** to mourn sth ❸ (*sich beklagen*) ■ **[bei jdm] über jdn/etw ~** *akk* to complain about sb/sth [to sb]; **nicht ~ können** (*fam*) to not be able to complain; **ich kann nicht ~** I can't complain, BRIT *a.* [I] mustn't grumble; **ohne zu ~** without complaining [*or* complaint] ❹ JUR (*prozessieren*) ■ **[gegen jdn] ~** to take legal [*or* bring an] action [*or* institute legal proceedings] [against sb], to sue [sb]; ■ **auf etw ~** *akk* to sue for sth **II.** *vt* ❶ (*Bedrückendes erzählen*) ■ **jdm etw ~** to pour out one's sth to sb ❷ ÖSTERR ■ **jdn ~** (*verklagen*) to take legal [*or* bring an] action [*or* institute legal proceedings] against [*or* sue] sb

kla·gend *adj* ❶ (*jammernd*) moaning, grumbling, complaining ❷ JUR (*den Kläger darstellend*) **die ~e Partei/der ~e Teil** the plaintiff

Klä·ger(in) <-s, -> *m(f)* JUR (*jd, der klagt*) plaintiff ▸ WENDUNGEN: **wo kein ~ ist, ist auch kein Richter** (*prov*) without complaint, there is no redress

Kla·ge·schrift *f* JUR statement of claim, plaint **Kla·ge·weg** *m* JUR **den ~ beschreiten** (*geh*) to institute legal proceedings, to take legal action; **auf dem** *geh* **~[e]** by instituting [*or* taking] legal proceedings, by way of legal action **Kla·ge·weib** *nt* [professional] mourner

kläg·lich ['klɛ:klɪç] **I.** *adj* ❶ (*Mitleid erregend*) pathetic, pitiful; **ein ~er Anblick** a pitiful sight ❷ (*miserabel*) **eine ~e Darbietung** a wretched [*or* pathetic] performance; **~es Verhalten** despicable behaviour [*or* AM -or] ❸ (*dürftig*) pathetic; **ein ~er Rest** a few pathetic remains [*or* remnants] ❹ (*jammervoll*) pitiful **II.** *adv* pitifully; **~ durchfallen/scheitern/versagen** (*pej*) to fail miserably; **~ zu Tode kommen** to die a wretched death

Kläg·lich·keit <-, *selten* -en> *f* (*pej*) pitifulness, patheticness *rare*

klag·los ['kla:klo:s] *adv* uncomplainingly, without complaint [*or* complaining]

Kla·mauk <-s> [kla'mauk] *m kein pl* (*pej fam*) ❶ (*Alberei*) tomfoolery; **~ machen** to fool [*or* mess] around [*or* about], to lark about; (*lärmen*) to make a racket [*or* din] [*or* BRIT *a.* row], to kick up a racket ❷ (*Getöse*) racket, din, BRIT *a.* row ❸ (*übertriebene Komik*) slapstick

klamm [klam] *adj* ❶ (*steif vor Kälte*) numb ❷ (*nass und kalt*) dank ❸ (*sl: knapp bei Kasse*) ■ **~ sein** to be hard up [*or fam* [a bit] strapped [for cash]]

Klamm <-, -en> [klam] *f* GEOG ravine, [deep] gorge

Klammer <-, -n> ['klamɐ] *f* ❶ (*Wäscheklammer*) [clothes-]peg; (*Heftklammer*) staple; (*Haarklammer*) [hair-]grip; MED (*Wundklammer*) clip ❷ (*Zahnklammer*) brace ❸ (*einschließendes Textsymbol*) bracket; **eckige/runde/spitze ~** square/round/pointed brackets; **geschweifte ~n** braces; **~ auf/zu** open/close brackets; **in ~n** in brackets

Klam·mer·griff *m* (*fig*) [tight] grip *fig*

klam·mern ['klamɐn] **I.** *vt* ❶ (*zusammenheften*) ■ **etw [an etw** *akk*] ~ to staple sth [to sth] ❷ MED (*mit einer Klammer schließen*) ■ **etw ~** to close sth with clips **II.** *vr* ❶ (*sich hängen an*) ■ **sich an jdn/etw ~** to cling to sb/sth ❷ (*sich festhalten an*) ■ **sich an jdn/etw ~** (*fig*) to cling to sb/sth *fig* **III.** *vi* SPORT to clinch

klamm·heim·lich ['klam'haimlɪç] **I.** *adj* (*fam*) clandestine, on the quiet *pred fam* **II.** *adv* (*fam*) on the quiet *fam;* **sich ~ fortstehlen** [*o* **davonmachen**] to slip away [unseen [*or* silently]]

Kla·mot·te <-, -n> [kla'mɔtə] *f meist pl* ❶ (*fam: Kleidung*) clothes *npl,* BRIT *a.* clobber *nsing sl* ❷ (*alte Sachen*) stuff

Kla·mot·ten·kis·te *f* ▸ WENDUNGEN: **aus der ~** (*fam*) out of the ark *fam*

Klamp·fe <-, -n> ['klampfə] *f* (*veraltend fam*) guitar

klang [klaŋ] *imp von* **klingen**

Klang <-[e]s, Klänge> [klaŋ, *pl* 'klɛŋə] *m* ❶ (*Ton*) sound, tone ❷ *pl* (*harmonische Klangfolgen*) sounds ❸ *s. a.* **Name**

Klang·ef·fekt *m* sound effect **Klang·far·be** *f* MUS tone [*or* harmonic] colour [*or* AM -or], timbre **Klang·fol·ge** *f* sequence of tones

klang·lich ['klaŋlɪç] **I.** *adj* tonal **II.** *adv* tonally; **sich ~ unterscheiden** to be different in tone

klang·los *adj* toneless **Klang·reg·ler** *m* tone control **klang·voll** *adj* ❶ (*volltönend*) sonorous; **eine ~e Melodie** a tuneful melody; **eine ~e Sprache** a melodious language; **eine ~e Stimme** a melodious [*or* sonorous] voice ❷ (*wohltönend*) fine-sounding

Klapp·bett *nt* folding bed

Klap·pe <-, -n> ['klapə] *f* ❶ (*klappbarer Deckel*) flap ❷ MODE (*Verschluss einer Tasche*) flap ❸ (*sl: Mund*) mouth, trap *sl,* BRIT *a.* gob *sl;* **die** [*o* **seine**] **~ halten** (*sl*) to shut one's mouth [*or sl* trap] [*or* BRIT *a. sl* gob]; **halt die ~!** shut your trap! [*or* gob] [*or* mouth]; **die ~ aufreißen** (*sl*) to talk big, to brag, to boast; **eine große ~ haben, die [ganz] große ~ schwingen** (*sl*) to have a big mouth *fam* ❹ MUS key; **die ~n einer Trompete** a trumpet's valves, the valves on a trumpet ❺ (*sl: Schwulentreffpunkt*) gay bar [*or* club] ▸ WENDUNGEN: **bei jdm geht eine** [*o* **die**] [*o fam* **fällt die**] **~ runter** sb clams up *fam*

klap·pen ['klapn̩] **I.** *vt haben* ■ **etw irgendwohin ~** to fold sth somewhere; **einen Deckel/eine Klappe nach oben/unten ~** to lift up [*or* raise]/lower a lid/flap **II.** *vi* ❶ *haben* (*fam: funktionieren*) ■ **[irgendwie] ~** to work out [somehow]; **alles hat geklappt** everything went as planned [*or* [off] all right]; **[ein bisschen Glück und] es könnte ~** it might work [with a bit of luck], we might succeed [with a bit of luck] ❷ *sein* (*schnappen*) ■ **irgendwohin ~** to fold somewhere; ■ **an/gegen etw ~** to bang against sth; ■ **jdm an/vor/gegen/auf etw ~** to hit sb on sth

Klap·pen·text *m* TYPO blurb

Klap·per <-, -n> ['klapɐ] *f* rattle

klap·per·dürr ['klapɐ'dʏr] *adj* (*fam*) [as] thin as a rake *pred*

Klap·per·ge·stell *nt* (*hum fam: sehr dünner Mensch*) bag of bones; (*altes, klappriges Fahrzeug*) boneshaker *fam*

klap·pe·rig ['klapərɪç] *adj* (*fam*) ❶ (*gebrechlich*) infirm, frail ❷ (*instabil und wacklig*) rickety

Klap·per·kis·te *f* (*pej: Auto*) boneshaker *fam;* (*altes Gerät*) pile [*or* heap] of junk *fam*

klap·pern ['klapɐn] *vi* ❶ (*hin- und herschlagen*) to clatter, to rattle ❷ (*ein ~des Geräusch erzeugen*) ■ **mit etw ~** to rattle sth; **sie klapperte vor Kälte mit den Zähnen** her teeth chattered with [the] cold ❸ (*klappernd fahren*) to clatter [*or* rattle] along

Klap·per·schlan·ge *f* rattlesnake **Klap·per·storch** *m* (*Kindersprache*) stork; **[immer noch] an den ~ glauben** to [still] believe that babies are brought by the stork [*or* found under the gooseberry bush]

Klapp·fahr·rad *nt* folding bicycle **Klapp·mes·ser** *nt* flick-knife

klapp·rig ['klaprɪç] *adj s.* **klapperig**

Klapp·sitz *m* folding [*or* tip-up] seat **Klapp·stuhl** *m* folding chair, camp-chair **Klapp·tisch** *m* folding table **Klapp·ver·deck** *nt* AUTO folding [*or* convertible] [*or* collapsible] top

Klaps <-es, -e> [klaps] *m* (*leichter Schlag*) slap, smack ▶ WENDUNGEN: **einen ~ haben** (*sl*) to have a screw loose *fam*

Klaps·müh·le *f* (*sl*) loony-bin *sl*, nuthouse *sl*, funny farm *sl*

klar [kla:ɐ̯] **I.** *adj* ❶ (*ungetrübt*) clear; **eine ~e Flüssigkeit** a clear [*or* colourless [*or* AM -orless]] liquid; **ein ~er Schnaps** a [colourless [*or* white]] schnap[p]s, a colourless spirit; **eine ~e Nacht** a clear night; *s. a.* **Brühe** ❷ (*deutlich zu sehen*) clear; **~e Konturen** clear contours ❸ (*unmissverständlich*) clear; **eine ~e Antwort** a straight answer; **eine ~e Frage** a direct question ❹ (*eindeutig*) clear; **ein ~es Ergebnis** a clear-cut result; **ein ~er Nachteil/Vorteil** a clear [*or* decided] advantage/disadvantage; **~er Fall** (*fam*) sure thing *fam*; **~ wie Kloßbrühe** (*fam*) as plain as the nose on your face *fam* ❺ (*deutlich vernehmbar*) clear; **ein ~er Empfang** clear reception ❻ (*bewusst*) ■**jdm ~ sein/werden** to be/become clear to sb; ■**sich** *dat* **über etw** *akk* **im K~en sein** to realize sth, to be aware of sth; ■**sich** *dat* **darüber im K~en sein, dass ...** to realize [*or* be aware of the fact] that; ■**jdm ~ sein, dass ...** to be clear to sb that ...; ■**jdm ~ sein** to be clear to sb; ■**[jdm] ~ werden** to become clear [to sb]; ■**sich** *dat* **über etw** *akk* **~ werden** to get sth clear in one's mind; **alles ~?** (*fam*) is everything clear? ❼ (*selbstverständlich*) of course; **na ~!** (*fam*) of course!; **aber ~ doch!** of course [you/they etc. can]! ❽ (*bereit*) ready; **~ zur Landung** ready [*or* cleared] for landing; **~ Schiff machen** (*fig a.*) to clear the decks **II.** *adv* ❶ (*deutlich*) clearly; **~ hervortreten/zu Tage treten** to become clear; **~ im Nachteil/Vorteil sein** to be at a clear disadvantage/advantage; **jdm etw ~ sagen/zu verstehen geben** to have a clear picture [of sth], to make sth clear to sb; **~ und deutlich** clearly and unambiguously ❷ (*eindeutig*) soundly; **jdn ~ besiegen** to defeat sb soundly, to enjoy a clear victory over sb; **etw ~ beurteilen [können]** to [be able to] make a sound judgement of sth; **etw ~ erkennen** to see sth clearly ❸ (*ungetrübt*) clearly; **~ denkend** clear-thinking; **~ sehen** to see clearly

Klär·an·la·ge *f* sewage-works

Klar·ap·fel *m* HORT early season dessert apple

Kla·re(r) *m decl wie adj* (*fam*) [colourless [*or* AM -orless] [*or* white]] schnap[p]s, colourless spirit

klä·ren ['klɛrən] **I.** *vt* ❶ (*auf~*) ■**etw ~** to clear up sth *sep*; **eine Frage ~** to settle a question; **ein Problem ~** to resolve [*or* settle] [*or* solve] a problem; **eine Sachlage ~** to clarify a situation; **den Tatbestand ~** to determine the facts [of the matter] ❷ (*reinigen*) *Abwässer, Luft* ■**geklärt werden** to be treated ❸ KOCHK ■**etw ~** to clarify [*or* settle] sth **II.** *vr* ❶ (*sich auf~*) ■**sich ~** to be cleared up; **das Problem wird sich schon eventuell [von selber] ~** the problem will probably resolve [*or* settle] itself [of its own accord] ❷ (*sauber werden*) ■**sich [wieder] ~** *Wasser* to become clear [again]

klar|ge·hen *vi irreg sein* (*fam*) to go OK *fam*; **[alles] geht klar!** everything's OK!

Klar·heit <-, -en> *f* ❶ (*Deutlichkeit*) clarity; **über etw** *akk* **besteht ~** sth is clear; **über etw ~ gewinnen** to become clear about sth; **~ [über etw** *akk*] **haben** to be clear [about sth]; **sich** *dat* **~ [über etw** *akk*] **verschaffen** to find out the facts [about sth]; **in aller ~** quite clearly; **jdm etw in aller ~ sagen/zu verstehen geben** to make sth perfectly clear [*or sep* spell out sth] to sb ❷ (*Reinheit*) clearness

Kla·ri·net·te <-, -n> [klari'nɛtə] *f* clarinet

Kla·ri·net·tist(in) <-en, -en> [klarinɛ'tɪst] *m(f)* clarinettist

klar|ko·chen *vt* KOCHK **eine Suppe/Sauce ~** *to cook a soup/sauce until all residues can be skimmed off the surface*

klar|kom·men *vi irreg sein* (*fam*) ❶ (*bewältigen*) ■**[mit etw] ~** to manage [sth], to cope [with sth]; **kommst du klar?** can you cope? [*or* manage] ❷ (*zurechtkommen*) ■**mit jdm ~** to cope with sb

Klar·lack *m* clear varnish

klar|ma·chen *vt* ■**jdm etw ~** to make sth clear to sb; ■**jdm ~, dass/wie/wo ...** to make it clear to sb that/how/where ...; ■**sich** *dat* **etw ~** to get sth clear in one's mind; ■**sich** *dat* **~, dass/wie/wo ...** to realize that/how/where ...

Klar·na·me *m* real name

Klär·schlamm *m* sludge

klar|se·hen *vi irreg* **in etw** *dat* **~** to have understood sth

Klar·sicht·fo·lie *f* transparent film **Klar·sicht·hül·le** *f* transparent folder [*or* file]

klar·sich·tig *adj* clear-sighted

Klar·sicht·pa·ckung *f* transparent [*or* see-through] pack, blister pack

klar|spü·len *vt, vi* ■**[etw] ~** to rinse [sth]

klar|stel·len *vt* ■**etw ~** to clear up sth *sep*; ■**~, dass** to make [it] clear that

Klar·stel·lung *f* clarification

Klar·text *m* clear [*or* plain] text, text in clear; **mit jdm ~ reden** [*o* **sprechen**] (*fam*) to give sb a piece of one's mind [*or* [real] talking-to]; **im ~** (*fam*) in plain [*or* simple] English

Klä·rung <-, -en> *f* ❶ (*Aufklärung*) clarification; *Frage* settling; *Problem* resolving, settling, solving; *Tatbestand* determining ❷ (*Reinigung*) *Abwässer* treatment

Klä·rungs·be·darf *m kein pl* (*geh*) need for clarification; **~ haben** to seek clarification *form*

klas·se ['klasə] *adj inv* (*fam*) great *fam*, wicked *fam*; **das war wirklich ~ von ihm** that was really good of him

Klas·se <-, -n> ['klasə] *f* ❶ (*Schulklasse*) class, BRIT *a.* form; **eine ~ wiederholen/überspringen** to repeat/skip a year; (*Klassenraum*) classroom ❷ SOZIOL (*Gesellschaftsgruppe*) class; **die herrschende ~** the ruling classes *pl*; **zur ~ der Arbeiter gehören** to belong to the [*or* to be] working class ❸ (*Güte~*) class; **Champignons der ~ III** class III mushrooms; **ein Wagen der gehobenen ~** a top-of-the-range car; **ein Spieler der besten ~** a first-class player ❹ BIOL category ❺ POL (*Rangstufe*) rank, class; **das Bundesverdienstkreuz erster ~** the Order of Merit of the Federal Republic of Germany first-class ❻ (*Wagenklasse, Schiffsklasse*) class; **wir fahren immer erster ~** we always travel first-class ❼ SPORT league; *Boxen* division, class ❽ (*Fahrzeuggruppe*) class; **der Führerschein ~ III** a class III driving licence [*or* AM -se] ❾ MED (*Pflegeklasse*) class ❿ (*Lotteriegruppe*) class ▶ WENDUNGEN: **erster ~** first-class [*or* -rate]; **[ganz] große ~!** [**sein**] (*fam*) [that's] [just] great! *fam*

Klas·se·frau *f* (*euph fam*) [real] looker *fam*, stunner *fam* **Klas·se·mann** *m* (*euph fam*) [real] looker *fam*, good-looking guy *fam*

Klas·se·ment <-s, -s> [klasə'mã:] *nt* SPORT list of rankings, rankings *pl*, ranking list

Klas·sen·ar·beit *f* [written] class test **Klas·sen·aus·flug** *m* class outing **Klas·sen·bes·te(r)** *f(m) decl wie adj* SCH top pupil in the class **Klas·sen·be·wusst·sein**[RR] *nt kein pl* SOZIOL class-consciousness *no pl* **Klas·sen·buch** *nt* SCH [class] register **Klas·sen·fahrt** *f* class outing **Klas·sen·ka·me·rad(in)** *m(f)* classmate **Klas·sen·kampf** *m* POL, SOZIOL (*Kampf zwischen den gegensätzlichen Klassen [der herrschenden bzw. ausbeutenden und der unterdrückten bzw. ausgebeuteten Klasse] um die Entscheidungsgewalt in der Gesellschaft*) class struggle ▶ WENDUNGEN: **das ist Aufreizung zum ~!** (*prov, hum fam*) that's well [*or* BRIT *a. fam* bang] out of order **Klas·sen·leh·rer(in)** *m(f)* class [*or* BRIT *a.* form] teacher, BRIT *a.* form master *masc* [*or fem* mistress]

klas·sen·los *adj* SOZIOL classless; **ein ~es Krankenhaus** a single-class hospital

Klas·sen·los *nt* ≈ lottery ticket (*a ticket for the Klassenlotterie*) **Klas·sen·lot·te·rie** *f* ≈ lottery (*a lottery in which there are draws on a number of different days and for which tickets can be bought for each individual draw*); **in der ~ spielen** ≈ to play the lottery (*to take part in the Klassenlotterie*) **Klas·sen·raum** *m s.* **Klassenzimmer** **Klas·sen·spre·**

K

cher(in) *m(f)* SCH class spokesman **Klas·sen·stär·ke** *f* SCH size of a [*or* the] class [*or* the classes] **Klas·sen·tref·fen** *nt* SCH class reunion **Klas·sen·tür** *f* classroom door

klas·sen·wei·se *adv* (*nach Schulklassen*) in classes; (*Klassenraum um Klassenraum*) class[room] by class[room]

Klas·sen·ziel *nt* required standard [for a class]; **das ~ erreichen** (*geh*) to reach the required standard **Klas·sen·zim·mer** *nt* classroom

Klas·se·weib *nt* (*euph fam*) [real] looker *fam,* stunner *fam*

Klas·si·fi·ka·ti·on <-, -en> [klasifika'tsi̯o:n] *f s.* **Klassifizierung**

klas·si·fi·zier·bar *adj* classifiable; ■**nicht ~ sein** to be unclassifiable

klas·si·fi·zie·ren* [klasifi'tsi:rən] *vt* ■**etw [nach etw] ~** to classify sth [according to sth]; ■**etw [als etw] ~** to classify sth [as sth]

Klas·si·fi·zie·rung <-, -en> *f* classification

Klas·sik <-> ['klasɪk] *f kein pl* ❶ (*kulturelle Epoche*) classical age [*or* period] ❷ (*die antike ~*) Classical Antiquity ❸ (*fam: klassische Musik*) classical music

Klas·si·ker(in) <-s, -> ['klasikɐ] *m(f)* ❶ (*klassischer Schriftsteller*) classical writer ❷ (*klassischer Komponist*) classical composer ❸ (*maßgebliche Autorität*) leading authority ❹ (*zeitloses Werk*) classic; **dieses Buch ist ein echter ~** this book is a real classic

klas·sisch ['klasɪʃ] *adj* ❶ (*die antike Klassik betreffend*) classical ❷ KUNST, ARCHIT, LITER, MUS (*aus der Klassik 1 stammend*) classical ❸ (*ideal*) classic

Klas·si·zis·mus <-, -smen> [klasi'tsɪsmʊs] *m* ARCHIT classicism

klas·si·zis·tisch [klasi'tsɪstɪʃ] *adj* ARCHIT, KUNST classical

klatsch [klatʃ] *interj* smack!; **~ machen** to make a smacking noise

Klatsch <-[e]s, -e> [klatʃ] *m* ❶ *kein pl* (*pej fam: Gerede*) gossip, tittle-tattle; **~ und Tratsch** gossip ❷ (*klatschender Aufprall*) smack

Klatsch·ba·se *f* (*pej fam*) gossip[-monger]

Klat·sche <-, -n> ['klatʃə] *f* (*fam*) ❶ (*Fliegenklappe*) fly-swat [*or* -swatter] ❷ DIAL (*fam: Petze*) tell-tale *fam*

klat·schen ['klatʃn̩] **I.** *vi* ❶ *haben* (*applaudieren*) to clap, to applaud ❷ *haben* (*einen Klaps geben*) ■**[jdm] [irgendwohin] ~** to smack [*or* slap] [sb] [somewhere]; **jdm/sich auf die Hände/Hand ~** to smack sb/oneself on the hands/hand; **jdm eine ~** to slap sb across the face ❸ *sein* (*mit einem Platsch auftreffen*) ■**auf/in etw ~** to land with a splat on/in sth; ■**gegen etw ~** to smack into sth *fam;* **die Regentropfen klatschten ihr ins Gesicht** the raindrops beat against her face ❹ *haben* (*pej fam: tratschen*) ■**[mit jdm] [über jdn/etw] ~** to gossip [about sb/sth] [to sb]; DIAL (*petzen*) to tell tales **II.** *vi impers haben* to smack; **wenn du das nochmal machst, klatscht es!** if you do that again, you'll get a slap **III.** *vt haben* ❶ (*~d schlagen*) ■**etw ~** to beat out sth *sep* ❷ (*sl: werfen*) ■**etw irgendwohin ~** to chuck sth somewhere *fam* ❸ (*verprügeln*) ■**jdn ~** to slap sb

Klat·schen <-s> ['klatʃn̩] *nt kein pl* ❶ (*Applaus*) applause ❷ (*fam: das Tratschen*) gossiping, tittle-tattling *fam*

Klat·sche·rei <-, -en> [klatʃə'rai] *f* (*pej fam*) ❶ (*ständiges Applaudieren*) constant applause [*or* clapping] *no indef art, no pl* ❷ (*Tratscherei*) gossiping *no indef art, no pl,* gossip-mongering *no indef art, no pl*

klatsch·haft *adj* (*pej fam*) gossipy; ■**~ sein** to be fond of [a] gossip, to like a good gossip

Klatsch·haf·tig·keit <-> *f kein pl* (*pej*) fondness for gossip

Klatsch·maul *nt* (*pej fam*) ❶ (*Mund*) big mouth [*or* BRIT *fam!* gob] ❷ (*klatschfreudiger Mensch*) gossip[-monger]; (*bösartig a.*) scandalmonger *pej*

Klatsch·mohn *m* [corn [*or* field]] poppy

klatsch·nassRR *adj* (*fam*) soaking [*or* dripping] [*or fam* sopping] wet; ■**~ sein/werden** to be/get soaked; **bis auf die Haut ~ werden** to get soaked to the skin

Klatsch·pres·se *f kein pl* (*fam*) MEDIA gossip press; ■**die ~** the gossip columns *pl*

Klatsch·spal·te *f* (*pej fam*) gossip column[s *pl*] **Klatsch·sucht** *f kein pl* (*pej*) gossip-mongering **klatsch·süch·tig** *adj* (*pej*) extremely gossipy; ■**~ sein** to be a compulsive gossip[-monger] **Klatsch·tan·te** *f,* **Klatsch·weib** *nt s.* **Klatschbase**

klau·ben ['klaubn̩] *vt* SÜDD, ÖSTERR, SCHWEIZ ❶ (*pflücken*) ■**etw [von etw] ~** to pick sth [from sth] ❷ (*sammeln*) ■**etw [in etw** *akk*] **~** to collect sth [in sth]; **Holz/Pilze ~** to gather wood/mushrooms; **Kartoffeln ~** to dig potatoes ❸ (*auslesen*) ■**etw aus/von etw ~** to pick sth out of/from sth; **etw vom Boden ~** to pick up sth *sep* [off the floor]

Klaue <-, -n> ['klauə] *f* ❶ (*Krallen*) claw; (*Vogel~ a.*) talon ❷ (*pej sl: Hand*) paw *hum fam,* mitt *fam!* ❸ (*pej sl: Handschrift*) scrawl ▶ WENDUNGEN: **die ~n des Todes** (*geh*) the jaws of death; **jdn in seinen ~n haben** to have sb in one's clutches; **in jds ~n sein** [*o* **sich** *dat* **befinden**] to be in sb's clutches

klau·en ['klauən] (*fam*) **I.** *vt* ■**[jdm] etw ~** to pinch [*or* BRIT *a.* nick] sth [from sb] *fam* **II.** *vi* to pinch [*or* BRIT *a.* nick] things *fam;* ■**das K~** thieving, stealing, pinching [*or* BRIT *a.* nicking] things *fam*

Klau·se <-, -n> ['klauzə] *f* ❶ (*Einsiedelei*) hermitage ❷ (*hum: kleines Zimmer*) den, retreat

Klau·sel <-, -n> ['klauzl̩] *f* ❶ (*Inhaltsbestandteil eines Vertrags*) clause ❷ (*Bedingung*) condition ❸ (*Vorbehalt*) proviso

Klaus·ner(in) <-s, -> ['klauznɐ] *m(f)* (*veraltet*) *s.* **Einsiedler**

Klaus·tro·pho·bie <-, -n> [klaustrofo'bi:, *pl* -i:ən] *f* claustrophobia *no indef art, no pl spec*

Klau·sur <-, -en> [klau'zu:ɐ̯] *f* ❶ SCH [written] exam [*or* paper]; **etw in ~ schreiben** to write [*or* take] sth under exam[ination *form*] conditions; **eine ~ korrigieren** [*o* **verbessern**] to mark BRIT [*or* grade] exam papers ❷ REL cloister, enclosure; **in ~ gehen** to retreat (from the world) ❸ POL private session, closed-door meeting

Klau·sur·ta·gung *f* POL closed[-door] meeting

Kla·vi·a·tur <-, -en> [klavi̯a'tu:ɐ̯] *f* ❶ MUS keyboard ❷ (*geh: Sortiment*) range; **die ganze ~ der Tricks** the whole gamut of tricks

Kla·vi·chord <-[e]s, -e> [klavi'kɔrt] *nt* clavichord

Kla·vier <-s, -e> [kla'vi:ɐ̯] *nt* piano; **~ spielen** to play the piano; **ein hervorragendes ~ spielen** (*sl*) to be great on [the] piano; **jdn am** [*o* **auf dem**] **~ begleiten** to accompany sb on the piano; **etw auf dem ~ improvisieren/vortragen** to extemporize/perform sth on the piano; **das ~ stimmen** to tune the piano

Kla·vier·bau·er *m* piano maker **Kla·vier·be·glei·tung** *f* piano accompaniment **Kla·vier·de·ckel** *m* piano lid **Kla·vier·her·stel·ler** *m* piano maker [*or* manufacturer] **Kla·vier·ho·cker** *m* piano stool **Kla·vier·kon·zert** *nt* ❶ (*Musikstück*) piano concerto ❷ (*Veranstaltung*) piano recital **Kla·vier·leh·rer(in)** *m(f)* piano teacher **Kla·vier·so·na·te** *f* piano sonata **Kla·vier·spiel** *nt* piano playing **Kla·vier·spie·ler(in)** *m(f)* pianist, piano player **Kla·vier·stim·mer(in)** <-s, -> *m(f)* piano tuner **Kla·vier·un·ter·richt** *m kein pl* piano lessons *pl*

Kle·be·band <-bänder> ['kle:bə-] *nt* adhesive [*or* BRIT *a.* sticky] tape **Kle·be·bin·dung** *f* TYPO adhesive [*or* perfect] binding; **in ~** perfect bound

kle·ben ['kle:bn̩] **I.** *vi* ❶ (*klebrig sein*) to be sticky ❷ (*festhaften*) ■**[an etw** *dat*] **~** to stick [to sth]; **an der Tür ~** to stick on the door; **[an jdm/etw/in etw** *dat*] **~ bleiben** to stick [to sb/sth/in sth] ❸ (*festhalten*) ■**an etw** *dat* **~** to stick to sth; **an alten Überlieferungen und Bräuchen ~** to cling to old traditions and customs; **an jdm ~ bleiben** to remain with [*or* rest on] sb ❹ (*fam: hängen bleiben*) **die ganze Hausarbeit bleibt immer an mir ~** I am always lumbered with all the housework BRIT *fam* ❺ SCH (*fam: sitzen bleiben*) **[in etw** *dat*] **~ bleiben** to stay down [a year], to have to repeat a year ❻ (*veraltet fam: Beitragsmarken auf~*) to pay stamps **II.** *vt* ❶ (*mit Klebstoff reparieren*) ■ **etw ~** to glue sth; ■ **sich irgendwie ~ lassen** to stick together somehow; **es lässt sich schlecht ~** it's not easy to glue, it doesn't stick together well ❷ (*mit Klebstreifen zusammenfügen*) ■ **etw ~** to stick together sth *sep;* **Film ~** to splice film ❸ (*durch K~ befestigen*) ■ **etw irgendwohin ~** to stick sth somewhere; **Tapete an eine Wand ~** to paste paper on[to] a wall ▸ WENDUNGEN: **jdm eine ~** (*fam*) to clock [*or* clout] sb one *fam*

Kle·ber <-s, -> ['kle:bɐ] *m* ❶ (*fam*) glue *no indef art, no pl* ❷ SCHWEIZ (*Auf~*) sticker

Kle·ber·stär·ke *f* KOCHK gluten starch

Kle·be·stift *m* Prittstick® BRIT, UHU® AM

Kleb·flä·che *f* adhesive surface, sticky side **Kleb·reis** *m* glutinous rice

kleb·rig ['kle:brɪç] *adj* sticky; **~e Farbe** tacky paint; (*klebfähig*) adhesive; ■ **[von etw] ~ sein** to be sticky [with sth]

Kleb·rig·keit <-> *f kein pl* stickiness *no indef art, no pl; Farbe* tackiness; (*Klebfähigkeit*) adhesiveness

Kleb·stoff *m* adhesive; (*Leim*) glue *no indef art, no pl* **Kleb·strei·fen** *m* ❶ (*selbstklebender Streifen*) adhesive [*or* BRIT *a.* sticky] tape ❷ (*Klebefläche*) gummed strip

Kle·cker·be·trag *m meist pl* peanuts *pl fam*

Kle·cke·rei <-, -en> *f* (*pej fam*) mess

kle·ckern ['klɛkɐn] **I.** *vt* ■ **etw irgendwohin ~** to spill sth somewhere **II.** *vi* ❶ *haben* (*tropfen lassen*) to make a mess; ■ **das K~** making a mess; **kannst du das K~ nicht lassen?** can't you stop making a mess? ❷ *haben* (*tropfen*) to drip, to splash; *volles Gefäß* to spill; **gekleckert kommen** to come spilling out ❸ *sein* (*tropfen*) ■ **[jdm] irgendwohin ~** to spill [*or* splash] somewhere ❹ *sein* (*in geringen Mengen kommen*) to come in dribs and drabs; *s. a.* **klotzen**

kle·cker·wei·se *adv* in dribs and drabs

Klecks <-es, -e> ['klɛks] *m* ❶ (*großer Fleck*) stain ❷ (*kleine Menge*) blob; **ein ~ Senf** a dab of mustard

kleck·sen ['klɛksn̩] **I.** *vi* ❶ *haben* (*Kleckse verursachen*) ■ **[mit etw] ~** to make a mess [with sth] ❷ *haben* (*tropfen*) to blot, to make blots; *Farbe* to drip ❸ *sein* (*tropfen*) ■ **[jdm] irgendwohin ~** to spill somewhere **II.** *vt haben* ■ **[jdm] etw auf etw ~** to splatter sth on [sb's] sth

Klee <-s> [kle:] *m kein pl* clover *no indef art, no pl* ▸ WENDUNGEN: **jdn/etw über den grünen ~ loben** (*fam*) to praise sb/sth to the skies

Klee·blatt *nt* ❶ BOT cloverleaf; **vierblättriges ~** four-leaf [*or* -leaved] clover ❷ (*Autobahnkreuz*) cloverleaf ❸ (*Trio*) threesome, trio **Klee·ho·nig** *m* clover honey *no indef art, no pl*

Klei·ber <-s, -> ['klaibɐ] *m* ORN nuthatch

Kleid <-[e]s, -er> [klait, *pl* 'klaidɐ] *nt* ❶ (*Damen~*) dress ❷ *pl* (*Bekleidungsstücke*) clothes *npl,* clothing *no indef art, no pl;* **jdm/sich die ~er vom Leibe reißen** to rip [*or* tear] the clothes off sb/oneself ▸ WENDUNGEN: **~er machen Leute** (*prov*) fine feathers make fine birds *prov;* **nicht aus den ~ern kommen** to not go to bed

Kleid·chen <-s, -> ['klaitçən] *nt dim von* **Kleid** little dress

klei·den ['klaidn̩] *vt* ❶ (*anziehen*) **sich gut/schlecht ~** to dress well/badly; **sich schick ~** to dress up; ■ **[in etw** *akk*] **gekleidet sein** to be dressed [in sth] ❷ (*jdm stehen*) ■ **jdn ~** to suit [*or* look good on] sb ❸ (*geh: durch etw zum Ausdruck bringen*) ■ **etw in etw** *akk* **~** to express [*or form* couch] sth in sth ❹ (*veraltend geh: Kleidung geben*) ■ **jdn ~** to clothe sb

Klei·der·bü·gel *m* coat-[*or* clothes-]hanger **Klei·der·bürs·te** *f* clothes brush **Klei·der·ha·ken** *m* coat-hook, BRIT *a.* coat peg **Klei·der·kam·mer** *f* MIL uniform [*or* clothing] store **Klei·der·kas·ten** *m* ÖSTERR, SCHWEIZ (*Kleiderschrank*) wardrobe **Klei·der·mot·te** *f* clothes moth **Klei·der·ord·nung** *f* dress code **Klei·der·sack** *m* ❶ MIL kitbag ❷ ([*Plastik*]*sack für Kleidung*) old clothes sack **Klei·der·schrank** *m* ❶ (*Schrank*) wardrobe; **ein begehbarer ~** a walk-in wardrobe ❷ (*fam: Breitschultriger*) great hulk [of a man]; ■ **ein ~ sein** to be a great hulk [of a man], to be built like a brick outhouse [*or fam!* shithouse] **Klei·der·stän·der** *m* coat-stand

kleid·sam *adj* (*geh*) becoming, flattering

Klei·dung <-, *selten* -en> *f* clothes *npl,* clothing *no indef art, no pl*

Klei·dungs·stück *nt* article of clothing, garment; ■ **~e** clothes, togs *fam*

Kleie <-, -n> ['klaiə] *f* bran *no indef art, no pl*

klein [klain] **I.** *adj* ❶ (*von geringer Größe*) little, small; **haben Sie es nicht ~er?** haven't you got anything smaller?; **im ~en Format** in a small format; **im K~en** on a small scale; **ein ~[es] bisschen, ein ~ wenig** a little bit; **bis ins K~ste** [right] down to the smallest detail, in minute detail; **ein richtiges K~ Amsterdam/Venedig** a real little [*or* a miniature] Amsterdam/Venice; **der ~e Peter/die ~e Anna** little Peter/Anna; **etw ~ hacken** to chop up sth *sep;* **~ gehackte Zwiebeln** finely chopped onions; **[jdm] etw ~ machen** (*fam*) to chop [*or* cut] up sth *sep* [for sb]; **[jdm] etw ~ schneiden** to cut up sth *sep* [into small pieces] [for sb]; ■ **~ geschnitten** finely chopped; *s. a.* **Bier, Buchstabe, Finger, Terz, Zeh** ❷ (*Kleidung*) small; **haben Sie das gleiche Modell auch in ~er?** do you have the same style but in a size smaller?; ■ **jdm zu ~ sein** to be too small for sb; **etw ~er machen** to make sth smaller, to take in/up sth *sep* ❸ (*jung*) small; (*~wüchsig a.*) short; **von ~ auf** from childhood [*or* an early age]; **sich ~ machen** to make oneself small, to curl [oneself] up ❹ (*kurz*) short; **ein ~er Vorsprung** a short [*or* small] start ❺ (*kurz dauernd*) short; **eine ~e Pause machen** to have a short [*or* little] break ❻ (*gering*) small; **ein ~es Gehalt** a small [*or* low] salary ❼ (*geringfügig*) small; **die ~ste Bewegung** the slightest movement; **eine ~e Übelkeit** a slight feeling of nausea; **ein ~er Verstoß** a minor violation ❽ (*pej: unbedeutend*) minor; (*ungeachtet*) lowly; **ein ~er Ganove** a petty [*or* small-time] crook; **die ~en Leute** ordinary people ▸ WENDUNGEN: **~, aber fein** small but sweet, quality rather than quantity *a. hum;* **die K~en** [*o* **~en Gauner**] **hängt man, die Großen lässt man laufen** (*prov*) the small fry get caught, while the big fish get away; **im K~en wie im Großen** in little things as well as in big ones; **~, aber oho** (*fam*) small but eminently capable [*or* he/she packs a powerful punch]; **~ machen** (*Kindersprache*) to do [*or* have] a wee[-wee] *childspeak;* **sich ~ machen** to belittle oneself; *s. a.* **Fakultas, Latinum, Graecum, Verhältnisse II.** *adv* ❶ (*in ~er Schrift*) **~ gedruckt** *attr* in small print *pred* ❷ (*auf ~e Stufe*) on low, on a low heat; **etw ~/~er drehen/stellen** to turn down sth *sep*/to turn sth lower ▸ WENDUNGEN: **~ anfangen** (*fam: seine Karriere ganz unten beginnen*) to start at the bottom; (*mit ganz wenig beginnen*) to start off in a small way; **~ beigeben** to give in [quietly]

Klein·ak·ti·o·när(in) *m(f)* small [*or* minor] shareholder **Klein·an·le·ger(in)** *m(f)* small investor **Klein·an·zei·ge** *f* classified advertisement [*or* ad], small ad *fam;* (*Kaufgesuch a.*) want ad *fam;* **„~n"** "small ads", "classified section" **Klein·ar·beit** *f kein pl* detailed work; **in mühevoller ~** with painstaking [*or* rigorous] attention to detail **Klein·asi·en** <-s> [klain'ʔa:zi̯ən] *nt* Asia Minor **Klein·bahn** *f* narrow-gauge [*or* light] railway **Klein·bau·er, -bäu·e·rin** *m, f* small farmer, smallholder **klein|be·kom·men*** ['klainbəkɔmən] *vt irreg s.* **kleinkriegen** **Klein·be·trieb** *m* small business; **ein handwerklicher/industrieller ~** a small workshop/factory **Klein·bild·ka·me·ra** *f* 35 mm [*or* miniature] camera **Klein·buch·sta·be** *m* small letter, lower-case [letter] **Klein·bür·ger(in)** *m(f)* ❶ (*pej: Spießbürger*) petit [*or* BRIT *a.* petty] bourgeois *pej* ❷ (*Angehöriger des unteren Mittelstandes*) lower middle-class person **klein·bür·ger·lich** *adj* ❶ (*pej: spießbürgerlich*) petit [*or* BRIT *a.* petty] bourgeois *pej* ❷ (*den unteren Mittelstand betreffend*)

K

lower middle-class **Klein·bür·ger·tum** *nt kein pl* lower middle class, petite [*or* petty] bourgeoisie *no pl, + sing/pl vb* **Klein·bus** *m* minibus **Klein·de·likt** *nt* JUR petty offence [*or* AM -se]

Klei·ne(r) *f(m) decl wie adj* ❶ (*kleiner Junge*) little boy [*or* one]; (*kleines Mädchen*) little girl [*or* one]; **eine hübsche** [*o* **nette**] ~ a little beauty, a pretty little thing; **die lieben** ~**n** (*iron*) the dear [*or* sweet] little things ❷ (*Jüngster*) ■**jds** ~/~**r** sb's youngest [*or* sb's little one] ❸ (*Liebling*) love

Klei·ne(s) *nt decl wie adj* ❶ (*kleines Kind*) little one; **etwas** ~**s bekommen** (*fam*) to have a little one [*or fam* bundle] ❷ (*fam: liebe kleine Frau*) ■~**s** darling, *esp* AM baby

Klein·fa·mi·lie *f* nuclear family **Klein·for·mat** *nt* small format; **im** ~ small-format **Klein·gar·ten** *m* garden plot; (*zum Mieten*) allotment BRIT **Klein·gärt·ner(in)** *m(f)* garden plot holder; (*Mieter*) allotment holder BRIT **Klein·ge·bäck** *nt* small pastries *pl;* (*Kekse*) biscuits *pl* BRIT, cookies *pl* AM **Klein·ge·druck·te(s)** *nt decl wie adj* (*in kleiner Schrift Gedrucktes*) small print *no indef art, no pl;* **etwas** ~**s** something in small print ▸WENDUNGEN: **das** ~ the small print (*details of a contract*) **Klein·geist** *m* (*pej*) small-[*or* narrow-]minded person *pej;* ■**ein** ~ **sein** to be small-[*or* narrow-]minded *pej* **klein·geis·tig** *adj* (*pej*) small-[*or* narrow-]minded *pej,* petty[-minded]; ■~ **sein** to be small-[*or* narrow-]minded *pej* **Klein·geld** *nt* [small [*or* loose]] change *no indef art, no pl;* **das nötige** ~ **haben/nicht haben** (*fam*) to have/lack the wherewithal **klein·ge·wach·sen** *adj* short, small; **eine** ~**e Pflanze** a small plant **Klein·ge·wer·be·trei·ben·de(r)** *f(m) decl wie adj* ÖKON small businessman **Klein·grup·pe** *f* small group

Klein·heit <-> *f kein pl* small size, smallness *no indef art, no pl*

Klein·hirn *nt* cerebellum *spec* **Klein·holz** *nt kein pl* chopped wood *no indef art, no pl,* firewood *no indef art, no pl,* kindling *no indef art, no pl;* ~ **machen** to chop [fire]wood; **aus etw** ~ **machen, etw zu** ~ **machen** (*hum fam*) to make matchwood of sth, to smash sth to matchwood; (*durch Sturm*) to reduce sth to matchwood ▸WENDUNGEN: ~ **aus jdm machen, jdn zu** ~ **machen** (*fam*) to make mincemeat [out] of sb *fam*

Klei·nig·keit <-, -en> ['klaınıçkait] *f* ❶ (*Bagatelle*) small matter [*or* point]; **es ist nur eine** ~**, ein Kratzer, nicht mehr** it's only a trifle, no more than a scratch; [**für jdn**] **eine/keine** ~ **sein** to be a/no simple matter [for sb]; **wegen** [*o* **bei**] **jeder** [*o* **der geringsten**] ~ at every opportunity, for the slightest reason; **sich mit** ~**en abgeben** to concern oneself with small matters; **sich an** ~**en** *dat* **stoßen** to take exception to small matters ❷ (*Einzelheit*) minor detail; **muss ich mich um jede** ~ **kümmern?** do I have to do every little thing myself? ❸ (*ein wenig*) ■**eine** ~ a little [bit]; **eine** ~ **zu hoch/tief** a little [*or* touch] too high/low; **eine** ~ **essen** to have a bite to eat, to eat a little something; **sich eine** ~ **nebenher verdienen** to earn a little bit on the side; **etw um eine** ~ **verschieben** to move sth a little bit ❹ (*kleiner Artikel*) little something *no def art, no pl;* **ein paar** ~**en** a few little things ▸WENDUNGEN: [**jdn**] **eine** ~ **kosten** (*iron*) to cost [sb] a pretty penny [*or fam* a tidy sum]; **die** ~ **von etw** (*iron*) the small matter of sth *iron*

Klei·nig·keits·krä·mer(in) *m(f)* (*pej*) pedant *pej,* stickler for detail *fam*

Klei·nig·keits·krä·me·rei *f* (*pej*) pernicketiness *pej,* AM *usu* persnicketiness *pej,* pedantry *pej*

Klein·ka·li·ber *nt* small bore; **ein Schuss mit** ~ a shot from a small bore **Klein·ka·li·ber·ge·wehr** *nt* small-bore rifle **klein·ka·lib·rig** *adj* small-bore *attr* **Klein·ka·me·ra** *f s.* **Kleinbildkamera klein·ka·riert I.** *adj* ❶ (*mit kleinen Karos*) ■**klein kariert** finely checked [*or* BRIT *a.* chequered] [*or* AM *a.* checkered] ❷ (*fam: engstirnig*) narrow-minded, small-minded, petty-minded *pej* **II.** *adv* narrow-mindedly *pej,* in a narrow-minded way *pej;* ~ **denken** to have narrow-minded opinions [*or* views] *pej* **Klein·kind** *nt* small child, toddler, infant, rug rat AM *fam* **Klein·klę·ckers·dorf** *nt kein pl* (*hum fam*) back of beyond; **er lebt in** ~ he lives at the back of beyond [*or pej fam* out in the sticks] [*or* AM *fam* in the boonies] **Klein·kli·ma** *nt* microclimate **Klein·kram** *m* (*fam*) ❶ (*Zeug*) odds and ends *fam* [*or* BRIT *fam!* sods] *npl* ❷ (*Trivialitäten*) trivialities *pl* ❸ (*kleinere Arbeiten*) little [*or* odd] jobs *pl* **Klein·kre·dit** *m* personal [*or* short-term] [*or* small] loan **Klein·krieg** *m* ❶ (*Guerillakrieg*) guer[r]illa warfare *no indef art, no pl,* guer[r]illa war; **jdm einen** ~ **liefern** to engage sb in a guer[r]illa war [*or* in guer[r]illa warfare] ❷ (*dauernde Streitereien*) running battle; **einen** [**regelrechten**] ~ **mit jdm führen** to have [*or* carry on] a [real [*or* veritable]] running battle with sb

klein|krie·gen *vt* (*fam*) ❶ (*zerkleinern*) ■**etw** ~ to chop up sth *sep;* **Fleisch** ~ to cut up meat *sep* ❷ (*kaputtmachen*) ■**etw** ~ to smash [*or* break] sth ❸ (*gefügig machen*) ■**jdn** ~ to bring sb into line, to make sb toe the line **Klein·kri·mi·na·li·tät** *f kein pl* small-time [*or* petty] crime **Klein·kri·mi·nel·le(r)** *f(m) decl wie adj* petty [*or* small-time] criminal **Klein·kunst** *f kein pl* cabaret *no indef art, no pl* **Klein·kunst·büh·ne** *f* cabaret *no indef art, no pl*

klein·laut I. *adj* sheepish; (*gefügig*) subdued **II.** *adv* sheepishly; ~ **fragen** to ask meekly; **etw** ~ **gestehen** to admit sth shamefacedly

Klein·le·be·we·sen *nt* microorganism; (*Milbe*) mite

klein·lich ['klainlıç] *adj* (*pej*) ❶ (*knauserig*) mean, stingy *pej fam,* tight[-fisted] *pej fam* ❷ (*engstirnig*) petty[-minded] *pej,* small-[*or* narrow-]minded *pej;* **sei doch nicht so** ~**!** don't be so petty! *pej*

Klein·lich·keit <-, -en> *f* (*pej*) ❶ *kein pl* (*Knauserigkeit*) meanness *no indef art, no pl,* stinginess *no indef art, no pl pej fam* ❷ (*Engstirnigkeit*) pettiness *no indef art, no pl pej,* small-mindedness *no indef art, no pl pej,* narrow-mindedness *no indef art, no pl pej*

klein|ma·chen *vt* ❶ (*wechseln*) [**jdm**] **etw** ~ to change sth [for sb]; **können Sie mir wohl den Hunderter** ~**?** can you give me change for a hundred? ❷ (*erniedrigen*) **jdn** ~ to make sb look small

Klein·mö·bel *pl* small pieces [*or* smaller items] of furniture

Klein·mut *m* (*geh*) faint-heartedness *no indef art, no pl,* timidity *no indef art, no pl*

klein·mü·tig ['klainmy:tıç] *adj* (*geh: zaghaft*) faint-hearted; (*furchtsam*) timorous; (*scheu*) timid

Klein·od <-[e]s, -odien *o* -e> ['klainʔo:t, *pl* klainʔ'o:di̯ən, 'klainʔo:də,] *nt* ❶ *pl -ode* (*geh: Kostbarkeit*) jewel, gem; **jds** ~ **sein** to be sb's treasure [*or* pride and joy] ❷ <*pl* -odien> (*veraltend: Schmuckstück*) jewel, gem

Klein·rech·ner *m* microcomputer, micro *fam;* (*größer*) minicomputer **klein|re·den** *vt* ■**etw** ~ *Problem, Gefahr, Schuld* to play down sth *sep* **klein|schrei·ben**^RR *vt irreg* ❶ (*mit kleinem Anfangsbuchstaben*) **etw** ~ to write sth with small initial letters/a small initial letter ❷ (*nicht wichtig nehmen*) **etw** ~ to set little [*or* to not set much] store by sth; **kleingeschrieben werden** to count for little **Klein·schrei·bung** *f* use of small initial letters **Klein·specht** *m* ORN lesser spotted woodpecker **Klein·staat** *m* small state, ministate **Klein·stadt** *f* small town **Klein·städ·ter(in)** *m(f)* small-town dweller; ■~/~**in sein** to live in a small town **klein·städ·tisch** *adj* ❶ (*einer Kleinstadt entsprechend*) small-town *attr* ❷ (*pej: provinziell*) provincial *pej*

kleinst·mög·lich *adj* smallest possible

Klein·tier *nt* small [domestic] animal **Klein·vieh** *nt* small farm animals *pl,* small livestock *+ pl vb* ▸WENDUNGEN: ~ **macht auch Mist** (*prov*) many a mickle makes a muckle *prov,* every little helps **Klein·wa·gen** *m* small car, runabout, runaround **Klein·woh·nung** *f* small flat BRIT, flatlet BRIT, efficiency [*or* small] apartment AM **klein·wüch·sig** *adj* (*geh*) small, of small stature *pred;* ■~ **sein** to be small [in stature]

Kleis·ter <-s, -> ['klaistɐ] *m* paste

kleis·tern ['klaisten] *vt* ■**etw an etw** *akk* ~ to paste sth onto sth

Kle·men·ti·ne <-, -n> [klemɛn'ti:nə] *f* clementine

Klẹmmap·peALT *f getrennt: Klemm·mappe s.* **Klemmmappe**
Klẹmm·brett *nt* clipboard
Klem·me <-, -n> [ˈklɛmə] *f* ❶ (*Haarklammer*) [hair] clip ❷ ELEK terminal; (*Batterie a.*) clip ❸ (*fam: schwierige Lage*) fix *fam,* jam *fam;* **jdm aus der ~ helfen** to help sb out of a fix [*or* jam] *fam;* **in der ~ sitzen** [*o* **sein**] [*o* **stecken**] [*o* **sich in der ~ befinden**] (*fam*) to be in a fix [*or* jam] *fam*
klem·men [ˈklɛmən] **I.** *vt* ❶ (*zwängen*) ■**etw irgendwohin ~** to stick [*or* wedge] sth somewhere ❷ (*fam: stehlen*) ■**jdm etw ~** to pinch [*or* BRIT *a.* nick] sth from sb *fam* **II.** *vr* ❶ (*sich quetschen*) ■**sich ~** to get squashed [*or* trapped]; ■**sich** *dat* **etw [in/zwischen etw** *dat*] ~ to catch [*or* trap] one's sth [in/between sth], to get one's sth caught [*or* trapped] [in/between sth] ❷ (*fam: etw zu erreichen suchen*) ■**sich hinter jdn ~** to get on to sb ❸ (*fam: Druck machen*) ■**sich hinter etw** *akk* **~** to get stuck in[to sth] BRIT *fam;* **ich werde mich mal hinter die Sache ~** I'll get onto it [*or* the job] **III.** *vi* ❶ (*blockieren*) to stick, to jam ❷ (*angeheftet sein*) ■**irgendwo ~** to be stuck somewhere ►WENDUNGEN: **es klemmt** (*fam: die Zeit fehlt*) time is [really] tight; (*das Geld fehlt*) money is [really] tight
Klẹmm·map·peRR *f* clip file, spring binder [*or* folder]
Klemp·ner(in) <-s, -> [ˈklɛmpnɐ] *m(f)* metal roofer *spec,* plumber *fam*
Klemp·ne·rei <-, -en> [klɛmpnəˈrai] *f* ❶ (*Handwerk*) plumbing ❷ (*Werkstatt*) plumber's workshop
Klẹmp·ne·rin <-, -nen> *f fem form von* **Klempner**
Klẹmp·ner·la·den *m* (*hum fam*) chestful of medals
klemp·nern [ˈklɛmpnɐn] *vi* to do [a spot of BRIT] plumbing
Klẹmp·ner·werk·statt *f* plumber's workshop
Klep·per <-s, -> [ˈklɛpɐ] *m* (*pej*) [old] nag *pej*
Klep·to·ma·ne, Klep·to·ma·nin <-n, -n> [klɛptoˈmaːnə, -ˈmaːnɪn] *m, f* kleptomaniac
Klep·to·ma·nie <-> [klɛptomaˈniː] *f kein pl* kleptomania *no indef art, no pl*
Klep·to·ma̱·nin <-, -nen> *f fem form von* **Kleptomane**
kle·ri·kal [kleriˈkaːl] *adj* (*pej geh*) clerical, churchy *pej fam*
Kle·ri·ker <-s, -> [ˈkleːrikɐ] *m* cleric
Kle·rus <-> [ˈkleːrʊs] *m kein pl* clergy *no indef art, no pl*
Klett·band <-bänder> [ˈklɛt-] *nt* Velcro®
Klet·te <-, -n> [ˈklɛtə] *f* ❶ (*Pflanze*) burdock; (*Blütenkopf*) bur[r]; **wie [die] ~n zusammenhalten** (*fam*) to stick together [like glue], to be inseparable; **an jdm wie eine ~ hängen** (*fam*) to cling to sb like a limpet [*or esp pej* leech] ❷ (*pej fam: zu anhänglicher Mensch*) nuisance, pest
Klẹt·te·rer, Klẹt·te·rin <-s, -> *m, f* climber
Klẹt·ter·ge·rüst *nt* climbing frame
Klẹt·te·rin <-, -nen> *f fem form von* **Kletterer**
klet·tern [ˈklɛtɐn] *vi* ❶ *sein* (*klimmen*) ■**[auf etw** *akk o dat*] ~ to climb [[on] sth]; (*mühsam*) to clamber [up [*or* on] sth]; **auf einen Baum ~** to climb a tree; **aufs Dach ~** to climb onto the roof ❷ *sein o haben* SPORT to climb; **~ gehen** to go climbing; **in eine/einer Wand ~** to climb a face/on a face; ■**das K~** climbing; **frei ~** to free-climb ❸ *sein* (*fam*) ■**aus einem/in ein Auto ~** to climb out of/into a car ❹ *sein* (*fam: steigen*) ■**[auf etw** *akk*] ~ *Zeiger* to climb [to sth]
Klẹt·ter·par·tie *f* ❶ (*Bergsteigen*) difficult climb; **die reinste ~ sein** (*fam*) to be a real climbing expedition *fam* ❷ (*fam: anstrengende Wanderung*) climbing trip [*or* outing] **Klẹt·ter·pflan·ze** *f* climbing plant, climber **Klẹt·ter·stan·ge** *f* climbing pole
Klẹtt·ver·schlussRR *m* Velcro® fastener
Klick <-s, -s> [klɪk] *m* INFORM click
kli·cken [klɪkn̩] *vi* ❶ (*metallisch federn*) to click; **man hörte es ~** there was an audible click; ■**~d** with a click; ■**das K~** clicking; ■**das K~ von etw** the click[ing] of sth ❷ (*ein K~ verursachen*) ■**mit etw ~** to click sth, to make a clicking noise with sth ❸ INFORM to click; **mit der Maus ~** to click with the mouse; ■**auf etw** *akk* **~** to click on sth
Kli·cker <-s, -> [ˈklɪkɐ] *m* NORDD marble; (*Spiel*) marbles *+ sing vb*
kli·ckern [ˈklɪkɐn] *vi* NORDD to play marbles
Kli·ent(in) <-en, -en> [kliˈɛnt] *m(f)* client
Kli·en·tel <-, -en> [kliɛnˈteːl] *f* clientele *+ sing/pl vb,* clients *pl*
Kli·ẹn·tin <-, -nen> *f fem form von* **Klient**
Klie·sche [ˈkliːʃə] *f* ZOOL, KOCHK sand dab
Kliff <-[e]s, -e> [klɪf] *nt* cliff
Kli·ma <-s, -s *o* Klimate> [ˈkliːma, kliˈmaːtə] *nt* ❶ METEO climate ❷ (*geh: Stimmung*) **ein entspanntes/angespanntes ~** a relaxed/tense atmosphere; **das politische/wirtschaftliche ~** the political/economic climate
Kli̱·ma·an·la·ge *f* air-conditioning *no indef art, no pl* [system]; **mit ~ [versehen]** air-conditioned, fitted with air-conditioning
Kli·mak·te·ri·um <-s> [klimakˈteːri̯ʊm] *nt kein pl* menopause *no indef art, no pl,* climacteric *no indef art, no pl spec*
kli·ma·tisch [kliˈmaːtɪʃ] **I.** *adj attr* climatic **II.** *adv* climatically
kli·ma·ti·sie·ren* [klimatiˈziːrən] *vt* ■**etw ~** to air-condition sth; ■**klimatisiert** air-conditioned
kli·ma·ti·si̱ert *adj inv* air-conditioned
Kli·ma·to·lo·gie <-> [klimatoloˈgiː] *f kein pl* climatology *no art, no pl*
Kli̱·ma·um·schwung *m* [drastic] change in climate **Kli̱·ma·ver·än·de·rung** *f* change in climate **Kli̱·ma·wech·sel** *m* change of/in climate; **ein ~ täte Ihnen sicher gut!** a change of climate would undoubtedly do you good!; **den ~ überstehen** to get over the change in climate
Kli·max <-> [ˈkliːmaks] *f kein pl* (*geh*) climax
Klim·bim <-s> [klɪmˈbɪm] *m kein pl* (*fam*) (*Krempel*) junk *no indef art, no pl,* odds and ends [*or* BRIT *fam* sods] *npl* ►WENDUNGEN: **einen ~ [um etw] machen** to make a fuss [about sth]
klim·men <klọmm *o* klịmmte, geklọmmen *o* geklịmmt> [ˈklɪmən] *vi sein* (*geh*) ■**irgendwohin ~** to clamber [*or* scramble] up somewhere
Klịmm·zug *m* ❶ SPORT pull-up; **Klimmzüge machen** to do pull-ups ❷ *meist pl* (*Verrenkung*) contortions *pl;* **[geistige] Klimmzüge machen** to do [*or* perform] mental acrobatics
Klịm·per·kas·ten *m* (*fam*) piano
klim·pern [ˈklɪmpɐn] *vi* ❶ (*Töne erzeugen*) ■**auf etw** *dat* **~** to plonk [*or* AM *usu* plunk] away on sth *fam;* **auf einer Gitarre ~** to plunk away on [*or* twang] a guitar ❷ (*klirren*) *Münzen* to jingle, to chink; (*Schlüssel*) to jangle ❸ (*erklingen lassen*) ■**mit etw ~** to jingle [*or* chink] [with] sth; **mit seinen Schlüsseln ~** to jangle one's keys
kling [klɪŋ] *interj* ting, ding, clink; **~ machen** to clink
Klin·ge <-, -n> [ˈklɪŋə] *f* ❶ (*Schneide*) blade; (*Schwert*) sword; **miteinander die ~n kreuzen** to fence, to fight; **mit jdm die ~[n] kreuzen** to fence with [*or* fight [with]] sb ❷ (*Rasier~*) [razor] blade; **die ~ wechseln** to change the blade ►WENDUNGEN: **eine scharfe ~ führen** (*geh*) to be a trenchant [*or* dangerous] opponent; **mit jdm die ~n kreuzen** to cross swords with sb; **jdn über die ~ springen lassen** (*veraltend: jdn töten*) to put sb to death *form* [*or liter* to the sword], to dispatch sb *hum form;* (*jdn zugrunde richten*) to ruin sb
Klin·gel <-, -n> [ˈklɪŋl̩] *f* bell
Klịn·gel·beu·tel *m* REL collection [*or spec* offertory] bag **Klịn·gel·knopf** *m* bell-push, -button
klin·geln [ˈklɪŋl̩n] **I.** *vi* ❶ (*läuten*) ■**[an etw** *dat*] ~ to ring [sth]; **an der Tür ~** to ring the doorbell; ■**das K~** ring; **etw ~ lassen** to let sth ring ❷ (*durch Klingeln herbeirufen*) ■**[nach] jdm ~** to ring for sb; *s. a.* **Bett II.** *vi impers* **hör mal, hat es da nicht eben geklingelt?** listen, wasn't that the phone/doorbell just then? ►WENDUNGEN: **hat es jetzt endlich geklingelt?** (*fam*) has the penny finally dropped? BRIT *fam*
Klịn·gel·zei·chen *nt* ring; **auf das/ein/jds ~ hin** at the/a ring of the bell, at sb's ring
klin·gen <klang, geklụngen> [ˈklɪŋən] *vi* ❶ (*er~*) *Glas* to clink; **die Gläser ~ lassen** to clink glasses [in a toast]; *Glocke* to

K

ring; **dumpf/hell** ~ to have a dull/clear ring ❷ *(tönen)* to sound; **die Wand klang hohl** the wall sounded [*or* rang] hollow [*or* made a hollow sound] ❸ *(sich anhören)* to sound; **das klingt gut/interessant/vielversprechend** that sounds good/interesting/promising

Kli·nik <-, -en> [ˈkliːnɪk] *f* clinic, specialist hospital

Kli·nik·all·tag *m* routine hospital practice, routine [work] at a/the clinic

Kli·ni·kum <-s, Klinika *o* Kliniken> [ˈkliːnikʊm, *pl* ˈkliːnika, ˈkliːnikən] *nt* ❶ *(Universitätskrankenhaus)* university hospital ❷ *(Hauptteil der medizinischen Ausbildung)* clinical training *no indef art, no pl*

kli·nisch [ˈkliːnɪʃ] **I.** *adj* clinical **II.** *adv* clinically; ~ **tot** clinically dead

Klin·ke <-, -n> [ˈklɪnkə] *f* [door-]handle ▶ WENDUNGEN: **sich die ~ in die Hand geben** to come in a never-ending stream; **die Bewerber gaben sich die ~ in die Hand** there was an endless coming and going of applicants; ~**n putzen** *(fam)* to go [*or* sell] from door to door

Klin·ken·put·zer(in) <-s, -> *m(f)* *(fam)* door-to-door salesman, hawker; *(Hausierer)* peddler, AM *a.* pedlar

Klin·ker <-s, -> [ˈklɪnkɐ] *m* clinker [brick]

Klipp <-s, -s> [klɪp] *m* ❶ MODE clip-on [ear-ring] ❷ *(Klemme) am Kugelschreiber* clip

klipp [klɪp] *adv* ▶ WENDUNGEN: ~ **und klar** quite clearly [*or* frankly]; **etw ~ und klar zum Ausdruck bringen** to express sth quite clearly [*or* in no uncertain terms]

Klip·pe <-, -n> [ˈklɪpə] *f* *(Fels~)* cliff; *(im Meer)* [coastal] rock; **tückische ~n** treacherous rocks ▶ WENDUNGEN: **die** [*o* **alle**] ~**n** [**erfolgreich**] **umschiffen** to negotiate [all] the obstacles [successfully]

Klipp·fisch *m* salted dried cod

Klips [klɪps] *m s.* **Klipp 1**

klir·ren [ˈklɪrən] *vi* ❶ *(vibrieren) Gläser* to tinkle; *Fensterscheiben* to rattle; *Lautsprecher, Mikrophon* to crackle; ■**das K~** the tinkling/rattling/crackling [noise [*or* sound]]; ■**das K~ einer S.** *gen* [*o* **von etw**] the tinkling/rattling/crackling of sth ❷ *(metallisch ertönen) Ketten, Sporen* to jangle; *(Waffen)* to clash; ■~**d** jangling/clashing, clashing; ■**das K~** [**von etw**] the jangling/clashing [of sth]

klir·rend I. *adj* ~**er Frost** severe frost; ~**e Kälte** biting [*or* piercing] cold **II.** *adv* bitterly; ~ **kalt** bitterly cold

Kli·schee <-s, -s> [kliˈʃeː] *nt* ❶ TYPO plate, block ❷ *(pej: eingefahrene Vorstellung)* cliché, stereotype *pej* ❸ *(pej geh: Leerformel)* cliché

kli·schee·haft *adj (pej geh)* clichéd, stereotyped *pej,* stereotypical *pej;* **eine ~e Rede** a cliché-ridden speech

Kli·schee·vor·stel·lung *f s.* **Klischee 2**

Klis·tier <-s, -e> [klɪsˈtiːɐ̯] *nt* enema *spec*

Klis·tier·sprit·ze *f* enema syringe *hist or spec*

Kli·to·ris <-, - *o* Klitorides> [ˈkliːtorɪs, *pl* kliˈtoːrideːs] *f* clitoris

Klit·sche <-, -n> [ˈklɪtʃə] *f (pej fam)* small-time outfit

klitsch·nassRR [ˈklɪtʃnas] *adj (fam) s.* **klatschnass**

klit·ze·klein [ˈklɪtsəˈklain] *adj (fam)* teen[s]y [ween[s]y] *fam,* itsy-bitsy *hum,* AM *a.* itty-bitty *hum*

Kli·vie <-, -n> [ˈkliːvi̯ə] *f* BOT clivia *spec*

Klo <-s, -s> [kloː] *nt (fam)* loo BRIT *fam,* john AM *fam;* **aufs ~ gehen/rennen** to go/run [*or* dash] to the loo

Klo·a·ke <-, -n> [kloˈaːkə] *f (pej)* sewer, cloaca, cesspool *a. fig*

Klo·a·ken·tier *nt* ZOOL monotreme

Klo·be·cken *nt (fam)* toilet [*or* lavatory] bowl [*or* pan]

Klo·ben <-s, -> *m (Holzklotz)* log

klo·big [ˈkloːbɪç] *adj* hefty, bulky; ~**e Hände** massive hands

Klo·bril·le *f (fam)* toilet [*or sl* bog] seat **Klo·bürs·te** *f (fam)* toilet [*or* BRIT *fam a.* loo] brush **Klo·de·ckel** *m (fam)* toilet lid **Klo·mann, -frau** *m, f (fam)* toilet attendant

klomm [klɔm] *imp von* **klimmen**

Klon <-s, -e> [kloːn] *m* clone

klo·nen [ˈkloːnən] *vt* ■**jdn/etw** ~ to clone sb/sth

klö·nen [ˈkløːnən] *vi (fam)* ■[**mit jdm**] ~ to [have a] chat [*or* natter] [with sb] BRIT *fam*

Klon·tech·no·lo·gie *f* BIOL clone technology

Klo·pa·pier *nt (fam)* toilet paper

klop·fen [ˈklɔpfn̩] **I.** *vi* ❶ *(pochen)* ■[**mit etw**] [**an/auf etw** *akk*/**gegen etw**] ~ to knock [at/on/against sth] [with sth] ❷ ORN *Specht* ■[**gegen etw**] ~ to hammer [against sth] ❸ *(mit der flachen Hand)* ■**jdm auf etw** *akk* ~ to pat sb on sth; *(mit dem Finger)* to tap sb on sth; **jdm auf die Knöchel** ~ to rap sb [*or* give sb a rap] on [*or* across] the knuckles **II.** *vi impers* ■**es klopft** [**an etw** *dat*/**gegen etw**] there is a knock [at/against sth]; **es klopft!** there's somebody [*or* somebody is] knocking at the door!; ■**das K~** knocking **III.** *vt* ❶ *(schlagen)* ■**etw** ~ to beat [*or* hit] sth; **den Teppich** ~ to beat the carpet; ■[**jdm/sich**] **etw aus/von etw** ~ to knock sth out of/off sth [for sb]; **den Staub aus dem Teppich** ~ to beat the dust out of the carpet ❷ KOCHK **ein Steak** ~ to beat [*or* tenderize] a steak; *s. a.* **Takt**

Klop·fer <-s, -> *m* *(Teppich~)* carpet beater; *(Tür~)* [door-]knocker; *(Fleisch~)* [meat] mallet

Klopf·zei·chen *nt* knock

Klop·pe [ˈklɔpə] *f* ▶ WENDUNGEN: [**von jdm**] ~ **kriegen** NORDD to get [*or* be given] a walloping [*or hum* a hiding] [from sb] *fam*

Klöp·pel <-s, -> [ˈklœpl̩] *m* ❶ *(Glocken~)* clapper ❷ *(Spitzen~)* bobbin ❸ *(Taktstock)* [drum]stick

klöp·peln [ˈklœpl̩n] *vt* ■**etw** ~ to make [*or* work] sth in pillow [*or* bobbin] lace; ■**geklöppelt** pillow-lace *attr;* **geklöppelte Spitze** pillow [*or* bobbin] lace

Klöp·pel·spit·ze *f* pillow [*or* bobbin] lace

klop·pen [ˈklɔpn̩] **I.** *vt* NORDD *(fam)* ■**etw** ~ to hit sth; **Steine/einen Teppich** ~ to break stones/beat a carpet **II.** *vr* NORDD *(fam)* ■**sich** [**mit jdm**] ~ to fight [*or* scrap] [with sb]

Klop·pe·rei <-, -en> [klɔpəˈrai] *f* NORDD *(fam)* fight; *(schneller a.)* scrap; *(mit mehreren Personen a.)* brawl

Klöpp·ler(in) <-s, -> *m(f)* [pillow [*or* bobbin]] lace maker

Klops <-es, -e> [klɔps] *m* ❶ *(Fleischkloß)* meatball; **Königsberger ~e** Königsberg meatballs *(meatballs in a caper sauce)* ❷ *(fam: Schnitzer)* howler, boob BRIT *fam;* **sich** *dat* **einen ~ leisten** to make a real howler

Klo·sett <-s, -e *o* -s> [kloˈzɛt] *nt (veraltend) s.* **Toilette** privy *old*

Klo·spü·lung *f (fam)* flush; **die ~ betätigen** to flush the toilet [*or* BRIT *fam a.* loo]

Kloß <-es, Klöße> [kloːs, *pl* ˈkløːsə] *m* KOCHK dumpling ▶ WENDUNGEN: **einen ~ im Hals haben** *(fam)* to have a lump in one's throat

Kloß·brü·he *f* ▶ WENDUNGEN: **klar wie ~ sein** *(fam)* to be as clear as day [*or* crystal-clear]

Klos·ter <-s, Klöster> [ˈkloːstɐ, *pl* ˈkløːstɐ] *nt* *(Mönchs~)* monastery; *(Nonnen~)* convent, nunnery *dated;* **ins ~ gehen** to enter a monastery/convent, to become a monk/nun

Klos·ter·bib·li·o·thek *f* monastery/convent library **Klos·ter·bru·der** *m (veraltet) s.* **Mönch Klos·ter·frau** *f (veraltet) s.* **Nonne Klos·ter·gar·ten** *m* monastery/convent garden **Klos·ter·ka·pel·le** *f* monastery/convent chapel **Klos·ter·kir·che** *f* monastery/convent church

klös·ter·lich [ˈkløːstɐlɪç] *adj* ❶ *(einem Kloster entsprechend)* monastic/conventual; ~**e Einsamkeit** cloistered seclusion ❷ *(dem Kloster gehörend)* monastery/convent *attr,* of a/the monastery/convent *pred*

Klos·ter·pfor·te *f* monastery/convent gate [*or* door] **Klos·ter·schu·le** *f* monastery [*or* monastic]/convent school

Klö·ten [ˈkløːtn̩] *pl* NORDD *(sl)* balls *npl fam!*

Klotz <-es, Klötze> [klɔts, *pl* ˈklœtsə] *m* ❶ *(Holz~)* block [of wood] ❷ *(pej fam: großes hässliches Gebäude)* monstrosity ▶ WENDUNGEN: **sich** *dat* [**mit jdm/etw**] **einen ~ ans Bein binden** *(fam)* to tie a millstone round one's neck [by getting involved with sb/by doing sth] *fig;* **[jdm [*o* für jdn]] ein ~ am Bein sein** (*fam*) to be a millstone round sb's neck, to be a heavy burden [for sb]; **auf einen groben ~ gehört ein grober Keil** (*prov*) rudeness must be met with rudeness *prov;* **wie ein ~ schlafen** (*fam*) to sleep like a log *fam*

Klötz·chen <-s, -> ['klœtsçən] *nt dim von* **Klotz 1** ❶ (*kleiner Holzklotz*) small block [*or* piece] of wood ❷ (*Bauklotz*) building brick

klot·zen ['klɔtsən] (*sl*) **I.** *vi* ❶ (*hart arbeiten*) to slog [away] *fam;* (*schnell arbeiten*) to work like hell *fam* [*or fam!* stink] ❷ (*Mittel massiv einsetzen*) ■ **[bei etw]** ~ to splurge [out] on sth *fam,* to splash [*or* BRIT *fam* push the boat] out [on sth] ▸ WENDUNGEN: **~, nicht kleckern** to think big, to do things in a big way **II.** *vt* ■ **[jdm] etw irgendwohin** ~ to stick [*or* shove] sth up somewhere *fam*

klot·zig ['klɔtsɪç] (*sl*) **I.** *adj* ❶ (*ungefüge*) large and ugly; **ein ~es Hochhaus** an ugly great high-rise [*or* skyscraper]; ■ **~ sein** to be bulky ❷ (*aufwändig*) extravagant **II.** *adv* ❶ (*überreichlich*) extremely; **~ reich sein** to be rolling in it *fam;* **~ [viel Geld] verdienen** to be raking it in ❷ (*aufwändig*) lavishly, extravagantly

Klub <-s, -s> [klʊp] *m* ❶ (*Verein*) club; **die Mitgliedschaft im ~** membership of the club, club membership ❷ (*fam: Klubgebäude/-raum*) club; **im/in seinem ~** at the/one's club

Klub·bei·trag *m* club subscription [*or* membership [fee]] **Klub·haus** *nt* club-house **Klub·ja·cke** *f* blazer **Klub·kas·se** *f* club [bank] account **Klub·mit·glied** *nt* club member **Klub·ses·sel** *m* club chair **Klub·vor·stand** *m* club committee

Kluft[1] <-, Klüfte> [klʊft, *pl* 'klʏftə] *f* ❶ GEOG cleft, [deep] fissure ❷ (*scharfer Gegensatz*) gulf; **tiefe ~** deep rift ❸ KOCHK shank

Kluft[2] <-, -en> [klʊft] *f* DIAL (*hum*) uniform, garb *no pl liter*

Kluft·scha·le *f* KOCHK [beef] topside **Kluft·steak** *nt* KOCHK sirloin steak

klug <klüger, klügste> [klu:k] **I.** *adj* ❶ (*vernünftig*) wise; (*intelligent*) intelligent; (*schlau*) clever; (*scharfsinnig*) shrewd, astute; **eine ~e Entscheidung** a prudent decision; **~er Rat** sound advice; **es wäre klüger, ...** it would be more sensible ...; **ein ganz K~er** (*iron*) a real clever clogs + *sing vb* [*or* dick] BRIT *pej fam;* **[wieder] so ~ gewesen sein** (*iron*) to have been so bright [again]; **da soll einer draus ~ werden** I can't make head [n]or tail of it; **ich werde einfach nicht ~ aus ihm/daraus** I simply don't know what to make of him/it, I simply can't make [*or* BRIT *fam* suss] him/it out ❷ (*iron: dumm*) clever *iron,* bright *iron;* **genauso ~ wie zuvor [*o* vorher] sein** to be none the wiser ▸ WENDUNGEN: **aus Schaden wird man ~** you learn from your mistakes; **hinterher [*o* im nachhinein] ist man immer klüger** it's easy to be wise after the event; **der Klügere gibt nach** (*prov*) discretion is the better part of valour *prov* **II.** *adv* ❶ (*intelligent*) cleverly, intelligently ❷ (*iron*) cleverly *iron;* **~ reden** to talk as if one knows it all, to talk big, to pontificate *pej*

klu·ger·wei·se *adv* [very] cleverly [*or* wisely]

Klug·heit <-, -en> ['klu:khait] *f* ❶ *kein pl* cleverness; (*Intelligenz*) intelligence; (*Vernunft*) wisdom; (*Scharfsinn*) astuteness, shrewdness; (*Überlegtheit*) prudence ❷ (*iron*) clever remark/remarks *iron*

Klug·red·ner(in) *m(f)* (*fam*) know-all, wise guy *pej fam,* clever dick [*or* + *sing vb* clogs] BRIT *pej fam* **klug|schei·ßen** *vi irreg* (*sl*) to be a smart-ass [*or* BRIT *a.* -arse] *fam* **Klug·schei·ßer(in)** <-s, -> *m(f)* (*sl*) smart-ass [*or* BRIT *a.* -arse] *fam*

Klump [klʊmp] *m* ▸ WENDUNGEN: **etw zu [*o* in] ~ fahren** (*fam*) to drive sth into the ground, to write off sth *sep,* to smash up sth *sep;* **jdn zu ~ hauen** (*fam*) to beat sb to a pulp *fam*

Klumpatsch <-s> *m kein pl* (*fam*) junk *no indef art, no pl,* shit *no indef art, no pl pej fam!*

Klümp·chen <-s, -> ['klʏmpçən] *nt dim von* **Klumpen** ❶ (*kleiner Klumpen*) little lump ❷ NORDD (*Bonbon*) sweetie BRIT *fam*

klum·pen ['klʊmpn̩] *vi* to go [*or* become] lumpy; *Salz* to cake

Klum·pen <-s, -> ['klʊmpn̩] *m* lump; **ein ~ Erde** a lump [*or* clod] of earth; **~ bilden** to go lumpy

Klump·fuß *m* club foot

klump·fü·ßig *adj* club-footed; ■ **~ sein** to be club-footed [*or* have a club foot]

klum·pig ['klʊmpɪç] *adj* lumpy; ■ **~ sein/werden** to be/go [*or* get] [*or* become] lumpy

Klün·gel <-s, -> ['klʏŋl̩] *m* NORDD (*pej fam*) old boys' network BRIT; (*zwischen Verwandten*) nepotistic web *pej*

Klün·ge·lei <-, -en> ['klʏŋə'lai] *f* SOZIOL (*pej*) cronyism

Klun·ker <-s, -> ['klʊŋkɐ] *m* (*sl: Edelstein*) rock AM *sl*

km [ka:'ɛm] *m Abk von* **Kilometer** km

km/h [ka:ɛm'ha:] *m Abk von* **Kilometer pro Stunde** kmph, km/h

knab·bern ['knabɐn] **I.** *vi* ■ **an etw** *dat* **~** ❶ (*knabbernd verzehren*) to nibble [at] sth ❷ (*etw geistig/emotional verarbeiten*) to chew on sth, to mull sth over; **[noch] an etw** *dat* **zu ~ haben** (*fam*) to have sth to chew on [*or* over] *fam* **II.** *vt* ■ **etw ~** to nibble sth; **etwas zum K~** something to nibble; **nichts zu ~ haben** (*fam*) to have nothing to eat

Kna·be <-n, -n> ['kna:bə] *m* (*veraltend geh*) boy, lad; **na, alter ~!** (*fam*) well, old boy [*or* BRIT *dated fam* chap]!

Kna·ben·chor *m* (*veraltend geh*) boys' choir

kna·ben·haft *adj* boyish

Kna·ben·in·ter·nat *nt* (*veraltend geh*) boys' boarding school **Kna·ben·kraut** *nt* [wild] orchid, orchis *spec* **Kna·ben·schu·le** *f* (*veraltend geh*) boys' school **Kna·ben·stim·me** *f* boy's voice, treble

knack [knak] *interj* crack

Knack <-[e]s, -e> [knak] *m* crack; **~ machen** to [go] crack

Knä·cke·brot *nt* crispbread *no indef art, no pl*

kna·cken ['knakn̩] **I.** *vt* ❶ (*aufbrechen*) ■ **etw [mit etw] ~** to crack sth [with sth] ❷ (*fam: dechiffrieren*) **einen Kode ~** to crack a code ❸ (*fam: in etw eindringen*) ■ **etw ~** to break into sth; **den Safe ~** to crack [open] the safe ❹ MIL (*sl: zerstören*) ■ **etw ~** to knock out sth *sep* ❺ (*sl*) ■ **etw ~** to do away with sth; **Vorurteile ~** to eliminate [*or sep* break down] prejudice **II.** *vi* ❶ (*Knacklaut von sich geben*) to crack; *Diele, Knie* to creak; *Zweige* to snap; **es knackt hier immer im Gebälk** the beams are always creaking here ❷ (*Knackgeräusche machen*) ■ **mit etw ~** to crack sth; **mit den Fingern ~** to crack one's fingers [*or* knuckles] ❸ (*fam: schlafen*) to sleep; **eine Runde ~** to have forty winks [*or* BRIT *a.* a kip] ▸ WENDUNGEN: **[noch] an etw** *dat* **zu ~ haben** (*fam*) to have sth to think about [*or fam* chew on [*or* over]] **III.** *vi impers* ■ **es knackt** there's a crackling noise; **in Dachstühlen knackt es oft** roof trusses often creak

Kna·cker <-s, -> *m* DIAL (*fam*) ❶ (*pej*) guy *fam,* bloke BRIT *fam;* **ein alter ~** an old codger *pej, hum* [*or* feller] *fam;* **ein blöder ~** a stupid [*or* silly] so-and-so; **ein komischer ~** a strange character ❷ *s.* **Knackwurst**

Knack·erb·se *f* sugar-snap pea

Kna·cki <-s, -s> ['knaki] *m* (*sl*) ex-con *sl,* old lag BRIT *fam*

kna·ckig ['knakɪç] **I.** *adj* ❶ (*knusprig*) crunchy, crisp[y] ❷ (*fam: drall*) well-formed, sexy ❸ (*fam: zünftig*) real; **ein ~er Typ** a natural type [*or* person] **II.** *adv* (*fam*) really; **sie kam ~ braun aus dem Urlaub wieder** she came back from holiday really brown; **~ rangehen** to get really stuck in *fam,* to really go for it *fam*

Knack·laut *m* ❶ (*knackendes Geräusch*) crack[ing noise], creak ❷ LING glottal stop **Knack·punkt** *m* (*fam*) crucial point; **und da ist der ~** and there's the crunch *fam*

knacks [knaks] *interj s.* **knack**

Knacks <-es, -e> [knaks] *m* ❶ (*knackender Laut*) crack ❷ (*Sprung*) crack; **einen ~ haben** (*fam*) to have a problem; *Ehe* to be in difficulties; *Freundschaft* to be suffering; **etw** *dat* **einen ~ geben** to damage sth ❸ (*fam: seelischer Schaden*) psychological problem; **einen ~ bekommen** (*fam*) to suffer a minor breakdown; **einen ~ haben** (*fam*) to have a screw

K

loose *hum* [*or* be a bit whacky [*or* AM *usu* wacky]] *fam*

Knack·wurst *f* knackwurst *spec,* knockwurst *spec* (*sausage which is heated in water and whose tight skin makes a cracking noise when bitten*)

Knäk·ente ['knɛkʔɛntə] *f* ZOOL, KOCHK sarcelle duck

Knall <-[e]s, -e> [knal] *m* ❶ (*Laut*) bang; *Korken* pop; *Tür* bang, slam ❷ (*fam: Krach*) trouble *no indef art, no pl* ▸ WENDUNGEN: ~ **auf** [*o* **und**] **Fall** (*fam*) all of a sudden; **jdn ~ auf** [*o* **und**] **Fall entlassen** to dismiss sb on the spot [*or* without warning]; **einen ~ haben** (*sl*) to be crazy [*or fam* off one's rocker] [*or fam* crackers]

Knall·bon·bon *nt* cracker, AM *usu* bonbon **knall·bunt** ['knal'bʊnt] *adj* gaudy **Knall·ef·fekt** *m* (*fam*) surprising twist; ▪**einen ~ haben** to come as a bombshell

knal·len ['knalən] **I.** *vi* ❶ *haben* (*stoßartig ertönen*) to bang; *Auspuff* to misfire, to backfire; *Feuerwerkskörper* to [go] bang; *Korken* to [go] pop; *Schuss* to ring out; (*laut zuschlagen*) to bang, to slam ❷ *haben* ▪**mit etw ~** to bang sth; **mit der Peitsche ~** to crack the whip; **mit der Tür ~** to slam [*or* bang] the door [shut]; ▪**etw ~ lassen** to bang sth; **die Sektflaschen ~ lassen** to make the Sekt bottles pop ❸ *sein* (*fam: hart auftreffen*) ▪**auf/gegen/vor etw** *akk* ~ to bang on/against sth; **der Ball knallte gegen die Latte** the ball slammed against the crossbar ▸ WENDUNGEN: **die Korken ~ lassen** to pop the corks, to celebrate; *s. a.* **Sonne II.** *vi impers haben* ▪**es knallt** there's a bang; **..., sonst knallt's!, ..., oder/und es knallt!** (*fam: oder/und es gibt eine Ohrfeige!*) ... or/and you'll get a good clout! *fam;* (*oder/und ich schieße!*) ... or/and I'll shoot! **III.** *vt* ❶ (*zuschlagen*) ▪**etw ~** to bang [*or* slam] sth ❷ (*hart werfen*) ▪**etw irgendwohin ~** to slam sth somewhere; **er knallte den Ball gegen den Pfosten** he slammed [*or* hammered] the ball against the post ❸ (*fam: schlagen*) ▪**jdm eine ~** (*fam*) to clout sb, to give sb a clout *fam*

knall·eng *adj* (*fam*) skin-tight

Knal·ler <-s, -> *m* (*fam*) ❶ (*Knallkörper*) firecracker, BRIT *a.* banger ❷ (*Sensation*) sensation, smash *fam*

Knall·erb·se *f* cap bomb, toy torpedo AM

Knal·le·rei <-, -en> *f* (*fam: Schießerei*) shooting *no indef art, no pl;* (*Feuerwerk*) banging [of fireworks]

Knall·frosch *m* jumping jack **Knall·gas** *nt* oxyhydrogen *no indef art, no pl spec* **knall·hart** ['knal'hart] (*fam*) **I.** *adj* ❶ (*rücksichtslos*) really tough, [as] hard as nails *pred* ❷ (*sehr kraftvoll*) really hard; **ein ~er Schuss/Schlag** a fierce shot/crashing blow **II.** *adv* quite brutally; **etw ~ sagen** to say sth straight out [*or* without pulling any punches]; **~ verhandeln** to negotiate really hard, to drive a hard bargain **knall·heiß** *adj* (*fam*) boiling [hot], baking *fam*

knal·lig ['knalɪç] *adj* (*fam*) gaudy, loud *pej*

Knall·kopf *m* (*fam*), **Knall·kopp** *m* (*fam*) idiot, jerk *pej fam!,* pillock BRIT *pej fam* **Knall·kör·per** *m* firecracker **knall·rot** ['knal'roːt] *adj* (*fam*) bright red; ▪**~ [im Gesicht] sein/werden** to be/become [*or* turn] bright red [in the face]

knapp [knap] **I.** *adj* ❶ (*gering*) meagre [*or* AM -er], low; **~e Vorräte** meagre [*or* scarce] supplies; **~e Stellen** scarce jobs; **~es Geld** tight money; ▪**~ sein/werden** to be scarce [*or* in short supply]/to become scarce; ▪**[mit etw] ~ sein** to be short [of sth]; **..., aber/und das nicht zu ~!** (*fam*) ..., and how!, ..., good and proper! BRIT *fam; s. a.* **Kasse** ❷ (*eng [sitzend]*) tight[-fitting]; ▪**jdm zu ~ sein** to be too tight for sb ❸ (*noch genügend*) just enough; **eine ~e Mehrheit** a narrow [*or* bare] [*or* very small] majority; **ein ~er Sieg** a narrow victory; **ein ~es Ergebnis** a close result ❹ (*nicht ganz*) almost; **in einer ~en Stunde** in just under an hour; ▪**[jdm] zu ~ sein** to be too tight [for sb] ❺ (*gerafft*) concise, succinct; **in wenigen ~en Worten** in a few brief words; **er gab ihr nur eine ~e Antwort** he replied tersely **II.** *adv* ❶ (*mäßig*) sparingly; **~ bemessen sein** to be not very generous; **seine Zeit ist ~ bemessen** his time is limited [*or* restricted], he only has a limited amount of time ❷ (*nicht ganz*) almost; **~ eine Stunde** almost [*or* just under] [*or* not quite] an hour ❸ (*haarscharf*) narrowly; **die Wahl ist denkbar ~ ausgefallen** the election turned out to be extremely close; **~ gewinnen/verlieren** to win/lose narrowly [*or* by a narrow margin]; **wir haben [nur] ~ verloren** we [only] just lost

Knap·pe <-n, -n> ['knapə] *m* ❶ BERGB [qualified] miner ❷ HIST squire

knapp|hal·ten *vt irreg* **jdn [mit etw] ~** to keep sb short [of sth]

Knapp·heit <-> *f kein pl* ❶ (*Versorgungsengpass*) shortage *no pl,* scarcity *no pl* ❷ (*Beschränktheit*) shortage *no pl;* **die ~ der öffentlichen Gelder/finanziellen Mittel** the shortage [*or* lack] of public money/finance; **bei der ~ der zur Verfügung stehenden Zeit...** with [*or* because of] the limited amount of time available ...

Knapp·schaft <-> *f kein pl* BERGB miners' guild

knap·sen ['knapsn̩] *vi* (*fam*) ❶ (*knauserig sein*) to watch the pennies, to scrimp and save; ▪**mit etw ~** to scrimp on sth ❷ (*mit etw schwer fertigwerden*) ▪**an etw** *dat* ~ to have difficulty getting over sth

Knar·re <-, -n> ['knarə] *f* (*sl*) gun, shooter, rod AM *sl*

knar·ren ['knarən] *vi* to creak; ▪**das K~** creaking

Knast <-[e]s, Knäste> [knast, *pl* 'knɛstə] *m* (*sl*) prison; ▪**im ~** in the slammer *sl* [*or fam* clink] [*or* AM *fam* can]; **im ~ sitzen** to do [*or* serve] time; **~ schieben** (*fam*) to do [*or* serve] time

Knatsch <-es> [knaːtʃ] *m kein pl* (*fam*) trouble; **ständiger ~ mit seinen Eltern** constant disagreements with one's parents; **es [*o* das] gibt ~** there's going to be [*or* that means [*or* spells]] trouble; **das könnte ~ geben** there could be trouble

knat·schig ['knaːtʃɪç] *adj* (*fam: quengelig*) whingy BRIT *pej fam;* (*brummig*) grumpy, crotchety *fam*

knat·tern ['knatɐn] *vi* to clatter; *Motorrad* to roar; *Maschinengewehr* to rattle, to clatter; *Schüsse* to rattle out; ▪**~d** roaring/clattering; ▪**das K~** the roar/clatter/rattle

Knäu·el <-s, -> ['knɔyəl] *m o nt* ball; **ein ~ von Menschen** a knot of people

Knäu·el·gras *nt* BOT common cocksfoot

Knauf <-[e]s, Knäufe> [knauf, *pl* 'knɔyfə] *m* (*Messer-/Schwert~*) pommel; (*Tür~*) knob; *Spazierstock* knob; *Schläger* butt [end]

Knau·ser(in) <-s, -> ['knauzɐ] *m(f)* (*pej fam*) scrooge *pej,* skinflint *pej fam*

knau·se·rig ['knauzərɪç] *adj* (*pej fam*) stingy *pej fam,* tight [-fisted] *pej fam*

Knau·se·rin <-, -nen> *f fem form von* **Knauser**

knau·sern ['knauzɐn] *vi* (*pej fam*) ▪**[mit etw] ~** to be stingy [*or* tight-fisted] [with sth] [*or* tight with sth] *pej fam*

Knaus-Ogi·no-Me·tho·de *f kein pl* MED rhythm [*or* Knaus-Ogino] method *no indef art, no pl*

knaut·schen ['knautʃn̩] **I.** *vi* to crease, to get creased **II.** *vt* ▪**etw ~** to crumple sth

knaut·schig ['knautʃɪç] *adj* (*fam*) crumpled; ▪**~ sein** to be crumpled [up] [*or* all creased [*or fam* crumply]]

Knautsch·le·der *nt* patterned [patent [*or* wet-look]] leather

Knautsch·zo·ne *f* AUTO crumple zone

Kne·bel <-s, -> ['kneːbl̩] *m* gag

Kne·bel·bart *m* (*am Kinn*) Vandyke beard; (*an der Oberlippe*) handlebar moustache

kne·beln ['kneːbl̩n] *vt* ❶ (*mit einem Knebel versehen*) ▪**jdn ~** to gag sb ❷ (*geh: mundtot machen*) ▪**jdn/etw ~** to gag [*or* muzzle] sb/sth

Kneb(e)·lung <-, -en> *f* ❶ *kein pl* (*das Knebeln*) gagging *no indef art, no pl* ❷ (*Knebel*) gag ❸ (*geh: Unterdrückung der Berichterstattung*) gagging *no indef art, no pl,* muzzling *no indef art, no pl*

Kne·bel·ver·trag *m* (*pej*) gagging [*or* oppressive] contract

Knecht <-[e]s, -e> [knɛçt] *m* ❶ (*veraltend: Landarbeiter*) farmhand ❷ (*pej: Diener*) servant, slave; (*Trabant*) minion *a. pej*

▸ WENDUNGEN: ~ Ruprecht *helper to St Nicholas*

knech·ten ['knɛçtn̩] *vt (pej geh)* ■**jdn** ~ to enslave sb, to reduce sb to servitude *form;* ■**geknechtet** enslaved; **ein geknechtetes Volk** an oppressed people

knẹch·tisch *adj (pej geh)* slavish, servile *pej;* ■**[jdm]** ~ **sein** to be slavish [*or a. pej* servile] [to sb]

Knẹcht·schaft <-, *selten* -en> *f (pej)* slavery, servitude *form,* bondage *liter;* **die Babylonische** ~ HIST Babylonian captivity

Knẹch·tung <-, -en> *f (pej geh)* enslavement *no pl;* ■~ **durch jdn** enslavement [*or form* subjugation] by sb

knei·fen <kniff, gekniffen> ['knaifn̩] **I.** *vt* ■**jdn** ~ to pinch sb; ■**jdn** [*o* **jdm**] **in etw** *akk* ~ to pinch sb's sth **II.** *vi* ❶ *(zwicken)* to pinch ❷ *(fam: zurückscheuen)* ■**[vor etw** *dat*] ~ to chicken out [of sth] *pej fam,* to duck [out of] sth *fam;* ■**vor jdm** ~ to shy away from [*or* to avoid] sb **III.** *vi impers* ■**es kneift [jdn] [irgendwo]** it hurts [*or* pinches] [sb] [somewhere]

Knei·fer <-s, -> ['knaifɐ] *m* pince-nez

Knei̱f·zan·ge *f (Zangenart)* pincers *npl;* **mit einer** ~ with [a pair of] pincers ▸ WENDUNGEN: **etw nicht mit der** ~ **anfassen** *(fam)* to not touch sth with a barge [*or* AM *a.* ten-foot] pole

Knei·pe <-, -n> ['knaipə] *f (fam)* pub BRIT, boozer BRIT *fam,* AM *usu* bar

Knei̱·pen·bum·mel *m* pub crawl BRIT *fam,* bar hop AM **Knei̱·pen·mo·bi·li·ar** *nt* pub [*or* AM *usu* bar] furnishings *pl* **Knei̱·pen·tisch** *m* pub [*or* AM *usu* bar] table *pl* **Knei̱·pen·wirt(in)** *m(f)* barkeeper, [pub] landlord *masc*/landlady *fem* BRIT, publican BRIT

Knei·pier <-s, -s> [knai'pi̯e:] *m (hum fam) s.* **Kneipenwirt**

kneip·pen ['knaipn̩] *vi (fam)* to take [*or* undergo] a Kneipp cure

Kneipp·kur *f* MED Kneipp['s] cure, kneippism *no art, no pl spec (predominantly hydropathic treatment combined with compresses, diet and exercise)*

Knes·set(h) <-> ['knɛsɛt] *f kein pl (israelisches Parlament)* Knesset

kne̱t·bar *adj* workable; ~**er Teig** kneadable dough; **schlecht** ~ difficult to work with/knead

Kne·te <-> ['kne:tə] *f kein pl* ❶ *(sl: Geld)* dough *dated sl,* dosh BRIT *sl* ❷ *(fam) s.* **Knetgummi**

kne·ten ['kne:tn̩] **I.** *vt* ❶ *(durchwalken)* ■**etw** ~ to knead [*or* work] sth ❷ *(durch K~ formen)* ■**[sich** *dat*] **etw** ~ to model [*or form* fashion] sth; **etw aus Lehm** ~ to model [*or form* fashion] sth out of clay; ■**das K~** modelling [*or* AM -l-] ❸ *(massieren)* ■**[jdm] etw** ~ to knead sb's sth **II.** *vi* to play with Plasticine® [*or* AM Play-Doh®]

Kne̱t·gum·mi *m o nt,* **Kne̱t·mas·se** *f* Plasticine®, Play-Doh® AM

Knick <-[e]s, -e *o* -s> [knɪk] *m* ❶ *(abknickende Stelle)* [sharp] bend; *(im Schlauch/Draht)* kink; **einen** ~ **machen** to bend [sharply] ❷ *(Kniff)* crease ▸ WENDUNGEN: **einen** ~ **im Auge** [*o* **in der Linse**] [*o* **in der Optik**] **haben** *(sl)* to have sth wrong with one's eyes; **du hast wohl einen** ~ **in der Optik!** can't you see straight?, are you blind?

kni·cken ['knɪkn̩] **I.** *vt haben* ❶ *(falten)* ■**etw** ~ to fold [*or* crease] sth; **„nicht** ~**!"** "[please] do not bend [*or* fold]!" ❷ *(ein~)* ■**etw** ~ to snap sth ❸ *(schwächen)* **jds Stolz** ~ to humble sb['s pride] **II.** *vi sein* to snap/crease

Kni̱·cker <-s, -> *m* DIAL ❶ *(Geizhals)* scrooge *pej,* skinflint *pej fam* ❷ *(Murmel)* marble; *(Murmelspiel)* marbles + *sing vb*

Kni̱·cker·bo·cker *pl* knickerbockers *npl,* AM *a.* knickers *npl*

kni·cke·rig ['knɪkərɪç], **knick·rig** ['knɪkrɪç] *adj* DIAL *(knauserig)* mean, stingy *pej fam,* tight[-fisted] *pej fam*

Kni̱·cke·rig·keit, Kni̱ck·rig·keit <-> *f kein pl (Knauserigkeit)* meanness *no indef art, no pl,* stinginess *no indef art, no pl pej fam*

knick·rig ['knɪkrɪç] *adj s.* **knickerig**

Kni̱ck·rig·keit <-> *f kein pl s.* **Knickerigkeit**

Knicks <-es, -e> [knɪks] *m* curts[e]y, bob; **[vor jdm] einen** ~ **machen** to make a curts[e]y [*or* bob] [to sb]

knick·sen ['knɪksn̩] *vi* ■**[vor jdm]** ~ to [bob [*or* drop] a] curts[e]y [to sb], to bob [a curts[e]y] to sb

Knie <-s, -> [kni:, *pl* 'kni:ə] *nt* ❶ *(Körperteil)* knee; **auf** ~**n** on one's knees, on bended knee[s]; **jdn auf** ~**n bitten** to go down on bended knee[s] to [*or* and beg] sb; **jdm auf** ~**n danken** to go down on one's knees and thank sb; **die** ~ **[vor jdm/etw] beugen** *(geh)* to go down on one's knees/one knee [before sb *form*]; **[vor jdm] auf die** ~ **fallen** *(geh)* to fall [*or* go down] on one's knees [before sb *form*]; **in die** ~ **gehen** to sink to [*or* down on] one's knees; **jdn übers** ~ **legen** *(fam)* to put sb across [*or* over] one's knee; **vor jdm auf den** ~**n liegen** *(geh)* to kneel [*or* be one one's knees] before sb *form;* **in die** ~ **sacken** to sag at the knees; **sich vor jdm auf die** ~ **werfen** *(geh)* to throw oneself on one's knees in front of [*or form* before] sb; **jdm zittern die** ~ sb's knees are shaking; *(aus Angst)* sb's knees are knocking; **jdn in die** ~ **zwingen** *(geh)* to force sb to his/her knees *a. fig* ❷ *(Kniebereich einer Hose)* knee ❸ *(Biegung)* bend ❹ *(eines Rohres)* elbow ▸ WENDUNGEN: **weiche** ~ **bekommen** *(fam)* to go weak at the knees; **etw übers** ~ **brechen** *(fam)* to rush into sth; **in die** ~ **gehen** to submit, to give in

Kni̱e·beu·ge *f* knee-bend; **in die** ~ **gehen** to bend one's knees; ~**n machen** to do [some] knee-bends **Kni̱e·bund·ho·se** *f* [knee] breeches [*or* AM britches] *npl* **Kni̱e·fall** *m (geh)* genuflection *form;* **einen** ~ **vor jdm tun** [*o* **machen**] to go down on one's knees before sb *form,* to kneel before sb *form* **kni̱e·fäl·lig** *adv (veraltend)* on bended knee[s], on one's knees **kni̱e·frei** *adj* above-the-knee *attr,* [worn] above the knee *pred* **Kni̱e·ge·lenk** *nt* knee joint **kni̱e·hoch I.** *adj* knee-high; **kniehoher Schnee/kniehohes Wasser** knee-deep snow/water **II.** *adv* up to the/one's knees; **der Schnee liegt** ~ the snow was knee-deep **Kni̱e·ho·se** *f* [knee] breeches [*or* AM britches] *npl* **Kni̱e·keh·le** *f* back [*or* hollow] of the knee, popliteal space *spec* **kni̱e·lang** *adj* knee-length

knien [kni:n] **I.** *vi* ■**[auf etw** *akk*/**vor jdm/etw]** ~ to kneel [on sth/in front of [*or form* before] sb/sth]; **im K~** on one's knees, kneeling [down] **II.** *vr* ❶ *(auf die Knie gehen)* ■**sich auf etw** *akk* ~ to kneel [down] on sth; ■**sich hinter/neben/vor jdn/etw** ~ to kneel down behind/next to/in front of [*or form* before] sb/sth ❷ *(fam: sich intensiv beschäftigen)* ■**sich in etw** *akk* ~ to get down to sth, to get stuck in[to sth] BRIT *fam*

Knies <-> [kni:s] *m kein pl* DIAL *(Knatsch)* argument, quarrel, *esp* BRIT row; *(schwächer)* tiff *fam*

Kni̱e·schei·be *f* kneecap, patella *spec;* **jdm die** ~**[n] durchschießen** to kneecap sb **Kni̱e·seh·nen·re·flex** *m* MED knee jerk **Kni̱e·strumpf** *m* knee-length sock **knie·tief** ['kni:ti:f] *adj* knee-deep

kniff [knɪf] *imp von* **kneifen**

Kniff <-[e]s, -e> [knɪf] *m* ❶ *(Kunstgriff)* trick ❷ *(Falte)* fold; *(unabsichtlich a.)* crease ❸ *(Zwicken)* pinch

knif·fe·lig ['knɪfəlɪç], **kniff·lig** ['knɪflɪç] *adj (fam)* tricky, fiddly *fam*

Knig·ge <-[s], -> ['knɪgə] *m* book [*or* guide] on etiquette, etiquette manual

Knilch <-s, -e> [knɪlç] *m (pej sl: Scheißkerl)* bastard *fam!,* bugger BRIT *fam!; (Niete)* plonker BRIT *fam*

knip·sen ['knɪpsn̩] **I.** *vt* ❶ *(fam: fotografieren)* ■**jdn/etw** ~ to take a photo of sb/sth *fam; Radarfalle* to flash [*or* get] sb *fam* ❷ *(durch Lochen entwerten)* **eine Fahrkarte** ~ to punch [*or* clip] a ticket **II.** *vi (fam)* to take photos *fam; (willkürlich)* to snap away *fam*

Knirps <-es, -e> [knɪrps] *m* ❶ *(fam: kleiner Junge)* little fellow [*or* fellow] *fam,* little squirt *pej* ❷ *(Faltschirm)* folding [*or* telescopic] umbrella

knir·schen ['knɪrʃn̩] *vi* to crunch; *Getriebe* to grind; *s. a.* **Zahn**

knis·tern ['knɪstɐn] **I.** *vi* ❶ *(rascheln) Feuer* to crackle; *Papier* to rustle; ■**das K~ des Feuers/von Papier** the crackle [*or* crackling] of the fire/rustle [*or* rustling] of paper ❷ *(~ de Geräusche verursachen)* ■**mit etw** ~ to rustle sth **II.** *vi impers* ❶ *(Geräusch verursachen)* ■**es knistert irgendwo** there is a

K

crackling/rustling somewhere ❷ (*kriseln*) ■ **es knistert** there is trouble brewing ❸ (*Spannung aufweisen*) ■ **es knistert** [**zwischen Menschen**] there is a feeling of tension [*or* suspense] [between people]

Knit·tel·vers ['knɪtl̩-] *m* rhyming couplets *pl* [of four-stress lines]

knit·ter·arm *adj* crease-resistant **knit·ter·frei** *adj* non-crease **knit·ter·freu·dig** *adj* prone to creasing

knit·tern ['knɪtɐn] **I.** *vi* to crease, to crumple **II.** *vt* ■ **etw** ~ to crease [*or* crumple] sth

Kno·bel·be·cher ['kno:bl̩-] *m* ❶ (*Würfelbecher*) [dice] shaker [*or* cup] ❷ (*sl: Soldatenstiefel*) army boot

kno·beln ['kno:bl̩n] *vi* ❶ (*würfeln*) ■ [**um etw**] ~ to play dice [for [*or* to decide] sth] ❷ (*nachgrübeln*) ■ [**an etw** *dat*] ~ to puzzle [over sth]

Knob·lauch <-[e]s> *m kein pl* garlic *no indef art, no pl*

Knob·lauch·pres·se *f* garlic press **Knob·lauch·ze·he** *f* clove of garlic

Knö·chel <-s, -> ['knœçl̩] *m* ❶ (*Fuß~*) ankle; **bis zu den ~n** up to the ankles; **bis über die** ~ to above the [*or* one's] ankles [*or* one's]; **kräftige** ~ fetlocks *hum fam* ❷ (*Finger~*) knuckle

Knö·chel·bruch *m* (*Fuß~*) broken ankle; (*Finger~*) broken knuckle **knö·chel·lang** *adj* ankle-length **knö·chel·tief** **I.** *adj* ankle-deep **II.** *adv* ankle-deep

Kno·chen <-s, -> ['knɔxn̩] *m* ❶ (*Teil des Skeletts*) bone; **jdm alle ~ brechen** (*sl*) to break every bone in sb's body; **sich** *dat* [**bei etw**] **den ~ brechen** to break a bone [*or* one's leg/arm etc.] [doing sth]; **brich dir nicht die ~!** (*fam*) don't break anything! ❷ KOCHK bone ❸ *pl* (*Gliedmaßen*) bones *pl*, limbs *pl* ► WENDUNGEN: **jdm steckt** [*o* **sitzt**] **etw in den** ~ (*fam*) sb is full of sth; **der Schreck sitzt mir jetzt noch in den/allen ~!** I'm still scared stiff even now!; **bis auf die** ~ (*fam*) to the bone, utterly; **bis auf die ~ abgemagert sein** to be all [*or* just] skin and bone[s]; **bis auf die ~ nass werden** to get soaked to the skin

Kno·chen·ar·beit *f* (*fam*) backbreaking work *no indef art, no pl*, BRIT *a.* hard graft *no indef art, no pl* **Kno·chen·bau** *m kein pl* bone structure **Kno·chen·bruch** *m* fracture **Kno·chen·fisch** *m* bony fish **Kno·chen·ge·rüst** *nt* skeleton **kno·chen·hart** ['knɔxn̩'hart] (*fam*) **I.** *adj* ❶ (*sehr hart*) rock-hard *fam* ❷ (*anstrengend*) extremely hard [*or* strenuous] ❸ (*unnachgiebig*) pigheaded *pej;* **eine ~e Forderung** a tough demand **II.** *adv* ~ **arbeiten** to work extremely hard, to graft away BRIT **Kno·chen·haut** *f* ANAT periosteum *spec* **Kno·chen·mann** *m kein pl* (*liter*) ■ **der** ~ Death **Kno·chen·mark** *nt* bone marrow *no indef art, no pl* **Kno·chen·mehl** *nt* bone meal *no indef art, no pl* **Kno·chen·schin·ken** *m* ham on the bone **kno·chen·tro·cken** ['knɔxn̩'trɔkn̩] *adj* (*fam*) ❶ (*völlig trocken*) bone dry; ■ ~ **sein** to be bone dry [*or* as dry as a bone] ❷ (*Humor, Bemerkung*) very dry [*or* wry]; **ein ~er Vortrag** a very dry [*or* dull] lecture

knö·chern ['knœçɐn] *adj* ❶ (*beinern*) bone *attr,* of bone *pred;* (*knochenhaltig*) osseous *spec* ❷ (*knochig*) bony

kno·chig ['knɔxɪç] *adj* bony

knock-out, knock·out [nɔk'ʔaut] *adj* KO *fam;* ■ ~ **sein** to be knocked out

Knock-out, Knock·out <-[s], -s> [nɔk'ʔaut] *m* knockout, KO *fam*

Knö·del <-s, -> ['knø:dl̩] *m* SÜDD, ÖSTERR dumpling

i Kultur

The **Knödel** is the south German and Austrian term for dumpling: a small ball of dough made with a variety of ingredients, cooked in hot water and eaten as an accompaniment to meat dishes. *Kartoffelknödel – potato dumplings* and *Semmelknödel – bread dumplings* are particularly common in the south.

Knöll·chen <-s, -> ['knœlçən] *nt* (*fam*) [parking] ticket

Knol·le <-, -n> ['knɔlə] *f* ❶ BOT nodule, tubercule *spec; Kartoffel* tuber; *Krokus* corm *spec* ❷ (*fam: rundliche Verdickung*) large round lump [*or* growth] ❸ (*hum: Nase*) bulbous nose, conk BRIT *hum fam*

Knol·len <-s, -> ['knɔlən] *m* DIAL *s.* **Knolle**

Knol·len·blät·ter·pilz *m* amanita *no indef art, no pl spec;* **gelber/grüner/weißer** ~ false death cap/death cap [*or* angel] [*or no indef art, no pl* deadly amanita]/destroying angel **Knol·len·ge·mü·se** *nt kein pl* tuber vegetables **Knol·len·na·se** *f* (*fam*) bulbous nose, conk BRIT *hum fam* **Knol·len·ziest** *m* BOT, KOCHK artichoke betony

knol·lig ['knɔlɪç] *adj* bulbous; **~er Auswuchs** knobbly [*or* AM knobby] outgrowth

Knopf <-[e]s, Knöpfe> [knɔpf, *pl* knœpfə] *m* ❶ (*an Kleidungsstück etc*) button ❷ (*Drucktaste*) [push]button ❸ (*Akkordeon*) button ❹ SCHWEIZ, SÜDD (*Knoten*) knot ► WENDUNGEN: **sich** *dat* **an den Knöpfen abzählen können, dass...** (*fam*) to be easy to work out that [*or* plain to see [that]] ...

Knopf·druck *m kein pl* push of a button; **auf** ~ at the push of a button

knöp·fen ['knœpfn̩] *vt* ■ **etw auf etw** ~ *akk* to button sth [on]to sth; ■ **etw in etw** *akk*/**aus etw** ~ to button sth into sth/to unbutton sth from sth; **zum K~** that [*or* which] buttons up

Knopf·loch *nt* buttonhole; **eine Blume im ~ tragen** to wear a flower in one's buttonhole, *esp* BRIT to wear a buttonhole ❷ (*fam*) **ihm/ihr guckt die Neugier aus allen Knopflöchern** he's/she's simply burning with curiosity; **aus allen Knopflöchern platzen** to be bursting at the seams; **aus allen Knopflöchern schwitzen** to sweat like a pig; **aus allen Knopflöchern stinken** to stink to high heaven, to reek from every pore **Knopf·zel·le** *f* round cell battery

Knor·pel <-s, -> ['knɔrpl̩] *m* cartilage *no indef art, no pl;* KOCHK gristle *no indef art, no pl*

Knor·pel·fisch *m* cartilaginous fish

knor·pe·lig ['knɔrpəlɪç] *adj* ANAT cartilaginous *spec;* KOCHK gristly

Knor·ren <-s, -> ['knɔrən] *m* burl, gnarl *liter*

knor·rig ['knɔrɪç] *adj* ❶ (*mit Knollen versehen*) gnarled ❷ (*eigenwillig*) gruff

Knos·pe <-, -n> ['knɔspə] *f* ❶ (*Teil einer Pflanze*) bud; **~n ansetzen** [*o* **treiben**] to bud, to put forth buds *form* ❷ (*Anfang*) **die zarte ~ ihrer Liebe** the tender bud[ding] of their love

knos·pen *vi* to bud

Knöt·chen <-s, -> ['knø:tçən] *nt dim von* **Knoten** ❶ KOCHK little lump ❷ MED nodule, small lump

kno·ten ['kno:tn̩] *vt* ■ **etw** ~ to knot sth, to tie a knot in sth, to tie sth into a knot; **jdm/sich die Krawatte** ~ to tie sb/one's tie

Kno·ten <-s, -> ['kno:tn̩] *m* ❶ (*Verschlingung*) knot; ■ [**sich/jdm**] **einen ~ in etw** *akk* **machen** to tie a knot in one's/sb's sth ❷ MED (*kugelige Verdickung*) lump, node *spec* ❸ (*Haar~*) bun, knot ❹ (*Ast~*) knot, burl ❺ NAUT knot ► WENDUNGEN: **der gordische** ~ HIST the Gordian knot; **den gordischen ~ durchhauen** [*o* **durchschlagen**] [*o* **durchtrennen**] to cut [*or* untie] the Gordian knot; **der ~ ist** [**bei jdm**] **geplatzt, gerissen** (*fam*) the penny [has] dropped *fam,* sb has suddenly caught on [*or* sorted sth out]; **der ~ schürzt sich** LIT the plot thickens

Kno·ten·punkt *m* AUTO, EISENB junction

Knö·te·rich <-s, -e> ['knø:tərɪç] *m* knotgrass *no indef art, no pl,* polygonum *spec*

kno·tig ['kno:tɪç] *adj* ❶ (*Knoten aufweisend*) knotted, knotty; ■ ~ **sein** to be full of knots ❷ (*knorrig*) gnarled ❸ MED nodular

Know-how <-s> [no:'hau] *nt kein pl* know-how *no indef art, no pl fam*

Knub·bel <-s, -> ['knʊbl̩] *m* DIAL lump

knud·deln ['knʊdl̩n] *vt* ❶ (*fam: umarmen, drücken und küssen*) ■ **jdn** ~ to hug and kiss sb ❷ DIAL (*zerknüllen*) ■ **etw** ~ to crumple [*or* scrunch] sth up; *s. a.* **knudeln**

Knuff <-[e]s, Knüffe> [knʊf, *pl* 'knʏfə] *m* (*fam*) nudge, push;

(*mit dem Finger/Ellenbogen*) poke; (*sanfter: mit dem Ellenbogen*) nudge

knuf·fen ['knʊfn̩] *vt* (*fam*) **jdn [in die Rippen/Seite etc.]** ~ to nudge sb [*or* give sb a nudge [*or* push]] [in the ribs/side etc.]

knül·le ['knʏlə] *adj* NORDD (*fam*) ■ ~ **sein** to be pie-eyed *fam* [*or sl* sloshed]

knül·len ['knʏlən] **I.** *vt* ■ **etw** ~ to crumple [up *sep*] sth, to crease sth **II.** *vi* to crumple, to crease

Knül·ler <-s, -> ['knʏlɐ] *m* (*fam*) sensation; (*Nachricht*) scoop

knüp·fen ['knʏpfn̩] **I.** *vt* ❶ (*verknoten*) ■ **etw** ~ to tie sth; **ein Netz** ~ to mesh a net; **einen Teppich** ~ to knot [*or* make] a carpet ❷ (*hineinknoten*) ■ **[sich** *dat*] **etw in etw** *akk* ~ to tie [*or* knot] sth in[to] [one's] sth ❸ (*gedanklich verbinden*) ■ **etw an etw** *akk* ~ to tie [*or* knot] sth to sth; **eine Bedingung an etw** *akk* ~ to attach a condition to sth; **Hoffnungen an etw** *akk* ~ to pin hopes on sth **II.** *vr* ■ **sich an etw** *akk* ~ to be linked [*or* connected] with sth

Knüp·pel <-s, -> ['knʏpl̩] *m* cudgel, club; (*Polizei~*) truncheon BRIT, nightstick AM ► WENDUNGEN: **jdm [einen]** ~ **zwischen die Beine werfen** (*fam*) to put a spoke in sb's wheel *fam*, to throw a spanner in the works, to throw a monkey wrench in sth AM

Knüp·pel·damm *m* corduroy [*or* log] road **knüp·pel·dick** ['knʏpl̩'dɪk] *adv* (*fam*) excessively; ~ **auftragen** to lay it on thick *fam*; **wenn's mal losgeht, dann kommt's auch gleich** ~ it never rains but it pours *prov* **knüp·pel·hart** *adj* (*fam*) *s.* **knochenhart**

knüp·peln ['knʏpl̩n] **I.** *vt* ■ **jdn** ~ to beat sb [with a club [*or* cudgel]/truncheon] **II.** *vi* to club [*or* cudgel] away; (*Polizei*) to use one's truncheon/nightstick; *Fußballspieler* to foul

Knüp·pel·schal·tung *f* floor[-mounted] gear change, stick [*or* floor] shift AM

knur·ren ['knʊrən] **I.** *vi* to growl; (*wütend*) to snarl; *s. a.* **Magen II.** *vt* ■ **etw** ~ to growl sth

Knur·ren <-s> ['knʊrən] *nt kein pl* growl[ing *no pl*]; (*wütend*) snarl[ing *no pl*]

Knurr·hahn *m* ZOOL gurnard

knur·rig ['knʊrɪç] *adj* grumpy

Knus·per·häus·chen *nt* LIT gingerbread house

knus·pe·rig ['knʊspərɪç] *adj* ❶ (*mit einer Kruste*) crisp[y] ❷ (*kross*) crusty; **ein** ~**es Gebäck** a crunchy pastry ❸ (*jung, frisch*) scrumptious *hum*

knus·pern ['knʊspɐn] *vi* ■ **an etw** *dat* ~ to nibble [at] sth; (*geräuschvoll*) to crunch away at sth; **etwas zum K~** something to nibble

Knust <-[e]s, -e *o* Knüste> [knu:st, *pl* 'kny:stə] *m* NORDD [end] crust [of a loaf]

Knu·te <-, -n> ['knu:tə] *f* lash, knout *hist*; **jds** ~ **zu spüren bekommen** to feel sb's lash; **jdn mit der** ~ **schlagen** to lash sb ► WENDUNGEN: **jdn unter seine** ~ **bringen** to get sb in one's clutches; **unter jds** ~ *dat* **leben/stehen** to live/be under sb's heel [*or* yoke]

knut·schen ['knu:tʃn̩] (*fam*) **I.** *vt* ■ **jdn** ~ to kiss [*or fam* smooch with] sb; ■ **sich** ~ to smooch *fam*, to pet *fam*, to canoodle *hum dated* **II.** *vi* ■ **[mit jdm]** ~ to smooch [*or* pet] [with sb] *fam*; ■ ~**d** smooching

Knut·sche·rei <-, -en> [knu:tʃə'rai] *f* (*fam*) smooching *fam*, petting *fam*, canoodling *hum dated fam*

Knutsch·fleck *m* (*fam*) love bite

Knüt·tel <-s, -> ['knʏtl̩] *m* (*veraltend*) *s.* **Knüppel**

Knüt·tel·vers ['knʏtl̩fɛrs] *m s.* **Knittelvers**

k. o. [ka:'ʔo:] *adj Abk von* **knock-out** ❶ (*bewusstlos geschlagen*) ■ ~ **sein** to have been KO'd, to be knocked out [*or* unconscious]; ~ **gehen** to be knocked out [*or* unconscious]; **jdn** ~ **schlagen** to knock out sb *sep* ❷ (*fam: völlig ermattet*) ■ **[völlig]** ~ **sein** to be [totally] knackered BRIT *fam*, to be [totally] exhausted AM; **sich** ~ **fühlen** to feel knackered [*or* AM exhausted] *fam*

K. o. <-[s], -s> [ka:'ʔo:] *m Abk von* **Knockout** knockout, KO *fam*; **ein technischer** ~ a technical knockout; **durch** ~ by a knockout

Ko·a·la <-s, -s> [ko'a:la] *m*, **Ko·a·la·bär** [ko'a:la-] *m* koala [bear]

ko·a·lie·ren* [koʔa'li:rən] *vi* ■ **[mit jdm/etw]** ~ to form a coalition [with sb/sth]

Ko·a·li·ti·on <-, -en> [koʔali'tsi̯o:n] *f* coalition; **eine große/kleine** ~ a grand/little coalition

Ko·a·li·ti·ons·ge·spräch *nt* coalition talks *npl* **Ko·a·li·ti·ons·par·tei** *f* POL coalition party **Ko·a·li·ti·ons·part·ner** *m* coalition partner **Ko·a·li·ti·ons·re·gie·rung** *f* coalition government **Ko·a·li·ti·ons·ver·ein·ba·rung** *f* agreement on a/the coalition

ko·a·xi·al [koʔa'ksi̯a:l] *adj* coaxial

Ko·balt <-s> ['ko:balt] *nt kein pl* cobalt *no art, no pl*

ko·balt·blau *adj* cobalt blue

Ko·ben <-s, -> ['ko:bn̩] *m* sty, pen

Kob·lenz <-> ['ko:blɛnts] *nt* Koblenz, Coblenz

Ko·bold <-[e]s, -e> ['ko:bɔlt, *pl* -ldə] *m* imp, goblin, kobold

Kob·ra <-, -s> ['ko:bra] *f* cobra

Koch, Kö·chin <-s, Köche> [kɔx, 'kœçɪn, *pl* 'kœçə] *m, f* cook; (*Küchenchef*) chef; ~ **lernen** to be a trainee chef ► WENDUNGEN: **zu viele Köche verderben den Brei** (*prov*) too many cooks spoil the broth *prov*

Koch·buch *nt* cook[ery]book **Koch·ecke** *f* kitchenette, cooking [*or* kitchen] area

kö·cheln ['kœçl̩n] *vi* ❶ (*leicht sieden*) to simmer ❷ (*hum: kochen*) to cook

Kö·chel·ver·zeich·nis *nt kein pl* MUS Köchel [*or* K] catalogue [*or* AM *usu* -og] [*or* index] *spec*

ko·chen ['kɔxn̩] **I.** *vi* ❶ (*Speisen zubereiten*) to cook; **dort kocht man sehr scharf/pikant** the food there is very hot/spicy ❷ (*brodeln*) to boil; **etw zum K~ bringen** to bring sth to the boil; ~**d heiß** boiling hot; **eine** ~**d heiße Suppe** a piping hot soup ❸ (*in Aufruhr befinden*) to seethe; **vor Wut** *dat* ~ to seethe [*or* boil] with rage; *s. a.* **Volksseele II.** *vt* ❶ (*heiß zubereiten*) ■ **[jdm/sich] etw** ~ to cook [sb/oneself] sth; **Suppe/Kaffee** ~ to make [some] soup/coffee ❷ (*als Kochwäsche waschen*) ■ **etw** ~ to boil sth

Ko·cher <-s, -> ['kɔxɐ] *m* [small] stove, cooker

Kö·cher <-s, -> ['kœçɐ] *m* ❶ (*Pfeil~*) quiver ❷ (*für Fernglas*) case

Kö·cher·flie·ge *f* ZOOL caddis fly

Koch·feld *nt* ceramic hob

koch·fest *adj* suitable for washing at 90° *pred*

Koch·ge·le·gen·heit *f* cooking facilities *pl* **Koch·ge·schirr** *nt bes* MIL mess tin **Koch·herd** *m* (*veraltend*) *s.* **Herd**

Kö·chin <-, -nen> ['kœçɪn] *f fem form von* **Koch**

Koch·kä·se *m soft cheese made from quark, salt and spices* **Koch·kunst** *f* ❶ *kein pl* (*Gastronomie*) culinary art *no pl*, art of cooking *no pl* ❷ *pl* (*Fähigkeit, gut zu kochen*) culinary skill[s *pl*] **Koch·kur·sus** *m* cookery course **Koch·löf·fel** *m* [wooden] cooking spoon, wooden spoon **Koch·mes·ser** *nt* cook's knife **Koch·ni·sche** *f* kitchenette **Koch·plat·te** *f* ❶ (*Herdplatte*) hotplate ❷ (*transportable Herdplatte*) small [electric] stove **Koch·re·zept** *nt* recipe **Koch·sa·lat** *m* Chinese leaf **Koch·salz** *nt kein pl* common [*or* cooking] salt *no indef art, no pl*; CHEM sodium chloride *no indef art, no pl spec* **Koch·topf** *m* [cooking] pot; (*mit Stiel*) saucepan **Koch·wä·sche** *f* washing that can be boiled

kod·de·rig ['kɔdərɪç], **kodd·rig** ['kɔdrɪç] *adj* NORDD (*fam: unverschämt*) impertinent, impudent, insolent; ■ **jdm ist** ~ **[zumute]** (*unwohl*) sb feels sick [*or* queasy]

Kode <-s, -s> [ko:t] *m* code

Ko·de·in <-s> [kode'i:n] *nt kein pl* codeine *no indef art, no pl*

Kö·der <-s, -> ['kø:dɐ] *m* bait; (*Lockvogel*) lure; **einen** ~ **auslegen** to put down bait; **einen** ~ **anbeißen** to take the bait

kö·dern ['kø:dɐn] *vt* ❶ (*verlocken*) ■ **jdn [mit etw]** ~ to lure sb [with sth]; **jdn [mit etw] zu ~ versuchen** to woo sb [with sth]; **sich von jdm/etw ~ lassen** to be tempted by sb/sth ❷ (*anlocken*) ■**Fische ~** to lure fish

Kö·der·wurm *m* ZOOL lugworm

Ko·dex <- *o* -es, -e *o* Kodizes> ['ko:dɛks, *pl* 'ko:ditse:s] *m* ❶ *kein pl* (*Verhaltens~*) [moral] code ❷ HIST (*Handschrift*) codex

Ko·di·ak·bär ['ko:di̯ak-] *m* ZOOL kodiak bear

ko·die·ren* [ko'di:rən] *vt* ■**etw ~** to [en]code sth

Koedukation <-, -en> ['ko:ʔedukatsi̯o:n] *f* co-education *no indef art, no pl*

Ko·en·zym ['ko:ʔɛntsy:m] *nt* BIOL coenzyme

Ko·evo·lu·ti·on *f* BIOL coevolution

Ko·exis·tenz ['koʔɛksɪstɛnts] *f kein pl* coexistence *no indef art, no pl;* **friedliche ~** peaceful coexistence

Kof·fe·in <-s> [kɔfe'i:n] *nt kein pl* caffeine *no indef art, no pl*

kof·fe·in·frei *adj* decaffeinated, decaf *fam*

kof·fe·in·hal·tig *adj inv* containing caffeine *pred*

Kof·fer <-s, -> ['kɔfɐ] *m* ❶ (*Reise~*) [suit]case; ■**die ~** *pl* the luggage [*or esp* AM baggage] + *sing vb;* **den/die ~ packen** to pack [one's bags] ❷ (*Tragebehälter*) [carrying] case ▶WENDUNGEN: **aus dem ~ leben** to live out of a suitcase; **die ~ packen** to pack one's bags [and leave]

Kof·fer·an·hän·ger *m* luggage tag [*or* label]

Köf·fer·chen <-s, -> ['kœfɐçən] *nt dim von* **Koffer**

Kof·fer·far·be *f* suitcase colour [*or* AM -or] **Kof·fer·griff** *m* suitcase handle **Kof·fer·grö·ße** *f* suitcase size **Kof·fer·her·stel·ler** *m* suitcase manufacturer **Kof·fer·ku·li** *m* [luggage] trolley [*or* AM cart] **Kof·fer·ra·dio** *nt* portable radio **Kof·fer·raum** *m* AUTO ❶ boot BRIT, trunk AM ❷ (*Volumen*) luggage space **Kof·fer·schreib·ma·schi·ne** *f* portable [typewriter]

Kog·ge <-, -n> ['kɔgə] *f* HIST, NAUT cog *spec*

Ko·gnak <-s, -s *o* -e> ['kɔnjak] *m* brandy

Ko·gnak·schwen·ker <-s, -> *m* balloon glass, brandy glass [*or* AM snifter]

kog·ni·tiv [kɔgni'ti:f] *adj* PSYCH, SCH cognitive *attr form or spec*

ko·hä·rent [kohɛ'rɛnt] *adj inv* ❶ (*geh: zusammenhängend*) coherent ❷ PHYS coherent

Ko·hä·renz <-> [kohɛ'rɛnts] *f kein pl* ❶ (*geh: Zusammenhang*) coherence *no pl* ❷ PHYS coherence *no pl,* coherency *no pl*

Ko·hä·si·on <-> [kohɛ'zi̯o:n] *f kein pl* PHYS cohesion *no indef art, no pl,* cohesiveness *no indef art, no pl*

Kohl <-[e]s, -e> [ko:l] *m* ❶ (*Gemüse*) cabbage ❷ (*fam: Quatsch*) nonsense *no indef art, no pl,* rubbish *no indef art, no pl,* codswallop *no indef art, no pl* BRIT *sl;* **das ist doch alles ~!** that's all nonsense [*or* rubbish] [*or* BRIT *sl* a load of codswallop]; **~ reden** to talk rubbish [*or* nonsense] [*or fam!* shit] ❸ (*fam*) **das macht den ~ auch nicht fett** that doesn't help a lot, that's not much help; **den [alten] ~ aufwärmen** to bring up the old story again

Kohl·dampf *m* ▶WENDUNGEN: **~ haben** [*o* **schieben**] (*fam*) to be starving [*or* famished] *fam;* **~ schieben müssen** to have to go hungry

Koh·le <-, -n> ['ko:lə] *f* ❶ (*Brennstoff*) coal *no indef art, no pl;* **~ führend** coal-bearing ❷ TECH (*Aktiv~*) carbon *no indef art, no pl* ❸ KUNST charcoal *no indef art, no pl* ❹ (*sl: Geld*) dosh BRIT *fam,* dough *dated fam* ▶WENDUNGEN: **feurige ~n auf jds Haupt sammeln** (*geh*) to heap coals of fire on sb's head; **wie auf [glühenden] ~n sitzen** to be like a cat on a hot tin roof [*or* BRIT *dated* on hot bricks], to be on tenterhooks

Koh·le·hy·drat <-[e]s, -e> *nt,* **Koh·len·hy·drat** *nt* carbohydrate **Koh·le·kraft·werk** *nt* coal-fired power station

koh·len *vi* (*fam*) to fib *fam,* to tell fibs *fam*

Koh·len·berg·bau *m* coal-mining *no indef art, no pl* **Koh·len·berg·werk** *nt* coal mine, colliery, pit **Koh·len·di·o·xid** *nt kein pl* carbon dioxide *no indef art, no pl* **Koh·len·ei·mer** *m* [coal] scuttle **Koh·len·för·de·rung** *f* coal-mining *no indef art, no pl,* extraction *no pl* of coal **Koh·len·hal·de** *f* coal pile [*or* heap], pile of coal **Koh·len·kas·ten** *m* coal box **Koh·len·lie·fe·rung** *f* coal delivery; (*an ein Kraftwerk*) coal supply **Koh·len·mo·no·xid** *nt kein pl* carbon monoxide *no indef art, no pl* **Koh·len·ofen** *m* [coal-burning] stove **Koh·len·pott** *m* (*fam*) ■**der ~** the Ruhr [area] **koh·len·sau·er** *adj* carbonic *spec;* **kohlensaures Natron/Kalzium** sodium/calcium carbonate *spec* **Koh·len·säu·re** *f* carbonic acid *no indef art, no pl;* **mit ~** carbonated, fizzy; **ohne ~** still *attr* **koh·len·säu·re·hal·tig** *adj* carbonated **Koh·len·staub** *m* coal dust **Koh·len·stoff** *m* carbon *no indef art, no pl* **Koh·len·was·ser·stoff** *m* hydrocarbon; **chlorierte ~e** chlorinated hydrocarbons *spec,* organochlorines *spec* **Koh·len·zan·ge** *f* coal [*or* fire] tongs *npl*

Koh·le·pa·pier *nt* carbon paper **Koh·le·pfen·nig** *m kein pl* ÖKON *surcharge imposed in 1974 on electricity consumers in Germany to subsidize domestic coal production*

Köh·ler(in) <-s, -> ['kø:lɐ] *m(f)* charcoal burner

Köh·ler ['kø:lɐ] *m* ZOOL, KOCHK coalfish, coaley, saithe

Koh·le·stift *m* KUNST charcoal stick **Koh·le·ta·blet·te** *f* PHARM, MED charcoal tablet **Koh·le·zeich·nung** *f* charcoal drawing

Kohl·kopf *m* [head of] cabbage **Kohl·mei·se** *f* great titmouse

kohl·pech·ra·ben·schwarz ['ko:lpɛç'ra:bn̩'ʃvarts] *adj* jet-black; **~es Haar** jet-black [*or liter* raven] hair

Kohl·ra·bi <-[s], -[s]> [ko:l'a:bi] *m* kohlrabi *no indef art, no pl*

Kohl·rou·la·de [-rula:də] *f* stuffed cabbage **Kohl·rü·be** *f* *s.* **Steckrübe**

kohl·schwarz ['ko:l'ʃvarts] *adj s.* **kohlpechrabenschwarz**

Kohl·weiß·ling <-s, -e> *m* (*Schmetterlingsart*) cabbage white [butterfly]

Ko·hor·te <-, -n> [ko'hɔrtə] *f* cohort

ko·i·tie·ren* [koi'ti:rən] *vi* (*geh*) ■**[mit jdm] ~** to engage in sexual intercourse [*or* coitus] [with sb] *form;* ■**~d** copulating

Ko·i·tus <-, - *o* -se> ['ko:itʊs] *m* (*geh*) coitus *no art, no pl form* [*or* coition] *no art, no pl spec;* **~ a tergo** sex doggy-style [*or* with rear-entry position]; **~ interruptus** coitus interruptus; **~ per anum** anal sex

Ko·je <-, -n> ['ko:jə] *f* ❶ NAUT berth, bunk ❷ (*fam: Bett*) bed; **sich in die ~ hauen** to hit the sack [*or* hay] ❸ (*Messestand*) stand, booth

Ko·jo·te <-n, -n> [ko'jo:tə] *m* coyote, prairie wolf

Ko·ka·in <-s> [koka'i:n] *nt kein pl* cocaine *no indef art, no pl,* coke *no indef art, no pl fam*

ko·ka·in·süch·tig *adj* addicted to cocaine [*or fam* coke] *pred*

Ko·ka·in·süch·ti·ge(r) *f(m) decl wie adj* cocaine addict; ■**ein ~r/eine ~ sein** to be a cocaine addict [*or* addicted to cocaine] [*or fam* coke]

Ko·kar·de <-, -n> [ko'kardə] *f* (*an Uniformmützen*) cockade; (*an Militärflugzeugen*) insignia, markings *npl*

ko·keln ['ko:kl̩n] *vi* (*fam*) to play with fire; **mit Kerzen/Streichhölzern ~** to play with [lighted] candles/matches

Ko·ke·rei <-, -en> [ko:kə'rai] *f* coking plant

ko·kett [ko'kɛt] *adj* flirtatious, *esp liter* coquettish

Ko·ket·te·rie <-, -n> [kokɛtə'ri:, *pl* -ri:ən] *f* ❶ *kein pl* (*Verhalten*) flirtatiousness *no indef art, no pl,* coquetry *no indef art, no pl esp liter,* coquettishness *no indef art, no pl esp liter* ❷ (*Bemerkung*) coquettish [*or* flirtatious] remark, *esp liter* coquetry

ko·ket·tie·ren* [kokɛ'ti:rən] *vi* ❶ (*flirten*) ■**[mit jdm] ~** to flirt [*or* play the coquette] [with sb] ❷ (*geh: liebäugeln*) ■**mit etw ~** to flirt [*or* toy] with sth; **mit dem Gedanken/einem Plan ~** to toy with the idea/a plan ❸ (*scherzhaft entschuldigen*) ■**mit etw ~** to make much play with sth, to play up[on] sth

Ko·ko·lo·res <-> [kokɔ'lo:rɛs] *m kein pl* (*fam*) ❶ (*Quatsch*) nonsense *no indef art, no pl,* rubbish *no indef art, no pl* ❷ (*Umstände*) fuss *no pl,* palaver *no pl fam*

Ko·kon <-s, -s> [ko'kõ:] *m* cocoon

Ko·kos·but·ter [ko:kɔs-] *f* coconut butter **Ko·kos·cre·me** *f* coconut cream **Ko·kos·fa·ser** *f* coconut fibre [*or* AM -er] **Ko·kos·fett** *nt* coconut butter *no indef art, no pl* **Ko·kos·flo·**

cken *pl* desiccated coconut **Ko·kos·milch** *f* coconut milk *no indef art, no pl* **Ko·kos·nuss**[RR] *f* coconut **Ko·kos·öl** *nt* coconut oil *no indef art, no pl* **Ko·kos·pal·me** *f* coconut palm [*or* tree] **Ko·kos·ras·peln** *pl* desiccated coconut

Koks[1] <-es, -e> [ko:ks] *m* ❶ (*Brennstoff*) coke *no indef art, no pl* ❷ *kein pl* (*sl: Geld*) dosh BRIT *fam*, dough *dated fam*

Koks[2] <-es> [ko:ks] *m o nt kein pl* (*sl: Kokain*) coke *fam*; ~ **schnupfen** to snort coke *fam*

kok·sen [ko:ksn̩] *vi* (*sl*) to snort [*or* take] coke *fam*

Kok·ser(in) <-s, -> *m(f)* (*sl*) cocaine [*or fam* coke] addict, snowbird AM *sl*

Ko·la <-, -> ['ko:la] *f* (*fam*) cola

Kol·ben <-s, -> ['kɔlbn̩] *m* ❶ AUTO piston ❷ (*Gewehr~*) butt ❸ (*einer Spritze etc.*) plunger ❹ CHEM retort ❺ BOT spadix *spec*; (*Mais~*) cob ❻ (*sl: Nase*) bulbous nose, conk BRIT *hum fam*

Kol·ben·en·te *f* ORN red-crested pochard **Kol·ben·fres·ser** <-s, -> *m* (*fam*) piston seizure; **den/einen ~ haben** to have piston seizure, a seized[-up] piston

Kol·chi·zin <-s> [kɔlçi'tsi:n] *nt kein pl* BIOL colchicine

Kol·cho·se <-, -n> [kɔlço:zə] *f* HIST kolk[h]oz, kolkhos (*Soviet collective farm*)

Ko·li·bak·te·ri·en ['ko:libakte:ri̯ən] *pl* coli[form bacteria] *pl spec*

Ko·li·bri <-s, -s> [ko:libri] *m* hummingbird

Ko·lik <-, -en> ['ko:lɪk] *f* colic *no indef art, no pl*; **eine ~** [*o* **~en**] **haben** to have colic

Kolk·ra·be [kɔlk-] *m* raven

kol·la·bie·ren* [kɔla'bi:rən] *vi sein* ❶ MED to collapse ❷ PHYS to collapse ❸ (*geh: zusammenbrechen*) to collapse

Kol·la·bo·ra·teur(in) <-s, -e> [kɔlabora'tø:ɐ] *m(f)* POL (*pej*) collaborator *pej*

Kol·la·bo·ra·ti·on <-, -en> [kɔlabora'tsi̯o:n] *f* POL (*pej*) collaboration *no indef art, no pl pej* (**mit** with)

kol·la·bo·rie·ren* [kɔla'bo'ri:rən] *vi* POL (*pej*) ▪[**mit jdm**] ~ to collaborate [with sb] *pej*

Kol·la·gen <-s, -e> [kɔla'ge:n] *nt* BIOL collagen

Kol·laps <-es, -e> ['kɔlaps] *m* ❶ MED (*Kreislauf~*) collapse; **einen ~ erleiden** (*geh*) to collapse ❷ PHYS collapse ❸ (*geh: Zusammenbruch*) collapse

Kol·leg <-s, -s *o* -ien> [kɔl'e:k, *pl* kɔ'le:gi̯ən] *nt* ❶ SCH (*Schule des zweiten Bildungsweges*) college ❷ REL theological college ❸ (*veraltend: Vorlesung*) lecture

Kol·le·ge, Kol·le·gin <-n, -n> [kɔ'le:gə, kɔ'le:gɪn] *m, f* colleague; (*Arbeiter*) workmate *fam*; **der ~ kommt gleich!** (*im Restaurant*) somebody will be with you in a moment!

Kol·le·gen·ra·batt *m* trade discount

kol·le·gi·al [kɔle'gi̯a:l] **I.** *adj* considerate and friendly (*towards one's colleagues*) **II.** *adv* in a considerate and friendly way; **~ eingestellt sein** to be considerate and friendly [*or* a good colleague]

Kol·le·gi·a·li·tät <-> [kɔlegi̯ali'tɛ:t] *f kein pl* cooperativeness *no pl*, friendly cooperation *no pl*

Kol·le·gin <-, -nen> *f fem form von* **Kollege**

Kol·le·gi·um <-s, -gien> [kɔ'le:gi̯um, *pl* -gi̯ən] *nt* group [of colleagues]; (*Lehrkörper*) [teaching] staff + *sing/pl vb*; **ein ~ von Ärzten** a team of doctors + *sing/pl vb*

Kol·leg·map·pe *f* document case, portfolio

Kol·lek·te <-, -n> [kɔ'lɛktə] *f* REL ❶ (*Sammlung während der Messe*) collection, offering, offertory *spec* ❷ (*gesammelter Betrag*) collection, offertory [money]

Kol·lek·ti·on <-, -en> [kɔlɛk'tsi̯o:n] *f* collection

kol·lek·tiv [kɔlɛk'ti:f] *adj* (*geh*) collective

Kol·lek·tiv <-s, -e *o* -s, -s> [kɔlɛk'ti:f, *pl* -i:və] *nt* ❶ SOZIOL collective ❷ ÖKON (*Gruppe, Team*) collective, co-operative ❸ POL, ÖKON (*Arbeits- und Produktionsgemeinschaft*) collective ❹ MATH population ❺ PHYS statistical ensemble [*or* population]

Kol·lek·tiv·ar·beit *f* (*geh*) collective work *no indef art, no pl*, joint effort **Kol·lek·tiv·be·wusst·sein**[RR] *nt kein pl* SOZIOL collective consciousness *no pl*; **das ~ stärken** to raise the collective consciousness

kol·lek·ti·vie·ren* [kɔlɛkti'vi:rən] *vt* HIST ▪**etw** ~ to collectivize sth *spec*

Kol·lek·tiv·schuld *f kein pl* collective guilt *no pl*

Kol·ler <-s, -> ['kɔlɐ] *m* (*fam*) rage; **einen** [*o* **seinen**] **~ bekommen** to fly [*or* get] into a rage/one of one's rages; **einen** [*o* **seinen**] **~ haben** to be in a rage, to throw a wobbly BRIT *fam*

kol·lern[1] ['kɔlɐn] **I.** *vi* to gobble **II.** *vi impers* ▪**es kollert irgendwo** it is rumbling somewhere

kol·lern[2] ['kɔlɐn] *vi sein* DIAL ▪**irgendwohin** ~ to roll somewhere

kol·li·die·ren* [kɔli'di:rən] *vi* (*geh*) ❶ *sein* (*zusammenstoßen*) ▪**mit jdm/etw** ~ to collide with sb/sth ❷ *sein o haben* (*unvereinbar sein*) ▪**mit etw** ~ to clash with sth ❸ *sein o haben* (*nicht im Einklang stehen*) ▪[**miteinander**] ~ to conflict, to clash, to be in conflict [with each other]

Kol·lier <-s, -s> [kɔ'li̯e:] *nt* necklace

Kol·li·si·on <-, -en> [kɔli'zi̯o:n] *f* (*geh*) collision

Kol·li·si·ons·kurs *m* collision course; **mit jdm/etw auf ~ gehen** to be heading for a confrontation with sb/sth; **auf ~ steuern** to be on a collision course; (*fig*) to be heading for trouble

Kol·lo·id <-s, -e> [kɔlo'i:t, *pl* -i:də] *nt* CHEM colloid *spec*

Kol·lo·ka·ti·on <-, -en> [kɔlokta'tsi̯o:n] *f* ❶ LING (*inhaltliche Kombinierbarkeit*) collocation ❷ LING (*Inhalte einer lexikalischen Einheit*) collocation ❸ (*veraltet: Anordnung der Reihenfolge*) collocation

Kol·lo·qui·um <-s, -ien> [kɔ'lo:kvium, *pl* -kvi̯ən] *nt* ❶ (*wissenschaftliches Gespräch*) colloquium *form* ❷ ÖSTERR (*kleinere Prüfung*) test ❸ (*Symposium*) symposium *form*

Köln [kœln] *nt* Cologne

Köl·nisch·was·ser *nt*, **Köl·nisch Was·ser** ['kœlnɪʃvase] *nt* [eau de] cologne *no indef art, no pl*

Ko·lo·fo·ni·um[RR] <-s> [kolo'fo:ni̯ʊm] *nt s.* **Kolophonium**

ko·lo·ni·al [kolo'ni̯a:l] *adj* colonial

Ko·lo·ni·al·be·sitz *m* colonial possessions *pl*, colony/colonies; **~ sein** [*o* **sich in ~ befinden**] to be a colony **Ko·lo·ni·al·herr·schaft** *f* colonial rule *no art, no pl*

Ko·lo·ni·a·lis·mus <-> [koloni̯a'lɪsmʊs] *m kein pl* colonialism *no indef art, no pl*

Ko·lo·ni·al·macht *f* colonial power **Ko·lo·ni·al·reich** *nt* colonial empire **Ko·lo·ni·al·stil** *m kein pl* colonial [style] **Ko·lo·ni·al·zeit** *f* colonial times *pl*, colonial era [*or* past]

Ko·lo·nie <-, -n> [kolo'ni:, *pl* -'ni:ən] *f* ❶ (*Besitz einer Kolonialmacht*) colony ❷ (*Personengruppe*) colony, community ❸ BOT, ZOOL colony

Ko·lo·ni·sa·ti·on <-, -en> [koloniza'tsi̯o:n] *f* colonization, settlement

ko·lo·ni·sie·ren* [koloni'zi:rən] *vt* ❶ (*zur Kolonie machen*) ▪**etw** ~ to colonize sth ❷ (*bevölkern*) ▪**etw** ~ to settle in sth ❸ (*veraltet: urbar machen*) ▪**etw** ~ to reclaim sth; **einen Wald** ~ to clear and cultivate a forest

Ko·lon·na·de <-, -n> [kolɔ'na:də] *f* colonnade

Ko·lon·ne <-, -n> [ko'lɔnə] *f* ❶ AUTO queue [*or* line] [of traffic]; ▪**von Polizei** convoy; **in ~ fahren** to drive in a [long] line of traffic ❷ (*lange Reihe von Menschen*) column ❸ (*eingeteilte Arbeitsgruppe*) gang, team ❹ (*senkrechte Zahlenreihe*) column ▸ WENDUNGEN: **die fünfte ~** POL the fifth column

Ko·lon·nen·sprin·ger(in) *m(f)* (*fam*) queue-jumper (*in traffic*) BRIT *pej* **Ko·lon·nen·ver·kehr** *m* [long] line[s *pl*] of traffic

Ko·lo·pho·ni·um <-s> *nt kein pl* rosin *no indef art, no pl*, colophony *no indef art, no pl spec*

Ko·lo·ra·tur <-, -en> [kolora'tu:ɐ̯] *f* MUS coloratura *spec*, colorature *spec*

ko·lo·rie·ren* [kolo'ri:rən] *vt* ▪**etw** ~ to colour [*or* AM -or] sth

Ko·lo·rit <-[e]s, -e> [kolo'ri:t] *nt* ❶ KUNST (*Farbgebung*) colour-

K

ing [*or* Am -or-] *no pl* ❷ MUS [tone] colour [*or* Am -or] ❸ (*geh: besondere Atmosphäre*) atmosphere, colour [*or* Am -or]

Ko·lossRR <-es, -e> *m,* **Ko·loß**ALT <-sses, -sse> [ko'lɔs] *m* ❶ (*fam: riesiger Mensch*) colossus; **der ~ von Rhodos** HIST the Colossus of Rhodes ❷ (*gewaltiges Gebilde*) huge object, colossal thing

ko·los·sal [kolɔ'sa:l] **I.** *adj* ❶ (*riesig*) colossal, enormous ❷ (*fam: gewaltig*) huge, colossal; **eine ~e Dummheit begehen** to do something incredibly stupid; **sich in einem ~en Irrtum befinden** to be massively mistaken **II.** *adv* (*fam: gewaltig*) tremendously, enormously; **sich ~ verschätzen** to make a huge miscalculation

Ko·los·sal·film *m* epic film, [film] epic **Ko·los·sal·ge·mäl·de** *nt* huge painting

Ko·los·trum <-s> [ko'lɔstrʊm] *nt kein pl* (*erste Muttermilch*) collostrum

Kol·por·ta·ge <-, -n> [kɔlpɔr'ta:ʒə] *f* (*pej*) [sensationalist] trash *no indef art, no pl pej,* cheap sensationalism *no indef art, no pl pej*

kol·por·tie·ren* [kɔlpɔr'ti:rən] *vt* (*geh*) ■**etw ~** to spread [*or* circulate] sth

Kölsch <-, -> [kœlʃ] *nt* Kölsch (*top-fermented pale beer brewed in Cologne*) *no art, no pl spec*

Ko·lum·bi·a·ner(in) <-s, -> [kolʊm'bi̯anɐ] *m(f)* Colombian; *s. a.* **Deutsche(r)**

ko·lum·bi·a·nisch [kolʊm'bi̯anɪʃ] *adj* Colombian; *s. a.* **deutsch**

Ko·lum·bi·en <-s> [ko'lʊmbi̯ən] *nt* Colombia *no art, no pl*

Ko·lum·bi·er(in) <-s, -> [ko'lʊmbi̯ɐ] *m(f) s.* **Kolumbianer**

Ko·lum·bus <-> [ko'lʊmbʊs] *m* HIST Columbus; *s. a.* **Ei**

Ko·lum·ne <-, -n> [ko'lʊmnə] *f* ❶ (*Druckspalte*) column ❷ (*regelmäßiger Beitrag*) column

Ko·lum·nen·ti·tel *m* running head[line] [*or* title]

Ko·lum·nist(in) <-en, -en> [kolʊm'nɪst] *m(f)* columnist

Ko·ma <-s, -s *o* -ta> [ko:ma] *nt* coma; **im ~ liegen** to lie [*or* be] in a coma

Kom·bat·tant(in) <-en, -en> [kɔmba'tant] *m(f)* combatant

Kom·bi <-s, -s> ['kɔmbi] *m* (*fam*) estate [car] Brit, station wagon Am

Kom·bi·nat <-[e]s, -e> [kɔmbi'na:t] *nt* HIST combine + *sing/pl vb,* collective + *sing/pl vb*

Kom·bi·na·ti·on <-, -en> [kɔmbina'tsi̯o:n] *f* ❶ (*Zusammenstellung*) combination ❷ (*Zahlen~*) combination ❸ (*Schlussfolgerung*) deduction, conclusion ❹ MODE (*Zusammenstellung von Kleidungsstücken*) combination[s *pl*]; (*Overall*) flying suit, jumpsuit; **nordische ~** SKI Nordic combination

Kom·bi·na·ti·ons·ga·be *f kein pl* powers *pl* of deduction [*or* reasoning] **Kom·bi·na·ti·ons·schloss**RR *nt* combination lock

kom·bi·na·to·risch [kɔmbina'to:rɪʃ] *adj* deductive

kom·bi·nie·ren* [kɔmbi'ni:rən] **I.** *vt* ■**etw [mit etw] ~** to combine sth [with sth] **II.** *vi* to deduce; **gut ~ können** to be good at deducing [*or* deduction]; **falsch/richtig ~** to come to the wrong/right conclusion

Kom·bi·wa·gen *m s.* **Kombi Kom·bi·zan·ge** *f* combination pliers *npl;* **eine ~** a pair of combination pliers

Kom·bü·se <-, -n> [kɔm'by:zə] *f* NAUT galley

Ko·met <-en, -en> [ko'me:t] *m* comet

ko·me·ten·haft *adj* meteoric

Kom·fort <-s> [kɔm'fo:ɐ̯] *m kein pl* comfort *no indef art, no pl;* **ein Hotel mit durchschnittlichem ~** a hotel of average standard; **ohne jeglichen/jeden ~** without any luxury features [*or* extras] [*or* Brit *fam* mod cons]; **dieses Luxusappartement bietet allen nur erdenklichen ~** this luxury apartment has every conceivable amenity [*or* [modern] convenience]

kom·for·ta·bel [kɔmfɔr'ta:bl̩] **I.** *adj* ❶ (*großzügig ausgestattet*) luxurious ❷ (*bequem*) comfortable ❸ (*beruhigend*) comfortable **II.** *adv* luxurious

Kom·fort·bett *nt* comfortable [*or* luxury] bed **Kom·fort·li·mou·si·ne** *f* luxury limousine **Kom·fort·mö·bel** *f* comfortable [*or* luxury] furniture *no indef art, no pl* **Kom·fort·woh·nung** *f* luxury flat [*or* Am apartment]

Ko·mik <-> ['ko:mɪk] *f kein pl* comic

Ko·mi·ker(in) <-s, -> ['ko:mɪkɐ] *m(f)* comedian, comedienne, comic; **Sie ~** you comedian, you!, you clown!

ko·misch ['ko:mɪʃ] **I.** *adj* ❶ (*zum Lachen reizend*) funny, amusing, comical; **das K~e daran** the funny thing [about it]; (*das Sonderbare an etw*) the funny [*or* strange] [*or* weird] thing [about it] ❷ (*sonderbar*) funny, strange, weird; **~, dass er noch nicht da ist** strange [*or* funny], that he's not here yet?; ■**[so] ~ sein/werden** to be/become [sort of] strange/weird; **[so] ~ [zumute] sein/werden** (*fam*) to feel/start to feel funny; **[schon] ~, dass** funny that **II.** *adv* (*eigenartig*) strangely; **dein Parfüm riecht aber ~** your perfume smells funny; **sich** *akk* **~ fühlen** to feel funny; **jdm ~ vorkommen** (*eigenartig*) to seem funny/strange to sb; (*suspekt*) to seem fishy/funny

ko·mi·scher·wei·se *adv* (*fam*) funnily [*or* strangely] enough

Ko·mi·tee <-s, -s> [komi'te:] *nt* committee; **Nationales Olympisches ~** National Olympic Committee

Kom·ma <-s, -s *o* -ta> ['kɔma, *pl* -ta] *nt* ❶ (*Satzzeichen*) comma ❷ MATH [decimal] point

Kom·man·dant(in) <-en, -en> [kɔman'dant] *m(f)* ❶ (*Militär*) commanding officer ❷ (*einer Stadt*) commandant ❸ (*Marine*) captain

Kom·man·dan·tur <-, -en> [kɔmandan'tu:ɐ̯] *f* headquarters + *sing/pl vb*

Kom·man·deur(in) <-s, -e> [kɔman'dø:ɐ̯] *m(f)* commander

kom·man·die·ren* [kɔman'di:rən] **I.** *vt* ❶ (*befehligen*) ■**etw ~** to command sth, to have command over [*or* be in command of] sth ❷ (*befehlen*) ■**jdn wohin ~** to order sb somewhere **II.** *vi* ❶ (*befehlen*) to be in command ❷ (*fam: Anweisungen erteilen*) ■**[gern] ~** [to like] to give [the] orders

Kom·man·dit·ge·sell·schaft [kɔman'di:tgəzɛlʃaft] *f* limited partnership

Kom·man·di·tist(in) <-en, -en> [kɔmandi'tɪst] *m(f)* limited partner

Kom·man·do <-s, -s> [kɔ'mando] *nt* ❶ (*Befehl*) command, order; **auf ~** on command; **auf ~ gehorchen** to obey orders ❷ *kein pl* (*Befehlsgewalt*) command; **das ~ [über jdn/etw] haben** [*o* **führen**] to be in command [of sb/sth] ❸ (*abkommandierte Gruppe*) commando ❹ (*Militärdienststelle*) command

Kom·man·do·brü·cke *f* bridge **Kom·man·do·kap·sel** *f* command module **Kom·man·do·stab** *m* command [staff] **Kom·man·do·stel·le** *f* command post

kom·men <kam, gekommen> ['kɔmən] **I.** *vi sein* ❶ (*eintreffen*) to come, to arrive; **ich bin gerade ge~** I just arrived [*or* got here]; **ich komme schon!** I'm coming!; **sie ~ morgen aus Berlin** they're arriving [*or* coming] from Berlin tomorrow; **der Zug kommt aus Paris** the train is coming from Paris; **da kommt Anne/der Bus** there's Anne/the bus; **der Bus müsste jeden Augenblick ~** the bus is due any minute; **ich komme um vier und hole Sie ab** I'll come and fetch you at four; **der Wind kommt von Osten/von der See** the wind is blowing [*or* coming] from the East/off the sea; **sie kam in Begleitung ihres Mannes** she was accompanied by her husband; **ich bin ge~, um zu helfen** I've come [*or* I'm here] to help; **du kommst wie gerufen!** you've come just at the right moment!; **wann soll das Baby ~?** when's the baby due?; **das Baby kam am 1. Mai** the baby arrived [*or* was born] on the 1 May; **zurzeit ~ laufend Anfragen zur neuen Software** we keep receiving queries about the new software at the moment; **seine Antwort kam zögernd** his answer was hesitant, he answered hesitantly; **jede Hilfe kam zu spät** help came [*or* arrived] too late; **früh/pünktlich/rechtzeitig/spät ~** to arrive early/on time [*or* punctually]/in time/late; **als Erster/**

Letzter ~ to be the first/last to arrive, to arrive first/last; **angereist** ~ to arrive; **angefahren/angeflogen/angerannt** ~ to arrive by car/by plane/at a run; **sie kamen gestern aus Rom angefahren/angeflogen** they drove up/flew in from Rome yesterday; **mit dem Auto/Fahrrad** ~ to come by car/bike, to drive/cycle; **zu Fuß** ~ to come on foot, to walk ② (*gelangen*) ■**irgendwohin** ~ to get [*or* reach] somewhere; **kommt man hier zum Bahnhof?** is this the way to the station?; **wie komme ich von hier zum Bahnhof?** how do I get to the station from here?; **zu Fuß kommt man am schnellsten dahin** the quickest way [to get] there is to walk; **sie kommt kaum noch aus dem Haus** she hardly gets out of the house these days; **nach Hause** ~ to come [*or* get] home; **unter's Messer** ~ (*hum*) to have an operation; [**sicher**] **ans Ufer** ~ to [safely] reach the bank; **ans Ziel** ~ to reach the finishing [*or* AM finish] line ③ (*sich begeben*) to come; **kommst du mit uns ins Kino?** are you coming to the cinema with us?; **meine Kollegin kommt sofort zu Ihnen** my colleague will be with you [*or* be along] immediately; **nach London/England** ~ to come to London/England; **nach draußen/oben/unten** ~ to come outside/upstairs/downstairs ④ (*passieren*) ■**durch/über etw** *akk*/**einen Ort** ~ to pass [*or* come] through sth/a place ⑤ (*teilnehmen*) ■**zu etw** ~ *Kongress, Party, Training* to come to [*or form* attend] sth ⑥ (*besuchen*) ■**zu jdm** ~ to visit sb, to come and see [*or* visit] sb; **ich komme gerne einmal zu Ihnen** I'd be delighted to visit you sometime; **komm doch mal, ich würde mich sehr freuen!** [come and] stop by sometime, I'd love to see you! ⑦ (*herstammen*) ■**irgendwoher** ~ to come [*or* be] [*or* hail] from somewhere; **sie kommt aus New York/Australien** she's [*or* she comes] [*or* she hails] from New York/Australia, she's a New Yorker/an Australian ⑧ (*folgen, an der Reihe sein*) to come; **wer kommt** [**jetzt**]? whose turn [*or* go] is it?; ■**nach etw** ~ to come after [*or* follow] sth; **die Schule kommt kurz nach der Kreuzung** the school is just after the crossroads; ■**nach/vor jdm** ~ to come after/before sb; **an die Reihe** ~ to be sb's turn [*or* go]; **ich komme zuerst** [**an die Reihe**] I'm first, it's my turn [*or* go] first; **zuerst** [*o* **als Erster**]/**als Nächster/zuletzt** [*o* **als Letzter**] ~ to come first/next/last; **noch** ~ to be still [*or* yet] to come; **da wird noch mehr Ärger** ~ there'll be more trouble yet; **das Schlimmste kommt noch** the worst is yet to come ⑨ (*untergebracht werden*) **ins Gefängnis/Krankenhaus** ~ to go to prison/into hospital; **vor Gericht** ~ *Fall* to come to court; *Mensch* to come [*or* appear] before the court; **in die Schule/Lehre** ~ to start school/an apprenticeship ⑩ (*erlangen*) ■**zu etw** ~ to achieve sth; **wie komme ich zu dieser Ehre?** (*iron, hum*) to what do I owe this honour?; **zu der Erkenntnis** ~, **dass ...** to realize [*or* come to the realization] that ...; **zu Geld** ~ to come into money; **zu Kräften** ~ to gain strength; **zu Ruhm** ~ to achieve [*or* win] fame; **zu sich** ~ to come to, to regain consciousness; [**wieder**] **zu sich selbst** ~ to get out of one's head, to come back to [*or* find] oneself again; ■**an jdn/etw** ~ to get hold of sb/sth; **wie bist du an das viele Geld ge~?** how did you get hold of [*or* come by] all that money?; *s. a.* **Besinnung, Ruhe** ⑪ (*verlieren*) ■**um etw** ~ to lose sth; **ums Leben** ~ to lose one's life, to be killed, to die ⑫ (*erreichen*) to reach; **auf den 2. Platz** ~ to reach 2nd place, to come [in] 2nd ⑬ (*gebracht werden*) to come; **kam Post für mich?** was there any post for me? ⑭ (*veranlassen, dass jd kommt*) **den Arzt/Klempner/ein Taxi** ~ **lassen** to send for [*or* call] the doctor/plumber/a taxi ⑮ (*hingehören*) to go, to belong; **die Tasse kommt dahin** the cup belongs there ⑯ (*herannahen*) to approach; (*eintreten, geschehen*) to come about, to happen; **heute kommt noch ein Gewitter** there'll be a thunderstorm today; **der Winter kommt mit Riesenschritten** winter is fast approaching; **der Termin kommt etwas ungelegen** the meeting comes at a somewhat inconvenient time; **das habe ich schon lange** ~ **sehen!** I saw that coming a long time ago; **das kam doch anders als erwartet** it/that turned out [*or* happened] differently than expected; **es kam eins zum anderen** one thing led to another; **und so kam es, dass ...** and that's why/how ..., and that's how it came about [*or* happened] that ...; **wie kommt es, dass ...?** how is it that...?, how come...?; **es musste ja so** ~ it/that was bound to happen; **es hätte viel schlimmer** ~ **können** it could have been much worse; **es zu etw** ~ **lassen** *zum Streit* to let it come to sth; **so weit** ~, **dass ...** to get to the stage [*or* point] where ...; **so weit kommt es noch!** (*iron fam*) that'll be the day! *fam;* **komme, was da wolle** come what may; **was auch immer** ~ **mag** whatever happens; **wie's kommt so kommt's** whatever happens happens; ■**zu etw** ~ to happen; **zum Prozess** ~ to come to trial; [**wieder**] **im K~ sein** to be[come] fashionable again ⑰ (*in Erscheinung treten*) *Pflanzen* to come on [*or* along]; **die ersten Tomaten** ~ **schon** the first tomatoes are appearing ⑱ (*jdn erfassen*) ■**über jdn** ~ *Gefühl* to come over sb; **eine gewaltige Traurigkeit kam über mich** I was overcome by a tremendous sadness; **es kam einfach so über mich** it just came over me ⑲ (*sich bei jdm zeigen*) **jdm** ~ **die Tränen** sb is overcome by tears, sb starts to cry; **jdm** ~ **Zweifel, ob ...** sb is beset [*or* overcome] by doubts [*or* sb doubts] whether ... ⑳ (*in einen Zustand geraten*) ■**in etw** ~ to get into sth; **wir kamen plötzlich ins Schleudern** we suddenly started to skid; **in Fahrt** [*o* **Schwung**] ~ to get going; **in Gefahr/Not** ~ to get into danger/difficulty; **in Sicherheit** ~ to get to safety; **in Verlegenheit** ~ to get [*or* become] embarrassed; *s. a.* **Stillstand** ㉑ (*sich verhalten*) to be; **so lasse ich mir nicht** ~**!** I won't have [*or* stand for] that!; **so kommst du mir nicht!** don't you take that line with me!; **jdm frech** ~ to be cheeky to sb ㉒ (*fam: jdn belästigen*) ■**jdm mit etw** ~ to start telling sb about sth; **komm' mir nicht schon wieder damit!** don't give me [*or* start] that again!; **da kann** [*o* **könnte**] **ja jeder** ~ (*fam*) anyone could say that; **der soll nur** ~**!** (*fam*) just let him try! ㉓ (*seinen Grund haben*) to come from; **wie kommt es, dass ...** how come ..., how is it that [that] ...; **daher kommt es, dass ...** that's why ...; **das kommt davon!** (*fam*) it's your own fault!; **das kommt davon, dass/weil ...** that's because ...; **das kommt davon, wenn ...** that's what happens when ... ㉔ (*sich an etw erinnern*) ■**auf etw** *akk* ~ to remember sth, to recall sth; **ich komme beim besten Willen nicht darauf** I just can't seem to remember [*or* recall] it ㉕ (*einfallen*) ■**jdm** ~ to think of, to occur; **jdm kommt der Gedanke, dass ...** it occurs to sb that ...; **na, das kommt dir aber früh!** (*iron*) why didn't that occur to you sooner? ㉖ (*sich verschaffen*) ■**an etw** *akk* ~ to get hold of sth; **wie bist du an das Geld ge~?** where did you get the money? ㉗ (*etw herausfinden*) ■**hinter etw** *akk* ~ *Pläne* to find out sth *sep*, to get to the bottom of sth; **hinter ein Geheimnis** ~ to uncover [*or sep* find out] a secret; **dahinter** ~, **dass/was/wer/wie ...** (*fam*) to find out that/what/who/how ...; **wie kommst du darauf?** what gives you that idea?, what makes you think that?; *s. a.* **Schlich, Spur** ㉘ FILM, RADIO, TV (*gesendet werden*) to be on; **was kommt heute im Fernsehen?** what's on [television] tonight?; **als Nächstes** ~ **die Nachrichten** the news is [on] next ㉙ (*Zeit für etw finden*) ■**zu etw** ~ to get around to doing sth; **ich komme zu nichts mehr!** I don't have time for anything else! ㉚ (*entfallen*) ■**auf jdn/etw** *akk* ~ to be allotted to sb/sth; **auf jeden Studenten kamen drei Studentinnen** for every male student there were three female students, the ratio of female to male students was 3:1 ㉛ (*fam: ähnlich sein*) ■**nach jdm** ~ to take after sb ㉜ (*fam: kosten*) to cost; **die Reparatur kam sehr teuer** the repairs cost a lot [of money]; ■**auf etw** ~ *akk* to come to sth ㉝ (*überfahren werden*) **unter ein Auto/einen Lastwagen** ~ to be knocked down by a car/lorry [*or* AM truck]; **unter die Räder** ~ to get knocked [*or* run] down [*or* run over] ㉞ (*ansprechen*) **auf etw** *akk* **zu sprechen** ~ to get [a]round to [talking

K

about] sth; **jetzt, wo wir auf das Thema Gehaltserhöhung zu sprechen ~, ...** now that we're on [*or* we've got round to] the subject of payrises ...; **ich werde gleich darauf ~** I'll come [*or* get] to that in a moment; **auf einen Punkt/eine Angelegenheit ~** to broach [*or* get onto] a point/matter ㉟ (*reichen*) ■**an etw** *akk* ~ to reach sth ㊱ (*sl: Orgasmus haben*) to come *fam* ㊲ (*fam: eine Aufforderung verstärkend*) **komm, sei nicht so enttäuscht** come on, don't be so disappointed; **komm, lass uns gehen!** come on [*or* hurry up], let's go!; **komm, komm, werd nicht frech!** now now, don't get cheeky!; **ach komm!** (*fam*) come on! ►WENDUNGEN: **erstens kommt es anders und zweitens als man denkt** (*hum fam*) things never turn out the way you expect; **zu kurz ~** to come off badly, to get a raw deal; **komm' ich heut' nicht, komm' ich morgen** (*prov*) you'll see me when you see me; **wer zuerst kommt, mahlt zuerst** (*prov*) first come, first served; **auf jdn/etw nichts ~ lassen** (*fam*) to not hear a [bad] word said against sb; *s. a.* **achtzig, halten, nahe, Zeit II.** *vi impers sein* ❶ (*sich einfinden*) ■**es kommt jd** sb is coming; **es kommt jetzt der berühmte Magier Obrikanus!** and now the famous magician, Obrikanus!; **es scheint keiner mehr zu ~** nobody else seems to be coming ❷ (*beginnen*) ■**es kommt etw** sth is coming; **es kommt auch mal wieder schöneres Wetter** the weather will turn nice again ❸ (*sl: Orgasmus haben*) to come; ■**es kommt jdm** (*veraltet*) sb comes **III.** *vt sein* (*fam: kosten*) ■**jdn etw ~** to cost sb sth; **die Reparatur kam mich sehr teuer** I paid a lot [of money] for the repairs, the repairs cost a lot [of money]

kom·mend *adj* ❶ (*nächste*) coming, next; **wir treffen uns ~en Mittwoch um 20 Uhr** we're meeting next Wednesday at 8 p.m. ❷ (*künftig*) future; **in den ~en Jahren** in years to come ❸ (*sich demnächst durchsetzend*) of the future *pred*

Kom·men·sa·lis·mus <-> [kɔmɛnza'lɪsmʊs] *m kein pl* BIOL commensalism

Kom·men·tar <-s, -e> [kɔmɛn'ta:ɐ̯] *m* ❶ (*Stellungnahme*) opinion, statement; **was du davon hältst, interessiert mich nicht, ich habe dich nicht um deinen ~ gebeten!** I'm not interested in what you think, I didn't ask [for] your opinion!; **~ überflüssig!** there's nothing else to say!, need I say more?; **einen ~ [zu etw** *dat*] **abgeben** to comment [on] sth; **jeden [weiteren] ~ ablehnen** to refuse to make any [further] comment; **kein ~!** no comment! ❷ (*kommentierendes Werk*) commentary

kom·men·tar·los I. *adj inv* without comment *pred* **II.** *adv inv* **etw ~ zur Kenntnis nehmen** to note [*or* take note of] sth without comment

Kom·men·ta·tor(in) <-s, -toren> [kɔmɛn'ta:to:ɐ̯] *m(f)* commentator

kom·men·tie·ren* [kɔmɛnt'ti:rən] *vt* ❶ (*Stellung nehmen*) ■**etw ~** to comment [*or* give one's opinion] on sth; **etw kritisch ~** to criticize sth ❷ (*erläutern*) ■**etw ~** to furnish sth with a commentary, to annotate sth; ■**kommentiert** with a commentary *pred,* annotated

Kom·ment·kampf *m* BIOL ritualized fight

Kom·mers <-es, -e> [kɔ'mɛrs] *m* ❶ (*Feier*) *festive reception held on the occasion of a special event* ❷ ÖSTERR *meeting of extreme right-wing students' associations*

Kom·merz [kɔ'mɛrts] *m* (*pej*) commerce

Kom·merz·fern·se·hen *nt* commercial television

kom·mer·zi·a·li·sie·ren [kɔmɛrtsi̯ali'zi:rən] *vt* ❶ ÖKON (*Dinge wirtschaftlichen Interessen unterordnen*) ■**etw ~** to commercialize sth ❷ ÖKON (*öffentliche Schulden umwandeln*) **eine öffentliche Schuld ~** to convert a public debt into a private one

Kom·mer·zi·a·li·sie·rung *f* commercialization

Kom·mer·zi·al·rat *m* ÖSTERR (*Kommerzienrat*) *honorary title for a businessman*

kom·mer·zi·ell [kɔmɛr'tsi̯ɛl] **I.** *adj* commercial **II.** *adv* commercially; **~ denken** to be business-minded

Kom·mer·zi·en·rat [kɔ'mɛrtsiənra:t] *m* HIST *honorary title for a businessman*

Kom·mi·li·to·ne, Kom·mi·li·to·nin <-n, -n> [kɔmili'to:nə, -'to:nɪn] *m, f* fellow student

Kom·miss^RR^ <-es> *m,* **Kom·miß**^ALT^ <-sses> [kɔ'mɪs] *m kein pl* (*fam*) the army; **beim ~ sein** to be in the army

Kom·mis·sar(in) <-s, -e> [kɔmɪ'sa:ɐ̯] *m(f)* ❶ (*Polizeikommissar*) inspector ❷ *kein pl* (*Dienstgrad*) superintendent ❸ (*bevollmächtigter Beamter*) commissioner ❹ (*EU-Kommissar*) Commissioner

Kom·mis·sär(in) <-s, -e> [kɔmɪ'sɛɐ̯] *m(f)* ÖSTERR, SCHWEIZ *s.* **Kommissar 1**

Kom·mis·sa·ri·at <-[e]s, -e> [kɔmɪ'sa:ri̯a:t] *nt* ❶ (*Amtszimmer des Kommissars*) commissioner's office ❷ ÖSTERR (*Polizeidienststelle*) police station

Kom·mis·sa·rin <-, -nen> *f fem form von* **Kommissar**

Kom·mis·sä·rin <-, -nen> *f fem form von* **Kommissär**

kom·mis·sa·risch [kɔmɪ'sa:rɪʃ] **I.** *adj* temporary **II.** *adv* temporarily

Kom·miss·brot^RR^ *nt a rectangular rye bread with a coarse texture*

Kom·mis·si·on <-, -en> [kɔmɪ'si̯o:n] *f* ❶ (*Gremium*) committee ❷ (*Untersuchungsausschuss*) commission, committee ❸ (*EU-Kommission*) Commission ❹ (*Auftrag*) commission; **etw in ~ geben** to commission sb to sell sth; **jdm etw** *akk* **in ~ geben** to give sth to sb for sale on commission; **etw in ~ haben** to be commissioned to sell sth; **etw [für jdn] in ~ nehmen** to take on the task of selling sth on commission [for sb]

Kom·mis·si·o·när(in) <-s, -e> [kɔmɪsi̯o'nɛɐ̯] *m(f)* wholesale bookseller

kom·mis·si·o·nie·ren* [kɔmɪsi̯o'ni:rən] *vt* ADMIN ÖSTERR ■**etw ~** to approve and accept sth

Kom·mis·si·ons·ba·sis *f* **auf ~** on commission **Kom·mis·si·ons·ge·schäft** *nt* commission business

Kom·mo·de <-, -n> [kɔ'mo:də] *f* chest of drawers

kom·mu·nal [kɔmu'na:l] *adj* local, municipal; **die Müllabfuhr ist eine der ~en Aufgaben** refuse collection is one of the local authority's tasks; *s. a.* **Ebene**

Kom·mu·nal·ab·ga·ben *pl* local rates [and taxes] **Kom·mu·nal·be·hör·de** *f* local authorities *pl* **Kom·mu·nal·po·li·tik** *f* ❶ (*Politik der Kommunalbehörde*) municipal [*or* council] policy ❷ (*politisches Handeln*) local [government] politics *pl* **Kom·mu·nal·ver·wal·tung** *f* local government **Kom·mu·nal·wahl** *f* local [government] elections *pl*

Kom·mu·nar·de, Kom·mu·nar·din <-n, -n> [kɔmu'nardə, -'nardɪn] *m, f* Communard

Kom·mu·ne <-, -n> [kɔ'mu:nə] *f* ❶ (*Gemeinde*) municipality, local authority ❷ HIST **die Pariser ~** the Paris Commune ❸ (*Wohngemeinschaft*) commune

Kom·mu·ni·ka·ti·on <-, -en> [kɔmunika'tsi̯o:n] *f* communication

Kom·mu·ni·ka·ti·ons·mit·tel *nt* means of communication + *sing vb* **Kom·mu·ni·ka·ti·ons·mög·lich·keit** *f* way of communicating **Kom·mu·ni·ka·ti·ons·sa·tel·lit** *m* communications satellite **Kom·mu·ni·ka·ti·ons·wis·sen** *nt kein pl* knowledge of communications + *sing vb* **Kom·mu·ni·ka·ti·ons·wis·sen·schaf·ten** *pl* communications theory + *sing vb*

kom·mu·ni·ka·tiv [kɔmunika'ti:f] *adj* communicative

Kom·mu·ni·on <-, -en> [kɔmu'ni̯o:n] *f* (*Sakrament der katholischen Kirche*) Holy Communion; **zur ~ gehen** to attend Holy Communion; (*Erstkommunion*) first Communion

Kom·mu·ni·on·bank <-bänke> *f* communion rail **Kom·mu·ni·on·kind** *nt* communicant

Kom·mu·ni·qué, Kom·mu·ni·kee <-s, -s> [kɔmyni'ke:] *nt* communiqué

Kom·mu·nis·mus <-> [kɔmu'nɪsmʊs] *m kein pl* communism

Kom·mu·nist(in) <-en, -en> [kɔmu'nɪst] *m(f)* communist

kom·mu·nis·tisch [kɔmu'nɪstɪʃ] *adj* communist; **Deutsche K~e Partei** [*o* **DKP**] German Communist Party
kom·mu·ni·zie·ren* [kɔmuni'tsi:rən] *vi* ❶ (*geh: sich verständigen*) ■**mit jdm** ~ to communicate with sb ❷ REL (*geh: zur Kommunion gehen*) to receive/take Holy Communion
Kom·ö·di·ant(in) <-en, -en> [komø'di̯ant] *m(f)* ❶ (*pej: jd, der sich verstellt*) play-actor ❷ (*veraltend: Schauspieler*) actor
Ko·mö·die <-, -n> [ko'mø:di̯ə] *f* ❶ (*Bühnenstück*) comedy ❷ (*Verstellung*) play-acting *pej;* ~ **spielen** to play-act; **jdm eine** ~ **vorspielen** to play-act to sb
Ko·mo·do·wa·ran [ko'modo-] *m* ZOOL komodo dragon
Ko·mo·ren [ko'mo:rən] *pl* ■**die** ~ the Comoros *npl,* the Comoro Islands *pl; s. a.* **Falklandinseln**
Ko·mo·rer(in) <-s, -> *m(f)* Comoran; *s. a.* **Deutsche(r)**
ko·mo·risch *adj* Comoran; *s. a.* **deutsch**
Kom·pag·non <-s, -s> ['kɔmpanjɔŋ] *m* partner
kom·pakt [kɔm'pakt] *adj* ❶ (*klein in den Ausmaßen*) compact ❷ (*solide*) compact, dense ❸ (*Mensch*) stocky
Kom·pakt·ge·rät *nt* compact device **Kom·pakt·ka·me·ra** *f* compact camera **Kom·pakt·kurs** *m* crash [*or* intensive] course **Kom·pakt·pu·der** *m* MODE, PHARM pressed powder
Kom·pa·nie <-, -n> [kɔmpa'ni:, *pl* -'ni:ən] *f* company
Kom·pa·nie·chef(in) [-ʃɛf] *m(f)* company commander
Kom·pa·ra·tiv <-s, -e> ['kɔmparati:f] *m* comparative
Kom·par·se, Kom·par·sin <-n, -n> [kɔm'parzə, kɔm'parzɪn] *m, f* extra
Kom·pass[RR] <-es, -e> *m,* **Kom·paß**[ALT] <-sses, -sse> ['kɔmpas] *m* compass; **nach dem** ~ by the compass
Kom·pass·na·del[RR] *f* compass needle
kom·pa·ti·bel [kɔmpa'ti:bl̩] *adj* compatible; ■[**mit etw** *dat*] ~ **sein** to be compatible [with sth]
Kom·pa·ti·bi·li·tät <-, -en> [kɔmpatibili'tɛ:t] *f* compatibility *no pl*
Kom·pen·di·um <-s, -dien> [kɔm'pɛndi̯ʊm, *pl* -di̯ən] *nt* compendium
Kom·pen·sa·ti·on <-, -en> [kɔmpɛnza'tsi̯o:n] *f* compensation *no pl*
Kom·pen·sa·ti·ons·ge·schäft <-es,-e> *nt* barter
kom·pen·sie·ren* [kɔmpɛn'zi:rən] *vt* ❶ (*entschädigen*) ■**etw** [**durch etw** *akk*] ~ to compensate for sth [with sth] ❷ (*ausgleichen*) ■**etw** ~ to compensate for sth
kom·pe·tent [kɔmpe'tɛnt] **I.** *adj* ❶ (*sachverständig*) competent; ■[**für etw** *akk*] ~ **sein** to be competent [at/in sth] ❷ (*zuständig*) responsible **II.** *adv* competently
Kom·pe·tenz <-, -en> [kɔmpe'tɛnts] *f* ❶ (*Befähigung*) competence ❷ (*Befugnis*) responsibility; **das liegt außerhalb meiner** ~ that's outside my responsibility
Kom·pe·tenz·be·reich *m* area of responsibility, jurisdiction **Kom·pe·tenz·ge·ran·gel** *nt* quarrel about responsibilities [*or* jurisdiction] **Kom·pe·tenz·strei·tig·kei·ten** *pl* dispute over responsibilities [*or* jurisdiction] **Kom·pe·tenz·über·schrei·tung** *f* exceeding of one's area of responsibility [*or* jurisdiction]
kom·pi·lie·ren* [kɔmpi'li:rən] *vt* (*geh*) ■**etw** [**aus etw** *dat*] ~ to compile sth [from sth]
Kom·ple·men·tär <-s, -e> [kɔmplemɛn'tɛ:ɐ̯] *m* ÖKON unlimited partner
Kom·ple·men·tär·far·be *f* complementary colour [*or* AM -or]
kom·plett [kɔm'plɛt] **I.** *adj* ❶ (*vollständig*) complete ❷ (*fam: völlig*) complete, total **II.** *adv* ❶ (*vollständig*) fully ❷ (*insgesamt*) completely ❸ (*fam: völlig*) completely, totally
kom·plet·tie·ren* [kɔmplɛ'ti:rən] *vt* (*geh*) ■**etw** ~ to complete sth
Kom·plett·lö·sung *f* ideal [*or* perfect] solution
kom·plex [kɔmplɛks] **I.** *adj* (*geh*) complex, complicated **II.** *adv* (*geh*) complexly, in a complicated manner *pred;* ~ **aufgebaut sein** to have a complex structure
Kom·plex <-es, -e> [kɔmplɛks] *m* ❶ (*Gesamtheit von Gebäuden*) complex ❷ (*Gesamtheit*) complex ❸ PSYCH complex; ~**e** [**wegen etw**] **haben** to have a complex [about sth]
Kom·plex·au·ge *nt* BIOL (*Augenform der Insekten*) compound eye
Kom·ple·xi·tät <-> [kɔmplɛksi'tɛt] *f kein pl* (*geh*) complexity
Kom·pli·ka·ti·on <-, -en> [kɔmplika'tsi̯o:n] *f* complication; **ohne** ~**en** without any complications, smoothly
Kom·pli·ment <-[e]s, -e> [kɔmpli'mɛnt] *nt* compliment; **jdm ein** ~ [*o* ~**e**] **machen** to pay sb a compliment [*or* compliments]; **jdm ein** ~ [*o* ~**e**] **wegen etw** *dat* **machen** to compliment sb on sth; **mit** ~**en um sich** *akk* **werfen** to throw compliments around; [**mein**] ~**!** my compliments
Kom·pli·ze, Kom·pli·zin <-n, -n> [kɔm'pli:tsə, kɔm'pli:tsɪn] *m, f* accomplice
kom·pli·zie·ren* [kɔmpli'tsi:rən] **I.** *vt* (*geh*) ■**etw** ~ to complicate sth **II.** *vr* ■**sich** ~ to become complicated
kom·pli·ziert **I.** *adj* complicated **II.** *adv* in a complicated manner *pred*
Kom·pli·ziert·heit <-> *f kein pl* complexity, complicated nature
Kom·pli·zin <-, -nen> *f fem form von* **Komplize**
Kom·plott <-[e]s, -e> [kɔm'plɔt] *nt* plot; **ein** ~ **schmieden** to hatch a plot
Kom·po·nen·te <-, -n> [kɔmpo'nɛntə] *f* ❶ (*Bestandteil*) component ❷ (*Gesichtspunkt*) aspect
kom·po·nie·ren* [kɔmpo'ni:rən] **I.** *vt* ❶ (*musikalisch erstellen*) ■**etw** ~ to compose sth ❷ (*geh: zusammenstellen*) ■**etw** [**aus etw** *dat*] ~ to create sth [from sth] **II.** *vi* to compose; ■**das K~** composition, composing
Kom·po·nist(in) <-en, -en> [kɔmpo'nɪst] *m(f)* composer
Kom·po·si·ta [kɔm'po:zita] *pl von* **Kompositum**
Kom·po·si·ti·on <-, -en> [kɔmpozi'tsi̯o:n] *f* ❶ (*komponiertes Musikstück*) composition ❷ (*geh: Zusammenstellung*) creation ❸ (*zusammengestelltes Kleidungsstück*) creation
Kom·po·si·tum <-s, Komposita> [kɔm'po:zitʊm, *pl* kɔm'po:zita] *nt* compound
Kom·post <-[e]s, -e> [kɔm'pɔst] *m* compost *no pl*
Kom·post·hau·fen *m* compost heap
Kom·po·s·tier·an·la·ge *f* ÖKOL compost[ing] plant
kom·pos·tier·bar *adj inv* ÖKOL degradable
kom·pos·tie·ren* [kɔmpɔs'ti:rən] *vt* ■**etw** ~ to compost sth
Kom·pos·tie·rung <-> *f kein pl* ÖKOL composting *no pl*
Kom·pott <-[e]s, -e> [kɔm'pɔt] *nt* compote
Kom·pres·se <-, -n> [kɔmprɛsə] *f* compress
Kom·pres·si·on <-, -en> [kɔm'prɛ'si̯o:n] *f* compression
Kom·pres·sor <-s, -pressoren> [kɔm'prɛso:ɐ̯, *pl* 'so:rən] *m* compressor
kom·pri·mie·ren* [kɔmpri'mi:rən] *vt* ■**etw** ~ to compress [*or* condense] sth; ■**komprimiert** compressed
Kom·pri·mie·rung <-, -en> *f* compression *no pl; eines Textes* condensing *no pl*
Kom·pro·miss[RR] <-es, -e> *m,* **Kom·pro·miß**[ALT] <-sses, -sse> [kɔmpro'mɪs] *m* compromise; **fauler** ~ false compromise; [**mit jdm**] **einen** ~ **schließen** to come to a compromise [with sb]
kom·pro·miss·be·reit[RR] *adj* willing to compromise *pred;* **eine** ~**e Haltung** a willingness to compromise; ■[**in etw** *dat*] ~ **sein** to be willing to compromise [on sth] **Kom·pro·miss·be·reit·schaft**[RR] *f* willingness to compromise **kom·pro·miss·los**[RR] *adj* ❶ (*zu keinem Kompromiss bereit*) uncompromising ❷ (*uneingeschränkt*) unqualified, unconditional **Kom·pro·miss·lö·sung**[RR] *f* compromise **Kom·pro·miss·vor·schlag**[RR] *m* compromise proposal [*or* suggestion]
kom·pro·mit·tie·ren* [kɔmpromɪ'ti:rən] *vt* ■**jdn** ~ to compromise sb; ■**sich** ~ to compromise oneself, to put oneself in a compromising position
kom·pro·mit·tie·rend *adj* compromising
Kon·den·sat <-[e]s, -e> [kɔndɛn'za:t] *nt* condensation *no pl,* condensate *spec*
Kon·den·sa·ti·on <-, -en> [kɔndɛnza'tsi̯o:n] *f* condensation

no pl

Kon·den·sa·tor <-s, -toren> [kɔndɛnˈzaːtoːɐ̯, *pl* -zaˈtoːrən] *m* condenser; ELEK *a.* capacitor

kon·den·sie·ren* [kɔndɛnˈziːrən] **I.** *vi haben o sein* ■[**an etw** *dat*] ~ to condense [on sth] **II.** *vt haben* ■**etw** ~ to condense sth

Kon·dens·milch *f* condensed milk **Kon·dens·strei·fen** *m* condensation [*or* vapour [*or* AM -or]] trail **Kon·dens·was·ser** *nt kein pl* condensation

Kon·di·ti·on <-, -en> [kɔndiˈtsi̯oːn] *f* ❶ (*Leistungsfähigkeit*) [physical] fitness [*or* condition]; ~/**keine** ~ **haben** to be/not be fit; **seine** ~ **halten** to keep fit ❷ *pl* (*Bedingungen*) conditions

Kon·di·ti·o·nal·satz [kɔnditsi̯oˈnaːl-] *m* conditional clause

Kon·di·ti·o·nie·rung <-, -en> *f* BIOL, PSYCH (*Verknüpfung eines Reizes mit einer neuen, d.h. gelernten Reaktion*) conditioning

Kon·di·ti·ons·schwä·che *f* poor level of fitness **Kon·di·ti·ons·trai·ning** *nt* fitness training *no pl*

Kon·di·tor(in) <-s, -toren> [kɔnˈdiːtoːɐ̯] *m(f)* confectioner

Kon·di·to·rei <-, -en> [kɔnditoˈrai] *f* confectioner's, cake shop

Kon·di·to·rin <-, -nen> *f fem form von* **Konditor**

Kon·do·lenz·be·such *m* (*geh*) visit of condolence; [**bei jdm**] **einen** ~ **machen** to pay [sb] a visit of condolence **Kon·do·lenz·brief** *m* letter of condolence **Kon·do·lenz·schrei·ben** *nt* letter of condolence

kon·do·lie·ren* [kɔndoˈliːrən] *vi* (*geh*) ■[**jdm**] ~ to pay one's condolences [to sb]

Kon·dom <-s, -e> [kɔnˈdoːm] *m o nt* condom

Kon·dor <-s, -e> [ˈkɔndoːɐ̯] *m* condor

Kon·duk·teur(in) <-s, -e> [kɔndʊkˈtøːɐ̯] *m(f)* SCHWEIZ (*Schaffner*) conductor

Ko·nen *pl von* **Konus**

Kon·fekt <-[e]s, -e> [kɔnˈfɛkt] *nt* confectionery

Kon·fek·ti·on <-, *selten* -en> [kɔnfɛkˈtsi̯oːn] *f* ready-made clothing *no pl*

Kon·fek·ti·ons·grö·ße *f* MODE size

Kon·fe·renz <-, -en> [kɔnfeˈrɛnts] *f* ❶ (*Besprechung*) meeting, conference; **eine** ~ **anberaumen** to arrange a meeting ❷ (*Komitee*) committee ❸ (*Lehrerkonferenz*) staff meeting

Kon·fe·renz·ort *m* conference location [*or* venue] **Kon·fe·renz·schal·tung** *f* TELEK conference circuit **Kon·fe·renz·teil·neh·mer(in)** *m(f)* conference participant **Kon·fe·renz·zim·mer** *nt* conference room

kon·fe·rie·ren* [kɔnfeˈriːrən] *vi* (*geh*) ■**mit jdm** [**über etw** *akk*] ~ to confer with sb [about sth]

Kon·fes·si·on <-, -en> [kɔnfɛˈsi̯oːn] *f* denomination

kon·fes·si·o·nell [kɔnfɛsi̯oˈnɛl] **I.** *adj* denominational **II.** *adv* denominationally

kon·fes·si·ons·los *adj* ■~ **sein** not belonging to any denomination

Kon·fes·si·ons·schu·le *f s.* **Bekenntnisschule**

Kon·fet·ti <-s> [kɔnˈfɛti] *nt kein pl* confetti

Kon·fir·mand(in) <-en, -en> [kɔnfɪrˈmant, *pl* -mandn̩] *m(f)* confirmand

Kon·fir·man·den·un·ter·richt *m* confirmation lessons [*or* classes] *pl*

Kon·fir·man·din <-, -nen> *f fem form von* **Konfirmand**

Kon·fir·ma·ti·on <-, -en> [kɔnfɪrmaˈtsi̯oːn] *f* confirmation

kon·fir·mie·ren* [kɔnfɪrmaˈtsi̯oːn] *vt* ■**jdn** ~ to confirm sb

Kon·fi·se·rie <-, -n> [kɔnfizəˈriː] *f* SCHWEIZ ❶ (*Konditorei*) confectioner's, cake shop ❷ (*Konfekt*) confectionery *no pl*

kon·fis·zie·ren* [kɔnfɪsˈtsiːrən] *vt* ■**etw** ~ to confiscate sth

Kon·fi·tü·re <-, -n> [kɔnfiˈtyːrə] *f* preserve

Kon·flikt <-s, -e> [kɔnˈflɪkt] *m* ❶ (*Auseinandersetzung*) conflict; **bewaffneter** ~ armed conflict; ~ **verhütend** which prevent conflict; **mit etw** *dat* **in** ~ **geraten** to come into conflict with sth; **mit dem Gesetz in** ~ **geraten** to clash with the law ❷ (*innerer Zwiespalt*) [inner] conflict; **sich** *akk* **in einem** ~ **befinden** to be in a state of inner conflict

Kon·flikt·herd *m* area of conflict, political hot spot **Kon·flikt·stoff** *m* cause of conflict

Kon·fö·de·ra·ti·on <-, -en> [kɔnføderaˈtsi̯oːn] *f* confederation

kon·form [kɔnˈfɔrm] *adj* concurrent, corresponding; **mit jdm** [**in etw** *dat*] ~ **gehen** to agree with sb [on sth]

Kon·for·mis·mus <-> [kɔnfɔrˈmɪsmʊs] *m kein pl* (*pej geh*) conformity

Kon·for·mist(in) <-en, -en> [kɔnfɔrˈmɪst] *m(f)* (*pej geh*) conformist

kon·for·mis·tisch *adj* (*pej geh*) conformist

Kon·fron·ta·ti·on <-, -en> [kɔnfrɔntaˈtsi̯oːn] *f* confrontation

Kon·fron·ta·ti·ons·kurs *m* confrontational course; **auf** ~ [**mit jdm**] **gehen** to adopt a confrontational course [towards sb]

kon·fron·tie·ren* [kɔnfrɔnˈtiːrən] *vt* ■**jdn mit jdm/etw** ~ to confront sb with sb/sth; ■**mit etw** *dat* **konfrontiert sein** to be confronted with sth

kon·fus [kɔnˈfuːs] **I.** *adj* confused, muddled; **jdn** [**ganz**] ~ **machen** to [completely] confuse sb **II.** *adv* confusedly; ~ **klingen** to sound confused

Kon·fu·zi·us <-> [kɔnˈfuːtsi̯ʊs] *m* Confucius

Kon·glo·me·rat <-[e]s, -e> [kɔngloméˈraːt] *nt* conglomeration; ■**ein** ~ **aus** [*o* **von**] **etw** *dat* a conglomeration of sth

Kongo <-s> *m* Congo, Zaire River

Kon·go <-s> [ˈkɔŋgo] *m* ❶ (*Fluss*) Congo ❷ (*Staat*) the Congo

Kon·go·le·se(in) <-n, -n> [kɔŋgoˈleːzə] *m(f)* Congolese; *s. a.* **Deutsche(r)**

kon·go·le·sisch [kɔŋgoˈleːzɪʃ] *adj* Congolese; *s. a.* **deutsch**

Kon·gre·ga·ti·on <-en> [kɔngregaˈtsi̯oːn] *f* congregation

Kon·gress[RR] <-es, -e> *m,* **Kon·greß** <-sses, -sse> [kɔnˈgrɛs] *m* ❶ (*Fachtagung*) congress; **der Wiener** ~ the Congress of Vienna ❷ (*Parlament der USA*) ■**der** ~ Congress *no art*

Kon·gress·bü·ro[RR] *nt* congress office **Kon·gress·hal·le**[RR] *f* conference hall **Kon·gress·mit·glied**[RR] *nt* Congressman, Congresswoman **Kon·gress·pla·nung**[RR] *f* congress planning *no pl* **Kon·gress·stät·te**[RR] *f* congress centre [*or* AM -er] **Kon·gress·teil·neh·mer**[RR] *m* congress participant **Kon·gress·wahl**[RR] *f* Congressional election

kon·gru·ent [kɔngruˈɛnt] *adj* congruent

Kon·gru·enz <-en> [kɔngruˈɛnts] *f* ❶ (*geh*) identity, concurrence ❷ MATH congruence ❸ LING agreement

kon·gru·ie·ren [kɔngruˈiːrən] *vi* ❶ (*geh*) to coincide ❷ MATH to be congruent ❸ LING to agree

K.-o.-Nie·der·la·ge *f* knock-out defeat

Ko·ni·fe·re <-, -n> [koniˈfeːrə] *f* conifer

Ko·ni·fe·ren·ho·nig *m* honeydew honey

Kö·nig <-s, -e> [ˈkøːnɪç] *m* king; **des** ~**s Rock** the King's uniform; **der** ~ **der Tiere/Lüfte** the king of beasts/birds; **die Heiligen Drei** ~**e** the three Wise Men ▸WENDUNGEN: **der Kunde ist** ~ the customer is always right

Kö·ni·gin <-, -nen> [ˈkøːnɪgɪn] *f fem form von* **König** ❶ (*Herrscherin eines Königreiches*) queen ❷ (*Bienen~*) queen[-bee] ❸ BOT ■**die** ~ **der Nacht** Queen of the Night

Kö·ni·gin·mut·ter *f* queen-mother

kö·nig·lich [ˈkøːnɪklɪç] **I.** *adj* ❶ (*dem König gehörend*) royal ❷ (*großzügig*) generous, handsome **II.** *adv* ❶ (*fam: köstlich*) enormously; ■**sich** *akk* ~ **amüsieren** to have a whale of a time ❷ (*großzügig*) generously, handsomely

Kö·nig·reich [ˈkøːnɪkraiç] *nt* kingdom; **das Vereinigte** ~ the United Kingdom

Kö·nigs·fisch *m* ZOOL, KOCHK Jerusalem haddock, kingfish, moonfish **Kö·nigs·ker·ze** *f* BOT mullein **Kö·nigs·kro·ne** *f* crown **Kö·nigs·ku·chen·form** *f* [12 - 14 inch] loaf tin **Kö·nigs·paar** *nt* royal couple **Kö·nigs·sohn** *m* (*liter*) prince **Kö·nigs·ti·ger** *m* Bengal tiger **Kö·nigs·toch·ter** *f* (*liter*) princess **kö·nigs·treu** *adj* loyal to the king *pred,* royalist **Kö·nigs·weg** *m* ideal solution

Kö·nig·tum <-, -tümer> [ˈkøːnɪçtuːm] *nt* ❶ *kein pl* (*Monar-*

chie) monarchy ❷ (*veraltend*) *s.* **Königreich**
ko·nisch ['ko:nɪʃ] **I.** *adj* conical **II.** *adv* conically
Kon·ju·ga·ti·on <-, -en> [kɔnjuga'tsi̯o:n] *f* ❶ LING conjugation ❷ BIOL (*Zusammenlagerung von Bakterienzellen*) bacterial conjugation
kon·ju·gie·ren* [kɔnju'gi:rən] *vt* ■**etw** ~ to conjugate sth
Kon·junk·ti·on <-, -en> [kɔnjʊnk'tsi̯o:n] *f* conjunction
Kon·junk·ti·o·nal·satz [kɔnjunktsi̯o'na:l-] *m* LING conjunctional clause
Kon·junk·tiv <-s, -e> ['kɔnjʊŋkti:f] *m* LING subjunctive
Kon·junk·tur <-, -en> [kɔnjʊnk'tu:ɐ̯] *f* economy, economic situation, state of the economy; **steigende/rückläufige** ~ [economic] boom/slump; ~ **haben** to be in great demand [*or* selling [very] well]
Kon·junk·tur·ab·schwung *m* ÖKON economic downturn [*or* downswing], [economic] recession **Kon·junk·tur·auf·schwung** *m* ÖKON economic upturn [*or* upswing], [economic] recovery **Kon·junk·tur·ba·ro·me·ter** *nt* ÖKON ❶ (*Darstellung der wirtschaftlichen Entwicklung*) graph of leading economic indicators ❷ (*Anhaltspunkt der wirtschaftlichen Entwicklung*) economic [*or* business] barometer, economic indicator **Kon·junk·tur·be·le·bung** *f kein pl* ÖKON economic upturn [*or* upswing], [economic] recovery **Kon·junk·tur·ein·bruch** *m* ÖKON [economic] slump, steep downturn [in the economy]
kon·junk·tu·rell [kɔnjʊŋktu'rɛl] *adj* economic; **die ~e Lage** the state of the economy
Kon·junk·tur·flau·te *f* [economic] slump **Kon·junk·tur·la·ge** *f* ÖKON economic situation, state of the economy **Kon·junk·tur·po·li·tik** *f* economic policy **Kon·junk·tur·rück·gang** *m* ÖKON economic downturn [*or* downswing], [economic] recession **Kon·junk·tur·schwan·kung** *f meist pl* ÖKON fluctuation in [the level of] economic activity
kon·kav [kɔn'ka:f] **I.** *adj* concave **II.** *adv* concavely
Kon·kla·ve <-s, -n> [kɔn'kla:və] *nt* conclave
Kon·kor·danz <-, -en> [kɔnkɔr'dants] *f* concordance
Kon·kor·dat <-[e]s, -e> [kɔbkɔr'da:t] *nt* concordat
kon·kret [kɔn'kre:t] **I.** *adj* ❶ (*klar umrissen*) concrete, definite, specific; **~e Ergebnisse** tangible results ❷ (*eindeutig*) concrete **II.** *adv* definitely, specifically; **das kann ich Ihnen noch nicht ~ sagen** I can't tell you for definite yet
kon·kre·ti·sie·ren* [kɔnkreti'zi:rən] *vt* (*geh*) ■**etw** ~ to clearly define sth
Kon·ku·bi·nat <-[e]s, -e> [kɔnkubi'na:t] *nt* concubinage; [**mit jdm**] **im ~ leben** to live in concubinage [with sb]
Kon·ku·bi·ne <-, -n> [kɔnku'bi:nə] *f* (*geh*) concubine
Kon·kur·rent(in) <-en, -en> [kɔnkʊ'rɛnt] *m(f)* ❶ (*Mitbewerber*) competitor ❷ (*Rivale*) competitor, rival
Kon·kur·renz <-, -en> [kɔnkʊ'rɛnts] *f* ❶ (*Konkurrenzunternehmen*) competitor; **zur ~ gehen** to go over to the competitor; **mit jdm in ~ stehen** [*o* **liegen**] to be in competition with sb ❷ *kein pl* (*Konkurrenten*) competition; **keine ~** [**für jdn**] **sein** to be no competition [for sb]; **die ~ schläft nicht** (*fam*) my/your, etc. rivals never rest ❸ (*sportliche Disziplin*) competition, contest ❹ *kein pl* (*Wettbewerb*) competition; **jdm ~ machen** to compete against sb; **außer ~** unofficially
Kon·kur·renz·den·ken *nt* competitive thinking *no pl* **Kon·kur·renz·druck** *m* pressure of competition; **unter ~ stehen** to face pressure of competition **kon·kur·renz·fä·hig** *adj* competitive
kon·kur·ren·zie·ren* *vt, vi* ÖSTERR, SCHWEIZ ■**jdn** [*o* **jdm**]/**etw** [*o* **einer S.**] ~ to compete against sb/sth
Kon·kur·renz·kampf *m* competition; (*zwischen Menschen*) rivalry **kon·kur·renz·los** **I.** *adj* ■~ **sein** to have no competition **II.** *adv* incomparably; **mit unseren Preisen sind wir ~ billig** nobody can match our cheap prices **Kon·kur·renz·neid** *m* jealousy [towards one's rival[s]] *no pl* **Kon·kur·renz·pro·dukt** *nt* ÖKON competing [*or* rival] product **Kon·kur·renz·un·ter·neh·men** *nt* ÖKON competitor, rival company **Kon·kur·renz·ver·bot** *nt* ban on competition
kon·kur·rie·ren* [kɔnkʊ'ri:rən] *vi* ❶ (*in Wettbewerb treten*) ■**mit jdm/etw** ~ to compete with sb/sth ❷ (*geh: sich gleichzeitig bewerben*) ■[**mit jdm**] **um etw** ~ to compete [against sb] for sth
Kon·kurs <-es, -e> [kɔn'kʊrs] *m* ❶ (*Zahlungsunfähigkeit*) bankruptcy; ~ **machen** (*fam*) to go bankrupt; **vor dem ~ stehen** to be about to go bankrupt ❷ (*Verfahren*) bankruptcy proceedings *pl;* [**über etw** *akk*] **den ~ eröffnen** to open bankruptcy proceedings [concerning sth]; ~ **anmelden** to declare oneself bankrupt, to file a bankruptcy petition
Kon·kurs·mas·se *f* bankrupt's estate **Kon·kurs·ver·fah·ren** *nt* bankruptcy proceedings *pl* **Kon·kurs·ver·schlep·pung** *f* JUR, ÖKON [criminal] delay in filing bankruptcy petition **Kon·kurs·ver·wal·ter(in)** *m(f)* official receiver
kön·nen ['kœnən] **I.** *vt* <konnte, gekonnt> (*beherrschen*) ■**etw** ~ to know sth; **kannst du eigentlich Schach?** can you/do you know how to play chess?; **eine Sprache** ~ to know [*or* speak] a language; [**et**]**was/nichts** ~ (*fam*) to be good/useless; **man merkt, du kannst was** it's obvious you know your stuff; (*Fähigkeiten haben*) to be able/not be able to do sth; [**et**]**was/nichts für etw** ~ (*verantwortlich sein*) to be able/not be able to do anything about sth; **etw nie/nicht tun** ~ to never/not be able to do sth; **... was jd kann** as best sb can; **sie liefen, was sie nur konnten** they ran as quickly as they could ▸ WENDUNGEN: **du kannst mich** [**mal**] (*euph sl*) get lost! *fam,* [go and] take a running jump! BRIT *fam,* kiss my ass! AM *sl* **II.** *vi* <konnte, gekonnt> to be able; **ich würde ja gerne kommen, aber ich kann leider nicht** I would love to come but I can't; **nicht mehr** ~ (*erschöpft sein*) to not be able to go on; (*überfordert sein*) to have had enough; (*satt sein*) to not be able to eat any more, to have had enough, to be full [up]; **noch** ~ (*weitermachen* ~) to be able to carry on; (*weiteressen* ~) to be able to eat more; **wie konntest du nur!** how could you?!; **da ~ Sie nichts** [**da**]**für** it's not your fault ▸ WENDUNGEN: [**erst einmal**] ~ **vor Lachen** I would if [*or* I wish] I could, [that's] easier said than done; **mit jdm** [**gut**] ~ to get on [well] with sb; **mir kann keiner** nobody can touch me **III.** *vb aux* <konnte, können> *modal* ❶ (*vermögen*) ■**etw tun** ~ to be able to do sth ❷ (*als Fertigkeit haben*) ■**etw tun** ~ to be able to do sth ❸ (*dürfen*) ■**jd kann etw tun** sb can do sth; **kann ich das Foto sehen?** can/may I see the photo? ❹ (*möglicherweise sein*) ■**jd kann etw tun** sb could do sth; ■**etw tun** ~ to be able to do sth; **solche Dinge können eben manchmal passieren** these things [can] happen sometimes; **sein ~, dass** to be possible that; [**schon**] **sein** ~ (*fam*) to be possible; [**ja,**] **kann sein** [yes,] that's possible [*or* possibly]; **nicht sein** ~ to not be possible; **könnte es nicht sein, dass ...?** could it not be that ...?
Kön·nen <-s> ['kœnən] *nt kein pl* ability, skill; **spielerisches/schauspielerisches** ~ sportsmanship/acting ability [*or* skill]
Könn·er(in) <-s, -> *m(f)* skilled person; **ein ~ sein** to be skilled
konn·te ['kɔntə] *imp von* **können**
Kon·rek·tor(in) ['kɔnrɛkto:ɐ̯] *m(f)* deputy headmaster
Kon·se·ku·tiv·satz *m* consecutive clause
Kon·sens <-es, -e> [kɔn'zɛns] *m* (*geh*) ❶ (*Übereinstimmung*) consensus *no pl;* **einen ~** [**in etw** *dat*] **erreichen** [*o* **erzielen**] to reach a consensus [on sth] ❷ (*Einwilligung*) approval; **seinen ~** [**zu etw** *dat*] **geben** to give one's approval [to sth]; **mit/ohne jds ~** with/without sb's approval
kon·se·quent [kɔnze'kvɛnt] **I.** *adj* ❶ (*folgerichtig*) consistent; ■[**bei/in etw** *dat*] ~ **sein** to be consistent [in sth] ❷ (*unbeirrbar*) resolute, steadfast **II.** *adv* ❶ (*folgerichtig*) consistently, logically ❷ (*entschlossen*) resolutely
Kon·se·quenz <-, -en> [kɔnze'kvɛnts] *f* ❶ (*Folge*) consequence; **in letzter** ~ in the final analysis; **~en** [**für jdn**] **haben** to have consequences [for sb]; **die ~en tragen** to take the con-

K

sequences; [**aus etw** *dat*] **die ~en ziehen** to take the necessary action [*or* appropriate measures] [as a result of sth] ❷ *kein pl* (*Folgerichtigkeit*) consistency ❸ *kein pl* (*Unbeirrbarkeit*) resoluteness, steadfastness

kon·ser·va·tiv ['kɔnzɛrvatiːf] **I.** *adj* ❶ (*politisch rechts liegend*) conservative ❷ (*die ~ Partei*) Conservative ❸ (*geh: zurückhaltend*) conservative **II.** *adv* ~ **wählen** to vote Conservative; ~ **eingestellt sein** to have a conservative attitude

Kon·ser·va·ti·ve(r) [kɔnzɛrva'tiːvə] *f(m) decl wie adj* ❶ (*Anhänger einer konservativen Partei*) conservative ❷ (*die konservative Partei*) ■**die ~n** the Conservatives

Kon·ser·va·tor(in) <-s, -toren> [kɔnzɛr'vaːtoːɐ̯] *m(f)* curator

Kon·ser·va·to·ri·um <-s, -rien> [kɔn'zɛrva'toːri̯ʊm, *pl* -ri̯ən] *nt* conservatoire, conservatorium

Kon·ser·ve <-, -n> [kɔn'zɛrvə] *f* ❶ (*haltbar abgefülltes Lebensmittel*) preserved food *no pl,* tinned [*or* AM canned] food *no pl* ❷ *meist pl* MED (*Blutkonserve*) banked blood *no pl*

Kon·ser·ven·büch·se [-vən-] *f,* **Kon·ser·ven·do·se** *f* tin BRIT, can AM

kon·ser·vie·ren* [kɔnzɛr'viːrən] *vt* ❶ (*haltbar machen*) ■**etw** [**in etw** *dat*] ~ to preserve sth [in sth] ❷ (*geh: erhalten*) ■**etw** ~ to preserve sth

Kon·ser·vie·rung <-, -en> [kɔnzɛr'viːrʊŋ] *f* ❶ (*das Konservieren*) preserving *no pl* ❷ (*die Erhaltung*) preservation *no pl*

Kon·ser·vie·rungs·mit·tel *nt* CHEM preservative

Kon·sis·tenz <-> [kɔnzɪs'tɛnts] *f kein pl* (*geh*) consistency

Kon·so·le <-, -n> [kɔn'zoːlə] *f* ❶ (*Bord*) shelf ❷ (*Vorsprung*) console ❸ (*Bediener~*) console

kon·so·li·die·ren* [kɔnzoli'diːrən] **I.** *vt* (*geh*) ■**etw** ~ to consolidate sth **II.** *vr* (*geh*) ■**sich** ~ to consolidate

Kon·so·li·die·rung <-, -en> *f* consolidation *no pl*

Kon·so·li·die·rungs·mit·tel *nt* (*geh*) means of consolidation

Kon·so·nant <-en, -en> [kɔnzo'nant] *m* consonant

Kon·sor·te <-, -n> [kɔn'zɔrtə] *f* (*pej fam: Leute*) **... und ~ ...** and co.

Kon·sor·ti·um <-s, -ien> [kɔn'zɔrtsiʊm, *pl* -tsi̯ən] *nt* ÖKON consortium, syndicate; **ein ~ bilden** [*o* **gründen**], **sich** *akk* **zu einem ~ zusammenschließen** to form a consortium [*or* syndicate], to organize a consortium

Kon·spi·ra·ti·on <-, -en> [kɔnspira'tsi̯oːn] *f* (*geh*) conspiracy

kon·spi·ra·tiv [kɔnspira'tiːf] *adj* (*geh*) conspiratorial

kon·spi·rie·ren* [kɔnspi'riːrən] *vi* (*geh*) ■[**mit jdm**] [**gegen jdn**] ~ to conspire [with sb] [against sb]

kon·stant [kɔnstant] **I.** *adj* constant **II.** *adv* constantly

Kon·stan·te <-[n], -n> [kɔn'stantə] *f* constant

Kon·stan·ti·no·pel <-s> [kɔnstanti'noːpl̩] *nt* Constantinople

Kon·stanz <-> ['kɔnstants] *nt* Constance

kon·sta·tie·ren* [kɔnsta'tiːrən] *vt* (*geh*) ■**etw** ~ to establish sth

Kon·stel·la·ti·on <-, -en> [kɔnstɛla'tsi̯oːn] *f* ❶ (*geh: Kombination*) constellation *form* ❷ ASTROL, ASTRON constellation

kon·ster·nie·ren* [kɔnstɛr'niːrən] *vt* (*geh*) ■**jdn** ~ to consternate sb; ■**konsterniert** consternated

kon·sti·tu·ie·ren* [kɔnstitu'iːrən] **I.** *vt* (*geh: gründen*) ■**etw** ~ to constitute, to form; ■**~d** constituent **II.** *vr* (*geh*) ■**sich** ~ *akk* to be set up, to be constituted; ■**sich als etw** ~ to form sth

Kon·sti·tu·ti·on <-, -en> [kɔnstitu'tsi̯oːn] *f* constitution

kon·sti·tu·ti·o·nell [kɔnstitutsi̯o'nɛl] *adj inv* constitutional; **~e Monarchie** constitutional monarchy

kon·stru·ie·ren* [kɔnstru'iːrən] *vt* ❶ (*planerisch erstellen*) ■**etw** ~ to design sth ❷ (*zeichnen*) ■**etw** ~ to draw sth ❸ (*pej geh: gezwungener Gedankenaufbau*) ■**etw** ~ to fabricate sth, to make sth up

Kon·struk·teur(in) <-s, -e> [kɔnstrʊk'tøːɐ̯] *m(f)* designer

Kon·struk·ti·on <-, -en> [kɔnstrʊk'tsi̯oːn] *f* ❶ (*planerische Erstellung*) design ❷ (*Aufbau*) construction

Kon·struk·ti·ons·bü·ro *nt* design office **Kon·struk·ti·ons·feh·ler** *m* ❶ (*Fehler im Entwurf*) design fault ❷ (*herstellungsbedingter Fehler*) construction [*or* manufacture] fault

kon·struk·tiv [kɔnstrʊk'tiːf] **I.** *adj* ❶ (*geh: förderlich*) constructive ❷ (*entwurfsbedingt*) design **II.** *adv* constructively

Kon·sul <-s, -n> ['kɔnzʊl] *m* (*Beamter der römischen Republik*) consul

Kon·sul, Kon·su·lin <-s, -n> ['kɔnzʊl, kɔn'zuːlɪn] *m, f* (*Leiter(in) eines Konsulats*) consul

kon·su·la·risch *adj* consular

Kon·su·lat <-[e]s, -e> [kɔnzʊ'laːt] *nt* ❶ (*Amt des Konsuls*) consulate ❷ (*Amtszeit eines Konsuls*) consulship

Kon·su·lin <-, -nen> *f fem form von* **Konsul**

Kon·sul·ta·ti·on <-, -en> [kɔnzʊlta'tsi̯oːn] *f* (*geh*) consultation

kon·sul·tie·ren* [kɔnzʊl'tiːrən] *vt* (*geh*) ❶ (*um Rat fragen*) ■**jdn** [**wegen etw** *dat*] ~ to consult sb [about sth] ❷ (*hinzuziehen*) ■**etw** ~ to consult sth

Kon·sum <-s> [kɔn'zuːm] *m kein pl* consumption

Ko·nsum·ar·ti·kel *m* consumer good

Kon·su·ment(in) <-en, -en> [kɔnzu'mɛnt] *m(f)* consumer

Kon·su·men·ten·le·ben *nt* consumer life

Kon·sum·ge·nos·sen·schaft *f* cooperative society **Kon·sum·ge·sell·schaft** *f* consumer society **Kon·sum·gü·ter** *pl* COM consumer good

kon·su·mie·ren* [kɔnzu'miːrən] *vt* (*geh*) ❶ (*verbrauchen*) ■**etw** ~ to consume sth ❷ (*in sich aufnehmen*) ■**etw** ~ to consume sth

kon·sum·ori·en·tiert *adj inv* ÖKON consumer-orientated [*or* AM -oriented] **Kon·sum·rausch** *m* frenzy of consumerism **Kon·sum·tem·pel** *m* ÖKON (*pej fam*) shrine to consumerism **Kon·sum·ter·ror** *m* SOZIOL (*pej*) pressure to consume *no pl* **Kon·sum·ver·hal·ten** *nt* ÖKON consumer behaviour [*or* AM -or] *no pl, no indef art,* consumer habits *pl* **Kon·sum·zwang** *m* pressure to consume *no pl*

Kon·takt <-[e]s, -e> [kɔn'takt] *m* ❶ (*Verbindung*) contact; **sexuelle** [*o euph* **intime**] **~e** sexual contact; **mit jdm ~ bekommen, ~ zu jdm finden** to establish contact with sb; [**mit jdm**] **in ~ bleiben,** [**mit jdm**] **~ halten** to stay in contact [*or* touch] with sb; **~ zu jdm haben** to be in contact with sb; **keinen ~ mehr** [**zu jdm**] **haben** to no longer be in contact [with sb], to have lost contact [with sb]; **mit jdm in ~ kommen** to come into contact with sb; **mit jdm ~ aufnehmen** to get in contact with sb; **den ~** [**zu jdm**] **herstellen** to establish [*or* set up] contact [with sb]; [**mit jdm**] **in ~ stehen** to be in contact [with sb]; **den ~ mit jdm suchen** to attempt to establish [*or* set up] contact with sb ❷ (*Berührung*) contact ❸ ELEK contact, point

Kon·takt·ad·res·se *f* contact address **Kon·takt·an·zei·ge** *f* lonely hearts advertisement BRIT, personal [ad] AM **kon·takt·arm** *adj* ■**~ sein** to have little contact with other people **Kon·takt·ar·mut** *f kein pl* (*geh*) lack of [human] contact **Kon·takt·bild·schirm** *m* touch screen **Kon·takt·bör·se** *f* personals section **kon·takt·freu·dig** *adj* ■**~ sein** to enjoy contact with other people, to be sociable **Kon·takt·grill** *m* griddle **Kon·takt·lin·se** *f* contact lens **Kon·takt·lin·sen·pfle·ge·mit·tel** *nt* contact lens solution **Kon·takt·mann** *m* contact [person] **Kon·takt·per·son** *f* contact [person]

Kon·ta·mi·na·ti·on <-, -en> [kɔntamina'tsi̯oːn] *f* contamination *no pl*

kon·ta·mi·nie·ren* [kɔntami'niːrən] *vt* ■**etw** ~ to contaminate sth

Kon·ten ['kɔntn̩] *pl von* **Konto**

Kon·ten·be·we·gung *f s.* **Kontobewegung**

Kon·ter·ad·mi·ral ['kɔntɐʔatmiraːl] *m* NAUT rear-admiral

Kon·ter·fei <-s, -s *o* -e> ['kɔntɐfai] *nt* (*hum*) picture

kon·ter·ka·rie·ren [kɔntɐka'riːrən] *vt* (*geh*) ■**etw** ~ to impede sth

kon·tern ['kɔntɐn] **I.** *vt* ■**etw** ~ to counter sth **II.** *vi* to counter

Kon·ter·re·vo·lu·ti·on [kɔntɐrevolutsi̯oːn] *f* counter-revolution

Kon·text <-[e]s, -e> ['kɔntɛkst] *m* ❶ (*umgebender Text*) context ❷ (*geh: Zusammenhang*) context

Kon·ti·nent <-[e]s, -e> ['kɔntinɛnt] *m* continent

kon·ti·nen·tal [kɔntinɛn'ta:l] *adj* continental

Kon·ti·nen·tal·eu·ro·pa *nt* Continental Europe **Kon·ti·nen·tal·kli·ma** *nt* continental climate **Kon·ti·nen·tal·so·ckel** *m* continental terrace **Kon·ti·nen·tal·sper·re** *f kein pl* ■**die** ~ the Continental System

Kon·tin·gent <-[e]s, -e> [kɔntɪŋ'gɛnt] *nt* ❶ (*Truppenkontingent*) contingent ❷ (*Teil einer Menge*) quota

kon·tin·gen·tie·ren* [kɔntɪŋgɛn'ti:rən] *vt* ■**etw** ~ to fix a quota for sth

kon·ti·nu·ier·lich [kɔntinu'i:ɐ̯lɪç] **I.** *adj* (*geh*) constant, continuous **II.** *adv* (*geh*) constantly, continuously

Kon·to <-s, Konten *o* Konti> ['kɔnto, *pl* 'kɔntn̩, 'kɔnti] *nt* account; **auf jds ~ gehen** (*fam: etw zu verantworten haben*) to be sb's fault; (*für etw aufkommen*) to be on sb; **das Bier geht auf mein ~!** the beer's on me!; **etw auf sein ~ verbuchen können** to put sth down to one's [own] efforts; **auf jds ~** into sb's account

Kọn·to·aus·zug *m* bank statement; (*kurzer* ~) mini-statement **Kọn·to·be·we·gung** *f* account transaction **Kọn·to·er·öff·nung** *f* opening of an account **kọn·to·füh·rend** *adj* which manages an account *pred* **Kọn·to·füh·rung** *f* keeping [of] an account, account management *no pl* **Kọn·to·füh·rungs·ge·bühr** *f* account management charge **Kọn·to·in·ha·ber(in)** *m(f)* account holder **Kọn·to·num·mer** *f* account number **Kọn·to·stand** *m* account balance

kon·tra ['kɔntra] *adv* against; **er ist dazu ~ eingestellt** he is against it

Kon·tra <-s, -s> ['kɔntra] *nt* double; ■~ **sagen** to double; **jdm ~ geben** (*fam*) to contradict

Kọn·tra·bass[RR] *m* double bass

Kon·tra·hent(in) <-en, -en> [kɔntra'hɛnt] *m(f)* (*geh*) opponent, adversary

kon·tra·hie·ren* [kɔntra'hi:rən] *vi, vr* ■[**sich**] ~ to contract

Kon·tra·in·di·ka·ti·on ['kɔntraʔɪndikatsi̯o:n] *f* contra-indication

Kon·trạkt <-[e]s, -e> *m* contract

Kon·trak·ti·on <-, -en> [kɔntrak'tsi̯o:n] *f* contraction

kon·tra·pro·duk·tiv ['kɔntraprodʊkti:f] *adj* (*geh*) counterproductive

Kon·tra·punkt ['kɔntrapʊŋkt] *m* counterpoint

kon·trär [kɔn'trɛ:ɐ̯] *adj* (*geh*) contrary

Kon·trast <-[e]s, -e> [kɔn'trast] *m* ❶ (*Gegensatz*) contrast; **im** [*o* **in**] ~ **zu etw** *dat* **stehen** to contrast with sth ❷ (*Helligkeitsunterschied*) contrast *no pl*

Kon·trạst·brei *m* radiopaque material *no pl spec* **Kon·trạst·far·be** *f* contrasting colour [*or* AM -or]

kon·tras·tie·ren* [kɔntrs'ti:rən] *vi* (*geh*) ■[**mit/zu etw** *dat*] ~ to contrast [with sth]

Kon·trạst·mit·tel *nt* contrast medium **Kon·trạst·pro·gramm** *nt* alternative programme [*or* AM -am]

Kon·tra·zep·ti·on <-> [kɔntratsɛp'tsi̯o:n] *f kein pl* (*geh*) contraception

Kon·trọll·ab·schnitt *m* tab, stub **Kon·trọllam·pe**[ALT] *f s.* **Kontrolllampe**

Kon·trol·le <-, -n> [kɔn'trɔlə] *f* ❶ (*Überprüfung*) check, inspection; **die ~n an einem Flughafen** checks at an airport; **eine ~ durchführen** to conduct an inspection ❷ (*passive Überwachung*) monitoring ❸ (*aktive Überwachung*) supervision; **etw unter ~ bringen** to bring sth under control; **jdn/etw unter ~ haben** [*o* **halten**] (*Gewalt über jdn/etw haben*) to have sb/sth under control; (*jdn/etw überwachen*) to have sb/sth monitored; **die ~ über etw** *akk* **verlieren** (*Gewalt*) to lose control of sth; **die ~ über sich** *akk* **verlieren** to lose control of oneself ❹ (*Kontrollstelle*) checkpoint

Kon·trol·leur(in) <-s, -e> [kɔntrɔ'lø:ɐ̯] *m(f)* inspector

Kon·trọll·funk·ti·on *f* supervisory [*or* monitoring] function **Kon·trọll·gang** *m* patrol

kon·trol·lier·bar *adj* ❶ (*beherrschbar*) controllable ❷ (*überprüfbar*) checkable, verifiable

kon·trol·lie·ren* [kɔntrɔ'li:rən] *vt* ❶ (*überprüfen*) ■**jdn/etw** ~ to check sb/sth; ■**etw auf etw** *akk* ~ to check sth for sth; **haben Sie Ihre Wertsachen auf Vollständigkeit kontrolliert?** have you checked your valuables to make sure they're all there? ❷ (*überwachen*) ■**jdn/etw** ~ to monitor sb/sth; ■**jdn/etw** [**auf etw** *akk*] ~ to check sb/sth [for sth] ❸ (*beherrschen*) ■**etw** ~ to control sth

Kon·trọllis·te[ALT] *f s.* **Kontrollliste Kon·trọll·lam·pe**[RR] *f* indicator light; **rote** ~ red warning light

Kon·trọll·lis·te[RR] *f* checklist **Kon·trọll·or·gan** *nt* POL controlling body **Kon·trọll·punkt** *m* checkpoint **Kon·trọll·stel·le** *f* checkpoint **Kon·trọll·turm** *m* control tower **Kon·trọll·zen·trum** *nt* control centre [*or* AM -er]

kon·tro·vers [kɔntro'vɛrs] **I.** *adj* (*geh*) ❶ (*gegensätzlich*) conflicting, opposing ❷ (*umstritten*) controversial **II.** *adv* (*geh*) in an argumentative manner *pred*

Kon·tro·ver·se <-, -n> [kɔntro'vɛrzə] *f* (*geh*) conflict; **eine ~ austragen** to resolve a conflict

Kon·tur <-, -en> [kɔn'tu:ɐ̯] *f meist pl* contour; ~ **gewinnen** (*geh*) to take shape; **an ~ verlieren** (*geh*) to become less clear

Ko·nus <-, -se *o* Konen> ['ko:nʊs, *pl* -ʊsə, -nən] *m* cone

Kon·vek·to·mat <-s, -e> *m* convector oven

Kon·vent <-[e]s, -e> [kɔn'vɛnt] *m* ❶ (*Zusammenkunft*) convention, meeting ❷ (*Klostergemeinschaft*) convent; (*Mönchs~*) monastery

Kon·ven·ti·on <-, -en> [kɔnvɛn'tsi̯o:n] *f* ❶ *meist pl* (*Verhaltensnormen*) convention; **sich** *akk* **über alle/gängige ~en hinwegsetzen** to ignore all/the normal conventions ❷ (*Übereinkunft*) convention; **die Genfer** ~ the Geneva Convention; **die Haager ~en** the Hague Conventions

Kon·ven·ti·o·nal·stra·fe *f* fixed penalty

konventionell [kɔnvɛntsi̯o'nɛl] **I.** *adj* ❶ (*geh: dem Durchschnitt entsprechend*) conventional ❷ MIL conventional **II.** *adv* ❶ (*geh: in althergebrachter Weise*) conventionally ❷ MIL conventionally

Kon·ver·genz <-, -en> [kɔnvɛr'gɛnts] *f* BIOL convergence

Kon·ver·sa·ti·on <-, -en> [kɔnvɛrza'tsi̯o:n] *f* (*geh*) conversation; ~ **machen** to make conversation

Kon·ver·sa·ti·ons·le·xi·kon *nt* (*veraltend*) encyclop[a]edia

kon·ver·ti·bel [kɔnvɛr'ti:bl̩], **kon·ver·tier·bar** *adj* convertible

Kon·ver·tier·bar·keit <-> *f kein pl* convertibility

kon·ver·tie·ren* [kɔnvɛr'ti:rən] *vi haben o sein* ■[**zu etw** *dat*] ~ to convert [to sth]

Kon·ver·tit(in) <-en, -en> [kɔnvɛr'ti:t] *m(f)* convert

kon·vex [kɔn'vɛks] **I.** *adj* convex **II.** *adv* convexly

Kon·voi <-s, -s> ['kɔnvɔy] *m* convoy; **im ~ fahren** to travel in [*or* as a] convoy

Kon·vo·lut <-[e]s, -e> [kɔnvo'lu:t] *nt* (*geh*) bundle

Kon·vul·si·on <-, -en> [kɔnvʊl'zi̯o:n] *f meist pl* convulsion

kon·ze·die·ren* [kɔntse'di:rən] **I.** *vt* (*geh*) ■[**jdm**] **etw** *akk* ~ to concede sth [to sb], to admit sth **II.** *vi* (*geh: zugestehen*) ■[**jdm**] ~, **dass** to concede [*or* admit] [to sb] that

Kon·zen·trat <-[e]s, -e> [kɔntsɛn'tra:t] *nt* concentrate

Kon·zen·tra·ti·on <-, -en> [kɔntsɛntra'tsi̯o:n] *f* ❶ *kein pl* (*angestrengtes Nachdenken*) concentration ❷ (*Zusammenballung*) concentration ❸ *kein pl* (*Bündelung*) ■**die ~ einer S.** *gen* **auf etw** *akk* the concentration of sth on sth ❹ (*Stärke*) concentration

Kon·zen·tra·ti·ons·fä·hig·keit *f kein pl* ability to concentrate **Kon·zen·tra·ti·ons·gra·di·ent** *m* BIOL, CHEM concentration gradient **Kon·zen·tra·ti·ons·la·ger** *nt* concentration camp **Kon·zen·tra·ti·ons·man·gel** *m kein pl* lack of concentration **Kon·zen·tra·ti·ons·schwä·che** *f* loss of concentration *no pl* **Kon·zen·tra·ti·ons·stö·rung** *f* PSYCH, MED weak [*or* poor] concentration; **an ~en leiden** to suffer from weak [*or* poor] concentration

kon·zen·trie·ren* [kɔntsɛn'tri:rən] **I.** *vr* ■**sich** *akk* [**auf etw**

K

akk] ~ to concentrate [on sth] **II.** *vt* ❶ (*bündeln*) ■**etw** [**auf etw** *akk*] ~ to concentrate sth [on sth] ❷ (*massieren*) ■**etw** ~ to concentrate sth

kon·zen·triert **I.** *adj* ❶ (*angestrengt*) concentrated ❷ (*eingedickt*) concentrated ❸ CHEM concentrated **II.** *adv* in a concentrated manner

kon·zent·risch [kɔnˈtsɛntrɪʃ] **I.** *adj* concentric **II.** *adv* concentrically

Kon·zept <-[e]s, -e> [kɔnˈtsɛpt] *nt* ❶ (*Entwurf*) draft; **als** [*o* **im**] ~ in draft [form] ❷ (*Plan*) plan; **jdn aus dem ~ bringen** to put sb off; **aus dem ~ geraten** [*o* **kommen**] to lose one's train of thought; **jdm nicht ins ~ passen** to not fit in with sb's plans; **jdm das ~ verderben** (*fam*) to foil sb's plan

Kon·zep·ti·on <-, -en> [kɔntsɛpˈtsi̯oːn] *f* (*geh*) concept

kon·zep·ti·ons·los **I.** *adj* (*geh*) without basis *pred*, unmethodical **II.** *adv* unmethodically

Kon·zep·ti·ons·lo·si·gkeit *f* lack of [any] underlying structure [*or* plan]

Kon·zept·pa·pier *nt* draft paper

Kon·zern <-s, -e> [kɔnˈtsɛrn] *m* group

Kon·zert <-[e]s, -e> [kɔnˈtsɛrt] *nt* MUS ❶ (*Komposition*) concerto ❷ (*musikalische Aufführung*) concert

Kon·zert·abend *m* concert **Kon·zert·agen·tur** *f* concert agency **Kon·zert·be·su·cher(in)** *m(f)* concert-goer **Kon·zert·flü·gel** *m* concert grand

kon·zer·tiert *adj* (*geh*) concerted

Kon·zer·ti·na <-, -s> [kɔntsɛrˈtiːna] *f* concertina

Kon·zert·meis·ter(in) *m(f)* concert master **Kon·zert·pi·a·nist(in)** *m(f)* concert pianist **Kon·zert·saal** *m* concert hall **Kon·zert·sän·ger(in)** *m(f)* concert singer

Kon·zes·si·on <-, -en> [kɔntsɛˈsi̯oːn] *f* ❶ (*geh: Zugeständnis*) concession; ■**eine ~ an etw** *akk* a concession to sth; ■[**jdm**] [**in etw** *dat*] **~en machen** to make concessions [to sb] [in sth] ❷ (*Gewerbeerlaubnis*) concession

Kon·zes·si·o·när(in) <-s, -e> [kɔntsɛsi̯oˈnɛːɐ̯] *m(f)* concessionaire

kon·zes·si·ons·be·reit *adj* (*geh*) willing to make concessions

Kon·zes·si·ons·be·reit·schaft *f kein pl* (*geh*) willingness to make concessions

Kon·zes·siv·satz [kɔntsɛˈsiːf-] *m* concessive clause

Kon·zil <-s, -e *o* -ien> [kɔnˈtsiːl, *pl* -li̯ən] *nt* ❶ (*Versammlung höherer Kleriker*) [ecclesiastical] council ❷ (*Hochschulgremium*) council

kon·zi·li·ant [kɔntsiˈli̯ant] **I.** *adj* (*geh*) complaisant *form*, obliging **II.** *adv* (*geh*) complaisantly *form*, obligingly; **er ist heute ~ gestimmt** he's in an obliging mood today

Kon·zi·li·anz [kɔntsiˈli̯ants] *f* complaisance

kon·zi·pie·ren* [kɔntsiˈpiːrən] *vt* ■**etw** [**als etw** *akk*] ~ to plan sth [as sth]

Koog <-es, Köge> [koːk, *pl* ˈkøːgə] *m* NORDD (*Polder*) polder

Ko·o·pe·ra·ti·on <-, -en> [koʔoperaˈtsi̯oːn] *f* cooperation *no indef art, no pl*

ko·o·pe·ra·tiv [koʔoperaˈtiːf] *adj* (*geh*) co-operative

ko·o·pe·rie·ren* [koʔopeˈriːrən] *vi* ■[**mit jdm**] ~ to cooperate [with sb]

Ko·or·di·na·te <-, -en> [koʔɔrdiˈnaːtə] *f* ❶ (*geometrische Angabe*) coordinate ❷ *meist pl* (*geografische Angabe*) coordinate

Ko·or·di·na·ten·ach·se [-aksə] *f* coordinate axis **Ko·or·di·na·ten·sys·tem** *nt* coordinate system

Ko·or·di·na·ti·on <-, -en> [koʔɔrdinaˈtsi̯oːn] *f* (*geh*) coordination

Ko·or·di·na·tor(in) <-s, -toren> [koʔɔrdiˈnaːtoːɐ̯] *m(f)* (*geh*) coordinator

ko·or·di·nie·ren* [koʔɔrdiˈniːrən] *vt* (*geh*) ■**etw** ~ to coordinate sth

Ko·pe·ke <-, -n> [koˈpeːkə] *f* kopeck, copeck

Ko·pen·ha·gen <-s> [koːpn̩ˈhaːgn̩] *nt* Copenhagen

Kopf <-[e]s, Köpfe> [kɔpf, *pl* ˈkœpfə] *m* ❶ (*Haupt*) head; **von ~ bis Fuß** from head to toe [*or* toe]; **den ~ in die Hände stützen** to rest one's head in one's hands; **den ~ in den Nacken werfen** to throw one's head back; **mit besoffenem ~** (*sl*) in a sozzled state, drunk out of one; **mit bloßem ~** bareheaded; **einen dicken** [*o* **schweren**] **~ haben** (*fam*) to have a sore head *fam*, to have a hangover *fam;* **einen heißen ~ haben** to have a hot forehead, to have a temperature; **einen roten ~ bekommen** to go red in the face; **einen** [**halben**] **~ größer/kleiner als jd sein** to be [half a] head taller/smaller than sb; **~ an ~** shoulder to shoulder; (*beim Pferderennen*) neck and neck; **~ bei ~** jam-packed; **bis über den ~** above one's head; (*fig: ganz tief*) up to one's neck; **~ runter!** duck!; [**mit dem**] **~ voraus** [*o* **voran**] headfirst, headlong AM, AUS; **~ weg!** (*fam*) out the way! *fam;* **jdm den ~ abschlagen** to behead sb, to cut off sb's head; **jdm brummt der ~** (*fam*) sb's head is thumping *fam;* **den ~ einziehen** to lower one's head; **sich** [*o* **schlagen**] **an den ~ fassen** *dat* (*fam*) to shake one's head; **jds ~ fordern** to demand sb be beheaded; **wir fordern seinen Kopf!** off with his head!; (*fig*) to demand sb's resignation; **den ~ hängen lassen** (*a. fig*) to hang one's head; **jdn den ~ kosten** to cost sb his/her head; (*fig*) to cost sb his/her job; **mit dem ~ nicken** to nod one's head; **den ~ schütteln** to shake one's head; **jdm schwindelt der ~, jds ~ schwindelt** sb's head is spinning; **den ~ sinken lassen** to lower one's head; **jdm auf den ~ spucken können** (*fam*) to be head and shoulders above sb *fam*, to be miles taller than sb; **auf dem ~ stehen** to stand on one's head; **jdm über den ~ wachsen** to grow taller than sb; (*fig*) to be too much for sb; **sich** *dat* **den ~ waschen** to wash one's hair; **die Köpfe zusammenstecken** (*fam*) to huddle together; **sich den ~ zuschütten** [*o* **zuziehen**] (*fam*) to get tanked up *fam* ❷ (*oberer Teil*) head; (*Briefkopf*) letterhead, head; (*vom Plattenspieler*) head, pick-up; **~ oder Zahl?** (*bei Münzen*) heads or tails?; **ein ~ Salat/Kohl** a head of lettuce/cabbage; **auf dem ~ stehen** to be upside down; **die Köpfe hängen lassen** *Blumen* to droop ❸ (*Gedanken*) head, mind; **etw will jdm nicht aus dem ~** sb can't get sth out of his/her head; **sich** *dat* **etw durch den ~ gehen lassen** to consider sth, to mull sth over; **im ~** in one's head; **etw im ~ haben** [*o* **behalten**] to have made a mental note of sth; **die Einzelheiten kann ich nicht alle im ~ behalten** I can't remember all the details; **etw im ~ haben** (*fam: sich mit etw beschäftigen*) to think about sth; **anderes** [*o* **andere Dinge**] **im ~ haben** to have other things to worry about; **nichts als** [*o* **nur**] **Fußball/Arbeit im ~ haben** to think of nothing but football/work; **in den ~ kommen, dass** to remember that; **mir ist neulich in den Kopf gekommen, dass ...** it crossed my mind the other day, that ...; **es will jdm nicht in den Kopf, wie/warum/dass** (*fam*) to not be able to understand how/why/that; **will das dir denn nicht in den Kopf?** can't you get that into your head?; **den ~ voll** [**mit etw**] **haben** (*fam*) to be preoccupied [with sth]; **ich habe den Kopf voll genug!** I've got enough on my mind; **etw im ~ rechnen** to calculate sth in one's head; **jdm durch den ~ schwirren** (*fam: gehen*) to buzz around sb's head; **in den Köpfen spuken** to haunt one's/their, etc. thoughts; **sich** *dat* [**über etw** *akk*] **den ~ zerbrechen** (*fam*) to rack one's brains [over sth] ❹ (*Verstand, Intellekt*) mind; **du bist ein kluger Kopf!** you are a clever boy/girl!; **du hast wohl was am Kopf!** (*sl*) you're not quite right in the head!; **ein heller** [*o* **kluger**] [*o* **schlauer**] **~ sein** (*fam*) to have a good [*or* clever] head on one's shoulders; **einen klaren ~ behalten** to keep a clear head; **einen kühlen ~ bewahren** [*o* **behalten**] to keep a cool head; **nicht ganz richtig** [*o* **klar**] **im ~ sein** (*fam*) to be not quite right in the head *fam;* **über jds ~ hinweg sein** to be over sb's head; **etw im ~ nicht aushalten** (*sl*) to not be able to bear sth; **dafür muss man's im ~ haben** you need brains for that/to do that *fam;* **etw geht jdm nicht in den ~** [*o* **etw**

will jdm nicht in den ~ gehen] sb just can't understand sth; **jdm schwirrt der ~** (*fam*) sb's head is buzzing *fig;* **kaum wissen, wo jdm der ~ steht** (*fam*) to not know whether one is coming or going; **den ~ verlieren** (*fam*) to lose one's head; **jdm den ~ zurechtsetzen** [*o* **zurechtrücken**] (*fam*) to make sb see sense ❺ (*Wille*) mind; **seinen eigenen ~ haben** (*fam*) to have a mind of one's own; **seinen ~ durchsetzen** to get one's way; **nach jds ~ gehen** to go [*or* be] the way sb wants; **sich** *dat* **etw aus dem ~ schlagen** to get sth out of one's head; **sich** *dat* **in den ~ setzen, etw zu tun** to get it into one's head to do sth ❻ (*Person*) head, person; ■**der ~ einer S.** *gen* the person behind sth; **eine Summe/Belohnung auf jds ~** *akk* **aussetzen** to put a price on sb's head; **auf den ~ dieses Mörders waren $500 Belohnung ausgesetzt** a reward of $500 had been offered for the murderer's capture; **pro ~** per head, per capita *form* ▶ WENDUNGEN: [**bei etw**] **~ und Kragen riskieren** (*fam*) to risk life and limb [doing sth]; **den ~ in den Sand stecken** to bury one's head in the sand; **den ~ aus der Schlinge ziehen** to dodge danger; **mit dem ~ durch die Wand** [**rennen**] **wollen** (*fam*) to be determined to get one's way; **sich** *dat* **die Köpfe heißreden** (*fam*) to talk oneself into a frenzy; **den ~ hoch tragen** to keep one's head held high; **~ hoch!** [keep your] chin up!; **jdn einen ~ kürzer machen** (*sl*) to chop sb's head off; **den ~ oben behalten** to keep one's chin up, to not loose heart; **halt' den ~ oben, Junge** chin up, kid; **jdm nicht** [**gleich**] **den ~ abreißen** (*fam*) to not bite sb's head off *fam;* **nicht auf den ~ gefallen sein** (*fam*) to not have been born yesterday *fam;* **wie vor den ~ geschlagen sein** (*fam*) to be dumbstruck; **etw auf den ~ hauen** (*fam*) to spend all of sth; **jdm auf dem ~ herumtanzen** (*fam*) to do as one likes with sb; **den ~** [**für jdn/etw**] **hinhalten** (*fam*) to put one's head on the line; **jdm raucht der ~** (*fam*) sb's head is spinning; **sich um seinen ~ reden** to talk oneself straight into a prison cell/one's grave; **Köpfe werden rollen** heads will roll; **jdm in den ~ steigen, jdm zu Kopf**[**e**] **steigen** to go to sb's head; **und wenn du dich auf den ~ stellst, ..., du kannst dich auf den ~ stellen, ...** (*fam*) you can talk until you're blue in the face... *fam;* **etw auf den ~ stellen** (*etw gründlich durchsuchen*) to turn sth upside down [*or* inside out]; (*etw ins Gegenteil verkehren*) to turn sth on its head; **jdn vor den ~ stoßen** to offend sb; **jdm den ~ verdrehen** (*fam*) to turn sb's head; **jd vergisst noch mal seinen ~** (*fam*) sb would forget his/her head if it wasn't screwed on *fam;* **jdm den ~ waschen** to give sb a telling-off; **seinen ~ darauf wetten, dass** (*fam*) to bet one's bottom dollar that; **jdm etw an den ~ werfen** [*o fam* **schmeißen**] to chuck [*or* sling] sth at sb; **jdm Beleidigungen an den ~ werfen** to hurl insults at sb; **jdm etw auf den ~ zusagen** to tell sb sth to his/her face

Kopf·an·Kopf·Ren·nen *nt* (*a. fig*) neck-and-neck race **Kopf·ar·beit** *f* brain-work **Kopf·bahn·hof** *m* BAHN *station where trains cannot pass through but must enter and exit via the same direction* **Kopf·ball** *m* header **Kopf·be·de·ckung** *f* headgear *no indef art, no pl;* **ohne ~** bareheaded

Köpf·chen <-s, -> ['kœpfçən] *nt dim von* **Kopf** (*kleiner Kopf*) [little] head ▶ WENDUNGEN: **~ haben** (*fam*) to have brains; **~, ~!** (*fam*) very clever!

köp·fen ['kœpfn̩] **I.** *vt* ❶ (*fam: enthaupten*) ■**jdn ~** to behead sb; *s. a.* **Flasche** ❷ (*die Triebe beschneiden*) ■**etw ~** to prune sth **II.** *vi* to head the ball

Kopf·en·de *nt* head **Kopf·frei·heit** *f* AUTO headroom **Kopf·fü·ßer** <-s, -> *m* cuttlefish **Kopf·ge·burt** *f* (*pej fam*) unrealistic proposal **Kopf·geld** *nt* head money *no pl,* bounty **Kopf·geld·jä·ger(in)** *m(f)* bounty hunter **Kopf·haar** *nt* ❶ *kein pl* (*Haupthaar*) hair ❷ (*einzelnes Haar*) hair **Kopf·haut** *f* scalp **Kopf·hö·rer** *m* headphones *pl* **Kopf·jä·ger(in)** *m(f)* headhunter **Kopf·kis·sen** *nt* pillow **Kopf·kis·sen·be·zug** *m* pillowcase **kopf·las·tig** *adj* ❶ (*vorn zu stark beladen*) nose-heavy; (*oben zu stark beladen*) top-heavy ❷ (*zu viel Leitungspersonal aufweisend*) top-heavy ❸ (*zu intellektuell*) overly intellectual **Kopf·laus** *f* head louse **kopf·los I.** *adj* ❶ (*ganz verwirrt*) bewildered, confused; ■**~ sein/werden** to be/become hysterical; **jdn ~ machen** to confuse sb ❷ (*enthauptet*) headless, beheaded **II.** *adv* in a bewildered [*or* confused] manner **Kopf·lo·sig·keit** <-> *f kein pl* hysterical confusion **Kopf·mensch** *m* PSYCH (*fam*) cerebral person **Kopf·ni·cken** *nt kein pl* nod [of the head] **Kopf·rech·nen** *nt* mental arithmetic *no pl* **Kopf·sa·lat** *m* lettuce **kopf·scheu** *adj* ▶ WENDUNGEN: **jdn ~ machen** (*fam*) to confuse sb; **~ werden** (*fam*) to get confused **Kopf·schmerz** *m meist pl* headache; **jdm ~en bereiten** [*o fam* **machen**] to give sb headaches [*or* a headache]; **~en haben** to have a headache; **sich** *dat* **über/um etw** *akk/***wegen etw** *akk* **~en/keine ~en machen** *dat* to worry/not worry about sth **Kopf·schmerz·ta·blet·te** *f* headache tablet **Kopf·schup·pen** *pl* MED dandruff *no pl, no indef art* **Kopf·schuss**RR *m* shot in the head **Kopf·schüt·teln** *nt kein pl* shake of the head **kopf·schüt·telnd I.** *adj* shaking his/her, etc. head *pred* **II.** *adv* with a shake of the head **Kopf·sprung** *m* header; **einen ~ machen** to take a header [*or* [head] dive] **Kopf·stand** *m* headstand; **einen ~ machen** to do a headstand, to stand on one's head

Kopf·stein *m* cobblestone **Kopf·stein·pflas·ter** *nt* cobblestones *pl,* cobbled surface **Kopf·stim·me** *f* MUS head-voice, falsetto **Kopf·stüt·ze** *f* headrest **Kopf·tuch** *nt* headscarf **kopf·über** [kɔpfˈʔy:bɐ] *adv* head first **Kopf·ver·band** *m* head dressing **Kopf·ver·let·zung** *f* head injury **Kopf·weh** *nt s.* **Kopfschmerz Kopf·wun·de** *f s.* **Kopfverletzung Kopf·zer·bre·chen** *nt* ▶ WENDUNGEN: **jdm ~ bereiten** [*o* **machen**] to cause sb quite a headache; **sich** *dat* **über jdn/etw ~ machen** to worry about sb/sth

Ko·pie <-, -n> [ko'pi:, *pl* ko'pi:ən] *f* ❶ (*Nachbildung*) copy, replica ❷ (*Fotokopie*) photocopy; **eine ~** [**von etw** *dat*] **machen** to make a photocopy [of sth] ❸ (*Durchschrift*) [carbon] copy ❹ (*Abschrift*) copy ❺ (*Abzug eines Fotos*) copy, print ❻ (*Doppel eines Films*) copy, print

ko·pie·ren* [ko'pi:rən] *vt* ❶ (*foto~*) ■**etw ~** to photocopy sth; (*pausen*) to trace sth ❷ FOTO, FILM (*Abzüge machen*) ■**etw ~** to print sth ❸ (*Doppel herstellen*) ■**etw ~** to copy sth ❹ (*nachbilden*) ■**etw ~** to copy [*or* replicate] sth ❺ (*nachahmen*) ■**jdn/etw ~** to imitate [*or* copy] sb/sth; **oft kopiert, nie erreicht** often imitated but never equalled [*or* AM *a.* duplicated]

Ko·pie·rer <-s, -> *m* (*fam*) *s.* **Kopiergerät**

Ko·pier·ge·rät *nt* [photo]copier **Ko·pier·pa·pier** *nt* [photo]copy paper *no pl* **Ko·pier·schutz** *m* copy protection *no pl* **Ko·pier·stift** *m* indelible pencil

Ko·pi·lot(in) ['ko:pilo:t] *m(f)* co-pilot

Kop·pel1 <-s, - *o* ÖSTERR -, -n> ['kɔpl̩] *nt o* ÖSTERR *f* belt

Kop·pel2 <-, -n> ['kɔpl̩] *f* pasture

kop·peln ['kɔpl̩n] *vt* ❶ (*anschließen*) ■**etw an etw** *akk* **~** to connect sth to sth ❷ (*miteinander verbinden*) ■**etw** [**an etw** *akk*] **~** to couple sth [onto sth] ❸ (*mit etw verknüpfen*) ■**etw an etw** *akk* **~** to make sth dependent on sth; ■**etw mit etw** *dat* **~** to link sth with sth

Kop·pel·schlossRR *nt* belt buckle

Kop·pe·lung <-, -en> *f* ❶ (*das Anschließen*) connection ❷ RAUM (*Verbindung*) docking

Kop(·)p(e)·lungs·ma·nö·ver *nt* RAUM docking manoeuvre [*or* AM maneuver]; **ein ~ durchführen** to carry out a docking manoeuvre

Köp·per <-s, -> ['kœpɐ] *m* DIAL (*fam*) header; **einen ~ machen** to take a header

Kopp·lung <-, -en> *f s.* **Koppelung**

Kopplungsgruppe *f* BIOL linkage group

Ko·pra <-> ['ko:pra] *f kein pl* copra

Ko·pro·duk·ti·on ['ko:produktsi̯o:n] *f* co-production; **in ~ mit**

K

etw *dat* in cooperation with sth

Ko·pro·du·zent(in) ['ko:produtsɛnt] *m(f)* co-producer

Kop·te, Kop·tin <-n, -n> ['kɔptə, 'kɔptɪn] *m, f* Copt

kop·tisch ['kɔptɪʃ] *adj* Coptic

Ko·pu·la·ti·on <-, -en> [kopula'tsi̯o:n] *f* copulation

ko·pu·lie·ren* [kopu'li:rən] *vi* to copulate

kor [ko:ɐ̯] *imp von* **küren**

Ko·ral·le <-, -n> [ko'ralə] *f* coral

Ko·rạl·len·bank <-bänke> *f* coral reef **Ko·rạl·len·in·sel** *f* coral island **Ko·rạl·len·ket·te** *f* coral necklace **Ko·rạl·len·riff** *nt* coral reef **Ko·rạl·len·see** *f* Coral Sea

Ko·ran <-s> [ko'ra:n] *m kein pl* Koran

Ko·ra̲n·schu·le *f* Koran[ic] school

Korb <-[e]s, Körbe> [kɔrp, *pl* 'kœrbə] *m* ① (*Behälter aus Geflecht*) basket; **ein ~ Äpfel** a basket[ful] of apples ② (*Papierkorb*) wastepaper basket, bin ③ (*Ring mit Netz*) basketball; **einen ~ erzielen** [*o* **schießen**] to score a goal ④ *kein pl* (*Weidengeflecht*) wicker ⑤ (*fam: Abfuhr*) rejection; **[bei/von jdm] einen ~ bekommen, sich** *dat* **[bei/von jdm] einen ~ holen** (*fam*) to be rejected [by sb]; **jdm einen ~ geben** (*fam*) to reject sb, to turn sb down

Kọrb·ball *m kein pl* korfball **Kọrb·blüt·(l)er** <-s, -> *m* composite

Körb·chen <-s, -> ['kœrpçən] *nt* ① *dim von* **Korb 1** (*kleiner Korb*) small basket ② MODE (*bei Büstenhaltern*) cup

Kọrb·fla·sche *f* demijohn **Kọrb·ma·cher(in)** *m(f)* basketmaker **Kọrb·mö·bel** *nt* piece of basketwork [*or* wickerwork] furniture

Kord <-[e]s, -e> [kɔrt] *m s.* **Cord**

Kor·del <-, -n> ['kɔrdl̩] *f* cord

Kordilleren [kɔrdɪl'je:rən] *pl* ■**die ~** the Cordillera [Central, Occidental and Oriental]

Kor·don <-s, -s *o* ÖSTERR -e> [kɔr'dõ] *m* cordon

Ko·rea [ko're:a] *nt* Korea

Ko·re·a·ner(in) [kore'a:nɐ] *m(f)* Korean

Ko·re·a·nisch [kore'a:nɪʃ] *nt decl wie adj* Korean; *s. a.* **Deutsch**

ko·re·a·nisch [kore'a:nɪʃ] *adj inv* Korean

Ko·re·a·ni·sche <-n> [kore'a:nɪʃə] *nt* ■**das ~** Korean, the Korean language; *s. a.* **Deutsche**

Ko·re·fe·rent(in) ['ko:referɛnt] *m(f) s.* **Korreferent**

Ko·ri·an·der <-s, -> [ko'ri̯andɐ] *m* coriander *no pl*

Ko·rinth [ko'rɪnt] *nt* Corinth

Ko·rin·the <-, -n> [ko'rɪntə] *f* currant

Ko·rịn·then·ka·cker(in) <-s, -> *m(f)* (*pej sl*) hair-splitter *pej fam*, nitpicker *pej fam*

Ko·rin·ther(in) [ko'rɪntɐ] *m(f)* Corinthian

ko·rịn·thisch *adj* ① (*zu Korinth*) Corinthian ② KUNST Corinthian

Kork <-[e]s, -e> [kɔrk] *m* ① (*Material aus Korkeichenrinde*) cork *no pl;* **aus ~** cork *attr,* made of cork *pred* ② DIAL (*Korken*) cork

Kọrk·ei·che *f* cork-oak

Kor·ken <-s, -> ['kɔrkn̩] *m* cork; **~ haben** to be corked

Kọr·ken·geld *nt* (*veraltend*) corkage **Kọr·ken·zie·her** <-s, -> *m* corkscrew **Kọr·ken·zie·her·lo·cken** *pl* corkscrew curls **Kọrk·fuß·bo·den** *m* cork floor

kọr·kig I. *adj* corked II. *adv* **der Wein schmeckt ~** the wine tastes corked

Kọrk·plat·te *f* cork panel **Kọrk·ta·pe·te** *f* cork panelling [*or* AM paneling] *no pl* **Kọrk·un·ter·set·zer** *m* cork coaster

Kor·mo·ran <-s, -e> [kɔrmo'ra:n] *m* cormorant

Korn[1] <-[e]s, Körner *o* -e> [kɔrn, *pl* 'kœrnɐ] *nt* ① (*Samenkorn*) grain ② (*hartes Teilchen*) grain ③ (*Getreide*) corn *no pl,* grain *no pl* ④ *kein pl* FOTO (*Feinstruktur*) grain

Korn[2] <-[e]s, - *o* -s> [kɔrn] *m* (*Kornbranntwein*) corn brandy, schnapps

Korn[3] <-[e]s, -e> [kɔrn] *nt* front sight; **etw aufs ~ nehmen** to draw a bead on sth; (*fig fam*) to attack [*or* hit out at] sth; **jdn aufs ~ nehmen** (*fig fam*) to have it in for sb *fam,* to start keeping tabs on sb *fam*

Kọrn·äh·re *f* ear of corn **Kọrn·blu·me** *f* cornflower **kọrn·blu·men·blau** *adj* cornflower blue **Kọrn·brannt·wein** *m* (*geh*) corn brandy

Körn·chen <-s, -> ['kœrnçən] *nt dim von* **Korn**[1] grain; **ein ~ Wahrheit** a grain of truth

Kọ̈r·ner·fut·ter *nt* grain feed *no pl*

Kor·nett <-s, -e *o* -s> [kɔr'nɛt] *nt* cornet

Korn·feld ['kɔrnfɛlt] *nt* cornfield **Kọrn·halm** *m* stalk

kör·nig ['kœrnɪç] *adj* ① (*aus Körnchen bestehend*) granular ② (*nicht weich*) grainy ③ (*eine raue Oberfläche habend*) granular

Kọrn·kam·mer *f* (*geh*) granary **Kọrn·si·lo** *m* grain silo

Kọ̈r·nung <-, -en> *f* ① (*körnige Oberfläche*) grain ② FOTO (*körnige Struktur*) granularity

Kọrn·wei·he *f* ORN hen harrier

Ko·ro·na <-, Koronen> [ko'ro:na, *pl* -nən] *f* ① TECH corona ② (*Strahlenkranz der Sonne*) corona ③ (*geh: Schar*) bunch, crowd

Ko·ro·na̲r·ge·fäß *nt* coronary vessel **Ko·ro·na̲r·in·suf·fi·zi·enz** *f* coronary failure **Ko·ro·na̲r·skle·ro·se** *f* coronary arteriosclerosis *spec*

Kör·per <-s, -> ['kœrpɐ] *m* ① (*Leib*) body; **~ und Geist** body and mind; **am ganzen ~** all over ② (*Organismus*) body ③ (*Leiche*) body, corpse ④ (*Gebilde*) body, object ⑤ (*Stoffdichte*) body; **der Wein hat ~** the wine has a good body, it is a full-bodied wine

Kọ̈r·per·bau *m kein pl* physique **Kọ̈r·per·be·herr·schung** *f kein pl* body control **kọ̈r·per·be·hin·dert** *adj* (*geh*) physically disabled [*or* handicapped] **Kọ̈r·per·be·hin·der·te(r)** *f(m) decl wie adj* (*geh*) physically disabled [*or* handicapped] person **kọ̈r·per·be·tont** *adj* clinging, emphasizing [*or* BRIT *a.* -ising] one's contours *pred* **kọ̈r·per·ei·gen** *adj inv, attributiv* MED endogenic, body's own, in-built **Kọ̈r·per·er·tüch·ti·gung** *f* (*geh*) physical training **Kọ̈r·per·ge·fühl** *nt* MED, PSYCH perception of one's own body **kọ̈r·per·ge·recht** *adj* shaped to fit the contours of the body *pred* **Kọ̈r·per·ge·ruch** *m* body odour [*or* AM -or], B.O. **Kọ̈r·per·ge·wicht** *nt* weight **Kọ̈r·per·grö·ße** *f* size **Kọ̈r·per·hal·tung** *f* posture **Kọ̈r·per·kon·takt** *m* body contact **Kọ̈r·per·kraft** *f* strength **Kọ̈r·per·län·ge** *f s.* **Körpergröße**

kọ̈r·per·lich I. *adj* ① (*den Leib betreffend*) physical ② (*geh: stofflich*) material, corporeal *form* II. *adv* ① (*mit Hilfe der Muskeln*) physically; **~ arbeiten** to do physical work ② (*an Körperkraft*) physically

kọ̈r·per·los *adj* immaterial, incorporeal *form*

Kọ̈r·per·lo·ti·on *f* PHARM, MED body lotion **Kọ̈r·per·öff·nung** *f* orifice [of the body] **Kọ̈r·per·pfle·ge** *f* personal hygiene

Kọ̈r·per·schaft <-, -en> *f* corporation

Kọ̈r·per·schaft·steu·er *f* corporation tax

Kọ̈r·per·spra·che *f* body language **Kọ̈r·per·teil** *m* part of the body **Kọ̈r·per·tem·pe·ra·tur** *f* body temperature **Kọ̈r·per·ver·let·zung** *f* bodily harm *no indef art, no pl;* **fahrlässige ~** bodily injury caused by negligence; **schwere ~** grievous bodily harm **Kọ̈r·per·wär·me** *f* body heat [*or* warmth] *no pl*

Kor·po·ra ['kɔrpora] *pl von* **Korpus**[2]

Kor·po·ra·ti·on <-, -en> [kɔrpora'tsi̯o:n] *f* ① (*Studentenverbindung*) association, club, AM *a.* fraternity ② (*geh*) *s.* **Körperschaft**

kor·po·riert [kɔrpo'ri:ɐ̯t] *adj* (*einer Studentenverbindung angehörend*) ■**~ sein** to be a member of an association/a club

Korps <-, -> [ko:ɐ̯] *nt* ① MIL, POL corps; **diplomatisches ~** diplomatic corps ② (*schlagende Studentenverbindung*) duelling [*or* AM dueling] association

Ko̲rps·geist *m kein pl* (*geh*) community spirit **Ko̲rps·stu·dent** *m* member of a student [duelling [*or* AM dueling]] association

kor·pu·lent [kɔrpuˈlɛnt] *adj* (*geh*) corpulent

Kor·pu·lenz <-> [kɔrpuˈlɛnts] *f kein pl* (*geh*) corpulence

Kor·pus[1] <-, -se> [ˈkɔrpʊs] *m* ❶ *kein pl* (*tragende Basis*) base ❷ (*hum fam: Körper*) body ❸ *kein pl* (*der Gekreuzigte*) crucifix

Kor·pus[2] <-, Korpora> [ˈkɔrpʊs, *pl* ˈkɔrpora] *nt* ❶ (*Sammlung von Textmaterialien*) corpus ❷ *kein pl* (*Klangkörper*) body

Kor·re·fe·rat [ˈkɔrefera:t] *nt* ❶ (*weiteres Referat*) follow-up [*or* BRIT *a.* supplementary] paper ❷ (*weitere Begutachtung*) second assessment

Kor·re·fe·rent(in) [ˈkɔreferɛnt] *m(f)* ❶ (*weiterer Redner*) co-speaker ❷ (*zweiter Gutachter*) co-marker

kor·rekt [kɔˈrɛkt] **I.** *adj* ❶ (*richtig*) correct ❷ (*vorschriftsmäßig auftretend*) upright, upstanding; ■**[in etw** *dat*] ~ **sein** to be correct [in sth] ❸ (*vorschriftsmäßig*) correct, punctilious **II.** *adv* ❶ (*richtig*) correctly ❷ (*vorschriftsmäßig*) correctly, uprightly, punctiliously

kor·rek·ter·wei·se *adv* properly speaking

Kor·rekt·heit <-> *f kein pl* ❶ (*Richtigkeit*) correctness ❷ (*vorschriftsmäßiges Auftreten*) correctness ❸ (*vorschriftsmäßige Art*) correctness, punctiliousness

Kor·rek·tor, Kor·rek·to·rin <-s, -toren> [kɔˈrɛkto:ɐ̯, -to:rɪn] *m, f* ❶ (*Korrektur lesen*) proof-reader ❷ (*korrigierender Prüfer*) marker

Kor·rek·tur <-, -en> [kɔrɛkˈtu:ɐ̯] *f* ❶ (*geh: das Korrigieren*) correction; [**etw**] ~ **lesen** to proof-read [sth] ❷ (*geh: Veränderung*) adjustment ❸ (*Korrekturfahne*) galley [proof] *spec*

Kor·rek·tur·band <-bänder> *nt* correction ribbon **Kor·rek·tur·fah·ne** *f* galley [proof] *spec* **Kor·rek·tur·flüs·sig·keit** *f* correction fluid **Kor·rek·tur·tas·te** *f* correction key **Kor·rek·tur·zei·chen** *nt* proof-readers' mark

Kor·re·lat <-[e]s, -e> [koreˈla:t] *nt* (*fachspr geh: ergänzende Entsprechung*) correlate

Kor·res·pon·dent(in) <-en, -en> [kɔrɛspɔnˈdɛnt] *m(f)* ❶ (*Reporter*) correspondent ❷ (*Handelskorrespondent*) correspondence clerk

Kor·res·pon·denz <-, -en> [kɔrɛspɔnˈdɛnts] *f* correspondence *no pl*

kor·res·pon·die·ren* *vi* ❶ (*in Briefwechsel stehen*) ■**[mit jdm]** ~ to correspond [with sb] ❷ (*geh: entsprechen*) ■**mit etw** *dat* ~ to correspond to [*or* with] sth

Kor·ri·dor <-s, -e> [ˈkɔrido:ɐ̯] *m* corridor; **der [Polnische]** ~ HIST the Polish Corridor

kor·ri·gier·bar *adj* correctable, correctible

kor·ri·gie·ren* [kɔriˈgi:rən] *vt* ❶ SCH, MEDIA (*berichtigen*) ■**etw** ~ to correct sth; **eine Klassenarbeit/einen Aufsatz** ~ to mark a test/an essay; **ein Manuskript** ~ to proofread a manuscript; ■**korrigiert** corrected; *Aufsatz, Arbeit* marked; **etw nach oben/unten** ~ to adjust sth upwards/downwards; *Aufsatz, Arbeit* to mark sth up/down ❷ MED (*ausgleichen*) ■**etw** ~ to correct sth ❸ (*verändern*) ■**etw** ~ to alter [*or* change] sth ❹ (*verbessern*) ■**jdn** ~ to correct sb

kor·ro·die·ren* [kɔroˈdi:rən] *vi sein* to corrode; ■**korrodiert** corroded

Kor·ro·si·on <-, -en> [kɔroˈzi̯o:n] *f* ❶ (*das Korrodieren*) corrosion ❷ GEOL (*Zersetzung*) corrosion

kor·ro·si·ons·be·stän·dig *adj* non-corrosive; ■~ **sein** to be non-corrosive **Kor·ro·si·ons·schutz** *m* corrosion prevention

kor·rum·pie·ren* [kɔrʊmˈpi:rən] *vt* (*pej geh*) ■**jdn** ~ to corrupt sb

kor·rupt [kɔˈrʊpt] *adj* (*pej*) ❶ (*bestechlich*) corrupt ❷ (*moralisch verkommen*) corrupt

Kor·rup·ti·on <-, -en> [kɔrʊpˈtsi̯o:n] *f* (*pej*) corruption

Kor·rup·ti·ons·sumpf *m* POL (*pej fam*) circle of corruption

Kor·se, Kor·sin <-n, -n> [ˈkɔrzə, ˈkɔrzɪn] *m, f* GEOG Corsican; ~ **sein** to be [a] Corsican

Kor·sett <-s, -s *o* -e> [kɔrˈzɛt] *nt* ❶ MODE, MED corset ❷ (*fig*) straitjacket

Kor·si·ka <-s> [ˈkɔrzika] *nt kein pl* Corsica

Kor·sin <-, -nen> *f fem form von* **Korse**

kor·sisch [ˈkɔrsɪʃ] *adj* Corsican

Kor·so <-s, -s> [ˈkɔrzo] *m* ❶ (*Umzug*) procession, parade ❷ (*selten: Prachtstraße*) boulevard

Kor·ti·son <-s, -e> [kɔrtiˈzo:n] *nt* MED cortisone

Kor·ti·son·be·hand·lung *f* MED cortisone treatment *no pl*, treatment with cortisone *no pl*

Kor·vet·te <-, -n> [kɔrˈvɛtə] *f* NAUT corvette

Kor·vet·ten·ka·pi·tän *m* NAUT lieutenant commander

Ko·ry·phäe <-, -n> [koryˈfɛ:ə] *f* (*geh: Spezialist*) leading authority

Ko·sak(in) <-en, -en> [koˈzak] *m(f)* Cossack

Ko·sa·ken·müt·ze *f* Cossack hat

Ko·sa·kin <-, -nen> *f fem form von* **Kosake**

ko·scher [ˈko:ʃɐ] **I.** *adj* ❶ REL kosher ❷ (*fam: einwandfrei*) kosher *fam* ▶ WENDUNGEN: **nicht [ganz]** ~ **sein** to be not [quite] kosher [*or* on the level] **II.** *adv* REL according to kosher requirements

K.-o.-Schlag [ka:ˈʔo:ʃla:k] *m* knockout blow

Ko·se·form [ˈko:zə-] *f* LING affectionate form (*of a name*)

ko·sen [ˈko:zn̩] **I.** *vi* (*veraltend liter*) ■**mit jdm** ~ to canoodle with sb **II.** *vt* (*veraltend geh*) ■**jdn** ~ to caress sb

Ko·se·na·me *m* pet name **Ko·se·wort** *nt* ❶ (*Kosename*) pet name ❷ (*zärtliche Worte*) term of endearment, sweet nothing *fam*

K.-o.-Sieg *m* knockout victory

Ko·si·nus <-, -u *o* -se> [ˈko:zinʊs] *m* MATH cosine

Kos·me·tik <-> [kɔsˈme:tɪk] *f kein pl* ❶ (*Schönheitspflege*) cosmetics *pl* ❷ (*pej geh*) **diese Maßnahmen sind reine** ~ these measures are purely cosmetic

Kos·me·ti·ker(in) <-s, -> [kɔsˈme:tikɐ] *m(f)* cosmetician, beautician

Kos·me·tik·kof·fer *m* vanity case

Kos·me·ti·kum <-s, -metika> [kɔsˈme:tikʊm, *pl* -ka] *nt* cosmetic

kos·me·tisch [kɔsˈme:tɪʃ] **I.** *adj* ❶ (*die Schönheitspflege betreffend*) cosmetic ❷ (*pej geh*) cosmetic **II.** *adv* cosmetically

kos·misch [ˈkɔsmɪʃ] *adj* ❶ (*den Kosmos betreffend*) cosmic ❷ (*im Kosmos vorhanden*) cosmic ❸ (*geh: umfassend*) cosmic

Kos·mo·naut(in) <-en, -en> [kɔsmoˈnaut] *m(f)* cosmonaut

Kos·mo·po·lit(in) <-en, -en> [kɔsmopoˈli:t] *m(f)* (*geh*) cosmopolitan

kos·mo·po·li·tisch *adj* (*geh*) cosmopolitan

Kos·mos <-> [ˈkɔsmɔs] *m kein pl* ■**der** ~ the cosmos

Ko·so·va·re, Ko·so·va·rin <-n, -n> [kozoˈva:rə, kozoˈva:rɪn] *m, f* Kosovan

ko·so·va·risch *adj* (*aus dem Kosovo stammend*) Kosovan

Ko·so·vo <-s> [ˈkɔsɔvɔ] *m* ■**[der]** ~ Kosovo

Ko·so·vo-Ab·kom·men *nt* Kosovo peace agreement **Ko·so·vo-Al·ba·ner(in)** *m(f)* Kosovo-Albanian, Kosovo Albanian **ko·so·vo-al·ba·nisch** *adj* Kosovo-Albanian **Ko·so·vo-Flücht·ling** *m* Kosovo [*or* Kosovan] refugee, refugee from Kosovo **Ko·so·vo-Frie·dens·trup·pe** *f* Kosovo Force **Ko·so·vo-Krieg** *m* ■**der** ~ the Kosovo war, the war in Kosovo **Ko·so·vo-Kri·se** *f* POL ■**die** ~ the Kosovo crisis

Kost <-> [kɔst] *f kein pl* food; **jdn in** ~ **geben** to board sb out; **jdn in** ~ **nehmen** to board sb, to take sb as a boarder; **[freie]** ~ **und Logis** [free] board and lodging; **geistige** ~ intellectual fare; **leichte** ~ light fare; **reichliche** ~ plentiful diet; **schmale** ~ meagre [*or* AM -er] fare

kost·bar [ˈkɔstba:ɐ̯] *adj* ❶ (*wertvoll*) valuable; ■**jdm** ~ **sein** to mean a lot [*or* the world] to sb ❷ (*unentbehrlich*) precious; ■**[jdm] zu** ~ **sein** to be too precious ▶ WENDUNGEN: **sich** ~ **machen** (*fam: selten kommen*) to stay away

Kost·bar·keit <-, -en> *f* ❶ (*wertvoller Gegenstand*) treasure,

K

precious object ❷ (*Erlesenheit*) preciousness

kos·ten[1] ['kɔstn̩] **I.** *vt* ❶ (*als Preis haben*) ■**etw** ~ to cost sth ❷ (*als Preis erfordern*) ■**jdn etw** ~ to cost sb sth; **der Computer hat mich 1.000 Euro gekostet** the computer cost me 1,000 euros; **sich** *dat* **etw etwas** ~ **lassen** (*fam*) to be prepared to spend a lot on sth *fam* ❸ (*erfordern*) ■**jdn etw** ~ to take [up] sb's sth; **das kann uns viel Zeit** ~ it could take us a [good] while ❹ (*rauben*) ■**jdn etw** ~ to cost sb sth ▶ WENDUNGEN: **koste es, was es wolle** whatever the cost **II.** *vi* to cost

kos·ten[2] ['kɔstn̩] **I.** *vt* (*geh*) ■**etw** ~ ❶ (*probieren*) to taste [*or* try] sth ❷ (*aus~*) to make the most of [*or* to enjoy] sth **II.** *vi* (*geh*) ■[**von etw**] ~ to have a taste [of sth], to taste [*or* try] [sth]

Kos·ten ['kɔstn̩] *pl* costs *pl,* expenses *pl;* ~ **sparend** *adjektivisch* economical; *adverbial* economically; ~ **treibend** cost-increasing; **auf seine** ~ **kommen** to get one's money's worth, to enjoy oneself; **die** ~ **tragen** [*o* **übernehmen**] to bear the costs; **auf** ~ **von jdm/etw** [*o* **einer S.** *gen*] at the expense of sb/sth

Kos·ten·auf·wand *m* expense; **mit** [**einem**] **bestimmtem** ~ at a certain expense; **mit einem** ~ **von etw** at a cost of sth **Kos·ten·be·tei·li·gung** *f* ÖKON cost sharing *no pl,* [assuming [*or* assumption of] *no pl* a] share of the costs **kos·ten·be·wusst**[RR] *adj* cost-conscious **Kos·ten·dämp·fung** *f* curb on expenditure **kos·ten·de·ckend** **I.** *adj* cost-effective **II.** *adv* cost-effectively, to cover one's costs **Kos·ten·ein·spa·rung** *f* ÖKON cost saving **Kos·ten·er·stat·tung** *f* reimbursement of expenses **Kos·ten·ex·plo·si·on** *f* (*fam*) costs explosion **Kos·ten·fak·tor** *m* cost factor **kos·ten·frei** *adj* JUR cost-free, free of cost **Kos·ten·grund** *m* financial reason **kos·ten·güns·tig** *adj* economical, less expensive, lower-cost, favourably [*or* AM -orably] priced **kos·ten·in·ten·siv** *adj* cost-intensive **Kos·ten·kal·ku·la·ti·on** *f* calculation of costs, cost-calculation **kos·ten·los** **I.** *adj* ■~ **sein** to be free [of charge] **II.** *adv* free [of charge] **kos·ten·neu·tral** *adj* self-financing

Kos·ten-Nut·zen-Fak·tor *m* ÖKON cost-benefit factor **Kos·ten-Nut·zen-Rech·nung** *f* cost-benefit calculation

kos·ten·pflich·tig **I.** *adj* liable to costs; ■~ **sein** to bear a charge, to be liable to costs; *s. a.* **Verwarnung** **II.** *adv* at cost; **Fahrzeuge werden** ~ **abgeschleppt** vehicles will be towed away at owner's expense

Kos·ten·pla·nung *f* ÖKON cost planning **Kos·ten·punkt** *m* cost item; ~? (*fam*) how much? **Kos·ten·rah·men** *m* ÖKON budget **Kos·ten·rech·nung** *f* ÖKON cost accounting, costing **Kos·ten·rück·er·stat·tung** *f* ÖKON reimbursement of costs, refund of expenses **Kos·ten·selbst·be·tei·li·gung** *f* own cost-contribution **Kos·ten·stei·ge·rung** *f* ÖKON increase in cost[s], cost increase *no pl* **Kos·ten·stel·le** *f* cost centre [*or* AM -er] **Kos·ten·trä·ger** *m* cost bearer **Kos·ten·trei·ber** *m* ÖKON factor that drives costs up[wards] **Kos·ten·über·nah·me** *f* agreement to cover costs **Kos·ten·vor·an·schlag** *m* estimate, quotation; **sich** *dat* **einen** ~ [**von jdm**] **machen lassen,** [**von jdm**] **einen** ~ **einholen** to get [*or* obtain] an estimate [from sb]; **jdm einen** ~ **machen** to give sb an estimate **Kos·ten·wirk·sam·keit** *f* ÖKON cost-effectiveness *no pl*

Kost·geld *nt* board

köst·lich ['kœstlɪç] **I.** *adj* ❶ (*herrlich*) delicious, exquisite ❷ (*fam: amüsant*) priceless **II.** *adv* ❶ (*herrlich*) delicious, exquisitely ❷ (*in amüsanter Weise*) **sich** ~ **amüsieren** to have a wonderful time

Köst·lich·keit <-, -en> *f* ❶ *kein pl* (*geh: herrliche Art*) exquisiteness ❷ (*Delikatesse*) delicacy

Kost·pro·be *f* ❶ (*etwas zum Probieren*) taste ❷ (*Vorgeschmack, Beispiel*) taste, sample; **eine** ~ **seines Könnens** a sample of his skill

kost·spie·lig *adj* costly, expensive

Kos·tüm <-s, -e> [kɔs'ty:m] *nt* ❶ MODE suit ❷ HIST costume ❸ THEAT costume

Kos·tüm·ball *m* fancy-dress [*or* costume] ball **Kos·tüm·bild·ner(in)** <-s, -> *m(f)* costume designer

kos·tü·mie·ren* [kɔsty'mi:rən] *vt* ■**sich** [**als etw**] ~ ❶ (*sich verkleiden*) to dress up [as sth] ❷ (*pej fam: sich unpassend anziehen*) **wie hast du dich denn kostümiert!** why on earth have you rigged yourself out like that!

Kos·tüm·pro·be *f* THEAT dress rehearsal

Kost·um·stel·lung *f* change of diet

Kos·tüm·ver·leih *m* costume hire [*or* AM rental]

Kost·ver·äch·ter(in) <-s, -> *m(f)* ▶ WENDUNGEN: **kein ~/keine ~in sein** (*hum*) to enjoy one's food; (*etwas für Sex übrig haben*) to relish the opposite sex

Kot <-[e]s> [ko:t] *m kein pl* ❶ (*geh*) excrement, faeces BRIT *form,* feces AM *form* ❷ (*veraltend: aufgeweichte Erde*) mud ▶ WENDUNGEN: **etw/jdn mit** ~ **bewerfen** to sling mud at sth/sb; **etw in** [*o* **durch**] **den** ~ **ziehen** to drag sth through the mire

Ko·tan·gens ['ko:taŋgɛns] *m* MATH cotangent

Ko·tau <-s, -s> [ko'tau] *m* ▶ WENDUNGEN: **einen** ~ [**vor jdm**] **machen** (*pej geh*) to kowtow [to sb]

Ko·te·lett <-s, -s *o selten* -e> [kɔt'lɛt] *nt* KOCHK chop, cutlet

Ko·te·let·ten [kotə'lɛtn̩] *pl* MODE sideburns *npl,* side-whiskers *npl old,* BRIT *a.* sideboards *npl*

Kö·ter <-s, -> ['kø:tɐ] *m* (*pej*) mutt

Kot·flü·gel *m* AUTO wing

Kotz·bro·cken *m* (*pej sl*) slimy git BRIT *sl,* slimeball AM *sl*

Kot·ze <-> ['kɔtsə] *f kein pl* (*vulg*) puke *sl;* **die** ~ **kriegen** it makes you want to puke

kot·zen ['kɔtsn̩] *vi* (*vulg: sich erbrechen*) to puke; **das ist zum K~** (*sl*) it makes you sick *sl;* **das finde ich zum K~** it makes me sick ▶ WENDUNGEN: **da kann man das** [**kalte**] **K~ kriegen** (*sl*) it makes you want to puke *sl*

kotz·übel ['kɔts'ʔy:bl̩] *adj* (*fam*) ■**jdm** ~ **sein/werden** sb feels like they're going to puke *sl*

KP <-, -s> [ka:'pe:] *f Abk von* **Kommunistische Partei** Communist Party

KPD <-> [ka:pe:'de:] *f kein pl Abk von* **Kommunistische Partei Deutschlands** German Communist Party

KPdSU <-> [ka:pe:de:ʔɛs'ʔu:] *f kein pl* (*hist*) *Abk von* **Kommunistische Partei der Sowjetunion** Communist Party of the Soviet Union

Krab·be <-, -n> ['krabə] *f* ❶ ZOOL (*Taschenkrebs*) crab ❷ KOCHK (*Garnele*) prawn ❸ (*fam: kleines Mädchen*) sweet little girl *fam*

krab·beln ['krabl̩n] **I.** *vi sein* (*sich mit den Beinen fortbewegen*) to crawl **II.** *vt* (*fam: kitzeln*) to crawl

Krach <-[e]s, Kräche *o* -s> [krax, *pl* 'krɛçə] *m* ❶ *kein pl* (*Lärm*) noise, racket *fam;* ~ **machen** to make a noise [*or fam* racket] ❷ (*lauter Schlag*) bang ❸ *pl Kräche* (*fam: Streit*) quarrel, BRIT *a.* row; ~ [**mit jdm**] **haben** (*fam*) to have a row [with sb] *fam;* **mit jdm** ~ **kriegen** (*fam*) to get into trouble with sb ❹ (*fam: wirtschaftlicher Zusammenbruch*) crash ▶ WENDUNGEN: ~ **machen** [*o* **schlagen**] (*fam*) to make a fuss *fam*

kra·chen ['kraxn̩] **I.** *vi* ❶ *haben* (*laut hallen*) to crash; *Ast* to creak; *Schuss* to ring out ❷ *sein* (*fam: prallen*) to crash *fam;* ■**auf etw** *akk*/**gegen/in etw** *akk*/**vor etw** *akk* ~ to crash onto/against/into/in front of sth **II.** *vi impers haben* ❶ (*ein Krachen verursachen*) ■**es kracht** there is a crashing noise ❷ (*fam: Unfall verursachen*) **auf der Kreuzung hat es gekracht** there's been a crash on the intersection ❸ (*fam: Börsenkrach geben*) **der Betrieb kracht** the company is going bankrupt ▶ WENDUNGEN: **dass es nur so kracht** (*fam*) with a vengeance *fam;* **sonst kracht's!, und es kracht!** (*fam*) or/and there'll be trouble *fam* **III.** *vr* (*fam*) to have a row BRIT *fam* [*or* AM an argument]; ■**sie** ~ **sich** they're having a row; ■**sich mit jdm** ~ to have a row with sb

kra·chend *adv* with a crash [*or* bang], crashing

Kra·cher <-s, -> ['kraxɐ] *m* banger BRIT, firecracker AM; **alter** ~ old codger

Krach·ma·cher(in) *m(f)* (*pej fam*) noisy character
Krach·sa·lat *m* iceberg lettuce
krach·zen ['krɛçtsn̩] **I.** *vi* ❶ ORN to caw; ■**~d** cawing ❷ (*fam: heiser sprechen*) to croak *fam* ❸ (*sich geräuschvoll räuspern*) to clear one's throat noisily **II.** *vt* (*fam*) ■**etw ~** to croak sth
Kräch·zen <-s> ['krɛçtsn̩] *nt kein pl* ❶ ORN (*einer Krähe, Rabe*) cawing ❷ (*fam: heiseres Sprechen*) croaking
Krä·cker <-s, -> *m* cracker
kraft [kraft] *präp +gen* (*geh*) ■**~ einer S.** by virtue of sth *form*
Kraft <-, Kräfte> [kraft, *pl* 'krɛftə] *f* ❶ ([*körperliche*] *Stärke*) strength; **wieder zu Kräften kommen** to regain one's strength; **seine Kräfte [mit jdm] messen** to try [*or* pit] one's strength [against sb]; **nicht wissen wohin mit seiner ~** (*fam*) to be brimming with energy; **wieder bei Kräften sein** to have got one's strength back; **über jds Kräfte gehen** *akk* to be more than sb can cope with; **seine Kräfte sammeln** to gather one's strength; **die ~ aufbringen, etw zu tun** to find the strength to do sth; **mit seinen Kräften Haus halten müssen** to have to conserve one's strength ❷ (*Geltung*) power; **außer ~ sein** to be no longer in force; **in ~ sein** to be in force; **etw außer ~ setzen** to cancel sth; **in ~ treten** to come into force [*or* effect] ❸ (*Potenzial*) potential, power, strength; **mit aller ~** with all one's strength; **mit letzter ~** with one's last ounce of strength; **die treibende ~** the driving force; **mit vereinten Kräften** with combined efforts, in a combined effort; (*Truppen*) to gather one's troops; **in jds Kräften stehen** to be within sb's powers; **ich will Ihnen gerne behilflich sein, so weit es in meinen Kräften steht** I will do everything within my power to help you ❹ PHYS (*Energie*) power; **aus eigener ~** by oneself; **mit frischer ~** with renewed energy; **halbe/volle ~ voraus!** NAUT half/full speed ahead!; **magnetische Kräfte** magnetic attraction *sing* ❺ *meist pl* (*Einfluss ausübende Gruppe*) force ❻ (*Arbeitskraft*) employee, worker ▶ WENDUNGEN: **vor ~ nicht mehr laufen <u>können</u>** (*hum fam*) to be too muscle-bound to move; **<u>nach</u> [besten] Kräften** as much as possible, to the best of one's ability
Kraft·akt *m* act of strength **Kraft·an·stren·gung** *f* exertion **Kraft·aus·druck** *m* swear word; **Kraftausdrücke** strong language; **mit Kraftausdrücken um sich werfen** to swear continuously **Kraft·brü·he** *f* beef stock
Kräf·te·ver·hält·nis *nt* POL balance of power **Kräf·te·ver·schleiß** *m* loss of energy
Kraft·fah·rer(in) *m(f)* (*geh*) ❶ TRANSP (*Führer eines Kraftfahrzeuges*) motorist *form*, driver ❷ (*Lkw-Fahrer*) driver
Kraft·fahr·zeug *nt* AUTO (*geh*) motor vehicle *form*
Kraft·fahr·zeug·brief *m s.* **Fahrzeugbrief Kraft·fahr·zeug·haft·pflicht·ver·si·che·rung** *f* (*geh*) third-party car insurance **Kraft·fahr·zeug·kas·ko·ver·si·che·rung** *f* AUTO (*geh*) vehicle third party fire and theft insurance **Kraft·fahr·zeug·me·cha·ni·ker(in)** *m(f)* vehicle mechanic **Kraft·fahr·zeug·pa·pie·re** *pl* (*geh*) vehicle registration papers **Kraft·fahr·zeug·schein** *m s.* **Fahrzeugschein Kraft·fahr·zeug·steu·er** *f* vehicle tax
Kraft·feld *nt* PHYS force field **Kraft·fut·ter** *nt* AGR concentrated feed stuff
kräf·tig ['krɛftɪç] **I.** *adj* ❶ (*physisch stark*) strong, powerful ❷ (*stark ausgeformt*) strong; ■**~ werden** to become strong ❸ (*wuchtig*) firm, powerful ❹ (*intensiv*) strong ❺ KOCHK (*nahrhaft*) nourishing; **eine ~e Suppe** a nourishing soup ❻ (*ausgeprägt*) strong; *Haarwuchs* healthy ❼ (*drastisch*) strong; **eine ~e Sprache führen** to use strong language ❽ (*groß*) large, substantial **II.** *adv* ❶ (*angestrengt*) hard, vigorously; **etw ~ rühren** to give sth a good stir; **~ niesen** to sneeze violently ❷ METEO (*stark*) heavily ❸ (*deutlich*) substantially ❹ (*sehr*) very; **~ jdm die Meinung sagen** to strongly express one's opinion
kräf·ti·gen ['krɛftɪgn̩] *vt* (*geh*) ❶ (*die Gesundheit festigen*) ■**jdn/etw ~** to build up sb's/sth's strength; ■**gekräftigt** invigorated ❷ (*stärken*) ■**jdn/etw ~** to strengthen [*or* fortify] sb/sth
Kräf·ti·gung <-, -en> *f* (*geh*) ❶ (*gesundheitliche Festigung*) strengthening, invigoration ❷ (*das Stärken*) strengthening, fortification
Kräf·ti·gungs·mit·tel *nt* tonic
Kraft·la·ckel <-s, -> *m* SÜDD, ÖSTERR (*pej sl: Kraftprotz*) muscle-head *pej*, muscle-bound arsehole [*or* AM asshole] *sl*; (*Flucher*) foul-[*or* mealy-]mouthed idiot; ■**ein ~ sein** (*ein Kraftprotz sein*) to have more muscles than brains; (*fluchen*) to use unnecessary foul language
Kraft·li·ni·en [-li:niən] *pl* PHYS lines of force
kraft·los **I.** *adj* weak **II.** *adv* feebly
Kraft·lo·sig·keit <-> *f kein pl* weakness **Kraft·mei·e·<u>rei</u>** <-, -en> *f* (*pej fam*) swagger **Kraft·pro·be** *f* test of strength **Kraft·protz** <-es, -e> *m* (*fam*) muscle man *fam* **Kraft·rad** *nt* (*geh*) motorcycle **Kraft·sport** *m* power sport **Kraft·stoff** *m* (*geh*) fuel **Kraft·stoff·ge·misch** *nt* fuel mixture **kraft·strot·zend** *adj* (*geh*) exuding vitality [*or* vigour] [*or* AM -or] **Kraft·trai·ning** *nt* SPORT strength training **kraft·voll** **I.** *adj* (*geh*) ❶ (*stark*) strong ❷ (*sonor*) powerful **II.** *adv* powerfully, forcefully; **~ zubeißen** to take a hearty bite **Kraft·wa·gen** *m* (*geh*) motor vehicle **Kraft·werk** *nt* power station **Kraft·werks·be·trei·ber** *m* company running a power station
Kra·gen <-s, - *o* Krägen> ['kra:gən, *pl* 'krɛ:gn̩] *m* SÜDD, SCHWEIZ MODE collar; **den ~ nach oben schlagen** [*o* **stülpen**] to turn up one's collar; **jdn am** [*o fam* **beim**] **~ packen** to collar sb, to take sb by the scruff of his neck *fam* ▶ WENDUNGEN: **jdm <u>geht</u> es an den ~** (*fam*) sb is in for it *fam*; **etw <u>kostet</u> jdn den ~** (*fam*) sth is sb's downfall; **jdm <u>platzt</u> der ~** (*fam*) sb blows their top *fam*; **jetzt platzt mir aber der ~!** (*fam*) that's it, I've had enough!; **dem könnte ich den ~ <u>umdrehen!</u>** I could wring his neck!
Kra·gen·bär *m* ZOOL Asian black bear **Kra·gen·knopf** *m* collar button **Kra·gen·spie·gel** *m* MIL collar patch **Kra·gen·wei·te** *f* MODE collar size ▶ WENDUNGEN: **[genau] jds ~ <u>sein</u>** (*fam*) to be [just] sb's cup of tea *fam*
Krä·he <-, -n> ['krɛ:ə] *f* ORN crow ▶ WENDUNGEN: **eine ~ hackt der anderen kein <u>Auge</u> aus** (*prov*) birds of a feather flock together *prov*
krä·hen ['krɛ:ən] *vi* ❶ ORN to crow ❷ (*fam*) to squeal *fam*
Krä·hen·fü·ße *pl* crow's feet **Krä·hen·schar·be** <-, -n> *f* ORN shag
Kra·kau <-s> ['kra:kau] *nt* Cracow
Kra·kau·er <-, -> *f polish garlic sausage*
Kra·ke <-n, -n> ['kra:kə] *m* ❶ ZOOL octopus ❷ (*sagenhaftes Meerungeheuer*) kraken
kra·kee·len* [kra'ke:lən] *vi* (*pej fam*) to make a racket *fam*; ■**~d** noisy; ■**das K~** rowdyness
Kra·<u>kee</u>·ler(in) <-s, -> *m(f)* (*pej fam*) rowdy *fam*
Kra·kel <-s, -> ['kra:kl̩] *m* (*pej fam*) scrawl, scribble
kra·ke·lig ['kra:kəlɪç] **I.** *adj* scrawly **II.** *adv* scrawly
Kral <-s, -e> [kra:l] *m* kraal SA
Kral·le <-, -n> ['kralə] *f* ❶ ORN, ZOOL claw ❷ *pl selten* (*fam: Parkkralle*) wheel clamp ▶ WENDUNGEN: **<u>bar</u> auf die ~** (*sl*) cash in hand *fam*; **jdn in seine ~n <u>bekommen</u>** [*o fam* **<u>kriegen</u>**] to get one's claws into sb *fam*; **jdn in seinen ~n <u>haben</u>** (*fam*) to have sb in one's clutches *fam*; **jdn/etw nicht aus den ~n <u>lassen</u>** (*fam*) to not let sb/sth out of one's clutches *fam*; **[jdm] die ~n <u>zeigen</u>** (*fam*) to show [sb] one's claws *fam*
kral·len ['kralən] **I.** *vr* ❶ (*sich fest~*) ■**sich an jdn/etw ~** to cling onto [*or* claw at] sb/sth ❷ (*fest zupacken*) ■**sich in etw** *akk*/**um etw ~** to cling onto/around sth **II.** *vt* ❶ (*fest bohren*) ■**etw in etw ~** *akk* to dig sth into sth ❷ (*sl: klauen*) ■**[sich** *dat*] **etw ~** to pinch sth *fam* ❸ (*sl: sich kaufen*) ■**sich** *dat* **jdn ~** to get sb between one's fingers
Kram <-[e]s> [kra:m] *m kein pl* (*fam*) ❶ (*Krempel*) junk ❷ (*Angelegenheit*) affairs *pl*, things *pl fam*; **den ~ satthaben**

K

to be fed up with the whole thing; **mach doch deinen ~ allein!** [why don't you] do it [*or* sort it out by] yourself!; **den ganzen ~ hinschmeißen** to pack the whole thing in; **jdm in den ~ passen** to suit sb fine; **jdm nicht in den ~ passen** to be a real nuisance to sb

kra·men ['kra:mən] I. *vi* ❶ (*fam*) ■ **[in etw** *dat*] **[nach etw]** ~ to rummage around [in sth] [for sth]; **er kramte in der Schublade nach alten Fotos** he rummaged around in the drawer for old photos ❷ SCHWEIZ (*Kleinhandel betreiben*) to hawk II. *vt* ■ **etw aus etw** ~ to fish sth out of sth

Krä·mer(in) <-s, -> ['krɛmɐ] *m(f)* ❶ DIAL (*veraltet*) grocer's, general store ❷ (*pej: kleinlicher Mensch*) *s.* **Krämerseele**

Krä·mer·see·le *f* ▶ WENDUNGEN: **eine ~ sein** (*pej*) to be petty-minded

Kram·la·den *m* (*pej fam*) ❶ (*Trödelladen*) junk shop ❷ (*pej: Ramschladen*) crummy little shop

Kram·pe <-, -n> ['krampə] *f* staple

Kram·pen <-s, -> *m* ÖSTERR (*Spitzhacke*) pickaxe

Krampf <-[e]s, Krämpfe> [krampf, *pl* 'krɛmpfə] *m* ❶ MED (*Muskelkrampf*) cramp; **einen ~ bekommen** to get a cramp; **einen ~ haben** to have a cramp ❷ MED (*Kolik*) cramp; **sich in Krämpfen winden** to double up in cramps; *Epileptiker* to double up in convulsions ▶ WENDUNGEN: **einen ~ drehen** (*sl*) to pull off a scam; **[ein] ~ sein** (*fam*) to be a pain in the neck

Krampf·ader *f* varicose vein

kramp·fen ['krampfn̩] I. *vt* ❶ (*geh*) ■ **etw um etw** ~ to clench sth around sth ❷ DIAL ■ **etw** ~ to get one's hands on II. *vr* (*geh*) ■ **sich um etw** ~ to clench sth

krampf·haft I. *adj* ❶ (*angestrengt*) frantic, desperate ❷ MED convulsive II. *adv* frantically, desperately

krampf·lin·dernd, krampf·lö·send *adj* antispasmodic; ■~ **sein** to relieve cramp, to have antispasmodic properties *spec*

Kran <-[e]s, Kräne *o* -e> [kra:n, *pl* 'krɛ:nə] *m* ❶ TECH (*Vorrichtung zum Heben*) crane ❷ DIAL (*Wasserhahn*) tap

Kran·füh·rer(in) *m(f)* crane operator

krän·gen ['krɛŋən] *vi* NAUT to heel over

Kra·nich <-s, -e> ['kra:nɪç] *m* ORN crane

krank <kränker, kränkste> [kraŋk] *adj* ❶ MED (*nicht gesund*) ill, sick; **ein ~es Bein/Herz** a bad leg/heart ❷ (*leidend*) ■~ **vor etw sein** *dat* to be sick with sth ❸ FORST, HORT (*leidend*) ■~ **sein** to be diseased ❹ ÖKON (*wirtschaftlich nicht gesund*) ailing ❺ JAGD wounded ▶ WENDUNGEN: **du bist wohl ~!, bist du ~?** (*iron fam*) are you out of your mind? *fam;* **jdn [mit etw] ~ machen** (*fam*) to get on sb's nerves [with sth]

Kran·ke(r) *f(m) decl wie adj* sick person, patient, invalid; **ein eingebildeter ~r** a hypochondriac; **ein unheilbar ~r** a terminally ill person

krän·keln ['krɛŋkl̩n] *vi* ❶ (*nicht ganz gesund sein*) to be unwell [*or* sickly] [*or* in poor health] ❷ ÖKON (*marode*) to be ailing

kran·ken ['kraŋkn̩] *vi* (*pej*) ■ **an etw** ~ *dat* to suffer from sth

krän·ken ['krɛŋkn̩] *vt* ■ **jdn [mit etw]** ~ to hurt sb's feelings [with sth]; ■ **gekränkt sein** to feel hurt; ■ **es kränkt jdn, dass** it hurts sb['s feelings], that; ■~**d** hurtful

Kran·ken·an·stal·ten *pl* (*veraltend geh*) hospital, clinic **Kran·ken·be·richt** *m* medical report **Kran·ken·be·such** *m* [patient] visit, sick call; **einen ~ [bei jdm] machen** to go on a sick call [to sb] **Kran·ken·bett** *nt* ❶ MED (*Krankenhausbett*) hospital bed ❷ (*geh: Krankenlager*) sickbed **Kran·ken·geld** *nt* sick pay **Kran·ken·ge·schich·te** *f* medical history **Kran·ken·gym·nast(in)** <-en, -en> *m(f)* physiotherapist **Kran·ken·gym·nas·tik** *f* physiotherapy

Kran·ken·haus *nt* hospital, clinic; **ins ~ kommen/müssen** to go/have to go into hospital [*or* AM the hospital]; **[mit etw] im ~ liegen** to be in [*or* AM in the] hospital [with sth]

Kran·ken·haus·auf·ent·halt *m* hospital stay **Kran·ken·haus·kos·ten** *pl* hospital costs [*or* charges] *pl* **kran·ken·haus·reif** *adj* requiring hospital treatment; ■~ **sein** to require hospital treatment; **jdn ~ schlagen** to put sb into [*or* AM into the] hospital

Kran·ken·kas·se *f* health insurance company; **in einer ~ sein** to have health insurance **Kran·ken·la·ger** *nt* (*geh*) sickbed; **ans ~ gefesselt sein** to be confined to bed **Kran·ken·pfle·ge** *f* nursing **Kran·ken·pfle·ger(in)** *m(f)* [male] nurse **Kran·ken·sal·bung** *f* REL anointing of the sick **Kran·ken·schein** *m* health insurance voucher; **auf ~** under health insurance cover **Kran·ken·schwes·ter** *f* nurse **Kran·ken·stand** *m kein pl* ❶ ÖKON number of persons on sick leave ❷ ÖSTERR **im ~ sein** to be on sick leave **Kran·ken·tran·sport** *m* ambulance service **Kran·ken·ver·si·cher·ten·kar·te** *f* health insurance card **Kran·ken·ver·si·che·rung** *f* health insurance; **gesetzliche/private ~** national/private health insurance

i Kultur

In Germany, everybody who is gainfully employed and either not registered to a business or is self-employed must have a **Krankenversicherung** – *health insurance.* The same is true for Austria, but in Switzerland, health insurance is voluntary. Nevertheless, over 95% of Swiss do have health insurance.

Kran·ken·wa·gen *m* ambulance **Kran·ken·zim·mer** *nt* ❶ MED (*Krankenhauszimmer*) hospital room ❷ (*Zimmer für erkrankte Insassen*) sickbay ❸ (*geh: Zimmer mit einem Kranken*) sickroom

krank|fei·ern *vi* (*fam*) to skive off work BRIT *fam,* to call in sick AM *fam;* ■ **das K~** skiving BRIT, calling in sick AM

krank·haft I. *adj* ❶ MED (*durc h eine Erkrankung bedingt*) morbid; ■~ **sein** to show signs of disease, to be morbid ❷ (*unnormal*) morbid, sick, pathological; ■~ **sein** to be morbid [*or* chronic] II. *adv* morbidly

Krank·heit <-, -en> *f* ❶ MED (*Erkrankung*) illness; **eine akute/chronische ~** an acute/chronic illness; **Alzheimer ~** Alzheimer's disease; **englische ~** (*veraltend*) rickets *pl;* **parkinsonsche ~** Parkinson's disease; **wegen ~** due to illness ❷ (*Zeit einer Erkrankung*) illness ❸ FORST, HORT disease ▶ WENDUNGEN: **eine ~ sein** (*fam*) to be unbearable [*or* an impossible situation]; **es ist eine ~ mit jdm** (*fam*) sb is impossible [*or* unbearable]

Krank·heits·bild *nt* symptoms *pl* **Krank·heits·er·re·ger** *m* pathogen **Krank·heits·stand** *m kein pl* (*selten*) ❶ (*Krankheitsstadium*) stage of an/the illness ❷ (*Stand, Situation des Krankseins*) disease levels *pl,* levels *pl* of disease **Krank·heits·ver·lauf** *m kein pl* MED course of a disease *no pl,* pathogenesis *no pl spec,* pathogeny *no pl spec*

krank|la·chen *vr* (*fam*) ■ **sich [über etw/jdn]** ~ to almost die laughing [about sb/sth]

kränk·lich ['krɛŋklɪç] *adj* sickly, in poor health

krank|ma·chen *vi* (*fam*) *s.* **krankfeiern krank|mel·den**[RR] *vr* ■ **sich [bei jdm]** ~ to report sick [to sb], to call in sick **Krank·mel·dung** *f* notification of sickness **krank|schrei·ben**[RR] *vt* ■ **jdn** ~ MED to give sb a sick note (*excusing them from work*)

Krän·kung <-, -en> *f* insult; **jdm eine ~ zufügen** to insult [*or* offend] sb

Kranz <-es, Kränze> [krants, *pl* 'krɛntsə] *m* ❶ (*Ring aus Pflanzen*) wreath ❷ (*geh*) ring, circle ❸ KOCHK DIAL (*Hefekranz*) ring (*of white sweet bread*)

Kränz·chen <-s, -> ['krɛntsçən] *nt* ❶ *dim von* **Kranz 1** wreath, garland ❷ (*regelmäßige weibliche Runde*) coffee circle BRIT, coffee klat[s]ch AM

Kranz·ge·fäß *nt* ANAT *s.* **Herzkranzgefäß Kranz·nie·der·le·gung** *f* (*geh*) wreath laying

Krap·fen <-s, -> ['krapfn̩] *m* ❶ KOCHK fritter ❷ DIAL (*frittiertes Hefegebäck*) ≈ doughnut BRIT, ≈ donut AM

Kras·no·jarsk <-s> [kresn'jarsk] *nt* Krasnoyarsk

krass[RR], **kraß**[ALT] [kras] I. *adj* ❶ (*auffallend*) glaring, obvious; **ein krasser Gegensatz** a stark contrast; **ein krasser Fall** an extreme case ❷ (*unerhört*) blatant, gross ❸ (*extrem*) complete, rank **II.** *adv* crassly

Kra·ter <-s, -> ['kra:tɐ] *m* crater

Kra·ter·land·schaft *f* crater[ed] landscape **Kra·ter·see** *m* crater lake

Kratz·bürs·te *f* (*pej fam*) prickly person *fam*

kratz·bürs·tig ['kratsbʏrstɪç] *adj* (*pej fam*) prickly *fam*

Krät·ze <-> ['krɛtsə] *f kein pl* MED scabies

krat·zen ['kratsn̩] **I.** *vt* ❶ (*mit den Nägeln ritzen*) ■**jdn/etw** ~ to scratch sb/sth ❷ (*jucken*) ■**sich [irgendwo]** ~ to scratch oneself [somewhere] ❸ (*ab~*) ■**etw von etw** ~ to scratch sth off sth ❹ (*fam: kümmern*) ■**jdn** ~ to bother sb; **das kratzt mich nicht** I couldn't care less about that ❺ (*in Fasern auflösen*) **Wolle** ~ to card wool **II.** *vi* ❶ (*jucken*) ■**[irgendwo]** ~ to scratch [somewhere]; **das Unterhemd kratzt so sehr** the vest is terribly scratchy ❷ (*scharren*) to scratch; ■**mit etw über etw** ~ *akk* to scratch over sth with sth ❸ (*mit den Nägeln ritzen*) to scratch ❹ (*beeinträchtigen*) ■**an etw** ~ *dat* to scratch away at sth; **an jds Ehre** ~ to impugn sb's honour [*or* AM -or]; **an jds Stellung** ~ to undermine sb's position ❺ (*spielen*) **auf der Geige** ~ to scrape away on a violin **III.** *vt impers* **es kratzt mich im Hals** my throat feels rough

Krat·zer <-s, -> ['kratsɐ] *m* scratch

Krätz·mil·be *f* ZOOL itch mite

Kratz·wun·de *f* scratch wound

Kraul <-[s]> [kraul] *nt kein pl* SPORT crawl

krau·len[1] ['kraulən] **I.** *vi haben o sein* to swim [*or* do] the crawl; ■**das K~** the crawl **II.** *vt haben o sein* ■**etw** ~ to swim sth using the crawl

krau·len[2] ['kraulən] *vt* ■**jdn [irgendwo]** ~ to scratch sb lightly [somewhere]; **jdm das Kinn** ~ to chuck sb under the skin; **einen Hund zwischen den Ohren** ~ to tickle a dog between its ears

kraus [kraus] *adj* ❶ (*stark gelockt*) crinkly, frizzy; *s. a.* **Stirn** ❷ (*zerknittert*) crumpled, wrinkled ❸ (*pej: verworren*) muddled

Krau·se <-, -n> ['krauzə] *f* ❶ MODE (*gefältelter Saum*) ruffle; (*gekräuselter Kragen*) ruffled collar ❷ (*fam: künstliche Wellung*) frizzy perm

kräu·seln ['krɔyzl̩n] **I.** *vt* ❶ MODE (*mit künstlichen Locken versehen*) ■**etw** ~ to crimp sth; ■**gekräuselt** frizzy ❷ (*leicht wellig machen*) ■**etw** ~ to ruffle sth **II.** *vr* ❶ (*leicht kraus werden*) ■**sich** ~ to frizz ❷ (*leichte Wellen schlagen*) ■**sich** ~ to ruffle

kraus·haa·rig *adj* ■~ **sein** to have frizzy hair **Kraus·kopf** *m* (*fam*) ❶ (*krause Frisur*) frizzy hairstyle ❷ (*Mensch mit krausen Haaren*) frizzy head **Kraus·sa·lat** *m* curly lettuce

Kraut <-[e]s, Kräuter> [kraut, *pl* krɔytɐ] *nt* ❶ BOT herb ❷ *kein pl* HORT (*grüne Teile von Pflanzen*) foliage, herbage; **ins** ~ **schießen** to go to seed ❸ *kein pl* KOCHK DIAL (*Kohl*) cabbage; (*Sauerkraut*) pickled cabbage ❹ (*pej fam: primitiver Tabak*) tobacco ❺ *kein pl* DIAL (*Sirup*) syrup ▶WENDUNGEN: **wie** ~ **und Rüben durcheinanderliegen** (*fam*) to lie about all over the place *fam;* **gegen etw ist kein** ~ **gewachsen** (*fam*) there's no remedy for sth; **ins** ~ **schießen** (*fam*) to get out of control

Kräu·ter·but·ter *f* herb butter **Kräu·ter·kä·se** *m* herb cheese **Kräu·ter·li·kör** *m* herb liqueur **Kräu·ter·öl** *nt* herbal oil **Kräu·ter·pil·le** *f* (*fam*) [natural] herbal pill **Kräu·ter·sträuß·chen** *nt* bouquet garni **Kräu·ter·tee** *m* herbal tea

Kraut·kopf *m* SÜDD, ÖSTERR (*Kohlkopf*) head of cabbage **Kraut·sa·lat** *m* coleslaw (*without carrot*)

Kra·wall <-s, -e> [kra'val] *m* ❶ (*Tumult*) riot; ~ **schlagen** to kick up a row [*or* AM an argument] ❷ *kein pl* (*fam: Lärm*) racket; ~ **machen** (*pej fam*) to make a racket

Kra·wall·ma·cher(in) *m(f)* (*pej fam*) hooligan

Kra·wat·te <-, -n> [kra'vatə] *f* ❶ MODE tie ❷ SPORT headlock ❸ MED (*Gips~*) plaster collar ▶WENDUNGEN: **sich einen hinter die** ~ **gießen** (*fam*) to down a pint; **jdm die** ~ **zuziehen** (*erwürgen*) to throttle sb; (*erhängen*) to string sb up

Kra·wat·ten·fut·ter *nt* lining of a tie **Kra·wat·ten·kno·ten** *m* tie knot **Kra·wat·ten·mo·de** *f* tie fashion **Kra·wat·ten·mus·ter** *nt* pattern on a tie **Kra·wat·ten·na·del** *f* tiepin **Kra·wat·ten·trä·ger(in)** *m(f)* ~ **sein** to wear ties

kra·xeln ['kraksl̩n] *vi sein* SÜDD, ÖSTERR ■**[auf etw** *akk*] ~ to clamber [onto sth]

Kre·a·ti·on <-, -en> [krea'tsi̯o:n] *f* MODE creation

kre·a·tiv [krea'ti:f] **I.** *adj* creative **II.** *adv* (*geh*) creatively

Kre·a·tiv·di·rek·tor(in) *m(f)* creative director

Kre·a·ti·vi·tät <-> [kreativi'tɛ:t] *f kein pl* (*geh*) creativity, creativeness

Kre·a·tiv·ur·laub *m holiday with emphasis on creative pursuits*

Kre·a·tur <-, -en> [krea'tu:ɐ̯] *f* ❶ (*Geschöpf*) creature; **alle** ~ (*geh*) all creatures *pl* ❷ (*pej: willenloses Werkzeug*) minion ▶WENDUNGEN: **die stumme** ~ (*geh*) dumb creatures *pl*

Krebs[1] <-es, -e> [kre:ps] *m* ❶ ZOOL crayfish, crawfish ❷ *kein pl* KOCHK (*Krebsfleisch*) crab; **rot wie ein** ~ red as a lobster ❸ *kein pl* ASTROL Cancer; **[ein]** ~ **sein** to be [a] Cancer

Krebs[2] <-es, -e> [kre:ps] *m* ❶ MED (*Tumor*) cancer; ~ **erregend** carcinogenic; ~ **erregend wirken** to cause cancer; ~ **haben, an** ~ **leiden** *dat* to have [*or* suffer from] cancer ❷ HORT canker

kreb·sen ['kre:psn̩] *vi* (*fam*) ❶ (*Krebse fangen*) to catch crayfish ❷ (*nicht gut abschneiden*) to struggle; ■**vor sich hin** ~ to languish ❸ (*mühsam leben*) ■**[irgendwo]** ~ to struggle [somewhere]; **mit etw** ~ **gehen** DIAL to try to turn sth to one's advantage

Krebs·er·re·ger *m* MED carcinogen **Krebs·for·schung** *f kein pl* MED, SCH cancer research *no pl* **Krebs·früh·er·ken·nung** *f kein pl* MED early cancer diagnosis

Krebs·gang *m kein pl* regression ▶WENDUNGEN: **den** ~ **gehen** (*geh*) to go backwards

Krebs·ge·schwulst *f* cancerous tumour [*or* AM -or] **Krebs·ge·schwür** *nt* MED cancerous ulcer **krebs·krank** *adj* suffering from cancer; ■~ **sein** to suffer from [*or* have] cancer **Krebs·kran·ke(r)** *f(m) decl wie adj* person suffering from cancer, cancer victim **Krebs·pa·ti·ent(in)** *m(f)* cancer patient **Krebs·ri·si·ko·fak·tor** *m* MED cancer risk factor

krebs·rot ['kre:psro:t] *adj* red as a lobster

Krebs·vor·sor·ge *f kein pl* MED, ADMIN precautions *pl* against cancer **Krebs·vor·sor·ge·un·ter·su·chung** *f* cancer check-up **Krebs·zel·le** *f* cancer cell

Kre·denz <-, -en> [kre'dɛnts] *f* (*veraltet*) sideboard

kre·den·zen* [kre'dɛntsn̩] *vt* (*geh*) ■**jdm etw** ~ to pour sb sth

Kre·dit[1] <-[e]s, -e> [kre'di:t] *m* credit; (*Darlehen*) loan; **jdm** ~ **geben** [*o* **gewähren**] to give [*or* offer] sb credit; **[bei jdm]** ~ **haben** to be given credit [*or* considered financially trustworthy] by sb; **[für etw] einen** ~ **[bei jdm] aufnehmen** to take out a loan [for sth] [with sb]; **auf** ~ on credit ▶WENDUNGEN: **[seinen]** ~ **verspielen** to lose one's good repute [*or* standing]

Kre·dit[2] <-s, -s> [kre'di:t] *nt* credit

Kre·dit·ge·ber(in) *m(f)* creditor **Kre·dit·hai** *m* (*fam*) loan-shark **Kre·dit·in·sti·tut** *nt* bank **Kre·dit·kar·te** *f* credit card; **mit** ~ **bezahlen** to pay by [*or* have sth put on one's] credit card **Kre·dit·lauf·zeit** *f* ÖKON term [*or* duration] of a [*or* the] loan **Kre·dit·li·nie** *f s.* **Kreditrahmen Kre·dit·neh·mer(in)** <-s, -> *m(f)* borrower **Kre·dit·rah·men** *m* credit limit **kre·dit·wür·dig** *adj* creditworthy

Kre·do <-s, -s> ['kre:do] *nt* REL ❶ (*Apostolisches Glaubensbekenntnis*) creed, credo ❷ (*Teil der Messe*) credo

Krei·de <-, -n> ['kraidə] *f* ❶ (*weicher Kalkstein*) chalk ❷ (*zum Schreiben und Malen*) chalk ❸ GEOL (*Kreidezeit*) Cretaceous [period] ▶WENDUNGEN: **in die** ~ **geraten** to fall into debt; **auf** ~ **leben** to live on tick [*or* AM credit]; **[bei jdm] [tief] in der** ~ **stehen** (*fam*) to owe sb [a lot of] money, to be [deep] in debt to sb

krei·de·bleich *adj* ■~ **sein/werden** to be/become as white as chalk [*or* a sheet] **Krei·de·fel·sen** *m* chalk cliff **Krei·de·for·ma·ti·on** *f* GEOL Cretaceous formation **krei·de·weiß** *adj*

K

s. **kreidebleich** **Krei·de·zeich·nung** *f* chalk drawing

kre·ie·ren* [kre'i:rən] *vt* KUNST, MODE ■**etw** ~ to create sth

Kreis[1] <-es, -e> [krais, *pl* 'kraizə] *m* ❶ MATH circle; **einen ~ beschreiben** [*o* **schlagen**] [*o* **ziehen**] to draw a circle; **einen ~ um jdn bilden** to form a circle around [*or* encircle] sb; **sich im ~[e] drehen** [*o* **bewegen**] to turn round in a circle, to move in circles; **im ~ gehen** to go round in circles; **den ~ um etw schließen** to close the circle around sth; **im ~** in a circle; **ein Vogel zieht seine ~e** (*geh*) a bird is circling ❷ (*Gruppe*) circle ❸ *pl* (*gesellschaftliche Gruppierung*) circles *pl;* **aus den besten ~en** from the best circles; **in den besten ~en vorkommen** to happen in the best of circles; **im engen** [*o* **kleinen**]/**engeren/engsten ~e** in a small/smaller/very small circle; **die Hochzeit fand im engsten Kreise statt** only close friends and family were invited to the wedding; **im ~e seiner Familie** in the bosom of his family ❹ (*umgrenzter Bereich*) range, scope ▶WENDUNGEN: **ein magischer ~** a magic circle; **weite ~e** wide sections; **jdm dreht sich alles im ~e** everything is going round and round in sb's head, sb's head is spinning; **den ~ schließen** to close the circle; **der ~ schließt sich** the wheel turns [*or* we've come] full circle; **störe meine ~e nicht!** (*hum*) leave me in peace!; **~e ziehen** to have repercussions

Kreis[2] <-es, -e> [krais, *pl* 'kraizə] *m* ADMIN district

Kreis·ab·schnitt *m* segment **Kreis·aus·schnitt** *m* sector **Kreis·bahn** *f* orbit **Kreis·bo·gen** *m* arc

krei·schen ['kraiʃn̩] *vi* ❶ ORN (*hell krächzen*) to squawk ❷ (*hysterisch schreien*) to squeal, to shriek ❸ (*quietschen*) to screech

Krei·sel <-s, -> ['kraizl̩] *m* ❶ (*Spielzeug*) spinning top; **den ~ schlagen** to spin the top ❷ TRANSP (*fam*) roundabout

Krei·sel·kom·pass[RR] *m* gyroscopic compass

krei·seln ['kraizl̩n] *vi* ❶ *sein o haben* (*sich drehen*) ■[**irgendwohin**] ~ to spin around [somewhere] ❷ *haben* (*einen Kreisel* ~) to spin a top

krei·sen ['kraizn̩] *vi* ❶ *sein o haben* ASTRON, RAUM (*sich in einer Kreisbahn bewegen*) ■**um etw** ~ to orbit [*or* revolve around] sth ❷ *sein o haben* LUFT, ORN (*Kreise ziehen*) ■[**über etw** *dat*] ~ to circle [over sth] ❸ *sein o haben* (*in einem Kreislauf befindlich sein*) ■[**in etw** *dat*] ~ to circulate [through sth] ❹ *haben o sein* (*sich ständig drehen*) ■**um jdn/etw** ~ to revolve around sb/sth ❺ *haben* (*herumgereicht werden*) to go [*or* be passed] around

Kreis·flä·che *f* area of a circle **kreis·för·mig** **I.** *adj* circular; ■~ **sein** to be circular, to form a circle **II.** *adv* in a circle

kreis·frei *adj* ADMIN ■~ **sein** *to be independent from a district administration*

Kreis·in·halt *m s.* **Kreisfläche** **Kreis·in·sel** *f* TRANSP *central traffic-free area on roundabout* **Kreis·kol·ben·mo·tor** *m* AUTO rotary piston engine

Kreis·kran·ken·haus *nt* district hospital

Kreis·lauf *m* ❶ MED (*Blutkreislauf*) circulation ❷ (*Zirkulation*) cycle

Kreis·lauf·kol·laps *m* circulatory collapse; **einen ~ bekommen** [*o geh* **erleiden**] to have [*or* suffer from] a circulatory collapse **Kreis·lauf·mit·tel** *nt* cardiac stimulant **Kreis·lauf·still·stand** *m kein pl* MED circulatory arrest *no pl* **Kreis·lauf·stö·run·gen** *pl* circulatory disorder, circulation [*or* circulatory] problems *pl;* ~ **haben** [*o* **an ~ leiden**] to have [*or* suffer from] circulatory problems

kreis·rund *adj* ■~ **sein** to be perfectly circular **Kreis·sä·ge** *f* circular saw

krei·ßen ['kraisn̩] *vi* MED (*veraltend*) to be in labour [*or* AM -or]; *s. a.* **Berg**

Kreiß·saal *m* delivery room

Kreis·stadt *f* district principal town **Kreis·tag** *m* district assembly

Kreis·um·fang *m* circumference **Kreis·um·la·ge** *f* FIN county rates *pl* BRIT *hist* (*communities' contribution to the local authority's budget*) **Kreis·ver·band** *m* POL *local branch of a political party, made up of members from one particular Kreis or administrative district* **Kreis·ver·kehr** *m* roundabout

Kreis·wehr·er·satz·amt *nt* district [army] recruiting office

Kre·ma·to·ri·um <-s, -rien> [krema'to:ri̯ʊm, *pl* -'to:riən] *nt* crematorium

Kre·me[RR] <-, -s> ['kre:mə] *f s.* **Creme**

kre·mig ['kre:mɪç] **I.** *adj* KOCHK creamy **II.** *adv* **etw ~ schlagen/rühren** to whip/stir sth until creamy, to cream sth

Kreml <-s> ['krɛ:ml̩] *m* ■**der ~** the Kremlin

Krem·pe <-, -n> ['krɛmpə] *f* MODE brim

Krem·pel <-s> ['krɛmpl̩] *m kein pl* (*pej fam*) ❶ (*ungeordnete Sachen*) mess *fam,* stuff *fam;* **überall liegt irgendwelcher ~ herum** there's stuff lying around all over the place ❷ (*Ramsch*) junk ▶WENDUNGEN: **er kann seinen ~ allein machen** he can [damn well *fam*] do it himself; **den ganzen ~ hinwerfen** to chuck it all in *fam*

Kren <-s> [kre:n] *m kein pl* BOT, KOCHK SÜDD, ÖSTERR horseradish

kre·pie·ren* [kre'pi:rən] *vi sein* ❶ (*sl: zugrunde gehen*) to croak *sl;* ■**jdm** ~ to die on sb *fam* ❷ MIL (*zerplatzen*) to go off, to explode

Krepp[1] <-s, -e *o* -s> [krɛp] *m* crepe

Krepp[RR2] <-s, -e *o* -s> [krɛp] *m* KOCHK crêpe

Krepp·pa·pier[RR] *nt* crepe paper **Krepp·soh·le** *f* crepe sole

Kres·se <-, -en> ['krɛsə] *f* cress

Kre·ta ['kre:ta] *nt* Crete; *s. a.* **Sylt**

Kre·thi und Ple·thi ['kre:ti ʊnt 'ple:ti] *pl mit Verb im Singular oder Plural* (*geh*) every Tom, Dick and Harry *fam*

Kre·tin <-s, -s> [kre'tɛ̃:] *m* ❶ (*pej geh: Dummkopf*) cretin ❷ MED cretin

Kre·ti·nis·mus <-> [kreti'nɪsmʊs] *m kein pl* cretinism

kreucht ['krɔyçt] *vi* ▶WENDUNGEN: **alles, was da ~ und fleucht** (*hum*) all creatures great and small

kreuz [krɔyts] ▶WENDUNGEN: ~ **und quer** hither and thither *form,* all over the place *fam,* all over, in all directions; **wir sind ~ und quer durch Boston gelaufen** we walked all over [*or* around] Boston

Kreuz <-es, -e> [krɔyts] *nt* ❶ REL (*Folterbalken*) cross; **jdn ans ~ schlagen** to nail sb to the cross, to crucify sb ❷ (*Symbol*) crucifix; **das Eiserne ~** the Iron Cross; **das Rote ~** the Red Cross; **das ~ nehmen** to embark on a crusade ❸ (*Zeichen in Form eines Kreuzes*) cross; **ein ~ schlagen** [*o* **machen**] to cross oneself, to make the sign of the cross; **über[s] ~** crosswise ❹ ANAT (*Teil des Rückens*) lower back; **es im ~ haben** (*fam*) to have back trouble; **eine Frau aufs ~ legen** (*sl*) to lay a woman ❺ TRANSP (*fam*) intersection ❻ *kein pl* KARTEN clubs *pl* ❼ MUS sharp ▶WENDUNGEN: **das ~ des Südens** the Southern Cross; **fast** [*o* **beinahe**] **aufs ~ fallen** to be flabbergasted; **zu ~e kriechen** to eat humble pie *fam;* **jdn aufs ~ legen** (*fam*) to fool sb; **mit jdm über ~ liegen** to be on bad terms [*or* at daggers drawn] with sb; **drei ~e machen** (*fam*) to be so relieved; **sein ~ auf sich nehmen** *akk* (*geh*) to take up one's cross; **ein ~ hinter jdm schlagen** [*o* **machen**] (*fam*) to be glad when sb has left, to bid sb good riddance; **ein ~ mit jdm/etw sein** (*fam*) to be a constant bother with sb/sth *fam;* **es ist ein Kreuz mit ihm** he's a real plaghet; **sein ~ [geduldig] tragen** (*geh*) to bear one's cross

Kreuz·ass[RR] [krɔyts?as] *nt* KARTEN ace of clubs **Kreuz·band** *nt* ANAT cruciate ligament **Kreuz·bein** *nt* ANAT sacrum **Kreuz·blüt·ler** <-s, -> *m* BOT crucerifous plant **Kreuz·dorn** *m* BOT buckthorn

kreu·zen ['krɔytsn̩] **I.** *vt haben* ❶ BIOL (*durch Paarung kombinieren*) ■**etw [mit etw]** ~ to cross sth [with sth] ❷ TRANSP (*queren*) ■**etw** ~ to cross sth ❸ (*verschränken*) ■**etw** ~ to cross sth; **die Beine/Arme** ~ to cross one's legs/arms ❹ (*sich überschneiden*) ■**etw** ~ to cross sth **II.** *vr haben* ■**sie kreuzen sich** ❶ (*sich entgegenstehen*) to oppose, to clash; *s. a.* **Weg** ❷ (*sich begegnen*) to cross; **ihre Wege kreuzten sich** their paths crossed ❸ (*sich überschneiden*) to cross, to intersect;

unsere Briefe kreuzten sich our letters crossed **III.** *vi haben o sein* ① NAUT (*Zickzackkurs steuern*) to tack ② (*sich hin- und herbewegen*) to cruise; **Flugzeuge kreuzten über dem Gebiet** planes cruised over the area

Kreu·zer <-s, -> ['krɔytsɐ] *m* ① NAUT (*gepanzertes Kriegsschiff*) cruiser ② HIST (*kleine Scheidemünze*) kreutzer

Kreu·zes·tod *m* (*geh*) [death by] crucifixion; **den ~ erleiden** to die on the cross

Kreuz·fah·rer(in) *m(f)* HIST crusader **Kreuz·fahrt** *f* cruise; **eine ~ machen** to go on a cruise **Kreuz·feu·er** *nt* crossfire ▶ WENDUNGEN: **[von allen Seiten] ins ~ [der Kritik] geraten** to come under fire [from all sides]; **im ~ [der Kritik] stehen** to be under fire **kreuz·fi·del** ['krɔytsfi'de:l] *adj* (*fam*) ■~ **sein** happy as a pig in muck *fam* **kreuz·för·mig I.** *adj* cross-shaped **II.** *adv* in the shape of a cross **Kreuz·gang** *m* cloister **Kreuz·ge·wöl·be** *nt* cross vault

kreu·zi·gen ['krɔytsɪgn̩] *vt* ■**jdn ~** to crucify sb

Kreu·zi·gung <-, -en> *f* HIST crucifixion

Kreuz·küm·mel *m* cumin **Kreuz·ot·ter** *f* ZOOL adder, viper **Kreuz·rit·ter** *m* HIST ① (*Ritter als Kreuzfahrer*) crusader ② (*Deutschordensritter*) knight of the Teutonic Order **Kreuz·schlitz·schrau·be** *f* Phillips screw **Kreuz·schlitz·schrau·ben·dre·her** *m* Phillips screwdriver® **Kreuz·schlüs·sel** *m* wheel brace **Kreuz·schmer·zen** *pl* backache, lower back pain; **~ haben** [*o* **bekommen**] [*o fam* **kriegen**] to have [*or* get] backache [*or* lower back pain] **Kreuz·schna·bel** *m* ORN crossbill **Kreuz·spin·ne** *f* cross spider **Kreuz·stich** *m* cross-stitch

Kreu·zung <-, -en> *f* ① TRANSP (*Straßenkreuzung*) crossroad *meist pl* ② *kein pl* BIOL (*das Kreuzen*) cross-breeding ③ ZOOL, BIOL (*Bastard*) mongrel

Kreu·zungs·ex·pe·ri·ment *nt* BIOL cross

kreu·zungs·frei I. *adj* TRANSP without [*or* free of] crossroads **II.** *adv* TRANSP without [*or* free of] crossroads

Kreuz·ver·hör *nt* JUR cross-examination; **jdn ins ~ nehmen, jdn einem ~ unterziehen** to cross-examine sb **Kreuz·weg** ['krɔytsve:k] *m* ① TRANSP (*Wegkreuzung*) crossroad ② KUNST, REL (*Darstellung der Passion*) way of the Cross; **den ~ beten** to do the stations of the Cross ▶ WENDUNGEN: **am ~ stehen** to be at the crossroads

kreuz·wei·se *adv* crosswise ▶ WENDUNGEN: **du kannst mich/leck mich ~!** (*derb*) fuck off! *fam!*, get stuffed! BRIT *sl*

Kreuz·wort·rät·sel *nt* crossword [puzzle]; **[ein] ~ lösen** [*o* **machen**] to solve [*or fam* do] a crossword **Kreuz·zei·chen** *nt* the sign of the cross **Kreuz·zug** *m* ① HIST crusade; **einen ~ machen** [*o* **unternehmen**] to make [*or* go on] a crusade ② (*geh: fanatische Kampagne*) crusade

Kre·vet·te <-, -n> [kre'vɛtə] *f* shrimp

krib·be·lig ['krɪbəlɪç] *adj* (*fam*) ① (*unruhig*) edgy *fam;* **jdn [ganz] ~ machen** to make sb [very] nervous [*or fam* edgy] ② (*prickelnd*) tingly *fam*

krib·beln ['krɪbl̩n] **I.** *vi* ① *haben* (*jucken*) ■**[jdm** [*o* **jdn**]] **irgendwo kribbeln** to be itching somewhere; **mir kribbelt es am Rücken** my back is itching ② *haben* (*prickeln*) ■**[jdm** [*o* **jdn**]] **irgendwo kribbeln** to be tingly somewhere; **das kribbelt so schön auf der Haut** it's so nice and tingly on the skin ③ *sein* (*krabbeln*) to crawl; **~ und krabbeln** to scurry, to swarm around **II.** *vi impers haben* ■**[von etw] ~** to be swarming [with sth]; *s. a.* **Finger**

Krick·en·te ['krɪkʔɛntə] *f* ORN green-winged teal

krie·chen <kroch, gekrochen> ['kri:çn̩] *vi* ① *sein* (*sich auf dem Bauch vorwärtsbewegen*) ■**[irgendwohin] ~** to crawl [somewhere]; **nicht mehr ~ können** to be on one's last legs ② *sein* (*sehr langsam vergehen*) to creep by ③ *sein* AUTO (*langsam fahren*) to creep [*or* crawl] [along] ④ *sein o haben* (*pej: unterwürfig sein*) ■**[vor jdm] ~** to grovel [before sb], to crawl [*or* go crawling] [to sb]

Krie·cher(in) <-s, -> *m(f)* (*pej fam*) bootlicker *fam,* groveller, lickspittle

krie·che·risch *adj* (*pej fam*) grovelling, bootlicking, servile

Kriech·spur *f* TRANSP crawler [*or* AM slow] lane **Kriech·tier** *nt* ZOOL reptile

Krieg <-[e]s, -e> [kri:k, *pl* 'kri:gə] *m* ① MIL war; **ein atomarer/konventioneller ~** a nuclear/conventional war; **ein heiliger Krieg** a holy war; **der Dreißigjährige ~** the Thirty Years' War; **der Hundertjährige ~** the Hundred Year War; **der Siebenjährige ~** the Seven Year War; **sich im ~ [mit jdm] befinden, im ~ [mit jdm] sein** MIL to be at war [with sb]; **jdm/einem Land den ~ erklären** to declare war on sb/a country; **~ [gegen jdn/mit jdm] führen** to wage war [on sb]; **~ führend** warring, belligerent; **aus dem ~ heimkehren** to come home from the war; **für den ~ rüsten** to arm for war; **~ sein, ~ haben** to be [*or* have a] war; **in den ~ ziehen** to go to [*or* enter into] war ② (*Art der Kriegsführung*) warfare ▶ WENDUNGEN: **häuslicher ~** domestic strife; **der kalte ~** the Cold War; **jdm/einer S. den ~ ansagen** to declare war on sb/sth

krie·gen[1] ['kri:gn̩] **I.** *vt* (*fam*) ① (*bekommen*) ■**etw [von jdm] ~** to get sth [from sb]; **ich nehme diesen Ring, was ~ Sie dafür [von mir]?** I'll take this ring, what do you want for it [*or* what do I owe you for it]?; **ich kriege noch 20 Euro von dir** you still owe me 20 euros; **das Buch ist nirgends zu ~** you can't get that book anywhere; ■**etw getan kriegen** to get sth done; **hast du die Arbeit auch bezahlt gekriegt?** did you get paid for the work?; **er hat das Auto ausgeliehen gekriegt** he got to borrow the car, he got the loan of the car; **den Schrank in den Aufzug ~** to get the cupboard into the lift [*or* AM elevator]; **etw zu sehen ~** to get to see sth ② TRANSP (*noch erreichen*) ■**etw ~** to catch sth; **den Zug ~** to catch the train ③ (*erwischen*) ■**jdn ~** to catch [*or* get a hold of] sb ④ MED (*befallen werden*) **eine Krankheit ~** to get [*or* catch] [*or* come down with] an illness ⑤ MED (*verabreicht bekommen*) **eine Spritze/ein Präparat ~** to get an injection/medication ⑥ (*zur Welt bringen*) **ein Kind ~** to have a baby; **sie kriegt ein Kind** she's going to have a baby ⑦ (*bedacht werden*) **Prügel/eine Ohrfeige ~** to get a hiding [*or* slap] in the face, to get a clip round the ears [*or* AM on the ear] ⑧ (*dazu veranlassen*) ■**jdn dazu ~, etw zu tun** to get sb to do sth ⑨ (*es schaffen*) ■**etw gemacht ~** to get sth done, to manage to do sth; **ich kriege das schon geregelt** I'll get it sorted; **den Satz kriegt er bestimmt nicht übersetzt** he won't manage to translate that sentence ▶ WENDUNGEN: **es mit jdm zu tun ~** to be in trouble with sb; **es nicht über sich ~, etw zu tun** to not be able to bring oneself to do sth; **zu viel ~ ich krieg' zu viel!** that's really too much! **II.** *vr* (*fam*) ■**sie ~ sich** they get it together *fam*

krie·gen[2] ['kri:gn̩] *vi* (*Krieg führen*) to make war

Krie·ger(in) <-s, -> ['kri:gɐ] *m(f)* warrior ▶ WENDUNGEN: **ein müder ~ sein** (*hum fam*) to have nothing left in one

Krie·ger·denk·mal *nt* war [veteran] memorial

krie·ge·risch I. *adj* ① (*kämpferisch*) warring, belligerent ② (*militärisch*) military; **eine ~e Auseinandersetzung** a military conflict; **im Verlauf der ~en Ereignisse** during the fighting **II.** *adv* belligerently

Krie·ger·wit·we *f* (*veraltend*) war widow

Krieg·füh·rung *f s.* **Kriegsführung**

Kriegs·an·lei·he *f* HIST war loan **Kriegs·aus·bruch** *m* outbreak of war **Kriegs·be·ginn** *m* start of the war **Kriegs·beil** *nt* tomahawk ▶ WENDUNGEN: **das ~ ausgraben** to start a fight; **das ~ begraben** to bury the hatchet **Kriegs·be·ma·lung** *f* HIST war paint ▶ WENDUNGEN: **in [voller] ~** (*hum fam: sehr stark geschminkt*) in [full] war paint *fam;* (*mit Orden behangen*) decorated like a Christmas tree *fam* **Kriegs·be·reit·schaft** *f kein pl* readiness for war *no pl* **Kriegs·be·richt·er·stat·ter(in)** *m(f)* war correspondent **kriegs·be·schä·digt** *adj* war-disabled **Kriegs·be·schä·dig·te(r)** *f(m) decl wie adj* war-disabled person **Kriegs·dau·er** *f* duration of the war

K

Kriegs·dienst *m* (*veraltend*) military service; **den ~ verweigern** to be a conscientious objector

Kriegs·dienst·ver·wei·ge·rer <-s, -> *m* conscientious objector **Kriegs·dienst·ver·wei·ge·rung** *f* conscientious objection

Kriegs·en·de *nt* end of the war **Kriegs·er·klä·rung** *f* declaration of war **Kriegs·film** *m* war film **Kriegs·fol·ge** *f* consequence of war **Kriegs·füh·rung** *f* warfare; (*Art*) conduct of war; **psychologische ~** psychological warfare **Kriegs·fuß** *m* ► WENDUNGEN: **mit jdm auf ~ stehen** (*fam*) to be at loggerheads with sb; **mit etw auf ~ stehen** to be no good with sth **Kriegs·ge·biet** *nt* war zone **Kriegs·ge·fahr** *f* MIL, POL ❶ *kein pl* (*Gefahr des Ausbruchs eines Krieges*) danger of war [breaking out] *no pl* ❷ (*Gefahr während eines Krieges*) danger of war **Kriegs·ge·fan·ge·ne(r)** *f(m) decl wie adj* prisoner of war, POW **Kriegs·ge·fan·gen·schaft** *f* captivity; **in ~ geraten** to become a prisoner of war; **in ~ sein** [*o geh* **sich befinden**] to be [held] in captivity [*or* a prisoner of war] **Kriegs·geg·ner(in)** *m(f)* ❶ POL (*Pazifist*) pacifist ❷ MIL (*Feind*) enemy **Kriegs·ge·rät** *nt* military equipment **Kriegs·ge·richt** *nt* court martial; **jdn vor ein** [*o fam* **vors**] **~ stellen** to court-martial sb **Kriegs·ge·winn·ler** *m* (*pej*) war-profiteer **Kriegs·gott, -göt·tin** *m, f* god of war *masc*, goddess of war *fem* **Kriegs·grä·ber·für·sor·ge** *f* War Graves Commission **Kriegs·gräu·el**[RR] *pl* (*geh*) war atrocities **Kriegs·jahr** *nt* year of the war, war year **Kriegs·ka·me·rad** *m* (*veraltend*) wartime comrade **Kriegs·kas·se** *f* POL (*fam*) war chest **Kriegs·list** *f* stratagem **kriegs·lüs·tern** *adj* (*pej*) war-hungry; ■**~ sein** to be hungry for war **Kriegs·op·fer** *nt* (*geh*) victim of war **Kriegs·pfad** *m* ► WENDUNGEN: **auf dem ~ sein** to be on the warpath **Kriegs·rat** *m kein pl* ► WENDUNGEN: **~ halten** (*hum*) to hold a council of war, to put one's heads together **Kriegs·recht** *nt kein pl* martial law *sing;* **das ~ verhängen** to impose martial law **Kriegs·re·gi·on** *f* war zone **Kriegs·re·por·ter(in)** *m(f)* war correspondent [*or* reporter] **Kriegs·scha·den** *m* war damage **Kriegs·schau·platz** *m* war arena, theatre [*or* AM -er] of war [*or* operations] **Kriegs·schiff** *nt* war ship **Kriegs·spiel** *nt* ❶ (*einen Krieg simulierendes Spiel*) war game ❷ MIL (*militärisches Planspiel*) war game **Kriegs·spiel·zeug** *nt* war toy **Kriegs·stär·ke** *f* war establishment **Kriegs·teil·neh·mer(in)** *m(f)* ❶ (*aktiv im Krieg*) combatant ❷ (*Staat*) belligerent country ❸ (*Veteran*) war veteran **kriegs·trau·ma·ti·siert** *adj* traumatized by war **Kriegs·trei·ber(in)** *m(f)* POL (*pej*) warmonger *pej* **Kriegs·ver·bre·chen** *nt* war crime **Kriegs·ver·bre·cher(in)** *m(f)* war criminal **Kriegs·ver·letz·te(r)** *m* wounded soldier **Kriegs·ver·let·zung** *f* war wound **kriegs·ver·sehrt** *adj s.* **kriegsbeschädigt** **Kriegs·ve·te·ran** *m* MIL war veteran **Kriegs·zeit** *f* wartime; **in ~en** in times of war **Kriegs·zer·stö·rung** *f* war destruction **Kriegs·zu·stand** *m* state of war; **sich im ~** [**mit etw**] **befinden** to be at war [with sth]

Krill <-[e]s, -e> [krɪl] *m* ZOOL krill

Krimi <-s, -s> ['krɪmi] *m* (*fam*) ❶ (*Kriminalroman*) detective novel, murder mystery ❷ TV (*Kriminalfilm*) thriller

Kri·mi·nal·be·am·te(r), -be·am·tin [krimi'na:l-] *m, f* (*geh*) detective, BRIT *a.* CID officer **Kri·mi·nal·di·rek·tor(in)** *m(f)* JUR chief-inspector of the Kriminalpolizei **Kri·mi·nal·film** *m* thriller **Kri·mi·nal·ge·schich·te** *f* criminal history

kri·mi·na·li·sie·ren* [kriminali'zi:rən] *vt* ❶ (*als kriminell hinstellen*) ■**etw ~** to criminalize sth ❷ (*zum Kriminellen machen*) ■**jdn ~** to criminalize sb

Kri·mi·na·list(in) <-en, -en> [krimina'lɪst] *m(f)* ❶ (*Mitglied der Kriminalpolizei*) detective ❷ (*Experte für Verbrechen*) criminologist

Kri·mi·na·lis·tik <-> [krimina'lɪstɪk] *f kein pl* criminology

kri·mi·na·lis·tisch **I.** *adj* criminological, detective-like **II.** *adv* **~ begabt sein** to be a good detective

Kri·mi·na·li·tät <-> [kriminali'tɛt] *f kein pl* ❶ (*Straffälligkeit*) criminality ❷ (*Rate der Straffälligkeit*) crime rate

Kri·mi·nal·kom·mis·sar(in) *m(f)* detective superintendent BRIT **Kri·mi·nal·po·li·zei** *f* ❶ (*Abteilung für Verbrechensbekämpfung*) Criminal Investigation Department BRIT, CID BRIT, plainclothes police AM ❷ (*Beamte der ~*) CID officers *pl* BRIT, plainclothes police officers *pl* AM **Kri·mi·nal·po·li·zist(in)** *m(f)* CID [*or* AM plainclothes police] officer **Kri·mi·nal·ro·man** *m* detective novel **Kri·mi·nal·sta·tis·tik** *f* crime statistics *npl* [*or* figures *pl*]

kri·mi·nell [krimi'nɛl] *adj* ❶ (*verbrecherisch*) criminal; ■**~ werden** to turn to crime, to become criminal [*or* delinquent] ❷ (*fam: gefährlich*) criminal, outrageous *hum fam*

Kri·mi·nel·le(r) [krimi'nɛlə, -lɐ] *f(m) decl wie adj* criminal

Kri·mi·no·lo·gie <-> [kriminolo'gi:] *f kein pl* criminology

Krim·krieg *m* HIST the Crimean War

Krims·krams <-es> ['krɪmskrams] *m kein pl* (*fam*) junk

Krin·gel <-s, -> ['krɪŋl̩] *m* ❶ KOCHK (*ringförmiges Gebäck*) ring-shaped biscuit [*or* AM cookie], ring ❷ (*Schnörkel, kleiner, nicht exakt gezeichneter Kreis, kleiner Ring*) squiggle, [round] doodle; **beim Telefonieren malt er immer ~** he always [draws] doodles when he's on the phone

krin·geln ['krɪŋl̩n] *vr* ❶ (*sich umbiegen*) ■**sich ~** to curl [up] ❷ (*fam*) ■**sich** [**vor Lachen**] **~** to kill oneself [laughing]; ■**zum ~** hilarious

Kri·no·li·ne <-, -n> [krino'li:nə] *f* HIST, MODE crinoline

Kri·po <-, -s> ['kri:po] *f* (*fam*) *kurz für* **Kriminalpolizei** ❶ (*Institution Kriminalpolizei*) ■**die ~** the CID [*or* AM plainclothes police] ❷ (*Beamte der Kriminalpolizei*) CID [*or* AM plainclothes police] officers

Krip·pe <-, -n> ['krɪpə] *f* ❶ (*Futterkrippe*) hayrack, manger ❷ REL (*Weihnachtskrippe*) crib, manger ❸ (*Kinderkrippe*) crèche BRIT, day nursery AM ► WENDUNGEN: **an der ~ sitzen** to have one's snout in the trough *pej*

Krip·pen·spiel *nt* REL nativity play **Krip·pen·tod** *m* MED cot [*or* AM crib] death

Kri·se <-, -n> ['kri:zə] *f* ❶ (*schwierige Situation*) crisis ❷ MED crisis

kri·seln ['kri:zl̩n] *vi impers* (*fam*) **es kriselt** there's a crisis looming *fam*

kri·sen·an·fäl·lig *adj Unternehmen, Regierung* crisis-prone **kri·sen·fest** *adj* stable, crisis-proof **Kri·sen·ge·biet** *nt* crisis zone **Kri·sen·herd** *m* trouble spot **Kri·sen·hil·fe** *f* crisis aid **Kri·sen·in·ter·ven·ti·on** *f* crisis intervention **Kri·sen·ma·na·ge·ment** *nt* crisis management **kri·sen·si·cher** *adj Arbeitsplatz, Branche* crisis-proof **Kri·sen·stab** *m kein pl* action [*or* crisis] committee **Kri·sen·zeit** *f* period of crisis

Kris·tall[1] <-s, -e> [krɪs'tal] *m* crystal; **~e bilden** to form crystals

Kris·tall[2] <-s> [krɪs'tal] *nt kein pl* ❶ (*Kristallglas*) crystal ❷ (*Gegenstände aus ~ 1*) crystal

kris·tal·len [krɪs'talən] *adj* crystal

Kris·tal·leuch·ter[ALT] *m s.* **Kristallleuchter** **Kris·tall·git·ter** *nt* crystal lattice **Kris·tall·glas** *nt* ❶ *kein pl* (*hochwertiges Glas*) crystal glass ❷ (*kristallenes Trinkglas*) crystal glass

kris·tal·lin [krɪsta'li:n] *adj* crystalline

Kris·tal·li·sa·ti·on <-, -en> *f* crystallization

Kris·tal·li·sa·ti·ons·punkt *m* ❶ CHEM crystallization point ❷ (*fig*) focal point

kris·tal·li·sie·ren* **I.** *vi* ■[**zu etw**] **~** to crystallize [into sth] **II.** *vr* ■**sich** [**zu etw**] **~** to crystallize [into sth]

kris·tall·klar *adj* crystal-clear **Kris·tall·leuch·ter**[RR] *m* crystal chandelier **Kris·tall·nacht** *f kein pl* HIST ■**die ~** 'Crystal night'; *s.* **Reichskristallnacht** **Kris·tall·va·se** *f* crystal vase **Kris·tall·zu·cker** *m* refined sugar

Kri·te·ri·um <-s, -rien> [kri'te:riʊm, *pl* -'te:riən] *nt* (*geh*) criterion; [**bei etw**] **bestimmte Kriterien anlegen** to apply certain criteria [to sth]

Kri·tik <-, -en> [kri'ti:k] *f* ❶ *kein pl* (*Tadel*) ■**~** [**an jdm/etw**] criticism [of sb/sth]; **sich der ~ stellen** to make oneself avail-

Kritik, Geringschätzung

kritisieren, negativ bewerten	criticizing, evaluating negatively
Das gefällt mir gar nicht.	I don't like this at all.
Das sieht aber nicht gut aus.	This doesn't look good.
Das hätte man aber besser machen können.	That could have been done better.
Dagegen lässt sich einiges sagen.	Several things can be said about that.
Da habe ich so meine Bedenken.	I have my doubts about that.
Geringschätzung/Missfallen ausdrücken	**expressing disdain/displeasure**
Ich halte nicht viel von dieser Theorie.	**I don't think much of** this theory.
Davon halte ich gar/überhaupt nichts.	**I don't think much of that at all./I'm not in the least impressed by that.**
Komm mir bloß nicht mit Psychologie! *(fam)*	**Don't give me any of that** psychology **nonsense!**
(Es tut mir leid, aber) **ich habe für** diese Typen **nichts übrig.** *(fam)*	(I'm sorry but) **I've got no time for** these sorts of people.
Ich kann mit moderner Kunst **nichts anfangen.** *(fam)*	Modern art **doesn't do a thing for me** *(fam)*/**is not my cup of tea.**
missbilligen	**disapproving**
Das kann ich nicht gutheißen.	I can't approve of that.
Das finde ich gar nicht gut von dir.	That wasn't at all nice of you.
Da bin ich absolut dagegen.	I'm utterly opposed to/against it.

able to answer criticism; **an jdm/etw ~ üben** (*geh*) to criticize sb/sth; **ohne jede ~** uncritically ❷ (*Beurteilung*) critique; **gute/schlechte ~en bekommen** [*o* **haben**] to receive [*or* have] good reviews ❸ MEDIA (*Rezension*) review ▶WENDUNGEN: **unter aller ~ sein** (*pej fam*) to be beneath contempt

Kri·ti·ker(in) <-s, -> ['kri:tikɐ] *m(f)* ❶ (*jd, der jdn/etw kritisiert*) critic ❷ MEDIA (*Rezensent*) critic

Kri·tik·fä·hig·keit *f kein pl* ability to be critical

kri·tik·los I. *adj* uncritical **II.** *adv* uncritically

kri·tisch ['kri:tɪʃ] **I.** *adj* ❶ (*kritisierend*) critical ❷ (*bedenklich*) critical; ■[**für jdn**] **~ werden** to become critical [for sb] **II.** *adv* critically

kri·ti·sie·ren* [kriti'zi:rən] **I.** *vt* ■**jdn/etw ~** to criticize sb/sth; **an jdm/etw etwas zu ~ haben** [*o* **finden**] to have [*or* find] sth to criticize about sb/sth **II.** *vi* to criticize

Krit·ze·lei <-, -en> [krɪtsə'lai] *f* (*pej fam*) ❶ *kein pl* (*das Kritzeln*) scribbling ❷ (*Gekritzel*) scribble

krit·zeln ['krɪtsl̩n] **I.** *vi* to scribble **II.** *vt* ■**etw ~** to scribble sth; **er hatte mir eine Nachricht auf einen Notizzettel gekritzelt** he had scribbled a note for me on his notepad

Kro·a·te, Kro·a·tin <-n, -n> [kro'a:tə, kro'a:tɪn] *m, f* Croat; *s. a.* **Deutsche(r)**

Kro·a·ti·en <-s> [kro'a:tsi̯ən] *nt* Croatia; *s. a.* **Deutschland**

kro·a·tisch [kro'a:tɪʃ] *adj* Croatian; *s. a.* **deutsch 1, 2**

kroch [krɔx] *imp von* **kriechen**

Kro·kant <-s> [kro'kant] *m kein pl* KOCHK ❶ (*Masse*) chopped and caramelized nuts ❷ (*gefüllte Praline*) [praline filled with] cracknel

Kro·ket·te <-, -n> [kro'kɛtə] *f* croquette

Kro·ko <-s> ['kro:ko] *nt kein pl* (*fam*) croc *fam*

Kro·ko·dil <-s, -e> [kroko'di:l] *nt* crocodile

Kro·ko·dil·le·der *nt* crocodile leather

Kro·ko·dils·trä·nen *pl* (*fam*) crocodile tears *pl;* **~ weinen** [*o* **vergießen**] to cry [*or* shed] crocodile tears

Kro·kus <-, - *o* -se> ['kro:kʊs, *pl* -ʊsə] *m* BOT crocus

Kro·ne <-, -n> ['kro:nə] *f* ❶ (*Kopfschmuck eines Herrschers*) crown ❷ (*das Herrscherhaus*) ■**die** [...] **~** the [...] crown ❸ BOT (*Baumkrone*) top ❹ MED (*Zahnkrone*) crown, cap ❺ (*Währungseinheit: in Skandinavien*) krone; (*in der Tschechei*) crown ❻ (*Einstellknopf einer Uhr*) winder ▶WENDUNGEN: **die ~ des Ganzen** on top of everything else; **die ~ der Schöpfung** (*hum*) the crowning glory of creation; **etw fährt jdm in die ~** sth gets on sb's nerves; **einen in der ~ haben** (*fam*) to have had one too many *fam;* **die ~ sein** (*fam*) to beat everything; **einer S.** *dat* **die ~ aufsetzen** (*fam*) to crown [*or* top] sth

krö·nen ['krø:nən] *vt* ❶ (*durch die Krone inthronisieren*) ■**jdn** [**zu etw**] **~** to crown sb [sth] ❷ ARCHIT (*überspannen*) ■**etw ~** to crown [*or* cap] sth ❸ (*geh: Höhepunkt sein*) ■**etw ~** to crown sth; **seine Rede krönte den Abend** his speech was the highlight of the evening; **der köstliche Nachtisch krönte das Menü** the delicious dessert was the crowning glory of the meal

Kro·nen·bra·ten *m* KOCHK crown roast **Kro·nen·kor·ken** *m* crown cap **Kro·nen·rei·be** *f* abrading grater

Kron·fleisch *nt* KOCHK boiled beef skirt **Kron·leuch·ter** *m* chandelier **Kron·prinz, -prin·zes·sin** *m, f* ❶ (*Thronfolger*) crown prince *masc,* crown princess *fem* ❷ (*fig*) heir apparent

Krons·bee·re ['kro:nsbe:rə] *f* NORDD (*Preiselbeere*) cranberry

Krö·nung <-, -en> *f* ❶ (*Höhepunkt*) high point ❷ (*das Krönen*) coronation

Kron·zeu·ge, -zeu·gin *m, f* JUR **~ sein** to give King's/Queen's evidence; [**in etw** *dat*] **als ~ auftreten** to turn King's/Queen's evidence [in sth]

Kron·zeu·gen·re·ge·lung *f* JUR law governing the practice of King's/Queen's evidence

Kropf <-[e]s, Kröpfe> [krɔpf, *pl* 'krœpfə] *m* ❶ MED (*Schilddrüsenvergrößerung*) goitre [*or* AM -er] ❷ ORN (*vom Vogel*) crop ▶WENDUNGEN: **so unnötig** [*o* **überflüssig**] **wie ein ~ sein** (*fam*) to be totally unnecessary [*or* superfluous], to be as much as a hole in the head

Kropf·band *nt* MED goitre [*or* AM -er] band

Kropp·zeug ['krɔptsɔyk] *nt kein pl* NORDD (*pej sl*) scum *pej*

kross[RR], **kroß**[ALT] [krɔs] **I.** *adj* KOCHK crusty **II.** *adv* KOCHK crustily

Krö·sus <-, -se> ['krø:zʊs] *m* (*reicher Mensch*) Croesus ▶ WENDUNGEN: **doch kein ~ sein** (*fam*) to not be made of money *fam*

Krö·te <-, -n> ['krø:tə] *f* ① ZOOL toad ② *pl* (*sl: Geld*) pennies *pl* ③ (*fam*) brat *fam;* (*pej: Miststück*) bugger BRIT *masc pej fam,* asshole AM *masc pej fam,* bitch *fem pej fam* ▶ WENDUNGEN: **eine ~ schlucken müssen** to have to swallow a bitter pill

Krü·cke <-, -n> ['krʏkə] *f* ① (*Stock für Gehbehinderte*) crutch; **an ~n gehen** *dat* to walk on crutches ② (*sl: Nichtskönner*) washout ③ (*fam: untaugliches Gerät*) piece [*or fam* heap] of junk

Krück·stock *m* walking stick

Krug[1] <-[e]s, Krüge> [kru:k, *pl* 'kry:gə] *m* (*Gefäß zur Aufbewahrung*) jug; (*Trinkgefäß*) tankard, mug ▶ WENDUNGEN: **der ~ geht so lange zum Brunnen, bis er bricht** (*prov*) what goes around comes around *prov*

Krug[2] <-es, Krüge> [kru:k, *pl* 'kry:gə] *m* NORDD inn, pub

Krüll·boh·ne ['krʏl-] *f* flageolet bean

Kru·me <-, -n> ['kru:mə] *f* ① (*geh: Krümel*) crumb ② AGR (*Ackerkrume*) topsoil

Krü·mel <-s, -> ['kry:ml̩] *m* ① (*Brösel*) crumb; **~ [auf etw** *akk*] **machen** to make crumbs [on sth] ② DIAL (*fam*) tiny tot *fam*

krü·me·lig ['kry:məlɪç] *adj* crumbly

krü·meln ['kry:ml̩n] *vi* ① (*Krümel machen*) to make crumbs ② (*leicht zerbröseln*) to crumble; ■ **~d** crumbly

krumm [krʊm] **I.** *adj* ① (*verbogen*) bent, crooked; **~ und schief** askew ② (*gebogen*) *Nase* hooked; *Rücken* hunched, crooked; *Beine* bandy ③ (*pej fam: unehrlich*) crooked, bent; **ein ~es Ding drehen** to pull off sth crooked; **es auf die ~e Tour versuchen** to try to fiddle sth ④ (*nicht rund*) odd **II.** *adv* (*gebogen*) **etw ~ biegen** to bend sth; **~ gehen** to walk with a stoop; **~ sitzen/stehen** to slouch; **etw ~ machen** to bend sth ▶ WENDUNGEN: **sich ~ und schief lachen** (*fam*) to split one's sides laughing; *s. a.* **Finger**

krumm·bei·nig *adj* bow-[*or* bandy-]legged

krüm·men ['krʏmən] **I.** *vt* ① (*biegen*) ■ **etw ~** to bend sth; **den Rücken ~** to arch one's back; **die Schultern ~** to slouch one's shoulders ② MATH, PHYS ■ **gekrümmt** curved **II.** *vr* ① (*eine Biegung machen*) ■ **sich ~** *Fluss* to wind; *Straße* to bend ② (*sich beugen*) ■ **sich ~** to bend ③ (*sich winden*) ■ **sich ~** to writhe; **sich vor Schmerzen ~** to writhe in pain ④ (*fam: sich krumm und schief lachen*) ■ **sich [vor Lachen] ~** to double up [with laughter]

krumm|la·chen *vr* (*fam*) ■ **sich [über etw** *akk*] **~** to laugh one's head off [at sth] **krumm|le·gen** *vr* (*fam*) **sich ~** to skimp and save *fam* **krumm·na·sig** *adj* (*pej*) ■ **~ sein** to have a crooked nose **krumm|neh·men** *vt irreg* (*fam*) **[jdm] etw ~** to take offence [*or* AM -se] at sth [sb said or did]; **es jdm ~, dass ...** to hold it against sb, that ... **Krumm·sä·bel** *m* scimitar **Krumm·stab** *m* REL crozier

Krüm·mung <-, -en> *f* ① (*Biegung*) bend; *Weg* turn ② ANAT, MED (*gekrümmte Form*) curvature ③ MATH, PHYS curvature

Krup·pe <-, -n> ['krʊpə] *f* ZOOL croup, crupper

Krüp·pel <-s, -> ['kry:pl̩] *m* cripple; **jdn zum ~ schlagen/schießen** to cripple sb

krüp·pe·lig ['krʏpəlɪç], **krüpp·lig** ['krʏplɪç] *adj* deformed, crippled

Krus·pel·spitz *m* KOCHK ÖSTERR (*Fleischstück aus der Rinderschulter*) *tough beef cut from below the shoulder, used for boiling*

Krus·te <-, -n> ['krʊstə] *f* crust; (*Bratenkruste*) crackling

krus·tig ['krʊstɪç] *adj* ① (*Verkrustungen aufweisend*) encrusted ② MED (*eine Kruste habend*) encrusted

Kru·zi·fix <-es, -e> ['kru:tsifɪks] *nt* REL (*Kreuz mit Korpus*) crucifix; **~!** (*veraltet fam*) swounds! *dated fam*

Kru·zi·tür·ken [krutsi'tʏrkn̩] *interj* (*sl*) bloody hell! BRIT *fam,* damn it! AM *fam*

Kryp·ta <-, Krypten> ['krʏpta, *pl* -tən] *f* crypt

kryp·tisch ['krʏptɪʃ] *adj* cryptic

Kryp·ton <-s> ['krʏptɔn] *nt kein pl* krypton

KSZE <-> [ka:ʔɛsʔtsɛt'ʔe:] *f kein pl Abk von* **Konferenz über Sicherheit und Zusammenarbeit in Europa** CSCE, Conference on Security and Cooperation in Europe

Ku·ba <-s> ['ku:ba] *nt* Cuba; *s. a.* **Sylt**

Ku·ba·ner(in) <-s, -> [ku'ba:nɐ] *m(f)* Cuban; *s. a.* **Deutsche(r)**

ku·ba·nisch [ku'ba:nɪʃ] *adj* Cuban; *s. a.* **deutsch**

Kü·bel <-s, -> ['ky:bl̩] *m* ① (*großer Eimer*) bucket, pail ② HORT (*Pflanzkübel*) container ③ (*Ersatz-WC im Gefängnis*) toilet bucket, crapper *sl* ▶ WENDUNGEN: **[wie] aus/in/mit ~n regnen** [*o* **gießen**] [*o* **schütten**] to rain [in] buckets

Ku·ben ['ku:bən] *pl von* **Kubus**

Ku·bik·me·ter [ku'bi:k-] *m o nt* cubic metre [*or* AM -er] **Ku·bik·wur·zel** *f* cube root **Ku·bik·zahl** *f* cube number

ku·bisch ['ku:bɪʃ] *adj* (*geh*) cubic

Ku·bis·mus <-> [ku'bɪsmʊs] *m kein pl* cubism

Ku·bist(in) <-en, -en> [ku'bɪst] *m(f)* cubist

ku·bis·tisch *adj* cubist

Ku·bus <-, Kuben *o* -> ['ku:bʊs, *pl* ku:bən] *m* (*geh*) cube

Kü·che <-, -n> ['kʏçə] *f* ① (*Raum für das Kochen*) kitchen ② (*Gesamtheit der Küchenmöbel*) kitchen ③ KOCHK (*Art des Kochens*) cuisine; **gutbürgerliche ~** homestyle cooking; **warme/kalte ~** hot/cold food ④ (*Küchenpersonal*) kitchen staff

Ku·chen <-s, -> ['ku:xn̩] *m* cake; **backe, backe ~** (*Kinderreim*) pat a cake, pat a cake ...

Kü·chen·ab·fall *m* kitchen waste *no pl* **Kü·chen·be·leuch·tung** *f* kitchen lighting

Ku·chen·blech *nt* baking sheet

Kü·chen·bul·le *m* MIL (*sl*) cookhouse wallah *sl* **Kü·chen·chef(in)** *m(f)* chef **Kü·chen·fens·ter** *nt* kitchen window

Ku·chen·form *f* baking tin

Kü·chen·fuß·bo·den *m* kitchen floor

Ku·chen·ga·bel *f* pastry fork

Kü·chen·ge·rät *nt* kitchen utensil **Kü·chen·hand·tuch** *nt* hand towel **Kü·chen·krepp** *m* kitchen roll **Kü·chen·ma·schi·ne** *f* food processor **Kü·chen·mes·ser** *nt* kitchen knife

Ku·chen·mes·ser *nt* cake knife **Ku·chen·pa·let·te** *f* cake pallet

Kü·chen·per·so·nal *nt* kitchen staff **Kü·chen·re·gal** *nt* kitchen shelf **Kü·chen·rei·ni·ger** *m* kitchen cleaner **Kü·chen·rol·le** *f* kitchen roll **Kü·chen·scha·be** *f* cockroach **Kü·chen·schel·le** *f* BOT pasqueflower **Kü·chen·sche·re** *f* kitchen knife **Kü·chen·schrank** *m* kitchen cupboard **Kü·chen·schub·la·de** *f* kitchen drawer **Kü·chen·sieb** *nt* sieve

Ku·chen·teig *m* cake mixture

Kü·chen·tisch *m* kitchen table **Kü·chen·tür** *f* kitchen door **Kü·chen·waa·ge** *f* kitchen scales *pl*

Küch·lein[1] <-s, -> ['ky:çlain] *nt* DIAL (*veraltend: Küken*) chick

Küch·lein[2] <-s, -> ['ky:çlain] *nt* DIAL little cake

Kü·cken <-s, -> ['kʏkn̩] *nt* ÖSTERR (*Küken*) chick

ku·cken ['kʊkn̩] *vi* NORDD (*fam*) *s.* **gucken**

ku·ckuck ['kʊkʊk] *interj* ① (*Ruf des Kuckucks*) cuckoo ② (*fam: hallo*) cuckoo

Ku·ckuck <-s, -e> ['kʊkʊk] *m* ① ORN cuckoo ② (*fam: Pfandsiegel*) bailiff's seal ▶ WENDUNGEN: **ein ~ unter Nachtigallen** an amateur among professionals; **geh** [*o* **scher dich**] **zum ~!** (*euph fam*) go to hell! *fam,* clear off! *fam,* beat it! *fam;* **hol's der ~!** (*euph fam*) botheration! BRIT *fam,* damn! AM *fam;* **der ~ soll dich holen!** (*fam*) get lost! *fam;* **bei jdm ist der ~ los** everything is topsy-turvy with sb; **[das] weiß der ~!** (*euph fam*) God only knows! *fam;* **jdn zum ~ wünschen** to wish sb would get lost; **zum ~ [noch mal]!** (*euph fam*) damn it! *fam*

Ku̱·ckucks·ei *nt* ❶ ORN (*das Ei eines Kuckucks*) cuckoo's egg ❷ (*fam*) unpleasant surprise ❸ (*fam: Pflegekind*) another man's child in one's family **Ku̱·ckucks·uhr** *f* cuckoo clock

Ku̱d·del·mud·del <-s> *m o nt kein pl* (*fam*) muddle *fam;* (*Unordnung*) mess; (*Verwirrung*) confusion

Ku·du <-s, -s> ['ku:du] *m* ZOOL kudu

Ku·fe <-, -n> ['ku:fə] *f* ❶ (*Schiene*) *Schlitten* runner; *Schlittschuh* blade ❷ LUFT skid

Kü·fer(in) <-s, -> ['ky:fɐ] *m(f)* ❶ SÜDD (*Böttcher*) cooper ❷ (*Weinküfer*) cellarman

Ku·gel <-, -n> ['ku:gl̩] *f* ❶ MATH sphere ❷ SPORT ball; (*Kegelkugel*) bowl; **die ~ rollt** (*bei Roulette*) the roulette wheels are spinning; (*beim Kegeln*) the ball is rolling ❸ (*Geschoss*) bullet; **sich** *dat* **eine ~ durch den Kopf jagen** [*o* **schießen**] to shoot a bullet through one's head, to blow one's brains out *sl* ❹ HIST (*Kanonenkugel*) cannonball ❺ KOCHK rump; (*Eis~*) scoop ▸ WENDUNGEN: **eine ruhige ~ schieben** (*fam*) to have a cushy time *sl,* BRIT *a.* to be on a cushy number *sl;* **bei ihrem Job schiebt sie eine ruhige ~** her job is a cushy number

Ku̱·gel·aus·ste·cher *m* butter scoop (*for scooping little balls from butter, fruit or avocados*) **Ku̱·gel·blitz** *m* METEO ball lightning

Kü·gel·chen <-s, -> ['ky:gl̩çən] *nt dim von* **Kugel** small ball

Ku̱·gel·fang *m* ❶ (*Vorrichtung*) bullet screen ❷ (*Person*) person acting as a bullet screen **ku̱·gel·för·mig** *adj* spherical **Ku̱·gel·ge·lenk** *nt* ❶ ANAT ball-and-socket joint ❷ TECH ball-and-socket joint **Ku̱·gel·ha·gel** *m* hail of bullets

ku·ge·lig ['ku:gəlɪç] *adj s.* **kugelförmig**

Ku̱·gel·kopf *m* TECH golf ball **Ku̱·gel·kopf·schreib·ma·schi·ne** *f* golf ball typewriter **Ku̱·gel·la·ger** *nt* ball bearing

ku·geln ['ku:gl̩n] *vi sein* (*rollen, fallen*) ■**irgendwohin ~** to roll somewhere ▸ WENDUNGEN: **zum K~ sein** (*fam*) to be hilarious [*or* a scream]

ku·gel·rund ['ku:gl̩'rʊnt] *adj* ❶ (*kugelförmig*) ■**~ sein** to be round as a ball ❷ (*fam: feist und rundlich*) tubby *fam* **Ku̱·gel·schrei·ber** *m* ballpoint, Biro® BRIT, Bic® AM **Ku̱·gel·schrei·ber·mi·ne** *f* ballpoint refill **ku̱·gel·si·cher** *adj* bullet-proof **Ku̱·gel·sto·ßen** <-s> *nt kein pl* SPORT shot put **Ku̱·gel·sto·ßer(in)** <-s, -> *m(f)* shot-putter

Kuh <-, Kühe> [ku:, *pl* 'ky:ə] *f* ❶ ZOOL cow ❷ (*weibliches Tier*) cow ❸ (*pej fam: Frau*) bitch *fam,* cow BRIT *pej fam;* **blöde** [*o* **dumme**] **~** stupid [*or* silly] cow BRIT *pej fam* ▸ WENDUNGEN: **die ~ ist vom Eis** (*fam*) that's settled; **die ~ ist noch lange nicht vom Eis** it's not over by a long shot; **wie die ~ vorm Berg** [*o* **neuen Scheunentor**] *fam* **dastehen** to be completely baffled *fam;* **heilige ~** sacred cow; **melkende ~** milk cow

Ku̱h·dorf *nt* (*pej fam*) one-horse town *fam* **Ku̱h·erb·se** *f* black-eye bean **Ku̱h·fla·den** *m* cow-pat BRIT, cow patty AM **Ku̱h·glo·cke** *f* cow bell **Ku̱h·han·del** *m* (*pej fam*) horse trade *pej fam* **Ku̱h·haut** *f* (*Fell eines Rindes*) cowhide ▸ WENDUNGEN: **das geht auf keine ~** (*sl*) that's going too far *fam* **Ku̱h·her·de** *f* herd of cows **Ku̱h·hir·te, -hir·tin** *m, f* cowherd, cowboy **Ku̱h·horn** *nt* cow's horn

kühl [ky:l] **I.** *adj* ❶ (*recht kalt*) cool, chilly; **draußen wird es ~** it's getting chilly outside; *s. a.* **Grund, Kopf** ❷ (*reserviert*) cool **II.** *adv* ❶ (*recht kalt*) **etw ~ lagern** to store sth in a cool place; **etw ~ servieren** KOCHK to serve sth cool [*or* chilled]; **etw ~ stellen** KOCHK to leave sth in a cool place ❷ (*reserviert*) coolly

Kü̱hl·box *f* cooler

Kuh·le <-, -n> ['ku:lə] *f* hollow

Küh·le <-> ['ky:lə] *f kein pl* (*geh*) ❶ (*kühle Beschaffenheit*) cool ❷ (*Reserviertheit*) coolness

küh·len ['ky:lən] **I.** *vt* ■**etw ~** to cool [*or* chill] sth; ■**gekühlt** cooled, chilled ▸ WENDUNGEN: **sein Mütchen an jdm ~** to take it out on sb **II.** *vi* to cool

Küh·ler <-s, -> ['ky:lɐ] *m* ❶ AUTO bonnet; **jdm vor den ~ rennen** [*o* **laufen**] (*fam*) to run into sb's car ❷ (*Sektkühler*) ice bucket

Kü̱h·ler·fi·gur *f* AUTO bonnet mascot **Kü̱h·ler·hau·be** *f* AUTO *s.* **Motorhaube**

Kü̱hl·haus *nt* refrigerated storage building **Kü̱hl·kreis·lauf** *m* TECH cooler circuit **Kü̱hl·mit·tel** *nt* coolant, cooling agent **Kü̱hl·raum** *m* refrigerated storage room **Kü̱hl·rip·pe** *f* AUTO cooling fin **Kü̱hl·schiff** *nt* refrigerator ship **Kü̱hl·schrank** *m* refrigerator, fridge *fam* **Kü̱hl·ta·sche** *f* cool bag **Kü̱hl·tru·he** *f* freezer chest **Kü̱hl·turm** *m* TECH cooling tower

Küh·lung <-, -en> ['ky:lʊŋ] *f* ❶ (*Abkühlung*) cooling ❷ (*geh: Erfrischung*) cooling; **zur ~** to cool down

Kü̱hl·wa·gen *m* ❶ BAHN (*Waggon mit Kühlanlage*) refrigerator [*or* cold-storage] wagon, Brit [*or* AM car] ❷ AUTO (*Lkw mit Kühlaggregat*) refrigerator [*or* cold-storage] truck **Kü̱hl·was·ser** *nt kein pl* coolant

Ku̱h·milch *f* cow's milk **Ku̱h·mist** *m* cow dung

kühn [ky:n] **I.** *adj* ❶ (*wagemutig*) brave ❷ (*gewagt*) bold **II.** *adv* **eine ~ geschwungene Nase** an aquiline nose

Kü̱hn·heit <-, -en> *f* ❶ *kein pl* (*Wagemut*) bravery ❷ *kein pl* (*Gewagtheit*) boldness ❸ (*Dreistigkeit*) audacity

Ku̱h·stall *m* cowshed

ku·jo·nie·ren* [kujo'ni:rən] *vt* (*geh*) ■**jdn ~** to harass [*or* bully] sb

k.u.k. ['ka:ʔʊnt'ka:] ÖSTERR *Abk von* **kaiserlich und königlich** imperial and royal

Kü·ken <-s, -> ['ky:kn̩] *nt* ❶ ORN (*junges Huhn*) chick ❷ (*fam: junges Mädchen*) young goose *fam* ❸ (*fam: Nesthäkchen*) baby of the family ❹ (*fam: unerfahrener Mensch*) baby

Ku-Klux-Klan <-> [kuklʊks'kla:n] *m kein pl* Ku Klux Klan

Ku·ku·ruz <-[es]> ['kʊkurʊts] *m kein pl* ÖSTERR (*Mais*) [sweet] corn

ku·lant [ku'lant] *adj* ÖKON obliging, accommodating; **es war ~ von ihm, die Arbeitskosten nicht zu berechnen** it was obliging of him/on his part not to charge anything for labour

Ku·lanz <-> [ku'lants] *f kein pl* ÖKON willingness to oblige, accommodating behaviour [*or* AM -or]; **auf** [*o* **aus**] **~** at the firm's expense

Ku·li[1] <-s, -s> ['ku:li] *m* (*fam*) Biro® BRIT, Bic® AM

Ku·li[2] <-s, -s> ['ku:li] *m* ❶ (*chinesischer Lohnarbeiter*) coolie ❷ (*fam: Knecht*) slave, BRIT *a.* dogsbody

ku·li·na·risch [kuli'na:rɪʃ] *adj* culinary

Ku·lis·se <-, -n> [ku'lɪsə] *f* ❶ THEAT (*verschiebbare Bühnendekoration*) scenery ❷ (*Hintergrund*) backdrop ▸ WENDUNGEN: **hinter die ~n blicken** [*o* **schauen**] to look behind the scenes; **nur ~ sein** (*pej fam*) to be merely a facade

Ku̱l·len·mes·ser *nt* smoked salmon knife

Ku̱l·ler·au·gen *pl* (*fam*) big wide eyes *pl*

kul·lern ['kʊlɐn] *vi sein* (*fam*) ■**irgendwohin ~** to roll somewhere

kul·mi·nie·ren* [kʊlmi'ni:rən] *vi* (*geh*) ■**in etw ~** *dat* to culminate in sth

Kult <-[e]s, -e> [kʊlt] *m* cult; **einen ~ mit jdm/etw treiben** to make a cult out of sb/sth; **der christliche ~** Christian worship

Ku̱lt·bild *nt* religious image **Ku̱lt·buch** *nt* cult book **Ku̱lt·fi·gur** *f* MUS, FILM, MEDIA cult figure **Ku̱lt·film** *m* cult film **Ku̱lt·hand·lung** *f* REL ritual act

kul·tig ['kʊltɪç] *adj* (*sl*) cult; **~e Fernsehserie** cult TV series

ku̱l·tisch *adj* REL ritual

kul·ti·vie·ren* [kʊlti'vi:rən] *vt* ❶ (*geh: bewusst pflegen*) to cultivate, to keep up ❷ AGR (*urbar machen*) ■**etw ~** to cultivate sth ❸ (*geh*) ■**etw ~** to cultivate sth

kul·ti·viert [kʊlti'vi:ɐt] **I.** *adj* ❶ (*gepflegt*) cultivated, refined; ■**~ sein** to be refined [*or* sophisticated] ❷ (*von feiner Bildung*) ■**~ sein** to be cultured **II.** *adv* ❶ (*gepflegt*) sophisticatedly ❷ (*zivilisiert*) in a refined manner

Kul·ti·vie·rung <-, -en> [kʊlti'vi:rʊŋ] *f* AGR ❶ (*die Urbarmachung*) cultivation ❷ AGR (*geh: der Anbau*) cultivation

K

Kult·ob·jekt *nt* cult object **Kult·stät·te** *f* REL place of ritual worship **Kult·sta·tus** *m kein pl* cult status; ~ **erreichen/genießen** to gain/enjoy cult status

Kul·tur <-, -en> [kʊlˈtuːɐ̯] *f* ❶ (*Zivilisation*) civilization, culture ❷ *kein pl* (*Zivilisationsniveau*) culture; **die Bewohner hatten eine hohe ~ erreicht** the inhabitants had developed a high degree of civilization; **die politische ~** the political culture; **~/keine ~ haben** to be/not be cultured ❸ FORST, HORT (*angebauter Bestand*) plantation ❹ BIOL (*auf Nährböden gezüchtete Mikroorganismen*) culture ❺ *kein pl* BIOL (*das Kultivieren*) cultivation

Kul·tur·ab·kom·men *nt* cultural agreement **Kul·tur·amt** *nt* [local] cultural affairs office; **das ~ Ettlingen** the Ettlingen Cultural Affairs Office **Kul·tur·at·ta·ché** *m* cultural attaché **Kul·tur·aus·tausch** *m* cultural exchange **Kul·tur·ba·nau·se** *m* (*pej fam*) philistine *fam* **Kul·tur·be·trieb** *m* cultural activity **Kul·tur·beu·tel** *m* toilet [*or* AM toiletries] bag **Kul·tur·denk·mal** *nt* cultural monument

kul·tu·rell [kʊltuˈrɛl] **I.** *adj* cultural **II.** *adv* culturally

Kul·tur·fes·ti·val *nt* cultural festival **Kul·tur·film** *m* documentary [film] **Kul·tur·ge·schich·te** *f kein pl* cultural history, history of civilization **kul·tur·ge·schicht·lich I.** *adj* historico-cultural, relating to history of civilization **II.** *adv* ~ **interessant** [*o* **bedeutsam**] interesting [*or* significant] in terms of cultural history, interesting [*or* significant] from a [*or* AM *usu* an] historico-cultural point of view **Kul·tur·gut** *nt* cultural asset **kul·tur·his·to·risch** *adj s.* **kulturgeschichtlich Kul·tur·ho·heit** *f kein pl* ADMIN control over the domain of education and culture **Kul·tur·kampf** *m kein pl* HIST ■ **der ~** the Kulturkampf (*conflict between Prussian state and RC church 1871-87*) **Kul·tur·kreis** *m* cultural environment **kul·tur·kri·tisch** *adj* SOZIOL, PHILOS (*geh*) critical of contemporary culture **Kul·tur·land·schaft** *f* ❶ (*vom Menschen veränderte Naturlandschaft*) artificial landscape ❷ (*fig*) cultural scene **Kul·tur·le·ben** *nt kein pl* cultural life **kul·tur·los** *adj* (*pej*) ■ ~ **sein** to be uncultured [*or* BRIT *a. fam* yobbish] **Kul·tur·pes·si·mis·mus** *m kein pl* (*geh*) cultural pessimism **Kul·tur·pflan·ze** *f* cultivated plant **Kul·tur·po·li·tik** *f kein pl* cultural and educational policy **kul·tur·po·li·tisch I.** *adj* of cultural and educational policy; **eine ~e Angelegenheit** a matter of cultural and educational policy; **der ~e Ausschuss des Landtags** the cultural and educational policy committee of the regional parliament **II.** *adv* with regard to cultural and educational policy; **von der Opposition kamen ~ bedeutsame Vorschläge** important proposals regarding cultural and educational policy came from the opposition **Kul·tur·pro·gramm** *nt* ❶ MEDIA (*Programm kultureller und künstlerischer Darbietungen*) cultural programme [*or* AM -am] *no pl* ❷ TV, RADIO (*Programm, das aus kulturellen Beiträgen besteht*) cultural programme [*or* AM -am] **Kul·tur·re·vo·lu·ti·on** *f* POL cultural revolution **Kul·tur·schaf·fen·de(r)** *f(m) decl wie adj* creative artist **Kul·tur·scha·le** *f* Petri dish **Kul·tur·schan·de** *f* (*pej fam*) ignominy for a civilized nation *pej* **Kul·tur·schock** *m* culture shock **Kul·tur·stu·fe** *f* level of civilization **Kul·tur·volk** *nt* civilized nation **Kul·tur·zen·trum** *nt* ❶ (*Mittelpunkt, wichtiger Ort des kulturellen Lebens*) cultural centre [*or* AM -er], centre of cultural life ❷ (*größere Anlage mit verschiedenen kulturellen Einrichtungen*) arts centre [*or* AM -er]

Kul·tus·ge·mein·de [ˈkʊltʊs-] *f* religious community **Kul·tus·mi·nis·ter(in)** *m(f)* Minister of Education and the Arts BRIT, Secretary of Education and Cultural Affairs AM **Kul·tus·mi·nis·te·ri·um** *nt* Ministry of Education and the Arts BRIT, Department of Education and Cultural Affairs AM

Ku·ma·rin <-s> [kumaˈriːn] *nt kein pl* CHEM coumarin

Küm·mel <-s, -> [ˈkʏml̩] *m* ❶ (*Pflanze*) caraway ❷ *kein pl* (*Gewürz*) caraway [seed] ❸ (*fam: Schnaps*) kümmel

Kum·mer <-s> [ˈkʊmɐ] *m kein pl* ❶ (*Betrübtheit*) grief ❷ (*Unannehmlichkeiten*) problem, trouble; **gibt es irgendwelchen ~?** are there any problems?; **wenn das dein einziger ~ ist** (*fam*) if that's your only problem; **[an] ~ gewöhnt sein** (*fam*) to be used to trouble; **~ haben** to have worries; **ich sehe doch, dass du ~ hast** I can see that you're worried about something; **jdm ~ machen** [*o* **bereiten**] to cause sb trouble [*or* worry]; **irgend etwas muss ihr wohl ~ bereiten** she must be worried about something or other

Kum·mer·kas·ten·on·kel, -tan·te *m, f* MEDIA (*fam*) agony aunt BRIT, dear Abby columnist AM

küm·mer·lich [ˈkʏmɐlɪç] **I.** *adj* ❶ (*pej: armselig*) miserable, poor; **eine ~e Mahlzeit** a paltry meal; (*dürftig*) meagre [*or* AM -er]; **von einer ~en Rente leben** to live on a meagre pension ❷ (*miserabel*) pitiful; **mit dieser ~en Leistung kann sie die Prüfung nicht bestehen** she won't pass the exam with this pitiful effort; **ein ~er Aufsatz** an extremely pathetic essay ❸ (*unterentwickelt*) puny; **ein ~er Baum** a stunted tree **II.** *adv* (*notdürftig*) in a miserable way; **sie leben sehr ~ von der Arbeitslosenunterstützung** they scrape an existence on unemployment benefit; **Sozialhilfeempfänger müssen sich sehr ~ ernähren** people on benefits must live on a very meagre diet

Küm·mer·ling <-s, -e> *m* (*pej fam*) weakling

küm·mern [ˈkʏmɐn] **I.** *vt* ■ **etw/jd kümmert jdn** sth/sb concerns sb; **was kümmert mich das?** what concern is that of mine?; **es hat ihn noch nie gekümmert, was andere von ihm dachten** it never worried him what other people thought of him; **das traurige Kind kümmert mich** I feel sorry for the sad child **II.** *vi* (*schlecht gedeihen*) to become stunted **III.** *vr* ❶ (*sich jds annehmen*) ■ **sich um jdn ~** to look after sb; **sich um seine Gäste ~** to look after one's guests ❷ (*etw besorgen*) ■ **sich um etw ~** to take care of sth; **wenn du die Hausarbeit machst, kümmere ich mich um den Garten** if you do the housework I'll see to the garden; **ich kann mich nicht um alles ~!** I can't take care of everything!; ■ **sich darum ~, dass** to see to it that; **ich habe mich noch nie darum gekümmert, was andere von mir denken** I've never cared what other people think of me; **kümmere dich um deine eigenen Angelegenheiten** mind your own business

Kum·mer·speck *m* (*hum fam*) excess weight due to emotional problems; ~ **ansetzen** to put on weight due to emotional problems **kum·mer·voll** *adj* (*geh*) sorrowful, woeful *form*, woebegone *liter*; **dein Gesicht ist so ~** you look so sad

Kum·pan(in) <-s, -e> [kʊmˈpaːn] *m(f)* (*pej fam*) pal *fam*, mate BRIT *fam*, buddy AM *fam*

Kum·pel <-s, -> *m* ❶ (*Bergmann*) miner ❷ (*fam: Kamerad*) friend, pal, mate BRIT *fam*, buddy AM *fam*; **Veronika ist ein toller ~** Veronika is a fantastic friend

Ku·mu·la·ti·on <-, -en> [kumulaˈtsi̯oːn] *f* accumulation

ku·mu·lie·ren* [kumuˈliːrən] **I.** *vr* (*sich anhäufen*) ■ **sich ~** to accumulate **II.** *vt* ■ **etw ~** to amass sth

Ku·mu·lie·rung <-, -en> *f* accumulation

Ku·mu·lus·wol·ke *f* METEO cumulus [cloud]

künd·bar [ˈkʏntbaːɐ̯] *adj* ❶ (*sich kündigen lassend*) terminable; *Arbeitsvertrag* subject to termination [*or* notice]; ■ **[irgendwie] ~ sein** to be terminable in a certain way; **Angestellte sind nur unter Einhaltung bestimmter Fristen ~** employees can only be dismissed after a certain period of notice; **ältere Mitarbeiter sind nicht mehr ~** older employees can no longer be dismissed ❷ JUR (*Möglichkeit der Kündigung enthaltend*) subject to notice; **bei der Police handelt es sich um einen nach fünf Jahren ~en Vertrag** the policy involves a contract that is subject to five years notice; **das Abonnement ist nur mit Dreimonatsfrist ~** the subscription can only be terminated with three months notice

Kun·de <-, *selten* -en> [ˈkʊndə] *f kein pl* (*veraltend geh*) news + *sing vb*, tidings *npl*; **jdm eine betrübliche/erfreuliche ~ bringen** to have some bad/good news for sb; **von etw ~ erhalten** to receive news about sth; **von etw ~ geben** [*o*

ablegen] to bear witness to sth

Kun·de, Kun·din <-n, -n> ['kʊndə, 'kʊndɪn] *m, f* ❶ (*Käufer*) customer; (*für Dienstleistungen*) client ❷ (*pej fam: Kerl*) customer *pej fam;* **ein ganz übler ~ sein** to be a real nasty customer

kün·den ['kʏndn̩] I. *vt* ❶ (*geh: ver~*) ■**etw ~** to presage sth *form* ❷ SCHWEIZ (*kündigen*) to resign II. *vi* (*geh: Zeugnis von etw ablegen*) ■**von etw ~** to bear witness to sth

Kun·den·be·ra·ter(in) *m(f)* customer consultant **Kun·den·be·ra·tung** *f* customer advisory service

Kun·den·dienst *m* ❶ *kein pl* (*Service*) after-sales [*or* customer] service ❷ (*Stelle für Service*) customer support office

Kun·den·dienst·ab·tei·lung *f* customer service department **Kun·den·dienst·mit·ar·bei·ter(in)** *m(f)* customer service employee **Kun·den·dienst·netz** *nt* customer service [*or* support] network

Kun·den·fang *m kein pl* (*pej*) touting for customers *pej;* **auf ~ gehen** to go out touting for customers *pej* **Kun·den·kar·te** *f* ÖKON store card **Kun·den·kar·tei** *f* customer file **Kun·den·kreis** *m* customers *pl;* (*bei Dienstleistungen*) clients *pl,* clientele **Kun·den·num·mer** *f* customer account number **Kun·den·ori·en·tie·rung** *f kein pl* ÖKON customer-oriented approach **Kun·den·stock** *m* ÖSTERR customers *pl* **Kun·den·zeit·schrift** *f* customer magazine

kund|ge·ben *vt irreg* (*geh*) ■[**jdm**] **etw ~** to make sth known [*or* announce sth] [to sb]; **den Behörden eine Demonstration ~** to announce a demonstration to the authorities

Kund·ge·bung <-, -en> *f* POL rally, demonstration

kun·dig ['kʊndɪç] *adj* ❶ (*geh: sach~*) knowledgeable, well-informed; **sie ist ~er als ihr Vorgänger** she's better informed than her predecessor; **sich in einer S./auf einem Gebiet ~ machen** to inform oneself about sth/a subject ❷ (*veraltend geh: etw beherrschen*) ■**einer S.** *gen* **~ sein** to be an adept at sth

kün·di·gen ['kʏndɪgn̩] I. *vt* ❶ (*Arbeitsverhältnis vorschriftsmäßig beenden*) ■**etw ~** to hand in one's notice, to quit; **seine Arbeit/seinen Job/seine Stelle ~** to hand in one's notice ❷ (*die Aufhebung von etw anzeigen*) to cancel, to terminate; ■[**jdm**] **etw ~** to give [sb] notice of cancellation with regards to sth; **Zeitschriftenabonnements können nur mit einer Frist von drei Monaten gekündigt werden** magazine subscriptions can only be cancelled by giving three months notice; **etw unter Einhaltung der Frist ~** to cancel sth by observing the period of notice; **ich habe der Vermieterin die Wohnung gekündigt** I've given the landlady notice that I'm vacating [the flat] ❸ FIN ■[**jdm**] **etw ~** to give [sb] notice of withdrawal of sth; **ich habe erst mal 4.000 Euro von meinem Sparbuch gekündigt** I've given notice to withdraw 4,000 euros from my savings book; **jdm den Kredit ~** to discontinue sb's credit ❹ (*die Entlassung ankündigen*) ■**jdn ~** to dismiss [*or* lay off] sb *sep;* **jdn fristlos ~** to dismiss sb instantly; **laut Vertrag kann man sie nur mit einer Frist von sechs Monaten ~** according to the contract she has to be given six months notice II. *vi* ❶ (*das Ausscheiden ankündigen*) ■[**jdm**] **~** to hand in one's notice [to sb]; **sie hat ihrem Arbeitgeber gekündigt** she handed in her notice to her employer; ■**bei jdm ~** to give sb one's notice ❷ (*die Entlassung ankündigen*) ■**jdm ~** to give sb his/her notice, to lay off sb *sep* ❸ JUR ■**jdm ~** to give sb notice to quit; **die Vermieterin hat mir gekündigt** the landlady gave me notice to quit; **denke daran, dass du dem Vermieter mit Dreimonatsfrist ~ musst** don't forget you have to give the landlord three months notice

Kün·di·gung <-, -en> *f* ❶ (*das Kündigen*) cancelling ❷ JUR cancellation; **die ~ der Versicherung ist erst nach einem Jahr möglich** you can only cancel the insurance after a year ❸ FIN notice of withdrawal; **der Betrag kann erst nach erfolgter ~ abgehoben werden** the amount can only be withdrawn after having given prior notice; **wenn sich die Ertragslage eines Unternehmens verschlechtert, kann es zur ~ des Kredites durch die Bank kommen** if the profitability of a firm deteriorates the bank may withdraw credit ❹ (*Beendigung des Arbeitsverhältnisses durch den Arbeitnehmer*) handing in [*or* giving] one's notice; **was hat dein Chef zu deiner ~ gesagt?** what did your boss say about your handing in your notice?; (*durch den Arbeitgeber*) dismissal; **die ~ eines älteren Arbeitnehmers ist kaum noch möglich** it is almost impossible to dismiss older employees any more; **mit seiner ~ rechnen** to expect to be fired

Kün·di·gungs·frist *f* period of notice **Kün·di·gungs·grund** *m* grounds [*or* reason] for giving notice; **ohne ~ kann keinem Beschäftigten gekündigt werden** no employee can be given notice without reason **Kün·di·gungs·schutz** *m* protection against unfair dismissal

Kun·din <-, -nen> *f fem form von* **Kunde**

Kund·schaft <-, -en> ['kʊntʃaft] *f* ❶ (*Kundenkreis*) customers *pl;* (*bei Dienstleistungen*) clientele ❷ (*Kunden*) customers *pl,* clients *pl,* clientele

Kund·schaf·ter(in) <-s, -> *m(f)* MIL (*veraltend*) scout

kund|tun *vt irreg* (*veraltend geh*) ■[**jdm**] **etw ~** to make sth known [to sb]

künf·tig ['kʏnftɪç] I. *adj* ❶ (*zu~*) future, prospective; **jds ~e Ehefrau/~er Ehemann** sb's future wife/husband ❷ (*kommend*) future, to come; **~e Generationen** generations to come II. *adv* (*in Zukunft*) in [*or* AM in the] future; **etw ~ vermeiden** to avoid sth in future

Kun·ge·lei <-, -en> [kʊŋə'lai] *f* (*pej fam*) wheeling and dealing *pej fam;* **geheime ~** secret wheeling and dealing

kun·geln ['kʊŋl̩n] *vi* (*pej fam*) ■**mit jdm** [**um etw**] **~** to strike a bargain with sb [about sth]

Kunst <-, Künste> [kʊnst, *pl* 'kʏnstə] *f* ❶ KUNST art; **abstrakte ~** abstract art; **die bildende ~** graphic art; **die schönen Künste** the fine arts ❷ *kein pl* (*Schulfach*) art ❸ (*Fertigkeit*) art, skill; **das ist eine ~ für sich** that's an art in itself; **die schwarze ~** black magic; **eine brotlose ~ sein** (*fam*) to be unprofitable; **Dichten ist eine brotlose ~** there's no money in poetry; **mit seiner ~ am Ende sein** to be at a total loss; **seine ~ an etw versuchen** *dat* to try one's hand at sth ▶ WENDUNGEN: **das ist** [*o* **darin besteht**] **die ganze ~** that's all there is to it; **was macht die ~?** (*fam*) how's it going?, BRIT *a.* how are tricks?; **keine ~ sein** (*fam*) to be easy [*or* simple] [*or* nothing]

Kunst·aka·de·mie *f* academy of arts, art college **Kunst·aus·stel·lung** *f* art exhibit[ion] **Kunst·ba·nau·se** *m* (*pej*) philistine *pej* **Kunst·druck** *m* art print[ing] **Kunst·dün·ger** *m* artificial fertilizer [*or* manure] **Kunst·er·zie·her(in)** *m(f)* (*geh*) art teacher **Kunst·er·zie·hung** *f* (*geh*) art **Kunst·fa·ser** *f* synthetic fibre [*or* AM -er] **Kunst·feh·ler** *m* malpractice, professional error **kunst·fer·tig** I. *adj* (*geh*) skilful BRIT, skillful AM, expert II. *adv* skilfully BRIT, skillfully AM **Kunst·fer·tig·keit** *f* (*geh*) skill, skilfulness BRIT, skillfullness AM, craftsmanship **Kunst·film** *m* artistic film; (*als Teil einer Reihe a.*) genre film **Kunst·flug** *m* aerobatics + *sing vb* **Kunst·freund(in)** *m(f)* art lover **Kunst·ga·le·rie** *f* art gallery **Kunst·gat·tung** *f* KUNST genre **Kunst·ge·gen·stand** *m* objet d'art **kunst·ge·recht** *adj* skilful BRIT, skillful AM, expert; **sie legte ihm einen ~en Kopfverband an** she expertly bandaged his head **Kunst·ge·schich·te** *f* ❶ *kein pl* (*Geschichte der Kunst*) history of art, art history ❷ (*Werk über ~*) work on the history of art **Kunst·ge·wer·be** *nt kein pl* ❶ (*Wirtschaftszweig*) arts and crafts ❷ (*kunstgewerbliche Gegenstände*) crafts **kunst·ge·werb·lich** *adj* craft; **~e Erzeugnisse** craft products, crafts **Kunst·griff** *m* trick, dodge **Kunst·han·del** *m* art trade **Kunst·händ·ler(in)** *m(f)* art dealer **Kunst·hand·werk** *nt kein pl* KUNST, ÖKON craft[work] *no pl* **Kunst·harz** *nt* synthetic resin **Kunst·herz** *nt* artificial heart **Kunst·his·to·ri·ker(in)** *m(f)* KUNST, HIST, SCH art historian **kunst·his·to·risch** I. *adj* art-

K

historical; **ein ~es Werk** an art-historical work **II.** *adv* as far as the history of art is concerned; **diese Veröffentlichung ist ~ von großem Interesse** this publication is of great interest as far as the history of art is concerned; **sie ist ~ interessiert** she is interested in art history **Kụnst·ho·nig** *m* artificial honey **Kụnst·ken·ner(in)** *m(f)* art connoisseur **Kụnst·kri·ti·ker(in)** *m(f)* art critic **Kụnst·le·der** *nt* imitation leather **Kụnst·le·der·ses·sel** *m* imitation [*or* artificial] leather armchair **Kụnst·leh·rer(in)** *m(f)* art teacher

Künst·ler(in) <-s, -> ['kʏnstlɐ] *m(f)* ❶ (*bildender ~*) [visual] artist, artiste; **freischaffender ~** free-lance artist ❷ (*Könner*) genius, wizard

künst·le·risch ['kʏnstlərɪʃ] *adj* artistic; **eine ~e Begabung** an artistic talent

Kụnst·ler·ko·lo·nie *f* colony of artists **Kụnst·ler·na·me** *m* pseudonym; *Schauspieler* stage name **Kụnst·ler·pech** *nt kein pl* (*hum fam*) hard luck *no pl*

künst·lich ['kʏnstlɪç] **I.** *adj* ❶ (*industriell hergestellt*) artificial, synthetic; **~e Wimpern/Zähne** false lashes/teeth; **ist der Rubin echt oder ~?** is that an imitation ruby or a genuine one? ❷ (*nicht natürlich*) artificial ❸ MED (*nicht natürlich erfolgend*) artificial; **~e Befruchtung** artificial insemination ❹ (*fam: aufgesetzt*) feigned, false, faked, spurious; **~ Erregung** feigned excitement; ■**~ sein** to be affected [*or* feigned]; **ob ihre Erregung echt oder nur ~ ist?** I wonder if she's really excited or just putting it on **II.** *adv* ❶ (*fam: beabsichtigt*) affectedly; **rege dich doch nicht ~ auf, so schlimm ist es nicht!** stop making out you're upset, it's not that bad!, stop getting all worked up about nothing! ❷ (*industriell*) artificially, synthetically ❸ (*mit Hilfe von Apparaten*) artificially

Kụnst·licht *nt* artificial light **Kụnst·lieb·ha·ber(in)** *m(f)* KUNST art lover **Kụnst·lied** *nt* art song **Kụnst·ma·ler(in)** *m(f)* (*geh*) artist, painter **Kụnst·ne·bel** *m* dry ice *no pl* **Kụnst·pau·se** *f* deliberate [*or* dramatic] pause, pause for effect; **eine ~ machen** to pause deliberately **Kụnst·pro·dukt** *nt* artificial product **Kụnst·rich·tung** *f* KUNST trend in art **Kụnst·samm·lung** *f* art collection **Kụnst·schät·ze** *pl* art treasures *pl* **Kụnst·schnee** *m* artificial [*or* synthetic] snow **kụnst·sin·nig** *adj* (*geh*) appreciative of art; ■**~ sein** to be appreciative of art **Kụnst·spra·che** *f* artificial language

Kụnst·stoff *m* synthetic material, plastic

Kụnst·stoff·fo·lie^RR^ *f*, **Kụnst·stoffo·lie**^ALT^ *f* plastic foil **Kụnst·stoff·ge·häu·se** *nt* plastic housing **Kụnst·stoff·pan·zer** *m* SPORT plastic protector **Kụnst·stoff·ra·sen** *m* synthetic lawn

Kụnst·stück *nt* ❶ (*artistische Leistung*) trick ❷ (*schwierige Leistung*) feat; **kein ~ sein** to not be anything special; **das ist doch kein ~!** there's nothing to it!, it's a piece of cake! [*or* BRIT *a.* doddle!]; **~!** (*iron*) so what! **Kụnst·tisch·ler(in)** *m(f)* cabinetmaker **Kụnst·un·ter·richt** *m* art lesson[s] **Kụnst·ver·stand** *m* appreciation of art **kụnst·ver·stän·dig** *adj* appreciative of art; **ich sehe, dass Sie ein ~er Mensch sind** I see you're a person who appreciates art **kụnst·voll** **I.** *adj* ornate, elaborate, artistic **II.** *adv* ornately **Kụnst·werk** *nt* work of art **Kụnst·wis·sen·schaft** *f* aesthetics + *sing vb*, AM *a.* esthetics + *sing vb* **Kụnst·wort** *nt* invented [*or* coined] word

kun·ter·bunt ['kʊntebʊnt] **I.** *adj* ❶ (*vielfältig*) varied ❷ (*sehr bunt*) multi-coloured [*or* AM -colored] ❸ (*wahllos gemischt*) motley; **ein ~es Durcheinander** a jumble **II.** *adv* (*ungeordnet*) **~ durcheinander** completely jumbled up

Kup·fer <-s, -> ['kʊpfɐ] *nt* ❶ *kein pl* CHEM copper *no pl* ❷ (*Kupferstich*) copperplate engraving [*or* print]; **etw in ~ stechen** to engrave [*or* etch] sth on copper

Kụp·fer·dach *nt* copper roof **Kụp·fer·draht** *m* copper wire **kụp·fer·hal·tig** *adj inv* GEOL, CHEM containing copper *pred*, cupriferous *spec*; **die Lösung ist ~** the [*or* this] solution contains copper, this is a cupriferous *spec* solution **Kụp·fer·ka·bel** *nt* copper cable **Kụp·fer·mün·ze** *f* copper coin

kup·fern ['kʊpfɐn] *adj* copper

Kụp·fer·rohr *nt* copper pipe **Kụp·fer·schmied(in)** *m(f)* coppersmith **Kụp·fer·ste·cher(in)** <-s, -> *m(f)* copperplate engraver **Kụp·fer·stich** *m* copperplate engraving [*or* print]

Ku·pon <-s, -s> [ku'põ:] *m s.* **Coupon**

Kup·pe <-, -n> ['kʊpə] *f* ❶ (*Bergkuppe*) [rounded] hilltop ❷ (*Straßenwölbung*) hump, crest ❸ (*Fingerkuppe*) tip

Kup·pel <-, -n> ['kʊpl̩] *f* dome, cupola

Kụp·pel·dach *nt* domed roof

Kup·pe·lei <-, -en> [kʊpə'lai] *f* JUR procuration

kup·peln¹ ['kʊpl̩n] *vi* AUTO to operate the clutch

kup·peln² ['kʊpl̩n] *vt* ■**etw an etw ~** *akk* to couple sth to sth

Kupp·ler(in) <-s, -> ['kʊplɐ] *m(f)* (*pej*) matchmaker

Kupp·lung <-, -en> ['kʊplʊŋ] *f* ❶ AUTO clutch; **die ~ kommen lassen** to let the clutch out, to release the clutch; **die ~ schleifen lassen** to let the clutch slip; **die ~ treten** [*o* **durchtreten**] to depress [*or sep* push down] the clutch; **die ~ ganz durchtreten** to depress the clutch fully, to push down the clutch all the way ❷ (*Anhängevorrichtung*) coupling

Kụpp·lungs·be·lag *m* clutch lining **Kụpp·lungs·pe·dal** *nt* clutch pedal **Kụpp·lungs·schei·be** *nt* clutch plate **Kụpp·lungs·seil** *nt* clutch cable

Kur <-, -en> [ku:ɐ̯] *f* ❶ (*Heilverfahren*) course of treatment; **in** [*o* **zur**] **~ fahren** to go to a health resort; **zur ~ sein** to stay at a health resort; **eine ~ machen, sich einer ~ unterziehen** to undergo a course of treatment; **jdn zur ~ schicken** to send sb to a health resort ❷ (*Haarkur*) conditioner

Kür <-, -en> [ky:ɐ̯] *f* SPORT free style [*or* section]; **eine ~ laufen/tanzen/turnen** to complete the free section

Kur·an·trag *m* application for a course of treatment **Kur·arzt, -ärz·tin** *m, f* doctor at a health resort [*or* spa]

Ku·ra·tor(in) <-s, -toren> [ku'ra:to:ɐ̯, *pl* kura'to:rən] *m(f)* ❶ (*Treuhänder*) trustee ❷ (*Museum*) curator ❸ SCH (*Justitiar*) registrar ❹ (*veraltet: Vormund*) guardian

Ku·ra·to·ri·um <-s, -rien> [kura'to:ri̯ʊm, *pl* -ri̯ən] *nt* committee

Kur·auf·ent·halt *m* stay at a health resort

Kur·bel <-, -n> ['kʊrbl̩] *f* crank; *altes Automobil* starting handle

kur·beln ['kʊrbl̩n] **I.** *vi* (*die Kurbel drehen*) to wind, to crank **II.** *vt* (*mit der Kurbel bewegen*) ■**etw ~** to wind sth; **kurble bitte die Markise über die Terrasse** wind the awning down over the terrace, please

Kur·bel·wel·le *f* crankshaft

Kür·bis <-ses, -se> ['kʏrbɪs] *m* ❶ BOT pumpkin ❷ (*sl: Kopf*) nut *sl*

Kụr·bis·kern *m* pumpkin seed **Kụr·bis·kern·öl** *nt* pumpkin seed oil

Kur·dau·er *f* duration of the course of treatment **Kur·di·rek·tor(in)** *m(f)* manager of a health resort

Kur·disch ['kʊrdɪʃ] *nt decl wie adj* Kurdish; *s. a.* **Deutsch**

kur·disch ['kʊrdɪʃ] *adj* Kurdish; *s. a.* **deutsch**

Kur·di·sche <-n> ['kʊrdɪʃə] *nt* ■**das ~** Kurdish, the Kurdish language; *s. a.* **Deutsche**

ku·ren ['ku:rən] *vi* (*fam*) to go on a health cure

kü·ren <kürte *o selten* kor, gekürt> ['ky:rən] *vt* (*geh*) ■**jdn** [**zu etw**] **~** to elect sb to [*or* choose sb for] sth; **sie wurde von der Jury zur besten Eisläuferin gekürt** she was chosen by the judges as the best ice-skater

Kur·fürst *m* HIST elector

Kur·fürs·ten·tum *nt* HIST electorate

Kur·gast *m* visitor to a health resort **Kur·haus** *nt* assembly rooms [at a health resort]

Ku·rie <-, -n> ['ku:ri̯ə] *f* REL Curia

Ku·ri·en·kar·di·nal *m* REL cardinal of the Roman curia

Ku·rier <-s, -e> [ku'ri:ɐ̯] *m* ❶ (*Bote*) courier, messenger ❷ (*Schnelllieferant*) courier ❸ (*Überbringer*) courier; **er hat für die Mafia den ~ gemacht und Drogen geschmuggelt** he was a drugs runner for the Mafia

Ku·rier·dienst *m* (*Dienstleistung*) courier service; (*Firma*) courier firm

ku·rie·ren* [ku'ri:rən] *vt* ❶ (*heilen*) ■**jdn [von etw]** ~ to cure sb [of sth] ❷ (*fam: befreien*) ■**jdn von jdm/etw** ~ to cure sb of sb/sth; **dieser Schock hat sie von ihren Fantastereien kuriert** this shock cured her of her fantasies; ■**[von jdm/etw] kuriert sein** to have got over [*or* be cured of] [sb/sth]; **ich bin von ihm kuriert** I've got over him

ku·ri·os [ku'ri̯o:s] **I.** *adj* (*geh*) curious, odd, strange, funny **II.** *adv* (*geh*) curiously, oddly; **warum bist du so ~ gekleidet?** why are you dressed so oddly?

Ku·ri·o·si·tät <-, -en> [kuri̯ozi'tɛ:t] *f* (*geh*) ❶ (*Merkwürdigkeit*) oddity, peculiarity ❷ (*merkwürdiger Gegenstand*) curiosity

Ku·ri·o·sum <-s, Kuriosa> [ku'ri̯o:zʊm, *pl* -za] *nt s.* **Kuriosität 1**

Kur·kon·zert *nt* concert at a health resort

Kur·ku·ma ['kʊrkuma, *pl* -'ku:mən] *nt* BOT curcuma

Kurkuma *f kein pl* turmeric

Kur·mit·tel *nt* health resort treatment **Kur·ort** *m* health resort, spa **Kur·park** *m* gardens of a health resort **Kur·pfu·scher(in)** *m(f)* (*pej fam*) quack *pej fam* **Kur·pfu·sche·rei** [ku:ɐ̯pfʊʃə'rai] *f kein pl* (*pej fam*) quackery *pej fam* **Kur·pfu·sche·rin** <-, -nen> *f fem form von* **Kurpfuscher**

Kurs[1] <-es, -e> [kʊrs, *pl* 'kʊrzə] *m* ❶ LUFT, NAUT (*Richtung*) course; **jdn/etw vom ~ abbringen** to put sb/sth off course; **der Sturm hat uns um drei Grad vom ~ abgebracht** the storm has put us off course by three degrees; **vom ~ abkommen** to deviate from one's/its course; **den/seinen ~ beibehalten** [*o* **halten**] to maintain [one's] course; **auf bestimmten ~ gehen** to set a certain course; **wenn wir auf südsüdöstlichen ~ gehen, müssten wir die Insel in drei Tagen erreichen** if we set a south-south-easterly course we should reach the island in three days; **~ auf etw haben** *akk* to be heading for sth; **~ auf etw nehmen** *akk* to set course for sth; **einen [bestimmten] ~ steuern** to steer a certain course; **es war nicht mehr feststellbar, welchen ~ das Schiff steuerte** it was no longer possible to determine which course the ship was steering; **den ~ wechseln** to change course ❷ (*Zielsetzung*) course; **jdn vom ~ abbringen** to throw sb off course; **den/seinen ~ beibehalten** to maintain [one's] course; **jdn auf ~ bringen** to bring sb into line; **ihre Kollegen werden sie schon auf ~ bringen** their colleagues will bring them into line; **einen bestimmten ~ einschlagen** to take a certain course; (*politische Linie*) policy, course; **harter/weicher ~** hard/soft line ❸ (*Wechselkurs*) exchange rate; **der ~ Dollar zu Euro steht im Moment bei eins zu 1,75** the exchange rate between the dollar and the euro is currently 1.75; **zu einem bestimmten ~** at a certain rate; **Schwarzhändler tauschen dir den Euro zu einem günstigen ~** you'll get a favourable rate for your euros on the black market; **etw außer ~ setzen** to take sth out of circulation; **Zahlungsmittel, die außer ~ gesetzt wurden, sind nicht länger gültig** currency taken out of circulation is no longer valid ❹ BÖRSE (*Marktpreis*) price; **die Maßnahmen der Bundesbank haben die ~e einiger Aktien gestärkt** measures taken by the Bundesbank have strengthened the price of some shares; **hoch im ~ [bei jdm] stehen** (*a. fig*) to be very popular [with sb] *a. fig,* to be at a high rate; **antike Vasen stehen derzeit hoch im ~** antique vases are currently very popular; **im ~ fallen** to fall [*or* drop] in price; **die Aktien der Schlüter AG sind letztens etwas im ~ gefallen** Schlüter AG shares have fallen somewhat recently

Kurs[2] <-es, -e> [kʊrs, *pl* 'kʊrzə] *m* (*Lehrgang*) course, class; **einen ~ [in etw** *dat*] **besuchen** to attend a course [in sth]

Kurs·ab·wei·chung *f* course deviation **Kurs·än·de·rung** *f* change in course **Kurs·an·stieg** *m* rise in [market] prices

Kurs·be·ginn *m* commencement of a course; **~ ist der 01.04.** the course starts on 01/04

Kurs·bei·be·hal·tung *f* staying on course; **bei schlechtem Wetter ist die ~ schwierig** maintaining course is difficult in bad weather; **der Autopilot sorgt für die ständige ~** the autopilot keeps the course constant **Kurs·buch** *nt* [railway] timetable

Kur·schat·ten *m* (*hum fam*) romance at a health resort

Kürsch·ner(in) <-s, -> ['kʏrʃnɐ] *m(f)* furrier

Kurs·dau·er *f* course duration

Kur·se ['kʊrzə] *pl von* **Kursus**

Kurs·ein·bruch *f* ÖKON slump [*or* sharp [*or* sudden] fall] in prices; **der Dollar erlitt einen ~** the value of the dollar slumped [*or* fell sharply]

Kurs·en·de *nt* end of a course

kur·sie·ren* [kʊr'zi:rən] *vi* ❶ (*umgehen*) ■**[unter jdm]** ~ to circulate [*or* go around] [among people]; **da ~ vielleicht Gerüchte unter den Studenten!** rumours are really circulating among the students! ❷ (*umlaufen*) ■**[irgendwo]** ~ to be in circulation [somewhere]; **seit einiger Zeit ~ in der Stadt falsche Hundertmarkscheine** forged one hundred mark notes have been in circulation in the town for some time

kur·siv [kʊr'zi:f] **I.** *adj* italic; ■**~ sein** to be in italics **II.** *adv* in italics

Kur·si·ve <-, -n> [kʊr'zi:və] *f,* **Kur·siv·schrift** [kʊr'zi:f-] *f* italics

Kurs·kor·rek·tur *f* course correction

Kurs·lei·ter(in) *m(f)* course director

Kurs·no·tie·rung *f* ÖKON quoted price, [price] quotation

kur·so·risch [kʊr'zo:rɪʃ] **I.** *adj* (*geh*) cursory **II.** *adv* (*geh*) cursorily

Kurs·rück·gang *m* BÖRSE fall [*or* decline] in prices [*or* the exchange rate]; **der ~ hat verheerende Wirkung auf die Wirtschaft des armen Landes** the fall in the exchange rate had a devastating effect on the economy of the poor country **Kurs·schwan·kun·gen** *pl* BÖRSE price fluctuation **Kurs·stei·ge·rung** *f* BÖRSE rise [*or* increase] in prices [*or* the exchange rate]; **durch die ~ wurde er noch reicher als zuvor** thanks to the rise in the exchange rate [*or* prices], he was even richer than before

Kur·stadt *f* spa town

Kurs·teil·neh·mer(in) *m(f)* course participant, participant in a course

Kur·sus <-, Kurse> ['kʊrzʊs, *pl* 'kʊrzə] *m* (*geh*) *s.* **Kurs**[2]

Kurs·ver·lust *m* BÖRSE price loss, loss on the exchange **Kurs·wa·gen** *m* BAHN through coach

Kur·ta·xe *f* health resort tax on visitors

Kur·ti·sa·ne <-, -n> [kʊrti'za:nə] *f* HIST courtesan

Kur·tscha·to·vi·um <-s> [kʊrtʃa'to:vi̯ʊm] *nt kein pl* CHEM kurtschatovium

Kur·ve <-, -n> ['kʊrvə] *f* ❶ TRANSP bend; **aus der ~ fliegen** (*fam*) to leave the road on the bend; **sich in die ~ legen** to lean into the bend; **eine ~ machen** to bend; **die Straße macht eine scharfe ~** the road bends sharply; **die ~ schneiden** to cut the corner ❷ (*gekrümmte Linie*) curve; **die Temperatur wird in einer ~ aufgezeichnet** the temperature is recorded in a curve ❸ *pl* (*fam: Körperrundung*) curves *pl;* **du darfst nicht nur auf ihre ~n schauen, sie hat doch auch andere Qualitäten** you shouldn't just look at her curves, she has other qualities too ▸ WENDUNGEN: **die ~ kratzen** (*fam*) to clear off; **die ~ kriegen** (*fam*) to get around to doing sth

kur·ven ['kʊrvn̩] *vi sein* (*fam*) ❶ (*sich in einer gekrümmten Linie bewegen*) to turn; **der Radfahrer kam plötzlich um die Ecke gekurvt** the cyclist suddenly turned the corner; **was kurvt der Flieger so niedrig über der Gegend?** why is the pilot circling so low over the area? ❷ (*ziellos fahren*) ■**durch etw ~** to drive around sth; **wir sind ein paar Wochen durch Spanien gekurvt** we drove around Spain for a few weeks

Kur·ven·li·ne·al *nt* curve template **kur·ven·reich** *adj* ❶ (*viele Kurven aufweisend*) winding, full of bends, curvy; ■**~ sein** to be winding; **im Gebirge sind Straßen ~er** there are more

K

bends in mountain roads ❷ (*hum fam: weibliche Formen habend*) shapely

Kur·ver·wal·tung *f* administrative authority of a health resort

kur·vig ['kʊrvɪç] *adj s.* **kurvenreich 1**

kurz <kürzer, kürzeste> [kʊrts] **I.** *adj* ❶ (*räumlich von geringer Länge*) short; ■ **[zu] ~ sein** to be [too] short; **das Kleid ist doch ein wenig ~** the dress is a little short; *s. a.* **Hose** ❷ (*zeitlich von geringer Länge*) brief, short; **ein ~er Blick reichte** a brief glance was sufficient; **die Pause von fünf Minuten war mir einfach zu ~** the five minute break was simply too short for me; *s. a.* **Gedächtnis** ❸ (*knapp*) brief; **bitte etwas kürzer** please be a little briefer; **der Artikel war zwar ~, aber dafür umso prägnanter** although the article was short, it was all the more succinct for it; **~ und bündig** brief and succinct; *s. a.* **Wort** ❹ (*nicht lang betont*) short; **~e Silben** short syllables ►WENDUNGEN: **[in etw *dat*] den Kürzeren ziehen** (*fam*) to come off worst **II.** *adv* ❶ (*räumlich*) short; **unsere Artillerie schießt zu ~!** our artillery is falling short!; **~ geschnitten** *attr* cut short *pred;* **mit ~ geschnittenen Haaren brauche ich nicht stundenlang vor dem Spiegel zu stehen** with my hair cut short I don't need to spend hours in front of the mirror; **das ~ geschnittene Haar steht dir besser** short hair suits you better; **[jdm] etw kürzer machen** MODE to shorten sth [for sb]; **können Sie mir die Hose etwas kürzer machen?** can you shorten my trousers for me? ❷ (*zeitlich*) for a short time; **etw ~ braten** to flash-fry sth; **sich ~ fassen, es ~ machen** to be brief; **jdn ~ sprechen** to have a quick word with sb; **bis vor ~em** up until a short while ago; **bis vor ~em hatte ich noch eine gute Meinung von ihr** I still had a good opinion of her up until a short while ago; **seit ~em** for a short while, lately; **wir sind erst seit ~em verlobt** we've only been engaged for a short while; **seit ~em kommt er sehr früh von der Arbeit** lately he's been coming home very early from work; **vor ~em** a short while [*or* time] ago; **~ bevor** just before; **~ gesagt** in a word; **~ nachdem** shortly after; **über ~ oder lang** sooner or later ❸ (*wenig*) shortly; **die Konferenz wird ~ vor Pfingsten stattfinden** the conference will take place shortly before Whitsun ►WENDUNGEN: **~ <u>angebunden</u> sein** (*fam*) to be abrupt [*or* curt] [*or* short-spoken]; **was bist du denn immer so ~ angebunden mit mir?** why are you always so abrupt with me?; **~ <u>entschlossen</u>** without a moment's hesitation; **wenn es um Entscheidungen geht, ist sie immer ~ entschlossen** when decisions have to be made there's never any hesitation on her part; **~ und <u>gut</u>** in a word; **~ und gut, ich bin pleite** in a word, I'm broke; **etw ~ und <u>klein</u> hauen** [*o* **schlagen**] (*fam*) to smash sth to pieces; **~ und <u>schmerzlos</u>** (*fam*) quick and painlessly, simply and plainly *fam;* **du bringst es ihr am besten ~ und schmerzlos bei, dass du ihr Geld verloren hast** you had best tell her straight out that you've lost her money; **[bei etw] <u>zu</u> ~ kommen** to lose out [with sth]; **Angst haben, <u>zu</u> ~ zu kommen** to be afraid one will miss out

Kurz·ar·beit *f kein pl* short-time work **kurz|ar·bei·ten** *vi* to work short-time **Kurz·ar·bei·ter(in)** *m(f)* short-time worker **kurz·är·me·lig, kurz·ärm·lig** *adj* short-sleeved **kurz·at·mig** *adj* short-winded; ■ **~ sein** to be short of breath **Kurz·brief** *m* brief memo

Kur·ze(r) ['kʊrtsə, -tsɐ] *m decl wie adj* (*fam*) ❶ (*Schnaps*) schnapps ❷ (*Kurzschluss*) short-circuit

Kür·ze <-, *selten* -n> ['kʏrtsə] *f* ❶ *kein pl* (*kurze räumliche Länge*) shortness ❷ *kein pl* (*kurze Dauer*) shortness; **in der ~ der zur Verfügung stehenden Zeit sind die Arbeiten nicht zu erledigen** the work cannot be completed in the short time available; **in ~** shortly, soon, in the near future ❸ *kein pl* (*Knappheit*) brevity, shortness; **in aller ~** very briefly ❹ LIT (*kurze Silbe*) short syllable ►WENDUNGEN: **in der ~ liegt die <u>Würze</u>** (*prov*) brevity is the soul of wit *prov*

Kür·zel <-s, -> ['kʏrtsl̩] *nt* ❶ (*stenografisches ~*) shorthand symbol ❷ (*Kurzwort*) abbreviation

kür·zen ['kʏrtsn̩] *vt* ❶ (*in der Länge verringern*) ■ **etw [um etw] ~** to shorten sth [by sth]; **können Sie mir die Hose um einen Zentimeter ~?** can you shorten these trousers for me by a centimetre? ❷ (*im Umfang verringern*) ■ **etw ~** to shorten sth; **ich habe meinen Artikel um die Hälfte gekürzt** I've shortened my article by fifty percent; **das Buch wurde vom Verlag auf lediglich 150 Seiten gekürzt** the publishers shortened the book to a mere 150 pages; **eine gekürzte Fassung eines Buches** the abridged edition of a book ❸ (*verringern*) ■ **etw [um/auf etw *akk*] ~** to cut [*or* reduce] [*or* slash] sth [by/to sth]; **die Opposition verlangt, den Etat um drei Prozent auf 289 Millionen Euro zu ~** the opposition is demanding that the budget be cut by three percent to 289 million euros ❹ MATH **einen Bruch ~** to reduce a fraction

kur·zer·hand ['kʊrtsɐ'hant] *adv* there and then, without further ado; **jdn ~ entlassen** to dismiss somebody on the spot

Kurz·fas·sung *f* abridged version; **in ~** in an abridged version; **in den Kurznachrichten werden die Meldungen des Tages noch einmal in ~ gebracht** in news bulletins the day's news is broadcast again in brief; **also, jetzt noch mal ganz ruhig und in ~, was ist passiert?** okay, just calm down and tell me briefly what happened **Kurz·film** *m* short film **Kurz·form** *f* shortened form **kurz·fris·tig** ['kʊrtsfrɪstɪç] **I.** *adj* ❶ (*innerhalb kurzer Zeit erfolgend*) at short notice; **bei ~er Bestellung des Artikels können wir Ihnen Lieferung bis zum 31. zusagen** if the item is ordered quickly we can promise delivery by the 31st; **jds ~e Anreise** sb's sudden arrival; **die ~e Programmänderung bitten wir zu entschuldigen** we apologize for the programme alteration that occurred at such short notice; **Ihre Zusage war zu ~** you didn't give enough notice for your consent ❷ (*für kurze Zeit geltend*) short-term, of short duration; **ich kann mir nur einen ~en Urlaub genehmigen** I can only permit myself a short holiday; **die ~e Wettervorhersage** the short-range weather forecast **II.** *adv* ❶ (*innerhalb kurzer Zeit*) within a short [period of] time; **wegen unvorhergesehener Probleme mussten wir den Plan ~ ändern** because of unforeseen problems we had to change the plan at short notice; **jdn etw ~ wissen lassen** to let sb know without delay ❷ (*für kurze Zeit*) briefly, for a short time; **wir unterbrechen unser Programm ~ für eine wichtige Durchsage** we are briefly interrupting our programme for an important announcement; **~ gesehen** viewed in the short term **Kurz·ge·schich·te** *f* short story **kurz·haa·rig** *adj* short-haired; **eine ~e Frisur** a short haircut **kurz|hal·ten** *vt irreg* **jdn ~** to keep sb short **kurz·le·big** ['kʊrtsle:bɪç] *adj* ❶ (*nicht lange lebend*) short-lived, ephemeral; **ich möchte keine ~en Bäume im Garten** I don't like trees in the garden that only live for a short time; ■ **~ sein** to be short-lived ❷ MODE (*nur vorübergehend modisch*) short-lived; **diese engen Hosen haben sich als ~ herausgestellt** these narrow trousers have proved to be short-lived ❸ ÖKON (*nicht lange haltend*) non-durable, perishable; ■ **~ sein** to be non-durable; **Konsumgüter werden immer ~er** consumer goods are becoming less and less durable ❹ NUKL (*nur kurze Zeit existierend*) having a short life; **~e Teilchen** particles that have a short life

kürz·lich ['kʏrtslɪç] *adv* recently, not long ago

Kurz·mel·dung *f* newsflash **Kurz·nach·rich·ten** *pl* news in brief + *sing vb,* summary of the news **Kurz·par·ker(in)** <-s, -> *m(f)* short-term parking; **die Parkplätze sind für ~ bestimmt** the parking spaces are for short-term parking; **nur für ~** short-term parking only

kurz|schlie·ßen *irreg* **I.** *vt* (*unter Umgehung verbinden*) ■ **etw ~** to short-circuit sth **II.** *vr* (*sich in Verbindung setzen*) ■ **sich mit jdm ~** to get in touch with sb

Kurz·schluss[RR] *m* ❶ ELEK short-circuit; **einen ~ haben** to short-circuit ❷ PSYCH (*Affekthandlung*) panic, moment of madness, rash action

Kurz·schluss·re·ak·ti·on^RR *f* knee-jerk reaction

Kurz·schrift *f* shorthand, stenography **kurz·sich·tig** I. *adj* ① (*an Kurzsichtigkeit leidend*) short [*or esp* AM near]-sighted ② (*einen begrenzten Horizont habend*) short-sighted, myopic II. *adv* (*beschränkt*) in a short-sighted manner; **du denkst zu** ~ you're too short-sighted in your thinking **Kurz·sich·tig·keit** <-, -en> *f* ① (*Art der Fehlsichtigkeit*) short-sightedness, myopia ② (*beschränkte Art*) short-sightedness

Kurz·stre·cken·flug *m* LUFT short-haul flight **Kurz·stre·cken·läu·fer(in)** *m(f)* sprinter **Kurz·stre·cken·ra·ke·te** *f* short-range missile

kurz|tre·ten *vi irreg* (*fam*) to go easy *fam*, to mark time

kurz·um [kʊrts'ʔʊm] *adv* in a word, in short, to cut a long story short

Kür·zung <-, -en> *f* ① (*das Kürzen*) abridgement, shortening; **nach einer ~ um 15 bis 20 Prozent können wir diesen Artikel veröffentlichen** we will be able to publish this article once it has been shortened by 15 to 20 percent ② FIN (*Verringerung*) cut, reduction, curtailment; **eine ~ des Etats ist leider nicht zu vermeiden** unfortunately a budget cut is unavoidable

Kurz·ur·laub *m* short holiday **Kurz·wa·ren** *pl* haberdashery BRIT, dry goods AM, notions AM **Kurz·wa·ren·ge·schäft** *nt* ÖKON haberdashery [shop] BRIT, dry goods store AM

Kurz·weil *f* pastime, diversion, amusement; **aus** [*o* **zur**] ~ for amusement; **etw aus** [*o* **zur**] ~ **machen** to pass the time idly with sth

Kurz·wel·le *f* short wave **Kurz·wel·len·sen·der** *m* short-wave transmitter **Kurz·wort** *nt* abbreviation, abbreviated word, contraction **Kurz·zeit·ge·dächt·nis** *m* short-term memory

kusch [kʊʃ] *interj* ① (*an Hund: brav!*) [lie] down! ② ÖSTERR (*an Menschen: still!*) [be] quiet!

ku·sche·lig ['kuʃəlɪç] *adj* (*fam*) cosy BRIT, cozy AM, snug

ku·scheln ['kʊʃl̩n] I. *vr* (*fam: sich schmiegen*) ■**sich an jdn** ~ to cuddle [*or* snuggle] up to sb; ■**sich in etw** ~ *akk* to snuggle up in sth II. *vi* (*schmusen*) ■[**mit jdm**] ~ to cuddle up to [sb]

Ku·schel·tier *nt* cuddly toy

ku·schen ['kʊʃn̩] *vi* ■[**bei jdm**] ~ to knuckle under [to sb], to obey [sb]

Ku·si·ne <-, -n> [ku'zi:nə] *f fem form von* **Cousin** cousin

Kuss^RR <-es, Küsse> *m*, **Kuß**^ALT <-sses, Küsse> [kʊs, *pl* 'kʏsə] *m* kiss; **jdm einen ~ geben** to give sb a kiss

Küss·chen^RR <-s, -> ['kʏsçən] *nt* brief kiss, peck; **gib ~!** give us a kiss!

kuss·echt^RR *adj inv* MODE kiss-proof

küs·sen ['kʏsn̩] I. *vt* ■**jdn/etw** [**auf etw** *akk*] ~ to kiss sb/sth [on sth]; ■**sich** ~ to kiss each other; ■**jdm etw** ~ to kiss sb's sth; **er küsste ihr die Hand** he kissed her hand; **beim K~** when kissing; *s. a.* **Hand** II. *vi* to kiss; **ich küsse so gerne** I like kissing so much

Kuss·hand^RR *f* ▶WENDUNGEN: **jdm eine ~/Kusshände zuwerfen** to blow sb a kiss/kisses; **mit** ~ (*fam*) gladly, with the greatest of pleasure

Küs·te <-, -n> ['kʏstə] *f* ① (*Meeresufer*) coast, shore ② (*Gegend in Meeresnähe*) coast

Küs·ten·be·fes·ti·gung *f* sea defences [*or* AM -ses] *pl* **Küs·ten·be·reich** *m* coastal region **Küs·ten·be·woh·ner(in)** *m(f)* coastal inhabitant, inhabitant of the coastal region, coastal dweller **Küs·ten·fi·sche·rei** *f* inshore fishing **Küs·ten·ge·biet** *nt* coastal area [*or* region] **Küs·ten·ge·wäs·ser** *pl* coastal waters *pl* **Küs·ten·ha·fen** *m* seaport **Küs·ten·ort** *m* coastal town **Küs·ten·see·schwal·be** *f* ORN Arctic tern **Küs·ten·strei·fen** *m* GEOL stretch of coast, coastal strip **Küs·ten·wacht** *f* coastguard

Küs·ter(in) <-s, -> ['kʏstɐ] *m(f)* sexton, verger

Kus·to·de, Kus·to·din <-n, -n> [kʊs'to:də, kʊs'to:dɪn] *m, f*, **Kus·tos** <-, Kustoden> ['kʊstɔs, *pl* kʊs'to:dən] *m* curator

Ku·ti·ku·la <-, -s> [ku'ti:kula] *f* BIOL cuticle

Kutsch·bock *m* coach-box

Kut·sche <-, -n> ['kʊtʃə] *f* carriage, coach

Kut·scher(in) <-s, -> ['kʊtʃɐ] *m(f)* coachman, coachdriver

kut·schie·ren* [kʊ'tʃi:rən] I. *vi sein* (*fam: gemütlich fahren*) ■**irgendwohin** ~ to go for a drive somewhere; **lass uns doch ein wenig durch die schöne Landschaft** ~ let's go for a drive in the lovely countryside for a bit II. *vt haben* (*fam: fahren*) ■**jdn irgendwohin** ~ to give sb a lift somewhere *fam;* **steig ein, ich kutschiere dich zum Bahnhof** jump in, I'll give you a lift to the station

Kut·te <-, -n> ['kʊtə] *f* REL habit

Kut·tel <-, -n> ['kʊtl̩] *f meist pl* tripe *sing*

Kut·ter <-s, -> ['kʊtɐ] *m* NAUT cutter

Ku·vert <-s, -s *o* -[e]s, -e> [ku've:ɐ̯] *nt* envelope

Ku·ver·tü·re <-, -n> [kuvɛr'ty:rə] *f* chocolate coating

Ku·wait <-s> [ku:'vait] *nt* Kuwait

Ku·wai·ter(in) *m(f)* Kuwaiti; *s. a.* **Deutsche(r)**

ku·wai·tisch [ku'vaitɪʃ] *adj inv* GEOL Kuwaiti

kW <-, -> [ka:'ve:] *nt Abk von* **Kilowatt** kW

kWh <-, -> [ka:ve:'ha:] *f Abk von* **Kilowattstunde** kWh

Ky·ber·ne·tik <-> [kybɛr'ne:tɪk] *f kein pl* cybernetics + *sing vb*

ky·ber·ne·tisch [kybɛr'ne:tɪʃ] *adj* cybernetic

Ky·kla·den [ky'kla:dən] *pl* ■**die** ~ the Cyclades

Ky·ril·lisch [ky'rɪlɪʃ] *nt kein pl* Cyrillic; ■**in** ~ in Cyrillic

ky·ril·lisch [ky'rɪlɪʃ] *adj* Cyrillic

KZ <-s, -s> [ka:'tsɛt] *nt Abk von* **Konzentrationslager**

KZ-Ge·denk·stät·te *f* HIST, POL memorial for the victims of the Nazi concentration camps **KZ-Häft·ling** *m* concentration camp prisoner

L

L, l <-, - *o fam* -s, -s> [ɛl] *nt* L, l; ~ **wie Ludwig** L for Lucy BRIT, L as in Love AM; *s. a.* **A 1**

l [ɛl] *Abk von* **Liter** l

Lab <-[e]s, -e> [la:p] *nt* rennet, rennin

lab·be·rig ['labərɪç], **labb·rig** ['labrɪç] *adj* DIAL (*fam*) ① (*fade*) watery; **eine ~e Suppe** a watery soup ② (*schlaff*) sloppy; **ein ~er Pullover** a sloppy pullover

La·bel <-s, -> ['le:bl̩] *nt* ① (*Preisetikett*) label, price tag ② (*Etikett*) label ③ MUS label

La·bel·lo® <-s, -s> [la'bɛlo] *m* PHARM Lypsyl® BRIT, Chap Stick® AM

la·ben ['la:bn̩] I. *vt* (*geh: erquicken*) ■**jdn** ~ to refresh [*or* revive] sb II. *vr* (*geh: sich gütlich tun*) ■**sich** [**an etw** *dat*] ~ to feast [on sth]

la·bern ['la:bɐn] I. *vi* (*pej fam*) ■[**über etw** *akk*] ~ to prattle on [about sth] II. *vt* (*pej fam*) ■**etw** ~ to talk sth; **was labert die da für einen Unsinn?** what nonsense is she talking there?

la·bi·al [la'bi̯a:l] *adj* ① (*die Lippen betreffend*) labial ② LING (*mit den Lippen gebildet*) labial

La·bi·al <-s, -e> *m*, **La·bi·al·laut** *m* LING labial

la·bil [la'bi:l] *adj* ① MED (*instabil*) *Gesundheit, Kreislauf etc.* poor ② (*psychisch nicht gefestigt*) unstable ③ (*geh: instabil*) unstable; **eine ~ Lage** an unstable situation

La·bi·li·tät <-, *selten* -en> [labili'tɛ:t] *f* ① MED (*Instabilität*) frailty ② PSYCH (*labile Veranlagung*) instability ③ (*geh: Instabilität*) instability

Lab·kraut ['la:pkraut] *nt* BOT bedstraw

La·bor <-s, -s *o* -e> [la'bo:ɐ̯] *nt* laboratory, lab

La·bo·rant(in) <-en, -en> [labo'rant] *m(f)* laboratory technician [*or* assistant]

La·bo·ra·to·ri·um <-s, -rien> [labora'to:ri̯ʊm, *pl* -to:ri̯ən] *nt* (*geh*) *s.* **Labor**
La·bor·be·fund *m* CHEM [laboratory] test results
la·bo·rie·ren* [labo'ri:rən] *vi* (*geh*) ■**an etw** ~ *dat* to be plagued by sth
La·bor·ver·such *m* CHEM laboratory experiment [*or* test]
Lab·quark *m* rennet curd
Lab·ra·dor·see *f* Labrador Sea
La·by·rinth <-[e]s, -e> [laby'rɪnt] *nt* labyrinth, maze
La·by·rinth·ver·such *m* BIOL, PSYCH maze [*or* labyrinth] experiment
La·che[1] <-, -n> ['la(:)xə] *f* puddle
La·che[2] <-, -n> ['laxə] *f* (*pej fam*) laugh[ter]
lä·cheln ['lɛçl̩n] *vi* ❶ (*freundlich lächeln*) to smile ❷ (*sich lustig machen*) ■[**über jdn/etw**] ~ to grin [*or* smirk] [at sb/sth]
Lä·cheln <-s> ['lɛçl̩n] *nt kein pl* smile; **ein müdes** ~ a weary smile
la·chen ['laxn̩] *vi* ❶ (*auf~*) to laugh; ■**über etw** *akk* ~ to laugh at sth; **breit** ~ to roar with laughter; **jdn zum L~ bringen, jdn ~ machen** (*geh*) to make sb laugh; **jdm ist nicht zum L~** [**zumute**] sb is not in a laughing mood; **zum L~ sein** (*pej fam*) to be laughable *pej;* **so ein Unsinn, das ist doch zum L~** what nonsense, that's ridiculous; **lach du nur!** (*fam*) you can laugh! *fam;* **das wäre doch gelacht** (*fam*) it would be ridiculous ❷ (*aus~*) ■**über jdn/etw** ~ to laugh at sb/sth; **da gibt es gar nichts zu** ~ it's no laughing matter; **was gibt es denn da zu ~?** what's there to laugh about?; **dass ich nicht lache!** don't make me laugh! ▶WENDUNGEN: **gut** ~ **haben** to be all right for sb to laugh; **jd hat nichts zu** ~ sb's life is no bed of roses; **wer zuletzt lacht, lacht am besten** (*prov*) he who laughs last, laughs longest *prov;* [**bei jdm**] **nichts zu** ~ **haben** (*fam*) to have a hard time of it [with sb]; *s. a.* **Ast**
La·chen <-s> ['laxn̩] *nt kein pl* ❶ (*Gelächter*) laughter; **er brach in lautes ~ aus** he burst out laughing; **jdm wird das** ~ [**schon**] **noch vergehen** (*fam*) sb will be laughing on the other side of their face; **sich** *dat* **das** ~ **verkneifen** to stifle one's laughter; **vor** ~ with laughter; **ich bin vor** ~ **bald geplatzt** I nearly split my sides with laughter ❷ (*Lache*) laugh; **ein breites** ~ a guffaw
La·cher(in) <-s, -> ['laxɐ] *m(f)* laugher; **die** ~ **auf seiner Seite haben** to score by getting the laughs
lä·cher·lich ['lɛçəlɪç] **I.** *adj* ❶ (*albern*) absurd, ridiculous; ■~ **sein/werden** to be/become absurd [*or* ridiculous]; **jdn/sich** ~ **machen** to make a fool of sb/oneself; **etw ins L~e ziehen** to ridicule [*or* make fun of] sth ❷ (*geringfügig*) trivial, trifling; **ein ~er Preis** a ridiculously low price **II.** *adv* (*sehr*) ridiculously
Lä·cher·lich·keit <-, -en> *f* ❶ *kein pl* (*Albernheit*) absurdity, ridiculousness, farce ❷ (*Geringfügigkeit*) triviality, trifle ▶WENDUNGEN: **jdn/etw der** ~ **preisgeben** (*geh*) to make sb/sth look ridiculous [*or* sb the laughing stock]
Lach·fal·ten *pl* laughter-lines *pl* **Lach·gas** *nt* laughing gas
lach·haft *adj* laughable, ridiculous; ■~ **sein** to be laughable [*or* ridiculous]
Lach·krampf *m* ❶ MED paroxysm [*or* violent fit] of laughter ❷ (*Lachanfall*) **einen** ~ **bekommen** to go into fits of laughter
Lach·mö·we *f* black-headed gull
Lachs <-es, -e> [laks] *m* salmon
lachs·far·ben *adj,* **lachs·far·big** *adj* salmon pink **Lachs·fo·rel·le** *f* sea trout **Lachs·mes·ser** *nt* smoked salmon knife **Lachs·mousse** *nt* salmon mousse **Lachs·röll·chen** *pl* salmon roulades **Lachs·schin·ken** *m cured and rolled filet of pork*
Lack <-[e]s, -e> [lak] *m* ❶ (*Lackierung*) paint[work] ❷ (*Lackfarbe*) gloss paint, lacquer; (*transparent*) varnish ▶WENDUNGEN: **der** ~ **ist ab** (*sl*) he/she is getting on a bit; **und fertig ist der ~!** (*sl*) and that's the end of it!
Lack·af·fe *m* (*pej fam*) dandy *pej*
La·ckel <-s, -> ['lakl̩] *m* SÜDD, ÖSTERR (*fam: Tölpel*) oaf
la·cken ['lakn̩] *vt s.* **lackieren**
Lack·far·be *f* gloss paint **Lack·gür·tel** *m* patent leather belt
la·ckie·ren* [la'ki:rən] *vt* ❶ (*mit Lack versehen*) ■**etw** ~ to paint [*or* lacquer] sth; (*Holz mit transparentem Lack versehen*) to varnish; **Warnhinweis: frisch lackiert!** warning notice: wet paint! ❷ (*mit Nagellack versehen*) ■**jdm/sich etw** ~ to paint sb's/one's sth; **sich/jdm die Fingernägel** ~ to paint one's/sb's fingernails ▶WENDUNGEN: **der/die Lackierte sein** (*fam*) to be the dupe [*or* sucker] *sl*
La·ckie·rer(in) <-s, -> *m(f)* painter, varnisher
La·ckie·re·rei <-, -en> [laki:rə'rai] *f* paint shop
La·ckie·re·rin <-, -nen> *f fem form von* **Lackierer**
La·ckie·rung <-, -en> *f* ❶ (*das Lackieren*) painting ❷ (*aufgetragener Lack*) paintwork
Lack·le·der <-s> *nt inv* MODE patent leather *no pl, no indef art*
Lack·mus <-> ['lakmʊs] *nt o m kein pl* litmus *no pl, no indef art*
Lack·mus·pa·pier *nt* litmus paper
Lack·scha·den *m* damage to the paintwork **Lack·schuh** *m* patent leather shoe **Lack·stie·fel** *m* patent leather boot
La·de <-, -n> ['la:də] *f* (*fam*) drawer
La·de·baum *m* NAUT derrick **La·de·flä·che** *f* AUTO loading space **La·de·ge·wicht** *nt* [carrying] capacity **La·de·gut** *nt* load **La·de·hem·mung** *f Feuerwaffe* jam, stoppage; ~ **haben** to be jammed ▶WENDUNGEN: ~ **haben** (*fam*) to have a mental block **La·de·kan·te** *f* AUTO [boot] sill [*or* AM trunk]; (*als Testkriterium a.*) liftover height **La·de·klap·pe** *f* LUFT cargo door **La·de·lu·ke** *f* NAUT cargo [*or* loading] hatch
la·den[1] <lädt, lud, geladen> ['la:dn̩] **I.** *vt* ❶ (*packen*) ■**etw auf etw** *akk*/**in etw** *akk* ~ to load sth on[to] sth/in[to] sth; **die Kisten müssen alle auf den Lkw geladen werden** all the crates must be loaded onto the lorry; **etw ins Auto** ~ to load sth into the car; ■**etw aus etw** ~ to unload sth from sth; **die Container werden aus dem Schiff direkt auf die Waggons geladen** the containers are unloaded from the ship straight onto the goods wagons; ■**jdn/etw auf etw** ~ *akk* to load sb/sth on[to] sth; ■**etw geladen haben** to be loaded with sth; **zu viel geladen haben** to be overloaded ❷ (*sich aufbürden*) ■**etw auf sich** ~ *akk* to saddle oneself with sth; **Schulden auf sich** ~ to saddle oneself with debts ❸ (*mit Munition versehen*) ■**etw** [**mit etw**] ~ to load sth [with sth] ❹ INFORM ■**etw** ~ to load sth ❺ ELEK (*mit Strom versehen*) ■**etw** [**mit etw**] ~ to charge sth [with sth], to electrify sth **II.** *vi* ❶ (*mit Munition versehen*) to load; **selbsttätig** ~ to be self-loading ❷ ELEK (*auf~*) to charge ▶WENDUNGEN: **geladen haben** DIAL (*sl*) to be tanked up *sl;* **der hat aber geladen! wie der schwankt!** he's well tanked up [*or* loaded], look at him swaying!; **geladen sein** (*fam*) to be hopping mad
la·den[2] <lädt, lud, geladen> ['la:dn̩] *vt* ❶ (*geh: ein~*) ■**jdn** [**zu etw**] ~ to invite [*or* ask] sb [to sth]; **geladene Gäste** invited guests ❷ JUR (*geh: vor~*) ■**jdn** [**als etw**] [**zu etw**] ~ to summon sb [to sth] [as sth]; **er wurde als Zeuge zur Verhandlung geladen** he was summoned to the hearing as a witness
La·den[1] <-s, Läden> ['la:dn̩] *pl m* ❶ (*Geschäft*) shop, AM *usu* store ❷ (*fam: Betrieb*) business; **der** ~ **läuft** (*fam*) business is going well; [**jdm**] **den** ~ **zumachen** [*o fam* **dichtmachen**] to close down the[/sb's] business ▶WENDUNGEN: **den** [**ganzen**] ~ **hinschmeißen** (*fam*) to chuck the whole thing in; **den** ~ **schmeißen** (*sl*) to run the [whole] show *sl;* **notfalls können wir den** ~ **alleine schmeißen** if need be, we can run the show on our own
La·den[2] <-s, Läden *o* -> ['la:dn̩, *pl* 'lɛ:dn̩] *m* shutter
La·den·be·leuch·tung *f* shop [*or* AM *usu* store] lighting **La·den·be·sit·zer(in)** *m(f)* shop owner, shopkeeper **La·den·dieb(in)** *m(f)* shoplifter **La·den·dieb·stahl** *m* shoplifting **La·den·hü·ter** *m* (*pej*) slow-moving line, shelf warmer *pej* **La·den·kas·se** *f* till, cash register **La·den·ket·te** *f* chain of shops **La·den·preis** *m* retail [*or* selling] price **La·den·re·gal** *nt* shop

shelf

La·den·schluss[RR] *m kein pl* closing time; **wann ist am Samstag bei Ihnen ~?** when do you close on Saturdays?; **bei/nach/vor ~** at/after/before closing time

La·den·schluss·ge·setz[RR] *nt* Hours of Trading Act **La·den·schluss·zeit**[RR] *f* closing time

La·den·tisch *m* (*Verkaufstheke*) shop [*or* AM *usu* store] counter; **über den ~/die ~e gehen** (*fam*) to be sold ▸ WENDUNGEN: **unter dem ~** (*fam*) under the counter *fam* **La·den·toch·ter** *f* SCHWEIZ (*Verkäuferin*) sales [*or* shop] assistant, sales associate AM, salesclerk AM, salesperson AM **La·den·tür** *f* shop door

La·de·ram·pe *f* loading ramp **La·de·raum** *m* LUFT, NAUT hold, cargo space

lä·die·ren* [lɛˈdiːrən] *vt* ■**[jdm] etw ~** to damage [sb's] sth; **lädiert sein** (*hum*) to be [*or* look] the worse for wear *hum*

La·dung[1] <-, -en> *f* ① (*Fracht*) load, freight; *Schiff, Flugzeug* cargo ② (*fam: größere Menge*) load; **ihr fiel eine ~ Schnee auf den Kopf** a load of snow fell on her head ③ (*bestimmte Menge von Munition o Sprengstoff*) charge; **eine ~ Dynamit** a charge of dynamite ④ ELEK, NUKL charge; **negative/positive ~en** negative/positive charge

La·dung[2] <-, -en> *f* JUR summons + *sing vb*, citation, subpoena

La·fet·te <-, -n> [laˈfɛtə] *f* gun carriage [*or* mount]

Laf·fe <-n, -n> [ˈlafə] *m* (*veraltend*) *s.* **Lackaffe**

lag [laːk] *imp von* **liegen**

La·ge <-, -n> [ˈlaːgə] *f* ① (*landschaftliche Position*) location, situation; **in bestimmter ~** in a certain location ② (*Liegeposition*) position ③ (*Situation*) situation; **die ~ peilen** [*o* **sondieren**] (*fam*) to see how the land lies; **zu etw in der ~ sein, in der ~ sein, etw zu tun** to be in a position to do sth; **sich in der ~ sehen, etw zu tun** to be in a position to do sth; **sich in jds ~ versetzen** *akk* to put oneself in sb's position; **jdn in die ~ versetzen, etw zu tun** to enable sb to do sth; **sich in die ~ versetzen, etw zu tun** to put oneself in a position to do sth ④ (*Schicht*) layer ⑤ AGR (*Wein~*) location ⑥ (*fam: Runde*) round; **eine ~ Bier ausgeben** to buy a round of beer; **eine ~ schmeißen** (*sl*) to buy a round, to get a round in *sl*

La·ge·be·richt *m* status report **La·ge·be·spre·chung** *f* discussion regarding the situation **La·ge·bild** *nt* situational description **La·ge·plan** *m* ① (*Katasterplan*) survey map ② (*Skizze der Lage von etw*) map of the area

La·ger <-s, -> [ˈlaːgɐ] *nt* ① (*Waren~*) warehouse, storehouse, depot; **etw am** [*o* **auf**] **~ haben** to have sth in stock; **am** [*o* **auf**] **~ sein** to be in stock ② (*vorübergehende Unterkunft*) camp ③ (*euph: Konzentrations~*) concentration camp ④ (*ideologische Gruppierung*) camp; **sie standen politisch in ganz unterschiedlichen ~n** they were in completely different political camps ⑤ TECH (*Lagerung*) bearing ⑥ (*geh: Bett*) **die Erkrankung hatte sie für mehrere Wochen an ihr ~ gefesselt** the illness confined her to bed for several weeks ▸ WENDUNGEN: **etw auf ~ haben** (*fam*) to have sth at the ready *fam;* **er hat immer einen Witz auf ~** he always has a joke at the ready [*or* up his sleeve]

La·ger·feu·er *nt* campfire **La·ger·ge·bühr** *f* storage charge **La·ger·hal·le** *f* warehouse **La·ger·haus** *nt* warehouse

La·ge·rist(in) <-en, -en> [laːgəˈrɪst] *m(f)* (*geh*) *s.* **Lagerverwalter**

la·gern [ˈlaːgɐn] **I.** *vt* ① (*aufbewahren*) ■**etw irgendwie/irgendwo ~** to store sth in a certain way/somewhere ② MED (*hinlegen*) ■**jdn/etw irgendwie ~** to lay sb/sth in a certain way; **die Beine hoch ~** to lie with one's legs up **II.** *vi* ① (*aufbewahrt werden*) ■**irgendwo/irgendwie ~** to be stored somewhere/in a certain way; **dunkel/kühl ~** to be stored in the dark/a cold place ② (*liegen*) ■**auf etw ~** *dat* to lie on sth ③ (*sich niederlassen*) ■**irgendwo ~** to camp somewhere; *s. a.* **gelagert III.** *vr* (*geh: sich niederlassen*) ■**sich irgendwo ~** to settle down somewhere

La·ger·raum *m* ① (*Raum*) storeroom ② (*Fläche*) storage space

La·ger·statt *f* (*veraltend geh*) bed

La·ge·rung <-, -en> *f* ① (*das Lagern*) warehousing, storage ② TECH (*Lager 5*) bearing

La·ger·ver·wal·ter(in) *m(f)* storekeeper, store supervisor

La·go Mag·gio·re [ˈlaːgo madˈdʒoːre] *m* Lake Maggiore

La·gu·ne <-, -n> [laˈguːnə] *f* lagoon

lahm [laːm] *adj* ① (*gelähmt*) *Arm, Bein* lame; ■**[in/auf etw** *dat*] **~ sein** to be lame [in sth]; **der Mann war auf dem rechten Bein ~** the man's right leg was lame ② (*fam: steif*) stiff; **einen ~en Rücken von etw bekommen** to have got a stiff back from doing sth ③ (*fam: ohne Schwung arbeitend*) sluggish; **sei nicht so ~, streng dich mal ein bisschen an!** don't be so sluggish, make a bit of an effort! ④ (*fam: schwach*) lame; *Erklärung* feeble

Lahm·arsch *m* (*derb*) lazybones, slowcoach BRIT, slowpoke AM

lahm·ar·schig *adj* (*sl*) bloody idle BRIT *sl,* extremely slow AM

Lah·me(r) *f(m)* *dekl wie adj* (*veraltend*) cripple, lame person

lah·men [ˈlaːmən] *vi* (*lahm sein*) ■**[auf etw** *dat*] **~** to be [*or* go] lame [in sth], to walk with a limp; **der Hund lahmt auf einem Bein** the dog's lame in one leg

läh·men [ˈlɛːmən] *vt* ① MED (*außer Funktion setzen*) ■**jdn/etw ~** to paralyse sb/sth; **durch den Unfall ist ihr linkes Bein gelähmt worden** her left leg is paralyzed as a result of the accident; **wie gelähmt sein** as if paralysed; **vor Schreck war sie wie gelähmt** it was as if she were paralyzed with fear; *s. a.* **gelähmt** ② (*zum Stillstand bringen*) ■**etw ~** to paralyse sth; **der Streik hatte den öffentlichen Nahverkehr gelähmt** the strike had paralyzed local public transport

lahm|le·gen *vt* **etw ~** to paralyse [*or* AM -ze] sth, to bring sth to a standstill

Lahm·le·gung <-, -en> *f* paralysis

Läh·mung <-, -en> *f* paralysis; **eine halbseitige ~** paralysis on one side

Laib <-[e]s, -e> [laip, *pl* ˈlaibə] *m bes* SÜDD loaf; *Käse* block

Lai·bach <-s> [ˈlaibax] *nt* Ljubljana

Laich <-[e]s, -e> [laiç] *m* spawn

lai·chen [ˈlaiçn̩] *vi* to spawn

Laie, Lai·in <-n, -n> [ˈlaiə, ˈlaiɪn] *m, f* ① (*kein Experte*) layman ② REL (*nicht zum Klerus gehörender Christ*) lay person ▸ WENDUNGEN: **da staunt der ~, und der Fachmann wundert sich** (*fam*) it's unbelievable

lai·en·haft *adj* unprofessional, amateurish

Lai·en·pre·di·ger(in) *m(f)* lay preacher

Lai·in <-, -nen> *f fem form von* **Laie**

Lais·ser-faire <-> [lɛseˈfɛːr] *nt kein pl* (*geh*) laissez-faire

la·i·zis·tisch [laiˈtsɪstɪʃ] *adj inv* POL laical

La·kai <-en, -en> [laˈkai] *m* ① (*pej geh: willfähriger Mensch*) lackey *pej* ② HIST (*livrierter Diener*) footman

La·ke <-, -n> [ˈlaːkə] *f* brine

La·ken <-s, -> [ˈlaːkn̩] *nt* sheet

la·ko·nisch [laˈkoːnɪʃ] *adj* laconic

La·krit·ze <-, -n> [laˈkrɪtsə] *f,* **La·kritz** <-es, -e> [laˈkrɪts] *m* DIAL liquorice BRIT, licorice AM

Lak·to·se <-> [lakˈtoːzə] *f kein pl* lactose

lal·len [ˈlalən] **I.** *vi* to slur **II.** *vt* ■**etw ~** to slur sth

La·ma[1] <-s, -s> [ˈlaːma] *nt* ZOOL llama

La·ma[2] <-[s], -s> [ˈlaːma] *m* REL lama

La·ma·i·smus <-> [lamaˈɪsmʊs] *m kein pl* lamaism

La·mäng <-> [laˈmɛŋ] *f kein pl* ■**aus der ~** (*hum fam*) off the top of one's head *fam*

Lam·ba·da <-s> [lamˈbaːda] *m kein pl* lambada *no pl, no art*

Lamb·da·son·de [lampda-] *f* AUTO lambda probe

La·mé <-s, -s> [laˈmeː] *m* lamé

La·mel·le <-, -n> [laˈmɛlə] *f* ① (*dünne Platte*) slat ② (*Segment*) rib; **die ~n eines Heizkörpers** the ribs of a radiator ③ BOT (*Rippe*) lamella

la·men·tie·ren* [lamɛnˈtiːrən] *vi* (*geh*) ■**[wegen etw/über etw** *akk*] **~** to complain [*or* moan] [about sth], to lament [sth]

La·men·to <-s, -s> [la'mɛnto] *nt* (*geh*) moan, lament *liter, form;* [**wegen etw**] **ein ~ anstimmen** [*o* **erheben**] to kick up a stink [about sth] *fam*

La·met·ta <-s> [la'mɛta] *nt kein pl* ❶ (*Weihnachtsbaumschmuck*) tinsel ❷ (*hum fam: Orden*) gongs *pl* BRIT *fam*

la·mi·nie·ren* [lami'ni:rən] *vt* ■**etw** ~ to laminate sth

Lamm <-[e]s, Lämmer> [lam, *pl* 'lɛmɐ] *nt* ❶ (*junges Schaf*) lamb; **geduldig/sanft wie ein** ~ as patient/gentle as a lamb; **sich wie ein ~ zur Schlachtbank führen lassen** (*geh*) to be led like a lamb to the slaughter; **das ~ Gottes** the Lamb of God ❷ *kein pl* (*Fleisch*) lamb ❸ *kein pl* (*Lammfell*) lambskin ▸ WENDUNGEN: **ein unschuldiges** ~ a little innocent

Lạmm·bra·ten *m* roast lamb **Lạmm·fell** *nt* lambskin **Lạmm·fleisch** *nt* lamb **lạmm·frọmm** *adj* as meek as a lamb; **eine ~e Miene** an expression as meek as a lamb **Lạmm·wol·le** *f* lambswool

Lam·pe <-, -n> ['lampə] *f* lamp, light

Lạm·pen·fas·sung *f* light socket **Lạm·pen·fie·ber** *nt* stage fright; ~ **haben** to have stage fright **Lạm·pen·fuß** *m* lampstand **Lạm·pen·schirm** *m* lampshade

Lam·pi·on <-s, -s> [lam'pi̯ɔŋ, 'lampi̯ɔŋ] *m* Chinese lantern

lan·cie·ren* [lã'si:rən] *vt* (*geh*) ❶ (*publik werden lassen*) ■**etw** ~ *Nachricht* to leak [*or sep* put out] sth ❷ (*auf den Markt bringen*) ■**etw** ~ to launch sth ❸ (*platzieren*) ■**jdn** ~ to place sb; **einflussreiche Freunde haben sie in diesen Posten lanciert** influential friends placed her in this job

Land <-[e]s, Länder> [lant, *pl* 'lɛndɐ] *nt* ❶ (*Staat*) country, state, nation; **aus aller Herren Länder[n]** from all corners of the earth; ~ **und Leute** the country and its people; **andere Länder, andere Sitten** every country has its own customs; **das ~ der unbegrenzten Möglichkeiten** the land of opportunity; **das ~ der aufgehenden Sonne** the land of the rising sun; **das ~ der Verheißung, das Gelobte** ~ the promised land; **das Heilige** ~ the Holy Land; **durch die ~e ziehen** (*geh*) to travel around; **außer ~es** abroad, out of the country; **bei jdm zu ~e** where sb comes from, in sb's country ❷ (*Bundesland*) federal state ❸ NAUT land; ~ **in Sicht!** land ahoy!; ~ **unter!** NORDD land under water!; **zu ~e und zu Wasser** on land and at sea; **an ~ gehen,** ~ **sehen** to sight land, to go ashore; **jdn an ~ setzen** to put sb ashore; **jdn/etw an ~ spülen** to wash sb/sth ashore; **jdn/etw an ~ ziehen** to pull sb/sth ashore; **an** ~ *akk* ashore ❹ *kein pl* (*Gelände*) land, property; **das ~ bestellen** to till the soil ❺ *kein pl* (*ländliche Gegend*) country; **auf dem flachen** [*o* **platten**] ~[**e**] on the plains; **aufs ~ ziehen** to move to the country; **auf dem** ~[**e**] in the country ▸ WENDUNGEN: **das ~, wo Milch und Honig fließt** the land of milk and honey; **bleibe im ~e und nähre dich redlich** (*prov*) enjoy the trappings of home; [**wieder**] ~ **sehen** (*fam*) to get things sorted [again]; **endlich sehe ich wieder** ~ I'm finally getting things sorted again; **etw an ~ ziehen** (*fam*) to land sth *fam;* **ins ~ ziehen** [*o* **gehen**] (*geh*) to pass; **die Jahre zogen ins** ~ the years went by

> **i Kultur**
>
> The representative bodies in nearly all the **Länder** – *states of Germany and provinces of Austria* are called *Landtage – state* or *provincial parliaments.* Only in Hamburg and Bremen are they called *Bürgerschaften – city parliaments*; in Berlin it is the *Abgeordnetenhaus – house of representatives*, and in Vienna the *Gemeinderat – city council.* In Switzerland, depending on the canton, they are called either *Kantonsrat* or *Landsrat – cantonal council* or *Großer Rat – great council.*

Lạnd·adel *m* [landed] gentry **Lạnd·am·mann** *m* SCHWEIZ *most senior official in a Swiss canton* **Lạnd·ar·beit** *f kein pl* agricultural work *no pl, no indef art* **Lạnd·ar·bei·ter(in)** *m(f)* agricultural worker, farm hand **Lạnd·arzt, -ärz·tin** *m, f* country doctor **Lạnd·be·sitz** *m* landed property, real estate; ~ **haben** to own landed property [*or* real estate] **Lạnd·be·völ·ke·rung** *f* rural population

Lạn·de·bahn *f* landing strip, runway **Lạn·de·er·laub·nis** *f* landing permission, permission to land **Lạn·de·fäh·re** *f* landing module

land·ein·wärts [lant'ʔainvɛrts] *adv* inland

Lạn·de·klap·pe *f* [landing] flap

lan·den ['landn̩] **I.** *vi sein* ❶ (*niedergehen*) *Flugzeug, Raumschiff, Vogel* to land; ■[**auf etw** *dat*/**in einer Stadt**] ~ to land [on sth/in a city]; **auf dem Mond** ~ to land on the moon ❷ NAUT (*ankommen*) ■**irgendwo** ~ to land somewhere; **das Schiff ist auf einer Sandbank gelandet** the ship ran aground on a sandbank ❸ (*fam: hingelangen o enden*) ■**irgendwo** ~ to end up somewhere; **die Beschwerde ist in einer ganz anderen Abteilung gelandet** the complaint ended up in a completely different department ❹ TELEK (*fam: verbunden werden*) ■**bei jdm** ~ to get through to sb ❺ (*fam: Eindruck machen*) ■**bei jdm** ~ to make an impression on sb; **mit deinen Schmeicheleien kannst du bei mir nicht** ~ your flattery won't get you very far with me **II.** *vt haben* ❶ LUFT, RAUM (*niedergehen lassen*) ■**etw** ~ to land sth; **einen Hubschrauber** ~ to land a helicopter ❷ LUFT, MIL (*aus der Luft absetzen*) ■**jdn** ~ to land sb; **es gelang ihnen, Verstärkungen hinter den feindlichen Linien zu** ~ reinforcements were successfully landed behind enemy lines

Lạnd·en·ge *f* isthmus

Lạn·de·pis·te *f* landing strip **Lạn·de·platz** *m* ❶ (*kleiner Flugplatz*) airstrip ❷ (*Landungsplatz*) landing place, mooring point ❸ NAUT (*Werft*) quay, wharf, pier

Län·de·rei·en [lɛndə'raiən] *pl* estates *pl,* landed property

Lạ̈n·der·fi·nanz·aus·gleich *m* financial equalization among the federal states

Lạn·des·bank *f* regional bank **Lạn·des·be·hör·de** *f* regional authorities *pl* **Lạn·des·ebe·ne** *f* regional state level; ■**auf** ~ at regional state level **lạn·des·ei·gen** *adj* owned by a federal state, state-owned **Lạn·des·far·ben** *pl* ❶ (*eines Staates*) national colours [*or* AM -ors] ❷ (*eines Bundeslandes*) regional state colours [*or* AM -ors] **Lạn·des·ge·biet** *nt* national territory **Lạn·des·gren·ze** *f* ❶ (*Staatsgrenze*) national border, frontier ❷ (*Grenze eines Bundeslandes*) federal state boundary **Lạn·des·haupt·mann** *m* ÖSTERR *head of a provincial government* **Lạn·des·haupt·stadt** *f* state capital **Lạn·des·in·ne·re(s)** *nt dekl wie adj* interior **Lạn·des·kir·che** *f* regional [*or* national] church **Lạn·des·kun·de** *f kein pl* regional studies *pl* **lạn·des·kun·dig** *adj* knowledgeable about the country **lạn·des·kund·lich** *adj relating to the geography, history and institutions of a country* **Lạn·des·lis·te** *f regional list of candidates for election to the Federal Parliament* **Lạn·des·meis·ter(in)** *m(f)* national champion **Lạn·des·mi·nis·te·ri·um** *nt* state ministry **Lạn·des·rat, -rä·tin** *m, f* ÖSTERR member of the government of a province **Lạn·des·recht** *nt* regional state law **Lạn·des·re·gie·rung** *f* state government **Lạn·des·spra·che** *f* national [*or* native] language **Lạn·des·stra·ßen·bau·amt** *nt* regional state road construction authority **Lạn·des·teil** *m* area, region **Lạn·des·tracht** *f* national costume [*or* dress] **lạn·des·üb·lich** *adj* customary **Lạn·des·ver·rat** *m* treason **Lạn·des·ver·tei·di·gung** *f* national [*or* BRIT *a.* home] defence [*or* AM -se] **Lạn·des·wehr** *f* national defence [*or* AM -se] force **lạn·des·weit** *adv, adj inv* nationwide

Lạn·de·ver·bot *nt* refusal of permission to land; ~ **haben** to be refused landing permission [*or* permission to land]

Lạnd·fah·rer(in) *m(f)* (*geh*) vagrant **Lạnd·flucht** *f* migration to the cities, rural exodus **Lạnd·flüch·ti·ge(r)** *f(m) dekl wie Adj* SOZIOL one who migrates to the cities **Lạnd·frau** *f fem form von* **Landmann** **Lạnd·frie·dens·bruch** *m* breach of the public peace **Lạnd·funk** *m* farming programme [*or* AM -am] [on the radio] **Lạnd·gang** <-gänge> *m* NAUT shore leave **Lạnd·ge·richt** *nt* district court **lạnd·ge·stützt** *adj* land-based **Lạnd·ge·win·nung** *f* land reclamation, reclamation of land **Lạnd·gut** *nt* estate **Lạnd·haus** *nt* country house, cottage **Lạnd·jä·ger** *m small seasoned flat sausage* **Lạnd·kar·te** *f* map **Lạnd·kreis** *m* administrative [*or* rural] district **Lạnd·krieg** *m* land warfare

lạnd·läu·fig *adj* generally accepted, popular; **nach ~er Ansicht** according to popular opinion; **eine ~e Meinung** a generally accepted view

Lạnd·le·ben *nt* country life

Länd·ler <-s, -> ['lɛntlɐ] *m* ÖSTERR *country dance*

länd·lich ['lɛntlɪç] *adj* country, rural, rustic; **eine ~e Idylle** a pastoral idyll

Lạnd·luft *f* ❶ (*Luft auf dem Land*) country air ❷ (*iron: nach Jauche stinkende Luft*) smell of the country, fresh country air *iron, hum* **Lạnd·mann, -frau** <-männer> ['lantman, -frau, *pl* -mɛnɐ] *m, f* farmer **Lạnd·ma·schi·ne** *f* agricultural machinery, farm equipment **Lạnd·pla·ge** *f* (*pej*) plague *pej,* pest, [public] nuisance; **die Wespen sind eine echte ~** there's a real plague of wasps **Lạnd·pra·xis** *f* MED country practice **Lạnd·rat** *m* SCHWEIZ (*Parlament eines Kantons*) parliament of a canton **Lạnd·rat, -rä·tin** *m, f* ❶ *administrative head of a Landkreis* ❷ SCHWEIZ parliament of a canton **Lạnd·rat·te** *f* (*hum fam*) landlubber *hum dated fam* **Lạnd·re·gen** *m* steady rain **Lạnd·rü·cken** *m* ridge of land

Lạnd·schaft <-, -en> ['lantʃaft] *f* ❶ (*Gegend*) countryside, scenery ❷ (*Situation*) landscape, situation, scene; **die politische ~** the political landscape ❸ (*Gemälde einer ~*) landscape

lạnd·schaft·lich I. *adj* ❶ (*die Landschaft betreffend*) scenic ❷ LING (*regional*) regional **II.** *adv* ❶ (*geographisch*) scenically; **diese Gegend ist ~ sehr abwechslungsreich** this area is very varied in terms of scenery ❷ LING (*regional*) regionally [different]; **die Bezeichnung dieses Gegenstandes ist ~ verschieden** the name of this object varies from region to region

Lạnd·schafts·gärt·ner(in) *m(f)* landscape gardener, landscaper **Lạnd·schafts·ma·ler(in)** *m(f)* landscape painter **Lạnd·schafts·schutz·ge·biet** *nt* nature reserve, conservation area

Lạnd·sitz *m* country estate

Lạnds·knecht *m* HIST lansquenet **Lạnds·mann, Lạnds·män·nin** <-leute> *m, f* compatriot, fellow countryman/countrywoman; ■**ein ~ [von jdm] sein** to be a compatriot [*or* fellow countryman/countrywoman] [of sb]

Lạnd·stra·ße ['lantʃtra:sə] *f* secondary [*or* country] [*or* BRIT *a.* B] road **Lạnd·strei·cher(in)** <-s, -> *m(f)* tramp, vagabond, vagrant **Lạnd·strei·che·rei** <-> *f kein pl* vagrancy **Lạnd·strei·che·rin** <-, -nen> *f fem form von* **Landstreicher** **Lạnd·streit·kräf·te** *pl* land [*or* ground] forces *pl* **Lạnd·strich** *m* area, region **Lạnd·tag** *m* federal state parliament

Lạn·dung <-, -en> *f* ❶ (*das Landen*) landing; **vor der ~** before landing ❷ *bes* MIL (*das Niedersetzen*) landing

Lạn·dungs·boot *nt* landing craft **Lạn·dungs·brü·cke** *f* jetty, landing stage, pier **Lạn·dungs·steg** *m* landing stage **Lạn·dungs·trup·pen** *pl* land assault forces *pl*

Lạnd·ur·laub *m* shore leave **Lạnd·weg** *m* ❶ (*der Weg über das Festland*) overland route ❷ (*Weg auf dem Lande*) country road; **auf dem ~** by the overland route **Lạnd·wehr** *f* ❶ MIL (*veraltend*) militia *old* ❷ GEOG, HIST (*Grenzbefestigung*) border fortifications *pl* **Lạnd·wein** *m* ordinary wine from the locality **Lạnd·wind** *m* inland breeze **Lạnd·wirt(in)** *m(f)* farmer

Lạnd·wirt·schaft *f* ❶ *kein pl* (*bäuerliche Tätigkeit*) agriculture, farming; **~ betreiben** to farm ❷ (*landwirtschaftlicher Betrieb*) farm; **zu Hause betrieb die Familie eine kleine ~** the family had a farm at home

lạnd·wirt·schaft·lich I. *adj* agricultural; **~er Betrieb** farms **II.** *adv* agriculturally; **~ geprägt** characterized by agriculture

Lạnd·wirt·schafts·aus·stel·lung *f* agricultural show **Lạnd·wirt·schafts·kam·mer** *f* Chamber of Agriculture **Lạnd·wirt·schafts·ver·band** *m* Agricultural Association **Lạnd·wirt·schafts·wis·sen·schaft** *f* agricultural science

Lạnd·zun·ge *f* spit [of land], headland

lang <länger, längste> [laŋ] **I.** *adj* ❶ (*räumlich ausgedehnt*) long; **seine Haare sind jetzt länger als früher** he has longer hair than he used to; **die Schraube ist 4,5 Zentimeter ~** the screw is 4.5 centimetres long [*or* in length]; **etwas ~ sein** to be a little bit too long; **[jdm] etw länger machen** MODE to make sth longer [for sb] ❷ (*zeitlich ausgedehnt*) long; **eine ~e Zeit brauchen** to take a long time; **wohnen Sie schon seit längerem hier?** have you been living here long?; **noch ~[e]** for a long time; **bleibst du noch ~ in Stuttgart?** are you staying in Stuttgart for long?; **noch ~[e] nicht** not by any means [*or* a long shot]; **schon ~[e]** for a long time; **ich weiß das schon ~** I've known that for a long time; **seit ~em/längerem** for a long time/lengthy period; **wie ~[e]?** how long? ❸ (*fam: groß gewachsen*) tall **II.** *adv* ❶ (*eine lange Dauer*) long; **diese fürchterliche Kälte kann man nicht ~ aushalten** you can't stand this terrible cold for long; **die Verhandlungen ziehen sich schon ~e hin** negotiations have been dragging on for a long time; **wir können hier nicht länger bleiben** we can't stay here any longer; **dauert das noch viel länger?** is this going to last much longer?; **des L~en und Breiten** (*geh*), **~ und breit** at length, in great detail; **~ ersehnt** longed-for, long-hoped-for, long-desired; **~ gehegt** (*geh*) long-cherished *form;* **~ haftend** *Lippenstift* long-lasting; *Maskara* long-wearing; **es nicht mehr ~[e] machen** (*sl*) to not last much longer; **~ auf sich warten lassen** to keep people waiting; **wo bist du denn so ~e geblieben?** where have you been all this time?; **da [*o* darauf] kannst du ~[e] warten!** (*iron*) you can whistle for it *iron* ❷ (*für die Dauer von etw*) ■**eine bestimmte Zeit ~** for a certain period of time; **sie hielt einen Moment ~ inne** she paused for a moment; **wir haben sieben Monate ~ nichts mehr von dir gehört** we haven't heard anything from you for seven months! ❸ (*der Länge nach*) **~ gestreckt** long, extended; **~ gezogen** prolonged; **~ hinschlagen** to fall flat on one's face ▶ WENDUNGEN: **was ~e währt, wird endlich gut** (*prov*) the wait is worth it; **je länger, je lieber** the longer, the better; **~[e] nicht so ...** not nearly as; **der Film war ~ nicht so spannend wie erhofft** the film was nowhere near as exciting as people had expected

lang·är·me·lig, lang·ärm·lig *adj* long-sleeved **lang·ar·mig** *adj* long-armed **lang·at·mig** *adj* (*pej*) long-winded *pej* **Lang·at·mig·keit** <-> *f kein pl* (*pej*) long-windedness *pej* **lang·bei·nig** *adj* long-legged

lan·ge ['laŋə] *adv s.* **lang II. 1**

Län·ge <-, -n> ['lɛŋə] *f* ❶ (*räumliche Ausdehnung*) length; **in die ~ wachsen** to shoot up; **auf eine ~ von etw** for sth; **die Autobahn war auf eine ~ von 45 Kilometern blockiert** the motorway was blocked for 45 kilometres; **der ~ nach** lengthways, lengthwise; (*in ganzer ~*) flat on one's face; **die Frau fiel der ~ nach hin** the woman fell flat on her face; **das Regal stürzte der ~ nach zu Boden** the shelf fell flat on the floor; **von bestimmter ~** of a certain length; **ich benötige Pfähle von drei Metern ~** I need posts three metres in length ❷ (*zeitliche Ausdehnung*) length, duration; **in voller ~** in its entirety; **etw in die ~ ziehen** to drag out sth *sep;* **er zog das Gespräch in die ~** he dragged the conversation out; **sich in die ~ ziehen** to drag on; **die Verhandlungen zogen sich in die ~** the negotiations dragged on ❸ (*fam: Größe*) height; **was hast du eigentlich für eine ~?** how tall are you? ❹ SPORT (*Strecke einer Boots~*) length ❺ FILM, LIT, MEDIA (*langatmige Stelle*) long-drawn-out passage [*or* scene] ❻ (*Abstand vom Nullmeridian*) longitude; **die Insel liegt 38° östlicher ~** the longitudinal position of the island is 38° east ❼ LING (*lange Silbe*) long syllable

lan·gen ['laŋən] **I.** *vi* (*fam*) ❶ ([*aus*]*reichen*) ■**[jdm] ~** to be enough [*or* sufficient] [for sb], to suffice ② (*sich erstrecken*) ■**bis zu etw/über etw** ~ *akk* to reach sth/over sth; **der Vorhang langt bis ganz zum Boden** the curtain reaches right down to the floor ③ (*fassen*) ■**[mit etw] an etw** *akk* ~ to reach for sth [with sth]; ■**[mit etw] irgendwohin** ~ to reach somewhere [with sth]; **lange bloß nicht mit der Hand an die Herdplatte** make sure you don't touch the hotplate with your hand; **ich kann mit der Hand bis ganz unter den Schrank** ~ I can reach right under the cupboard with my hand ④ DIAL (*auskommen*) ■**mit etw** ~ to get by [*or* manage] on sth; **mit dem Brot ~ wir bis morgen** the bread will last us until tomorrow ⑤ *impers* (*fam*) ■**etw langt [jdm]** it is enough [for sb], sb is fed up with sth; **jetzt langt's aber!** I've just about had enough! **II.** *vt* (*fam*) (*reichen*) ■**jdm etw** ~ to hand [*or* pass] sb sth ▸WENDUNGEN: **jdm eine** ~ (*fam*) to give sb a clip round the ear [*or* AM on the ears]

Län·gen·grad *m* degree of longitude **Län·gen·maß** *nt* unit of length, linear measure **Lan·gen·see** *m s.* **Lago Maggiore**

län·ger ['lɛŋɐ] *adj, adv s.* **lang, lange**

län·ger·fris·tig I. *adj* fairly long-term **II.** *adv* on a fairly long-term basis

Lan·ge·wei·le <*gen* - *o* Langerweile, *dat* Langenweile> ['laŋəvailə] *f kein pl* boredom *no pl*, tedium, ennui; ~ **haben** to be bored; **aus [lauter]** ~ out of [sheer] boredom; **vor [lauter]** ~ of [sheer] boredom; **die** ~ **vertreiben** to while away time [*or* the hours], to kill time

lang·fä·dig *adj* SCHWEIZ (*langatmig*) long-winded *pej* **Lang·fin·ger** ['laŋfɪŋɐ] *m* (*hum*) pickpocket **Lang·for·mat** *nt* long format; **im** ~ in long format **lang·fris·tig I.** *adj* long-term **II.** *adv* on a long-term basis

lang|ge·hen ['laŋge:ən] *vi irreg sein* (*fam*) (*entlanggehen*) ■**irgendwo** ~ to go along somewhere ▸WENDUNGEN: **merken, wo's langgeht** to notice how things are; **jdm sagen, wo's langgeht** to tell sb from where the wind is blowing

lang·haa·rig *adj* (*lange Haare habend*) long-haired; **eine ~e Hunderasse** a long-haired dog breed **Lang·haa·ri·ge(r)** *f(m) dekl wie adj* long-haired person **lang·jäh·rig** *adj* (*viele Jahre bestehend*) of many years' standing; **sie ist meine ~e Freundin** she has been my girl-friend for many years; **~e Erfahrung** many years of experience; **eine ~e Freundschaft** long-standing friendship; **~e Mitarbeiter** employees of many years' standing

Lang·korn·reis *m* long grain rice **Lang·lauf** *m kein pl* cross-country skiing *no pl* **Lang·läu·fer(in)** *m(f)* cross-country skier **Lang·lauf·ski** *m* cross-country ski

lang·le·big *adj* ① (*lange lebend*) long-lived ② (*lange Zeit zu gebrauchen*) durable, long-lasting ③ (*hartnäckig*) persistent

Lang·le·big·keit <-> *f kein pl* ① (*Anlage für langes Leben*) longevity ② (*lange Gebrauchsfähigkeit*) durability ③ (*Hartnäckigkeit*) persistence

lang|le·gen *vr* (*fam*) ■**sich [auf etw** *dat*] ~ ① (*hinfallen*) to fall flat on one's face [on sth] ② (*sich niederlegen*) to lie down [on sth]

läng·lich ['lɛŋlɪç] *adj* elongated, oblong, longish

lang|lie·gen *vi irreg* (*fam*) to have a lie down *fam* [*or* AM short rest]

lang·mäh·nig *adj* (*fam*) long-haired

Lang·mut <-> *f kein pl* (*geh*) forbearance *form*

lang·mü·tig I. *adj* (*geh*) forbearing, patient **II.** *adv* patiently

längs [lɛŋs] **I.** *präp* +*gen* ■~ **einer S.** *gen* along sth, alongside [of] sth **II.** *adv* (*der Länge nach*) lengthways, lengthwise; ~ **gestreift** with vertical stripes

Längs·ach·se *f* longitudinal axis

lang·sam ['laŋza:m] **I.** *adj* ① (*nicht schnell*) slow ② (*allmählich*) gradual **II.** *adv* ① (*nicht schnell*) slowly; **immer [schön] ~!, ~, ~!** (*fam*) take it easy!, not so fast! ② (*fam: allmählich*) gradually; **es ist ~ an der Zeit, dass wir uns auf den Weg machen** it's about time we were thinking of going ▸WENDUNGEN: ~, **aber sicher** slowly but surely

Lang·sam·keit <-> *f kein pl* slowness

Lang·schlä·fer(in) *m(f)* late riser; ~ **sein** to be a late riser

Lang·spiel·plat·te *f* long-playing record, LP

Längs·rich·tung *f* longitudinal direction; ■**in** ~ lengthways, lengthwise **Längs·schnitt** *m* longitudinal section **Längs·sei·te** *f* ① (*die längere Seite von etw*) long side ② NAUT (*Flanke*) broadside

längs·seits I. *präp* +*gen* NAUT ■~ **[einer S.** *gen*] alongside [a thing] **II.** *adv* ■~ **an etw** *dat* alongside sth; **der Lastkahn ankerte ~ am Kai** the barge anchored alongside the quay

Längs·strei·fen *pl* vertical stripes *pl*

längst [lɛŋst] *adv* ① (*lange*) long since, for a long time; **die Familie ist schon ~ umgezogen** the family moved a long time ago ② (*bei weitem*) ■~ **nicht** not by a long way [*or* long shot]; **das ist ~ nicht alles** that's not everything by a long shot, that's just the tip of the iceberg; **diese Informationen reichen uns ~ nicht** this information is by no means sufficient

längs·te(r, s) *adj, adv superl von* **lang**

längs·tens ['lɛŋstn̩s] *adv* ① (*höchstens*) at the most, at the longest ② (*spätestens*) at the latest

lang·stie·lig [-ʃti:lɪç] *adj* long-handled [*or* -stemmed]; **~e Gläser/Rosen** long-stemmed glasses/roses

Lang·stre·cken·flug *m* long-haul flight

Lang·stre·cken·flug·zeug *nt* long-haul aircraft **Lang·stre·cken·lauf** *m* long-distance race [*or* run] **Lang·stre·cken·läu·fer(in)** *m(f)* long-distance runner **Lang·stre·cken·ra·ke·te** *f* long-range missile

Lan·gus·te <-, -n> [laŋ'gʊstə] *f* crayfish

lang·wei·len ['laŋvailən] **I.** *vt* ■**jdn** ~ to bore sb; **langweile ich Sie?** am I boring you?; **der Film langweilte mich** the film bored me **II.** *vi* (*pej*) to be boring *pej* **III.** *vr* ■**sich** *akk* ~ to be bored; **bei dem Vortrag/in dem Film habe ich mich schrecklich gelangweilt** I was terribly bored during the lecture/film; *s. a.* **gelangweilt**

Lang·wei·ler(in) <-s, -> *m(f)* (*pej fam*) ① (*jd, der langweilt*) bore ② (*langsamer Mensch*) slowcoach BRIT, slowpoke AM

lang·wei·lig ['laŋvailɪç] **I.** *adj* boring, dull **II.** *adv* boringly

Lang·wel·le *f* long wave

lang·wie·rig ['laŋvi:rɪç] *adj* lengthy, long-drawn-out

Lang·wie·rig·keit <-, *selten* -en> *f* lengthiness, long duration

Lang·zeit·ar·beits·lo·se(r) *f(m) dekl wie adj* long-term unemployed person; ■**die ~n** the long-term unemployed **Lang·zeit-EKG** *nt* MED long-term ECG **Lang·zeit·ge·dächt·nis** *nt* long-term memory **Lang·zeit·maß·nah·me** *f* long-term measure **Lang·zeit·pa·ti·ent(in)** *m(f)* long-term patient **Lang·zeit·pro·gramm** *nt* long-term programme [*or* AM -am]

La·no·lin <-s> [lano'li:n] *nt kein pl* CHEM lanolin

Lan·than <-s> [lan'ta:n] *nt kein pl* CHEM lanthanum

Lan·za·ro·te [lanθa'rote] *nt* Lanzarote; *s. a.* **Sylt**

Lan·ze <-, -n> ['lantsə] *f* HIST lance, spear ▸WENDUNGEN: **für jdn/etw eine ~ brechen** (*geh*) to go to bat for sb, to stand up for sb/sth

Lan·zet·te <-, -n> [lan'tsɛtə] *f* MED lancet

La·os <-> ['la:ɔs] *nt* Laos; *s. a.* **Deutschland**

La·o·te, La·o·tin <-n, -n> [la'o:tə, la'o:tɪn] *m, f* Laotian; *s. a.* **Deutsche(r)**

la·o·tisch [la'o:tɪʃ] *adj* Lao[tian]; *s. a.* **deutsch**

La Pal·ma [lə'pa:lmə] *nt* La Palma; *s. a.* **Sylt**

la·pi·dar [lapi'da:ɐ̯] *adj* (*geh*) terse

La·pis·la·zu·li <-, -> [lapɪs'la:tsuli] *m* lapis lazuli

Lap·pa·lie <-, -n> [la'pa:li̯ə] *f* petty affair, trifle, bagatelle

Lap·pen <-s, -> ['lapn̩] *m* ① (*Stück Stoff*) cloth, rag ② (*sl: Banknote*) note; *pl* (*Moneten*) dough *no pl, no indef art* ▸WENDUNGEN: **jdm durch die ~ gehen** (*fam*) to slip through sb's fingers

läp·pern ['lɛpɐn] *vr impers* (*fam*) ■**sich** ~ to mount [*or* add] up

läp·pisch ['lɛpɪʃ] **I.** *adj* ① (*fam: lächerlich*) ridiculous; **ein ~er**

Betrag a ridiculous sum ② (*pej: albern*) silly, foolish **II.** *adv* (*pej*) in a silly manner

Lap·sus <-, -> ['lapsʊs] *m* (*geh*) mistake, slip; **jdm unterläuft ein** ~ sb makes a mistake; ~ **Linguae** (*Versprecher*) slip of the tongue

Lap·tew·see ['laptɛf-] *f* Laptev Sea

Lap·top <-s, -s> ['lɛptɔp] *m* laptop

Lär·che <-, -n> ['lɛrçə] *f* larch

large [larʒ] *adj* SCHWEIZ (*generös*) generous

Lar·go <-s, -s *o* Larghi> ['largo, *pl* 'largi] *nt* MUS largo

La·ri·fa·ri <-s> [lari'fa:ri] *nt kein pl* (*pej fam*) nonsense *no pl pej*, BRIT *a.* rubbish *no pl pej*

Lärm <-[e]s> [lɛrm] *m kein pl* noise, racket; ~ **machen** to make a noise ▶ WENDUNGEN: **viel** ~ **um nichts** [**machen**] [to make] a lot of fuss about nothing

Lärm·art *f* type of noise **lärm·be·ein·träch·tigt** *adj* disturbed by noise **Lärm·be·ein·träch·ti·gung** *f* noise disturbance **Lärm·be·kämp·fung** *f* noise abatement **Lärm·be·läs·ti·gung** *f* noise pollution **Lärm·be·las·tung** *f* noise pollution **lärm·dämp·fend** *adj* noise-reducing **lärm·emp·find·lich** *adj* sensitive to noise

lär·men ['lɛrmən] *vi* to make noise [*or* a racket], to be noisy

Lärm·ent·ste·hung *f* generation of noise **lärm·ge·plagt** *adj* plagued with noise **lärm·ge·schä·digt** *adj* suffering physical impairment as a result of noise **Lärm·pe·gel** *m* noise level **Lärm·quel·le** *f* source of a/the noise **Lärm·schä·di·gung** *f* noise induced injury

Lärm·schutz *m* protection against noise

Lärm·schutz·wall *m* noise protection embankment **Lärm·schutz·wand** *f* noise barrier

Lärm·stär·ke *f* intensity of noise **Lärm·ur·sa·che** *f* cause of a noise **Lärm·ver·hin·de·rung** *f* noise prevention

Lar·ve <-, -n> ['larfə] *f* ① (*Insekten~*) larva, grub ② (*veraltet: Maske*) mask ③ (*veraltet: nichtssagendes Gesicht*) empty face

las [la:s] *imp von* **lesen**

La·sa·gne <-, -> [la'zanjə] *f* lasagne, AM *a.* lasagna

lasch [laʃ] **I.** *adj* (*fam*) ① (*schlaff*) feeble, limp; **ein** ~**er Händedruck** a limp handshake ② (*nachsichtig*) lax, slack ③ KOCHK (*fade*) insipid **II.** *adv* (*fam: schlaff*) limply

La·sche <-, -n> ['laʃə] *f* flap; *Kleidung* loop

Lasch·heit <-, -en> *f* laxity; *Händedruck* limpness

La·ser <-s, -> ['leɪzɐ] *m* laser

La·ser·chir·ur·gie *f* laser surgery **La·ser·dru·cker** *m* laser printer **La·ser·im·puls** *m* laser pulse **La·ser·in·ten·si·tät** *f* laser intensity **La·ser·licht·show** *f* laser show **La·ser·skal·pell** *nt* laser scalpel **La·ser·strahl** *m* laser beam

la·sie·ren* [la'zi:rən] *vt* ■**etw** ~ to varnish [*or* glaze] sth

Lä·si·on <-, -en> [lɛ'zi̯o:n] *f* MED lesion

lass[RR], **laß**[ALT] [las] *imper sing von* **lassen**

las·sen <lässt, ließ, gelassen> ['lasn̩] **I.** *vt* ① (*unter~*) ■**etw** ~ to stop sth, to refrain from doing sth; **ich hatte Ihnen das doch ausdrücklich aufgetragen, warum haben Sie es dann gelassen?** I expressly instructed you to do that, why didn't you do it?; **wirst du das wohl** ~**!** will you stop that!; **lass das, ich mag das nicht!** stop it, I don't like it!; **wenn du keine Lust dazu hast, dann** ~ **wir es eben** if you don't feel like it we won't bother; **wenn du keine Lust dazu hast, dann lass es doch** if you don't feel like it, then don't do it; **es/etw nicht** ~ **können** not to be able to stop it/sth ② (*zurück~*) ■**jdn/etw irgendwo** ~ to leave sb/sth somewhere; **etw hinter sich** *akk* ~ to leave sth behind one ③ (*über~, behalten* ~) ■**jdm etw** ~ to let sb have sth; **man ließ ihm nur eine winzige Rente** they only let him have a small pension ④ (*gehen* ~) ■**jdn/ein Tier irgendwohin** ~ to let sb/an animal go somewhere; **lass den Hund nicht nach draußen** don't let the dog go outside; **mit 13 lasse ich meine Tochter nicht in die Disko** I wouldn't let my daughter go to a disco at 13 ⑤ (*in einem Zustand* ~) ■**etw irgendwie** ~ to leave sth somehow; **ich möchte den Garten heute nicht schon wieder ungespritzt** ~ I don't want to leave the garden unwatered again today; **jdn ohne Aufsicht** ~ to leave sb unsupervised; **es dabei** ~ to leave sth at that; ~ **wir's dabei** let's leave it at that; **etw** ~**, wie es ist** to leave sth as it is ⑥ (*fam: los~*) ■**jdn/etw** ~ to let sb/sth go; **lass mich, ich will nicht, dass du mich vor aller Augen umarmst!** let me go, I don't want you putting your arms around me in front of everybody! ⑦ (*in Ruhe* ~) ■**jdn** ~ to leave sb alone ⑧ (*gewähren* ~) ■**jdn** ~ to let sb; **Mama, ich möchte so gerne auf die Party gehen, lässt du mich?** Mum, I really want to go to the party, will you let me? ⑨ (*hinein~*) ■**etw in etw** ~ to let sth into sth; **kannst du mir das Wasser schon mal in die Wanne** ~**?** can you run a bath for me?; **frische Luft ins Zimmer** ~ to let a bit of fresh air into the room ⑩ (*hinaus~*) ■**etw aus etw** ~ to let sth escape from somewhere; **sie haben mir die Luft aus den Reifen gelassen!** they've let my tyres down! ⑪ (*zugestehen*) **das/eines muss jd jdm** ~ sb must give sb that/one thing; **eines muss man ihm** ~**, er versteht sein Handwerk** you've got to give him one thing, he knows his job ▶ WENDUNGEN: **alles unter sich** ~ *dat* (*euph veraltend*) to mess the bed; **einen** ~ (*fam*) to let one rip *fam* **II.** *vb aux* <lässt, ließ, ~> *modal* ① (*veran~*) ■**jdn etw tun** ~ to have sb do sth; **jdn kommen** ~ to send for sb; **sie wollen alle ihre Kinder studieren** ~ they want all of their children to study; **wir sollten den Arzt kommen** ~ we ought to send for the doctor; ~ **Sie Herrn Braun hereinkommen** send Mr. Braun in; **der Chef hat es nicht gerne, wenn man ihn warten lässt** the boss doesn't like to be kept waiting; ■**etw machen** ~ to have sth done; **etw reparieren** ~ to have sth repaired; **wir** ~ **uns zurzeit ein Haus bauen** we're currently having a house built; **die beiden werden sich wohl scheiden** ~ the two will probably get a divorce; **er lässt ihr regelmäßig eine Kiste Champagner schicken** he has a crate of Champagne regularly sent to her; **ich muss mir einen Zahn ziehen** ~ I must have a tooth pulled; **ich lasse mir die Haare schneiden** I'm having my hair cut ② (*zu~*) ■**jdn etw tun** ~ to let sb do sth; **lass sie gehen!** let her go!; **lass mich doch bitte ausreden!** let me finish speaking, please!; ■**sich** *dat* **etw geschehen** ~ to let sth be done to one, to allow sth to be done to one; **ich lasse mich nicht länger von dir belügen!** I won't be lied to by you any longer!; **wie konnten Sie sich nur so hinters Licht führen** ~**!** how could you allow yourself to be led up the garden path like that!; **ich lasse mich nicht belügen!** I won't be lied to!; **er lässt sich nicht so leicht betrügen** he won't be taken in so easily; **du solltest dich nicht so behandeln** ~ you shouldn't allow yourself to be treated like that; **das lasse ich nicht mit mir machen** I won't stand for it!; **viel mit sich machen** ~ to put up with a lot ③ (*be~*) ■**etw geschehen** ~ to let sth happen; **das Wasser sollte man eine Minute kochen** ~ the water should be allowed to boil for a minute; **man sollte die Maschinen nicht zu lange laufen** ~ the machine shouldn't be allowed to run too long; ■**sich** *dat* **etw geschehen** ~ to let sth happen to one; **er lässt sich zurzeit einen Bart wachsen** he's growing a beard at the moment ④ (*Möglichkeit ausdrückend*) ■**sich tun** ~ to be able to be done; **das lässt sich machen!** that can be done!; **dieser Witz lässt sich nicht ins Deutsche übersetzen** this joke cannot be translated into German; **der Text lässt sich nur schwer übersetzen** the text can only be translated with difficulty; **dass sie daran beteiligt war, wird sich nicht leicht beweisen** ~ it will not be easy to prove that she was involved ⑤ *als Imperativ* ■**lass uns/lasst uns etw tun** let's do sth; **lass uns jetzt lieber gehen** let's go now; **lasset uns beten** let us pray; **lass uns das nie wieder erleben!** don't ever let's go through that again!; **lass dich hier nie wieder blicken!** don't ever show your face around here again!; ~ **Sie sich das gesagt sein, so etwas dulde ich nicht** let me tell you that I won't tolerate anything like that; **lass dich bloß**

L

nicht von ihm ärgern just don't let him annoy you; ■**lass dir/~ Sie sich ...** let...; **lass dir darüber keine grauen Haare wachsen** don't get any grey hairs over it **III.** *vi* <lässt, ließ, gelassen> (*ablassen*) ■**von jdm/etw ~** to leave [*or* part from] sb/sth; **sie ist so verliebt, sie kann einfach nicht von ihm ~** she is so in love, she simply can't part from him; **vom Alkohol ~** to give up alcohol; **wenn du nur von diesen fetten Sachen ~ würdest!** if only you would leave these fatty things alone!; **~ Sie mal!** that's all right!; **soll ich das gleich bezahlen? – ach, ~ Sie mal, das reicht auch nächste Woche noch** shall I pay it right now? – oh, that's all right, next week will do

läs·sig ['lɛsɪç] **I.** *adj* ❶ (*ungezwungen*) casual; **~e Kleidung** casual clothes ❷ (*fam: leicht*) **die Fragen waren total ~!** the questions were dead easy! **II.** *adv* ❶ (*ungezwungen*) casually; **du musst das ~er sehen** you must take a more casual view ❷ (*fam: mit Leichtigkeit*) no problem *fam;* **das schaffen wir ~!** we'll manage that easily!

Läs·sig·keit <-> *f kein pl* casualness *no pl*

Las·so <-s, -s> ['laso] *m o nt* lasso

lasstRR, **laßt**ALT [last] *imper pl von* **lassen**

Last <-, -en> [last] *f* ❶ (*zu tragender Gegenstand*) load ❷ (*schweres Gewicht*) weight; **das Brett biegt sich unter der ~ der Bücher** the shelf is bending under the weight of the books ❸ (*Bürde*) burden; **jd hat seine ~ mit jdm/etw** sb/sth is a burden on sb; **mit dir hat man so seine ~!** you're a real burden on a person! ❹ *pl* (*finanzielle Belastung*) burden; **zu jds ~en gehen** to be charged to sb; **die zusätzlichen Kosten gehen zu Ihren ~en** you will have to pay the additional costs ▶ WENDUNGEN: **jdm zur ~ fallen** to become a burden on sb; **jdm etw** *akk* **zur ~ legen** to accuse sb of sth; **jdm zur ~ legen, etw getan zu haben** to accuse sb of doing sth

las·ten ['lastn̩] *vi* ❶ (*als Last liegen auf*) ■**auf etw** *dat* **~** to rest on sth ❷ (*eine Bürde sein*) ■**auf jdm ~** to rest with sb; **diese Verantwortung lastet auf mir** the responsibility rests with me ❸ (*finanziell belasten*) ■**auf etw** *dat* **~** to encumber sth; **auf dem Haus ~ Schulden** the house is encumbered with debts ❹ (*stark belasten*) ■**auf etw** *dat* **~** to weigh heavily on sth; **die Folgen des Krieges ~ schwer auf dem Land** the consequences of the war weigh heavily on the country

Las·ten·auf·zug *m* goods lift BRIT, freight elevator AM

las·tend *adj* (*geh*) oppressive

Las·ter¹ <-s, -> ['lastɐ] *m* (*fam: Lastwagen*) lorry BRIT, truck AM

Las·ter² <-s, -> ['lastɐ] *nt* (*schlechte Gewohnheit*) vice

Läs·te·rei <-, -en> *f* (*fam*) derisive *form* [*or fam* nasty] remarks *pl*

Läs·te·rer, Läs·te·rin <-s, -> ['lɛstərɐ, 'lɛstərɪn] *m, f* detractor *form,* knocker *sl*

las·ter·haft *adj* (*geh*) depraved

Las·ter·haf·tig·keit <-> *f kein pl* (*geh*) depravity

Las·ter·höh·le *f* (*pej fam*) den of vice [*or* iniquity]

Läs·te·rin <-, -nen> *f fem form von* **Lästerer**

Läs·ter·maul *nt* (*pej fam*) *s.* **Lästerer 1**

läs·tern ['lɛstɐn] *vi* ■[**über jdn/etw**] **~** to make derisive [*or* disparaging] remarks [about sb/sth]

Last·esel *m* ❶ (*Tier*) pack mule ❷ (*fam: jd, der sich Lasten aufbürden lässt*) packhorse

läs·tig ['lɛstɪç] *adj* ❶ (*unangenehm*) *Husten, Kopfschmerzen etc.* annoying, irritating, pesky *fam* ❷ (*störend*) annoying; **dass wir jetzt auch noch warten müssen ist wirklich ~!** the fact that we have to wait as well is really annoying; ■**jdm ~ sein/werden** to find/begin to find annoying; **wird dir der Gipsverband nicht ~?** don't you find the plaster cast a nuisance? ❸ (*nervend, aufdringlich*) *Mensch* annoying; **du wirst mir allmählich ~!** you're beginning to become a nuisance!; **jdm ~ sein/fallen** (*geh*) to annoy sb, to become a nuisance to sb

Läs·tig·keit <-> *f kein pl* tiresomeness *no pl,* troublesomeness *no pl*

Last·kahn *m* barge **Last·kraft·wa·gen** *m* (*geh*) *s.* **Lastwagen**

Last-Mi·nute-Flug [la:st'mɪnɪt-] *m* last-minute flight **Last-Mi·nute-Tarif** [la:st'mɪnɪt-] *m* last-minute price **Last-Mi·nute-Ur·laub** [la:st'mɪnɪt-] *m* last-minute holiday

Last·schrift *f* (*Abbuchung*) debit entry; (*Mitteilung über Abbuchung*) debit advice **Last·tier** *nt* pack animal **Last·wa·gen** *m* lorry BRIT, truck AM **Last·wa·gen·fah·rer(in)** *m(f)* lorry driver **Last·zug** *m* lorry with trailer

La·sur <-, -en> [la'zu:ɐ̯] *f* [clear] varnish

las·ziv [las'tsi:f] **I.** *adj* (*geh*) ❶ (*sexuell herausfordernd*) lascivious, wanton *hum,* sexy ❷ (*anstößig*) rude, offensive **II.** *adv* (*geh*) lasciviously, wantonly *hum,* sexily

Las·zi·vi·tät <-> [lastsivi'tɛ:t] *f kein pl* (*geh*) ❶ (*laszive Art*) lasciviousness, wantonness *hum,* sexiness ❷ (*Anstößigkeit*) rudeness, offensiveness

La·tein <-s> [la'tain] *nt* Latin ▶ WENDUNGEN: **mit seinem ~ am Ende sein** to be at one's wits' end

La·tein·ame·ri·ka *nt* Latin America

la·tein·ame·ri·ka·nisch *adj* Latin American

la·tei·nisch *adj* Latin; **auf L~** in Latin

La·tei·nisch *nt dekl wie adj* Latin; ■**das ~e** Latin, the Latin language

la·tent [la'tɛnt] **I.** *adj* (*geh*) latent **II.** *adv* (*geh*) latently

La·tenz·zeit *f s.* **Inkubationszeit**

La·ter·ne <-, -n> [la'tɛrnə] *f* ❶ (*Straßen~*) streetlamp ❷ (*Lichtquelle mit Schutzgehäuse*) lantern ❸ (*Lampion*) Chinese lantern

La·ter·nen·pfahl *m* lamppost

La·tex <-, Latizes> ['la:tɛks, *pl* 'la:titse:s] *m* latex

La·ti·num <-s> [la'ti:nʊm] *nt kein pl* ■**das ~** (*the examination proving*) *knowledge of Latin;* **das ~ haben** to have one's Latinum certificate; **das kleine/große ~** (*Latinum certificate awarded after three or six years of study*)

La·tri·ne <-, -n> [la'tri:nə] *f* latrine

La·tri·nen·pa·ro·le *f* (*pej fam*) wild rumour [*or* AM -or]

Lat·sche <-, -n> ['latʃə] *f s.* **Latschenkiefer**

lat·schen ['la:tʃn̩] *vi sein* (*fam*) ❶ (*schwerfällig gehen*) to trudge, to traipse; **latsch nicht durch alle Pfützen!** don't traipse through all the puddles!; (*lässig gehen*) to wander; **wir sind 'ne Weile durch die Stadt gelatscht** we wandered through the town for a bit; (*unbedacht gehen*) to clump; **er ist mit seinen dreckigen Schuhen über den Teppich gelatscht** he clumped across the carpet in his dirty shoes ❷ DIAL (*eine Ohrfeige geben*) ■**jdm eine ~** to give sb a smack round the head BRIT, to slap sb in the face AM

Lat·schen <-s, -> ['la:tʃn̩] *m* (*fam*) ❶ (*ausgetretener Hausschuh*) worn-out slipper ❷ (*pej: ausgetretener Schuh*) worn-out shoe ▶ WENDUNGEN: **aus den ~ kippen** (*fam*) to keel over *fam;* (*sehr überrascht sein*) to be bowled over

Lat·schen·kie·fer *f* mountain pine

Lat·te <-, -n> ['latə] *f* ❶ (*kantiges Brett*) slat ❷ SPORT bar ❸ (*Tor~*) crossbar ❹ (*sl: erigierter Penis*) stiffy BRIT *sl,* woody AM *sl* ▶ WENDUNGEN: **eine ganze ~ von etw** *dat* (*fam*) a heap of sth *fam,* a load of sth *fam;* **eine lange ~** (*fam*) beanpole *hum fam*

Lat·ten·rost *m* slatted frame; (*auf dem Boden*) duckboards *pl*

Lat·ten·zaun *m* paling, picket fence

Lat·tich <-s, -e> ['latɪç] *m* lettuce

Latz <-es, Lätze *o* ÖSTERR -e> [lats, *pl* 'lɛtsə] *m* ❶ (*Hosen~*) flap ❷ (*Tuch zum Vorbinden*) bib ▶ WENDUNGEN: **jdm eins** [*o* **einen**] **vor den ~ knallen** [*o* **ballern**] (*sl*) to thump [*or fam* wallop] sb

Lätz·chen <-s, -> ['lɛtsçən] *nt dim von* **Latz** bib

Latz·ho·se *f* dungarees *npl*

lau [lau] *adj* ❶ (*mild*) mild ❷ (*lauwarm*) lukewarm; (*mäßig*) moderate ❸ (*halbherzig*) lukewarm, half-hearted ▶ WENDUNGEN: **für ~** DIAL (*fam*) for nothing [*or* free]

Laub <-[e]s> [laup] *nt kein pl* foliage *no pl, no indef art;* **~ tragend** deciduous

Laub·baum *m* deciduous tree

Lau·be <-, -n> ['laubə] *f* ❶ (*Häuschen*) arbour [*or* AM -or]

② ZOOL, KOCHK bleak ▸ WENDUNGEN: **und fertig ist die ~!** (*fam*) and Bob's your uncle! [*or* AM that's that!] *fam*

Lau·ben·ko·lo·nie *f* (*veraltend*) colony of arbours [*or* AM -ors]

Laub·frosch *m* tree frog **Laub·heu·schre·cke** *f* ZOOL bush cricket **Laub·höl·zer** *pl* deciduous trees **Laub·hüt·ten·fest** *nt* Feast of Tabernacles [*or* Ingathering], Sukkoth **Laub·moos** *nt* BOT moss **Laub·sä·ge** *f* fretsaw **Laub·sän·ger** *m* ORN warbler **Laub·wald** *m* deciduous forest

Lauch <-[e]s, -e> [laux] *m* ① BOT allium ② (*Porree*) leek

Lauch·zwie·bel *f* spring onion

Lau·da·tio <-, Laudationes> [lau'da:tsi̯o, *pl* lauda'tsi̯o:ne:s] *f* (*geh*) laudatory speech *form*, eulogy *form*; **die ~ [auf jdn] halten** to make a speech in sb's honour [*or* AM -or]

Lau·er <-> ['lauɐ] *f* **sich** *akk* **auf die ~ legen** to lie in ambush; **auf der ~ liegen** [*o* **sein**] to lie in wait

lau·ern ['lauɐn] *vi* ① (*in einem Versteck warten*) to lie in wait; ■**auf etw** *akk* ~ to lie in wait for sth; ■**darauf ~, dass ...** to lie in wait for ...; **auf so einer Reise ~ alle möglichen Gefahren** there are all kinds of dangers lurking on a journey like this; ■**~d** lurking; **die Löwen umkreisten ~d die Herde** the lions lurked around the herd ② (*fam: angespannt warten*) ■**auf jdn ~** to wait impatiently for sb; ■**auf etw** *akk* ~ to wait in anticipation for sth; ■**darauf ~, dass ...** to wait in anticipation for ...; **die anderen lauerten nur darauf, dass sie einen Fehler machte** the others were just waiting for her to make a mistake

Lauf <-[e]s, Läufe> [lauf, *pl* 'lɔyfə] *m* ① *kein pl* (*das Laufen*) run ② SPORT (*Durchgang*) round; (*Rennen*) heat ③ *kein pl* (*Gang*) *Maschine* operation; **der Motor hat einen unruhigen ~** the engine is not running smoothly ④ *kein pl* GEOG (*Ver~, Bahn*) course; **der obere/untere ~ eines Flusses** the upper/lower course of a river; **der ~ dieses Sterns** the track [*or* path] of this star ⑤ (*Ver~, Entwicklung*) course; **das ist der ~ der Dinge** that's the way things go; **der ~ der Welt** the way of the world; **seinen ~ nehmen** to take its course; **die Ereignisse nehmen ihren ~** events take their course; **im ~e einer Sache** *gen* in the course of [*or* during] sth; **im ~e der Jahrhunderte** over the centuries ⑥ (*Gewehr~*) barrel; **ein Tier vor den ~ bekommen** to have an animal in one's sights ⑦ JAGD (*Bein*) leg ▸ WENDUNGEN: **einer S.** *dat* **freien** [*o* **ihren**] **~ lassen** to give free rein to sth; **lasst eurer Fantasie freien ~** let your imagination run wild; **man sollte den Dingen ihren ~ lassen** one should let things take their course

Lauf·bahn *f* career **Lauf·band** *nt* SPORT treadmill **Lauf·bur·sche** *m* ① (*veraltend: Bote*) errand boy ② (*pej: Lakai*) flunk[e]y

lau·fen <läuft, lief, gelaufen> ['laufn̩] **I.** *vi sein* ① (*rennen*) to run; **sie lief in den Garten** she ran into the garden ② (*fam: gehen*) to go; **seit dem Unfall läuft er mit Krücken** since the accident he gets around on crutches; **sie läuft ständig zum Arzt** she's always going to the doctor's; **mir sind Kühe vors Auto gelaufen** cows ran in front of my car ③ (*zu Fuß gehen*) to walk; **fahrt ihr mal! Ich laufe lieber** you go by car, I'd rather walk; **kann sie schon ~?** has she started walking already?; ■**das L~** walking; **beim L~ tut mir die Hüfte so weh** my hip hurts so much when I walk; **sie musste das L~ wieder lernen** she had to learn [how] to walk again ④ (*gehend an etw stoßen*) to walk into sth; **ich bin an einen Pfosten gelaufen** I walked into a post ⑤ (*fließen*) to run; **das Blut lief ihm übers Gesicht** the blood ran down his face; **lass bitte schon einmal Wasser in die Badewanne ~** start filling the bath please; **mir läuft die Nase** my nose is running; **jdm eiskalt über den Rücken ~** (*fig*) a chill runs up sb's spine ⑥ SPORT to run; **er läuft für ...** he runs for ...; **wie bist du gelaufen?** how did you run? ⑦ (*funktionieren*) to work; *Getriebe, Maschine, Motor* to run; (*eingeschaltet sein*) to be on; (*sich gleitend bewegen*) to run; **täglich ~ 6.000 Stück vom Band** 6,000 units a day come off the line; **die Miniatureisenbahn läuft auf winzigen Schienen** the miniature railway runs on tiny rails ⑧ FILM, THEAT (*gezeigt werden*) to be on ⑨ (*in Bearbeitung sein*) to go [on]; **der Prozess läuft nun schon zwei Jahre** the trial has been going on for two years now ⑩ (*gültig sein*) to run, to last; **mein Vertrag läuft bis Ende Juli** my contract runs until the end of July ⑪ (*ver~*) to flow, to run; **ab hier ~ die Kabel alle unterirdisch** all of the cables run underground from here on ⑫ (*seinen Gang gehen*) to go; **„was macht das Geschäft?" – „es könnte besser ~"** "how's business?" – "could be better"; **wie läuft es?** how's it going?; **läuft etwas zwischen euch?** is there anything going on between you? ⑬ (*geführt werden*) **auf jds Namen ~** to be issued in sb's name; **unter einer bestimmten Bezeichnung ~** to be called sth; **diese Einnahmen ~ unter „Diverses** [*o* **Sonstiges**]**"** this income comes under the category of "miscellaneous" ⑭ (*gut verkäuflich sein*) to sell well; **das neue Produkt läuft gut/nicht so gut** the new product is selling well/not selling well ⑮ (*fahren*) to run; **auf Grund ~** to run aground ▸ WENDUNGEN: **die Sache ist gelaufen** it's too late now, it's pointless to do anything about it now; **das läuft bei mir nicht!** that's not on with me!, I'm not having that!; **das läuft so nicht!** that's not on! **II.** *vt haben o sein* ① SPORT ■**etw ~** to run sth; **einen Rekord ~** to set a record ② (*zurücklegen*) ■**etw** [**in etw** *dat*] **~** to run sth [in sth]; **er will den Marathon in drei Stunden ~** he wants to run the marathon in three hours ③ (*fahren*) **Rollschuh/Schlittschuh/Ski ~** to go roller-skating/ice-skating/skiing, to rollerskate/ice-skate/ski **III.** *vr impers haben* **mit diesen Schuhen wird es sich besser ~** walking will be easier in these shoes; **auf dem Teppichboden läuft es sich weicher als auf dem Fliesen** a carpet is softer to walk on than tiles

lau·fend I. *adj attr* ① (*geh: derzeitig*) current ② (*ständig*) constant ▸ WENDUNGEN: **jdn** [**über etw** *akk*] **auf dem L~en halten** to keep sb up-to-date [about [*or* on] sth] [*or* informed [about sth]]; **mit etw** *dat* **auf dem L~en sein** to be up-to-date with sth; **auf dem L~en sein** [*o* **bleiben**] to be [*or* keep] up-to-date **II.** *adv* (*fam*) constantly, continually

Läu·fer <-s, -> ['lɔyfɐ] *m* ① SCHACH bishop ② (*Teppich*) runner

Läu·fer(in) <-s, -> ['lɔyfɐ] *m(f)* runner

Lau·fe·rei <-, -en> [laufə'rai] *f* (*pej fam*) running around

Läu·fe·rin <-, -nen> *f fem form von* **Läufer**

Lauf·feu·er *nt* ▸ WENDUNGEN: **sich** *akk* **wie ein ~ verbreiten** to spread like wildfire **Lauf·git·ter** *nt s.* **Laufstall Lauf·ho·nig** *m* liquid honey

läu·fig ['lɔyfɪç] *adj* on heat

Lauf·kä·fer *m* ZOOL grand beetle **Lauf·kund·schaft** *f kein pl* passing trade *no pl*, occasional customers *pl* **Lauf·ma·sche** *f* ladder **Lauf·pass**RR *m kein pl* ▸ WENDUNGEN: **jdm den ~ geben** (*fam*) to give sb their marching orders *fam* **Lauf·plan·ke** *f* gangplank, gangway **Lauf·schritt** *m* **im ~** at a run; MIL at [*or* on] the double; **sie verließ das Haus im ~** she left the house at a run; **im ~, marsch!** (*langsamer werden*) quick [*or* AM quick-time], march!; (*schneller werden*) double-time, march **Lauf·stall** *m* playpen **Lauf·steg** *m* catwalk **Lauf·vo·gel** *f* BIOL flightless bird, ratite **Lauf·werk** *nt Maschine* drive mechanism; *Uhr* clockwork; *Computer* disc drive **Lauf·zeit** *f* term **Lauf·zet·tel** *m* control slip

Lau·ge <-, -n> ['laugə] *f* ① (*Seifen~*) soapy water ② (*wässrige Lösung einer Base*) lye ③ (*veraltend: Salz~*) salt solution

Lau·gen·bre·zen *f* SÜDD pretzel **Lau·gen·sem·mel** *nt* SÜDD pretzel roll **Lau·gen·stan·ge** *f* SÜDD pretzel stick

Lau·heit <-> ['lauhait] *f kein pl* (*geh*) ① (*Milde*) mildness *no pl* ② (*Halbherzigkeit*) lukewarmness *no pl*, half-heartedness *no pl*

Lau·ne <-, -n> ['launə] *f* ① (*Stimmung*) mood; **blendende/gute ~ haben** [*o geh* [**bei**] **blendender/guter ~ sein**] to be in a wonderful/good mood; **miese/schlechte ~ haben** [*o geh* [**bei**] **mieser/schlechter ~ sein**] to be in a foul/bad mood; **jdn bei** [**guter**] **~ halten** (*fam*) to keep sb happy; [**je**] **nach**

[**Lust und**] ~ depending on how one feels; (*wechselnde Stimmung a.*) temper; **seine ~n an jdm auslassen** to take one's temper out on sb; **deine ~n sind unerträglich!** your moods are unbearable! ❷ (*abwegige Idee*) whim; **das war eine ~ der Natur** that was a whim of nature; **aus einer ~ heraus** on a whim

lau·nen·haft *adj* ❶ (*kapriziös*) moody ❷ (*wechselhaft*) *Wetter* changeable, unsettled

Lau·nen·haf·tig·keit <-> *f kein pl* ❶ (*kapriziöse Art*) moodiness *no pl* ❷ (*Wechselhaftigkeit*) *Wetter* changeability, unsettled nature

lau·nisch ['launɪʃ] *adj s.* **launenhaft**

Laus <-, Läuse> [laus, *pl* 'lɔyzə] *f* ❶ (*Blut saugendes Insekt*) louse; **Läuse haben** to have lice ❷ (*Blatt~*) aphid ▸WENDUNGEN: **jdm ist eine ~ über die Leber gelaufen** (*fam*) sb got out of the wrong side of bed *fam;* **jdm/sich eine ~ in den Pelz setzen** (*fam*) to land sb/oneself in it

Lau·sanne <-s> [lo'zan] *nt* Lausanne

Laus·bub *m* SÜDD (*fam*) rascal

Lausch·an·griff *m* bugging

lau·schen ['lauʃn̩] *vi* ❶ (*heimlich zuhören*) to eavesdrop ❷ (*geh: zuhören*) to listen

Lau·scher <-s, -> ['lauʃɐ] *m* JAGD ear; **sperr deine ~ auf!** (*fig fam*) listen up! *fam*

Lau·scher(in) <-s, -> ['lauʃɐ] *m(f)* eavesdropper ▸WENDUNGEN: **der ~ an der Wand hört seine eigene Schand** (*prov*) eavesdroppers seldom hear good of themselves

lau·schig ['lauʃɪç] *adj* (*veraltend*) ❶ (*gemütlich*) cosy BRIT, cozy AM, snug ❷ (*einsam*) secluded

Lau·se·ben·gel *m* (*veraltend fam*) *s.* **Lausbub** **Lau·se·jun·ge** *m* (*fam*) rascal

Läu·se·mit·tel *nt* PHARM lousicide

lau·sen ['lauzn̩] *vt* ■**jdn/ein Tier** ~ to delouse sb/an animal; ■**sich** *akk* ~ to delouse oneself

lau·sig ['lauzɪç] **I.** *adj* (*pej fam*) ❶ (*entsetzlich*) *Arbeit, Zeiten etc.* awful ❷ (*geringfügig*) lousy, measly; **wegen diesen ~en paar Euro!** all for these measly few euros! **II.** *adv* (*pej fam*) ❶ (*entsetzlich*) terribly; **es ist ~ kalt!** it's terribly cold ❷ (*lumpig*) lousily, badly; **als Lehrer wird man ~ bezahlt** a teacher's pay is lousy

laut[1] [laut] **I.** *adj* ❶ (*weithin hörbar*) loud; **etw ~/~er stellen** to turn up sth *sep;* **musst du immer gleich ~ werden?** do you always have to blow your top right away?; **~e Farben** (*fig*) loud colours [*or* AM -ors] *fig* ❷ (*voller Lärm*) noisy; **ist es dir hier zu ~?** is it too noisy for you here? ▸WENDUNGEN: **etw ~ werden lassen** to make sth known; **~ werden** to become public knowledge **II.** *adv* (*weithin hörbar*) loudly; **kannst du das ~er sagen?** can you speak up?; **~ denken** to think out loud; **sag das nicht ~!** don't let anyone hear you say that!

laut[2] [laut] *präp +gen o dat* according to; **~ Zeitungsberichten/den letzten Meldungen ...** according to newspaper reports/latest reports ...

Laut <-[e]s, -e> [laut] *m* ❶ (*Ton*) noise; **keinen ~ von sich geben** to make no noise, to not make a sound ❷ *pl* (*Sprachfetzen*) tone ▸WENDUNGEN: **~ geben** JAGD to bark

Lau·te <-, -n> ['lautə] *f* lute

lau·ten ['lautn̩] *vi* ❶ (*zum Inhalt haben*) to read, to go; **wie lautet der letzte Absatz?** how does the final paragraph go?; **die Anklage lautete auf Erpressung** the charge is blackmail ❷ (*ausgestellt sein*) ■**auf jdn/jds Namen ~** to be in sb's name

läu·ten ['lɔytn̩] **I.** *vi* ❶ (*klingend erschallen*) *Klingel, Telefon* to ring; *Glocke a.* to chime, to peal; (*feierlich*) to toll, to knell ❷ (*durch Klingeln herbeirufen*) ■**nach jdm ~** to ring for sb ▸WENDUNGEN: **ich habe davon ~ gehört** [*o* **hören**], **dass ...** I have heard rumours that ... **II.** *vi impers* ❶ DIAL (*Glocken ertönen*) ■**es läutet** the bell is/bells are ringing ❷ *impers* (*die Türklingel/Schulglocke ertönt*) the bell is ringing; **es hat geläutet** the bell rang, there was a ring at the door; **es läutet sechs Uhr** the clock's striking six

Lau·te·nist(in) <-en, -en> [lautə'nɪst] *m(f),* **Lau·ten·spie·ler(in)** *m(f)* lutenist, lute player

lau·ter[1] ['lautɐ] *adj inv* just, nothing but; **das sind ~ Lügen** that's nothing but lies; **vor ~ ...** because of ...; **vor lauter Arbeit ...** because of all the work I've got ...

lau·ter[2] ['lautɐ] *adj* ❶ (*geh: aufrichtig*) sincere ❷ (*veraltend liter: rein*) pure; *s.* **Wahrheit**

Lau·ter·keit <-> *f kein pl* (*geh*) sincerity *no pl*

läu·tern ['lɔytɐn] *vt* (*geh*) ■**jdn/etw** ~ to reform sb/sth

Läu·te·rung <-, -en> *f* (*geh*) reformation

Läu·te·werk *nt* signal bell

laut·hals ['lauthals] *adv* at the top of one's voice *pred*

Laut·leh·re *f kein pl* phonetics + *sing vb*

laut·lich ['lautlɪç] **I.** *adj* phonetic **II.** *adv* phonetically

laut·los ['lautlo:s] **I.** *adj* noiseless, silent **II.** *adv* noiselessly, silently

Laut·lo·sig·keit <-> *f kein pl* noiselessness *no pl,* silence

Laut·ma·le·rei [lautma:lə'rai] *f* onomatopoeia **laut·ma·le·risch** *adj inv* LING onomatopoeic **Laut·schrift** *f* phonetic alphabet

Laut·spre·cher *m* loudspeaker; **über ~** by loudspeaker

Laut·spre·cher·box *f* speaker **Laut·spre·cher·durch·sa·ge** *f* loudspeaker announcement; **die Information wurde mittels ~n weitergegeben** the information was passed on over the loudspeaker[s] [*or* in loudspeaker announcements] **Laut·spre·cher·ka·bel** *f* speaker cable **Laut·spre·cher·wa·gen** *m* car with a loudspeaker on top

laut·stark **I.** *adj* loud; **ein ~er Protest/Widerspruch** a strong protest **II.** *adv* loudly, strongly

Laut·stär·ke *f* ❶ (*Schallpegel*) volume; **bei voller ~** at full volume; **etw** *akk* **auf volle ~ stellen** to turn sth up to full volume [*or* right [*or* AM all the way] up]; **die ~ regeln** to adjust the volume ❷ (*laute Art*) loudness; **~ allein wird dich nicht ans Ziel bringen** you won't get anywhere by just shouting

Laut·stär·ke·reg·ler *m* volume control

Laut·ver·schie·bung *f* LING consonant shift; **die erste/zweite ~** the first/second consonant shift

lau·warm ['lauvarm] *adj* lukewarm

La·va <-, Laven> ['la:va, *pl* 'la:vən] *f* lava

La·va·bo <-[s], -s> [la'va:bo] *nt* SCHWEIZ (*Waschbecken*) washbasin

La·va·lam·pe *f* lava lamp

La·ven·del <-s, -> [la'vɛndl̩] *m* lavender

La·ven·del·ho·nig *m* lavender honey **La·ven·del·öl** <-[e]s> *nt kein pl* lavender oil *no pl, no indef art*

la·vie·ren* [la'vi:rən] **I.** *vi* (*geh*) to manoeuvre BRIT, to maneuver AM **II.** *vr* ■**sich** *akk* **aus etw** *dat* ~ to worm one's way out of sth; **wie er sich wohl aus dieser prekären Lage ~ wird?** I wonder how he's going to get out of this precarious situation

La·wi·ne <-, -n> [la'vi:nə] *f* ❶ (*Schneemasse*) avalanche ❷ (*sehr große Anzahl*) *Anrufe, Briefe* avalanche, deluge; **eine ~ ins Rollen bringen/auslösen** to start an avalanche; **eine ~ von Protesten lostreten** to unleash a storm of protest

la·wi·nen·ar·tig **I.** *adj* like an avalanche **II.** *adv* like an avalanche; **die Zahl der Beschwerden schwoll ~ an** the number of complaints snowballed

La·wi·nen·ge·fahr *f kein pl* risk of avalanches

Law·ren·ci·um <-s> [lo'rɛntsiʊm] *nt kein pl* lawrencium *no pl, no indef art spec*

lax [laks] *adj* lax

Lax·heit <-> *f kein pl* laxity, laxness

Lay·out[RR], **Lay·out** <-s, -s> [leɪ'aʊt] *nt* layout

Lay·ou·ter(in) <-s, -> ['le:ʔautɐ, le:'ʔautɐ] *m(f)* layout man

La·za·rett <-[e]s, -e> [latsa'rɛt] *nt* military hospital

LCD-An·zei·ge *f* LCD display **LCD-Bild·schirm** *m* LCD screen **LCD-Mo·ni·tor** *m* LCD monitor **LCD-Spiel** *nt* LCD game

LCR [ɛltse:ˈʔɛr] *m Abk von* **Least-Cost-Router** LCR
lea·sen [ˈli:zn] *vt* ■**etw** ~ to lease sth
Lea·sing <-s, -s> [ˈli:zɪŋ] *nt* leasing
Lea·sing·be·ra·ter(in) *m(f)* leasing consultant **Lea·sing·fahr·zeug** *nt* leased vehicle **Lea·sing·fir·ma** *f* leasing company **Lea·sing·kun·de, -kun·din** *m, f* lessee **Lea·sing·ra·te** *f* lease instalment [*or* AM installment] **Lea·sing·ver·trag** *m* lease agreement
Least-Cost-Rou·ter [ˈli:stkɒstru:tə] *m* TELEK least cost router
Le·be·da·me *f (pej) fem form von* **Lebemann** courtesan **Le·be·hoch** <-[s], -[s]> [le:bəˈho:x] *nt* cheer **Le·be·mann** *m (pej)* playboy, man-about-town, bon viveur
le·ben [ˈle:bn̩] **I.** *vi* ❶ *(lebendig sein)* to live; **Gott sei Dank, er lebt [noch]** Thank God, he's [still] alive; **lang [*o* es] lebe der/die/das ...!** long live the ...!; **von etw nicht ~ und nicht sterben können** not to be able to live on sth ❷ *(ein bestimmtes Leben führen)* to live; **christlich ~** to lead a Christian life; **getrennt ~** to live apart; **vegetarisch ~** to be vegetarian; **jeder Mensch will glücklich und zufrieden ~** everyone wants to have [*or* lead] a happy and satisfied life ❸ *(seinen Lebensunterhalt bestreiten)* ■**von etw ~** to make one's living doing sth; **wovon lebt der überhaupt?** however does he make his living?, whatever does he do for a living?; **vom Schreiben ~** to make a living as a writer ❹ *(wohnen)* to live; **im Ausland/in der Stadt ~** to live abroad/in town ❺ *(da sein)* ■**[für jdn/etw] ~** to live [for sb/sth]; **sie lebte nur für ihre Kinder/ihren Beruf** she only lived for her children/job; **mit etw ~ können/müssen** to be able to/have to live with sth; **~ und ~ lassen** to live and let live; **man lebt [so]** *(fam)* so, so *fam* ▶ WENDUNGEN: **leb[e] wohl!** farewell!; **hoch soll er/sie ~!** for he/she's a jolly good fellow! **II.** *vt* ❶ *(verbringen)* ■**etw ~** to live sth; **ich lebe doch nicht das Leben anderer Leute!** I have my own life to lead! ❷ *(verwirklichen)* to live; **seine Ideale/seinen Glauben ~** to live according to one's ideals/beliefs **III.** *vi impers* **wie lebt es sich denn als Millionär** what's it like living the life of a millionaire?, what's life as a millionaire like?; **lebt es sich hier besser als dort?** is life better here than there?, is it better living here than there?
Le·ben <-s, -> [ˈle:bn̩] *nt* ❶ *(Lebendigsein)* life; **jdn [künstlich] am ~ erhalten** to keep sb alive [artificially]; **jdn vom ~ zum Tode befördern** *(geh)* to put sb to death *form;* **etw mit dem [*o* seinem] ~ bezahlen** *(geh)* to pay for sth with one's life; **jdn ums ~ bringen** *(geh)* to take sb's life; **sein ~ aushauchen** *(geh)* to breathe one's last *liter;* **am ~ sein [*o* bleiben]** to be [*or* remain] alive; **mit dem ~ davonkommen** to escape with one's life; **[bei etw/während einer S.] ums ~ kommen** to die [in sth/during sth], to lose one's life [in sth/during sth]; **jdn das ~ kosten** *(geh)* to cost sb his/her life; **sein ~ [für jdn/etw] lassen** *(geh)* to give one's life [for sb/sth]; **jdn am ~ lassen** to let sb live; **um sein ~ laufen [*o* rennen]** to run for one's life; **sich *dat* das ~ nehmen** *(euph)* to take one's life *euph;* **seinem ~ ein Ende setzen** *(euph)* to take one's life *euph;* **jdm das [*o* jds] ~ retten** to save sb's life; **aus dem ~ scheiden** *(geh)* to depart this world *form;* **jdm das ~ schenken** *(geh: jdn gebären)* to give birth to sb; *(jdn am Leben lassen)* to let sb live; **mit seinem ~ spielen** to put one's life at risk; **[bei/während etw] das [*o* sein] ~ verlieren** to lose one's life [in/during sth] ❷ *(Existieren)* life; **das/sein ~ hinter sich haben** to have one's life behind one, to have had one's innings *fam;* **das/sein ~ vor sich haben** to have one's [whole] life before one; **ein [*o* jds] ~ lang** one's [*or* sb's] whole life; **das tägliche ~** everyday life; **das ~ zu zweit** life as a couple; **sein ~ genießen/verpfuschen** to enjoy/ruin one's life; **ein geruhsames/hektisches ~ führen** to lead a quiet/hectic life; **am ~ hängen** to love life; **sich seines ~s freuen** to enjoy [one's] life; **jdm/sich das ~ schwer machen** to make life difficult for sb/oneself; **das ~ geht weiter** life goes on; **ein ~ in etw *dat*** a life of sth; **zeit jds ~s** for the rest of one's life; **das/ein ~ nach dem Tod[e]** life after death; **das ewige ~** eternal life; **das süße ~** the life of Riley *fam;* **so ist das ~ [eben]** that's life, such is life; **sich [mit etw] durchs ~ schlagen** to struggle to make a living [doing sth]; **wie das ~ so spielt** *(fam)* as is the way of the world; **nie im ~ [*o* im ~ nicht]** never ❸ *(Geschehen, Aktivität)* life; **etw zum/zu neuem ~ erwecken** to bring sth back to life, to revive sth; **etw ins ~ rufen** to found sth, to establish sth; **das öffentliche ~** public life; **eine Figur [*o* Person] des öffentlichen ~s** a public figure ❹ *(Lebensinhalt)* life; ■**jds ~ sein** to be sb's life; **ihr Garten war ihr ~** her garden was her life ▶ WENDUNGEN: **jds ~ hängt an einem dünnen [*o* seidenen] Faden** sb's life is hanging by a thread; **jdm das ~ zur Hölle machen** to make sb's life hell; **[bei etw] sein ~ aufs Spiel setzen** to risk one's life [doing sth]; **jds ~ steht auf dem Spiel** sb's life is at risk; **es geht um ~ und Tod** it's a matter of life and death; **wie das blühende ~ aussehen** to look in the pink *hum;* **seines ~s nicht mehr froh werden** to have a rotten life; **etw für sein/ihr ~ gern tun** to love doing sth; **wenn jdm sein ~ lieb ist** if sb's life means sth to them; **das nackte ~ retten [*o* mit dem nackten ~ davonkommen]** to barely escape with one's life; **seines ~s nicht mehr sicher sein** *(fam)* to fear for one's life; **jdm nach dem ~ trachten** to be out to kill sb
le·bend **I.** *adj* ❶ *(nicht tot)* living; ■**die L~en** the living; **nicht mehr unter den L~en weilen** *(geh)* to no longer be with us *form;* **eine ~e Sprache** a living language; **die in Berlin ~e Autorin** the author living in Berlin ❷ *(belebt)* living ▶ WENDUNGEN: **es von den L~en nehmen** to make people pay through the nose **II.** *adv* alive; **~ gebärend** ZOOL live-bearing, bearing live young, viviparous; **etw ~ überstehen** to get through sth alive, to survive sth
Le·bend·ge·wicht *nt kein pl (fachspr)* live-weight
le·ben·dig [leˈbɛndɪç] **I.** *adj* ❶ *(lebend)* living; ■**~ sein** to be alive ❷ *(anschaulich, lebhaft)* vivid; **~ werden/wirken** to come to life/appear lifelike; **ein ~es Kind** a lively child ❸ *(noch praktiziert)* alive *pred;* **wieder ~ werden** to come alive again ▶ WENDUNGEN: **es von den L~en nehmen** *(hum fam)* to be daylight robbery *hum fam; s. a.* **Leib** **II.** *adv* ❶ *(lebend)* alive ❷ *(lebhaft)* **etw ~ gestalten/schildern** to organize sth in a lively way/give a lively description of sth
Le·ben·dig·keit <-> *f kein pl* vividness *no pl*
Le·bens·abend *m (geh)* twilight years *pl* **Le·bens·ab·schnitt** *m* chapter in one's life **Le·bens·al·ter** *nt* age **Le·bens·ar·beits·zeit** *f* ÖKON working life **Le·bens·art** *f kein pl* manners *pl;* **keine ~ haben** to have no manners; *s. a.* **Lebensweise** **Le·bens·auf·ga·be** *f* lifelong task; **sich *dat* etw *akk* zur ~ machen** to make sth one's life's work **Le·bens·baum** *m* ❶ BOT arbor vitae ❷ REL, KUNST tree of life **Le·bens·be·din·gun·gen** *pl* living conditions **le·bens·be·dro·hend** *adj inv* life-threatening **Le·bens·dau·er** *f* ❶ *(Dauer des Lebens)* life-span ❷ *(Dauer der Funktionsfähigkeit)* [working] life **Le·bens·eli·xier** *nt* elixir of life **Le·bens·en·de** *nt kein pl* death; **bis ans/an jds ~** until one's/sb's death; **als sie ihr ~ nahen fühlte, ...** when she felt her life was drawing to a close ... **Le·bens·er·fah·rung** *f* experience of life **Le·bens·er·in·ne·run·gen** *pl* memoirs **Le·bens·er·war·tung** *f* life expectancy **le·bens·fä·hig** *adj* ❶ MED *(fähig, zu überleben)* capable of surviving; **[nicht] ~ sein** *(fig)* [not] to be viable ❷ BIOL *(in der Lage, zu existieren)* viable, capable of living *pred* **Le·bens·fä·hig·keit** *f kein pl* viability *no pl,* ability to live *no pl* **Le·bens·form** *f* ❶ *(Lebensweise)* way of life ❷ *(Organisation von biol. Leben)* life-form **Le·bens·freu·de** *f kein pl* joie de vivre *no pl form,* love of life *no pl* **le·bens·froh** *adj* full of the joys of life [*or* joie de vivre] *pred* **Le·bens·ge·fahr** *f* **es besteht ~** there is a risk of death; **jd ist [*o* schwebt] [*o* befindet sich] [*o* gerät] in ~** sb's life is in danger; **jd ist [*o* befindet sich] außer ~** sb's life is no longer in danger; **mit ~ verbunden sein** to entail risk of death; **unter ~ *dat*** at the risk of one's life; **~! dan-**

ger! **le·bens·ge·fähr·lich** I. *adj* extremely dangerous; (*Krankheiten*) life-threatening II. *adv* ❶ (*in das Leben bedrohender Weise*) critically ❷ (*fam: sehr gefährlich*) dangerously, hazardously **Le·bens·ge·fähr·te, -ge·fähr·tin** *m, f* (*geh*) partner **Le·bens·ge·fühl** *nt kein pl* awareness of life *no pl* **Le·bens·geis·ter** *pl* **jds ~ sind erwacht** sb's spirits are revived; **jds ~ erwecken** [*o* **wecken**] to liven sb up **Le·bens·ge·mein·schaft** *f* ❶ (*das dauernde Zusammenleben*) long-term relationship ❷ BIOL (*Biozönose*) biocoenosis BRIT, biocenosis AM **Le·bens·ge·nuss**[RR] *m* enjoyment of life **Le·bens·ge·schich·te** *f* life story **Le·bens·ge·wohn·hei·ten** *pl* habits **le·bens·groß** *adj* life-size[d] **Le·bens·grö·ße** *f* real size; ■ **~ haben** to be life-size[d]; **eine Büste in ~** a life-sized bust; **in [voller] ~** (*hum fam*) in person [*or fam* the flesh], as large as life *hum fam* **Le·bens·hal·tung** *f kein pl* standard of living; **die ~ wird immer teurer** the cost of living is ever increasing **Le·bens·hal·tungs·kos·ten** *pl* cost of living *no pl, no indef art* **le·bens·hung·rig** *adj* with a zest for life *attr;* ■ **~ sein** to have a zest for life **Le·bens·in·halt** *m* purpose in life; **ist das dein einziger ~?** does your whole life revolve around that?; **etw** *akk* **zu seinem ~ machen** to dedicate one's life's to sth **Le·bens·jahr** *nt* year [of one's life]; **nach/vor dem vollendeten ... ~** (*geh*) after/before sb's ... birthday; **im** [*o* **in jds**] **... ~: bereits im 14. ~ verlor sie ihre Eltern** she lost her parents when she was only fourteen **Le·bens·kampf** *m kein pl* struggle for survival **Le·bens·kraft** *f kein pl* vitality **Le·bens·künst·ler(in)** *m(f)* **ein richtiger ~** a person who knows how to make the best of life **Le·bens·la·ge** *f* situation [in life]; **in allen ~n** in any situation

le·bens·lang ['le:bn̩slaŋ] I. *adj* ❶ (*das ganze Leben dauernd*) lifelong ❷ JUR (*lebenslänglich*) life *attr,* for life *pred* II. *adv* (*das ganze Leben*) all one's [*or* one's whole] life

le·bens·läng·lich ['le:bn̩slɛŋlɪç] I. *adj* JUR life *attr,* lifelong, for life *pred;* **„~" bekommen** (*fam*) to get 'life'; **„~" [für jdn] fordern** [*o* **verlangen**] to demand 'life' for sb [*or* that sb gets 'life'] II. *adv* all one's life

Le·bens·läng·li·che(r) *f(m) dekl wie adj* lifer *fam*

Le·bens·lauf *m* ❶ (*schriftliche Lebensbeschreibung*) curriculum vitae BRIT, resumé AM ❷ (*Lebensgeschichte*) life story **Le·bens·li·nie** *f* life line **Le·bens·lü·ge** *f* sham existence; **eine ~ leben** to live a lie **Le·bens·lust** *f s.* **Lebensfreude le·bens·lus·tig** *adj s.* **lebensfroh Le·bens·mit·te** *f kein pl* middle age *no pl, no indef art*

Le·bens·mit·tel *nt meist pl* food

Le·bens·mit·tel·ab·tei·lung *f* food department **Le·bens·mit·tel·al·ler·gie** *f* MED food allergy **Le·bens·mit·tel·be·strah·lung** *f* food irradiation **Le·bens·mit·tel·che·mie** *f* food chemistry **Le·bens·mit·tel·far·be** *f* food colouring [*or* AM coloring] **Le·bens·mit·tel·ge·schäft** *nt* grocer's, grocery shop [*or* AM *usu* store] **Le·bens·mit·tel·händ·ler(in)** *m(f)* ÖKON grocer **Le·bens·mit·tel·kar·te** *f* food ration card **Le·bens·mit·tel·ver·gif·tung** *f* food poisoning **Le·bens·mit·tel·ver·sor·gung** *f* food supply **Le·bens·mit·tel·vor·rat** *m* food stock, provisions *npl* **Le·bens·mit·tel·zu·satz** *m* food additive **Le·bens·mot·to** *nt* ■**sein ~** one's motto in life

le·bens·mü·de *adj* weary of life *pred;* **bist du ~?, du bist wohl ~!** (*hum fam*) are you tired of living? **Le·bens·mü·de(r)** *f(m) dekl wie adj* person who is weary of life **Le·bens·mut** *m kein pl* courage to face life *no pl,* optimism *no pl* **Le·bens·nerv** *m* vital lifeline **le·bens·not·wen·dig** *adj s.* **lebenswichtig Le·bens·part·ner(in)** *m(f) s.* **Lebensgefährte Le·bens·qua·li·tät** *f kein pl* quality of life **Le·bens·raum** *m* ❶ *kein pl* (*Entfaltungsmöglichkeiten*) living space; HIST Lebensraum ❷ (*Biotop*) biotope, habitat **Le·bens·ret·ter(in)** *m(f)* ❶ (*zur Rettung Ausgebildeter*) rescuer ❷ (*jd, der jds Leben rettet*) life-saver; **mein ~!** you saved my life! **Le·bens·si·tu·a·ti·on** *f* life situation **Le·bens·stan·dard** *m kein pl* standard of living **Le·bens·stel·lung** *f* job for life **Le·bens·stil** *m* lifestyle **le·bens·tüch·tig** *adj* able to cope with life *attr* **Le·bens·un·ter·halt** *m kein pl* subsistence; **das deckt noch nicht einmal meinen ~** that doesn't even cover my basic needs; **für jds ~ aufkommen** [*o* **sorgen**] to provide for [*or* keep] sb; **mit .../als ... seinen ~ verdienen** to earn one's keep by .../as ... **le·bens·un·tüch·tig** *adj inv* unable to cope with life *pred* **Le·bens·ver·hält·nis·se** *pl* SOZIOL, BIOL living conditions *pl* **Le·bens·ver·si·che·rung** *f* ❶ (*Versicherungspolice*) life insurance [*or* BRIT *a.* assurance] ❷ (*Gesellschaft*) life insurance [*or* BRIT *a.* assurance] company **Le·bens·wan·del** *m kein pl* way of life; **einen einwandfreien/lockeren ~ führen** to lead an irreproachable/a dissolute life **Le·bens·weg** *m* (*geh*) journey through life *form* **Le·bens·wei·se** *f* lifestyle; **sitzende ~** sedentary way of life **Le·bens·weis·heit** *f* ❶ (*weise Lebenserfahrung*) wordly wisdom ❷ (*weise Lebensbeobachtung*) maxim **Le·bens·werk** *nt* life['s] work **le·bens·wert** *adj* worth living *pred;* **jdm ist das Leben nicht mehr ~** life is not worth living for sb anymore **le·bens·wich·tig** *adj* vital, essential, essential to life *pred* **Le·bens·wil·le** *m kein pl* will to live **Le·bens·zei·chen** *nt* (*a. fig*) sign of life; **kein ~ [mehr] von sich geben** to show no sign of life [any longer]; **ich habe schon lange kein ~ mehr von ihm bekommen** I've not had any sign of life from him for a long time **Le·bens·zeit** *f* lifetime; **auf ~** for life; **auf ~ im Gefängnis sitzen** to serve a life sentence; **eine Rente wird meist auf ~ gezahlt** pensions are usually paid until the pensioner's death **Le·bens·ziel** *nt* goal [*or* aim] in life **Le·bens·zweck** *m* purpose in life

Le·ber <-, -n> ['le:bɐ] *f* ❶ (*Organ*) liver; **es an** [*o* **mit**] **der ~ haben** (*fam*) to have a liver problem ❷ *kein pl* (*Essen*) liver ▸ WENDUNGEN: **frei** [*o* **frisch**] **von der ~ weg reden** (*fam*) to speak frankly; **sich** *dat* **etw** *akk* **von der ~ reden** (*fam*) to get sth off one's chest *fam; s. a.* **Laus**

Le·ber·blüm·chen *nt* liverwort, hepatica **Le·ber·egel** *m* ZOOL fluke **Le·ber·ent·zün·dung** *f* MED hepatitis *no pl, no art,* inflammation of the liver **Le·ber·er·kran·kung** *f* liver disease **Le·ber·fleck** *m* liver spot **Le·ber·funk·ti·ons·stö·rung** *f* MED liver disorder **Le·ber·ge·fäß** *nt* hepatic vessel **Le·ber·kä·se** *m kein pl meatloaf made out of finely-ground liver and other meat* **Le·ber·knö·del** *m* liver dumpling **le·ber·krank** *adj* having liver disease *pred* **Le·ber·kran·ke(r)** *f(m) dekl wie adj* person suffering from liver disease **Le·ber·krebs** *m kein pl* MED cancer of the liver *no pl, no art,* hepatic cancer *no pl, no art spec* **Le·ber·lap·pen** *m* lobe of the liver **Le·ber·lei·den** *nt* liver complaint **Le·ber·moos** *nt* BOT liverwort **Le·ber·pas·te·te** *f* liver pâté **Le·ber·tran** *m* cod-liver oil **Le·ber·wert** *m meist pl* MED liver function reading **Le·ber·wurst** *f* liver sausage ▸ WENDUNGEN: **die beleidigte ~ spielen** (*fam*) to get all in a huff *fam* **Le·ber·zel·le** *f* liver cell **Le·ber·zir·rho·se** *f* cirrhosis of the liver *no pl, no art,* hepatic cirrhosis *no pl, no art spec*

Le·be·we·sen *nt* living thing; **menschliches ~** human being

Le·be·wohl <-[e]s, -s *o geh* -e> [le:bə'vo:l] *nt* (*geh*) farewell *form;* **jdm ~ sagen** to say farewell to sb

leb·haft ['le:phaft] I. *adj* ❶ (*temperamentvoll*) lively, vivacious ❷ (*angeregt*) lively; **eine ~e Auseinandersetzung** a lively debate; **~er Beifall** thunderous applause; **eine ~e Fantasie** an active imagination; *s. a.* **Interesse** ❸ (*belebt*) lively; **~er Verkehr** brisk traffic ❹ (*anschaulich*) vivid ❺ (*kräftig*) vivid II. *adv* ❶ (*anschaulich*) vividly ❷ (*sehr stark*) intensely

Leb·haf·tig·keit <-> *f kein pl* ❶ (*temperamentvolle Art*) liveliness, vivacity, vivaciousness ❷ (*Anschaulichkeit*) vividness

Leb·ku·chen ['le:pku:xn̩] *m* gingerbread

leb·los ['le:plo:s] *adj* (*geh*) lifeless

Leb·tag ['le:pta:k] *m* **jds ~ [lang]** (*fam*) for the rest of sb's days; **daran würde sie sich ihr ~ erinnern** she would remember that for the rest of her days; **jds ~ nicht** (*fam*) never, never in all sb's life; **das hätte ich mein ~ nicht gedacht** never in all my life would I have thought that **Leb·zei·ten** *pl* **zu jds ~**

(*Zeit*) in sb's day; (*Leben*) in sb's lifetime

lech·zen ['lɛçtsn̩] *vi* (*geh*) ■**nach etw** *dat* ~ ❶ (*vor Durst verlangen*) to long for sth ❷ (*dringend verlangen*) to crave sth

Le·ci·thin <-s> [letsi'ti:n] *nt kein pl s.* **Lezithin**

leck [lɛk] *adj* leaky

Leck <-[e]s, -s> [lɛk] *nt* leak

le·cken¹ ['lɛkn̩] *vi* to leak

le·cken² ['lɛkn̩] **I.** *vi* ■**[jdm an etw** *dat*] ~ to lick [sb's sth]; ■**an jdm/etw** ~ to lick sb/sth; **willst du mal [an meinem Eis] ~?** do you want a lick [of my ice cream]? **II.** *vt* (*mit der Zunge aufnehmen*) ■**etw [aus/von etw** *dat*] ~ to lick sth [out of/off [of] sth]; **die Hündin leckte ihre Jungen** the bitch licked her young; ■**sich** *akk* ~ to lick oneself; ■**sich** *dat* **etw [von etw** *dat*] ~ to lick [sth off] one's sth; **sie leckte sich das Eis von der Hand** she licked the ice-cream off her hand ▶ WENDUNGEN: **leck mich doch [mal]!, leckt mich doch [alle] [mal]!** (*derb*) go to hell! *pej*

le·cker ['lɛkɐ] **I.** *adj* delicious, scrumptious, tasty; ■**etwas L~es** sth delicious **II.** *adv* deliciously, scrumptiously, tastily; **den Braten hast du wirklich ~ zubereitet** your roast is really delicious

Le·cker·bis·sen *m* delicacy, titbit

Le·cke·rei <-, -en> [lɛkə'rai] *f* ❶ KOCHK *s.* **Leckerbissen** ❷ *kein pl* (*pej fam: das Lecken*) licking

Le·cker·maul *nt* (*fam*) ■**ein ~ sein** to be sweet-toothed, to have a sweet tooth; (*Feinschmecker*) to be a gourmet

leck|schla·gen *vi irreg sein* to be holed; ■**leckgeschlagen** holed

Le·der <-s, -> ['le:dɐ] *nt* ❶ (*gegerbte Tierhaut*) leather; **zäh wie ~** tough as old boots *fam;* **etw** *akk* **in ~ binden** to bind sth in leather ❷ (*Ledertuch*) shammy *fam,* chamois, shammy [*or* chamois] leather ❸ (*fam: Fußball*) leather *fam,* football ▶ WENDUNGEN: **jdm ans ~ wollen/gehen** (*fam*) to have it in for sb/to lay into sb *fam;* **[gegen jdn/etw] vom ~ ziehen** (*fam*) to rant and rave [about sb/sth] *fam*

Le·der·band *m* ❶ <-bänder> (*ledernes Band*) leather strap ❷ <-bände> (*in Leder gebundenes Buch*) leather-bound book **Le·der·fett** *nt* dubbin *no pl, no art* **Le·der·gar·ni·tur** *f* leather suite **Le·der·ho·se** *f* ❶ (*lederne Trachtenhose*) lederhosen *npl* ❷ (*Bundhose aus Leder*) leather trousers *npl* **Le·der·ja·cke** *f* leather jacket **Le·der·kom·bi** *f* SPORT leather overall[s *pl*]

le·dern¹ ['le:dɐn] *adj* ❶ (*aus Leder gefertigt*) leather ❷ (*zäh*) leathery

le·dern² ['le:dɐn] *vt* (*ab~*) ■**etw** ~ to buff sth with a shammy [*or* chamois] leather

Le·der·na·cken *pl* leathernecks *sl* **Le·der·schild·krö·te** *f* ZOOL leatherback [turtle] **Le·der·so·fa** *nt* leather sofa [*or* settee] **Le·der·soh·le** *f* MODE leather sole **Le·der·tuch** *nt* shammy [*or* chamois] leather, shammy *fam,* chamois **Le·der·wa·ren** *pl* leather goods

le·dig ['le:dɪç] *adj* ❶ (*unverheiratet*) single, unmarried ❷ (*frei [von etw]*) ■**einer S.** *gen* ~ **sein** to be free of sth

Le·di·ge(r) ['le:dɪgə, -gɐ] *f(m) dekl wie adj* single [*or* unmarried] person

le·dig·lich ['le:dɪklɪç] *adv* (*geh*) merely, simply

Lee <-> [le:] *f kein pl* lee; **nach ~** leeward *no pl*

leer [le:ɐ̯] **I.** *adj* ❶ (*ohne Inhalt*) empty; **etw ~ machen** to empty sth ❷ (*menschenleer*) empty; **ein ~er Saal** an empty hall; **das Haus steht schon lange ~** the house has been empty for a long time ❸ (*nicht bedruckt*) blank; **etw ~ lassen** to leave sth blank ❹ (*ausdruckslos*) blank, vacant; **seine Augen waren ~** he had a vacant look in his eyes; **sich** *akk* **~ fühlen** to have an empty feeling, to feel empty inside; **~e Versprechungen/Worte** (*pej*) empty promises/words *pej* ▶ WENDUNGEN: **ins L~e** into thin air; **ins L~e gehen/laufen** to be to no avail, to come to nothing **II.** *adv* **den Teller ~ essen** to finish one's meal; **das Glas/die Tasse ~ trinken** to finish one's drink; **wie ~ gefegt sein** to be deserted; **~ stehend** empty, vacant ▶ WENDUNGEN: **[bei etw** *dat*] **~ ausgehen** to go away empty-handed

Lee·re <-> ['le:rə] *f kein pl* emptiness *no pl;* **gähnende ~** a gaping void; (*leerer Raum*) vacuum

lee·ren ['le:rən] **I.** *vt* ❶ (*entleeren*) ■**etw** ~ to empty sth; **sie leerte ihre Tasse nur halb** she only drank half a cup ❷ DIAL, ÖSSTER (*aus~*) ■**etw in etw** *akk* ~ to empty sth into sth **II.** *vr* ■**sich** *akk* ~ to empty; **der Saal leerte sich** the hall emptied

Leer·for·mel *f* (*pej geh*) empty phrase **Leer·ge·wicht** *nt* empty weight; **das ~ eines Fahrzeugs** the kerb [*or* AM curb] weight of a vehicle **Leer·gut** *nt kein pl* empties *pl fam* **Leer·lauf** *m* ❶ (*Gangeinstellung*) neutral gear; **im ~** in neutral; **jetzt in den ~ schalten!** change into neutral now! ❷ (*unproduktive Phase*) unproductiveness *no pl* **leer|lau·fen** *vi irreg sein* to run dry; **jdn ~ lassen** SPORT to sell sb a dummy, to send sb in the wrong direction **Leer·schlag** *m* TYPO hitting [of] the space-bar *no pl* **Leer·tas·te** *f* space-bar

Lee·rung <-, -en> *f* emptying *no pl; Post* collection; **Briefkästen mit stündlicher ~** post boxes with hourly collections

Leer·zei·chen *nt* TYPO blank, blank space [*or* character] **Leer·zei·le** *f* TYPO blank line

Lef·ze <-, -n> ['lɛftsə] *f meist pl* ZOOL lip

le·gal [le'ga:l] **I.** *adj* legal **II.** *adv* legally

le·ga·li·sie·ren* [legali'zi:rən] *vt* ■**etw** ~ to legalize sth

Le·ga·li·tät <-> [legali'tɛ:t] *f kein pl* legality; **[etwas] außerhalb der ~** (*euph*) [slightly] outside the law

Le·gas·the·nie <-, -n> [legaste'ni:, *pl* -'ni:ən] *f* dyslexia *no pl, no art*

Le·gas·the·ni·ker(in) <-s, -> [legas'te:nikɐ] *m(f)* dyslexic

le·gas·the·nisch *adj* dyslexic

Le·gat¹ <-[e]s, -e> [le'ga:t] *nt* JUR legacy, bequest

Le·gat² <-en, -en> [le'ga:t] *m* REL legate

Le·ge·bat·te·rie ['le:gə-] *f* (*pej*) laying battery

le·gen ['le:gn̩] **I.** *vt* ❶ (*hin~*) ■**jdn/etw irgendwohin** ~ to put sb/sth somewhere; **man legte sie zu ihrem Mann ins Grab** she was laid to rest beside her husband; **sich einen Schal um den Hals ~** to wrap a scarf around one's neck; **seinen Arm um jdn ~** to put one's arm around sb; **sie legte ihren Sohn an die Brust** she breast-fed her son; **sie haben sie auf die Intensivstation gelegt** they've taken her to intensive care; **legst du die Kleine schlafen?** will you put the little one to bed?; **die Betonung auf ein Wort ~** to stress a word; ■**jdn ~** SPORT to bring down sb *sep* ❷ (*in Form bringen*) ■**etw ~** to fold sth; **ein Stück Stoff ~** to fold a piece of material; **die Stirn in Falten ~** to frown; **sich** *dat* **die Haare ~ lassen** to have one's hair set ❸ (*produzieren*) ■**[etw] ~** to lay [sth]; **Eier ~** to lay eggs ❹ (*einlegen*) *Lebensmittel* ■**etw in etw ~** to preserve sth in sth ❺ (*lagern*) **etw in den Kühlschrank ~** to put sth in the fridge ❻ (*ver~*) **einen Teppich/Rohre/Kabel ~** to lay a carpet/pipes/cables; **Kartoffeln ~** to plant potatoes **II.** *vr* ❶ (*hin~*) ■**sich ~** to lie down; **sich ins Bett/in die Sonne/auf den Rücken ~** to go to bed/lay down in the sun/lie on one's back; **„leg dich!"** "lie!"; **der Motorradfahrer legte sich in die Kurve** the motorcyclist leaned into the bend ❷ (*sich niederlassen*) ■**sich auf etw** *akk* ~ to settle on sth; **dichter Bodennebel legte sich auf die Straße** thick fog formed in the street; (*schädigen*) to settle in sth; **sich auf die Nieren/Bronchien/Schleimhäute ~** to settle in one's kidneys/bronchial tubes/mucous membrane ❸ (*nachlassen*) ■**sich ~** *Aufregung, Empörung, Sturm, Begeisterung* to subside; *Nebel* to lift

le·gen·där [legɛn'dɛ:ɐ̯] *adj* legendary

Le·gen·de <-, -n> [le'gɛndə] *f* ❶ (*fromme Sage*) legend ❷ (*Lügenmärchen*) myth ❸ (*Erläuterung verwendeter Zeichen*) legend, key

le·ger [le'ʒe:ɐ, le'ʒɛ:ɐ] **I.** *adj* ❶ (*bequem*) casual, loose-fitting ❷ (*ungezwungen*) casual **II.** *adv* ❶ (*bequem*) casually; **sie**

zieht sich gerne ~ an she likes to dress casually ❷ (*lässig*) casually

Leg·gings ['lɛgɪŋs] *pl* leggings

le·gie·ren* [le'gi:rən] *vt* ■**etw** [**mit etw** *dat*] ~ ❶ (*zu einer Legierung verbinden*) to alloy sth [and sth] ❷ (*verdicken*) to thicken sth [with sth]

Le·gie·rung <-, -en> *f* ❶ (*Mischung von Metallen*) alloy ❷ *kein pl* (*das Legieren*) alloying

Le·gi·on <-, -en> [le'gi̯o:n] *f* ❶ HIST legion; **die ~** the legion of volunteers ❷ (*riesige Mengen*) **eine ~ von etw** *dat* legions of sth

Le·gi·o·när <-s, -e> [legi̯o'nɛːɐ̯] *m* legionary, legionnaire

Le·gi·o·närs·krank·heit *f* legionnaires' disease

Le·gis·la·ti·ve <-n, -n> [legɪsla'ti:və] *f* legislature, legislative power

Le·gis·la·tur·pe·ri·o·de [legɪsla'tu:ɐ̯-] *f* legislative period

le·gi·tim [legi'ti:m] *adj* (*geh*) legitimate

Le·gi·ti·ma·ti·on <-, -en> [legitima'tsi̯o:n] *f* (*geh*) ❶ (*abstrakte Berechtigung*) authorization ❷ (*Ausweis*) permit, pass ❸ JUR (*Ehelichkeitserklärung*) legitimation

le·gi·ti·mie·ren* [legitiˈmi:rən] **I.** *vt* (*geh*) ❶ (*berechtigen*) ■**jdn** [**zu etw** *dat*] ~ to authorize sb to do sth; **zu Kontrollen legitimiert sein** to be authorized to carry out checks; ■[**dazu**] **legitimiert sein, etw zu tun** to be authorized [*or* entitled] to do sth ❷ (*für gesetzmäßig erklären*) ■[**durch jdn/etw**] **legitimiert werden** to be legitimized [by sb/sth]; ■**etw** ~ to legitimize sth ❸ (*für ehelich erklären*) to legitimate; **ein Kind ~** to legitimate a child **II.** *vr* (*geh*) ■**sich** *akk* [**jdm gegenüber**] [**als jd/etw**] ~ to identify oneself [to sb] [as sb/sth]

Le·gi·ti·mi·tät <-> [legitimi'tɛ:t] *f kein pl* (*geh*) legitimacy *no pl*

Le·go® <-s, -s> ['le:go] *nt* Lego *no pl*

Le·go·bau·kas·ten® *m* Lego kit **Le·go·stein**® *m* Lego brick

Le·gu·an <-s, -e> [le'gu̯a:n, 'le:gu̯a:n] *m* iguana

Le·hen <-s, -> ['le:ən] *nt* fief; **jdm etw zu ~ geben** to grant sb sth in fief

Lehm <-[e]s, -e> [le:m] *m* clay

Lehm·bo·den *m* clay soil **Lehm·hüt·te** *f* clay hut

leh·mig ['le:mɪç] *adj* (*aus Lehm bestehend*) clay; (*voller Lehm*) clayey, claylike; **ein ~er Weg** a muddy path

Lehm·zie·gel *m* clay brick

Leh·ne <-, -n> ['le:nə] *f* ❶ (*Arm~*) armrest ❷ (*Rücken~*) back

leh·nen ['le:nən] **I.** *vt* (*an~*) ■**etw an/gegen etw** *akk* ~ to lean sth against sth **II.** *vi* (*schräg angelehnt sein*) ■**an etw** *dat* ~ to lean against sth **III.** *vr* (*sich beugen*) ■**sich** *akk* **an jdn/etw** ~ to lean on sb/sth; ■**sich** *akk* **über etw** *akk* ~ to lean over sth; ■**sich** *akk* **gegen etw** ~ to lean against sth; **sich** *akk* **aus dem Fenster** ~ to lean out of the window

Lehns·herr(in) ['le:ns-] *m(f)* feudal lord **Lehns·mann** <-männer *o* -leute> *m* vassal

Lehn·stuhl *m* armchair

Lehn·über·set·zung *f* loan translation, calque *spec* **Lehn·wort** <-wörter> *nt* loan word

Lehr·amt ['le:ɐ̯-] *nt* (*geh*) ■**das ~** the post of teacher; (*Studiengang*) teacher-training course; **das höhere/öffentliche ~** the post of grammar school/state school teacher

Lehr·amts·an·wär·ter(in) *m(f)* SCH, ADMIN trainee teacher (*newly qualified teacher waiting for his/her first permanent teaching post*) **Lehr·amts·kan·di·dat(in)** *m(f)* (*geh*) candidate for a teaching post **Lehr·amts·stu·di·um** *nt* SCH, ADMIN teacher training

Lehr·auf·trag *m* teaching assignment; **einen ~** [**für etw** *akk*] **haben** to have a teaching assignment [for sth] **Lehr·be·auf·trag·te(r)** *f(m) dekl wie adj* temporary lecturer **Lehr·be·fä·hi·gung** *f* teaching qualification **Lehr·be·helf** *m* ÖSTERR (*Lehrmittel*) teaching aid **Lehr·be·ruf** *m* teaching profession **Lehr·buch** *nt* textbook

Leh·re[1] <-, -n> ['le:rə] *f* ❶ ([*handwerkliche*] *Ausbildung*) apprenticeship, traineeship; [**bei jdm**] **in die ~ gehen** to serve one's apprenticeship [with [*or* under] sb], to be trained [by sb]; **bei jdm** [**noch**] **in die ~ gehen können** to be [still] able to learn a thing or two from sb; **jdn in die ~ nehmen** (*fig*) to bring up sb *sep* strictly; **eine ~** [**als etw**] **machen** to serve an apprenticeship [*or* train] [as a/an sth] ❷ (*Erfahrung, aus der man lernt*) lesson; **jdm eine ~ sein** to teach sb a lesson; **das soll dir eine ~ sein!** let that be a lesson to you!; **sich** *dat* **etw eine ~ sein lassen** to let sth be a lesson to one; **jdm eine ~ erteilen** to teach sb a lesson; **sich** *dat* **etw eine ~ sein lassen** to learn from sth; **eine ~ aus etw ziehen** to learn a lesson from sth; (*Ratschlag*) [piece of] advice *no pl* ❸ (*ideologisches System*) doctrine ❹ (*Theorie*) theory

Leh·re[2] <-, -n> ['le:rə] *f* ga[u]ge

leh·ren ['le:rən] *vt* ❶ (*unterrichten*) ■**etw** ~ to teach sth; (*an der Uni*) to lecture in sth ❷ (*beispielhaft zeigen*) ■**jdn** [**etw** *akk*] ~ to teach sb [sth]; **wer hat dich zeichnen gelehrt?** who taught you to draw?; **das lehrte ihn das Fürchten** that put the fear of God into him!; ■**jdn ~, etw zu tun** to teach sb to do sth; **das hat mich gelehrt, besser aufzupassen** that taught me to pay more attention; **ich werde dich ~, zu stehlen!** (*iron*) I'll teach you to steal! *iron* ❸ (*zeigen*) ■**jdn ~, dass ...** to teach [*or* show] sb that ...; **die Erfahrung hat uns gelehrt, dass ...** experience has taught [*or* shown] us that ...

Leh·rer(in) <-s, -> ['le:rɐ] *m(f)* ❶ (*an der Schule*) teacher; **~ am Gymnasium/an Grund- und Hauptschulen** grammar school/primary school/comprehensive school teacher; **jdn als ~ haben** to have sb as a teacher ❷ (*Lehrmeister*) teacher

Leh·rer·kol·le·gi·um *nt* teaching staff + *sing/pl vb* **Leh·rer·kon·fe·renz** *f* school staff meeting **Leh·rer·man·gel** *m* shortage of teachers

Leh·rer·schaft <-, *selten* -en> *f* (*geh*) teachers *pl*

Leh·rer·über·schussRR *m* surplus of teachers **Leh·rer·zim·mer** *nt* staffroom

Lehr·fach *nt* subject **Lehr·film** *m* educational film **Lehr·gang** <-gänge> *m* course; **auf einem ~ sein, sich auf einem ~ befinden** to be on a course **Lehr·geld** *nt* (*Bezahlung einer Lehre*) apprenticeship fee ► WENDUNGEN: **sich** *dat* **sein ~ zurückgeben lassen** (*fam*) to obviously not have learnt a thing at school/college, etc.; [**für etw** *akk*] **~ zahlen** [**müssen**] to [have to] learn the hard way **Lehr·herr** *m* (*veraltend*) master **Lehr·jahr** *nt* (*Jahr einer Lehre*) year as an apprentice [*or* a trainee] ► WENDUNGEN: **~e sind keine Herrenjahre** (*prov*) an apprentice is not his own master **Lehr·jun·ge** *m* (*veraltet*) *s.* **Auszubildender** **Lehr·kör·per** *m* teaching staff + *sing/pl vb* **Lehr·kraft** *f* (*geh*) teacher

Lehr·ling <-s, -e> ['le:ɐ̯lɪŋ] *m* (*veraltend*) *s.* **Auszubildende(r)**

Lehr·mäd·chen *nt* (*veraltet*) *fem form von* **Auszubildende** **Lehr·mei·nung** *f* (*geh*) expert opinion **Lehr·meis·ter(in)** *m(f)* teacher; KUNST (*Vorbild*) master **Lehr·mit·tel** *nt* (*fachspr*) teaching aid **Lehr·mit·tel·frei·heit** *f kein pl* SCH free provision of teaching aids **Lehr·ob·jekt** *nt* SCH teaching aid **Lehr·plan** *m* syllabus **Lehr·pro·be** *f* assessed teaching practice *no pl;* [**in etw** *dat*] **eine ~ halten** to give an assessed lesson [in sth]

lehr·reich *adj* instructive

Lehr·satz *m* theorem **Lehr·stel·le** *f* apprenticeship, traineeship **Lehr·stoff** *m* (*fachspr*) syllabus [content] **Lehr·stuhl** *m* (*geh*) chair **Lehr·werk** *nt* (*geh*) textbook **Lehr·werk·statt** *nt* training workshop **Lehr·zeit** *f* (*veraltend*) *s.* **Lehre**[1] **1**

Leib <-[e]s, -er> [laip] *m* ❶ (*Körper*) body; **etw** *akk* **am eigenen ~e erfahren** [*o* [**ver**]**spüren**] [*o* **zu spüren bekommen**] to experience sth first hand; **am ganzen ~e zittern** [*o* **beben**] (*geh*) to shake [*or* quiver] all over, to be all in a quiver; **am ganzen ~e frieren** to be frozen all over [*or* from head to foot]; **bei lebendigem ~e** alive; **jdm** [**mit etw** *dat*] **vom ~e bleiben** (*fam*) not to bother sb [with sth]; **jdm jdn vom ~e halten** to keep sb away from sb; **sich** *dat* **jdn vom ~e halten/schaffen** to keep sb at arm's length/get sb off one's back; **jdm etw vom**

~e halten (*fig*) to not bother sb with sth; sich *dat* etw *akk* vom ~e halten (*fig*) to avoid sth; etw *akk* auf dem ~e tragen (*geh*) to wear sth ❷ (*geh*) stomach ▶WENDUNGEN: der ~ des Herrn the body of Christ; mit ~ und Seele wholeheartedly; sie ist mit ~ und Seele bei der Sache she is fully focused on the task; jdm wie auf den ~ [zu]geschnitten sein to suit sb down to the ground; jdm wie auf den ~ geschrieben sein to be tailor-made for sb; einer S. *dat* zu ~e rücken [*o* gehen] (*fam*) to tackle sth

Leib·arzt, -ärz·tin *m, f* personal physician *form*

Leib·chen <-s, -> ['laipçən] *nt* ❶ ÖSTERR (*Herrenunterhemd*) vest ❷ (*veraltet: Mieder für Kinder*) bodice

leib·ei·gen ['laipʔaign̩] *adj* HIST adscript, enslaved

Leib·ei·ge·ne(r) *f(m) dekl wie adj* HIST serf

Leib·ei·gen·schaft <-> *f kein pl* HIST ■die ~ serfdom

lei·ben ['laibn̩] *vi* ▶WENDUNGEN: wie jd leibt und lebt through and through

Lei·bes·frucht *f* (*geh*) foetus BRIT, fetus AM **Lei·bes·kraft** *f* aus [*o* nach] Leibeskräften with all one's might **Lei·bes·übun·gen** *pl* (*veraltend*) physical education *no pl*, P.E. **Lei·bes·vi·si·ta·ti·on** *f* (*geh*) body search; sich *akk* einer ~ gen unterziehen müssen (*geh*) to have to undergo a body search; jdn einer ~ unterziehen [*o* eine ~ bei jdm vornehmen] (*geh*) to subject sb to a body search

Leib·gar·de *f* bodyguard **Leib·gar·dist** <-en, -en> *m* [member of] the bodyguard **Leib·ge·richt** *nt* favourite [*or* AM favorite] meal

leib·haf·tig [laip'haftɪç] I. *adj* ❶ (*echt*) ■ein ~er/eine ~e ... a real ...; ich habe einen ~en Wolf im Wald gesehen! I saw a real live wolf in the forest! ❷ (*verkörpert*) ■der/die ~e ... ... personified; sie ist die ~e Sanftmut she is gentleness personified ▶WENDUNGEN: der L~e (*euph*) the devil incarnate II. *adv* in person *pred*

Leib·koch, -kö·chin *m, f* personal chef

leib·lich ['laiplɪç] *adj* ❶ (*körperlich*) physical ❷ (*blutsverwandt*) natural; jds ~e Verwandten sb's blood relations

Leib·ren·te *f* life annuity **Leib·spei·se** *f s.* Leibgericht **Leib·wa·che** *f* bodyguard *no pl* **Leib·wäch·ter(in)** *m(f)* bodyguard **Leib·wä·sche** *f* (*veraltend*) *s.* Unterwäsche

Lei·che <-, -n> ['laiçə] *f* (*toter Körper*) corpse; aussehen wie eine wandelnde ~ (*fam*) to look deathly pale [*or* as white as a sheet] ▶WENDUNGEN: eine ~ im Keller haben (*fam*) to have a skeleton in the closet; über ~n gehen (*pej fam*) to stop at nothing; nur über meine ~! (*fam*) over my dead body!

Lei·chen·be·schau·er(in) <-s, -> *m(f) doctor who carries out post-mortems* **Lei·chen·bit·ter·mie·ne** *f kein pl* (*iron*) doleful expression [*or* look]; mit ~ with a doleful expression [*or* look] **lei·chen·blass**RR ['laiçn̩'blas] *adj* deathly pale **Lei·chen·bläs·se** *f* deathly paleness *no pl* **Lei·chen·fled·de·rei** <-, -en> *f* stealing from the dead *no pl* **Lei·chen·fled·de·rer, -fled·de·rin** <-s, -> *m, f* sb who steals from the dead **Lei·chen·hal·le** *f* mortuary **Lei·chen·haus** *nt* mortuary, morgue **Lei·chen·schän·dung** *f* ❶ (*grober Unfug mit einer Leiche*) desecration of a corpse *no pl* ❷ (*sexuelle Handlungen an Leichen*) necrophilia, necrophilism *no pl, no art* **Lei·chen·schau·haus** *nt* mortuary, *esp* AM morgue **Lei·chen·schmaus** *m* wake **Lei·chen·star·re** *f s.* Totenstarre **Lei·chen·wa·gen** *m* ❶ (*Wagen, der Särge befördert*) hearse ❷ (*Kutsche, die Särge befördert*) funeral carriage **Lei·chen·zug** *m* (*geh*) funeral procession

Leich·nam <-s, -e> ['laiçna:m] *m* (*geh*) corpse

leicht [laiçt] I. *adj* ❶ (*geringes Gewicht habend*) light; ■jd/etw ist ... ~er [als jd/etw] sb/sth is ... lighter [than sb/sth]; ~ wie eine Feder sein to be as light as a feather ❷ (*eine dünne Konsistenz habend*) light ❸ (*einfach*) easy, simple; jdm ein Leichtes sein (*geh*) to be easy for sb; jdm ein Leichtes sein, etw zu tun to be easy for sb to do sth; nichts ~er als das! no problem; *s. a.* Hand ❹ METEO (*schwach*) light; eine ~e Brandung low surf; ein ~er Donner distant thunder; eine ~e Strömung a weak current; ~er Regen/Schneefall light rain/a light fall of snow ❺ (*sacht*) light, slight; ein ~er Schlag a gentle slap; er hat einen sehr ~en Akzent he has a very slight accent ❻ (*nicht schlimm*) minor; ein ~er Eingriff a minor operation; eine ~e Verbrennung minor burns; *s. a.* Schlaf ❼ (*nicht belastend*) light; eine ~e Zigarette/ein ~er Tabak a mild cigarette/tobacco; eine ~e Nachspeise a light dessert ❽ (*einfach verständlich*) easy; ~e Lektüre light reading; *s. a.* Muse ❾ (*unbeschwert*) ■jdm ist ~er sb is [*or* feels] relieved, sb feels better; jdm ist ~ zumute [*o* ums Herz] [*o* jd fühlt sich ~] sb is light-hearted; ~en Herzens/Schrittes with a light heart/sprightly step ❿ (*nicht massiv*) lightweight; ~ gebaut having a lightweight construction II. *adv* ❶ (*mit nicht schwerem Stoff*) lightly; ~ bekleidet dressed in light clothing ❷ (*einfach*) easily; sich ~ tun to be easy to do; das ist ~er gesagt als getan that's easier said than done; es [im Leben] ~ haben to have it easy [in life], to have an easy time of it; etw geht [ganz] ~ sth is [quite] easy; es nicht ~ haben to not have it easy, to have a hard time of it; es nicht ~ mit jdm haben to have one's work cut out with sb; es jdm ~ machen to make it easy for sb; es sich *dat* ~ machen to make it easy for oneself ❸ METEO (*schwach*) lightly ❹ (*nur wenig, etwas*) lightly; etw ~ salzen to salt sth lightly; ~ humpeln to have a slight limp; ~ verärgert sein to be slightly annoyed ❺ (*schnell*) easily; das sagst du so ~! that's easy for you to say!; etw ~ glauben to believe sth readily; der Inhalt ist ~ zerbrechlich the contents are easy to break [*or* very delicate] ❻ (*problemlos*) easily; etw ~ schaffen/begreifen to manage/grasp sth easily; *s. a.* möglich ▶WENDUNGEN: ~ reden haben [*o* können] to be easy for sb to talk; du hast ja ~ reden it's easy [*or* all right] for you to talk

Leicht·ath·let(in) *m(f)* athlete BRIT, track and field athlete AM

Leicht·ath·le·tik *f* athletics BRIT + *sing vb, no art*, track and field AM + *sing vb, no art*

Leicht·ath·le·tin *f fem form von* Leichtathlet

leicht·ath·le·tisch I. *adj* athletic[s] BRIT, track and field AM; ein ~er Wettbewerb an athletics [*or* AM a track and field] competition II. *adv* sich *akk* ~ betätigen to do athletics [*or* AM track and field [events]]

Leicht·bau·wei·se *f* lightweight construction; in ~ made of lightweight materials; ein in ~ errichtetes Haus a house constructed using lightweight materials

Leich·te <-s, -> ['laiçtə] *m* NORDD lighter

leicht|fal·len *vi irreg sein* etw fällt jdm leicht sth is easy for sb; es fällt jdm leicht, etw zu tun it's easy for sb to do sth

leicht·fer·tig I. *adj* thoughtless II. *adv* thoughtlessly **Leicht·fer·tig·keit** *f kein pl* thoughtlessness *no pl, no indef art*

Leicht·fuß *m* (*hum fam*) careless person **Leicht·ge·wicht** *nt* ❶ *kein pl* (*Gewichtsklasse*) lightweight category ❷ (*Sportler*) lightweight ❸ (*bedeutungsloser Mensch*) lightweight **Leicht·ge·wicht·ler(in)** <-s, -> *m(f) s.* Leichtgewicht 2 **leicht·gläu·big** *adj* gullible **Leicht·gläu·big·keit** *f kein pl* gullibility *no pl, no indef art*

Leicht·heit <-> *f kein pl* ❶ (*geringes Gewicht*) lightness *no pl, no indef art* ❷ (*selten*) *s.* Leichtigkeit 1

leicht·hin ['laiçt'hɪn] *adv* ❶ (*ohne langes Nachdenken*) unthinkingly, lightly ❷ (*so nebenbei*) easily

Leich·tig·keit <-> *f* ❶ *kein pl* (*Einfachheit*) simplicity *no pl, no indef art*; mit ~ effortlessly, easily ❷ (*Leichtheit*) lightness *no pl, no indef art*

leicht·le·big *adj* happy-go-lucky **Leicht·lohn·grup·pe** *f* low wage group **Leicht·ma·tro·se** *m* ordinary seaman **Leicht·me·tall** *nt* light metal **leicht|neh·men** *vt irreg* etw ~ to take sth lightly **Leicht·öl** *nt* light [crude] oil, light crude

Leicht·sinn ['laiçtzɪn] *m kein pl* carelessness *no pl, no indef art*, imprudence *no pl, no indef art form*; in jds jugendlichem ~ (*fam*) in sb's naivety; aus [purem] ~ out of [pure] imprudence; so [*o* was für] ein ~! how imprudent!

leicht·sin·nig ['laiçtzɪnɪç] **I.** *adj* careless, imprudent *form;* **so ~ sein, etw zu tun** to be as careless/imprudent as to do sth; **~ [von jdm] sein, etw zu tun** to be careless/imprudent [of sb] to do sth **II.** *adv* carelessly, imprudently *form*

Leicht·sin·nig·keit <-> *f kein pl s.* **Leichtsinn** **Leicht·ver·letz·te(r)** *f(m) dekl wie adj* slightly injured person, person with a minor injury **Leicht·ver·wun·de·te(r)** *f(m) dekl wie adj* slightly wounded soldier

Leicht·was·ser·re·ak·tor *m* light water reactor

leid [lait] *adj pred* **jdn/etw ~ sein/werden** to have had enough of/grown tired of sb/sth; **es ~ sein, etw tun zu müssen** to have had enough [*or* be tired] of having to do sth

Leid <-[e]s> [lait] *nt kein pl* distress, sorrow; **jdm sein ~ klagen** to tell sb one's troubles ▸WENDUNGEN: **geteiltes ~ ist halbes ~** (*prov*) a sorrow shared is a sorrow halved *prov*

Lei·de·form *f* passive

lei·den <litt, gelitten> ['laidn̩] **I.** *vi* ❶ (*Schmerzen ertragen*) to suffer ❷ (*an einem Leiden erkrankt sein*) ■**an etw** *dat* **~** to suffer from sth ❸ (*seelischen Schmerz empfinden*) to suffer; ■**unter jdm ~** to suffer because of sb; ■**unter etw** *dat* **~** to suffer from sth; ■**darunter ~, dass ....** to suffer as a result of ... ❹ (*in Mitleidenschaft gezogen werden*) *Beziehung, Gesundheit* to suffer; *Möbelstück, Stoff* to get damaged; *Farbe* to fade **II.** *vt* ❶ (*erdulden*) ■**etw ~** to suffer [*or* endure] sth ❷ (*geh: nicht dulden*) ■**etw nicht ~** not to tolerate sth; ■**jd wird es nicht ~, dass jd etw tut** sb will not tolerate sb's doing sth ▸WENDUNGEN: **jdn/etw [gut]/nicht [gut] ~ können** [*o* **mögen**] to like/not like sb/sth; *s. a.* **wohl**

Lei·den¹ <-s, -> ['laidn̩] *nt* ❶ (*chronische Krankheit*) complaint, ailment ❷ *pl* (*leidvolle Erlebnisse*) suffering *no pl, no indef art* ▸WENDUNGEN: **aussehen wie das ~ Christi** (*fam*) to look like hell *fam*

Lei·den² <-s> ['laidn̩] *nt* Leiden, Leyden

lei·dend *adj* ❶ (*geplagt*) pitiful, mournful ❷ (*geh: chronisch krank*) ■**~ sein** to be ill

Lei·den·schaft <-, -en> ['laidn̩ʃaft] *f* ❶ (*Emotion*) emotion ❷ (*intensive Vorliebe*) ■**eine/jds ~ für jdn/etw** a/sb's passion for sb/sth; **jd ist etw aus ~** sb is passionate about being sth; **ich bin Briefmarkensammler aus ~** I'm a passionate stamp collector; **mit [großer/wahrer] ~** passionately ❸ *kein pl* (*starke Zuneigung*) passion; **sie spürte seine ~** she felt his passion

lei·den·schaft·lich **I.** *adj* ❶ (*feurig*) passionate ❷ (*begeistert*) passionate ❸ (*emotional*) passionate, emotional **II.** *adv* ❶ (*feurig*) passionately ❷ (*sehr intensiv*) passionately ❸ (*besonders*) ■**etw ~ gern tun** to be passionate about sth; **ich esse ~ gern Himbeereis** I adore raspberry ice-cream

Lei·den·schaft·lich·keit <-> *f kein pl* ❶ (*Feurigkeit*) passion ❷ (*große innere Anteilnahme*) emotion

lei·den·schafts·los **I.** *adj* dispassionate **II.** *adv* dispassionately

Lei·dens·druck *m kein pl* psychological stress **Lei·dens·ge·fähr·te, -ge·fähr·tin** *m, f,* **Lei·dens·ge·nos·se, -ge·nos·sin** *m, f* fellow-sufferer **Lei·dens·ge·schich·te** *f* story of suffering; **die ~ [Christi]** the Passion [of Christ] **Lei·dens·mie·ne** *f* dejected expression; **mit ~** with a dejected expression **Lei·dens·weg** *m* (*geh*) period of suffering; **der ~ Christi** Christ's way of the Cross

lei·der ['laidɐ] *adv* unfortunately; **~ ja!** unfortunately yes; **~ nein!** [*o* **nicht**] no, unfortunately, unfortunately not; **das kann ich dir ~ nicht sagen** unfortunately, I can't help you there; **ich habe das ~ vergessen** I'm sorry, I forgot about it; **das ist ~ so** that's just the way it is

leid·ge·prüft *adj* **eine ~e Mutter** a sorely tried [*or* afflicted] mother

lei·dig ['laidɪç] *adj attr* (*pej*) tedious, irksome; **immer das ~e Geld!** it always comes down to money!

leid·lich ['laitlɪç] **I.** *adj attr* reasonable, fair, passable **II.** *adv* more or less; **~ davonkommen** to get away more or less unscathed; **„wie geht's?" „danke, ~!"** (*fam*) "how are you?" "so, so" *fam*

Leid·tra·gen·de(r) *f(m) dekl wie adj,* **Leid Tra·gen·de(r)** *f(m) dekl wie adj* ❶ (*Betroffene*) ■**der/die ~** the one to suffer ❷ (*selten: Hinterbliebene eines Verstorbenen*) bereaved

leid|tun^RR *vi irreg* **jdm tut etw leid** sb is sorry about sth; **es tut jdm leid, dass ...** sb is sorry that ...; **es tut mir/uns leid, aber ...** I'm/we're sorry, but ...; **tut mir leid!** [I'm] sorry!; **etw wird jdm noch ~** sb will be sorry [*or* regret sth] **jd tut jdm leid** sb feels sorry for sb; **der kann einem ~** (*iron*) you can't help feeling sorry for him; **es tut jdm leid um jdn/ein Tier** sb feels sorry for sb/an animal

leid·voll *adj* (*geh*) sorrowful *liter* **Leid·we·sen** *nt kein pl* ■**zu jds ~** much to sb's regret

Lei·er <-, -n> ['laiɐ] *f* ❶ MUS lyre ❷ (*Kithara*) cithara ❸ (*Sternbild*) ■**die ~** Lyra ▸WENDUNGEN: **[es ist] [immer] dieselbe** [*o* **die alte**] [*o* **die gleiche**] **~** (*pej fam*) [it's] [always] the same old story

Lei·er·kas·ten *m* (*fam*) *s.* **Drehorgel**

Lei·er·kas·ten·mann, -frau <-männer> *m, f* (*fam*) *s.* **Drehorgelspieler**

Leih·ar·beit ['lai-] *f kein pl* subcontracted employment *no pl* **Leih·ar·bei·ter(in)** *m(f)* subcontracted worker **Leih·bü·che·rei** *f* lending library

lei·hen <lieh, geliehen> ['laiən] *vt* ❶ (*aus-*) ■**jdm etw ~** to lend sb sth; ■**geliehen** borrowed ❷ (*borgen*) ■**sich** *dat* **etw** *akk* **[von jdm] ~** to borrow sth [from sb]

Leih·ga·be *f* loan **Leih·ge·bühr** *f* hire charge BRIT, rental fee AM; (*Buch*) lending fee **Leih·haus** *nt* pawn shop, pawnbroker's **Leih·mut·ter** *f* surrogate mother **Leih·schein** *m* ❶ (*Formular für entliehenes Buch*) lending form ❷ (*Pfandquittung*) pawn ticket **Leih·stim·me** *f* (*fam*) floating voter's vote **Leih·wa·gen** *m* hire [*or* AM rental] car

leih·wei·se *adv* on loan; ■**jdm etw** *akk* **~ überlassen** (*geh*) to give sb sth on loan

Leim <-[e]s, -e> [laim] *m* (*zäher Klebstoff*) glue, adhesive ▸WENDUNGEN: **jdn auf den ~ führen** to take sb in; **jdm auf den ~ gehen** [*o* **kriechen**] (*fam*) to fall for sb's tricks; **aus dem ~ gehen** (*fam*) to fall apart

lei·men ['laimən] *vt* ❶ (*mit Leim zusammenfügen*) ■**etw ~** to glue sth together ❷ (*fam: hereinlegen*) ■**jdn ~** to con sb, to take sb for a ride; **der/die Geleimte** the dupe

Leim·kraut *nt* BOT campion, catchfly

Lein <-[e]s, -e> [lain] *m* flax

Lei·ne <-, -n> ['lainə] *f* ❶ (*dünnes Seil*) rope ❷ (*Wäsche~*) [washing [*or* AM laundry]] line; **etw** *akk* **auf die ~ hängen** to hang sth on the line; **etw** *akk* **von der ~ nehmen** to take sth off the line ❸ (*Hunde~*) lead, leash; **ein Tier an die ~ nehmen** to put an animal on a lead; **ein Tier an der ~ führen** to keep an animal on a lead; **jdn an die ~ legen** (*fig*) to get sb under one's thumb *fig;* **jdn an der ~ halten** (*fig*) to keep a tight rein on sb *fig* ▸WENDUNGEN: **~ ziehen** (*sl*) to scarper BRIT, to beat it AM; **zieh ~!** (*sl*) take a hike! *fam,* BRIT *a.* piss off! *fam!*

lei·nen ['lainən] *adj* linen

Lei·nen <-s, -> ['lainən] *nt* linen; **aus ~** made of linen; **in ~** linen-bound

Lei·nen·band <-bände> *m* linen-bound volume **Lei·nen·beu·tel** *m* linen bag **Lei·nen·ja·cke** *f* linen jacket **Lei·nen·ta·sche** *f* linen bag **Lei·nen·we·ber(in)** *m(f)* linen weaver

Lein·kraut *nt* BOT toadflax **Lein·öl** *nt* linseed oil **Lein·sa·men** *m* linseed

Lein·tuch <-tücher> *nt* SÜDD, ÖSTERR, SCHWEIZ (*Laken*) sheet

Lein·wand *f* ❶ (*Projektionswand*) screen ❷ *kein pl* (*Gewebe aus Flachsfasern*) canvas ❸ (*Gewebestück für Gemälde*) canvas

Leip·zig <-s> ['laiptsɪç] *nt* Leipzig

lei·se ['laizə] **I.** *adj* ❶ (*nicht laut*) quiet; **etw ~ stellen** to turn down sth *sep* ❷ (*gering*) slight; **es fiel ~r Regen** it was raining slightly; **eine ~ Ahnung/ein ~r Verdacht** a vague idea/suspicion; **nicht im L~sten** not at all **II.** *adv* ❶ (*nicht laut*) quietly ❷ (*kaum merklich*) slightly; **der Regen fiel** ~ it was raining gently

Leis·te <-, -n> ['laistə] *f* ❶ (*schmale Latte*) strip; **eine ~ aus etw** *dat* a strip of sth ❷ (*Übergang zum Oberschenkel*) groin

leis·ten ['laistn̩] **I.** *vt* ❶ (*an Arbeitsleistung erbringen*) **ganze Arbeit** ~ to do a good job; **viel/nicht viel** ~ to get/not get a lot done, to be/not be very productive; **für heute haben wir genug geleistet** we've done enough for today; **ich habe heute nicht viel geleistet** I haven't been very productive today; **ich hatte gehofft, sie würde mehr** ~ I had hoped she would do a better job; **etw Anerkennenswertes/Bewundernswertes/Besonderes/ Erstaunliches** ~ to accomplish sth commendable/admirable/special/ amazing ❷ TECH, PHYS (*an Energie erbringen*) ■**etw** ~ to produce sth, to generate sth ❸ *Funktionsverb* **Hilfe** ~ to render assistance *form;* **eine Anzahlung** ~ to make a down payment; **gute Dienste** ~ to serve sb well; **Gehorsam/Widerstand** ~ to obey/offer resistance; **Zivildienst/Wehrdienst** ~ to do one's community/military service; **einen Eid** ~ to swear an oath; **eine Unterschrift** ~ to sign sth **II.** *vr* ❶ (*sich gönnen*) ■**sich** *dat* **etw** ~ to treat oneself to sth ❷ (*sich herausnehmen*) ■**sich** *dat* **etw** ~ to permit oneself sth; **wenn Sie sich noch einmal nur das geringste Zuspätkommen ~, ...** if you dare to be late again ...; **da hast du dir ja was geleistet!** you've really outdone yourself [this time]!; (*tragen können*) to carry sth off; **tolles Kleid – sie kann es sich ~, bei der Figur!** great dress – she can certainly carry it off with a figure like that! ❸ (*finanziell in der Lage sein*) ■**sich** *dat* **etw/jdn** ~ to allow oneself the luxury of sth/sb; **heute leiste ich mir mal ein richtig gutes Essen** I'll treat myself today to a really good meal; **sich** *dat* **etw/jdn ~ können** to be able to afford sth/sb; **es sich** *dat* **~ können, etw zu tun** to be able to afford to do sth

Leis·ten <-s, -> ['laistn̩] *m* (*Schuh~*) last ▶WENDUNGEN: **alles über einen ~ schlagen** (*fam*) to measure everything by the same yardstick

Leis·ten·bruch *m* hernia **Leis·ten·ge·gend** *f* groin, inguinal region *spec*

Leis·tung <-, -en> *f* ❶ *kein pl* (*das Leisten 1*) performance; **nach** ~ performance-based, based on performance *pred* ❷ (*geleistetes Ergebnis*) accomplishment; **eine hervorragende/sportliche** ~ an outstanding piece of work/athletic achievement; **schulische ~en** results [*or* performance] at school; **ihre ~en lassen zu wünschen übrig** her work leaves a lot to be desired; **reife ~!** (*fam*) not bad! *fam* ❸ TECH, PHYS power; (*Produktivität*) *Fabrik* output, production capacity ❹ FIN (*Entrichtung*) payment; **soziale ~en** fringe benefits; **sie bezieht seit Jahren staatliche ~en** she has been receiving state benefits for years ❺ (*Dienst~*) service

Leis·tungs·ab·fall *m* reduction in productivity **Leis·tungs·bau·stein** *m* element of performance **Leis·tungs·be·reit·schaft** *f kein pl* commitment **leis·tungs·be·zo·gen** *adj inv* performance-orientated [*or* AM -oriented] **Leis·tungs·bi·lanz** *f* balance of [current] transactions [*or* goods and services] [*or* payments on current account] **Leis·tungs·druck** *m kein pl* pressure to perform **leis·tungs·fä·hig** *adj* ❶ (*zu hoher Arbeitsleistung fähig*) efficient ❷ (*zu hoher Produktionsleistung fähig*) productive ❸ (*zur Abgabe großer Energie fähig*) powerful ❹ FIN competitive **Leis·tungs·fä·hig·keit** *f kein pl* ❶ (*Arbeitsleistung*) performance ❷ (*Produktionsleistung*) productivity ❸ (*Abgabe von Energie*) power ❹ FIN competitiveness **Leis·tungs·ge·sell·schaft** *f* SOZIOL meritocracy, achievement-orientated society **Leis·tungs·kon·trol·le** *f* productivity [*or* efficiency] [*or* performance] check; **Klassenarbeiten dienen der** ~ [written] schoolwork are a form of performance assessment; **zur** ~ [in order] to check productivity [*or* efficiency] [*or* to assess performance] **Leis·tungs·kraft** *f kein pl* capability *usu pl;* **jds berufliche/schulische** ~ sb's performance at work/in school **Leis·tungs·kurs** *m* SCH advanced course (*course which seeks to impart additional knowledge to a basic course using a style similar to university teaching*) **Leis·tungs·min·de·rung** *f* reduction in payments **Leis·tungs·nach·weis** *m* SCH evidence of academic achievement **leis·tungs·ori·en·tiert** *adj* performance-orientated [*or* AM -oriented] **Leis·tungs·prin·zip** *nt kein pl* performance [*or* achievement] principle **Leis·tungs·prü·fung** *f* ❶ SCH achievement test ❷ SPORT trial ❸ AGR, TECH performance test **leis·tungs·schwach** *adj* weak; **eine ~e Maschine/ein ~er Motor** a low-performance [*or* -power] machine/engine **Leis·tungs·sport** *m* competitive sport *no art* **leis·tungs·stark** *adj* ❶ (*große Produktionskapazität besitzend*) [highly-]efficient [*or* productive] *attr,* [highly] efficient [*or* productive] *pred* ❷ AUTO, ELEK, TECH [very] powerful; **ein ~er Motor** a high-performance [*or* [very] powerful] engine **Leis·tungs·stei·ge·rung** *f* increase in performance **Leis·tungs·trä·ger(in)** *m(f)* SPORT, ÖKON go-to guy *fam* **Leis·tungs·ver·mö·gen** *nt kein pl* capability *usu pl*

Leit·ar·ti·kel *m* MEDIA leading article, leader, editorial **Leit·ar·tik·ler(in)** <-s, -> ['laitʔarti:klɐ] *m(f)* MEDIA leader-[*or* editorial-]writer **Leit·bild** *nt* [role] model **Leit·bün·del** *nt* BOT vascular bundle

lei·ten ['laitn̩] **I.** *vt* ❶ (*verantwortlich sein*) ■**etw** ~ to run [*or* be in charge of] sth; **eine Abteilung** ~ to be head of [*or* run] a department; **eine Firma** ~ to run [*or* manage] a company; **ein Labor/eine Redaktion** ~ to be head [*or* in charge] of a laboratory/an editorial office; **eine Schule** ~ to be head [*or* headmaster] [*or* head teacher] of [*or* at] a school ❷ (*den Vorsitz führen*) ■**etw** ~ to lead [*or* head] sth; **eine Sitzung** ~ to chair a meeting ❸ TECH (*transportieren, strömen lassen*) ■**etw** ~ to conduct sth; **das Erdöl wird in Pipelines quer durchs Land geleitet** the oil is piped across country ❹ TRANSP (*lenken*) ■**etw wohin** ~ to route [*or* divert] sth somewhere; **der Zug wurde auf ein Nebengleis geleitet** the train was diverted to a siding ❺ (*führen*) ■**jdn [wohin]** ~ to lead [*or* guide] sb [somewhere]; ■**sich** *akk* **durch etw** *akk* **~ lassen** to [let oneself] be guided by sth; ■**sich** *akk* **von etw** *dat* **~ lassen** to [let oneself] be governed by sth **II.** *vi* PHYS to conduct; **gut/schlecht** ~ to be a good/bad conductor

lei·tend I. *adj* ❶ (*führend*) leading ❷ (*in hoher Position*) managerial; **~er Angestellter** executive; **~er Redakteur** editor-in-chief ❸ PHYS conductive **II.** *adv* ~ **tätig sein** to hold a managerial position

Lei·ter[1] <-, -n> ['laitɐ] *f* ❶ (*Sprossen~*) ladder ❷ (*Steh~*) stepladder

Lei·ter[2] <-s, -> ['laitɐ] *m* PHYS conductor

Lei·ter(in) <-s, -> ['laitɐ] *m(f)* ❶ (*leitend Tätiger*) head; **~ einer Firma/eines Geschäfts sein** to be [the] manager [*or* *fam* boss] [*or* [at the] head] of a company/business, to head a company/business; **~ einer Schule** head[master] [of a school], head teacher [at a school]; **kaufmännischer/technischer** ~ commercial manager [*or* sales director]/technical director ❷ (*Sprecher*) leader, head; **~ einer Delegation** head of a delegation; **~ einer Diskussion/Gesprächsrunde** person chairing a discussion/round of talks

Lei·ter·plat·te *f* ELEK, INFORM printed circuit board

Lei·ter·spros·se *f* rung [of a/the ladder], step [on a/the ladder] **Lei·ter·stück** *nt* **abgedecktes** ~ KOCHK toprib, thick ribs *pl* **Lei·ter·wa·gen** *m* AGR [hand]cart

Leit·fa·den *m* MEDIA manual, [introductory] guide, introduction, compendium

leit·fä·hig *adj* PHYS conductive

Leit·fä·hig·keit *f* PHYS conductivity

Leit·ge·dan·ke *m* central idea [*or* theme] **Leit·ham·mel** *m* (*fam*) bellwether *fig* **Leit·mo·tiv** *nt* ❶ (*Grundgedanke*) central [*or* dominant] theme ❷ MUS, LITER leitmotif, leitmotiv **Leit·plan·ke** *f* crash barrier **Leit·satz** *m* guiding principle **Leit·tier**

nt ZOOL leader [of a/the herd]

Lei·tung <-, -en> *f* ❶ *kein pl* (*Führung*) management, leadership; **sie wurde mit der ~ der Abteilung betraut** she was put in charge of the department; ■**die ~ einer S. übernehmen** to take over the leadership of sth; (*Vorsitz*) chairing; **die ~ einer Sitzung/Diskussion haben** to chair a meeting/discussion; ■**unter der ~ von jdm** MUS [to be] conducted by sb ❷ (*leitendes Gremium*) management ❸ TECH (*Rohr*) pipe ❹ ELEK (*Kabel*) cable ❺ TELEK line; **die ~ ist gestört** it's a bad line; **in der ~ sein** (*fam*) to be on the line ▶ WENDUNGEN: **eine lange ~ haben** (*hum fam*) to be slow on the uptake; **auf der ~ stehen** (*fam*) to be slow to catch on *fam*

Lei·tungs·draht *m* ELEK [electric [*or* conducting]] wire **Lei·tungs·mast** *m* ELEK [electricity] pylon **Lei·tungs·netz** *nt* ❶ (*System von Stromkabeln, Rohrleitungen*) system of mains, supply network, mains *npl* BRIT ❷ (*System von Telefonkabeln*) [telephone] network **Lei·tungs·rohr** *nt* pipe **Lei·tungs·wasser** *nt* tap water

Leit·wäh·rung *f* FIN leading [*or* key] currency **Leit·werk** *nt* LUFT tail unit, tailplane; *einer Rakete* control surfaces *pl* **Leit·wolf** *m* (*fig*) leader **Leit·zins** *m* FIN [central bank] discount rate, prime rate

Lek·ti·on <-, -en> [lɛk'tsi̯o:n] *f* ❶ SCH (*Kapitel*) chapter; (*Stunde*) lesson ❷ (*geh: Lehre*) lesson; **jdm eine ~ erteilen** to teach sb a lesson

Lek·tor, Lek·to·rin <-s, -toren> ['lɛkto:ɐ̯, lɛk'to:rɪn, *pl* lɛk'to:rən] *m, f* ❶ (*in einem Verlag*) editor ❷ (*an der Universität*) foreign language assistant

Lek·to·rat <-[e]s, -e> [lɛkto'ra:t] *nt* ❶ (*Verlagsabteilung*) editorial office ❷ (*Lehrauftrag*) post as [a] foreign language assistant

Lek·to·rin <-, -nen> *f fem form von* **Lektor**

Lek·tü·re <-, -n> [lɛk'ty:rə] *f* ❶ *kein pl* (*das Lesen*) reading *no pl, no indef art;* **dieses Buch wird zur ~ sehr empfohlen** this book is recommended as a [very] good read ❷ (*Lesestoff*) reading matter *no pl, no indef art*

Lem·ma <-s, -ta> ['lɛma] *nt* LING lemma, headword

Lem·ming <-s, -e> ['lɛmɪŋ] *m* ZOOL lemming; **wie die ~e** like lemmings

Le·mu·re <-n, -n> [le'mu:rə] *m* ZOOL lemur

Len·de <-, -n> ['lɛndə] *f* ❶ ANAT loin ❷ KOCHK loin, sirloin

Len·den·bra·ten *m* KOCHK roast loin **Len·den·schnit·te** *f* KOCHK filet steak **Len·den·schurz** *m* loincloth **Len·den·stück** *nt* KOCHK piece of loin, tenderloin **Len·den·wir·bel** *m* ANAT lumbar vertebra

Leng·fisch ['lɛŋ-] *m* ZOOL, KOCHK ling, buffalo cod

lenk·bar ['lɛŋkba:ɐ̯] *adj* steerable; **gut** [*o* **leicht**] **~ sein** to be easy to steer

len·ken ['lɛŋkn̩] **I.** *vt* ❶ (*steuern*) ■**etw ~** to steer sth; **so, jetzt lenke das Auto nach rechts** right, now turn [the car] off to the right ❷ (*dirigieren*) ■**jdn ~** to direct [*or* guide] sb ❸ (*beeinflussen*) ■**jdn/etw ~** to control sb/sth; **die staatlich gelenkte Presse** the state-controlled press ❹ (*geh: wenden*) ■**etw wohin ~** to direct sth somewhere; **seinen Blick auf jdn/etw ~** to turn one's gaze on sb/sth ❺ (*richten*) ■**etw auf etw** *akk* **~** to direct sth to sth; **jds Aufmerksamkeit auf etw ~** to draw sb's attention to sth; **geschickt lenkte sie das Gespräch/die Unterhaltung auf ein weniger heikles Thema** she cleverly steered the conversation round to a less controversial subject **II.** *vi* to drive ▶ WENDUNGEN: **der Mensch denkt, Gott lenkt** (*prov*) man proposes, God disposes *prov*

Len·ker <-s, -> *m* handlebars *pl*

Len·ker(in) <-s, -> *m(f)* (*geh*) driver

Lenk·kon·so·le *f* AUTO steering wheel console

Lenk·rad *nt* steering-wheel; **jdm ins ~ greifen** to grab the steering-wheel from sb

Lenk·rad·schal·tung *f* AUTO steering-column [gear]change [*or* AM gearshift] **Lenk·rad·schloss**[RR] *nt* steering[-wheel] lock **Lenk·rad·sper·re** *f* steering lock

Lenk·stan·ge *f* (*geh*) handlebars *pl*

Len·kung <-, -en> *f* ❶ AUTO steering *no pl, no indef art* ❷ *kein pl* (*Beeinflussung*) controlling *no pl, no indef art*

Lenz <-es, -e> [lɛnts] *m* ❶ (*liter: Frühling*) spring[time], springtide *poet* ❷ *pl* (*hum: Lebensjahre*) years *pl*, summers *pl poet* ▶ WENDUNGEN: **sich** *dat* **einen faulen** [*o* **lauen**] [*o* **schönen**] **~ machen** (*fam*) to take it easy, BRIT *a.* to swing the lead *sl*

len·zen ['lɛntsn̩] *vt* NAUT ■**etw ~** to pump out sth *sep*

Lenz·pum·pe *f* NAUT bilge-pump

Le·o·pard <-en, -en> [leo'part] *m* ZOOL leopard

Le·pra <-> ['le:pra] *f kein pl* MED leprosy *no pl, no art*

le·pros [le'pro:s], **le·prös** [le'prø:s] *adj* MED leprous; ■**L~e[r]** leper

Ler·che <-, -n> ['lɛrçə] *f* ORN lark

lern·bar *adj* learnable; **leicht/schwer ~** easy/difficult to learn

lern·be·gie·rig *adj* eager to learn *pred* **lern·be·hin·dert** *adj* with learning difficulties [*or* special needs] *pred;* ■**~ sein** to have learning difficulties [*or* special needs] **Lern·ei·fer** *m* eagerness to learn **lern·eif·rig** *adj* eager to learn *pred*

ler·nen ['lɛrnən] **I.** *vt* ❶ (*sich als Kenntnis aneignen*) ■**etw [bei/von jdm] ~** to learn sth [from sb]; ■**etw zu tun ~** to learn [how] to do sth; **von jdm noch [etwas] ~ können** to be able to learn a thing or two from sb; **von ihr können wir alle noch etwas ~** we could all learn a thing or two from her, she could teach us all a thing or two; **jd lernt's nie** [*o* **wird es nie ~**] sb'll never learn; **manche lernen's eben nie!** some people will never learn! ❷ (*im Gedächtnis speichern*) ■**etw ~** to learn sth [by heart] ❸ (*fam: eine Ausbildung machen*) ■**etw ~** to train as [*or* to be] sth, to learn the trade of sth; **ich habe Kfz-Mechaniker gelernt** I trained as a car mechanic; **was haben Sie denn gelernt?** which trade did you learn?; *s. a.* **gelernt** ▶ WENDUNGEN: **gelernt ist [eben] gelernt** once learned, never forgotten; **etw will gelernt sein** sth takes [a lot of] practice [*or* has to be learned] **II.** *vi* ❶ (*Kenntnisse erwerben*) ■**[für etw] ~** to study [*or* work] [for sth]; **exemplarisches L~** learning by example ❷ (*beim Lernen unterstützen*) ■**mit jdm ~** to help sb with their [school]work ❸ (*eine Ausbildung machen*) ■**[bei jdm] ~** to train [at sb's], to be apprenticed to sb; **er hat bei verschiedenen Firmen gelernt** he's been an apprentice with several companies; **sie lernt noch** she's still an apprentice

Ler·ner(in) <-s, -> *m(f)* LING learner

Ler·ner·wör·ter·buch *nt* SCH, VERLAG learner's dictionary

lern·fä·hig *adj* ■**~ sein** to be capable of learning [*or* able to learn] **Lern·fä·hig·keit** *f kein pl* PSYCH, SOZIOL, SCH learning ability **Lern·fahr·aus·weis** *m* SCHWEIZ (*Führerschein für Fahrschüler*) provisional [driving] licence [*or* AM -se] **Lern·mit·tel** *nt meist pl* SCH learning aid **Lern·mit·tel·frei·heit** *f kein pl* SCH free provision of learning aids (*schoolbooks and equipment*) **Lern·pro·gramm** *nt* INFORM learning program **Lern·pro·zess**[RR] *m* learning process **Lern·schwes·ter** *f* student nurse **Lern·soft·ware** *f* INFORM, SCH educational software **Lern·ziel** *nt* SCH [educational] goal [*or* aim]

Les·art *f* ❶ (*Variante*) version ❷ (*abweichende Darstellung*) version

les·bar ['le:sba:ɐ̯] *adj* ❶ (*~e Handschrift*) legible ❷ (*verständlich*) clear, comprehensible

Les·be <-, -n> ['lɛsbə] *f* (*fam*), **Les·bi·e·rin** <-, -nen> ['lɛsbi̯ərɪn] *f* lesbian, dyke *pej sl*

les·bisch ['lɛsbɪʃ] **I.** *adj* lesbian; ■**~ sein** to be a lesbian **II.** *adv* **~ veranlagt sein** to have lesbian tendencies

Le·se <-, -n> ['le:zə] *f* AGR harvest

Le·se·bril·le *f* reading-glasses *npl* **Le·se·buch** *nt* SCH reader **Le·se·ecke** *f* reading corner **Le·se·ge·rät** *nt* INFORM reader **Le·se·kopf** *m* INFORM read[ing] head **Le·se·lam·pe** *f* ❶ (*Schreibtischlampe*) reading lamp ❷ (*Klemmleuchte*) [clip-on] reading lamp

le·sen[1] <liest, las, gelesen> ['le:zn̩] **I.** *vt* ❶ (*durch~*) ■**etw ~** to read sth; *s. a.* **Korrektur, Messe, Noten** ❷ (*korrigieren*)

■ etw ~ to proofread [*or* read through [and correct]] sth ❸ (*leserlich sein*) **einfach/kaum/nicht/schwer zu ~ sein** to be easy/almost impossible/impossible/difficult to read ❹ INFORM ■ **etw [in etw** *akk*] ~ to read sth [into sth] ❺ (*entnehmen*) ■ **etw aus etw** *dat* ~ to see sth in sth; *s. a.* **Gedanken II.** *vi* ❶ (*als Lektüre*) to read; ■ **an etw** *dat* ~ to read sth; ■ **[das] L~** reading ❷ SCH (*eine Vorlesung halten*) ■ **über jdn/etw** ~ to lecture on sb/sth **III.** *vr* **etw liest sich leicht** sth is easy to read [*or* easy-going]; **etw liest sich nicht leicht** sth is quite difficult to read [*or* heavy-going]

le·sen² <liest, las, gelesen> ['le:zn̩] *vt* ❶ (*sammeln*) ■ **etw** ~ to pick sth; **Ähren** ~ to glean [[ears of] corn] ❷ (*auf~*) ■ **etw von etw** *dat* ~ to pick sth off sth; **etw vom Boden** ~ to pick sth up *sep* off [*or* from] the floor

le·sens·wert *adj* worth reading *pred;* **ein ~es Buch** a book [which [*or* that] is] worth reading, a good read *fam*

Le·ser(in) <-s, -> ['le:zɐ] *m(f)* reader

Le·se·rat·te *f* (*hum fam*) bookworm

Le·ser·brief *m* reader's letter; **‚~e'** 'letters to the editor'

Le·se·rin <-, -nen> *f fem form von* **Leser**

le·ser·lich *adj* legible; **gut/kaum/schwer ~ sein** to be easy/almost impossible/difficult to read

Le·ser·lich·keit <-> *f kein pl* legibility *no pl, no indef art*

Le·ser·schaft <-, *selten* -en> *f* (*geh*) readership

Le·se·saal *m* reading room **Le·se·stift** *m* INFORM wand, magnetic wand reader **Le·se·stoff** *m* reading matter *no pl, no indef art* **Le·se·zei·chen** *nt* bookmark[er] **Le·se·zir·kel** *m* magazine subscription service (*company which loans magazines to readers*)

Le·so·ther(in) <-s, -> [le'zo:tɐ] *m(f)* Mosotho *sing,* Basotho *pl; s. a.* **Deutsche(r)**

le·so·thisch [le'zo:tɪʃ] *adj* Basotho; *s. a.* **deutsch**

Le·so·tho <-s> [le'zo:to] *nt* Lesotho; *s. a.* **Deutschland**

Le·sung <-, -en> *f* ❶ MEDIA (*Dichter~*) reading ❷ POL (*Beratung*) reading ❸ REL lesson; **die ~ halten** to read the lesson

Le·thar·gie <-> [letar'gi:] *f kein pl* lethargy *no pl, no indef art*

le·thar·gisch [le'targɪʃ] *adj* lethargic

Let·te, Let·tin <-n, -n> ['lɛtə, 'lɛtɪn] *m, f* Latvian, Lett; *s. a.* **Deutsche(r)**

Let·ter <-, -n> ['lɛtɐ] *f* ❶ (*Druckbuchstabe*) letter ❷ TYPO (*Drucktype*) type

Let·tin <-, -nen> *f fem form von* **Lette**

let·tisch ['lɛtɪʃ] *adj* Latvian, Lettish; **auf L~** in Latvian [*or* Lettish]; *s. a.* **deutsch**

Lett·land ['lɛtlant] *nt* Latvia; *s. a.* **Deutschland**

Let·ze·bur·gesch ['lɛtsəbʊrkəʃ] *nt dekl wie adj* (*fachspr*) *s.* **Luxemburgisch**

Let·ze·bur·ge·sche <-n> *nt* (*fachspr*) *s.* **Luxemburgische**

Letzt [lɛtst] *f* ▶ WENDUNGEN: **zu guter ~** finally, in the end

letz·te(r, s) *adj* ❶ (*den Schluss bezeichnend*) last; **in der Klasse saß sie in der ~n Reihe** she sat in the back row in class/the classroom; **der L~ des Monats** the last [day] of the month; **als ~[r]** last; **als L~[r] kommen/gehen/fertig sein** to arrive/leave/finish last, to be the last to arrive/leave/finish ❷ (*das zuletzt Mögliche bezeichnend*) last; **der ~e Versuch** the final [*or* last] attempt; ■ **jd ist der L~, die/der ...** sb is the last person that ...; **diese Klatschbase wäre die L~, der ich mich anvertrauen würde** that old gossip is the last person I would confide in; ■ **etw ist das L~, was ...** sth is the last thing that ... ❸ SPORT (*den Schluss einnehmend*) last; **sie ging als ~ Läuferin durchs Ziel** she was the last runner to finish [the race]; ■ **L~ werden** to finish [in] last [place] ❹ TRANSP (*späteste*) last ❺ (*restlich*) last ❻ (*vorige*) last; **es ist das ~ Mal, dass ...** this is the last time that ...; **beim ~n Mal** last time; **zum ~n Mal** the last time; **den ganzen ~n Monat war ich auf Dienstreise** I was away on a business trip for the whole of last month; **im ~n Jahr** last year ❼ (*an ~r Stelle erwähnt*) last ❽ (*neueste*) latest; *s. a.* **Schrei** ❾ (*fam: schlechteste*) absolute, out-and-out; **das ist doch der ~ Kerl!** what an absolute [*or sl* out-and-out] sleazeball!, what an absolute cad! *pej dated* ▶ WENDUNGEN: **die L~n werden die Ersten [und die Ersten werden die L~n] sein** (*prov*) the last shall be first [and the first shall be last] *prov;* **den L~n beißen die Hunde** (*prov*) [the] devil take the hindmost *prov;* **bis ins L~** right down to the last detail; *s. a.* **Hund**

Letz·te(s) *nt dekl wie adj* (*letzte Bemerkung*) ■ **ein ~s** one last thing ▶ WENDUNGEN: **sein ~s [her]geben** to give one's all; **das ist ja wohl das ~!** (*fam*) that really is the limit! [*or* that really takes the biscuit] [*or* AM cake] *fam*

letzt·end·lich ['lɛtstʔɛntlɪç] *adv* in the end, when all's said and done, at the end of the day

letz·tens ['lɛtstn̩s] *adv* recently; **erst ~** just the other day; **... und ~ ...** and lastly [*or* finally]; **drittens und ~** thirdly and lastly [*or* finally]

letz·te·re(r, s) ['lɛtstərə, -tərɐ, -tərəs] *adj* (*geh*) latter; **L~s würde zutreffen** the latter would apply; **könnten Sie das L~ wohl noch einmal wiederholen?** could you just repeat the last thing you said please?

letzt·ge·nannt *adj* last-mentioned *attr;* **die letztgenannte Person** the last-named person **letzt·jäh·rig** *adj attr* last year's

letzt·lich ['lɛtstlɪç] *adv* in the end

letzt·mög·lich *adj attr* latest possible

Leucht·bo·je *f* NAUT light-buoy **Leucht·di·o·de** *f* light-emitting diode, LED

Leuch·te <-, -n> ['lɔyçtə] *f* (*Stehlampe*) standard lamp ▶ WENDUNGEN: **[bei/in etw** *dat*] **eine ~ sein** (*fam*) to be brilliant [*or* a genius] [at sth]; **nicht gerade eine ~ sein, wirklich keine ~ sein** (*fam*) to not be all that [*or* at all] bright, to not [exactly] be a genius

leuch·ten ['lɔyçtn̩] *vi* ❶ (*Licht ausstrahlen*) to shine; **die Abendsonne stand rot ~d am Horizont** the evening sun glowed red on the horizon ❷ (*Licht reflektieren*) to glow ❸ (*auf~*) ■ **vor etw** *dat* ~ to light up with sth; **die Kinder hatten vor Freude ~de Augen** the children's eyes were sparkling [*or* lit up] with joy ❹ (*strahlen*) shine; **leuchte mit der Lampe mal hier in die Ecke** can you shine the light here in the corner

leuch·tend *adj* ❶ (*strahlend*) bright ❷ (*herrlich*) shining *fig;* **~e Farben** glowing colours [*or* AM -ors]

Leuch·ter <-s, -> *m* candlestick; (*mehrarmig*) candelabra, candelabrum

Leucht·far·be *f* luminous [*or* fluorescent] paint **Leucht·feu·er** *nt* LUFT, NAUT beacon, signal light; (*auf der Landebahn*) runway lights **Leucht·kä·fer** *m* ZOOL glow-worm **Leucht·kraft** *f kein pl* ❶ ELEK brightness *no pl,* luminosity *no pl,* luminous power *no pl* ❷ ASTRON luminosity *no pl* **Leucht·ku·gel** *f* flare **Leucht·pis·to·le** *f* flare pistol [*or* gun] **Leucht·ra·ke·te** *f* [rocket] flare, signal rocket **Leucht·re·kla·me** *f* neon sign **Leucht·schrift** *f* neon letters *pl* **Leucht·spur·mu·ni·ti·on** *f* MIL tracer ammunition [*or* bullets] **Leucht·stift** *m* highlighter **Leucht·stoff·röh·re** *f* TECH fluorescent tube [*or* lamp] **Leucht·turm** *m* lighthouse **Leucht·zif·fer·blatt** *nt* luminous dial

leug·nen ['lɔygnən] **I.** *vt* ■ **etw** ~ to deny sth; ■ **~, etw** *akk* **getan zu haben** to deny having done sth; **es ist nicht zu ~, dass ...** there is no denying the fact that ..., it cannot be denied that ...; **etw lässt sich nicht ~** sth cannot be denied **II.** *vi* to deny it; ■ **jds L~** sb's denial

Leug·nung <-, -en> *f* denial

Leu·kä·mie <-, -n> [lɔykɛ'mi:, *pl* lɔykɛ'mi:ən] *f* MED leukaemia BRIT, leukemia AM

leu·kä·misch [lɔy'kɛ:mɪʃ] *adj* MED leukaemic BRIT, leukemic AM, suffering from leukaemia [*or* AM leukemia] *pred*

Leu·ko·plast® <-[e]s, -e> [lɔyko'plast] *nt* sticking plaster BRIT, Band-Aid® AM

Leu·ko·zyt <-en, -en> [lɔyko'tsy:t] *m meist pl* ANAT leucocyte

Leu·mund ['lɔymʊnt] *m kein pl* reputation

Leu·munds·zeug·nis *nt* [character] reference

Leu·te ['lɔytə] *pl* ❶ (*Menschen*) people *npl;* **alle/keine/kaum ~** everybody/nobody/hardly anybody; **unter ~ gehen** to get out and about [a bit] ❷ (*fam: Kameraden, Kollegen*) people *npl,* folks *npl fam* ❸ (*Mitarbeiter*) workers *pl;* **die ~ von der Feuerwehr/Müllabfuhr** the firemen/dustbin men ❹ MIL, NAUT men *pl* ❺ (*fam: Eltern*) ■**jds ~** sb's parents [*or fam* folks] *pl* ► WENDUNGEN: **die kleinen ~, kleine ~** (*einfache Menschen*) [the] ordinary people; (*hum fam: die Kinder*) the little ones; **etw unter die ~ bringen** (*fam*) to spread sth around; **ein Gerücht unter die ~ bringen** to spread [*or* circulate] a rumour [*or* AM -or]

Leu·te·schin·der(in) <-s, -> *m(f)* (*pej fam*) slave-driver *fig*

Leut·nant <-s, -s *o* -e> ['lɔytnant] *m* MIL second lieutenant; **~ zur See** NAUT sub-lieutenant BRIT, ensign AM

leut·se·lig *adj* affable

Leut·se·lig·keit *f kein pl* affability *no pl, no indef art*

Le·vel <-s, -s> ['lɛvl] *m* (*geh*) level

Le·vi·ten [le'vi:tən] *pl* ► WENDUNGEN: **jdm die ~ lesen** (*fam*) to read sb the Riot Act

Lev·ko·je <-, -n> [lɛf'koːjə] *f* HORT stock

Lex <-, Leges> [lɛks, *pl* 'le:ge:s] *f* POL ■**die ~ ...** the ... Act

Le·xem <-s, -e> [lɛ'kse:m] *nt* LING lexeme

le·xi·ka·lisch [lɛksi'ka:lɪʃ] *adj* LING lexical

Le·xi·ko·graph(in), Le·xi·ko·graf(in)^RR <-en, -en> [lɛksiko-'gra:f] *m(f)* LING lexicographer

Le·xi·ko·gra·phie, Le·xi·ko·gra·fie^RR <-> [leksikogra'fi:] *f kein pl* LING lexicography *no pl, no indef art*

Le·xi·ko·gra·phin, Le·xi·ko·gra·fin^RR <-, -nen> *f fem form von* **Lexikograph**

le·xi·ko·gra·phisch, le·xi·ko·gra·fisch^RR **I.** *adj* LING lexicographical **II.** *adv* LING lexicographically; **~ tätig sein** to work as a lexicographer

Le·xi·ko·lo·ge, Le·xi·ko·lo·gin <-n, -n> *m, f* LING lexicologist

Le·xi·ko·lo·gie <-> [lɛksikolo'gi:] *f kein pl* LING lexicology *no pl, no indef art*

Le·xi·ko·lo·gin <-, -nen> *f fem form von* **Lexikologe**

Le·xi·kon <-s, Lexika> ['lɛksikɔn, *pl* 'lɛksika] *nt* ❶ (*Nachschlagewerk*) encyclopaedia BRIT, encyclopedia AM ❷ LING (*Wortschatz*) lexicon

Le·zi·thin, Le·ci·thin <-s> [letsi'ti:n] *nt kein pl* lecithin

Li·ai·son <-, -s> [liɛ'zõ:] *f* (*geh*) ❶ (*Verhältnis*) liaison; **eine ~ [mit jdm] haben** to have a liaison [with sb] ❷ (*Person*) lover

Li·a·ne <-, -n> ['li̯a:nə] *f* BOT liana, liane

Li·ba·ne·se, Li·ba·ne·sin <-n, -n> [liba'ne:zə, liba'ne:zɪn] *m, f* Lebanese; *s. a.* **Deutsche(r)**

li·ba·ne·sisch [liba'ne:zɪʃ] *adj* Lebanese; *s. a.* **deutsch**

Li·ba·non <-[s]> ['li:banɔn] *m* GEOG ❶ (*Land*) ■**der ~** the Lebanon; *s. a.* **Deutschland** ❷ (*Gebirge*) the Lebanon Mountains *pl*

Li·bel·le <-, -n> [li'bɛlə] *f* ❶ ZOOL dragonfly ❷ TECH (*Teil eines Messinstruments*) bubble tube; (*bei einer Wasserwaage*) spirit level ❸ MODE [type of] hair slide

li·bel·lie·ren [libɛ'li:rən] *vt* TECH ■**etw ~** to check [*or* measure] sth with a/the spirit level

li·be·ral [libe'ra:l] **I.** *adj* ❶ POL liberal; **die ~e Partei** the Liberal Party; **~e Politik** liberal policies; **ein ~er Politiker** a Liberal [politician] ❷ (*tolerant*) liberal **II.** *adv* liberally; **~ eingestellt/gestaltet sein** to be liberally minded/have a liberal structure

Li·be·ra·le(r) *f(m) dekl wie adj* POL Liberal

li·be·ra·li·sie·ren* [liberali'zi:rən] *vt* ■**etw ~** to liberalize sth

Li·be·ra·li·sie·rung <-, -en> *f* liberalization

Li·be·ra·lis·mus <-> [libera'lɪsmʊs] *m kein pl* POL liberalism

Li·be·ria <-s> [li'be:ri̯a] *nt* Liberia; *s. a.* **Deutschland**

Li·be·ri·a·ner(in) <-s, -> [libe'ri̯a:nɐ] *m(f)* Liberian; *s. a.* **Deutsche(r)**

li·be·ri·a·nisch [libe'ri̯a:nɪʃ] *adj* Liberian; *s. a.* **deutsch**

Li·be·ri·er(in) <-s, -> [li'be:ri̯ɐ] *m(f) s.* **Liberianer**

Li·be·ro <-s, -s> ['li:bero] *m* FBALL sweeper, libero *rare, spec*

Li·bi·do <-> ['li:bido, li'bi:do] *f kein pl* PSYCH libido

Li·bret·tist(in) <-en, -en> [librɛ'tɪst] *m(f)* MUS librettist

Li·bret·to <-s, -s *o* Libretti> [li'brɛto, *pl* li'brɛti] *nt* MUS libretto

Li·by·en <-s> ['li:by̆ən] *nt* Libya; *s. a.* **Deutschland**

Li·by·er(in) <-s, -> ['li:by̆ɐ] *m(f)* Libyan; *s. a.* **Deutsche(r)**

li·bysch ['li:bʏʃ] *adj* Libyan; *s. a.* **deutsch**

lic. *m(f)* SCHWEIZ *Abk von* **Lizenziat(in)** licentiate

licht [lɪçt] *adj* ❶ (*hell*) light ❷ (*spärlich*) sparse, thin; **an der Stirn ist sein Haar schon ~** he already has a receding hairline ❸ ARCHIT, BAU **~e Höhe/Weite** headroom/clear width [*or* span]

Licht <-[e]s, -er> [lɪçt] *nt* ❶ *kein pl* (*Helligkeit*) light *no pl,* brightness ❷ (*veraltend: Kerze*) candle ❸ ELEK light; **elektrisches ~** electric light[s] [*or* lighting]; **das ~ brennt** the light is [*or* lights are] on; **das ~ brennen lassen** to leave the light[s] on; **das ~ ausschalten** [*o fam* **ausknipsen**] to turn out [*or* switch off] the light *sep;* **etw gegen das ~ halten** to hold sth up to the light; **[jdm] ~ machen** to turn [*or* switch] [*or* put] on the light *sep* [for sb]; **jdm im ~ stehen** to stand in sb's light ► WENDUNGEN: **~ am Ende des Tunnels** light at the end of the tunnel; **das ~ der Erkenntnis** (*geh*) the light of knowledge; **das ~ [der Öffentlichkeit] scheuen** to shun publicity; **wo ~ ist, ist auch Schatten** (*prov*) every light has its shadow *prov,* there's no joy without sorrow *prov;* **sein ~ unter den Scheffel stellen** to hide one's light under a bushel; **das ~ der Welt erblicken** (*geh*) to [first] see the light of day; **etw erscheint in einem anderen ~** sth appears in a different light; **etw lässt etw** *akk* **in einem anderen ~ erscheinen** sth shows sth in a different light; **das ewige ~** REL the Sanctuary Lamp; **etw ins falsche ~ rücken** to show sth in a false light; **kein großes ~ sein** (*fam*) to be no great genius; **grünes ~ [für etw** *akk*] **geben** to give the go-ahead [*or* green light] [for sth]; **im günstigen ~, in einem günstigeren ~** in a [more] favourable [*or* AM favorable] light; **etw ins rechte ~ rücken** to show sth in its correct light; **etw in rosigem ~ sehen** to see sth through rose-coloured [*or* AM -ored] spectacles; **bei ~ besehen** [*o* **betrachtet**] on closer consideration; **~ in etw** *akk* **bringen** to shed [some] light on sth; **etw ans ~ bringen** to bring sth to light; **jdn hinters ~ führen** to pull the wool over sb's eyes [*or* take sb in] [*or* hoodwink sb]; **[jdm] aus dem ~ gehen** to move [*or* get] out of the/sb's light; **mir geht ein ~ auf** (*fam*) now I see, it's suddenly dawned on me; **ans ~ kommen** to come to light; **es werde ~! und es ward ~** REL let there be light: and there was light; **etw wirft ein bestimmtes ~ auf jdn** sth shows sb in a certain light

licht·be·stän·dig *adj s.* **lichtecht** **Licht·bild** *nt* (*veraltend*) ❶ (*geh: Passbild*) passport photograph ❷ (*Dia*) slide **Licht·blick** *m* bright spot, ray of hope **Licht·bre·chung** *f* refraction of light **licht·durch·läs·sig** *adj* translucent, pervious to light, light-transmissive **licht·echt** *adj* non-fading **Licht·ef·fekt** *m* lighting effect **licht·emp·find·lich** *adj* sensitive to light *pred;* FOTO photosensitive

lich·ten ['lɪçtn̩] **I.** *vt* FORST, HORT ■**etw ~** to thin out sth *sep; s. a.* **Anker** **II.** *vr* ■**sich ~** ❶ (*dünner werden*) to [grow] thin ❷ (*spärlicher werden*) to go down ❸ (*klarer werden*) to be cleared up; **die Angelegenheit lichtet sich immer mehr** this matter is becoming ever more clear

Lich·ter·baum *m* (*geh*) Christmas tree **Lich·ter·glanz** *m* (*geh*) blaze of lights **Lich·ter·ket·te** *f* chain of lights **lich·ter·loh** ['lɪçtɐ'lo:] *adv* **~ brennen** to be ablaze **Lich·ter·meer** *nt* (*geh*) sea of lights

Licht·ge·schwin·dig·keit *f kein pl* ■**die ~** the speed of light; **mit ~** at the speed of light **Licht·hof** *m* ❶ ARCHIT inner court, courtyard, quadrangle ❷ ASTRON halo ❸ TECH halation **Licht·hu·pe** *f* AUTO flash of the headlights **Licht·jahr** *nt* ❶ ASTRON light year ❷ *pl* (*fam: sehr weit/lange*) light years *pl fam* **Licht·ke·gel** *m* cone [*or* beam] of light **Licht·man·gel** *m kein pl* lack of light *no pl;* **aus ~** as a result of a lack of light **Licht·ma·schi·ne** *f* AUTO alternator, dynamo, generator **Licht·mast** *m* TRANSP lamppost, lamp-standard **Licht·nel·ke** *f* BOT campion, catchfly **Licht·quel·le** *f* light source, source of light **Licht·re·ak·ti·on** *f* BIOL light reaction **Licht·re·kla·me** *f s.* **Leuchtreklame** **Licht·schacht** *m* ARCHIT light-well **Licht·schal·ter** *m* light switch **Licht·schein** *m* gleam of light **licht·scheu** *adj* ❶ BOT, ZOOL **eine ~e Pflanze** a shade-loving plant; **ein ~es Tier** an animal that shuns the light ❷ (*fig*) **~es Gesindel** shady characters *pl fig* **Licht·schran·ke** *f* light [*or* photoelectric] barrier [*or* beam]

Licht·schutz·fak·tor *m* [sun] protection factor

Licht·spiel·haus *nt* FILM (*veraltend*) cinema, picture-house [*or* -palace] [*or* -theatre] *dated*

licht·stark *adj* ❶ PHYS light-intense ❷ FOTO **ein ~es Objektiv** a fast [*or* high-speed] lens **Licht·stär·ke** *f* ❶ PHYS light [*or* luminous] intensity ❷ FOTO *Objektiv* speed **Licht·strahl** *m* beam [*or* ray] of light **licht·un·durch·läs·sig** *adj* opaque, impervious to light, light-proof

Lich·tung <-, -en> *f* FORST clearing, glade

Licht·ver·hält·nis·se *pl* lighting conditions *pl*

Lid <-[e]s, -er> [li:t] *nt* ANAT [eye]lid

Lid·schat·ten *m* eye shadow **Lid·stift** *m* eyeliner **Lid·strich** *m* **einen ~ ziehen** to apply eyeliner

lieb [li:p] *adj* ❶ (*liebenswürdig*) kind, nice; **das war nicht gerade ~ von dir!** that wasn't very kind [*or* nice] of you!; ■**~ zu jdm sein** to be nice to sb; **sei/seien Sie so ~ und ...** would you be so good [*or* kind] as to ...; *s. a.* **Gruß** ❷ (*artig*) good; **sei jetzt ~/sei ein ~es Kind!** be a good boy/girl! ❸ (*niedlich*) sweet, cute, lovable ❹ (*geschätzt*) dear, beloved; **L~er Karl, L~e Amelie!** (*als Anrede in Briefen*) Dear Karl and Amelie,; **meine L~e/mein L~er** my dear girl/man [*or* fellow] [*or* chap] [*or* boy]; **[mein] L~es** [my] love, darling; **[aber] meine L~e/mein L~er!** (*iron*) [but] my dear!; **[ach] du ~er Gott/~e Güte/~er Himmel/~e Zeit/~es bisschen!** (*fam*) good heavens [*or* Lord]! *fam,* goodness gracious [*or* me]!; **jdn/ein Tier ~ haben** to love [*or* be fond of] sb/an animal; **jdn/etw ~ gewinnen** to grow fond of sb/sth; **~ geworden** of which one has grown very fond *pred;* **man muss ihn einfach ~ haben** it's impossible not to like him ❺ (*angenehm*) welcome, pleasant; **solche ~e Gäste haben wir lange nicht gehabt** it's a long time since we had such pleasant guests; ■**etw/jd ist jdm ~** sb welcomes [*or* appreciates] sth/sb, sb is grateful for sth; **das wäre mir gar nicht/weniger ~** I'd [much] rather you didn't [do it]; **am ~sten** best [*or* most] [of all]; **ich mag Vollmilchschokolade am ~sten** my favourite is milk chocolate; **am ~sten hätte ich ja abgelehnt** I would have liked to have said [*or* preferred to say] no; *s. a.* **lieber**

lieb·äu·geln ['li:pʔɔygl̩n] *vi* ■**mit etw** *dat* **~** to have one's eye on sth; ■**damit ~, etw** *akk* **zu tun** to toy [*or* flirt] with the idea of doing sth

Lieb·chen <-s, -> ['li:pçən] *nt* (*veraltend*) my darling [*or* sweet], sweetheart

Lie·be <-, -n> ['li:bə] *f* ❶ (*Gefühl starker Zuneigung*) love; ■**jds ~ zu jdm** sb's love for sb; **aus ~ zu jdm** out of love for sb; **ich werde aus ~ heiraten** I'm going to marry for love; **er war blind vor ~** he was blind with love ❷ *kein pl* (*Leidenschaft*) ■**die/jds ~ zu etw** *dat* the/sb's love of sth; **aus ~ zu etw** *dat* for the love of sth ❸ (*Mensch*) love; **meine große ~** [*o* **die ~ meines Lebens**] the love of my life; **eine alte ~** an old flame ❹ (*Sex*) making love; **gut in der ~ sein** (*fam*) to be good in bed *fam* [*or* at making love]; **käufliche ~** (*geh*) prostitution, venal love; **platonische ~** platonic love; **~ [mit jdm] machen** (*fam*) to make love [to [*or* with] sb] ▶ WENDUNGEN: **~ auf den ersten Blick** love at first sight; **~ geht durch den Magen** (*prov*) the way to a man's heart is through his stomach *prov;* **alte ~ rostet nicht** (*prov*) old love does not rust *prov,* old love [*or* an old flame] never dies *prov;* **~ macht blind** (*prov*) love is blind *prov;* **in ~, dein(e) ...** [with] all my love, ...; **mit [viel] ~** with loving care

lie·be·be·dürf·tig *adj* in need of love [*or* affection] *pred,* needing a lot of affection *pred*

Lie·be·lei <-, -en> [li:bə'lai] *f* (*fam*) flirtation

lie·ben ['li:bn̩] **I.** *vt* ❶ (*Liebe entgegenbringen*) ■**jdn ~** to love sb; ■**sich ~** to love each other [*or* one another]; **jdn/etw ~ lernen** to come [*or* learn] to love sb/sth; ■**sich ~ lernen** to come [*or* learn] to love each other [*or* one another]; *s. a.* **geliebt** ❷ (*gerne mögen*) ■**etw ~** to love sth; **es nicht ~, wenn jd etw** *akk* **tut/wenn etw** *gen* **geschieht** to not like it when sb does sth/when sth happens ❸ (*euph: Geschlechtsverkehr miteinander haben*) ■**jdn ~** to make love to sb; ■**sich ~** to make love ▶ WENDUNGEN: **was sich liebt, das neckt sich** (*prov*) lovers like to tease each other **II.** *vi* to be in love

lie·bend **I.** *adj* loving **II.** *adv* **~ gern** with great pleasure; **ich würde ja ~ gerne bleiben, aber ich muss gehen** I'd love to stay [here], but I've got to go; **„willst du mich nicht begleiten?" – „aber ~ gern"** "would you like to come with me?" – "I'd love to"

Lie·ben·de(r) *f(m) dekl wie adj* lover

lie·bens·wert *adj* likeable, lovable

lie·bens·wür·dig *adj* kind, friendly; ■**~ von jdm sein** to be kind of sb; **wären Sie wohl so ~ und ...?** would you be so kind as to ...?

lie·bens·wür·di·ger·wei·se *adv* kindly; **ob Sie mich wohl ~ vorlassen würden?** would you be so kind as to let me go first?

Lie·bens·wür·dig·keit <-, -en> *f* kindness; **würden Sie die ~ haben[, das zu tun** [*o* **und das tun**]]? (*geh*) would you be so kind [as as to do sth]? *form;* **die ~ in Person** kindness personified; **du bist heute wieder von einer ~!** (*iron*) you're in a pleasant mood again today! *iron*

lie·ber ['li:bɐ] **I.** *adj comp von* **lieb:** ■**jdm ~ sein** to be preferable to sb; **mir wäre es ~, wenn Sie nichts darüber verlauten ließen** I would prefer it if [*or* I would rather [*or* sooner]] you didn't tell anybody about this; **was ist Ihnen ~, das Theater oder das Kino?** would you prefer to go to the theatre or the cinema? **II.** *adv* ❶ *comp von* **gern** rather, sooner; **etw ~ mögen** to prefer sth; **ich würde ~ in der Karibik als an der Ostsee Urlaub machen** I would rather [*or* sooner] take a holiday in the Caribbean than on the Baltic ❷ (*besser*) better; **darüber schweige ich ~** I think it best to [*or* I'd better] remain silent; **wir sollten ~ gehen** we'd better [*or* we should] be going; **das hätten Sie ~ nicht gesagt** you shouldn't have said that; **das möchte ich dir ~ nicht sagen** I'd rather not tell you that; **ich wüsste nicht, was ich ~ täte!** there's nothing I'd rather do, I'd love to; **nichts ~ als das** I'd love to

Lie·bes·aben·teu·er *nt* amorous adventure, romance **Lie·bes·af·fä·re** *f* love affair **Lie·bes·akt** *m* (*geh*) act of love **Lie·bes·ap·fel** *m* (*veraltet*) tomato **Lie·bes·ban·de** *pl* ▶ WENDUNGEN: **[zarte] ~ knüpfen** (*geh*) to tie tender bonds of love *form* **Lie·bes·be·zie·hung** *f* loving [*or* romantic] relationship, love affair **Lie·bes·brief** *m* love letter **Lie·bes·dienst** *m* (*geh*) favour [*or* AM -or]; **jdm einen ~ erweisen** to do sb a favour [*or* kindness] **Lie·bes·er·klä·rung** *f* declaration of love; **jdm eine ~ machen** to make a declaration of [*or* declare] one's love to sb **Lie·bes·film** *m* romantic film **Lie·bes·ge·dicht** *nt* love-poem **Lie·bes·ge·schich·te** *f* ❶ LITER love story ❷ (*fam: Liebesaffäre*) love affair **Lie·bes·gott, -göt·tin** *m, f* god/goddess of love **Lie·bes·hei·rat** *f* love match **Lie·bes·kum·mer** *m* lovesickness *no pl;* **~ haben** to be lovesick; **aus ~** out of [*or* for] lovesickness **Lie·bes·le·ben** *nt* love life **Lie·bes·lied** *nt* love song **Lie·bes·mü·he** *f* ▶ WENDUNGEN: **vergebliche** [*o* **verlorene**] **~ sein** to be a waste of effort [*or* time] **Lie·bes·nest** *nt* (*fam*) love nest **Lie·bes·paar** *nt* lovers *pl* **Lie·bes·ro·man** *m* romantic novel **Lie·bes·spiel** *nt* love play **Lie·bes·sze·ne** *f* love scene **lie·bes·toll** *adj* love-crazed; ■**~ sein/werden** to be/become love-crazed **Lie·bes·trank** *m* love potion **Lie·bes·ver·hält·nis** *nt s.* **Liebesbeziehung** **Lie·bes·zau·ber** *m* love spell

lie·be·voll I. *adj* loving; **ein ~er Kuss** an affectionate kiss; **ein ~er Mensch** a loving [*or* an affectionate] person II. *adv* ❶ (*zärtlich*) affectionately ❷ (*mit besonderer Sorgfalt*) lovingly; ~ **dekorieren/verpacken/zubereiten** to decorate/wrap up/prepare lovingly [*or* with loving care]

Lieb·ha·ber(in) <-s, -> ['li:pha:bɐ] *m(f)* ❶ (*Partner*) lover ❷ (*Freund*) enthusiast

Lieb·ha·be·rei <-, -en> [li:pha:bə'rai] *f* hobby

Lieb·ha·be·rin <-, -nen> *f fem form von* **Liebhaber**

Lieb·ha·ber·preis *m* collector's price **Lieb·ha·ber·stück** *nt* collector's piece [*or* item] **Lieb·ha·ber·wert** *m kein pl* collector's value *no pl*

lieb·ko·sen* [li:p'ko:zn̩] *vt* (*geh*) ■**jdn** ~ to caress sb

Lieb·ko·sung <-, -en> *f* (*geh*) caress

lieb·lich ['li:plɪç] I. *adj* ❶ (*angenehm süß*) sweet; **~er Wein** soft [*or* medium sweet] wine ❷ (*erhebend*) lovely, delightful, charming; **~e Töne** melodious sounds II. *adv* ~ **duften/schmecken** to smell/taste sweet

Lieb·lich·keit <-> *f kein pl* sweetness *no pl*

Lieb·ling <-s, -e> ['li:plɪŋ] *m* ❶ (*Geliebte(r)*) darling ❷ (*Favorit*) favourite [*or* AM favorite]

Lieb·lings·be·schäf·ti·gung *f* favourite [*or* AM favorite] hobby [*or* pastime] **Lieb·lings·ge·richt** *nt* favourite dish **Lieb·lings·plat·te** *f* favourite record **Lieb·lings·treff·punkt** *m* preferred [*or* favourite] [*or* AM favorite] rendezvous **Lieb·lings·wein** *m* favourite wine

lieb·los ['li:plo:s] I. *adj* ❶ (*keine liebevolle Zuwendung gebend*) unloving ❷ (*Nachlässigkeit zeigend*) unfeeling II. *adv* any old how *fam;* **gehen Sie nicht so ~ mit dem teuren Geschirr um!** be a bit more careful with that expensive crockery!

Lieb·lo·sig·keit <-, -en> *f* ❶ *kein pl* (*Mangel an liebevoller Zuwendung*) lack of loving [*or* feeling] [*or* care] *no pl* ❷ (*Verhalten*) unkind [*or* unfeeling] act

Lieb·reiz *m kein pl* (*geh*) charm

Lieb·schaft <-, -en> *f* (*veraltend*) *s.* **Liebesaffäre**

liebs·te(r, s) ['li:pstə, 'li:pstɐ, 'li:pstəs] *adj superl von* **lieb** dearest; ■**am ~n** best of all; **das mag ich am ~n** I like that [the] best [*or* the most] [*or* best of all]; **am ~n möchte ich schlafen** most of all I'd [*or* I'd just really] like to sleep

Liebs·te(r) ['li:pstə, 'li:pstɐ] *f(m) dekl wie adj* ■**jds** ~ sb's sweetheart

Lieb·stö·ckel <-s, -> ['li:pʃtœkl̩] *m o nt* BOT lovage

Liech·ten·stein <-s> ['lɪçtn̩ʃtain] *nt* Liechtenstein

Liech·ten·stei·ner(in) <-s, -> ['lɪçtn̩ʃtainɐ] *m(f)* Liechtensteiner

liech·ten·stei·nisch *adj* Liechtenstein

Lied <-[e]s, -er> [li:t] *nt* song ▸ WENDUNGEN: **es ist immer das alte** [*o* **gleiche**] ~ (*fam*) it's always the same old story; **ein ~ von etw** *dat* **singen können/zu singen wissen** to be able to tell sb a thing or two about sth

Lie·der·abend *m* song recital evening **Lie·der·buch** *nt* songbook

lie·der·lich ['li:dɐlɪç] *adj* (*veraltend o pej*) slovenly

Lie·der·ma·cher(in) *m(f)* singer-songwriter (*about topical subjects*)

lief [li:f] *imp von* **laufen**

Lie·fer·ab·kom·men *nt* ÖKON delivery [*or* supply] contract

Lie·fe·rant(in) <-en, -en> [lifə'rant] *m(f)* ❶ (*Firma*) supplier ❷ (*Auslieferer*) deliveryman *masc,* deliverywoman *fem*

Lie·fe·ran·ten·ein·gang *m* goods [*or* AM delivery] [*or* AM receiving] entrance; (*in einem Wohnhaus*) tradesmen's entrance BRIT, side [*or* back] door AM

Lie·fe·ran·tin <-, -nen> *f fem form von* **Lieferant**

lie·fer·bar *adj* ❶ (*erhältlich*) available, in stock; **dieser Artikel ist derzeit nicht** ~ this item is not available [*or* in stock] at the moment ❷ (*zustellbar*) ■~ **sein** to be able to be supplied [*or* delivered]; **Ihre Bestellung ist leider erst später** ~ we won't be able to meet your order until a later date

Lie·fer·be·din·gun·gen *pl* terms [*or* conditions] of delivery

Lie·fer·fir·ma *f* ❶ (*Lieferant*) supplier ❷ (*Auslieferer*) delivery firm **Lie·fer·frist** *f* delivery [*or* lead] time, delivery deadline

lie·fern ['li:fɐn] I. *vt* ❶ (*aus~*) ■**[jdm] etw** *akk* ~ to deliver sth [to sb], to supply [sb with] sth; ■**etw an jdn/etw** ~ to deliver sth to sb/sth ❷ (*erbringen*) ■**[jdm] etw** *akk* ~ to provide sth [for sb] ❸ (*erzeugen*) ■**etw** ~ to yield sth; **viele Rohstoffe werden aus dem Ausland geliefert** many raw materials are imported from abroad ❹ SPORT (*zur Schau stellen*) ■**jdm etw** *akk* ~ to put on sth for sb; **die Boxer lieferten dem Publikum einen spannenden Kampf** the boxers put on an exciting bout for the crowd II. *vi* to deliver; *s. a.* **geliefert**

Lie·fer·schein *m* delivery note BRIT, packing slip AM **Lie·fer·schwie·rig·kei·ten** *f* difficulties in [making a] delivery **Lie·fer·stopp** *m* ÖKON suspension of deliveries **Lie·fer·ter·min** *m* delivery date

Lie·fe·rung <-, -en> *f* ❶ (*das Liefern*) delivery; **bei/vor** ~ on/prior to delivery; **zahlbar bei ~/innerhalb von zehn Tagen nach** ~ payable on delivery/within 10 days of delivery ❷ (*gelieferte Ware*) consignment ❸ VERLAG (*vorab ausgelieferter Teil*) instalment BRIT, installment AM

Lie·fer·ver·trag *m* supply contract, contract of sale **Lie·fer·wa·gen** *m* delivery van; (*offen*) pickup truck **Lie·fer·zeit** *f s.* **Lieferfrist**

Lie·ge <-, -n> ['li:gə] *f* ❶ (*Bett ohne Fuß-/Kopfteil*) daybed ❷ (*Liegestuhl*) [sun-]lounger

lie·gen <lag, gelegen> ['li:gn̩] *vi haben o* SÜDD *sein* ❶ (*sich in horizontaler Lage befinden*) ■**irgendwo** ~ to lie somewhere; **ich liege noch im Bett** I'm still [lying] in bed; **hast du irgendwo meinen Schlüsselbund ~ gesehen?** have you seen my key ring lying [around] anywhere?; **deine Brille müsste eigentlich auf dem Schreibtisch** ~ your glasses should be [lying] on the desk; ■**irgendwie** ~ to lie in a certain manner; **Herzkranke müssen hoch/höher** ~ people with heart problems should lie with their heads raised; **auf Latexmatratzen liegt man weich/weicher** latex mattresses are soft/softer for lying on; **in diesem Liegestuhl liegt man am bequemsten** this is the most comfortable lounger to lie in; ■**das L~** lying; ~ **bleiben** (*nicht aufstehen*) to stay in bed; (*nicht mehr aufstehen*) to remain lying [down]; **etw ~ lassen** to leave sth [there] ❷ (*sich abgesetzt haben*) ■**irgendwo** ~ to lie somewhere; **hier in den Bergen liegt oft bis Mitte April noch Schnee** here in the mountains the snow often lies on the ground until mid-April; **auf den Autos liegt weißer Reif** there is a white [covering of] frost on the cars; **bei euch liegt aber viel Staub** it's very dusty [in] here; **über allen Möbeln lag eine dicke Staubschicht** there was a thick layer of dust over all the furniture ❸ (*lagern*) ■**irgendwo** ~ to lie [*or* hang] somewhere; **[irgendwo] ~ bleiben** (*nicht weggenommen werden*) to be left [somewhere]; **Hände weg, das Buch bleibt [da] ~!** hands off, the [*or* that] book's going nowhere!; ~ **bleiben** (*nicht verkauft werden*) to remain unsold; **etw ~ lassen** to leave sth [undone] ❹ (*vergessen*) **irgendwo ~ bleiben** to be [*or* get] left behind somewhere; **mein Hut muss in dem Restaurant ~ geblieben sein** I must have left my hat in the restaurant; **etw ~ lassen** to leave sth behind; **verflixt, ich muss meinen Schirm in der U-Bahn ~ gelassen haben!** damn, I must have left my umbrella [behind] on the underground! ❺ GEOG (*geografisch gelegen sein*) ■**irgendwo** ~ to be somewhere ❻ (*eine bestimmte Lage haben*) ■**irgendwie** ~ to be [situated [*or* located]] [*or* to lie] in a certain manner; **ihr Haus liegt an einem romantischen See** their house is situated by a romantic lake; ■**gelegen** situated; **eine bildhübsch/ruhig/verkehrsgünstig gelegene Villa** a villa in a picturesque/quiet/easily accessible location; ■**irgendwohin** ~ to face somewhere; **diese Wohnung ~ nach vorn zur Straße [hinaus]** this flat faces [out onto] the street ⑦ (*begraben sein*) ■**irgendwo** ~ to be [*or* lie] buried somewhere ⑧ NAUT (*festgemacht haben*) ■**irgendwo** ~ to be [moored] somewhere ⑨ AUTO (*nicht weiterfahren können*) ~ **bleiben** to break down [*or* have a breakdown] ⑩ SPORT (*einen bestimmten Rang haben*) ■**irgendwo** ~ to be [*or* lie] somewhere; **wie ~ unsere Schwimmer eigentlich im Wettbewerb?** how are our swimmers doing in the competition?; **die Mannschaft liegt jetzt auf dem zweiten Tabellenplatz** the team is now second in the division ⑪ (*angeordnet sein*) to lie, to stay; **gut** ~ to stay in place [well]; **richtig/nicht richtig** ~ to be/not be in the right place; *Haar* to stay in place ⑫ (*angesiedelt sein*) ■**bei/um etw** ~ to cost sth; **der Preis dürfte [irgendwo] bei 4.500 Euro** ~ the price is likely to be [around] 4,500 euros; ■**irgendwo** ~ to cost sth; **damit ~ Sie um 185.000 Euro höher** that would put the price up by 185,000 euros; **damit ~ Sie schnell bei 1,3 Millionen Euro Baukosten** that would soon push the building costs up to 1.3 million euros; ■**zwischen ... und ...** ~ to cost between ... and ..., to be priced at between ... and ... ⑬ MODE (*eine bestimmte Breite haben*) ■**irgendwie** ~ to be a certain size; **wie breit liegt dieser Seidenstoff?** how wide is this silk material? ⑭ (*verursacht sein*) ■**an jdm/etw** ~ to be caused by sb/sth; **woran mag es nur ~, dass mir immer alles misslingt?** why is it that everything I do goes wrong? ⑮ (*wichtig sein*) ■**irgendetwas an jdm/etw** ~ to attach a certain importance to sb/sth; **du weißt doch, wie sehr mir daran liegt** you know how important it is to me; ■**jdm ist etwas/nichts/viel an jdm/etw gelegen** sb/sth means sth/nothing/a lot to sb; **an diesem uninteressanten Stellenangebot war mir nichts gelegen** I didn't bother [even] considering this unappealing job offer ⑯ *meist verneint* (*zusagen*) ■**jdm** ~ sb likes sth; (*entspricht nicht jds Begabung*) sb is good at sth; **körperliche Arbeit liegt ihr nicht/weniger** she's not really cut out for physical work ⑰ (*lasten*) ■**auf jdm** ~ to weigh down [up]on sb ⑱ (*abhängig sein*) ■**bei jdm** ~ to be up to sb; ■**in jds etw** *dat* ~ to be in sb's sth; **das liegt leider nicht in meiner Hand/Macht** unfortunately that is out of my hands/not within my power ⑲ (*begründet sein*) ■**irgendwo** ~ to lie somewhere ⑳ (*nicht ausgeführt werden*) ~ **bleiben** to be left undone ▸ WENDUNGEN: **an mir/uns soll es nicht ~!** don't let me/us stop you!; *s. a.* **Ding**

lie·gend I. *adj* reclining, recumbent *form* **II.** *adv* ① (*flach*) **etw ~ aufbewahren/lagern** to store sth flat/on its side ② (*im Liegen*) in a lying position, whilst lying down

Lie·gen·schaft <-, -en> *f meist pl* ADMIN real estate, real [*or* landed] property

Lie·gen·schafts·amt *nt* ADMIN, JUR land office

Lie·ge·platz *m* NAUT berth, moorings *pl* **Lie·ge·sitz** *m* reclining seat **Lie·ge·stuhl** *m* (*Liege*) [sun-]lounger; (*Stuhl*) deckchair **Lie·ge·stütz** <-es, -e> *m* SPORT press- [*or* AM push-] up; ~**e machen** to do press-ups **Lie·ge·wa·gen** *m* BAHN couchette [*or* car] coach **Lie·ge·wie·se** *f* lawn for sunbathing **Lie·ge·zeit** *f* NAUT lay days *pl*

lieh [liː] *imp von* **leihen**

Lies·chen <-s, -> ['liːsçən] *nt dim von* **Elisabeth** ≈ Lizzie ▸ WENDUNGEN: ~ **Müller** (*fam*) the average woman in the street; **Fleißiges** ~ BOT busy Lizzie

Lie·sen <-s, -> ['liːzn̩] *nt* lard

ließ [liːs] *imp von* **lassen**

liest *3. pers pres von* **lesen**

Lift <-[e]s, -e *o* -s> [lɪft] *m* ① (*Aufzug*) lift BRIT, elevator AM ② (*Ski~*) [ski] lift

Lift·boy <-s, -s> ['lɪftbɔy] *m* TOURIST liftboy BRIT, elevator boy AM

lif·ten ['lɪftn̩] *vt* MED ■**etw** ~ to lift [*or* tighten] sth; **sich** *dat* **das Gesicht ~ lassen** to have a facelift

Li·ga <-, Ligen> ['liːga, *pl* 'liːgn̩] *f* ① (*Vereinigung*) league ② SPORT (*Spielklasse*) league, division ③ *kein pl* HIST ■**die** ~ the [Catholic] League

Li·ga·tur <-, -en> [liga'tuːɐ̯] *f* MUS, MED, TYPO ligature

Light·pro·dukt ['lait-] *nt* low-fat [*or* -calorie] product

Li·gus·ter <-s, -> [li'gʊstɐ] *m* BOT privet

li·ie·ren* [li'iːrən] *vr* ① (*geh: ein Liebesverhältnis eingehen*) ■**sich** ~ to become close friends with each other [*or* one another] *euph;* ■**[mit jdm] liiert sein** to have a relationship [with sb] ② ÖKON (*sich zusammenschließen*) ■**sich** *akk* **[zu etw** *dat*] ~ to join forces with each other [*or* one another] [to establish sth]

Li·kör <-s, -e> [li'køːɐ̯] *m* liqueur

li·la ['liːla] *adj inv* purple, lilac

Li·la <-s, - *o fam* -s> ['liːla] *nt* (*fam*) purple, lilac

Li·lie <-, -n> ['liːli̯ə] *f* BOT lily

Li·li·pu·ta·ner(in) <-s, -> [lilipu'taːnɐ] *m(f)* dwarf, midget

Li·ma·boh·ne ['liːma-] *f* Lima bean

Li·mes <-, -> ['liːmɛs] *m* ① MATH (*Grenzwert*) limit ② *kein pl* HIST (*römischer Grenzwall*) ■**der** ~ the limes

Li·met·ten·saft *m* lime juice

Li·mit <-s, -s *o* -e> ['lɪmɪt] *nt* ① FIN, BÖRSE (*Höchstgebot*) limit, ceiling ② (*höchster Einsatz*) limit ③ (*Beschränkung*) limit; **jdm ein ~ setzen** to set sb a limit

li·mi·tie·ren* [limi'tiːrən] *vt* KUNST, MEDIA ■**etw** ~ to limit sth; **limitierte Auflage** limited edition

Li·mo <-, -s> ['lɪmo, 'liːmo] *f* (*fam*) lemonade

Li·mo·na·de <-, -n> [limo'naːdə] *f* lemonade

Li·mo·ne <-, -n> [li'moːnə] *f* BOT lime

Li·mou·si·ne <-, -n> [limu'ziːnə] *f* AUTO saloon [car] BRIT, sedan AM; (*größerer Luxuswagen*) limousine, limo *fam*

lind [lɪnt] *adj* (*geh*) mild, balmy

Lin·de <-, -n> ['lɪndə] *f* ① BOT lime [*or* linden] [tree] ② (*Holz*) lime[wood]; **aus** ~ made [out] of limewood

Lin·den·blü·ten·ho·nig *m* lime blossom honey **Lin·den·blü·ten·tee** *m* lime blossom tea

i Kultur

Having celebrated its thousandth episode in January 2005, **Lindenstraße** is the longest-running TV soap opera in Germany. The popular series is aired on Sunday evenings by the *ARD* television group.

lin·dern ['lɪndɐn] *vt* ① MED (*mildern*) ■**etw** ~ to alleviate [*or* relieve] [*or* ease] sth; *Husten, Sonnenbrand etc* to soothe ② (*erträglicher machen*) ■**etw** ~ to alleviate [*or* relieve] sth

Lin·de·rung <-> *f kein pl* ① MED (*Milderung*) alleviation *no pl,* relief *no pl,* easing *no pl;* **diese Salbe dient der ~ eines Sonnenbrandes/von lästigem Juckreiz** this ointment is [good] for soothing sunburn/relieving irritating itches ② (*das Lindern*) alleviation *no pl,* relief *no pl;* **jdm ~ verschaffen** to bring sb relief

lind·grün I. *adj* lime-green *attr,* lime green *pred* **II.** *adv* **etw ~ lackieren/streichen** to paint sth lime green

Lind·wurm ['lɪntvʊrm] *m* lindworm (*type of wingless dragon*)

Li·ne·al <-s, -e> [line'aːl] *nt* ruler

li·ne·ar [line'aːɐ̯] *adj* linear; ~**e Abschreibung** FIN straight-line depreciation; ~**e Gleichung** MATH linear equation

Lin·gu·ist(in) <-en, -en> [lɪŋ'gu̯ɪst] *m(f)* linguist

Lin·gu·is·tik <-> [lɪŋ'gu̯ɪstɪk] *f kein pl* linguistics + *sing vb, no art*

Lin·gu·is·tin <-, -nen> *f fem form von* **Linguist**

lin·gu·is·tisch *adj* linguistic

Li·nie <-, -n> ['liːni̯ə] *f* ① (*längerer Strich*) line; **eine geschlängelte/gestrichelte** ~ a wavy/broken line; **eine ~ ziehen** to draw a line ② SPORT, TRANSP (*lang gezogene Markierung*) line ③ TRANSP (*Verkehrsverbindung*) route; **eine Bus-/U-Bahn~** a bus/underground line [*or* route]; **nehmen Sie am besten die ~ 19** you'd best take the [*or* a] number 19 ④ *pl* MIL

(*Frontstellung*) line; **die feindlichen ~n durchbrechen** to break through [the] enemy lines ❺ POL *a.* (*allgemeine Richtung*) line; **eine gemeinsame ~** a common line [*or* policy]; **eine klare ~** a clear line; **auf der gleichen ~ liegen** to follow the same line, to be along the same lines ❻ (*Verwandtschaftszweig*) line; **in bestimmter ~** in a certain line; **er behauptet, dass er in direkter ~ von Karl dem Großen abstammt** he claims that he is descended in a direct line from [*or* is a direct descendant of] Charlemagne ❼ NAUT (*Äquator*) line; **die ~ passieren** [*o* **kreuzen**] to cross the line ► WENDUNGEN: **in ersᐧter/zweiter ~** first and foremost/secondarily; **die Kosten sind erst in zweiter ~ maßgebend/wichtig** the costs are only of secondary importance; **auf der ganzen ~** all along the line; **die schlanke ~** (*fam*) one's figure; **danke, keine Sahne, ich achte sehr auf meine [schlanke] ~** no cream thanks, I'm watching [*or* trying to watch] my figure; **in vorderster ~ stehen** to be in the front line

Li·ni·en·blatt *nt* line guide [sheet] **Li·ni·en·bus** *m* regular [service] bus **Li·ni·en·flug** *m* scheduled flight **Li·ni·en·gra·fik** *f* TYPO, INFORM line graphics **Li·ni·en·ma·schi·ne** *f* scheduled plane [*or* aircraft] **Li·ni·en·rich·ter** *m* SPORT (*beim Fußball*) referee's assistant, linesman *dated;* (*beim Tennis*) line-judge; (*beim Rugby*) touch-judge **li·ni·en·treu** *adj* POL (*pej*) loyal to the party line *pred* **Li·ni·en·ver·kehr** *m* regular services *pl;* LUFT scheduled [*or* regular] services *pl*

li·nie·ren* [li'ni:rən], **li·ni·ie·ren*** [lini'i:rən] *vt* ■**etw ~** to rule [*or* rule [*or* draw] lines on] sth

li·niert *adj inv* TYPO lined, ruled

Li·nie·rung, Li·ni·ie·rung <-, -en> *f* [ruled] lines *pl*

Link <-s, -s> [lɪŋk] *nt* INET link

link [lɪŋk] *adj* (*sl*) shady *fam,* underhand; **ein ~er Hund/Kerl/Typ** a shady character [*or* customer]

Lin·ke <-n, -n> ['lɪŋkə] *f* ❶ (*linke Hand*) left hand ❷ BOXEN (*linke Gerade*) left ❸ POL ■**die ~** the left ► WENDUNGEN: **zu jds ~n, zur ~n von jdm** (*geh*) to sb's left, on sb's left[-hand side], to the left of sb

lin·ke(r, s) *adj attr* ❶ (*auf der Seite des Herzens*) left; **die ~ Fahrbahn/Spur** the left-hand lane; *s. a.* **Masche** ❷ MODE (*innen, hinten*) *Stoff* the wrong side; *Wäsche* inside out ❸ POL left-wing, leftist *esp pej;* **der ~e Flügel** the left wing; *s. a.* **Hand**

Lin·ke(r) ['lɪŋkɐ] *f(m) dekl wie adj* POL left-winger, lefty *esp pej fam,* leftist *esp pej*

lin·ken ['lɪŋkn̩] *vt* (*sl*) ■**jdn ~** to take sb for a ride *fam*

lin·kisch ['lɪŋkɪʃ] *adj* clumsy, awkward

links [lɪŋks] **I.** *adv* ❶ (*auf der linken Seite*) on the left; **sich ~ halten** to keep to the left; **bei Straßen ohne Gehweg sollten Fußgänger in Deutschland ~ gehen** on roads without a pavement pedestrians in Germany should walk on [*or* keep to] the left; **dritte Tür ~** [the] third door on the left; ■**~ hinter/neben/von/vor ...** to the left behind/directly to the left of/to the left of/to the left in front of ...; **~ oben/unten** in the top/bottom left-hand corner; **nach ~** [to the] left; **nach ~/rechts gehen** to turn left/right; **schau mal nach ~** look to the [*or* your] left; **von ~** from the left; **von ~ nach rechts** from [the] left to [the] right ❷ (*verkehrt herum*) inside out; **du hast ja die Socken ~ herum an!** you've got your socks on inside out!; **den Stoff [von] ~ bügeln** to iron the fabric on the reverse side; **auf ~** inside out ❸ TRANSP (*nach ~*) **~ abbiegen** to turn [off to the] left, to take a left turn; **~ einbiegen/sich ~ einordnen** to move [*or* get] into [*or* take] the left-hand lane; (*auf der linken Seite*) on the left; **~ bleiben/sich ~ halten** to keep to the left ❹ MODE **eine [Masche] ~, drei [Maschen] rechts** purl one, knit three; **~ stricken** to purl ❺ POL **~ eingestellt sein** to have left-wing tendencies [*or* leanings]; **~ [von jdm/etw] stehen** [*o* **sein**] to be left-wing [*or* on the left], to be to the left of sb/sth ❻ MIL **die Augen ~!** eyes left!; **~ um!** left about turn! ► WENDUNGEN: **weder ~ noch rechts schauen** to not [let oneself] be distracted; **jdn ~ liegen lassen** (*fam*) to ignore sb; **mit ~** (*fam*) easily, with no trouble **II.** *präp +gen* ■**~ einer S.** to the left of sth; **~ eines Flusses** on the left bank of a river

Links·ab·bie·ger(in) <-s, -> *m(f)* TRANSP driver [*or* motorist] turning [off] left **Links·ab·bie·ger·spur** *f* TRANSP left-hand turn[ing]-off lane **Links·au·ßen** <-, -> [lɪŋks'ʔausn̩] *m* ❶ FBALL left wing, outside left ❷ POL (*fam*) extreme left-winger **links·bün·dig** *adj* TYPO left-justified *attr,* left justified *pred* **Links·drall** *m* ❶ (*links drehender Drall*) swerve to the left ❷ POL (*fam*) left-wing tendency; **einen ~ haben** to lean to the left, to have left-wing tendencies [*or* leanings] **Links·ex·tre·mist(in)** *m(f)* POL left-wing extremist **links·ex·tre·mis·tisch** *adj inv* POL left-wing extremist **links·ge·rich·tet** *adj* POL left-wing orientated [*or* AM oriented] **Links·ge·win·de** *nt* TECH left-hand[ed] thread **Links·hän·der(in)** <-s, -> ['lɪŋkshɛndɐ] *m(f)* left-hander, left-handed person **links·hän·dig** ['lɪŋkshɛndɪç] **I.** *adj* left-handed **II.** *adv* with one's left hand **links·her·um** ['lɪŋkshɛrʊm] *adv* ❶ (*nach links*) to the [*or* one's] left ❷ (*mit linker Drehrichtung*) anticlockwise BRIT, counter-clockwise AM **Links·in·tel·lek·tu·el·le(r)** *f(m) dekl wie adj* left-wing intellectual **Links·kur·ve** *f* left-hand bend; **eine ~ machen** to bend to the left **links·las·tig** *adj* ❶ AUTO, NAUT down at the left *pred* ❷ POL (*pej*) left-wing, leftist *esp pej* **links·ori·en·tiert** *adj* POL left-wing, orientated [*or* AM oriented] towards the left **links·ra·di·kal** **I.** *adj* POL radical left-wing *attr* **II.** *adv* radically left-wing **Links·ra·di·ka·le(r)** *f(m) dekl wie adj* POL left-wing radical **links·rhei·nisch** *adj* on the left bank of the Rhine *pred* **Links·ruck** <-es, -e> *m kein pl* POL [sharp] swing to the left **links·rum** *adv* (*fam*) *s.* **linksherum** **links·sei·tig** *adj* on the left side *pred;* **~ gelähmt sein** to be paralysed [*or* AM -yzed] on [*or* down] the left side **links·um** [lɪŋks'ʔʊm] *adv* **~ kehrt!** MIL to the left! **Links·ver·kehr** *m* TRANSP driving on the left *no pl, no art*

Lin·nen <-s, -> ['lɪnən] *nt* (*veraltend geh*) linen

Li·no·le·um <-s> [li'no:leʊm, lino'le:ʊm] *nt kein pl* linoleum, BRIT *a.* lino *fam no pl*

Li·nol·schnitt [li'no:lʃnɪt] *m* KUNST ❶ *kein pl* (*Technik*) linocut *no pl, no indef art* ❷ (*Produkt*) linocut

Lin·se <-, -n> ['lɪnzə] *f* ❶ *meist pl* BOT, KOCHK lentil; **rote ~n** red lentils ❷ ANAT, PHYS lens

lin·sen ['lɪnzn̩] *vi* (*fam*) to peep [*or* peek]

Lin·sen·boh·ne *f* mung [*or* moong] bean

Linz <-> [lɪnts] *nt* Linz

Lip·glossRR, **Lip·gloß**ALT <-, -> ['lɪpglɔs] *nt* MODE, PHARM lip gloss

Li·pid <-s, -e> [li'pi:t] *nt* BIOL lipid

Lip·pe <-, -n> ['lɪpə] *f* ANAT lip; **die ~n schminken/anmalen** to put on lipstick *sep*/paint one's lips; **jdm etw** *akk* **von den ~n ablesen** to read sth from sb's lips ► WENDUNGEN: **eine dicke** [*o* **große**] **~ riskieren** (*sl*) to brag, to boast; **etw nicht über die ~n bringen** to not be able to bring oneself to say sth; **an jds ~n hängen** to hang on sb's every word; **nicht über jds ~n kommen** to not pass sb's lips

Lip·pen·bal·sam *m* PHARM lip balm, BRIT *a.* lipsalve **Lip·pen·be·kennt·nis** *nt* lip-service; **ein ~ ablegen** to pay lip-service **Lip·pen·blüt·ler** <-s, -> *m* BOT labiate **Lip·pen·laut** *m* LING labial **Lip·pen·pfle·ge** *f kein pl* ❶ MED (*Pflege der Lippen*) care of one's lips ❷ PHARM (*Mittel zur Pflege der Lippen*) lip-care product, product for protecting one's lips **Lip·pen·pfle·ge·stift** *m* lip balm, BRIT *a.* lipsalve **Lip·pen·po·ma·de** *f* PHARM lip balm, chapstick, BRIT *a.* lipsalve, BRIT *a.* Lypsyl® **Lip·pen·stift** *m* lipstick; **kussechter ~** kissproof lipstick

Lipp·fisch *m* ZOOL, KOCHK wrasse

li·quid [li'kvi:t] *adj s.* **liquide**

Li·qui·da <-, Liquidä *o* Liquiden> ['li:kvida, *pl* 'li:kvidɛ, li'kvi:dn̩] *f* LING liquid

Li·qui·da·ti·on <-, -en> [likvida'tsi̯o:n] *f* ❶ (*geh: Honorarrechnung*) bill [of costs [*or* fees]], note of fees ❷ ÖKON (*Auflösung*)

liquidation *no indef art*

Li·qui·da·tor, **Li·qui·da·to·rin** [likvi'da:to:ɐ̯, -da'to:rɪn, *pl* -da'to:rən] *m, f* ÖKON liquidator

li·qui·de [li'kvi:də] *adj* FIN ① (*geh: solvent*) solvent; **ich bin im Moment nicht** ~ I'm out of funds at the moment ② (*verfügbar*) ~**es Vermögen** liquid assets *pl*

li·qui·die·ren* [likvi'di:rən] *vt* ① (*euph: umbringen*) ■**jdn** ~ to liquidate sb ② ÖKON (*auflösen*) ■**etw** ~ to liquidate sth ③ (*geh: in Rechnung stellen*) ■**etw** ~ to charge sth

Li·qui·die·rung <-, -en> *f* ① (*euph: das Umbringen*) liquidation ② ÖKON (*Auflösung*) liquidation

Li·qui·di·tät <-> [likvidi'tɛ:t] *f kein pl* ÖKON liquidity *no pl, no indef art,* [financial] solvency *no pl, no indef art,* ability to pay *no pl, no indef art*

Li·ra <-, Lire> ['li:ra, *pl* 'li:rə] *f* lira

lis·peln ['lɪspl̩n] **I.** *vi* to lisp **II.** *vt* ■**etw** ~ to whisper sth

Lis·sa·bon <-s> ['lɪsabɔn, lɪsa'bɔn] *nt* Lisbon

List <-, -en> [lɪst] *f* (*Täuschung*) trick, ruse; **eine** ~ **anwenden** to use a little cunning; **zu einer** ~ **greifen** to resort to a trick [*or* ruse] ▸ WENDUNGEN: **mit** ~ **und Tücke** (*fam*) with cunning and trickery

Lis·te <-, -n> ['lɪstə] *f* ① (*schriftliche Aufstellung, Aneinanderreihung*) list ② (*Namens~*) list [of names], roll; **eine** ~ **der Besucher** a visitors' book ③ POL (*Wahl~*) list [of candidates] ▸ WENDUNGEN: **die schwarze** ~ (*fam*) the blacklist; **auf der schwarzen** ~ **stehen** to be on the blacklist; **auf die schwarze** ~ **kommen** to be put on the blacklist [*or* blacklisted]

Lis·ten·platz *m* POL place on the party list [of candidates] **Lis·ten·preis** *m* ÖKON list price

lis·tig ['lɪstɪç] *adj* cunning, crafty

lis·ti·ger·wei·se *adv* cunningly, craftily

Li·ta·nei <-, -en> [lita'nai] *f* ① REL litany ② (*pej fam: monotone Aufzählung*) litany, catalogue [*or* AM -og]

Li·tau·en <-s> ['li:tauən] *nt* Lithuania; *s. a.* **Deutschland**

Li·tau·er(in) <-s, -> ['li:tauɐ] *m(f)* Lithuanian; *s. a.* **Deutsche(r)**

Li·tau·isch ['li:tauɪʃ, 'lɪtauɪʃ] *nt dekl wie adj* Lithuanian; *s. a.* **Deutsch**

li·tau·isch ['li:tauɪʃ, 'lɪtauɪʃ] *adj* ① (*Litauen betreffend*) Lithuanian; *s. a.* **deutsch 1** ② LING Lithuanian; **auf L~** in Lithuanian; *s. a.* **deutsch 2**

Li·tau·i·sche <-n> *nt* ■**das** ~ Lithuanian, the Lithuanian language; *s. a.* **Deutsche**

Li·ter <-s, -> ['li:tɐ] *m o nt* litre [*or* AM -er]

li·te·ra·risch [lɪtə'ra:rɪʃ] **I.** *adj* literary **II.** *adv* ① (*Literatur betreffend*) ~ **gebildet/informiert sein** to be well-read; ~ **interessiert sein** to be interested in literature ② (*als Literatur*) **etw** ~ **adaptieren/umarbeiten** to rewrite sth; **etw** ~ **verwenden** to use [in one's writing]

Li·te·rat(in) <-en, -en> [lɪtə'ra:t] *m(f)* (*geh*) literary figure, writer; ■**die** ~**en** the literati *npl*

Li·te·ra·tur <-, -en> [lɪtəra'tu:ɐ̯] *f* ① LITER literature *no pl, no indef art;* **die schöne** [*o* **schöngeistige**] ~ [the] belles-lettres *npl, + sing/pl vb* ② *kein pl* VERLAG (*Veröffentlichungen*) literature *no pl, no indef art*

Li·te·ra·tur·agent(in) *m(f)* LIT, VERLAG literary agent **Li·te·ra·tur·an·ga·be** *f* bibliographical reference **Li·te·ra·tur·bei·la·ge** *f* literary supplement **Li·te·ra·tur·denk·mal** *nt* literary monument **Li·te·ra·tur·gat·tung** *f* literary genre **Li·te·ra·tur·ge·schich·te** *f* ① *kein pl* (*Geschichte*) literary history *no pl, no indef art,* history of literature *no pl, no indef art* ② (*Werk*) literary history **li·te·ra·tur·ge·schicht·lich** *adj* relating to literary history [*or* the history of literature] *pred;* ~ **bedeutsam/interessant** important in the field of/interesting from the point of view of literary history **Li·te·ra·tur·hin·weis** *m* bibliographical reference **Li·te·ra·tur·kri·tik** *f* literary criticism **Li·te·ra·tur·kri·ti·ker(in)** *m(f)* literary critic **Li·te·ra·tur·preis** *m* literary prize [*or* award] **Li·te·ra·tur·ver·zeich·nis** *nt* bibliography **Li·te·ra·tur·wis·sen·schaft** *f* literary studies *pl,* study of literature; **vergleichende** ~ **studieren** to study comparative literature **Li·te·ra·tur·wis·sen·schaft·ler(in)** *m(f)* literary specialist **Li·te·ra·tur·zeit·schrift** *f* literary journal [*or* review]

Li·ter·fla·sche *f* litre [*or* AM -er] bottle **Li·ter·maß** *nt* litre measure **li·ter·wei·se** *adv* by the litre

Lit·faß·säu·le ['lɪtfaszɔylə] *f* advertising pillar [*or* BRIT *a.* column]

Li·thi·um <-s> ['li:ti̯ʊm] *nt kein pl* CHEM lithium *no pl, no indef art*

Li·tho·gra·phie, **Li·tho·gra·fie**[RR] <-, -n> [litogra'fi:, *pl* -gra'fi:ən] *f* ① *kein pl* (*Technik*) lithography *no pl, no art* ② (*Druck*) lithograph

li·tho·gra·phisch *adj,* **li·tho·gra·fisch**[RR] *adj* lithographic

litt [lɪt] *imp von* **leiden**

Li·tur·gie <-, -n> [litʊr'gi:, *pl* -'gi:ən] *f* REL liturgy

li·tur·gisch [li'tʊrgɪʃ] *adj* REL liturgical

Lit·ze <-, -n> ['lɪtsə] *f* ① MODE braid ② ELEK litz [*or* Litz] wire

live [laif] *adj pred* RADIO, TV live

Live·al·bum[RR], **Live-Al·bum** ['laif-] *nt* MUS live album **Live·auf·nah·me**[RR], **Live-Auf·nah·me** ['laif-] *f* MUS live recording **Live·band**[RR], **Live-Band** ['laif-] *f* live band; **eine Party mit** ~**s** a party with live music [*or* bands] **Live·sen·dung**[RR], **Live-Sen·dung** ['laif-] *f* MUS live broadcast [*or* programme [*or* AM -am]]

Li·vree <-, -n> [li'vre:, *pl* -e:ən] *f* MODE livery

li·vriert [li'vri:ɐ̯t] *adj* MODE liveried

Li·zen·ti·at <-[e]s, -e> [litsɛn'tsi̯a:t] *nt* (*akademischer Grad*) *s.* **Lizenziat**

Li·zen·ti·at(in) <-en, -en> [litsɛn'tsi̯a:t] *m(f) s.* **Lizenziat**

Li·zenz <-, -en> [li'tsɛnts] *f* ① JUR (*Genehmigung*) licence [*or* AM -se]; **in** ~ under licence ② SPORT (*Erlaubnis*) licence [*or* AM -se]

Li·zenz·aus·ga·be *f* VERLAG licensed edition, edition published under licence [*or* AM -se] **Li·zenz·ge·ber(in)** <-s, -> *m(f)* licenser **Li·zenz·ge·bühr** *f* licence fee; VERLAG royalty

Li·zen·zi·at[RR] <-[e]s, -e> [litsɛn'tsi̯a:t] *nt* (*akademischer Grad*) licentiate

Li·zen·zi·at(in)[RR] <-en, -en> [litsɛn'tsi̯a:t] *m(f)* SCH ① (*Inhaber des* ~*s*) licentiate ② SCHWEIZ licentiate

i Kultur

The **Lizenziat** – *licentiate* or *diploma* is the first academic degree attainable at a Swiss university. It is possible to carry on with postgraduate study to work towards a doctorate.

Li·zenz·neh·mer(in) <-s, -> *m(f)* licensee **Li·zenz·spie·ler(in)** *m(f)* SPORT licensed professional

Lkw, LKW <-[s], -[s]> [ɛlka:ve:] *m Abk von* **Lastkraftwagen** HGV BRIT

Lkw-Fah·rer(in) *m(f)* lorry [*or* AM truck] driver, haulier BRIT, trucker AM **Lkw-Füh·rer·schein** *m* HGV driver's licence BRIT, commercial driver's license [*or* CDL] AM **Lkw-Mo·tor** *m* lorry [*or* AM truck] engine

Lob <-[e]s, *selten* -e> [lo:p] *nt* praise *no pl, no indef art;* **ihm gebührt großes/höchstes** ~ he deserves the highest praise; ~ **für etw bekommen** [*o* **erhalten**] to be praised for sth; **des** ~**es voll** [**über jdn/etw**] **sein** to be full of praise [for sb/sth]; **jdm** ~ **spenden** [*o geh* **zollen**] to praise [*or form* bestow praise on] sb; ~ **verdienen** to deserve praise

Lob·by <-, -s> ['lɔbi] *f* lobby

lo·ben ['lo:bn̩] **I.** *vt* ① (*anerkennend beurteilen*) ■**jdn/etw** ~ to praise sb/sth; ■**sich** ~ to praise oneself ② (*lobenswert sein*) ■**zu** ~ **sein** to be praiseworthy [*or* worthy of praise] ③ (*etw mehr schätzen*) ■**sich** *dat* **etw** *akk* ~ to prefer sth; **da lobe ich mir die guten alten Zeiten** give me the good old days [any time] ④ (*sehr gefallen*) ■**sich** *dat* **jdn/etw** ~ to like to

loben

loben, positiv bewerten	praising, evaluating positively
Ausgezeichnet!/Hervorragend!	Excellent!/Outstanding!
Das hast du gut gemacht.	You did (that) very well.
Das hast du prima hingekriegt. *(fam)*	You've made a great job of that.
Das lässt sich (aber) sehen! *(fam)*	That's (really) something to be proud of!
Daran kann man sich ein Beispiel nehmen.	That's an example worth following.
Das hätte ich nicht besser machen können.	I couldn't have done better myself.
Wertschätzung ausdrücken	**expressing high regard**
Ich finde es super, wie er sich um die Kinder kümmert.	**I think it's great** how he looks after the children.
Ich schätze Ihren Einsatz **(sehr)**.	I **(really) appreciate** your dedication.
Ich weiß Ihre Arbeit **sehr zu schätzen.**	**I very much appreciate** your work.
Ich möchte Ihren guten Rat **nicht missen.**	**I wouldn't like to be without** your good advice.
Ich finde die Vorlesungen dieses Professors **sehr gut.**	**I think** this professor's lectures **are very good.**
Ich wüsste nicht, was wir ohne Ihre Hilfe **tun sollten.**	**I don't know what we would do without** your help.

see sb/sth; **solches Engagement lob' ich mir** that's the sort of commitment I like [to see] **II.** *vi* to praise

lo·bend I. *adj* laudatory; **~e Worte** words of praise, laudatory words **II.** *adv* **sich** *akk* **über jdn/etw ~ äußern** to praise [*or* commend] sb/sth

lo·bens·wert *adj* praiseworthy, laudable, commendable; KOCHK very good

Lo·bes·hym·ne *f* (*überschwängliches Lob*) eulogy ▶WENDUNGEN: **~n** [*o* **eine ~**] **auf jdn/etw anstimmen/singen** to [begin to] praise sb/sth to the skies

Lob·ge·sang *m* REL hymn [of praise], song of praise **Lob·hu·de·lei** <-, -en> [lo:phu:də'lai] *f* (*pej*) fulsome [*or* gushing] praise *no pl, no art pej* **lob·hu·deln** ['lo:phu:dl̩n] *vi* (*pej*) ■**[jdm]** ~ to give fulsome praise, to praise sb fulsomely; ■**~d** gushing

löb·lich ['lø:plɪç] *adj* (*geh*) laudable, commendable

Lob·lied *nt* ▶WENDUNGEN: **ein ~ auf jdn/etw singen** to sing sb's praises/the praises of sth **lob·prei·sen** <*pp* gelobpreist o lobgepriesen> ['lo:ppraizn̩] *vt* REL (*liter*) ■**jdn** ~ to praise sb **Lob·re·de** *f* eulogy; **eine ~ auf jdn halten** to eulogize sb

Lo·ca·tion <-, -s> [lɔ'keɪʃən] *f* location

Loch <-[e]s, Löcher> [lɔx, *pl* 'lœçɐ] *nt* ❶ (*offene Stelle*) hole; **ein ~ im Reifen** a puncture; **ein ~ im Zahn** a hole [*or* cavity] in one's [*or* the] tooth; **ein gähnendes ~** (*geh*) a yawning [*or* gaping] hole; **ein ~ in etw** *akk* **[hinein]fressen** to eat a hole into sth ❷ SPORT (*Billard~*) pocket; (*Golf~*) hole ❸ (*fam: elende Wohnung*) hole *fam* ▶WENDUNGEN: **jdm ein ~** [*o* **Löcher**] **in den Bauch fragen** (*fam*) to drive sb up the wall with [[all] one's] questions; **Löcher** [*o* **ein ~**] **in die Luft schießen** (*fam*) to miss the target; **Löcher in die Luft starren** (*fam*) to stare [*or* gaze] into space; **auf dem letzten ~ pfeifen** (*sl: finanziell am Ende sein*) to be broke *fam* [*or* BRIT *sl a.* skint]; (*völlig erschöpft sein*) to be on one's/its last legs; **schwarzes ~** ASTRON black hole; **ein großes ~ in jds Geldbeutel/Ersparnisse reißen** (*fam*) to make a big hole in sb's pocket/a big hole [*or fam* dent] in sb's savings; **saufen wie ein ~** (*fam*) to drink like a fish *fam;* **mit etw** *dat* **ein ~ stopfen** to plug the gap [in sth] with sth

lo·chen ['lɔxn̩] *vt* ■**etw** ~ ❶ (*mit dem Locher stanzen*) to punch holes in ❷ TRANSP (*veraltend: mit der Lochzange entwerten*) ■**etw** ~ to punch [*or* clip] sth

Lo·cher <-s, -> ['lɔxɐ] *m* [hole] punch[er]

lö·che·rig ['lœçərɪç] *adj* full of holes *pred,* holey; ■**[ganz] ~ sein** to be full of holes

lö·chern ['lœçɐn] *vt* (*fam*) ■**jdn** ~ to pester sb

Loch·kar·te *f* INFORM punch card

Lo·chung <-, -en> *f* ❶ *kein pl* (*das Lochen*) punching holes in ❷ (*gelochte Stelle*) perforation

Loch·zan·ge *f* [ticket] punch

Lo·cke <-, -n> ['lɔkə] *f* curl; **~n haben** to have curly hair; **sich** *dat* **~n machen lassen, sich** *dat* **das Haar in ~n legen lassen** to have one's hair set [*or* curled]

lo·cken[1] ['lɔkn̩] **I.** *vt* ■**etw** ~ to curl sth; **sich** *dat* **das Haar ~ lassen** to have one's hair set [*or* curled]; *s. a.* **gelockt II.** *vr* ■**sich** ~ to curl; **nach der Wäsche ~ sich die Haare von allein** hair tends to go curly after washing

lo·cken[2] ['lɔkn̩] *vt* ❶ (*an~*) ■**etw** ~ to lure sth; **ein Tier in einen Käfig ~** to lure [*or* entice] an animal into a cage ❷ (*ver~*) ■**jdn** ~ to tempt sb; **Ihr Vorschlag könnte mich schon ~** I'm [very] tempted by your offer, your offer is very tempting ❸ (*ziehen*) ■**jdn** ~ *impers* sb is lured; **mich lockt es jedes Jahr in die Karibik** every year I feel the lure of the Caribbean

lo·ckend *adj* tempting; ■**etw ist für jdn ~** sth is tempting for sb

Lo·cken·kopf *m* ❶ (*lockiges Haar*) curly hair *no pl, no indef art* ❷ (*Mensch mit ~*) curly-headed person, curlyhead *fam* **Lo·cken·pracht** *f* magnificent head of curls **Lo·cken·stab** *m* curling tongs *npl* [*or* AM iron] **Lo·cken·wick·ler** <-s, -> *m* [hair] curler [*or* roller]; **die Haare auf ~ drehen** to put one's hair in curlers [*or* rollers]

lo·cker ['lɔkɐ] **I.** *adj* ❶ (*nicht stramm*) loose ❷ (*nicht fest*) loose, loose-packed *attr,* loosely packed *pred* ❸ KOCHK (*luftig*) light ❹ (*nicht gespannt*) slack; **~e Muskeln** relaxed muscles; **ein ~es Mundwerk haben** (*fig fam*) to have a big mouth *fig fam* ❺ (*leger, unverkrampft*) relaxed, laid-back *attr fam,* laid back *pred fam;* **einen ~en Lebenswandel führen** (*pej*) to lead a loose life *pej* ❻ (*oberflächlich*) casual **II.** *adv* ❶ (*nicht stramm*) loosely; **~ gebunden** loosely tied; **~ sitzen** to be loose ❷ (*oberflächlich*) casually; **ich kenne ihn nur ~** I only know him in passing ❸ (*sl: ohne Schwierigkeiten*) just like that *fam* ▶WENDUNGEN: **~ vom Hocker** (*fam*) without any problems, no problem! *fam;* **bei jdm ist eine Schraube ~** (*sl*) sb has a screw loose *fam;* **[bei] jdm sitzt etw** *gen* **~** (*sl*) sb is quick on the draw with sth; **bei ihm sitzt das Messer ~** he's always quick to pull a knife [on somebody]!

lo·cker-flo·ckig I. *adj* (*sl*) laid-back *attr fam,* laid back *pred fam* **II.** *adv* (*sl: unbekümmert*) laid back *fam;* (*spielend leicht*) without any trouble, no sweat *fam*

Lo·cker·heit <-> *f kein pl* ❶ (*lockere Beschaffenheit*) looseness ❷ (*bei einem Seil*) slackness ❸ KOCHK lightness

lo·cker|las·sen *vi irreg* (*fam*) ■ **nicht** ~ to not give [*or fam* let] up **lo·cker|ma·chen** *vt* (*fam*) ■ **etw** [**für jdn/etw**] ~ to shell [*or* fork] out sth [for sb/sth] *fam;* **ob du bei Mutter noch 50 Euro Taschengeld für mich ~ könntest?** do you think you could get Mum to up *fam* my pocket money by another 50 euros?

lo·ckern ['lɔkɐn] **I.** *vt* ❶ (*locker machen*) ■ **etw** ~ to loosen sth; **den Griff** ~ to relax [*or* loosen] one's grip; **die Zügel** ~ to slacken the reins ❷ (*entspannen*) ■ **etw** ~ to loosen up sth *sep* ❸ (*weniger streng gestalten*) ■ **etw** ~ to relax sth **II.** *vr* ■ **sich** ~ ❶ (*locker werden*) *Backstein, Schraube, Zahn* to work loose; *Bremsen* to become loose [*or* soft]; *Bewölkung, Nebel* to lift ❷ SPORT (*die Muskulatur entspannen*) to loosen [*or* limber] up ❸ (*sich entkrampfen*) to become more relaxed; **die Verkrampfung lockerte sich zusehends** the tension eased visibly

Lo·cke·rung <-, -en> *f* ❶ SPORT (*Entspannung*) loosening [*or* limbering] up ❷ (*Entkrampfung*) relaxation

Lo·cke·rungs·übung *f* loosening-[*or* limbering-]up exercise

lo·ckig ['lɔkɪç] *adj* ❶ (*gelockt*) curly ❷ (*lockiges Haar besitzend*) curly-headed

Lock·mit·tel *nt* lure; **ein hohes Gehalt ist immer ein gutes ~** a high salary is always a good enticement **Lock·ruf** *m* ORN call **Lock·vo·gel** *m* ❶ JAGD decoy [bird] ❷ (*pej: Köder*) decoy

Lod·del <-s, -> ['lɔdl̩] *m* (*sl*) pimp, BRIT *a.* ponce *pej sl*

Lo·den <-s, -> ['lo:dn̩] *m* MODE loden

Lo·den·man·tel *m* MODE loden coat

lo·dern ['lo:dɐn] *vi* ❶ *haben* (*emporschlagen*) to blaze [up]; **im Kamin loderte ein Feuer** a fire was blazing in the grate; ■ **~d** blazing; *s. a.* **Auge** ❷ *sein* (*schlagen*) **die Flammen sind zum Himmel gelodert** the flames reached up [in]to the sky

Löf·fel <-s, -> ['lœfl̩] *m* ❶ (*als Besteck*) spoon ❷ KOCHK (*Maßeinheit*) a spoonful [of] ❸ JAGD ear ► WENDUNGEN: **mit einem goldenen/silbernen ~ im Mund geboren sein** to be born with a silver spoon in one's mouth; **den ~ abgeben/wegwerfen** (*sl*) to kick the bucket *sl;* **seine ~ aufsperren** (*sl*) to pin back one's ears [*or* BRIT *sl* lugholes]; **jdn über den ~ balbieren** (*fam*) to take sb for a ride *fam;* **ein paar hinter die ~ bekommen** [*o* **kriegen**] (*fam*) to get a clip round [*or* AM on] the ears; **jdm ein paar hinter die ~ geben** (*fam*) to give sb a clip round [*or* AM on] the ears; **sich** *dat* **etw** *akk* **hinter die ~ schreiben** to get sth into one's head

Löf·fel·en·te *f* ORN shoveler

löf·feln ['lœfl̩n] *vt* ❶ (*essen*) ■ **etw** ~ to eat sth with a spoon, to spoon up sth *sep* ❷ (*schöpfen*) ■ **etw** [**in etw** *akk*] ~ to spoon sth [into sth] ► WENDUNGEN: **jdm eine ~** (*fam*) to slap sb

Löf·fel·stiel *m* spoon handle

löf·fel·wei·se *adv* by the spoonful

Löff·ler ['lœflɐ] *m* ORN spoonbill

log[1] [lɔk] *m Abk von* **Logarithmus** log

log[2] [lo:k] *imp von* **lügen**

Log <-s, -e> [lɔk] *nt* NAUT log

Lo·ga·rith·men·ta·fel [loga'rɪtmən-] *f* MATH log[arithm] table

Lo·ga·rith·mus <-, -rithmen> [loga'rɪtmʊs, *pl* -rɪtmən] *m* MATH logarithm

Log·buch ['lɔkbu:x] *nt* NAUT log[book]

Log·da·tei[RR] *f,* **Log-Da·tei** *f* INFORM log file

Lo·ge <-, -n> ['lo:ʒə] *f* ❶ FILM, THEAT box, loge ❷ (*Pförtner~*) lodge ❸ (*Geheimgesellschaft von Freimaurern*) lodge

Lo·gen·bru·der *m* lodge brother, freemason **Lo·gen·meis·ter** *m* master of a/the lodge **Lo·gen·platz** *m* FILM, THEAT seat in a box [*or* loge] **Lo·gen·sit·zung** *f* lodge meeting

lo·gie·ren* [lo'ʒi:rən] *vi* to stay; **bei jdm ~** to stay at sb's place

Lo·gik <-> ['lo:gɪk] *f kein pl* ❶ (*Folgerichtigkeit*) logic *no pl, no indef art;* **das ist vielleicht eine ~!** (*iron*) that's an interesting type of logic! *iron* ❷ PHILOS logic *no pl, no art*

Lo·gis <-> [lo'ʒi:] *nt kein pl* ❶ (*Unterkunft*) lodgings *pl,* rooms *pl;* **Kost und ~** board and lodging; **bei jdm in ~ wohnen** to lodge with sb ❷ NAUT crew's quarters *pl,* forecastle [*or* fo'c'sle]

lo·gisch ['lo:gɪʃ] *adj* ❶ (*in sich stimmig*) logical ❷ (*fam: selbstverständlich*) natural; [**na,**[**ist doch**]] **~!** of course!

lo·gi·scher·wei·se *adv* naturally [*or* understandably] [enough]

Lo·gis·tik <-> [lo'gɪstɪk] *f kein pl* MIL, ÖKON logistics *npl*

lo·gis·tisch [lo'gɪstɪʃ] *adj inv, attr* logistic[al]

lo·go ['lo:go] *interj* (*sl*) of course, you bet *fam*

Lo·go <-s, -s> ['lo:go] *nt* logo

Lo·go·pä·de, Lo·go·pä·din <-n, -n> [logo'pɛ:də, -'pɛ:dɪn] *m, f* speech therapist, logopaedist BRIT, logopedist AM

Lo·go·pä·die <-> [logopɛ'di:] *f kein pl* speech therapy *no art*

Lo·go·pä·din <-, -nen> *f fem form von* **Logopäde**

Lo·he[1] <-, -n> ['lo:ə] *f* (*geh: emporlodernde Flamme*[*n*]) raging flames *pl*

Lo·he[2] <-, -n> ['lo:ə] *f* (*Gerber~*) tanbark

Loh·ger·ber(**in**) *m(f)* tanner

Lohn <-[e]s, Löhne> [lo:n, *pl* 'lø:nə] *m* ❶ (*Arbeitsentgelt*) wage[s *pl*], pay *no pl, no indef art* ❷ *kein pl* (*Belohnung*) reward; **jds gerechter** [*o* **verdienter**] ~ sb's just deserts; **dafür wird er schon noch seinen ~ erhalten!** he will get his comeuppance for this [one day]!; **als** [*o* **zum**] **~ für etw** *akk* as a reward for sth

Lohn·ab·rech·nung *f* payroll [*or* wage[s]] accounting, pay-[*or* wage-]slip, wages slip **Lohn·aus·fall** *m* ÖKON loss of earnings **Lohn·aus·gleich** *m* pay compensation; **bei vollem ~** at full [*or* without loss of] pay, without pay cuts **Lohn·buch·hal·ter**(**in**) *m(f)* payroll [*or* wages] clerk **Lohn·buch·hal·tung** *f* ❶ *kein pl* (*Berechnung des Lohns*) payroll [*or* wage[s]] accounting ❷ (*Lohnbüro*) payroll [*or* wages] office, payroll department **Lohn·bü·ro** *nt* payroll [*or* wages] office, payroll department **Lohn·emp·fän·ger**(**in**) *m(f)* (*geh*) wage-earner

loh·nen ['lo:nən] **I.** *vr* ❶ (*sich bezahlt machen*) ■ **sich** *akk* [**für jdn**] ~ to be worthwhile [*or* worth it] [for sb]; **unsere Mühe hat sich gelohnt** it was worth the effort [*or* trouble], our efforts were worth it [*or* worthwhile] ❷ (*es wert sein*) ■ **sich** ~ to be worth seeing [*or* going to see]; ■ **sich** *akk* **~, etw** *akk* **zu tun** to be worth doing sth **II.** *vt* ❶ (*rechtfertigen*) ■ **etw** ~ to be worth sth; **der große Aufwand lohnt das Ergebnis kaum/nicht** the result was hardly/wasn't worth all that expense ❷ (*be~*) ■ **jdm etw** *akk* ~ to reward sb for sth; **sie hat mir meine Hilfe mit Undank gelohnt** she repaid my help with ingratitude **III.** *vi impers* to be worth it; ■ **~, etw** *akk* **zu tun** to be worth[while] doing sth

löh·nen ['lø:nən] **I.** *vi* (*fam*) to pay [*or sl* cough] up **II.** *vt* (*fam*) ■ **etw** [**für etw** *akk*] ~ to pay sth [*or* shell [*or* fork] out sth *fam*] [for sth]

loh·nend *adj* (*einträglich*) rewarding, lucrative, profitable; (*nutzbringend*) worthwhile; (*sehens-/hörenswert*) worth seeing/hearing

loh·nens·wert *adj* worthwhile, rewarding; ■ **~ sein, etw** *akk* **zu tun** to be worthwhile doing sth

Lohn·er·hö·hung *f* wage [*or* pay] increase [*or* rise] **Lohn·for·de·rung** *f* wage demand [*or* claim] **Lohn·fort·zah·lung** *f* continued payment of wages **Lohn·ge·fäl·le** *nt* ÖKON wage differential **Lohn·grup·pe** *f* wage group [*or* bracket] **Lohn·kos·ten** *pl* wage [*or* labour] [*or* AM labor] costs *pl* **Lohn·kür·zung** *f* ÖKON wage cut **Lohn·lis·te** *f* payroll [register [*or* sheet]]; **auf jds ~ stehen** to be on sb's payroll; (*von jdm bezahlt werden*) to be in sb's pay **Lohn·ne·ben·kos·ten** *pl* incidental labour [*or* AM -or] [*or* wage] costs *pl,* ancillary wage costs *pl* **Lohn·pfän·dung** *f* attachment [*or* garnishment] of wages [*or* earnings]

Lohn-Preis-Spi·ra·le *f* wage-price spiral

Lohn·steu·er *f* income tax [on wages and salaries]
Lohn·steu·er·jah·res·aus·gleich *m* annual adjustment of income tax **Lohn·steu·er·kar·te** *f card showing income tax and social security contributions paid by an employee in any one year*
Lohn·stopp *m* wages freeze **Lohn·stück·kos·ten** *pl* unit labour [*or* AM -or] costs *pl*
Loi·pe <-, -n> ['lɔypə] *f* SKI cross-country course, loipe
Lok <-, -s> [lɔk] *f* (*fam*) *kurz für* **Lokomotive**
lo·kal [lo'ka:l] *adj* local; **jdn ~ betäuben** to give sb a local anaesthetic [*or* AM anesthetic]
Lo·kal <-s, -e> [lo'ka:l] *nt* ❶ (*Gaststätte*) pub BRIT, bar AM; (*Restaurant*) restaurant ❷ (*Vereins~*) [club] meeting place
Lo·kal·an·äs·the·sie *f* MED local anaesthetic [*or* AM anesthetic]; **in ~** under local anaesthetic **Lo·kal·au·gen·schein** *m* JUR ÖSTERR (*Lokaltermin*) visit to the scene of the crime **Lo·kal·blatt** *nt* MEDIA local paper
Lo·ka·le(s) *nt dekl wie adj* local news + *sing vb, no indef art*
Lo·kal·fern·se·hen <-s, -> *nt* MEDIA local television
Lo·ka·li·sa·ti·on <-, -en> [lokaliza'tsi̯o:n] *f* (*geh*) location
lo·ka·li·sie·ren* [lokali'zi:rən] *vt* ❶ (*örtlich bestimmen*) ■**etw ~** to locate sth; ■**etw lässt sich** *akk* **~** sth can be located ❷ (*eingrenzen*) ■**etw [auf etw** *akk*] **~** to localize sth [in [*or* to] sth], to limit sth [to sth]; **den Konflikt ~** to contain the conflict
Lo·ka·li·tät <-, -en> [lokali'tɛ:t] *f* ❶ (*Örtlichkeit*) locality; **wir brauchen jemanden, der sich mit der ~/den ~en genau auskennt** we need someone who knows the area like the back of his hand ❷ (*hum fam: Lokal*) pub BRIT, bar AM
Lo·kal·ko·lo·rit *nt* local colour [*or* AM -or] **Lo·kal·ma·ta·dor** *m* (*hum*) local hero [*or* favourite] [*or* AM favorite] **Lo·kal·nach·rich·ten** *pl* MEDIA local news + *sing vb, no indef art* **Lo·kal·pa·tri·o·tis·mus** *m* local patriotism *no pl, no indef art* **Lo·kal·teil** *m* MEDIA local section **Lo·kal·ter·min** *m* JUR visit to the scene of the crime **Lo·kal·ver·bot** *nt* **~ bekommen/haben** to get/be banned [*or* barred] from a pub [*or* AM bar]; **jdm ~ erteilen** to ban [*or* bar] sb from a/the pub [*or* AM bar] **Lo·kal·zei·tung** *f* local newspaper
Lok·füh·rer(in) *m(f)* (*fam*) engine [*or* train] driver BRIT, engineer AM
Lo·ko·mo·ti·ve <-, -n> [lokomo'ti:və, -fə] *f* locomotive, [railway] engine
Lo·ko·mo·tiv·füh·rer(in) *m(f)* engine [*or* train] driver BRIT, engineer AM
Lo·kus·te <-, -n> [lo'kʊstə] *f* ZOOL locust
Lo·li·ta <-, -s> [lo'li:ta] *f* Lolita *liter*
Lol·li <-s, -s> ['lɔli] *m* (*fam*) lollipop, BRIT *a.* lolly *fam*
Lom·bard·satz *m* FIN Lombard rate, rate for loans on securities
Lon·don <-s> ['lɔndɔn] *nt* London
Lon·do·ner ['lɔndɔnɐ] *adj attr* London; **im ~ Hyde-Park** in London's Hyde Park
Lon·do·ner(in) <-s, -> ['lɔndɔnɐ] *m(f)* Londoner
Long·drink ['lɔŋdrɪŋk] *m* long drink
Look <-s, -s> [lʊk] *m* MODE look
Loo·ping <-s, -s> ['lu:pɪŋ] *m o nt* LUFT loop, looping the loop; **einen ~ machen** to loop the loop
Lor·beer <-s, -en> ['lɔrbe:ɐ̯] *m* ❶ (*Baum*) laurel [*or* bay] [tree] ❷ (*Gewürz*) bay leaf ❸ (*geh: Kranz*) laurel wreath ▶ WENDUNGEN: **sich** *akk* **auf seinen ~en ausruhen** (*fam*) to rest on one's laurels; **mit etw** *dat* **keine ~en ernten können** to not win any laurels for sth
Lor·beer·baum *m* laurel [*or* bay] [tree] **Lor·beer·blatt** *nt* ❶ (*Blatt des Lorbeers*) laurel [*or* bay] leaf ❷ (*Gewürz*) bay leaf **Lor·beer·kranz** *m* laurel wreath
Lo·re <-, -n> ['lo:rə] *f* BERGB tipper [*or* tipping] wagon BRIT, dump truck AM
los [lo:s] **I.** *adj pred* ❶ (*von etwas getrennt*) ■**~ sein** to have come off; *s. a.* **Hund** ❷ (*fam: losgeworden*) ■**jdn ~ sein** to be rid [*or fam* shot] of sb; ■**etw ~ sein** to be rid [*or fam* shot] of sth, to have got rid [*or fam* shot] of sth; (*ging einer S. verlustig*) to have lost [*or fam* blown] sth; **er ist sein ganzes Geld ~** he's lost all his money [*or fam* cleaned out] ▶ WENDUNGEN: **irgendwo ist etwas/viel/nichts ~** (*fam*) sth/a lot/nothing is going on [*or* happening] somewhere; **wo ist hier etwas ~?** where can I find some action around here?; **da ist immer viel ~** there's always a lot going on there, that's where the action always is *fam*; **... [dann] ist etwas ~!** (*fam*) there'll be hell to pay!; **mit jdm ist etwas ~** (*fam*) sth's up [*or* the matter] with sb; **mit jdm ist nichts ~** (*fam: jd fühlt sich nicht gut*) sb isn't up to much [any more]; (*jd ist langweilig*) sb is a dead loss *fam*; **was ist ~?** (*fam*) what's up? [*or* wrong] [*or* the matter]; **was ist denn hier/da ~?** (*fam*) what's going on here/there?; *s. a.* **Mundwerk II.** *adv* ❶ (*fortgegangen*) ■**jd ist ~** sb has gone [*or* left]; **Ihre Frau ist schon seit/vor fünf Minuten ~** your wife left [*or* went] five minutes ago ❷ (*gelöst*) ■**etw ist ~** sth is [*or* has come] loose; **noch ein paar Umdrehungen, dann ist die Schraube ~!** a couple more turns and the screw will be off! ▶ WENDUNGEN: **~!** (*mach!*) come on!; (*voran!*) get moving!; **~, verschwinde, du frecher Köter!** go on, get out of here, you cheeky devil!; *s. a.* **Achtung, Platz, nichts**
Los <-es, -e> [lo:s] *nt* ❶ (*Lotterie~*) [lottery] ticket; (*Kirmes~*) [tombola [*or* AM raffle]] ticket ❷ (*für Zufallsentscheidung*) lot; **durch das ~** by drawing lots; **das ~ entscheidet** [*o* **wird gezogen**] to be decided by drawing lots; **das ~ fällt auf jdn** it falls to sb ❸ *kein pl* (*geh: Schicksal*) lot *no pl*; **jds ~ teilen, das gleiche ~ erfahren** (*geh*) to share the same lot [*or* fate] [as sb] ▶ WENDUNGEN: **das große ~** the jackpot, first prize; **jd hat mit jdm/etw das große ~ gewonnen** [*o* **gezogen**] sb has hit the jackpot [*or* struck it lucky] with sb/sth
los|bel·len *vi* to start barking, to bark **los|bin·den** *vt irreg* ■**etw/ein Tier [von etw** *dat*] **~** to untie sth/an animal [from sth] **los|bre·chen** *irreg* **I.** *vt haben* ■**etw [von etw** *dat*] **~** to break off sth [from sth] [*or* sth off [sth]] **II.** *vi sein* ❶ (*abbrechen*) ■**[von etw** *dat*] **~** to break off [sth] ❷ (*plötzlich beginnen*) to break out; **gleich wird das Gewitter/Unwetter ~** the storm is about to break **los|brö·ckeln** *vi sein* ■**[von etw** *dat*] **~** to crumble away [from sth] [*or* off [sth]]
Lösch·ar·beit ['lœʃ-] *f meist pl* fire-fighting *no pl*, fire-fighting operations *pl*
lösch·bar *adj* ❶ (*zu löschen*) *Feuer, Flammen* extinguishable ❷ (*zu tilgen*) *Daten, Text etc* can be deleted [*or* removed] *pred*
Lösch·blatt *nt* sheet [*or* piece] of blotting-paper
lö·schen[1] ['lœʃn̩] **I.** *vt* ❶ (*auslöschen*) ■**etw ~** *Feuer, Flammen* to extinguish [*or sep* put out] sth [with sth]; **das Licht ~** to switch [*or* turn] off [*or* out] the light[s] *sep*, to put out the light[s] *sep*; *s. a.* **Durst, Kalk** ❷ (*tilgen*) ■**etw ~** to delete [*or* remove] sth; **ein Bankkonto ~** to close a bank account; **eine Firma aus dem Handelsregister ~** to remove [*or sep* strike off] a firm from the register of companies ❸ (*eine Aufzeichnung entfernen*) ■**etw ~** to erase sth ❹ INFORM ■**etw ~** to delete sth ❺ (*aufsaugen*) ■**etw [mit etw** *dat*] **~** to blot sth [with sth] **II.** *vi* to extinguish [*or sep* put out] a/the fire
lö·schen[2] ['lœʃn̩] NAUT **I.** *vt* ■**etw ~** to unload sth **II.** *vi* to unload
Lösch·fahr·zeug *nt* fire engine **Lösch·flug·zeug** *nt* fire-fighting plane **Lösch·mann·schaft** *f* firefighting team **Lösch·pa·pier** *nt* blotting paper
Lö·schung[1] <-, -en> *f* cancellation, removal; *Schulden* paying off, repayment; *Eintragungen* deletion; *Firmen* striking off; *Computerdaten* erasing, deletion; *Bankkonto* closing
Lö·schung[2] <-, -en> *f* (*das Ausladen*) unloading *no pl*
Lösch·zug *m* fire engine
lo·se ['lo:zə] *adj* ❶ (*locker, unverbunden*) loose; **ein ~r Knopf** a loose button; **ein ~s Seil** a slack rope; **eine ~e Verbindung** a loose connection ❷ (*unverpackt, einzeln*) loose; **~ Ware** items sold loose; **~ Manuskriptseiten** loose pages of a manuscript; **sein Geld ~ in der Tasche haben** to have loose

change in one's pocket ❸ (*hum: frech*) cheeky, lippy; **ein ~s Mundwerk haben** to be cheeky, to have a big mouth ❹ (*veraltend: unmoralisch*) loose; **ein ~s Mädchen** a loose woman

Lo·se·blatt·aus·ga·be [lo:zəˈblatʔausga:bə] *f* loose-leaf book[let]

Lö·se·geld [ˈlø:sə-] *nt* ransom

Lö·se·geld·for·de·rung *f* ransom demand

los|ei·sen **I.** *vt* (*fam*) ❶ (*mit Mühe freimachen*) ■**jdn [von jdm/etw]** ~ to tear sb away [from sb/sth]; **es ist schwer, die Kinder vom Fernseher loszueisen** it is difficult to tear the children away from the TV ❷ (*etw beschaffen*) ■**bei jdm etw** ~ to wangle sth [out of sb] *fam;* **ich konnte bei meiner Mutter etwas Geld** ~ I was able to get [*or* prise] some money out of my mother **II.** *vr* (*fam*) ■**sich [von etw]** ~ to tear oneself away [from sth]

Lö·se·mit·tel *nt s.* **Lösungsmittel**

lo·sen [ˈlo:zn̩] *vi* ■**[um etw]** ~ to draw [*or* cast] lots [for sth]; ■ ~ **wer etw tut/tun soll/ist** to draw [*or* cast] lots to see who does/must do/is sth

lö·sen [ˈlø:zn̩] **I.** *vt* ❶ (*ab~*) ■**etw [von etw]** ~ to remove sth [from sth]; **das Fleisch vom Knochen** ~ to take the meat off the bone; **den Schmutz** ~ to remove the dirt; **etw aus dem Zusammenhang** ~ (*fig*) to take sth out of context ❷ (*aufbinden*) ■**etw** ~ to untie sth; **die Fesseln/den Knoten** ~ to undo the shackles/the knot ❸ (*Arretierung aufheben*) **die Bremse** ~ to release the brake ❹ (*entspannen*) **eine Schraube/einen Verband** ~ to loosen a screw/bandage; **Alkohol löst die Zunge** (*fig*) alcohol loosens the tongue; **die Hemmungen** ~ to relieve inhibitions ❺ (*klären*) ■**etw** ~ to solve sth; **einen Konflikt/eine Schwierigkeit** ~ to resolve a conflict/difficulty; **ein Problem/Rätsel** ~ to solve a problem/mystery; **einen Mordfall** ~ to solve a murder ❻ (*aufheben, annullieren*) ■**etw** ~ to break off sth; **den Bund der Ehe** ~ (*geh*) to dissolve a marriage; **eine Verbindung** ~ to sever a connection; **eine Verlobung** ~ to break off an engagement; **einen Vertrag** ~ to cancel a contract ❼ (*zergehen lassen*) ■**etw in etw** *dat* ~ to dissolve sth in sth; ■**[in etw** *dat***] gelöst** dissolved [in sth]; **im Wasser gelöste Brausetabletten** effervescent tablets ❽ (*geh: den Abzug betätigen*) to press the trigger; **einen Schuss** ~ to fire [a shot] ❾ (*ein Ticket kaufen*) ■**etw [an etw** *dat***]** ~ to buy sth [at sth]; **eine Fahrkarte** ~ to buy a ticket [for public transport] **II.** *vr* ❶ (*sich ab~*) ■**sich [von etw]** ~ to come off [of sth]; **die Tapete löst sich von der Wand** the wallpaper is coming off the wall; **eine Lawine löste sich** an avalanche started ❷ (*sich freimachen, trennen*) ■**sich von jdm** ~ to free oneself of sb; **sich von seinen Eltern/altmodischen Ansichten** ~ to break away from one's parents/old-fashioned views; ■**sich aus etw** ~ to free oneself from sth; **sich aus einer Umarmung** ~ to free oneself from an embrace ❸ (*sich aufklären*) ■**sich** ~ to be solved; **das Rätsel löste sich von ganz alleine** the mystery solved itself ❹ (*sich auf~*) ■**sich [in etw** *dat***]** ~ to dissolve [in sth] ❺ (*sich lockern*) to loosen; **der Knoten lässt sich nicht** ~ I can't undo this knot; **langsam löste sich die Spannung** (*fig*) the tension faded away; *s. a.* **gelöst**

Lo·ser <-s, -> [ˈlu:zɐ] *m* (*sl: Versager*) loser

los|fah·ren *vi irreg sein* ❶ (*abfahren*) ■**[von etw]** ~ to leave [somewhere], to set [*or* drive] off ❷ (*auf etw zufahren*) ■**auf jdn/etw** ~ to drive towards sb/sth ❸ (*fam: wütend auf jdn zugehen*) ■**auf jdn** ~ to attack sb *fam,* to lay into sb *fam;* **auf seinen Gegner** ~ (*aufbrausen*) ■**jd fährt los** sb flares up

los|ge·hen *irreg* **I.** *vi sein* ❶ (*weggehen*) ■**[von etw]** ~ to leave sth ❷ (*auf ein Ziel losgehen*) ■**auf etw** ~ to set off for/towards sth ❸ (*fam: beginnen*) ■**etw geht los** sth starts; **das Konzert geht erst in einer Stunde los** the concert will only start in an hour ❹ (*fam: sich lösen*) ■**etw geht los** to loosen; **der Knopf ist mir losgegangen** my button has fallen off ❺ (*angreifen*) ■**[mit etw] auf jdn** ~ to attack [*or* lay into] sb [with sth]; **die Gegner gingen wütend aufeinander los** the opponents laid into each other furiously ❻ (*sich lösen*) *Schusswaffen* to go off **II.** *vi impers sein* (*fam: beginnen*) to start; ■**es geht [mit etw] los** sth starts; **jetzt geht es erst richtig los** it's really going to start now; **gleich wird es wieder losgehen mit der Schreierei** here we go again with the shouting; **jetzt geht's los** (*fam*) here we go, it's starting; (*beim Rennen*) they're off

los|ha·ben *vt irreg haben* (*fam*) ■**[auf/in etw** *dat***] etwas/einiges/nichts/viel** ~ to be quite competent/incompetent/very competent [in/at sth]; **in Sachen Computer hat er viel los** he's pretty good with computers

los|heu·len *vi* (*fam*) *Menschen* to burst into tears [*or* out crying]; *Tiere* to howl **los|hus·ten** *vi infin* to start coughing [*or* to cough]

los|kau·fen *vt* ■**jdn** ~ to ransom sb; **eine Geisel** ~ to ransom a hostage **los|ket·ten** *vt haben* ■**etw von etw** ~ to unchain sth from sth

los|ki·chern *vi infin* to start giggling [*or* to giggle]

los|kom·men *vi irreg sein* (*fam*) ❶ (*wegkommen*) ■**[irgendwo/aus etw]** ~ to get away [from somewhere]; **wann bist du denn zu Hause losgekommen?** so when did you [manage to] leave home? ❷ (*sich befreien*) ■**von jdm** ~ to free oneself of sb; **sie musste zuerst von ihrem Freund** ~ she had to get away from her boyfriend; ■**von etw** ~ to quit sth; **von Schulden** ~ to get out of debt; **von einem Gedanken** ~ to get sth out of one's head; **von einer Sucht** ~ to overcome an addiction

los|krat·zen *vt haben* ■**etw [von etw]** ~ to scrape sth off [sth]

los|krie·gen *vt* (*fam*) ❶ (*lösen können*) ■**etw [von etw]** ~ to get sth off [of sth]; **ich kann den Deckel nicht** ~ I can't get the lid off ❷ (*loswerden*) ■**jdn/etw** ~ to get rid of sb/sth ❸ (*verkaufen können*) ■**etw** ~ to flog sth *fam*

los|la·chen *vi* to burst into laughter [*or* out laughing]

los|las·sen *vt irreg* ❶ (*nicht mehr festhalten*) ■**jdn/etw** ~ to let sb/sth go; **du musst den Knopf nach dem Sprechen** ~ you have to release the button after speaking; **lass mich los!** let me go! ❷ (*beschäftigt halten*) ■**etw lässt jdn nicht los** sb can't get sth out of his/her head; **der Gedanke lässt mich nicht mehr los** I can't get the thought out of my mind; **das Buch lässt mich nicht mehr los** I can't put this book down ❸ (*fam: auf den Hals hetzen*) ■**etw/jdn auf etw/jdn** ~ to let sth/sb loose [*or* set sth/sb] on sth/sb; **die Hunde** ~ to let [*or* set] the dogs loose ❹ (*pej fam: Unqualifizierte sich betätigen lassen*) ■**jdn auf jdn** ~ to let sb loose [*or* unleash sb] on sb ❺ (*fam: von sich geben*) ■**etw** ~ to voice sth; **einen Fluch** ~ to curse; **eine Schimpfkanonade** ~ to launch into a barrage of abuse; **einen Witz** ~ to come out with a joke

los|lau·fen *vi irreg sein* to start running **los|le·gen** *vi* (*fam*) ■**[mit etw]** ~ to start [doing sth]; **leg los!** spill the beans, go ahead, come on, tell me all about it

lös·lich [ˈlø:slɪç] *adj* soluble; ■**etw ist [in etw** *dat***]** ~ sth dissolves [in sth]

los|lö·sen **I.** *vt* (*ablösen*) ■**etw [von etw]** ~ to remove sth [from sth], to take sth off [of sth] **II.** *vr* ❶ (*sich ablösen*) ■**sich [von etw]** ~ to come off [of sth] ❷ (*sich freimachen*) ■**sich von jdm** ~ to free oneself of sb **los|ma·chen** **I.** *vt* (*losbinden*) ■**jdn/ein Tier [von etw]** ~ to untie [*or* free] sb/an animal [from sth]; **ein Tier von einer Kette** ~ to unchain an animal; **die Leinen** ~ to unmoor; **er machte sich von allen Zwängen los** he let his hair down *fam;* **einen/etw** ~ (*sl*) to party; **heute machen wir richtig einen los** today we're going to really paint the town red **II.** *vi* ❶ NAUT (*ablegen*) ■**[von etw]** ~ to cast off ❷ (*fam: sich beeilen*) to get a move on, to step on it

los|müs·sen *vi irreg* (*fam*) to have to leave [*or* go]; **jetzt müssen wir aber wirklich los** it's really time we were going

Los·num·mer *f* ticket number

los|plat·zen *vi sein* (*fam*) ❶ (*plötzlich loslachen*) to burst out laughing [*or* into laughter] ❷ (*plötzlich etw sagen*) ■ **[mit etw]** ~ to burst out [with sth] **los|ra·sen** *vi sein* (*fam: plötzlich schnell loslaufen/-fahren*) to race [*or* speed] off

los|rei·ßen *irreg haben* **I.** *vt* ■ **etw/jdn [von etw/jdm]** ~ to tear sth off [of sth]; **wir wollten das Kind nicht von seiner Familie** ~ we didn't want to tear the child away from his family; **der Sturm hat das Dach losgerissen** the storm tore the roof off; **die Augen von etw/jdm nicht** ~ **können** to not be able to take one's eyes off sth/sb **II.** *vr* ❶ (*sich energisch lösen*) ■ **sich [von jdm/etw]** ~ to tear oneself away [from sb/sth]; **der Hund hat sich von der Leine losgerissen** the dog snapped its lead ❷ (*fam: aufhören*) ■ **sich [von etw]** ~ to tear oneself away [from sth]

los|ren·nen *vi irreg sein* (*fam*) *s.* **loslaufen**

Löss[RR] <-es, -e> [lœs] *m,* **Löß**[ALT] <Lösses *o* Lößes, Lösse *o* Löße> [løːs] *m* loess *no pl*

los|sa·gen *vr* (*geh*) ■ **sich von jdm/etw** ~ to renounce sb/sth; **sich von einer Sekte** ~ to break with a sect

los|schi·cken *vt* ■ **jdn/etw [zu jdm]** ~ to send sb/sth [to sb]

los|schie·ßen *vi irreg* (*fam*) ❶ *haben* (*anfangen zu schießen*) to start shooting ❷ *sein* (*schnell losrennen*) to shoot [*or* race] off; **er schoss los wie eine Rakete** he tore away like a shot ❸ (*auf jdn zustürzen*) ■ **auf jdn/etw** ~ to pounce on sb/sth; **wie ein Pfeil schoss der Vogel auf uns los** the bird tore towards us as fast as an arrow ❹ *haben* (*erzählen*) to spout forth; **na, schieß mal/schon los!** come on, tell me/us! etc., come on, out with it! **los|schimp·fen** *vi infin* to start moaning [*or* grumbling], to start to moan [*or* grumble]

los|schla·gen *irreg haben* **I.** *vt* ❶ (*abschlagen*) ■ **etw [von etw]** ~ to knock sth off [of sth]; **den Putz** ~ to knock the plaster off ❷ (*fam: billig verkaufen*) ■ **etw** ~ to flog sth *fam* **II.** *vi* ❶ (*plötzlich angreifen*) to strike ❷ (*einschlagen*) ■ **auf jdn** ~ to let fly at sb; **aufeinander** ~ to fly at each other

los|schnei·den *vt haben* ■ **jdn/etw von etw** ~ to cut sb/sth free from sth **los|schrau·ben** *vt* ■ **etw [von etw]** ~ to loosen [*or* unscrew] sth [from sth]

los|steu·ern *vi sein* ■ **auf jdn/etw** ~ to head [*or* make] straight for sb/sth

los|stür·zen *vi sein* (*fam*) ❶ (*plötzlich losrennen/davonrennen*) to race [*or* rush] off ❷ (*sich auf jdn/etw stürzen*) to pounce on sb/sth

los|tre·ten *vt irreg* (*a. fam*) ■ **etw** ~ to trigger [off] sth; **einen Stein** ~ to set a stone in motion; **eine Lawine** ~ to trigger [off] an avalanche; **einen Streit** ~ (*fam*) to trigger [off] an argument

Los·trom·mel *f* lottery drum

Lo·sung[1] <-, -en> [ˈloːzʊŋ] *f* ❶ (*Wahlspruch*) slogan ❷ (*Kennwort*) password; **die** ~ **kennen/nennen** to know/give the password

Lo·sung[2] <-, -en> [ˈloːzʊŋ] *f* JAGD fumet [*or* fewmet] *spec*

Lo·sung[3] <-, -en> [ˈloːzʊŋ] *f* (*fachspr: Tageseinnahme eines Kaufhauses*) daily cash receipts

Lö·sung <-, -en> [ˈløːzʊŋ] *f* ❶ (*das Lösen*) solution; **die** ~ **eines Falles/Problems** the solution of/to a case/problem ❷ (*Aufhebung*) cancellation; **die** ~ **einer Beziehung/Verlobung** the breaking off of a relationship/engagement; **die** ~ **einer Ehe** dissolution of a marriage ❸ (*das Sichlösen*) breaking away; **die** ~ **von altmodischen Vorstellungen** breaking away from old-fashioned ideas ❹ CHEM (*das [Sich]auflösen*) dissolving; **die** ~ **von Salz in Wasser** dissolving salt in water; (*Flüssigkeit*) solution; **eine gesättigte** ~ a saturated solution

Lö·sungs·an·satz *m* possible solution

Lö·sungs·mit·tel *nt* solvent

lö·sungs·mit·tel·frei *adj inv* CHEM solvent-free, free from solvents *pred*

Lo·sungs·wort <-wörter> *nt s.* **Losung**[2]

Los·ver·käu·fer(in) *m(f)* lottery ticket seller

los|wer·den *vt irreg sein* ❶ (*sich entledigen*) ■ **jdn/etw** ~ to get rid of sb/sth; **eine Erkältung/ungebetene Gäste** ~ to get rid of a cold/unwanted guests ❷ (*aussprechen*) ■ **etw** ~ to tell sth ❸ (*fam: ausgeben*) ■ **etw** ~ to shell out sth *fam* ❹ (*fam: verkaufen*) ■ **etw** ~ to flog sth

los|wol·len *vi irreg haben* (*fam*) to want to be off [*or* leave]

los|zie·hen *vi irreg sein* (*fam*) ❶ (*losgehen, starten*) to set off; **gemeinsam** ~ to set off together ❷ (*pej: herziehen*) **über jdn** ~ to pull sb to pieces

Lot <-[e]s, -e> [loːt] *nt* ❶ (*Senkblei*) plumb line; (*mit Senkblei gemessene Senkrechte*) perpendicular; **im** ~ **sein** to be plumb; **außer** ~ **sein** to be out of plumb; **etw ins [rechte]** ~ **bringen** to put sth right, to sort sth out; **jdn/etw aus dem** ~ **bringen** to put sb off, to put sth out of kilter; **[wieder] ins** ~ **kommen** (*fig*) to be back to normal; **aus dem/nicht im** ~ **sein** BAU (*fig*) to be out of sorts [*or* in a bad way] [*or* AM in poor health]; **seine Gesundheit ist nicht im** ~ he's in a bad way/in poor health; **im** ~ **sein** (*fig*) to be alright [*or* all right] ❷ NAUT (*Lotleine*) sounding line, lead-line ❸ MATH perpendicular; **das** ~ **auf eine Gerade fällen** to drop a perpendicular ❹ *pl unverändert* (*veraltet: Gewichtseinheit*) *weight between 15.5g and 16.6g* ❺ (*Material zum Löten*) plumb ▶ WENDUNGEN: **Freunde in der Not gehen hundert auf ein** ~ (*prov*) friends in adversity are few and far between

lo·ten [ˈloːtn̩] *vt* ❶ (*senkrechte Lage bestimmen*) to plumb ❷ NAUT to take soundings

lö·ten [ˈløːtn̩] *vt* to solder; ■ **etw [an etw** *akk*] ~ to solder sth to sth

Loth·rin·gen <-s> [ˈloːtrɪŋən] *nt* Lorraine

Lo·ti·on <-, -en> [loˈtsi̯oːn] *f* lotion

Löt·kol·ben [ˈløːt-] *m* soldering iron **Löt·lam·pe** *f* blowtorch, BRIT *a.* blowlamp, soldering torch [*or* BRIT *a.* lamp] **Löt·me·tall** *nt* soldering metal

Lo·tos <-, -> [ˈloːtɔs] *m* lotus

Lo·tos·sitz *m kein pl* lotus position

lot·recht *adj* (*geh: senkrecht*) perpendicular, vertical, plumb; **etw** ~ **aufstellen** to stand [*or* position] sth vertically [*or* perpendicularly]

Lot·rech·te *f s.* **Senkrechte**

Lot·se, Lot·sin <-n, -n> [ˈloːtsə, ˈloːtsɪn] *m, f* pilot, guide

lot·sen [ˈloːtsn̩] *vt* ❶ (*als Lotse dirigieren*) ■ **jdn/etw** ~ to pilot [*or* guide] sb/sth ❷ (*fam: führen*) ■ **jdn irgendwohin** ~ to take sb somewhere; **jdn über die Straße** ~ to guide sb across the road

Lot·sen·boot *nt* pilot boat **Lot·sen·dienst** *m* pilotage, piloting **Lot·sen·fisch** *m* ZOOL pilotfish

Lot·sin <-, -nen> *f fem form von* **Lotse**

Löt·stel·le *f* soldered joint, joint to be soldered

Lot·te <-, -n> [ˈlɔtə] *f* angler-fish

Lot·ter·bett [ˈlɔte-] *nt* (*veraltend o hum*) bed of sloth

Lot·te·rie <-, -n> [lɔtəˈriː, *pl* -ˈriːən] *f* lottery; **in der** ~ **spielen** to play the lottery

Lot·te·rie·ge·sell·schaft *f* lottery company **Lot·te·rie·ge·winn** *m* lottery win **Lot·te·rie·los** *nt* lottery ticket **Lot·te·rie·spiel** *nt* lottery

Lot·ter·le·ben *nt kein pl* (*pej fam: liederliche Lebensweise*) slovenly lifestyle; **ein** ~ **führen** to lead a dissolute life

Lot·to <-s, -s> [ˈlɔto] *nt* ❶ (*Zahlen~*) [national] lottery, lotto; ~ **spielen** to play the [national] lottery; **sechs Richtige im** ~ **haben** to have six correct numbers in the lottery; **du hast wohl im** ~ **gewonnen** (*fam*) you must have won the lottery ❷ (*Spiel*) lotto

Lot·to·an·nah·me·stel·le *f place to buy and hand in lottery coupons* **Lot·to·ge·winn** *m* lottery win **Lot·to·schein** *m* lottery ticket **Lot·to·zah·len** *pl* winning lottery numbers

Lo·tus <-, -> [ˈloːtʊs] *m s.* **Lotos**

Löt·zinn *m* fine solder

Lö·we [ˈløːvə] *m* ❶ (*Raubtierart*) lion; *s. a.* **Löwin** ❷ ASTROL (*Tierkreiszeichen*) Leo; **im Zeichen des ~n geboren werden** to be born under Leo; **[ein]** ~ **sein** to be a Leo

Lö·wen·an·teil *m* (*fam*) lion's share *no pl, no indef art* **Lö·wen·bän·di·ger(in)** <-s, -> *m(f)* lion tamer **Lö·wen·mäh·ne** *f* ❶ (*fam: langes, buschiges Haar*) mane ❷ (*Haar eines Löwen*) lion's mane **Lö·wen·maul** ['lø:vn̩maul] *nt kein pl,* **Lö·wen·mäul·chen** <-s, -> *nt* snapdragon **Lö·wen·zahn** *m kein pl* dandelion

Lö·win *f* lioness; *s. a.* **Löwe**

lo·yal [lo̯a'ja:l] *adj* (*geh*) loyal; **~e Truppen** loyal troops; **jdm gegenüber ~ sein** to be loyal [to sb]

Lo·ya·li·tät <-, *selten* -en> [lo̯ajali'tɛ:t] *f* loyalty; **die ~ gegenüber dem Staat** loyalty to the state

LP <-, -s> [ɛl'pe:, ɛl'pi:] *f Abk von* **Langspielplatte** LP

LP-Box *f* boxed LP set

LSD <-[s]> [ɛlʔɛs'de:] *nt Abk von* **Lysergsäurediäthylamid** LSD

lt. *präp kurz für* **laut**² according to

Luchs <-es, -e> [lʊks] *m* ❶ (*Raubtier*) lynx; **aufpassen wie ein ~** (*fam*) to watch like a hawk *fam* ❷ (*Luchsfell*) lynx; **ein Mantel aus ~** a lynx fur coat

Luchs·au·gen *pl* ❶ ZOOL lynx's eyes ❷ (*fam: sehr gute Augen*) eyes like a hawk *fam*

Lu·ci·a·ner(in) <-s, -> [lu'tsi̯a:nɐ] *m(f)* St Lucian; *s. a.* **Deutsche(r)**

lu·ci·a·nisch [lu'tsi̯a:nɪʃ] *adj* St Lucian; *s. a.* **deutsch**

Lü·cke <-, -n> ['lʏkə] *f* ❶ (*Zwischenraum*) gap, hole; **Zahn~** a gap between two teeth; **eine ~ im Zaun** a gap in the fence; **eine ~ füllen** [*o* **schließen**] to fill a gap; [**mit etw**] **in eine** [**vorhandene**] **~ stoßen** (*fig*) to fill a gap on the market [with sth] ❷ (*Unvollständigkeit*) gap; **eine Lücke in einem Gesetz** a loophole in a law; **mein Wissen weist noch große ~n auf** I still have large gaps in my knowledge; **der Mut zur ~** to risk leaving gaps in one's knowledge; **irgendwo klafft eine ~** there is a gap somewhere; **eine ~** [**in etw** *akk*] **reißen** to leave a gap [*or* void] in sth

Lü·cken·bü·ßer(in) <-s, -> *m(f)* (*fam*) stopgap; **der ~ sein** to be a stopgap; **den ~ spielen** to be used as a stopgap

lü·cken·haft I. *adj* ❶ (*leere Stellen aufweisend*) full of gaps; **ein ~es Gebiss** teeth full of gaps ❷ (*unvollständig*) fragmentary; **~es Wissen** incomplete knowledge; **ein ~er Bericht** a sketchy report; **eine ~e Sammlung** an incomplete collection; **eine ~e Erinnerung haben** to have a vague/sketchy memory; ■**~ sein/werden** to be/become fragmentary II. *adv* (*unvollständig*) fragmentarily; **einen Fragebogen ~ ausfüllen** to fill in a questionnaire leaving gaps; **an den Abend erinnere ich mich nur sehr ~** my memory of that evening is only very vague [*or* sketchy]

lü·cken·los *adj* ❶ (*ohne Lücke*) comprehensive; **ein ~es Gebiss** perfect teeth without any gaps ❷ (*vollständig*) complete; **ein ~es Alibi** a solid [*or* cast-iron] alibi; **~e Kenntnisse** thorough knowledge; **ein ~er Lebenslauf** a complete CV [*or* curriculum vitae] [*or* AM resumé]; **eine ~e Sammlung** a complete collection; **etw ~ beweisen/nachweisen** to prove sth conclusively; **sich an etw ~ erinnern** to remember everything about sth

Lü·cken·test *m* cloze test

lud [lu:t] *imp von* **laden**¹, **laden**²

Lu·de <-n, -n> ['lu:də] *m* (*pej sl*) pimp *pej sl*

Lu·der <-s, -> ['lu:dɐ] *nt* (*pej fam: durchtriebene Frau*) crafty bitch *pej fam!;* (*kokette Frau*) hussy *pej;* **ein freches/dummes ~** a cheeky/stupid brat [*or* person]

Lu·es <-> ['lu:ɛs] *f kein pl* lues

Luft <-, *liter* Lüfte> [lʊft, *pl* 'lʏftə] *f* ❶ *kein pl* (*Atem~*) air *no pl;* **frische ~** fresh air; **verbrauchte ~** stale air; **die ~ anhalten** to hold one's breath; **jdm die ~ abdrücken** (*a. fig fam*) to strangle sb, to ruin sb *fig;* **keine ~ mehr bekommen** [*o fam* **kriegen**] to not be able to breathe; **wieder ~ bekommen** [*o fam* **kriegen**] (*wieder atmen können*) to be able to breathe again; (*wieder durchatmen können*) to be able to breathe freely again; **an die** [**frische**] **~ gehen** (*fam*) to get [*or* grab] some fresh air; [**tief**] **~ holen** to take a deep breath; **~ an etw** *akk* **kommen lassen** let the air get to sth; **nach ~ ringen** to struggle for breath; [**frische**] **~ schnappen** (*fam*) to get [*or* grab] some [fresh] air; **nach ~ schnappen** to inhale, to gasp for breath; (*wirtschaftlich in einer schlechten Lage sein*) to struggle to keep one's head above water; **von ~ und Liebe leben** (*hum fam*) to live off fresh air alone; **nicht von ~** [**und Liebe**] **leben können** to not to be able to live off fresh air alone; ■**irgendwo ist** *fam* **dicke ~** there is a tense [*or* bad] atmosphere somewhere, trouble is brewing; **die ~ ist rein** (*fam*) the coast is clear *fam;* **gesiebte ~ atmen** (*hum fam*) to be behind bars; **sich in ~ auflösen** to vanish into thin air; **jdn wie ~ behandeln** to cold-shoulder sb [*or* to give sb the cold shoulder]; **jdm bleibt** [**vor Erstaunen**] **die ~ weg** sb is flabbergasted; **jdm bleibt vor Schmerzen die Luft weg** to be overcome by [*or* with] pain; **nun halt mal die ~ an!** (*fam*) put a sock in it! *fam;* **die ~ rauslassen** (*fam*) to calm down, to cool it *fam;* **jdm geht die ~ aus** (*fam*) sb is running out of steam; **jdm die ~ zum Atmen nehmen** (*a. fig fam*) to cut off sb's air supply, to totally dominate sb *fig;* **aus etw ist die ~ raus** (*fig*) sth has fallen flat [*or* run out of steam]; **~ für jdn sein** (*fam*) to not exist as far as sb is concerned; **er ist ~ für mich** (*fam*) I totally ignore him; **die ~ ist zum Schneiden** (*fam*) the air is stale as anything, there's a terrible fug; **jdn an die** [**frische**] **~ setzen** [*o* **befördern**] (*euph fam: jdn hinauswerfen*) to throw sb out, to show sb the door, to send sb packing; (*jdn fristlos entlassen*) to sack sb ❷ *pl geh* (*Raum über dem Erdboden*) air; **langsam erhob sich der Ballon in die ~** the balloon rose slowly into the air *no pl;* **linde** [*o* **laue**] **Lüfte** (*geh*) gentle [*or* soft] [*or* light] breeze; **in die ~ fliegen** (*fam*) to explode; **etw ist aus der ~ gegriffen** (*fig*) sth is completely made up [*or* a total fabrication]; **in die ~ gehen** (*fam*) to hit the roof, to explode; [**völlig**] **in der ~ hängen** (*fam*) to be [left] in the dark; **es liegt etwas in der ~** there's sth in the air; **ein Vogel schwingt sich in die Lüfte** (*geh*) a bird takes to the skies; **etw in die ~ sprengen** [*o* **jagen**] (*fam*) to blow up sth *sep;* [**vor etw** *dat*] **in die ~ springen** to jump [for joy]; **in die ~ starren** [*o* **gucken** *fam*] to stare into space ❸ *kein pl* (*Platz, Spielraum*) space *no pl,* leeway, elbow room; **jeder Künstler braucht ~ zur freien Entfaltung** every artist needs space to develop freely; **~ schaffen** [*o* **machen**] **für etw** to make space [*or* room] for sth; **in etw ist noch ~ drin** (*fam*) to still have leeway in sth; **sich** *dat* **~ machen** (*fig*) to give vent to one's feelings; **einer S.** *dat* **~ machen** (*fig*) to give free rein to sth ▸WENDUNGEN: **jdn/etw in der ~ zerreißen** (*sehr wütend auf jdn sein*) to [want to] make mincemeat of sb/sth; (*jdn scharf kritisieren*) to tear sb to pieces

Luft·ab·wehr *f* air defence [*or* AM -se] **Luft·an·griff** *m* air raid; ■**ein ~ auf etw** *akk* an air raid on sth **Luft·auf·klä·rung** *f kein pl* aerial reconnaissance **Luft·auf·nah·me** *f* aerial photograph **Luft·bal·lon** *m* balloon **Luft·be·feuch·ter** *m* TECH humidifier **Luft·be·las·tung** *f s.* **Luftverschmutzung** **Luft·bla·se** *f* bubble, air pocket; **wie eine ~ zerplatzen** (*fam*) to burst like a bubble **Luft·brü·cke** *f* air bridge

Lüft·chen <-s, -> *nt dim von* **Luft** (*schwacher Wind*) breeze; **es regt** [*o* **rührt**] **sich kein ~** there is not a single breath of wind

luft·dicht *adj* **eine ~e Verpackung** an airtight container; ■**~ sein** to be airtight [*or spec* hermetic]; **etw ~ verpacken** to seal sth hermetically **Luft·druck** *m kein pl* air [*or* atmospheric] pressure *no pl; Druckwelle* blast **luft·durch·läs·sig** *adj* permeable to air

lüf·ten ['lʏftn̩] I. *vt* ❶ (*mit Frischluft versorgen*) ■**etw ~** to air [*or* ventilate] sth; **die Betten/ein Zimmer ~** to air the beds/a room ❷ (*geh: kurz anheben*) ■**etw ~** to raise sth; **den Hut zum Gruß ~** to raise one's hat in greeting ❸ (*preisgeben*)

■**etw** ~ to reveal [*or* disclose] sth; **seine Anonymität** ~ to give up one's anonymity; **ein Geheimnis** ~ to disclose a secret **II.** *vi* (*Luft hereinlassen*) to let some air in

Luft·fahrt *f kein pl* (*geh*) aviation

Luft·fahrt·ge·sell·schaft *f* (*geh*) airline **Luft·fahrt·in·dus·trie** *f* (*geh*) aviation industry

Luft·fahr·zeug *nt* (*geh*) aircraft **Luft·feuch·tig·keit** *f* humidity *no pl, no indef art* **Luft·fil·ter** *nt o m* air filter **Luft·fracht** *f* ❶ (*Frachtgut*) air freight [*or* cargo] ❷ (*Frachtgebühr*) air freight [*or* cargo] charge **luft·ge·kühlt** *adj* air-cooled **luft·ge·trock·net** *adj* air-dried **Luft·ge·wehr** *nt* airgun, air rifle **Luft·hauch** *m* (*geh*) breath of air **Luft·ho·heit** *f kein pl* air sovereignty

luf·tig ['lʊftɪç] *adj* ❶ (*gut belüftet*) airy, well ventilated; **ein ~es Plätzchen** a breezy spot ❷ (*dünn und luftdurchlässig*) airy; **ein ~es Kleid** a light dress ❸ (*hoch gelegen*) dizzy; **in ~er Höhe** at a dizzy height

Luf·ti·kus <-[ses], -se> ['lʊftikʊs] *m* (*pej veraltend fam: sprunghafter Mensch*) happy-go-lucky character **Luft·kampf** *m* aerial combat **Luft·kis·sen** *nt* air cushion **Luft·kis·sen·boot** *nt*, **Luft·kis·sen·fahr·zeug** *nt* hovercraft **Luft·kor·ri·dor** *m* air corridor **Luft·krieg** *m* aerial warfare **Luft·küh·lung** *f* air-cooling **Luft·kur·ort** *m health resort with particularly good air* **Luft·lan·de·trup·pe** *f* airborne troops *npl* **luft·leer** *adj pred* vacuous; **ein ~er Raum** a vacuum **Luft·li·nie** *f* as the crow flies; **100 Kilometer** ~ 100 kilometres as the crow flies **Luft·loch** *nt* ❶ (*Loch zur Belüftung*) air hole ❷ (*fam: Veränderung der Luftströmung*) air pocket **Luft·ma·sche** *f* chain stitch **Luft·mas·sen** *pl* air masses **Luft·ma·trat·ze** *f* airbed, inflatable mattress **Luft·pi·rat(in)** *m(f)* [aircraft] hijacker **Luft·pi·ra·te·rie** *f* [aircraft] hijacking **Luft·pi·ra·tin** *f fem form von* **Luftpirat**

Luft·post *f* airmail; **per** [*o* **mit**] ~ by airmail

Luft·post·leicht·brief *m* aerogramme [*or* AM -am] **Luft·post·pa·pier** *nt* airmail paper

Luft·pum·pe *f* pump; *Fahrrad* bicycle pump **Luft·raum** *m* airspace **Luft·rein·hal·tung** *f* maintenance of ambient quality **Luft·röh·re** *f* windpipe, trachea *spec* **Luft·röh·ren·schnitt** *m* tracheotomy **Luft·sack** *m* ❶ ZOOL air sac ❷ AUTO *s.* **Airbag** **Luft·schacht** *m* air [*or* ventilation] shaft **Luft·schicht** *f* air [*or* atmospheric]layer **Luft·schiff** *nt* airship **Luft·schlacht** *f* air [*or* aerial] battle **Luft·schlan·ge** *f* [paper] streamer **Luft·schlitz** *m* air vent **Luft·schloss**RR *nt meist pl* castle in the air ► WENDUNGEN: **Luftschlösser bauen** to build castles in the air

Luft·schutz *m* air raid defences [*or* AM -ses] *pl*

Luft·schutz·bun·ker *m* air raid bunker **Luft·schutz·kel·ler** *m cellar used as an air raid shelter* **Luft·schutz·übung** *f* air raid drill

Luft·sieg *m* aerial victory **Luft·spie·ge·lung** *f* mirage **Luft·sprung** *m* jump; **einen ~/Luftsprünge machen** [*o* **vollführen**] to jump in the air **Luft·streit·kräf·te** *pl* (*geh*) air force + *sing vb* **Luft·strom** *m* airstream, stream of air **Luft·strö·mung** *f* airstream, air current **Luft·stütz·punkt** *m* airbase **Luft·über·wa·chung** *f* aerial surveillance *no pl, no indef art*

Lüf·tung <-, -en> *f* ❶ (*das Lüften*) airing, ventilation ❷ (*Ventilationsanlage*) ventilation system

Lüf·tungs·klap·pe *f* ventilation flap **Lüf·tungs·rohr** *nt* ventilation pipe

Luft·ver·än·de·rung *f* change of climate **Luft·ver·kehr** *m* air traffic *no pl, no indef art* **Luft·ver·schmut·zung** *f* air pollution *no pl, no indef art* **Luft·waf·fe** *f* air force + *sing vb* **Luft·weg** *m* ❶ *kein pl* (*Flugweg*) airway; **den ~ wählen** to choose to send sth by air; **auf dem** ~ by air ❷ *pl* (*Atemwege*) respiratory tract *no pl, no indef art* **Luft·wi·der·stand** *m kein pl* drag, air resistance **Luft·zu·fuhr** *f kein pl* air supply **Luft·zug** *m* breeze; (*durch das Fenster*) draught BRIT, draft AM

Lug [lu:k] ► WENDUNGEN: ~ **und Trug** (*geh*) a pack of lies

Lü·ge <-, -n> ['ly:gə] *f* lie; **eine fromme** ~ a fib [*or* white lie]; **eine faustdicke** ~ a bare-faced lie [*or fam* whopping great lie]; **das ist alles** ~ it's all lies; **jdm ~n auftischen** (*fam*) to tell sb lies ► WENDUNGEN: **~n haben kurze Beine** (*prov*) the truth will out; **jdn ~n strafen** (*geh*) to prove sb wrong, to give the lie to sb *form;* **etw ~n strafen** (*geh*) to prove sth [to be] false, to give the lie to sth *form*

lu·gen ['lu:gn̩] *vi* DIAL ❶ (*spähen*) to peek; ■**irgendwoher/irgendwohin** ~ to peek from somewhere/somewhere; **aus dem Fenster** ~ to peek out of the window ❷ (*hervorsehen*) ■**durch/aus etw** ~ to peek [*or* poke] through/out of sth

lü·gen <log, gelogen> ['ly:gn̩] **I.** *vt* (*selten*) ■**etw** ~ to make up sth *sep* ► WENDUNGEN: **das Blaue vom Himmel herunter~** to charm the birds out of the trees **II.** *vi* to lie; **etw ist gelogen** sth is a lie; **das ist alles gelogen** that's a total lie; **ich müsste ~ [, wenn ...]** I would be lying [if ...] ► WENDUNGEN: ~ **wie gedruckt** to lie one's head off; **wer einmal lügt, dem glaubt man nicht[, und wenn er auch die Wahrheit spricht]** (*prov*) a liar is never believed, even when he's telling the truth

Lü·gen·bold <-[e]s, -e> *m* (*hum fam*) incorrigible liar **Lü·gen·de·tek·tor** *m* lie detector **Lü·gen·ge·schich·te** *f* made-up [*or* fabricated] story, concoction

lü·gen·haft *adj* (*pej*) ❶ (*erlogen*) mendacious, made-up, fabricated ❷ (*selten: zum Lügen neigend*) disreputable

Lü·gen·mär·chen *nt s.* **Lügengeschichte**

Lüg·ner(in) <-s, -> ['ly:gnɐ] *m(f)* (*pej*) liar

lüg·ne·risch ['ly:gnərɪʃ] *adj* (*pej: voller Lügen*) mendacious; **~e Nachrichten** discreditable news; (*zum Lügen neigend*) disreputable

lu·gol·sche Lö·sungRR, **Lu·gol'·sche Lö·sung**RR, **Lu·gol·sche Lö·sung**ALT [ly'gɔlʃə] *f* BIOL potassium iodide solution

Lu·kas·evan·ge·li·um ['lu:kas-] *nt kein pl* the Gospel according to [St] Luke

Lu·ke <-, -n> ['lu:kə] *f* ❶ *bes* NAUT (*verschließbarer Einstieg*) hatch; **die ~n dichtmachen** to secure the hatches ❷ (*Dach~*) skylight; (*Keller~*) trapdoor

lu·kra·tiv [lukra'ti:f] *adj* (*geh*) lucrative

lu·kul·lisch [lu'kʊlɪʃ] *adj* (*geh*) delectable, exquisite; **ein ~es Menü** an epicurean set menu; ~ **schlemmen/speisen** to feast on/eat delectable [*or* exquisite] food

Lu·latsch <-[e]s, -e> ['lu:la(:)tʃ] *m* lanky person; **langer** ~ (*hum fam*) beanpole *hum fam*

Lum·me <-, -n> ['lʊmə] *f* guillemot

Lüm·mel <-s, -> ['lʏml] *m* ❶ (*pej: Flegel*) lout *fam*, BRIT *a.* yob *fam* ❷ (*fam: Bursche, Kerl*) little fellow *fam*, BRIT *a.* [little] chappie *dated fam* ❸ (*sl: Penis*) willy BRIT *sl*, weenie AM *sl*

Lüm·me·lei <-, -en> [lʏmə'lai] *f* (*pej fam*) loutish [*or* BRIT *a.* yobbish] behaviour [*or* AM -or] *no pl fam*

lüm·mel·haft *adj* (*pej*) loutish *fam*, BRIT *a.* yobbish *fam*

lüm·meln ['lʏmln̩] *vr haben* (*pej fam: sich nachlässig hinsetzen*) ■**sich irgendwohin** ~ to throw oneself onto sth; ■**sich auf etw** ~ to lie [*or* lounge] around [*or* about] somewhere

Lum·mer <-s, -> ['lʊmɐ] *m* KOCHK [pork] loin

Lum·mer·bra·ten *m* roast pork loin **Lum·mer·ko·te·lett** *nt* loin chop

Lump <-en, -en> [lʊmp] *m* ❶ (*pej*) rat, scoundrel *dated* ❷ (*hum: unerzogenes Kind*) rascal

lum·pen ['lʊmpn̩] *vt haben* to go out on the tiles BRIT *fam*, to live it up AM *fam* ► WENDUNGEN: **sich nicht ~ lassen** (*fam*) to do things in style, to splash out BRIT, to splurge AM

Lum·pen <-s, -> ['lʊmpn̩] *m* ❶ *pl* (*pej: zerschlissene Kleidung*) rags *pl;* **in ~ herumlaufen** to walk around dressed in rags [*or* shabbily] ❷ DIAL (*Putzlappen*) rag, duster ❸ (*Stofffetzen*) rags

Lum·pen·händ·ler(in) *m(f)* (*veraltend*) *s.* **Altwarenhändler** **Lum·pen·pack** *nt* (*veraltend o pej*) riff-raff *no pl, no indef art pej* **Lum·pen·samm·ler(in)** *m(f)* rag-and-bone man BRIT, ragman AM

lum·pig ['lʊmpɪç] *adj* (*pej*) ❶ *attr* (*pej fam: kümmerlich*) miserable, meagre [*or* AM -er]; **mit ~en hundert Euro wollte er mich abspeisen** he wanted to fob me off with a paltry one hundred euros ❷ (*pej: gemein*) mean ❸ (*selten: zerlumpt*) shabby

Lunch <-[e]s *o* -, -[e]s *o* -e> [lanʃ] *m* lunch

Lü·ne·bur·ger Hei·de ['ly:nəbʊrgɐ] *f* Lüneburg Heath

Lun·ge <-, -n> ['lʊŋə] *f* ❶ (*Atemorgan*) lungs *pl;* **eine schwache/starke ~ haben** to have weak/strong lungs; **jd hat es auf der ~** (*fam*) sb has lung problems [*or* trouble]; **[etw] auf ~ rauchen** to inhale [sth]; **aus voller ~ [singen/schreien]** [to sing/shout] at the top of one's voice; **eiserne ~** (*fachspr*) iron lung ❷ KOCHK lights *pl* ▶ WENDUNGEN: **sich die ~ aus dem Leib schreien** [*o* **Hals**] (*fam*) to shout oneself hoarse; **die grüne ~ [einer Stadt]** (*fam*) the lung [of a town] *fam*

Lụn·gen·bläs·chen *nt* pulmonary alveolus **Lụn·gen·em·bo·lie** *f* pulmonary embolism **Lụn·gen·em·phy·sem** *nt* pulmonary emphysema **Lụn·gen·ent·zün·dung** *f* pneumonia *no pl, no art;* **eine ~ haben** to have pneumonia **Lụn·gen·fisch** *m* ZOOL lungfish **Lụn·gen·flü·gel** *m* lung **Lụn·gen·heil·stät·te** *f* lung clinic **lụn·gen·krank** *adj* suffering from a lung complaint *pred;* ■**~ sein** to suffer from a lung complaint **Lụn·gen·kran·ke(r)** *f(m) dekl wie adj* person suffering from a lung complaint **Lụn·gen·krank·heit** *f* lung disease **Lụn·gen·krebs** *m kein pl* lung cancer **Lụn·gen·lap·pen** *m* lobe of the lung **Lụn·gen·ödem** *nt* pulmonary oedema [*or* AM edema] **Lụn·gen·ope·ra·ti·on** *f* lung operation **Lụn·gen·schne·cke** *f* ZOOL lung-bearing-snail **Lụn·gen·zug** *m* puff, drag *sl;* **einen ~ [*o* Lungenzüge] machen** to inhale, to take drags *sl*

lun·gern ['lʊŋɐn] *vi haben* (*selten fam*) ■**irgendwo ~** to hang around somewhere

Lun·te <-, -n> ['lʊntə] *f* ❶ (*Zündschnur*) fuse, match; **die ~ ans Pulverfass legen** (*fig*) to set a match to the powder keg *fig,* to spark off a conflict ❷ JAGD (*Schwanz eines Fuchses o Marders*) brush ▶ WENDUNGEN: **~ riechen** (*fam*) to smell a rat

Lu·pe <-, -n> ['lu:pə] *f* magnifying glass ▶ WENDUNGEN: **jdn/etw unter die ~ nehmen** (*fam*) to examine sb/sth with a fine-tooth comb *fam;* **jdn/etw mit der ~ suchen können** (*fam*) people/things like that are few and far between

lu̲·pen·rein *adj* ❶ (*bei Edelsteinen*) flawless ❷ (*mustergültig*) exemplary; **ein ~er Gentleman** a perfect gentleman

lup·fen ['lʊpfn̩] *vt* SÜDD, ÖSTERR, SCHWEIZ, **lüp·fen** ['lʏpfn̩] *vt haben* ■**etw ~** (*heben*) to pick up sth *sep;* **den Hut ~** to raise one's hat; (*lüften*) to air; **die Decke ~** to air the blanket

Lu·pi·ne <-, -n> [lu'pi:nə] *f* lupin[e]

Lurch <-[e]s, -e> [lʊrç] *m* amphibian

Lu·sche <-, -n> ['lʊʃə] *f* ❶ (*sl: wertlose Spielkarte*) low card; (*schwacher Mensch, Niete*) weakling, waste of space ❷ DIAL (*liederliche Person*) mucky beggar BRIT *fam,* rake AM

Lust <-, Lüste> [lʊst, *pl* 'lʏstə] *f* ❶ *kein pl* (*freudiger Drang*) desire; **[große/keine] ~ auf etw haben** to really/not feel like doing sth; **~ zu etw haben** to feel like [*or* fancy] doing sth; **haben/hätten Sie ~ dazu?** would you want to do that?, do you feel like doing that?; **[noch] ~ haben, etw zu tun** (*fam*) to [still] feel like doing sth; **behalt das Buch, solange du ~ hast** keep the book as long as you want; **große [*o* nicht geringe] [*o* nicht übel] ~ haben, etw zu tun** to have a right mind to do [*or* AM really feel like doing] sth; **seine ~ auf etw** *dat* **befriedigen/zügeln** to satisfy/curb one's desire to do sth; **das kannst du machen, wie du ~ hast!** (*fam*) do it however you want!; **nach ~ und Laune** (*fam*) as the mood takes you BRIT, BRIT *a.* just as you fancy, depending on how you feel AM ❷ (*Freude*) joy ❸ (*sexuelle Begierde*) desire; **weltliche Lüste** material desires; **fleischliche Lüste** desires of the flesh; **seine ~ befriedigen [*o* stillen]/zügeln** to satisfy/suppress one's desires; **etw mit ~ und Liebe tun** to put one's all into sth; **es ist eine ~, etw zu tun** it's a pleasure to do sth; **da vergeht einem jegliche [*o* alle] [*o* jede] [*o* die ganze] ~** it really puts a damper on things, it's enough to make one lose interest in sth; **jdm die [*o* jede] ~ an etw** *dat* **nehmen** to put sb off sth; **~ an etw empfinden** to enjoy doing sth; **die ~ an etw verlieren** to lose interest in sth

Lụst·bar·keit <-, -en> *f* (*veraltend geh*) welcome distraction

Lus·ter <-s, -> ['lʊstɐ] *m* ÖSTERR, **Lüs·ter** <-s, -> ['lʏstɐ] *m* ❶ (*veraltend: Kronleuchter*) chandelier ❷ (*glänzender Überzug*) lustre [*or* AM -er] ❸ (*Stoff*) lustre [*or* AM -er]

Lü̲s·ter·klem·me *f* ELEK luster terminal, porcelain insulator

lüs·tern ['lʏstɐn] *adj* (*geh*) ❶ (*sexuell begierig*) lustful, lascivious ❷ (*begierig*) ■**~ auf etw sein** *akk* to crave sth; **nach Erfolg ~ sein** to crave success

Lü̲s·tern·heit <-> *f kein pl* (*geh*) lustfulness, lust, lasciviousness

Lụst·ge·fühl *nt* feeling of pleasure *no pl* **Lụst·ge·winn** *m kein pl* attainment of pleasure **Lụst·greis** *m* (*pej fam*) dirty old man *hum, pej*

lus·tig ['lʊstɪç] *adj* ❶ (*fröhlich*) cheerful, jolly; **ein ~er Abend** a fun evening; **ein ~es Gesicht machen** to make a funny face; **~e Farben** cheerful colours [*or* AM -ors]; **du bist/Sie sind [vielleicht] ~!** (*iron fam*) what do you think you're playing at?, you're really amusing *iron;* **das ist ja ~!** (*iron*) that [really] takes the biscuit! [*or* AM cake!]; **sich über jdn/etw ~ machen** to make fun [*or* BRIT *a.* take the mick[ey] out] of sb [*or fam!* take the piss out]; **solange/wie/wozu jd ~ ist** (*fam*) as long as/whenever sb wants; **er kam und ging wie er ~ war** he came and went as he pleased ❷ (*fam: unbekümmert*) happily, merrily

Lụs·tig·keit <-> *f kein pl* cheerfulness, funniness

Lụst·kna·be *m* (*veraltend*) catamite

Lüst·ling <-, -e> ['lʏstlɪŋ] *m* (*pej veraltend*) debauchee, lech *fam*

lụst·los *adj* ❶ (*antriebslos*) listless; **~ schauen/arbeiten** to look listless/work listlessly; **~ im Essen herumstochern** to pick at one's food ❷ BÖRSE (*ohne Kauflust*) sluggish, dull; **Tendenz ~** trade is slack

Lụst·man·gel <-s, *inv*> *m* lack of sexual drive **Lụst·molch** *m* (*meist hum fam*) *s.* **Lüstling** **Lụst·mord** *m* sexually motivated murder; **einen ~ begehen** to commit a sexually motivated murder **Lụst·mör·der(in)** *m(f)* sexually motivated murderer **Lụst·ob·jekt** *nt* sex object **Lụst·prin·zip** *nt kein pl* **etw nach dem ~ machen** to do sth as one pleases [*or* for the pleasure of it] **Lụst·schloss**RR *nt* summer residence **Lụst·spiel** *nt* comedy

lụst·voll *adj* (*geh: mit Lust*) full of relish, passionate; **ein ~er Schrei** a passionate cry; **~ in etw beißen** to bite into sth with relish; **~ stöhnen** to groan contentedly

lust·wan·deln* ['lʊstvandl̩n] *vi sein o haben* (*veraltend geh*) to take [*or* go for] a stroll

Lu·te·ti·um <-s> [lu'te:tsi̯ʊm] *nt kein pl* lutetium

Lu·the·ra·ner(in) <-s, -> [lutə'ra:nɐ] *m(f)* Lutheran

Lu·ther·bi·bel ['lʊtɐ-] *f* Lutheran [*or* Luther's translation of the] Bible

lu·the·risch ['lʊtərɪʃ] *adj* Lutheran

lut·schen ['lʊtʃn̩] **I.** *vt* ■**etw ~** to suck [on] sth; **ein Bonbon ~** to suck a sweet [*or* AM on a piece of candy] **II.** *vi* ■**[an etw** *dat*] **~** to suck [sth]; **am Daumen ~** to suck one's thumb

Lụt·scher <-s, -> *m* ❶ (*Bonbon am Stiel*) lollipop, BRIT *a.* lolly *fam* ❷ (*fam: Schnuller*) dummy

Lụtsch·ta·blet·te *f* lozenge

lütt [lʏt] *adj* NORDD (*fam*) tiny

Lüt·tich <-s> ['lʏtɪç] *nt* Liège

Luv <-s> [lu:f] *f o nt kein pl* NAUT ■**in/nach ~** windward; ■**von ~** from [the] windward [side]

Lu·xa·ti·on <-, -en> [lʊksa'tsi̯o:n] *f* (*fachspr*) luxation *spec,* dislocation

Lu·xem·burg <-s> ['lʊksmbʊrk] *nt* Luxembourg; *s. a.* **Deutschland**

Lu·xem·bur·ger(in) <-s, -> ['lʊksmbʊrgɐ] *m(f)* Luxembourger; *s. a.* **Deutsche(r)**
lu·xem·bur·gisch ['lʊksmbʊrgɪʃ] *adj* Luxembourgian; *s. a.* **deutsch**
Lu·xem·bur·gisch ['lʊksmbʊrgɪʃ] *nt dekl wie adj* Luxemburgish; *s. a.* **Deutsch**
Lu̱·xem·bur·gi·sche <-n> *nt* ■**das** ~ Luxemburgish, the Luxemburgish language; *s. a.* **Deutsche**
lu·xu·ri·ös [lʊksu'ri̯øːs] *adj* luxurious; **eine ~e Villa/Wohnung** a luxury villa/flat; ~ **leben** to live in [the lap of] luxury
Lu·xus <-> ['lʊksʊs] *m kein pl* luxury; **etw ist purer** [*o* **reiner**] ~ sth is pure extravagance; **im ~ leben** to live in luxury; **wir leisten uns den ~ eines zweiten Autos** we're splashing out on a second car, we're treating ourselves to the luxury of a second car
Lu̱·xus·ar·ti·kel *m* luxury item **Lu̱·xus·aus·füh·rung** *f* de luxe model **Lu̱·xus·aus·ga·be** *f* de luxe edition **Lu̱·xus·damp·fer** *m* luxury cruiser **Lu̱·xus·ge·schöpf** *nt* (*meist pej*) *woman who wants to live a life of luxury* **Lu̱·xus·ho·tel** *nt* luxury hotel **Lu̱·xus·li·mou·si·ne** *f* luxury limousine **Lu̱·xus·li·ner** [-lainɐ] *m* luxury liner **Lu̱·xus·vil·la** *f* luxury villa **Lu̱·xus·woh·nung** *f* luxury flat
Lu·zern <-s> [lu'tsɛrn] *nt* Lucerne
Lu·zer·ne <-, -n> [lu'tsɛrnə] *f* BOT lucerne
Lu·zi·fer <-s> ['luːtsifɛr] *m* Lucifer
Lymph·drai·na·ge ['lʏmfdrɛ'naːʒə] *f* MED lymphatic drainage
Lymph·drü·se *f* (*veraltet*) *s.* **Lymphknoten** lymph[atic] gland
Lym·phe <-, -n> ['lʏmfə] *f* ① (*Gewebsflüssigkeit*) lymph ② (*Impfstoff gegen Pocken*) lymph
Lymph·kno·ten *m* lymph node
Lym·pho·zyt <-en, -en> [lʏmfo'tsyːt] *m usu pl* lymphocyte
Lymph·sys·tem *nt* ANAT lymphatic system
lyn·chen ['lʏnçn̩] *vt* (*a hum*) ■**jdn** ~ to lynch sb; **meine Frau wird mich ~, wenn ich zu spät komme** my wife will kill me if I'm late
Lynch·jus·tiz *f* Lynch law; **an jdm ~ üben** to apply the lynch law to sb **Lynch·mord** *m* lynching
Ly·on <-s> [li̯õ] *nt* Lyons
Ly·o·ner <-, -> ['li̯oːnɐ] *f,* **Ly·o·ner Wurst** <-, -> *f* [pork] sausage from Lyon
Ly·rik <-> ['lyːrɪk] *f kein pl* lyric [poetry]
Ly·ri·ker(in) <-s, -> ['lyːrikɐ] *m(f)* poet
ly·risch ['lyːrɪʃ] *adj* ① (*zur Lyrik gehörend*) lyric; **~e Dichtung** lyric poetry ② (*dichterisch, stimmungsvoll*) poetic, lyrical; ~ **werden** to become lyrical

Mm

M, m <-, - *o fam* -s, -s> [ɛm] *nt* M, m; ~ **wie Martha** M for Mary BRIT, M as in Mike AM; *s. a.* **A 1**
m *m kurz für* **Meter** m
MA. *Abk von* **Mittelalter** Middle Ages *npl*
M.A. [ɛm'aː] *m Abk von* **Master of Arts** MA
Mä·an·der <-s, -> [mɛ'andɐ] *m* ① (*Flusswindung*) meander ② KUNST meander
Maat <-[e]s, -e[n]> ['maːt] *m* ① (*hist: Gehilfe auf Segelschiffen*) [ship's] mate ② (*Unteroffizier bei der Bundesmarine*) petty officer
Mach <-[s], -> ['max] *nt* Mach
Ma̱ch·art *f* style, make, design; **die ~ des Kostüms gefällt mir** I like the cut of the suit; **das ist meine ~** (*fam*) that is my style!
ma̱ch·bar *adj* possible, feasible; **etw für ~ halten** to consider sth feasible
Ma·che <-> ['maxə] *f* (*sl*) ① (*pej: Vortäuschung, unechtes Gehabe*) sham; **seine Wichtigtuerei ist reine ~** his pompous behaviour is pure show ② (*Form*) **die ~ eines Theaterstückes** the production of a play ▶ WENDUNGEN: **etw/jdn in der ~ haben** to be working on sth/sb; **jdn in die ~ nehmen** (*sich jdn vornehmen*) to give sb a dressing-down [*or* an earful] [*or* a talking-to]; (*jdn verprügeln*) to do over [*or* beat up] sb *sep;* **in der ~ sein** to be in hand; **das Abendessen ist schon in der ~** dinner's on the go
ma·chen ['maxn̩] **I.** *vt* ① (*tun, unternehmen*) ■**etw** ~ to do sth; **lass uns etwas ~!** let's do sth!; **genauso werden wir es ~** that's how we'll do it; **da kann man nichts ~** nothing can be done; **mit mir kann man es ja ~** (*fam*) the things I put up with; **gut gemacht!** well done!; **mach's gut** take care, all the best; **wie man's macht, ist es verkehrt** [*o* **falsch**] (*fam*) you [just] can't win; **was möchten/würden Sie gern ~?** what would you like to do?; **~, was man will** to do as one pleases [*or* wants]; **so etwas macht man nicht** that's [*or* it's] bad manners; **was machst du da?** what on earth are you doing there?, what are you up to?; **was macht denn deine Frau?** (*fig*) how's your wife?; **und was ~ Sie so?** (*fam*) and what are you doing nowadays?; **mach nur/ruhig!** go ahead! ② (*erzeugen, verursachen*) ■**etw** ~ to make sth; **einen Eindruck ~** to make an impression; **einen Fleck in etw machen** to stain sth; **Lärm ~** to make a noise; **Musik ~** to play some music; **einen Schmollmund ~** (*fam*) to pout; **ein dummes Gesicht ~** (*fam*) to make [*or* pull] a silly face; **das macht überhaupt keine Mühe** that's no trouble at all; **jdm Angst ~** to frighten sb; **jdm Sorgen ~** to make sb worried, to give sb cause for concern; **sich Sorgen ~** to worry; **jdm Hoffnung/Mut/Kopfschmerzen ~** to give sb hope/courage/a headache; **jdm eine Freude machen** to make sb happy; **jdm Appetit/Durst/Hunger ~** to make sb peckish/thirsty/hungry; **sich Mühe/Umstände ~** to go to a lot of trouble [*or* effort] ③ (*durchführen*) ■**etw** ~ to do sth; **eine Aktion ~** to promote sth; **eine Arbeit ~** to do a job [*or* task]; **eine Reise ~** to go on a journey; **einen Besuch ~** to [pay sb a] visit; **einen Spaziergang ~** to go for a walk; **eine Sause mit jdm ~** (*fam*) to go on a pub crawl *esp* BRIT [*or* AM bar hopping] with sb; **das ist zu ~** that's possible; **da ist nichts zu ~** nothing can be done, that's not possible; **nichts zu ~!** nothing doing!; [**da**] **nichts ~ können** to not be able to do anything; **das lässt sich ~** sth might be possible; **wird gemacht!** no problem, shall [*or* will] do!, I'll get that done; **er wird das schon ~** (*erledigen*) he'll do it; (*in Ordnung bringen*) to sort sth out; **wie machst du/wie ~ Sie das nur?** how [on earth] do you do it?; **etw nicht unter etw** *dat* ~ (*fam*) to not do sth for less than sth ④ (*veranstalten*) ■**etw** ~ to organize sth; **eine Party ~** to give [*or* throw] a party ⑤ (*herstellen*) ■**etw** ~ to make sth; **Fotos ~** to take photos; **ein Gedicht ~** to make up a poem; **Kaffee ~** to make coffee; **ein Schiff aus Papier ~** to make a ship out of paper; **aus etw gemacht sein** to be made of sth; **jdm/sich etw ~ lassen** to have sth made for sb/[for oneself]; **sich ein Kleid ~ lassen** to have a dress made [for oneself]; **sich die Haare ~ lassen** (*fam*) to have one's hair done; **für etw wie gemacht sein** (*fam*) to be made for sth ⑥ (*zubereiten*) ■[**jdm**] **etw** ~ to make [sb] sth, to make sth [for sb]; **ein Essen ~** to make [*or* cook] a meal; **einen Drink ~** to make a drink ⑦ (*bilden, darstellen*) ■**etw** ~ to make sth; **die Straße macht da eine scharfe Kurve** the road bends sharply there ⑧ (*fam: instand setzen*) ■[**jdm**] **etw** ~ to mend [*or* repair] sth for sb; **bis wann können sie den Wagen ~?** how soon can they repair the car?; ■**etw ~ lassen** to get [*or* have] sth mended/repaired; **wir müssen unbedingt den Fernseher ~ lassen** we must really get the TV repaired ⑨ (*fam: erlangen, verdienen*) ■**etw**

~ to do [*or* win] sth; **Punkte/Tore** ~ to score points/goals; **wir ~ jetzt dreimal so viel Umsatz** we have now tripled our turnover; **einen Gewinn/Verlust** ~ to make a profit/loss; **ein Geschäft** ~ to make a deal; **ein Vermögen** ~ to make a fortune ❿ (*absolvieren*) ■**etw** ~ to do sth; **das Abitur** ~ to do A-levels BRIT; **einen Kurs** ~ to take a course; **eine Ausbildung** ~ to do an apprenticeship, to train to be sth ⓫ MATH (*fam: ergeben*) ■**etw macht etw** *akk* sth makes sth; **drei mal drei macht neun** three times three makes nine ⓬ (*fam: kosten*) **das macht zehn Euro** that's [*or* that'll be] ten euros [please]; **was macht das zusammen?** what does that come to? ⓭ *mit adj* (*werden lassen*) **jdn berühmt/reich/schön** ~ to make sb famous/rich/beautiful; ■**jdn zu etw** ~ to make sb sth; **mein Vater hat mich zu seinem Nachfolger gemacht** my father has made [*or* named] me his successor; **jdn zu seinem Verbündeten** ~ to make sb one's ally; ■**sich zu etw** ~ to make oneself sth; **sich zum Anführer** ~ to make oneself the leader ⓮ (*bes Kindersprache: einen bestimmten Laut produzieren*) **der Hund macht „ wau wau “** the dog goes " woof woof " *usu childspeak* ⓯ (*fam: imitieren*) ■**etw** ~ to do sth ⓰ (*bewirken*) ■**das macht etw** that's because of sth; **das macht die frische Luft, dass wir so hungrig sind** it's the fresh air that makes us so hungry; ■**jdn etw tun** ~ to make sb do sth; **der Wein wird dich das vergessen** ~ the wine will help you forget ⓱ (*fam: ausmachen*) ■**jdm/etw etwas/nichts** ~ to harm/not harm sb/sth; **macht nichts!** no matter! [*or* problem!]; **macht das was?** does it matter?; **was macht das schon?** what does it matter?; **das macht** [**doch**] **nichts!** never mind!, no harm done! ⓲ (*fam: vorgeben, etw/jdn zu sein*) ■**etw** [**für jdn**] ~ to act as sth [for sb] ⓳ (*euph fam: Geschlechtsverkehr haben*) ■**es mit jdm** ~ to do it [with sb] *euph fam;* ■**es jdm** ~ (*sl*) to do it to sb **II.** *vt impers* ❶ *mit adj* (*werden lassen*) ■**es macht jdn ...** it makes sb ... ❷ (*ausmachen*) ■**es macht etwas/nichts/viel** it matters/doesn't matter/matters a lot; ■**es macht jdm etwas/nichts/viel** sb minds/doesn't mind/minds a lot ❸ (*fam: Geräusch ~*) ■**es macht etw** it goes sth; **es macht „piep“, wenn du einen Fehler machst** it goes "peep" [*or* it peeps] when you make a mistake; *s. a.* **lang III.** *vi* ❶ (*bewirken*) ■**~, dass etw geschieht** to ensure that sth happens; **wie hast du es gemacht, dass die Kinder so artig sind?** how did you get the children to be so well-behaved? ❷ (*werden lassen*) ■**etw macht irgendwie** sth makes you sth; **Liebe macht blind** (*fig*) love makes you blind ❸ (*euph fam: Notdurft verrichten*) to wee, to poo; **da hat mir ein Vogel aufs Auto gemacht!** a bird has pooed on my car! ❹ (*aussehen lassen*) to make sb appear sth; **Querstreifen** ~ **dick** horizontal stripes make you look fat ❺ (*fam: sich beeilen*) **mach/~ Sie** [**schon**]! (*fam*) get a move on! *fam* ❻ (*sl: sich stellen*) ■**auf etw** ~ *akk* to pretend to be sth, to act the sth; **sie macht immer auf vornehme Dame** she always acts the elegant lady ❼ (*fam: mit etw handeln*) ■**in etw** ~ *dat* to be in the ... business; **ich mache jetzt in Versicherungen** I'm in [the] insurance [business] ❽ (*gewähren*) **jdn** [**mal/nur**] ~ **lassen** to leave sb to it; **lass mich mal ~, ich bringe das schon wieder in Ordnung!** leave it to me, I'll put it right! **IV.** *vr* ❶ (*fam: sich entwickeln*) ■**sich** [**irgendwie**] ~ to come along [in a certain way] ❷ (*viel leisten*) ■**sich** ~ to do well for oneself; **die neue Sekretärin macht sich gut** the new secretary is doing well ❸ (*passen*) to go with sth; **das Bild macht sich gut an der Wand** the picture looks good on the wall ❹ (*sich begeben*) ■**sich an etw** *akk* ~ to get on with sth; **sich an die Arbeit** ~ to get down to work; **sich an ein Manuskript** ~ to start working on a manuscript ❺ (*gewinnen*) ■**sich** *dat* **etw** ~ to make sth; **sich Freunde/Feinde** ~ to make friends/enemies ❻ *mit adj* (*werden*) **sich** [**bei jdm**] **verhasst** ~ to incur [sb's] hatred; **sich verständlich** ~ to make oneself understood ❼ (*gelegen sein*) **sich** *dat* **etwas/viel/wenig/nichts aus jdm/etw** ~ to care/care a lot/not care much/at all for sb/sth; (*sich nicht über etw ärgern*) to not get upset about sth [*or* let sth bother oneself]; **mach dir/~ Sie sich nichts d**[**a**]**raus!** don't worry about it! [*or* let it get you down!]

Ma·chen·schaft <-, en> *f meist pl* (*pej*) intrigue, machination *usu pl;* **dunkle ~en** sinister wheeling and dealing

Ma·cher(in) <-s, -> *m(f)* (*fam*) man of action, doer

Ma·che·te <-, -n> [ma'xe:tə] *f* machete

Ma·cho <-s, -s> ['matʃo] *m* (*fam*) macho *fam*

Macht <-, Mächte> ['maxt, *pl* 'mɛçtə] *f* ❶ *kein pl* (*Befugnis*) power; **seine ~ gebrauchen/missbrauchen** to exercise [*or* wield]/abuse one's power; **die ~ haben, etw zu tun** to have the power to do sth; **etw liegt** [*o* **steht**] **in jds ~** sth is within sb's power ❷ *kein pl* (*Herrschaft*) rule; **seine ~ behaupten** to maintain one's hold on power; **an der ~ bleiben** to remain in power; **die ~ ergreifen** [*o* **die ~ an sich reißen**] to seize power; **nach der ~ greifen** to attempt to seize power; **an der ~ sein** to be in power; **an die ~ kommen** [*o* **gelangen**] to gain [*or* come to] power; **sich an die ~ putschen** to seize power by force; **die ~ übernehmen** to assume [*or* take over] power ❸ (*beherrschender Einfluss*) power; **die ~ der Gewohnheit** the force of habit; ~ **über jdn haben** to have power over sb; **eine ... ~ auf jdn ausüben** to have a ... power over sb; **eine geistige ~** mental powers; **die Mächte der Finsternis** (*liter*) the powers of darkness *liter;* **aus eigener ~** under one's own steam; **mit aller ~** with all one's strength [*or* might]; **mit ~** with vigour [*or* AM -or]; **ich werde alles tun, was in meiner ~ steht** I'll do everything in my power ❹ (*mächtiger Staat*) power; **verbündete Mächte** allied powers; **Krieg führende Mächte** warring powers ❺ *kein pl* (*Kraft, Gewalt*) force, power ▶ WENDUNGEN: ~ **geht vor Recht** (*prov*) might is right, power is a law unto itself

Macht·an·tritt *m kein pl* POL coming into power **Macht·be·fug·nis** *f* authority, powers *pl;* ~ **haben** to have authority; **seine ~/~se überschreiten** to exceed one's powers; **etw überschreitet jds ~** this exceeds sb's authority **Macht·be·reich** *m* sphere of influence **Macht·block** *m* power bloc **Macht·er·grei·fung** *f* seizure of power *no pl;* **die ~ Hitlers** Hitler's rise to power **Macht·er·halt** *m kein pl* retention of power *no pl* **Macht·fül·le** *f* power **Macht·ha·ber(in)** <-s, -> [-ha:bɐ] *m(f)* ruler, dictator **Macht·hun·ger** *m* (*pej*) thirst for [*or* hunger after] power **macht·hung·rig** *adj* (*pej*) power-thirsty, hungry for power

mäch·tig *adj* ❶ (*einflussreich*) powerful, influential; ■**die M~en** the most powerful people; **ein ~es Imperium** a mighty empire ❷ (*gewaltig, beeindruckend*) powerful, mighty *attr;* **ein ~er Baum** a mighty tree; **ein ~es Gewitter** a violent storm; **mit ~er Stimme** in a powerful voice ❸ (*sättigend, schwer*) heavy ❹ (*fam: sehr stark, enorm*) extreme; ~ **stark** extremely strong; **sich ~ beeilen** to hurry like mad *fam;* **~en Durst/Hunger haben** to have a terrific thirst/hunger; **einen ~en Schlag bekommen** to receive a powerful blow; **wir haben ~es Glück gehabt** we had tremendous [*or* terrific] luck ❺ (*geh: kundig*) ■**einer S.** *gen* ~ **sein** to be knowledgeable about sth; **er ist der deutschen Sprache nicht ~** he does not have a good command of the German language; **seiner selbst nicht ~ sein** (*geh*) to have taken leave of one's senses ❻ BERGB (*dick*) thick, massive

Mäch·tig·keit <-> *f* ❶ *kein pl* (*großer Einfluss*) power ❷ *kein pl* (*mächtige Beschaffenheit*) strength, force, might ❸ *bes* BERGB (*Dicke*) thickness ❹ MATH potency

Macht·in·stinkt *m* (*fam*) power instinct, instinct for power **Macht·kampf** *m* power struggle

macht·los *adj* (*ohnmächtig, hilflos*) powerless, helpless; ■~ **gegen etw sein** to be powerless against sth; **jdm/etw ~ gegenüberstehen** to be powerless against sb/sth

Macht·lo·sig·keit <-> *f kein pl* powerlessness, helplessness

Macht·miss·brauch[RR] *m* abuse of power **Macht·mit·tel** *nt*

instrument of power **Macht·po·li·tik** *f* power politics *npl* **Macht·pro·be** *f* trial of strength **Macht·stel·lung** *f* position of power **Macht·stre·ben** *nt* aspiration to power **Macht·über·nah·me** *f s.* **Machtergreifung** **macht·voll** *adj* (*mächtig*) powerful, mighty; (*Stärke zeigend*) powerful **Macht·voll·kom·men·heit** *f* absolute power; **in** [*o* **aus**] **eigener** ~ on one's own authority **Macht·wech·sel** *m* change of government **Macht·wort** *nt* authoritative intervention; **ein** ~ **sprechen** to exercise one's authority

Mach·werk *nt* (*pej*) pathetic effort *pej;* **ein übles** ~ a poor piece of workmanship

Mach·zahl[RR] *f,* **Mach-Zahl** *f* Mach number

Ma·cke <-, -n> ['makə] *f* (*fam*) ❶ (*Schadstelle*) defect; **eine** ~ **im Lack** a dent in the paintwork ❷ (*sl: Tick, Eigenart*) quirk, foible; **eine** ~ **haben** (*sl*) to be off one's rocker, to have a screw loose *fam*

Ma·cker <-s, -> ['makɐ] *m* (*sl*) ❶ (*Typ*) guy, BRIT *a.* bloke ❷ (*Freund*) fellow, man, bloke BRIT ❸ (*Anführer*) boss; **der große** ~ **sein** to be the big boss; **den** ~ **machen** [*o* **spielen**] to act [*or* play] the tough guy ❹ NORDD (*Arbeitskollege*) colleague

Ma·da·gas·kar <-s> [mada'gaskar] *nt* Madagascar; *s. a.* **Deutschland**

Ma·da·gas·se, Ma·da·gas·sin <-n, -n> [mada'gasə, mada'gasɪn] *m, f* Malagasy; *s. a.* **Deutsche(r)**

Ma·da·gas·sisch [mada'gasɪʃ] *nt dekl wie adj* Malagasy; *s. a.* **Deutsch**

ma·da·gas·sisch [mada'gasɪʃ] *adj* Malagasy, Madagascan; *s. a.* **deutsch**

Ma·da·gas·si·sche <-n> *nt* ■**das** ~ Malagasy, the Malagasy language; *s. a.* **Deutsche**

Ma·dame <-, Mesdames> [ma'dam, *pl* meː'dam] *f* (*geh*) Madame

Mäd·chen <-s, -> ['mɛːtçən] *nt* ❶ (*weibliches Wesen*) girl; **ein** ~ **bekommen** to have a [baby] girl; **ein leichtes** ~ (*veraltend*) a tart; **ein spätes** ~ (*veraltend o euph*) an old maid *dated or hum* ❷ (*veraltend: Freundin*) girlfriend ❸ (*veraltend: Haushaltshilfe*) maid; ~ **für alles** (*fam*) girl/man Friday, BRIT *a.* dogsbody

Mäd·chen·buch *nt* girls' book **Mäd·chen·gym·na·si·um** *nt* girls' grammar school

mäd·chen·haft *adj* girlish; **ein** ~**es Gesicht haben** to have a girlish face; **sich** ~ **benehmen** to behave like a little girl

Mäd·chen·han·del *m kein pl* white slave traffic **Mäd·chen·händ·ler(in)** *m(f)* white slaver **Mäd·chen·klei·dung** *f* girls' clothes [*or* clothing] *no pl* **Mäd·chen·na·me** *m* ❶ (*Geburtsname einer Ehefrau*) maiden name ❷ (*Vorname*) girl's name **Mäd·chen·pen·si·o·nat** *nt* girls' boarding school **Mäd·chen·schu·he** *m pl* girls' shoes

Ma·de <-, -n> ['maːdə] *f* maggot ▶WENDUNGEN: **wie die** ~**[n] im Speck leben** (*fam*) to live [*or* lead] the life of Riley *fam,* to live [*or* be] in clover

Ma·dei·ra[1] [ma'deːra] *nt* Madeira; *s. a.* **Sylt**

Ma·dei·ra[2] <-s, -s> [ma'deːra] *m,* **Ma·dei·ra·wein** *m* Madeira

Mä·del <-s, -[s]> ['mɛːdl̩] *nt,* **Ma·d(e)l** <-s, -n> ['maːdl̩] *nt* SÜDD, ÖSTERR girl

Ma·den·ha·cker *m* ORN oxpecker

Mä·de·süß <-s> ['mɛːdəzyːs] *nt kein pl* BOT meadow sweet

ma·dig ['maːdɪç] *adj* maggoty, worm-eaten

ma·dig|ma·chen[RR] *vt* (*fam*) **jdn/etw** ~ to belittle sb/sth, to run sb down; **jdm etw** ~ to spoil sth [for sb]

Ma·don·na <-, Madonnen> [ma'dɔna, *pl* ma'dɔnən] *f* ❶ (*Gottesmutter Maria*) Madonna ❷ (*Darstellung der Gottesmutter*) Madonna

Ma·drid <-s> [ma'drɪt] *nt* Madrid

Ma·dri·gal <-s, -e> [madri'gaːl] *nt* madrigal

Ma·es·tro <-s, -s *o* Maestri> [ma'ɛstro, *pl* ma'ɛstri] *m* ❶ (*berühmter Musiker*) maestro ❷ (*veraltend: Musiklehrer*) music teacher

Ma·fia <-, s> ['mafi̯a] *f* ❶ (*Geheimorganisation*) the Mafia ❷ (*fig: verschworene Gruppe*) mafia; **eine** ~ **von Industriellen** the industrialists' mafia

Ma·fia-Boss[RR] *m* Mafia boss

ma·fi·os [ma'fi̯oːs] *adj* (*pej*) mafia-like; ~**e Methoden** mafia-like methods

Ma·fi·o·so <-[s], -si> [ma'fi̯ozo, *pl* ma'fi̯oːzi] *m* (*Mitglied einer Mafia-Gruppe*) Mafioso

Ma·ga·zin[1] <-s, -e> [maga'tsiːn] *nt* ❶ (*Patronenbehälter*) magazine; (*Behälter für Dias*) feeder ❷ (*Lager*) storeroom; (*von Sprengstoff, Waffen*) magazine; (*von Bibliothek*) stockroom; **etw im** ~ **aufbewahren** to keep sth in the storeroom

Ma·ga·zin[2] <-s, -e> [maga'tsiːn] *nt* ❶ (*bebilderte Zeitschrift*) magazine, journal; **ein literarisches** ~ a literary journal ❷ (*Fernsehsendung*) magazine programme [*or* AM -am]

Ma·ga·zi·ner(in) <-s, -> [maga'tsiːnɐ] *m(f)* SCHWEIZ, **Ma·ga·zi·neur(in)** <-s, -e> [magatsi'nøːɐ̯] *m(f)* ÖSTERR *s.* **Lagerverwalter**

Magd <-, Mägde> ['maːkt, *pl* 'mɛːkdə] *f* ❶ (*veraltend: Gehilfin für Haus-/Landarbeit*) farmgirl ❷ (*Jungfrau, Mädchen*) maid[en]; **eine holde** ~ a fair [*or* sweet] maid ▶WENDUNGEN: **die** ~ **des Herrn** the Virgin Mary

Ma·gen <-s, Mägen *o* -> ['maːgn̩, *pl* 'mɛːgn̩] *m* stomach, tummy *usu childspeak;* **ein voller** ~ a full stomach; **mit leerem** ~ with an empty stomach; **auf nüchternen** ~ on an empty stomach; **jdm den** ~ **auspumpen** to pump out sb's stomach; **etw liegt jdm schwer im** ~ (*fam*), **das Essen liegt jdm schwer im** ~ the food lies heavy on sb's stomach; (*fig: jdm sehr zu schaffen machen*) sth weighs heavily on [*or* troubles] sb; **einen nervösen/verstimmten** ~ **haben** to have a knot of nervousness in one's/an upset stomach; **mit leerem** ~ **zu Bett gehen** to go to bed hungry; **etwas/nichts im** ~ **haben** to have eaten/not have eaten sth; **jdm knurrt der** ~ (*fam*) sb's stomach rumbles; **sich** *dat* [**mit etw**] **den** ~ **verderben** [*o fam* **verkorksen**] to give oneself an upset stomach [by eating/drinking sth]; **sich den** ~ **vollschlagen** to stuff one's face ▶WENDUNGEN: **jdm hängt der** ~ **in den Kniekehlen** (*fam*) to be dying of hunger [*or* ravenous]; **jdm dreht** *fam* **sich der** ~ **um** sb's stomach turns; **etw schlägt jdm auf den** ~ (*fam*) sth gets to sb

Ma·gen·aus·gang *m* pylorus **Ma·gen·be·schwer·den** *pl* stomach trouble, indigestion **Ma·gen·bit·ter** <-s, -> *m* bitters *npl* **Ma·gen·blu·tung** *f* gastric haemorrhage [*or* AM hemorrhage] **Ma·gen-Darm-Ka·tarr**[RR] *m* gastroenteritis *no pl, no art* **Ma·gen-Darm-Trakt** *m* gastrointestinal tract **Ma·gen·drü·cken** <-s, -> *nt feeling of discomfort in the stomach* **Ma·gen·durch·bruch** *m* MED perforation of the stomach **Ma·gen·ein·gang** *m* cardia **ma·gen·freund·lich** *adj* gentle on the stomach **Ma·gen·ge·gend** *f* gastric region; ■**in der** ~ around the stomach **Ma·gen·ge·schwür** *nt* stomach [*or* peptic] ulcer **Ma·gen·gru·be** *f* pit of the stomach, epigastrium *spec* **Ma·gen·knur·ren** *nt* stomach rumble **Ma·gen·krampf** *m meist pl* gastric disorder **ma·gen·krank** *adj* suffering from a stomach disorder *pred* **Ma·gen·kran·ke(r)** *f(m) dekl wie adj* person suffering from a stomach disorder **Ma·gen·krank·heit** *f* stomach disorder **Ma·gen·krebs** *m* cancer of the stomach, gastric cancer **Ma·gen·ner·ven** *pl* **schwache** [*o* **keine**] ~ **haben** to have a weak stomach **Ma·gen·ope·ra·ti·on** *f* operation of the stomach **Ma·gen·re·sek·ti·on** *f* gastric resection **Ma·gen·saft** *m* gastric juice **Ma·gen·säu·re** *f* hydrochloric acid **Ma·gen·schleim·haut** *f* stomach lining *no pl,* gastric mucous membrane *no pl spec* **Ma·gen·schleim·haut·ent·zün·dung** *f* gastritis **Ma·gen·schmer·zen** *pl* stomach ache [*or pl* pains] **Ma·gen·spie·ge·lung** *f* gastrocopy **Ma·gen·ver·stim·mung** *f* upset stomach, stomach upset

ma·ger ['maːgɐ] *adj* ❶ (*dünn*) thin, skinny *pej* ❷ (*fettarm*) low-fat; ~**es Fleisch** lean meat; ~**e Kost** low-fat food; ~ **essen/kochen** to eat/cook low-fat foods ❸ (*wenig ertragreich*) poor, practically infertile [*or* barren]; ~**e Ernte** (*fig*) a poor harvest; ~**er Boden** infertile ground; **das ist aber eine ~e Ausbeute** those are poor [*or* lean] pickings; (*dürftig*) feeble; ~**e Jahre** barren years

Ma·ger·jo·ghurt *m o nt* low-fat yoghurt **Ma·ger·kä·se** *m* low-fat cheese

Ma·ger·keit <-> *f kein pl* ❶ (*dünne Beschaffenheit*) thinness *no pl,* skinniness *no pl pej* ❷ (*fettarme Beschaffenheit*) sth low in fat ❸ (*Dürftigkeit*) meagreness BRIT, meagerness AM

Ma·ger·milch *f kein pl* low-fat [*or* skimmed] [*or* skim] milk **Ma·ger·mo·tor** *m* lean-mix engine **Ma·ger·quark** *m kein pl* low-fat quark [*or* curd cheese] **Ma·ger·sucht** *f kein pl* anorexia **ma·ger·süch·tig** *adj inv* MED anorexic

Ma·gie <-> [ma'gi:] *f* ❶ (*Zauberei*) magic; **ein Meister der ~** a master magician; **schwarze ~** black magic ❷ (*geheime Anziehungskraft*) magic; ■**die ~ einer S.** *gen* the magic of sth

Ma·gier(in) <-s, -> ['ma:gi̯ɐ] *m(f)* magician

ma·gisch ['ma:gɪʃ] *adj* ❶ (*Zauberei betreffend*) magic; ~**e Kräfte** magic powers; **ein ~er Trank** a magic potion; **der ~e Zirkel** the magic circle ❷ (*rätselhaft, unerklärlich*) magical; **eine ~e Anziehungskraft haben** to have magical powers of attraction; **eine ~e Musik** enchanting music

Ma·gis·ter, Ma·gis·tra <-s, -> [ma'gɪste, ma'gɪstra] *m, f* ❶ *kein pl* (*Universitätsgrad* [*~ Artium*]) Master's degree, Master's *fam,* Master of Arts; **den ~ haben/machen** to hold/work on [*or* do] a Master's [degree] ❷ (*Inhaber des Universitätsgrades*) Master ❸ ÖSTERR (*Apotheker*) pharmacist; **~ [pharmaciae]** Master of Pharmacy ❹ (*veraltet: Lehrer*) [school]master *dated*

i Kultur

The **Magister Artium** is the most commonly awarded degree in the humanities and social sciences. Only certain combinations of major and minor subjects are permitted in a **Magister** course of study, generally either two majors or one major and two minors may be combined.
The introduction of the Bachelor and Master degrees a few years ago started a small revolution at German universities. The programmes give students the opportunity to complete their education quickly, and move on into the working world.

Ma·gis·ter·ar·beit *f* SCH Master's [degree] thesis [*or* dissertation]

Ma·gis·trat[1] <-[e]s, -e> [magɪs'tra:t] *m* ❶ (*Stadtverwaltung*) municipal [*or* city/town] council, municipal [*or* city/town] authorities *pl* ❷ (*hist*) alderman

Ma·gis·trat[2] <-en, -en> [magɪs'tra:t] *m* SCHWEIZ federal councillor [*or* AM councilor]

Mag·ma <-s, Magmen> ['magma, *pl* 'magmən] *nt* magma

magna cum laude ['magna kʊm 'laudə] magna cum laude; **sie bestand die Prüfung ~** she passed the exam with distinction

Ma·gnat <-en, -en> [ma'gna:t] *m* magnate

Ma·gne·sia <-> [ma'gne:zi̯a] *f kein pl* magnesia

Ma·gne·si·um <-s, *kein pl*> [ma'ge:zi̯ʊm] *nt* magnesium

Ma·gnet <-[e]s *o* -en, -e[n]> [ma'gne:t] *m* ❶ (*magnetisches Metallstück*) magnet ❷ (*fig: Anziehungspunkt*) magnet; **unser Stadtfest ist immer ein ~ für viele Menschen** our city festival always attracts a lot of people

Ma·gnet·bahn *f s.* **Magnetschwebebahn Ma·gnet·feld** *nt* magnetic field

ma·gne·tisch [ma'gne:tɪʃ] *adj* magnetic; **sie übte eine ~e Anziehungskraft auf ihn aus** he was irresistibly drawn to her

ma·gne·ti·sie·ren* [magneti'zi:rən] *vt* ❶ (*magnetisch machen*) ■**etw ~** to magnetize sth ❷ MED ■**jdn ~** to mesmerize sb

Ma·gne·tis·mus <-> [magne'tɪsmʊs] *m kein pl* ❶ PHYS magnetism ❷ (*Mesmerismus*) mesmerism, magnetism

Ma·gnet·kar·te *f* plastic card [with a magnetic strip] **Ma·gnet·kern** *m* magnet core **Ma·gnet·na·del** *f* magnetic needle **Ma·gne·to·sphä·re** <-> *f kein pl* magnetosphere **Ma·gnet·pol** *m* magnetic pole **Ma·gnet·schal·ter** *m* starter solenoid, solenoid starter switch *spec* **Ma·gnet·schwe·be·bahn** *f* magnetic railway **Ma·gnet·spu·le** *f* magnet coil **Ma·gnet·strei·fen** *m* magnetic strip

Ma·gno·lie <-, -n> [ma'gno:li̯ə] *f* Magnolia

mäh ['mɛ:] *interj* baa

Ma·ha·go·ni <-s> [maha'go:ni] *nt kein pl* mahogany

Ma·ha·go·ni·baum *m* mahogany tree **ma·ha·go·ni·far·ben** *adj* mahogany **Ma·ha·go·ni·schrank** *m* mahogany cupboard

Ma·ha·ra·dscha <-s, -s> [maha'ra:dʒa] *m* maharaja[h]

Ma·ha·ra·ni <-, -s> [maha'ra:ni] *f* maharani, maharanee

Mäh·bin·der <-s, -> *m* binder

Mahd[1] <-, -en> ['ma:t, *pl* 'ma:dn̩] *f* DIAL (*das Mähen*) mowing; (*gemähtes Gras*) mown grass, [new-mown] hay

Mahd[2] <-[e]s, Mähder> ['ma:t, *pl* 'mɛ:dɐ] *nt* ÖSTERR, SCHWEIZ (*Bergwiese*) high pasture

Mäh·dre·scher <-s, -> *m* combine harvester

mä·hen[1] ['mɛ:ən] *vt* (*abschneiden*) ■**etw ~** to mow sth; **das Gras ~** to mow the grass [*or* lawn]; (*ernten*) to reap; **ein Feld ~** to harvest a field; ■**das M~** the mowing

mä·hen[2] ['mɛ:ən] *vi* (*fam*) *Schaf* to bleat, to baa *fam*

Mahl <-[e]s, -e *o* Mähler> ['ma:l, *pl* 'mɛ:lɐ] *nt pl selten* (*geh*) ❶ (*Speise*) repast *form,* meal; **ein ~ zu sich nehmen** to have a meal ❷ (*Einnahme einer Mahlzeit*) meal; (*Fest~*) feast, banquet; **beim ~[e] sitzen** to be at [the] table

mah·len <mahlte, gemahlen> ['ma:lən] **I.** *vt* (*in einer Mühle zerreiben*) ■**etw [zu etw] ~** to grind sth [into sth]; **Getreide ~** to grind grain; (*durch Zerreiben herstellen*) to grind; **Mehl ~** to grind flour; ■**gemahlen** ground; **gemahlener Kaffee** ground coffee **II.** *vi* to chew carefully; **die Kiefer/Zähne ~** to grind [*or* gnash] one's teeth ► WENDUNGEN: **wer zuerst kommt, mahlt zuerst** (*prov*) the early bird catches the worm *prov*

Mahl·gut <-es> *nt kein pl* (*geh*) grist

mäh·lich ['mɛ:lɪx] *adj* (*poet*) *s.* **allmählich**

Mahl·stein *m s.* **Mühlstein Mahl·strom** *m s.* **Malstrom Mahl·zahn** *m* molar [tooth], mill tooth

Mahl·zeit ['ma:ltsait] *f* ❶ (*Essen*) meal; **eine kleine ~** a snack; **eine ~ zubereiten/zu sich nehmen** to prepare/have a meal ❷ (*Einnahme von Essen*) meal; **sich an die ~en halten** to eat meals at regular times; **gesegnete** *geh* **~!** bon appetit!, enjoy your meal!; **~!** DIAL (*fam*) ≈ [good] afternoon!, *greeting used during the lunch break in some parts of Germany* ► WENDUNGEN: **na dann prost ~!** (*fam*) well that's just brilliant [*or* wonderful] *iron fam*

Mäh·ma·schi·ne *f* (*für Gras*) mower; (*für Getreide*) harvester, reaper

Mahn·be·scheid *m,* **Mahn·brief** *m* reminder, writ for payment

Mäh·ne <-, -n> ['mɛ:nə] *f* mane; **eine lange ~** (*fig*) a long mane

mah·nen ['ma:nən] **I.** *vt* ❶ (*nachdrücklich erinnern*) ■**jdn [an etw [*o* wegen etw]] ~** to warn sb [of sth], to admonish sb *form;* **sie hat uns wegen der Gefahren gemahnt** she warned us of the dangers; ■**das M~** warning, admonishing *form* ❷ (*an eine Rechnung erinnern*) ■**jdn ~** to remind sb ❸ (*dringend auffordern*) ■**jdn zu etw ~** to urge sb to be/do sth; **jdn zur Geduld/Eile/Vorsicht ~** to urge sb to be patient/to hurry/to be careful; **die Dunkelheit mahnte die Wanderer zur Eile** (*fig*) the darkness urged them to hurry up; ■**jdn ~, etw zu tun** to urge sb to do sth **II.** *vi* (*geh*) ❶ (*gemahnen, erinnern*) ■**an etw ~** to be a reminder of sth ❷ (*veranlassen*) to cause; **der Wetterumschwung mahnte zur Eile** a change in the weather made us/him/her etc hurry; ■**zu etw ~** to urge sb to do sth

mah·nend **I.** *adj* (*ein Mahnen ausdrückend*) warning *attr,* admonitory *form;* ~**e Vorzeichen** foreboding premonition

II. *adv* (*in ~er Weise*) warningly, admonishingly; ~ **den Zeigefinger erheben** to raise one's index finger in warning
Mahn·ge·bühr *f* ADMIN dunning charge
Mahn·mal <-[e]s, -e *o selten* -mäler> ['ma:nma:l, *pl* -mɛ:lɐ] *nt* memorial
Mahn·schrei·ben *nt* (*geh*) *s.* **Mahnbrief**
Mah·nung <-, -en> *f* ❶ (*mahnende Äußerung*) warning, admonition *form,* admonishment *form;* **eine ~ zur Vorsicht beherzigen/missachten** to take to heart/ignore a warning to be careful ❷ (*geh: warnende Erinnerung*) reminder; **ich hoffe, das war ihm eine ~** I hope that taught him a lesson ❸ (*Mahnbrief*) reminder, demand [for payment]
Mahn·wa·che *f group of demonstrators quietly drawing attention to sth;* **eine ~ halten** to stage a quiet demonstration
Mäh·re <-, -n> ['mɛ:rə] *f* (*veraltend o pej*) jade
Mai <-[e]s *o* - *o poet* -en, -e> ['mai] *m pl selten* May AM; **der Erste ~** May Day; *s. a.* **Februar** ▶ WENDUNGEN: **im ~ seines Lebens stehen** to be in the springtime of life; **wie einst im ~** just like in the good old days *hum*
Mai·baum *m* ≈ maypole **Mai·blu·me** *f* mayflower **Mai·bow·le** [-bo:lə] *f white wine, champagne and woodruff punch*
Maid <-, -en> ['mait, *pl* 'maidn̩] *f* (*veraltet*) maiden *old*
Mai·fei·er·tag *m* (*geh*) May Day **Mai·fisch** *m* ZOOL, KOCHK allice [*or* allis] shad, alewife **Mai·glöck·chen** *nt* lily of the valley **Mai·kä·fer** *m* cockchafer **Mai·kö·ni·gin** *f* May queen **Mai·kund·ge·bung** *f* May Day rally
Mail <-, -s> [me:l] *f o* DIAL *nt* INET (*fam*) e-mail, email
Mail·box <-, -en> ['me:lbɔks] *f* INFORM mailbox
mai·len ['me:lən] *vt* ■**etw ~** INET (*fam*) to [e-]mail, to email
Mai·ling <-[s]> ['me:lɪŋ] *nt kein pl* ❶ ÖKON mailshot ❷ INFORM e-mail *no pl,* electronic mail *no pl*
Mail·or·der <-> ['me:lʔɔ:ɐ̯dɐ] *f kein pl* ÖKON mail order
Main <-, -[e]s> ['main] *m* the River Main, the Main river
Main·stream <-s> ['me:nstri:m] *m kein pl* (*Geschmack der Gesellschaftsmehrheit*) the mainstream; **~-Kultur** mainstream culture
Mainz <-> ['maints] *nt* Mainz
Mais <-es, -e> ['mais, *pl* 'maizə] *m* ❶ (*Anbaupflanze*) maize *no pl* BRIT, corn *no pl* AM ❷ (*Maisfrucht*) sweet corn
Mais·an·bau *m* cultivation of maize [*or* AM corn] *no pl* **Mais·brot** *nt* corn bread
Mai·sche <-, -n> ['maiʃə] *f* (*fachspr*) ❶ (*gekelterte Trauben*) must ❷ (*bei Bier-/Spiritusherstellung*) mash
Mais·feld *nt* maize field BRIT, cornfield AM **mais·gelb** *adj* bright yellow **Mais·keim·öl** *nt kein pl* cornseed [*or* maize germ] oil **Mais·kol·ben** *m* corncob **Mais·korn** *nt* grain of maize [*or* AM corn] **Mais·mehl** *nt* cornflour BRIT, cornstarch AM **Mais·stär·ke** *f* maize [*or* AM corn] starch **Mais·stau·de** *f* maize [*or* AM corn] bush
Ma·jes·tät <-, -en> [majɛs'tɛ:t] *f* ❶ (*Titel*) Majesty; **Kaiserliche/Königliche ~** Imperial/Royal Majesty; **Seine/Ihre/Eure** [*o* **Euer**] ~ His/Her/Your Majesty ❷ *kein pl* (*geh: Erhabenheit, Würde*) majesty; **die ~ der Alpen** the majesty of the Alps; **etw strahlt ~ aus** sth has majesty
ma·jes·tä·tisch [majɛs'tɛ:tɪʃ] **I.** *adj* majestic **II.** *adv* majestically
Ma·jo <-, -s> ['ma:i̯o] *f kurz für* **Mayonnaise** (*sl*) mayo *fam*
Ma·jo·nä·se <-, -n> [majo'nɛ:zə] *f* mayonnaise, mayo *fam*
Ma·jor(in) <-s, -e> [ma'jo:ɐ̯] *m(f)* major
Ma·jo·ran <-s, -e> ['ma:joran] *m* marjoram
ma·jo·ri·sie·ren* [majori'zi:rən] *vt* (*geh: überstimmen und beherrschen*) ■**jdn ~** to outvote sb
Ma·jo·ri·tät <-, -en> [majori'tɛ:t] *f* (*geh: Mehrheit*) majority *no pl;* **die ~ haben** to have a majority, to be in the majority
Ma·jo·ri·täts·be·schlussRR *m* (*Mehrheitsbeschluss*) majority decision **Ma·jo·ri·täts·prin·zip** *nt* (*Mehrheitsprinzip*) principle of majority rule **Ma·jo·ri·täts·wahl** *f* (*Mehrheitswahl*) majority vote
Ma·jorz <-es> [ma'jɔrts] *m kein pl* POL SCHWEIZ *s.* **Majoritätswahl**
ma·ka·ber [ma'ka:bɐ] *adj* macabre
Ma·ka·ke <-n, -n> [ma'ka:kə] *m* ZOOL macaque
Ma·ke·do·ni·en <-s> [make'do:ni̯ən] *nt s.* **Mazedonien**
Ma·ke·do·ni·er(in) <-s, -> [make'do:ni̯ɐ] *m(f) s.* **Mazedonier**
Ma·ke·do·nisch [make'do:nɪʃ] *nt dekl wie adj* Macedonian; *s. a.* **Deutsch**
ma·ke·do·nisch [make'do:nɪʃ] *adj* Macedonian; *s. a.* **deutsch**
Ma·ke·do·ni·sche <-n> *nt* ■**das ~** Macedonian, the Macedonian language; *s. a.* **Deutsche**
Ma·kel <-s, -> ['ma:kl̩] *m* ❶ (*Schandfleck*) blemish, stigma; **ein ~ auf jds** [**blütenreiner**] **Weste** to blot one's copybook; **an jdm haftet ein ~** a black mark against sb's name; **jdm haftet ein ~ an** (*geh*) sb's reputation is tarnished ❷ (*Fehler*) flaw; **ohne ~** flawless; **an jdm ist kein ~** sb's behaviour [*or* AM -or] is beyond reproach
Mä·ke·lei <-, -en> [mɛ:kə'lai] *f* (*pej*) ❶ *kein pl* (*Nörgelei*) moaning *no pl,* whing[e]ing *no pl* BRIT *fam,* whining *no pl* AM *fam* ❷ (*mäkelnde Äußerung*) moan
ma·kel·los *adj* ❶ (*untadelig*) unblemished, untainted, untarnished; **einen ~en Ruf haben** to have an unblemished [*or* untarnished] reputation; **ein ~es Zeugnis** an impeccable report ❷ (*fehlerlos*) perfect; **eine ~e Aussprache/Haut/Figur haben** to have perfect pronunciation/skin/a perfect figure; (*vollkommen*) completely; **etw ist ~ rein** sth is absolutely pure
Ma·kel·lo·sig·keit <-> *f kein pl* ❶ (*Untadeligkeit*) impeccability *no pl* ❷ (*Fehlerlosigkeit*) perfection, flawlessness *no pl*
ma·keln ['ma:kl̩n] **I.** *vt* ■**etw ~** to deal in sth; **er makelt Häuser** he is an agent for houses **II.** *vi* to act as a broker
mä·keln ['mɛ:kl̩n] *vi* (*pej fam*) to moan [*or fam* whinge] [about sth]; **sie hatte immer etwas zu ~** she always had sth to carp at
Make-up <-s, -s> [me:k'ʔap] *nt* make-up *no pl;* **ein tadelloses/scheußliches ~ tragen** to wear perfect/awful make-up
Mak·ka·ro·ni [maka'ro:ni] *pl* macaroni
Mak·ler(in) <-s, -> ['ma:klɐ] *m(f)* broker; (*Immobilien~*) estate agent BRIT, realtor AM
Mäk·ler(in) <-s, -> ['mɛ:klɐ] *m(f)* (*pej fam*) moaner, whinger BRIT *fam,* whiner AM *fam*
Mak·ler·ge·bühr *f* brok[er]age *no pl;* (*für Immobilien*) agent's commission [*or* fee]
Ma·kre·le <-, -n> [ma'kre:lə] *f* mackerel
ma·kro·bi·o·tisch [makro'bi̯o:tɪʃ] *adj* macrobiotic; **~e Kost** macrobiotic food; ■**sich ~ ernähren** to eat macrobiotic food, to stick to a macrobiotic diet **ma·kro·ke·phal** [makroke'fa:l] *adj* MED *s.* **makrozephal** **ma·kro·kos·misch** ['ma:krokɔsmɪʃ] *adj* macrocosmic **Ma·kro·kos·mos** ['ma:krokɔsmɔs] *m* macrocosm **Ma·kro·mo·le·kül** ['ma:kromoleky:l] *nt* BIOL macromolecule **ma·kro·mo·le·ku·lar** [makromoleku'la:ɐ̯] *adj* macromolecular
Ma·kro·ne <-, -n> [ma'kro:nə] *f* KOCHK macaroon
Ma·kro·struk·tur ['ma:krostrʊktu:ɐ̯] *f* (*fachspr*) macrostructure
makrozephal [makrotse'fa:l] *adj* MED macrocephalic, macrocephalous **Makrozephalie** [makrotsefa'li:] *f* MED macrocephaly *no pl*
Ma·ku·la·tur <-, -en> [makula'tu:ɐ̯] *f* waste paper; **Akten als ~ einstampfen** to pulp files to waste paper ▶ WENDUNGEN: **~ reden** (*fam*) to talk nonsense [*or* BRIT *fam* rubbish]
ma·ku·lie·ren* [maku'li:rən] *vt* ■**etw ~** to pulp sth
mal1 ['ma:l] *adv* ❶ MATH multiplied by, times; **drei mal drei ergibt neun** three times three is nine ❷ (*eben so*) **gerade ~** (*fam*) only; **sie war gerade ~ zwölf, als sie das Elternhaus verlassen musste** she had just turned twelve when she had to leave her parents' home
mal2 [ma:l] *adv* (*fam*) *kurz für* **einmal**
Mal1 <-[e]s, -e *o* nach Zahlwörtern: -> [ma:l] *nt* (*Zeitpunkt*) time; **ein anderes ~** another time; **einige/etliche ~e** some-

times/very often; **ein/kein einziges** ~ once/not once; **das erste** ~ the first time; **einmal ist immer das erste** ~ there's always a first time; **beim ersten/zweiten/letzten/...** ~ the first/second/last/ ... time; **zum ersten/letzten** ~ for the first/last time; **das letzte** ~ the last time; **ein letztes** ~ (*geh*) one last time; **mehrere** ~**e** several times; **das nächste** ~ [the] next time; **nächstes** ~ next time; **bis zum nächsten** ~**!** see you [around]!; **das soundsovielte** [*o* **x-te**] ~ (*fam*) the millionth time; **voriges** ~ last time; **das vorige** ~ [the] last time, on a number of occasions; **zum wiederholten** ~[**e**] over and over again, repeatedly; **das wievielte** ~**?** how many times? [*or* often?]; [**für**] **dieses** ~ this time; **dieses** ~ **werde ich ein Auge zudrücken** this time I'll turn a blind eye; ~ **für** ~ again and again; **von** ~ **zu** ~ increasingly; **er wird von** ~ **zu** ~ **besser** he gets better every time [I see him]; [**nur**] **das** [*o* **dieses**] **eine** ~**!** just this once; **das eine oder andere** ~ from time to time, now and again; **ein für alle** ~**e** (*fig*) once and for all; **mit einem** ~[**e**] (*fig*) all of a sudden

Mal[2] <-[e]s, -e *o* Mäler> ['ma:l, *pl* 'mɛ:lɐ] *nt* mark ① *pl -e* (*Hautverfärbung*) mark; (*Mutter~*) birthmark ② *pl Mäler* (*geh: Denkmal*) memorial, monument; **ein** ~ **errichten** to erect a monument ③ *pl -e* SPORT (*Feldmarkierung*) mark

ma·la·d(e) [ma'la:t, ma'la:də] *adj* (*selten fam*) sick, ill, unwell; **sich** ~ **fühlen** to feel ill

Ma·lai·isch [ma'laiɪʃ] *nt dekl wie adj* Malay[an]; *s. a.* **Deutsch**

Ma·lai·ische <-n> *nt* ■**das** ~ Malay[an], the Malay[an] language; *s. a.* **Deutsche**

Ma·lai·se [ma'lɛzə] *f* (*geh: unbefriedigende Situation*) malaise

Ma·la·ria <-> [ma'la:ri̯a] *f kein pl* malaria; ~ **bekommen** to come down with malaria

Ma·la·wi <-s> [ma'la:vi] *nt* Malawi; *s. a.* **Deutschland**

Ma·la·wi·er(in) <-s, -> [ma'la:vi̯ɐ] *m(f)* Malawian; *s. a.* **Deutsche**

ma·la·wisch [ma'la:vɪʃ] *adj* Malawian; *s. a.* **deutsch**

Ma·lay·sia <-s> [ma'laizi̯a] *nt* Malaysia; *s. a.* **Deutschland**

Ma·lay·si·er(in) <-s, -> [ma'laizi̯ɐ] *m(f)* Malaysian; *s. a.* **Deutsche(r)**

ma·lay·sisch [ma'laizɪʃ] *adj* Malayan; *s. a.* **deutsch**

Mal·buch *nt* colouring [*or* AM coloring] book

Ma·le·di·ven <-> [male'di:vn̩] *pl* ■**die** ~ the Maldives *npl,* the Maldive Islands *pl; s. a.* **Falklandinseln**

Ma·le·di·ver(in) <-s, -> *m(f)* Maldivian; *s. a.* **Deutsche(r)**

ma·le·di·visch *adj* Maldivian; *s. a.* **deutsch**

ma·len ['ma:lən] **I.** *vt* ① (*ein Bild herstellen*) to paint; **ein Bild/Porträt** ~ to paint a picture/portrait; **Schilder** ~ to paint signs; **einen Hintergrund** ~ to paint a background; (*künstlerisch darstellen*) paint; ■**jdn/etw** ~ to paint sb/sth; **eine Landschaft** ~ to paint a landscape; **jdn in Öl** ~ to paint sb in oils; ■**sich** ~ **lassen** to have one's portrait painted; **Figuren schwarz und weiß** ~ (*fig*) to interpret figures as black or white [*or* good or evil] ② DIAL (*anstreichen*) to paint; ■**etw** ~ to paint sth; **die Wände** ~ to paint the walls ③ (*schminken*) to paint; **sich die Nägel/Lippen** ~ to paint one's nails/lips **II.** *vi* to paint; **in meiner Freizeit male ich** I paint in my free time; **wo haben Sie das M~ gelernt?** where did you learn to paint? **III.** *vr* (*geh: widerspiegeln*) ■**etw malt sich auf etw** *dat* to suffuse sth; **auf ihrem Gesicht malte sich das blanke Entsetzen** total horror was mirrored on her face

Ma·ler(in) <-s, -> ['ma:lɐ] *m(f)* ① (*Künstler*) painter, artist ② (*Anstreicher*) painter

Ma·le·rei <-, -en> [malə'rai] *f* ① *kein pl* (*das Malen als Gattung*) painting; **moderne/zeitgenössische** ~ modern/contemporary painting; **sich mit der** ~ **beschäftigen** to be interested in painting[s] ② *meist pl* (*gemaltes Werk*) paintings *pl,* picture; **die** ~**en eines Meisters** the work of a master painter

Ma·ler·far·be *f* paint

ma·le·risch *adj* ① (*pittoresk*) picturesque; **ein** ~**er Anblick** a picturesque view; ~ **gelegen sein** to be located in a picturesque place ② (*die Malerei betreffend*) artistic; **eine** ~**e Interpretation/Sichtweise** an artistic interpretation/impression; **ein** ~**es Genie** an artistic genius

Mal·heur <-s, -s *o* -e> [ma'lø:ɐ̯] *nt* mishap; **das ist doch kein** ~**!** it's not the end of the world!; **jdm passiert ein** [**kleines**] ~ sb has a [slight] mishap

Ma·li <-s> ['ma:li] *nt* Mali; *s. a.* **Deutschland**

Ma·li·er(in) <-s, -> ['ma:li̯ɐ] *m(f)* Malian; *s. a.* **Deutsche(r)**

ma·li·gne [ma'lɪgnə] *adj* MED (*bösartig*) malignant

ma·lisch ['ma:lɪʃ] *adj* Malian; *s. a.* **deutsch**

ma·li·zi·ös [mali'tsi̯ø:s] *adj* (*geh*) malicious

Mal·kas·ten *m* paint box

Mal·lor·ca [ma'jɔrka] *nt* Mallorca; *s. a.* **Sylt**

mal|neh·men ['ma:lne:mən] *vt irreg* (*fam*) ■**etw mit etw** ~ to multiply sth by sth; ■**das M~** multiplication *no pl; s. a.* **multiplizieren**

Ma·lo·che <-> [ma'lo:xə] *f kein pl* (*sl*) [hard] work

ma·lo·chen* [ma'lo:xn̩] *vi* (*sl*) to slog [*or* slave] away; **auf dem Bau** ~ to slave away on the building site

Mal·stift *m* crayon

Mal·strom *m* (*liter*) maelstrom

Mal·ta ['malta] *nt* Malta; *s. a.* **Sylt**

Mal·tech·nik *f* [painting] technique

Mal·te·ser <-s, -> [mal'te:zɐ] *m* ① (*Bewohner Maltas*) Maltese + *sing/pl vb* ② (*Angehöriger des Malteserordens*) Knight of Malta

Mal·te·ser·or·den *m* the Order of the Knights of Malta

Mal·te·sisch [mal'te:zɪʃ] *nt dekl wie adj* Maltese; *s. a.* **Deutsch**

mal·te·sisch [mal'te:zɪʃ] *adj inv* GEOL Maltese

Mal·te·si·sche <-n> *nt* ■**das** ~ Maltese, the Maltese language; *s. a.* **Deutsche**

Mal·to·se [mal'to:zə] *f* maltose

mal·trä·tie·ren* [maltrɛ'ti:rən] *vt* (*geh*) ■**jdn** ~ to abuse [*or* maltreat] sb

Ma·lus <-ses, - *o* -se> ['ma:lʊs] *m* ① (*Prämienzuschlag bei Versicherungen*) extra premium ② (*ausgleichender Punktnachteil*) minus point, handicap

Mal·ve <-, -n> ['malvə] *f* BOT malva, mallow, hollyhock

mal·ven·far·ben, mal·ven·far·big ['malvən-] *adj* mauve

Mal·vi·nen [mal'vi:nən] *pl s.* **Falklandinseln**

Malz <-es> ['malts] *nt kein pl* malt

Malz·bier *nt* malt beer **Malz·bon·bon** *nt o m* malt sweet [*or* AM candy] [*or* lozenge] **Malz·es·sig** *m* malt vinegar **Malz·kaf·fee** *m* malted coffee substitute **Malz·zu·cker** *m* malt sugar

Ma·ma <-, -s> ['mama] *f* (*fam*), **Ma·ma** <-, -s> [ma'ma:] *f* (*veraltend geh*) mummy *fam,* mam[m]a *old,* mum; **grüßen Sie Ihre Frau** ~ my regards to your dear mother

Mam·ba <-, -s> ['mamba] *f* ZOOL mamba

Ma·mi <-, -s> ['mami] *f* (*fam*) *s.* **Mama**

Mam·mo·gra·phie, Mam·mo·gra·fie <-, -n> [mamogra'fi:, *pl* mamogra'fi:ən] *f* mammography

Mam·mon <-s> ['mamɔn] *m kein pl* (*pej o hum*) mammon *form or pej,* money; **der schnöde** ~ the rotten money, filthy lucre

Mam·mut <-s, -s *o* -e> ['mamʊt, 'mamu:t] *nt* mammoth

Mam·mut·baum *m* sequoia, giant redwood **Mam·mut·sit·zung** *f* marathon session **Mam·mut·tour·nee** *f* marathon tour **Mam·mut·ver·an·stal·tung** *f* huge [*or* mammoth] event **Mam·mut·ver·fah·ren** *nt* mammoth trial

mamp·fen ['mampfn̩] (*sl*) **I.** *vt* ■**etw** ~ to munch sth; **einen Schokoriegel** ~ to munch a bar of chocolate **II.** *vi* to munch

man[1] <*dat* einem, *akk* einen> ['man] *pron indef* ① (*irgendjemand*) they, one *form,* you; ■~ **tut etw** they/one does [*or* you do] sth; **das hat** ~ **mir gesagt** that's what I was told/they told me; ~ **hätte uns schon viel früher davon informieren müssen** we should have been informed much sooner ② (*die Leute*) people, they; **das trägt** ~ **heute so** that's the way it's worn today; **so etwas tut** ~ **nicht** that just isn't done ③ (*ich*)

~ **tut, was ~ kann** you do what you can; ~ **versteht sein eigenes Wort nicht** I can't hear myself think
man² ['man] *adv* NORDD (*fam: nur* [*als Bekräftigung*]) just; **lass' ~ gut sein** just leave it alone
Man [mæn] *nt* Isle of Man; *s. a.* **Sylt**
Ma·nage·ment <-s, -s> ['mɛnɪtʃmənt] *nt* ❶ (*Führung und Organisation eines Großunternehmens*) management + *sing/pl vb* ❷ (*Gruppe der Führungskräfte*) management; **das mittlere ~** the middle management; **dem ~ angehören** to be a member of the board
ma·na·gen ['mɛnɪdʒn̩] *vt* ■**etw/jd ~** to manage sth/sb ❶ (*bewältigen*) to manage; **etw gut ~** to manage sth well; **eine Aufgabe ~** to manage to complete a task; (*organisieren*) to organize ❷ (*eine Persönlichkeit betreuen*) to manage
Ma·na·ger(in) <-s, -> ['mɛnɪdʒɐ] *m(f)* manager
Ma·na·ger·krank·heit ['mɛnɪdʒɐ-] *f kein pl* (*fam*) stress-related illness; ■**an der ~ leiden** to suffer from stress
manch ['manç] *pron indef, inv* ❶ *mit ein*[*e*] + *Substantiv* (*einige/viele*) many a, many; **so ~ ein Kind hat Probleme in der Schule** many children have problems at school ❷ *mit substantiviertem Adjektiv* (*viel*) many ... things; ~ **anderer** many others; ~ **eine(r)** (*einige*) many ❸ *mit Adjektiv und Substantiv im Singular* (*viele*) many a, many; ~ **großes Unrecht wird nie geahndet** many a wrong goes/many wrongs go unpunished
man·che(r, s) *pron indef* ❶ *adjektivisch, mit Plural* (*einige*) many, some; ~ **Menschen sind einfach klüger als andere** some people are simply cleverer than others ❷ *adjektivisch, mit Singular* a lot of, many a; **~s Los ist schwer zu ertragen** many lots are difficult to endure ❸ *adjektivisch, mit substantiviertem Adjektiv* many [*or* a lot of] ... things, quite a few; **~es Gute** much good ❹ *substantivisch* (*einige*[*s*], *viel*[*es*]) many + *pl vb;* **ich habe viele Freunde, aber ~ sehe ich nur selten** I have a lot of friends, but some [of them] I only see rarely; ~ **Menschen** many people; (*bei Dingen*) many [things]; **in ~m** (*in einigem*) in many respects, in much [*or* many] of; **in ~em sieht man keinen Sinn** some things make no sense ❺ *substantivisch* (*viele/einige Dinge*) ■**~s** much/many, a lot of; **es gibt ~s zwischen Himmel und Erde, was man sich nicht erklären kann** there are many things between heaven and earth that cannot be explained ❻ *substantivisch* (*nicht wenige*) ■**~r, der/~, die** many people [*or* a person] who; ~ **von meinen Schulfreunden sind heute schon tot** many of my school friends have already passed away ❼ *substantivisch* ■**~s, was** much [*or* a lot] of what; **ich habe schon ~s bereut, was ich im Leben gesagt habe** I have come to regret a lot of the things I've said during my lifetime
man·cher·lei ['mançɐ'lai] ❶ *inv, adjektivisch* (*dieses und jenes*) all sorts of, various; ~ **Ursachen** all sorts of causes ❷ *substantivisch* (*Verschiedenes*) many things, various; **ich könnte ~ über ihn sagen** I could say a lot of things about him
man·cher·or·ten ['mançɐ'ʔɔrtn̩], **man·cher·orts** ['mançɐ'ʔɔrts] *adv* (*geh*) here and there; ~ **leben die Menschen noch wie vor hundert Jahren** in some places, people still live as they used to one hundred years ago
manch·mal ['mançma:l] *adv* ❶ (*gelegentlich*) sometimes ❷ SCHWEIZ (*oft*) often
Man·dant(in) <-en, -en> [man'dant] *m(f)* (*fachspr*) client
Man·da·rin <-s, -e> [manda'ri:n] *m* mandarin
Man·da·ri·ne <-, -n> [manda'ri:nə] *f* (*hist*) mandarin
Man·dat <-[e]s, -e> [man'da:t] *nt* ❶ (*Abgeordnetensitz*) seat; **ein ~ gewinnen** to win a seat; **sein ~ niederlegen** to resign [*or* give up] one's seat ❷ (*Auftrag eines Juristen*) mandate; **ein ~ übernehmen** to take over a mandate; (*Auftrag eines Abgeordneten*) mandate; **ein politisches ~** a political mandate
Man·del¹ <-, -n> ['mandl̩] *f* almond; **gebrannte ~n** sugared, roasted almonds; **bittere/süße ~n** bitter/sweet almonds
Man·del² <-, -n> ['mandl̩] *f meist pl* ANAT tonsils *pl;* **entzündete ~n** inflamed tonsils; **die ~n herausbekommen** (*fam*) to have one's tonsils removed
Man·del·au·gen *pl* (*geh*) almond-shaped eyes **man·del·äu·gig** *adj* (*geh*) almond-eyed **Man·del·baum** *m* almond tree
Man·del·ent·zün·dung *f* tonsilitis *no art, no pl;* **eine ~ haben** to have tonsilitis
man·del·för·mig *adj* almond-shaped **Man·del·kern** *m s.* **Mandel¹ Man·del·kleie** *f* almond bran **Man·del·öl** *nt* almond oil
Man·del·ope·ra·ti·on *f* MED tonsillectomy
Man·do·li·ne <-, -n> [mando'li:nə] *f* mandolin[e]
Man·drill <-s, -e> [man'drɪl] *m* mandrill
Man·dschu·rei <-> [mandʒu'rai, mantʃu'rai] *f* Manchuria
Ma·ne·ge <-, -n> [ma'ne:ʒə] *f* ring, arena; ~ **frei!** clear the ring!
Man·gan <-s> [maŋ'ga:n] *nt kein pl* manganese *no pl*
Man·gel¹ <-s, Mängel> ['maŋl̩, *pl* 'mɛŋl̩] *m* ❶ (*Fehler*) defect, flaw; **technische Mängel** technical defects; **einen ~ beheben** [*o* **beseitigen**]/**erkennen** to eradicate/recognize flaws; **mit Mängeln behaftet sein** to be full of flaws ❷ *kein pl* (*Knappheit*) lack, shortage; **es besteht** [*o* **herrscht**] **~ an etw** *dat* there is a lack of sth; **ein ~ an Vitamin C** vitamin C deficiency; **einen ~ an Zuversicht haben** to have little confidence; **keinen ~ leiden** to not want for anything; **wegen ~s** [*o* **aus ~**] **an Beweisen** *dat* due to a/the lack of evidence
Man·gel² <-, -n> ['maŋl̩] *f* mangle ▸ WENDUNGEN: **jdn durch die ~ drehen** [*o* **jdn in der ~ haben**] [*o* **jdn in die ~ nehmen**] (*fam*) to grill sb *fam,* to give sb a grilling *fam*
Man·gel·be·ruf *m* understaffed profession **Man·gel·er·schei·nung** *f* deficiency symptom
män·gel·frei *adj* flawless
man·gel·haft *adj* ❶ (*unzureichend*) insufficient, inadequate; **~e Informationen** insufficient information; **eine ~e Leistung** a poor performance; **~e Kenntnisse** limited knowledge *no pl* ❷ (*zweitschlechteste Schulnote*) poor ❸ (*Mängel aufweisend*) faulty; **eine ~e Software** faulty software
Man·gel·krank·heit *f* deficiency disease
man·geln¹ ['maŋl̩n] *vi* ❶ *impers* (*ungenügend vorhanden sein*) ■**es mangelt an etw** there is a shortage of sth; **es mangelt vor allem an Lebensmitteln** above all there is a food shortage; ■**es mangelt** [**jdm**] **an etw** *dat* sb does not have enough of sth; **es jdm an nichts** *dat* **~ lassen** to make sure sb doesn't want for anything; ■**es mangelt jdm an etw** *dat* sb lacks [*or* does not have] sth; **dir mangelt es an der nötigen Reife** you do not have the necessary maturity [*or* are too immature] ❷ (*nicht vorhanden sein*) ■**etw mangelt jdm** sb lacks [*or* does not have] sth; **jdm mangelt der Ernst** sb is not serious enough
man·geln² ['maŋl̩n] *vt* (*mit der Mangel² glätten*) ■**etw ~** to press sth, to put sth through the mangle
man·gelnd *adj* inadequate, insufficient; **sein größtes Problem ist sein ~es Selbstvertrauen** his main problem is his lack of self-confidence
man·gels ['maŋl̩s] *präp mit gen* (*geh*) ■**~ einer S.** *gen* due to the lack of sth; ~ **Beweise[n]** due to the lack of evidence; ~ **Geldes** due to insufficient funds
Man·gel·wa·re *f* scarce commodity; ~ **sein** to be a rare commodity
Man·go <-, -gonen *o* -s> ['maŋgo, *pl* maŋ'go:nən] *f* mango
Man·go·baum ['maŋgo-] *m* mango tree
Man·gold <-[e]s, -e> ['maŋgɔlt, *pl* 'maŋgɔldə] *m* Swiss chard
Man·gro·ve <-, -n> [maŋ'gro:və] *f* mangrove
Ma·nie <-, -n> [ma'ni:, *pl* ma'ni:ən] *f* ❶ (*geh: Besessenheit*) obsession; **sie hat eine regelrechte Computer~** she's really obsessed with computers ❷ PSYCH mania
Ma·nier <-, -en> [ma'ni:ɐ̯] *f* ❶ *kein pl* (*geh: Art und Weise*) manner, style; **nach deutscher ~** the way the Germans do it; **nach bewährter ~** following a tried and tested method; **in der ~ Brechts** à la Brecht ❷ *pl* (*Umgangsformen*) manners; **gute/schlechte ~en haben** to have good/bad manners; **jdm**

~**en beibringen** to teach sb some manners; **wo sind denn deine ~en!** (*fam*) where are your manners?!
ma·nie·riert [mani'ri:ɐ̯t] *adj* (*pej geh*) affected; **ein ~er Stil** an affected style
Ma·nie·ris·mus <-> [mani'rɪsmʊs] *m kein pl* mannerism *no art*
ma·nier·lich [ma'ni:ɐ̯lɪç] *adj* (*veraltend*) presentable, respectable; **~es Benehmen** respectable behaviour [*or* AM -or]; (*bei Kindern*) well-behaved; **sich ~ benehmen** to behave properly; **~ essen** to eat properly
Ma·ni·fest <-[e]s, -e> [mani'fɛst] *nt* ❶ (*öffentlich dargelegtes Programm*) manifesto; **das Kommunistische ~** the Communist Manifesto; **ein ~ verfassen** to draw up a manifesto ❷ NAUT manifest
Ma·ni·fes·tant(in) <-en, -en> [manifɛs'tant] *m(f)* ÖSTERR, SCHWEIZ demonstrator
Ma·ni·fes·ta·ti·on <-, -en> [manifɛsta'tsi̯o:n] *f* ❶ PSYCH, MED manifestation *form* ❷ (*öffentliche Bekundung, offensichtlicher Beweis*) demonstration
ma·ni·fes·tie·ren* [manifɛs'ti:rən] *vr* (*geh*) ❶ (*zu Tage treten*) ■**sich in etw** *dat* **~** to become manifest [*or* apparent] in sth, to manifest itself in sth *form* ❷ MED, PSYCH (*auftreten*) ■**sich in jdm ~** *Beschwerden, Symptome, etc.* to become manifest in sb
Ma·ni·kü·re[1] <-> [mani'ky:rə] *f kein pl* manicure; **~ machen** to do a manicure
Ma·ni·kü·re[2] <-, -n> [mani'ky:rə] *f* manicurist
ma·ni·kü·ren* [mani'ky:rən] *vt* ■**jdn/etw ~** to manicure sb's hands/nails/[sb's] sth, to give somebody's hands/nails/sth a manicure
Ma·ni·ok <-s, -s> [ma'ni̯ɔk] *m* BOT, AGR manioc, cassava
Ma·ni·pu·la·ti·on <-, -en> [manipula'tsi̯o:n] *f* (*geh*) ❶ (*bewusste Beeinflussung*) manipulation *esp pej* ❷ *meist pl* (*pej: Machenschaften*) manipulation[s *pl*] *esp pej;* (*Trick*) manoeuvre BRIT, maneuver AM
ma·ni·pu·lier·bar *adj* (*geh*) manipulable *a. pej;* **~er Mensch** malleable [*or pej* manipulable] person; **leicht/schwer ~ sein** to be easily manipulated [*or* easy to manipulate]/difficult to manipulate *a. pej*
Ma·ni·pu·lier·bar·keit <-> *f kein pl* manipulability *no pl a. pej; Mensch a.* malleability
ma·ni·pu·lie·ren* [manipu'li:rən] **I.** *vt* ■**jdn/etw ~** to manipulate sb/sth; **jdn geschickt ~** to handle sb skilfully BRIT [*or* AM skillfully] **II.** *vi* ■**an etw** *dat* **~** to tamper with sth; *Wahlergebnisse* to rig sth
Ma·ni·pu·lie·rung <-, -en> *f s.* **Manipulation 1**
ma·nisch ['ma:nɪʃ] *adj* manic; PSYCH maniac[al], manic
ma·nisch-de·pres·siv *adj* MED, PSYCH manic-depressive
Man·ko <-s, -s> ['maŋko] *nt* ❶ (*Nachteil*) shortcoming; **ein [entscheidendes/großes] ~ haben** [*o geh* **aufweisen**] to have a crucial/significant [*or* serious] shortcoming ❷ FIN (*Fehlbetrag*) deficit; **~ machen** (*fam*) to make a loss
Mann <-[e]s, Männer *o* Leute> ['man, *pl* 'mɛnɐ] *m* ❶ (*erwachsener männlicher Mensch*) man; ■**Männer** men; (*im Gegensatz zu den Frauen a.*) males; **ein feiner ~** a [perfect] gentleman; **ein ~ schneller Entschlüsse/der Tat/weniger Worte** a man of quick decisions/of action/of few words; **ein ~ mit Ideen/festen Überzeugungen** a man with ideas/firm convictions; **ein ~ von Format/Welt** a man of high calibre [*or* AM -er]/of the world; **der ~ auf der Straße** the man in the street, Joe Bloggs BRIT, John Doe AM; **ein ~ des Todes sein** (*fam*) to be dead meat *fam!* [*or* a dead man]; **ein ~ aus dem Volk[e]** a man of the [common] people; **ein ~ von Wort** (*geh*) a man of his word; **der böse ~** the bogeyman [*or* bogyman] [*or* AM *a.* boogeyman]; **ein ganzer ~** a real [*or* every inch a] man; **den ganzen ~ erfordern** to need a [real] man; (*im Allgemeinen*) to be not for the faint-hearted; **jd ist ein gemachter ~** sb has got it made *fam;* **~s genug sein, etw zu tun** to be man enough to do sth; **junger ~!** young man!; **der kleine** [*o* **gemeine**] **~** the common [*or* ordinary] man, the man in the street, Joe Bloggs BRIT, John Doe AM; **der kleine ~** (*euph fam: Penis*) Johnson *sl,* BRIT *a.* John Thomas *sl;* **der böse** [*o veraltend* **schwarze**] **~** (*Kinderschreck*) the bogeyman [*or* bogyman] [*or* AM *a.* boogeyman]; (*Kaminfeger*) chimney sweep; **den starken ~ markieren** [*o* **spielen**] (*derb*) to come [on] [*or* AM play] the strongman; **den wilden ~ spielen** [*o* **machen**] (*fam*) to rave like a madman *fam;* **auf den ~ dressiert** *Hund* trained to attack people *pred;* **der ~ jds Lebens sein** to be sb's ideal man; **der ~ im Mond** the man in the moon; **ein ~, ein Wort** an honest man's word is as good as his bond *prov;* **ein ~, ein Wort, und so tat er es auch** and, as good as his word, he did [do] it; **den toten ~ machen** (*beim Schwimmen*) to float [on one's back] ❷ (*Ehemann*) ■**jds ~** sb's husband [*or fam* man] [*or fam* hubby]; **~ und Frau werden** (*geh*) to become husband [*or dated* man] and wife; **jds zukünftiger ~** sb's future husband; **eine Frau an den ~ bringen** (*fam*) to marry off a woman *sep fam or a. pej,* to find a woman a husband; **jdn zum ~ haben** to be sb's husband; **jds ~ werden** to become sb's husband ❸ (*Person*) man; **sie kamen mit acht ~ an** eight [of them] arrived; **ein ~ vom Fach** an expert; **der richtige ~ am richtigen Ort** the right man for the job; **ein ~ der Praxis** a practised [*or* AM -iced] [*or* an old] hand; **[genau] jds ~ sein** to be [just] sb's man; **seinen/ihren ~ stehen** to hold one's own; **~ für ~** every single one; **~ gegen ~** man against man; **pro ~** per head; **selbst ist der ~!** there's nothing like doing things [*or* it] yourself; **wie ein ~** as a [*or* one] man; NAUT (*Besatzungsmitglied a.*) hand; **~ über Bord!** man overboard!; **alle ~ an Bord!** all aboard!; **alle ~ an Deck!** all hands on deck!; **alle ~ an die Taue!** all hands heave to!; **mit ~ und Maus untergehen** (*fam*) to go down with all hands ❹ (*fam: in Ausrufen*) **~ Gottes!** God [Almighty]!; **[mein] lieber ~!** (*herrje!*) my God! *fam;* (*pass bloß auf!*) please!; **o ~!** oh hell! *fam;* **~, o ~!** dear[ie] me! *fam,* oh boy! *fam;* **~!** (*bewundernd*) wow! *fam;* (*herausfordernd*) hey! *fam* ► WENDUNGEN: **der kluge ~ baut vor** (*prov*) the wise man takes precautions; **einen kleinen ~ im Ohr haben** (*veraltend o hum fam*) to have bats in one's belfry *dated fam,* to be crazy *fam;* **etw an den ~ bringen** (*fam*) to get rid of sth; (*fig fam*) perhaps you can get your parents to listen to this story!; *s. a.* **Mannen**
Männ·chen <-s, -> ['mɛnçən] *nt* ❶ *dim von* **Mann** little man *a. pej;* **~ machen** *Hund, dressiertes Tier* to stand up on its/their hind legs, to [sit up and] beg ❷ (*Strichmännchen*) [match]stick man [*or* figure]; **~ malen** to draw [match]stick men [*or* figures]; (*fig*) to doodle ❸ (*männliches Tier*) male; *Vogel a.* cock
Mann·de·ckung *f kein pl* SPORT man-to-man marking [*or* AM defense]
Man·nen ['manən] *pl* ❶ HIST men ❷ (*tüchtige Mitarbeiter*) men, troops *fam,* BRIT *a.* lads *fam*
Man·ne·quin <-s, -s> ['manəkɛ̃, manə'kɛ̃:] *nt nur fem* [fashion] model
Män·ner ['mɛnɐ] *pl von* **Mann**
Män·ner·be·kannt·schaft *f meist pl* boyfriend, male [*or* man] friend, male acquaintance *euph* **Män·ner·be·ruf** *m* male profession **Män·ner·be·we·gung** *f* ■**die ~** the men's movement **Män·ner·bün·de·lei** <-, -en> *f* (*pej fam*) male intrigue[s *pl*] **Män·ner·chor** *m* male-voice [*or* men's] choir **Män·ner·do·mä·ne** *f* male preserve **män·ner·do·mi·niert** *adj* male-dominated **Män·ner·fang** *m* **auf ~ [aus]gehen/sein** (*fam*) to go/be looking for a man **Män·ner·ge·schich·ten** *pl* ■**jds ~** sb's affairs with men **Män·ner·ge·sell·schaft** *f* ❶ SOZIOL (*vom männlichen Geschlecht dominiertes Gesellschaftssystem*) male-dominated society ❷ (*Gesellschaft von, Zusammensein mit Männern*) predominantly male company *no pl;* **in ~** in the company of men [*or* male company] **Män·ner·hand** *f* ■**eine ~** a man's hand **Män·ner·hass**RR *m* hatred of men, misandry *spec* **Män·ner·klei·der** *pl* men's clothing *no pl* **Män·ner·lei·**

M

den *nt* illness/complaint afflicting men **Mạ̈n·ner·mann·schaft** *f* SPORT men's team **mạ̈n·ner·mor·dend** *adj* (*hum fam*) man-eating *hum* **Mạ̈n·ner·or·den** *m* REL male [*or* men's] order **Mạ̈n·ner·sa·che** *f* man's affair [*or* business]; (*Fachgebiet*) male preserve; (*Arbeit*) man's job **Mạ̈n·ner·stim·me** *f* (*männliche Stimme*) man's [*or* male] voice; **eine raue ~** a gruff male voice; MUS male voice **Mạ̈n·ner·treu** <-, -> *f* BOT speedwell, veronica **Mạ̈n·ner·über·schuss**[RR] *m* surplus of men

Mạn·nes·al·ter *nt* ■ **das ~** manhood *no art;* **im besten ~ sein** to be in one's prime [*or* in the prime of [one's] life [*or* manhood]]

mạnn·haft I. *adj* brave, valiant; **~er Widerstand** stout resistance II. *adv* bravely, valiantly; **~ Widerstand leisten** to put up [a] stout resistance

Mạnn·haf·tig·keit <-> *f kein pl* valour [*or* AM -or]

man·nig·fach ['manɪçfax] *adj attr* (*geh*) multifarious *form,* manifold *liter*

man·nig·fal·tig ['manɪçfaltɪç] *adj* (*geh*) *s.* **vielfältig**

Mạn·nig·fal·tig·keit <-> *f kein pl* (*geh*) *s.* **Vielfältigkeit**

Männ·lein <-s, -> ['mɛnlain] *nt dim von* **Mann** little man, midget, man[n]ikin; **~ und Weiblein** (*hum fam*) boys and girls *hum*

männ·lich ['mɛnlɪç] *adj* ① (*des Mannes*) male; **die ~en Drüsen** the glands of the male; **ein ~er Vorname** a man's/boy's name ② (*für den Mann typisch*) male; **ein ~er Duft/eine ~e Erscheinung** a masculine scent/appearance ③ (*mannhaft*) manly ④ (*maskulin*) masculine; **eine ~e Frau** a masculine [*or pej* mannish] woman ⑤ LING, LIT masculine ⑥ *Tier, Pflanze* male; **das ~e Tier** the male [animal]; **~e Pflanzen** male [*or spec* staminate] plants

Männ·lich·keit <-> *f kein pl* manliness *no pl,* masculinity *no pl*

Mạ̈nn·lich·keits·ri·tu·al *nt* SOZIOL manhood ritual; **sich** *akk* **einem ~ unterziehen** to undergo a manhood ritual, to prove one's manhood

Mạnns·bild *nt* SÜDD, ÖSTERR (*fam*) he-man; **ein gestandenes ~ sein** to be a fine figure of a man

Mạnn·schaft <-, -en> *f* ① SPORT team ② (*Schiffs- o Flugzeugbesatzung*) crew ③ (*Gruppe von Mitarbeitern*) staff + *sing/pl vb;* **vor versammelter ~** in front of the staff; (*vor aller Augen*) in front of everyone ④ *pl* MIL enlisted men

Mạnn·schafts·geist *m kein pl* team spirit *no pl* **Mạnn·schafts·kampf** *m* team sport **Mạnn·schafts·raum** *m* crew's quarters *pl* **Mạnn·schafts·sport** *m* team sport **Mạnn·schafts·wa·gen** *m der Polizei* police van; MIL troop [*or* personnel] carrier; (*beim Radrennen*) team car **Mạnn·schafts·wer·tung** *f* team holdings *pl* **Mạnn·schafts·wett·be·werb** *m* team competition **Mạnn·schafts·zeit·fah·ren** *nt* team time trials *pl*

mạnns·hoch *adj* [as] tall as a man *pred,* ≈ six-foot *attr,* ≈ six feet [*or* foot] high/deep *pred* **mạnns·toll** *adj* (*pej*) man-crazy *fam,* nymphomaniac

Mạnn·weib *nt* (*pej*) masculine [*or pej* mannish] woman

Ma·no·me·ter[1] <-s, -> [mano'me:tɐ] *nt* TECH pressure gauge

Ma·no·me·ter[2] [mano'me:tɐ] *interj* (*fam*) boy oh boy! *fam,* BRIT *a.* Gordon Bennett! *hum fam*

Ma·nö·ver <-s, -> [ma'nø:vɐ] *nt* ① MIL manoeuvre BRIT, maneuver AM; **ins ~ gehen** [*o* **ziehen**] to go on manoeuvres ② (*das Manövrieren* (*eines Fahrzeugs*)) manoeuvre BRIT, maneuver AM; **das war vielleicht ein ~!** that took some manoeuvring! ③ (*pej: Winkelzug*) trick, manoeuvre BRIT, maneuver AM

Ma·nö·ver·kri·tik [ma'nø:vɐkriti:k] *f* ① MIL critique of a manoeuvre [*or* AM maneuver] ② (*abschließende Besprechung*) inquest, post-mortem *fig fam* **Ma·nö·ver·scha·den** [ma'nø:vɐ-] *m* MIL damage caused by military manoeuvres [*or* AM maneuvers]

ma·nö·vrie·ren* [manø'vri:rən] I. *vi* ① (*hin und her lenken*) ■ **[mit etw] ~** to manoeuvre [*or* AM maneuver] [sth], to handle sth; **mit etw geschickt ~** to handle [*or* manoeuvre] [*or* AM maneuver] sth skilfully ② (*meist pej: lavieren*) **[geschickt/vorsichtig] ~** to manoeuvre [*or* AM maneuver] [cleverly [*or* skilfully] [*or* AM skillfully]/carefully] II. *vt* ■ **etw [aus etw** *dat/* **durch/um/in etw** *akk*] **~** to manoeuvre [*or* AM maneuver] sth [out of/through/around/into sth]

ma·nö·vrier·fähig [manø'vri:r-] *adj* manoeuvrable BRIT, maneuverable AM **ma·nö·vri̱er·un·fä·hig** *adj* not manoeuvrable [*or* AM maneuverable], disabled

Man·sar·de <-, -n> [man'zardə] *f* ① (*Dachzimmer*) mansard ② (*Spitzboden*) attic; ■ **auf der ~** in the attic

Man·schet·te <-, -n> [man'ʃɛtə] *f* ① (*Ärmelaufschlag*) [shirt] cuff ② MED collar; *Blutdruckmesser* cuff ③ (*Dichtungsring*) collar, packing *no pl* ▶ WENDUNGEN: **~n haben** (*veraltend fam*) to be scared stupid [*or fam* stiff]; **jd hat ~n vor jdm/etw** (*veraltend fam*) sb/the thought of sth scares the living daylights out of sb *fam,* BRIT *a.* sb/sth puts the wind up sb *fam*

Man·schẹt·ten·knopf *m* cuff link

Man·tel <-s, Mäntel> ['mantl̩, *pl* 'mɛntl̩] *m* ① (*Kleidungsstück*) coat; (*weit geschnitten*) cloak; (*Wintermantel*) overcoat, greatcoat ② TECH sheath, covering; (*Geschossmantel*) jacket, casing ③ AUTO outer tyre [*or* AM tire], casing ▶ WENDUNGEN: **den ~ des Schweigens über etw** *akk* **breiten** (*geh*) to keep sth under wraps

Män·tel·chen <-s, -> ['mɛntl̩çən] *nt dim von* **Mantel** little [*or* small] coat, BRIT *a.* coatee ▶ WENDUNGEN: **sein ~ nach dem Wind[e] drehen** [*o* **hängen**] [*o* **kehren**] to trim one's sails to the wind, to swim with the tide; **einer Sache** *dat* **ein ~ umhängen** to cover [*or pej* hush] up sth *sep,* to gloss over sth

Mạn·tel·fut·ter *nt* [coat] lining **Mạn·tel·knopf** *m* coat button **Mạn·tel·kra·gen** *m* [coat] collar **Mạn·tel·mö·we** *f* ORN great black-backed gull **Mạn·tel·stoff** *m* coat fabric, coating *spec,* overcoating *spec* **Mạn·tel·ta·rif·ver·trag** *m* ÖKON, POL skeleton wage agreement **Mạn·tel·tier** *nt* ZOOL tunicate

Ma·nu·al <-s, -e> [ma'nu̯a:l] *nt* MUS manual

ma·nu·ell [ma'nu̯ɛl] I. *adj* manual II. *adv* manually, by hand

Ma·nu·fak·tur <-, -en> [manufak'tu:ɐ̯] *f* ① (*geh*) factory; (*kleiner*) workshop ② ÖKON (*hist*) manufactory *hist*

Ma·nu·skript <-[e]s, -e> [manu'skrɪpt] *nt* manuscript; (*geschrieben a.*) MS

Ma·o·is·mus <-> [mao'ɪsmʊs] *m kein pl* POL Maoism

Ma·o·ri [ma'o:ri] *nt* Maori; *s. a.* **Deutsch**

Map·pe <-, -n> ['mapə] *f* ① (*Schnellhefter*) folder, file ② (*Aktenmappe*) briefcase ③ (*Federmäppchen*) pencil case

Mär <-, -en> ['mɛ:ɐ̯] *f* (*hum*) fairytale, BRIT *a.* fairy story

Ma·ra·bu <-s, -s> ['ma:rabu] *m* ORN marabou

Ma·rä·ne <-, -n> [ma'rɛ:nə] *f* ZOOL whitefish

Marä̱ne <-, -n> *f* ZOOL, KOCHK pollan, freshwater herring

Ma·ra·thon[1] <-s, -s> ['ma:ratɔn] *m* SPORT marathon

Ma·ra·thon[2] <-s, -s> ['ma:ratɔn] *nt* (*fig*) marathon

Ma̱·ra·thon·lauf *m* marathon **Ma̱·ra·thon·läu·fer(in)** *m(f)* marathon runner **Ma̱·ra·thon·sit·zung** *f* marathon session **Ma̱·ra·thon·ver·an·stal·tung** *f* marathon event

Mär·chen <-s, -> ['mɛ:ɐ̯çən] *nt* ① (*überlieferte Erzählung*) fairytale; ■ **in ~/im ~** in the fairytales; **„~ aus Tausendundeiner Nacht"** "Tales from the Arabian Nights" ② (*Lügengeschichte*) tall [*or* BRIT *a.* fairy] story, fairytale, cock-and-bull story; **erzähl [mir] keine ~!** don't tell me any fairy stories!

Mä̱r·chen·buch *nt* book of fairytales **Mä̱r·chen·er·zäh·ler(in)** *m(f)* teller of fairytales, storyteller **Mä̱r·chen·film** *m* film [*or* AM *a.* movie] of a fairytale, fairytale film [*or* AM *a.* movie] **Mä̱r·chen·ge·stalt** *f* figure [*or* character] from a fairytale

mä̱r·chen·haft I. *adj* fantastic, fabulous, fairy-tale *attr* II. *adv* fantastically, fabulously

Mä̱r·chen·land *nt kein pl* ■ **das ~** fairyland, dreamland, wonderland **Mä̱r·chen·mo·tiv** *nt* subject of fairytale **Mä̱r·chen·oper** *f* fairytale opera **Mär·chen·prinz, -prin·zes·sin** *m, f* fairy prince *masc,* Prince Charming *masc hum fam,* fairy princess *fem*

Mar·der <-s, -> ['mardɐ] *m* marten

Mar·ga·ri·ne <-, -en> [marga'ri:nə] *f* margarine, BRIT *a.* marge *fam*

Mar·ge <-, -n> ['marʒə] *f* ÖKON margin [of profit]

Mar·ge·ri·te <-, -n> [margə'ri:tə] *f* BOT marguerite, daisy

mar·gi·nal [margi'na:l] *(geh)* **I.** *adj* marginal **II.** *adv* marginally; **jdn ~ interessieren** to be of marginal interest to sb

Mar·gi·na·lie <-, -n> [margi'na:li̯ə] *f meist pl* LIT *(Anmerkung zu einer Handschrift)* marginal note, side-notes *pl spec,* marginalia *pl spec*

mar·gi·na·li·sie·ren* [marginali'zi:rən] *vt* SOZIOL *(geh)* ■**jdn ~** to marginalize sb [*or* BRIT *a.* -ise]

Ma·ria <-[s] *o geh* Mariä, -s> [ma'ri:a, *gen geh* ma'ri:ɛ] *f* ① *(Mutter Gottes)* Mary; **Mariä Empfängnis** the Immaculate Conception; **Mariä Geburt** [the] Nativity of Mary; **Mariä Heimsuchung** the visitation of Mary; **Mariä Himmelfahrt** Assumption; **Mariä Verkündigung** the Annunciation, Annunciation [*or esp* BRIT Lady] Day; **die Heilige ~** Holy Mary ② *(Bildnis, Statue)* ■**eine ~ [sein]** [to be] a painting/statue of the Virgin Mary

Ma·ri·en·bild *nt* picture of the Virgin Mary **Ma·ri·en·kä·fer** *m* ZOOL ladybird BRIT, ladybug AM **Ma·ri·en·ka·pel·le** *f* ■**die ~** the Lady Chapel **Ma·ri·en·kult** *m* ■**der ~** the cult of the Virgin Mary, Mariolatry *spec* **Ma·ri·en·sta·tue** *f* statue of the Virgin Mary **Ma·ri·en·ver·eh·rung** *f* ■**die ~** the adoration [*or* veneration] of the Virgin Mary, hyperdulia *spec*

Ma·ri·hu·a·na <-s> [mari'hu̯a:na] *nt kein pl* marijuana *no pl,* marihuana *no pl*

Ma·ril·le <-, -n> [ma'rɪlə] *f* ÖSTERR apricot

Ma·ri·na·de <-, -n> [mari'na:də] *f* ① *(Soße zum Einlegen)* marinade ② *(marinierter Fisch)* marinated [*or* marinaded]/pickled fish

Ma·ri·na·den·öl *nt* marinading oil

Ma·ri·ne <-, -n> [ma'ri:nə] *f* NAUT, MIL navy; ■**bei der ~** in the navy

Ma·ri·ne·at·ta·ché [-ata'ʃe:] *m* naval attaché **ma·ri·ne·blau** *adj* navy blue **Ma·ri·ne·flie·ger(in)** *m(f)* naval pilot **Ma·ri·ne·of·fi·zier** *m* naval officer **Ma·ri·ne·stütz·punkt** *m* naval base **Ma·ri·ne·uni·form** *f* navy uniform

ma·ri·nie·ren* [mari'ni:rən] *vt* ■**etw ~** to marinate [*or* marinade] sth; **marinierte Heringe** pickled herrings

Ma·ri·o·net·te <-, -n> [mari̯o'nɛtə] *f* marionette, puppet *a. fig*

Ma·ri·o·net·ten·büh·ne *f* puppet show **Ma·ri·o·net·ten·schnur** *f* [puppet] string **Ma·ri·o·net·ten·spie·ler(in)** *m(f)* puppeteer **Ma·ri·o·net·ten·the·a·ter** *nt* puppet theatre [*or* AM -er]

ma·ri·tim [mari'ti:m] *adj* maritime

Mark¹ <-, - *o hum* Märker> ['mark, *pl* 'mɛrkɐ] *f (hist)* mark; **Deutsche ~** German mark, deutschmark; **28 ~ 30** 28 marks thirty [pfennigs]; **das ist keine müde ~ wert** it isn't worth a penny; **jede [müde] ~ umdrehen** [*o* **mit jeder [müden] ~ rechnen] müssen** *(fam)* to think twice before spending anything; **die** [*o* **eine**] **schnelle ~ [machen]** *(fam)* to [make] a fast [*or* quick] [*or* an easy] buck *fam;* **sie lieben schnelle Autos und die schnelle Mark** they love fast cars and nice little earners *fam*

Mark² <-[e]s> ['mark] *nt kein pl* ① *(Knochenmark)* marrow; **etw geht jdm durch ~ und Bein** *(hum fam)* sth goes right through sb, sth sets sb's teeth on edge; **jdn bis aufs ~ aussaugen** to bleed sb dry [*or fam* white]; **bis ins ~** *(fig)* to the core [*or* quick]; **jdm bis ins ~ dringen** [*o* **gehen**] to cut sb to the quick ② *(Fruchtfleisch)* pulp

Mark³ <-, -en> ['mark] *f* borderland, march *spec;* **die ~ Brandenburg** the Mark Brandenburg, the Brandenburg Marches

mar·kant [mar'kant] *adj* ① *(hervorstechend)* prominent; **~e Gesichtszüge** [finely] chiselled [*or* AM -eled] features ② *(ausgeprägt)* bold; **~er Stil** bold style ③ *(auffallend)* striking

mark·durch·drin·gend *adj (geh)* bloodcurdling; **dieser schrille Pfeifton ist wirklich ~!** this shrill whistle really goes right through you [*or* sets your teeth on edge]

Mar·ke <-, -n> ['markə, *pl* 'markn̩] *f* ① *(fam)* stamp; **eine ~ zu 55 Cent** a 55-cents stamp ② *(Warensorte bestimmten Namens)* brand; **das ist ~ Eigenbau** *(hum)* I made it myself ③ *(Dienstmarke)* badge ④ *(Essensmarke)* voucher ⑤ SPORT mark; **die ~ von 7 Meter** the 7-metre [*or* AM -er] mark ▸ WENDUNGEN: **eine komische ~ [sein]** *(fam)* [to be] a strange [*or pej* weird] one

Mar·ken·ar·ti·kel *m* ÖKON proprietary [*or* branded] article **Mar·ken·ar·tik·ler(in)** *m(f)* ÖKON ① *(Vertreter von Markenartikeln)* branded [*or* proprietary] article [*or* good] salesman/saleswoman ② *(Hersteller von Markenartikeln)* branded [*or* proprietary] article [*or* good] manufacturer **Mar·ken·but·ter** *f* best quality butter **Mar·ken·ein·füh·rung** *f* ÖKON brand launch **Mar·ken·fab·ri·kat** *nt* ÖKON proprietary [*or* branded] article **Mar·ken·na·me** *m* ÖKON brand [*or* proprietary] name **Mar·ken·phi·lo·so·phie** *f* ÖKON brand philosophy **Mar·ken·wa·re** *f* brand, branded [*or* proprietary] article [*or* good] **Mar·ken·zei·chen** *nt* trademark *a. fig*

Mar·ker ['ma:rkɐ] *m* ① LING, BIOL marker ② *(Stift zum Markieren von Text)* marker [pen]

Mark·erb·se *f* marrow fat pea

mark·er·schüt·ternd *adj inv* heart-rending

Mar·ke·ten·der(in) <-s, -> [markə'tɛndɐ] *m(f)* HIST sutler *masc spec,* vivandière *fem spec*

Mar·ke·ten·de·rin <-, -nen> [markə'tɛndərɪn] *f* HIST *fem form von* **Marketender** vivandière *spec*

Mar·ke·ting <-s> ['ma:rkətɪŋ] *nt kein pl* marketing *no pl, no indef art;* **eine neue Strategie des ~s** a new marketing strategy

Mar·ke·ting·fach·mann, -fach·frau ['ma:rkətɪŋ-] *m, f* marketing expert [*or* specialist] **Mar·ke·ting·fir·ma** ['ma:rkətɪŋ-] *f* marketing company **Mar·ke·ting·kam·pa·gne** ['ma:rkətɪŋ-kampanjə] *f* marketing campaign **Mar·ke·ting·lei·ter(in)** ['ma:rkətɪŋ-] *m(f)* marketing director [*or* manager]

Mark·graf, -grä·fin <-en, -en> ['markgra:f, -grɛ:fɪn] *m, f* HIST margrave

mar·kie·ren* [mar'ki:rən] **I.** *vt* ① *(kennzeichnen)* ■**etw [als etw] ~** to mark sth [as sth]; **etw als falsch/richtig ~** to mark sth wrong/right; **etw durch Unterstreichen ~** to underline [*or* underscore] sth ② *(fam)* ■**etw ~** to play sth; **den Dummen/die Dumme ~** to play the idiot, BRIT *a.* to act daft *fam* **II.** *vi (fam)* ■**~/nur ~** to put it on/to be just putting it on *fam*

Mar·kie·rung <-, -en> *f* ① *kein pl (das Kennzeichnen)* marking; ■**die ~ von etw** *dat*/**einer S.** *gen* marking sth ② *(Kennzeichnung)* marking[s *pl*]

Mar·kie·rungs·li·nie *f* [marking] line **Mar·kie·rungs·pfeil** *m* arrow **Mar·kie·rungs·zei·chen** *nt* sign

mar·kig ['markɪç] *adj* vigorous; **ein ~er Spruch** a pithy saying

mär·kisch ['mɛrkɪʃ] *adj* of/from the Mark Brandenburg *pred*

Mar·ki·se <-, -n> [mar'ki:zə] *f* awning

Mark·kno·chen *m* marrow bone

Mark·stein *m* milestone

Mark·stück *nt* mark, [one-]mark piece

Markt <-[e]s, Märkte> ['markt, *pl* 'mɛrktə] *m* ① *(Wochenmarkt)* market; **auf den/zum ~ gehen** to go to [the] market; **~ abhalten** to hold [*or* have] a market ② *(Marktplatz)* marketplace, market square; ■**am ~** in the marketplace, on the market square; **am ~ wohnen** to live on the marketplace [*or* market square]; **auf dem ~** on the market; **auf den ~ gehen** to go onto the market ③ ÖKON, FIN market; **auf dem** [*o* **am**] **~** on the market; ■**der ~ für etw** the sth market, the market for sth; **der Gemeinsame ~ [der EU]** the Common Market; **der graue ~** the grey [*or* AM gray] market; **der schwarze ~** the black market; **etw auf den ~ bringen** to put sth on [*or* introduce sth into] the market; **auf den ~ gebracht werden** to come on[to] the market; **etw vom ~ nehmen** to take sth off

M

[*or* out of] the market; **einen ~ mit Billigprodukten überschwemmen** to dump cheap products on the market; **etw auf den ~ werfen** to throw sth on the market

Markt·ana·ly·se *f* ÖKON market analysis **Markt·an·teil** *m* ÖKON market share, share of the market **markt·be·herr·schend** *adj* dominating [*or* controlling] the market *pred;* **jds ~e Stellung** sb's domination on [*or* control of] the market; **~ sein** to dominate [*or* control] the market **Markt·be·richt** *m* market report **Markt·brun·nen** *m* market[place] fountain **Markt·bu·de** *f* market stall **Markt·ein·füh·rung** *f* ÖKON [market] launch, introduction on the market **markt·fä·hig** *adj inv* ÖKON marketable **Markt·for·schung** *f kein pl* market research *no pl* **Markt·frau** *f* market woman, [woman] stallholder **Markt·füh·rer** *m* ÖKON market leader **Markt·füh·rer·schaft** *f* ÖKON market leadership *no pl* **Markt·hal·le** *f* [covered] [*or* indoor] market **Markt·ka·pa·zi·tät** *f* market capacity, capacity of the market **Markt·korb** *m* market basket **Markt·la·ge** *f* market position [*or* situation], state of the market **Markt·lü·cke** *f* gap in the market; [**mit etw**] **in eine ~ stoßen** to fill a gap in the market [with sth] **Markt·ni·sche** *f* [market] niche **Markt·platz** *m* marketplace, market square; ■**auf dem ~** in the marketplace, on the market square **Markt·po·ten·zi·al**[RR] *nt,* **Markt·po·ten·ti·al** *nt* ÖKON market potential **Markt·rei·fe** *f* ÖKON market maturity **Markt·schrei·er(in)** <-s, -> *m(f)* HIST market crier **Markt·schwä·che** *f* weakness in the market, market weakness **Markt·seg·ment** *nt* ÖKON market segment **Markt·si·tu·a·ti·on** *f* market position [*or* situation], state of the market **Markt·stand** *m* [market] stall [*or* stand] **Markt·stel·lung** *f kein pl* ÖKON market position **Markt·stu·die** *f* ÖKON market study **Markt·tag** *m* ÖKON market day **Markt·test** *m* ÖKON market [*or* acceptance] test **Markt·un·ter·su·chung** *f* market survey [*or* study], research *no pl, no indef art* **Markt·vo·lu·men** *nt* market volume, size of a/the market **Markt·weib** *nt* (*pej*) *s.* **Marktfrau Markt·wert** *m* market value

Markt·wirt·schaft *f kein pl* ■**die ~** market economy; **die freie ~** the free market economy; **die soziale ~** social market economy

markt·wirt·schaft·lich I. *adj attr* of market economy *pred;* **die ~e Ordnung** the free enterprise system **II.** *adv* **~ ausgerichtet** aligned along free market lines *pred*

Mar·kus·evan·ge·li·um [-evaŋge:li̯ʊm] *nt* ■**das ~** St[.] Mark's Gospel, the Gospel according to St[.] Mark

Mar·me·la·de <-, -n> [marmə'la:də] *f* jam; (*aus Zitrusfrüchten*) marmalade

Mar·me·la·den·brot *nt* jam sandwich [*or* BRIT *a.* butty] **Mar·me·la·den·glas** *nt* jam jar **Mar·me·la·den·her·stel·ler(in)** *m(f)* maker of jam/marmalade

Mar·mor <-s, -e> ['marmo:ɐ̯] *m* marble

Mar·mor·bad *nt* marble bath **Mar·mor·block** *m* marble block **Mar·mor·brun·nen** *m* marble fountain **Mar·mor·büs·te** *f* marble bust **Mar·mor·fas·sa·de** *f* marble façade [*or* facade] **Mar·mor·flie·se** *f* marble tile **Mar·mor·fuß·bo·den** *m* marble floor

mar·mo·riert *adj* marbled

Mar·mor·ku·chen *m* marble cake

mar·morn ['marmɔrn] *adj* (*aus Marmor*) marble; **~e Blässe/~es Antlitz** marbled [*or* marbly] pallor/face

Mar·mor·skulp·tur *f* marble sculpture

ma·ro·de [ma'ro:də] *adj* ❶ (*veraltend fam*) washed-out *fam,* dead-beat *fam,* ailing *attr,* moribund *form* ❷ (*moralisch verdorben*) brazen, shameless, rotten; **ein ~er Haufen** a brazen [*or* shameless] [*or* rotten] lot [*or* bunch] [*or* crowd] ❸ MIL (*veraltend*) unable to march

Ma·ro·deur <-s, -e> [maro'dø:ɐ̯] *m* MIL (*geh*) marauder

ma·ro·die·ren* [maro'di:rən] *vi* MIL (*geh*) to maraud

Ma·rok·ka·ner(in) <-s, -> [marɔ'ka:nɐ] *m(f)* Moroccan

ma·rok·ka·nisch [marɔ'ka:nɪʃ] *adj* Moroccan; (*das Land betreffend a.*) of/from Morocco

Ma·rok·ko <-s> [ma'rɔko] *nt* Morocco

Ma·ro·ne[1] <-, -n> [ma'ro:nə] *f,* **Ma·ro·ni** <-, -> [ma'ro:ni] *f* SÜDD, ÖSTERR [sweet [*or* edible]] chestnut

Ma·ro·ne[2] <-, -n> [ma'ro:nə] *f,* **Ma·ro·nen·pilz** [ma'ro:nənpɪlts] *m* cep[e], chestnut boletus, boletus badius *spec*

Ma·rot·te <-, -n> [ma'rɔtə] *f* quirk; [**so**] **seine/ihre ~n haben** he/she has his/her little quirks

Mars <-> ['mars] *m kein pl* ■**der ~** Mars

Mars·at·mo·sphä·re *f* ■**die ~** the atmosphere of Mars, the Martian atmosphere *spec*

marsch ['marʃ] *interj* (*fam*) be off with you!; (*zu Kindern*) scoot! *fam;* **~, ab mit euch ins Bett!** get into bed, chop chop! [*or* at the double] *fam*

Marsch[1] <-[e]s, Märsche> ['marʃ, *pl* 'mɛrʃə] *m* ❶ (*Fußmarsch*) march ❷ (*Wanderung*) hike; **jdn** [**zu jdm/zu etw/nach etw**] **in ~ setzen** to dispatch sb [to sb/sth] *form;* **sich in ~ setzen** to move off ❸ (*Marschmusik*) march ▶ WENDUNGEN: **jdm den ~ blasen** (*fig fam*) to haul [*or* drag] sb over the coals

Marsch[2] <-, -en> ['marʃ] *f* marsh[land], fen

Mar·schall <-s, Marschälle> ['marʃal, *pl* 'marʃɛlə] *m* [field] marshal

Mar·schall·stab *m* [field] marshal's baton

Marsch·be·fehl *m* order to march, marching orders *pl* **Marsch·flug·kör·per** *m* cruise missile **Marsch·ge·päck** *nt* pack

mar·schie·ren* [mar'ʃi:rən] *vi sein* ❶ MIL ■[**aus etw/durch etw/nach etw/in etw** *akk*] **~** to march [out of/through/to/into sth]; **2/3/etc. km zu ~ haben** to have a 2/3/etc.-km march ahead of one ❷ (*stramm zu Fuß gehen*) to go [*or* walk] at a brisk pace ❸ KOCHK to be under preparation

Marsch·land *nt* marsh[land], fen[s *pl*]

Marsch·lied *nt* marching song **Marsch·mu·sik** *f* marching music, military marches *pl* **Marsch·rich·tung** *f* direction [*or* route] of march, route **Marsch·rou·te** *f* direction [*or* route] of march, route; (*Vorgehensweise*) line of approach **Marsch·ver·pfle·gung** *f* field rations *pl*

Mar·shal·ler(in) <-s, -> [mar'ʃalɐ] *m(f)* Marshallese; *s. a.* **Deutsche(r)**

Mar·shall·in·seln *pl,* **Mar·shall-In·seln** ['marʃalɪnzl̩n] *pl* SCHWEIZ Marshall Islands *pl; s. a.* **Falklandinseln**

mar·shal·lisch *adj* Marshallese; *s. a.* **deutsch**

Mar·shall·plan *m kein pl* HIST ■**der ~** the Marshall Plan

Mars·mensch *m* Martian; **sie hat mich angeschaut, als wäre ich ein ~** she looked at me as if I had come from Mars

Mars·se·gel *nt* NAUT topsail

Mar·ter <-, -n> ['martɐ] *f* ❶ (*geh*) torture *no pl;* **unter der ~** under torture ❷ (*fig: Qual*) torment *no art;* **eine einzige ~** sheer torment

Mar·terl <-s, -n> ['martɐl] *nt* SÜDD, ÖSTERR *roadside shrine with a niche for a crucifix or saint's image*

mar·tern ['martɐn] *vt* (*geh*) ■**jdn ~** to torture sb; ■**sich** [**mit etw**] **~** (*fig*) to torment oneself [with sth]

Mar·ter·pfahl *m* HIST stake

mar·ti·a·lisch [mar'tsi̯a:lɪʃ] *adj* (*geh*) martial, warlike *form*

Mar·tin-Horn® ['marti:n-], **Mar·tins·horn**® ['marti:nz-] *nt* [police/fire] siren; **mit ~ fahren** to drive with the siren blaring [*or* going]

Mar·ti·nique [marti'nik] *nt* Martinique; *s. a.* **Sylt**

Mär·ty·rer(in) <-s, -> ['mɛrtyrɐ, 'mɛrtyrərɪn] *m(f)* (*geh o a. fig*) martyr; **als ~ sterben** to die a martyr, to be martyrized *spec;* **jdn zum ~ machen** to make a martyr of sb, to martyrize sb *spec*

Mär·ty·rer·tod *m* martyr's death; **den ~ sterben** to die a martyr['s death]

Mar·ty·ri·um <-, -rien> [mar'ty:ri̯ʊm, *pl* mar'ty:ri̯ən] *nt* ❶ (*Leidensweg*) martyrdom ❷ (*fig geh*) agonizing ordeal

Mar·xis·mus <-> [mar'ksɪsmʊs] *m kein pl* ■**der ~** Marxism *no pl*

Mar·xis·mus-Le·ni·nis·mus <-> *m kein pl* ■ **der** ~ Marxism-Leninism *no pl*

Mar·xist(in) <-en, -en> [marˈksɪst] *m(f)* Marxist

mar·xis·tisch [marˈksɪstɪʃ] *adj* Marxist

März <-[es] *o liter* -en, -e> [ˈmɛrts] *m* March; *s. a.* **Februar**

Mär·zen <-[s], -> [ˈmɛrtsn̩] *nt,* **März·bier** *nt,* **Mär·zen·bier** *nt a strong, dark beer*

Mär·zen·be·cher *m,* **März·be·cher** *m* BOT snowflake

Mar·zi·pan <-s, -e> [martsiˈpa:n] *nt o m* marzipan

Mar·zi·pan·brot *nt* marzipan bar [*or* loaf] **Mar·zi·pan·fül·lung** *f* marzipan filling **Mar·zi·pan·rie·gel** *m* marzipan bar

Ma·sche <-, -n> [ˈmaʃə] *f* ❶ (*Schlaufe*) stitch; *Netz* hole; ■ ~**n** stitches *pl,* stitching; *Netz* mesh; **ein Netz mit engen** ~**n** a net with a fine mesh, a fine-meshed net ❷ (*Strickmasche*) stitch; **eine linke und eine rechte** ~ **stricken** to knit one [plain], purl one; **eine** ~ **fallen lassen** to drop a stitch; **eine** ~ **aufnehmen** to pick up a stitch ❸ SÜDD, ÖSTERR, SCHWEIZ (*Schleife*) bow ❹ (*fam*) trick; (*um etwas zu umgehen*) dodge *fam;* **die** ~ **raushaben** (*fam*) to know how to do it ▸ WENDUNGEN: **durch die** ~**n des Gesetzes schlüpfen** to slip through a loophole in the law; **jdm durch die** ~**n schlüpfen** to slip through sb's net

Ma·schen·draht *m* wire netting

Ma·schen·draht·zaun *m* wire-netting fence

Ma·schi·ne <-, -n> [maˈʃi:nə] *f* ❶ (*Automat*) machine; ■ ~**n** *pl* machinery *nsing* ❷ (*Flugzeug*) plane ❸ (*Motor*) engine ❹ (*Motorrad*) bike *fam;* **eine schwere** ~ a heavy machine, AM *a.* a hog *sl* ❺ (*Rennrad*) racing bike *fam* ❻ (*Schreibmaschine*) typewriter; ~ **schreiben** to type ❼ (*Waschmaschine*) washing machine ❽ (*menschlicher Roboter*) robot, machine

ma·schi·nell [maʃiˈnɛl] **I.** *adj* machine *attr* **II.** *adv* by machine

Ma·schi·nen·bau *m kein pl* ❶ (*Konstruktion von Maschinen*) machine construction ❷ SCH mechanical engineering **Ma·schi·nen·ele·ment** *nt* machine component [*or* part] [*or spec* element] **Ma·schi·nen·fuß** *m* machine base **ma·schi·nen·ge·schrie·ben, ma·schin·ge·schrie·ben** *adj* ÖSTERR type-written, typed **Ma·schi·nen·ge·wehr** *nt* machine gun, MG *spec;* **im Feuer der** ~**e** in machine-gun fire **Ma·schi·nen·ge·wehr·feu·er** *nt* machine-gun fire **ma·schi·nen·les·bar** *adj* machine-readable **Ma·schi·nen·öl** *nt* machine[ry] oil **Ma·schi·nen·pis·to·le** *f* submachine gun **Ma·schi·nen·raum** *m a.* NAUT engine room **Ma·schi·nen·scha·den** *m,* **Ma·schin·scha·den** *m* ÖSTERR engine failure [*or* trouble] **Ma·schi·nen·schlos·ser(in)** *m(f)* [machine] fitter **Ma·schi·nen·schrift** *f,* **Ma·schin·schrift** *f* ÖSTERR in type[script], typewriting; **in** ~ in type[script], typewritten [*or* typed] sth; **etw ist in** ~ **verfasst** sth has been typed [*or* typewritten] **Ma·schi·nen·teil** *nt* machine part

Ma·schi·ne·rie <-, -n> [maʃinəˈri:, *pl* maʃinəˈri:ən] *f* ❶ (*Mechanismus*) piece of machinery; (*Bühnenmaschinerie*) stage machinery ❷ (*pej, fig geh*) machinery *no indef art*

Ma·schi·nist(in) <-en, -en> [maʃiˈnɪst] *m(f)* ❶ NAUT [ship's] engineer ❷ (*Arbeiter an einer Maschine*) machinist

Ma·ser <-, -n> [ˈma:zɐ] *f meist pl* (*Holzmusterung*) vein

Ma·sern [ˈma:zɐn] *pl* ■ **die** ~ the measles, rubella *no pl spec;* **die** ~ **haben** to have [got] the measles

Ma·se·rung <-, -en> *f* grain

Mas·kat <-s> [ˈmaskat] *nt* Muscat

Mas·ke <-, -n> [ˈmaskə] *f* ❶ (*a. fig*) mask; **die** ~ **abnehmen** to take off [*or a. fig* drop] one's mask; **die** ~ **fallen lassen** (*fig*) to throw off one's mask; **jdm die** ~ **herunterreißen** [*o* **die** ~ **vom Gesicht reißen**] (*fig*) to unmask sb; **hinter der** ~ **von etw** behind the image [*or* facade] of sth ❷ (*Reinigungsmaske*) [face] mask ❸ (*Schutzmaske*) [protective] mask; (*gegen Gasangriffe*) gas mask ❹ THEAT make-up *no indef art*

Mas·ken·ball *m* masked ball, masque[rade] **Mas·ken·bild·ner(in)** *m(f)* make-up artist

mas·ken·haft *adj* mask-like

Mas·ken·ver·leih *m* fancy-dress [*or* costume] hire [*or* AM rental]

Mas·ke·ra·de <-, -n> [maskəˈra:də] *f* ❶ (*Verkleidung*) [fancy-dress] costume ❷ (*pej geh*) pretence [*or* AM -se]

mas·kie·ren* [masˈki:rən] *vt* ❶ (*unkenntlich machen*) ■ **etw** ~ to disguise sth; ■ **sich** [**mit etw**] ~ to put on a [certain] mask [*or* disguise] ❷ (*verkleiden*) ■ **jdn** [**als etw/ein Tier**] ~ to dress [up *sep*] sb [as sth/an animal]; ■ **sich** [**als etw/ein Tier**] ~ to dress up [as sth/an animal] ❸ (*verdecken*) ■ **etw** [**mit etw**] ~ to disguise [*or* mask] sth [with sth]

mas·kiert *adj* masked

Mas·kier·te(r) *f(m) dekl wie adj* masked man *masc,* masked woman *fem*

Mas·kie·rung <-, -en> *f* ❶ *kein pl* (*das Verkleiden*) dressing up ❷ (*Verkleidung*) mask

Mas·kott·chen <-s, -> [masˈkɔtçən] *nt* [lucky] mascot

mas·ku·lin [maskuˈli:n] *adj* ❶ LING masculine; (*geschrieben a.*) masc[.] ❷ (*das Männliche betonend*) masculine ❸ (*unweiblich*) masculine, mannish *a. pej*

Mas·ku·li·num <-s, Maskulina> [ˈmaskuli:nʊm, *pl* ˈmaskuli:na] *nt* LING masculine noun

Ma·so·chis·mus <-> [mazɔˈxɪsmʊs] *m kein pl* masochism *no pl*

Ma·so·chist(in) <-en, -en> [mazɔˈxɪst] *m(f)* masochist

ma·so·chis·tisch *adj* masochistic

maß [ˈma:s] *imp von* **messen**

Maß[1] <-es, -e> [ˈma:s] *nt* ❶ (*Maßeinheit*) measure, system of measurement ❷ (*Bandmaß*) tape measure ❸ (*Hohlmaß*) measuring jug BRIT [*or* AM cup]; **mit zweierlei** [*o* **verschiedenem**] ~ **messen** (*a. fig*) to operate a double standard *a. fig* ❹ *pl* (*gemessene Größe*) measurements, dimensions; **die** ~**e des Zimmers sind 5 m mal 7 m** the room measures 5 m by 7 m; ~ **nehmen** to measure up ❺ *pl* (*zum Anfertigen von Kleidung*) measurements; *von Frauen a.* vital statistics; **jds** ~**e** [*o* **bei jdm** ~**e**] **nehmen** to measure sb, to take sb's measurements/vital statistics; **Anzüge nach** ~ suits made to measure [*or* AM order], made-to-measure [*or* BRIT *form* bespoke] suits ❻ (*Ausmaß*) extent, degree, proportion; **ein bestimmtes** ~ **an etw** [*o* **gewisses**] a certain degree of sth; **der Kraftstoffverbrauch steigt in dem** ~**e, wie die Geschwindigkeit steigt** fuel consumption increases in proportion to the speed; **in dem** ~**e, wie man sie reizt, steigert sich auch ihr Zorn** the more you annoy her, the more angry she gets; **in besonderem** ~[**e**] especially; **in geringem** ~[**e**] to a small extent; **in nicht geringem** ~[**e**] to no small measure; **in gewissem/höherem** ~[**e**] to a certain/greater degree [*or* extent]; **in gleichem** ~[**e**] to the same degree; **in großem** ~[**e**] to a great extent; **in höchstem** ~[**e**] extremely; **in hohem** ~[**e**] to a high degree; **in reichem** ~[**e**] liberally, generously; **in reichem** ~**e vorhanden sein** to be in abundance; **in solchem** ~[**e**] to such an extent; **in vollem** ~**e** completely; **in welchem** ~[**e**] ...? to what extent ...?; **in zunehmendem** ~**e** increasingly; **in** [*o* **mit**] ~**en** in moderation; **in** [*o* **mit**] ~**en essen** to eat with moderation; **über alle** [*o* **die**] ~**en** (*geh*) beyond all measure; **weder** ~ **noch Ziel kennen** to know no bounds; **ohne** ~ **und Ziel** immoderately; ~ **halten** to practise [*or* AM -ice] moderation; **im Essen/Trinken** ~ **halten** to eat/drink with moderation; **beim Rauchen** ~ **halten** to smoke in moderation, to be a moderate smoker ▸ WENDUNGEN: **das** ~ **aller Dinge** the measure of all things; **das** ~ **ist voll** that's enough of that, enough is enough, that's the limit; **das** ~ **läuft über, das bringt das** ~ **zum Überlaufen** sb's patience is at an end; [**und**] **um das** ~ **voll zu machen, ...** [and] to cap it all, ...; **ein gerüttelt** ~ **an etw** *dat* [*o dat* **von etw**] (*geh*) a fair amount of sth; **ein gerüttelt** ~ **an Dreistigkeit brauchen** to need more than one's fair share of audacity

Maß[2] <-, -> [ˈma:s] *f* SÜDD litre [*or* AM liter] [tankard] of beer; **eine** ~ **Bier** a litre of beer

M

Mas·sa·ge <-, -n> [maˈsaːʒə] *f* massage; **~n nehmen** to have massage treatment [*or* a massage]

Mas·sa·ge·ge·rät *nt* vibrator **Mas·sa·ge·in·sti·tut** *nt* massage parlour [*or* AM -or] **Mas·sa·ge·öl** *nt* massage oil **Mas·sa·ge·sa·lon** *m* (*veraltend: Massageinstitut*) massage parlour [*or* AM -or]; (*euph: Bordell*) massage parlour **Mas·sa·ge·stab** *m* ❶ (*Massagegerät*) vibrator ❷ (*euph: Dildo*) dildo

Mas·sa·ker <-s, -> [maˈsaːkɐ] *nt* massacre

mas·sa·krie·ren* [masaˈkriːrən] *vt* ■**jdn ~** to massacre sb

Maß·an·zug *m* made-to-measure [*or* BRIT *form a.* bespoke] suit **Maß·ar·beit** *f* ❶ (*Fertigung nach Maß*) ■**etw in ~** sth made to measure; **~ sein** (*a. fig fam*) to be a neat bit of work ❷ (*Kleidungsstück nach Maß*) made-to-measure [*or* BRIT *form* bespoke] dress/suit/etc.; ■**~ sein** to be made to measure **Maß·band** *nt s.* **Messband, Bandmaß**

Mas·se <-, -n> [ˈmasə] *f* ❶ (*breiiges Material*) mass; **eine klebrige/träge ~** a sticky/viscous mass ❷ (*Backteig*) mixture ❸ (*große Anzahl*) crowd; *Besucher* host; **~n von Tauben** hundreds/thousands etc. [*or fam* loads] of pigeons; **in ~n** in droves, in their [*or* AM by the] hundreds/thousands etc.; **eine [ganze] ~ [etw]** (*fam*) a lot [*or* great deal] [of sth]; **mangels ~** ÖKON for lack of assets ❹ (*Mehrheit*) majority; **die breite** [*o* **große**] [*o* **überwiegende**] **~** the majority ❺ PHYS mass

Maß·ein·heit *f* unit of measurement

Mas·sen·an·drang *m* crush [of people] **Mas·sen·ar·beits·lo·sig·keit** *f* mass unemployment *no art* **Mas·sen·ar·ti·kel** *m* mass-produced article **Mas·sen·auf·lauf** *m* crowds *pl* of people **Mas·sen·be·för·de·rungs·mit·tel** *nt* means of mass transportation **Mas·sen·be·we·gung** *f* SOZIOL mass movement **Mas·sen·blatt** *nt* (*Zeitung*) mass-circulation newspaper; (*Zeitschrift*) mass magazine **Mas·sen·de·mon·stra·ti·on** *f* mass demonstration **Mas·sen·ent·las·sung** *f meist pl* mass redundancies [*or* AM layoffs] *pl* **Mas·sen·er·schie·ßung** *f* mass executions *pl* **Mas·sen·fa·bri·ka·ti·on** *f,* **Mas·sen·fer·ti·gung** *f s.* **Massenproduktion Mas·sen·flucht** *rare f* mass exodus **Mas·sen·grab** *nt* mass grave

mas·sen·haft I. *adj* on a huge [*or* massive] scale; **das ~e Auftreten** [*o* **Erscheinen**] **von etw** the appearance of a huge number of sth; **die ~e Hinrichtung von Personen** the mass executions of people **II.** *adv* (*fam*) in their [*or* AM by the] hundreds [*or* thousands] etc., in droves; **~ sterben** to drop [off] like flies *fam*

Mas·sen·hys·te·rie [-hʏsteriː] *f* mass hysteria **Mas·sen·ka·ram·bo·la·ge** [-karambolaːʒə] *f* multiple [car] crash, pile-up *fam* **Mas·sen·kri·mi·na·li·tät** *f* ■**die ~** mass criminality **Mas·sen·kund·ge·bung** *f* mass rally **Mas·sen·me·di·en** *pl* mass media + *sing/pl vb* **Mas·sen·mord** *m* mass murder **Mas·sen·mör·der(in)** *m(f)* mass murderer, serial killer **Mas·sen·pro·duk·ti·on** *f* mass production; **in ~ hergestellt** mass-produced **Mas·sen·ster·ben** *nt* mass of [*or* wide-spread] deaths *pl* **Mas·sen·tier·hal·tung** *f* ■**[die] ~** intensive livestock farming **Mas·sen·tou·ris·mus** *m kein pl* mass tourism *no pl* **Mas·sen·un·ter·kunft** *f* collective accommodation *no pl form* **Mas·sen·ver·haf·tung** *f* mass arrests *pl* **Mas·sen·ver·nich·tungs·waf·fen** *pl* weapons of mass destruction, WMD **Mas·sen·ver·samm·lung** *f* mass meeting **Mas·sen·wa·re** *f* mass-produced article

mas·sen·wei·se *adj s.* **massenhaft**

Mas·seur(in) <-s, -e> [maˈsøːɐ̯] *m(f)* masseur *masc,* masseuse *fem*

Mas·seu·se <-, -n> [maˈsøːzə] *f* ❶ (*euph: Prostituierte*) masseuse *euph* ❷ (*veraltend*) *fem form von* **Masseur**

Maß·ga·be <-, -n> *f* (*geh*) ■**mit der ~, dass ...** on [the] condition [*or* with [*or* subject to] the proviso] that ... *form;* **nach ~** (*geh*) in accordance with, according to

maß·ge·bend, maß·geb·lich [ˈmaːsgeːplɪç] *adj* ❶ (*ausschlaggebend*) decisive; **die ~en Hintermänner von etw/einer S.** *gen* the men behind sth; **~e Kreise** influential circles; **~e Persönlichkeiten** people in authority [*or* power] ❷ (*besondere Bedeutung besitzend*) significant; ■**[für jdn] nicht ~ sein** to not weigh [*or* signify], to not weigh with sb

maß·ge·recht *adj* exactly the right size *pred*

maß·ge·schnei·dert *adj* ❶ (*nach Maß gefertigt*) made-to-measure, *form* bespoke *attr* ❷ (*fig: perfekt zurechtgelegt*) perfect; **eine ~e Ausrede** a perfect excuse

mas·sie·ren*¹ [maˈsiːrən] **I.** *vt* ■**jdn ~** to massage sb; ■**jdm/sich etw ~** to massage sb's/one's sth; ■**M~** massage; ■**sich [von jdm] ~ lassen** to be given [a] massage [by sb]; **sich** *dat* **[von jdm] am ganzen Körper ~ lassen** to be given a full-body massage [by sb]; ■**sich** *dat* **etw [von jdm] ~ lassen** to have one's sth massaged [by sb] **II.** *vi* to give a massage

mas·sie·ren*² [maˈsiːrən] *vt* ■**etw [irgendwo] ~ Truppen ~** to mass [*or* concentrate] troops

mas·sig [ˈmasɪç] **I.** *adj* massive, huge **II.** *adv* (*fam*) loads *fam,* masses *fam,* stacks *fam*

mä·ßig [ˈmɛːsɪç] **I.** *adj* ❶ (*maßvoll*) moderate; **~er Preis** reasonable [*or* moderate] price ❷ (*leidlich*) mediocre, indifferent, so-so *pred fam;* **~er Applaus** moderate applause; **~e Gesundheit** middling [*or* indifferent] health ❸ (*gering*) moderate **II.** *adv* ❶ (*in Maßen*) with moderation; **~ rauchen** to smoke in moderation, to be a moderate smoker; **~, aber regelmäßig** in moderation, but regularly ❷ (*gering*) **~ ausfallen** to turn out moderately [*or* to be moderate] ❸ (*leidlich*) indifferently

mä·ßi·gen [ˈmɛːsɪgn̩] **I.** *vt* ■**etw ~** to curb [*or* check] [*or* restrain] sth; **seine Stimme ~** to lower one's voice **II.** *vr* ❶ (*maßvoller werden*) ■**sich ~** to restrain [*or* control] oneself ❷ (*zurückhaltender werden*) ■**sich [in seinen Ausdrücken/Worten] ~** to tone down [one's language]

Mas·sig·keit <-> *f kein pl* massiveness *no pl,* hugeness *no pl;* (*Übergewicht*) bulk

Mä·ßig·keit <-> *f kein pl* moderation *no pl,* restraint

Mä·ßi·gung <-> *f kein pl* ❶ (*Zurückhaltung*) restraint ❷ (*maßvolle Verhaltensweise*) moderation *no pl,* restraint

mas·siv [maˈsiːf] *adj* ❶ (*solide*) solid *attr;* **~ Gold/~es Silber sein** to be solid gold/silver ❷ (*wuchtig*) solid, massive ❸ (*drastisch, heftig*) serious, severe; **~e Kritik** heavy criticism; ■**~er werden** *Mensch* to get [*or* turn] nasty

Mas·siv <-s, -e> [maˈsiːf, *pl* maˈsiːvə] *nt* GEOL massif *spec;* **das ~ des Himalayas** the Himalayan massif

mas·siv|wer·denRR *vi irreg sein Mensch* to get [*o* turn] nasty

Maß·krug *m* beer mug, litre [*or* AM -er] tankard; (*aus Stein a.*) stein

maß·los I. *adj* extreme; ■**~ [in etw** *dat*] **sein** to be immoderate [in sth] **II.** *adv* ❶ (*äußerst*) extremely ❷ (*unerhört*) hugely, grossly

Maß·lo·sig·keit <-> *f kein pl* extremeness; ■**[jds] ~ in etw** *dat* [sb's] lack of moderation in sth

Maß·nah·me <-, -n> [ˈmaːsnaːmə] *f* measure; **[geeignete/wirksame] ~n ergreifen** [*o* **treffen**]**, um etw zu tun** to take [suitable/effective] measures [*or* steps] to do sth; **~n gegen etw ergreifen** to take measures [*or* to act] against sth

Maß·re·gel *f meist pl* rule; **~n treffen** to lay down rules

maß·re·geln *vt* ■**jdn ~** to reprimand [*or form* reprove] sb; (*bestrafen*) to discipline sb

Maß·schnei·der(in) *m(f)* custom [*or* BRIT *form* bespoke] tailor

Maß·stab [ˈmːsʃtaːp] *m* ❶ (*Größenverhältnis*) scale; **im ~ 1:250000** on a scale of 1:250000; **etw im ~ 1:50000 darstellen** to show [*or form* depict] sth on a scale of 1:50000 ❷ (*Kriterium*) criterion; **für jdn als ~ dienen** to serve as a model for sb; **etw ist für jdn ein/kein ~** sb takes/doesn't take sth as his/her yardstick; **einen hohen/strengen ~** [*o* **hohe/strenge Maßstäbe**] **[an etw** *akk*] **anlegen** to apply a high/strict standard [*or* high/strict standards] [to sth]; **sich** *dat* **jdn/etw zum ~ nehmen** to take sb/sth as a yardstick; **Maßstäbe setzen** to set standards

maß·stäb·lich ['ma:sʃtɛ:plɪç] *adj s.* **maßstab(s)gerecht**
maß·stab(s)·ge·recht, maß·stab(s)·ge·treu I. *adj* true to scale, to scale *pred;* **eine ~e Karte** an accurate scale map II. *adv* [true] to scale
maß·voll I. *adj* ❶ (*ausgewogen*) moderate; **~es Verhalten** moderation ❷ (*zurückhaltend*) ■**[in etw** *dat*] **~ sein** to be moderate, to moderate sth II. *adv* moderately, with moderation; **~ urteilen** to pass [a] moderate judgement
Mast[1] <-[e]s, -en *o* -e> ['mast] *m* ❶ NAUT mast ❷ (*Stange*) pole, mast ❸ ELEK pylon; TELEK pole
Mast[2] <-, -en> ['mast] *f* ❶ *kein pl* (*das Mästen*) fattening ❷ FORST harvest
Mast·darm *m* ANAT rectum
mäs·ten ['mɛstn̩] I. *vt* ■**ein Tier** [**mit etw**] **~** to fatten an animal [with sth]; ■**jdn ~** (*hum fam*) to fatten [up *sep*] sb II. *vr* (*fam*) ■**sich ~** to stuff *fam* [*or pej* gorge] oneself [silly [*or* stupid]]
Mäs·te·rei <-, -en> [mɛstə'rai] *f* [calf/pig/poultry etc.] fattening unit
Mast·gans *f* fattened goose **Mast·kalb** *nt* fattened calf
Mast·korb *m* crow's nest
Mast·schwein *nt* fattened pig
Mas·tur·ba·ti·on <-, -en> [masturba'tsi̯o:n] *f* (*geh*) masturbation
mas·tur·bie·ren* [mastʊr'bi:rən] (*geh*) I. *vi* to masturbate II. *vt* ■**jdn ~** to masturbate sb
Mast·vieh *nt* fattened livestock + *pl vb*
Ma·ta·dor <-s, -e> [mata'do:ɐ̯] *m* matador
Match·ball ['mɛtʃ-] *m* TENNIS match point **Match·beu·tel** ['mɛtʃ-] *m,* **Match·sack** ['mɛtʃ-] *m* duffel [*or* kit] bag
Ma·te <-> ['ma:tə] *m kein pl* (*Teesorte*) maté, Paraguay tea
Ma·te·ri·al <-s, -ien> [mate'ri̯a:l, *pl* mate'ri̯a:li̯ən] *nt* ❶ (*Rohstoff*) substance; (*in der Herstellung*) material ❷ (*Ausrüstungsgegenstände*) equipment *no pl, no indef art,* materials *pl* ❸ JUR evidence *no pl, no indef art;* **belastendes ~** incriminating evidence ❹ FIN material *no pl, no indef art* ❺ SCH material *no pl, no indef art,* information *no pl, no indef art*
Ma·te·ri·al·an·for·de·rung *f* ÖKON, TECH materials *npl* requisition **Ma·te·ri·al·auf·wand** *f kein pl* ÖKON, TECH cost of materials, material costs *pl* **Ma·te·ri·al·be·darf** *m kein pl* ÖKON, TECH material requirements *pl* **Ma·te·ri·al·be·stel·lung** *f* order for material[s]; ■**bei der ~** when ordering materials **Ma·te·ri·al·er·mü·dung** *f* material fatigue **Ma·te·ri·al·feh·ler** *m* material defect, defect in the material
Ma·te·ri·a·li·sa·ti·on <-, -en> [materi̯aliza'tsi̯o:n] *f* materialization
ma·te·ri·a·li·sie·ren* [materi̯ali'zi:rən] *vr* ■**sich ~** to materialize
Ma·te·ri·a·lis·mus <-> [materi̯a'lɪsmʊs] *m kein pl* ■[**der**] **~** materialism *no pl a. pej*
Ma·te·ri·a·list(in) <-en, -en> [materi̯a'lɪst] *m(f)* materialist *a. pej*
ma·te·ri·a·lis·tisch [materi̯a'lɪstɪʃ] *adj* materialist[ic] *a. pej*
Ma·te·ri·al·kos·ten *pl* cost of materials + *sing vb,* material costs *pl* **Ma·te·ri·al·la·ger** *nt* ÖKON stores *npl* **Ma·te·ri·al·men·ge** *f* material quantity, quantity [*or* amount] of material **Ma·te·ri·al·prü·fung** *f* ÖKON materials *npl* test **Ma·te·ri·al·samm·lung** *f* collection of material[s]; **mit der ~ beginnen** to start collecting [*or* gathering] [the] material[s] **Ma·te·ri·al·ver·brauch** *m* materials *npl* consumed **Ma·te·ri·al·wirt·schaft** *f kein pl* ÖKON materials *npl* management
Ma·te·rie <-, -n> [ma'te:ri̯ə] *f* ❶ *kein pl* PHYS, CHEM matter *no pl* ❷ *kein pl* (*stoffliche Substanz*) substance; (*in der Herstellung verwendet*) materials *pl* ❸ (*zu behandelndes Thema*) subject, matter; **die ~ beherrschen** to know one's stuff *fam,* to know what one is talking about
ma·te·ri·ell [mate'ri̯ɛl] I. *adj* ❶ (*wirtschaftlich orientiert*) financial, pecuniary *form;* (*Güter betreffend*) material; **~e Bedürfnisse** material needs; **ein ~er Vorteil** a material [*or* financial] [*or form* pecuniary] benefit; **~ abgesichert** [**sein**] [to be] financially secure ❷ (*pej: materialistisch*) materialist[ic] *a. pej* ❸ (*stofflich*) material, physical II. *adv* (*pej: materialistisch*) materialistically *a. pej;* **~ eingestellt sein** to be materialistic
Ma·the <-> ['matə] *f kein pl* (*fam*) maths + *sing vb* BRIT *fam,* math AM *fam*
Ma·the·ma·tik <-> [matema'ti:k] *f kein pl* ■[**die**] **~** mathematics + *sing vb,* maths + *sing vb* BRIT *fam,* math AM *fam* ▶ WENDUNGEN: **für jdn höhere ~ sein** to be beyond [*or fam* all Greek to] sb
Ma·the·ma·tik·ar·beit *f,* **Ma·the·ar·beit** *f* (*fam*) test in mathematics, maths test *fam* **Ma·the·ma·tik·buch** *nt,* **Ma·the·buch** *nt* (*fam*) book on mathematics, mathematics [*or fam* maths] book
Ma·the·ma·ti·ker(in) <-s, -> [mate'ma:tikɐ] *m(f)* mathematician; **ein guter/schlechter ~ sein** to be good/bad at maths [*or* sums]
Ma·the·ma·tik·prü·fung *f,* **Ma·the·prü·fung** *f* (*fam*) mathematics [*or fam* maths] exam[ination] **Ma·the·ma·tik·stun·de** *f,* **Ma·the·stun·de** *f* (*fam*) mathematics [*or fam* maths] lesson
ma·the·ma·tisch [mate'ma:tɪʃ] *adj* mathematical; **eine ~e Aufgabe** a mathematics [*or fam* maths] exercise
Ma·ti·nee <-, -n> [mati'ne:, *pl* mati'ne:ən] *f* morning performance; (*Konzert a.*) morning concert
Mat·jes <-, -> ['matjəs], **Mat·jes·he·ring** *m* pickled [white] herring, matjes *spec*
Ma·trat·ze <-, -n> [ma'tratsə] *f* mattress
Mä·tres·se <-, -n> [mɛ'trɛsə] *f* mistress, paramour *liter*
ma·tri·ar·cha·lisch [matriar'ça:lɪʃ] *adj* matriarchal
Ma·tri·ar·chat <-[e]s, -e> [matriar'ça:t] *nt* matriarchy, matriarchate *spec*
Ma·tri·kel <-, -n> [ma'tri:kl̩] *f* ❶ SCH matriculation register ❷ ADMIN ÖSTERR register
Ma·tri·kel·num·mer *f* SCH registration [*or* matriculation] number
Ma·trix <-, Matrizen *o* Matrizes> ['ma:trɪks, *pl* ma'tri:tsən, ma'tri:tse:s] *f* BIOL, MATH matrix
Ma·trix·dru·cker *m* INFORM dot-matrix [printer]
Ma·tri·ze <-, -n> [ma'tri:tsə] *f* stencil; **etw auf ~** *akk* **schreiben** to stencil sth
Ma·tro·ne <-, -n> [ma'tro:nə] *f* matron
ma·tro·nen·haft *adj* matronly
Ma·tro·se <-n, -n> [ma'tro:zə] *m* ❶ (*Seemann der Handelsmarine*) sailor, mariner *liter* ❷ *kein pl* (*Dienstgrad*) ordinary seaman, [ordinary] rating BRIT, seaman recruit AM
Ma·tro·sen·an·zug *m* sailor suit **Ma·tro·sen·hemd** *nt* sailor['s] shirt **Ma·tro·sen·müt·ze** *f* sailor['s] cap
Matsch <-[e]s> ['matʃ] *m kein pl* ❶ (*Schneematsch*) slush; (*schlammige Erde*) mud, sludge ❷ (*breiige Masse*) mush, sludge; **zu ~ werden** to go mushy
mat·schig ['matʃɪç] *adj* (*fam*) ❶ (*schlammig*) muddy, sludgy; **~er Schnee** slush[y] snow ❷ (*breiig*) mushy, gooey *fam*
Matsch·wet·ter *nt* (*fam*) muddy [*or* sludgy] weather [*or pl* conditions]; (*mit Schneematsch*) slush weather [*or pl* conditions]
matt ['mat] I. *adj* ❶ (*schwach, kraftlos*) weary, tired ❷ (*nicht kräftig*) weak; **~er Händedruck** weak [*or* limp] handshake; **~es Lächeln/~e Stimme** faint [*or* weak] smile/voice ❸ (*glanzlos*) matt[e] BRIT, mat[te] AM; **~e Politur** matt polish; (*unerwünscht*) dull; **~e Augen** lustreless [*or* AM lusterless] [*or* dull] eyes ❹ (*trübe*) **~ Licht** dim [*or* pale] light ❺ (*nicht durchscheinend*) **~e Glühbirnen** opal [*or* pearl] bulbs ❻ (*schwach*) **~e Farben** pale colours [*or* AM -ors] ❼ (*lahm, nicht überzeugend*) **~e Ausrede/Entschuldigung** lame [*or* feeble] excuse; **~er Witz** feeble [*or* lame] joke ❽ (*schachmatt*) [check]mate; ■**~ sein** to be [check]mated; **jdn ~ setzen** to mate sb; (*a. fig*) to checkmate sb; **~!** check and mate! II. *adv* ❶ (*schwach*) weakly, dimly ❷ (*ohne Nachdruck*) lamely, feebly

Matt <-s, -s> [ˈmat] *nt* [check]mate
matt·blau *adj* pale blue
Mat·te¹ <-, -n> [ˈmatə] *f* mat; (*Fußmatte*) doormat; [**bei jdm**] **auf der ~ stehen** (*fig fam*) to turn up at sb's doorstep; **morgen früh stehen Sie bei mir auf der ~** you must be at my place tomorrow morning; **jdn auf die ~ legen** SPORT (*fam*) to throw sb
Mat·te² <-, -n> [ˈmatə] *f* SCHWEIZ, ÖSTERR (*Bergwiese*) alpine meadow
Mat·ter·horn [ˈmatɐhɔrn] *nt* ■**das ~** the Matterhorn
Matt·glas *nt* frosted [*or* ground] glass
Mat·thäi [maˈtɛːi] *m gen von* **Matthäus** St Matthew's Day ▶WENDUNGEN: **bei jdm ist ~ am letzten** (*fam*) sb is washed-up [*or fam* has had it]
Mat·thä·us·evan·ge·li·um [-evaŋgeːli̯ʊm] *nt* ■**das ~** St[.] Matthew's Gospel, the Gospel according to St[.] Matthew
Matt·heit <-> *f kein pl* (*geh*) ❶ (*Glanzlosigkeit*) dullness ❷ *s.* **Mattigkeit**
Mat·tig·keit <-> [ˈmatɪçkait] *f kein pl* weariness, tiredness
Matt·schei·be *f* ❶ (*Scheibe aus Mattglas*) frosted glass pane ❷ (*fam: Bildschirm*) screen; (*Fernseher*) telly BRIT *fam,* tube AM *fam* ▶WENDUNGEN: **~ haben** (*sl*) to have [*or* get] a mental blank
Ma·tu·ra <-> [maˈtuːra] *f kein pl* SCHWEIZ, ÖSTERR (*Abitur*) ≈ A-Levels *pl* BRIT, high-school diploma AM
Ma·tu·rand(in) <-en, -en> [matuˈrant, *pl* matuˈrandn̩] *m(f)* SCHWEIZ, **Ma·tu·rant(in)** <-en, -en> [matuˈrant, *pl* matuˈrantən] *m(f)* ÖSTERR (*Abiturient*) *person who is just about to sit/has got his/her Abitur*
ma·tu·rie·ren* [matuˈriːrən] *vi* ÖSTERR to take one's school-leaving exam[ination *form*], to graduate [from high school] AM
Ma·tu·ri·tät <-> [maturiˈtɛːt] *f kein pl* SCHWEIZ matriculation exam[ination *form*]
Mätz·chen <-s, -> [ˈmɛtsçən] *nt meist pl* (*fam*) ❶ (*Kniffe, Tricks*) trick, knack; **lass endlich die ~!** stop fooling [*or* BRIT *fam!* buggering] about!; **mach keine ~!** none of your tricks!; (*bedrohlicher*) don't try anything funny! ❷ (*Albernheiten*) antics; **Kinder, lasst die ~!** kids, [that's] enough of your monkey-business!
Mat·ze <-, -n> [ˈmatsə] *f,* **Mat·zen** <-s, -> [ˈmatsn̩] *m* (*ungesäuertes Fladenbrot*) matzo[h], Passover bread
mau [ˈmau] *adj prädikativ* (*sl*) *Stimmung* lousy
Mau·er <-, -n> [ˈmauɐ] *f* ❶ (*Wand aus Steinen*) wall; **die Chinesische** [*o* **Große**] **~** the Great Wall of China; **innerhalb der** [*o* **in den**] **~n** HIST within the city walls ❷ (*fig geh: Wand*) **eine ~ des Schweigens** [**durchbrechen**] [to break] a wall of silence ❸ (*Tor sichernde Spielerkette*) line up
Mau·er·as·sel *f* ZOOL woodlouse **Mau·er·blüm·chen** *nt* (*fam*) wallflower *fam*
mau·ern [ˈmauɐn] **I.** *vi* ❶ (*mit Steinen und Mörtel arbeiten*) ■[**an etw** *dat*] **~** to build [sth], to lay bricks for sth ❷ (*fam*) to stall, to play for time ❸ SPORT (*Torverteidigung*) to play defensively ❹ KARTEN (*sl*) to hold back **II.** *vt* ■**etw** [**aus etw**] **~** to build sth [of sth]; ■**das M~** [**einer S.** *gen*] building [sth]
Mau·er·öff·nung *f* ❶ POL opening of the [Berlin] Wall ❷ (*Mauerspalt*) opening in a/the wall **Mau·er·pfef·fer** *m* BOT wall pepper, common stonecrop **Mau·er·schüt·ze** *m* HIST marksman on the Berlin Wall **Mau·er·seg·ler** *m* ORN swift **Mau·er·stein** *m* [building [*or* house]] brick **Mau·er·werk** *nt kein pl* ❶ (*die Mauern*) walls *pl* ❷ (*Steinmauer*) stonework
Maul <-[e]s, Mäuler> [ˈmaul, *pl* ˈmɔylɐ] *nt* ❶ (*Rachen eines Tieres*) mouth; *Raubtier* jaws *pl* ❷ (*derb: Mund*) trap *fam!,* BRIT *a.* gob *fam!;* **das ~ aufsperren** to stare flabbergasted [*or* BRIT *a.* gobsmacked] *fam;* [**hungrige**] **Mäuler stopfen** to feed [*or* fill] [hungry] mouths ❸ (*derb: Mundwerk*) **ein freches ~** a sharp tongue; **ein gottloses** [*o* **ungewaschenes**] **~** an evil [*or* a wicked] [*or* a malicious] tongue; **jdm übers ~ fahren** to cut sb short *fam;* **ein großes ~ haben** to have a big mouth, BRIT *a.* to be all mouth [and trousers] *fam;* **das** [*o* **sein**] **~ halten** to keep one's mouth [*or* BRIT *a.* gob] shut *fam!;* **halt's ~!, ~ halten!** shut your face! [*or* mouth] [*or* trap] [*or* BRIT *a.* gob] *fam!,* shut it! *fam!;* **jdm das ~ stopfen** to shut sb up ▶WENDUNGEN: **sich** *dat* **das ~ verbrennen** (*fam*) to talk oneself [*or fam* let one's mouth get one] into trouble; **sich** *dat* **das ~** [**über jdn/etw**] **zerreißen** (*fam*) to gossip [about sb/sth] *pej,* to bad-mouth [*or* badmouth] sb/sth AM *sl;* **das ~** [**zu**] **weit aufreißen** [*o* **voll nehmen**] to be too cocksure *fam;* **jdm ums ~ gehen** to soft-soap [*or sep* butter up] sb *fam*
Maul·af·fe [ˈmaulʔafə] *m* (*pej*) ▶WENDUNGEN: **~n feilhalten** (*veraltend fam*) to stand around gaping [*or* BRIT *pej a.* gawping] **Maul·beer·baum** *m* mulberry [tree] **Maul·bee·re** [ˈmaulbeːrə] *f* mulberry
mau·len [ˈmaulən] *vi* (*fam*) ■[**über etw** *akk*] **~** to moan [*or fam pej* gripe] [about sth]
Maul·esel [ˈmaulʔeːzl̩] *m* mule, hinny **maul·faul** *adj* (*fam*) uncommunicative **Maul·held(in)** *m(f)* (*pej*) big-[*or fam* loud-] mouth **Maul·korb** *m* muzzle; **einen ~ tragen** to be muzzled; **jdm einen ~ anlegen** (*fig fam*) to muzzle sb **Maul·sper·re** *f* **die ~ kriegen** (*fam*) to be open-mouthed; **ich krieg' die ~!** I'm flabbergasted! [*or* BRIT *fam a.* gobsmacked] **Maul·ta·schen** *pl* KOCHK SÜDD *pasta squares filled with meat or cheese and served in a clear soup* **Maul·tier** [ˈmaultiːɐ̯] *nt s.* **Maulesel**
Maul- und Klau·en·seu·che *f* foot-and-mouth disease
Maul·wurf <-[e]s, -würfe> [ˈmaulvʊrf, *pl* -vʏrfə] *m* (*a. fig*) mole **Maul·wurfs·gang** *m* tunnel (*dug by a mole*) **Maul·wurfs·hü·gel** *m* molehill **Maul·wurfs·klaue** *f* claw of a/the mole
maun·zen [ˈmauntsn̩] *vi* SÜDD (*kläglich miauen*) to mew pitifully
Mau·re, Mau·rin <-n, -n> [ˈmaurə, ˈmaurɪn] *m, f* Moor
Mau·rer(in) <-s, -> [ˈmaurɐ] *m(f)* bricklayer, BRIT *a.* brickie *fam* ▶WENDUNGEN: **pünktlich wie die ~** (*hum*) earlier than need be
Mau·rer·ar·beit *f* masonry *no pl,* brickwork *no pl* **Mau·rer·hand·werk** *nt* ■**das ~** bricklaying *no pl*
Mau·re·rin <-, -nen> [ˈmaurərɪn] *f fem form von* **Maurer**
Mau·rer·kel·le *f* [bricklayer's [*or* BRIT *fam a.* brickie's]] trowel
Mau·re·ta·ni·en <-s> [maureˈtaːni̯ən] *nt kein pl* GEOL Mauritania *no pl*
Mau·re·ta·ni·er(in) <-s, -> [maureˈtaːni̯ɐ] *m(f)* HIST Mauritanian; *s. a.* **Deutsche(r)**
mau·re·ta·nisch [maureˈtaːnɪʃ] *adj* Mauritanian; *s. a.* **deutsch**
Mau·rin <-, -nen> [ˈmaurɪn] *f fem form von* **Maure**
mau·risch [ˈmaurɪʃ] *adj* Moorish
Mau·ri·ti·er(in) <-s, -> [mauˈriːtsi̯ɐ] *m(f)* Mauritian; *s. a.* **Deutsche(r)**
mau·ri·tisch [mauˈriːtɪʃ] *adj* Mauritian; *s. a.* **deutsch**
Mau·ri·ti·us <-> [mauˈriːtsi̯ʊs] *nt* Mauritius; *s. a.* **Sylt**
Maus <-, Mäuse> [ˈmaus, *pl* ˈmɔyzə] *f* ❶ (*Tier*) mouse; **weiße Mäuse sehen** (*fam*) to see pink elephants *fam* ❷ INFORM mouse ❸ KOCHK thick flank ❹ (*nettes Mädchen oder Junge*) [sweet [*or* cute]] little thing ❺ (*unattraktive Person*) **eine graue ~** (*fam*) a mouse *fam* ❻ *pl* (*sl: Geld*) dough *sing sl,* dosh *sing* BRIT *sl* ▶WENDUNGEN: **da beißt die ~ keinen Faden ab** (*prov fam*) it can't be helped, what must be, must be *prov*
Mau·sche·lei <-, -en> [mauʃəˈlai] *f* (*pej fam*) fiddle *fam,* bent deal *pej fam*
mau·scheln [ˈmauʃl̩n] *vi* (*pej fam*) to fiddle *fam*
Mäus·chen <-s, -> [ˈmɔysçən] *nt dim von* **Maus 1** little mouse; **da möchte ich gerne ~ spielen** (*fam*) I'd like to be a fly on his/her etc. wall
mäus·chen·still [ˈmɔysçənˈʃtɪl] *adj* dead quiet; **~ sein** *Mensch* to be [as] quiet as a mouse
Mäu·se·bus·sard *m* [common] buzzard
Mau·se·fal·le *f* mousetrap; **eine ~ aufstellen** to set [*or* put down] a mousetrap **Mau·se·loch** *nt* mousehole; **jd möchte sich in ein ~ verkriechen** (*fam*) sb would have liked the

ground to open up and swallow him/her **Mau·se·öhr·chen** [-øːɐ̯çən] *pl* lamb's lettuce *no pl*
Mau·ser <-> ['mauzɐ] *f kein pl* ORN moult BRIT, molt AM; **in der ~ sein** to be moulting [*or* AM molting]
Mäu·se·rich <-s, -e> ['mɔyzərɪç] *m* (*fam*) male mouse
mau·sern ['mauzɐn] *vr* ❶ ORN (*das Federkleid wechseln*) ■**sich ~** to moult BRIT, to molt AM ❷ (*fig fam: sich vorteilhaft verändern*) ■**sich** [**zu etw**] ~ to blossom out [to sth]
mau·se·tot ['mauzə'toːt] *adj* (*fam*) ■**~ sein** to be stone-dead [*or hum fam* deader than dead]
maus·grau *adj* mouse-coloured [*or* AM -colored], mouse[y]-grey [*or* AM -gray]
mau·sig ['mauzɪç] *adj* ■**sich ~ machen** (*fam*) to get uppity *fam* [*or* BRIT *fam a.* stroppy] [*or sl* bolshie]
Maus·klick [-klɪk] *m* INFORM click of [*or* clicking [of]] the/a mouse **Maus·kur·sor** [-køːɐ̯zɐ, -kœrzɐ] *m* INFORM mouse pointer
Mau·so·le·um <-s, Mausoleen> [mauzo'leːʊm, *pl* mauzo'leːən] *nt* mausoleum
Maus·pad <-s, -s> [-pɛt] *m* INFORM mouse pad **Maus·steu·e·rung** *f* INFORM mouse control *no art;* **mit ~ bedient** mouse-controlled
Maut <-, -en> ['maut] *f* SÜDD, ÖSTERR toll [charge]; **eine ~ erheben** to levy a toll
Maut·ge·bühr *f s.* **Maut Maut·stel·le** *f* tollgate **Maut·stra·ße** *f* toll road, AM *a.* turnpike, AM *a.* pike *fam*
maxi ['maksi] *adj pred* MODE maxi; **~ tragen** (*fam*) to wear a maxi
Ma·xi·ma ['maksima] *pl von* **Maximum**
ma·xi·mal [maksi'maːl] **I.** *adj* maximum *attr;* (*höchste a.*) highest *attr;* **die ~e Geschwindigkeit** the maximum speed; *Fahrzeug* the top speed **II.** *adv* at maximum [*or* most]; **das ~ zulässige Gesamtgewicht** the maximum [*or* greatest] permissible weight; *Fahrzeug* the gross vehicle weight rating [*or* GVWR] *form;* **~ 25.000 Euro** 25,000 euros tops *fam* [*or* at most]; **bis zu ~ 1000 Metern** up/down to a maximum of 1000 metres [*or* AM -ers]
Ma·xi·mal·al·ter *nt* maximum age **Ma·xi·mal·brei·te** *f* maximum width **Ma·xi·mal·for·de·rung** *f* ■**die/seine ~**[**en**] the/one's maximum [*or* highest] demand[s] **Ma·xi·mal·ge·schwin·dig·keit** *f* maximum speed; *Fahrzeug* top speed **Ma·xi·mal·ge·wicht** *nt* maximum weight **Ma·xi·mal·hö·he** *f* maximum height **Ma·xi·mal·preis** *m* maximum [*or* highest] price **Ma·xi·mal·stra·fe** *f* maximum sentence **Ma·xi·mal·tie·fe** *f* maximum depth **Ma·xi·mal·ver·brauch** *m* maximum [fuel] consumption
Ma·xi·me <-, -n> [ma'ksiːmə] *f* (*geh*) maxim
ma·xi·mie·ren* [maksi'miːrən] *vt* ■**etw ~** to maximize sth
Ma·xi·mie·rung <-, -en> *f* maximization
Ma·xi·mum <-s, Maxima> ['maksimʊm, *pl* 'maksima] *nt* ❶ (*höchstmöglicher Wert*) maximum [value] ❷ (*Höchstmaß*) ■**ein ~ an etw** *dat* a maximum of sth ❸ MATH maximum
Ma·xi·pa·ckung *f* maxi pack **Ma·xi·sin·gle** [-zɪŋl] *f* (*veraltend*) maxi-single, EP
Ma·yon·nai·se <-, -n> [majɔ'nɛːzə] *f s.* **Majonäse**
Ma·ze·do·ni·en <-s> [matse'doːni̯ən] *nt* Macedonia; *s. a.* **Deutschland**
Ma·ze·do·ni·er(**in**) <-s, -> [matse'doːni̯ɐ] *m(f)* Macedonian; *s. a.* **Deutsche**(**r**)
Ma·ze·do·nisch [matse'doːnɪʃ] *nt dekl wie adj s.* **Makedonisch**
ma·ze·do·nisch [matse'doːnɪʃ] *adj* Macedonian; *s. a.* **deutsch**
Ma·ze·do·ni·sche <-n> *nt s.* **Makedonische**
Mä·zen <-s, -e> [mɛ'tseːn] *m* Maecenas *liter,* patron [of art or literature]
MB [ɛm'beː] *nt* INFORM *Abk von* **Megabyte** MB
MBA [ɛmbiː'eɪ] *m Abk von* **Master of Business Administration** MBA

M-Bahn *f s.* **Magnetschwebebahn**
MdB, M.d.B. <-s, -s> [ɛmdeː'beː] *m Abk von* **Mitglied des Bundestages** Member of the "Bundestag", BRIT *a.* ≈ MP
MdL, M.d.L. <-s, -s> [ɛmdeː'ɛl] *m Abk von* **Mitglied des Landtages** *Member of the federal state parliament*
m.E. *Abk von* **meines Erachtens** in my opinion
Me·cha·nik <-, -en> [me'çaːnɪk] *f* ❶ *kein pl* PHYS ■**die ~** mechanics + *sing vb* ❷ *kein pl* TECH ■**die ~** mechanics + *sing vb* ❸ TECH (*selten: Mechanismus*) mechanism
Me·cha·ni·ker(**in**) <-s, -> [me'çaːnɪkɐ] *m(f)* mechanic
me·cha·nisch [me'çaːnɪʃ] **I.** *adj* (*a. fig*) mechanical **II.** *adv* mechanically; **etw ~ aufsagen** to reel off sth *sep*
Me·cha·nis·mus <-, -nismen> [meça'nɪsmʊs, *pl* meça'nɪsmən] *m* mechanism
meck ['mɛk] *interj* (*sound made by goat*), meh BRIT, baaah AM
Me·cke·rei <-, -en> *f* (*pej fam: dauerndes Nörgeln*) moaning, bellyaching *fam,* griping *pej fam*
Me·cker·frit·ze, Me·cker·lie·se <-n, -n> [-frɪtsə, -liːzə] *m, f* (*pej fam: ewiger Nörgler*) bellyacher *fam,* BRIT moaning minnie *fam*
me·ckern ['mɛkɐn] *vi* ❶ (*der Ziege*) to bleat ❷ (*fig fam*) ■[**über jdn/etw**] **~** to bellyache *fam* [*or fam o pej* gripe] [about sb/sth]
Meck·len·burg-Vor·pom·mern <-s> ['mɛklənbʊrkʔfoːɐ̯pɔmɐn] *nt* Mecklenburg-West Pomerania
med. *adj Abk von* **medizinisch**: **Dr. ~ Birgit Jentsch** Birgit Jentsch, MD [*or* M.D.]
Me·dail·le <-, -n> [me'daljə] *f* ❶ (*Gedenkmünze*) medallion ❷ (*Auszeichnung*) medal ❸ (*runder Orden*) medal, gong BRIT *fam*
Me·dail·len·ge·win·ner(**in**) [me'daljən-] *m(f)* SPORT medallist BRIT, medalist AM, medal winner **Me·dail·len·re·gen** [me'daljən-] *m* SPORT inundation of medals **Me·dail·len·spie·gel** [me'daljən-] *m* SPORT medals table **Me·dail·len·ver·ga·be** [me'daljən-] *f* SPORT medal awarding ceremony
Me·dail·lon <-s, -s> [medal'jõː] *nt* ❶ (*Schmuckkapsel*) locket ❷ (*ovales Bild*) medallion ❸ KOCHK médaillon
Me·di·en ['meːdi̯ən] *pl* ❶ *pl von* **Medium 1, 2** ❷ (*Informationsträger*) ■**die ~** the media + *sing/pl vb;* **für Aufsehen in den ~ sorgen** to cause a press sensation; **akustische/optische ~** acoustic/visual media; **die gedruckten ~** the press *no indef art,* + *sing/pl vb*
Me·di·en·auf·se·her(**in**) *m(f)* MEDIA, ADMIN media censor **Me·di·en·be·ra·ter**(**in**) *m(f)* press adviser **Me·di·en·be·reich** *m* world of [the] media; **im ~ arbeiten** to work for the media/press **Me·di·en·be·richt·er·stat·tung** *f* MEDIA press [*or* media] coverage **Me·di·en·er·eig·nis** *nt* MEDIA media event **Me·di·en·for·schung** *f* MEDIA, SCH media research *no pl* **Me·di·en·kon·zen·tra·ti·on** *f* MEDIA concentration of ownership in the media **Me·di·en·kon·zern** *m* MEDIA, ÖKON media group **Me·di·en·land·schaft** *f* media landscape [*or* scene] **Me·di·en·lieb·ling** *m* MEDIA, SOZIOL (*fam*) media favourite **Me·di·en·po·li·tik** *f* [mass] media policy **Me·di·en·rum·mel** *m* (*fam*) media excitement **Me·di·en·spek·ta·kel** *nt* MEDIA media spectacle **Me·di·en·star** ['meːdi̯ənstaːɐ̯, -ʃtaːɐ̯] *m* MEDIA celebrity **Me·di·en·ver·bund** *m* ❶ (*Verbindung mehrerer Unterrichtsmedien*) multimedia system; **etw im ~ lernen** to learn sth using the multimedia system ❷ (*Verbund von Rundfunkinstituten, Verlagshäusern etc.*) media grid **me·di·en·wirk·sam** *adj* well-covered by the media
Me·di·ka·ment <-[e]s, -e> [medika'mɛnt] *nt* medicine
Me·di·ka·men·ten·ab·hän·gig·keit *f* drug addiction **Me·di·ka·men·ten·miss·brauch**[RR] *m* ■[**der**] **~** drug abuse **Me·di·ka·men·ten·sucht** *f* MED, PSYCH drug addiction **Me·di·ka·men·ten·ver·ord·nung** *f* MED [drug] prescription
me·di·ka·men·tös [medikamɛn'tøːs] **I.** *adj* medicinal; **eine/die ~e Behandlung** medication **II.** *adv* **jdn/etw ~ behandeln** to give sb medication/to treat sth with medication
Me·di·kus <-, Medizi *o* -se> [meːdikʊs, *pl* 'meːditsi] *m* (*hum*

fam) doc *fam*, quack
Me·di·ta·ti·on <-, -en> [medita'tsi̯o:n] *f* meditation (**über** +*akk* on)
me·di·ter·ran [meditɛ'ra:n] *adj inv* GEOL Mediterranean
me·di·tie·ren* [medi'ti:rən] *vi* ❶ (*Entspannung üben*) to meditate; ■**das M~** meditation ❷ (*geh: nachsinnen*) ■[**über etw** *akk*] ~ to meditate [on sth]
Me·di·um <-s, -dien> ['me:di̯ʊm, *pl* 'me:di̯ən] *nt* ❶ (*Verbindungsperson zu Geistern*) medium ❷ (*geh*) *Buch, Film, etc.* medium ❸ PHYS medium
Me·di·zin <-, -en> [medi'tsi:n] *f* ❶ *kein pl* (*Heilkunde*) ■[**die**] ~ medicine; **innere** ~ [internal] medicine ❷ (*fam: Medikament*) medicine; **seine** ~ **einnehmen** to take one's medicine ▶WENDUNGEN: **für jdn eine heilsame** ~ **sein** (*geh*) to have taught sb a lesson
Me·di·zi·ner(in) <-s, -> [medi'tsi:nɐ] *m(f)* ❶ (*Arzt*) doctor, physician *form;* **der Jargon der** ~ medical jargon ❷ (*Medizinstudent*) medic *fam*
me·di·zi·nisch [medi'tsi:nɪʃ] **I.** *adj* ❶ (*ärztlich*) medical ❷ (*heilkundlich*) **die** ~**e Fakultät** the school [*or esp* BRIT faculty] [*or* AM *a.* department] of medicine; **das** ~**e Gebiet/Studium** the field/study of medicine; **eine** ~**e Prüfung** an exam[ination *form*] in medicine ❸ (*heilend*) medicinal, curative; ~**es Shampoo** medicated shampoo **II.** *adv* ❶ (*ärztlich*) medically; **jdn** ~ **beraten/behandeln** to give sb medical advice/treatment ❷ (*heilkundlich*) medically; ~ **ausgebildet werden** to receive medical training; **sich** ~ **auskennen** to know [one's] medicine well ❸ (*heilend*) medicinally
Me·di·zin·mann <-männer> *m* (*indianisch*) medicine man; (*afrikanisch*) witchdoctor, shaman; (*fam*) doc *fam*, quack
Meer <-[e]s, -e> ['me:ɐ̯] *nt* ❶ (*Ozean*) sea; (*Weltmeer*) ocean; **die sieben** ~**e** the seven seas; **auf dem** [**weiten**] ~ [[far] out] to sea, on the high seas; **der Grund des** ~**es** the seabed, the bottom of the sea, Davy Jones['s locker] *a. hum;* **das Rote/Schwarze/Tote** ~ the Red/Black/Dead Sea; **ans** ~ **fahren** to go the sea[side]; **am** ~ by the sea; **jenseits des** ~**es** across the sea ❷ (*fig geh*) sea
Meer·aal *m* ZOOL, KOCHK conger eel **Meer·bar·be** *f* red mullet **Meer·bras·se** *f* sea bream **Meer·bu·sen** *m* (*veraltend*) gulf, bay; **der Bottnische** [*o* **Finnische**] ~ the Gulf of Bothnia **Meer·dat·tel** *f* date shell **Meer·en·ge** *f* strait[s *pl*]
Mee·res·al·ge *f* ■**die** ~**n** seaweed *no pl,* + *sing vb,* marine algae *spec* **Mee·re·sarm** *m* inlet, arm of the sea; (*in Norwegen*) fjord **Mee·res·bi·o·lo·gie** *f* marine biology **Mee·res·bo·den** *m s.* **Meeresgrund Mee·res·fau·na** [-fauna] *f* marine fauna *no pl,* +*sing/pl vb spec* **Mee·res·flo·ra** [-flo:ra] *f* marine flora *no pl,* +*sing/pl vb spec* **Mee·res·for·schung** *f* ■**die** ~ oceanography **Mee·res·frü·chte** *pl* seafood *no pl,* +*sing vb* **Mee·res·ge·tier** *nt* (*oft hum*) sea creatures *pl,* marine fauna +*sing/pl vb spec* **Mee·res·grund** *m kein pl* ■**der** ~ the seabed, the bottom of the sea, Davy Jones['s locker] *a. hum;* **auf dem** ~ on the seabed, at the bottom of the sea, in Davy Jones's locker *a. hum* **Mee·res·hö·he** *f s.* **Meeresspiegel Mee·res·kli·ma** *nt* maritime climate **Mee·res·kun·de** *f kein pl s.* **Meeresforschung mee·res·kund·lich** [-kʊndlɪç] *adj* oceanographic[al]; **das** ~**e Institut/Studium** the institute/study of oceanography **Mee·res·säu·ge·tier** *nt* sea [*or spec* marine] mammal **Mee·res·spie·gel** *m* sea level; [**zehn Meter**] **über/unter dem** ~ [ten metres [*or* AM -ers]] above/below sea level **Mee·res·stra·ße** *f* strait[s *pl*] **Mee·res·strö·mung** *f* ocean current; (*aufgrund Temperaturunterschiede*) convection current *spec* **Mee·res·tie·fe** *f* depth [of the sea [*or* ocean]] **Mee·res·ver·schmut·zung** *f* ÖKOL pollution of the sea, sea [*or* maritime] pollution *no pl*
Meer·fo·rel·le *f* migratory [*or* AM sea] trout **Meer·gott** *m* sea god; **der griechische** ~ the Greek god of the sea **Meer·jung·frau** *f* mermaid **Meer·kat·ze** *f* ZOOL meerkat, guenon *spec* **Meer·kohl** *m* sea kale **Meer·ohr** *f* abalone, ormer
Meer·ret·tich *m* BOT, KOCHK ❶ (*Pflanze o Wurzel*) horseradish ❷ *kein pl* (*Soße*) horseradish [sauce]
Meer·ret·tich·so·ße *f* horseradish sauce
Meer·salz *nt* sea salt *no pl,* + *sing vb* **Meer·schaum·pfei·fe** *f* meerschaum [pipe] **Meer·schwein·chen** *nt* ZOOL guinea pig, cavy *spec* **Meer·spin·ne** *f* spider crab **Meer·un·ge·heu·er** *nt* sea monster
Meer·was·ser *nt* sea water
Meer·was·ser·ent·sal·zung *f* desalination of sea water *spec*
Meer·was·ser·ent·sal·zungs·an·la·ge *f* desalination plant *spec*
Mee·ting <-s, -s> ['mi:tɪŋ] *nt* meeting
Me·ga·bit ['me:gabɪt] *nt* INFORM megabit **Me·ga·byte** [mega'bait, 'me:gabait] *nt* INFORM megabyte; (*geschrieben a.*) M[b] **Me·ga-Er·folg** *m* MEDIA smash hit **Me·ga·hertz** ['mɛgahɛrts] *nt* PHYS megahertz **Me·ga·hit** *m* smash [hit]
Me·ga·lith <-en, -en> [mega'li:t] *m* megalith
me·ga·lo·man [megalo'ma:n] *adj* (*geh*) megalomaniac[al]
Me·ga·lo·ma·nie <-, -n> [megaloma'ni:, *pl* megaloma'ni:ən] *f* (*geh*) ■**die** ~ megalomania
Me·ga·phon, **Me·ga·fon**[RR] <-s, -e> [mega'fo:n] *nt* megaphone
Me·ga·stadt *f* megalopolis *spec* **Me·ga·star** [-sta:ɐ̯] *m* megastar *fam* **Me·ga·ton·ne** *f* megaton **Me·ga·watt** *nt* megawatt; (*geschrieben a.*) MW
Mehl <-[e]s, -e> ['me:l] *nt* ❶ (*gemahlenes Korn*) flour; **etw mit** [**feinem**] ~ **bestäuben** to dredge [*or* powder] sth with flour ❷ (*pulverisierte Substanz*) powder; **etw zu** ~ **verarbeiten** to pulverize sth
meh·len ['me:lən] *vt* KOCHK ■**etw** ~ to flour sth
meh·lig ['me:lɪç] *adj* ❶ (*trockenes Fruchtfleisch aufweisend*) mealy, floury ❷ (*mit Mehl bestäubt*) floury ❸ (*fein zerrieben*) powdery
Mehl·kä·fer *m* meal beetle **Mehl·sack** *m* flour bag ▶WENDUNGEN: **wie ein** ~ **schlafen** (*fam*) to sleep like a log **Mehl·schwal·be** *f* ORN house martin **Mehl·schwit·ze** *f* KOCHK roux **Mehl·spei·se** *f* ❶ (*mit Mehl bereitetes Gericht*) flummery ❷ ÖSTERR (*fam: Süßspeise*) dessert, BRIT *a.* sweet **Mehl·tau** ['me:ltau] *m kein pl* BOT mildew
mehr ['me:ɐ̯] **I.** *pron indef, inv comp von* **viel** more; **möchten Sie noch etwas** ~ **Kaffee?** would you like some more coffee?; ~ **möchte ich dazu nicht sagen** I wish to say no more on the matter; ■~ **von etw** more of sth; **immer** ~, ~ **und** ~ more and more **II.** *adv* ❶ (*eher*) more; **dieser Fall ist** ~ **etwas für Spezialisten** this is more [of] a case [the] for specialists; ~ **wie etw aussehen** to look rather like sth ❷ (*in höherem Maße*) ■**etw** ~ **tun** to do sth more; ~ **schwimmen** to swim more, to do more swimming; **immer** ~ more and more; ~ **oder weniger** [*o geh* **minder**] more or less; **mit** ~ **oder weniger Erfolg** with modest success; **mit** ~ **oder weniger Zuversicht** with half-hearted confidence; **nicht** ~ **sein** (*euph: verstorben sein*) to be no more *hum;* **unser Großvater ist nicht** ~ our grandfather is no longer with us; ■~ **... als ...** more ... than ...; **es war keiner** ~ **da** there was nobody left, everybody had gone; **nicht** ~ not any [*or* no] longer [*or* more]; **sie kommen schon lange nicht** ~ they haven't been coming for a long time [now]; **nichts** ~ **als das** there's nothing I'd rather do; **nie** ~ never again; **das mache ich nie** ~ I shall never do that [ever] again, I won't ever do that again; **niemand** ~ nobody else; **nur** ~ (*geh*) only; **jetzt ist es nur** ~ **ein Jahr, dass ...** only a year has passed since ...
Mehr <-[s]> ['me:ɐ̯] *nt kein pl* ❶ (*zusätzlicher Aufwand*) ■**ein** ~ **an etw** *dat* an additional sth; **mit einem** [**kleinem**] ~ **an Mühe** with a [little] bit more effort ❷ POL SCHWEIZ majority
Mehr·ar·beit *f* overtime, extra time [*or* work] [*or* hours] **Mehr·auf·wand** *m* additional expenditure **mehr·bän·dig** *adj* multi[-]volume *attr form,* in [*or* comprising] several volumes *pred* **Mehr·be·darf** *m* greater need (**an** +*dat* of/for) **mehr·**

deu·tig adj ambiguous, equivocal form **Mehr·deu·tig·keit** <-> f kein pl ambiguity, equivocalness form **mehr·di·men·si·o·nal** adj multidimensional **Mehr·ein·nah·me** f additional revenue no pl

meh·ren ['me:rən] (geh) I. vt ■etw ~ to increase [or form augment] sth; sein Ansehen ~ to enhance one's reputation II. vr ■etw mehrt sich the number of sth increases; s. a. fruchtbar

meh·re·re ['me:rərə] pron indef ❶ adjektivisch (einige) several attr, a number of attr ❷ substantivisch (einige) ■~ [von jdm/etw] several [of sb/sth]; ~ davon several [of them]; von ~n by/from several persons; wir fahren immer zu ~n there are always several of us to a car ❸ adjektivisch (mehr als eine) various

meh·re·res pron substantivisch several [or a number of] things/items etc. pl

meh·rer·lei ['me:rɐ'lai] pron indef, inv (geh) ❶ substantivisch several [or a number of] things/items etc. pl ❷ adjektivisch various, several kinds of attr

mehr·fach ['me:ɐ̯fax] I. adj ❶ (vielfach) numerous; eine ~e Medaillengewinnerin a winner of numerous medals; ein ~er Meister im Hochsprung several-times champion in the pole vault; ein ~er Millionär a multimillionaire ❷ (wiederholt) repeated II. adv many [or several] times; s. a. vorbestraft

Mehr·fa·che(s) nt dekl wie adj ■das ~ [o ein ~s] [von etw] several times the amount/number [of sth]; ich verdiene jetzt das ~ von dem, was ich früher hatte I'm now earning several times as much as I used to; ■das ~/ein ~s an etw dat several times sth; das ~ an Arbeit/Soldaten dat several times the work/the number of soldiers; um das ~ [o ein ~s] so groß/schnell etc. wie etw several times as large/fast etc. as sth

Mehr·fach·steck·do·se f multiple socket **Mehr·fach·ste·cker** f TECH multiple [or multicontact] plug

Mehr·fa·mi·li·en·haus [-liən-] nt multiple[-family] dwelling **mehr·far·big** adj multicoloured [or AM -ored], polychromatic form **Mehr·ge·wicht** nt additional [or excess] weight

Mehr·heit <-, -en> f ❶ kein pl (die meisten) ■die ~ einer S. gen the majority of sth; in der ~ sein to be in the majority; die schweigende ~ the silent majority ❷ POL majority + sing/pl vb; 3/4 ~ 75 percent of the vote; mit fünf Stimmen ~ with a majority of five [or form five-vote margin]; eine knappe ~ a narrow [or shoestring] majority; die absolute/einfache [o relative]/qualifizierte ~ an absolute/a simple [or relative]/a qualified majority; die ~ gewinnen [o geh erringen]/verlieren to win [or gain] a majority/lose one's majority; die ~ haben [o besitzen] to have a majority

mehr·heit·lich adv ~ entscheiden to reach a majority decision; von jdm ~ vertreten werden to be represented by the majority of sb; wir sind ~ dafür the majority of us are for it

Mehr·heits·be·schlussRR m POL majority decision **mehr·heits·fähig** adj inv POL capable of securing a majority pred; die Partei war nicht ~ the party was unable to secure a majority **Mehr·heits·par·tei** f majority party **Mehr·heits·wahl·recht** nt kein pl majority vote [or BRIT a. first past the post] system

mehr·jäh·rig adj attr several years of attr, of several years pred; ~e Pflanzen perennials

Mehr·kos·ten pl additional [or excess] costs pl

Mehr·ling <-s, -e> m MED, BIOL child born as part of a multiple birth

mehr·ma·lig ['me:ɐ̯ma:lɪç] adj attr repeated

mehr·mals ['me:ɐ̯ma:ls] adv repeatedly, several times

Mehr·par·tei·en·sys·tem nt multiparty [or multiple party] system **Mehr·platz·sys·tem** nt INFORM shared logic system **mehr·sei·tig** adj of several pages pred **mehr·sil·big** adj polysyllabic spec; ein ~es Wort a polysyllable spec **mehr·spra·chig** I. adj multilingual, polyglot form II. adv ~ aufwachsen to grow up multilingual [or speaking several languages]; ~ ausgebildet/geführt [sein] [to be] trained/conducted in several languages

Mehr·spra·chig·keit <-> f kein pl multilingualism, ability to speak several languages **mehr·stim·mig** MUS I. adj polyphonic, for [or in]/of several voices pred; ~er Gesang part singing, song for several parts II. adv ~ singen/spielen to sing/play in harmony **mehr·stö·ckig** I. adj multi-storey BRIT, multi-story AM II. adv ~ bauen to put up multi-storey [or AM multi-story] buildings; etw ~ planen to plan sth with several/many storeys [or AM storys] **Mehr·stu·fen·ra·ke·te** f multistage rocket **mehr·stün·dig** adj of [or lasting] several hours pred; ■~ sein to last several hours; ~e Abwesenheit an absence of several hours, several hours' absence; nach ~er Dauer after several hours; nach einem ~en Gespräch after talks of [or lasting] several hours, after several hours of [or hours'] talking **mehr·tä·gig** adj lasting several days pred; ■~ sein to last several days; ~e Abwesenheit an absence of several days, several days' absence; in ~en Gesprächen in talks lasting several days, in several days of talking **Mehr·völ·ker·staat** m multiracial [or multinational] state

Mehr·weg·fla·sche f returnable bottle, re-usable bottle [on which a returnable [or refundable] deposit is paid] **Mehr·weg·ver·pa·ckung** f ÖKON, ÖKOL re-usable [foodstuff] packaging

Mehr·wert·steu·er f value-added tax, VAT

mehr·wö·chig adj lasting several weeks pred; ■~ sein to last several weeks; ~e Abwesenheit an absence of several weeks, several weeks' absence; nach ~er Dauer after several weeks; nach einem ~en Gespräch after talks of [or lasting] several weeks, after several weeks of [or weeks'] talking **Mehr·zahl** f kein pl ❶ (Mehrheit) majority; ■die ~ der Personen the majority of the persons form, most of the people; ■die ~ einer S. gen most of sth; in der ~ sein to be in the majority ❷ LING plural [form] **mehr·zei·lig** adj of [or form comprising] several lines pred; ■~ sein to comprise several lines form **Mehr·zweck·hal·le** f multipurpose hall

mei·den <mied, gemieden> ['maidn̩] vt (geh) ❶ (aus dem Wege gehen) ■jdn ~ to avoid [or steer clear of] sb ❷ (sich von etw fernhalten) ■etw ~ to avoid sth; Alkohol ~ to avoid [or abstain from] [or form eschew] alcohol

Mei·le <-, -n> ['mailə] f mile; die sündige ~ (hum) ≈ red-light district; HIST (4,8 km) league ▶WENDUNGEN: etw drei ~en gegen den Wind riechen können (fam) to be able to smell sth a mile off

Mei·len·stein m (a. fig) milestone **mei·len·weit** ['mailənvait] adv for miles [and miles fam]; ~ entfernt miles [and miles fam] away

Mei·ler <-s, -> ['mailɐ] m ❶ (Kohlenmeiler) charcoal kiln [or pile] [or stack] ❷ (Atomreaktor) [nuclear] reactor, [atomic] pile

mein ['main] I. pron poss adjektivisch ❶ (das [zu] mir gehörende) my; was ~ ist, ist auch dein (geh) what's mine is yours; M~ und Dein verwechseln [o nicht unterscheiden können] (euph) to take what doesn't belong to one a. euph ❷ (von mir üblicherweise konsumiert) my; ich rauche am Tag schon so ~e 20 Zigaretten I smoke my 20 cigarettes a day ❸ (in Höflichkeitsfloskeln) my; ~e Damen und Herren! Ladies and Gentlemen!; bitte hier entlang, ~ Herr/~e Dame/~e Herrschaften! if you would come this way, Sir/Madam/ladies and gentlemen II. pron pers gen von ich (veraltet poet) of me

mei·ne(r, s) ['mainə] pron poss, substantivisch (geh) ❶ (mir Gehörendes) ■[geh der/die/das] M~ mine ❷ (Angehörige) ■die M~n my people [or family] ❸ (das mir Zukommende) ■das M~ my share; ich tue das M~ I'll do my bit ❹ (das mir Gehörige) what is mine; es ist alles das M~ it's all mine

Mein·eid ['main?ait] m JUR perjury no art, no pl; einen ~ leisten [o ablegen] [o schwören] to commit perjury, to perjure oneself form

mein·ei·dig ['main?aidɪç] adj perjured; ein ~er Mensch a perjurer; ■~ werden to commit perjury, to perjure oneself form

mei·nen ['mainən] I. vi ❶ (denken, annehmen) ■~[, dass] to

M

Meinungen, Ansichten

Meinungen, Ansichten ausdrücken	expressing opinions, views
Ich finde/meine/denke, sie sollte sich für ihr Verhalten entschuldigen.	**I think** she should apologize for her behaviour.
Er war **meiner Meinung nach** ein begnadeter Künstler.	He was **in my opinion** a highly gifted artist.
Ich bin der Meinung/Ansicht, dass jeder ein Mindesteinkommen erhalten sollte.	**I believe/am of the opinion/take the view that** everyone should receive a minimum income.
Eine Anschaffung weiterer Maschinen ist **meines Erachtens** nicht sinnvoll.	The purchase of more machinery is, **in my opinion**, not a sensible option.
Meinungen erfragen, um Beurteilung bitten	**asking for opinions and assessments**
Was ist Ihre Meinung?	**What's your opinion?**
Was meinen Sie dazu?	**What do you think (about it)?**
Wie sollten wir **Ihrer Meinung nach** vorgehen?	How do **you think** we should proceed?
Was hältst du von der neuen Regierung?	**What do you think/make of** the new government?
Findest du das Spiel langweilig?	**Do you find** this game boring?
Denkst du, so kann ich gehen?	**Do you think** I can go like this?
Was sagst du zu ihrem neuen Freund?	**What do you think of** her new boyfriend?
Wie gefällt dir meine neue Haarfarbe?	**How do you like** my new hair colour?
Kannst du mit dieser Theorie **etwas anfangen?**	**Does** this theory **mean anything to you?**
Wie lautet Ihr Urteil über unser neues Produkt?	**What's your opinion of** our new product?
Wie urteilen Sie darüber?	**What's your opinion of it?**

think [*or fam* reckon] [that]; **ich würde/man möchte ~, ...** I/one [*or* you] would think ...; **~ Sie?** [do] you think so? [*or fam* reckon [so]] ❷ (*sagen*) to say; **ich meinte nur so** (*fam*) it was just a thought, I was only saying! *fam;* ■**zu jdm ~, [dass]** ... to tell [*or* say to] sb that ...; **wenn Sie ~!** if you wish; **wie ~ Sie?** [I] beg your pardon?; **[ganz] wie Sie ~!** [just] as you wish; (*drohend a.*) have it your way **II.** *vt* ❶ (*der Ansicht sein*) ■**~, [dass]** ... to think [that] ...; **ich meine das genauso, wie ich es gesagt habe** I mean exactly what I said; **das sollte man ~** one would have thought ❷ (*über etw denken*) **und was ~ Sie dazu?** and what do you say? [*or* think], and what's your view [of it]? [*or* opinion [on it]] ❸ (*sagen wollen*) ■**etw [mit etw] ~** to mean [*or* imply] sth [by sth]; **was meinen Sie [damit]?** what do you mean [*or* are you implying] [by that]?; **das will ich [auch/doch] ~!** I should think so too! ❹ (*ansprechen*) ■**jdn [mit etw] ~** to mean sb [with sth]; **damit bist du gemeint** that [*or* he/she etc.] means you; **ich meine den da hinten** I'm talking about him at the back ❺ (*beabsichtigen*) to mean, to intend; **es ehrlich ~** to honestly mean sth; **es ehrlich mit jdm ~** to be honest with sb; **ich meine es ernst** I'm serious [about it]; **es gut ~** to mean well; **es gut mit jdm ~** to do one's best for sb; **es nicht böse ~** to mean no harm; **so war es nicht gemeint** it wasn't meant like that; **es ~, wie man es sagt** to mean what one says; **etw wortwörtlich ~** to mean sth literally ❻ (*sich für jdn darstellen*) to mean, to intend; **heute hat es die Sonne gut mit uns gemeint** the sun has done its best for us today

mei·ner ['maine] *pron pers gen von* **ich** (*geh*) **gedenke ~** remember me; **spotte nicht ~** do not mock me *liter*

mei·ner·seits ['maine'zaits] *adv* as far as I'm concerned, for my part; **alle Einwände ~** all objections on my part; **ganz ~** the pleasure is/was [all] mine

mei·nes ['mainəs] *pron s.* **meine(r, s)**

mei·nes·glei·chen ['mainəs'glaiçn̩] *pron inv* ❶ (*Leute meines Standes*) my own kind, [my] equals *pl* ❷ (*jd wie ich*) people such as I [*or* me], people like me [*or* myself]

mei·net·hal·ben ['mainət'halbn̩] *adv* (*geh*), **mei·net·we·gen** ['mainət've:gn̩] *adv* ❶ (*wegen mir*) because [*or* on account] of me, on my account; (*mir zuliebe*) for my sake ❷ (*von mir aus*) as far as I'm concerned; **~!** if you like! ❸ (*beispielsweise*) for example [*or* instance] **mei·net·wil·len** ['mainət'vɪlən] *adv* **um ~** for my sake

mei·ni·ge ['mainɪgə] *pron poss* (*veraltend geh*) *s.* **meine(r, s)**

meins ['mains] *pron poss* ■**~ sein** to be mine

Mei·nung <-, -en> ['mainʊŋ] *f* opinion; (*Anschauung a.*) view; **geteilte ~en** differing opinions [*or* views]; **geteilter ~ sein** to have differing opinions [*or* views]; **was diesen Punkt angeht, gehen die ~en auseinander** opinions differ on this point; **ähnlicher/anderer ~ sein** to be of a similar/different opinion; **bestimmte ~en zu etw haben** to have certain opinions [*or* views] on sth; **eine eigene ~ haben** to have an opinion of one's own; **[nicht] der gleichen ~ sein** to [not] share the same opinion [*or* view]; **die öffentliche ~** public opinion [*or* sentiment], the vox populi *liter;* **dieser ~ sein** to be of [*or* share] this opinion [*or* view]; **einer ~ sein** to share the same opinion [*or* view], to think the same, to be of the same [*or* of one] mind; **jds ~ [zu etw] kennen** to know sb's opinion [on sth] [*or* view [of [*or* on] sth]], to know what sb says [on sth]/thinks [of sth]; ■**nach jds ~,** ■**jds ~ nach** in sb's opinion [*or* view], in the opinion [*or* view] of sb, to sb's way of thinking; **seine ~ ändern** to change one's mind [*or* opinion]; **seine ~ beibehalten, bei seiner ~ bleiben** to stick to [*or form* persist in] one's opinion; **der ~ sein, dass ...** to be of the opinion [*or* take the view] that ...; **jdm die ~ sagen** (*fam*) to give sb a piece of one's mind *fam;* **jds ~ sein** to be [just] what sb thinks; **genau meine ~!** exactly what I thought!

Mei·nungs·äu·ße·rung *f* ❶ (*das Äußern einer Ansicht*) expression of an opinion [*or* a view]/opinions [*or* views] *pl;* ■**bei seiner ~** in expressing one's opinions [*or* views] ❷ (*vorgebrachte Ansicht*) opinion, view; **die freie ~** free[dom of] speech **Mei·nungs·aus·tausch** *m* exchange of views [*or* ideas] (**zu** on); **in einem ~ miteinander/mit jdm stehen** to exchange views [*or* ideas] [with one another/sb] **Mei·nungs·bild·ner(in)** ['maɪnʊŋsbɪldnɐ] *m(f)* SOZIOL, MEDIA opinion maker **Mei·nungs·bil·dung** *f* ■**die ~** the formation of opinion **Mei·nungs·for·scher(in)** *m(f)* [opinion] pollster, public opinion analyst *form* **Mei·nungs·for·schung** *f kein pl* ■**die ~** [public] opinion polling [*or* research] **Mei·nungs·for·schungs·in·sti·tut** *nt* opinion research institute **Mei·nungs·frei·heit** *f kein pl* ■**die ~** free[dom of] speech; **die journalistische ~ unterdrücken** to gag the press **Mei·nungs·füh·rer(in)** *m(f)* opinion leader **Mei·nungs·um·fra·ge** *f* [public] opinion poll; **eine ~ abhalten** [*o* **machen**] to take [*or form* conduct] a public opinion [*or* an opinion] poll [*or* a poll] **Mei·nungs·ver·schie·den·heit** *f* ❶ (*Unterschiedlichkeit von Ansichten*) difference [*or form* divergence] of opinion; **eine erhebliche ~** a clash of opinion ❷ (*Auseinandersetzung*) argument, difference of opinion *hum;* **eine kleine ~** a slight difference of opinion *hum fam;* **eine ~ haben** to have an argument [*or hum* a difference of opinion]; **eine kleine ~ haben** to have a [slight] tiff *fam*

Mei·o·se <-, -n> [maɪ'o:zə] *f* BIOL meiosis

mei·o·tisch *adj* BIOL meiotic

Mei·se <-, -n> ['maɪzə] *f* ORN tit ▸WENDUNGEN: **eine ~ haben** (*sl*) to have a screw loose *hum fam*

Mei·sel ['maɪzl̩] *m* KOCHK ÖSTERR *beef cut from the shoulder blade*

Mei·ßel <-s, -> ['maɪsl̩] *m* chisel

mei·ßeln ['maɪsl̩n] **I.** *vi* ■[**an etw** *dat*] **~** to chisel [at sth] **II.** *vt* ❶ (*mit dem Meißel herstellen*) ■**etw ~** to chisel sth ❷ (*mit dem Meißel einschlagen*) ■**etw in etw** *akk* **~** to chisel sth into sth; ■[**sich** *dat*] **etw in etw** *akk* **~ lassen** to have sth chiselled [*or* AM -eled] into sth

meist ['maɪst] *adv* ❶ *s.* **meistens** ❷ *superl von* **viel**: **~ insze·niert** most-staged

meist·bie·tend *adj inv, attr* ÖKON highest-bidding *attr,* bidding highest *pred*

Meist·bie·ten·de(r) <-n, -n> *dekl wie adj f(m)* ÖKON highest bidder

meis·te(r, s) *pron indef superl von* **viel** ❶ *adjektivisch, + nsing* most; **der ~ Luxus ist überflüssig** most luxury is superfluous; **das ~ Geld** the most money; (*als Anteil*) most of the money; **die ~ Zeit** [the] most time; (*adverbial*) most of the time; **nicht das ~ an Intelligenz haben** to be two bricks shy of a load *hum fam* ❷ *adjektivisch, + nsing* most; **die ~n Menschen/Probleme** most people/problems; **die ~n dieser/meiner Beispiele** most of these/my examples ❸ *substantivisch* ■**die ~n** (*Menschen*) most people; (*Dinge*) most of them; **die ~n von uns** most of us ❹ *substantivisch* ■**das ~** (*zählbares*) most of them; (*nicht zählbares*) most of it; (*als Anteil*) the most; ■**das ~ von dem, was ...** most of what ... ❺ (*adverbial: vor allem*) ■**am ~n** [the] most; **was mich am ~n gefreut hat, ...** what pleased me [the] most ...

meis·tens ['maɪstn̩s] *adv* mostly, more often than not; (*zum größten Teil*) for the most part; ■**etw ~ machen** to mostly [*or* more often than not] do sth

meis·ten·teils *adv* (*geh*) *s.* **meistens**

Meis·ter(in) <-s, -> ['maɪstɐ] *m(f)* ❶ (*Handwerksmeister*) master [craftsman]; (*Betriebsmeister*) foreman, gaffer BRIT *fam;* (*als Anrede*) boss *fam,* guv BRIT *sl;* ■**~/~ in Müller** (*veraltend: als Anrede*) Master/Mistress Müller *dated;* **seinen ~** [**in etw** *dat*] **machen** to take one's master[craftman]'s diploma [*or* certificate] [in sth]; **~ Lampe** (*Märchenfigur*) Master Hare ❷ SPORT (*Titelträger*) champion; (*führende Mannschaft*) champions *pl* ❸ (*großer Künstler*) master; **alter ~** old master ❹ (*Lehrer*) [school]master *dated* ▸WENDUNGEN: **seinen ~ finden** to meet one's match; **es ist noch kein ~ vom Himmel gefallen** (*prov*) no one is born a master; (*am Anfang eines Unternehmens*) it is the first step that is always difficult *prov;* **im Lügen ~ sein** to be a past master at lying

Meis·ter·brief *m* master[craftman]'s diploma [*or* certificate]

meis·ter·haft **I.** *adj* masterly; (*geschickt*) masterful **II.** *adv* in a masterly manner [*or* fashion]; (*geschickt*) masterfully, in a masterful manner [*or* fashion]

Meis·ter·hand *f* ■**die ~** the hand [*or* touch] of a/the master; **von ~** by a master hand

Meis·te·rin <-, -nen> *f fem form von* **Meister**

Meis·ter·leis·tung *f* ❶ (*hervorragende Leistung*) masterly performance; **eine architektonische/musikalische ~** a masterly performance of architecture/music; **nicht gerade** [*o* **eben**] **eine ~** nothing to write home about *fam* ❷ (*iron: miserable Leistung*) brilliant achievement *iron*

meis·ter·lich *adj* (*geh*) *s.* **meisterhaft**

meis·tern ['maɪstɐn] *vt* ■**etw ~** to master sth; **Schwierigkeiten ~** to overcome [*or* master] difficulties

Meis·ter·prü·fung *f* examination for the master[craftman]'s diploma [*or* certificate]

Meis·ter·schaft <-, -en> *f* ❶ SPORT (*Wettkampf zur Ermittlung des Meisters*) championship; (*Veranstaltung*) championships *pl* ❷ *kein pl* (*Können*) mastery; **vollendete ~** accomplished mastery; **es** [**in etw** *dat*] **zu wahrer** [*o* **echter**] **~ bringen** to become really proficient [at sth] [*or* expert [in sth]], to achieve real mastery [in sth] [*or* proficiency [at sth]]; (*iron*) *Dieb* to get it/sth down to a fine art; **es** [**in etw** *dat*] **zu einiger ~ bringen** to start becoming [*or* to become] proficient [at sth], to start becoming [*or* to become] expert [in sth], to achieve some proficiency [at sth]

Meis·ter·schüt·ze, -schüt·zin *m, f* marksman, crack shot **Meis·ter·stück** *nt* ❶ (*Werkstück*) *work done to qualify as a master craftsman* ❷ (*Meisterwerk*) masterpiece ❸ (*iron: schlechte Leistung*) brilliant achievement *iron* **Meis·ter·ti·tel** *m* ❶ (*Titel eines Handwerksmeisters*) title of master craftsman ❷ SPORT (*Titel eines Champions*) championship title

Meis·te·rung <-> *f kein pl* mastering *no pl; Schwierigkeiten a.* overcoming *no pl*

Meis·ter·werk *nt* masterpiece; ■**ein architektonisches/musikalisches ~** a masterpiece of architecture/music, an architectural/a musical masterpiece

meist·ge·fragt *adj attr* most popular, most in demand *pred* **meist·ge·nannt** *adj attr* most frequently mentioned **meist·ge·sucht** *adj attr* most wanted **meist·ver·kauft** *adj attr* best-selling; **das ~e Buch des Monats** the best-seller of the month **meist·ver·langt** *adj attr* in highest demand *pred*

Mek·ka <-s> ['mɛka] *nt* (*a. fig*) Mecca

Me·lan·cho·lie <-, -n> [melaŋko'li:, *pl* melaŋko'li:ən] *f* ■[**die/eine**] **~** melancholy; **in ~ verfallen** [*o* **versinken**] to get melancholy [*or fam* the blues]

Me·lan·cho·li·ker(in) <-s, -> [melaŋ'ko:likɐ] *m(f)* melancholic *form,* melancholy [*or form* melancholic] person

me·lan·cho·lisch [melaŋ'ko:lɪʃ] *adj* melancholy, melancholic *form;* **ein ~er Mensch** a melancholy [*or form* melancholic] person, a melancholic *form;* **etw macht jd ~** sth makes sb melancholy [*or form* melancholic], to give sb the blues *fam*

Me·lan·ge <-, -n> [me'lã:ʒə] *f* ÖSTERR coffee with milk, BRIT *a.* white coffee

Me·la·nin <-n, -e> [mela'ni:n] *nt* MED melanin

Me·la·nis·mus <-> [mela'nɪsmʊs] *m* MED melanism

Me·la·nom <-[e]s, -e> [mela'no:m] *nt* MED melanoma *spec;* **ein bösartiges** [*o fachspr* **malignes**] **~** a malignant melanoma *spec*

Me·las·se <-, -n> [me'lasə] *f* molasses

Mel·de <-, -n> ['mɛldə] *f* BOT purslane, oracle

Mel·de·amt *nt* (*fam*) registration office; ■**auf dem ~** at the registration office **Mel·de·be·hör·de** *f* (*geh*) *s.* **Einwohnermeldeamt** **Mel·de·frist** *f* period [*or* time] for registering, registration period

M

mel·den ['mɛldn̩] **I.** *vt* ❶ (*anzeigen*) ■**[jdm] etw** ~ to report sth [to sb]; **etw im Personalbüro** ~ to report sth to the personnel office; **etw schriftlich** ~ to notify sth in writing ❷ (*berichten*) ■**etw [über etw]** ~ *akk* RADIO, TV to report sth [about sth]; **wie [soeben/gerade] gemeldet wird** according to reports [just [coming] in] ❸ (*denunzieren*) ■**jdn [bei jdm]** ~ to report sb [to sb] ❹ (*an~*) ■**jdn [bei jdm]** ~ to announce sb [to sb]; **wen darf ich ~?** who[m] shall I say [is here]?, what name shall I say?; ~ **Sie mich bitte bei Ihrem Chef!** please tell your boss [that] I'm here! ▶ WENDUNGEN: **[bei jdm/irgendwo] nichts zu ~ haben** (*fam*) to have no say [with sb/somewhere] **II.** *vr* ❶ SCH (*auf sich aufmerksam machen*) ■**sich** ~ to put one's hand up ❷ (*sich zur Verfügung stellen*) ■**sich zu etw** ~ to report for sth; **sich zu etw freiwillig** ~ to volunteer for sth; **sich zur Nachtschicht** ~ to sign up [*or* volunteer] for the night shift; **sich zu der Tätigkeit im Ausland** ~ to apply for the job abroad ❸ TELEK (*antworten*) ■**sich [unter etw]** ~ *dat* to answer [on/with sth]; **es meldet sich keiner [unter dieser Nummer]** there's no answer [*or* reply] [on this number]; **sie meldet sich nie unter ihrem wahren Namen** she never answers with her real name ❹ (*auf sich aufmerksam machen*) ■**sich [bei jdm]** ~ to get in touch [with sb]; **wenn ich Sie brauchen sollte, melde ich mich [bei Ihnen]** if I need you, I'll let you know

Mel·de·pflicht *f* obligation to report sth; **gewisse Infektionskrankheiten unterliegen der [amtlichen]** ~ certain infectious diseases must be notified to the authorities; **polizeiliche** ~ obligation to register with the police, compulsory registration [with the police] **mel·de·pflich·tig** *adj* notifiable **Mel·de·schein** *m* registration form **Mel·de·stel·le** *f* ADMIN registration office **Mel·de·zet·tel** *m* ❶ (*im Hotel*) registration card [*or* form] ❷ ÖSTERR (*Meldeschein*) registration form

Mel·dung <-, -en> *f* ❶ (*Nachricht*) piece of news; **kurze ~en vom Tage** the day's news headlines; **~en vom Sport** RADIO, TV sports news + *sing vb* ❷ (*offizielle Mitteilung*) report; **[jdm] [eine] ~ machen** [*o* **erstatten**] MIL to [make a] report [to sb] ❸ SPORT (*An~*) entry ❹ *kein pl* (*das Denunzieren*) report; **jdn zur ~ von etw** *dat* **anhalten** to encourage sb to report sth; **durch** ~ by reporting

me·liert [me'liːɐ̯t] *adj* ❶ (*Haar*) streaked with grey [*or* AM *a.* gray] *pred*, greying, AM *a.* graying ❷ (*Gewebe, Wolle*) flecked, mottled

Me·lis·se <-, -n> [me'lɪsə] *f* BOT [lemon] balm

Me·lis·sen·geist *m kein pl* [lemon] balm spirit *no pl*

mel·ken <melkte *o veraltend* molk, gemolken *o selten* gemelkt> ['mɛlkn̩] **I.** *vt* ❶ (*zur Abgabe von Milch bringen*) ■**ein Tier** ~ to milk an animal ❷ (*durch Melken gewinnen*) ■**etw** ~ to obtain sth by milking; **frisch gemolkene Milch** milk fresh from the cow [or goat] ❸ (*fam: finanziell ausnutzen*) ■**jdn** ~ to milk [*or fam* fleece] sb *pej* **II.** *vi* to milk; **beim M~ sein** to be doing the milking

Mel·ker(in) <-s, -> *m(f)* milker *masc*, milkmaid *fem*, dairyman *masc*, dairymaid *fem*

Melk·ma·schi·ne *f* milking machine

Me·lo·die <-, -n> [melo'diː, *pl* melo'diːən] *f* melody, tune

Me·lo·di·en·fol·ge *f* musical medley **Me·lo·di·en·rei·gen** *m* medley [of tunes] **Me·lo·di·en·samm·lung** *f* collection of melodies [*or* tunes]

Me·lo·dik <-> [me'loːdɪk] *f kein pl* MUS ❶ (*musikalische Eigenart*) melodic characteristic ❷ (*Lehre von der Melodie*) melodics + *sing vb*, theory of melody

me·lo·di·ös [melo'di̯øːs] *adj* (*geh*) *s.* **melodisch**

me·lo·disch [me'loːdɪʃ] **I.** *adj* (*geh*) melodic, tuneful **II.** *adv* melodically, tunefully

Me·lo·dram <-s, -en> [melo'draːm] *nt*, **Me·lo·dra·ma** [melo'draːma] *nt* melodrama

me·lo·dra·ma·tisch [melodra'maːtɪʃ] **I.** *adj* melodramatic **II.** *adv* melodramatically

Me·lo·ne <-, -n> [me'loːnə] *f* ❶ (*Frucht*) melon ❷ (*fam: Hut*) bowler [hat], AM *a.* derby

Mem·bran <-, -e *o* -en> [mɛm'braːn] *f*, **Mem·bra·ne** <-, - *o* -n> [mɛm'braːnə] *f* ❶ TECH, PHYS diaphragm ❷ ANAT membrane

Me·mo <-s, -s> ['meːmo] *nt* (*fam*) memo *fam*

Me·moi·ren [me'mo̯aːrən] *pl* memoirs

Me·mo·ran·dum <-s, Memoranden *o* Memoranda> [memo'randʊm, *pl* memo'randən, memo'randa] *nt* memorandum

Me·na·ge <-, -n> [me'naːʒə] *f* ❶ (*Gewürzständer*) cruet ❷ ÖSTERR (*Truppenverpflegung*) rations *pl*

Men·de·le·vi·um <-s> [mɛnde'leːvi̯ʊm] *nt kein pl* CHEM mendelevium *no pl*

Me·ne·te·kel <-s, -> [mene'teːkl̩] *nt* (*geh*) warning sign, portent

Men·ge <-, -n> ['mɛŋə] *f* ❶ (*bestimmtes Maß*) ■**eine bestimmte** ~ **[einer S.** *gen***]** a certain amount [*or* quantity] [of sth]; **eine gewisse ~ enthalten** to contain a certain amount [*or* quantity]; **eine große ~ Kies/Wasser** a large amount of gravel/water; **in ausreichender** [*o* **genügender**] ~ in sufficient quantities ❷ (*viel*) ■**eine ~ [einer S.** *gen*] a large amount [of sth]; **eine ~ Geld** a lot of money; **eine ~ zu sehen** a lot to see; **eine ganze ~ [einer S.** *gen*] quite a lot [of sth]; **eine ganze ~ Geld/Glück** a large amount [*or* great deal] of money/luck; **in rauen** [*o* **großen**] **~n** in huge [*or* vast] quantities, by the ton; **in ~n** plenty of; **Eissorten in ~n** any amount of different sorts of ice cream; **jede ~ einer S.** *gen* loads [*or* masses] [*or* tons] of sth *fam;* ■**eine ~ an etw** *dat* a lot of sth ❸ (*fam: viele*) ■**eine ~ einer S.** *gen* lots of sth *fam* ❹ (*Menschen~*) crowd ❺ MATH set

men·gen ['mɛŋən] **I.** *vt* (*geh*) ■**etw in etw** *akk*/**unter etw** ~ *akk* to mix sth into/with sth **II.** *vr* (*geh*) ■**sich** *akk* **unter die Leute** ~ to mingle [with the people]

Men·gen·leh·re *f* MATH set theory *no pl, no art* **men·gen·mä·ßig** *adv* quantitatively, as far as quantity is concerned **Men·gen·ra·batt** *m* bulk [*or* quantity] discount

Men·hir <-s, -e> ['mɛnhiːɐ̯] *m* menhir, standing stone

Me·nis·kus <-, Menisken> [me'nɪskʊs, *pl* menɪskən] *m* ANAT meniscus **Me·nis·kus·ver·let·zung** *f* ANAT, MED injury to a meniscus

Men·jou·bärt·chen ['mɛnʒu-] *nt* pencil moustache

Men·ni·ge <-> ['mɛnɪgə] *f kein pl* minium *no pl*, red lead *no pl*

Me·no·pau·se [meno'pauzə] *f kein pl* menopause *no pl*

Me·nor·ca [me'nɔrka] *nt* Minorca, Menorca; *s. a.* **Sylt**

Men·sa <-, Mensen> ['mɛnza, *pl* 'mɛnzn̩] *f* SCH refectory, canteen

Mensch[1] <-en, -en> ['mɛnʃ] *m* ❶ (*menschliches Lebewesen*) ■**der** ~ man *no pl, no art;* ■**die ~en** man *sing, no art,* human beings *pl;* ~ **und Tier** man and beast; **ein anderer ~ werden** to become a different person [*or* man/woman]; **ein neuer ~ werden** to become a new man/woman [*or* person]; **das konnte kein ~ ahnen!** no one could have foreseen that!; ~ **bleiben** (*fam*) to stay human; **auch nur ein ~ sein** to be only human; **kein ~ mehr sein** (*unmenschlich*) to be no longer human; (*fam: völlig erschöpft*) to be all in; **als ~** as a person; **kein ~** no one, nobody; **es war kein ~ da** there was no one [*or* not a soul] there ❷ (*Person*) person, man/woman; **~en** people; **sie sollte mehr unter ~en gehen** she should mix with people [*or* socialize] [*or* get out] more; **[viel] unter ~en kommen** to get out [a lot], to meet [a lot of] people ❸ (*die Menschheit*) ■**die ~en** mankind *sing, no art,* man *sing, no art;* **alle ~en** everyone, everybody; **so sind die ~en** that's how people are, that's human nature ❹ (*pej fam: Kerl*) character, so-and-so ▶ WENDUNGEN: ~ **Meier!** (*sl*) wow! *fam*, gosh! *fam*, good grief! *fam;* **hat der ~ Töne!** (*fam*) can you believe it! *fam;* **des ~en Wille ist sein Himmelreich** (*prov*) you have to follow your own nose *prov;* **wie der erste** [*o* **letzte**] ~ (*fam*) very awkwardly [*or* clumsily]; **sich wie die ersten/**

letzten ~**en benehmen** to behave like cavemen [*or* Neanderthals]; **wie der letzte** ~ **aussehen** to look ridiculous; **nur ein halber** ~ **sein** (*fam*) to feel incomplete; **ohne dich bin ich nur ein halber** ~ I'm lost without you; **wenn sie nicht genügend geschlafen hat, ist sie nur ein halber** ~ if she hasn't had enough sleep, she's not herself [*or* only half there]; **von** ~ **zu** ~ man to man/woman to woman; ~**!** (*fam*) wow! *fam,* cor! *sl;* ~**, war das anstrengend/eine Anstrengung** boy, was that exhausting/an effort; (*vorwurfsvoll*) for goodness' sake!; ~**, verschwinde!** hey, clear off!; ~**, das habe ich ganz vergessen!** blast, I completely forgot!

Mensch² <-[e]s, -er> ['mɛnʃ] *nt* SÜDD (*pej fam*) female *pej,* madam *pej,* slut *pej*

Mensch ạr·ge·re dich nicht <- - - -> *nt kein pl* (*Spiel*) ludo BRIT, Parcheesi® AM

men·scheln ['mɛnʃl̩n] *vi unpers* ■**es menschelt** there are people around *unpers*

Mẹn·schen·af·fe *m* [anthropoid] ape **mẹn·schen·ähn·lich** I. *adj* manlike, like a human being/human beings *pred;* **nichts M**~**es** nothing human II. *adv* like human beings **Mẹn·schen·al·ter** *nt* generation **Mẹn·schen·an·samm·lung** *f* gathering [of people]; **die** ~**en vor den Läden** the crowds in front of the shops **mẹn·schen·arm** *adj* sparsely populated **Mẹn·schen·auf·lauf** *m* crowd [of people]; **es kam zu einem** ~ a crowd gathered **Mẹn·schen·feind(in)** *m(f)* misanthropist **mẹn·schen·feind·lich** *adj* ❶ (*misanthropisch*) misanthropic ❷ GEOG hostile [to man], inhospitable **Mẹn·schen·fleisch** *nt kein pl* human flesh *no pl* **Mẹn·schen·fres·ser(in)** <-s, -> *m(f)* (*fam*) ❶ (*Kannibale*) cannibal ❷ (*menschenfressendes Raubtier*) man-eater **Mẹn·schen·freund(in)** *m(f)* philanthropist **mẹn·schen·freund·lich** *adj* philanthropic **Mẹn·schen·freund·lich·keit** *f kein pl* philanthropy *no pl;* **aus reiner** ~ out of the sheer goodness of one's heart **Mẹn·schen·füh·rung** *f kein pl* leadership *no pl,* man management *no pl* **Men·schen·ge·den·ken** ['mɛnʃn̩gədɛŋkn̩] *nt kein pl* **seit** ~ as long as anyone can remember; **diese alten Eiben stehen hier schon seit** ~ these old yew trees have been here from time immemorial **Mẹn·schen·ge·stalt** *f* human form; **etw/jd in** ~ sth/sb in human form; **Satan in** ~ the devil incarnate; **ein Teufel in** ~ a devil in disguise **Mẹn·schen·hand** *f kein pl* human hand; **von** ~ by the hand of man, by human hand **Mẹn·schen·han·del** *m kein pl* slave trade *no pl,* trade [*or* traffic] in human beings **Mẹn·schen·hass**^RR^ *m kein pl* misanthropy *no pl* **Mẹn·schen·ken·ner(in)** *m(f)* judge of character [*or* human nature]; **kein/kein guter** ~ **sein** to be no/a poor [*or* not a good] judge of character **Mẹn·schen·kennt·nis** *f kein pl* ability to judge character, knowledge of human nature; **keine/keine gute** ~ **haben** to be no/a poor [*or* not a good] judge of character **Mẹn·schen·ket·te** *f* human chain **Mẹn·schen·le·ben** *nt* ❶ (*Todesopfer*) [human] life; **der Unfall forderte drei** ~ the accident claimed three lives; **die Verluste an** ~ the loss of life; ~ **sind [nicht] zu beklagen** there has been [no] loss of life ❷ (*Lebenszeit*) lifetime; **ein ganzes** ~ **lang** a [whole] lifetime **mẹn·schen·leer** *adj* ❶ (*unbesiedelt*) uninhabited ❷ (*unbelebt*) deserted **Mẹn·schen·lie·be** *f* **aus reiner** ~ out of the sheer goodness of one's heart **Mẹn·schen·mas·se** *f* (*pej*) crowd [of people], mass of people **Mẹn·schen·men·ge** *f* crowd [of people] **men·schen·mög·lich** ['mɛnʃn̩'møːklɪç] *adj* humanly possible; **das ist doch nicht** ~**!** (*fam*) [but] that's impossible!, that can't be true!; **das M**~**e tun** to do all that is humanly possible **Mẹn·schen·op·fer** *nt* ❶ REL human sacrifice ❷ (*geh: Menschenleben 1*) [human] life **Mẹn·schen·raub** *m kein pl* kidnapping, abduction

Mẹn·schen·recht *nt meist pl* JUR human right *usu pl;* **die** ~**e schützen** to protect [*or* safeguard] human rights; **einen Staat wegen Verletzung der** ~**e anklagen** to accuse a state of violating [*or* a violation of] human rights; **die Achtung der** ~**e** respect of [*or* respecting] human rights **Mẹn·schen·recht·ler(in)** <-s, -> *m(f)* human rights activist **Mẹn·schen·rechts·er·klä·rung** *f* JUR declaration of human rights, human rights declaration **Mẹn·schen·rechts·kom·mis·si·on** *m* JUR Human Rights Convention **Mẹn·schen·rechts·ver·let·zung** *f* violation [*or* infringement] of human rights

mẹn·schen·scheu *adj* afraid of people **Mẹn·schen·scheu** *f* fear of people **Mẹn·schen·schlag** *m kein pl* (*fam*) kind of people, breed [of people] *fam* **Men·schen·see·le** ['mɛnʃn̩'zeːlə] *f* human soul; **keine** ~ not a [living] soul

Men·schens·kind ['mɛnʃn̩skɪnt] *interj* (*fam*) ❶ (*Herr des Himmels!*) good heavens, heavens above, good grief ❷ (*Mensch Meier!*) wow *fam,* gosh *fam*

mẹn·schen·un·mög·lich *adj* ❶ (*völlig unmöglich*) utterly impossible, not humanly possible ❷ (*das Unmögliche*) ■**das M**~**e** the impossible **mẹn·schen·un·wür·dig** I. *adj* inhumane; (*Behausung*) unfit for human habitation II. *adv* in an inhumane way, inhumanely; ~ **hausen** to live in conditions unfit for human beings **mẹn·schen·ver·ach·tend** *adj* inhuman; (*Bemerkung*) contemptuous **Mẹn·schen·ver·äch·ter(in)** *m(f)* misanthrope, misanthropist **Mẹn·schen·ver·ach·tung** *f kein pl* contempt for other people **Mẹn·schen·ver·stand** *m kein pl* human intelligence [*or* intellect] *no pl;* **gesunder** ~ common sense **Mẹn·schen·wür·de** *f kein pl* human dignity *no pl, no art* **mẹn·schen·wür·dig** I. *adj* humane; (*Unterkunft*) fit for human habitation; **ein** ~**es Leben** a decent [*or* dignified] life II. *adv* humanely; ~ **leben/wohnen** to live in conditions fit for human beings

Mẹnsch·heit <-> *f kein pl* ■**die** ~ mankind *no pl, no def art,* humanity *no pl, no art;* **das Schicksal der [ganzen/gesamten]** ~ the fate of [the whole of] mankind [*or* the [whole] human race]

Mẹnsch·heits·ge·schich·te *f kein pl* history of mankind [*or* of the human race]

mensch·lich ['mɛnʃlɪç] I. *adj* ❶ (*einem Menschen gehörend*) human; **das** ~**e Leben** human life ❷ (*durch Menschen erfolgend*) human; ~**e Schwäche** human weakness; ~**es Versagen** human error; ■~ **sein** to be [only] human; *s. a.* **irren** ❸ (*human*) humane; (*Vorgesetzter*) understanding, sympathetic ❹ (*fam: zivilisiert*) civilized, refined II. *adv* ❶ (*human*) humanely ❷ (*fam: zivilisiert*) civilized; **wieder** ~ **aussehen** to look presentable again

Mẹnsch·lich·keit <-> *f kein pl* humanity *no pl, no art;* **aus reiner** ~ for purely humanitarian reasons

Mẹn·sen *pl von* **Mensa**

Mens·tru·a·ti·on <-, -en> [mɛnstrua'tsi̯oːn] *f* menstruation *no pl, no art*

Mens·tru·a·ti·ons·schmer·zen *pl* MED menstrual pains *pl,* menalgia *no pl spec* **Mens·tru·a·ti·ons·stö·run·gen** *pl* MED menstrual disorder, paramenia *no pl spec* **Mens·tru·a·ti·ons·zy·klus** *f* menstrual cycle

mens·tru·ie·ren* [mɛnstru'iːrən] *vi* to menstruate

men·tal [mɛn'taːl] I. *adj* mental II. *adv* mentally

Men·ta·li·tät <-, -en> [mɛntali'tɛːt] *f* mentality

Men·thol <-s, -e> [mɛn'toːl] *nt* menthol

Men·thol·zi·ga·ret·te *f* menthol cigarette

Men·tor, Men·to·rin <-s, -toren> ['mɛntoːɐ̯, mɛn'toːrɪn, *pl* mɛn'toːrən] *m, f* ❶ SCH tutor, supervisor ❷ (*geh: erfahrener Förderer*) mentor

Me·nu <-s, -s> *nt* (*geh*), **Me·nü** <-s, -s> [me'nyː] *nt* ❶ (*Mahlzeit*) set meal [*or* menu], table d'hôte *spec;* (*Speisenfolge*) menu ❷ INFORM menu

Me·nü·be·steck *nt* place setting

Me·nu·ett <-s, -e> [menu̯'ɛt] *nt* (*Tanz, Musik*) minuet

me·nü·ge·steu·ert *adj inv* INFORM menu-driven **Me·nü·leis·te** *f* INFORM menu bar **Me·nü·zei·le** *f* INFORM menu bar

Mer·chan·di·sing <-s> ['mœːɐ̯tʃn̩daizɪŋ] *nt kein pl* ÖKON merchandizing *no pl*

mer·ci [mɛrˈsiː] *interj* (*hum*) merci *rare*
Mer·gel <-s, -> [ˈmɛrgl̩] *m* GEOL marl
Me·ri·di·an <-s, -e> [meriˈdi̯aːn] *m* meridian
Me·ri·no·wol·le [meˈriːno-] *f* merino wool
Me·ris·tem <-s, -e> [merɪsˈteːm] *nt* BOT meristim
Mer·kan·ti·lis·mus <-> [mɛrkantiˈlɪsmʊs] *m kein pl* HIST ■**der** ~ mercantilism *no pl*, the mercantile system
merk·bar **I.** *adj* ❶ (*wahrnehmbar*) noticeable; **ein deutlich ~es Beben** a clearly perceptible tremor; **ein kaum ~es Summen/Pfeifen** a scarcely audible hum[ming]/whistle[whistling] ❷ (*zu behalten*) memorable, rememberable; **ein leicht ~er Name** an easily remembered name; **leicht/ohne weiteres ~ sein** to be easy to remember; **nicht/schwer ~ sein** to be very difficult/hard to remember **II.** *adv* noticeably
Merk·blatt *nt* explanatory leaflet
mer·ken [ˈmɛrkn̩] **I.** *vt* ❶ (*spüren*) ■**etw** ~ to feel sth; **es war kaum zu** ~ it was scarcely noticeable ❷ (*wahrnehmen*) ■**etw** [**von etw** *dat*] ~ to notice sth [of sth]; **ich habe nichts davon gemerkt** I didn't notice a thing [*or* anything]; **das merkt jeder/keiner!** everyone/no one will notice!; **das ist zu** ~ that's obvious, one [*or* you] can tell; **bis das einer merkt!** (*fam*) it'll be ages before anyone realizes!; **du merkst auch alles!** (*iron*) how observant of you!, nothing escapes you, does it?; **jdn etw** ~ **lassen** to let sb feel [*or* see] sth ❸ (*behalten*) ■**leicht/schwer zu** ~ **sein** to be easy/difficult to remember; **merke: ...** NB: ..., note: ... **II.** *vi* ❶ (*spüren*) ■~, **dass/wie** to notice [*or* feel] that/how ❷ (*wahrnehmen*) ■~, **dass etw geschieht** to notice that sth is happening **III.** *vr* ❶ (*im Gedächtnis behalten*) ■**sich** *dat* **etw** ~ to remember sth; **das werde ich mir ~!** (*fam*) I'll remember [*or* I won't forget] that!; **merk dir das!/merken Sie sich das!** [just] remember that! ❷ (*im Auge behalten*) ■**sich** *dat* **jdn/etw** ~ to remember [*or* make [*or* keep] a [mental] note of] sb/sth
merk·lich [ˈmɛrklɪç] **I.** *adj* noticeable **II.** *adv* noticeably
Merk·mal <-s, -e> [ˈmɛrkmaːl] *nt* characteristic, feature; **besondere ~e: ...** (*Eintrag im Pass*) distinguishing marks; (*Kennzeichen*) distinguishing features
Mer·kur <-s> [mɛrˈkuːɐ̯] *m* ASTRON ■**der** ~ Mercury
Merk·vers *m* SCH mnemonic [verse [*or* rhyme]], jingle
merk·wür·dig **I.** *adj* strange, odd, curious; **zu ~!** how strange! **II.** *adv* strangely, oddly; **hier riecht es so** ~ there's a very strange smell here
merk·wür·di·ger·wei·se *adv* strangely [*or* oddly] [*or* curiously] enough
Merk·wür·dig·keit <-, -en> *f* ❶ *kein pl* (*Seltsamkeit*) strangeness *no pl*, oddness *no pl* ❷ *meist pl* (*selten: Kuriosität*) curiosity
Mer·lan <-s, -e> [mɛrˈlaːn] *m* ZOOL whiting
Mer·lin <-s, -e> [mɛrˈliːn] *m* ORN merlin
me·schug·ge [meˈʃʊgə] *adj* (*veraltend fam*) ■~ **sein/werden** to be/go crazy [*or* mad] [*or fam* nuts] [*or* meshuga]
Mes·ka·lin <-s> [mɛskaˈliːn] *nt kein pl* mescalin[e] *no pl*
Mes·ner <-s, -> [ˈmɛsnɐ] *m* DIAL (*Küster*) sexton, verger
Me·so·po·ta·mi·en <-s> [mezopoˈtaːmi̯ən] *nt* HIST Mesopotamia
mess·barRR *adj*, **meß·bar**ALT *adj* measurable; ■**gut/schwer ~ sein** to be easy/difficult to measure
Mess·be·cherRR *m* measuring cup [*or* BRIT *a.* jug]
Mess·buchRR *nt* REL missal, mass-book
Mess·da·tenRR *pl* TECH measuring data + *sing vb*
Mess·die·ner(in)RR *m(f)* REL server
Mes·se[1] <-, -n> [ˈmɛsə] *f* ❶ (*Gottesdienst*) mass *no pl*; **in die/zur ~ gehen** to go to mass; **schwarze ~** Black Mass; **für jdn eine ~ lesen lassen** to have a mass said for sb; **die ~ lesen** [*o* **halten**] to say mass ❷ (*liturgische Komposition*) mass
Mes·se[2] <-, -n> [ˈmɛsə] *f* (*Ausstellung*) [trade] fair; **auf der ~** at the fair
Mes·se[3] <-, -n> [ˈmɛsə] *f* NAUT, MIL mess
Mes·se·aus·weis *m* ÖKON [trade] fair [*or* [exhibition]] pass **Mes·se·be·su·cher(in)** *m(f)* visitor to a/the [trade] fair **Mes·se·ge·bäu·de** *nt* [trade] fair [*or* exhibition] building **Mes·se·ge·län·de** *nt* exhibition centre [*or* AM -er] **Mes·se·hal·le** *f* exhibition hall **Mes·se·ka·ta·log** *m* trade fair [*or* exhibition] catalogue [*or* AM -og]
mes·sen <misst, maß, gemessen> [ˈmɛsn̩] **I.** *vt* ❶ (*Ausmaß oder Größe ermitteln*) ■**etw** ~ to measure sth; ■**jds Blutdruck/Temperatur** ~ to take sb's blood pressure/temperature ❷ (*als Größe haben*) ■**etw** ~ *akk* to measure sth ❸ (*beurteilen nach*) ■**etw an etw** ~ *dat* to judge sth by sth; ■**gemessen an etw** *dat* judging [*or* going] by sth; **seinen Verstand an jdm/etw** ~ *dat* to pit one's wits against sb/sth **II.** *vr* (*geh*) ■**sich** *akk* [**in etw** *dat*] **mit jdm** ~ to compete with [*or* against] sb [in sth]; **sich** *akk* **mit jdm/etw** ~ **können** to be able to match [*or* be a match for] sb/sth; *s. a.* **gemessen**
Mes·se·neu·heit *f* ÖKON new product [[on show] at a [trade] fair]
Mes·ser <-s, -> [ˈmɛsɐ] *nt* knife; **mit** ~ **und Gabel essen** to eat with a knife and fork ▸ WENDUNGEN: **auf ~s Schneide stehen** to hang in the balance, to be balanced on a knife-edge; **es steht auf ~s Schneide, ob ...** it's touch and go whether ...; **unters ~ kommen** MED (*fam*) to go under the knife; [**jdm**] **ins** [**offene**] ~ **laufen** to play right into sb's hands, to walk straight into the trap; **jdn** [**jdm**] **ans ~ liefern** to betray [*or fam* tell on] [*or* BRIT *sl* shop] sb [to sb]; **bis aufs ~** to the bitter end
Mes·ser·block *m* knife block **Mes·ser·griff** *m* knife handle **Mes·ser·klin·ge** *f* knife blade **Mes·ser·mu·schel** *f* ZOOL razor shell [*or* clam] **Mes·ser·rü·cken** *m* back of a/the knife **mes·ser·scharf** [ˈmɛsɐˈʃarf] **I.** *adj* razor-sharp *a. fig* **II.** *adv* very astutely **Mes·ser·schei·de** *f* knife sheath **Mes·ser·schlei·fer(in)** *m(f)* knife grinder **Mes·ser·schmied(in)** *m(f)* knifesmith **Mes·ser·spit·ze** *f* knife point; **eine ~/zwei ~n** [**voll**] [**einer S.** *gen*] KOCHK a pinch/two pinches [of sth]; **eine ~ Muskat** a pinch of nutmeg **Mes·ser·ste·cher(in)** <-s, -> *m(f)* (*pej*) knife [wo]man, knifer *fam* **Mes·ser·ste·che·rei** <-, -en> *f* knife fight **Mes·ser·ste·che·rin** <-, -nen> *f fem form von* **Messerstecher** **Mes·ser·stich** *m* knife thrust; (*Wunde*) knife [*or* stab] wound **Mes·ser·wer·fer(in)** <-s, -> *m(f)* knife thrower
Mes·se·stadt *f* [town with an] exhibition centre [*or* AM -er] **Mes·se·stand** *m* stand [at a/the trade fair], exhibition stand
Mess·ge·rätRR *nt* measuring instrument, gauge, AM *a.* gage
Mess·ge·wandRR *nt* REL chasuble
Mes·si·as <-> [mɛˈsiːas] *m* REL ■**der** ~ the Messiah
Mes·sing <-s> [ˈmɛsɪŋ] *nt kein pl* brass *no pl*
Mes·sing·ge·häu·se *nt* brass case [*or* casing] **Mes·sing·griff** *m* brass handle **Mes·sing·klin·ke** *f* brass [door] handle
Mess·in·stru·mentRR *nt* measuring instrument **Mess·stab**RR *m* measuring rod **Mess·tech·nik**RR *f* measurement technology **Mess·tisch·blatt**RR *nt* large-scale map [1:25000], BRIT *a.* ≈ Ordnance Survey map
Mes·sung <-, -en> *f* ❶ (*das Messen*) measuring *no pl*, measurement *no pl* ❷ (*Messwert*) measurement, reading
Mess·weinRR *m* REL Communion wine
Mess·wertRR *m* measurement, reading
Mes·ti·ze, **Mes·ti·zin** <-n, -n> [mɛsˈtiːtsə, mɛsˈtiːtsɪn] *m, f* mestizo *masc*, mestiza *fem*
Met <-[e]s> [ˈmeːt] *m kein pl* mead *no pl*
Me·ta·bo·lis·mus <-> [metaboˈlɪsmʊs] *m kein pl* BIOL metabolism
Me·tall <-s, -e> [meˈtal] *nt* metal; ~ **verarbeitend** metalworking; **die ~ verarbeitende Industrie** the metalworking industry
Me·tall·ar·bei·ter(in) *m(f)* metalworker **Me·tall·do·se** *f* metal tin
Me·talle·gie·rungALT *f s.* **Metalllegierung**
me·tal·len [meˈtalən] *adj* metal
Me·tal·ler(in) <-s, -> [meˈtalɐ] *m(f)* (*fam*) metalworker **Me·**

tall·ge·rüst *nt* metal scaffolding *no pl* **Me·tall·här·te** *f* hardness of a/the metal
me·tal·lic [me'talɪk] *adj inv* metallic
Me·tal·lic·la·ckie·rung *f* metallic finish
Me·tall·in·dus·trie *f* metalworking industry
me·tal·lisch [me'talɪʃ] **I.** *adj* ❶ (*aus Metall bestehend*) metal ❷ (*metallartig*) metallic **II.** *adv* like metal, metallically
Me·tall·le·gie·rungRR *f* metal alloy
Me·tall·sä·ge *f* hacksaw
Me·tall·ur·ge, Me·tall·ur·gin <-en, -en> [meta'lʊrgə, meta'lʊrgɪn] *m, f* metallurgist
Me·tall·ur·gie <-> [metalʊr'gi:] *f kein pl* metallurgy *no pl, no art*
Me·tall·ur·gin <-, -nen> [meta'lʊrgɪn] *f fem form von* **Metallurge**
me·tall·ur·gisch [meta'lʊrgɪʃ] **I.** *adj* metallurgical **II.** *adv* metallurgically **Me·tall·wa·ren** *pl* metalware *sing, no indef art,* hardware *sing, no indef art*
Me·ta·mor·pho·se <-, -n> [metamɔr'fo:zə] *f* (*geh*) metamorphosis
Me·ta·pher <-, -n> [me'tafɐ] *f* metaphor
Me·ta·pho·rik <-> [meta'fo:rɪk] *f kein pl* (*Stilkunde*) use of metaphor; (*die verwendeten Metaphern*) imagery *no pl,* metaphors *pl*
me·ta·pho·risch [meta'fo:rɪʃ] *adj* metaphoric[al]
Me·ta·phy·sik [metafy'zi:k] *f* metaphysics *no art, + sing vb*
me·ta·phy·sisch [meta'fy:zɪʃ] *adj* metaphysical
Me·ta·spra·che ['mɛta-] *f* LING metalanguage
Me·ta·sta·se <-, -n> [meta'sta:zə] *f* MED metastasis; (*Tochtergeschwulst*) metastatic growth
Me·te·or <-s, -e> [mete'o:ɐ̯, *pl* mete'o:rə] *m* meteor
Me·te·o·rit <-en, -en> [meteo'ri:t] *m* meteorite
Me·te·o·ro·lo·ge, Me·te·o·ro·lo·gin <-n, -n> [meteoro'lo:gə, -'lo:gɪn] *m, f* meteorologist; (*im Fernsehen*) weather forecaster, weatherman *masc,* weathergirl *fem*
Me·te·o·ro·lo·gie <-> [meteorolo'gi:] *f kein pl* meteorology *no pl*
Me·te·o·ro·lo·gin <-, -nen> [meteoro'lo:gɪn] *f fem form von* **Meteorologe**
me·te·o·ro·lo·gisch [meteoro'lo:gɪʃ] *adj* meteorological; **ein ~es Studium** a course of studies in meteorology
Me·ter <-s, -> ['me:tɐ] *m o nt* metre [*or* AM -er]; **etw in ~ umrechnen** to convert sth into metres; **in ~n** in metres; **wie viel ist das in ~n?** how much is that in metres?; **in ~n verkauft werden** to be sold in metres [*or* by the metre]; **etw** *akk* **nach ~n messen** to measure sth by the metre [*or* in metres]; **der laufende ~** per metre
me·ter·dick *adj* ❶ (*einen Meter dick*) a/one metre [*or* AM -er] thick *pred* ❷ (*mehrere Meter dick*) [several] metres [*or* AM -ers] thick *pred* **me·ter·hoch** *adj* ❶ (*einen Meter hoch*) a/one metre high *pred;* (*Schnee*) a/one metre deep *pred* ❷ (*mehrere Meter hoch*) [several] metres high *pred;* (*Schnee*) [several] metres deep *pred* **me·ter·lang** ['me:tɐlaŋ] *adj* ❶ (*einen Meter lang*) a/one metre long *pred;* ■**etw/ein Tier ist/wird ~** sth/an animal is/grows a metre long ❷ (*mehrere Meter lang*) [several] metres long *pred* **Me·ter·maß** *nt* ❶ (*Bandmaß*) tape measure ❷ (*Zollstock*) metre rule **Me·ter·wa·re** *f* piece goods *pl* **me·ter·wei·se** *adv* by the metre **me·ter·weit** **I.** *adj* ❶ (*einen Meter breit*) a/one metre wide *pred;* (*lang*) a/one metre long *pred* ❷ (*viele Meter weit*) metres wide *pred;* (*lang*) metres long *pred;* **Kängurus sind zu ~en Sprüngen fähig** kangaroos are capable of jumping several metres **II.** *adv* a long way; **du hast ~ daneben geschossen** you missed by miles
Me·tha·don <-s> [meta'do:n] *nt kein pl* methadone *no pl*
Me·than <-s> [me'ta:n], **Me·than·gas** *nt kein pl* methane [gas] *no pl*
Me·tho·de <-, -n> [me'to:də] *f* ❶ (*bestimmtes Verfahren*) method; **mit ~** methodically; **etw hat ~** (*fam*) sth is carefully planned ❷ *pl* (*Vorgehensweise*) methods *pl;* **es gibt da ~n!** there are ways!; **was sind denn das für ~n?** what sort of way is that to behave? [*or* sort of behaviour [*or* AM -or] is that]
Me·tho·dik <-, -en> [me'to:dɪk] *f* methodology *no pl*
me·tho·disch [me'to:dɪʃ] **I.** *adj* ❶ (*nach bestimmten Methoden erfolgend*) methodical ❷ (*in einer Methode begründet*) methodological **II.** *adv* methodically
Me·tho·dist(in) <-en, -en> [meto'dɪst] *m(f)* Methodist
me·tho·dis·tisch *adj* Methodist
Me·thu·sa·lem <-s> [me'tu:zalɛm] *m kein pl* Methuselah *no def art* ▶ WENDUNGEN: **alt wie ~** as old as Methuselah
Me·thyl·al·ko·hol *m kein pl* methyl alcohol *no pl,* methanol *no pl*
Me·tier <-s, -s> [me'ti̯e:] *nt* métier, profession; **sein ~ beherrschen, sich** *akk* **auf sein ~ verstehen** to be good at [*or* know] one's job
Me·trik <-, -en> ['me:trɪk] *f* ❶ LITER (*Verslehre*) metrics *no indef art, + sing vb;* (*Verskunst*) metric verse composition ❷ *kein pl* MUS (*Taktlehre*) study of rhythm and tempo
me·trisch ['me:trɪʃ] *adj* ❶ MATH (*auf dem Meter aufbauend*) metric ❷ LITER (*das Versmaß betreffend*) metrical
Me·tro <-, -s> ['me:tro] *f* metro *no pl,* BRIT *a.* underground *no pl, esp* AM subway *no pl;* **mit der ~ fahren** to go [*or* travel] by [*or* take the] metro
Me·tro·nom <-s, -e> [metro'no:m] *nt* metronome
Me·tro·po·le <-, -n> [metro'po:lə] *f* ❶ (*Hauptstadt*) capital, metropolis ❷ (*städtisches Zentrum*) metropolis
Mett <-[e]s> [mɛt] *nt kein pl* KOCHK DIAL (*Schweinegehacktes*) minced pork *no pl*
Met·te <-, -n> [mɛtə] *f* REL ❶ (*Frühmesse*) early [morning] mass ❷ (*Abendmesse*) midnight mass
Mett·wurst *f* smoked beef/pork sausage
Met·ze·lei <-, -en> [mɛtsə'lai] *f* butchery *no indef art, no pl,* slaughter *no pl*
Metz·ger(in) <-s, -> ['mɛtsgɐ] *m(f)* DIAL (*Fleischer*) butcher; **beim ~** at the butcher's; **vom ~** from the butcher['s]
Metz·ge·rei <-, -en> [mɛtsgə'rai] *f* DIAL (*Fleischerei*) butcher's [shop] BRIT, butcher shop AM; **aus der ~** from the butcher's
Metz·ge·rin <-, -nen> ['mɛtsgərɪn] *f fem form von* **Metzger**
Meu·chel·mord *m* insidious murder **Meu·chel·mör·der(in)** *m(f)* insidious murderer, treacherous assassin
Meu·te <-, -n> ['mɔytə] *f* ❶ (*pej: Gruppe*) pack, mob ❷ JAGD pack [of hounds]
Meu·te·rei <-, -en> [mɔytə'rai] *f* mutiny
Meu·te·rer <-s, -> *m* mutineer
meu·tern ['mɔytɐn] *vi* ❶ (*sich auflehnen*) ■[**gegen jdn/etw**] **~** to mutiny [against sb/sth]; ■**~d** mutinous ❷ (*fam: meckern*) to moan
Me·xi·ka·ner(in) <-s, -> [mɛksi'ka:nɐ] *m(f)* Mexican; *s. a.* **Deutsche(r)**
me·xi·ka·nisch [mɛksi'ka:nɪʃ] *adj* Mexican; *s. a.* **deutsch**
Me·xi·ko <-s> ['mɛksiko] *nt* Mexico
Me·xi·ko-Stadt <-> *nt* Mexico City
MEZ *Abk von* **mitteleuropäische Zeit** CET
Mez·zo·so·pran ['mɛtsozopra:n] *m* mezzo soprano
MG <-[s], -[s]> [ɛm'ge:] *nt Abk von* **Maschinengewehr** MG
MHz *Abk von* **Megahertz** MHz
mi·au [mi'au] *interj* meow, miaou, miaow
mi·au·en* [mi'auən] *vi* to meow [*or* miaou]
mich ['mɪç] **I.** *pron pers akk von* **ich** me **II.** *pron reflexiv* myself; **ich will ~ da ganz raushalten** I want to keep right out of it; **ich fühle ~ nicht so gut** I don't feel very well
Mi·chel <-s> ['mɪçl] *m* DIAL *simple naive person;* **der deutsche ~** *the symbolic figure of Germany,* ≈ John Bull
mi·cke·rig ['mɪkərɪç] *adj* (*pej fam*) ❶ (*sehr gering*) measly *fam,* paltry ❷ (*klein und schwächlich*) puny ❸ (*zurückgeblieben*) stunted

M

Mi·cky·maus ['mɪkimaus] *f* Mickey Mouse *no art*
Mi·cky·maus·heft ['mɪki-] *nt* Mickey Mouse comic
Mi·cro·fa·ser ['mi:krofa:zɐ] *f* microfibre [*or* AM -fiber]
mi·di ['mɪdi] *adj pred* midi; ~ **tragen** to wear a midi [skirt/coat/etc]
Mid·life·cri·sisRR, **Mid·life-Cri·sis**RR, **Mid·life-cri·sis**ALT <-> ['mɪtlaifkraisɪs] *f kein pl* midlife crisis
mied [mi:t] *imp von* **meiden**
Mie·der <-s, -> ['mi:dɐ] *nt* ❶ (*Oberteil eines Trachtenkleides*) bodice ❷ (*Korsage*) girdle; HIST stomacher
Mie·der·hös·chen [-hø:sçən] *nt* panty girdle **Mie·der·wa·ren** *pl* corsetry *sing*
Mief <-s> ['mi:f] *m kein pl* (*fam*) fug *no pl*
mie·fen ['mi:fn̩] *vi* (*fam*) to pong BRIT *fam*, to stink AM; **was mieft denn hier so?** what's that awful pong?; ■**es mieft [irgendwo]** there's a an awful smell [*or* BRIT pong] [somewhere]
Mie·ne <-, -n> ['mi:nə] *f* expression, mien *liter*; **seine ~ verhieß nichts Gutes** the expression on his face did not bode well; **mit bestimmter ~** with a certain expression; **mit freundlicher ~ begrüßte sie ihre Gäste** she welcomed her guests with a friendly smile; **eine frohe/ärgerliche/böse/traurige/wichtige ~ machen** to look happy/annoyed/angry/sad/important; **~ machen, etw zu tun** to make as if to do sth ►WENDUNGEN: **gute ~ zum bösen Spiel machen** to grin and bear it; **ohne eine ~ zu verziehen** without turning a hair
Mie·nen·spiel *nt kein pl* facial expressions *pl*
mies [mi:s] *adj* (*fam*) lousy *fam*, rotten *fam*; **~e zehn Euro** a miserable [*or* lousy] ten euros; **~e Laune haben** to be in a foul mood
Mie·se ['mi:zə] *pl* [**mit etw** *dat*] **in den ~en sein** (*fam*) to be [so much] in the red *fam*; **in die ~n kommen** (*fam*) to go [*or* get] into the red *fam*; **~ machen** (*fam*) to make a loss
Mie·se·pe·ter <-s, -> ['mi:zəpe:tɐ] *m* (*pej fam*) misery[-guts] BRIT *fam*, sourpuss AM *fam*
mie·se·pe·t(e)·rig ['mi:zəpe:t(ə)rɪç] *adj* (*pej fam*) miserable, grumpy *fam*
mies|ma·chen *vt* (*fam*) **etw/jdn ~** to run down sth/sb *sep*; [**jdm**] **etw ~** to louse sth up [*or* spoil sth] [for sb] *fam*; **jdm den Ausflug ~** to spoil sb's trip
Mies·ma·cher *m* (*pej fam*) killjoy *pej*
Mies·ma·che·rei <-, -en> [mi:smaxə'rai] *f* (*pej fam*) fault-finding *no pl*, carping *no pl*
Mies·mu·schel ['mi:smʊʃl̩] *f* [common [*or* blue]] mussel
Miet·dau·er *f* rental period, tenancy [period], BRIT *a.* let
Mie·te1 <-, -n> ['mi:tə] *f* rent; **überhöhte ~** exorbitant rent, rack-rent *fam*; **zur ~ wohnen** to live in rented accommodation [*or* AM accommodations] ►WENDUNGEN: **die halbe ~** (*fam*) half the battle; **die halbe ~ haben** to be half way there
Mie·te2 <-, -n> ['mi:tə] *f* AGR pit, BRIT *a.* clamp
mie·ten ['mi:tn̩] *vt* ■**etw ~** to rent sth; (*Boot, Wagen a.*) to rent sth [*or* BRIT *a.* hire]; (*Haus, Wohnung, Büro a.*) to lease sth
Mie·ter(in) <-s, -> *m(f)* tenant; (*Boot, Wagen a.*) hirer BRIT, renter AM; (*Haus, Büro a.*) leaseholder, lessee
Miet·er·hö·hung *f* rent increase
Mie·te·rin <-, -nen> *f fem form von* **Mieter**
Mie·ter·schutz *m kein pl* rent control, tenant protection *no pl*
Mie·ter·schutz·ge·setz *nt kein pl* ≈ Landlord and Tenant Act
Mie·ter·ver·ein *m* tenants association
miet·frei I. *adj* rent-free II. *adv* rent-free **Miet·ge·bühr** *f* rental charge **Miet·par·tei** *f* (*geh*) tenant **Miet·recht** *nt kein pl* rent law, law of landlord and tenant
Miets·haus *nt* tenement, block of rented flats BRIT, apartment house AM **Miets·ka·ser·ne** *f* (*pej*) tenement block [*or* AM house]
Miet·spie·gel *m* rent table **Miet·ver·trag** *m* tenancy agreement, lease; (*Wagen etc*) rental agreement **Miet·wa·gen** *m* hire[d] [*or* AM rental] car **Miet·woh·nung** *f* rented flat [*or* AM *a.* apartment] **Miet·wu·cher** *m* charging an exorbitant rent **Miet·zins** *m* SÜDD, ÖSTERR, SCHWEIZ (*geh*) rent
Mie·ze <-, -n> ['mi:tsə] *f* ❶ (*fam: Katze*) puss[y] *fam* ❷ (*veraltend sl: Mädchen*) chick *sl*, BRIT *a.* bird *fam*
Mie·ze·kat·ze *f* (*Kindersprache*) pussy-cat *fam*
Mi·grä·ne <-, -n> [mi'grɛ:nə] *f* migraine; **~ bekommen** to get migraines [*or* a migraine]; **ich habe ~** I've got a migraine
Mi·ka·do <-s, -s> [mi'ka:do] *nt* pick-up sticks + *sing vb*, jackstraw, pick-a-sticks + *sing vb* BRIT, spillikins + *sing vb*
Mi·kro <-s, -s> ['mi:kro] *nt* (*fam*) *kurz für* **Mikrofon** mike *fam*
Mi·kro·be <-, -n> [mi'kro:bə] *f* microbe
Mi·kro·chip <-s, -s> [-tʃɪp] *m* microchip **Mi·kro·com·pu·ter** [-kɔmpju:tɐ] *m* microcomputer **Mi·kro·elek·tro·nik** *f* microelectronics *no art*, + *sing vb* **Mi·kro·fa·rad** [-fara:t] *nt* microfarad **Mi·kro·fa·ser** *f s.* **Microfaser** **Mi·kro·fiche** <-s, -s> [-fiʃ] *m o nt* microfiche; **auf ~s gespeichert** stored on microfiche
Mi·kro·fon <-s, -e> [mikro'fo:n] *nt* microphone
Mi·kro·gramm [-gram] *nt* microgram **Mi·kro·kas·set·te** *f* ELEK microcassette **Mi·kro·kli·ma** [-kli:ma] *nt* BIOL, GEOG microclimate **Mi·kro·kos·mos** [-kɔsmɔs] *m* ❶ (*Kleinlebewesen*) microcosm ❷ BIOL world of microbiology ❸ PHYS world of microphysics **Mi·kro·me·ter** [mikro'me:tɐ] *nt* micrometre [*or* AM -er]
Mi·kron <-s, -> ['mi:krɔn] *nt* (*veraltend*) micron *dated*; *s.* **Mikrometer**
Mi·kro·ne·si·en <-s> [mikro'ne:zi̯ən] *nt* Micronesia; *s. a.* **Deutschland**
Mi·kro·ne·si·er(in) <-s, -> [mikro'ne:zi̯ɐ] *m(f)* Micronesian; *s. a.* **Deutsche(r)**
mi·kro·ne·sisch [mikro'ne:zɪʃ] *adj* Micronesian; *s. a.* **deutsch**
Mi·kro·or·ga·nis·mus ['mi:kroʔɔrganɪsmʊs] *m* microorganism
Mi·kro·phon <-s, -e> [mikro'fo:n] *nt s.* **Mikrofon**
Mi·kro·pro·zes·sor ['mi:kroprotsɛso:ɐ̯] *m* microprocessor
Mi·kro·skop <-s, -e> [mikro'sko:p] *nt* microscope
mi·kro·sko·pie·ren* [mikrosko'pi:rən] *vi, vt* (*fachspr*) ■**(etw) ~** to put [sth] under a microscope
mi·kro·sko·pisch I. *adj* microscopic; **von ~er Kleinheit sein** to be microscopically small II. *adv* microscopically; **etw ~ untersuchen** to examine sth under the microscope
Mi·kro·stu·die *f* (*fachspr geh*) microstudy
Mi·kro·tom <-s, -e> [mikro'to:m] *nt* BIOL microtome
Mi·kro·wel·le ['mi:krovɛlə] *f* ❶ PHYS microwave ❷ (*fam: Mikrowellenherd*) microwave
Mi·kro·wel·len·herd *m* microwave oven
Mi·lan <-s, -e> ['mi:lan, mi'la:n] *m* ORN kite; **Roter/Schwarzer ~** red/black kite
Mil·be <-, -n> ['mɪlbə] *f* ZOOL mite
Milch <-> ['mɪlç] *f kein pl* ❶ (*Nahrungsmittel*) milk *no pl*; **dicke ~** curds *pl*; **ein Tier gibt ~** an animal yields [*or* produces] milk ❷ (*Fischsamen*) milt
Milch·bar *f* milk bar **Milch·be·cher** *m* milk mug **Milch·drü·se** *f* mammary gland **Milch·ei·weiß** *nt* lactoprotein **Milch·fla·sche** *f* ❶ (*Flasche für Flaschenmilch*) milk bottle ❷ (*Flasche für Babykost*) baby's bottle **Milch·frau** *f fem form von* **Milchmann** **Milch·glas** *nt* ❶ (*weißliches Glas*) frosted [*or* milk] glass ❷ (*Glas für Milch*) milk glass
mil·chig ['mɪlçɪç] *adj* milky
Milch·kaf·fee *m* milky coffee **Milch·kan·ne** *f* [milk] churn; (*kleiner*) milk can **Milch·kuh** *f* ❶ AGR dairy [*or* milch] cow, milker ❷ (*fam: jd, den man finanziell ausnutzen kann*) milch cow *fam*, meal ticket *fam* ❸ ÖKON cash cow **Milch·lamm** *nt* milk lamb **Milch·mäd·chen·rech·nung** *f* (*fam*) naive fallacy [*or* miscalculation] **Milch·mann, -frau** *m, f* (*fam*) milkman *masc*, milkwoman *fem* **Milch·men·ge** *f* milk yield **Milch·mix·ge·tränk** *nt* (*geh*) flavoured [*or* AM -ored] milk drink
Milch·ner <-s, -> ['mɪlçnɐ] *m* ZOOL milter
Milch·pro·duk·ti·on *f kein pl* milk production *no pl* **Milch·pul·ver** *nt* powdered milk *no pl* **Milch·reis** *m* ❶ (*Gericht*) rice

pudding ② (*Reis*) pudding rice **Milch·säu·re** *f* BIOL, CHEM lactic acid *no pl* **Milch·säu·re·bak·te·ri·um** *nt* BIOL lactic acid bacterium **Milch·schäu·mer** *m* milk frother **Milch·shake** <-s, -s> [-ʃeːk] *m* milk shake **Milch·stra·ße** *f* ■**die** ~ the Milky Way **Milch·topf** *m* milk jug **Milch·tü·te** *f* milk carton **Milch·zahn** *m* milk tooth **Milch·zu·cker** *m* lactose *no pl*

mild ['mɪlt] **I.** *adj* ① METEO mild; **bei ~er Witterung** if the weather is mild ② (*nachsichtig*) lenient ③ (*nicht würzig*) mild; **ein ~er Kognak** a smooth cognac; **~e Nahrung** bland food ④ (*hautneutral*) mild, gentle **II.** *adv* ① (*nachsichtig*) leniently; **das Urteil fiel ~e aus** the judgement [*or* sentence] was lenient; **jdn ~er stimmen** to encourage sb to be more lenient; **~e ausgedrückt** [*o* **gesagt**] [*o* **gesprochen**] to put it mildly; **und das ist noch ~e gesprochen!** and that's putting it mildly! ② (*nicht würzig*) mild

Mil·de <-> ['mɪldə] *f kein pl* ① (*Nachsichtigkeit*) leniency *no pl,* clemency *no pl;* **~ walten lassen** (*geh*) to be lenient ② (*nicht würziger Geschmack*) mildness *no pl;* (*Kognak*) smoothness *no pl* ③ METEO mildness *no pl*

mil·dern ['mɪldɐn] **I.** *vt* ■**etw ~** ① (*abschwächen*) to moderate sth; **das Strafmaß ~** to reduce the sentence; **~de Umstände** mitigating [*or* extenuating] circumstances ② (*weniger schlimm machen*) to alleviate sth; **jds Leid ~** to ease sb's sorrow [*or* suffering] ③ KOCHK to make sth milder [*or* less sharp] **II.** *vr* METEO ■**sich** *akk* ~ to become milder

Mil·de·rung <-> *f kein pl* ① METEO increase in temperature; **eine ~ des kalten Wetters ist schon spürbar** it's already possible to feel the weather warming up ② (*das Mildern*) alleviation *no pl;* **die ~ der Armut/des Leids** the alleviation of poverty/suffering; **eine ~ des Strafmaßes** a reduction in [*or* of the] sentence; **die ~ eines Urteils** the moderation of a judgement

mild·tä·tig *adj* (*geh*) charitable; ■**~ sein** to be charitable, to perform charitable deeds

Mi·li·eu <-s, -s> [mi'li̯øː] *nt* ① SOZIOL (*Umfeld*) milieu, environment ② BIOL (*Umgebung*) environment ③ (*sl: die Prostitutionsszene*) ■**das ~** the world of prostitutes and pimps

mi·li·tant [mili'tant] *adj* militant

Mi·li·tanz <-> [mili'tants] *f kein pl* (*geh*) militancy *no pl*

Mi·li·tär[1] <-s> [mili'tɛːɐ̯] *nt kein pl* ① (*Armeeangehörige*) soldiers *pl* ② (*Armee*) armed forces *pl,* military *no pl, no indef art;* **zum ~ müssen** to have to join up; **beim ~ sein** to be in the forces *pl;* **zum ~ gehen** to join up; **da geht es zu wie beim ~** the place is run like an army camp

Mi·li·tär[2] <-s, -s> [mili'tɛːɐ̯] *m* (*veraltend geh*) [senior] officer

Mi·li·tär·arzt, -ärz·tin *m, f* medical officer **Mi·li·tär·dienst** *m kein pl* military service *no pl* **Mi·li·tär·dik·ta·tur** *f* military dictatorship **Mi·li·tär·flug·platz** *m* military airfield **Mi·li·tär·ge·fäng·nis** *nt* military prison **Mi·li·tär·ge·richt** *nt* military tribunal [*or* court], court martial; **vor ein ~ gestellt werden** to be court-martialled **Mi·li·tär·in·ter·ven·ti·on** *f* military intervention

mi·li·tä·risch [mili'tɛːrɪʃ] **I.** *adj* military; **mit ~en Mitteln** by military means; **für ~es Vorgehen sein** to be in favour [*or* AM -or] of military action; *s. a.* **Ehre II.** *adv* in a military fashion; **~ grüßen** to salute; **sich** *akk* **~ straff halten** to hold oneself erect like a soldier, to have a military bearing; **etw ~ lösen** to resolve sth by military force

mi·li·ta·ri·sie·ren* [militari'ziːrən] *vt* ■**etw ~** to militarize sth; ■**militarisiert** militarized

Mi·li·ta·ris·mus <-> [milita'rɪsmʊs] *m kein pl* (*pej*) militarism *no pl*

Mi·li·ta·rist <-en, -en> [milita'rɪst] *m* (*pej*) militarist

mi·li·ta·ris·tisch *adj* (*pej*) militaristic

Mi·li·tär·kran·ken·haus *nt* military hospital **Mi·li·tär·zeit** *f* time in the [armed] forces, army days *pl*

Mill. *Abk von* **Million(en)** m

Mil·le <-, -> ['mɪlə] *f* (*sl*) grand *sl;* **zehn ~** ten grand

Mill·en·ni·um <-s, -ien> [mɪ'lɛni̯ʊm, *pl* mɪ'lɛni̯ən] *nt* (*geh*) millennium

Mill·en·ni·ums-Mut·ter *f mother having given birth on the first day of the new millennium;* **sie ist eine ~** she gave birth on the first day of the new millennium

Mil·li·am·père ['mɪliʔampeːɐ̯, mɪliʔam'peːɐ̯] *nt* milliampere

Mil·li·ar·där(in) <-s, -e> [mɪli̯ar'dɛːɐ̯] *m(f)* billionaire

Mil·li·ar·de <-, -n> [mɪ'li̯ardə] *f* billion

Mil·li·ar·den·be·trag *m* amount of a billion [*or* several billions]

mil·li·ards·te(r, s) *adj* billionth; **der ~ Teil eines Kilometers** the billionth part of a kilometre [*or* AM -er]

mil·li·ards·tel *adj* billionth; **ein ~ Kilogramm** a billionth of a kilogram

Mil·li·ards·tel <-s, -> *nt* billionth

Mil·li·gramm [mɪli'gram] *nt* milligram

Mil·li·me·ter <-s, -> [mɪli'meːtɐ] *m o nt* millimetre [*or* AM -er]

Mil·li·me·ter·pa·pier *nt* paper ruled in millimetre [*or* AM -er] squares, graph paper

Mil·li·on <-, -en> [mɪ'li̯oːn] *f* million; **drei ~en Einwohner** three million inhabitants; **~en und Abermillionen** millions upon millions; **~en Mal** a million times

Mil·li·o·när(in) <-s, -e> [mɪli̯o'nɛːɐ̯] *m(f)* millionaire *masc,* millionairess *fem;* **mehrfacher/vielfacher ~** multimillionaire; **es zum ~ bringen** to make a million

Mil·li·o·nen·auf·la·ge *f* [more than a] million copies **Mil·li·o·nen·auf·trag** *m* contract worth millions **Mil·li·o·nen·er·be, -er·bin** *m, f* heir [*or fem* heiress] to millions

mil·li·o·nen·fach I. *adj* millionfold **II.** *adv* a million times

Mil·li·o·nen·ge·schäft *nt* deal worth millions **Mil·li·o·nen·ge·winn** *m* ① (*Ertrag*) profit of millions; **~e machen** to make profits running into millions ② (*Lotto etc*) prize of a million **Mil·li·o·nen·scha·den** *m* damage running into [*or* amounting to] millions **mil·li·o·nen·schwer** *adj* (*fam*) worth millions *pred;* **~e Gewinne machen** to make millions in profit, to profit by the million **Mil·li·o·nen·stadt** *f* town with over a million inhabitants

mil·li·ons·te(r, s) *adj* millionth; **die ~ Besucherin der Ausstellung** the millionth visitor to the exhibition

mil·li·ons·tel [mɪ'li̯oːnstl̩] *adj* millionth; **wenige ~ Gramm** a few millionths of a gram

Mil·li·ons·tel <-s, -> [mɪ'li̯oːnstl̩] *nt* millionth; **in einer Verdünnung von einem ~ noch wahrnehmbar sein** to be still traceable when diluted by one part per million

Mil·li·volt ['mɪli-] *nt* millivolt **Mil·li·watt** ['mɪli-] *nt* milliwatt

Milz <-, -en> ['mɪlts] *f* spleen

Milz·brand *m kein pl* anthrax *no pl*

Milz·brand·at·ten·tat *nt* anthrax attack

Mi·me <-n, -n> ['miːmə] *m* (*iron*) actor

mi·men ['miːmən] **I.** *vt* (*fam*) ① (*vorgeben*) ■**etw ~** to fake sth; **Interesse ~** to pretend interest; (*Interesse haben*) to be interested; ■**gemimt sein** to be put on ② (*nachahmen*) ■**jdn ~** to play [*or* act] sb; **mime hier nicht den Ahnungslosen!** don't play [*or* act] the innocent! **II.** *vi* to pretend

Mi·me·se <-, -n> [mi'meːzə] *f* BIOL mimesis *no pl*

Mi·mik <-> ['miːmɪk] *f kein pl* [gestures and] facial expression

Mi·mi·kry <-> ['mɪmikri] *f kein pl* ZOOL mimicry *no pl*

mi·misch ['miːmɪʃ] **I.** *adj* mimic; **seine starke ~e Ausdruckskraft** the expressive power of his gestures and facial movements **II.** *adv* by means of [gestures and] facial expressions

Mi·mo·se <-, -n> [mi'moːzə] *f* ① BOT mimosa ② (*fig: sehr empfindlicher Mensch*) sensitive plant *fam;* **empfindlich sein wie eine ~** to be a sensitive plant

mi·mo·sen·haft *adj* (*pej fam*) extremely sensitive

min., Min. *f Abk von* **Minute(n)** min.

Mi·na·rett <-s, -e *o* -s> [mina'rɛt] *nt* minaret

min·der ['mɪndɐ] *adv* less; **kaum/nicht ~** scarcely/no less

min·der·be·mit·telt *adj* (*geh*) less well-off; **geistig ~** (*pej sl*) mentally deficient *pej*

M

Min·der·be·mit·tel·te *pl dekl wie adj* less well-off people; **die ~n** the less well-off; **geistig ~** people who are not very bright
min·de·re(r, s) *adj attr* lesser; **von ~r Güte/Qualität sein** to be of inferior quality
Min·der·ein·nah·men *pl* decrease in revenue
Min·der·heit <-, -en> *f* ❶ *kein pl* (*kleinerer Teil einer Gruppe*) minority; **in der ~ sein** to be in the/a minority ❷ (*zahlenmäßig unterlegene Volksgruppe*) minority; **nationale ~en** national minorities
Min·der·hei·ten·schutz *m* protection of minorities
Min·der·heits·re·gie·rung *f* minority government
min·der·jäh·rig ['mɪndɐjɛːrɪç] *adj* underage; ■**~ sein** to be underage [*or* a minor]
Min·der·jäh·ri·ge(r) *f(m) dekl wie adj* minor, underage person
Min·der·jäh·rig·keit <-> *f kein pl* minority *no pl*
min·dern ['mɪndɐn] *vt* (*geh*) ■**etw [um etw** *akk*] **~** to reduce sth [by sth]
Min·de·rung <-, -en> *f* FIN (*geh*) reduction
Min·der·wert *m kein pl* lower value
min·der·wer·tig *adj* inferior; **~e Materialien** low-[*or* poor-] quality materials
Min·der·wer·tig·keit <-> *f kein pl* inferiority *no pl*, low [*or* poor] quality *no pl*
Min·der·wer·tig·keits·ge·fühl *nt* feeling of inferiority; **~e haben** to feel inferior **Min·der·wer·tig·keits·kom·plex** *m* inferiority complex
Min·der·zahl *f kein pl* minority; **in der ~ sein** to be in the minority
Min·dest·ab·stand *m* minimum distance **Min·dest·al·ter** *nt* minimum age **Min·dest·be·trag** *nt* minimum amount
min·des·te(r, s) *adj attr* ■**der/die/das ~** the slightest [*or* least]; **ich hatte [doch] nicht die ~ Ahnung!** I didn't have the slightest [*or* faintest] idea!; ■**das M~** the least; **das wäre das M~ gewesen** that's the least he/she/you etc could have done; **zum M~n** at least; **nicht der/die/das M~ [an etw** *dat*] not the slightest bit [of sth]; **nicht das M~ an Geduld** not the slightest trace of patience; **nicht die M~ Höflichkeit** not the faintest hint of politeness; **nicht im M~n** not in the least
Min·dest·ein·kom·men *nt* minimum income
min·des·tens ['mɪndəstṇs] *adv* at least
Min·dest·ge·bot *nt* lowest [*or* minimum] bid, reserve [*or* knockdown] price **Min·dest·ge·halt** *nt* minimum [*or* basic] salary **Min·dest·ge·schwin·dig·keit** *f* minimum speed *no pl* **Min·dest·grö·ße** *f* minimum size [*or* height] **Min·dest·hö·he** *f* minimum height **Min·dest·lohn** *m* minimum wage **Min·dest·maß** *nt* minimum; **unsere Ausgaben auf ein absolutes ~ beschränken** to keep [*or* limit] our expenses to an absolute minimum; **ein ~ an etw** *dat* a minimum amount of sth **Min·dest·stra·fe** *f* minimum punishment [*or* penalty] [*or* sentence]
Mi·ne <-, -n> ['miːnə] *f* ❶ (*für einen Bleistift*) lead *no pl;* (*für einen Filz-, Kugelschreiber*) refill ❷ (*Sprengkörper*) mine; **auf eine ~ laufen** to strike [*or* hit] a mine ❸ (*Bergwerk*) mine; **in die ~n geschickt werden** to be sent down the mines
Mi·nen·feld *nt* MIL, NAUT minefield **Mi·nen·le·ger** <-s, -> *m* minelayer **Mi·nen·such·boot** *nt* minesweeper
Mi·ne·ral <-s, -e *o* -ien> [mine'raːl, *pl* mine'raːli̯ən] *nt* mineral
Mi·ne·ral·bad *nt* spa
mi·ne·ra·lisch [mine'raːlɪʃ] *adj* mineral
Mi·ne·ra·lo·ge, Mi·ne·ra·lo·gin <-n, -n> [minera'loːgə, -'loːgɪn] *m, f* mineralogist
Mi·ne·ra·lo·gie <-> [mineralo'giː] *f kein pl* mineralogy *no pl, no art*
Mi·ne·ra·lo·gin <-, -nen> [minera'loːgɪn] *f fem form von* **Mineraloge**
mi·ne·ra·lo·gisch [minera'loːgɪʃ] *adj* mineralogical
Mi·ne·ral·öl *nt* mineral oil
Mi·ne·ral·öl·ge·sell·schaft *f* oil company **Mi·ne·ral·öl·steu·er** *f* tax on oil
Mi·ne·ral·quel·le *f* mineral spring **Mi·ne·ral·salz** *nt* mineral salt *no pl* **Mi·ne·ral·was·ser** *nt* mineral water
mi·ni ['mɪni] *adj inv* MODE mini; **~ tragen** to wear a miniskirt
Mi·ni <-s, -s> ['mɪni] *m* MODE (*fam*) mini[skirt]
Mi·ni·a·tur <-, -en> [mini̯a'tuːɐ̯] *f* miniature
Mi·ni·a·tur·aus·ga·be *f* miniature version; (*Buch*) miniature edition **Mi·ni·a·tur·bild** *nt* miniature **Mi·ni·a·tur·buch** *nt* minibook, miniature edition **Mi·ni·a·tur·for·mat** *nt* miniature format; **~ haben** to be in miniature; **im ~** in miniature; **ein Bildschirm im ~** a miniature screen **Mi·ni·a·tur·ge·mäl·de** *nt* miniature
Mi·ni·a·tu·ri·sie·rung *f* miniaturization *no pl*
Mi·ni·a·tur·ma·le·rei <-, -en> *f* miniature painting
Mi·ni·aus·ga·be *f* mini edition **Mi·ni·bar** *f* minibar **Mi·ni·bi·ki·ni** *m* minibikini **Mi·ni·bröt·chen** *nt* small roll **Mi·ni-Eis·berg** *m* mini-iceberg lettuce **Mi·ni·fla·sche** *f* minibottle **Mi·ni·golf** *nt kein pl* minigolf *no pl*, BRIT *a.* crazy golf *no pl*
Mi·ni·ma ['miːnima] *pl von* **Minimum**
mi·ni·mal [mini'maːl] **I.** *adj* minimal, very small **II.** *adv* minimally, by a very small amount; **sie unterscheiden sich nur ~** the difference between them is only minimal
Mi·ni·mal·for·de·rung *f* minimum [*or* basic] demand **Mi·ni·mal·ge·halt** *nt* basic salary **Mi·ni·mal·pro·gramm** *nt* basic programme [*or* AM -am]
mi·ni·mie·ren* [mini'miːrən] *vt* (*geh*) ■**etw ~** to minimize sth
Mi·ni·mie·rung <-, -en> *f* (*geh*) minimization *no pl*
Mi·ni·mum <-s, Minima> ['miːnimʊm, *pl* 'miːnima] *nt* minimum; **ein ~ an etw** *dat* a minimum of sth; **ein ~ an Respekt** a modicum of respect
Mi·ni·pil·le *f* minipill **Mi·ni·rock** *m* miniskirt
Mi·nis·ter(in) <-s, -> [mi'nɪstɐ] *m(f)* POL minister, BRIT *a.* Secretary of State; **~ für Landwirtschaft/Verteidigung** Secretary of State for Agriculture/Defence BRIT, Secretary of Agriculture/Defense AM, Agriculture/Defence Minister BRIT, Agriculture/Defense Secretary AM; **~ des Äußeren/Inneren** (*geh*) Minister for Foreign/Internal Affairs BRIT, Secretary of State for Foreign/Home Affairs BRIT, Foreign/Home Secretary BRIT, Secretary of State/Secretary of the Interior AM; **~ ohne Geschäftsbereich** minister without portfolio
Mi·nis·te·ri·al·be·am·ter, -be·am·tin [minɪste'ri̯aːl-] *m, f* ministry official **Mi·nis·te·ri·al·di·rek·tor, -di·rek·to·rin** [minɪste'ri̯aːl-] *m, f* head of a ministry department BRIT, Permanent Secretary BRIT, undersecretary AM
mi·nis·te·ri·ell [minɪste'ri̯ɛl] *adj attr* ministerial
Mi·nis·te·rin <-, -nen> [mi'nɪstərɪn] *f fem form von* **Minister**
Mi·nis·te·ri·um <-s, -rien> [minɪs'teːri̯ʊm, *pl* minɪs'teːri̯ən] *nt* POL ministry, department; **das ~ des Äußeren** the Foreign Ministry, the Foreign Office BRIT, the State Department AM
Mi·nis·ter·prä·si·dent(in) *m(f)* minister-president (*leader of a federal state*)

i Kultur

The leader of a *Bundesland – federal state* is called the **Ministerpräsident/-in.** In Austria he/she is called the *Landeshauptmann/-frau – prime minister of a province.* The head of the government of a Swiss canton is called the *Kantonalpräsident/-in – president of a canton.*

Mi·nis·ter·rat *m kein pl* ■**der ~** the [EU] Council of Ministers
Mi·nis·trant(in) <-en, -en> [minɪs'trant] *m(f)* REL (*geh*) server
mi·nis·trie·ren* [minɪs'triːrən] *vi* REL (*geh*) to serve, to act as server
Min·na <-> ['mɪna] *f* ▶ WENDUNGEN: **die grüne ~** (*veraltend fam*) the Black Maria *dated*, AM *a.* patrol [*or sl* paddy] wagon; **jdn zur ~ machen** (*fam*) to bawl sb out [*or* give sb a bawling-

out] *fam*, BRIT *a.* to tear sb off a strip *fam*

Min·ne <-> ['mɪnə] *f kein pl* LIT, HIST courtly love *no pl*

Min·ne·lied *nt* LIT, HIST minnelied **Min·ne·sang** <-[e]s> ['mɪnəzaŋ] *m kein pl* LIT, HIST minnesong **Min·ne·sän·ger** ['mɪnəzɛŋɐ] *m* LIT, HIST minnesinger

Mi·no·ri·tät <-, -en> [minori'tɛ:t] *f* (*geh*) *s.* **Minderheit**

Mi·nu·end <-en, -en> [mi'nu̯ɛnt, *pl* mi'nu̯ɛndn̩] *m* MATH minuend

mi·nus ['mi:nʊs] **I.** *präp +gen* ■ ~ **einer S.** less sth; **2.000 Euro ~ 5 % Rabatt** 2,000 euros less 5% discount **II.** *konj* MATH minus **III.** *adv* ① METEO minus, below zero; ~ **15° C** minus 15° C; **15° C ~** 15° C below zero ② ELEK negative ③ ÖKON ~ **machen** (*fam*) to make a loss

Mi·nus <-, -> ['mi:nʊs] *nt* ① (*Fehlbetrag*) deficit; [**mit etw** *dat*] **im ~ stehen** to be [a certain amount] in the red; **wir stehen momentan mit 4.567 Euro im ~** we are 4,567 euros overdrawn [*or* in the red] at the moment ② (*Manko*) bad [*or* minus] point, shortcoming ③ (*Minuszeichen*) minus [sign]

Mi·nus·pol *m* ① ELEK negative terminal ② PHYS negative pole **Mi·nus·punkt** *m* ① (*Strafpunkt*) penalty point ② (*Manko*) minus point; **ein ~ für jdn sein** to count [*or* be a point] against sb **Mi·nus·tem·pe·ra·tur** *f* temperature below freezing [*or* zero] **Mi·nus·zei·chen** *nt* minus sign

Mi·nu·te <-, -n> [mi'nu:tə] *f* ① (*Zeiteinheit*) minute; **in letzter ~** at the last minute [*or* moment]; **in ein paar ~n** in a couple of minutes; **pünktlich auf die ~** punctual to the minute; **auf die ~** on the dot ② (*Augenblick*) minute, moment ▶ WENDUNGEN: **es ist fünf ~n vor zwölf** we've reached crisis point; **das war aber wirklich fünf ~n vor zwölf!** that was really the eleventh hour!

mi·nu·ten·lang **I.** *adj attr* lasting [for] several minutes *pred;* **nach einer ~en Unterbrechung** after a break of several minutes **II.** *adv* for several minutes **Mi·nu·ten·zei·ger** *m* minute hand

mi·nu·ti·ös, mi·nu·zi·ös [minu'tsi̯ø:s] **I.** *adj* (*geh*) meticulously exact [*or* detailed] **II.** *adv* (*geh*) meticulously

Min·ze <-, -n> ['mɪntsə] *f* BOT mint *no pl*

mir ['mi:ɐ̯] *pron pers dat von* **ich** ① to me; **gib es ~ sofort zurück!** give it back [to me] immediately!; **hast du ~ irgendetwas verschwiegen?** have you been hiding anything from me?; **und das ~!** why me [of all people]!; **dass du/ihr ~ ...!** (*fam*) make sure you ...; **aber dass ihr ~ keine Dummheiten macht!** but be sure not to do anything stupid! ② *nach Präpositionen* me; **bei ~** with me, at my house; **eine alte Bekannte von ~** an old acquaintance of mine; **komm mit zu ~** come back to my place; **von ~ aus!** (*fam*) I don't mind!, if you like!, as far as I'm concerned [you can]! ▶ WENDUNGEN: **~ nichts, dir nichts** (*fam*) just like that, without so much as a by your leave *dated*

Mi·ra·bel·le <-, -n> [mira'bɛlə] *f* ① (*Baum*) mirabelle [tree] ② (*Frucht*) mirabelle

Mis·an·throp(in) <-en, -en> [mizan'tro:p] *m(f)* (*geh*) misanthrope, misanthropist

Misch·ar·beits·platz *m* INFORM mixed workstation **Misch·bat·te·rie** *f* mixer tap [*or* AM faucet] **Misch·blü·ten·ho·nig** *m* mixed blossom honey **Misch·brot** *nt* bread made from rye and wheat flour

mi·schen ['mɪʃn̩] **I.** *vt* ① (*durch~*) ■**etw** [**mit etw** *dat*] ~ to mix sth [with sth] ② (*hinein~*) ■[**jdm/einem Tier**] **etw unter etw** *akk*/**in etw** *akk* ~ to mix sth [for sb/an animal] in with sth ③ (*mixen*) ■**etw** [**aus etw** *dat*] ~ to mix sth [from [*or* out of] sth] ④ KARTEN ■**etw** ~ to shuffle sth; *s. a.* **gemischt II.** *vr* ① (*sich mengen*) **sich** *akk* **unter Leute** ~ to mix [*or* mingle] [with people] ② (*sich ein~*) ■**sich** *akk* **in etw** ~ to interfere [*or* meddle] in sth; **sich** *akk* **in ein Gespräch** ~ to butt into a conversation **III.** *vi* KARTEN to shuffle

misch·er·big *adj* hybrid **Misch·form** *f* mixture (**aus** *+dat* of) **Misch·kon·zern** *m* ÖKON conglomerate, diversified group

Misch·ling <-s, -e> ['mɪʃlɪŋ] *m* ① (*Mensch*) person of mixed parentage, half-caste *pej,* half-breed *pej* ② ZOOL half-breed, hybrid; **dieser Hund ist ein ~** this dog is a mongrel

Misch·masch <-[e]s, -e> ['mɪʃmaʃ] *m* (*fam*) mishmash *no pl,* hotchpotch, hodgepodge **Misch·ma·schi·ne** *f* [cement] mixer **Misch·pult** *nt* FILM, RADIO, TV mixing desk **Misch·trom·mel** *f* mixing drum

Mi·schung <-, -en> *f* ① *kein pl* (*das Mischen*) mixing *no pl;* (*Kaffee, Tee, Tabak*) blending *no pl* ② (*Mixtur*) mixture; (*Kaffee, Tee, Tabak*) blend; (*Pralinen*) assortment ③ (*Zusammenstellung*) mixture, combination

Mi·schungs·ver·hält·nis *nt* ratio [*or* proportions] [of a mixture]

Misch·wald *m* mixed forest [*or* woodland]

mi·se·ra·bel [mizə'ra:bl̩] **I.** *adj* (*pej*) ① (*beklagenswert*) dreadful, awful, lousy; **eine ~e Arbeit/Leistung** a pathetic [*or* miserable] piece of work/performance ② (*gemein*) nasty, vile **II.** *adv* (*pej*) dreadfully, awfully; **sich** [*o akk* **aufführen**] ~ **benehmen** (*fam*) to behave abominably; ~ **schlafen** to sleep really badly; **das Bier schmeckt ~** the beer tastes awful

Mi·se·re <-, -n> [mi'ze:rə] *f* (*geh*) dreadful state; **eine finanzielle ~** a dreadful financial state; **die jetzige politische ~** the wretched state of current politics; **eine soziale ~** serious social difficulties [*or* plight]; **mit jdm/etw ist es eine ~** sb/sth is a disaster; [**tief**] **in der ~ stecken** to be in [deep] trouble [*or* a [real] mess]

Mis·pel <-, -n> ['mɪspl̩] *f* BOT medlar

Miss^RR <-> *f kein pl,* **Miß**^ALT <-> ['mɪs] *f kein pl* Miss; **die ~ Germany/World** Miss Germany/World

miss·ach·ten^RR*, **miß·ach·ten**^ALT* [mɪs'ʔaxtn̩] *vt* ① (*ignorieren*) ■**etw** ~ to disregard [*or* ignore] sth; **eine Bestimmung/Vorschrift** ~ to flout a regulation ② (*gering schätzen*) ■**jdn** ~ to disparage [*or* be disdainful of] sb; **einen Konkurrenten** ~ to underestimate a rival; ■**etw** ~ to disdain sth

Miss·ach·tung^RR, **Miß·ach·tung**^ALT ['mɪsʔaxtʊŋ] *f* ① (*Ignorierung*) disregard *no pl;* **eine Folge der ~ meines Ratschlags** a result of ignoring [*or* disregarding] my advice; **bei ~ dieser Vorschriften** if these regulations are flouted ② (*Geringschätzung*) disdain *no pl;* **seine ~ anderer Menschen** his disdain of [*or* for] other people; ~ **des Gerichts** contempt of court

miss·be·ha·gen^RR*, **miß·be·ha·gen**^ALT* ['mɪsbəha:gn̩] *vi* (*geh*) ■**jdm** ~ to displease sb, to not be to sb's liking; ■**etw missbehagt jdm** [**an etw** *dat*] sth makes sb uneasy [*or* unhappy] [about sth]; ■**es missbehagt jdm, etw zu tun** sb is not happy doing sth

Miss·be·ha·gen^RR, **Miß·be·ha·gen**^ALT <-s> ['mɪsbəha:gn̩] *nt kein pl* (*geh*) ① (*Unbehagen*) uneasiness *no pl,* feeling of unease; **die ganze Sache ruft bei mir ziemliches ~ hervor** I am rather uneasy about the whole thing, the whole thing makes me [feel] rather uneasy ② (*Missfallen*) displeasure *no pl;* **zu jds ~** to sb's annoyance [*or* chagrin]

Miss·bil·dung^RR <-, -en> *f,* **Miß·bil·dung**^ALT <-, -en> *f* deformity; **angeborene ~** congenital malformation

miss·bil·li·gen^RR*, **miß·bil·li·gen**^ALT* [mɪs'bɪlɪgn̩] *vt* ■**etw** ~ to disapprove of sth

miss·bil·li·gend^RR, **miß·bil·li·gend**^ALT **I.** *adj* disapproving **II.** *adv* disapprovingly

Miss·bil·li·gung^RR, **Miß·bil·li·gung**^ALT <-, *selten* -en> ['mɪsbɪlɪgʊŋ] *f* disapproval *no pl*

Miss·brauch^RR, **Miß·brauch**^ALT ['mɪsbraux] *m* abuse, misuse; **der ~ der Notbremse** improper use of the emergency brake; ~ **mit etw** *dat* **treiben** (*geh*) to abuse [*or* misuse] sth

miss·brau·chen^RR*, **miß·brau·chen**^ALT* [mɪs'brau:xn̩] *vt* ① (*missbräuchlich anwenden*) ■**etw** ~ to abuse [*or* misuse] sth; **einen Feuerlöscher** ~ to make improper use of a fire extinguisher ② (*für üble Zwecke ausnutzen*) ■**etw** ~ to take advantage of sth; **jds Vertrauen** ~ to abuse sb's trust ③ (*für üble Zwecke benutzen*) ■**jdn** ~ to [mis]use sb; **jdn sexuell** ~ to sexually abuse sb

miss·bräuch·lich[RR], **miß·bräuch·lich**[ALT] ['mɪsbrɔyçlɪç] *adj* (*geh*) improper

miss·deu·ten[RR*], **miß·deu·ten**[ALT*] [mɪs'dɔytn̩] *vt* ■**etw** [**als etw** *akk*] ~ to misinterpret sth [as sth]

Miss·deu·tung[RR], **Miß·deu·tung**[ALT] ['mɪsdɔytʊŋ] *f* misinterpretation

mis·sen ['mɪsn̩] *vt* ■**jdn/etw nicht ~ möchten/wollen** (*geh*) not to like/want to do without sb/sth; ■**etw ~ müssen** (*geh*) to have to do [*or* go] without sth

Miss·er·folg[RR] *m*, **Miß·er·folg**[ALT] *m* failure, flop *fam*

Miss·ern·te[RR] *f*, **Miß·ern·te**[ALT] *f* crop failure

Mis·se·tat ['mɪsəta:t] *f* ① (*hum: Streich*) prank ② (*veraltend geh: Freveltat*) misdeed *form*, misdemeanour [*or* AM -or]

Mis·se·tä·ter(in) ['mɪsətɛ:tɐ] *m(f)* ① (*hum: jd, der etw angestellt hat*) culprit ② (*veraltend geh: Übeltäter*) miscreant *form*, wrongdoer

miss·fal·len[RR*], **miß·fal·len**[ALT*] [mɪs'falən] *vi irreg* to arouse displeasure; **jdm missfällt etw** [**an jdm**] sb dislikes sth [about sb]; **es missfällt jdm, dass/wie ...** sb dislikes the way ...

Miss·fal·len[RR] <-s> *nt*, **Miß·fal·len**[ALT] <-s> *nt kein pl* displeasure *no pl*; **jd/etw erregt jds ~** sb/sth incurs sb's displeasure

Miss·fal·lens·kund·ge·bung[RR] *f* expression [*or* demonstration] of displeasure

miss·ge·bil·det[RR], **miß·ge·bil·det**[ALT] **I.** *adj* malformed, deformed **II.** *adv* deformed; ~ **geboren werden** to be born with deformities

Miss·ge·burt[RR], **Miß·ge·burt**[ALT] ['mɪsgəbu:ɐ̯t] *f* MED (*pej*) monster, seriously deformed foetus [*or* AM fetus]

miss·ge·launt[RR], **miß·ge·launt**[ALT] ['mɪsgəlaunt] *adj* (*geh*) ill-humoured [*or* -tempered] *form*

Miss·ge·schick[RR], **Miß·ge·schick**[ALT] ['mɪsgəʃɪk] *nt* mishap; **jedem kann mal ein ~ passieren/unterlaufen** anyone can have a mishap [*or* an accident]; **vom ~ verfolgt werden** to be dogged by misfortune [*or* bad luck]

miss·glü·cken[RR*], **miß·glü·cken**[ALT*] [mɪs'glʏkn̩] *vi sein* ■**etw missglückt** [**jdm**] sth fails [*or* is a failure] [*or* backfires on sb]

miss·gön·nen[RR*], **miß·gön·nen**[ALT*] [mɪs'gœnən] *vt* ■**jdm etw ~** to begrudge sb sth; **jdm seinen Erfolg ~** to resent sb's success; ■**jdm ~, dass** to begrudge sb the fact that

Miss·griff[RR] *m*, **Miß·griff**[ALT] *m* mistake, error of judgement

Miss·gunst[RR], **Miß·gunst**[ALT] ['mɪsgʊnst] *f kein pl* resentment *no pl*, envy *no pl*

miss·güns·tig[RR], **miß·güns·tig**[ALT] **I.** *adj* resentful, envious **II.** *adv* resentfully, enviously

miss·han·deln[RR*], **miß·han·deln**[ALT*] [mɪs'handl̩n] *vt* ① (*malträtieren*) ■**jdn/ein Tier ~** to ill-treat [*or* maltreat] [*or* mistreat] sb/an animal ② (*hum: übel zusetzen*) ■**etw ~** to mistreat [*or* abuse] sth

Miss·hand·lung[RR], **Miß·hand·lung**[ALT] [mɪs'handlʊŋ] *f* ill-treatment *no indef art, no pl*, maltreatment *no indef art, no pl*, mistreatment *no indef art, no pl*

Mis·si·on <-, -en> [mɪ'si̯o:n] *f* ① (*geh: Sendung*) mission; **in einer bestimmten ~** on a particular mission; **in geheimer/göttlicher ~** on a secret/divine mission ② POL mission, legation ③ *kein pl* REL mission; **in die ~ gehen/in der ~ tätig sein** to become a missionary/do missionary work; **Innere ~** REL Home Mission ④ (*Missionsstation*) mission

Mis·si·o·nar(in) <-s, -e> [mɪsi̯o'na:ɐ̯] *m(f)*, **Mis·si·o·när(in)** <-s, -e> [mɪsi̯o'nɛ:ɐ̯] *m(f)* ÖSTERR missionary

mis·si·o·na·risch [mɪsi̯o'na:rɪʃ] **I.** *adj* (*geh*) missionary; **mit ~em Eifer** with missionary zeal **II.** *adv* as a missionary; ~ **tätig sein** to work as a missionary

Mis·si·ons·schu·le *f* mission school

Miss·klang[RR] *m*, **Miß·klang**[ALT] *m* ① MUS discord *no indef art, no pl*, dissonance *no indef art, no pl* ② (*Unstimmigkeit*) discord *no indef art, no pl*; **ein ~** a note of discord, a discordant note

Miss·kre·dit[RR] *m*, **Miß·kre·dit**[ALT] *m kein pl* **jdn/etw** [**bei jdm**] **in ~ bringen** to bring sb/sth into discredit [with sb], to bring discredit on sb/sth; **in ~ geraten** to become discredited

miss·lang[RR] [mɪs'laŋ] *imp von* **misslingen**

miss·lau·nig[RR], **miß·lau·nig**[ALT] *adj s.* **missgelaunt**

miss·lich[RR], **miß·lich**[ALT] *adj* (*geh*) awkward, difficult; **~er Vorfall** unfortunate incident

miss·lie·big[RR], **miß·lie·big**[ALT] ['mɪsli:bɪç] *adj* unpopular; ■[**bei jdm**] ~ **sein** to be unpopular [with sb]; **sich** *akk* [**bei jdm**] ~ **machen** to make oneself unpopular [with sb]

miss·lin·gen[RR] <misslang, misslungen> *vi*, **miß·lin·gen**[ALT] <mißlang, mißlungen> [mɪs'lɪŋən] *vi sein* to fail, to be a failure, to be unsuccessful; ■**es misslingt jdm, etw zu tun** sb fails [in their [*or* an] attempt] to do sth; **eine misslungene Ehe** a failed [*or* an unsuccessful] marriage; **ein misslungener Kuchen** a botched-up cake; **leider ist mir der Kuchen misslungen** unfortunately my cake didn't turn out well

Miss·lin·gen[RR], **Miß·lin·gen**[ALT] <-s> [mɪs'lɪŋən] *nt kein pl* failure

Miss·ma·nage·ment[RR] [-mɛnɪtʃmənt] *nt*, **Miß·ma·nage·ment**[ALT] *nt* mismanagement *no pl*

Miss·mut[RR], **Miß·mut**[ALT] ['mɪsmu:t] *m kein pl* moroseness *no pl*; **voller ~ machte er sich an die Arbeit** grudgingly he set to work

miss·mu·tig[RR], **miß·mu·tig**[ALT] *adj* morose, sullen; **mach doch kein so ~es Gesicht** don't look so morose; **in so ~er Stimmung** in such a bad mood

miss·ra·ten[RR*], **miß·ra·ten**[ALT*] [mɪs'ra:tn̩] *vi irreg sein* ① (*geh: schlecht erzogen sein*) to go wrong, to turn out badly ② (*geh: nicht gelingen*) ■**etw missrät** [**jdm**] sth goes wrong; **der Kuchen ist mir leider etwas ~** my cake unfortunately went a bit wrong

Miss·stand[RR] *m*, **Miß·stand**[ALT] *m* deplorable state of affairs *no pl*; **Missstände in der Verwaltung** a number of administrative irregularities; **soziale Missstände** social evils

Miss·stim·mung[RR], **Miß·stim·mung**[ALT] ['mɪsʃtɪmʊŋ] *f kein pl* ill humour [*or* AM -or] *no indef art, no pl*; **unter den Teilnehmern herrschte ~** there was discord [*or* a bad atmosphere] among the participants

misst[RR], **mißt**[ALT] [mɪst] *3. pers pres von* **messen**

Miss·ton[RR], **Miß·ton**[ALT] ['mɪsto:n] *m* ① MUS discordant [*or* wrong] note ② *s.* **Missklang 2**

miss·trau·en[RR*], **miß·trau·en**[ALT*] [mɪs'trauən] *vi* ■**jdm/einer S.** [**in etw** *dat*] ~ to mistrust [*or* distrust] sb/sth [with regard to sth]

Miss·trau·en[RR], **Miß·trau·en**[ALT] <-s> ['mɪstrauən] *nt kein pl* mistrust *no pl*, distrust *no pl*; **jdm ~ entgegenbringen**, ~ **gegen jdn hegen** (*geh*) to mistrust sb; **jdm ein gesundes ~ entgegenbringen** to show sb a healthy [measure of] mistrust; **einer Unternehmung ein gesundes ~ entgegenbringen** to approach a venture with a healthy [measure of] mistrust; **jdm das ~ aussprechen** POL to pass a vote of no confidence in sb

Miss·trau·ens·an·trag[RR] *m* POL motion of no confidence; **einen ~ einbringen** to table a motion of no confidence **Miss·trau·ens·vo·tum**[RR] *nt* vote of no confidence

miss·trau·isch[RR], **miß·trau·isch**[ALT] ['mɪstrauɪʃ] **I.** *adj* mistrustful, distrustful; (*argwöhnisch*) suspicious; ■[**jdm/einer S. gegenüber**] ~ **sein** to be mistrustful [*or* suspicious] [of sb/sth] **II.** *adv* mistrustfully, distrustfully; (*argwöhnisch*) suspiciously; **warum schaust du** [**mich**] **so ~** [**an**]? why are you looking [at me] so mistrustful[ly]?

Miss·ver·gnü·gen[RR], **Miß·ver·gnü·gen**[ALT] ['mɪsfɛɐ̯gny:gn̩] *nt* (*geh*) *s.* **Missfallen**

Miss·ver·hält·nis[RR], **Miß·ver·hält·nis**[ALT] ['mɪsfɛɐ̯hɛltnɪs] *nt* disproportion *no pl*; **im ~ zu etw** *dat* **stehen** to be disproportionate to sth; **der riesige Schreibtisch steht in einem gewissen ~ zu der winzigen Schreibtischlampe** there is a certain imbalance between the huge desk and the tiny lamp

miss·ver·ständ·lich[RR], **miß·ver·ständ·lich**[ALT] **I.** *adj* unclear; (*Ausdruck, Formulierung*) that could be misunderstood; ■ **[zu] ~ sein** to be [too] liable to be misunderstood [*or* to misunderstanding] **II.** *adv* unclearly, in a way that could be misunderstood

Miss·ver·ständ·nis[RR], **Miß·ver·ständ·nis**[ALT] <-ses, -se> ['mɪsfɛɐ̯ʃtɛntnɪs] *nt* ❶ (*irrige Annahme*) misunderstanding *no pl* ❷ *meist pl* (*Meinungsverschiedenheit*) misunderstanding, disagreement

missverstehen[RR]*, **miß·ver·ste·hen**[ALT]* ['mɪsfɛɐ̯ʃteːən] *vt* ■ **jdn/etw ~** to misunderstand sb/sth; **Sie haben das missverstanden** you've misunderstood

Miss·wahl[RR] *f*, **Miß·wahl**[ALT] *f* beauty contest [*or* pageant]

Miss·wirt·schaft[RR] *f*, **Miß·wirt·schaft**[ALT] *f* (*pej*) mismanagement *no pl*, maladministration *no pl form*

Mist <-es> ['mɪst] *m kein pl* ❶ (*Stalldünger*) manure *no pl*, dung *no pl*, muck *no pl* ❷ (*fam: Quatsch*) nonsense *no pl*, BRIT *a.* rubbish *no pl* ❸ (*fam: Schund*) junk *no pl*, trash *no pl*, BRIT *a.* rubbish *no pl* ▶ WENDUNGEN: **~ bauen** [*o* **machen**] (*fam*) to screw up *fam*; **da hast du ganz schön ~ gemacht!** you have really screwed up [*or* boobed] there!; **etw ist auf jds ~ gewachsen** (*fam*) sth came out of sb's head; **das ist nicht auf seinem ~ gewachsen** that wasn't his own doing, he didn't do that off his own bat; **mach keinen ~!** (*fam*) don't mess [*or sl* piss] around! [*or* BRIT *a.* about]; **~!, so ein ~!** (*fam*) damn! *fam*, BRIT *a.* blast!; (*fam*) BRIT *a.* what a blasted nuisance! *fam*; **verdammter ~!** (*fam*) damn it! *fam*, BRIT *a.* damn and blast! *sl*, BRIT *a.* bloody hell! *sl*, BRIT *a.* sod it! *sl*

Mis·tel <-, -n> ['mɪstl̩] *f* mistletoe *no pl*

Mis·tel·dros·sel *f* ORN mistle trush

Mist·ga·bel *f* pitchfork **Mist·hau·fen** *m* manure [*or* dung] [*or* muck] heap **Mist·kä·fer** *m* dung beetle **Mist·stück** *nt* ❶ (*fam*) bastard *masc fam*, BRIT *a.* [cheeky] bugger *masc fam*, cheeky bitch BRIT *fem fam*, bitch AM *fem fam*, little shit *fam* ❷ (*pej fam: Mann*) rotten bastard *pej sl*, lousy [piece of] shit *pej sl*; (*Frau*) lousy bitch *pej sl* **Mist·vieh** *nt* (*pej fam*) [god]damned [*or* BRIT *a.* bloody] animal *pej sl* **Mist·wet·ter** *nt kein pl* (*pej fam*) lousy weather *no pl*, *no indef art pej fam*

mit ['mɪt] **I.** *präp* + *dat* ❶ (*unter Beigabe von etw*) with; **trinkst du den Espresso ~ oder ohne Zucker?** do you take your espresso with or without sugar?; **isst du das Ei immer ~ so viel Salz und Pfeffer?** do you always put so much salt and pepper on your egg?; **Champagner ~ Kaviar** champagne and caviar ❷ (*mittels*) with; **~ bequemen Schuhen läuft man besser** it's easier to walk in comfortable shoes; **~ Kugelschreiber geschrieben** written in biro [*or* ballpoint] ❸ (*per*) by; **mit der Bahn/dem Bus/Fahrrad/der Post** by train/bus/bicycle/post ❹ (*unter Aufwendung von etw*) with; **~ all meiner Liebe** with all my love; **~ etwas mehr Mühe** with a little more effort ❺ *zeitlich* at; **~ 18 [Jahren]** at [the age of] 18; **~ seinem Durchfahren des Zieles** when he crossed the line; **~ dem dritten Ton des Zeitzeichens ist es genau 7 Uhr** at the third stroke the time will be exactly 7 o'clock ❻ *bei Maß-, Mengenangaben* with; **~ einem Kilometerstand von 24567 km** with 24,567 km on the clock; **~ drei Zehntelsekunden Vorsprung** with three tenths of a second advantage; **das Spiel endete ~ 1:1 unentschieden** the game ended in a 1-1 draw; **der Zug lief ~ zehn Minuten Verspätung ein** the train arrived ten minutes late; **er war ~ über 400 Euro im Soll** he was over 400 euros in debt; **sich ~ 500.000 Euro versichern** to insure oneself for 500,000 euros ❼ (*einschließlich*) ■ **~ jdm [zusammen]** [together] with sb, including sb; **~ Axel und Hans waren wir sechs Personen** there were six of us including [*or* with] Axel and Hans ❽ (*fam: und dazu*) ■ **jd ~ jds ...** sb and sb's ...; **du ~ deiner ewigen Prahlerei** you and your constant boasting ❾ (*was jdn/etw angeht*) with; **~ meiner Gesundheit steht es nicht zum Besten** I am not in the best of health; **~ jdm/etw rechnen** to reckon on [*or* with] sb/sth **II.** *adv* too, as well; **~ dabei sein** to be there too; **sie gehört ~ zu den führenden Experten auf diesem Gebiet** she is one of the leading experts in this field; **er war ~ einer der ersten, die diese neue Technologie angewendet haben** he was one of the first to use this new technology

Mit·an·ge·klag·te(r) *f(m) dekl wie adj* co-defendant

Mit·ar·beit *f* ❶ (*Arbeit an etw*) collaboration; ■ **jds ~ an etw** *dat*/**bei etw** *dat* sb's [collaborative] work on sth; **unter ~ von jdm** in collaboration with sb; **sich** *akk* **für die ~ bei jdm bewerben** to apply to work with sb ❷ SCH (*Beteiligung*) participation *no pl* ❸ (*Unterstützung*) ■ **jds ~ [bei etw** *dat*] sb's assistance [in sth]; **er bot der Polizei seine ~ an** he offered to cooperate with the police

mit|ar·bei·ten ['mɪtʔarbaitn̩] *vi* ❶ (*als Mitarbeiter tätig sein*) ■ **an etw** *dat*/**in etw** *dat*/**bei jdm ~** to collaborate on sth/with sb; **wenn Sie bei uns ~ wollen** if you want to come and work with us; **wie lange arbeiten Sie jetzt eigentlich schon bei uns mit?** how long have you been working with us now? ❷ SCH (*sich beteiligen*) ■ **[in etw** *dat*] **~** to participate [in sth]; **er arbeitet in der Schule/im Unterricht immer aktiv mit** he always takes an active part in school/the lessons ❸ (*fam: mit den anderen arbeiten*) to work too; **meine Frau braucht nicht mitzuarbeiten** my wife doesn't need to work [as well]

Mit·ar·bei·ter(in) *m(f)* ❶ (*Mitglied der Belegschaft*) employee, member of staff; **neue ~ einstellen** to take on new staff; **freier ~** freelance; **als freier ~ arbeiten** to work as a freelance ❷ (*hist: Mitarbeiter beim Staatssicherheitsdienst der ehem. DDR*) **inoffizieller ~** unofficial collaborator ❸ (*Kollege*) colleague ❹ (*Koautor*) contributor; **an dem Artikel haben insgesamt vier ~ mitgewirkt** altogether four people collaborated on this article

Mit·ar·bei·ter·ge·spräch *nt* staff meeting **Mit·ar·bei·te·rin** <-, -nen> *f fem form von* **Mitarbeiter** **Mit·ar·bei·ter·park·platz** *m* staff car park

Mit·be·grün·der(in) *m(f)* co-founder

mit|be·kom·men* *vt irreg* ❶ (*mitgegeben bekommen*) ■ **etw [von jdm] ~** to be given sth [by sb], to get sth [from sb] ❷ (*vermittelt bekommen*) ■ **[irgendwo] etw ~** to get [*or* be given] sth [somewhere]; **eine solide Ausbildung ~** to get [*or* receive] a solid [*or* sound] training; **eine gute Erziehung ~** to receive [*or* get] [*or* have] a good education ❸ (*wahrnehmen*) ■ **etw ~** to be aware of sth; **die neuesten Nachrichten ~** to get [*or* hear] the latest news; **vom Unterricht weniger ~** to get less out of the lessons ❹ (*verstehen*) ■ **etw [von etw** *dat*] **~** to understand sth [about sth]; **bei dem Lärm konnte man kaum etwas [von der Ansprache] ~** with that noise you could hardly hear anything [of the speech]; **hast du etwas davon ~?** did you catch any of it? ❺ (*fam: vererbt bekommen*) ■ **etw von jdm ~** to get sth from sb; **die Locken hatte er offensichtlich von seinem Vater ~** he obviously got his curls from his father

mit|be·nut·zen* *vt*, **mit|be·nüt·zen*** *vt* SÜDD ■ **etw ~** to share sth

Mit·be·nut·zung *f* use

mit|be·stim·men* **I.** *vi* ❶ (*maßgeblich mitwirken*) ■ **[bei etw** *dat*] **~** to have a say [in sth] ❷ (*mit ausschlaggebend sein*) ■ **[bei etw** *dat*] **~** to have an influence [on sth]; ■ **~d** influential; **ein ~er Faktor** a contributing factor; **bei/für etw** *akk* **~d sein** to have an influence on sth **II.** *vt* ■ **etw ~** to have an influence on sth

Mit·be·stim·mung *f* ❶ (*das Mitbestimmen*) ■ **jds ~ bei etw** *dat* sb's participation in sth; **das Recht zur ~ bei ...** the right to participate in ... ❷ (*Mitentscheidung*) participation in decision-making, co-determination *no pl*; **betriebliche ~** worker participation; **paritätische ~** equal representation

Mit·be·stim·mungs·recht *nt* right of co-determination

M

Mit·be·wer·ber(in) *m(f)* ❶ *(ein weiterer Bewerber)* fellow applicant; **über 900 ~innen und ~** over 900 other applicants ❷ *(Konkurrent)* competitor

Mit·be·woh·ner(in) *m(f)* fellow occupant; (*in WG*) flatmate Brit, housemate Am, roommate Am

mit|brin·gen ['mɪtʔbrɪŋən] *vt irreg* ❶ *(als mitgeführten Gegenstand bringen)* ■ **[jdm] etw ~** to bring [sb] sth; **kann ich dir etw [aus der Stadt] ~?** can I bring you anything back [from town]? ❷ *(als Begleitung bringen)* ■ **jdn ~** to bring sb [with one]; **hast du denn niemanden mitgebracht?** didn't you bring anyone with you? ❸ *(einbringen)* ■ **etw [für etw** *akk*] ~ to have [*or* possess] sth [for sth]; **sie bringt alle nötigen Voraussetzungen für die Stelle mit** she meets [*or* satisfies] all the necessary requirements for the post

Mitbring·sel <-s, -> ['mɪtbrɪŋzl] *nt* small [*or* little] present

Mit·bür·ger(in) *m(f)* fellow citizen; **ältere ~** senior citizens

mit|den·ken *vi irreg* ■ **[bei etw** *dat*/**in etw** *dat*] ~ to follow [sth]; **bei seiner Argumentation/Erklärung ~** to follow his argument/explanation; **bei politischen Entscheidungen/in der Politik ~** to understand political decisions/politics; **danke fürs M~** thanks for thinking of it too [*or* being on the ball]; **du denkst ja mit!** good thinking!

mit|dür·fen *vi irreg* ■ **[mit jdm]** ~ to be allowed to come [*or* go] along [with sb] too; **darf ich auch mit?** can I come [too]?

Mit·ei·gen·tum *nt kein pl* co-ownership *no pl*, joint ownership *no pl*

Mit·ei·gen·tü·mer(in) *m(f)* co-owner, joint owner

mit·ein·an·der [mɪtʔai'nandɐ] *adv* ❶ *(jeder mit dem anderen)* with each other [*or* one another]; **~ reden** to talk to each other [*or* one another]; **~ verfeindet sein** to be enemies; **~ verheiratet sein** to be married to each other [*or* one another]; **~ verschwägert/verwandt sein** to be related to each other [*or* one another] ❷ *(zusammen)* together; **alle ~** all together

Mit·ein·an·der <-s> [mɪtʔai'nandɐ] *nt kein pl* cooperation *no pl*, working and living together

mit|emp·fin·den* *irreg* **I.** *vt (geh)* ■ **etw ~** to feel sth too; **ich kann Ihre Trauer gut ~** I know well the grief you are feeling **II.** *vi (geh)* ■ **[mit jdm]** ~ to sympathize [with sb], to feel for sb

mit·ent·schei·den* *vi, vt irreg* ■ **(etw)** ~ to have a say [in sth]

Mit·er·be, -er·bin ['mɪtʔɛrbə, -ɛrbɪn] *m, f* joint heir [*or* beneficiary]

mit|es·sen *irreg* **I.** *vt* ■ **etw [mit jdm]** ~ to have sth [to eat] [with sb]; **setz dich doch, iss einen Teller Suppe [mit uns] mit!** sit down and have a bowl of soup with us! **II.** *vi irreg* ■ **[bei jdm]** ~ to eat [*or* have [*or* share] a meal] [with sb]

Mit·es·ser <-s, -> *m* blackhead

mit|fah·ren *vi irreg sein* ■ **[mit jdm]** ~ to go [*or* get a lift] [with sb]; **darf ich [bei Ihnen] ~?** can I have a lift?, can you give me a lift?; ■ **jdn ~ lassen** to give sb a lift

Mit·fah·rer(in) *m(f)* fellow passenger

Mit·fahr·ge·le·gen·heit *f* lift **Mit·fahr·zen·tra·le** *f* lift-arranging [*or* Am ride-sharing] agency

mit|füh·len **I.** *vt* ■ **[jdm] etw ~** to feel sth [with sb]; **ich kann lebhaft ~, wie dir zu Mute sein muss** I can well imagine how you must feel **II.** *vi* ■ **[mit jdm]** ~ to sympathize [with sb], to feel for sb

mit·füh·lend *adj* sympathetic; **~e Worte** sympathetic [*or* compassionate] words

mit|füh·ren *vt* ■ **etw [mit sich** *dat*] ~ ❶ *(geh: bei sich haben)* to carry [*or* have] sth [with one]; **führen Sie [bei sich/im Auto] zu verzollende Artikel mit?** do you have anything to declare [with you/in the car]? ❷ *(transportieren)* to carry sth along

mit|ge·ben *vt irreg* ❶ *(auf den Weg geben)* ■ **jdm etw [für jdn]** ~ to give sb sth [for sb]; **ich gebe dir einen Apfel für unterwegs mit** I'll give you an apple to take with you ❷ *(als Begleitung geben)* ■ **jdm jdn ~** to send sb along with [*or* get sb to accompany] sb ❸ *(für etw versehen)* ■ **jdm etw ~** to give sb [*or* provide sb with] sth

Mit·ge·fan·ge·ne(r) *f(m) dekl wie adj* fellow prisoner

Mit·ge·fühl *nt kein pl* sympathy *no pl*; **[mit jdm] ~ empfinden** to feel [*or* have] sympathy [for sb]

mit|ge·hen *vi irreg sein* ❶ *(begleiten)* ■ **[mit jdm]** ~ to go too [*or* with sb]; **will noch jemand [mit mir] ~?** does anyone want to go with me? [*or* come [with me]] ❷ *(sich mitreißen lassen)* ■ **[mit jdm/bei etw** *dat*] ~ to respond [to sb/sth] ❸ *(stehlen)* **etw ~ lassen** (*sl*) to walk off with [*or fam* pinch] sth

Mit·gift <-, -en> *f* dowry

Mit·glied ['mɪtgliːt] *nt* member; **Zutritt nur für ~er** members only; **als ~ der Gewerkschaft** as a trade union member [*or* trade unionist]; **ordentliches ~** full member; **passives ~** non-active member; **~ einer S.** *gen* **sein** to be a member of sth; **~ des Vorstandes sein** to sit [*or* have a seat] on the board

Mit·glie·der·ver·samm·lung *f* general meeting

Mit·glieds·aus·weis *m* membership card **Mit·glieds·bei·trag** *m* membership subscription [*or* fee]

Mit·glied·schaft <-, -en> *f* membership; **die ~ in einer Partei beantragen** to apply for membership of [*or* Am in] a party

Mit·glieds·land *nt* pol member country [*or* state] **Mit·glieds·staat** *m* member state

mit|grö·len *vi (fam)* to bawl along [to a/the song]; **sie grölten alle mit** they all bawled together [*or* in unison]

mit|ha·ben *vt irreg* ■ **etw ~** to have got sth [with one]; **haben wir genug Geld mit?** have we got enough money [with us]?

Mit·häft·ling *m* fellow prisoner

mit|hal·ten *vi irreg (fam)* ■ **[bei etw** *dat*] ~ to keep up [with sth]; **bei dem Konkurrenzkampf ~** to keep pace with the competition; **bei einer Diskussion ~** to hold one's own in a discussion; **eine Argumentation/Theorie ~** to follow an argument/a theory; **ich konnte [bei der Auktion] nicht mehr ~** I couldn't stay in the bidding any longer; **ich halte mit** count me in

mit|hel·fen *vi irreg* ❶ *(sich helfend beteiligen)* ■ **[jdm] [bei etw** *dat*/**in etw** *dat*] ~ to help [sb] [with/in sth]; **im Haushalt/in der Küche/beim Putzen ~** to help [out] with the housework/in the kitchen/with the cleaning ❷ *(dazu beitragen)* ■ **~, dass etw geschieht** to contribute to sth happening

Mit·her·aus·ge·ber(in) *m(f)* co-editor, joint editor; *(Verlag)* co-publisher

Mit·hil·fe ['mɪthɪlfə] *f kein pl* help *no pl*, assistance *no pl*; **unter jds ~** with sb's help; **unter ~ von jdm** with the aid [*or* assistance] of sb

mit·hin [mɪt'hɪn] *adv (geh)* therefore, consequently

mit|hö·ren **I.** *vt* ■ **etw ~** to listen to sth; **ein Gespräch ~** to listen in on a conversation; **wir haben alles mitgehört** we heard everything **II.** *vi* to listen in; *(zufällig)* to overhear; **Feind hört mit!** careless talk costs lives!

Mit·in·ha·ber(in) *m(f)* co-owner, joint owner; (*von Firma, Geschäft a.*) coproprietor

mit|kämp·fen *vi* ■ **[bei etw** *dat*/**in etw** *dat*] ~ to fight [at/in sth]; **in der Schlacht bei Waterloo ~** to take part in [*or* fight at] the Battle of Waterloo; **bei dem Sturmangriff auf die Burg ~** to take part in the assault on the castle; **im Ersten Weltkrieg ~** to fight in the First World War

mit|klin·gen *vi irreg* ■ **[in etw** *dat*] ~ to sound [in sth]; **klingt in deinen Worten Enttäuschung/Verbitterung mit?** is there a note of disappointment/bitterness in your words?

mit|kom·men *vi irreg sein* ❶ *(begleiten)* ■ **[mit jdm]** ~ to come [with sb]; **kommst du mit?** are you coming with me/us/too?; **kommt doch mit uns mit** do come with us ❷ *(Schritt halten können)* ■ **[mit jdm]** ~ to keep up [with sb] ❸ *(mitgeschickt werden)* ■ **[mit etw** *dat*] ~ to come [*or* arrive] [with sth]; **mit der Post ~** to come with the post [*or* Am mail]; **das zweite Paket kommt vielleicht mit der zweiten Lieferung mit** the second parcel may come in/with the second post ❹ sch *(fam: mithalten können)* ■ **[in etw** *dat*] ~ to be equal [*or* up] to sth; **in der Schule gut/schlecht** ~ to get on well/badly at school ❺ (*verstehen*) **da komme ich nicht mit** (*fam*) it's beyond me *fam;* **ich komme da nicht mit** I don't get it

mit|kön·nen *vi irreg* (*fam*) ❶ (*begleiten dürfen*) ■ **[mit jdm] [irgendwohin]** ~ to be able to come/go [somewhere] [with sb]; **sie kann ruhig mit** she is welcome to come too ❷ (*fam: verstehen*) ■ **bei etw** *dat* **noch/nicht mehr** ~ to still/no longer be able to follow sth

mit|krie·gen *vt* (*fam*) *s.* **mitbekommen**

mit|lau·fen *vi irreg sein* ❶ (*zusammen mit anderen laufen*) ■ **[bei etw** *dat*] ~ to run [in sth]; **beim Marathonlauf sind über 500 Leute mitgelaufen** over 500 people took part in the marathon ❷ (*sich gleichzeitig bewegen*) to run; **das Band läuft mit** the tape is running

Mit·läu·fer(in) *m(f)* POL (*pej*) fellow traveller [*or* AM *a.* traveler], sympathizer

Mit·laut ['mɪtlaut] *m* consonant

Mit·leid ['mɪtlait] *nt kein pl* sympathy *no pl,* pity; **ich brauche dein** ~ **nicht** I don't need your sympathy; ■ **jds** ~ **[mit jdm]** sb's sympathy [for sb]; ~ **[mit jdm/einem Tier] haben** [*o geh* **empfinden**] to have [*or* feel] sympathy [*or* feel pity [*or* compassion]] [for sb/an animal]; ~ **erregend** *Anblick* pitiful; ~ **schinden** (*fam*) to fish for sympathy; **aus** ~ out of pity; **er ließ den Frosch aus** ~ **frei** he took pity on the frog and set it free

Mit·lei·den·schaft *f kein pl* **etw zieht jdn in** ~ (*geh*) sth affects sb; **der Sturz hat sie ganz schön in** ~ **gezogen** the fall has taken a lot out of her; **etw zieht etw** *akk* **in** ~ (*geh*) sth has a detrimental effect on sth

mit·lei·dig ['mɪtlaidɪç] I. *adj* ❶ (*mitfühlend*) sympathetic, compassionate ❷ (*iron: verächtlich*) pitying II. *adv* ❶ (*voller Mitgefühl*) sympathetically, compassionately ❷ (*iron: verächtlich*) pityingly

mit·leid(s)·los I. *adj* pitiless, heartless II. *adv* pitilessly, without pity

Mit·leid(s)·lo·sig·keit <-> *f kein pl* pitilessness *no pl*

mit·leid(s)·voll *adj* (*geh*) *s.* **mitleidig 1**

mit|le·sen I. *vt irreg* ■ **etw** ~ ❶ (*ebenfalls lesen*) to read sth too ❷ (*etw zusammen mit jdm lesen*) to read sth with sb II. *vi* to read too [*or* at the same time]

mit|ma·chen I. *vi* ❶ (*teilnehmen*) ■ **[bei etw** *dat*] ~ to take part [in sth], to join in [sth]; **bei einem Ausflug/Kurs** ~ to go on a trip/do a course ❷ (*fam: gut funktionieren*) to be up to it; **wenn das Wetter mitmacht** if the weather cooperates [*or* is good enough]; **solange meine Beine** ~ as long as my legs hold out; **wenn das Herz mitmacht** if his/her heart can take it II. *vt* ❶ (*fam: etw hinnehmen*) ■ **etw** ~ to go along with sth; **lange mache ich das nicht mehr mit** I won't put up with [*or* stand for] it much longer ❷ (*sich beteiligen*) ■ **etw** ~ to join [*or* take part] in sth; **den Ausflug/die Wanderung** ~ to go on the trip/walk ❸ (*erleiden*) ■ **viel/einiges** ~ to go through a lot/quite a lot

Mit·mensch *m* fellow man [*or* human being]

mit|mi·schen *vi* (*fam*) ■ **bei etw** *dat/***in etw** *dat* ~ to be involved in sth

mit|müs·sen *vi irreg* to have to come/go too

Mit·nah·me <-> *f kein pl* (*geh*) taking [away] with one; **diese Prospekte liegen hier zur kostenlosen** ~ **aus** you can take these brochures with you free of charge; **unter** ~ **einer S.** *gen* taking/having taken sth with one

mit|neh·men *vt irreg* ❶ (*zur Begleitung nehmen*) ■ **jdn/ein Tier [irgendwohin]** ~ to take sb/an animal with one [somewhere] ❷ (*mit sich nehmen*) ■ **etw [irgendwohin]** ~ to take sth with one [somewhere]; **etw ist zum M~** sth is free [to be taken with one]; **sind die Probefläschchen zum M~?** can I take one of these sample bottles?; **zum** ~ to take away; **zum Hieressen oder zum M~?** to eat here or [to] take away? ❸ (*transportieren*) ■ **jdn [in etw** *dat*] ~ take sb with one [in sth]; **könnten Sie mich [im Auto]** ~**?** could you give me a lift [in your car]? ❹ (*erschöpfen*) to take it out of one; **ihr seht mitgenommen aus** you look worn out ❺ (*in Mitleidenschaft ziehen*) ■ **etw** ~ to take its toll on sth; **das Fahren auf den buckligen Strecken hat die Stoßdämpfer sehr mitgenommen** the bumpy roads have really taken their toll on [*or* worn out] the shock absorbers ❻ (*fam: erleben*) ■ **etw** ~ to see [*or* visit] sth; **die Sehenswürdigkeiten** ~ to take in the sights

mit·nich·ten [mɪt'nɪçtn̩] *adv* (*geh*) not at all, by no means

Mi·to·chon·dri·um <-s, Mitochondrien> [mito'xɔndriʊm, *pl* mito'xɔndriən] *nt* BIOL mitochondrion

Mi·to·se <-, -n> [mi'to:zə] *f* BIOL mitosis

mi·to·tisch [mi'to:tɪʃ] *adj* mitotic

Mit·pa·ti·ent(in) *m(f)* fellow patient

Mi·tra <-, Mitren> ['mi:tra, *pl* 'mi:trn̩] *f* REL mitre

mit|rech·nen I. *vt* ■ **etw** ~ to include sth [in a calculation] II. *vi* to count too

mit|re·den *vi* ❶ (*beteiligt sein wollen*) ■ **[bei etw** *dat*] ~ to have a say [in sth] ❷ (*sich kompetent beteiligen*) ■ ~ **können** to be competent to talk about sth; **bei einer Diskussion** ~ **können** to be able to join in a discussion; **da können Sie nicht** ~ you wouldn't know anything about that; *s. a.* **Wörtchen**

mit|rei·sen *vi sein* ■ **[mit jdm] [irgendwohin]** ~ to travel [somewhere] [with sb]

Mit·rei·sen·de(r) *f(m) dekl wie adj* fellow passenger

mit|rei·ßen *vt irreg* ❶ (*mit sich reißen*) ■ **jdn/etw** ~ to sweep [*or* carry] sb/sth away ❷ (*begeistern*) ■ **jdn** ~ to get sb going; **die Musik riss die Fans förmlich mit** the fans got quite carried away by the music

mit·rei·ßend *adj* rousing; *Spiel* thrilling, exciting

mit·samt [mɪt'zamt] *präp +gen* ■ ~ **einer S.** *gen* together [*or* complete] with sth

mit|schlei·fen *vt* ■ **jdn/etw** ~ to drag sb/sth along

mit|schlep·pen *vt* (*fam*) ■ **jdn/etw [mit sich** *dat*] ~ to lug [*or* hump] [*or* cart] sb/sth [with one] *fam*

mit|schnei·den *vt irreg* ■ **etw [auf etw]** ~ *dat a.* TELEK to record [*or* tape] sth [on sth]

Mit·schnitt *m* ❶ (*das Mitschneiden*) recording, taping ❷ (*Aufnahme*) recording, tape; **einen** ~ **von etw machen** to make a recording of [*or* tape] sth

mit|schrei·ben *irreg* I. *vt* ■ **etw** ~ to write [*or* take] down sth *sep* II. *vi* to take notes

Mit·schuld *f* ■ **jds** ~ **[an etw** *dat*] sb's share of the blame [*or* responsibility] [for sth]; JUR sb's complicity [in sth]; **die** ~ **[an etw] eingestehen/von sich weisen** to admit/deny one's share of the blame [*or* that one was partly responsible [*or* to blame]] [for sth]; **eine** ~ **[an etw** *dat*] **tragen** to share the blame [*or* responsibility] [for sth], to be partly responsible [*or* to blame] [for sth]

mit·schul·dig *adj* ■ **der/die [an etw** *dat*] ~**e ...** the ... who is partly responsible [*or* to blame] [for sth]; ■ ~ **[an etw** *dat*] **sein** to be partly responsible [*or* to blame] [for sth]; JUR to be guilty of complicity [in sth]; **sich** ~ **machen** *dat* to incur part of the blame [*or* responsibility]; JUR to become guilty of complicity as a result of one's actions

Mit·schul·di·ge(r) *f(m) dekl wie adj* sb who is partly to blame [*or* responsible]; JUR accomplice

Mit·schü·ler(in) *m(f)* SCH (*Klassenkamerad*) classmate; (*Schulkamerad*) school-friend

mit|schwin·gen *vi irreg* ❶ MUS (*gleichzeitig schwingen*) to resonate [as well [*or* too]] ❷ (*geh: auch anklingen*) **als er sprach, schwang ein ärgerlicher Unterton mit** there was a note of annoyance in his voice as he spoke

mit|sin·gen *irreg* I. *vi* to sing along, to join in; ■ **in etw** *dat/***bei etw** ~ to sing in sth; **ich habe früher in einem Kirchenchor mitgesungen** I used to be member of a church choir II. *vt* MUS ■ **etw** ~ to join in [singing] sth

mit|spie·len *vi* ❶ SPORT (*mit anderen spielen*) ■ **[in/bei** *dat*

M

etw] ~ to play [in/for sth]; **er spielt in der anderen Mannschaft mit** he's playing for [*or* he's on] the other team; **in einem Orchester** ~ to play in an orchestra ❷ FILM, THEAT ■ **[bei/in etw]** ~ *dat* to be [*or* act] in sth ❸ (*bei Kinderspielen*) to play ❹ (*fam: mitmachen*) to go along with it; **wenn die Geschäftsleitung mitspielt, ...** if the management agrees to it, ...; **das Wetter spielte nicht mit** the weather wasn't kind to us ❺ (*beteiligt sein*) ■ **[bei etw]** ~ to play a part [in sth] ❻ (*umgehen*) **er spielte ihm übel mit** he treated him badly

Mit·spie·ler(in) *m(f)* ❶ SPORT (*Mannschaftskamerad*) teammate BRIT, teammate AM ❷ THEAT (*zusammen auftretender Schauspieler*) fellow actor, member of the cast ❸ (*jd, der mitspielt*) other player; **ich suche noch eine ~in für ein Schachspiel** I'm looking for someone to play chess with ❹ LING actant

Mit·spra·che *f* say *no def art;* **ein Recht auf ~ haben** to be entitled to have a say

Mit·spra·che·recht *nt kein pl* right to have a [*or* one's] say; **ein ~ bei etw haben** to have a say in sth; **jdm ein ~ [bei etw] einräumen** [*o* **gewähren**] to grant sb a say [in sth]

mit|spre·chen *irreg* **I.** *vt* ■ **etw** ~ to join in [saying] sth; **das Tischgebet** ~ to join in saying grace **II.** *vi* ■ **[bei/in etw]** ~ *dat* to have a [*or* one's] say [in sth]

Mit·strei·ter(in) <-s, -> *m(f)* (*geh*) comrade-in-arms

Mit·tag[1] <-[e]s, -e> ['mɪta:k, *pl* 'mɪta:gə] *m* (*zwölf Uhr*) midday, noon; (*Essenszeit*) lunchtime; **wir haben gleich ~** it's coming up to [*or* almost] midday [*or* lunchtime], it'll soon be midday; ■ **gegen ~** around [*or* about] midday [*or* noon]; ■ **über ~** at lunchtime[s]; ■ **des ~s** (*geh*) at noon [*or* midday]; **zu ~ essen** to have [*or* eat] lunch; **etw zu ~ essen** to have [*or* eat] sth for lunch; **~ haben** [*o* **machen**] (*fam*) to have [*or* take] [*or* be on] one's lunch break; **in aller Regel machen wir eine halbe Stunde ~** we usually have a half-hour lunch break [*or* half an hour [off] for lunch]

Mit·tag[2] <-s> ['mɪta:k] *nt kein pl* DIAL (*fam: ~ essen*) lunch

Mit·tag·es·sen *nt* lunch

mit·täg·lich ['mɪtɛ:klɪç] *adj attr* ❶ (*zur Mittagszeit stattfindend*) midday, lunchtime ❷ (*für den Mittag typisch*) midday

mit·tags ['mɪta:ks] *adv* at midday [*or* lunchtime]

Mit·tags·hit·ze *f* midday heat **Mit·tags·mahl** *nt* (*veraltend geh*), **Mit·tags·mahl·zeit** *f* (*geh*) luncheon *form,* midday meal **Mit·tags·pau·se** *f* lunch break [*or* hour]; **~ haben/machen** to have [*or* be on]/take one's lunch break [*or* hour] **Mit·tags·ru·he** *f kein pl* ≈ siesta; **~ halten** to rest after lunch **Mit·tags·schlaf** *m* midday [*or* after-lunch] sleep [*or* nap]; **einen ~ machen** [*o* **halten**] to have [*or* take] a midday [*or* an after-lunch] sleep [*or* nap] **Mit·tags·son·ne** *f* midday sun **Mit·tags·stun·de** *f* (*geh*) midday, noon; ■ **in der ~** at midday [*or* noon]; ■ **um die** [*o* **zur**] ~ around [*or* about] noon [*or* midday] **Mit·tags·tisch** *m* ❶ (*zum Mittagessen gedeckter Tisch*) lunch table ❷ (*im Restaurant*) lunch menu; **einen ~ halten** to serve lunch **Mit·tags·zeit** *f kein pl* lunchtime, lunch hour; ■ **in** [*o* **während**] **der ~** at lunchtime, during the lunch break; ■ **um die ~** around lunchtime

Mit·tä·ter(in) *m(f)* accomplice

Mit·tä·ter·schaft <-> *f kein pl* complicity; ■ **~ an etw** *dat* complicity in sth

Mitt·drei·ßi·ger(in) <-s, -> ['mɪtdraisɪgɐ] *m(f)* sb in their mid-thirties

Mit·te <-, -n> ['mɪtə] *f* ❶ (*Punkt in der Hälfte von etwas*) midpoint ❷ (*Mittelpunkt*) centre [*or* AM -er]; ■ **in der ~ einer S.** *gen* in the centre [*or* middle] of a thing; **in der ~ der Wand** in the centre of the wall; **in der ~ einer großen Menschenmenge** in the middle of a large crowd of people; ■ **in der ~ zwischen ...** halfway [*or* midway] between ...; **jdn in die ~ nehmen** to take hold of sb between one; **aus unserer/ihrer ~** from our/their midst; **in unserer/ihrer ~** in our/their midst, among us/them [*or form* our/their number] ❸ ■ **die ~** POL (*politische Gruppierung*) the centre [*or* AM -er]; **die linke/rechte ~** the centre-left/centre-right, left-of-centre/right-of-centre; **in der ~ stehen** to be in the centre ❹ (*zur Hälfte .*) middle; **~ Januar/Februar/...** mid-January/February/...; **~ des Jahres/Monats** in the middle of the year/month; **~ [der] ... sein** to be in one's mid- ...; **ich hätte sie auf ~ dreißig geschätzt** I would have said that she's in her mid-thirties ▶ WENDUNGEN: **die goldene ~** the golden mean, a happy medium; **ab durch die ~!** (*fam*) come on, let's get out of here! [*or sl* beat it]

mit|tei·len ['mɪttailən] **I.** *vt* ■ **jdm etw** ~ to tell sb [*or form* inform sb of] sth; ■ **jdm ~, dass** to tell [*or form* inform] sb that **II.** *vr* ❶ (*sich erklären*) ■ **sich [jdm]** ~ to communicate [with sb] ❷ (*geh: sich übertragen*) ■ **sich jdm** ~ to communicate itself to sb

mit·teil·sam *adj* talkative

Mit·tei·lung *f* ❶ (*Benachrichtigung*) notification; **eine amtliche ~** [*o* **offizielle**] an official communication [*or* communiqué]; **eine ~ bekommen** [*o* **erhalten**] to be notified; **eine ~ bekommen, dass** to be notified [*or* informed] that; **über etw** *akk* **~ bekommen/erhalten** to be notified [*or* informed] of [*or* about] sth; **jdm [eine] ~ [von etw] machen** (*geh*) to notify [*or* inform] sb [of sth], to report [sth] to sb; **nach ~ der/des ...** according to the ... ❷ (*Bekanntgabe*) announcement; **eine ~ machen** to make an announcement

Mit·tei·lungs·be·dürf·nis *nt kein pl* need to talk [to other people] **mit·tei·lungs·freu·dig** *adj* fond of talking; **Telefone sind sehr ~** telephones are chat-happy *fam*

mit·tel ['mɪtl] *adj* **~ durchgebraten** KOCHK half-done

Mit·tel <-s, -> ['mɪtl] *nt* ❶ PHARM (*Präparat*) drug, remedy; (*Lotion*) ointment, lotion; **ein ~ gegen etw** a cure [*or* remedy] for sth; **ein ~ gegen Schmerzen** a pain-reliever ❷ (*Putz~*) cleaning agent; (*Flecken~*) stain remover ❸ (*Methode*) method, means *sing,* way *usu pl;* **ein ~ haben, [um] etw zu tun** to have ways [*or* means] of doing sth; **wir haben ~, um ihn zum Reden zu bringen** we have ways of making him talk; **es gibt ein ~, das herauszufinden** there are ways of finding that out; **~ und Wege finden** to find ways and means; **ein ~ zum Zweck sein** to be a means to an end; **als letztes** [*o* **äußerstes**] ~ as a last resort; **jdm ist jedes ~ recht** sb will go to any length[s] [*or* stop at nothing]; **kein ~ unversucht lassen** to leave no stone unturned, to try everything; **mit allen ~n** by every means ❹ *pl* FIN (*Geld~*) funds, [financial] means [*or* resources]; **zum Glück verfüge ich dazu noch über genügende ~** thankfully, I've got enough funds left to cover that ❺ (*Mittelwert*) average; **im ~** on average; **etw im ~ erreichen** to average [at] sth; **arithmetisches/geometrisches ~** arithmetic/geometric mean

Mit·tel·ach·se [-aksə] *f* ARCHIT, MATH central axis; AUTO central axle

mit·tel·alt ['mɪtl̩ʔalt] *adj* medium-matured

Mit·tel·al·ter ['mɪtl̩ʔaltɐ] *nt kein pl* HIST ■ **das ~** the Middle Ages *npl;* ■ **das finstere** [*o* **finsterste**] **~** the Dark Ages *npl*

mit·tel·al·ter·lich ['mɪtl̩ʔaltɐlɪç] *adj* HIST medieval

Mit·tel·ame·ri·ka ['mɪtl̩ʔa'me:rika] *nt* Central America

mit·tel·ame·ri·ka·nisch *adj* Central American

mit·tel·bar ['mɪtl̩ba:ɐ̯] **I.** *adj* indirect; **~er Schaden** consequential damage **II.** *adv* indirectly

Mit·tel·bau <-bauten> *m* ❶ ARCHIT (*mittlerer Trakt*) central [*or* main] part [*or* block] ❷ *kein pl* SCH (*Assistenten und Räte*) nonprofessorial teaching staff **Mit·tel·be·trieb** *m* medium-sized business [*or* enterprise] **Mit·tel·brust** *f* KOCHK brisket **Mit·tel·deck** *nt* middle deck **mit·tel·deutsch** ['mɪtl̩dɔytʃ] *adj* LING Middle [*or* Central] German **Mit·tel·deutsch·land** ['mɪtl̩dɔytʃlant] *nt* (*veraltend*) Central Germany (*roughly between the rivers Elbe and Oder*) **Mit·tel·ding** *nt* (*fam*) ■ **ein ~** sth in between; **eine Chaiselongue ist ein ~ zwischen Sofa und Ruhesessel** a chaise longue is something between a sofa and an armchair **Mịt·tel·eng·land** *nt* the Midlands *npl* **Mịt·tel·eng·lisch** *nt* LING Middle English **Mịt·tel·eu·ro·pa** ['mɪtl̩ʔɔy'ro:pa] *nt* Central Europe **Mịt·tel·eu·ro·pä·er(in)** *m(f)* Central European **mit·tel·eu·ro·pä·isch** ['mɪtl̩ʔɔyro'pɛ:ɪʃ] *adj* Central European **Mịt·tel·feld** *nt kein pl* SPORT ① (*Spielfeld*) midfield ② (*Teilnehmer*) pack **Mịt·tel·feld·spie·ler(in)** *m(f)* midfielder, midfield player **Mịt·tel·fin·ger** *m* middle finger **Mịt·tel·finn·land** *nt* Central Finland **Mịt·tel·frank·reich** *nt* Central France **mịt·tel·fris·tig** **I.** *adj* medium-term *attr* **II.** *adv* ~ **anlegen** to make medium-term investments; ~ **planen** to plan for the medium term **Mịt·tel·gang** *nt* centre [*or* central] aisle **Mịt·tel·ge·bir·ge** *nt* low mountain range **Mịt·tel·ge·wicht** *nt* SPORT ① *kein pl* (*mittlere Gewichtsklasse*) middleweight ② (*fam*) *s.* **Mittelgewichtler** **Mịt·tel·ge·wicht·ler(in)** <-s, -> *m(f)* middleweight **mịt·tel·groß** ['mɪtl̩gro:s] *adj* of medium height *pred* **mịt·tel·gut** *adj* average **Mịt·tel·hirn** *nt* ANAT midbrain **Mịt·tel·hoch·deutsch** ['mɪtl̩ho:xdɔytʃ] *nt* LING Middle High German; ■ **das** ~**e** Middle High German

Mịt·tel·klas·se *f* ① ÖKON (*mittlere Warenkategorie*) middle range, medium quality; **ein Wagen der** ~ a mid-range car, a car in the medium [*or* middle] range ② SOZIOL middle class

Mịt·tel·klas·se·ein·kom·men *nt* SOZIOL middle class income **Mịt·tel·klas·se·wa·gen** *m* AUTO mid-range [*or* middle-of-the-range] car **Mịt·tel·klas·se·wohn·ge·gend** *f* SOZIOL middle class area [*or* district]

Mịt·tel·korn·reis *m* medium grain rice **Mịt·tel·li·nie** *f* ① TRANSP (*Linie auf der Straßenmitte*) centre [*or* white] line; **durchgezogene/unterbrochene** ~ continuous/broken centre [*or* white] line ② SPORT (*Linie des Mittelfeldes*) halfway line **mịt·tel·los** *adj* destitute, penniless **Mịt·tel·lo·sig·keit** <-> *f kein pl* poverty *no pl* **Mịt·tel·maß** *nt kein pl* ① (*meist pej: mittlere Leistung, Qualität*) mediocrity *no art* ② (*Durchschnitt*) average; **ein gesundes** ~ a happy medium; **ein gutes** ~ a good average

mịt·tel·mä·ßig **I.** *adj* average; **eine** ~**e Arbeit/Leistung** an average [*or pej* mediocre] work/performance **II.** *adv* ~ **begabt sein** to [only] have mediocre talent[s], to be mediocre; ~ **spielen** to have an indifferent game; **er spielte nur** ~ his performance was mediocre

Mịt·tel·mä·ßig·keit <-> *f kein pl* mediocrity

Mịt·tel·meer ['mɪtl̩me:ɐ̯] *nt* ■ **das** ~ the Mediterranean [Sea]

Mịt·tel·meer·an·rai·ner *m* the countries bordering the Mediterranean **Mịt·tel·meer·kli·ma** *nt* Mediterranean climate **Mịt·tel·meer·land** *nt* Mediterranean country **Mịt·tel·meer·raum** *m* ■ **der** ~ the Mediterranean [region]

Mịt·tel·ohr *nt* ANAT middle ear

Mịt·tel·ohr·ent·zün·dung *f* inflammation of the middle ear, middle ear inflammation

mịt·tel·präch·tig **I.** *adj* (*iron fam*) great *iron fam* **II.** *adv* (*fam*) not particularly good; **sich** ~ **fühlen** to not feel particularly good

Mịt·tel·punkt *m* ① MATH (*Punkt in der Mitte*) midpoint; (*Zentrum*) centre [*or* AM -er] ② (*zentrale Figur*) centre [*or* AM -er] of attention; **im** ~ **sein** [*o* **stehen**] to be the centre of attention; **im** ~ **des öffentlichen Interesses stehen** to be the focus of public attention

Mịt·tel·punkt·schule *f* SCH school situated in the centre [*or* AM -er] of a catchment area

mit·tels ['mɪtl̩s] *präp* +*gen o dat* (*geh*) by means of

Mịt·tel·sä·ger <-s, -> *m* ORN red-breasted merganser **Mịt·tel·schei·tel** *m* centre parting **Mịt·tel·schicht** *f* SOZIOL *s.* **Mittelklasse 2** **Mịt·tel·schiff** *nt* ARCHIT nave **Mịt·tel·schu·le** *f* ① (*Schultyp*) ≈ secondary school ② SCHWEIZ (*höhere Schule*) secondary school; **neue** ~ ÖSTERR [new] secondary school **mịt·tel·schwer** *adj* relatively [*or* moderately] heavy; **ein** ~**es Auto** a medium-weight car; **eine** ~**e Übung** [*o* **Aufgabe**] a relatively [*or* moderately] difficult exercise

Mịt·tels·mann <-männer *o* -leute> *m* intermediary, go-between, middleman

Mịt·tel·stadt *f* medium-sized town **Mịt·tel·stand** *m* ① ÖKON ■ **der** ~ medium-sized companies [*or* firms] [*or* businesses] ② SOZIOL middle class **mịt·tel·stän·disch** *adj* medium-sized; ~**e Betriebe/Firmen** medium-sized companies/firms **Mịt·tel·stein·zeit** *f kein pl* ARCHÄOL Mesolithic period

Mịt·tel·stre·cken·flug·zeug *nt* LUFT medium-haul [*or* -range] aircraft **Mịt·tel·stre·cken·ra·ke·te** *f* MIL medium-range missile

Mịt·tel·strei·fen *m* TRANSP central reservation **Mịt·tel·stück** *nt* middle [*or* centre BRIT] part [*or* piece] **Mịt·tel·stu·fe** *f* SCH ≈ middle school **Mịt·tel·stür·mer(in)** *m(f)* SPORT centre-forward, striker **Mịt·tel·weg** *m* middle course; **der goldene** ~ the golden mean, a happy medium **Mịt·tel·wel·le** *f* RADIO medium wave **Mịt·tel·wel·len·sen·der** *m* medium-wave transmitter **Mịt·tel·wert** *m* mean [*or* average] [value]; **der arithmetische** ~ the arithmetic mean

mit·ten ['mɪtn̩] *adv* ① (*direkt*) ■ ~ **aus etw** from the midst of sth ② (*fam: gerade*) ■ ~ **bei etw** [right] in the middle of doing sth; **sie kamen, als ich noch** ~ **beim Kochen war** I was still in the middle of cooking when they arrived; ■ ~ **in etw** *dat* [right] in the middle of sth ③ (*genau*) ■ ~ **in/vor etw** *akk* right into/on [the middle of] sth; ~ **entzweibrechen** to break in half [*or* two] ④ (*geradewegs*) ■ ~ **durch etw** right [*or* straight] through [the middle of] sth; ~ **hindurch** straight through ⑤ (*inmitten von*) ■ ~ **unter Menschen** *dat* in the midst of [*or* among] people; **wie schön, dass ich wieder** ~ **unter euch sein darf** how pleasant it is to be in your midst [*or* among you] again; ~ **unter Dingen** [right] in the middle [*or* midst] of things

mit·ten·drin [mɪtn̩'drɪn] *adv* (*fam*) ① (*genau in etw*) right [*or fam* slap-bang] in the middle [of it]; ■ ~ **in etw** *dat* right [*or fam* slap-bang] in the middle of sth ② (*direkt bei etw*) right in the middle of [doing] sth **mit·ten·drun·ter** [mɪtn̩'drʊntɐ] *adv* (*fam*) in the middle of it/them **mit·ten·durch** [mɪtn̩'dʊrç] *adv* right [*or* straight] through the middle

Mit·ter·nacht ['mɪtɐnaxt] *f kein pl* midnight *no art*

mit·ter·nächt·lich *adj attr* midnight *attr*

Mịt·ter·nachts·son·ne *f* ■ **die** ~ the midnight sun

Mịtt·fünf·zi·ger(in) <-s, -> *m(f)* a person in their mid-fifties

mitt·le·re(r, s) ['mɪtlərə] *adj attr* ① (*in der Mitte von zweien*) ■ **der/die/das** ~ the middle one [*or* one in the middle] ② (*durchschnittlich*) average *attr or pred;* **zu** ~**n Preisen essen** to eat [out] at reasonable prices ③ (*ein Mittelmaß darstellend*) medium-sized; **eine** ~**e Katastrophe/ein** ~**er Unfall** quite a substantial disaster/a fairly serious accident ④ (*den Mittelwert bildend*) average ⑤ (*in einer Hierarchie*) middle; ~**s Management** middle management; **eine** ~**e Position** a middle-ranking position; **ein Auto der** ~**n Klasse** a middle of the range car

Mịtt·ler·rol·le *f* mediatory role, role of [the] mediator

mitt·ler·wei·le ['mɪtlɐ'vailə] *adv* (*unterdessen*) in the mean time, meantime, meanwhile; (*seit dem*) since then; (*bis zu diesem Zeitpunkt*) by now

mịt|tra·gen *vt irreg* ■ **etw** ~ *Entscheidung, Vorhaben* to take part in sth

Mịtt·sech·zi·ger(in) <-s, -> *m(f)* a person in their mid-sixties **Mịtt·sieb·zi·ger(in)** <-s, -> *m(f)* a person in their mid-seventies **Mitt·som·mer** ['mɪtzɔmɐ] *m* midsummer **Mịt·tsom·mer·nacht** *f* midsummer['s] night

Mịtt·vier·zi·ger(in) <-s, -> *m(f)* a person in their mid-forties

Mịtt·woch <-s, -e> ['mɪtvɔx] *m* Wednesday; *s. a.* **Freitag**

Mịtt·woch·abend[RR] *m* Wednesday evening; *s. a.* **Dienstag** **mịtt·woch·abends**[RR] *adv* [on] Wednesday evenings **Mịtt·woch·mit·tag**[RR] *m* [around] noon on Wednesday; *s. a.* **Dienstag** **mịtt·woch·mit·tags**[RR] *adv* [around] noon on Tuesdays **Mịtt·woch·mor·gen**[RR] *m* Wednesday morning; *s. a.* **Dienstag** **mịtt·woch·mor·gens**[RR] *adv* [on] Wednesday mornings **Mịtt·woch·nach·mit·tag**[RR] *m* Wednesday afternoon; *s. a.* **Dienstag**

M

mitt·woch·nach·mit·tags^RR *adv* [on] Wednesday afternoons **Mitt·woch·nacht**^RR *f* Wednesday night **mitt·woch·nachts**^RR *adv* [on] Wednesday nights

mitt·wochs ['mɪtvɔxs] *adv* [on] Wednesdays; ~ **abends/nachmittags/vormittags** [on] Wednesday evenings/afternoons/mornings

Mitt·woch·vor·mit·tag^RR *m* Wednesday morning; *s. a.* **Dienstag mitt·woch·vor·mit·tags**^RR *adv* [on] Wednesday mornings

mit·un·ter [mɪt'ʔʊntɐ] *adv* now and then, from time to time

mit·ver·ant·wort·lich *adj* jointly responsible *pred;* ■[**für etw**] ~ **sein** to be jointly responsible [for sth]

Mit·ver·ant·wor·tung *f* share of the responsibility; ~ [**für etw**] **haben/tragen** to have/bear a share of the responsibility [for sth]

mit|ver·die·nen* *vi* to go out to work as well

Mit·ver·fas·ser(in) *m(f) s.* **Mitautor**

Mit·ver·schul·den *nt* partial blame; **ihr konnte kein ~ nachgewiesen werden** it wasn't possible to prove that she was partially to blame; **jdn trifft ein ~ [an etw** *dat*] sb is partially [*or* partly] to blame [for sth]

mit|ver·si·chern* *vt* ■**jdn** ~ to include sb in one's insurance, to co-insure sb; ■**etw** ~ to include sth in one's insurance

mit|wir·ken *vi* ❶ (*gestaltend beteiligt sein*) ■[**bei/an etw**] ~ *dat* to collaborate [on sth], to be involved [in sth]; ■**jds M~** sb's collaboration [*or* cooperation] ❷ FILM, THEAT (*geh: mitspielen*) ■[**in etw**] ~ *dat* to appear [in sth]; **in einem Theaterstück ~** to appear [*or* perform] in a play ❸ (*eine Rolle spielen*) ■[**bei etw**] ~ to play a part [*or* role] [in sth]

Mit·wir·ken·de(r) *f(m) dekl wie adj* ❶ (*mitwirkender Mensch*) participant, collaborator; **politisch ~r** active participant in political life ❷ FILM, THEAT (*geh: Mitspieler*) actor; **die ~n** the cast + *sing/pl vb*

Mit·wir·kung *f kein pl* collaboration, cooperation; **mit/ohne jds** ~ with/without sb's collaboration [*or* cooperation]; **unter ~ von jdm** in collaboration with sb

Mit·wis·ser(in) <-s, -> *m(f)* somebody in the know; ~ [**einer S.** *gen*] **sein** to be in the know [about sth]; **jdn zum ~ [einer S.** *gen*] **machen** to let sb in [on sth]

Mit·wohn·zen·tra·le *f* flat [*or* AM apartment] share agency

mit|wol·len ['mɪtvɔlən] *vi* to want to come too [*or* with sb]; **so, wir gehen jetzt einkaufen, willst du nicht auch mit?** right, we're going shopping, do you want to come as well?

mit|zäh·len I. *vi* ❶ (*jeweils addieren*) to count ❷ (*berücksichtigt werden*) to count **II.** *vt* ■**jdn/etw** ~ to include sb/sth; **das macht 63 Teilnehmer, dich und mich nicht mitgezählt** that makes 63 participants, not including [*or* counting] you and I

mit|zie·hen *vi irreg* ❶ *sein* (*in einer Menge mitgehen*) ■[**in etw**] ~ *dat* to tag along [with sth] ❷ *haben* (*fam: mitmachen*) to go along with it; ■**bei etw** ~ to go along with sth

Mix <-, -e> ['mɪks] *m* combination, mix *fam*

Mix·be·cher *m* [cocktail-]shaker

mi·xen ['mɪksn̩] *vt* ■**etw** [**mit etw**] ~ to mix sth [with sth]

Mi·xer <-s, -> ['mɪksɐ] *m* ELEK blender, mixer

Mi·xer(in) <-s, -> ['mɪksɐ] *m(f)* cocktail waiter, barman

Mix·ge·tränk *nt* mixed drink, cocktail **Mix·stab** *m* hand-held blender

Mix·tur <-, -en> [mɪks'tuːɐ̯] *f* PHARM mixture

mm *m o nt Abk von* **Millimeter** mm

MMS [,ɛmɛm'ɛs] *f Abk von* **multimedia messaging service** MMS

Mob <-s> ['mɔp] *m kein pl* (*pej*) mob

Mob·bing <-s> ['mɔbɪŋ] *nt kein pl* PSYCH bullying *no pl,* mobbing AM (*emotional abuse at the workplace*)

Mö·bel <-s, -> ['møːbl̩] *nt* ❶ *sing* piece [*or* item] of furniture ❷ *pl* furniture

Mö·bel·fa·brik *f* furniture factory **Mö·bel·ge·schäft** *f* furniture shop [*or* store] **Mö·bel·händ·ler(in)** *m(f)* furniture dealer, dealer in furniture **Mö·bel·pa·cker(in)** *m(f)* removal man BRIT, [furniture] remover BRIT, mover AM **Mö·bel·schrei·ner(in)** *m(f) s.* **Möbeltischler Mö·bel·spe·di·ti·on** *f* [furniture] removal firm BRIT, moving company AM **Mö·bel·stoff** *m* upholstery [*or* upholstering] fabric **Mö·bel·stück** *nt* piece [*or* item] of furniture **Mö·bel·tisch·ler(in)** *m(f)* cabinetmaker **Mö·bel·ver·käu·fer(in)** *m(f)* furniture salesman **Mö·bel·wa·gen** *m* removal [*or* AM moving] van

mo·bil [mo'biːl] *adj* ❶ (*beweglich*) mobile; **~er Besitz/~e Habe** movable possessions; **~es Vermögen** movables; **jdn/etw ~ machen** to mobilize sb/sth ❷ (*fam: munter*) lively, sprightly

Mo·bi·le <-s, -s> ['moːbilə] *nt* mobile

Mo·bil·funk *m* TELEK mobile communications *pl* **Mo·bil·funk·ge·rät** *nt* TELEK cellular [tele]phone

Mo·bi·li·ar <-s> [mobi'li̯aːɐ̯] *nt kein pl* furnishings *npl*

mo·bi·li·sie·ren* [mobili'ziːrən] *vt* ❶ (*aktivieren*) ■**jdn** ~ to mobilize sb ❷ (*verfügbar machen*) ■**etw** ~ to make sth available; **es gelang ihm, die letzten Kräfte zu ~** he managed to summon up his last reserves of strength ❸ MIL (*in den Kriegszustand versetzen*) ■**jdn** ~ to mobilize sb

Mo·bi·li·tät <-> [mobili'tɛːt] *f kein pl* mobility

Mo·bil·ma·chung <-, -en> *f* MIL mobilization; **die [allgemeine] ~ ausrufen/beschließen** to order/decide to order a [general [*or* full]] mobilization

Mo·bil·te·le·fon *nt* mobile [*or* cellular] [tele]phone

mö·blie·ren* [mø'bliːrən] *vt* ■**etw** ~ to furnish sth; **etw neu ~** to refurnish sth; **ein möbliertes Zimmer** a bedsit[ter] [*or* AM furnished room]; **möbliert wohnen** to live in furnished accommodation [*or* AM accommodations]

moch·te *imp von* **mögen**

Möch·te·gern·ma·na·ger(in) *m(f)* (*iron*) would-be manager **Möch·te·gern·renn·fah·rer(in)** *m(f)* (*iron*) would-be [motor] racing driver [*or* AM race car driver] **Möch·te·gern·sän·ger(in)** *m(f)* (*iron*) would-be singer **Möch·te·gern·schau·spie·ler(in)** *m(f)* (*iron*) would-be actor

mo·dal [mo'daːl] *adj* LING modal

Mo·da·li·tät <-, -en> [modali'tɛːt] *f* ❶ *meist pl* (*geh: Art und Weise*) provision[s *pl*], condition[s *pl*] ❷ PHILOS modality *no pl* ❸ LING modality *no pl*

Mo·dal·satz *m* LING adverbial phrase [*or* clause] **Mo·dal·verb** *nt* LING modal verb

Mo·de <-, -n> ['moːdə] *f* ❶ MODE fashion; **große [*o* groß in] ~ sein** to be very fashionable [*or fam* all the rage] [*or fam* really trendy] [*or* in]; **mit der ~ gehen** to [like to] follow fashion, to keep up with the latest fashions; **aus der ~ kommen** to go out of fashion; **in ~ kommen** to come into fashion; **nach der ~** according to the [latest] fashion ❷ *pl* MODE (*modische Kleidungsstücke*) fashionwear *sing,* fashions *pl* ❸ *pl* (*Sitten*) practices *pl;* **was sind denn das für ~n!** what sort of behaviour is that!

Mo·de·ar·ti·kel *m* in thing, fashionable [*or* trendy] item **Mo·de·arzt, -ärz·tin** *m, f* fashionable doctor **Mo·de·auf·nah·me** *f* fashion photo[graph] **mo·de·be·wusst**^RR *adj* fashion-conscious **Mo·de·bou·tique** [-buti:k] *f* [fashion] boutique **Mo·de·er·schei·nung** *f* passing [*or* fleeting] fashion **Mo·de·far·be** *f* fashionable [*or* in] colour [*or* AM -or] **Mo·de·fo·to·graf(in)** *m(f)* fashion photographer **Mo·de·gag** [-gɛk] *m* fashion gimmick **Mo·de·her·stel·ler(in)** *m(f)* fashion designer **Mo·de·krank·heit** *f* fashionable complaint [*or* illness]

Mo·del <-s, -s> ['mɔdl̩] *nt* model

Mo·dell <-s, -e> [mo'dɛl] *nt* ❶ (*verkleinerte Ausgabe*) model; (*Ausführung*) model; MODE (*Kleidungsstück*) model ❷ (*Mannequin*) model; KUNST (*Akt~*) nude model; [**jdm** [*o* **für jdn**]] ~ **sitzen/stehen** to model [*or* sit] for sb ❸ (*geh: Vorbild*) model

Mo·dell·au·to *nt* model car **Mo·dell·cha·rak·ter** *m* something which can act as a model **Mo·dell·ei·sen·bahn** *f* model railway, train set *fam* **Mo·dell·flug·zeug** *nt* model aeroplane [*or*

Am airplane] [*or* aircraft]
mo·del·lie·ren* [modɛ'li:rən] *vt* ❶ (*plastisch formen*) ■**etw** ~ to model [*or* shape] [*or* work] sth ❷ (*als Abbild formen*) ■**jdn/etw [in etw** *dat*] ~ to make a model of sb/sth [in [*or* out of] sth], to model sb/sth in sth
Mo·del·lier·mas·se *f* modelling [*or* Am *a.* modeling] material
Mo·dell·kleid *nt* MODE model dress **Mo·dell·pro·jekt** *nt* pilot scheme [*or* Am project] **Mo·dell·ver·such** *m* (*geh*) pilot scheme [*or* Am experiment]; TECH model test [*or* experiment]
mo·deln ['mɔdl̩n] *vi* MODE, MEDIA to [work as a] model
Mo·dem <-s, -s> ['mo:dɛm] *nt o m* INFORM modem
Mo·de·ma·cher(in) <-s, -> *m(f)* MODE fashion designer
Mo·den·schau *f* fashion show
Mo·de·püpp·chen *nt*, **Mo·de·pup·pe** *f* (*pej fam*) fashion freak [*or* victim]
Mo·der <-s> ['mo:dɐ] *m kein pl* (*geh*) mould, mildew
Mo·de·ra·ti·on <-, -en> [modera'tsi̯o:n] *f* RADIO, TV presentation
Mo·de·ra·tor, Mo·de·ra·to·rin <-s, -toren> [mode'ra:toɐ̯, modera'to:rɪn, *pl* modera'to:rən] *m, f* RADIO, TV presenter
mo·de·rie·ren* [mode'ri:rən] *vt* RADIO, TV ■**etw** ~ to present sth
mo·d(e)·rig ['mo:d(ə)rɪç] *adj* musty; ~ **riechen** to smell musty, to have a musty smell
mo·dern¹ ['mo:dɐn] *vi sein o haben* to decay, to go mouldy
mo·dern² [mo'dɛrn] **I.** *adj* ❶ (*zeitgemäß*) modern; ~**e Technik** modern [*or* up-to-date] technology; ~**ste Technik** state-of-the-art [*or* the most up-to-date] technology ❷ (*an neueren Vorstellungen orientiert*) progressive, modern ❸ (*modisch*) fashionable, trendy; ■~ **sein/werden** to be fashionable/come into fashion ❹ (*zur Neuzeit gehörend*) modern; ~**e Diktaturen/Politik/**~**es Völkerrecht** present-day [*or* today's] dictators/policies/international law, dictators/policies/international law of today **II.** *adv* ❶ (*zeitgemäß*) in a modern manner [*or* style] ❷ (*modisch*) fashionably, trendily ❸ (*fortschrittlich*) progressively; ~ **eingestellte Eltern/Lehrer** parents/teachers with progressive [*or* modern] ideas
Mo·der·ne <-> [mo'dɛrnə] *f kein pl* ■**die** ~ the modern age
mo·der·ni·sie·ren* [modɛrni'zi:rən] *vt* ■**etw** ~ to modernize sth
Mo·der·ni·sie·rung <-, -en> *f* modernization *no pl*
Mo·der·ni·sie·rungs·ver·lie·rer(in) *m(f)* SOZIOL loser to modernization
Mo·de·schmuck *m* costume [*or* fashion] jewelry **Mo·de·schöp·fer(in)** *m(f)* fashion designer, couturier *masc*, couturière *fem* **Mo·de·trend** *m* fashion trend **Mo·de·wort** *nt* in [*or* vogue] word, buzzword **Mo·de·zeich·ner(in)** *m(f)* fashion designer **Mo·de·zeit·schrift** *f* fashion magazine
Mo·di ['mɔdi] *pl von* **Modus**
Mo·di·fi·ka·ti·on <-, -en> [modifika'tsi̯o:n] *f* (*geh*) modification
mo·di·fi·zie·ren* [modifi'tsi:rən] *vt* (*geh*) ■**etw** ~ to modify sth
mo·disch ['mo:dɪʃ] **I.** *adj* fashionable, trendy **II.** *adv* fashionably, trendily
Mo·dist(in) <-en, -en> [mo'dɪst] *m(f)* milliner, hat maker
mod·rig ['mo:drɪç] *adj s.* **moderig**
Mo·dul <-s, -e> [mo'du:l] *nt* module
Mo·du·la·ti·on <-, -en> [modula'tsi̯o:n] *f* modulation
mo·du·lie·ren* [modu'li:rən] *vt* ■**etw** ~ to modulate sth
Mo·dus <-, Modi> ['mɔdʊs, *pl* 'mɔdi] *m* LING (*geh*) modus vivendi
Mo·fa <-s, -s> ['mo:fa] *nt* moped
Mo·ga·di·schu <-s> [moga'dɪʃu] *nt* Mogadishu
Mo·ge·lei <-, -en> [mo:gə'lai] *f* (*pej*) cheating *no pl*
mo·geln ['mo:gl̩n] *vi* (*fam*) ■**[bei etw]** ~ to cheat [at sth]
Mo·gel·pa·ckung *f* ❶ ÖKON (*irreführend verpackte Ware*) deceptive packaging ❷ (*fig: Augenwischerei*) eyewash
mö·gen ['mø:gn̩] **I.** *modal vb* <mọchte, hat ... mögen> + *infin* ❶ (*wollen*) ■**etw tun** ~ to want to do sth; **ich mag dich nicht mehr sehen!** I don't want to see you any more!; **ich möchte jetzt einfach Urlaub machen können** I wish I could [*or* I'd like to be able to] just take off on holiday now; ~ [*o* **möchten**] **Sie noch ein Glas Bier trinken?** would you like another beer?; **ich mag dich nicht gerne allein lassen** I don't like to leave you alone [*or* leaving you alone]; **Stefan hat noch nie Fisch essen** ~ Stefan has never liked fish ❷ (*den Wunsch haben*) ■**etw tun** ~ to want to do sth; **ich möchte gerne kommen** I'd like to come; **hier möchte ich gerne leben** I'd really like to live here; **man möchte meinen, es wäre schon Winter** you'd think that it was already winter; **das möchte ich sehen!** I'd like to see that! ❸ (*drückt eine Vermutung aus*) **[es] mag sein, dass sie Recht hat** it may be that she's right; **sie mag sogar Recht haben** she may be right; **hm, das mag schon stimmen** hmm, that might [well] be true; **das mag schon sein, aber trotzdem!** that's as may be, but still!; **kommst du? – mag sein** (*eventuell*) are you coming? – maybe [*or* possibly]; (*wahrscheinlich*) are you coming? – probably; **was mag das wohl bedeuten?** what's that supposed to mean?, I wonder what that means?; **was immer kommen mag, wir bleiben zusammen** whatever happens we'll stay together; **was immer er auch behaupten/sagen mag, ...** whatever he may claim/say, ...; **so gemein wie es auch klingen mag, ist es die Wahrheit** however cruel this may sound, it is the truth; **er mag das zwar behaupten, aber deswegen stimmt es noch lange nicht** just because he says that, [it] doesn't necessarily mean that it's true; **es mag so sein, wie er behauptet** it may well [*or* might] be as he says; **jetzt mag sie denken, dass wir sie nicht sehen wollen** she probably thinks [that] we don't want to see her now; **das mag noch angehen** it might be all right; **er sieht immer noch sehr gut aus, mag er auch inzwischen Mittfünfziger sein** he's still very handsome, even if he's in his mid-fifties now; **nun, er mag so um die 40 sein** well, he must be [*or* I'd say he's] about 40; **wie sie aussieht, mag sie Managerin sein** she must be [*or* may well be] a manager from the look of her; **es mochten so um die zwanzig Personen gewesen sein** there must have been around twenty people there; **wie dem auch sein mag** be that as it may ❹ (*sollen*) ■**jd möge etw tun** sb should do sth; **bestellen Sie ihm bitte, er möchte mich morgen anrufen** please tell him to ring me tomorrow; **sagen Sie ihr, sie möchte zu mir kommen** could you tell her to come and see me; **Sie möchten gleich mal zur Chefin kommen** you're to go and see the boss right away, the boss has asked to see you right away; **diese Warnung mag genügen** let this warning be enough, this warning should suffice; **möge das stimmen** let's hope it's true; **möge Gott das verhüten!** God forbid!; **wenn sie mir das doch nur verzeihen möge!** if she could only forgive me this! ❺ (*drückt Einräumung aus*) ■**etw tun** ~ to be allowed [*or* able] to do sth; **du magst tun, was du willst** you may do as you please [*or* can]; **mag sie von mir aus gehen** she can go as far as I'm concerned; **mag kommen, was da will, wir sind vorbereitet** come what may, we are prepared ❻ DIAL, BES SCHWEIZ (*können*) **es mochte nichts helfen** it [just] didn't help **II.** *vt* <mọchte, gemọcht> ❶ (*gernhaben*) ■**jdn** ~ to like sb; (*lieben*) to love sb; **die beiden** ~ **sich/**~ **einander nicht** the two of them like/don't like each other ❷ (*eine Vorliebe haben*) ■**jdn/etw** ~ to like sb/sth; **welchen Maler magst du am liebsten?** who is your favourite painter?, which painter do you like best?; **am liebsten mag ich Eintopf** I like stew best, stew is my favourite [meal] ❸ (*haben wollen*) ■**etw** ~ to want sth; **ich möchte ein Stück Kuchen** I'd like a slice of cake; **ich möchte im Augenblick nichts mehr** I don't want anything else for the moment; **möchten Sie noch etwas Kaffee/ein Glas Wein?** would you like [*or* do you want] some more coffee/another glass of wine?; **was möchten Sie bitte?** what would you like?, what can I get for you?

❹ (*sich wünschen*) **ich möchte, dass du dich sofort bei ihr entschuldigst** I would like [*or* want] you to apologize to her at once; **ich möchte nicht, dass das bekannt wird** I don't want this to get out; **ich möchte gern, dass er mir öfters schreibt** I wish he would write [to me] more often **III.** *vi* ❶ (*wollen*) to want [*or* like] to; **es ist noch Nachtisch da, magst du noch?** there is [still] some dessert left, would you like [to have] some more?; **es ist doch keine Frage, ob ich mag, ich muss es eben tun** it's not a question of whether I want to do it [or not], I have to [do it] [*or* it has to be done]; **nicht so recht** ~ to not [really] feel like it; **„gehst du mit ins Kino?" – „nein, ich mag nicht so recht"** "are you coming to the cinema?" – "no, I don't really feel like it"; **lass uns morgen weitermachen, ich mag nicht mehr** let's carry on tomorrow, I don't feel like doing anymore today; **„iss doch bitte auf" – „ich mag aber nicht mehr"** "come on, finish up" – "but I don't want any more"; **wenn du magst, machen wir jetzt eine Pause** we could take a break now if you like ❷ (*fam: gehen/fahren wollen*) ■**irgendwohin** ~ to want to go somewhere; **ich mag** [*o* **möchte**] **nach Hause** I want to go home; **möchtest du auch ins Kino?** do you want to go to the cinema too?

Mog·ler(in) <-s, -> ['mo:glɐ] *m(f)* (*fam*) cheat

mög·lich ['mø:klɪç] *adj* ❶ *attr* (*denkbar*) possible; **alles M~e** everything possible; **er ließ sich alles M~e einfallen, um sie zu überreden** he tried everything imaginable to persuade her; **das einzig M~e** the only option [open to us etc] [*or* thing we etc can do]; **etw für** ~ **halten** to believe in sth; **es für** ~ **halten, dass ...** to think it possible that ...; **sein M~stes tun** to do everything in one's power [*or* utmost]; **alle ~en** all kinds [*or* sorts] of; **schon** ~ (*fam*) maybe, possibly; **das ist schon** ~ that may well be ❷ *attr* (*potenziell*) potential ❸ *pred* (*durchführbar*) possible; **ist denn so was ~?** (*fam*) is this really possible?; ■**es ist ~, dass ...** it is possible that ...; ■**jdm ist es ~, etw zu tun** sb is able to [*or* can] [*or* it is possible for sb to] do sth; **komm doch mit, wenn es dir ~ ist** come with us, if you're able to; **[jdm] etw ~ machen** to make sth possible [for sb]; **es ~ machen, etw zu tun** to make it possible to do sth; **falls** [*o* **wenn**] **[irgend]** ~ if [at all] possible; **[das ist doch] nicht ~!** [that's] impossible!, I don't believe it!; **so ... wie** ~ as ... as possible; **komme so schnell wie** ~ come as quickly as possible

mög·li·cher·wei·se *adv* possibly; **es handelt sich ~ um ein Missverständnis** it's possible [that] there has been a misunderstanding, there's possibly been a misunderstanding; **kann es ~ sein, dass ...?** is it [*or* could it be] possible that ...?

Mög·lich·keit <-, -en> *f* ❶ (*Gelegenheit*) opportunity; **jdm die ~ geben, etw zu tun** to give sb the opportunity [*or* the [*or* a] chance] to do sth; **die ~ haben, etw zu tun** to have an opportunity to do sth ❷ (*mögliches Verfahren*) possibility ❸ *kein pl* (*Realisierbarkeit*) possibility; **nach ~** if possible; **politische/diplomatische ~en** political/diplomatic means ❹ *pl* (*Mittel*) ■**jds ~en** sb's [financial] means [*or* resources] ▶WENDUNGEN: **ist denn das die ~?, ist es die ~!** (*fam*) I don't believe it!, whatever [*or* AM what] next!

mög·lichst *adv* ❶ (*so ... wie möglich*) as ... as possible; **~ bald/früh/weit** as soon/early/far as possible ❷ (*wenn irgend möglich*) if possible

Mo·ham·me·da·ner(in) <-s, -> [mohame'da:nɐ] *m(f)* REL (*veraltend*) *s.* **Moslem**

mo·ham·me·da·nisch [mohame'da:nɪʃ] *adj* REL (*veraltend*) *s.* **islamisch, moslemisch**

Mo·här <-s, -e> *m*, **Mo·hair** <-s, -e> [mo'hɛ:ɐ] *m* mohair

Mo·här·pull·o·ver [mo'hɛ:ɐ-] *m* mohair sweater **Mo·här·schal** [mo'hɛ:r-] *m* mohair scarf

Mohn <-[e]s, -e> ['mo:n] *m* poppy; (*~samen*) poppy seed

Mohn·an·bau *m* cultivation of poppies **Mohn·blü·te** *f* poppy flower **Mohn·bröt·chen** *nt* poppy-seed roll **Mohn·ern·te** *f* poppy harvest **Mohn·ge·bäck** *nt* poppy-seed pastry **Mohn·hörn·chen** *nt* poppy-seed croissant **Mohn·ku·chen** *m* poppy-seed cake **Mohn·öl** *nt* poppy-seed oil

Mohr(in) <-en, -en> ['mo:œ] *m(f)* (*veraltet: Neger*) negro ▶WENDUNGEN: **der ~ hat seine Schuldigkeit getan, der ~ kann gehen** (*prov*) once one has served one's purpose one is simply discarded

Möh·re <-, -n> ['mø:rə] *f* carrot

Möh·ren·saft *m* carrot juice **Möh·ren·sa·lat** *m* carrot salad

Mohr·rü·be *f* BOT NORDD (*Möhre*) carrot

Moi·ré <-s, -s> [moa're:] *m o nt* MODE moiré

Mo·kas·sin <-s, -s> [moka'si:n] *m* moccasin

Mo·kick <-s, -s> ['mo:kɪk] *nt* kick-start moped

mo·kie·ren* [mo'ki:rən] *vr* (*geh*) ■**sich über jdn/etw ~** to mock sb/sth

Mok·ka <-s, -s> ['mɔka] *m* mocha; (*Kaffee a.*) mocha coffee

Mok·ka·boh·ne *f* mocha bean **Mok·ka·löf·fel** *m* demitasse spoon **Mok·ka·tas·se** *f* demitasse

Mol <-s, -e> ['mo:l] *nt* CHEM (*Konzentrationsmaß von Lösungen*) mole

mo·lar [mo'la:ɐ̯] *adj* CHEM molar

Mo·la·ri·tät <-> [molari'tɛ:t] *f kein pl* CHEM (*Grad der Konzentration in Mol*) molarity

Molch <-[e]s, -e> ['mɔlç] *m* newt

Mol·dau·er(in) <-s, -> *m(f)* Moldavian; *s. a.* **Deutsche(r)**

Mol·dau·isch *nt dekl wie adj* Moldovan; *s. a.* **Deutsch**

mol·dau·isch *adj* Moldavian; *s. a.* **deutsch**

Mol·dau·ische <-n> *nt* ■**das ~** Moldovan, the Moldovan language; *s. a.* **Deutsche**

Mol·da·wien <-s> [mɔl'da:vi̯ən] *nt s.* **Moldova**

Mol·do·va <-s> ['moldova] *nt* Moldova, Moldavia; *s. a.* **Deutschland**

Mole <-, -n> ['mo:lə] *f* NAUT mole

Mo·le·kül <-s, -e> [molə'ky:l] *nt* molecule

mo·le·ku·lar [moləku'la:ɐ̯] *adj* molecular

Mo·le·ku·lar·bi·o·lo·gie *f* molecular biology **Mo·le·ku·lar·de·sign** [-dizain] *nt* PHYS molecular design *no pl* **Mo·le·ku·lar·ge·ne·tik** *f* molecular genetics

molk ['mɔlk] *imp von* **melken**

Mol·ke <-> ['mɔlkə] *f kein pl* whey

Mol·ke·rei <-, -en> [mɔlkə'rai] *f* dairy

Mol·ke·rei·but·ter *f* dairy butter **Mol·ke·rei·pro·dukt** *nt* dairy product

Moll <-, -> ['mɔl] *nt* MUS minor [key]; **f-~** F minor

mol·lig ['mɔlɪç] *adj* (*fam*) ❶ (*rundlich*) plump; *Kind, Baby* chubby ❷ (*behaglich*) cosy BRIT, cozy AM ❸ (*angenehm warm*) snug

Mo·loch <-s, -e> ['mo:lɔx] *m* Moloch *fig*

Mo·lo·tow·cock·tail ['mɔ:lotɔfkɔkte:l] *m* Molotov cocktail

Mo·lyb·dän <-s> [molʏp'dɛ:n] *nt kein pl* CHEM molybdenum

Mo·ment¹ <-[e]s, -e> [mo'mɛnt] *m* ❶ (*geh: Augenblick*) moment; ■**im ... ~** at the ... moment; **im ersten ~** at first; **im falschen/richtigen ~** at the wrong/right moment; **im letzten ~** at the last moment [*or* minute]; **im nächsten ~** the next moment; **in einem unbeobachteten ~** when no one was looking; **im ~** at the moment; **in dem ~, wo** just [at the moment] when; **in diesem** [*o* **im gleichen**] [*o* **im selben**] **~** at the same moment; **einen [kleinen] ~!** just a moment! [*or* minute!] [*or* second!]; **jeden ~** [at] any moment; **~ mal!** just [*or* [just] hang on] a moment! [*or* minute!] [*or* second!] ❷ (*kurze Zeitspanne*) **einen/keinen ~** a moment/not for a moment; **sie ließ einen ~ vergehen, ehe sie antwortete** she paused for a moment before answering; **keinen ~ zögern** to not hesitate for a [single] moment [*or* second]

Mo·ment² <-[e]s, -e> [mo'mɛnt] *nt* ❶ (*geh: Umstand*) factor, consideration ❷ PHYS (*Kraftwirkung*) moment

mo·men·tan [momɛn'ta:n] **I.** *adj* ❶ (*derzeitig*) present *attr*, current *attr* ❷ (*vorübergehend*) momentary **II.** *adv* ❶ (*derzeit*) at

present [*or* the moment] ② (*vorübergehend*) momentarily, for a moment
Mo·ment·auf·nah·me *f* instant photograph
Mo·na·co <-s> [mo'nako] *nt* Monaco
Mon·arch(in) <-en, -en> [mo'narç] *m(f)* monarch
Mon·arch·fal·ter *m* ZOOL monarch butterfly
Mon·ar·chie <-, -n> [monar'çi:, *pl* monar'çi:ən] *f* monarchy
Mon·ar·chin <-, -nen> [mo'narçɪn] *f fem form von* **Monarch**
Mon·ar·chist(in) <-en, -en> [monar'çɪst] *m(f)* monarchist
mon·ar·chis·tisch *adj* monarchistic[al]
Mo·nat <-[e]s, -e> ['mo:nat] *m* month; [**im**] **kommenden/vorigen** ~ next/last month; **im vierten/siebten etc** ~ **sein** to be four/seven etc months pregnant; **auf** ~**e hinaus** for months to come; **im** ~ a [*or* per] month; **sie verdient 3.500 Euro im** ~ she earns 3,500 euros a [*or* per] month; **einmal/zweimal etc im** ~ once/twice etc a month; **von** ~ **zu** ~ from month to [*or* by the] month
mo·na·te·lang ['mo:natəlaŋ] **I.** *adj attr* lasting for months *pred;* **nach** ~**er Abwesenheit** after being absent for several months **II.** *adv* for months
mo·nat·lich ['mo:natlɪç] **I.** *adj* monthly **II.** *adv* monthly, every month
Mo·nats·an·fang *m* beginning of the month; **am/zum** ~ at the beginning of the month **Mo·nats·blu·tung** *f* ANAT *s.* **Menstruation** **Mo·nats·ein·kom·men** *nt* monthly income **Mo·nats·en·de** *nt* end of the month; **am/zum** ~ at the end of the month **Mo·nats·ers·te(r)** *m dekl wie adj* first of the month **Mo·nats·frist** *f* **innerhalb** [*o geh* **binnen**] ~ within a month **Mo·nats·ge·halt** *nt* monthly salary **Mo·nats·hälf·te** *f* half of the month **Mo·nats·kar·te** *f* ① TRANSP (*Fahrkarte*) monthly season ticket ② (*Berechtigungskarte*) monthly pass **Mo·nats·lohn** *m* ÖKON monthly wage[s *pl*] **Mo·nats·mit·te** *f* middle of the month **Mo·nats·na·me** *m* name of the month **Mo·nats·ra·te** *f* monthly instalment [*or* AM installment] **Mo·nats·schrift** *f* MEDIA monthly [magazine [*or* journal]]
mo·nat(s)·wei·se **I.** *adj* monthly **II.** *adv* monthly, every [*or* by the] month
Mönch <-[e]s, -e> ['mœnç] *m* monk; **wie ein** ~ **leben** to live like a monk
Mönchs·gei·er *m* ORN black vulture **Mönchs·gras·mü·cke** *f* ORN blackcap **Mönchs·klos·ter** *nt* monastery **Mönchs·kut·te** *f* monk's habit [*or* cowl] **Mönchs·or·den** *m* monastic order **Mönchs·zel·le** *f* monastic [*or* monk's] cell
Mond <-[e]s, -e> ['mo:nt, *pl* 'mo:ndə] *m* ① *kein pl* ASTRON ■ **der** ~ the moon; **der** ~ **nimmt ab/zu** the moon is waning/waxing ② ASTRON (*Satellit*) moon, [natural] satellite ▸ WENDUNGEN: **auf** [*o* **hinter**] **dem** ~ **leben** (*fam*) to be a bit behind the times [*or* out of touch]; **du lebst wohl auf dem** ~**!** (*fam*) where have you been?; **jd möchte** [*o* **würde**] **jdn auf den** ~ **schießen** (*fam*) sb would gladly be [*or* get] shot [*or* AM rid] of sb
mon·dän [mɔn'dɛ:n] *adj* (*geh*) fashionable, chic
Mond·auf·gang *m* moonrise **Mond·boh·ne** *f s.* **Limabohne** **Mon·den·schein** *m* moonlight; **im** ~ (*geh*) in the moonlight **Mond·fäh·re** *f s.* **Mondlandefähre** **Mond·fins·ter·nis** *f* lunar eclipse, eclipse of the moon **Mond·fisch** *m* ZOOL sunfish **Mond·ge·sicht** *nt* (*fam*) moonface **Mond·ge·stein** *nt* lunar rock **Mond·göt·tin** *f* moon goddess, goddess of the moon **Mond·jahr** *nt* lunar year **Mond·kra·ter** *m* lunar crater **Mond·(lan·de)·fäh·re** *f* RAUM lunar module **Mond·land·schaft** *f* ① (*Kraterlandschaft*) lunar landscape ② KUNST moonlit landscape, landscape by moonlight **Mond·lan·dung** *f* moon [*or* lunar] landing, landing on the moon **Mond·licht** *nt* moonlight **mond·los** *adj* (*geh*) moonless **Mond·mo·bil** <-s, -e> *nt* RAUM moon buggy [*or* rover] **Mond·ober·flä·che** *f* surface of the moon, lunar surface **Mond·pha·se** *f* ASTRON phase of the moon, lunar phase **Mond·preis** *m meist pl* misleading price, astronomical price **Mond·schein** *m* moonlight *no pl* ▸ WENDUNGEN: **jd kann jdm mal im** ~ **begegnen!** (*sl*) sb can go to hell *fam* [*or* BRIT *sl* get stuffed] **Mond·schein·ta·rif** *m* TELEK ≈ cheap rate **Mond·si·chel** *f* (*geh*) crescent moon **Mond·son·de** *f* RAUM lunar probe **Mond·stein** *m* GEOL moonstone, adularia **mond·süch·tig** *adj* MED sleep-walking *attr,* somnambulant *spec;* ■ ~ **sein** to be a sleepwalker [*or spec* somnambulist] **Mond·um·lauf·bahn** *f* lunar orbit **Mond·un·ter·gang** *m* ASTRON moonset
Mo·ne·gas·se, Mo·ne·gas·sin <-n, -n> [mone'gasə, mone'gasɪn] *m, f* GEOG Monegasque, Monacan
mo·ne·tär [mone'tɛ:ɐ̯] *adj* monetary
Mo·ne·ten [mo'ne:tn̩] *pl* (*sl*) bread *no pl, no indef art sl,* dough *no pl, no indef art sl,* BRIT *a.* dosh *no pl, no indef art sl,* BRIT *a.* readies *pl sl*
Mon·go·le, Mon·go·lin <-n, -n> [mɔŋ'go:lə, mɔŋ'go:lɪn] *m, f* ① (*Bewohner der Mongolei*) Mongol, Mongolian ② *pl* HIST ■ **die** ~**n** the Mongols
Mon·go·lei <-> [mɔŋgo'lai] *f* ■ **die** ~ Mongolia; ■ **die Innere/Äußere** ~ Inner/Outer Mongolia
mon·go·lid [mɔŋgo'li:t] *adj* Mongoloid
Mon·go·lin <-, -nen> [mɔŋ'go:lɪn] *f fem form von* **Mongole**
Mon·go·lisch [mɔŋ'go:lɪʃ] *nt dekl wie adj* Mongolian; *s. a.* **Deutsch**
mon·go·lisch [mɔŋ'go:lɪʃ] *adj* GEOG Mongolian; HIST Mongol
Mon·go·li·sche <-n> *nt* ■ **das** ~ Mongolian, the Mongolian language; *s. a.* **Deutsche**
Mon·go·lis·mus <-> [mɔŋgo'lɪsmʊs] *m kein pl* MED mongolism
mon·go·lo·id [mɔŋgolo'i:t] *adj* MED mongoloid
mo·nie·ren* [mo'ni:rən] *vt* ■ **etw** ~ to find fault with [*or* criticize] sth; ■ ~**, dass ...** to complain that ...
Mo·ni·tor <-s, -toren *o* -e> ['mo:nito:ɐ̯, *pl* moni'to:rən] *m* monitor
mo·no ['mo:no] *adj inv* RADIO, TECH *kurz für* **monophon** mono
mo·no·chrom [mono'kro:m] *adj* monochrome
mo·no·gam [mono'ga:m] *adj* monogamous
Mo·no·ga·mie <-> [monoga'mi:] *f kein pl* monogamy
Mo·no·gra·fieRR <-, -n> [monogra'fi:, *pl* monogra'fi:ən] *f* monograph
Mo·no·gramm <-s, -e> [mono'gram] *nt* monogram
Mo·no·gra·phie *f s.* **Monografie**
mo·no·kau·sal *adj* monocausal
Mo·no·kel <-s, -> [mo'nɔkl̩] *nt* monocle
mo·no·klo·nal [-klo'na:l] *adj* monoclonal
Mo·no·kul·tur ['mɔnokʊltu:ɐ̯] *f* AGR, FORST monoculture
Mo·no·lith <-en, -e[n]> [mono'li:t] *m* monolith
Mo·no·log <-[e]s, -e> [mono'lo:k, *pl* mono'lo:gə] *m* monologue, soliloquy *form;* **einen** ~ **führen** [*o* **halten**] to hold a monologue; **innerer** ~ LIT interior monologue; **einen** ~ **sprechen** THEAT to utter a soliloquy, to recite a monologue
Mo·no·ma·nie <-, -n> [monoma'ni:, *pl* monoma'ni:ən] *f* PSYCH monomania
monophon *adj* RADIO, TECH monophonic
Mo·no·pol <-s, -e> [mono'po:l] *nt* monopoly; ■ **ein/jds** ~ **auf etw** *akk* a/sb's monopoly on sth; **ein** ~ **auf etw haben** *akk* to have [*or* hold] a monopoly on sth
mo·no·po·li·sie·ren* [monopoli'zi:rən] *vt* ÖKON ■ **etw** ~ to monopolize sth
Mo·no·pol·kom·mis·si·on *f* Monopolies and Mergers Commission BRIT, Securities and Exchange Commission AM **Mo·no·pol·stel·lung** *f* ÖKON monopoly
Mo·no·po·ly® <-s> [mo'no:poli] *nt kein pl* ① (*Spiel*) Monopoly® ② (*Poker um viel Geld*) [huge] gamble
Mo·no·the·is·mus <-> [monote'ɪsmʊs] *m kein pl* REL monotheism
mo·no·the·is·tisch *adj inv* REL (*geh*) monotheistic
mo·no·ton [mono'to:n] **I.** *adj* ① (*eintönig*) monotonous ② (*ohne Abwechslung*) monotonous, humdrum **II.** *adv* monotonously; ~ **klingen** to sound monotonous; ~ **sprechen** to

M

speak monotonously [*or* in a monotonous voice]
Mo·no·to·nie <-, -n> [monoto'ni:, *pl* monoto'ni:ən] *f* (*geh*) ❶ (*Gleichmäßigkeit*) monotony ❷ (*Eintönigkeit*) monotony, humdrumness
Mon·o·xid <-[e]s, -e> ['mɔnɔksi:t] *nt* CHEM monoxide
Mons·ter <-s, -> ['mɔnstɐ] *nt* (*fam*) monster
Mons·ter·bau *m* (*pej*) massive [*or fam* monster [of a]] building **Mons·ter·film** *m* mammoth film production, screen epic
Mons·tranz <-, -en> [mɔn'strants] *f* REL monstrance
Mons·tren ['mɔnstrən] *pl von* **Monstrum**
mons·trös [mɔn'strø:s] *adj* (*geh*) ❶ (*riesig groß*) massive, monster *fam;* **ein ~es Bauwerk** a massive [*or fam* monster [of a]] building ❷ (*grässlich*) monstrous ❸ (*ungeheuerlich*) monstrous, horrifying
Mons·tro·si·tät <-, -en> [mɔnstrozi'tɛ:t] *f* ❶ *kein pl* (*geh: Ungeheuerlichkeit*) monstrosity, atrocity ❷ (*ungeheures Gebilde*) monstrosity ❸ MED (*missgebildeter Fötus*) monstrosity, teras *spec,* teratism *spec*
Mons·trum <-s, Monstren> ['mɔnstrʊm, *pl* 'mɔnstrən] *nt* ❶ (*grässliches Wesen*) monster ❷ (*fam: gigantisches Objekt*) hulking great thing
Mon·sun <-s, -e> [mɔn'zu:n] *m* monsoon
Mon·sun·re·gen *m* monsoon rain
Mon·tag <-s, -e> ['mo:nta:k, *pl* 'mo:nta:gə] *m* Monday; *s. a.* **Freitag** ▸ WENDUNGEN: **blauer ~** (*fam*) an unofficial Monday off work, BRIT *a.* a sickie on [a] Monday *sl;* **~ blau machen** (*fam*) to call in sick on [a] Monday, to take an unofficial day [*or* BRIT *sl* skive] off work on [a] Monday, to take a sickie on [a] Monday BRIT *sl*
Mon·tag·abend^RR *m* Monday evening; *s. a.* **Dienstag mon·tag·abends^RR** *adv* [on] Monday evenings
Mon·ta·ge <-, -n> [mɔn'ta:ʒə] *f* ❶ TECH (*das Montieren*) assembly; **auf ~ sein** *dat* to be away on a job ❷ FOTO (*Foto~*) montage
Mon·ta·ge·band <-bänder> [mɔn'ta:ʒə-] *nt* assembly line **Mon·ta·ge·hal·le** [mɔn'ta:ʒə-] *f* assembly shop **Mon·ta·ge·werk** [mɔn'ta:ʒə-] *nt* assembly plant
mon·tä·gig ['mo:ntɛ:gɪç] *adj* on Monday
mon·täg·lich ['mo:ntɛ:klɪç] *adj* regular Monday *attr;* **wir treffen uns zu unserer ~en Weinrunde** we meet at our regular Monday wine session
Mon·tag·mit·tag^RR *m* [around] noon on Monday; *s. a.* **Dienstag mon·tag·mit·tags^RR** *adv* [around] noon on Mondays **Mon·tag·mor·gen^RR** *m* Monday morning; *s. a.* **Dienstag mon·tag·mor·gens^RR** *adv* [on] Monday mornings **Mon·tag·nach·mit·tag^RR** *m* Monday afternoon; *s. a.* **Dienstag mon·tag·nach·mit·tags^RR** *adv* [on] Monday afternoons **Mon·tag·nacht^RR** *f* Monday night; *s. a.* **Dienstag mon·tag·nachts^RR** *adv* [on] Monday nights
mon·tags ['mo:nta:ks] *adv* [on] Mondays; **~ abends/nachmittags/nachts** [on] Monday evenings/afternoons/mornings
Mon·tag·vor·mit·tag^RR *m* Monday morning; *s. a.* **Dienstag mon·tag·vor·mit·tags^RR** *adv* [on] Monday mornings
Mon·tan·in·dust·rie [mɔn'ta:n-] *f* coal and steel industry **Mon·tan·uni·on** [mɔnta:n-] *f* ■ **die ~** the European Coal and Steel Community
Mon·teur(in) <-s, -e> [mɔn'tø:ɐ] *m(f)* ❶ TECH (*Heizungs~*) mechanic, fitter ❷ ELEK (*Elektro~*) electrician
Mon·teur·an·zug [mɔn'tø:ɐ-] *m* overalls *pl,* BRIT *a.* overall, BRIT *a.* boiler suit
Mon·teu·rin <-, -nen> [mɔn'tø:rɪn] *f fem form von* **Monteur**
mon·tie·ren* [mɔn'ti:rən] *vt* ❶ TECH (*zusammenbauen*) ■ **etw [aus etw] ~** to assemble sth [from sth] ❷ TECH (*anbringen*) ■ **etw [an/auf etw] ~** *akk* to fit sth [to sth]; **eine Antenne ~** to put up [*or* mount] an aerial; **ein Gerät ~** to install an appliance ❸ KOCHK ■ **etw ~** to beat [*or* cream] sth
Mon·tur <-, -en> [mɔn'tu:ɐ̯] *f* work clothes *npl*
Mo·nu·ment <-[e]s, -e> [monu'mɛnt] *nt* ❶ (*Denkmal*) monument, memorial ❷ (*Kulturdenkmal*) monument
mo·nu·men·tal [monumɛn'ta:l] *adj* monumental, massive; **ein ~es Gemälde** a monumental painting
Mo·nu·men·tal·bau <-bauten> *m* monumental [*or* massive] building **Mo·nu·men·tal·ge·mäl·de** *nt* monumental painting
Moon·boots ['mu:nbu:ts] *pl* moon boots *pl*
Moor <-[e]s, -e> ['mo:ɐ̯] *nt* marsh[land], bog, swamp
Moor·bad *nt* ❶ (*medizinisches Bad*) mudbath ❷ (*Kurort*) health clinic [with mudbaths] **Moor·er·de** *f kein pl* peaty [*or* bog] soil **Moor·huhn** *nt* grouse
moo·rig ['mo:rɪç] *adj* marshy, boggy, swampy
Moor·lei·che *f* ARCHÄOL body preserved in marshland [*or* a marsh] [*or* a bog] **Moor·schnee·huhn** *nt* ORN ptarmigan; (*Schottisches ~*) red grouse
Moos^1 <-es, -e> ['mo:s, *pl* 'mo:zə] *nt* moss; **mit ~ bedeckt/überzogen** overgrown with moss
Moos^2 <-es> ['mo:s] *nt kein pl* (*sl*) bread *no indef art fam,* dough *no indef art fam,* BRIT *a.* dosh *no indef art sl*
Moos^3 <-es, Möser> ['mo:s, *pl* 'mø:zɐ] *nt* SCHWEIZ, ÖSTERR (*Moor*) marsh[land]
moo·sig ['mo:zɪç] *adj* mossy, moss-covered
Moos·ro·se *f,* **Moos·rös·chen** [-rø:sçən] *nt* moss-rose
Mop^ALT <-s, -s> ['mɔp] *m s.* **Mopp**
Mo·ped <-s, -s> ['mo:pɛt] *nt* moped
Mo·ped·fah·rer(in) *m(f)* moped rider
Mopp^RR <-s, -s> *m* mop
Mops <-es, Möpse> ['mɔps, *pl* 'mœpsə] *m* ❶ ZOOL (*Hunderasse*) pug[-dog] ❷ (*fam: Dickerchen*) podge BRIT *fam,* pudge AM *fam,* podgy [*or* AM pudgy] [*or* tubby] *fam* little thing ❸ *pl* (*sl: Brüste*) boobs *pl sl,* tits *pl vulg*
mop·sen ['mɔpsn̩] *vt* DIAL (*fam: klauen*) ■ **[jdm] etw ~** to pinch [*or* BRIT *a.* nick] [sb's] sth *fam*
Mo·ral <-> [mo'ra:l] *f kein pl* ❶ (*ethische Grundsätze*) morals *pl;* **eine doppelte ~ haben** to have double standards; **keine ~ haben** to have no morals; **[jdm] ~ predigen** to moralize to sb; **gegen die [geltende [*o* herrschende]] ~ verstoßen** to offend against [the prevailing] moral standards ❷ (*nützliche Lehre*) moral; **die ~ von der Geschichte** the moral of the story ❸ (*Disziplin*) morale
Mo·ral·apo·stel *m s.* **Moralprediger**
mo·ra·lin·sau·er [mora'li:n-] *adj* (*pej*) holier-than-thou *pej,* self-righteous *pej*
mo·ra·lisch [mo'ra:lɪʃ] **I.** *adj* ❶ (*sittlich*) moral ❷ (*tugendhaft*) virtuous ▸ WENDUNGEN: **einen/seinen M~en haben** (*fam*) to be down in the dumps, to have the blues *fam;* **den M~en kriegen** (*fam*) to get down in the dumps [*or* the blues] *fam* **II.** *adv* morally; **~ verpflichtet sein** to be duty-bound
mo·ra·li·sie·ren* [morali'zi:rən] *vi* to moralize
Mo·ra·list(in) <-en, -en> [mora'lɪst] *m(f)* moralist
mo·ra·lis·tisch *adj* moralistic
Mo·ral·pre·di·ger(in) *m(f)* (*pej*) moralizer [*or* BRIT *a.* -iser] **Mo·ral·pre·digt** *f* [moralizing] lecture, homily, sermon; **~en halten** to moralize; **jdm eine ~ halten** to deliver a [moralizing] lecture [*or* homily] [*or* sermon] to sb **Mo·ral·the·o·lo·gie** *f* REL moral theology *no indef art* **Mo·ral·vor·stel·lung** *f* ideas *pl* on morality
Mo·rä·ne <-, -n> [mo'rɛ:nə] *f* GEOL moraine
Mo·rast <-[e]s, -e *o* Moräste> [mo'rast, *pl* mo'rɛstə] *m* ❶ (*sumpfiges Gelände*) morass, bog, marsh[land], swamp ❷ *kein pl* (*Schlamm*) mud *no indef art*
mo·ras·tig *adj* marshy, muddy
Mo·ra·to·ri·um <-s, -torien> [mora'to:ri̯ʊm, *pl* mora'to:ri̯ən] *nt* moratorium
mor·bid [mɔr'bi:t] *adj* (*geh*) degenerate; **einen ~en Charme haben** to have a [certain] morbid charm
Mor·chel <-, -n> ['mɔrçl̩] *f* BOT morel
Mord <-[e]s, -e> ['mɔrt, *pl* 'mɔrdə] *m* murder; **geplanter ~** premeditated murder, murder with malice aforethought *form;* **ein**

heimtückischer/kaltblütiger ~ a brutal [*or* vicious]/cold-blooded murder; **der perfekte** ~ the perfect murder; **ein politisch motivierter** ~ a politically-motivated murder [*or* killing]; **versuchter** ~ JUR attempted murder; **jdn wegen ~es anklagen** to charge sb with murder; **einen ~ [an jdm] begehen** to commit a murder, to murder sb; **jdn wegen ~es vor Gericht stellen** to try sb for murder; **vorsätzlicher** ~ wilful [*or* AM willful] murder; ■ **[jds] ~ an jdm** [sb's] murder of sb, murder of sb [by sb] ▶ WENDUNGEN: **dann gibt es ~ und Totschlag** (*fam*) there'll be hell to pay *fam*, all hell will be let loose *fam*; **das ist ja ~!** (*fam*) it's [sheer] murder! *fig fam*

Mord·an·kla·ge *f* JUR murder charge, charge of murder; ~ **[gegen jdn] erheben** to charge sb with murder; **unter ~ stehen** to be charged with murder [*or* on a murder charge] [*or* on a charge of murder] **Mord·an·schlag** *m* attempt on sb's life; POL *a.* assassination attempt; **einem ~ entgehen** to survive an assassination attempt; **einen ~ auf jdn verüben** to make an attempt on sb's life **Mord·dro·hung** *f* death [*or* murder] threat; **eine ~ erhalten** to receive a death [*or* murder] threat [*or* threat on one's life]

mor·den ['mɔrdn̩] **I.** *vi* to murder, to kill **II.** *vt* (*geh: er~*) ■ **jdn** ~ to slay *liter* [*or* murder] sb

Mör·der(in) <-s, -> ['mœrdɐ] *m(f)* murderer, killer; (*eines Präsidenten*) assassin; **zum ~ werden** to become a murderer [*or* killer]

mör·de·risch ['mœrdərɪʃ] **I.** *adj* ❶ (*fam: schrecklich*) murderous *fam*, terrible *fam*, dreadful *fam* ❷ (*fam: gewaltig*) terrible; **~er Schmerz** great [*or* terrible] pain; **er hat ein ~es Tempo drauf** he's driving at [a] breakneck speed ❸ (*Morde begehend*) murderous **II.** *adv* (*fam*) ❶ (*äußerst*) murderously *fam*, terribly *fam*, dreadfully *fam* ❷ (*furchtbar*) dreadfully *fam*; ~ **bluten** to bleed uncontrollably; ~ **fluchen** to curse like blazes *fam*; ~ **stinken** to stink to high heaven; ~ **wehtun** to hurt like hell *fam*

Mord·fall *m* murder case **Mord·in·stru·ment** *nt* ❶ (*fam: großes, unhandliches Gerät*) really [*or* BRIT bloody] great [big] thing *fam* ❷ *s.* **Mordwaffe** **Mord·kom·mis·si·on** *f* murder squad

Mords·bro·cken <-s, -> *f* (*fam*) whopping great thing *fam* **Mords·ding** *nt* (*fam*) [real] whopper *fam* **Mords·durst** *nt* terrible [*or fam* [one] hell of a] thirst; **einen solchen ~ haben** to be so thirsty **Mords·glück** *nt* incredibly good luck; **ein ~ haben** to be incredibly lucky, to have the luck of the devil **Mords·hun·ger** *m* ravenous hunger; **einen ~ haben** to be incredibly hungry [*or* famished] **Mords·kerl** ['mɔrts'kɛrl] *m* (*fam*) ❶ (*toller Kerl*) great guy [*or* BRIT *a.* bloke] *fam* ❷ (*starker Mann*) massive [*or* enormous] guy [*or* BRIT *a.* bloke] *fam*; **er ist wirklich ein ~!** he's built like a brick outhouse! *fam* **Mords·krach** *m* terrible din [*or* racket]; **einen ~ haben** to have a big argument [*or fam* massive row] **Mords·lärm** ['mɔrtslɛrm] *m* a hell of a noise [*or* racket] *fam* **mords·mä·ßig** ['mɔrtsmɛːsɪç] **I.** *adj* (*fam*) terrible *fam*; **ein ~er Appetit/Hunger** a ravenous hunger; **ein ~er Durst** a terrible [*or fam* a [*or* one] hell of a] thirst; **~er Schmerz** great [*or* terrible] pain; **ich habe einen ~en Hunger** I'm terribly hungry, I'm ravenous [*or* famished] **II.** *adv* (*fam*) ❶ + *vb* (*höllisch*) terribly *fam*; ~ **bluten** to bleed uncontrollably; ~ **fluchen** to curse like blazes *fam*; ~ **schmerzen** [*o* **weh tun**] to hurt like hell *fam* ❷ + *adj, pp* (*mörderisch*) murderously *fam*, terribly *fam*, dreadfully *fam* **Mords·sau·e·rei** *f* [downright [*or* absolute]] disgrace, [complete [*or* real]] scandal **Mords·schre·cken** *m* terrible [*or fam* one hell of a] fright **Mords·spaß** *m* (*fam*) **einen ~ haben** to have a whale of a time **Mords·wut** *f* (*fam*) terrible [*or fam* [one] hell of a] rage; **eine ~ im Bauch haben** to be in a terrible [*or* a [*or* one] hell of a] rage

Mord·tat *f* (*geh*) murderous deed, murder **Mord·ver·dacht** *m* suspicion of murder; **in ~ geraten** to become a murder suspect; **unter ~ stehen** *dat* to be suspected [*or* under suspicion] of murder; **unter ~** under suspicion of murder **Mord·waf·fe** *f* murder weapon

Mo·rel·le <-, -n> [mo'rɛlə] *f* HORT morello

mor·gen ['mɔrgn̩] *adv* (*am nächsten Tag*) tomorrow; ~ **in acht Tagen** [*o* **einer Woche**] a week from tomorrow, BRIT *a.* a week tomorrow, BRIT *a.* tomorrow week; ~ **Früh/Mittag/Nachmittag/Abend** tomorrow morning/lunchtime/afternoon/evening; **bis ~ [Früh/Mittag/Nachmittag/Abend]!** until [*or* see you] tomorrow [morning/lunchtime/afternoon/evening] ▶ WENDUNGEN: **~, ~, nur nicht heute[, sagen alle faulen Leute]** (*prov*) never do today what you can put off until tomorrow *hum*; ~ **ist auch [noch] ein Tag!** tomorrow is another [*or* a new] day

Mor·gen <-s, -> ['mɔrgn̩] *m* ❶ (*Tagesanfang*) morning; **den ganzen ~ [über]** all [*or* the whole] morning; **guten ~!** good morning!; **~!** (*fam*) morning! *fam*; **[jdm] guten ~ sagen** to say good morning [to sb], to wish sb good morning; **ich wollte euch schnell guten ~ sagen** I just wanted to say a quick hello to you; **bis in den hellen ~ schlafen** to sleep [in] [*or* BRIT *a.* lie in] for most of the morning; **am nächsten ~** the next [*or* following] morning; **der ~ dämmert** [*o* **bricht an**] [*o* *geh* **graut**] dawn [*or* day] is breaking; **zu ~ essen** SCHWEIZ (*frühstücken*) to have breakfast; ~ **sein/werden** to be/get [*or* grow] light; **am ~, des ~s** (*geh*) in the morning; **bis in den [frühen] ~ hinein** into the early hours; ~ **für ~** every [single] morning; **gegen ~** towards morning; **eines ~s** one morning ❷ (*liter: lichte Zukunft*) morning, [new] dawn ❸ (*2500 m^2*) ≈ acre (*land measure with regional variations in size from 0.6 to 0.9 acres*)

Mor·gen·aus·ga·be *f* MEDIA morning edition **Mor·gen·däm·me·rung** *f s.* **Morgengrauen**

mor·gend·lich ['mɔrgn̩tlɪç] *adj* ❶ (*morgens üblich*) morning *attr*; **die ~e Kühle/Stille** the cool/quiet of [the] [early] morning ❷ (*morgens stattfindend*) in the morning *pred*; **der ~e Berufsverkehr** [*o* **die ~e Rushhour**] the morning rush-hour [traffic], rush-hour [traffic] in the morning

Mor·gen·es·sen *nt* SCHWEIZ (*Frühstück*) breakfast **Mor·gen·ga·be** *f* HIST morning gift **Mor·gen·grau·en** <-s, -> *nt* daybreak, dawn; **im/beim ~** at the crack of dawn [*or* first light] **Mor·gen·land** ['mɔrgn̩lant] *nt kein pl* (*veraltet*) ■ **das ~** the East [*or* Orient] **Mor·gen·luft** *f* [early] morning air ▶ WENDUNGEN: ~ **wittern** (*fam*) to see one's chance **Mor·gen·man·tel** *m* MODE (*veraltend*) *s.* **Morgenrock** **Mor·gen·muf·fel** <-s, -> *m* (*fam*) morning grumpiness *fam*, grumpiness in the mornings *fam*; **ein [großer] ~ sein** to be [very] grumpy in the mornings **Mor·gen·rock** *m* dressing gown **Mor·gen·rot** *nt kein pl* red sky [in the morning] **Mor·gen·rö·te** *f* (*poet*) *s.* **Morgenrot**

mor·gens ['mɔrgn̩s] *adv* in the morning; **von ~ bis abends** from morning to [*or* till] night; ~ **und abends** all day long

Mor·gen·son·ne *f* morning sun; ~ **haben** to get [*or* catch] the morning sun **Mor·gen·stern** ['mɔrgn̩ʃtɛrn] *m* ❶ *kein pl* METEO (*der auffallend hell leuchtende Planet Venus am Morgenhimmel vor Sonnenaufgang*) morning star ❷ HIST, MIL (*im Mittelalter verwendete Schlagwaffe, meist in Gestalt einer Keule, deren oberes kugeliges Ende mit eisernen Stacheln besetzt ist*) morning star, morgenstern, spiked mace ❸ BOT DIAL (*veraltend: Narzisse*) narcissus **Mor·gen·stun·de** *f meist pl* morning hour; **wer ist denn zu dieser frühen ~ an der Tür?** who is [that] [*or* can [that] be] at the door at this early hour of the morning?; **während der ersten ~n** very early in the morning; **bis in die [frühen] ~n feiern** to celebrate into the early hours [of the morning] ▶ WENDUNGEN: **Morgenstund[e] hat Gold im Mund[e]** (*prov*) the early bird catches the worm *prov*

mor·gig ['mɔrgɪç] *adj attr* tomorrow's; **die ~e Rede/der ~e Termin** the speech/appointment tomorrow; *s. a.* **Tag**

Mo·ri·tat <-, -en> ['moːritaːt, *pl* 'moːritaːtn̩] *f* street ballad

Mor·lock <-s, Morlocken> ['mɔrlɔk, *pl* mor'lɔkn̩] *m* MYTH *mythical mischievous gnome who generally frequented large towns*

Mor·mo·ne, Mor·mo·nin <-n, -n> [mɔrˈmoːnə, mɔrˈmoːnɪn] *m, f* REL Mormon

Mor·phem <-s, -e> [mɔrˈfeːm] *nt* LING morpheme

Mor·phin <-s> [mɔrˈfiːn] *nt kein pl* CHEM morphine

Mor·phi·nist(in) <-en, -en> [mɔrfiˈnɪst] *m(f)* (*geh*) morphine addict

Mor·phi·um <-s> [ˈmɔrfi̯ʊm] *nt kein pl* CHEM morphine

mor·phi·um·süch·tig *adj* addicted to morphine *pred*

Mor·phi·um·süch·ti·ge(r) *f(m) dekl wie adj* morphine addict

Mor·pho·lo·gie <-> [mɔrfoloˈgiː] *f kein pl* LING morphology

mor·pho·lo·gisch [mɔrfoˈloːgɪʃ] *adj* LING morphological

morsch [ˈmɔrʃ] *adj* rotten; **~es Holz** rotting wood; **~e Knochen** decomposing [*or* decaying] bones

Morsch·heit <-> *f kein pl* rottenness

Mor·se·al·pha·bet *nt* Morse [code [*or* alphabet]] **Mor·se·ap·pa·rat** *m* Morse telegraph

mor·sen [ˈmɔrzn̩] **I.** *vi* to signal [*or* send a message] in Morse [code]; ■**das M~** signalling [*or* AM *a.* signaling] [*or* sending a message] in Morse [code]; **das ~ lernen** to learn how to signal [*or* send a message] in Morse [code] **II.** *vt* ■**etw morsen** to send sth in Morse [code]

Mör·ser <-s, -> [ˈmœrzɐ] *m* mortar

Mor·se·zei·chen *nt* Morse signal

Mor·ta·del·la <-> [mɔrtaˈdɛla] *f kein pl* KOCHK mortadella

Mor·ta·li·tät <-> [mɔrtaliˈtɛːt] *f kein pl* (*geh*) mortality [rate]

Mör·tel <-s, -> [ˈmœrtl̩] *m* mortar

Mo·sa·ik <-s, -e[n]> [mozaˈiːk] *nt* ❶ ART, BAU (*Belag aus farbigen Steinchen*) mosaic ❷ (*Puzzle*) jigsaw [puzzle] *fig*

Mo·sa·ik·fuß·bo·den *m* mosaic [*or* tessellated] floor **Mo·sa·ik·or·na·ment** *nt* mosaic ornament **Mo·sa·ik·stein** *m* tessera

mo·sa·isch [moˈzaːɪʃ] *adj* REL Jewish

Mo·sam·bik <-s> [mozamˈbiːk] *nt* Mozambique; *s. a.* **Deutschland**

Mo·sam·bi·ka·ner(in) <-s, -> *m(f)* Mozambican; *s. a.* **Deutsche(r)**

mo·sam·bi·ka·nisch *adj* Mozambican; *s. a.* **deutsch**

Mo·sam·bi·ker(in) <-s, -> *m(f) s.* **Mosambikaner**

Mo·schee <-, -n> [moˈʃeː, *pl* moˈʃeːən] *f* mosque

Mo·schus <-> [ˈmɔʃʊs] *m kein pl* musk

Mo·schus·hirsch *m* ZOOL (*Moschus*) musk deer **Mo·schus·och·se** *m* ZOOL musk ox

Mö·se <-, -n> [ˈmøːzə] *f* (*vulg*) cunt *vulg*

Mo·sel[1] <-> [ˈmoːzl̩] *f* GEOG ■**die ~** the Moselle

Mo·sel[2] <-s, -> [ˈmoːzl̩] *m* (*fam*), **Mo·sel·wein** *m* Moselle [wine]

mo·sern [ˈmoːzɐn] *vi* DIAL (*fam: nörgeln*) ■**[über etw]** ~ *akk* to gripe [about sth] *fam*

Mo·ses <- *o liter* Mosis> [ˈmoːzəs, *pl* ˈmoːzɪs] *m* REL Moses ▸ WENDUNGEN: **bin ich ~?** (*hum fam*) don't ask me! *fam*

Mos·kau <-s> [ˈmɔskau] *nt* Moscow

Mos·kau·er(in) <-s, -> [ˈmɔskauɐ] *m(f)* Muscovite

Mos·ki·to <-s, -s> [mosˈkiːto] *m* mosquito

Mos·ki·to·netz *nt* mosquito net

Mos·lem, Mos·le·min <-s, -s> [ˈmɔslɛm, mɔsˈleːmɪn] *m, f* Muslim, Moslem

mos·le·misch [mɔsˈleːmɪʃ] *adj attr* Muslim, Moslem

Most <-[e]s> [ˈmɔst] *m kein pl* ❶ (*naturtrüber Fruchtsaft*) fruit juice ❷ SÜDD, SCHWEIZ (*Obstwein*) cider ❸ (*Traubensaft zur Weinbereitung*) must

Most·rich <-s> [ˈmɔstrɪç] *m kein pl* KOCHK DIAL (*Senf*) mustard

Mo·tel <-s, -s> [moˈtɛl] *nt* motel

Mo·tet·te <-, -n> [moˈtɛtə] *f* MUS motet

Mo·ti·on <-, -en> [moˈtsi̯oːn] *f* SCHWEIZ (*Antrag im Parlament*) motion

Mo·tiv <-s, -e> [moˈtiːf, *pl* moˈtiːvə] *nt* ❶ (*Beweggrund*) motive ❷ LITER (*Leit~*) leitmotif, motif, theme ❸ MUS (*Tonfolge*) motif, motive

Mo·ti·va·ti·on <-, -en> [motivaˈtsi̯oːn] *f* (*geh*) motivation

mo·ti·vie·ren* [motiˈviːrən] *vt* (*geh*) ❶ (*durch Anregungen veranlassen*) ■**jdn [zu etw]** ~ to motivate sb [to do sth] ❷ (*begründen*) ■**[jdm gegenüber] etw** ~ to justify sth [to sb]; **[jdm gegenüber] seine Abwesenheit/sein Verhalten** ~ to account for one's absence/behaviour [*or* AM -or] [to sb]; **[jdm gegenüber] einen Sinneswandel** ~ to give [sb one's] reasons for a [*or* one's] change of mind

Mo·ti·vie·rung <-, -en> [-ˈviː-] *f* (*geh*) motivation

Mo·to·cross[RR], **Mo·to-Cross** <-, -e> [motoˈkrɔs] *nt* motocross

Mo·to·cross·ren·nen *nt* (*Sportdisziplin*) motocross [racing]; (*Rennen*) motocross race

Mo·tor <-s, -toren> [ˈmoːtoːɐ̯, *pl* moˈtoːrən] *m* ❶ (*Verbrennungs~*) engine ❷ (*Elektro~*) motor ❸ *kein pl* (*geh: treibende Kraft*) ■**der ~ einer S.** *gen* the driving force behind sth

Mo·tor·an·trieb *m* motor drive; **mit ~** motor-driven *attr* **Mo·tor·block** *m* AUTO engine block **Mo·tor·boot** *nt* motor boat

Mo·to·ren·ge·räusch *nt* sound of an engine [*or* engines] **Mo·to·ren·lärm** *m* engine noise

Mo·tor·fahr·zeug·steu·er *f* SCHWEIZ (*Kraftfahrzeugsteuer*) motor vehicle [*or* BRIT *a.* road] tax **Mo·tor·hau·be** *f* bonnet BRIT, hood AM

Mo·to·rik <-> [moˈtoːrɪk] *f kein pl* PHYSIOL motoricity, motor activity

mo·to·risch [moˈtoːrɪʃ] *adj* ANAT motor *attr*

mo·to·ri·sie·ren* [motoriˈziːrən] **I.** *vt* ■**etw** ~ to motorize sth, to fit sth with an engine **II.** *vr* (*fam*) ■**sich** ~ to get some wheels *fam,* to buy a car [*or* motorbike] [*or* moped] [*or* scooter]

mo·to·ri·siert *adj* with a car [*or* cars] *pred;* **eine ~e Gesellschaft** a car-oriented [*or fam* car-loving] society; ■**~ sein** to have wheels *fam,* to have [*or* own] a car [*or* motorbike] [*or* moped] [*or* scooter]

Mo·to·ri·sie·rung <-, -en> *f* AUTO [fitting with an] engine; **dieser Wagen hat eine schwache ~** this car does not have [*or* is not fitted with] a very powerful engine

Mo·tor·jacht *f* motor yacht **Mo·tor·leis·tung** *f* AUTO engine power [*or* performance], power [*or* engine] output

Mo·tor·rad [ˈmotorat, moˈtoːrat] *nt* motorcycle, motorbike *fam;* **~ fahren** to ride a motorcycle [*or* motorbike]

Mo·tor·rad·bril·le *f* [motorcycle] goggles **Mo·tor·rad·fah·rer(in)** *m(f)* motorcyclist **Mo·tor·rad·hand·schuh** *m* motorcycle glove **Mo·tor·rad·helm** *m* [motorcycle] crash helmet **Mo·tor·rad·ren·nen** *nt* SPORT motorcycle racing; **~ fahren** to take part in a motorcycle race **Mo·tor·rad·stie·fel** *f* motorcycle boot **Mo·tor·rad·zu·be·hör** *nt* motorcycle accessories

Mo·tor·raum *m* AUTO engine compartment [*or* bay] **Mo·tor·rol·ler** *m* [motor] scooter **Mo·tor·sä·ge** *f* power saw **Mo·tor·scha·den** *m* engine breakdown [*or* failure] **Mo·tor·sport** *m* motor sport *no art* **Mo·tor·sport·fan** [-fɛn] *m* fan of motor racing, motor-racing fan

Mot·te <-, -n> [ˈmɔtə] *f* moth ▸ WENDUNGEN: **du kriegst die ~n!** (*sl*) well I'll be blowed! [*or* damned] *fam,* BRIT *a.* [well] blow me! *fam,* AM *a.* for God's sake!

Mot·ten·boh·ne *f* moth bean **mot·ten·fest** *adj* moth-proof **Mot·ten·gift** *nt* moth poison **Mot·ten·kis·te** *f* ▸ WENDUNGEN: **etw aus der ~ [hervor]holen** (*fam*) to dig out sth *sep* **Mot·ten·ku·gel** *f* mothball **Mot·ten·pul·ver** *nt* CHEM moth powder

Mot·to <-s, -s> [ˈmɔto] *nt* motto; **etw steht unter dem ~ ...** sth has as its motto ... [*or* ... as its motto], the motto of sth is ...; **nach dem ~: ...** as if to say ...

Mot·to-Par·ty, Mot·to·par·ty [-paːɐ̯ti] *f* [special] theme party; **heute Abend steigt eine ~ „Beach & Fun"** there's going to be a "Beach & Fun" party this evening

mot·zen [ˈmɔtsn̩] *vi* (*sl*) to grouse, to bellyache *sl,* to moan *fam;* **was gibt es da zu ~?** what is there to bellyache about?

Moun·tain·bike <-s, -s> [ˈmauntn̩baik] *nt* mountain bike

Moun·tain·bi·ker(in) <-s, -> [ˈmauntn̩baikɐ] *m(f)* mountain biker

mous·sie·ren* [mʊ'siːrən] *vi* to effervesce

Mö·we <-, -n> ['møːvə] *f* [sea]gull

MP <-, -s> [ɛm'piː] *f Abk von* **Maschinenpistole**

MP3-Player <-s, -> [ɛmpeː'drai,pleːɐ] *m* ELEK MP3 Player

MS [ɛm'ɛs] *f Abk von* **Multiple Sklerose** MS

MS-krank *adj* suffering from MS *pred*

MTA <-s, -s> *m,* **MTA** <-, -s> [ɛmteː'aː] *f Abk von* **medizinisch-technische(r) Assistent(in)** MTA

Mü·cke <-, -n> [mʏkə] *f* mosquito, gnat, midge ► WENDUNGEN: **aus einer ~ einen Elefanten machen** (*fam*) to make a mountain out of a molehill

Mu·cke·fuck <-s> ['mʊkəfʊk] *m kein pl* (*fam*) coffee substitute, ersatz coffee

mu·cken ['mʊkn̩] **I.** *vi* (*fam*) to complain; **ohne zu ~** without complaining **II.** *vr* DIAL (*sich regen*) ■**sich ~** to move, to stir

Mu·cken ['mʊkn̩] *pl* (*fam*) [bad] manners *npl;* **seine ~ haben** to have one's [little] moods; **etw hat [seine] ~** sth is acting [*or* BRIT *a.* playing] up; **jdm die ~ austreiben** to sort sb out BRIT *fam,* to reprimand [*or* deal with] sb AM

Mü·cken·stich *m* mosquito [*or* gnat] [*or* midge] bite

Mucks <-es, -e> ['mʊks] *m* (*fam*) sound; **einen ~ sagen** to make a sound; **sagst du nur einen ~, gibt's was hinter die Löffel!** one word from you and I'll give you a clip round the ear!; **und dass mir keiner einen ~ sagt!** I don't want to hear a peep out of anyone!; **keinen ~ sagen** to not say a word; **ohne einen ~** without a murmur [*or* word [of protest]]

muck·sen ['mʊksn̩] *vr* (*fam*) ■**sich ~** to move, to stir; ■**sich nicht ~** to not move [a muscle]

mucks·mäus·chen·still ['mʊksmɔysçən'ʃtɪl] **I.** *adj* (*fam*) completely quiet; **das Kind war ~** the child was as quiet as a mouse; **~ sein** to not make a sound **II.** *adv* completely quiet, without making a sound; **verhaltet euch ~!** don't make a sound!

mü·de ['myːdə] **I.** *adj* ❶ (*schlafbedürftig*) tired; **~e Arme/Beine/***geh* **~es Haupt** weary arms/legs/head; ■**[von etw] ~ sein/werden** to be/become tired [as a result of sth]; **von zu viel Bier in der Mittagspause wird man ~** drinking too much beer during your lunch-hour makes you feel tired! [*or* sleepy] ❷ (*gelangweilt*) weary, tired ❸ (*überdrüssig*) ■**einer S.** *gen* **~ sein/werden** to be/grow tired of sth; ■**nicht ~ werden, etw zu tun** to never tire of doing sth **II.** *adv* ❶ (*erschöpft*) **sich ~ kämpfen/laufen/reden** to fight/walk/speak until one is exhausted ❷ (*gelangweilt*) wearily, tiredly

Mü·dig·keit <-> ['myːdɪçkait] *f kein pl* tiredness; **[nur] keine ~ vorschützen!** (*fam*) don't try and tell me [*or* pretend] you're tired!; **vor ~** *dat* from exhaustion; **mir fallen schon vor ~ die Augen zu** I'm so tired I can hardly keep my eyes open

Mu·dscha·hed·din <-s, -> [mʊdʒahe'diːn] *m* Mujahidin, Mujahed[d]in, Mujahideen

Mü·es·li <-s, -s> ['myːɛsli] *nt* muesli

Muff[1] <-s> ['mʊf] *m kein pl* musty smell

Muff[2] <-[e]s, -e> ['mʊf] *m* MODE muff

Muf·fe <-, -n> ['mʊfə] *f* TECH sleeve ► WENDUNGEN: **jdm geht die ~** (*sl*) sb is scared stiff *fam* [*or vulg* shitless]; **~ haben** (*sl*) to be scared shitless [*or sl* shit-scared]

Muf·fel <-s, -> ['mʊfl̩] *m* (*fam*) grouch, grump *fam*

muf·f(e)·lig ['mʊf(ə)lɪç] *adj* (*fam*) grouchy, grumpy *fam*

Muf·fel·wild *nt kein pl* mouf[f]lon

Muf·fen·sau·sen <-> *nt kein pl* ► WENDUNGEN: **~ haben/kriegen** (*fam*) to be/get scared stiff *fam*

muf·fig ['mʊfɪç] **I.** *adj* ❶ (*dumpf*) musty ❷ (*schlecht gelaunt*) grumpy **II.** *adv* ❶ (*dumpf*) musty; **~ riechen** to smell musty; **es riecht im Keller seltsam ~** there's a strange musty smell in the cellar ❷ (*lustlos*) listlessly

muff·lig ['mʊflɪç] *adj s.* **muffelig**

Muff·lon <-s, -s> ['mʊflɔn] *m* ZOOL mouf[f]lon

muh ['muː] *interj* moo

Mü·he <-, -n> ['myːə] *f* trouble; **sich** *dat* **alle erdenkliche ~ geben** to make every [imaginable] effort, to go to the greatest lengths [possible]; **[für jdn] eine geringe ~ sein** to be no bother [for sb]; **[für jdn] eine große ~ sein** to be a lot of trouble [*or fam* a big deal] [for sb]; **verlorene ~ sein** to be a waste of effort [*or* time]; **der ~ wert** *gen* **sein** [*o* **lohnen**] to be worth the trouble [*or* effort] [*or* it]; **sich** *dat* **[große] ~ geben** [*o* **machen**][**, etw zu tun**] to take [great] pains [*or* make a[n] [great] [*or* the] effort] [to do sth]; **sich** *dat* **keine ~ geben** [*o* **machen**][**, etw zu tun**] to make no effort [to do sth]; **Sie brauchen sich keine ~ zu geben, mich vom Gegenteil zu überzeugen!** there's no point trying to convince me otherwise!; **er hat sich gar nicht erst ~ gegeben, es zu verleugnen** he didn't even bother trying to deny it; **geben Sie sich keine ~, ich weiß bereits alles!** save your breath, I already know everything; **~ haben, etw zu tun** to have trouble [*or* difficulty] doing [*or* find it difficult to do] sth; **mit jdm seine ~ haben** to have [a lot of] trouble [*or* a hard time] with sb; **[jdn] [einige/viel] ~ kosten** to be [quite/very] hard work [*or* quite an effort/a real effort] [for sb]; **etw lohnt die ~** sth is worth the trouble [*or* effort] [*or* it]; **die ~ lohnt sich** it is worth the trouble [*or* effort] [*or* it]; **[jdm] ~ machen** to give [sb] [some] trouble; **sich** *dat* **die ~ machen, etw zu tun** to take [*or* go to] the trouble [*or* make the effort] to do sth; **machen Sie sich keine ~!** [please] don't go to any trouble!; **sich** *dat* **die ~ schenken** [*o* **sparen**] to save oneself the trouble; **mit ~ verbunden sein** to take a lot of effort; **viel/einige/ziemliche ~ auf etw verwenden** *akk* to put a lot/a fair amount/quite a lot of effort into sth; **[nur] mit ~** with [great] difficulty; **ohne ~** without any trouble; **nicht ohne ~ erledigten wir die Aufgabe** not without difficulty [*or* trouble] did we complete the task; **ich könnte dir ohne ~ drei solche Typen nennen** I could name you three people off the top of my head; **mit ~ und Not** (*fam*) only just

mü·he·los **I.** *adj* easy **II.** *adv* easily, effortlessly; **diesen Plan wird man nicht ganz ~ bewerkstelligen können** it will take a fair amount of effort to put this plan into practice

Mü·he·lo·sig·keit <-> *f kein pl* ease, effortlessness

mu·hen ['muːən] *vi Kuh* to moo

mü·hen ['myːən] *vr* (*geh*) ❶ (*sich be~*) ■**sich ~, etw zu tun** to strive to do sth ❷ (*sich ab~*) ■**sich mit jdm/etw ~** to struggle with sb/sth

mü·he·voll *adj* (*geh*) *s.* **mühsam**

Müh·le <-, -n> ['myːlə] *f* ❶ (*Wasser~*) mill ❷ (*fam: Kaffee~*) grinder; (*Getreide~*) mill ❸ (*~spiel*) ≈ nine men's morris *no pl,* ≈ merels *npl,* BRIT *a.* ≈ ninepenny *no pl;* (*Figur aus drei Spielsteinen*) mill, ≈ merel ❹ (*veraltend sl: Flugzeug*) crate *fam* ❺ (*pej: Räderwerk*) wheels *pl* ► WENDUNGEN: **die ~en einer S.** *gen* **mahlen langsam** the wheels of sth turn very slowly

Müh·len·flü·gel <-s, -> *m* sail-arm

Mühl·rad <-s, -räder> *nt* mill-wheel **Mühl·stein** *m* millstone

Müh·sal <-, -e> ['myːzaːl] *f* (*geh*) tribulation, hard toil

müh·sam ['myːzaːm] **I.** *adj* arduous, laborious; **mit der Zeit wird das Treppensteigen für alte Leute zu ~** with time, climbing stairs becomes too strenuous for old people; ■**es ist [für jdn] ~, etw zu tun** it is difficult [*or* hard] [for sb] to do sth **II.** *adv* laboriously; **das Haus habe ich mir in langen Jahren ~ erarbeiten müssen** it took years of hard work to be able to afford this house; **~ verdientes Geld** hard-earned money

müh·se·lig ['myːzeːlɪç] *adj* (*geh*) *s.* **mühsam**

Mu·ko·vis·zi·do·se <-> [mukovɪstsi'doːzə] *f kein pl* MED cystic fibrosis, mucoviscidosis

Mu·lat·te, Mu·lat·tin <-n, -n> [mu'latə, mu'latɪn] *m, f* mulatto *masc,* mulatta *fem,* mulattress *fem*

Mul·de <-, -n> ['mʊldə] *f* ❶ (*Bodenvertiefung*) hollow ❷ NORDD (*großer Trog*) skip

Mu·li <-s, -[s]> ['muːli] *nt o m* ZOOL mule

Mull <-[e]s, -e> ['mʊl] *m* MED gauze

Müll <-[e]s> ['mʏl] *m kein pl* refuse *form,* rubbish, *esp* AM garbage; **„~ abladen verboten"** "no tipping [*or* dumping [of rubbish]]"; **in den ~ kommen** to belong in the [dust]bin BRIT [*or* AM garbage [can]]; **etw in den ~ werfen** to throw out sth *sep,* to throw sth in the [dust]bin [*or* AM garbage [can]]

Müll·ab·fuhr <-, -en> *f* ❶ (*das Abfahren des Mülls*) refuse *form* [*or esp* AM garbage] collection ❷ (*Referat der Stadtreinigung*) refuse *form* [*or esp* AM garbage] collection [service]; **bei uns kommt nur alle 14 Tage einmal die ~** the dustmen only come every fortnight where we live ❸ (*fam: Müllwagen*) ■**die ~** the dustcart BRIT, the garbage truck AM

Mülla·ge·rung^ALT *f s.* **Mülllagerung**

Mul·lah <-s, -s> ['mʊla] *m* mullah

Müll·auf·be·rei·tung *f* ÖKOL waste treatment *no pl* **Müll·berg** *m* mountain of rubbish [*or esp* AM garbage] **Müll·be·sei·ti·gung** *f kein pl* ÖKOL waste [*or form* refuse] [*or* rubbish] [*or esp* AM garbage] collection **Müll·beu·tel** *m* rubbish [*or esp* AM garbage] sack [*or* bag], BRIT *a.* [dust]bin liner [*or* bag]

Müll·bin·de *f* MED gauze bandage

Müll·con·tai·ner [-kɔnteːnɐ] *m* waste [*or form* refuse] [*or* rubbish] [*or esp* AM garbage] container **Müll·de·po·nie** *f* waste disposal site, refuse *form* [*or esp* AM garbage] dump **Müll·ei·mer** *m* dustbin BRIT, bin BRIT *fam,* garbage can AM

Mül·ler(in) <-s, -> ['mʏlɐ] *m(f)* miller

Mül·le·rin·art *f* KOCHK [**nach**] ~ à la meunière

Müll·fah·rer(in) *m(f)* driver of a dustcart [*or* AM garbage truck], dustcart [*or* AM garbage truck] driver **Müll·hal·de** *f* waste [*or form* refuse] [*or esp* AM garbage] disposal site, refuse *form* [*or* rubbish] [*or esp* AM garbage] dump **Müll·hau·fen** *m* heap of rubbish [*or esp* AM garbage], rubbish [*or esp* AM garbage] heap **Müll·kip·pe** *f* refuse *form* [*or esp* AM garbage] dump, *esp* BRIT rubbish tip **Müll·kom·pos·tie·rung** *f* refuse *form* [*or esp* AM garbage] composting **Müll·la·ge·rung**^RR *f* storage of refuse *form* [*or esp* AM garbage], refuse *form* [*or esp* AM garbage] storage **Müll·mann** *m* (*fam*) dustman BRIT, garbage man AM, BRIT *a.* dustbin [*or fam* bin] man **Müll·men·ge** *f* amount of refuse *form* [*or esp* AM garbage] **Müll·re·cy·cling** [-risaiklɪŋ] *nt* recycling of refuse *form* [*or esp* AM garbage] **Müll·sack** *m* [large] refuse sack BRIT *form,* [large] garbage bag AM **Müll·schlu·cker** <-s, -> *m* refuse *form* [*or* rubbish] [*or esp* AM garbage] chute **Müll·sor·tier·an·la·ge** *f* refuse [*or* waste] separation plant **Müll·ton·ne** *f* dustbin BRIT, garbage can AM **Müll·tou·ris·mus** *m* dumping [of] [one's] refuse *form* [*or* rubbish] [*or esp* AM garbage] in outlying areas **Müll·tren·nung** *f kein pl* ÖKOL separation of waste [*or form* refuse] [*or* rubbish] [*or esp* AM garbage] **Müll·ver·bren·nung** *f* refuse *form* [*or esp* AM garbage] incineration **Müll·ver·bren·nungs·an·la·ge** *f* refuse *form* [*or esp* AM garbage] incineration [*or* combustion] plant **Müll·ver·mei·dung** *f* avoidance of generating [*or* creating] refuse *form* [*or esp* AM garbage] **Müll·wa·gen** *m* refuse *form* [*or esp* AM garbage] collection vehicle, BRIT *a.* dustcart, *esp* AM garbage truck

Müll·win·del *f* muslin nappy [*or* AM diaper]

mul·mig ['mʊlmɪç] *adj* (*fam*) ❶ (*unbehaglich*) uneasy, uncomfortable; **jdm ist ~ zumute** sb has an uneasy [*or* uncomfortable] feeling, sb has butterflies in their stomach ❷ (*brenzlig*) dicey *fam,* precarious; **es wird ~** it's getting dicey *fam*

Mul·ti <-s, -s> ['mʊlti] *m* (*fam*) multinational [company]

mul·ti·di·men·si·o·nal *adj* multidimensional **mul·ti·fak·to·ri·ell** *adj inv* (*geh*) multifactorial **mul·ti·funk·ti·o·nal** *adj* multifunctional, multi-functional **mul·ti·kul·ti** [-kʊlti] *adj* (*fam*) multicultural **mul·ti·kul·tu·rell** *adj* multicultural **mul·ti·la·te·ral** [mʊltilate'raːl] *adj* multilateral **mul·ti·lin·gu·al** *adj* multilingual

Mul·ti·me·dia <-[s]> [mʊlti'meːdi̯a] *nt kein pl* INFORM, MEDIA multimedia *no pl*

Mul·ti·me·dia-Agen·tur *f* MEDIA, INFORM multi-media agency **Mul·ti·me·dia·com·pu·ter** *m* multimedia computer [system]

mul·ti·me·di·al ['mʊltimedi̯aːl] *adj* multi-media *attr*

Mul·ti·me·dia·prä·sen·ta·ti·on *f* multimedia presentation **Mul·ti·me·dia·pro·dukt** *nt* multimedia product **Mul·ti·me·dia·zeit·al·ter** *nt* multimedia age

Mul·ti·mil·li·o·när(in) [mʊltimɪli̯o'nɛːɐ̯] *m(f)* multimillionaire **mul·ti·na·ti·o·nal** [mʊltinatsi̯o'naːl] *adj* multinational

Mul·ti·ple Skle·ro·se <-n -> [mʊl'tiːplə skle'roːzə] *f kein pl* MED multiple sclerosis

Mul·ti·pli·kand <-en, -en> [mʊltipli'kant, *pl* mʊltipli'kandn̩] *m* MATH multiplicand

Mul·ti·pli·ka·ti·on <-, -en> [mʊltiplika'tsi̯oːn] *f* MATH multiplication

Mul·ti·pli·ka·ti·ons·zei·chen *nt* MATH multiplication sign

Mul·ti·pli·ka·tor <-s, -toren> [mʊltipli'kaːtoːɐ̯, *pl* mʊltiplika'toːrən] *m* ❶ MATH multiplier ❷ (*geh*) disseminator *form*

Mul·ti·pli·ka·to·ren·ef·fekt *m* MATH, ÖKON multiplier effect

mul·ti·pli·zie·ren* [mʊltipli'tsiːrən] **I.** *vt* ■**etw** [**mit etw**] ~ to multiply sth [by sth] **II.** *vr* (*geh*) ■**sich** ~ to multiply *fig*

Mul·ti·ta·lent *nt* versatile person, all-rounder, all-round talent

Mul·ti·vi·ta·min·prä·pa·rat *nt* PHARM, MED multivitamin preparation

mul·ti·zen·trisch *adj inv* multicentric

Mu·mie <-, -n> ['muːmi̯ə] *f* mummy

mu·mi·fi·zie·ren* [mumifi'tsiːrən] *vt* ■**etw** ~ to mummify sth

Mu·mi·fi·zie·rung <-, -en> *f* mummification

Mumm <-s> ['mʊm] *m kein pl* guts *npl fam,* BRIT *sl a.* bottle; **hast du denn keinen ~ in den Knochen?** don't be such a chicken!

mum·meln[1] ['mʊml̩n] *vt* NORDD (*murmeln*) ■**etw** [**vor sich hin**] ~ to mumble sth [to oneself]

mum·meln[2] ['mʊml̩n] *vt* NORDD (*fam: einhüllen*) ■**jdn in etw** ~ *akk* to wrap [up *sep*] sb in sth; ■**sich in etw** ~ *akk* to wrap oneself [up] in sth

müm·meln ['mʏml̩n] *vi* ■[**an etw**] ~ *dat* to nibble [at sth]

Mum·pitz <-es> ['mʊmpɪts] *m kein pl* (*veraltend fam*) nonsense, claptrap, rubbish

Mumps <-> ['mʊmps] *m o fam f kein pl* MED [the] mumps + *sing/pl vb*

Mün·chen <-s> ['mʏnçn̩] *nt* Munich

Mün·che·ner ['mʏnçənɐ], **Münch·ner** ['mʏnçnɐ] *adj attr* Munich *attr,* of Munich *after n;* **die ~ Altstadt** Munich's old town; *s. a.* **Abkommen**

Mün·che·ner(in) <-s, -> ['mʏnçənɐ] *m(f),* **Münch·ner(in)** <-s, -> ['mʏnçnɐ] *m(f)* inhabitant of Munich; **meine Frau ist ~in** my wife's from Munich

Münch·hau·sen <-s, -[s]> ['mʏnçhauzn̩] *m* (*veraltend geh*) Munchhausen

Mund <-[e]s, Münder> ['mʊnt, *pl* 'mʏndɐ] *m* ❶ ANAT mouth; **etw in den ~ nehmen** to put sth in one's mouth; **ein Glas an den ~ setzen** to put a glass to one's mouth; **mit vollem ~e** with one's mouth full ❷ ZOOL (*Maul*) mouth ▶WENDUNGEN: **~ und Nase aufsperren** (*fam*) to gape in astonishment; **aus berufenem ~e** from an authoritative source; **sich** *dat* **den ~ fusselig reden** to talk till one is blue in the face; **einen großen ~ haben** to have a big mouth, to be all talk [*or* mouth] [*or* BRIT *fam* all mouth and trousers]; **den ~** [**zu**] **voll nehmen** (*fam*) to talk [too] big; **den ~ aufmachen** [*o* **auftun**] to speak up; **den ~ aufreißen** (*sl*) to talk big; **jdm über den ~ fahren** (*fam*) to cut sb short; [**jd ist**] **nicht auf den ~ gefallen** (*fam*) [sb is] never at a loss for words; **etw geht von ~ zu ~** sth is passed on from mouth to mouth [*or* person to person]; **halt den ~!** (*fam*) shut up! *fam,* shut your mouth! [*or* face!] [*or* BRIT *sl* gob!]; **den/seinen ~ nicht halten können** (*fam*) to not be able to keep one's mouth [*or fam* trap] shut; **aus jds ~e kommen** that sb says; **du musst auch nicht alles glauben, was aus seinem ~e kommt!** you don't have to believe everything [that] he says!; **jdm etw in den ~ legen** to put [the] words into sb's mouth; **etw nicht in den ~ nehmen** to not use such a sth; **musst du immer so entsetzliche Flüche in den ~ neh-**

men? do you always have to use such terrible language?; **jdm nach dem** ~[e] **reden** to say what sb wants [*or* tell sb what they want] to hear; **jdm den ~ stopfen** (*fam*) to shut sb up; **jdm den ~ verbieten** to tell sb to be quiet [*or fam* shut up]; **etw ist in aller ~e** sth is the talk of the town, everybody's talking about sth; **wie aus einem ~e** with one voice; *s. a.* **Wort**

Mund·art <'mʊntʔa:ɐ̯t] *f* LING dialect

Mund·art·au·tor(in) *m(f)* dialect writer **Mund·art·dich·ter** *m* dialect poet **Mund·art·dich·tung** *f* dialect poetry **Mund·art·ge·dicht** *nt* dialect poem

mund·art·lich I. *adj* LING dialectal II. *adv* ~ **anwenden/gebrauchen** to use dialectally [*or* in dialect]

Mund·art·wör·ter·buch <-(e)s, -bücher> *nt* dialect dictionary

Mund·du·sche *f* water toothpick

Mün·del <-s, -> ['mʏndl̩] *nt o m* JUR ward

mün·del·si·cher I. *adj* FIN gilt-edged II. *adv* ~ **anlegen** to invest in gilt-edged securities

mun·den ['mʊndn̩] *vi* (*geh*) ■[**jdm**] ~ to taste good [to sb]; **nun, wie mundet Ihnen der Wein?** well, how do you like the wine?; **der kleine Snack hat gut gemundet** that was a very tasty little snack; ■**sich** *dat* **etw ~ lassen** to enjoy [eating] sth; **greift gerne zu und lasst es euch ~!** tuck in and enjoy your meal!

mün·den ['mʏndn̩] *vi sein o haben* ❶ (*hineinfließen*) ■**in etw** ~ *akk* to flow into sth; **der Fluss mündet schließlich im Meer** eventually the river flows into the sea ❷ (*auf etw hinlaufen*) ■**auf/in etw** ~ *akk* to lead into sth; **dieser Feldweg mündet nach drei Kilometern auf die Straße nach Giengen** this path meets [*or* joins] the road to Giengen after three kilometres ❸ (*darauf zuführen*) ■**in etw** ~ *akk* to lead to sth

mund·faul *adj* (*fam*) uncommunicative; **sei doch nicht so ~!** come on, speak up!; **was hat er gesagt, sei nicht so ~!** what did he say, come on, spill the beans! **mund·ge·recht** I. *adj* bite-sized *attr* II. *adv* ~ **zubereiten/zuschneiden** to prepare in/cut into bite-sized pieces **Mund·ge·ruch** *m* bad breath *no indef art*, halitosis *no indef art*; ~ **haben** to have bad breath [*or* halitosis] **Mund·har·mo·ni·ka** *f* mouth organ, harmonica **Mund·höh·le** *f* ANAT oral cavity

mün·dig ['mʏndɪç] *adj* ❶ (*urteilsfähig*) responsible, mature ❷ (*volljährig*) ■~ **sein/werden** to be/come of age, to have attained/attain [*or* reached/reach] one's majority; **jdn für ~ erklären** JUR to declare sb of age

münd·lich ['mʏntlɪç] I. *adj* oral; **eine ~e Prüfung** an oral examination; **eine ~e Abmachung/Übereinkunft/Vereinbarung** a verbal agreement; **eine ~e Besprechung** a public meeting; **diese Tradition ist durch ~e Überlieferung auf uns übergegangen** this tradition has been passed [down [*or* on]] to us by word of mouth; ■**das M~e** (*fam*) the oral *fam*, the oral examination; **eine ~e Verhandlung** JUR a[n oral] hearing [*or* trial], oral proceedings *pl* II. *adv* orally; **etw ~ abmachen/vereinbaren** to agree sth [*or* AM to sth] verbally; ~ **besprechen** to discuss something in a meeting; **viele alte Volkslieder sind uns nur ~ überliefert worden** many old folk songs have only been passed [down [*or* on]] to us by word of mouth; **bitte informieren Sie mich ~, wenn sich etwas ändern sollte** please let me know if anything should [*or* were to] change; **der Fall wird ~ verhandelt** the case will [now] be heard

Mund·pro·pa·gan·da *f* word of mouth; **durch ~** by word of mouth **Mund·raub** *m* ❶ JUR (*hist: Diebstahl oder Unterschlagung von wenigen Nahrungsmitteln oder Verbrauchsgegenständen von geringem Wert*) petty theft [*or* larceny] [of food] ❷ (*Diebstahl oder Unterschlagung von wenigen Nahrungsmitteln oder Verbrauchsgegenständen von geringem Wert zur Deckung des Grundbedarfs*) petty theft [*or* larceny] [of food] **Mund·schenk** <-en, -en> *m* HIST cupbearer **Mund·schleim·haut** *f* MED mucous membrane of the mouth [*or* oral cavity], oral mucosa *no pl spec* **Mund·schutz** *m* MED [surgical] mask **Mund·stück** *nt a.* MUS mouthpiece **mund·tot** *adj* **jdn ~ machen** (*fam*) to silence sb

Mün·dung <-, -en> ['mʏndʊŋ] *f* ❶ GEOG mouth ❷ (*vordere Öffnung*) muzzle

Mün·dungs·feu·er *nt* muzzle flash

Mund·voll <-, -> *m* mouthful **Mund·was·ser** *nt* mouthwash **Mund·werk** *nt* **ein freches/loses** [*o* **lockeres**]/**unverschämtes ~ haben** (*fam*) to be cheeky/have a loose tongue/be foul-mouthed *fam* **Mund·werk·zeu·ge** *pl* ZOOL mouth parts **Mund·win·kel** *m* corner of one's mouth **Mund-zu-Mund-Be·at·mung** *f* mouth-to-mouth resuscitation, kiss of life

Mu·ni·ti·on <-> [muni'tsi̯o:n] *f kein pl* ammunition; MIL munitions *npl*; **scharfe ~** live ammunition

Mu·ni·ti·ons·la·ger *nt* MIL ammunition [*or* munitions] store [*or* depot]

mun·keln ['mʊŋkl̩n] *vt* ■**etw** ~ to rumour [*or* AM -or] sth; **allerlei/einiges/Verschiedenes wird gemunkelt** there are all kinds of/a few/a number of different rumours [circulating [*or fam* flying about]]; **gemunkelt wurde das ja schon lange** that has been rumoured [*or* the rumour] for some time [now]; **man munkelt** [*o* **es wird gemunkelt**], **dass** it's rumoured [*or* AM -ored] [*or* there's a rumour] that; *s. a.* **dunkel**

Müns·ter <-s, -> ['mʏnstɐ] *nt* cathedral, *esp* BRIT minster

mun·ter ['mʊntɐ] *adj* ❶ (*aufgeweckt*) bright, sharp, quick-witted ❷ (*heiter*) lively; **ein ~er Gesang/~es Lied** a cheerful [*or* jolly] song ❸ (*wach*) ■~ **sein/werden** to be awake/wake up; **jdn wieder ~ machen** to wake up sb again *sep*

Mun·ter·keit <-> *f kein pl* brightness, sharpness, quick-wittedness

Mun·ter·ma·cher <-s, -> *m* stimulant; (*Getränk bes.*) pick-me-up

Münz·au·to·mat *m* [coin-operated] vending-machine [*or* slot-machine]

Mün·ze <-, -n> ['mʏntsə] *f* ❶ (*Geldstück*) coin ❷ (*Prägeanstalt*) mint ► WENDUNGEN: **etw für bare ~ nehmen** to take sth at face value; **jdm etw mit gleicher ~ heimzahlen** to pay sb back in their own [*or* the same] coin for sth; **in klingender ~** (*geh*) in [hard] cash; **etw in klingende ~ umsetzen** to turn sth into hard cash

mün·zen ['mʏntsn̩] *vt* ■**auf jdn/etw gemünzt sein** to be aimed at [*or* meant for] sb/sth

Münz·fern·spre·cher *m* (*geh*) pay phone **Münz·geld** *nt kein pl* ÖKON coins *pl* **Münz·samm·lung** *f* coin [*or form* numismatic] collection **Münz·schlitz** *m* [coin] slot, slot [for coins] **Münz·tank·stel·le** *f* coin-operated filling [*or* petrol] [*or* AM gas[oline]] station

Mu·rä·ne <-, -n> [mu'rɛ:nə] *f* moray [eel]

mür·b(e) ['mʏrp, 'mʏrbə] *adj* ❶ (*zart*) tender; ~**es Gebäck** shortbread; **Fleisch ~ machen** to tenderize meat ❷ (*brüchig*) worn-out ► WENDUNGEN: **jdn ~ machen** to wear sb down

Mür·be·teig *m* short[-crust] pastry

Murks <-es> ['mʊrks] *m kein pl* (*fam*) botched job, botch-up; ~ **machen** to do a botched job [*or* botch-up]

murk·sen ['mʊrksn̩] *vi* (*fam*) to do a botched job

Mur·mel <-, -n> ['mʊrml̩] *f* marble

mur·meln ['mʊrml̩n] I. *vi* to mutter, to murmur; ■**das M~** [the] muttering [*or* murmuring] II. *vt* ■**etw** ~ to mutter [*or* murmur] sth

Mur·mel·tier ['mʊrml̩ti:ɐ̯] *nt* (*Nagetierart*) marmot ► WENDUNGEN: **wie ein ~ schlafen** to sleep like a log [*or* top]

mur·ren ['mʊrən] *vi* ■[**über etw**] ~ *akk* to grumble [about sth]; **lass das M~!** stop [your] grumbling!; **keinen Grund zum M~ haben** to have no reason to grumble; **ohne M~** [*o* **ohne zu ~**] without grumbling; [**nur**] **unter M~** [only] under protest

mür·risch ['mʏrɪʃ] I. *adj* grumpy, surly II. *adv* grumpily, surlily, in a grumpy [*or* surly] manner

Mus <-es, -e> ['mu:s, *pl* 'mu:zə] *nt o m* KOCHK purée ► WENDUNGEN: **jdn zu ~ schlagen** (*sl*) to beat sb to a pulp *fam* [*or* sb's brains out]

M

Mu·schel <-, -n> ['mʊʃl] *f* ❶ (*Molluske*) mussel ❷ (*~schale*) [sea] shell ❸ KOCHK mussel ❹ TELEK (*Hörmuschel*) earpiece; (*Sprechmuschel*) mouthpiece

Mu·schel·art *f* type [*or spec* species] of mussel **Mu·schel·ge·schmack** *m* taste of [a] mussel **Mu·schel·scha·le** *f* mussel shell

Mu·schi <-, -s> ['mʊʃi] *f* (*sl*) pussy *vulg*

Mu·se <-, -n> ['mu:zə] *f* MYTH Muse ►WENDUNGEN: **die leichte ~** light entertainment; **von der ~ geküsst werden, die ~ küsst jdn** to be inspired [by the Muse]

Mu·se·um <-s, Museen> [mu'ze:ʊm] *nt* museum

mu·se·ums·reif *adj* (*hum*) ancient *fam;* ■**~ sein** to be a museum piece *hum*

Mu·si·cal <-s, -s> ['mju:zikl] *nt* musical

Mu·sik <-, -en> [mu'zi:k] *f* music *no art, no pl;* **die ~ Mozarts/des Mittelalters** Mozart's/Medieval music; **geistliche/klassische/moderne ~** religious/classical/modern music; **~ hören/studieren** to listen to/study music; **~ machen** to play some music; **macht doch ein bisschen ~** play us [a little] something; (*Radio/Kassette, etc.*) put some music on; **mach bitte die ~ leiser** please turn down the music; **~ in jds Ohren sein** to be music to sb's ears; *s. a.* **Blut**

Mu·sik·aka·de·mie <-, n> *f* academy of music, musical academy

Mu·si·ka·li·en·hand·lung [muzi'ka:liən-] *f* music shop [*or* AM *usu* store]

mu·si·ka·lisch [muzi'ka:lɪʃ] **I.** *adj* musical **II.** *adv* musically; **~ arbeiten** to work in music; **jdn ~ ausbilden** to give sb musical training [*or* training in music]; **~ begabt sein** to be musically gifted [*or* a gifted musician]

Mu·si·kant(in) <-en, -en> [muzi'kant] *m(f)* musician

Mu·si·kan·ten·kno·chen *m* (*fam*) funny [*or* AM *a.* crazy] bone *fam*

Mu·sik·be·glei·tung *f* musical accompaniment; **unter ~** accompanied by music, to the accompaniment of music, with [musical] accompaniment **Mu·sik·box** *f* jukebox; **die ~ anwerfen** to put a song on the jukebox

Mu·si·ker(in) <-s, -> ['mu:zikɐ] *m(f)* musician

Mu·sik·ge·schich·te *f* ❶ (*Entwicklung*) history of music; **diese Oper wird in die ~ eingehen** this opera will go down in musical history ❷ (*Buch über ~*) history of music *no def art* **Mu·sik·grup·pe** *f* band, group **Mu·sik·hoch·schu·le** *f* musical academy, college of music **Mu·sik·in·stru·ment** *nt* [musical] instrument; **ein ~ spielen** to play an [*or* a musical] instrument **Mu·sik·ka·pel·le** *f* band **Mu·sik·kas·set·te** *f* [music *form*] cassette [tape], tape **Mu·sik·leh·rer(in)** *m(f)* music teacher **Mu·sik·le·xi·kon** *nt* encyclopaedia [*or* AM encyclopedia] [*or* dictionary] of music **Mu·sik·lieb·ha·ber(in)** *m(f)* music lover **Mu·sik·schu·le** *f* music school, school of music **Mu·sik·stück** *nt* piece of music **Mu·sik·stu·di·um** *nt* course of study [*or* degree] in music **Mu·sik·the·a·ter** *nt kein pl* music theatre [*or* AM -er] **Mu·sik·un·ter·richt** *m* music lessons *pl;* SCH music *no art, no pl*

Mu·si·kus <-, Musizi> ['mu:zikʊs, *pl* 'mu:zitsi] *m* (*hum*) musician

Mu·sik·wis·sen·schaft·ler(in) *m(f)* musicologist **Mu·sik·zim·mer** *nt* music room

mu·sisch ['mu:zɪʃ] **I.** *adj* ❶ (*künstlerisch begabt*) artistic; **für einen ~en Mann wie ihn** for a man of the arts like him ❷ (*die Künste betreffend*) in/of the [fine] arts *pred; s. a.* **Gymnasium II.** *adv* artistically; **~ begabt** talented in the arts

Mu·si·zi ['mu:zitsi] *pl von* **Musikus**

mu·si·zie·ren* [muzi'tsi:rən] *vi* to play a musical instrument/musical instruments; **wir ~ regelmäßig einmal in der Woche** we play regularly once a week; ■**das M~** playing musical instruments; **das M~ ist nicht jedermanns Sache** not everybody can play a musical instrument

Mus·kat <-[e]s, -e> [mʊs'ka:t] *m* nutmeg *no art, no pl*

Mus·kat·blü·te *f* mace

Mus·ka·tel·ler <-s, -> [mʊska'tɛlɐ] *m* muscatel *no art, no pl*

Mus·kat·nuss^RR *f* nutmeg *no art, no pl* **Mus·kat·rei·be** *f* nutmeg grater

Mus·kel <-s, -n> ['mʊskl] *m* muscle; **~n haben** to be muscular [*or fam* muscly], to have muscles; **seine ~n spielen lassen** to flex one's muscles

Mus·kel·fa·ser *f* muscle fibre [*or* AM -er] **Mus·kel·ka·ter** *m kein pl* muscle ache, aching muscles *pl;* **~ bekommen/haben** to get/have muscle ache **Mus·kel·kraft** *f* muscular [*or* physical] strength *no art, no pl* **Mus·kel·krampf** *m* muscle cramp, AM *a.* charley horse *fam* **Mus·kel·mann** *m* (*fam*) body builder **Mus·kel·pa·ket** *nt* (*fam*) muscleman **Mus·kel·protz** <-es, -e> *m* (*fam*) muscleman **Mus·kel·riss**^RR *m* torn muscle **Mus·kel·schwä·che** *f kein pl* MED muscle weakness *no pl,* myasthenia *no pl spec* **Mus·kel·schwund** *m kein pl* muscular wasting [*or* atrophy] *no art, no pl*

Mus·ke·tier <-s, -e> [mʊskə'ti:ɐ̯] *m* musketeer; **„Die drei ~e"** "The Three Musketeers"

Mus·ku·la·tur <-, -en> [mʊskula'tu:ɐ̯] *f* muscular system, musculature *no indef art, no pl*

mus·ku·lös [mʊsku'lø:s] **I.** *adj* muscular, muscly *fam* **II.** *adv* **~ gebaut sein** to have muscular build, to be muscly *fam*

Müs·li <-[s], -s> ['my:sli] *nt* muesli

Mus·lim, Mus·li·min <-, -e> ['mʊslɪm, mʊs'li:mɪn] *m, f* Muslim, Moslem

muss^RR, **muß**^ALT ['mʊs] *1. und 3. pers. sing von* **müssen**

Muss^RR, **Muß**^ALT <-> ['mʊs] *nt kein pl* must *fam;* **[k]ein ~ sein** to [not] be a must

Muss·be·stim·mung^RR *f* fixed [*or form* mandatory] regulation

Mu·ße <-> ['mu:sə] *f kein pl* leisure *no art, no pl;* **die ~ für etw finden** to find the time [and leisure] for sth; **sich ~ gönnen** to allow oneself some [time for] leisure; **etw mit ~ tun** to do sth with leisure [*or* leisurely] [*or* in a leisurely way]

Muss·ehe^RR *f* shotgun wedding [*or* marriage] *dated fam;* **sie gingen eine ~ ein** it was a shotgun wedding *dated fam*

müs·sen ['mʏsn̩] **I.** *vb aux* <musste, müssen> *modal* ❶ (*gezwungen sein, etw zu tun*) ■**etw tun ~** to have to do sth; **du musst mich unbedingt anrufen** you must phone me; **du musst endlich damit aufhören** you really must stop that; **wir werden das Ganze noch einmal schreiben ~** we'll have to write the whole lot again; **muss ich mir das gefallen lassen?** do I have to put up with that?; **du musst jetzt gehen** you have to leave now; **muss ich [das wirklich tun]?** do I [really] have to [do it]? ❷ (*notwendig sein*) ■**etw [nicht] sein/tun ~** to [not] need to be/do sth; **warum muss es heute regnen?** why does it have to rain today?; **muss das [denn] sein?** is that really necessary?; **du willst wieder in die Politik? muss das sein?** you want to get back into politics? do you have to?; **das muss sein** it is necessary; **wenn es [denn/unbedingt] sein muss** if it's really necessary; **das muss nicht unbedingt stimmen** that needn't be true; **muss ich das tun?** must I?, have I got to? ❸ *verneinend* (*brauchen*) ■**etw nicht tun ~** to not have to do sth; **du musst das nicht tun** you don't have to do that ❹ (*eigentlich sollen*) ■**jd/etw müsste etw tun** sb/sth should do sth; **ich hätte es ahnen ~!** I should have known!; ■**man müsste ...** one should ...; ■**man müsste ... sein** *optativisch* if only one could be ...; **ach, man müsste noch mal Schüler sein** oh, to be a schoolboy again! ❺ (*eine Wahrscheinlichkeit ausdrückend*) **es müsste jetzt acht Uhr sein** it must be eight o'clock now; **es müsste bald ein Gewitter geben** there should be a thunderstorm soon; **das muss wohl stimmen** that must be true **II.** *vi* <musste, gemusst> ❶ (*gezwungen sein, sich zu begeben*) ■**[irgendwohin] ~** to have to go [somewhere] ❷ (*notwendigerweise gebracht werden*) ■**irgendwohin ~** to have to get somewhere; **der Koffer hier muss zum Bahnhof** this suitcase has to get [*or* be taken] to the station; **dieser Brief muss**

heute noch zur Post this letter has to be posted today ❸ (*nicht umhin können*) to have to; **muss ich das denn wirklich tun? – ja, du musst!** do I really have to do that? – yes, you do! ▸WENDUNGEN: **[mal]** ~ (*euph fam*) to have to go to the loo [*or* AM john] *fam;* **ich muss mal!** I need the loo!
Mu·ße·stun·de *f* hour of leisure
Muss·hei·ratRR *f* (*fam*) *s.* **Mussehe**
mü·ßig ['my:sɪç] (*geh*) **I.** *adj* futile, pointless, superfluous; ■**es ist ~, etw zu tun** it is pointless [*or* futile] doing/to do sth **II.** *adv* ❶ (*untätig*) idly ❷ (*gemächlich*) with leisure
Mü·ßig·gang ['my:sɪçgaŋ] *m kein pl* (*geh*) idleness *no art, no pl,* indolence *no art, no pl;* **sich dem ~ hingeben** to lead an idle life [*or* a life of indolence]; **~ ist aller Laster Anfang** (*prov*) the devil finds work for idle hands *prov* **mü·ßig|ge·hen** *vi irreg sein* to saunter along
muss·teRR, **muß·te**ALT ['mʊstə] *imp von* **müssen**
Mus·ter <-s, -> ['mʊstɐ] *nt* ❶ (*Waren~*) sample ❷ MODE pattern ❸ (*Vorlage*) pattern; **[jdm] als ~ dienen** to serve [sb] as a model; **nach antikem ~** modelled [*or* AM *a.* modeled] on an antique style ❹ (*Vorbild*) ■**ein ~ an etw** *dat* **sein** to be a paragon of sth; **ein ~ an Vollkommenheit** *dat* **sein** to be the pink of perfection
Mus·ter·bei·spiel *nt* prime [*or* classic] example; ■**ein ~ für etw** a classic [*or* prime] example for [*or* of] sth **Mus·ter·be·trieb** *m* model business/company **Mus·ter·ehe** *f* perfect marriage **Mus·ter·ex·em·plar** *nt* ❶ (*vorbildlich*) fine specimen; **er ist ein ~ von Mitarbeiter** he is a model colleague ❷ (*Warenmuster*) sample; (*zur Ausstellung*) display model **mus·ter·gül·tig** *adj* (*geh*) *s.* **musterhaft**
mus·ter·haft I. *adj* exemplary, perfect; **ein ~er Schüler** an exemplary student; **ein ~es Beispiel** a perfect example **II.** *adv* exemplary; **Sie haben sich ~ verhalten** your behaviour was exemplary
Mus·ter·kla·ge *f* JUR class-action lawsuit **Mus·ter·kna·be** *m* (*iron*) goody-goody *pej,* paragon of virtue/good behaviour [*or* AM -or] etc. **Mus·ter·kof·fer** *m* sample[s] case **Mus·ter·kol·lek·ti·on** *f* sample collection, collection of models
mus·tern ['mʊstɐn] *vt* ■**jdn ~** ❶ (*eingehend betrachten*) to scrutinize sb ❷ MIL to give sb his/her medical
Mus·ter·pro·zessRR *m* JUR exemplary [*or* test] case **Mus·ter·schü·ler(in)** *m(f)* model pupil **Mus·ter·sen·dung** *f* sample package, selection of samples
Mus·te·rung <-, -en> *f* ❶ MIL *von Truppen* inspection, review; *von Wehrdienstpflichtigen* medical [examination] [for military service] ❷ (*das eingehende Betrachten*) scrutiny *no art, no pl*
Mus·te·rungs·be·scheid *f* MIL, ADMIN summons [*or* order] to attend one's medical examination
Mut <-[e]s> ['mu:t] *m kein pl* ❶ (*Courage*) courage *no art, no pl;* **es gehört viel ~ dazu, das zu tun** it takes a lot of courage to do that; **mir fehlt der ~, das zu tun** I don't have the courage to do that; **mit dem ~ der Verzweiflung** with the courage born of desperation; **sich** *dat* **~ antrinken** to have a drink to give oneself Dutch courage; **~/keinen ~ haben** to have/not have any courage; **den ~ haben, etw zu tun** to have the courage to do sth ❷ (*Zuversicht*) heart *no art, no pl;* **mit frischem ~** with fresh heart [*or* cheer]; **frohen** [*o* **guten**] **~es sein** to be in high spirits; **jdm den ~ nehmen** to make sb lose heart, to discourage sb; **nur ~!** take heart!; **den ~ sinken lassen, den ~ verlieren** to lose heart; **[wieder] ~ bekommen** [*o* **fassen**] [*o geh* **schöpfen**] to take [*or* gain] heart; **jdm [wieder] ~ machen** to encourage sb, to give sb [fresh] heart
mu·ta·gen [muta'ge:n] *adj* mutagenic
Mu·ta·gen <-s, -e> [muta'ge:n] *nt* BIOL mutagen
Mu·ta·ge·ne·se <-, -n> [mutage'ne:zə] *f* BIOL mutagenesis
Mu·tan·te <-, -n> [mu'tantə] *f* BIOL mutant
Mu·ta·ti·on <-, -en> [muta'tsi̯o:n] *f* ❶ (*Missbildung*) mutation ❷ SCHWEIZ (*Änderungen im Personal*) change of personnel
Mu·ta·ti·ons·ra·te *f* BIOL mutation rate
Müt·chen <-s> ['my:tçən] *nt kein pl* **sein ~ an jdm kühlen** (*fam*) to take it out [*or* vent one's anger] on sb
mu·tie·ren* [mu'ti:rən] *vi* (*fam*) ■**zu etw/jdm ~** to mutate into sth/sb
mu·tig ['mu:tɪç] **I.** *adj* brave, courageous, plucky *fam;* **dem M~en gehört die Welt** (*prov*) fortune favours [*or* AM -ors] the brave *prov* **II.** *adv* courageously, bravely, pluckily *fam*
mut·los *adj* discouraged, disheartened, despondent, dejected; **jdn ~ machen** to discourage sb, to make sb lose heart
Mut·lo·sig·keit <-> *f kein pl* discouragement *no art, no pl,* disheartenment *no art, no pl,* despondency *no art, no pl,* dejection *no art, no pl*
mut·ma·ßen ['mu:tma:sn̩] **I.** *vi* to conjecture; **es wurde viel über seine Vergangenheit/sein Verhalten gemutmaßt** there was a lot of conjecture as to his past/the reason for his conduct; ■**~, dass ...** to conjecture that ...; ■**~, ob/wann/wer/wie ...** to conjecture as to whether/when/who/how ...; **wir können nur ~, wie das geschehen konnte** we can only conjecture as to how it happened **II.** *vt* ■**etw ~** to suspect sth
mut·maß·lich I. *adj attr* presumed, suspected; **der ~e Attentäter** the suspected assassin; **der ~e Grund/die ~e Ursache** the presumed reason/cause; **der ~e Täter** the suspect; **der ~e Vater** the presumed [*or form* putative] father **II.** *adv* presumably; **das Verbrechen wurde ~ von einer Terrororganisation verübt** it is presumed that the crime was carried out by a terrorist organization
Mut·ma·ßung <-, -en> *f* conjecture; **wir sind vorerst auf ~en angewiesen** we can only conjecture at this point
Mut·pro·be *f* test of courage; **das ist eine ~** it's to test your courage; **eine ~ bestehen** to prove one's [*or* pass a test of] courage
Mut·ter1 <-, Mütter> ['mʊtɐ, *pl* 'mʏtɐ] *f* mother, BRIT *a.* mater *hum;* **eine werdende ~** (*geh*) an expectant mother; **~ werden** to be having [*or* expecting] a baby, to be pregnant
Mut·ter2 <-, -n> ['mʊtɐ] *f* TECH nut
Mut·ter·bin·dung *f* PSYCH mother fixation **Mut·ter·bo·den** *m* topsoil *no indef art, no pl*
Müt·ter·chen <-s, -> *nt* little old lady
Mut·ter·freu·den *pl* **~** *dat* **entgegensehen** (*geh*) to be expecting [a baby] [*or* a happy event]; **~ genießen** to experience the joys of motherhood
Müt·ter·ge·ne·sungs·heim *nt nursing home for financially disadvantaged single mothers*
Mut·ter·ge·sell·schaft *f* ÖKON parent company **Mut·ter·got·tes** <-> [mʊtɐ'gɔtəs] *f kein pl* ❶ (*Maria, die Gottesmutter*) Mother of God *no indef art, no pl* ❷ (*Abbild der Gottesmutter*) Madonna **Mut·ter·in·stinkt** *m* BIOL maternal instinct **Mut·ter·kom·plex** *m* PSYCH mother complex **Mut·ter·korn** *nt* BOT ergot *no art, no pl spec* **Mut·ter·ku·chen** *m* ANAT placenta **Mut·ter·küm·mel** *m* cumin **Mut·ter·land** *nt* mother country **Mut·ter·leib** *m* womb; **im ~** in the/one's womb
Müt·ter·lein <-s, -> *nt* (*poet*) *s.* **Mütterchen**
müt·ter·lich ['mʏtɐlɪç] **I.** *adj* ❶ (*von jds Mutter*) maternal; **sie wohnte im ~en Hause** she lived in her mother's house; **in ihrer ~en Linie** on her mother's [*or spec* the distaff] side ❷ (*umsorgend*) motherly; (*wie eine Mutter wirkend*) maternal; **ein ~er Typ sein** to be the maternal type **II.** *adv* motherly; **jdn ~ umsorgen** to care for sb in a motherly way, to bemother [*or pej fam* mollycoddle] sb
müt·ter·li·cher·seits *adv* on one's mother's [*or spec* the distaff] side; **meine Oma ~** my maternal grandmother
Müt·ter·lich·keit <-> *f kein pl* motherliness *no art, no pl*
Mut·ter·lie·be *f* motherly love *no art, no pl*
mut·ter·los I. *adj* motherless **II.** *adv* motherless, without a mother
Mut·ter·mal *nt* birthmark; (*kleiner*) mole
Mut·ter·milch *f* mother's milk *no art, no pl* ▸WENDUNGEN: **etw**

M

[schon] **mit der ~ einsaugen** to learn sth from the cradle
Mu̱t·ter·mund *m* ANAT cervix *spec*
Mu̱t·tern·schlüs·sel *m* spanner BRIT, wrench AM
Mu̱t·ter·pass[RR] *m* MED *document given to expectant mothers by their doctors in which the details of the pregnancy, including blood group and rhesus factor etc. are recorded* **Mu̱t·ter·rol·le** *f* role of a mother
Mu̱t·ter·schaft <-> *f kein pl* (*geh*) motherhood *no art, no pl*
Mu̱t·ter·schafts·geld *nt* maternity grant **Mu̱t·ter·schafts·hil·fe** *f* maternity benefit **Mu̱t·ter·schafts·ur·laub** *m* maternity leave *no art, no pl*
Mu̱t·ter·schutz *m* JUR *legal protection of working mothers* **Mu̱t·ter·schutz·ge·setz** *nt* Maternity Protection Act (*laws protecting working mothers-to-be and nursing mothers*)
mut·ter·see·len·al·lein ['mʊtɐ'ze:lənaˈlain] **I.** *adj pred* all alone *pred* **II.** *adv* all on one's own [*or* BRIT *fam* tod]
Mu̱t·ter·söhn·chen <-s, -> *nt* (*pej fam*) mummy's [*or* AM mama's] boy *fam*, milksop *pej* **Mu̱t·ter·spra·che** *f* mother tongue, native language [*or* tongue] **Mu̱t·ter·sprach·ler(in)** <-s, -> [-ʃpra:xlɐ] *m(f)* native speaker **mu̱t·ter·sprach·lich** *adj* native-speaker *attr;* **aus ~er Sicht** from the point of view of the native speaker **Mu̱t·ter·stel·le** *f* **bei** [*o* **an**] **jdm ~ vertreten** (*veraltend o selten*) to be [like] a mother to sb, to take a mother's place [for sb] **Mu̱t·ter·tag** *m* Mother's Day *no art*
Mu̱t·ter·tier *nt* ZOOL mother [animal]; *von Vieh a.* dam *spec*
Mut·ti <-, -s> ['mʊti] *f* (*fam*) mum[my *childspeak*] BRIT *fam*, mom[my *childspeak*] AM *fam*
Mu̱t·wil·le <-ns> *m kein pl* (*Übermut*) mischief *no art, no pl;* (*Bosart*) malice *no art, no pl;* **aus** [**bloßem** [*o* **lauter**] [*o* **reinem**]] **~n** out of [pure] mischief/malice
mu̱t·wil·lig **I.** *adj* mischievous; (*böswillig*) malicious **II.** *adv* deliberately
Müt·ze <-, -n> ['mʏtsə] *f* cap; [**von jdm**] **was** [*o* **eins**] **auf die ~ kriegen** (*fam*) to get a good talking-to [*or* BRIT *fam!* a right bollocking] [from sb]; (*gehauen werden*) to get smacked [by sb]
MwSt., Mw.-St. *f Abk von* **Mehrwertsteuer** VAT, Vat
My·an·mar <-s> ['mjanma:ɐ̯] *nt* Myanmar, Burma *hist; s. a.* **Deutschland**
My·an·ma̱·re, My·an·ma̱·rin <-n, -n> *m, f* Burman; *s. a.* **Deutsche(r)**
my·an·ma̱·risch *adj* Burman; *s. a.* **deutsch**
Myo·glo·bin <-s, -e> [myoglo'bi:n] *nt* MED (*Sauerstoff speichernder Eiweißstoff des Muskels*) myoglobin
My·om <-s, -e> [my'o:m] *nt* MED myoma *spec*
My·o·sin <-s> [myo'zi:n] *nt kein pl* BIOL myosin
My·ri·a·de <-, -n> [my'ri̯a:də] *f meist pl* myriad *no def art*
Myr·re[RR], **Myr·rhe** <-, -n> ['mʏrə] *f* myrrh *no art, no pl*
Myr·te <-, -n> ['mʏrtə] *f* myrtle
mys·te·ri·ös [mʏstə'ri̯ø:s] *adj* mysterious
Mys·te·ri·um <-s, -ien> [mʏs'te:ri̯ʊm, *pl* mʏste:ri̯ən] *nt* (*geh*) mystery
Mys·tik <-> ['mʏstɪk] *f kein pl* mysticism *no art, no pl*
Mys·ti·ker(in) <-s, -> ['mʏstɪkɐ] *m(f)* mystic
mys·tisch ['mʏstɪʃ] *adj* ❶ (*geh*) mysterious ❷ REL mystic[al]
my·thisch ['my:tɪʃ] *adj* (*geh*) mythical
My·tho·lo·gie <-> [mytolo'gi:] *f kein pl* mythology *no art, no pl*
my·tho·lo·gisch [myto'lo:gɪʃ] *adj* mythological
My·thos ['my:tɔs] *m*, **My·thus** <-, Mythen> ['my:tʊs] *m* ❶ (*sagenhafte Überlieferung*) myth ❷ (*Legende*) legend
My·zel <-s, Myzelien> [my'tse:l, *pl* my'tse:li̯ən] *nt* BOT (*Pilzfaden*) mycelium *no pl*

Nn

N, n <-, - *o fam* -s, -s> [ɛn] *nt* N, n; **~ wie Nordpol** N for Nelly BRIT, N as in Nan AM; *s. a.* **A 1**
N *Abk von* **Norden**
'n *art indef* (*fam*) ❶ *s.* **ein** ❷ *s.* **einen**
na [na] *interj* (*fam*) ❶ (*zweifelnder Ausruf*) well; **~ gut** [*o* **schön**] [*o* **meinetwegen**] all right, ok[ay] *fam;* **~ ja** well; **~ ja, weil du es bist!** well, ok[ay], for you *fam* ❷ (*Ausruf der Entrüstung*) well; **~, ~!** now, now! ❸ (*Ausruf der Anerkennung*) well; **~ also!** [*o* **bitte**] [well,] there you go [then]; **~ so was!** well I never [did]! ▶ WENDUNGEN: **~, du?** how's it going?; **~ und ob!** you bet! *fam;* **~ und?** so what?; *s. a.* **warten**
Na·be <-, -n> ['na:bə] *f* TECH hub
Na·bel <-s, -> ['na:bl̩] *m* navel, belly [*or* BRIT *a.* tummy] button *fam;* **der ~ der Welt** the hub [*or* centre [*or* AM -er]] of the universe
Na̱·bel·bruch *m* MED umbilical hernia **Na̱·bel·schau** *f* ▶ WENDUNGEN: **~ betreiben** (*fam*) to be bound up in oneself, to indulge in self-contemplation **Na̱·bel·schnur** *f* (*a. fig*) umbilical cord
nach [na:x] **I.** *präp* + *dat* ❶ (*räumlich: bis hin zu*) ■**~ etw** to sth; **der Weg führt direkt ~ ...** this is the way to ...; *s. a.* **außen, da, dort, hier, hinten, innen, links, oben, rechts, unten, vorn** ❷ (*räumlich: hinter*) ■**~ jdm/etw** behind sb/sth; **du stehst ~ mir auf der Liste** you're [*or* you come] after me on the list; *s. a.* **stehen** ❸ (*zeitlich: im Anschluss an*) ■**~ jdm/etw** after sb/sth; [**bitte**] **~ Ihnen!** after you!; **~ wie vor** still; **ich halte ~ wie vor an meiner Überzeugung fest** I remain convinced ❹ (*gemäß*) ■**~ etw** according to sth; **~ Artikel 23/den geltenden Vorschriften** under article 23/present regulations; ■**jds ... ~** judging by sb's ...; **~ allem** [*o* **dem**], **was ...** from what ...; **~ allem, was ich gehört habe** from what I've heard; **~ dem, was wir jetzt wissen** as far as we know; *s. a.* **Art** ❺ (*in Anlehnung an*) ■**~ etw** after sth; **diese Wandlampe ist ~ einer Fackel geformt** this lamp was shaped after a torch; **~ einer Erzählung von Edgar A. Poe** after [*or* based on] a story by Edgar A Poe; *s. a.* **Gedächtnis** **II.** *adv* **ihm ~!** after him!; (*an einen Hund a.*) sic 'im! *fam;* **los, mir ~!** let's go, follow me!; **~ und ~** gradually, little by little
na̱ch|äf·fen *vt* (*pej*) ■**jdn ~** (*zur Belustigung*) to mimic [*or* BRIT take off] sb; (*dilettantisch*) to ape sb; ■**etw ~** to mimic [*or* copy]/ape sth; **einer Mode ~** to follow a fashion craze
na̱ch|ah·men *vt* ❶ (*imitieren*) ■**jdn/etw ~** to imitate sb/sth ❷ (*kopieren*) ■**etw ~** to copy sth
na̱ch·ah·mens·wert *adj* exemplary
Na̱ch·ah·mer(in) <-s, -> *m(f)* ❶ (*Imitator*) imitator ❷ (*Kopist*) copyist
Na̱ch·ah·mung <-, -en> *f* ❶ *kein pl* (*Imitation*) imitation ❷ (*Kopie*) copy
Na̱ch·ah·mungs·trieb *m* PSYCH imitative instinct
na̱ch|ar·bei·ten *vt* ■**etw ~** ❶ (*aufholen*) to make up for [*or sep* make up] sth ❷ (*nachträglich bearbeiten*) to touch up sth *sep*
Nach·bar(in) <-n *o* -s, -n> ['naxba:ɐ̯] *m(f)* ❶ (*jd, der in jds Nähe wohnt*) neighbour [*or* AM -or]; (*in einer Nachbarwohnung a.*) next-door neighbour; **die ~n** the neighbours, next door + *sing/pl vb;* **~s Garten/Hund** next door's [*or* the neighbours'] garden/dog ❷ (*nebenan Sitzender*) **sie wandte sich ihrer ~in** [**am Tisch**] **zu** she turned to the woman [sitting] next to her [at the table]; **wir sind während der Fahrt ~n** we will be sitting next to each other on the journey ❸ (*benachbartes Land*) neighbour [*or* AM -or]; **unsere ~n im Osten** our neighbours in the East ▶ WENDUNGEN: **scharf** [*o* **geil**]

wie ~s Lumpi sein (*sl*) to be a randy old goat *pej fam*

Nach·bar·gar·ten *m* next door's [*or* the neighbours'] garden **Nach·bar·haus** *nt* house next door **Nach·bar·land** *nt* neighbouring [*or* Am neighboring] country

nach·bar·lich *adj* ❶ (*benachbart*) neighbouring [*or* Am neighboring] *attr;* **aus dem ~en Garten** from next door's [*or* the neighbours'] garden ❷ (*unter Nachbarn üblich*) neighbourly [*or* Am neighborly]; **gute/freundliche ~e Beziehungen** good/friendly relations with the neighbours

Nach·bar·schaft <-, -en> *f* ❶ (*nähere Umgebung*) neighbourhood [*or* Am neighborhood]; ■**in der/jds ~** in the/sb's neighbourhood ❷ (*die Nachbarn*) neighbours [*or* Am -ors] *pl;* **es hat sich in der ~ bereits herumgesprochen** it's gone around the whole neighbourhood; **[eine] gute ~ halten** [*o* **pflegen**] to keep up good neighbourly [*or* Am neighborly] relations

Nach·bar·schafts·ge·richt *nt* JUR *neighbourhood court* **Nach·bar·schafts·hil·fe** *f association of neighbours that provides help with shopping, cleaning, gardening, etc. to those less able in the neighbourhood*

Nach·bars·frau *f* neighbour's [*or* Am -or's] wife, woman next door **Nach·bars·kind** *nt* child next door **Nach·bars·leu·te** *pl* neighbours [*or* Am -ors] *pl,* people next door

Nach·bar·woh·nung *m* next door *no art, no pl,* flat [*or* apartment] next door **Nach·bar·zaun** *m* neighbour's [*or* Am -or's] fence

Nach·bau <-[e]s, -ten> *m* ARCHIT, TECH replica, reproduction

nach|bau·en *vt* ■**etw ~** to build a copy of sth

nach|be·ar·bei·ten* *vt* ■**etw ~** to finish off sth *sep*

Nach·be·ben *nt* GEOL aftershock

nach|be·han·deln* *vt* ❶ (*im Anschluss behandeln*) ■**etw [mit etw] ~** to give sth follow-up treatment [with sth] ❷ MED ■**jdn/etw ~** to give sb/sth follow-up treatment

Nach·be·hand·lung *f* ❶ (*zusätzliche Behandlung*) follow-up treatment *no pl* ❷ MED follow-up treatment *no pl*

nach|be·rei·ten* *vt* ■**etw ~** to go through [*or* over] sth again

nach|bes·sern **I.** *vt* ■**etw ~** to retouch sth; **ein Produkt ~** to make improvements to a product; **einen Vertrag ~** to amend a contract **II.** *vi* to make improvements

nach|be·stel·len* *vt* ■**etw ~** to reorder [*or* order some more of] sth

Nach·be·stel·lung *f* (*weitere Bestellung*) repeat order; (*nachträgliche Bestellung*) late order

nach|be·ten *vt* (*pej fam*) ■**[jdm] etw ~** to parrot sth [sb says] *pej,* Brit *a.* to repeat sth [sb says] parrot-fashion

nach|bil·den *vt* ■**etw [einer S. *dat*] ~** to reproduce sth [from sth], to model sth on sth; **etw aus dem Gedächtnis ~** to copy sth from memory

Nach·bil·dung *f* reproduction; (*exakt*) copy

nach|bli·cken *vi* (*geh*) ■**jdm/etw ~** to follow sb/sth with one's eyes, to watch sb/sth

Nach·blu·tung *f* secondary haemorrhage [*or* Am hemorrhage] [*or no art, no pl* bleeding]

nach|boh·ren **I.** *vt* **ein Loch ~** to re-drill [*or sep* drill out] a hole **II.** *vi* (*fam*) ■**[bei jdm] ~** to probe [sb on a/the matter]

Nach·brust *f* KOCHK brisket

nach|da·tie·ren* *vt* ❶ (*auf einen Brief oder ein Schriftstück ein früheres, zurückliegendes Datum schreiben*) ■**etw ~** to backdate [*or* predate] [*or* antedate] sth ❷ (*selten: [auf einen Brief oder ein Schriftstück] nachträglich das richtige Datum schreiben*) ■**etw ~** to backdate sth

nach·dem [na:x'de:m] *konj* ❶ *temporal* after; **eine Minute ~ du angerufen hattest, ...** one minute after you [had] called, ... ❷ *kausal* (*da*) since, seeing that; **~ wir uns also einig sind, ...** since [*or* seeing that] we agree, ...

nach|den·ken *vi irreg* ❶ (*überlegen*) ■**[über etw *akk*] ~** to think [about sth]; **denk doch mal nach!** think about it!; (*mahnend*) use your head [*or* brain][, will you]! ❷ (*sich Gedanken machen*) ■**[über jdn/etw] ~** to think [about sb/sth]; **laut ~** to think out loud

Nach·den·ken *nt* thought *no art, no pl,* reflection *no art, no pl,* thinking *no art, no pl;* **bitte störe mich jetzt nicht beim ~!** please don't disturb me while I'm thinking!; **zum ~ kommen** to find time to think

nach·denk·lich ['na:xdɛŋklɪç] *adj* ❶ (*etwas überlegend*) pensive, thoughtful ❷ (*zum Nachdenken neigend*) pensive, thoughtful; **jdn ~ machen** [*o geh* **stimmen**] to set sb thinking, to make sb think; **~ gestimmt sein** to be in a thoughtful [*or* pensive] mood ❸ (*viel nachdenkend*) thoughtful, pensive

Nach·denk·lich·keit <-> *f kein pl* pensiveness *no art, no pl,* thoughtfulness *no art, no pl*

nach|dich·ten *vt* ■**etw ~** to give a free rendering of sth

Nach·dich·tung *f* free rendering

nach|drän·gen *vi sein* ■**[jdm] ~** to push [sb] from behind; *Menge a.* to throng after sb

Nach·druck[1] *m kein pl* stress *no pl,* emphasis *no pl;* **[besonderen] ~ auf etw *akk* legen** to place [special] emphasis on sth; **[besonderen] ~ darauf legen, dass ...** to place [special] emphasis on the fact [*or* stress [*or* emphasize] [particularly]] that ...; **mit [allem] ~** with vigour [*or* Am -or]; **etw mit ~ sagen** to say sth emphatically; **etw mit ~ verweigern** to flatly refuse sth

Nach·druck[2] <-[e]s, -e> *m* VERLAG ❶ (*nachgedrucktes Werk*) reprint ❷ *kein pl* (*das Nachdrucken*) reprinting *no art, no pl;* **der ~ [des Artikels] ist nur mit Genehmigung des Verlages gestattet** no part of this article may be reproduced without the prior permission of the publisher

nach|dru·cken *vt* VERLAG ❶ (*abermals drucken*) ■**etw [unverändert] ~** to reprint sth ❷ (*abdrucken*) ■**etw ~** to reproduce sth

nach·drück·lich ['na:xdrʏklɪç] **I.** *adj* insistent; **eine ~e Warnung** a firm warning **II.** *adv* insistently, firmly

Nach·drück·lich·keit <-> *f kein pl* insistence *no art, no pl,* firmness *no art, no pl;* **in aller ~** strongly

nach|dun·keln *vi sein* to darken

Nach·durst *m* (*nach übermäßigem Alkoholgenuss*) dehydration; **~ haben** to be dehydrated

nach|ei·fern *vi* (*geh*) ■**jdm [in etw *dat*] ~** to emulate sb [in sth]

nach·ein·an·der [na:xʔai'nandɐ] *adv* one after another [*or* the other]; **kurz/schnell ~** in quick/rapid succession

nach|emp·fin·den* *vt irreg* ❶ (*mitfühlen*) ■**[jdm] etw ~ können** to be able to sympathize with sb's sth; **ich kann Ihnen Ihre Erregung lebhaft ~** I can understand how irritated you must have been; ■**jdm ~ können, dass/wie er/sie ...** to be able to understand that/how sb ...; **vielleicht kannst du mir jetzt ~, wie ich mich fühle** perhaps now you can understand how I feel ❷ KUNST, LIT (*nach einer Anregung gestalten*) ■**jdm/einer S. etw ~** to adapt sth from sb/sth

Na·chen <-s, -> ['naxn̩] *m* (*liter*) barque *poet*

nach|er·zäh·len* *vt* ■**etw ~** to retell sth

Nach·er·zäh·lung *f* SCH account; (*geschrieben a.*) written account (*of something heard/read*)

Nachf. *Abk von* **Nachfolger**

Nach·fahr(in) <-en *o* -s, -en> ['na:xfa:ɐ̯] *m(f)* (*geh*) *s.* **Nachkomme**

nach|fah·ren *vi irreg sein* ❶ (*hinterherfahren*) ■**jdm ~** to follow sb ❷ (*im Nachhinein folgen*) ■**jdm [irgendwohin] ~** to follow sb on [somewhere]

nach|fas·sen **I.** *vi* ❶ (*fam: nachbohren*) ■**[bei jdm/in etw *dat*] ~** to probe sb/into sth, to probe [*or* dig] a little deeper [into sb/sth] ❷ SPORT (*noch einmal zugreifen*) to regain one's grip ❸ (*Nachschlag holen*) to have a second helping **II.** *vt* ■**etw ~** to have a second helping of sth

nach|fei·ern *vt* ■**etw ~** to celebrate sth later

Nach·fol·ge *f kein pl* succession; ■**die/jds ~ [in etw *dat*]** the/

N

sb's succession [in sth]; **jds ~ antreten** to succeed sb

Nach·fol·ge·kan·di·dat(in) *m(f)* candidate for succession **Nach·fol·ge·mo·dell** *nt* replacement [model]

nach|fol·gen *vi sein* (*geh*) ❶ (*Nachfolger werden*) ■**jdm [in etw** *dat*] ~ to succeed sb [in sth]; **jdm im Amt** ~ to succeed sb in office ❷ (*folgen*) ■**jdm/etw** ~ to follow sb/sth

nach·fol·gend *adj* (*geh*) following; ■**N~es**, ■**das N~e** the following; **im N~en** in the following

Nach·fol·ge·or·ga·ni·sa·ti·on *f* successor organization **Nach·fol·ge·par·tei** *f* successor party

Nach·fol·ger(in) <-s, -> *m(f)* successor

nach|for·dern *vt* ■**etw** ~ to put in *sep* an additional [*or* another] demand for sth

Nach·for·de·rung *f* additional [*or* subsequent] demand; **~en erheben** [*o* **geltend machen**] to make an additional demand/additional demands

nach|for·schen *vi* ■**[in etw** *dat*] ~ to [try and] find out [more] [about sth], to make [further] enquiries [*or* inquiries] [about sth]; **nachdem man in der Sache weiter nachgeforscht hatte, ...** after further enquiries had been made into the matter, ...; ■**~, ob/wann/wie/wo ...** to find out whether/when/how/where ...

Nach·for·schung *f* enquiry, inquiry; (*polizeilich*) investigation; **[in etw** *dat*] **~en anstellen** [*o* **betreiben**] to make enquiries/carry out investigations [into sth]

Nach·fra·ge *f* ❶ ÖKON demand (**nach** +*dat* for sth); **eine große/größere/steigende** ~ a great/greater/growing demand; *s. a.* **Angebot** ❷ (*Erkundigung*) enquiry, inquiry; **danke der ~!** nice of you to ask!

nach|fra·gen *vi* ■**[bei jdm]** ~ to ask [sb], to enquire, to inquire

Nach·fra·ge·rück·gang *m* ÖKON fall [*or* drop] [*or* decline] in demand

Nach·frist *f* extended deadline, extension; **jdm eine ~ setzen** to extend sb's deadline

nach|füh·len *vt* ■**[jdm] etw** ~ to understand how sb feels, to sympathize with sb; **ich fühle dir das wohl nach** I know how you must feel; ■**jdm ~ können, dass/wie er/sie ...** to be able to understand that/how sb ...; **er wird mir sicher ~ können, dass/wie ich ...** he'll surely be able to understand that/how I ...

nach|fül·len I. *vt* ❶ (*noch einmal füllen*) ■**[jdm] etw** ~ to refill sth [for sb]/sb's sth ❷ *s.* **nachgießen II.** *vi* ■**[jdm]** ~ to top up [*or* AM off] sb *sep fam*; **darf ich Ihnen noch ~?** can I top you up? *fam*, would you like a top-up?

Nach·füll·pack <-s, -s> *m*, **Nach·füll·pa·ckung** *f* refill pack

nach|ge·ben *irreg* **I.** *vi* ❶ (*einlenken*) ■**[jdm/etw]** ~ to give way [*or* in] [to sb/sth] ❷ (*zurückweichen*) to give way ❸ *Aktien* to drop, to fall **II.** *vt* ■**jdm etw** ~ to give sb some more [*or* another helping] of sth

Nach·ge·bo·re·nen *pl dekl wie adj* SOZIOL (*geh*) future generations *pl*

Nach·ge·bühr *f* excess postage *no pl*

Nach·ge·burt *f* ❶ (*ausgestoßene Plazenta*) afterbirth *no pl* ❷ *kein pl* (*Vorgang der Ausstoßung*) expulsion of the afterbirth

nach|ge·hen *vi irreg sein* ❶ (*hinterhergehen*) ■**jdm** ~ to follow [*or* go after] sb ❷ *Uhr* to be slow; **meine Uhr geht zehn Minuten nach** my watch is ten minutes slow ❸ (*zu ergründen suchen*) ■**einer S.** *dat* ~ to look into [*or* investigate] sth ❹ (*form: ausüben*) ■**einer S.** *dat* ~ to practise [*or* AM -ice] sth; **seinen eigenen Interessen** ~ to pursue one's own interests

nach·ge·las·sen *adj* LIT left behind unpublished *pred*; (*posthum veröffentlicht*) posthumously published *pred form*

nach·ge·macht *adj inv* imitation; **~es Geld** counterfeit money; ■**~ sein** to be imitation [*or* a counterfeit]

nach·ge·ord·net *adj* (*form*) subordinate

nach·ge·ra·de ['na:xgə'ra:də] *adv* (*geh*) ❶ (*beinahe*) practically, virtually ❷ (*nach wie vor*) still

Nach·ge·schmack *m* aftertaste; **einen bitteren/süßen ~ haben** to have a bitter/sweet aftertaste; **[bei jdm] einen bitteren** [*o* **unangenehmen**] [*o* **üblen**] **~ hinterlassen** to leave a nasty taste [in sb's mouth]

nach·ge·wie·se·ner·ma·ßen *adv inv* as has been proved [*or* shown]; **der Fahrer, der den Unfall verursachte, war ~ volltrunken** as has been proved [*or* shown], the driver who caused the accident was blind drunk

nach·gie·big ['na:xgi:bɪç] *adj* ❶ (*leicht nachgebend*) soft, accommodating, compliant *form*; ■**[jdm gegenüber] [zu] ~ sein** to be [too] soft [on sb] ❷ (*auf Druck nachgebend*) pliable, yielding *attr*; **diese Matratze ist überall sehr ~** this mattress gives all over

Nach·gie·big·keit <-> *f kein pl* ❶ *von Wesenart* softness *no art, no pl*, accommodating nature ❷ *von Konsistenz* pliability *no art, no pl*, softness *no art, no pl*

nach|gie·ßen *irreg* **I.** *vt* ■**[jdm] etw** ~ to give sb some more of sth, to top up [*or* AM off] *sep* sb's glass [*or fam* sb] **II.** *vi* ■**[jdm]** ~ to top up [*or* AM off] sb *sep fam*; **darf ich ~?** would you like some more?

nach|grü·beln *vi* ■**[über etw** *akk*] ~ to think [about sth], to ponder [on sth] *form*; ■**das N~** thinking, pondering *form*; **N~ wäre nur verschenkte Zeit** don't waste your time thinking about [*or form* pondering on] it

nach|gu·cken *vi* (*fam*) ■**[in etw** *dat*] ~ to [take a] look [in sth]

nach|ha·ken *vi* (*fam*) ■**[bei jdm] [mit etw]** ~ to probe sb with sth, to dig deeper [with sth]

Nach·hall *m* echo

nach·hal·tig ['na:xhaltɪç] **I.** *adj* lasting, sustained; **~e Entwicklung** sustainable development **II.** *adv* **jdn ~ beeindrucken/beeinflussen** to leave a lasting impression/have a lasting influence on sb; **sich** *akk* **~ verbessern** to make a lasting improvement

Nach·hal·tig·keit <-> *f kein pl* ❶ (*längere Zeit anhaltende Wirkung*) lastingness *no pl*; **manchmal ist ein Glas zu viel von großer ~** sometimes one glass too many can have a very long-lasting [after-]effect ❷ FORST (*dauernde Nutzung einer Fläche zur Holzproduktion*) sustentation *no pl*

nach|hän·gen *vi irreg* ❶ (*sich überlassen*) ■**einer S.** *dat* ~ to lose oneself in [*or* abandon oneself to] sth ❷ (*anhaften*) ■**jdm hängt etw nach** sth is attached to sb; **ihm hängt der Geruch nach, dass ...** there's a rumour attached to him that ...

Nach·hau·se·weg [na:x'hauzəve:k] *m* way home; **auf dem/jds ~** on the/sb's way home

nach|hel·fen *vi irreg* ❶ (*zusätzlich beeinflussen*) ■**einer S.** *dat* ~ to help along sth *sep*; ■**mit etw** ~ to help things along [*or* give a helping hand] with sth; **~, dass etw passiert** to help make sth happen ❷ (*auf die Sprünge helfen*) ■**jdm/etw** ~ to give sb/sth a helping hand

nach·her [na:x'e:ɐ, 'na:xe:ɐ] *adv* ❶ (*danach*) afterwards ❷ (*irgendwann später*) later; **bis ~!** see you later! ❸ (*fam: womöglich*) possibly; **~ behauptet er noch, dass ...** he might just claim [that] ...

Nach·hil·fe *f* extra help *no art, no pl*, private tuition [*or* AM *usu* tutoring] [*or* coaching] *no art, no pl*; **[von jdm] ~ [in etw** *dat*] **bekommen** to receive [*or* get] private tuition [from sb] [in sth]; **[jdm] ~ [in etw** *dat*] **geben** to give [sb] private tuition [in sth]

Nach·hil·fe·leh·rer(in) *m(f)* private tutor **Nach·hil·fe·stun·de** *f* private lesson [*or* coaching *no art, no pl*]; **[von jdm] ~n [in etw** *dat*] **bekommen** to receive [*or* get] private lessons [from sb] [in sth]; **[jdm] ~n [in etw** *dat*] **geben** to give [sb] private lessons [in sth] **Nach·hil·fe·un·ter·richt** *m* private coaching [*or* tuition] [*or* AM *usu* tutoring] *no art, no pl*

nach·hin·ein *adv* **im N~** looking back, in retrospect; (*nachträglich*) afterwards

nach|hin·ken *vi sein* (*fam*) ■**[hinter jdm/etw]** ~ to lag behind [sb/sth]

Nach·hol·be·darf *m* additional requirements *pl*; ■**der/jds ~**

an etw *dat* the/sb's additional requirements of sth; **jds ~ [an etw** *dat*] **gedeckt sein** to have had one's fill [of sb's sth]; **einen [großen] ~ [an/auf etw** *dat*] **haben** to have a lot to catch up on [in the way of sth]

nach|ho·len *vt* ❶ (*aufholen*) ■**etw ~** to make up for sth ❷ (*nachkommen lassen*) ■**jdn ~** to let sb [*or* get sb to] join one

Nach·hut <-, -en> *f* MIL rearguard BRIT, rear guard AM; **bei der ~** in the rearguard

nach|ja·gen *vi sein* ❶ (*zu erreichen trachten*) ■**einer S.** *dat* **~** to pursue [*or* chase after] sth ❷ (*eilends hinterherlaufen*) ■**jdm ~** to chase after sb

nach|kau·fen *vt* ■**etw ~** to buy sth later [*or* at a later date]; **alle Teile können jederzeit nachgekauft werden** all parts are available for purchase at all times

Nach·klang *m* ongoing sound; (*Echo*) echo

nach·klas·sisch *adj* post-classical

nach|klin·gen *vi irreg sein* ❶ (*weiterklingen*) to go on sounding, to linger ❷ (*als Eindruck zurückbleiben*) ■**in jdm ~** to linger [*or* stay] with sb

Nach·kom·me <-n, -n> ['na:xkɔmə] *m* descendant

nach|kom·men *vi irreg sein* ❶ (*danach folgen*) to follow on; ■**jdn ~ lassen** to let sb join one later; **sein Gepäck ~ lassen** to have [*or* get] one's luggage sent on ❷ (*Schritt halten*) to keep up ❸ (*mithalten*) ■**[mit etw] ~** to keep up [with sth] ❹ (*erfüllen*) ■**einer S.** *dat* **~** to fulfil [*or* AM *usu* -ll] sth; **einer Anordnung/Pflicht ~** to carry out an order/a duty *sep;* **einer Forderung ~** to meet [with] a demand ❺ (*als Konsequenz folgen*) to follow as a consequence ❻ SCHWEIZ (*verstehen*) to follow, to get it; ■**~, was ...** to understand [*or* get] what ...

Nach·kom·men·schaft <-, -en> *f* (*geh*) descendants *pl;* **seine zahlreiche ~** one's numerous progeny + *sing/pl vb form*

Nach·kömm·ling <-s, -e> ['na:xkœmlɪŋ] *m* (*Nachzügler*) latecomer, late arrival; (*Kind*) afterthought *hum;* (*Nachkomme*) descendant

nach|kon·trol·lie·ren* *vt* ■**etw [auf etw** *akk*] **~** to check over sth *sep* [for sth]; ■**~, ob/wann/wie ...** to check whether/when/how ...

nach|kor·ri·gie·ren* *vt* ■**etw ~** to re-correct sth; **einen Aufsatz ~** to go over an essay again

Nach·kriegs·deutsch·land *nt* POL (*hist*) post-war Germany **Nach·kriegs·ge·ne·ra·ti·on** *f* post-war generation **Nach·kriegs·zeit** *f* post-war period

Nach·kur *f* MED after-treatment *no pl,* follow-up cure

nach|la·den *irreg* **I.** *vt* ■**etw ~** to reload sth; ■**das N~ [einer S.** *gen* [*o* **von etw**]] reloading [sth] **II.** *vi* to reload

Nach·lass^RR <-es, -e *o* -lässe> *m,* **Nachlaß**^ALT <-lasses, -lasse *o* -lässe> ['na:xlas, *pl* 'na:xlɛsə] *m* ❶ (*hinterlassene Werke*) unpublished works *npl* ❷ (*hinterlassener Besitz*) estate; **den ~ eröffnen** to read the will; **den ~ ordnen/verwalten** to organize/administer the estate ❸ (*Preis~*) reduction, discount; ■**ein ~ [von etw] [auf etw** *akk*] a discount [*or* reduction] [of sth] [on sth]

nach|las·sen *irreg* **I.** *vi* ❶ (*schwächer werden*) to decrease, to diminish; **sobald die Kälte etwas nachlässt, ...** as soon as it gets a little warmer ...; *Druck, Schmerz* to ease off [*or* up]; *Gehör, Sehkraft* to deteriorate; *Interesse* to flag, to wane; *Nachfrage* to drop [off], to fall; *Sturm* to die down, to abate ❷ (*in der Leistung schlechter werden*) to deteriorate in one's performance, to be slacking off; **mit der Zeit ließ er [in seiner Leistung] nach** as time went on his performance deteriorated ❸ (*aufhören*) ■**~, etw zu tun** to stop doing sth; **nicht ~!** keep it up! **II.** *vt* ■**[jdm] etw [von etw] ~** to knock sth off [sth] [for sb] *fam;* **[jdm] 10 % vom Preis ~** to give [sb] a 10% rebate [*or* discount]

nach·läs·sig ['na:xlɛsɪç] **I.** *adj* ❶ (*unsorgfältig*) careless; **eine ~e Person** a careless [*or* negligent] person; **~e Arbeit** slipshod work *pej;* ■**etw ist/wird ~** sth is slack/slacking ❷ (*schlampig*) careless, sloppy *pej* **II.** *adv* ❶ (*unsorgfältig*) carelessly, negligently ❷ (*schlampig*) carelessly, sloppily *pej*

Nach·läs·sig·keit <-, -en> *f* ❶ *kein pl* (*nachlässige Art*) carelessness *no art, no pl* ❷ (*nachlässige Handlung*) negligence *no art, no pl;* **eine grobe ~** [an instance of] gross negligence

Nach·lass·ver·wal·ter(in)^RR *m(f)* JUR estate executor [*or* administrator]

nach|lau·fen *vi irreg sein* ❶ (*hinterherlaufen*) ■**jdm ~** to run after sb ❷ (*umwerben*) ■**jdm ~** to run after sb ❸ (*zu erreichen trachten*) ■**einer S.** *dat* **~** to run after [*or* chase [after]] sth

nach|le·gen **I.** *vt* ❶ (*zusätzlich auflegen*) **Holz/Kohle/Scheite ~** to put some more wood/coal/logs on [the fire] ❷ (*zusätzlich auf den Teller geben*) ■**[jdm/sich] etw ~** to give [*or* get] [sb/oneself] a second helping [of sth] **II.** *vi* (*fam*) to do/say more; **„damit ist aber nicht alles gesagt," legte er nach** "I haven't yet had the last word on this," he added

Nach·le·se *f* ❶ AGR second harvest ❷ MEDIA, TV (*ausgewählter Nachtrag*) ■**eine ~ aus etw** selected postscripts from sth

nach|le·sen *vt irreg* ■**etw [irgendwo] ~** to read up on sth [somewhere]

nach|lie·fern *vt* ■**[jdm] etw ~** ❶ (*später liefern*) to deliver sth [to sb] at a later date ❷ (*später abgeben*) to hand in sth *sep* [to sb] at a later date

Nach·lie·fe·rung *f* ❶ (*nachträgliche Lieferung*) delivery ❷ (*nachträglich gelieferter Artikel*) delivery

Nach·lö·se·ge·bühr *f* TRANSP excess fare

nach|lö·sen **I.** *vt* **eine Fahrkarte/einen Zuschlag ~** to buy a ticket/a supplement on the train **II.** *vi* ■**[bei jdm] ~** to pay [sb] on the train

nach|ma·chen *vt* ❶ (*imitieren*) ■**jdn/etw ~** to imitate sb/sth, to impersonate sb ❷ (*nachahmen*) ■**jdm etw ~** to copy sth from sb; **das soll mir erst mal einer ~!/macht mir bestimmt keiner nach!** I'd like to see anyone else do that! ❸ (*fälschen*) ■**etw ~** to forge sth; **Geld ~** to forge [*or* counterfeit] money ❹ (*fam: nachträglich anfertigen*) ■**etw ~** to make up sth *sep*

nach|mes·sen *irreg* **I.** *vt* ■**etw [mit etw] ~** to measure sth again [with sth] **II.** *vi* ■**[mit etw] ~** to check [with sth]; ■**das N~** checking; **der Fehler ist mir erst beim N~ aufgefallen** I only noticed the mistake whilst checking through

Nach·mie·ter(in) *m(f)* next tenant *no indef art;* ■**jds ~** the tenant after sb; **sie ist meine ~in** she moved in when/after I moved out

Nach·mit·tag ['na:xmɪta:k] *m* afternoon; **am/bis zum [frühen/späten] ~** in the/until the [early/late] afternoon; **im Laufe des ~s** during [the course of] the afternoon

nach·mit·täg·lich *adj attr* afternoon *attr;* **die ~ stattfindenden Seminare** the afternoon seminars

nach·mit·tags *adv* ❶ (*am Nachmittag*) in the afternoon ❷ (*jeden Nachmittag*) in the afternoons

Nach·mit·tags·schläf·chen *nt* afternoon nap **Nach·mit·tags·un·ter·richt** *m* afternoon lessons *pl* **Nach·mit·tags·vor·stel·lung** *f* afternoon showing, matinée [performance]

Nach·nah·me <-, -n> ['na:xna:mə] *f* cash [*or* AM *a.* collect] *no art, no pl* on delivery [*or* COD] *no art, no pl;* **etw als [*o* per] ~ schicken [*o* senden]** to send sth COD

Nach·nah·me·ge·bühr *f* COD charge **Nach·nah·me·sen·dung** *f* (*form*) registered COD consignment *form,* COD parcel

Nach·na·me *m* surname, family [*or* last] [*or* BRIT *a.* second] name; **wie hießen Sie mit ~n?** what's your surname?

nach|plap·pern *vt* (*fam*) ■**[jdm] etw ~** to parrot sth [sb says] *pej,* BRIT *a.* to repeat sth [sb says] parrot-fashion

Nach·por·to *nt s.* **Nachgebühr**

nach·prüf·bar *adj* verifiable; ■**etw ist ~** sth is verifiable [*or* can be verified [*or* checked]]

Nach·prüf·bar·keit <-> *f kein pl* verifiability *no art, no pl*

N

nach|prü·fen I. *vt* ❶ (*etw überprüfen*) ■**etw** ~ to verify [*or* check up on] sth ❷ SCH (*nachträglich prüfen*) ■**jdn** ~ to examine sb at a later date; (*nochmals prüfen*) to re-examine sb II. *vi* ■~, **ob/wann/wie ...** to verify [*or* check] whether/when/how ...

Nach·prü·fung *f* ❶ (*das Nachprüfen*) verification; ■**die/eine** ~ [**einer S.** *gen*] the/a verification [of sth], verifying [sth]; **die ~ der Daten dauert eine Weile** it will take some time to verify the data ❷ SCH (*nachträgliche Prüfung*) resit BRIT, re-examination AM

nach|rech·nen I. *vi* to check again; **wir müssen noch einmal** ~ we'll have to do our sums again *hum;* ■~, **dass/ob ...** to check that/whether ... II. *vt* ■**etw** [**noch einmal**] ~ to check sth [again]

Nach·re·de *f* JUR **üble** ~ defamation [of character] *form,* slander; **üble ~ [über jdn] verbreiten** to spread slander [about sb]

nach|rei·chen *vt* ■[**jdm**] **etw** ~ to hand sth [to sb] later

nach|rei·sen *vi sein* ■**jdm** [**irgendwohin**] ~ to join [*or* follow] sb [somewhere]

nach|rei·ten *vi irreg sein* ■**jdm/etw** ~ to ride after sb/sth

Nach·richt <-, -en> ['na:xrɪçt] *f* ❶ MEDIA news *no indef art, + sing vb;* ■**eine** ~ a news item; ■**die ~en** the news *+ sing vb* ❷ (*Mitteilung*) news *no indef art, + sing vb;* ■**eine** ~ some news *+ sing vb,* a piece of news; **jdm ~ geben** to let sb know; **geben Sie uns bitte ~, wenn ...** please let us know when ...

Nach·rich·ten·agen·tur *f* news agency **Nach·rich·ten·an·ge·bot** *nt* INET range of news services and stories **Nach·rich·ten·dienst** *m* ❶ (*Geheimdienst*) intelligence *no art, no pl* [service] ❷ *s.* **Nachrichtenagentur Nach·rich·ten·ka·nal** *m* news channel **Nach·rich·ten·ma·ga·zin** *nt* news magazine **Nach·rich·ten·sa·tel·lit** *m* TELEK communications satellite **Nach·rich·ten·sen·dung** *f* MEDIA news broadcast, newscast **Nach·rich·ten·sper·re** *f* news embargo [*or* blackout]; **eine ~ verhängen** to order a news embargo; (*als feindlicher Akt*) to gag the press **Nach·rich·ten·spre·cher(in)** *m(f)* newscaster, BRIT *a.* newsreader **Nach·rich·ten·tech·nik** *f* telecommunications *+ sing vb*

nach|rü·cken *vi sein* ❶ (*jds Posten übernehmen*) to succeed sb; POL *a.* to move up; **auf einen Posten** ~ to succeed to a post ❷ MIL (*folgen*) ■[**jdm**] ~ to advance [on sb]

Nach·rü·cker(in) <-s, -> *m(f)* POL successor

Nach·ruf *m* obituary, obit *fam*

nach|ru·fen *vt irreg* ■**jdm etw** ~ to shout sth after sb; ■[**jdm**] ~, [**dass**] ... to shout [to sb] that ...

Nach·ruhm *m* posthumous fame *no art, no pl form,* fame after death *no art, no pl*

nach|rüs·ten I. *vt* ■**etw** [**mit etw**] ~ to update [*or* [re]fit] sth [with sth]; **Sie können ihr Auto mit einem Katalysator** ~ you can [re]fit your car with a catalytic converter; **einen Computer** ~ to upgrade a computer II. *vi* MIL to deploy new arms

Nach·rüs·tung *f kein pl* ❶ TECH modernization, refit, installation ❷ MIL (*nachträgliche Aufrüstung*) deployment of new arms

nach|sa·gen *vt* ❶ (*von jdm behaupten*) ■**jdm etw** ~ to say sth of sb; **es wird ihr nachgesagt, dass sie eine bösartige Intrigantin sei** they say [*or* it's said] that she is a nasty schemer; **ich lasse mir von dieser Frau nicht ~, dass ich lüge** I'm not having that woman say I'm a liar ❷ (*nachsprechen*) ■[**jdm**] **etw** ~ to repeat sth [sb said]

Nach·sai·son [-zɛ,zõ:, -zɛ,zɔŋ] *f* off-season

nach|sal·zen I. *vt* ■**etw** ~ to add more salt to sth II. *vi* to add more salt

Nach·satz *m* afterthought; (*Nachschrift*) postscript

nach|sau·sen *vi sein* ■**jdm/etw** ~ to rush after sb/sth

nach|schau·en I. *vt* ■**etw** [**in etw** *dat*] ~ to look up sth *sep* [in sth] II. *vi* ❶ (*nachschlagen*) ■[**in etw** *dat*] ~ to [have [*or* take] a] look [in sth]; ■~, **ob/wie ...** to [have a] look [*or* look up] whether/how ... ❷ (*nachsehen*) ■~[, **ob ...**] to [have a] look [and see] [*or fam* have a look-see] [whether ...]

nach|schen·ken (*geh*) I. *vt* ■[**jdm**] **etw** ~ to top up [*or* AM off] *sep* sb's glass [*or fam* sb] II. *vi* ■[**jdm**] ~ to top up [*or* AM off] sb *sep fam;* **darf ich ~?** may I top you up? *fam* [*or* give you a refill]

nach|schi·cken *vt* ❶ (*nachsenden*) ■[**jdm**] **etw** ~ to forward [*or sep* send on] sth [to sb], to forward sth [to sb] ❷ (*hinterdrein schicken*) ■**jdm jdn** ~ to send sb after sb

nach|schie·ben *vt irreg* (*sl*) ■**etw** ~ to follow up with sth; **eine Begründung/Erklärung** ~ to provide a reason/an explanation afterwards; **nachgeschobene Gründe** rationalizations

nach|schie·ßen *vt irreg* FIN (*fam*) ■**etw** ~ to give sth additionally; *Geld* to pump additional cash into sth

Nach·schlag *m von Essen* second helping

nach|schla·gen *irreg* I. *vt* ■**etw** [**in etw** *dat*] ~ to look up sth *sep* [in sth] II. *vi* ❶ *haben* (*nachlesen*) ■[**in etw** *dat*] ~ to look it up [in sth], to consult sth ❷ *sein* (*geh: jdm ähneln*) ■**jdm** ~ to take after sb

Nach·schla·ge·werk *nt* reference book [*or* work]

nach|schlei·chen *vi irreg sein* ■**jdm** ~ to creep [*or* sneak] after sb

nach|schlei·fen *vt irreg* **ein Messer** ~ to [re]sharpen [*or* [re]grind] a knife

nach|schleu·dern *vt* ■**jdm etw** ~ to fling [*or* hurl] sth after sb

Nach·schlüs·sel *m* duplicate key

nach|schmei·ßen *vt irreg* (*fam*) ■**jdm etw** ~ to throw [*or* fling] sth after sb; **nachgeschmissen sein** to be a real bargain

nach|schnüf·feln *vi* (*fam*) to poke [*or pej* sniff] around *fam;* ■**jdm** ~ to spy on sb; ■**in etw** *dat* ~ to poke [*or pej* sniff] around in sth *fam*

Nachschrift <-, -en> *f* ❶ (*Protokoll*) transcript ❷ (*Nachsatz*) *Brief* postscript, PS

Nach·schub <-[e]s, Nachschübe> ['na:xʃu:p, *pl* 'na:xʃy:bə] *m pl rare* ❶ MIL (*neues Material*) [new] supplies *npl,* reinforcements *npl;* ■**der/jds ~ an etw** *dat* the/sb's supplies of sth; **beim ~ sein** to be in the supply troop ❷ (*fam: zusätzlich erbetene Verpflegung*) second helpings *pl*

Nach·schub·ein·heit <-, -en> *f* MIL supply unit

nach|schwat·zen, nach|schwät·zen *vt* SÜDD, ÖSTERR (*fam*) ■[**jdm**] **etw** ~ to parrot sth [sb says/said]

nach|se·hen *irreg* I. *vi* ❶ (*mit den Blicken folgen*) ■**jdm/etw** ~ to follow sb/sth with one's eyes, to watch sb/sth; (*mit Bewunderung/Sehnsucht a.*) to gaze after sb/sth ❷ (*nachschlagen*) ■[**in etw** *dat*] ~ to look it up [in sth], to consult sth ❸ (*hingehen und prüfen*) ■[**irgendwo**] ~ to [have [*or* take] a] look [somewhere]; ■~, **ob/wo ...** to [have a] look whether/where ... II. *vt* ❶ (*nachschlagen*) ■**etw** [**in etw** *dat*] ~ to look up sth *sep* [in sth] ❷ (*kontrollieren*) ■**etw** ~ to check sth; **etw auf Fehler hin** ~ to check sth for defects/errors ❸ (*geh: verzeihen*) ■**jdm etw** ~ to forgive sb for sth

Nach·se·hen <-s,> *nt kein pl* [**bei/in etw** *dat*] **das ~ haben** to be left standing [in sth]; (*leer ausgehen*) to be left empty-handed [in sth]; (*keine Chance haben*) to not get anywhere [*or* a look-in]

Nach·sen·de·an·trag *f* application to have one's mail forwarded

nach|sen·den *vt irreg* ■**jdm etw** ~ to forward [*or sep* send on] sth to sb; ■**sich** *dat* **etw ~ lassen** to have sth forwarded to one['s new address]

nach|set·zen *vi* (*geh*) ■**jdm** ~ to pursue sb

Nach·sicht <-> *f kein pl* leniency *no art, no pl;* [**mehr**] **~ üben** (*geh*) to be [more] lenient, to show [more] leniency; **mit** [**mehr**] ~ with [more] leniency; **etw mit ~ betrachten** to view sth leniently; **ohne** ~ without mercy

nach·sich·tig I. *adj* lenient; (*verzeihend*) merciful; ■[**mit jdm**] **~ sein** to be lenient [with sb] II. *adv* leniently/mercifully

Nach·sil·be *f* suffix

nach|sin·gen *vt irreg* ■ [**jdm**] **etw** ~ to sing sth after [sb]
nach|sin·nen *vi irreg* ■ [**über etw** *akk*] ~ to ponder [over sth]
nach|sit·zen *vi irreg* SCH ■ ~ **müssen** to have detention; ■ **jdn** ~ **lassen** to give sb detention
Nach·som·mer *m* Indian summer
Nach·sor·ge *f* aftercare *no pl*
Nach·sor·ge·kli·nik *f* aftercare clinic
Nach·spann <-s, -e> *m* FILM, TV credits *npl*
Nach·spei·se *f* dessert, BRIT *a.* sweet; ■ **als** ~ for dessert
Nach·spiel *nt* ❶ THEAT epilogue; MUS closing section ❷ (*nach Sex*) cuddling after sex ❸ (*unangenehme Folgen*) consequences *pl*, repercussions *pl*; **ein** ~ **haben** to have consequences [*or* repercussions]
nach|spie·len I. *vt* ■ **etw** ~ to play sth II. *vi* ❶ (*akkompagnieren*) ■ **jdm** [**auf etw** *dat*] ~ to follow sb [on sth] ❷ SPORT to play extra time [*or* AM overtime]; ~ **lassen** to allow extra time
nach|spi·o·nie·ren* *vi* (*fam*) ■ **jdm** ~ to spy on sb
nach|spre·chen *irreg* I. *vt* ■ [**jdm**] **etw** ~ to repeat sth [after sb] II. *vi* ■ **jdm** ~ to repeat after sb
nach|spü·len *vi* (*fam*) ■ [**mit etw**] ~ to wash it down [with sth] *fam*; **zum N**~ to wash [*or* for washing] it down *fam*
nach|spü·ren *vi* ❶ (*erkundend nachgehen*) ■ **einer S.** *dat* ~ to look into sth; **einer Fährte** ~ to follow a trail ❷ (*veraltend geh: auf der Jagd verfolgen*) ■ **jdm** ~ to track [*or* hunt] down sb *sep*; **einem Tier** ~ to track an animal
nächst ['nɛːçst] *präp* + *dat* (*geh*) ■ ~ **jdm** (*örtlich am nächsten*) beside [*or* next to] sb; (*außer*) apart [*or esp* AM aside] from sb
nächst·bes·te(r, s) ['nɛːçst'bɛstə] *adj attr* ■ **der/die/das** ~ ... the first ... one/sb sees
nächs·te(r, s) ['nɛːçstə] *adj superl von* **nah(e)** ❶ *räumlich* (*zuerst folgend*) next; **im** ~**n Haus** next door; **beim** ~**n Halt** at the next stop; (*nächstgelegen*) nearest; **am** ~**n** closest, nearest ❷ (*nächststehend*) close; ~ **Angehörige** close relatives ❸ *temporal* (*darauffolgend*) next; **beim** ~**n Aufenthalt** on the next visit; ~ **Ostern/**~**es Jahr** next Easter/year; **bis zum** ~**n Mal!** till the next time!; **am** ~**n Tag** the next day; **in den** ~**n Tagen** in the next few days; **in der** ~**n Woche** next week; **als N**~**s** next; **der N**~**, bitte!** next please!
Nächs·te(r) *f(m) dekl wie adj* neighbour [*or* AM -or]; ■ **jds** ~**r** sb's neighbour; **jeder ist sich selbst der** ~ (*prov*) it's every man for himself[, and the Devil take the hindmost] *prov*
Nächs·te(s) *nt dekl wie adj* ■ **das** ~**, was ...** the first thing [that] ...
nach|ste·hen *vi irreg* **jdm an Intelligenz/Kraft etc.** *dat* **nicht** ~ to be every bit as intelligent/strong as sb; ■ **jdm in nichts** *dat* ~ to be sb's equal in every way
nach·ste·hend ['naːxʃteːənt] I. *adj attr* following *attr*; ■ **das N**~**e**, ■ **N**~**es** the following; **im N**~**en** below, in the following; **im N**~**en „Kunde" genannt** here[in]after referred to as 'Customer' *form* II. *adv* in the following, below; **die Einzelheiten habe ich** ~ **erläutert** I have explained the details as follows
nach|stei·gen *vi irreg sein* ■ **jdm** ~ ❶ (*hinterhersteigen*) to climb after sb ❷ (*fam: umwerben*) to chase [after] sb
nach|stel·len I. *vt* ❶ LING ■ [**einer S.** *dat*] **nachgestellt werden** to be put after [sth]; **im Französischen wird das Adjektiv** [**dem Substantiv**] **nachgestellt** in French the adjective is placed after the noun; ■ **nachgestellt** postpositive *spec* ❷ TECH ■ **etw** ~ (*neu einstellen*) to adjust sth; (*wieder einstellen*) to readjust sth; (*korrigieren*) to correct sth; **eine Uhr** [**um etw**] ~ to put back a clock *sep* [by sth] ❸ (*nachspielen*) ■ **etw** ~ to reconstruct sth II. *vi* ■ **jdm** ~ ❶ (*geh: verfolgen*) to follow sb ❷ (*umwerben*) to pester sb
Nach·stel·lun·gen *pl* ❶ (*Belästigung*) unwelcome advances *npl*, pestering *no art, no pl* ❷ (*Verfolgungen*) pursuit
Nächs·ten·lie·be *f* compassion *no art, no pl*; ~ **üben** (*geh*) to love one's neighbour [*or* AM -or] [as oneself]
nächs·tens ['nɛːçstn̩s] *adv* ❶ (*bald*) [some time] soon ❷ (*das nächste Mal*) [the] next time ❸ (*fam: womöglich*) next, before long; ~ **wird noch behauptet, ich habe das Gegenteil gesagt** next [*or* before long] they'll be claiming I said the opposite
nächst·ge·le·gen *adj attr* nearest **nächst·hö·her** ['nɛːçst'høːɐ] *adj attr* next highest **nächst·lie·gend** *adj attr* most plausible; ■ **das N**~**e** the most plausible thing [to do] **nächst·mög·lich** ['nɛːçst'møːklɪç] *adj attr* ❶ *zeitlich* next possible *attr*; **bei der** ~**en Gelegenheit** at the next opportunity ❷ *räumlich* next possible *attr*
nach|su·chen *vi* ❶ (*durch Suchen nachsehen*) ■ [**in etw** *dat*] ~ to look [in sth] ❷ (*form: beantragen*) ■ [**bei jdm**] **um etw** ~ to request sth [of sb] [*or* sb for sth], to apply [to sb] for sth
Nacht <-, Nächte> ['naxt, *pl* 'nɛçtə] *f* night; ■ ~ **sein/werden** to be/get dark; **ganze Nächte** for nights [on end]; **bis weit in die** ~ far into the night; **ich habe gestern bis weit in die** ~ **gearbeitet** I worked late last night; **bei** ~ at night; **in der** ~ at night; **über** ~ overnight; **über** ~ **bleiben** to stay the night; **des** ~**s** (*geh*) at night; **diese/letzte** [*o* **vorige**] ~ tonight/last night; **eines** ~**s** one night ▸ WENDUNGEN: **bei** ~ **sind alle Katzen grau** (*fam*) all cats are grey [*or* AM *a.* gray] at night; **bei** ~ **und Nebel** (*fam*) at dead of night; **sich** *dat* **die** ~ **um die Ohren schlagen** (*fam*) to make a night of it; **die** ~ **zum Tage machen** to stay up all night; **gute** ~**!** good night!; **jdm gute** ~ **sagen** to say good night to sb; [**na,**] **dann gute** ~**!** (*iron fam*) well, that's just great! *iron fam*; **hässlich wie die** ~ **sein** (*fam*) to be as ugly as sin *fam*; **zur** ~ **essen** SÜDD, ÖSTERR to have supper [*or* dinner]
nacht·ak·tiv *adj inv* ZOOL *Tier* nocturnal *spec* **Nacht·ar·beit** *m* nightwork *no art, no pl*; (*Nachtschicht a.*) night shift **nacht·blind** *adj* nightblind, suffering from night blindness *pred*; ■ ~ **sein** to be nightblind, to suffer from night blindness **Nacht·creme** [-kreːm] *f* night cream **Nacht·dienst** *m* night duty *no art, no pl*, night shift
Nach·teil <-[e]s, -e> ['naːxtail] *m* disadvantage, drawback; **jdm** ~**e bringen** to be disadvantageous to sb; **jdm zum** ~ **gereichen** (*geh*) to be disadvantageous to sb; **durch etw** ~**e haben** to lose out by sth; **soziale/berufliche** ~**e haben** to lose out socially/in one's career; [**jdm gegenüber**] **im** ~ **sein** [*o geh* **sich befinden**] to be at a disadvantage [with sb]; **sich** *akk* **zu seinem** ~ **verändern** to change for the worse; **es soll nicht Ihr** ~ **sein** you won't lose [anything] by it
nach·tei·lig ['naːxtailɪç] I. *adj* disadvantageous, unfavourable [*or* AM unfavorable]; ■ [**für jdn**] ~ **sein** to be disadvantageous [for sb]; ■ **etwas/nichts N**~**es** something/nothing unfavourable II. *adv* advantageously, unfavourably [*or* AM unfavorably]
näch·te·lang ['nɛçtəlaŋ] *adv* for nights on end
Nacht·es·sen *nt* SÜDD, ÖSTERR, SCHWEIZ (*Abendessen*) supper, evening meal **Nacht·eu·le** *f* (*fam*) *s.* **Nachtmensch Nacht·fahr·ver·bot** *nt* ban on night driving **Nacht·fal·ter** *m* ZOOL moth **Nacht·flug** *m* night flight, *esp* AM red-eye [flight] *fam* **Nacht·flug·ver·bot** *nt* ban on night flying **Nacht·frost** *m* night frost **Nacht·hemd** *nt* MODE nightdress, nightie *fam*, AM *a.* nightgown; (*Herren*~) night shirt **Nacht·him·mel** *m* night sky
Nach·ti·gall <-, -en> ['naxtɪgal] *f* nightingale; ~**, ick hör' dir trapsen** DIAL (*hum sl*) I see what you're after [*or fam* driving at]
näch·ti·gen ['nɛçtɪgn̩] *vi* (*geh*) ■ [**bei jdm**] ~ to stay the night [with sb]
Näch·ti·gungs·plus *nt* TOURIST *increase in the number of overnight stays made by tourists*
Nach·tisch *m* dessert, BRIT *a.* sweet; **als** [*o* **zum**] ~ for dessert [*or* BRIT *fam* afters], as a sweet
Nacht·ker·ze *f* BOT evening primrose **Nacht·klub** *m s.* **Nachtlokal Nacht·la·ger** *nt* (*geh*) place to sleep [for the night]; [**irgendwo**] **sein** ~ **aufschlagen** to bed down [somewhere] for the night **Nacht·le·ben** *nt* nightlife *no indef art, no pl*
nächt·lich ['nɛçtlɪç] *adj attr* nightly; **ein** ~**er Besucher** a night

visitor
Nacht·lo·kal *nt* nightclub, nightspot *fam* **Nacht·mahl** *nt* ÖSTERR (*Abendessen*) supper, evening meal **Nacht·mensch** *m* night person [*or fam* owl] **Nacht·por·tier** [-pɔrtie:] *m* night porter **Nacht·pro·gramm** *nt* late-night programme [*or* AM -am] **Nacht·quar·tier** *nt s.* **Nachtlager**
Nach·trag <-[e]s, -träge> ['na:xtra:k, *pl* -trɛ:gə] *m* ❶ *eines Briefs* postscript, PS ❷ *pl* (*Ergänzungen*) supplement
nach|tra·gen *vt irreg* ❶ (*nachträglich ergänzen*) ■**etw [zu etw]** ~ to add sth [to sth]; ■**[noch] ~, dass ...** to add that ... ❷ (*nicht verzeihen können*) ■**jdm etw [nicht]** ~ to [not] hold sth against sb [*or* a grudge against sb for sth]; ■**jdm ~, dass ...** to hold it against sb that ... ❸ (*hinterhertragen*) ■**jdm etw** ~ to carry sth after sb
nachtra·gend ['na:xtra:gn̩t] *adj* unforgiving, begrudging
nach·träg·lich ['na:xtrɛ:klɪç] I. *adj* later; (*verspätet*) belated II. *adv* later/belatedly
Nach·trags·band <-bände> ['na:xtra:ksbant, *pl* -bɛndə] *m* supplement **Nach·trags·haus·halt** *m* POL supplementary budget
nach|trau·ern *vi* ■**jdm/etw** ~ to mourn after sb/sth
Nacht·ru·he *f* night's rest [*or* sleep] *no pl*
nachts ['naxts] *adv* at night; **montags** ~ [on] Monday nights
Nacht·schat·ten *m* BOT nightshade **Nacht·schat·ten·ge·wächs** *nt* solanum *spec* **Nacht·schicht** *f* night shift; ~ **haben** to be on night shift [*or fam* nights] **Nacht·schwal·be** *f* ORN nightjar **Nacht·schwär·mer¹** *m* ZOOL *s.* **Nachtfalter** **Nacht·schwär·mer(in)²** *m(f)* (*veraltend*) night owl *fam* **Nacht·schwes·ter** *f* night nurse **Nacht·sei·te** *f* dark[er] side (+*gen*/**von** +*dat* of) **Nacht·sicht·ge·rät** *nt* night vision aid, nightviewer **Nacht·spei·cher·ofen** *m* storage heater **Nacht·strom** *m* off-peak electricity *no art, no pl*
nachts·über ['naxts?y:bɐ] *adv* at [*or* by] night
Nacht·ta·rif *m* off-peak rate; *von Verkehrsmittel* night fares *pl* **Nacht·tier** *nt* nocturnal animal **Nacht·tisch** *m* bedside table **Nacht·tisch·lam·pe** *f* bedside lamp **Nacht·topf** *m* chamber pot
nach|tun *vt irreg* ■**es jdm** ~ to copy [*or* emulate] sb
Nacht-und-Ne·bel-Ak·ti·on *f* cloak-and-dagger [*or* hush-hush night-time] operation; **in einer** ~ in a cloak-and-dagger operation **Nacht·vo·gel** *m* night [*or* nocturnal] bird **Nacht·vor·stel·lung** *f* THEAT late-night performance; FILM late-night film [*or* picture] **Nacht·wa·che** *f* night duty *no art, no pl;* **bei jdm ~ halten** to sit with sb through the night **Nacht·wäch·ter(in)** *m(f)* ❶ (*Aufsicht*) night guard ❷ HIST (*städtischer Wächter*) [night] watch **Nacht·zeit** *f* (*geh*) night-time *no indef art, no pl;* **zur** ~ at night-time **Nacht·zug** *m* night train **Nacht·zu·schlag** *m* night supplement [*or form* hour premium]
Nach·un·ter·su·chung *f* MED follow-up [*or* further] examination
nach|ver·si·chern* *vt* ■**jdn** ~ to revise sb's insurance; ■**sich** *akk* ~ to additionally insure oneself
nach·voll·zieh·bar *adj* comprehensible; ■**[für jdn] ~ sein** to be comprehensible [to sb]; ■**für jdn ~ sein, dass/warum/wie ...** sb can understand [*or* it is understandable to sb] that/why/how ...; **es ist für mich nicht ganz ~, wie ...** I don't quite comprehend [*or* understand] how ...
nach|voll·zie·hen* *vt irreg* ■**etw** ~ to understand [*or* comprehend] sth
nach|wach·sen *vi irreg sein* ❶ (*erneut wachsen*) to grow back; ■**~d** regrowing ❷ (*neu aufwachsen*) to grow in place
Nach·wahl *f* POL by-election
Nach·we·hen *pl* ❶ (*nach der Entbindung*) afterpains *npl* ❷ (*geh: üble Folgen*) painful aftermath
nach|wei·nen *vi* ■**jdm/etw** ~ to mourn after [*or* shed a tear for] sb/sth
Nach·weis <-es, -e> ['na:xvais, *pl* -vaizə] *m* ❶ (*Beweis des Behaupteten*) proof *no art, no pl;* **ein/der ~ seiner Identität/Mitgliedschaft/seines Wohnorts** proof of one's identity/membership/address; **[jdm] den ~ einer S.** *gen* **erbringen** [*o* **führen**] [*o* **liefern**] to deliver proof of sth [to sb], to provide [sb with] evidence of sth; **als** [*o* **zum**] ~ **einer S.** *gen* as proof of sth ❷ (*Beweis*) proof *no art, no pl,* evidence *no art, no pl* ❸ ÖKOL (*das Aufzeigen*) evidence *no art, no pl*
nach·weis·bar I. *adj* ❶ (*beweisbar*) provable; ■**es ist ~, dass/warum/wie ...** it can be proved that/why/how ... ❷ ÖKOL (*nachzuweisen*) evident; ■**[irgendwo/in etw** *dat*] ~ **sein** to be evident [somewhere/in sth] II. *adv* provably
nach|wei·sen *vt irreg* ❶ (*den Nachweis erbringen*) ■**[jdm] etw** ~ to establish proof of sth [to sb]; ■**jdm ~, dass ...** to give sb proof that ... ❷ (*beweisen*) ■**jdm etw** ~ to prove sth to sb; ■**jdm ~, dass ...** to prove to sb that ... ❸ ÖKOL (*die Existenz aufzeigen*) ■**etw [in etw** *dat*] ~ to detect sth [in sth] ❹ (*darüber informieren*) ■**jdm etw** ~ to give sb information about [*or* on] sth
nach·weis·lich ['na:xvaislɪç] I. *adj* provable II. *adv* provably, evidently
Nach·welt *f kein pl* ■**die** ~ posterity
nach|wer·fen *vt irreg* ❶ (*hinterherwerfen*) ■**jdm etw** ~ to throw sth after sb ❷ (*zusätzlich einwerfen*) ■**etw** ~ to throw in more of/another sth *sep* ▶ WENDUNGEN: **nachgeworfen sein** (*fam*) to be dirt cheap
nach|wie·gen *irreg* I. *vt* ■**etw** ~ to weigh sth II. *vi* to weigh [it/them] [again]
nach|win·ken *vi* ■**jdm** ~ to wave after sb
nach|wir·ken *vi* ❶ (*verlängert wirken*) to continue to have an effect ❷ (*als Eindruck anhalten*) ■**[in jdm]** ~ to continue to have an effect [on sb]
Nach·wir·kung *f* after-effect; (*fig*) consequence
Nach·wort <-worte> *nt* epilogue [*or* AM *a.* -og]
Nach·wuchs *m kein pl* ❶ (*fam: Kinder*) offspring *hum* ❷ (*junge Fachkräfte*) young professionals *pl*
Nach·wuchs·ar·beit *f* SPORT work developing young talent **Nach·wuchs·au·tor(in)** *m(f)* up-and-coming young writer **Nach·wuchs·wis·sen·schaft·ler(in)** *m(f)* up-and-coming young scientist
nach|zah·len I. *vt* ❶ (*etw nachträglich entrichten*) ■**etw** ~ to pay sth extra; **Steuern** ~ to pay extra tax ❷ (*etw nachträglich bezahlen*) ■**jdm etw** ~ to pay sb sth at a later date II. *vi* to pay extra
nach|zäh·len I. *vt* ■**etw** ~ to check sth II. *vi* to check; ■**~, ob/wie viel ...** to check whether/how much ...
Nach·zah·lung *f* ❶ (*nachträglich*) back payment ❷ (*zusätzlich*) additional payment
nach|zeich·nen *vt* ■**etw** ~ to copy sth
nach|zie·hen *irreg* I. *vt* ■**etw** ~ ❶ (*nachträglich anziehen*) to tighten up sth *sep* ❷ (*hinter sich herziehen*) to pull [*or* drag] sth behind one ❸ (*zusätzlich nachzeichnen*) to go over sth; ■**[sich** *dat*] **etw** ~ to pencil over [*or* in] sth *sep* II. *vi sein* ■**[mit etw]** ~ to follow [with sth]
Nach·zug *m* joining one's family [in their country of immigration]; **der ~ ausländischer Familien ist gesetzlich geregelt** the immigration of foreign dependants is regulated by law
Nach·züg·ler(in) <-s, -> ['na:xtsy:klɐ] *m(f)* latecomer, late arrival
Na·cke·dei <-[e]s, -e *o* -s> ['nakədai] *m* (*hum fam*) naked child, little bare monkey *fam*
Na·cken <-s, -> ['nakn̩] *m* ❶ ANAT neck ❷ (*Schweine~*) neck of pork; (*Lamm~*) scrag ❸ (*fam*) **jdn im ~ haben** to have sb on one's tail; **jdm im ~ sitzen** to breathe down sb's neck *pej*
na·ckend ['naknt] *adj* (*fam*) *s.* **nackt**
Na·cken·haar *nt meist pl* hair[s *pl*] on the back of one's neck; **jdm sträuben sich die ~e** (*fam*) it makes sb's hair stand on end **Na·cken·rol·le** *f* bolster **Na·cken·schlag** *m* hard knock **Na·cken·stüt·ze** *f* ❶ (*Stütze für den Nacken*) headrest ❷ MED (*Stützvorrichtung für den Nacken*) surgical collar

na·ckert ['nakɐt] *adj* ÖSTERR *(fam)* *s.* **nackt**
na·ckig ['nakɪç] *adj (fam)* *s.* **nackt**
nackt ['nakt] **I.** *adj* ❶ *(unbekleidet)* naked, nude ❷ *(bloß)* bare ❸ *(kahl)* bare ❹ *(unverblümt)* naked; **die ~en Tatsachen** the bare facts; **die ~e Wahrheit** the naked [*or* plain] truth; *s. a.* **Leben II.** *adv* naked, in the nude
Nackt·auf·nah·me *f* nude shot **Nackt·ba·den** <-s> *nt kein pl* nude bathing *no art, no pl,* skinny dipping *fam* **Nackt·ba·de·strand** *m* nudist beach
Nack·te(r) *f(m) dekl wie adj* naked person
Nackt·heit <-> *f kein pl* nudity *no art, no pl,* nakedness *no art, no pl*
Nackt·mo·dell *nt* nude model **Nackt·sa·mer** <-s, -> *m* BOT gymnosperm
Na·del[1] <-, -n> ['na:dl̩] *f* ❶ *(Näh~)* needle; **eine ~ einfädeln** to thread a needle ❷ *(Zeiger)* needle ❸ *(sl)* **an der ~ hängen** to be hooked on heroin; **von der ~ wegkommen** to kick the habit
Na·del[2] <-, -n> ['na:dl̩] *f* BOT needle
Na·del·baum *m* conifer
Na·del·brief *m* packet of needles **Na·del·dru·cker** *m* dot-matrix printer *spec*
Na·del·ge·hölz *nt* conifers *pl* **Na·del·holz** *nt* ❶ *kein pl* pine *no art, no pl* ❷ BOT *s.* **Nadelgehölz**
Na·del·kis·sen *nt* pincushion
na·deln ['na:dl̩n] *vi* to shed [its needles]
Na·del·öhr *nt* ❶ *(Teil einer Nadel)* eye of a/the needle; *s. a.* **Kamel** ❷ *(fig)* narrow passage **Na·del·spit·ze** *f* point of a/the needle **Na·del·stich** *m* ❶ *(Nähen)* stitch ❷ *(Pieksen)* prick, sting; **jdm einen ~ versetzen** to prick [*or* sting] sb [with a needle] **Na·del·strei·fen** *pl* pinstripes *pl* **Na·del·strei·fen·an·zug** *m* pinstripe [suit]
Na·del·wald *m* coniferous forest
Na·dir <-s> [na'di:ɐ̯] *m kein pl* ASTRON nadir *no pl spec*
Na·gel[1] <-s, Nägel> ['na:gl̩, *pl* 'nɛ:gl̩] *m (Metallstift)* nail; [**mit etw**] **den ~ auf den Kopf treffen** *(fam)* to hit the nail on the head; **Nägel mit Köpfen machen** *(fam)* to do the job [*or* thing] properly; **ein ~ zu jds Sarg sein** *(fam)* to be a nail in sb's coffin; **etw an den ~ hängen** *(fam)* to chuck [in *sep*] sth *fam*
Na·gel[2] <-s, Nägel> ['na:gl̩, *pl* 'nɛ:gl̩] *m (Finger~)* nail; **jdm brennt es unter den Nägeln**[**, etw zu tun**] *(fam)* sb is dying [*or fam* itching] to [do sth]; **sich** *dat* **etw unter den ~ reißen** *(sl)* to pinch [*or* BRIT *a.* nick] sth *fam*
Na·gel·bett *nt* bed of a/the nail
Na·gel·brett *nt* bed of nails
Na·gel·fei·le *f* nail file **Na·gel·haut** *f* cuticle **Na·gel·lack** *m* nail polish [*or* BRIT *a.* varnish] [*or* AM *a.* enamel] **Na·gel·lack·ent·fer·ner** *m* nail polish [*or* BRIT *a.* varnish] [*or* AM *a.* enamel] remover
na·geln ['na:gl̩n] **I.** *vt* ❶ *(mit Nägeln befestigen)* ■**etw** [**an/auf/vor etw** *akk*] **~** to nail sth [to/[on]to/in front of sth]; ■**jdn an etw** *akk* **~** to nail sb [on]to sth; **jdn an ein Kreuz ~** to nail sb to a cross, to crucify sb ❷ *(mit Nägeln versehen)* ■**etw ~** to hobnail sth; **genagelte Schuhe** hobnail[[ed] boot]s **II.** *vi* to hammer nails
na·gel·neu ['na:gl̩'nɔy] *adj (fam)* brand-new
Na·gel·pfle·ge *f kein pl* nail care *no pl, no indef art,* care of [one's [*or* the]] nails **Na·gel·pro·be** *f* acid test **Na·gel·rei·ni·ger** *m* nail cleaner **Na·gel·sche·re** *f* nail scissors *npl*
Na·gel·schuh *m* hobnail[[ed] boot]
na·gen ['na:gn̩] **I.** *vi* ❶ *(mit den Nagezähnen beißen)* ■[**an etw** *dat*] **~** to gnaw [at sth], to nibble at sth; **an einem Bleistift ~** to chew on a pencil ❷ *(schmerzlich wühlen)* ■**an jdm ~** to nag [at] sb **II.** *vt* ❶ *(ab~)* ■**etw von etw ~** to gnaw sth off sth ❷ *(durch N~ herstellen)* ■**etw durch/in etw** *akk* **~** to gnaw sth through/in sth
na·gend ['na:gn̩t] *adj* nagging; **~er Hunger** gnawing hunger
Na·ger <-s, -> *m,* **Na·ge·tier** *nt* rodent
nah ['na:] *adj* **von** [*o* **aus**] **~ und fern** from near and far
Nah·auf·nah·me *f* FOTO close-up; **eine ~** [**von jdm/etw**] **machen** to do a close-up [of sb/sth]
na·he <näher, nächste> ['na:ə] **I.** *adj* ❶ *räumlich* nearby, close [by] *pred;* **von ~m** from close up ❷ *zeitlich* near, approaching, nigh *old;* **Weihnachten ist ~** it's nearly Christmas ❸ *(eng)* close; ■**jdm ~ sein** to be close to sb **II.** *adv* ❶ *räumlich* nearby, close [by [*or* to]]; ■**~ an etw** *dat/***bei etw** close [*or* near] to sth; **jdm/etw zu ~ kommen** to get too close to sb/sth; **~ beieinander** close together ❷ *zeitlich* close; **~ bevorstehen** to be just around the corner ❸ *(fast)* ■**~ an etw** *dat* almost sth ❹ *(eng)* closely; **~ befreundet sein** to be close friends; **~ mit jdm verwandt sein** to be a close relative of sb ▶ WENDUNGEN: **~ daran sein, etw zu tun** to be close to doing sth; **jdm zu ~ treten** to offend sb **III.** *präp +dat* ■**~ einer S.** near to sth
Nä·he <-> ['nɛ:ə] *f kein pl* ❶ *(geringe Entfernung)* proximity *no pl form;* **aus der ~** from close up; **in der ~** near; **bleib bitte in der ~** please don't go too far away ❷ *(Anwesenheit)* ■**jds ~** sb's closeness; **jds ~ brauchen** to need sb [to be] close [to one]; **in jds ~** close to sb ❸ *(naher Zeitpunkt)* closeness *no pl*
na·he·bei ['na:ə'bai] *adv* nearby, close [by [*or* to]]
na·he|brin·gen *vt irreg* **jdm etw ~** to bring sth home to sb; **jdn jdm/etw ~** to bring sb close to sb/sth **na·he|ge·hen** *vi irreg sein* **jdm ~** to upset sb **na·he|kom·men** *vi, vr irreg sein* **einer S.** *dat* **~** to come close to sth; **sich** *dat/***einander ~** to become close **na·he|le·gen** *vt* **jdm etw ~** to suggest sth to sb; **jdm ~, etw zu tun** to advise sb to do sth; **etw ~** to suggest sth **na·he|lie·gen** *vi irreg* to suggest itself; **die Vermutung liegt nahe, dass ...** it seems reasonable to suppose that ...; **~d** natural; **~d sein** to seem to suggest itself, to be obvious; **das N~de** the obvious thing to do; **aus ~den Gründen** for obvious reasons
na·hen ['na:ən] *(geh)* **I.** *vi sein* ❶ *(herankommen)* to approach ❷ *(näher rücken)* to approach, to draw near **II.** *vr (veraltend)* ❶ *(näher kommen)* ■**sich** *akk* [**jdm**] **~** to approach sb; **sie hörten Schritte sich ~** they heard footsteps approaching ❷ *(herantreten)* ■**sich** *akk* **jdm** [**mit etw**] **~** to approach sb [with sth]
nä·hen ['nɛ:ən] **I.** *vt* ❶ *(zusammen~)* ■**etw ~** to sew sth ❷ *(durch N~ befestigen)* ■**etw auf etw** *akk* **~** to sew sth onto sth ❸ MED ■**etw ~** to stitch [*or spec* suture] sth; ■**jdn ~** to stitch up sb *sep* **II.** *vi* ■[**an etw** *dat*] [**für jdn**] **~** to sew [sth] [for sb]; ■**das N~** [**einer S.** *gen* [*o* **von etw**]] sewing [sth]; **das N~ lernte sie von ihrer Großmutter** she learned to sew from her grandmother
nä·her ['nɛ:ɐ] **I.** *adj comp von* **nahe** ❶ *(in geringerer Entfernung)* nearer, closer; ■**~ sein** to be closer [*or* nearer] ❷ *(kürzer bevorstehend)* closer, sooner *pred;* **in der ~en Zukunft** in the near future ❸ *(detaillierter)* further *attr,* more precise; **die ~en Umstände sind leider nicht bekannt** the precise circumstances are not known ❹ *(enger)* closer; **meine ~en Verwandten** my immediate [*or* close] relatives **II.** *adv comp von* **nahe** ❶ *(in geringeren Abstand)* closer, nearer; **kommen Sie ~!** come closer!; **treten Sie** [**bitte**] **~** [please] approach [*or* draw closer] ❷ *(eingehender)* more closely, in more detail; **~ ausführen/besprechen/erklären** to set out/discuss/explain in more detail; **etw ~ untersuchen** to examine sth more closely; **etw ~ ansehen** to have a closer look at sth; **sich** *akk* **~ mit etw befassen** [*o* **beschäftigen**] to go into sth more closely [*or* in greater detail] ❸ *(enger)* closer; **jdn/eine Sache ~ kennen** to know sb/sth well; **jdn/eine Sache ~ kennen lernen** to get to know sb/sth better; **mit etw ~ vertraut sein** to know more about sth
Nä·her(in) <-s, -> *m(f)* sewer *masc,* seamstress *fem*
nä·her|brin·gen *vt irreg* **jdm etw ~** to bring sth home to sb
Nä·he·re(s) *nt dekl wie adj* details; **~s/das ~ entnehmen Sie bitte meinem Bericht** you will find further details/the details in my report

Nah·er·ho·lungs·ge·biet *nt* local [*or* nearby] holiday area [*or* spot]

Nä·he·rin <-, -nen> *f fem form von* **Näher** seamstress

nä·her|kom·men *irreg* **I.** *vi sein* **einer S.** *dat* **[schon]** ~ to be nearer the mark; **jdm** ~ to get closer to sb **II.** *vr sein* **sich** *dat* ~ to become closer **nä·her|lie·gen** *vi irreg* to make more sense, to be more obvious; **~, etw zu tun** it makes more sense to do sth; **das ~de** the obvious thing to do

nä·hern ['nɛːɐn] *vr* ❶ (*näher herankommen*) ■**sich** *akk* **[jdm/einer S.]** ~ to get [*or* draw] closer [*or* nearer] [to sb/sth], to approach [sb/sth] ❷ (*geh: einen Zeitpunkt erreichen*) ■**sich einer S.** ~ *dat* to get close [*or* draw near] to sth; **ich nähere mich langsam einem Punkt, wo/an dem ...** I'm slowly coming to a point, where ...; **unser Urlaub nähert sich seinem Ende** our holiday is drawing [*or* coming] to an end

nä·her|ste·hen *vi, vr irreg* **jdm/einer S.** ~ to be closer to sb/sth; **sich** *dat* ~ to be closer **nä·her|tre·ten** *vi irreg sein* **einer S.** *dat* ~ to give sth [further] consideration

Nä·he·rungs·wert *m* MATH approximate value, approximation

na·he|ste·hen *vi irreg* **jdm/einer S.** ~ to have close relations to sb/sth; **sich** *dat* ~ to be close; **~d** close; **~de Verwandte** close relatives

na·he·zu ['naːə'tsuː] *adv* almost, virtually

Näh·fa·den *m* thread, cotton **Näh·garn** *nt* cotton

Nah·kampf *m* MIL close combat

Näh·käst·chen <-s, -> *nt* sewing box ►WENDUNGEN: **aus dem ~ plaudern** (*fam*) to give out private gossip **Näh·korb** *m* sewing basket

nahm ['naːm] *imp von* **nehmen**

Näh·ma·schi·ne *f* sewing machine **Näh·na·del** *f* [sewing] needle

Nah·ost [naː'ʔɔst] *m* the Middle East; **aus/in** ~ from/in the Middle East

nah·öst·lich *adj* Middle Eastern

Nähr·bo·den *m* ❶ BIOL culture medium ❷ (*Boden*) breeding ground **Nähr·creme** [-kreːm] *f* MED, PHARM skin-food

näh·ren ['nɛːɐn] **I.** *vt* ❶ (*füttern*) ■**jdn** ~ to feed sb ❷ (*aufrechterhalten*) to nourish; ■**Befürchtungen/Erwartungen/Hoffnungen** ~ to nourish fears/expectations/hopes **II.** *vi* to be nourishing

nahr·haft *adj* nourishing, nutritious; ■~ **sein** to be nourishing [*or* nutritious]

Nähr·lö·sung *f* ❶ BIOL nutrient solution ❷ MED nutrient solution **Nähr·mit·tel** *pl* KOCHK cereal products *pl*

Nähr·stoff *m* nutrient

nähr·stoff·arm *adj* low in nutrients *pred* **nähr·stoff·reich** *adj* rich in nutrients *pred*

Nah·rung <-> ['naːrʊŋ] *f kein pl* food; **flüssige/feste** ~ liquids/solids *pl* ►WENDUNGEN: **[durch etw] [neue]** ~ **erhalten** [*o* **bekommen**] to receive new fuel [from sth]; **einer S.** *dat* **[neue]** ~ **geben** to add fuel to the fire

Nah·rungs·auf·nah·me *f kein pl* (*form*) ingestion of food *form*, eating **Nah·rungs·bi·o·top** *nt* BIOL food biotope **Nah·rungs·ket·te** *f* food chain **Nah·rungs·man·gel** *m* food shortage; **aus ~** due to food shortage

Nah·rungs·mit·tel *nt* food

Nah·rungs·mit·tel·al·ler·gie *f* MED food allergy **Nah·rungs·mit·tel·in·dus·trie** *f* ÖKON food[stuffs *npl*] industry **Nah·rungs·mit·tel·ver·gif·tung** *f* MED *s.* **Lebensmittelvergiftung**

Nah·rungs·su·che *f* search for food **Nah·rungs·va·ku·o·le** *f* BIOL digestive vacuole

Nähr·wert *m* BIOL, KOCHK nutritional value ►WENDUNGEN: **das hat doch keinen [geistigen [*o* sittlichen]]** ~ (*sl*) it's completely pointless

Naht <-, Nähte> ['naːt, *pl* 'nɛːtə] *f* ❶ (*bei Kleidung*) seam ❷ MED suture *spec* ►WENDUNGEN: **aus allen [*o* den] Nähten platzen** (*fam*) to be bursting at the seams

Näh·tisch *m* sewing table

naht·los **I.** *adj* ❶ (*lückenlos*) smooth ❷ MODE seamless **II.** *adv* smoothly

Naht·stel·le *f* ❶ TECH join ❷ (*Verbindung*) link; **die ~ zwischen Ost und West** the place where East meets West

Nah·ver·kehr *m* TRANSP local traffic; **der öffentliche** ~ local public transport; **der private** ~ local private traffic; **im** ~ in local traffic, operating locally

Nah·ver·kehrs·ab·ga·be *f* local transport contribution [*or* AM transportation tax] **Nah·ver·kehrs·mit·tel** *ntpl* means of local public transport **Nah·ver·kehrs·zug** *m* local train

Näh·zeug *nt* sewing kit

Nah·ziel *nt* immediate objective

na·iv [na'iːf] *adj* naive; ■~ **sein** to be naive

Na·i·ve(r) [na'iːvə(ɐ)] *f(m) dekl wie adj* **den ~n/die ~ spielen** to play dumb

Na·i·vi·tät <-> [naivi'tɛːt] *f kein pl* naivety

Na·iv·ling <-s, -e> [na'iːflɪŋ] *m* (*fam*) simpleton *fam*

Na·me <-ns, -n> ['naːmə] *m* ❶ (*Personenname*) name; **wie war doch [gleich/noch] der/sein/Ihr ~?** what was the/his/your name?; **auf jds ~n** *akk* in sb's name; **in jds ~n** on behalf of sb; **im ~n unserer Firma** on behalf of our company; **im ~n des Gesetzes** in the name of the law; **im ~n des Volkes** in the name of the people; **mit ~n** by name; **er ist mir nur mit ~n bekannt** I only know him by name; **[nur] dem/jds ~n nach** judging by the/sb's name; **[nur] dem ~n nach** going [only] by the name; (*nur vom ~n*) only by name; **unter dem ~n** under [*or* by] the name of; **Ihr ~?** your [*or* the] name? ❷ (*Benennung*) name ❸ (*Ruf*) name, reputation; **seinen ~n zu etw hergeben** to lend one's name to sth; **sich** *dat* **einen ~n als etw machen** to make a name for oneself as sth; **sich** *dat* **[mit etw] einen ~n machen** to make a name for oneself [with sth] ►WENDUNGEN: **mein ~ ist Hase[, ich weiß von nichts]** I don't know anything about anything; **~n sind Schall und Rauch** what's in a name?; **etw beim [rechten] ~n nennen** (*fam*) to call a spade a spade

Na·men·ge·bung <-, -en> *f s.* **Namen(s)gebung** **Na·men·ge·dächt·nis** *nt* ■**jds** ~ sb's memory for names; **ein gutes/schlechtes ~ haben** to have a good/bad memory for names

na·men·los **I.** *adj* ❶ (*anonym*) nameless, anonymous; **ein ~er Helfer/Spender** an anonymous [*or* unnamed] helper/donor ❷ (*geh: unbeschreiblich*) unspeakable, inexpressible ❸ (*keine Marke aufweisend*) no-name *attr*, generic **II.** *adv* (*geh*) terribly

na·mens ['naːməns] **I.** *adv* by the name of, called **II.** *präp +gen* (*form*) in the name of

Na·men(s)·än·de·rung *f* change of name **Na·men(s)·lis·te** *f* list of names **Na·mens·nen·nung** *f* naming the author **Na·mens·pa·ten·schaft** *f* ❶ (*Weitergeben eines Namens*) act of lending one's name to sth ❷ ZOOL **eine ~ übernehmen** to have a new species named after one **Na·men(s)·schild** *nt* nameplate; (*an Kleidung*) name badge **Na·mens·tag** *m* REL Saint's day; **~ haben** to have one's Saint's day **Na·men(s)·ver·zeich·nis** *nt s.* **Namen(s)liste** **Na·mens·vet·ter** *m* namesake **Na·mens·zei·chen** *nt* initials *pl* **Na·men(s)·zug** *m* (*geh*) signature

na·ment·lich ['naːməntlɪç] **I.** *adj* by name; **~e Abstimmung** roll call vote; **~er Aufruf** roll call **II.** *adv* ❶ (*mit Namen*) by name ❷ (*insbesondere*) in particular, especially, particularly

nam·haft *adj* ❶ (*beträchtlich*) considerable, substantial ❷ (*berühmt*) famous, well-known ❸ (*benennen, auffinden*) ■**jdn ~ machen** (*form*) to identify sb

Na·mi·bia <-s> [naː'miːbi̯a] *nt* Namibia; *s. a.* **Deutschland**

Na·mi·bi·er(in) <-s, -> [naː'miːbi̯ɐ] *m(f)* Namibian; *s. a.* **Deutsche(r)**

na·mi·bisch [naː'miːbɪʃ] *adj* Namibian; *s. a.* **deutsch**

näm·lich ['nɛːmlɪç] *adv* ❶ (*und zwar*) namely ❷ (*denn*) because; **entschuldigen Sie mich bitte, ich erwarte ~ noch einen anderen Anruf** please excuse me, [but] you see,

I'm expecting another call
Nan·du <-s, -s> ['nandu] *m* ORN rhea
nann·te ['nantə] *imp von* **nennen**
Na·no·gramm [nano'gram] *nt* nanogram **Na·no·me·ter** [nano'me:tɐ] *nt o m* nanometer
na·nu [na'nu:] *interj* what's this?
Na·palm <-s> ['na:palm] *nt kein pl* napalm
Na·palm·bom·be *f* MIL napalm bomb
Napf <-[e]s, Näpfe> ['napf, *pl* 'nɛpfə] *m* bowl
Napf·ku·chen *m* KOCHK poundcake **Napf·ku·chen·form** *f* ring mould **Napf·schne·cke** *f* ZOOL limpet
Na·po·la <-, -s> ['na:pola] *f* HIST *Akr von* **nationalsozialistische Erziehungsanstalt** Napola *spec* (*National Socialist boarding school*)
na·po·le·o·nisch [napole'o:nɪʃ] *adj* HIST Napoleonic
Nap·pa <-[s], -s> ['napa] *nt* nap[p]a leather
Nap·pa·le·der *nt* nap[p]a leather
nap·pie·ren [na'pi:rən] *vt* KOCHK ■**etw** ~ to coat sth
Nar·be <-, -n> ['narbə] *f* ❶ (*vernarbte Wunde*) scar ❷ BOT stigma
nar·big ['narbɪç] *adj* scarred
Nar·ko·se <-, -n> [nar'ko:zə] *f* MED anaesthesia BRIT, anesthesia AM; **jdm eine ~ geben** to put sb under anaesthetic [*or* AM anesthetic]; **in der ~ liegen** to be under anaesthetic; **ohne ~** without anaesthetic
Nar·ko·se·arzt, -ärz·tin <-es, -ärzte> *m, f* MED anaesthetist BRIT, anesthetist AM
Nar·ko·ti·kum <-s, -kotika> [nar'ko:tikum, *pl* nar'kotika] *nt* MED narcotic
nar·ko·tisch [nar'ko:tɪʃ] *adj* MED narcotic
nar·ko·ti·sie·ren* [narkoti'zi:rən] *vt* to drug; ■**jdn/etw** ~ to drug sb/sth
Narr, När·rin <-en, -en> ['nar, 'nɛrɪn] *m, f* ❶ (*Dummkopf*) fool ❷ HIST (*Hof~*) court jester ▸ WENDUNGEN: **einen ~en an jdm gefressen haben** (*fam*) to dote on sb; **jdn zum ~en halten** to make a fool of sb; **sich** *akk* **zum ~en machen** to make a fool of oneself
nar·ren ['narən] *vt* (*veraltend geh*) ❶ (*zum Narren halten*) ■**jdn** ~ to make a fool of sb ❷ (*täuschen*) ■**jdn** ~ to fool sb
Nar·ren·frei·heit *f* ▸ WENDUNGEN: ~ **haben** [*o* **genießen**] to have the freedom to do whatever one wants **Nar·ren·haus** *nt* madhouse; **hier geht es [ja] zu wie im ~** it's like a madhouse in here **Nar·ren·kap·pe** *f* ❶ (*Karnevalsmütze*) *cap worn by carnival office-bearers* ❷ HIST fool's [*or* jester's] cap **nar·ren·si·cher** *adj* foolproof
När·rin <-, -nen> ['nɛrɪn] *f fem form von* **Narr**
när·risch ['nɛrɪʃ] *adj* ❶ (*karnevalistisch*) relating to carnival; **die ~e Zeit [des Jahres]** *the time of year leading up to and including carnival* ❷ (*veraltend: verrückt*) mad; **wie ~** (*geh*) like mad ❸ (*fam: versessen*) ■**[ganz] ~ auf jdn/etw sein** to be mad about sb/sth
Nar·wal ['narva:l] *m* ZOOL narwhal
Nar·zis·se <-, -n> [nar'tsɪsə] *f* BOT narcissus
Nar·ziss·mus[RR], **Nar·ziß·mus**[ALT] <-> [nar'tsɪsmʊs] *m kein pl* PSYCH narcissism
nar·ziss·tisch[RR] *adj*, **nar·ziß·tisch**[ALT] *adj* PSYCH narcissistic
NA·SA <-> ['na:za] *f kein pl Akr von* **National Aeronautics and Space Administration** NASA
na·sal [na'za:l] *adj* nasal
Na·sal <-s, -e> [na'za:l] *m*, **Na·sal·laut** *m* LING nasal [sound]
na·schen ['naʃn̩] **I.** *vi* to eat sweet things [secretly [*or* on the sly]], BRIT *a.* to pinch a bit; ■**an etw** ~ *dat* to pinch from [*or* AM nibble at] sth; ■**das Naschen** eating [*or* BRIT *a.* pinching] sweet things [secretly [*or* on the sly]]; **habe ich dich wieder beim Naschen erwischt?** did I catch you eating sweets again?; **etwas zum Naschen** something sweet **II.** *vt* (*verspeisen*) ■**etw** ~ to nibble sth
Näs·chen <-s, -> ['nɛ:sçən] *nt dim von* **Nase** little nose
Na·sche·rei <-, -en> [naʃə'rai] *f* ❶ *kein pl* (*ständiges Naschen*) [constant] snacking ❷ (*Süßigkeit*) sweets and biscuits BRIT, candy AM
nasch·haft *adj* fond of sweet things
Nasch·haf·tig·keit <-> *f kein pl* fondness for snacking [on sweet things] between meals
Nasch·kat·ze *f* (*fam*) person with a sweet tooth
Na·se <-, -n> ['na:zə] *f* ❶ ANAT nose; **jds ~ läuft** sb has a runny nose; **sich** *dat* **die ~ putzen** to blow one's nose; **durch die ~ reden** to talk through the nose ❷ LUFT (*Bug*) nose ▸ WENDUNGEN: **sich** *dat* **eine blutige ~ holen** (*fam*) to get [*or* be given] a bloody nose; **sich an seine eigene ~ fassen** (*fam*) to blame oneself; **fass dich an deine eigene ~!** you can talk!; **sich** *dat* **eine goldene ~ verdienen** to earn a fortune; **die richtige ~ für etw haben** (*fam*) to have a nose for sth; **die ~ voll haben** (*fam*) to be fed up *fam*, to have had enough; **die ~ von jdm/etw voll haben** (*fam*) to be fed up with [*or* have had enough of] sb/sth; **jdm etw auf die ~ binden** (*fam*) to tell sb sth; **jdm auf die ~ binden, dass** (*fam*) to tell sb that; **jdm gerade etw auf die ~ binden** (*iron*) as if one would tell sb sth; **das werde ich dir gerade auf die ~ binden!** as if I'd tell you about it!; **jdn mit der ~ draufstoßen** (*fam*) to spell it out to sb; **muss ich dich erst mit der ~ draufstoßen, bevor du es merkst?** do I have to spell it out to you before you notice?; **auf die ~ fliegen** (*fam*) to fall flat on one's face; **jds ~ gefällt jdm nicht** (*fam*) sb doesn't like sb's face; **jdm eins auf die ~ geben** (*fam*) to punch sb on the nose; **die ~ vorn haben** to be one step ahead; **jdm etw unter die ~ halten** (*fam*) to shove sth right under sb's nose *fam*, to rub sb's nose in sth *fam*; **jdn [mit etw] an der ~ herumführen** (*fam*) to lead sb on; **jdm auf der ~ herumtanzen** (*fam*) to walk all over sb; **jdm etw unter die ~ reiben** (*fam*) to rub sb's face [*or* nose] in it; **jdm unter die ~ reiben, dass ...** to rub in the fact that sb ...; **jdn vor die ~ setzen** (*fam*) to put sb above sb; **seine ~ in alles hineinstecken** (*fam*) to stick one's nose into everything *fam*; **jdm etw vor der ~ wegschnappen** (*fam*) to take sth from right under one's nose; **jdm etw aus der ~ ziehen** (*fam*) to get sth out of sb; **[immer] der ~ nach** (*fam*) follow your nose *fam*; **vor jds ~** *dat* (*fam*) right in front of sb's nose; **pro ~** (*hum fam*) per head
na·se·lang ['na:zelaŋ] ▸ WENDUNGEN: **alle ~** (*fam*) again and again
nä·seln ['nɛ:zl̩n] *vi* to talk through one's nose
nä·selnd ['nɛ:zl̩nt] **I.** *adj* nasal **II.** *adv* (*mit ~er Stimme*) talking through one's nose
Na·sen·af·fe *m* (*Nasalis larvatus*) proboscis monkey **Na·sen·bär** *m* ZOOL coati **Na·sen·bein** *nt* nasal bone **Na·sen·blu·ten** <-s> *nt kein pl* nose-bleed; ~ **bekommen** to get a nosebleed; ~ **haben** to have a nosebleed, sb's nose is bleeding **Na·sen·flü·gel** *m* side of the nose **Na·sen·höh·le** *f* nasal cavity **Na·sen·län·ge** *f* ▸ WENDUNGEN: **jdm eine ~ voraus sein** to be a hair's breadth in front of sb; **mit einer ~** by a nose **Na·sen·loch** *nt* nostril **Na·sen·rü·cken** *m* bridge of the nose **Na·sen·schei·de·wand** *f* nasal septum *spec* **Na·sen·schleim·haut** *f* mucous membrane of the nose **Na·sen·spit·ze** *f* ANAT nosetip, tip of the nose ▸ WENDUNGEN: **jdm etw an der ~ ansehen** to be able to tell sth from sb's face; **jdm an der ~ ansehen, dass ...** to be able to tell from sb's face, that ... **Na·sen·spray** *m o nt* nasal spray **Na·sen·stü·ber** [-ʃty:bɐ] *m* bump on the nose; **jdm einen ~ versetzen** to give sb a bop on the nose *fam* **Na·sen·trop·fen** *pl* nose drops
Na·se·rümp·fen <-s> *nt kein pl* screwing up one's nose; **mit ~** turning up one's nose
na·se·rümp·fend ['na:zerʏmpfənt] *adv* screwing up one's nose
na·se·weis ['na:zəvais] *adj* (*fragend*) nosey *fam*; (*vorwitzig*) forward; *bes Kind* precocious
Na·se·weis <-es, -e> ['na:zəvais] *m* cheeky monkey BRIT *fam*; (*Besserwisser*) know-all *esp* BRIT *fam*, wise guy AM *fam*

N

nas·füh·ren ['na:sfy:rən] *vt* (*veraltend*) ■**jdn** ~ to lead sb on *fam;* ■**der Genasführte sein** to be the dupe

Nas·horn *nt* ZOOL rhinoceros, rhino

Nas·horn·vo·gel *m* ORN hornbill

nassRR <-er *o* nässer, -este *o* nässeste> *adj,* **naß**ALT <nasser *o* nässer, nasseste *o* nässeste> ['nas] *adj* wet; ■~ **sein/werden** to be/become wet; ■**es ist/wird** ~ it is/is getting wet; **sich** ~ **machen** (*fam*) to get oneself wet, wet; ~ **geschwitzt** soaked with sweat ▶WENDUNGEN: **nun mach dich bloß nicht** ~**!** (*sl*) don't wet your pants! *sl*

NassRR <-es> *nt,* **Naß**ALT <Nasses> ['nas] *nt kein pl* (*liter o hum*) ❶ (*Feuchte*) water ❷ (*Getränk*) a drink, sth to drink

Nas·sau·er(in) <-s, -> ['nasauɐ] *m(f)* (*pej fam*) scrounger, sponger

nas·sau·ern ['nasauɐn] *vi* (*fam*) to scrounge, to sponge; ■[**bei jdm**] ~ to scrounge [*or* sponge] [off sb]

Näs·se <-> ['nɛsə] *f kein pl* wetness; **vor** ~ **triefen** [*o* **tropfen**] to be dripping wet

näs·sen ['nɛsn̩] **I.** *vi* to weep **II.** *vt* ■**etw** ~ to wet sth; **das Bett nässen** to wet the bed

nass·forschRR **I.** *adj* (*fam*) brash **II.** *adv* in a brash way, brashly **nass·ge·schwitzt**RR ['nasgəʃvɪtst] *adj s.* **nass** **nass·kalt**RR *adj* cold and damp; ■~ **sein** to be cold and damp **Nass·ra·sur**RR *f* ■**die** ~ wet shaving; ■**eine** ~ a wet shave **Nass·zel·le**RR *f* wet cell

Nas·tuch *nt* SÜDD, SCHWEIZ (*Taschentuch*) handkerchief

Natel® <-s, -s> *nt* SCHWEIZ (*Handy*) mobile [phone] BRIT, cellphone AM

Na·ti·on <-, -en> [na'tsi̯o:n] *f* nation; **die Vereinten** ~**en** the United Nations

na·ti·o·nal [natsi̯o'na:l] **I.** *adj* ❶ (*die Nation betreffend*) national ❷ (*patriotisch*) nationalist **II.** *adv* nationalistic

na·ti·o·nal·be·wusstRR *adj* nationalist; ■~ **sein** to be nationalist **Na·ti·o·nal·be·wusst·sein**RR *nt* nationalistic views *pl* **Na·ti·o·nal·elf** <-, en> *f* the national [football [*or* AM soccer]] team; **die deutsche** ~ the German national team **Na·ti·o·nal·far·ben** *pl* national colours [*or* AM -ors] *pl* **Na·ti·o·nal·fei·er·tag** *m* national holiday **Na·ti·o·nal·flag·ge** *f* national flag **Na·ti·o·nal·ge·tränk** *nt* national drink **Na·ti·o·nal·held(in)** *m(f)* national hero **Na·ti·o·nal·hym·ne** *f* national anthem

na·ti·o·na·li·sie·ren* [natsi̯onali'zi:rən] *vt* ■**etw** ~ to nationalize sth

Na·ti·o·na·li·sie·rung <-, -en> *f* nationalization

Na·ti·o·na·lis·mus <-> [natsi̯ona'lɪsmʊs] *m kein pl* POL nationalism

Na·ti·o·na·list(in) <-en, -en> [natsi̯ona'lɪst] *m(f)* POL nationalist

na·ti·o·na·lis·tisch **I.** *adj* POL nationalist[ic] **II.** *adv* nationalist[ic]; ~ **eingestellt sein** to be nationalist[ic]

Na·ti·o·na·li·tät <-, -en> [natsi̯onali'tɛ:t] *f* ❶ (*Staatsangehörigkeit*) nationality ❷ (*Volkszugehörigkeit*) ethnic origin

Na·ti·o·na·li·tä·ten·kon·flikt *m* nationality conflict **Na·ti·o·na·li·tä·ten·staat** *m* multinational state

Na·ti·o·na·li·täts·kenn·zei·chen *nt* TRANSP, ADMIN nationality plate

Na·ti·o·nal·mann·schaft *f* national team **Na·ti·o·nal·mu·se·um** *nt* national museum **Na·ti·o·nal·park** *m* national park **Na·ti·o·nal·rat** *m kein pl* SCHWEIZ National Council; ÖSTERR National Assembly **Na·ti·o·nal·rat, -rä·tin** *m, f* SCHWEIZ Member of the National Council; ÖSTERR Deputy to the National Assembly **Na·ti·o·nal·so·zi·a·lis·mus** [natsi̯o'na:lzotsi̯alɪsmʊs] *m* HIST National Socialism **Na·ti·o·nal·so·zi·a·list(in)** *m(f)* HIST Nazi, National Socialist **na·ti·o·nal·so·zi·a·lis·tisch** *adj* HIST Nazi, National Socialist **Na·ti·o·nal·spie·ler(in)** *m(f)* national player **Na·ti·o·nal·sport** *m* national sport **Na·ti·o·nal·staat** *m* POL nation-state **Na·ti·o·nal·stolz** *m* national pride **Na·ti·o·nal·ver·samm·lung** *f* (*in Frankreich*) National Assembly ▶WENDUNGEN: **die Frankfurter** ~ HIST the federal assembly of 1848/49 in Frankfurt

NA·TO, Na·to <-> ['na:to] *f kein pl Akr von* **North Atlantic Treaty Organization:** ■**die** ~ NATO

Na·to·dop·pel·be·schlussRR *m,* **Na·to-Dop·pel·be·schluß**ALT *m* NATO twin-track policy [*or* dual-track [*or* two-track] decision] **Na·to·draht** *m* MIL razor [*or* concertina] wire **Na·to·streit·kräf·te** *fpl* NATO troops *pl*

Na·tri·um <-s> ['na:triʊm] *nt kein pl* CHEM sodium

na·tri·um·arm *adj* CHEM, KOCHK low in sodium *pred*

Na·tron <-s> ['na:trɔn] *nt kein pl* sodium carbonate

Na·tron·lau·ge *f* caustic soda, sodium hydroxide

Nat·ter <-, -n> ['natɐ] *f* ZOOL adder, viper

na·tur [na'tu:ɐ] *adj pred not covered in bread crumbs;* **ich hätte gern ein Schnitzel** ~ I'd like an escalope of pork without breadcrumbs; ~ **sein** to be natural

Na·tur <-, -en> [na'tu:ɐ, *pl* na'tu:rən] *f* ❶ *kein pl* BIOL nature, Nature ❷ *kein pl* (*Landschaft*) countryside; **die freie** ~ the open countryside ❸ (*geh: Art*) nature; **die** ~ **dieser Sache** the nature of this matter; **in der** ~ **von etw liegen** to be in the nature of sth; **das liegt in der** ~ **der Sache** it's in the nature of things ❹ (*Mensch*) type ❺ (*Wesensart*) nature; **sie hat eine empfindsame** ~ she has a sensitive nature; **jdm zur zweiten** ~ **werden** to become second nature to sb; **gegen jds** ~ **gehen** to go against sb's nature; **von** ~ **aus** by nature

Na·tu·ra·li·en [-liən] *pl* natural produce; **in** ~ in kind

Na·tu·ra·lis·mus <-> [natura'lɪsmʊs] *m kein pl* KUNST naturalism

Na·tu·ra·list(in) <-en, -en> [natura'lɪst, *pl* -lɪsdn̩] *m(f)* KUNST naturalist

na·tu·ra·lis·tisch *adj* ❶ (*geh: wirklichkeitsgetreu*) naturalistic ❷ KUNST naturalist

Na·tur·apo·stel *m* nature fiend **na·tur·be·las·sen** *adj* natural; *Wald, Land* wild **Na·tur·bur·sche** *m* nature-boy *fam* **Na·tur·denk·mal** *nt* natural monument

Na·tu·rell <-s, -e> [natu'rɛl] *nt* (*geh*) temperament, nature

Na·tur·er·eig·nis *nt* natural phenomenon **Na·tur·er·schei·nung** *f* natural phenomenon **Na·tur·far·be** *f* ❶ (*natürlicher Farbstoff*) natural dye ❷ (*ursprüngliche Farbe*) natural colour [*or* AM -or] **na·tur·far·ben** *adj* natural-coloured [*or* AM -ored] **Na·tur·fa·ser** *f* natural fibre [*or* AM -er] **Na·tur·for·scher(in)** *m(f)* natural scientist **Na·tur·for·schung** *f* natural science **Na·tur·freund(in)** *m(f)* nature lover **na·tur·ge·mäß** **I.** *adj* natural **II.** *adv* ❶ (*natürlich*) naturally ❷ (*der Natur entsprechend*) in accordance with nature **Na·tur·ge·schich·te** *f s.* **Naturkunde** **Na·tur·ge·setz** *nt* law of nature **na·tur·ge·treu** **I.** *adj* lifelike, true to life **II.** *adv* lifelike, true to life **Na·tur·haus·halt** *m kein pl* BIOL, ÖKOL natural balance *no pl* **Na·tur·heil·kun·de** *f* MED natural healing **Na·tur·heil·mit·tel** *nt* NATURMED natural medicine **Na·tur·heil·ver·fah·ren** *nt* MED natural remedy **Na·tur·ka·ta·stro·phe** *f* natural disaster **Na·tur·kos·me·tik** *f* PHARM natural cosmetic **Na·tur·kost** *f kein pl* natural food *no pl,* natural foodstuffs *npl* **Na·tur·kost·la·den** *m* natural food[stuffs *npl*] shop **Na·tur·kun·de** *f* SCH (*veraltet*) natural history **Na·tur·kun·de·mu·se·um** *nt* museum of natural history **na·tur·kund·lich** *adj* SCH (*veraltet*) natural history *attr* **Na·tur·land·schaft** *f* natural landscape **Na·tur·lehr·pfad** *m* nature trail

na·tür·lich [na'ty:ɐ̯lɪç] **I.** *adj* ❶ (*original*) natural ❷ (*angeboren*) natural, innate ❸ GEOG, GEOL natural ❹ (*ungekünstelt*) natural; ■~ **sein** to be natural ❺ (*menschlich*) natural; ■**es ist** [**nur**] ~**, dass/wenn ...** it's only natural, that/if ... ❻ (*Gegenteil von künstlich*) natural **II.** *adv* ❶ (*selbstverständlich*) naturally, of course; ~**!** of course!, naturally!, sure!, certainly! ❷ (*in der Natur*) naturally

na·tür·li·cher·wei·se *adv* naturally, of course

Na·tür·lich·keit <-> *f kein pl* naturalness

na·tur·nah *adj* [semi-]natural

Na·tur·park *m* national park **Na·tur·pro·dukt** *nt* natural product **Na·tur·recht** *nt* PHILOS natural right **na·tur·rein** *adj* naturally pure **Na·tur·schau·spiel** *nt* spectacle of nature

Na·tur·schutz *m* [nature] conservation; **unter ~ stehen** to be under conservation, to be listed as an endangered species; **etw unter ~ stellen** to put sth under conservation, to legally protect endangered species

Na·tur·schutz·be·hör·de *f* ÖKOL, POL [nature] conservation authority **Na·tur·schutz·ge·biet** *nt* nature reserve

Na·tur·stein *m* natural stone **Na·tur·stoff** *m* natural substance **Na·tur·ta·lent** *nt* natural talent **na·tur·ver·bun·den** *adj* nature-loving; ■**~ sein** to be nature-loving **Na·tur·ver·bun·den·heit** *f kein pl* love of nature *no pl* **Na·tur·volk** *nt* primitive people **Na·tur·wis·sen·schaft** *f* ❶ (*Wissenschaft*) natural sciences *pl* ❷ (*Fach der ~*) natural science **Na·tur·wis·sen·schaft·ler(in)** *m(f)* natural scientist **na·tur·wis·sen·schaft·lich** *adj* natural-scientific **Na·tur·wun·der** *nt* miracle of nature **Na·tur·zu·stand** *m kein pl* natural state

Na·u·ru <-s> [na'u:ru] *nt* Nauru; *s. a.* **Sylt**

Na·u·ru·er(in) <-s, -> [na'u:ruɐ] *m(f)* Nauruan; *s. a.* **Deutsche(r)**

na·u·ru·isch [na'u:ruɪʃ] *adj* Nauruan; *s. a.* **deutsch**

Nau·tik <-> ['nautɪk] *f kein pl* ❶ (*Schifffahrtskunde*) nautical science ❷ (*Navigation*) navigation

nau·tisch ['nautɪʃ] *adj* nautical

Na·vi·ga·ti·on <-> [naviga:'tsi̯o:n] *f kein pl* navigation

Na·vi·ga·ti·ons·feh·ler *m* navigational error **Na·vi·ga·ti·ons·in·stru·ment** *nt* navigation[al] instrument **Na·vi·ga·ti·ons·kar·te** *f* navigation[al] chart **Na·vi·ga·ti·ons·of·fi·zier(in)** *m(f)* navigation officer **Na·vi·ga·ti·ons·raum** *m* chartroom

Na·vi·ga·tor, Na·vi·ga·to·rin <-s, -toren> [navi'ga:to:ɐ̯, -ga'to:rɪn, *pl* -ga'to:rən] *m, f* navigator, navigation officer

na·vi·gie·ren* [navi'gi:rən] **I.** *vi* to navigate; ■**[nach etw] ~** to navigate [according to sth] **II.** *vt* to navigate; ■**etw [durch/in etw** *akk*] **~** to navigate sth [through/into sth]

Na·zi <-s, -s> ['na:tsi] *m* HIST Nazi

Na·zis·mus <-> [na'tsɪsmʊs] *m kein pl* HIST Nazism

na·zis·tisch [na'tsɪstɪʃ] *adj* Nazi

Na·zi·zeit *f* Nazi period

NB *Abk von* **notabene** NB

n.Br. *Abk von* **nördlicher Breite** N; *s. a.* **Breite 5**

NC <-> [ɛn'tse:] *m Abk von* **Numerus clausus**

n. Chr. *Abk von* **nach Christus** AD

ne ['ne:] *adv* (*fam*) no

'ne ['nə] *art indef* (*fam*) *kurz für* **eine** a

Ne·an·der·ta·ler <-s, -> [ne'andɐta:lɐ] *m* Neanderthal man

Ne·a·pel <-s> [ne'a:pl̩] *nt* Naples

Ne·a·po·li·ta·ner <-s, -> [neapoli'ta:nɐ] *m* ❶ (*Einwohner von Neapel*) Napolitan ❷ KOCHK ÖSTERR waffle

Ne·bel <-s, -> ['ne:bl̩] *m* ❶ METEO fog, mist; **bei ~** in foggy/misty conditions ❷ ASTRON nebula

Ne·bel·auf·lö·sung *f* lifting of [the] fog **Ne·bel·bank** *f* fog bank, bank of fog

ne·bel·haft *adj* ❶ METEO foggy ❷ (*verschwommen*) foggy, dim

Ne·bel·horn *nt* foghorn

ne·be·lig ['ne:bəlɪç] *adj* foggy

Ne·bel·ka·no·ne *f* dry ice generator **Ne·bel·krä·he** *f* ORN hooded crow **Ne·bel·schein·wer·fer** *m* AUTO fog-light [*or* -lamp] **Ne·bel·schluss·leuch·te**RR *f* AUTO rear fog-light **Ne·bel·schwa·den** *pl* METEO wafts of mist *pl* **Ne·bel·wand** *f* wall of fog

ne·ben ['ne:bn̩] *präp* ❶ +*akk* (*an der Seite*) ■**~ jdn/etw** beside [*or* next to] sb/sth ❷ +*dat* ■**~ jdm/einer S.** beside [*or* next to] sb/sth ❸ +*dat* (*außer*) ■**~ einer S.** *dat* besides sth, apart [*or* aside] from sth ❹ +*dat* (*verglichen mit*) ■**~ jdm/einer S.** compared with [*or* to]

ne·ben·amt·lich I. *adj* secondary, additional **II.** *adv* additionally

ne·ben·an [ne:bn̩'ʔan] *adv* (*unmittelbar daneben*) next-door; **von ~** from next-door

Ne·ben·an·schlussRR *m* TELEK *s.* **Nebenstelle** **Ne·ben·ar·beit** *f* ❶ (*nebenher ausgeführte Arbeit*) extra work ❷ *s.* **Nebenbeschäftigung** **Ne·ben·arm** *m* GEOG branch **Ne·ben·aus·ga·be** *f meist pl* additional expenses *pl* **Ne·ben·aus·gang** *m* side exit **Ne·ben·be·deu·tung** *f* LING secondary meaning [*or* connotation]

ne·ben·bei [ne:bn̩'bai] *adv* ❶ (*neben der Arbeit*) on the side ❷ (*beiläufig*) incidentally; **~ [bemerkt [*o* gesagt]]** by the way, incidentally

Ne·ben·be·ruf *m* side [*or* second] job, sideline; **im ~** as a second job [*or* sideline] **Ne·ben·be·ruf·ler(in)** <-s, -> [-bəru:flɐ] *m(f)* ÖKON sb who has a job on the side **ne·ben·be·ruf·lich I.** *adj* **eine ~e Tätigkeit** a second job **II.** *adv* as a second [*or* side] job, as a sideline **Ne·ben·be·schäf·ti·gung** *f* second job, sidejob, sideline **Ne·ben·buh·ler(in)** <-s, -> *m(f)* rival **Ne·ben·dar·stel·le·rin** *f* FILM supporting actress **Ne·ben·ef·fekt** *m* side effect

ne·ben·ein·an·der [ne:bn̩ʔai'nandɐ] *adv* ❶ (*Seite an Seite*) side by side, alongside [each other] ❷ (*zugleich*) simultaneously, at the same time

Ne·ben·ein·an·der <-s> [ne:bn̩ʔai'nandɐ] *nt kein pl* juxtaposition

ne·ben·ein·an·der|hal·ten *vt irreg* **etw ~** to hold sth side by side

ne·ben·ein·an·der·her [ne:bn̩ʔainandɐ'he:ɐ̯] *adv* side by side, alongside each other [*or* one another]

ne·ben·ein·an·der|le·gen *vt* **jdn/etw ~** to lay [*or* place] sb/sth next to each other [*or* side by side] **ne·ben·ein·an·der|lie·gen** *vi irreg* to lie side by side **ne·ben·ein·an·der|set·zen I.** *vt* **jdn/etw ~** to put [*or* place] sb/sth next to each other [*or* side by side] **II.** *vr* **sich** *akk* **~** to sit [down] next to each other **ne·ben·ein·an·der|sit·zen** *vi irreg* to sit side by side [*or* next to each other] **ne·ben·ein·an·der|ste·hen** *vi irreg* to stand side by side **ne·ben·ein·an·der|stel·len** *vt* **jdn/etw ~** to put [*or* place] sb/sth next to each other [*or* side by side]

Ne·ben·ein·gang *m* side entrance **Ne·ben·ein·künf·te, Ne·ben·ein·nah·men** *pl* FIN additional income **Ne·ben·er·schei·nung** *f s.* **Nebeneffekt** **Ne·ben·er·werb** *m* (*form*) *s.* **Nebenberuf** **Ne·ben·fach** *nt* SCH subsidiary [subject] **Ne·ben·fluss**RR *m* tributary **Ne·ben·ge·bäu·de** *nt* ❶ (*untergeordneter Bau*) outbuilding ❷ (*benachbartes Gebäude*) neighbouring [*or* AM neighboring] [*or* adjacent] building **Ne·ben·ge·räusch** *nt* [background] noise **Ne·ben·gleis** *nt* siding **Ne·ben·hand·lung** *f* LIT sub-plot

ne·ben·her [ne:bn̩'he:ɐ̯] *adv* on the side, in addition

ne·ben·her|fah·ren *vi irreg* to drive alongside **ne·ben·her|ge·hen** *vi irreg* to walk alongside [*or* beside] **ne·ben·her|lau·fen** *vi irreg* to run alongside

ne·ben·hin [ne:bn̩'hɪn] *adv* in passing, by the way; **diese Bemerkung ließ er nur so ~ fallen** he just dropped that comment in passing [*or* casually]

Ne·ben·höh·le *f* ANAT sinus **Ne·ben·höh·len·ent·zün·dung** *f* MED sinus infection, sinusitis **Ne·ben·job** [-dʒɔp] *m* (*fam*) *s.* **Nebenbeschäftigung** **Ne·ben·klä·ger(in)** *m(f)* JUR joint plaintiff **Ne·ben·kos·ten** *pl* ❶ (*zusätzliche Kosten*) additional costs *pl* ❷ (*Betriebskosten*) running costs *pl* **Ne·ben·nie·re** *f* ANAT suprarenal gland, adrenal body **Ne·ben·pro·dukt** *nt* CHEM by-product **Ne·ben·raum** *m* ❶ (*Raum nebenan*) next room ❷ (*kleiner, nicht als Wohnraum genutzter Raum*) storage room **Ne·ben·rol·le** *f* ❶ FILM, THEAT minor part, supporting role ❷ (*nebensächlicher Stellenwert*) **[für jdn] nur eine ~ spielen** to be a minor concern [to sb] **Ne·ben·sa·che** *f* triviality, trivial matter; **~ sein** to be beside the point, to be irrelevant

ne·ben·säch·lich *adj* trivial, irrelevant; ■**~ sein** to be trivial [*or* irrelevant], to be beside the point; ■**N~es**, ■**das N~e** trivialities *pl*, less important matters *pl*

Ne·ben·säch·lich·keit <-, -en> *f* triviality

Ne·ben·sai·son *f* off-season **Ne·ben·satz** *m* LING subordinate clause ▶WENDUNGEN: **im ~** by the by, in passing, incidentally

ne·ben·ste·hend ['ne:bn̩ʃte:ənt] *adj* opposite; **~er Zeichnung können die architektonischen Details entnommen werden** architectural details are shown in the illustration opposite [*or* on the opposite page] **Ne·ben·stel·le** *f* ❶ TELEK extension ❷ (*Filiale*) branch **Ne·ben·stra·ße** *f* side street **Ne·ben·stre·cke** *f* BAHN local [*or* branch] line **Ne·ben·tisch** *m* next [*or* adjacent] table **Ne·ben·ver·dienst** *m* additional income **Ne·ben·wir·kung** *f* PHARM side effect **Ne·ben·zim·mer** *nt* next room **Ne·ben·zweck** *m* additional purpose

neb·lig ['ne:blɪç] *adj s.* **nebelig**

nebst ['ne:pst] *präp +dat* (*veraltend*) together with

ne·bu·lös [nebu'lø:s] **I.** *adj* (*geh*) nebulous *form* **II.** *adv* vaguely

Ne·ces·saire <-s, -s> [nesɛ'sɛ:ɐ̯] *nt* ❶ (*Kulturbeutel*) vanity bag ❷ (*Nagel~*) manicure set ❸ (*Nähzeug*) sewing kit

ne·cken ['nɛkn̩] *vt* ■**jdn** ~ to tease sb; ■**sich** *akk* ~ to tease each other; *s. a.* **lieben**

ne·ckisch *adj* ❶ (*schelmisch*) mischievous ❷ (*fam: kess*) saucy *fam,* coquettish

nee ['ne:] *adv* (*fam*) no

Nef·fe <-n, -n> ['nɛfə] *m* nephew

Ne·ga·ti·on <-, -en> [nega'tsi̯o:n] *f* negation

ne·ga·tiv ['ne:gati:f] **I.** *adj* negative **II.** *adv* negatively

Ne·ga·tiv <-s, -e> ['ne:gatif:f, *pl* 'ne:gati:və] *nt* FOTO negative

Ne·ga·tiv·bei·spiel <-(e)s, -e> *nt* bad [*or* negative] example

Ne·ga·tiv·film *m* FOTO negative film

Ne·ger(in) <-s, -> ['ne:gɐ] *m(f)* (*pej: Schwarzer*) negro, nigger *pej* ▶ WENDUNGEN: **schwarz wie ein** ~ (*hum*) brown as a berry; **angeben wie zehn nackte** ~ (*sl*) to shoot one's big mouth off *sl*

Ne·ger·kussRR *m* KOCHK chocolate marshmallow **Ne·ger·skla·ve, -skla·vin** *m, f* negro [*or* black] slave

ne·gie·ren* [ne'gi:rən] *vt* ❶ (*geh: leugnen*) ■**etw** ~ to deny sth; ■~, [**dass**] ... to deny that ... ❷ LING ■**etw** ~ to negate sth

ne·grid [ne'gri:t] *adj* negro

ne·gro·id [negro'i:t] *adj* negroid

neh·men <nimmt, nahm, genommen> ['ne:mən] *vt* ❶ (*ergreifen*) ■**etw** ~ to take sth; ■[**sich** *dat*] **etw** ~ to take sth; ~ **Sie sich doch ruhig noch etwas Kaffee/Wein!** [do] help yourself to more coffee/wine! ❷ (*wegnehmen*) ■[**jdm**] **etw** ~ to take sth [away] [from sb] ❸ (*verwenden*) ■**etw** [**für/in etw** *akk*] ~ to take sth [for/in sth]; **nimm nicht so viel Pfeffer/Salz** don't use so much pepper/salt; **ich nehme immer nur ganz wenig Milch/Zucker in den Kaffee** I only take a little milk/sugar in my coffee; ■**etw von etw** ~ to use sth from sth; **davon braucht man nur ganz wenig zu** ~ you only need to use a small amount; ■**etw als etw** ~ to use sth as sth ❹ (*annehmen*) ■**etw** ~ to accept [*or* take] sth ❺ (*verlangen*) ■**etw** [**für etw** *akk*] ~ to ask sth [for sth]; ~ **Sie sonst noch was?** would you like anything else?; **was nimmst du dafür?** what do you want for it? ❻ (*wählen*) ■**jdn** [**als jdn**] ~ to take sb [as sb]; ■**etw** ~ to take sth ❼ (*mieten*) ■**sich** *dat* **etw** ~ to take sth ❽ (*engagieren*) ■**sich** *dat* **jdn** ~ to get sb ❾ TRANSP (*benutzen*) ■**etw** ~ to take sth; **heute nehme ich lieber den Bus** I'll take the bus today; **jdm die Aussicht/Sicht** ~ (*versperren*) to block sb's view ❿ (*einnehmen*) ■**etw** ~ to take sth; **etw zu sich** *dat* ~ (*geh*) to have [*or form* partake of] sth; **man nehme ...** take ...; **hast du heute auch deine Tabletten genommen?** did you take your tablets today? ⓫ MED (*beseitigen*) **Beschwerden/Schmerz** ~ to take away symptoms/pain ⓬ (*vergehen lassen*) **jdm Angst/Furcht/Bedenken** ~ to take away [*or* ease] sb's fear/doubts; **jdm Freude/Glück/Hoffnung/Spaß** ~ to take away sb's [*or* to rob [*or* deprive] sb of their] joy/happiness/hope/fun ⓭ (*überwinden*) ■**etw** ~ to overcome sth ⓮ MIL (*erobern*) ■**etw** ~ to take sth ▶ WENDUNGEN: **jdn** ~, **wie er ist** to take sb as he is; **etw nehmen, wie es kommt** to take sth as it comes; **sich** *dat* **etw nicht** ~ **lassen** to not be robbed of sth; **es sich** *dat* **nicht** ~ **lassen, etw zu tun** to insist on doing sth; **woher** ~ **und nicht stehlen?** (*fam*) where on earth is one going to get that from?; **jdn zu** ~ **wissen, wissen, wie man jdn** ~ **muss** to know how to take sb; **etw an sich** ~ *akk,* **etw auf sich** ~ *akk* to take sth upon oneself; **jdn zu sich** *dat* ~ to take sb in; **sie** ~ **sich** *dat* **nichts** (*fam*) they're both the same [*or* as good/bad as each other]; *s. a.* **wie**

Neid <-[e]s> ['naɪt] *m kein pl* jealousy (**auf** *+akk* of), envy (**auf** *+akk* of); **nur kein ~!** don't be jealous!; **purer** ~ pure [*or* plain] jealousy; [**jds**] ~ **erregen** to make sb jealous [*or* envious], to arouse sb's [*or* cause] jealousy, to arouse [*or* stir up] sb's envy; **jdm schaut der** ~ **aus den Augen** envy is written all over sb's face; **vor** ~ (*fam*) with envy; **blass** [*o* **gelb**] [*o* **grün**] **vor** ~ green [*or* pale] with envy; **vor** ~ **erblassen** (*form*), **vor** ~ **platzen können** to go green with envy ▶ WENDUNGEN: **das ist der** ~ **der Besitzlosen** (*fam*) that's just sour grapes *fam;* **das muss jdm der** ~ **lassen** (*fam*) you've got to hand it to sb, you have to say that much for sb *fam*

nei·den ['naidn̩] *vt* ■**jdm etw** ~ to envy sb [for] sth

Nei·der(in) <-s, -> *m(f)* jealous [*or* envious] person

neid·er·füllt ['naidɛɐ̯fʏlt] **I.** *adj* (*geh*) filled with [*or* full of] envy [*or* jealousy], jealous, envious **II.** *adv* jealously, enviously

Nei·de·rin <-, -nen> *f fem form von* **Neider**

Neid·ham·mel *m* (*fam*) jealous [*or* envious] person; **du alter ~!** you're just jealous!

nei·disch ['naidɪʃ], **nei·dig** ['naidɪç] SÜDD, ÖSTERR **I.** *adj* jealous, envious; ■~ **sein/werden** to be/become jealous [*or* envious]; ■**auf jdn** ~ **sein/werden** to be/become jealous [*or* envious] of sb, to envy sb **II.** *adv* jealously, enviously, with envy [*or* jealousy]

neid·los I. *adj* unbegrudging **II.** *adv* unbegrudgingly

Nei·ge <-, -n> ['naigə] *f* (*Flüssigkeitsrest*) remains; **bis zur** ~ to the dregs; **etw bis zur** ~ **leeren** to drain sth to the dregs ▶ WENDUNGEN: **bis zur bitteren** ~ until the bitter end; **zur** ~ **gehen** (*geh*) to draw to an end; **unsere Vorräte gehen zur** ~ our provisions are fast becoming exhausted; **etw bis zur** ~ **auskosten** to savour [*or* AM -or] sth to the full

nei·gen ['naign̩] **I.** *vr* ❶ (*sich beugen*) ■**sich** *akk* **zu jdm** ~ to lean over to sb; **sich nach hinten/vorne/rechts/links/zur Seite** ~ to lean backwards/forwards/to the right/left/side ❷ (*schräg abfallen*) ■**etw neigt sich** sth slopes [*or* inclines] ❸ (*geh: sich niederbeugen*) to bow down; **die Tannenzweige neigten sich** [**tief**] **zur Erde** the pine branches bowed [low] to the ground ❹ (*kippen*) ■**sich** *akk* ~ to tilt **II.** *vt* ❶ (*beugen*) ■**etw** ~ to bend sth; **den Oberkörper leicht nach vorne geneigt** his/her torso [*or* upper body] slightly bent forwards ❷ (*geh: kippen*) ■**etw** ~ to tilt sth **III.** *vi* ❶ (*anfällig für etw sein*) ■**zu etw** ~ to be prone [*or* susceptible] to sth ❷ (*tendieren*) ■**zu etw** ~ to tend [*or* have a tendency] to sth; **du neigst zu Übertreibungen** you tend to exaggerate; ■**dazu** ~, **etw zu tun** to be inclined [*or* tend] [*or* have a tendency] to do sth; **ich neige zu der Ansicht, dass ...** I tend [*or* lean] towards the view that ...

Nei·ge·zug *m* TRANSP tilting train

Nei·gung <-, -en> *f* ❶ (*Vorliebe*) leaning; **eine** ~ **verspüren, etw zu tun** to feel an inclination to do sth ❷ (*Zuneigung*) affection; **aus** ~ with affection ❸ (*Tendenz*) tendency; **du hast eine** ~ **zur Ungeduld** you have a tendency to be impatient ❹ (*Gefälle*) slope

Nei·gungs·win·kel *m* TECH angle of inclination

nein ['nain] *adv* ❶ (*Negation*) no; [**zu etw**] **N~ sagen** to say no [to sth]; **nicht N~ sagen** to not say no; **o ~!** certainly not! ❷ (*sogar*) no; **wahnsinnig schwül,** ~ **unerträglich heiß** incredibly humid, no, unbearably hot ❸ *fragend* will you/they/he/she/it; **du wirst dem Kerl doch nicht helfen, ~?** you won't help this guy, will you? ❹ (*ach*) well; ~, **wen haben wir denn da?** well, who have we got here then? ▶ WENDUNGEN: ~, **so was!** oh no!

Nein <-s> ['nain] *nt kein pl* no

Nein·sa·ger(in) <-s, -> [-za:gɐ] *m(f)* person who always says no **Nein·stim·me** *f* POL no[-vote]

Ne·kro·log <-[e]s, -e> [nekro'lo:k] *m* (*geh*) obituary
Nek·tar <-s, -e> ['nɛktar] *m* nectar
Nek·ta·rie <-, -n> [nɛk'ta:ri̯ə] *f* BOT nectary
Nek·ta·ri·ne <-, -n> [nɛkta'ri:nə] *f* nectarine
Nel·ke ['nɛlkə] *f* <-, -n> ❶ BOT carnation ❷ KOCHK clove
Nel·ken·wurz <-> [-vʊrts] *f kein pl* BOT avens
'nem ['nəm] *art indef dat* (*fam*) *kurz für* **einem** a; *s. a.* **ein² II. 1**
Ne·ma·to·de <-n, -n> [nema'to:də] *m* ZOOL nematode
'nen ['nən] *art indef* (*fam*) *kurz für* **einen** a
nen·nen <nannte, genannt> ['nɛnən] **I.** *vt* ❶ (*benennen*) ■**jdn/etw** ~ to name [*or* call] sb/sth; ■**genannt** known as ❷ (*anreden*) to call; **Freunde dürfen mich Johnny** ~ friends may call me Johnny ❸ (*bezeichnen*) ■**etw** ~ to call sth; **wie nennt man das?** what do you call that? [*or* is that called?] ❹ (*mitteilen*) ■[**jdm**] **jdn/etw** ~ to name sb/sth [to sb]; **ich nenne Ihnen einige Namen** I'll give you a few names; **können Sie mir einen guten Anwalt** ~**?** can you give me the name of a good lawyer?; ■**genannt** referred to; **das genannte Restaurant ...** the restaurant mentioned ... ▶ WENDUNGEN: **das nenne ich ...** I call that ...; **das nenne ich aber mal ein leckeres Mittagessen!** [now] that's what I call a delicious lunch! **II.** *vr* (*heißen*) ■**sich** *akk* ~ to call oneself ▶ WENDUNGEN: **und so was nennt sich ...!** (*fam*) and they call that a ...!; **du bist gemein! und so was nennt sich Freundin!** you're mean! and you call yourself a friend!
nen·nens·wert *adj* considerable, not inconsiderable; **nicht** ~ not worth mentioning; ■**etwas/nichts Nennenswertes** sth/nothing worth mentioning; **ist irgendetwas Nennenswertes vorgefallen?** did anything worth mentioning happen?
Nen·ner <-s, -> *m* MATH denominator; **der kleinste gemeinsame** ~ the lowest common denominator ▶ WENDUNGEN: **etw auf einen** [**gemeinsamen**] ~ **bringen** to reduce sth to the common denominator; **einen** [**gemeinsamen**] ~ **finden** to find common ground
Nen·nung <-, -en> *f* naming
Nenn·wert *m* FIN, BÖRSE nominal [*or* face] value; **über/unter dem** ~ above/below nominal [*or* face] value; **zum** ~ at nominal [*or* face] value
Neo·dym <-s> [neo'dy:m] *nt kein pl* CHEM neodymium
Neo·fa·schis·mus <-> ['ne:ofaʃɪsmʊs] *m kein pl* POL neo-fascism *no pl*
Neo·fa·schist <-en, -en> [neofa'ʃɪst] *m* POL neofascist
neo·fa·schis·tisch *adj* POL neofascist
neo·go·tisch *adj* ARCHIT neogothic
Neo·klas·si·zis·mus ['ne:oklasitsɪsmʊs] *m* ARCHIT neoclassicism
neo·klas·si·zis·tisch *adj* ARCHIT neoclassicist
Neo·lo·gis·mus <-, -gismen> [neolo'gɪsmʊs, *pl* -'gɪsmən] *m* LING neologism
Ne·on <-s> ['ne:ɔn] *nt kein pl* neon
Neo·na·zi <-s, -s> ['ne:ona:tsi] *m* POL *kurz für* **Neonazist** neo-nazi
Neonazist <-en, -en> *m* POL neo-nazi
neo·na·zis·tisch *adj* POL neo-nazi
Ne·on·licht *nt* neon light **Ne·on·re·kla·me** *f* ÖKON neon sign **Ne·on·röh·re** *f* neon strip [*or* tube], strip light **Ne·on·wer·bung** *f* neon sign
Ne·o·pren <-s> [neo'pre:n] *nt kein pl* CHEM neoprene
Ne·o·pren·an·zug *m* wet suit
Ne·op·te·rin <-s, -e> [neɔptə'ri:n] *nt* MED neopterin
Ne·pal ['ne:pal, ne'pa:l], **Nepal** <-s> *nt* Nepal; *s. a.* **Deutschland**
Ne·pa·le·se, Ne·pa·le·sin <-n, -n> [nepa:'le:zə, nepa:'le:zɪn] *m, f*, **Nepaler(in)** <-s, -> [ne'pa:lɐ] *m(f)* Nepalese, Nepali; *s. a.* **Deutsche(r)**
ne·pa·le·sisch [nepa'le:zɪʃ] *adj* Nepalese, Nepali; *s. a.* **deutsch**
ne·pa·lisch [ne'pa:lɪʃ] *adj s.* **nepalesisch**
Ne·po·tis·mus <-> [nepo'tɪsmʊs] *m kein pl* (*geh*) nepotism
Nepp <-s> ['nɛp] *m kein pl* (*fam*) rip-off *fam;* **das ist ja der reinste** ~**!** that's a complete rip-off!
nep·pen ['nɛpn̩] *vt* (*fam*) ■**jdn** ~ to rip sb off *fam;* **da bist du aber ganz schön geneppt worden!** they must have seen you coming!
Nepp·lo·kal *nt* (*fam*) clipjoint
Nep·tun <-s> [nɛp'tu:n] *m* neptune; ■**der** ~ Neptune
Nep·tu·ni·um <-s> [nɛp'tu:ni̯ʊm] *nt kein pl* neptunium
'ner ['nər] *art indef* (*fam*) *kurz für* **einer** a
Nerv <-s *o* -en, -en> ['nɛrf, *pl* 'nɛrfn̩] *m* ❶ ANAT nerve ❷ BOT vein ▶ WENDUNGEN: ~**en wie Drahtseile haben** (*fam*) to have nerves of steel; **gute/schlechte** [*o* **schwache**] ~**en haben** to have strong/bad [*or* weak] nerves; **die** ~**en behalten** to keep calm; **jds** ~**en gehen** [**mit**] **jdm durch** sb loses their cool; **entschuldigen Sie, meine** ~**en sind wohl etwas mit mir durchgegangen** I'm sorry, I must have lost my cool; **jdm auf die** ~**en gehen** [*o* **fallen**] (*fam*) to get on sb's nerves; **auf die** ~**en gehen** (*fam*) to be a strain on the nerves; **den** ~ **haben, etw zu tun** (*fam*) to have the nerve to do sth; [**vielleicht**] ~**en haben!** (*fam*) to have a nerve!; **du hast vielleicht** ~**en!** you've got a nerve!; **jdm den** [**letzten**] ~ **rauben** [*o* **töten**] (*fam*) to shatter [*or* break] sb's nerve; **die** ~**en verlieren** to lose control [*or* one's cool]; ~**en zeigen** to show nerves
ner·ven ['nɛrfn̩] **I.** *vt* (*fam*) ■**jdn** [**mit etw**] ~ to get on sb's nerves [*or fam* bug sb] [with sth]; ■**genervt** stressed [out], worked up **II.** *vi* (*sl*) to get on one's nerves, to annoy [*or fam* bug] sb
Ner·ven·an·span·nung *f* nervous tension **Ner·ven·arzt, -ärz·tin** *m, f* neurologist **ner·ven·auf·rei·bend** *adj* nerve-racking [*or esp* AM -wracking]; ■~ **sein** to be nerve-racking **Ner·ven·be·las·tung** *f* nervous strain **ner·ven·be·ru·hi·gend** **I.** *adj* PHARM sedative, calming **II.** *adv* calming **Ner·ven·bün·del** *nt* (*fam*) bundle of nerves *fam* **Ner·ven·gas** *nt* MIL nerve gas **Ner·ven·gift** *nt* CHEM neurotoxin **Ner·ven·heil·an·stalt** *f* MED, PSYCH (*veraltend*) mental *dated* [*or* psychiatric] hospital **Ner·ven·heil·kun·de** *f* MED neurology **Ner·ven·kit·zel** <-s, -> *m* (*fam*) thrill **Ner·ven·kli·nik** *f* MED (*fam*) psychiatric clinic **Ner·ven·kos·tüm** *nt* (*fam*) nerves *pl;* **ein starkes/schwaches** ~ **haben** to have strong/weak nerves **Ner·ven·kraft** *f* nervous strength **ner·ven·krank** *adj* MED mentally ill [*or* disturbed]; ■~ **sein** to be mentally ill [*or* disturbed] **Ner·ven·krieg** *m* war of nerves **Ner·ven·lei·den** *nt* MED nervous condition **Ner·ven·nah·rung** *f* food for the nerves **Ner·ven·pro·be** *f* trial of nerves **Ner·ven·sa·che** *f* [**eine/reine**] ~ **sein** (*fam*) to be all a question of nerves **Ner·ven·sä·ge** *f* (*fam*) pain in the neck *fam* **Ner·ven·schmerz** *m meist pl* MED neuralgic pain, neuralgia *no pl* **ner·ven·schwach** *adj* with weak nerves *pred,* neurasthenic *spec;* ~ **sein** to have weak nerves [*or spec* be neurasthenic] **ner·ven·stark** *adj* with strong nerves *pred;* ~ **sein** to have strong nerves **Ner·ven·strang** *m* ANAT nerve cord **Ner·ven·sys·tem** *nt* ANAT nervous system **Ner·ven·zen·trum** *nt* nerve centre [*or* AM -er] **Ner·ven·zu·sam·men·bruch** *m* nervous breakdown; **einen** ~ **haben** [*o geh* **erleiden**] to have [*or* suffer] a nervous breakdown
ner·vig ['nɛrfɪç] *adj* ❶ (*sl: nervenaufreibend*) irritating; ■~ **sein** to be irritating ❷ (*veraltend geh*) sinewy, wiry
nerv·lich **I.** *adj* nervous *attr* **II.** *adv* ❶ (*psychisch*) **jd ist** ~ **erschöpft/belastet** sb's nerves are at a breaking point/strained ❷ (*in der psychischen Verfassung*) ~ **bedingt** nervous
ner·vös [nɛr'vø:s] **I.** *adj* ❶ (*psychisch erregt*) nervous, jumpy *fam;* ■~ **sein/werden** to be/become nervous; **jdn** ~ **machen** to make sb nervous ❷ MED nervous **II.** *adv* (*nervlich*) nervous; ~ **bedingt** nervous in origin
Ner·vo·si·tät <-> [nɛrvozi'tɛ:t] *f kein pl* nervousness
nerv·tö·tend ['nɛrftø:tənt] *adj* (*fam*) nerve-racking [*or esp* AM wracking] *fam;* ■~ **sein** to be nerve-racking
Nerz <-es, -e> ['nɛrts] *m* ❶ ZOOL mink ❷ MODE mink
Nes·sel¹ <-, -n> ['nɛsl̩] *f* BOT nettle ▶ WENDUNGEN: **sich** [**mit**

N

etw] **in die ~n setzen** (*fam*) to put one's foot in it
Nes·sel² <-s, -> ['nɛsl] *m* MODE untreated cotton
Nẹs·sel·fie·ber *nt* MED nettle-rash **Nẹs·sel·sucht** *f kein pl* MED nettle-rash, hives *npl* **Nẹs·sel·tier** *nt* ZOOL coelenterate
Nẹs·sel·tuch *nt* muslim [cloth]
Nes·ses·sär <-s, -s> [nɛsɛ'sɛːɐ̯] *nt* ① (*Kulturbeutel*) vanity bag ② (*Nagel~*) manicure set ③ (*Nähzeug*) sewing kit
Nest <-[e]s, -er> ['nɛst] *nt* ① ORN nest ② (*Brutstätte*) nest ③ (*fam: Kaff*) dump *fam*, hole *fam* ▸ WENDUNGEN: **das eigene** [*o* **sein eigenes**] ~ **beschmutzen** to foul one's own nest; **sich ins gemachte ~ setzen** (*fam*) to marry well, to have got it made
nes·teln ['nɛst|n] *vi* (*herumzupfen*) to fiddle, to fumble; ■**an etw ~** *dat* to fiddle around with sth
Nẹst·häk·chen <-s, -> *nt* (*fam*) baby of the family; ■**jds ~** the baby of the family **Nẹst·ho·cker(in)** *m(f)* ① BIOL nidicolous bird ② (*fig*) stay-at-home
Nes·tor, Nes·to·rin <-s, -toren> ['nɛstoːɐ̯, nɛs'toːrɪn, *pl* nɛs'toːrən] *m, f* (*geh*) doyen *masc*, doyenne *fem*
Nẹst·wär·me *f* warmth and security
nett ['nɛt] *adj* ① (*liebenswert*) nice; ■~ **[zu jdm] sein** to be nice [to sb]; ■**etwas/nichts Nettes** sth/sth not very nice; **sei so ~ und ...** would you mind ...; **wenn Sie so ~ sind/sein würden** if you don't mind; **so ~ sein und ...** to be so kind as to ...; **er war so nett und hat mich nach Hause gebracht** he was so kind as [*or* kind enough] to take me home ② (*angenehm*) nice, pleasant ③ (*beträchtlich*) nice; **ein ~s Stück** a fair walk; **von hier ist es noch ein ganz ~es Stück zu laufen** it's still a fair walk from here; **ein ~s Sümmchen** a tidy sum [of money]; **sie hat sich ein ~es Sümmchen gespart** she's saved herself a nice little sum ④ (*iron fam: unerfreulich*) nice; **das sind ja ~e Aussichten!** what a nice prospect!; ■**etwas Nettes** something nice
net·ter·wei·se [nɛtɐ'vaizə] *adv* kindly; **er hat mich ~ nach Hause gebracht** he was so kind as [*or* kind enough] to take me home
Net·tig·keit <-, -en> ['nɛtɪçkait] *f* ① *kein pl* (*Liebenswürdigkeit*) kindness ② (*liebenswürdige Bemerkung*) kind [*or* nice] words [*or* things] *pl* ③ *pl* (*iron fam: boshafte Bemerkung*) insult
net·to ['nɛto] *adv* net
Nẹt·to·ein·kom·men *nt* net income **Nẹt·to·ge·wicht** *nt* net weight **Nẹt·to·kre·dit·auf·nah·me** *f* net credit **Nẹt·to·lohn** *m* net salary [*or* wage], take-home pay **Nẹt·to·preis** *m* ÖKON net price
Netz <-es, -e> ['nɛts] *nt* ① (*Fischnetz*) net ② (*Einkaufs~*) string bag; (*Gepäck~*) [luggage] rack; (*Haar~*) hair net ③ SPORT net; **ins ~ gehen** to go into the net; *Tennisball* to hit the net ④ (*Schutz~*) safety net ⑤ (*Spinnen~*) web ⑥ ELEK, TELEK (*Leitungssystem*) network; (*Strom*) [national] grid [*or* AM power supply system]; **ans ~ gehen** to be connected to the grid; **etw vom ~ nehmen** to cut sth off from the grid ⑦ *kein pl* INET ■**das ~** the Net, the Internet ⑧ (*Rohrnetz*) network [of pipes] ⑨ TRANSP system ⑩ (*Ring*) network ▸ WENDUNGEN: **ohne ~ und doppelten Boden** without a safety net; **das soziale ~** the social net; **jdm ins ~ gehen** to fall into sb's trap; **jdm durchs ~ gehen** to give sb the slip
Nẹtz·an·schluss^RR *m* ① TECH (*Anschluss an das Stromnetz*) mains *npl* [*or* AM power] supply ② TELEK (*Anschluss an ein Kommunikationsnetz*) telephone line connection **Nẹtz·ball** *m* TENNIS netball **Nẹtz·bür·ger(in)** *m(f)* INET, SOZIOL (*euph*) netizen *euph*, citizen of the net *euph* **Nẹtz·ge·rät** *nt* mains receiver BRIT, power supply unit AM **Nẹtz·haut** *f* retina **Nẹtz·haut·ent·zün·dung** *f* MED retinitis **Nẹtz·hemd** *nt* MODE string vest **Nẹtz·kar·te** *f* BAHN zone card **Nẹtz·kno·ten** *m* ① INFORM network node ② TECH network junction point ③ BIOL network junction **Nẹtz·ma·gen** *m* BIOL (*Teil des Wiederkäuermagens*) reticulum **Nẹtz·me·lo·ne** *f* cantaloup melon **Nẹtz·span·nung** *f* line [*or* supply] [*or* BRIT mains] voltage **Nẹtz·ste·cker** *m* mains *npl* [*or* AM power] plug **Nẹtz·strumpf** *m* fish-net stocking **Nẹtz·teil** *nt* ELEK mains adapter BRIT, power supply unit AM **Nẹtz·teil·neh·mer(in)** *m(f)* INFORM, TELEK network user **Nẹtz·werk** *nt* ① (*engverbundenes System*) network ② INFORM network, system **Nẹtz·zu·gang** *m* INET connection to the Internet
neu ['nɔy] **I.** *adj* ① (*gerade produziert/erworben/vorhanden*) new; **das ist die ~e/~este Mode!** it's the new/latest fashion!; ■~ **sein** to be new; ■**etwas Neues** something new; **auf der Fachmesse gab es nichts Neues** there was nothing new at the trade fair; ■**der/die Neue** the newcomer; **ein ~eres System** a more up to date system; ■**das Neue [an etw** *dat*] the new thing [about sth]; ■**das Neueste** the latest [thing]; ■**jdm ~ sein** to be news to sb, to be a new one on sb *fam*; **was gibt's Neues?** (*fam*) what's new?; **weißt du schon das Neu[e]ste?** have you heard the latest?; **seit ~[e]stem** [since] recently; **seit ~estem können wir Ihnen auch die Bestellung per Kreditkarte anbieten** we are now able to take your orders by credit card; **das Neu[e]ste vom Neuen** the very latest [thing]; **von ~em** all over again, from the beginning, from scratch; *s. a.* **Tag** ② (*frisch*) fresh; **du solltest mal ein ~es Hemd anziehen** you should put on a fresh shirt ③ (*abermalig*) new; **einen ~en Anfang machen** to make a fresh start; **einen ~en Anlauf nehmen** to have another go; **einen ~en Versuch machen** to have another try ④ MEDIA (*gerade zugänglich*) latest; **die ~esten Nachrichten** the latest news ▸ WENDUNGEN: **auf ein N~es!** here's to a fresh start!; (*Neujahr*) here's to the New Year!; **aufs N~e** (*geh*) afresh, anew **II.** *adv* ① (*von vorn*) ~ **bearbeitet** MEDIA revised; ~ **beginnen** to make a fresh start, to start again from scratch; ~ **anfangen** to start all over again; **sich** *akk* ~ **einkleiden** to buy oneself a new set of clothes; **etw ~ einrichten** to refurbish sth; **etw ~ gestalten** to redesign, to provide a new layout; **der ~ gestaltete Marktplatz** the newly laid-out market square; **etw ~ anschaffen** to buy sth new ② (*zusätzlich*) anew; **die Firma will 33 Mitarbeiter ~ einstellen** the firm wants to employ 33 new employees; **wir wollen das Haus [ganz] ~ bauen** we want to build the house anew [*or* rebuild the house] ③ (*erneut*) again; ~ **eröffnet** re-opened; **frei werdende Stellen sollen nicht mehr ~ besetzt werden** positions [to be] vacated should not be refilled; **ich muss meine Kartei ~ ordnen** I must re-sort my card index ④ (*seit kurzem da*) ~ **entwickelt** newly-developed; ~ **eröffnet** newly opened; (*erneut eröffnet*) re-opened; ~ **geboren** newly born; ~ **geschaffen** newly created; ~ **schaffen**, ~ **vermählt** (*geh*) newly married [*or* wed] ▸ WENDUNGEN: **wie ~ geboren** like a new man/woman
Neu·an·fang *m* fresh start **Neu·an·kömm·ling** <-s, -e> *m* newcomer **Neu·an·schaf·fung** *f* ① (*Anschaffung von etw Neuem*) new acquisition [*or* purchase]; **~en machen** to make new acquisitions [*or* purchases], to buy new items ② (*neu Angeschafftes*) recent acquisition **neu·apos·to·lisch** *adj* REL New Apostolic
neu·ar·tig ['nɔyʔaːɐ̯tɪç] *adj* ① (*von neuer Art*) new ② (*nach neuer Methode*) new type of; **dieses Wörterbuch ist ganz ~** this is a completely new type of dictionary
Neu·ar·tig·keit <-> *f kein pl* novelty
Neu·auf·la·ge *f* MEDIA ① *kein pl* new edition ② *s.* **reprint Neu·aus·ga·be** *f* MEDIA *s.* **Neuauflage2**
Neu·bau <-bauten> ['nɔybau, *pl* -bautn̩] *m* ARCHIT ① *kein pl* (*die neue Errichtung*) [new] building ② (*neu erbautes Gebäude*) new building [*or* house]
Neu·bau·ge·biet *nt* development area; (*schon bebaut*) area of new housing **Neu·bau·sied·lung** *f* new housing estate **Neu·bau·woh·nung** *f* newly-built flat [*or* AM *a.* apartment] **Neu·be·ar·bei·tung** *f* ① MEDIA (*erneutes Bearbeiten*) revision ② MEDIA (*revidierte Fassung*) revised edition ③ MUS, THEAT new version **Neu·be·ginn** *m* new beginning **Neu·be·set·zung** *m* replacement; ~ **einer Rolle** THEAT recasting of a role **Neu·be·**

wer·tung *f* re-assessment **Neu·bil·dung** *f* ❶ (*Umbildung*) reshuffle ❷ LING neologism ❸ MED neoplasm **Neu-De·lhi** <-s> [nɔy'de:li] *nt* New Delhi **Neu·ein·stei·ger** *m* ÖKON (*Neuling*) newcomer **Neu·emis·si·on** *f* BÖRSE new issue
Neu·en·burg <-s> ['nɔyənbʊrk] *nt* Neuchâtel
Neu·eng·land [nɔy'ʔɛŋlant] *nt* New England **Neu·ent·de·ckung** *f* ❶ (*erneute Entdeckung*) rediscovery ❷ (*entdecktes Talent*) new discovery **Neu·ent·wick·lung** *f* ❶ *kein pl* (*Entwicklung neuartiger Dinge*) new development ❷ (*etwas gerade erst Entwickeltes*) new development
neu·er·dings ['nɔyɐ'dɪŋs] *adv* recently; **es gibt ~ Bestrebungen, ...** there have recently been attempts ...
Neu·er·er <-s, -> ['nɔyərɐ] *m* reformer
neu·er·lich ['nɔyɐlɪç] **I.** *adj* further **II.** *adv* (*selten*) again **Neu·er·öff·nung** *f* ❶ (*neue Eröffnung*) new opening ❷ (*Wiedereröffnung*) re-opening **Neu·er·schei·nung** *f* MEDIA new [*or* recent] publication
Neu·e·rung <-, -en> ['nɔyərʊŋ] *f* reform
neu·(e)stens ['nɔy(ə)stn̩s] *adv* (*selten*) *s.* **neuerdings**
Neu·fas·sung *f* revised version **Neu·fund·land** [nɔy'fʊntlant] *nt* Newfoundland **Neu·fund·län·der** <-s, -> [nɔy'fʊntlɛndɐ] *m* ZOOL Newfoundland [dog] **Neu·ge·bo·re·ne(s)** *nt dekl wie adj* newborn
Neu·gier(·de) <-> ['nɔygi:ɐ̯(də)] *f kein pl* curiosity, inquisitiveness, nosiness *pej fam;* **aus ~** out of curiosity; **mit** [*o* **voller**] **~** full of curiosity
neu·gie·rig I. *adj* ❶ (*auf Informationen erpicht*) curious, inquisitive, nos[e]y *pej fam;* ■ **~ sein/werden** to be/become curious [*or* inquisitive]; **sei nicht so ~!** don't be so nosey! ❷ (*gespannt*) ■ **~ sein, ob/wie ...** to be curious to know, whether/how ...; **jdn ~ machen** to make sb curious; **da bin ich aber ~!** this should be interesting! **II.** *adv* curiously, inquisitively, nosily
Neu·gie·ri·ge(r) *f(m) dekl wie adj* curious person, BRIT *pej fam a.* Nos[e]y Parker, AM *sl a.* rubberneck
Neu·glie·de·rung *f* restructuring, reorganization **Neu·go·tik** ['nɔygo:tɪk] *f* ARCHIT, KUNST neo-Gothic **Neu·grün·dung** *f* ❶ (*erstmalige Gründung*) new establishment ❷ (*neu gegründeter Ort*) new establishment; (*neu gegründete Institution*) new foundation
Neu·heit <-, -en> ['nɔyhait] *f* ❶ (*Neusein*) novelty ❷ ÖKON innovation
neu·hoch·deutsch ['nɔyho:xdɔytʃ] *adj* LING New High German; ■ **das N~** New High German
Neu·ig·keit <-, -en> ['nɔyɪçkait] *f* news
Neu·ins·ze·nie·rung *f* THEAT new production
Neu·jahr *nt kein pl* (*der erste Januar*) New Year ▶ WENDUNGEN: **prost ~!** here's to the [*or* happy] New Year!
Neu·jahrs·abend *m* New Year's Eve; (*in Schottland*) Hogmanay **Neu·jahrs·emp·fang** *m reception on New Year's Eve* **Neu·jahrs·fest** *nt* New Year's celebrations *pl* **Neu·jahrs·tag** *m* New Year's Day
Neu·land *nt kein pl* AGR uncultivated land, virgin territory ▶ WENDUNGEN: [**mit etw**] [**...**] **~ betreten** to enter unknown territory; **~** [**für jdn**] **sein** to be unknown territory [for sb]
neu·lich ['nɔylɪç] *adv* recently, the other day; **erinnert ihr euch noch an ~ abends/morgens/sonntags?** do you remember the other evening/morning/Sunday?; **von ~** from the other day
Neu·ling <-s, -e> ['nɔylɪŋ] *m* beginner
neu·mo·disch I. *adj* ❶ (*sehr modern*) fashionable ❷ (*pej: unverständlich neu*) new-fangled **II.** *adv* fashionably
Neu·mond *m kein pl* new moon; **bei ~** at new moon
neun ['nɔyn] *adj* nine; *s. a.* **acht**[1] ▶ WENDUNGEN: **alle ~e werfen** to get a strike; **alle ~**[**e**]! strike!
Neun <-, -en> ['nɔyn] *f* ❶ (*Zahl*) nine ❷ KARTEN nine; *s. a.* **Acht**[1] **4** ❸ (*Verkehrslinie*) ■ **die ~** the [number] nine ▶ WENDUNGEN: **ach du grüne ~e!** (*fam*) good heavens!
Neun·au·ge ['nɔynʔaugə] *nt* ZOOL lamprey **neun·ein·halb** ['nɔynʔain'halp] *adj* nine and a half; *s. a.* **anderthalb**
neu·ner·lei ['nɔynɐ'lai] *adj inv attr* nine [different]; *s. a.* **achterlei**
neun·fach, 9·fach ['nɔynfax] **I.** *adj* **die ~e Menge nehmen** to take nine times the amount **II.** *adv* nine times, ninefold
Neun·fa·che, 9·fa·che *nt dekl wie adj* **das ~ verdienen** to earn nine times the/that amount; *s. a.* **Achtfache**
neun·hun·dert ['nɔyn'hʊndɐt] *adj* nine hundred; *s. a.* **hundert**
neun·hun·dert·jäh·rig *adj* nine hundred-year-old *attr;* **das ~e Bestehen von etw feiern** to celebrate the nine hundredth anniversary of sth **neun·jäh·rig, 9-jäh·rig**[RR] *adj* ❶ (*Alter*) nine-year-old *attr,* nine years old *pred; s. a.* **achtjährig 1** ❷ (*Zeitspanne*) nine-year *attr; s. a.* **achtjährig 2** **Neun·jäh·ri·ge(r), 9-Jäh·ri·ge(r)**[RR] *f(m) dekl wie adj* nine-year-old **neun·köp·fig** [-kœpfɪç] *adj* nine-person *attr; s. a.* **achtköpfig** **Neun-Loch-Golf·an·la·ge** *f* nine-hole golf course
neun·mal ['nɔynma:l] *adv* nine times; *s. a.* **achtmal**
neun·ma·lig ['nɔynma:lɪç] *adj* repeated nine times; *s. a.* **achtmalig**
neun·mal·klug ['nɔynma:lklu:k] *adj* (*iron fam*) smart-aleck *attr fam*
Neun·mal·klu·ge(r) *f(m) dekl wie adj* (*iron fam*) smart-aleck *fam*
neun·stö·ckig [-ʃtœkɪç] *adj inv* nine-storey *attr* [*or* AM -story], with nine storeys **neun·stün·dig, 9-stün·dig**[RR] [-ʃtʏndɪç] *adj* nine-hour *attr; s. a.* **achtstündig**
neunt ['nɔynt] *adj* **zu ~ sein: wir waren zu ~** there were nine of us
neun·tau·send ['nɔyn'tau:zn̩t] *adj* ❶ (*Zahl*) nine thousand [*or fam* K]; *s. a.* **tausend 1** ❷ (*fam: 9.000 Euro*) nine grand *no pl,* nine thou *no pl sl,* nine G's [*or* K's] *no pl* AM *sl*
neun·te(r, s) ['nɔyntə(ɐ, s)] *adj* ❶ (*nach dem achten kommend*) ninth; **die ~ Klasse** [*o fam* **die ~**] fourth year [*or* AM grade] (*secondary school*), BRIT *a.* S4; *s. a.* **achte(r, s) 1** ❷ (*Datum*) ninth, 9th; *s. a.* **achte(r, s) 2**
Neun·te(r) ['nɔyntə(ɐ)] *f(m) dekl wie adj* ❶ (*Person*) ninth; *s. a.* **Achte(r) 1** ❷ (*bei Datumsangaben*) ■ **der ~/am Neunten** *gesprochen,* ■ *geschrieben* **der 9./am 9.** the ninth/on the ninth *spoken,* the 9th/on the 9th *written; s. a.* **Achte(r) 2** ❸ (*als Namenszusatz*) **Ludwig der ~** [*o geschrieben* **Ludwig IX.**] Ludwig the Ninth *spoken,* Ludwig IX *written; s. a.* **Achte(r) 2**
Neun·tel <-s, -> ['nɔyntl̩] *nt o* SCHWEIZ *m* ninth; *s. a.* **Achtel**
neun·tens ['nɔyntn̩s] *adv* ninthly
Neun·tö·ter <-s, -> ['nɔyntø:tɐ] *m* ORN red-backed shrike
neun·zehn ['nɔyntse:n] *adj* nineteen; *s. a.* **acht**[1]
neunzehnte(r, s) *adj* nineteenth; *s. a.* **achte(r, s)**
Neun·zehn·tel *nt* nineteenth
neun·zig ['nɔyntsɪç] *adj* ❶ (*Zahl*) ninety; *s. a.* **achtzig 1** ❷ (*fam: Stundenkilometer*) ninety [kilometres BRIT [*or* AM -meters] an hour]; *s. a.* **achtzig 2**
Neun·zig ['nɔyntsɪç] *f* ninety
neun·zi·ger, 90er ['nɔyntsɪgɐ] *adj attr inv* ❶ (*das Jahrzehnt von 1990 bis 2000*) **die ~ Jahre** the nineties; (*geschrieben a.*) the '90s ❷ (*Wein aus dem Jahre '90*) **ein ~ Jahrgang** a '90 vintage
Neun·zi·ger[1] <-s, -> ['nɔyntsɪgɐ] *m* (*Wein aus dem Jahre '90*) '90 vintage
Neunziger[2] *pl* ■ **in den ~n sein** to be in one's nineties
Neunziger(in) <-s, -> *m(f)* ❶ (*Mensch in den Neunzigern*) nonagenarian ❷ *s.* **Neunzigjährige(r)**
Neun·zi·ger·jah·re *pl* ■ **die ~** the nineties *pl*
neun·zig·jäh·rig, 90-jäh·rig[RR] *adj attr* ❶ (*Alter*) ninety-year-old *attr,* ninety years old *pred* ❷ (*Zeitspanne*) ninety-year *attr*
Neun·zig·jäh·ri·ge(r) *f(m) dekl wie adj* ninety-year-old
neun·zig·ste(r, s) ['nɔyntsɪgstə] *adj* ninetieth; *s. a.* **achte(r, s)**
Neu·ord·nung *f* reform **Neu·ori·en·tie·rung** *f* (*geh*) reorienta-

N

tion **Neu·phi·lo·lo·ge, -phi·lo·lo·gin** ['nɔyfilolo:gə, -filolo:gɪn] *m, f s.* **Neusprachler** **Neu·phi·lo·lo·gie** *f* modern languages + *sing/pl* **Neu·phi·lo·lo·gin** <-, -nen> *f fem form von* **Neuphilologe** **Neu·prä·gung** *f* ❶ (*Münze*) new mintage ❷ LING new coinage

Neu·ral·gie <-, -n> [nɔyral'gi:, *pl* nɔyral'gi:ən] *f* neuralgia

neur·al·gisch [nɔy'ralgɪʃ] *adj* ❶ MED neuralgic ❷ (*geh: störungsanfällig*) **ein ~er Punkt** a trouble spot

Neur·as·the·nie <-, n> [nɔyraste'ni:, *pl* nɔyraste'ni:ən] *f* neurasthenia

Neur·as·the·ni·ker(in) <-s, -> [nɔyras'te:nikɐ] *m(f)* neurasthenic

neur·as·the·nisch [nɔyras'te:nɪʃ] *adj* MED neurasthenic

Neu·re·g(e·)lung *f* revision; *Verkehr, Ampelphasen* new scheme **neu·reich** *adj* nouveau riche **Neu·rei·che(r)** *f(m) dekl wie adj* nouveau riche

Neu·rit <-en, -en> [nɔy'ri:t] *m* BIOL (*Hauptteil der Nervenzelle*) neurite

Neu·ri·tis <-, Neuritiden> [nɔy'ri:tɪs, *pl* nɔyri'ti:dn̩] *f* neuritis

Neu·ro·bi·o·lo·ge, -bi·o·lo·gin *m, f* neurobiologist **Neu·ro·bi·o·lo·gie** ['nɔyrobiologi:] *f kein pl* neurobiology **Neu·ro·bi·o·lo·gin** *f fem form von* **Neurobiologe** **Neu·ro·chir·urg(in)** *m(f)* neurosurgeon **Neu·ro·chir·ur·gie** ['nɔyroçirʊrgi:] *f* neurosurgery **Neu·ro·chir·ur·gin** *f fem form von* **Neurochirurg** **Neu·ro·com·pu·ter** *m* INFORM neurocomputer **Neu·ro·der·mi·tis** <-, -dermitiden> [nɔyrodɛr'mi:tɪs, *pl* dɛrmi'tɪ:dn̩] *f* neurodermatitis **Neu·ro·lep·ti·kum** <-s, -tika> [nɔyro'lɛptikʊm, *pl* nɔyro'lɛptika] *nt* neuroleptic

Neu·ro·lo·ge, Neu·ro·lo·gin <-en, -en> [nɔyro'lo:gə, -'lo:gɪn] *m, f* neurologist

Neu·ro·lo·gie <-, -n> [nɔyrolo'gi:] *f* MED ❶ *kein pl* neurology ❷ (*fam: neurologische Abteilung*) neurology

Neu·ro·lo·gin <-, -nen> *f fem form von* **Neurologe**

neu·ro·lo·gisch [nɔyro'lo:gɪʃ] *adj* neurological

Neu·ron <-s, -ronen> ['nɔyrɔn, *pl* nɔy'ro:nən] *nt* neuron

Neu·ro·se <-, -n> [nɔy'ro:zə] *f* PSYCH neurosis

Neu·ro·ti·ker(in) <-s, -> [nɔy'ro:tikɐ] *m(f)* neurotic

neu·ro·tisch [nɔy'ro:tɪʃ] *adj* PSYCH ❶ (*an einer Neurose leidend*) neurotic; ■ **~ sein/werden** to be/become neurotic ❷ (*durch eine Neurose bedingt*) neurotic

Neu·ro·trans·mit·ter <-s, -> [-transmɪtɐ] *m* neurotransmitter

Neu·schnee *m* fresh snow

Neu·see·land [nɔy'ze:lant] *nt* New Zealand

Neu·see·län·der(in) <-s, -> [nɔy'ze:lɛndɐ] *m(f)* New Zealander; *s. a.* **Deutsche(r)**

neu·see·län·disch [nɔy'ze:lɛndɪʃ] *adj* New Zealand *attr,* from New Zealand *pred*

Neu·sil·ber ['nɔyzɪlbɐ] *nt* nickel silver

Neu·sprach·ler(in) <-s, -> ['nɔyʃpra:xlɐ] *m(f)* modern linguist

neu·sprach·lich I. *adj* modern language *attr* II. *adv* modern language; **~e Gymnasien** *grammar schools specializing in modern languages*

neu·stens ['nɔystn̩s] *adv s.* **neu(e)stens**

Neu·struk·tu·rie·rung *f* reform, restructuring **Neu·tö·ner(in)** <-s, -> *m(f)* MUS exponent of the New Music

neu·tral [nɔy'tra:l] I. *adj* ❶ POL neutral ❷ (*unparteiisch*) neutral; ■ **jd ist/bleibt ~** sb is/remains neutral ❸ (*zurückhaltend*) neutral ❹ CHEM (*weder alkalisch noch sauer*) neutral II. *adv* ❶ (*unparteiisch*) neutral ❷ CHEM neutral

Neu·tra·li·sa·ti·on <-, -en> [nɔytraliza'tsi̯o:n] *f s.* **Neutralisierung**

neu·tra·li·sie·ren* [nɔytrali'zi:rən] *vt* ❶ POL ■ **etw ~** to neutralize sth ❷ (*geh: in der Wirkung aufheben*) **Einfluss/Gift/Wirkung ~** to neutralize the influence/poison/effect ❸ CHEM ■ **etw ~** to neutralize sth

Neu·tra·li·sie·rung <-, -en> *f* ❶ POL neutralization ❷ (*geh*) neutralization ❸ CHEM neutralization

Neu·tra·lis·mus <-> [nɔytra'lɪsmʊs] *m kein pl* POL neutralism

Neu·tra·li·tät <-> [nɔytrali'tɛ:t] *f kein pl* ❶ POL neutrality ❷ (*geh: Unparteilichkeit*) neutrality

Neu·tri·no <-s, -s> [nɔy'tri:no] *nt* neutrino

Neu·tron <-s, -tronen> ['nɔytrɔn, *pl* nɔy'tro:nən] *nt* neutron

Neu·tro·nen·bom·be *f* neutron bomb **Neu·tro·nen·waf·fe** *f* neutron weapon

Neu·trum <-s, Neutra *o* Neutren> ['nɔytrʊm, *pl* 'nɔytra, 'nɔytrən] *nt* ❶ LING (*sächliches Wort*) neuter ❷ (*geh*) MED ■ **ein ~** a neuter **Neu·ver·mähl·te(r)** *f(m) dekl wie adj* (*geh*) newly-wed **Neu·ver·schul·dung** *f* ÖKON new borrowing [*or* debt] **Neu·wahl** *f* POL re-election **Neu·wert** *m* original value; **zum ~** at original value **neu·wer·tig** *adj* as new; ■ **~ sein** to be as good as new **Neu·zeit** *f kein pl* ■ **die ~** modern times *pl,* the modern age [*or* era] **neu·zeit·lich** I. *adj* ❶ (*der Neuzeit zugehörig*) of modern times, of the modern age [*or* era] *pred* ❷ (*modern*) modern II. *adv* (*modern*) modern **Neu·zu·gang** *m* new entry **Neu·zu·las·sung** *f* (*form*) [first] registration

New Age <- -> ['nju:'e:dʒ] *nt kein pl* new age

New·co·mer <-s, -> ['nju:kamɐ] *m* newcomer

NGO *f Abk von* **non-governmental organization** NGO

Ni·a·cin [nia'tsi:n] *nt kein pl* niacin

Ni·ca·ra·gua <-s> [nika'ra:gu̯a] *nt* Nicaragua; *s. a.* **Deutschland**

Ni·ca·ra·gu·a·ner(in) <-s, -> [nikara'gu̯a:nɐ] *m(f)* Nicaraguan; *s. a.* **Deutsche(r)**

ni·ca·ra·gu·a·nisch [nikara'gu̯a:nɪʃ] *adj* Nicaraguan; *s. a.* **deutsch**

nicht [nɪçt] I. *adv* ❶ (*Verneinung*) not; **ich weiß ~** I don't know; **ich bin es ~ gewesen** it wasn't me; **nein, danke, ich rauche ~** no thank you, I don't smoke; ■ **~ ... sein** to not be ...; **das war aber ~ lieb/nett von dir!** that wasn't very nice of you; **heute ist es ~ so kalt/warm wie gestern** it's not as cold/warm today as yesterday; **etw ~ Zutreffendes** sth incorrect [*or* untrue]; **~ Zutreffendes [bitte] streichen!** [please] delete as applicable [*or* appropriate]; **~ amtlich** unofficial; **~ deutsch** non-German; **~ euklidische Geometrie** MATH non-Euclidean geometry; **~ leitend** PHYS non-conducting; **~ linear** MATH nonlinear; **~ öffentlich** *attr* not open to the public *pred;* **~ rostend** non-rusting; **~ [ein]mal** not even; **~ mehr** [*o* **länger**] not any longer; **~ mehr als** no more than; **~ mehr und ~ weniger als** no more and no less than; **... ~!** not ...!; **jedes andere Hemd, aber das bitte ~** any other shirt, just not that one; **bitte ~!** please don't!; **~ doch!** stop it!, don't!; **~ eine[r]** not one; **was ... ~** the things ...; **was man sich heute ~ alles bieten lassen muss!** the things one has to put up with these days!; **~!** don't!, stop it! ❷ (*verneinende Aufforderung*) do not, don't; **halt, ~ weiterfahren!** stop, do not proceed any further! II. *part* ❶ *in Fragen* (*stimmt's?*) isn't that right; **sie schuldet dir doch noch Geld, ~?** she still owes you money, doesn't she? ❷ *in Fragen* (*wohl*) not; **kannst du mir ~ 1.000 Euro leihen?** could you not lend me 1,000 euros?

Nicht·ach·tung *f* disregard; **jdn mit ~ strafen** to send sb to Coventry, to ostracize sb **Nicht·an·er·ken·nung** *f* POL non-recognition *no pl* **Nicht·an·griffs·pakt** [nɪçt'ʔangrɪfs,pakt] *m* POL non-aggression pact **Nicht·be·ach·tung** *f* non-observance **Nicht·be·fol·gung** *f* (*form*) non-observance; **bei ~ einer S.** *gen* upon non-observance of sth

Nich·te <-, -n> ['nɪçtə] *f* niece

nicht·ehe·lich *adj inv* JUR illegitimate; **~es Kind** illegitimate child; **Kind aus einer ~en Beziehung** child born out of wedlock *dated form;* **~e Beziehungen zu jdm unterhalten** to cohabit with sb **Nicht·ein·mi·schung** *f* POL non-intervention **Nicht·ge·fal·len** *nt* **bei ~** ÖKON if not satisfied

nich·tig ['nɪçtɪç] *adj* ❶ JUR (*ungültig*) invalid, void; **etw für ~ erklären** JUR to declare sth invalid [*or* [null and] void]; **eine Ehe für ~ erklären** to annul a marriage ❷ (*geh: belanglos*) trivial

Nich·tig·keit <-, -en> *f* ❶ *kein pl* JUR (*Ungültigkeit*) invalidity, voidness, annulity ❷ *meist pl* (*geh*) triviality

Nich·tig·keits·kla·ge *f* JUR nullity suit **Nicht·lei·ter** *m* PHYS non-conductor **Nicht·me·tall** *nt* nonmetal

Nicht·rau·cher(in) *m(f)* ❶ (*nicht rauchender Mensch*) non-smoker; ■~ **sein** to be a non-smoker, to not smoke ❷ BAHN (*fam: Nichtraucherabteil*) non-[*or* no-]smoking section [*or* compartment]; **„~"** no smoking

Nicht·rau·cher·ab·teil *nt* BAHN non-smoking section [*or* compartment]

Nicht·rau·che·rin <-, -nen> *f fem form von* **Nichtraucher**

Nicht·rau·cher·zo·ne *f* non-smoking zone [*or* area] **Nicht·re·gie·rungs·or·ga·ni·sa·tion** *f* non-governmental organization, NGO

nichts ['nɪçts] *pron indef, inv* ❶ (*nicht etwas*) not anything; **es ist ~** it's nothing; **~ als ...** (*nur*) nothing but; **~ mehr** not anything [*or* nothing] more; **~ wie ...** (*fam*) let's get ...; **~ wie raus!** let's get out!; **~ ahnend** *adjektivisch* unsuspecting; *adverbial* unsuspectingly; **~ sagend** empty, meaningless; **~ sagend sein** to be meaningless; **man kann gar ~ sehen** one can't see anything; **damit will ich ~ zu tun haben** I don't want anything to do with it; **das geht Sie ~ an!** that's none of your business! ❷ *vor substantiviertem adj* nothing; **~ anderes [als ...]** nothing [*or* not anything] other than ...; **hoffentlich ist es ~ Ernstes** I hope it's nothing serious ▸ WENDUNGEN: **das <u>war</u> wohl ~** (*sl*) oh well, that wasn't much of a hit; **<u>für</u> [*o* <u>um</u>] ~** for nothing; **für ~ und <u>wieder</u> ~** (*fam*) for nothing [at all] *fam*; **~ <u>da</u>!** (*fam*) no chance! *fam*; **<u>wie</u> ~** (*fam*) at the wink of an eye

Nichts <-, -e> ['nɪçts] *nt* ❶ *kein pl* PHILOS (*Nichtsein*) ■**das/ein ~** nothingness ❷ (*leerer Raum*) void ❸ (*Nullmenge*) nothing; **aus dem ~** out of nothing; **er hat die Firma aus dem ~ aufgebaut** he built the firm up out of nothing; **aus dem ~ auftauchen** to show up from out of nowhere ❹ (*unbedeutender Mensch*) ■**ein ~** a nonentity [*or* nobody] ▸ WENDUNGEN: **vor dem ~ <u>stehen</u>** to be left with nothing

Nicht·schwim·mer(in) *m(f)* non-swimmer; **~ sein** to be a non-swimmer; *s. a.* **Nichtschwimmerbecken**

Nicht·schwim·mer·be·cken *nt* non-swimmer's pool

Nicht·schwim·me·rin <-, -nen> *f fem form von* **Nichtschwimmer**

nichts·des·to·trotz [nɪçtsdɛsto'trɔts] *adv* nonetheless ▸ WENDUNGEN: **<u>aber</u> ~, ...** but nevertheless, ...

nichts·des·to·we·ni·ger [nɪçtsdɛsto've:nɪgɐ] *adv* notwithstanding *form*, nevertheless, nonetheless

Nicht·sess·haf·te(r)^RR *f(m) dekl wie adj* (*form*) person with [*or* of] no fixed abode, homeless person

Nichts·kön·ner(in) *m(f)* (*pej*) useless person **Nichts·nutz** <-es, -e> ['nɪçtsnʊts] *m* (*pej*) good-for-nothing **nichts·nut·zig** *adj* (*pej*) useless, good-for-nothing, hopeless **Nichts·tu·er(in)** <-s, -> [-tu:ɐ] *m(f)* (*pej*) idler, loafer **Nichts·tun** *nt* ❶ (*das Faulenzen*) idleness ❷ (*Untätigkeit*) inactivity

Nicht·ver·an·la·gungs·be·schei·ni·gung *f* FIN non-assessment note **Nicht·wäh·ler(in)** *m(f)* POL non-voter **Nicht·wei·ter·ver·brei·tung** *f* non-proliferation **Nicht·wis·sen** *nt* ignorance; **etw mit ~ bestreiten** JUR to plead ignorance **Nicht·zu·stan·de·kom·men** *nt* (*form*) non-realization; **bei ~ einer S.** *gen* in the case of non-realization of sth

Ni·ckel <-s> ['nɪkl̩] *nt kein pl* nickel

Ni·ckel·al·ler·gie *f kein pl* MED nickel allergy **Ni·ckel·bril·le** *f* metal-rimmed glasses *pl*

ni·cken ['nɪkn̩] *vi* ❶ (*mit dem Kopf nicken*) to nod; ■**... ~** to nod ...; **zufrieden ~** to nod with content; ■**das N~** nod ❷ (*fam: schlafen*) to nod [off], to snooze, to doze

Ni·cker·chen <-s> ['nɪkɐçən] *nt kein pl* (*fam*) nap *fam*, snooze *fam*, forty winks *fam*; **ein ~ machen [*o* halten]** to take [*or* have] a nap [*or* snooze], to nap

Nid·wal·den <-s> ['ni:tvaldn̩] *nt* Nidwalden

nie ['ni:] *adv* ❶ (*zu keinem Zeitpunkt*) never; **~ mehr [*o* wieder]** never again; **einmal und ~ wieder** once and never again; **~ im Leben** not ever; **das hätte ich ~ im Leben gedacht** I never would have thought so; **~ und nimmer** never ever; *s. a.* **noch** ❷ (*bestimmt nicht*) never

nie·der ['ni:dɐ] *adv* down; **~ mit ...!** down with ...!; *s. a.* **niedere(r, s)**

Nie·der|bay·ern <-s> ['ni:dɐbaiɐn] *m kein pl* Lower Bavaria

nie·der|beu·gen *vr* ■**sich** *akk* **[zu jdm/etw] ~** to bend down [to sb/sth] **nie·der|bren·nen** *irreg* **I.** *vi sein* to burn down **II.** *vt haben* ■**etw ~** to burn down sth *sep* **nie·der|brin·gen** *vt irreg* BERGB ■**etw ~** to bore sth; **einen Schacht ~** to sink a shaft **nie·der|brül·len** *vt* (*fam*) ■**jdn ~** to shout down sb *sep* **nie·der|bü·geln** *vt* (*sl*) ■**jdn/etw ~** to steamroller sb/sth *fam*

nie·der·deutsch ['ni:dɐdɔytʃ] *adj* Low German

Nie·der·deutsch(e) *nt* Low German

Nie·der|deutsch·land <-s> ['ni:dɐdɔytʃlant] *m kein pl* Northern Germany

nie·der|drü·cken *vt* (*geh*) ❶ (*herunterdrücken*) ■**etw ~** to press [*or* push] down sth *sep* ❷ (*deprimieren*) ■**jdn ~** to depress sb, to make sb feel down; ■**~d** depressing

nie·de·re(r, s) ['ni:dərə] *adj attr* ❶ (*unbedeutend*) low; **der ~ Adel** the lesser nobility; **das ~ Volk** the common people; **von ~r Herkunft [*o* Geburt] sein** to be of humble origin; **~ Arbeiten verrichten müssen** (*geh*) to have to do menial jobs ❷ *bes* SÜDD (*niedrig*) low ❸ BIOL (*untere*) lower ❹ (*primitiv*) primitive, base; **~ Beweggründe** base motives

nie·der|fal·len *vi irreg* to fall down

nie·der|fre·quent [-frekvɛnt] *adj* low-frequency

Nie·der·fre·quenz *f* low frequency

Nie·der·gang <-[e]s, -gänge> *m* ❶ *kein pl* (*Verfall*) decline, fall ❷ NAUT (*schmale Stiege auf einem Schiff*) companionway

nie·der·ge·drückt *adj s.* **niedergeschlagen**

nie·der|ge·hen *vi irreg sein* ❶ (*fallen*) *Regen* to fall; (*sich entladen*) *Gewitter* to break; **gestern ist ein schweres Unwetter auf die Stadt niedergegangen** a heavy storm brake over the city yesterday; ■**auf jdn ~** (*fig*) to rain down on sb ❷ (*landen*) *Flugzeug* to touch down ❸ *Lawine* to descend ❹ (*zu Boden stürzen*) *Boxer* to go down ❺ (*sich senken*) *Vorhang* to fall

nie·der·ge·las·sen [-gəlasn̩] *adj* SCHWEIZ resident

nie·der·ge·schla·gen [-gəʃla:gn̩] *adj* downcast, depressed

Nie·der·ge·schla·gen·heit <-> *f kein pl* depression, despondency

nie·der|hal·ten *vt irreg* ❶ (*am Boden halten*) ■**etw [mit etw] ~** to restrain sth [with sth] ❷ (*fig*) **ein Volk ~** to oppress a nation; **einen Widerstand/seine Angst ~** to suppress an uprising/one's fear **nie·der|kni·en I.** *vi sein* to kneel [down] **II.** *vr haben* ■**sich** *akk* **[vor jdm/etw] ~** to kneel [down] [before sb/sth] **nie·der|knüp·peln** *vt* to club to the ground

Nie·der·kunft <-, -künfte> ['ni:dɐkʊnft, *pl* -kʏnftə] *f* (*veraltet*) delivery

Nie·der·la·ge *f* defeat; **[bei etw] eine ~ erleiden [*o* einstecken] [*o* hinnehmen] müssen** to suffer a defeat [in sth]; **jdm eine ~ beibringen [*o* bereiten]** to inflict a defeat on [*or* defeat] sb

Nie·der·lan·de ['ni:dɐlandə] *pl* ■**die ~** the Netherlands; *s. a.* **Deutschland**

Nie·der·län·der(in) <-s, -> ['ni:dɐlɛndɐ] *m(f)* Dutchman *masc*, Dutchwoman *fem*; *s. a.* **Deutsche(r)**

nie·der·län·disch ['ni:dɐlɛndɪʃ] *adj* ❶ (*zu den Niederlanden gehörend*) Dutch; *s. a.* **deutsch 1** ❷ (*die niederländische Sprache*) Dutch; **auf N~** in Dutch; *s. a.* **deutsch 2**

Nie·der·län·disch ['ni:dɐlɛndɪʃ] *nt dekl wie adj* Dutch; ■**das ~e** Dutch; *s. a.* **Deutsch**

nie·der|las·sen I. *vr irreg* ❶ (*ansiedeln*) ■**sich** *akk* **irgendwo ~** to settle down somewhere ❷ (*beruflich etablieren*) ■**sich** *akk* **irgendwo [als etw] ~** to establish oneself [*or* set up] [as sth] somewhere; **niedergelassener Arzt** *registered doctor with their own practice* ❸ (*geh: hinsetzen*) ■**sich [auf etw** *dat*] **~** to sit down somewhere; *Vogel* to settle on sth **II.** *vt* (*veraltend*) ■**etw ~** to lower [*or sep* let down] sth

N

Nie·der·las·sung <-, -en> *f* ❶ *kein pl* (*berufliche Etablierung*) establishment, setting up; **er hat die Genehmigung zur ~ als Arzt erhalten** he has been granted permission to set up as a doctor ❷ (*Zweigstelle*) branch

Nie·der·las·sungs·be·wil·li·gung *f* SCHWEIZ residence permit

nie·der|le·gen I. *vt* ❶ (*hinlegen*) ■**etw ~** to put down sth *sep* ❷ (*aufgeben*) ■**etw ~** to give up sth *sep;* **sein Amt/sein Mandat/den Vorsitz ~** to resign one's office/one's seat/one's chairmanship; **die Arbeit ~** to stop work, BRIT *a.* to down tools ❸ (*geh: schlafen legen*) **ein Kind ~** to put a child to bed ❹ (*geh: schriftlich fixieren*) ■**etw irgendwo ~** to put sth down [in writing] somewhere; **seinen letzten Willen ~** to draw up one's will; ■**~, dass/was/wie ...** to put down in writing that/what/how ... II. *vr* (*sich hinlegen*) ■**sich** *akk* ~ to lie down ▸ WENDUNGEN: **da legst' di' nieder!** SÜDD (*fam*) I'll be blowed! [*or* AM damned!]

Nie·der·le·gung <-, -en> *f* ❶ (*das Hinlegen*) laying ❷ *einer Aufgabe* resignation (+*gen* from); **die Belegschaft drohte mit sofortiger ~ der Arbeit** the workforce threatened to stop work immediately ❸ (*schriftliche Fixierung*) writing down; **ein Testament bedarf der ~ in schriftlicher Form** a will must be drawn up in writing ❹ (*Deponierung*) submission

nie·der|ma·chen *vt* (*fam*) ❶ ([*eine größere Anzahl von wehrlosen Menschen*] *kaltblütig töten*) ■**jdn/etw ~** to butcher [*or* massacre] [*or* slaughter] sb/sth ❷ (*heruntermachen, verächtlich behandeln*) ■**jdn/etw ~** to run sb/sth down *fam;* ■**etw ~** to take [*or* pick] [*or* pull] to pieces *fam;* **jdn verbal ~** to put sb down *fam* **nie·der|mä·hen** *vt* ■**jdn ~** to mow down sb *sep* **nie·der|met·zeln** *vt* ■**jdn ~** to massacre sb

Nie·der·ös·ter·reich ['niːdɐʔøːstəraiç] *nt* Lower Austria

nie·der|pras·seln *vi* to pelt [*or* rain] down **nie·der|prü·geln** *vt* ■**jdn ~** to beat up sb *sep* **nie·der|rei·ßen** *vt irreg* ■**etw ~** to pull [*or* tear] down sth *sep;* **ein Gebäude ~** to knock [*or* pull] down a building

Nie·der·sach·sen <-s> ['niːdɐzaksn̩] *nt* Lower Saxony

nie·der|schie·ßen *irreg* I. *vt haben* ■**jdn ~** to shoot down sb *sep* II. *vi sein* (*niederstoßen*) **der Vogel schoss auf die Beute nieder** the bird swooped down on its prey

Nie·der·schlag *m* ❶ METEO (*Regen*) rainfall *no pl,* snowfall *no pl,* hail *no pl;* **für morgen werden starke Niederschläge erwartet** heavy rain/snow/hail is expected tomorrow; **radioaktiver ~** fallout ❷ CHEM (*Bodensatz*) sediment, precipitate *spec* ❸ (*beim Boxen*) knockdown blow ❹ (*schriftlich fixierter Ausdruck*) **seinen ~ in etw** *dat* **finden** (*geh*) to find expression in sth *form;* **seine Kindheitserlebnisse fanden ihren ~ in dem jüngst veröffentlichten Roman** his childhood memories are reflected in his recently published novel

nie·der|schla·gen *irreg* I. *vt* ❶ (*zu Boden schlagen*) ■**jdn ~** to knock sb down, to floor sb ❷ (*unterdrücken*) ■**etw ~** to put down sth *sep,* to crush sth; **einen Streik ~** to break up a strike; **Unruhen ~** to suppress unrest ❸ (*geh: senken*) **die Augen/den Blick ~** to lower one's eyes/one's gaze ❹ JUR (*einstellen*) **das Verfahren ~** to quash the proceedings; (*erlassen*) **eine Gebühr ~** to abate [*or* cancel] a fee; **einen Verdacht ~** (*selten*) to allay [*or* dispel] a suspicion II. *vr* ❶ (*kondensieren*) ■**sich [an etw** *dat*] ~ to condense [on sth] ❷ CHEM (*ausfällen*) ■**sich** *akk* ~ to precipitate *spec,* to sediment ❸ (*zum Ausdruck kommen*) ■**sich in etw** *dat* ~ to find expression in sth

nie·der·schlags·arm *adj* of low rainfall *pred;* **ein ~es Gebiet** an area with low rainfall; **der Winter ist manchmal sehr ~** there is sometimes very low precipitation in winter **Nie·der·schlags·men·ge** *f* rainfall *no pl,* precipitation *no pl* **nie·der·schlags·reich** *adj* rainy, of high rainfall *pred;* **ein ~es Gebiet** an area which gets a lot of rain/snow; **der Sommer ist in diesem Jahre nicht sehr ~ gewesen** there was not much rainfall this summer

Nie·der·schla·gung <-, -en> *f* ❶ JUR *eines Verfahrens* quashing, abolition; (*Erlassung*) *Strafe* remission; (*Entkräftung*) *Verdacht* quashing ❷ (*Unterdrückung*) putting down, crushing, suppression; **bei der ~ der Revolte gab es viele Tote** many died when the revolt was crushed

nie·der·schmet·ternd ['niːdɐʃmɛtɐnt] *adj* deeply distressing; **ein ~es Wahlergebnis** a crushing electoral defeat

nie·der|schrei·ben *vt irreg* ■**etw ~** to write down sth *sep*

nie·der|schrei·en *vt irreg s.* **niederbrüllen**

Nie·der·schrift *f* ❶ (*Protokoll*) report, record ❷ *kein pl* (*das Niederschreiben*) writing down

nie·der|set·zen I. *vt* (*geh*) ■**etw [irgendwo] ~** to put sth down [somewhere] II. *vr* (*geh: sich hinsetzen*) ■**sich** *akk* ~ to sit down

nie·der|sin·ken *vi irreg sein* (*geh*) to drop down, to collapse

nie·der|ste·chen *vt irreg* ■**jdn ~** to stab sb to the ground

nie·der|stim·men *vt* ■**jdn/etw ~** to vote sb/sth down

nie·der|sto·ßen *irreg* I. *vt haben* ❶ (*zu Boden stoßen*) ■**jdn ~** to push [*or* knock] sb down ❷ (*niederstechen*) **jdn [mit einem Messer] ~** to stab somebody to the ground [with a knife] II. *vi sein* **der Vogel stieß auf die Beute nieder** the bird swooped down on its prey

nie·der|stre·cken I. *vt* ■**jdn ~** to lay sb low, to fell sb II. *vr* ■**sich** *akk* ~ to stretch out, to lie down

nieder|stür·zen *vi sein* (*geh*) to crash to the ground

Nie·der·ta·rif *m* ÖKON low tariff

Nie·der·tracht <-> *f kein pl* ❶ (*Gesinnung*) nastiness, malice, vileness ❷ (*Tat*) mean [*or* despicable] act

nie·der·träch·tig I. *adj* (*pej*) ❶ (*Übel wollend*) contemptible; **eine ~e Person** a contemptible [*or* despicable] [*or* vile] person; **eine ~e Einstellung/Lüge** a despicable attitude/lie ❷ (*fam: stark*) *Kälte* extreme; *Schmerz a.* excrutiating II. *adv* dreadfully; **~ wehtun** to hurt like hell

Nie·der·träch·tig·keit <-, -en> *f* ❶ (*niederträchtige Tat*) despicable act, dirty trick ❷ *kein pl s.* **Niedertracht**

nie·der|tre·ten *vt* ❶ (*zu Boden treten*) ■**etw ~** to trample down sth ❷ (*geh: abtreten*) ■**etw ~** to wear down sth *sep* [by treading]

Nie·de·rung <-, -en> ['niːdərʊŋ] *f* ❶ (*Senke*) lowland; (*Mündungsgebiet*) flats *pl* ❷ (*fig*) **die ~en der Gesellschaft** *gen* society's lower depths; **die ~en des Lebens** life's humdrum routine

nie·der|wer·fen *irreg* I. *vr* ■**sich** *akk* **[vor jdm]** ~ to throw oneself down [before/in front of sb] II. *vt* (*geh*) ❶ (*niederschlagen*) ■**etw ~** to put down sth *sep,* to crush sth; **einen Aufstand ~** to crush a revolt ❷ (*besiegen*) ■**etw ~** to overcome sth; **den Feind ~** to conquer [*or* overcome] the enemy ❸ (*bettlägerig machen*) ■**jdn ~** to lay sb low, to lay sb up ❹ (*erschüttern*) to upset sb badly, to shatter sb *fam*

Nie·der·wild *nt* small game

nied·lich ['niːtlɪç] I. *adj* cute, sweet, pretty, nice II. *adv* nicely, sweetly

nied·rig ['niːdrɪç] I. *adj* ❶ (*nicht hoch*) low; **eine ~e Decke/Stirn/~e Absätze** a low ceiling/forehead/low heels; **~es Gras** short [*or* low] grass ❷ (*gering*) low; **ein ~er Betrag/~es Trinkgeld** a small amount/tip ❸ (*gemein*) low, base; **von ~er Herkunft** [*o* **Geburt**] **sein** to be of humble [*or* lowly] origin ❹ (*dem untersten Rang zugehörig*) lowly, humble II. *adv* ❶ (*in geringer Höhe*) low ❷ (*gering*) low

Nied·rig·keit <-> *f kein pl* ❶ *Löhne, Einkommen* low level ❷ (*geringe Höhe*) lowness; **die ~ der Decken wirkte bedrückend** the lowness of the ceilings was oppressive ❸ (*fig*) vileness

Nied·rig·lohn *m* low wage **Nied·rig·lohn·land** *nt* low-wage country **Nied·rig·lohn·sek·tor** *m* ÖKON low-wage sector **Nied·rig·preis** *m* low price

nied·rig·pro·zen·tig *adj* low-percentage

Nied·rig·was·ser *nt kein pl* METEO ❶ (*Ebbe*) low tide [*or* water] ❷ (*niedriger Wasserstand von Flüssen*) low level; **nach drei**

Monaten ohne Regen führen die Flüsse ~ after three months without any rain the level of the rivers is low
nie·mals ['ni:ma:ls] *adv* (*emph*) never; *s. a.* **noch**
nie·mand ['ni:mant] *pron indef* (*keiner*) nobody, no one; **ist denn da** ~**?** isn't there anyone there?; ■~**es** nobody's, no one's; **ich will** ~**en sehen** I don't want to see anybody; **das weiß** ~ **besser als du** no one knows better than you; **sie ist gerade für** ~**en zu sprechen** she's not free to speak to anyone just now; **sie hat mit** ~ **anders gesprochen** she didn't speak to anyone else, she spoke to no one else; **zu** ~**em ein Sterbenswörtchen, verstanden?** not a single word to anyone, understood?
Nie·mand <-s, -e> ['ni:mant, *pl* 'ni:mandə] *m* (*pej*) nobody *pej;* **er ist ein** ~ he is a nobody
Nie·mands·land ['ni:mantslant] *nt kein pl* no man's land
Nie·re <-, -n> ['ni:rə] *f* ❶ (*Organ*) kidney; **künstliche** ~ kidney machine; **sie hat es an den** ~**n** she has kidney problems ❷ *meist pl* (*Fleisch*) kidney *usu pl;* **saure** ~**n** kidneys in sour sauce ▶WENDUNGEN: **etw geht jdm an die** ~**n** (*fam: etw nimmt jdn mit*) to get to sb *fam*
Nie·ren·be·cken *nt* renal pelvis **Nie·ren·be·cken·ent·zün·dung** *f* pyelitis *spec*
Nie·ren·be·schwer·den *pl* kidney complaint **Nie·ren·bra·ten** *m* loin roast
nie·ren·för·mig *adj* kidney-shaped
Nie·ren·gurt *m* kidney belt **Nie·ren·ko·lik** *f* renal colic *no pl;* **eine** ~ [*o* ~**en**] **haben** to suffer from renal colic
nie·ren·krank *adj* suffering from a kidney complaint *pred* **Nie·ren·kran·ke(r)** *f(m) dekl wie adj* person suffering from a kidney complaint **Nie·ren·krank·heit** *f* kidney disorder [*or* disease]
Nie·ren·lei·den *nt* MED kidney [*or* renal] disease **Nie·ren·mark** *nt* ANAT medulla **Nie·ren·rin·de** *f* ANAT cortex **Nie·ren·scha·le** *f* kidney dish **Nie·ren·stein** *m* kidney stone, renal calculus *spec* **Nie·ren·stein·zer·trüm·me·rer** <-s, -> *m* lithotripter *spec,* lithotrite *spec* **Nie·ren·ta·sche** *f* bum bag **Nie·ren·tisch** *m* kidney-shaped table **Nie·ren·trans·plan·ta·ti·on** *f* kidney transplant **Nie·ren·ver·sa·gen** *nt kein pl* MED kidney [*or* renal] failure *no pl* **Nie·ren·wär·mer** <-s, -> *m* kidney warmer
Nier·stück *nt* KOCHK SCHWEIZ (*Rinderlende*) loin cut
nie·seln ['ni:zl̩n] *vi impers* ■**es nieselt** it's drizzling
Nie·sel·re·gen ['ni:zl̩-] *m* drizzle *no pl*
nie·sen ['ni:zn̩] *vi* to sneeze
Nie·sen <-s> ['ni:zn̩] *nt kein pl* sneezing
Nies·pul·ver [-pʊlfɐ, -pʊlvɐ] *nt* sneezing powder
Nieß·brauch <-[e]s> ['ni:sbraux] *m kein pl* JUR usufruct
Nie·te[1] <-, -n> ['ni:tə] *f* ❶ (*Nichttreffer*) blank, losing ticket; **eine** ~ **ziehen** to draw a blank ❷ (*fam: Versager*) loser *fam,* dead loss *fam*
Nie·te[2] <-, -n> ['ni:tə] *f* rivet
nie·ten ['ni:tn̩] *vt* ■**etw** ~ to rivet sth
niet- und na·gel·fest ['ni:tʔʊnt'na:gl̩fɛst] *adj* ▶WENDUNGEN: **alles, was nicht** ~ **ist** (*fam*) everything that's not nailed down
Ni·ger <-s> ['ni:gɐ] *nt* Niger; *s. a.* **Deutschland**
Ni·ge·ria <-s> [ni'ge:ri̯a] *nt* Nigeria; *s. a.* **Deutschland**
Ni·ge·ri·a·ner(in) <-s, -> [nige'ri̯a:nɐ] *m(f)* Nigerian; *s. a.* **Deutsche(r)**
ni·ge·ri·a·nisch [nige'ri̯a:nɪʃ] *adj* Nigerian; *s. a.* **deutsch**
Ni·grer(in) <-s, -> ['ni:grɐ] *m(f)* Nigerien; *s. a.* **Deutsche(r)**
ni·grisch ['ni:grɪʃ] *adj* Nigerien; *s. a.* **deutsch**
Ni·hi·lis·mus <-> [nihi'lɪsmʊs] *m kein pl* nihilism
Ni·hi·list(in) <-en, -en> [nihi'lɪst] *m(f)* nihilist
ni·hi·lis·tisch *adj* nihilistic
Ni·ka·ra·gu·a·ner(in) <-s, -> [nikara'gu̯a:nɐ] *m(f) s.* **Nicaraguaner**
Ni·ko·laus <-, -e *o* -läuse> ['nɪkolaus, *pl* -lɔyzə] *m* ❶ (*verkleidete Gestalt*) St. Nicholas (*figure who brings children presents on 6th December*) ❷ (*Schokoladenfigur*) chocolate St. Nicholas ❸ *kein pl* (*Nikolaustag*) St. Nicholas' Day; **der Heilige** ~ St. Nicholas
Ni·ko·sia [niko'zi:a, ni'ko:zi̯a], **Nikosia** <-s> *nt* Nicosia
Ni·ko·tin <-s> [niko'ti:n] *nt kein pl* nicotine
ni·ko·tin·arm *adj* low-nicotine *pred* **Ni·ko·tin·ge·halt** *m* nicotine content **ni·ko·tin·hal·tig** [-haltɪç] *adj* nicotinic **ni·ko·tin·süch·tig** *adj* addicted to nicotine
Ni·ko·tin·ver·gif·tung *f* nicotine poisoning
Nil <-s> ['ni:l] *m* ■**der** ~ the Nile; **der Blaue** ~ the Blue Nile; **der Weiße** ~ the White Nile
Nil·pferd *nt* hippopotamus
Nim·bus <-, -se> ['nɪmbʊs, *pl* 'nɪmbʊsə] *m* ❶ *kein pl* (*geh: Aura*) aura ❷ (*Heiligenschein*) nimbus, aura
nim·mer ['nɪmɐ] *adv* ❶ (*veraltend geh: niemals*) never ❷ SÜDD, ÖSTERR (*nicht mehr*) no longer
nim·mer·mehr ['nɪmɐme:ɐ̯] *adv* (*veraltend geh*) never again, never *dated*
nim·mer·mü·de ['nɪmɐ'my:də] *adj attr* tireless
nimmersatt ['nɪmɐzat] *adj inv, attr* (*fam*) insatiable
Nim·mer·satt <-[e]s, -e> ['nɪmɐzat] *m* ❶ (*fam*) glutton *fam,* BRIT *a.* greedy-guts *fam* ❷ ORN wood ibis
Nim·mer·wie·der·se·hen [nɪmɐ'vi:dɐze:ən] *nt* **auf** ~ (*fam*) never to be seen again; **wenn ich jetzt gehe, dann auf** ~ if I go now it will be forever; **auf** ~**!** (*fam*) farewell!
nimmt ['nɪmt] *3. pers präs von* **nehmen**
Ni·o·bi·um <-s> [ni̯o:bi̯ʊm] *nt kein pl* niobium
Nip·pel <-s, -> ['nɪpl̩] *m* ❶ (*Schmiernippel*) nipple ❷ (*Brustwarze*) nipple
nip·pen ['nɪpn̩] *vi* to sip, to have [*or* take] a sip; ■**an etw** *dat* ~ to sip [*or* have a sip] from sth; ■**von etw** ~ to sip at [*or* have a sip of] sth
Nip·pes ['nɪpəs, 'nɪps, 'nɪp] *pl* [k]nick-[k]nacks *pl*
nir·gends ['nɪrgn̩ts] *adv* nowhere; **ich konnte ihn** ~ **finden** I couldn't find him/it anywhere
nir·gend·wo ['nɪrgn̩t'vo:] *adv s.* **nirgends**
nir·gend·wo·hin ['nɪrgn̩tvo'hɪn] *adv* nowhere
Nir·wa·na <-[s]> [nɪr'va:na] *nt kein pl* nirvana
Ni·sche <-, -n> ['ni:ʃə] *f* ❶ (*Einbuchtung einer Wand*) niche, recess ❷ (*abgegrenztes, geschütztes Gebiet*) niche
Nis·se <-, -n> ['nɪsə] *f* nit
nis·ten ['nɪstn̩] *vi* to nest
Nist·kas·ten *m* nesting box **Nist·platz** *m* ORN nesting place
Ni·trat <-[e]s, -e> [ni'tra:t] *nt* nitrate **Ni·trat·ge·halt** *m* nitrate content **Ni·trat·kon·zen·tra·ti·on** *f* nitrate concentration **Ni·trat·men·ge** *f* nitrate level
ni·trat·ver·schmutzt *adj* nitrate-contaminated
Ni·trit <-s> [ni'tri:t] *nt kein pl* CHEM nitrite
Ni·tro·gly·ze·rin [nitroglytse'ri:n] *nt kein pl* nitroglycerine **Ni·tro·grup·pe** ['ni:trogrʊpə] *f* nitro-group **Ni·tro·lack** *m* nitrocellulose lacquer **Ni·tro·sa·min** <-s, -e> [nitroza'mi:n] *nt* CHEM nitrosamine
Ni·ue <-s> [ni'u:eɪ] *nt* Niue; *s. a.* **Sylt**
Ni·veau <-s, -s> [ni'vo:] *nt* ❶ (*Anspruch*) quality, calibre [*or* AM -er]; ~ **haben** to have class; **kein** ~ **haben** to be lowbrow [*or* primitive]; **der Film/die Unterhaltung hatte wenig** ~ the film/conversation was not very intellectually stimulating; **mit** ~ of high intellect *pred,* intellectually stimulating; **sie ist eine sehr gebildete Frau mit** ~ she is a well-educated woman of high intellect; **es war ein Gespräch mit** ~ it was an intellectually stimulating conversation; **etw ist unter jds** ~ *dat* sth is beneath sb *fig;* **unterhalte dich doch nicht mit solchen Proleten, das ist doch unter deinem** ~ don't talk to such peasants – it's beneath you; **unter** ~ below par; **er blieb mit diesem Buch unter seinem [üblichen]** ~ this book was below par, this book wasn't up to his usual standard ❷ (*Stand*) level ❸ (*Höhe einer Fläche*) level
ni·veau·los [ni'vo:-] *adj* primitive

N

ni·veau·voll *adj* intellectually stimulating
ni·vel·lie·ren* [nivɛ'li:rən] *vt* ■**etw** ~ ❶ (*geh: einander angleichen*) to even out sth *sep* ❷ (*planieren*) to level sth [off/out]
Ni·vel·lie·rung <-, -en> *f* (*geh*) evening out
nix ['nɪks] *pron indef* (*fam*) *s.* **nichts**
Ni·xe <-, -n> ['nɪksə] *f* mermaid
Niz·za <-s> ['nɪtsa] *nt* Nice
NN *Abk von* **Normalnull** mean sea level
no·bel ['no:bl̩] **I.** *adj* ❶ (*edel*) noble, honourable [*or* AM -orable] ❷ (*luxuriös*) luxurious, plush[y] *fam* ❸ (*großzügig*) generous; **ein nobles Geschenk** a lavish gift; ■~ **sein** to be generous; **was, 20 % Trinkgeld hat er gegeben? ~, ~!** what, he gave a tip of 20%? very generous! **II.** *adv* ❶ (*edel*) nobly, honourably [*or* AM -orably] ❷ (*großzügig*) generously
No·bel·her·ber·ge *f* (*fam*) luxury hotel, de luxe hotel
No·be·li·um <-s> [no'be:li̯ʊm] *nt kein pl* nobelium
No·bel·preis [no'bɛlprais] *m* Nobel prize
No·bel·preis·trä·ger(in) *m(f)* Nobel prize winner
No·bo·dy <-s, -s> ['noʊbədɪ] *m* nobody
noch ['nɔx] **I.** *adv* ❶ (*bis jetzt*) still; **er ist ~ da** he's still here; **ein ~ ungelöstes Problem** an as yet unsolved problem; **ich rauche kaum** ~ I hardly smoke any more; ■~ **immer [nicht]** still [not]; **wir wissen ~ immer nicht mehr** we still don't know anything else; ■~ **nicht** not yet, still not; **halt, warte, tu das ~ nicht!** stop, wait, don't do it yet!; ■~ **nichts** nothing yet; **zum Glück ist ~ nichts davon an die Öffentlichkeit gedrungen** luckily, none of this has yet become public knowledge; **bisher habe ich ~ nichts Definitives erfahren** I haven't heard anything more definite yet; ■~ **nie** [*o* **niemals**] never; **die Sonne schien und die Luft war klar wie ~ nie** the sun was shining and the sky was clearer than ever before; ■~ **niemand** [*o* **keiner**] nobody yet; **bisher ist ~ niemand gekommen** nobody has arrived yet; ■~ **heute** [*o* **heute** ~] still today, even now [*or* today]; ~ **heute gibt es Leute, die alte Bräuche pflegen** even today some people maintain their old customs [*or* traditions]; *s. a.* **eben, erst, nur** ❷ (*irgendwann*) some time, some day; **vielleicht kann man den Karton ~ mal brauchen, ich hebe ihn jedenfalls auf** I'll hang on to the box, it might come in handy some time; **keine Angst, du kriegst ihn ~!** don't worry, you'll still get him! ❸ (*nicht später als*) by the end of; **das Projekt dürfte ~ in diesem Jahr abgeschlossen sein** the project should be finished by the end of the year; ~ **in diesen Tagen werden wir erfahren, was beschlossen wurde** we will find out what was decided in the next few days; ~ **gestern habe ich davon nicht das Geringste gewusst** even yesterday I didn't have the slightest idea of it; ~ **heute** [*o* **heute** ~] today; ~ **heute räumst du dein Zimmer auf!** you will tidy up your room today! ❹ (*bevor etw anderes geschieht*) **„ich muss auf die Toilette!" – „kannst du ~ ein bisschen aushalten?"** "I have to go to the toilet!" – "can you hang on a bit longer?"; **auch wenn es nicht leichtfällt, ~ müssen wir schweigen** even though it might not be easy, we have to keep quiet for now; **bleib ~ ein wenig** stay a bit longer ❺ (*drückt etw aus, das nicht mehr möglich ist*) ~ **als Junge** (*veraltet*) ~ **als Junge wollte er Fälscher werden** even as a boy he wanted to become a forger ❻ (*womöglich sogar*) **wir kommen ~ zu spät** we're going to be late [*or* end up being late] ❼ (*obendrein*) in addition; **bist du satt oder möchtest du ~ etwas essen?** are you full or would you like something more to eat?; **mein Geld ist alle, hast du ~ etwas?** I don't have any money left, do you have any?; **möchten Sie ~ eine Tasse Kaffee?** would you like another cup of coffee?; ~ **ein Bier bitte!** can I/we have another beer please!; **hat er dir ~ etwas berichtet?** did he tell you anything else?; **das ist nicht alles, diese Kisten kommen ~ dazu** that's not everything, there are these crates too; **er ist dumm und ~ dazu frech** he's thick and cheeky into his bargain; ■~ **eine(r, s)** another; **haben Sie ~ einen Wunsch?** [can I get you] anything else?; **lass die Tür bitte auf, da kommt ~ einer** leave the door open please, there's somebody else coming ❽ *vor Komparativ* (*mehr als*) even [more], still; ~ **höhere Gebäude verträgt dieser Untergrund nicht** this foundation can't support buildings that are higher; **seinen Vorschlag finde ich sogar ~ etwas besser** I think his suggestion is even slightly better still; **geht bitte ~ etwas langsamer, wir kommen sonst nicht mit** please walk a bit more slowly, we can't keep up otherwise; **das neue Modell beschleunigt ~ schneller als sein Vorgänger** the acceleration on the new model is even quicker than its predecessor, the new model accelerates quicker still than its predecessor; **ach, ich soll Ihnen die Leitung übergeben? das ist ja ~ schöner!** oh, so you want me to hand over the management to you? that's even better! ❾ *in Verbindung mit so* ■**...** ~ **so** however ...; **er kommt damit nicht durch, mag er auch ~ so lügen** he won't get away with it, however much he lies; **der Wein mag ~ so gut schmecken, er ist einfach zu teuer** however good the wine may taste, it's simply too expensive; **du kannst ~ so bitten, ...** you can beg as much as you like ... ❿ *einschränkend* (*so eben*) just about; **das ist ~ zu tolerieren, aber auch nur gerade ~** that's just about tolerable but only just ▸ WENDUNGEN: ~ **und** ~ [*o* **nöcher**] heaps, dozens; **ich habe diese undankbare Frau ~ und ~ mit Geschenken überhäuft!** I showered this ungrateful woman with heaps of gifts; **er hat Geld ~ und nöcher** he has oodles [and oodles] of money **II.** *konj* ■**weder ...** ~ neither ... nor; **er kann weder lesen ~ schreiben** he can neither read nor write; ■**nicht ...** ~ neither ... nor; **nicht er ~ seine Frau haben eine Arbeit** neither he nor his wife are in work **III.** *part* ❶ (*verstärkend*) **siehst du – auf Astrid kann man sich ~ verlassen!** you see – you can always rely on Astrid! ❷ (*drückt Erregung aus*) **die wird sich ~ wundern!** she's in for a [bit of a] shock! ❸ (*drückt Empörung, Erstaunen aus*) **hat der sie eigentlich ~ alle?** is he round the twist or what?; **sag mal, was soll der Quatsch, bist du ~ normal?** what is this nonsense, are you quite right in the head? ❹ (*doch*) ■~ **gleich: wie hieß er ~ gleich?** what was his name again?
noch·ma·lig ['nɔxma:lɪç] *adj attr* further
noch·mals ['nɔxma:ls] *adv* again
No·cken·wel·le ['nɔkn̩-] *f* camshaft
NOK <-s, -s> [ɛno:'ka:] *nt Abk von* **Nationales Olympisches Komitee** National Olympic Committee
nö·len ['nø:lən] *vi* NORDD (*fam*) to dawdle *fam*
no·lens vo·lens ['no:lɛns'vo:lɛns] *adv* (*geh*) nolens volens, willy-nilly, like it or not
No·ma·de, No·ma·din <-n, -n> [no'ma:də, no'ma:dɪn] *m, f* nomad **No·ma·den·da·sein** *nt* nomadic existence, nomadism **No·ma·den·le·ben** *nt* nomadic life **No·ma·den·volk** *nt* nomadic people
No·ma·din <-, -nen> *f fem form von* **Nomade**
No·men <-s, Nomina> ['no:mən, *pl* 'no:mina] *nt* LING noun ▸ WENDUNGEN: **n~ est omen** (*geh*) the name says it all
No·men·kla·tur <-, -en> [nomɛnkla'tu:ɐ̯] *f* (*fachspr*) nomenclature, vocabulary
No·men·kla·tu·ra <-> [nomɛnkla'tu:ra] *f kein pl* ❶ (*Verzeichnis*) nomenklatura ❷ (*in der UdSSR*) politically privileged class
No·mi·na ['no:mina] *nt pl von* **Nomen**
no·mi·nal [nomi'na:l] **I.** *adj* nominal **II.** *adv* nominally
No·mi·nal·phra·se *f* nominal phrase **No·mi·nal·satz** *m* nominal clause **No·mi·nal·stil** *m* nominal style
No·mi·nal·wert *m* nominal [*or* face] value **No·mi·nal·zins** *m* nominal interest
No·mi·na·tiv <-[e]s, -e> ['no:minati:f, *pl* 'no:minati:və] *m* nominative
no·mi·nell [nomi'nɛl] **I.** *adj* ❶ (*geh: nach außen hin*) nominal ❷ *s.* **nominal II.** *adv* nominally; ~ **ist er noch Präsident** he

is still president but in name only
no·mi·nie·ren* [nomi'ni:rən] *vt* ■**jdn** [**für etw**] ~ to nominate sb [for sth]
No·mi·nie·rung <-, -en> *f* (*geh*) ❶ (*das Nominieren* [*Bestimmen, Benennen*]) nomination ❷ (*das Nominiertwerden*) nomination
Non·cha·lance <-> [nõʃa'lã:s] *f kein pl* (*geh*) nonchalance
non·cha·lant [nõʃa'lã:] **I.** *adj* (*geh*) nonchalant **II.** *adv* (*geh*) nonchalantly
Non·kon·for·mis·mus <-> [nɔnkɔnfɔr'mɪsmʊs] *m kein pl* (*geh*) nonconformism *no pl*
Non·kon·for·mist(in) <-en, -en> [nɔnkɔnfɔr'mɪst] *m(f)* (*geh*) nonconformist
non·kon·for·mis·tisch *adj* (*geh*) nonconformist
Non·ne <-, -n> ['nɔnə] *f* nun
Non·nen·klos·ter *nt* convent [of nuns]
Non·plus·ul·tra <-> [nɔnplʊs'ʔʊltra] *nt kein pl* (*geh*) ■**das** ~ the ultimate
Non·sens <-[es]> ['nɔnzɛns] *m kein pl* nonsense
non·stop [nɔn'ʃtɔp, nɔn'stɔp] *adv* non-stop
Non·stop·flug *m* non-stop flight
Nop·pe <-, -n> ['nɔpə] *f* [k]nub
Nord <-[e]s, -e> ['nɔrt, *pl* 'nɔrdə] *m* ❶ *kein art, kein pl bes* NAUT north; **aus** [*o* **von**] ~ from the north; **aus** ~ **und Süd** from [the] north and south ❷ *pl selten* NAUT (*Nordwind*) north wind
Nord·af·ri·ka ['nɔrt'ʔa:frika] *nt* North Africa
Nord·ame·ri·ka ['nɔrtʔa'me:rika] *nt* North America
Nord·at·lan·tik·pakt ['nɔrtʔat'lantɪkpakt] *m* (*form*) ■**der** ~ the North Atlantic Treaty Organization, NATO
nord·deutsch ['nɔrtdɔytʃ] *adj* North German
Nord·deutsch·land ['nɔrtdɔytʃlant] *nt* North Germany
Nor·den <-s> ['nɔrdn̩] *m kein pl, kein indef art* ❶ (*Himmelsrichtung*) north; **im** ~ in the north; **aus Richtung** ~ from the north; **in Richtung** ~ northwards, to[wards] the north; **nach** [*o geh* **gen**] ~ to the north, northwards; **nach** ~ **blicken** [*o* **gehen**] [*o* **liegen**] *Zimmer, Fenster* to look [*or* face] north; **wir möchten ein Zimmer nach** ~ **haben** we would like a north-facing room [*or* a room that faces the north]; **nach** ~ **zeigen** *Kompass* to point north; *Person* to point to the north; **von** [*o* **aus**] ~ from the north; **der Wind kommt von** ~ the wind is blowing from the north [*or* from a northerly direction]; **von** ~ **nach Süden** from north to south ❷ (*nördliche Gegend*) north; **er wohnt im** ~/**im** ~ **der Stadt**/**im** ~ **von Hamburg**/**im** ~ **Deutschlands** he lives in the north/in the northern part of town/in the northern part of Hamburg/in North[ern] Germany; **aus dem** ~ **kommen** [*o* **stammen**] to come [*or* be] [*or* hail] from the north [*or* from up north]; **in den** ~ to[wards] the north; **wir fahren dieses Jahr in den** ~ we're going up north on holiday this year; **im hohen** ~ in the far north
Nord·eu·ro·pa <-s> ['nɔrtʔɔy'ro:pa] *nt kein pl* northern Europe *no pl*
Nord·fries·land ['nɔrt'fri:slant] *nt* North Friesland, Nordfriesland
Nord·halb·ku·gel *f* northern hemisphere
Nord·ir·land ['nɔrt'ʔɪrlant] *nt* Northern Ireland
nor·disch ['nɔrdɪʃ] *adj* nordic; *s. a.* **Kombination**
Nord·ita·li·en [-ita:li̯ən] *nt* Northern Italy **Nord·kap** ['nɔrtkap] *nt* ■**das** ~ the North Cape
Nord·ko·rea ['nɔrtko're:a] *nt* North Korea; *s. a.* **Deutschland**
Nord·ko·re·a·ner(in) <-s, -> *m(f)* North Korean
nord·ko·re·a·nisch *adj* North Korean
Nord·küs·te ['nɔrtkʏstə] *f* north coast **Nord·la·ge** *f* north-facing location
nörd·lich ['nœrtlɪç] **I.** *adj* ❶ (*in* ~*er Himmelsrichtung befindlich*) northern; **der** ~**e Himmel**/**die** ~**e Halbkugel**/**die** ~**e Grenze** the northern skies/hemisphere/border; *s. a.* **Breite, Wendekreis** ❷ (*im Norden liegend*) northern; **das Elendsviertel liegt im** ~**en Teil der Stadt** the slums are in the north [*or* northern part] of town; **weiter** ~ **liegen** to lie [*or* be situated] further [to the] north ❸ (*von/nach Norden*) northwards, northerly; **ein** ~**er Wind** a northerly wind; **aus** ~**er Richtung kommen** [*o* **wehen**] to blow from the north [*or* a northerly direction]; **in** ~**e Richtung** in a northerly direction, to the north, northwards; **wir fuhren in eine** ~**e Richtung** we drove north [*or* northwards] [*or* in a northerly direction]; ~**en Kurs steuern** to take [*or* steer] a northerly course ❹ (*den skandinavischen Raum betreffend*) nordic **II.** *adv* ■~ **von ...** north of ... **III.** *präp +gen* ■~ **einer S.** [to the] north of sth; ~ **der Alpen/der Stadt** north of [*or* to the north of] the Alps/the town
Nord·licht *nt* ❶ (*Polarlicht*) ■**das** ~ the Northern Lights *pl*, aurora borealis *sing* ❷ (*fam: Mensch aus Norddeutschland*) North German **Nord·meer** *nt* Arctic Ocean
Nord·os·ten [nɔrt'ʔɔstn̩] *m kein pl, kein indef art* ❶ (*Himmelsrichtung*) northeast; **nach** [*o geh* **gen**] ~ to[wards] the northeast, northeastwards; *s. a.* **Norden 1** ❷ (*nordöstliche Gegend*) northeast; *s. a.* **Norden 2** **nord·öst·lich** [nɔrt'ʔœstlɪç] **I.** *adj* ❶ (*in* ~*er Himmelsrichtung befindlich*) northeastern ❷ (*im Nordosten liegend*) northeastern; *s. a.* **nördlich 2** ❸ (*von/nach Nordosten*) northeastwards, northeasterly; *s. a.* **nördlich 3** **II.** *adv* ■~ **von ...** northeast of ... **III.** *präp +gen* ■~ **einer S.** northeast of sth; *s. a.* **nördlich III.**
Nord-Ost·see-Ka·nal [nɔrt'ʔɔstze:kana:l] *m* ■**der** ~ the Kiel Canal
nord·ost·wärts *adv* northeastwards, to the northeast, in a northeasterly direction
Nord·pol ['nɔrtpo:l] *m kein pl* ■**der** ~ the North Pole
Nord·po·lar·ge·biet ['nɔrtpola:ɐ̯gəbi:t] *nt* ■**das** ~ the arctic region **Nord·po·lar·meer** *nt* ■**das** ~ the Arctic Ocean
Nord·rhein-West·fa·len ['nɔrtrainvɛst'fa:lən] *nt* North Rhine-Westphalia
Nord·see ['nɔrtze:] *f* ■**die** ~ the North Sea; **an der** ~ on the North Sea coast; **an die** ~ to the North Sea coast
Nord·see·in·sel *f* North Sea island **Nord·see·küs·te** *f* North Sea coast
Nord·sei·te *f* north side
Nord-Süd-Di·a·log *m* North-South dialogue [*or* AM -og] **Nord-Süd-Ge·fäl·le** *nt* North-South divide **Nord-Süd-Kon·flikt** *m* North-South conflict, conflict between North and South **Nord-Süd-Pro·blem** *nt* problem of the North-South divide
Nord-Süd-Ver·kehr *m* traffic between the North and the South
Nord·wand *f* ❶ (*die nördliche Wand*) northern wall ❷ (*der nördliche Steilhang*) northern face
nord·wärts ['nɔrtvɛrts] *adv* northwards, to the north, in a northerly direction
Nord·wes·ten [nɔrt'vɛstn̩] *m kein pl, kein indef art* ❶ (*Himmelsrichtung*) northwest; **nach** [*o geh* **gen**] ~ to[wards] the northwest [*or* northwestwards]; *s. a.* **Norden 1** ❷ (*nordwestliche Gegend*) northwest; *s. a.* **Norden 2** **nord·west·lich** [nɔrt'vɛstlɪç] **I.** *adj* ❶ (*in* ~*er Himmelsrichtung befindlich*) northwestern ❷ (*im Nordwesten liegend*) northwestern; *s. a.* **nördlich 2** ❸ (*von/nach Nordwesten*) northwestwards, northwesterly; *s. a.* **nördlich 3** **II.** *adv* ■~ **von ...** northwest of ... **III.** *präp +gen* ■~ **einer S.** [to the] northwest of sth; *s. a.* **nördlich III.** **Nord·wind** *m* north wind
Nör·ge·lei <-, -en> *f* ❶ (*nörgelnde Äußerung*) moaning ❷ (*dauerndes Nörgeln*) nagging
nör·geln ['nœrgl̩n] *vi* ■[**über etw** *akk*] ~ to moan [about sth]
Nörg·ler(in) <-s, -> ['nœrglɐ] *m(f)* moaner, grumbler
Norm <-, -en> ['nɔrm] *f* ❶ (*festgelegte Größe*) standard, yardstick ❷ (*verbindliche Regel*) norm ❸ (*Durchschnitt*) ■**die** ~ the norm ❹ (*festgesetzte Arbeitsleistung*) quota
nor·mal [nɔr'ma:l] **I.** *adj* ❶ (*üblich*) normal; **unter** ~**en Umständen** under normal circumstances ❷ (*geistig gesund*) normal, sane; **nicht ganz** ~ **sein** to be not quite normal ❸ *meist verneint* (*fam: zurechnungsfähig*) right in the head

N

fam; **du bist wohl nicht ~!** you're out of your mind!; **bist du noch ~?** are you crazy? **II.** *adv* ❶ (*üblich*) normally ❷ (*fam: normalerweise*) normally, usually

Nor·mal·ben·zin *nt* low-octane petrol [*or* AM gas[oline]] **Nor·mal·bür·ger(in)** *m(f)* SOZIOL average citizen

nor·ma·ler·wei·se *adv* normally, usually

Nor·mal·fall *m* normal case; **der ~/nicht der ~ sein** to be/not be usual; **im ~** normally, usually

Nor·mal·ge·wicht *nt* normal weight

nor·ma·li·sie·ren* [nɔrmaliˈziːrən] **I.** *vt* ■**etw ~** to normalize sth **II.** *vr* ■**sich ~** to normalize, to return to normal

Nor·ma·li·sie·rung <-, -en> *f* normalization

Nor·ma·li·tät <-> [nɔrmaliˈtɛːt] *f kein pl* normality; **die ~ kehrte im Büroalltag wieder ein** life in the office returned to normality

Nor·mal·maß *nt kein pl* ❶ (*übliches Ausmaß*) normal level ❷ (*übliche Größe*) normal size **Nor·mal·null** *nt kein pl* sea level; **über/unter ~** above/below sea level **Nor·mal·ver·brau·cher(in)** *m(f)* average consumer; **Otto ~** (*fam*) the man in the street [*or* average person] **Nor·mal·zu·stand** *m kein pl* normal state

Nor·man·die <-> [nɔrmanˈdiː] *f* ■**die ~** Normandy

Nor·man·ne, Nor·man·nin <-n, -n> [nɔrˈmanə, nɔrˈmanɪn] *m, f* Norman

nor·man·nisch [nɔrˈmanɪʃ] *adj* Norman

Norm·blatt *nt* standard sheet

nor·men [ˈnɔrmən] *vt* ■**etw ~** to standardize sth

nor·mie·ren* [nɔrˈmiːrən] *vt* (*geh*) ■**etw ~** to standardize sth

Nor·mie·rung <-, -en> *f* (*geh*) ❶ (*das Normieren [Normen, Vereinheitlichen]*) standardization *no pl* ❷ (*das Normiertsein*) standardization *no pl*

Nor·mung <-, -en> *f* standardization

Nor·we·gen <-s> [ˈnɔrveːgn̩] *nt* Norway; *s. a.* **Deutschland**

Nor·we·ger(in) <-s, -> [ˈnɔrveːgɐ] *m(f)* Norwegian; *s. a.* **Deutsche(r)**

nor·we·gisch [ˈnɔrveːgɪʃ] *adj* ❶ (*in Norwegen gelegen*) Norwegian; *s. a.* **deutsch 1** ❷ (*Sprache*) Norwegian; *s. a.* **deutsch 2**

Nor·we·gisch [ˈnɔrveːgɪʃ] *nt dekl wie adj* ■**das ~e** [the] Norwegian [language]; *s. a.* **Deutsch**

Nost·al·gie <-> [nɔstalˈgiː] *f kein pl* (*geh*) nostalgia

nost·al·gisch [nɔsˈtalgɪʃ] *adj* (*geh*) nostalgic

Not <-, Nöte> [ˈnoːt, *pl* ˈnøːtə] *f* ❶ *kein pl* (*Armut*) poverty; **~ leidend** (*Entbehrungen erduldend*) destitute; FIN dishonoured *pred;* **eine ~ leidende Wirtschaft** an ailing economy; **~ leiden** (*veraltend*) to live in poverty; **es herrscht bittere ~** there is abject poverty; **aus ~** out of poverty ❷ (*Bedrängnis*) distress, desperation; **jdm in der ~ beistehen** to support sb at a difficult time; **in ~ geraten** to get into difficulties [*or* dire straits]; **jdm in der Stunde der ~ helfen** to help sb in her/his hour of need; **jdm seine ~ klagen** to pour out one's troubles to sb; **in ~ [*o* Nöten] sein** to be in difficulties [*or* dire straits]; **in seiner/ihrer ~** in his/her distress [*or* desperation]; **in seiner ~ wusste er sich nicht anders zu helfen** he couldn't see what else he could do ❸ *pl* (*Problem*) **in Ängsten und Nöten schweben** to be hot and bothered; **die Nöte des Alltags** humdrum problems; **die Nöte des kleinen Mannes** the average person's problems; **in 1000 Nöten sein** to be up to one's hips in alligators ❹ (*Mühe*) **seine [liebe] ~ haben mit jdm/etw** to have one's work cut out with sb/sth; **seine liebe ~ haben, etw zu tun** to have one's work cut out doing sth; **mit knapper ~** just; **es gelang ihr, den Zug mit knapper ~ noch zu erreichen** she just managed to catch the train; **ohne ~** (*ohne weiteres*) without having to ❺ *kein pl* (*veraltend: Notwendigkeit*) necessity; **damit hat es keine ~** it isn't urgent; **ohne ~** without difficulty; **ohne ~ sollte man nicht zu so drastischen Maßnahmen greifen** if there is no need, one shouldn't resort to such drastic measures; **im Deutschen werden oft ohne ~ Anglizismen für die Bezeichnung neuer Gegenstände verwendet** in German, anglicisms are often used for describing new articles when there is actually no need [to use foreign words]; **der ~ gehorchend** out of necessity; **tun, was die ~ gebietet** to do what has to be done ▶WENDUNGEN: **in der ~ schmeckt jedes Brot** (*prov*) hunger is the best cook; **~ bricht Eisen** [*o* **~ kennt kein Gebot**] (*prov*) necessity knows no law; **wenn die ~ am größten, ist Gottes Hilf' am nächsten** (*prov*) man's extremity is God's opportunity; **[da/jetzt/bei ihm ist] Holland in ~** [*o* **Nöten**] (*prov: es steht schlimm*) things are looking grim, now we are in for it; **wenn ~ am Mann ist** in times of need; **das sind mir gute Freunde, wenn ~ am Mann ist, haben sie sich alle verdünnisiert!** that's what I call good friends – when I/you really needed them they all cleared off!; **eigentlich wollte ich morgen zum Angeln gehen; aber wenn wirklich ~ am Mann ist ...** actually, I wanted to go fishing tomorrow but if you're really stuck ...; **in der ~ frisst der Teufel Fliegen** (*prov*) beggars can't be choosers; **in ~ und Tod zusammenhalten** to stick together through thick and thin; **aus der ~ eine Tugend machen** to make a virtue out of necessity; **~ lehrt beten** (*prov*) in our hour of need we all turn to God; **~ macht erfinderisch** (*prov*) necessity is the mother of invention; **zur ~** if need[s] be, at a pinch

No·tar(in) <-s, -e> [noˈtaːɐ̯] *m(f)* notary

No·ta·ri·at <-[e]s, -e> [notaˈri̯aːt] *nt* ❶ (*Kanzlei*) notary's office ❷ *kein pl* (*Amt*) notaryship

no·ta·ri·ell [notaˈri̯ɛl] **I.** *adj* notarial **II.** *adv* notarially

No·ta·rin <-, -nen> *f fem form von* **Notar**

Not·arzt, -ärz·tin *m, f* ❶ (*Arzt für Notfälle*) casualty [*or* AM emergency] doctor (*who treats patients at the scene of an accident*) ❷ (*Arzt im Notdienst*) doctor on call

Not·arzt·wa·gen *m* emergency doctor's car

Not·auf·nah·me *f* (*Krankenhausstation*) accident and emergency [*or* A & E] department, emergency room *esp* AM; *eines Patienten* emergency admission

Not·auf·nah·me·la·ger *nt* emergency accommodation centre [*or* AM -er] **Not·aus·gang** *m* emergency exit **Not·be·helf** *m* stopgap [measure] **Not·be·leuch·tung** *f* emergency lighting **Not·brem·se** *f* emergency brake; **die ~ ziehen** [*o* **betätigen**] to pull the emergency brake ▶WENDUNGEN: **die ~ ziehen** [*o* **betätigen**] to put the brakes on sth **Not·brem·sung** *f* emergency stop **Not·dienst** *m* duty; **welche Apotheke/welcher Arzt hat am Wochenende ~?** which chemist's/doctor is on duty at the weekend?; **in der Samstagsausgabe stehen Angaben zum ärztlichen ~ fürs Wochenende** the Saturday issue gives details of which doctors are on call at the weekend

Not·durft [ˈnoːtdʊrft] *f* **seine ~ verrichten** (*geh*) to relieve oneself *dated or hum*

not·dürf·tig [ˈnoːtdʏrftɪç] **I.** *adj* makeshift, stopgap; **da jeder ein paar Brocken der Sprache des anderen beherrschte, war immerhin eine ~e Verständigung möglich** as each of them had a smattering of the other's language, some sort of communication was possible **II.** *adv* in a makeshift manner *pred*

No·te <-, -n> [ˈnoːtə] *f* ❶ (*musikalisches Zeichen*) note; (*Notentext*) music, notes *pl;* **ganze/halbe ~** semibreve/minim; **~n lesen** to read music; **nach ~n** at sight; **[wie] nach ~n** thoroughly, with a vengeance ❷ (*Zensur*) mark, grade; (*Punkt*) point ❸ JUR (*förmliche Mitteilung*) note; **eine diplomatische ~** a note ❹ FIN (*Banknote*) [bank]note ❺ *kein pl* (*Duftnote*) fragrance ❻ *kein pl* (*Eigenart*) special character, stamp

Note·book <-s, -s> [ˈnoʊtbʊk] *nt* INFORM notebook

No·ten·aus·tausch *m* exchange of notes **No·ten·bank** *f* bank of issue, issuing bank **No·ten·blatt** *nt* sheet of music **No·ten·heft** *nt* ❶ (*mit Noten*) music book ❷ (*Übungsheft*) manuscript book **No·ten·li·nie** *f* line of a stave; **Notenpapier ist mit ~n bedrucktes Papier** manuscript paper is paper printed with staves **No·ten·pa·pier** *nt* manuscript paper **No·ten·**

schlüs·sel *m* clef **No·ten·stän·der** *m* music stand
Note·pad-Com·pu·ter ['noʊtpæd-] *m* notepad [computer]
Not·fall *m* ① (*plötzliche Zwangslage*) emergency; **im ~** if needs be [*or* necessary] ② (*schnelle Hilfe erfordernde Erkrankung*) emergency
not·falls ['no:tfals] *adv* if needs be
Not·fall·sta·ti·on *f* SCHWEIZ casualty
not·ge·drun·gen *adv* willy-nilly, of necessity
Not·ge·mein·schaft *f* association for mutual assistance founded in an emergency [*or* to remedy a bad state of affairs] **Not·gro·schen** *m* savings for a rainy day; **sich** *dat* **einen ~ zurücklegen** to save up for a rainy day
no·tie·ren* [no'ti:rən] **I.** *vt* ① (*aufschreiben*) ■**[sich** *dat*] **etw ~** to write [*or* note] down sth ② ÖKON (*vormerken*) ■**etw ~** to place sth in advance; **darf ich also Ihre Bestellung für März ~?** so, can I place an advance order for March for you? ③ BÖRSE (*ermitteln*) ■**[mit etw] notiert werden** to be quoted [at sth] **II.** *vi* ① (*schreiben*) to write down; **einen Moment, ich hole mir einen Schreiber, so, jetzt kann ich ~** just a minute, I'll get a pen; right, now I can write it down ② BÖRSE (*ermitteln*) ■**[mit etw] ~** to be quoted; **die Aktie notiert mit 70 Euro** the share is quoted at 70 euros
No·tie·rung <-, -en> *f* ① BÖRSE quotation ② ÖKON advance placing
nö·tig ['nø:tɪç] **I.** *adj* ① (*erforderlich*) necessary; **der ~ste Bedarf** the bare essentials [*or* necessities]; ■**~ sein** to be necessary; ■**~ sein, etw zu tun** to be necessary to do sth; ■**das N~e** what is necessary; ■**alles N~e** everything necessary; ■**das N~ste** the essentials *pl;* **etw ~ machen** to necessitate sth, to demand sth; **falls** [*o* **wenn**] **~** if necessary; **etw** [**bitter**] **~ haben** to be in [urgent] need of sth; **das Haus hat einen Anstrich bitter ~** the house is in dire need of a coat of paint; **etw nicht ~ haben** to have no reason to do sth; **ach, ich soll mich bei ihm entschuldigen? das habe ich wirklich nicht ~** oh, so I am supposed to apologize to him? I don't see why; **das war die Wahrheit, solche Lügen habe ich nicht ~** that's the truth – I've no reason to tell such lies; **es nicht ~ haben, etw zu tun** to not need to do sth; **wir haben es nicht ~, uns so von ihm unter Druck setzen zu lassen** we don't have to put up with him pressurizing us like this; **er hat es nicht ~, sich anzustrengen** he doesn't need to try hard; **es ~ haben, etw zu tun** to need to do sth; **gerade du hast es ~, dich mit der Grammatik noch einmal zu beschäftigen** you of all people should study grammar again ② (*geboten*) **mit der ~en Sorgfalt wäre das nicht passiert** with the necessary care it wouldn't have happened ▶ WENDUNGEN: **es gerade ~ haben, etw zu tun** (*iron*) to be a one to do sth; **der hat es gerade ~, von Treue zu reden ...** he's a one to tell us about faithfulness ... **II.** *adv* urgently; **was ich jetzt am ~sten brauche, ist ein warmes Bett** what I need most now is a warm bed ▶ WENDUNGEN: **ganz/mal ~ müssen** (*fam*) to really need to go the loo BRIT *fam* [*or* AM *sl* john], to be bursting *fam*
nö·ti·gen ['nø:tɪgn̩] *vt* ■**jdn [zu etw] ~** to force [*or* coerce] sb [into sth]; (*durch Zureden*) to urge, to entreat *form;* ■**jdn dazu ~, etw zu tun** to force sb to do [*or* coerce sb into doing] sth; **sich** *akk* **genötigt sehen, etw zu tun** to be obliged [*or* forced] to do sth; **er sah sich genötigt umzudisponieren** he was obliged to change his plans
nö·ti·gen·falls ['nø:tɪgn̩'fals] *adv* (*form*) if necessary
Nö·ti·gung <-, -en> *f* ① (*Zwang*) compulsion, coercion ② (*geh: das Zureden*) entreaty; **die gut gemeinten, aber lästigen ~en des Gastgebers, noch mehr zu trinken** the host's well-intended but tiresome entreaties that we drink some more
No·tiz <-, -en> ['no'ti:ts] *f* ① (*Vermerk*) note; **sich** *dat* **eine ~ [von etw] machen** to make a note [of sth]; **sich** *dat* **~en machen** to make [*or* take] notes ② MEDIA (*kurze Zeitungsmeldung*) short report, short article ▶ WENDUNGEN: **[keine] ~ [von jdm/etw] nehmen** to take [no] notice [of sb/sth]
No·tiz·block <-blöcke> *m* notepad **No·tiz·buch** *nt* notebook **No·tiz·zet·tel** *m* page of a notebook; **neben dem Telefon lag ein Stapel ~ mit Adressen** scraps of paper with addresses were piled up beside the phone
Not·la·ge *f* desperate situation, difficulties *pl;* **sich** *akk* **in einer ~ befinden** to be in a desperate situation; **jdn in eine ~ bringen** to get sb into difficulties; **in eine ~ geraten** to get into difficulties; **jds ~ ausnützen** to take advantage of sb's predicament
not·lan·den <notlandete, notgelandet> ['no:tlandn̩] *vi sein* to make an emergency landing
Not·lan·dung *f* emergency landing
Not·lö·sung *f* stopgap [solution] **Not·lü·ge** *f* white lie
no·to·risch [no'to:rɪʃ] **I.** *adj* (*geh*) notorious; (*allbekannt*) well-known; **ein ~er Lügner** a notorious liar **II.** *adv* (*geh*) notoriously; **er ist ~ pleite** it's common knowledge that he's broke
Not·re·ser·ve *f* emergency reserve
Not·ruf *m* ① (*Anruf auf einer Notrufnummer*) emergency call ② (*eines Tieres*) distress call ③ *s.* **Notrufnummer**
Not·ruf·num·mer *f* emergency number **Not·ruf·säu·le** *f* emergency telephone
Not·rut·sche *f* escape slide
not·schlach·ten <notschlachtete, notgeschlachtet> *vt* ■**ein Tier ~** to slaughter an animal out of necessity
Not·si·gnal *nt* emergency signal **Not·si·tu·a·ti·on** *f* emergency **Not·sitz** *m* spare foldaway seat
Not·stand *m* ① (*Notlage*) desperate situation, difficulties *pl* ② (*politische Gefahrensituation*) state of emergency; **den ~ ausrufen** to declare a state of emergency; **äußerer ~** emergency caused by an outside threat; **innerer ~** national emergency
Not·stands·ge·biet *nt* disaster area **Not·stands·ge·set·ze** *pl* emergency laws **Not·stands·ko·mi·tee** *nt* emergency committee **Not·stands·ver·fas·sung** *f* emergency constitution
Not·strom·ag·gre·gat *nt* emergency generator
not|tun[RR] *vi irreg* (*geh*) [**jdm**] **~** to be necessary [for sb]; **ein bisschen Selbstbescheidung täte uns allen not** we could all do with a bit of modesty; **bitte bemühen Sie sich nicht, das tut doch nicht not!** please don't go to any trouble, there's really no need!
Not·un·ter·kunft *f* emergency accommodation
Not·wehr <-> *f kein pl* self-defence *no pl;* **aus** [*o* **in**] **~** in self-defence
not·wen·dig ['no:tvɛndɪç] **I.** *adj* ① (*erforderlich*) necessary; ■**das N~e** the essentials *pl;* ■**alles N~e** everything necessary; ■**das N~ste** the bare essentials *pl* ② (*geboten*) ■**der/die ~e ...** the necessary ... **II.** *adv* necessarily; **etw ~ brauchen** to absolutely need sth
not·wen·di·ger·wei·se ['no:tvɛndɪgɐ'vaizə] *adv* necessarily; **diese Leibesvisitationen müssen ~ durchgeführt werden** it is necessary to conduct these body searches
Not·wen·dig·keit ['no:tvɛndɪçkait, not'vɛndɪçkait], **Notwendigkeit** <-, -en> *f* ① *kein pl* (*Erforderlichkeit*) necessity ② (*Erfordernis*) necessity
Not·zucht <-> *f kein pl s.* **Vergewaltigung**
not·züch·ti·gen <notzüchtigte, genotzüchtigt> *vt* ■**jdn ~** *s.* **vergewaltigen**
Nou·gat <-s, -s> ['nu:gat] *m o nt s.* **Nugat**
No·va[1] <-, Novä> ['no:va, *pl* -vɛ] *f* nova
No·va[2] *nt pl von* **Novum**
No·vel·le <-, -n> [no'vɛlə] *f* ① (*Erzählung*) short novel ② (*novelliertes Gesetz*) amended law, amendment
no·vel·lie·ren* [novɛ'li:rən] *vt bes* ÖSTERR (*geh*) ■**etw ~** to amend sth
No·vem·ber <-s, -> [no'vɛmbɐ] *m* November; *s. a.* **Februar**
No·vi·tät <-, -en> [novi'tɛ:t] *f* ① (*neuer Artikel*) new article ② (*neues Buch*) new book

N

No·vi·ze, **No·vi·zin** <-n, -n> [no'viːtsə, no'viːtsɪn] *m, f* novice, acolyte

No·vi·zi·at <-[e]s, -e> [novi'tsi̯aːt] *nt* novitiate

No·vi·zin <-, -nen> [no'viːtsɪn] *f fem form von* **Novize**

No·vum <-s, Nova> ['noːvʊm-, *pl* 'noːva] *nt* (*geh*) ■**ein** ~ new factor [*or* phenomenon], novelty

No·wo·si·birsk <-s> [novɔsi'bɪrsk] *nt* Novosibirsk

Nr. *Abk von* **Nummer** no.

NS[1] [ɛn'ɛs] *Abk von* **Nachschrift** PS

NS[2] [ɛn'ɛs] *Abk von* **Nationalsozialismus** National Socialism

NS-Bon·ze *m* Nazi bigwig **NS-Staat** *m* National Socialist [*or* Nazi] state **NS-Zeit** *f* [period of] National Socialism [*or* Nazism]

N.T. *nt Abk von* **Neues Testament** NT

Nu ['nuː] *m* **im** ~ in a flash [*or fam* sec]; **ich bin im** ~ **zurück** I'll be back in a sec

Nu·an·ce <-, -n> ['nỹãːsə] *f* nuance; **eine** ~ **zu ...** a shade; **der Boden ist eine** ~ **zu weich für dieses Pferd** the going is a shade on the soft side for this horse

nu·an·cie·ren* [nỹã'siːrən] *vt* (*geh*) ❶ (*kaum merklich abwandeln, sehr fein graduell abstufen*) ■**etw** ~ to give sth subtle nuances, to nuance sth *rare* ❷ (*in all seinen Feinheiten, feinen Unterschieden erfassen, darstellen*) ■**etw** ~ to give sth subtle nuances, to nuance sth *rare*

nüch·tern ['nʏçtɐn] *adj* ❶ (*mit leerem Magen*) empty-stomached; ■~ **sein** with an empty stomach; *s. a.* **Magen** ❷ (*nicht betrunken*) sober ❸ (*realitätsbewusst*) sober, down-to-earth; **eine** ~**e Einschätzung** a level-headed assessment ❹ (*bloß*) sober, bare, plain, austere

Nüch·tern·heit <-> *f kein pl* ❶ (*Realitätsbewusstsein*) soberness, rationality ❷ (*nicht alkoholisierter Zustand*) soberness, sobriety

Nu·ckel <-s, -> *m* (*fam*) dummy

nu·ckeln ['nʊkl̩n] *vi* (*fam: saugen*) ■[**an etw** *dat*] ~ to suck [on sth]

Nu·del <-, -n> ['nuːdl̩] *f* ❶ *meist pl* pasta + *sing vb, no indef art;* (*in Suppe*) noodle *usu pl* ❷ (*Teigröllchen zum Mästen von Gänsen*) fattening ball ❸ *meist pl* DIAL (*krapfenähnliches Gebäck*) pastry ❹ (*fam: Frau*) roly-poly; **dicke** ~ fat one; **giftige** ~ nasty one; **ulkige** ~ funny one

Nu·del·brett *nt* pastry board **Nu·del·holz** *nt* rolling pin **Nu·del·ma·schi·ne** *f* pasta machine **Nu·del·sup·pe** *f* noodle soup **Nu·del·teig** *m* pasta dough

Nu·dis·mus <-> [nu'dɪsmʊs] *m kein pl* (*geh*) nudism

Nu·dist(in) <-en, -en> [nu'dɪst] *m(f)* (*geh*) nudist

Nu·gat <-s, -s> *m o nt* nougat

nu·kle·ar [nukle'aːɐ̯] **I.** *adj attr* nuclear **II.** *adv* with nuclear weapons *pred;* ~ **ausgerüstet/bewaffnet sein** to be equipped/armed with nuclear weapons

Nu·kle·ar·macht *f* nuclear power **Nu·kle·ar·me·di·zin** *f* nuclear medicine **Nu·kle·ar·test** *m* MIL, POL nuclear [*or* atomic] test

Nu·kle·in·säu·re [nukle'iːn-] *f* nucleic acid

Nu·kle·o·tid <-s, -e> [nukleo'tiːt, *pl* nukleo'tiːdə] *m* BIOL (*Grundbaustein der DNA*) nucleotide

null ['nʊl] *adj* ❶ (*Zahl*) zero, nought; **gleich** ~ **sein** to be zero; (*0° C*) zero; *s. a.* **acht**[1] ❷ SPORT (*kein*) no; ~ **Punkte** no points; ~ **zu** ~ (*0:0*) nil nil [*or* AM *usu* zero zero]; ~ **zu drei** nil three ❸ TENNIS love; **40 zu** ~ 40-love ▸WENDUNGEN: **jds Hoffnung/Mut sinkt unter** ~ sb loses all hope [*or* courage]; **in** [*o* **im**] ~ **Komma nichts** (*fam*) in [*or* quick as] a flash; **die Stunde** ~ zero hour; ~ **und nichtig sein** to be null and void; **etw für** ~ **und nichtig erklären** to declare sth null and void; [**noch einmal**] **bei** ~ **anfangen** (*fam*) to start [again] from scratch; ~ **für** ~ **aufgehen** (*sich als richtig erweisen*) to turn out right; **gleich** ~ **sein** (*so gut wie nicht vorhanden*) to be nil

Null[1] <-, -en> ['nʊl, *pl* 'nʊlṇ] *f* ❶ (*Zahl*) zero, null ❷ (*fam: Versager*) nothing

Null[2] <-[s], -s> ['nʊl, *pl* 'nʊls] *m o nt* KARTEN null[o]; ~ **Hand** null[o] hand; ~ **ouvert** open null[o]

null·acht·fünf·zehn ['nʊl'ʔaxt'fʏnftseːn] *adv* (*fam*) run-of-the-mill

Null·acht·fünf·zehn-Au·to *nt* run-of-the-mill car

Null-Bock-Ju·gend *f* (*sl*) disenchanted youth, don't-give-a-damn young wasters *pl*, slackers *pl*

Null·di·ät *f* starvation diet **Null·lö·sung**[RR] *f*, **Nullö·sung**[ALT] *f* zero option **Null·punkt** *m kein pl* freezing point; **auf den** ~ **absinken** to drop down to freezing point ▸WENDUNGEN: **auf den** ~ **sinken** [*o* **ankommen**] to reach rock bottom **Null·run·de** *f round of wage negotiations where demand for a wage rise is dropped* **Null·se·rie** *f* pilot lot **Null·stel·lung** *f kein pl* zero position **Null·ta·rif** *m kein pl* ■**zum** ~ for free; **der** ~ **wurde auf allen Strecken eingeführt** free travel was introduced on all routes **Null·wachs·tum** *nt* zero growth

Nu·me·ri ['nuːmeri] *pl von* **Numerus**

nu·me·rie·ren[ALT]* [numə'riːrən] *vt s.* **nummerieren**

Nu·me·rie·rung[ALT] <-, -en> *f s.* **Nummerierung**

nu·me·risch [nu'meːrɪʃ] *adj* numeric[al]

Nu·me·rus <-, Numeri> ['nuːmerʊs, *pl* 'nuːmeri] *m* number

Nu·me·rus clau·sus <-> ['nuːmerʊs 'klaʊzʊs] *m* numerus clausus

i Kultur

Universities regulate the number of school leavers embarking on the most popular degree courses by means of the **Numerus clausus (N.C.)** – Latin: *limited number.* The **N. C.** applies to all courses of study for which there are limited admissions, since the number of applicants usually exceeds the number of places. The **N.C.** can vary from semester to semester.

Nu·mis·ma·tik <-> [numɪs'maːtɪk] *f kein pl* numismatology

Num·mer <-, -n> ['nʊmɐ] *f* ❶ (*Zahl*) number; **laufende** ~ serial number ❷ (*Telefonnummer*) number; **zurzeit bin ich unter der** ~ **... zu erreichen** at the moment I can be reached under ... ❸ MEDIA (*Ausgabe*) issue ❹ (*Größe*) size ❺ (*Autonummer*) registration number ❻ (*fam: Typ*) character; **mit Ulrike wird es nie langweilig, sie ist eine total ulkige** ~ it's never boring with Ulrike around, she's a real bag of laughs ❼ (*derb: Koitus*) fuck *vulg*, BRIT *a.* shag *fam!;* **eine schnelle** ~ a quickie; **eine** ~ [**mit jdm**] **machen** [*o* **schieben**] (*sl*) to have it off BRIT *sl* [*or* AM get it on] [with sb] ❽ (*Darbietung*) **eine glanzvolle** ~ a great act ❾ (*fam: Musikstück*) **auf der CD sind ein paar gute** ~**n** there are a few good tracks on the CD ▸WENDUNGEN: **eine** ~ **aufs Parkett legen** to trip the light fantastic; **auf** ~ **Sicher gehen** (*fam*) to play it safe; **auf** ~ **Sicher sein** [*o* **sitzen**] (*sl*) to be behind bars; [**nur**] **eine** ~ **abziehen** (*fam: schauspielern*) to put on an act; **etw ist für jdn ein paar** ~**n zu groß** sth is out of sb's range, sb would be biting off more than he can chew with sth; **eine große** [*o* **dicke**] ~ **bei jdm haben** (*fam*) to be really well in with sb; [**nur**] **eine** ~ **sein** to be [no more than] a number; **die** ~ **eins** (*fam*) the number one

num·me·rie·ren[RR]* *vt* ■**etw** ~ to number sth

Num·me·rie·rung[RR] <-, -en> *f* ❶ *kein pl* (*das Nummerieren*) numbering ❷ (*Eintrag einer Zahl*) numbering; **die Blätter haben keine** ~ the sheets are not numbered

Num·mern·kon·to *nt* numbered account **Num·mern·schild** *nt* number [*or* AM license] plate

nun ['nuːn] **I.** *adv* ❶ (*jetzt*) now ❷ (*na ja*) well; **was hältst du von ihm? –** ~, **ich weiß nicht** what do you think of him? – well, I don't know ❸ (*allerdings*) but; **ich will** ~ **mal nicht im Norden Urlaub machen!** but I just don't want to go on holiday in the north! ❹ (*etwa*) well; **hat sich die Mühe** ~

gelohnt? well, was it worth the trouble? ❺ *in Fragesätzen* (*denn*) then; **war es ~ wirklich so schlimm mit der Prüfung?** so, was the exam really so bad then?; **ob es ~ auch sein kann, dass einfach eine Verwechslung vorliegt?** could it be then that there is simply some mistake? ❻ (*gar*) really; **wenn sie sich ~ wirklich etwas angetan hat?** what if she has really done sth to herself? ❼ (*eben*) just; **Mathematik liegt ihr ~ mal nicht** maths just isn't her thing ► WENDUNGEN: **~ gut** [*o* **schön**] alright, all right; **von ~ an** from now on; **~ denn** [*o* **wohl** *geh*] so; **~ ja** well; **~ ja** [*o* **gut**], **aber ...** well yes, but ...; **es ist ~ [ein]mal so** that's the way it is; **was hilft's, hier wird ~ mal so verfahren** what can you do? that's the way things are done around here; **was ~?** what now?; **~, ~!** now, now! **II.** *konj* (*veraltend geh: jetzt da*) now that; **~ der Vorhang gefallen war, konnte der Intendant erleichtert aufatmen** now that the curtain was down, the director was able to heave a sigh of relief

nun·mehr ['nu:n'me:ɐ̯] *adv* (*geh*) now

'nun·ter ['nʊntɐ] *adv* DIAL *s.* **hinunter**

Nun·ti·us <-, -tien> ['nʊntsi̯ʊs, *pl* 'nʊntsi̯ən] *m* REL nuncio

nur ['nu:ɐ̯] *adv* ❶ (*lediglich*) only; **~ noch** [*o geh* **mehr**] only; **es hätte ~ noch ein Wort gefehlt und ich wäre explodiert** just one more word and I would have exploded ❷ (*bloß*) just; **da kann man doch ~ lachen!** what a bloody laugh! *fam;* **mach ~ ja nicht mich für die Folgen verantwortlich!** just don't, whatever you do, blame me for the consequences!; **wie konnte ich das ~ vergessen!** how on earth could I forget that! ❸ (*ja*) ■ **~ niemand/nicht** not a soul/not at all; **lass das ~ niemanden wissen!** don't you [dare] tell anyone! ❹ (*ruhig*) just; **schlag ~ zu, wirst schon sehen, was du davon hast!** go on, hit me, you'll soon see what you'll get out of it! ❺ (*aber*) the only thing is ...; **du kannst gerne einen Whisky haben, ~ habe ich kein Eis** you're welcome to have a whisky, the only thing is I don't have any ice; **das Buch ist sehr gut – ~, es ist wahrscheinlich zu schwer** the book is very good – but [*or* though] it's probably too heavy-going ► WENDUNGEN: **~ Mut** cheer up; **~ her damit!** (*fam: gib/gebt es ruhig!*) give it here!; **~ noch als ich ihn zur Rede stellte, wurde er ~ noch frecher** when I took him to task he got even cheekier; **~ so gerade als ich aus dem Haus wollte, regnete es ~ so** just as I wanted to go out it was really pouring down; **dass es ~ so ...** + *vb* (*in hohem Maß, in großer Menge*) so much that it ...; **ich werde dir so eine scheuern, dass es ~ so staubt!** I'm going to give you such a clout that it will raise the dust!; **~ zu!** come on then; **warum/was/wer/wie ... ~?** just why/what/who/how ...?; **warum musstest du das ~ tun?** just why did you have to do that?; **was in aller Welt hast du dir ~ dabei gedacht?** just what on earth did you think you were doing?; **es schellt jemand an der Tür? wer kann das ~ sein?** somebody's ringing the doorbell? who on earth can it be?; **wenn ... ~ ...** if only ...; **das Wetter ist schön, wenn es ~ so bliebe!** the weather is glorious, if only it would stay like this!; *s. a.* **nicht**

Nürn·berg <-s> ['nʏrnbɛrk] *nt* Nuremberg; *s. a.* **Trichter**

nu·scheln ['nʊʃl̩n] **I.** *vi* (*fam*) to mumble **II.** *vt* (*fam*) ■ **etw ~** to mumble sth

Nuss^RR^ <-, Nüsse> *f,* **Nuß**^ALT^ <-, Nüsse> ['nʊs, *pl* 'nʏsə] *f* ❶ (*Haselnuss*) hazelnut; (*Walnuss*) walnut; **Nüsse knacken** to crack nuts ❷ (*Nusseis*) hazelnut [ice cream] ❸ KOCHK (*Fleischstück aus der Keule*) eye ❹ (*fam: Kopf*) nut *fam* ► WENDUNGEN: **dumme ~** (*fam*) stupid twit, silly cow BRIT *fam!;* **eine harte ~** (*fam*) a tough nut to crack; **jdm eine harte ~ zu knacken geben** (*fam*) to give sb a tough [*or* hard] nut to crack, to give sb a difficult task; **eine harte ~ zu knacken haben** to have a tough [*or* hard] nut to crack; **eine taube ~** a dead loss *fam;* **jdm eins auf die ~ geben** (*fam*) to knock sb on the head

Nuss·baum^RR^ *m* ❶ (*Walnussbaum*) walnut tree ❷ *kein pl* (*Walnussholz*) walnut

Nüss·chen^RR^ <-s, -> ['nʏsçən] *nt* KOCHK loin [*or* filet] of lamb

Nuss·frucht^RR^ *f* BOT nut **Nuss·kna·cker**^RR^ *m* nutcracker

Nuss·scha·le^RR^ *f* ❶ (*Schale einer Nuss*) [nut]shell ❷ (*winziges Boot*) cockleshell

Nüs·ter <-, -n> ['nʏstɐ, 'ny:stɐ] *f* ❶ ZOOL (*Nasenöffnung*) nostril ❷ *pl* (*geh: Nasenlöcher*) nostrils

Nut <-, -en> *f* (*fachspr*), **Nu·te** <-, -n> ['nu:t(ə)] *f* groove; **~ und Feder** groove and tongue

Nu·tria[1] <-, -s> ['nu:tria] *f* coypa, nutria

Nu·tria[2] <-s, -s> ['nu:tria] *m* ❶ (*Pelz der ~*) nutria ❷ (*Pelzmantel*) nutria coat

Nut·te <-, -n> ['nʊtə] *f* (*sl*) whore

nutz·bar *adj* usable; ■ **[für/zu etw] ~ sein** to be usable [for sth]; **etw ~ machen** to exploit sth

nutz·brin·gend **I.** *adj* gainful, profitable **II.** *adv* gainfully, profitably

nüt·ze ['nʏtsə], **nutz** ['nʊts] *adj pred* SÜDD, ÖSTERR ■ **zu etw ~ sein** to be useful; **ich habe es doch bereits zweimal versucht, wozu soll ein dritter Versuch ~ sein?** but I've already tried twice, what use is a third try?; ■ **zu nichts ~ sein** to be good for nothing; **alles verbockst du, zu nichts bist du ~!** you muck up everything, you good-for-nothing!

Nutz·ef·fekt *m* useful effect; **und was ist nun der ~ deiner ständigen Vorhaltungen?** and what have you achieved with your constant reproaches?

nut·zen ['nʊtsn̩], **nüt·zen** ['nʏtsn̩] **I.** *vi* (*von Nutzen sein*) ■ **[jdm] [etwas] nutzen** [*o* **nützen**] to be of use [to sb]; **und was soll das ~, wenn ich mich ein drittes Mal darum bemühe?** and what's the use in me giving it a third go?; **drohe ihm, das nützt immer!** threaten him, that always helps!; **schön, dass meine Ermahnungen doch etwas genutzt/genützt haben** good; my warnings weren't a complete waste of time; ■ **[jdm] nichts nutzen** [*o* **nützen**] to not do [sb] any good, to be no use [to sb]; **du kannst sie ja fragen, aber das wird [dir] nichts ~** you can ask her but it won't do [you] any good; **ich will Geld sehen, ein Schuldschein nützt mir nichts** I want to see money – an IOU is no good to me **II.** *vt* ❶ (*in Gebrauch nehmen*) ■ **etw nutzen** [*o* **nützen**] to use sth; **er hat zwar einen Kabelanschluss, nützt ihn aber kaum** he does have cable TV but he hardly watches it ❷ (*ausnutzen*) ■ **etw nutzen** [*o* **nützen**] to exploit [*or* take advantage of] sth; **eine günstige Gelegenheit ~** to seize an opportunity; **die Gunst der Stunde ~** to make use of an opportune moment

Nut·zen <-s> ['nʊtsn̩] *m kein pl* advantage, benefit; **welchen ~ versprichst du dir davon?** what do you hope to gain from it?; **[jdm] ~ bringen** to be of advantage [*or* benefit] [to sb]; **mir ist nicht klar, welchen ~ es bringen soll, wenn wir auf seine Vorschläge eingehen** I don't see what the advantage would be in accepting his proposal; **jdm zum ~ gereichen** (*geh*) to be to sb's advantage; **von etw irgendeinen ~ haben** to gain [*or* derive benefit] from sth; **welchen ~ soll ich davon haben, euch zu helfen?** what am I going to get out of helping you?; **[jdm] von ~ sein** to be of use [to sb]; **das wäre von ~** that would be helpful; **von geringem ~ sein** to not be much use; **von großem ~ sein** to be a lot of use; **aus etw [seinen] ~ ziehen** to derive benefit from sth; **zum ~ der/des ...** to the benefit of the ...

Nutz·fahr·zeug *nt* utility vehicle **Nutz·flä·che** *f* utilizable space of land **Nutz·gar·ten** *m* kitchen garden **Nutz·holz** *nt* timber *no pl* **Nutz·last** *f* TRANSP live weight, payload

nütz·lich ['nʏtslɪç] *adj* ❶ (*nutzbringend*) useful; ■ **[jdm] ~ sein/werden** to be useful [to sb]; ■ **N~es** sth useful; **er leistet viel N~es** his work is very useful; **das N~e mit dem Angenehmen verbinden** to combine business with pleasure; **der Vorschlag enthält nichts N~es** the proposal doesn't include anything of any use; **sich** *akk* **~ machen** to make one-

N

self useful ❷ (*hilfreich*) helpful; ■ [**jdm**] ~ **sein** to be helpful [to sb]

Nụ̈tz·lich·keit <-> *f kein pl* advantage, utility

nụtz·los I. *adj* futile, useless; ■ ~ **sein, etw zu tun** to be futile to do sth; **der Versuch wäre** ~ it would be a waste of time trying **II.** *adv* in vain *pred*

Nụtz·lo·sig·keit <-> *f kein pl* futility, uselessness

Nutz·nie·ßer(**in**) <-s, -> ['nʊtsniːsɐ] *m(f)* beneficiary

Nụtz·nie·ßung <-, -en> *f* JUR *s.* **Nießbrauch**

Nụtz·pflan·ze *f* AGR, BOT crop; **landwirtschaftliche ~n** arable crops

Nụt·zung <-, -en> *f* use

Nụt·zungs·dau·er *f* useful life **Nụt·zungs·recht** *nt* right of use, usufruct *spec*

n.u.Z. *Abk von* **nach unserer Zeitrechnung** AD

NW *Abk von* **Nordwesten**

Ny·asa·see [ni'aːzazeː] *m* Lake Nyasa, Lake Malawi

Ny·lon® <-[s]> ['nailɔn] *nt kein pl* nylon

Ny·lon·strumpf *m* nylon stocking

Nym·phe <-, -n> ['nʏmfə] *f* nymph

Nym·phen·sit·tich *m* ZOOL cockatiel

nym·pho·man [nʏmfo'maːn] *adj* nymphomaniac

Nym·pho·ma·nie <-> [nʏmfoma'niː] *f kein pl* nymphomania

Nym·pho·ma̲·nin <-, -nen> *f* nymphomaniac

Oo

O, o <-, - *o fam* -s, -s> [oː] *nt* O, o; ~ **wie Otto** O for Oliver BRIT, O as in Oboe AM; *s. a.* **A 1**

o [oː] *interj* oh

O *Abk von* **Osten**

Oa·se <-, -n> [o'aːzə] *f* oasis

ob ['ɔp] **I.** *konj* ❶ (*inwiefern, indirekte Frage*) whether; ~ **er morgen kommt?** I wonder whether he'll come tomorrow?; **ich weiß nicht,** ~ **sie mitkommt** I don't know whether she'll come too ❷ ■ ~ **...,** ~ **...** whether ... or ...; (*sei es, dass* ...) whether ...; ~ **reich,** ~ **arm, jeder muss sterben** rich or poor, everyone must die ❸ (*bei Wiederholung einer Frage*) I/he/she etc. said ... ❹ (*selbst wenn*) ■ ~ **... auch** (*veraltend*) even if ❺ (*sei es dass*) **sie muss mitgehen,** ~ **es ihr passt oder nicht** she has to go whether she likes it or not; *s. a.* **als, und II.** *präp* ❶ +*gen* (*veraltend geh: wegen*) on account of ❷ +*gen* (*in Ortsnamen*) on; **Rothenburg** ~ **der Tauber** Rothenburg on the Tauber ❸ +*dat* SCHWEIZ (*veraltet: über*) above

o.B. *Abk von* **ohne Befund**

OB <-s, -s> [oː'beː] *m Abk von* **Oberbürgermeister**

Ob·acht <-> ['oːbaxt] *f kein pl bes* SÜDD care; ~ **geben** to be careful; **auf etw** *akk* ~ **geben** to pay attention to sth; **gib auf das, was du sagst, besser** ~ be more careful about what you say; **auf jdn/etw** ~ **geben** to look after sb/sth; ~**!** watch out!

Ob·dach <-[e]s> ['ɔpdax] *nt kein pl* (*geh*) shelter; **jdm** ~ **geben** [*o* **gewähren**] to give sb shelter; **kein** ~ **haben** to have nowhere to live, to be homeless

ọb·dach·los *adj* homeless; **durch das Erdbeben wurden viele Menschen** ~ many people lost their homes through the earthquake **Ọb·dach·lo·se(r)** *f(m) dekl wie adj* homeless person

Ọb·dach·lo·sen·asyl *nt,* **Ọb·dach·lo·sen·heim** *nt* refuge for homeless persons

Ọb·dach·lo·sig·keit <-> *f kein pl* homelessness

Ob·duk·ti·on <-, -en> [ɔpdʊk'tsi̯oːn] *f* post-mortem [examination]

ob·du·zie·ren* [ɔpdu'tsiːrən] *vt* ■ **jdn** ~ to perform a post-mortem on sb; ■ **obduziert werden** to undergo a post-mortem; ■ **das O~** post-mortem

O̲-Bei·ne *pl* bandy [*or* bow] legs *pl*

o-bei·nig ['oːbainɪç] *adj* bandy-[*or* bow-]legged

Obe·lisk <-en, -en> [obe'lɪsk] *m* obelisk

oben ['oːbn̩] *adv* ❶ (*in der Höhe*) top; **ich möchte die Flasche** ~ **links/rechts** I'd like the bottle on the top left; ■ ~ **auf etw** *dat o akk* on top of sth; **dort** ~ up there; **ganz** ~ right at the top, at the very top; **die Singdrossel sitzt ganz** ~ **auf dem Baum** the song-thrush is sitting right at the top of the tree; **hier** ~ up here; **hoch** ~ high; **bis** ~ [**hin**] up to the top; **nach** ~ **zu** [*o* **hin**] further up; **nach** ~ up; **von** ~ (*vom oberen Teil*) from above ❷ (*im oberen Stockwerk*) upstairs; **nach** ~ upstairs; **von** ~ from upstairs ❸ (*fam: auf höherer Ebene*) among/by, etc. the powers that be; **wir haben keine Ahnung von dem, was** ~ **geschieht** we have no idea what happens among the powers that be; **solche Dinge werden** ~ **entschieden** these things are decided by the powers that be; **ich gebe Ihren Antrag dann weiter, die** ~ **sollen sich damit beschäftigen** I'll pass your application on, the powers that be can deal with it; **sich** ~ **halten** to stay at the top; **nach** ~ to the powers that be, to the top *fam;* **von** ~ from the powers that be, from the top *fam;* **nach** ~ **buckeln, nach unten treten** *to be servile to those higher in the hierarchy and arrogant to those lower; s. a.* **Norden** ❹ (*vorher*) above; ~ **erwähnt** above-mentioned; ~ **genannt** above-mentioned *attrib,* mentioned above *pred;* **siehe** ~ see above; *s. a.* **weiter** ❺ (*auf der Oberseite*) **der Stoff ist** ~ **glänzend, unten matt** the upper part of the material is shiny, the lower part matt ▸WENDUNGEN: **jdn von** ~ **herab ansehen** to look down on sb; **etw nach** ~ **aufrunden** to round sth up; **jdn von** ~ **herab behandeln** to behave in a superior manner toward sb; **mal** ~**, mal unten sein** sometimes up, sometimes down; **jdm bis** [**hier**] ~ **stehen** to have it up to here; **nicht mehr wissen, wo** ~ **und unten ist** to not know whether you are coming or going; [**hier**] ~**!** this way up!; ~ **ohne** (*fam*) topless; **von** ~ **bis unten** from top to bottom

oben·an ['oːbn̩'ʔan] *adv* first; **sein Name steht** ~ **auf der Liste** his name is at the top of the list **oben·auf** ['oːbn̩'ʔauf] *adv* ❶ DIAL (*obendrauf*) on top ❷ ■ ~ **sein** (*guter Laune*) to be chirpy [*or* in good form]; (*im Vorteil*) to be in a strong position **oben·drauf** ['oːbn̩'drauf] *adv* (*fam*) on top; **sie setzte sich auf den Koffer** ~ she sat on top of the suitcase ▸WENDUNGEN: **eins** ~ **kriegen** (*fam*) to get a smack in the face [*or* BRIT *fam* gob] [*or* on the mouth] **oben·drein** ['oːbn̩'drain] *adv* on top, as well; **das alles ist ja schon schlimm genug, aber die Sache soll nun** ~ **auch noch vertuscht werden** that's all bad enough but, on top of that, now they want to keep the whole business quiet **oben·her·um** ['oːbn̩hɛ'rʊm] *adv* (*fam*) ❶ (*um die Brüste herum*) in the boobs *fam* ❷ (*im Bereich des Oberteils*) in the bust **oben·hin** ['oːbn̩'hɪn] *adv* in passing, fleetingly **Oben-o̲h·ne-Be·die·nung** *f* topless service **oben·rum** ['oːbn̩'rʊm] *adv* (*fam*) *s.* **obenherum**

Ober <-s, -> ['oːbɐ] *m* [head] waiter; ~**, bitte zahlen!** the bill please, waiter!

O̲ber·arm *m* upper arm **O̲ber·arzt, -ärz·tin** *m, f* senior physician [*or* consultant] **O̲ber·auf·sicht** *f* supervision **O̲ber·be·fehl** *m kein pl* supreme command; **den** ~ [**über etw** *akk*] **haben** to be in supreme command [of sth] **O̲ber·be·fehls·ha·ber, -be·fehls·ha·be·rin** *m, f* commander-in-chief **O̲ber·be·griff** *m* generic term **O̲ber·be·klei·dung** *f* outer clothing **o̲ber·blöd** *adj* (*emph fam*) ridiculous, idiotic

Ober·bür·ger·meis·ter, -bür·ger·meis·te·rin ['oːbɐbʏrgɐmaistɐ] *m, f* mayor, BRIT *a.* ≈ Lord Mayor **O̲ber·deck** *nt* upper deck **ober·deutsch** ['oːbɐdɔytʃ] *adj* LING Southern German (*concerning the German dialects spoken in Southern Ger-*

many, Austria and Switzerland) **Ober·deutsch·land** *nt* Southern Germany

obe·re(r, s) ['o:bərə, -rɐ, -rəs] *adj attr* ❶ (*oben befindlich*) top, upper ❷ (*rangmäßig höher*) higher ❸ (*vorhergehend*) previous ❹ (*höher gelegen*) upper

Obe·re ['o:bərə] *pl* (*fam*) ■**die ~n** the powers that be *fam,* those in authority

Obe·rer See *m* Lake Superior

ober·faul ['o:bɐfaul] *adj* (*fam*) incredibly lazy

Ober·feld·we·bel *m* ❶ (*Heer*) ≈ staff sergeant ❷ (*Marine*) ≈ chief petty officer BRIT, ≈ petty officer first class AM ❸ (*Luftwaffe*) ≈ flight sergeant BRIT, ≈ technical sergeant AM

Ober·flä·che ['o:bɐflɛçə] *f* ❶ (*äußere Fläche*) surface ❷ (*obere Fläche*) surface; **auf** [*o* **an**] **der ~** on the surface; **an die ~ kommen** (*auftauchen*) to surface; (*zu Tage kommen*) to surface, to come to light

Ober·flä·chen·span·nung *f* PHYS surface tension

ober·fläch·lich ['o:bɐflɛçlɪç] **I.** *adj* ❶ (*äußerlich*) superficial ❷ (*flüchtig*) superficial; **sie arbeitet rasch, ist aber leider etwas zu ~** she works quickly but, unfortunately, she's a little slapdash ❸ (*seicht*) superficial **II.** *adv* ❶ (*an der Oberfläche*) superficially ❷ (*flüchtig*) in a slapdash manner *pred* ❸ (*allgemein*) superficially

Ober·fläch·lich·keit <-> *f kein pl* (*Seichtheit*) superficiality

Ober·förs·ter, -förs·te·rin *m, f* chief [*or* head] forester

ober·gä·rig ['o:bɐgɛ:rɪç] *adj* top-fermented

Ober·ge·schossRR *nt* top floor **Ober·gren·ze** *f* upper limit, maximum

ober·halb ['o:bɐhalp] **I.** *präp +gen* ■**~ einer S.** above sth **II.** *adv* above

Ober·hand ['o:bɐhant] *f kein pl* upper hand; **die ~ behalten** to retain the upper hand; **die ~ [über jdn] gewinnen** [*o* **bekommen**] to gain the upper hand; **die ~ haben** to have the upper hand **Ober·haupt** *nt* head **Ober·hemd** *nt* shirt **Ober·herr·schaft** *f kein pl* sovereignty, supremacy, supreme authority; ■**die ~ über jdn/etw** sovereignty over sb/sth **Ober·hir·te** *m* prelate **Ober·ho·heit** ['o:bɐho:hait] *f kein pl s.* **Oberherrschaft**

Obe·rin ['o:bərɪn] *f* ❶ (*Oberschwester*) matron ❷ (*Äbtissin*) Mother Superior

Ober·in·spek·tor, -in·spek·to·rin *m, f* chief inspector

ober·ir·disch **I.** *adj* overhead, above ground [*or* surface]; **~e Leitung** overhead line **II.** *adv* overground **Ober·ita·li·en** ['o:bɐʔita:li̯ən] *nt* Northern Italy **Ober·kell·ner, -kell·ne·rin** *m, f* head waiter **Ober·kie·fer** *m* upper jaw **Ober·klas·se** *f* ❶ *pl* (*veraltend: obere Schulklasse*) ≈ sixth form [*or* AM grade] ❷ (*Oberschicht*) upper class **Ober·klei·dung** *f* (*selten*) outer clothing **Ober·kom·man·die·ren·de(r)** *f(m) dekl wie adj* commander-in-chief **Ober·kom·man·do** ['o:bɐkɔmando] *nt* MIL ❶ (*Oberbefehl*) ■**das ~ [über jdn/etw]** supreme command [over sb/sth] ❷ (*Befehlsstab*) supreme command **Ober·kör·per** *m* torso; **mit bloßem** [*o* **freiem**] [*o* **nacktem**] **~** topless; **den ~ freimachen** to take off one's top **Ober·lan·des·ge·richt** [o:bɐ'landəsgərɪçt] *nt intermediate or regional court of appeals* **Ober·lauf** *m* upper course **Ober·le·der** *nt* (*von Schuhen*) [leather] uppers *pl* **Ober·lei·tung** *f* ❶ (*Führung*) overall management ❷ (*Fahrdraht*) overhead cable[s *pl*] (*on trolleybuses and trams/streetcars*) **Ober·leut·nant** ['o:bɐlɔytnant] *m* ❶ (*im Heer*) lieutenant BRIT, first lieutenant AM ❷ (*bei der Luftwaffe*) flying officer BRIT, first lieutenant AM **Ober·licht** *nt* ❶ (*oberer Fensterteil*) transom ❷ (*Fenster über einer Tür*) fanlight, AM *usu* transom [window] **Ober·li·ga** *f* third [highest regional] division **Ober·lip·pe** *f* upper lip **Ober·ös·ter·reich** ['o:bɐʔø:stəraiç] *nt* Upper Austria **Ober·post·di·rek·ti·on** [o:bɐ'pɔstdirɛktsi̯o:n] *f* regional post office administration **Ober·pries·ter, -pries·te·rin** *m, f* high priest *masc,* high priestess *fem*

ober·rhei·nisch *adj* Upper Rhine; *s. a.* **Tiefebene**

Obers <-> ['o:bɐs] *nt kein pl* ÖSTERR (*Sahne*) whipping cream

Ober·scha·le *f* KOCHK (*Rind*) topside; (*Schwein*) gammon slipper

Ober·schen·kel *m* thigh **Ober·schen·kel·hals·bruch** *m* femoral neck fracture **Ober·schen·kel·kno·chen** *m* thighbone, femur *spec* **Ober·schen·kel·mus·ku·la·tur** *f* femoral musculature

Ober·schicht *f* ❶ (*in der Gesellschaft*) upper class ❷ GEOL upper stratum

ober·schlau *adj* (*iron fam*) really clever *iron* **Ober·schul·rat, -rä·tin** *m, f* school inspector BRIT **Ober·schwes·ter** *f* matron **Ober·sei·te** *f* top

Oberst <-en *o* -s, -e[n]> ['o:bɐst] *m* MIL ❶ (*im Heer*) colonel ❷ (*in der Luftwaffe*) group captain BRIT, colonel AM

Ober·staats·an·walt, -an·wäl·tin *m, f* senior public prosecutor BRIT, director of public prosecutions BRIT, attorney general AM

obers·te(r, s) ['o:bɐstə, -tɐ, -təs] *adj* ❶ (*ganz oben befindlich*) top, uppermost ❷ (*rangmäßig am höchsten*) highest; *s. a.* **Gerichtshof** ▶ WENDUNGEN: **das O~ zuunterst kehren** (*veraltend*) to turn everything upside down

Ober·stim·me *f* top part, soprano, treble

Oberst·leut·nant ['o:bɐst'lɔytnant] *m* ❶ (*im Heer*) lieutenant colonel ❷ (*bei der Luftwaffe*) wing commander BRIT, lieutenant colonel AM

Ober·stüb·chen *nt* ▶ WENDUNGEN: **nicht ganz richtig im ~ sein** (*veraltend fam*) to be not quite right in the head, to have a screw loose **Ober·stu·di·en·di·rek·tor, -di·rek·to·rin** [o:bɐ'ʃtu:di̯əndirɛkto:ɐ̯] *m, f* headmaster **Ober·stu·di·en·rat, -rä·tin** [o:bɐ'ʃtu:di̯ənra:t, -rɛ:tɪn] *m, f senior teacher at a secondary school, one rank above "Studienrat"* **Ober·stu·fe** *f* ≈ sixth form [*or* AM grade] **Ober·teil** *nt o m* ❶ (*Aufsatz*) top part ❷ (*oberes Teil*) top **Ober·was·ser** *nt kein pl* (*Schleuse*) headbay ▶ WENDUNGEN: **~ bekommen** [*o* **kriegen**] (*fam*) to get an advantage [*or* the upper hand]; [**wieder**] **~ haben** to get the upper hand, to be on top [*or fam* top dog] **Ober·wei·te** *f* bust size [*or* measurement]

Ob·frau ['ɔpfrau] *f s.* **Obmann**

ob·gleich [ɔp'glaiç] *konj* although

Ob·hut <-> ['ɔphu:t] *f kein pl* (*geh*) care, charge; **sich** *dat* **unter jds ~ befinden** [*o* **unter jds ~ stehen**] to be in sb's care [*or* charge]

obi·ge(r, s) ['o:bɪgə] *adj attr* ❶ (*oben genannt*) above-mentioned ❷ (*zuvor abgedruckt*) above

Ob·jekt <-[e]s, -e> [ɔp'jɛkt] *nt* ❶ (*Gegenstand*) object ❷ (*Immobilie*) [piece of] property ❸ (*Kunstgegenstand*) objet d'art ❹ (*Gegenteil von Subjekt*) object

ob·jek·tiv [ɔpjɛk'ti:f] **I.** *adj* objective; **eine ~e Entscheidung** an objective decision **II.** *adv* objectively

Ob·jek·tiv <-s, -e> [ɔpjɛk'ti:f, *pl* ɔpjɛk'ti:və] *nt* lens, objective

Ob·jek·ti·vi·tät <-> [ɔpjɛktivi'tɛ:t] *f kein pl* objectivity

Ob·jekt·schutz *m* protection of property **Ob·jekt·trä·ger** *m* microscope slide

Ob·la·te <-, -n> [o'bla:tə] *f* wafer

ob·lie·gen* ['ɔpli:gn̩, ɔp'li:gn̩] *vi irreg, impers haben o sein* ❶ (*form: verantwortlich sein*) ■**jdm ~** to be sb's responsibility; ■**es obliegt jdm, etw zu tun** it is sb's responsibility to do sth ❷ (*veraltet: sich beschäftigen*) **einer Aufgabe ~** to apply oneself to a task

Ob·lie·gen·heit <-, -en> ['ɔpli:gn̩hait] *f* (*form*) responsibility, duty

ob·li·gat [obli'ga:t] *adj* ❶ (*unerlässlich*) indispensable ❷ (*iron: unvermeidlich*) inevitable *iron*

Ob·li·ga·ti·on <-, -en> [obliga'tsi̯o:n] *f* bond

ob·li·ga·to·risch [obliga'to:rɪʃ] *adj* (*geh*) compulsory, obligatory

Ob·mann, Ob·män·nin *o* **-frau** <-männer *o* -leute> ['ɔpman, 'ɔpmɛnɪn, *pl* -mɛnɐ, *pl* -lɔytə] *m, f* chairman *masc,* chairwoman *fem*

Oboe <-, -n> [o'bo:ə] *f* oboe

Obo·ist(in) <-en, -en> [obo'ɪst] *m(f)* oboist

Obo·lus <-, -se> ['o:bolʊs, *pl* 'o:bolʊsə] *m* (*geh*) contribution, offering *iron*

Ob·rig·keit <-, -en> ['o:brɪçkait] *f* (*Verwaltung*) ■**die** ~ the authorities

ob·rig·keit·lich *adj* (*veraltend*) official, governmental

Ob·rig·keits·staat *m* authoritarian state

ob·schon [ɔp'ʃo:n] *konj* (*geh*) *s.* **obgleich**

Ob·ser·va·to·ri·um <-, -torien> [ɔpzɛrva'to:ri̯ʊm, *pl* ɔpzɛrva'to:ri̯ən] *nt* observatory

ob·ser·vie·ren* [ɔpzɛr'vi:rən] *vt* (*form*) ■**jdn** ~ to observe sb, to keep somebody under surveillance; ■**jdn** ~ **lassen** to have sb observed, to have sb kept under surveillance

ob·sie·gen* [ɔp'zi:gn̩] *vi* ❶ (*gewinnen*) to win ❷ (*geh: die Oberhand behalten*) to triumph

ob·skur [ɔps'ku:ɐ̯] *adj* (*geh*) ❶ (*unbekannt*) obscure ❷ (*verdächtig*) suspicious, dubious

ob·so·let [ɔpzo'le:t] *adj* (*geh*) obsolete

Obst <-[e]s> ['o:pst] *nt kein pl* fruit

Obst·bau *m kein pl* fruit growing **Obst·baum** *m* fruit tree **Obst·ern·te** *f* ❶ *kein pl* (*das Ernten von Obst, Früchten*) gathering [*or* picking] of the fruit, fruit-gathering [*or* -picking] *no pl, no indef art;* **für die ~ beschäftigt der Bauer viele Aushilfskräfte** for the picking of the fruit [*or* fruit-picking] [*or* fruit-gathering] the farmer hires a lot of extra help ❷ (*geerntetes Obst*) fruit crop [*or* harvest] **Obst·es·sig** *m* fruit vinegar **Obst·gar·ten** *m* orchard

Ob·sti·pa·ti·on <-, -en> [ɔpstipa'tsi̯o:n] *f* MED obstipation, [severe] constipation; **an ~ leiden** to suffer from obstipation [*or* [severe] constipation]

Obst·ku·chen *m* fruit flan [*or* cake] **Obst·ku·chen·form** *f* flan [*or* AM pie] tin [*or* AM *usu* pan]

Obst·ler <-s, -> ['o:pstlɐ] *m* fruit liquor

Obst·mes·ser *nt* fruit knife

Ob·struk·ti·on <-, -en> [ɔpstrʊk'tsi̯o:n] *f* (*geh*) obstruction; ~ **betreiben** to be obstructive

Obst·saft *m* fruit juice **Obst·schnaps** *m* fruit schnaps **Obst·tag** *m day on which one only eats fruit, generally as part of a diet;* **einen ~ einlegen** to have a fruit and veg day **Obst·tor·te** *f* fruit flan **Obst·was·ser** *nt* fruit schnaps

ob·szön [ɔps'tsø:n] *adj* ❶ (*unanständig*) obscene; **~e Witze** dirty [*or* obscene] jokes ❷ (*Entrüstung verursachend*) obscene; **wie kannst du nur so etwas O~es von dir geben!** how could you say something so obscene!

Ob·szö·ni·tät <-, -en> [ɔpstsøni'tɛ:t] *f* ❶ *kein pl* (*obszöne Art*) obscenity ❷ (*obszöne Bemerkung*) obscenity

Obus ['o:bʊs] *m* trolley bus

Ob·wal·den <-s> ['ɔpvaldn̩] *nt* Obwalden

ob·wal·ten* ['ɔpvaltn̩] *vi* (*form*) to prevail

ob·wohl [ɔp'vo:l] *konj* although; ~ **er müde war, tat er ihr den Gefallen** although he was tired he did her the favour

ob·zwar [ɔp'tsva:ɐ̯] *konj* (*selten*) *s.* **obwohl**

Oc·ca·si·on <-, -en> [ɔka'zi̯o:n] *f* SCHWEIZ (*Gebrauchtwagen*) second-hand car; (*gebrauchtes Gerät*) second-hand article

Ochot·ski·sches Meer [ɔ'xo:tskɪʃəs-] *nt* Sea of Okhotsk

Och·se <-n, -n> ['ɔksə] *m* ❶ (*kastriertes Rind*) ox ❷ (*fam: Dummkopf*) fool, idiot ▶ WENDUNGEN: **dastehen wie der ~ vorm Scheunentor** [*o* **Berg**] (*fam*) to stand there like an idiot [*or* BRIT a lemon]

Och·sen·frosch *m* ZOOL bullfrog **Och·sen·kar·ren** *m* ox-cart **Och·sen·schwanz** *m* oxtail **Och·sen·schwanz·sup·pe** *f* oxtail soup **Och·sen·tour** *f* (*fam*) hard slog *fam* **Och·sen·zie·mer** <-s, -> [-tsi:mɐ] *m* [short] whip

Ocker <-s, -> ['ɔkɐ] *m o nt* ochre, AM *a.* ocher

ocker·braun *adj,* **ocker·gelb** *adj* ochre, AM *a.* ocher

Ode <-, -n> ['o:də] *f* ode

öde ['ø:də] *adj* ❶ (*verlassen*) desolate, deserted ❷ (*fade*) dull, dreary ❸ (*unfruchtbar*) bleak, waste

Öde <-, -n> ['ø:də] *f* (*geh*) ❶ *kein pl* (*Verlassenheit*) desolation, solitude ❷ (*unwirtliches Land*) wasteland, desert *fig* ❸ (*Leere*) dreariness, tedium

Odem <-s> ['o:dəm] *m kein pl* (*poet*) breath

Ödem <-[e], -e> [ø'de:m] *nt* oedema BRIT, edema AM

oder ['o:dɐ] *konj* ❶ (*eines oder anderes*) or; ~ **aber** or else; ~ **auch** or [even]; ~ **auch nicht** or [maybe [*or* perhaps]] not ❷ (*stimmt's?*) **der Film hat dir auch gut gefallen, ~?** you liked the film too, didn't you?; **soviel ich weiß, schuldet er dir noch Geld, ~?** as far as I know he still owes you money, doesn't he?; **du traust mir doch, ~ [etwa] nicht?** you do trust me, don't you?; *s. a.* **entweder**

Oder <-> ['o:dɐ] *f* GEOG ■**die** ~ the Oder

Oder·men·nig <-s> ['o:dɐmɛnɪç] *m* BOT agrimony

Oder-Nei·ße-Li·nie ['o:dɐ'naisəli:ni̯ə] *f* POL ■**die** ~ the Oder-Neisse Line

Ödi·pus·kom·plex ['ø:dipʊs-] *m* PSYCH Oedipus complex *no pl*

Öd·land ['ø:tlant] *nt kein pl* uncultivated land *no indef art, no pl,* wasteland *no pl*

Odys·see <-, -n> [odʏ'se:, *pl* odʏ'se:ən] *f* (*geh*) odyssey

Oeu·vre <-, -s> ['ø:vrə] *nt* (*geh*) body of work, oeuvre *form,* work[s *pl*]

Öf·chen <-s, -> ['ø:fçən] *nt dim von* **Ofen**

Ofen <-s, Öfen> ['o:fn̩, *pl* 'ø:fn̩] *m* ❶ (*Heiz~*) heater; (*Kohle-, Kachel-, Öl~*) stove; (*elektrischer ~, Gas~*) heater, fire ❷ (*Back~*) oven; **den ~ heizen** to heat the oven ❸ TECH furnace; (*Brenn~*) kiln; (*Müllverbrennungs~*) incinerator ❹ DIAL (*Herd*) cooker ❺ (*sl: Pkw, Motorrad*) wheels *fam;* **ein heißer ~** (*fam: Motorrad*) fast bike *fam;* (*Auto*) fast set of wheels *fam* ▶ WENDUNGEN: **ein heißer ~** (*sl: besonders attraktive Frau*) red-hot number *fam;* **immer hinter dem ~ hocken** [*o* **am warmen ~ sitzen**] (*fam*) to always sit around at home, to be a real stay-at-home; **jdn hinter dem ~ hervorlocken** (*fam*) to tempt sb; **jetzt ist der ~ aus** (*sl*) that does it, that's it, it's all over

Ofen·bank <-bänke> *f* bench around a/the stove **ofen·frisch** *adj* oven-fresh, freshly baked, fresh from the oven *pred* **Ofen·hei·zung** *f* stove heating *no art, no pl,* heating by stoves **Ofen·set·zer, -set·ze·rin** <-s, -> *m, f* stove builder [*or* fitter] **Ofen·tür** *f* stove door

Off <-s> [ɔf] *nt kein pl* MEDIA **aus dem ~** offstage

of·fen ['ɔfn̩] **I.** *adj* ❶ (*nicht geschlossen*) open; **mit ~em Hemd/Kragen** wearing open-necked shirt; **dein Hosenschlitz ist ~** your flies are undone [*or* open] ❷ (*geöffnet*) open; **mit** [*o* **bei**] **~em Fenster** with the window open ❸ (*unerledigt*) open; **eine ~e Frage** an open [*or* unanswered] question; **ein ~er Punkt** a moot point; **ein ~es Problem** an unsettled problem; **eine ~e Rechnung** an unsettled [*or* unpaid] [*or* outstanding] bill ❹ (*unentschieden*) wide open, uncertain; ■**[noch] ~ sein** to be [still] wide open; **etw ~ lassen** to leave sth open ❺ (*freimütig*) open, frank, candid; ■**~ [zu jdm] sein** to be open [*or* frank] [*or* honest] [with sb] ❻ (*deutlich auftretend*) open, overt ❼ (*frei*) ■**für jdn ~ sein** to be open to sb ❽ (*frei zugänglich*) open; **ein ~er Ausblick** an open outlook; **~es Gelände** open terrain ❾ (*nicht beschränkt, frei*) open; **ein ~es Gefängnis** an open prison; **eine ~e Gesellschaft/Grenze** an open society/border; **~e Software** accessible software; **ab wann ist die Jagd auf Niederwild wieder ~?** when does the open season on small game start? ❿ (*nicht abgepackt*) loose; **~er Wein** wine by the glass/carafe ⓫ LING open ⓬ ■**~ haben** *Laden, Geschäft* to be open **II.** *adv* openly, frankly, candidly; ~ **gestanden** [*o* **gesagt**] to be [perfectly] honest [*or* frank]

of·fen·bar [ɔfn̩'ba:ɐ̯] **I.** *adj* obvious; ■**~ sein/werden, dass ...** to be/become obvious [*or* clear] that ... **II.** *adv* obviously, clearly

of·fen·ba·ren <*pp* offenbart *o* geoffenbart> [ɔfn̩'ba:rən] **I.** *vt* ❶ (*geh: enthüllen*) ■**jdm etw** ~ to reveal sth to sb ❷ (*mitteilen*) ■**jdm** ~, **dass ...** to inform sb that ... **II.** *vr* ❶ (*sich anvertrauen*) ■**sich** *akk* **jdm** ~ to confide in sb ❷ (*erweisen*) ■**sich** *akk* **als etw** *gen* ~ to show [*or* reveal] oneself to be sth ❸ (*Liebe erklären*) ■**sich** *akk* **jdm** ~ to reveal one's feelings to sb

Of·fen·ba·rung <-, -en> [ɔfn̩'ba:rʊŋ] *f* revelation; **die** ~ [**des Johannes**] [the book of] Revelations + *sing vb*

Of·fen·ba·rungs·eid *m* ❶ JUR oath of disclosure [*or* AM *a.* manifestation]; **den** ~ **leisten** to swear an oath of disclosure ❷ (*Geständnis, nichts zu wissen*) admission of bankruptcy; **ein politischer/intellektueller** ~ an admission [*or* a confession] of political/intellectual bankruptcy; **den** ~ **leisten** to admit [*or* confess] one's incompetence

of·fen|ha·benRR *vt irreg* **bei jdm noch etw** ~ to be owed sth by sb

Of·fen·heit <-> *f kein pl* openness *no art, no pl,* frankness *no art, no pl,* candour [*or* AM -or] *no art, no pl;* **in** [*o* **mit**] **aller** ~ quite frankly [*or* candidly]

of·fen·her·zig *adj* ❶ (*freimütig*) open, frank, candid ❷ (*hum fam: tief ausgeschnitten*) revealing, low-cut

Of·fen·her·zig·keit <-> *f kein pl* openness *no art, no pl,* frankness *no art, no pl,* candour [*or* AM -or] *no art, no pl*

of·fen·kun·dig ['ɔfn̩kʊndɪç] *adj* obvious, clear; ■~ **sein, dass ...** to be obvious [*or* evident] that ...

of·fen·sicht·lich ['ɔfn̩zɪçtlɪç] **I.** *adj* obvious, evident; **ein** ~**er Irrtum/eine** ~**e Lüge** a blatant error/lie; ■~ **sein/werden**[**, dass ...**] to be/become evident [*or* obvious] [that ...] **II.** *adv* obviously, evidently

of·fen·siv [ɔfɛn'zi:f] **I.** *adj* (*geh*) offensive; ~**es Verhalten/eine** ~**e Art** aggressive behaviour [*or* AM -or]/an aggressive manner; **in der Drogenfrage sollte die Regierung endlich** ~[**er**] **werden** it's time the government went on the offensive against drugs **II.** *adv* (*geh*) offensively, aggressively; **gegen Umweltsünder** ~[**er**] **vorgehen** to take [more] vigorous action against polluters

Of·fen·si·ve <-, -n> [ɔfən'zi:və] *f* offensive; **in die** ~ **gehen** to go on [*or* take] the offensive

öf·fent·lich ['œfn̩tlɪç] **I.** *adj* public; *s. a.* **Hand II.** *adv* publicly, in public

Öf·fent·lich·keit <-> *f kein pl* ■**die** ~ ❶ (*Allgemeinheit*) the [general] public + *sing/pl vb;* **in** [*o* **vor**] **aller** ~ in public; **etw an die** ~ **bringen** to bring sth to public attention, to make sth public; **die** ~ **scheuen** to shun publicity; **mit etw** *dat* **an** [*o* **vor**] **die** ~ **treten** to go public with sth; **etw der** ~ **übergeben** (*form: etw eröffnen*) to open sth officially; (*etw veröffentlichen*) to publish sth; *s. a.* **Ausschluss** ❷ JUR the admittance of the general public; **der Verteidiger bestand auf der** ~ **der Verhandlung** the defence counsel insisted on a public trial

Öf·fent·lich·keits·ar·beit *f* public relations [*or* PR] work *no art, no pl* **öf·fent·lich·keits·wirk·sam** *adj* ■~ **sein** to be good [*or* effective [as]] publicity

öf·fent·lich-recht·lich *adj attr* under public law *pred;* **eine** ~**e Anstalt** a public institution, a body corporate *spec;* **eine** ~**e Rundfunkanstalt** public service broadcasting; **ein** ~**er Vertrag** contract under public law

of·fe·rie·ren* [ɔfe'ri:rən] *vt* (*form*) ❶ (*zum Verkauf anbieten*) ■[**jdm**] **etw** ~ to offer [sb] sth ❷ (*kredenzen*) ■**jdm etw** ~ (*geh*) to offer sb sth

Of·fer·te <-, -n> [ɔ'fɛrtə] *f* offer

Of·fice <-, -s> ['ɔfɪs] *nt* ❶ SCHWEIZ (*Betriebsküche*) [food] store[s *pl*] ❷ (*selten: Büro*) office

of·fi·zi·ell [ɔfi'tsi̯ɛl] **I.** *adj* ❶ (*amtlich*) *Delegation, Mitteilung, Nachricht* official; **in** ~**er Mission** [**nach ...**] **reisen** to be on an official mission [to ...]; ~/**noch nicht** ~ **sein** *Wahlergebnisse* to be/not yet be official, to have been/have not yet been announced officially; **von** ~**er Seite verlautet** according to official sources; ~ **heißt es, ...** official sources state ..., the official statement is ... ❷ (*förmlich*) *Empfang, Feier* formal, stiff **II.** *adv* officially; **jdn** ~ **einladen** to give sb an official invitation

Of·fi·zier(in) <-s, -e> [ɔfi'tsi:ɐ̯] *m(f)* MIL officer; ~ **werden** to become an officer, to gain a commission

Of·fi·ziers·an·wär·ter, -an·wär·te·rin *m, f* officer cadet **Of·fi·ziers·ka·si·no** *nt* officers' mess **Of·fi·ziers·korps** [-ko:ɐ̯] *nt* officer corps; ■**das** ~ the officer corps, officers *pl* **Of·fi·ziers·lauf·bahn** *f* career as an officer *no pl,* officer's career *no pl, no def art* **Of·fi·ziers·mes·se** *f* officers' mess; NAUT wardroom **Of·fi·ziers·rang** *m* officer's rank, rank of an officer

of·fi·zi·ös [ɔfi'tsi̯ø:s] *adj* (*geh*) semi-official

Off·line·be·triebRR <-[e]s> ['ɔflain-] *m kein pl,* **Off-line-Be·trieb**ALT <-[e]s> ['ɔ:flain-] *m kein pl* INFORM off-line operation *no pl*

öff·nen ['œfnən] **I.** *vt* ■**etw** ~ to open sth; **„hier** ~**"** 'open here [*or* this end]'; **die Tür quietscht immer beim Ö~** the door always squeaks when you open it **II.** *vi* ■[**jdm**] ~ to open the door [for sb] **III.** *vr* ❶ (*aufgehen*) ■**sich** ~ to open ❷ (*weiter werden*) ■**sich** ~ to open out ❸ (*sich* [*innerlich*] *zuwenden*) ■**sich** *akk* [**jdm/etw**] ~ to open up [*or* become receptive] [to sb/sth]

Öff·ner <-s, -> *m* ❶ (*Dosen~*) can [*or* BRIT *a.* tin] opener; (*Flaschen~*) bottle opener ❷ (*Tür~*) door opener

Öff·nung <-, -en> *f* ❶ (*offene Stelle*) opening ❷ *kein pl* (*geh: das Öffnen*) opening; **ohne den Code zu wissen, ist eine** ~ **des Safes nicht möglich** it is not possible to open the safe without knowing the code ❸ *kein pl* POL opening up; **eine vorsichtige** ~ **zur Demokratie** a cautious opening up to democracy

Öff·nungs·kurs *m* POL course of openness [*or* opening up] **Öff·nungs·po·li·tik** *f* POL policy of openness [*or* opening up] **Öff·nungs·zei·ten** *pl* hours *pl* of business, BRIT *a.* opening times [*or* hours] *pl;* **Supermärkte haben meist durchgehende** ~ supermarkets are usually open all day; *einer öffentlichen Anstalt* opening times *pl*

Off·road-Ska·ting <-s> [ɔfroʊd'ske:tɪŋ] *nt kein pl* SPORT offroad skating

Off·set·druck <-drucke> ['ɔfsɛt-] *m* offset [printing] *no art, no pl spec*

oft <öfter> [ɔft] *adv* often; **des Öftereren** frequently, on many occasions, quite often; ~ **genug** often enough; *s. a.* **je, so, wie**

öf·ter(s) ['œftɐ(s)] *adv* [every] once in a while [*or* now and then], on occasion; **ist dir das schon** ~ **passiert?** has that happened to you often?; *s. a.* **Neue(s)**

oft·mals *adv* (*geh*) *s.* **oft**

oh ['o:] *interj* oh

Oheim <-s, -e> ['o:haim] *m* (*veraltet*) *s.* **Onkel**

OHG [o:ha:'ge:] *f Abk von* **Offene Handelsgesellschaft**

oh·ne ['o:nə] **I.** *präp* +*akk* ❶ (*nicht versehen mit*) ■~ **etw** without sth; ~ **Geld** without any money; **wir sind noch** ~ **weitere Informationen** we still don't have any more information; **sei** ~ **Furcht!** don't be afraid!; ~ **Schutz** unprotected ❷ (*nicht eingerechnet*) ■~ **etw** excluding [*or* not including] [*or* not counting] sth; **der Preis versteht sich** ~ **Mehrwertsteuer** the price does not include VAT ❸ (*nicht mit jdm*) ■~ **jdn** without sb; ~ **Kinder/Nachwuchs** childless/without offspring; ~ **Erben sterben** to die heirless; ~ **mich!** count me out! ❹ (*fam*) **nicht** ~ **sein** to be quite something; [**gar**] **nicht** ~ **sein** to be not quite that easy; *s. a.* **weitere(s) II.** *konj* ■~ **etw zu tun** without doing sth; ■~ **dass etw geschieht** without sth happening; ■~ **dass jd etw tut** without sb['s *form*] doing sth

oh·ne·dies [o:nə'di:s] *adv s.* **ohnehin** **oh·ne·glei·chen** [o:nə'glaiçn̩] *adj inv* ❶ (*unnachahmlich*) unparalleled; **eine Leistung** ~ an unparalleled performance *form;* **mit einer Unverschämtheit** ~ with unprecedented [*or form* unparalleled] impertinence ❷ (*außergewöhnlich*) [quite] exceptional

oh·ne·hin [o:nə'hɪn] *adv* anyhow, anyway[s AM *a. fam*]

O

Ohn·macht <-, -en> ['o:nmaxt] *f* ❶ (*Bewusstseinszustand*) faint *no pl;* **aus der ~ erwachen** to come round [*or* to], to recover consciousness; **in ~ fallen** to faint, to pass out, to swoon *dated liter* ❷ (*geh: Machtlosigkeit*) powerlessness *no art, no pl,* impotence *no art, no pl* ▶ WENDUNGEN: **von einer ~ in die andere fallen** (*fam*) to have one fit another after another *fam*

ohn·mäch·tig ['o:nmɛçtɪç] **I.** *adj* ❶ (*bewusstlos*) unconscious; ■**~ sein** to be unconscious, to have fainted [*or* passed out]; ■**~ werden** to faint, to pass out ❷ (*geh: machtlos*) powerless, impotent; ■**gegenüber etw** *dat* **~ sein** to be powerless to stop/in the face of sth ❸ *attr* (*hilflos*) helpless; **~e Wut** helpless [*or* impotent] rage **II.** *adv* helplessly; **~ zusehen** to watch [*or* look on] helplessly [*or* powerlessly]

Ohn·mäch·ti·ge(r) *f(m) dekl wie adj* ❶ (*bewusstloser Mensch*) unconscious person ❷ (*machtloser Mensch*) helpless person; **die ~n** the powerless + *pl vb*

Ohn·machts·an·fall *m* fainting fit; **einen ~ bekommen** to faint, to have a fainting fit

oho [o'ho:] *interj* oho; **~, so geht das nicht!** oh no, that's not on!

Öhr <-[e]s, -e> ['ø:ɐ̯] *nt* eye

Ohr <-[e]s, -en> ['o:ɐ̯] *nt* ear; **rote ~en bekommen** to go red; **auf einem ~ taub sein** to be deaf in one ear; **die ~en anlegen** *Hund, Hase* to put its ears back; **in jds ~ flüstern** to whisper in sb's ear; **die ~en zuhalten** to put one's hands over one's ears ▶ WENDUNGEN: **die ~en auf Durchzug stellen** to not listen [to sb]; **von einem ~ zum andern strahlen** to grin from ear to ear; **es faustdick hinter den ~en haben** to be a crafty [*or* sly] one; **noch feucht** [*o* **nicht trocken**] **hinter den ~en sein** to be still wet behind the ears; **nicht für fremde ~en [bestimmt] sein** to be not [meant] for other ears; **ganz ~ sein** (*hum fam*) to be all ears; **mit halbem ~** with half an ear; **mit halbem ~ hinhören** to listen with half an ear, to half-listen; **lange ~en machen** (*fam*) to prick up one's ears; **bei jdm auf offene ~en stoßen** to fall on sympathetic ears [with sb]; **bei ihr fällt man immer auf offene ~en** she always has a sympathetic ear; **jdn um ein offenes ~ bitten** to ask sb to listen to one; **ein offenes ~ für jdn/etw haben** to be willing to listen to sb/sth; **ein scharfes** [*o* **feines**] **~ haben** to have a sharp [*or* keen] sense of hearing, to have a good ear; **auf dem ~ taub sein** (*fam*) to be deaf to that sort of thing; **tauben ~en predigen** to preach to deaf ears; **bis über die** [*o* **beide**] **~en verliebt sein** to be head over heels in love; **das ist nichts für zarte ~en** that is not for tender [*or* sensitive] ears; **die ~en anlegen** (*fam*) to put one's ears back, to get stuck in BRIT *fam;* **eins hinter die ~en bekommen** to get a clip round [*or* on] the ear, to get a thick ear; **ein aufmerksames/geneigtes/offenes ~ finden** to find a ready/willing/sympathetic listener [*or* a sympathetic ear]; **jdm eins** [*o* **ein paar**] **hinter die ~en geben** (*fam*) to give sb a clip round the ear [*or* a thick ear]; **ins ~ gehen** to be catchy; **etw noch im ~ haben** to be still able to hear sth; **ich habe seine Worte noch deutlich im ~** I can still clearly hear his words, his words are still ringing in my ears; **viel** [*o* **jede Menge**] **um die ~en haben** (*fam*) to have a lot [*or* a great deal] on one's plate *fam;* **die ~en hängen lassen** (*fam*) to let it get one down, to get downhearted; **jdn übers ~ hauen** (*fam*) to take sb for a ride *fam,* to pull a fast one on sb *fam;* **jdm etw um die ~en hauen** [*o* **schlagen**] (*fam*) to hit [*or* beat] sb round [*or* over] the head with sth, throw something [back] at sb; **jdm klingen die ~en** sb's ears are burning; **jdm zu ~en kommen** to come to sb's ears [*or* attention]; **jdm die ~en lang ziehen** (*fam*) to give sb a good talking to; **sich aufs ~ legen** [*o* **hauen**] (*fam*) to put one's head down, to have a kip BRIT *fam;* **jdm sein ~ leihen** to lend sb one's ear; **jdm [mit etw] in den ~en liegen** to go [*or* keep] on at sb [about sth], to badger [*or* pester] sb [with sth]; **mach** [*o* **sperr**] **die ~en auf!** (*fam*) wash [*or* clean] your ears out! *fam;* **mit den ~en schlackern** (*fam*) to be struck speechless, to be gobsmacked BRIT *sl;* **sich** *dat* **etw hinter die ~en schreiben** (*fam*) to get sth into one's head, to etch sth indelibly in one's mind; **auf den ~en sitzen** (*fam*) to close one's ears; **sag mal, sitzt du auf deinen ~en, oder was ist los?** hey, have you gone deaf or something?; **die ~en spitzen** to prick up one's ears; **seinen ~en nicht trauen** to not believe one's ears; **[vor etw** *dat*] **die ~en verschließen** to turn a deaf ear [to sth]; **jdm die ~en volljammern** (*fam*) to keep [going] on [*or* moaning] at sb; **für jds ~en** to sb's ears; **für deutsche/englische ~en klingt das komisch** that sounds odd to a German/to an English person

oh·ren·be·täu·bend **I.** *adj* deafening, ear-splitting **II.** *adv* deafeningly **Oh·ren·klap·pe** *f* earflap **Oh·ren·knei·fer** *m* ZOOL earwig **Oh·ren·qual·le** *f* ZOOL common jellyfish **Oh·ren·sau·sen** <-s> *nt kein pl* buzzing [*or* ringing] in the [*or* one's] ears, tinnitus *no art, no pl spec* **Oh·ren·schmalz** *nt kein pl* earwax *no art, no pl* **Oh·ren·schmaus** *m kein pl* (*fam*) treat [*or* feast] for the ear[s] **Oh·ren·schmer·zen** *pl* earache; **~ haben** to have earache **Oh·ren·schüt·zer** *m meist pl* earmuff *usu pl* **Oh·ren·ses·sel** *m* wing chair **Oh·ren·zeu·ge, -zeu·gin** *m, f* (*veraltend form*) witness (*to something heard*)

Ohr·fei·ge <-, -n> *f* box on [*or* clip on [*or* BRIT *a.* round]] the ears, slap on [*or* BRIT *a.* round] the face; **eine ~ bekommen** [*o fam* **kriegen**] to get a box on the ears [*or* a slap round the face]; **jdm eine ~ geben** [*o* **verpassen**] to give sb a box on the ears [*or* a slap round the face]

ohr·fei·gen *vt* ■**jdn ~** to box sb's ears, to slap [*or* hit] sb [round [*or* AM in] the face]; **ich könnte mich [selbst] ~, dass ich das nicht gemerkt habe** (*fam*) I could kick myself for not noticing that

Ohr·fei·gen·ge·sicht *nt* (*fam*) ugly mug *fam*

Ohr·läpp·chen <-s, -> *nt* earlobe **Ohr·mu·schel** *f* [outer *form*] ear, auricle *spec*

Oh·ro·pax® <-> [o:ro'paks] *nt kein pl* earplugs *pl*

Ohr·ring *m* earring **Ohr·ste·cker** *m* earstud, stud earring **Ohr·wurm** *m* ❶ (*fam*) catchy tune ❷ ZOOL earwig

oje [o'je:], **oje·mi·ne** [o'je:mine] *interj* (*veraltend*) oh dear

Oka·pi <-s, -s> [o'ka:pi] *nt* ZOOL okapi

okay [o'ke:] **I.** *adv* (*fam*) OK *fam,* okay *fam* **II.** *adj inv, präd* OK *fam,* okay *fam;* **Ihr Termin geht ~!** there'll be no problem with your appointment

ok·kult [ɔ'kʊlt] *adj* occult; ■**das O~e** the occult

Ok·kul·tis·mus <-> [ɔkʊl'tɪsmʊs] *m kein pl* occultism *no art, no pl*

Ok·ku·pa·ti·on <-, -en> [ɔkupa'tsi̯o:n] *f* occupation

ok·ku·pie·ren* [ɔku'pi:rən] *vt* ■**etw ~** ❶ MIL to occupy sth ❷ (*geh: belegen*) to occupy sth; **die besten Plätze ~** to occupy [*or* take] [*or* have] the best seats

Öko·bank *f kein pl German bank that finances environmentally and socially sound companies or projects* **Öko·bau·er, -bäu·e·rin** *m, f* organic [*or* ecologically-minded] farmer **Öko·gü·te·sie·gel**^RR *nt,* **Öko-Gü·te·sie·gel** *nt* ÖKOL, ÖKON official ecological seal of approval **Öko·la·den** ['ø:kola:dn̩] *m* health food [*or* BRIT *a.* wholefood] shop [*or* AM *usu* store]

Öko·lo·ge, Öko·lo·gin <-n, -n> [øko'lo:gə, øko'lo:gɪn] *m, f* ecologist

Öko·lo·gie <-> [økolo'gi:] *f kein pl* ecology *no art, no pl*

Öko·lo·gie·be·we·gung *f* environmental movement

Öko·lo·gin <-, -nen> [øko'lo:gɪn] *f fem form von* **Ökologe**

öko·lo·gisch [øko'lo:gɪʃ] **I.** *adj* ecological, environmental *attr* **II.** *adv* ecologically

Öko·nom(in) <-en, -en> [øko'no:m] *m(f)* (*geh*) economist

Öko·no·me·trie <-> [økonome'tri:] *f kein pl* ÖKON, MATH, SCH econometrics + *sing vb*

Öko·no·mie <-, -n> [økono'mi:, *pl* økono'mi:ən] *f* ❶ *kein pl* (*Wirtschaftlichkeit*) economy ❷ (*Wirtschaft*) economy *no indef art, no pl* ❸ (*Wirtschaftswissenschaft*) economics

+ sing vb
Öko·no·min <-, -nen> [øko'no:mɪn] *f fem form von* **Ökonom**
öko·no·misch [øko'no:mɪʃ] **I.** *adj* ① *(die Wirtschaft betreffend)* economic; **in ~er Hinsicht** economically ② *(sparsam)* economical **II.** *adv* economically
Öko·no·mi·sie·rung <-> *f kein pl* SOZIOL, ÖKON economization
Öko·par·tei *f* ecology party, Green Party **Öko·pax** <-en, -e> ['ø:kopaks] *m (sl)* environmental pacifist **Öko·steu·er** *f* ÖKOL, ÖKON ① *(umweltschädigende Güter betreffende Abgabe)* environmental [*or* ecological] tax, eco-tax *fam (tax which punishes [perpetrators of] environmental damage or products which damage the environment)* ② *(Steuervergünstigung für umweltfreundliche Güter)* environmentally [*or* ecologically] friendly tax, eco-tax *fam (tax which rewards the purchase of environmentally friendly products)* **Öko·sys·tem** *nt* ecosystem
Ok·ta·e·der <-s, -> [ɔkta'ʔe:dɐ] *nt* octahedron *spec*
Ok·tan·zahl [ɔk'ta:n-] *f* octane [number [*or* rating]]; **Benzin mit hoher ~** high-octane petrol
Ok·ta·ve <-, -n> [ɔk'ta:və] *f* octave
Ok·tett <-s, -e> [ɔk'tɛt] *nt* octet *+ sing/pl vb*
Ok·to·ber <-s, -> [ɔk'to:bɐ] *m* October; *s. a.* **Februar**
Ok·to·ber·fest *nt* ■**das ~** the Octoberfest **Ok·to·ber·re·vo·lu·ti·on** *f* ■**die ~** the October Revolution
ok·tro·yie·ren* [ɔktro̯a'ji:rən] *vt (geh)* ■**jdm etw ~** *Meinung, Entscheidung, Glaube* to force [*or* impose] sth on sb
Oku·lar <-s, -e> [oku'la:ɐ̯] *nt* eyepiece, ocular *spec*
Öku·me·ne <-> [øku'me:nə] *f kein pl* ecumenical Christianity *no art, no pl form*
öku·me·nisch [øku'me:nɪʃ] *adj* ecumenical *form*
Ok·zi·dent <-s> ['ɔktsidɛnt] *m kein pl (geh)* ■**der ~** the Occident *form o poet*
Öl <-[e]s, -e> ['ø:l] *nt* ① *(fette Flüssigkeit)* oil; **ätherische ~e** essential oils ② TECH *(Erd~)* oil; *(Heiz~)* fuel [*or* heating] oil; *(Schmier~)* lubricating oil; **nach ~ bohren** to drill for oil; **~ wechseln** to change the oil ③ *(Sonnen~)* sun oil, sunscreen ④ *kein pl (~farben)* oil-based paints *pl;* **in ~ malen** to paint in oils ▶ WENDUNGEN: **~ ins** [*o* **aufs**] **Feuer gießen** [*o* **schütten**] to add fuel to the fire [*or* flames]; **~ auf die Wogen gießen** to pour oil on troubled waters; **~ auf** [*o* **in**] **die/jds** *akk* **Wunde gießen** to pour balsam onto sb's wounds; **das geht jdm runter wie ~** *(fam)* that's music to sb's ears, sb laps sth up
Öl·baum *m* olive tree **Öl·berg** *m* ■**der ~** the Mount of Olives **Öl·bild** *nt s.* **Ölgemälde** **Öl·boh·rung** *f* drilling for oil, oil drilling
Old·ti·mer <-s, -> ['o:lttaimɐ] *m* ① *(altes wertvolles Auto)* vintage car, BRIT *a.* veteran [car], AM *a.* old-timer; *(historisches Flugzeug)* vintage aeroplane [*or* AM airplane], BRIT *a.* veteran [plane] ② SPORT veteran, old-timer
Ole·an·der <-s, -> [ole'andɐ] *m* oleander
ölen ['ø:lən] *vt* ■**etw ~** to oil sth ▶ WENDUNGEN: **wie geölt** *(fam)* like clockwork; *s. a.* **Blitz**
Öl·ex·por·teur *m* ÖKON oil exporter **Öl·ex·port·land** *nt* oil-exporting country **Öl·far·be** *f* ① *(ölhaltige Farbe)* oil-based paint ② KUNST oil paint [*or* colour] [*or* AM -or]; ■**~n** oils; **mit ~n malen** to paint in oils **Öl·feld** *nt* oilfield **Öl·film** *m* film of oil **Öl·fleck** *m* oil spot **Öl·för·der·län·der** *pl* oil-producing countries *pl* **Öl·för·de·rung** *f* ÖKON oil production *no pl* **Öl·ge·mäl·de** *nt* oil painting **Öl·ge·win·nung** *f kein pl* ÖKON ① *(Gewinnung von Öl)* oil extraction *no pl* ② *(Gewinnung, Förderung von Erdöl)* oil production *no pl* **Öl·göt·ze** *m (pej sl)* **dastehen wie ein ~/wie die ~n** *(sl)* to stand there like a [stuffed] dummy [*or* tailor's dummy] **Öl·hei·zung** *f* oil-fired [central] heating
ölig ['ø:lɪç] *adj* ① *(voller Öl)* oily; *(fettig)* greasy ② *(pej)* oily, slimy *pej*
Olig·ar·chie <-, -n> [oligar'çi:, *pl* oligar'çi:ən] *f (geh)* oligarchy
oliv [o'li:f] *adj inv* olive-green, olive *attr*
Oli·ve <-, -n> [o'li:və] *f* olive
Oli·ven·baum *m* olive tree **Oli·ven·hain** *m* olive grove **Oli·ven·öl** *nt* olive oil
oliv·grün *adj* olive-green, olive *attr*
Öl·klum·pen *m* tar ball *(from coagulated oil)* **Öl·kri·se** *f* oil crisis
oll ['ɔl] *adj* NORDD old ▶ WENDUNGEN: **je ~er, desto doller** *(fam)* there's no fox like an old fox, the older they get, the crazier they become
Ol·le(r) ['ɔlə, -lɐ] *f(m) dekl wie adj* ■**seine ~/ihr ~r** NORDD *(fam: Ehepartner)* his old lady/her old man *fam*
Öl·ma·le·rei *f* oil painting *no art, no pl* **Öl·mess·stab**[RR] *m* AUTO dipstick **Öl·müh·le** *f* oil mill **Öl·mul·ti** *m* oil conglomerate **Öl·ofen** *m* oil heater [*or* stove] **Öl·pal·me** *f (Olea europaea)* olive tree **Öl·pa·pier** *nt* oil[ed] paper **Öl·pest** *f* oil pollution *no art, no pl* **Öl·platt·form** *f* oilrig, oil platform **Öl·quel·le** *f* oil well **Öl·raf·fi·ne·rie** *f* ÖKON oil refinery **öl·reich** *adj* oil-rich, rich in oil *pred* **Öl·saat** *m* oil seed **Öl·sar·di·ne** *f* sardine [in oil] ▶ WENDUNGEN: **wie die ~n** *(fam)* like sardines **Öl·scheich** *m (pej)* oil sheikh **Öl·schin·ken** *m* KUNST *(pej: großes Ölgemälde)* large pretentious oil painting **Öl·stand** *m kein pl* oil level; **den ~ überprüfen** to check the oil **Öl·stands·an·zei·ger** *m* oil level [*or* pressure] gauge [*or* AM *a.* gage] **Öl·tan·ker** *m* ÖKON, NAUT, TRANSP oil tanker **Öl·tep·pich** *m* oil slick
Ölung <-, -en> *f* oiling *no art, no pl;* **die Letzte ~** REL extreme unction
Öl·ver·brauch *m* oil consumption *no indef art, no pl* **Öl·vor·kom·men** *nt* oil deposit **Öl·wan·ne** *f* AUTO sump, AM *a.* oil pan **Öl·wech·sel** *m* AUTO oil change; **einen ~ machen** to change the oil **Öl·wehr** <-, -en> *f* ① *section of the fire brigade responsible for dealing with oil spillages* ② TECH *(Ölkammer)* oil weir *spec*
Olymp <-s> [o'lʏmp] *m* ■**der ~** Mount Olympus
Olym·pi·a·de <-, -n> [olʏm'pi̯a:də] *f* Olympic Games *pl,* Olympics *npl;* **auf der letzten ~** at the last Olympics
Olym·pia·mann·schaft *f* SPORT Olympic team **Olym·pia·sie·ger, -sie·ge·rin** *m, f* Olympic champion **Olym·pia·sta·di·on** *nt* Olympic stadium **Olym·pia·stütz·punkt** *m* SPORT Olympic team's training camp
Olym·pi·o·ni·ke, Olym·pi·o·ni·kin <-n, -n> [olʏmpi̯o'ni:kə, olʏmpi̯o'ni:kɪn] *m, f* SPORT Olympic athlete
olym·pisch [o'lʏmpɪʃ] *adj* SPORT Olympic *attr;* **~es Gold gewinnen** to win a gold medal at the Olympics; **Internationales/Nationales ~es Komitee** International/National Olympic Committee
Öl·zeug *nt* oilskins *pl* **Öl·zweig** *m* olive branch; **jdm den ~ entgegenstrecken** to hold out [*or* extend] [*or* offer] the olive branch to sb
Oma <-, -s> ['o:ma] *f* ① *(fam)* gran[ny] *fam,* grandma *fam* ② *(pej sl)* granny *fam,* old bag *pej fam*
Oman <-s> [o'ma:n] *nt* Oman; *s. a.* **Deutschland**
Oma·ner(in) <-s, -> [o'ma:nɐ] *m(f)* Omani; *s. a.* **Deutsche(r)**
oma·nisch [o'ma:nɪʃ] *adj* Omani; *s. a.* **deutsch**
Om·buds·frau ['ɔmbʊts-] *f fem form von* **Ombudsmann** ombudswoman
Om·buds·mann, -frau ['ɔmbʊts-] *m, f* ombudsman *masc,* ombudswoman *fem*
Ome·ga·tier[RR], **Ome·ga-Tier** ['o:mega-] *nt* BIOL *(rangniedrigstes Tier einer Gruppe)* omega animal
Ome·lett <-[e]s, -e *o* -s> *nt,* **Ome·lette** <-, -n> [ɔm(ə)'lɛt, *pl* ɔm(ə)'lɛtn̩] *f* SÜDD, SCHWEIZ, ÖSTERR omelette
Ome·lett·pfan·ne *f* omelette pan
Omen <-s, - *o* Omina> ['o:mən, *pl* 'o:mina] *nt (geh)* omen; *s. a.* **Nomen**
omi·nös [omi'nø:s] *adj (geh)* ominous, sinister
Om·ni·bus ['ɔmnibʊs] *m* bus, omnibus *dated*
Om·ni·bus·hal·te·stel·le *f* TRANSP bus stop **Om·ni·bus·li·nie** *m*

O

(*veraltend*) bus route
om·ni·vor [omni'vo:ɐ̯] *adj* omnivorous
Om·ni·vor <-s, -en> [omni'vo:ɐ̯] *m* BIOL (*Allesfresser*) omnivore
OmU *Abk von* **Original[fassung] mit Untertiteln**
Ona·ger <-s, -> ['o:nagɐ] *m* ZOOL onager
Ona·nie <-> [ona'ni:] *f kein pl* masturbation *no art, no pl,* onanism *no art, no pl spec*
ona·nie·ren* [ona'ni:rən] *vi* to masturbate
One-Man-Show ['vanmɛnʃo:] *f* one-man show
On·kel <-s, -> ['ɔŋkl̩] *m* ❶ (*Verwandter*) uncle ❷ (*Kindersprache: erwachsener Mann*) uncle; **ein lieber/böser** ~ a nice/nasty man ▶ WENDUNGEN: **der dicke** [*o* **große**] ~ (*fam*) one's/sb's big toe; **der reiche ~ aus Amerika** (*veraltend fam*) a rich uncle; **über den [großen] ~ gehen** [*o* **latschen**] (*fam*) to walk pigeon-toed
On·ko·lo·ge, On·ko·lo·gin <-n, -n> [ɔŋko'lo:gə, -'lo:gɪn] *m, f* oncologist
On·ko·lo·gie <-> [ɔŋkolo'gi:] *f kein pl* oncology *no art, no pl*
On·ko·lo·gin <-, -nen> [ɔŋko'lo:gɪn] *f fem form von* **Onkologe**
on·ko·lo·gisch [ɔŋko'lo:gɪʃ] *adj* oncological
on·line^{RR} ['ɔnlain] *adj* online; ~ **arbeiten** to work online
On·line·ban·king^{RR} ['ɔnlainbɛŋkɪŋ] *nt* online banking **On·line·be·trieb**^{RR} ['ɔnlain-] *m kein pl* online operation *no pl* **On·line·bi·bli·o·thek**^{RR} ['ɔnlain-] *f* online library **On·line·busi·ness**^{RR} ['ɔnlainbɪznɪs] *nt* online business **On·line·dienst**^{RR} ['ɔnlain-] *m* online service **On·line·ge·bühr**^{RR} ['ɔnlain-] *f meist pl* online charge[s] **On·line·in·for·ma·ti·on**^{RR} ['ɔnlain-] *f* online information *no indef art, no pl* **On·line·ka·ta·log**^{RR} ['ɔnlain] *m* online catalogue, AM -log **On·line·recht**^{RR} ['ɔnlain-] *nt* INET, JUR internet law **On·line·re·dak·teur**^{RR}, **-re·dak·teu·rin** ['ɔnlain-] *m, f* online editor **On·line·ser·vice**^{RR} ['ɔnlainzø:ɐ̯vɪs] *m* online service **On·line·shop** <-s, -s> ['ɔnlainʃɔp] *m* online shop
On·to·ge·ne·se <-> [ɔntoge'ne:zə] *f kein pl* BIOL ontogeny *no pl*
Onyx <-[es], -e> ['o:nʏks] *m* onyx *no art, no pl*
OP <-s, -s> [o:'pe:] *m* MED *Abk von* **Operationssaal** OR *no art* AM; **er wartet schon im** ~ he's already waiting in OR
O·pa <-s, -s> ['o:pa] *m* ❶ (*fam*) grand[d]ad *fam,* grandpa *fam* ❷ (*pej sl*) grandpa *fam,* old man [*or pej hum fam* codger]
Opal <-s, -e> [o'pa:l] *m* opal
OPEC <-> ['o:pɛk] *f kein pl Akr von* **Organization of Petroleum Exporting Countries** OPEC
OPEC-Län·der *pl* ■**die** ~ the OPEC countries *pl*
Oper <-, -n> ['o:pɐ] *f* MUS ❶ (*Musikstück*) opera ❷ *kein pl* (*Musikgattung*) opera *no art, no pl;* **die komische** ~ comic opera ❸ (*Opernhaus*) opera [house]; (*Ensemble*) opera; **in die ~ gehen** to go to the opera; **an die** [*o* **zur**] ~ **gehen** to become an opera singer ▶ WENDUNGEN: ~**n erzählen** [*o* **reden**] [*o* **quatschen**] (*fam*) to go [*or* BRIT *fam* waffle] on [forever]
Ope·ra·teur(in) <-s, -e> [opəra'tø:ɐ̯] *m(f)* MED surgeon
Ope·ra·ti·on <-, -en> [opəra'tsi̯o:n] *f* operation
Ope·ra·ti·ons·saal *m* operating theatre [*or* AM room], OR *no art* AM **Ope·ra·ti·ons·schwes·ter** *f* theatre sister BRIT, operating room nurse AM
ope·ra·tiv [opəra'ti:f] **I.** *adj* ❶ MED operative, surgical; ~**er Eingriff** surgery ❷ MIL operational, strategic **II.** *adv* ❶ MED surgically ❷ MIL strategically
Ope·ra·tor, Ope·ra·to·rin <-, -en> [opə'ra:to:ɐ̯, opəra'to:rɪn] *m, f* INFORM [computer] operator
Ope·ret·te <-, -n> [opə'rɛtə] *f* operetta
ope·rie·ren* [opə'ri:rən] **I.** *vt* MED ■**jdn** ~ to operate on sb; ■**jdn an etw** *dat* ~ to operate on sb's sth; **ich bin schon zweimal an der Prostata operiert worden** I have already had two prostate operations; ■**operiert werden** to be operated on; ■**etw** ~ to operate on sth; **der Blinddarm muss sofort operiert werden** the appendix must be operated on immediately [*or* needs immediate surgery]; ■**sich** *dat* **etw ~ lassen** *akk* to have sth operated on; ■**sich** *akk* **[an etw** *dat***] ~ lassen** to have an operation [on sth] **II.** *vi* ❶ MED to operate, to do an/the operation; ■**an jdm** ~ to operate on sb ❷ MIL to operate ❸ (*geh: vorgehen*) to operate, to act; **vorsichtig** ~ to proceed cautiously
Opern·arie *f* [operatic] aria **Opern·ball** *m* opera ball **Opern·glas** *nt* opera glasses *npl* **Opern·haus** *nt* opera house **Opern·kom·po·nist, -kom·po·nis·tin** *m, f* composer of operas, opera composer **Opern·sän·ger, -sän·ge·rin** *m, f* opera singer
Ope·ron <-s, -s> ['o:pərɔn] *nt* BIOL (*funktionelle Einheit der DNA*) operon
Op·fer <-s, -> ['ɔpfɐ] *nt* ❶ (*verzichtende Hingabe*) sacrifice; ~ **bringen** to make sacrifices ❷ REL sacrifice; **als** ~ as a sacrifice [*or* an offering]; **jdm jdn/etw zum ~ bringen** (*geh*) to sacrifice sb/sth to sb ❸ (*geschädigte Person*) victim; **jdm/etw zum ~ fallen** to fall victim to sb/sth
op·fer·be·reit *adj* ready [*or* prepared] to make sacrifices *pred*
Op·fer·be·reit·schaft *f kein pl* readiness [*or* willingness] to make sacrifices **op·fer·freu·dig** *adj* ❶ (*gerne spendend*) willing [*or* prepared] to give [*or* donate] *pred* ❷ (*opferwillig*) willing to make sacrifices *pred* **Op·fer·ga·be** *f* [sacrificial] offering **Op·fer·lamm** *nt* sacrificial lamb **Op·fer·mut** *m* (*geh*) self-sacrifice *no art, no pl*
op·fern ['ɔpfɐn] **I.** *vt* ❶ (*als Opfer darbringen*) ■**[jdm] jdn** ~ to sacrifice sb [to sb]; ■**[jdm] etw** *akk* ~ to offer up sth [to sb]; ■**Geopferte(r)** sacrificial victim ❷ (*spenden*) ■**[jdm/etw] etw** *akk* ~ to donate sth [to sb/sth] ❸ (*aufgeben*) ■**jdn** ~ to sacrifice sb **II.** *vi* ❶ (*ein Opfer darbringen*) to [make a] sacrifice; ■**jdm** ~ to offer sacrifice to sb ❷ (*geh: spenden*) to give, to donate; ■**für jdn/etw** ~ to make a donation to sb/sth **III.** *vr* ■**sich** ~ to sacrifice oneself, to give up one's life; (*fig fam*) to be a martyr; **wer opfert sich, die Reste aufzuessen?** who's going to volunteer to polish off the rest?
Op·fer·stät·te *f* sacrificial altar **Op·fer·stock** *m* REL offertory box *spec* **Op·fer·tier** *nt* sacrificial animal **Op·fer·tod** *m* (*geh*) self-sacrifice, death
Op·fe·rung <-, -en> *f* sacrifice
Op·fer·wil·le *m* willingness to make sacrifices, spirit of sacrifice
op·fer·wil·lig *adj* willing [*or* prepared] to make sacrifices *pred*
Op·fer·wil·li·ge(r) *f(m) dekl wie adj* person willing to make sacrifices
Opi·at <-[e]s, -e> [o'pi̯a:t] *nt* opiate
Opi·ni·on·lea·der <-s, -> [o'pɪni̯ənli:dɐ] *m* SOZIOL (*Meinungsbildner mit Vorbildcharakter*) opinion shaper
Opi·um <-s> ['o:pi̯ʊm] *nt kein pl* opium *no art, no pl*
Opi·um·höh·le *f* opium den **Opi·um·rau·cher, -rau·che·rin** *m, f* opium smoker
Opos·sum <-s, -s> [o'pɔsʊm] *nt* ZOOL opossum
Op·po·nent(in) <-en, -en> [ɔpo'nɛnt] *m(f)* (*geh*) opponent
op·po·nie·ren* [ɔpo'ni:rən] *vi* (*geh*) to take the opposite view; ■**gegen jdn/etw** ~ to oppose sb/sth
op·por·tun [ɔpɔr'tu:n] *adj* (*geh*) opportune *form;* **das gilt als nicht** ~ that is considered inappropriate [*or form* inopportune]
Op·por·tu·nis·mus <-> [ɔpɔrtu'nɪsmʊs] *m kein pl* (*geh*) opportunism *no art, no pl*
Op·por·tu·nist(in) <-en, -en> [ɔpɔrtu'nɪst] *m(f)* opportunist
op·por·tu·nis·tisch **I.** *adj* opportunist[ic] **II.** *adv* opportunistically
Op·po·si·ti·on <-, -en> [ɔpozi'tsi̯o:n] *f* ❶ POL ■**die** ~ the Opposition ❷ (*geh: Widersetzlichkeit*) contrariness; **aus** ~ out of contrariness, just to be contrary; ~ **gegen jdn machen** to oppose sb; (*jdm Ärger bereiten*) to make trouble for sb; **in ~ zu jdm/etw stehen** to be opposed to sb/sth
op·po·si·ti·o·nell [ɔpozitsi̯o'nɛl] *adj* ❶ (*geh: gegnerisch*) opposed, opposing *attr;* **seine Haltung ist entschieden** ~ his attitude is decidedly hostile; **aus ~en Kreisen** from [the] opposition circles ❷ POL opposition *attr*

Op·po·si·ti·o·nel·le(r) *f(m) dekl wie adj* political opponent

Op·po·si·ti·ons·bünd·nis *nt* POL opposition [coalition] **Op·po·si·ti·ons·füh·rer, -füh·re·rin** *m, f* ■ **der ~/die ~ in** the Leader of the Opposition **Op·po·si·ti·ons·par·tei** *f* POL opposition party, opposition *no pl, no indef art* **Op·po·si·ti·ons·po·li·ti·ker, -po·li·ti·ke·rin** *m, f* POL member of the opposition [party [*or* coalition]]

op·tie·ren* [ɔp'tiːrən] *vi* POL ■ **für etw** *akk* **~** to opt for sth

Op·tik <-, -en> ['ɔptɪk] *f* ❶ PHYS ■ **die ~** optics + *sing vb* ❷ FOTO lens [system] ❸ *kein pl* (*Eindruck*) appearance *no art, no pl;* **wegen der ~** for visual effect ❹ *kein pl* ÖKON look, appearance; *s. a.* **Knick**

Op·ti·ker(in) <-s, -> ['ɔptikɐ] *m(f)* [ophthalmic] optician BRIT, *esp* AM optometrist

op·ti·mal [ɔpti'maːl] **I.** *adj* (*geh*) optimal, optimum *attr;* ■ **das O~e** the optimum **II.** *adv* (*geh*) in the best possible way; **jdn ~ beraten** to give sb the best possible advice

op·ti·mie·ren* [ɔpti'miːrən] *vt* (*geh*) ■ **etw ~** to optimize sth

Op·ti·mie·rung <-, -en> *f* ❶ MATH optimization ❷ (*optimale Festlegung von Eigenschaften*) optimization

Op·ti·mis·mus <-> [ɔpti'mɪsmʊs] *m kein pl* optimism *no art, no pl;* **vorsichtiger/gesunder ~** cautious/healthy optimism

Op·ti·mist(in) <-en, -en> [ɔpti'mɪst] *m(f)* optimist

op·ti·mis·tisch **I.** *adj* optimistic **II.** *adv* optimistically; **jdn ~ stimmen** to make sb [feel] optimistic

Op·ti·mum <-s, Optima> ['ɔptimʊm, *pl* 'ɔptima] *nt* (*geh*) optimum *no pl*

Op·ti·on <-, -en> [ɔp'tsi̯oːn] *f* ❶ BÖRSE, FIN option; **eine ~ auf etw** *akk* **erwerben** to purchase an option on sth ❷ (*das Optieren*) ■ **die ~ [von etw** *dat*] opting [for sth] ❸ (*geh: Möglichkeit*) option

Op·ti·ons·an·lei·he *f* option[al] bond **Op·ti·ons·ge·schäft** *nt* ÖKON order plus option

op·tisch ['ɔptɪʃ] **I.** *adj* ❶ PHYS optical ❷ (*geh*) visual **II.** *adv* optically, visually

Op·to·elek·tro·nik ['ɔpto?elɛktroːnɪk] *f* optoelectronics + *sing vb*

opu·lent [opu'lɛnt] **I.** *adj* (*geh*) opulent; **ein ~es Mahl** a sumptuous meal **II.** *adv* (*geh*) opulently

Opus <-, Opera> ['oːpʊs, *pl* 'oːpəra] *nt* ❶ (*künstlerisches Werk*) work, oeuvre; MUS opus ❷ (*hum: Erzeugnis*) opus *form or hum*

Ora·kel <-s, -> [o'raːkl̩] *nt* oracle; **das ~ von Delphi** the Delphic oracle; **das ~ befragen** to consult the oracle ►WENDUNGEN: **in ~n sprechen** to speak [*or* talk] in riddles

ora·keln* [o'raːkl̩n] *vi* (*geh*) to speak in riddles; ■ **von etw** *dat* **~** to make oracular prophecies about sth

oral [o'raːl] **I.** *adj* oral; **nicht zur ~en Einnahme bestimmt** not to be taken orally; **~er Verkehr** oral sex **II.** *adv* orally

Oral·sex *m* oral sex

oran·ge [o'rãːʒə, o'raŋʒə] *adj inv* orange

Oran·ge¹ <-, -n> [o'rãːʒə, o'raŋʒə] *f* (*Frucht*) orange

Oran·ge² <-, - *o fam* -s> [o'rãːʒə, o'raŋʒə] *nt* (*fam*) orange

Oran·gea·de <-, -n> [orã'ʒaːdə, oraŋ'ʒaːdə] *f* orangeade

Oran·geat <-[e]s, -e> [orã'ʒaːt, oraŋ'ʒaːt] *nt* candied orange peel

Oran·gen·baum [o'rãːʒn̩-, o'raŋʒn̩-] *m* BOT orange tree **Oran·gen·blü·ten·ho·nig** [o'rãːʒn̩-] *m* orange blossom honey **oran·gen·far·ben, oran·gen·far·big** [o'rãːʒn̩-] *adj* orange[-coloured [*or* AM -ored]] **Oran·gen·haut** [o'rãːʒn̩-] *f kein pl* MED orange-peel skin *no pl* **Oran·gen·mar·me·la·de** [o'rãːʒn̩-] *f* orange marmalade **Oran·gen·saft** [o'rãːʒn̩-] *m* orange juice **Oran·gen·scha·le** [o'rãːʒn̩-] *f* orange peel

Orang-Utan <-s, -s> ['oːraŋ'?uːtan] *m* orang-utan BRIT, orangutan AM

Ora·to·ri·um <-s, -torien> [ora'toːri̯ʊm, *pl* ora'toːri̯ən] *nt* oratorio

Or·bit <-s, -s> ['ɔrbɪt] *m* orbit; **im ~** in orbit

Or·ches·ter <-s, -> [ɔr'kɛstɐ, ɔr'çɛstɐ] *nt* MUS orchestra

Or·ches·ter·gra·ben *m* MUS orchestra pit

Or·chi·dee <-, -n> [ɔrçi'deːə] *f* orchid

Or·den <-s, -> ['ɔrdn̩] *m* ❶ (*Ehrenzeichen*) decoration, medal, BRIT *a.* gong *fam;* **jdm einen ~ [für etw** *akk*] **verleihen** to decorate sb [*or* award sb a medal] [for sth] ❷ (*Gemeinschaft*) [holy] order; **einem ~ beitreten** to join a holy order, to become a monk/nun

Or·dens·bru·der *m* monk **Or·dens·re·gel** *f* rule of an/the order **Or·dens·schwes·ter** *f* nun **Or·dens·tracht** *f* REL habit

or·dent·lich ['ɔrdn̩tlɪç] **I.** *adj* ❶ (*aufgeräumt*) tidy; **hinterlasst bitte das Spielzimmer in ~em Zustand!** please leave the playroom neat and tidy! ❷ (*Ordnung liebend*) orderly; **ein ~er Staatsbürger** a respectable citizen; **er ist nicht gerade einer der ~sten Menschen** he is not exactly one of the tidiest people ❸ (*fam: tüchtig*) proper; **eine ~e Portion** a decent portion; **eine ~e Tracht Prügel** a [real] good hiding *hum* ❹ (*annehmbar*) decent, reasonable ❺ (*ordnungsgemäß*) proper; **ein ~es Gericht** a court of law; **ein ~es Mitglied** a full member; **ein ~er Professor** a full professor **II.** *adv* ❶ (*säuberlich*) neatly, tidily ❷ (*gesittet*) properly, respectably ❸ (*fam: tüchtig*) properly; **~ essen** to eat well; **greift/langt ~ zu!** tuck in! *fam* ❹ (*diszipliniert*) properly; **~ zu arbeiten beginnen** to get down to work; **~ studieren** to study seriously ❺ (*annehmbar*) [really] well; **ich habe ~er gegessen** I have eaten better

Or·der <-, -s *o* -n> ['ɔrdɐ] *f* ❶ ÖKON (*Auftrag*) order ❷ (*geh: Anweisung*) order; **sich** *akk* **an eine ~/[seine] ~n halten** to obey an order/[one's] orders; **jdm ~ erteilen** to order [*or* instruct] sb

or·dern ['ɔrdɐn] **I.** *vt* (*anfordern*) ■ **etw ~** to order sth **II.** *vi* (*bestellen*) to order

Or·di·nal·zahl [ɔrdi'naːl-] *f* ordinal [number]

or·di·när [ɔrdi'nɛːɐ̯] **I.** *adj* ❶ (*vulgär*) vulgar, crude ❷ (*alltäglich*) ordinary; **ganz ~** perfectly ordinary **II.** *adv* crudely, vulgarly

Or·di·na·ri·at <-[e]s, -e> [ɔrdina'ri̯aːt] *nt* SCH chair; **das Bischöfliche ~** REL the bishop's palace

Or·di·na·ri·us, Or·di·na·ria <-, Ordinarien> [ɔrdi'naːri̯ʊs, ɔrdi'naːri̯a, *pl* ɔrdi'naːri̯ən] *m, f* professor

Or·di·na·te <-, -n> [ɔrdi'naːtə] *f* MATH ordinate *spec*

Or·di·na·ten·ach·se *f* Y-axis, axis of the ordinate *spec*

ord·nen ['ɔrdnən] **I.** *vt* ■ **etw ~** ❶ (*sortieren*) to arrange [*or* order] sth; **etw neu ~** to rearrange [*or* reorganize] sth ❷ (*in Ordnung bringen*) to put sth in order, to sort [*or* straighten] sth out **II.** *vr* ■ **sich ~** to get clearer [*or* sorted out] [*or* more organized]

Ord·ner <-s, -> *m* file

Ord·ner(in) <-s, -> *m(f)* steward, marshal

Ord·nung <-, -en> ['ɔrdnʊŋ] *f* ❶ *kein pl* (*das Sortieren*) ■ **die ~ von etw** arranging [*or* ordering] sth ❷ (*Aufgeräumtheit*) order *no art, no pl;* **überall herrscht eine wunderbare ~** everywhere is wonderfully neat and tidy; **hier [bei uns] herrscht ~** we like things tidy [*or* a little order] here; **etw in ~ bringen** to tidy [*or* clear] sth up, to sort sth out; **ich muss [bei Ihnen] meine ~ haben** I like to keep to a routine; **~ halten** to keep things tidy [*or* in order]; **[jdm] etw in ~ halten** to keep sth tidy [*or* in order] [for sb]; **~ schaffen** to tidy things up, to sort things out ❸ *kein pl* (*ordentliches Verhalten*) order *no art, no pl;* **Sie müssen für mehr ~ in Ihrer Klasse sorgen** you must keep your class in better order [*or* keep more order [*or* discipline] in your class]; **das nennst du ~?** you call that tidy?; **die öffentliche ~** public order; **sehr auf ~ halten** to set great store by tidiness; **jdn zur ~ anhalten** to urge sb to be tidy [*or* to encourage tidy habits in sb]; **~ muss sein!** we must have order!; **jdn zur ~ rufen** to call sb to order ❹ (*Gesetzmäßigkeit*) structure, order *no pl* ❺ (*Vorschrift*) rules *pl;* **der ~ halber** as a matter of form ❻ BIOL (*Rang*) order; ASTRON magni-

O

tude *spec* ▶WENDUNGEN: ~ **ist das halbe Leben** (*prov*) muddle makes trouble, tidiness [*or* a tidy mind] is half the battle *prov;* **es ist alles in bester** [*o* **schönster**] ~ everything's fine, things couldn't be better; **etw in ~ bringen** (*etw reparieren*) to fix sth; **es [ganz] in ~ finden, dass ...** to think [*or* find] it [quite] right that ...; **es nicht in ~ finden, dass ...** to not think it's right that ...; **geht in ~!** (*fam*) that's all right [*or fam* OK]; **es ist mit jdm/etw nicht in ~** there's something wrong with sb/sth; **[wieder] in ~ kommen** ([*wieder*] *gut gehen*) to turn out all right [*or fam* OK]; (*wieder funktionieren*) to start working [again]; **in ~ sein** (*fam*) to be all right [*or fam* OK]; **nicht in ~ sein** (*nicht funktionieren*) to be not working properly; (*sich nicht gehören*) to be not right; (*nicht stimmen*) to be not right; **da ist etwas nicht in ~** there's something wrong there; **irgendetwas ist nicht in ~** something's wrong; **[das ist] in ~!** (*fam*) [that's] all right [*or fam* OK]!

Ọrd·nungs·amt *nt* regulatory agency [*or form* body] (*municipal authority responsible for registration, licensing, and regulating public events*) **Ọrd·nungs·geld** *nt* fine **ọrd·nungs·ge·mäß I.** *adj* according to the rules *pred,* in accordance with the regulations *pred;* **auf den ~en Ablauf einer S.** *gen* **achten** to ensure sth runs smoothly **II.** *adv* in accordance with the regulations **ọrd·nungs·hal·ber** *adv* as a matter of form **Ọrd·nungs·hü·ter, -hü·te·rin** *m, f* (*hum*) custodian of the law *hum* **Ọrd·nungs·lie·be** *f kein pl* love of [*or* liking for] [good] order **ọrd·nungs·lie·bend** *adj* tidy-minded **Ọrd·nungs·ruf** *m* call to order; **[von jdm] einen ~ bekommen** [*o* **erhalten**] to be called to order [by sb] **Ọrd·nungs·sinn** *m kein pl* sense of order **Ọrd·nungs·stra·fe** *f* fine; **jdn mit einer ~ belegen** to fine sb **ọrd·nungs·wid·rig I.** *adj* illegal; **~es Verhalten** irregular behaviour [*or* AM -or] **II.** *adv* illegally, in contravention of the regulations *form* **Ọrd·nungs·wid·rig·keit** *f* infringement [of the regulations/law] **Ọrd·nungs·zahl** *f s.* **Ordinalzahl**

Ore·ga·no <-s> [o're:gano] *m kein pl* KOCHK *s.* **Origano**

Or·gan <-s, -e> [ɔr'ga:n] *nt* ❶ ANAT organ; **innere ~e** inner organs; **ein ~ spenden** to donate an organ ❷ (*fam: Stimme*) voice; **lautes/schrilles ~** loud/piercing voice ❸ *pl selten* (*form: offizielle Zeitschrift*) organ ❹ (*form: offizielle Einrichtung*) organ; **das ausführende ~** the executive, the executive body; **ein beratendes ~** an advisory body; **das rechtsprechende ~** the judiciary, the judicial power; (*beauftragte Person*) authorized agent ▶WENDUNGEN: **kein ~ für etw haben** *akk* (*fam*) to have no feeling for sth

Or·ga·nel·le <-, -n> [ɔrga'nɛlə] *f* BIOL (*Funktionseinheit innerhalb von Zellen*) organelle

Or·gan·han·del <-s> *m kein pl* MED [illegal] trade in [body] organs

Or·ga·ni·gramm <-s, -e> [ɔrgani'gram] *nt s.* **Organisationsplan**

Or·ga·ni·sa·ti·on <-, -en> [ɔrganiza'tsi̯o:n] *f* organization

Or·ga·ni·sa·ti·ons·ko·mi·tee [-komite:] *nt* organizing committee **Or·ga·ni·sa·ti·ons·plan** *m* organization chart, organigram *spec* **Or·ga·ni·sa·ti·ons·ta·lent** *nt* ❶ *kein pl* (*Eigenschaft*) talent [*or* flair] for organization [*or* organizing] ❷ (*Mensch*) person with a talent for organization [*or* organizing]; **ein wahres ~ sein** to have a real talent [*or* flair] for organizing

Or·ga·ni·sa·tor, Or·ga·ni·sa·to·rin <-s, -toren> [ɔrgani'za:to:ɐ̯, ɔrganiza'to:rɪn, *pl* ɔrganiza'to:rən] *m, f* organizer

or·ga·ni·sa·to·risch [ɔrganiza'to:rɪʃ] **I.** *adj* organizational; **eine ~e Höchstleistung** a feat [*or* masterpiece] of supreme organization; **ein ~es Talent sein** to have a talent [*or* gift] for organizing; ■**das O~e** organizational matters *pl* **II.** *adv* organizationally; **rein ~ betrachtet** from a purely organizational standpoint

or·ga·nisch [ɔr'ga:nɪʃ] **I.** *adj* ❶ MED organic, physical ❷ (*geh: natürlich*) organic ❸ CHEM organic; **~e Chemie** organic chemistry **II.** *adv* ❶ MED physically, organically ❷ (*geh: einheitlich*) organically; **sich** *akk* **~ in etw** *akk* **einfügen** to form an organic part of sth

or·ga·ni·sie·ren* [ɔrgani'zi:rən] **I.** *vt* ■**etw ~** ❶ (*systematisch vorbereiten*) to organize sth ❷ (*sl: unrechtmäßig beschaffen*) to get hold of sth **II.** *vi* to organize; **er kann ausgezeichnet ~** he's an excellent organizer **III.** *vr* ■**sich ~** to organize

or·ga·ni·siert *adj* organized; **~es Verbrechen** organized crime; **~e Maßnahmen** coordinated measures

Or·ga·nis·mus <-, -nismen> [ɔrga'nɪsmʊs, *pl* ɔrga'nɪsmən] *m* organism

Or·ga·nist(in) <-en, -en> [ɔrga'nɪst] *m(f)* organist

Or·gan·kla·ge *f* JUR action against a public body **Or·gan·spen·de** *f* MED organ donation **Or·gan·spen·der, -spen·de·rin** *m, f* MED organ donor **Or·gan·trans·plan·ta·ti·on** *f,* **Or·gan·ver·pflan·zung** *f* MED organ transplant[ation]

Or·gas·mus <-, Orgasmen> [ɔr'gasmʊs, *pl* ɔr'gasmən] *m* orgasm; **einen ~ bekommen/haben** to have an orgasm, to achieve [*or* reach] orgasm

Or·gel <-, -n> ['ɔrgl̩] *f* MUS organ; **~ spielen** to play the organ

Ọr·gel·pfei·fe *f* MUS organ pipe ▶WENDUNGEN: **wie die ~n dastehen** (*hum fam*) to stand in a row from [the] tallest to [the] shortest

or·gi·ạs·tisch *adj* (*geh*) orgiastic *form*

Or·gie <-, -n> ['ɔrgi̯ə] *f* orgy; **~n feiern** to have orgies

Ori·ent <-s> ['o:riɛnt, o'riɛnt] *m kein pl* ■**der ~** the Orient *form or dated;* **vom ~ zum Okzident** (*geh*) from east to west; **der Vordere ~** the Middle [*or* Near] East

Ori·en·ta·le, Ori·en·ta·lin <-n, -n> [ori̯ɛn'ta:lə, ori̯ɛn'ta:lɪn] *m, f* Oriental

ori·en·ta·lisch [ori̯ɛn'ta:lɪʃ] *adj* oriental

Ori·en·ta·list(in) <-en, -en> [ori̯ɛnta'lɪst] *m(f)* orientalist

Ori·en·ta·lis·tik [ori̯ɛnta'lɪstɪk] *f* oriental studies *npl*

Ori·en·ta·lis·tin <-, -nen> [oriɛnta'lɪstɪn] *f fem form von* **Orientalist**

ori·en·tie·ren* [ori̯ɛn'ti:rən] **I.** *vr* ❶ (*sich informieren*) ■**sich** *akk* **[über jdn/etw] ~** to inform oneself [about sb/sth]; **bitte ~ Sie sich anhand der Unterlagen selbst** please look at these documents yourself ❷ (*sich zurechtfinden*) ■**sich** *akk* **[an etw** *dat*] **~** to get one's bearings [by sth]; **in der Dunkelheit können sich viele Leute schlecht ~** many people have difficulty getting their bearings in the dark; **nach was soll ich mich eigentlich ~, wenn ein Inhaltsverzeichnis fehlt?** how am I supposed to find my way around without an index? ❸ (*sich einstellen*) ■**sich** *akk* **an etw** *dat* **~** to adapt oneself to [*or* orientate [*or* AM orient] oneself towards] sth **II.** *vt* (*geh*) ❶ (*informieren*) ■**jdn [über etw** *akk*] **~** to inform sb [*or* put sb in the picture] [about sth]; ■**über jdn/etw orientiert sein** to be informed about sb/sth ❷ (*ausgerichtet sein*) **ich bin eher links/rechts/liberal orientiert** I tend [*or* lean] more to the left/right/I am more liberally orientated

Ori·en·tie·rung <-, -en> [ori̯ɛn'ti:rʊŋ] *f* ❶ (*das Zurechtfinden*) orientation; **die ~ verlieren** to lose one's bearings ❷ (*geh: Unterrichtung*) information; **zur/zu jds ~** (*geh*) for [sb's] information ❸ (*geh: Ausrichtung*) ■**die/jds ~ an etw** *dat* the/sb's orientation towards sth

Ori·en·tie·rungs·hil·fe *f* aid to orientation, guideline; **die Querverweise sind als ~ gedacht** the references are meant to help you find your way **ori·en·tie·rungs·los** *adj* disoriented **Ori·en·tie·rungs·punkt** *m* point of reference **Ori·en·tie·rungs·sinn** *m kein pl* sense of direction

ori·gi·nal [origi'na:l] **I.** *adj* ❶ (*echt*) genuine ❷ (*ursprünglich*) original **II.** *adv* in the original [condition]; **Umtauschartikel müssen noch ~ verpackt sein** goods for exchange must still be in their original packaging

Ori·gi·nal <-s, -e> [origi'na:l] *nt* ❶ (*Urversion*) original; **im ~** in the original ❷ (*Mensch*) original, character

Ori·gi·nal·aus·ga·be *f* original [*or* first] edition **Ori·gi·nal·fas·sung** *f* original [version]; **in der englischen ~** in the original

English version **ori·gi·nal·ge·treu** **I.** *adj* true to the original *pred* **II.** *adv* in a manner true to the original; **er kann die Stimmen von Politikern ~ imitieren** he can do a very faithful imitation of politicians' voices

Ori·gi·na·li·tät <-> [originali'tɛ:t] *f kein pl* ❶ (*Echtheit*) authenticity *no art, no pl,* genuineness *no art, no pl* ❷ (*Ursprünglichkeit*) naturalness *no art, no pl* ❸ (*Einfallsreichtum*) originality *no art, no pl*

Ori·gi·nal·ton *m* ❶ FILM original soundtrack ❷ (*wörtliches Zitat*) direct quote, one's/sb's own words

ori·gi·när [origi'nɛ:ɐ̯] *adj* (*geh*) original

ori·gi·nell [origi'nɛl] *adj* original

Or·ka <-, -s> ['ɔrka] *m* ZOOL orca, killer whale

Or·kan <-[e]s, -e> [ɔr'ka:n] *m* hurricane; **wie ein ~** like a hurricane

or·kan·ar·tig *adj* hurricane-force *attr*

Or·kan·stär·ke *f* hurricane force *no art, no pl*

Or·na·ment <-[e]s, -e> [ɔrna'mɛnt] *nt* ornament, decoration

or·na·men·tal [ɔrnamɛn'ta:l] **I.** *adj* ornamental, decorative **II.** *adv* ornamentally, decoratively

Or·nat <-[e]s, -e> [ɔr'na:t] *m* regalia + *sing/pl vb;* **in vollem ~** in full regalia; (*veraltend fam*) dressed [*or* done] up to the nines *fam*

Or·ni·tho·lo·ge, Or·ni·tho·lo·gin <-n, -n> [ɔrnito'lo:gə, -'lo:gɪn] *m, f* ornithologist

Ort¹ <-[e]s, -e> ['ɔrt] *m* ❶ (*Stelle*) place; **der ~ der Handlung** the scene of the action; **der ~ der Handlung von Macbeth ist das schottische Hochland** in Macbeth the action is set in the Scottish highlands; **an einem dritten ~** on neutral territory [*or* ground]; **am angegebenen ~** in the place quoted [*or* cited], loc cit *spec* ❷ (*~schaft*) place; **sie zogen in einen kleinen ~ auf dem Land** they moved to a quiet spot in the country; **im Zentrum des ~es** in the centre of the village [*or* [the] town]; **am ~** in the place/the village/[the] town; **von ~ zu ~** from place to place; **ohne ~ und Jahr** without any place or date of publication ► WENDUNGEN: **an ~ und Stelle** on the spot, there and then; **höheren ~es** (*form*) higher up

Ort² ['ɔrt] *nt* **vor ~** on the spot, in situ *form;* BERGB at the [coal] face

Ört·chen <-s, -> ['œrtçən] *nt* ► WENDUNGEN: **das [stille] ~** (*euph fam*) the smallest room BRIT *fam,* the john AM *fam;* **ich muss mal schnell aufs ~** I just have to pay a quick visit

or·ten ['ɔrtn̩] *vt* ❶ (*ausfindig machen*) ■**etw ~** to locate [*or* get a fix on] sth ❷ (*ausmachen*) ■**etw ~** to sight [*or* spot] sth ❸ (*fam: sehen*) ■**jdn ~** to spot sb

or·tho·dox [ɔrto'dɔks] **I.** *adj* ❶ REL Orthodox; ■**~ sein** to be an Orthodox Christian/to be Orthodox [Christians] ❷ (*geh: strenggläubig*) orthodox, strict ❸ (*fig: gewohnt*) **nicht gerade ~ sein** to be somewhat [*or* a little] unorthodox **II.** *adv* REL according to Orthodox ritual; **~ heiraten** to have an Orthodox wedding

Or·tho·gra·phie, Or·tho·gra·fie^RR <-, -n> [ɔrtogra'fi:, *pl* ɔrtogra'fi:ən] *f* spelling, orthography *no art, no pl spec*

or·tho·gra·phisch, or·tho·gra·fisch^RR [ɔrto'gra:fɪʃ] **I.** *adj* orthographic[al] *spec;* **ein ~er Fehler** a spelling mistake **II.** *adv* orthographically *spec;* **~ richtig schreiben** to spell correctly

Or·tho·pä·de, Or·tho·pä·din <-n, -n> [ɔrto'pɛ:də, ɔrto'pɛ:dɪn] *m, f* orthopaedist BRIT, orthopedist AM

or·tho·pä·disch [ɔrto'pɛ:dɪʃ] *adj* orthopaedic BRIT, orthopedic AM

ört·lich ['œrtlɪç] **I.** *adj* ❶ (*lokal*) local ❷ METEO localized **II.** *adv* locally; **~ verschieden sein/variieren** to vary from place to place; **ein ~ begrenzter Konflikt** a limited local conflict; **jdn ~ betäuben** to give sb a local anaesthetic [*or* AM anesthetic]

Ört·lich·keit <-, -en> *f* ❶ (*Gegend*) locality, area, place; **mit den ~en [gut] vertraut sein** to be [very] familiar with the area, to know the area [well]; **sich** *akk* **mit der ~** [*o* **den ~en**] **vertraut machen** to get to know the area ❷ (*euph fam*) ■**die ~[en]** the rest room

Orts·an·ga·be *f* ❶ (*Standortangabe*) [name of] location; (*in Anschrift*) [name of the] town/city ❷ (*Erscheinungsort*) **ohne ~** with no [indication of] place of publication, no place of publication indicated **orts·an·säs·sig** *adj* local; ■**~ sein** to live locally **Orts·an·säs·si·ge(r)** *f(m) dekl wie adj* local [resident] **Orts·aus·gang** *m* end of a [*or* the] village [*or* town] **orts·be·kannt** *adj inv* locally known; **~ unter dem Namen „Danger"** known locally as "Danger"

Ort·schaft <-, -en> *f* village/[small] town; **eine geschlossene ~** a built-up [*or* restricted] area

Orts·ein·gang *m* start of a [*or* the] village [*or* town] **orts·fremd** *adj* non-local; ■**~ sein** to be a stranger; **~e Besucher** visitors to [the] town/the village **Orts·frem·de(r)** *f(m) dekl wie adj* stranger **Orts·ge·spräch** *nt* TELEK local call **Orts·grup·pe** *f* local branch [*or* group] **Orts·kennt·nis·se** *pl* local knowledge; **[gute] ~ haben** to know the place [*or* one's way around] [well] **Orts·kran·ken·kas·se** *f public organizations providing statutory health insurance to individuals living within a particular area* **orts·kun·dig** *adj* ■**~ sein** to know one's way around [*or* the place well]; **sich** *akk* **~ machen** to get to know the place **Orts·kun·di·ge(r)** *f(m) dekl wie adj* person who knows his/her way around [*or* the place well] **Orts·na·me** *m* place name, name of a/the place **Orts·netz** *nt* ❶ TELEK local exchange network ❷ ELEK local grid **Orts·netz·kenn·zahl** *f* TELEK (*form*) dialling [*or* AM area] code **Orts·schild** *nt* place name sign **Orts·sinn** *m kein pl* sense of direction **Orts·ta·rif** *m* TELEK local [call] rate **Orts·teil** *m* part of a [*or* the] village [*or* town] **orts·üb·lich** *adj* local; **eine ~e Gepflogenheit** a local custom; **ein ~es Entgelt** a standard local fee; ■**~ sein** to be customary **Orts·ver·kehr** *m* ❶ (*Straßenverkehr*) local traffic *no art, no pl;* **Busse werden hauptsächlich im ~ eingesetzt** buses are mainly used [*or* put [*or* laid] on] for local traffic ❷ TELEK local telephone service; **Gebühren im ~** charges for local calls **Orts·wech·sel** *m* change of one's place of residence **Orts·zeit** *f* local time

Or·tung <-, -en> *f* ❶ *kein pl* (*das Orten*) ■**die ~ [von etw** *dat*] locating [sth] ❷ (*geortetes Objekt*) signal; (*auf Anzeige a.*) reading

Oryx-An·ti·lo·pe ['o:rʏks-] *f* ZOOL oryx

Öse <-, -n> ['ø:zə] *f* eye[let]

OSI <-> *f kein pl Akr von* **Open Systems Interconnection** OSI *no art, no pl spec*

Os·lo <-s> ['ɔslo] *nt* Oslo *no pl, no art*

Os·ma·ne, Os·ma·nin <-n, -n> [ɔs'ma:nə, ɔs'ma:nɪn] *m, f* Ottoman *hist*

os·ma·nisch [ɔs'ma:nɪʃ] *adj* Ottoman *hist*

Os·mi·um <-s> ['ɔsmi̯ʊm] *nt kein pl* osmium *no pl, no art spec*

Os·mo·se <-, -n> [ɔs'mo:zə] *f* osmosis *no pl, no art spec*

Os·si <-, -s> ['ɔsi] *m o f* (*fam*) Easterner, East German

i Kultur

With the fall of the Wall between East and West Germany, a new expression arose in colloquial German. **Ossi** is used pejoratively to describe Germans originating from the former East Germany.

Ost <-[e]s, -e> ['ɔst] *m* ❶ *kein pl, kein art bes* NAUT east; **der Konflikt zwischen ~ und West** POL the conflict between East and West; *s. a.* **Nord 1** ❷ *pl selten* NAUT (*Ostwind*) east wind ❸ (*hist sl: Ostmark*) East German Mark

Ost·af·ri·ka *nt* East Africa *no pl, no art*

Os·tal·gie <-> [ɔstal'gi:] *f kein pl* SOZIOL, POL (*iron*) *nostalgia for the socio-political infrastructure of the former GDR* **Ost·asi·en** *nt* East[ern] Asia *no pl, no art* **Ost·ber·lin** [-bɛrli:n] *nt* HIST

East Berlin *no pl, no art hist* **Ọst·block** *m* HIST Eastern bloc *no pl, no indef art hist* **Ọst·block·land** *nt,* **Ọst·block·staat** *m* HIST Eastern bloc country [*or* state] *hist* **Ọst·chi·ne·si·sches Meer** *nt* East China Sea **ost·deutsch** ['ɔstdɔytʃ] *adj* East German **Ost·deutsch·land** ['ɔstdɔytʃlant] *nt* East[ern] Germany *no pl, no art*

Os·ten <-s> ['ɔstn̩] *m kein pl, no indef art* ❶ (*Himmelsrichtung*) **die Sonne geht im ~ auf** the sun rises in the east; **der Ferne ~** the Far East; **der Mittlere ~** *area stretching from Iran to Myanmar;* **der Nahe ~** the Near [*or* Middle] East; *s. a.* **Norden 1** ❷ (*östliche Gegend*) east; *s. a.* **Norden 2** ❸ (*ehemalige DDR*) ■**der ~** former East Germany; **aus dem ~ kommen** [*o* **stammen**] to come from the East [*or* former East Germany] ❹ POL ■**der ~** the East; (*Osteuropa*) Eastern Europe

os·ten·ta·tiv [ɔstɛnta'ti:f] (*geh*) **I.** *adj* ostentatious **II.** *adv* ostentatiously

Os·te·o·po·ro·se <-, -n> [ɔsteopo'ro:zə] *f* osteoporosis *no pl, no art*

Os·ter·ei *nt* Easter egg **Os·ter·fest** *nt* ■**das ~** Easter **Os·ter·feu·er** *nt* Easter bonfire **Os·ter·glo·cke** *f* ❶ BOT daffodil ❷ REL Easter [church] bell **Os·ter·ha·se** *m* Easter bunny **Os·ter·in·sel** *f* ■**die ~** Easter Island, Rapa Nui **Os·ter·lamm** *nt* paschal lamb *spec*

ös·ter·lich ['ø:stɐlɪç] **I.** *adj* Easter *attr* **II.** *adv* like Easter

Os·ter·mon·tag ['o:stɐ'mo:nta:k] *m* Easter Monday **Os·ter·mor·gen** *m* Easter [Sunday] morning

Os·tern <-, -> ['o:stɐn] *nt* Easter; **seid ihr ~ zu Hause?** are you at home for Easter?; **frohe** [*o* **fröhliche**] **~!** Happy Easter!; **zu** [*o* **über**] **~** at [*or* over] Easter; **zu ~** at [*or* for] Easter

Ös·ter·reich <-s> ['ø:stəraiç] *nt* Austria; *s. a.* **Deutschland**

Ös·ter·rei·cher(in) <-s, -> ['ø:stəraiçɐ] *m(f)* Austrian; *s. a.* **Deutsche(r)**

ös·ter·rei·chisch ['ø:stəraiçɪʃ] *adj* Austrian; ■**das Ö~e** Austrian; *s. a.* **deutsch**

Os·ter·sonn·tag ['o:stɐ'zɔnta:k] *m* Easter Sunday **Os·ter·wo·che** *f* Holy Week (*week before Easter*)

Ost·eu·ro·pa ['ɔstʔɔy'ro:pa] *nt* East[ern] Europe **ost·eu·ro·pä·isch** ['ɔstʔɔyro'pɛ:ɪʃ] *adj* East[ern] European **Ost·fries·land** ['ɔst'fri:slant] *nt* East Friesland, Ostfriesland **Ost·go·te, -go·tin** ['ɔstgo:tə, -go:tɪn] *m, f* HIST Ostrogoth *spec* **Ọst·kir·che** *f* ■**die ~** the Eastern [*or* Orthodox] Church **Ọst·küs·te** *f* east coast

öst·lich ['œstlɪç] **I.** *adj* ❶ (*in ~er Himmelsrichtung befindlich*) eastern; *s. a.* **nördlich I. 1** ❷ (*im Osten liegend*) eastern; *s. a.* **nördlich I. 2** ❸ (*von/nach Osten*) eastwards, easterly; *s. a.* **nördlich I. 3** ❹ (*den osteuropäischen und asiatischen Raum betreffend*) eastern **II.** *adv* ■**~ von ...** east of ... **III.** *präp +gen* ■**~ einer S.** [to the] east of sth; *s. a.* **nördlich III.**

Ọst·po·li·tik *f* ■**die ~** Ostpolitik *hist* (*German foreign policy towards former Eastern Europe and Asia*) **Ost·preu·ßen** ['ɔstprɔysn̩] *nt* East Prussia **ost·preu·ßisch** ['ɔstprɔysɪʃ] *adj* East Prussian

Ös·tro·gen <-s, -e> [œstro'ge:n] *nt* oestrogen BRIT, estrogen AM *no pl, no art*

Ost·rom ['ɔstro:m] *nt* HIST the Eastern [Roman] [*or* Byzantine] Empire *hist*

Ös·trus <-> [œstrʊs] *m kein pl* ZOOL oestrus BRIT, estrus AM

Ost·see ['ɔstze:] *f* ■**die ~** the Baltic [Sea] **Ọst·si·bi·ri·sche See** *f* East Siberian Sea **Ọst·ver·trä·ge** *pl* POL treaties *pl* with the Eastern bloc countries **ost·wärts** ['ɔstvɛrts] *adv* eastwards, to the east **Ọst·wind** *m* east [*or* easterly] wind

OSZE [o:ʔɛstsɛtʔe:] *f Abk von* **Organisation für Sicherheit und Zusammenarbeit in Europa** OSCE

Os·zil·lo·graph, Os·zil·lo·graf[RR] <-en, -en> [ɔstsɪlo'gra:f] *m* oscillograph *spec*

Os·zil·lo·skop <-s, -e> [ɔstsɪlo'sko:p] *nt* oscilloscope, scope *spec fam*

O-Ton ['o:to:n] *m* (*fam*) *s.* **Originalton**

Ot·ta·wa <-s> ['ɔtava] *nt* Ottawa

Ot·ter[1] <-, -n> ['ɔtɐ] *f* (*Schlangenart*) adder, viper

Ot·ter[2] <-s, -> ['ɔtɐ] *m* (*Fisch~*) otter

Ọt·to·mo·tor *m* spark ignition [*or* SI] engine *spec*

ÖTV <-> [ø:te:'fau] *f kein pl Abk von* **Gewerkschaft Öffentliche Dienste, Transport und Verkehr** ≈ TGWU BRIT, ≈ TWU AM

Ötz·tal <-[e]s> ['œtsta:l] *nt kein pl* Ötztal

out [aut] *adj* (*fam*) ■**~ sein** to be out *fam,* to be out of favour [*or* AM -or]/fashion

ou·ten ['autən] *vt* ■**sich/jdn ~** to out oneself/sb

Out·fit <-s, -s> ['autfɪt] *nt* (*sl*) outfit

Ou·ting <-s, -s> ['autɪŋ] *nt* (*fam*) coming out *fam*

Out·sour·cing <-> ['autso:ɐsɪŋ] *nt kein pl* ÖKON, INFORM outsourcing *no pl*

Ou·ver·tü·re <-, -n> [uvɛr'ty:rə] *f* overture

oval [o'va:l] *adj* oval

Oval <-s, -e> [o'va:l] *nt* oval

Ova·ti·on <-, -en> [ova'tsi̯o:n] *f* (*geh*) ovation; **jdm ~en darbringen** to give sb an ovation; **stehende ~en** standing ovations

Over·all <-s, -s> ['o:vəra:l, -ro:l] *m* (*für schmutzige Arbeit*) overalls *npl,* BRIT *a.* overall; (*bei kaltem Wetter*) jumpsuit

Over·head·fo·lie ['o:vɐhɛt-] *f* [overhead] transparency **Over·head·pro·jek·tor** ['o:vɐhɛt-] *m* overhead projector

Over·kill <-> ['o:vɐkɪl] *m kein pl* overkill *no pl, no art pej*

ÖVP <-> [ø:fau'pe:] *f* POL *Abk von* **Österreichische Volkspartei**

Ovu·la·ti·on <-, -en> [ovula'tsi̯o:n] *f* BIOL ovulation *no pl, no art*

Ovu·la·ti·ons·hem·mer <-s, -> *m* MED anovulant, ovulation inhibitor *form*

Oxid <-[e]s, -e> [ɔ'ksi:t, *pl* ɔ'ksi:də] *nt* oxide

Oxi·da·ti·on <-, -en> [ɔksida'tsi̯o:n] *f* oxidation *no art, no pl*

oxi·die·ren* [ɔksi'di:rən] **I.** *vi sein o haben* to oxidize **II.** *vt* ■**etw ~** to oxidize sth

Oze·an <-s, -e> ['o:tsea:n] *m* ocean; **der Atlantische/Pazifische** [*o* **Stille**] **~** the Atlantic/Pacific Ocean

Oze·an·damp·fer *m* ocean liner

Oze·a·ni·en [otse'a:ni̯ən] *nt* Oceania

Oze·a·no·gra·phie, Oze·a·no·gra·fie[RR] <-> [otseanogra'fi:] *f kein pl* oceanography *no pl, no art*

Oze·lot <-s, -e> ['o:tselɔt, 'ɔtselɔt] *m* ❶ ZOOL ocelot *spec* ❷ MODE ocelot coat *spec*

Ozon <-s> [o'tso:n] *nt o m kein pl* ozone *no pl, no art*

Ozon·a·larm *m kein pl* METEO, ÖKOL, ADMIN ozone warning **Ozon·an·stieg** *m* increase [*or* rise] in ozone levels; **ein ~ von 10 ppm** a 10 ppm increase [*or* rise] in ozone levels **ozon·arm** *adj* ÖKOL low-ozone *attr,* ozone-deficient, characterized by low ozone levels *pred* **Ozon·be·kämp·fung** *f kein pl* METEO, ÖKOL, CHEM measure to cut [*or* reduce] ozone levels [in the air] **Ozon·be·las·tung** *f* METEO, ÖKOL, CHEM ozone build-up [in the lower atmosphere] *no pl* **Ozon·ge·halt** *m* CHEM ozone concentration *no pl* **Ozon·kil·ler** [-kɪlɐ] *m* (*fam*) METEO, ÖKOL, CHEM substance [*or* product] which contributes to the destruction of [*or* destroys] the ozone layer **Ozon·loch** *nt* ■**das ~** the ozone hole, the hole in the ozone layer **Ozon·schicht** *f kein pl* ■**die ~** the ozone layer, the ozonosphere *spec* **Ozon·schild** *m* ozone shield *spec* **Ozon-Vor·läu·fer·sub·stanz** *f* CHEM substance contributing to ozone formation; ■**eine ~ sein** to contribute to ozone formation

Pp

P, p <-, - *o fam* -s, -s> [pe:] *nt* P, p; ~ **wie Paula** P for [*or* AM as in] Peter; *s. a.* **A 1**

paar [pa:ɐ̯] *adj inv* ■**ein** ~ **...** a few ...; **ein** ~ **Mal** a few [*or* a couple of] times; **alle** ~ **Tage/Wochen** every few days/weeks ▶WENDUNGEN: **du kriegst** [**gleich**] **ein** ~**!** (*fam*) you'll get a smack[ing *fam*]!

Paar <-s, -e> [pa:ɐ̯] *nt* ❶ (*Mann und Frau*) couple; **ein** ~ **werden** (*geh*) to become man and wife *form* ❷ (*zwei zusammengehörende Dinge*) pair; **ein** ~ **Würstchen** a couple of sausages; **ein** ~ **neue Socken** a pair of new socks ❸ (*Gespann*) **ein ungleiches** ~ an unlikely pair, an odd couple

paa·ren [pa:rən] **I.** *vr* ❶ (*kopulieren*) ■**sich** *akk* ~ to mate ❷ (*sich verbinden*) ■**sich** *akk* **mit etw** *dat* ~ to be coupled with sth **II.** *vt* ❶ (*zur Kopulation zusammenbringen*) ■**etw** ~ to mate [*or* pair] sth ❷ SPORT ■**jdn** ~ to match sb

Paar·hu·fer <-s, -> *m* ZOOL even-hoofed ungulate

paa·rig [pa:rɪç] **I.** *adj* paired **II.** *adv* in pairs; BOT *a.* binate *spec;* ~ **angeordnet** arranged in pairs

Paar·lauf *m* pair-skating, pairs + *sing vb*

Paar·reim *m* rhyming couplet

Paa·rung <-, -en> *f* mating; **zur** ~ **bereit sein** to be ready to mate

Paa·rungs·zeit *f* mating season

paar·wei·se *adv* in pairs [*or* twos]

Pacht <-, -en> [paxt] *f* ❶ (*Entgelt*) rent[al] *no indef art, no pl* ❷ (*Nutzungsvertrag*) lease; **etw in** ~ **haben** *dat* to have sth on lease [*or form* leasehold]

pach·ten ['paxtn̩] *vt* ■**etw** [**von jdm**] ~ to lease sth [from sb] ▶WENDUNGEN: **etw für sich** *akk* **gepachtet haben** (*fam*) to have got a monopoly on sth; *s. a.* **Weisheit**

Päch·ter(in) <-s, -> ['pɛçtɐ] *m(f)* tenant, leaseholder, lessee *spec*

Pacht·ver·trag *m* lease **Pacht·zins** *m* rent[al] *no indef art, no pl*

Pack¹ <-[e]s, -e *o* Päcke> [pak, *pl* 'pɛkə] *m* (*Stapel*) pile, stack; (*zusammengeschnürt*) bundle, pack

Pack² <-s> [pak] *nt kein pl* (*pej: Pöbel*) rabble *pej,* riff-raff + *pl vb pej* ▶WENDUNGEN: ~ **schlägt sich** *akk,* ~ **verträgt sich** *akk* (*prov*) one minute the rabble are at each other's throats, the next they're the best of friends, rabble like that are at each other's throats one minute and friends again the next

Pack·ager(in) <-s, -> ['pɛkɪtʃə] *m(f)* TOURIST sb [who goes [*or* is]] on a package holiday [*or* tour]

Päck·chen <-s, -> ['pɛkçən] *nt* ❶ (*Postversand*) small parcel, package ❷ (*Packung*) packet, pack ❸ (*kleiner Packen*) pack, bundle ▶WENDUNGEN: **jeder hat sein** ~ **zu tragen** we all have our cross to bear

Pack·eis *nt* pack ice *no art, no pl*

pa·ckeln ['pakl̩n] *vi* ÖSTERR (*fam*) *s.* **paktieren 2**

pa·cken ['pakn̩] **I.** *vt* ❶ (*ergreifen*) ■**jdn/etw** ~ to grab [hold of] sb/sth, to seize sb/sth; **wenn ich dich packe/zu** ~ **kriege ...** when I get hold of you ...; ■**jdn/etw bei/an etw** *dat* ~ to grab [*or* seize] sb/sth by sth; **jdn an** [*o* **bei**] **dem Kragen** ~ to grab sb by the collar ❷ (*voll* ~) ■**etw** ~ to pack sth; **ein Paket** ~ to make up *sep* a parcel ❸ (*verstauen*) ■**etw** [**in etw** *akk*] ~ to pack sth [in[to] sth]; **etw in den Koffer** ~ to pack [*or* put] sth in the suitcase; **etw in den Safe** ~ to put sth [away] in the safe; **Gepäck in den Kofferraum** ~ to stow [*or* put] luggage in the boot ❹ (*überkommen*) ■**jdn** ~ to seize sb; **von Abenteuerlust gepackt** seized by a thirst for adventure; **da packte mich nur noch der Ekel** I was seized by revulsion; **mich packt auf einmal ein unwiderstehliches Verlangen nach Island zu fliegen** I suddenly have an irresistible urge to fly to Iceland ❺ (*sl: bewältigen*) ■**etw** ~ to manage sth; **eine Prüfing** ~ to pass an exam; **das Examen ist leicht zu** ~ the exam is easy [*or* BRIT *fam!* a piece of piss] ❻ (*erreichen*) ■**etw** ~ to catch sth; **beeilt euch, sonst** ~ **wir es nicht mehr!** hurry up, otherwise we won't make it! ❼ (*sl: kapieren*) ■**etw** ~ to get sth *fam* ▶WENDUNGEN: **jdn bei der Ehre** ~ to appeal to sb's sense of honour; **es hat jdn** [**ganz schön**] **gepackt** (*fam*) sb has it bad *fam;* **ihn hat es ganz schön gepackt, er ist über beide Ohren verliebt** he's got it bad, he's head over heels in love **II.** *vr* (*fam*) ■**sich** ~ to clear off, to beat it *fam*

Pa·cken <-s, -> ['pakn̩] *m* stack; (*unordentlich a.*) pile; (*zusammengeschnürt*) bundle

pa·ckend *adj* absorbing; **ein packendes Buch/packender Film** a thrilling book/film

Pa·cker(in) <-s, -> ['pakɐ] *m(f)* ❶ (*im Versand*) packer ❷ (*bei einer Möbelspedition*) [furniture] packer [*or* BRIT *a.* remover], removal [*or* moving] man, AM *a.* mover

Pa·cke·rei <-> [pakə'rai] *f kein pl* (*fam*) [tiresome] packing *no indef art, no pl*

Pa·cke·rin <-, -nen> *f fem form von* **Packer**

Pack·esel *m* (*Lasttier*) pack mule; (*fig*) packhorse **Pack·pa·pier** *nt* wrapping [*or* brown] paper *no art, no pl* **Pack·sat·tel** *m* packsaddle

Pa·ckung <-, -en> *f* ❶ (*Schachtel*) pack[et]; **eine** ~ **Pralinen** a box of chocolates; **eine neue** ~ **anbrechen** to start [on] a new packet ❷ MED pack, compress; **eine feuchte** ~ a poultice, a fomentation; (*Kosmetik*) a beauty pack ❸ (*Niederlage*) **eine** ~ **bekommen** to get a thrashing [*or fam* hammering]

Pa·ckungs·bei·la·ge *f* PHARM in-pack leaflet (*information leaflet included in medicine packets containing dosage instructions etc.*)

Pä·da·go·ge, Pä·da·go·gin <-n, -n> [pɛda'go:gə, -'go:gɪn] *m, f* ❶ (*Lehrer*) teacher, pedagogue *old* ❷ (*Erziehungswissenschaftler*) education[al]ist

Pä·da·go·gik <-> [pɛda'go:gɪk] *f kein pl* [theory of] education *no art, no pl,* educational theory *no art, no pl,* pedagogy *no art, no pl spec*

Pä·da·go·gin <-, -nen> *f fem form von* **Pädagoge**

pä·da·go·gisch [pɛda'go:gɪʃ] **I.** *adj* educational *attr,* pedagogic[al] *spec;* ~**e Fähigkeiten** teaching ability **II.** *adv* educationally, pedagogically *spec;* ~ **falsch sein** to be wrong from an educational point of view; *s. a.* **Hochschule**

Pad·del <-s, -> ['padl̩] *nt* paddle

Pad·del·boot *nt* canoe

pad·deln ['padl̩n] *vi sein o haben* ❶ (*das Paddel bewegen*) to paddle ❷ (*mit dem Paddelboot fahren*) to paddle, to canoe

Padd·ler(in) <-s, -> *m(f)* canoeist

Pä·de·rast <-en, -en> [pɛde'rast] *m* PSYCH pederast, BRIT *a.* paederast

Pa·el·la·pfan·ne *f* paella pan

paf·fen ['pafn̩] **I.** *vi* (*fam: rauchen*) to puff away; (*nicht inhalieren*) to puff **II.** *vt* (*fam*) ■**etw** ~ to puff away at sth

Pa·ge <-n, -n> ['pa:ʒə] *m* ❶ (*Hoteldiener*) page [boy], bellboy, AM *a.* bellhop ❷ HIST page

Pa·gen·kopf ['pa:ʒən-] *m* bob, pageboy [hairstyle [*or* cut]]

Pa·ger <-s, -> ['pe:dʒɐ] *m* pager

pa·gi·nie·ren* [pagi'ni:rən] *vt* ■**etw** ~ to paginate sth *spec*

Pa·go·de <-, -n> [pa'go:də] *f* pagoda

pah [pa:] *interj* pah, huh

Pail·let·te <-, -n> [pai'jɛtə] *f* sequin, spangle, paillette *spec*

Pa·ket <-[e]s, -e> [pa'ke:t] *nt* ❶ (*Sendung*) parcel ❷ (*umhüllter Packen*) package ❸ (*Packung*) packet ❹ (*Gesamtheit*) package ❺ (*Stapel*) pile, stack

Pa·ket·an·nah·me *f* ❶ (*Paketschalter*) parcels counter ❷ *kein pl* acceptance of parcels; **„~ nur von 10 bis 12 Uhr"** 'parcels accepted only between 10 and 12 o'clock' **Pa·ket·aus·ga·be** *f* parcels office [*or* counter] **Pa·ket·be·för·de·rung** *f* parcel

P

handling *no art, no pl;* **diese Firma ist spezialisiert auf ~** this firm specializes in handling parcels **Pa·ket·kar·te** *f* [parcel *form*] dispatch form **Pa·ket·post** *f* parcel post *no art, no pl* **Pa·ket·schal·ter** *m* parcels counter **Pa·ket·zu·stel·lung** *f* parcel delivery
Pa·kis·tan <-s> ['pa:kɪsta:n] *nt* Pakistan; *s. a.* **Deutschland**
Pa·kis·ta·ner(in) <-s, -> [pakɪs'ta:nɐ] *m(f),* **Pa·kis·ta·ni** <-[s], -[s]> [pakɪs'ta:ni] *m* Pakistani, Paki *pej fam!; s. a.* **Deutsche(r)**
Pa·kis·ta·ni <-s, -s> [pakɪs'ta:ni] *m s.* **Pakistaner**
pa·kis·ta·nisch [pakɪs'ta:nɪʃ] *adj* Pakistani; *s. a.* **deutsch**
Pakt <-[e]s, -e> [pakt] *m* pact, agreement; **der Warschauer ~** the Warsaw Pact
pak·tie·ren* [pak'ti:rən] *vi* ■ **mit jdm ~** to make a pact [*or* deal] [*or* do a deal] with sb
Pa·läo·an·thro·po·lo·gie [palɛoʔantropolo'gi:] *f* palaeoanthropology BRIT *no pl, no art spec,* paleoanthropology AM *no pl, no art spec* **Pa·läo·phy·ti·kum** [palɛo'fy:tikʊm] *nt* ■ **das ~** the Palaeophytic [*or* AM Paleophytic] [Period]
Pa·last <-[e]s, Paläste> [pa'last, *pl* pa'lɛstə] *m* palace
Pa·läs·ti·na <-s> [palɛs'ti:na] *nt* Palestine; *s. a.* **Deutschland**
Pa·läs·ti·nen·ser(in) <-s, -> [palɛsti'nɛnzɐ] *m(f)* Palestinian; *s. a.* **Deutsche(r)**
Pa·lat·schin·ken <-, -n> [pala'tʃɪŋkən] *f* ÖSTERR stuffed pancake
Pa·lau <-s> [pa:lau] *nt* Palau; *s. a.* **Sylt**
Pa·lau·er(in) <-s, -> *m(f)* Palauen; *s. a.* **Deutsche(r)**
pa·lau·isch *adj* Palauen; *s. a.* **deutsch**
Pa·la·ver <-s, -> [pa'la:vɐ] *nt* (*fam*) palaver *no pl fam*
pa·la·vern* [pa'la:vɐn] *vi* (*fam*) to palaver
Pal·boh·ne ['pa:l-] *f* fresh green bean kernel **Pal·erb·se** *f* yellow pea
Pa·let·te <-, -n> [pa'lɛtə] *f* ❶ (*Stapelplatte*) pallet, platform ❷ KUNST palette ❸ (*geh: reiche Vielfalt*) range
pa·let·ti [pa'lɛti] *adv* ► WENDUNGEN: **alles ~** (*sl*) everything's OK [*or* cool] *fam*
pa·let·tie·ren* [palɛ'ti:rən] *vt* ÖKON, TECH ■ **etw ~** to palletize sth; *s. a.* **palettisieren**
Pa·li·sa·de <-, -n> [pali'za:də] *f* pale, stake, palisade
Pa·li·sa·den·zaun *m* palisade, stockade
Pa·li·san·der <-s, -> [pali'zandɐ] *m,* **Pa·li·san·der·holz** [pali'zandɐ-] *nt* rosewood *no art, no pl*
Pal·la·di·um <-s> [pa'la:di̯ʊm] *nt kein pl* palladium *no art, no pl*
Pal·me <-, -n> ['palmə] *f* palm [tree] ► WENDUNGEN: **jdn [mit etw** *dat*] **auf die ~ bringen** (*fam*) to drive sb up the wall [*or* make sb's blood boil] [with sth] *fam*
Palm·fett *nt* palm butter [*or* oil] **Palm·her·zen** *pl* palm hearts *pl* **Palm·kohl** *m* palm kale
Palm·sonn·tag [palm'zɔnta:k] *m* Palm Sunday
Palm·top <-s, -s> ['pɑ:m-] *nt* INFORM palmtop
Palm·we·del *m* palm frond [*or* leaf]
Pamp <-[e]s> [pamp] *m kein pl* DIAL (*fam*) *s.* **Pampe**
Pam·pas·gras ['pampas-] *nt* pampas grass *no pl, no art*
Pam·pe <-> ['pampə] *f kein pl* DIAL (*pej fam*) mush *pej fam;* (*klebrig a.*) goo *fam*
Pam·pel·mu·se <-, -n> ['pampl̩mu:zə, pampl̩'mu:zə] *f* grapefruit
Pam·phlet <-[e]s, -e> [pam'fle:t] *nt* (*pej geh*) ❶ (*Schmähwerk*) lampoon ❷ (*Druck*) defamatory [*or* polemical] pamphlet *form*
pam·pig *adj* (*fam*) ❶ (*frech*) stroppy BRIT *fam,* ill-tempered AM ❷ (*zäh breiig*) mushy *fam;* (*klebrig a.*) gooey *fam*
Pan <-s> [pa:n] *m* LIT Pan *no pl, no art*
Pa·na·de <-, -n> [pa'na:də] *f* KOCHK breadcrumb coating, panada *spec*
Pa·na·ma¹ <-s> ['panama] *nt* Panama; *s. a.* **Deutschland**
Pa·na·ma² <-s, -s> ['panama] *m* (*Hut*) Panama [hat]
Pa·na·ma·er(in) <-s, -> ['panamaɐ̯] *m(f)* Panamanian; *s. a.* **Deutsche(r)**
Pa·na·ma·er(in) <-s, -s> ['panamaɐ̯] *m(f)* GEOL, POL Panamanian; *s. a.* **Deutsche(r)**
pa·na·ma·isch [pana'ma:ɪʃ] *adj* Panamanian; *s. a.* **deutsch**
Pa·na·ma·ka·nal <-s> *m* ■ **der ~** the Panama Canal
Pan·da <-s, -s> ['panda] *m* [giant] panda
Pa·neel <-s, -e> [pa'ne:l] *nt* (*form*) ❶ (*Einzelteil*) panel ❷ (*Täfelung*) panelling *no pl, no indef art,* AM *a.* paneling *no pl, no indef art*
Pan·flö·te ['pa:n-] *f* panpipes *npl*
pa·nie·ren* [pa'ni:rən] *vt* KOCHK ■ **etw ~** to bread sth (*to coat sth in seasoned, whisked egg and breadcrumbs*)
Pa·nier·mehl *nt* breadcrumbs *pl*
Pa·nik <-, -en> ['pa:nɪk] *f* panic *no pl;* **nur keine ~!** (*fam*) don't panic!; **von ~ ergriffen sein/werden** to be/become panic-stricken; **zu einer ~ führen** to lead to panic; **ein Gefühl der ~** a feeling of panic; **in ~ geraten** to [get in[to] a] panic
pa·nik·ar·tig *adj inv* panic-stricken **Pa·nik·käu·fe** *pl* panic buying *no pl* **Pa·nik·ma·che** <-> *f kein pl* (*pej fam*) scaremongering *no pl, no art pej,* panicmongering *no pl, no art pej*
pa·nisch ['pa:nɪʃ] **I.** *adj attr* panic-stricken; **in ~er Erregung** panic-stricken **II.** *adv* in panic; **sich** *akk* **~ fürchten** to be terrified
Pan·kre·as <-, Pankreaten> ['pankreas, *pl* pankre'a:tn̩] *nt* pancreas
Pan·ne <-, -n> ['panə] *f* ❶ AUTO, TECH breakdown; **eine ~ haben** to have a breakdown, to breakdown ❷ (*Missgeschick*) mishap, slip-up; **mir ist da eine kleine ~ passiert** I've had a slight mishap
Pan·nen·dienst <-es, -e> *m* TECH breakdown [*or* AM towing] service **Pan·nen·kof·fer** *m* AUTO emergency toolkit
Pa·no·ra·ma <-s, Panoramen> [pano'ra:ma, *pl* -'ra:mən] *nt* panorama
Pa·no·ra·ma·bus *m* panorama coach, coach with panoramic windows **Pa·no·ra·ma·spie·gel** *m* AUTO panoramic mirror
pan·schen ['panʃn̩] **I.** *vt* ■ **etw ~** to adulterate [*or sep* water down] sth **II.** *vi* ❶ (*mit Wasser verdünnen*) to adulterate [*or sep* water down] a[n alcoholic] drink ❷ (*fam: planschen*) to splash about
Pan·scher(in) <-s, -> *m(f)* (*pej fam*) adulterator
Pan·sen <-s, -> ['panzn̩] *m* ❶ ZOOL rumen *spec* ❷ NORDD (*fam: Magen*) belly *fam*
Pan·sla·wis·mus <-> [pansla'vɪsmʊs] *m kein pl* ■ **der ~** Pan-Slavism
pan·sla·wis·tisch *adj* Pan-Slavic
Pan·ter^RR <-s, -> ['pantɐ] *m* panther
Pan·the·is·mus <-> [pante'ɪsmʊs] *m kein pl* pantheism *no art, no pl*
pan·the·is·tisch *adj* pantheistic
Pan·ther <-s, -> *m s.* **Panter**
Pan·ti·ne <-, -n> [pan'ti:nə] *f* NORDD *s.* **Pantoffel**
Pan·tof·fel <-s, -n> [pan'tɔfl̩] *m* [backless] slipper ► WENDUNGEN: **unter den ~ geraten** [*o* **kommen**] (*fam*) to become henpecked [*or* a henpecked husband]; **den ~ schwingen** to be the one wearing the trousers; **unter dem ~ stehen** (*fam*) to be under sb's thumb
Pan·tof·fel·held *m* (*fam*) henpecked husband **Pan·tof·fel·tier·chen** *nt* BIOL slipper animalcule *spec*
Pan·to·mi·me <-, -n> [panto'mi:mə] *f* mime *no pl, no art*
Pan·to·mi·me, Pan·to·mi·min <-n, -n> [panto'mi:mə, panto'mi:mɪn] *m, f* mime [artist]
pan·to·mi·misch [panto'mi:mɪʃ] **I.** *adj* mimed, in mime *pred* **II.** *adv* in mime; **etw ~ darstellen** to present sth in mime, to mime sth
pant·schen ['pantʃn̩] *vt, vi s.* **panschen**
Pan·zer¹ <-s, -> ['pantsɐ] *m* MIL tank
Pan·zer² <-s, -> ['pantsɐ] *m* ❶ (*Schutzhülle*) shell; *einer Schildkröte, eines Krebses a.* carapace *spec; eines Krokodils*

bony plate; *eines Nashorns, Sauriers* armour [*or* Am -or] *no pl, no indef art* ❷ (*Panzerung*) armour-[*or* Am -or-] plating *no pl, no indef art,* armour-plate *no pl, no indef art; eines Reaktors* shield ❸ HIST breastplate, cuirass *spec*

Pan·zer·ab·wehr *f* anti-tank defence [*or* Am -se] **Pan·zer·di·vi·si·on** *f* tank [*or* armoured [*or* Am -ored]] division **Pan·zer·faust** *f* bazooka **Pan·zer·glas** *nt* bullet-proof [*or* Brit armoured] [*or* Am armored] glass *no pl* **Pan·zer·kreu·zer** *m* NAUT [armoured [*or* Am -ored]] cruiser

pan·zern ['pantsɐn] *vt* ■**etw** ~ to armour [*or* Am -or]-plate sth; ■**gepanzert** armour [*or* Am -or]-plated

Pan·zer·schrank *m* safe

Pan·zer·späh·wa·gen *m* armoured [*or* Am -ored] scout car

Pan·zer·sper·re *f* MIL tank trap, anti-tank obstacle

Pan·ze·rung <-, -en> *f* ❶ (*gepanzertes Gehäuse*) armour [*or* Am -or]-plating *no pl, no indef art; eines Reaktors* shield ❷ ZOOL shell; *einer Schildkröte, eines Krebses a.* carapace *spec; eines Alligators, Gürteltiers* bony [*or* horny] plate; *eines Nashorns, Sauriers* armour [*or* Am -or] *no pl, no indef art*

Pa·pa <-s, -s> [pa'pa:, 'papa] *m* (*fam*) dad[dy *esp childspeak*] *fam, esp* Am pop *fam*

Pa·pa·gei <-s, -en> [papa'gai] *m* parrot; **wie ein** ~ like a parrot, parrot-fashion; **etw wie ein** ~ **nachplappern** to parrot sth *pej*

Pa·pa·gei·tau·cher *m* ORN puffin

Pa·pa·ya <-, -s> [pa'pa:ja] *f* papaya, pawpaw

Pa·per·back <-s, -s> ['pe:pɐbɛk] *nt* VERLAG, LIT paperback

Pa·pe·te·rie <-, -n> [papɛtə'ri:, *pl* -'ri:ən] *f* SCHWEIZ (*Schreibwarengeschäft*) stationery shop [*or* Am *usu* store], stationer's

Pa·pi <-s, -s> ['papi] *m* (*fam*) daddy *esp childspeak fam*

Pa·pier <-s, -e> [pa'pi:ɐ̯] *nt* ❶ *kein pl* (*Material*) paper *no pl, no art;* **ein gutes/teures** ~ good quality/expensive paper; ~ **verarbeitend** paper-processing *attr;* **etw zu** ~ **bringen** to put down sth *sep* in writing ❷ (*Schriftstück*) paper, document ❸ (*Ausweise*) ■~**e** [identity] papers *pl* ❹ (*Arbeits~ e*) ■~**e** cards *pl,* employment papers *pl* ❺ FIN (*Wert~*) security ▶ WENDUNGEN: ~ **ist geduldig** you can say what you like on paper; **nur auf dem** ~ [**be**]**stehen** [*o* **existieren**] to exist only on paper

Pa·pier·back·förm·chen *pl* paper muffin cases [*or* Am cups] *pl* **Pa·pier·ein·zug** *m* paper feed **Pa·pier·fa·brik** *f* paper mill **Pa·pier·for·mat** *nt* TYPO ❶ (*Papiergröße*) paper size ❷ (*Druckbereich*) page orientation **Pa·pier·geld** *nt* paper money *no pl, no art* **Pa·pier·korb** *m* [waste]paper basket [*or* Brit *a.* bin], *esp* Am wastebasket **Pa·pier·kram** *m* (*fam*) [tiresome] paperwork *no pl, no indef art* **Pa·pier·krieg** *m* (*fam: Schreibtischarbeit*) [tiresome] paperwork *no pl, no indef art;* (*Korrespondenz*) tiresome exchange of letters **Pa·pier·sche·re** *f* paper scissors *npl* **Pa·pier·ser·vi·et·te** *f* paper napkin [*or esp* Brit serviette] **Pa·pier·stau** *m* INFORM, TECH paper jam **Pa·pier·ta·schen·tuch** *nt* paper handkerchief [*or fam* hanky] [*or fam* hankie], tissue **Pa·pier·ti·ger** *m* (*fam*) paper tiger **Pa·pier·tü·te** *f* paper bag **Pa·pier·vor·schub** *m* TYPO paper feed[er]

papp [pap] *interj* ▶ WENDUNGEN: **nicht mehr** ~ **sagen können** (*fam*) to be full to bursting *fam*

Papp·be·cher *m* paper cup **Papp·de·ckel** *m* cardboard *no pl, no art*

Pap·pe <-, -n> ['papə] *f* cardboard *no art, no pl* ▶ WENDUNGEN: **nicht von** ~ **sein** (*fam*) to be not [half *fam*] bad

Pap·pel <-, -n> ['papl̩] *f* poplar

päp·peln ['pɛpl̩n] *vt* (*fam*) ■**jdn/etw** ~ to nourish [*or sep* feed up] sb/sth

pap·pen ['papn̩] **I.** *vt* (*fam*) ■**etw an** [*o* **auf**] **etw** *akk* ~ to stick sth on[to] sth **II.** *vi* (*fam*) to stick; (*klebrig sein*) to be sticky

Pap·pen·hei·mer ['papn̩haimɐ] *pl* ▶ WENDUNGEN: **seine** ~ **kennen** (*fam*) to know what to expect from that lot *fam* **Pap·pen·stiel** *m* (*fam*) ▶ WENDUNGEN: **keinen** ~ **wert sein** to be not worth a thing [*or dated* fig] *fam;* **kein** ~ **sein** to not be chickenfeed *fam;* **für einen** ~ for a song [*or* next to nothing] *fam*

pap·per·la·papp [papɐla'pap] *interj* (*veraltend fam*) poppycock *dated fam,* rubbish, [stuff and *dated*] nonsense

pap·pig ['papɪç] *adj* (*fam*) ❶ (*klebrig*) sticky ❷ (*breiig*) mushy *fam*

Papp·ka·me·rad *m* MIL (*sl*) cutout [*or* silhouette] target **Papp·kar·ton** *m* ❶ (*Pappschachtel*) cardboard box ❷ (*Pappe*) cardboard *no pl, no art* **Papp·ma·schee**[RR] ['papmaʃe:], **Papp·ma·ché** <-s, -s> [-ma'ʃe:] *nt* papier-mâché *no pl, no art*

Papps <-> [paps] *m kein pl* (*fam: Brei*) mush *pej fam*

Papp·sack *m* SÜDD (*pej sl*) dirty bastard *sl,* Am *a.* scuzz[ball] *fam* **Papp·schach·tel** *f* cardboard box

Papp·schnee *m* wet [*or* sticky] snow *no pl, no art*

Papp·tel·ler *m* paper plate

Pap·ri·ka <-s, -[s]> ['paprika] *m* ❶ *kein pl* (*Strauch*) paprika *no pl,* capsicum *spec* ❷ (*Schote*) pepper, capsicum *spec* ❸ *kein pl* (*Gewürz*) paprika *no pl, no art*

Pap·ri·ka·scho·te *f* capsicum, Am *a.* pepper, pimento, Am *usu* pimiento; **gelbe/grüne/rote** ~ yellow/green/red pepper; **gefüllte** ~**n** stuffed peppers

pap·ri·zie·ren [papri'tsi:rən] *vt* KOCHK **eine Speise** ~ to season a dish heavily with paprika

Paps <-> [paps] *m kein pl* (*fam*) dad *fam, esp* Am pop[s] *fam*

Papst <-[e]s, Päpste> [pa:pst, *pl* 'pɛ:pstə] *m* pope ▶ WENDUNGEN: **päpstlicher sein als der** ~ to be holier [*or* more Catholic] than the Pope

päpst·lich ['pɛ:pstlɪç] *adj* papal *a. pej,* pontifical *form*

Pa·pua-Neu·gui·nea <-s> ['pa:pu̯anɔygi'ne:a] *nt* Papua New Guinea; *s. a.* **Deutschland**

Pa·pua-Neu·gui·ne·er(in) <-s, -> ['pa:pu̯anɔygi'ne:ɐ] *m(f)* Papua New Guinean; *s. a.* **Deutsche(r)**

pa·pua-neu·gui·ne·isch ['pa:pu̯anɔygi'ne:ɪʃ] *adj* Papua New Guinean; *s. a.* **deutsch**

pa·pu·a·nisch [pa'pu̯a:nɪʃ] *adj s.* **papua-neuguineisch**

Pa·py·rus <-, Papyri> [pa'py:rʊs, *pl* -ri] *m* ❶ (*Schreibmaterial*) papyrus *no art, no pl* ❷ (*gerollter ~*) papyrus scroll

Pa·py·rus·rol·le *f s.* **Papyrus**[2]

Pa·ra·bel <-, -n> [pa'ra:bl̩] *f* ❶ LIT parable ❷ MATH parabolic curve, parabola *spec*

Pa·ra·bol·an·ten·ne [para'bo:l-] *f* parabolic aerial, satellite dish

pa·ra·bo·lisch **I.** *adj* ❶ LIT parabolic[al] *spec;* **eine** ~**e Erzählung** a parable ❷ MATH parabolic **II.** *adv* LIT parabolically *spec*

Pa·ra·bol·spie·gel *m* parabolic mirror

Pa·ra·de <-, -n> [pa'ra:də] *f* ❶ MIL parade, review; **die** ~ **abnehmen** to take the salute ❷ SPORT (*Fechten*) parry; (*beim Ballspiel*) block, save; (*beim Reiten*) check, [half-]halt ▶ WENDUNGEN: **jdm in die** ~ **fahren** (*geh: jds Pläne durchkreuzen*) to foil sb's plans, to spike sb's guns *fam;* (*jdn rüde unterbrechen*) to cut short sb *sep*

Pa·ra·de·bei·spiel *nt* perfect [*or* prime] example **Pa·ra·de·marsch** *m* goosestep march, goosestep *no pl* **Pa·ra·de·pferd** *nt* (*fam: Renommierstück*) showpiece; (*Person*) star **Pa·ra·de·stück** *nt* showpiece

Pa·ra·dies <-es, -e> [para'di:s, *pl* -i:zə] *nt* paradise *no def art;* **hier ist es das reinste** ~ it's sheer heaven [*or* absolute paradise] here ▶ WENDUNGEN: **das** ~ **auf Erden** heaven on earth; **nicht gerade das** ~ **auf Erden** not exactly Shangri-La; **ein** ~ **für jdn sein** to be a paradise for sb; **ein** ~ **für Kinder/Wanderer** a children's/walkers' paradise; *s. a.* **Vertreibung**

pa·ra·die·sisch [para'di:zɪʃ] **I.** *adj* heavenly **II.** *adv* **sich** *akk* ~ **wohl fühlen** to feel [*or* be] blissfully happy; ~ **leer/ruhig sein** to be blissfully empty/quiet; ~ **schön sein** to be [like] paradise

Pa·ra·dies·vo·gel *m* bird of paradise; (*fig*) flamboyant [*or* dazzling] personality

Pa·ra·dig·ma <-s, -ta *o* Paradigmen> [para'dɪgma, *pl* -dɪgmən] *nt* ❶ (*geh: Beispiel, Muster*) paradigm ❷ LING paradigm

Pa·ra·dig·men·wech·sel *m* SOZIOL, PHILOS, POL (*geh*) paradigm shift *form*
pa·ra·dox [para'dɔks] **I.** *adj* (*geh*) paradoxical *form;* ■~ **sein** to be paradoxical [*or* a paradox] **II.** *adv* (*geh*) paradoxically
Pa·ra·dox <-es, -e> [para'dɔks] *nt,* **Pa·ra·do·xon** <-s, Paradoxa> [para'dɔks, *pl* pa'radɔksɔn, pa'ra:dɔksa] *nt* (*geh*) paradox
pa·ra·do·xer·wei·se *adv* paradoxically
Pa·raf·fin <-s, -e> [para'fi:n] *nt* paraffin
Pa·ra·gli·der(in) <-s, -> ['paraglaidɐ] *m(f)* paraglider
Pa·ra·gli·ding <-s> ['paraglaidɪŋ] *nt kein pl* paragliding
Pa·ra·graph, Pa·ra·graf[RR] <-en, -en> [para'gra:f] *m* JUR paragraph, section
Pa·ra·gra·phen·dschun·gel *m* (*pej*) officialese *no pl,* jungle of regulations **Pa·ra·gra·phen·rei·ter(in)** *m(f)* (*pej fam*) pedant, stickler **Pa·ra·gra·phen·zei·chen** *nt* paragraph marker
Pa·ra·gu·ay <-s> ['pa:ragvai] *nt* Paraguay; *s. a.* **Deutschland**
Pa·ra·gu·ay·er(in) <-s, -> ['pa:ragvaiɐ] *m(f)* Paraguayan; *s. a.* **Deutsche(r)**
pa·ra·gu·ay·isch ['pa:ragvaiɪʃ] *adj* Paraguayan; *s. a.* **deutsch**
pa·ral·lel [para'le:l] **I.** *adj* parallel; ■~ **zu etw** parallel to sth **II.** *adv* parallel
Pa·ral·lel·com·pu·ter [kɔmpju:tɐ] *m* parallel computer
Pa·ral·le·le <-, -n> [para'le:lə] *f* ❶ MATH parallel [line] ❷ (*Entsprechung*) parallel; **eine** ~ [*o* ~**n**] **[zu etw] ziehen** to draw a parallel [*or* parallels] [with sth]
Pa·ral·lel·fall *m* parallel [case]
Pa·ral·le·li·tät <-, -en> [paraleli'tɛt] *f* ❶ *kein pl* MATH parallelism ❷ (*geh: Entsprechung*) parallelism
Pa·ral·lel·klas·se *f* parallel class
Pa·ral·le·lo·gramm <-s, -e> [paralelo'gram] *nt* parallelogram
Pa·ral·lel·schwung *m* SKI parallel turn **Pa·ral·lel·stra·ße** *f* parallel street
Pa·ra·ly·se <-, -n> [para'ly:zə] *f* paralysis
pa·ra·ly·sie·ren* [paraly'zi:rən] *vt* ■**jdn/etw** ~ to paralyze sb/sth
Pa·ra·me·ter <-s, -> [pa'rame:tɐ] *m* parameter
Pa·ra·mi·li·tär ['paramilitɛ:r] *nt* MIL paramilitary
pa·ra·mi·li·tä·risch ['pa:ramilitɛrɪʃ] *adj* paramilitary
Pa·ra·noia <-> [para'nɔya] *f kein pl* paranoia
pa·ra·no·id [parano'i:t] *adj* paranoid
pa·ra·no·isch [para'no:ɪʃ] *adj* paranoiac
Pa·ra·nuss[RR] *f* Brazil nut
Pa·ra·phe <-, -n> [pa'ra:fə] *f* JUR initials *pl*
pa·ra·phie·ren* [para'fi:rən] *vt* JUR ■**etw** ~ to initial sth
Pa·ra·phie·rung <-, -en> *f* JUR initialling, AM *a.* initialing
Pa·ra·phra·se [para'fra:zə] *f* paraphrase
pa·ra·phra·sie·ren* [parafra'zi:rən] *vt* ❶ (*umschreiben*) ■**etw** ~ to paraphrase sth ❷ (*sinngemäß übertragen*) ■**etw** ~ to paraphrase sth ❸ MUS ■**etw** ~ to paraphrase sth
Pa·ra·psy·cho·lo·gie ['pa:rapsyçologi:] *f* parapsychology
Pa·ra·sit <-en, -en> [para'zi:t] *m* parasite
pa·ra·si·tär [parazi'tɛ:ɐ] **I.** *adj* parasitic **II.** *adv* parasitically
Pa·ra·si·ten·be·fall <-[e]s> *m kein pl* parasitic infestation
Pa·ra·si·tis·mus <-> [parazi'tɪsmʊs] *m kein pl* BIOL parasitism
Pa·ra·sol <-s, -e> [para'zo:l] *m* BOT parasol
Pa·ra·sym·pa·ti·kus <-> [parazʏm'pa:tikʊs] *m kein pl* MED parasympathetic [nervous] system
pa·rat [pa'ra:t] *adj* (*geh*) ready; **etw** ~ **haben** [*o* **halten**] to have sth ready [*or* handy]; [**sich** *dat*] **etw** ~ **legen** to lay sth out ready
Pär·chen <-s, -> ['pɛ:ɐ̯çən] *nt* ❶ (*Liebespaar*) couple ❷ (*zwei verbundene Teile*) pair
Par·cours <-, -> [par'ku:ɐ̯] *m* show-jumping course
Par·don <-s> [par'dõ:] **I.** *m o nt kein pl* pardon; **jdn um** ~ **bitten** to beg sb's pardon; **keinen** ~ **geben** to show no mercy; **kein** ~ **kennen** (*fam*) to know no mercy, to be ruthless **II.** *interj* ❶ (*entschuldigen Sie*) sorry ❷ (*wie bitte?*) pardon, sorry, beg pardon *sl*
Par·en·chym <-s, -e> [parɛn'çy:m] *nt* BIOL parenchym
Pa·ren·the·se <-, -n> [parɛn'te:zə] *f* parenthesis; **etw in** ~ **setzen** to put sth in parentheses
par ex·cel·lence [pa:ɐ̯ ɛksɛ'lã:s] *adv* (*geh*) par excellence
Par·füm <-s, -e *o* -s> [par'fy:m] *nt* perfume
Par·fü·me·rie <-, -n> [parfymə'ri:, *pl* -'ri:ən] *f* perfumery
par·fü·mie·ren* [parfy'mi:rən] *vt* ❶ (*Parfüm auftragen*) ■**jdn/etw** ~ to perfume sb/sth; ■**sich** *akk* ~ to use [*or sep* put on] perfume; **du solltest dich etwas zurückhaltender** ~ you shouldn't put so much perfume on ❷ (*mit Duftstoffen versetzen*) ■**etw [mit etw]** ~ to perfume sth [with sth]
Par·füm·zer·stäu·ber *m* perfume atomizer
pa·rie·ren*[1] [pa'ri:rən] *vi* (*geh*) to obey, to do as one is told; *s. a.* **Wort**
pa·rie·ren*[2] [pa'ri:rən] *vt* ❶ (*geh*) ■**etw** ~ to parry sth; (*beim Fußball*) to deflect sth ❷ KOCHK **Fleisch/Fisch/Geflügel** ~ to prepare meat/fish/poultry for cooking
Pa·ris <-> [pa'ri:s] *nt* Paris
Pa·ri·ser[1] [pa'ri:zɐ] *adj attr* ❶ (*in Paris befindlich*) in Paris; ~ **Flughafen** Paris airport ❷ (*aus Paris stammend*) Parisian
Pa·ri·ser[2] <-s, -> [pa'ri:zɐ] *m* (*sl*) French letter *dated fam*
Pa·ri·ser(in) <-s, -> [pa'ri:zɐ] *m(f)* Parisian
Pa·ri·ser·brot *nt* SCHWEIZ French bread, baguette
Pa·ri·se·rin <-, -nen> *f fem form von* **Pariser**
Pa·ri·tät <-, -en> [pari'tɛt] *f* FIN parity, par of exchange
pa·ri·tä·tisch [pari'tɛ:tɪʃ] **I.** *adj* (*geh*) equal, balanced; *s. a.* **Mitbestimmung, Wohlfahrtsverband II.** *adv* (*geh*) equally, in balance
Park <-s, -s> [park] *m* park
Par·ka <-[s], -s> ['parka] *m* parka
Park-and-ride-Sys·tem ['pa:ɐ̯kʔɛnt'raɪt-] *nt* park-and-ride system
Park·aus·weis *m* ❶ (*Parkticket*) ≈ pay-and-display [parking] ticket ❷ (*länger gültige Parkberechtigung*) parking permit
Park·bank *f* park bench
Park·deck *nt* parking level
par·ken ['parkn̩] **I.** *vi* to park **II.** *vt* ■**etw [irgendwo]** ~ to park sth [somewhere]
Par·kett <-s, -e> [par'kɛt] *nt* ❶ (*Holzfußboden*) parquet [flooring] ❷ (*Tanzfläche*) dance floor ❸ THEAT stalls *npl* ▶ WENDUNGEN: **auf internationalem** ~ in international circles; *s. a.* **Nummer**
Par·kett·(fuß·)bo·den *m* parquet flooring
Park·ge·bühr *f* parking fee **Park·haus** *nt* multi-storey [*or* AM -story] car park [*or* AM parking lot]
par·kie·ren* [par'ki:rən] *vt, vi* TRANSP SCHWEIZ *s.* **parken**
Par·king·me·ter ['parkɪŋme:tɐ] *m* SCHWEIZ parking meter
par·kin·son·sche Krank·heit[RR], **Parkinson'sche Krankheit**[RR], **Par·kin·son·sche Krank·heit**[ALT] ['parkɪnzɔn-] *f* MED Parkinson's disease
Park·kral·le *f* wheel clamp **Park·land·schaft** *f* parkland **Park·leit·sys·tem** *nt* TRANSP system guiding parkers to free spots **Park·leuch·te** *f* parking light **Park·lü·cke** *f* parking space
Par·ko·me·ter <-s, -> *nt s.* **Parkuhr**
Park·platz *m* ❶ (*Parkbereich*) car park BRIT, parking lot AM ❷ (*Parklücke*) parking space **Park·schei·be** *f* parking disc (*a plastic dial with a clockface that drivers place in the windscreen to show the time from when the car has been parked*) **Park·schein** *m* car park [*or* AM parking lot] ticket **Park·schein·au·to·mat** *m* car park [*or* AM parking lot] ticket machine **Park·stu·di·um** *nt* (*fam*) interim course of study (*taken while waiting for a place for desired course*) **Park·sün·der(in)** *m(f)* parking offender, illegal parker **Park·uhr** *f* parking meter **Park·ver·bot** *nt* ❶ (*Verbot zu parken*) parking ban ❷ (*Parkverbotszone*) no-parking zone; **im** ~ **parken/halten/stehen** to park/stop/be in a no-parking zone **Park·verbot(s)·schild** *nt* no-parking sign **Park·wäch·ter(in)** *m(f)* car park [*or*

AM parking lot] attendant **Park·zeit** *f* parking time
Par·la·ment <-[e]s, -e> [parla'mɛnt] *nt* parliament
Par·la·men·ta·ri·er(in) <-s, -> [parlamɛn'ta:ri̯ɐ] *m(f)* parliamentarian, member of parliament
par·la·men·ta·risch [parlamɛn'ta:rɪʃ] *adj* parliamentary; *s. a.* **Demokratie, Staatssekretär**
Par·la·ments·aus·schussRR *m* parliamentary committee **Par·la·ments·be·schluss**RR *m* parliamentary decision [*or* vote] **Par·la·ments·de·bat·te** *f* POL parliamentary debate **Par·la·ments·ge·bäu·de** *nt* parliament building **Par·la·ments·mit·glied** *nt* member of parliament **Par·la·ments·prä·si·dent(in)** *m(f)* Speaker [of the House] **Par·la·ments·sit·zung** *f* sitting [*or* session] of parliament **Par·la·ments·wahl** *f* POL parliamentary election
Par·me·san(·kä·se) <-s> [parme'za:n-] *m kein pl* Parmesan [cheese] **Par·me·san·rei·be** *f* parmesan grater
Pa·ro·die <-, -n> [paro'di:, *pl* -'di:ən] *f* parody
pa·ro·die·ren* [paro'di:rən] *vt* ■**jdn/etw** ~ to parody sb/sth
Pa·ro·dist(in) <-en, -en> [paro'dɪst] *m(f)* parodist
pa·ro·dis·tisch *adj* parodistic; **ein ~er Auftritt/Sketch/eine ~e Sendung** a parody; **eine ~e Imitation** an impersonation
Pa·ro·don·to·se <-, -n> [parodɔn'to:zə] *f* MED shrinking gums, parodontosis *spec,* periodontosis *spec*
Pa·ro·le <-, -n> [pa'ro:lə] *f* ❶ MIL (*Kennwort*) password ❷ (*Leitspruch*) slogan ❸ (*angebliche Meldung*) rumour [*or* AM -or]
Pa·ro·li [pa'ro:li] *nt* ▶ WENDUNGEN: **jdm/einer S. ~ bieten** (*geh*) to defy sb/to counter a thing
Part <-s, -e> [part] *m* ❶ (*Anteil*) share ❷ THEAT part ❸ MUS part
Par·tei <-, -en> [par'tai] *f* ❶ POL party; **in die ~ gehen** to join [*or* become a member of] the party; **über den ~en stehen** to be impartial ❷ JUR party; **die streitenden/vertragsschließenden ~en** the contending/contracting parties; **~ sein** to be biased; **jds ~ ergreifen, für jdn ~ ergreifen** [*o* **nehmen**] to side with sb, to take sb's side; **gegen jdn ~ ergreifen** [*o* **nehmen**] to side [*or* take sides] against sb ❸ (*Mietpartei*) tenant, party *form*
Par·tei·ab·zei·chen *nt* party badge **Par·tei·bon·ze** *m* party bigwig **Par·tei·buch** *nt* POL party membership book; **das falsche/richtige ~ haben** (*fam*) to belong to the wrong/right party **Par·tei·chef(in)** *m(f)* party leader
Par·tei·en·fi·nan·zie·rung *f* party financing **Par·tei·en·land·schaft** *f kein pl* POL political constellation
Par·tei·freund(in) *m(f)* fellow party member **Par·tei·füh·rung** *f* ❶ (*Leitung einer Partei*) **die ~ innehaben** to exercise the party leadership, to be [the] party leader; **die ~ übernehmen** to assume [*or* take on] [*or* take over] the party leadership, to become [the] party leader ❷ (*leitendes Gremium*) party leadership *no pl* **Par·tei·funk·ti·o·när(in)** *m(f)* POL party official **Par·tei·gän·ger(in)** <-s, -> *m(f)* party supporter [*or* follower] **par·tei·in·tern** I. *adj* internal party *attr* II. *adv* within the party
par·tei·isch [par'taiɪʃ] I. *adj* biased II. *adv* in a biased way; **~ eingestellt sein** to be biased
Par·tei·kon·gressRR *m* party congress
par·tei·lich [par'tailɪç] *adj* ❶ (*eine Partei betreffend*) party ❷ (*selten*) *s.* **parteiisch**
Par·tei·lich·keit <-> *f kein pl* partiality, bias
Par·tei·li·nie *f* party line **par·tei·los** *adj* independent; ■**~ sein** not to be attached to [*or* aligned with] any party **Par·tei·lo·se(r)** *f(m) dekl wie adj* independent **Par·tei·mit·glied** *nt* party member **Par·tei·nah·me** <-, -n> *f* partisanship **Par·tei·or·gan** *nt* party organ **Par·tei·po·li·tik** *f* party politics + *sing vb* **par·tei·po·li·tisch** I. *adj* party-political *attr* II. *adv* from a party political point of view **Par·tei·prä·si·di·um** *m* party executive [committee] **Par·tei·pro·gramm** *nt* [party] manifesto **Par·tei·sol·dat(in)** *m(f)* POL party loyalist **Par·tei·spen·de** *f* party donation **Par·tei·spen·den·af·fä·re** *f* party donations scandal **Par·tei·tag** *m* ❶ (*Parteikonferenz*) party conference ❷ (*Beschlussorgan*) party executive **par·tei·über·grei·fend** *adj inv* POL non-partisan, cross-party **Par·tei·vor·sit·zen·de(r)** *m dekl wie adj* party chairman *masc* [*or fem* -woman], chairman *masc* [*or fem* -woman] of the/a party **Par·tei·vor·stand** *m* party executive **Par·tei·zen·tra·le** *f* party headquarters *npl* **Par·tei·zu·ge·hö·rig·keit** *f* party membership
par·terre [par'tɛr] *adv* on the ground floor
Parterre <-s, -s> [par'tɛr(ə)] *nt* ground floor
Par·terre·woh·nung *f* ground-floor flat [*or* AM *a.* apartment]
Par·the·no·ge·ne·se <-> [partenoge'ne:zə] *f kein pl* parthenogenesis
par·the·no·ge·ne·tisch [partenoge'ne:tɪʃ] *adj* BIOL parthenogenetic
Par·tie <-, -n> [par'ti:, *pl* -'ti:ən] *f* ❶ (*Köperbereich*) area ❷ SPORT game; **eine ~ Schach/Tennis/Squash** a game of chess/tennis/squash ❸ (*Posten*) lot ▶ WENDUNGEN: **eine gute ~ [für jdn] sein** to be a good catch [for sb]; **eine gute ~ machen** to marry well; **mit von der ~ sein** to be in on it [*or* game]
par·ti·ell [par'tsi̯ɛl] I. *adj* (*geh*) partial II. *adv* (*geh*) partially
Par·ti·kel <-, -n> [par'tɪkl̩] *f* ❶ NUKL particle ❷ LING particle
Par·ti·san(in) <-s *o* -en, -en> [parti'za:n] *m(f)* partisan
Par·ti·sa·nen·krieg *m* guer[r]illa war
Par·ti·sa·nin <-, -nen> *f fem form von* **Partisan**
par·ti·tiv [parti'ti:f] *adj* LING partitive
Par·ti·tur <-, -en> [parti'tu:ɐ̯] *f* MUS score
Par·ti·zip <-s, -ien> [parti'tsi:p, *pl* -'tsi:pi̯ən] *nt* LING participle
Par·ti·zi·pi·al·kon·stru·kti·on [partitsi'pi̯a:l-] *f* LING participial construction **Par·ti·zi·pi·al·satz** *m* LING participial clause
par·ti·zi·pie·ren* [partitsi'pi:rən] *vi* (*geh*) ■**an etw ~** to participate in sth
Part·ner(in) <-s, -> ['partnɐ] *m(f)* partner
Part·ner·look <-s> [-lʊk] *m kein pl* MODE **im ~ gehen, ~ tragen** to wear [matching] his-and-hers outfits [*or* clothes]
Part·ner·schaft <-, -en> *f* partnership; **in einer ~ leben** to live with somebody; (*Städte~*) twinning
part·ner·schaft·lich I. *adj* based on a partnership; **~es Verhältnis** partnership; **~es Zusammenleben/~e Zusammenarbeit** living/working together as partners II. *adv* as partners
Part·ner·stadt *f* twin town **Part·ner·tausch** *m* exchange of partners **Part·ner·ver·mitt·lung** *f* dating agency, marriage bureau **Part·ner·wahl** *rare f* choice of partner
par·tout [par'tu:] *adv* (*geh*) **etw ~ tun wollen** to insist on doing sth; **er wollte ~ nicht mitkommen** he really did not want to come at all
Par·ty <-, -s> ['pa:ɐ̯ti] *f* party; **eine ~ geben** to throw [*or* have] a party
Par·ty·dress *m* (*fam*) party clothes *pl* [*or fam* gear] **Par·ty·ser·vice** ['pa:ɐtizøːɐ̯vɪs] *m* party catering service, [outside] caterers **Par·ty·wü·ti·ge(r)** *dekl wie adj f(m)* party animal; (*bei Technoparty a.*) raver
Par·zel·le <-, -n> [par'tsɛlə] *f* plot [*or* parcel] [of land]
par·zel·lie·ren* [oartsɛ'li:rən] *vt* ■**etw ~** to parcel sth out
Pa·scha <-s, -s> ['paʃa] *m* ❶ *nachgestellt* HIST pasha ❷ (*pej*) **wie ein ~** like Lord Muck *pej*
Pas·pel <-, -n> ['paspl̩] *f* piping *no pl*
PassRR1 <-es, Pässe> *m,* **Paß**ALT <Passes, Pässe> [pas, *pl* 'pɛsə] *m* passport
PassRR2 <-es, Pässe> *m,* **Paß**ALT <Passes, Pässe> [pas, *pl* 'pɛsə] *m* GEOG pass
PassRR3 <-es, Pässe> *m,* **Paß**ALT <Passes, Pässe> [pas, *pl* 'pɛsə] *m* SPORT pass
pas·sa·bel [pa'sa:bl̩] *adj* (*geh*) reasonable, ok *fam;* **~ aussehen** to be reasonably good-looking
Pas·sa·ge <-, -n> [pa'sa:ʒə] *f* ❶ (*Textstück*) passage ❷ (*Ladenstraße*) arcade ❸ NAUT passage
Pas·sa·gier <-s, -e> [pasa'ʒi:ɐ̯] *m* passenger; **ein blinder ~** a stowaway
Pas·sa·gier·damp·fer *m* passenger steamer **Pas·sa·gier·flug·**

P

zeug *nt* passenger aircraft **Pas·sa·gier·lis·te** *f* passenger list **Pas·sa·gier·schiff** *nt* NAUT passenger ship

Pas·sant(in) <-en, -en> [pa'sant] *m(f)* passer-by

Pas·sat(·wind) <-s, -e> [pa'sa:t-] *m* trade wind

Pạss·bild[RR] *nt* passport photo[graph]

pas·sé, pas·see[RR] [pa'se:] *adj inv, präd* passé

pas·sen[1] ['pasn̩] *vi* ❶ MODE (*jds Maßen entsprechen*) ■**[jdm]** ~ to fit [sb] ❷ (*harmonieren*) ■**zu jdm** ~ to suit sb; ■**zu etw** ~ to match sth, to go well with sth; ■**[irgendwohin]** ~ to go well [somewhere]; **so ein riesiger Tisch passt nicht in diese Ecke** a huge table like that doesn't look right in this corner; **es passt in unsere politische Landschaft, dass Politiker käuflich sind** it's typical of our political landscape that politicians can be bought; **sie passt einfach nicht in unser Team** she simply doesn't fit in with this team; **gut zueinander** ~ to go well together, to be well matched [*or* suited to each other]; **das passt zu dir!** that's typical of you! ❸ (*gelegen sein*) ■**jdm** ~ to suit sb, to be convenient for sb; **der Termin passt mir zeitlich leider gar nicht** that date isn't at all convenient for me; **würde Ihnen der Dienstag besser ~?** would the Tuesday be better for you?; ■**jdm ~, dass/wenn ...** to be convenient [*or fam* ok] for sb, that/if ...; **passt es Ihnen, wenn wir uns morgen treffen?** would it be ok to meet up tomorrow?; **das würde mir besser** ~ that would be better [*or* more convenient] for me; **jdm nicht** ~ not to suit [*or* be convenient for] sb; **das könnte dir so ~!** (*iron fam*) you'd like that wouldn't you! *iron fam* ❹ (*unangenehm sein*) not to like, not to think much of; **der Mann passt mir gar nicht** I don't like that man at all; **ihr passt dieser Ton/seine Art nicht** she doesn't like that tone of voice/his attitude; ■**jdm passt es nicht, dass/wie** not to like sb .../how; **es passt ihm nicht, dass wir ab und zu mal lachen** he doesn't like us laughing now and then; ■**jdm passt etw nicht an jdm** sb does not like sth about sb; **diese vorlaute Art passt mir nicht an dir** I don't like your loud-mouthed ways; **passt dir an mir was nicht?** is there something bugging you about me?; ■**jdm nicht [als jd]** ~ to not fancy [sb as sb]; **er passt mir nicht als neuer Chef** I don't fancy him as my new boss; **die neue Lehrerin passte ihren Kollegen nicht** the new teacher wasn't liked by her colleagues

pas·sen[2] ['pasn̩] *vi* ❶ (*überfragt sein*) ■**[bei etw]** ~ **müssen** to have to pass [on sth] ❷ KARTEN to pass

pạs·send I. *adj* ❶ (*den Maßen entsprechend*) fitting; **ein ~er Anzug/Schlüssel** a suit/key that fits ❷ (*abgestimmt*) matching; ■**etwas zu etw Passendes** sth to go with [*or* match] sth; **das passt nicht dazu** that doesn't go with it; ■**etwas Passendes** sth suitable ❸ (*genehm*) suitable, convenient ❹ (*richtig*) suitable; (*angemessen*) appropriate, right, proper; **eine ~e Bemerkung** a fitting [*or* appropriate] comment; **die ~en Worte** the right [*or* appropriate] words; **die ~en Worte finden** to know the right thing to say; **wir haben für jeden Anlass das ~e Geschenk** we have the right present for every occasion ❺ (*abgezählt*) exact; **es ~ haben** to have it exactly [*or* the right money] **II.** *adv* ❶ MODE (*den Maßen entsprechend*) to fit ❷ (*abgezählt*) exactly; **bitte halten Sie den Fahrpreis beim Einsteigen ~ bereit!** please have the exact fare ready!

pạs·sen·der·wei·se *adv* appropriately enough

Pas·se·par·tout <-s, -s> [paspar'tu:] *nt* passe-partout

Pạss·form[RR] *f* fit

Pạss·fo·to[RR] *nt s.* **Passbild**

Pạss·gang[RR] *m* amble

pas·sier·bar *adj* negotiable, navigable; **der Kanal war nur für kleine Schiffe** ~ the canal was only navigable for small ships

pas·sie·ren* [pa'si:rən] **I.** *vi sein* ❶ (*sich ereignen*) to happen; **ist was passiert?** has something happened?; **wie konnte das nur ~?** how could that happen?; **... sonst passiert was!** (*fam*) ... or there'll be trouble! *fam;* **so etwas passiert eben** things like that do happen sometimes; ■**~, dass ...** to happen that ... ❷ (*unterlaufen*) ■**jdm** ~ to happen to sb; **das kann doch jedem mal** ~ that can happen to anyone ❸ (*zustoßen*) to happen; ■**jdm ist etwas/nichts passiert** sth/nothing has happened to sb ❹ (*durchgehen*) to pass; ■**jdn ~ lassen** to let sb pass [*or* go through] **II.** *vt haben* ❶ (*überqueren*) ■**etw** ~ to cross sth ❷ KOCHK ■**etw [durch etw]** ~ to strain sth [through sth]

Pas·sier·müh·le *f* mouli-legumes, food mill **Pas·sier·schein** *m* pass, permit **Pas·sier·tuch** *nt* muslin bag

Pas·si·on <-, -en> [pa'si̯o:n] *f* ❶ (*geh: Leidenschaft*) passion; **etw aus ~ tun** to have a passion for sth ❷ REL (*Leidensgeschichte Jesu*) ■**die** ~ Passion

pas·si·o·niert [pasi̯o'ni:ɐ̯t] *adj* (*geh*) passionate

Pas·si·ons·blu·me *f* passion flower **Pas·si·ons·frucht** *f* passion fruit **Pas·si·ons·spiel** *nt* REL Passion play

pas·siv ['pasi:f] **I.** *adj* passive; **~er Raucher/~es Rauchen** passive smoker/smoking **II.** *adv* passively

Pas·siv <-s, -e> ['pasi:f] *nt* LING passive

Pas·si·va [pa'si:va] *pl* ÖKON liabilities *pl*

Pạs·siv·ge·schäft *nt* ÖKON deposit business

Pas·si·vi·tät <-> [pasivi'tɛ:t] *f kein pl* (*geh*) passiveness, passivity

Pạs·siv·pos·ten *m* ÖKON debit item **Pạs·siv·rau·chen** *nt* passive smoking **Pạs·siv·sei·te** *f* ÖKON liabilities side

Pạss·kon·trol·le[RR] *f* ❶ (*das Kontrollieren des Passes*) passport control; **„~"** "your passports please!" ❷ (*Kontrollstelle*) passport control point **Pạss·stel·le**[RR] *f* passport office **Pạss·stra·ße**[RR] *f* pass

Pas·sus <-, -> ['pasʊs] *m* (*geh*) passage

Pạss·wort[RR] <-es, -wörter> *nt* password

Pas·te <-, -n> ['pastə] *f* paste

Pas·tell <-s, -e> [pas'tɛl] *nt* KUNST ❶ *kein pl* (*Malen mit Pastellfarbe*) pastel [drawing]; **in ~ arbeiten** to work in pastels ❷ (*Pastellgemälde*) pastel [drawing]

Pas·tẹll·far·be *f* ❶ (*Pastellton*) pastel colour [*or* AM -or] ❷ (*Malfarbe*) pastel **pas·tẹll·far·ben I.** *adj* pastel[-coloured [*or* AM -ored]] **II.** *adv* in pastels [*or* pastel-colours] [*or* AM -ors] **Pas·tẹll·ma·le·rei** *f* KUNST ❶ *kein pl* (*Pastell*) pastel drawing ❷ (*Bild in Pastellfarben*) pastel drawing **Pas·tẹll·ton** *m* pastel shade

Pas·te·te <-, -n> [pas'te:tə] *f* pâté

pas·teu·ri·sie·ren* [pastøri'zi:rən] *vt* ■**etw** ~ to pasteurize sth

Pas·til·le <-, -n> [pas'tɪlə] *f* pastille

Pas·ti·na·ke <-, -n> [pasti'na:kə] *f* parsnip

Pas·tor, Pas·to·rin <-s, -toren> ['pasto:ɐ̯, pas'to:ɐ̯ɪn] *m, f* NORDD *s.* **Pfarrer**

Pa·ta·go·ni·en <-s> [pata'go:ni̯ən] *nt* Patagonia

Patch·work <-s, -s> ['pɛtʃwø:ɐ̯k] *nt* patchwork

Pạtch·work·de·cke *f* patchwork quilt

Pa·te <-n, -n> ['pa:tə] *m* (*sl*) godfather

Pa·te, Pa·tin <-n, -n> ['pa:tə, 'pa:tɪn] *m, f* REL godfather, godmother, godparent ▶ WENDUNGEN: **bei etw ~ stehen** (*geh*) to be the force behind sth; (*Dichtung, Kunstwerk*) to be the inspiration for sth

Pa·ten·kind *nt* godchild **Pa·ten·on·kel** *m* godfather

Pa·ten·schaft <-, -en> *f* ❶ REL godparenthood ❷ (*Fürsorgepflicht*) sponsorship

Pa·ten·sohn *m* godson **Pa·ten·stadt** *f s.* **Partnerstadt**

pa·tent [pa'tɛnt] *adj* ❶ (*sehr brauchbar*) ingenious, clever ❷ (*fam: tüchtig*) top-notch *fam*

Pa·tent <-[e]s, -e> [pa'tɛnt] *nt* ❶ (*amtlicher Schutz*) patent; **ein ~ auf etw haben** *akk* to have a patent on sth; **etw als [o zum] ~ anmelden, ein ~ auf etw** *akk* **anmelden** to apply for a patent on sth ❷ (*Ernennungsurkunde*) commission ❸ SCHWEIZ (*staatliche Erlaubnis*) permit, licence [*or* AM -se]

Pa·tẹnt·amt *nt* Patent Office

Pa·ten·tan·te *f* godmother

Pa·tent·an·walt, -an·wäl·tin *m, f* patent agent
pa·ten·tier·bar *adj* patentable
pa·ten·tie·ren* [patɛn'ti:rən] *vt* ■[jdm] **etw** ~ to patent sth [for sb]; ■**sich** *dat* **etw** ~ **lassen** to have sth patented
Pa·tent·lö·sung *f s.* **Patentrezept**
Pa·ten·toch·ter *f* goddaughter
Pa·tent·recht *nt* JUR ① (*gesetzliche Regelungen*) patent law ② (*Recht auf ein Patent*) patent right **Pa·tent·re·zept** *nt* easy solution, patent remedy **Pa·tent·rol·le** *f* Patent Rolls *pl* **Pa·tent·verletzung** *f* ADMIN patent infringement, infringement of a patent **Pa·tent·ver·schluss**RR *m* swing stopper
Pa·ter <-s, - *o* Patres> ['pa:tɐ, *pl* 'patre:s] *m* REL Father
pa·the·tisch [pa'te:tɪʃ] **I.** *adj* (*geh*) emotional, impassioned; ~**e Szene/Formulierung** dramatic scene/wording; ~**e Rede** emotive [*or* emotional] speech **II.** *adv* (*geh*) dramatically, impassionately
Pa·tho·lo·ge, Pa·tho·lo·gin <-n, -n> [pato'lo:gə, -'lo:gɪn] *m, f* pathologist
Pathologie <-, -n> [patolo'gi:, *pl* -'gi:ən] *f* ① *kein pl* (*Krankheitslehre*) pathology ② (*pathologische Abteilung*) pathology
Pa·tho·lo·gin <-, -nen> *f fem form von* **Pathologe**
pa·tho·lo·gisch [pato'lo:gɪʃ] **I.** *adj* ① (*die Pathologie betreffend*) pathological ② (*krankhaft*) pathological **II.** *adv* pathologically
Pa·thos <-> ['pa:tɔs] *nt kein pl* emotiveness, emotionalism; **mit** ~ with great feeling
Pa·ti·ence <-, -n> [pa'si̯ã:s] *f* KARTEN patience; ~**n legen** to play patience
Pa·ti·ent(in) <-en, -en> [pa'tsi̯ɛnt] *m(f)* patient; **stationärer** ~ in-patient; **bei jdm** ~ **sein,** ~ **von jdm sein** to be sb's patient
Pa·tin <-, -nen> ['pa:tɪn] *f fem form von* **Pate**
Pa·ti·na <-> ['pa:tina] *f kein pl* patina
Pa·tis·se·rie <-, -n> [patɪsə'ri:, *pl* -ri:ən] *f* SCHWEIZ ① (*Konditorei*) patisserie ② (*Café*) café ③ (*Gebäck*) pastry
Pat·na ['patna] *m kein pl* patna rice
Pat·res ['patre:s] *pl von* **Pater**
Pa·tri·arch <-en, -en> [patri'arç] *m* ① REL patriarch ② (*geh: autoritärer Familienvater*) patriarch
pa·tri·ar·cha·lisch [patriar'ça:lɪʃ] *adj* ① (*auf dem Patriarchat beruhend*) patriarchal ② (*geh: autoritär*) patriarchal
Pa·tri·ar·chat <-[e]s, -e> [patriar'ça:t] *nt* REL, SOZIOL patriarchy
Pa·tri·ot(in) <-en, -en> [patri'o:t] *m(f)* patriot
pa·tri·o·tisch [patri'o:tɪʃ] **I.** *adj* patriotic **II.** *adv* patriotically
Pa·tri·o·tis·mus <-> [patrio'tɪsmʊs] *m kein pl* patriotism
Pa·tri·zi·er(in) <-s, -> [pa'tri:tsi̯ɐ] *m(f)* HIST ① (*römischer Adeliger*) patrician ② (*angesehener Bürger*) patrician
Pa·tron(in) <-s, -e> [pa'tro:n] *m(f)* ① REL patron saint ② (*Schirmherr*) patron ③ (*pej: Typ*) old devil *pej fam* ④ SCHWEIZ (*Arbeitgeber*) employer
Pa·tro·ne <-, -n> [pa'tro:nə] *f* ① JAGD, MIL cartridge ② (*Tintenpatrone*) [ink] cartridge ③ FOTO cartridge ④ MIL **bis zur letzten** ~ to the bitter end
Pa·tro·nen·fül·ler *m* cartridge pen **Pa·tro·nen·gurt** *m* ammunition belt **Pa·tro·nen·hül·se** *f* cartridge case
Pa·tro·nin <-, -nen> *f fem form von* **Patron**
Pa·trouil·le <-, -n> [pa'trʊljə] *f* MIL patrol; **auf** ~ **gehen** to patrol
Pa·trouil·len·füh·rer *m* patrol leader **Pa·trouil·len·gang** *m* patrol
pa·trouil·lie·ren* [patrʊl'ji:rən, patrʊ'li:rən] *vi* to patrol
patsch [patʃ] *interj* splash
Pat·sche <-, -n> ['patʃə] *f* (*fam*) ① (*Fliegenklatsche*) swat ② (*Hand*) paw *fam,* mitt *fam* ▶ WENDUNGEN: **jdm aus der** ~ **helfen, jdn aus der** ~ **ziehen** to get sb out of a jam [*or* tight spot]; **in der** ~ **sitzen** [*o* **stecken**] to be in a jam [*or* tight spot]
pat·schen ['patʃn̩] *vi* ① *haben* (*klatschend schlagen*) ■[**mit etw**] ~ to slap [with sth]; (*im Wasser*) to [go] splash [with sth] ② *sein* (*sich klatschend fortbewegen*) to go splashing through
Patsch·händ·chen *nt* (*fam*) [tiny] hand
patsch·nassRR ['patʃ'nas] *adj* (*fam*) soaking wet *fam*
patt [pat] *adj pred* SCHACH ■~ **sein** to reach stalemate
Patt <-s, -s> [pat] *nt* stalemate
pat·zen ['patsn̩] *vi* (*fam*) to slip [*or* mess] up, to boob *fam*
Pat·zer <-s, -> *m* ① (*fam: Fehler*) slip-up ② ÖSTERR (*Klecks*) blob
pat·zig ['patsɪç] *adj* (*fam*) snotty *fam*
Pau·ke <-, -n> ['paukə] *f* MUS kettledrum ▶ WENDUNGEN: **mit** ~**n und Trompeten durchfallen** (*fam*) to fail miserably [*or* dismally] [*or* spectacularly]; **jdn mit** ~**n und Trompeten begrüßen** [*o* **empfangen**] to give sb the red-carpet treatment, to roll out the red carpet for sb; **auf die** ~ **hauen** (*fam: angeben*) to blow one's own trumpet *fam;* (*ausgelassen feiern*) to paint the town red *fam,* BRIT *a.* to go on the razzle *fam*
pau·ken ['paukn̩] **I.** *vi* (*fam*) ■[**mit jdm**] ~ to cram [with sb], BRIT *a.* to [help sb] swot up **II.** *vt* (*fam*) ■**etw** [**mit jdm**] ~ to cram for [*or* BRIT *a.* swot up on] sth [with sb]
Pau·ken·höh·le *f* ANAT tympanic cavity **Pauk·ens·chlag** *m* MUS (*Schlag auf die Pauke*) beat of a kettledrum ▶ WENDUNGEN: **mit einem** ~ sensationally, spectacularly
Pau·ker(in) <-s, -> ['paukɐ] *m(f)* (*fam*) teacher
Pau·ke·rei <-> [paukə'rai] *f kein pl* (*fam*) cramming *fam,* BRIT *a.* swotting *fam*
Pau·ke·rin <-, -nen> *f fem form von* **Pauker**
Pau·kist(in) <-en, -en> [pa'kɪst] *m(f)* timpanist
Paus·ba·cken ['paus-] *pl* chubby cheeks *pl*
paus·bä·ckig ['pausbɛkɪç] *adj* chubby-cheeked
pau·schal [pau'ʃa:l] **I.** *adj* ① (*undifferenziert*) sweeping, general, wholesale ② FIN flat-rate *attr,* all-inclusive **II.** *adv* ① (*allgemein*) **etw** ~ **beurteilen** to make a wholesale judgement about sth ② FIN at a flat rate; ~ **bezahlen** to pay in a lump sum
Pau·schal·be·trag *m* lump sum
Pau·scha·le <-, -n> [pau'ʃa:lə] *f* flat rate
Pau·schal·ho·no·rar *nt* lump sum fee
pau·scha·lie·ren* [pauʃa'li:rən] *vt* ■**etw** ~ to estimate sth at a flat rate
Pau·schal·preis *m* ÖKON all-inclusive [*or* BRIT *a.* -in] price **Pau·schal·rei·se** *f* package holiday [*or* tour] **Pau·schal·tou·rist(in)** *m(f)* TOURIST package holiday tourist **Pau·schal·ur·laub** *m* package holiday [*or* tour] **Pau·schal·ur·teil** *nt* sweeping statement
Pau·se¹ <-, -n> ['pauzə] *f* ① (*Unterbrechung*) break, AM *a.* recess; **die große/kleine** ~ SCH long [mid-morning]/short break; [**eine**] ~ **machen** to have a break; „~!" "time out!" ② (*Sprechpause*) pause ③ MUS rest
Pau·se² <-, -n> ['pauzə] *f* tracing
Pau·sen·hal·le *f* SCH break hall (*open hall where pupils can gather during break when it rains*)
pau·sen·los **I.** *adj attr* ceaseless, continuous, non-stop **II.** *adv* ceaselessly, continuously, non-stop
Pau·sen·zei·chen *nt* ① RADIO, TV call sign ② MUS rest
pau·sie·ren* [pau'zi:rən] *vi* (*geh*) to take [*or* have] a break, to break
Paus·pa·pier *nt* ① (*durchsichtiges Papier*) tracing paper ② (*Kohlepapier*) carbon paper
Pa·vi·an <-s, -e> ['pa:vi̯a:n] *m* baboon
Pa·vil·lon <-s, -s> ['pavɪljõ, 'pavɪljɔŋ] *m* ARCHIT ① (*Gartenhaus*) pavilion ② (*provisorischer Bau*) Portakabin® BRIT
Pay·back Kar·te <-, -n> ['pɛɪbæk-] *f* loyalty card
Pay-TV <-s, -s> ['pe:ti:vi:] *nt* Pay-TV
Pa·zi·fik <-s> [pa'tsi:fɪk] *m* ■**der** ~ the Pacific
Pa·zi·fis·mus <-> [patsi'fɪsmʊs] *m kein pl* ■**der** ~ pacifism
Pa·zi·fist(in) <-en, -en> [patsi'fɪst] *m(f)* pacifist
pa·zi·fis·tisch *adj* pacifist
PC <-s, -s> [pe:'tse:] *m Abk von* **Personal Computer** PC
PCB <-, -s> [pe:tse:'be:] *nt Abk von* **polychloriertes Biphenyl** PCB

P

PDS <-> [pe:de:'ɛs] *f kein pl* POL *Abk von* **Partei des Demokratischen Sozialismus**

Pech <-[e]s, -e> [pɛç] *nt* ❶ (*fam: unglückliche Fügung*) bad luck; [**bei etw**] ~ **haben** (*fam*) to be unlucky [in [*or* with] sth], to have bad [*or fam* tough] luck [in sth]; **bei jdm** [**mit etw**] ~ **haben** to be out of [*or* not have any] luck with sb [regarding sth]; ~ **gehabt!** (*fam*) tough! *fam;* **so ein ~!** (*fam*), **was für ein ~!** (*fam*) just my/our etc luck *fam;* **das ist ~!** hard [*or* bad] luck!, [that's] too bad! ❷ (*Rückstand bei Destillation von Erdöl*) pitch ▸WENDUNGEN: ~ **an den Hosen haben** (*sl*) to [simply] not know when it's time to leave; **zusammenhalten wie ~ und Schwefel** (*fam*) to be as thick as thieves *fam*

pech·schwarz ['pɛç'ʃvarts] *adj* (*fam*) pitch black; **~es Haar** jet-black hair **Pẹch·sträh·ne** *f* (*fam*) run [*or* streak] of bad luck; **eine ~ haben** to have a run [*or* streak] of bad luck, BRIT *a.* to go through an unlucky patch **Pẹch·vo·gel** *m* (*fam*) unlucky person, walking disaster *hum fam*

Pe·dal <-s, -e> [pe'da:l] *nt* pedal; [**ziemlich**] **in die ~e treten** to pedal [hard]

pe·da·len* [pe'da:lən] *vi* SCHWEIZ to pedal

Pe·dant(in) <-en, -en> [pe'dant] *m(f)* pedant

Pe·dan·te·rie <-, -n> [pedantə'ri:] *f* ❶ *kein pl* (*pedantisches Wesen*) pedantry ❷ (*pedantische Handlung*) pedantry

Pe·dạn·tin <-, -nen> *f fem form von* **Pedant**

pe·dan·tisch [pe'dantɪʃ] **I.** *adj* pedantic **II.** *adv* pedantically

Ped·dig·rohr ['pɛdɪçro:ɐ̯] *nt* cane

Pe·di·kü·re <-, -n> [pedi'ky:rə] *f* ❶ *kein pl* (*Fußpflege*) pedicure ❷ (*Fußpflegerin*) chiropodist

Pee·ling <-s, -s> ['pi:lɪŋ] *nt* exfoliation

Peep·show[RR] <-, -s> ['pi:pʃo:] *f,* **Peep-Show**[ALT] <-, -s> *f* peep show

Peer·group <-, -s> ['pi:ɐ̯gru:p] *f* SOZIOL, PSYCH peer group

Pe·gel <-s, -> ['pe:gl̩] *m* ❶ (*Messlatte*) water level gauge [*or* AM *a.* gage] ❷ *s.* **Pegelstand**

Pe·gel·stand *m* water level

pei·len ['pailən] **I.** *vt* NAUT ■**etw ~** to get a bearing on sth **II.** *vi* (*fam*) to peek; *s. a.* **Daumen, Lage**

Peil·sen·der *m* RADIO DF transmitter *spec*

Pei·lung <-, -en> *f* NAUT ❶ (*Bestimmung des Standorts*) bearing ❷ *kein pl* (*Messung der Wassertiefe*) sounding, plumbing

Pein <-> [pain] *f kein pl* (*veraltend geh*) agony

pei·ni·gen ['painɪgn̩] *vt* ❶ (*zermürben*) ■**jdn ~** to torment sb ❷ (*jdm zusetzen*) ■**jdn ~** to torture sb; *s. a.* **Blut**

Pei·ni·ger(in) <-s, -> *m(f)* (*geh*) torturer, tormentor

Pei·ni·gung <-, -en> *f* (*geh*) torture, agony

pein·lich ['painlɪç] **I.** *adj* ❶ (*unangenehm*) embarrassing; **eine ~e Frage/Situation** [*o* **Lage**] an awkward question/situation; ■**jdm ~ sein** to be embarrassed; **es war ihr sehr ~** she was very embarrassed about it; ■**jdm ~ sein, dass/wenn ...** to feel awkward that/when ...; ■**etwas Peinliches** sth awful ❷ (*äußerst*) painstaking, diligent; **~e Genauigkeit** meticulous precision; **~e Sauberkeit** scrupulous cleanliness **II.** *adv* ❶ (*unangenehm*) **jdn ~ berühren** to be awkward for sb; **auf jdn ~ wirken** to be embarrassing for sb ❷ (*gewissenhaft*) painstakingly; **~ befolgen** to follow diligently ❸ (*äußerst*) meticulously, thoroughly

Pein·lich·keit <-, -en> *f* ❶ *kein pl* (*peinliche Art*) awkwardness, embarrassment ❷ (*Genauigkeit*) scrupulousness, meticulousness

Peit·sche <-, -n> ['paitʃə] *f* whip

peit·schen ['paitʃn̩] **I.** *vt haben* ■**jdn/etw ~** to whip sb/sth **II.** *vi sein* ■**gegen etw ~** to lash against sth; **Regen peitscht an** [*o* **gegen**] **etw** rain is lashing against sth; **Wellen peitschen an** [*o* **gegen**] **etw** the waves are beating against sth

Peit·schen·hieb *m* stroke [*or* lash] [of the whip] **Peit·schen·knall** *m* crack of a/the whip **Peit·schen·schlag** *m s.* **Peitschenhieb**

pe·jo·ra·tiv [pejora'ti:f] **I.** *adj* pejorative **II.** *adv* pejoratively

Pe·ka·ri <-, -s> [pe'ka:ri] *nt* ZOOL peccary

Pe·ki·ne·se <-n, -n> [peki'ne:zə] *m* ZOOL Pekinese

Pe·king <-s> ['pe:kɪŋ] *nt* Beijing

Pe·li·kan <-s, -e> ['pe:lika:n] *m* pelican

Pel·le <-, -n> ['pɛlə] *f* (*fam: Haut*) skin ▸WENDUNGEN: **jdm nicht von der ~ gehen** (*sl*) to not stop pestering sb *fam;* **jdm auf der ~ sitzen** (*sl*) to be on sb's back *fam;* **jdm auf die ~ rücken** (*fam: sich dicht herandrängen*) to crowd sb; (*jdn bedrängen*) to badger [*or* pester] sb

pel·len ['pɛlən] **I.** *vt* (*fam*) ■**etw ~** to skin sth; **Obst/Kartoffeln ~** to peel fruit/potatoes; *s. a.* **Ei II.** *vr* (*fam*) ■**sich ~** to peel

Pell·kar·tof·feln *pl* potatoes boiled in their jackets

Pelz <-es, -e> [pɛlts] *m* ❶ (*Fell*) fur ❷ *kein pl* MODE (*Material*) fur; (*Pelzmantel*) fur [coat] ▸WENDUNGEN: **jdm/einem Tier eins auf den ~ brennen** (*fam*) to singe sb's/an animal's hide, to pump sb/an animal full of lead *sl;* **jdm auf den ~ rücken** (*fam*) to crowd sb

Pẹlz·be·satz *m* fur trimming **pẹlz·be·setzt** *adj* fur-trimmed **pẹlz·ge·füt·tert** *adj* fur-lined **Pẹlz·han·del** *m* fur trade

pel·zig ['pɛltsɪç] *adj* ❶ (*belegt*) furry ❷ (*mit Härchen versehen*) furry

Pẹlz·imi·tat *nt* fake [*or* imitation] fur **Pẹlz·kra·gen** *m* fur collar **Pẹlz·man·tel** *m* fur coat **Pẹlz·müt·ze** *f* fur hat **Pẹlz·tier** *nt* animal valued for its fur **Pẹlz·tier·farm** *f* fur farm

Pe·nal·ty <-s, -s> ['pɛnl̩ti] *m* ❶ (*Strafstoß*) penalty ❷ SCHWEIZ (*Elfmeter*) penalty

Pen·dant <-s, -s> [pã'dã:] *nt* (*geh*) counterpart; ■**~** [**zu etw**] the counterpart [to sth]

Pen·del <-s, -> ['pɛndl̩] *nt* pendulum; **das ~ schlägt** [**nach der einen/anderen Seite**] **aus** the pendulum swings [in the one/other direction]

Pẹn·del·dienst *m* shuttle service

pen·deln ['pɛndl̩n] *vi* ❶ *haben* (*schwingen*) ■[**hin und her**] **~** to swing [to and fro] ❷ *sein* TRANSP (*hin- und herfahren*) to commute

Pẹn·del·schä·ler *m* swivel-bladed potato peeler **Pẹn·del·tür** *f s.* **Schwingtür Pẹn·del·uhr** *f* pendulum clock **Pẹn·del·ver·kehr** *m* ❶ (*Nahverkehrsdienst*) shuttle service ❷ (*Berufsverkehr*) commuter traffic

pen·dent [pɛn'dɛnt] *adj* SCHWEIZ (*form: anhängig*) pending

Pen·denz <-, -en> [pɛn'dɛnts] *f* SCHWEIZ (*form*) pending matter

Pend·ler(in) <-s, -> ['pɛndlɐ] *m(f)* commuter

Pe·nes ['pe:ne:s] *pl von* **Penis**

pe·ne·trant [pene'trant] **I.** *adj* ❶ (*durchdringend*) penetrating; **~er Geruch** a pungent smell ❷ (*aufdringlich*) overbearing, insistent; **sei doch nicht so ~, ich gehe ja mit!** stop pestering me, I'm coming! **II.** *adv* pungently, penetratingly

peng [pɛŋ] *interj* (*Schussgeräusch*) bang

pe·ni·bel [pe'ni:bl̩] *adj* (*geh Ordnung*) meticulous; (*Mensch*) fastidious; ■**jd ist** [**in etw** *dat*] **~** sb is fastidious [*or fam* pernickety] [about sth]

Pe·nis <-, -se *o* Penes> ['pe:nɪs, *pl* 'pe:ne:s] *m* penis

Pe·ni·zil·lin <-s, -e> [penitsɪ'li:n] *nt* penicillin

Pen·ne <-, -n> ['pɛnə] *f* SCH (*sl*) school; **auf die ~ gehen** to go to school

pen·nen ['pɛnən] *vi* (*fam*) ❶ (*schlafen*) to kip BRIT *fam,* to sleep AM; **du kannst auch bei mir ~** you can kip over at mine ❷ (*nicht aufpassen*) to sleep; ■**gepennt haben** to have been sleeping ❸ (*sl: Beischlaf haben*) ■**mit jdm ~** to go to bed with sb

Pẹn·ner(in) <-s, -> *m(f)* (*pej fam*) ❶ (*Stadtstreicher*) tramp, bum *fam* ❷ (*langsamer Mensch*) slowcoach BRIT *fam,* slowpoke AM *fam*

Pen·sa ['pɛnza], **Pen·sen** [pɛnzən] *pl von* **Pensum**

Pen·si·on <-, -en> [pã'zi̯o:n, pɛn'zi̯o:n] *f* ❶ TOURIST guest house ❷ (*Ruhegehalt*) pension; **in ~ gehen** to go into retirement; **in**

~ **sein** to be in retirement [*or* retired] ❸ *kein pl* TOURIST (*Verpflegung*) **mit** ~ with full board

Pen·si·o·när(in) <-s, -e> [pãzi̯o'nɛːɐ, pɛnzi̯o'nɛːɐ] *m(f)* ❶ (*Ruhestandsbeamter*) pensioner, retired person ❷ SCHWEIZ *s.* **Pensionsgast**

pen·si·o·nie·ren* [pãzi̯o'niːrən, pɛnzi̯o'niːrən] *vt* ■**pensioniert werden** to be pensioned off; **vorzeitig pensioniert werden** to be given early retirement; ■**sich** ~ **lassen** to retire

pen·si·o·niert *adj* retired

Pen·si·o·nie·rung <-, -en> *f* retirement

Pensionsalter *nt* retirement age **Pen·si·ons·an·spruch** *m* right to a pension **pen·si·ons·be·rech·tigt** *adj* entitled to a pension **Pen·si·ons·preis** *m* TOURIST cost of board **pen·si·ons·reif** *adj* (*fam*) ready for retirement

Pen·sum <-s, Pensa *o* Pensen> ['pɛnzʊm, *pl* 'pɛnza, 'pɛnzən] *nt* (*geh*) work quota

Pent·house <-, -s> ['pɛnthaus] *nt* penthouse

Pep <-[s]> [pɛp] *m kein pl* verve, pep *fam*, oomph *fam*, pizzazz *fam*; ~ **haben** (*fam*) to have verve [*or* pizzazz]; **mit ...** ~ (*fam*) with ... pizzazz [*or* pep]

Pe·pe·ro·ni [pepe'roːni] *pl* KOCHK ❶ (*scharfe Paprikas*) chillies *pl* ❷ SCHWEIZ (*Gemüsepaprika*) peppers *pl*

pep·pig ['pɛpɪç] *adj* (*fam*) peppy *fam*, racy *fam*, upbeat

Pep·sin <-s, -e> [pɛp'siːn] *nt* pepsin

Pep·tid <-s, -e> [pɛp'tiːt] *nt* BIOL, CHEM peptide

per [pɛr] *präp* ❶ (*durch*) by; ~ **Post/Bahn** by post [*or* AM mail]/train ❷ (*pro*) per ▸WENDUNGEN: ~ **pedes** (*hum*) on foot, BRIT *a.* on shank's pony *hum*; ~ **se** (*geh*) per se; **mit jdm** ~ **du/Sie sein** (*fam*) to address sb with "du"/"Sie", to be on familiar/unfamiliar terms with sb

Pe·res·troi·ka <-> [perɛs'trɔyka] *f kein pl* POL perestroika

per·fekt [pɛr'fɛkt] **I.** *adj* ❶ (*vollkommen*) perfect ❷ *pred* (*abgemacht*) ■~ **sein** to be settled; **etw** ~ **machen** to settle sth **II.** *adv* perfectly

Per·fekt <-s, -e> ['pɛrfɛkt] *nt* LING ❶ (*vollendete Zeitform*) perfect [tense] ❷ (*Verbform im* ~) perfect

Per·fek·ti·on <-> [pɛrfɛk'tsi̯oːn] *f kein pl* (*geh*) perfection; ■**mit** ~ to perfection; **in höchster** ~ to the highest perfection

per·fek·ti·o·nie·ren* [pɛrfɛktsio'niːrən] *vt* (*geh*) ■**etw** ~ to perfect sth

Per·fek·ti·o·nis·mus <-> [pɛrfɛktsi̯o'nɪsmʊs] *m kein pl* (*geh*) perfectionism

Per·fek·ti·o·nist(in) <-en, -en> [pɛrfɛktsi̯o'nɪst] *m(f)* perfectionist

per·fi·de [pɛr'fiːdə] **I.** *adj* (*geh*) perfidious *liter* **II.** *adv* (*geh*) perfidiously

Per·fo·ra·ti·on <-, -en> [pɛrfora'tsi̯oːn] *f* ❶ (*Lochung*) perforation ❷ (*Trennlinie*) perforated line ❸ MED perforation

per·fo·rie·ren* [pɛrfo'riːrən] *vt* ■**etw** ~ to perforate sth

Per·for·man·ce <-> [pøːɐ̯'fɔːɐ̯məns] *f kein pl* (*sl*) performance, manner

Per·ga·ment <-[e]s, -e> [pɛrga'mɛnt] *nt* parchment

Per·ga·ment·band <-bände> *m* vellum-bound book **Per·ga·ment·pa·pier** *nt* greaseproof paper **Per·ga·ment·rol·le** *f* scroll

Per·go·la <-, Pergolen> ['pɛrgola, *pl* -golən] *f* pergola

Pe·ri·o·de <-, -n> [pe'ri̯oːdə] *f* ❶ (*Zeitabschnitt*) period ❷ BIOL period ❸ MATH repetend

Pe·ri·o·den·sys·tem *nt* CHEM periodic table

pe·ri·o·disch [pe'ri̯oːdɪʃ] **I.** *adj* periodic[al], regular **II.** *adv* periodically, regularly; *s. a.* **Dezimalzahl**

pe·ri·pher [peri'feːɐ̯] **I.** *adj* ❶ (*geh: oberflächlich*) peripheral ❷ ANAT, MED peripheral **II.** *adv* (*geh*) peripherally, on the periphery

Pe·ri·phe·rie <-, -n> [perife'riː, *pl* -'riːən] *f* ❶ (*Randzone*) periphery, outskirts *pl* ❷ MATH (*Begrenzungslinie*) periphery ❸ INFORM (*Peripheriegeräte*) peripheral [device]

Pe·ri·skop <-s, -e> [peri'skoːp] *nt* periscope

Perl·boh·ne *f* Boston bean, pearl haricot, pea bean

Per·le <-, -n> ['pɛrlə] *f* ❶ (*Schmuckperle*) pearl ❷ (*Kügelchen*) bead ❸ (*fig*) gem; **unsere Haushälterin ist eine echte** ~ our housekeeper is a true gem ❹ (*Tropfen*) bead, droplet ❺ (*Luftbläschen*) bubble ▸WENDUNGEN: ~**n vor die Säue werfen** (*prov*) to cast pearls before swine *prov*

per·len ['pɛrlən] *vi* ❶ (*sprudeln*) to fizz ❷ (*geh: in Tropfen stehen*) ■**auf etw** ~ *dat* to form beads [*or* droplets] on sth ❸ (*geh: in Tropfen rinnen*) ■**von etw** ~ to trickle [*or* roll] from sth

Per·len·ket·te *f* pearl necklace **Per·len·tau·cher(in)** *m(f)* pearl diver

Perl·gers·te *f* pearl barley **Perl·huhn** *nt* guinea fowl **Perl·mu·schel** *f* pearl oyster

Perl·mutt <-s> ['pɛrlmʊt] *nt kein pl* mother-of-pearl

Per·lon® <-s> ['pɛrlɔn] *nt kein pl* [type of] nylon

Per·lon·strumpf <-[e]s, -strümpfe> *m* nylon stocking; ■**Perlonstrümpfe** nylons *npl*, nylon stockings *pl*

Perl·tang *m* BOT carragheen **Perl·zwie·bel** *f* pearl onion

Perm <-s> [pɛrm] *kein pl nt* GEOL Permian

per·ma·nent [pɛrma'nɛnt] **I.** *adj* (*geh*) permanent **II.** *adv* (*geh*) permanently

Per·ma·nenz <-> [pɛrma'nɛnts] *f* (*geh*) permanence; **in** ~ constantly, continuously

Per·me·a·bi·li·tät <-> [pɛrmeabili'tɛt] *f kein pl* PHYS permeability

Per·pe·tu·um mo·bi·le <- -, - -[s]> [pɛr'peːtuʊm 'moːbilə] *nt* perpetual motion machine

per·plex [pɛr'plɛks] *adj* dumbfounded, thunderstruck

Per·ron <-s, -s> ['pɛrõː] *m* SCHWEIZ, ÖSTERR (*Bahnsteig*) platform

Per·sen·ning <-, -e[n]> [pɛr'zɛnɪŋ] *f* ❶ NAUT tarpaulin ❷ *kein pl* MODE (*Segeltuch*) canvas

Per·ser(in) <-s, -> ['pɛrzɐ] *m(f)* HIST Persian

Per·ser <-s, -> ['pɛrzɐ] *m* (*fam*) Persian [rug]

Per·ser(in) <-s, -> ['pɛrzɐ] *m(f)* GEOG Persian

Per·ser·tep·pich *m* Persian rug

Per·si·a·ner <-s, -> [pɛr'zi̯aːnɐ] *m* ❶ (*Fell*) Persian lamb ❷ MODE (*Mantel aus* ~ *1*) Persian lamb coat

Per·si·en <-s> ['pɛrzi̯ən] *nt* HIST *s.* **Iran** Persia

Per·si·fla·ge <-, -n> [pɛrzi'flaːʒə] *f* (*geh*) satire

per·si·flie·ren* [pɛrzi'fliːrən] *vt* (*geh*) ■**jdn/etw** ~ to satirize sb/sth

Per·sil·schein [pɛr'ziːl-] *m* ❶ (*hum fam*) denazification certificate ❷ (*fig*) clean bill of health

Per·sisch ['pɛrzɪʃ] *nt dekl wie adj* Persian; *s. a.* **Deutsch**

per·sisch ['pɛrzɪʃ] *adj* Persian

Per·si·sche <-n> ['pɛrzɪʃə] *nt* ■**das** ~ Persian, the Persian language; *s. a.* **Deutsche**

Per·si·scher Golf *m* Persian Gulf

Per·son <-, -en> [pɛr'zoːn] *f* ❶ *meist pl* (*Mensch*) person; **juristische** ~ JUR legal entity, juristic person; **natürliche** ~ JUR natural person; **jd als** ~ sb as a person; **ich/du etc für meine/deine etc** ~ I/you [*or* as for] myself/yourself; **... in** ~ personified; **in** ~ personally; **in einer** ~ rolled into one; **pro** ~ per person; **zur** ~ JUR concerning a person's identity ❷ (*pej: Subjekt*) character ❸ LIT, THEAT (*Handelnde*) character ❹ *kein pl* LING (*grammatische Form*) person

per·so·nal [pɛrzo'nal] *adj inv* (*geh*) personal

Per·so·nal <-s> [pɛrzo'naːl] *nt kein pl* ❶ (*Gesamtheit der Mitarbeiter*) personnel, staff ❷ (*Hausangestellte*) staff

Per·so·nal·ab·bau *m* downsizing *no pl, no indef art*, reduction in staff[ing levels] [*or* personnel], personnel [*or* staff] cuts *pl* **Per·so·nal·ab·tei·lung** *f* personnel [*or* human resources] department **Per·so·nal·ak·te** *f* personal file **Per·so·nal·aus·weis** *m* identity card **Per·so·nal·be·stand** *m* number of staff [*or* personnel] **Per·so·nal·bü·ro** *nt* ÖKON personnel office **Per·so·nal·chef(in)** *m(f)* personnel manager, head of personnel

Per·so·nal Com·pu·terRR ['pøːsənəl-] *m* personal computer

Per·so·nal·ein·spa·rung *f* staff [*or* personnel] reduction, staff

P

cuts *pl*

Per·so·na·li·en [pɛrzoˈnaːli̯ən] *pl* particulars *npl*

Per·so·nal·kos·ten *pl* personnel costs *npl* **Per·so·nal·pla·nung** *f* ÖKON personnel planning *no pl, no indef art* **Per·so·nal·po·li·tik** *f* staff policy **Per·so·nal·pro·no·men** *nt* LING personal pronoun **Per·so·nal·rat** *m* staff council [of a public authority] **Per·so·nal·rat, -rä·tin** *m, f* staff council representative [of a public authority] **Per·so·nal·uni·on** *f* ❶ (*Halter von zwei Ämtern*) **in ~** (*geh*) at the same time; **er ist Parteisprecher und Präsident in ~** he's both party speaker and president ❷ HIST personal union **Per·so·nal·ver·mitt·lung** *f* ÖKON employment agency **Per·so·nal·we·sen** *nt* ÖKON personnel matters *pl*

per·so·nell [pɛrzoˈnɛl] **I.** *adj* personnel *attr,* staff *attr* **II.** *adv* as regards personnel; **~ aufstocken** to increase staff [*or* personnel]; **sich ~ aus etw zusammensetzen** to be staffed in a certain way

Per·so·nen·auf·zug *m* (*form*) passenger lift BRIT, AM elevator **Per·so·nen·be·för·de·rung** *f* carriage [*or* conveyance] of passengers **Per·so·nen·be·schrei·bung** *f* personal description **per·so·nen·be·zo·gen** *adj* personal **Per·so·nen·ge·dächt·nis** *nt* memory for faces; **ein gutes/schlechtes ~ haben** to have a good/bad memory for faces **Per·so·nen·ge·sell·schaft** *f* ÖKON partnership **Per·so·nen·kraft·wa·gen** *m* (*geh*) motorcar *form* **Per·so·nen·kreis** *m* group of people **Per·so·nen·kult** *m* personality cult; **einen ~ mit jdm treiben** to build up a personality cult around sb **Per·so·nen·scha·den** *m* personal injury **Per·so·nen·schutz** *m* personal security **Per·so·nen·ver·kehr** *m* passenger transport **Per·so·nen·waa·ge** *f* (*form*) scales *npl* (*for weighing persons*) **Per·so·nen·wa·gen** *m* (*form*) private car **Per·so·nen·zug** *m* (*veraltend*) slow [*or* stopping] train

Per·so·ni·fi·ka·ti·on <-, -en> [pɛrzonifikaˈtsi̯oːn] *f* (*geh*) personification

per·so·ni·fi·zie·ren* [pɛrzonifiˈtsiːrən] *vt* ■**etw ~** to personify sth

Per·so·ni·fi·zie·rung <-, -en> *f* (*geh*) personification

per·sön·lich [pɛrˈzøːnlɪç] **I.** *adj* ❶ (*eigen*) personal ❷ (*jdn selbst betreffend*) personal ❸ (*zwischenmenschlich*) personal ❹ (*intim*) friendly; **ich möchte ein ~es Wort an Sie richten** I would like to address you directly ❺ (*gegen jdn gerichtet*) personal ❻ (*als Privatperson*) personal ❼ (*anzüglich*) ■**~ werden** to get personal; *s. a.* **Fürwort II.** *adv* ❶ (*selbst*) personally; **~ erscheinen/auftreten** to appear/perform in person ❷ (*privat*) personally; **~ befreundet sein** to be personal friends

Per·sön·lich·keit <-, -en> *f* ❶ *kein pl* (*individuelle Eigenart*) personality ❷ (*markanter Mensch*) character ❸ (*Prominenter*) celebrity, personality

Per·spek·ti·ve <-, -n> [pɛrspɛkˈtiːvə] *f* ❶ ARCHIT, KUNST (*räumliche Darstellung*) perspective ❷ (*Blickwinkel*) perspective ❸ (*geh: Betrachtungsweise*) perspective, angle, point of view ❹ (*geh: Aussichten*) prospect *usu pl*

per·spek·ti·visch [pɛrspɛkˈtiːvɪʃ] **I.** *adj* perspective *attr* **II.** *adv* in perspective

Per·spek·tiv·lo·sig·keit <-> *f kein pl* hopelessness *no pl*

Pe·ru <-s> [peˈruː] *nt* Peru; *s. a.* **Deutschland**

Pe·ru·a·ner(in) <-s, -> [peˈru̯aːnɐ] *m(f)* Peruvian; *s. a.* **Deutsche(r)**

pe·ru·a·nisch [peˈru̯aːnɪʃ] *adj* Peruvian; *s. a.* **deutsch**

Pe·rü·cke <-, -n> [peˈrʏkə] *f* wig

per·vers [pɛrˈvɛrs] **I.** *adj* ❶ PSYCH perverted; ■**~ sein** to be perverted [*or* a pervert] ❷ (*sl: unnormal*) perverse, abnormal **II.** *adv* PSYCH **~ veranlagt sein** to have a perverted disposition

Per·ver·si·on <-, -en> [pɛrvɛrˈzi̯oːn] *f* perversion

Per·ver·si·tät <-, -en> [pɛrvɛrziˈtɛːt] *f* (*geh*) perversity

per·ver·tie·ren* [pɛrvɛrˈtiːrən] **I.** *vt haben* (*geh*) ■**etw ~** to warp [*or* pervert] sth **II.** *vi sein* (*geh*) ■**[zu etw] ~** to become perverted [into sth]

Pe·se·te <-, -ten> [peˈzeːtə] *f* ÖKON *s.* **Peseta**

Pes·sar <-s, -e> [pɛˈsaːɐ̯] *nt* diaphragm, cap

Pes·si·mis·mus <-> [pɛsiˈmɪsmʊs] *m kein pl* pessimism

Pes·si·mist(in) <-en, -en> [pɛsiˈmɪst] *m(f)* pessimist

pes·si·mis·tisch [pɛsiˈmɪstɪʃ] **I.** *adj* pessimistic **II.** *adv* pessimistically

Pest <-> [pɛst] *f kein pl* MED Pest; ■**die ~** the plague ▶ WENDUNGEN: **jdm die ~ an den Hals wünschen** (*fam*) to wish sb would drop dead *fam;* **wie die ~ stinken** (*fam*) to stink to high heaven *fam;* **jdn wie die ~ fürchten/hassen** (*fam*) to be terribly afraid of sb/to hate sb's guts *fam*

pest·ar·tig *adj* pestilential, vile **Pest·beu·le** *f* plague spot **Pest·ge·stank** *m* foul [*or* vile] stench

Pes·ti·zid <-s, -e> [pɛstiˈtsiːt] *nt* pesticide

Pe·ter <-s> [ˈpeːtɐ] *m* ▶ WENDUNGEN: **jdm den schwarzen ~ zuschieben** [*o* **zuspielen**] to leave sb holding the baby BRIT [*or* AM bag] *fam*

Pe·ter·le <-[s]> [ˈpeːtɐlə] *nt kein pl* ❶ BOT, KOCHK DIAL (*Petersilie*) parsley *no pl; s. a.* **Petersilie** ❷ *dim von* **Peter**

Pe·ter·männ·chen [ˈpeːtɐmɛnçən] *nt* greater weaver fish, stingfish

Pe·ters·fisch [ˈpeːtɐs-] *m* haddock

Pe·ter·si·lie <-, -n> [peteˈziːli̯ə] *f* parsley

Pe·ter·si·li·en·öl *nt* parsley oil

PET-Fla·sche [ˈpɛt] *f* PET [plastic] bottle

Pe·ti·tes·se <-, -n> [pətiːˈtɛsə] *f* (*geh*) triviality

Pe·ti·ti·on <-, -en> [petiˈtsi̯oːn] *f* petition

Pe·ti·ti·ons·recht *nt* right to petition

Pe·tri·scha·le [ˈpeːtri-] *f* Petri dish

Pe·tro·che·mie [peːtroçeˈmiː] *f* petrochemistry

Pe·tro·le·um <-s> [peˈtroːleʊm] *nt kein pl* paraffin, kerosene

Pe·tro·le·um·lam·pe *f* paraffin lamp

Pet·ting <-s, -s> [ˈpɛtɪŋ] *nt* petting

pet·to [ˈpɛto] *adv* ▶ WENDUNGEN: **etw in ~ haben** (*fam*) to have sth up one's sleeve *fam*

Pe·tu·nie <-, -n> [peˈtuːni̯ə] *f* petunia

Pet·ze <-, -n> [ˈpɛtsə] *f* (*pej fam*) telltale; (*fam*) BRIT *a.* grass *sl*

pet·zen [ˈpɛtsn̩] **I.** *vt* (*pej fam*) ■**[jdm] etw ~** to tell [sb] about sth, BRIT *a.* to grass sth [to sb] **II.** *vi* (*pej fam*) to tell, BRIT *a.* to grass

Pet·zer(in) <-s, -> *m(f)* (*pej fam*) telltale *fam,* BRIT *a.* grass *sl*

Pf *m* (*hist*) *Abk von* **Pfennig**

Pfad <-[e]s, -e> [pfaːt, *pl* ˈpfaːdə] *m* (*schmaler Weg*) path ▶ WENDUNGEN: **auf dem ~[e] der Tugend wandeln** (*geh*) to follow the path of virtue; **jdn auf den ~ der Tugend zurückführen** (*geh*) to lead sb back onto the path of virtue; **ein dorniger ~** (*geh*) arduous endeavour [*or* AM -or] *form*

pfa·den [ˈpfaːdn̩] *vt* SCHWEIZ ❶ (*von Schnee räumen*) ■**etw ~** to clear sth of snow ❷ (*einen Pfad bahnen*) ■**gepfadet sein** to have paths

Pfad·fin·der(in) <-s, -> *m(f)* [boy] scout; (*Mädchen*) [girl] guide

Pfaf·fe <-n, -n> [ˈpfafə] *m* (*pej*) cleric *pej*

Pfaf·fen·küm·mel *m* cumin

Pfahl <-[e]s, Pfähle> [pfaːl, *pl* pfɛːlə] *m* ❶ (*Zaunpfahl*) post ❷ (*angespitzter Rundbalken*) stake

Pfahl·bau <-bauten> *m* structure on stilts

pfäh·len [ˈpfɛːlən] *vt* ❶ HORT (*durch Pfähle stützen*) ■**etw ~** to stake sth ❷ HIST (*aufspießen*) ■**jdn ~** to impale sb

Pfahl·wurm *m* ZOOL ship worm **Pfahl·wur·zel** *f* taproot

Pfalz <-, -en> [pfalts] *f* ❶ GEOG palatinate; ■**die ~** the palatinate; **Rheinland-~** the Rhineland-Palatinate ❷ HIST palace

Pfand <-[e]s, Pfänder> [pfant, *pl* ˈpfɛndɐ] *nt* ❶ (*Sicherheit für Leergut*) deposit ❷ (*Sicherheit*) security, deposit ❸ (*geh: Symbol, Beweis*) pledge; **nimm diesen Ring als ~ meiner immerwährenden Liebe!** take this ring as a pledge of my everlasting love!

pfänd·bar *adj* JUR distrainable *form,* attachable *form*
Pfand·brief *m* FIN mortgage bond
pfän·den ['pfɛndn̩] *vt* JUR ❶ (*beschlagnahmen*) ■[**jdm**] **etw** ~ to impound [*or* seize] [sb's] sth; ■**das P~** seizing of possessions ❷ (*Pfandsiegel anbringen*) ■**jdn** ~ to seize some of sb's possessions; ■**jdn** ~ **lassen** to get the bailiffs onto sb
Pfän·der·spiel *nt* game of forfeits
Pfand·fla·sche *f* returnable bottle **Pfand·lei·he** <-, -n> *f* pawnbroker's, pawnshop **Pfand·lei·her(in)** <-s, -> *m(f)* pawnbroker **Pfand·recht** *nt* JUR ■**ein/jds** ~ **an etw** *dat* a/sb's right of distraint upon sth *form;* **das** ~ **an etw haben** to have the right to have sth impounded [*or* seized] **Pfand·schein** *m* pawn ticket **Pfand·sie·gel** *nt* JUR *official seal on impounded items*
Pfän·dung <-, -en> *f* distraint *form,* seizure
Pfan·ne <-, -n> ['pfanə] *f* ❶ KOCHK [frying] pan ❷ SCHWEIZ (*Topf*) pot ❸ BAU (*Dachziegel*) pantile ► WENDUNGEN: **jdn in die ~ hauen** (*sl*) to do the dirty BRIT *sl* [*or* AM play a mean trick] on sb; *s. a.* **Ei**
Pfan·nen·wen·der *m* slotted turner, fish slice
Pfann·ku·chen *m* pancake
Pfarr·amt *nt* rectory, vicarage
Pfar·rei <-, -en> [pfa'rai] *f* REL ❶ (*Gemeinde*) parish ❷ *s.* **Pfarramt**
Pfar·rer(in) <-s, -> ['pfarɐ] *m(f)* priest
Pfarr·ge·mein·de *f s.* **Pfarrei 1 Pfarr·haus** *nt* (*katholisch*) presbytery; (*anglikanisch*) rectory, vicarage **Pfarr·kir·che** *f* parish church
Pfau <-[e]s *o* -en, -en> [pfau] *m* ORN peacock ► WENDUNGEN: **ein eitler** ~ **sein** (*geh*) to be vain as a peacock
Pfau·en·au·ge *nt* peacock butterfly **Pfau·en·fe·der** *f* peacock feather **Pfau·en·rad** *nt* peacock's fan
Pfef·fer <-s, -> ['pfɛfɐ] *m* KOCHK pepper; **grüner** ~ green pepper ► WENDUNGEN: **hingehen** [*o* **bleiben**], **wo der** ~ **wächst** (*fam*) to go to hell *fam*
Pfef·fer·fen·chel *m* fennel seed
pfef·fe·rig ['pfɛfərɪç] *adj* peppery
Pfef·fer·korn ['pfɛfɐkɔrn] *nt* peppercorn **Pfef·fer·ku·chen** *m* gingerbread **Pfef·fer·küm·mel** *m* cumin
Pfef·fer·minz <-es, -[e]> *nt* peppermint
Pfef·fer·minz·bon·bon *nt* peppermint
Pfef·fer·min·ze *f kein pl* peppermint
Pfef·fer·minz·ge·schmack *m* peppermint flavour [*or* AM -or]; **ein Bonbon mit** ~ a peppermint-flavoured [*or* AM -ored] sweet **Pfef·fer·minz·öl** *nt* peppermint oil **Pfef·fer·minz·pas·til·le** *f* mint pastille **Pfef·fer·minz·tee** *m* peppermint tea
Pfef·fer·müh·le *f* pepper mill
pfef·fern ['pfɛfɐn] *vt* ❶ KOCHK ■**etw** ~ to season sth with pepper, to pepper sth ❷ (*fam: schleudern*) ■**etw irgendwohin** ~ to fling sth somewhere ► WENDUNGEN: **jdm eine** ~ (*sl*) to give sb a smack in the face *fam; s. a.* **gepfeffert**
Pfef·fer·strauch *m* pepper [plant] **Pfef·fer·streu·er** <-s, -> *m* pepper pot
pfef·frig ['pfɛfrɪç] *adj s.* **pfefferig**
Pfei·fe <-, -n> ['pfaifə] *f* ❶ (*Tabakspfeife*) pipe; ~ **rauchen** to smoke a pipe; **sich** *dat* **eine** ~ **stopfen/anzünden** to fill/light a pipe ❷ (*Trillerpfeife*) whistle ❸ (*Musikinstrument*) pipe; **die** ~ **blasen** to play the pipe ❹ (*sl: Nichtskönner*) loser *sl* ► WENDUNGEN: **jdn/etw in der** ~ **rauchen können** (*fam*) to forget sb/sth; **nach jds** ~ **tanzen** to dance to sb's tune
pfei·fen <pfiff, gepfiffen> ['pfaifn̩] **I.** *vi* ❶ (*Pfeiftöne erzeugen*) to whistle ❷ (*fam: verzichten*) ■**auf etw** ~ *akk* not to give a damn about sth; **ich pfeife auf euer Mitleid!** I don't need your sympathy! **II.** *vt* ❶ (*Töne erzeugen*) whistle; ■[**jdm**] **etw** ~ to whistle sth [to sb]; **eine Melodie** ~ to whistle a melody ❷ SPORT give, award, referee; ■**etw** ~ **ein Spiel** ~ to referee a game; **einen Elfmeter** ~ to award a penalty
Pfei·fen·be·steck *nt* pipe tools *pl* **Pfei·fen·kopf** *m* bowl [of a pipe] **Pfei·fen·rau·cher(in)** *m(f)* pipe smoker; ~ **sein** to smoke a pipe **Pfei·fen·rei·ni·ger** *m* pipe-cleaner **Pfei·fen·stän·der** *m* pipe stand [*or* rack] **Pfei·fen·stop·fer** <-s, -> *m* tamper **Pfei·fen·ta·bak** *m* pipe tobacco
Pfeif·en·te *f* ORN wigeon
Pfei·fer(in) <-s, -> ['pfaifɐ] *m(f)* ❶ (*Pfeifender*) whistler ❷ MUS piper, fifer
Pfeif·kes·sel *m s.* **Flötenkessel Pfeif·kon·zert** *nt* chorus [*or* hail] of catcalls [*or* whistles]; **ein** ~ **veranstalten** to unleash a chorus of catcalls **Pfeif·ton** *m* whistle
Pfeil <-s, -e> [pfail] *m* ❶ SPORT arrow; ~ **und Bogen** bow and arrow; *s. a.* **Amor** ❷ (*Richtungspfeil*) arrow ► WENDUNGEN: **alle** ~**e verschossen haben** to have run out of arguments; **wie ein** ~ like a shot
Pfei·ler <-s, -> ['pfailɐ] *m* ❶ ARCHIT pillar ❷ BAU pylon
Pfeil·gift *nt* arrow poison **Pfeil·schwanz** *m* ZOOL king [*or* horseshoe] crab **Pfeil·spit·ze** *f* arrowhead **Pfeil·wurm** *m* ZOOL arrow worm **Pfeil·wurz·mehl** *nt* arrowroot
Pfen·nig <-s, -e *o meist nach Zahlenangabe* -> ['pfɛnɪç] *m* (*hist*) pfennig; **keinen** ~ [**Geld**] **haben** not to have a penny, to be penniless; **keinen** ~ **wert sein** to be worth nothing; **keinen** ~ not a penny; (*Pfennigstück*) pfennig piece ► WENDUNGEN: **wer den** ~ **nicht ehrt, ist des Talers nicht wert** (*prov*) take care of the pennies and the pounds will look after themselves *prov;* **nicht für fünf** ~ (*fam*) not an ounce; **er hat nicht für fünf** ~ **Anstand** he hasn't an ounce of decency; **jeden** ~ **umdrehen** (*fam*) to think twice about every penny one spends; **mit dem** [*o* **jedem**] ~ **rechnen müssen** to have to count every penny
Pfen·nig·ab·satz *m* MODE (*fam*) stiletto heel **Pfen·nig·fuch·ser(in)** <-s, -> [-fʊksɐ] *m(f)* (*fam*) miser, stinge *fam*
Pferch <-es, -e> [pfɛrç] *m* pen
pfer·chen ['pfɛrçn̩] *vt* ■**jdn/Tiere in etw** ~ *akk* to cram [*or* pack] sb/animals into sth
Pferd <-[e]s, -e> [pfe:ɐ̯t, *pl* -də] *nt* ❶ (*Tier*) horse; **arbeiten** [*o fam* **schuften**] **wie ein** ~ to work like a horse *fam;* **zu** ~**e** (*geh*) on horseback ❷ SCHACH (*Springer*) knight ► WENDUNGEN: **das** ~ **beim** [*o* **am**] **Schwanz**[**e**] **aufzäumen** (*fam*) to put the cart before the horse *fam;* **jds bestes** ~ **im Stall** (*fam*) sb's best man; **aufs falsche/richtige** ~ **setzen** (*fam*) to back the wrong/right horse; **immer langsam** [*o* **sachte**] **mit den jungen** ~**en!** (*fam*) hold your horses! *fam;* **die** ~**e scheu machen** (*fam*) to put people off *fam;* **ein Trojanisches** ~ (*geh*) a Trojan horse; **keine zehn** ~**e** (*fam*) wild horses; **keine zehn** ~**e könnten mich je dazu bringen** wild horses couldn't make me do that; **jdm gehen die** ~**e durch** (*fam*) sb blows their top *fam;* **das hält ja kein** ~ **aus** (*fam*) that's more than anyone would put up with; **mit jdm** ~**e stehlen können** (*fam*) sb is game for anything *fam;* **ich glaub' mich tritt ein** ~**!** (*fam*) well I'll be blowed! [*or* AM *fam* damned!]; **auf die** ~**e!** get moving! *fam*
Pfer·de·ap·fel *m meist pl* horse droppings *npl* **Pfer·de·bahn** *f* horse-drawn tram [*or* AM streetcar] **Pfer·de·be·sit·zer(in)** *m(f)* horse-owner **Pfer·de·boh·ne** *f* broad bean **Pfer·de·dieb(in)** *m(f)* horse thief **Pfer·de·fleisch** *nt* horsemeat **Pfer·de·fuß** *m* ❶ LIT (*Huf*) cloven hoof ❷ (*Haken*) catch; **das Angebot klingt günstig, wo ist der** ~**?** the offer sounds great, where's the catch? **Pfer·de·ge·biss**[RR] *nt* (*fam*) teeth like a horse **Pfer·de·kut·sche** *f* horse and carriage **Pfer·de·mäh·ne** *f* horse's mane **Pfer·de·renn·bahn** *f* racecourse [*or* track] **Pfer·de·ren·nen** *nt* horse-racing **Pfer·de·rü·cken** *m* horseback **Pfer·de·schlit·ten** *m* horse-drawn sleigh **Pfer·de·schwanz** *m* ❶ (*vom Pferd*) horse's tail ❷ (*Frisur*) ponytail **Pfer·de·stall** *m* stable **Pfer·de·stär·ke** *f* (*veraltend*) horse-power **Pfer·de·zucht** *f* horse breeding **Pfer·de·züch·ter(in)** *m(f)* horse breeder
pfiff [pfɪf] *imp von* **pfeifen**
Pfiff <-s, -e> [pfɪf] *m* ❶ (*Pfeifton*) whistle ❷ (*fam: Reiz*)

P

pizzazz, flair

Pfif·fer·ling <-[e]s, -e> ['pfɪfɐlɪŋ] *m* BOT, KOCHK chanterelle ▸WENDUNGEN: **keinen ~ wert sein** to not be worth a thing; **keinen** [*o* **nicht einen**] ~ (*fam*) not a penny *fam*

pfif·fig ['pfɪfɪç] **I.** *adj* sharp, smart **II.** *adv* sharply, smartly

Pfif·fig·keit <-> *f kein pl* sharpness

Pfing·sten <-, -> ['pfɪŋstn̩] *nt meist ohne Artikel* Whitsun, Whit Sunday; (*Pfingstwochenende*) Whitsuntide; **an** [*o* **zu**] [*o* **über**] ~ at Whitsun

Pfingst·fe·ri·en *pl* Whitsun holidays [*or* AM vacation] **Pfingst·fest** *nt* (*geh*) *s.* **Pfingsten** **Pfingst·mon·tag** *m* Whit Monday **Pfingst·ro·se** *f* peony **Pfingst·sonn·tag** *m* Whit Sunday, Pentecost *spec* **Pfingst·tag** *m* Whitsun, Whit Sunday **Pfingst·wo·che** *f* Whit week

Pfir·sich <-s, -e> ['pfɪrzɪç] *m* BOT, KOCHK peach

Pfir·sich·an·bau *m* peach cultivation **Pfir·sich·baum** *m* peach tree **Pfir·sich·ern·te** *f* peach harvest **Pfir·sich·haut** *f* peach skin **Pfir·sich·plan·ta·ge** *f* peach plantation **Pfir·sich·saft** *f* peach juice

Pflan·ze <-, -n> ['pflantsə] *f* plant; **~n fressend** herbivorous; **Fleisch fressende** ~ carnivorous plant

pflan·zen ['pflantsn̩] **I.** *vt* ■**etw** ~ to plant sth **II.** *vr* (*fam*) ■**sich** *akk* **irgendwohin** ~ to plonk [*or* AM *a.* plunk] oneself somewhere *fam*

Pflan·zen·fa·ser *f* plant fibre [*or* AM -er] **Pflan·zen·fett** *nt* vegetable fat **Pflan·zen·fres·ser** *m* herbivore **Pflan·zen·ge·sell·schaft** *f* plant society **Pflan·zen·reich** *nt kein pl* plant kingdom *no pl* **Pflan·zen·schutz** *m* AGR, CHEM pest control; **biologischer** ~ biological pest control **Pflan·zen·schutz·mit·tel** *nt* pesticide **Pflan·zen·so·zi·o·lo·gie** *f* phytosociology **Pflan·zen·welt** *f* flora, plant life

Pflan·zer(in) <-s, -> *m(f)* planter

pflanz·lich **I.** *adj attr* ❶ (*vegetarisch*) vegetarian ❷ (*aus Pflanzen gewonnen*) vegetable, plant-based **II.** *adv* **sich** *akk* ~ **ernähren** to eat a vegetarian diet

Pflan·zung <-, -en> *f* ❶ *kein pl* (*das Pflanzen*) planting ❷ AGR *s.* **Plantage**

Pflas·ter <-s, -> ['pflastɐ] *nt* ❶ MED plaster ❷ BAU road [*or* paved] surface ▸WENDUNGEN: **ein gefährliches** [*o* **heißes**] ~ (*fam*) a dangerous place; **ein teures** ~ (*fam*) an expensive town [*or* area]

Pflas·te·rer(in) <-s, -> *m(f)* road worker

Pflas·ter·ma·ler(in) *m(f)* pavement artist

pflas·tern ['pflastɐn] **I.** *vt* ■**etw** [**mit etw**] ~ to surface sth [with sth]; **etw mit Steinplatten** ~ to pave sth with flagstones **II.** *vi* to pave

Pflas·ter·stein ['pflastɐ-] *m* paving stone

Pflas·te·rung <-, -en> *f* BAU ❶ *kein pl* (*das Pflastern*) paving ❷ (*gepflasterte Fläche*) paving

Pflau·me <-, -n> ['pflaumə] *f* ❶ KOCHK plum ❷ BOT, HORT plum tree ❸ (*fam: Pfeife*) twat *pej fam*

Pflau·men·baum *m* plum tree **Pflau·men·kern** *m* plum stone **Pflau·men·kom·pott** *nt* stewed plums *pl* **Pflau·men·ku·chen** *m* plum tart **Pflau·men·mar·me·la·de** *f* plum jam **Pflau·men·scha·le** *f* plum skin **Pflau·men·schnaps** *m* plum schnapps **Pflau·men·stän·gel**[RR] *m* plum stem

Pfle·ge <-> ['pfle:gə] *f kein pl* ❶ (*kosmetische Behandlung*) care, grooming ❷ MED care, nursing; **jdn/ein Tier** [**bei jdm**] **in ~ geben** to have sb/an animal looked after [by sb]; **jdn/ein Tier** [**von jdm**] **in ~ nehmen** to look after [sb's] sb/animal ❸ HORT care, attention ❹ (*geh: Kultivierung*) cultivation, fostering

Pfle·ge·an·wei·sung *f* care instructions *pl* **pfle·ge·be·dürf·tig** *adj* ❶ (*der Fürsorge bedürfend*) in need of care *pred;* ■**~ sein** to be in need of [permanent] care, to need looking after [*or* permanent care] ❷ (*Versorgung erfordernd*) ■**~ sein** to need looking after, to be in need of care; **die Instrumente sind sehr** ~ the instruments need a lot of looking after [*or* a lot of care and attention] [*or* need to be carefully looked after] **Pfle·ge·el·tern** *pl* foster parents *pl* **Pfle·ge·fall** *m* nursing case, sb who needs constant [*or* permanent] nursing care; **jd ist ein** ~ sb needs constant nursing care **Pfle·ge·geld** *nt* care allowance **Pfle·ge·heim** *nt* nursing home **Pfle·ge·hel·fer(in)** *m(f)* nursing auxiliary **Pfle·ge·kind** *nt* foster child **Pfle·ge·kos·ten** *pl* nursing fees *pl* **Pfle·ge·kraft** *f* carer, nurse **pfle·ge·leicht** *adj* easy-care *attr,* that doesn't need much care [*or* looking after] *pred;* **ein ~es Tier/~er Mensch** an animal that/a person who is easy to cope with [*or* look after] **Pfle·ge·li·nie** *f* skin-care range **Pfle·ge·mit·tel** *nt* ❶ (*Kosmetika*) cosmetic product ❷ (*Reinigungsmittel*) cleaning product **Pfle·ge·mut·ter** *f* foster mother

pfle·gen ['pfle:gn̩] **I.** *vt* ❶ (*umsorgen*) ■**jdn** ~ to care for [*or* look after] [*or* nurse] sb ❷ (*gärtnerisch versorgen*) ■**etw** ~ to tend sth ❸ (*schützend behandeln*) ■**etw** [**mit etw**] ~ to look after sth [with sth] ❹ (*kosmetisch behandeln*) ■**etw** [**mit etw**] ~ to treat sth [with sth] ❺ (*gewöhnlich tun*) ■**etw zu tun** ~ to usually do [*or* be in the habit of doing] sth; **um diese Zeit pflege ich noch im Bett zu liegen** I'm usually still in bed at this time; **wie man zu sagen pflegt** as they say ❻ (*geh: kultivieren*) ■**etw** ~ to cultivate sth; **eine Freundschaft/eine Kunst** ~ to cultivate a friendship/an art; **Beziehungen/eine Kooperation** ~ to foster relations/a cooperation; **ein Hobby** ~ to keep up a hobby *sep* **II.** *vr* ■**sich** ~ ❶ (*Körperpflege betreiben*) to take care of one's appearance; ■**sich** *akk* **mit etw** ~ to treat oneself [with sth]; **ich pflege mich regelmäßig mit Körperlotion** I use body lotion regularly ❷ (*sich schonen*) to take it [*or* things] easy *fam;* **du solltest dich mehr ~!** you should take things easier!

Pfle·ge·not·stand *m* shortage of nursing staff **Pfle·ge·per·so·nal** *nt* nursing staff + *pl vb*

Pfle·ger(in) <-s, -> *m(f)* [male] nurse *masc,* nurse *fem*

Pfle·ge·rei·he *f* skin-care range

pfle·ge·risch **I.** *adj* nursing *attr;* **~e Öle** balsamic oils **II.** *adv* as a nurse

Pfle·ge·satz *m* hospital charges *pl,* daily rate [*or* charge] for a hospital bed **Pfle·ge·sham·poo** *nt* PHARM cosmetic shampoo **Pfle·ge·sohn** *m* foster son **Pfle·ge·spü·lung** *f* PHARM cosmetic conditioner **Pfle·ge·toch·ter** *f* foster daughter **Pfle·ge·va·ter** *m* foster father **Pfle·ge·ver·si·che·rung** *f* private nursing insurance

pfleg·lich ['pfle:klɪç] **I.** *adj* careful; **ich bitte um ~e Behandlung!** please handle with care **II.** *adv* carefully, with care

Pfleg·ling <-s, -e> ['pfle:klɪç] *m* sb/sth being cared for; *Kind* charge; *Baby* nursling

Pfleg·schaft <-, -en> *f* JUR guardianship

Pflicht <-, -en> [pflɪçt] *f* ❶ (*Verpflichtung*) duty, responsibility; ■**jds ~/~en als jd** sb's duty [*or* responsibility]/duties [*or* responsibilities] as sb; **jds verdammte ~ und Schuldigkeit sein, etw zu tun** (*sl*) sb damn [*or* BRIT *a.* bloody] well ought to do sth *sl;* **sich** *dat* **zur ~ machen, etw zu tun** to make it one's duty [*or* take it upon oneself] to do sth; **die ~ haben, etw zu tun** to have the duty to do sth; **eheliche ~en** conjugal duties; **jdn** [**durch etw**] **in die ~ nehmen** (*geh*) to remind sb of his duty [through sth], to insist on sb discharging his responsibility; **die ~ ruft** duty calls; **nur seine ~ tun** to only do one's duty; *s. a.* **Recht** ❷ SPORT compulsory section [*or* exercise]

Pflicht·be·such *m* ❶ SCH compulsory attendance ❷ (*moralisch*) obligatory visit **pflicht·be·wusst**[RR] *adj* conscientious; ■**~ sein** to be conscientious, to have a sense of duty **Pflicht·be·wusst·sein**[RR] *nt* sense of duty *no pl* **Pflicht·ein·la·ge** *f* FIN compulsory contribution of capital (*e.g. in a partnership*)

Pflich·ten·heft *nt* ❶ (*Auflistung der zu erfüllenden Aufgaben; Leistungsverzeichnis*) duties record book ❷ (*Beschreibung des Aufgabenfelds*) job description

Pflicht·er·fül·lung *f kein pl* fulfilment [*or* AM *a.* fulfillment] [*or* performance] of one's duty **Pflicht·ex·em·plar** *nt* VERLAG deposit copy **Pflịcht·fach** *nt* compulsory subject **Pflịcht·ge·fühl** *nt kein pl s.* **Pflichtbewusstsein pflịcht·ge·mäß I.** *adj* dutiful **II.** *adv* dutifully, in accordance with one's duty **Pflịcht·lek·tü·re** *f* compulsory [*or* required] reading *no pl, no indef art* **Pflịcht·schu·le** *f* (*form*) compulsory school **Pflịcht·teil** *m o nt* JUR statutory [minimum] portion (*of an inheritance*) **Pflịcht·übung** *f* SPORT *s.* **Pflicht 2 Pflịcht·ver·let·zung** *f* breach of duty **pflịcht·ver·si·chert** *adj* compulsorily insured **Pflịcht·ver·si·cher·te(r)** *f(m) dekl wie adj* compulsorily insured person **Pflịcht·ver·si·che·rung** *f* compulsory insurance *no pl, no art* **Pflịcht·ver·tei·di·ger(in)** *m(f)* JUR court-appointed defence [*or* AM -se] counsel

Pflock <-[e]s, Pflöcke> [pflɔk, *pl* 'pflœkə] *m* stake; (*Zelt~*) peg

pflü·cken ['pflʏkn̩] *vt* ■**etw** ~ to pick sth

Pflụ̈·cker(in) <-s, -> *m(f)* picker

Pflug <-es, Pflüge> [pflu:k, *pl* 'ply:gə] *m* plough, *esp* AM plow; **unter den ~ kommen/unter dem ~ sein** (*geh*) to come/be under the plough *form;* **etw unter den ~ nehmen** (*geh*) to put sth to the plough *form*

pflụ̈·gen I. *vi* to plough, *esp* AM to plow **II.** *vt* ■**etw** ~ to plough [*or esp* AM plow] sth

Pflü·ger <-s, -> ['pfly:gə] *m* (*veraltend*) ploughman, *esp* AM plowman

Pflụg·schar <-, -en> *f* ploughshare, *esp* AM plowshare

Pflụ̈m·li <-, -s> *nt* SCHWEIZ plum schnapps

Pfọrt·ader *f* ANAT portal vein

Pfor·te <-, -n> ['pfɔrtə] *f* ❶ (*Tor, bewachter Eingang*) gate ❷ GEOG gap; **die Burgundische ~** the Belford Gap ▶WENDUNGEN: **seine ~n schließen** (*geh*) to close one's doors for good [*or* down]

Pfört·ner <-s, -> ['pfœrtnɐ] *m* ANAT pylorus

Pfört·ner(in) <-s, -> ['pfœrtnɐ] *m(f)* porter BRIT, doorman AM; *Wohnblock* doorkeeper; *Tor* gatekeeper

Pfọ̈rt·ner·lo·ge [-lo:ʒə] *f* doorkeeper's [*or* gatekeeper's] office, BRIT *a.* porter's lodge

Pfos·ten <-s, -> ['pfɔstn̩] *m* ❶ (*Pfahl*) post ❷ (*Stützpfosten*) post; *Tür, Fenster* jamb ❸ SPORT post, upright

Pföt·chen <-s, -> ['pfø:tçən] *nt dim von* **Pfote** [little] paw; **[gib] ~!** [give me a] paw!

Pfo·te <-, -n> ['pfo:tə] *f* ❶ (*von Tieren*) paw ❷ KOCHK [pig's] trotter ❸ (*fam*) paw *fam,* mitt *sl;* **sich** *dat* **die ~n [an etw** *dat*] **verbrennen** (*fam*) to burn one's fingers [on/with sth] *fam*

Pfriem <-[e]s, -e> [pfri:m] *m* awl

Pfropf <-[e]s, -e *o* Pröpfe> [pfrɔpf, *pl* 'pfrœpfə] *m* MED clot

pfrop·fen[1] ['pfrɔpfn̩] *vt* ❶ (*hineindrücken*) ■**etw in etw** *akk* ~ to shove [*or* BRIT *a.* bung] sth into sth *fam* ❷ (*hineinzwängen*) ■**etw in etw** *akk* ~ to cram sth into sth

pfrop·fen[2] ['pfrɔpfn̩] *vt* HORT ■**etw** ~ to graft sth

Pfrop·fen <-s, -> ['pfrɔpfn̩] *m* stopper, plug

Pfrọp·fung <-, -en> *f* HORT grafting

Pfrün·de <-, -n> ['pfrʏndə] *f* sinecure

Pfuhl <-s, -e> [pfu:l] *m* (*veraltend*) [stagnant] pond

pfui [pfui] *interj* tut tut; (*Ekel*) ugh, yuck; **~, schäme dich!** tut tut, shame on you!; *s. a.* **Teufel, Deibel**

Pfund <-[e]s, -e *o nach Zahlenangabe* -> [pfʊnt, *pl* 'pfʊndə] *nt* ❶ (*500 Gramm*) pound ❷ (*Währungseinheit*) pound; **in ~** in pounds ▶WENDUNGEN: **mit seinem ~e wuchern** (*geh*) to make the most of one's talent

pfun·dig ['pfʊndɪç] *adj* (*fam*) great *fam,* fantastic *fam*

Pfụnds·an·ge·bot *nt* DIAL (*fam*) great offer *fam* **Pfunds·kerl** ['pfʊnts'kɛrl] *m* DIAL (*fam*) great guy [*or* BRIT *a.* bloke] *fam*

Pfusch <-[e]s> [pfʊʃ] *m kein pl* (*fam*) sloppy job, botch-up, bodge [*or* AM botch] [job] *fam*

Pfụsch·ar·beit *f* (*fam*) *s.* **Pfusch**

pfu·schen ['pfʊʃn̩] *vi* ❶ (*mogeln*) ■**[bei etw]** ~ to cheat [at/in sth] ❷ (*schlampen*) to botch [up], BRIT *a.* to bodge *fam,* to be sloppy; *s. a.* **Handwerk**

Pfụ·scher(in) <-s, -> *m(f)* (*fam*) ❶ SCH cheat ❷ (*pfuschender Handwerker*) botcher, BRIT *a.* bodger *fam,* cowboy *fam*

Pfüt·ze <-, -n> ['pfʏtsə] *f* puddle

PH <-, -s> [pe:'ha:] *f Abk von* **Pädagogische Hochschule** teacher training college

Pha·ge <-n, -n> ['fa:gə] *m* BIOL phage

Phagozyt̲o̲se <-> *f kein pl* BIOL phagocytosis

phagozyt̲o̲tisch *adj* MED phagocytic

Phal·len ['falən], **Phal·li** ['fali] *pl von* **Phallus**

phal·lisch ['falɪʃ] *adj* (*geh*) phallic

Phal·lus <-, -se *o* Phalli *o* Phallen> ['falʊs, *pl* 'fali, 'falən] *m* (*geh*) phallus

Phä·no·men <-s, -e> [fɛno'me:n] *nt* ❶ (*Erscheinung*) phenomenon ❷ (*außergewöhnlicher Mensch*) phenomenon; **du bist ja ein ~!** you're phenomenal!

phä·no·me·nal [fɛnome'na:l] *adj* phenomenal

Phä·no·typ [fɛno'ty:p] *m* BIOL phenotype

Phan·ta·sie <-, -n> [fanta'zi:, *pl* -'zi:ən] *f s.* **Fantasie**[1]

phan·ta·si̲e̲·be·gabt *adj* (*geh*) *s.* **fantasievoll Phan·ta·si̲e̲·ge·bil·de** *nt s.* **Fantasiegebilde phan·ta·si̲e̲·los** *adj s.* **fantasielos Phan·ta·si̲e̲·lo·sig·keit** <-> *f s.* **Fantasielosigkeit Phan·ta·si̲e̲·preis** *nt s.* **Fantasiepreis**

phan·ta·sie·ren* [fanta'zi:rən] *s.* **fantasieren**

phan·ta·si̲e̲·voll *adj s.* **fantasievoll**

Phan·tast(in) <-en, -en> [fan'tasr] *m(f) s.* **Fantast**

Phan·tas·te·rei <-, -en> [fantastə'rai] *f s.* **Fantasterei**

Phan·tạs·tin <-, -nen> *f fem form von* **Fantast**

phan·tas·tisch [fan'tastɪʃ] *adj, adv s.* **fantastisch**

Phan·tom <-s, -e> [fan'to:m] *nt* phantom

Phan·to̲m·bild *nt* identikit® [picture] BRIT, composite sketch AM

Pha·rao, Pha·ra·o·nin <-s, Pharaonen> ['fa:rao, fara'o:nɪn, *pl* fara'o:nən] *m, f* Pharaoh

Pha·ra·o̲·nen·dy·nas·tie *f* Pharaonic dynasty, dynasty of the Pharaohs **Pha·ra·o̲·nen·grab** *nt* Pharaonic tomb, tomb of a Pharaoh

Pha·ra·o̲·nin <-, -nen> *f fem form von* **Pharaon**

Pha·ri·sä·er <-s, -> [fari'zɛ:ɐ] *m* ❶ HIST Pharisee ❷ (*geh*) hypocrite ❸ (*Getränk*) coffee with rum

Phạr·ma·her·stel·ler *m* drug manufacturer **Phạr·ma·in·dust·rie** *f* pharmaceutical industry

Phar·ma·ko·lo·ge, Phar·ma·ko·lo·gin <-n, -n> [farmako'lo:gə, -'lo:gɪn] *m, f* pharmacologist

Phar·ma·ko·lo·gie <-> [farmakolo'gi:] *f kein pl* pharmacology *no pl, no art*

Phar·ma·ko·lo̲·gin <-, -nen> *f fem form von* **Pharmakologe**

phar·ma·ko·lo·gisch [farmako'lo:gɪʃ] *adj* pharmacological

Phạr·ma·kon·zern *m* pharmaceutical company **Phar·ma·re·fe·rent(in)** ['farmareferɛnt] *m(f)* pharmaceutical representative

Phar·ma·zeut(in) <-en, -en> [farma'tsɔyt] *m(f)* pharmacist

phar·ma·zeu·tisch [farma'tsɔytɪʃ] *adj* pharmaceutical

Phar·ma·zie <-> [farma'tsi:] *f kein pl* pharmaceutics + *sing vb, no art,* pharmacy *no pl, no art*

Pha·se <-, -n> ['fa:zə] *f* ❶ (*geh: Abschnitt*) phase ❷ ELEK phase

Phe·nol <-s, -e> [fe'no:l] *nt* phenol

Phe·nyl·ke·to·nu·rie <-e> [feny:lketonu'ri:, *pl* -ri:ən] *f kein pl* MED phenylketonuria

Phe·ro·mon <-s, -e> [fero'mo:n] *nt* BIOL pheromone

Phi·lan·throp(in) <-en, -en> [filan'tro:p] *m(f)* (*geh*) philanthropist

Phi·la·te·list(in) <-en, -en> [filate'lɪst] *m(f)* (*form*) philatelist

Phil·har·mo·nie <-, -n> [fɪlharmo'ni:, *pl* -'ni:ən] *f* ❶ (*Institution*) Philharmonia, Philharmonic [orchestra] ❷ (*Gebäude*) Philharmonic hall

Phil·har·mo·ni·ker(in) <-s, -> [fɪlhar'mo:nikɐ] *m(f)* member of a/the philharmonic orchestra; **die ~** the Philharmonic [Orchestra]

phil·har·mo·nisch [fɪlhar'mo:nɪʃ] *adj* philharmonic

Phi·lip·pi·ner(in) <-s, -> [filɪ'pi:nɐ] *m(f)* Filipino; *s. a.* **Deut-**

sche(r)
phi·lip·pi·nisch [filɪ'pi:nɪʃ] *adj* Philippine, Filipino; *s. a.* **deutsch**
Phi·lis·ter <-s, -> [fi'lɪstɐ] *m* ❶ HIST Philistine ❷ (*geh: Spießer*) philistine
Phi·lo·lo·ge, Phi·lo·lo·gin <-n, -n> [filo'lo:gə, -'lo:gɪn] *m, f* philologist
Phi·lo·lo·gie <-, -n> [filolo'gi:, *pl* -'gi:ən] *f* philology *no pl, no art*
Phi·lo·lo·gin <-, -nen> *f fem form von* **Philologe**
phi·lo·lo·gisch [filo'lo:gɪʃ] *adj* philological
Phi·lo·soph(in) <-en, -en> [filo'zo:f] *m(f)* philosopher
Phi·lo·so·phie <-, -n> [filozo'fi:, *pl* -'fi:ən] *f* philosophy
phi·lo·so·phie·ren* [filozo'fi:rən] *vi* (*geh*) ■[**über etw** *akk*] ~ to philosophize [about sth]
Phi·lo·so·phin <-, -nen> *f fem form von* **Philosoph**
phi·lo·so·phisch [filo'zo:fɪʃ] *adj* philosophical
Phi·o·le <-, -n> ['fi̯o:lə] *f* phial, vial
Phleg·ma <-s> ['flɛgma] *nt kein pl* (*geh*) apathy *no pl,* torpidity *no pl form*
phleg·ma·tisch [flɛg'ma:tɪʃ] *adj* (*geh*) apathetic, phlegmatic, torpid *form*
Phlox <-es, -e> [flɔks] *m* HORT phlox
Phobie <-, -n> [fo'bi:, *pl* -'bi:ən] *f* phobia; ■**jds ~ vor etw/einem Tier** sb's phobia about sth/an animal
Phon <-s, -s *o nach Zahlenangabe* -> [fo:n] *nt* phon
Pho·nem <-s, -e> [fo'ne:m] *nt* phoneme
Pho·ne·tik <-> [fo'ne:tɪk] *f kein pl* phonetics + *sing vb*
pho·ne·tisch [fo'ne:tɪʃ] *adj* phonetic
Phö·nix <-[es], -e> ['fø:nɪks] *m* HIST, LIT phoenix ►WENDUNGEN: **wie ein ~ aus der Asche [auf]steigen** (*geh*) to rise like a phoenix from the ashes
Phö·ni·zi·er(in) <-s, -> [fø'ni:tsi̯ɐ] *m(f)* Phoenician
phö·ni·zisch [fø'ni:tsɪʃ] *adj* Phoenician
Pho·no·lo·gie <-> [fonolo'gi:] *f kein pl* phonology *no pl*
pho·no·lo·gisch [fono'lo:gɪʃ] *adj* phonological
Pho·no·ty·pist(in) <-en, -en> [fonoty'pɪst] *m(f)* audio typist
Phos·phat <-[e]s, -e> [fɔs'fa:t] *nt* phosphate
phos·phat·frei *adj inv* CHEM phosphate-free, [which is [*or* are]] free of phosphates *pred* **phos·phat·hal·tig** *adj inv* CHEM which contains phosphates *pred,* phosphatic *spec*
Phos·pho·li·pid *nt* BIOL phospholipid
Phos·phor <-s> ['fɔsfo:ɐ̯] *m kein pl* phosphorus *no pl, no indef art*
phos·pho·res·zie·ren* [fɔsforɛs'tsi:rən] *vi* to phosphoresce, to be phosphorescent
Pho·to <-s, -s> ['fo:to] *nt s.* **Foto**
Pho·to·bi·o·lo·gie *f* photobiology **Pho·to·che·mie** [fotoçe'mi:] *f* photochemistry **pho·to·che·misch** [foto'çemɪʃ] *adj* photochemical **Pho·to·elek·tri·zi·tät** *f s.* **Fotoelektrizität Pho·to·ele·ment** *nt* photoconductor
Pho·ton <-s, -tonen> ['fo:tɔn, *pl* fo'to:nən] *nt* photon
Pho·to·phos·pho·ry·lie·rung <-, -en> *f* BIOL photophosphorylation **Pho·to·syn·the·se** [fotozʏn'te:zə] *f s.* **Fotosynthese Pho·to·vol·ta·ik** <-> *f,* **Fotovoltaik**[RR] <-> *f kein pl* photovoltaic conversion
Pho·to·zel·le *f,* **Fotozelle**[RR] *f* photoelectric cell, photocell
Phra·se <-, -n> ['fra:zə] *f* ❶ (*pej: sinnentleerte Redensart*) empty [*or* hollow] phrase; **~n dreschen** (*pej fam*) to churn out hollow phrases ❷ (*Ausdruck*) phrase
Phra·se·o·lo·gie <-, -n> [frazeolo'gi:, *pl* -'gi:ən] *f* phraseology
phra·se·o·lo·gisch [frazeo'lo:gɪʃ] *adj* phraseological
pH-Wert [pe'ha:-] *m* pH-value
Phy·lo·ge·ne·se <-, -n> [fyloge'ne:zə] *f* BIOL phylogeny
Phy·sik <-> [fy'zi:k] *f kein pl* physics + *sing vb, no art*
phy·si·ka·lisch [fyzi'ka:lɪʃ] *adj* MED, PHYS physical; **~e Gesetze** physical laws, laws of physics; **~e Experimente** physics experiments
Phy·si·ker(in) <-s, -> ['fy:zikɐ] *m(f)* physicist
Phy·sik·leh·rer(in) *m(f)* physics teacher **Phy·sik·no·te** *f* physics mark **Phy·sik·saal** *m* physics lab[oratory]
Phy·si·kum <-s, -ka> ['fy:zikʊm] *nt* SCH *intermediate examination for medical students*
Phy·si·o·gno·mie <-, -n> [fyzi̯ogno'mi:, *pl* -'mi:ən] *f* (*geh*) physiognomy
Phy·si·o·lo·ge, Phy·si·o·lo·gin <-n, -n> [fyzi̯o'lo:gə, -'lo:gɪn] *m, f* physiologist
Phy·si·o·lo·gie <-> [fyzi̯olo'gi:] *f kein pl* physiology
Phy·si·o·lo·gin <-, -nen> *f fem form von* **Physiologe**
phy·si·o·lo·gisch [fyzi̯o'lo:gɪʃ] *adj* physiological
phy·sisch ['fy:zɪʃ] *adj* physical
Phy·to·plank·ton [fyto'plaŋktɔn] *nt* phytoplankton
Pi <-[s], -s> [pi:] *nt* LING, MATH pi
Pi·a·ni·no <-s, -s> [pi̯a'ni:no] *nt* pianino, cottage piano
Pi·a·nist(in) <-en, -en> [pi̯a'nɪst] *m(f)* pianist
Pi·a·no <-s, -s> ['pi̯a:no] *nt* (*geh*) piano
Pi·a·no·bar *f* piano bar
pi·cheln ['pɪçl̩n] **I.** *vi* DIAL (*fam*) to booze *fam* **II.** *vt* ►WENDUNGEN: **einen ~** DIAL (*fam*) to knock 'em back; (*fam*) to have a drink [*or* BRIT *a. sl* bevvy] [or two]
Pi·cke <-, -n> ['pɪkə] *f* ice pick
Pi·ckel <-s, -> ['pɪkl̩] *m* ❶ (*Hautunreinheit*) pimple, BRIT *a.* spot, AM zit ❷ (*Spitzhacke*) pickaxe; (*Eispickel*) ice pick
Pi·ckel·hau·be *f* HIST spiked helmet
pi·cke·lig ['pɪkəlɪç] *adj* spotty BRIT, pimply AM
pi·cken ['pɪkn̩] **I.** *vi* ❶ ORN ■**[nach jdm/etw] ~** to peck [at sb/sth] ❷ (*heraussuchen*) ■**etw aus etw ~** to pick sth out of sth **II.** *vt* ■**etw ~** to pick sth
Pick·nick <-s, -s *o* -e> ['pɪknɪk] *nt* picnic; **~ machen** to have a picnic
pick·ni·cken ['pɪknɪkn̩] *vi* to [have a] picnic
Pick·nick·kof·fer *m* picnic hamper
pi·co·bel·lo [piko'bɛlo] *adv* (*fam*) spotlessly, immaculately, spick and span *fam;* **ihre Küche ist stets ~ aufgeräumt** her kitchen is always spick and span
Pie·fe <-s, -s> *m* insignificant boaster, pompous fellow
Pie·form ['pai-] *f* pie dish
pie·ken ['pi:kn̩] *vi* NORDD *Nadel* to prick; *Mücke* to bite
piek·fein ['pi:k'fain] *adj* (*fam*) posh *fam*
piep [pi:p] *interj* peep, tweet[-tweet], cheep[-cheep]; **~ machen** to peep; **nicht mehr ~ sagen können** (*fam*) to not be able to utter another peep
Piep <-s> [pi:p] *m* ►WENDUNGEN: **einen ~ haben** (*fam*) to be out of [*or* BRIT *a.* off] one's head *fam,* to have a screw loose *fam;* **keinen ~ sagen** (*fam*) to not make a sound *fam;* **keinen ~ mehr sagen** (*fam*) to have had it *fam,* to be a goner *fam*
pie·pe ['pi:pə], **piep·egal** ['pi:pʔe'ga:l] *adj pred* (*fam*) ■**[jdm] ~ sein** to be all the same [to sb]; **mir ist das ~!** it's all the same to me!, I couldn't care less!
pie·pen ['pi:pn̩] *vi* ❶ (*leise Pfeiftöne erzeugen*) to peep; (*Maus*) to squeak ❷ (*hohe Töne erzeugen*) *Gerät* to bleep ❸ (*fam*) **bei jdm piept es** sb is off their head *fam;* **zum P~ sein** (*fam*) to be a scream *fam*
Pie·per <-s, -> ['pi:pɐ] *m* ORN pipit
piep·sen ['pi:psn̩] **I.** *vi* ❶ *s.* **piepen** ❷ (*mit hoher Stimme sprechen/singen*) to speak/sing in a high delicate voice, to pipe **II.** *vt* ■**etw ~** to say/sing sth in a high delicate voice
Piep·ser <-s, -> *m* (*fam*) bleeper
piep·sig ['pi:psɪç] *adj* (*fam*) ❶ (*hoch und leise*) **~e Stimme** squeaky voice ❷ (*klein und zart, winzig*) tiny
Pier[1] <-s, -s *o* -e> [pi:ɐ̯] *m* pier, jetty
Pier[2] <-[e]s, -e> [pi:ɐ̯] *m* lugworm
pier·cen ['pi:ɐ̯sən] *vt* ■**sich** *akk* **~ lassen** to get a piercing
Piercing <-[s]> ['pi:ɐ̯sɪŋ] *nt kein pl* MODE piercing *no pl, no art*
pie·sa·cken *vt* (*fam*) ■**jdn ~** to pester sb
pie·seln ['pi:zl̩n] *vi* (*fam*) *Regen* to drizzle; *Urin* to pee *fam*

Pi·e·tät <-> [pi̯eˈtɛːt] *f kein pl* (*geh: Ehrfurcht*) reverence *no pl;* (*Achtung*) respect *no pl;* (*Frömmigkeit*) piety *no pl*
pi·e·tät·los *adj* (*geh*) irreverent, disrespectful, impious
Pi·e·tät·lo·sig·keit <-, -en> *f* (*geh*) ① *kein pl* (*pietätlose Einstellung*) irreverence *no pl,* lack of respect *no pl,* impiety *no pl* ② (*pietätlose Bemerkung*) irreverence, impiety
pietätvoll *adj* (*geh*) reverent, respectful
Pi·e·tis·mus <-> [pi̯eˈtɪsmʊs] *m* REL, HIST ■ **der** ~ Pietism
Pi·e·tist(in) <-en, -en> [pi̯eˈtɪst] *m(f)* REL, HIST Pietist
pi·e·tis·tisch [pi̯eˈtɪstɪʃ] *adj* REL, HIST pietistic
Pig·ment <-s, -e> [pɪgˈmɛnt] *nt* pigment
Pig·ment·fleck *m* pigmentation mark
Pig·men·tie·rung <-, -en> *f* MED pigmentation
Pig·ment·zel·le *f* BIOL pigment cell
Pik¹ [piːk] *m* (*Bergspitze*) peak ▸ WENDUNGEN: **einen ~ auf jdn haben** (*fam*) to harbour [*or* AM -or] a grudge against sb
Pik² <-s, -> [piːk] *nt* KARTEN ① (*Farbe*) spades *pl* ② (*Karte*) spade
pi·kant [piˈkant] **I.** *adj* ① KOCHK piquant, spicy ② (*frivol*) racy, risqué **II.** *adv* piquantly, spicily
Pi·ke <-, -n> [ˈpiːkə] *f* HIST pike ▸ WENDUNGEN: **von der ~ auf dienen** to rise from the ranks; **von der ~ auf lernen** to start at the bottom; **sich von der ~ auf hocharbeiten** to work one's way up
Pi·kee <-s, -s> [piˈkeː] *m* MODE piqué
pi·ken [ˈpiːkn̩] **I.** *vt* (*fam*) ■ **jdn [mit etw] ~** to prick sb [with sth] **II.** *vi* (*fam*) to prickle
pi·kiert [piˈkiːrt] **I.** *adj* (*geh*) peeved, indignant, piqued; ■ **[über etw** *akk*] **~ sein** to be peeved [*or* piqued] [*or* indignant] [about sth] **II.** *adv* (*geh*) peevishly, indignantly
Pik·ko·lo¹ <-s, -s> [ˈpɪkolo] *m* ① (*Kellner*) trainee waiter ② (*fam*) mini bottle (*of champagne o sparkling wine*)
Pik·ko·lo² <-s, -s> [ˈpɪkolo] *nt* MUS piccolo
Pik·ko·lo·fla·sche *f* mini bottle (*of champagne/Sekt/sparkling wine*)
Pik·ko·lo·flö·te *f* MUS piccolo [flute]
pik·sen [ˈpiːksn̩] **I.** *vt* (*fam*) ■ **jdn ~** to prick sb **II.** *vi* (*fam*) to prick
Pik·sie·ben [piːkˈziːbn̩] *f* KARTEN seven of spades ▸ WENDUNGEN: **wie ~ dastehen** (*fam*) to look completely bewildered, to stand [there] dumbfounded
Pik·to·gramm <-s, -e> [pɪkto-] *nt* pictogram
Pil·ger(in) <-s, -> [ˈpɪlgɐ] *m(f)* pilgrim
Pil·ger·fahrt *f* pilgrimage **Pil·ger·hut** *m* pilgrim's hat
Pil·ge·rin <-, -nen> *f fem form von* **Pilger**
Pil·ger·mu·schel *f* deep sea scallop
pil·gern [ˈpɪlgɐn] *vi sein* ■ **irgendwohin ~** ① (*fam*) to wend one's way somewhere ② REL (*veraltend: wallfahren*) to make [*or* go on] a pilgrimage to somewhere
Pil·le <-, -n> [ˈpɪlə] *f* pill; ■ **die ~** (*Antibabypille*) the pill; **die ~ nehmen** to be on the pill; **die ~ danach** the morning-after pill; **die ~ für den Mann** the male pill ▸ WENDUNGEN: **eine bittere ~ [für jdn] sein** (*fam*) to be a bitter pill [for sb] to swallow; **eine bittere ~ schlucken müssen** (*fam*) to have to swallow a bitter pill; **jdm eine bittere ~ versüßen** (*fam*) to sweeten the pill for sb
Pil·len·dre·her *m* ZOOL dung beetle, Egyptian sacred scarab
Pi·lot <-en, -en> [piˈloːt] *m* MODE moleskin [twill]
Pi·lot(in) <-en, -en> [piˈloːt] *m(f)* ① LUFT pilot ② SPORT (*sl*) racing driver
Pi·lot·ab·schlussRR *m* ÖKON, POL pilot agreement **Pi·lot·bal·lon** *m* METEO pilot balloon **Pi·lot·film** *m* pilot film
Pi·lo·tin <-, -nen> *f fem form von* **Pilot**
Pi·lot·pro·jekt *nt* pilot scheme [*or* project] **Pi·lot·stu·die** *f* pilot study **Pi·lot·ver·such** *m* pilot project [*or* BRIT *a.* scheme]
Pils <-, -> [pɪls] *nt* Pils, Pilsner
Pilz <-es, -e> [pɪlts] *m* ① BOT fungus; (*Speise~*) mushroom; **in die ~e gehen** (*fam*) to go mushroom-picking [*or* mushrooming] ② MED fungal skin infection ▸ WENDUNGEN: **wie ~e aus dem Boden [*o* aus der Erde] schießen** to mushroom, to spring up like mushrooms
Pilz·er·kran·kung *f* fungal disease **Pilz·freund(in)** *m(f)* mushroom-lover **Pilz·ge·richt** *nt* mushroom dish **Pilz·gift** *nt* mycotoxin *spec* **Pilz·kopf** *m,* **Pilz·kopf·fri·sur** *f* (*veraltend fam*) Beatle [hair]cut **Pilz·kun·de** *f* ① BOT mycology ② (*Buch über Pilze*) mushroom guide **Pilz·samm·ler(in)** *m(f)* mushroom picker **Pilz·ver·gif·tung** *f* fungus poisoning *no art* **Pilz·zucht** *f* mushroom culture
Pi·ment <-s> [piˈmɛnt] *m kein pl* allspice, pimento
Pi·ment·bee·re *f* pimento berry
Pim·mel <-s, -> [ˈpɪml̩] *m* (*fam*) willie BRIT *fam,* weenie AM *fam*
Pimpf <-[e]s, -e> [pɪmpf] *m* ① (*fam*) squirt *fam* ② HIST (*jüngster Angehöriger der Jugendbewegung*) youngest member of the [German] Youth Movement [early 1900s]; (*Mitglied des Jungvolks [NS]*) member of the junior section of the Hitler Youth [10-14-year-olds]
pin·ge·lig [ˈpɪŋəlɪç] *adj* (*fam*) fussy, finicky *fam,* pernickety *fam,* AM *a.* persnickety *fam*
Ping·pong <-s, -s> [ˈpɪŋpɔŋ] *nt* ping-pong
Pin·gu·in <-s, -e> [ˈpɪŋguiːn] *m* penguin
Pi·nie <-, -n> [ˈpiːni̯ə] *f* BOT stone pine
pink [pɪŋk] *adj* pink
Pin·ke [ˈpɪŋkə], **Pin·ke·pin·ke** <-> [ˈpɪŋkəˈpɪŋkə] *f kein pl* (*fam*) dough *no pl sl,* BRIT *a.* dosh *no pl fam*
Pin·kel¹ <-s, -> [ˈpɪŋkl̩] *m* **ein feiner [*o* vornehmer] ~** (*fam*) dandy, BRIT *a.* a nob [*or* toff] *fam*
Pin·kel² <-, -n> [ˈpɪŋkl̩] *f* KOCHK NORDD *spicy, smoked fatty pork/beef sausage* (*eaten with curly kale*)
pin·keln [ˈpɪŋkl̩n] *vi* ① (*fam: urinieren*) to pee *fam,* to piddle *fam;* ■ **irgendwohin ~** to pee somewhere ② *impers* (*leicht regnen*) **es pinkelt schon wieder** it's drizzling [*or* spitting] again
Pin·kel·pau·se *f* (*fam*) pee stop *fam,* stop [*or* break] for a pee *fam*
Pin·ne <-, -n> [ˈpɪnə] *f* ① NAUT tiller; **die ~ in die Hand nehmen** to pick up the tiller; **die ~ loslassen** to let go of the tiller ② (*spitzer Stift, auf dem die Magnetnadel des Kompasses ruht*) centre [*or* AM -er] pin ③ (*keilförmiges Ende eines Hammerkopfes*) peen, pein, hammer edge ④ NORDD (*kleiner Nagel, Reißzwecke*) tack
Pinn·wand *f* pinboard
Pin·scher <-s, -> [ˈpɪnʃɐ] *m* ① (*Hund*) pinscher ② (*pej fam*) pipsqueak *pej fam*
Pin·sel <-s, -> [ˈpɪnzl̩] *m* ① (*Mal~*) brush ② (*pej fam*) twit *fam,* idiot *pej fam* ③ JAGD tuft ④ (*derb: Penis*) dick *fam!* ▸ WENDUNGEN: **auf den ~ drücken [*o* treten]** (*sl*) to step on it [*or* the gas] *fam*
pin·seln [ˈpɪnzl̩n] **I.** *vt* ① (*streichen*) ■ **etw ~** to paint sth ② (*mit dem Pinsel auftragen*) ■ **etw irgendwohin ~** to daub sth somewhere ③ MED ■ **etw ~** to paint sth ④ (*fam: schreiben*) to pen **II.** *vi* (*fam*) to paint
Pin·sel·schwein *nt* ZOOL river hog
Pin·te <-, -n> [ˈpɪntə] *f* (*fam*) pub BRIT, bar AM
Pin-up-Girl <-s, -s> [pɪnˈapgœɐ̯l] *nt* pin-up [girl]
Pin·zet·te <-, -n> [pɪnˈtsɛtə] *f* tweezers *npl*
Pi·o·nier(in) <-s, -e> [pi̯oˈniːɐ̯] *m(f)* ① (*geh: Wegbereiter*) pioneer ② MIL sapper, engineer
Pi·o·nier·geist *m kein pl* SOZIOL pioneering spirit **Pi·o·nier·zeit** *f* pioneering time [*or* period] [*or* era]
Pipe·line <-, -s> [ˈpaiplain] *f* pipeline
Pi·pet·te <-, -n> [piˈpɛtə] *f* pipette
Pi·pi <-s, -s> [piˈpiː] *nt* (*Kindersprache*) wee BRIT, wee-wee AM; **~ machen** to have [*or* do] a wee[-wee]
Pi·pi·fax <-> [ˈpɪpifaks] *nt* (*fam*) nonsense
Pi·ran·ha <-[s], -s> [piˈranja] *m* piranha

Pi·rat(in) <-en, -en> [pi'ra:t] *m(f)* ❶ NAUT pirate ❷ (*Luftpirat*) hijacker

Pi·ra·ten·flag·ge *f* pirate['s] flag **Pi·ra·ten·ka·pi·tän** *m* pirate captain **Pi·ra·ten·schatz** *m* pirate treasure **Pi·ra·ten·sen·der** *m* pirate station

Pi·ra·te·rie <-, -n> [piratə'ri:, *pl* -'ri:ən] *f* piracy *no pl, no art*

Pi·ra·tin <-, -nen> *f fem form von* **Pirat**

Pi·rol <-s, -e> [pi'ro:l] *m* ORN oriole

Pi·rou·et·te <-n, -n> [pi'ru̯ɛtə] *f* pirouette

Pirsch <-> [pɪrʃ] *f kein pl* JAGD **auf die ~ gehen** to go stalking; **auf der ~ sein, sich** *akk* **auf der ~ befinden** to be stalking

pir·schen ['pɪrʃn̩] **I.** *vi* JAGD ■**[auf Wild** *akk*] ~ to stalk [game] **II.** *vr* ■**sich** *akk* **irgendwohin** ~ to creep [*or* steal] somewhere

Pis·se <-> ['pɪsə] *f kein pl* (*derb*) piss *fam!*

pis·sen ['pɪsn̩] *vi* ❶ (*derb: urinieren*) to piss *fam!*; ■**irgendwohin** ~ to piss somewhere ❷ *impers* (*sl: stark regnen*) **es pisst schon wieder** it's pissing down again *fam!*

Pis·soir <-s, -s *o* -e> [pɪ'so̯a:ɐ̯] *nt* urinal

Pis·ta·zie <-, -n> [pɪs'ta:tsi̯ə] *f* ❶ (*Baum*) pistachio tree ❷ (*Kern*) pistachio

Pis·te <-, -n> ['pɪstə] *f* ❶ (*Ski~*) piste, ski run ❷ (*Rennstrecke*) track ❸ (*unbefestigter Weg*) track ❹ (*Rollbahn*) runway

Pis·till <-s, -e> [pɪs'tɪl] *nt* MED, KOCHK pestle

Pis·to·le <-, -n> [pɪs'to:lə] *f* pistol, gun ▶ WENDUNGEN: **jdm die ~ auf die Brust setzen** to hold a gun to sb's head; **wie aus der ~ geschossen** (*fam*) like a shot *fam*

Pis·to·len·griff *m* pistol butt **Pis·to·len·lauf** *m* gun [*or* pistol] barrel **Pis·to·len·ma·ga·zin** *nt* pistol magazine **Pis·to·len·ta·sche** *f* gun [*or* pistol] holster

pit·sch(e·)nass[RR] ['pɪtʃ(ə)'nas], **pit·sche·pat·sche·nass** ['pɪtʃə'patʃə'nas] *adj* (*fam*) soaking wet

pit·to·resk [pɪto'rɛsk] *adj* (*geh*) picturesque

Piz·za <-, -s> ['pɪtsa] *f* pizza

Piz·za·pa·let·te *f* pizza board

Pjöng·jang <-s> [pjœŋ'jaŋ] *nt* Pyongyang

Pkw <-s, -s> ['pe:ka:ve:] *m Abk von* **Personenkraftwagen**

Pla·ce·bo <-s, -s> [pla'tse:bo] *nt* MED, PSYCH placebo

Pla·ce·bo·ef·fekt *m* placebo effect

pla·cken ['plakn̩] *vr* (*fam*) ■**sich** *akk* ~ to slave away *fam*

Pla·cken <-s, -> ['plakn̩] *m* ❶ (*Flicken*) patch ❷ (*fladenförmiges Stück*) flake ❸ (*Fleck*) spot

Pla·cke·rei <-, -en> [plakə'rai] *f* (*fam*) slavery *no pl*, grind *no pl*

plä·die·ren* [plɛ'di:rən] *vi* ❶ JUR ■**auf etw** *akk* ~ to plead sth; **auf schuldig/unschuldig** ~ to plead guilty/not guilty ❷ (*geh*) ■**für etw** ~ to plead for sth; ■**dafür ~, dass ...** to plead, that ...

Plä·doy·er <-s, -s> [plɛdo̯a'je:] *nt* ❶ JUR [counsel's] summing-up BRIT, summation AM; **ein ~ halten** to give a summing-up, to sum up ❷ (*geh*) plea; ■**ein ~ für/gegen etw** a plea for/against sth

Pla·ge <-, -n> ['pla:gə] *f* plague, nuisance

Pla·ge·geist *m* (*pej fam*) nuisance, pest

pla·gen ['pla:gn̩] **I.** *vt* ❶ (*behelligen*) ■**jdn [mit etw]** ~ to pester [*or* torment] sb [with sth] ❷ (*quälen*) ■**jdn** ~ to bother [*or* trouble] sb; ■**geplagt** troubled **II.** *vr* ❶ (*sich abrackern*) ■**sich** *akk* **[mit etw]** ~ to slave away [over sth] ❷ (*sich herumplagen*) ■**sich** *akk* **[mit etw]** ~ to be bothered [*or* troubled] [by sth]; **mit diesem Husten plage ich mich schon eine Woche** I've been bothered by this cough for a week now

Pla·gi·at <-[e]s, -e> [pla'gi̯a:t] *nt* ❶ (*Textstelle*) plagiarism ❷ (*Aneignung*) plagiarism *no pl, no art*

Pla·gi·a·tor, Pla·gi·a·to·rin <-s, -toren> [pla'gi̯a:to:ɐ̯, plagi̯a'to:ɐ̯ɪn, *pl* plagi̯a:'to:rən] *m, f* (*geh*) plagiarist

pla·gi·ie·ren* [plagi'i:rən] **I.** *vt* (*geh*) ■**etw** ~ to plagiarize sth **II.** *vi* (*geh*) to plagiarize

Pla·kat <-[e]s, -e> [pla'ka:t] *nt* poster

Pla·kat·far·be *f* poster paint

pla·ka·tiv [plaka'ti:f] *adj* ❶ (*wie ein Plakat wirkend*) poster-like *attr*, like a poster *pred* ❷ (*grell, bunt*) **~e Farben** striking [*or* bold] colours [*or* AM -ors] ❸ (*betont auffällig, einprägsam*) pithy

Pla·kat·kunst *f* poster art *no pl, no art* **Pla·kat·ma·ler(in)** *m(f)* poster artist **Pla·kat·säu·le** *f* advertising column [*or* pillar] **Pla·kat·wand** *f* [advertising] hoarding BRIT, billboard AM **Pla·kat·wer·bung** *f* poster advertising

Pla·ket·te <-, -n> [pla'kɛtə] *f* ❶ (*Abzeichen*) badge ❷ (*Aufkleber*) sticker ❸ KUNST plaque

Plan <-[e]s, Pläne> [pla:n, *pl* 'plɛ:nə] *m* ❶ (*geplantes Vorgehen*) plan; **nach ~ laufen** [*o* **verlaufen**] to go according to plan ❷ *meist pl* (*Absicht*) plan; **jds Pläne durchkreuzen** to thwart sb's plans; **einen ~ fassen** to [make a] plan; **den ~ fassen, etw zu tun** to plan to do [*or* form the intention of doing] sth; **Pläne machen** [*o* **schmieden**] to make plans; **auf dem ~ stehen** to be planned [*or* on the agenda] ❸ (*zeichnerische Darstellung*) plan, blueprint ❹ GEOG, TRANSP map ▶ WENDUNGEN: **jdn auf den ~ bringen/rufen** to bring sb on to the scene; **auf dem ~ erscheinen, auf den ~ treten** to appear/arrive on the scene

Pla·ne <-, -n> ['pla:nə] *f* tarpaulin, tarp *esp* AM *fam*

pla·nen ['pla:nən] *vt* ■**etw** ~ to plan sth; **für heute Abend habe ich bisher noch nichts geplant** I haven't got anything planned yet for tonight; ■**~, etw zu tun** to be planning to do sth

Pla·ner(in) <-s, -> *m(f)* planner

pla·ne·risch **I.** *adj* planning **II.** *adv* in terms of planning; **etw ~ ausarbeiten** to devise plans for sth; **etw ~ durchdenken** to think through [*or* over] the planning for sth

Plan·et <-en, -en> [pla'ne:t] *m* planet; **der Blaue ~** (*geh*) the blue planet, Earth

pla·ne·ta·risch *adj* planetary

Pla·ne·ta·ri·um <-s, -tarien> [plane'ta:ri̯ʊm, *pl* -'ta:ri̯ən] *nt* planetarium

Pla·ne·to·id <-en, -en> [planeto'i:t] *m* planetoid

pla·nie·ren* [pla'ni:rən] *vt* ■**etw** ~ to level sth [off], to grade sth

Pla·nier·rau·pe *f* bulldozer

Plan·ke <-, -n> ['plaŋkə] *f* plank

Plän·ke·lei <-, -en> [plɛŋkə'lai] *f* MIL, HIST (*a. fig*) skirmish[ing] *a. fig*

plän·keln ['plɛŋkl̩n] *vi* MIL, HIST (*a. fig*) to skirmish *a. fig*

Plank·ton <-s> ['plaŋktɔn] *nt kein pl* plankton

plan·los *adj* ❶ (*ziellos*) aimless ❷ (*ohne System*) unmethodical, unsystematic

Plan·lo·sig·keit <-> *f kein pl* lack of planning *no pl*, aimlessness *no pl*

plan·mä·ßig **I.** *adj* ❶ TRANSP scheduled ❷ (*systematisch*) systematic **II.** *adv* ❶ TRANSP as scheduled, according to schedule ❷ (*systematisch*) systematically

Plan·mä·ßig·keit <-> *f kein pl* methodicalness *no pl*

Plan·qua·drat *nt* grid square

Plan·sch·be·cken *nt* paddling [*or* AM kiddie] pool

plan·schen ['planʃn̩] *vi* ■**[irgendwo]** ~ to splash about [somewhere]

Plan·stel·le *f* post

Plan·ta·ge <-, -n> [plan'ta:ʒə] *f* plantation

Pla·nung <-, -en> *f* ❶ (*das Planen*) planning; **in der ~ befindlich** in [*or* at] the planning stage; **in der ~ sein, sich** *akk* **in der ~ befinden** to be in [*or* at] the planning stage ❷ (*Plan*) plan

Pla·nungs·ab·tei·lung *f* planning department **Pla·nungs·bü·ro** *nt* planning office **Pla·nungs·kom·mis·si·on** *f* planning commission

Plan·wa·gen *m* covered wagon

Plap·per·maul *nt* (*bes pej fam*) chatterbox *esp pej fam*

plap·pern ['plapɐn] **I.** *vi* to chatter **II.** *vt* (*undeutlich reden*)

■**etw** ~ to babble sth

plär·ren ['plɛrən] *vi (fam)* ❶ *(heulen)* to bawl, to howl ❷ *(blechern ertönen)* to blare [out]

Plas·ma <-s, Plasmen> ['plasma, *pl* 'plasmən] *nt* MED, PHYS plasma *no pl, no indef art*

Plas·ma·bild·schirm *m* plasma screen, gas plasma display

Plas·mid <-s, -e> *m* BIOL plasmid

Plas·mo·ly·se <-> [plasmo'ly:zə] *f kein pl* BOT plasmolysis *no pl*

Plas·tik¹ <-s> ['plastɪk] *nt kein pl* plastic; **aus** ~ plastic

Plas·tik² <-, -en> ['plastɪk] *f* ❶ *(Kunstwerk)* sculpture ❷ *kein pl (Bildhauerkunst)* sculpture *no pl, no art,* plastic art *no pl, no art* ❸ MED plastic surgery *no pl, no indef art*

Plas·tik·bom·be *f* plastic bomb **Plas·tik·ei·mer** *m* plastic bucket **Plas·tik·fla·sche** *f* plastic bottle **Plas·tik·fo·lie** *f* plastic film **Plas·tik·ge·häu·se** *nt* plastic shell [*or* casing] **Plas·tik·geld** *nt (fam)* plastic money **Plas·tik·hül·le** *f* plastic cover **Plas·tik·müll** *m* plastic waste **Plas·tik·sack** *m* plastic sack; *(schwarzer ~)* black sack **Plas·tik·spreng·stoff** *m* plastic explosive **Plas·tik·tü·te** *f* plastic bag; *(Einkaufstüte)* shopping [*or* BRIT *a.* carrier] bag

Plas·ti·lin <-s, -e> [plasti'li:n] *nt* plasticine® *no pl, no indef art*

plas·tisch ['plastɪʃ] **I.** *adj* ❶ *(formbar)* plastic, malleable, workable ❷ *(räumlich)* three-dimensional ❸ *(anschaulich)* vivid ❹ MED plastic **II.** *adv* ❶ *(räumlich)* three-dimensional; ~ **hervortreten/wirken** to stand out ❷ *(anschaulich)* vividly

Pla·ta·ne <-, -n> [pla'ta:nə] *f* plane tree

Pla·teau <-s, -s> [pla'to:] *nt* plateau

Pla·teau·soh·le *f* MODE platform sole

Pla·tin <-s> ['pla:ti:n] *nt kein pl* platinum *no pl, no indef art*

pla·tin·blond *adj* platinum blond[e]

Pla·ti·ne <-, -n> [pla'ti:nə] *f* ❶ TECH circuit board ❷ INFORM board, card

Pla·tin·schmuck *m* platinum jewellery *no pl, no indef art*

Pla·ti·tu·de^RR [plati'ty:də] <-, -n> *f,* **Pla·ti·tü·de**^ALT <-, -n> *f (geh) s.* **Plattitüde**

pla·to·nisch [pla'to:nɪʃ] *adj (geh)* platonic

platsch [platʃ] *interj* splash; ~ **machen** to splash

plat·schen ['platʃn̩] **I.** *vi sein (fam)* to splash; ■~**d** with a splash; ■**irgendwohin** ~ to splash somewhere; **ins Wasser** ~ to [go] splash into the water **II.** *vi impers haben (fam)* to pour, BRIT *a.* to bucket down *fam*

plät·schern ['plɛtʃɐn] *vi* ❶ *haben (Geräusch verursachen) Brunnen* to splash; *Bach* to splash, to babble, to burble; *Regen* to patter; ■**das P~** splashing, burbling, babbling, patter ❷ *(planschen)* to splash about ❸ *sein (platschend fließen)* to burble along

platt [plat] **I.** *adj* ❶ *(flach)* flat; **einen ~en Reifen haben** *(fam)* to have a flat [tyre [*or* AM tire]] [*or* a puncture]; *s. a.* **Land** ❷ *(geistlos)* flat, dull, boring ❸ *(fam: verblüfft)* ■~ **sein[, dass/als]** to be flabbergasted [that/when] *fam* **II.** *adv* flat; ~ **drücken/pressen/rollen/walzen** to flatten

Platt <-[s]> [plat] *nt kein pl* LING *(fam)* Low German; **auf** ~ in Low German

Plätt·chen <-s, -> ['plɛtçən] *nt* ❶ *(dünne Metallplatte)* metal chip ❷ *(kleiner, flacher Gegenstand)* thin plate ❸ MED platelet ❹ *(Schneekristall)* plate crystal ❺ BOT lamella ❻ MUS plectrum

platt·deutsch ['platdɔytʃ] *adj* LING Low German

Platt·deutsch ['platdɔytʃ] *nt dekl wie adj* Low German; ■**das P~e** Low German

Plat·te <-, -n> ['platə] *f* ❶ *(Steinplatte)* slab ❷ *(Metalltafel)* sheet, plate ❸ *(Schallplatte)* record ❹ *(Servierteller)* platter, dish; *(Gericht)* platter; **kalte** ~ cold platter, cold collation ❺ *(Kochplatte)* hotplate, BRIT *a.* hob ❻ INFORM disk, plate, platter ❼ *(fam)* bald head [*or* pate]; **eine** ~ **haben** to be bald ▸ WENDUNGEN: **die alte** ~ **auflegen** *(fam)* to play the same old record, to talk about the same old thing; **eine neue** ~ **auflegen** *(fam)* to change the record; **die** ~ **schon kennen** *(fam)* to have heard that one before; **putz die** ~! *(fam)* clear off! [*or* AM out!] *fam,* BRIT *a.* hop it! *fam*

Platt·ei·sen *nt* DIAL iron

plät·teln ['plɛtl̩n] *vt* ■**etw** ~ *(mit Platten auslegen)* to pave sth; *(mit Fließen auslegen)* to tile sth

plät·ten ['plɛtn̩] *vt* DIAL ■**etw** ~ to iron [*or* press] sth

Plat·ten·bau <-s, -bauten> *m* BAU building made from prefabricated slabs **Plat·ten·co·ver** <-[s], -> *nt* MUS record sleeve **Plat·ten·fir·ma** *f* MUS, ÖKON record company **Plat·ten·la·bel** *nt* MUS ❶ *(Schallplattenetikett)* record label ❷ *(Schallplattenfirma)* record label **Plat·ten·lauf·werk** *nt* INFORM disk drive **Plat·ten·le·ger(in)** <-s, -> *m(f) s.* **Fliesenleger** **Plat·ten·samm·lung** *f* record collection **Plat·ten·see** ['platn̩ze:] *m* Lake Balaton **Plat·ten·spie·ler** *m* record player **Plat·ten·tel·ler** *m* turntable **Plat·ten·wechs·ler** <-s, -> [ks] *m* autochanger, record changer **Plat·ten·weg** *m* paved path

Platt·erb·se *f* BOT [wild] pea, vetchling **platt|fah·ren**^RR *vt irreg (sl)* **jdn** ~ to flatten sb **Platt·fisch** *m* flatfish **Platt·form** *f* ❶ *(begehbare Fläche)* platform ❷ *(geh)* basis; **eine gemeinsame** ~ **finden** to find common ground ❸ INFORM platform **Platt·fuß** *m* ❶ MED flat foot; **Plattfüße haben** to have flat feet ❷ *(Reifenpanne)* flat *fam*

Platt·heit <-, -en> *f* ❶ *kein pl (Ebenheit)* flatness *no pl* ❷ *s.* **Plattitüde**

plat·tie·ren* [pla'ti:rən] *vt* ❶ TECH ■**etw** ~ to plate sth ❷ KOCHK **Fleisch** ~ to flatten meat *(to tenderize it)*

Plat·ti·tü·de^RR <-, -n> *f (geh)* platitude

platt|ma·chen^RR *vt* **jdn/etw** ~ *(sl)* to destroy [*or* ruin] sb/sth

Platt·wurm *m* MED flatworm

Platz <-es, Plätze> [plats, *pl* 'plɛtsə] *m* ❶ ARCHIT *(umgrenzte Fläche)* square; **der Rote** ~ Red Square ❷ *(Sitzplatz)* seat; **hältst du mir einen** ~ **frei?** can you keep a seat for me?; **behalten Sie doch [bitte]** ~! *(form)* please remain seated! *form;* ~ **nehmen** *(geh)* to take a seat ❸ *(freier Raum)* space, room; ~ **sparend** space-saving *attr;* ~ **sparend sein** to save space, compactly; ~ **für jdn/etw bieten** to have room for sb/sth; ~ **brauchen** to need room [*or* space]; **[jdm/einer S.]** ~ **machen** to make room [*or* way] [for sb/sth]; ~ **[für jdn/etw] schaffen** to make room [for sb/sth] ❹ *(üblicher Aufbewahrungsort)* place; **irgendwo einen festen** ~ **haben** to have a proper place somewhere ❺ SPORT *(Rang)* place; **die Mannschaft liegt jetzt auf** ~ **drei** the team is now in third place; **seinen** ~ **behaupten** to maintain [*or* hold] one's place; *(Sportplatz)* playing field; **jdn vom** ~ **stellen** to send sb off ❻ *(Möglichkeit, an etw teilzunehmen) Kindergarten, Kurs, Krankenhaus, Reise* place ❼ *(Ort)* place, locality; **das beste Hotel am ~e** the best hotel in the place [*or* in town] ▸ WENDUNGEN: **ein** ~ **an der Sonne** a place in the sun; **[irgendwo] fehl am ~[e] sein** to be out of place [*or* inappropriate] [somewhere]; **ich komme mir hier völlig fehl am ~e vor** I feel totally out of place here; **Mitleid ist hier völlig fehl am ~e** this is not the place for sympathy; **in etw** *dat* **keinen** ~ **haben** to have no place for sth; **in ihrer Planung hatten Rücklagen keinen** ~ their planning made no allowances for reserves; **jdn auf die Plätze verweisen** SPORT to beat sb; **auf die Plätze, fertig, los!** on your marks, get set, go!; ~ **da!** *(fam)* out of the way!, make way there!; ~! *Hund* sit!

Platz·angst *f* ❶ *(fam)* claustrophobia; ~ **bekommen** to become [*or* get] claustrophobic ❷ *(Agoraphobie)* agoraphobia

Platz·an·wei·ser(in) <-s, -> *m(f)* usher *masc,* usherette *fem*

Plätz·chen <-s, -> ['plɛtsçən] *nt* ❶ *dim von* **Platz** spot, little place ❷ KOCHK biscuit BRIT, cookie AM

plat·zen ['platsn̩] *vi sein* ❶ *(zerplatzen)* to burst ❷ *(aufplatzen)* to split ❸ *(scheitern)* to fall through; **das Fest ist geplatzt** the party is off; ■**etw** ~ **lassen** to call sth off, to let sth fall through ❹ *(sich nicht mehr halten können)* to be bursting; **vor Ärger/Neid/Wut/Neugier** *dat* ~ to be bursting with anger/envy/rage/curiosity

Platz·er·laub·nis *f (Golf)* golfing permit **Platz·her·ren** *pl* SPORT

P

home team
plat·zie·ren^{RR}* **I.** *vt* ❶ FIN ■**etw irgendwo** ~ to place [*or* put] sth somewhere; **sein Geld in Aktien** ~ to put one's money into shares ❷ (*geh*) ■**jdn/etw irgendwo** ~ to place [*or* put] [*or* position] sb/sth somewhere ❸ MEDIA (*setzen*) ■**etw irgendwo** ~ to place sth somewhere; **eine Anzeige** ~ to place an advert [*or* AM advertisement] **II.** *vr* ❶ (*geh*) ■**sich** *akk* **irgendwo** ~ to take a seat somewhere *form* ❷ SPORT ■**sich** *akk* ~ to be placed; (*Tennis*) to be seeded
Plat·zie·rung^{RR} <-, -en> *f* ❶ FIN placing ❷ SPORT place, position; **eine** ~ **unter den ersten zehn** a place [*or* position] in the top ten
Platz·kar·te *f* BAHN seat reservation, reserved seat ticket **Platz·kon·zert** *nt* open-air concert **Platz·man·gel** *m* lack of room [*or* space] **Platz·meis·ter** *m* POL chief usher **Platz·mie·te** *f* ❶ THEAT season ticket [cost] ❷ SPORT ground [*or* AM field] [*or* court] hire BRIT [*or* AM rental] charge **Platz·pa·tro·ne** *f* blank [cartridge] **Platz·re·gen** *m* METEO cloudburst **Platz·re·ser·vie·rung** *f* reservation [of a seat]; **ohne vorherige** ~ **kriegt man dort wahrscheinlich keinen Tisch** you probably won't get a table there without booking [one] [*or* reserving one] beforehand [*or* a reservation] **Platz·tel·ler** *m* underplate **Platz·ver·weis** *m* SPORT sending-off BRIT, ejection AM **Platz·wart(in)** <-s, -e> *m(f)* SPORT groundsman *masc*, groundskeeper
Platz·wun·de *f* laceration, lacerated wound
Plau·de·rei <-, -en> [plaudəˈrai] *f* chat
Plau·de·rer, Plau·de·rin <-s, -> [ˈplaudərɐ, ˈplaudərɪn] *m, f* ❶ (*Gesprächspartner, Redner*) conversationalist ❷ (*Klatschbase*) gossip
plau·dern [ˈplaudɐn] *vi* ❶ (*sich gemütlich unterhalten*) ■[**mit jdm/über etw** *akk*] ~ to [have a] chat [with sb/about sth] ❷ (*fam: ausplaudern*) to gossip
Plau·der·stünd·chen *nt* [little] chat **Plau·der·ta·sche** *f* (*fam*) chatterbox *fam* **Plau·der·ton** *m kein pl* chatty tone
Plausch <-[e]s, -e> [plauʃ] *m* (*fam*) chat
plau·schen [ˈplauʃn̩] *vi* (*fam*) ■[**mit jdm**] ~ to [have a] chat [with sb]
plau·si·bel [plauˈziːbl̩] *adj* plausible; **jdm etw** ~ **machen** to explain sth [*or* make sth clear] to sb
Plau·si·bi·li·tät <-, -en> [plauzibiliˈtɛːt] *f* plausibility
Plau·si·bi·li·täts·kon·trol·le *f* INFORM plausibility test
Play-back^{RR}, **Play·back** <-, -s> [ˈpleːbɛk] *nt* ❶ (*aufgenommene Musikbegleitung*) backing track ❷ (*komplette Film- o Gesangsaufnahme*) miming track ❸ *kein pl* MUS, TV, TECH recording ❹ *kein pl* (*getrennte Aufnahme von Orchester und Gesang*) double-tracking *no pl* **Play·boy** <-s, -s> [ˈpleːbɔy] *m* playboy **Play·girl** <-s, -s> [ˈpleːgœɐl] *nt* playgirl
Pla·zen·ta <-, -s *o* Plazenten> [plaˈtsɛnta, *pl* -tsɛntən] *f* placenta
Pla·zet <-s, -s> [ˈplaːtsɛt] *nt* (*geh*) approval; **sein** ~ [**zu etw**] **geben** to give one's approval [for sth], to approve sth; **jds** ~ **haben** to have sb's approval
pla·zie·ren^{ALT}* [plaˈtsiːrən] *vt, vr s.* **platzieren**
Pla·zie·rung^{ALT} <-, -en> *f s.* **Platzierung**
Ple·be·jer(in) <-s, -> [pleˈbeːjɐ] *m(f)* plebeian, pleb *fam*
Ple·bis·zit <-[e]s, -e> [plebɪsˈtsiːt] *nt* (*geh*) plebiscite
Plebs <-es> [plɛps] *m kein pl* (*pej geh*) plebs *pl pej*
plei·te [ˈplaitə] *adj* (*fam*) broke *fam;* ■~ **sein** to be broke
Plei·te <-, -n> [ˈplaitə] *f* (*fam*) ❶ (*Bankrott*) collapse, bankruptcy; ~ **machen** to go bust *fam,* to go bankrupt ❷ (*Reinfall*) flop *fam;* [**mit jdm/etw**] **eine** ~ **erleben** to suffer a flop [with sb/sth]
plei·telge·hen^{RR} *vi irreg sein* to go bust *fam*
Plei·te·gei·er *m* (*fam*) threat [*or* spectre [*or* AM -er]] of bankruptcy; **über jdm/etw schwebt der** ~ the vultures are hovering above sb/sth
Plei·tier <-s, -s> [-ˈtieː] *m* ÖKON (*Bankrotteur*) bankrupt
plem·pern [ˈplɛmpɐn] *vi* (*fam*) ❶ (*verspritzen*) to spill sth ❷ (*Zeit verschwenden*) to waste time
plem·plem [plɛmˈplɛm] *adj* (*sl*) ■~ **sein** to be nuts *sl*
Ple·na [ˈpleːna] *pl von* **Plenum**
Ple·nar·saal *m* chamber **Ple·nar·ver·samm·lung** *f* plenary session
Ple·num <-s, Plena> [ˈpleːnʊm, *pl* pleːna] *nt* plenum
Ple·o·nas·mus <-, -nasmen> [pleoˈnasmʊs, *pl* -nasmən] *m* pleonasm
Pleu·el·stan·ge *f* TECH connecting rod
Plin·se <-, -n> [ˈplɪnzə] *f* KOCHK DIAL ❶ (*Pfannkuchen*) *yeast pancake filled with stewed fruit* ❷ (*Kartoffelpuffer*) potato [pan]cake [*or* fritter]
Plis·see <-s, -s> [plɪˈseː] *nt* pleats *pl,* pleating *no pl*
PLO <-> [peːʔɛlˈʔoː] *f kein pl Abk von* **Palestine Liberation Organization** PLO
PLO-Chef [-ʃɛf] *m* PLO-leader
Plom·be <-, -n> [ˈplɔmbə] *f* ❶ MED filling ❷ (*Bleisiegel*) lead seal
plom·bie·ren* [plɔmˈbiːrən] *vt* ❶ MED to fill; [**jdm**] **einen Zahn** ~ to fill a [/sb's] tooth ❷ (*amtlich versiegeln*) ■**etw** ~ to give sth a lead seal, to seal sth
Plot <-s, -s> [plɔt] *m o nt* LIT, INFORM plot
Plöt·ze <-, -n> [ˈplœtsə] *f* ZOOL roach
plötz·lich [ˈplœtslɪç] **I.** *adj* sudden **II.** *adv* suddenly, all of a sudden; [...] ~ **kommen** (*fam*) to come suddenly; **das kommt alles etwas/so** ~ it's all happening rather/so suddenly; **aber etwas** ~**!** (*fam*) [and] hurry up! [*or* jump to it]
Plu·der·ho·se [ˈpluːdɐhoːzə] *f* pantaloons *npl,* Turkish trousers *npl,* harem pants *npl;* HIST trunk hose
plump [plʊmp] **I.** *adj* ❶ (*massig*) plump ❷ (*schwerfällig*) ungainly, awkward ❸ (*dummdreist*) obvious, crass; **ein** ~**er Annäherungsversuch** a very obvious advance; **eine** ~**e Lüge** a crass [*or* blatant] lie **II.** *adv* ❶ (*schwerfällig*) clumsily, awkwardly ❷ (*dummdreist*) crassly, obviously
plumps [plʊmps] *interj* thud, bump, plop; (*ins Wasser*) plop, splash; ~ **machen** to thud, to go bump, to make a plop/splash
Plumps <-es, -e> [plʊmps] *m* (*fam*) thud, bump, plop; (*ins Wasser*) plop, splash
plump·sen [ˈplʊmpsn̩] *vi sein* (*fam*) ❶ (*dumpf fallen*) ■**irgendwohin** ~ to thud somewhere; **der Sack plumpste auf den Boden** the sack thudded onto the floor; ■**etw irgendwohin** ~ **lassen** to let sth fall somewhere with a thud ❷ (*fallen*) to fall; **aus/von etw** ~ to fall out of/off sth; ■**sich** *akk* **irgendwohin** ~ **lassen** to plump [oneself] [*or* flop] down somewhere; **sich** *akk* ~ **lassen** to plump [oneself] [*or* flop] down
Plumps·klo(·sett) *nt* (*fam*) earth closet BRIT, outhouse AM
Plun·der <-s> [ˈplʊndɐ] *m kein pl* junk *no pl, no indef art*
Plün·de·rer, Plün·de·rin <-s, -> [ˈplʏndərɐ, ˈplʏndərɪn] *m, f* looter, plunderer
Plun·der·ge·bäck *nt* Danish pastries *pl*
plün·dern [ˈplʏndɐn] **I.** *vt* ❶ (*ausrauben*) ■**etw** ~ to plunder [*or* loot] sth; ■**das P~** plunder[ing], looting, pillage, pillaging ❷ (*leeren*) ■**etw** ~ to raid sth *fam;* **den Kühlschrank** ~ to raid the fridge **II.** *vi* to plunder
Plün·de·rung <-, -en> *f* plunder[ing] *no pl, no indef art,* looting *no pl, no indef art,* pillage *no pl, no indef art*
Plu·ral <-s, -e> [ˈpluːraːl] *m* plural
Plu·ra·lis·mus <-> [pluraˈlɪsmʊ] *m kein pl* (*geh*) pluralism *no pl*
plu·ra·lis·tisch [pluraˈlɪstɪʃ] *adj* (*geh*) pluralistic
plus [plʊs] **I.** *präp* +*gen* plus **II.** *adv* ❶ (*über 0°*) plus; **die Temperaturen liegen bei** ~ **drei Grad C** temperatures will be around three degrees C ❷ MATH plus ❸ ELEK plus, positive **III.** *konj* MATH plus; ~**/minus X** plus or minus X
Plus <-, -> [plʊs] *nt* ❶ (*Pluszeichen*) plus ❷ ÖKON surplus; [**mit etw**] **im** ~ **sein** to be in the black [with sth]; [**bei etw**] **ein** ~ **machen** to make a profit [in sth] ❸ (*Pluspunkt*) plus, [plus] point, advantage
Plüsch <-[e]s, -e> [plyʃ] *m* plush

Plüsch·tier *nt* [furry] soft-toy
Plus·pol *m* positive pole **Plus·punkt** *m* ❶ (*Positivum*) bonus; **durch seine Höflichkeit sammelte er [reichlich] ~e** his politeness earned him [quite a few] brownie-points ❷ (*Wertungseinheit*) point
Plus·quam·per·fekt <-s, -e> ['plʊskvampɛrfɛkt] *nt* pluperfect, past perfect
plus·tern ['plu:stɐn] **I.** *vt* ■**etw** ~ to fluff up sth *sep* **II.** *vr* ■**sich** *akk* ~ to fluff oneself up
Plus·zei·chen *nt* plus sign
Plu·to <-s> ['plu:to] *m* Pluto
Plu·to·ni·um <-s> [plu'to:ni̯ʊm] *nt kein pl* plutonium *no pl*
PLZ <-> *f Abk von* **Postleitzahl**
Pneu <-s, -s> [pnɔy] *m bes* SCHWEIZ tyre BRIT, tire AM
pneu·ma·tisch [pnɔy'ma:tɪʃ] *adj* pneumatic
Pneu·mo·kok·kus <-, -i *o* -en> [pnɔymo'kɔkʊs] *m* MED (*Erreger der Lungenentzündung*) pneumococcus
Po <-s, -s> [po:] *m* (*fam*) bottom, BRIT *a.* bum *fam*
Pö·bel <-s> ['pø:bl̩] *m kein pl* (*pej*) mob *pej*, rabble *pej*
Pö·be·lei <-, -en> [pø:bə'lai] *f* (*fam*) ❶ *kein pl* (*das Pöbeln*) loutishness *no pl* ❷ (*ausfallende Bemerkung*) swearing *no pl, no indef art*
pö·bel·haft *adj* loutish, BRIT *a.* yobbish
pö·beln ['pø:bl̩n] *vi* (*ausfallend reden*) to swear; (*sich ausfallend benehmen*) to behave yobbishly [*or* AM loutishly]
po·chen ['pɔxn̩] *vi* ❶ (*anklopfen*) ■**[gegen/auf etw** *akk*] ~ to knock [against/on sth] ❷ (*klopfen*) *Herz, Blut* to pound ❸ (*bestehen*) ■**auf etw** *akk* ~ to insist on sth
po·chie·ren* [pɔ'ʃi:rən] *vt* KOCHK ■**etw** ~ to poach sth
Po·cke <-, -n> ['pɔkə] *f* pock
Po·cken *pl* smallpox *no art*
Po·cken·nar·be *f* pockmark **po·cken·nar·big** *adj* pockmarked **Po·cken·(schutz·)imp·fung** *f* smallpox vaccination
Po·cket·ka·me·ra ['pɔkət-] *f* pocket camera
Po·dest <-[e]s, -e> [po'dɛst] *nt o m* rostrum
Po·di·um <-s, Podien> ['po:di̯ʊm, *pl* -di̯ən] *nt* ❶ (*Bühne*) platform, stage, rostrum ❷ (*trittartige Erhöhung*) podium, rostrum
Po·di·ums·dis·kus·si·on *f*, **Po·di·ums·ge·spräch** *nt* panel discussion
Po·e·sie <-> [poe'zi:] *f kein pl* poetry *no pl*
Po·e·sie·al·bum *nt* poetry album (*made up of verses or sayings contributed by friends*)
Po·et(in) <-en, -en> [po'e:t] *m(f)* poet *masc o fem*, poetess *fem*
Po·e·tik <-, -en> [po'e:tɪk] *f* poetics + *sing vb*
Po·e·tin <-, -nen> *f fem form von* **Poet**
po·e·tisch [po'e:tɪʃ] *adj* poetic[al]; *s. a.* **Ader**
po·fen ['po:fn̩] *vi* (*fam*) ❶ (*schlafen*) to kip BRIT *fam*, to sleep AM ❷ (*unaufmerksam sein*) to doze
Po·grom <-s, -e> [po'gro:m] *nt o m* pogrom
Poin·te <-, -n> ['po̯ɛ̃:tə] *f Erzählung* point; *Witz* punch line
poin·tiert [poɛ̃'ti:ɐt] *adj* (*geh*) pointed, trenchant
Po·kal <-s, -e> [po'ka:l] *m* ❶ (*Trinkbecher*) goblet ❷ SPORT cup
Po·kal·end·spiel *nt* SPORT cup final **Po·kal·in·ha·ber(in)** *m(f)* SPORT cup-holder **Po·kal·sie·ger** *m* SPORT cup-winners *pl* **Po·kal·spiel** *nt* SPORT cup tie [*or* AM game] [*or* AM match] **Po·kal·wett·be·werb** *m* SPORT cup competition
Pö·kel·fisch ['pø:kl̩-] *m* pickled [*or* salt[ed]] fish **Pö·kel·fleisch** *nt* salt[ed] [*or* preserved] meat **Pö·kel·la·ke** *f* brine *no pl*
pö·keln ['pø:kl̩n] *vt Fleisch* to salt, to preserve; *Fisch* to pickle, to salt
Po·ker <-s> ['po:kɐ] *nt kein pl* poker
Po·ker·ge·sicht *nt*, **Po·ker·mie·ne** *f* poker face
po·kern ['po:kɐn] *vi* ❶ KARTEN to play poker; ■**[um etw]** ~ to gamble [for sth] ❷ (*viel riskieren*) to stake a lot, to play for high stakes
Pol <-s, -e> [po:l] *m* GEOG, ELEK, PHYS pole ▶ WENDUNGEN: **der ruhende** ~ the calming influence
po·lar [po'la:ɐ̯] *adj* polar
Po·lar·eis *nt* polar ice **Po·lar·fuchs** *m* arctic fox
po·la·ri·sie·ren* [polari'zi:rən] **I.** *vr* (*geh*) ■**sich** *akk* ~ to polarize, to become polarized BRIT **II.** *vt* PHYS ■**etw** ~ to polarize sth
Po·la·ri·sie·rung <-, -en> *f* polarization
Po·lar·kreis *m* polar circle; **nördlicher/südlicher** ~ Arctic/Antarctic circle **Po·lar·licht** *nt* METEO *s.* **Nordlicht Po·lar·meer** *nt* polar sea **Po·lar·mö·we** *f* ORN Iceland gull **Po·lar·stern** *m* Pole Star **Po·lar·zo·ne** *f* Frigid Zone, polar region
Pol·der <-s, -> ['pɔldɐ] *m* polder
Po·le, Po·lin <-n, -n> ['po:lə, 'po:lɪn] *m, f* Pole; *s. a.* **Deutsche(r)**
Po·le·mik <-, -en> [po'le:mɪk] *f* (*geh*) ❶ *kein pl* (*polemischer Gehalt*) polemic ❷ (*scharfe Attacke*) polemics + *sing vb*
po·le·misch [po'le:mɪʃ] **I.** *adj* (*geh*) polemical **II.** *adv* (*geh*) **sich** *akk* ~ **äußern** to voice a polemic
po·le·mi·sie·ren* [polemi'zi:rən] *vi* (*geh*) to polem[ic]ize; ■**[gegen jdn/etw]** ~ to inveigh [against sb/sth]; **in dem Artikel wurde scharf polemisiert** the article was of a sharply polemic nature
Po·len <-s> ['po:lən] *nt* Poland; *s. a.* **Deutschland** ▶ WENDUNGEN: **noch ist** ~ **nicht verloren** (*prov*) all is not yet lost
Po·li·ce <-, -n> [po'li:sə] *f* policy
Po·lier(in) <-s, -e> [po'li:ɐ̯] *m(f)* [site] foreman *masc* [*or fem* forewoman]
po·lie·ren* [po'li:rən] *vt* ❶ (*glänzend reiben*) ■**etw** ~ to polish sth ❷ (*sl: malträtieren*) **jdm die Fresse/Schnauze/das Maul** ~ (*sl*) to smash sb's face in *sl*
Po·lier·mit·tel *nt* polish **Po·lier·tuch** *nt* polishing cloth **Po·lier·wachs** *nt* wax polish
Po·li·kli·nik ['po:likli:nɪk] *f* outpatients' clinic
Po·lin <-, -nen> *f fem form von* **Pole**
Po·lio <-> ['po:li̯o] *f kein pl* polio *no pl*
Po·lit·bü·ro [po'lɪt-] *nt* politburo
Po·li·tes·se <-, -n> [poli'tɛsə] *f* [female] traffic warden BRIT, meter maid AM
Po·li·tik <-, -en> [poli'ti:k] *f* ❶ *kein pl* (*die politische Welt*) politics + *sing vb, no art;* **in die** ~ **gehen** to go into politics ❷ (*politischer Standpunkt*) politics + *sing vb, no art;* ■**die/eine** ~ **einer S.** *gen* the politics of sth ❸ (*Strategie*) policy; **eine bestimmte** ~ **betreiben** [*o* **verfolgen**] to pursue a certain [*or* particular] policy; **eine** ~ **der kleinen Schritte** a step-by-step [*or* gradualist] policy
Po·li·ti·ka [po'li:tika] *pl von* **Politikum**
Po·li·ti·ker(in) <-s, -> [po'li:tikɐ] *m(f)* politician
Po·li·ti·kum <-s, Politika> [po'li:tikʊm, *pl* -ka] *nt* (*geh Sache*) political issue; (*Ereignis*) political event
Po·li·tik·ver·dros·sen·heit *f kein pl* political apathy *no pl* **Po·li·tik·wis·sen·schaft** *f s.* **Politologie**
po·li·tisch [po'li:tɪʃ] **I.** *adj* ❶ POL political ❷ (*geh*) politic **II.** *adv* ❶ POL politically ❷ (*klug*) politicly, judiciously
Po·li·ti·sche(r) *f(m) dekl wie adj* political prisoner
po·li·ti·sie·ren* [politi'zi:rən] **I.** *vi* (*geh*) to talk politics, to politicize **II.** *vt* (*geh: etw ~*) to politicize sth; ■**jdn** ~ to make sb politically aware **III.** *vr* ■**sich** *akk* ~ to become politicized
Po·li·to·lo·ge, Po·li·to·lo·gin <-n, -n> [polito'lo:gə, -'lo:gɪn] *m, f* political scientist
Po·li·to·lo·gie <-> [politolo'gi:] *f kein pl* political science *no pl, no art*
Po·li·to·lo·gin <-, -nen> *f fem form von* **Politologe**
Po·li·tur <-, -en> [poli'tu:ɐ̯] *f* ❶ (*Poliermittel*) polish ❷ (*glänzende Schicht*) polish, shine
Po·li·zei <-, -en> [poli'tsai] *f* ❶ (*Institution*) ■**die** ~ the police + *sing/pl vb;* **zur** ~ **gehen** to go to the police; **bei der** ~ **sein** to be in the police [force] ❷ (*Polizisten*) police + *sing/pl vb* ❸ *kein pl* (*Dienstgebäude*) police station ▶ WENDUNGEN: **düm-**

P

mer als die ~ erlaubt (*hum fam*) as thick as two short planks *fam*

Po·li·zei·an·ga·ben *pl* details released by the police; **nach** [*o* **laut**] **~ ...** according to details released by the police ... **Po·li·zei·auf·ge·bot** *nt* police presence *no pl* **Po·li·zei·be·am·te(r)** *f(m) dekl wie adj*, **Po·li·zei·be·am·tin** <-, -nen> *f* police officer **Po·li·zei·be·hör·de** *f* police authority [*or* AM department] **Po·li·zei·bu·ße** *f* SCHWEIZ [police] fine **Po·li·zei·chef(in)** *m(f)* chief of police [*or* BRIT *a.* constable] **Po·li·zei·dienst** *m* police service **Po·li·zei·di·rek·ti·on** *f* police authority **Po·li·zei·ein·satz** *m* police operation **Po·li·zei·funk** *m* police radio **Po·li·zei·ge·bäu·de** *nt* police building **Po·li·zei·griff** *m* arm [*or* wrist] lock [*or* hold]; **jdn im ~ abführen** to frogmarch sb away **Po·li·zei·hund** *m* police dog

po·li·zei·lich **I.** *adj attr* police *attr; s. a.* **Führungszeugnis, Kennzeichen II.** *adv* by the police; **~ gemeldet sein** to be registered with the police

Po·li·zei·pos·ten *nt* SCHWEIZ *s.* **Polizeirevier Po·li·zei·prä·si·di·um** *nt* police headquarters + *sing/pl verb* **Po·li·zei·re·vier** *nt*, **Po·li·zei·pos·ten** *nt* SCHWEIZ ❶ (*Dienststelle*) police station ❷ (*Bezirk*) [police] district [*or* AM precinct] **Po·li·zei·schutz** *m* police protection; **unter ~ stehen** to be under police protection; **jdn unter ~ stellen** to place sb under police protection **Po·li·zei·staat** *m* police state **Po·li·zei·strei·fe** *f* police patrol **Po·li·zei·stun·de** *f* closing time

Po·li·zist(in) <-en, -en> [poli'tsɪst] *m(f)* policeman *masc*, policewoman *fem*, police officer

Po·liz·ze <-, -n> [po'lɪtsə] *f* ÖSTERR (*Police*) [insurance] policy

Pol·ka <-, -s> ['pɔlka] *f* polka

Pol·lack <-s, -en> ['pɔlak] *m* pollack, dover hake

Pol·len <-s, -> ['pɔlən] *m* pollen

Pol·len·al·ler·gie *f* MED pollen allergy, allergy to pollen

Pol·len·flug *m kein pl* BOT, MED pollen dispersal *no pl*

Pol·len·flug·ka·len·der *m* BOT, MED, NATURMED pollen dispersal calendar **Pol·len·flug·vor·her·sa·ge** *f* pollen count forecast

Pol·len·korn *nt* BOT pollen grain **Pol·len·warn·dienst** *m* MED, MEDIA, NATURMED pollen [level] warning service

Pol·ler <-s, -> ['pɔlɐ] *m* bollard; *Schiffsdeck a.* bitt *spec*

Pol·lu·ti·on <-, -en> [pɔlu'tsi̯o:n] *f* BIOL (*geh*) [nocturnal] emission

Pol·nisch ['pɔlnɪʃ] *nt dekl wie adj* Polish; *s. a.* **Deutsch**

pol·nisch ['pɔlnɪʃ] *adj* ❶ (*Polen betreffend*) Polish; *s. a.* **deutsch 1** ❷ LING Polish; *s. a.* **deutsch 2**

Pol·ni·sche <-n> ['pɔlnɪʃə] *nt* ■**das ~** Polish, the Polish language; *s. a.* **Deutsche**

Po·lo <-s, -s> ['po:lo] *nt* polo

Po·lo·hemd *nt* polo shirt

Polonäse <-, -n> *f*, **Po·lo·nai·se** <-, -n> [polo'nɛ:zə] *f* polonaise

Po·lo·ni·um <-s> [po'lo:ni̯ʊm] *nt kein pl* polonium *no pl*

Pols·ter <-s, -> ['pɔlstɐ] *nt o* ÖSTERR *m* ❶ (*Polsterung*) upholstery *no pl, no indef art* ❷ MODE pad, padding ❸ BOT cushion plant ❹ FIN reserves *pl*, cushion ❺ ÖSTERR (*Kissen*) cushion

Pols·te·rer, Pols·te·rin <-s, -> *m, f* upholsterer

Pols·ter·gar·ni·tur *f* suite **Pols·ter·ma·te·ri·al** *nt* padding *no pl, no indef art;* (*dicker*) cushioning *no pl, no indef art* **Pols·ter·mö·bel** *nt meist pl* upholstered furniture *no pl*

pols·tern ['pɔlstɐn] *vt* ❶ (*mit Polster versehen*) ■**etw ~** to upholster sth; **eine Tür ~** to pad a door; ■**gepolstert** upholstered, padded; **gut gepolstert sein** to be well padded ❷ (*fam: genügend Finanzen haben*) **gut gepolstert sein** to be comfortably off [*or* AM well-off]

Pols·ter·ses·sel *m* [upholstered] armchair

Pols·te·rung <-, -en> *f* ❶ (*Polster*) upholstery *no pl, no indef art* ❷ *kein pl* (*das Polstern*) upholstering *no pl, no indef art*

Pol·ter·abend ['pɔltɐ-] *m party at the house of the bride's parents on the eve of a wedding, at which crockery is smashed to bring good luck*

> **i Kultur**
>
> Celebrated with friends and relatives, a **Polterabend** is held on the eve of a wedding. Traditionally, crockery is smashed to bring good luck and the bridal couple are left to sweep away the mess.

Pol·ter·geist *m* poltergeist

pol·tern ['pɔltɐn] *vi* ❶ *haben* (*rumpeln*) to crash, to bang, to make a racket; **da poltert es an der Tür** there's a banging on the door; ■**das P~** banging [*or* crashing] [noise] ❷ *sein* (*krachend fallen*) ■**irgendwohin ~** to go crashing somewhere; **der Schrank polterte die Treppe hinunter** the wardrobe went crashing down the stairs ❸ *sein* (*lärmend gehen*) ■**irgendwohin ~** to stump [*or* AM stomp] [*or* clump] somewhere

Po·ly·es·ter <-s, -> [poly'ʔɛstɐ] *m* polyester

po·ly·gam [pol'ga:m] *adj* polygamous

Po·ly·ga·mie <-> [polyga'mi:] *f kein pl* polygamy *no pl*

po·ly·glott [poly'glɔt] *adj* (*geh*) ❶ (*viele Sprachen sprechend*) polyglot ❷ (*mehrsprachig*) multilingual

Po·lyp <-en, -en> [po'ly:p] *m* ❶ ZOOL polyp ❷ MED polyp; **~en in der Nase haben** to suffer from adenoids

po·ly·plo·id [polyplo'i:t] *adj* polyploid

Po·ly·plo·i·die <-> [polyploi'di:] *f kein pl* BIOL polyploidy

Po·ly·ure·than <-s, -e> [polyʔure'ta:n] *meist pl nt* CHEM polyurethane *no pl*

Po·me·ran·ze <-, -n> [pomə'rantsə] *f* KOCHK Seville [*or* bitter] orange

Pom·mes ['pɔməs] *pl* (*fam*), **Pom·mes fri·tes** [pɔm'frɪt] *pl* French fries *pl*, BRIT *a.* chips *pl*

Pom·mes-fri·tes-Schnei·der *m* potato chipper BRIT, French fry slicer AM

Pomp <-[e]s> [pɔmp] *m kein pl* pomp *no pl*

pom·pös [pɔm'pø:s] **I.** *adj* grandiose **II.** *adv* grandiosely, in a grandiose style

Pon·cho <-s, -s> ['pɔntʃo] *m* poncho

Pon·ti·fex <-, -fizes> ['pɔntifɛks, *pl* -'ti:fitse:s] *m* REL pontiff

Pon·ti·fi·kat <-s, -e> [pɔntifi'ka:t] *nt* REL pontificate, papacy

Pon·ti·us ['pɔntsi̯ʊs] *m* ▶ WENDUNGEN: **von ~ zu Pilatus laufen** (*fam*) to run from pillar to post

Pon·ton·brü·cke [pɔn'tõ:, 'pɔntõ] *f* pontoon bridge

Po·ny¹ <-s, -s> ['pɔni] *nt* pony

Po·ny² <-s, -s> ['pɔni] *m* fringe BRIT, bangs *npl* AM

Pool <-s, -s> [pu:l] *m* pool

Pool·bil·lard ['pu:lbɪljart] *nt* pool

Pop <-s> [pɔp] *m kein pl* pop

Po·panz <-es, -e> ['po:pants] *m* ❶ (*Hanswurst*) clown, puppet ❷ (*Buhmann*) bogeyman

Pop-Art[RR], **Pop-art**[ALT] ['pɔpʔa:ɐ̯t] *f* pop art

Pop·bal·la·de *f* pop ballad

Pop·corn <-s> ['pɔpkɔrn] *nt kein pl* popcorn *no pl, no indef art*

Po·pe <-n, -n> ['po:pə] *m* priest

Po·pel <-s, -> ['po:pl̩] *m* (*fam*) ❶ (*Stück Nasenschleim*) bogey BRIT *fam*, booger AM *fam* ❷ (*Durchschnittsbürger*) pleb *fam*, nobody

po·pe·lig ['po:pəlɪç] *adj* (*fam*) ❶ (*lausig*) lousy ❷ (*gewöhnlich*) crummy

Po·pe·lin <-s, -e> [popə'li:n] *m*, **Po·pe·li·ne** <-, -> [popə'li:n] *f* poplin

po·peln ['po:pl̩n] *vi* (*fam*) to pick one's nose

Pop·far·be *f* brilliant colour [*or* AM -or] **Pop·grup·pe** *f* pop group

pop·lig ['po:plɪç] *adj s.* **popelig**

Pop·mu·sik *f* pop music

Pop·mu·sik·markt *m* pop music market

Po·po <-s, -s> [po'po:] *m* (*fam*) bottom, BRIT *a.* bum *fam*

Pop·per <-s, -> ['pɔpɐ] *m* (*fam*) preppy *fam*

pop·pig ['pɔpɪç] *adj (fam)* trendy

Pop·star *m* pop star

po·pu·lär [popu'lɛːɐ̯] *adj* popular; ■**[bei jdm] ~ sein** to be popular [with sb]

Po·pu·la·ri·tät <-> [populari'tɛːt] *f kein pl* popularity *no pl*

po·pu·lär·wis·sen·schaft·lich I. *adj* popular scientific; **~e Literatur** popular literature II. *adv* in popular scientific terms

Po·pu·la·ti·on <-, -en> [popula'tsi̯oːn] *f* population

Po·pu·lis·mus <-> [popu'lɪsmʊs] *m kein pl* populism *no pl*

Po·pu·list(in) <-en, -en> [popu'lɪst] *m(f)* populist

po·pu·lis·tisch *adj* populist

Po·re <-, -n> ['poːrə] *f* pore; **aus allen ~n** from every pore; **~n verstopfend** pore-clogging

po·rig ['poːrɪç] *adj* porous, poriferous

Por·no <-s, -s> ['pɔrno] *m (fam)* porn *fam*

Por·no·film *m (fam)* porn[o] film [*or fam* movie], skin flick *fam*

Por·no·gra·phie, Por·no·gra·fie[RR] <-> [pɔrnogra'fiː] *f kein pl* pornography *no pl, no indef art*

por·no·gra·phisch *adj,* **por·no·gra·fisch**[RR] *adj* pornographic

Por·no·heft *nt (fam)* porn[o] mag[azine] *fam*

po·rös [po'røːs] *adj* porous

Po·ro·si·tät <-> [porozi'tɛt] *f kein pl* porosity

Por·ree <-s, -s> ['pɔre] *m* leek

Pörsch·kohl *m* savoy cabbage

Por·ta·ble <-s, -s> ['pɔrtəbl̩] *m* TV, INFORM portable

Por·tal <-s, -e> [pɔr'taːl] *nt* ❶ *(große Tür)* portal ❷ INET homepage, portal

Porte·mon·naie <-s, -s> [pɔrtmɔ'neː] *nt s.* **Portmonee**

Port·fo·lio [pɔrt'foːli̯o] *nt* BÖRSE portfolio

Por·ti ['pɔrti] *pl von* **Porto**

Por·tier <-s, -s> [pɔr'ti̯eː] *m* porter BRIT, doorman AM

Por·ti·on <-, -en> [pɔr'tsi̯oːn] *f* ❶ KOCHK portion ❷ *(fam)* portion, helping *fam* ❸ *(fam: Anteil)* amount ▸WENDUNGEN: **eine halbe ~** *(fam)* a puny [*or fam* weedy] specimen, a half-pint *fam*

Port·mo·nee <-s, -s> [pɔrtmɔ'neː] *nt* purse

Por·to <-s, -s *o* Porti> ['pɔrto, *pl* pɔrti] *nt* postage *no pl, no indef art*

Por·to·aus·ga·be *f* postage expenses *pl* **por·to·frei** *adj inv* post- [*or* AM postage-] free [*or* -paid], postage-prepaid **Por·to·kas·se** *f* petty cash *(for postage)* **por·to·pflich·tig** *adj inv* liable [*or* subject] to postage *pred*

Por·trät <-s, -s> [pɔr'trɛː] *nt* portrait

Por·trät·auf·nah·me [pɔr'trɛː] *f* portrait photograph

por·trä·tie·ren* [pɔrtrɛ'tiːrən] *vt* ❶ *(als Porträt darstellen)* ■**jdn ~** to paint/take a portrait of sb ❷ *(künstlerisch wiedergeben)* to portray; ■**jdn als jdn ~** to portray sb as sb

Por·trä·tist(in) <-en, -en> [pɔrtrɛ'tɪst] *m(f) (form)* portrait artist, portraitist

Por·trät·ma·ler(in) [pɔr'trɛː] *m(f)* portrait painter

Por·tu·gal <-s> ['pɔrtugal] *nt* Portugal; *s. a.* **Deutschland**

Por·tu·gie·se, Por·tu·gie·sin <-n, -n> [portu'giːzə, portu'giːzɪn] *m, f* Portuguese; *s. a.* **Deutsche(r)**

por·tu·gie·sisch [pɔrtu'giːzɪʃ] *adj* ❶ *(Portugal betreffend)* Portuguese; *s. a.* **deutsch 1** ❷ LING Portuguese; *s. a.* **deutsch 2**

Por·tu·gie·sisch [pɔrtu'giːzɪʃ] *nt dekl wie adj* ❶ LING Portuguese; *s. a.* **Deutsch 1** ❷ *(Fach)* Portuguese; *s. a.* **Deutsch 2**

Por·tu·lak <-s> ['pɔrtulak] *m kein pl* BOT purslane

Port·wein ['pɔrtvain] *m* port

Por·zel·lan <-s, -e> [pɔrtsɛ'laːn] *nt* ❶ *(Material)* porcelain *no pl, no indef art,* china *no pl, no indef art* ❷ *kein pl (Geschirr)* china *no pl, no indef art* ▸WENDUNGEN: **~ zerschlagen** *(fam)* to cause a lot of trouble [*or* bother] [*or* damage]

Por·zel·lan·fi·gur *f* porcelain figure **Por·zel·lan·ge·schirr** *nt* china *no pl, no indef art*

Po·sau·ne <-, -n> [po'zaunə] *f* trombone; **~ blasen** [*o* **spielen**] to play the trombone

po·sau·nen* [po'zaunən] I. *vi (fam)* ❶ *(Posaune blasen)* to play the trombone ❷ *(tönen)* ■**von etw ~** to yell [*or* shout] sth out II. *vt (fam)* to yell; ■**etw irgendwohin ~** to yell [*or* shout] sth out somewhere; **etw in alle Welt ~** to trumpet sth forth, to broadcast sth to the whole world

Po·sau·nen·blä·ser(in) *m(f)* trombone player, trombonist

Po·sau·nist(in) <-en, -en> [pozau'nɪst] *m(f) (form)* trombonist, trombone player

Po·se <-, -n> ['poːzə] *f* pose; **[bei jdm] nur ~ sein** sb is only posing [*or* putting it on]; **eine bestimmte ~ einnehmen** to take up a certain pose

po·sie·ren* [po'ziːrən] *vi (geh)* ■**[als jd] ~** to pose [as sb]

Po·si·ti·on <-, -en> [pozi'tsi̯oːn] *f* ❶ *(geh: Stellung)* position; **sich jdm gegenüber in schwacher/starker ~ befinden** to be in weak/strong position with regard to sb ❷ *(geh: berufliche Stellung)* position ❸ *(Standpunkt)* position; **eine ~ beziehen** to take up a position, to take a stand ❹ BÖRSE, LUFT, NAUT position ❺ ÖKON *(Posten)* item

po·si·ti·o·nie·ren* [pozitsi̯o'niːrən] *vr* POL *(geh)* to take a stand

Po·si·ti·ons·licht *nt* navigation light **Po·si·ti·ons·pa·pier** *nt* POL policy paper [*or* document]

po·si·tiv ['poːzitiːf] I. *adj* ❶ *(zustimmend)* positive; ■**~ [für jdn] sein** to be good news [for sb] ❷ *(geh)* concrete, definite ❸ MATH positive, plus ❹ PHYS, ELEK positive II. *adv* positively; **etw ~ beeinflussen** to have a positive influence on sth; **etw ~ bewerten** to judge sth favourably [*or* AM favorably]; **einer Sache ~ gegenüberstehen** to take a positive view of a matter; **sich** *akk* **~ verändern** to change for the better

Po·si·tiv[1] <-s, -e> ['poːzitiːf] *nt* ❶ FOTO positive ❷ MUS positive [organ]

Po·si·tiv[2] <-s, -e> ['poːzitiːf] *m* LING positive

Po·si·tur <-, -en> [pozi'tuːɐ̯] *f* posture; **sich** *akk* **[vor jdm/etw] in ~ setzen/stellen** to take up/adopt [*or* assume] a posture [*or* pose] [in front of sb/sth]

Pos·se <-, -n> ['pɔsə] *f* THEAT farce

Pos·sen <-, -n> ['pɔsn̩] *m meist pl (veraltend)* trick, prank, tomfoolery *no pl dated;* **mit jdm ~ treiben** to play tricks on sb; **~ reißen** to fool [*or* lark] about, to play tricks

Pos·ses·siv·pro·no·men [pɔsɛ'siːf-] *nt,* **Pos·ses·si·vum** <-s, Possessiva> [pɔsɛ'siːvʊm] *nt* possessive pronoun

Post <-> [pɔst] *f kein pl* ❶ *(Institution)* postal service, Post Office; **etw mit der/durch die/per ~ schicken** to send sth by post [*or* AM mail]; *(Dienststelle)* post office; **die ~ befindet sich am Ende dieser Straße rechts** the post office is at the end of the street on the right; **auf die/zur ~ gehen** to go to the post office; **etw zur ~ bringen** to take sth to the post office ❷ *(Briefsendungen)* mail *no pl, indef art rare, esp* BRIT post *no pl, indef art rare;* **gelbe ~** postal service; **mit gleicher/getrennter ~** by the same post/under separate cover; **heute ist keine ~ für dich da** there's no post [*or* mail] for you today; **auf [die] ~ warten** to wait for [the] post [to arrive]; **von jdm viel ~ bekommen** to get [*or* receive] a lot of letters from sb; **elektronische ~** electronic mail, e-mail ▸WENDUNGEN: **[und] ab geht die ~!** *(fam)* off we go!

pos·ta·lisch [pɔs'taːlɪʃ] I. *adj* postal; **die Ware wird Ihnen auf ~em Weg zugestellt** the goods will be sent by post II. *adv* by post [*or* AM mail]

Post·amt *nt* post office **Post·an·wei·sung** *f* ❶ *(Überweisungsträger)* postal [*or* AM money] order ❷ *(angewiesener Betrag) money paid in at a post office and delivered to the addressee* **Post·au·to** *nt* postal [*or* post office] van **Post·bank** *f* Post Office Giro Bank BRIT, postal bank AM **Post·bar·scheck** *m* Post Office Giro cheque BRIT, postal check AM **Post·be·am·te(r), -be·am·tin** *m, f* post office official **Post·be·diens·te·te(r)** *f(m)* postal worker **Post·bo·te, -bo·tin** *m, f* postman *masc,* AM *usu* mailman *masc,* postwoman BRIT *fem,* female mail carrier AM

Pöst·chen <-s, -> ['pœstçən] *nt dim von* **Posten** *(iron fam)* little job [*or* number] *iron, hum fam*

Post·dienst *m* postal service

Pos·ten <-s, -> ['pɔstn̩] *m* ① (*zugewiesene Position*) post, position ② (*Anstellung*) position, post, job ③ (*Wache*) guard; **irgendwo ~ beziehen** to take up position [*or* position oneself] somewhere; **~ stehen** to stand guard ④ ÖKON (*Position*) item; (*Menge*) lot, quantity ⑤ JAGD buckshot ▸ WENDUNGEN: **auf verlorenem ~ kämpfen** [*o* **stehen**] to be fighting a lost cause [*or* losing battle]; [**noch**] **auf dem ~ sein** (*fam: fit sein*) to be [still] in good shape; (*wachsam sein*) to be on one's toes *fam;* **nicht ganz auf dem ~ sein** (*fam*) to be a bit under the weather [*or* off-colour [*or* AM -or]] *fam*

Pos·ter <-s, -[s]> ['po:stɐ] *nt* poster

Pọst·fach *nt* ① (*Schließfach*) post office [*or* PO] box ② (*offenes Fach*) pigeonhole

Pọst·fach·an·la·ge *f* post office box service **Pọst·fach·mie·te** *f* rent of a post office box **Pọst·fach·num·mer** *f* post office [*or* PO] box number

post·fe·mi·nịs·tisch *adj inv* SOZIOL post-feminist

Pọst·ge·bühr *f* postal charge [*or* rate] **Pọst·ge·heim·nis** *nt* JUR postal secrecy, confidentiality of the post [*or* AM mail] **Pọst·ge·werk·schaft** *f* **Deutsche ~** *union of German postal workers* **Pọst·gi·ro·kon·to** *nt* giro [*or* National Girobank] [*or* AM postal checking] account

post·hum [pɔst'hu:m] *adj* (*geh*) posthumous

pos·tie·ren* [pɔs'ti:rən] *vt* ■**jdn/sich irgendwo ~** to position [*or* station] sb/oneself somewhere

Pos·til·le <-, -n> [pɔs'tɪlə] *f* MEDIA, VERLAG (*pej*) *Zeitung* rag *pej; Zeitschrift* mag *pej*

Pọst·kar·te *f* postcard **Pọst·kas·ten** *m* DIAL (*Briefkasten*) postbox BRIT, letterbox BRIT, pillar box BRIT, mailbox AM **Pọst·kut·sche** *f* HIST stagecoach **pọst·la·gernd** *adj* poste restante BRIT, general delivery AM **Pọst·leit·zahl** *f* postcode BRIT, zip code AM

Pos·tler(in) <-s, -> ['pɔstlɐ] *m(f)* (*fam*) post office worker

post·mo·dern ['pɔstmodɛrn] *adj* postmodern

Pọst·pa·ket *nt* parcel, [postal] packet **Pọst·sack** *m* mailbag, BRIT *a.* postbag **Pọst·schal·ter** *m* post office counter **Pọst·sen·dung** *f* postal [*or* AM mail] item

Post·skript <-[e]s, -e> [pɔst'skrɪpt] *nt,* **Post·skrip·tum** <-s, -ta> [pɔst'skrɪptʊm] *nt* (*geh*) postscript, PS

post·sow·je·tisch *adj* post-soviet [*or* -communist]

Pọst·spar·buch *nt* Post Office savings [account] book **Pọst·spar·kas·se** *f* Post Office Giro [*or* National Savings] [*or* AM postal savings] bank **Pọst·stem·pel** *m* ① (*Abdruck*) postmark ② (*Gerät*) postmark stamp[er]

pos·tu·lie·ren* [pɔstu'li:rən] *vt* (*geh*) ■**etw ~** to postulate sth

Pọst·weg *m* (*veraltet*) post road **pọst·wen·dend** *adv* by return [of post] [*or* AM mail] **Pọst·wert·zei·chen** *nt* (*form*) postage stamp *form* **Pọst·we·sen** *nt kein pl* Post Office, postal service **Pọst·wurf·sen·dung** *f* mailshot, direct mail advertising, unaddressed mailing **pọst·zu·ge·las·sen** *adj* authorized by the Post Office **Pọst·zu·stel·lung** *f* postal delivery

Pot <-s> [pɔt] *nt kein pl* (*sl*) pot *dated sl*

po·tent [po'tɛnt] *adj* ① (*sexuell fähig*) potent ② (*zahlungskräftig*) affluent

Po·ten·tat(in) <-en, -en> [potɛn'ta:t] *m(f)* (*geh*) potentate

Po·ten·ti·al <-s, -e> [potɛn'tsi̯a:l] *nt s.* **Potenzial**

po·ten·ti·ell [potɛn'tsi̯ɛl] *adj s.* **potenziell**

Po·tenz <-, -en> [po'tɛnts] *f* ① MED (*Zeugungsfähigkeit*) potency ② (*geh: Möglichkeiten*) potential ③ (*Leistungsfähigkeit*) strength, power ④ MATH **zweite/dritte ~** square/cube; **etw in eine bestimmte ~ erheben** to raise sth to the power of ... ⑤ (*Grad*) **Blödsinn in höchster ~** utter nonsense; **in höchster ~** (*geh*) to the highest degree, of the highest order

Po·ten·zi·alRR <-s, -e> [potɛn'tsi̯a:l] *nt* ① (*geh: Möglichkeiten*) potential ② PHYS potential

po·ten·zi·ellRR [potɛn'tsi̯ɛl] *adj* (*geh*) potential

po·ten·zie·ren* [potɛn'tsi:rən] *vt* ① (*geh*) ■**etw ~** to multiply [*or* increase] sth ② MATH to raise to the power; **6 mit 4 potenziert** 6 to the power [of] 4

Pot·pour·ri <-s, -s> ['pɔtpʊri] *nt* potpourri, medley

Pott <-[e]s, Pötte> [pɔt, *pl* 'pœtə] *m* (*fam*) ① (*Topf*) pot ② (*a. pej: Schiff*) ship, tub *pej o hum fam*

Pott·asche ['pɔtʔaʃə] *f* potash *no pl, no indef art*

pott·häss·lichRR ['pɔt'hɛslɪç] *adj* (*fam*) [as] ugly as sin *pred,* plug-ugly *fam*

Pott·wal ['pɔtva:l] *m* sperm whale

potz [pɔts] *interj* ▸ WENDUNGEN: **~ Blitz!** (*veraltet*) goodness gracious! *old*

Pou·let <-s, -s> [pu'le:] *nt* SCHWEIZ chicken

pous·sie·ren [pu'si:rən] **I.** *vi* (*veraltend fam*) ■**mit jdm ~** to flirt with sb **II.** *vt* (*veraltend*) ■**jdn ~** to curry favour [*or* AM -or] with [*or sep fam* butter up] sb

Po·wer <-> ['paʊɐ] *f kein pl* (*sl*) power *no pl, no indef art*

po·wern ['paʊɐn] *vi* (*sl*) ① (*sich voll einsetzen*) to give it all one's got *fam* ② (*fördern*) to promote heavily

PR <-> [pe:'ɛr] *f kein pl s.* **Public Relations** PR

Prä·am·bel <-, -n> [prɛ'ambl̩] *f* preamble

PR-Ab·tei·lung [pe:'ɛr-] *f* PR department

Pracht <-> [praxt] *f kein pl* splendour [*or* AM -or] *no pl,* magnificence *no pl;* **in seiner/ihrer/etc. vollen** [*o* **ganzen**] **~** in all his/her/etc. splendour; **eine wahre ~ sein** (*fam*) to be [really] marvellous [*or fam* great]; **eine wahre ~ sein, etw zu tun** to be marvellous [*or* fantastic] to do sth; **dass es eine ~ ist** (*fam*) it's magnificent to see; **die Rosen blühten, dass es eine ~ war** it was magnificent to see the roses blooming

Pracht·aus·ga·be *f* luxury [*or* de luxe] edition **Pracht·bau** *m* magnificent building **Pracht·ex·em·plar** *nt* fine [*or* magnificent] specimen; **wahre ~e von Kindern** really splendid children

präch·tig ['prɛçtɪç] *adj* ① (*prunkvoll*) splendid, magnificent ② (*großartig*) splendid, marvellous

Pracht·kerl *m* (*fam*) great guy [*or* BRIT *a.* bloke] *fam,* fine specimen of a man; **ein ~ von einem Kind!** a terrific kid! *fam* **Pracht·stück** *nt s.* **Prachtexemplar pracht·voll** *adj* (*geh*) *s.* **prächtig Pracht·weib** *nt* (*fam*) fine specimen of a woman

prä·des·ti·nie·ren* [prɛdɛsti'ni:rən] *vt* (*geh*) to predestine; ■**jdn zu etw ~** to predestine sb to sth; **für etw wie prädestiniert sein** to be predestined [*or* made] [*or* just right] for sth

Prä·di·kat <-[e]s, -e> [prɛdi'ka:t] *nt* ① LING predicate ② SCH grade ③ (*Auszeichnung*) rating ④ (*Weinqualität*) title; **Weine mit ~** quality wines

Prä·di·ka̲ts·no·men *nt* LING predicative noun, complement **Prä·di·ka̲ts·wein** *m* top quality wine

Prä·fe·renz <-, -en> [prɛfe'rɛnts] *f* ① (*geh*) preference ② (*Vergünstigung*) privilege

Prä·fix <-es, -e> ['prɛfɪks] *nt* LING prefix

Prag <-s> [pra:k] *nt* Prague

prä·gen ['prɛ:gn̩] *vt* ① (*durch Prägung herstellen*) ■**etw ~** to mint sth; **Münzen ~** to mint [*or* strike] coins; **eine Medaille ~** to strike a medallion ② (*mit einer Prägung versehen*) to emboss sth; **geprägtes Briefpapier** embossed writing paper; **einen Bucheinband** [**blind**] **~** to emboss [*or* [*spec* blind-]tool] a book cover; ■**etw auf/in etw** *akk* **~** to stamp [*or form* impress] sth on[to]/into sth; **sich** *dat* **etw ins Gedächtnis ~** (*fig*) to commit sth to memory, to engrave sth on one's mind ③ (*fig: formen*) ■**jdn ~** to leave its/their mark [on sb]; **jdn für alle Zeiten ~** to leave its/their indelible mark [on sb] ④ ZOOL **ein Tier auf etw/jdn ~** to imprint sth/sb on an animal ⑤ (*schöpfen*) ■**etw ~** to coin sth; **ein Modewort ~** to coin an "in" expression *sl*

Prag·ma·ti·ker(in) <-s, -> [preag'ma:tɪkɐ] *m(f)* pragmatist

prag·ma·tisch [prag'ma:tɪʃ] **I.** *adj* pragmatic **II.** *adv* pragmatically; **~ eingestellt sein** to be pragmatic

Prag·ma·tis·mus <-> [pragma'tɪsmʊs] *m kein pl* pragmatism *no pl*

prä·gnant [prɛ'gnant] **I.** *adj* (*geh*) succinct, concise; **~e Sätze**

concise sentences **II.** *adv* ~ **antworten** to give a succinct [*or* concise] answer; **sich** *akk* ~ **ausdrücken** to be succinct [*or* concise]; **etw** ~ **beschreiben/darstellen** to give a succinct [*or* concise] description/account of sth

Prä·gnanz <-> [prɛ'gnants] *f kein pl* (*geh*) conciseness *no pl,* succinctness *no pl*

Prä·gung <-> *f* ❶ (*Einprägen von Münzen*) minting, striking ❷ (*mit Muster versehen*) embossing; *Einband, Leder a.* tooling, incuse *spec;* (*Eingeprägtes*) embossing; *Einband, Leder a.* tooling ❸ BIOL, ZOOL imprinting ❹ LING coinage

prä·his·to·risch [prɛhɪs'to:rɪʃ] *adj* prehistoric

prah·len ['pra:lən] *vi* ■[**mit etw**] ~ to boast [*or fam* brag] [about sth] *pej;* ■**damit** ~, **dass ...** to boast [*or fam* brag] that ... *pej*

Prah·ler(in) <-s, -> *m(f)* (*pej*) boaster

Prah·le·rei <-, -en> [pra:lə'rai] *f* (*pej*) ❶ *kein pl* (*Angeberei*) boasting, bragging *pej fam* ❷ (*prahlerische Äußerung*) boast, boasting *no pl,* bragging *no pl pej fam*

Prah·le·rin <-, -nen> *f fem form von* **Prahler**

prah·le·risch *adj* boastful, bragging *attr*

Prahl·hans <-es, -hänse> *m* (*fam*) show-off *fam,* braggart *dated*

Prak·tik <-, -en> ['praktɪk] *f meist pl* practice, procedure; **undurchsichtige** ~**en** shady practices

Prak·ti·ka ['praktika] *pl von* **Praktikum**

prak·ti·ka·bel [prakti'ka:bl̩] *adj* practicable, feasible *form*

Prak·ti·kant(in) <-en, -en> [prakti'kant] *m(f)* [on-the-job AM] trainee, intern AM (*student or trainee working at a trade or occupation to gain work experience*)

Prak·ti·ker(in) <-s, -> ['praktikɐ] *m(f)* ❶ (*Mensch mit praktischer Erfahrung*) practical person [*or masc* man] [*or fem* woman]; (*fachspr*) practitioner; **ein** [**reiner**] ~ **sein** to be a [purely] practical person ❷ (*fam: praktischer Arzt*) general practitioner, GP, family doctor

Prak·ti·kum <-s, Praktika> ['praktikʊm, *pl* -ka] *nt* work placement, period of practical training, internship AM

prak·tisch ['praktɪʃ] **I.** *adj* ❶ (*wirklichkeitsbezogen*) practical; ~**e Ausbildung** practical [*or* in-job] [*or* AM on-the-job] training; ~**er Arzt** GP, family doctor ❷ (*zweckmäßig*) practical; **ein** ~**es Gerät** a practical [*or* handy] device; **ein** ~**es Beispiel** a concrete example ❸ (*geschickt im Umgang mit Problemen*) practical[-minded], down-to-earth; **eine** ~**e Denkweise** practical thinking; **ein** ~**er Mensch** a practical person; ~ **veranlagt sein** to be practical **II.** *adv* ❶ (*so gut wie, im Grunde*) practically, virtually, basically; (*wirklich*) in practice ❷ (*wirklichkeitsbezogen*) ~ **arbeiten** to do practical work; **eine Erfindung** ~ **erproben** to test an invention in real scenarios; **etw** ~ **umsetzen** to put sth into practice

prak·ti·zie·ren* [prakti'tsi:rən] **I.** *vt* ❶ (*in die Praxis umsetzen*) ■**etw** ~ to put sth into practice; **seinen Glauben** ~ to practise [*or* AM -ice] one's religion; **ein Verfahren** ~ to follow a practised [*or* set] procedure ❷ (*fam: gelangen lassen*) ■**etw in etw** *akk* ~ to slip sth into sth; (*von Zauberer*) to conjure sth into sth **II.** *vi* to practise [*or* AM *usu* -ice]; ~**der Arzt** practising doctor

Prä·lat <-en, -en> [prɛ'la:t] *m* REL prelate

Pra·li·ne <-, -n> [pra'li:nə] *f,* **Pra·li·né** <-s, -s> [prali'ne:] *nt,* **Pra·li·nee** <-s, -s> [prali'ne:] *nt* ÖSTERR, SCHWEIZ chocolate [cream]

Pra·li·nen·förm·chen *pl* chocolate mould [*or* AM mold]

pra·li·nie·ren *vt* KOCHK ■**etw** ~ to caramelize sth

prall [pral] *adj* ❶ (*sehr voll*) ~**e Brüste/Hüften** well-rounded [*or hum* ample] breasts/hips; **eine** ~ **gefüllte Brieftasche** a bulging wallet; **ein** ~**er Euter** a swollen udder; ~**e Segel** billowing [*or* full] sails; ~**e Tomaten** firm tomatoes; **ein** ~**er Fußball/Luftballon** a hard football/balloon; ~**e Schenkel/Waden** sturdy [*or* [big] strong] thighs/calves; **das** ~**e Leben** living life to the full; **etw** ~ **aufblasen** to inflate sth to bursting point; **etw** ~ **füllen** to fill sth to bursting ❷ (*ungehindert scheinend*) blazing; **in der** ~**en Sonne** in the blazing sun

pral·len ['pralən] *vi sein* ❶ (*heftig auftreffen*) to crash; *Ball* to bounce; [**mit dem Wagen**] **gegen/vor etw** ~ to crash [one's car] into sth; **mit dem Kopf gegen etw** ~ to bang [*or* hit] one's head on [*or* against] sth ❷ (*ungehindert scheinen*) to blaze

Prall·sack *m s.* **Airbag**

prall·voll ['pral'fɔl] *adj* (*form*) bulging, full to bursting, tightly packed; **ein** ~**er Kofferraum** a tightly packed boot [*or* AM trunk]

Prä·mie <-, -n> ['prɛ:mi̯ə] *f* ❶ (*zusätzliche Vergütung*) bonus, extra pay ❷ (*Versicherungsbeitrag*) [insurance] premium ❸ FIN [government] premium ❹ (*zusätzlicher Gewinn im Lotto*) extra dividend [*or* prize money]; ~**n ausschütten** to distribute prizes

Prä·mi·en·spa·ren *nt* premium-aided savings scheme [*or* AM plan] **Prä·mi·en·zah·lung** *f* [insurance] premium payment, payment of [insurance] premiums

prä·mie·ren* [prɛ'mi:rən] *vt* ■**jdn/etw** [**mit etw**] ~ to award sb/sth sth, to give [*or* grant] sb/sth an award [of sth]; **jdn/etw mit 50.000 Euro** ~ to award sb/sth a/the prize of 50,000 euros; **ein prämierter Film/Regisseur** an award-winning film/director

Prä·mie·rung <-, -en> *f* granting of awards (+*gen* to); **die** ~ **eines Films** an award given to a film

Prä·mis·se <-, -n> [prɛ'mɪsə] *f* (*geh*) ❶ (*Voraussetzung*) premise, condition, prerequisite *form;* **unabdingbare** ~**n** mandatory requirements; **unter diesen** ~**n** under these conditions; **unter der** ~, **dass ...** on condition that ... ❷ PHILOS premise, premiss

prä·na·tal [prɛna'ta:l] *adj* MED prenatal

pran·gen [praŋən] *vi* (*geh*) ❶ (*auffällig angebracht sein*) to be emblazoned, to be prominently displayed; **der Titel prangte in großen Buchstaben auf dem Einband** the title was emblazoned in big letters on the cover ❷ (*in voller Schönheit erstrahlen*) to be resplendent; **an seiner Brust prangte der neue Orden** the new decoration hung resplendently on his chest

Pran·ger <-s, -> ['praŋɐ] *m* HIST pillory; **an den** ~ **kommen** (*fig*) to be pilloried; **am** ~ **stehen** (*fig*) to be in the pillory; **jdn/etw an den** ~ **stellen** (*fig*) to severely criticize sb/sth

Pran·ke <-, -n> ['praŋkə] *f* paw; (*hum a.*) mitt *sl*

Pran·ken·hieb *m* swipe [*or* blow] from a paw

Prä·pa·rat <-[e]s, -e> [prɛpa'ra:t] *nt* ❶ (*Arzneimittel*) preparation, medicament, medication ❷ BIOL, MED (*präpariertes Objekt*) specimen; (*für Mikroskop*) slide [preparation]

prä·pa·rie·ren* [prɛpa'ri:rən] **I.** *vt* ■**etw** ~ ❶ BIOL, MED (*konservieren*) to preserve sth; **ein Organ in Formalin** ~ to preserve an organ in formalin; (*sezieren*) to dissect sth ❷ (*geh: vorbereiten*) to prepare sth; **eine Leinwand** ~ to prepare a canvas **II.** *vr* (*geh*) ■**sich** *akk* [**für etw**] ~ to prepare [oneself] [for sth], to do one's preparation [for sth]

Prä·po·si·ti·on <-, -en> [prɛpozi'tsi̯o:n] *f* preposition

Prä·rie <-, -n> [prɛ'ri:, *pl* -'ri:ən] *f* prairie

Prä·rie·hund *m* ZOOL prairie dog **Prä·rie·wolf** *m* coyote, prairie wolf

Prä·sens <-, Präsentia *o* Präsenzien> ['prɛ:zɛns, *pl* prɛ'zɛntsi̯a, prɛ'zɛntsi̯ən] *nt* ❶ (*Zeitform*) present tense ❷ (*Verb im Präsens 1*) present

prä·sent [prɛ'zɛnt] *adj* (*geh*) present; **etw** ~ **haben** to remember [*or* recall] sth; **etw ist jdm** ~ sb can remember [*or* recall] sth; **der Name ist mir nicht** ~ the name escapes me

Prä·sent <-[e]s, -e> [prɛ'zɛnt] *nt* (*geh*) present, gift

Prä·sen·ta·ti·on <-, -en> [prɛzɛnta'tsi̯o:n] *f* presentation *no pl*

prä·sen·tie·ren* [prɛzɛn'ti:rən] **I.** *vt* ■[**jdm**] **etw** ~ to present [sb with] sth; ■**jdn/sich** [**jdm**] ~ to present sb/oneself [to sb]; **sich** *akk* **als der Chef** ~ to introduce oneself as the boss ▶ WENDUNGEN: **sich** *akk* **von seiner besten Seite** ~ to present one's best side; *s. a.* **Gewehr II.** *vi* MIL to present arms

Prä·sen·tier·tel·ler *m* salver ▶ WENDUNGEN: **auf dem** ~ **sitzen**

(*fam*) to be exposed to all and sundry *fam*

Prä·senz <-> [prɛ'zɛnts] *f kein pl* (*geh*) presence ▶ WENDUNGEN: ~ **zeigen** to make one's presence felt

Prä·sẹnz·bib·li·o·thek *f* (*geh*) reference library

Pra·se·o·dym <-s> [prazeo'dy:m] *nt kein pl* CHEM praseodymium

Prä·ser <-s, -> ['prɛ:zɐ] *m* (*sl*) *kurz für* **Präservativ** johnny BRIT *sl*, rubber AM *sl*

Prä·ser·va·tiv [prɛzɛrva'ti:f] *nt* condom, [contraceptive] sheath BRIT *form*

Prä·si·dent(in) <-en, -en> [prɛzi'dɛnt] *m(f)* ❶ (*Staatsoberhaupt*) president; **Herr ~/Frau ~** Mister/Madam President ❷ (*Vorsitzende(r)*) president, chair[man/woman/person]

Prä·si·dẹnt·schaft <-, -en> *f* ❶ (*Amtszeit*) presidency, presidential term ❷ (*Amt des Präsidenten*) presidency, office of president

Prä·si·dẹnt·schafts·kan·di·dat(in) *m(f)* presidential candidate, candidate for the presidency **Prä·si·dẹnt·schafts·wahl** *f* presidential elections *pl*

Prä·si·di·um <-s, Präsidien> [prɛ'zi:di̯ʊm, *pl* -di̯ən] *nt* ❶ (*Vorstand, Vorsitz*) chairmanship; (*Führungsgruppe*) committee; **im ~ sitzen** to be on the committee ❷ (*Polizeihauptstelle*) [police] headquarters + *sing/pl vb*

pras·seln ['prasl̩n] *vi* ❶ *haben o sein* (*mit trommelndem Geräusch auf etw prallen*) ■**gegen/auf etw ~** to drum against/on sth; (*stärker*) to beat against/on sth; ~**der Beifall** (*fig*) thunderous [*or* deafening] applause ❷ *haben* (*geräuschvoll brennen*) to crackle

pras·sen ['prasn̩] *vi* to live it up; (*schlemmen*) to pig out *fam*

Prạs·ser(in) <-s, -> *m(f)* spendthrift, big spender; (*bei Essen*) glutton

Prä·ten·dent(in) <-en, -en> [prɛtɛn'dɛnt] *m(f)* (*geh*) pretender (**auf** +*akk* to)

Prat·ze <-, -n> ['pratsə] *f* SÜDD (*fam: Pranke*) paw

prä·ven·tiv [prɛvɛn'ti:f] *adj* prevent[at]ive, prophylactic *spec*; ~**e Maßnahmen ergreifen** to take preventative measures; **ein Medikament ~ einnehmen** to take medicine as a prophylactic

Prä·ven·tiv·an·griff *m* MIL pre-emptive strike **Prä·ven·tiv·maß·nah·me** *f* preventive [*or spec* prophylactic] measure **Prä·ven·tiv·schlag** *m* MIL pre-emptive strike

Pra·xis <-, Praxen> ['praksɪs, *pl* 'praksən] *f* ❶ (*Arztpraxis*) practice, surgery BRIT, doctor's office AM; (*Anwaltsbüro*) office, practice ❷ *kein pl* (*praktische Erfahrung*) [practical] experience; **langjährige ~** many years of experience ❸ *kein pl* (*praktische Anwendung*) practice *no art*; **in der ~** in practice; **etw in die ~ umsetzen** to put sth into practice; *s. a.* **Mann**

Prạ·xis·be·zug *m* practical orientation **prạ·xis·fremd** *adj* impracticable

Prä·ze·dẹnz·fall *m* (*geh*) judicial precedent *form*, test case; **einen ~ schaffen** to set a precedent

prä·zi·se [prɛ'tsi:zə] *adj* (*geh*) precise; **eine ~e Beschreibung** an accurate [*or* exact] description; **eine ~e Uhr** an accurate clock; **sich** *akk* ~ **ausdrücken** to express oneself precisely

prä·zi·sie·ren* [prɛtsi'zi:rən] *vt* (*geh*) ■**etw ~** to state sth more precisely

Prä·zi·si·on <-> [prɛtsi'zi̯o:n] *f kein pl* (*geh*) precision

Prä·zi·si·ons·ar·beit *f* precision work **Prä·zi·si·ons·in·stru·ment** *nt* precision instrument **Prä·zi·si·ons·werk·zeug** *nt* precision tool[s *pl*]

PR-Chef [pe:'ɛr-] *m* PR manager, head of PR

pre·di·gen ['pre:dɪgn̩] **I.** *vt* ❶ (*verkünden*) to preach; **das Evangelium ~** to preach the gospel ❷ (*empfehlen, ans Herz legen*) to preach; ■**[jdm] etw ~** to lecture sb on sth; **Toleranz ~** to preach [*or* call for] tolerance; *s. a.* **Ohr II.** *vi* ❶ (*eine Predigt halten*) to preach; ■**gegen etw ~** to preach against sth ❷ (*fam: mahnend vorhalten*) to tell; **ich habe immer wieder gepredigt, dass sie keinen Alkohol trinken sollte** I have told her again and again that she shouldn't drink alcohol

Pre·di·ger(in) <-s, -> *m(f)* preacher *masc*, [woman] preacher *fem* ▶ WENDUNGEN: **ein ~ in der Wüste** (*fig*) a voice [crying] in the wilderness

Pre·digt <-, -en> ['pre:dɪçt] *f* (*a. fam*) sermon; **eine ~ [gegen/über etw] halten** to deliver [*or* preach] a sermon [on [*or* about] sth]

Preis <-es, -e> [prais] *m* ❶ (*Kaufpreis*) price (**für** of); ~**e auszeichnen** to put a price tag on sth; **die ~e verderben** to distort prices; **einen hohen ~ für etw zahlen** to pay through the nose for sth *fam*; (*fig*) to pay a high price for sth; **[weit] unter[m] ~** at cut-prices/a cut-price; **zum ~ von ...** for ...; **zum erniedrigten ~** at cut-prices [*or* AM *esp* cut-rate prices], at a cut-price [*or* AM *esp* cut-rate price]; **zum halben ~** at half-price; **zum überteuerten ~** at inflated prices, at an inflated price; **jdm einen guten ~ machen** to give sb a good price; **hoch im ~ stehen** to fetch a good [*or* high] price; **das ist ein stolzer ~** that's a lot of money; **Schönheit hat ihren ~** (*fig*) beauty demands a price ❷ (*Gewinnprämie*) prize; **der erste/zweite ~** [the] first/second prize; **einen ~ auf etw** *akk* **aussetzen** to put out a reward on sth; **einen ~ auf jds Kopf aussetzen** to put a price on sb's head; **der große ~ von Frankreich** the French Grand Prix; **der ~ der Nationen** Prix des Nations ❸ *kein pl* (*geh: Lob*) praise ▶ WENDUNGEN: **um jeden ~** at all costs, cost what it may; **nicht um jeden ~, um keinen ~** not at any price

Preis·ab·re·de *f* price agreement, price-fixing *no pl* **Preis·ab·schlag** *m* discount; **jdm einen ~ gewähren** to give sb a discount (**von** of) **Preis·ab·spra·che** *f* ÖKON price[-fixing] agreement **Preis·an·stieg** *m* ÖKON rise [*or* increase] in prices, price increase [*or* rise] **Preis·aus·schrei·ben** *nt* competition [to win a prize] [*or* contest] **Preis·aus·zeich·nung** *f* pricing **preis·be·wusst**RR *adj* ÖKON price-conscious **Preis·bin·dung** *f* [resale *form*] price fixing

Prei·sel·bee·re ['praizl̩be:rə] *f* lingonberry, mountain cranberry

Preis·emp·feh·lung *f* recommended price; **[unverbindliche] ~** RRP, recommended retail price

prei·sen <pries, gepriesen> ['praizn̩] *vt* (*geh*) ■**jdn/etw ~** to praise [*or* extol] [*or form* laud] sb/sth; **sich** *akk* **glücklich ~ [können]** to [be able to] count [*or* consider] oneself lucky

Preis·ent·wick·lung *f* price trend **Preis·er·mä·ßi·gung** *f* price reduction **Preis·ex·plo·si·on** *f* price explosion **Preis·fra·ge** *f* ❶ (*Quizfrage*) [prize] question, the big [*or* sixty-four thousand dollar] question; **ob ich mir das leisten kann, ist noch die ~** the big question is whether I can afford that ❷ (*vom Preis abhängende Entscheidung*) question of price

Preis·ga·be *f kein pl* (*geh*) ❶ (*Enthüllung*) betrayal, divulgence; **die ~ eines Geheimnisses** giving away [*or* divulgence of] a secret ❷ (*das Ausliefern, Aussetzen*) abandonment ❸ (*Aufgabe*) relinquishment *form*; (*Gebiet*) surrender; **zur ~ einer S.** *gen*/**von etw gezwungen werden** to be forced to surrender [*or form* relinquish] [*or* into surrendering] [*or form* relinquishing] sth; **die Ehe bedeutet nicht die ~ meiner Selbstständigkeit** getting married does not mean surrendering [*or* giving up] my independence

preis|ge·ben ['praisge:bn̩] *vt irreg* (*geh*) ❶ (*aufgeben*) ■**etw ~** to relinquish sth *form*; **seine Freiheit ~** to give up *form* [*or* to relinquish] one's freedom; **eine Gebiet ~** to surrender [*or* relinquish] a tract of land ❷ (*verraten*) ■**[jdm] etw ~** to betray [*or* divulge] [*or* reveal] sth [to sb]; **ein Geheimnis ~** to divulge [*or* give away] a secret ❸ (*überlassen*) ■**jdn/etw einer S.** *dat* ~ to expose sb/sth to sth; **jdn der Lächerlichkeit ~** to expose sb [*or* hold sb up] to ridicule; **jdn dem Elend/Hungertod ~** to condemn sb to a life of misery/to starvation; **die Haut der Sonne ~** to expose one's skin to the sun; **das Denkmal war sehr lange den Einflüssen der Umwelt preisgegeben** the memorial was exposed to the elements for a long time

preis·ge·krönt *adj* award-winning *attr* **Preis·geld** <-[e]s, -er>

nt prize money *no pl* **preis·güns·tig** *adj* inexpensive, good value *attr;* **ein ~es Angebot** a reasonable offer; **etw ~ bekommen** to obtain sth at a low [*or* good] price; **am ~sten kauft man in Supermärkten** you can find the best prices in supermarkets **Preis·kal·ku·la·ti·on** *f* pricing, calculation of prices **Preis·kampf** *m* price war **Preis·klas·se** *f* price range [*or* category]; **die untere/mittlere/gehobene ~** the lower/mid/upper price range [*or* category]; **ein Auto der mittleren ~** a medium-priced car **Preis·la·ge** *f* price range [*or* bracket]; **in jeder ~** a price to suit every pocket **Preis-Leis·tungs-Ver·hält·nis, Preis-Leis·tungs·ver·hält·nis** *nt kein pl* cost effectiveness, price-performance ratio

preis·lich ['praislɪç] *adj attr* price, in price; **ein ~er Unterschied** a difference in price; **~e Vorstellungen haben** to have an idea of [the] price; **~ niedrig[er]e/vergleichbare Artikel** low[er]-/comparably priced articles; **~ unterschiedlich sein** to differ in [the] price; **der Kauf war ~ sehr günstig** the purchase was a bargain

Preis·lis·te *f* price list **Preis-Lohn-Spi·ra·le** *f* price-wage spiral **Preis·nach·lass**[RR] *m* price reduction, discount **Preis·ni·veau** *nt* price level **Preis·po·li·tik** *f* pricing policy **Preis·rät·sel** *nt* puzzle competition **Preis·rich·ter(in)** *m(f)* judge [in a competition] **Preis·rück·gang** *m* fall [*or* drop] [*or* fallback] in prices **Preis·schild** *nt* price tag [*or* ticket] **Preis·schla·ger** *m* (*fam*) unbeatable bargain **Preis·sen·kung** *f* fall [*or* reduction] in prices **Preis·sta·bi·li·tät** *f* stability of prices **Preis·stei·ge·rung** *f* price increase **Preis·stopp** *m* price freeze **Preis·ta·fel** *f* price list **Preis·trä·ger(in)** *m(f)* prizewinner; *Auszeichnung* award winner **Preis·trei·ber(in)** <-s, -> *m(f)* (*pej*) *sb who deliberately forces up prices;* (*Wucherer*) profiteer *pej* **Preis·trei·be·rei** <-, -en> [praistraibə'rai] *f* (*pej*) forcing up of prices; (*Wucher*) profiteering *pej* **Preis·trei·be·rin** <-, -nen> *f fem form von* **Preistreiber** **Preis·über·wa·chung** *f* price controls *pl,* price administration AM *form* **Preis·un·ter·schied** *m* ÖKON difference in price, price difference **Preis·ver·fall** *m* drop-off [*or* deterioration *form*] in prices; **drastischer ~** price collapse **Preis·ver·gleich** *m* price comparison, comparison of prices; **~e machen** to shop around **Preis·ver·lei·hung** *f* presentation [of awards/prizes] **Preis·ver·zeich·nis** *nt* price list **Preis·vor·teil** *m* price advantage

preis·wert *adj s.* **preisgünstig**

Preis·wu·cher *f* profiteering

pre·kär [pre'kɛːɐ̯] *adj* (*geh*) precarious

Prell·bock *m* BAHN buffer, buffer-stop, bumping post AM ▶WENDUNGEN: **der ~ sein** to be the scapegoat [*or* AM *fam a.* fallguy]

prel·len ['prɛlən] **I.** *vt* ① (*betrügen*) ■**jdn [um etw] ~** to swindle [*or* cheat] sb [out of sth]; **jdn um seinen Gewinn ~** to cheat sb out of his winnings; **die Zeche ~** (*fam*) to avoid paying the bill ② SPORT **den Ball ~** to bounce the ball; **einen Prellball ~** to smash the ball **II.** *vr* ■**sich [an etw *dat*] ~** to bruise oneself; **sich *akk* am Arm ~** to bruise one's arm; ■**sich *dat* etw ~** to bruise one's sth; **sich *dat* das Knie ~** to bruise one's knee

Prel·lung <-, -en> *f* contusion *spec* (**an** +*dat* to), bruise (**an** +*dat* on); **~en erleiden** to suffer contusions *spec,* to suffer bruising [*or* bruises]

Pre·mier <-s, -s> [prə'mi̯eː, pre'mieː] *m kurz für* **Premierminister**

Pre·mie·re <-, -n> [prə'mi̯eːrə] *f* première, opening night; **~ haben** to première; **der Film hatte in London ~** the film premièred in London

Pre·mier·mi·nis·ter(in) *m(f)* prime minister

pre·schen ['prɛʃn̩] *vi sein* (*fam*) to dash, to tear [along]; *Pferd* to gallop, to race; **[mit dem Wagen] über die Autobahn ~** to tear down the motorway

Pres·se[1] <-> ['prɛsə] *f kein pl* ■**die ~** the press; **eine gute/schlechte ~ haben** to have [a] good/bad press

Pres·se[2] <-, -n> ['prɛsə] *f* press; (*Fruchtpresse*) juice extractor

Pres·se·agen·tur *f* press [*or* news] agency; **Deutsche Presse-Agentur** *leading German press agency* **Pres·se·amt** *nt* press office **Pres·se·aus·weis** *m* press card [*or* AM ID] **Pres·se·be·richt** *m* press report **Pres·se·be·richt·er·stat·ter(in)** *m(f)* press correspondent **Pres·se·bü·ro** *nt s.* **Presseagentur** **Pres·se·dienst** *m* news agency service **Pres·se·emp·fang** *m* press reception **Pres·se·er·klä·rung** *f* press release, statement to the press **Pres·se·fo·to·graf(in)** *m(f)* press photographer **Pres·se·frei·heit** *f kein pl* freedom of the press **Pres·se·ge·heim·nis** *nt* privilege of journalists (*not to disclose their sources*) **Pres·se·in·for·ma·ti·on** *f* press release **Pres·se·kam·pa·gne** *f* press campaign **Pres·se·kar·te** *f* press card [*or* pass] **Pres·se·kom·men·tar** *m* press commentary **Pres·se·kon·fe·renz** *f* press conference [*or* briefing] **Pres·se·kor·res·pon·dent(in)** *m(f)* press correspondent **Pres·se·mel·dung** *f* press report **Pres·se·mit·tei·lung** *f* MEDIA press release

pres·sen ['prɛsn̩] **I.** *vt* ① (*durch Druck glätten*) ■**etw ~** to press sth; **Blumen ~** to press flowers ② (*drücken*) ■**jdn/etw an/auf/gegen etw ~** to press sb/sth on/against [sb's] sth; **Obst durch ein Sieb ~** to press fruit through a sieve; **etw mit gepresster Stimme sagen** (*fig*) to say sth in a strained voice; **er presste mich ganz fest an sich** he hugged me tightly ③ (*auspressen*) **Obst ~** to press [*or* squeeze] fruit; **Saft aus etw ~** to press [*or* squeeze] the juice out of sth ④ (*herstellen*) ■**etw ~** to press sth; **Plastikteile ~** to mould pieces of plastic; **Wein ~** to press wine; **Schallplatten ~** to press records ⑤ (*zwingen*) ■**jdn zu etw ~** to force sb to do [*or* into doing] sth; **Seeleute [gewaltsam] zum Dienst ~** to press [*or* press-gang] sailors into service, to shanghai sailors ⑥ (*veraltet: unterdrücken*) ■**jdn ~** to repress sb **II.** *vi* (*bei der Geburt*) to push; (*bei Verstopfung*) to strain oneself

Pres·se·or·gan *nt* (*Zeitung*) newspaper; (*Zeitschrift*) journal, magazine **Pres·se·recht** *nt* press law[s *pl*] **Pres·se·re·fe·rent(in)** *m(f)* press [*or* public relations] officer **Pres·se·rum·mel** *m kein pl* MEDIA (*fam*) feeding-frenzy in the press **Pres·se·schau** *f* press review **Pres·se·spie·gel** *m* MEDIA press review **Pres·se·spre·cher(in)** *m(f)* press officer, [official] spokes[wo]man, spokesperson **Pres·se·stim·me** *f* press commentary **Pres·se·zen·sur** *f* censorship of the press **Pres·se·zen·trum** *nt* press centre

Press·glas[RR] *nt,* **Preß·glas**[ALT] *nt* pressed [*or* moulded] glass **Press·ho·nig**[RR] *m,* **Preß·ho·nig**[ALT] *m* pressed honey

pres·sie·ren* [prɛ'siːrən] **I.** *vi* SÜDD, ÖSTERR, SCHWEIZ (*dringlich sein*) to be pressing [*or* urgent]; **die Angelegenheit pressiert sehr** the matter is pressing; (*es eilig haben*) to be in a hurry; **beim Essen ~** to bolt [down *sep*] one's food **II.** *vi impers* SÜDD, ÖSTERR, SCHWEIZ ■**es pressiert [jdm]** it's urgent, sb is in a hurry; **es pressiert nicht** there's no hurry, it's not urgent

Pres·si·on <-, -en> [prɛ'si̯oːn] *f meist pl* SOZIOL, POL (*geh*) pressure

Press·luft[RR] *f kein pl,* **Preß·luft**[ALT] *f kein pl* compressed air; **mit ~ betrieben** pneumatic

Press·luft·boh·rer[RR] *m* pneumatic drill, jackhammer AM **Press·luft·ham·mer**[RR] *m* pneumatic [*or* [compressed-]air] hammer

Pres·tige <-s> [prɛs'tiːʒə] *nt kein pl* (*geh*) prestige

Pres·tige·den·ken [prɛs'tiːʒə-] *nt kein pl* preoccupation with one's prestige **Pres·tige·fra·ge** *f* question [*or* matter] of prestige **Pres·tige·ge·winn** *m kein pl* gain in prestige **Pres·tige·grund** *m* ■**Prestigegründe** reasons of prestige **Pres·tige·ob·jekt** *nt* object of prestige **Pres·tige·ver·lust** *m kein pl* loss of prestige

Pre·ti·o·sen [pre'tsi̯oːzn̩] *pl s.* **Preziosen**

Pre·to·ria <-s> [pre'toːri̯a] *nt* Pretoria

Preu·ße, Preu·ßin <-n, -n> ['prɔysə, 'prɔysɪn] *m, f* Prussian ▶WENDUNGEN: **so schnell schießen die ~n nicht** (*fam*) things don't happen [quite] that fast

Preu·ßen <-s> ['prɔysn̩] *nt kein pl* Prussia

P

Preu·ßin <-, -nen> *f fem form von* **Preuße**
preu·ßisch ['prɔysɪʃ] *adj* Prussian
Pre·zi·o·senRR [pre'tsi̯o:zn̩] *pl* (*geh*) valuables
pri·ckeln ['prɪkl̩n] *vi* ❶ (*kribbeln*) to tingle, to prickle; **ein P~ in den Beinen** pins and needles in one's legs ❷ (*perlen*) *Champagner* to sparkle, to bubble ❸ (*fam: erregen, reizen*) to thrill; **der prickelnde Reiz des Verbotenen** the thrill of doing sth you know is wrong
pri·ckelnd *adj Gefühl* tingling; *Humor* piquant; *Champagner* sparkling, bubbly *fam;* **ein ~er Reiz** a thrill
Priel <-[e]s, -e> [pri:l] *m* slough, narrow channel (*in North Sea shallows*)
Priem <-[e]s, -e> [pri:m] *m* quid [*or* plug] of tobacco
prie·men ['pri:mən] *vi* to chew tobacco
pries [pri:s] *imp von* **preisen**
Pries·ter(in) <-s, -> ['pri:stɐ] *m(f)* priest; **jdn zum ~ weihen** to ordain sb [as a] priest; **[heidnische] ~in** [heathen] priestess; **Hoher ~** high priest
pries·ter·lich *adj* priestly; **~es Gewand** clerical [*or spec* sacerdotal] vestment; **ein ~er Segen** a priest's blessing; **die ~en Weihen** a priest's ordination
Pries·ter·se·mi·nar *nt* seminary (*for Roman Catholic priests*)
Pries·ter·wei·he *f* ordination [to the priesthood]
pri·ma ['pri:ma] *adj inv* ❶ (*fam: gut, großartig*) great *fam;* **es läuft alles ~** everything is going really well [*or fam* just great]; **ein ~ Kerl** a great guy *fam,* a brick *hum;* **du hast uns ~ geholfen** you have been a great help *fam* ❷ ÖKON (*veraltend*) first class; **~ Ware** first class product; **~ Qualität** top [*or* best] quality
Pri·ma·bal·le·ri·na [primabale'ri:na] *f* prima ballerina **Pri·ma·don·na** <-, -donnen> [prima'dɔna, *pl* -'dɔnən] *f* prima donna *a. pej*
pri·mär [pri'mɛːɐ̯] **I.** *adj* (*geh*) ❶ (*vorrangig*) primary, prime *attr;* **~es Ziel** the primary goal [*or* aim]; **die Kritik richtet sich ~ gegen die Politiker** criticism is mainly directed at the politicians ❷ (*anfänglich*) initial; **~e Schwierigkeiten** initial difficulties, teething troubles **II.** *adv* (*geh*) primarily, chiefly; **etw interessiert jdn [nicht] ~** sb is [not] primarily [*or* chief] concerned with sth
Pri·mär·ener·gie *f* primary [source of] energy **Pri·mär·kreis·lauf** *m* primary [coolant] circuit **Pri·mär·li·te·ra·tur** *f* primary literature, [primary] sources *pl*
Pri·mar·schu·le *f* SCHWEIZ (*Grundschule*) primary [*or* AM grammar] school
Pri·mat1 <-en, -en> [pri'ma:t] *m* primate
Pri·mat2 <-[e]s, -e> [pri'ma:t] *m o nt* (*geh*) primacy, priority (**vor** +*dat* over); **den ~ haben** to have primacy
Pri·mel <-, -n> ['pri:ml̩] *f* primrose; **wie eine ~ eingehen** (*sl*) to go to pot, to fade away
Prime·timeRR, **Prime Time**RR, **Prime time**ALT <-, -s> ['praɪmtaɪm] *f* TV, RADIO prime time
Pri·mi ['pri:mi] *pl von* **Primus**
pri·mi·tiv [primi'ti:f] *adj* ❶ (*urtümlich*) primitive; **~e Kulturen/Menschen** primitive cultures/people; **~e Kunst** primitive art ❷ (*elementar*) basic; **~e Bedürfnisse** basic needs ❸ (*a. pej: simpel*) primitive *pej,* crude; **~e Hütte** primitive [*or liter* rude] hut; **~e Werkzeuge** primitive tools ❹ (*pej: geistig tief stehend*) primitive; **ein ~er Kerl** a lout, a yob[bo] BRIT *fam*
Pri·mi·ti·ve(r) [primi'ti:və, -vɐ] *f(m) dekl wie adj* primitive person
Pri·mi·ti·vi·tät <-, -en> [primitivi'tɛ:t] *f* ❶ *kein pl* (*Einfachheit, primitive Beschaffenheit*) primitiveness, simplicity ❷ (*pej: Mangel an Bildung*) primitiveness ❸ (*pej: primitive Bemerkung, Vorstellung, Handlung*) crudity, primitive [*or* crude] remark
Pri·mi·tiv·ling <-s, -e> *m* (*pej fam*) peasant *pej fam*
Pri·mus <-, -se *o* Primi> ['pri:mʊs, *pl* 'pri:mi] *m* (*veraltend*) top of the class [*or* form], top [*or* star] pupil
Prim·zahl ['pri:m-] *f* prime [number]
Print·an·zei·ge ['prɪnt-] *f* [newspaper/magazine] advertisement; **doppelseitige ~** [double page] spread **Print·me·di·en** *pl* [print] media
Prinz, Prin·zes·sin <-en, -en> [prɪnts, 'prɪn'tsɛsɪn] *m, f* prince *masc* [*or* princess] *fem*
Prin·zess·boh·neRR *f,* **Prin·zeß·boh·ne**ALT *f* Lima bean
Prin·zip <-s, -ien> [prɪn'tsi:p, *pl* 'prɪn'tsi:pi̯ən] *nt* principle; (*Gesetzmäßigkeit*) principle; (*in den Wissenschaften a.*) law; **ein politisches ~** a political principle; **sich** *dat* **etw zum ~ machen** to make sth one's principle; **an seinen ~ien festhalten** to stick to one's principles; **ein Mann von ~ien sein** to be a man of principle; **aus ~** on principle; **im ~** in principle; **nach einem [einfachen] Prinzip funktionieren** to function according to a [simple] principle; **das ~ Hoffnung/Verantwortung** [the principle of] hope/responsibility
prin·zi·pi·ell [prɪnrti'pi̯ɛl] **I.** *adj* **~e Erwägungen** fundamental considerations; **eine ~e Möglichkeit** a fundamental possibility; **~e Unterschiede** fundamental differences **II.** *adv* (*aus Prinzip*) on [*or* as a matter of] principle; **etw ~ ablehnen** to refuse [*or* reject] sth on principle; (*im Prinzip*) in principle; **eine andere Interpretation ist ~ auch möglich** in principle a different interpretation is also possible
Prin·zi·pien·fra·ge ['prɪn'tsi:pi̯ən-] *f* matter [*or* question] of principle; **[für jdn] eine ~ sein** to be a matter [*or* question] of principle [to sb] **Prin·zi·pi·en·rei·ter(in)** *m(f)* (*pej*) stickler for [one's] principles **prin·zi·pi·en·treu** *adj* PSYCH true to one's principles **Prin·zi·pi·en·treue** *f* PSYCH adherence to one's principles
Prinz·re·gent *m* prince regent
Pri·or(in) <-s, Prioren> ['pri:o:ɐ̯, *pl* pri'o:rən] *m(f)* ❶ (*Klostervorsteher bei bestimmten Orden*) prior ❷ (*Stellvertreter des Abtes*) [claustral [*or spec* cloistral]] prior
Pri·o·ri·tät <-, -en> [priori'tɛ:t] *f* ❶ (*geh*) priority, precedence; **~ [vor etw** *dat*] **haben** [*o* **genießen**] to have priority [over sth], to take precedence [over sth]; **~en setzen** [*o* **festlegen**] to set [one's] priorities; **dem Umweltschutz muss absolute ~ eingeräumt werden** environmental protection must be given top priority ❷ BÖRSE priority bond, first debenture
Pri·o·ri·tä·ten·lis·te *f* list of priorities; **ganz oben auf der ~ stehen** to be the first of one's priorities, to be at the top of one's list
Pri·se <-, -n> ['pri:zə] *f* ❶ (*kleine Menge*) pinch; **eine ~ Salz** a pinch of salt; **eine ~ Sarkasmus** (*fig*) a touch [*or* hint] of sarcasm; **eine ~ nehmen** to have a pinch of snuff ❷ NAUT prize
Pris·ma <-s, Prismen> ['prɪsma, *pl* -mən] *nt* prism
Prit·sche <-, -n> ['prɪtʃə] *f* ❶ (*primitive Liege*) plank bed ❷ (*offene Ladefläche*) platform ❸ (*fig sl: sexuell leicht zu haben*) easy lay *sl*
Prit·schen·wa·gen *m* platform lorry [*or* truck] BRIT, flatbed [truck] AM
pri·vat [pri'va:t] **I.** *adj* ❶ (*jdm persönlich gehörend*) private; **~es Eigentum** private property ❷ (*persönlich*) personal; **~e Angelegenheiten** private affairs; **er hat all Autos von ~ gekauft** he bought all the cars from private individuals; **ich möchte nur an ~ verkaufen** I only want to sell to private individuals ❸ (*nicht öffentlich*) private; **eine ~e Schule** a private [*or* BRIT *a.* public] school; **eine ~e Vorstellung** a private [*or* AM closed] performance **II.** *adv* ❶ (*nicht geschäftlich*) privately; **jdn ~ sprechen** to speak to sb in private [*or* privately]; **~ können Sie mich unter dieser Nummer erreichen** you can reach me at home under this number; **sie ist an dem Wohl ihrer Mitarbeiter auch ~ interessiert** she is also interested in the welfare of her staff outside of office hours ❷ FIN, MED **~ behandelt werden** to have private treatment; **~ liegen** to be in a private ward; **sich** *akk* **~ versichern** to take out a private insurance; **etw ~ finanzieren** to finance sth out of one's own savings

Pri·vat·an·ge·le·gen·heit *f* private matter; **das ist meine ~** that's my [own] affair [*or* business], that's a private matter **Pri·vat·an·schluss**[RR] *m* private line [*or* number] **Pri·vat·an·schrift** *f* private [*or* home] address **Pri·vat·au·di·enz** *f* private [*or* AM closed] audience **Pri·vat·bank** *f* private [*or* commercial] bank **Pri·vat·be·sitz** *m* private property [*or* ownership]; **in ~** privately owned [*or* in private ownership]; **dieses Bild ist eine Leihgabe aus ~** this picture is a loan from a private collection **Pri·vat·de·tek·tiv(in)** *m(f)* private detective, private investigator [*or fam* eye] **Pri·vat·do·zent(in)** *m(f) title of a lecturer who is not a professor and not a civil servant at a university* **Pri·vat·ei·gen·tum** *nt* private property; **etw in ~ überführen** to privatize sth, to denationalize sth **Pri·vat·fern·se·hen** *nt* (*form*) commercial [*or* privately-owned] television *no art* **Pri·vat·ge·spräch** *nt* private conversation; (*am Telefon*) private [*or* AM personal] call **Pri·vat·grund·stück** *nt* private property [*or* premises *npl*] **Pri·vat·hand** *f kein pl* **aus** [*o* **von**] **~** privately; **er hat das Auto aus/von ~ gekauft** he bought the car privately [*or* in a private deal] [*or* from a private seller]; **in ~** in private hands [*or* ownership] **Pri·vat·ini·ti·a·ti·ve** *f* private initiative [*or* enterprise] **Pri·vat·in·ter·es·se** *nt* personal interest

pri·va·ti·sie·ren* [privati'zi:rən] *vt* ■**etw ~** to privatize sth, to denationalize sth

Pri·va·ti·sie·rung <-, -en> *f* ÖKON privatization *no pl*

Pri·vat·kli·nik *f* private clinic [*or* hospital], nursing home BRIT **Pri·vat·kon·to** *nt* ÖKON private account **Pri·vat·kun·de, -kun·din** *m, f* ÖKON private customer **Pri·vat·le·ben** *nt kein pl* private life; **sich** *akk* **ins ~ zurückziehen** to retire into private life **Pri·vat·leh·rer(in)** *m(f)* private tutor **Pri·vat·mann** <-leute> *m* private citizen [*or* individual] **Pri·vat·pa·ti·ent(in)** *m(f)* private patient **Pri·vat·per·son** *f* private person; **als ~** as a private individual; MIL civilian, unauthorized person **Pri·vat·recht** *nt* JUR private [*or* civil] law **Pri·vat·sa·che** *f s.* **Privatangelegenheit Pri·vat·schu·le** *f* private [*or* BRIT independent] school **Pri·vat·sphä·re** *f kein pl* **die ~ verletzen** to invade [*or* violate] sb's privacy; **die ~ schützen** to protect sb's privacy **Pri·vat·un·ter·neh·men** *nt* ÖKON private enterprise **Pri·vat·ver·gnü·gen** *nt* private pleasure [*or* amusement]; **jds ~ sein** (*fam*) to be sb's [own] business [*or* affair]; **zu jds ~** (*fam*) for sb's [own] pleasure [*or* amusement] *a. iron* **Pri·vat·ver·mö·gen** *nt* private [*or* personal] property [*or* assets] *pl* **Pri·vat·ver·si·che·rung** *f* private insurance **Pri·vat·wa·gen** *m* private car **Pri·vat·weg** *m* private way [*or* road] **Pri·vat·wirt·schaft** *f* ■**die ~** the private sector **pri·vat·wirt·schaft·lich** *adj inv* ÖKON private-sector

Pri·vi·leg <-[e]s, -ien> [privi'le:k, *pl* -gi̯ən] *nt* (*geh*) privilege, prerogative *form*

pri·vi·le·gie·ren* [privile'gi:rən] *vt* (*geh*) ■**jdn ~** to grant privileges to sb

pri·vi·le·giert *adj* (*geh*) privileged

PR-Maß·nah·me *f* PR measure

pro [pro:] **I.** *präp* per; **~ Jahr** per [*or* a] year, per annum *form;* **~ Minute/Sekunde** per [*or* a] minute/second; **~ Kopf** [**und Nase**] (*fam*) a head; **~ Person** per person; **~ Stück** each, apiece; **ich gebe Ihnen fünf Euro ~ Stück** I will give you five euros a head **II.** *adv* **~** [**eingestellt**] **sein** to be for [*or* in favour of] sth; **sind Sie ~ oder kontra?** are you for or against [*or* pro or anti] it?

Pro <-> [pro:] *nt kein pl* [**das**] **~ und** [**das**] **Kontra** (*geh*) the pros and cons *pl;* **wir müssen das ~ und Kontra gegeneinander abwägen** we have to weigh up the pros and the cons

Pro·band(in) <-en, -en> [pro'bant, *pl* -ndn̩] *m(f)* ❶ (*Versuchsperson*) test person, guinea pig ❷ (*auf Bewährung Verurteilter*) offender on probation

pro·bat [pro'ba:t] *adj* (*geh*) proven, effective; **ein ~es Mittel** a tried and tested method; ■**~ sein, etw zu tun** to be advisable [from experience] to do sth; **es ist ~, regelmäßig Obst zu essen** it is advisable to eat fruit regularly

Pro·be <-, -n> ['pro:bə] *f* ❶ (*Warenprobe, Testmenge*) sample; **eine ~ Urin/des Wassers** a urine/water sample; **~n** [**von etw**] **ziehen** [*o* **nehmen**], **~n** [**aus etw**] **ziehen** [*o* **nehmen**] to take samples [from sth]; (*Beispiel*) example; **eine ~ seines Könnens geben** to show what one can do ❷ MUS, THEAT rehearsal ❸ (*Prüfung*) test; **die ~ aufs Exempel machen** to put it to the test; **ein Auto ~ fahren** to take a car for a test drive, to test drive a car; ■[**mit etw**] **~ fahren** to go for a test drive [in sth]; **mit dem Wagen bin ich schon ~ gefahren** I have already been for a test drive in that car; **~ laufen** SPORT to go for a practice run, to have a trial [run]; TECH to do a test [*or* trial] run; **jdn auf die ~ stellen** to put sb to the test, to try sb; **etw auf die/eine harte ~ stellen** to put sth to the test; **jds Geduld auf eine harte ~ stellen** to sorely try sb's patience; **auf ~** on probation; **zur ~** for a trial, to try out

Pro·be·ab·zug *m* proof **Pro·be·alarm** *m* practice alarm, fire drill **Pro·be·an·ge·bot** *nt* ÖKON trial offer **Pro·be·büh·ne** *f* rehearsal stage **Pro·be·ex·em·plar** *nt* specimen [copy [*or* issue]] **Pro·be·fahrt** *f* test drive; **eine ~ machen** [*o* **unternehmen** *geh*] to go for a test drive **Pro·be·jahr** *nt* probationary year, year of probation **Pro·be·lauf** *m* trial [*or* test] run **Pro·be·leh·rer(in)** *m(f)* ÖSTERR probationer

pro·ben ['pro:bn̩] **I.** *vt* ■**etw** [**mit jdm**] **~** to rehearse sth [with sb]; **eine Szene ~** to rehearse a scene; *s. a.* **Aufstand, Ernstfall II.** *vi* ■[**mit jdm**] [**für etw**] **~** to rehearse [with sb] [for sth]; **der Komponist probte persönlich mit den Musikern** the composer came in person to rehearse with the musicians

Pro·be·sen·dung *f* sample[s *pl*] sent on approval **Pro·be·spiel** *nt* ❶ MUS prepared piece (*to be performed by sb at an audition*) ❷ SPORT *friendly match to test ability and compatibility of players*

pro·be·wei·se *adv* on a trial basis; **singen Sie uns ~ etwas vor!** try singing sth for us; **nehmen Sie ~ dieses Waschmittel** try this washing powder, give this washing powder a try; *mit Verbalsubstantiven a attr* trial *attr;* **die ~ Verlängerung der Öffnungszeiten** extension of the opening hours on a trial basis; **die Leitung will in dieser Abteilung die ~ Sonntagsarbeit einführen** the management wants to introduce Sunday hours on a trial basis in this department

Pro·be·zeit *f* probationary [*or* trial] period

pro·bie·ren* [pro'bi:rən] **I.** *vt* ❶ (*kosten*) ■**etw ~** to try [*or* taste] [*or* sample] sth ❷ (*versuchen*) ■**es** [**mit etw**] **~** to try [*or* to have a go [*or* try] at] it [with sth]; **ich habe es schon mit vielen Diäten probiert** I have already tried many diets; ■**~, etw zu tun** to try to do sth; **ich werde ~, sie zu überreden** I will try to persuade her; ■**etw ~** to try sth out; **ein neues Medikament ~** to try out a new medicine ❸ (*anprobieren*) ■**etw ~** to try on sth *sep* ❹ THEAT to rehearse; **ein Stück ~** to rehearse a play **II.** *vi* ❶ (*kosten*) ■[**von etw**] **~** to try some [*or* have a taste] [of sth]; **willst du nicht wenigstens einmal ~** won't you at least try it once ❷ (*versuchen*) ■**~, ob/was/wie ...** to try and see whether/what/how ...; **ich werde ~, ob ich das alleine schaffe** I'll see if I can do it alone ▶ WENDUNGEN: **P~ geht über Studieren** (*prov*) the proof of the pudding is in the eating *prov* **III.** *vr* (*fam*) **sich** *akk* **als Dozent/Schreiner ~** to work as a lecturer/carpenter for a short time

Pro·blem <-s, -e> [pro'ble:m] *nt* ❶ (*Schwierigkeit*) problem; **es gibt** [**mit jdm/etw**] **~e** I/we/they etc. are having problems [with sb/sth], sth is having problems; [**mit jdm/etw**] **ein ~/Probleme haben** to have a problem/be having problems [with sb/sth]; **vor ~en/einem ~ stehen** to be faced [*or* confronted] with problems/a problem; [**für jdn**] **zum ~ werden** to become a problem [for sb] ❷ (*geh: schwierige Aufgabe*) problem; **ein schwieriges ~** a difficult problem, a hard [*or* tough] nut to crack; **ein ungelöstes ~** an un[re]solved problem; **~e wälzen** to turn over problems in one's mind; [**nicht**] **jds ~ sein** to [not] be sb's business; **kein ~!** (*fam*) no problem!

P

Pro·ble·ma·tik <-> [proble'ma:tɪk] *f kein pl* (*geh*) problematic nature, difficulty (+*gen* of), problems *pl* (+*gen* with); **die ~ erkennen** to recognize the problems; **auf eine ~ hinweisen** to point out difficulties; **von einer besonderen ~ sein** to be of a particularly problematic nature, to have [its/their [own]] particular problems

pro·ble·ma·tisch [proble'ma:tɪʃ] *adj* problematic[al], difficult, complicated; **ein ~es Kind** a difficult child

pro·ble·ma·ti·sie·ren* [problemati'zi:rən] *vt* (*fachspr geh*) ■**etw ~** expound [*or* discuss] the problems of sth

Pro·blem·be·reich *m* problem area **Pro·blem·fall** *m* (*geh*) problem; (*Mensch*) problem case

pro·blem·los **I.** *adj* problem-free, trouble-free, unproblematic *attr* **II.** *adv* without any problems [*or* difficulty]; **etw ~ meistern** to master sth easily; **nicht ganz ~** not quite without [its/their] problems [*or* difficulties]; **~ ablaufen** to run smoothly

Pro·duct·place·ment[RR], **Pro·duct-Place·ment**[RR], **Product placement**[ALT] <-s, -s> ['prɔdakt 'ple:smənt] *nt selten pl* product placement *no art*

Pro·dukt <-[e]s, -e> [pro'dʊkt] *nt* product; MATH product; **landwirtschaftliche ~e** agricultural products [*or* produce]; **~ der Einbildung/Fantasie** (*fig*) figment of the imagination

Pro·dukt·ana·ly·se *f* ÖKON product analysis **Pro·dukt·ent·wick·lung** *f kein pl* ÖKON product development *no pl* **Pro·dukt·ge·stal·tung** *f kein pl* ÖKON product design **Pro·dukt·grup·pe** *f* ÖKON product group [*or* line] **Pro·dukt·haf·tung** *f* product [*or* producer's] liability

Pro·duk·ti·on <-, -en> [prodʊk'tsi̯o:n] *f* production

Pro·duk·ti·ons·ab·tei·lung *f* ÖKON production department **Pro·duk·ti·ons·an·la·ge** *f meist pl* ÖKON production [*or* manufacturing] facility *usu pl* [*or* plant *no pl*] **Pro·duk·ti·ons·aus·fall** *m* shortfall in production, loss of output [*or* production] **Pro·duk·ti·ons·be·ginn** *m* start [*or* onset] of production **Pro·duk·ti·ons·feh·ler** *m* ÖKON production fault [*or* defect] **Pro·duk·ti·ons·fluss**[RR] *m* flow of production **Pro·duk·ti·ons·gang** *m* production process **Pro·duk·ti·ons·gü·ter** *pl* ÖKON producer [*or* industrial] goods *npl* **Pro·duk·ti·ons·hal·le** *f* production hall **Pro·duk·ti·ons·ka·pa·zi·tät** *f* production capacity **Pro·duk·ti·ons·kos·ten** *pl* production costs **Pro·duk·ti·ons·leis·tung** *f kein pl* ÖKON manufacturing efficiency **Pro·duk·ti·ons·me·tho·de** *f* production method **Pro·duk·ti·ons·stan·dard** *m* ÖKON production standard **Pro·duk·ti·ons·stät·te** *f* [production] site, production [*or* manufacturing] facilities *pl* **Pro·duk·ti·ons·stei·ge·rung** *f* rise [*or* increase] in production **Pro·duk·ti·ons·sto·ckung** *f* ÖKON [production] stoppage **Pro·duk·ti·ons·ver·la·ge·rung** *f* diversion of production **Pro·duk·ti·ons·zweig** *m* ÖKON branch [*or* line] of production

pro·duk·tiv [prodʊk'ti:f] *adj* (*geh*) productive; **~ zusammenarbeiten** to work together productively; **ein ~er Autor** a productive [*or* prolific] author; **~e Kritik** productive criticism

Pro·duk·ti·vi·tät <-> [prodʊktivi'tɛ:t] *f kein pl* productivity, productive capacity

Pro·duk·ti·vi·täts·zu·wachs *m* ÖKON increase in productivity, productivity increase

Pro·dukt·li·nie [-li:ni̯ə] *f* ÖKON product line **Pro·dukt·ma·na·ge·ment** *nt kein pl* ÖKON product management *no pl* **Pro·dukt·pa·let·te** *f* ÖKON product range **Pro·dukt·wer·bung** *f* ÖKON product advertising

Pro·du·zent(in) <-en, -en> [produ'tsɛnt] *m(f)* producer

pro·du·zie·ren* [produ'tsi:rən] **I.** *vt* ❶ (*herstellen*) ■**etw ~** to produce sth; (*bes viel*) to turn out sth; **einen Film ~** to produce a film ❷ (*hervorbringen*) ■**etw ~** to produce sth; **wer hat denn das produziert?** (*fam o fig*) who's responsible for that?; **eine Entschuldigung ~** to come up with an excuse; **Lärm ~** to make noise; **Unsinn ~** to talk rubbish [*or* nonsense] **II.** *vi* to produce; **billig ~** to produce goods cheaply, to have low production costs **III.** *vr* (*pej fam*) ■**sich** *akk* [**vor jdm**] **~** to show off [in front of sb]

pro·fan [pro'fa:n] *adj* (*geh*) ❶ (*alltäglich*) mundane, prosaic *form;* **ganz ~e Probleme haben** to have very mundane problems ❷ (*weltlich*) secular, profane *form;* **~e Bauwerke/Kunst** secular buildings/art

Pro·fes·si·o·na·li·tät <-> *f kein pl* professionalism *no pl*

pro·fes·si·o·nell [profɛsi̯o'nɛl] *adj* professional

Pro·fes·sor, Pro·fes·so·rin <-s, -soren> [pro'fɛso:ɐ̯, profɛ'so:rɪn] *m, f* ❶ *kein pl* (*Titel*) professor ❷ (*Träger des Professorentitels*) **Herr ~/Frau ~in** Professor; **außerordentlicher ~** extraordinary [*or* AM associate] professor; **ordentlicher ~** [full AM] professor; **~ sein** to be a professor; **sie ist Professorin für Physik in München** she is a professor of physics in Munich ❸ ÖSTERR (*Gymnasiallehrer*) master *masc,* mistress *fem*

pro·fes·so·ral [profɛso'ra:l] *adj* ❶ (*den Professor betreffend*) professorial; **die ~e Würde** professorial dignity ❷ (*pej: belehrend*) lecturing *attr pej,* know-[it-]all *pej fam attr;* **am meisten stört mich seine ~e Art** what gets me most is the way he thinks he knows it all

Pro·fes·so·rin <-, -nen> *f fem form von* **Professor**

Pro·fes·sur <-, -en> [profɛ'su:ɐ̯] *f* [professor's [*or* professorial]] chair (**für** in/of); **eine ~ für Chemie haben** [*o* **innehaben** *geh*] to hold the chair in chemistry

Pro·fi <-s, -s> ['pro:fi] *m* (*fam*) pro *fam*

Pro·fil <-s, -e> [pro'fi:l] *nt* ❶ (*Einkerbungen zur besseren Haftung*) *Reifen, Schuhsohlen* tread ❷ (*seitliche Ansicht*) profile; **jdn im ~ fotografieren** to photograph sb in profile ❸ (*geh: Ausstrahlung*) image; **~ haben** [*o* **besitzen** *geh*] to have an image [*or* a distinctive [*or* personal] image]; **an ~ gewinnen** to improve one's image; **die Polizei konnte ein ziemlich gutes ~ des Täters erstellen** the police were able to give a fairly accurate profile of the criminal; **~ zeigen** to take a stand

pro·fi·lie·ren* [profi'li:rən] **I.** *vt* ■**etw ~** to put a tread on sth; **Bleche ~** to contour sheets of metal **II.** *vr* ■**sich** [**in etw** *dat*] [**als jd**] **~** to create an image for oneself [as sb] [in sth]; **sich** *akk* **politisch ~** to make one's mark as a politician; **sie hat sich als Künstlerin profiliert** she distinguished herself as an artist

pro·fi·liert *adj* (*geh*) **ein ~er Fachmann/Politiker** an expert/a politician who has made his mark; ■**~/~er sein** to have made one's mark/more of a mark

Pro·fi·lie·rung <-> *f kein pl* (*geh*) making one's mark *no art;* **durch seine ~ als Politiker hat er viel Ansehen bekommen** by making his mark as a politician he has gained prestige

Pro·fil·soh·le *f* sole with a tread, treaded sole

Pro·fi·sport·ler(in) *m(f)* professional sportsman, pro *fam*

Pro·fit <-[e]s, -e> [pro'fi:t] *m* profit; **~ bringende Geschäfte** profitable deals; **wo ist dabei für mich der ~?** what do I get out of it?; **von etw [keinen] ~ haben** [not] to profit from sth; **[bei/mit etw] ~ machen** to make a profit [with sth]; **aus etw ~ schlagen** [*o* **ziehen**] to make a profit from [*or* out of] sth, to reap the benefits from sth *fig;* **mit ~ arbeiten** to work profitably; **etw mit ~ verkaufen** to sell sth at a profit

pro·fi·ta·bel [profi'ta:bl̩] *adj* (*geh*) profitable; (*stärker*) lucrative

Pro·fit·gier <-> *f kein pl* (*pej*) money-grubbing *no pl,* greed for profit *no pl*

pro·fi·tie·ren* [profi'ti:rən] *vi* (*geh*) [**bei/von etw**] [**mehr**] **~** to make [*or* gain] [more of] a profit [from sth]; **viel ~** to make a large profit; **davon habe ich kaum profitiert** I didn't make much of a profit there; **von jdm/etw [mehr] ~** (*fig*) to profit [more] from [*or* by] sb/sth; **dabei kann ich nur ~** I only stand to gain from it, I can't lose

pro for·ma [pro: 'fɔrma] *adv* (*geh*) pro forma *form,* as a matter of form, for appearances' sake; **etw ~ unterschreiben** to sign sth as a matter of form; **~ heiraten** to marry pro forma

Pro·for·ma-Rech·nung *f* pro forma [invoice]

pro·fund [pro'fʊnt] *adj* profound, deep

Pro·ges·te·ron <-s> [progɛste'ro:n] *nt kein pl* BIOL progesterone *no pl*

Pro·gno·se <-, -n> [pro'gno:zə] *f* ❶ (*geh: Vorhersage*) prediction, prognosis *form; Wetter* forecast; **[jdm] eine ~ stellen** to give [sb] a prediction [*or* prognosis], to make a prediction [*or* prognosis]; **eine ~ wagen** to venture a prediction ❷ MED prognosis (**für** +*akk* for)

pro·gnos·ti·zie·ren* [pro'gnɔsti'tsi:rən] *vt* (*geh*) ■**etw ~** to predict [*or form* to prognosticate] sth; **die Ärzte ~ eine rasche Genesung** to doctors predict a speedy recovery

Pro·gramm <-s, -e> [pro'gram] *nt* ❶ (*geplanter Ablauf*) programme [*or* AM -am]; (*Tagesordnung*) agenda; (*Zeitplan*) schedule; **ein volles ~ haben** to have a full day/week etc. ahead of one; **auf dem [*o* jds] ~ stehen** to be on the [*or* sb's] programme/agenda/schedule; **was steht für heute auf dem ~?** what's the programme/agenda/schedule for today?; **nach ~** as planned, to plan ❷ RADIO, TV (*Sender*) channel; **ich empfange 30 ~e** I can get 30 channels ❸ (*festgelegte Darbietungen*) programme [*or* AM -am], bill; **im ~** in the programme, on the bill; **das Kino hat viele neue Filme im ~** the cinema has many new films on the bill ❹ (*Programmheft*) programme [*or* AM -am] ❺ (*Konzeption*) programme [*or* AM -am]; *Politiker* platform; *Partei* programme ❻ (*Sortiment*) product range, range of products; **etw im ~ haben** to have [*or* stock] sth in the range; **etw ins ~ [auf]nehmen** to include sth in the collection ❼ INFORM [computer] program (**für** +*akk* for)

Pro·gramm·auf·sicht *f kein pl* television watchdog **Pro·gramm·be·ginn** *m* start of the daily programmes [*or* AM programs] **Pro·gramm·ent·wick·lung** *f* INFORM program development **Pro·gramm·feh·ler** *m* INFORM programme [*or* bug] error **pro·gramm·ge·mäß I.** *adj* [as *pred*] planned **II.** *adv* [according] to plan; **~ verlaufen** to run according to plan

pro·gram·mier·bar *adj inv* INFORM programmable

pro·gram·mie·ren* [progra'mi:rən] *vt* ❶ INFORM ■**etw ~** to program sth ❷ (*von vornherein festgelegt*) ■**programmiert sein** to be preprogrammed [*or* AM -amed]

Pro·gram·mie·rer(in) <-s, -> *m(f)* programmer [*or* AM -amer]

Pro·gram·mier·feh·ler *m* INFORM programming [*or* AM -aming] error **Pro·gram·mier·spra·che** *f* programming [*or* AM -aming] language, high-level language *spec*

Pro·gram·mie·rung <-, -en> *f* ❶ INFORM programming [*or* AM -aming] *no pl* ❷ (*vorherige Festlegung auf etw*) setting *no pl;* (*eines Videorecorders*) programming [*or* AM -aming] *no pl,* setting *no pl;* (*eines Menschens*) conditioning *no pl*

Pro·gramm·ka·ta·log *m* catalogue of products **Pro·gramm·ki·no** *nt* arts [*or* AM repertory] cinema **Pro·gramm·pla·nung** *f* programme [*or* AM -am] planning **Pro·gramm·punkt** *m* item on the agenda; (*Show*) act **Pro·gramm·schluss**^RR *m* close down **Pro·gramm·um·fang** *m* range of products (+*gen* for) **Pro·gramm·vor·schau** *f* trailer **Pro·gramm·zeit·schrift** *f* programme [*or* AM -am] guide; (*von Fernsehen a.*) TV [*or* television] guide

Pro·gres·si·on <-, -en> [progrɛ'si̯o:n] *f* ❶ (*geh*) progression ❷ FIN [tax] progression

pro·gres·siv [progrɛ'si:f] *adj* (*geh*) progressive; **ein ~e Politik verfolgen** to follow a progressive policy; **~ eingestellt sein** to hold progressive views; **~ ansteigend** to increase progressively

Pro·jekt <-[e]s, -e> [pro'jɛkt] *nt* project

Pro·jekt·ana·ly·se *f* project analysis **Pro·jekt·be·reich** *m* ADMIN scope of a project **Pro·jekt·fi·nan·zie·rung** *f* project financing *no pl* **Pro·jekt·grup·pe** *f* project team

Pro·jek·til <-s, -e> [projɛk'ti:l] *nt* (*form*) projectile

Pro·jekt·in·ge·ni·eur(in) <-s, -in> *m(f)* ÖKON project engineer

Pro·jek·ti·on <-, -en> [projɛk'tsi̯o:n] *f* ❶ *kein pl* (*das Projizieren*) projection ❷ (*projiziertes Bild*) projection, projected image

Pro·jekt·lei·ter(in) <-s, -> *m(f)* project leader [*or* manager] **Pro·jekt·ma·nage·ment** <-s> *nt kein pl* ÖKON project management

Pro·jek·tor <-s, -toren> [pro'jɛkto:ɐ̯, *pl* -'to:rən] *m* projector

Pro·jekt·re·a·li·sie·rung *f* launching of a/the project

pro·ji·zie·ren* [proji'tsi:rən] *vt* ❶ FOTO ■**etw auf etw** *akk* **~** to project sth on[to] sth; **einen Film auf die Leinwand ~** to project a film onto a screen ❷ (*geh*) ■**etw auf jdn/etw ~** to project sth onto sb/sth; **seine Ängste auf die Mitmenschen ~** to infect others with one's fears; **seinen Hass auf andere ~** to project one's hate onto others

Pro·ka·ry·o(n)t <-s, -en> [proka'ry̆ɔ(n)t, *pl* -ɔntn̩] *m* BIOL prokaryote

pro·ka·ry·o(n)·tisch *adj* prokaryotic

Pro·kla·ma·ti·on <-, -en> [proklama'tsi̯o:n] *f* (*geh*) proclamation *liter*

pro·kla·mie·ren* [prokla'mi:rən] *vt* (*geh*) ■**etw ~** to proclaim sth *liter;* **den Ausnahmezustand ~** to proclaim [*or* declare] a state of emergency

Pro-Kopf-Ein·kom·men *nt* income per person, per capita income *form* **Pro-Kopf-Ver·brauch** *m* per capita consumption *form*

Pro·ku·ra <-, Prokuren> [pro'ku:ra, *pl* -ku:rən] *f* (*form*) procuration *form;* **jdm ~ erteilen** to give sb procuration, to confer procuration [up]on sb *form;* **~ haben** to have the general power of attorney

Pro·ku·rist(in) <-en, -en> [proku'rɪst] *m(f)* authorized signatory (*of a company*)

Pro·let <-en, -en> [pro'le:t] *m* ❶ (*veraltend fam*) proletarian ❷ (*pej*) prole *fam,* pleb *pej fam*

Pro·le·ta·ri·at <-[e]s, -e> [proleta'ri̯a:t] *nt* (*veraltend*) ■**das ~** the proletariat; **das akademische ~** (*fig*) the intellectual proletariat

Pro·le·ta·ri·er(in) <-s, -> [prole'ta:ri̯ɐ] *m(f)* (*veraltend*) proletarian

pro·le·ta·risch [prole'ta:rɪʃ] *adj* (*veraltend*) proletarian

Pro·lo <-s, -s> ['pro:lo] *m* (*pej sl*) pleb *pej fam*

Pro·log <-[e]s, -e> [pro'lo:k, *pl* -o:gə] *m* ❶ (*Vorrede, Vorspiel*) prologue [*or* AM *a.* prolog]; **den ~ sprechen** to speak the prologue ❷ SPORT *preliminary speed trial to decide starting positions*

Pro·lon·ga·ti·on <-, -en> [prolɔŋga'tsi̯o:n] *f* ❶ ÖKON (*Verlängerung einer Zahlungsfrist; Hinausschieben eines Fälligkeitstermins*) **~ beantragen** to ask for [*or* request] an extension; **~ erwirken** to get [*or* receive] an extension; **jdm ~ gewähren** to grant sb an extension ❷ ÖSTERR (*geh: Verlängerung*) extended run; **er bat um eine ~ für die Abgabe seiner Doktorarbeit** he asked for an extension to the deadline for handing in his doctorate thesis

Pro·lon·ga·ti·ons·wech·sel *m* ÖKON continuation [*or* renewal] bill

pro·lon·gie·ren* [prolɔŋ'gi:rən] *vt* FIN to extend, to prolong; ■**[jdm] etw ~** to extend sth to sb; **[jdm] den Kredit ~** to extend sb's credit; **[jdm] den Wechsel ~** to extend sb's allowance

Pro·me·na·de <-, -n> [promə'na:də] *f* promenade

Pro·me·na·den·deck *nt* promenade [deck] **Pro·me·na·den·mi·schung** *f* (*hum fam*) mongrel, crossbreed, mutt AM

Pro·me·thi·um [pro'me:ti̯ʊm] *nt kein pl* promethium

Pro·mi <-s, -s> ['prɔmɪ] *m* (*sl*) *kurz für* **Prominente(r)** VIP

Pro·mil·le <-[s], -> [pro'mɪlə] *nt* ❶ (*Tausendstel*) per mill[e]; **nach ~** in per mill[e] ❷ *pl* (*fam: Alkoholpegel*) alcohol level; **0,5 ~** 50 millilitres alcohol level; **ohne ~ fahren** to be sober when driving

Pro·mil·le·gren·ze *f* legal [alcohol] limit

pro·mi·nent *adj* prominent; **eine ~e Persönlichkeit** a prominent figure; ■**~ sein** to be a prominent figure

Pro·mi·nen·te(r) *f(m) dekl wie adj* prominent figure, VIP; (*Politiker*) star politician

Pro·mi·nenz <-, -en> [promi'nɛnts] *f* ❶ *kein pl* (*Gesamtheit*

P

der Prominenten) prominent figures *pl;* **die ~ aus Film und Fernsehen** the stars of film and TV ❷ (*geh: das Prominentsein*) fame; **seine ~ schützt ihn nicht vor einer Verurteilung** his fame does not protect him from being convicted ❸ *pl* (*Persönlichkeiten*) prominent figures; **sich** *akk* **mit ~ umgeben** to mix with the stars

pro·misk [proˈmɪsk] *adj* promiscuous

Pro·mis·ku·i·tät <-> [promɪskiˈtɛt] *f kein pl* (*geh*) promiscuity, promiscuousness

pro·mo·ten* [proˈmoːtn̩] *vt* ÖKON ■**etw/jdn ~** to promote sth/sb

Pro·mo·ti·on¹ <-, -en> [promoˈtsi̯oːn] *f* ❶ (*Verleihung des Doktorgrads*) doctorate, PhD ❷ SCHWEIZ (*Versetzung*) *moving up [into the next class]* ❸ ÖSTERR (*offizielle Feier mit Verleihung der Doktorwürde*) *ceremony at which one receives one's doctorate*

Pro·mo·tion² <-> [proˈmoːʃn̩] *f* promotion; ■**für etw ~ machen** to do a promotion for sth

pro·mo·vie·ren* [promoˈviːrən] **I.** *vt* ■**jdn ~** ❶ (*den Doktortitel verleihen*) to award sb a doctorate [*or* a PhD], to confer a doctorate [*or* a PhD] on sb; ■**[zu etw] promoviert werden** to be awarded a doctorate [*or* PhD] [in sth] ❷ (*veraltend geh: fördern*) to support **II.** *vi* ❶ (*eine Dissertation schreiben*) ■**über etw/jdn ~** to do a doctorate [*or* doctor's degree] [*or* PhD] in sth/the works of sb ❷ (*den Doktorgrad erwerben*) ■**[zu/in etw] ~** to obtain [*or* get] [*or form* attain] a doctorate [*or* PhD] [in sth]; **zum Dr. rer. hort. ~** to obtain [*or* get] [*or form* attain] a [*or* the title of] Dr rer. hort.; ■**bei jdm ~** to obtain [*or* get] [*or form* attain] a doctorate [*or* PhD] under sb

prompt [prɔmpt] *adj* ❶ (*unverzüglich, sofort*) prompt; **eine ~e Antwort** a prompt [*or* an immediate] answer; **~ antworten** to answer promptly [*or* like a shot] ❷ (*meist iron fam: erwartungsgemäß*) of course; **er ist ~ auf den Trick hereingefallen** naturally he fell for the trick; **als ich eine Zigarette angezündet hatte, kam ~ der Bus** just when I had lit my cigarette the bus arrived

Prompt·heit <-> *f kein pl* promptness, promptitude *form; Antwort a.* readiness

Pro·no·men <-s, - *o* Pronomina> [proˈnoːmən, *pl* -mina] *nt* pronoun

pro·no·mi·nal [pronomiˈnaːl] *adj* pronominal

Pro·pa·gan·da <-> [propaˈganda] *f kein pl* ❶ (*manipulierende Verbreitung von Ideen*) propaganda *a. pej;* **kommunistische ~** communist propaganda; **mit etw ~ machen** to make propaganda out of sth *a. pej* ❷ (*Werbung*) publicity; **mit etw ~ machen** to make publicity with sth, to make sth public, to spread sth around; **~ für etw machen** to advertise sth; **er macht ~ für sein neues Stück** he is publicizing his new play

Pro·pa·gan·da·ap·pa·rat *m* (*pej*) propaganda machine [*or* apparatus] *a. pej* **Pro·pa·gan·da·feld·zug** *m* (*pej*) propaganda campaign *a. pej*

Pro·pa·gan·dist(in) <-en, -en> [propaganˈdɪst] *m(f)* ❶ (*pej: jd, der Propaganda betreibt*) propagandist *a. pej* ❷ (*Werbefachmann*) demonstrator

pro·pa·gan·dis·tisch *adj* ❶ (*die Propaganda 1 betreffend*) propagandist[ic] *a. pej;* **~e Reden schwingen** (*fam*) to make propagandist speeches; **etw ~ ausnutzen/verwerten** to use sth as propaganda *a. pej* ❷ ÖKON (*Werbung betreffend*) **wir wollen das neue Produkt ~ in das Bewusstsein der Menschen bringen** using demonstrations we want to make people aware of the new product

pro·pa·gie·ren* [propaˈgiːrən] *vt* (*geh*) ■**etw ~** to propagate sth; **die meisten Politiker ~ eine gemeinsame Währung** most politicians are supporting a single currency

Pro·pan <-s> [proˈpaːn] *nt kein pl* propane

Pro·pan·gas *nt kein pl* propane [gas]

Pro·pel·ler <-s, -> [proˈpɛlɐ] *m* ❶ (*Luftschraube*) propeller, prop *fam,* airscrew *form* ❷ (*Schiffsschraube*) screw, propeller

Pro·pel·ler·flug·zeug *nt* propeller-driven [*or form* airscrew-driven] plane

pro·per [ˈprɔpɐ] *adj* (*fam*) trim, neat; **ein ~er junger Mann** a dapper *dated* [*or* neat] young man; **ein ~es Zimmer** a [neat and] tidy room; **er hat die Arbeit ~ gemacht** he has worked neatly

Pro·pha·ge *m* BIOL prophage, temperate phage

Pro·phet(in) <-en, -en> [proˈfeːt] *m(f)* prophet *masc,* prophetess *fem;* **ich bin [doch] kein ~!** (*fam*) I can't tell the future!; **man muss kein ~ sein, um das vorauszusehen** (*fam*) you don't have to be a mind reader to predict that ▶WENDUNGEN: **wenn der Berg nicht zum ~en kommt, muss der ~ wohl zum Berg[e] kommen** if the mountain won't come to Muhammad the Muhammad must go to the mountain; **der ~ gilt nichts in seinem Vaterland** (*prov*) a prophet is without honour in his own country *prov*

pro·phe·tisch [proˈfeːtɪʃ] *adj* (*geh*) prophetic; **~es Wissen besitzen** to be prophetic about sth; **~ gemeint sein** to be meant as a prophecy; **sich** *akk* **~ äußern** to make prophecies/a prophecy

pro·phe·zei·en* [profeˈtsaiən] *vt* ■**etw ~** to prophesy sth; **die Experten ~ einen heißen Sommer** the experts predict a hot summer; **jdm ein langes Leben ~** to prophesy that sb will enjoy a long life; ■**jdm ~, dass er/sie etw tut** to predict [*or form* presage] that sb will do sth

Pro·phe·zei·ung <-, -en> *f* prophecy

Pro·phy·lak·ti·kum <-s, -laktika> [profyˈlaktikʊm, *pl* -ka] *nt* MED prophylactic (**gegen** against)

pro·phy·lak·tisch [profyˈlaktɪʃ] *adj* ❶ MED prophylactic; **ein ~es Medikament** a prophylactic [medicine]; **etw ~ anwenden/einnehmen** to apply/take sth as a prophylactic measure ❷ (*geh: zur Sicherheit*) preventative, preventive; **~e Maßnahmen** preventative [*or* preventive] measures; **etw ~ machen/vornehmen** to do sth as a preventive [*or form* prophylactic] measure

Pro·phy·la·xe <-, -n> [profyˈlaksə] *f* MED prophylaxis *spec;* **ein Medikament zur ~ [gegen etw] nehmen** to take medicine as a prophylactic measure [against sth]

Pro·por·ti·on <-, -en> [propɔrˈtsi̯oːn] *f* (*geh*) proportion; **sie hat beachtliche ~en** (*hum*) she is pretty curvaceous *fam*

pro·por·ti·o·nal [propɔrtsi̯oˈnaːl] *adj* (*geh*) proportional, proportionate, in proportion (**zu** to); **die Heizkosten steigen ~ zur Größe der Wohnung** the heating costs increase in proportion to the size of the flat; **umgekehrt ~** in inverse proportion

Pro·por·ti·o·nal·schrift *f* proportional spacing

Pro·porz <-es, -e> [proˈpɔrts] *m* ❶ POL proportional representation *no art;* **konfessioneller ~** *proportional representation based on denominations;* **Ämter im [*o* nach dem] ~ besetzen [*o* vergeben]** to fill/award posts on the basis of proportional representation ❷ ÖSTERR, SCHWEIZ (*Verhältniswahl*) proportional representation

prop·pen·voll [ˈprɔpn̩ˈfɔl] *adj* (*fam*) jam-packed *fam,* full to bursting *pred;* ■**~ sein** to be jam-packed *fam* [*or* full to bursting]

Propst, Pröp·stin <-[e]s, Pröpste> [proːpst, ˈprøːbstɪn, *pl* ˈprøːpstə] *m, f* provost

Pro·sa <-> [ˈproːza] *f kein pl* prose

pro·sa·isch [proˈzaːɪʃ] *adj* ❶ (*meist fig geh: nüchtern*) matter-of-fact, prosaic *form;* (*langweilig*) dull; **ein ~er Mensch** a matter-of-fact [*or* dull] person ❷ (*aus Prosa bestehend*) prose *attr,* in prose *pred;* **die ~e Zusammenfassung eines Gedichtes** a prose summary of a poem

Pro·se·ly·ten·ma·che·rei <-> [prozelyːtn̩maxəˈrai] *f kein pl* REL, SOZIOL, POL (*pej geh*) proselytizing [*or* BRIT *a.* -ising] *pej form*

Pro·se·mi·nar [ˈproːzeminaːɐ̯] *nt* introductory seminar (*for first- and second-year students*)

pro·sit [ˈproːzɪt] *interj* (*fam*) *s.* **prost**

Pro·sit <-s, -s> ['pro:zɪt] *nt* (*fam*) toast; **ein ~ auf jdn ausbringen** to toast [*or* drink to] sb, to drink to sb's health; **ein ~ der Gemütlichkeit** here's to a great evening; **~ Neujahr!** Happy New Year

Pros·pekt <-[e]s, -e> [pro'spɛkt] *m* ❶ (*Werbebroschüre*) brochure, pamphlet; (*Werbezettel*) leaflet ❷ THEAT backdrop, backcloth ❸ ÖKON prospectus

Pros·pẹkt·ma·te·ri·al *nt* MEDIA brochure *usu pl*, pamphlet *usu pl*, literature *no pl*; **bitte schicken Sie mir ~ zu ihren Produkten** could you please send me some brochures [*or* pamphlets] [*or* literature] on your products

prost [pro:st] *interj* cheers; [**na**] **dann** [**mal**] **~!** (*iron*) [well] cheers to that, I say! *iron*; [**na dann**] **~ Mahlzeit!** (*iron fam*) we are going to have our work cut out!

Pros·ta·ta <-, Prostatae> ['prɔstata, *pl* -tɛ] *f* prostate [gland]

Prọs·ta·ta·krebs <-es> *m kein pl* MED cancer *no pl* of the prostate

pros·ten ['pro:stn̩] *vi* ❶ (*prost rufen*) to say cheers ❷ (*ein Prost ausbringen*) ■**auf jdn/etw ~** to toast [*or* drink to] sb/sth

pros·ti·tu·ie·ren* [prostitu'i:rən] *vr* ■**sich** *akk* **~** to prostitute oneself

Pros·ti·tu·ier·te(r) [prostitu'i:ɐ̯tə, -tɐ] *f(m) dekl wie adj* (*form*) prostitute

Pros·ti·tu·ti·on <-> [prostitu'tsi̯o:n] *f kein pl* (*form*) prostitution

Pro·tac·ti·ni·um <-s> [protak'ti:ni̯ʊm] *nt kein pl* protactinium

Pro·ta·go·nist(in) <-en, -en> [protago'nɪst] *m(f)* (*geh*) ❶ (*zentrale Gestalt*) protagonist; **der ~ eines Stückes** the protagonist of a play ❷ (*Vorkämpfer*) champion, protagonist; **ein ~ im Kampf gegen die Sklaverei** a champion in the fight against slavery

Pro·te·gé <-s, -s> [prote'ʒe:] *m* (*geh*) protégé

pro·te·gie·ren* [prote'ʒi:rən] *vt* (*geh*) ■**jdn ~** to promote [*or* further] sb; **einen Künstler ~** to patronize an artist; **sie wird vom Chef protegiert** she's the boss's protégé

Pro·te·in <-s, -e> [prote'i:n] *nt* protein

Pro·te·in·bio·syn·the·se *f* BIOL protein synthesis

Pro·tek·ti·on <-, -en> [protɛk'tsi̯o:n] *f* (*geh*) patronage; **jds ~ genießen** to enjoy sb's patronage

Pro·tek·ti·o·nis·mus <-> [protɛktsi̯o'nɪsmʊs] *m kein pl* protectionism

Pro·tek·to·rat <-[e]s, -e> [protɛkto'ra:t] *nt* ❶ (*Schutzherrschaft über einen Staat*) protectorate; (*Staat unter Schutzherrschaft*) protectorate ❷ (*geh: Schirmherrschaft*) patronage; **unter jds ~/dem ~ von jdm** under sb's patronage [*or* the patronage [*or* auspices] of sb]

Pro·test <-[e]s, -e> [pro'tɛst] *m* ❶ (*Missfallensbekundung*) protest; ■**jds ~ gegen etw** sb's protest against sth; **aus ~** in [*or* as a] protest; **unter ~** under protest; **unter lautem ~** protesting loudly; **stummer ~** silent protest; **~ einlegen** [*o* **erheben**] to protest, to make a protest ❷ ÖKON to protest; **einen Wechsel zu ~ gehen lassen** to protest a bill; **den ~ auf den Wechsel setzen** to protest a bill

Pro·tẹst·ak·ti·on *f* protest [activities *pl*]

Pro·tes·tant(in) <-en, -en> [protɛs'tant] *m(f)* Protestant

pro·tes·tan·tisch [protɛs'tantɪʃ] *adj* Protestant; **die ~en Kirchen** the Protestant churches; **~ beerdigt werden** to be given a Protestant funeral; **~ denken** to think along Protestant lines; [**streng**] **~ erziehen** to have a [strict] Protestant upbringing; **~ heiraten** to marry in a Protestant church

Pro·tes·tan·tis·mus <-> [protɛstan'tɪsmʊs] *m kein pl* ■**der ~** Protestantism

Pro·tẹst·be·we·gung *f* protest movement

pro·tes·tie·ren* [protɛs'ti:rən] *vi* ■[**gegen etw**] **~** to protest [*or* make a protest] [against [*or* about] sth]; ■**dagegen ~, dass jd/etw etw tut** to protest against [*or* about] sb['s]/sth['s] doing sth; **er protestierte lautstark gegen seine Verurteilung** he protested loudly against his conviction

Pro·tẹst·kund·ge·bung *f* [protest] rally **Pro·tẹst·marsch** *m* protest march **Pro·tẹst·no·te** *f* letter [*or* note] of protest **Pro·tẹst·ver·samm·lung** *f* SOZIOL, POL protest meeting **Pro·tẹst·wäh·ler(in)** *m(f)* protest voter

Pro·the·se <-, -n> [pro'te:zə] *f* artificial limb, prosthesis *spec*; (*Gebiss*) false teeth *pl*, dentures *npl*, set of dentures *form*, prosthesis *spec*; **die ~ herausnehmen/reinigen** to take out/clean one's dentures [*or* false teeth]

Pro·to·koll <-s, -e> [proto'kɔl] *nt* ❶ (*Niederschrift*) record[s *pl*]; (*bei Gericht a.*) transcript; (*von Sitzung*) minutes *npl*; **ein ~ anfertigen** to prepare a transcript [*or* the minutes] [*or* a report]; [**das**] **~ führen** (*bei einer Prüfung*) to write a report; (*bei Gericht*) to keep a record [*or* make a transcript] of the proceedings; (*bei einer Sitzung*) to take [*or* keep] the minutes; **etw** [**bei jdm**] **zu ~ geben** to have sb put sth on record, to have sth put on record; (*bei der Polizei*) to make a statement [in sb's presence], to have sb make a report of sth, to have a report made of sth; **zu ~ gegeben werden** to be put on record; **etw zu ~ nehmen** to put sth on record; (*von einem Polizisten*) to take down [a statement]; (*bei Gericht*) to enter [an objection/statement] on record *sep* ❷ DIAL (*Strafmandat*) ticket ❸ *kein pl* (*diplomatisches Zeremoniell*) ■**das ~** the protocol; **gegen das ~ verstoßen** to break with protocol

Pro·to·kol·lant(in) <-en, -en> [protokɔ'lant] *m(f)* (*form*) *s.* **Protokollführer**

pro·to·kol·la·risch [protokɔ'la:rɪʃ] *adj* ❶ (*im Protokoll fixiert*) recorded, on record *pred*; (*von Sitzung*) minuted, entered in the minutes *pred*; **~e Aufzeichnungen** recordings; **eine ~e Aussage** a statement taken down in evidence; **etw ~ festhalten** to take sth down in the minutes, to enter sth on record ❷ (*dem Protokoll 3 entsprechend*) ceremonial, according to protocol

Pro·to·kọll·füh·rer(in) *m(f)* secretary; (*bei Gericht*) clerk [of the court]

pro·to·kol·lie·ren* [protokɔ'li:rən] **I.** *vt* ■**etw ~** to record sth; *Polizist* to take down sth *sep*; (*bei einer Sitzung*) to enter [*or* record] sth in the minutes, to minute sth **II.** *vi* to keep the record[s]/the minutes

Pro·ton <-s, Protonen> ['pro:tɔn, *pl* pro'to:nən] *nt* proton

Pro·to·plas·ma [proto'plasma] *nt kein pl* protoplasm

Pro·to·typ ['pro:toty:p] *m* ❶ (*erstes Modell*) prototype ❷ (*geh: Inbegriff*) archetype; **der ~ einer Karrierefrau** the archetype of a [*or* an archetyp[ic]al] career woman ❸ (*Urform*) prototype; **der ~ des christlichen Sakralbaus** the prototype of the sacred Christian building

Protz <-es *o* -en, -e[n]> ['prɔts] *m* (*fam*) ❶ (*jd, der protzt*) show-off, poser *fam* ❷ *kein pl* (*Protzerei*) pomp, swank *fam*

prot·zen ['prɔtsn̩] *vi* (*fam*) ■[**mit etw**] **~** to show [sth] off, to flaunt sth *a. pej*; **sie protzte mit ihrem Reichtum** she flaunted her riches

Prot·ze·rei <-, -en> *f* (*fam*) ❶ *kein pl* (*ständiges Protzen*) showing off ❷ (*protzige Äußerung, Handlung*) pretentious [*or fam* posey] remark/action

prot·zig ['prɔtsɪç] *adj* (*fam*) swanky *fam*, showy *fam*, posey *fam*; **ein ~es Auto** a fancy car; **sich** *akk* **~ mit Schmuck behängen** to drip with fancy jewellery *pej fam*; **etw ~ zur Schau tragen** to flaunt sth

Pro·ve·ni·enz <-, -en> [prove'ni̯ɛnts] *f* (*geh*) origin, provenance *form*

Pro·vi·ant <-s, *selten* -e> [pro'vi̯ant] *m* provisions; MIL supplies; **~ für eine Reise mitnehmen** to take some food on a journey

Pro·vinz <-, -en> [pro'vɪnts] *f* ❶ (*Verwaltungsgebiet*) province ❷ *kein pl* (*kulturell rückständige Gegend*) provinces *pl a. pej*; **in der ~ leben** to live [out] in the sticks *fam*; **die hinterste** [*o* **finsterste**] **~** the backwater[s *pl*] [*or pej fam* sticks] *npl*; **das ist doch hinterste ~!** (*fam*) that's really going back to the Stone Age!

Pro·vinz·fürst *m* (*fig*) lord of the manor *fam*
pro·vin·zi·ell [provɪnˈtsi̯ɛl] *adj* provincial *a. pej*, backwater *attr pej*; ~**e Ansichten** parochial views; **in München galt er als ~er Außenseiter** in Munich he was regarded as a country bumpkin
Pro·vinz·stadt *f* provincial town, one-horse [*or* hick] town *pej* AM *fam* **Pro·vinz·the·a·ter** *nt* provincial theatre
Pro·vi·si·on <-, -en> [proviˈzi̯oːn] *f* commission; **auf** [*o* **gegen**] ~ **arbeiten** [*o* **tätig sein**] to work [*or* be employed] on a commission basis
Pro·vi·si·ons·ba·sis *f* commission basis; **auf** ~ on a commission basis
pro·vi·so·risch [proviˈzoːrɪʃ] **I.** *adj* (*vorläufig*) provisional, temporary; **eine ~e Regierung** a provisional [*or* caretaker] government; (*notdürftig*) makeshift, temporary; **eine ~e Unterkunft** temporary accommodation **II.** *adv* temporarily, for the time being; **das können wir ~ so lassen** we can leave it like that for the time being; **etw ~ herrichten** to make makeshift repairs
Pro·vi·so·ri·um <-s, -rien> [proviˈzoːri̯ʊm, *pl* -ri̯ən] *nt* (*geh*) provisional [*or* temporary] arrangement [*or* solution]
Pro·vi·ta·min *nt* BIOL provitamin
pro·vo·kant [provoˈkant] *adj* (*geh*) provocative; **eine ~e Äußerung** a provocative remark; **etw bewusst ~ formulieren** to word sth as a deliberate provocation
Pro·vo·ka·teur(in) <-s, -e> [provokaˈtøːɐ̯] *m(f)* (*geh*) [agent] provocateur
Pro·vo·ka·ti·on <-, -en> [provokaˈtsi̯oːn] *f* (*geh*) provocation
pro·vo·ka·tiv [provokaˈtiːf] *adj* (*geh*) *s.* **provokant**
pro·vo·zie·ren* [provoˈtsiːrən] **I.** *vt* ❶ (*herausfordern*) ■**jdn** [**zu etw**] ~ to provoke sb [into [doing] sth]; **ich lasse mich von ihm nicht** ~ I won't be provoked by him, I won't let him provoke me ❷ (*bewirken*) ■**etw** ~ to provoke sth; **einen Streit** ~ to cause an argument; **durch deine kritischen Fragen hast du eine Diskussion provoziert** your critical questions have sparked off a debate **II.** *vi* to provoke; **er möchte mit seinem Äußeren nur** ~ he just wants to get a reaction with his appearance
pro·vo·zie·rend *adj* (*geh*) *s.* **provokant**
Pro·ze·dur <-, -en> [protseˈduːɐ̯] *f* (*geh*) procedure; **eine furchtbare** ~ an ordeal; **eine langwierige** ~ a lengthy business
Pro·zent <-[e]s, -e> [proˈtsɛnt] *nt* ❶ (*Hundertstel*) percent *no pl*, per cent *no pl* ❷ (*Alkoholgehalt*) alcohol content; **wie viel ~ hat dieser Whisky?** how much alcohol does this whisk[e]y have [*or* contain]? ❸ *pl* (*Rabatt*) discount, rebate; [**bei jdm**]/[**auf etw** *akk*] ~**e bekommen** (*fam*) to get [*or* receive] a discount [*or* rebate] [from sb]/[on sth]; [**jdm**] [**auf etw** *akk*] ~**e geben** (*fam*) to give sb a discount [*or* rebate] [on sth]
Pro·zent·punkt *m* percentage, point **Pro·zent·rech·nung** *f* percentage calculation **Pro·zent·satz** *m* percentage
pro·zen·tu·al [protsɛnˈtu̯aːl] *adj* (*geh*) percentage *attr*; ~**er Anteil**/~**e Beteiligung** percentage (**an** +*dat* of); **etw ~ ausdrücken** to express sth as a percentage [*or* in per[ ]cent]; **am Gewinn/Geschäft ~ beteiligt sein** to receive a percentage of the profit/percentage [share] in the business; **unsere Partei hat ~ die meisten Stimmen dazugewonnen** in terms of the percentage our party has gained the most votes
Pro·zess[RR] <-es, -e> *m*, **Pro·zeß**[ALT] <-sses, -sse> [proˈtsɛs] *m* ❶ (*Gerichtsverfahren*) [court] case, [law]suit; (*Strafverfahren*) trial; **einen ~ [gegen jdn] führen** to take sb to court, to bring [*or form* conduct] [*or* AM file] a [law]suit [against sb]; **jdm den ~ machen** to take sb to court; [**mit jdm/etw**] **kurzen ~ machen** (*fig fam*) to make short work of sb/sth [*or* short shrift of sth] ❷ (*geh: Vorgang*) process; **ein chemischer** ~ a chemical process
Pro·zess·ak·te[RR] *f* case file[s *pl*] [*or* record[s *pl*]] **Pro·zess·be·voll·mäch·tig·te(r)**[RR] *m* counsel, attorney of record AM **Pro·zess·geg·ner**[RR] *m* adversary, opposing party **Pro·zess·hand·lung**[RR] *f* step in the proceedings
pro·zes·sie·ren* [protsɛˈsiːrən] *vi* ■[**gegen jdn**] ~ to go to law [*or* to litigate] [with sb]; ■**mit jdm** ~ to bring a lawsuit against sb
Pro·zes·si·on <-, -en> [protsɛˈsi̯oːn] *f* procession
Pro·zess·kos·ten[RR] *pl* court [*or* legal] costs **Pro·zess·kos·ten·hil·fe**[RR] *f* legal aid
Pro·zes·sor <-s, -soren> [proˈtsɛsoːɐ̯] *m* processor
Pro·zess·ord·nung[RR] *f* legal procedure, code [*or pl* rules] of procedure **Pro·zess·voll·macht**[RR] *f* JUR ❶ *kein pl* (*Vollmacht*) power of attorney ❷ (*Formular*) letter of attorney
prü·de [ˈpryːdə] *adj* (*oft pej*) prudish, strait-laced *pej*; **eine ~ Frau** a prudish woman; **ein ~s Zeitalter** a prudish age
Prü·de·rie <-> *f kein pl* prudishness, prudery
prü·fen [ˈpryːfn̩] **I.** *vt* ❶ (*examinieren*) ■**jdn** [**in etw** *dat*] ~ to examine sb [in sth]; **ein geprüfter Arzthelfer** a qualified doctor's assistant; **jdn im Hauptfach/Nebenfach** ~ to examine sb on his main/minor subject ❷ (*überprüfen, untersuchen*) ■**etw** [**auf etw** *akk*] ~ to check sth [for sth], to examine sth [for sth]; **ein Angebot** ~ to check [out] an offer; **die Funktionstüchtigkeit** ~ to check that sth works; **jds Gesundheitszustand** ~ to give sb a check-up; **ein Material** ~ to test a material; *s. a.* **ewig** ❸ (*testen*) ■**etw** ~ to test sth; **Essen/Wein** ~ to taste [*or* sample] food/wine; ■~, **ob/wie ...** to check whether/how ...; **könntest du bitte ~, ob das Wasser warm genug ist** could you please check whether the water is warm enough; ■**jdn** ~ to scrutinize sb; **jdn** [**durchdringend**] **mit den Augen** ~ to scrutinize sb carefully [*or* closely]; **jdn mit prüfenden Blicken ansehen** to scrutinize sb ❹ (*auf Richtigkeit/Echtheit kontrollieren*) ■**etw** [**auf etw** *akk*] ~ to study sth, to examine [sth of] sth; **die Angaben auf Korrektheit** *akk* ~ to examine the correctness of the details; **die Pässe** ~ to examine the passports; **eine Urkunde** ~ to verify a certificate ❺ (*geh: übel mitnehmen*) **jdn** [**hart/schwer**] ~ to [sorely] try [*or* afflict] sb ▸ WENDUNGEN: **drum prüfe, wer sich ewig bindet ...** (*prov*) marry in haste, repent at leisure *prov* **II.** *vi* SCH ■[**in einem Fach**] ~ *dat* to examine pupils/students [in a subject]; [**in etw** *dat*] **streng** ~ to set a hard examination [in sth], to be a hard examiner [in sth]; **prüft dieser Professor in Biologie?** is this professor an examiner for Biology? **III.** *vr* (*geh*) ■**sich** *akk* ~ to examine oneself, to search one's conscience [*or liter* heart]; ■**du musst dich ~, ob ...** you must decide [*or liter* enquire of yourself] whether ...; **ich muss mich ~, ob ich das durchstehen kann** I must decide whether I can get through that
Prü·fer(in) <-s, -> [ˈpryːfɐ] *m(f)* ❶ (*Examinator*) examiner ❷ (*Prüfingenieur*) inspector ❸ (*Betriebsprüfer*) auditor
Prüf·ge·rät *nt* testing apparatus [*or* instrument]
Prüf·ling <-s, -e> *m* [examination] candidate, examinee *form*
Prüf·stand *m* test stand [*or* bed]; **auf dem ~ sein** [*o* **stehen**] to be in the process of being tested; (*fig*) to be under the microscope **Prüf·stein** *m* (*geh*) touchstone; **ein ~ [für etw] sein** to be a touchstone for [*or* of] sth; **die Aufgabe ist ein ~ für seine Belastbarkeit** the task is a measure of his resilience **Prüf·stem·pel** *m* ADMIN, ÖKON stamp of certification
Prü·fung <-, -en> *f* ❶ (*Examen*) exam[ination]; (*für den Führerschein*) test; **schriftliche/mündliche ~ [in etw** *dat*] written/oral exam[ination] [*or* viva voce] [in sth]; **eine ~ [nicht] bestehen** to [not] pass [an exam[ination]]; **durch eine ~ fallen** to fail [an exam[ination]], to flunk an exam[ination] AM *fam*; **jdn durch eine ~ fallen lassen** to fail sb [in an exam[ination]]; **in eine ~ gehen** to go and take an exam[ination]; **eine ~ [in etw** *dat*] **machen, eine ~ [in etw** *akk*] **ablegen** to take an exam[ination] [in sth] ❷ (*Überprüfung*) checking; (*Untersuchung a.*) examination; *Wasserqualität* test; **etw einer gründlichen ~ unterziehen** to give sth a thorough check [*or* going-over]; **etw hält einer ~ stand** sth stands up to [the rigours of]

a test; **nach nochmaliger** ~ after repeated tests [*or* checks] ❸ (*geh: Heimsuchung*) trial, ordeal; ■ **~en** trials [and tribulations]

Prü·fungs·an·for·de·rung *f* examination requirement **Prüf·ungs·angst** *f* exam nerves *npl* **Prü·fungs·ar·beit** *f* examination, exam[ination] paper **Prü·fungs·auf·ga·be** *f* exam[ination] question, question in an [*or* the] exam[ination] **Prü·fungs·er·geb·nis** *nt* exam[ination] results *pl* **Prü·fungs·fach** *nt* exam[ination] subject **Prü·fungs·fra·ge** *f* exam[ination] question **Prü·fungs·ge·bühr** *f* examination fee **Prü·fungs·kom·mis·si·on** *f* board of examiners, examining board [*or* body] **Prü·fungs·ord·nung** *f* exam[ination] regulations **Prü·fungs·ter·min** *m* SCH date of an/the exam[ination] **Prü·fungs·un·ter·la·gen** *pl documents required on entering for an examination*

Prü·gel[1] ['pry:gl̩] *pl* beating *no pl*, thrashing *no pl*; **jdm eine Tracht ~ verabreichen** to give sb a [good] hiding; **~ austeilen** to hand out a beating [*or* thrashing]; **[von jdm] ~ bekommen** [*o* **beziehen**] to get a beating [*or* thrashing] [from sb]; **~ einstecken müssen** to have to endure [*or* put up with] a beating

Prü·gel[2] <-s, -> ['pry:gl̩] *m* DIAL cudgel, club, bludgeon *form*

Prü·ge·lei <-, -en> ['pry:gə'lai] *f* (*fam*) fight, punch-up *fam*; **eine wilde ~** a brawl

Prü·gel·kna·be *m* whipping boy, scapegoat; **den ~n für etw/jdn abgeben** [*o* **spielen**] (*fig*) to be the scapegoat for sth/sb

prü·geln ['pry:gl̩n] **I.** *vt* ■**jdn ~** to thrash [*or* beat] sb; **jdn windelweich ~** (*fam*) to beat the living daylights out of sb *fam* **II.** *vi* to beat [*or* hit]; SCH to use corporal punishment; **~de Ehemänner** abusive [*or* wife-beating] husbands **III.** *vr* ■**sich** *akk* **~** to fight; ■**sich** *akk* **[mit jdm] ~** to fight [sb], to have a fight [with sb]; ■**sich** *akk* **[mit jdm] um etw ~** to fight [sb] [*or* have a fight [with sb]] over sth; **sie ~ sich wegen jeder Kleinigkeit** they fight over everything; **sollen wir uns um die letzte Praline ~?** (*hum fam*) shall we fight for the last sweet?

Prü·gel·stra·fe *f* ■**die ~** corporal punishment; (*in Schulen a.*) the cane, the birch

Prunk <-s> [prʊnk] *m kein pl* magnificence, splendour [*or* AM -or]; *Saal a.* sumptuousness

Prun·kbau <-s, -bauten> *m* magnificent [*or* splendid] edifice; **neoklassische ~ten** magnificent [*or* splendid] examples of neoclassical architecture; **einen ~ errichten** to build a magnificent building **Prunk·boh·ne** *f* scarlet runner bean

prun·ken ['prʊnkn̩] *vi* (*geh*) ❶ (*prächtig erscheinen*) to be resplendent; **ein prunkender Blumenschmuck** a magnificent floral decoration; **auf seinem Haupt prunkte eine mit Juwelen besetzte Krone** on his head a jewel-encrusted crown gleamed resplendently ❷ (*prahlen*) ■**mit etw ~** to make a great show of sth, to flaunt sth *a. pej*; **er prunkte mit seinen sportlichen Leistungen** he made a great show of his sporting prowess

Prunk·ge·mach *nt* state room [*or* apartment] **Prunk·ge·wand** *nt* magnificent [*or* splendid] vestment **Prunk·saal** *m* state room **Prunk·stück** *nt* showpiece; **das ~ der Ausstellung** the focal point of the exhibition **Prunk·sucht** *f kein pl* (*pej*) love of splendour [*or* grandeur] **prunk·süch·tig** *adj* (*pej*) with a love of grandeur [*or* splendour] *pred*; ■**~ sein** to have a love of grandeur [*or* splendour] **Prunk·vil·la** *f* magnificent [*or* splendid] villa **prunk·voll** *adj* splendid, magnificent; **~e Kleidung** magnificent clothing; **die Luxusvilla war ~ ausgestattet** the luxury villa was fit for a king

prus·ten ['pru:stn̩] *vi* (*fam*) to snort; (*beim Trinken*) to splutter; **vor Lachen ~** to snort with laughter

PS <-, -> [pe'ʔɛs] *nt* ❶ *Abk von* **Pferdestärke** hp ❷ *Abk von* **Postskript(um)** PS

Psalm <-s, -en> [psalm] *m* psalm

pseu·do·de·mo·kra·tisch *adj* pseudo-democratic **pseu·do·in·tel·lek·tu·ell** *adj* pseudo-intellectual

Pseu·do·krupp <-s> *m* MED pseudo[-]croup

Pseu·do·nym <-s, -e> [psɔydo'ny:m] *nt* pseudonym, nom de guerre *liter*; *von Autor a.* nom de plume, pen name; **unter einem ~ schreiben** to write using a pen name

pseu·do·re·li·gi·ös *adj* pseudo-religious

pst [pst] *interj* pst

Psy·che <-, -n> ['psy:çə] *f* psyche

psy·che·de·lisch [psyçə'de:lɪʃ] *adj* psychedelic, mind-expanding; **eine ~e Droge** a psychedelic [drug]; **~e Musik** psychedelic music; **eine ~e Erfahrung machen** to have a psychedelic experience

Psy·chi·a·ter(in) <-s, -> [psy'çi̯a:tɐ] *m(f)* psychiatrist, shrink *fam*

Psy·chi·a·trie <-, -n> [psyçi̯a'tri:, *pl* -'tri:ən] *f* ❶ *kein pl* (*medizinisches Fachgebiet*) psychiatry *no art* ❷ (*fam: psychiatrische Abteilung*) psychiatric ward; **jdn in die ~ einweisen** to have sb admitted to a psychiatric ward

psy·chi·a·trisch [psy:'çi̯a:trɪʃ] *adj* psychiatric; **eine ~e Behandlung/Untersuchung** psychiatric treatment/ examination; **sich** *akk* **~ behandeln/untersuchen lassen** to see a psychiatrist, to undergo psychiatric treatment/a psychiatric examination

psy·chisch ['psy:çɪʃ] *adj* ❶ (*seelisch*) emotional, psychological; **eine ~e Belastung** psychological strain; **eine ~e Ursache haben** to be psychological, to have a psychological cause; **unter großem ~en Druck stehen** to be under a great deal of emotional [*or* psychological] pressure; **~ bedingt/verursacht sein** to be psychological, to have psychological causes/a psychological cause; **jdn ~ belasten** to put sb under psychological pressure ❷ (*geistig*) mental; **~ gesund sein** to have all one's [mental] faculties [about one]

Psy·cho·ana·ly·se [psyçoʔana'ly:zə] *f* psychoanalysis *no art* **Psy·cho·ana·ly·ti·ker(in)** [psyçoʔana'lytikɐ] *m(f)* psychoanalyst **psy·cho·ana·ly·tisch** [psyçoʔana'lytɪʃ] *adj* psychoanalytic[al] **Psy·cho·dra·ma** [psyço'dra:ma] *nt* ❶ LIT psychological drama ❷ PSYCH psychodrama **Psy·cho·ef·fekt** *m* psychological effect **Psy·cho·gramm** <-gramme> [psyço'gram] *nt* psychograph, [psychic] profile; **ein ~ von jdm erstellen** to create a psychic profile of sb **Psy·cho·krieg** *m* psychological warfare **Psy·cho·lin·gu·is·tik** [syçolɪŋ'gu̯ɪstɪk] *f kein pl* LING, PSYCH, SCH psycholinguistics + *sing vb*

Psy·cho·lo·ge, Psy·cho·lo·gin <-n -n> [psyço'lo:gə, -'lo:gɪn] *m, f* ❶ (*Spezialist der Psychologie*) psychologist, shrink *fam* ❷ (*Mensch mit Einfühlungsvermögen*) psychologist

Psy·cho·lo·gie <-> [psyçolo'gi:] *f kein pl* psychology

Psy·cho·lo·gin <-, -nen> *f fem form von* **Psychologe**

psy·cho·lo·gisch [psyço'lo:gɪʃ] *adj* psychological; **ein ~es Gutachten** a psychological evaluation; **ein ~er Roman** a psychological novel; **~ falsch/richtig sein** to be wrong/right psychologically; **~ geschult werden/sein** to be trained in psychology; **~ erfahrene Mitarbeiter** staff experienced in psychology; **das war ein ~ sehr geschickter Schachzug** that was a clever psychological move; **das war sehr ~ von dir** (*fam*) that was a good psychological move on your part; *s. a.* **Kriegsführung**

Psy·cho·path(in) <-en, -en> [psyço'pa:t] *m(f)* psychopath

Psy·cho·phar·ma·kon <-s, -pharmaka> [psyço'farmakɔn, *pl* -ka] *nt meist pl* (*fachspr*) psychopharmaceutical [agent] *spec*

Psy·cho·se <-, -n> [psy'ço:zə] *f* (*fachspr*) psychosis

Psy·cho·sek·te *f* (*pej fam*) psycho-sect

psy·cho·so·ma·tisch [psyçozo'ma:tɪʃ] **I.** *adj* psychosomatic; **ein ~es Leiden** an illness of a psychosomatic nature; **~e Störungen** psychosomatic problems **II.** *adv* psychosomatically; **~ bedingt/verursacht sein** to be psychosomatic, to have psychosomatic causes [*or* a psychosomatic cause]

psy·cho·so·zi·al *adj* PSYCH *Ursache, Betreuung, Faktoren* psychosocial

Psy·cho·ter·ror *m* (*fam*) psychological terror

P

Psy·cho·test *m* psychological test **Psy·cho·the·ra·peut(in)** [psyçotera'pɔyt] *m(f)* PSYCH, MED psychotherapist **Psy·cho·the·ra·pie** [psyçotera'pi:, *pl* -i:ən] *f* psychotherapy **Psy·cho·thril·ler** *m* psychological thriller

PTT ['pe:te:te:] *pl* SCHWEIZ *Abk von* **Post-, Telefon- und Telegrafenbetriebe:** ■**die** ~ the P.T.T. (*Swiss postal, telephone, and telegram services*)

pu·ber·tär [pubɛr'tɛ:ɐ̯] *adj* adolescent, of puberty *pred;* ~**e Störungen** pubescent problems; ~**es Verhalten** (*a. pej*) adolescent behaviour; ~ **bedingt/verursacht** caused by adolescence [*or* puberty]

Pu·ber·tät <-> [pubɛr'tɛ:t] *f kein pl* puberty *no art;* **in der ~ sein/sich** *akk* **in der ~ befinden** to be in one's puberty [*or* adolescence]

Pu·ber·täts·ak·ne *f* acne (*during one's adolescence/puberty*) **Pu·ber·täts·zeit** *f s.* **Pubertät**

pu·ber·tie·ren* [pubɛr'ti:rən] *vi* (*geh*) to reach puberty; ~**de Jugendliche** adolescents

Pu·bli·ci·ty <-> [pa'blɪsiti] *f kein pl* publicity

pu·bli·ci·ty·scheu [pa'blɪsiti-] *adj* publicity-shy *attr;* ■~ **sein** to shun publicity

Pu·blic Re·la·tions ['pablɪkri'le:ʃn̩s] *pl* ÖKON, POL public relations + *sing vb,* PR + *sing vb*

pu·blik [pu'bli:k] *adj pred* public, generally known; ■~ **sein/werden** to be/become public knowledge [*or* generally known]; **wenn ~ wird, dass er Alkoholiker ist, kann er seine Karriere vergessen** when it becomes known that he's an alcoholic, he can wave goodbye to his career; ■**etw ~ werden lassen** to let sth become generally known, to publicize sth; ■~ **werden lassen, was/dass ...** to let it be known what/that ..., to publicize what/the fact that ...; **etw ~ machen** to make sth public, to publicize sth

Pu·bli·ka·ti·on <-, -en> [publika'tsi̯o:n] *f* ❶ (*veröffentlichtes Werk*) publication ❷ *kein pl* (*das Veröffentlichen*) publication; **meine Forschungsergebnisse sind zur ~ bereit** the results of my research are ready for publication

Pu·bli·kum <-s> ['pu:blikʊm] *nt kein pl* ❶ (*anwesende Besucher*) audience; (*im Theater a.*) house; (*beim Sport*) crowd; **sehr verehrtes ~** Ladies and Gentlemen; **vor versammeltem ~** in front of the whole audience; (*Zuhörerschaft*) audience; **ein kritisches ~** a critical audience ❷ (*geh: Lesergemeinde*) reading public, readers *pl;* **er erreicht mit seinen Büchern immer ein großes ~** he always reaches a large number of readers with his books ❸ (*ausgewählte Gäste*) clientele; **hier verkehrt nur ein ganz exklusives ~** there is a very exclusive clientele here; **das ~ in unserem Restaurant ist sehr gemischt** we have a very mixed clientele visiting our restaurant

Pu̲·bli·kums·er·folg *m* hit; (*Film*) box office hit; ~ **haben** to be successful; **seinen größten ~ hatte er in der Jugend** he had his greatest success when he was young; **der Film wird garantiert ein ~ werden** the film will definitely be a box office hit **Pu̲·bli·kums·ge·schmack** *m* popular [*or* public] taste; **sich** *akk* **am ~ orientieren** to cater to popular taste; **den ~ treffen** to satisfy public taste **Pu̲·bli·kums·in·ter·es·se** *nt* general [*or* public] interest **Pu̲·bli·kums·lieb·ling** *m* MEDIA public's darling [*or* favourite] **Pu̲·bli·kums·re·ak·ti·on** *f* public reaction **Pu̲·bli·kums·re·so·nanz** *f* public response (**auf** +*akk* to) **Pu̲·bli·kums·ver·kehr** *m kein pl* ADMIN **das Amt ist nur morgens für den ~ geöffnet** the office is only open to the public in the morning[s] **Pu̲·bli·kums·wir·kung** *f* effect on the public

pu·bli·zie·ren* [publi'tsi:rən] **I.** *vt* ■**etw ~** to publish sth; ■**etw ~ lassen** to have sth published; **ich werde den Aufsatz bald ~ lassen** I'm going to have the essay published soon **II.** *vi* ■[**in/bei etw** *dat*] ~ to have one's work [*or* to be] published [in sth]; (*in einem Verlag*) to have one's work [*or* to be] published [by sth]

Pu·bli·zist(in) <-en, -en> [publi'tsɪst] *m(f)* journalist, *commentator* [*on current affairs and politics*]

Pu·bli·zis·tik <-> [publi'tsɪstɪk] *f kein pl* ■[**die**] ~ the science of the media; (*als Universitätsfach*) media studies *npl*

Pu·bli·zi̲s·tin <-, -nen> *f fem form von* **Publizist**

pu·bli·zi̲s·tisch **I.** *adj* ❶ MEDIA in journalism *pred;* **ein ~es Institut** institute for media studies; **eine ~e Studie** a media survey ❷ MEDIA journalistic, in journalism *pred;* ~**e Werbung** media advertising **II.** *adv* **etw ~ ausschlachten** to spread sth over the front page; **sich** *akk* ~ **betätigen** to work as a journalist

pu·bli·zi·tä̲ts·träch·tig *adj* (*geh*) ~ **sein** to be a big hit [with the public]

Puck <-s, -s> [pʊk] *m* puck

Pud·ding <-s, -s> ['pʊdɪŋ] *m milk based dessert similar to blancmange* ▸WENDUNGEN: ~ **in den Beinen haben** (*fam*) to be lead-footed; **auf den ~ hauen** (*fam*) to paint the town red

Pu̲d·ding·form *f* pudding mould **Pu̲d·ding·pul·ver** *nt blancmange powder*

Pu·del <-s, -> ['pu:dl̩] *m* ❶ (*Hundeart*) poodle ❷ (*fam: Fehlwurf beim Kegeln*) miss; **einen ~ werfen** to miss ▸WENDUNGEN: **wie ein begossener ~ dastehen** (*fig fam*) to look thoroughly sheepish, to stand there with one's tail between one's legs; **wie ein begossener ~ abziehen** (*fig fam*) to slink off [*or* away] with one's tail between one's legs *a. pej;* **das also ist des ~s Kern** so that's what it's all about [*or* leading to]

Pu̲·del·müt·ze *f* bobble cap [*or* hat], pom-pom hat **pu·del·nass**[RR] ['pu:dl̩'nas] *adj* (*fam*) ■~ **sein/werden** to be/get soaking wet [*or* drenched] **pu·del·wohl** ['pu:dl̩'vo:l] *adj* (*fam*) **sich** *akk* ~ **fühlen** to feel on top of the world [*or* like a million dollars [*or* AM bucks]]

Pu·der <-s, -> ['pu:dɐ] *m o fam nt* powder

Pu̲·der·do·se *f* [powder] compact

pu·dern ['pu:dɐn] **I.** *vt* ■[**jdm/sich**] **etw ~** to powder sb's/one's sth **II.** *vr* ■**sich** *akk* ~ to powder oneself; **ich möchte mich nur schnell ~** I just want to powder my nose

Pu̲·der·zu·cker *m* icing sugar

Pu·er·to Ri·co ['pu̯ɛrto 'ri:ko] *nt* Puerto Rico; *s. a.* **Sylt**

Puff[1] <-[e]s, Püffe> [pʊf, *pl* 'pʏfə] *m* (*fam*) ❶ (*Stoß*) thump, knock; (*in die Seite*) prod, poke; **jdm einen ~ geben** to give sb a nudge; **einen ~/einige Püffe vertragen können** (*fig*) to be able to take a few knocks *fig* ❷ (*dumpfes Zischen*) puff, swoosh *fam*

Puff[2] <-[e]s, -e *o* -s> [pʊf] *m* ❶ (*Wäschepuff*) linen basket ❷ (*Sitzpolster ohne Beine*) pouffe

Puff[3] <-s, -e> [pʊf] *m* (*fam*) brothel, whorehouse AM, knocking shop *sl;* **in den ~ gehen** to go to a brothel

Pu̲ff·boh·ne *f* broad bean

puf·fen ['pʊfn̩] **I.** *vt* (*fam*) ■**jdn ~** to thump [*or* hit] sb; **jdn in die Rippen ~** to poke [*or* dig] [*or* prod] sb in the ribs; **jdn zur Seite ~** to push [*or* shove] sb aside **II.** *vi* (*fam*) to puff, to chuff BRIT; **die Dampflok puffte, als sie zum Stillstand kam** the steam locomotive puffed as it came to a halt **III.** *vr* (*selten fam*) ■**sich** *akk* ~ to push each other; **die Kinder pufften und schubsten sich** the children pushed and shoved each other

Puf·fer <-s, -> ['pʊfɐ] *m* ❶ BAHN buffer, bumper AM ❷ INFORM *s.* **Pufferspeicher** ❸ DIAL (*Reibekuchen*) potato fritter

pu̲f·fern *vt* TECH ■**etw ~** to buffer sth; **Reibung ~** to reduce friction

Pu̲f·fer·spei·cher *m* INFORM buffer memory **Pu̲f·fer·staat** *m* buffer state **Pu̲f·fer·zo·ne** *f* buffer zone

Pu̲ff·mais *m* (*veraltend*) popcorn **Pu̲ff·ot·ter** *f* ZOOL puff adder

puh [pu:] *interj* ❶ (*Ausruf bei Ekel*) ugh ❷ (*Ausruf bei Anstrengung*) phew

pu·len ['pu:lən] **I.** *vt bes* NORDD (*fam*) ■**etw** [**aus etw**] ~ to pick out sth *sep,* to pick sth out of sth; **Krabben/Nüsse** [**aus den Schalen**] ~ to shell shrimps/nuts; **Erbsen** [**aus den Schoten**] ~ to shell [*or* pod] peas; ■**etw von etw ~** to pick [*or* peel] sth off sth; **ein Etikett von einer Flasche** ~ to peel a label off a bottle **II.** *vi* (*fam*) ■[**an etw** *dat*] ~ to pick at sth; **an einer Narbe** ~ to pick a scab; ■**in etw** *dat* ~ to stick one's finger in sth; **in der Nase** ~ to pick one's nose

Pulk <-s, -s *o selten* -e> [pʊlk] *m* ❶ (*Ansammlung*) crowd, throng; **ein kleiner** ~ **von Fahrzeugen** a small number [*or* group] of vehicles; **ich entdeckte sie in einem** ~ **von Menschen** I found her in a crowd of people; SPORT (*Hauptfeld*) pack, bunch ❷ MIL group; *von Kampfflugzeugen* flight

Pul·le <-, -n> ['pʊlə] *f* (*sl*) bottle; **eine** ~ **Bier** a bottle of beer; **ein Schluck aus der** ~ a mouthful out of the bottle ▶ WENDUNGEN: **volle** ~ **fahren** (*fig*) to drive flat out [*or* [at] full pelt] *fam*

Pul·li <-s, -s> ['pʊli] *m* (*fam*) *kurz für* **Pullover** jumper

Pul·lo·ver <-s, -s> [pʊ'lo:vɐ] *m* pullover, jersey, jumper

Pul·lun·der <-s, -> [pʊ'lʊndɐ] *m* tank top

Puls <-es, -e> [pʊls] *m* pulse; **ein regelmäßiger/unregelmäßiger** ~ a steady [*or* regular]/an irregular pulse; **jds** ~ **fühlen** to feel sb's pulse; *Arzt a.* to take sb's pulse; **den** ~ **messen** to take sb's pulse ▶ WENDUNGEN: **jdm den** ~ **fühlen** to sound sb out; *s. a.* **Ohr**

Puls·ader *f* artery; **sich** *dat* **die** ~**n aufschneiden** to slash [*or* slit] one's wrists

pul·sie·ren* [pʊl'zi:rən] *vi* to pulsate [*or* beat]; **jetzt pulsiert das Blut wieder** now the blood is circulating again; **eine pulsierende Stadt** (*fig*) a pulsating [*or* throbbing] city

Puls·mes·ser *m* MED (*Gerät zum Messen des Pulsschlags*) pulsimeter **Puls·schlag** *m* ❶ (*Puls*) pulse; **der** ~ **ist noch spürbar** there is still a faint pulse; (*Pulsfrequenz*) pulse rate; **ihr** ~ **ist viel zu hoch** her pulse rate is far too high ❷ (*einzelnes Pochen*) [pulse-]beat; **72 Pulsschläge in der Minute** a pulse of 72 in the minute

Pult <-[e]s, -e> [pʊlt] *nt* (*Rednerpult*) lectern; (*Dirigentenpult*) [conductor's] stand; (*Notenständer*) [music] stand; (*Schaltpult*) control desk; (*veraltend: Katheder, Lehrerpult*) teacher's desk; (*Schulbank*) desk

Pul·ver <-s, -> ['pʊlvɐ] *nt* ❶ (*pulverisiertes Material/Mittel*) powder; **etw zu einem** ~ **zerreiben/zerstoßen** to pulverize sth; **ein** ~ **gegen Kopfschmerzen** a powder for a headache ❷ (*Schießpulver*) [gun]powder; **rauchschwaches** ~ (*fachspr*) nitro powder *spec* ▶ WENDUNGEN: **das** ~ [**auch**] **nicht** [**gerade**] **erfunden haben** (*fam*) to be not exactly the brightest [*or hum* an Einstein]; **sein** ~ **verschossen haben** (*fam*) to have shot one's [last] bolt; **sein** ~ **trocken halten** (*fam*) to be prepared for anything

Pul·ver·fass^RR *nt* (*a. fig*) powder keg, [gun]powder barrel; **einem** ~ **gleichen** (*fam*) to be [like] a powder keg; **Zypern gleicht einem** ~ Cyprus is like a powder keg; **auf dem** [*o* **einem**] ~ **sitzen** (*fig fam*) to be sitting on a powder keg

pul·ve·ri·sie·ren* [pʊlveri'zi:rən] *vt* ■**etw** ~ to pulverize sth; **Arzneistoffe** ~ to pulverize [*or spec* triturate] medicinal substances

Pul·ver·kaf·fee *m* instant coffee **Pul·ver·schnee** *m* powder[y] snow

Pu·ma <-s, -s> ['pu:ma] *m* puma BRIT, mountain lion AM, cougar AM

Pum·mel <-s, -> ['pʊml] *m* (*fam*), **Pum·mel·chen** <-s, -> ['pʊmlçən] *nt* (*fam*) dumpling *fam*, pudding *fam*

pum·me·lig ['pʊməlɪç], **pumm·lig** ['pʊmlɪç] *adj* (*fam*) plump, chubby

Pump <-[e]s> ['pʊmp] *m kein pl* [**bei jdm**] **einen** ~ **aufnehmen** to cadge *fam* [*or* borrow] sth from sb; **auf** ~ (*fam*) on credit [*or fam* tick]; **ich habe den Fernseher auf** ~ **gekauft** I bought the TV on HP

Pum·pe <-, -n> ['pʊmpə] *f* ❶ (*Fördergerät*) pump ❷ (*fam: Herz*) heart ❸ (*sl: Rauschgiftspritze*) syringe, needle

pum·pen[1] ['pʊmpn̩] **I.** *vt* ❶ TECH ■**etw in/aus etw** ~ to pump sth into/out of sth; **Luft in den Reifen** ~ to pump air into [*or* inflate] the tyres; **Wasser aus dem Keller** ~ to pump water out of the cellar ❷ (*fam: investieren*) ■**etw in etw** *akk* ~ to pump [*or* plough] sth into sth; **ich habe mein ganzes Geld in die Firma gepumpt** I have ploughed all my money into the firm **II.** *vi* ❶ (*die Pumpe betätigen*) to pump ❷ (*fam: Liegestütze machen*) to do press-ups [*or* AM push-ups]

pum·pen[2] ['pʊmpn̩] *vt* (*fam*) ❶ ■**jdm etw** ~ to lend sb sth; **jdm Geld** ~ to lend [*or* loan] sb money; **kannst du mir dein Fahrrad** ~**?** can you lend me your bike? ❷ ■[**sich** *dat*] **etw** [**bei/von jdm**] ~ to borrow sth [from [*or fam* off] sb]; **könnte ich mir bei dir etwas Geld** ~**?** could I borrow some money from you?

Pum·pen·schwen·gel *m* pump handle

Pum·per·ni·ckel <-s, -> *m* pumpernickel

Pump·ho·se *f* knickerbockers *npl*

Pumps <-, -> [pœmps] *m* court shoe BRIT, pump AM

Pump·sta·ti·on *f* pumping station

Punk <-s> [paŋk] *m kein pl* ❶ (*Lebenseinstellung, Protestbewegung*) punk ❷ (*fam*) *s.* **Punkrock** ❸ *s.* **Punker**

Pun·ker(in) <-s, -> ['paŋkɐ] *m(f)* punk [rocker]

Punk·rock <-s> ['paŋkrɔk] *m kein pl* punk [rock]

Punkt <-[e]s, -e> [pʊŋkt] *m* ❶ (*Satzzeichen*) full stop BRIT, period AM; (*auf i, Auslassungszeichen*) dot; **ohne** ~ **und Komma reden** (*fig*) to talk nineteen to the dozen BRIT, to rabbit on BRIT *fam*; **einen** ~ **machen** [*o* **setzen**] to put a full stop; **der** ~ **auf dem i** (*fig*) the final touch; **nun mach aber mal einen** ~**!** (*fam*) come off it! *fam* ❷ (*kreisrunder Fleck*) spot; (*in der Mathematik*) point, singularity *spec*; **ein dunkler** ~ [**in jds Vergangenheit**] a dark chapter [in sb's past]; **ein Hemd mit blauen** ~**en** a blue, spotted shirt; **von hier oben sehen die Menschen aus wie winzige** ~**e** from up here the people look like tiny dots ❸ (*Stelle*) spot; (*genauer*) point; **bis zu einem gewissen** ~**e** up to a [certain] point; **der tote** ~ (*fig*) the low[est] point [*or* ebb]; *bei Verhandlungen* deadlock, impasse; **ein Fernglas auf einen** ~ **richten** to train a telescope on a point; **ein wunder** ~ (*fig*) a sore point; **ich bin an einem** ~ **angelangt, wo es nicht mehr schlimmer werden kann** I have reached the stage [*or* point] where it can't get any worse ❹ (*Bewertungseinheit*) point; **einen** ~ **bekommen/verlieren** to score/lose a point; **nach** ~**en** (*beim Boxen*) on points ❺ (*Detailpunkt*) point; (*auf der Tagesordnung*) item; **kommen wir nun zu** ~ **zwei der Tagesordnung** let's look at point two of the agenda; **ein strittiger** ~ a disputed point, an area of dispute; **der springende** ~ (*fig*) the crucial point; **etw auf den** ~ **bringen** (*fig*) to put it in a nutshell, to get to the heart of sth; **sich** *dat* **in allen** ~**en einig sein** to agree on all points; **auf den** ~ **kommen** to get to the point; ~ **für** ~ point by point; **in einem bestimmten** ~, **in bestimmten** ~**en** on a certain point/on certain points ❻ (*Zeitpunkt*) point; **einen** ~ **erreichen, wo ...** to reach the point, where ...; ~ **acht** [**Uhr**] at eight o'clock on the dot, on the stroke of eight; **auf den** ~ **genau kommen** to be punctual [*or* somewhere on the dot] ❼ *kein pl* (*Maßeinheiten für Schriftarten*) point

Pünkt·chen <-s, -> ['pʏŋktçən] *nt dim von* **Punkt** little spot

Punkt·ge·winn *m* SPORT number of points won

punk·tie·ren* [pʊŋk'ti:rən] *vt* ■**etw** ~ ❶ MED to puncture [*or spec* cannulate] sth; **das Rückenmark** ~ to do [*or form* perform] a spinal tap ❷ (*mit Punkten versehen*) to dot sth; **eine Fläche** ~ to stipple an area; **ein punktiertes Blatt** a spotted leaf; **eine punktierte Linie** a dotted line ❸ MUS to dot; **eine Note** ~ to dot a note; **eine punktierte Halbe** a dotted quaver

Punk·ti·on <-, -en> [pʊŋk'tsi̯o:n] *f* MED cannulation *spec*; *Rückenmark* tap; **eine** ~ **vornehmen** to carry out a cannulation

pünkt·lich ['pʏŋktlɪç] **I.** *adj* punctual; ■~ **sein** to be punctual; ~ **auf die Minute** on the dot; ~ **um 12 wird gegessen** the meal is at 12 o'clock sharp; **du bist nie** ~**!** you're never punctual [*or* on time] **II.** *adv* punctually [*or* on time]; **der Zug wird** ~ **ankommen** the train will arrive on time

P

Pụ̈nkt·lich·keit <-> *f kein pl* punctuality

Pụnkt·nie·der·la·ge *f* defeat on points, points defeat **Pụnkt·rich·ter(in)** *m(f)* judge **Pụnkt·sieg** *m* win on points, points win **Pụnkt·spiel** *nt* league game; (*Fußball a.*) league match **Pụnkt·ver·hält·nis** *nt difference in points scored* **Pụnkt·wer·tung** *f* points system; **in der ~ liegt er knapp vor seinem Rivalen** he's a few points ahead of his rival **Pụnkt·zahl** *f* SPORT score, number of points

Punsch <-es, -e> [pʊnʃ] *m* [hot] punch

Pup <-[e]s, -e> [pu:p] *m* (*fam*) *s.* **Pups**

pu·pen ['pu:pn̩] *vi* (*fam*) *s.* **pupsen**

Pu·pil·le <-, -n> [pu'pɪlə] *f* pupil; **weite ~n** dilated pupils

Pu·pịl·len·re·ak·ti·on *m* MED (*Verkleinerung der Pupille als Reaktion auf Licht*) pupillary response

Püpp·chen <-s, -> ['pʏpçən] *nt dim of* **Puppe** [little] doll[y *childspeak*]

Pup·pe <-, -n> ['pʊpə] *f* ❶ (*Spielzeug*) doll[y *childspeak*]; (*Marionette*) puppet; (*Schaufensterpuppe*) mannequin ❷ (*sl: Mädchen, Freundin*) chick, doll; **eine tolle ~** a great chick; **heute gehe ich mit meiner ~ ins Kino** today I'm going to the cinema with my girl ❸ ZOOL pupa, chrysalis *spec* ▸ WENDUNGEN: **bis in die ~n** (*fam*) until the small hours of the morning; **bis in die ~n schlafen** to sleep till all hours; **die ~n tanzen lassen** (*fig fam: hart durchgreifen*) to raise [all] hell *fam;* (*hemmungslos feiern*) to have a hell of a party *fam,* to paint the town red

Pụp·pen·bett *m* doll's bed **Pụp·pen·dok·tor** *m* (*fam*) doll's repairer **Pụp·pen·haus** *nt* doll's house BRIT, dollhouse AM **Pụp·pen·kleid** *nt* doll's dress **Pụp·pen·kli·nik** *f* (*fam*) repair shop for dolls **Pụp·pen·spiel** *nt* ❶ (*Form des Theaterspiels mit Puppen*) *s.* **Puppentheater** ❷ (*Theaterstück mit Puppen*) puppet show **Pụp·pen·spie·ler(in)** *m(f)* puppeteer **Pụp·pen·the·a·ter** *nt* puppet theatre **Pụp·pen·wa·gen** *m* doll's pram [*or* AM carriage]

Pups <-es, -e> [pu:ps] *m* (*fam*) fart *fam;* **einen ~ lassen** to fart *fam,* to break wind

pup·sen ['pu:psn̩] *vi* (*fam*) to fart, to break wind

pur [pu:ɐ̯] *adj* ❶ (*rein*) pure, sheer; **pures Gold** pure gold; **~er Alkohol** pure [*or spec* absolute] alcohol; **etw ~ anwenden** to apply sth in its pure form; **etw ~ trinken** to drink sth neat [*or* straight]; **eine ~e Lüge** (*fig*) a blatant lie; **die ~e Wahrheit** the pure [*or* naked] truth, nothing but the truth; **der ~e Wahnsinn** absolute [*or* sheer] madness ❷ (*fam: blank, bloß*) sheer; **ein ~er Zufall** a sheer [*or* mere] coincidence; **aus dir spricht der ~e Neid** what you are saying is pure envy

Pü·ree <-s, -s> [py're:] *nt* ❶ (*passiertes Gemüse/Obst*) purée ❷ (*Kartoffelbrei*) mashed [*or* creamed] potatoes *pl*

pü·rie·ren [py'ri:rən] *vt* ■**etw ~** KOCHK to purée sth

Pü·rier·stab *m* KOCHK hand-held blender

Pu·rist(in) <-en, -en> [pu'rɪst] *m(f)* (*geh*) purist

Pu·ri·ta·ner(in) <-s, -> [puri'ta:nɐ] *m(f)* HIST Puritan, puritan *fig*

pu·ri·ta·nisch [puri'ta:nɪʃ] *adj* ❶ HIST Puritan; **die ~e Revolution** the English Civil Wars ❷ (*oft pej*) puritanical; **eine ~e alte Jungfer** a puritanical old spinster

Pur·pur <-s> ['pʊrpʊr] *m kein pl* ❶ (*Farbe*) purple ❷ (*geh: purpurner Stoff*) purple material (*used for cardinals' robes*)**; nach dem ~ streben** (*fig*) to wish to wear the purple

pụr·pur·far·ben, pụr·pur·far·big *adj s.* **purpurrot**

pur·purn [pʊrpʊrn] *adj* (*geh*) *s.* **purpurrot**

pụr·pur·rot *adj* ❶ (*die Farbe des Purpurs aufweisend*) purple ❷ (*feuerrot*) scarlet, crimson; **~ vor Wut sein/werden** to be/become [*or* turn] purple [*or* crimson] with rage; **er wurde ~ im Gesicht** his face turned purple

Pur·zel·baum ['pʊrtsl̩-] *m* (*fam*) somersault; **Purzelbäume/einen ~ machen** [*o* **schlagen**] to do [*or* turn] a somersault/somersaults

pur·zeln ['pʊrtsl̩n] *vi sein a. Preise* to tumble; **die Tore purzelten nur so** (*fig*) the goals were scored in quick succession; ■**von etw/in etw** *akk* **~** to tumble off/into sth; **vom Tisch ~** to fall off the table; **in den Schnee ~** to fall over in the snow

pu·shen, pu·schen ['pʊʃn̩] **I.** *vt* (*sl*) ❶ (*verstärkt Werbung machen*) ■**etw ~** to push sth; **ein Produkt ~** to push [*or* hype up] a product; **wir müssen die Randsportarten etwas ~** we need to hype up the lesser known sports; ■**etw ~** to push forward sth *sep;* **den Absatz ~** to boost sales; **den Tourismus ~** to boost [*or* promote] tourism; (*zum Erfolg verhelfen, durchsetzen*) to push; **seinen Anhängern ist es gelungen, ihn in den Vorsitz zu ~** his supporters succeeded in pushing him through to the chairmanship; **sein Honorar auf Euro 10.000 ~** to push [*or* force] up one's fee to 10,000 euros ❷ (*drängen*) ■**jdn in etw** *akk* **~** to push sb into sth; **jdn in eine** [*o* **die**] **Ecke ~** (*fig*) to push [*or* force] sb into a corner ❸ (*mit Drogen handeln*) ■**etw ~** to push [*or* deal in] sth; **Heroin ~** to deal in heroin **II.** *vi* (*sl*) to push drugs, to deal

Pus·te <-> ['pu:stə] *f kein pl* (*fam*) breath, wind *fam;* **außer ~ sein** to be puffed out *fam,* to be out of breath [*or fam* puff]; **aus der ~ kommen** to get out of breath; **mir geht sehr schnell die ~ aus** (*a. fig*) I get out of breath very quickly, I run out of steam very quickly *fig*

Pu̲s·te·blu·me *f* (*Kindersprache fam*) dandelion

Pus·te·ku·chen ['pu:stəku:xn̩] *m* **[ja] ~!** (*fam*) not a chance!

Pus·tel <-, -n> ['pʊstl̩] *f* pimple, pustule *spec*

pus·ten ['pu:stn̩] **I.** *vt* (*fam*) ■**etw in etw** *akk*/**von etw ~** to blow sth into/off sth; **die Haare aus dem Gesicht ~** to blow one's hair out of one's face; **der Wind pustet das Laub von den Bäumen** the wind is blowing the leaves off the trees; **jdm ein Loch ins Gehirn ~** (*sl*) to blow sb's brains out *sl* ▸ WENDUNGEN: **jdm etw ~** to tell sb where to get off *sl* **II.** *vi* (*fam*) ❶ (*blasen*) ■[**auf/in etw** *akk*] **~** to blow [on/into sth]; **auf eine Wunde ~** to blow on a wound; **ins Horn/Feuer ~** to blow a horn/onto a fire; **kräftig ~** to give a big blow *fam;* **das Essen ist noch zu heiß, du musst etwas ~** the meal is still too hot, you'll have to blow on it ❷ (*keuchen*) to puff [and pant], to wheeze; **pustend kam er die Treppe herauf** he came up the stairs puffing and panting ❸ (*in Alkoholmessgerät*) **ich musste bei einer Verkehrskontrolle ~** I had to blow into the little bag when I was stopped by the police

Pu·te <-, -n> ['pu:tə] *f* ❶ (*Truthenne*) turkey [hen]; **eine ~ braten** to roast a turkey ❷ (*fam: dümmliche Frau*) cow *pej fam;* **du bist eine eingebildete, dumme ~** you are an arrogant little cow

Pu̲·ten·schnit·zel *nt* turkey breast in breadcrumbs

Pu·ter <-s, -> ['pu:tɐ] *m* turkey [cock]; (*~fleisch*) turkey

pu·ter·rot ['pu:tɐ'ro:t] *adj* scarlet, bright red; **~ sein/werden** [*o* **anlaufen**] to be/become [*or* turn] scarlet [*or* bright red]

Putsch <-[e]s, -e> [pʊtʃ] *m* coup [d'état], putsch; **ein missglückter ~** an unsuccessful [*or* failed] coup; **einen ~ anzetteln** to instigate a putsch

put·schen ['pʊtʃn̩] *vi* ■[**gegen jdn/etw**] **~** to revolt [against sb/sth]

Put·schist(in) <-en, -en> [pʊt'ʃɪst] *m(f)* rebel, putschist

Pụtsch·ver·such *m* attempted coup [d'état]; **ein gescheiterter ~** a failed coup [d'état]

Put·te <-, -n> ['pʊtə] *f* KUNST cherub, putto *spec*

put·ten ['pʊtn̩] *vt* (*Golf*) **den Ball ~** to putt the ball

Putz <-es> [pʊts] *m kein pl* (*Wandverkleidung*) plaster; (*bei Außenmauern*) rendering; **auf/über ~** ELEK exposed; **unter ~** ELEK concealed; **Leitungen auf/unter ~ verlegen** to lay exposed/concealed cables; **etw mit ~ verkleiden** to plaster sth ▸ WENDUNGEN: **auf den ~ hauen** (*fam: angeben*) to show off; (*übermütig und ausgelassen sein*) to have a wild time [of it] *fam;* (*übermütig und ausgelassen feiern a.*) to have a rave-up *fam;* **~ machen** (*fam*) to cause aggro *fam;* **er kriegt ~ mit seiner Frau** he's in trouble with his wife

put·zen ['pʊtsn̩] **I.** *vt* ❶ (*säubern*) ■**etw ~** to clean sth; (*polie-*

ren) to polish sth; **seine Schuhe** ~ to clean [*or* polish] [*or* shine] one's shoes; **die Brille** ~ to clean one's glasses; **sich** *dat* **die Nase** ~ to blow one's nose; **ein Pferd** ~ to groom a horse; **die Treppe/Wohnung** ~ to clean the steps/flat; **sich** *dat* **die Zähne** ~ to clean one's teeth; (*Gemüse vorbereiten*) to prepare; **Spinat** ~ to wash and prepare spinach; ■**sich** *akk* ~ to wash itself; **Katzen** ~ **sich sehr gründlich** cats wash themselves thoroughly; *Vögel* to preen ❷ (*veraltend: schmücken*) ■**etw** ~ to decorate; **den Christbaum** ~ to decorate the Christmas tree; **eine Urkunde putzte die Wand** a certificate adorned the wall ❸ (*wischen*) ■**jdm/sich etw aus/von etw** ~ to wipe sth off sth; [**sich** *dat*] **etw aus den Mundwinkeln** ~ to wipe sth out of the corners of one's mouth; **putz dir den Dreck von den Schuhen!** wipe the mud off your shoes! **II.** *vi* ~ **gehen** to work as a cleaner

Putz·fim·mel *m* (*fam o pej*) **einen** ~ **haben** to be an obsessive cleaner *fam,* to be cleaning mad *fam* **Putz·frau** *f* cleaner, cleaning lady, Mrs Mop *no art hum fam*

put·zig ['pʊtsɪç] *adj* (*fam*) ❶ (*niedlich*) cute, sweet; **ein** ~**es Tier** a cute animal ❷ (*merkwürdig*) funny, odd; **das ist ja** ~**!** that's really odd

Putz·ko·lon·ne *f* team of cleaners **Putz·lap·pen** *m* [cleaning] cloth [*or* rag] **Putz·mann** *m* cleaner, cleaning man **Putz·mit·tel** *nt* cleaning things *pl,* cleaning agent *form*

putz·mun·ter *adj* (*fam*) full of beans *pred;* **trink ein paar Tassen Kaffee, dann bist du bald wieder** ~ drink a few cups of coffee, and you'll soon perk up

Putz·tuch *nt* ❶ (*Poliertuch*) cloth [for cleaning] ❷ *s.* **Putzlappen** **Putz·zeug** *nt kein pl* (*fam*) cleaning things *pl*

puz·zeln ['pʊzl̩n, 'pazl̩n] *vi* to do a jigsaw [puzzle] [*or* puzzle]

Puz·zle[**·spiel**] <-s, -s> ['pʊzl̩, 'pazl̩] *nt* jigsaw [puzzle], puzzle

PVC <-[s]> [pe:fau'tse:] *nt kein pl Abk von* **Polyvinylchlorid** PVC

Pyg·mäe <-n, -n> [pʏg'mɛ:ə] *m* pygmy

Py·ja·ma <-s, -s> [py'dʒa:ma] *m* pyjamas *npl* BRIT, pajamas *npl* AM; **im** ~ in his/her pyjamas

Py·kni·ker(**in**) <-s, -> ['pʏknikɐ] *m(f)* stockily-built [*or* stocky] person, pyknic *spec*

py·knisch ['pʏknɪʃ] *adj* stockily built, stocky, pyknic *spec*

Py·ra·mi·de <-, -n> [pyra'mi:də] *f* pyramid

py·ra·mi·den·för·mig *adj* pyramid-shaped, pyramidal

Py·re·nä·en [pyre'nɛ:ən] *pl* ■**die** ~ the Pyrenees *npl*

Py·re·nä·en·halb·in·sel *f* GEOG ■**die** ~ the Iberian Peninsula

Py·ro·ly·se <-, -n> [pyro'ly:zə] *f* pyrolysis **Py·ro·ma·ne, Py·ro·ma·nin** <-n, -n> [pyro'ma:nə, -ma:nɪn] *m, f* PSYCH pyromaniac **Py·ro·tech·nik** [pyro'tɛçnɪk] *f kein pl* pyrotechnics + *sing vb* **Py·ro·tech·ni·ker**(**in**) [pyro'tɛçnikɐ] *m(f)* pyrotechnist, pyrotechnician, fireworks expert **py·ro·tech·nisch** *adj* pyrotechnic[al]

Pyr·rhus·sieg ['pʏrʊs-] *m* (*geh*) Pyrrhic victory

Py·thon <-, -s> ['py:tɔn] *m,* **Py·thon·schlan·ge** *f* python

Qq

Q, q <-, - *o fam* -s, -s> [ku:] *nt* Q, q; ~ **wie Quasar** Q for Queenie BRIT, Q as in Queen; *s. a.* **A 1**

q [ku:] SCHWEIZ, ÖSTERR *Abk von* **Zentner** 100 kg

quab·be·lig ['kvabəlɪç] *adj* DIAL wobbly

Quack·sal·ber(**in**) <-s, -> ['kvakzalbɐ] *m(f)* (*pej*) quack [doctor] *pej*

Quack·sal·be·rei <-, -en> [kvakzalbə'rai] *f* (*pej*) quackery *no pl pej*

Quack·sal·be·rin <-, -nen> ['kvakzalbərɪn] *f fem form von* **Quacksalber**

Quad·del <-, -n> ['kvadl̩] *f* wheal, urticaria *spec;* **auf Sonnenlicht reagieren manche Allergiker mit** ~**n** many people who are allergic to sunlight react to it with a [heat] rash [*or* heat spots]

Qua·der <-s, -> ['kva:dɐ] *m* ❶ ARCHIT, BAU ashlar, ashler, hewn [*or* cut] stone ❷ MATH cuboid

Qua·drant <-en, -en> [kva'drant] *m* ASTRON, MATH quadrant

Qua·drat <-[e]s, -e> [kva'dra:t] *nt* square; **magisches** ~ magic square; **etw ins** ~ **erheben** (*geh*) to square sth, to multiply sth by itself; **was gibt 777 ins** ~ **erhoben? – 603.729** what's 777 squared? – 603,729; ■**...** **im** ~ ... square; **das Grundstück hat eine Größe von 64 Metern im** ~ the plot [of land] is 64 metres square [in size] ▸ WENDUNGEN: **im** ~ barefaced; **das ist eine Frechheit/Lüge im** ~ that's a barefaced cheek/lie; **das ist eine Unverschämtheit im** ~**!** that's an absolute outrage!

qua·dra·tisch *adj* square; *s. a.* **Gleichung**

Qua·drat·ki·lo·me·ter *m mit Maßangaben* square kilometre [*or* AM -er] **Qua·drat·lat·schen** *pl* (*fam*) ❶ (*riesige Schuhe*) clodhoppers *fam,* BRIT *fam a.* beetle-crushers ❷ (*riesige Füße*) dirty great BRIT *sl* [*or* AM great big] feet **Qua·drat·me·ter** *m* square metre [*or* AM -er]; **dieses Zimmer hat 50** ~ this room has 50 square metres of floor space, the floor space in this room is 50 square metres **Qua·drat·schä·del** *m* (*fam*) ❶ (*kantiger Kopf*) dirty great BRIT *sl* [*or* AM great big] head, BRIT *a.* great bonce *sl* ❷ (*Starrkopf*) [obstinate [*or* stubborn]] mule, pigheaded person *pej*

Qua·dra·tur <-, -en> [kvadra'tu:ɐ̯] *f* quadrature; **die** ~ **des Kreises** (*geh*) [the] squaring [of] the circle *fig*

Qua·drat·wur·zel *f* square root **Qua·drat·zahl** *f* square number

qua·drie·ren* [kva'dri:rən] *vt* MATH ■**etw** ~ to square sth

Qua·dri·ga <-, Quadrigen> [kva'dri:ga, *pl* kva'dri:gən] *f* quadriga

Qua·dro·pho·nie, Qua·dro·fo·nie^RR <-> [kvadrofo'ni:] *f kein pl* quadrophony, quadraphonic sound, quadrophonics + *sing vb*

Qua·hog·mu·schel ['kva:hɔg-] *f* Venus clam

Quai <-s, -s> [kɛ:, ke:] *m o nt* SCHWEIZ (*Kai*) quay

quak ['kva:k] *interj Frosch* croak; *Ente* quack

qua·ken ['kva:kn̩] **I.** *vi* ❶ ZOOL *Frosch* to croak; *Ente* to quack ❷ (*fam: reden*) to natter *fam;* **mit jdm** ~ to have a natter to sb; **jdm dazwischen**~ to keep interrupting sb **II.** *vt* (*fam*) ■[**über**] **etw** ~ to waffle on [about sth] *pej*

quä·ken ['kvɛ:kn̩] *vi* (*fam*) ❶ (*krächzend weinen*) to scream, to screech ❷ (*krächzen*) to crackle and splutter; **stell doch endlich dieses** ~**de Radio ab!** turn that crackly old radio off!

Qual <-, -en> ['kva:l] *f* ❶ (*Quälerei*) struggle ❷ *meist pl* (*Pein*) agony *no pl* ▸ WENDUNGEN: **die** ~ **der Wahl haben** (*hum*) to be spoilt [*or* AM *usu* spoiled] for choice

quä·len ['kvɛ:lən] **I.** *vt* ❶ (*jdm zusetzen*) ■**jdn** ~ to pester [*or* plague] sb ❷ (*misshandeln*) ■**jdn/etw** ~ to be cruel to [*or* torture] sb/sth; *s. a.* **Tod** ❸ (*peinigen*) ■**jdn** ~ to torment sb *fig* ❹ (*Beschwerden verursachen*) ■**jdn** ~ to trouble sb; **durch etw** *akk* [*o* **von etw** *dat*] **gequält sein** to be troubled by sth; *s. a.* **gequält** **II.** *vr* ❶ (*leiden*) ■**sich** *akk* ~ to suffer ❷ (*sich herumquälen*) ■**sich** *akk* **mit etw** ~ *Gedanken, Gefühle* to torment oneself with sth; *Hausaufgaben, Arbeit* to struggle [hard] with sth ❸ (*sich mühsam bewegen*) ■**sich** *akk* ~ to struggle

quä·lend ['kvɛ:lənt] *adj attr* agonizing; *Gedanken, Gefühle a.* tormenting; **ein** ~**er Husten** a hacking cough; ~**e Schmerzen** excruciating [*or* agonizing] pain

Quä·le·rei <-, -en> [kvɛ:lə'rai] *f* ❶ *kein pl* (*fam: qualvolle Anstrengung*) ordeal ❷ (*ständiges Zusetzen*) pestering *no pl*

quä·le·risch *adj attr* agonizing *fig*

Quäl·geist *m (fam)* pest *fig fam*

Qua·li·fi·ka·ti·on <-, -en> [kvalifika'tsi̯o:n] *f* ❶ *(geh: berufliche Befähigung)* qualifications *pl* ❷ SPORT qualification *no pl; (Wettkampf a.)* qualification round, qualifier; **21 Mannschaften spielten um die ~ zur WM** 21 teams played to qualify for the World Cup

Qua·li·fi·ka·ti·ons·spiel *nt* SPORT qualifying match [*or* game], qualifier

qua·li·fi·zie·ren* [kvalifi'tsi:rən] **I.** *vr* **sich** *akk* **[für/zu etw]** ~ to qualify [for sth] **II.** *vt (geh)* ❶ *(befähigen)* **jdn für/zu etw** ~ to qualify sb for sth ❷ *(klassifizieren)* **etw als etw** ~ to qualify [*or* describe] sth as sth

qua·li·fi·ziert *adj* ❶ *(sachgerecht, kompetent)* qualified; **~e Arbeit leisten** to do a professional job; **[für etw] ~ sein** to be qualified [for sth] ❷ POL *Mehrheit* requisite

Qua·li·fi·zie·rung <-, *selten* -en> *f* ❶ *(Erwerben einer Qualifikation)* qualification *no pl* ❷ *(fachspr: Ausbildung)* training *no pl* ❸ *(geh)* qualification *no pl*

Qua·li·tät <-, -en> [kvali'tɛ:t] *f* ❶ *(Güte)* quality; **von bestimmter ~ sein** to be of [a] certain quality; **dieses Leder ist von sehr guter/ausgezeichneter/besserer ~** this leather is of [a] very good/[an] excellent/[a] better quality ❷ *(Beschaffenheit)* quality ❸ *pl (gute Eigenschaften)* qualities *pl*

qua·li·ta·tiv [kvalita'ti:f] **I.** *adj* qualitative **II.** *adv* qualitatively; **~ besser/schlechter sein** to be [of [a]] better/worse quality

Qua·li·täts·an·for·de·rung *f* quality requirement **Qua·li·täts·ar·beit** *f* ÖKON high-quality work[manship] *no pl* **qua·li·täts·be·wusst**[RR] *adj* ÖKON quality-conscious **Qua·li·täts·be·wusst·sein**[RR] *nt* quality awareness **Qua·li·täts·er·zeug·nis** *nt* ÖKON [high-]quality product

Qua·li·täts·klas·se *f* grade **Qua·li·täts·kon·trol·le** *f* quality control **Qua·li·täts·maß·stab** *m* quality standard **Qua·li·täts·min·de·rung** *f* ÖKON deterioration in [*or* impairment of] quality *no pl*

Qua·li·täts·pro·dukt *nt* [high-]quality product **Qua·li·täts·un·ter·schied** *m* ÖKON difference in quality

Qua·li·täts·ver·bes·se·rung *f* improvement in quality **Qua·li·täts·zer·ti·fi·kat** *nt* ÖKON certificate of quality

Qual·le <-, -n> ['kvalə] *f* jellyfish

Qualm <-[e]s> ['kvalm] *m kein pl* [thick [*or* dense]] smoke

qual·men ['kvalmən] **I.** *vi* ❶ *(Qualm erzeugen)* **etw qualmt** sth smokes [*or* gives off smoke]; **der Schornstein qualmt ganz fürchterlich** the chimney is belching out smoke like nobody's business *fam* ❷ *(fam: rauchen)* **jd qualmt** sb smokes [*or fam* puffs away] **II.** *vt (fam)* **jd qualmt etw** sb puffs away at *fam* [*or* smokes] sth

Qual·me·rei <-> *f kein pl (fam)* smoking, puffing away

qual·mig ['kvalmɪç] *adj* smoky, smoke-filled

qual·voll **I.** *adj* agonizing **II.** *adv* ~ **sterben** [*o* **zugrunde gehen**] to die [*or* perish] in agony [*or* great pain]

Quant <-s, -en> ['kvant] *nt* NUKL quantum

Quänt·chen[RR] <-s, -> *nt* scrap; **ein ~ Glück** a little bit of luck; **ein ~ Hoffnung** a glimmer of hope; **kein ~** not a scrap [*or* jot], not one iota

Quan·ten ['kvantən] *pl* ❶ *pl von* **Quant, Quantum** ❷ *(sl: Füße)* dirty great [*or* AM great big] feet *sl*

Quan·ten·me·cha·nik *f* NUKL quantum mechanics + *sing vb* **Quan·ten·phy·sik** *f* NUKL quantum physics + *sing vb* **Quan·ten·sprung** *m* ❶ PHYS quantum leap ❷ *(enormer Fortschritt)* quantum leap *fig* **Quan·ten·the·o·rie** *f* NUKL quantum theory

Quan·ti·tät <-, -en> [kvanti'tɛ:t] *f (geh)* quantity; **ausschlaggebend ist die Qualität, nicht die ~** it's quality not quantity that counts; **er nahm diese Drogen immer nur in geringen ~en ein** he only ever took this drug in small quantities [*or* doses], he only ever took small amounts of this drug

quan·ti·ta·tiv ['kvantitati:f, kvantita'ti:f] *adj inv (geh)* quantitative

Quan·tum <-s, Quanten> ['kvantʊm, *pl* 'kvantən] *nt (geh)* quantum *form,* quantity; **er braucht sein regelmäßiges ~ Schnaps am Tag** he needs his regular daily dose of schnapps; **eine dicke Zigarre enthält ein ordentliches ~ Nikotin** a thick cigar contains a fair amount of nicotine; **es gehört schon ein gewisses ~ an Mut dazu, das zu tun** it takes a certain amount of courage to do that

Quap·pe <-, -n> ['kvapə] *f* ❶ *(Aal~)* burbot ❷ *(Kaul~)* tadpole

Qua·ran·tä·ne <-, -n> [karan'tɛ:nə] *f* quarantine *no pl;* **unter ~ stehen** to be in quarantine; **über jdn/etw ~ verhängen, jdn/etw unter ~ stellen** to place sb/sth under [*or* put sb/sth in] quarantine, to quarantine sb/sth off

Qua·ran·tä·ne·sta·ti·on [karan'tɛ:nə-] *f* MED isolation [*or* quarantine] ward

Quark[1] <-s, -s> ['kvark] *nt* NUKL quark

Quark[2] <-s> ['kvark] *m kein pl* ❶ KOCHK fromage frais ❷ *(fam: Quatsch)* rubbish *fam* [*or* AM *usu* nonsense] ► WENDUNGEN: **einen ~** *(fam)* not one jot *fam;* **das interessiert mich alles einen ~** all that doesn't interest me in the slightest [*or* one jot]; **das ist zu kompliziert, davon verstehst du einen ~** it's too complicated, you'll understand next to nothing about it

Quark·spei·se *f* quark dish **Quark·stru·del** *m* quark strudel **Quark·ta·sche** *f* quark turnover

Quart <-, -en> ['kvart] *f* MUS *s.* **Quarte**

Quar·tal <-s, -e> [kvar'ta:l] *nt* quarter; **es muss jedes ~ bezahlt werden** payment is due quarterly [*or* every quarter]; **die Zwischenberichte werden jeweils am Ende eines ~s fällig** the interim reports are due at the end of [*or* after] every quarter [*or* three months]

Quar·tal(s)·ab·schluss[RR] *m* end of the/a quarter **Quar·tals·en·de** *nt kein pl* end of a/the quarter; **er hat zum ~ gekündigt** he's given [*or* handed in] his notice for the end of the quarter **Quar·tal(s)·säu·fer, -säu·fe·rin** *m, f (fam)* periodic heavy drinker

quar·tal(s)·wei·se **I.** *adj* quarterly **II.** *adv* ~ **abrechnen/bezahlen/Bericht erstatten** to invoice/pay/compile a report quarterly [*or* every three months]

Quar·tär <-s> [kvar'tɛ:ɐ̯] *nt kein pl* GEOL Quaternary [period]

Quar·te <-, -n> ['kvartə] *f* MUS ❶ *(vierter Ton)* fourth ❷ *(Intervall)* interval

Quar·ten ['kvartn̩] *pl von* **Quart**

Quar·tett[1] <-[e]s, -e> [kvar'tɛt] *nt* KARTEN ❶ *(Kartensatz) set of four matching cards in a game of Quartett* ❷ *kein pl (Kartenspiel)* Quartett, ≈ happy families + *sing vb (game of cards in which one tries to collect sets of four matching cards);* **~ spielen** to play Quartett

Quar·tett[2] <-[e]s, -e> [kvar'tɛt] *nt* ❶ MUS quartet ❷ *(vier zusammengehörige Leute)* quartet, group [of four]

Quar·tett·spiel *nt* KARTEN ≈ pack of happy families playing cards

Quar·tier <-s, -e> [kvar'ti:ɐ̯] *nt* ❶ *(Unterkunft)* accommodation *no indef art, no pl;* **in der Hauptsaison ist in diesem Badeort kein ~ mehr zu bekommen** it is impossible to find [any] accommodation in this coastal resort in the high season; **ich suche ein ~** I'm looking for accommodation [*or* somewhere [*or* a place] to stay]; **[bei jdm/irgendwo] ~ beziehen** [*o* **nehmen**] to move in [with sb/somewhere]; MIL to take up quarters [with sb/somewhere] ❷ SCHWEIZ *(Stadtviertel)* district, quarter

Quarz <-es, -e> ['kva:ɐ̯ts] *m* quartz

Quarz·uhr *f* quartz clock [*or* watch]

Qua·sar <-s, -e> [kva'za:ɐ̯] *m* ASTRON quasar

qua·si ['kva:zi] *adv (geh)* almost; **es ist doch ~ dasselbe** it's more or less the same [thing]; **nach ihrem Weggang hat er hier ~ das Sagen** since her departure he is virtually in charge here

Quas·se·lei <-, -en> [kvasə'lai] *f (fam)* babbling *no pl,* gabbing *pej fam no pl*

quas·seln ['kvasl̩n] **I.** *vi (fam)* to babble; **hört endlich auf zu ~, ich will meine Ruhe haben!** [will you] stop [your] babbling, I want a bit of peace and quiet! **II.** *vt (fam)* **etw ~** to babble on about [*or pej* spout] sth

Quas·sel·strip·pe <-, -n> *f* (*fam*) ❶ (*hum: Telefon*) **an der ~ hängen** to be on the phone [*or* BRIT *fam a.* blower] ❷ (*pej: jd, der unentwegt redet*) windbag *pej fam*, gasbag *fam*

Quas·te <-, -n> ['kvastə] *f* tassel

Quas·ten·flos·ser <-s, -e> *m* BIOL coelocanth

Quäs·tur <-, -en> [kvɛs'tu:ɐ̯] *f* SCH bursary BRIT, scholarship AM

quatsch ['kvatʃ] *interj* nonsense, BRIT *a.* rubbish; **ich soll das gesagt haben? ~!** I'm supposed to have said that? [what] rubbish!

Quatsch <-es> ['kvatʃ] *m kein pl* (*fam*) ❶ (*dummes Gerede*) rubbish, AM *usu* nonsense; **wer hat denn so einen/diesen ~ behauptet?** who told you [*or* where did you hear] such rubbish?; **das ist doch der letzte ~!** what a load of absolute rubbish!; **~ reden** to talk rubbish; **so ein ~!** what [a load of] rubbish! ❷ (*Unfug*) nonsense; **~ machen** to mess around [*or* about] *pej*; **was, du willst kündigen? mach doch keinen ~, Mensch, überlege dir das noch mal!** what, you want to hand in your notice, don't be silly [*or fam* daft] [*or fam* talk daft], think it over!; **aus ~** for [*or* as] a joke

quat·schen¹ ['kvatʃn̩] **I.** *vt* (*fam*) ■**etw [von etw] ~** to spout *pej* [*or* say] sth [about sth]; **quatsch kein dummes Zeug** don't talk nonsense; **er hat irgendwas von einem Unfall gequatscht, aber ich habe gedacht, er redet Unsinn** he garbled something about an accident, but I thought he was talking rubbish **II.** *vi* (*fam*) ❶ (*sich unterhalten*) ■**[mit jdm] [über etw** *akk*] **~** to natter [with sb] [about sth]; **entschuldige, aber ich kann jetzt nicht mit dir ~** I'm sorry, but I can't [have a] chat with you now; ■**von etw ~** to talk about sth; **ich hab' kein Wort verstanden von dem, was sie da gequatscht hat** I didn't understand a word of what she said ❷ (*etw ausplaudern*) to blab *fam*; **er hat bei den Bullen gequatscht** he's blabbed [*or sl* squealed] to the fuzz

quat·schen² ['kva:tʃn̩] **I.** *vi* to squelch **II.** *vi impers* ■**es quatscht** it squelches [*or* makes a squelching sound]

Quatsch·kopf *m* (*pej fam*) babbling idiot *pej*, BRIT *pej sl a.* plonker

Que·bec <-s> [ke'bɛk] *nt* Quebec

Que·chua ['kɛtʃu:a] *nt* Quech[u]a; *s. a.* **Deutsch**

Que·cke <-, -n> ['kvɛkə] *f* couch grass

Queck·sil·ber ['kvɛkzɪlbɐ] *nt* mercury, quicksilver

Quell <-[e]s, -e> ['kvɛl] *m* ❶ (*poet: Born*) spring ❷ (*geh: Ursprung*) source, fount *liter*

Quel·le <-, -n> ['kvɛlə] *f* ❶ GEOG (*Ursprung eines Wasserlaufes*) source ❷ (*ausgewerteter Text*) source ❸ (*Informant*) source ❹ (*Entstehungsort*) source ❺ (*Waren~*) **an der ~ sitzen** to be at the source of supply, to have direct access

quel·len <quoll, gequollen> ['kvɛlən] *vi sein* ❶ (*herausfließen*) ■**[aus etw] ~** to pour out [of sth]; **was quillt da, ist das etwa Motoröl?** what's that leaking there, is it engine oil?; **aus dem Riss in der Tube quoll Zahnpasta** toothpaste was oozing out of a split in the tube ❷ (*aufquellen*) to swell [up]

Quel·len·an·ga·be *f* reference **Quel·len·for·schung** *f* research into sources **Quel·len·la·ge** *f* source **Quel·len·ma·te·ri·al** *nt* source material **Quel·len·samm·lung** *f* collection of source material **Quel·len·schutz·ge·biet** *nt* ÖKOL nature reserve with springs **Quel·len·steu·er** *f* FIN tax deducted at source **Quel·len·stu·di·um** *nt* study of [the] sources; **die wissenschaftliche Abhandlung entstand nach umfangreichem ~** the scientific treatise was written after extensive study [*or* studying] of [the] sources **Quel·len·text** *m* LIT, SCH source text

Quel·ler <-s, -> *m* BOT glasswort

Quell·was·ser *nt* spring water

Quen·del <-s> ['kvɛndl̩] *m kein pl* BOT, KOCHK wild thyme

Quen·ge·lei <-, -en> *f* ❶ *kein pl* (*fam: lästiges Quengeln*) whining *no pl* ❷ (*quengelige Äußerungen*) whining *no pl*; **hör auf mit den ewigen ~en** stop your constant whining[, will you]

quen·g(e·)lig ['kvɛŋ(ə)lɪç] *adj* whining; **sei nicht so ~** stop [your] whining, don't be such a whiner; **das Kind ist heute so ~, ob es eine Erkältung bekommt?** the child is very grizzly *fam* today, do you think he/she is coming down with a cold?

quen·geln ['kvɛŋl̩n] *vi* (*fam*) ❶ (*weinerlich sein*) to whine ❷ (*nörgeln*) ■**[über etw** *akk*] **~** to moan [about sth] *fam*

Queng·ler(in) <-s, -> ['kvɛŋlɐ] *m(f)* (*fam*) moaner, BRIT *a.* whinger *sl*, AM *a.* whiner

Quent·chenALT <-s, -> *nt s.* **Quäntchen**

quer ['kve:ɐ̯] *adv* diagonally; **der Kanal verläuft ~ zur Straße** the canal runs diagonally [*or* at an angle] to the street; **der Lkw geriet auf eisglatter Fahrbahn ins Schleudern und stellte sich ~** the truck slid on the icy carriageway and ended up sideways across it; **~ geht der Schrank nicht durch die Tür, nur längs** the cupboard won't go [*or* fit] through the door sideways, only lengthways; **~ gestreift** horizontally striped; **~ gestreifte Hemden stehen dir nicht** shirts with horizontal stripes [*or* horizontally striped shirts] don't suit you; **~ durch/über etw** *akk* straight through/across sth; **lauf doch bitte nicht ~ durch/über die Beete!** please don't run through/across the flower-beds!

Quer·bal·ken *m* crossbeam **quer·beet** [kve:ɐ̯'be:t] *adv* (*fam*) all over; **sie gingen einfach mal ~ durch die Landschaft** they travelled all over [*or* the length and breadth of] the countryside **Quer·den·ker, -den·ke·rin** *m, f* awkward and intransigent thinker **quer·durch** [kve:ɐ̯'dʊrç] *adv* straight through; **~ passt die Truhe nicht, nur der Länge nach** the chest won't fit through sideways, only lengthways; **wir müssen ~, es gibt keinen Weg ums Moor** we'll have to go straight across [*or* over], there's no way round the moor

Que·re <-> ['kve:rə] *f kein pl* ▸ WENDUNGEN: **jdm in die ~ kommen** to get in sb's way

Quer·ein·stei·ger, -ein·stei·ge·rin <-s, -> *m, f sb entering a field of work different from their educational background*

Que·re·le <-, -n> [kvɛ're:lə] *f* (*geh*) argument

que·ren ['kve:rən] *vt* ■**etw ~** to cross sth

quer·feld·ein [kve:ɐ̯fɛlt'ʔain] *adv* across country

Quer·feld·ein·lauf *m* SPORT cross-country run **Quer·feld·ein·ren·nen** *nt* SPORT cyclo-cross [race]

Quer·flö·te *f* MUS transverse [*or* cross] flute **Quer·for·mat** *nt* ❶ (*Format*) landscape format; **im ~** in landscape ❷ (*Bild*) picture/photo etc. in landscape format **quer|ge·hen** *vi irreg sein* (*fam*) **jdm ~** to go wrong for sb; **heute geht mir aber auch alles quer!** everything's really going wrong for me [*or* I can't get anything right] today! **Quer·kopf** *m* (*fam*) awkward customer; **warum willst du denn nicht auch zustimmen, du ~?** why won't you agree, you awkward cuss? *pej* **quer·köp·fig** ['kve:ɐ̯kœpfɪç] *adj* (*fam*) contrary, wrong-headed **Quer·la·ge** *f* MED transverse presentation [*or* lie]; (*bei der Geburt*) torso [*or* trunk] presentation **Quer·lat·te** *f* ❶ (*quer verlegte Holzlatte*) horizontal slat ❷ SPORT (*waagerechte Latte eines Tores*) crossbar **quer|le·gen** *vr* (*fam*) **sich [bei etw] ~** to make difficulties [concerning sth] **Quer·rip·pe** *f* [**abgedeckte**] **~** KOCHK (*vom Rind*) thin [*or* flat] ribs **Quer·ru·der** *nt* LUFT aileron **quer|schie·ßen** *vi irreg* (*sl*) to throw [*or* put] a spanner in the works, to throw a [monkey] wrench in sth AM **Quer·schiff** *nt* ARCHIT transept **Quer·schlä·ger** *m* ricochet [shot]

Quer·schnitt *m* ❶ (*Schnitt*) cross-section ❷ ARCHIT, MATH (*zeichnerische Darstellung*) cross-section ❸ (*Überblick*) cross-section *fig*

quer·schnitt(s)·ge·lähmt *adj* paraplegic; ■**~ sein** to be [a] paraplegic **Quer·schnitt(s)·ge·lähm·te(r)** *f(m) dekl wie adj* paraplegic **Quer·schnitt(s)·läh·mung** *f* paraplegia *no pl* **Quer·stra·ße** *f* side-street, turning, turn-off; **nehmen Sie die dritte ~ rechts** take the third turning on the right **Quer·strei·fen** *m* horizontal stripe **Quer·strich** *m* horizontal line [*or* stroke] **Quer·sub·ven·ti·o·nie·rung** *f* ÖKON cross-subsidizing [*or* BRIT *a.* -ising] *no pl* **Quer·sum·me** *f* MATH sum of the digits [in a number]; **die ~ von 3315 ist 12** the sum of the digits in 3,315 is 12 **Quer·trei·ber, -trei·be·rin** <-s, -> *m, f* (*fam*) obstructive devil

Que·ru·lant(in) <-en, -en> [kveru'lant] *m(f)* (*geh*) querulous person *form,* griper *fam*

Quer·ver·bin·dung *f* ❶ TRANSP (*direkter Verbindungsweg*) direct connection ❷ (*gegenseitige Beziehung*) connection, link **Quer·ver·weis** *m* cross-reference

quet·schen ['kvɛtʃn̩] **I.** *vt* ■**etw aus etw ~** to squeeze sth out of [*or* from] sth; ■**jdn an** [*o* **gegen**] *akk* **etw ~** to crush sb against sth; **der herabstürzende Balken quetschte sie gegen den Schrank** the falling beam crushed [*or* pinned] her against the cupboard; **sich** *akk* **gegen etw ~** to squeeze [oneself] against sth; **sie quetschte sich an die Wand, um die Leute vorbei zu lassen** she squeezed against the wall to allow people to pass **II.** *vr* ❶ (*durch Quetschung verletzen*) ■**sich** *akk* ~ to bruise oneself; ■**sich** *dat* **etw ~** to crush [*or* squash] one's sth; **ich habe mir den Fuß gequetscht** I've crushed my foot ❷ (*fam: sich zwängen*) ■**sich durch/in etw ~** *akk* to squeeze [one's way] through/[oneself] into sth; **ich konnte mich gerade noch in die U-Bahn ~** I was just able to squeeze [myself] into the tube BRIT *fam;* **nur mit Mühe quetschte sie sich durch die Menge** she was only able to squeeze [her way] through the crowd with [some] difficulty

Quet·schung <-, -en> *f* MED ❶ *kein pl* (*Verletzung durch Quetschen*) crushing, squashing; **wie kam es zu der ~ der Hand?** how did you [come to] crush your hand? ❷ (*verletzte Stelle*) bruise, contusion *spec*

Queue <-s, -s> [køː] *nt o m* cue

quick ['kvɪk] *adj* NORDD (*alert, rege*) bright, lively

Qui·ckie <-, -s> ['kvɪki] *m* (*sl*) quickie *fam*

quick·le·ben·dig ['kvɪkle'bɛndɪç] *adj* (*fam*) full of beans *fam;* **zwar ist Großvater schon 85, aber noch immer ~** grandfather may have reached 85, but he's still very sprightly

quiek ['kviːk] *interj* squeak

quie·ken ['kviːkn̩] *vi* ❶ (*quiek machen*) to squeak; **die Ferkel quiekten im Stall** the piglets squealed in their pen ❷ (*schrille Laute ausstoßen*) ■[**vor etw** *dat*] ~ to squeal [with sth]; **vor Vergnügen ~** to squeal with pleasure

quiet·schen ['kviːtʃn̩] *vi* ❶ (*ein schrilles Geräusch verursachen*) to squeak; **mit ~den Bremsen/Reifen hielt der Wagen vor der roten Ampel an** the car pulled up at the red light with screeching [*or* squealing] brakes/tyres; ■**das Quietschen** [the] squeaking; **unter lautem Quietschen kam das Fahrzeug zum Stehen** the vehicle came to a halt with a loud screech ❷ ■[**vor etw** *dat*] ~ *s.* **quieken 2**

quietsch·fi·del ['kviːtʃfi'deːl], **quietsch·ver·gnügt** ['kviːtʃfɛɐ̯'gnyːkt] *adj* (*fam*) full of the joys of spring BRIT *pred,* chipper AM *pred*

Qui·noa [kvi'noːa] *nt* quinoa

Quin·te <-, -n> ['kvɪntə] *f* MUS ❶ (*fünfter Ton*) fifth ❷ (*Intervall*) interval

Quint·es·senz ['kvɪntɛsɛnts] *f* (*geh*) quintessence *form no pl,* essence *no pl*

Quin·tett <-[e]s, -e> [kvɪn'tɛt] *nt* ❶ MUS quintet ❷ (*fünf zusammengehörige Leute*) quintet, group [of five]

Quirl <-s, -e> ['kvɪrl] *m* KOCHK whisk, beater

Quirl·be·sen *m* flat coil whisk

quir·len ['kvɪrlən] *vt* ■**etw** [**mit etw**] [**zu etw**] ~ to whisk [*or* beat] sth [into sth] [using sth]

quir·lig ['kvɪrlɪç] *adj* lively, full of beans *pred fam*

quitt ['kvɪt] *adj* ■[**mit jdm**] ~ **sein** (*mit jdm abgerechnet haben*) to be quits [with sb] *fam;* (*sich von jdm getrennt haben*) to be finished [with sb]

Quit·te <-, -n> ['kvɪtə] *f* ❶ BOT (*Obstbaum*) quince [tree] ❷ (*Frucht*) quince

quit·te·gelb ['kvɪtəgɛlp] **I.** *adj* [pale] yellow **II.** *adv* **sich** *akk* ~ **verfärben** to [turn] yellow

quit·tie·ren* [kvɪ'tiːrən] **I.** *vt* ❶ (*durch Unterschrift bestätigen*) ■[**jdm**] **etw ~** to give [sb] a receipt for sth; **sich** *dat* **etw ~ lassen** to obtain a receipt for sth; (*bestätigen*) to acknowledge [*or* confirm] [the] receipt of sth ❷ (*geh: beantworten*) ■**etw mit etw ~** to meet [*or* answer] sth with sth; *s. a.* **Dienst II.** *vi* ■[**jdm**] ~ to acknowledge [*or* confirm] [the] receipt of sth [for sb]; **du hast ihm 5.000 Euro bezahlt und dir** [**von ihm**] **nicht ~ lassen?** you paid him 5,000 euros and didn't [even] get a receipt [from him]?

Quit·tung <-, -en> ['kvɪtʊŋ] *f* ❶ (*Empfangsbestätigung*) receipt; **jdm eine ~** [**für etw**] **ausstellen** to issue sb with a receipt [for sth], to make out a receipt *sep* for sb; **gegen ~** on production [*or* submission] of a receipt ❷ (*Zahlungsbeleg*) receipt ❸ (*Folge*) ■**die ~ für etw** [the just] deserts for sth; **diese Ohrfeigen sind die ~ für deine Frechheiten!** a thick ear is what you get for being cheeky!; **du wirst eines Tages noch die ~ dafür bekommen, dass du mich so anschreist!** one day you'll get your come-uppance *hum fam* for screaming at me like this!

Quit·tungs·block <-blöcke> *m* receipt book **Quit·tungs·for·mu·lar** *nt* receipt form

Quiz <-, -> [kvɪs] *nt* quiz

Quiz·mas·ter, -mas·te·rin <-s, -> ['kvɪsmaːstɐ, -maːstərɪn] *m, f* MEDIA quiz master

quoll ['kvɔl] *imp von* **quellen**

Quo·rum <-s> ['kvoːrʊm] *nt kein pl* quorum

Quo·te <-, -n> ['kvoːtə] *f* ❶ (*Anteil*) proportion ❷ (*Gewinnanteil*) payout ❸ (*Rate*) rate, quota ❹ POL (*fam:* ~*nregelung*) quota system

Quo·ten·frau *f* (*pej*) ≈ token woman [appointee] *pej* (*woman who is appointed to a position simply to increase the proportion of women in an organization*) **Quo·ten·re·ge·lung** *f* ≈ quota regulation (*requirement for a sufficient number of female appointees in an organization*) **Quo·ten·sys·tem** *nt* POL ≈ quota system (*system which ensures that a [political] body or organization is made up of an equal number of men and women*) **quo·ten·träch·tig** *adj* TV, RADIO promising high ratings

Quo·ti·ent <-en, -en> [kvo'tsi̯ɛnt] *m* MATH quotient

quo·tie·ren* [kvo'tiːrən] *vt* BÖRSE ■**etw ~** to quote [*or* list] sth

Quo·tie·rung <-, -en> *f* ❶ BÖRSE (*Notierung*) quotation, listing ❷ (*Verteilung nach Quoten*) ≈ quota system (*system requiring that a certain proportion of a certain number of posts in an organization be reserved for women*)

Rr

R, r <-, - *o fam* -s, -s> [ɛr] *nt* R, r; **~ wie Richard** R for Robert BRIT, R as in Roger AM; **das ~ rollen** to roll the r; *s. a.* **A 1**

Ra·batt <-[e]s, -e> [ra'bat] *m* discount; **~** [**auf etw** *akk*] **bekommen** to get a discount [on sth]; **jdm ~** [**auf etw** *akk*] **geben** to give sb a discount [on sth]

Ra·bat·te <-, -n> [ra'batə] *f* HORT border

Ra·batz <-es> [ra'bats] *m kein pl* (*sl*) racket *fam,* din; **~ machen** to kick up a fuss *fam,* to kick up [*or* create] [*or* raise] a stink *fam*

Ra·bau·ke <-n, -n> [ra'baukə] *m* (*fam*) lout *fam,* hooligan, BRIT *fam a.* yob[bo]

Rab·bi <-[s], -s *o* Rabbinen> ['rabi, *pl* ra'biːnən] *m,* **Rab·bi·ner** <-s, -> [ra'biːnɐ] *m* REL rabbi

Ra·be <-n, -n> ['ra:bə] *m* raven ► WENDUNGEN: **schwarz wie ein ~ [*o* wie die ~n]** (*fam*) as black as soot [*or fam* the ace of spades]; **wie ein ~ stehlen [*o* klauen]** (*fam*) to thieve like a magpie, to pinch anything one can lay one's hands on *fam*

Ra·ben·el·tern *pl* (*pej fam*) ≈ cruel parents *pl;* **das müssen ja ~ sein!** they're not fit to be parents! **Ra·ben·krä·he** *f* ORN carrion [*or* hooded] crow **Ra·ben·mut·ter** *f* (*pej fam*) ≈ cruel mother **ra·ben·schwarz** ['ra:bn̩'ʃvarts] *adj* jet-black; **~e Augen** coal-black eyes **Ra·ben·va·ter** *m* (*pej fam*) ≈ cruel father

ra·bi·at [ra'bi̯a:t] **I.** *adj* ❶ (*unverschämt*) rude, impertinent, impudent; **ein ~er Kerl** an aggressive chap; **ein ~er Rausschmeißer** a violent [*or* rough] bouncer ❷ (*aufgebracht*) ■ **~ werden** to become aggressive [*or* violent] ❸ (*rücksichtslos*) ruthless **II.** *adv* ruthlessly; **sie bahnten sich ~ ihren Weg zum Ausgang** they forced [*or* fought] their way [through] to the exit

Ra·che <-> ['raxə] *f kein pl* revenge; **[für etw] [an jdm] ~ nehmen [*o geh* üben]** to take [*or* exact] revenge [on sb] [for sth]; **auf ~ sinnen** (*geh*) to plot revenge; **aus ~** in [*or* as] [*or* out of] revenge; **die ~ der Enterbten** (*fam*) sweet revenge; **die ~ des kleinen Mannes** (*fam*) the revenge of the little man ► WENDUNGEN: **~ ist süß** (*fam*) revenge is sweet

Ra·che·akt *m* act of revenge **Ra·che·ge·dan·ke** *f meist pl* thought[s *pl*] of revenge, vindictive thought[s *pl*] **Ra·che·ge·fühl** *nt meist pl* vengeful feeling

Ra·chen <-s, -> ['raxn̩] *m* ❶ (*Schlund*) throat, pharynx *spec* ❷ (*Maul*) jaws *pl,* mouth ► WENDUNGEN: **den ~ nicht voll [genug] kriegen können** (*fam*) to not be able to get enough; **jdm den ~ stopfen** (*fam*) to shut sb up; **jdm etw in den ~ werfen [*o* schmeißen]** (*fam*) to give sb sth to shut them up *fam*

rä·chen ['rɛçn̩] **I.** *vt* ❶ (*durch Rache vergelten*) ■ **etw [an jdm] ~** to take revenge [on sb] for sth ❷ (*jdm Sühne verschaffen*) ■ **jdn ~** to avenge [*or* take [*or* exact] revenge for] sb **II.** *vr* ❶ (*Rache nehmen*) ■ **sich** *akk* **[an jdm] [für etw] ~** to take [*or* exact] one's revenge [*or* avenge oneself] [on sb] [for sth] ❷ (*sich nachteilig auswirken*) ■ **sich [an jdm] [durch etw] ~** to come back and haunt sb [as a result of sth]; **früher oder später rächt sich das viele Rauchen** sooner or later [the] heavy smoking will take its toll

Ra·chen·blüt·ler <-s, -> *m* BOT figwort **Ra·chen·höh·le** *f* ANAT [cavity of the] pharynx *spec,* pharyngeal cavity *spec* **Ra·chen·raum** *m* MED pharyngeal space *spec*

Ra·che·plan *m* plan of [*or* for] revenge; **Rachepläne schmieden** to plot revenge

Rä·cher(in) <-s, -> *m(f)* (*geh: jd, der Rache nimmt*) avenger; **~ der Enterbten** (*hum*) righter of wrongs

Ra·che·schwur *m* oath of revenge

Ra·chi·tis <-> [ra'xi:tɪs] *f kein pl* MED rickets *no pl, no art,* rachitis *spec*

ra·chi·tisch [ra'xi:tɪʃ] *adj* MED rickety, rachitic *spec*

Rach·sucht *f kein pl* (*geh*) vindictiveness *no pl, no indef art*

rach·süch·tig *adj* (*geh*) vindictive

Ra·cker <-s, -> ['rakɐ] *m* (*fam*) [little] rascal, scamp *dated*

Ra·cke·rei <-> [rakə'rai] *f kein pl* (*fam*) [real] grind *no pl fam,* slog *no pl fam*

ra·ckern ['rakɐn] *vi* (*fam*) to slave away *fam*

Ra·clette <- *o* -s, -s> ['raklɛt, ra'klɛt] *f o nt* KOCHK raclette

rad <-, -> [rat] *nt Akr von* **radiation absorbed dosis** rad

Rad[1] <-[e]s, Räder> [ra:t, *pl* 'rɛ:dɐ] *nt* ❶ AUTO wheel; BAHN (*Laufrad*) bogie [*or* track] wheel ❷ TECH (*Zahnrad*) cog, gearwheel ❸ HIST (*Foltergerät*) wheel ❹ SPORT cartwheel; **ein ~ schlagen [*o* machen]** to do [*or* turn] a cartwheel ❺ ORN **ein ~ schlagen** to fan out [*or* spread] the tail ► WENDUNGEN: **das ~ der Geschichte [*o* Zeit]** (*geh*) the march of time; **das ~ der Zeit lässt sich nicht anhalten/ zurückdrehen** the march of time cannot be halted, one cannot turn the clock back, time and tide wait for no man; **das fünfte ~ am Wagen** (*fam*) to be superfluous [*or* in the way]; **ein ~ ab haben** (*sl*) to have a screw loose *hum fam;* **unter die Räder kommen [*o* geraten]** (*fam*) to fall into bad ways, to go off the rails

Rad[2] <-[e]s, Räder> [ra:t, *pl* 'rɛ:dɐ] *nt* bicycle, bike *fam;* **~ fahren** to cycle [*or* ride a bicycle] [*or fam* bike]; **[bei jdm/ irgendwo] ~ fahren** (*pej fam*) to crawl [*or pej fam* suck up] [to sb]/to grovel [somewhere]; **mit dem ~** by bicycle [*or fam* bike]; **er fährt jeden Tag 30 Kilometer mit dem ~** he cycles 30 kilometres every day

Ra·dar <-s> [ra'da:ɐ̯] *m o nt kein pl* ❶ (*Funkmesstechnik*) radar ❷ (*Radargerät*) radar ❸ (*Radarschirm*) radar screen

Ra·dar·an·la·ge *f* radar [installation] **Ra·dar·fal·le** *f* (*fam*) speed [*or* radar] trap; **in eine ~ geraten** to be caught in a speed [*or* radar] trap **Ra·dar·ge·rät** *nt* radar [device [*or* unit]] **Ra·dar·kon·trol·le** *f* TRANSP [radar] speed check **Ra·dar·netz** *nt* radar network **Ra·dar·schirm** *m* radar screen **Ra·dar·sta·ti·on** *f* radar station **Ra·dar·sys·tem** *nt* radar system **Ra·dar·über·wa·chung** *f* radar surveillance [*or* monitoring] *no pl* **Ra·dar·wa·gen** *f* car used in a [radar] speed check

Ra·dau <-s> [ra'dau] *m kein pl* (*fam*) racket *fam,* din, row; **~ machen** to make a racket [*or* din] [*or* row]

Räd·chen ['rɛ:tçən] *nt dim von* **Rad** ❶ (*kleines Zahnrad*) [small] cog ❷ (*Rändelschraube*) knurled screw ❸ (*runde, gezahnte Blechscheibe*) tracing wheel ► WENDUNGEN: **nur ein ~ im Getriebe sein** to be just a small cog in the works [*or* machine]

Rad·damp·fer *m* paddle steamer

ra·de·bre·chen ['ra:dəbrɛçn̩] *vi* ■ **[auf etw** *dat*] **~** to speak [in] broken sth; **auf Deutsch/Englisch ~** to speak [in] broken German/English

ra·deln ['ra:dl̩n] *vi sein* (*fam*) ■ **[irgendwohin] ~** to cycle [somewhere]

rä·deln ['rɛ:dl̩n] *vt* ❶ TECH ■ **etw auf etw ~** *akk* to trace out sth *sep* on sth ❷ KOCHK **Teig in Streifen ~** to cut pastry into strips with a fluted wheel

Rä·dels·füh·rer(in) ['rɛ:dl̩sfy:rɐ] *m(f)* ringleader

rä·dern ['rɛ:dɐn] *vt* HIST to break sb [up]on the wheel; *s. a.* **gerädert**

Rä·der·tier *nt* ZOOL wheel animal

Rä·der·werk *nt* TECH gearing *no pl,* gear train; (*Uhr*) gear mechanism, clockwork

Rad|fah·ren *nt* ■ **[das] ~** cycling, riding a bicycle [*or fam* bike]

Rad·fah·rer(in) *m(f)* ❶ SPORT cyclist ❷ (*pej fam: Kriecher*) crawler *pej fam* **Rad·fahr·weg** *m* TRANSP (*geh*) *s.* **Radweg**

Rad·ga·bel *f* fork

Ra·di <-s, -> ['ra:di] *m* KOCHK SÜDD, ÖSTERR (*Rettich*) radish

ra·di·al [ra'di̯a:l] *adj* radial

Ra·di·a·tor <-s, -toren> [ra'di̯a:to:ɐ̯] *m* radiator

Ra·dic·chio <-s> [ra'dɪki̯o] *m kein pl* radicchio

ra·die·ren*[1] [ra'di:rən] *vi* to rub out [*or* erase]; ■ **das R~** rubbing out, erasing

ra·die·ren[2] [ra'di:rən] *vi* KUNST to etch

Ra·die·rer <-s, -> *m* (*fam*) rubber BRIT, eraser AM

Ra·die·rer(in) <-s, -> *m(f)* KUNST etcher

Ra·dier·gum·mi <-s, -s> *m* rubber BRIT, eraser AM

Ra·die·rung <-, -en> *f* KUNST etching

Ra·dies·chen <-s, -> [ra'di:sçən] *nt* radish ► WENDUNGEN: **sich** *dat* **die ~ von unten ansehen [*o* besehen] [*o* betrachten] können** (*hum sl*) to be pushing up [the] daisies *hum*

ra·di·kal [radi'ka:l] **I.** *adj* ❶ POL (*extremistisch*) radical ❷ (*völlig*) complete, total; **die ~e Beseitigung [*o* Entfernung]** the complete removal; **ein ~er Bruch** a complete break; **eine ~e Verneinung** a flat [*or* categorical] [*or* an outright] denial ❸ (*tief greifend*) radical, drastic; **eine ~e Forderung** an excessive [*or* unreasonable] demand **II.** *adv* ❶ POL (*extremistisch*) radically ❷ (*völlig*) completely, totally; **~ beseitigen [*o* entfernen]** to remove completely; **mit etw ~ brechen** to break with sth

R

completely; ~ **verneinen** to deny flatly [*or* categorically] ③ (*tief greifend*) radically, drastically; ~ **gegen jdn vorgehen** to take drastic action against sb

Ra·di·ka·le(r) *f(m) dekl wie adj* POL radical, extremist

ra·di·ka·li·sie·ren* [radikali'zi:rən] **I.** *vt* POL ■**jdn/etw** ~ to radicalize sb/sth [*or* make sb/sth radical] **II.** *vr* ■**sich** *akk* ~ to become radical

Ra·di·ka·li·sie·rung <-, -en> *f* POL radicalization *no pl*

Ra·di·ka·lis·mus <-> [radika'lɪsmʊs] *m kein pl* POL radicalism, extremism

Ra·di·kal·kur *f* ① MED (*drastische Behandlungsmethode*) drastic [*or* BRIT kill-or-cure] remedy ② (*tief greifende Maßnahmen*) drastic measures *pl*

Ra·dio <-s, -s> ['ra:di̯o] *nt o* SCHWEIZ, SÜDD *m* (*Rundfunkgerät*) radio; (*Autoradio*) car radio; ~ **hören** to listen to the radio; **im** ~ on the radio

ra·dio·ak·tiv [radi̯oʔak'ti:f] **I.** *adj* radioactive **II.** *adv* ~ **verseucht/verstrahlt** contaminated by radioactivity

Ra·dio·ak·ti·vi·tät <-> [radi̯oʔaktivi'tɛ:t] *f kein pl* radioactivity *no pl, no indef art*

Ra·dio·an·ten·ne *f* [radio] aerial [*or* AM *usu* antenna] **Ra·dio·ap·pa·rat** *m* RADIO, TECH radio [set]

Ra·dio·iso·to·pen·me·tho·de *f* BIOL radioisotope method **Ra·dio·kar·bon·me·tho·de** *f* BIOL radiocarbon dating

Ra·dio·lo·ge, Ra·dio·lo·gin <-n, -n> [radi̯o'lo:gə, -'lo:gɪn] *m, f* radiologist

Ra·dio·lo·gie <-> [radi̯olo'gi:] *f kein pl* MED radiology *no pl, no art*

Ra·dio·nu·klid <-s, -e> [radi̯onu'kli:t] *nt* radionuclide

Ra·dio·re·kor·der, Ra·dio·re·cor·der <-s, -> ['ra:di̯orekɔrdɐ] *m* radio cassette recorder **Ra·dio·sen·der** *m* radio transmitter **Ra·dio·sta·ti·on** *f* radio station

Ra·dio·the·ra·pie [radi̯otera'pi:] *f* MED radiotherapy *no pl, no art*

Ra·dio·we·cker *m* radio alarm [clock], clock radio

Ra·di·um <-s> ['ra:di̯ʊm] *nt kein pl* CHEM radium *no pl, no art*

Ra·di·us <-, Radien> ['ra:di̯ʊs, *pl* 'ra:diən] *m* ① (*halber Durchmesser*) radius ② (*Aktionsradius*) radius [*or* range] [of action]

Rad·kap·pe *f* AUTO hub cap

Rad·ler(in) <-s, -> ['ra:dlɐ] *m(f)* (*fam*) cyclist

Rad·ler ['ra:dlɐ] *nt* SÜDD, ÖSTERR (*Getränk aus Bier und Limonade*) shandy

Rad·ler·ho·se *f* SPORT, MODE cycle [*or* cycling] shorts *npl* **Rad·ler·maß** *f* SÜDD shandy

Ra·don <-s> ['ra:dɔn, ra'do:n] *nt kein pl* CHEM radon *no pl, no art*

Rad·renn·bahn *f* cycle [racing] track, velodrome **Rad·ren·nen** *nt* cycle race **Rad·renn·fah·rer(in)** *m(f)* racing cyclist

Rad|schla·gen *nt* ■**das** ~ doing [*or* turning] a cartwheel

Rad·schnee·schlä·ger *m* rotary whisk

Rad·sport *m* cycling *no pl* **Rad·sport·ler(in)** *m(f)* cyclist

Rad·stand *m* AUTO, BAHN wheelbase

Rad·tour [-tu:ɐ] *f* bicycle [*or fam* bike] ride; [**mit jdm**] **eine** ~ **machen** [*o* **unternehmen**] to go for a bicycle [*or fam* bike] ride [with sb]; **wir wollen eine** ~ **nach Dänemark machen** we plan to go on a cycling [*or* cycle] tour to Denmark **Rad·wan·de·rung** *f s.* **Radtour**

Rad·wech·sel *m* AUTO wheel change; **einen** ~ **machen** to change a wheel

Rad·weg *m* TRANSP cycle path [*or* track]

RAF <-> [ɛrʔa:ʔɛf] *f Abk von* **Rote-Armee-Fraktion**

Raf·fel <-, -n> ['rafl̩] *f* flat grater

raf·fen ['rafn̩] *vt* ① (*eilig greifen*) ■**etw** [**an sich** *akk*] ~ to grab [*or* snatch [up *sep*]] sth ② (*in Falten legen*) ■**etw** ~ to gather sth; **ein Kleid** ~ to gather up a dress ③ (*kürzen*) ■**etw** ~ to shorten sth ④ (*sl: begreifen*) ■**etw** ~ to get it *fam*

Raff·gier *f* greed *no pl,* avarice *form no pl,* rapacity *form no pl*

raff·gie·rig *adj* greedy, grasping *pej,* rapacious *form*

Raf·fi·na·de <-, -n> [rafi'na:də] *f* refined sugar

Raf·fi·na·ti·on <-> [rafina'tsi̯o:n] *f kein pl* refining

Raf·fi·ne·ment <-s, -s> [rafinə'mã:] *nt* (*geh*) ① refinement ② *s.* **Raffinesse**

Raf·fi·ne·rie <-, -n> [rafinə'ri:, *pl* -ri:ən] *f* refinery

Raf·fi·nes·se <-, -n> [rafi'nɛsə] *f* ① *kein pl* (*Durchtriebenheit*) cunning, slyness, guile *form* ② (*Feinheit*) refinement; **mit allen** ~**n** with all the [latest] extras [*or hum* trimmings]

raf·fi·nie·ren* [rafi'ni:rən] *vt* ① (*reinigen*) ■**raffiniert werden** to be refined ② (*destillieren*) ■[**zu etw**] **raffiniert werden** to be refined [*or* made] [into sth]

raf·fi·niert **I.** *adj* ① (*durchtrieben*) cunning, sly ② (*ausgeklügelt*) clever *fam,* ingenious ③ (*geh: verfeinert*) refined, sophisticated **II.** *adv* ① (*durchtrieben*) cunningly, slyly ② (*geh: verfeinert*) ~ **komponieren/würzen/zusammenstellen** to compose/season/put together with great refinement [*or* sophistication]

Raf·fi·niert·heit <-> *f kein pl s.* **Raffinesse**

Raff·ke <-s, -s> ['rafkə] *m* (*fam*) money-grubber

Raf·ting <-s> ['ra:ftɪŋ] *nt kein pl* SPORT rafting *no pl*

Ra·ge <-> ['ra:ʒə] *f kein pl* (*fam*) ① (*Wut*) rage, fury; **jdn in** ~ **bringen** [*o* **versetzen**] to enrage [*or* infuriate] sb, to make sb hopping mad *fam* ② (*Erregung*) agitation, annoyance; [**über etw** *akk*] **in** ~ **geraten** [*o* **kommen**] to get annoyed [about sth]; **in der** ~ in the excitement

ra·gen ['ra:gn̩] *vi* ① (*emporragen*) ■**aus etw** ~ to rise up out of sth; **die Felsen ragten aus der Bergwand** the rocks towered [*or* rose] up out of the cliff-face ② (*vorragen*) ■**irgendwohin** ~ to stick [*or* jut] out somewhere

Ra·gout <-s, -s> [ra'gu:] *nt* KOCHK ragout

Rag·time <-[s]> ['rɛgtaim] *m kein pl* MUS ragtime

Rah <-, -en> [ra:] *f,* **Ra·he** <-, -n> ['ra:ə] *f* NAUT yard

Rahm <-[e]s> [ra:m] *m kein pl* SÜDD, SCHWEIZ (*Sahne*) cream; ÖSTERR (*saure Sahne*) sour cream ▸ WENDUNGEN: [**für sich** *akk*] **den** ~ **abschöpfen** (*fam*) to cream off the best [*or* take the pickings] [for oneself]

Rähm·chen <-s, -> ['rɛ:mçən] *nt dim von* **Rahmen** mount

rah·men ['ra:mən] *vt* ■**etw** ~ to frame sth; **ein Dia** ~ to mount a slide

Rah·men <-s, -> ['ra:mən] *m* ① (*Einfassung*) frame ② (*Fahrradgestell*) frame; AUTO (*Unterbau*) chassis [frame] ③ (*begrenzter Umfang o Bereich*) framework; **im** ~ **des Möglichen** within the bounds of possibility; **im** ~ **bleiben, sich** *akk* **im** ~ **halten** to keep within reasonable bounds; **über den** ~ **von etw hinausgehen, den** ~ [**von etw**] **sprengen** to go beyond the scope [*or* limits *pl*] of sth; **im** ~ **einer S.** *gen* (*im Zusammenhang mit etw*) within the context of sth; (*innerhalb*) within the framework [*or npl* bounds] of sth; **in einem größeren/kleineren** ~ on a large/small scale; **die Gedenkfeier fand in entsprechendem** ~ **statt** the memorial service was appropriate for the occasion; **sich** *akk* **in angemessenem** ~ **halten** to keep [*or* be kept] within reasonable limits; [**mit etw**] **aus dem** ~ **fallen** to stand out [because of sth]; [**mit etw**] **nicht in den** ~ **passen** to not fit in [with sth] ④ (*Atmosphäre*) atmosphere, setting

Rah·men·ab·kom·men *nt* basic [*or* skeleton] [*or* framework] agreement **Rah·men·be·din·gung** *f meist pl* basic [*or* prevailing] conditions *pl* **Rah·men·ge·setz** *nt* framework [*or* skeleton] law (*Federal law establishing the framework for* [*more*] *detailed legislation*) **Rah·men·hand·lung** *f* LIT framework [*or* background] story, basic plot **Rah·men·plan** *m* JUR framework [*or* outline] plan **Rah·men·richt·li·ni·en** *pl* [general] guidelines *pl*

Rahm·kä·se *m* cream cheese

Rain <-[e]s, -e> [rain] *m* boundary [strip], margin of a field

Rai·ne [rai'nə] *f* casserole

Rain·farn *m* BOT tansy

rä·keln ['rɛ:kl̩n] *vr s.* **rekeln**

Ra·ke·te <-, -n> [ra'ke:tə] *f* ❶ (*Flugkörper*) rocket; MIL missile ❷ (*Feuerwerkskörper*) rocket
Ra·ke·ten·ab·schuss·ba·sis^RR *f* rocket/missile launching site [*or* pad] **Ra·ke·ten·ab·wehr** *f* MIL [anti-]missile defence [*or* AM -se] [system] **Ra·ke·ten·an·trieb** *m* rocket propulsion [unit] **Ra·ke·ten·ba·sis** *f* MIL missile [launching] base **Ra·ke·ten·stütz·punkt** *m* MIL missile base **Ra·ke·ten·wer·fer** *m* MIL rocket launcher
Ral·lye <-, -s> ['rali, 'rɛli] *f* rally; ~ [*o* ~**s**] **fahren** to go rallying; **eine** ~ **fahren** to take part [*or* drive] in a rally
Ral·lye·fah·rer(in) ['rali-, 'rɛli-] *m(f)* rally driver
RAM <-, -s> [ram] *nt Akr von* **random access memory** RAM
Ram·bo <-s, -s> ['rambo] *m* (*sl*) Rambo *fam*, tough guy, hard man
Ram·bo·typ *m* (*fam*) Rambo[type of person] *fam*, tough guy [*or fam* girl]
ramm·dö·sig ['ramdø:zɪç] *adj* DIAL (*fam*) dizzy, giddy
Ram·me <-, -n> ['ramə] *f* BAU piledriver
ram·meln ['ramḷn] *vi* ❶ JAGD (*sich paaren*) to mate ❷ (*sl*) to have it off BRIT *sl*, to get it on AM *sl*, to screw *vulg*
ram·men ['ramən] *vt* ❶ (*stoßen*) ▪**jdn/etw** ~ to ram sb/sth; ▪**jdm etw in etw** *akk*/**durch etw** ~ to ram sth into sb's sth/through sb's sth ❷ (*schlagen*) ▪**etw in etw** ~ *akk* to ram sth into sth
Ramm·ler <-s, -> ['ramlɐ] *m* buck
Ram·pe <-, -n> ['rampə] *f* ❶ (*schräge Auffahrt*) ramp; (*Laderampe*) loading ramp ❷ THEAT (*Bühnenrand*) apron
Ram·pen·licht *nt* THEAT (*Beleuchtung*) footlights *pl* ▸ WENDUNGEN: **im** ~ [**der Öffentlichkeit**] **stehen** to be in the limelight
ram·po·nie·ren* [rampo'ni:rən] *vt* (*fam*) ▪**etw** ~ to ruin sth; ▪**ramponiert** ruined; **für den ramponierten Schreibtisch wollen Sie noch 2.800 Euro haben?** you want 2,800 euros for this battered [*or fam* beat-up] [old] desk?; **ramponiert sein/aussehen** to be [*or* feel]/look the worse for wear [*or hum* fragile]
Ramsch <-[e]s> [ramʃ] *m kein pl* (*fam*) rubbish *no pl*, AM *usu* garbage *no pl*, junk *no pl*
Ramsch·la·den *m* (*pej fam*) junk shop
RAM-Spei·cher *m* INFORM RAM [*or* main] memory
ran [ran] **I.** *interj* (*fam*) let's go!; **jetzt aber** ~**, Leute** come on guys[, get a move-on]! **II.** *adv* (*fam*) *s.* **heran**
Rand <-es, Ränder> [rant, *pl* 'rɛndɐ] *m* ❶ (*abfallendes Ende einer Fläche*) edge ❷ (*obere Begrenzungslinie*) *von Glas, Tasse* top, brim; *von Teller* edge [*or* side]; *von Wanne* top [*or* rim] ❸ (*äußere Begrenzung/Einfassung*) edge; *von Hut* brim; *von Wunde* lip; **du hast dir die Hose unten am** [**rechten/linken**] ~ **schmutzig gemacht** you've dirtied the bottom [of the right/left leg] of your trousers; **die Decke hatte einen mit einer Borte verzierten** ~ the quilt was bordered by a braid trimming [*or* had a braid trimming border] ❹ (*Grenze*) **am** ~**e einer S.** *gen* on the verge [*or* brink] of sth; **sich** *akk* **am** ~ **einer S. bewegen** to border on sth ❺ (*auf Papier*) margin; **Trauerkarten haben einen schwarzen** ~ condolence cards have black edging [*or* a black border] ❻ (*Schatten, Spur*) mark; [**dunkle/rote**] **Ränder um die Augen haben** to have [dark/red] rings [a]round one's eyes; **ein** [**schmutziger**] ~ **um die Badewanne** a tidemark around [the rim of] the bath BRIT *fig* ▸ WENDUNGEN: **außer** ~ **und Band geraten** (*fam*) to be beside oneself; **halt den** ~**!** (*fam*) shut your mouth *fam* [*or sl* face] [*or sl* gob]; [**mit etw**] **zu** ~**e kommen** (*fam*) to cope [with sth]; **mit jdm zu** ~**e kommen** (*fam*) to get on with sb; **am** ~**e** in passing; **das habe ich am** ~**e erwähnt** I mentioned that in passing; **das interessiert mich nur am** ~**e** that's only of marginal interest to me
Ran·da·le <-> [ran'da:lə] *f* (*sl*) rioting *no pl*; ~ **machen** to riot
ran·da·lie·ren* [randa'li:rən] *vi* to riot, to [go on the] rampage; ▪~**d** rampaging
Ran·da·lie·rer(in) <-s, -> *m(f)* hooligan
Rand·be·mer·kung *f* ❶ (*beiläufige Bemerkung*) passing comment; **etw in einer** ~ **bemerken** to mention sth in passing ❷ (*Notiz auf einer Schriftseite*) note in the margin, marginal note
Ran·de <-, -n> ['randə] *f* SCHWEIZ (*rote Rübe*) beetroot
Rand·er·schei·nung *f* peripheral phenomenon; (*Nebenwirkung*) side effect **Rand·fi·gur** *f* minor figure **Rand·ge·biet** *nt* ❶ GEOG outlying district ❷ (*Sachgebiet*) fringe area **Rand·grup·pe** *f* SOZIOL fringe group **rand·los** *adj* rimless **Rand·stein** *m s.* **Bordstein Rand·strei·fen** *m* TRANSP, ADMIN verge; *Autobahn* hard shoulder **Rand·zo·ne** *f s.* **Randgebiet 1**
rang [raŋ] *imp von* **ringen**
Rang <-[e]s, Ränge> [raŋ, *pl* 'rɛŋə] *m* ❶ *kein pl* (*Stellenwert*) standing, status; *Entdeckung, Neuerung* importance; **von bestimmtem** ~ of a certain importance; **von bedeutendem/hohem/künstlerischem** ~ of significant/great/artistic importance; **ersten** ~**es** of the first order [*or* great significance] ❷ (*gesellschaftliche Position*) station *no pl*, [social] standing; **alles, was** ~ **und Namen hat** everybody who is anybody; **zu** ~ **und Würden kommen** to achieve a high [social] standing [*or* status]; **jdm** [**durch/mit etw**] **den** ~ **streitig machen** to [try and] challenge sb's position [with sth]; **einen bestimmten** ~ **bekleiden** [*o* **einnehmen**] to hold a certain position ❸ MIL (*Dienstgrad*) rank; **einen hohen** ~ **bekleiden** [*o* **einnehmen**] to hold a high rank, to be a high-ranking officer ❹ SPORT (*Platz*) place ❺ FILM, THEAT circle; **vor leeren/überfüllten Rängen spielen** to play to an empty/a packed house ❻ (*Gewinnklasse*) prize category ▸ WENDUNGEN: **jdm den** ~ **ablaufen** to outstrip [*or* steal a march on] sb
Rang·ab·zei·chen *nt* MIL (*veraltend*) insignia *npl* [of rank], badge of rank **Rang·äl·tes·te(r)** *f(m) dekl wie adj* MIL (*veraltend*) most senior officer
Ran·ge <-, -n> ['raŋə] *f* DIAL (*lebhaftes Kind*) [little [*or* young]] rascal
ran|ge·hen ['range:ən] *vi* (*fam*) ❶ (*herangehen*) ▪[**an etw** *akk*] ~ to go up [to sth] ❷ (*in Angriff nehmen*) ▪[**an etw** *akk*] ~ to get stuck in[to sth], to get cracking [on sth]; *s. a.* **Blücher**
Ran·ge·lei <-, -en> [raŋə'lai] *f* (*fam*) scrapping *no pl*; **es kam immer wieder zu** ~**en** there were numerous [little] scraps
ran·geln ['raŋḷn] *vi* (*fam*) ▪[**mit jdm**] ~ to scrap [with sb]
Rang·fol·ge *f* order of priority **rang·höchs·te(r, s)** *adj* MIL highest-ranking *attr* **Rang·höchs·te(r)** *f(m) dekl wie adj* MIL highest-ranking officer/soldier
Ran·gier·bahn·hof [raŋ'ʒi:ɐ̯-] *m* BAHN marshalling [*or* shunting] yard
ran·gie·ren* [rã'ʒi:rən] **I.** *vi* ❶ (*Stellenwert haben, eingestuft sein*) to rank, to be ranked; **sie rangiert auf Platz drei der Weltrangliste** she's ranked [number] three in the world, she's number three in the world rankings ❷ (*laufen*) ▪**unter etw** ~ *dat* to come under sth **II.** *vt* BAHN ▪**etw irgendwohin** ~ to shunt sth somewhere
Ran·gie·rer(in) <-s, -> *m(f)* BAHN shunter
Ran·gier·gleis [raŋ'ʒi:ɐ̯-] *nt* BAHN siding **Ran·gier·lok** *f*, **Ran·gier·lo·ko·mo·ti·ve** *f* BAHN shunter, shunting locomotive **Ran·gier·ma·nö·ver** *nt* TRANSP manoeuvre
Rang·lis·te *f* SPORT ranking list [*or* rankings] **rang·mä·ßig** *adv* (*hinsichtlich des Dienstgrades*) according to rank; (*hinsichtlich der Dienststellung*) according to seniority; ~ **höher angesiedelt sein** to be higher ranking [*or* in rank] **Rang·ord·nung** *f* hierarchy; **militärische** ~ military [order of] ranks **Rang·stu·fe** *f* rank
Ran·gun <-s> [raŋ'gu:n] *nt* Rangoon, Yangon
Ran·gun·boh·ne *f* Lima bean
Rang·un·ter·schied *m* difference in status
ran|hal·ten *vr irreg* (*fam*) ▪**sich** *akk* ~ to put one's back into it; **haltet euch ran** get a move on *fam*
rank [raŋk] *adj* ~ **und schlank** (*geh*) slim and sylphlike *esp hum*

Ran·ke <-, -n> ['raŋkə] *f* BOT tendril

Rän·ke ['rɛŋkə] *pl* (*veraltet geh*) intrigues *pl,* plots *pl;* ~ **schmieden** to intrigue

ran·ken ['raŋkn̩] **I.** *vr haben* ❶ HORT (*sich winden*) ■**sich** *akk* **irgendwohin** ~ to climb [*or* creep up] [*or* wind itself around] somewhere ❷ (*verbunden sein*) ■**sich** *akk* **um jdn/etw** ~ *Legenden, Sagen etc* to have grown up around sb/developed around sth **II.** *vi haben o sein* to put out tendrils

Rän·ke·schmied(in) *m(f)* (*veraltet geh*) intriguer **Rän·ke·spiel** *nt* (*veraltet geh*) intrigues *pl,* plots *pl*

Rank·ge·wächs *nt* BOT creeper, climber, creeping [*or* climbing] plant

Ran·king <-s, -s> ['rɛŋkɪŋ] *nt* quality assessment

ran|klot·zen *vi* (*sl*) to get stuck in [*or* AM cracking] *fam,* to put one's back into making money

ran|kom·men *vi irreg sein* (*fam*) ❶ (*drankommen*) ■**[an etw** *akk*] ~ to [be able to] reach [sth] ❷ (*vordringen*) ■**an jdn** ~ to get hold of sb *fig;* **man kommt an ihn einfach nicht ran** it's impossible to get at him; **an diese Frau kommt keiner ran** nobody has a chance [*or* will get anywhere] with her

ran|las·sen *vt irreg* ❶ (*fam: heranlassen*) ■**jdn [an jdn/sich]** ~ to let sb near [sb/one] ❷ (*fam: versuchen lassen*) ■**jdn** ~ to let sb have a go ❸ (*sl: den Geschlechtsakt gestatten*) ■**jdn [an sich** *akk*] ~ to let sb do it [with one] *fam;* **den lasse ich bestimmt nicht an mich ran** I'm definitely not letting him do it [*or hum* have his evil way] with me

ran|ma·chen *vr* (*fam*) ■**sich** *akk* **an jdn** ~ to make a pass at sb, to [try to] chat up sb *sep* BRIT

ran|müs·sen *vi irreg haben* (*fam*) to have to muck in BRIT *fam* [*or* AM share the work]

rann [ran] *imp von* **rinnen**

rann·te ['rantə] *imp von* **rennen**

ran|schmei·ßen *vr irreg* (*sl*) ■**sich an jdn** ~ to throw oneself at sb *fam*

Ra·nun·kel <-, -n> [ra'nʊŋkl̩] *f* BOT buttercup, ranunculus *spec*

Ran·zen <-s, -> ['rantsn̩] *m* ❶ SCH (*Schulranzen*) satchel ❷ (*fam: Bauch*) paunch, gut; **sich** *dat* **den** ~ **vollschlagen** (*sl*) to stuff oneself *fam* [*or fam* one's face]; **jdm den** ~ **voll hauen** (*veraltend fam*) to give sb a good hiding *dated* [*or* thrashing]

ran·zig ['rantsɪç] *adj* rancid; ■~ **sein/werden** to be/turn rancid

Rap <-> [rɛp] *m kein pl* MUS rap

ra·pi·de [ra'pi:də] *adj* rapid

Rap·pe <-n, -n> ['rapə] *m* black [horse]

Rap·pel <-s, -> ['rapl̩] *m* **den/seinen** ~ **kriegen** (*fam*) to go completely mad; **dabei kriegt man noch den** ~**!** that's enough to drive you up the wall!, that's enough to drive you round the bend! [*or* twist]

rap·pe·lig ['rapəlɪç] *adj* DIAL (*fam*) jumpy, BRIT *a.* nervy; **raus mit der Neuigkeit, wir sind alle schon ganz** ~**!** come on, let's have [*or* out with] the news, we're all on tenterhooks [already]!

rap·peln ['rapl̩n] *vi* (*fam*) ❶ (*klappern*) to rattle ❷ (*veraltend: verrückt sein*) ■**bei jdm rappelt's** sb has a screw loose *fam* [*or* is mad]

rap·pen ['ræpn̩] *vi* MUS to rap

Rap·pen <-s, -> ['rapn̩] *m* [Swiss] centime, rappen

Rap·per(in) <-s, -> ['ræpɐ] *m(f)* rapper, rap artist [*or* musician]

Rap·port <-[e]s, -e> [ra'pɔrt] *m* (*geh*) ❶ (*Bericht*) report; **jdn zum** ~ **bestellen** to ask sb to file [*or* submit] a report; **jdm** ~ **erstatten** to report to sb ❷ (*psychischer Kontakt*) rapport

Raps <-es, -e> [raps] *m* BOT rape[seed]

Raps·ho·nig *m* rapeseed honey **Raps·öl** *nt* rape[seed] oil

Ra·pun·zel <-, -n> [ra'pʊntsl̩] *f* BOT corn salad, lamb's lettuce

Ra·pun·zel·sa·lat *m* corn [*or* lamb's] lettuce

rar [ra:ɐ̯] *adj* rare; ■~ **sein/werden** to be/become hard to find

Ra·ri·tät <-, -en> [rari'tɛ:t] *f* ❶ (*seltenes Stück*) rarity ❷ (*etwas selten Anzutreffendes*) rarity, curio, curiosity

Ra·ri·tä·ten·ka·bi·nett *nt place displaying rare objects and curios*

rar|ma·chen[RR] *vr* **sich** *akk* ~ (*fam*) to make oneself scarce

ra·sant [ra'zant] **I.** *adj* ❶ (*ausgesprochen schnell*) fast; ~**e Beschleunigung** terrific acceleration; ~**e Fahrt,** ~**es Tempo** breakneck [*or* [very] high] speed ❷ (*stürmisch*) rapid; **eine** ~**e Zunahme** a sharp increase **II.** *adv* ❶ (*zügig*) ~ **fahren** to drive at breakneck speed ❷ (*stürmisch*) rapidly; ~ **zunehmen** to increase sharply

Ra·sanz <-> [ra'zants] *f kein pl* (*geh*) [great] pace [*or* speed]

rasch [raʃ] **I.** *adj* quick, rapid; **eine** ~**e Entscheidung/ein** ~**er Entschluss** a quick decision; **in** ~**em Tempo** at a fast [*or* rapid] speed; ~**es Handeln ist geboten** we must act quickly **II.** *adv* quickly; ~**, beeilt euch!** come on, hurry up!; *s. a.* **Hand**

ra·scheln ['raʃl̩n] *vi* ❶ (*sich scharrend bewegen*) ■**in etw** ~ *dat* to rustle in sth ❷ (*knistern*) ■**[mit etw]** ~ to rustle [sth]; ■**das R**~ [the] rustling

ra·sen ['ra:zn̩] *vi* ❶ *sein* (*sehr schnell fahren*) to speed, to race along; ■**gegen/in etw** *akk* ~ to crash into sth; ■**über etw** *akk* ~ to race [*or* shoot] across [*or* over] sth; ■**das R**~ [the] speeding ❷ *sein* (*eilends vergehen*) to fly [by]; **die Zeit rast** time flies; *s. a.* **Puls** ❸ *haben* (*toben*) ■**[vor etw** *dat*] ~ to go wild [with sth]; **sie raste [vor Wut]** she was beside herself [with rage]

Ra·sen <-s, -> ['ra:zn̩] *m* ❶ (*grasbewachsene Fläche*) lawn ❷ SPORT (*Rasenplatz*) field, BRIT *a.* pitch

ra·send **I.** *adj* ❶ (*äußerst schnell*) breakneck, tremendous ❷ (*wütend*) furious; **eine** ~**e Menge/ein** ~**er Mob** an angry crowd/mob; ■~ **sein vor etw** *dat* to be mad [*or* beside oneself] with sth; ~ **vor Wut** to be beside oneself with rage; **jd könnte** ~ **werden, wenn ...** sb could scream when ...; **jdn** ~ **machen [mit etw]** to drive sb mad [with sth] ❸ (*furchtbar*) terrible; ~**er Durst** raging thirst; ~**e Eifersucht** a mad fit of jealousy; **ein** ~**er Schmerz** an excruciating pain; **eine** ~**e Wut** a blind [*or* violent] rage ❹ (*tobend*) thunderous; ~**er Beifall** thunderous applause **II.** *adv* (*fam*) very; **ich würde das** ~ **gern tun** I'd be very [*or* more than] happy [*or* love] to do it

Ra·sen·de(r) *f(m) dekl wie adj* madman *masc,* madwoman *fem,* maniac

Ra·sen·flä·che *f* lawn **Ra·sen·mä·her** <-s, -> *m* lawnmower **Ra·sen·platz** *m* SPORT field, BRIT *a.* pitch **Ra·sen·spren·ger** <-s, -> *m* [lawn-]sprinkler

Ra·ser(in) <-s, -> ['ra:zɐ] *m(f)* (*fam*) speed merchant *fam*

Ra·se·rei <-, -en> [ra:zə'rai] *f* ❶ (*fam: schnelles Fahren*) speeding *no pl* ❷ *kein pl* (*Wutanfall*) rage, fury; **jdn zur** ~ **bringen** to send sb into a rage, to drive sb mad [*or* to distraction]

Ra·se·rin <-, -nen> *f fem form von* **Raser**

Ra·sier·ap·pa·rat *m* ❶ (*Elektrorasierer*) [electric] shaver [*or* razor] ❷ (*Nassrasierer*) [safety] razor **Ra·sier·creme** *f* shaving cream

ra·sie·ren* [ra'zi:rən] *vt* ❶ (*Bartstoppeln entfernen*) ■**sich** *akk* ~ to [have a] shave; **sich** *akk* **elektrisch** [*o* **trocken**] ~ to use a[n] [electric] shaver [*or* an electric razor]; **sich** *akk* **nass** ~ to [have a] wet shave; ■**sich** *akk* **[von jdm]** ~ **lassen** to get a shave [from sb]; ■**jdn** ~ to shave sb; **ich habe mich beim Rasieren geschnitten** I cut myself shaving ❷ (*von Haaren befreien*) ■**[jdm] etw** ~ *Beine, Nacken* to shave [sb's] sth; ■**jd rasiert sich** *dat* **etw** sb shaves one's sth

Ra·sie·rer <-s, -> *m* (*fam*) [electric] shaver, electric razor

Ra·sier·klin·ge *f* razor blade **Ra·sier·mes·ser** *nt* cut-throat [*or* AM straight] razor **Ra·sier·pin·sel** *m* shaving brush **Ra·sier·schaum** *m* shaving foam **Ra·sier·was·ser** *nt* aftershave **Ra·sier·zeug** *nt* shaving things *pl*

Rä·son <-> [rɛ'zɔŋ, rɛ'zõ:] *f kein pl* **jdn zur** ~ **bringen** (*geh*) to bring sb to his/her senses; ~ **annehmen** (*geh*) to come to one's senses

Ras·pel <-, -n> ['raspl̩] *f* rasp; KOCHK grater

ras·peln ['raspl̩n] *vt* ■**etw** ~ to grate sth; ■**geraspelt** grated

rassRR [ra:s], **räss**RR [rɛ:s], **raß**ALT [ra:s], **räß**ALT [rɛ:s] *adj* SÜDD, SCHWEIZ, ÖSTERR ❶ (*scharf*) spicy, hot; **ein ~er Käse** a sharp[-tasting] cheese ❷ (*resolut*) determined

Ras·se <-, -n> ['rasə] *f* ❶ (*Menschenrasse*) race ❷ (*Tierrasse*) breed; **~ haben** to have pedigree; (*fig*) to have spirit; **dieses Pferd hat ~!** this horse is a thoroughbred!

Ras·sel <-, -n> ['rasl̩] *f* rattle

ras·seln ['rasl̩n] *vi* ❶ *haben* ■**[in etw** *dat*] ~ to rattle [in sth]; ■**das Rasseln** [the] rattling; ■**mit/an etw** ~ *dat* to rattle sth; **mit/an dem Schlüsselbund/den Schlüsseln** ~ to jangle [*or* jingle] one's bunch of keys/keys ❷ *sein* (*fam: durchfallen*) ■**durch etw** ~ to fail [*or* AM *a.* flunk] sth

Ras·sen·dis·kri·mi·nie·rung *f* racial discrimination *no pl* **Ras·sen·for·schung** *m* racial research *no pl*, ethnology *no pl form* **Ras·sen·hass**RR *m* racial hatred *no pl* **Ras·sen·kon·flikt** *m* SOZIOL, POL racial conflict **Ras·sen·merk·mal** *nt* racial characteristic **Ras·sen·mi·schung** *f* ❶ SOZIOL interbreeding *no pl* [of races], mixture of races, miscegenation *form no pl* ❷ ZOOL interbreeding *no pl*, crossbreeding *no pl* **Ras·sen·tren·nung** *f kein pl* racial segregation **Ras·sen·un·ru·he** *f meist pl* racial unrest *no pl, no indef art* **Ras·sen·un·ter·schied** *m* racial difference **Ras·sen·wahn** *m* (*pej*) racial hatred

ras·se·rein *adj s.* **reinrassig Ras·se·tier** *nt* thoroughbred

ras·sig ['rasɪç] *adj* vivacious, spirited; **ein ~er Wein** a full-bodied wine

ras·sisch ['rasɪʃ] *adj* racial

Ras·sis·mus <-> [ra'sɪsmʊs] *m kein pl* racism, racialism

Ras·sist(in) <-en, -en> [ra'sɪst] *m(f)* racist, racialist

ras·sis·tisch *adj* racist, racialist

Rast <-, -en> [rast] *f* rest, break; [**irgendwo**] ~ **machen** to stop for a rest [*or* break] [somewhere]; **ohne ~ und Ruh** (*geh*) without respite *form*

Ras·te <-, -n> ['rastə] *f* notch

ras·ten ['rastn̩] *vi* to [have a] rest [*or* have [*or* take] a break]; **nicht ~ und nicht ruhen, bis ...** not to rest until ... ▸ WENDUNGEN: **wer rastet, der rostet** (*prov*) a rolling stone gathers no moss *prov*

Ras·ter1 <-s, -> ['rastɐ] *m* TYPO ❶ (*Glasplatte, Folie*) screen ❷ (*Rasterung*) screening, shadowing

Ras·ter2 <-s, -> ['rastɐ] *nt* ❶ TV (*Gesamtheit der Bildpunkte*) raster ❷ (*geh: System von Kategorien*) category; **man kann sie in kein ~ pressen** she can't be pigeonholed

Ras·ter·(e·lek·tro·nen)·mi·kro·skop *nt* BIOL scanning electron microscope **Ras·ter·fahn·dung** *f* ≈ computer search (*search for wanted persons by using computers to assign suspects to certain categories*)

Rast·haus *nt* roadhouse; (*Autobahn*) motorway [*or* AM freeway] service area **Rast·hof** *m* [motorway [*or* AM freeway]] service area **rast·los** *adj* ❶ (*unermüdlich*) tireless, unflagging ❷ (*unruhig*) restless **Rast·lo·sig·keit** <-> *f kein pl* ❶ (*Unermüdlichkeit*) tirelessness ❷ (*Unruhe*) restlessness **Rast·platz** *m* TRANSP picnic area **Rast·stät·te** *f s.* **Rasthof**

Ra·sur <-, -en> [ra'zu:ɐ̯] *f* ❶ (*das Rasieren*) shaving *no pl*; **nach/vor der ~** after/before shaving ❷ (*Resultat des Rasierens*) shave

Rat1 <-[e]s> [ra:t] *m kein pl* advice; **mit ~ und Tat** with help and advice; **jdn um ~ fragen** to ask sb for advice [*or* sb's advice]; **jdm einen ~ geben** to give sb some advice; **wenn ich dir einen ~ geben darf** if I could give you some [*or* a bit of [*or* a piece of]] advice; **jdm den ~ geben, etw zu tun** to advise sb to do sth; **sich** *dat* [**bei jdm**] **~ holen** to get some advice [from sb]; **sich** *dat* **keinen ~ [mehr] wissen** to be at one's wit's end; **sich** *dat* **keinen anderen ~ mehr wissen, als etw zu tun** not to know what to do other than to do sth; **jdn/etw zu ~e ziehen** to consult sb/sth; **auf jds ~ [hin]** on [the strength of] sb's advice; **gegen** [*o* **entgegen**] **jds ~** against sb's advice; **da ist guter ~ teuer** it's hard to know what to do

Rat2 <-[e]s, Räte> [ra:t, *pl* 'rɛ:tə] *m* POL council; **er wurde in den ~ [der Gemeinde/Stadt] gewählt** he was elected to the [parish/town] council; **der ~ der Weisen** ÖKON the German Expert Council on Overall Economic Development (*independent body of five experts who annually present a report on the economy and its likely future development*); **Großer ~** SCHWEIZ [Swiss] cantonal parliament; **im ~ sitzen** (*fam*) ≈ to be Councillor [*or* AM *a.* Councilor] (*to be a member of a [Swiss] cantonal parliament*)

Rat, Rä·tin <-[e]s, Räte> [ra:t, 'rɛ:tɪn, *pl* 'rɛ:tə] *m, f* ❶ POL (*Stadtrat*) councillor, AM *a.* councilor ❷ ADMIN (*fam*) senior official

Ra·te <-, -n> ['ra:tə] *f* instalment, AM *a.* installment; **auf** [*o* **in**] **~n** in [*or* by] instalments; **etw in ~n bezahlen** to pay for sth in [*or* by] instalments, to buy sth on hire purchase [*or* AM using an installment plan]

ra·ten <rät, riet, geraten> ['ra:tn̩] **I.** *vi* ❶ (*Ratschläge geben*) ■**[jdm] zu etw ~** to advise [sb to do] sth, to recommend sth [to sb]; **wenn Sie mich fragen, ich würde [Ihnen] zu einem Kompromiss ~** if you ask me, I'd advise [you to] compromise; ■**jdm ~, etw zu tun** to advise sb to do sth; ■**sich** *dat* [**von jdm**] **~ lassen** to take advice [from sb] ❷ (*schätzen*) to guess; **mal ~** to have a guess; **falsch/richtig ~** to guess wrong/right; *s. a.* **dreimal, geraten II.** *vt* ❶ (*als Ratschlag geben*) ■**jdm etw raten** to advise sb to do sth; **was rätst du mir?** what do you advise [me to do]? ❷ (*erraten*) ■**etw ~** to guess sth; **ein Rätsel ~** to solve a riddle

Ra·ten·kauf *m* hire purchase BRIT, installment plan AM **ra·ten·wei·se** *adv* in [*or* by] instalments **Ra·ten·zah·lung** *f* ❶ *kein pl* (*Zahlung in Raten*) payment in [*or* by] instalments ❷ (*Zahlung einer Rate*) payment of an instalment

Rä·te·re·pu·blik *f* HIST ≈ soviet republic (*republic governed by [workers'] councils*)

Ra·te·spiel *nt* quiz

Rat·ge·ber <-s, -> *m* ❶ (*Werk*) manual ❷ (*beratende Person*) adviser, advisor; **ein schlechter** [*o* **kein guter**] **~ sein** (*fig*) to be a shaky basis for a decision [*or* a doubtful motive]

Rat·haus *nt* town hall

Ra·ti·fi·ka·ti·on <-, -en> [ratifika'tsi̯o:n] *f s.* **Ratifizierung**

ra·ti·fi·zie·ren* [ratifi'tsi:rən] *vt* POL ■**etw ~** to ratify sth

Ra·ti·fi·zie·rung <-, -en> *f* POL ratification *no pl*

Rä·tin <-, -nen> *f fem form von* **Rat**

Ra·tio <-> ['ra:tsio] *f kein pl* (*geh*) reason *no art*

Ra·ti·on <-, -en> [ra'tsi̯o:n] *f* ration; **eiserne ~** MIL iron rations *pl*

ra·tio·nal [ratsi̯o'na:l] *adj* (*geh*) rational

ra·ti·o·na·li·sie·ren* [ratsi̯onali'zi:rən] **I.** *vt* ■**etw ~** to rationalize [*or* AM *usu* streamline] sth **II.** *vi* to rationalize, AM *usu* to streamline

Ra·ti·o·na·li·sie·rung <-, -en> *f* rationalization *no pl*, AM *usu* streamlining *no pl*

Ra·ti·o·na·li·sie·rungs·maß·nah·me *f meist pl* ÖKON rationalization [*or* AM *usu* streamlining] measure

Ra·ti·o·na·list(in) <-en, -en> [ratsi̯ona'lɪst] *m(f)* (*geh*) rationalist

ra·ti·o·nell [ratsi̯o'nɛl] *adj* efficient

ra·ti·o·nie·ren* [ratsi̯o'ni:rən] *vt* ■**etw ~** to ration sth

Ra·ti·o·nie·rung <-, -en> *f* rationing *no pl*

rat·los *adj* helpless; ■**~ sein** to be at a loss; **ich bin völlig ~** I'm completely at a loss

Rat·lo·sig·keit <-> *f kein pl* helplessness

Rä·to·ro·ma·ne, -ro·ma·nin <-n, -n> [rɛtoro'ma:nə, -ro'ma:nɪn] *m, f* GEOG Rhaetian

rä·to·ro·ma·nisch [rɛtoro'ma:nɪʃ] *adj* LING Rhaeto-Romanic [*or* -Romance]; ■**das Rätoromanisch[e]** Rhaeto-Romanic [*or* -Romance]

R

rat·sam ['ra:tza:m] *adj* prudent; ■~ **sein, etw zu tun** to be advisable to do sth; **etw für ~ halten** to think sth wise; **es für ~ halten, etw zu tun** to think it wise to do sth

Rat·sche <-, -n> ['ra:tʃə] *f,* **Rät·sche** <-, -n> ['rɛ:tʃə] *f* MUS SÜDD, ÖSTERR rattle

rat·schen ['ra:tʃn̩] *vi* SÜDD, ÖSTERR ❶ (*die Ratsche drehen*) to rattle ❷ (*fam: schwatzen*) ■**[mit jdm]** ~ to chat [*or fam* natter] [with sb]

Rat·schlag <-s, Ratschläge> ['ra:tʃla:k, *pl* -ʃlɛ:gə] *m* advice *no pl, no indef art,* bit [*or* piece] of advice *no pl, no def art;* **spar dir deine Ratschläge** spare me your advice; **jdm [in etw** *dat*] **einen ~ geben** [*o geh* **erteilen**] to give sb a piece of [*or* some] advice [on sth]

Rat·schlussRR *m* will *no pl*

Rät·sel <-s, -> ['rɛ:tsl̩] *nt* ❶ (*Geheimnis*) mystery; **das ~ hat sich endlich aufgeklärt** we finally solved that mystery; **jdm ein ~ sein/bleiben** to be/remain a mystery to sb; **es ist [jdm] ein ~ warum/wie ...** it is a mystery [to sb] why/how ... ❷ (*Denkaufgabe*) riddle, puzzle; **des ~s Lösung** the solution to the puzzle, the answer to the riddle; **jdm ein ~ aufgeben** to pose a riddle for sb; *Frage* to puzzle [*or* baffle] sb, to be a mystery to sb; **in ~n sprechen** to talk [*or* speak] in riddles; **vor einem ~ stehen** to be baffled ❸ (*Kreuzworträtsel*) crossword [puzzle]

rät·sel·haft *adj* mysterious, enigmatic; **eine ~e Erscheinung/ein ~es Phänomen/ein ~es Verschwinden** a mysterious appearance/phenomenon/disappearance; **auf ~e Weise** in a mysterious manner, mysteriously; **sie ist unter bisher ~en Umständen ums Leben gekommen** she lost her life under suspicious circumstances; ■**jdm ~ sein** to be a mystery to sb; ■**es ist jdm ~, warum/wie ...** it's a mystery to sb why/how ...

Rät·sel·heft *nt* puzzle magazine

rät·seln ['rɛ:tsl̩n] *vi* to rack one's brains; ■**~, warum/was/wie ...** to rack one's brains as to [*or* try and work out] why/what/how ...; **ich weiß es nicht genau, ich kann nur ~** I don't know exactly, I can only speculate [*or fam* hazard a guess]

Rät·sel·ra·ten <-s> *nt kein pl* ❶ (*das Lösen von Rätseln*) [the] solving [of] puzzles ❷ (*das Mutmaßen*) guessing game

Rats·herr *m* councillor, AM *a.* councilor **Rats·kel·ler** *m* rathskeller, ratskeller (*restaurant in the cellar of a German town hall*) **Rats·mit·glied** *nt* councillor, AM *a.* councilor **Rats·ver·samm·lung** *f* council meeting

Rat·tan <-s, *selten* -e> ['ratan] *nt* BOT rattan

Rat·te <-, -n> ['ratə] *f* ❶ ZOOL rat ❷ (*sl: Dreckskerl*) rat; **du miese ~!** you dirty rat! ▶WENDUNGEN: **die ~n verlassen das sinkende Schiff** (*prov*) the rats are leaving [*or* deserting] the sinking ship

Rat·ten·fän·ger *m* (*veraltet*) rat-catcher; **der ~ von Hameln** the Pied Piper of Hamelin **Rat·ten·fraß** *m* damage caused by rats **Rat·ten·gift** *nt* rat poison *no pl* **Rat·ten·schwanz** *m* ❶ ZOOL (*Schwanz einer Ratte*) rat's tail, rat-tail ❷ (*fam: verbundene Serie von Ereignissen*) string, series; **das könnte einen ganzen ~ von Prozessen auslösen** this could set off a whole string [*or* series] of cases ❸ (*fam: Frisur*) pigtail

rat·tern ['ratɐn] *vi* ❶ *haben* (*klappernd vibrieren*) to rattle ❷ *sein* (*sich ratternd fortbewegen*) to rattle along

rat·ze·kahl ['ratsə'ka:l] *adv* (*fam*) totally, completely; **~ aufessen/auffressen** to gobble up [*or fam* polish off] the whole lot [*or* everything]; **das Haar ~ abrasieren** to shave off the hair completely

rat·zen ['ratsn̩] *vi* DIAL (*fam: schlafen*) to kip BRIT *fam,* to sleep; (*kleines Schläfchen halten*) to have a kip BRIT *fam* [*or* nap]

rauRR *adj* ❶ (*spröde*) rough; **~e Hände/Haut/~er Stoff** rough hands/skin/material; **~e Lippen** chapped lips; *s. a.* **Schale** ❷ (*heiser*) sore; **eine ~e Stimme** a hoarse [*or* husky] voice ❸ (*unwirtlich*) harsh, raw; **eine ~e Gegend** a bleak [*or* an inhospitable] region ❹ (*barsch*) harsh; **~es Benehmen/~e Sitten** uncouth behaviour [*or* AM -or]/manners

Raub <-[e]s, *selten* -e> [raup] *m kein pl* ❶ (*das Rauben*) robbery ❷ (*das Geraubte*) booty, spoils *npl* ▶WENDUNGEN: **ein ~ der Flammen werden** (*geh*) to be consumed by the flames

Raub·bau *m kein pl* over-exploitation; ■**~ an etw** *dat* over-exploitation of sth; **der ~ am Tropenwald** the overfelling [*or* destruction] of the [tropical] rainforests; **~ treiben** to overdo it, to burn the candle at both ends; **du treibst ~ mit deiner Gesundheit** you're ruining your health **Raub·druck** *m* pirate[d] edition [*or* copy]

Rau·beinRR *nt* (*fam*) rough diamond BRIT, diamond in the rough AM

rau·bei·nigRR *adj* (*fam*) rough-and-ready

rau·ben ['raubn̩] **I.** *vt* ❶ (*stehlen*) ■**[jdm] etw ~** to rob [sb of] sth, to steal sth [from sb]; **sie raubten ihm das Radio aus dem Auto** they robbed him of [*or* stole] his radio from his car ❷ (*entführen*) ■**jdn ~** to abduct [*or* kidnap] sb ❸ (*geh*) ■**jdm etw ~** to deprive sb of sth; **das hat mir viel Zeit geraubt** this has cost me a lot of time; *s. a.* **Nerv II.** *vi* to rob, to plunder

Räu·ber(in) <-s, -> ['rɔybɐ] *m(f)* robber; **~ und Gendarm** cops and robbers

Räu·ber·ban·de *f* band [*or* gang] of robbers, bunch of crooks **Räu·ber-Beu·te-Be·zie·hung** *f* BIOL predator-prey relationship **Räu·ber·haupt·mann** *m* gang leader **Räu·ber·höh·le** *f* (*veraltend*) robbers' den ▶WENDUNGEN: **in einer ~ leben** to live in a pigsty *fig*

Räu·be·rin <-, -nen> *f fem form von* **Räuber**

räu·be·risch *adj* ❶ (*als Räuber lebend*) predatory, rapacious *form* ❷ (*einen Raub bezweckend*) **ein ~er Überfall/eine ~e Unternehmung** a raid/robbery; *s. a.* **Erpressung**

Raub·fisch *m* predatory fish **Raub·kat·ze** *f* [predatory] big cat **Raub·ko·pie** *f* pirate[d] copy **raub·ko·pie·ren*** *vt* INFORM, MEDIA ■**etw ~** to pirate sth **Raub·mord** *m* murder with robbery as a motive **Raub·mör·der(in)** *m(f)* robber who commits [*or* committing] murder, murderer and robber **Raub·mö·we** *f* ORN skua **Raub·rit·ter** *m* HIST robber baron **Raub·tier** *nt* ZOOL predator, beast of prey **Raub·über·fall** *m* robbery, hold-up; (*auf Geldtransport etc a.*) raid; ■**der/ein ~ auf jdn/etw** the/a hold-up of sb/sth; **einen ~ auf jdn/etw verüben** to hold up sb *sep*/to raid [*or sep* hold up] sth **Raub·vo·gel** *m* ORN bird of prey, predatory bird, raptor *spec* **Raub·zug** *m* raid

Rauch <-[e]s> [raux] *m kein pl* ❶ (*Qualm*) smoke; (*Tabakrauch*) [cigarette] smoke; **in ~ aufgehen** [*o* **sich** *akk* **in ~ auflösen**] to go up in smoke *fig* ❷ KOCHK (*Räucherkammer*) smokehouse, smoking chamber

Rauch·ab·zug *m* BAU flue, smoke outlet

rau·chen ['rauxn̩] **I.** *vi* ❶ (*Raucher sein*) to smoke; **sehr stark** [*o* **viel**] **~** to be a very heavy smoker; **darf man hier/bei Ihnen ~?** may I smoke [in] here/do you mind if I smoke? ❷ (*qualmen*) to smoke ▶WENDUNGEN: **..., dass es [nur so] rauchte** (*fam*) like mad *fam;* **er hat ihm die Leviten gelesen, dass es [nur so] rauchte** he really read him the riot act; *s. a.* **Kopf II.** *vt* ■**etw ~** to smoke sth

Rau·cher <-s, -> *m* BAHN (*fam*) smoking compartment [*or* carriage] [*or* AM car], smoker *dated*

Rau·cher(in) <-s, -> *m(f)* smoker; **~ sein** to be a smoker; **„~"** 'smoking [area]'

Räu·cher·aal *m* smoked eel

Rau·cher·ab·teil *nt* BAHN smoking compartment [*or* carriage] [*or* AM car], smoker *dated* **Rau·cher·bein** *nt* MED smoker's leg **Rau·cher·ecke** *f* smokers' corner **Rau·cher·hus·ten** *m* smoker's cough

Rau·che·rin <-, -nen> *f fem form von* **Raucher**

Räu·cher·kam·mer *f* KOCHK smokehouse, smoking chamber **Räu·cher·ker·ze** *f* pastille, scented candle **Räu·cher·lachs** *m* smoked salmon *no pl*

räu·chern [rɔyçɐn] **I.** *vt* ■**etw ~** to smoke sth; ■**geräuchert** smoked; ■**das Räuchern** smoking **II.** *vi* (*fam*) ❶ KOCHK

(*gerade räuchern*) to smoke ❷ (*Räucherstäbchen abbrennen*) to burn incense [*or* joss sticks]
Räu·cher·speck *m* smoked bacon **Räu·cher·stäb·chen** *nt* joss stick **Räu·cher·würst·chen** *nt* smoked sausage
Rau·cher·zo·ne *f* smoking area
Rauch·fah·ne *f* plume [*or* trail] of smoke **Rauch·fang** *m* ❶ (*Abzugshaube*) chimney hood ❷ ÖSTERR (*Schornstein*) chimney **Rauch·fang·keh·rer(in)** *m(f)* ÖSTERR (*Schornsteinfeger*) chimney sweep **Rauch·fleisch** *nt* smoked meat **Rauch·gas** *nt* (*geh*) flue gas **Rauch·gas·ent·schwe·fe·lungs·an·la·ge** *f* flue gas desulphurization plant **rauch·ge·schwärzt** *adj* smoke-blackened *attr;* blackened by smoke *pred*
rau·chig ['rauxɪç] *adj* smoky
Rauch·schwa·den <-s, -> *m meist pl* cloud of smoke **Rauch·schwal·be** *f* ORN [common] swallow **Rauch·ver·bot** *nt* ban on smoking; **darf ich rauchen, oder besteht hier/bei euch ~?** may I smoke, or do you prefer people not to smoke?
Rauch·ver·gif·tung *f* MED fume [*or* smoke] poisoning
Rauch·wa·ren¹ *pl* (*geh*) tobacco [products *pl*]
Rauch·wa·ren² *pl* (*geh*) furs *pl*
Rauch·wol·ke *f* cloud of smoke **Rauch·zim·mer** *nt* smoking [*or* smoker's] room
Räu·de <-, -n> ['rɔydə] *f* mange *no pl*
räu·dig ['rɔydɪç] *adj* mangy; *s. a.* **Hund**
rauf [rauf] **I.** *interj* (*fam*) up **II.** *adv* (*fam*) ■ **jd darf/ist/kann/muss/soll [auf etw** *akk*] ~ sb is allowed [to go] up/is up/can go up/has to go up/is supposed to go up [sth]
Rau·fa·ser(·ta·pe·te)^RR *f* woodchip [wallpaper]
Rauf·bold <-[e]s, -e> ['raufbɔlt] *m* thug, ruffian *dated*
rau·fen ['raufn̩] **I.** *vi* ■ **[mit jdm]** ~ to fight [[with] sb] **II.** *vr* ■ **sich** *akk* **[um etw]** ~ to fight [over sth]; *s. a.* **Haar**
Rau·fe·rei <-, -en> [raufə'rai] *f* fight, scrap *sl*
rauf·lus·tig *adj* looking [*or* spoiling] for a fight [*or sl* scrap] *pred,* pugnacious *form*
rauh^ALT [rau] *adj s.* **rau**
Rauh·bein^ALT *nt s.* **Raubein**
rauh·bei·nig^ALT *adj s.* **raubeinig**
Rau·heit <-> ['rauhait] *f kein pl* ❶ (*Sprödigkeit*) roughness *no pl* ❷ (*Unwirtlichkeit*) harshness, rawness; *Gegend* bleakness, inhospitableness
Rauh·fa·ser(·ta·pe·te)^ALT *f s.* **Raufasertapete** **Rauh·putz**^ALT *m s.* **Rauputz** **Rauh·reif**^ALT *m kein pl s.* **Raureif**
Rau·ke ['raukə] *f* BOT arugula, rocket, roquette
Raum <-[e]s, Räume> [raum, *pl* 'rɔymə] *m* ❶ (*Zimmer*) room ❷ *kein pl* (*Platz*) room *no art,* space *no art;* **auf engstem ~** in a very confined space [*or* the most confined of spaces]; ~ **[für etw] schaffen** to make room [*or* create space] [for sth] ❸ *kein pl* PHYS space *no art;* ASTRON [outer] space *no pl, no art* ❹ GEOG (*Gebiet*) region, area; **im ~ Hamburg** in the Hamburg area ▶ WENDUNGEN: **im ~[e] stehen** to be unresolved; **etw in den ~ stellen** to raise [*or* pose] [*or sep* bring up] sth; **eine Hypothese/These in den ~ stellen** to put forward a hypothesis/theory
Raum·auf·tei·lung *f* floor plan **Raum·aus·stat·ter(in)** <-s, -> *m(f)* interior decorator
Raum·de·ckung *f* FBALL zonal marking
räu·men ['rɔymən] **I.** *vt* ❶ (*entfernen*) ■ **etw aus/von etw ~** to remove [*or* clear] sth from sth; **räum deine Unterlagen bitte vom Tisch** clear your papers off [*or* remove your papers from] the table, please ❷ (*einsortieren*) ■ **etw in etw** *akk* ~ to put away sth *sep* in sth ❸ (*frei machen*) ■ **etw ~** to vacate [*or* move out of] sth; **die Straße ~** to clear the street; ■ **etw ~ lassen** to have sth cleared ❹ (*evakuieren*) ■ **geräumt werden** to be evacuated **II.** *vi* DIAL (*umräumen*) to rearrange things
Raum·fäh·re *f* space shuttle **Raum·fah·rer(in)** *m(f)* (*veraltend*) *s.* **Astronaut**
Raum·fahrt *f kein pl* space travel *no art;* (*einzelner Raumflug*) space flight; **bemannte/unbemannte ~** manned/unmanned space travel
Raum·fahrt·be·hör·de *f* space agency [*or* authority] **Raum·fahrt·me·di·zin** *f kein pl* space medicine *no pl, no indef art* **Raum·fahrt·zen·trum** *nt* space centre [*or* AM -er]
Raum·fahr·zeug *nt* spacecraft
Räum·fahr·zeug *nt* bulldozer; (*für Schnee*) snowplough BRIT, snowplow AM
Raum·flug *m* ❶ (*Flug in den Weltraum*) space flight ❷ *kein pl* (*Raumfahrt*) space travel
Raum·ge·stal·tung *f* interior design
Raum·glei·ter <-s, -> *m* space shuttle
Raum·in·halt *m* MATH volume
Raum·kap·sel *f* ❶ (*Kabine einer Raumfähre*) space capsule ❷ *s.* **Raumsonde**
Raum·leh·re *f* geometry
räum·lich ['rɔymlɪç] **I.** *adj* ❶ (*den Raum betreffend*) spatial; **in großer ~er Entfernung** a long way away; **~e Nähe** physical proximity; **~e Gegebenheiten** spacious conditions [*or* set-up] ❷ (*dreidimensional*) three-dimensional; **das ~e Sehvermögen** the ability to see things in three dimensions [*or* three-dimensionally] **II.** *adv* ❶ (*platzmäßig*) spatially; ~ **[sehr] beengt** [*o* **beschränkt**] **sein** to be [very] cramped for space; **sich** *akk* ~ **beschränken** to limit oneself in terms of space ❷ (*dreidimensional*) three-dimensionally
Räum·lich·keit <-, -en> *f* ❶ *kein pl* KUNST (*räumliche Wirkung, Darstellung*) spatiality *no pl,* three-dimensionality *no pl* ❷ *pl* (*geh: zusammengehörende Räume*) premises *npl*
Raum·man·gel *m* lack of room [*or* space] *no pl* **Raum·maß** *nt* cubic measure, unit of capacity [*or* volume] **Raum·me·ter** *m o nt* cubic metre [*or* AM -er] (*of stacked wood*) **Raum·ord·nung** *f* ADMIN regional development planning **Raum·pfle·ger(in)** *m(f)* (*euph: Putzhilfe*) cleaner, cleaning lady *fem* **Raum·pla·nung** *f s.* **Raumordnung**
Raum·schiff *nt* spaceship **Raum·son·de** *f* space probe
raum·spa·rend *adj attr* space-saving *attr*
Raum·sta·ti·on *f* space station **Raum·trans·por·ter** *m* space shuttle
Räu·mung <-, -en> *f* ❶ (*das Freimachen eines Ortes*) *Kreuzung, Unfallstelle* clearing, clearance; *Wohnung* vacation; (*zwangsweise*) eviction ❷ (*Evakuierung*) evacuation
Räu·mungs·ar·bei·ten *pl* clearance work *no pl, no indef art,* clearance operations *pl* **Räu·mungs·be·fehl** *m* JUR eviction order **Räu·mungs·kla·ge** *f* JUR action of ejectment **Räu·mungs·ver·kauf** *m* ÖKON clearance sale
Raum·ver·schwen·dung *f* waste of space **Raum·ver·tei·lungs·plan** *m* BAU diagram of the layout [of a/the building/the rooms]
rau·nen ['raunən] **I.** *vi* (*geh*) to murmur, to whisper; **ein Raunen ging durch die Menge** a murmur went through the crowd **II.** *vt* (*geh*) ■ **etw ~** to murmur [*or* whisper] sth
Rau·pe¹ <-, -n> ['raupə] *f* ZOOL caterpillar
Rau·pe² <-, -n> ['raupə] *f* (*Planierraupe*) bulldozer
Rau·pe³ <-, -n> ['raupə] *f* TECH *s.* **Raupenkette**
Rau·pen·fahr·zeug *nt* caterpillar® [vehicle] **Rau·pen·ket·te** *f* caterpillar® track **Rau·pen·schlep·per** *m* caterpillar® tractor
Rau·putz^RR *m* BAU roughcast *no pl* **Rau·reif**^RR *m kein pl* hoar [*or* white] frost, rime
raus [raus] **I.** *interj* [get] out; **schnell ~ hier!** quick, get out of here! **II.** *adv* (*fam*) out; **Sie können da nicht ~** you can't get out that way; **aufmachen, ich will hier ~!** let me out of here!; *s. a.* **heraus, hinaus**
Rausch <-[e]s, Räusche> [rauʃ, *pl* 'rɔyʃə] *m* ❶ (*Trunkenheit*) intoxication, inebriation; **im Zustand eines ~es** in a state of intoxication; **einen ~ bekommen** to get drunk, to become inebriated [*or* intoxicated] *form;* **einen ~ haben** to be drunk [*or form* inebriated] [*or form* intoxicated]; **seinen ~ ausschlafen** to sleep it off; **sich** *dat* **einen ~ antrinken** to get drunk ❷ (*geh: Ekstase*) ecstasy; **im ~ der Leidenschaft** intoxicated

R

by [*or* inflamed with] passion; **der ~ der Geschwindigkeit/des Erfolges** the thrill [*or* exhilaration] of speed/success
rau·schen ['raʊʃn̩] *vi* ❶ *haben* (*anhaltendes Geräusch erzeugen*) *Brandung, Meer, Wasser[fall], Verkehr* to roar; (*sanft*) to murmur; *Baum, Blätter* to rustle; *Lautsprecher* to hiss; *Rock, Vorhang* to swish ❷ *sein* (*sich geräuschvoll bewegen*) *Bach, Fluten, Wasser* to rush; *Vogelschwarm* to swoosh ❸ *sein* (*fam: zügig gehen*) to sweep; **sie rauschte aus dem/in das Zimmer** she swept out of/into the room
rau·schend *adj* (*prunkvoll*) *Ballnacht, Fest* glittering; (*stark*) *Beifall* resounding
rausch·frei *adj* TELEK, MEDIA free of background noise; **CDs sind völlig ~** CDs are completely hiss-free [*or* free of background noise]; **~e Wiedergabe** hiss-free reproduction
Rausch·gift *nt* drug, narcotic; **~ nehmen** to take drugs; (*drogensüchtig sein*) to be on drugs
Rausch·gift·de·zer·nat *nt* ADMIN drug [*or* AM narcotics] squad **Rausch·gift·fahn·der(in)** *m(f)* drug squad officer BRIT, narcotics agent AM **Rausch·gift·han·del** *m* drug trafficking **Rausch·gift·kri·mi·na·li·tät** *f* drug-related crime **Rausch·gift·schmug·gel** *m* drug smuggling **Rausch·gift·sucht** *f* drug addiction **rausch·gift·süch·tig** *adj inv* addicted to drugs *pred* **Rausch·gift·süch·ti·ge(r)** <-n, -n> *dekl wie adj f(m)* drug addict
Rausch·mit·tel *nt* (*geh*) drug, intoxicant *form*
raus|ekeln ['raʊsʔeːkl̩n] *vt* (*fam*) ■**jdn [aus etw] ~** to hound [*or* drive] sb [out of sth]; (*durch Schweigeterror*) to freeze sb out *sep* [of sth] *fam*
raus|flie·gen *vi irreg sein* (*fam*) ❶ (*hinausgeworfen werden*) **aus der Schule ~** to be chucked [*or* slung] [*or* AM kicked] out of school *fam;* **aus einem Betrieb ~** to be given the boot [*or* the push] *fam* ❷ (*weggeworfen werden*) to get chucked out [*or* away]
raus|gu·cken *vi* (*fam*) ■**[aus etw** *dat*] **~** ❶ (*heraussehen*) to look out [of sth] ❷ (*fig: hervorstrecken*) to peep out [of sth]
raus|krie·gen *vt* (*fam*) ■**etw ~** to cotton on to [*or* AM *a.* to] sth *fam;* ■**~, was/wer/wie/wo ...** to find out what/who/how/where ...; **ein Rätsel ~** to figure out a puzzle *sep*
räus·pern ['rɔyspɐn] *vr* ■**sich** *akk* **~** to clear one's throat; **durch wiederholtes Räuspern versuchte sie, die Aufmerksamkeit auf sich zu lenken** by repeatedly clearing her throat, she tried to draw attention to herself
raus|schmei·ßen *vt irreg* (*fam*) ❶ ■**jdn ~** to chuck [*or* sling] [*or* AM *usu* kick] out sb *sep fam;* **er wurde aus der Schule rausgeschmissen** he was chucked out of school; (*aus einer Firma*) to give sb the boot [*or* the push] *fam;* **jd aus dem Haus ~** to sling [*or* kick] [*or* throw] sb out *sep fam* ❷ (*wegwerfen*) ■**etw ~** to chuck sth out [*or* away] *fam*
Raus·schmei·ßer <-s, -> *m* (*fam*) bouncer *fam*
Raus·schmissRR <-es, -e> *m,* **Raus·schmiß**ALT <-sses, -sse> *m* (*fam*) booting [*or* chucking] [*or* slinging] [*or* AM *usu* throwing] out *fam;* **mit dem ~ hat er rechnen müssen** he had to expect the boot
Rau·te <-, -n> ['raʊtə] *f* MATH rhombus
rau·ten·för·mig *adj* MATH rhombic, diamond-shaped
Ra·ve <-[s], -s> [reːf] *nt* MUSIK rave *fam*
Ra·vi·o·li [ra'vi̯oːli] *pl* ravioli + *sing vb, no indef art*
Ray·gras ['raigraːs] *nt* BOT rye grass
Ray·on <-s, -s> [rɛ'jõː] *m* ÖSTERR, SCHWEIZ district
Raz·zia <-, Razzien> ['ratsi̯a, *pl* -tsiən] *f* raid, bust *fam;* **eine ~ veranstalten** [*o* **machen**] [*o* **durchführen**] to [make a] raid
Re·a·gens <-, Reagenzien> [re'aːgɛns, re'ʔaːgɛns, *pl* -gɛntsi̯ən] *nt,* **Re·a·genz** <-es, -ien> [rea'gɛnts, *pl* -tsi̯ən] *nt* CHEM reagent
Re·a·genz·glas *nt* CHEM, PHYS, BIOL test tube
re·a·gie·ren* [rea'giːrən] *vi* ❶ (*eine Reaktion zeigen*) ■**[auf etw** *akk*] **~** to react [to sth]; **ich habe ihn um eine Antwort gebeten, aber er hat noch nicht reagiert** I have asked him for an answer but he hasn't come back to me yet; **empfindlich/sauer [auf etw** *akk*] **~** to be sensitive [to sth]/peeved [at sth] ❷ CHEM ■**[mit etw] ~** to react [with sth]
Re·ak·ti·on <-, -en> [reak'tsi̯oːn] *f* reaction; ■**jds ~ auf etw** *akk* sb's reaction to sth
re·ak·ti·o·när [reaktsi̯o'nɛːɐ̯] **I.** *adj* POL (*pej: rückständig*) reactionary **II.** *adv* in a reactionary way; **~ eingestellt sein** to be a reactionary
Re·ak·ti·o·när(in) <-s, -e> [reaktsi̯o'nɛːɐ̯] *m(f)* POL (*pej*) reactionary
Re·ak·ti·ons·fä·hig·keit *f kein pl* reflexes *pl,* reactions *pl* **re·ak·ti·ons·schnell** *adj* with quick reactions; ■**~ sein** to have quick reactions **Re·ak·ti·ons·ver·mö·gen** *nt kein pl* ability to react *no pl,* reactions *pl;* **Alkohol schränkt das ~ ein** alcohol slows one's [*or* the] reactions [*or* ability to react] **Re·ak·ti·ons·zeit** *f* reaction time
re·ak·ti·vie·ren* [reakti'viːrən] *vt* ■**jdn ~** *beim Militär* to recall sb [to duty]; *im Zivilbereich* to recall sb [to work]
Re·ak·ti·vie·rung <-, -en> *f* recalling [to duty/work]
Re·ak·tor <-s, -toren> [re'aktoːɐ̯, *pl* reak'toːrən] *m* PHYS reactor
Re·ak·tor·block <-blöcke> *m* reactor block **Re·ak·tor·kern** *m* reactor core **Re·ak·tor·küh·lung** *f* cooling of a/the reactor **Re·ak·tor·si·cher·heit** *f* reactor safety
Re·ak·tor·si·cher·heits·kom·mis·si·on *f* NUKL ■**die ~** the German Commission on Reactor Safety
Re·ak·tor·un·fall *m* accident at a/the reactor, nuclear accident **Re·ak·tor·un·glück** *nt* reactor accident, accident at a/the reactor
re·al [re'aːl] **I.** *adj* (*geh*) real **II.** *adv* (*geh*) **ein ~ denkender Mensch** a realistic thinker; ÖKON in real terms
Re·al·ein·kom·men *nt* ÖKON real income
Re·a·li·sa·ti·on <-, -en> [realiza'tsi̯oːn] *f* (*geh*) *s.* **Realisierung**
re·a·li·sier·bar *adj* (*geh*) realizable, feasible, viable; **schwer ~e Pläne/Projekte** plans/projects that are hard to accomplish
Re·a·li·sier·bar·keit <-> *f kein pl* (*geh*) feasibility, practicability, viability
re·a·li·sie·ren* [reali'ziːrən] *vt* ❶ ■**etw ~** (*verwirklichen*) to realize sth, to bring sth about ❷ (*erkennen*) to realize sth ❸ FIN (*in Geld umsetzen*) to realize sth; **Immobilien ~** to sell property
Re·a·li·sie·rung <-, *selten* -en> *f* (*geh*) realization; *Idee, Plan* implementation
Re·a·lis·mus <-> [rea'lɪsmʊs] *m kein pl* realism *no pl*
Re·a·list(in) <-en, -en> [rea'lɪst] *m(f)* realist
re·a·lis·tisch [rea'lɪstɪʃ] *adj* realistic
Re·a·li·tät <-, -en> [reali'tɛːt] *f* ❶ (*Wirklichkeit*) reality; **der ~ ins Auge sehen** to have to face facts [*or fam* to get real]; **das ist nun mal die ~** we'll just have to face up to it; **~ werden** to become [a] reality ❷ *pl* (*Gegebenheiten*) realities, facts ❸ *pl* ÖSTERR (*Immobilien*) real estate *no pl,* property *no pl*
Re·a·li·tä·ten·händ·ler(in) *m(f)* ÖSTERR (*Immobilienhändler*) [real] estate agent BRIT, real estate agent AM
re·a·li·täts·fern *adj* unrealistic; **eine ~e Person** a person out of touch with reality **re·a·li·täts·nah** *adj* realistic; **eine ~e Person** a person in touch with reality **Re·a·li·täts·sinn** *m kein pl* sense of reality *no pl*
Re·a·li·ty-TV <-[s]> [ri'ɛliti-] *nt kein pl* TV reality [*or* fly-on-the-wall] TV *no pl*
Re·al·kanz·lei *f* ÖSTERR [real] estate agency BRIT, real estate office [*or* agency] AM **Re·al·ka·pi·tal** *nt* ÖKON real [*or* non-monetary] capital **Re·al·kre·dit** *m* ÖKON credit on real estate **Re·al·lohn** *m* ÖKON real wage
Re·a·lo <-s, -s> [re'aːlo] *m* POL (*fam*) political realist (*of the Green Party*)
Re·al·po·li·tik *f* practical politics + *sing vb,* political realism,

realpolitik **Re·al·po·li·ti·ker(in)** *m(f)* political realist **Re·al·schu·le** *f type of secondary/junior high school for ages 10 to 16 where pupils can work towards the 'mittlere Reife'*

i Kultur

In terms of academic attainment, the **Realschule** lies somewhere between the *Hauptschule – secondary modern* and the *Gymnasium – grammar school.* The school leaving certificate after Year 10 is called the *Mittlere Reife* - roughly equivalent to GCSEs. Usually pupils go on to three years of vocational training, however students with very good marks also have the chance to continue their education at a *Gymnasium.*

Re·al·schü·ler(in) *m(f)* ≈ secondary school pupil BRIT, ≈ junior high school student AM **Re·al·so·zi·a·lis·mus** *m* POL real socialism **Re·al·wert** *nt* ÖKON real value **Re·al·zins** *m* ÖKON real interest rate

Re·ani·ma·ti·on <-, -en> [reʔanima'tsi̯o:n] *f* MED resuscitation

re·ani·mie·ren* [reʔani'mi:rən] *vt* ■**jdn** ~ MED to resuscitate sb

Re·be <-, -n> ['re:bə] *f* [grape]vine

Re·bell(in) <-en, -en> [re'bɛl] *m(f)* rebel

re·bel·lie·ren* [rebɛ'li:rən] *vi* ■[**gegen jdn/etw**] ~ to rebel [against sb/sth]

Re·bel·lin <-, -nen> *f fem form von* **Rebell**

Re·bel·li·on <-, -en> [rebɛ'li̯o:n] *f* rebellion; *Studenten* revolt

re·bel·lisch [re'bɛlɪʃ] *adj* rebellious; **jdn/etw ~ machen** (*fam*) to make sb/sth agitated

Re·ben·saft *m kein pl* (*geh*) wine, juice of the vine *liter*

Reb·huhn ['re:phu:n] *nt* partridge **Reb·kres·se** *f* lamb's lettuce **Reb·laus** ['re:plaus] *f* phylloxera *spec,* vine pest **Reb·sor·te** *f* type of grape **Reb·stock** *m* vine

Re·bus <-, -se> ['re:bʊs, *pl* -ʊsə] *m o nt* rebus, picture puzzle

Re·chaud <-s, -s> [re'ʃo:] *m o nt* hotplate, réchaud *spec,* chafing dish *spec*

re·chen ['rɛçn̩] *vt* ■**etw** ~ to rake sth

Re·chen <-s, -> ['rɛçn̩] *m* rake

Re·chen·art *f* type of arithmetic[al] calculation **Re·chen·auf·ga·be** *f* arithmetic[al] problem **Re·chen·ex·em·pel** *nt* sum, arithmetic[al] problem; **das ist nur ein einfaches** ~ that's just simple arithmetic **Re·chen·feh·ler** *m* arithmetic[al] error [*or* mistake]; [**einen**] **~ machen** to make a mistake in one's calculations [*or* miscalculation] **Re·chen·ge·schwin·dig·keit** *f* INFORM operating speed **Re·chen·hil·fe** *f* MATH calculating device **Re·chen·künst·ler(in)** *m(f)* mathematical genius [*or fam* wizard] **Re·chen·ma·schi·ne** *f* calculator; (*Abakus*) abacus

Re·chen·schaft <-> *f kein pl* account; [**jdm**] [**für etw**] **zur ~ verpflichtet sein** to be accountable [for sth] [to sb]; **jdm** [**über etw** *akk*] **~ schuldig sein, jdm** [**über etw** *akk*] **~ schulden** to be accountable [*or* have to account] to sb [for sth]; [**jdm**] ~ [**über etw** *akk*] **ablegen** to account [to sb] [for sth]; **sich** *dat* **über etw** *akk* **~ ablegen** to account [*or* answer] to oneself for sth; [**von jdm**] ~ [**über etw** *akk*] **verlangen** [*o* **fordern**] to demand an explanation [*or* account] [from sb] [about sth]; **jdn** [**für etw** *akk*] **zur ~ ziehen** to call sb to account [for sth]

Re·chen·schafts·be·richt *m* report

Re·chen·schie·ber *m* slide rule **Re·chen·werk** *nt* FIN bookkeeping, accounting **Re·chen·zen·trum** *nt* computer centre [*or* AM -er]

Re·cher·che <-, -en> [re'ʃɛrʃə] *meist pl f* (*geh*) investigation, enquiry; **~n** [**über jdn/etw**] **anstellen** to make enquiries [about [*or* into] sb/sth], to investigate [sb/sth]; **die ~ einstellen** to end the investigation

re·cher·chie·ren* [reʃɛr'ʃi:rən] **I.** *vi* (*geh*) to investigate, to make enquiries **II.** *vt* (*geh*) ■**etw** ~ to investigate [*or* make enquiries into] sth

rech·nen ['rɛçnən] **I.** *vt* ❶ (*mathematisch lösen*) ■**etw** ~ to calculate sth; *s. a.* **rund** ❷ (*zählen, messen*) ■**etw** ~ to work out sth *sep,* to calculate sth; **etw in Euro etc. ~** to calculate sth in Euros, etc.; **die Entfernung in Lichtjahren ~** to reckon the distance in light years *fam* ❸ (*ansetzen, berechnen*) **das Kilo/den Kilometer zu 90 Cent ~** to reckon on 90 cents a kilo/kilometre [*or* AM -er] ❹ (*veranschlagen*) ■**etw** [**für** [*o* **pro**] **jdn/etw**] ~ to reckon [*or* estimate] [sth for sb/sth]; **wir müssen mindestens zehn Stunden ~** we must reckon on at least ten hours; **zu hoch/niedrig gerechnet sein** to be an over-/underestimate ❺ (*einbeziehen, miteinrechnen*) ■**etw** ~ to include sth, to take sth into account; **das sind also vier Gepäckstücke, die Handtasche nicht gerechnet** so that's four items of luggage, not including the handbag ❻ (*berücksichtigen*) ■**etw** ~ to take sth into account [*or* consideration]; **das von mir Geleistete rechnet sehr wohl** my input should be given due recognition ❼ (*einstufen, gehören*) ■**jdn/etw zu etw** [*o* **unter etw** *akk*] ~ to count sb/sth among [*or* rate sb/sth as] sth; **ich rechne sie zu meinen besten Freundinnen** I count her amongst my best [girl]friends **II.** *vi* ❶ (*Rechenaufgaben lösen*) to do arithmetic; **ich konnte noch nie gut ~** I was never any good at arithmetic; **in der Schule lernen die Kinder lesen, schreiben und ~** the children learn reading, writing and arithmetic at school; **ich rechne gerade** I'm just doing [*or* making] a calculation; **dann rechne doch selbst, du wirst sehen, es stimmt!** then work it out yourself and you'll see it's correct!; ■**an etw** *dat* ~ to do [*or* make] calculations on sth; **falsch/richtig ~** to make a mistake [in one's calculations]/to calculate correctly [*or* get it right]; **falsch gerechnet!** that's wrong! ❷ (*sich verlassen*) ■**auf jdn/etw ~** to count on sb/sth; **auf sie kann ich ~** she is someone I can count on ❸ (*einkalkulieren*) ■**mit etw ~** to reckon on [*or* with] sth; **mit allem/dem Schlimmsten ~** to be prepared for anything/the worst; **für wann ~ Sie mit einer Antwort?** when do you expect an answer?; ■**damit ~, dass ...** to reckon with it ..., to be prepared for the fact that ...; **wir müssen damit ~, dass es schneit** we must reckon on [*or* with] it snowing; **wir haben nicht mehr damit gerechnet, dass du noch kommst** we didn't expect you still to come; *s. a.* **schlimm** ❹ (*fam: Haus halten*) ■[**mit etw**] ~ to economize [*or* budget carefully] [with sth]; **wir müssen mit jedem Cent ~** we have to watch every cent **III.** *vr* (*mit Gewinn zu kalkulieren sein*) ■**sich ~** to be profitable; **es rechnet sich einfach nicht** it simply doesn't pay [*or* isn't profitable]

Rech·nen <-s> ['rɛçnən] *nt kein pl* ❶ (*Schulfach*) arithmetic ❷ (*das Ausrechnen*) working out; **am ~ sein** to be working [sth] out

Rech·ner <-s, -> *m* ❶ (*Taschenrechner*) calculator ❷ INFORM (*veraltend*) computer

Rech·ner(in) <-s, -> *m(f)* arithmetician; **ein guter/schlechter ~ sein** to be good/bad at figures [*or* arithmetic]; **ein eiskalter** [*o* **kühler**] **~ sein** (*fig*) to be coldly [*or* coolly] calculating

rech·ner·ge·stützt *adj inv, meist attr* INFORM computer-aided

rech·ne·risch I. *adj* arithmetic[al]; **~er Gewinn** paper profit **II.** *adv* ❶ (*kalkulatorisch*) arithmetically ❷ (*durch Rechnen*) by calculation; **rein ~** purely arithmetically, as far as the figures go

Rech·ner·ver·bund *m* INFORM [computer] network

Rech·nung <-, -en> *f* ❶ (*schriftliche Abrechnung*) bill, AM *a.* check; **darf ich bitte die ~ kassieren?** would you like to pay now?; **auf die ~ kommen** to be put on [*or* added to] the bill; **jdm die ~ machen** to make out the bill for sb; **etw auf die ~ setzen** to put sth on the bill; [**jdm**] **etw in ~ stellen** [*o* **setzen**] to charge [sb] for sth; **die ~ kassieren** to collect the money; **die ~ beläuft sich auf** [*o* **macht**] [*o* **beträgt**]... the bill [*or* total] comes to ...; (*kaufmännisch*) invoice; **„~ beiliegend"** "invoice enclosed"; **auf ~** [**bestellen/kaufen**] [to order/to buy] on account; **laut ~** as per invoice; **auf** [*o* **für**]

R

eigene ~ out of one's own pocket; **auf** [*o* **für**] **eigene** ~ [**und Gefahr**] ÖKON at one's own expense [and risk]; **ich arbeite auf eigene** ~ I work for myself; **auf jds** ~ **gehen** (*von jdm bezahlt werden*) to go on sb's account; (*verantwortlich für etw sein*) to be down [*or* AM up] to sb; **das geht auf meine** ~ I'm paying for this ❷ (*Berechnung*) calculation; **die** ~ **stimmt nicht** [*o* **geht nicht auf**] the sum just doesn't work; **nach meiner** ~ according to my calculations; **etw außer** ~ **lassen** to leave sth out of the equation ▶WENDUNGEN: **die** ~ **ohne den Wirt machen** to fail to reckon with [*or* on] sb/sth; **wir haben die** ~ **ohne den Wirt gemacht** there's one thing we didn't reckon with; **jds** ~ [**bei jdm**] **geht/geht nicht auf** sb's plans [*or* intentions] [for sb] are/aren't working out; **mit jdm eine** [**alte**] ~ **zu begleichen haben** to have a[n old] score to settle with sb; [**bei etw**] **auf seine** ~ **kommen** to get [*or* have] one's money's worth [out of sth], to get what one expected [from sth]; **jdm die** ~ [**für etw**] **präsentieren** to bring sb to book [*or* make sb pay] [for sth]; **dir wird eines Tages auch noch die** ~ **präsentiert werden** one day you too will be called to account; **einer S.** *dat* ~ **tragen** (*geh*) to take account of sth, to take sth into account, to bear sth in mind; **etw auf seine** ~ **nehmen** to take responsibility for sth

Rẹch·nungs·ab·tei·lung *f* ÖKON (*selten*) accounting [*or* accounts] department, accounts *npl* **Rẹch·nungs·aus·stel·lung** <-> *f kein pl* ÖKON invoicing *no pl*, billing *no pl* **Rẹch·nungs·be·trag** *m* [total] amount of a/the bill [*or* AM *a.* check] [*or* invoice] **Rẹch·nungs·buch** *nt* account[s] book **Rẹch·nungs·da·tum** *nt* billing date, date of invoice **Rẹch·nungs·füh·rung** *f* ÖKON bookkeeping *no pl*, accounting *no pl*, accountancy *no pl* **Rẹch·nungs·hof** *m* audit office, BRIT *a.* ≈ Auditor General's Department **Rẹch·nungs·jahr** *nt* financial [*or* fiscal] year **Rẹch·nungs·le·gung** <-, -en> *f* ÖKON tendering of accounts **Rẹch·nungs·num·mer** *f* ÖKON invoice number **Rẹch·nungs·prü·fung** *f* ÖKON, POL audit *no pl* **Rẹch·nungs·sum·me** *f* total **Rẹch·nungs·we·sen** <-s> *nt kein pl* ÖKON accountancy *no pl*, accounting *no pl*

recht [rɛçt] **I.** *adj* ❶ (*passend*) right; **die richtige Person am** ~**en Ort** the right person in the right place ❷ (*richtig*) right; **auf der** ~**en Spur sein** to be on the right track; ~ **daran tun, etw zu tun** (*geh*) to be right to do sth; **ganz** ~**!** quite right! ❸ (*wirklich*) real; **eine** ~**e Enttäuschung/ein** ~**er Mann** a real disappointment/a real man; **ich habe heute keine** ~**e Lust** I don't really feel up to it today ❹ (*angenehm*) ■**jdm ist etw** ~ sth is all right with sb; **das soll mir** ~ **sein** that's fine [*or fam* OK] by me; **dieser Kompromiss ist mir durchaus nicht** ~ I'm not at all happy with this compromise; **ist Ihnen der Kaffee so** ~**?** is your coffee all right?; ■**jdm ist es** ~**, dass/wenn ...** it's all right with sb that/if ...; **mir ist es keineswegs** ~**, dass ...** I'm not at all happy that ...; (*in Ordnung*) all right, OK *fam;* **ist schon** ~ that's all right [*or fam* OK]; **ja, ja, ist schon** ~**!** (*fam*) yeah, yeah, OK! *fam;* (*angemessen*) right; **alles, was** ~ **ist** (*ich bitte Sie!*) fair's fair; (*alle Achtung!*) respect where it's due! ❺ SCHWEIZ, SÜDD (*anständig*) decent, respectable; **bei jdm einen** ~**en Eindruck machen** to give sb the impression of being a respectable person; **etwas/nichts Rechtes** a proper/not a proper job; (*angemessen*) appropriate ▶WENDUNGEN: **nicht mehr als** ~ **und billig sein** to be only right and proper; **was dem einen** ~ **ist, ist dem andern billig** (*prov*) what's sauce for the goose is sauce for the gander *prov;* **irgendwo nach dem Rechten sehen** [*o* **schauen**] to see that everything's all right somewhere; **das soll jdm** ~ **sein** to be fine with sb **II.** *adv* ❶ (*richtig*) correctly; **höre ich** ~**?** am I hearing things?; **ich sehe doch wohl nicht** ~ I must be seeing things; **versteh mich bitte** ~ please don't misunderstand me; *s. a.* **Annahme, Trost** ❷ (*genau*) really; **nicht so** ~ not really; **nicht** ~ **wissen** to not really know [*or* be sure] ❸ (*ziemlich*) quite, rather; (*gehörig*) properly; **jdn** ~ **loben/verprügeln** to highly praise sb/roundly beat sb ❹ (*fam: gelegen*) **jdm gerade** ~ **kommen** [*o* **sein**] to come just in time [*or* at just the right time] [for sb]; (*iron*) to be all sb needs; **du kommst mir gerade** ~ you're all I need[ed]; (*zufriedenstellend*) right; **jdm nichts** ~ **machen können** to be able to do nothing right for sb; **man kann es nicht allen** ~ **machen** you cannot please everyone; **jdm** ~ **geschehen** to serve sb right ▶WENDUNGEN: **jetzt** [*o* **nun**] **erst** ~ now more than ever; **jetzt tue ich es erst** ~ that makes me even [*or* all the] more determined to do it, now I'm definitely going to do it

Recht <-[e]s, -e> [rɛçt] *nt* ❶ *kein pl* (*Rechtsordnung*) law; **das** ~ **des Stärkeren** the law of the jungle; **bürgerliches/kirchliches** [*o* **kanonisches**]**/öffentliches** ~ civil/canon/public law; **das** ~ **brechen** to break the law; ~ **sprechen** to dispense [*or* administer] justice [*or* the law]; **alle** ~**e vorbehalten** all rights reserved; **das** ~ **mit Füßen treten** to fly in the face of the law ❷ (*juristischer od. moralischer Anspruch*) right; ■**jds** ~ **auf jdn/etw** sb's right to sb/sth; **das** ~ **auf einen Anwalt/auf Verweigerung der Aussage** the right to a lawyer/to remain silent; **das** ~ **auf Arbeit** the right to work; **gleiche** ~**e, gleiche Pflichten** equal rights mean equal obligations; **gleiches** ~ **für alle!** equal rights for all!; ~ **muss** ~ **bleiben** the law is the law; **das** ~ **ist auf jds Seite** right is on sb's side; **jds gutes** ~ **sein**[**, etw zu tun**] to be sb's [legal] right [to do sth]; **sein** ~ **fordern** [*o* **verlangen**] to demand one's rights; [**mit etw**] **R**~ **behalten** to be [proved] right [about sth]; **sein** ~ **bekommen** [*o* **erhalten**] [*o fam* **kriegen**] to get one's rights [*or* justice] [*or* one's dues]; **jdm R**~ **geben** to admit that sb is right, to agree with sb; **R**~ **haben** to be [in the] right; **wo/wenn er R**~ **hat, hat er R**~ when he's right, he's right; **zu seinem** ~ **kommen** to get justice [*or* one's rights]; **auf sein** ~ **pochen** [*o* **bestehen**] to insist on one's rights; **ein** ~ **auf jdn/etw haben** to have a right to sb/sth; **von** ~**s wegen** (*fam*) by rights; **ein** ~ **darauf haben, etw zu tun** to have a right to do sth; **zu etw kein** ~ **haben** to have no right to sth; **kein** [*o* **nicht das**] ~ **haben, etw zu tun** to have no right to do sth; **im** ~ **sein** to be in the right ❸ (*Befugnis*) right; **was gibt Ihnen das** ~**, ...?** what gives you the right ...?; **mit welchem** ~**?** by what right?; **mit** [*o* **zu**] ~ rightly, with justification; **und das mit** ~**!** and rightly so!

Rech·te <-n, -n> [ˈrɛçtə] *f* ❶ (*rechte Hand*) right [hand]; **zu jds** ~**n, zur** ~**n von jdm** (*geh*) to [*or* on] sb's right, to [*or* on] the right of sb; SPORT right ❷ POL right, Right; **ein Vertreter der radikalen** ~**n** a representative of the extreme right

rẹch·te(r, s) *adj attr* ❶ (*Gegenteil von linke*) right; **die** ~ **Seite** the right-hand side; **das** ~ **Fenster/Haus** the window/house on the right; **an den** ~**n Rand schreiben** to write in the right-hand margin; **auf der** ~**n Fahrbahn** [*o* **Spur**] **fahren** to drive in the right-hand lane; *s. a.* **Masche** ❷ (*außen befindlich*) the right way round, right side out; **etw auf der** ~**n Seite tragen** to wear sth the right way round [*or* right side out] ❸ POL right[-wing]; **der** ~ **Flügel der Partei** the right wing of the party; ~ **Kreise/ein** ~**r Politiker** right-wing circles/a right-wing politician ❹ MATH **ein** ~**r Winkel** a right angle

Rẹch·te(r) *f(m) dekl wie adj* POL right-winger

Rẹcht·eck <-[e]s, -e> *nt* rectangle

rẹcht·eckig *adj* rectangular

rech·tens [ˈrɛçtn̩s] *adv* (*geh*) ■~ **sein** to be legal

rẹcht·fer·ti·gen **I.** *vt* ❶ (*als berechtigt begründen*) ■**etw** [**gegenüber** [*o* **vor**] **jdm**] ~ to justify sth [to sb]; ■**es** [**gegenüber** [*o* **vor**] **jdm**] ~**, etw getan zu haben** to justify [to sb] having done sth ❷ (*als berechtigt erscheinen lassen*) ■**etw** ~ to justify sth; **die besonderen Umstände** ~ **besondere Maßnahmen** special circumstances warrant special measures **II.** *vr* (*sich verantworten*) ■**sich** *akk* ~ to justify oneself

Rẹcht·fer·ti·gung *f* justification; ■**zu jds** ~ in sb's defence [*or* AM -se]; ■**zur** ~ **einer S.** in justification of sth

rẹcht·gläu·big *adj* orthodox

Rẹcht·ha·ber(in) <-s, -> *m(f)* (*pej*) self-opinionated person, dogmatist *form;* **er ist so ein ~!** he always thinks he's right, he's such a know-all!

Recht·ha·be·rei <-> [rɛçtha:bəˈrai] *f kein pl (pej)* self-opinionatedness, dogmatism *form*

Recht·ha·be·rin <-, -nen> *f (pej) fem form von* **Rechthaber**

recht·ha·be·risch *adj (pej)* self-opinionated, dogmatic

recht·lich I. *adj* legal II. *adv* legally; ~ **begründet** established in law; ~ **[nicht] zulässig** [not] permissible in law, [il]legal

recht·los *adj* without rights *pred;* ■~ **sein** to be without [*or* have no] rights

Recht·lo·se(r) *f(m) dekl wie adj* person without [*or* with no] rights

Recht·lo·sig·keit <-> *f kein pl* lack of rights; **in völliger ~ leben** to have no rights at all

recht·mä·ßig *adj* ❶ *(legitim)* lawful, rightful, legitimate ❷ *(legal)* legal, in accordance with the law; **nicht** ~ illegal, not in accordance with the law

Recht·mä·ßig·keit <-> *f kein pl* ❶ *(Legitimität)* legitimacy ❷ *(Legalität)* legality

rechts [rɛçts] I. *adv* ❶ *(auf der rechten Seite)* on the right; **dein Schlüsselbund liegt ~ neben dir** your keys are just to your right; **etw ~ von etw aufstellen** to put [*or* place] sth to the right of sth; **etwa 50 Meter ~ vor uns** about 50 metres ahead of us on the right; ~ **oben/unten** at the top/bottom on the right; **nach** ~ to the right; **von** ~ from the right; ~ **um!** MIL right turn! [*or* AM face!] ❷ TRANSP *(nach rechts)* [to the] right; ~ **abbiegen** [*o* **einbiegen**] to turn [off to the] right; **sich** *akk* ~ **einordnen** to get into the right-hand lane; ~ **ranfahren** to pull over to the right; *(auf der rechten Seite)* on the right; **halte dich ganz** ~ keep to the right; ~ **vor links** right before left; *s. a.* **Auge, Mitte** ❸ POL right; ~ **eingestellt sein** to lean to the right; ~ **[von jdm/etw] stehen** [*o* **sein**] to be on the right [of sb/sth], to be right-wing ❹ *(richtig herum)* the right way round, right side out; **etw auf ~ drehen** [*o geh* **wenden**] to turn sth the right way round [*or* on its right side] ❺ *(beim Stricken)* **zwei ~, zwei links** knit two, purl two, two plain, two purl; ~ **stricken** to knit plain ▶WENDUNGEN: **nicht mehr wissen, wo ~ und links ist** *(fam)* to not know whether one is coming or going *fam;* **von ~ nach links** from right to left II. *präp* ■~ **einer S.** + *gen* to [*or* on] the right of sth; ~ **des Flusses** on the right bank of the river

Rechts·ab·bie·ger <-s, -> *m* car, bicycle, driver etc. turning right **Rechts·ab·bie·ger·spur** *f* lane for turning right

Rechts·ab·tei·lung *f* JUR legal department **Rechts·an·spruch** *m* legal right [*or* entitlement]; **einen ~ gerichtlich durchsetzen** to assert a legal right [*or* claim] [*or* entitlement] [through the courts]; **jds Rechtsansprüche vertreten** to protect [*or* safeguard] sb's legal right [*or* entitlement]; **von** [*o* **aus**] **etw einen ~ auf etw** *akk* **ableiten** to use sth to establish a legal right [*or* claim] [*or* entitlement] to sth **Rechts·an·walt, -an·wäl·tin** *m, f* lawyer, solicitor BRIT, attorney AM; *(vor Gericht)* barrister BRIT, lawyer AM; **sich** *dat* **einen ~ nehmen** to get a lawyer **Rechts·an·walts·kanz·lei** *f* lawyer's office, BRIT *a.* chambers *pl* **Rechts·auf·fas·sung** *f* conception of legality **Rechts·aus·le·ger(in)** <-s, -> *m(f)* SPORT southpaw

Rechts·au·ßen <-, -> [rɛçtsˈʔausn̩] *m* ❶ FBALL right wing[er] ❷ POL *(fam)* extreme right-winger, sb on the far-right

Rechts·bei·stand *m* ❶ *(juristisch Sachkundiger)* legal adviser ❷ *kein pl (juristische Sachberatung)* legal advice *no pl, no indef art* **Rechts·be·ra·ter(in)** *m(f)* legal adviser **Rechts·be·ra·tung** *f* JUR ❶ *(Beratung in Rechtsangelegenheiten)* legal advice *no pl, no indef art* ❷ *(Rechtsberatungsstelle)* legal advice *no pl, no art* **Rechts·be·schwer·de** *f* appeal **Rechts·beu·gung** *f* perversion of the course [*or* miscarriage] of justice **Rechts·be·wusst·sein**[RR] *nt* sense of right and wrong **Rechts·bre·cher(in)** <-s, -> *m(f)* lawbreaker, criminal **Rechts·bruch** *m* breach of the law; **einen ~ begehen** to commit a breach of the law

rechts·bün·dig TYPO I. *adj* right justified, ranged [*or* AM flush] right II. *adv* with right justification; **etw ~ ausdrucken** to print sth out with right justification; ~ **anordnen/ausrichten** to right justify

recht·schaf·fen [ˈrɛçtʃafn̩] I. *adj* ❶ *(redlich)* honest, upright ❷ *(fam: ziemlich)* really; ~**en Durst/Hunger haben** to be really thirsty/hungry II. *adv* ❶ *(redlich)* honestly ❷ *(fam: ziemlich)* really; ~ **durstig/hungrig etc** to be really thirsty/hungry etc; *(fam: nach Kräften)* really; **sich** *akk* ~ **anstrengen/bemühen** to try really hard

Recht·schaf·fen·heit <-> *f kein pl* honesty *no pl,* uprightness *no pl*

recht·schrei·ben *vi nur infin* to spell

Recht·schrei·ben <-s> *nt kein pl* spelling *no pl, no indef art;* **im ~ schwach/stark sein** to be poor/good at spelling

Recht·schreib·feh·ler *m* spelling mistake; ~ **machen** to make spelling mistakes; **einen ~ machen** to make a spelling mistake **Recht·schreib·hil·fe** *f* INFORM spell [*or* spelling] checker **Recht·schreib·re·form** *f* spelling reform

Recht·schrei·bung *f* spelling *no pl, no indef art*

> **i Kultur**
>
> The Vienna accord to reform German **Rechtschreibung** – *orthography* was signed on 1st July, 1996. The new rules have been officially in force since 1st August, 1998. However, in the transitional phase up until August 2005 it is permissible to use spellings from both the old and new rules.

Rechts·drall *m eines Geschosses* clockwise spin ▶WENDUNGEN: **einen ~ haben** POL *(fam)* to lean to the right

Rechts·emp·fin·den *nt* sense of [what is] right and wrong; **nach jds ~** by sb's sense of right and wrong

Rechts·ex·tre·mis·mus <-> *m kein pl* POL right-wing extremism *no pl*

Rechts·ex·tre·mist(in) *m(f)* right-wing extremist

rechts·ex·tre·mis·tisch *adj* POL right-wing extremist

rechts·fä·hig *adj inv, pred* JUR ~ **sein** to have legal capacity

Rechts·fä·hig·keit <-> *f kein pl* JUR legal capacity *no pl*

Rechts·fra·ge *f* question of law, legal question [*or* issue]

rechts·frei *adj inv* JUR ~**er Raum** area not regulated by law

rechts·ge·rich·tet *adj* POL right-wing

Rechts·ge·win·de *nt* TECH right-hand thread

Rechts·grund·la·ge *f* legal basis **rechts·gül·tig** *adj* legally valid

Rechts·hän·der(in) <-s, -> [ˈrɛçtshɛndɐ] *m(f)* right-hander, right-handed person; ~ **sein** to be right-handed **rechts·hän·dig** [ˈrɛçtshɛndɪç] I. *adj* right-handed II. *adv* right-handed, with one's right hand **rechts·her·um** [ˈrɛçtshɛrʊm] *adv* [round] to the right; **etw ~ drehen** to turn sth clockwise

Rechts·kraft *f kein pl* legal force [*or* validity]; **vor ~ des Urteils** before the verdict becomes/became final; ~ **erlangen** to become law, to come into force **rechts·kräf·tig** I. *adj* having the force of law, legally valid; ~**es Urteil** final verdict; ■~ **sein** to be final; ■~ **werden** to come into force II. *adv* with the force of law; **jdn ~ verurteilen** to pass a final sentence on sb **rechts·kun·dig** *adj* familiar with [*or* versed in] the law *pred*

Rechts·kur·ve *f* right-hand bend; **eine ~ machen** to [make a] bend to the right

Rechts·la·ge *f* legal position [*or* situation]

rechts·las·tig *adj* ❶ *(rechts zu sehr belastet)* **ein ~es Fahrzeug** a vehicle down at the right; **ein ~es Boot** a boat listing to the right [*or* starboard] ❷ POL *(pej)* rightist, right-wing

Rechts·me·di·zin *f* forensic [*or* legal] medicine, medical jurisprudence **Rechts·mit·tel** *nt* means of legal redress; **[gegen etw] ein ~ einlegen** to lodge an appeal [against sth] **Rechts·mit·tel·be·leh·rung** *f* instruction on rights of redress [*or* appeal] **Rechts·nach·fol·ger(in)** *m(f)* legal successor,

assign[ee] *spec* **Rẹchts·ord·nung** *f* system of laws; **sich** *akk* **an die ~ halten** to observe the law
Rẹcht·spre·chung <-, *selten* -en> *f kein pl* dispensation of justice
rẹchts·ra·di·kal I. *adj* POL extreme right-wing II. *adv* with extreme right-wing tendencies; **~ eingestellt sein** to have a tendency to the far-right
Rẹchts·ra·di·ka·le(r) *f(m) dekl wie adj* right-wing extremist
rechts·rhei·nisch ['rɛçtsrainɪʃ] I. *adj* to [*or* on] the right of the Rhine II. *adv* to [*or* on] the right of the Rhine
Rẹchts·ruck <-es, -e> *m* POL shift [*or* swing] to the right
rechts·rum ['rɛçtsrʊm] *adv* (*fam*) *s.* **rechtsherum**
Rẹchts·schutz *m* legal protection **Rẹchts·schutz·ver·si·che·rung** *f* legal costs [*or* expenses] insurance
rechts·sei·tig ['rɛçtszaitɪç] I. *adj* MED of [*or* on] the right[-hand] side; **~e Armamputation** amputation of the right arm; **~e Blindheit/Lähmung** blindness in the right eye/paralysis of the right side II. *adv* on the right side; **~ gelähmt sein** to be paralysed [*or* AM -yzed] down the/one's right side
rẹchts·si·cher *adj* JUR legally secure **Rẹchts·si·cher·heit** *f* JUR, POL legal security **Rẹchts·staat** *m* state under [*or* founded on] the rule of law **rẹchts·staat·lich** *adj* founded on the rule of law *pred* **Rẹchts·streit** *m* lawsuit, litigation, lis *spec* **rẹchts·the·o·re·tisch** *adj* JUR, PHILOS jurisprudential, concerning the theory of law *pred* **Rẹchts·ti·tel** *m* legal title
rechts·um [rɛçts'ʔʊm] *adv* to the right; **~ kehrt!** MIL right about turn! BRIT, about face! AM; **~ kehrtmachen** (*fam*) to turn right [*or* make a right turn]
rẹchts·ver·bind·lich *adj* legally binding **Rẹchts·ver·dre·her(in)** <-s, -> *m(f)* ❶ (*hum fam: Anwalt*) brief *sl*, legal eagle *fam* ❷ (*pej: dubioser Rechtsanwalt*) shyster *fam*
Rẹchts·ver·kehr *m* driving on the right *no pl, no indef art*
Rẹchts·ver·ord·nung *f* statutory instrument **Rẹchts·ver·tre·ter(in)** *m(f)* legal representative **Rẹchts·weg** *m kein pl* judicial process; **jdm steht der ~ offen** sb has recourse to legal action [*or* the courts]; **den ~ beschreiten** (*geh*) to take legal action, to go to [the] court[s] **rẹchts·wid·rig** *adj* illegal, unlawful **rẹchts·wirk·sam** *adj inv* JUR legally valid **Rẹchts·wis·sen·schaft** *f kein pl* (*geh*) jurisprudence *no pl form*
rẹcht·win·ke·lig, rẹcht·wink·lig *adj* right-angled
rẹcht·zei·tig I. *adj* punctual; **~ ankommen** to arrive [*or* be] just in time; **~e Anmeldung** to apply in good time BRIT, early [enough] AM II. *adv* on time; **Sie hätten mich ~ informieren müssen** you should have told me in good time [*or* given me fair [*or* due] warning]
Reck <-[e]s, -e> [rɛk] *nt* SPORT high [*or* horizontal] bar
Re·cke <-n, -n> ['rɛkə] *m* (*geh*) warrior
re·cken ['rɛkn̩] I. *vt* ■**etw** [**irgendwohin**] ~ to stretch sth [somewhere]; **den Hals/Kopf** [**nach oben**] ~ to crane one's neck [upwards]; **seine Glieder** ~ to [have a] stretch; **die Faust gegen jdn** ~ to raise one's fist to sb II. *vr* ■**sich** *akk* [**irgendwohin**] ~ to stretch [oneself] [somewhere], to have a stretch; **reck dich nicht so weit aus dem Fenster** don't lean so far out of the window
Re·cor·der <-s, -> [re'kɔrdɐ] *m* ❶ (*Kassettenrecorder*) cassette recorder ❷ (*Videorecorder*) video [recorder]
re·cy·cel·bar [ri'saiklba:ɐ̯] *adj inv* ÖKOL recyclable
re·cy·celn* [ri'saikl̩n] *vt* ■**etw** ~ to recycle sth; ■**recycelt werden** to be recycled; ■**recycelt werden können** to be able to be recycled, to be recyclable
Re·cy·cling <-s> [ri'saiklɪŋ] *nt kein pl* recycling
Re·cy·cling·pa·pier [ri'saiklɪŋ-] *nt* recycled paper
Re·dak·teur(in) <-s, -e> [redak'tø:ɐ] *m(f)* editor
Re·dak·ti·on <-, -en> [redak'tsi̯o:n] *f* ❶ (*redaktionelles Büro*) editorial department [*or* office[s]] ❷ (*Mitglieder eines redaktionellen Büros*) editorial staff ❸ *kein pl* (*das Redigieren*) editing
re·dak·ti·o·nell [redaktsi̯o'nɛl] I. *adj* editorial; **~e Bearbeitung** editing; **die ~e Leitung hat Dr. Gerharz** the editor is Dr Gerharz II. *adv* editorially; **etw ~ bearbeiten** [*o* **überarbeiten**] to edit [*or* revise] sth
Re·dak·ti·o̲ns·kon·fe·renz *f* editorial conference **Re·dak·ti·o̲ns·lei·ter(in)** *m(f)* head of the/an editorial department **Re·dak·ti·o̲ns·mit·glied** *nt* member of the/an editorial department **Re·dak·ti·o̲ns·schluss**RR *m* time of going to press
Re·de <-, -n> ['re:də] *f* ❶ (*Ansprache*) speech; **eine ~ halten** to make a speech; **in freier ~** without notes; **große ~n führen** [*o fam* **schwingen**] to talk big *fam;* **direkte/indirekte ~** LING direct/indirect speech ❷ (*das* [*miteinander*] *Sprechen*) talk; **meine/seine/... ~ sein** to be my/his/... opinion; **das war schon immer meine ~!** that's what I've always said; **wovon ist die ~?** what's it [all] about?; **von jdm/etw ist die ~** there is talk [*or* mention] of sb/sth; **es war gerade von dir die ~** we/they were just talking about you; **die ~ kam auf jdn/etw** the conversation [*or* talk] turned to sb/sth ❸ *pl* (*Äußerungen*) language *no pl;* **das sind nur ~n** those are just words, that's just talk ►WENDUNGEN: [**jdm**] [**für etw**] **~ und Antwort stehen** to account [to sb] [for sth]; **der Minister wollte den Journalisten ~ und Antwort stehen** the minister wanted to give the journalists a full explanation; **jdn** [**für etw**] **zur ~ stellen** to take sb to task [for [*or* about] sth]; **der langen ~ kurzer Sinn** (*prov*) the long and the short of it; **langer Rede kurzer Sinn** (*fam*) in short [*or* a word]; **nicht der ~ wert sein** to be not worth mentioning; **das ist doch nicht der ~ wert!** don't mention it!; **davon kann keine ~ sein** that's [*or* it's] out of the question, there can be no question of that
Re̲·de·flussRR *m kein pl* flow of words; **ich musste seinen ~ unterbrechen** I had to interrupt him in mid-flow **Re̲·de·frei·heit** *f kein pl* freedom of speech **re̲·de·ge·wandt** *adj* (*geh*) eloquent
re·den ['re:dn̩] I. *vi* ❶ (*sprechen*) to talk, to speak; ■**mit jdm** [**über jdn/etw**] ~ to talk to sb [about sb/sth]; ■**mit sich** *akk* **selbst** ~ to talk to oneself; **so nicht mit sich ~ lassen** to not let oneself be talked [*or* spoken] to in such a way [*or* like that]; **du hast gut** [*o* **leicht**] ~ it's easy [*or* all very well] for you to talk; **mit jdm zu ~ haben** to need to speak to sb; **die Chefin hat mit dir zu ~** the boss would like to have a word with you; *s. a.* **Silber** ❷ (*sich unterhalten*) ■[**miteinander**] [**über jdn/etw**] ~ to talk [about sb/sth] [*or* discuss [sb/sth]] [together]; **über manche Themen wurde zu Hause nie geredet** some topics were never discussed at home; ■**das Reden** talk; **~ wir nicht mehr davon** [*o* **darüber**] let's not talk [*or* speak] about it any more; **~ Sie doch nicht!** (*fam*) come off it! *fam;* **genug geredet** enough talk[ing]; *s. a.* **Wand** ❸ (*Gerüchte verbreiten*) ■[**über jdn/etw**] **geredet werden** to be said [of sb/sth], there is talk [about sb/sth]; **es wird bereits über dich geredet** you are already being talked about; ■**über jdn/etw** ~ to talk about sb/sth ❹ (*eine Rede halten*) to speak; ■**über etw** *akk* ~ to speak about [*or* on] sth ❺ (*ausdiskutieren, verhandeln*) to talk, to discuss; **über etw** *akk* **lässt** [*o* **ließe**] **sich** ~ we can discuss sth; **darüber lässt sich ~** that's a possibility, we can certainly discuss that; **über etw** *akk* **lässt** [*o* **ließe**] **sich eher ~** to be more like it; **mit sich** [**über etw** *akk*] **~ lassen** (*sich umstimmen lassen*) to be willing to discuss [sth] [*or* open to persuasion]; (*mit sich verhandeln lassen*) to be open to offers; **nicht mit sich** [**über etw** *akk*] **~ lassen** (*bei seiner Entscheidung bleiben*) to be adamant [about sth] ❻ (*sl: etw verraten, gestehen*) to talk, to come clean *fam;* **jdn zum R~ bringen** to make sb talk; **nun red' schon, was hat er gesagt?** come on, spill the beans, what did he say? *fam* ►WENDUNGEN: **das ist ja mein R~** (*fam*) that's what I've been saying; [**viel**] **von sich** *dat* **~ machen** to be[come] [very much] a talking point; **der Film, der so viel von sich ~ macht, hält nicht, was er verspricht** the film which everyone is talking about doesn't live up to expectations II. *vt* ❶ (*sagen*) ■**etw** ~ to talk [*or* say] sth; **Unsinn** [*o fam* **Blödsinn**] **~** to talk nonsense; **ich möchte gerne hören, was ihr redet** I'd like to

hear what you're saying; *s. a.* **Seele, Wort** ❷ (*klatschen*) ■ **[über jdn/etw] geredet werden** to be said [about sb/sth]; **es wird schon über uns geredet** we're being talked about; ■ **etw [über jdn/etw]** ~ to say sth [about sb/sth] **III.** *vr* (*sich durch Reden in einen Zustand steigern*) ■ **sich in etw** *akk* ~ to talk oneself into sth; **sich** *akk* **in Rage/Wut** ~ to talk oneself into a rage/fury; **sich** *akk* **in Begeisterung** ~ to get carried away with what one is saying; ■ **sich** + *adj* ~ to talk oneself ...; **sich** *akk* **heiser** ~ to talk oneself hoarse

Re̲·dens·art *f* ❶ (*feststehender Ausdruck*) expression; **das ist nur so eine** ~ it's just a figure of speech; **eine feste** [*o* **stehende**] ~ *a. pej* a stock phrase ❷ *pl* (*pej: leere Versprechung*) empty words [*or* talk]

Re̲·den·schrei·ber(in) *m(f)* speech writer

Re̲·de·wei·se *f* manner [*or* style] of speaking **Re̲·de·wen·dung** *f* idiom, idiomatic expression

re·di·gie·ren* [redi'gi:rən] *vt* ■ **etw** ~ to edit sth

red·lich ['re:tlɪç] **I.** *adj* ❶ (*aufrichtig*) honest, upright ❷ (*sehr groß*) real; **es kostete mich ~e Anstrengungen, ihn zu überzeugen** it took a real effort to convince him **II.** *adv* really; **wir werden uns ~ anstrengen müssen** we'll really have to make an effort

Re̲d·lich·keit <-> *f kein pl* honesty *no pl*

Red·ner(in) <-s, -> ['re:dnɐ] *m(f)* speaker, orator *form;* **ein guter/überzeugender ~ sein** to be a good/convincing speaker; **kein guter/großer ~ sein** to not be a good speaker/to be no great orator

re̲d·ne·risch I. *adj* oratorical, rhetorical **II.** *adv* oratorically, rhetorically; ~ **begabt sein** to be a gifted speaker [*or form* a great orator]

Re̲d·ner·pult *nt* lectern

Re·dox·po·ten·zi·al^RR [re'dɔks-] *nt* CHEM redox potential **Re̲·dox·re·ak·ti·on** *f* CHEM redox reaction

red·se·lig ['re:tze:lɪç] *adj* talkative

Re̲d·se·lig·keit <-> *f kein pl* talkativeness *no pl*

Re·duk·ti·o̲ns·tei·lung *f* BIOL reductional division

re·dun·dant [redʊn'dant] *adj inv* (*geh*) redundant

Re·dun·danz <-, -en> [redʊn'dants] *f* LING redundancy *no pl*

Re·du·pli·ka·ti·on [reduplika'tsi̯o:n] *f* LING reduplication

re·du·zie·ren* [redu'tsi:rən] *vt* ■ **etw** ~ to reduce sth

Re·du·zie̲·rung <-, -en> *f* reduction; **eine ~ der Kosten** a reduction in costs

Ree·de <-, -n> ['re:də] *f* NAUT safe anchorage, road[s] [*or* roadstead] *spec;* **auf ~ liegen** to lie in the roads

Ree·der(in) <-s, -> ['re:dɐ] *m(f)* shipowner

Ree·de·rei <-, -en> [re:də'rai] *f* shipping company [*or* line]

Ree̲·de·rin <-, -nen> *f fem form von* **Reeder**

re·ell [re'ɛl] *adj* ❶ (*tatsächlich*) real; **eine/keine ~e Chance haben** to stand a/no real [*or* fighting] chance ❷ (*anständig*) honest, straight; **ein ~es Angebot** a fair [*or* decent] offer; **ein ~er Preis** a realistic [*or* fair] price; **ein ~es Geschäft** a sound [*or* solid] business ❸ (*fam*) ■ **[et]was R~es** the real thing

Reet <-s> [re:t] *nt kein pl* NORDD (*Ried*) reeds *pl*

Ree̲t·dach *nt* thatched roof **reet·ge·deckt** *adj* thatched

Re·ex·port [reʔɛks'pɔrt, 're:ʔɛkspɔrt] *m* ÖKON re-export

REFA ['re:fa] *f* ÖKON *Akr von* **Verband für Arbeitsgestaltung, Betriebsorganisation und Unternehmensentwicklung** REFA (*Association for Work Design/Work Structure, Industrial Organization and Corporate Development*)

REFA-Fach·mann, -frau <-leute *o selten* -männer> *m, f* ÖKON REFA expert

Re·fek·to·ri·um <-s, -rien> [refɛk'to:ri̯ʊm, *pl* -ri̯ən] *nt* refectory

Re·fe·rat¹ <-[e]s, -e> [refe'ra:t] *nt* [seminar] paper; (*in der Schule*) project; **ein ~ [über jdn/etw] halten** to present a paper/project [on sb/sth]

Re·fe·rat² <-[e]s, -e> [refe'ra:t] *nt* ADMIN department

Re·fe·ren·dar(in) <-s, -e> [referɛn'da:ɐ̯] *m(f)* *candidates for a higher post in the civil service who have passed the first 'Staatsexamen' and are undergoing practical training;* SCH student [*or* trainee] teacher; JUR articled clerk BRIT

Re·fe·ren·da·ri·at <-[e]s, -e> [referɛnda'ri̯a:t] *nt* traineeship; SCH teacher training; JUR [time in] articles BRIT

Re·fe·ren·da̲·rin <-, -nen> *f fem form von* **Referendar**

Re·fe·ren·da̲r·zeit *f s.* **Referendariat**

Re·fe·ren·dum <-s, Referenden *o* Referenda> [refe'rɛndʊm, *pl* -dən, -da] *nt* POL referendum; **ein ~ abhalten** to hold a referendum

Re·fe·rent(in) <-en, -en> [refe'rɛnt] *m(f)* ❶ (*Berichterstatter*) speaker ❷ ADMIN head of an advisory department; ~ **für Medienfragen** expert on media questions ❸ (*Gutachter*) examiner

Re·fe·renz <-, -en> [refe'rɛnts] *f* ❶ (*schriftliche Empfehlung*) reference, testimonial ❷ (*Quelle einer schriftlichen Empfehlung*) referee

re·fe·rie·ren* [refe'ri:rən] *vi* ■ **[über jdn/etw]** ~ to present a paper/give a talk/report [on sb/sth]

re·fi·nan·zie·ren* [refinan'tsi:rən] *vt* ÖKON ■ **etw** ~ to re-finance sth

Re·fla·ti·on <-, -en> [refla'tsi̯o:n] *f* ÖKON reflation

re·fla·ti·o·när [reflatsi̯o:nɛ:ɐ̯] *adj inv* ÖKON reflationary

re·flek·tie·ren* [reflɛk'ti:rən] **I.** *vt* ■ **etw** ~ to reflect sth **II.** *vi* ❶ (*zurückstrahlen*) to reflect; ■ **~d** reflecting, reflective ❷ (*fam: interessiert sein*) ■ **auf etw** *akk* ~ to be interested in [*or* have one's eye on] sth ❸ (*geh: kritisch erwägen*) ■ **[über] etw** *akk* ~ to reflect on [*or* upon] [*or* ponder [on [*or* upon]]] sth

Re·flek·tor <-s, -toren> [re'flɛkto:ɐ̯] *m* reflector

Re·flex <-es, -e> [re'flɛks] *m* ❶ (*Nervenreflex*) reflex ❷ (*Lichtreflex*) reflection

Re·fle̲x·be·we·gung *f* reflex [movement] **Re·fle̲x·bo·gen** *m* BIOL, MED reflex arc [*or* circuit] **Re·fle̲x·hand·lung** *f* reflex action

Re·fle·xi·on <-, -en> [reflɛ'ksi̯o:n] *f* ❶ (*das Nachdenken*) reflection ❷ PHYS reflection

re·fle·xiv [reflɛ'ksi:f] *adj* LING reflexive

Re·fle·xi̲v·pro·no·men *nt* reflexive pronoun

Re·fle̲x·zo·ne *f* NATURMED reflex zone **Re·fle̲x·zo·nen·mas·sa·ge** *f* reflexology

Re·form <-, -en> [re'fɔrm] *f* reform; ~ **an Haupt und Gliedern** root-and-branch [*or* total] [*or* wide-reaching] reform; **dieses Unternehmen braucht eine ~ an Haupt und Gliedern** this company needs to be reformed, root and branch

Re·for·ma·ti·on <-> [refɔrma'tsi̯o:n] *f kein pl* ■ **die** ~ REL, HIST the Reformation *no pl*

Re·for·ma·ti·o̲ns·fest *nt* ■ **das** ~ Reformation Day

Re·for·ma·tor, Re·for·ma·to·rin <-s, -toren> [refɔr'ma:to:ɐ̯, refɔrma'to:rɪn, *pl* -ma'to:rən] *m, f* ❶ REL Reformer ❷ (*geh*) *s.* **Reformer**

re·fo̲rm·be·dürf·tig *adj* in need of reform *pred* **Re·fo̲rm·be·für·wor·ter(in)** *m(f)* advocate of reform **Re·fo̲rm·be·stre·bung** *f* striving for [*or* efforts towards] reform **Re·fo̲rm·be·we·gung** *f* reform movement

Re·for·mer(in) <-s, -> [re'fɔrmɐ] *m(f)* reformer

re·for·me·risch [re'fɔrmərɪʃ] *adj* reforming

re·fo̲rm·freu·dig *adj* eager for [*or* keen on] reform, welcoming [*or* in support of] reforms **Re·fo̲rm·geg·ner(in)** *m(f)* opponent of reform

Re·fo̲rm·haus *nt* health food shop [*or* AM *usu* store]

re·for·mie·ren* [refɔr'mi:rən] *vt* ■ **etw** ~ to reform sth

Re·for·mi̲e̲r·te(r) *f(m) dekl wie adj* REL member of the Reformed Church

Re·fo̲rm·kost *f* health food **Re·fo̲rm·kraft** *f meist pl* POL reformists *pl* **Re·fo̲rm·po·li·tik** *f* policy of reform **Re·fo̲rm·stau** *m* POL blocking of reforms **Re·fo̲rm·werk** *nt* POL series of reforms **re·fo̲rm·wil·lig** *adj* willing to countenance reform *form* [*or* accept change]

Re·frain <-s, -s> [re'frɛ̃:, rə-] *m* chorus, refrain

R

Re·fu·gi·um <-s, -gien> [re'fu:gi̯ʊm, *pl* -giən] *nt* (*geh*) refuge

Re·gal <-s, -e> [re'ga:l] *nt* shelves *pl*, shelving *no pl, no indef art*, rack; **etw aus dem ~ nehmen** to take sth off [*or* from] the shelf; **etw ins ~ zurückstellen** to put sth back on the shelf; **in/auf dem ~ stehen** to stand on the shelf

Re·gat·ta <-, Regatten> [re'gata, *pl* re'gatən] *f* regatta

Reg. Bez. *m Abk von* **Regierungsbezirk**

re·ge ['re:gə] **I.** *adj* ❶ (*lebhaft*) lively; **~ Anteilnahme/Beteiligung** active interest/participation [*or* involvement]; **~r Betrieb** brisk trade; **um 16 Uhr 30 herrscht ein ~r Verkehr** traffic is very busy at 4.30; *s. a.* **Fantasie** ❷ (*rührig*) active; **ein ~r Geist** a lively soul; ■**[noch] ~ sein** to be [still] active ❸ (*wach*) ■**in jdm ~ werden** to be awakened in sb **II.** *adv* actively; **~ besucht werden** to be well attended

Re·gel[1] <-, -n> ['re:gl̩] *f* ❶ (*Vorschrift*) rule, regulation ❷ (*Norm*) rule; **eine ungeschriebene ~** an unwritten rule ❸ (*Gewohnheit*) rule; **sich** *dat* **etw** *akk* **zur ~ machen** to make a habit [*or* rule] of sth; **[jdm] zur ~ werden** to become a habit [with sb]; **in der ~, in aller ~** as a rule ►WENDUNGEN: **keine ~ ohne Ausnahme** (*prov*) the exception proves the rule *prov;* **nach allen ~n der Kunst** with all the tricks of the trade; **etw nach allen ~n der Kunst erklären** to explain sth inside out [*or* thoroughly]; **jdn nach allen ~n der Kunst betrügen** to utterly deceive sb, to take sb for a ride *fam*

Re·gel[2] <-> ['re:gl̩] *f kein pl* (*Menstruation*) period; **meine ~ ist seit zehn Tagen ausgeblieben** I'm [*or* my period is] ten days overdue; **seine ~ haben/bekommen** to have/get one's period

Re·gel·ar·beits·zeit *f* core time

re·gel·bar *adj* ❶ (*regulierbar*) adjustable ❷ (*zu regeln*) able to be sorted out; **eine nicht leicht ~e Frage** a question that cannot be easily settled

Re·gel·blu·tung *f* menstruation

Re·gel·fall *m kein pl* rule, norm; **im ~** as a rule; **der ~ sein** to be the rule; **die Ausnahme und nicht der ~ sein** to be the exception and not the rule **Re·gel·kreis** *m* BIOL closed-loop control circuit

re·gel·mä·ßig **I.** *adj* ❶ (*ebenmäßig*) regular, well-proportioned ❷ (*in zeitlich gleicher Folge*) regular ❸ (*immer wieder stattfindend*) regular, persistent **II.** *adv* ❶ (*in gleichmäßiger Folge*) regularly ❷ (*immer wieder*) always

Re·gel·mä·ßig·keit <-> *f kein pl* ❶ (*Ebenmaß*) regularity, even proportions *pl* ❷ (*das regelmäßige Stattfinden*) regularity

re·geln ['re:gl̩n] **I.** *vt* ■**etw ~** ❶ (*in Ordnung bringen*) to settle [*or* see to] sth, to sort sth out; **ein Problem ~** to resolve a problem; ■**sich ~ lassen** to be able to be settled; **mit etwas gutem Willen lässt sich alles ~** everything can be sorted out with a bit of goodwill ❷ (*festsetzen*) to arrange sth; **wie ist die gleitende Arbeitszeit in eurer Firma geregelt?** how is flexitime arranged [*or* set up] in your company? ❸ (*regulieren*) to regulate [*or* control] sth **II.** *vr* ■**sich [von selbst] ~** to sort itself out, to take care of itself

re·gel·recht ['re:gl̩rɛçt] **I.** *adj* (*fam: richtiggehend*) proper, real; **eine ~e Schlägerei** a regular brawl; **eine ~e Frechheit** a downright [*or* an utter] cheek **II.** *adv* (*fam: richtiggehend*) really; **jdn ~ zur Schnecke** [*o* **derb** SÜDD **Sau**] **machen** to give sb a good dressing down [*or* BRIT *a.* a real carpeting]; **~ betrunken sein** to be well and truly plastered

Re·gel·satz *m* ADMIN *basic rate for the calculation of employer's contribution set by the Länder* **Re·gel·satz·steu·er** *f* ADMIN (*selten*) basic [*or* standard] tax rate

Re·gel·schmer·zen *pl* period pains *pl* **Re·gel·stö·run·gen** *pl* irregularities in one's menstrual cycle

Re·gel·stu·di·en·zeit [-ʃtu:diən-] *f* SCH *number of terms prescribed for the completion of a course*

Re·ge·lung <-, -en> ['re:gəlʊŋ] *f* ❶ (*festgelegte Vereinbarung*) arrangement; (*Bestimmung*) ruling ❷ *kein pl* (*das Regulieren*) regulation, control

re·gel·wid·rig **I.** *adj* SPORT against the rules *pred*, contrary to the regulations *pred* **II.** *adv* against the rules; **~ spielen** [*o* **sich** *akk* **~ verhalten**] to play dirty *fam*, to foul

Re·gel·wid·rig·keit *f* breach of the rules [*or* regulations]

re·gen ['re:gn̩] *vr* ■**sich** *akk* **~** ❶ (*sich bewegen*) to move, to stir; *s. a.* **Lüftchen, Segen** ❷ (*sich bemerkbar machen*) to stir; **jede sich ~de Opposition** every stirring [*or* whisper] of opposition

Re·gen <-s, -> ['re:gn̩] *m* rain; **sicher bekommen wir bald ~** we are sure to get rain soon; **saurer ~** acid rain; **bei** [*o* **in**] **strömendem ~** in [the] pouring rain ►WENDUNGEN: **vom ~ in die Traufe kommen** [*o* **geraten**] (*prov*) to jump out of the frying pan into the fire *prov;* **ein warmer ~** (*fam*) a windfall; **jdn im ~ stehen lassen** (*fam*) to leave sb in the lurch

re·gen·arm *adj* dry, with low precipitation *spec*, low rainfall *attr*

Re·gen·bo·gen *m* rainbow

Re·gen·bo·gen·far·ben *pl* colours [*or* AM -ors] *pl* of the rainbow; **in allen ~ schillern** to shimmer iridescently, to shine like all the colours of the rainbow **Re·gen·bo·gen·fo·rel·le** *f* ZOOL rainbow trout **Re·gen·bo·gen·haut** *f* ANAT iris **Re·gen·bo·gen·pres·se** *f* gossip magazines *pl*

Re·ge·ne·ra·ti·on [regenera'tsi̯o:n] *f* ❶ (*geh: Erneuerung*) revitalization ❷ BIOL (*Wiederherstellung*) regeneration

re·ge·ne·ra·tiv [regenera'ti:f] *adj* regenerative, renewable

re·ge·ne·rie·ren* [regene'ri:rən] **I.** *vr* ■**sich** *akk* **~** ❶ (*geh: sich erneuern*) to renew one's strength, to recuperate ❷ BIOL (*sich neu bilden*) to regenerate **II.** *vt* TECH ■**etw ~** to reclaim [*or* recover] sth

Re·gen·fall *m* rainfall, [fall of] rain **Re·gen·ge·biet** *nt* area of high precipitation, high rainfall area **Re·gen·guss**RR *m* downpour **Re·gen·ja·cke** *f* anorak, cagoule **Re·gen·man·tel** *m* raincoat **Re·gen·pfei·fer** *m* ORN plover **Re·gen·pla·ne** *f* tarpaulin, cover **re·gen·reich** *adj* wet, with high rainfall; ■**~ sein** to be wet **Re·gen·rin·ne** *f s.* **Dachrinne** **Re·gen·schau·er** *m* shower [of rain] **Re·gen·schirm** *m* umbrella

Re·gent(in) <-en, -en> [re'gɛnt] *m(f)* ruler, [reigning] monarch; (*Vertreter des Herrschers*) regent

Re·gen·tag *m* day of rain, rainy day **Re·gen·ton·ne** *f* water butt BRIT, rain barrel AM **Re·gen·trop·fen** *m* raindrop

Re·gent·schaft <-, -en> *f* ❶ (*Herrschaft*) reign ❷ (*Amtszeit*) regency

Re·gen·über·lauf·be·cken *nt* rainwater overflow-tank

Re·gen·wald *m* rainforest; **tropischer ~** tropical rainforest **Re·gen·was·ser** *nt* rainwater **Re·gen·wet·ter** *nt* rainy [*or* wet] weather; *s. a.* **Gesicht** **Re·gen·wol·ke** *f* rain cloud **Re·gen·wurm** *m* earthworm **Re·gen·zeit** *f* rainy season

Reg·gae <-[s]> ['rɛge, 'rɛgi] *m* MUS reggae

Re·gie <-, -n> [re'ʒi:, *pl* re'ʒi:ən] *f* FILM, THEAT, TV direction; RADIO production; **jdn mit der ~ für etw beauftragen** to appoint sb [as] the director of sth; **„~: Alan Parker"** "Director: [*or* directed by] Alan Parker"; **[bei etw] die ~ haben** [*o* **führen**] to direct [sth], to be the director [of sth]; **unter jds ~, unter der ~ von jdm** under sb's direction [*or* the direction of sb], directed by sb ►WENDUNGEN: **in eigener ~** off one's own bat BRIT, on one's own AM; **in** [*o* **unter**] *geh* **jds ~** under sb's control

Re·gie·an·wei·sung [re'ʒi:-] *f* stage direction **Re·gie·as·sis·tent(in)** *m(f)* assistant director

re·gie·ren* [re'gi:rən] **I.** *vi* to rule, to reign; ■**über jdn/etw ~** to rule [*or* reign] over sb/sth; *s. a.* **Bürgermeister** **II.** *vt* ❶ POL **ein Land ~** to rule [*or* govern] a country; *Monarch a.* to reign over a country ❷ LING ■**etw ~** to govern sth

Re·gie·rung <-, -en> [re'gi:rʊŋ] *f* POL ❶ (*Kabinett*) government ❷ (*Herrschaftsgewalt*) rule, reign; **nach der ~ streben** to strive for power; **jdn an die ~ bringen** to put sb into power [*or* office]; **an der ~ sein** to be in power [*or* office]; **die ~ antreten** to take power [*or* office]

Re·gie·rungs·ab·kom·men *nt* POL governmental agreement

Re·gie·rungs·an·tritt *m* coming to power, taking of office; **zum** ~ on taking power [*or* office] **Re·gie·rungs·ap·pa·rat** *m* POL ❶ (*Gesamtheit der Institutionen*) government machinery ❷ (*Herrschaftssystem*) regime, system of rule **Re·gie·rungs·aus·schuss**[RR] *m* government committee **Re·gie·rungs·bank** <-bänke> *f* government benches *pl* **Re·gie·rungs·be·am·te(r)** *f(m) dekl wie adj* government official **Re·gie·rungs·be·am·tin** *f* government official (*female*) **Re·gie·rungs·be·zirk** *m* ≈ region BRIT, ≈ county AM (*primary administrative division of a Land*) **Re·gie·rungs·bil·dung** *f* formation of a government **Re·gie·rungs·chef(in)** *m(f)* head of [a/the] government **Re·gie·rungs·di·rek·tor, -di·rek·to·rin** *m, f* senior government official **Re·gie·rungs·er·klä·rung** *f* government statement **re·gie·rungs·feind·lich** *adj* anti-government **Re·gie·rungs·ko·a·li·ti·on** *f* POL government coalition **Re·gie·rungs·kom·mis·si·on** *f* government commission **Re·gie·rungs·krei·se** *pl* government circles *pl* **Re·gie·rungs·kri·se** *f* government crisis **Re·gie·rungs·par·tei** *f* ruling [*or* governing] party, party in power **Re·gie·rungs·prä·si·dent(in)** *m(f) chief administrator of a Regierungsbezirk;* SCHWEIZ *head of a canton government* **Re·gie·rungs·rat** *m kein pl* SCHWEIZ canton government **Re·gie·rungs·rat, -rä·tin** *m, f* senior civil servant **Re·gie·rungs·sitz** *m* seat of government **Re·gie·rungs·spre·cher(in)** *m(f)* government spokesperson **Re·gie·rungs·um·bil·dung** *f* cabinet reshuffle **Re·gie·rungs·wech·sel** *m* change of government **Re·gie·rungs·zeit** *f* period [*or* term] of office

Re·gime <-s, -s> [re'ʒiːm] *nt* (*pej*) regime

Re·gime·geg·ner(in) *m(f)* opponent of a/the regime **Re·gime·kri·ti·ker(in)** *m(f)* critic of the regime, dissident **re·gime·kri·tisch** *adj* POL dissident

Re·gi·ment[1] <-[e]s, -er> [regi'mɛnt] *nt* MIL regiment

Re·gi·ment[2] <-[e]s, -e> [regi'mɛnt] *nt* (*geh: Herrschaft*) rule; **ein** ~ **führen** to maintain a regime

Re·gi·ments·an·ge·hö·ri·ge(r) *m dekl wie adj* member of the regiment **Re·gi·ments·fah·ne** *f* regimental colours [*or* AM -ors] *pl* **Re·gi·ments·kom·man·deur** *m* regimental commander

Re·gi·on <-, -en> [re'gi̯oːn] *f* region ▸ WENDUNGEN: **in höheren** ~**en schweben** (*geh*) to have one's head in the clouds

re·gi·o·nal [regi̯o'naːl] **I.** *adj* regional **II.** *adv* regionally; ~ **unterschiedlich** [*o* **verschieden**] **sein** to vary [*or* differ] from one region to another [*or* region to region]

Re·gio·nal·ex·press *m* regional express [train] **Re·gi·o·nal·fern·se·hen** *nt* regional television **Re·gi·o·nal·funk** *m* local radio **Re·gi·o·nal·li·ga** *f* SPORT regional league **Re·gi·o·nal·pro·gramm** *nt* regional programme [*or* AM -am] **Re·gi·o·nal·sen·der** *m* RADIO regional [*or* local radio] station; TV regional channel [*or* station]

Re·gis·seur(in) <-s, -e> [reʒɪ'søːɐ̯] *m(f)* FILM, TV, THEAT director; RADIO producer

Re·gis·ter <-s, -> [re'gɪstɐ] *nt* ❶ (*alphabetischer Index*) index ❷ (*amtliches Verzeichnis*) register ❸ MUS register; (*einer Orgel*) stop ▸ WENDUNGEN: **alle** ~ **spielen lassen, alle** ~ **ziehen** to pull out all the stops, to go all out; **andere** ~ **ziehen** to resort to other methods, to get tough

Re·gis·tra·tur <-, -en> [regɪstra'tuːɐ̯] *f* ❶ ADMIN registry, records office ❷ MUS (*Orgel*) stop

re·gis·trie·ren* [regɪs'triːrən] **I.** *vt* ■**etw** ~ ❶ (*verzeichnen*) to register sth; (*wahrnehmen*) to note [*or* notice] sth ❷ TECH (*aufzeichnen*) to register sth **II.** *vi* (*fam*) ■~, **dass/wie ...** to register that ..., to take note of ...

Re·gis·trier·kas·se *f* cash register

Re·gis·trie·rung <-, -en> *f* registration

Re·gle·ment <-s, -s> [reglə'mãː] *nt* ❶ SPORT rules *pl* ❷ SCHWEIZ (*Vorschriften*) regulations *pl*

re·gle·men·tie·ren* [reglemɛn'tiːrən] *vt* (*geh*) ❶ (*genau regeln*) ■**etw** ~ to regulate sth ❷ (*gängeln*) ■**jdn** ~ to regiment sb

Re·gle·men·tie·rung <-, -en> *f* (*Regulierung*) regulation; (*Bevormundung*) regimentation

Reg·ler <-s, -> ['reːglɐ] *m* ELEK regulator, control; AUTO governor

reg·los ['reːkloːs] *adj s.* **regungslos**

Reg·lo·sig·keit <-> *f kein pl s.* **Regungslosigkeit**

reg·nen ['reːgnən] **I.** *vi impers* to rain; ■**es regnet** it's raining; **für den Fall, dass es** ~ **sollte** in case it rains, in case it should rain *form;* ■**auf etw** *akk*/**durch etw** *akk* ~ to rain on/through sth; *s. a.* **Strom II.** *vt* ■**etw** ~ to rain down sth; **es regnet Beschwerden/Proteste/Vorwürfe** complaints/protests/accusations are pouring in

reg·ne·risch *adj* rainy

Re·gress[RR] <-es, -e> *m,* **Re·greß**[ALT] <-sses, -sse> [re'grɛs] *m* JUR recourse, redress; **jdn [für etw] in** ~ **nehmen** to have recourse against sb [for sth]

Re·gress·an·spruch[RR] *m* JUR right to compensation **Re·gress·for·de·rung**[RR] *f* JUR claim [*or* demand] for compensation **Re·gress·kla·ge**[RR] *f* JUR action for compensation **Re·gress·pflicht**[RR] *f* JUR liability for compensation **re·gress·pflich·tig**[RR] *adj* JUR liable for compensation; **jdn [für etw]** ~ **machen** to make sb liable [for compensation] [for sth]

re·gu·lär [regu'lɛːɐ̯] **I.** *adj* ❶ (*vorgeschrieben*) regular; **die** ~**e Arbeitszeit** normal [*or* regular] working hours; **das** ~**e Gehalt** the basic salary ❷ (*normal*) normal; ~**e Truppen** regular troops, regulars *pl* **II.** *adv* normally

re·gu·lier·bar *adj* adjustable

re·gu·lie·ren* [regu'liːrən] **I.** *vt* ❶ (*einstellen*) ■**etw [mit etw]** ~ to regulate [*or* adjust] sth [with sth] ❷ (*geh:* [*ein Gewässer*] *begradigen*) ■**etw** ~ *Bach, Fluss* to straighten sth **II.** *vr* ■**sich** *akk* **(von) selbst** ~ to regulate itself

Re·gu·lie·rung <-, -en> *f* ❶ (*Einstellung*) regulation, adjustment ❷ (*geh: Begradigung eines Gewässers*) straightening

Re·gung <-, -en> *f* ❶ (*Bewegung*) movement ❷ (*Empfindung*) feeling; **menschliche** ~ human emotion; **folge immer der** ~ **deines Herzens** always follow the promptings of your heart; **in einer** ~ **von Mitleid/Wehmut/Zorn** in a fit of compassion/nostalgia/anger

re·gungs·los **I.** *adj* motionless; *Miene* impassive **II.** *adv* motionless; **sie lag** ~ **da** she lay there motionless

Re·gungs·lo·sig·keit <-> *f kein pl* motionlessness, impassivity

Reh <-[e]s, -e> [reː] *nt* roe deer

Re·ha <-> ['reːha] *f kein pl* MED *kurz für* **Rehabilitation** rehab

Re·ha·bi·li·ta·ti·on <-, -en> [rehabilita'tsi̯oːn] *f* ❶ SOZIOL rehabilitation ❷ (*geh*) rehabilitation, vindication

Re·ha·bi·li·ta·ti·ons·zen·trum *nt* rehabilitation [*or fam* rehab] centre [*or* AM -er]

re·ha·bi·li·tie·ren* [rehabili'tiːrən] *vt* ❶ SOZIOL ■**jdn** ~ to rehabilitate sb ❷ (*geh*) ■**jdn/etw/sich** ~ to clear [*or form* vindicate] [*or form* rehabilitate] sb/sth/oneself

Re·ha·bi·li·tie·rung <-, -en> *f s.* **Rehabilitation**

Re·ha·kli·nik *f* MED rehab [clinic] **Re·ha·zen·trum** *nt* MED rehab [centre]

Reh·bock *m* [roe]buck, stag **Reh·kalb** *nt* fawn **Reh·keu·le** *f* haunch of venison **Reh·kitz** *nt* roe deer fawn **Reh·le·der** *nt* deerskin **Reh·rü·cken** *m* KOCHK saddle of venison **Reh·schle·gel** *m* haunch of venison **Reh·wild** *nt* JAGD roe deer

Rei·bach <-s> ['raibax] *m kein pl* (*sl*) hefty profit; **[bei etw] einen** ~ **machen** to make a killing [at [*or* with] sth] *fam*

Rei·be <-, -n> ['raibə] *f* grater

Rei·be·ku·chen *m* KOCHK DIAL (*Kartoffelpuffer*) ≈ potato fritter BRIT, ≈ latke AM (*grated raw potatoes fried into a pancake*)

Rei·be·laut *m* LING fricative

rei·ben <rieb, gerieben> ['raibn̩] **I.** *vt* ❶ (*über etw hin- und herfahren*) ■**etw** ~ to rub sth; *s. a.* **blank, Auge, Hand** ❷ (*reibend verteilen*) ■**etw auf etw** *akk*/**in etw** *akk* **reiben** to rub sth onto/into sth ❸ (*durch Reiben entfernen*) ■**etw aus etw** *dat*/**von etw** ~ to rub sth out of/off sth ❹ (*mit der*

R

Reibe zerkleinern) ■**etw** ~ to grate sth **II.** *vr* ❶ (*sich kratzen*) ■**sich** [**an etw** *dat*] ~ to rub oneself [on [*or* against] sth]; **die Katze rieb sich an meinen Beinen** the cat rubbed itself against my legs; **warum reibst du dich am Rücken?** why are you rubbing your back?; *s. a.* **wund** ❷ ■**sich** *dat* **etw** ~ to rub one's sth; **sich** *akk* **die Augen/Hände** ~ to rub one's eyes/hands; **sich** *dat* **die Haut/die Hände wund reiben** to chafe one's skin/hands; **sich den Schlaf aus den Augen** ~ (*fig*) to still not be awake [*or* be half asleep] ❸ (*fig: sich mit jdm auseinandersetzen*) ■**sich** *akk* **an jdm** ~ to rub sb up the wrong way; **ständig** ~ **sie sich aneinander** they are constantly rubbing each other up the wrong way, there is always friction between them **III.** *vi* ■[**an etw** *dat*] ~ to rub [on sth]; **die Schuhe** ~ **an den Zehen** my shoes are rubbing my toes

Rei·be·rei·en [raibəˈraiən] *pl* (*fam*) friction *no pl;* **es kommt zu** ~, **es gibt** ~ there's friction

Reib·stein *m* mortar

Rei·bung <-, -en> *f* ❶ *kein pl* PHYS friction ❷ *pl s.* **Reibereien**

Rei·bungs·flä·che *f* ❶ TECH frictional surface ❷ (*Grund zur Auseinandersetzung*) source of friction; ~**n bieten** to present sources [*or* be a potential cause] of friction

rei·bungs·los I. *adj* trouble-free, smooth **II.** *adv* smoothly

Rei·bungs·ver·lust *pl waste of time/energy etc. caused by personal friction* **Rei·bungs·wi·der·stand** *m* PHYS frictional resistance

reich [raiç] **I.** *adj* ❶ (*sehr wohlhabend*) rich, wealthy; **aus** ~**em Haus[e] sein** to be from a wealthy family ❷ (*in Fülle habend*) ■~ **sein an etw** *dat* to be rich in sth; ~ **an Erfahrung sein** to have a wealth of experience; ~ **an Bodenschätzen sein** to be rich in minerals [*or* mineral resources] ❸ (*viel materiellen Wert erbringend*) wealthy; **eine** ~**e Erbschaft** a substantial inheritance; **eine** ~**e Heirat** a good catch; (*viel ideellen Wert erbringend*) rich ❹ (*kostbar*) costly; *Schmuck* expensive ❺ (*ergiebig*) rich; *Ernte* abundant; *Ölquelle* productive; *Mahlzeit* sumptuous, lavish; *Haar* luxuriant ❻ (*vielfältig*) rich, wide; *Möglichkeiten* rich; *Auswahl/Wahl* wide, large; *Bestände* copious; *Leben* varied ❼ (*viel von etw enthalten*) rich; **dieser Saft ist** ~ **an Vitaminen** this juice is rich in [*or* full of] vitamins; *s. a.* **Maß II.** *adv* ❶ (*reichlich*) richly; **jdn** ~ **belohnen** to reward sb richly [*or* well], to give sb a rich reward; **jdn** ~ **beschenken** to shower sb with presents ❷ (*mit viel Gelderwerb verbunden*) ~ **erben/heiraten** to come into/marry into money; ~ **begütert** very well-off ❸ (*reichhaltig*) richly; ~ **ausgestattet/geschmückt/illustriert** richly [*or* lavishly] furnished/decorated/illustrated

Reich <-[e]s, -e> [raiç] *nt* ❶ (*Imperium*) empire; **das** ~ **Gottes** the Kingdom of God; **das** ~ **der Mitte** (*geh: China*) the Middle Kingdom; **das** ~ **der Schatten** (*liter*) the realm of shades *liter,* the underworld; **das** ~ **der Finsternis** the realm of darkness; **das Dritte** ~ HIST the Third Reich; **das Großdeutsche** ~ HIST the Greater German Reich, Greater Germany; **das Römische** ~ HIST the Roman Empire; **das „Tausendjährige** ~**"** REL the "Thousand-year Reich" ❷ (*Bereich*) realm; **das ist mein eigenes** ~ that is my [very] own domain; **das** ~ **der aufgehenden Sonne** (*geh*) the land of the rising sun; **das** ~ **der Frau/des Kindes/des Mannes** the woman's/man's/child's realm; **das** ~ **der Gedanken/der Träume** the realm of thought/of dreams

Rei·che(r) *f(m) dekl wie adj* rich man/woman; **die** ~**n** the rich [*or* wealthy] [people]

rei·chen [ˈraiçn̩] **I.** *vi* ❶ (*ausreichen*) to be enough [*or* sufficient]; **die Vorräte** ~ **noch Monate** the stores will last for months still; ■**es reicht [jdm]** that's enough [for sb]; **noch etwas Püree? - danke, es reicht vollauf** fancy any more mash? - no thanks, this plenty ❷ (*genug sein*) ■**es reicht** it's enough; **es müsste eigentlich** ~ it really ought to be enough; **damit es reicht ...** for it to be enough ...; ■**es reicht [jdm], dass/wenn ...** it's enough [for sb] that/if ...; **muss es jetzt sein, reicht es nicht, wenn ich es morgen mache?** does it have to be now, won't tomorrow do? ❸ (*überdrüssig sein*) ■**etw reicht jdm** sth is enough for sb; **mir reicht's!** that's enough for me!, I've had enough!; **es hat ihm einfach gereicht** he had simply had enough; **solche ständigen Frechheiten hätten mir schon lange gereicht** if that was me, I wouldn't have put up with such cheek for all that time; ■**es reicht [jdm], dass/wie ...** it's enough [for sb] that/how ...; **langsam reicht es mir, wie du dich immer benimmst!** I'm beginning to get fed up with the way you always behave!; **jetzt reicht's [mir] [aber]!** [*o* **endlich**], **mir reicht's jetzt [aber]!** [right, [*or* AM all right,]] that's enough!, that's the last straw! ❹ (*sich erstrecken*) ■**bis zu etw** *dat* **über etw** *akk* ~ to reach to sth/over sth; **das Kabel reicht nicht ganz bis zur Steckdose** the lead doesn't quite reach to the plug; **das Seil reicht nicht ganz bis nach unten** the rope doesn't quite reach the bottom; **die Ärmel** ~ **mir nur bis knapp über die Ellenbogen** the sleeves only just reach over my elbows; **meine Ländereien** ~ **von hier bis zum Horizont** my estates stretch from here to the horizon; *s. a.* **Auge** ❺ (*gelangen*) ■[**mit etw**] **bis irgendwohin** ~ to reach somewhere [with sth]; **wenn ich mich strecke, reiche ich mit der Hand gerade bis oben hin** if I stretch I can just reach the top; **ich reiche nicht ganz bis an die Wand** I can't quite reach the wall **II.** *vt* (*geh*) ❶ (*geben*) ■**jdm etw** ~ to give [*or* hand] [*or* pass] sb sth; **würdest du mir bitte mal das Brot** ~**?** would you be so kind as to pass me the bread please? ❷ ■**sich** *dat* [**gegenseitig** [*o geh* **einander**]] **etw** ~ to [each] reach out sth; **sich** *dat* **die Hand zur Begrüßung** ~ to shake hands; **sich** *dat* **die Hand zur Versöhnung** ~ to join hands in reconciliation ❸ (*anbieten*) ■[**jdm**] **etw** ~ to serve [sb] sth

reich·hal·tig [ˈraiçhaltɪç] *adj* ❶ (*vielfältig*) wide, large, extensive; *Programm* varied ❷ (*gut bestückt*) *Bibliothek, Sammlung, etc* well-stocked, extensive ❸ (*üppig*) rich; **eine** ~**e Mahlzeit** a substantial meal

Reich·hal·tig·keit <-> *f kein pl* ❶ (*Vielfältigkeit*) extensiveness *no pl,* wideness *no pl,* variety ❷ (*Üppigkeit*) richness *no pl*

reich·lich [ˈraiçlɪç] **I.** *adj* large, substantial; *Belohnung* ample; *Trinkgeld* generous **II.** *adv* ❶ (*überreich*) amply; ~ **Geld/Zeit haben** to have plenty of money/time ❷ (*fam: mehr als ungefähr*) over; ~ **drei Jahre/fünf Stunden** a good three years/five hours; **um** ~ **...** [by] a good ...; **er hat sich um** ~ **zwei Stunden verspätet** he is a good two hours late ❸ (*ziemlich*) rather, pretty

Reichs·ad·ler *m* HIST imperial eagle **Reichs·bahn** *f* HIST ❶ (*1920-1945*) German National Railway ❷ (*1945-1993*) East German State Railway **Reichs·gren·ze** *f* HIST imperial German border **Reichs·haupt·stadt** *f* HIST imperial capital, capital of the Reich **Reichs·kanz·ler** *m* HIST ❶ (*1871-1918*) Imperial Chancellor ❷ (*1919-1933*) Chancellor of the Republic ❸ (*1933-1945*) Reich Chancellor **Reichs·mark** *f* HIST Reichsmark **Reichs·prä·si·dent** *m* HIST German President [1919-1934] **Reichs·re·gie·rung** *f* HIST German government [1919-1945] **Reichs·stadt** *f* HIST free city [*or* town] [of the Holy Roman Empire] **Reichs·tag** *m* ❶ HIST (*vor 1871*) Imperial Diet ❷ HIST (*1871-1945*) Reichstag ❸ ARCHIT (*Gebäude in Berlin*) Reichstag

i Kultur

During the years of the German Reich, the **Reichstag** – *sovereign assembly* was composed of representatives who were elected for four years according to the constitution of the Weimar Republic. After reunification, the parliament in Bonn took the decision to relocate to Berlin and in 1994, the **Reichstag** building in Berlin once again became the seat of federal parliament in Germany.

Reichs·tags·brand *m kein pl* POL (*hist*) burning of the Reichstag **Reichs·wehr** <-> *f kein pl* HIST ■**die** ~ the German army [and navy] [1921-1935]

Reich·tum <-[e]s, Reichtümer> [ˈraiçtuːm, *pl* -tyːmɐ] *m* ❶ *kein pl* (*große Wohlhabenheit*) wealth; **zu ~ kommen** [*o* **gelangen**] to get rich, to come into money ❷ *pl* (*materieller Besitz*) riches *npl;* **damit kann man keine Reichtümer erwerben** you cannot get rich that way ❸ *kein pl* (*Reichhaltigkeit*) ■**der ~ an etw** *dat*/**von etw** the wealth [*or* abundance] of sth

Reich·wei·te *f* ❶ (*Aktionsradius, Zugriff*) range; **Geschütze großer ~** long-range guns [*or* artillery]; **außer/in ~ [einer S.** *gen*] out of/within reach [*or* range] [of sth]; **außerhalb/innerhalb der ~ einer S.** *gen* outside the range/within range of sth ❷ RADIO range; **außerhalb/innerhalb der ~** *gen* outside the range/within range

reif [raif] *adj* ❶ AGR, HORT ripe; ■**~ sein** to be ripe; ■**~ werden** to ripen ❷ BIOL (*voll entwickelt*) mature, fully developed ❸ (*ausgereift*) mature; *Urteil* mature, wise ❹ (*älter*) mature; **eine ~e Persönlichkeit** a mature personality; **im ~[er]en Alter** in one's mature[r] years; **im ~en Alter von ...** at the ripe old age of ...; **ich bin mehr für ~ere Jahrgänge** I prefer a more mature vintage [*or* those of a more mature age] ❺ (*fam: im erforderlichen Zustand*) ■**~ für etw sein** to be ready [*or* ripe] for sth; **~ für die Klapsmühle sein** (*pej*) to be ready for the loony bin *pej;* **~ für die Verwirklichung** ready to be put into practice; **~ für die Insel sein** (*aussteigen wollen*) to want to drop out *fam* ❻ (*sl: dran*) ■**~ sein** to be in for it *fam*

Reif[1] <-[e]s> [raif] *m kein pl* METEO hoar frost

Reif[2] <-[e]s, -e> [raif] *m* (*Armreif*) bracelet, bangle; (*Stirnreif*) circlet

Rei·fe <-> [ˈraifə] *f kein pl* ❶ (*das Reifen*) *Obst* ripening; (*Reifezustand*) ripeness ❷ (*Abschluss der charakterlichen Entwicklung*) maturity; **mittlere ~** SCH ≈ GCSEs BRIT, ≈ GED AM (*school-leaving qualification awarded to pupils leaving the 'Realschule' or year 10 of the 'Gymnasium'*); **die sittliche ~** moral maturity; *s. a.* **Zeugnis**

rei·fen [ˈraifn̩] **I.** *vi sein* ❶ AGR, HORT to ripen; BIOL to mature ❷ (*sich charakterlich entwickeln*) to mature; ■**gereift** mature ❸ (*gedeihen*) ■**[zu etw] ~** to mature [*or* develop] [into sth]; *s. a.* **Gewissheit II.** *vt haben* (*geh: charakterlich entwickeln*) ■**jdn ~** to mature sb; *s. a.* **gereift**

Rei·fen <-s, -> [ˈraifn̩] *m* tyre BRIT, tire AM; **den ~ wechseln** to change the tyre; **runderneuerter ~** retread, BRIT *a.* remould

Rei·fen·druck *m* tyre [*or* AM tire] pressure **Rei·fen·pan·ne** *f* puncture, flat, flat tyre [*or* AM tire] **Rei·fen·pro·fil** *nt* tread, tyre [*or* AM tire] tread **Rei·fen·wech·sel** *m* tyre [*or* AM tire] change

Rei·fe·prü·fung *f* SCH (*geh*) *s.* **Abitur Rei·fe·tei·lung** *f* BIOL maturation division **Rei·fe·zeit** *f* AGR, HORT ripening time **Rei·fe·zeug·nis** *nt* SCH (*geh*) *s.* **Abiturzeugnis**

reif·lich [ˈraiflɪç] *adj* (*ausführlich*) thorough, [very] careful; **nach ~er Überlegung** after [very] careful consideration

Reif·rock *m* HIST hoop skirt, farthingale dress

Rei·fung <-> *f kein pl* AGR, HORT ripening; BIOL maturing, maturation

Rei·gen <-s, -> [ˈraign̩] *m* (*veraltend*) round dance ▶WENDUNGEN: **den ~ beschließen** (*geh*) to bring up the rear; **den ~ eröffnen** (*geh*) to lead [*or* start] off

Rei·he <-, -n> [ˈraiə] *f* ❶ (*fortlaufende Folge*) row; **arithmetische ~** arithmetic[al] series [*or* progression]; **geometrische ~** geometric[al] series [*or* progression]; **in ~n antreten** to line up; **sich** *akk* **in ~n aufstellen** to line up in rows, to form lines; **aus der ~ treten** to step out of the line; **die ~n schließen** to close ranks; **außer der ~** out of [the usual] order; **eine außer der ~ erfolgende Zahlung** an unexpected payment; **der ~ nach** in order [*or* turn]; **berichten Sie bitte der ~ nach** please report events in chronological order ❷ (*Menge*) ■**eine ~ von jdm/etw** a number of sb/sth; **eine ~ von zusätzlichen Informationen** a lot of additional information; **eine ganze ~ [von Personen/S.** *dat*] a whole lot [of people/things]; **eine ganze ~ von Beschwerden/Fehlern/Leuten** a whole string of complaints/host of mistakes/list of people ❸ *pl* (*Gesamtheit der Mitglieder*) ranks *npl;* **die ~n lichten sich** (*fig*) the ranks are thinning out ❹ MIL, SCH, SPORT file; **in Reih und Glied** in rank and file; **in Reih und Glied antreten/Aufstellung nehmen** to line up/take up position in formation ▶WENDUNGEN: **[mit etw] an der ~ sein** [*o* **an die ~ kommen**] to be next in line [for sth]; **du bist an der ~** it's your turn; **ich war jetzt an der ~!** I was next!; **ich bin erst morgen mit der Untersuchung an der ~** I am only due to be examined tomorrow; **erst sind wir an der ~!** we're first!; **jeder kommt an die ~** everyone will get a turn; **etw auf die ~ kriegen** (*fam: etw kapieren*) to get sth into one's head; (*in Ordnung bringen*) to put sth straight [*or* in order], to get sth together; **aus der ~ tanzen** (*fam*) to step out of line, to be different

rei·hen [ˈraiən] **I.** *vr* ■**sich an etw** *akk* **reihen** to follow [after] sth; **ein Misserfolg reihte sich an den anderen** one failure followed another **II.** *vt* ■**etw auf etw** *akk* **~** to string [*or* thread] sth on sth

Rei·hen·fol·ge *f* order, sequence; **in chronologischer/alphabetischer ~** in chronological/alphabetical order, chronologically, alphabetically

Rei·hen·haus *nt* terraced [*or* row] house AM **Rei·hen·haus·sied·lung** *f* terraced [*or* AM row] house development, estate of terraced houses **Rei·hen·un·ter·su·chung** *f* MED mass screening

rei·hen·wei·se *adv* ❶ (*in großer Zahl*) by the dozen ❷ (*nach Reihen*) in rows [*or* lines]

Rei·her <-s, -> [ˈraiɐ] *m* heron ▶WENDUNGEN: **wie ein ~ kotzen** (*derb*) to puke one's guts out *sl*

Rei·her·en·te *f* ORN tufted duck

rei·hern [ˈraiɐn] *vi* (*sl*) to puke [*or* spew] [up] *sl*

reih·um [raiˈʔʊm] *adv* in turn; **~ gehen** to go [*or* be passed] round [*or* AM around]; **etw ~ gehen lassen** to pass sth round [*or* AM around]

Reim <-[e]s, -e> [raim] *m* ❶ (*Endreim*) rhyme ❷ *pl* (*Verse*) verse[s], poems *pl* ▶WENDUNGEN: **sich** *dat* **einen** [*o* **seinen**] **~ auf etw** *akk* **machen** (*fam*) to draw one's own conclusions about [*or* have one's own opinions on] sth; **sich** *dat* **einen ~ darauf machen, warum/was ...** to be able to work out [*or* make sense of] why/what ...; **sich** *dat* **keinen ~ auf etw** *akk* **machen können** (*fam*) to see no rhyme or reason in [*or* not be able to make head or tail of] sth; **sich** *dat* **keinen ~ darauf machen können, warum/was ...** to be able to see no rhyme or reason why ..., to not be able to make head or tail of what ...

rei·men [ˈraimən] **I.** *vr* ■**sich [auf etw** *akk*/**mit etw] ~** to rhyme [with sth] **II.** *vt* ■**etw [auf etw** *akk*/**mit etw] ~** to rhyme sth [with sth] **III.** *vi* to make up rhymes

Re·im·port [ˈreʔɪmpɔrt] *m* reimport

re·im·por·tie·ren* *vt* ÖKON ■**etw ~** to reimport sth

rein[1] [rain] *adv* (*fam*) get in; **ich krieg' das Paket nicht in die Tüte ~** I can't fit [*or* get] the packet into the carrier bag; **„~ mit dir!"** "come on, get in!"

rein[2] [rain] **I.** *adj* ❶ (*pur*) pure, sheer; **eine ~e Zeitverschwendung** a pure [*or* complete] waste of time; **das ist doch ~er Blödsinn!** that's sheer nonsense!; **das ist doch der ~ste Unsinn!** that is the most utter nonsense!; **das ist die ~e Wahrheit** that's the plain truth; **der/die/das ~ste ... sein** (*fam*) to be an absolute ...; **das Kinderzimmer ist der ~ste Schweinestall!** the children's room is an absolute pigsty!; *s. a.* **Vergnügen, Freude** ❷ (*ausschließlich*) purely; **das ist ein ~es Industrieviertel** this is purely an industrial quarter ❸ (*unvermischt*) pure; **~es Gold** pure gold; **~ seiden** pure silk ❹ (*völlig sauber*) clean; **eine ~e Umwelt** a clean environment; ■**~ sein/werden** to be/become clean; **der Kragen ist**

R

nicht ganz ~ geworden the collar isn't quite clean yet; **etw ~ halten** (*veraltend*) to keep sth clean; **ich leihe dir mein Auto schon aus, aber nur, wenn du es auch ~ hältst** I'll lend you my car, but only if you keep it clean; **etw ~ machen** to clean sth; **[irgendwo/bei jdm] ~ machen** [*o* **reinemachen**] to do the cleaning [somewhere/at sb's house]; **im Haus ist seit Monaten nicht mehr ~ gemacht worden** no cleaning has been done in the house for months; *s. a.* **Tisch** ❺ (*makellos*) *Teint, Haut* clear ❻ MUS (*unverfälscht*) pure ▶ WENDUNGEN: **etw [für jdn] ins R~e bringen** to clear up sth *sep* [for sb]; **mit sich** *dat* **[selbst]/etw ins R~e kommen** to get oneself/sth straightened out; **mit jdm/mit sich selbst im R~en sein** to have got things straightened out with sb/oneself; **etw ins R~e schreiben** to make a fair copy of sth **II.** *adv* ❶ (*ausschließlich*) purely; **eine ~ persönliche Meinung** a purely personal opinion ❷ MUS (*klar*) in a pure manner; **der Verstärker lässt die Musik klar und ~ erklingen** the amplifier reproduces the music in a clear and pure form ❸ (*absolut*) absolutely; **~ alles/gar nichts** (*fam*) absolutely everything/nothing; **er hat in der Schule ~ gar nichts gelernt** he has learned absolutely nothing at school

Rein [rain] *f* casserole

Rei·ne·clau·de <-, -n> [rɛːnəˈkloːdə] *f* BOT, HORT *s.* **Reneklode**

Rei·ne·ma·chen <-s> *nt kein pl* (*fam*) cleaning *no pl*

rein·er·big *adj* BIOL homozygous

Rein·er·lös *m s.* **Reingewinn Rein·er·trag** *m* ÖKON net yield

rei·ne·weg [ˈrainəvɛk] *adv* (*fam*) absolutely, completely; **das ist ~ gelogen!** that's a complete lie

Rein·fall [ˈrainfal] *m* (*fam*) disaster; **„so ein ~, nichts hat geklappt!"** "what a washout, nothing went right!"; **[mit jdm/etw] einen ~ erleben** to be a disaster; **„kauf dir das Gerät nicht, du erlebst damit bloß einen ~"** "don't buy the appliance, it'll just be a disaster"; **ein ~ sein** to be a disaster; **die neue Mitarbeiterin war ein absoluter ~** the new employee was a complete disaster

rein|fal·len *vi irreg sein* (*fam*) ❶ (*eine schwere Enttäuschung erleben*) ■ **[mit jdm/etw] ~** to be taken in [by sb/sth]; **„ich habe den Versprechungen des Vertreters geglaubt und bin ganz schön reingefallen!"** "I believed the rep's promises and was completely taken in" ❷ (*hereinfallen, hineinfallen*) ■ **[irgendwo] ~** to fall in [somewhere]; **„geh nicht zu nahe an den Brunnen, sonst fällst du womöglich rein!"** "don't go too close to the fountain, or you might fall in!"; **„die Brille ist mir da reingefallen"** "my glasses have fallen down there"

Re·in·fek·ti·on [reʔɪnfɛkˈtsi̯oːn] *f* reinfection

rein|ge·hen *vi* (*fam*) to go in

Rein·ge·winn *m* ÖKON net profit **Rein·hal·tung** *f kein pl* keeping clean; **die ~ unserer Umwelt ist eine wichtige Aufgabe** keeping our environment clean is an important task **rein|hau·en** *vi* (*fig sl*) to stuff oneself *fam,* to pig out *fam;* **hau rein!** tuck in! BRIT *fam,* dig in! AM *fam* **Rein·heit** <-> [ˈrainhait] *f kein pl* ❶ (*frei von Beimengungen*) purity *no pl* ❷ (*Sauberkeit*) cleanness *no pl;* **im Gebirge ist die Luft von größerer ~ als in der Stadt** mountain air is cleaner than [the] air in the city **Rein·heits·ge·bot** *nt* [German] beer purity law (*whereby only hops, malt, water, and yeast are permitted to be added in the brewing process*)

i Kultur

The German **Reinheitsgebot** – *beer purity regulation* is one of the oldest laws governing foodstuffs in Germany. Since 1516 it has stipulated that only barley malt, hops, water and recently yeast may be used in the production of beer.

rei·ni·gen [ˈrainɪgn̩] *vt* ■ **etw ~** to clean sth; **wann ist dein Anzug zum letzten Mal gereinigt worden?** when was your suit last [dry-]cleaned?

Rei·ni·gung <-, -en> *f* ❶ *kein pl* (*das Reinigen*) cleaning *no pl;* **auf die ~ ihrer Fingernägel verwendet sie immer viel Zeit** she always spends a lot of time cleaning her fingernails; **Müllverbrennungsanlagen müssen nun alle Filter zur ~ der Abluft eingebaut haben** waste incineration plants must all have filters installed to clean the waste air ❷ (*Reinigungsbetrieb*) cleaner's; **die chemische ~** the dry cleaner's

Rei·ni·gungs·lo·ti·on *f* cleansing lotion **Rei·ni·gungs·milch** *f* cleansing milk *no pl* **Rei·ni·gungs·mit·tel** *nt* cleansing agent

Re·in·kar·na·ti·on [reʔɪnkarnaˈtsi̯oːn] *f* reincarnation *no pl*

rein|kom·men *vi* (*fam*) to come in; **darf ich reinkommen?** may I come in?

Rein·kul·tur *f* pure culture; **in ~** unadulterated; **das ist doch hirnverbrannter Blödsinn in ~!** that is just hare-brained unadulterated nonsense!

rein|le·gen *vt* (*fam*) ❶ (*hineinlegen*) ■ **etw ~** to put sth in sth; **„leg mir das Geld in die Schublade da rein"** "put the money in this drawer here for me" ❷ (*hintergehen*) ■ **jdn ~** to take sb for a ride; **er hat mich reingelegt, das Gemälde war gar nicht echt** he took me for a ride, the picture wasn't genuine

rein·lich *adj* ❶ (*sauberkeitsliebend, sauber*) clean; **Katzen sind ~ere Tiere als Hunde** cats are cleaner animals than dogs; **ein ~es Zimmer** a clean room ❷ (*klar*) clear; **eine ~e Unterscheidung** a clear distinction

Rein·lich·keit <-> *f kein pl* ❶ (*Sauberkeitsliebe*) cleanliness *no pl;* **Hunde müssen zur ~ erzogen werden** dogs must be trained to be clean ❷ (*Sauberkeit*) cleanness *no pl*

Rein·luft·ge·biet *nt* pollution-free zone **rein·ras·sig** *adj* thoroughbred; **mein Golden Retriever ist ein absolut ~es Tier** my Golden Retriever is a real thoroughbred

Rein·raum *m* clean room

rein|rei·ten *vt irreg* (*fam*) ■ **jdn ~** to get sb into a mess, to drop sb in it BRIT *fam*

Rein·schrift *f* fair copy **Rein·ver·mö·gen** *nt* ÖKON net assets

re·in·ves·tie·ren* [reʔɪnvɛsˈtiːrən] *vt* ■ **etw in etw ~** to reinvest sth in sth

rein|wa·schen *irreg vt* (*exkulpieren*) ■ **jdn [von etw] ~** to clear sb [of sth]; **die Untersuchung hat ihn von allem Verdacht reingewaschen** the investigation cleared him of all suspicion; ■ **sich** *akk* **[von etw] ~** to clear oneself [of sth]

rein·weg [ˈrainvɛk] *adv s.* **reineweg**

rein|zie·hen *vr irreg* (*sl*) ❶ (*konsumieren*) ■ **sich** *dat* **etw ~** to take sth; **ich ziehe mir erst mal ein kaltes Bierchen rein** the first thing I'm going to do is have a cold beer ❷ (*ansehen*) to watch sth

Reis¹ <-es, -e> [rais] *m* AGR, BOT rice *no pl;* **geschälter/ungeschälter ~** husked/unhusked rice; **grüner/roter/schwarzer ~** green/red/black rice

Reis² <-es, -er> [rais] *nt* ❶ (*Pfropf~*) scion ❷ (*veraltend geh: dünner Zweig*) sprig, twig

Reis·boh·ne *f* rice bean **Reis·brei** *m* rice pudding

Rei·se <-, -n> [ˈraizə] *f* (*längere Fahrt*) journey, voyage; **wie war die ~ mit dem Zug?** how was the journey by train?; **die ~ mit dem Schiff nach Singapur war sehr angenehm** the voyage by ship to Singapore was very pleasant; **wir freuen uns auf die nächste ~ an die See** we're looking forward to our next trip to the seaside; **gute** [*o* **angenehme**] [*o* **glückliche**] **~!** bon voyage!, have a good trip!; **eine ~ wert sein** to be worth going to; **Prag ist sicher eine ~ wert** Prague is certainly worth a visit; **auf ~n gehen** to travel; **endlich kann ich es mir leisten, auf ~n zu gehen** I can finally afford to travel; **viel auf ~n gehen** to do a lot of travelling [*or* AM traveling]; **die ~ geht nach ...** he/she/we etc. is/are off to ...; **„du verreist? wohin geht denn die ~?"** "you're going away? where are you off to?"; **eine ~ machen** to go on a journey; **auf ~n sein, sich** *akk* **auf ~n befinden** (*geh*) to be away;

„bedauere, der Arzt ist derzeit auf ~n" "I'm sorry, the doctor is away at the moment" ▸ WENDUNGEN: **die letzte ~ antreten** (*euph geh*) to set out on one's final journey *euph;* **wenn einer eine ~ tut, so kann er was erzählen** (*prov*) journeys are full of incidents

Rei·se·an·den·ken *nt* souvenir **Rei·se·an·tritt** *m* start of a/the journey **Rei·se·apo·the·ke** *f* first aid kit **Rei·se·be·darf** *m* travel requisites *npl* **Rei·se·be·glei·ter(in)** *m(f)* travelling [*or* AM -traveling] companion **Rei·se·be·kannt·schaft** *f* acquaintance made while travelling **Rei·se·be·richt** *m* account of a journey **Rei·se·bran·che** *f* [the] travel business [*or* trade] **Rei·se·bü·ro** *nt* travel agency **Rei·se·bü·ro·kauf·mann, -kauf·frau** *m, f* travel agent **Rei·se·bus** *m* coach **Rei·se·dau·er** *f* journey time, length of a/the journey **rei·se·fer·tig** *adj* ready to go [*or* leave]; **sich** *akk* **~ machen** to get oneself ready to go [*or* leave] **Rei·se·fie·ber** *nt kein pl* (*fam*) travel nerves *npl* **Rei·se·flug·hö·he** *m* cruising altitude **Rei·se·frei·heit** *f* freedom to travel **rei·se·freu·dig** *adj* to like to travel **Rei·se·füh·rer** *m* travel guide[book] **Rei·se·füh·rer(in)** *m(f)* courier, guide **Rei·se·ge·päck** *nt* luggage **Rei·se·ge·schwin·dig·keit** *f* (*geh*) cruising speed **Rei·se·ge·sell·schaft** *f* party of tourists **Rei·se·grup·pe** *f* tourist party **Rei·se·hö·he** *f s.* **Reiseflughöhe** **Rei·se·jour·na·list(in)** *m(f)* travel editor **Rei·se·kof·fer** *m* suitcase **Rei·se·kos·ten** *pl* travelling expenses *pl* **Rei·se·kos·ten·ab·rech·nung** *f* claim for travelling expenses; (*Formular*) claim form for travelling expenses **Rei·se·kos·ten·zu·schuss**^RR *m* travel allowance **Rei·se·land** *nt* holiday destination **Rei·se·lei·ter(in)** *m(f)* courier, guide **Rei·se·lek·tü·re** *f* reading matter for a/the journey **rei·se·lus·tig** *adj* fond of travelling; **meine ~e Schwester war dieses Jahr in Russland** my sister, who is fond of travelling, has been to Russia this year **Rei·se·ma·ga·zin** *nt* travel magazine **Rei·se·mit·bring·sel** <-s, -> *nt* souvenir

rei·sen ['raizn̩] *vi sein* ❶ (*fahren*) to travel; **wohin werdet ihr in eurem Urlaub ~?** where are you going [to] on holiday? ❷ (*abreisen*) to leave ❸ (*als Vertreter unterwegs sein*) to travel as a rep; **im Mai wird unser Vertreter wieder ~** our representative will be on the road again in May; **er reist in Sachen Damenbekleidung** he travels as a rep selling ladies' clothing

Rei·sen·de(r) *f(m) dekl wie adj* passenger; **alle ~n nach München werden gebeten, sich an Gleis 17 einzufinden** all passengers for Munich are requested to go to platform 17

Rei·se·ne·ces·saire *nt* travelling [*or* AM -traveling] manicure case **Rei·se·pass**^RR *m* passport **Rei·se·plä·ne** *m pl* travel plans *pl* **Rei·se·pro·vi·ant** *m kein pl* provisions *pl* for the journey **Rei·se·rou·te** *f* itinerary **Rei·se·rück·tritts·ver·si·che·rung** *f* travel cancellation insurance **Rei·se·scheck** *m* TOURIST ❶ (*bargeldloses Zahlungsmittel*) travel cheque BRIT, traveler's check AM ❷ (*hist: Berechtigung zu einer Ferienreise*) *certificate issued in the GDR, authorizing the travel to a designated place* **Rei·se·schreib·ma·schi·ne** *f* portable typewriter **Rei·se·spe·sen** *pl* travel expenses *pl*

Reis·es·sig *m* rice vinegar

Rei·se·ste·cker *m* [travel-]plug **Rei·se·ta·sche** *f* holdall, travelling [*or* traveling] bag AM **Rei·se·ver·an·stal·ter(in)** *m(f)* tour operator **Rei·se·ver·kehr** *m kein pl* holiday traffic *no pl* **Rei·se·vor·be·rei·tung** *f meist pl* travel preparations *pl;* **~en treffen** to prepare for a/the journey **Rei·se·we·cker** *m* travelling alarm clock **Rei·se·wet·ter** *nt* weather for travelling **Rei·se·wet·ter·be·richt** *m* holiday weather forecast **Rei·se·zeit** *f* holiday period **Rei·se·ziel** *nt* destination

Reis·flo·cken *pl* rice flakes *pl*

Rei·sig <-s> ['raizɪç] *nt kein pl* brushwood *no pl*

Reis·koch *m* KOCHK rice pudding **Reis·korn** *nt* grain of rice **Reis·nu·deln** *pl* rice noodles *pl,* rice sticks *pl* **Reis·pa·pier** *nt* rice paper **Reis·rand** *m,* **Reis·ring** *m* rice ring

Reiß·aus [rais'ʔaus] *m* **[vor jdm/etw] ~ nehmen** (*fam*) to run away [from sb/sth]; **die Einbrecher nahmen ~, als die Bullen kamen** the burglars scarpered when the cops arrived

Reiß·brett *nt* drawing-board

Reis·schleim *m* rice pudding

rei·ßen <riss, gerissen> ['raisn̩] **I.** *vi* ❶ *sein* (*einreißen*) ■ **[an etw** *dat*] **~** to tear [at sth]; **billiges Papier reißt leicht** cheap paper tears easily; **alte Hemden können an zerschlissenen Stellen ~** old shirts can tear at the parts that are worn ❷ *sein* (*zerreißen*) to break, to tear; **das Seil riss unter dem Gewicht dreier Bergsteiger** the rope broke under the weight of three climbers; *s. a.* **Geduldsfaden, Strick** ❸ *haben* (*zerren*) ■ **an etw ~** *dat* to pull [on] sth, to tug at sth; **wütend bellend riss der Hund an seiner Kette** barking furiously the dog strained at its lead; **der Fallschirmspringer muss an dieser Leine ~** the parachutist has to pull [on] this cord ❹ *haben* SPORT (*das Reißen betreiben*) to snatch; ■ **[das] Reißen** snatch; **das Reißen ist nicht die Stärke dieses Gewichthebers** the snatch is not one of this weightlifter's strengths ❺ *haben* SPORT (*bei der Übung abwerfen*) **beim letzten Versuch im Hochsprung darf sie nicht ~** she mustn't knock the bar off during her final attempt in the high jump; **an diesem Hindernis hat noch fast jeder Reiter gerissen** nearly every rider has knocked this fence down **II.** *vt haben* ❶ (*runterreißen*) ■ **etw von etw ~** to tear sth from sth; **sie rissen die alten Tapeten von den Wänden** they tore the old wallpaper off the walls ❷ (*entreißen*) ■ **etw von jdm ~** to tear [*or* snatch] sth from sb; **er riss ihr das Foto aus der Hand** he snatched the photo out of her hand; **der Mann wollte ihr das Kind aus den Armen ~** the man wanted to tear the child from her arms; **pass auf, dass der Wind dir nicht den Hut vom Kopf reißt!** watch out that the wind doesn't blow your hat off [your head] ❸ (*hineinreißen*) ■ **[sich] etw in etw ~** *akk* to tear sth in [one's] sth; **verdammt, ich habe mir ein Loch in die Hose gerissen!** blast! I've torn a hole in my trousers! ❹ (*willkürlich entnehmen*) ■ **etw aus etw ~** to take sth out of sth; **die Bemerkung ist wahrscheinlich aus dem Zusammenhang gerissen worden** the comment has probably been taken out of context ❺ (*hinunterreißen*) ■ **jdn [mit sich** *dat*] **... ~** to take sb [with one/it]; **die Lawine riss mehrere der Wanderer mit sich zu Tale** the avalanche took several of the hikers with it [down] into the valley; *s. a.* **Verderben** ❻ (*unversehens unterbrechen*) ■ **jdn aus etw ~** to rouse sb from sth; **das Klingeln des Telefons riss sie aus ihren Gedanken** the ringing of the telephone roused her from her thoughts ❼ (*gewaltsam übernehmen*) ■ **etw an sich ~** *akk* to seize sth; **die Revolutionäre wollen die Herrschaft an sich ~** the revolutionaries are planning to seize power ❽ (*rasch an sich ziehen*) ■ **jdn/etw an sich ~** *akk* to clutch sb/sth to one; **sie riss die Handtasche an sich** she clutched her handbag to her ❾ SPORT (*durch Reißen hochbringen*) ■ **etw ~** to snatch sth; **423 kg hat bisher noch kein Gewichtheber gerissen** no weightlifter yet has been able to snatch 423 kg ❿ SPORT (*abwerfen*) ■ **etw ~** to knock down sth *sep;* **die Reiterin hat eine Latte gerissen** the rider knocked a pole down ⓫ (*anspringen und totbeißen*) ■ **etw ~** to kill sth; **der Löwe verschlang die Antilope, die er gerissen hatte** the lion devoured the antelope that it had killed ▸ WENDUNGEN: **hin und her gerissen sein/werden** to be torn **III.** *vr haben* ❶ (*sich losreißen*) ■ **sich** *akk* **aus etw ~** to tear oneself out of sth ❷ (*fam: sich intensivst bemühen*) ■ **sich** *akk* **um jdn/etw ~** to scramble to get sb/sth; *s. a.* **gerissen**

Rei·ßen <-s> ['raisn̩] *nt kein pl* (*veraltend fam*) ache; **das ~ [in etw** *dat*] **haben** sb's sth is aching; **was stöhnst du so, hast du wieder das ~ im Rücken?** why are you groaning like that, is your back aching again?

rei·ßend **I.** *adj* ❶ (*stark strömend*) raging, torrential; **die ~e Strömung** the raging current ❷ (*räuberisch*) rapacious; **ein ~es Tier** a rapacious animal ❸ ÖKON (*fam*) massive; **die**

neuen Videospiele finden ~en Absatz the new video games are selling like hot cakes **II.** *adv (fam)* in huge quantities; **so ~ haben wir bisher noch nichts verkauft** we've never sold anything in such huge quantities before

Rei·ßer <-s, -> *m (fam)* ❶ *(Buch/Film)* thriller ❷ *(Verkaufserfolg)* big seller; **diese Shorts sind der ~ der Saison!** these shorts are the season's big sellers

rei·ße·risch I. *adj* sensational **II.** *adv* sensationally

reiß·fest *adj* tearproof

Reiß·lei·ne *f* ripcord

Reis·spi·nat *m* quinoa

Reiß·ver·schlussRR *m* zip BRIT, zipper AM **Reiß·ver·schluss·prin·zip**RR *nt kein pl* TRANSP principle of alternation **Reiß·wolf** *m* TECH ❶ *(industrielles Gerät zum Zerkleinern)* devil ❷ *(Aktenvernichter)* shredder **Reiß·zwe·cke** <-, -n> *f* drawing pin

Reis·ta·fel *f* rice platter **Reis-Tim·ba·le** *f* rice timbale **Reis·waf·fel** *f* rice cake **Reis·wein** *m* rice wine

Reit·aus·rüs·tung *f* riding equipment *no pl* **Reit·bahn** *f* arena

rei·ten <ritt, geritten> ['raitn̩] **I.** *vi sein* ❶ *(auf einem Tier)* to ride; **bist du schon mal geritten?** have you ever been riding?; **wissen Sie, wo man hier ~ lernen kann?** do you know where it's possible to take riding lessons round here?; ■**auf etw** *dat* ~ to ride [on] sth; **bist du schon mal auf einem Pony geritten?** have you ever ridden a pony?; **im Galopp/Trab** ~ to gallop/trot; **heute üben wir, im Schritt zu** ~ today we shall practice riding at walking pace; **die Pferde wurden im Galopp geritten** the horses were ridden at a gallop; **das Reiten ist immer ihre ganz große Leidenschaft gewesen** riding has always been her great passion; ■**geritten kommen** to come riding up ❷ *(schaukelnde Bewegungen machen)* ■**auf etw** *dat* ~ to ride [on] sth; **das kleine Mädchen reitet auf ihrem Schaukelpferd** the little girl is riding her rocking horse; **„schau mal, da reitet jemand auf dem Dachfirst!"** "look, there's someone sitting astride the ridge of the roof!" **II.** *vt haben* ■**etw** ~ to ride sth; **heute will ich den Rappen ~!** I want to ride the black horse today; **sie ritten einen leichten Trab** they rode at a gentle trot; **reite nicht solch ein Tempo, ich komme ja gar nicht mehr mit!** don't ride so fast, I can't keep up any more!; *s. a.* **Boden, Haufen**

Rei·ter <-s, -> ['raitɐ] *m (Karteireiter)* index-tab ▶ WENDUNGEN: **spanischer** ~ barbed-wire barricade

Rei·ter(in) <-s, -> ['raitɐ] *m(f)* rider; ■~ **sein** to be a rider; **„Sie sind wohl auch ~in?"** "I suppose you go riding too?"

Rei·te·rei <-, -en> [raitə'rai] *f* MIL cavalry *no pl*

Rei·te·rin <-, -nen> *f fem form von* **Reiter**

Rei·ter·stand·bild *nt* equestrian statue

Reit·ger·te *f* riding whip **Reit·hal·le** *f* indoor riding arena **Reit·kap·pe** *f* riding cap **Reit·leh·rer(in)** *m(f)* riding instructor **Reit·pferd** *nt* saddle-horse, mount **Reit·schu·le** *f* riding school **Reit·sitz** *m* riding position; **im ~** astride **Reit·sport** *m kein pl* equestrianism *no pl,* horse-riding *no pl;* **~ betreiben** to go horse-riding **Reit·stall** *m* riding-stable **Reit·stie·fel** *m* riding-boot **Reit·tier** *nt* mount **Reit·tur·nier** *nt* showjumping event **Reit·un·ter·richt** *m* riding lessons *pl* **Reit·weg** *m* bridle-path

Reiz <-es, -e> [raits] *m* ❶ *(Verlockung)* appeal, attraction; **[für jdn] den ~ [einer S.** *gen*] **erhöhen** to add to the appeal [*or* attraction] [of a thing] [for sb]; **Spannung ist etwas, das den ~ einer S. erhöht** suspense is something that adds to the appeal of a thing; **[für jdn] einen [*o* seinen] ~ haben** to appeal [to sb]; **spazieren gehen hat seinen ~ für Naturliebhaber** going for a walk appeals to nature lovers; **[auf jdn] einen bestimmten ~ ausüben** to hold a particular attraction [for sb]; **verbotene Dinge üben auf Kinder immer einen besonderen ~ aus** forbidden things always hold a special attraction for children; **[für jdn] seinen [*o* den] ~ verlieren** to lose its appeal [for sb] ❷ *(Stimulus)* stimulus; **äußere ~e werden über das Nervensystem zum Gehirn befördert** external stimuli are transmitted to the brain via the nervous system ❸ *pl (sl: nackte Haut)* charms *npl*

reiz·bar *adj* irritable; ■**[leicht] ~ sein** to be [extremely] irritable

Reiz·bar·keit <-> *f kein pl* irritability *no pl*

rei·zen ['raitsn̩] **I.** *vt* ❶ *(verlocken)* ■**jdn** ~ to appeal to sb, to tempt sb; **diese Frau reizt mich schon irgendwie** I'm quite attracted to this woman; **die Herausforderung reizt mich sehr** I find this challenge very tempting; ■**es reizt jdn, etw zu tun** sb is tempted to do sth ❷ MED *(stimulieren)* ■**etw** ~ to irritate sth; **ätzender Rauch reizt die Lunge** acrid smoke irritates the lungs ❸ *(provozieren)* ■**jdn/ein Tier [zu etw]** ~ to provoke sb/an animal [into sth]; **reiz ihn besser nicht, er ist leicht aufbrausend** better not provoke him, he's got a short fuse; ■**jdn [dazu] reizen, etw zu tun** to provoke sb into doing sth; *s. a.* **Weißglut II.** *vi* ❶ *(herausfordern)* ■**zu etw** ~ to invite sth; **der Anblick reizte zum Lachen** what we saw made us laugh; **ihre Arroganz reizt zur Opposition** her arrogance invites opposition ❷ MED *(stimulieren)* to irritate; **zum Husten** ~ to make one cough ❸ KARTEN *(hochtreiben)* to bid; **will noch jemand ~?** any more bids?; *s. a.* **hoch**

rei·zend *adj* ❶ *(attraktiv)* attractive; **vom Turm aus hat man einen ~en Blick auf das Tal** you have a delightful view of the valley from the tower ❷ *(iron: unschön)* charming *iron;* **das ist ja ~** that's charming! *iron;* **was für eine ~e Überraschung!** what a lovely surprise! *iron* ❸ *(veraltend)* charming, kind; **Sie haben wirklich einen ~en Mann!** you really have a charming husband; **ach, ist die Kleine aber ~!** oh, what a charming [*or* delightful] little girl!; **danke, das ist aber sehr ~ von Ihnen** thank you, that is really very kind of you

Reiz·gas *m* irritant gas **Reiz·hus·ten** *m kein pl* dry cough

Reiz·ker <-s, -> ['raitskɐ] *m* BOT orange agaric

Reiz·kli·ma *nt* ❶ MED, METEO bracing climate ❷ *(konfliktgeladene Atmosphäre)* tense atmosphere **reiz·los** *adj* dull, unattractive **Reiz·stoff** *m* irritant **Reiz·the·ma** *nt* emotive subject **Reiz·über·flu·tung** *f* PSYCH overstimulation *no pl*

Rei·zung <-, -en> *f* irritation

reiz·voll *adj* attractive **Reiz·wä·sche** *f kein pl (fam)* sexy underwear *no pl fam* **Reiz·wort** <-wörter> *nt* emotive word

re·ka·pi·tu·lie·ren* [rekapitu'li:rən] *vt (geh)* ■**etw** ~ to recapitulate sth

re·keln ['re:kl̩n] *vr* ■**sich [auf/in etw** *dat*] ~ to stretch out [on/in sth]

Re·kla·ma·ti·on <-, -en> [reklama'tsi̯o:n] *f* complaint

Re·kla·ma·ti·ons·ab·tei·lung *f* ÖKON *(selten)* complaints department

Re·kla·me <-, -n> [re'kla:mə] *f* ❶ *(Werbeprospekt)* advertising brochure ❷ ÖKON *(veraltend: Werbung)* advertising *no pl;* **dieses Poster ist eine alte ~ für Nudeln** this poster is an old advertisement for pasta; **keine gute ~ für jdn sein** to not be a good advert [*or* AM advertisement] for sb; **für jdn/etw ~ machen** to advertise [*or* promote] sb/sth; **mit jdm/etw ~ machen** to show off sth/sb *sep;* **mit so einer miserablen Leistung lässt sich nicht ~ machen** a pathetic effort like that is nothing to show off about

Re·kla·me·schild *nt* advertising sign

re·kla·mie·ren* [rekla'mi:rən] **I.** *vi* ■**[bei jdm] [wegen etw]** ~ to make a complaint [to sb] [about sth] **II.** *vt* ❶ ÖKON *(bemängeln)* ■**etw [bei jdm]** ~ to complain [to sb] about sth ❷ *(geh: beanspruchen)* ■**etw [bei jdm]** ~ to claim sth [from sb] ❸ *(geh: in Anspruch nehmen)* ■**etw für sich** *akk* ~ to lay claim to sth, to claim sth as one's own [*or* for oneself]; ■**jdn für sich** *akk* ~ to monopolize sb

Re·kom·bi·na·ti·on <-, -en> [rekɔmbina'tsi̯o:n] *f* BIOL recombination

re·kon·stru·ie·ren* [rekɔnstru'i:rən] *vt* ■**etw [aus etw]** ~ ❶ *(nachbilden)* to reconstruct sth [from sth]; **der Schädel dieses Vormenschen wurde aus Bruchstücken rekon-**

struiert the skull of this primitive man was reconstructed from fragments ❷ (*modernisieren*) **ein Gebäude** ~ to modernize [*or* renovate] a building ❸ (*rückblickend darstellen*) to reconstruct sth [from sth]

Re·kon·struk·ti·on [rekɔnstrʊk'tsi̯o:n] *f* ❶ *kein pl* (*das Nachbilden*) reconstruction *no pl* ❷ *kein pl* (*rückblickende Darstellung*) reconstruction *no pl* ❸ (*Modernisierung*) modernization [*or* BRIT *a.* -isation], renovation

Re·kon·va·les·zent(in) <-en, -en> [rekɔnvalɛs'tsɛnt] *m(f)* convalescent

Re·kon·va·les·zenz <-> [rekɔnvalɛs'tsɛnts] *f kein pl* (*geh*) convalescence *no pl*

Re·kord <-s, -e> [re'kɔrt] *m* record; **gratuliere, Sie sind ~ geschwommen!** congratulations, you've swum a record time; **die Besucherzahlen stellten alle bisherigen ~e in den Schatten** the number of visitors has beaten all previous records; **ein trauriger ~** a poor showing; *s. a.* **aufstellen, brechen, halten**

Re·kor·der <-s, -> [re'kɔrdɐ] *m* ❶ (*Kassettenrekorder*) cassette recorder ❷ (*Videorekorder*) video [recorder]

Re·kord·er·geb·nis *nt* record result **Re·kord·ge·winn** *m* record profit **Re·kord·in·ha·ber(in)** *m(f)* recordholder **Re·kord·jahr** *nt* record year **Re·kord·leis·tung** *f* record [performance] **Re·kord·mar·ke** *f* ❶ SPORT (*bestehender Rekord*) record; **der Sprung ging über die bisherige ~ von 8,49 m** the jump beat the previous record of 8.49 m ❷ (*Höchststand*) record level; **die Absätze haben eine ~ erreicht** sales have reached record levels **Re·kord·ver·lust** *m* record loss **Re·kord·ver·such** *m* attempt at the record **Re·kord·wei·te** *f* record distance **Re·kord·zah·len** *pl* record numbers *pl* **Re·kord·zeit** *f* record time; **in ~** in record time

Re·krut(in) <-en, -en> [re'kru:t] *m(f)* MIL recruit

re·kru·tie·ren* [rekru'ti:rən] **I.** *vt* ■**jdn ~** to recruit sb **II.** *vr* ■**sich aus etw ~** to consist of sth

Re·kru·tie·rung <-, -en> *f* recruitment *no pl*

Re·kru·tin <-, -nen> *f fem form von* **Rekrut**

Rek·ta *pl von* **Rektum**

rek·tal [rɛk'ta:l] *adj* (*geh*) rectal

Rek·tor, Rek·to·rin <-s, -toren> ['rɛkto:ɐ̯, rɛk'to:rɪn, *pl* rɛk'to:rən] *m, f* SCH ❶ (*Repräsentant einer Hochschule*) vice-chancellor BRIT, president AM ❷ (*Leiter einer Schule*) head teacher BRIT, principle AM

Rek·to·rat <-[e]s, -e> [rɛkto'ra:t] *nt* SCH ❶ (*Amtsräume: Universität*) vice-chancellor's office BRIT, vice-president's office AM; (*Schule*) head teacher's study BRIT, principle's office AM ❷ (*Amtszeit: Universität*) vice-chancellor's [*or* AM vice-president's] term of office; (*Schule*) headship BRIT

Rek·to·rin <-, -nen> *f fem form von* **Rektor**

Rek·tum <-s, Rekta> ['rɛktʊm, *pl* 'rɛkta] *nt* (*geh*) rectum

Re·kul·ti·vie·rung <-, -en> *f* AGR recultivation

re·kur·rie·ren* [rekʊ'ri:rən] *vi* SCHWEIZ ■**[gegen etw] ~** (*Beschwerde einlegen*) to register a complaint [against sth]; (*Berufung einlegen*) to appeal [against sth]

Re·lais <-, -> [rə'lɛ:] *nt* ELEK relay

Re·la·ti·on <-, -en> [rela'tsi̯o:n] *f* (*geh*) ❶ (*Verhältnismäßigkeit*) appropriateness *no pl*, proportion; **Sie müssen die ~ im Auge behalten** you must keep a sense of proportion; **58 Euro für ein Paar Socken? da kann doch die ~ nicht stimmen!** 58 euros for a pair of socks? the price is out of all proportion!; **in ~ zu etw stehen** to bear relation [*or* be proportional] to sth; **der Preis eines Artikels muss in ~ zur Qualität stehen** the price of an item must be commensurate with its quality; **in keiner ~ zu etw stehen** to bear no relation to sth ❷ (*wechselseitige Beziehung*) relation, relationship; **diese Phänomene stehen in einer bestimmten ~ zueinander** there is a certain relationship between these two phenomena

re·la·tiv [rela'ti:f] *adj* relative; **ein ~er Wert** a relative value; **alles ist ~** everything is relative; **ich wohne in ~er Nähe zum Zentrum** I live relatively close to the city centre; *s. a.* **Luftfeuchtigkeit, Mehrheit**

re·la·ti·vie·ren* [relati'vi:rən] **I.** *vt* (*geh*) ■**etw ~** to qualify sth, to relativize [*or* BRIT *a.* -ise] sth **II.** *vi* (*geh*) to think in relative terms; **das Angebot gilt nur unter bestimmten Voraussetzungen, relativierte er** he qualified his statement by saying that the offer only applied under certain preconditions

Re·la·ti·vi·tät <-, -en> [relativi'tɛ:t] *meist sing f* (*geh*) relativity

Re·la·ti·vi·täts·the·o·rie <-> *f kein pl* ■**die ~** the theory of relativity

Re·la·tiv·pro·no·men *nt* relative pronoun **Re·la·tiv·satz** *m* relative clause

Re·launch <-s, -es> ['ri:lɔntʃ] *m* ÖKON (*wirtschaftlicher Neubeginn*) relaunch

re·la·xen* [ri'lɛksn̩] *vi* to relax

re·le·gie·ren* [rele'gi:rən] *vt* SCH (*geh*) ■**jdn ~** to expel sb

re·le·vant [rele'vant] *adj* (*geh*) relevant

Re·le·vanz <-> [rele'vants] *f kein pl* (*geh*) relevance *no pl*; **von einiger/wenig ~** of some/little relevance

Re·li·ef <-s, -s *o* -e> [re'li̯ɛf] *nt* ❶ KUNST (*erhabenes oder vertieftes Bildwerk*) relief ❷ GEOG (*plastische Nachbildung*) plastic relief model

Re·li·ef·kar·te *f* relief map

Re·li·gi·on <-, -en> [reli'gi̯o:n] *f* ❶ (*Glaubensbekenntnis*) religion *no pl* ❷ (*Glaubensgemeinschaft*) religion ❸ SCH (*Religionsunterricht*) religion *no pl*, religious education [*or* instruction] *no pl*; **wir haben zwei Stunden ~ in der Woche** we have two hours RE [*or* RI] a week

Re·li·gi·ons·be·kennt·nis *nt* denomination **Re·li·gi·ons·frei·heit** *f* freedom *no pl* of worship **Re·li·gi·ons·ge·mein·schaft** *f* (*geh*) religious community **Re·li·gi·ons·ge·schich·te** *f* ❶ *kein pl* (*Entwicklung*) history of religion ❷ (*Werk*) religious historical work **Re·li·gi·ons·krieg** *m* religious war **Re·li·gi·ons·leh·rer(in)** *m(f)* religious instruction [*or* education] teacher **Re·li·gi·ons·stif·ter(in)** *m(f)* founder of a religion **Re·li·gi·ons·streit** *m* religious dispute **Re·li·gi·ons·un·ter·richt** *m* religious education [*or* instruction]

re·li·gi·ös [reli'gi̯ø:s] **I.** *adj* religious; **eine ~ Erziehung** a religious upbringing; **aus ~en Gründen** for religious reasons **II.** *adv* ❶ (*im Sinne einer Religion*) in a religious manner; **die mittelalterliche Kunst ist stark ~ geprägt** mediaeval art is characterized by strong religious themes ❷ (*mit religiösen Gründen*) for religious reasons

Re·li·gi·o·si·tät <-> [religi̯ozi'tɛ:t] *f kein pl* religiousness *no pl*

Re·likt <-[e]s, -e> [re'lɪkt] *nt* (*geh*) relic

Re·ling <-, -s *o* -e> ['re:lɪŋ] *f* NAUT rail

Re·li·quie <-, -n> [re'li:kvi̯ə] *f* REL relic

Rem <-s, -s> [rɛm] *nt Akr von* **Roentgen equivalent man** rem

Re·make <-s, -s> [ri'me:k, 'ri:me:k] *nt* remake

Re·mi·nis·zenz <-, -en> [reminɪs'tsɛnts] *f* (*geh*) reminiscence, memory

re·mis [rə'mi:] **I.** *adj inv* SCHACH drawn; **„~!" – „einverstanden!"** "a draw!" – "agreed!"; **die Partie ist ~** the game is drawn **II.** *adv* SCHACH in a draw; **„wie ist die Partie ausgegangen?" – „~"** "how did the game finish?" – "it ended in a draw"

Re·mis <-, - *o* -en> [rə'mi:] *nt* SCHACH draw; **[gegen jdn] ein ~ erzielen** to achieve a draw [against sb]

Re·mit·ten·de <-, -n> [remɪ'tɛndə] *f* TYPO return

Re·mix <-es, -e *o* -es> [ri'miks, 'ri:miks] *m* MUS remix

re·mi·xen* [ri'miksn̩] *vt* MUS, TECH ■**etw ~** *Musikstück* to remix sth

Rem·mi·dem·mi <-s> ['rɛmi'dɛmi] *nt kein pl* (*veraltend sl*) commotion *no pl*, racket *no pl sl*; **~ machen** to make a racket

Re·mou·la·de <-, -n> [remu'la:də] *f*, **Re·mou·la·den·so·ße** *f* tartar sauce

rem·peln ['rɛmpl̩n] **I.** *vi* (*fam*) to push, to jostle; **es wurde viel**

R

gerempelt, als die Fahrgäste einstiegen there was a lot of jostling when the passengers boarded; **he, ~ Sie nicht so!** hey, stop pushing like that! **II.** *vt* SPORT ■**jdn** ~ to push sb

REM-Pha·se ['rɛm-] *f* MED, PSYCH REM sleep

Ren <-s, -e> [rɛn, re:n] *nt* ZOOL *s.* **Rentier²**

Re·nais·sance <-, -en> [rənɛ'sã:s] *f* ❶ *kein pl* KUNST, HIST (*kulturelle Bewegung*) Renaissance *no pl* ❷ (*geh: Wiederbelebung*) renaissance

Re·nais·sance·bau *m* renaissance building **Re·nais·sance·fas·sa·de** *f* renaissance façade **Re·nais·sance·kir·che** *f* renaissance church **Re·nais·sance·schloss**RR *nt* renaissance palace

re·na·tu·rie·ren* [renatu'ri:rən] *vt* ÖKOL ■**etw** ~ to restore sth to its natural state

Re·na·tu·rie·rung <-, -en> *f* ÖKOL restoring to nature

Ren·dez·vous <-, -> [rãde'vu:, 'rã:devu] *nt* ❶ (*Verabredung*) rendezvous *a. hum,* date; **sich** *dat* **irgendwo ein ~ geben** (*geh*) to meet up [*or* come together] somewhere ❷ RAUM (*Kopplung*) rendezvous

Ren·di·te <-, -n> [rɛn'di:tə] *f* return, yield

Re·ne·gat(in) <-en, -en> [rene'ga:t] *m(f)* (*geh*) renegade

Re·ne·klo·de <-, -n> [re:nə'klodə] *f* greengage

re·ni·tent [reni'tɛnt] *adj* (*geh*) awkward

Re·ni·tenz <-> [reni'tɛnts] *f kein pl* (*geh*) awkwardness *no pl*

Ren·ke <-, -n> ['rɛŋkə] *f* pollan, freshwater herring

Renn·bahn *f* racetrack

ren·nen <rannte, gerannt> ['rɛnən] **I.** *vi sein* ❶ (*schnell laufen*) to run; *s. a.* **Unglück, Verderben** ❷ (*fam: hingehen*) ■**zu jdm** ~ to run [off] to sb; **dann renn' doch zu deiner Mama** why don't you run off to your mummy; **sie rennt bei jeder Kleinigkeit zur Geschäftsleitung** she's always going up to management with every little triviality; **die arme Frau rennt dauernd zur Polizei** that poor woman's always running to the police ❸ (*stoßen*) ■**an etw** *akk*/**gegen etw** *akk*/ **vor etw** *akk* ~ to bump into sth; **sie ist mit dem Kopf vor einen Dachbalken gerannt** she banged her head against a roof joist; *s. a.* **Kopf II.** *vt* ❶ *haben o sein* SPORT ■**etw** ~ to run sth; **er rennt die 100 Meter in 11 Sekunden** he runs the 100 metres in 11 seconds ❷ *haben* (*im Lauf stoßen*) ■**jdn ...** ~ to knock sb ...; **er rannte mehrere Passanten zu Boden** he knocked several passers-by over; *s. a.* **Haufen** ❸ *haben* (*stoßen*) ■**etw in jdn/etw** ~ to run sth into sth; **er rannte ihm ein Schwert in den Leib** he ran a sword into his body

Ren·nen <-s, -> ['rɛnən] *nt* race; **das ~ ging über 24 Runden** the race was over 24 laps; **Ascot ist das bekannteste ~ der Welt** Ascot is the most famous racing event in the world; **ein totes ~** SPORT a dead heat; **... im ~ liegen** SPORT to be ... placed; **gut im ~ liegen** to be well placed; **schlecht im ~ liegen** to be badly placed, to be having a bad race ▶ WENDUNGEN: **[mit etw] ... im ~ liegen** to be in a ... position [with sth]; **wir liegen mit unserem Angebot gut im ~** we are in a good position with our offer; **nach dem Vorstellungsgespräch lag er schlechter im ~** he was in a worse position after the interview; **ins ~ gehen** to take part in [sth]; **das ~ ist gelaufen** (*fam*) the show is over; **[mit etw] das ~ machen** (*fam*) to make the running [with sth]; **die Konkurrenz macht wieder mal das ~** the competition is making the running again; **jdn ins ~ schicken** to put forward sb *sep;* **jdn aus dem ~ werfen** (*fam*) to put sb out of the running

Ren·ner <-s, -> ['rɛnɐ] *m* (*fam*) big seller

Renn·fah·rer(in) *m(f)* ❶ (*Autorennen*) racing driver BRIT, race-car driver AM ❷ (*Radrennen*) racing cyclist **Renn·ku·ckuck** *m* ORN roadrunner **Renn·pferd** *nt* racehorse; *s. a.* **Ackergaul** **Renn·rad** *nt* racing bike **Renn·sport** *m* SPORT ❶ (*Motorrennen*) motor racing *no pl* ❷ *s.* **Radrennsport** ❸ *s.* **Pferderennsport** **Renn·stall** *m* racing stable **Renn·stre·cke** *f* SPORT course, racetrack **Renn·wa·gen** *m* racing [*or* AM race] car

Re·nom·mee <-s, -s> [renɔ'me:] *nt* (*geh*) reputation; **von ... ~** of ... reputation; **er ist ein Nachtklubbesitzer von zweifelhaftem ~** he is a nightclub owner of doubtful reputation

Re·nom·mier·ob·jekt *nt* showpiece

re·nom·miert *adj* (*geh*) renowned; ■**~ [wegen etw] sein** to be renowned [for sth]

re·no·vie·ren* [reno'vi:rən] *vt* ■**etw** ~ to renovate sth

Re·no·vie·rung <-, -en> *f* renovation

ren·ta·bel [rɛn'ta:bl̩] **I.** *adj* profitable **II.** *adv* profitably

Ren·ta·bi·li·tät <-> [rɛntabili'tɛ:t] *f kein pl* profitability *no pl*

Ren·ta·bi·li·täts·be·rech·nung *f* calculation of profitability **Ren·ta·bi·li·täts·stei·ge·rung** *f* gain in profitability

Ren·te <-, -n> ['rɛntə] *f* ❶ (*Altersruhegeld*) pension; **in ~ gehen** to retire ❷ (*regelmäßige Geldzahlung*) annuity

Ren·ten·al·ter *nt* retirement age **Ren·ten·an·lei·he** *f* perpetual [*or* annuity] bond **Ren·ten·an·pas·sung** *f* indexation of pensions **Ren·ten·an·spruch** *m* right to a pension **Ren·ten·ba·sis** *f* annuity basis **Ren·ten·bei·trag** *m* pension contribution **Ren·ten·be·mes·sungs·grund·la·ge** *f* pension assessment basis **ren·ten·be·rech·tigt** *adj inv* pensionable, entitled to a pension **Ren·ten·be·scheid** *m* notice of the amount of one's pension **Ren·ten·emp·fän·ger(in)** *m(f)* (*geh*) pensioner **Ren·ten·fonds** *m* fixed-interest fund **Ren·ten·markt** *m* fixed-interest securities market **Ren·ten·plan** *m* pension plan **Ren·ten·re·form** *f* reform of pensions

Ren·ten·ver·si·che·rung *f* pension scheme BRIT, retirement insurance AM

Ren·ten·ver·si·che·rungs·bei·trag *m* pension contribution **Ren·ten·ver·si·che·rungs·sys·tem** *nt* pension scheme [*or* AM plan]

Ren·tier¹ ['rɛnti:ɐ̯] *nt* reindeer

Ren·tier² <-s, -s> [rɛn'ti̯e:] *m* (*veraltend*) person of independent means

ren·tie·ren* [rɛn'ti:rən] *vr* ■**sich [für jdn]** ~ to be worthwhile [for sb]; **für uns würde sich ein Auto nicht ~** it wouldn't be worthwhile our having a car; **so eine Maschine rentiert sich nicht für unseren kleinen Betrieb** it doesn't pay to get that kind of machinery for a small business like ours

Rent·ner(in) <-s, -> *m(f)* pensioner, senior citizen

Re·or·ga·ni·sa·ti·on <-, -en> [reʔɔrganiza'tsi̯o:n] *meist sing f* reorganization [*or* BRIT *a.* -isation]

re·or·ga·ni·sie·ren* [reʔɔrgani'zi:rən] *vt* (*geh*) ■**etw** ~ to reorganize [*or* BRIT *a.* -ise] sth

Rep <-s, -s> [rɛp] *m* POL *kurz für* **Republikaner** republican (*member of the German right-wing Republican Party*)

re·pa·ra·bel [repa'ra:bl̩] *adj* (*geh*) repairable; **der Schaden ist noch/nicht mehr ~** the damage can still be/can't be repaired

Re·pa·ra·ti·on <-, -en> [repara'tsi̯o:n] *f* reparations *pl*

Re·pa·ra·ti·ons·zah·lun·gen *pl* reparation payments *pl*

Re·pa·ra·tur <-, -en> [repara'tu:ɐ̯] *f* repair; **etw in** *akk* [*o* **zur**] **~ geben** to have sth repaired, to take sth in to have it repaired; **ich gebe den Computer beim Hersteller in ~** I'm taking the computer to the manufacturer's to have it repaired; **eine ~ an etw haben** *dat* to have to have sth repaired; **bisher hatte ich noch keinerlei ~ an meinem Auto** I've not had to have my car repaired at all up to now; **in ~ sein** being repaired; **mein Wagen ist diese Woche in ~** my car's being repaired this week; **eine ~ [*o* ~en] [an etw** *dat*] **vornehmen** (*geh*) to undertake repairs [on sth] *form*

re·pa·ra·tur·an·fäl·lig *adj* prone to breaking down *pred* **re·pa·ra·tur·be·dürf·tig** *adj* in need of repair *pred* **Re·pa·ra·tur·kos·ten** *pl* repair costs *pl* **Re·pa·ra·tur·werk·statt** *f* ❶ (*Werkstatt*) repair workshop ❷ AUTO garage

re·pa·rie·ren* [repa'ri:rən] *vt* ■**[jdm] etw** ~ to repair sth [for sb]

re·pa·tri·ie·ren* [repatri'i:rən] *vt* ❶ (*erneut heimführen*) ■**jdn [in ein Land]** ~ to repatriate sb; **das Abkommen sah vor, die im Gebiet der Sowjetunion lebenden Polen nach Polen zu ~** the agreement provided for the repatriation of Poles living in the Soviet Union ❷ (*erneut einbürgern*) ■**jdn ~**

to restore sb's citizenship
Re·pa·tri·ie·rung <-, -en> *f* repatriation *no pl*
Re·per·toire <-s, -s> [repɛr'to̯aːɐ̯] *nt* repertoire
re·pe·tie·ren* [repe'tiːrən] *vt* (*geh*) ■**etw** ~ to revise sth
Re·pe·ti·tor, Re·pe·ti·to·rin <-s, -toren> [repe'tiːtoːɐ̯, -'toːrɪn, *pl* -'toːrən] *m, f* SCH coach, private tutor
Re·plik <-, -en> [re'pliːk] *f* (*geh*) reply
Re·pli·ka·ti·on <-, -en> [replika'tsi̯oːn] *f* BIOL [DNA] replication
Re·port <-[e]s, -e> [re'pɔrt] *m* MEDIA report
Re·por·ta·ge <-, -n> [repɔr'taːʒə] *f* MEDIA report; (*live*) live report [*or* coverage]
Re·por·ter(in) <-s, -> [re'pɔrtɐ] *m(f)* reporter
Re·prä·sen·tant(in) <-en, -en> [reprɛzɛn'tant] *m(f)* representative
Re·prä·sen·tanz <-, -en> [reprɛzɛn'tants] *f* ① *kein pl* (*geh: Interessenvertretung*) representation ② ÖKON (*Vertretung eines größeren Unternehmens*) representative office [*or* branch] ③ *kein pl* (*geh: das Repräsentativsein*) representativeness, representative nature
Re·prä·sen·ta·ti·on <-, -en> [reprɛzɛnta'tsi̯oːn] *f* ① (*geh*) prestige *no pl;* **zur** ~ for prestige ② (*Darstellung*) representation
re·prä·sen·ta·tiv [reprɛzɛnta'tiːf] **I.** *adj* ① (*aussagekräftig*) representative; **ein ~er Querschnitt** a representative cross-section ② (*etwas Besonderes darstellend*) prestigious **II.** *adv* imposingly
Re·prä·sen·ta·tiv·er·he·bung *f* representative survey **Re·prä·sen·ta·tiv·um·fra·ge** *f* SOZIOL representative survey
re·prä·sen·tie·ren* [reprɛzɛn'tiːrən] **I.** *vt* (*geh*) ■**etw** ~ to represent sth **II.** *vi* (*geh*) to perform official and social functions
Re·pres·sa·lie <-, -n> [reprɛ'saːli̯ə] *f* (*geh*) reprisal *usu pl;* **~n ergreifen** to take reprisals; **gegen jdn zu ~n greifen** to take reprisals [against sb]
re·pres·siv [reprɛ'siːf] *adj* (*geh*) repressive
re·pri·va·ti·sie·ren* [reprivati'ziːrən] *vt* ■**etw** ~ to reprivatize [*or* BRIT *a.* -ise] sth, to return sth to private ownership
Re·pri·va·ti·sie·rung <-, -en> *f* reprivatization [*or* BRIT *a.* -isation], return to private ownership
Re·pro·duk·ti·on <-, -en> [reprodʊk'tsi̯oːn] *f* reproduction
re·pro·du·zie·ren* [reprodu'tsiːrən] *vt* ■**etw** ~ to reproduce sth
Re·pro·gra·fieRR [reprogra'fiː, *pl* -'fiːən] *f* <-, -n>, **Re·pro·gra·phie** *f* TYPO ① (*Verfahren*) reprography *no pl* ② (*Produkt*) reprography
Rep·til <-s, -ien> [rɛp'tiːl, *pl* -'tiːli̯ən] *nt* reptile
Rep·ti·li·en·fonds [rɛp'tiːli̯ənfõː] *m* slush fund
Re·pub·lik <-, -en> [repu'bliːk] *f* republic
Re·pub·li·ka·ner(in) <-s, -> [republi'kaːnɐ] *m(f)* POL ① (*in den USA*) Republican ② (*in Deutschland*) member of the German Republican Party
re·pub·li·ka·nisch [republi'kaːnɪʃ] *adj* republican
Re·pub·lik Ko·rea *f* ÖSTERR South Korea; *s. a.* **Deutschland**
Re·pub·lik Mol·dau *f* Moldavia; *s. a.* **Deutschland**
Re·pu·ta·ti·on <-, -en> [reputa'tsi̯oːn] *f* (*veraltend geh*) *s.* **Renommee**
Re·qui·em <-s, Requien> ['reːkviɛm, *pl* -viən] *nt* requiem
re·qui·rie·ren* [rekvi'riːrən] *vt* MIL ■**etw** [**bei jdm**] ~ to commandeer [*or* requisition] sth [from sb]
Re·qui·sit <-s, -en> [rekvi'ziːt] *nt* ① (*geh: Zubehör*) accessory, requisite ② THEAT prop
resch [rɛʃ] *adj* ÖSTERR ① (*knusprig*) crispy; **~e Semmeln** crusty rolls ② (*resolut*) determined
Re·ser·vat <-[e]s, -e> [rezɛr'vaːt] *nt* reservation
Re·ser·ve <-, -n> [re'zɛrvə] *f* ① (*Rücklage*) reserve; **eiserne** ~ emergency reserve; **stille ~n** FIN hidden reserves; (*fam*) reserve fund; [**noch**] **jdn/etw in** [*o* **auf**] ~ **haben** to have sb/sth in reserve ② (*aufgespeicherte Energie*) energy reserves *pl,* reserves *pl* of energy ③ MIL (*Gesamtheit der Reservisten*) reserves *npl;* **Offizier der** ~ MIL reserve officer ④ (*geh: Zurückhaltung*) reserve; **ob er wohl mal seine ~ aufgibt** I wonder if he'll come out of his shell eventually; **jdn** [**durch/mit etw**] **aus der ~ locken** (*fam*) to bring sb out of his/her shell [with sth]
Re·ser·ve·bank *f* SPORT [substitutes'] bench **Re·ser·ve·bril·le** *f* spare pair of glasses **Re·ser·ve·ka·nis·ter** *m* spare can **Re·ser·ve·of·fi·zier** *m* reserve officer **Re·ser·ve·pa·ckung** *f* spare packet **Re·ser·ve·rad** *nt* spare wheel **Re·ser·ve·rei·fen** *m* spare tyre [*or* AM tire] **Re·ser·ve·spie·ler(in)** *m(f)* SPORT reserve, substitute **Re·ser·ve·übung** *f* MIL exercises *pl* for the reserves
re·ser·vie·ren* [rezɛr'viːrən] *vt* ■[**jdm** [*o* **für jdn**]] **etw** ~ to reserve sth [for sb]; **ich möchte drei Plätze reservieren** I'd like to book [*or* reserve] three seats
re·ser·viert *adj* (*geh*) reserved; **ein ~er Mensch** a reserved person
Re·ser·viert·heit <-> *f kein pl* (*geh*) reserve *no pl,* reservedness *no pl*
Re·ser·vie·rung <-, -en> *f* reservation
Re·ser·vist(in) <-en, -en> [rezɛr'vɪst] *m(f)* reservist
Re·ser·voir <-s, -e> [rezɛr'vo̯aːɐ̯] *nt* (*geh*) ① (*Vorrat*) store ② (*Becken*) reservoir; **die städtischen ~e** the municipal reservoirs ③ (*Tinten~*) reservoir
Re·set·tas·teRR ['riːsɛt-] *f,* **Re·set-Tas·te** ['riːsɛt-] *f* INFORM reset button
Re·si·denz <-, -en> [rezi'dɛnts] *f* ① (*repräsentativer Wohnsitz*) residence ② HIST (*Residenzstadt*) royal seat
Re·si·denz·stadt *f* HIST royal seat
re·si·die·ren* [rezi'diːrən] *vi* (*geh*) ■**in etw** ~ *dat* to reside in sth; **im Ausland** ~ to reside abroad
Re·sig·na·ti·on <-, *selten* -en> [rezɪgna'tsi̯oːn] *f* (*geh*) resignation
re·sig·nie·ren* [rezɪ'gniːrən] *vi* (*geh*) ■[**wegen etw**] ~ to give up [because of sth]
re·sig·niert *adj* (*geh*) with resignation *pred,* resigned
re·sis·tent [rezɪs'tɛnt] *adj* MED resistant; ■**gegen etw ~ sein** to be resistant to sth
Re·sis·tenz <-, -en> [rezɪs'tɛnts] *f* MED resistance *no pl;* **eine ~ gegen etw entwickeln** to develop a resistance to sth
re·so·lut [rezo'luːt] **I.** *adj* determined, resolute **II.** *adv* resolutely
Re·so·lu·ti·on <-, -en> [rezolu'tsi̯oːn] *f* POL resolution
Re·so·nanz <-, -en> [rezo'nants] *f* ① (*geh: Entgegnung*) response; ■**die ~ auf etw** *akk* the response to sth; **eine bestimmte ~ finden, auf eine bestimmte ~ stoßen** to meet with a certain response ② MUS resonance *no pl*
Re·so·nanz·bo·den *m* MUS soundboard **Re·so·nanz·kör·per** *m* MUS soundbox
Re·so·pal® <-s, -e> [rezo'paːl] *nt* Formica® *no pl*
re·sor·bie·ren* [rezɔr'biːrən] *vt* MED ■**etw** ~ to absorb sth
Re·sorp·ti·on <-, -en> [rezɔrp'tsi̯oːn] *f* MED absorption
re·so·zi·a·li·sie·ren* [rezotsi̯ali'ziːrən] *vt* ■**jdn** ~ to reintegrate sb into society
Re·so·zi·a·li·sie·rung <-, -en> *f* reintegration *no pl* into society
resp. *adv Abk von* **respektive**
Re·spekt <-s> [re'spɛkt, rɛ-] *m kein pl* respect *no pl;* **vor dieser ausgezeichneten Leistung muss man einfach ~ haben** you simply have to respect this outstanding achievement; **ohne jeden ~** disrespectfully; **voller ~** respectful; **mit vollem ~** respectfully; [**jdm**] **~ einflößen** to command [sb's] respect; **vor jdm/etw ~ haben** to have respect for sb/sth; **vor seinem Großvater hatte er als Kind großen ~** as a child he was in awe of his grandfather; **die heutige Jugend hat keinen ~ vor dem Alter!** young people today have no respect for their elders; **den ~ vor jdm verlieren** to lose respect for sb; **sich** *dat* [**bei jdm**] **~ verschaffen** to earn [sb's] respect; **bei allem ~!** with all due respect!; **bei allem ~, aber da muss ich doch energisch widersprechen!** with all due respect I

must disagree most strongly; **bei allem ~ vor jdm/etw** with all due respect to sb/sth; **allen/meinen ~!** well done!, good for you!

re·spek·ta·bel [respɛk'ta:bl̩, rɛ-] *adj* (*geh*) ❶ (*beachtlich*) considerable ❷ (*zu respektieren*) estimable ❸ (*ehrbar*) respectable

re·spek·tie·ren* [respɛk'ti:rən, rɛ-] *vt* ■**etw/jdn** ~ to respect sth/sb

re·spek·ti·ve [respɛk'ti:və, rɛ-] *adv* (*geh*) or rather; **er hat mich schon darüber informiert, ~ informieren lassen** he has already informed me about it, or rather he had someone tell me

re·spekt·los *adj* disrespectful

Re·spekt·lo·sig·keit <-, -en> *f* ❶ *kein pl* (*respektlose Art*) disrespect *no pl*, disrespectfulness *no pl* ❷ (*respektlose Bemerkung*) disrespectful comment

Re·spekts·per·son *f* (*geh*) person commanding respect; **Lehrer, Ärzte und Pfarrer waren ~en** teachers, doctors and vicars were people who used to command respect

re·spekt·voll *adj* respectful

Re·spi·ra·ti·on <-> [respira'tsi̯o:n, rɛ-] *f kein pl* BIOL, MED respiration

re·spi·ra·to·ri·scher Quo·ti·ent [respira'to:rɪʃɐ, rɛ-] MED respiratory quotient

Res·sen·ti·ment <-s, -s> [rɛsãti'mã:] *nt* (*geh*) resentment *no pl*

Res·sort <-s, -s> [rɛ'so:ɐ̯] *nt* ❶ (*Zuständigkeitsbereich*) area of responsibility; **in jds ~ fallen** *akk* to come within sb's area of responsibility ❷ (*Abteilung*) department

Res·sour·ce <-, -n> [rɛ'sʊrsə] *f* ❶ (*Bestand an Geldmitteln*) resources *npl* ❷ (*natürlich vorhandener Bestand*) resource; *Energie* reserves *pl*; **[neue] ~n erschließen** to tap [*or* develop] [new] resources; **die ~n sind erschöpft** all resources are exhausted

Rest <-[e]s, -e *o* SCHWEIZ *a.* -en> [rɛst] *m* ❶ (*Übriggelassenes*) rest; *Essen* leftovers *npl*; **„ist noch Käse da?" – „ja, aber nur noch ein kleiner ~"** "is there still some cheese left?" – "yes, but only a little bit"; **heute Abend gibt es ~e** we're having leftovers tonight; **iss doch noch den ~ Bratkartoffeln** won't you eat the rest of the roast potatoes; **~e machen** NORDD to finish up what's left; **mach doch ~ mit den Kartoffeln** do finish up the potatoes; **der letzte ~** the last bit; *Wein* the last drop; **den Kuchen haben wir bis auf den letzten ~ aufgegessen** we ate the whole cake down to the last crumb ❷ (*Endstück*) remnant; **ein ~ des Leders ist noch übrig** there's still a bit of leather left over ❸ (*verbliebenes Geld*) remainder, rest; **den ~ werde ich dir in einer Woche zurückzahlen** I'll pay you back the rest in a week; **das ist der ~ meiner Ersparnisse** that's all that's left of my savings; (*Wechselgeld*) change; **„hier sind 200 Euro, behalten Sie den ~"** "here are 200 euros, keep the change" ▸ WENDUNGEN: **der letzte ~ vom Schützenfest** (*hum*) the last little bit; **jdm den ~ geben** (*fam*) to be the final straw for sb; **diese Nachricht gab ihr den ~** this piece of news was the final straw for her

Rest·auf·la·ge *f* VERLAG remaindered stock

Re·stau·rant <-s, -s> [rɛsto'rã:] *nt* restaurant

Re·stau·ra·tor, Re·stau·ra·to·rin <-s, -toren> [restau'ra:to:ɐ̯, -'to:rɪn, *pl* -'to:rən] *m, f* restorer

re·stau·rie·ren* [restau'ri:rən, rɛ-] *vt* ■**etw** ~ to restore sth

Re·stau·rie·rung <-, -en> *f* restoration

Rest·be·trag *m* balance

Res·te·ver·kauf *m* remnants sale

Rest·lauf·zeit *f* FIN remaining term

rest·lich *adj* remaining; **wo ist das ~e Geld?** where is the rest of the money?

rest·los **I.** *adj* complete, total **II.** *adv* ❶ (*ohne etwas übrig zu lassen*) completely, totally; **dieser Fleck lässt sich nicht ~ entfernen** this stain can't be completely removed ❷ (*fam: endgültig*) finally

Rest·pos·ten *m* remaining stock

Re·strik·ti·on <-, -en> [restrɪk'tsi̯o:n, rɛ-] *f* (*geh*) restriction; **jdm ~en auferlegen** to impose restrictions on sb

Re·strik·ti·ons·en·zym *nt* BIOL restriction enzyme

re·strik·tiv [restrɪk'ti:f, rɛ-] *adj* (*geh*) restrictive

Rest·ri·si·ko *nt* residual risk **Rest·stoff** *m* remnant **Rest·stra·fe** *f* remainder of the sentence **Rest·sum·me** *f* balance, amount remaining **Rest·ur·laub** *m* remaining holiday **Rest·wert** *m* residual value **Rest·zah·lung** *f* balance

Re·sul·tat <-[e]s, -e> [rezʊl'ta:t] *nt* result; **zu einem ~ kommen [*o* gelangen]** to come to a conclusion; **zu dem ~ kommen [*o* gelangen], dass** to come to the conclusion that

re·sul·tie·ren* [rezʊl'ti:rən] *vi* (*geh*) ❶ (*folgen*) ■**aus etw ~** to result from sth, to be the result of sth; ■**aus etw resultiert, dass** the conclusion to be drawn from sth is that, sth shows that ❷ (*sich auswirken*) ■**in etw ~** *dat* to result in sth

Re·sü·mee <-s, -s> [rezy'me:] *nt* (*geh*) ❶ (*Schlussfolgerung*) conclusion; **das ~ [aus etw] ziehen** to conclude [*or* infer] [from sth] ❷ (*zusammenfassende Darstellung*) summary

re·sü·mie·ren* [rezy'mi:rən] **I.** *vi* (*geh: zusammenfassend darstellen*) to summarize [*or* BRIT *a.* -ise]; **ich resümiere also noch einmal, indem ich die wesentlichen Punkte kurz wiederhole** I'll sum up once again by briefly repeating the essential points **II.** *vt* (*geh*) ■**etw ~** to summarize sth [*or* BRIT *a.* -ise]

Re·tor·te <-, -n> [re'tɔrtə] *f* CHEM retort; **aus der ~** (*fam*) artificially produced

Re·tor·ten·ba·by [-be:bi] *nt* (*sl*) test-tube baby *fam*

re·tour [re'tu:ɐ̯] *adv* SCHWEIZ, ÖSTERR (*geh*) back; **„eine Fahrkarte nach Wien und wieder ~!"** "a return ticket to Vienna, please"; **„alles ~, wir haben uns verfranzt!"** "back everybody! we've lost our bearings!"; **etw ~ gehen lassen** to send sth back

Re·tour·bil·lett ['rətu:ɐ̯bɪljɛt] *nt* SCHWEIZ (*Rückfahrkarte*) return ticket **Re·tour·geld** ['rətu:ɐ̯-] *nt* SCHWEIZ (*Wechselgeld*) change *no pl* **Re·tour·kut·sche** *f* (*fam*) retort

re·tour·nie·ren* [retʊr'ni:rən] *vt* ❶ SCHWEIZ (*zurücksenden o -geben*) ■**etw ~** to return sth ❷ SPORT **den Ball ~** to return the ball

Re·tour·spiel ['rətu:ɐ̯-] *nt* ÖSTERR, SCHWEIZ (*Rückspiel*) return match

re·tro ['retro] *adj* (*sl*) retro

Re·tro·spek·ti·ve <-, -n> [retro-] *f* (*geh*) ❶ (*Blick in die Vergangenheit, Rückblick*) retrospective *form* ❷ KUNST (*Präsentation*) retrospective

Re·tro·vi·rus [retro-] *nt* retrovirus

ret·ten ['rɛtn̩] **I.** *vt* ❶ (*bewahren*) ■**jdn/etw [vor jdm/etw] ~** to save sb/sth [from sb/sth]; **ein geschickter Restaurator wird das Gemälde noch ~ können** a skilled restorer will still be able to save the painting; **sie konnte ihren Schmuck durch die Flucht hindurch ~** she was able to save her jewellery while fleeing ❷ (*den Ausweg weisend*) ■**~d** which saved the day; **das ist der ~de Einfall!** that's the idea that will save the day!; *s. a.* **Leben** ▸ WENDUNGEN: **bist du noch zu ~?** (*fam*) are you out of your mind? **II.** *vr* ■**sich [vor etw** *dat*] ~ to save oneself [from sth]; **sie konnte sich gerade noch durch einen Sprung in den Straßengraben retten** she was just able to save herself by jumping into a ditch at the side of the road; **sie rettete sich vor der Steuer nach Monaco** she escaped the taxman by moving to Monaco; **er konnte sich gerade noch ans Ufer ~** he was just able to reach the safety of the bank; **rette sich, wer kann!** (*fam*) run for your lives!; **sich** *akk* **vor jdm/etw nicht mehr zu ~ wissen, sich** *akk* **vor jdm/etw nicht mehr ~ können** to be swamped by sth/mobbed by sb

Ret·ter(in) <-s, -> *m(f)* rescuer, saviour [*or* AM -or] *liter*; **der ~ in der Not** the helper in my/our etc hour of need

Ret·tich <-s, -e> ['rɛtɪç] *m* radish

Ret·tung <-, -en> *f* ❶ (*das Retten*) rescue; **das Boot wird für die ~ von Menschen in Seenot eingesetzt** the boat is used for rescuing people in distress at sea; **jds [letzte] ~ [vor jdm/etw] sein** (*fam*) to be sb's last hope [of being saved from sb/sth]; **du bist meine letzte ~** you're my last hope [of salvation]; **für jdn gibt es keine ~ mehr** there is no saving sb, sb is beyond help [*or* salvation]; *s. a.* **Gesellschaft** ❷ (*das Erhalten*) preservation *no pl*

Ret·tungs·an·ker *m* sheet-anchor ▶WENDUNGEN: **jds ~ sein** to be sb's anchor **Ret·tungs·ar·beit** *f meist pl* rescue work *no pl;* **die ~en schreiten gut voran** the rescue operations are progressing well **Ret·tungs·boot** *nt* lifeboat **Ret·tungs·dienst** *m* rescue service **Ret·tungs·flug·wacht** *f* air rescue service **Ret·tungs·hub·schrau·ber** *m* emergency rescue helicopter **Ret·tungs·in·sel** *f* inflatable life-raft **Ret·tungs·lei·ter** *f* rescue ladder **ret·tungs·los** *adj* hopeless **Ret·tungs·mann·schaft** *f* rescue party **Ret·tungs·me·dail·le** [-medaljə] *f* life-saving medal **Ret·tungs·ring** *m* ❶ NAUT lifebelt ❷ (*hum fam: Fettpolster*) spare tyre [*or* AM tire] *hum fam* **Ret·tungs·schuss**RR *m* **finaler ~** *final and fatal shot fired by the police to save lives* **Ret·tungs·schwim·men** *nt kein pl* life-saving *no pl, no art* **Ret·tungs·schwim·mer(in)** *m(f)* life-guard **Ret·tungs·sta·ti·on** *f* rescue centre [*or* AM -er] **Ret·tungs·ver·such** *m* rescue attempt **Ret·tungs·wa·gen** *m* ambulance

Re·tu·sche <-, -n> [re'tʊʃə] *f* FOTO, TYPO retouching

re·tu·schie·ren* [retu'ʃi:rən] *vt* FOTO, TYPO ■**etw [auf etw** *dat*] ~ to retouch sth [on sth]

Reue <-> ['rɔyə] *f kein pl* remorse *no pl;* **tätige ~** JUR *active regret accompanied by an attempt to avert the consequences of the misdeed*

reu·en ['rɔyən] *vt* (*geh*) ■**jdn ~** to be of regret to sb; **meine Aussage reut mich** I regret my statement; ■**es reut jdn, etw getan zu haben** sb regrets having done sth

reu·ig ['rɔyɪç] *adj* repentant, remorseful

reu·mü·tig ['rɔymy:tɪç] **I.** *adj* remorseful, repentant; **~e Sünder** repentant sinners **II.** *adv* remorsefully; **~ zu jdm zurückkommen** to come crawling back to sb *fam*

Reu·se <-, -n> ['rɔyzə] *f* fish trap

re·üs·sie·ren* [reʔy'si:rən] *vi* (*geh*) ■**(mit** *dat* **etw) ~** to succeed [in doing sth]

Re·vanche <-, -n> [re'vã:ʃə, re'vaŋʃə] *f* ❶ (*Revanchespiel*) return match BRIT, rematch AM; **jdm ~ geben** to give sb a return match ❷ (*Vergeltung*) revenge *no pl;* **als ~** as a return favour [*or* AM -or]; **danke für die Einladung, als ~ lade ich dich am nächsten Samstag ins Kino ein** thanks for the invitation, in return I'll invite you to the cinema next Saturday

Re·vanche·par·tie [re'vã:ʃə, re'vaŋʃə] *f* SPORT return match BRIT, rematch AM **Re·vanche·spiel** *nt* SPORT return match

re·van·chie·ren* [revã'ʃi:rən, revaŋ'ʃi:rən] *vr* ❶ (*sich erkenntlich zeigen*) ■**sich** *akk* **[bei jdm] [für etw] ~** to return [sb] a favour [*or* AM -or] [for sth]; **danke für deine Hilfe, ich werde mich dafür ~** thanks for your help, I'll return the favour ❷ (*sich rächen*) ■**sich** *akk* **[an jdm] [für etw] ~** to get one's revenge [on sb] [for sth]

Re·van·chis·mus <-> [revã'ʃɪsmʊs, revaŋ'ʃɪsmʊs] *m kein pl* POL revanchism *no pl*

re·ve·nie·ren [reve'ni:rən] *vt* **Fleisch ~** to sear meat

Re·vers1 <-, -> [re've:ɐ̯, re'vɛ:ɐ̯, rə'-] *nt o m* MODE lapel

Re·vers2 <-es, -e> [re'vɛrs] *m* declaration

re·ver·si·bel [revɛr'zi:bl̩] *adj* (*geh*) reversible; **nicht ~ sein** to be irreversible

re·vi·die·ren* [revi'di:rən] *vt* (*geh*) ❶ (*rückgängig machen*) ■**etw ~** to reverse sth; **eine Entscheidung ~** to reverse a decision ❷ (*abändern*) ■**etw [in etw** *dat*] **~** to revise sth [in sth]; **die Vorschriften wurden in mehreren Punkten revidiert** the regulations were revised in several points; **ein revidierter Paragraph** a revised paragraph

Re·vier <-s, -e> [re'vi:ɐ̯] *nt* ❶ (*Polizeidienststelle*) police station; **keinen Führerschein? Sie müssen mit aufs ~!** no driving licence? you'll have to accompany me to the station! ❷ (*Jagdrevier*) preserve, shoot ❸ MIL sick-bay ❹ (*Zuständigkeitsbereich*) area of responsibility, province ❺ *kein pl* (*fam: Industriegebiet*) coalfield; ■**das ~** the Ruhr/Saar mining area

Re·vier·ver·hal·ten [re'vi:ɐ̯-] *nt* BIOL territorial behaviour BRIT [*or* AM -or]

Re·vire·ment <-s, -s> [revirə'mã:] *nt* POL cabinet reshuffle

Re·vi·si·on <-, -en> [revi'zi̯o:n] *f* ❶ FIN, ÖKON audit ❷ JUR appeal ❸ TYPO final proofreading *no pl* ❹ (*geh: Abänderung*) revision; **ich bin zu einer ~ meiner Entscheidung bereit** I am prepared to revise my decision

Re·vi·si·ons·ab·tei·lung *f* audit department **Re·vi·si·ons·ge·richt** *nt* court of appeal, appeal court BRIT

Re·vi·sor, Re·vi·so·rin <-s, -soren> [re'vi:zo:ɐ̯, -'zo:rɪn, *pl* -'zo:rən] *m, f* auditor

Re·vol·te <-, -n> [re'vɔltə] *f* revolt

re·vol·tie·ren* [revɔl'ti:rən] *vi* (*geh*) ■**[gegen jdn/etw] ~** to rebel [*or* revolt] [against sb/sth]

Re·vo·lu·ti·on <-, -en> [revolu'tsi̯o:n] *f* revolution; **die Französische ~** the French Revolution; **eine wissenschaftliche ~** a scientific revolution

re·vo·lu·ti·o·när [revolutsi̯o'nɛ:ɐ̯] *adj* ❶ (*bahnbrechend*) revolutionary; **eine ~e Entdeckung** a revolutionary discovery ❷ POL (*eine Revolution bezweckend*) revolutionary

Re·vo·lu·ti·o·när(in) <-s, -e> [revolutsi̯o'nɛ:ɐ̯] *m(f)* ❶ POL revolutionary ❷ (*radikaler Neuerer*) revolutionist

re·vo·lu·ti·o·nie·ren* [revolutsi̯o'ni:rən] *vt* ■**etw ~** to revolutionize [*or* BRIT *a.* -ise] sth

Re·vo·lu·ti·ons·füh·rer(in) *m(f)* revolutionary leader **Re·vo·lu·ti·ons·tri·bu·nal** *nt* revolutionary tribunal

Re·vo·luz·zer(in) <-s, -> [revo'lʊtsɐ] *m(f)* (*pej*) would-be revolutionary *pej*

Re·vol·ver <-s, -> [re'vɔlvɐ] *m* revolver

Re·vol·ver·ab·zug *m* trigger [of a revolver] **Re·vol·ver·blatt** *nt* MEDIA (*fam*) sensationalist newspaper **Re·vol·ver·griff** *m* revolver handle **Re·vol·ver·held** *m* (*iron*) gunfighter, gunslinger **Re·vol·ver·lauf** *m* barrel of a/the revolver **Re·vol·ver·trom·mel** *f* breech

Re·vue <-, -n> [re'vy:, rə'vy:, *pl* -'vy:ən] *f* THEAT revue ▶WENDUNGEN: **jdn/etw ~ passieren lassen** (*geh*) to recall sb/to review sth

Re·vue·tän·zer(in) *m(f)* THEAT dancer in a revue

Reyk·ja·vik <-s> ['raikjavi:k, -vɪk] *nt* Reykjavik

Re·zen·sent(in) <-en, -en> [retsɛn'zɛnt] *m(f)* reviewer

re·zen·sie·ren* [retsɛn'zi:rən] *vt* ■**etw ~** to review sth

Re·zen·si·on <-, -en> [retsɛn'zi̯o:n] *f* review, write-up *fam*

Re·zen·si·ons·ex·em·plar *nt* review copy

Re·zept <-[e]s, -e> [re'tsɛpt] *nt* ❶ KOCHK recipe ❷ MED prescription; **auf ~** on prescription; **diese Tabletten bekommen Sie nur auf ~** these tablets are only available on prescription ❸ (*fig: Verfahren*) remedy; **ich kenne leider kein ~ gegen Langeweile** unfortunately I don't know of any remedy for boredom

Re·zept·block *m* prescription pad **Re·zept·for·mu·lar** *nt* prescription form **re·zept·frei I.** *adj* without prescription *after n;* **~e Medikamente** over-the-counter medicines, medicines available without prescription; ■**~ sein** to be available without prescription **II.** *adv* without prescription, over-the-counter; **~ zu bekommen sein** to be available without prescription

Re·zep·ti·on <-, -en> [retsɛp'tsi̯o:n] *f* reception

Re·zep·ti·o·nist(in) <-en, -en> *m(f)* receptionist

Re·zep·tor <-s, -en> [re'tsɛpto:ɐ̯, *pl* -'to:rən] *m* BIOL receptor

Re·zept·pflicht *f kein pl* prescription requirement; **der ~ unterliegen** (*geh*) to be available only on prescription **re·zept·pflich·tig** *adj* requiring a prescription; **~e Medikamente** medicines requiring a prescription; ■**~ sein** to be avail-

R

able only on prescription **Re·zept·prü·fung** *f* examination of prescriptions
Re·zep·tur <-, -en> [retsɛp'tu:ɐ̯] *f* ❶ (*Zubereitung von Arzneimitteln nach Rezept*) dispensing ❷ (*Arbeitsraum in einer Apotheke*) prescriptions *pl* ❸ CHEM formula ❹ KOCHK recipe
Re·zes·si·on <-, -en> [retsɛ'si̯o:n] *f* ÖKON recession
re·zes·siv [retsɛ'si:f] *adj* BIOL, MED recessive
re·zi·prok [retsi'pro:k] *adj* MATH reciprocal
Re·zi·ta·ti·on <-, -en> [retsita'tsi̯o:n] *f* recitation
Re·zi·ta·tor, Re·zi·ta·to·rin <-s, -toren> [retsi'ta:to:ɐ̯, -'to:rɪn, *pl* -'to:rən] *m, f* reciter
re·zi·tie·ren* [retsi'ti:rən] **I.** *vt* ■**jdn/etw** ~ to recite sb/sth; **er konnte Schiller in ganzen Passagen** ~ he was able to recite whole passages of Schiller **II.** *vi* ■[**aus jdm/etw**] ~ to recite [from sb/sth]
R-Ge·spräch ['ɛr-] *nt* reverse charge [*or* AM collect] call
rh *Abk von* **Rhesusfaktor negativ**
Rh *Abk von* **Rhesusfaktor positiv**
Rha·bar·ber <-s, -> [ra'barbɐ] *m* rhubarb plant
Rha·bar·ber·ku·chen *m* rhubarb crumble *no pl* **Rha·bar·ber·pflan·ze** *f* rhubarb plant **Rha·bar·ber·stän·gel**[RR] *m* stalk of rhubarb
Rhap·so·die <-, -n> [rapso'di:, *pl* -'di:ən] *f* MUS rhapsody
Rhein <-s> [rain] *m* ■**der** ~ the Rhine; **am Rhein** on the Rhine
Rhein·fall *m* Rhine falls *npl;* ■**der** ~ [**von Schaffhausen**] the Rhine Falls [at Schaffhausen]
rhei·nisch ['rainɪʃ] *adj attr* ❶ (*des Rheinlandes*) Rhenish, Rhineland; **eine** ~**e Spezialität** a Rhineland speciality ❷ LING Rhenish, Rhineland; **er spricht** ~**en Dialekt** he speaks with a Rhineland dialect
Rhein·län·der(in) <-s, -> ['rainlɛndɐ] *m(f)* Rhinelander
rhein·län·disch ['rainlɛndɪʃ] *adj* ❶ (*rheinisch*) Rhenish, Rhineland ❷ LING Rhenish, Rhineland
Rhein·land-Pfalz ['rainlant-'pfalts] *no art* Rhineland-Palatinate
Rhein·salm *m* KOCHK, ZOOL Rhine salmon **Rhein·wein** *m* Rhine wine
Rhe·ni·um <-s> ['re:ni̯ʊm] *nt kein pl* CHEM rhenium *no pl*
Rhe·sus·af·fe ['re:zʊs-] *m* rhesus monkey **Rhe·sus·fak·tor** *m* rhesus factor; ~ **positiv/negativ** rhesus positive/negative **Rhe·sus·un·ver·träg·lich·keit** *f* rhesus [*or* Rh] factor incompatibility
Rhe·to·rik <-, -en> [re'to:rɪk] *f* ❶ *kein pl* (*Lehre*) rhetoric *no pl;* **die** ~ **ist die Kunst der Rede** rhetoric is the art of speaking ❷ (*Redegabe*) rhetoric *no pl,* eloquence *no pl*
rhe·to·risch [re'to:rɪʃ] **I.** *adj* rhetorical **II.** *adv* rhetorically; **rein** ~ purely rhetorically; *s. a.* **Frage**
Rheu·ma <-s> ['rɔyma] *nt kein pl* (*fam*) rheumatism *no pl;* ~ **haben** to have rheumatism
Rheu·ma·be·hand·lung *f* treatment against rheumatism **Rheu·ma·fak·to·ren** *pl* rheumatic factors *pl* **Rheu·ma·prä·pa·rat** *nt* preparation against rheumatism
Rheu·ma·ti·ker(in) <-s, -> [rɔy'ma:tikɐ] *m(f)* rheumatic, person with rheumatism
rheu·ma·tisch [rɔy'ma:tɪʃ] *adj* rheumatic
Rheu·ma·tis·mus <-> [rɔyma'tɪsmʊs] *m kein pl* rheumatism *no pl*
Rheu·ma·to·lo·ge, Rheu·ma·to·lo·gin <-n, -n> [rɔymato'lo:gə, -'lo:gɪn] *m, f* rheumatologist
Rhi·no·ze·ros <-[ses], -se> [ri'no:tserɔs] *nt* ❶ (*Nashorn*) rhinoceros ❷ (*fam: Dummkopf*) twit *fam or pej*
Rhi·zom <-s, -e> [ri'tso:m] *nt* BOT rhizome, rootstock
Rho·di·um <-s> ['ro:di̯ʊm] *nt kein pl* CHEM rhodium *no pl*
Rho·do·den·dron <-s, -dendren> [rodo'dɛndrɔn] *m o nt* rhododendron
Rho·dos ['rɔdɔs, 'ro:dɔs] *nt* Rhodes; *s. a.* **Sylt**
Rhom·bus <-, Rhomben> ['rɔmbʊs, *pl* 'rɔmbn̩] *m* rhombus
rhyth·misch ['rʏtmɪʃ] *adj* rhythmic[al]; ~**e Bewegungen** rhythmical movements
Rhyth·mus <-, -Rhythmen> ['rʏtmʊs, *pl* 'rʏtmən] *m* rhythm
Ri·ad <-s> [ri̯a:t] *nt* Riyadh
Ri·bi·sel <-, -n> ['ri:bi:zl̩] *f* DIAL, ÖSTERR *rote* redcurrant; *schwarze* blackcurrant
Ri·bo·nu·kle·in·säu·re [ribonukle'i:n-] *f* ribonucleic acid
Ri·bo·som <-s, -en> [ribo'zo:m] *nt* BIOL ribosome
rich·ten ['rɪçtn̩] **I.** *vr* ❶ (*bestimmt sein*) ■**sich** *akk* **an jdn** ~ to be directed [*or* aimed] at sb; **dieser Vorwurf richtet sich an dich** this reproach is aimed at you; **an wen richtet sich diese Frage?** who is this question directed at?; ■**sich** *akk* **gegen jdn/etw** ~ (*abzielen*) to direct sth at sb/sth; **diese Attacke richtete sich gegen die Steuerpläne der Regierung** this attack was directed at the government's tax plans; ■**sich** *akk* **an jdn/etw** ~ to consult sb/sth; **an welche Dienststelle muss ich mich** ~**?** which department do I have to ask? ❷ (*sich orientieren*) ■**sich** *akk* **nach jdm/etw** ~ to comply with sb/sth; **wir richten uns ganz nach Ihnen** we'll fit in with you ❸ (*abhängen von*) ■**sich** *akk* **nach etw** ~ to be dependent on sth; **der Preis eines Artikels richtet sich nach der Qualität** the price of an item depends on the quality; ■**sich** *akk* **danach** ~**, ob/wie viel ...** to depend on whether/how much ...; **das richtet sich danach, ob Sie mit uns zusammenarbeiten oder nicht** that depends on whether you co-operate with us or not **II.** *vt* ❶ (*lenken*) ■**etw auf jdn/etw** ~ to direct sth towards [*or* at] sb/sth; **seinen Blick auf etw** ~ to [have a] look at sth, to observe sth *form;* **eine Schusswaffe auf jdn** ~ to point a gun at sb; **die Kanonen wurden auf das Regierungsgebäude gerichtet** the guns were trained on the government building ❷ (*adressieren*) ■**etw an jdn/etw** ~ to address [*or* send] sth to sb/sth; **Anträge müssen an das Ministerium gerichtet werden** applications must be addressed to the ministry ❸ (*reparieren*) ■[**jdm**] **etw** ~ to fix sth [for sb] *fam* ❹ (*bereiten*) ■[**jdm**] **etw** ~ to prepare sth [for sb]; ~ **Sie mir doch bitte das Bad** would you run the bath for me please **III.** *vi* (*veraltend*) ■[**über jdn/etw**] ~ to pass judgement [on sb/sth]
Rich·ter(in) <-s, -> ['rɪçtɐ] *m(f)* judge; **vorsitzender** ~ presiding judge; **sich** *akk* **zum** ~ [**über jdn/etw**] **aufwerfen** (*pej*) to sit in judgement [on sb/sth] *a. pej;* ~ **an etw** *dat* judge at sth; **er ist** ~ **am Verwaltungsgericht** he is a judge at the administrative court
Rich·ter·amt *nt* judicial office, office of judge
Rich·te·rin <-, -nen> *f fem form von* **Richter**
rich·ter·lich *adj attr* judicial
Rich·ter·schaft <-> *f kein pl* judiciary *no pl*
Rich·ter·ska·la[RR] *f kein pl,* **Rich·ter-Ska·la** *f kein pl* GEOL Richter scale *no pl*
Richt·fest *nt* topping out [ceremony]
Richt·ge·schwin·dig·keit *f* recommended speed limit
rich·tig ['rɪçtɪç] **I.** *adj* ❶ (*korrekt*) correct, right; **die** ~**e Antwort** the right [*or* correct] answer; **die** ~**e Lösung** the correct solution ❷ (*angebracht*) right; **die** ~**e Handlungsweise** the right course of action; **zur** ~**en Zeit** at the right time; **es war** ~**, dass du gegangen bist** you were right to leave ❸ (*am richtigen Ort*) ■**irgendwo/bei jdm** ~ **sein** to be at the right place/address; **„ja, kommen Sie rein, bei mir sind Sie genau** ~**"** "yes, come in, you've come to [exactly] the right place"; **ist das hier** ~ **zu/nach ...?** is this [*or* am I going] the right way to ...? ❹ (*echt, wirklich*) real; **ich bin nicht deine** ~**e Mutter** I'm not your real mother ❺ (*fam: regelrecht*) real; **du bist ein** ~**er Idiot!** you're a real idiot! ❻ (*passend*) right; **sie ist nicht die** ~**e Frau für dich** she's not the right woman for you ❼ (*ordentlich*) real, proper; **es ist lange her, dass wir einen** ~**en Winter mit viel Schnee hatten** it's been ages since we've had a proper winter with lots of snow ❽ (*fam: in Ordnung*) all right, okay; ■~ **sein** to be all right [*or* okay]; **unser neuer Lehrer ist** ~ our new teacher is okay; *s. a.* **Kopf** **II.** *adv* ❶ (*korrekt*) correctly; **Sie haben irgendwie nicht** ~

gerechnet you've miscalculated somehow; ~ **gehend** accurate; **eine ~ gehende Uhr** an accurate watch; **höre ich ~?** did I hear right?, are my ears deceiving me? *fig;* **ich höre doch wohl nicht ~?** excuse me? *fam,* you must be joking!; **sehr ~!** quite right! ❷ (*angebracht*) correctly; (*passend a.*) right; **der Blumentopf steht da nicht richtig** the flowerpot is not in the right place there; **irgendwie sitzt die Bluse nicht richtig** somehow the blouse doesn't fit properly ❸ (*fam: regelrecht*) really; **ich fühle mich von ihr ~ verarscht** I feel she has really taken the piss out of me; **er hat sie ~ ausgenutzt** he has really used her; ~ **gehend** (*fam*) real, really ❹ (*tatsächlich*) ~, **das war die Lösung** right, that was the solution

Rich·ti·ge(r) *f(m) dekl wie adj* ❶ (*der passende Partner*) right person; **schade, dieser Mann wäre für mich der ~ gewesen** pity, he would have been the right man for me ❷ (*Treffer*) right numbers/hits; **wie viel ~ haben wir diesmal im Lotto?** how many right numbers did we get in the lottery this time? ▶ WENDUNGEN: **du bist mir der/die ~!** (*iron*) you're a fine one, you are! *iron;* **[bei jdm] an den ~n/die ~ geraten** (*iron*) to pick the wrong person; **mit der Frage gerätst du bei mir an den ~n!** I'm the wrong person to ask

Rich·ti·ge(s) *nt dekl wie adj* ❶ (*Zusagende(s)*) ■**das ~/etwas ~s** the right one/something suitable; **„gefällt Ihnen die Vase?" – „nein, das ist nicht ganz das ~e"** "do you like the vase?" – "no, it's not quite right"; **ich habe immer noch nichts ~s gefunden** I still haven't found anything suitable ❷ (*Ordentliches*) ■**etwas/nichts ~s** something/nothing decent; **gib doch lieber 2.000 Euro mehr aus, dann hast du wenigstens etwas ~s!** why don't you spend another 2,000 euros, then at least you'll have something decent!; **„ich habe den ganzen Tag nichts ~es gegessen!"** "I haven't had a proper meal all day!"

Rich·tig·keit <-> *f kein pl* ❶ (*Korrektheit*) accuracy *no pl,* correctness *no pl;* **mit etw hat es seine ~** sth is right; **das wird schon seine ~ haben** I'm sure that'll be right ❷ (*Angebrachtheit*) appropriateness *no pl*

rich·tig|lie·gen *vi irreg* (*fam*) [**mit etw** *dat*] ~ to be right [*or* correct] [with sth]; **mit seinen Prophezeiungen hat er bisher immer richtiggelegen** his predictions have always proved to be right; **mit Ihrer Annahme liegen Sie genau richtig** you are quite correct in your assumption; **bei jdm ~** to have come to the right person; **bei mir liegen Sie genau richtig** you've come to just the right person; **bei Herrn Müller liegen Sie in dieser Angelegenheit genau richtig** Mr Müller is exactly the right person to see in this matter **rich·tig|stel·len** *vt* **etw ~** to correct sth

Rich·tig·stel·lung *f* correction

Richt·kranz *f wreath used in a topping-out ceremony*

Richt·li·nie *f meist pl* guideline *usu pl* **Richt·mi·kro·fon** *nt* directional microphone **Richt·platz** *m* place of execution **Richt·preis** *m* recommended price **Richt·schnur** *f* ❶ BAU plumb-line ❷ *kein pl* (*Grundsatz*) guiding principle; ■**die ~ einer S.** *gen*/**für etw** the guiding principle of/for sth

Rich·tung <-, -en> ['rɪçtʊŋ] *f* ❶ (*Himmelsrichtung*) direction; **aus welcher ~ kam das Geräusch?** which direction did the noise come from?; **eine ~ einschlagen** [*o* **nehmen**] to go in a direction; **welche ~ hat er eingeschlagen?** which direction did he go in?; **in ~ einer S.** *gen* in the direction of sth; **wir fahren in ~ Süden/Autobahn** we're heading south/in the direction of the motorway; **in alle ~en, nach allen ~en** in all directions ❷ (*Tendenz*) movement, trend; **sie vertritt politisch eine gemäßigte ~** she takes a politically moderate line; **einer S.** *dat* **eine andere ~ geben** to steer sth in another direction; **ich versuchte, dem Gespräch eine andere ~ zu geben** I tried to steer the conversation in another direction; **die Labourpartei hat ihrer Politik eine andere Richtung gegeben** the Labour Party have changed course with their policies; **irgendwas in der** [*o* **dieser**] ~ something along those lines; *Betrag* something around that mark; **in dieser ~** in this direction

Rich·tungs·än·de·rung *f* change of [*or* in] direction **Rich·tungs·kampf** *m* factional conflict **Rich·tungs·streit** *m kein pl* factional dispute

rich·tung·wei·send *adj* pointing the way [ahead]; **der Parteitag fasste einen ~en Beschluss** the party conference took a decision that pointed the way ahead; ■~ **sein** to point the way [ahead]; **das neue Fertigungsverfahren wird ~ für die industrielle Produktion sein** the new manufacturing process will point the way ahead for industrial production

Richt·wert *m* guideline

Ri·cke <-, -n> ['rɪkə] *f* ZOOL doe

rieb [ri:p] *imp von* **reiben**

rie·chen <roch, gerochen> ['ri:çn̩] **I.** *vi* ❶ (*duften*) to smell; (*stinken a.*) to stink *pej,* to reek *pej;* **das riecht hier ja so angebrannt** there's a real smell of burning here; ■**nach etw ~** to smell of sth; **er riecht immer so nach Schweiß** there's always such a sweaty smell about him; **das riecht nach Korruption** (*fig*) that smells [*or* reeks] of corruption ❷ (*schnuppern*) ■**an jdm/etw ~** to smell sb/sth; **„hier, riech mal an den Blumen!"** "here, have a sniff of these flowers" **II.** *vt* ■**etw ~** to smell sth; **riechst du nichts?** can't you smell anything?; **es riecht hier ja so nach Gas** there's real stink of gas here; **etw ~ können** [*o* **mögen**] to like the smell of sth; **ich mag den Tabakrauch gern ~** I like the smell of tobacco smoke; **iss doch nicht immer Zwiebeln, du weißt doch, dass ich das nicht ~ kann!** stop eating onions all the time, you know I can't stand that ▶ WENDUNGEN: **etw ~ können** (*fam*) to know sth; **das konnte ich nicht riechen!** how was I supposed to know that!; **ich rieche doch, dass da was nicht stimmt!** I have a feeling that there's something funny about it; **jdn nicht ~ können** (*fam*) not to be able to stand sb; **die beiden können sich nicht ~** the two of them can't stand each other; *s. a.* **Lunte, Braten III.** *vi impers* ■**es riecht irgendwie** there's a certain smell; **es riecht ekelhaft** there's a disgusting smell; ■**es riecht nach etw** *dat* there's a smell of sth; **es riecht nach Gas** there's a smell of gas; **wenn er kocht, riecht es immer sehr lecker in der Küche** there's always a delicious smell in the kitchen when he's cooking; **wonach riecht es hier so köstlich?** what's that lovely smell in here?

Rie·cher <-s, -> ['ri:çɐ] *m* **einen guten** [*o* **den richtigen**] **~ [für etw] haben** (*fam*) to have the right instinct [for sth]

Riech·kol·ben *m* (*hum fam*) nose, a big schnozz AM, conk BRIT *sl* **Riech·nerv** *m* olfactory nerve **Riech·salz** *nt* smelling salts *pl*

Ried·dach [ri:t-] *nt* thatched roof

rief [ri:f] *imp von* **rufen**

Rie·ge <-, -n> ['ri:gə] *f* ❶ SPORT team ❷ (*pej: Gruppe*) clique *pej;* **sie hat sich in die ~ der Abtreibungsgegner eingeordnet** she has joined the anti-abortionist camp

Rie·gel <-s, -> ['ri:gl̩] *m* ❶ (*Verschluss*) bolt; **den ~ [an etw** *dat*] **vorlegen** to bolt sth; **vergiss nicht, den ~ vorzulegen!** don't forget to bolt the door ❷ (*Schoko~*) bar ▶ WENDUNGEN: **einer S.** *dat* **einen ~ vorschieben** to put a stop to sth

Rie·men[1] <-s, -> ['ri:mən] *m* (*schmaler Streifen*) strap ▶ WENDUNGEN: **den ~ enger schnallen** (*fam*) to tighten one's belt; **sich** *akk* **am ~ reißen** (*fam*) to get a grip on oneself, to pull one's socks up BRIT

Rie·men[2] <-s, -> ['ri:mən] *m* NAUT, SPORT oar; **sich** *akk* **in die ~ legen** (*a. fig*) to put one's back into it

Rie·se, Rie·sin <-n, -n> ['ri:zə, 'ri:zɪn] *m, f* giant; **ein ~ von [einem] Mann** [*o* **Mensch[en]**] [*o fam* **Kerl**] a giant of a man; *s. a.* **Adam**

Rie·sel·feld *nt* sewage farm

rie·seln ['ri:zl̩n] *vi sein* ❶ (*rinnen*) ■**auf etw ~** *akk* to trickle onto sth ❷ (*bröckeln*) ■**von etw ~** to flake off sth

Rie·sen·amei·se *f* (*fam*) carpenter ant **Rie·sen·auf·trag** *m*

R

giant [*or* outsize] order **Rie·sen·boh·ne** *f* soisson, jack bean **Rie·sen·chan·ce** *f* (*fam*) huge opportunity **Rie·sen·er·folg** *m* (*fam*) huge success **Rie·sen·er·leb·nis** *nt* (*fam*) tremendous experience **Rie·sen·ex·em·plar** *nt* (*fam*) huge [*or* BRIT *fam* ginormous] specimen **Rie·sen·gar·ne·le** *f* tiger prawn **Rie·sen·ge·bir·ge** ['ri:zn̩gəbɪrgə] *nt* GEOG Sudeten mountains *pl* **Rie·sen·ge·stalt** *f* ❶ (*Größe*) gigantic figure ❷ (*Hüne*) giant **Rie·sen·ge·winn** *m* huge profit **rie·sen·groß** ['ri:zn̩'gro:s] *adj* (*fam*) ❶ (*sehr groß*) enormous, gigantic, huge ❷ (*außerordentlich*) colossal, enormous; **eine ~e Dummheit** colossal stupidity; **eine ~e Überraschung** an enormous surprise; **der Urlaub war eine ~e Enttäuschung** the holiday was a huge disappointment

rie·sen·haft *adj* ❶ (*gigantisch*) gigantic ❷ (*geh*) enormous, huge

Rie·sen·hun·ger *m* (*fam*) enormous appetite; **einen ~ haben** to be famished [*or fam* starving] **Rie·sen·lärm** *m* (*fam*) *kein pl* tremendous racket *no pl fam* **Rie·sen·rad** *nt* Ferris wheel **Rie·sen·schild·krö·te** *f* ZOOL giant tortoise **Rie·sen·schlan·ge** *f* (*fam*) boa **Rie·sen·schritt** *m* giant stride; **~e machen** to take giant strides; **mit ~en** approaching fast; **der Termin für die Prüfung nähert sich mit ~en** the date of the exam is fast approaching **Rie·sen·sla·lom** *m* giant slalom **Rie·sen·tra·ra** *nt* (*fam*) *kein pl* big fuss *no pl* **Rie·sen·wuchs** *m* MED *kein pl* giantism *no pl*

rie·sig ['ri:zɪç] **I.** *adj* ❶ (*ungeheuer groß*) gigantic ❷ (*gewaltig*) enormous, huge; **eine ~e Anstrengung** a huge effort; **zu meiner ~en Freude übergab er mir das Geld** to my great joy he handed me the money; **ich habe ~en Durst** I'm terribly thirsty ❸ *pred* (*fam: gelungen*) great, terrific; **die Party bei euch war einfach ~** the party at your place was really terrific **II.** *adv* (*fam*) enormously; **das war ~ nett von Ihnen** that was terribly nice of you

Rie·sin <-, -nen> *f fem form von* **Riese**

Ries·ling <-s, -e> ['ri:slɪŋ] *m* Riesling

riet [ri:t] *imp von* **raten**

Riff <-[e]s, -e> [rɪf] *nt* reef

ri·gi·de [ri'gi:də] *adj* (*geh*) rigid

ri·go·ros [rigo'ro:s] *adj* rigorous; **vielleicht sollten Sie in dieser Frage weniger ~ sein** perhaps you ought to be less adamant on this issue

Ri·go·ro·sum <-s, Rigorosa *o* ÖSTERR *bes* Rigorosen> [rigo'ro:zʊm, *pl* -'ro:za, *pl* -'ro:zən] *nt* SCH viva (*oral component of an exam for a doctorate*)

Rik·scha <-, -s> ['rɪkʃa] *f* rickshaw

Ril·le <-, -n> ['rɪlə] *f* groove

Rind <-[e]s, -er> [rɪnt] *nt* ❶ (*geh: Kuh*) cow ❷ (*Rindfleisch*) beef *no pl*

Rin·de <-, -n> ['rɪndə] *f* ❶ (*Borke*) bark *no pl* ❷ *kein pl* KOCHK crust; *Käse, Speck* rind *no pl* ❸ ANAT cortex

Rin·der·bouil·lon *m* beef bouillon [*or* broth] **Rin·der·bra·ten** *m* roast beef *no pl* **Rin·der·brust** *f* beef brisket **Rin·der·fett** *nt* beef dripping [*or* tallow] **Rin·der·fi·let** *nt* fillet of beef *no pl* **Rin·der·fleck** *m dish made of beef offal* **Rin·der·hack** *nt* minced [*or* AM ground] beef **Rin·der·her·de** *f* herd of cattle **Rin·der·horn** *nt* cow horn **Rin·der·kamm** *m* neck of beef **Rin·der·kraft·brü·he** *f* beef bouillon [*or* broth] **Rin·der·kraft·schin·ken** *m* beef topside ham **Rin·der·ma·gen** *m* beef stomach **Rin·der·mark** *nt* beef marrow **Rin·der·mett** *nt* beef sausage meat **Rin·der·nie·ren·fett** *nt* ox kidney fat **Rin·der·rou·la·de** *f* roll of beef **Rin·der·talg** *m* beef tallow **Rin·der·wahn·sinn** *m kein pl* mad cow disease *no art, no pl fam,* BSE *no art, no pl* BRIT **Rin·der·zucht** *f* cattle breeding [*or* rearing] [*or* farming] *no art, no pl* **Rin·der·zun·ge** *f* ox [*or* AM cow] tongue

Rind·fleisch *nt* beef *no art, no pl*

Rinds·fett *nt s.* **Rinderfett Rinds·le·der** *nt* cowhide, leather **rinds·le·dern** *adj* cowhide, leather **Rinds·wurst** *f* beef sausage

Rind·vieh <-viecher> *nt* ❶ *kein pl* (*Rinder*) cattle *no art, + pl vb;* **der Bauer besitzt 45 Stück ~** the farmer owns 45 head of cattle ❷ (*sl: Dummkopf*) ass, pillock BRIT *fam*

Ring <-[e]s, -e> [rɪŋ] *m* ❶ (*Finger~*) ring; **einen ~ am Finger tragen** to wear a ring on one's finger; **die ~e tauschen** [*o geh* **wechseln**] to exchange rings ❷ (*Öse*) ring ❸ (*Kreis*) circle; **einen ~ um jdn bilden** to form a circle round sb; **dunkle ~e [unter den Augen]** dark rings [under one's eyes] ❹ (*Syndikat*) *Händler, Dealer, Hehler* ring; *Lebensmittelhändler, Versicherungen* syndicate ❺ (*~straße*) ring road BRIT, AM *usu* beltway ❻ (*Box~*) ring; **~ frei!** seconds out! ❼ (*Kreis in einer Schießscheibe*) ring ❽ *pl* (*Turngerät*) rings *npl*

Ring·buch *nt* ring binder **Ring·buch·ein·la·ge** *f* loose sheets *pl* for a ring binder **Ring·dros·sel** *f* ORN ring ouzel [*or* ousel]

Rin·gel·blu·me *f* marigold **Rin·gel·gans** *f* ORN brent goose

rin·geln ['rɪŋl̩n] **I.** *vt* ■**etw [um etw] ~** to wind sth [around sth]; **die Python ringelte ihren Leib um den Ast** the python coiled its body around the branch **II.** *vr* ■**sich** *akk* **~** to coil up

Rin·gel·nat·ter *f* grass snake **Rin·gel·rei·hen** <-s, -> *m kein pl* ring-a-ring o' roses **Rin·gel·schwanz** *m* curly tail **Rin·gel·spiel** *nt* ÖSTERR (*Karussell*) merry-go-round, BRIT *a.* roundabout, AM *a.* carousel **Rin·gel·tau·be** *f* ❶ ORN wood pigeon, ringdove ❷ DIAL (*günstige Gelegenheit*) bargain, snip BRIT *fam;* **eine ~ für nur zehn Euro** a snip at only ten euros **Rin·gel·wurm** *m* ZOOL annelid

rin·gen <rang, gerungen> ['rɪŋən] **I.** *vi* ❶ (*im Ringkampf kämpfen*) ■**[mit jdm] ~** to wrestle [with sb] ❷ (*mit sich kämpfen*) ■**mit sich** *dat* **~** to wrestle with oneself; *s. a.* **Tod, Träne** ❸ (*schnappen*) **nach Atem** [*o* **Luft**] **~** to struggle for breath ❹ (*sich bemühen*) ■**um etw ~** to struggle for sth; **um Worte ~d** struggling for words **II.** *vt* ■**jdm etw aus etw ~** to wrench [*or form* wrest] sth from sb's sth; **ich habe ihm die Pistole aus der Hand gerungen** I wrested the pistol from his hand *form; s. a.* **Hand**

Rin·gen <-s> ['rɪŋən] *nt kein pl* ❶ SPORT wrestling *no art, no pl* ❷ (*geh*) struggle

Rin·ger(in) <-s, -> *m(f)* wrestler

Ring·fahn·dung *f* manhunt [over an extensive area]; **eine ~ einleiten** to launch a manhunt **Ring·fin·ger** *m* ring finger **Ring·form** *f* ring-shaped baking tin **ring·för·mig I.** *adj* ringlike, circular, annular *spec;* **eine ~e Autobahn** a circular motorway **II.** *adv* in the shape of a ring; **die Umgehungsstraße führt ~ um die Ortschaft herum** the bypass encircles the town **ring·hö·rig** *adj* SCHWEIZ poorly sound-proofed

Ring·kampf *m* fight, wrestling match **Ring·kämp·fer(in)** *m(f) s.* **Ringer**

Rin·glot·te <-, -n> [rɪŋ'lɔtə] *f* ÖSTERR greengage **Ring·mus·kel** *m* BIOL, MED circular muscle

Ring·rich·ter(in) *m(f)* referee

rings [rɪŋs] *adv* [all] around; **sie hatten das Grundstück ~ mit einem Zaun umgeben** they had surrounded the property with a fence; **~ von Feinden umgeben** completely surrounded by enemy forces

rings·he·rum ['rɪŋshɛ'rʊm] *adv s.* **ringsum**

Ring·stra·ße *f* ring road BRIT, AM *usu* beltway

rings·um ['rɪŋs'ʔʊm] *adv* [all] around **rings·um·her** ['rɪŋsʔʊm'he:ɐ̯] *adv* (*geh*) *s.* **ringsum**

Rin·ne <-, -n> ['rɪnə] *f* ❶ (*Rille*) channel; (*Furche*) furrow ❷ (*Dach~*) gutter

rin·nen <rann, geronnen> ['rɪnən] *vi sein* ❶ (*fließen*) to run, to flow ❷ (*rieseln*) to trickle; *s.* **Finger**

Rinn·sal <-[e]s, -e> ['rɪnza:l] *nt* ❶ (*winziger Wasserlauf*) rivulet *liter* ❷ (*rinnende Flüssigkeit*) trickle

Rinn·stein *m* ❶ (*Gosse*) gutter ❷ *s.* **Bordstein**

Ripp·chen <-s, -> ['rɪpçən] *nt* smoked rib [of pork]

Rip·pe <-, -n> ['rɪpə] *f* ❶ ANAT rib, costa *spec* ❷ (*Blattader*) rib, costa *spec* ❸ KOCHK **flache ~** fore rib, top [*or* AM short] rib ❹ TECH fin ❺ (*Webstreifen*) rib ❻ ARCHIT (*Gewölbeträger*) rib

▶WENDUNGEN: **nichts auf den ~n haben** (*fam*) to be just skin and bone; **etw auf die ~n kriegen** (*fam*) to put a bit of weight on; **es sich** *dat* **nicht aus den ~n schneiden können** (*fam*) to not be able to produce sth out of thin air [*or* out of nothing] [*or* from nowhere]; **er kann es sich nicht aus den Rippen schneiden!** he can't produce it out of thin air!

Rip·pen·bruch *m* broken [*or* fractured] rib **Rip·pen·fell** *nt* [costal] pleura *spec* **Rip·pen·fell·ent·zün·dung** *f* pleurisy **Rip·pen·ge·wöl·be** *nt* ribbed vault[ing] **Rip·pen·speer** *m* spare ribs *pl* **Rip·pen·stoß** *m* nudge [*or* dig] in the ribs; **jdm einen ~ geben** [*o geh* **versetzen**] to give sb a dig in the ribs

Ripp·li <-s, -> ['rɪpli] *nt* KOCHK SCHWEIZ salted rib [of pork]

Ri·si·ko <-s, -s *o* Risiken *o* ÖSTERR Risken> ['ri:ziko] *nt* risk; **ein gewisses ~ bergen** to involve a certain risk; [**bei etw**] **das ~ eingehen** [*o* **laufen**][, **etw zu tun**] to run the risk [of doing sth] [with sth]; **bei dieser Unternehmung laufen Sie das ~, sich den Hals zu brechen** you run the risk of breaking your neck with this venture; **auf jds ~** *akk* at sb's own risk; **nun gut, ich kaufe die Wertpapiere, aber auf Ihr ~** very well, I'll buy the securities, but on your head be it!; **ohne ~** without risk

Ri·si·ko·aus·gleich *m kein pl* ÖKON ❶ (*Zuschlag für risikoreiches Arbeiten*) spreading of risk ❷ (*zusätzliches Versicherungsentgelt*) balancing of portfolio **Ri·si·ko·be·reit·schaft** *f* willingness to take [high] risks **ri·si·ko·frei** *adj inv* risk-free, safe, secure **Ri·si·ko·freu·de** *f* (*fam*) love of risks; **politische ~** love of political risks; **durch finanzielle ~ gekennzeichnet sein** to love taking financial risks **ri·si·ko·freu·dig** *adj* prepared to take risks *pred*, venturesome *form* **Ri·si·ko·grup·pe** *f* [high-]risk group **ri·si·ko·los** *adj* safe, risk-free, without [any] risk *pred*; **ein ~er Kauf** a safe buy; ■[**für jdn**] **~ sein** to be without risk [for sb] **ri·si·ko·reich** *adj inv* risky, high-risk **Ri·si·ko·schwan·ger·schaft** *f* high-risk pregnancy **Ri·si·ko·ver·si·che·rung** *f* ÖKON ❶ (*Lebensversicherung*) term insurance ❷ (*Versicherung gegen spezielle Risiken*) contingent policy

ris·kant [rɪs'kant] *adj* risky, chancy *fam*; ■[**jdm**] [**zu**] **~ sein** to be [too] risky [*or fam* chancy] [for sb]; ■**es ist ~, etw zu tun** it is risky doing sth

ris·kie·ren* [rɪs'ki:rən] *vt* ❶ (*aufs Spiel setzen*) ■**etw** [**bei etw**] **~** to risk sth [with sth]; **seinen** [*o* **den**] **guten Ruf ~** to risk one's good reputation ❷ (*ein Risiko eingehen*) ■**etw ~** to risk sth; **beim Versuch, dir zu helfen, habe ich viel riskiert** I've risked a lot trying to help you ❸ (*wagen*) **ich riskiere es!** I'll chance it [*or* my arm]!; ■**es ~, etw zu tun** to risk doing sth; **riskiere es nicht, dich mit ihm auf einen Kampf einzulassen!** don't risk getting into a fight with him!

Ris·pe <-, -n> ['rɪspə] *f* BOT panicle

Ris·pen·gras *nt* BOT meadow grass

riss^{RR}, **riß**^{ALT} [rɪs] *imp von* **reißen**

Riss^{RR} <-es, -e> *m*, **Riß**^{ALT} <Risses, Risse> [rɪs] *m* ❶ (*eingerissene Stelle*) crack; ■**ein/der ~ in etw** *dat* (*Papier*) a/the tear in sth ❷ (*Knacks*) rift; **wir haben uns zerstritten, die Risse sind nicht mehr zu kitten** we fell out and the rift between us can no longer be mended ❸ (*Umrisszeichnung*) [outline] sketch

ris·sig ['rɪsɪç] *adj* ❶ (*mit Rissen versehen*) cracked ❷ (*aufgesprungen*) chapped; **~e Hände** chapped hands ❸ (*brüchig*) brittle, cracked

ris·so·lie·ren [rɪso'li:rən] *vt* KOCHK ■**etw ~** to roast sth until caramelized

Rist <-[e]s, -e> [rɪst] *m* ❶ (*Fußrücken*) instep ❷ ZOOL withers *npl spec*

Ri·ten *pl von* **Ritus**

Rit·scherl ['rɪtʃɐl] *m kein pl* DIAL (*Feldsalat*) lamb's lettuce

ritt [rɪt] *imp von* **reiten**

Ritt <-[e]s, -e> [rɪt] *m* ride; **einen ~ machen** to go for a ride ▶WENDUNGEN: **in scharfem ~** at a swift pace; **in einem** [*o* **auf einen**] **~** (*fam*) without a break

Ritt·ber·ger <-s, -> ['rɪtbɛrgɐ] *m* loop jump

Rit·ter <-s, -> ['rɪtɐ] *m* ❶ (*Angehöriger des ~standes*) knight; **fahrender ~** knight-errant; **jdn zum ~ schlagen** to knight sb, to dub sb knight ❷ (*Panzerreiter*) chevalier *hist* ❸ (*Adelstitel*) **Lanzelot ~ von Camelot** Sir Lancelot of Camelot ❹ (*Mitglied*) **der ~ des Malteserordens** Knight of Malta ▶WENDUNGEN: **arme ~** KOCHK French toast (*bread soaked in milk and egg and fried*)

Rit·ter·burg *f* HIST knight's castle **Rit·ter·gut** *nt* manor *spec* **Rit·ter·kreuz** *nt* MIL Knight's Cross

rit·ter·lich *adj* ❶ (*höflich zu Damen*) chivalrous ❷ HIST knightly *liter*

Rit·ter·or·den *m* HIST order of knights; **der Deutsche ~** the Teutonic Order **Rit·ter·rüs·tung** *f* knight's armour [*or* AM -or] **Rit·ter·schlag** *m* HIST dubbing *no art, no pl*; **den ~ empfangen** to be knighted [*or* dubbed knight]

Rit·ters·mann <-leute> *m* (*poet*) knight

Rit·ter·sporn *m* BOT delphinium, larkspur **Rit·ter·stand** *m kein pl* HIST knighthood

ritt·lings ['rɪtlɪŋs] *adv* astride

Ri·tu·al <-s, -e *o* -ien> [ri'tu̯a:l, *pl* ri'tu̯a:li̯ən] *nt* ritual

Ri·tu·a·li·sie·rung <-, -en> *f* BIOL ritualization [*or* BRIT *a.* -isation]

Ri·tu·al·mord *m* ritual murder

ri·tu·ell [ri'tu̯ɛl] *adj* ritual

Ri·tus <-, Riten> ['ri:tʊs, *pl* 'ri:tən] *m* REL rite

Ritz <-es, -e> [rɪts] *m* ❶ (*Kratzer*) scratch ❷ *s.* **Ritze**

Rit·ze <-, -n> ['rɪtsə] *f* crack

Rit·zel <-s, -> ['rɪts̩l] *nt* TECH pinion

rit·zen ['rɪtsn̩] **I.** *vt* ❶ (*einkerben*) ■**etw auf/in etw** *akk* **~** to carve sth on/in sth ❷ (*kratzen*) ■**etw ~** to scratch sth ▶WENDUNGEN: **geritzt sein** (*sl*) to be okay *fam* **II.** *vr* ■**sich** [**an etw** *dat*] **~** to scratch oneself [on sth]

Rit·zer <-s, -> *m* (*fam*) *s.* **Ritz**

Ri·va·le, Ri·va·lin <-n, -n> [ri'va:lə, ri'va:lɪn] *m, f* rival (**um** +*dat* for)

ri·va·li·sie·ren* [rivali'zi:rən] *vi* (*geh*) ■**mit jdm** [**um etw**] **~** to compete with sb [for sth]; ■**~d** rival *attr*, competing *attr*

Ri·va·li·tät <-, -en> [rivali'tɛ:t] *f* (*geh*) rivalry

Ri·vi·e·ra <-> [ri'vi̯e:ra] *f* riviera; ■**die ~** the Riviera

Ri·zi·nus <-, - *o* -se> ['ri:tsinʊs] *m* ❶ (*Pflanze*) castor-oil plant ❷ *kein pl* (*fam: ~öl*) castor oil *no art, no pl*

Ri·zi·nus·öl *nt* castor oil *no art, no pl*

RNS <-> [ɛrʔɛn'ʔɛs] *f kein pl Abk von* **Ribonukleinsäure** RNA *no art, no pl spec*

Road·show <-, -s> ['roʊdʃoʊ] *f* road show

Roast·beef <-s, -s> ['ro:stbi:f] *nt* roast beef *no indef art, no pl*

Rob·be <-, -n> ['rɔbə] *f* seal

rob·ben ['rɔbn̩] *vi sein* to crawl; ■**irgendwohin/durch etw ~** to crawl somewhere/through sth

Ro·be <-, -n> ['ro:bə] *f* ❶ (*langes Abendkleid*) evening gown; **in großer ~** (*geh*) in evening dress ❷ (*Talar*) robe[s *pl*], gown

Ro·bi·nie <-, -n> [ro'bi:ni̯ə] *f* BOT robinia *spec*

Ro·bot·bild *nt* SCHWEIZ Photofit® [picture] BRIT, composite photograph AM

Ro·bo·ter <-s, -> ['rɔbɔtɐ] *m* robot

ro·bust [ro'bʊst] *adj* ❶ (*strapazierfähig*) robust, tough ❷ (*widerstandsfähig*) robust

Ro·bust·heit <-> *f kein pl* ❶ (*Strapazierfähigkeit*) robustness *no art, no pl*, toughness *no art, no pl* ❷ (*Widerstandsfähigkeit*) robustness *no art, no pl*

roch [rɔx] *imp von* **riechen**

rö·cheln ['rœçl̩n] *vi* to breathe stertorously *form or liter; Sterbender* to give the death rattle *liter*

Rö·cheln <-s> ['rœçl̩n] *nt kein pl* stertorous breathing *no art, no pl form or liter; Sterbender* death rattle *liter*

Ro·chen <-s, -> ['rɔxn̩] *m* ray

Rock[1] <-[e]s, Röcke> [rɔk, *pl* 'rœkə] *m* ❶ (*Damen~*) skirt

R

(2) SCHWEIZ (*Kleid*) dress, frock *dated* (3) SCHWEIZ (*Jackett*) jacket; *s. a.* **König**
Rock² <-[s], -[s]> [rɔk] *m kein pl* MUS rock *no art, no pl*
Röck·chen <-s, -> ['rœkçən] *nt dim von* **Rock** little [*or* short] skirt
ro·cken ['rɔkn̩] *vi* to play rock music, to rock
Ro·cker(in) <-s, -> ['rɔkɐ] *m(f)* rocker
Rock·fes·ti·val *nt* rock festival **Rock·grup·pe** *f* rock group **Rock·star** <-s, -s> *m* rock star
Rock·zip·fel *m* ▶ WENDUNGEN: **jdn [gerade] noch am** [*o* **beim**] ~ **erwischen** to [just] manage to catch sb; **an jds ~** *dat* **hängen** (*fam*) to cling to sb's apron strings *pej*
Ro·del <-s *o* SÜDD, ÖSTERR -, - *o* SÜDD, ÖSTERR -n> ['ro:dl̩] *m o* SÜDD, ÖSTERR *f* sledge, toboggan
Ro·del·bahn *f* toboggan run
ro·deln ['ro:dl̩n] *vi sein o haben* to sledge, to toboggan
rö·deln ['rœdl̩n] *vi haben* (*fam*) to toil [away], to work one's backside *fam* off; **ich habe den ganzen Tag gerödelt ohne Ende** I worked my backside off all day; **er hat den ganzen Nachmittag im Garten gerödelt** he toiled away in the garden all afternoon
Ro·del·schlit·ten *m* DIAL *s.* **Schlitten**
ro·den ['ro:dn̩] *vt* (1) (*herausreißen*) ■**etw** ~ to clear sth; **Gestrüpp** ~ to clear undergrowth (2) (*vom Bewuchs befreien*) ■**etw** ~ to clear sth
Rod·ler(in) <-s, -> ['ro:dlɐ] *m(f)* tobogganer, tobogganist
Ro·dung <-, -en> *f* (1) (*gerodete Fläche*) clearing (2) *kein pl* (*das Roden*) clearance *no art, no pl*, clearing *no art, no pl*
Ro·gen <-s, -> ['ro:gn̩] *m* roe *no art, no pl*
Rog·gen <-s> ['rɔgn̩] *m kein pl* rye *no art, no pl*
Rog·gen·brot *nt* rye bread *no pl* **Rog·gen·voll·korn·brot** *nt* wholegrain rye bread *no pl*
roh [ro:] **I.** *adj* (1) (*nicht zubereitet*) raw; ~**es Gemüse** raw vegetables (2) (*unbearbeitet*) crude; **ein ~er Holzklotz** a rough log; **ein ~er Marmorblock** an unhewn [*or spec* undressed] block of marble (3) (*brutal*) rough; **ein ~er Kerl** a rough fellow, a tough[ie] *esp* AM *fam; s. a.* **Gewalt** (4) (*rüde*) coarse **II.** *adv* (1) (*in rohem Zustand*) raw, in a raw state; **er schluckte das Ei ~ hinunter** he swallowed the egg raw (2) (*ungefüge*) roughly, crudely; ~ **behauene Steinblöcke** rough[ly]-hewn stone blocks
Roh·bau <-bauten> *m* shell, carcass *spec;* **im ~** structurally complete; **unser Haus befindet sich noch im ~** the structure of our house has yet to be finished
Ro·heit^ALT <-, -en> ['ro:hait] *f s.* **Rohheit**
Roh·er·trag *m* gross proceeds *npl* **Roh·ge·wicht** *nt* gross weight **Roh·ge·winn** *m* gross profit
Roh·heit^RR <-, -en> *f* (1) *kein pl* (*Brutalität*) brutality *no art, no pl,* roughness *no art, no pl* (2) *kein pl* (*Rauheit*) coarseness *no art, no pl;* **von gefühlloser ~ sein** to be coarse and insensitive (3) (*brutale Handlung*) brutal act
Roh·kost *f* uncooked vegetarian food *no art, no pl,* raw fruit and vegetables + *pl vb*
Roh·kost·plat·te *f* crudités *pl* platter, platter of raw vegetables **Roh·kost·raf·fel** *f* flat vegetable grater
Roh·ling <-s, -e> ['ro:lɪŋ] *m* (1) (*brutaler Kerl*) brute (2) (*unbearbeitetes Werkstück*) blank
Roh·ma·te·ri·al *nt* raw material **Roh·milch·sieb** *nt* milk sieve
Rohr¹ <-[e]s, -e> [ro:ɐ̯] *nt* (1) TECH pipe; (*mit kleinerem Durchmesser, flexibel*) tube (2) (*Lauf*) barrel; **aus allen ~en feuern** to open up with all guns (3) SÜDD, ÖSTERR (*Backofen*) oven
Rohr² <-[e]s, -e> [ro:ɐ̯] *nt* (1) *kein pl* (*Ried*) reed (2) *kein pl* (*Röhricht*) reed bed, reeds *pl* ▶ WENDUNGEN: **[wie] ein [schwankendes] ~ im Winde sein** (*geh*) to be like a reed in the wind
Rohr·am·mer <-, -n> *f* ORN reed bunting *spec*
Rohr·bruch *m* burst pipe
Röhr·chen <-s, -> ['rø:ɐ̯çən] *nt dim von* **Röhre** (1) PHARM small tube (2) (*Reagenzglas*) test tube (3) (*für Alkoholtest*) breathalyzer® tube; **ins ~ blasen** (*fam*) to take [*or* have] a breathalyser test, to blow in the bag BRIT *fam*
Rohr·dom·mel <-, -n> *f* ORN bittern
Röh·re <-, -n> ['rø:rə] *f* (1) (*Hohlkörper*) tube; ~**n aus Ton** clay pipes (2) (*Leuchtstoff~*) neon tube (3) (*Backofen*) oven ▶ WENDUNGEN: **in die ~ gucken** (*fam*) to be left out
Roh·reis *m* paddy [*or* unhusked] rice
röh·ren ['rø:rən] *vi* (1) JAGD (*brüllen*) to bellow, to bell *spec;* **das R~ der Hirsche** the bellowing [*or spec* belling] of stags (2) (*fam: heiser grölen*) to bawl (3) (*laut dröhnen*) to roar
Röh·ren·ho·se *f* (*fam*) drainpipe trousers *npl* BRIT, drainpipes *pl* BRIT *fam,* straight-leg pants AM **Röh·ren·kno·chen** *m* long [*or* tubular] bone **Röh·ren·pilz** *m s.* **Röhrling Röh·ren·ver·stär·ker** *m* tube [*or spec* thermionic] amplifier
Rohr·ge·flecht *nt* wickerwork *no art, no pl*
Röh·richt <-s, -e> ['rø:rɪçt] *nt* (*geh*) reed bed, reeds *pl*
Rohr·kol·ben *m* BOT great reed mace, bulrush **Rohr·kre·pie·rer** <-s, -> *m* (1) MIL barrel burst (2) (*Reinfall*) flop
Röhr·ling <-s, -e> ['rø:ɐ̯lɪŋ] *m* BOT boletus *spec*
Rohr·post *f* pneumatic dispatch system
Rohr·sän·ger *m* ORN warbler **Rohr·spatz** *m* ▶ WENDUNGEN: **wie ein ~ schimpfen** (*fam*) to swear like a trooper [*or* AM sailor], to curse loudly **Rohr·stock** *m* cane **Rohr·wei·he** *f* ORN marsh harrier
Rohr·zan·ge *f* pipe [*or* cylinder] wrench
Rohr·zu·cker *m* cane sugar *no art, no pl*
Roh·sei·de *f* raw silk *no art, no pl*
Roh·stoff *m* raw material
Roh·stoff·aus·beu·te *f* yield from raw material **Roh·stoff·re·ser·ve** *f meist pl* [natural] reserves *pl* of raw materials **Roh·stoff·ver·ar·bei·tung** *f kein pl* processing *no pl* of raw materials
Roh·zu·stand *m* **im ~** in an/the unfinished state
Ro·ko·ko <-[s]> ['rɔkoko, roko'ko] *nt kein pl* (1) (*Stil*) rococo *no art, no pl* (2) (*Zeitalter*) Rococo period *no indef art, no pl*
Rolla·den^ALT <-s, Rolläden *o* -> *m getrennt: Roll-laden s.* **Rollladen**
Roll·bahn *f* LUFT runway **Roll·brett** *nt* (1) (*Montage~*) [mechanic's] creeper (2) (*Skateboard*) skateboard
Röll·chen ['rœlçən] *nt* KOCHK roulade
Rol·le¹ <-, -n> ['rɔlə] *f* (1) (*aufgewickeltes Material*) roll; **eine ~ Draht** a roll of wire (2) (*Garn~*) reel (3) (*zu einer Röhre verpackte Gegenstände*) roll, tube; **eine ~ Markstücke/Zitronendrops** a roll of one mark pieces/tube of lemon drops (4) (*Laufrad*) roller; (*Möbel~*) castor, caster (5) (*Spule*) reel; *Flaschenzug, Seilwinde* pulley (6) (*Turnübung*) roll; **eine ~ vorwärts/rückwärts** a forward/backward roll; **eine ~ machen** to do a roll
Rolle² <-, -n> *f* (1) (*Film~, Theater~*) role, part; **mit verteilten ~n** with each role cast; **sich** *dat* **in einer bestimmten ~ gefallen** to like playing a certain role; **sie gefiel sich in der ~ der Heldin** she liked playing the role of the heroine (2) (*Part*) role, part; ■**jds ~ bei etw** sb's role [*or* part] in sth; **ich sehe meine ~ bei diesem Projekt als Organisatorin** I see my role in this project as an organizer; **eine ~ verteilen** to allocate a roll; **[bei/in etw** *dat*] **[für jdn] eine ~ spielen** to play a role [*or* part] [in sth] [for sb]; **das Alter spielt natürlich eine wichtige ~** of course, age plays an important part [*or* role]; **es spielt keine ~, ob/wie ...** it doesn't matter whether/how ... (3) (*sozialer Verhaltenstypus*) role ▶ WENDUNGEN: **seine ~ ausspielen/ausgespielt haben** to be finished [*or* through]; **aus der ~ fallen** to behave badly; **sich in jds ~** *akk* **versetzen** to put oneself in sb's place
rol·len ['rɔlən] **I.** *vi sein* to roll; *Fahrzeug* to roll [along]; *Flugzeug* to taxi; *Lawine* to slide; ■**irgendwohin ~** to roll/taxi/slide somewhere; *s. a.* **Auge** ▶ WENDUNGEN: **etw ins R~ bringen** to set sth in motion, to get sth underway; **ein Verfahren**

ins R~ bringen to get proceedings underway; *s. a.* **Lawine, Stein II.** *vt* ❶ (*zusammen~*) ■**etw** ~ to roll [up *sep*] sth ❷ (~ *d fortbewegen*) ■**etw irgendwohin** ~ to roll sth somewhere ❸ (*sich ein~*) ■**sich in etw** *akk* ~ to curl up in sth; **sie rollte sich in die Bettdecke** she curled up in the blanket; *s. a.* **R III.** *vr* ■**sich** *akk* ~ to curl up; **sich an den Ecken** ~ to roll up at the corners

Rol·len·kli·schee *nt* role cliché **Rol·len·kon·flikt** *m* role conflict, conflict of roles **Rol·len·ver·ständ·nis** *nt* SOZIOL, PSYCH understanding of one's role in society

Rol·ler <-s, -> ['rɔlɐ] *m* ❶ (*Kinderfahrzeug*) scooter; (*Motor~*) [motor] scooter; ~ **fahren** to ride a/one's scooter ❷ ÖSTERR (*Rollo*) [roller] blind, shade AM ❸ ORN canary

Roll·erb·se *f* yellow split pea **Roll·feld** *nt* LUFT runway **Roll·geld** *nt* freight charge, cartage *no pl spec* **Roll·kom·man·do** *nt* heavy mob **Roll·kra·gen** *m* roll [*or* polo] neck, AM *usu* turtleneck **Roll·kra·gen·pull·o·ver** *m* roll [*or* polo] neck, AM *usu* turtleneck, polo-neck[ed] jumper **Roll·kur** *f* MED (*hist*) *treatment where patient takes medicine and then lies five minutes each on his side, back and stomach*

Roll·la·denRR <-s, Rollläden *o* -> *m* shutter *usu pl* **Roll·mops** ['rɔlmɔps] *m* rolled pickled herring, rollmop BRIT

Rol·lo <-s, -s> ['rɔlo, rɔ'lo:] *nt* [roller] blind, shade AM

Roll·schin·ken *m* [rolled] smoked ham **Roll·schrank** *m* shutter cabinet, roll-fronted cupboard

Roll·schuh *m* roller skate; ~ **laufen** to roller-skate

Roll·schuh·lau·fen *nt kein pl* roller-skating *no art, no pl* **Roll·schuh·läu·fer(in)** *m(f)* roller skater

Roll·splitt *m* loose chippings *npl*

Roll·stuhl *m* wheelchair

Roll·stuhl·fah·rer(in) *m(f)* wheelchair user **roll·stuhl·ge·recht** *adj* suitable for wheelchairs [*or* wheelchair access] *pred*

Roll·trep·pe *f* escalator

Rom <-s> [ro:m] *nt kein pl* Rome *no art, no pl; s. a.* **Weg**

Ro·ma [ro:ma] *pl* Roma *pl*

Ro·man <-s, -e> [ro'ma:n] *m* LIT novel ▶WENDUNGEN: **[jdm] einen [ganzen]** ~ **erzählen** (*fam*) to go on for ever [*or* on and on]; **erzähl keine** ~**e!** (*fam: fass es kurz*) make it short!; (*lüg nicht*) stop telling stories! *fam;* **ich könnte einen** ~ **schreiben!** I could write a book about it!

Ro·man·ci·er <-s, -s> [romã'sie:] *m* (*geh*) novelist

Ro·ma·ne, Ro·ma·nin <-n, -n> [ro'ma:nə, ro'ma:nɪn] *m, f* neo-Latin *spec,* person speaking a Romance language

Ro·man·fi·gur <-, -en> *f* character in a novel

Ro·ma·nik <-> [ro'ma:nɪk] *f kein pl* ■**die** ~ the Romanesque period *spec*

Ro·ma·nin <-, -nen> *f fem form von* **Romane**

ro·ma·nisch [ro'ma:nɪʃ] *adj* ❶ LING, GEOG Romance; **die** ~**en Sprachen** the Romance languages; **die** ~**en Länder** the Romance countries ❷ HIST Romanesque *spec* ❸ SCHWEIZ (*rätoromanisch*) Rhaetian *spec,* Rhaeto-Romanic *spec*

Ro·ma·nist(in) <-en, -en> [roma'nɪst] *m(f)* scholar/student/teacher of Romance languages and literature [*or* studies]

Ro·ma·nis·tik <-> [roma'nɪstɪk] *f kein pl* Romance languages and literature + *sing vb,* Romance studies

Ro·ma·nis·tin <-, -nen> *f fem form von* **Romanist**

Ro·man·tik <-> [ro'mantɪk] *f kein pl* ❶ (*künstlerische Epoche*) ■**die** ~ the Age of Romanticism, the Romantic period ❷ (*gefühlsbetonte Stimmung*) romanticism *no art, no pl;* **[einen] Sinn für** ~ **haben** to have a sense of romance ❸ (*das Schwärmerische*) ■**die** ~ **einer S.** *gen* the romance [*or* romanticism] of a thing

Ro·man·ti·ker(in) <-s, -> [ro'mantikɐ] *m(f)* ❶ (*Künstler der Romantik*) Romantic writer/composer/poet ❷ (*gefühlsbetonter Mensch*) romantic

ro·man·tisch [ro'mantɪʃ] **I.** *adj* ❶ (*zur Romantik gehörend*) Romantic ❷ (*gefühlsbetont*) romantic ❸ (*gefühlvoll*) romantic; ~**es Kerzenlicht** romantic candlelight ❹ (*malerisch*) picturesque **II.** *adv* picturesquely; **das Gut liegt sehr** ~ the property is situated in a very picturesque location

Ro·man·ver·fil·mung *f* TV, FILM film adaptation of a novel

Ro·man·ze <-, -n> [ro'mantsə] *f* LIT romance; (*Liebesbeziehung*) romantic affair

Rö·mer <-s, -> ['rø:mɐ] *m* rummer *spec*

Rö·mer(in) <-s, -> ['rø:mɐ] *m(f)* ❶ GEOG Roman ❷ HIST Roman; **die alten** ~ the ancient Romans

Rö·mer·sa·lat *m* romaine [*or* cos] lettuce **Rö·mer·topf** *m* ≈ cooking brick (*oval earthenware casserole*)

rö·misch ['rø:mɪʃ] *adj* Roman; ~**e Ziffern** Roman numerals

rö·misch-ka·tho·lisch *adj* Roman Catholic, RC

Rom·mé <-s> *nt,* **Rom·mee** <-s> ['rɔme, rɔ'me:] *nt kein pl* rummy *no art, no pl*

Ron·do <-s, -s> ['rɔndo] *nt* MUS rondo *spec*

rönt·gen ['rœntgn̩] *vt* ■**jdn/etw** ~ to x-ray sb/sth; ■**sich** *akk* **[von jdm]** ~ **lassen** to have an X-ray taken [*or* be x-rayed] [by sb]

Rönt·gen <-s> ['rœntgn̩] *nt kein pl* x-raying *no art, no pl*

rönt·ge·ni·sie·ren* [rœntgeni'zi:rən] *vt* ÖSTERR ■**jdn** ~ to x-ray sb

Rönt·ge·no·lo·ge, Rönt·ge·no·lo·gin <-n, -n> [rœntgeno'lo:gə, -'lo:gɪn] *m, f* radiologist

Rönt·ge·no·lo·gie <-> [rœntgenolo'gi:] *f kein pl* radiology *no art, no pl*

Rönt·ge·no·lo·gin <-, -nen> *f fem form von* **Röntgenologe**

Rönt·gen·passRR *m* X-ray registration card **Rönt·gen·strah·len** *pl* X-rays *pl*

ro·sa ['ro:za] *adj inv* ❶ (*pink*) pink ❷ KOCHK (*Garstufe*) medium rare

Ro·sa <-s, -s> ['ro:za] *nt* pink *no art, no pl*

ro·sa·far·ben, ro·sa·far·big *adj* pink[-coloured [*or* AM -ored]]

ro·sa·rot *adj* rose pink; *s. a.* **Brille**

rösch [rø:ʃ] *adj* KOCHK (*fachspr*) crisp

Rö·sche ['rø:ʃə, 'rœʃə] *f kein pl* KOCHK (*fachspr*) crispness

Rös·chen <-s, -> ['rø:sçən] *nt dim von* **Rose** ❶ (*kleine Rosenblüte*) [little] rose ❷ KOCHK sprout, florets *pl*

Ro·se <-, -n> ['ro:zə] *f* ❶ (*Strauch*) rose bush ❷ (*Blüte*) rose ▶WENDUNGEN: **keine** ~ **ohne Dornen** (*prov*) there's no rose without a thorn *prov;* **man ist nicht auf** ~**n gebettet** life isn't a bed of roses

ro·sé [ro'ze:] *adj inv* pink; **in** ~ [in] pink; **Hosen in** ~ pink trousers

Ro·sé <-s, -s> [ro'ze:] *m* rosé

Ro·sen·gar·ten *m* rose garden **Ro·sen·holz** *nt* rosewood *no art, no pl* **Ro·sen·kohl** *m* [brussels [*or* BRIT *a.* brussel]] sprouts *pl* **Ro·sen·kranz** *m* REL rosary; **den** ~ **beten** to say a rosary **Ro·sen·mon·tag** *m Monday before Shrove Tuesday, climax of the German carnival celebrations* **Ro·sen·mon·tags·zug** *m carnival procession on the Monday before Shrove Tuesday* **Ro·sen·öl** *nt* attar *no art, no pl* of roses **Ro·sen·quarz** *m* rose quartz *spec* **ro·sen·rot** *adj* (*geh*) *s.* **rosig 1** **Ro·sen·spitz** *m* KOCHK boiled beef topside, prime beef topside **Ro·sen·wir·sing** *m s.* **Rosenkohl**

Ro·set·te <-, -n> [ro'zɛtə] *f* ❶ (*Fenster*) rose window ❷ (*Schmuck~*) rosette

Ro·sé·wein *m* (*geh*) *s.* **Rosé**

ro·sig ['ro:zɪç] *adj* ❶ (*sehr rot*) rosy *liter;* ~**e Lippen** rosy lips ❷ (*erfreulich*) rosy; **nicht gerade/nicht** ~ **sein** to not be looking/to not look too good; *s. a.* **Farbe**

ro·sig|ma·lenRR *vt* **die Zukunft** ~ to paint a rosy picture of the future

Ro·si·ne <-, -n> [ro'zi:nə] *f* raisin ▶WENDUNGEN: ~**n im Kopf haben** (*fam*) to have wild [*or* big] ideas; **sich** *dat* **die [besten [*o* größten]]** ~**n aus dem Kuchen picken** [*o* **herauspicken**] (*fam*) to pick out the best, to take the pick of the bunch AM

Ros·ma·rin <-s> ['ro:smari:n] *m kein pl* rosemary *no art, no pl*

Ros·ma·rin·ho·nig *m* rosemary honey **Ros·ma·rin·öl** *nt* rose-

R

mary oil
Ross^RR <-es, -e *o* Rösser> *nt,* **Roß**^ALT <Rosses, Rosse *o* Rösser> [rɔs, *pl* 'rœsɐ] *nt* ❶ (*liter: Reitpferd*) steed *liter;* **sein edles ~** one's noble [*or* fine] steed *liter;* **hoch zu ~** (*geh*) on horseback, astride one's steed *liter* ❷ SÜDD, ÖSTERR, SCHWEIZ (*Pferd*) horse ❸ (*fam: Dummkopf*) idiot, dolt *pej,* twit *fam* ▶ WENDUNGEN: **~ und Reiter nennen** (*geh*) to name names; **sich** *akk* **aufs hohe ~ setzen** to get on one's high horse; **auf dem** [*o* **einem**] **hohen ~ sitzen** to be on one's high horse; **von seinem hohen ~ heruntersteigen** [*o* **kommen**] to get down off one's high horse
Ross·ap·fel^RR *m* SÜDD, ÖSTERR, **Ross·bol·len** <-s, -> *m* SCHWEIZ horse manure *no art, no pl* [*or* droppings] *npl*
Rös·sel·sprung ['rœsḷ-] *m* ❶ (*Schachzug*) knight's move ❷ (*Silbenrätsel*) *game where a knight is moved across a board, picking up syllables to form words*
Ross·haar^RR *nt kein pl* horsehair *no art, no pl* **Ross·kas·ta·nie**^RR *f* [horse] chestnut, *esp* BRIT conker **Ross·kur**^RR *f* (*hum*) drastic cure
Röss·li·spiel^RR ['rœsli-] *nt* SCHWEIZ merry-go-round, BRIT *a.* roundabout, AM *a.* carousel
Rost^1 <-[e]s> [rɔst] *m kein pl* ❶ TECH rust *no art, no pl;* **~ ansetzen** to begin [*or* start] to rust ❷ BOT rust *no art, no pl*
Rost^2 <-[e]s, -e> [rɔst] *m* ❶ (*Gitter*) grating; (*Schutz~*) grille ❷ (*Grill~*) grill ❸ (*Bett~*) base, frame
Rost·bra·ten *m* ❶ (*Braten*) roast beef *no art, no pl* ❷ (*Steak*) grilled steak **Rost·brat·wurst** *f* grilled [*or* barbecue] sausage
rost·braun *adj* **~es Haar** auburn hair; **ein ~es Kleidungsstück/Fell** a russet garment/fur
ros·ten ['rɔstn̩] *vi sein o haben* to rust; *s. a.* **rasten, Liebe**
rös·ten ['rø:stn̩, 'rœstn̩] *vt* ■**etw ~** to roast sth; **Brot ~** to toast bread
Rös·te·rei <-, -en> [rø:stə'rai] *f* roast[ing] house, roasting establishment; **frisch aus der ~** fresh from the roast, freshly roasted
rost·far·ben, rost·far·big *adj s.* **rostbraun Rost·fleck** *m* spot [*or* patch] of rust **Rost·fraß** *m kein pl* rust *no art, no pl,* corrosion *no art, no pl;* **durch ~ angegriffen sein** to be corroded
rost·frei *adj* stainless; **~er Stahl** stainless steel
Rös·ti ['rø:sti] *pl* SCHWEIZ [sliced] fried potatoes *pl*
ros·tig ['rɔstɪç] *adj* rusty; ■**~ werden** to go rusty
Röst·kar·tof·feln *pl* fried potatoes *pl*
Rost·lau·be *f* (*hum fam*) rust bucket *hum fam* **rost·rot** *adj s.* **rostbraun Rost·schutz** *m kein pl* [anti]rust protection *no art, no pl* **Rost·schutz·far·be** *f* antirust[ing] paint **Rost·schutz·mit·tel** *nt* rust prevention agent, rust-proofer, rust inhibitor *spec* **Rost·um·wand·ler** <-s, -> *m* rust converter
rot <-er *o* röter, -este *o* röteste> [ro:t] **I.** *adj* ❶ (*Farbe*) red ❷ (*Körperteile bezeichnend*) red; **eine ~e Nase** a red nose; ■**~ werden** to go [*or* turn] red; (*aus Scham a.*) to blush ❸ (*Ampel*) red; ■**es ist ~** it's red ❹ (*politisch linksstehend*) left-wing, left of centre [*or* AM -ers] *pred;* (*kommunistisch*) *esp pej* Red; **lieber tot als ~** better dead than Red; *s. a.* **Armee, Halbmond, Kreuz, Meer, Platz, Wurst, Tuch II.** *adv* ❶ (*mit roter Farbe*) red; **etw ~ unterstreichen** to underline sth in red ❷ (*in roter Farbe*) red; **vor Scham lief er im Gesicht ~ an** his face went red with shame; **~ glühend** red-hot; [**bei etw**] **~ sehen** (*fig fam*) to see red [as a result of sth] ❸ POL **~ angehaucht sein** (*fam*) to have left-wing leanings, to be leftish
Rot <-s, -s *o* -> [ro:t] *nt* ❶ (*rote Farbe*) red ❷ *kein pl* (*rote Karten-, Roulettefarbe*) red; **auf ~ setzen** to put one's money/chips [*or* to bet] on red; **ich setze zur Abwechslung mal auf ~** I'm betting on red for a change ❸ (*Ampelfarbe*) red; **die Ampel ist** [*o* **steht**] **auf ~** the traffic lights are [at] red [*or* against us/them etc.]; **bei ~** at red; **bei ~ durchfahren** to go through a red light, to jump the [traffic] lights
Rot·al·ge *f* BOT red alga [*or* algae]
Ro·ta·ti·on <-, -en> [rota'tsi̯o:n] *f* rotation
Ro·ta·ti·ons·ach·se [-aksə] *f* axis of rotation **Ro·ta·ti·ons·druck** *m kein pl* TYPO rotary [machine] printing *no art, no pl spec* **Ro·ta·ti·ons·ma·schi·ne** *f* TYPO rotary press [*or* machine] *spec*
Rot·au·ge *nt* ZOOL roach **rot·ba·ckig, rot·bä·ckig** *adj* rosy-cheeked; ■**~ sein** to have rosy cheeks **Rot·bar·be** *f* ZOOL red mullet **Rot·barsch** *m* ❶ ZOOL rosefish ❷ KOCHK rosefish *no art, no pl* **rot·bär·tig** *adj* red-bearded; ■**~ sein** to have a red beard
rot·blond *adj* sandy; **eine ~e Frau** a strawberry blonde; **ein ~er Mann** a sandy-haired man; ■**~ sein** to be sandy-haired, to have sandy hair **Rot·bras·se** *f* red sea-bream **rot·braun** *adj* reddish brown **Rot·bu·che** *f* [common] beech **Rot·dorn** *m* [pink] hawthorn **Rot·dros·sel** *f* ORN redwing
Ro·te <-n, -> ['ro:tə] *f* KOCHK (*fam*) red sausage
Ro·te(**r**) *f(m) dekl wie adj* POL Red *esp pej*
Rö·te <-> ['rø:tə] *f kein pl* (*geh*) red[ness]; **ihre Wangen waren vor Scham von brennender ~** her cheeks burned red with shame
Ro·te-Ar·mee-Frak·ti·on *f* ■**die ~** the Red Army Faction
Rö·tel <-s, -> ['rø:tḷ] *m* red chalk *no art, no pl*
Ro·te Lis·te Red List
Ro·te-Lis·te Art *f* Red List species
Rö·teln ['rø:tḷn] *pl* German measles *no art, + sing vb,* rubella *no art, no pl spec*
Rö·tel·zeich·nung *f* drawing in red chalk
rö·ten ['rø:tn̩] **I.** *vr* ■**sich ~** to turn [*or* become] red; *Wangen a.* to flush **II.** *vt* ■**etw ~** to redden sth, to turn sth red
Ro·tes Kreuz *nt* **Deutsches ~** German Red Cross
Ro·tes Meer *nt* Red Sea
Rot·fe·der *f* ZOOL rudd **Rot·fil·ter** *m* FOTO red filter **Rot·fuchs** *m* chestnut **rot·haa·rig** *adj* red-haired; ■**~ sein** to have red hair **Rot·haut** *f* (*fam*) redskin *dated or pej* **Rot·hirsch** *m* ZOOL red deer **Rot·huhn** *nt* red-legged partridge
ro·tie·ren* [ro'ti:rən] *vi haben o sein* ❶ (*sich um die eigene Achse drehen*) to rotate; **um seine Achse ~** to rotate about its axis; ■**das R~** [**einer S.** *gen* [*o dat* **von etw**]] the rotation [of sth], rotating [sth] ❷ (*fam: hektische Aktivität entfalten*) to rush around like mad *fam;* **unsere Sekretärin muss unheimlich ~** our secretary has to work like crazy *fam;* **du bringst mich wirklich zum R~!** you're really getting me into a flap! ❸ POL to rotate
Rot·käpp·chen <-s> *nt kein pl* Little Red Ridinghood *no art, no pl* **Rot·kehl·chen** <-s, -> *nt* robin [redbreast *liter*] **Rot·kohl** *m,* **Rot·kraut** *nt* SÜDD, ÖSTERR red cabbage *no art, no pl*
röt·lich ['rø:tlɪç] *adj* reddish
Rot·licht *nt kein pl* red light *no art, no pl*
Rot·licht·mi·li·eu *nt* demi-monde *liter;* **aus dem ~ kommen** to be one of the demi-monde *liter* **Rot·licht·vier·tel** *nt* red-light district
Ro·tor <-, -en> ['ro:to:ɐ̯] *m* rotor
Ro·tor·flü·gel *m* LUFT *Hubschrauber* rotor [blade]; *Flugzeug* rotor wing *spec*
Rot·schen·kel *m* ORN (*Tringa totanus*) redshank **Rot·schwanz** *m* ORN (*Phoenicurus*) redstart
Rot·stift *m* red pencil/crayon/pen ▶ WENDUNGEN: **dem ~ zum Opfer fallen** to be scrapped; *Arbeitsplätze a.* to be axed; [**bei etw**] **den ~ ansetzen** to make cutbacks [in sth] **Rot·tan·ne** *f* Norway spruce
Rot·te <-, -n> ['rɔtə] *f* (*pej*) mob *fam*
Rö·tung <-, -en> *f* reddening *no pl*
rot·wan·gig ['ro:tvaŋɪç] *adj* (*geh*) *s.* **rotbackig Rot·wein** *m* red wine
Rot·welsch ['ro:tvɛlʃ] *nt dekl wie adj* LING ■**das ~e** underworld slang
Rot·wild *nt* red deer
Rotz <-es> [rɔts] *m kein pl* ❶ (*fam: Nasenschleim*) snot *fam* ❷ (*sl: Krempel*) stuff *no indef art, no pl,* shit *no art, no pl pej fam!* ▶ WENDUNGEN: **~ und Wasser heulen** (*fam*) to cry one's eyes out, to blubber, to blub BRIT *fam*

rot·zen ['rɔtsn̩] *vi* (*fam*) to blow one's nose; **da hat schon wieder jemand auf den Bürgersteig gerotzt!** someone's gobbed on the pavement again!; (*schnüffeln*) to sniff; **dieses ständige R~ ist ja ekelhaft!** this constant sniffing is disgusting!

Rọtz·fah·ne *f* (*sl*) snot-rag *pej fam* **rotz·frech** ['rɔts'frɛç] *adj* (*fam*) cocky *fam* **Rọtz·lüm·mel** *m* (*sl*) snotty-nosed [*or* BRIT cheeky] brat *pej fam* **Rọtz·na·se** *f* (*fam*) ❶ (*schleimige Nase*) runny [*or fam* snotty] nose ❷ (*freches Kind*) snotty-nosed brat *pej fam*

Rot·zun·ge *f* witch flounder *spec*

Rouge <-s, -s> [ru:ʒ] *nt* ❶ (*rotes Make-up*) rouge *no art, no pl dated* ❷ (*Roulettefarbe*) rouge *no art, no pl*

Rou·la·de <-, -n> [ru'la:də] *f* KOCHK roulade *spec*

Rou·lette <-s, - *o* -s> [ru'lɛt] *nt* roulette *no art, no pl;* **~ spielen** to play roulette; **russisches ~** Russian roulette

Rou·te <-, -n> ['ru:tə] *f* route

Rou·ti·ne <-> [ru'ti:nə] *f kein pl* (*Erfahrung*) experience *no art, no pl;* (*Gewohnheit*) routine *no pl;* [**jdm**] **zur ~ erstarren** [*o* **werden**] to become a routine [for sb]

Rou·ti·ne·an·ruf *m* routine call **Rou·ti·ne·ar·beit** *f* routine work **rou·ti·ne·mä·ßig I.** *adj* routine **II.** *adv* as a matter of routine **Rou·ti·ne·un·ter·su·chung** *f* routine examination

Rou·ti·ni·er <-s, -s> [ruti'ni̯e:] *m* experienced person; **ein ~ in etw** *dat* **sein** to be an old hand at [*or* have a lot of experience in] sth

rou·ti·niert [ruti'ni:ɐt] **I.** *adj* ❶ (*mit Routine erfolgend*) routine ❷ (*erfahren*) experienced **II.** *adv* in a practised [*or* AM *usu* -iced] manner

Row·dy <-s, -s> ['raudi] *m* hooligan

Ro·ya·list(in) <-en, -en> [ro̯aja'lɪst] *m(f)* royalist

RSK [ɛrʔɛs'ka:] *f* NUKL *Abk von* **Reaktorsicherheits-Kommission** nuclear safety commission

Ru·an·da <-s> ['ru̯anda] *nt,* **Rwan·da** <-s> *nt* SCHWEIZ Rwanda; *s. a.* **Deutschland**

Ru·an·der(in) <-s, -> ['ru̯andɐ] *m(f)* Rwandan; *s. a.* **Deutsche(r)**

ru·an·disch ['ru̯andɪʃ] *adj* BRD, ÖSTERR Rwandan; *s. a.* **deutsch**

Rub·bel·los ['rʊbl̩-] *nt* [lottery] scratch-card

rub·beln ['rʊbl̩n] **I.** *vt* ■**etw ~** to rub sth hard **II.** *vi* ❶ (*kräftig reiben*) ■[**mit etw**] **~** to rub hard [with sth]; ■**sich** [**mit etw**] **~** to give oneself a rub-down [with sth] ❷ (*an einem Rubbelspiel teilnehmen*) to play scratch cards; **~ Sie doch auch mal, Ihnen winken schöne Gewinne** why don't you too buy a scratch card, there are wonderful prizes to be won

Rü·be <-, -n> ['ry:bə] *f* ❶ KOCHK, BOT turnip; **Gelbe ~** SÜDD, SCHWEIZ carrot; **Rote ~** beetroot ❷ (*sl: Kopf*) nut *fam,* bonce BRIT *fam;* **seine ~ hinhalten müssen** to have to take the rap for sth *esp* AM *fam;* [**von jdm**] **eins auf die ~ kriegen** to get a clip [*or fam* clout] round the ear [from sb]

Ru·bel <-s, -> ['ru:bl̩] *m* rouble, Rubel AM ▶WENDUNGEN: **der ~ rollt** (*fam*) there's a lot of money around

Rü·ben·kraut *nt* sugar beet syrup *no art, no pl* **Rü·ben·schwanz** *m* beet tail

Ru·bens·fi·gur ['ru:bn̩s-] *f* (*hum*) Rubenesque figure *hum*

Rü·ben·zu·cker *m* beet sugar

rü·ber|brin·gen *vt irreg* (*fam*) ■[**jdm**] **etw ~** to get across sth *sep* [to sb] **rü·ber|kom·men** *vi irreg sein* (*sl*) ■[**zu jdm**] **~** to come [*or* get] across [to sb] **rü·ber|schie·ben** *vt* (*sl*) **jdm Geld ~** to hand over *sep* money to sb, to cough up *sep* [money] *sl* **rü·ber|schie·len** *vi* (*fam*) **zu jdm ~** to glance across at sb [*or* to look at sb] out of the corner of one's eye

Ru·bi·di·um <-s> [ru'bi:di̯ʊm] *nt kein pl* rubidium *no art, no pl spec*

Ru·bin <-s, -e> [ru'bi:n] *m* ruby

ru·bin·rot *adj* ruby[-red]

Ru·brik <-, -en> [ru'bri:k] *f* ❶ (*Kategorie*) category ❷ (*Spalte*) column

ruch·bar ['ru:xba:ɐ̯] *adj* ■**~ werden**[**, dass ...**] to become known [that ...]

ruch·los ['ru:xlo:s] *adj* (*geh*) heinous *form;* (*niederträchtig a.*) dastardly *liter*

Ruch·lo·sig·keit <-, -en> *f* (*geh*) ❶ *kein pl* (*Niederträchtigkeit*) dastardliness *no art, no pl liter* ❷ (*ruchlose Tat*) dastardly deed *liter*

ruck [rʊk] *interj* **~, zuck** (*fam*) in no time, in a jiffy; **langsam! das geht nicht ~, zuck!** slowly now, you can't rush it!; **das muss ~, zuck gehen** it must be done quickly; **etw ~, zuck erledigen** to do sth in no time at all; *s. a.* **hau**

Ruck <-[e]s, -e> [rʊk] *m* ❶ (*ruckartige Bewegung*) jolt ❷ POL swing, shift ▶WENDUNGEN: **sich** *dat* **einen ~ geben** (*fam*) to pull oneself together; **mit einem ~** suddenly, in one go; **er erhob sich mit einem ~** he got up suddenly

Rück·an·sicht *f* rear [*or* back] view

Rück·ant·wort *f* reply, answer; *s. a.* **Telegramm**

ruck·ar·tig I. *adj* jerky, jolting *attr;* **eine ~e Bewegung** a jerk[y movement], a jolt; **du hast mich aber erschreckt durch dein ~es Aufstehen!** you startled me by jumping to your feet like that!; **nur durch das ~e Herumwerfen des Lenkrades konnte sie dem Reh ausweichen** only by jerking the steering wheel round was she able to avoid the deer **II.** *adv* with a jerk

Rück·äu·ße·rung *f* (*geh*) *s.* **Rückantwort Rück·be·sin·nung** *f* recollection; ■**~ auf etw** *akk* recollection of sth **rück·be·züg·lich** *adj* LING *s.* **reflexiv Rück·bil·dung** *f* ❶ (*Abheilung*) regression *no pl;* **spontane ~ von Tumoren** the spontaneous regression of tumours [*or* AM -ors] ❷ (*Verkümmerung*) atrophy *no art, no pl* ❸ LING back-formation *spec* ❹ BIOL degeneration *no pl spec* **Rück·blen·de** *f* flashback **Rück·blick** *m* look *no pl* back, retrospective view; ■**ein ~ auf etw** *akk* a look back at [*or* retrospective view of] sth; **einen ~ auf/in etw** *akk* **werfen** [*o* **halten**] to look back on [*or* at] sth; **im ~ auf etw** *akk* looking back at [*or* on] sth **rück·bli·ckend I.** *adj* retrospective **II.** *adv* in retrospect **rück·da·tie·ren*** *vt* ■**etw** [**auf/um etw** *akk*] **~** to backdate sth [to/by sth]

ru·ckeln ['rʊkl̩n] *vi* ■**an etw** *dat* **~** to tug at sth

ru·cken ['rʊkn̩] *vi* to jerk, to jolt

rü·cken ['rʏkn̩] **I.** *vi sein* ❶ (*weiter~*) ■[**irgendwohin**] **~** to move [somewhere]; **zur Seite ~** to move aside [*or* to one side]; (*auf einer Bank a.*) to budge up BRIT *fam,* to slide down AM; *s. a.* **Pelle, Pelz** ❷ (*gelangen*) **ein bemannter Raumflug zum Mars ist in den Bereich des Wahrscheinlichen gerückt** a manned space flight to Mars is now within the bounds of probability; **in den Mittelpunkt des Interesses ~** to become the centre [*or* AM -er] of interest; *s. a.* **Ferne II.** *vt* ❶ (*schieben*) ■**etw irgendwohin ~** to move sth somewhere; *s. a.* **Stelle** ❷ (*zurecht~*) ■[**jdm**] **etw irgendwohin ~** to move sth somewhere [for sb]; **er rückte den Hut in die Stirn** he pulled his hat down over his forehead; **seine Krawatte gerade ~** to straighten one's tie

Rü·cken <-s, -> ['rʏkn̩] *m* ❶ ANAT back, dorsum *spec;* (*Nasen~*) ridge; (*Hand~*) back; **jdm den ~ decken** MIL to cover sb's back; **auf den ~ fallen** to fall on one's back; **den Wind im ~ haben** to have the wind at one's back; **jdm den ~ zudrehen** [*o geh* **zukehren**] to turn one's back on sb; **~ an ~** back to back; **auf dem ~** on one's back, supine *form;* **hinter jds ~** *dat* (*a. fig*) behind sb's back *a. fig;* **mit dem ~ zu jdm/etw** with one's back to sb/sth ❷ KOCHK saddle ❸ (*Buch~*) spine ❹ (*Messer~*) blunt edge ▶WENDUNGEN: **mit dem ~ zur Wand stehen** to have one's back to the wall; **jdm läuft es** [**eis**]**kalt über den ~** cold shivers run down sb's spine; **der verlängerte ~** (*hum fam*) one's posterior *hum;* **jdm den ~ decken** to back up sb *sep;* **jdm in den ~ fallen** to stab sb in the back; **jdm/sich den ~ freihalten** to keep sb's/one's options open; **jdn/etw im ~ haben** to have sb/sth behind one; **jdm den ~** [**gegen jdn**] **stärken** to give sb moral support [against sb]; **mit jdm/etw im ~** with sb/sth behind one

R

rückfragen

rückfragen	**checking**
Meinst du damit, dass ...?	Do you mean that ...?
Soll das heißen, dass ...?	Does that mean that ...?
Habe ich Sie richtig verstanden, dass ...?	Have I understood you correctly that ...?
Wollen Sie damit sagen, dass ...?	Do you mean to say that ...?
kontrollieren, ob Inhalt/Zweck eigener Äußerungen verstanden wurde	**ascertaining whether the point of an utterance has been understood**
Kapito? *(sl)*	Got it?
Alles klar? *(fam)*/Ist das klar?	Everything clear?/Is that clear?
Verstehst du, was ich (damit) meine?	Do you understand what I mean?
Haben Sie verstanden, auf was ich hinaus möchte?	Have you understood what I'm trying to get at?
Ich weiß nicht, ob ich mich verständlich machen konnte.	I don't know if I made myself clear.

Rü̱·cken·de·ckung *f* backing *no art, no pl;* **finanzielle ~** financial backing; **jdm ~ geben** to give sb one's backing; MIL *(jds Rücken decken)* to give sb rear cover, to cover sb's rear **Rü̱·cken·flos·se** *f* dorsal fin *spec* **Rü̱·cken·la·ge** *f* supine position *form;* **in ~** lying on one's back, in a supine position *form;* **in ~ schlafen** to sleep on one's back **Rü̱·cken·leh·ne** *f* back rest BRIT, seat back AM **Rü̱·cken·mark** *nt* spinal cord *no pl* **Rü̱·cken·mus·ku·la·tur** *f* back [*or spec* dorsal] muscles *pl* [*or* musculature] *no pl* **Rü̱·cken·schmer·zen** *pl* back pain *nsing,* backache *nsing;* **~ haben** to have back pain [*or* backache] **Rü̱·cken·schwim·men** *nt* backstroke *no pl* **Rü̱·cken·schwim·mer** *m* ZOOL backswimmer, boat bug AM **Rü̱·cken·tra·ge** *f* baby backpack **Rü̱·cken·wind** *m* tail [*or* BRIT following] wind; **~ haben** to have a tail [*or* BRIT following] wind

rụ̈ck·er·stat·ten* *vt nur infin und pp* ■**[jdm] etw ~** to refund [sb's] sth; **jdm seine Verluste ~** to reimburse sb for his/her losses *form* **Rụ̈ck·er·stat·tung** *f* refund; *von Verlusten* reimbursement *form* **Rụ̈ck·fahr·kar·te** *f* return ticket; **eine ~ nach München** a return [ticket] to Munich **Rụ̈ck·fahr·schein·wer·fer** *m* reversing [*or* AM back-up] light **Rụ̈ck·fahrt** *f* return journey; **auf der ~** on the return journey

Rụ̈ck·fall *m* ❶ MED relapse *form;* **einen ~ erleiden** to suffer a relapse *form* ❷ JUR subsequent offence [*or* AM *usu* -se] [*or* AM *a.* second offense]; **im ~** in case of a repeated offence, repeated; **im ~ begangene Straftaten** repeated offences ❸ *(geh: erneutes Aufnehmen)* ■**ein ~ in etw** *akk* a relapse into sth *form;* **ein ~ in die Diktatur** a return to a dictatorship ❹ *(das Zurückfallen)* **~ der Preise** fall in prices; **einen ~ hinnehmen** to suffer a setback

rụ̈ck·fäl·lig *adj* JUR recidivist *attr,* recidivous *spec;* **ein ~er Täter** a repeat offender, a recidivist; ■**~ sein** to commit a second offence [*or* AM *usu* -se]

Rụ̈ck·fäl·li·ge(r) *f(m) dekl wie adj* JUR recividist, repeat [*or* subsequent] offender

Rụ̈ck·fall·tä·ter(in) *m(f)* JUR *(geh) s.* **Rückfällige(r)**

rụ̈ck·fet·tend *adj inv* moisturizing **Rụ̈ck·flug** *m* return flight; **auf dem ~** on the return flight **Rụ̈ck·fluss**[RR] *m* FIN return **Rụ̈ck·for·de·rung** *f* reclaim *spec;* *(Gegenforderung)* counterclaim *spec* **Rụ̈ck·fra·ge** *f* question (**zu** +*dat* regarding), query (**zu** +*dat* regarding); **[bei jdm] eine ~ stellen** to raise a query [*or* to query sth] [with sb]

rụ̈ck|fra·gen ['rʏkfraːgn̩] *vi nur infin und pp* to enquire BRIT, to inquire AM, to check **Rụ̈ck·füh·rung** *f* ❶ *(Rückzahlung)* repayment ❷ *(Repatriierung)* repatriation *no pl* ❸ *(Zurückführen)* return; *(Reduzierung)* reduction **Rụ̈ck·ga·be** *f* return **Rụ̈ck·ga·be·recht** *nt* right of return

Rụ̈ck·gang *m* ■**der/ein ~ einer S.** *gen* the/a fall [*or* drop] in sth; **ein ~ der Zinsen** a drop in interest rates; **im ~ begriffen sein** *(geh)* to be falling [*or* dropping]

rụ̈ck·gän·gig *adj* **etw ~ machen** to cancel sth; **eine Verlobung ~ machen** to break off *sep* an engagement

Rụ̈ck·ge·win·nung *f* recovery *no pl*

Rụ̈ck·grat <-[e]s, -e> *nt* ❶ *(Wirbelsäule)* spine, backbone, spinal column *spec* ❷ *kein pl (geh: Stehvermögen)* spine, backbone; **mit mehr ~ hätte er sich durchsetzen können** if he'd had more backbone [*or* spine] he could have asserted himself ▸ WENDUNGEN: **jdm das ~ brechen** to break sb; *(jdn ruinieren)* to ruin sb; **ohne ~** spineless *pej,* gutless *fam*

Rụ̈ck·griff *m* recourse *no indef art, no pl;* ■**ein ~ auf etw** *akk* recourse to sth **Rụ̈ck·halt** *m* support *no art, no pl,* backing *no art, no pl;* **an jdm einen ~ haben** to receive support from sb, to find [a] support in sb ▸ WENDUNGEN: **ohne ~** without reservation, unreservedly **rụ̈ck·halt·los** **I.** *adj* ❶ *(bedingungslos)* unreserved, unqualified ❷ *(schonungslos)* unsparing; **~e Kritik** ruthless [*or* scathing] criticism; **~e Offenheit** complete frankness **II.** *adv* unreservedly **Rụ̈ck·hand** *f kein pl* SPORT backhand; **mit der ~** on one's backhand **Rụ̈ck·kaufs·recht** *nt* right of repurchase; *(für ein Pfand)* right of redemption *spec*

Rụ̈ck·kehr <-> *f kein pl* ❶ *(das Zurückkommen)* ■**jds ~** sb's return; **rechnen Sie heute nicht mehr mit meiner ~** don't expect me back today; **bei/nach/vor jds ~** on/after/before sb's return ❷ *(erneutes Auftreten)* comeback

Rụ̈ck·kop·pe·lung *f,* **Rụ̈ck·kopp·lung** *f* ELEK feedback *no pl*

Rụ̈ck·kreu·zung *f* BIOL *(Standardtest der Züchtungsgenetik)* testcross **Rụ̈ck·la·ge** *f* ❶ *(Ersparnisse)* savings *npl* ❷ FIN *(Reserve)* reserve fund, reserves *pl;* **~n [für etw] bilden** *(geh)* to create a reserve fund [for sth] **rück·läu·fig** ['rʏklɔyfɪç] *adj* declining, falling; *s. a.* **Wörterbuch** **Rụ̈ck·licht** *nt* tail light; *eines Fahrrads a.* back light

rück·lings ['rʏklɪŋs] *adv* ❶ *(von hinten)* from behind ❷ *(verkehrt herum)* the wrong way round, AM around ❸ *(nach hinten)* backwards ❹ ■**~ an/zu etw** *dat* with one's back against/to sth; **sie lehnte ~ am Baum** she was leaning with her back against the tree; **~ zur Wand stehen** to stand with one's back to the wall

Rụ̈ck·mel·de·frist *f* SCH re-registration period **Rụ̈ck·mel·de·ge·bühr** *f* SCH re-registration fee

Rụ̈ck·mel·dung *f* ❶ SCH *(erneute Registrierung)* re-registration ❷ *(Reaktion)* reaction, response

Rụ̈ck·nah·me <-, -n> *f* ■**die ~ [einer S.** *gen* [*o* **von etw**]]

taking back sth *sep;* **wir garantieren die anstandslose ~ der Ware** we guarantee to take back the goods without objection

Rück·por·to *nt* return postage *no indef art, no pl* **Rück·prall** *m* ricochet; *eines Balls a.* rebound; **beim ~** on the rebound **Rück·rei·se** *f* return journey; **auf der ~** on the return journey **Rück·rei·se·wel·le** *f* [homebound] holiday traffic **Rück·ruf** *m* ❶ (*Anruf als Antwort*) return call; **soll ich ihn um ~ bitten?** shall I ask him to return your call? ❷ ÖKON (*das Einziehen*) recall **Rück·ruf·ak·ti·on** *f* recall action *no pl,* call-back campaign

Ruck·sack ['rʊkzak] *m* rucksack, AM *usu* backpack

Ruck·sack·tou·rist(in) [-turɪst] *m(f)* backpacker

Rück·sand <-[e]s> *m kein pl* SCHWEIZ (*Zurücksenden*) return; (*Zurückgesandtes*) returns *pl,* returned items *pl*

Rück·schein *m* return [*or form* recorded delivery] receipt [*or* slip]; *s. a.* **Einschreiben** **Rück·schlag** *m* ❶ (*Verschlechterung*) setback; **einen [schweren] ~ erleben/erleiden** to experience/suffer a [serious] setback ❷ (*Rückstoß*) recoil *no pl* **Rück·schlä·ger(in)** *m(f)* TENNIS receiver **Rück·schluss**[RR] *m* conclusion (**aus** *+akk* from); **einen ~ auf etw** *akk* **erlauben** to allow a conclusion to be drawn about sth; **[aus etw] [bestimmte/seine] Rückschlüsse ziehen** to draw [certain/one's] conclusions [from sth]; **[aus etw] den ~ ziehen, dass ...** to conclude [*or form* infer] [from sth] that ... **Rück·schritt** *m* step backwards, retrograde step *form* **rück·schritt·lich** *adj* ❶ (*einen Rückschritt bedeutend*) retrograde ❷ *s.* **reaktionär**

Rück·sei·te *f* ■**die ~** ❶ (*rückwärtige Seite*) the reverse [side]; **siehe ~** see overleaf ❷ (*hintere Seite*) the rear; **auf der/die ~** at/to the rear

rück·sei·tig ['rʏkzaitɪç] **I.** *adj* on the back [*or* reverse [side]] *pred* **II.** *adv* on the back [*or* reverse [side]]; **der Text geht ~ noch weiter** the text continues overleaf; **Briefmarken sind ~ mit einem Klebefilm versehen** stamps have an adhesive film on the reverse side

Rück·sen·dung *f* return

Rück·sicht[1] <-, -en> ['rʏkzɪçt] *f* ❶ (*Nachsicht*) consideration *no art, no pl;* **ohne ~ auf Verluste** (*fam*) regardless of [*or* without regard to] losses; **keine ~ kennen** to be ruthless; **~ [auf jdn] nehmen** to show consideration [for sb]; **~ auf etw** *akk* **nehmen** to take sth into consideration; **aus [*o* mit] ~ auf jdn/etw** out of consideration for sb/sth; **ohne ~ auf jdn/etw** with no consideration for sb/sth ❷ *pl* (*Rücksichtnahme*) considerations *pl;* **aus moralischen ~en** for moral reasons

Rück·sicht[2] ['rʏkzɪçt] *f kein pl* rear view, rear[ward AM] visibility *no indef art, no pl;* **das winzige Heckfenster schränkt die ~ ein** the tiny rear window restricts the rear view [*or* one's view out the back]

Rück·sicht·nah·me <-> *f kein pl* consideration *no art, no pl*

rück·sichts·los **I.** *adj* ❶ (*keine Rücksicht kennend*) inconsiderate, thoughtless; **ein ~er Autofahrer** an inconsiderate driver, a road hog *pej fam* ❷ (*schonungslos*) ruthless; **mit ~er Offenheit** with ruthless candour [*or* AM -or] **II.** *adv* ❶ (*ohne Nachsicht*) inconsiderately ❷ (*schonungslos*) ruthlessly

Rück·sichts·lo·sig·keit <-, -en> *f* inconsiderateness *no art, no pl,* thoughtlessness *no art, no pl*

rück·sichts·voll *adj* considerate, thoughtful; ■**~ zu [*o geh* gegenüber] jdm sein** to be considerate [*or* thoughtful] [towards sb]

Rück·sitz *m* AUTO rear [*or* back] seat **Rück·spie·gel** *m* AUTO rear [view] [*or* BRIT driving] mirror; **abblendbarer ~** dipping [*or* anti-dazzle] mirror **Rück·spiel** *nt* return match BRIT, rematch AM **Rück·spra·che** *f* consultation; **~ [mit jdm] nehmen [*o* halten]** to consult [*or* confer] [with sb]

Rück·stand[1] *m* ❶ (*Zurückbleiben hinter der Norm*) backlog *no pl;* **bei etw einen ~ haben** to have a backlog of sth ❷ *pl* FIN (*fällige Beträge*) outstanding payments *pl;* **mit etw in ~ sein/kommen** to be/fall behind with sth; **ich bin derzeit gegenüber meinen Zahlungsverpflichtungen mit 35.000 Euro im ~** I'm currently 35,000 euros in arrears with my payment obligations ❸ SPORT (*Zurückliegen in der Wertung*) deficit (**von** *+dat* of); **[gegenüber jdm] mit etw im ~ sein [*o* liegen]** to be behind [sb] by sth; **sie liegt gegenüber ihren Konkurrentinnen mit 5 Punkten im ~** she's five points behind her rivals ❹ (*Zurückliegen in der Leistung*) inferior position; **seinen ~ aufholen** to make up lost ground

Rück·stand[2] *m* ❶ (*Bodensatz*) remains *npl* ❷ (*Abfallprodukt*) residue *form*

rück·stän·dig[1] ['rʏkʃtɛndɪç] *adj* (*überfällig*) overdue; **die ~e Miete** the overdue rent, the rent arrears *npl*

rück·stän·dig[2] ['rʏkʃtɛndɪç] *adj* (*zurückgeblieben*) backward

Rück·stän·dig·keit <-> *f kein pl* backwardness *no art, no pl*

Rück·stau *m* ❶ (*zunehmender Stau*) *esp* BRIT tailback, traffic jam AM ❷ (*rückwirkende Anstauung*) backwater **Rück·stel·lung** *f* ❶ FIN reserve [fund] ❷ (*Verschiebung*) postponement **Rück·stoß** *m* ❶ *s.* **Rückschlag 2** ❷ (*Antriebskraft*) thrust *no pl* **Rück·strah·ler** <-s, -> *m* reflector **Rück·stu·fung** *f* downgrading **Rück·tas·te** *f* backspace [*or* BS] [key] *spec*

Rück·tritt *m* ❶ (*Amtsniederlegung*) resignation; **mit seinem ~ drohen** to threaten to resign ❷ JUR withdrawal (**von** *+dat* from) ❸ (*~bremse*) back-pedal [*or* coaster] brake

Rück·tritt·brem·se *f s.* **Rücktritt 3**

Rück·tritts·er·klä·rung *f* [announcement of one's] resignation; **seine ~ bekannt machen** to announce one's resignation **Rück·tritts·frist** *f* JUR cooling off period **Rück·tritts·ge·such** *nt* [offer of] resignation; **das ~ einreichen** to hand in [*or form* tender] one's resignation **Rück·tritts·klau·sel** *f* cancellation [*or* withdrawal] clause **Rück·tritts·recht** *nt* right of withdrawal [*or spec* rescission] [from a contract]

rück|über·set·zen* *vt nur infin und pp* ■**etw ~** to translate sth back into the source language, to back-translate sth *spec* **Rück·über·set·zung** *f* LING ❶ *kein pl* (*das Rückübersetzen*) translation back into the original language, back-translation *no art, no pl spec* ❷ (*rückübersetzte Fassung*) back-translation *spec* **Rück·um·schlag** *m* self-addressed stamped envelope, s.a.s.e. **rück|ver·gü·ten*** *vt nur infin und pp* ■**jdm etw ~** to refund sb's sth **Rück·ver·gü·tung** *f* refund **rück|ver·si·chern*** *vr nur infin und pp* ■**sich** *akk* **[bei jdm/etw] ~** to check [up [*or* back]] [with sb/sth] **Rück·ver·si·che·rung** *f* ❶ (*Absicherung*) checking up *no art, no pl;* **dieses Vorgehen kann nicht ohne vorherige ~ beim Einsatzleiter empfohlen werden** this action cannot be recommended without first checking with the head of operations ❷ (*Versicherungstyp*) reinsurance *no indef art, no pl spec* **Rück·wand** *f* ❶ (*rückwärtige Mauer*) back wall ❷ (*rückwärtige Platte*) back [panel]

rück·wär·tig ['rʏkvɛrtɪç] *adj* ❶ (*an der hinteren Seite liegend*) back *attr,* rear *attr;* **der ~e Ausgang** the rear exit ❷ MIL (*im Rücken der Front befindlich*) behind the lines *pred;* **die ~en Verbindungen** the lines of communication

rück·wärts ['rʏkvɛrts] *adv* ❶ (*rücklings*) backwards; **~ einparken** to reverse into a parking space ❷ (*nach hinten*) backward; **ein Salto ~** a backward somersault ❸ ÖSTERR (*hinten*) at the back; **von ~** SÜDD, ÖSTERR (*von hinten*) from behind; **von ~ kommen** to come [up] from behind

rück·wärts|fah·ren[RR] *vi irreg sein* to back up, to reverse; **da die Sackgasse keinen Wendeplatz hatte, musste sie ~** as there was nowhere in the cul-de-sac to turn around, she had to reverse out

Rück·wärts|fah·ren *nt* reversing *no art, no pl;* **[das] ~ bereitet ihr Schwierigkeiten** she has difficulties reversing **Rück·wärts·gang** *m* AUTO reverse [gear]; **den ~ einlegen** to engage [*or* change into] reverse [gear] [*or* AM to shift into]; **im ~** in reverse [gear]; **im ~ fahren** to [drive in] reverse

rück·wärts|ge·hen[RR] *vi irreg sein* ❶ (*mit dem Rücken voran*) to walk backwards ❷ (*fam: schlechter werden*) **es geht [mit jdm/etw] rückwärts** sb/sth is deteriorating

Rück·weg *m* way back; **sich** *akk* **auf den ~ machen, den ~ antreten** (*geh*) to head back; **auf dem ~** on the way back

R

rück·wir·kend I. *adj* retrospective; **eine ~e Gehaltserhöhung** a backdated wage increase, retroactive pay *form* II. *adv* retrospectively; **die Erhöhung des Kindergeldes gilt ~ zum 1.1.** the increase in family allowances is backdated to 1 January

rück·zahl·bar *adj* repayable **Rück·zah·lung** *f* repayment

Rück·zie·her <-s, -> *m* **einen ~ machen** (*fam: eine Zusage zurückziehen*) to back [*or* pull] out; (*nachgeben*) to climb down **Rück·zug** *m* ❶ MIL (*das Zurückweichen*) retreat *no pl;* **ein geordneter/ungeordneter ~** an orderly retreat/a headlong flight; **[mit etw] den ~ antreten** to retreat [with sth]; **auf dem ~** during the retreat; **auf dem ~ sein** to be retreating [*or* on the retreat] ❷ SCHWEIZ (*Abhebung von einem Konto*) withdrawal

Rück·zugs·ge·biet *nt* MIL area of retreat

rü·de ['ry:də] *adj* (*geh*) coarse, uncouth; **~s Benehmen** uncouth behaviour [*or* AM -or]; ■**~ [zu jdm] sein** to be uncouth [*or* coarse] [to sb]

Rü·de <-n, -n> ['ry:də] *m* [male] dog

Ru·del <-s, -> ['ru:dl̩] *nt* herd; *von Wölfen* pack; *von Menschen* swarm, horde; **in ~n** in herds/packs/swarms [*or* hordes]; **in einem ~ auftreten** to go around in a herd/pack/swarm [*or* horde]

Ru·der <-s, -> ['ru:dɐ] *nt* ❶ (*langes Paddel*) oar; **die ~ auslegen/einziehen/streichen** to put out/take in/strike the oars; **sich** *akk* **in die ~ legen** to row strongly ❷ (*Steuer~*) helm; *eines kleineren Bootes a.* rudder; **am ~** at the helm ▸ WENDUNGEN: **am ~ bleiben/sein** (*fam*) to remain/be at the helm *fig;* **das ~ herumwerfen** to change course [*or* tack]; **ans ~ kommen** (*fam*) to come to power; **aus dem ~ laufen** to get out of hand; **sich** *akk* **in die ~ legen** to put one's back into it

Ru·der·boot *nt* rowing boat, rowboat AM

Ru·de·rer, Ru·de·rin <-s, -> *m, f* rower, oarsman *masc,* oarswoman *fem*

Ru·der·haus *nt* wheelhouse

Ru·de·rin <-, -nen> *f fem form von* **Ruderer**

ru·dern ['ru:dɐn] I. *vi* ❶ *haben o sein* (*durch Ruder bewegen*) to row; ■**[das] R~** rowing ❷ *haben* (*paddeln*) to paddle; **gegen die Strömung ~** to paddle against the current; *s. a.* **Arm II.** *vt* ❶ *haben* (*im Ruderboot befördern*) ■**jdn/etw irgendwohin ~** to row sb/sth somewhere ❷ *haben o sein* (*~d zurücklegen*) ■**etw ~** to row sth; **vier Kilometer mussten gerudert werden** a distance of four kilometres had to be rowed

Ru·der·re·gat·ta *f* rowing regatta

Ru·di·ment <-[e]s, -e> [rudi'mɛnt] *nt* ❶ (*geh: Überbleibsel*) remnant ❷ BIOL (*verkümmertes Organ*) rudiment *spec*

ru·di·men·tär [rudimɛn'tɛ:ɐ̯] *adj inv* (*fig*) rudimentary

Rüeb·li <-s, -> ['ryəblɪ] *nt* SCHWEIZ (*Karotte*) carrot

Ruf <-[e]s, -e> [ru:f] *m* ❶ (*Aus~*) shout, cry; (*an jdn gerichtet*) call; **der ~ des Muezzins** the call of the muezzin ❷ *kein pl* (*Ansehen*) reputation; ■**jds [guter] ~** sb's good reputation; **ein Mann/eine Frau/eine Firma von ~** (*geh*) a man/woman/firm of repute; **einen guten ~ genießen** to enjoy a good reputation; **einen guten/schlechten ~ als jd/etw haben** [*o geh* **genießen**] to have a good/bad reputation as sb/sth; **jdn [bei jdm] in schlechten ~ bringen** to get sb a bad reputation [with sb] ❸ SCH (*Berufung*) offer of a chair [*or* professorship]; **sich** *dat* **einen ~ als jd/etw erwerben** to make a name for oneself as sb/sth ❹ (*veraltend: Telefonnummer*) telephone number

Rü·fe <-, -n> ['ry:fə] *f* GEOG SCHWEIZ (*Schlamm- und Geröllawine*) landslide; (*Steinlawine*) rockfall

ru·fen <rief, ge~> ['ru:fn̩] I. *vi* ❶ (*aus~*) to cry out ❷ (*jdn kommen lassen*) ■**[nach jdm] ~** to call [for sb] ❸ (*nach Erfüllung drängen*) to call; **die Pflicht ruft** duty calls ❹ (*durch ein Signal auffordern*) ■**[zu etw] ~** to call [to sth]; **nach der Mittagspause rief die Werkssirene wieder zur Arbeit** after the lunch break the works siren called the employees back to work ❺ (*verlangen*) ■**nach jdm/etw ~** to call for sb/sth; **nach der Todesstrafe ~** to call for the death penalty; *s. a.* **Hilfe II.** *vi impers* ■**es ruft [jd/etw]** sb/sth is calling III. *vt* ❶ (*aus~*) ■**etw ~** to shout [*or* cry out] sth; *s. a.* **Gedächtnis, Ordnung, Waffe** ❷ (*herbestellen*) ■**jdn/etw ~** to call sb/sth; ■**jdn zu sich** *dat* **~** to summon sb [to one]; ■**jdn ~ lassen** to send for sb; **der Direktor lässt Sie ~** the director is asking for you; **Sie haben mich ~ lassen?** you sent for me?; **[jdm] wie ge~ kommen** to come just at the right moment; *s. a.* **Hilfe**

Ru·fen <-s> ['ru:fn̩] *nt kein pl* calling *no pl,* shouting *no pl;* **was ist das draußen für ein ~?** what's all that shouting [going on] out there?

Ru·fer(in) <-s, -> *m(f)* (*geh*) person calling ▸ WENDUNGEN: **~ in der Wüste** voice [crying] in the wilderness

Rüf·fel <-s, -> ['rʏfl̩] *m* (*fam*) telling [*or* BRIT *fam* ticking] off

rüf·feln ['rʏfl̩n] *vt* (*fam: zurechtweisen*) ■**jdn [wegen etw] ~** to tell [*or* BRIT *fam* tick] off sb *sep* [about sth]

Ruf·mord *m* character assassination

Ruf·na·me *m* first name [by which a person is known], [fore]name **Ruf·num·mer** *f* [tele]phone number **Ruf·säu·le** *f special pillar-mounted telephone for certain services* **Ruf·wei·te** *f* **außer/in ~** out of/[with]in earshot [*or* calling distance] **Ruf·zei·chen** *nt* ❶ TELEK (*Freizeichen*) ringing tone ❷ ÖSTERR (*Ausrufungszeichen*) exclamation mark [*or* AM point]

Rug·by <-> ['rakbi] *nt kein pl* rugby *no art, no pl*

Rü·ge <-, -n> ['ry:gə] *f* (*geh*) reprimand, reproach; **jdm eine ~ [wegen etw] erteilen** to reprimand [*or* reproach] sb [for sth]

rü·gen ['ry:gn̩] *vt* (*geh*) ■**etw ~** to censure sth; ■**jdn [wegen** [*o* **für**] **etw] ~** to reprimand sb [for sth]

Rü·gen ['ry:gn̩] *nt* Rügen

Ru·he <-> ['ru:ə] *f kein pl* ❶ (*Stille*) quiet *no art, no pl,* silence *no art, no pl;* **~!** quiet!; **zu dieser Arbeit brauche ich absolute ~** I need absolute quiet for this work; **~ geben** to be quiet; (*locker lassen*) to relax; **meinst du, dass die Kleinen ~ geben, wenn ich ihnen jetzt die gewünschte Geschichte vorlese?** do you think the kids will settle down when I read them the story they want?; **~ halten** to keep quiet ❷ (*Frieden*) peace *no art, no pl;* **~ und Frieden/Ordnung** peace and quiet/law and order + *sing vb;* **jdm keine ~ gönnen** [*o* **lassen**] to not give sb a minute's peace; **jdn [mit etw] in ~ lassen** to leave sb in peace [with sth]; *s. a.* **Seele** ❸ (*Erholung*) rest; **die drei Stunden ~ haben mir gut getan** the three hours' rest has done me good; **angenehme ~!** (*geh*) sleep well!; **sich** *akk* **zur ~ begeben** (*geh*) to retire [to bed] *form;* **sich** *dat* **keine ~ gönnen** to not allow oneself any rest; **jdm keine ~ lassen** to not give sb a moment's rest ❹ (*Gelassenheit*) calm[ness] *no pl;* **~ ausstrahlen** to radiate calmness; **[die] ~ bewahren** to keep calm [*or fam* one's cool]; **jdn aus der ~ bringen** to disconcert [*or* BRIT *fam* wind up *sep*] sb; **er ist durch nichts aus der ~ zu bringen** nothing can wind him up; **sich** *akk* **[von jdm/etw] nicht aus der ~ bringen lassen** to not let oneself get worked up [by sb/sth]; **die ~ weg haben** (*fam*) to be unflappable; **die ~ selbst sein** to be calmness itself; **in [aller] ~** [really] calmly; **immer mit der ~!** (*fam*) take things easy! ▸ WENDUNGEN: **die ~ vor dem Sturm** the calm before the storm; **jdn zur letzten ~ betten** (*geh*) to lay sb to rest; **die letzte ~ finden** (*geh*) to be laid to rest; **keine ~ geben, bis ...** to not rest until ...; **sich zur ~ setzen** to retire

Ru·he·be·dürf·nis *nt kein pl* need *no pl* for peace [*or* quiet]/rest **ru·he·be·dürf·tig** *adj* in need of peace [*or* quiet]/rest *pred* **Ru·he·ge·halt** *nt* (*geh*) [retirement] pension, BRIT *a.* superannuation *no pl* **Ru·he·kis·sen** *nt* (*iron fam*) safety net **ru·he·los** *adj* restless **Ru·he·lo·sig·keit** <-> *f kein pl* restlessness *no art, no pl*

ru·hen ['ru:ən] *vi* ❶ (*geh: aus~*) to [have a] rest; **[ich] wünsche, wohl geruht zu haben!** (*geh*) I trust you had a good night's sleep?; **nicht eher ~ werden, bis ..., nicht ~ und rasten, bis ...** to not rest until ... ❷ (*geh: sich stützen*) ■**auf etw** *dat* **~** to rest on sth ❸ (*geh: verweilen*) ■**auf jdm/etw ~** to rest

Ruhe

zum Schweigen auffordern	asking for silence
Psst! *(fam)*	Shh!/Shush!
Ruhig!	Quiet!
Halt's Maul!/Schnauze! *(derb)*	Shut your face! *(fam!)*/Shut your gob! *(fam!)*
Jetzt seien Sie doch mal ruhig!	Do be quiet a minute!
Jetzt hör mir mal zu!	Now just listen to me!
Jetzt sei mal still!	Be quiet a minute!
Ich möchte auch noch etwas sagen!	I'd like to get a word in too!
Danke! ICH meine dazu, …	Thank you! I think …
an ein Publikum: Ich bitte um Ruhe.	*to an audience:* Quiet please.
Wenn ihr jetzt bitte mal ruhig sein könnt!	If you could be quiet now please!

on sb/sth; **sein Blick ruhte auf ihr** his gaze rested on her; **etw ~ lassen** to let sth rest; **ein Projekt ~ lassen** to drop a project; **die Vergangenheit ~ lassen** to forget the past ❹ (*haften*) ■ **auf jdm/etw ~** to be on sth; **ein Fluch ruht auf ihm** a curse is on him ❺ (*eingestellt sein*) to be suspended; **am Samstag ruht in den meisten Betrieben die Arbeit** most firms don't work on a Saturday; *s. a.* **Verkehr** ❻ (*geh: begraben sein*) to lie, to be buried; **„hier ruht [in Gott] …"** "here lies …"; *s. a.* **Frieden, sanft**

Ru·he·pau·se *f* break **Ru·he·po·ten·zi·al**^RR^ *nt* BIOL (*Normalzustand der nicht erregten Nervenzelle*) resting potential **Ru·he·sitz** *m* retirement home **Ru·he·stand** *m kein pl* retirement *no art, no pl;* **in den ~ gehen** [*o geh* **treten**] to retire, to go into retirement; **jdn in den ~ versetzen** (*geh*) to retire sb; **im ~** retired; **ein Arzt im ~** a retired doctor **Ru·he·statt** <-, -stätten> *f* [last [*or* final]] resting-place **Ru·he·stät·te** *f* **letzte ~** (*geh*) final [*or* last] resting-place **ru·he·stö·rend** *adj* disturbing the peace *pred;* ■ **~ sein** to disturb the peace; **das ~e Gehämmere lasse ich mir nicht länger gefallen** I'm not going to put up any more with having my peace disturbed by this hammering **Ru·he·stö·rung** *f* disturbance [*or* breach] *no pl* of the peace **Ru·he·tag** *m* (*arbeitsfreier Tag*) day off; (*Feiertag*) day of rest; **„Donnerstag ~"** "closed all day Thursday" **Ru·he·zo·ne** *f* rest area

ru·hig ['ru:ɪç] **I.** *adj* ❶ (*still, sich still verhaltend*) quiet; **eine ~e Gegend** a quiet area; **ein ~er Mieter** a quiet tenant ❷ (*geruhsam*) quiet; **sich** *dat* **einen ~en Abend machen** to have a quiet evening ❸ (*keine Bewegung aufweisend*) calm; **eine ~e Flamme** a still flame ❹ (*störungsfrei*) smooth; **ein Achtzylinder hat einen ~en Lauf** an eight-cylinder engine runs smoothly; **eine ~e Überfahrt** a smooth crossing ❺ (*gelassen*) calm; **ganz ~ sein können** to not have to worry; **ich werde das schon regeln, da können Sie ganz ~ sein** I'll sort that out, you don't have to worry; *s. a.* **Gewissen** ❻ (*sicher*) steady; **ein ~er Blick** a steady gaze **II.** *adv* ❶ (*untätig*) idly; **~ dastehen** to stand idly by; **etw ~ stellen** MED *Körperteil* to immobilize [*or* BRIT *a.* -ise] sth ❷ (*gleichmäßig*) smoothly ❸ (*gelassen*) calmly ❹ (*beruhigt*) with peace of mind; **jetzt kann ich ~ nach Hause gehen und mich ausspannen** now I can go home with my mind at rest and relax **III.** *part* (*fam*) really; **geh ~, ich komme schon alleine zurecht** don't worry about going, I can manage on my own; **du kannst ~ ins Kino gehen, ich passe schon auf die Kinder auf** you just go to the cinema, I'll keep an eye on the children

ru·higlstel·len *vt* MED ❶ *Körperteil* to immobilize [*or* BRIT *a.* -ise] ❷ *Person* to sedate; (*beruhigen*) to calm

Ruhm <-es> [ru:m] *m kein pl* fame *no art, no pl,* glory *no art, no pl* ▶ WENDUNGEN: **sich** *akk* **nicht [gerade] mit ~ bekleckert haben** (*iron fam*) to have not [exactly] covered oneself in glory *iron*

rüh·men ['ry:mən] **I.** *vt* ■ **jdn/etw ~** to praise sb/sth **II.** *vr* ■ **sich einer S.** *gen* **~** to boast about sth; ■ **sich** *akk* **~, etw getan zu haben** to boast about having done sth; **ohne mich ~ zu wollen** [*o* **zu ~**] without wishing to boast

Ruh·mes·blatt *nt* glorious chapter; **[für jdn] kein ~ sein** to not reflect any credit on sb

rühm·lich *adj* praiseworthy; *s. a.* **Ende**

ruhm·reich *adj* (*geh*) glorious **ruhm·süch·tig** *adj* glory-seeking; **~ sein** to be thirsting for glory [*or* after fame]

Ruhr[1] <-> [ru:ɐ̯] *f* ■ **die ~** the Ruhr

Ruhr[2] <-> [ru:ɐ̯] *f kein pl* MED ■ **die ~** dysentery

Rühr·be·sen *m* whisk **Rühr·ei** ['ry:ɐ̯ʔai] *nt* scrambled eggs *pl*

rüh·ren ['ry:rən] **I.** *vt* ❶ (*um~*) ■ **etw ~** to stir sth ❷ (*erweichen*) ■ **jdn/etw ~** to move sb/to touch sth; **jds Gemüt/Herz ~** to touch sb/sb's heart; **das kann mich nicht ~** that doesn't bother me; ■ **gerührt** moved *pred; s. a.* **Träne, Schlag** ❸ (*veraltend: bewegen*) ■ **etw ~** to move sth; *s. a.* **Finger, Handschlag II.** *vi* ❶ (*um~*) to stir ❷ (*die Rede auf etw bringen*) ■ **an etw** *akk* **~** to touch on sth ❸ (*geh: her~*) ■ **von etw ~** to stem from sth; ■ **daher ~, dass …** to stem from the fact that … **III.** *vr* ❶ (*sich bewegen*) ■ **sich** *akk* **~** to move; **rührt euch!** MIL at ease!; *s. a.* **Stelle** ❷ (*sich bemerkbar machen*) ■ **sich** *akk* **~** to be roused ❸ (*fam: sich melden*) ■ **sich [auf etw** *akk*] **~** to do sth [about sth]; **die Firmenleitung hat sich nicht auf meinen Antrag gerührt** the company management hasn't done anything about my application

Rüh·ren <-s> ['ry:rən] *nt kein pl* (*das Um~*) stirring *no art, no pl* ▶ WENDUNGEN: **ein menschliches ~ [fühlen]** (*hum*) [to have to answer] the [*or* a] call of nature *usu hum*

rüh·rend **I.** *adj* ❶ (*ergreifend*) touching, moving; **ein ~er Anblick** a touching [*or* moving] sight ❷ (*reizend*) ■ **~ [von jdm] sein** to be sweet [of sb] **II.** *adv* touchingly; **danke, dass Sie sich während meiner Krankheit so ~ um mich gekümmert haben** thanks for having taken care of me during my illness, it was really touching

Ruhr·ge·biet *nt kein pl* ■ **das ~** the Ruhr [Area]

rüh·rig ['ry:rɪç] *adj* active

Rühr·löf·fel *m* mixing spoon

Ruhr·pott *m* (*fam*) *s.* **Ruhrgebiet**

Rühr·schüs·sel *f* mixing bowl

rühr·se·lig *adj* (*pej*) tear-jerking *fam;* **ein ~er Film/ein ~es Buch** a tear jerker *fam*

Rühr·se·lig·keit <-> *f kein pl* (*pej*) sentimentality *no art, no pl pej*

R

Rühr·stück *nt* melodrama
Rühr·teig *m* cake [*or* sponge] mixture
Rüh·rung <-> *f kein pl* emotion *no art, no pl;* **vor ~ weinen** to cry with emotion
Ru·in <-s> [ru'i:n] *m kein pl* ruin *no pl*
Ru·i·ne <-, -n> [ru'i:nə] *f* ❶ (*zerfallenes Gemäuer*) ruin[s *pl*] ❷ (*fam: körperlich verfallener Mensch*) wreck *fam*
ru·i·nie·ren* [rui'ni:rən] *vt* ❶ (*zugrunde richten*) ■**jdn/etw ~** to ruin sb/sth; ■**sich** *akk* [**für jdn/etw**] ~ to ruin oneself [on account of sb/sth] ❷ (*verderben*) ■[**jdm**] **etw ~** to ruin [sb's] sth
ru·i·nös [rui'nø:s] *adj* (*geh*) ruinous
rülp·sen ['rʏlpsn̩] *vi* to belch, to burp; ■**das R~** belching, burping
Rülp·ser <-s, -> *m* (*fam*) belch, burp
Rum <-s, -s> [rʊm] *m* rum *no art, no pl*
Ru·mä·ne, Ru·mä·nin <-n, -n> [ru'mɛ:nə, ru'mɛ:nɪn] *m, f* Romanian; *s. a.* **Deutsche(r)**
Ru·mä·ni·en <-s> [ru'mɛ:ni̯ən] *nt* Romania; *s. a.* **Deutschland**
Ru·mä·nin <-, -nen> *f fem form von* **Rumäne**
Ru·mä·nisch [ru'mɛ:nɪʃ] *nt dekl wie adj* Romanian; *s. a.* **Deutsch**
ru·mä·nisch [ru'mɛ:nɪʃ] *adj* Romanian; *s. a.* **deutsch**
Ru·mä·ni·sche <-n> *nt dekl wie adj* ■**das ~** Romanian, the Romanian language; *s. a.* **Deutsche**
Rum·ba <-s, -s> ['rʊmba] *m* rumba
rum|krie·gen *vt* (*sl*) ❶ (*zu etw bewegen*) ■**jdn** [**zu etw**] ~ to talk sb into sth; ■**jdn dazu ~, etw zu tun** to talk sb into doing sth ❷ (*verbringen*) ■**etw ~** to get through sth; **einen Tag irgendwie ~** to get through a day somehow
Rum·mel <-s> ['rʊml̩] *m kein pl* ❶ (*fam: Aufhebens*) [hustle and] bustle *no art, no pl* ❷ (*Betriebsamkeit*) commotion *no pl* ❸ DIAL (*~platz*) fair
Rum·mel·platz *m* (*fam*) fairground
ru·mo·ren* [ru'mo:rən] **I.** *vi* ❶ (*herumhantieren*) to tinker around, to potter about *esp* BRIT ❷ (*sich bewegen*) to go around **II.** *vi impers* **in meinem Magen rumort es so** my stomach's rumbling so much
Rum·pel·kam·mer ['rʊmpl̩-] *f* (*fam*) junk room
rum·peln ['rʊmpl̩n] *vi* ❶ *haben* (*dröhnen*) to rumble; (*klappern*) to clatter ❷ *sein* (*mit Dröhnen fortbewegen*) to rumble; (*klappernd fortbewegen*) to clatter
Rum·pel·stilz·chen <-s> ['rʊmpl̩ʃtɪltsçən] *nt* LIT Rumpelstiltskin *no art, no pl*
Rumpf <-[e]s, Rümpfe> [rʊmpf, *pl* 'rʏmpfə] *m* ❶ (*Torso*) trunk, torso ❷ TECH *eines Flugzeugs* fuselage; *eines Schiffes* hull
Rumpf·beu·ge *f* SPORT forward bend; **~n/eine ~ machen** to do forward bends/a forward bend
rümp·fen ['rʏmpfən] *vt* **die Nase** [**über etw** *akk*] ~ to turn up *sep* one's nose [at sth]; (*etw verachten*) to sneer [at sth]
Rump·steak ['rʊmpste:k, -ʃte:k] *nt* rump steak
Rum·topf *m* rumpot (*a rum and sugar mixture with fruit*)
Run <-s, -s> [rʌn] *m* run; ■**der/ein ~ auf etw** *akk* the/a run on sth
rund [rʊnt] **I.** *adj* ❶ (*kreisförmig*) round, circular ❷ (*rundlich*) plump ❸ FIN (*überschläglich*) round *attr;* **eine ~e Summe** a round sum; **~e fünf Jahre** a good five years + *sing vb* ❹ (*gleichmäßig*) full; **ein ~er Geschmack** a full taste **II.** *adv* ❶ (*im Kreis*) ■**~ um etw** around sth; **wir können ~ um den Block spazieren** we can walk around the block; *s. a.* **Uhr** ❷ (*überschläglich*) around, about; **ein neues Dach würde Sie ~ 28.000 Euro kosten** a new roof would cost you around [*or* about] 28,000 euros ❸ (*kategorisch*) flatly; **etw ~ abschlagen** to flatly reject sth; *s. a.* **rundgehen** ❹ (*gleichmäßig*) smoothly
Rund·bau <-bauten> *m* circular building, rotunda **Rund·blick** *m* panorama **Rund·bo·gen** *m* ARCHIT round [*or spec* [*or* AM -er] full-centre] arch **Rund·brief** *m* circular
Run·de <-, -n> ['rʊndə] *f* ❶ (*Gesellschaft*) company; **es war eine sehr gemütliche ~** the company was very convivial; **wir haben in kleiner ~ gefeiert** it was a small [*or* an intimate] celebration ❷ (*Rundgang*) rounds *pl; eines Polizisten* beat *no pl; eines Briefträgers* round; **eine ~** [**um etw**] **drehen** AUTO to drive/ride around [sth]; LUFT to circle [over sth]; **seine ~ machen** to do one's rounds; *Polizist* to be on [*or* walking] one's beat ❸ SPORT lap; **vier ~n sind noch zu fahren** there are another four laps to go; (*Boxen*) round; KARTEN rubber, round; **eine ~ Bridge** a rubber [*or* round] of bridge ❹ (*Stufe*) round; **die nächste ~ der Tarifgespräche** the next round of wage talks ❺ (*Bestellung*) round; **eine ~ für alle!** a round [of drinks] for everyone!; [**jdm** [*o* **für jdn**]] **eine ~ spendieren** [*o* **ausgeben**], [**für jdn**] **eine ~ schmeißen** (*sl*) to get in a round [for sb] ▶ WENDUNGEN: **etw über die ~n bringen** (*fam*) to get sth done; **jdm über die ~n helfen** to help sb get by; [**mit etw**] **über die ~n kommen** (*fam*) to make ends meet [with sth]; [**irgendwo**] **die ~ machen** *Gerücht* to go around [somewhere]; **die ~ machen** (*herumgegeben werden*) to be passed around; **in die/der ~** around; **was schaust du so erwartungsvoll in die ~?** what are you looking around so expectantly for?
run·den ['rʊndn̩] (*geh*) **I.** *vr* ■**sich** *akk* ~ ❶ (*rundlich werden*) to become [*or* grow] round; (*von Gesicht*) to become full, to fill out ❷ (*konkreter werden*) to take shape **II.** *vt* **die Lippen ~** to round one's lips; **Daumen und Zeigefinger** [**zu etw**] ~ to curl one's thumb and forefinger [to sth]
rund·er·neu·ern* *vt* AUTO ■**etw ~** to retread sth; **die Profile ~** to remould [*or* AM remold] the tread; **runderneuerte Reifen** remoulds **Rund·fahrt** *f* [sightseeing] tour **Rund·fra·ge** *f* survey (**zu** + *dat* of)
Rund·funk *m* ❶ (*geh*) radio, wireless BRIT *dated;* **im ~** (*veraltend*) on the radio [*or* BRIT *dated* wireless] ❷ ■**der ~** (*die Sendeanstalten*) broadcasting; (*die Organisationen*) the broadcasting companies [*or* corporations]
Rund·funk·an·stalt *f* (*geh*) broadcasting company [*or* corporation] **Rund·funk·ge·bühr** *f meist pl* radio licence [*or* AM -se] fee **Rund·funk·ge·rät** *nt* (*geh*) radio [set], wireless BRIT *dated* **Rund·funk·pro·gramm** *nt* radio programme [*or* AM -am] **Rund·funk·sen·der** *m* radio station **Rund·funk·spre·cher(in)** *m(f)* radio announcer **Rund·funk·sta·ti·on** *f* radio station **Rund·funk·teil·neh·mer(in)** *m(f)* (*geh*) listener **Rund·funk·über·tra·gung** *f* [radio] broadcast
Rund·gang *m* walk; (*zur Besichtigung*) tour, round; **einen ~** [**durch etw**] **machen** to go for a walk [through sth]; (*zur Besichtigung*) to do a tour [*or* round] of sth
rund|ge·hen *irreg* **I.** *vi sein* ❶ (*herumgereicht werden*) to be passed around; ■**etw ~ lassen** to pass around sth *sep* ❷ (*herumerzählt werden*) to do the rounds; **wie der Blitz ~** to spread like wildfire **II.** *vi impers sein* ❶ (*fam: was los sein*) to go full tilt; **es geht rund im Büro** it's all happening at the office ❷ (*fam: Ärger geben*) **jetzt geht es rund!** now there'll be [all] hell to pay! *fam*
rund·her·aus ['rʊnthɛ'raus] *adv* bluntly, point-blank **rund·her·um** ['rʊnthɛ'rʊm] *adv* ❶ (*rings herum*) ■**~** [**um etw**] all round [sth] ❷ (*fam*) *s.* **rundum** **Rund·korn·reis** *m* short grain rice
rund·lich ['rʊntlɪç] *adj* plump; **~e Hüften** well-rounded hips; **~e Wangen** chubby [*or* plump] cheeks; ■**~ sein/werden** to be/be getting plump/well-rounded/chubby
Rund·rei·se *f* tour; ■**eine/jds ~ durch etw** a/sb's tour of sth
Rund·ruf *m* series of calls; **bei all seinen Freunden einen ~ machen** to call all one's friends **Rund·schrei·ben** *nt* (*geh*) *s.* **Rundbrief** **rund·um** ['rʊnt'ʔʊm] *adv* ❶ (*ringsum*) all round [*or* AM around] ❷ (*völlig*) completely [*or* totally] **Rund·um·schlag** *m* sweeping [*or* devastating] blow
Rund·um·schutz *m* FIN, MED all-risks cover
Run·dung <-, -en> *f* ❶ (*Wölbung*) curve ❷ *pl* (*fam*) curves, curvature *no pl*

Rund·wan·der·weg *m* circular walk

rund·weg ['rʊnt'vɛk] *adv* flatly, point-blank; **sich** *akk* ~ **weigern** to flatly refuse, to refuse point-blank

Rund·wurm *m* ZOOL roundworm

Ru·ne <-, -n> ['ru:nə] *f* rune

Ru·nen·schrift *f* runic writing *no art* **Ru·nen·zei·chen** *nt* runic character, rune

Run·kel·rü·be ['rʊnkḷ-] *f*, **Run·kel** ['rʊnkḷ] *f* ÖSTERR, SCHWEIZ mangel-wurzel

run·ter ['rʊntɐ] *interj* (*fam: weg*) ~ **mit dem Zeug von meinem Schreibtisch!** get [*or* clear] that stuff off my desk!; ~ **vom Baum/von der Leiter!** get out of that tree/get [down] off that ladder!

run·ter|fal·len *vi* (*fam*) ■[**etw** *akk*] ~ to fall down [sth] **run·ter|ho·len** *vt* ❶ (*herunternehmen*) ■**jdn/etw** [**von etw** *dat*] ~ to fetch sb/sth [from sth] ❷ (*sl*) ■**sich** *dat* **einen** ~ to [have a] wank BRIT *sl*, to choke one's chicken AM *sl;* ■**jdm/sich einen** ~ to jerk [*or* toss] sb/oneself off *sl* **run·ter|kom·men** *vi irreg sein* ❶ (*fam: herunterkommen*) ■[**von etw/zu jdm**] ~ to get down [off sth]/to come down [to sb] ❷ (*sl: clean werden*) ■**von etw** *dat* ~ to come off sth **run·ter|la·den** *vt* ■[**sich** *dat*] **etw** ~ INET to download sth **run·ter|las·sen** *vt irreg* (*fam*) ■**etw** ~ to let down sth *sep;* **die Hose** ~ to lower [*or sep* pull down] one's pants **run·ter|sprin·gen** *vi* (*fam*) to jump down

Run·zel <-, -n> ['rʊntsḷ] *f* wrinkle, furrow

run·ze·lig ['rʊntsəlɪç] *adj* wrinkled; ~ **sein** [**im Gesicht**] to have a wrinkled face

run·zeln ['rʊntsḷn] **I.** *vt* ■**etw** ~ to wrinkle [*or* crease] sth; **die Brauen/die Stirn** ~ to knit one's brows/to wrinkle one's brow; **gerunzelte Brauen/eine gerunzelte Stirn** knitted brows/a wrinkled brow; (*ärgerlich*) a frown *no pl* **II.** *vr* ■**sich** *akk* ~ to become wrinkled

Rü·pel <-s, -> ['ry:pḷ] *m* lout, yob[bo] BRIT *fam*

Rü·pe·lei <-, -en> [ry:pə'lai] *f* insolent [*or* loutish] act/remark

rü·pel·haft *adj* loutish; ~**er Kerl** lout, yob[bo] BRIT *fam;* ■~ **sein** to be loutish [*or* a lout] [*or* BRIT *fam* a yob[bo]]

rup·fen ['rʊpfn̩] *vt* ❶ (*von den Federn befreien*) ■**etw** ~ to pluck sth ❷ (*zupfen*) ■**etw** [**aus etw** *dat*] ~ to pull up sth *sep* [out of sth] ❸ (*sl: finanziell übervorteilen*) ■**jdn** ~ to fleece sb *fam*, to take sb to the cleaner's *fam; s. a.* **Hühnchen**

Ru·pie <-, -n> ['ru:pi̯ə] *f* rupee

rup·pig ['rʊpɪç] **I.** *adj* gruff; **eine** ~**e Antwort** an abrupt [*or* a gruff] [*or* a terse] answer; ■~ [**zu jdm**] **sein** to be gruff [*or* rough] [with sb] **II.** *adv* gruffly; **jdn** ~ **behandeln** to treat sb gruffly [*or* roughly]; **sich** *akk* ~ **verhalten** to be gruff

Rü·sche <-, -n> ['ry:ʃə] *f* ruche, frill

rü·schen ['ry:ʃn̩] *vt* MODE ■**etw** ~ *Kleid, Bluse* to ruche sth

Ruß <-es> [ru:s] *m kein pl* soot; *Dieselmotor* particulate; *Kerze* smoke; *Lampe* lampblack

Rus·se, Rus·sin <-n, -n> ['rʊsə, 'rʊsɪn] *m, f* Russian [man/boy/woman/girl]; ~ **sein** to be Russian; **die** ~**n** the Russian; *s. a.* **Deutsche(r)**

Rüs·sel <-s, -> ['rʏsḷ] *m* ❶ (*Tier~*) snout, proboscis *spec; Elefant a.* trunk ❷ (*Saug~*) *Insekt* proboscis *spec* ❸ (*sl: Mund*) trap *sl*, gob BRIT *sl*

Rüs·sel·kä·fer *m* ZOOL weevil **Rüs·sel·tier** *nt* ZOOL elephant

ru·ßen ['ru:sn̩] **I.** *vi* to produce soot; *Fackel, Kerze* to smoke **II.** *vt* SCHWEIZ, SÜDD (*entrußen*) ■**etw** ~ to clean the soot out of sth; **den Kamin** ~ to sweep the chimney

Ruß·fil·ter *m* smoke [*or* flue-gas] filter; AUTO diesel [particulate *form*] filter **Ruß·flo·cke** *f* soot particle, smut

ru·ßig ['ru:sɪç] *adj* blackened [with soot *pred*]; (*verschmutzt a.*) sooty

Rus·sin <-, -nen> *f fem form von* **Russe**

rus·sisch ['rʊsɪʃ] *adj* ❶ (*Russland betreffend*) Russian, in/of Russia *pred; s. a.* **deutsch 1, Roulette** ❷ LING Russian; **die** ~**e Sprache** Russian, the Russian language; ■**auf R~** in Russian; *s. a.* **deutsch 2**

Rus·sisch ['rʊsɪʃ] *nt dekl wie adj* ❶ LING Russian; ■**das** ~**e** Russian, the Russian language; *s. a.* **Deutsch 1** ❷ (*Fach*) Russian; *s. a.* **Deutsch 2**

Rus·si·sche Fö·de·ra·ti·on *f* ÖSTERR Russia; *s. a.* **Deutschland**

Russ·land[RR], **Ruß·land**[ALT] <-s> ['rʊslant] *nt* Russia; *s. a.* **Deutschland**

Russ·land·deut·sche(r)[RR] *f(m) dekl wie adj* ethnic German from Russia, Russo-German; **die** ~**n** the Russo-Germans; ~ **sein** to be [a] Russo-German; *s. a.* **Deutsche(r)**

rüs·ten ['rʏstn̩] **I.** *vi* to arm, to build up arm[ament]s **II.** *vr* (*geh*) ■**sich** *akk* **zu etw** *dat* ~ to prepare [*or* get ready] for sth **III.** *vt* SCHWEIZ (*vorbereiten*) ■**etw** ~ to get together sth *sep*

rüs·tig ['rʏstɪç] *adj* sprightly; ■~ **sein** to be sprightly

Rüs·tig·keit <-> *f kein pl* sprightliness

rus·ti·kal [rʊsti'ka:l] **I.** *adj* rustic; ~**er Stil** rustic [*or* farmhouse] [*or* country] style; *s. a.* **Eiche II.** *adv* **sich** *akk* ~ **einrichten/~ wohnen** to furnish one's home in a rustic [*or* farmhouse] [*or* country] style

Rüs·tung <-, -en> ['rʏstʊŋ] *f* ❶ *kein pl* (*das Rüsten*) [re]armament ❷ (*Ritter~*) armour [*or* AM -or]

Rüs·tungs·ab·bau *m* reduction in arm[ament]s **Rüs·tungs·be·gren·zung** *f* arms limitation, restriction of arm[ament]s, arm[ament]s reduction **Rüs·tungs·be·trieb** *m* armaments [*or form* ordnance] company **Rüs·tungs·geg·ner(in)** *m(f)* supporter of disarmament **Rüs·tungs·in·dus·trie** *f* armament[s] industry **Rüs·tungs·kon·trol·le** *f* arms control, control of armaments **Rüs·tungs·kon·troll·ver·ein·ba·rung** *f* arms control agreement **Rüs·tungs·kon·zern** *m* armaments [*or form* ordnance] company **Rüs·tungs·un·ter·neh·men** *nt* MIL, ÖKON armaments concern **Rüs·tungs·wett·lauf** *m* arms race

Rüst·zeug *nt kein pl* ❶ (*Werkzeug*) equipment *no pl, no indef art*, tools *pl* ❷ (*Know-how*) know-how, skills *pl;* (*Qualifikationen*) qualifications *pl*

Ru·te <-, -n> ['ru:tə] *f* ❶ (*Gerte*) switch ❷ (*Angel~*) [fishing] rod ❸ (*Wünschel~*) divining [*or* dowsing] rod

Ru·ten·gän·ger(in) <-s, -> *m(f)* diviner, dowser

Ru·the·ni·um <-s> [ru'te:ni̯ʊm] *nt kein pl* CHEM ruthenium *no pl, no indef art*

Rüt·li·schwur ['ry:tli-] *m kein pl* HIST ■**der** ~ *oath taken on the Rütli mountain by the founders of Switzerland*

Rutsch <-es, -e> [rʊtʃ] *m* landslide; **in einem** ~ (*fig fam*) in one go; **guten** ~**!** (*fam*) happy New Year!

Rutsch·bahn *f* ❶ (*Kinder~*) slide ❷ (*Straße*) slippery slope ❸ (*Rummelplatz*) helter-skelter

Rut·sche <-, -n> ['rʊtʃə] *f* ❶ TECH chute, slideway ❷ (*fam*) *s.* **Rutschbahn 1**

rut·schen ['rʊtʃn̩] *vi sein* ❶ (*aus~*) to slip ❷ (*fam: rücken*) ■[**mit etw** *dat*] [**nach links/zur Seite etc.**] ~ to move [*or fam* shove] [sth] [to the left/side etc.]; **auf dem Stuhl hin und her** ~ to fidget [*or* shift around] on one's chair; **rutsch mal!** move [*or fam* shove] over [*or* up] ❸ (*gleiten*) ■[**auf etw** *dat*] ~ to slide [on sth] ❹ (*auf Rutschbahn*) ■[**auf der Rutschbahn**] ~ to play on the slide ❺ (*von Erde, Kies*) **ins R~ geraten** [*o* **kommen**] to start slipping

Rutsch·ge·fahr *f kein pl* danger of slipping; (*von Auto*) danger [*or* risk] of skidding

rut·schig ['rʊtʃɪç] *adj* slippery, slippy *fam*

rutsch·si·cher *adj* non[-]slip

rüt·teln ['rʏtḷn] **I.** *vt* ■**jdn** [**an etw** *dat*] ~ to shake sb [by sth]/sb['s sth] **II.** *vi* ■**an etw** *dat* ~ to shake sth; **an feststehenden Tatsachen** ~ to upset the apple[-]cart; **daran ist nicht zu** ~, **daran gibt es nichts zu** ~ there's nothing one/you/we can do about it, there's no doubt about it

Rüt·tel·sieb *nt* flour sifter

Rwan·der(in) <-s, -> ['rvandɐ] *m(f) s.* **Ruander**

rwan·disch ['rvandɪʃ] *adj* SCHWEIZ *s.* **ruandisch**

R

Ss

S, s <-, -> [ɛs] *nt* S, s; (*Mehrzahl*) S[']s, s's; ~ **wie Siegfried** S for [*or* AM as in] Sugar; *s. a.* **A 1**
s. *Abk von* **siehe**
S *Abk von* **Süden** S[.], So. AM
S. *Abk von* **Seite** p[.]; (*Mehrzahl*) pp[.]
SA <-> [ɛsˈʔaː] *f kein pl* (*hist*) *Abk von* **Sturmabteilung**: ▪**die** ~ the SA
Saal <-[e]s, Säle> [zaːl, *pl* ˈzɛːlə] *m* hall
Saal·die·ner *m* POL usher **Saal·schlacht** *f* (*fam*) brawl, fighting *no pl*
Saar <-> [zaːɐ̯] *f* ▪**die** ~ the Saar
Saar·brü·cken <-s> *nt* Saarbrücken
Saar·ge·biet *nt,* **Saar·land** *nt* ▪**das** ~ the Saarland
Saar·län·der(in) <-s, -> *m(f)* Saarlander
saar·län·disch [ˈzaːɐ̯lɛndɪʃ] *adj* [of/in the] Saarland
Saat <-, -en> [zaːt] *f* ❶ *kein pl* (*das Säen*) ▪**die** ~ sowing; **bei der** ~ **sein** to be sowing ❷ (~ *gut*) seed[s *pl*] ❸ (*gesprießte Halme*) young crop[s *pl*], seedlings *pl*
Saat·gans *f* ORN bean goose **Saat·gut** *nt kein pl* (*geh*) seed[s *pl*] **Saat·kar·tof·fel** *f* seed potato **Saat·korn** *nt* ❶ (*zum Aussäen*) seed corn [*or* AM grain] ❷ BOT *s.* **Samenkorn Saat·krä·he** *f* rook
Sab·bat <-s, -e> [ˈzabat] *m* ▪**der** ~ the Sabbath
sab·beln [ˈzabl̩n] *vi* DIAL (*sabbern*) to slobber
Sab·ber <-s> [ˈzabɐ] *m kein pl* DIAL slaver, saliva, slobber *pej*
Sab·ber·lätz·chen *nt* DIAL bib
sab·bern [ˈzabɐn] **I.** *vi* (*fam*) ▪[**auf etw** *akk*] ~ to slaver [*or pej* slobber] on [*or* over] sth **II.** *vt* DIAL (*fam*) ▪**etw** ~ to blather *fam* [*or pej* spout] sth; **unverständliches Zeug** ~ to [talk] drivel
Sä·bel <-s, -> [ˈzɛːbl̩] *m* (*leicht gebogenes Schwert*) sabre BRIT, saber AM; (*Krumm~*) scimitar ►WENDUNGEN: **mit dem** ~ **rasseln** to rattle one's sabre [*or* AM -er]
Sä·bel·fech·ten *nt* sabre fencing
sä·beln [ˈzɛːbl̩n] **I.** *vt* (*fam*) ▪**etw** [**von etw**] ~ to saw sth off sth, to saw away at sth **II.** *vi* (*fam*) ▪[**an etw** *dat*] ~ to saw away [at sth]
Sä·bel·ras·seln <-s> *nt kein pl* sabre-rattling **Sä·bel·schnäb·ler** <-s, -> *m* ORN avocet
Sa·bo·ta·ge <-, -n> [zaboˈtaːʒə] *f* sabotage; ~ [**an etw** *dat*] **begehen** to perform acts/an act of sabotage, to sabotage sth; ~ **treiben** to practise sabotage
Sa·bo·ta·ge·akt [zaboˈtaːʒə-] *m* act of sabotage; **einen** ~/~**e** [**an etw** *dat*] **begehen** [*o* **verüben**] to perform an act/acts of sabotage, to sabotage sth
Sa·bo·teur(in) <-s, -e> [zaboˈtøːɐ] *m(f)* saboteur; (*kommunistisch a.*) diversionist
sa·bo·tie·ren* [zaboˈtiːrən] **I.** *vt* ▪**etw** ~ to sabotage sth **II.** *vi* to practise sabotage
Sac·cha·ri·me·ter [zaxariˈmeːtɐ] *nt* saccharometer
Sa(c)·cha·rin <-s> [zaxaˈriːn] *nt kein pl* saccharin
Sach·be·ar·bei·ter(in) *m(f)* specialist; (*in einer Behörde*) official in charge; (*im Sozialamt*) caseworker **Sach·be·reich** *m* [specialist] area **Sach·be·schä·di·gung** *f* JUR [criminal] damage to property, vandalism; ~ **begehen** to commit [an act of] vandalism **sach·be·zo·gen I.** *adj* relevant, pertinent, germane *pred form* **II.** *adv* ~ **argumentieren/jdn** ~ **befragen** to use relevant [*or* pertinent] arguments/to ask relevant [*or* pertinent] questions of sb **Sach·buch** *nt* non[-]fiction book [*or* work] **sach·dien·lich** *adj* (*geh*) relevant, pertinent; **ein** ~**er Tipp** a useful tip; ~**e Hinweise** relevant information, information relevant to the case; ▪~ **sein** to be relevant [*or* pertinent] [*or form* germane]
Sa·che <-, -n> [ˈzaxə] *f* ❶ (*Ding*) thing; (*im Laden a.*) article; **scharfe** ~**n** (*fam: Spirituosen*) hard stuff *fam* [*or* AM liquor] *sing;* ~**n gibt's**[**, die gibt's gar nicht**]! (*fam*) [well] would you credit it?, isn't it amazing?; *s. a.* **Natur** ❷ (*Angelegenheit*) matter; **eine aussichtslose** ~ a lost cause; **in eigener** ~ on one's own behalf; **das ist eine andere** ~ that's another matter [*or* something else]; **eine gute** ~ (*angenehm*) a good thing; (*wohltätig*) a good cause; **das ist so eine** ~ (*fam*) that's a bit tricky [*or* bit of a problem]; **es ist eine** ~ **seiner Abstammung** it's a question of his origins; ▪**jds** ~ **sein** to be sb's affair [*or* business]; **nicht jedermanns** ~ **sein** to be not everyone's cup of tea; ▪**eine** ~ **für sich sein** to be a matter apart [*or* chapter in itself] ❸ *pl* (*Eigentum*) ▪**jds** ~**n** sb's things [*or* belongings] [*or fam* stuff] ❹ *pl* (*Utensilien*) things, gear *nsing* ❺ *pl* (*Kleidung*) things, clothes, togs *fam;* **warme** ~**n** warm clothes [*or* clothing] ❻ *pl* (*Werke*) pieces ❼ *pl* (*Vorfall*) things; **beschlossene** ~ **sein** to be [all] settled [*or* a foregone conclusion]; **mach keine** ~**n!** (*fam: was du nicht sagst*) [what] you don't say?; (*tu das bloß nicht*) don't be daft! *fam;* **was machst du bloß für** ~**n!** (*fam*) the things you do!; **was sind denn das für** ~**n?** what's going on here?; **das sind doch keine** ~**n!** (*fam*) he/she/you etc. shouldn't do that ❽ JUR (*Fall*) case; **in** ~**n** [*o* **in der** ~] **Meier gegen Müller** in the case [of] [*or form* in re] Meier versus Müller; **zur** ~ **vernommen werden** to be questioned ❾ *pl* (*fam: Stundenkilometer*) **mit 255** ~**n** at 255 [kph [*or* AM *sl* klicks]] ❿ (*Anliegen*) **mit jdm gemeinsame** ~ **machen** to make common cause with sth ⓫ (*Aufgabe*) **keine halben** ~**n machen** to not do things by halves, to not deal in half-measures; **er macht seine** ~ **gut** he's doing well; (*beruflich*) he's doing a good job ⓬ (*Sachlage*) **sich** *dat* [**bei jdm/etw**] **seiner** ~ **sicher** [*o geh* **gewiss**] **sein** to be sure of one's ground; **bei der** ~ **bleiben** to keep to the point; **die** ~ **ist die, dass ...** (*es geht darum, dass ...*) the matter so far is that ...; (*einschränkend*) the thing is [that] ...; **zur** ~ **kommen** to come to the point; **neben der** ~ **liegen** (*fam*) to be beside the point; **was** ~ **ist** (*fam*) what's what *fam;* [**bei etw** *dat*] **bei der** ~ **sein** to give one's full attention [to sth]; **er war nicht bei der Sache** his mind was wandering; **die** ~ **steht gut** things are going [*or* shaping] well; **die** ~ **steht unentschieden** things are undecided; **nichts zur** ~ **tun** to be irrelevant, to not matter; **seine** ~ **verstehen** to know what one is doing [*or fam* is about]; **zur** ~**!** come to the point; (*in Parlament a.*) [the] question!
Sa·cher·tor·te *f* Sacher torte
Sach·fra·ge *f meist pl* factual question **sach·fremd** *adj* irrelevant **Sach·ge·biet** *nt* [specialized] field **sach·ge·mäß I.** *adj* proper; **bei** ~**er Verwendung** when properly used **II.** *adv* properly **sach·ge·recht** *adj s.* **sachgemäß Sach·ka·ta·log** *m* subject index **Sach·ken·ner(in)** *m(f)* expert, authority (**auf/in** +*dat* on) **Sach·kennt·nis** *f* expert knowledge *no pl* **Sach·kun·de** *f kein pl* ❶ (*geh*) *s.* **Sachkenntnis** ❷ SCH (*fam*) *s.* **Sachkundeunterricht Sach·kun·de·un·ter·richt** *m* ▪**der** ~ General Knowledge **sach·kun·dig I.** *adj* [well-]informed; ▪~/~**er sein** to be [well]/better informed; **sich** [**auf/in etw** *dat*] ~ **machen** to inform oneself [on sth]; **sich laufend** ~ **machen** to keep oneself informed, to keep on the ball **II.** *adv* ~ **antworten/erklären** to give an informed answer/explanation **Sach·kun·di·ge(r)** *f(m) dekl wie adj s.* **Sachkenner**
Sach·la·ge *f kein pl* situation, state of affairs, lie of the land *fam*
sach·lich [ˈzaxlɪç] **I.** *adj* ❶ (*objektiv*) objective; ▪~ **bleiben** to remain objective, to keep to the point; ▪~ **sein** to be objective ❷ (*in der Angelegenheit begründet*) factual; **ein** ~**er Unterschied** a factual [*or* material] difference ❸ (*schmucklos*) functional; **sich** *akk* ~ **kleiden** to dress businesslike **II.** *adv* ❶ (*objektiv*) objectively; **sich** ~ **verhalten** to be objective ❷ (*inhaltlich*) factually
säch·lich [ˈzɛçlɪç] *adj* LING neuter
Sach·lich·keit <-> *f kein pl* ❶ (*Objektivität*) objectivity ❷ KUNST, LIT **die Neue** ~ new realism, neo-realism
Sach·re·gis·ter *nt* subject index **Sach·scha·den** *m* damage to

property, property damage *no indef art, no pl*
Sach·se, Säch·sin <-n, -n> ['zaksə, 'zɛksɪn] *m, f* Saxon
säch·seln ['zɛks|n] *vi* (*fam*) to speak with a Saxon accent/in the Saxon dialect
Sach·sen <-s> ['zaksn̩] *nt* Saxony
Sach·sen-An·halt <-s> [zaksn̩'anhalt] *nt* Saxony-Anhalt
Säch·sin <-, -nen> ['zɛksɪn] *f fem form von* **Sachse**
säch·sisch ['zɛksɪʃ] *adj* Saxon, of Saxony *pred;* ■**das S~e** Saxon
Sach·spen·de *f* donation in kind
sacht [zaxt], **sach·te** ['zaxtə] **I.** *adj* ❶ (*sanft*) gentle; **nun mal ~e!, ~e, ~e!** (*fam*) take it easy! ❷ (*geringfügig*) gentle, gradual **II.** *adv* ❶ (*sanft*) gently ❷ (*leicht*) gently, gradually, by degrees
Sach·ver·halt <-[e]s, -e> *m* facts *pl* [of the case] **Sach·ver·stand** *m kein pl* expertise **Sach·ver·stän·di·ge(r)** *f(m) dekl wie adj* expert; (*vor Gericht*) expert witness **Sach·wert** *m* ❶ commodity [*or* real] value ❷ *pl* (*Wertgegenstände*) tangible assets *spec* **Sach·wör·ter·buch** *nt* specialist [*or* technical] dictionary; ~ **der Gesteinskunde** dictionary of geology [*or* geological terms] **Sach·zwang** *m meist pl* SOZIOL material [*or* practical] constraint; **Sachzwängen unterliegen** to be constrained by circumstances; **frei von Sachzwängen sein** to be unconstrained by circumstances
Sack <-[e]s, Säcke> [zak, *pl* 'zɛkə] *m* ❶ (*großer Beutel*) sack; **drei ~ Kartoffel/Kohlen** three sacks of potatoes/sacks [*or* bags] of coal; **etw in Säcke füllen** to put sth into sacks, to sack sth *spec* ❷ SÜDD, ÖSTERR, SCHWEIZ (*Hosentasche*) [trouser [*or* AM pants]] pocket; **etw im ~ haben** (*sl*) to have sth safely in one's pocket ❸ (*vulg: Hoden~*) balls *npl sl* ❹ (*pej fam: Kerl*) bastard *sl,* cunt *vulg* ❺ (*Tränen~*) bag, sac[cus] *spec* ▶ WENDUNGEN: **in ~ und Asche gehen** (*fig geh*) to wear [*or* be in] sackcloth and ashes *liter;* **den ~ schlagen und den Esel meinen** (*prov*) to kick the dog and mean the master *prov;* **es ist leichter, einen ~ Flöhe zu hüten** (*fam*) I'd rather climb Mount Everest *fam;* **mit ~ und Pack** (*fam*) with bag and baggage; **wie ein nasser ~** (*sl*) as if poleaxed, like a limp rag; **jdn in den ~ stecken** (*fig fam*) to knock [the] spots off sb BRIT *fam*
Sack·bahn·hof *m s.* **Kopfbahnhof**
Sä·ckel <-s, -> ['zɛkl] *m* SÜDD (*veraltend: Hosentasche*) pocket; **tief in den ~ greifen müssen** to have to dig deep [into one's pockets]
sa·cken ['zakn̩] *vi sein* ❶ (*sich senken*) to sink, to subside; (*zur Seite*) to lean ❷ (*sinken*) to sink; *Kopf a.* to droop
sä·cke·wei·se *adj* by the sack/bag
Sack·gas·se *f* (*a. fig*) cul-de-sac, blind alley, dead end *a. fig;* **in einer ~ stecken** to have come to a dead end [*or* an impasse] **Sack·hüp·fen** *nt kein pl* sack race; **~ machen** to have a sack race **Sack·kar·re** *f* barrow, handcart **Sack·lei·nen** *nt* sackcloth, sacking, burlap AM **Sack·tuch** *nt* ❶ SÜDD, ÖSTERR, SCHWEIZ (*Taschentuch*) handkerchief, hankie *fam* ❷ *s.* **Sackleinen**
Sa·dis·mus <-, Sadismen> [za'dɪsmʊs, *pl* za'dɪsmən] *m* ❶ *kein pl* (*Veranlagung*) sadism ❷ *pl* sadism *no pl,* sadistic acts
Sa·dist(in) <-en, -en> [za'dɪst] *m(f)* sadist
sa·dis·tisch **I.** *adj* sadistic; ■**~ sein** to be sadistic **II.** *adv* sadistically
Sa·do·ma·so·chis·mus [zadomazɔ'xɪsmʊs] *m kein pl* sadomasochism, SM *no pl*
sä·en ['zɛ:ən] **I.** *vt* ■**etw ~** ❶ (*aus~*) to sow sth ❷ (*geh: erzeugen*) to sow [the seeds of] sth **II.** *vi* to sow; *s. a.* **dünn** ▶ WENDUNGEN: **Wind ~ und Sturm ernten** to sow the wind and reap the whirlwind *dated*
Sa·fa·ri <-, -s> [za'fa:ri] *f* safari; **eine ~ machen** to go on safari
Sa·fa·ri·helm *m* safari hat **Sa·fa·ri·hemd** *nt* safari jacket **Sa·fa·ri·park** *m* safari park
Safe <-s, -s> [se:f] *m* safe; **einen ~ aufbrechen** to break open a safe
Saf·fi·an ['zafi̯a(:)n] *m,* **Saf·fi·an·le·der** <-s> ['zafi̯a(:)n-] *nt kein pl* morocco [leather]
Sa·flor·öl [za'flo:ɐ̯-] *nt* safflower oil
Saf·ran <-s, -e> ['zafra:n] *m* ❶ BOT saffron [crocus] ❷ (*Gewürz*) saffron
Saft <-[e]s, Säfte> [zaft, *pl* 'zɛftə] *m* ❶ (*Frucht~*) [fruit] juice *no pl* ❷ (*Pflanzen~*) sap *no pl;* **ohne ~ und Kraft** (*fig: von Rede*) wishy-washy, insipid; (*von Mensch: lustlos*) listless ❸ (*fam: Strom*) juice *fam* ▶ WENDUNGEN: **im eigenen ~ schmoren** (*fig fam*) to be up against a brick wall; **jdn im eigenen ~ schmoren lassen** (*fam*) to let sb stew in their own juice
Saft·brä·ter *m* oval-shaped casserole (*with a perforated insert in the lid for channelling basting liquids to the meat*)
saf·tig ['zaftɪç] *adj* ❶ (*viel Saft enthaltend*) juicy, succulent ❷ (*üppig*) lush ❸ (*fam: in unangenehmer Weise berührend*) **ein ~er Brief** one hell of a letter, a snorter BRIT *sl;* **ein ~er Preis/eine ~e Rechnung** a steep [*or* an exorbitant] price/bill
Saft·la·den *m* (*pej fam*) dump *pej* **saft·los** *adj* insipid, wishy-washy **Saft·pres·se** *f* fruit press, juice extractor **Saft·sack** *m* (*pej sl*) stupid bastard *sl* [*or* BRIT *vulg* twat] **Saft·zen·tri·fu·ge** *f* juice extractor
Sa·ga <-, -s> ['sa:ga] *f* saga
Sa·ge <-, -n> ['za:gə] *f* legend
Sä·ge <-, -n> ['zɛ:gə] *f* ❶ (*Werkzeug*) saw ❷ ÖSTERR (*Sägewerk*) sawmill
Sä·ge·bauch *m* sawfish **Sä·ge·blatt** *nt* saw blade [*or spec* web] **Sä·ge·bock** *m* sawhorse **Sä·ge·mehl** *nt* sawdust **Sä·ge·mes·ser** *nt* serrated knife **Sä·ge·müh·le** *f* SÜDD (*Sägewerk*) sawmill
sa·gen ['za:gn̩] **I.** *vt* ❶ (*äußern*) ■**etw [zu jdm] ~** to say sth [to sb]; **warum haben Sie das nicht gleich gesagt?** why didn't you say [*or* tell me] that [*or* so] before?; ■**~/jdm ~, dass/ob ...** to say/tell sb [that]/whether ...; ■**~/jdm ~, wann/wenn/wie/warum ...** to say/tell sb when/how/why ...; **könnten Sie mir ~, ...?** could you tell me ...?; **schnell gesagt sein** to be easily said; **ich will nichts gesagt haben** forget everything I just said; **was ich noch ~ wollte, ...** just one more thing, ...; **gesagt, getan** no sooner said than done; **leichter gesagt als getan** easier said than done ❷ (*mitteilen*) ■**jdm etw ~** to tell sb sth; **das hätte ich dir gleich ~ können** I could have told you that before; **sich** *dat* **~ lassen haben, [dass] ...** to have been told [that] ...; **wem ~ Sie das!/wem sagst du das!** (*fam*) who are you trying to tell that?, you don't need to tell me that! ❸ (*befehlen*) ■**jdm ~, dass er/man etw tun soll/muss** to tell sb to do sth/that one should/has to do sth; ■**jdm ~, wie/was ...** to tell sb how/what ...; **etwas/nichts zu ~ haben** to have the say/to have nothing to say, to call the shots *fam*/to be [a] nobody *pej;* **das ist nicht gesagt** that is by no means certain; **lass dir das [von mir] gesagt sein[, ...]** let me tell you [*or* take it from me] [...] ❹ (*meinen*) **was ~ Sie dazu?** what do you say to it [*or* think about it]?; **dazu sage ich lieber nichts** I prefer not to say anything on that point; **das kann man wohl ~** you can say that again; **da soll noch einer ~, [dass] ...** never let it be said [that] ...; **ich sag's ja immer, ...** I always say [*or* I've always said] ... ❺ (*bedeuten*) ■**jdm etwas/nichts/wenig ~** to mean something/to not mean anything/to mean little to sb; **sagt dir der Name etwas?** does the name mean anything to you?; **nichts zu ~ haben** to not mean anything; **das will nichts/nicht viel ~** that doesn't mean anything [*or* much] **II.** *vi imperativisch* ■**sag/~ Sie, ...** tell me [*or* say], ...; **genauer gesagt** or [to put [*or* putting] it] more precisely; **ich muss schon ~!** I must say!; **unter uns gesagt** between you and me, between you, me and the gatepost *hum;* **sag bloß!** (*fam*) you don't say!, get away [with you]! *fam;* ■**um nicht zu ~ ...** not to say ...; **wie [schon] gesagt, wie ich schon sagte** as I've [just [*or* already]] said [*or* mentioned] **III.** *vr* ■**sich** *dat* **~, [dass] ...** to tell oneself [that] ...

S

sä·gen ['zɛːgn̩] **I.** *vt* ■**etw** ~ to saw sth; **er sägte den Ast in kleine Stücke** he sawed the branch into little bits **II.** *vi* ❶ (*mit der Säge arbeiten*) to saw; ■**an etw** *dat* ~ to saw sth, to saw away at sth *iron* ❷ (*fam: schnarchen*) to snore, to saw wood AM

sa·gen·haft I. *adj* ❶ (*fam: phänomenal*) incredible; ~**es Aussehen** stunning looks *npl* ❷ (*fam: unvorstellbar*) incredible; **ein** ~**er Preis**/~**er Reichtum** a staggering price/staggering wealth ❸ (*geh: legendär*) legendary; **eine** ~**e Gestalt** a legendary figure, a figure from legend **II.** *adv* (*fam*) incredibly

Sä·ge·spä·ne *pl* sawdust; (*gröber*) wood shavings *pl* **Sä·ge·werk** *nt* sawmill, lumbermill AM **Sä·ge·zahn** *m* saw tooth

Sa·go <-s> ['zaːgo] *m o nt kein pl* sago

Sa·go·pal·me *f* sago palm

sah [zaː] *imp von* **sehen**

Sa·ha·ra <-> [za'haːra, 'zaːhara] *f kein pl* ■**die** ~ the Sahara [Desert]

Sah·ne <-> ['zaːnə] *f kein pl* cream; **saure/süße** ~ sour cream/[fresh] cream; ■**mit** ~ with cream; ~ **zum Schlagen** whipping cream; **allererste** ~ (*sl*) great *fam*, wicked *fam*

Sah·ne·eis *nt* ice cream **Sah·ne·meer·ret·tich** *m* horseradish cream sauce **Sah·ne·so·ße** *f* cream sauce **Sah·ne·tor·te** *f* cream gateau

sah·nig ['zaːnɪç] *adj* creamy; **etw** ~ **schlagen** to whip [*or* beat] sth until creamy

Saib·ling <-s, -e> ['zaiplɪŋ] *m* arctic char[r]

Sai·son <-, -s *o* SÜDD, ÖSTERR -en> [zɛ'zõː, zɛ'zɔŋ] *f* season; **außerhalb der** ~ in [*or* during] the off-season

sai·so·nal [zɛzo'naːl] **I.** *adj* seasonal **II.** *adv* seasonally; ~ **bedingt sein** to be due to seasonal factors

Sai·son·ar·bei·ter(in) *m(f)* seasonal worker **sai·son·be·dingt** *adj* seasonal; ■~ **sein** to be seasonal [*or* due to seasonal factors] **Sai·son·be·ginn** *m* start of the season **Sai·son·be·trieb** *m kein pl* seasonal business **Sai·son·er·öff·nung** *f* opening of the season **Sai·son·zu·schlag** *m* in-season [*or* seasonal] [*or* high-season] supplement

Sai·te <-, -n> ['zaitə] *f* MUS string; **die** ~**n einer Gitarre stimmen** to tune [the strings of] a guitar ► WENDUNGEN: **andere** [*o* **strengere**] ~**n aufziehen** (*fam*) to get tough

Sai·ten·in·stru·ment *nt* string[ed] instrument **Sai·ten·wurst** *f* frankfurter

Sak·ko <-s, -s> ['zako] *m o nt* sports jacket

sa·kral [za'kraːl] *adj* (*geh*) sacred, religious; **ein** ~**er Akt** a sacred [*or liter* sacral] act; ~**e Kunst** religious [*or liter* sacral] art

Sa·kral·bau *m* sacred [*or* ecclesiastical] building **Sa·kral·kunst** *f* religious [*or liter* sacral] art

Sa·kra·ment <-[e]s, -e> [zakra'mɛnt] *nt* sacrament; **das** ~ **der Taufe** the sacrament of baptism; ~ [**noch mal**]! SÜDD (*sl*) Jesus [H. *hum*] Christ! *sl*

Sa·kri·leg <-s, -e> [zakri'leːk] *nt* (*geh*) sacrilege; **ein** ~ **begehen** to commit [a] sacrilege

Sa·kris·tei <-, -en> [zakrɪs'tai] *f* sacristy, vestry

sa·kro·sankt [zakro'zaŋkt] *adj* ❶ (*geh: unantastbar*) sacrosanct, inviolable ❷ HIST (*geheiligt*) sacrosanct

sä·ku·lar [zɛku'laːɐ̯] *adj* SOZIOL secular

Sä·ku·la·ri·sa·ti·on <-, -en> [zɛkulariza'tsi̯oːn] *f* secularization

sä·ku·la·ri·sie·ren* [zɛkulari'ziːrən] *vt* ■**etw** ~ to secularize sth

Sa·la·man·der <-s, -> [zala'mandɐ] *m* salamander

Sa·la·mi <-, -s> [za'laːmi] *f* salami

Sa·la·mi·tak·tik *f* (*fam*) policy of small steps (*to achieve what cannot be done in one go*), salami tactics *spec sl*

Sa·lär <-s, -e> [za'lɛːɐ̯] *nt* ÖSTERR, SCHWEIZ (*geh: Honorar*) salary

Sa·lat <-[e]s, -e> [za'laːt] *m* ❶ (*Pflanze*) lettuce; ~ **pflanzen** to plant [*or* set] lettuce ❷ (*Gericht*) salad; **grüner** ~ green [*or* lettuce] salad; **gemischter** ~ mixed salad ► WENDUNGEN: **da** [*o* **jetzt**] **haben wir den** ~! (*fam*) now we're in a fine mess, now we've had it *fam*

Sa·lat·be·steck *nt* salad servers *pl* **Sa·lat·dres·sing** *nt* [salad] dressing **Sa·lat·gur·ke** *f* cucumber **Sa·lat·kar·tof·fel** *f* waxy potato **Sa·lat·kopf** *m* [head of] lettuce **Sa·lat·ma·jo·nä·se** *f*, **Sa·lat·ma·yon·nai·se** [-majonɛːzə] *f* mayonnaise **Sa·lat·öl** *nt* salad oil **Sa·lat·plat·te** *f* ❶ (*Teller*) salad dish ❷ (*Gericht aus Salaten*) [mixed] salad **Sa·lat·schleu·der** *m* salad drainer **Sa·lat·schüs·sel** *f* salad bowl **Sa·lat·sei·her** *m* colander **Sa·lat·so·ße** *f* [salad] dressing **Sa·lat·tel·ler** *m* salad dish **Sa·lat·zan·ge** *f* salad tongs *npl*

Sal·be <-, -n> ['zalbə] *f* ointment, salve

Sal·bei <-s> ['zalbai] *m kein pl* sage *no pl*

Sal·bei·ho·nig *m kein pl* sage honey *no pl*

sal·ben ['zalbn̩] *vt* ■**jdn** ~ to anoint sb

Sal·bung <-, -en> *f* anointing, unction

sal·bungs·voll I. *adj* (*pej*) unctuous *pej* **II.** *adv* (*pej*) unctuously *pej*, with unction *pej*

Sal·chow <-s, -s> ['zalço] *m* (*im Eiskunstlauf*) salchow

Sal·do <-s, -s *o* Saldi *o* Salden> ['zaldo, *pl* 'zaldi, *pl* 'zaldn̩] *m* FIN balance; **einen** ~ **ausgleichen** to balance an account

Sal·do·vor·trag *m* balance brought [*or* carried] forward

Sä·le *pl von* **Saal**

Sa·li·ne <-, -n> [za'liːnə] *f* ❶ (*Gradierwerk*) salt collector, saltern *spec* ❷ (*Salzwerk*) saltworks + *sing/pl verb*, saltern *spec*

Sa·li·zyl·säu·re *f* salicylic acid

Salm <-[e]s, -e> [zalm] *m* (*Lachs*) salmon

Sal·mi·ak <-s> [zal'mi̯ak, 'zalmi̯ak] *m o nt kein pl* ammonium chloride, sal ammoniac *spec*

Sal·mi·ak·geist <-s> *m kein pl* [household] [liquid [*or spec* aqua]] ammonia

Salm·ler <-s, -> ['zalmlɐ] *m* ZOOL characin

Sal·mo·nel·le <-, -n> [zalmo'nɛlə] *f meist pl* salmonella

Sal·mo·nel·len·ver·gif·tung *f* salmonella poisoning

Sa·lo·mo·nen [zalo'moːnən] *pl*, **Sa·lo·mon·in·seln** ['zaːlomɔn-] *pl* SCHWEIZ, BRD (*fam*) ■**die** ~ the Solomon Islands *pl*; *s. a.* **Falklandinseln**

Sa·lo·mo·ner(in) <-s, -> *m(f)* Solomon Islander; *s. a.* **Deutsche(r)**

sa·lo·mo·nisch [zalo'moːnɪʃ] *adj* ❶ GEOG Solomon Islander [*or* Islands], Solomon; *s. a.* **deutsch** ❷ REL [worthy] of Solomon *pred*

Sa·lo·mons·sie·gel ['zaːlomɔns-] *m* BOT Solomon's seal

Sa·lon <-s, -s> [za'lõː, za'lɔŋ] *m* (*geh*) drawing room, salon

sa·lon·fä·hig [za'lõː-, za'lɔŋ-] *adj* socially acceptable; ■**nicht** ~ **sein** to be not socially acceptable; (*von Witz*) to be risqué [*or* objectionable]; **etw** ~ **machen** to make sth socially acceptable

Sa·lon·wa·gen *m* BAHN Pullman [carriage]

sa·lopp [za'lɔp] **I.** *adj* ❶ (*leger*) casual ❷ (*ungezwungen*) slangy **II.** *adv* ❶ (*leger*) casually; ~ **angezogen gehen** to go/go around in casual clothing ❷ (*ungezwungen*) **sich** ~ **ausdrücken** to use slang[y] expressions [*or* language]

Sal·pe·ter <-s> [zal'peːtɐ] *m kein pl* saltpetre [*or* AM -er] *no pl*, nitre [*or* AM -er] *no pl spec*

Sal·pe·ter·säu·re *f kein pl* nitric acid *no pl*

Sal·to <-s, -s *o* Salti> ['zalto, *pl* 'zalti] *m* somersault; (*beim Turmspringen a.*) turn; **ein doppelter** ~ a double somersault/turn; ~ **mortale** (*im Zirkus*) death-defying leap; (*riskantes Unternehmen*) wildcat enterprise; **ein** [**dreifacher**] ~ **vorwärts/rückwärts** a [triple] forwards/backwards somersault; **einen** ~ **machen** (*turnen*) to [do [*or* perform] a] somersault; (*sich überschlagen*) to somersault, to flip over

Sa·lut <-[e]s, -e> [za'luːt] *m* salute; ~ **schießen** to fire a/the salute

sa·lu·tie·ren* [zalu'tiːrən] *vi* MIL to [give a] salute

Sa·lut·schuss^RR *m* MIL [gun] salute

Sal·va·do·ri·a·ner(in) <-s, -> [zalvado'ri̯aːnɐ] *m(f)* Salvadoran, Salvadorean; *s. a.* **Deutsche(r)**

sal·va·do·ri·a·nisch [zalvado'ri̯aːnɪʃ] *adj* Salvador[e]an; *s. a.* **deutsch**

Sal·ve <-, -n> ['zalvə] *f* salvo, volley; (*Ehren~*) [gun] salute; **eine**

~ **abgeben** [*o* **abfeuern**] to fire [*or* give] a [gun] salute; **eine ~ auf jdn abgeben** [*o* **abfeuern**] to fire a salvo [*or* volley] at sb

Salz <-es, -e> [zalts] *nt* salt; **zu viel ~ an etw** *akk* **tun** to put too much salt in [*or* to oversalt] sth; **etw in ~** *akk* **legen** to salt down [*or* away] sth *sep,* to pickle sth ▶ WENDUNGEN: **jdm nicht das ~ in der Suppe gönnen** (*fam*) to begrudge sb the [very] air they breathe

salz·arm I. *adj* low-salt *attr,* with a low salt content *pred;* ■ **~ sein** to have a low-salt content **II.** *adv* **~ essen/kochen/leben** to eat low-salt food/to cook low-salt fare/to live on a low-salt diet **Salz·berg·bau** *m* salt mining

Salz·berg·werk *nt* salt mine **Salz·bre·zel** *f* pretzel

Salz·burg <-s> ['zaltsbʊrk] *nt* Salzburg

i Kultur

The **Salzburger Festspiele** – *Salzburg Festival* was initiated in August 1920 and in the early years Max Reinhardt achieved great acclaim for his productions of Shakespeare. The 'Everyman' performances on the steps of Salzburg cathedral have also become world famous.

sal·zen <salzte, gesalzen *o selten* gesalzt> ['zaltsn̩] **I.** *vt* ■ **[jdm/sich] etw ~** to salt [sb's/one's] sth **II.** *vi* to add salt; **du brauchst nicht noch extra zu ~** you don't need to add any more salt

Salz·fäss·chenRR *nt* salt cellar BRIT, [salt] shaker AM **Salz·fisch** *m* salt fish **Salz·fleisch** *nt kein pl* salted meat *no pl* **Salz·ge·bäck** *nt kein pl* savoury [*or* AM -ory] biscuits *pl* **Salz·ge·win·nung** *f* salt production [*or* manufacture] **Salz·gur·ke** *f* pickled gherkin **salz·hal·tig** *adj* salty, saline *spec* **Salz·he·ring** *m* salted [*or* pickled] herring

sal·zig ['zaltsɪç] *adj* ① (*gesalzen*) salty ② (*salzhaltig*) salty, saline *spec*

Salz·kar·tof·feln *pl* boiled potatoes **Salz·korn** *nt* grain of salt **Salz·la·ger·stät·te** *f* salt [*or spec* saline] deposit **Salz·la·ke** *f* brine, souse **salz·los I.** *adj* salt-free **II.** *adv* **~ essen** to eat no salt; **~ kochen/zubereiten** to use no salt in cooking [food]/preparing food; **~ leben** to live on a salt-free diet **Salz·lö·sung** *f* saline [solution] *spec* **Salz·man·deln** *pl* salted almonds **Salz·pflan·ze** *f* BOT halophyte **Salz·säu·le** *f* pillar of salt; **zur ~ erstarren** to stand rooted to the spot **Salz·säu·re** *f kein pl* hydrochloric acid **Salz·see** *m* salt lake **Salz·stan·ge** *f* salt[ed] stick **Salz·stock** *m* salt mine; GEOL salt dome *spec* **Salz·streu·er** <-s, -> *m* salt cellar BRIT, [salt] shaker AM **Salz·was·ser** *nt kein pl* salt [*or* sea] water **Salz·wüs·te** *f* salt desert [*or* flat]

SA-Mann <-Leute> [ɛs'ʔaː-] *m* storm trooper, SA man

Sa·ma·ri·ter <-s, -> [zama'riːtɐ] *m* Samaritan; **ein barmherziger ~** (*geh*) a good [*or* Good] Samaritan

Sa·ma·ri·um <-s> [za'maːri̯ʊm] *nt kein pl* samarium *no pl*

Sam·ba <-s, -s> ['zamba] *m* samba

Sam·bia <-s> ['zambi̯a] *nt* Zambia; *s. a.* **Deutschland**

Sam·bi·er(in) <-s, -> ['zambi̯ɐ] *m(f)* Zambian; *s. a.* **Deutsche(r)**

sam·bisch ['zambɪʃ] *adj* Zambian; *s. a.* **deutsch**

Sa·me <-ns, -n> *m* (*geh*) *s.* **Samen**

Sa·men <-s, -> ['zaːmən] *m* ① (*Pflanzen~*) seed ② *kein pl* (*Sperma*) sperm, semen *no pl;* **~ ausstoßen** to ejaculate

Sa·men·an·la·ge *f* BOT ovule **Sa·men·bank** *f* sperm bank **Sa·men·bla·se** *f* seminal vesicle, spermatocyte *spec* **Sa·men·er·guss**RR *m* ejaculation, seminal discharge *form* **Sa·men·fa·den** *m* spermatozoon *spec* **Sa·men·flüs·sig·keit** *f* seminal fluid **Sa·men·hand·lung** *f* seed shop **Sa·men·kap·sel** *f* seed capsule **Sa·men·korn** *nt* seed **Sa·men·lei·ter** <-s, -> *m* seminal duct, vas deferens *spec* **Sa·men·pflan·ze** *f* BOT seed plant, spermatophyte **Sa·men·scha·le** *f* BOT seed coat **Sa·men·spen·der** *m* sperm donor **Sa·men·zel·le** *f s.* **Spermium**

Sä·me·rei·en [zɛːmə'raiən] *pl* seeds *pl*

sä·mig ['zɛːmɪç -] *adj* thick, creamy; **etw ~ kochen** to reduce sth until creamy

Sam·mel·al·bum *nt* [collector's] album **Sam·mel·an·schluss**RR *m* TELEK private [branch] exchange **Sam·mel·band** *m* anthology **Sam·mel·be·cken** *nt* ① (*Behälter*) collecting tank ② (*Anziehungspunkt*) melting pot (+*gen*/**von** +*dat* for) **Sam·mel·be·griff** *m* LING collective name [*or* term] **Sam·mel·be·häl·ter** *m* collection bin **Sam·mel·be·stel·lung** *f* collective [*or* joint] order **Sam·mel·be·zeich·nung** *f s.* **Sammelbegriff Sam·mel·büch·se** *f* collecting [*or* AM collection] box [*or* BRIT *esp* tin] **Sam·mel·frucht** *f* BOT multiple fruit **Sam·mel·kas·se** *f* kitty *fam* **Sam·mel·la·ger** *nt* refugee camp **Sam·mel·map·pe** *f* file

sam·meln ['zamln̩] **I.** *vt* ① (*pflücken*) ■ **etw ~** to pick [*or* gather] sth ② (*auf~*) ■ **etw ~** to gather sth; **etw** *akk* **von der Erde ~** to pick up sth *sep* [off the ground] ③ (*an~*) ■ **etw ~** to collect sth ④ (*ein~*) ■ **etw ~** to collect sth [in] ⑤ (*zusammentragen*) ■ **etw ~** to gather sth [in]; **Belege ~** to retain [*or* keep] receipts ⑥ (*um sich scharen*) ■ **jdn [um sich** *akk*] **~** to gather [*or* assemble] sb; **Truppen ~** to gather [*or* assemble] [*or* rally] troops ⑦ (*aufspeichern*) ■ **etw ~** to gain [*or* acquire] sth; **Erinnerungen ~** to gather memories **II.** *vr* ① (*zusammenkommen*) ■ **sich** *akk* **[an/auf/vor etw** *dat*] **~** to assemble [at/on/in front of sth] ② (*sich anhäufen*) ■ **sich in etw** *dat* **~** to collect [*or* accumulate] in sth ③ (*geh: sich konzentrieren*) ■ **sich ~** to collect [*or* compose] one's thoughts [*or* oneself] **III.** *vi* ■ **[für jdn/etw] ~** to collect [for sb/sth]

Sam·mel·num·mer *f* TELEK private exchange number **Sam·mel·platz** *m* assembly point

Sam·mel·su·ri·um <-s, -rien> [zaml̩'zuːri̯ʊm, *pl* -ri̯ən] *nt* hotchpotch, hodgepodge AM

Sam·mel·ta·xi *nt* [collective] taxi (*for several fares*) **Sam·mel·wut** *f* collecting mania

Samm·ler(in) <-s, -> *m(f)* ① (*von Gegenständen*) collector ② (*von Beeren, Pilzen etc*) picker, gatherer

Samm·lung <-, -en> *f* ① (*Ansammlung, Kollektion*) collection ② *kein pl* (*geh: innere Konzentration*) composure *no pl*

Sa·moa <-s> [za'moːa] *nt* Samoa; *s. a.* **Deutschland**

Sa·mo·a·ner(in) <-s, -> [zamo'aːnɐ] *m(f)* Samoan; *s. a.* **Deutsche(r)**

sa·mo·a·nisch [zamo'aːnɪʃ] *adj* Samoan; *s. a.* **deutsch**

Sa·mo·war <-s, -e> ['zamovaːɐ̯, zamo'vaːɐ̯] *m* samovar

Sam·ple <-s, -s> ['zampl̩] *nt* [random] sample

Sam·pler <-s, -> ['zamplɐ] *m* sampler

Sam·pling <-s, -s> ['sɑːmplɪŋ] *nt* sampling

Sams·tag <-[e]s, -e> ['zamstaːk] *m* Saturday; **verkaufsoffener ~** (*hist*) late-closing Saturday; *s. a.* **Dienstag**

Sams·tag·abendRR *m* Saturday evening; *s. a.* **Dienstag sams·tag·abends**RR *adv* [on] Saturday evenings

sams·tä·gig *adj* on Saturday

sams·täg·lich *adj* [regular] Saturday *attr;* **wir machen heute unseren ~en Einkauf** we're doing our [regular] Saturday shopping today

Sams·tag·mit·tagRR *m* [around] noon on Saturday; *s. a.* **Dienstag sams·tag·mit·tags**RR *adv* [around] noon on Saturdays **Sams·tag·mor·gen**RR *m* Saturday morning; *s. a.* **Dienstag sams·tag·mor·gens**RR *adv* [on] Saturday mornings **Sams·tag·nach·mit·tag**RR *m* Saturday afternoon; *s. a.* **Dienstag sams·tag·nach·mit·tags**RR *adv* [on] Saturday afternoons **Sams·tag·nacht**RR *m* [on] Saturday night; *s. a.* **Dienstag sams·tag·nachts**RR *adv* [on] Saturday nights

sams·tags *adv* [on] Saturdays; **~ abends/nachmittags/vormittags** [on] Saturday evenings/afternoons/mornings

Sams·tag·vor·mit·tagRR *m* Saturday morning; *s. a.* **Dienstag sams·tag·vor·mit·tags**RR *adv* [on] Saturday mornings

samt [zamt] **I.** *präp* ■ **~ jdm/etw** along [*or* together] with sb/sth **II.** *adv* **~ und sonders** all and sundry; **sie/die Mitglieder**

wurden ~ **und sonders verhaftet** the whole bunch of them were [*or* was]/every one of the members was arrested
Samt <-[e]s, -e> [zamt] *m* velvet
samt·ar·tig *adj* velvety, like velvet *pred*
sam·ten ['zamtn̩] *adj* (*geh*) velvet
Samt·en·te *f* ORN velvet scooter **Samt·hand·schuh** *m* velvet glove; **jdn mit ~en anfassen** (*fig fam*) to handle sb with kid gloves
sam·tig ['zamtɪç] *adj s.* **samtweich**
sämt·lich ['zɛmtlɪç] **I.** *adj* ❶ (*alle*) all; **~e Anwesenden** all those present; **~e Unterlagen wurden vernichtet** every one of the documents was destroyed, the documents were all destroyed ❷ (*ganze*) ■**jds ~e(r,s)** ... all [of] sb's ...; **ihr ~er Besitz** all their possessions **II.** *adv* all; **sie sind ~ verschwunden** they have all disappeared
samt·weich *adj* velvety, velvet *attr;* [as] soft as velvet *pred;* ■**~ sein** to be [as] soft as velvet
Sa·naa, Sa·n'a, Sa·na <-s> ['za:na, za'na:] *nt* Sana'a, Sanaa
Sa·na·to·ri·um <-, -rien> [zana'to:ri̯ʊm, *pl* -ri̯ən] *nt* sanatorium, sanitarium AM
Sand <-[e]s, -e> [zant] *m* sand *no pl* ▶ WENDUNGEN: **jdm ~ in die Augen streuen** to throw dust in sb's eyes; **~ ins Getriebe streuen** to put a spanner [*or* AM wrench] in the works; **das/die gibt es wie ~ am Meer** (*fam*) there are heaps of them *fam,* they are thick on the ground *fam;* **auf ~ gebaut sein** to be built [up]on sandy ground; **etw** *akk* **in den ~ setzen** (*fam*) to blow sth [to hell *fam*]; **im ~e verlaufen** to peter [*or* fizzle] out, to come to nothing [*or liter* naught]
San·da·le <-, -n> [zan'da:lə] *f* sandal; **offene ~n** open-toed sandals
San·da·let·te <-, -n> [zanda'lɛtə] *f* high-heeled sandal
Sand·bank <-bänke> *f* sandbank; (*in Flussmündung a.*) sandbar **Sand·bo·den** *m* sandy soil **Sand·dorn** *m* BOT sea buckthorn **Sand·dü·ne** *f* [sand] dune
San·del·holz ['zandl̩hɔlts] *nt* sandalwood
sand·far·ben, sand·far·big *adj* sand-coloured [*or* AM -ored]
Sand·fel·chen *nt* whitefish **Sand·ge·bäck** *nt kein pl* ≈ shortbread *no pl* **Sand·gru·be** *f* sandpit
san·dig ['zandɪç] *adj* ❶ (*Sand enthaltend*) sandy, arenaceous *spec* ❷ (*mit Sandkörnern verschmutzt*) sandy, full of sand *pred*
Sand·kas·ten *m* ❶ (*Kinderspielplatz*) sandpit BRIT, sandbox AM ❷ MIL sand table *spec* **Sand·kas·ten·spiel** *nt* theoretical manoeuvrings [*or* AM maneuverings] **Sand·korn** *nt* grain of sand; ■**Sandkörner** sand **Sand·ku·chen** *m* KOCHK plain cake (*with lemon flavouring or chocolate coating*) **Sand·männ·chen** *nt* ■**das ~** the sandman **Sand·pa·pier** *nt* sandpaper **Sand·platz** *m* clay court **Sand·re·gen·pfei·fer** *m* ORN ringed plover **Sand·sack** *m* ❶ (*in Boxen*) punchbag ❷ (*zum Schutz*) sandbag
Sand·stein *m* sandstone, freestone; **roter ~** red sandstone, brownstone AM
sand·strah·len *vt* ■**etw ~** to sandblast sth; ■**[das] S~** sandblasting **Sand·strahl·ge·blä·se** *nt* sandblaster **Sand·strand** *m* sandy beach **Sand·sturm** *m* sandstorm
sand·te ['zantə] *imp von* **senden**[1]
Sand·uhr *f* hourglass, egg timer
Sand·wich <-[s], -[e]s> ['zɛntvɪtʃ] *nt o m* sandwich, sarnie BRIT *fam*
Sand·wüs·te *f* [sandy] desert
sanft [zanft] **I.** *adj* ❶ (*sacht*) gentle; **eine ~e Berührung** a gentle [*or* soft] touch ❷ (*gedämpft*) gentle; **~e Beleuchtung/Farben** soft [*or* subdued] lighting/colours [*or* AM -ors]; **eine ~e Lautstärke** a soft level; **~e Musik** soft music; **eine ~e Stimme** a gentle [*or* soft] voice ❸ (*leicht*) gentle, gradual ❹ (*schwach*) gentle, soft ❺ (*zurückhaltend*) gentle; *s. a.* **Gewalt II.** *adv* gently; **~ entschlafen** (*euph geh*) to pass away peacefully *euph;* **ruhe ~!** rest eternal, rest in peace, R[.]I[.]P[.]
Sänf·te <-, -n> ['zɛnftə] *f* litter; (*17., 18. Jh.*) sedan [chair]
Sanft·heit <-> *f kein pl* ❶ (*sanfte Wesensart*) gentleness ❷ (*sanfte Beschaffenheit*) *Stimme a., von Musik* softness; *Blick* tenderness
Sanft·mut <-> *f kein pl* (*geh*) gentleness, sweetness [of temper]
sanft·mü·tig *adj* (*geh*) gentle
sang [zaŋ] *imp von* **singen**
Sang <-[e]s, Sänge> [zaŋ, *pl* 'zɛŋə] *m* (*geh*) song ▶ WENDUNGEN: **mit ~ und Klang** (*fam*) with drums drumming and pipes piping; (*iron*) disastrously; **ohne ~ und Klang** (*fam*) quietly
Sän·ger <-s, -> ['zɛŋɐ] *m* (*geh*) songbird, songster
Sän·ger(in) <-s, -> ['zɛŋɐ] *m(f)* singer
San·gu·i·ni·ker(in) <-s, -> [zaŋ'gui:nikɐ] *m(f)* sanguine type [*or* person]
san·gu·i·nisch [zaŋ'gui:nɪʃ] *adj* sanguine
sang- und klang·los *adv* (*fam*) without any [*or* great] ado, unwept and unsung *a. iron*
sa·nie·ren* [za'ni:rən] **I.** *vt* ■**etw ~** ❶ (*renovieren*) to redevelop [*or sep* clean up] sth ❷ (*wieder rentabel machen*) to rehabilitate sth, to put sth back on an even keel **II.** *vr* ❶ (*fam: sich gesundstoßen*) ■**sich** *akk* **[bei etw** *dat*] ~ to line one's pockets [with sth] *fam* ❷ (*wirtschaftlich gesunden*) ■**sich** *akk* ~ to put itself [back] on an even keel
Sa·nie·rung <-, -en> *f* ❶ (*Renovierung*) redevelopment ❷ (*von Firma, Industriezweig etc*) rehabilitation ❸ (*fam: Bereicherung*) self-enrichment
sa·nie·rungs·be·dürf·tig *adj* MED needing treatment *pred* **Sa·nie·rungs·ge·biet** *nt* redevelopment area
sa·ni·tär [zani'tɛ:ɐ̯] *adj attr* sanitary; **~e Anlagen** sanitation *no pl,* sanitation facilities *pl,* sanitary facilities
Sa·ni·tät <-, -en> [zani'tɛ:t] *f* ❶ *kein pl* ÖSTERR (*Gesundheitsdienst*) ■**die ~** the medical service ❷ SCHWEIZ (*Ambulanz*) ambulance ❸ ÖSTERR, SCHWEIZ (*~struppe*) medical corps
Sa·ni·tä·ter(in) <-s, -> [zani'tɛ:tɐ] *m(f)* ❶ first-aid attendant, paramedic ❷ MIL [medical] orderly
Sa·ni·täts·dienst *m* MIL ■**der ~** the medical corps **Sa·ni·täts·of·fi·zier** *m* MIL medical officer, M[.]O[.] **Sa·ni·täts·wa·gen** *m* ambulance
sank [zaŋk] *imp von* **sinken**
Sankt [zaŋkt] *adj inv* Saint, St[.]
Sank·ti·on <-, -en> [zaŋk'tsi̯o:n] *f* (*fig geh*) sanction (**von** + *dat* from/by); **gegen jdn/etw ~en verhängen** to impose [*or* apply] sanctions against sb/sth
sank·ti·o·nie·ren* [zaŋktsi̯o'ni:rən] *vt* ■**etw [durch etw] ~** ❶ (*geh: gutheißen*) to sanction [*or* approve] sth [with sth] ❷ JUR (*rechtlich bestätigen*) to sanction sth [with sth]
Sankt-Nim·mer·leins-Tag [zaŋkt 'nɪmɐlainsta:k] *m* ■**am ~** (*fam*) never ever *fam;* ■**bis zum ~** (*fam*), ■**auf den ~** (*fam*) till doomsday
Sankt Pe·ters·burg <-s> [zaŋkt 'pe:tɐsbʊrk] *nt* Saint Petersburg
San·ma·ri·ne·se, San·ma·ri·ne·sin <-n, -n> [zanmari'ne:zə, -'ne:zɪn] *m, f* Sammarinese, San Marinese; *s. a.* **Deutsche(r)**
san·ma·ri·ne·sisch [zanmari'ne:zɪʃ] *adj* San Marinese, AM *a.* Sammarinese; *s. a.* **deutsch**
San Ma·ri·no <-s> [zanma'ri:no] *nt* San Marino; *s. a.* **Deutschland**
sann [zan] *imp von* **sinnen**
San·ta·fé de Bo·go·tá, San·ta Fé de Bo·go·tá <-s> ['santa 'fe de bogo'ta] *nt* [Santa Fe de] Bogotá
San·ti·a·go de Chi·le <-s> [zan'ti̯a:go de 'tʃi:le] *nt* Santiago
San·to·me·er(in) <-s, -> [santo'me:ɐ] *m(f)* Sãtomese, AM *a.* São Tomean; *s. a.* **Deutsche(r)**
san·to·me·isch [santo'me:ɪʃ] *adj* Sãtomese, AM *a.* São Tomean; *s. a.* **deutsch**
Sa·phir <-s, -e> ['za:fɪr, 'zafi:ɐ, za'fi:ɐ] *m* sapphire
Sap·peur <-s, -e> [za'pø:ɐ̯] *m* MIL SCHWEIZ sapper
Sa·ra·je·wo <-s> [zara'je:vo] *nt* Sarajevo

Sar·de, **Sar·din** <-n, -> ['zardə, 'zardɪn] *m, f* Sardinian

Sar·del·le <-, -n> [zar'dɛlə] *f* anchovy

Sar·del·len·pas·te *f* anchovy paste

Sar·din <-, -nen> *f fem form von* **Sarde**

Sar·di·ne <-, -n> [zar'di:nə] *f* sardine

Sar·di·nen·do·se *f* sardine-tin [*or* AM can]

Sar·di·ni·en <-s> [zar'di:ni̯ən] *nt* Sardinia

sar·di·nisch [zar'di:nɪʃ], **sar·disch** ['zardɪʃ] *adj* Sardinian, of Sardinia *pred*

Sar·disch ['zardɪʃ] *nt dekl wie adj* Sardinian; *s. a.* **Deutsch**

Sar·di·sche <-n> *nt* ■**das** ~ Sardinian, the Sardinian language; *s. a.* **Deutsche**

Sarg <-[e]s, Särge> [zark, *pl* 'zɛrgə] *m* coffin, casket AM, box *fam*

Sarg·de·ckel *m* coffin [*or* AM casket] lid **Sarg·tisch·ler(in)** *m(f)* coffin [*or* AM casket] maker **Sarg·trä·ger** *m* pall-bearer

Sar·kas·mus <-, -men> [zar'kasmʊs, *pl* -'kasmən] *m* ❶ *kein pl* (*Hohn*) sarcasm ❷ (*sarkastische Bemerkung*) sarcastic remark; ■**Sarkasmen** sarcastic remarks, sarcasm *no pl*

sar·kas·tisch [zar'kastɪʃ] **I.** *adj* sarcastic, sarky BRIT *fam* **II.** *adv* sarcastically

Sar·kom <-s, -e> [zar'ko:m] *m* sarcoma

Sar·ko·phag <-[e]s, -e> [zarko'fa:k, *pl* -fa:gə] *m* sarcophagus

Sar·ko·sin [zarko'zi:n] *nt* sarcosine

saß [za:s] *imp von* **sitzen**

Sa·tan <-s, -e> ['za:tan] *m* ❶ *kein pl* (*Luzifer*) ■**[der]** ~ Satan, the Devil ❷ (*fam: teuflischer Mensch*) fiend ❸ (*fam: Kind*) [little] terror [*or* devil]

sa·ta·nisch [za'ta:nɪʃ] **I.** *adj attr* satanic, diabolical, fiendish **II.** *adv* diabolically, fiendishly; ~ **lächeln** to give a diabolical [*or* fiendish] grin

Sa·tans·bra·ten *m* (*hum fam*) little [*or* BRIT young] devil *hum fam* **Sa·tans·jün·ger** *m* apostle of Satan **Sa·tans·kult** *m* ■**der** ~ Satan cult, the Cult of Satan **Sa·tans·mes·se** *f* black mass **Sa·tans·pilz** *m* Satan's mushroom, Boletus [*or* boletus] satanas *spec*

Sa·tel·lit <-en, -en> [zatɛ'li:t] *m* satellite

Sa·tel·li·ten·an·ten·ne *f* satellite dish **Sa·tel·li·ten·bild** *nt* satellite picture **Sa·tel·li·ten·de·co·der** *m* satellite decoder **Sa·tel·li·ten·emp·fang** *m* satellite reception *no art* **Sa·tel·li·ten·fern·se·hen** *nt kein pl* satellite television *no pl* **Sa·tel·li·ten·ka·me·ra** *f* satellite camera **Sa·tel·li·ten·schüs·sel** *f* satellite dish **Sa·tel·li·ten·stadt** *f* satellite town [*or* suburb] **Sa·tel·li·ten·über·wa·chung** *f* satellite surveillance

Sa·tin <-s, -s> [za'tɛ̃:] *m* satin; (*aus Baumwolle*) sateen

Sa·ti·re <-, -n> [za'ti:rə] *f* ❶ *kein pl* ■**[die]** ~ satire ❷ (*Werk*) satire (**auf** +*akk* on)

Sa·ti·ri·ker(in) <-s, -> [za'ti:rikɐ] *m(f)* satirist

sa·ti·risch [za'ti:rɪʃ] *adj* satirical

satt [zat] **I.** *adj* ❶ (*gesättigt*) full [BRIT up] *pred fam*, replete *pred form*, sated *form;* ■~ **sein** to have had enough [to eat], to be full [BRIT up] *fam* [*or form* replete] [*or form* sated]; **jdn ~ bekommen** [*o fam* **kriegen**] to fill sb's belly *fam;* **er ist kaum ~ zu kriegen** he's insatiable; **sich ~ essen** (*bis zur Sättigung essen*) to eat one's fill; ~ **machen** to be filling ❷ (*kräftig*) rich, deep, full ❸ (*geh: übersättigt*) sated *form;* (*selbstzufrieden*) complacent ❹ (*fam: groß, reichlich*) cool *fam;* **eine ~e Mehrheit** a comfortable majority ❺ (*fam: voll, intensiv*) rich, full; **~er Applaus** resounding applause; **ein ~es Selbstvertrauen** unshak[e]able self-confidence **II.** *adv* (*fam*) ❶ (*reichlich*) **sie verdient Geld ~** she earns [more than] enough money, she's raking it in *fam* ❷ (*genug*) **~/nicht ~ zu essen haben** to have/to not have enough to eat

satt|be·kom·men*RR *vt irreg* **etw ~** to get fed up with sth

Sat·tel <-s, Sättel> ['zatl̩, *pl* 'zɛtl̩] *m* ❶ (*für Reittier*) saddle; **den ~ auflegen** to put on the saddle, to saddle the horse; **ohne ~ reiten** to ride bareback [*or* without a saddle]; **sich in den ~ schwingen** to leap [*or* swing oneself] into the saddle; **fest im ~ sitzen** (*a. fig*) to be firmly in the saddle; **sich im ~ halten** (*a. fig*) to stay in the saddle ❷ (*Fahrrad~*) saddle; **sich auf den ~ schwingen** to jump on[to] one's bicycle [*or fam* bike] ❸ (*Bergrücken*) saddle ❹ KOCHK saddle

Sat·tel·dach *nt* gable [*or* saddle] [*or spec* double pitch] roof **sat·tel·fest** *adj* experienced; ■**in** [*o* **auf**] **etw** *dat* **~ sein** (*fig*) to have a firm grasp of [*or* be well-versed in] sth; **in** [*o* **auf**] **etw** *dat* **nicht ganz ~ sein** (*fig*) to be a little [*or* bit] shaky in sth

sat·teln ['zatl̩n] *vt* ■**ein Tier ~** to saddle an animal, to put the saddle on an animal

Sat·tel·na·se *f* MED saddle[-back]nose **Sat·tel·schlep·per** <-s, -> *m* (*Zugmaschine*) truck [*or* AM semi-trailer] [tractor]; (*Sattelzug: Zugmaschine und Aufleger*) articulated lorry BRIT, artic BRIT *fam*, semi-trailer [truck] AM, semi AM *fam* **Sat·tel·stüt·ze** *f* saddle support **Sat·tel·ta·sche** *f* saddlebag **Sat·tel·zug** *m s.* **Sattelschlepper**

satt|es·senRR *vr irreg* **sich an etw** *dat* **~** (*überdrüssig werden*) to have had one's fill of sth **satt|ha·ben**RR *vt irreg* **jdn/etw ~** to have had enough of sb/sth, to be fed up with sb/sth *fam;* **jdn/etw gründlich ~** to be thoroughly fed up with sb/sth *fam*, to be fed up to the back teeth with sb/sth BRIT *fam*

Satt·heit <-> *f kein pl* ❶ (*Sättigung*) repletion *form*, satiety *liter;* **ein Gefühl der ~** a feeling of repletion *form* [*or* being full] ❷ (*Saturiertheit*) complacency ❸ (*Intensität*) richness, fullness

sät·ti·gen ['zɛtɪgn̩] **I.** *vt* ❶ (*geh: satt machen*) ■**jdn ~** to satiate sb *form;* ■**sich ~** to eat one's fill ❷ (*voll sein*) ■**[mit** [*o* **von**] **etw** *dat*] **gesättigt sein** to be saturated [with sth]; *s. a.* **Markt II.** *vi* to be filling

sät·ti·gend *adj* filling, satiating *form*

Sät·ti·gung <-, *selten* -en> *f* ❶ (*das Sättigen*) repletion *form;* **ein Gefühl der ~** a feeling of repletion *form;* **der ~ dienen** to serve to satisfy [one's] hunger ❷ (*Saturierung*) saturation (+*gen* of), glut (+*gen* in/on)

Sät·ti·gungs·grad *m* ❶ ÖKON (*eines Marktes*) saturation point ❷ KOCHK (*eines Lebensmittels*) repletion point *form* **Sät·ti·gungs·kur·ve** *f* (*fachspr*) S-shaped curve **Sät·ti·gungs·wert** *m* (*fachspr*) saturation value

satt|krie·genRR *vt* (*fam*) *s.* **sattbekommen**

Satt·ler(in) <-s, -> ['zatlɐ] *m(f)* saddler; (*Polsterer*) upholsterer

Satt·le·rei <-, -en> [zatlə'rai] *f* saddler's; (*von Polsterer*) upholsterer's

Satt·le·rin <-, -nen> *f fem form von* **Sattler**

satt·sam ['zatza:m] *adv* amply, sufficiently; ~ **bekannt** sufficiently [well-]known

sa·tu·riert [zatu'ri:ɐ̯t] *adj* (*geh*) complacent

Sa·turn <-s> [za'tʊrn] *m kein pl* ■**der** ~ Saturn

Sa·tyr <-s *o* -n, -n *o* -e> ['za:tʏr] *m* satyr

Satz[1] <-es, Sätze> [zats, *pl* 'zɛtsə] *m* ❶ LING sentence; (*Teil~*) clause; **keinen ~ miteinander sprechen** to not speak a word to each other; **mitten im ~** in mid-sentence ❷ JUR (*Unterabschnitt*) clause ❸ MUS movement ❹ (*Set*) set; **ein ~ Schraubenschlüssel** a set of spanners [*or* AM wrenches]; **ein ~ von 24 Stück** a 24-piece set ❺ TYPO (*Schrift~*) setting; (*das Gesetzte*) type [matter] *no pl;* **in den ~ gehen** to be sent [*or* go] in for setting; **im ~ sein** to be [in the process of] being set ❻ (*festgelegter Betrag*) rate ❼ SPORT set; (*Tischtennis*) game ❽ MATH theorem; **der ~ des Pythagoras/Thales** Pythagoras'/Thales' theorem

Satz[2] <-es, Sätze> [zats, *pl* 'zɛtsə] *m* leap, jump; ■**mit einem ~** in one leap [*or* bound]; **sich** *akk* **mit einem ~ retten** to leap to safety; **in großen Sätzen davonlaufen** to bound away; **einen ~ machen** [*o* **tun**] to leap, to jump

Satz[3] <-es> [zats] *m kein pl* dregs *npl;* (*Kaffee~*) grounds *npl;* (*Tee~*) leaves *pl*

Satz·an·wei·sung *f* TYPO instructions for the typesetter **Satz·ball** *m* SPORT set point; (*Tischtennis*) game point **Satz·band** *nt* TYPO tape of [type]setting instructions **Satz·be·fehl** *m* TYPO

S

typographical [*or* typesetting] command **Satz·elek·tro·nik** *f* TYPO typesetting electronics + *sing vb* **Satz·fah·ne** *f* TYPO proof **satz·fer·tig** *adj* TYPO ready for setting *pred* **Satz·ge·fü·ge** *nt* LING complex [*or* compound] sentence **Satz·kon·struk·ti·on** *f* LING construction of a/the sentence, syntax *no pl spec* **Satz·leh·re** *f kein pl* LING syntax **Satz·rech·ner** *m* TYPO typesetting computer **Satz·tech·nik** *f* TYPO typesetting technology **Satz·teil** *m* LING part [*or* constituent] of a/the sentence

Sat·zung <-, -en> ['zatsʊŋ] *f* constitution, statutes *npl; Gesellschaft* articles of association [*or* AM incorporation]; *Verein* [standing] rules *pl* [of procedure]

sat·zungs·ge·mäß **I.** *adj* statutory, according to [*or* in accordance with] the statutes/the articles/the rules *pred* **II.** *adv* as set down in the statutes/articles/rules **sat·zungs·wid·rig** *adj inv* JUR, ADMIN unconstitutional

Satz·vor·la·ge *f* TYPO copy **Satz·zei·chen** *nt* LING punctuation mark **Satz·zu·sam·men·hang** *m* LING context [of a/the sentence]

Sau <-, Säue *o* Sauen> [zau, *pl* 'zɔyə, 'zauən] *f* ❶ <*pl a.* Sauen> (*weibliches Schwein*) sow ❷ (*pej sl: schmutziger Mensch*) filthy pig *fam* [*or sl* bastard] *pej;* (*Frau*) disgusting cow BRIT *pej sl;* (*Schweinehund*) bastard *pej sl;* (*gemeine Frau*) bitch *pej sl,* cow BRIT *pej sl* ▶ WENDUNGEN: **wie eine gesengte ~** (*sl*) like a lunatic [*or* maniac]; **..., dass es der ~ graust** (*sl*) ..., it makes me/you want to puke *sl;* **jdn [wegen etw** *dat*] **zur ~ machen** (*sl*) to bawl sb out *fam* [because of sth], to give sb a bollocking [about sth] BRIT *sl,* to chew somebody out [about sth] AM *sl;* **die ~ rauslassen** (*sl: über die Stränge schlagen*) to let it all hang out *sl,* to party till one pukes *sl;* (*seiner Wut freien Lauf lassen*) to give him/her/them etc. what for; **unter aller ~** (*sl*) it's enough to make me/you puke *sl;* **keine ~** not a single bastard *sl*

sau·ber ['zaubɐ] **I.** *adj* ❶ (*rein*) clean; ■**~ sein** to be clean; **etw ~ machen** to clean sth; **jdn ~ machen** to wash sb; **jdm/sich etw ~ machen** to wash sb's/one's sth; (*wischen*) to wipe sb's/one's sth; **sich die Fingernägel ~ machen** to clean one's fingernails; **hier/in meinem Zimmer müsste mal wieder ~ gemacht werden** this place/my room needs to be cleaned again ❷ (*unkontaminiert*) clean, unpolluted; **~es Wasser** clean [*or* pure] water ❸ (*stubenrein*) ■**~ sein** to be house-trained ❹ (*sorgfältig*) neat; **eine ~e Arbeit** neat [*or* a decent job of] work ❺ (*perfekt*) neat ❻ (*iron fam*) fine *iron* ❼ (*anständig*) **bleib ~!** (*hum fam*) keep your nose clean *fam;* **nicht ganz ~ sein** (*sl*) to have [got] a screw loose *hum fam;* **~, ~!** (*fam*) that's the stuff [*or* what I like to see]! *fam* **II.** *adv* ❶ (*sorgfältig*) **etw ~ abfegen/ausspülen** to sweep/rinse sth clean; **etw ~ flicken/reparieren/schreiben** to patch/repair/write sth neatly; **etw ~ halten** to keep sth clean; **etw ~ harken** to rake sth clear [*or* neatly]; **etw ~ kratzen** to scour sth clean; **etw ~ putzen** to wash sth [clean]; (*fegen*) to sweep sth clean; **etw [mit etw** *dat*] **~ scheuern** to scrub [*or* scour] sth clean [with sth]; **[sich** *dat*] **etw ~ schrubben** to wash [*or* scrub] one's sth; **etw ~ spülen** to wash [up *sep*] sth ❷ (*perfekt*) neatly

Sau·ber·keit <-> *f kein pl* ❶ (*Reinlichkeit*) clean[li]ness; **vor ~ strahlen** to be clean and shining ❷ (*Reinheit*) cleanness; (*von Wasser, Luft a.*) purity

Sau·ber·keits·fim·mel *m* (*pej fam*) mania for cleaning, thing about cleaning *fam*

säu·ber·lich ['zɔybɐlɪç] **I.** *adj* neat; **~e Ordnung** neat and tidy [*or hum* regimental] order **II.** *adv* neatly; **etw ~ aufräumen** to tidy up sth *sep; s. a.* **fein**

Sau·ber·mann, -frau <-männer> *m, f* (*iron fam*) moral crusader *a. iron;* (*Mann a.*) Mr[.] Clean *fam*

säu·bern ['zɔybɐn] *vt* ❶ (*geh: reinigen*) ■**[jdm/sich] etw** *akk* **~** to clean [sb's/one's] sth; **etw wieder ~** to get sth clean ❷ (*euph: befreien*) ■**etw von etw** *dat* **~** to purge sth of sth

Säu·be·rung <-, -en> *f* (*euph*) purge; **ethnische ~** ethnic cleansing

sau·blöd ['zau'bløːt], **sau·blö·de** ['zau'bløːdə] *adj* (*sl*) *s.* **saudumm** **Sau·boh·ne** *f* broad bean

Sau·ce <-, -n> ['zoːsə] *f s.* **Soße**

Sau·cen·kel·le *f* gravy ladle

Sau·ci·e·re <-, -n> [zo'si̯eːrə, zo'si̯ɛːrə] *f* sauce boat; (*bes mit Fleischsoße*) gravy boat

Sau·di-Ara·ber(in) <-s, -> ['zaudi-, za'uːdi-] *m(f)* Saudi, Saudi-Arabian; *s. a.* **Deutsche(r)**

Sau·di-Ara·bi·en ['zaudi-, za'uːdi-] *nt* Saudi Arabia, Saudi *sl*

sau·di-ara·bisch ['zaudi- , za'uːdi-] *adj* Saudi, Saudi-Arabian; *s. a.* **deutsch**

sau·dumm **I.** *adj* (*sl*) damn stupid *fam;* (*von Mensch a.*) as thick as pigshit [*or* two short planks] *pred* BRIT *fam* **II.** *adv* (*sl*) **~ fragen** to ask stupid questions; **sich ~ verhalten** to behave like a stupid idiot *fam*

sau·en ['zauən] *vi* (*sl*) ■**[mit etw** *dat*] **~** to mess up the place [with sth], to make a mess

sau·er ['zauɐ] **I.** *adj* ❶ (*nicht süß*) sour; **saure Drops** acid drops; **saure Früchte** sour [*or* tart] fruit *no pl;* **saurer Wein** sour [*or* BRIT rough] wine; ■**~ sein** to be sour/tart/BRIT rough ❷ (*geronnen*) **saure Milch** sour milk; ■**~ sein/werden** to be [*or* have turned]/turn sour; **die Milch ist ~** the milk is [*or* has turned] sour [*or* is off]; *s. a.* **Sahne** ❸ (*~ eingelegt*) pickled; **etw ~ einlegen** to pickle sth ❹ (*Humussäure enthaltend*) acidic ❺ (*Säure enthaltend*) acid[ic]; **saurer Regen** acid rain ❻ (*fam: übel gelaunt*) mad *fam,* pissed off *pred,* pissed *pred* AM *sl;* **ein saures Gesicht machen** to look mad *fam* [*or* AM *sl* pissed]; ■**~ [auf jdn/etw] sein/werden** to be/be getting mad *fam* [*or* AM *sl* pissed] [at sb/sth], to be pissed off [with sb/sth] *sl;* ■**~ sein, dass/weil ...** to be mad *fam* [*or* AM *sl* pissed] that/because ... **II.** *adv* ❶ (*mühselig*) the hard way; **~ erworbenes Geld** hard-earned money ❷ (*fam: übel gelaunt*) **~ antworten** to snap out an answer; **~ reagieren** to get mad *fam* [*or* AM *sl* pissed]

Sau·er·amp·fer <-, -n> *m* sorrel **Sau·er·bra·ten** *m beef roast marinated in vinegar and herbs,* sauerbraten AM

Sau·e·rei <-, -en> [zauə'rai] *f* (*sl*) ❶ (*sehr schmutziger Zustand*) God-awful mess *fam* ❷ (*unmögliches Benehmen*) [downright [*or* BRIT *fam* bloody]] disgrace ❸ (*Obszönität*) filthy joke/story

Sau·er·kir·sche *f* sour cherry **Sau·er·kirsch·mar·me·la·de** *f* sour cherry jam **Sau·er·klee** *m* BOT sorrel **Sau·er·kraut** *nt,* **Sau·er·kohl** *m* DIAL sauerkraut, pickled cabbage

säu·er·lich ['zɔyɐlɪç] **I.** *adj* ❶ (*leicht sauer*) [slightly] sour; **~e Früchte** [slightly] sour [*or* tart] fruit *no pl* ❷ (*übellaunig*) annoyed; **ein ~es Lächeln** a sour [*or* bitter] smile; ■**~ sein** to be annoyed [*or fam* mad] **II.** *adv* ❶ (*leicht sauer*) **~ schmecken** to taste sour/tart ❷ (*übellaunig*) sourly; **~ reagieren** to get mad *fam*

Sau·er·milch *f* sour [*or* curdled] milk

säu·ern ['zɔyɐn] **I.** *vt* ■**etw [mit etw] ~** to sour sth [*or* make sth sour] [with sth]; (*konservieren*) to pickle sth [with sth] **II.** *vi* to [turn [*or* go]] sour

Sau·er·rahm *m* sour[ed BRIT] cream

Sau·er·stoff ['zauɐʃtɔf] *m kein pl* oxygen *no pl*

sau·er·stoff·arm *adj* low in oxygen *pred;* (*zu wenig*) oxygen-deficient; **~e Luft** stale air; ■**~ sein/werden** (*von Luft in größeren Höhen*) to be/become thin **Sau·er·stoff·atom** *nt* oxygen atom **Sau·er·stoff·be·darf** *m* oxygen demand **Sau·er·stoff·fla·sche** *f* oxygen cylinder; (*kleiner a.*) oxygen bottle [*or* flask] **Sau·er·stoff·ge·halt** *m* oxygen content **Sau·er·stoff·ge·rät** *nt* ❶ (*Atemgerät*) breathing apparatus ❷ MED (*Beatmungsgerät*) respirator

sau·er·stoff·hal·tig *adj* containing oxygen *pred,* oxygenous *spec,* oxygenic *spec;* ■**~ sein** to contain oxygen, to be oxygenous [*or* oxygenic] *spec*

Sau·er·stoff·man·gel *m kein pl* lack of oxygen; **ein akuter ~**

oxygen deficiency *no pl* **Sau·er·stoff·mas·ke** *f* oxygen mask **sau·er·stoff·reich** *adj* rich in oxygen *pred,* oxygen-rich *attr;* ■**~ sein** to be rich in oxygen **Sau·er·stoff·schuld** *f* BIOL oxygen debt **Sau·er·stoff·ver·brauch** *m* oxygen consumption, consumption of oxygen **Sau·er·stoff·zelt** *nt* oxygen tent; **unter einem ~** in an oxygen tent

Sau·er·teig *m* sourdough, leaven[ing]

Sauf·bold <-[e]s, -e> ['zaufbɔlt, *pl* -bɔldə] *m* (*pej sl*) drunk[ard], pisshead BRIT *pej sl,* piss artist BRIT *sl*

sau·fen <säuft, soff, gesoffen> ['zaufn̩] **I.** *vt* ■**etw ~** ① (*sl*) to drink sth; (*schneller*) to knock back sth *sep fam* ② (*Tiere*) to drink sth **II.** *vi* ① (*sl: trinken*) to drink, to [be/go on the] booze *fam,* to be/go on the piss BRIT *sl* ② (*sl: Alkoholiker sein*) to drink, to take to the bottle; ■**das S~** drinking ③ (*Tiere*) to drink; (*zu Wasser geführt*) to be watered; *s. a.* **Loch**

Säu·fer(in) <-s, -> ['zɔyfɐ] *m(f)* (*sl*) drunk[ard], boozer *fam,* pisshead BRIT *pej sl,* piss artist BRIT *sl*

Sau·fe·rei <-, -en> [zaufə'rai] *f* (*sl: Besäufnis*) booze-up *fam,* piss-up BRIT *sl;* (*übermäßiges Trinken*) drinking *no art, no pl,* boozing *no art, no pl fam*

Säu·fe·rin <-, -nen> *f fem form von* **Säufer**

Säu·fer·le·ber *f* (*fam*) gin drinker's liver *fam* **Säu·fer·na·se** *f* (*fam*) whisky [*or* brandy] nose

Sauf·ge·la·ge *nt* (*pej fam*) booze-up *fam,* piss-up BRIT *sl* **Sauf·kum·pan(in)** *m(f)* (*sl*) drinking pal [*or* AM buddy], fellow drinker

säuft [zɔyft] *3. pers pres von* **saufen**

sau·gen <sog *o* saugte, gesogen *o* gesaugt> ['zaugn̩] **I.** *vi* ① (*Staub ~*) to vacuum, to hoover BRIT ② (*ein~*) ■**[an etw** *dat*] **~** to suck [[on] sth] **II.** *vt* ① (*Staub ~*) ■**etw ~** to vacuum [*or* BRIT hoover] sth ② (*ein~*) ■**etw [aus etw] ~** to suck sth [from sth]; *s. a.* **Finger**

säu·gen ['zɔygn̩] *vt* ① (*veraltend: stillen*) ■**jdn ~** to suckle [*or* breast-feed] [*or old* give the breast to] sb ② (*Tier*) ■**sein Junges ~** to suckle its young

Sau·ger <-s, -> *m* ① (*auf Flasche*) teat, nipple AM ② (*fam: Staub~*) vac *fam,* vacuum cleaner [*or* hoover] *fam*

Säu·ger <-s, -> *m* (*geh*), **Säu·ge·tier** *nt* mammal[ian *spec*]

saug·fä·hig *adj* absorbent; ■**~ sein** to be absorbent **Saug·fä·hig·keit** *f kein pl* absorbency **Saug·kraft** *f kein pl* absorbency, absorbent properties

Säug·ling <-s, -e> ['zɔyklɪŋ] *m* baby, infant *form*

Säug·lings·al·ter *nt* ■**das ~** babyhood, infanthood *form* **Säug·lings·be·klei·dung** *f* baby clothes *npl,* babywear *no pl* **Säug·lings·pfle·ge** *f kein pl* baby [*or form* infant] care *no pl* **Säug·lings·schwes·ter** *f* baby [*or* infant] nurse **Säug·lings·sterb·lich·keit** *f kein pl* infant mortality *no pl*

Saug·napf *m* suction cup, sucker BRIT **Saug·re·flex** *m* BIOL suckling reflex **Saug·rüs·sel** *m* ① (*von Insekt*) proboscis *spec* ② (*an Tankstelle*) suction tube **Saug·wurm** *m* ZOOL trematode

Sau·hau·fen *m* (*pej sl*) bunch of [useless] layabouts [*or* BRIT *pej fam* piss artists] [*or* AM lazy bums]

säu·isch ['zɔyɪʃ] *adj* (*sl*) ① (*abwertend*) filthy; **ein ~er Typ** a bastard *sl;* **ein ~er Witz** a filthy joke ② (*stark, groß*) **~ Kälte/~es Glück** bloody cold/luck *sl* ③ (*intensivierend*) **er fühlte sich ~ wohl** he felt bloody good *sl*

sau·kalt ['zau'kalt] *adj* (*sl*) damn *fam* [*or* BRIT *sl* bloody] cold [*or* freezing]; ■**~ sein** to be damn *fam* [*or* BRIT *sl* bloody] cold [*or* freezing], to be brass monkey weather BRIT *sl* **Sau·käl·te** *f* (*sl*) damn *fam* [*or* BRIT *sl* bloody] cold [*or* freezing] weather, brass monkey weather *no art* BRIT *sl* **Sau·kerl** *m* (*sl*) bastard *sl,* cunt *vulg*

Säu·le <-, -n> ['zɔylə] *f* ① ARCHIT column, pillar; **die ~n des Herkules** the Pillars of Hercules ② (*Bild~*) statue ③ (*geh: Stütze*) pillar; **die ~n der Gesellschaft** the pillars [*or* backbone] of society ④ (*fam: Zapf~*) petrol [*or* AM gas] pump

säu·len·för·mig **I.** *adj* column-shaped, columnar *spec* **II.** *adv* **~ wachsen** to grow in a column/columns **Säu·len·fuß** *m* base, plinth **Säu·len·gang** *m* colonnade; (*mit Innenhof*) peristyle *spec* **Säu·len·hal·le** *f* columned hall **Säu·len·ka·pi·tell** *nt* capital [of a/the column] **Säu·len·schaft** *m* shaft [of a/the column] **Säu·len·tem·pel** *m* colonnaded temple; (*rundförmig*) monopteros *spec*

Sau·lus <-> ['zaulʊs] *m* ■**[der] ~** Saul ▶WENDUNGEN: **vom ~ zum Paulus werden** (*geh*) to have seen the light *a. hum*

Saum <-[e]s, Säume> [zaum, *pl* 'zɔymə] *m* ① (*umgenähter Rand*) hem ② (*geh: Rand*) edge, margin, marge *old liter*

sau·mä·ßig **I.** *adj* (*sl*) ① (*unerhört*) bastard *attr sl* ② (*miserabel*) lousy *fam,* shitty *sl* **II.** *adv* (*sl*) like hell *fam;* **~ bluten** to bleed like hell *fam;* (*von Mensch a.*) to bleed like a [stuck] pig; **~ kalt/schwer** bastard [*or* BRIT *sl* bloody] cold/heavy; **etw ~ schlecht machen** to make a pig's ear of sth BRIT *fam,* to screw sth up royally AM; **die Prüfung war ~ schwer** the exam was a [real] bastard *sl*

säu·men ['zɔymən] **I.** *vt* ■**etw ~** ① (*Kleidung*) to hem sth ② (*geh: zu beiden Seiten stehen*) to line sth; (*zu beiden Seiten liegen*) to skirt sth **II.** *vi* (*geh*) to tarry *liter;* ■**ohne zu ~,** ■**ohne S~** without delay

säu·mig ['zɔymɪç] *adj* FIN (*geh*) **ein ~er Schuldner/Zahler** a slow [*or* defaulting] debtor, a defaulter; **ein ~er Zahler sein** to be behind[hand BRIT] with one's payments

Säum·nis·zu·schlag *m* ADMIN surcharge on overdue payment

Saum·pfad *m* mountain trail, bridle path

Sau·na <-, -s *o* Saunen> ['zauna] *f* sauna; **in die ~ gehen** to go for a sauna; **gemischte ~** mixed[-sex] sauna

sau·nie·ren* [zau'niːrən] *vi* to [take a] sauna

Sau·re(s) *nt dekl wie adj* **etwas/nichts ~s** something/nothing sour; **gib ihm ~s!** (*fig sl*) let him have it! *fam*

Säu·re <-, -n> ['zɔyrə] *f* ① CHEM acid ② (*saure Beschaffenheit*) sourness, acidity

Säu·re·blo·cker <-s, -> *m* MED, PHARM anti-acid

säu·re·frei *adj Papier* acid-free

Sau·re·gur·ken·zeit, Sau·re-Gur·ken-Zeit[RR] [zaurə'gʊrkn̩tsait] *f* (*fam*) silly season

Säu·re·schutz·man·tel *m* protective layer of the skin

Sau·ri·er <-s, -> ['zauri̯ɐ] *m* dinosaur, saurian *spec*

Saus [zaus] *m* **in ~ und Braus leben** to live it up, to live like a lord [*or* AM king]

Sau·se <-, -n> ['zauzə] *f* (*sl: Feier*) piss-up BRIT *sl;* (*Zechtour*) pub crawl BRIT *fam,* bar hopping AM; **eine ~ machen** to go on a pub crawl BRIT, to go bar-hopping AM

säu·seln ['zɔyzl̩n] **I.** *vi* ① (*leise sausen*) ■**[in etw** *dat*] **~** to sigh [*or* whisper] [in sth]; **in den Blättern ~** to rustle the leaves ② (*geh: schmeichelnd sprechen*) to purr **II.** *vt* (*geh*) ■**etw ~** to purr sth; *s. a.* **Ohr**

sau·sen ['zauzn̩] *vi* ① *haben* (*von Wind*) to whistle, to whine; (*von Sturm*) to roar; ■**das S~** the whistling/whining/roaring ② *sein* (*von Kugel, Peitsche*) to whistle; **die Peitsche ~ lassen** to strike out with the whip ③ *sein* (*fam: sich schnell bewegen*) ■**irgendwohin ~** to dash somewhere ④ *sein* (*schnell fahren*) ■**irgendwohin ~** to roar [*or* zoom] [off] somewhere ⑤ (*sl*) **einen ~ lassen** to let off [a fart] *sl,* to let one off *sl* ⑥ (*nicht bestehen*) **durch ein Examen ~** to fail [*or fam* flunk] an exam ⑦ (*fam: sein lassen*) **etw ~ lassen** to forget sth ⑧ (*fam: gehen lassen*) **jdn ~ lassen** to drop sb

Sau·ser <-s, -> *m* SCHWEIZ (*neuer Wein*) fermented grape juice

Sau·se·schritt *m* (*fig fam*) **im ~** (*äußerst rasch, geschwind*) double-quick *fam,* in double-quick time *fam*

Sau·stall *m* (*sl*) pigsty *fam*

sau·stark *adj* (*sl*) wicked *fam*

sau·tie·ren *vt* ■**etw ~** to sauté sth

Sau·wet·ter *nt* (*sl*) bloody awful [*or sl* bastard] weather *no indef art* BRIT

sau·wohl *adj* ■**jd fühlt sich ~** (*sl*) ■**jdm ist ~ zumute** (*sl*) sb feels really [*or* BRIT *sl* bloody] good [*or* AM *fam* like a million bucks]

Sa·van·ne <-, -n> [za'vanə] *f* savanna[h]
Sa·xo·phon, Sa·xo·fonRR <-[e]s, -e> [zakso'fo:n] *nt* saxophone, sax *fam*
Sa·xo·pho·nist(in), Sa·xo·fo·nist(in)RR <-en, -en> [zakso'fo'nɪst] *m(f)* saxophone [*or fam* sax] player, saxophonist
S-Bahn ['ɛs-] *f* suburban train
S-Bahn-Li·nie *f* suburban line **S-Bahn-Netz** *nt* suburban rail[way] network **S-Bahn-Zug** *m* suburban train
SBB [ɛsbe:'be:] *f Abk von* **schweizerische Bundesbahn** ≈ BR BRIT, ≈ Amtrak AM
SB-Bank *f* self-service branch
s.Br. *Abk von* **südlicher Breite** S; *Abk von* **Breite 5**
SB-Tank·stel·le *f* self-service petrol [*or* filling] [*or* AM gas] station
Scad-Di·ving <-s> ['skɛd daɪvɪŋ] *nt kein pl* SPORT scad diving (*unattached free fall into a net-like device from a height of around 50 metres*)
Scam·pi ['skampi] *m* scampi
scan·nen ['skɛnən] *vt* ■**etw** ~ to scan sth
Scan·ner <-s, -> ['skɛnɐ] *m* INFORM scanner; **etw mit dem ~ einlesen/in den Computer einlesen** to scan in sth *sep*/to scan sth into the computer
Scan·ner·kas·se *f* electronic checkout
Scha·be <-, -n> ['ʃa:bə] *f* cockroach, roach AM *fam*
Scha̲·be·fleisch *nt* DIAL (*Rindergehacktes*) minced steak BRIT, ground beef AM
scha·ben ['ʃa:bn̩] *vt* ■**etw** ~ to scrape sth; **Bartstoppeln** ~ to scrape off stubble *sep;* **ein Fell** ~ to shave [*or spec* flesh] a hide
Scha̲·ber <-s, -> *m* scraper
Scha·ber·nack <-[e]s, -e> ['ʃa:bɐnak] *m* (*veraltend*) prank, practical joke; **jdm einen ~ spielen** to play a prank [*or* practical joke] on sb; **aus** ~ for a laugh
schä·big ['ʃɛ:bɪç] *adj* ❶ (*unansehnlich*) shabby ❷ (*gemein*) mean, rotten *fam;* ■~ **[von jdm] sein** to be mean [*or fam* rotten] [of sb]; **wie ~!** that's mean [*or fam* rotten] of him/her/you etc. ❸ (*dürftig*) paltry; **ein ~er Lohn** peanuts *npl fam,* chickenshit BRIT *sl;* **das hier ist der ~e Rest** that's all that's left of it
Scha·blo·ne <-, -n> [ʃa'blo:nə] *f* ❶ (*Vorlage*) stencil; **nach ~** (*fig fam*) according to pattern; **nach ~ arbeiten** (*fam*) to work mechanically; **nach ~ vor sich gehen** (*fam*) to follow the same routine ❷ (*Klischee*) cliché; **in ~n denken** to think in a stereotyped way [*or* in stereotypes]
scha·blo̲·nen·haft I. *adj* (*pej*) hackneyed *pej,* cliché *pred;* **~es Denken** stereotyped thinking **II.** *adv* (*pej*) **sich ~ ausdrücken** to use hackneyed expressions *pej* [*or* clichés]; **~ denken** to think in a stereotyped way
Schach <-s> [ʃax] *nt kein pl* (*Spiel*) chess *no art, no pl;* (*Stellung*) check!; **eine Partie ~** a game of chess; **~ und matt!** checkmate!, [check and] mate *fam;* **jdm ~ bieten** to put sb in check, to check sb; **~ spielen** to play chess; **im ~ stehen** [*o* **sein**] to be in check; **jdm/etw ~ bieten** (*fig geh*) to thwart [*or* foil] sb/sth; **jdn [mit etw] in ~ halten** (*fig*) to keep sb in check [*or* at bay] [with sth]; **jdn mit einer Schusswaffe in ~ halten** to cover sb [*or* keep sb covered] [with a firearm]
Scha̩ch·blu·me *f* BOT snake's head fritillary **Scha̩ch·brett** *nt* chessboard **scha̩ch·brett·ar·tig I.** *adj* chequered BRIT, checkered AM **II.** *adv* **~ gemustert sein** to have a chequered pattern **Scha̩ch·brett·mus·ter** *nt* chequered [*or* AM check[ered]] pattern
Scha·cher <-s> ['ʃaxɐ] *m kein pl* (*pej*) ■**der ~ [um etw]** haggling [over sth]; POL horse-trading [over sth] *pej;* **~ um etw treiben** to haggle over sth; POL to horse-trade over sth *pej*
Scha̩·che·rer, Scha̩·che·rin <-s, -> *m, f* (*pej*) haggler
scha·chern ['ʃaxɐn] *vi* (*pej*) ■**[mit jdm] um etw ~** to haggle [with sb] over sth; POL to horse-trade [with sb] over sth *pej*
Scha̩ch·fi·gur *f* ❶ (*Spielfigur*) chess piece, chessman ❷ (*Mensch*) pawn **Scha̩ch·groß·meis·ter** *m* chess grand master **schach·matt** [ʃax'mat] *adj* ❶ (*Stellung in Schach*) checkmate, mate *fam;* **jdn ~ setzen** (*a. fig*) to checkmate [*or fam* mate] sb; **~!** checkmate, [check and] mate *fam* ❷ (*erschöpft*) ■~ **sein** (*fig*) to be exhausted [*or fam* dead beat]
Scha̩ch·par·tie *f* game of chess **Scha̩ch·spiel** *nt* ❶ (*Brett und Figuren*) chess set ❷ (*das Schachspielen*) ■**das ~** chess
Scha̩ch·spie·ler(in) *m(f)* chess player; **~ sein** to play chess
Schacht <-[e]s, Schächte> [ʃaxt, *pl* 'ʃɛçtə] *m* shaft; *Brunnen* well
Schach·tel <-, -n> ['ʃaxtl̩] *f* ❶ (*kleine Packung*) box; **eine ~ Zigaretten** a packet [*or* AM pack] of cigarettes ❷ (*Frau*) **alte ~** (*sl*) old bag *pej sl*
Scha̩ch·tel·halm *m* BOT horsetail, mare's tail
schäch·ten ['ʃɛçtn̩] *vt* ■**ein Tier ~** to slaughter an animal (*in accordance with Jewish rites*); ■**das S~** kosher butchering
Scha̩ch·tur·nier *nt* chess tournament **Scha̩ch·zug** *m* move [at chess], half-move *spec;* (*fig: Manöver*) move, manoeuvre BRIT, maneuver AM
scha·de ['ʃa:də] *adj pred* ❶ (*bedauerlich*) **[das ist aber] ~!, wie ~!** what a pity [*or* shame], that's too bad; **ich finde es ~, dass ...** [I think] that's a shame [*or* pity]/it's a shame [*or* pity] that; ■**[wirklich/zu] ~, dass ...** it's [really] a pity [*or* a shame] [*or* too bad] that ..., it's a [real [*or* great]] pity [*or* shame] that ..., it's [just] too bad that ...; ■**es ist ~ um jdn/etw** it's a shame [*or* pity] about sb/sth ❷ (*zu gut*) ■**für jdn/etw zu ~ sein** to be too good for sb/sth; ■**sich** *dat* **für etw** *akk* **zu ~/nicht zu ~ sein** to think [*or* consider] oneself too good for sth/to not think [*or* consider] sth [to be] beneath one; ■**sich** *dat* **für nichts zu ~ sein** to consider nothing [to be] beneath one, to take on anything
Schä·del <-s, -> ['ʃɛ:dl̩] *m* ❶ (*Totenkopf, Tier~*) skull; (*von Mensch a.*) cranium *spec* ❷ (*fam: Kopf*) head, bonce BRIT *fam;* **[mit etw** *dat***] eins auf den ~ bekommen** to get one over [*or fam* round] the head [from sth]; **jdm den ~ einschlagen** to smash sb's skull [*or* head] in; **[von etw** *dat***] einen dicken ~ haben** (*fam*) to have a hangover [*or* be hung-over] [from sth]; **jdm brummt der ~** (*fam: Kopfschmerzen haben*) sb's head is throbbing; (*nicht mehr klar denken können*) sb's head is buzzing [*or* going round and round]; **sich** *dat* **[an etw** *dat***] den ~ einrennen** (*fam*) to crack one's skull [against sth]; (*wiederholt*) to beat one's head [against sth]
Schä̲·del·ba·sis *f* MED skull base, base of the skull, cranial floor *spec* **Schä·del·ba̲·sis·bruch** *m* fracture of the skull base, base [*or spec* basilar] skull fracture **Schä̲·del·bruch** *m* fractured skull, fracture of the skull **Schä̲·del·de·cke** *f* MED roof [*or* top] of the skull, skullcap, calvaria *spec* **Schä̲·del·form** *f* shape of the skull **Schä̲·del·grö·ße** *f* size of the skull **Schä̲·del·kno·chen** *m* skull [*or spec* cranial] bone **Schä̲·del·naht** *f* MED suture
scha·den ['ʃa:dn̩] *vi* ■**jdm/sich ~** to do harm to sb/oneself; ■**etw** *dat***/etw sehr ~** to damage/to do great damage to sth; **Arbeit hat noch keinem geschadet** (*fam*) work never did [*or* has never done] anybody any harm; **es kann nichts ~, wenn jd etw tut** it would do no harm if sb does sth [*or* for sb to do sth]; **schadet das was?** (*fam*) so what?
Scha·den <-s, Schäden> ['ʃa:dn̩, *pl* 'ʃɛ:dn̩] *m* ❶ (*Sach~*) damage *no indef art, no pl* (**durch** +*akk* caused by); (*Verlust*) loss; **einen ~ [*o* Schäden] [in Höhe von etw** *dat***] verursachen** to cause damage [amounting to sth]; **jdm/etw ~ zufügen** to harm sb/to harm [*or* damage] sth; **es soll jds ~ nicht sein** it will not be to sb's disadvantage, sb won't regret it ❷ (*Verletzung*) injury; **[bei etw** *dat***] zu ~/nicht zu ~ kommen** (*geh*) to be hurt [*or* injured] [in sth]/to not come to any harm [in sth]; **Schäden aufweisen** MED to exhibit lesions *spec;* (*fehlerhaft sein*) to be defective [*or* damaged] ► WENDUNGEN: **wer den ~ hat, braucht für den Spott nicht zu sorgen** (*prov*) don't mock the afflicted; **aus [*o* durch] ~ wird man klug** (*prov*) once bitten twice shy *prov,* you learn by [*or* from] your mistakes

Scha·den·er·satz *m s.* Schadensersatz **Scha·den·er·satz·an·spruch** *m* claim for compensation **scha·den·frei** **I.** *adj* damage-free *attr,* claim-free *attr* BRIT **II.** *adv* ~ **fahren** to have never had an accident when driving **Scha·den·frei·heits·ra·batt** *m* (*geh*) no-claim[s] bonus BRIT
Scha·den·freu·de *f* malicious joy, gloating, schadenfreude *liter*
scha·den·froh **I.** *adj* malicious, gloating; **eine ~e Stimme** a voice full of gloating; ■ **~ sein** to delight in others' misfortunes **II.** *adv* ~ **grinsen** to grin with gloating
Scha·dens·ab·tei·lung *f* ÖKON (*selten*) claims department **Scha·dens·be·gren·zung** *f* loss [*or* damage] limitation; ■ **zur ~** to limit the losses [*or* damage] **Scha·dens·er·satz** *m kein pl* compensation, damages *npl;* ~ **fordern** to claim damages; **jdn auf ~ verklagen** to sue sb for damages; **auf ~ erkennen** JUR to award damages; **[jdm] [für [*o* wegen] etw *dat*] ~ leisten** to pay [sb] damages [for sth]
schad·haft ['ʃa:thaft] *adj* faulty, defective; (*beschädigt*) damaged
schä·di·gen ['ʃɛ:dɪgn̩] *vt* ❶ (*beeinträchtigen*) ■ **jdn/etw [durch etw *akk*] ~/sehr ~** to harm sb/sth/to do sb/sth great harm [with sth] ❷ (*finanziell belasten*) ■ **jdn [um etw *akk*] [durch etw *akk*] ~** to cause sb losses [of sth] [with sth] ❸ (*beschädigen*) ■ **etw [durch etw *akk*] ~** to damage sth [with sth]
Schä·di·gung <-, -en> *f* ❶ (*das Schädigen*) ■ **~ einer S.** *gen* damage done to sth ❷ (*Schaden*) harm *no indef art, no pl* (+*gen* to); (*organisch*) lesion *spec* (+*gen* of)
schäd·lich ['ʃɛ:tlɪç] *adj* harmful, injurious *form;* (*giftig*) noxious *form;* ■ **~ [für jdn/etw] sein** to be harmful, to be bad for sb's health/for sth, to be damaging to sth
Schäd·lich·keit <-> *f kein pl* harmfulness (**für** +*akk* to), harmful [*or* detrimental] effect[s *pl*] (**für** +*akk* on)
Schäd·ling <-s, -e> ['ʃɛ:tlɪŋ] *m* pest
Schäd·lings·be·kämp·fung *f* AGR, ÖKOL pest control, biological c., chemical c., integrated pest management **Schäd·lings·be·kämp·fungs·mit·tel** *nt* pesticide; (*gegen Insekten a.*) insecticide
schad·los ['ʃa:tlo:s] *adj* **sich *akk* [für etw *akk*] an jdm ~ halten** to make sb pay [for sth]; **sich *akk* an etw *dat* ~ halten** (*hum fam*) to do justice to sth *hum;* (*als Ersatz nehmen*) to make up for it on sth *a. hum*
Scha·dor <-s, -s> [ʃa'do:ɐ̯] *m s.* **Tschador**
Schad·stoff *m* harmful substance; (*in der Umwelt*) pollutant
schad·stoff·arm *adj* containing [*or* producing] a low level of harmful substances *pred;* **~es Auto/~er Motor** low-emission car/engine **Schad·stoff·aus·stoß** *m* [pollution] emissions *pl* **Schad·stoff·be·las·tung** *f* pollution
Schaf <-[e]s, -e> [ʃa:f] *nt* ❶ (*Tier*) sheep; (*Mutter~*) ewe; **das schwarze ~ sein** (*fig*) to be the black sheep (**in** +*dat/*+*gen* of) ❷ (*fam: Dummkopf*) idiot, dope *fam,* twit BRIT *fam;* **ich ~!** what an idiot [*or* a dope] [*or* BRIT a twit] I am [*or* I've been] *fam*
Schaf·bock *m* ram, tup BRIT
Schäf·chen <-s, -> ['ʃɛ:fçən] *nt* ❶ *dim von* **Schaf** lamb, little sheep ❷ *pl* (*Gemeindemitglieder*) flock ▶ WENDUNGEN: **sein ~ ins Trockene bringen** (*fig fam*) to see oneself all right *fam;* **sein ~ im Trockenen haben** (*fig fam*) to have feathered one's own nest
Schäf·chen·wol·ken *pl* fleecy [*or* cotton-wool] clouds
Schä·fer(in) <-s, -> ['ʃɛ:fɐ] *m(f)* shepherd *masc,* shepherdess *fem*
Schä·fer·dich·tung *f* LIT ■ **die ~** pastoral poetry **Schä·fer·hund** *m* Alsatian [dog], German shepherd [dog] AM
Schä·fe·rin <-, -nen> *f fem form von* **Schäfer** shepherdess
Schä·fer·stünd·chen *nt* (*hum veraltend*) [lovers'] tryst *hum,* bit of hanky-panky *dated fam*
Schaf·fell *nt* sheepskin, fleece
schaf·fen[1] <schaffte, geschafft> ['ʃafn̩] *vt* ❶ (*bewältigen*) ■ **etw ~** to manage [to do] sth; **ein Examen ~** to pass an exam; **eine Hürde ~** to manage [*or* clear] a hurdle; **einen Termin ~** to make a date; **ich schaffe es nicht mehr** I can't manage [*or* cope] any more, I can't go on; **wie schaffst du das nur?** how do you [manage to] do it [all]?; **wir ~ das schon** we'll manage; **wie soll ich das bloß ~?** how am I supposed to do [*or* manage] that?; **das hätten wir/das wäre geschafft!** [there,] that's done; **du schaffst es schon** you'll do [*or* manage] it; **schaffst du es noch?** can you manage?; **es ist geschafft** it's done ❷ (*fam: fertig bringen*) ■ **es ~, etw zu tun** to manage to do sth; **das hast du wieder mal geschafft** you've [gone and] done it again; **ich habe es nicht mehr geschafft, dich anzurufen** I didn't get round to calling you ❸ (*gelangen*) **wie sollen wir das auf den Berg ~?** how are we supposed [*or* will we manage] to get that up the mountain?; **wir müssen es bis zur Grenze ~** we've got to get to the border; **schaffe ich es bis zum Flughafen?** will I get to the airport on time [*or* in good time]? ❹ (*fam: verzehren können*) ■ **etw ~** to manage sth *fam;* **ich habe es nicht geschafft** I couldn't manage it all ❺ (*bringen*) ■ **jdn/etw in etw *dat*/zu etw etc. ~** to bring sb/sth in sth/to sth etc.; **etw in etw ~** to put sth in sth ❻ (*sl: erschöpfen*) ■ **jdn ~** to take it out of [*or* BRIT *sl* to knacker] sb; ■ **geschafft sein** to be exhausted [*or fam* shattered] [*or* BRIT *sl* knackered]
schaf·fen[2] <schuf, geschaffen> ['ʃafn̩] *vt* ■ **etw ~** ❶ (*herstellen*) to create sth; **eine Methode/ein System ~** to create [*or* develop] a method/system; **dafür bist du wie ge~** you're just made for it ❷ (*geh: er~*) to create sth ❸ (*verursachen*) to cause [*or* create] sth; **Frieden ~** to make peace; **Versöhnung [zwischen ihnen] ~** to bring about reconciliation [between them], to reconciliate them
schaf·fen[3] <schaffte, geschafft> ['ʃafn̩] *vi* SÜDD, ÖSTERR, SCHWEIZ (*arbeiten*) ■ **irgendwo/bei jdm ~ [gehen]** [to go] to work somewhere/for sb; **nichts mit jdm/etw zu ~ haben** to have nothing to do with sb/sth; **ich habe damit nichts zu ~** that has nothing to do with me; **was hast du mit ihm zu ~?** what got you mixed up with him?; **was hast du/haben Sie da zu ~?** what do you think you're doing there?, lost something? *iron;* **daran hast du/haben Sie nichts zu ~!** (*fam*) there's nothing for you there, you'll find nothing of interest there; **jd macht jdm [mit etw] zu ~** sb annoys [*or* irritates] sb [with sth], sb['s sth] gets on sb's wick BRIT *fam;* **jdm [mit etw *dat*] zu ~ machen** to cause sb [a lot of] trouble [with sth]; **mein Herz macht mir noch zu ~** my heart's still giving me trouble [*or* BRIT *sl* gyp]; **sich *dat* an etw *dat* zu ~ machen** to start tampering/fumbling with sth
Schaf·fen <-s> ['ʃafn̩] *nt kein pl* (*geh*) creative activity; (*einzelne Werke*) work[s *pl*]
Schaf·fens·drang *m kein pl* creative urge **Schaf·fens·freu·de** *f kein pl* creative enthusiasm **Schaf·fens·kraft** *f kein pl* creative power, creativity *no pl*
Schaf·fer(in) <-s, -> ['ʃafɐ] *m(f)* SÜDD, SCHWEIZ (*fleißiger Mensch*) hard worker, workaholic
Schaff·hau·sen <-s> [ʃaf'hauzn̩] *nt* Schaffhausen
schaf·fig ['ʃafɪç] *adj* SÜDD, SCHWEIZ (*fleißig*) hard-working
Schaf·fleisch *nt* mutton
Schaff·ner(in) <-s, -> ['ʃafnɐ] *m(f)* (*im Zug*) guard BRIT, conductor AM; (*in der Straßenbahn*) conductor
Schaf·fung <-> *f kein pl* creation; (*einer Methode/eines Systems a.*) development
Schaf·gar·be <-, -n> *f* BOT [common] yarrow **Schaf·hirt(in)** *m(f)* shepherd *masc,* shepherdess *fem; s. a.* **Schäfer**
Schäf·lein <-s, -> *nt* (*poet*) *s.* **Schäfchen 1**
Schaf·maul *nt* lamb's lettuce *no pl*
Scha·fott <-[e]s, -e> [ʃa'fɔt] *nt* scaffold; **das ~ besteigen** to mount the scaffold; **auf dem ~ enden** to die on the scaffold
Schaf·schur *f* [sheep-]shearing *no art*
Schafs·kä·se *m* sheep's milk cheese **Schaf(s)·kopf** *m* ❶ KARTEN sheepshead, schaf[s]kopf (*a simplified form of skat*) ❷ (*pej: Dummkopf*) idiot **Schafs·milch** *f* sheep's [*or* ewe's] milk

S

Schafs·pelz *m* sheepskin; *s. a.* **Wolf**

Schaf·stel·ze *f* ORN yellow wagtail

Schaft <-[e]s, Schäfte> [ʃaft, *pl* 'ʃɛftə] *m* ❶ (*langgestreckter Teil*) shaft ❷ (*Gewehrlauf*) stock ❸ (*astfreier Teil*) stalk, [main] stem ❹ (*Stiefel~*) leg

Schaft·stie·fel *pl* high boots

Schaf·wol·le *f* sheep's wool **Schaf·züch·ter** *m* sheep breeder, sheep farmer

Scha·kal <-s, -e> [ʃa'ka:l] *m* jackal

schä·kern ['ʃɛ:kɐn] *vi* (*veraltet*) ■[**mit jdm**] ~ to flirt [with sb]

schal [ʃa:l] *adj* ❶ (*abgestanden*) flat, stale; ~**es Wasser** stale water ❷ (*inhaltsleer*) meaningless, vapid

Schal <-s, -s *o* -e> [ʃa:l] *m* scarf

Schäl·chen <-s, -> ['ʃɛ:lçən] *nt dim von* **Schale[2]** [small] bowl

Scha·le[1] <-, -n> ['ʃa:lə] *f* ❶ (*Nuss~*) shell ❷ (*Frucht~*) skin; (*abgeschält*) peel; **die ~ einer S.** *gen*/**von etw** *dat* **abziehen** to peel sth ❸ (*Tier*) shell; *Muscheln a.* valve *spec* ►WENDUNGEN: **eine raue ~ haben** to be a rough diamond; **sich in ~ werfen** *fam* [*o sl* **schmeißen**] to get dressed up; (*von Frau a.*) to get dolled up BRIT *fam*

Scha·le[2] <-, -n> ['ʃa:lə] *f* bowl; (*flacher*) dish

schä·len ['ʃɛ:lən] **I.** *vt* ❶ (*von der Schale befreien*) ■**etw** ~ to peel sth; **Getreide** ~ to husk grain ❷ (*wickeln*) ■**etw aus etw** *dat* ~ to unwrap sth [from sth]; **ein Ei aus der Schale** ~ to shell an egg, to peel the shell off an egg **II.** *vr* ❶ (*sich pellen*) ■**sich** *akk* ~ to peel; **diese Apfelsine schält sich aber gut** this orange is easy to peel ❷ (*eine sich ~de Haut haben*) ■**sich** *akk* [**an etw** *dat*] ~ one['s sth] is peeling ❸ (*fam: sich von etwas befreien*) ■**sich** *akk* **aus etw** *dat* ~ to slip off sth *sep*

Scha·len·obst *nt* [edible] nuts *pl* **Scha·len·sitz** *m* AUTO bucket seat **Scha·len·tier** *nt* shellfish, crustacean **Scha·len·wild** *nt* hoofed game

Schal·erb·se *f* yellow split pea

Schalk <-[e]s, -e *o* Schälke> [ʃalk, *pl* 'ʃɛlkə] *m* (*veraltend*) rogue, rascal, scoundrel ►WENDUNGEN: **jdm schaut der ~ aus den Augen** sb has got a mischievous gleam in his/her eye; **jdm sitzt der ~ im Nacken** sb is a real rogue [*or* rascal]

schalk·haft **I.** *adj* mischievous, rascally **II.** *adv* mischievously

Schall <-s, -e *o* Schälle> [ʃal, *pl* 'ʃɛlə] *m* ❶ (*Laut*) sound; **der ~ der Glocken/Trompeten** the sound of the bells/trumpets ❷ *kein pl* PHYS sound *no art* ►WENDUNGEN: **etw ist ~ und Rauch** sth signifies nothing; **etw ist leerer ~** sth is without substance

schall·däm·mend *adj* noise-reducing, sound-absorbing **Schall·däm·mung** *f* noise-reduction, sound-absorption **Schall·dämp·fer** <-s, -> *m einer Schusswaffe* silencer; *eines Auspuffs a.* muffler AM **schall·dicht** **I.** *adj* soundproof; ~**e Abdichtung** soundproofing **II.** *adv* **diese Fenster lassen sich ~ verschließen** these windows are soundproof when closed

schal·len ['ʃalən] *vi* to resound, to echo

schal·lend **I.** *adj* ❶ (*hallend*) resounding; **mit ~em Gelächter** with a gale of laughter ❷ (*knallend*) resounding; **sie gab ihm eine ~e Ohrfeige** she gave him a hearty [*or* hefty] clip round the ear **II.** *adv* ❶ (*lauthals*) resoundingly; ~ **lachen** to roar with laughter ❷ (*mit lautem Knall*) resoundingly

Schall·ge·schwin·dig·keit *f kein pl* PHYS speed [*or* velocity] of sound; **mit doppelter ~ fliegen** to fly at twice the speed of sound **Schall·gren·ze** *f s.* **Schallmauer** **Schall·iso·lie·rung** *f* soundproofing **Schall·mau·er** *f* sound [*or* sonic] barrier; **die ~ durchbrechen** to break the sound [*or* sonic] barrier

Schall·plat·te *f* record

schall·schlu·ckend **I.** *adj s.* **schalldämmend** **II.** *adv* in a way which reduces noise level; ~ **beschichtet sein** to have a sound-absorbing layer

Schall·schutz·fens·ter *nt* sound-absorbing [*or* noise-reducing] window **Schall·schutz·wall** *m* sound-absorbing barrier

Schall·wel·le *f* PHYS sound wave

Schal·mei <-, -en> [ʃal'mai] *f* MUS shawm

Schäl·mes·ser *nt* peeling knife

Scha·lot·te <-, -n> [ʃa'lɔtə] *f* shallot

Schäl·rip·pe *f* KOCHK cured belly of pork

schalt [ʃalt] *imp von* **schelten**

Schalt·bild *nt s.* **Schaltplan**

schal·ten ['ʃaltn̩] **I.** *vi* ❶ AUTO to change gear ❷ (*fam: begreifen*) to get it *fam,* to catch on *fam* ❸ (*sich einstellen*) to switch to ►WENDUNGEN: ~ **und walten** to manage things as one pleases; **sein Vorgesetzter lässt ihn frei ~ und walten** his boss gives him a completely free hand **II.** *vt* ❶ (*einstellen*) ■**etw auf etw ~** *akk* to switch [*or* turn] sth to sth, to put sth on sth *fam,* to turn [*or fam* put] the switch on sth to sth; **die Heizung auf Handbetrieb** ~ to switch the heating [*or* AM heater] to manual; **die Herdplatte auf Stufe drei** ~ to turn [*or* switch] the ring [*or* AM knob] to three ❷ AUTO ■**etw** ~ to change gear; ■**sich ~ lassen: der Wagen lässt sich auch von Anfängern problemlos ~** even beginners can change gear in this car without any problems ❸ ELEK ■**etw** ~ to switch [*or* turn] on sth *sep;* **die Treppenhausbeleuchtung ist so geschaltet, dass sie nach zwei Minuten automatisch ausgeht** the light on the stairs switches off automatically after two minutes ❹ (*einfügen*) ■**etw** ~ to insert sth; **eine Anzeige** ~ to place an advert [*or* AM ad] **III.** *vr* ■**sich** ~: **der Wagen schaltet sich sehr einfach** it is very easy to change gear in the car

Schal·ter <-s, -> ['ʃaltɐ] *m* ❶ ELEK switch; **einen ~ betätigen** to operate a switch; **einen ~ umlegen** to throw a switch; (*zum Unterbrechen*) circuit breaker ❷ ADMIN, BAHN counter; (*mit Sichtfenster*) window

Schal·ter·be·am·te(r), -be·am·tin *m, f dekl wie adj* clerk; (*bei der Eisenbahn*) ticket clerk **Schal·ter·hal·le** *f* main hall; BAHN travel centre [*or* AM -er], booking [*or dated* ticket] hall **Schal·ter·schluss[RR]** *m* close of business **Schal·ter·stun·den** *pl* opening hours *pl*

Schalt·he·bel *m* AUTO gear lever ►WENDUNGEN: **an den ~n [von etw] sitzen** to sit at the [steering] wheel [*or* to be in the driving seat] [of sth]; **an den ~n der Macht sitzen** to hold the reins of power, to have the reins of power in one's hands

Schalt·jahr *nt* leap year **Schalt·kas·ten** *m* fuse box **Schalt·knüp·pel** *m* gear lever, gearstick **Schalt·kreis** *m* circuit; **integrierter** ~ integrated circuit **Schalt·plan** *m* diagram of a wiring system; INFORM, ELEK circuit diagram **Schalt·pult** *nt* control desk [*or* panel], controls *npl* **Schalt·stel·le** *f* control centre [*or* AM -er] **Schalt·ta·fel** *f* control panel **Schalt·tag** *m* leap day

Schal·tung <-, -en> *f* ❶ AUTO gears *pl* ❷ ELEK circuit; **integrierte** ~ integrated circuit

Scha·lup·pe <-, -n> [ʃa'lʊpə] *f* NAUT ❶ (*hist: kleineres Frachtschiff*) sloop ❷ (*Beiboot eines Seglers*) dinghy

Scham <-> [ʃa:m] *f kein pl* ❶ (*Beschämung*) shame; ~ **empfinden** to be ashamed; **kein bisschen ~ im Leibe haben** to be [completely] barefaced [*or* shameless] [*or* brazen] ❷ (*Schüchternheit*) **aus falscher** ~ out of a false sense of modesty; **nur keine falsche ~!** (*fam*) don't be shy! ❸ (*Verlegenheit*) embarrassment; **vor ~ glühen/rot werden** to go red [*or* blush] with embarrassment; **vor ~ vergehen/in den Boden versinken** to die of embarrassment *fig* ❹ (*Schamröte*) blush; **ihm stieg die ~ ins Gesicht** he blushed ❺ (*veraltend geh*) shame *old liter,* private parts

Scha·ma·ne <-n, -n> [ʃa'ma:nə] *m* shaman

Scham·bein *nt* pubic bone

schä·men ['ʃɛ:mən] *vr* ❶ (*Scham empfinden*) ■**sich einer S.** *gen* ~ to be ashamed of sth; ■**sich [wegen etw]** ~ to be [*or* feel] ashamed [of sth/sb]; ■**sich für etw/jdn** ~ to be [*or* feel] ashamed of sth/for sb; ■**sich vor jdm** ~ to be [*or* feel] ashamed in front of sb; (*einem peinlich werden in jds Gegen-*

wart) to be [*or* feel] embarrassed in front of sb; **sich in Grund und Boden ~** to be utterly ashamed; **jd sollte sich [was] ~** sb should be ashamed of himself/herself; **schäm dich!** shame on you! ❷ (*sich scheuen*) ■**sich ~, etw zu tun** to stop at [*or* to shrink from] doing sth, to be embarrassed to do sth; **ich schäme mich, ihn schon wieder um einen Gefallen zu bitten** I'm ashamed [*or* embarrassed] to ask him to do me yet another favour

Scham·ge·fühl *nt kein pl* sense of shame, modesty; **hast du denn gar kein ~?** haven't you got any [sense of] shame? **Scham·haar** *nt* pubic hair

scham·haft *adj* (*geh*) shy, bashful, modest

Scham·lip·pen *pl* labia *pl;* **die kleinen/großen ~** labia minora/majora **scham·los** *adj* ❶ (*keine Scham kennend*) shameless, rude; **eine ~e Gebärde** a rude [*or* indecent] gesture ❷ (*unverschämt*) **eine ~e Dreistigkeit** sheer audacity *no pl;* **eine ~e Frechheit** brazen [*or* barefaced] impudence *no pl;* **eine ~e Lüge** a barefaced [*or* blatant] [*or* downright] lie **Scham·lo·sig·keit** <-, -en> *f* ❶ *kein pl* (*mangelndes Schamgefühl*) shamelessness *no pl,* impudence *no pl,* shameless behaviour [*or* AM -or] ❷ (*schamlose Bemerkung*) rude remark

Scha·mot·te·stein [ʃa'mɔt-] *m* firebrick

Scham·pus <-s> ['ʃampʊs] *m kein pl* (*fam*) bubbly *fam,* champers *fam* + *sing vb* BRIT

scham·rot ['ʃa:mro:t] *adj* red-faced; ■**~ sein/werden** to blush [*or* go red] with shame/embarrassment

Scham·rö·te *f* blush of embarrassment; **jdm steigt die ~ ins Gesicht** sb blushes [*or* goes red] with shame/embarrassment

Schan·de <-> ['ʃandə] *f kein pl* ignominy, disgrace, shame; **~ über jdn bringen** to bring disgrace on [*or* upon] sb, to bring shame on [*or* to] [*or* upon] sb; **jdn vor ~ bewahren** to save sb from disgrace; **in ~ geraten** (*veraltet: ein uneheliches Kind bekommen*) to become pregnant out of wedlock; **eine [wahre] ~ sein!** to be a[n utter [*or* absolute]] disgrace!; **eine [wahre] ~ sein, [dass]/wie ...** to be a[n utter [*or* absolute]] disgrace [that]/how ...; **keine ~ sein, dass ...** to not be a disgrace that ...; **mach mir [nur] keine ~!** (*hum*) don't let me down!; **jdm/einer S. ~ machen** to disgrace [*or* to be a disgrace to] sb/sth, to call [*or* bring] down disgrace [*or form* ignominy] on sb/sth; **jdm/einer S. keine ~ machen** to not be a disgrace to sb/sth; **zu jds [bleibenden] ~** to sb's [everlasting] shame; **ich muss zu meiner großen ~ gestehen, dass ich unsere Verabredung völlig vergessen habe** I'm deeply ashamed to have to admit that I had completely forgotten our engagement; *s. a.* **Schimpf**

schän·den ['ʃɛndn̩] *vt* ❶ (*verächtlich machen*) ■**etw ~** to discredit [*or* dishonour] sth; **jds Ruf ~** to sully sb's name ❷ (*selten: verschandeln*) ■**etw ~** to defile [*or* ruin] sth ❸ (*entweihen*) ■**etw ~** *Grab, Leichnam, Denkmal* to desecrate [*or* defile] sth ❹ (*veraltend: vergewaltigen*) ■**jdn ~** to rape [*or form* violate] sb

Schand·fleck *m* blot [on the landscape], disgrace

schänd·lich ['ʃɛntlɪç] **I.** *adj* ❶ (*niederträchtig*) disgraceful, shameful; **ein ~es Verbrechen** a despicable crime ❷ (*fam: schlecht*) dreadful, appalling; **in einem ~en Zustand sein** to be in a disgraceful state **II.** *adv* ❶ (*gemein*) shamefully, disgracefully, dreadfully, appallingly ❷ (*sehr*) outrageously; **~ teuer** outrageously dear

Schänd·lich·keit <-, -en> *f* ❶ (*niederträchtige Tat*) shameful [*or* ignominious] deed [*or* action] ❷ *kein pl* (*Abscheulichkeit*) shamefulness *no pl,* infamy, baseness *no pl form*

Schand·mal *nt* (*geh*) *s.* **Schandfleck Schand·maul** *nt* (*pej*) ❶ (*sl: Maul*) malicious [*or* poisonous] tongue, gob BRIT *fam;* **halt dein ~!** shut your face! *fam or sl* ❷ (*geh: lästernde Person*) gossiper, scandalmonger **Schand·tat** *f* abomination, iniquity; **zu jeder ~ bereit sein** (*hum fam*) to be ready [*or* game] for anything

Schän·dung <-, -en> *f* desecration, defilement; (*Vergewaltigung*) violation

Schän·keRR <-, -n> ['ʃɛŋkə] *f* pub; (*Gastwirtschaft auf dem Land*) inn

Schan·ker <-s, -> ['ʃaŋkɐ] *m* chancroid, chancre; **harter/weicher ~** hard/soft chancre

Schank·er·laub·nis *f* licence [*or* AM -se] [to sell alcohol]

Schan·ze <-, -n> ['ʃantsə] *f* ski jump

Schar[1] <-, -en> [ʃa:ɐ̯] *f von Vögeln* flock; *von Menschen* crowd, horde, *fam* gang; **in [hellen] ~en** in droves [*or* swarms]

Schar[2] <-, -en> [ʃa:ɐ̯] *f* ploughshare BRIT, plowshare AM

Schar·bocks·kraut ['ʃa:ɐ̯bɔks-] *nt kein pl* BOT lesser celandine, pilewort

Schä·re <-, -n> ['ʃɛ:rə] *f* skerry, small rocky island

scha·ren ['ʃa:rən] **I.** *vt* ■**Dinge/Menschen um sich ~** to gather things/people around oneself **II.** *vr* ■**sich um jdn/etw ~** (*sich versammeln*) to gather [*or* flock together] around sb/sth; (*sich eifrig bewegen*) to swarm about sb/sth; (*schützend*) to rally around sb/sth

scha·ren·wei·se *adv* in hordes [*or* droves]; **die Fans sammelten sich ~ um den Star herum** the fans swarmed around the star

scharf <schärfer, schärfste> [ʃarf] **I.** *adj* ❶ (*gut geschliffen*) *Messer, Klinge* sharp, keen *form;* **~e Krallen** sharp claws; **~e Zähne** sharp teeth; **etw ~ machen** to sharpen sth ❷ (*spitz zulaufend*) sharp; **~e Gesichtszüge** sharp features; **eine ~e Kante** a sharp edge; **eine ~e Kurve/Kehre** a hairpin bend; **eine ~e Nase** a sharp nose ❸ KOCHK (*stark gewürzt*) hot; **~e Gewürze/~er Senf** hot spices/mustard; (*sehr würzig*) highly seasoned; **~er Käse** strong cheese; **ein ~er Geruch** a pungent odour [*or* AM -or]; (*hochprozentig*) strong; **einen S~en trinken** to knock back some of the hard stuff ❹ (*ätzend*) aggressive, caustic [*or* strong]; *s. a.* **Sache** ❺ (*schonungslos, heftig*) harsh, severe, tough; **~e Ablehnung** fierce [*or* strong] opposition; **~e Aufsicht/Bewachung/Kontrolle** rigorous [*or* strict] supervision/surveillance/control; **ein ~er Gegner** a fierce opponent; **~e Konkurrenz** fierce [*or* keen] competition; **~e Kritik** biting [*or* fierce] criticism; **~e Maßnahmen ergreifen** to take drastic [*or* harsh] measures; **ein ~er Polizist** a tough policeman; **ein ~er Prüfer** a strict examiner; **~er Protest** strong [*or* vigorous] protest; **ein ~es Urteil** a harsh [*or* scathing] judgement ❻ (*bissig*) fierce, vicious *pej;* **~e Auseinandersetzungen** bitter altercations; **etw in schärfster Form verurteilen** to condemn sth in the strongest possible terms; **ein ~er Verweis** a strong reprimand; **~er Widerstand** fierce [*or* strong] resistance; **eine ~e Zunge haben** to have a sharp tongue; **sehr ~ gegen jdn werden** to be very sharp with sb ❼ *inv* (*echt*) real; **mit ~en Patronen schießen** to shoot live bullets; **~e Schüsse abfeuern** to shoot with live ammunition; **eine ~e Bombe** a live bomb ❽ (*konzentriert, präzise*) careful; **~e Betrachtung** careful [*or* thorough] examination; **~e Beobachtung** astute [*or* keen] observation; **~er Blick** close [*or* thorough] inspection; **ein ~er Analytiker** a careful [*or* thorough] analyst; **eine ~e Auffassungsgabe haben** to have keen powers of observation; **ein ~es Auge für etw haben** to have a keen eye for sth; **ein ~er Beobachter** a keen [*or* perceptive] observer; **~e Intelligenz** keen intelligence; **ein ~er Verstand** a keen [*or* sharp] mind ❾ OPT, FOTO sharp; **~e Augen** keen [*or* sharp] eyes; **eine ~e Brille/Linse** strong [*or* powerful] glasses/a strong [*or* powerful] lens; **~e Umrisse** sharp outlines; **das Foto ist gestochen ~** the photo is extremely sharp ❿ (*schneidend*) biting; **ein ~er Frost** a sharp frost; **~e Kälte** biting [*or* fierce] cold; **~e Luft** raw air; **eine ~e Stimme** a sharp voice; **ein ~er Ton** a shrill sound; **ein ~er Wind** a biting wind ⓫ (*forciert*) hard, fast; **in ~em Galopp reiten** to ride at a furious gallop; **in ~em Tempo** at a [fast and] furious pace; **ein ~er Ritt** a hard ride ⓬ (*sl: aufrei-*

S

zend) spicy *fam,* naughty *fam,* sexy *fam;* ■**auf jdn ~ sein** *(geil)* to fancy sb *fam,* to be turned on by sb *fam,* to be keen on sb, to have the hots for sb AM; *(jdm übelwollen)* to have it in for sb; ■**auf etw ~ sein** to [really] fancy sth *fam,* to be keen on sth ⓭ *(sl: fantastisch)* great *fam,* fantastic *fam,* terrific; **ein ~es Auto** a cool car; **[das ist] ~!** [that is] cool!; **das ist das Schärfste!** *(sl)* that [really] takes the biscuit [*or* AM cake]! *fig* ⓮ FBALL *(kraftvoll)* fierce ⓯ *(aggressiv)* fierce; **ein ~er [Wach]hund** a fierce [watch]dog **II.** *adv* ❶ *(in einen scharfen Zustand)* **etw ~ schleifen** to sharpen sth; **~ gebügelte Hosen** sharply ironed trousers [*or* AM pants] ❷ *(intensiv gewürzt)* **ich esse/koche gerne ~** I like eating/cooking spicy/hot food; **~ schmecken** to taste hot; **etw ~ würzen** to highly season sth ❸ *(heftig)* sharply; **etw ~ ablehnen** to reject sth outright [*or* out of hand], to flatly reject sth; **etw ~ angreifen** [*o* **attackieren**] to attack sth sharply [*or* viciously]; **etw ~ kritisieren** to criticize sth sharply [*or* harshly] [*or* severely]; **gegen etw ~ protestieren** to protest strongly [*or* vigorously] against sth; **etw ~ verurteilen** to condemn sth strongly [*or* harshly] ❹ *(konzentriert, präzise)* carefully; **ein Problem ~ beleuchten** to get right to the heart of a problem; **~ analysieren** to analyze carefully [*or* painstakingly] [*or* thoroughly]; **~ aufpassen** to take great [*or* extreme] care; **~ beobachten** to observe [*or* watch] carefully [*or* closely]; **~ hinsehen** to look good and hard; **etw ~ unter die Lupe nehmen** to investigate sth carefully [*or* thoroughly], to take a careful [*or* close] look at sth; **~ sehen** to have keen [*or* sharp] eyes; **etw ~ umreißen** to define sth clearly [*or* sharply] ❺ *(in forciertem Tempo)* fast, like the wind [*or* devil]; **~ reiten** to ride hard ❻ *(streng)* carefully, closely; **etw ~ bekämpfen** to fight hard [*or* strongly] against sth; **jdn ~ bewachen** to keep a close guard on sb; **gegen etw ~ durchgreifen** [*o* **vorgehen**] to take drastic [*or* vigorous] action [*or* to take drastic steps] against sth ❼ *(abrupt)* abruptly, sharply; **~ links/rechts abbiegen/einbiegen** to take a sharp left/right, to turn sharp left/right; **~ bremsen** to brake sharply, to slam on the brakes; **Fleisch ~ anbraten** to sear meat ❽ *(gefährlich)* **~ geladen sein** to be loaded [with live ammunition]; **~ schießen** to shoot [with live ammunition] ❾ OPT, TECH *(klar)* sharply; **das Bild/den Sender ~ einstellen** to sharply focus the picture/tune in the station ❿ *(geil)* **jdn ~ machen** to turn sb on *fam,* to make sb feel horny *sl* ▸WENDUNGEN: **es ~ auf jdn haben** ÖSTERR to have it in for sb

Schạrf·blick *m kein pl* astuteness *no pl,* perspicacity *no pl form,* shrewdness *no pl*

Schär·fe <-, -n> [ˈʃɛrfə] *f* ❶ *(guter Schliff)* sharpness, [sharp] edge; **die ~ einer Axt** the sharpness of an axe ❷ KOCHK spiciness; *eines Käses* sharpness, strength; *von Senf/Chilis/Pfeffer* hotness; *einer Zitrone* tanginess ❸ *(Heftigkeit) einer Ablehnung* severity; *der Konkurrenz* keenness, strength; *der Kritik* severity, sharpness; *von Worten* harshness; **in aller ~ kritisieren** to criticize severely [*or* sharply]; **in aller ~ zurückweisen** to refuse/reject outright, to flatly refuse, to reject out of hand ❹ *(Präzision)* sharpness, keenness; *der Augen/des Gehörs/des Verstandes* keenness ❺ OPT, FOTO sharpness; *einer Brille/eines Brillenglases* strength ❻ *(ätzende Wirkung)* causticity ❼ *(schneidend sein) des Windes* bitterness; *des Frosts* sharpness ❽ FBALL **ein Schuss von unheimlicher ~** an incredibly hard shot

schär·fen [ˈʃɛrfn̩] *vt* ❶ *(scharf schleifen)* ■**etw ~** to sharpen sth ❷ *(verfeinern)* ■**etw ~** to make sth sharper [*or* keener]; **den Verstand ~** to sharpen the intellect

schạrf|ma·chen *vt* **jdn/einen Hund ~** to incite sb/a dog, to egg on sb/a dog *sep* **Schạrf·ma·cher(in)** [ˈʃarfmaxɐ] *m(f)* *(pej fam)* hellraiser *fam,* agitator, rabble-rouser **Schạrf·rich·ter** *m* HIST executioner **Schạrf·schüt·ze, -schüt·zin** *m, f* marksman *masc,* markswoman *fem* **Schạrf·sinn** *m kein pl* astuteness *no pl,* perspicacity *no pl form* **schạrf·sin·nig I.** *adj* astute, perceptive, perspicacious *form* **II.** *adv* astutely, perceptively, perspicaciously *form*

Scha·ria <-> [ʃaˈriːa] *f kein pl* sharia [*or* shariat] [*or* sheria] [*or* sheriat]

Schar·lach¹ <-s> [ˈʃarlax] *m kein pl* MED scarlet fever

Schar·lach² <-> [ˈʃarlax] *nt kein pl* scarlet

schạr·lach·rot *adj* scarlet

Schar·la·tan <-s, -e> [ˈʃarlatan] *m* ❶ *(großsprecherischer Betrüger)* fraud, con man *fam* ❷ *(Kurpfuscher)* charlatan, quack *fam*

Scharm <-s> [ʃarm] *m kein pl s.* **Charme**

schar·mant [ʃarˈmant] *adj, adv s.* **charmant**

Schar·müt·zel <-s, -> [ʃarˈmʏtsl̩] *nt* *(veraltend: kleines Gefecht)* skirmish

Schar·nier <-s, -e> [ʃarˈniːɐ̯] *nt* hinge

Schar·nier·ge·lenk *nt* ANAT hinge joint

Schär·pe <-, -n> [ˈʃɛrpə] *f* sash

schar·ren [ˈʃarən] **I.** *vi* ■**[mit etw] ~** to scratch [with sth]; **mit den Krallen ~** to claw [*or* scratch]; **etw mit der Pfote ~** to paw [at] sth; **etw mit einem Huf ~** to paw [*or* scrape] [at] sth with a hoof **II.** *vt* ■**jdn/etw in etw ~** *akk* to bury sb/sth in a shallow grave

Schar·te <-, -n> [ˈʃartə] *f* ❶ *(Einschnitt)* nick, notch; **eine ~ auswetzen** to grind out a nick ❷ HIST *(Schießscharte)* embrasure ▸WENDUNGEN: **eine ~ auswetzen** to make good [*or* rectify] a mistake, to make amends

schar·tig [ˈʃartɪç] *adj* jagged, ragged

schar·wen·zeln* [ʃarˈvɛntsl̩n] *vi sein o haben (fam)* ■**[um jdn/vor jdm] ~** to dance attendance [on sb] BRIT, to kowtow [to sb], to suck up [to sb] *fam*

Schasch·lik <-s, -s> [ˈʃaʃlɪk] *nt* [shish] kebab

schas·sen [ˈʃasn̩] *vt (fam)* ■**jdn ~** ❶ *(entlassen)* to fire [*or* sack] sb, to kick sb out ❷ *(der Schule verweisen)* to expel sb

Schat·ten <-s, -> [ˈʃatn̩] *m* ❶ *(schattige Stelle)* shade; **30° im ~** 30 degrees in the shade; **~ spendend** shady; **~ spenden** [*o* **geben**] to afford shade *form;* **im ~ liegen** to be in the shade; **lange ~ werfen** to cast long shadows ❷ *(schemenhafte Gestalt)* shadow; **nur noch ein ~ seiner selbst sein** to be a shadow of one's former self *form* [*or* of what one used to be]; **sich vor seinem eigenen ~ fürchten** to be afraid of one's own shadow; **einem ~ nachjagen** to chase phantoms ❸ *(dunkle Stelle)* shadow; **~ unter den Augen** [dark] shadows [*or* rings] under the eyes ❹ *(geh)* **in das Reich der ~ hinabsteigen** *(euph: sterben)* to descend into the realm of the shades ❺ *(Verfolger)* shadow ▸WENDUNGEN: **im ~ bleiben** to stay in the shade; **einen ~ haben** to be crazy; **über seinen ~ springen** to force oneself to do sth; **nicht über seinen [eigenen] ~ springen können** to be unable to act out of character; **in jds ~ stehen** to be in sb's shadow [*or* to be overshadowed by sb]; **jdn/etw in den ~ stellen** to put sb/sth in the shade *fig;* **seinen ~ vorauswerfen** to cast one's shadow before one *fig,* to make oneself felt; **einen ~ [auf etw** *akk*] **werfen** to cast [*or* throw] a shadow [over sth] *fig*

Schạt·ten·blu·me *f* BOT May lily **Schạt·ten·da·sein** *nt* **ein ~ fristen** [*o* **führen**] *(geh: am Rande der Existenz leben)* to lead a miserable existence; *(nicht real existieren)* to lead a shadowy existence

schạt·ten·haft I. *adj* shadowy; **~e Umrisse** vague outlines **II.** *adv* **sich ~ abzeichnen** to loom in a shadowy fashion; **etw ~ ausmachen/erkennen** to just be able to make sth out

Schạt·ten·ka·bi·nett *nt* shadow cabinet **Schạt·ten·mo·rel·le** *f* ❶ *(Sauerkirschbaum)* morello tree, morello cherry tree ❷ *(Baum)* morello, morel, morello cherry **Schạt·ten·riss**[RR] *m* silhouette **Schạt·ten·sei·te** *f* negative side [*or* aspect], dark side, drawback **Schạt·ten·spiel** *nt* ❶ *kein pl* THEAT *(Schattentheater)* shadow play [*or* show] ❷ THEAT *(Stück für das Schattentheater)* shadow play ❸ *meist pl (Schattenbild mit Händen)* shadow play

schat·tie·ren* [ʃaˈtiːrən] *vt* KUNST ■**etw ~** to shade sth [in]

Schat·tie·rung <-, -en> *f* ❶ KUNST shading ❷ *pl* (*geh: Richtungen*) shade; **alle [verschiedenen] Meinungs~en** all [different] shades of opinion
schat·tig ['ʃatɪç] *adj* shady
Scha·tul·le <-, -n> [ʃa'tʊlə] *f* (*geh*) casket
Schatz <-es, Schätze> [ʃats, *pl* 'ʃɛtsə] *m* ❶ (*Ansammlung kostbarer Dinge*) treasure ❷ (*fam: Liebling*) darling, sweetheart, love; **ein ~ sein** (*fam*) to be a dear [*or* a love] [*or* a treasure]
Schatz·an·wei·sung *f* government [*or* treasury] bond
schätz·bar *adj inv* (*geh*) **nicht leicht/schwer ~ sein** to be not easy/difficult to assess [*or* estimate]; **etw ist nur annähernd** [*o* **ungefähr**] **~** one can only make a rough assessment [*or* an approximate estimate] of sth; **etw ist genau ~** one can make a precise assessment [*or* estimate] of sth; **gut/schlecht ~ sein** to be easy/difficult to assess [*or* estimate]
Schätz·chen <-s, -> ['ʃɛtsçən] *nt* (*fam*) *dim von* **Schatz 2**
schät·zen ['ʃɛtsn̩] **I.** *vt* ❶ (*einschätzen*) ■**jdn/etw [auf etw** *akk*]~ to guess [*or* reckon] that sb/sth is sth; **jdn/etw auf ein bestimmtes Alter ~** to guess sb's/sth's age; **meistens werde ich jünger geschätzt** people usually think I'm younger; **jdn auf eine bestimmte Größe/etw auf eine bestimmte Höhe ~** to guess the height of sb/sth; **ich schätze sein Gewicht auf ca. 100 kg** I reckon he weighs about 100 kilos; **grob geschätzt** at a rough guess [*or* estimate] ❷ (*wertmäßig einschätzen*) ■**etw auf etw** *akk* ~ to assess the value of sth, to assess sth at sth; **der Schaden wird auf 100.000 Euro geschätzt** the damage is estimated at 100,000 euros ❸ (*würdigen*) ■**jdn [als jdn] ~** to value sb [*or* to regard sb highly] [as sb]; ■**jdn ~** to hold sb in high esteem [*or form* regard]; ■**etw ~** to appreciate [*or form* treasure] sth; ■**es ~, etw zu tun** to enjoy doing sth; ■**es ~, dass etw getan wird** to appreciate the fact that sth is being done; **ich schätze es nicht sehr, wenn man mir immer ins Wort fällt** I don't appreciate/enjoy being constantly interrupted; **jdn/etw ~ lernen** to come [*or* learn] to appreciate [*or* value] sb/sth; **etw zu ~ wissen** to appreciate sth; *s. a.* **glücklich, wissen II.** *vi* (*fam*) to guess; **richtig ~** to guess [*or form* estimate] correctly; **man kann nur ~ ...** it's anybody's guess ...; **schätz mal** guess, have [*or* take] a guess
Schät·zer(in) <-s, -> *m(f)* assessor
Schatz·grä·ber(in) <-s, -> *m(f)* treasure seeker [*or* hunter] **Schatz·kam·mer** *f* treasure-house **Schatz·kanz·ler(in)** *m(f)* ÖKON, POL Chancellor of the Exchequer BRIT, Secretary of the Treasury AM, minister of finance, finance minister **Schatz·meis·ter(in)** *m(f)* treasurer
Schät·zung <-, -en> *f* ❶ *kein pl* (*wertmäßiges Einschätzen*) assessment [*or* estimate] of the value, valuation ❷ (*Anschlag*) estimate; **nach einer groben ~** at a rough estimate [*or* guess]; **nach jds ~** sb would say; **wann wird sie denn nach deiner ~ wieder zurück sein?** when would you say she'll be back?
schät·zungs·wei·se *adv* about, approximately, roughly
Schätz·wert *m* estimated value
Schau <-, -en> [ʃau] *f* ❶ (*Ausstellung*) exhibition; **etw zur ~ stellen** to display [*or* to exhibit] sth, to put sth on display; **Emotionen/Gefühle zur ~ tragen** to make a show of one's emotions/feelings ❷ (*Vorführung*) show ▶WENDUNGEN: **jdm [mit etw] die ~ stehlen** (*fam*) to steal the show from sb [with sb] *fig; s. a.* **Show**
Schau·bild *nt* diagram
Schau·der <-s, -> ['ʃaudɐ] *m* (*geh*) shiver, shudder
schau·der·haft *adj* ❶ (*grässlich*) ghastly, horrific, terrible ❷ (*fam: furchtbar*) awful, dreadful
schau·dern ['ʃaudɐn] **I.** *vt impers* ■**es schaudert jdn bei etw** sth makes sb shudder [*or* shiver] **II.** *vi* ❶ (*erschauern*) to shudder; ■**[vor etw** *dat*] ~ to shake [with sth] ❷ (*frösteln*) to shiver
schau·en ['ʃauən] **I.** *vi* SÜDD, ÖSTERR, SCHWEIZ ❶ (*blicken*) to look; **auf die Uhr ~** to look at the clock; ■**auf jdn/etw ~** to look at sb/sth; ■**um sich ~** to look around, to have a look around; **wohin man schaut, ...** wherever you look, ...; *s. a.* **Auge** ❷ (*aussehen*) to look; **schau nicht so verbittert/traurig!** don't look so bitter/sad! ❸ (*darauf achten*) ■**auf etw ~** to pay attention to sth; **auf Sauberkeit ~** to be concerned about [*or* pay attention to] cleanliness ❹ (*sich kümmern*) ■**nach jdm/etw ~** to have [*or* take] a look at sb/sth, to check up on sb/sth; **wenn ich in Urlaub bin, schaut mein Freund nach den Blumen** my friend is going to look after my flowers while I'm on holiday ❺ (*suchen*) ■**[nach etw] ~** to look [for sth] ❻ (*ansehen*) to look, to watch; **~ Sie, die Tür wurde aufgebrochen!** look! the door has been broken open! ❼ (*fam: zusehen*) ■**~, dass/wie ...: schau, dass du pünktlich bist** see [*or* make sure] [*or* mind] that you are on time ▶WENDUNGEN: **da schaust du aber!** (*fam*) how about that!, what do you think of that?; **[ja,] da schau her!** (*schau, schau*) well, well; **~ mal, ...** well [*or* look] ...; **schau, schau!** (*fam*) well, well **II.** *vt* ■**etw ~** ❶ (*geh: visionär erblicken*) to behold sth ❷ *s.* **gucken**
Schau·er <-s, -> ['ʃauɐ] *m* ❶ (*Regenschauer*) shower ❷ *s.* **Schauder**
Schau·er·ge·schich·te *f* (*fam*) *s.* **Schauermärchen**
schau·er·lich *adj* ❶ (*grässlich*) ghastly, horrific, terrible ❷ (*fam*) *s.* **schauderhaft 2**
Schau·er·mär·chen *nt* (*fam*) horror story, blood-curdling tale
schau·ern ['ʃauɐn] **I.** *vi* ■**[vor etw** *dat*] ~ to shiver [with sth] **II.** *vt impers* ■**jdn** [*o* **jdm**] **schauert es [bei etw]** sth makes sb shudder
Schau·er·ro·man *m* ❶ (*Horrorroman*) horror story ❷ (*des 18.Jahrhunderts*) gothic novel
Schau·fel <-, -n> ['ʃaufl̩] *f* ❶ (*Werkzeug*) shovel; (*für Mehl o.Ä.*) scoop; (*für Kehricht*) dustpan; (*Spielzeug~*) spade ❷ (*eine ~ voll*) shovel, shovelful; **~ um ~** by the shovelful ❸ (*Geweihende*) antlers *pl* ❹ (*am Bagger*) shovel ❺ NAUT (*fachspr: Blatt von Ruder und Paddel*) paddle ❻ (*von Turbine*) blade, vane
schau·feln ['ʃaufl̩n] **I.** *vi* to shovel, to dig **II.** *vt* ■**etw ~** ❶ (*graben*) to dig sth; *s.* **Grab** ❷ (*verlagern*) to shovel sth
Schau·fel·stück *nt* KOCHK [beef] clod [*or* shoulder]
Schau·fens·ter *nt* shop window; **~ gucken** (*fam*) to go window-shopping
Schau·fens·ter·aus·la·ge *f* [shop] window display **Schau·fens·ter·bum·mel** *m* window-shopping *no pl, no indef art;* **einen ~ machen** to go window-shopping **Schau·fens·ter·de·ko·ra·ti·on** *f* [shop] window display **Schau·fens·ter·pup·pe** *f* mannequin, shop dummy BRIT **Schau·fens·ter·wer·bung** *f kein pl* advertising in shop windows
Schau·kampf *m* SPORT exhibition fight **Schau·kas·ten** *m* display cabinet, showcase
Schau·kel <-, -n> ['ʃaukl̩] *f* swing
schau·keln ['ʃaukl̩n] **I.** *vi* ❶ (*die Schaukel benutzen*) to [go on the] swing ❷ (*auf und ab wippen*) ■**[mit etw] ~** to rock [sth]; **im Schaukelstuhl sitzen und ~** to sit in the rocking chair and rock backwards and forwards ❸ (*schwanken*) to roll [from side to side]; (*hin und her schwingen*) to swing [backwards and forwards] **II.** *vt* ❶ (*hin und her bewegen*) ■**jdn ~** to push sb [on the swing], to swing sb ❷ (*bewerkstelligen*) ■**etw ~** to manage sth; **wie hat er das nur geschaukelt?** how on earth did he manage that?; *s. a.* **Kind, Sache**
Schau·kel·pferd *nt* rocking horse **Schau·kel·po·li·tik** *f kein pl* POL (*pej*) seesaw policy, opportunistic and unprincipled politics *pl;* **eine ~ betreiben** to pursue a seesaw policy **Schau·kel·stuhl** *m* rocking chair
schau·lus·tig *adj* curious, gawping *fam or pej;* **ein ~er Mensch** a [curious] onlooker
Schau·lus·ti·ge(r) *f(m) dekl wie adj* onlooker, spectator
Schaum <-s, Schäume> [ʃaum, *pl* 'ʃɔymə] *m* ❶ (*blasige Masse*) foam; (*auf einer Flüssigkeit*) froth ❷ (*Seifen-*

schaum) lather; (*auf einer Flüssigkeit*) foam ③ (*Geifer*) foam [*or* froth]; ~ **vor dem Mund haben** to foam [*or* froth] at the mouth ④ (*Schaumspeise*) mousse; **etw zu ~ schlagen** to beat sth [until frothy] ▸WENDUNGEN: ~ **schlagen** (*sl*) to talk big

Schaum·bad *nt* bubble bath **Schaum·bla·se** *f* bubble [in the foam [*or* froth]]

schäu·men ['ʃɔymən] *vi* ① (*in Schaum übergehen*) to lather; *Motoröl* to froth, to foam ② (*aufschäumen*) to froth ③ (*geh: rasen*) to fume, to seethe; *s. a.* **Wut**

Schaum·fes·ti·ger *m* setting mousse **Schaum·gum·mi** *m* foam rubber **Schaum·gum·mi·pols·ter** *nt* [foam rubber] pad

schau·mig ['ʃaumɪç] *adj* frothy; **etw ~ schlagen** to beat sth until it is frothy; **Butter und Zucker ~ schlagen** to beat butter and sugar until fluffy

Schaum·kel·le *f*, **Schaum·löf·fel** *m* skimming ladle **Schaum·kro·ne** *f* ① (*auf Wellen*) white crest ② (*auf einem Bier*) head **Schaum·schlä·ge·rei** [ʃaumʃlɛːgəˈrai] *f kein pl* (*fam*) big talk *fam*, hot air *fam* **Schaum·spei·se** *f* mousse **Schaum·stoff** *m* foam **Schaum·stoff·pols·ter** *nt* foam pad [*or* upholstery] *no pl, no indef art* **Schaum·wein** *m* sparkling wine **Schaum·zi·ka·de** *f* ZOOL froghopper, spittlebug

Schau·ob·jekt *nt* exhibit **Schau·platz** *m* scene **Schau·pro·zess**[RR] *m* show trial

schau·rig ['ʃaurɪç] *adj* ① (*unheimlich*) eerie, weird, scary ② (*gruselig*) macabre, scary ③ (*fam*) *s.* **schauderhaft 2**

schau·rig-schön ['ʃaurɪçʃøːn] *adj* ① (*unheimlich, aber anziehend*) weird and wonderful ② (*gruselig, aber anziehend*) wonderfully macabre [*or* scary], scary and wonderful

Schau·spiel ['ʃauʃpiːl] *nt* ① THEAT play, drama *no indef art* ② (*geh*) spectacle

Schau·spie·ler(in) ['ʃauʃpiːlɐ] *m(f)* actor *masc*, actress *fem a. fig*

Schau·spie·le·rei [ʃauʃpiːləˈrai] *f kein pl* ① (*fam: Beruf*) acting *no art, no pl* ② (*Verstellung*) acting, pretence; **lass die ~** stop acting [*or* pretending]

Schau·spie·le·rin <-, -nen> *f fem form von* **Schauspieler** actress

schau·spie·le·risch ['ʃauʃpiːlərɪʃ] **I.** *adj* acting; **~e Arbeit** work as an actor/actress; **~e Begabung/~es Können** talent/ability as an actor/actress, acting talent/ability; **eine ~e Leistung** a piece of acting **II.** *adv* **~ war dieses Debüt wirklich bemerkenswert** this really was a remarkable acting debut; **die Leistung in diesem Stück war ~ schwach** the acting in this play was weak

schau·spie·lern ['ʃauʃpiːlɐn] *vi* ① (*sich verstellen*) to act, to play-act ② THEAT to act

Schau·spiel·haus *nt* theatre [*or* AM -er], playhouse **Schau·spiel·kunst** *f kein pl* dramatic art, drama **Schau·spiel·schu·le** *f* drama school **Schau·spiel·schü·ler(in)** *m(f)* drama student **Schau·spiel·un·ter·richt** *m* drama lesson; [**bei jdm**] ~ **nehmen** to take drama lessons [with sb]

Schau·stel·ler(in) <-s, -> *m(f)* fairman *masc*, fairwoman *fem*

Schau·ta·fel *f* chart

Scheck <-s, -s> [ʃɛk] *m* cheque BRIT, check AM; ■**ein ~ über etw** *akk* a cheque for sth; [**jdm**] **einen ~** [**über etw** *akk*] **ausstellen** to write [sb] a cheque [for sth]; **mit** [**einem**] **~ bezahlen** to pay by cheque; **einen ~ einlösen** to cash a cheque

Scheck·be·trug *m* cheque fraud **Scheck·buch** *nt* chequebook

Sche·cke[1] <-n, -n> ['ʃɛkə] *m* piebald

Sche·cke[2] <-, -n> ['ʃɛkə] *f* female piebald

Scheck·heft *nt* chequebook

sche·ckig ['ʃɛkɪç] *adj* patched, mottled; *Gesicht* blotchy; **ein ~es Pferd** a piebald [horse] ▸WENDUNGEN: **sich** [**über jdn/etw**] **~ lachen** (*sl*) to laugh oneself silly [*or fig* to split one's sides laughing] [over sb/sth]

Scheck·kar·te *f* cheque [*or* AM check] card **Scheck·num·mer** *f* cheque number **Scheck·vor·druck** *m* cheque

scheel [ʃeːl] **I.** *adj* (*fam*) ① (*geringschätzig*) contemptuous ② (*missbilligend*) disapproving ③ (*missgünstig*) malevolent ④ (*misstrauisch*) suspicious ⑤ (*neidisch*) envious, jealous **II.** *adv* **jdn ~ ansehen** to eye sb [contemptuously/disapprovingly/ malevolently/suspiciously/enviously/jealously]

Schef·fel <-s, -> ['ʃɛfl̩] *m* scoop, bushel *old; s. a.* **Licht**

schef·feln ['ʃɛfl̩n] *vt* ■**etw ~** to accumulate sth, to amass sth *form;* **Geld ~** to rake in money

scheib·chen·wei·se ['ʃaipçən-] *adv* ① (*Scheibchen für Scheibchen*) slice for slice ② (*nach und nach*) bit by bit

Schei·be <-, -n> ['ʃaibə] *f* ① (*dünnes Glasstück*) [piece of] glass; (*eckig/rechteckig*) [pane of] glass; (*Fensterscheibe*) window[pane] ② (*Autofenster*) [car] window; (*Windschutzscheibe*) windscreen, windshield AM ③ KOCHK slice; **etw in ~n schneiden** to slice sth, to cut sth into slices ④ (*kreisförmiger Gegenstand*) disc ⑤ MUS (*fam: Schallplatte*) disc, record ▸WENDUNGEN: **sich** *dat* **von jdm eine ~ abschneiden können** (*fam*) to [be able to] take a leaf out of sb's book *fig*, to [be able to] learn a thing or two from sb

Schei·ben·brem·se *f* disc brake **Schei·ben·rad** *nt* disc wheel **Schei·ben·schie·ßen** *nt* target shooting; (*als Übung*) target practice **Schei·ben·wasch·an·la·ge** *f* windscreen [*or* AM windshield] washer system

schei·ben·wei·se *adv* in slices

Schei·ben·wi·scher <-s, -> *m* windscreen wiper

Scheich <-s, -e> [ʃaiç] *m* ① (*arabischer Potentat*) sheikh, sheik ② (*fam: Typ*) bloke BRIT, guy AM

Scheich·tum <-[e]s, -tümer> *nt* sheikhdom [*or* sheikdom]

Schei·de <-, -n> ['ʃaidə] *f* ① (*Schwert-/Dolch~*) scabbard, sheath ② ANAT (*Vagina*) vagina

schei·den <schied, geschieden> ['ʃaidn̩] **I.** *vt haben* ① (*eine Ehe lösen*) ■**jdn ~** to divorce sb; ■**sich** [**von jdm**] **~ lassen** to get divorced [from sb]; ■**geschieden** divorced; **wir sind geschiedene Leute** (*fig*) it's all over between us ② (*rechtlich auflösen*) ■**etw ~** to dissolve sth ③ (*trennen*) ■**etw von etw ~** to separate sth from sth ④ CHEM ■**etw ~** to separate [out] [*or* refine] sth **II.** *vi* (*geh*) ① *sein* (*sich trennen*) ■**voneinander ~** to separate, to go one's separate ways ② *sein* (*aufgeben*) ■**aus etw ~** to leave [*or sep* give up] sth; **aus einem Amt ~** to retire from a position [*or* post]; **aus einem Dienst ~** to retire from a service; *s. a.* **Leben III.** *vr haben* (*verschieden sein*) ■**sich** [**an etw** *dat*] **~** to diverge [*or* divide] [at sth]; **an diesem Punkt ~ sich die Ansichten** opinions diverge at this point; *s. a.* **Geist, Weg**

Schei·den·mu·schel *f* razor clam

Schei·de·weg *m* **am ~ stehen** (*fig*) to stand at a crossroads [*or* before an important decision]

Schei·dung <-, -en> *f* divorce; **in eine ~ einwilligen** to agree to a divorce; **in ~ leben** to be separated; **die ~ einreichen** to start divorce proceedings

Schei·dungs·an·walt, -an·wäl·tin *m, f* divorce lawyer **Schei·dungs·grund** *m* JUR grounds *npl* for divorce; (*hum*) *person one is leaving one's spouse for* **Schei·dungs·pro·zess**[RR] *m* divorce proceedings *pl* **Schei·dungs·ra·te** *f* divorce rate **Schei·dungs·recht** *nt* divorce laws *pl*

Schein <-[e]s, -e> [ʃain] *m* ① *kein pl* (*Lichtschein*) light ② *kein pl* (*Anschein*) appearance; **sich vom** [**äußeren**] **~ täuschen lassen** to be blinded [*or* taken in] by [external] appearances; **der ~ spricht gegen jdn** appearances are against sb; **der ~ trügt** appearances are deceptive; **den ~ wahren** [*o* **aufrechterhalten**] to keep up appearances; **dem ~ nach** on the surface [of things]; **etw zum ~ tun** to pretend to do sth ③ (*Banknote*) [bank]note ④ (*fam: Teilnahmebescheinigung*) certificate [of participation] ⑤ (*fam: Bescheinigung*) certificate

i Kultur

In German universities, students have to gain **Scheine** – *certificates* to progress from one year to the next. Only those students who attain a certain number or type of certificate(s) are allowed to enter for intermediate, and later, degree examinations.

Schein·ar·gu·ment *nt* spurious [*or* bogus] [*or* hollow] argument

schein·bar *adj* apparent, seeming

Schein·ehe *f* marriage on paper

schei·nen[1] <schien, geschienen> ['ʃainən] *vi* ❶ (*leuchten*) to shine ❷ (*strahlen*) to shine

schei·nen[2] <schien, geschienen> ['ʃainən] *vi* ❶ (*den Anschein haben*) ■**etw zu sein** ~ to appear [*or* seem] to be sth; ■**es scheint, dass/als [ob] ...** it appears [*or* seems] that/as if; **wie es scheint, hast du recht** it appears [*or* seems] [that] you are right ❷ (*so vorkommen*) ■**jdm ~, dass ...** to appear [*or* seem] to sb that ...; **mir scheint, dass es heute kälter ist als gestern** it appears [*or* seems] to me that it's colder today than it was yesterday

Schein·fir·ma *f* bogus [*or* fictitious] company **Schein·ge·fecht** *nt* mock battle **Schein·ge·schäft** *nt* ÖKON fictitious transaction **Schein·ge·winn** *m* ÖKON paper profit **Schein·grund** *m* pretext

schein·hei·lig ['ʃainhailɪç] **I.** *adj* (*pej*) hypocritical, sanctimonious; (*unschuldig erscheinend*) innocent, goody-goody *fam;* ~ **tun** to play the innocent **II.** *adv* (*pej*) hypocritically, sanctimoniously; (*unschuldig erscheinend*) innocently, in a goody-goody way *fam*

Schein·hei·rat *f* marriage on paper **Schein·lö·sung** *f* apparent [*or* not a real] solution **Schein·schwan·ger·schaft** *f* phantom [*or* AM false] pregnancy **schein·tot** *adj* apparently [*or* seemingly] dead; **sich ~ stellen** to pretend to be dead ▶WENDUNGEN: **der ist doch schon** ~ (*pej*) he has one foot in the grave

scheint's *adv* SÜDD, SCHWEIZ (*anscheinend*) seemingly

Schein·ver·hand·lung *f* ❶ JUR sham trial [*or* proceedings] *pl* ❷ ÖKON bogus [*or* fictitious] [*or* sham] transaction **Schein·welt** *f* make-believe [*or* fairy-tale] [*or* unreal] world

Schein·wer·fer *m* ❶ (*Strahler*) spotlight; (*Licht zum Suchen*) searchlight ❷ AUTO headlight; **die ~ aufblenden** to turn the headlights on full [*or* AM high beam]; **die ~ kurz aufblenden** to flash one's headlights; **aufgeblendete** ~ full headlights BRIT, high beams AM; **die ~ abblenden** to dip one's headlights BRIT, to click on one's low beams AM

Schein·wer·fer·licht *nt* spotlight; **der Zaun war in helles ~ getaucht** the fence was lit by bright spotlights ▶WENDUNGEN: **im ~ [der Öffentlichkeit] stehen** to be in the public eye, to have the spotlight on one *fig,* to be under public scrutiny

Scheiß <-> [ʃais] *m kein pl* (*sl*) ❶ (*Quatsch*) crap *fam!,* garbage *fam,* rubbish; **he, was soll der ~!** hey, what [the bloody *fam* [*or vulg* fucking] hell] are you doing!; **lass doch den ~** [bloody well] stop it *fam,* stop farting [*or* AM *vulg* fucking] around; ~ **machen** to make a complete mess [*or* pig's ear] [*or* cock-up] of things; **mach/macht keinen ~!** stop farting around! *vulg,* don't be so bloody *fam* [*or vulg* fucking] stupid!, *fam* don't be such a bloody fool/bloody fools [*or vulg* a fucking idiot/fucking idiots]! ❷ (*Fluchwort*) **so ein ~!** shit! *fam,* bloody *fam* [*or vulg* fucking] hell!

Scheiß·dreck *m* (*sl*) (*Mist*) crap *fam!,* garbage *fam,* rubbish ▶WENDUNGEN: **jdn einen ~ angehen** to be none of sb's [damn [*or fam* bloody] [*or vulg* fucking]] business; **sich einen ~ um jdn/etw kümmern** to not give a shit about sb/sth *fam!;* **einen ~ tun** to do fuck all [*or* sweet f. all] [*or* bugger all] BRIT *vulg;* **wegen jedem ~** for every little thing; **~!** shit! *fam,* damn! *fam,* bugger! BRIT *vulg,* fuck [it]! *vulg,* fucking hell! *vulg*

Schei·ße <-> ['ʃaisə] *f kein pl* ❶ (*fam!: Darminhalt*) shit *fam!* ❷ (*sl: Mist*) **~!** shit! *fam,* damn! *fam,* bugger! BRIT *vulg,* fuck [it]! *vulg,* fucking hell! *vulg;* ~ **reden** to talk rubbish [*or fam!* shit] [*or* AM *fam* garbage], to talk a load of crap *fam!;* **verdammte ~!** (*sl*) damn it! *fam,* shit! *fam!,* bloody BRIT *fam!* [*or vulg* fucking] hell!; ~ **sein** (*sl*) to be [complete] garbage *fam* [*or fam!* crap], to be a load of crap *fam!;* **~ sein, dass ...** it's a [great] pity [*or fam* pain] [that] ...; ~ **verbrechen/bauen** to make a [complete] mess [*or fam* cock-up] [of sth] ▶WENDUNGEN: **in der ~ sitzen** (*sl*) to be in the shit *fam!,* to be up to one's eyes [*or* AM neck] in it *fam*

scheiß·egal ['ʃaisʔe'ga:l] *adj* (*sl*) ■**jdm ist es** ~ sb couldn't give a damn *fam* [*or fam!* a shit]; ■**es ist ~, ob/wann/was/wie ...** it does not matter a damn *fam* [*or* at all] if/when/what/how ...

schei·ßen <schiss, geschissen> ['ʃaisn̩] **I.** *vi* ❶ (*vulg*) to shit *vulg,* to have [*or* AM take] a shit *fam!* ❷ (*sl: verzichten können*) ■**auf jdn/etw** ~ *akk* to not give a damn *fam* [*or fam!* shit] about sb/sth **II.** *vr* (*vulg*) ■**sich** *dat* **irgendwohin** *akk* ~ to shit on one's sth *vulg*

Schei·ßer(in) <-s, -> *m(f)* (*fam!*) shit *sl,* arsehole BRIT *vulg,* asshole AM *vulg,* bastard *fam!*

scheiß·freund·lich ['ʃais'frɔyntlɪç] *adj* (*sl*) ■~ **[zu jdm] sein** to be as nice [*or* sweet] as pie to sb *pej* **Scheiß·haus** *nt* (*vulg*) bog BRIT *sl,* john AM *sl;* **auf dem ~ sitzen** to sit in the bog **Scheiß·kerl** *m* (*sl*) *s.* **Scheißer**

Scheit <-[e]s, -e *o* ÖSTERR, SCHWEIZ -er> [ʃait] *m* log [of wood]

Schei·tan <-s> [ʃai'ta:n] *m kein pl* REL Shaitan

Schei·tel <-s, -> ['ʃaitl̩] *m* ❶ (*Teilung der Frisur*) parting; **jdm einen ~ machen** [*o* **ziehen**] to give sb a parting ❷ ASTRON (*Zenit*) zenith, apex ❸ MATH (*Schnittpunkt eines Winkels*) vertex ▶WENDUNGEN: **vom ~ bis zur Sohle** from head to foot [*or* toe]

schei·teln ['ʃaitl̩n] *vt* ■**etw** ~ to part sth; ■**jdm das Haar** ~ to give sb a parting; ■**gescheitelt** parted

Schei·tel·punkt *m* ❶ (*höchster Punkt*) highest point, vertex *form* ❷ (*Zenit*) highest point, zenith *form*

Schei·ter·hau·fen *m* pyre; (*für zum Tode Verurteilte*) stake; **auf dem ~ sterben** to die [*or* be burnt] at the stake

schei·tern ['ʃaitɐn] *vi sein* ■**[an jdm/etw]** ~ to fail [*or* be unsuccessful] [because of sb/sth]; ■**etw scheitert an etw** sth flounders [*or* runs aground] on sth *fig;* **kläglich** ~ to fail miserably

Schei·tern <-s> ['ʃaitɐn] *nt kein pl* failure; **das ~ der Verhandlungen** the breakdown of the talks [*or* negotiations]; **etw zum ~ bringen** to thwart [*or* frustrate] [*or form* foil] sth; **zum ~ verurteilt sein** to be doomed [to failure]

Schel·le <-, -n> ['ʃɛlə] *f* ❶ (*Rohrschelle*) clamp ❷ DIAL (*Türklingel*) [door]bell

schel·len ['ʃɛlən] **I.** *vi* (*klingeln*) ■**[bei jdm]** ~ to ring sb's [*or* the] bell **II.** *vi impers* to ring; **es hat geschellt** the bell's rung, the doorbell's gone

Schell·en·te *f* ORN goldeneye

Schell·fisch *m* haddock

Schelm <-[e]s, -e> [ʃɛlm] *m* rascal

schel·misch *adj* ❶ (*schalkhaft*) mischievous, wicked ❷ (*unartig*) naughty

Schel·te <-, -n> ['ʃɛltə] *f* ❶ (*Schimpfe*) reprimand *form,* trouble, telling-off, ticking-off *fam;* **von jdm ~ bekommen** to get into trouble with sb [*or* a telling-off from sb] ❷ (*massive Kritik*) tongue-lashing *with art,* reprimand *with art form*

schel·ten <schilt, schalt, gescholten> ['ʃɛltn̩] **I.** *vt* (*veraltend*) ❶ (*schimpfen*) ■**jdn [für** [*o* **wegen] etw]** ~ to scold *dated* [*or form* reprimand] sb [for sth/doing sth], to tell sb off [for sth/doing sth], to give sb a dressing-down *fam;* (*ewig schimpfen*) to nag [at] sb [for sth/doing sth] ❷ (*pej: nennen*) ■**jdn etw** ~ to call sb sth **II.** *vi* (*veraltend: schimpfen*) ■**mit jdm** ~ to scold sb *dated,* to tell sb off, to reprimand sb *form,* to give sb a dressing-down *fam;* (*ewig schimpfen*) to nag [at] sb

Sche·ma <-s, -ta *o* Schemen> ['ʃe:ma, *pl* 'ʃe:mata, 'ʃe:mən] *nt* ❶ (*gedankliches Konzept*) scheme, concept; **nach einem ~** according to a scheme [*or* concept]; **nach einem festen ~ vorgehen** to work according to [*or* to follow] a fixed scheme [*or* concept]; **in kein ~ passen** to not fit into a mould ❷ (*schematische Darstellung*) chart/diagram/plan ▶WENDUNGEN: **nach ~ F** (*fam*) **in Behörden läuft alles nach ~ F** in the local government offices they always follow the rules and regulations

sche·ma·tisch [ʃe'ma:tɪʃ] **I.** *adj* schematic; **ein ~er Abriss** a plan **II.** *adv* schematically; **~ arbeiten** to work according to a scheme [*or* plan]; **etw ~ bearbeiten** to process sth according to a scheme [*or* plan]; **etw ~ darstellen** to show sth in the form of a plan/chart/diagram, to represent sth schematically *form*

sche·ma·ti·sie·ren* [ʃemati'zi:rən] *vt* ❶ (*schematisch darstellen*) ■**etw ~** to make a plan/chart/diagram of sth; ■**schematisiert** in the form of a plan/chart/diagram ❷ (*pej: zu stark vereinfachen*) ■**etw ~** to [over]simplify sth

Sche·mel <-s, -> ['ʃe:ml̩] *m* stool

Sche̲·men[1] *pl von* **Schema**

Sche̲·men[2] <-s, -> *m* (*geh*) shadowy figure, shadow

sche̲·men·haft **I.** *adj* (*geh*) shadowy **II.** *adv* (*geh*) **etw ~ erblicken/sehen** to make out the outline [*or* silhouette] of sth; **die Türme der Burg hoben sich gegen den nächtlichen Himmel nur ~ ab** the towers of the castle rose shadowy against the night sky

Schen·ke <-, -n> ['ʃɛŋkə] *f* pub; (*Gastwirtschaft auf dem Land*) inn

Schen·kel <-s, -> ['ʃɛŋkl̩] *m* ❶ (*Oberschenkel*) thigh; **einem Pferd die ~ geben** to urge on a horse; **sich** *dat* **auf die ~ klopfen** [*o* **schlagen**] to slap one's thighs ❷ MATH side ❸ (*Griff*) arm

Schẹn·kel·bruch *m* broken femur *form* [*or* thigh bone] **Schẹn·kel·hals** *m* head of the femur *form* [*or* thigh bone] **Schẹn·kel·hals·bruch** *m* fractured head of the femur *form*, broken [*or* fractured] hip

schen·ken ['ʃɛŋkn̩] **I.** *vt* ❶ (*als Geschenk geben*) ■**jdm etw** [**zu etw**] **~** to give sb sth as a present [*or* gift] [for sth]; *zu einem Anlass, Jubiläum* to present sb with sth [on the occasion of sth] *form*; **jdm etw zum Geburtstag ~** to give sb sth for their birthday [*or* as a birthday present]; ■**sich** *dat* [**gegenseitig**] **etw ~** to give each other sth, to exchange presents; **etw** [**von jdm**] [**zu etw**] **geschenkt bekommen** *dat* to get [*or* be given] sth [from sb] [for sth]; [**von jdm**] **nichts geschenkt haben wollen** to not want any presents [*or* gifts] [from sb]; (*nicht bevorzugt werden wollen*) to not want any preferential treatment [from sb]; **einem Tier die Freiheit ~** to set an animal free; **jdm das Leben ~** to spare sb's life; ■**etw ist geschenkt** (*fam*) sth is a present; **geschenkte Sachen** presents; **geschenkt ist geschenkt!** a present is a present!; **sie schenkte ihm ein Lächeln** (*geh*) she favoured him with a smile; **sie schenkte ihm einen Sohn** (*geh*) she bore him a son *fam*; *s. a.* **Gaul** ❷ (*erlassen*) ■**jdm etw ~** to give sb sth; **jdm eine Reststrafe ~** to spare sb the rest of their punishment/prison sentence ❸ (*geh: widmen*) ■**jdm etw ~** to give sb sth; **jdm Aufmerksamkeit/Beachtung ~** to pay attention to sb, to give sb one's attention; **jdm Liebe ~** to love sb, to give sb one's love; **jdm Vertrauen ~** to trust sb, to place one's trust in sb *form* ❹ (*geh: ausschenken*) *Wein* to serve; *Kaffee* to pour ▶WENDUNGEN: [**das ist**] **geschenkt** (*sl*) don't bother; **etw ist** [**fast** [*o* **halb**]] **geschenkt** (*sehr billig*) sth is a real bargain; (*sehr einfach*) sth is an easy task [*or* BRIT *fam* a doddle]; **etw nicht** [**mal**] **geschenkt haben wollen** to not want to accept sth [even] as a present; **jdm wird nichts geschenkt** sb is spared nothing; **im Leben ist mir nichts geschenkt worden** I've had a hard time [*or* I haven't had it easy] [in life] **II.** *vi* to give presents **III.** *vr* ❶ (*sich sparen*) ■**sich** *dat* **etw ~** to spare oneself sth, to save oneself sth, to give sth a miss *fam* ❷ (*geh: hingeben*) ■**sich jdm ~** *Frau* to give oneself to sb; *s. a.* **Mühe**

Schẹn·kung <-, -en> *f* JUR gift

Schẹn·kungs·steu·er *f* capital transfer tax BRIT

schep·pern ['ʃɛpɐn] **I.** *vi* ❶ (*fam: lose Gegenstände*) to rattle, to clank ❷ (*fam: einen Autounfall geben*) **auf der Kreuzung hat es ganz schön gescheppert** there was an almighty bang at the crossroads ❸ DIAL (*schippern*) to sail **II.** *vt* DIAL (*fam: jdn ohrfeigen*) ■**jdm eine ~** to box sb's ears, to clip sb round the ear

Scher·be <-, -n> ['ʃɛrbə] *f* [sharp] piece [*or form* fragment]; **in ~n gehen** to smash to pieces ▶WENDUNGEN: **~n bringen Glück** (*prov*) broken glass/china is lucky

Schẹr·ben·hau·fen *m* ▶WENDUNGEN: **jd steht vor einem ~** sb's life is in ruins [*or* is a shambles], sb is in a [right] mess

Sche·re <-, -n> ['ʃe:rə] *f* ❶ (*Werkzeug*) scissors *npl*, pair *sing* of scissors ❷ ZOOL claw ❸ SPORT scissors hold

sche·ren[1] <schor, geschoren> ['ʃe:rən] *vt* ❶ (*abrasieren*) **ein Tier ~** to shear an animal ❷ (*stutzen*) **sich den Bart ~ lassen** to have one's beard cropped [*or* sheared]; **jdm eine Glatze ~** to shave sb's head; **die Hecke ~** to prune [*or* trim] the hedge; **den Rasen ~** to mow the lawn

sche·ren[2] ['ʃe:rən] **I.** *vr* ❶ (*sich kümmern*) ■**sich** [**um etw**] **~** to bother [about sth]; ■**sich nicht** [**um etw**] **~** to not bother [*or fam* give a damn [*or fam!* shit]] [about sth] ❷ (*fam: abhauen*) **scher dich** [**weg**]! get out [of here]!; **jd kann/soll sich zum Teufel ~** sb can go to hell *fam* **II.** *vt* ■**jdn schert etw nicht** sb couldn't care less [*or* does not care at all] [*or* give a damn] about sth; **was schert es mich, was er von mir hält!** what the hell do I care what he thinks of me! *fam*

Sche̲·ren·git·ter *nt* [folding] fence; **mit einem ~ umgeben sein** to be fenced off **Sche̲·ren·schlei·fer(in)** <-s, -> *m(f)* knife-grinder **Sche̲·ren·schnitt** *m* silhouette [out of paper]

Sche·re·rei <-, -en> [ʃe:rə'rai] *f meist pl* (*fam*) trouble *sing*; [**wegen etw**] [**mit jdm**] **~en bekommen** [*o fam* **kriegen/haben**] to get into/be in trouble [with sb] [because of sth]

Scherf·lein <-s, -> ['ʃɛrflain] *nt* mite; **sein ~ beitragen** [*o* **beisteuern**] (*geh*) to make one's contribution, to do one's bit

Scher·ge <-n, -n> ['ʃɛrgə] *m* (*pej geh*) thug *pej*, henchman *pej*

Sche̲r·kopf *m* ELEK head [of an electric razor]

Sche̲r·wind *m* sudden change of wind direction

Scherz <-es, -e> [ʃɛrts] *m* ❶ (*Spaß*) joke; **aus** [*o* **zum**] **~** as a joke, for fun, for a laugh *fam*; **im ~** as a joke, for [*or* in] fun, in jest *liter*, for a laugh *fam*; **es war nur ein ~** it was just a joke ❷ *pl* (*fam: Blödheiten*) tomfoolery *no art, no pl*, jokes *pl iron*; **einen ~ machen, ~e machen** to joke; **mach keine ~e!** (*fam*) you're joking [*or* not serious]! *fam*; **keine ~e** [**mit so etwas**] **machen** to not joke [about things like that], to not make a joke [of things like that]; [**ganz**] **ohne ~!** (*fam*) no kidding! *fam*, no joke! *fam*; **sich einen ~** [**mit jdm**] **erlauben** *dat* to have sb on *sl*, to take sb for a ride *sl*

Schẹrz·ar·ti·kel *m meist pl* joke article

scher·zen ['ʃɛrtsn̩] *vi* (*geh*) ■[**mit jdm**] **~** to crack a joke/jokes [with sb], to tell [sb] a joke; ■**über jdn/etw ~** to joke about sb/sth; **Sie belieben zu ~!** (*geh*), **Sie ~ wohl!** you must be joking!; **mit jdm/etw ist nicht zu ~** sb/sth is not to be trifled with

Schẹrz·fra·ge *f* riddle

schẹrz·haft **I.** *adj* (*aus Spaß erfolgend*) jocular, joke *attr fam* **II.** *adv* jocularly, in a jokey fashion; **nicht böse sein, das war doch nur ~ gemeint!** don't be angry, it was only a joke [*or* I only meant it as a joke]!

Schẹrz·keks *m* (*fam*) ❶ (*Witzemacher*) comedian ❷ (*hum: Witzbold*) [practical] joker

Scher·zo <-s, -s *o* Scherzi> ['skɛrtso] *nt* MUS scherzo

scheu [ʃɔy] *adj* ❶ (*menschenscheu*) shy; (*vorübergehend ~*) bashful; **ein ~es Tier** a shy [*or* timid] animal ❷ (*schüchtern*) shy, self-conscious; **ein ~er Blick** a shy [*or* sidelong] [*or* furtive] glance; **ein ~es Wesen** a shy [*or* self-conscious] creature; *s. a.* **Pferd**

Scheu <-> [ʃɔy] *f kein pl* shyness *no pl;* (*vorübergehend*) bashfulness; **ohne jede** ~ without holding back [*or* [any] inhibitions]; **sich jdm ohne jede** ~ **anvertrauen** to confide in sb unreservedly, to open one's heart to sb

scheu·chen [ˈʃɔyçn̩] *vt* ❶ (*treiben*) **Rindvieh/Pferde/Schafe** ~ to drive cattle/horses/sheep; **das Vieh aus dem Stall/von der Weide** ~ to shoo the cattle out of the shed/off the pasture ❷ (*fam: jagen*) ■**jdn** ~ to chase sb; **jdn aus dem Bett** ~ to chase sb out of bed [*or* BRIT *sl* his/her scratcher]

scheu·en [ˈʃɔyən] **I.** *vt* ■[**etw**] ~ to fight shy [of sth] BRIT, to shrink [from sth]; **keine Unannehmlichkeiten** ~ to spare no trouble; *s. a.* **Mühe II.** *vr* ■**sich** *akk* [**vor etw** *dat*] ~ to fight shy [of sth] BRIT, to shrink [from sth]; ■**sich** [**davor**] ~[**, etw zu tun**] to fight shy [of doing sth] BRIT, to shrink [from doing sth], to not want to [do sth] **III.** *vi* ■[**vor etw**] ~ *dat* to shy [at sth]

Scheu·er <-, -n> [ˈʃɔyɐ] *f* barn

Scheu·er·lap·pen *m* floorcloth **Scheu·er·mit·tel** *nt* scouring agent

scheu·ern [ˈʃɔyɐn] **I.** *vt* ■**etw** ~ ❶ (*sauber reiben*) to scour sth, to scrub sth; **etw blank** ~ to scour [*or* scrub] sth clean ❷ (*reiben*) to scour [*or* scrub] [*or* rub] sth; **etw aus einer Pfanne/einem Topf** ~ to get [*or* clean] sth out of a pan/saucepan ▶WENDUNGEN: [**von jdm**] **eine gescheuert bekommen** [*o* **kriegen**] (*sl*) to get a clout [round the ears] [from sb] BRIT *fam,* to get hit [up alongside the head] AM; **jdm eine** ~ (*sl*) to give sb a clout [round the ears] BRIT *fam,* to hit somebody [up alongside the head] AM **II.** *vi* to rub, to chafe **III.** *vr* ■**sich** *akk* **an etw** *dat* ~ to rub one's sth; **sich an etw wund** ~ to rub one's sth raw; *s. a.* **wund**

Scheu·klap·pe *f* blinkers *pl* BRIT, blinders *pl* AM ▶WENDUNGEN: ~**n aufhaben** [*o* **tragen**] to have a blinkered attitude BRIT, to have a closed mind AM

Scheu·ne <-, -n> [ˈʃɔynə] *f* barn

Scheu·nen·bo·den *m* floor of a barn **Scheu·nen·dach** *nt* roof of a barn, barn roof **Scheu·nen·dre·scher** <-s, -> *m* **wie ein** ~ **essen** (*fam*) to eat like a horse BRIT *fig,* to be a bottomless pit AM *fig* **Scheu·nen·tor** *nt* barn door

Scheu·sal <-s, -e> [ˈʃɔyza:l] *nt* beast, monster

scheuß·lich [ˈʃɔyslɪç] **I.** *adj* ❶ (*abstoßend*) repulsive ❷ (*ekelhaft*) disgusting, revolting ❸ (*fam*) dreadful, awful, terrible **II.** *adv* ❶ (*widerlich*) in a disgusting [*or* revolting] manner [*or* way]; ~ **riechen/schmecken** to smell/taste disgusting [*or* revolting] ❷ (*gemein*) **jdn** ~ **behandeln** to treat sb appallingly [*or* cruelly]; **sich** ~ **benehmen** [*o* **verhalten**] to behave disgracefully ❸ (*fam*) dreadfully, terribly; **sich** ~ **erbrechen** to be dreadfully [*or* awfully] [*or* horribly] [*or* terribly] sick; ~ **weh-tun/schmerzen** to hurt/ache dreadfully [*or* awfully] [*or* horribly]

Scheuß·lich·keit <-, -en> *f* ❶ *kein pl* (*Abscheulichkeit*) dreadfulness *no pl; Gewalttat* barbarity, hideousness *no pl* ❷ (*abscheuliche Tat*) barbarity, monstrosity ❸ (*grausame Tat*) atrocity

Schi <-s, -er *o* -> [ʃi:, *pl* ˈʃi:ɐ] *m s.* **Ski**

Schicht[1] <-, -en> [ʃɪçt] *f* ❶ (*aufgetragene Lage*) layer; **eine** ~ **Farbe/Lack** a coat of paint/varnish; (*eine dünne Lage*) film ❷ (*eine von mehreren Lagen*) layer ❸ ARCHÄOL, GEOL stratum, layer ❹ (*Gesellschaftsschicht*) class, stratum; **die herrschende** ~ the ruling classes; **alle** ~**en der Bevölkerung** all levels of society

Schicht[2] <-, -en> [ʃɪçt] *f* shift; ~ **arbeiten** to do shift work; **die** ~ **wechseln** to change shifts

Schicht·ar·beit *f kein pl* shift work *no pl* **Schicht·ar·bei·ter(in)** *m(f)* shift worker

schich·ten [ˈʃɪçtn̩] *vt* ■**etw** [**auf etw** *akk*] ~ to stack [*or* pile] [up *sep*] sth [on/on top of sth]; **etw zu einem Stapel** ~ to stack [*or* pile] sth up

schich·ten·wei·se *adv* in shifts

Schicht·wech·sel [-vɛksl] *m* change of shift

schicht·wei·se *adv inv* ❶ (*in Schichten, Schicht bei Schicht*) in layers, layer upon layer ❷ (*Gruppe für Gruppe*) *s.* **schichtenweise**

schick [ʃɪk] **I.** *adj* ❶ (*modisch elegant*) chic, fashionable, stylish, trendy *fam;* (*gepflegt*) smart; **du bist heute wieder so** ~ you look very smart again today ❷ (*fam*) super, fabulous, terrific *fam,* cool *sl,* wicked *sl* **II.** *adv* (*modisch elegant*) fashionably, stylishly; (*gepflegt*) smartly

Schick <-s> [ʃɪk] *m kein pl* style; ~ **haben** to have style, to be chic

schi·cken [ˈʃɪkn̩] **I.** *vt* ❶ (*senden*) ■[**jdm**] **etw** ~ to send [sb] sth; ÖKON to dispatch [*or* despatch] sth [to sb]; **etw mit der Post** ~ to send sth by post [*or* AM mail], to post [*or* AM mail] sth; ■**etw** [**von jdm**] **geschickt bekommen** to get [*or* receive] sth from sb ❷ (*kommen/gehen lassen*) ■**jdn** [**zu jdm/irgendwohin**] ~ to send sb [to sb/somewhere] ❸ (*zu tun heißen*) ■**jdn etw tun** ~ to send sb to do sth; **jdn einkaufen** ~ to send sb to the shops BRIT, to send sb shopping AM **II.** *vi* (*geh*) ■**nach jdm** ~ to send for sb **III.** *vr* ❶ (*geziemen*) ■**etw schickt sich** [**für jdn**] sth befits [*or* becomes] [sb], sth is suitable [*or form* fitting] [*or* proper] [for sb] ❷ (*veraltend: anpassen*) ■**sich** [**in etw** *akk*] ~ to reconcile [*or* resign] oneself [to sth] **IV.** *vr impers* ■**es schickt sich nicht** [**für jdn**]**, etw zu tun** it is not right [*or* fitting] [*or* proper] [*or dated form* seemly] [for sb] to do sth

Schi·cke·ria <-> [ʃɪkəˈri:a] *f kein pl* (*pej*) jet set *pej,* in-crowd

Schi·cki·mi·cki <-s, -s> [ʃɪkiˈmɪki] *m* (*pej fam*) jet-setter, one of the in-crowd *fam*

schick·lich [ˈʃɪklɪç] *adj* (*veraltend geh*) seemly *dated form,* proper

Schick·sal <-s, -e> [ˈʃɪkza:l] *nt* destiny, fate; **Ironie des** ~**s** irony [*or* trick] of fate; **ein hartes** ~ a cruel fate; **das** ~ **nimmt seinen Lauf** fate takes its course; **jds** ~ **ist besiegelt** (*geh*) sb's fate is sealed; **sich in sein** ~ **ergeben** to be reconciled [*or* resigned] to one's fate; **jd ist vom** ~ **geschlagen** fate has been unkind to sb; **jdn seinem** ~ **überlassen** to leave sb to their fate; **etw dem** ~ **überlassen müssen** to leave sth to fate; [**das ist**]**/das nenne ich** ~**!** (*fam*) it's [just] fate! ▶WENDUNGEN: ~ **spielen** (*fam*) to pull strings, to play God

schick·sal·haft *adj* ❶ (*folgenschwer*) fateful, portentous *liter* ❷ (*unabwendbar*) fated, inevitable

Schick·sals·fra·ge *f* vital [*or* fateful] question **Schick·sals·ge·mein·schaft** *f group of people who have been thrown together by fate* **Schick·sals·schlag** *m* stroke of fate; **ein harter** ~ a cruel stroke of fate

Schie·be·dach *nt* sun-roof **Schie·be·fens·ter** *nt* sliding window

schie·ben <schob, geschoben> [ˈʃi:bn̩] **I.** *vt* ❶ (*vorwärtsrollen*) ■**etw** [**irgendwohin**] ~ to push sth [somewhere]; **er schob den Einkaufswagen durch den Supermarkt** he wheeled the shopping trolley through the supermarket ❷ (*rücken*) ■**jdn/etw** ~ to push [*or fam* shove] sb/sth; **lass uns den Schrank in die Ecke** ~ let's shift the cupboard into the corner ❸ (*antreiben*) ■**jdn** ~ to push sb ❹ (*stecken*) ■**etw irgendwohin** ~ to put [*or* push] [*or fam* stick] sth somewhere; **sich etw in den Mund** ~ to put [*or fam* stick] sth in one's mouth; **die Pizza in den Ofen** ~ to stick [*or* shove] the pizza into the oven *fam* ❺ (*zuweisen*) ■**etw auf jdn** ~ to lay [*or* put] [*or* place] sth on sb; **die Schuld auf jdn** ~ to lay the blame on sb [*or* at sb's door]; **die Verantwortung auf jdn** ~ to place [*or* put] the responsibility on sb['s shoulders]; ■**etw auf etw** ~ to put sth down to sth, to blame sth for sth; **sie schob ihre Müdigkeit aufs Wetter** she put her tiredness down to the weather ❻ (*abweisen*) ■**etw von sich** ~ *dat* to reject sth; **den Verdacht von sich** ~ to not accept the blame; **die Schuld/Verantwortung von sich** ~ to refuse to take the blame/[the]responsibility ❼ (*sl*) ■**etw** ~ to do sth *fam;* **Kohldampf** ~ to be starving *fig;* **eine ruhige Kugel** ~ to take it easy; **eine Nummer** ~ to get laid *sl;* **Rauschgift** ~ to traffic in drugs;

S

eine Schicht ~ to work a shift; **Wache** ~ to be on sentry duty [*or* guard] **II.** *vi* ❶ (*vorwärtsrollen*) to push ❷ (*fam: unlautere Geschäfte machen*) **mit Zigaretten/Drogen** ~ to traffic cigarettes/drugs **III.** *vr* ❶ (*sich vorwärtsbewegen*) ■**sich irgendwohin** ~ to push [*or* force] [*or* elbow] one's way somewhere ❷ (*sich drängen*) ■**sich** ~ to shove one's way; **sich nach vorn** ~ to shove one's way to the front

Schie·ber <-s, -> [ˈʃiːbɐ] *m* ❶ (*Absperrvorrichtung*) bolt; (*an einer Rohrleitung*) slide valve ❷ DIAL (*Bettpfanne*) bedpan ❸ (*veraltend: Tanz*) **einen ~ tanzen** to dance a shuffle

Schie·ber(in) <-s, -> [ˈʃiːbɐ] *m(f)* (*Schwarzhändler*) black marketeer; (*illegaler Waffenhändler*) gunrunner; (*Drogenhändler*) [drug] pusher

Schie·be·tür *f* sliding door

Schieb·leh·re <-, -n> *f* TECH slide gauge

Schie·bung <-> *f kein pl* (*pej*) ❶ (*Begünstigung*) pulling strings ❷ (*unehrliches Geschäft*) shady deal, fixing ❸ POL rigging; **bei der Wahl war ~ im Spiel** the election was rigged ❹ SPORT fixing; **~!** fixed!

schied [ʃiːt] *imp von* **scheiden**

Schieds·ge·richt *nt* ❶ JUR arbitration tribunal [*or* panel] ❷ SPORT *highest authority which can rule on a point of dispute*
Schieds·rich·ter(in) *m(f)* ❶ SPORT referee; (*bei Tennis, Baseball, Federball*) umpire ❷ JUR arbitrator **Schieds·spruch** *m* JUR decision of an arbitration tribunal [*or* panel] **Schieds·ver·fah·ren** *nt* JUR arbitration proceedings *pl*

schief [ʃiːf] **I.** *adj* ❶ (*schräg*) crooked, not straight *pred,* lopsided *fam;* **~e Absätze** worn [down] heels; **ein ~er Baumstamm** a leaning tree trunk; *s. a.* **Ebene, Bahn, Turm** ❷ (*entstellt*) distorted; **ein völlig ~es Bild von etw haben** to have a wholly false impression of sth; **eine ~e Darstellung** a distorted account; **ein ~er Eindruck** a false impression; *s. a.* **Vergleich** ❸ (*fig: scheel*) wry; **jdm einen ~en Blick zuwerfen** to look askance at sb; **sich in einer ~en Lage befinden** to find oneself in an awkward position **II.** *adv* ❶ (*schräg*) crooked, not straight, lopsided; **etw ~ aufhaben/aufsetzen** to not have/put sth on straight, to have/put sth on crooked; **etw ~ halten** to not hold sth straight, to hold sth crooked; **den Kopf ~ halten** to have one's head cocked to one side; **etw ~ hinstellen** to put sth at an awkward angle; **die Absätze ~ laufen** to wear one's heels down on one side; **etw ~ treten** to wear sth down on one side; **~ wachsen** to grow crooked, to not grow straight ❷ (*fig: scheel*) wryly; **~ gewickelt sein** to be seriously [*or* very much] mistaken; **jdn ~ ansehen** to look askance at sb

Schie·fer <-s, -> [ˈʃiːfɐ] *m* slate

Schie·fer·dach *nt* slate roof **Schie·fer·fas·sa·de** *f* slate front [*or form* facade] **Schie·fer·ta·fel** *f* slate

schief|ge·hen *vi irreg sein* (*fam*) to go wrong, to misfire, to come to grief *fam;* **[es] wird schon ~!** (*iron*) it'll be [*or* turn out] OK! *fam* **schief|la·chen** *vr* (*fam*) ■**sich** ~ to crack up *fam,* to laugh one's head off *fam*

Schief·la·ge *f* (*fig*) disturbing situation

schief|lau·fen *vi irreg sein* (*fam*) to go wrong **schief|lie·gen** *vi irreg* (*fam*) to be on the wrong track [*or* wide of the mark] [*or fam* barking up the wrong tree]

schie·len [ˈʃiːlən] *vi* ❶ MED to squint, to be cross-eyed; *s. a.* **Auge** ❷ (*haben wollen*) ■**auf etw** ~ *akk* to look at sth out of the corner of one's eye; ■**nach etw** ~ to steal a glance at sth; (*fig*) to have one's eye on sth ❸ (*verstohlen schauen*) **durchs Schlüsselloch** ~ to peek through the keyhole ❹ (*im Blick haben*) ■**auf etw** *akk* ~ to have sth in one's sights, to have one's eye on sth

schien [ʃiːn] *imp von* **scheinen**

Schien·bein [ˈʃiːnbain] *nt* shinbone, tibia *spec;* **jdm gegen** [*o* **vor**] **das ~ treten** to kick sb in the shin

Schie·ne <-, -n> [ˈʃiːnə] *f* ❶ BAHN, TRANSP rail *usu pl;* **bitte die ~ nicht überqueren** please do not cross the rails [*or* railway lines]; ■**die** ~ the railway; **aus den ~n springen** to come off the rails *a. fig* ❷ TECH (*Führungsschiene*) rail, runner; *Backofen* shelf ❸ MED splint ❹ (*Stoßkante*) runner ❺ (*fam*) [line of] approach; **ich bin beruflich so eingespannt, dass auf der privaten ~ wenig läuft** I'm so busy with my job that I don't have much [of a] private life ❻ (*Verbindung*) contact ❼ (*Hauptübertragungsleitung*) main transmission line; (*Sammelschiene*) busbar ❽ TECH fishplate; (*in der Weberei*) lease rod

schie·nen [ˈʃiːnən] *vt* MED ■**etw** ~ to splint sth, to put sth in a splint/splints

Schie·nen·fahr·zeug *nt* BAHN (*geh*) track vehicle **Schie·nen·netz** *nt* BAHN rail network **Schie·nen·strang** *m* BAHN [railway] line, track **Schie·nen·ver·kehr** *m kein pl* TRANSP rail traffic *no pl* **Schie·nen·weg** *m* **auf dem ~** by train [*or* rail]

schier[1] [ʃiːɐ̯] *adj inv, attr* ❶ (*pur*) pure, unadulterated; (*perfekt*) perfect, flawless ❷ (*bloß*) sheer

schier[2] [ʃiːɐ̯] *adv* almost, well-nigh *form;* **~ unglaublich/nicht zu fassen** [almost] incredible; **~ endlos erscheinen** to seem almost an eternity; **~ unendlich dauern** to take [almost] an eternity; **~ unmöglich** [almost] impossible

Schier·ling <-s, -e> [ˈʃiːɐ̯lɪŋ] *m* BOT hemlock

Schieß·be·fehl *m* order[s] to shoot; ■**~ haben** to have orders to shoot **Schieß·bu·de** *f* shooting gallery **Schieß·bu·den·fi·gur** *f* (*pej fam*) clown **Schieß·ei·sen** *nt* (*hum sl*) gun, shooting iron AM, rod AM

schie·ßen <schoss, geschossen> [ˈʃiːsn̩] **I.** *vi* ❶ *haben* (*feuern*) ■**[mit etw]** ~ to shoot [with sth]; ■**auf jdn/etw** ~ to shoot at sb/sth; ~ [*o* **zum S~**] **gehen** to go shooting ❷ *haben* FBALL ■**[an** [*o* **auf**]**/in etw** [*o* **in**]] ~ *akk* to shoot [at/into sth]; **daneben, genau an die Latte geschossen!** missed, it hit the crossbar!; **aufs Tor** ~ to shoot [for goal]; **neben das Tor** ~ to miss the goal ❸ *sein* BOT to shoot; (*zu schnell sprießen*) to bolt; *s. a.* **Kraut, Höhe** ❹ *sein* (*fam*) to shoot, to come flying *fam;* **das Auto kam um die Ecke geschossen** the car came flying round the corner; **jdm durch den Kopf** ~ to flash through sb's mind ❺ *sein* (*spritzen*) to shoot; **das Blut schoss aus der Wunde** the blood shot out of the wound ▶ WENDUNGEN: **wie das Hornberger S~ ausgehen** to come to nothing; **[das ist] zum S~** (*fam*) [that's] crazy *fam* **II.** *vt haben* ❶ (*etw feuern*) ■**etw** ~ to shoot sth ❷ FBALL ■**etw [irgendwohin]** ~ to shoot sth [somewhere]; **den Ball ins Netz** ~ to put the ball in the net; **den Ball ins Tor** ~ to score [*or* shoot] a goal; *s. a.* **Krüppel III.** *vr* ■**sich** ~ to have a shoot-out

Schie·ße·rei <-, -en> [ʃiːsəˈrai] *f* ❶ (*meist pej: andauerndes Schießen*) shooting ❷ (*wiederholter Schusswechsel*) shooting, gun-fight, shoot-out

Schieß·ge·wehr *nt* (*Kindersprache*) rifle **Schieß·hund** *m* gun [*or* AM hunting] dog ▶ WENDUNGEN: **wie ein ~ aufpassen** (*fam*) to be on one's toes, to keep one's eyes peeled [*or* BRIT skinned] **Schieß·pul·ver** *nt* gunpowder **Schieß·schar·te** *f* embrasure *form,* slit **Schieß·schei·be** *f* target; **das Schwarze der ~** the bull['s eye] **Schieß·sport** *m kein pl* shooting *no art, no pl* **Schieß·stand** *m* shooting range

Schiff[1] <-[e]s, -e> [ʃɪf] *nt* ❶ (*Wasserfahrzeug*) ship ❷ TYPO galley ❸ DIAL (*veraltet: im Kohleherd*) boiler ▶ WENDUNGEN: **das ~ des Staates** the ship of the state; **das ~ der Wüste** the ship of the desert; **klar ~ machen** (*fam: etw säubern*) to clear the decks *fam;* (*etw bereinigen*) to clear the air [*or* things up]

Schiff[2] <-[e]s, -e> [ʃɪf] *nt* ARCHIT (*Mittel~*) nave; (*Seiten~*) aisle; (*Quer~*) transept

Schiffahrt[ALT] *f kein pl, getrennt: Schiff·fahrt s.* **Schifffahrt**

Schiffahrts·ge·sell·schaft[ALT] *f s.* **Schifffahrtsgesellschaft**
Schiffahrts·li·nie[ALT] *f s.* **Schifffahrtslinie** **Schiffahrts·stra·ße**[ALT] *f s.* **Schifffahrtsstraße**

schiff·bar *adj* navigable

Schiff·bau *m kein pl* shipbuilding *no indef art, no pl* **Schiff·bruch** *m* shipwreck; **~ erleiden** to be shipwrecked ▶ WENDUNGEN: **[mit etw] ~ erleiden** to fail **schiff·brü·chig** *adj* ship-

wrecked; ■~ **werden** to be shipwrecked **Schiff·brü·chi·ge(r)** *f(m) dekl wie adj* shipwrecked person
Schiff·chen <-s, -> *nt* ① *dim von* **Schiff**[1] ② MODE, MIL forage cap
schif·fen [ˈʃɪfn̩] **I.** *vi* ① *sein* (*veraltend: mit dem Schiff fahren*) to ship *old,* to travel by ship, to sail ② *haben* (*sl: urinieren*) to go for a whizz *sl,* to go for [*or* have] [*or* AM take] a pee [*or esp* BRIT wee], to spend a penny BRIT *fam* **II.** *vi impers haben* (*sl: regnen*) ■**es schifft** it's raining cats and dogs, it's bucketing [*or* BRIT chucking it] down *fam,* it's pissing with rain BRIT *fam!*
Schif·fer(in) <-s, -> [ˈʃɪfɐ] *m(f)* skipper
Schif·fer·kla·vier *nt* accordion **Schif·fer·kno·ten** *m* sailor's [*or* seaman's] knot **Schif·fer·müt·ze** *f* sailor's cap
Schiff·fahrt[RR] [ˈʃɪffa:ɐ̯t] *f* shipping *no indef art, no pl*
Schiff·fahrts·ge·sell·schaft[RR] *f* shipping company; *s. a.* **Schifffahrtslinie 1** **Schiff·fahrts·li·nie**[RR] *f* NAUT ① (*Reederei*) shipping line ② (*Route*) shipping route **Schiff·fahrts·stra·ße**[RR] *f,* **Schiff·fahrts·weg** *m* ① (*Route*) shipping route [*or* lane] ② (*Wasserstraße*) waterway
Schiffs·arzt, -ärz·tin *m, f* ship's doctor **Schiffs·aus·rüs·ter** *m* ① (*Reeder*) shipowner ② (*jd, der ein Schiff versorgt*) [ship['s]] chandler **Schiffs·be·sat·zung** *f* [ship's] crew **Schiffs·bug** *m* bow [of a ship]
Schiff·schau·kel *f* swingboat
Schiffs·eig·ner(in) *m(f)* (*geh*) shipowner **Schiffs·flag·ge** *f* [ship's] flag **Schiffs·fracht** *f* [ship's] freight **Schiffs·füh·rer(in)** *m(f)* NAUT skipper **Schiffs·glo·cke** *f* [ship's] bell **Schiffs·gut** *nt* cargo, freight **Schiffs·haut** *f* [ship's] hull **Schiffs·heck** *nt* [ship's] stern **Schiffs·jun·ge** *m* ship['s] boy **Schiffs·ka·bi·ne** *f* [ship's] cabin **Schiffs·koch, -kö·chin** *m, f* ship's cook **Schiffs·kü·che** *f* galley **Schiffs·la·dung** *f* [ship's] cargo **Schiffs·la·ter·ne** *f* ship's lantern **Schiffs·mann·schaft** *f* [ship's] crew **Schiffs·mo·tor** *m* [ship's] engine **Schiffs·pa·pie·re** *f* [ship's] papers [*or* documents] *pl* **Schiffs·rumpf** *m* [ship's] hull **Schiffs·tau·fe** *f* launch [of a ship] **Schiffs·un·fall** *m* NAUT shipping accident **Schiffs·ver·bin·dung** *f* [sea] communications *pl, no art* **Schiffs·ver·kehr** *m* shipping *no indef art, no pl*
Schi·ka·ne <-, -n> [ʃiˈka:nə] *f* ① (*kleinliche Quälerei*) harassment *no indef art;* **aus [reiner]** ~ [just] to harass sb ② SPORT chicane ►WENDUNGEN: **mit allen ~n** (*fam*) with all the modern conveniences [*or* all the extras] [*or* BRIT *fam* mod cons]
schi·ka·nie·ren* [ʃikaˈni:rən] *vt* ■**jdn [durch etw** [*o dat* **mit etw**]] ~ to harass sb [*or* BRIT *fam* mess sb about] [with sth/by doing sth]
schi·ka·nös [ʃikaˈnø:s] **I.** *adj* harassing; **eine ~e Behandlung/Maßnahme** a harassing treatment/measure; **eine ~e Person** a bully **II.** *adv* blood-mindedly BRIT; **jdn ~ behandeln** to bully sb, to mess sb around
Schi·ko·ree[RR] <- *o* -s> [ˈʃɪkore, ʃikoˈre:] *m kein pl s.* **Chicorée**
Schild[1] <-[e]s, -er> [ʃɪlt, *pl* ˈʃɪldɐ] *nt* ① (*Hinweisschild*) sign ② (*fam*) price tag
Schild[2] <-[e]s, -e> [ʃɪlt, *pl* ˈʃɪldə] *m* shield ►WENDUNGEN: **jdn auf den ~ erheben** (*geh*) to make sb one's leader; **etw gegen jdn/etw im ~e führen** to plot sth against sb/sth; **etw im ~e führen** to be up to sth
Schild·bür·ger(in) *m(f)* (*pej*) simpleton, fool *fam*
Schild·bür·ger·streich *m* (*pej*) act of stupidity, disastrously ill-advised measure
Schild·drü·se *f* thyroid [gland]
Schild·drü·sen·funk·ti·on *f* functioning of the thyroid [gland] **Schild·drü·sen·hor·mon** *nt* thyroxin **Schild·drü·sen·ope·ra·ti·on** *f* thyroid operation; (*Entfernung der Schilddrüse*) thyroidectomy **Schild·drü·sen·über·funk·ti·on** *f* overactive [*or* hyperactive] thyroid [gland] **Schild·drü·sen·un·ter·funk·ti·on** *f* underactive [*or* hypoactive] thyroid [gland] **Schild·drü·sen·ver·grö·ße·rung** *f* enlargement of the thyroid [gland]
Schil·der·ma·ler(in) *m(f)* sign painter

schil·dern [ˈʃɪldɐn] *vt* ■[**jdm**] **etw** ~ to describe [*or liter* portray] sth [to sb]; **etw in allen Einzelheiten** ~ to give an exhaustive account of sth; **etw plastisch** ~ to describe sth vividly
Schil·de·rung <-, -en> *f* description, portrayal *liter; Ereignisse* account, description, report
Schil·der·wald *m* (*hum fam*) forest of signs
Schild·krö·te [ˈʃɪltkrø:tə] *f* tortoise; (*See~*) turtle
Schild·krö·ten·fleisch *nt* turtle [meat] **Schild·krö·ten·pan·zer** *m* tortoiseshell **Schild·krö·ten·sup·pe** *f* turtle soup
Schild·laus *f* scale insect **Schild·patt** <-s> *nt kein pl* tortoiseshell
Schilf <-[e]s, -e> [ʃɪlf] *nt* BOT ① (*Pflanze*) reed ② (*bewachsene Fläche*) reeds *pl*
Schilf·dach *nt* thatched roof **Schilf·gras** *nt* reed **Schilf·ma·te·ri·al** *nt* reeds *pl* **Schilf·rohr** *nt s.* **Schilf**
Schill <-s, -en> [ʃɪl] *m* KOCHK, ZOOL pikeperch
Schil·ler·lo·cke *f* KOCHK ① (*Fisch*) *strip of smoked belly of dogfish* ② (*Gebäck*) cream horn
schil·lern [ˈʃɪlɐn] *vi* to shimmer; **in allen Farben** ~ to shimmer in all the colours [*or* AM -ors] of the rainbow
schil·lernd *adj* shimmering, resplendent; **~er Charakter** a many-sided [*or* multifaceted] character; **~e Persönlichkeit** flamboyant personality
Schil·ling <-s, -e *o bei Preisangaben* -> [ˈʃɪlɪŋ] *m* schilling
schil·pen [ˈʃɪlpn̩] *vi* ORN *s.* **tschilpen**
schilt [ʃɪlt] *imper sing von* **schelten**
Schi·mä·re <-, -n> [ʃiˈmɛ:rə] *f* (*geh*) [wild] fancy, flight of fancy, pipe dream, chimera *form*
Schim·mel[1] <-s> [ˈʃɪml̩] *m kein pl* mould [*or* AM mold]
Schim·mel[2] <-s, -> [ˈʃɪml̩] *m* ZOOL white horse, grey, AM gray
schim·me·lig [ˈʃɪməlɪç] *adj* mouldy; **~es Leder/Buch** mildewed leather/book
schim·meln [ˈʃɪml̩n] *vi sein o haben* to go mouldy
Schim·mel·pilz *m* mould
Schim·mer <-s> [ˈʃɪmɐ] *m kein pl* ① (*matter Glanz*) lustre [*or* AM -er], shimmer ② (*kleine Spur*) ■**ein ~ einer S.** *gen* [*o* **von etw**] the slightest trace of sth; **ein ~ von Anstand** a scrap of decency; **ein ~ von Hoffnung** a glimmer [*or* spark] of hope; **kein ~ eines Verdachtes** not the slightest suspicion ►WENDUNGEN: **keinen blassen** [*o* **nicht den geringsten**] [*o* **nicht den leisesten**] ~ [**von etw**] **haben** (*fam*) to not have the faintest [*or* slightest] [*or* foggiest] idea [about sth]
schim·mern [ˈʃɪmɐn] *vi* to shimmer, to gleam
Schim·pan·se <-n, -n> [ʃɪmˈpanzə] *m* chimpanzee
Schimpf <-[e]s> [ʃɪmpf] *m kein pl* affront *dated form,* abuse *no indef art, no pl;* **mit ~ und Schande** (*geh*) in disgrace; **jdm einen ~ antun** (*veraltend geh*) to affront sb *dated form*
schimp·fen [ˈʃɪmpfn̩] **I.** *vi* ① (*sich ärgerlich äußern*) ■[**auf** [*o* **über**] **jdn/etw**] ~ to grumble [about sb/sth] ② (*fluchen*) to [curse and] swear; **wie ein Rohrspatz** ~ to curse like a washerwoman [*or* AM sailor] ③ (*ärgerlich zurechtweisen*) to grumble; ■**mit jdm** ~ to scold sb, to tell sb off, to slap sb's wrists *fig* **II.** *vr* (*fam*) ■**sich etw** ~ to call oneself sth; **die schießen jeden Ball daneben, und so was schimpft sich Nationalelf!** they couldn't score in a brothel *fam!* and they call themselves the national team!; **sich selbst einen Esel** ~ to call oneself an ass
Schimpf·ka·no·na·de *f* (*fam*) shower [*or* stream] of abuse
schimpf·lich [ˈʃɪmpflɪç] **I.** *adj* (*geh*) disgraceful, shameful; **eine ~e Niederlage** a humiliating [*or* ignominious] [*or* shameful] defeat **II.** *adv* (*geh*) disgracefully, shamefully; **jdn ~ verjagen** to throw sb out in disgrace
Schimpf·na·me *m* abusive nickname **Schimpf·wort** *nt* swear word
Schin·del <-, -n> [ˈʃɪndl̩] *f* shingle
Schin·del·dach *nt* shingle roof
schin·den <schindete, geschunden> [ˈʃɪndn̩] **I.** *vr* ■**sich [mit**

etw] ~ to work oneself to death [at/over sth], to slave [away] [at sth], to work like a Trojan [at sth] BRIT **II.** *vt* ❶ (*grausam antreiben*) ■**jdn** ~ to work [*or* treat] sb like a slave, to work sb into the ground; **ein Tier** ~ to ill-treat an animal, to work an animal to death ❷ (*veraltet: abhäuten*) **ein Tier** ~ to flay an animal ❸ (*fam*) ■**etw [bei jdm]** ~ to get sth [from sb]; **einen Aufschub** ~ to get a postponement; **Applaus** [*o* **Beifall**] ~ to fish for applause; **Eindruck** ~ to play to the gallery; **Erfolg** ~ to score a spurious success; **Zeit** ~ to play for time; **bei jdm ein paar Zigaretten** ~ to cadge [*or* AM bum] a few cigarettes off sb

Schin·der(in) <-s, -> *m(f)* ❶ (*Ausbeuter*) slave-driver, hard taskmaster ❷ (*veraltet: Abhäuter*) knacker BRIT

Schin·de·rei <-, -en> [ʃɪndəˈrai] *f* grind, hard work [*or* graft], bloody hard work [*or* graft] BRIT; **Jahre der** ~ years of slavery [*or* hard graft]

Schind·lu·der *nt* ▶ WENDUNGEN: **mit jdm/etw** ~ **treiben** (*fam*) to gravely abuse [*or* misuse] sb/sth

Schin·ken <-s, -> [ˈʃɪŋkn̩] *m* ❶ KOCHK ham; **Prager/Schwarzwälder** ~ Prague/Black Forest ham ❷ (*pej o hum fam*) big awful painting; **ein alter** ~ (*Buch*) a big awful book; (*Film*) a dismal film

Schin·ken·bein *nt* KOCHK *s.* **Eisbein** **Schin·ken·speck** *m* bacon **Schin·ken·stück** *nt* KOCHK gammon piece **Schin·ken·wurst** *f* ham sausage [meat]

Schip·pe <-, -n> [ˈʃɪpə] *f* ❶ *bes* NORDD (*Schaufel*) shovel ❷ KARTEN NORDD spades *npl;* ~ **König** king of spades ▶ WENDUNGEN: **jdn auf die** ~ **nehmen** (*fam*) to pull sb's leg *fig,* to make fun of sb; **etw auf die** ~ **nehmen** (*fam*) to make fun of [*or* poke fun at] [*or* ridicule] sth

schip·pen [ˈʃɪpn̩] *vt* NORDD ■**etw** ~ to shovel sth

schip·pern [ˈʃɪpɐn] *vi sein* to sail [*or* cruise]

Schi·ri <-s, -s> [ˈʃiːri] *m* SPORT (*sl*) referee, zebra *sl; Baseball* umpire

Schirm <-[e]s, -e> [ʃɪrm] *m* ❶ (*Regenschirm*) umbrella, brolly BRIT *fam* ❷ (*Sonnenschirm*) sun-shade; (*tragbar*) parasol ❸ (*Mützenschirm*) peak ❹ (*fam*) [TV] screen; **über den** ~ **gehen** (*gesendet werden*) to be shown on TV ❺ (*Lampenschirm*) lampshade ❻ BOT cap

Schirm·herr(in) *m(f)* patron **Schirm·herr·schaft** *f* patronage; **unter der** ~ **von jdm/etw** under the patronage of sb/sth **Schirm·hül·le** *f* [umbrella] cover **Schirm·müt·ze** *f* peaked cap **Schirm·pilz** *m* parasol mushroom **Schirm·stän·der** *m* umbrella stand

Schi·rok·ko <-s, -s> [ʃiˈrɔko] *m* sirocco

schiss^RR^, **schiß**^ALT^ [ʃɪs] *imp von* **scheißen**

Schiss^RR^ <-es> *m kein pl,* **Schiß**^ALT^ <-sses> [ʃɪs] *m kein pl* ~ **[vor jdm/etw] haben** [*o* **kriegen**] (*sl*) to be shit-scared [*or* scared shitless] [of sb/sth] *sl*

schi·zo·phren [ʃitsoˈfreːn, sçitsoˈfreːn] *adj* ❶ MED schizophrenic ❷ (*geh: absurd*) neurotic, irrational, absurd, schizophrenic *fam or pej;* **das ist** ~**!** that's absurd!

Schi·zo·phre·nie <-, *selten* -n> [ʃitsofreˈniː, sçitso-, *pl* -ˈniːən] *f* ❶ MED (*Spaltungsirresein*) schizophrenia ❷ (*pej: Widersinn*) schizophrenia *pej,* absurdity, irrationality

schlab·be·rig [ˈʃlabərɪç] *adj* (*fam*) ❶ (*dünn*) watery, thin; **diese** ~**e Brühe nennst du Bier?** you call this dishwater beer? ❷ (*schlaff*) loose[-fitting]

schlab·bern [ˈʃlabɐn] **I.** *vi* (*fam*) ❶ (*Essen aussabbern*) to dribble ❷ (*weit fallen*) to fit loosely; **eine** ~**de Jacke** a loose[-fitting] jacket ❸ DIAL (*pej: schwatzen*) to blether BRIT *fam* **II.** *vt* (*fam*) ■**etw** ~ to lap sth [up]

Schlacht <-, -en> [ʃlaxt] *f* battle; **jdm eine** ~ **liefern** (*geh*) to join [*or* do] battle with sb *form;* **in die** ~ **ziehen** (*geh*) to go into battle; **die** ~ **bei/in ...** *dat* the battle of/in ...; **die** ~ **bei Waterloo** the Battle of Waterloo

Schlacht·bank *f* ▶ WENDUNGEN: **jdn zur** ~ **führen** (*geh*) to lead sb like a lamb to the slaughter; *s. a.* **Lamm**

schlach·ten [ˈʃlaxtn̩] **I.** *vt* ■**ein Tier** ~ to slaughter an animal; *s. a.* **Sparschwein II.** *vi* to slaughter; ■**das S**~ the slaughter

Schlach·ten·bumm·ler(in) *m(f)* SPORT (*fam*) away [*or* visiting] supporter

Schlach·ter(in) <-s, -> *m(f)* ❶ (*Metzger*) butcher *a. fig* ❷ (*Schlachthofsangestellter*) slaughterman ❸ (*Fleischerladen*) butcher's [shop]

Schläch·ter(in) <-s, -> [ˈʃlɛçtɐ] *m(f)* ❶ NORDD (*Schlachter*) butcher ❷ (*brutaler Mörder*) butcher

Schlach·te·rei <-, -en> [ʃlaxtəˈrai] *f s.* **Schlachter 3**

Schläch·te·rei <-, -en> [ʃlɛçtəˈrai] *f* ❶ NORDD *s.* **Schlachterei** ❷ (*Metzelei*) slaughter

Schlacht·feld *nt* battlefield, battleground; **wie ein** ~ **aussehen** to look like a battlefield; **das Zimmer sah aus wie ein** ~ the room looked as though a bomb had hit it **Schlacht·haus** *nt* slaughterhouse, abattoir **Schlacht·hof** *m s.* **Schlachthaus**

Schlacht·plan *m* ❶ MIL plan of battle, battle plan ❷ (*Plan für ein Vorhaben*) plan of action; **einen** ~ **machen** to draw up a plan of action **Schlacht·ross**^RR^ *nt* charger, warhorse **Schlacht·schiff** *nt* battleship **Schlacht·vieh** *nt animals kept for meat production*

Schla·cke <-, -n> [ˈʃlakə] *f* ❶ (*Verbrennungsrückstand aus dem Hochofen*) slag; (*aus dem Haushaltsofen*) cinders *npl,* ashes *pl* ❷ (*Ballaststoffe*) roughage ❸ NATURMED waste products ❹ GEOL scoria

schla·ckern [ˈʃlakɐn] *vi* NORDD (*schlottern*) ■**[gegen/um etw]** ~ to flap [against/around sth]; **der weite Rock schlackerte ihr um die Knie** her wide skirt flapped loosely around her knees; *s. a.* **Ohr**

Schlaf^1^ <-[e]s> [ʃlaːf] *m kein pl* sleep *no pl;* **sich** *dat* **den** ~ **aus den Augen reiben** to rub the sleep out of one's eyes; **jdn um den** [*o* **seinen**] ~ **bringen** to keep sb awake at night; **aus dem** ~ **fahren** to wake up with a start; **in einen tiefen/traumlosen** ~ **fallen** to fall into a deep/dreamless sleep; **keinen** ~ **finden** (*geh*) to be unable to sleep; **einen festen** ~ **haben** to sleep deeply, to be a deep sleeper; **halb im** ~**[e]** half asleep; **einen leichten** ~ **haben** to sleep lightly, to be a light sleeper; **um seinen** ~ **kommen** to be unable to sleep; **im tiefsten** ~ **liegen** to be fast [*or* sound] asleep; **versäumten** ~ **nachholen** to catch up on one's sleep; **im** ~ **reden** to talk in one's sleep; **jdm den** ~ **rauben** to keep sb awake; **aus dem** ~ **gerissen werden** to wake up suddenly, to jerk out of one's sleep; **aus dem** ~ **schrecken** to wake up with a start; **jdn in den** ~ **singen** to sing sb to sleep; **in** ~ **sinken** (*geh*) to fall into a deep sleep; **sich in den** ~ **weinen** to cry oneself to sleep ▶ WENDUNGEN: **den** ~ **des Gerechten schlafen** to sleep the sleep of the just; **nicht im** ~ **an etw denken etc.** to not dream of [doing] sth; **etw im** ~ **können** [*o* **beherrschen**] (*fam*) to be able to do sth in one's sleep [*or* with one hand tied behind one's back] *fig; s. a.* **seine(r,s)**

Schlaf^2^ <-[e]s, Schläfe> [ʃlaːf] *m* (*veraltet: Schläfe*) temple

Schlaf·an·zug *m* pyjamas *npl*

Schläf·chen <-s, -> [ˈʃlɛːfçən] *nt* nap, snooze, lie-down; **ein** ~ **machen** to have forty winks [*or* a nap] [*or* a snooze] [*or* a lie-down]

Schlä·fe <-, -n> [ˈʃlɛːfə] *f* temple; **graue** ~**n haben** to have grey [*or* AM gray] hair at the temples

schla·fen <schlief, geschlafen> [ˈʃlaːfn̩] **I.** *vi* ❶ (*nicht wach sein*) to sleep, to be asleep; **bei dem Lärm kann doch kein Mensch** ~**!** nobody can sleep with that noise [going on]!; **darüber muss ich erst** ~ I'll have to sleep over that; **schlaf gut** [*o geh* **schlafen Sie wohl**] sleep well; **etw lässt jdn nicht** ~ sth keeps sb awake; **ein Kind** ~ **legen** to put a child to bed; ~ **gehen, sich** ~ **legen** to go to bed; **sich** ~**d stellen** to pretend to be asleep; **noch halb** ~**d** to still be half asleep; **gut/schlecht** ~ to sleep well/badly; **fest/tief** ~ to sleep deeply/soundly, to be deeply/sound asleep; **leicht** ~ to sleep lightly ❷ (*zum Schlafen auf etw liegen*) **hart** ~ to sleep on something hard; **bloß keine weiche Matratze, ich schlafe lieber hart**

don't give me a soft mattress, I prefer a hard one ❸ (*nächtigen*) ■**bei jdm** ~ to stay with sb, to sleep at sb's; **du kannst jederzeit bei uns** ~ you can sleep at our place [*or* stay with us] any time; **im Freien** ~ to sleep in the open [*or* outdoors] ❹ (*unaufmerksam sein*) ■[**bei** [*o* **während**] **etw**] ~ to doze [*or* to snooze] [during sth]; **die Konkurrenz hat geschlafen** our competitors were asleep ❺ (*euph fam: koitieren*) ■**mit jdm** ~ to sleep with sb *euph; s. a.* **Hund, Murmeltier II.** *vr* ❶ *impers* (*ruhen*) ■**es schläft sich gut/schlecht irgendwo** it is comfortable/not comfortable to sleep somewhere; **auf dem neuen Sofa schläft es sich ausgesprochen gut** you can get an excellent night's sleep on the new sofa; **sich gesund** ~ to get better by sleeping ❷ (*fam: koitieren*) **sich nach oben** ~ to sleep one's way up through the hierarchy [*or* AM to the top]

Schla·fen·ge·hen *nt kein pl* going to bed; **ich habe noch keine Lust zum** ~ I don't feel like going to bed yet

Schlä·fer(in) <-s, -> [ˈʃlɛːfɐ] *m(f)* sleeper

schlaff [ʃlaf] **I.** *adj* ❶ (*locker fallend*) slack; **eine ~e Fahne** a drooping flag ❷ (*nicht straff*) sagging, flabby; **ein ~er Händedruck** a limp handshake **II.** *adv* ❶ (*locker fallend*) slackly ❷ (*kraftlos*) feebly

Schlaf·for·schung *f* MED research into sleep **Schlaf·ge·le·gen·heit** *f* bed [for the night], place to sleep

Schla·fitt·chen <-s> [ʃlaˈfɪtçən] *nt* ▶WENDUNGEN: **jdn am** [*o* **beim**] ~ **nehmen** [*o fam* **kriegen**] [*o fam* **packen**] to collar [*or* grab] [*or* nab] sb

Schlaf·krank·heit *f* sleeping sickness **Schlaf·lied** *nt* lullaby

schlaf·los I. *adj* sleepless; MED insomniac **II.** *adv* sleeplessly

Schlaf·lo·sig·keit <-> *f kein pl* sleeplessness *no pl;* MED insomnia *no pl*

Schlaf·mit·tel *nt* sleep-inducing medication; (*als Tablette*) sleeping tablet **Schlaf·müt·ze** *f* ❶ (*Kopfbedeckung*) nightcap ❷ (*fam: verschlafene Person*) sleepy head *fam*

schläf·rig [ˈʃlɛːfrɪç] *adj* sleepy, drowsy; ■~ **sein** to be [*or* feel] sleepy [*or* drowsy]; ■**etw macht jdn** ~ sth makes sb [feel] sleepy [*or* drowsy]

Schläf·rig·keit <-> *f kein pl* sleepiness, drowsiness

Schlaf·saal *m* dormitory **Schlaf·sack** *m* sleeping bag **Schlaf·stadt** *f* dormitory town **Schlaf·stö·run·gen** *pl* insomnia *form*, sleeplessness, sleeping disorder; **unter ~ leiden** to suffer from insomnia **Schlaf·ta·blet·te** *f* sleeping pill **schlaf·trun·ken I.** *adj* (*geh*) [still] half asleep, drunk with sleep *liter,* sleepy **II.** *adv* sleepily **Schlaf·wa·gen** *m* sleeper, sleeping car **schlaf·wan·deln** *vi sein o haben* to sleepwalk, to walk in one's sleep **Schlaf·wan·deln** <-s> *nt kein pl* sleepwalking *no pl* **Schlaf·wand·ler(in)** <-s, -> *m(f)* sleepwalker

Schlaf·zim·mer *nt* ❶ (*Raum*) bedroom ❷ (*Einrichtung*) bedroom suite [*or* furniture]

Schlaf·zim·mer·blick *m* (*hum fam*) come-to-bed look *fam,* bedroom eyes *pl fam* **Schlaf·zim·mer·ein·rich·tung** *f* bedroom furniture [*or* suite]

Schlag <-[e]s, Schläge> [ʃlaːk, *pl* ˈʃlɛːgə] *m* ❶ (*Hieb*) blow, wallop *fam;* (*mit der Faust*) punch; (*mit der Hand*) slap; SPORT stroke; ~ **mit der Axt** blow [*or* stroke] of the axe; **ein ~ auf den Kopf** a blow on the head; ~ **mit der Peitsche** lash of the whip; **jdm Schläge androhen** to threaten sb with a beating; **jdm Schläge verabreichen** [*o* **verpassen**] to give sb a beating; **gern Schläge austeilen** to be fond of one's fists; [**von jdm**] **Schläge kriegen** [*o* **bekommen**] to get a beating [*or fam* beaten up] [*or fam* clobbered]; **jdm einen ~ [irgendwohin] versetzen** to deal sb a blow [*or fam* to give sb a clout [*or* wallop]] [somewhere]; **ein tödlicher** ~ a fatal blow ❷ (*dumpfer Hall*) thud; **ein ~ an der Tür** a bang on the door ❸ (*rhythmisches Geräusch*) **die Schläge des Herzens** the beats of the heart; **der ~ der Nachtigall** the song of the nightingale; **der [unregelmäßige] ~ des Pulses** the [irregular] pulse [beat]; **der ~ einer Uhr** the striking of a clock; **die Uhr schlug vom Kirchturm, er zählte zwölf Schläge** the church clock struck, he counted twelve; ~ **Mitternacht/8 Uhr** on the stroke of midnight/at 8 o'clock sharp ❹ (*Schicksals~*) blow; **seine Entlassung war ein schrecklicher ~ für ihn** being made redundant was a terrible blow to him; **etw versetzt jdm einen** ~ sth comes as a blow to sb ❺ (*fam: Menschen~*) type; **vom alten ~[e]** from the old school; **vom gleichen ~ sein** to be made of the same stuff, to be birds of a feather ❻ (*Tauben~*) pigeon loft ❼ KOCHK (*fam: Portion*) helping; **ein ~ Kartoffelpüree** a portion of mashed potatoes ❽ ÖSTERR (*fam: Schlagsahne*) [whipped] cream; **Kuchen mit** ~ cake with whipped cream ❾ (*veraltend: Wagentür*) door ❿ (*Stromstoß*) shock; **einen ~ kriegen** to get an electric shock ⓫ MIL (*Angriff*) attack; **zum entscheidenden ~ ausholen** to make ready [*or* to prepare] for the decisive blow [*or* attack] ⓬ (*fam: Schlaganfall*) stroke; **einen ~ bekommen/haben** to suffer/have a stroke ⓭ FORST clearing ⓮ AGR plot ⓯ (*beim Segeln*) tack ⓰ NAUT stroke ⓱ MODE **eine Hose mit** ~ flared trousers ▶WENDUNGEN: **ein ~ ins Gesicht** a slap in the face; **ein ~ unter die Gürtellinie** (*fam*) a blow [*or* hit] below the belt *fig;* **ein ~ ins Kontor** (*fam*) a real blow; **es war für ihre Ambitionen ein ~ ins Kontor** it was a [hammer] blow to her ambitions; **ein ~ ins Wasser** (*fam*) a [complete] washout [*or fam* flop]; **jd hat bei jdm** ~ (*sl*) sb is well-in [*or* popular] [*or* [as] thick as thieves] [*or fam* matey] with sb; **etw hat bei jdm** ~ sth is popular with sb; **dieser Wein hat keinen ~ bei mir** this wine leaves me cold; **jdn rührt** [*o* **trifft**] **der** ~ (*fam*) sb is flabbergasted *fam* [*or* dumbfounded] [*or* thunderstruck] [*or sl* gobsmacked]; **mich trifft der ~!** well, blow me down [*or* I'll be blowed] [*or* strike me pink]! *fam;* **ich dachte, mich trifft der ~, als ich die Unordnung in dem Zimmer sah** I couldn't believe it when I saw what a mess the room was in; **wie vom ~ getroffen** [*o* **gerührt**] **sein** to be thunderstruck; **etw auf einen ~ tun** (*gleichzeitig*) to get things done all at once; **keinen ~ tun** (*fam*) to not do a stroke of work [*or* lift a finger]; ~ **auf** ~ in rapid succession; **alles geht ~ auf** ~ everything's going [*or* happening] so fast; ~ **auf ~ kamen die Botschaften aus der Krisenregion** the news came thick and fast from the crisis area; **mit einem ~[e]** [*o* **auf einen** ~] (*fam*) suddenly, all at once

Schlag·ab·tausch *m* ❶ (*Rededuell*) exchange of words, clash; **einen heftigen ~ haben** to have a sharp exchange of words, to go at it hammer and tongs BRIT ❷ (*beim Boxen*) exchange of blows ❸ MIL conflict, combat **Schlag·ader** *f* artery **Schlag·an·fall** *m* stroke; **einen ~ haben** [*o* **erleiden**] to have [*or* suffer] a stroke **schlag·ar·tig I.** *adj* sudden, abrupt, swift; **eine ~e Veränderung** an abrupt change **II.** *adv* suddenly, abruptly, without warning, in the twinkling of an eye *fam;* ~ **zu der Einsicht kommen, dass ...** to suddenly come to realize that ... **Schlag·ball** *m* SPORT ❶ *kein pl* (*Spiel*) ≈ rounders + *sing vb* BRIT ❷ (*Ball*) ≈ rounders ball BRIT

schlag·bar *adj* beatable; ■**nicht ~ sein** to be unbeatable

Schlag·baum *m* barrier; **den ~ hochgehen/heruntergehen lassen** to raise/lower the barrier

Schlag·boh·rer *m* hammer drill **Schlag·bohr·ma·schi·ne** *f* hammer drill

Schlä·gel <-s, -> [ˈʃlɛːgl̩] *m* ❶ MUS [drum]stick ❷ TECH mallet

schla·gen <schlug, geschlagen> [ˈʃlaːgn̩] **I.** *vt haben* ❶ (*hauen*) ■**jdn** ~ to hit [*or form* strike] sb; **die Hände vors Gesicht** ~ to cover one's face with one's hands; **mit der Faust auf den Tisch** ~ to hammer on the table with one's fist; **jdn mit der Faust** ~ to punch sb; **jdn mit der Hand** ~ to slap sb; **jdm das Heft um die Ohren** ~ to hit sb over the head with the magazine; **jdn mit der Peitsche** ~ to whip sb; **jdn mit einem Schlagstock** ~ to club [*or* hit] [*or* beat] sb with a stick; **jdm [wohlwollend] auf die Schulter** ~ to give sb a [friendly] slap on the back; **etw in Stücke** [*o* **Scherben**] ~ to smash sth to pieces ❷ (*prügeln*) ■**jdn** ~ to beat sb; **jdn bewusstlos** ~ to beat sb senseless [*or* unconscious]; **jdn blutig** ~ to leave sb bat-

S

tered and bleeding; **jdn halb tot** ~ to leave sb half dead; **jdn zum Krüppel** ~ to cripple sb; **den Gegner zu Boden** ~ to knock one's opponent down ❸ (*besiegen*) ■**jdn** ~ to defeat sb; SPORT to beat sb; ■**jdn** [**in etw**] ~ *dat* to beat sb [in/at sth]; **den Feind mit Waffengewalt** ~ to defeat the enemy with force of arms; **den Gegner vernichtend** ~ to inflict a crushing defeat on one's opponent; **jd ist nicht zu** ~ sb is unbeatable; **sich ge~ geben** to admit defeat ❹ (*fällen*) ■**etw** ~ to fell sth; **einen Baum** ~ to fell a tree ❺ (*durch Schläge treiben*) ■**etw** [**irgendwohin**] ~ to hit sth [somewhere]; **einen Nagel in die Wand** ~ to knock [*or* hammer] a nail into the wall; **den Ball ins Aus** ~ to kick the ball out of play ❻ (*Eliminieren von Spielfiguren*) ■**etw** ~ to take sth; **Läufer schlägt Bauern!** bishop takes pawn! ❼ MUS (*zum Erklingen bringen*) ■**etw** ~ to beat sth; **die Harfe/Laute** ~ to play the harp/lute; **die Saiten** ~ to pluck the strings; **den Takt** ~ to beat time ❽ KOCHK ■**etw** ~ to beat sth; **Sahne** ~ to whip cream; **Eiweiß steif** [*o* **zu Schnee**] ~ to beat the egg white until stiff; **Eier in die Pfanne** ~ to crack eggs into the pan; **die Soße durch ein Sieb** ~ to pass the gravy through a sieve ❾ (*geh: eindringen lassen*) *Raubtier* **die Fänge/Krallen/Zähne in die Beute** ~ to dig [*or* sink] its claws/talons/teeth into the prey ❿ JAGD (*reißen*) ■**ein Tier** ~ to take an animal ⓫ (*wickeln*) ■**etw/jdn in etw** *akk* ~ to wrap sth/sb in sth; **das Geschenk in Geschenkpapier** ~ to wrap up the present; **das Kind in die Decke** ~ to wrap the child in the blanket ⓬ POL, ÖKON (*hinzufügen*) **die Unkosten auf den Verkaufspreis** ~ to add the costs to the retail price; **ein Gebiet zu einem Land** ~ to annex a territory to a country; *s. a.* **Schlacht** ⓭ (*veraltend: prägen*) **Münzen** ~ to mint coins ⓮ (*ausführen*) **einen Bogen um das Haus** ~ to give the house a wide berth; **mit dem Zirkel einen Kreis** ~ to describe a circle with compasses; **das Kreuz** ~ to make the sign of the cross; **ein Kleidungsstück schlägt Falten** a garment gets creased ⓯ (*legen*) ■**etw irgendwohin** ~ to throw sth somewhere; **die Arme um jdn** ~ to throw one's arms around sb; **ein Bein über das andere** ~ to cross one's legs; **die Decke zur Seite** ~ to throw off the blanket ⓰ (*austragen*) **eine Mensur** ~ to fight a duel ⓱ (*geh: heimsuchen*) **ein vom Schicksal geschlagener Mensch** a man dogged by ill-fate; **mit einer Krankheit geschlagen sein** to be afflicted by an illness ▸WENDUNGEN: **ehe ich mich** ~ **lasse!** (*hum fam*) oh all right [*or* go on] then!, before you twist my arm!; *s. a.* **Alarm, Bogen, Funken, Krach, kurz Profit, Purzelbaum, Rad** **II.** *vi* ❶ *haben* (*hauen*) ■[**mit etw**] **irgendwohin** ~ to hit sth [with sth]; **gegen ein Tor** ~ to knock at the gate/door; **mit der Faust gegen eine Tür** ~ to beat at a door with one's fist; [**jdm**] [**mit der Hand**] **ins Gesicht** ~ to slap sb's face; **jdm in die Fresse** ~ to punch sb in the face *fam;* ■[**mit etw**] **um sich** ~ to lash [*or* thrash] about [with sth]; ■**nach jdm** ~ to hit out at sb ❷ *sein* (*explodieren*) to strike; **ein Blitz ist in den Baum geschlagen** the tree was struck by lightning ❸ *sein* (*auftreffen*) ■**an** [*o* **gegen**] **etw** *akk* ~ to land on sth, to strike against sth; **die schweren Brecher schlugen gegen die Hafenmauer** the heavy breakers broke [*or* crashed] against the harbour wall ❹ *haben* (*pochen*) to beat; **nach dem Lauf hier hoch schlägt mein Herz/Puls ganz heftig** my heart's pounding after running up here ❺ *haben* (*läuten*) ■**etw schlägt** sth is striking; **hör mal, das Glockenspiel schlägt** listen, the clock is chiming; *s. a.* **Stunde** ❻ *sein o haben* (*emporlodern*) ■**etw schlägt aus etw** sth is shooting up from sth; **aus dem Dach schlugen die Flammen** the flames shot up out of the roof ❼ *haben* ORN *Nachtigall, Fink* to sing ❽ *haben* (*eine rasche Bewegung machen*) **der Vogel schlug mit den Flügeln** the bird beat its wings ❾ *sein* (*fam: jdm ähneln/nach jdm geraten sein*) ■**nach jdm** ~ to take after sb; **er schlägt überhaupt nicht nach seinem Vater** he doesn't take after his father at all ❿ *sein* (*in Mitleidenschaft ziehen*) ■**jdm** [**auf etw** *akk*] ~ to affect sb['s sth]; **das schlechte Wetter schlägt mir langsam aufs Gemüt** the bad weather is starting to get me down ⓫ *haben* (*sich wenden*) ■**sich irgendwohin** ~ to strike out; **sich nach rechts** ~ to strike out to the right; **sich in die Büsche** ~ to slip away; (*euph, hum*) to go behind a tree *euph, hum;* **sich auf jds Seite** ~ to take sb's side; (*die Fronten wechseln*) to go over to sb; *s. a.* **Art, Blitz, Blindheit, Dummheit, Gemüt, Ohr III.** *vr haben* ❶ (*sich prügeln*) ■**sich** ~ to have a fight, to fight each other; ■**sich** [**mit jdm**] ~ to fight [sb] ❷ (*rangeln*) ■**sich** [**um etw**] ~ to fight [over sth]; **das Konzert ist ausverkauft, die Leute haben sich um die Karten geradezu geschlagen** the tickets went like hot cakes and the concert is sold out ❸ (*sich anstrengen*) ■**sich** [**irgendwie**] ~ to do somehow; **sich gut** ~ to do well

schla·gend I. *adj* forceful, compelling, convincing; **ein ~er Beweis** conclusive proof **II.** *adv* ~ **beweisen/widerlegen** to prove/disprove convincingly; *s. a.* **Verbindung, Wetter**[2]

Schla·ger <-s, -> ['ʃla:gɐ] *m* MUS ❶ (*Lied*) [pop] song ❷ (*Erfolg*) [big] hit, great success

Schlä·ger <-s, -> ['ʃlɛ:gɐ] *m* SPORT ❶ (*Tennis-, Squashschläger*) racquet, racket; **Tischtennis~** table tennis paddle ❷ (*Stock~*) stick, bat; **Golf~** golf club; **Cricket~** cricket bat ❸ *s.* **Schlagholz**

Schlä·ger(in) <-s, -> ['ʃlɛ:gɐ] *m(f)* ❶ (*Raufbold*) thug, hoodlum ❷ SPORT batsman *masc,* batswoman *fem,* hitter; (*beim Baseball*) batter

Schlä·ger·ban·de *f* gang of thugs

Schlä·ge·rei <-, -en> [ʃlɛ:gə'rai] *f* fight, brawl, punch-up BRIT *fam*

Schla·ger·fes·ti·val *nt* pop [music] festival

Schlä·ge·rin <-, -nen> *f fem form von* **Schläger**

Schlä·ger·müt·ze *f* (*fam*) [peaked] cap

Schla·ger·sän·ger(in) *m(f)* pop singer

schlag·fer·tig I. *adj* quick-witted; *Antwort a.* clever **II.** *adv* quick-wittedly; ~ **antworten** to be quick with an answer

Schlag·fer·tig·keit *f kein pl* quick-wittedness; *Antwort* cleverness

Schlag·holz *nt* SPORT bat **Schlag·ho·se** *f* MODE flares, bell-bottoms *pl,* bell-bottomed trousers *pl* **Schlag·in·stru·ment** *nt* MUS percussion instrument **Schlag·kraft** *f kein pl* ❶ MIL strike power ❷ (*Wirksamkeit*) effectiveness **schlag·kräf·tig** *adj* ❶ (*kampfkräftig*) powerful [in combat] ❷ (*wirksam*) **ein ~es Argument** a forceful [*or* compelling] [line of] argument; **ein ~er Beweis** compelling proof *no pl* **Schlag·licht** *nt* KUNST, FOTO highlight ▸WENDUNGEN: **ein** [**kennzeichnendes**] ~ **auf jdn/etw werfen** to put sb/sth into a characteristic/particular light **Schlag·loch** *nt* pothole **Schlag·mann** *m* SPORT stroke **Schlag·mes·ser** *nt* Chinese cleaver **Schlag·rahm** *m,* **Schlag·obers** ['ʃla:kʔo:bɐs] *nt* KOCHK SÜDD, ÖSTERR, SCHWEIZ (*Schlagsahne*) whipping cream **schlag·reif** *adj* **ein ~er Baum** tree ready for felling **Schlag·ring** *m* knuckleduster, brass knuckles AM **Schlag·sah·ne** *f* KOCHK cream; (*flüssig*) whipping cream; (*geschlagen*) whipped cream **Schlag·sei·te** *f kein pl* NAUT list; ~ **haben** [*o* **bekommen**] to develop a list; **der Tanker hatte bereits schwere** ~ the tanker had already developed a heavy list [*or* was listing badly] ▸WENDUNGEN: ~ **haben** (*hum fam*) to be three sheets to the wind *fam* [*or* BRIT *sl* legless] **Schlag·stock** *m* club, cudgel; (*Gummiknüppel*) truncheon

Schlag·wort *nt* ❶ <-worte> (*Parole*) slogan, catchphrase, cliché *pej* ❷ <-wörter> (*Stichwort*) keyword, headword

Schlag·wort·ka·ta·log *m* library catalogue [*or* AM catalog] of keywords

Schlag·zei·le *f* MEDIA headline; **~n machen** [*o* **für ~n sorgen**] to make headlines [*or* the front page]

schlag·zei·len *vt* (*sl: als Schlagzeile bringen*) **„Diana verlässt Charles", schlagzeilten die Boulevardblätter** 'Diana leaves Charles' was [*or* screamed] the headline in the tabloids

Schlag·zeug <-[e]s, -e> *nt* drums *pl;* (*im Orchester*) percussion *no pl*

Schlag·zeu·ger(in) <-s, -> *m(f)* (*fam*) drummer; (*im Orchester*) percussionist

schlak·sig ['ʃla:ksɪç] *adj* (*fam*) gangling, lanky, gawky; **~e Bewegungen** clumsy and awkward movements

Schla·mas·sel <-s, -> [ʃla'masl̩] *m o nt* (*fam*) ❶ (*Durcheinander*) mess, muddle ❷ (*ärgerliche Situation*) **jetzt haben wir den ~!** now we're in a [right] mess [*or fam* pickle]!

Schlamm <-[e]s, -e *o* Schlämme> [ʃlam, *pl* 'ʃlɛmə] *m* mud; (*breiige Rückstände*) sludge *no indef art, no pl,* residue *form,* gunge *fam no indef art, no pl* BRIT

Schlamm·bad *nt* mudbath **Schlamm·er·de** *f* (*als Heilerde*) mud **Schlamm·fie·ber** *nt* swamp [*or* harvest] fever

schlam·mig ['ʃlamɪç] *adj* muddy; **~es Wasser** muddy [*or* sludgy] water

Schlamm·schicht *f* layer of mud **Schlamm·schlacht** *f* ❶ (*Fußballspiel*) mudbath ❷ (*fig: Streit*) mud-slinging *fig fam no pl, no indef art* **Schlamm·sprin·ger** *m* ZOOL mudskipper

Schlam·pe <-, -n> ['ʃlampə] *f* (*pej fam*) slut, tart *sl;* **diese alte ~** that old witch [*or* bag]

schlam·pen ['ʃlampn̩] *vi* (*fam*) ■**[bei etw] ~** to do a sloppy job [of sth] *fam*

Schlam·per(in) <-s, -> ['ʃlampɐ] *m(f)* slovenly fellow *fam*

Schlam·pe·rei <-, -en> [ʃlampə'rai] *f* (*fam*) ❶ (*Nachlässigkeit*) sloppiness *fam* ❷ (*Unordnung*) mess, untidiness

schlam·pig ['ʃlampɪç] **I.** *adj* ❶ (*nachlässig*) sloppy *fam;* (*liederlich*) slovenly ❷ (*ungepflegt*) unkempt, bedraggled **II.** *adv* ❶ (*nachlässig*) sloppily *fam* ❷ (*ungepflegt*) in a slovenly [*or* unkempt] way

schlang [ʃlaŋ] *imp von* **schlingen¹, schlingen²**

Schlan·ge <-, -n> ['ʃlaŋə] *f* ❶ ZOOL (*a. fig*) snake ❷ (*lange Reihe*) queue, line AM; *Fahrzeuge a.* tailback BRIT, traffic jam AM; **[irgendwo] ~ stehen** to queue up [somewhere], to stand in line [somewhere] AM ❸ (*pej: hinterlistige Frau*) Jezebel; **eine falsche ~** (*pej*) a snake in the grass *fig* ❹ TECH (*Heiz~*) heating coil; (*Kühl~*) cooling spiral [*or* coil] ► WENDUNGEN: **eine ~ am Busen nähren** (*geh*) to cherish a viper in one's bosom; **sich winden wie eine ~** to go through all sorts of contortions

schlän·geln ['ʃlɛŋl̩n] *vr* ❶ ZOOL (*sich winden*) ■**sich ~** to crawl, to coil its way ❷ (*kurvenreich verlaufen*) ■**sich ~** to snake [*or* wind] [one's way]; *Fluss, Straße* to meander ❸ (*sich winden*) ■**sich ~** to wind one's way; **sie schlängelte sich durch die Menschenmenge** she wormed her way through the crowd; *s. a.* **Linie**

Schlan·gen·ad·ler *m* short-toed eagle **Schlan·gen·be·schwö·rer(in)** <-s, -> *m(f)* snake charmer **Schlan·gen·biss**RR *m* snake bite **Schlan·gen·gift** *nt* snake poison **Schlan·gen·le·der** *nt* snakeskin **Schlan·gen·li·nie** *f* wavy line; **in ~n fahren** to weave [one's way] [from side to side] **Schlan·gen·stern** *m* ZOOL brittlestar

Schlan·ge·ste·hen <-s> *nt kein pl* queu[e]ing [up], lining up, standing in a queue [*or* AM line]

schlank [ʃlaŋk] *adj* ❶ (*dünn*) slim; **~ machen** *Essen* to be good for losing weight; *Kleidung* to be slimming, to make sb look slim; **sich ~ machen** to breathe in, to hold oneself in ❷ (*schmal*) slender, slim; **ein ~er Baum** a slender tree; **von ~em Wuchs** of slender shape; *s. a.* **Linie**

Schlank·heit <-> *f kein pl* slimness, slenderness

Schlank·heits·kur *f* diet; **eine ~ machen/anfangen** to be/go on a diet

schlank·weg ['ʃlaŋkvɛk] *adv* (*fam*) **[etw] ~ ablehnen** to flatly refuse [sth], to refuse [sth] outright [*or* point-blank]; **etw ~ abstreiten** [*o* **bestreiten**] to flatly deny sth; **jdm etw ~ ins Gesicht sagen** to say sth straight to sb's face, to come right out with sth and tell sb

schlapp [ʃlap] *adj* ❶ *pred* (*fam: erschöpft*) worn out; (*nach einer Krankheit*) washed out; **jdn ~ machen** (*fam*) to wear sb out ❷ (*fam: ohne Antrieb*) feeble, weak, listless ❸ (*fam: mager*) measly; **für ~e zehn Euro** for a measly ten euros *fam;* **ein ~er Betrag** a measly amount *fam*

Schlap·pe <-, -n> ['ʃlapə] *f* (*fam*) setback, upset; **[bei etw] eine ~ einstecken müssen, eine ~ [in etw** *dat*] **erleiden** to suffer a setback

Schlap·pen <-s, -> ['ʃlapn̩] *m* DIAL (*fam*) slipper

Schlapp·heit <-> *f kein pl* listlessness

Schlapp·hut *m* floppy hat **schlapp|ma·chen** *vi* (*fam*) ❶ (*erschöpft aufgeben*) to give up ❷ (*erschöpft langsamer machen*) to flag [*or* droop] ❸ (*erschöpft umkippen*) to pass [*or* BRIT *fam* flake] out **Schlapp·ohr** *nt* ❶ ZOOL (*hum*) lopear; **~en** floppy ears *fam* ❷ *s.* **Schlappschwanz Schlapp·schwanz** *m* (*pej fam*) wimp *pej fam*

Schla·raf·fen·land [ʃla'rafn̩-] *nt* ❶ LIT Cockaigne *form* ❷ (*geh: Land des Überflusses*) land of milk and honey

schlau [ʃlau] **I.** *adj* ❶ (*clever*) clever, shrewd; **du bist ein ~es Bürschlein!** what a clever clogs you are! BRIT ❷ (*gerissen*) crafty, wily; **ein ~er Fuchs** a sly fox; **eine ~e Idee** an ingenious [*or fam* bright] idea *a. iron;* **ein ~er Plan/Vorschlag** an ingenious plan/suggestion; **aus jdm/etw ~ werden** to understand sb/sth, to understand what sb/sth is about *fam;* **ich werde nicht ~ aus der Bedienungsanleitung** I can't make head nor tail of the operating instructions; **ein ganz S~er/eine ganz S~e** (*iron fam*) a clever clogs BRIT *fam or iron; s. a.* **Kopf II.** *adv* cleverly, shrewdly, craftily, ingeniously

Schlau·ber·ger(in) <-s, -> ['ʃlaubɛrgɐ] *m(f)* (*fam*) ❶ (*pfiffiger Mensch*) clever one ❷ (*iron: Besserwisser*) clever clogs [*or* Dick] BRIT *iron,* smart alec[k] *iron*

Schlauch <-[e]s, Schläuche> [ʃlaux, *pl* 'ʃlɔyçə] *m* ❶ (*biegsame Leitung*) hose ❷ (*Reifenschlauch*) [inner] tube ❸ (*fam: Strapaze*) grind *fam,* hard labour [*or* AM -or] *no indef art, no pl;* **die Wanderung war ein echter ~** the hike was a real slog ► WENDUNGEN: **auf dem ~ stehen** (*fam: ratlos sein*) to be at a loss

Schlauch·boot *nt* rubber [*or* inflatable] dinghy

schlau·chen ['ʃlauxn̩] **I.** *vt* (*fam*) ■**jdn ~** to [almost] finish sb off, to take it out of sb; ■**geschlaucht sein** to be worn out **II.** *vi* (*fam*) to wear sb out, to take it out of sb *fam;* **das schlaucht ganz schön!** that really takes it out of you!

schlauch·los *adj* AUTO tubeless

Schläue <-> ['ʃlɔyə] *f kein pl* ❶ (*clevere Art*) shrewdness ❷ (*Gerissenheit*) craftiness, cunning

Schlau·fe <-, -n> ['ʃlaufə] *f* loop; (*aus Leder*) strap

Schlau·heit <-> *f kein pl s.* **Schläue**

Schlau·kopf *m,* **Schlau·mei·er** *m* (*fam*) *s.* **Schlauberger**

Schla·wi·ner(in) <-s, -> [ʃla'vi:nɐ] *m(f)* (*hum fam*) rascal

schlecht [ʃlɛçt] **I.** *adj* ❶ KOCHK (*verdorben*) bad, poor; ■**~ sein** to be bad [*or* BRIT off]; **ich fürchte das Fleisch ist ~ geworden** I'm afraid the meat has gone off [*or* is off] ❷ (*mindere Qualität aufweisend*) bad, poor; **von ~er Qualität** of poor quality; **~e Verarbeitung** poor workmanship ❸ (*unzureichend*) poor; **noch zu ~** still not good enough; **deine Aussprache ist noch zu ~** your pronunciation is still not good enough ❹ FIN (*gering*) poor; **ein ~es Gehalt** a poor salary ❺ (*moralisch verkommen*) bad, wicked, evil; **ein ~es Gewissen haben** to have a bad conscience; **einen ~en Ruf haben** [*o* **in ~em Ruf stehen**] to have a bad reputation; **jdm etwas S~es nachsagen** to say sth bad about sb, to speak disparagingly about sb, to cast aspersions on sb *form* ❻ (*unangenehm*) bad; **~es Benehmen** bad manners *pl* ❼ (*ungünstig*) bad; **~e Zeiten** hard times ❽ MED (*nicht gut funktionierend*) bad, poor; **eine ~e Entwässerung** water retention; **~e Augen** poor [*or* weak] eyesight, weak eyes; **ein ~es Herz** a bad heart ❾ (*übel*) ■**jdm ist** [*o* **wird**] **[es] ~** sb feels sick ► WENDUNGEN: **es [bei jdm] ~ haben** to not be doing well [*or* to be doing badly] [with sb]; **jdn aber ~ kennen** to not know sb [very well]; **es sieht ~ aus** it doesn't [*or* things don't] look good; **es sieht ~ aus mit jdm/etw** the prospects [*or* things] don't look good for sb/sth **II.** *adv* ❶ KOCHK (*nicht gut*) badly; **so ~ habe**

S

ich selten gegessen I've rarely had such bad food ❷ (*ungenügend*) badly, poorly; **die Geschäfte gehen** ~ business is bad ❸ (*nicht hinreichend*) badly; **etw** ~ **beschreiben** to describe sth superficially [*or* badly]; ~ **konzipiert/geplant** badly [*or* poorly] conceived/planned; **es ist** ~ **vorstellbar** it's difficult to imagine ❹ (*gering*) poorly; ~ **bezahlt** badly [*or* poorly] paid; ~ **gehen** to be badly off, to be doing badly; ~ **zahlen** to pay badly; ~ **honoriert** badly paid ❺ MED (*nicht mit aller Kapazität*) badly, poorly; ~ **gehen** to not feel [*or* be] well; (*sich übel fühlen*) to feel sick; ~ **hören** to be hard of hearing; ~ **sehen** to have poor [*or* weak] eyesight ❻ (*unangenehm*) badly; ~ **gehen** (*fam*) to be [in] for it [*or* be in trouble]!; ~ **reden über jdn** to say bad things about sb, to speak disparagingly about sb, to cast aspersions on sb ❼ (*nicht gut*) ~ **beraten** ill-advised; ~ **gelaunt** [*o* **drauf**] bad-tempered, ill-tempered, in a bad mood *pred;* ~ **mit jdm auskommen** to not get on [well] with sb; **wir kommen** ~ **miteinander aus** we don't get on well together; ~ **zusammenpassen** to not get on well together ❽ (*schwerlich*) not really; **du wirst** ~ **anders können** you can't really do anything else ► WENDUNGEN: ~ **und recht** [*o* **mehr** ~ **als recht**] (*hum fam*) after a fashion, more or less; **auf jdn/etw** ~ **zu sprechen sein** to not want anything to do with sb/sth; **nicht** ~ (*fam*) **in dem Restaurant speist man nicht** ~ you can eat [quite] well in that restaurant; **nicht** ~ **staunen** to be astonished; **nicht** ~ **verwundert sein** to be amazed

schlecht·hin [ˈʃlɛçtˈhɪn] *adv* ❶ (*in reinster Ausprägung*) **etw** ~ **sein** to be the epitome of sth ❷ (*geradezu*) just, absolutely; **das dürfte** ~ **unmöglich sein** that is completely impossible

Schlech·tig·keit <-, -en> *f* ❶ *kein pl* (*üble Beschaffenheit*) badness, wickedness, evil ❷ (*üble Tat*) wicked [*or* bad] deed

schlecht|ma·chen *vt* **jdn** ~ to run sb down, to vilify sb, to make disparaging remarks about sb; [**jdm**] **etw** ~ to run sth down [in front of sb], to spoil sth [for sb]

Schlecht·wet·ter·geld [ʃlɛçtˈvɛtɐ-] *nt* bad-weather allowance

schle·cken [ˈʃlɛkn̩] **I.** *vt* ■**etw** ~ to lick sth; *Katze* to lap up sth *sep* **II.** *vi* ❶ SÜDD, ÖSTERR, SCHWEIZ (*naschen*) to nibble (*esp sweet things*); **etwas zum S**~ sth to nibble ❷ (*lecken*) ■**an etw** *dat* ~ to lick sth

Schle·cke·rei <-, -en> [ʃlɛkəˈrai] *f* ÖSTERR, SÜDD (*Süßigkeit*) sweet, nibble *usu pl*

Schle·cker·maul *nt* (*hum fam*) *s.* **Leckermaul**

Schle·gel[ALT 1] <-s, -> [ˈʃleːgl̩] *m* MUS, TECH *s.* **Schlägel**

Schle·gel[2] <-s, -> *m* KOCHK SÜDD, ÖSTERR, SCHWEIZ (*Hinterkeule*) drumstick

Schle·he <-, -n> [ˈʃleːə] *f* sloe

schlei·chen <schlich, geschlichen> [ˈʃlaiçn̩] **I.** *vi sein* ❶ (*leise gehen*) ■[**irgendwohin**] ~ to creep [*or liter* steal] [*or pej* sneak] [somewhere] ❷ (*auf Beutejagd*) to prowl ❸ (*langsam gehen, fahren*) to crawl along; *s. a.* **Katze II.** *vr haben* ❶ (*leise gehen*) ■**sich irgendwohin** ~ to creep [*or liter* steal] [*or pej* sneak] somewhere; **sich aus dem Haus** ~ to steal away softly *form* ❷ (*auf Beutejagd*) ■**sich irgendwohin** ~ to prowl somewhere ► WENDUNGEN: **schleich dich!** SÜDD, ÖSTERR (*sl*) get lost [*or* AM out of here]!; *s. a.* **Vertrauen**

schlei·chend I. *adj attr* MED (*langsam fortschreitend*) insidious; ~**e Inflation** creeping inflation **II.** *adv* insidiously

Schlei·cher(in) <-s, -> [ˈʃlaiçɐ] *m(f)* (*pej*) sycophant, crawler BRIT *fam,* brown-noser AM, arse-licker BRIT *vulg,* ass-kisser AM *vulg*

Schleich·weg *m* back way; (*geheimer Weg*) secret path

Schleich·wer·bung *f* plug

Schleie <-, -n> [ˈʃlaiə] *f* ZOOL tench

Schlei·er <-s, -> [ˈʃlaiɐ] *m* ❶ (*durchsichtiges Gewebe*) veil; **den** ~ **nehmen** REL (*veraltend geh: Nonne werden*) to take the veil ❷ (*Dunst*) [veil of] mist ► WENDUNGEN: **den** ~ **des Vergessens über etw** *akk* **breiten** (*geh*) to draw a veil over sth *fig;* **den** ~ **lüften** to reveal all *iron* [*or* the secret]

Schlei·er·eu·le *f* barn owl

schlei·er·haft *adj* (*fam*) ■[**jdm**] ~ **sein** to be a mystery [to sb]

Schlei·fe <-, -n> [ˈʃlaifə] *f* ❶ MODE bow ❷ GEOG *Fluss* oxbow; *Straße* horseshoe bend ❸ LUFT (*Kehre*) loop

schlei·fen[1] [ˈʃlaifn̩] **I.** *vt haben* ❶ (*über den Boden ziehen*) ■**etw/jdn** ~ to drag sth/sb ❷ (*hum fam: mitschleppen*) ■**jdn** ~ to drag sb ❸ (*niederreißen*) ■**etw** ~ to raze sth to the ground, to tear sth down **II.** *vi* ❶ *haben* (*reiben*) ■[**an etw** *dat*] ~ to rub [*or* scrape] [against sth]; **die Kupplung** ~ **lassen** AUTO to slip the clutch ❷ *sein o haben* (*gleiten*) ■[**über etw** *dat*] ~ to slide [*or* drag] [over sth]; *Schleppe* to trail ► WENDUNGEN: **etw** ~ **lassen** (*fam*) to let sth slide; *s. a.* **Zügel III.** *vr* (*fam*) ■**sich irgendwohin** ~ to drag oneself somewhere

schlei·fen[2] <schliff, geschliffen> [ˈʃlaifn̩] *vt* ❶ (*schärfen*) ■**etw** ~ to sharpen [*or* grind] sth ❷ (*in Form polieren*) ■**etw** ~ to polish sth; (*mit Sandpapier*) to sand sth; **Edelsteine** ~ to cut precious stones ❸ MIL (*fam: brutal drillen*) ■**jdn** ~ to drill sb hard

Schlei·fer(in) <-s, -> *m(f)* ❶ (*Facharbeiter, der Steine schleift*) grinder; (*von Edelsteinen*) cutter ❷ MIL (*sl*) slave-driver, martinet *form*

Schleif·lack *m* polishing varnish [*or* lacquer] **Schleif·ma·schi·ne** *f* sander, sanding machine **Schleif·pa·pier** *nt* sandpaper **Schleif·stein** *m* grindstone; *s. a.* **Affe**

Schleim <-[e]s, -e> [ʃlaim] *m* ❶ MED (*Schleimdrüsenabsonderung*) mucus; (*in Bronchien oder Hals*) phlegm ❷ (*klebrige Masse*) slime ❸ (*Brei*) gruel; **Hafer**~ porridge

Schleim·beu·tel *m* MED bursa *spec* **Schleim·drü·se** *f* mucous gland

schlei·men [ˈʃlaimən] *vi* (*pej fam*) to crawl *pej fam;* ■**jdn** ~ to butter sb up, to suck up to sb *fam,* to soft-soap sb BRIT

Schlei·mer(in) <-s, -> *m(f)* (*pej fam*) crawler BRIT *fam,* brown-noser AM

Schleim·haut *f* ANAT mucous membrane

schlei·mig [ˈʃlaimɪç] **I.** *adj* ❶ MED mucous ❷ (*glitschig*) slimy, sticky ❸ (*pej: unterwürfig*) slimy *pej fam,* obsequious *pej form* **II.** *adv* (*pej*) in a slimy way *pej,* obsequiously *pej*

Schleim·pilz *m* BOT slime mould [*or* AM mold] **Schleim·schei·ßer(in)** <-s, -> *m(f)* (*pej derb*) crawler BRIT *fam,* brown-noser AM, slimy git BRIT *sl,* slime-ball *sl*

schlem·men [ˈʃlɛmən] **I.** *vi* to have a feast **II.** *vt* ■**etw** ~ to feast on sth

Schlem·mer(in) <-s, -> [ˈʃlɛmɐ] *m(f)* gourmet

Schlem·me·rei <-, -en> [ʃlɛməˈrai] *f* KOCHK ❶ (*dauerndes Schlemmen*) feasting, indulgences *pl* ❷ (*Schmaus*) feast

schlen·dern [ˈʃlɛndɐn] *vi sein* ■[**irgendwohin**] ~ to stroll [*or* amble] along [somewhere]

Schlend·ri·an <-[e]s> [ˈʃlɛndriaːn] *m kein pl* (*fam*) ❶ (*Trott*) rut ❷ (*Schlamperei*) sloppiness

Schlen·ker <-s, -> [ˈʃlɛŋkɐ] *m* ❶ TRANSP (*Ausweichmanöver*) swerve; **einen** ~ **machen** to swerve ❷ (*kleiner Umweg*) detour

schlen·kern [ˈʃlɛŋkɐn] *vi* ❶ (*pendeln*) to dangle; ■**etw** ~ **lassen** to let sth dangle [*or* swing]; **mit den Beinen** ~ to swing one's legs ❷ (*schlackern*) to flap; **der lange Rock schlenkerte ihr um die Beine** the long skirt flapped around her legs ❸ (*vom Weg abkommen*) to swerve

Schlepp [ʃlɛp] *m* **etw im** ~ **haben** to have sth in tow, to tow sth; **jdn/etw** ~ **nehmen** to take sb/sth in tow *a. fig*

Schlepp·damp·fer *m* NAUT (*geh*) tug

Schlep·pe <-, -n> [ˈʃlɛpə] *f* MODE train

schlep·pen [ˈʃlɛpn̩] **I.** *vt* ❶ (*schwer tragen*) ■**jdn/etw** [**irgendwohin**] ~ to carry [*or fam* lug] sb/sth ❷ (*zerren*) ■**jdn/etw** ~ to drag sb/sth ❸ (*abschleppen*) ■**etw** [**irgendwohin**] ~ to tow sth [somewhere]; **das Auto in die Werkstatt** ~ **lassen** to have the car towed to the garage ❹ (*fam: schleifen*) ■**jdn** [**irgendwohin**] ~ to drag sb [somewhere] ❺ (*fam: tragen*) ■**etw** [**mit sich**] [**herum**]~ to lug sth around [with one] **II.** *vr* ❶ (*sich mühselig fortbewegen*) ■**sich** [**irgendwohin**] ~ to drag oneself somewhere ❷ (*sich hinziehen*) ■**sich** ~ to drag on

schlep·pend I. *adj* ❶ (*zögerlich*) slow; ~**e Bearbeitung** delayed processing ❷ (*schwerfällig*) shuffling, shambling; ~**e Schritte** dragging steps ❸ (*gedehnt*) [long-]drawn-out; ~**es Sprechen** slow speech II. *adv* ❶ (*zögerlich*) slowly; ~ **in Gang kommen** to be slow in getting started ❷ (*schwerfällig*) ~ **gehen, sich** ~ **bewegen** to shuffle along ❸ (*gedehnt*) in a [long] drawn-out way [*or* fashion], slowly

Schlep·per <-s, -> [ˈʃlɛpɐ] *m* ❶ NAUT *s.* **Schleppdampfer** ❷ (*veraltend: Zugmaschine*) tug [and tow]

Schlep·per(in) <-s, -> [ˈʃlɛpɐ] *m(f)* (*sl*) ❶ (*Fluchthelfer*) *sb who organizes illegal entry into a country* ❷ (*Kundenfänger*) tout

Schlepp·kahn *m* NAUT lighter, barge **Schlepp·lift** *m* ski tow **Schlepp·netz** *nt* trawl [-net] **Schlepp·tau** *nt* towline, towrope; **im** ~ in tow; **etw ins** ~ **nehmen** to take sth in tow; **jdn ins** ~ **nehmen** (*fig fam*) to take sb under one's wing [*or* in tow]; **mit jdm im** ~ (*fam*) with sb in one's wake [*or* in tow] *fig*

Schle·si·en <-s> [ˈʃleːzi̯ən] *nt kein pl* Silesia

Schle·si·er, **Schle·si·e·rin** <-s, -> [ˈʃleːzi̯ɐ, ˈʃleːzi̯ərɪn] *m, f* Silesian

schle·sisch [ˈʃleːzɪʃ] *adj* Silesian

Schles·wig-Hol·stein <-s> [ˈʃleːsvɪçˈhɔlʃtain] *nt* Schleswig-Holstein

Schleu·der <-, -n> [ˈʃlɔydɐ] *f* ❶ (*Waffe*) catapult ❷ (*Wäsche~*) spin drier [*or* dryer]

Schleu·der·ho·nig *m* KOCHK extracted honey, centrifuged honey

schleu·dern [ˈʃlɔydɐn] I. *vt haben* ❶ (*werfen*) ■**etw** [**irgendwohin**] ~ to hurl [*or* fling] sth [somewhere]; *s. a.* **Gesicht** ❷ TECH (*zentrifugieren*) ■**etw** ~ to spin sth; **Salat** ~ to dry [the] lettuce II. *vi sein* ■ [**irgendwohin**] ~ to skid [somewhere]; **ins S~ geraten** [*o* **kommen**] to go into a skid; (*fig*) to find one is losing control of a situation

Schleu·der·preis *m* knock-down price; **zu** ~**en** at knock-down prices **Schleu·der·sitz** *m* LUFT ejector seat; (*fig*) hot seat **Schleu·der·spur** *f* skid mark *usu pl*

schleu·nig [ˈʃlɔynɪç] I. *adj attr* (*geh*) rapid, swift, speedy; ~**stes Eingreifen** immediate measures II. *adv* (*geh*) rapidly, swiftly

schleu·nigst *adv* straight away, without delay, at once

Schleu·se <-, -n> [ˈʃlɔyzə] *f* lock; (*Tor*) sluice gate ▶ WENDUNGEN: **der Himmel hat seine** ~**n geöffnet** the heavens opened

schleu·sen [ˈʃlɔyzn̩] *vt* (*fam*) ❶ (*heimlich leiten*) ■**jdn** [**irgendwohin**] ~ to smuggle sb in [somewhere] ❷ (*geleiten*) ■**jdn** [**durch** [*o* **über etw**]] ~ *akk* to escort sb [through [*or* across] sth] ❸ NAUT (*durch eine Schleuse bringen*) ■**etw** ~ to take [*or* pass] [*or* send] sth through a lock

Schleu·sen·be·am·ter, **-be·am·tin** *m, f* NAUT, ADMIN lock-keeper **Schleu·sen·kam·mer** *f* lock **Schleu·sen·meis·ter(in)** *m(f)* lock-keeper **Schleu·sen·öff·nung** *f* NAUT opening of lock gate[s] **Schleu·sen·tor** *nt* sluice gate **Schleu·sen·wär·ter(in)** *m(f) s.* **Schleusenmeister** lock-keeper

schlich [ʃlɪç] *imp von* **schleichen**

Schli·che [ʃlɪçə] *pl* tricks *pl*; **jdm auf die** ~**e kommen, hinter jds** ~**e kommen** to find sb out, to get wise to sb, to rumble sb BRIT *fam*, to suss sb out BRIT *fam*

schlicht [ʃlɪçt] I. *adj* ❶ (*einfach*) *Einrichtung, Feier, Form, Kleidung, Mahlzeit* simple, plain *esp pej*; ~**e Eleganz** understated elegance; **in** ~**e Verhältnisse leben** to live in modest circumstances ❷ (*wenig gebildet*) simple, unsophisticated ❸ *attr* (*bloß*) plain; **das ist eine** ~**e Tatsache** it's a simple fact ▶ WENDUNGEN: ~ **um** ~ **handeln** (*geh*) to barter II. *part* (*ganz einfach*) simply; **das ist** ~ **gelogen/falsch** that's a barefaced lie/just plain wrong; ~ **und einfach** (*fam*) [just] plain; ~ **und ergreifend** (*hum fam*) plain and simple; **das ist** ~ **und ergreifend falsch!** that's just plain wrong!

schlich·ten [ˈʃlɪçtn̩] I. *vt* ■**etw** ~ to settle sth; [**in etw** *akk*] ~**d eingreifen** to act as mediator [in sth] II. *vi* ■ [**in etw** *dat*] ~ to mediate [*or* arbitrate] [in sth]

Schlich·ter(in) <-s, -> [ˈʃlɪçtɐ] *m(f)* arbitrator, mediator; **einen** ~ **einschalten** to go to arbitration

Schlicht·heit <-> *f kein pl* simplicity, plainness

Schlich·tung <-, -en> *f* mediation, settlement, arbitration

Schlich·tungs·aus·schussRR *m* arbitration committee **Schlich·tungs·kom·mis·si·on** *f s.* **Schlichtungsausschuss** **Schlich·tungs·ver·fah·ren** *nt* JUR, ÖKON arbitration proceedings *pl* **Schlich·tungs·ver·hand·lung** *f meist pl* arbitration [negotiations]; ~**en aufnehmen** to go to arbitration

Schlick <-[e]s, -e> [ʃlɪk] *m* silt

schlid·dern [ˈʃlɪdɐn] *vi haben o sein* NORDD (*schlittern*) to slide

schlief [ʃliːf] *imp von* **schlafen**

Schlie·re <-, -n> [ˈʃliːrə] *f* smear

Schlie·ße <-, -n> [ˈʃliːsə] *f* fastener, clasp

schlie·ßen <schloss, geschlossen> [ˈʃliːsn̩] I. *vi* ❶ (*zugehen*) to close [properly]; **die Tür schließt nicht richtig** the door doesn't close properly ❷ ÖKON (*Geschäftsstunden unterbrechen*) to close, to shut ❸ ÖKON (*Betrieb aufgeben*) to close [*or* shut] [down] ❹ (*enden*) ■ [**mit etw**] ~ to close [*or* end] [with sth] ❺ (*schlussfolgern*) ■ [**aus** [*o* **von**] **etw**] [**auf** *akk* **etw**] ~ to conclude [*or* infer] [sth] [from sth]; ■**von jdm auf jdn** ~ to judge sb by one's/sb's standards; **du solltest nicht immer von dir auf andere** ~**!** you shouldn't project your character on others; **von Besonderen auf das Allgemeine** ~ to proceed inductively; **etw lässt auf etw** *akk* ~ (*hindeuten*) sth indicates [*or* suggests] sth/that sth ... ❻ BÖRSE (*bei Börsenschluss notieren*) to close, to be at the close; **die Börse schloss heute freundlich** the stock exchange closed up on the day II. *vt* ❶ (*geh: zumachen*) ■**etw** ~ to close sth; **eine geschlossene Anstalt** a top-security mental hospital; **ein hinten geschlossenes Kleid** a dress that fastens at the back; **eine Grenze** ~ to close a border ❷ (*geh: beenden*) ■**etw** ~ to close [*or* conclude] sth, to bring sth to a close *form*, to wind sth up; **die Verhandlung ist geschlossen!** the proceedings are closed! ❸ (*eingehen*) [**mit jdm**] **ein Abkommen** ~ to come to an agreement on sth [with sb]; **ein Bündnis** ~ to enter into [*or* form] an alliance; **eine Ehe** ~ to get married; **Freundschaft** ~ to become friends; **Frieden** ~ to make peace; **einen Kompromiss** ~ to reach a compromise; **einen Pakt** ~ to make a pact ❹ (*auffüllen*) ■**etw** ~ to fill sth; **eine Lücke** ~ to fill a gap; **die Reihen** ~ MIL to close ranks ❺ (*schlussfolgern*) ■**etw** [**aus etw**] ~ to conclude [*or* infer] sth [from sth]; ■ [**aus etw**] ~**, dass ...** to conclude [*or* infer] [from sth] that ... ❻ (*geh: beinhalten*) ■**etw** [**in sich**] ~ *dat* to contain sth [within it] ❼ (*befestigen*) ■**etw** [**an etw**] ~ *akk* to lock sth [up to sth]; **er schließt das Fahrrad immer mit einer Kette an einen Baum** he always chains his bike to a tree ❽ (*umfassen*) **jdn in die Arme** ~ to take sb in one's arms; **jdn** [**mit**] **ins Gebet** ~ to include sb in one's prayers; *s. a.* **Arm, Herz** III. *vr* ❶ (*zugehen*) ■**sich** ~ to close, to shut; **die Türen** ~ **sich automatisch** the doors close automatically ❷ (*sich anschließen*) ■**sich an etw** ~ to follow sth; **an die Filmvorführung schloss sich eine Diskussion mit dem Regisseur an** after the showing there was a discussion with the film's director

Schließ·fach *nt* ❶ (*Gepäck~*) locker ❷ (*Bank~*) safe-deposit box ❸ (*Postfach*) post-office [*or* PO] box **Schließ·frucht** *f* BOT indehiscent fruit

schließ·lich [ˈʃliːslɪç] *adv* ❶ (*endlich*) at last, finally; ~ **und endlich** in the end, ultimately ❷ (*immerhin*) after all

Schließ·mus·kel *m* sphincter

Schlie·ßung <-, -en> *f* ❶ (*Betriebsaufgabe*) closure ❷ (*geh: Beendigung*) close

schliff [ʃlɪf] *imp von* **schleifen**[2]

Schliff <-[e]s, -e> [ʃlɪf] *m* ❶ *kein pl* (*das Schleifen*) sharpening, grinding ❷ *kein pl* (*das Polieren von Edelsteinen*) cutting; (*das Polieren von Glas*) cutting and polishing ❸ (*geschliffener Zustand*) edge ❹ (*polierter Zustand*) cut ❺ (*fig: Umgangsfor-*

S

men) polish, sophistication; **jdm ~ beibringen** to give sb polish; **keinen ~ haben** to be without refinement; **einer S.** *dat* **den letzten ~ geben** to put the finishing touches to sth

schlimm [ʃlɪm] **I.** *adj* ① (*übel*) bad, dreadful; **eine ~e Entwicklung** an ugly development; **eine ~e Tatsache** a dreadful fact; **ein ~er Fall** a nasty case [*or* instance]; **eine ~e Geschichte** an ugly [*or* a bad] business; **eine ~e Nachricht/~e Neuigkeiten** bad news *pl;* **ein ~er Vorfall** an ugly incident; **ein ~er Vorwurf** a serious reproach; **eine ~e Zeit** a terrible [*or* dreadful] time; ■**es ist ~, dass ...** it is dreadful [*or* terrible] that ...; ■**es wird [für jdn] ~ [mit etw]** sth is dreadful [*or* terrible] [for sb]; **mit der Hitze wird es auch von Jahr zu Jahr ~er** the heat gets worse from year to year; ■**etwas S~es/S~eres** sth dreadful [*or* terrible]/worse; **etw viel S~eres** sth much worse; ■**das S~ste** the worst; ■**das S~e ist, [dass] ...** the worst [of it] is [that] ...; **es gibt S~eres** there are worse things; **es gibt nichts S~eres als ...** there's nothing worse than ...; **wenn es nichts S~eres ist!** as long as it's nothing more serious than that!, if that's all it is!; **~, ~!** that's dreadful [*or* terrible]! ② (*gravierend*) bad, serious, grave *form;* **eine ~e Tat** a grave misdeed *form;* **ein ~es Verbrechen begehen** to commit a serious crime; **ein ~es Versäumnis** a glaring omission; ■**nicht [so] ~ sein** to be not [so] bad [*or* terrible]; ■**es ist ~, dass ...** it is dreadful [*or* terrible] that ... ③ (*fam: ernst*) serious; **eine ~e Operation** a major operation; **eine ~e Wunde** a serious [*or* severe] [*or* bad] [*or* nasty] wound ④ (*moralisch schlecht*) bad, wicked ▶WENDUNGEN: **etw ist halb so ~** sth is not as bad as all that; **ist nicht ~!** no problem!, don't worry! **II.** *adv* ① (*gravierend*) seriously; **sich ~ irren/täuschen/vertun** to make a serious mistake ② (*äußerst schlecht*) dreadfully; **sich ~ benehmen** to behave badly; **jdn ~ verprügeln** to beat sb up badly; **jdn ~ zurichten** to give sb a severe beating; **~ dran sein** (*fam*) to be in a bad way *fam;* **wenn es ganz ~ kommt** if the worst comes to the worst; **es hätte ~er kommen können** it could have been worse; **es steht ~ [mit etw]** things look bad [for sth]; **es steht ~ [um jdn]** things look bad for sb; **~ genug, dass ...** it's bad enough that ...; **um so [*o* desto] ~er** so much the worse ③ MED badly ④ (*sehr*) badly; **die Scheidung hat sie ~ mitgenommen** she's had a rough time with her divorce

Schlim·me(r) *f(m) dekl wie adj* ① (*übler Mensch*) nasty person [*or* piece of work] ② (*hum fam*) naughty boy/girl *hum fam*

schlimms·ten·falls [ˈʃlɪmstn̩ˈfals] *adv* if the worst comes to the worst

Schlin·ge <-, -n> [ˈʃlɪŋə] *f* ① (*gebundene Schlaufe*) loop; (*um jdn aufzuhängen*) noose ② (*Falle*) snare; **~n legen [*o* stellen]** to lay out [*or* set] a snare ③ MED sling; *s. a.* **Kopf**

Schlin·gel <-s, -> [ˈʃlɪŋl̩] *m* (*fam*) [little] rascal

schlin·gen¹ <schlạng, geschlụngen> [ˈʃlɪŋən] **I.** *vt* (*geh*) ■**etw [um etw] ~** to wind sth [about sth]; **etw zu einem Knoten ~** to tie [*or* knot] sth; **die Arme um jdn ~** to wrap one's arms around sb **II.** *vr* ■**sich [um etw] ~** ① (*geh: sich winden*) to wind [*or* coil] itself [around sth] ② BOT to creep [around sth], to twine itself [around sth]

schlin·gen² <schlạng, geschlụngen> [ˈʃlɪŋən] *vi* (*fam*) to gobble [*or* BRIT bolt] one's food

schlin·gern [ˈʃlɪŋɐn] *vi* NAUT to roll [from side to side]

Schlịng·pflan·ze *f* creeper

Schlips <-es, -e> [ʃlɪps] *m* tie; **in [*o* mit] ~ und Kragen** (*fam*) in [*or* with] a collar and tie ▶WENDUNGEN: **sich [durch jdn/etw] auf den ~ getreten fühlen** (*fam*) to feel offended by sb; **jdm auf den ~ treten** (*fam*) to put sb out, to upset sb, to tread on sb's toes

Schlit·ten <-s, -> [ˈʃlɪtn̩] *m* ① (*Rodel*) sledge, sled; (*Rodel~*) toboggan; (*mit Pferden*) sleigh ② (*sl: Auto*) wheels *sl pl* ③ TECH (*einer Schreibmaschine*) carriage ▶WENDUNGEN: **mit jdm ~ fahren** (*pej fam*) to bawl sb out, to give sb a hard time *fam* [*or sl* hell]

Schlịt·ten·fah·ren <-s> *nt kein pl* sledging; (*mit Rodelschlitten*) tobogganing; (*mit Pferdeschlitten*) sleighing

Schlịt·ter·bahn *f* NORDD slide

schlit·tern [ˈʃlɪtɐn] *vi* ① *sein o haben* (*rutschen*) ■**[irgendwohin] ~** to slide [somewhere] ② *sein* (*ausrutschen*) to slip; *Wagen* to skid ③ *sein* (*fam: unversehens geraten*) ■**[in etw]** ~ *akk* to slide [*or* slither] [into sth]; **in die Pleite ~** to slide into bankruptcy

Schlitt·schuh [ˈʃlɪtʃuː] *m* SPORT skate; **~ fahren [*o* laufen]** to skate

Schlịtt·schuh·lau·fen <-s> *nt kein pl* SPORT skating **Schlịtt·schuh·läu·fer(in)** *m(f)* skater

Schlitz <-es, -e> [ʃlɪts] *m* ① (*Einsteck~*) slot ② (*schmale Öffnung*) slit ③ MODE slit; (*fam: Hosen~*) flies *pl*

Schlịtz·au·ge *nt* (*pej*) ① (*Augenform*) slant [*or pej* slit] eye, Chinky eyes *pej* ② (*Person*) Chink *pej* **schlịtz·äu·gig** *adj* almond-eyed, slant-eyed **Schlịtz·ohr** *nt* (*fam*) rogue, wily fox, a crafty so-and-so *fam* **schlịtz·oh·rig** *adj* (*fam*) cunning, crafty

schloh·weiß [ˈʃloːˈvais] *adj Haare* snow-white

schloss^RR^, **schloß**^ALT^ [ʃlɔs] *imp von* **schließen**

Schloss^RR^ <-es, Schlösser> *nt*, **Schloß**^ALT^ <-sses, Schlösser> [ʃlɔs, *pl* ˈʃlœsɐ] *nt* ① (*Palast*) palace ② (*Tür~*) lock; **ins ~ fallen** to snap [*or* click] shut; (*laut*) to slam shut; **die Tür ins ~ fallen lassen** to let the door close ③ (*Verschluss*) catch; (*an einer Handtasche*) clasp; (*an einem Rucksack*) buckle ④ (*Vorhänge~*) padlock ▶WENDUNGEN: **jdn hinter ~ und Riegel bringen** to put sb behind bars; **hinter ~ und Riegel sitzen** to be behind bars [*or* doing time]

Schlo·ße <-, -n> [ˈʃloːsə] *f meist pl* DIAL (*Hagelkorn*) hailstone

Schlos·ser(in) <-s, -> [ˈʃlɔsɐ] *m(f)* locksmith; (*Metall~*) metalworker; (*Auto~*) mechanic; (*Maschinen~*) fitter

Schlọs·ser·aus·bil·dung *f* apprenticeship as a fitter/locksmith/mechanic

Schlos·se·rei <-, -en> [ʃlɔsəˈrai] *f s.* **Schlosserwerkstatt**

Schlọs·ser·ge·sel·le *m* journeyman fitter/[lock]smith/mechanic **Schlọs·ser·hand·werk** *nt* fitter's/[lock]smith's/mechanic's trade

Schlọs·se·rin <-, -nen> *f fem form von* **Schlosser**

Schlọs·ser·leh·re *f s.* **Schlosserausbildung** **Schlọs·ser·lehr·ling** *m* apprentice to a fitter/[lock]smith/mechanic **Schlọs·ser·werk·statt** *f* (*für Metallarbeit*) smith's shop; (*für Maschinenreparaturen*) fitter's shop; (*für Schlösser*) locksmith's shop; (*für Autoreparaturen*) car workshop

Schlọss·gar·ten^RR^ *m* castle garden **Schlọss·hund**^RR^ *m* ▶WENDUNGEN: **heulen wie ein ~** (*fam*) to cry [*or fam* bawl] one's eyes out **Schlọss·park**^RR^ *m* castle park **Schlọss·ter·ras·se**^RR^ *f* palace terrace **Schlọss·turm**^RR^ *m* palace tower

Schlot <-[e]s, -e> [ʃloːt] *m* ① (*langer Schornstein*) chimney ② GEOL vent, chimney ③ NAUT funnel ④ (*pej fam: Nichtsnutz*) good-for-nothing ▶WENDUNGEN: **rauchen wie ein ~** (*fam*) to smoke like a chimney

schlot·te·rig [ˈʃlɔtərɪç] *adj* (*fam*) ① (*zittrig*) shaky ② (*schlaff herabhängend*) baggy

schlot·tern [ˈʃlɔtɐn] *vi* ① (*zittern*) ■**[vor etw** *dat*] ~ to tremble [with sth]; **vor Angst/Erschöpfung ~** to shake with fear/exhaustion; **vor Kälte ~** to shiver with cold; **am ganzen Körper ~** to shake all over ② (*schlaff herabhängen*) ■**[um etw] ~** to flap [around sth]

Schlucht <-, -en> [ʃlʊxt] *f* gorge, ravine

schluch·zen [ˈʃlʊxtsn̩] *vi* to sob

Schluch·zer <-s, -> [ˈʃlʊxtsɐ] *m* sob

Schluck <-[e]s, -e> [ʃlʊk] *m* ① (*geschluckte Menge*) mouthful; **einen ~ [von etw] nehmen** to have a sip [of sth], to try [sth]; **ein ~ zu trinken** [a drop of] something to drink; **~ für ~** sip by sip; **in [*o* mit] einem ~** at one go, in one swallow; **drei ~[e] Milch** three mouthfuls of milk ② (*das Schlucken*) swallow; (*größer*) gulp; (*kleiner*) sip

Schluck·auf <-s> [ˈʃlʊkʔauf] *m kein pl* hiccup; **den [*o* einen] ~**

haben to have hiccups

Schlụck·be·schwer·den *pl* difficulties in swallowing

Schlück·chen <-s, -> ['ʃlʏkçən] *nt dim von* **Schluck** [small] sip, drop; **ein ~ [von etw] nehmen** to have a drop of sth

schlu·cken ['ʃlʊkn̩] **I.** *vt* ■**etw ~** ❶ (*hinunterschlucken*) to swallow sth ❷ (*sl: trinken*) to drink sth ❸ AUTO (*fam*) to guzzle sth; **der alte Wagen schluckt 14 Liter** the old car guzzles 14 litres for every 100 km ❹ (*fam: hinnehmen, glauben*) to swallow sth ❺ ÖKON (*fam: übernehmen*) to swallow sth; **etw ganz ~** to swallow sth [lock, stock and barrel] ❻ (*dämpfen*) ■**etw schluckt etw** sth absorbs sth **II.** *vi* ❶ (*Schluckbewegungen machen*) to swallow; (*größer*) to gulp ❷ (*sl: Alkohol konsumieren*) to booze *sl* ▶ WENDUNGEN: **[erst mal] ~ müssen** (*fam*) to [first] take a deep breath

Schlụ·cker <-s, -> *m* ▶ WENDUNGEN: **armer ~** (*fam*) poor blighter [*or* BRIT *fam!* sod] [*or* AM devil]

Schlụck·imp·fung *f* oral vaccination **Schlụck·specht** *m* (*fam*) drinker, boozer *sl*

schlụck·wei·se *adv* in sips; **etw ~ genießen** [*o* **trinken**] to sip sth

Schlu·de·rei <-, -en> [ʃlu:də'rai] *f* (*fam*) *s.* **Schlamperei**

schlu·de·rig ['ʃlu:dərɪç] *adj* (*fam*) *s.* **schlampig**

schlu·dern ['ʃlu:dɐn] *vi* (*fam*) *s.* **schlampen**

schlud·rig ['ʃlu:drɪç] *adj* (*fam*) *s.* **schlampig**

schlug [ʃlu:k] *imp von* **schlagen**

Schlum·mer <-s> ['ʃlʊmɐ] *m kein pl* (*geh*) slumber *liter;* (*Schläfchen*) doze, catnap; **in einen tiefen ~ sinken** to sink into a deep sleep [*or liter* slumber]

schlum·mern ['ʃlʊmɐn] *vi* (*geh*) to slumber *liter;* (*ein Schläfchen halten*) to doze

Schlund <-[e]s, Schlünde> [ʃlʊnt, *pl* 'ʃlʏndə] *m* ❶ ANAT throat, pharynx *form;* (*eines Tiers*) maw ❷ (*geh*) abyss, chasm; **der ~ des Meeres** the depths of the sea, the deep; **der ~ des Vulkans** the pit of the volcano

schlüp·fen ['ʃlʏpfn̩] *vi sein* ❶ ORN, ZOOL ■**[aus etw] ~** to hatch out [of sth] ❷ (*rasch kleiden*) ■**[aus etw] ~** to slip out of sth; ■**[in etw] ~** *akk* to slip into sth, to slip on sth *sep* ❸ (*rasch bewegen*) ■**[irgendwohin] ~** to slip somewhere; **unter die Decke ~** to slide under the blanket

Schlüp·fer <-s, -> ['ʃlʏpfɐ] *m* MODE (*veraltend*) ❶ (*Damen- und Kinderunterhose*) panties *npl,* knickers *npl* BRIT ❷ (*weiter Herrenmantel*) raglan

Schlụpf·lid *nt* puffy eyelid **Schlụpf·loch** *nt* ❶ (*Öffnung*) opening, hole ❷ (*fig*) loophole ❸ *s.* **Schlupfwinkel**

schlüpf·rig ['ʃlʏpfrɪç] *adj* ❶ (*unanständig*) lewd, suggestive ❷ (*glitschig*) slippery

Schlüpf·rig·keit <-, -en> *f* ❶ *kein pl* (*Unanständigkeit*) lewdness, coarseness ❷ (*schlüpfrige Bemerkung*) lewd [*or* coarse] [*or* suggestive] remark

Schlụpf·wes·pe *f* ZOOL ichneumon fly **Schlụpf·win·kel** *m* (*Versteck*) hiding place; (*von Gangstern*) hideout

schlur·fen ['ʃlʊrfn̩] *vi sein* to shuffle; (*absichtlich*) to scuff [one's feet]

schlür·fen ['ʃlʏrfn̩] **I.** *vt* ■**etw ~** to slurp sth; **er schlürfte genüsslich seine Suppe** he lapped up his soup with relish **II.** *vi* to slurp, to drink noisily

SchlussRR <-es, Schlüsse> *m,* **Schluß**ALT <Schlusses, Schlüsse> [ʃlʊs, *pl* 'ʃlʏsə] *m* ❶ *kein pl* (*zeitliches Ende*) end; **mit etw ist ~** sth is over with; **mit dem Rauchen ist jetzt ~!** (*an andere gerichtet*) right! that's enough smoking now!; (*an sich selbst gerichtet*) I'm going to give up smoking now; **irgendwo ist ~** somewhere is the end; **zum ~ kommen** (*geh*) to finish, to bring one's remarks/speech to a conclusion; **[mit etw] ~ machen** (*fam*) to stop [sth]; **mit der Arbeit ~ machen** to knock off, to stop work; **keinen ~ finden können** to go on endlessly; **~ für heute!** that's enough [*or* that'll do] for today!; **~ damit!** stop it!; **~ [jetzt]!** that's enough [*or* that'll do]!; **jetzt [ist] aber ~!** that's enough [*or* that'll do]!; **kurz vor ~** just before closing time; **zum** [*o* **am**] **~** at the end ❷ *kein pl* (*hinterster Teil*) end, back; **am ~ des Zuges** at the back [*or* rear] of the train ❸ (*abschließender Abschnitt*) end, last part; **der krönende ~ [einer S.** *gen*] climax, culmination; **der ~ einer Geschichte** the end of a story ❹ (*Folgerung*) conclusion; **aus etw den ~ ziehen, dass ...** to draw from sth the conclusion [*or* to reach the conclusion] that ...; **einen ~/bestimmte Schlüsse [aus etw] ziehen** to draw [*or* reach] a conclusion/particular conclusions from sth; **zu dem ~ kommen, dass ...** to come to the conclusion that ... ❺ MUS conclusion ❻ *kein pl* (*dichtes Schließen*) fit; **die Türen haben guten ~** the doors fit well ❼ *kein pl* (*beim Reiten*) seat ❽ BÖRSE closing ▶ WENDUNGEN: **mit jdm/etw ist ~** sb/sth has had it; **[mit dem Leben] ~ machen** to finish it all; **[mit jdm] ~ machen** to break it off [*or* to finish] [with sb]

Schlụss·ab·rech·nungRR *f* final statement **Schlụss·ak·te**RR *f* final communiqué **Schlụss·be·mer·kung**RR *f* final [*or form* concluding] remark [*or* comment] **Schlụss·be·trach·tung**RR *f* (*abschließende Bemerkung*) closing remarks *pl* **Schlụss·bi·lanz**RR *f* final balance

Schlüs·sel <-s, -> ['ʃlʏsl̩] *m* ❶ (*Türöffner*) key ❷ (*fam: Schrauben~*) spanner, wrench AM ❸ (*Mittel zur Erschließung*) ■**der ~ zu etw** the key to sth; **der ~ zum Erfolg** the key to [*or* the secret of] success ❹ (*Verteilungsschema*) scheme [*or* plan] [of distribution] ❺ (*Lösung*) key ❻ (*Code~*) code

Schlụ̈s·sel·bein *nt* collar bone, clavicle **Schlụ̈s·sel·blu·me** *f* cowslip **Schlụ̈s·sel·brett** *nt* key hooks *pl* **Schlụ̈s·sel·bund** *m o nt* bunch of keys **Schlụ̈s·sel·dienst** *m* security key [*or* locksmith] service **Schlụ̈s·sel·er·leb·nis** *nt* crucial experience **Schlụ̈s·sel·etui** *nt* key case **schlụ̈s·sel·fer·tig** **I.** *adj* ready to move into [*or* for immediate occupancy] *pred,* turnkey *form* **II.** *adv* **die Wohnungen werden ~ zum Kauf angeboten** the flats are offered for sale ready for immediate occupancy **Schlụ̈s·sel·fi·gur** *f* key [*or* central] figure **Schlụ̈s·sel·in·dus·trie** *f* key industry **Schlụ̈s·sel·kind** *nt* latchkey child **Schlụ̈s·sel·loch** *nt* keyhole **Schlụ̈s·sel·po·si·ti·on** *f* key position; **eine ~ einnehmen/[inne]haben** to take up/hold a key position **Schlụ̈s·sel·qua·li·fi·ka·ti·on** *f* key qualifications *pl* **Schlụ̈s·sel·reiz** *m* BIOL key stimulus **Schlụ̈s·sel·ring** *m* key ring **Schlụ̈s·sel·rol·le** *f* key role; **jdm/etw** *dat* **kommt** [*o* **fällt**] **eine ~ zu** sb/sth assumes [*or* takes on] a key role **Schlụ̈s·sel·ro·man** *m* roman-à-clef **Schlụ̈s·sel·stel·lung** *f* key position; **er hat in der Firma eine ~ inne** he has a key position in the firm **Schlụ̈s·sel·sze·ne** *f* key [*or* central] scene **Schlụ̈s·sel·tech·no·lo·gie** *f* key technology

schlụss·fol·gernRR *vt,* **schlụß·fol·gern**ALT *vt* (*ableiten*) ■**etw [aus etw] ~** to deduce sth [from sth]; ■**[aus etw] ~, dass ...** to deduce [*or* conclude] [from sth] that ...

Schlụss·fol·ge·rungRR <-, -en> *f,* **Schlụß·fol·ge·rung**ALT <-, -en> *f* deduction, conclusion; ■**eine ~ aus etw** a conclusion [*or* deduction] drawn from sth; **eine ~ [aus etw] ziehen** to draw a conclusion [*or* to deduce sth] [from sth]; **[aus etw] die ~ ziehen, dass ...** to draw the conclusion [*or* to deduce] [from sth] that ...; **übereilte ~en ziehen** to jump to conclusions

schlüs·sig ['ʃlʏsɪç] *adj* ❶ (*folgerichtig*) logical; **~e Beweisführung** conclusive evidence ❷ (*im Klaren*) ■**sich** *dat* **[über etw** *akk*] **~ sein/werden** to have made up/make up one's mind [about sth]; **sich über die Hintergründe einer Sache/eine Taktik ~ sein** to have made up one's mind about the reasons for sth/a strategy [to pursue]; **sie sind sich immer noch nicht ~** they still haven't made up their minds, they are still undecided; **sich** *dat* **darüber** *akk* **~ sein, dass/ob/wie ...** to make [*or* have made] up one's mind that/whether/how ...

Schlụss·ka·pi·telRR *nt* last [*or* final] chapter **Schlụss·kom·mu·ni·kee**RR *nt,* **Schlụss·kom·mu·ni·qué**RR *nt s.* Schlussakte **Schlụss·licht**RR *nt* AUTO rear [*or* AM tail] light ▶ WENDUNGEN: **das ~ [einer S.** *gen*] **sein** [*o* **bilden**] to bring up the rear

S

[of sth] **Schlụss·pfiff**RR *m* final whistle **Schlụss·pha·se**RR *f* final stage **Schlụss·punkt**RR *m* LING full stop ▶ WENDUNGEN: **einen ~ unter** [*o* **hinter**] **etw setzen** to put an end to sth **Schlụss·run·de**RR *f* SPORT ❶ (*eines Rennens*) final lap ❷ (*eines Box-, Ringkampfes*) final round **Schlụss·satz**RR *m* ❶ (*Abschluss eines Textes*) concluding *form* [*or* last] sentence ❷ MUS last movement **Schlụss·sit·zung**RR *f* closing session **Schlụss·strich**RR *m* (*Strich am Ende*) line at the end of sth; **einen ~ unter die Rechnung ziehen** to draw a line under the bill ▶ WENDUNGEN: **einen ~** [**unter etw** *akk*] **ziehen** (*etw erledigt sein lassen*) to draw a line [under sth], to put an end to sth; (*einen Streit beenden*) to bury the hatchet [over sth] **Schlụss·ver·kauf**RR *m* sales *pl* **Schlụss·wort**RR *nt* final word

Schmach <-> [ʃmaːx] *f kein pl* (*geh*) humiliation, ignominy *form no indef art, no pl;* **jdm** [**eine**] **~ antun** to bring shame on sb; *s. a.* **Schande**

schmach·ten [ˈʃmaxtn̩] *vi* (*geh*) ❶ (*leiden*) **im Kerker ~** to languish in a dungeon; ■**jdn ~ lassen** to let sb suffer [with sth], to leave sb languishing [for sth] *hum;* **jdn vor Sehnsucht** [*o* **Verlangen**] **~ lassen** to let sb stew ❷ (*sich sehnen*) ■[**nach jdm**] **~** to crave [*or* desire] [sb]; **vor Sehnsucht nach etw ~** to yearn [*or* pine] [*or* long] for sth; **vor Verlangen nach etw ~** to crave sth

schmạch·tend *adj* soulful; **~er Blick** longing [*or* soulful] look

schmäch·tig [ˈʃmɛçtɪç] *adj* slight, weedy BRIT *pej;* **ein ~er Mensch** a person of slight build

schmach·voll *adj* (*geh*) *s.* **schmählich**

schmạck·haft *adj* (*geh: wohlschmeckend*) tasty; **~er Wein** delicious wine ▶ WENDUNGEN: **jdm etw ~ machen** to make sth tempting to sb; **ich konnte ihm eine Beteiligung nicht ~ machen** I couldn't tempt him to take part

Schmäh <-s, -[s]> [ʃmɛː] *m* ÖSTERR (*fam*) ❶ (*Schwindel, Trick*) trick ❷ *kein pl* (*Sprüche und Scherze*) banter

Schmäh·brief *m* nasty letter

schmä·hen [ˈʃmɛːən] *vt* (*geh: herabsetzen*) ■**jdn/etw ~** to malign [*or form* vilify] sb/sth

schmäh·lich **I.** *adj* (*geh*) shameful, ignominious *form* **II.** *adv* shamefully; **er hat seine Familie ~ im Stich gelassen** he abandoned his family in the most disgraceful manner

Schmäh·re·de *f* invective *form,* diatribe *form* **Schmäh·schrift** *f* lampoon *form* **Schmäh·sucht** *f* strong tendency to disparage **schmäh·süch·tig** *adj* always happy to malign [*or* vilify]

Schmä·hung <-, -en> *f* (*geh*) ❶ *kein pl* (*das Schmähen*) vilification *form* ❷ (*Schmährede*) abuse, invective

schmal <-er *o* schmäler, -ste *o* schmälste> [ʃmaːl] *adj* ❶ (*nicht breit*) narrow; **ein ~es Gesicht** a narrow [*or* thin] face; **~e Hände/Lippen** narrow [*or* thin] hands/lips; **~e Hüfte/Taille** narrow [*or* slim] hips/waist; **ein ~er Mensch** a slim person; **ein ~er Baum** a slender tree; **ein ~es Büchlein** a slim volume; **das ~e Ende eines Tisches** the short end of a table ❷ (*dürftig*) meagre [*or* AM -er]; **eine ~e Auswahl/ein ~es Angebot** a limited choice; *s. a.* **Kost**

schmal·brüs·tig *adj* narrow-chested

schmä·lern [ˈʃmɛːlɐn] *vt* (*heruntermachen*) ■**etw ~** to run sth down, to belittle sth

Schmä·le·rung <-, -en> *f* belittlement

Schmal·film *m* 8/16mm [cine] film **Schmal·film·ka·me·ra** *f* 8/16mm [cine] camera **Schmal·hans** *m* ▶ WENDUNGEN: **bei jdm ist ~ Küchenmeister** (*veraltend fam*) sb is on short rations **Schmal·sei·te** *f* **die ~ eines Gegenstandes** the short side of an object **Schmal·spur** *f* BAHN narrow gauge **Schmal·spur·bahn** *f* BAHN narrow gauge railway

Schmalz1 <-es, -e> [ʃmalts] *nt* KOCHK dripping; (*vom Schwein*) lard

Schmalz2 <-es> [ʃmalts] *m kein pl* (*pej fam*) schmaltz *fam,* sentimentality

schmal·zig [ˈʃmaltsɪç] *adj* (*pej fam*) schmaltzy *fam,* slushy *fam,* gushing *fam*

schma·rot·zen* [ʃmaˈrɔtsn̩] *vi* ❶ (*pej: ausnutzend leben*) ■[**bei jdm**] **~** to sponge [off [*or* on] [*or* from] sb] *fam or pej* ❷ BIOL (*als Parasit leben*) to live as a parasite [in/on sth]

Schma·rọt·zer <-s, -> *m* BIOL parasite

Schma·rọt·zer(in) <-s, -> *m(f)* (*pej*) sponger BRIT *pej,* freeloader *pej*

Schmar·ren <-s, -> [ˈʃmarən] *m* SÜDD, ÖSTERR, **Schmarrn** <-s, -> [ʃmarn̩] *m* SÜDD, ÖSTERR ❶ KOCHK *pancake torn into small pieces* ❷ (*fam: Quatsch*) rubbish *fam,* nonsense, bollocks BRIT *vulg;* **so ein ~!** what a load of rubbish!; **einen ~** (*fam*) a damn, two pins BRIT *fam,* a monkey's BRIT *vulg*

schmat·zen [ˈʃmatsn̩] *vi* ❶ (*geräuschvoll essen*) to eat/drink noisily; (*mit Genuss ~*) to smack one's lips; **musst du beim Essen immer so ~?** do you have to make such a noise when you're eating?; **wirst du wohl das laute S~ sein lassen!** would you please stop making that noise! ❷ (*mit schmatzendem Laut*) **er küsste sie laut ~d auf die Wange** he gave her a smacker [*or* loud kiss] on the cheek

Schmaus <-es, Schmäuse> [ʃmaus, *pl* ˈʃmɔyzə] *meist sing m* (*veraltend o hum*) feast

schmau·sen [ˈʃmauzn̩] *vi* (*geh*) to eat with relish

schme·cken [ˈʃmɛkn̩] **I.** *vi* ❶ (*munden*) **hat es geschmeckt?** did you enjoy it?, was it OK?, was everything to your satisfaction? *form;* **so, ich hoffe, es schmeckt!** so, I hope you enjoy it!; **na, schmeckt's? – klar, und wie!** well, is it OK? – you bet!; **das schmeckt aber gut** that tastes wonderful; **es sich** *dat* **~ lassen** (*mit Appetit essen*) to enjoy one's food; **lasst es euch ~!** tuck in!; **nach nichts ~** to not taste of anything [much], to be tasteless; **das schmeckt nach mehr!** (*fam*) it's more-ish! BRIT ❷ (*Geschmack haben*) ■[**nach etw**] **~** to taste [of sth]; **hier schmeckt das Wasser nach Chlor** the water here tastes of chlorine ❸ (*fam: gefallen*) ■**jdm** [**irgendwie**] **~: na, wie schmeckt** [**dir**] **der neue Job?** well, how do you like [*or* are you enjoying] the new job?; **das schmeckt mir gar nicht!** I don't like the sound of that at all ❹ SÜDD, ÖSTERR, SCHWEIZ (*riechen*) smell ▶ WENDUNGEN: **jdn nicht ~ können** to not be able to stand sb **II.** *vt* ■**jd schmeckt etw** sb tastes [*or* has a taste of] [*or* tries] sth

Schmei·che·lei <-, -en> [ʃmaiçəˈlai] *f* flattery *no pl, no indef art;* (*übertriebenes Lob*) sweet talk *no pl, no indef art,* soft soap *fam no pl, no indef art* BRIT

schmei·chel·haft *adj* flattering, complimentary; **~e Worte** kind words; ■**~** [**von jdm**] **sein** to be [very] kind [of sb]; ■**wenig ~** [**für jdn/etw**] **sein** to be not very flattering [*or* complimentary] [for sb]

schmei·cheln [ˈʃmaiçl̩n] **I.** *vi* ❶ (*übertrieben loben*) ■[**jdm**] **~** to flatter [*or* BRIT *fam* soft-soap] sb, to butter sb up ❷ (*jds Selbstwertgefühl heben*) ■**es schmeichelt jdm, dass ...** sb/sth is flattered [*or* finds it flattering] that ... ❸ (*günstig darstellen*) ■**jdm/einer S. ~** to flatter sb/sth, to put sb/sth in a good light; **die neue Frisur schmeichelt Ihnen** [**wirklich sehr**] your new hairstyle suits you [very well] [*or* is very flattering]; ■**etw ist geschmeichelt** sth is flattering; **es ist sehr durchschnittlich und das ist noch geschmeichelt!** it's very average and that's putting it mildly! ❹ (*kosen*) to cuddle up; **na, Kätzchen, du schmeichelst? willst wohl was zu fressen!** you're cuddling up, eh, kitty? I suppose you want some food! **II.** *vr* (*geh: sich etw auf etw einbilden*) ■**sich ~**[**, dass**] ... to flatter oneself [that] ...

Schmeich·ler(in) <-s, -> [ˈʃmaiçlɐ] *m(f)* flatterer, sweet-talker, soft-soaper BRIT *fam*

schmeich·le·risch *adj* ❶ (*pej: lobhudelnd*) flattering; **~e Worte** honeyed words ❷ *s.* **schmeichelhaft 1**

schmei·ßen <schmịss, geschmịssen> [ˈʃmaisn̩] **I.** *vt* (*fam*) ❶ (*werfen*) ■**etw** [**irgendwohin/nach jdm**] **~** to throw [*or fam* chuck] sth [somewhere/at sb]; (*mit Kraft*) to hurl [*or* fling] sth [somewhere/at sb] ❷ (*sl: spendieren*) ■**etw** [**für jdn**] ~ to stand sth [for sb]; **eine Party** ~ to throw a party; **eine Runde** [**Schnaps**] ~ to stand a round [of schnapps] ❸ (*sl: managen*) ■**etw** ~ to run sth; **kein Problem, wir werden das Ding schon** ~ don't worry, we'll manage it ❹ (*fam: hinausweisen*) ■**jdn aus etw** ~ to throw sb out of sth; **jdn aus der Schule/dem Haus** ~ to throw sb out of school/the house ❺ (*fam: abbrechen*) ■**etw** ~ to pack sth in; **das Studium** ~ to pack [*or* BRIT *fam* jack] in one's studies ❻ THEAT, TV (*sl: verderben*) ■**etw** ~ to make a mess of sth; **eine Szene** ~ to make a mess of a scene **II.** *vi* (*fam*) ❶ (*werfen*) ■**mit etw** [**nach jdm/nach einem Tier**] ~ to throw [*or fam* chuck] sth [at sb/at an animal]; (*mit Kraft*) to fling [*or* hurl] sth [at sb/at an animal] ❷ (*etw sehr häufig gebrauchen*) ■**mit etw um sich** ~ to be always using sth; **diese Politikerin schmeißt gerne mit lateinischen Zitaten um sich** this politician is always using Latin quotations; (*mit etw verschwenderisch umgehen*) to throw sth about [*or* AM around] ❸ (*ausgeben*) ■**mit etw um sich** ~ to throw sth around; **er schmeißt mit seinem Geld nur so um sich** he just throws his money around **III.** *vr* ❶ (*sich fallen lassen*) ■**sich** [**auf etw** *dat*] ~ to throw oneself onto sth; (*mit Kraft*) to fling [*or* hurl] oneself onto sth; **sich auf ein Bett/Sofa** ~ to stretch out on the bed/sofa; **sich vor einen Zug** ~ to throw oneself in front of a train ❷ (*sich kleiden*) ■**sich in etw** ~ to get togged [*or* AM dressed] up [in sth]; **sich in einen Smoking/den besten Anzug** ~ to get togged up in a dinner jacket/one's best suit; **sich in Schale** ~ to put on one's glad rags; **sieh an, du hast dich heute aber in Schale geschmissen!** well, you're all dolled up today, aren't you! ❸ (*bewerfen*) ■**sich mit etw** ~ to throw sth at each other; *s. a.* **Hals**

Schmeiß·flie·ge *f* blowfly, bluebottle, greenbottle

Schmelz <-[e]s, -e> [ʃmɛlts] *m* ❶ (*Zahn~*) enamel ❷ (*geh: Glasur*) glaze ❸ *kein pl* (*Ausdruck*) sweetness; **der ~ der Stimme** the softness of voice; **der ~ der Farben** the glowing of colour [*or* AM -or]; **verblasster ~ der Jugend** faded sweetness of youth

Schmel·ze <-, -n> [ˈʃmɛltsə] *f* ❶ (*geschmolzenes Metall*) molten metal, melt ❷ (*Magma*) magma

schmel·zen <schmolz, geschmolzen> [ˈʃmɛltsn̩] **I.** *vi sein* ❶ (*weich werden*) to melt; **jds Herz zum S~ bringen** to melt sb's heart ❷ (*schwinden*) to melt; **ihre Zweifel schmolzen schnell** her doubts were soon dissipated **II.** *vt haben* (*zergehen lassen*) ■**etw** ~ to melt sth; **Metall** ~ to smelt metal

Schmelz·kä·se *m* KOCHK ❶ (*in Scheiben/Stücken*) processed cheese ❷ (*streichfähig*) cheese spread; *s. a.* **Streichkäse** **Schmelz·punkt** *m* melting point **Schmelz·was·ser** *nt* GEOG meltwater

Schmer·bauch [ˈʃmeːɐ̯-] *m* (*fam*) paunch, pot belly; (*Mensch*) person with a paunch [*or* pot belly]

Schmer·le <-, -n> [ˈʃmɛrlə] *f* ZOOL loach, groundling

Schmerz <-es, -en> [ʃmɛrts] *m* ❶ (*körperliche Empfindung*) pain; (*anhaltend und pochend*) ache; **~en haben** to be in pain; **unter ~en** in pain; **vor ~en** in pain ❷ *kein pl* (*Kummer*) [mental] anguish *no indef art, no pl;* (*über den Tod eines Menschen*) grief *no indef art, no pl* ❸ (*Enttäuschung*) heartache; **jdn mit ~ erfüllen** (*Kummer*) to fill sb with sorrow ▶ WENDUNGEN: **hast du sonst noch ~en?** (*iron fam*) [have you got] any other problems? *iron fam;* **geteilter ~ ist halber ~** (*prov*) a problem shared is a problem halved

schmerz·be·täu·bend **I.** *adj* painkilling **II.** *adv* ~ **wirken** to have a painkilling effect **schmerz·emp·find·lich** *adj* ❶ (*leicht Schmerzen empfindend*) sensitive [to pain *pred*] ❷ (*leicht schmerzend*) sensitive, tender

schmer·zen [ˈʃmɛrtsn̩] **I.** *vi* ❶ (*wehtun*) to hurt; (*anhaltend und pochend*) to ache; ■**~d** painful, aching ❷ (*geh: Kummer bereiten*) ■**es schmerzt, dass/wenn ...** it hurts [*or form* pains sb] that/if/when ... **II.** *vt* (*geh: Kummer bereiten*) ■**jdn** ~ to hurt sb; ■**es schmerzt jdn, etw zu tun** it hurts [sb] to do sth

Schmer·zens·geld *nt* compensation **Schmer·zens·laut** *m* (*geh*) cry [*or* shout] of pain; **ein leiser/unterdrückter ~** a moan of pain **Schmer·zens·schrei** *m* scream of pain

Schmerz·gren·ze *f* (*fam: absolutes Limit*) bottom line *fam;* (*Grenze des Erträglichen*) limit

schmerz·haft *adj* ❶ (*Schmerzen verursachend*) painful ❷ (*geh*) *s.* **schmerzlich**

schmerz·lich **I.** *adj* (*geh*) painful, distressing, distressful **II.** *adv* ❶ (*vor Schmerz*) painfully ❷ (*bitter*) cruelly, painfully; **ich habe dich ~ vermisst** I missed you such a lot

schmerz·lin·dernd **I.** *adj* pain-relieving; ■**~ sein** to be pain-relieving [*or* a pain-reliever] **II.** *adv* ~ **wirken** to relieve pain **schmerz·los** *adj* painless; ■[**für jdn**] ~ **sein** to be painless [for sb]; **seien Sie unbesorgt, der Eingriff wird völlig ~ sein** don't worry, the operation won't hurt a bit ▶ WENDUNGEN: **kurz und ~** short and sweet **Schmerz·mit·tel** *nt* analgesic, painkiller, pain-reliever **schmerz·stil·lend** *adj* painkilling; ■**~ sein** to be a painkiller **Schmerz·ta·blet·te** *f* painkiller, analgesic [*or* painkilling] [tablet] **Schmerz·the·ra·pie** *f* pain relief therapy **schmerz·ver·zerrt** *adj* twisted in [*or* with] pain *pred* **schmerz·voll** *adj* (*geh*) *s.* **schmerzlich**

Schmet·ter·ball *m* smash

Schmet·ter·ling <-s, -e> [ˈʃmɛtɐlɪŋ] *m* butterfly

Schmet·ter·lings·blüt·ler <-s, -> *m* BOT papilionaceous plant/tree **Schmet·ter·lings·stil** *m* butterfly style

schmet·tern [ˈʃmɛtɐn] **I.** *vt haben* ❶ (*schleudern*) ■**etw** [**irgendwohin**] ~ to fling [*or* hurl] sth [somewhere] ❷ SPORT ■**etw** ~ to smash sth; **einen Ball** ~ to smash a ball ❸ MUS ■**etw** ~ to blare sth out; **ein Lied** ~ to bawl out a song **II.** *vi* ❶ *sein* (*aufprallen*) ■**irgendwohin** ~ to crash somewhere, to smash against sth ❷ *haben* SPORT to smash ❸ *haben* MUS to blare [out]

Schmied(in) <-[e]s, -e> [ʃmiːt, *pl* ˈʃmiːdə] *m(f)* smith; **Huf~** blacksmith; **Silber~/Gold~** silversmith/goldsmith; *s. a.* **Glück**

Schmie·de <-, -n> [ˈʃmiːdə] *f* forge, smithy

Schmie·de·ar·beit *f* metalwork **Schmie·de·ei·sen** *nt* wrought iron **schmie·de·ei·sern** *adj* wrought-iron **Schmie·de·ham·mer** *m* forging [*or* blacksmith's] hammer

schmie·den [ˈʃmiːdn̩] *vt* ❶ (*glühend hämmern*) ■**etw** ~ to forge sth ❷ (*aushecken*) **Intrige** [*o* **Ränke**] [**gegen jdn**] ~ to hatch out a plan [*or* to intrigue] [*or* to plot] [against sb]; **einen Plan** ~ to hammer out a plan ❸ (*festmachen*) ■**jdn** [**an etw/jdn**] ~ to chain sb [to sth/sb]; *s. a.* **Eisen, Kette**

Schmie·din <-, -nen> *f fem form von* **Schmied**

schmie·gen [ˈʃmiːgn̩] **I.** *vr* ❶ (*sich kuscheln*) ■**sich** [**an jdn**] ~ to cuddle [*or* snuggle] up [to sb] ❷ (*eng anliegen*) ■**sich** [**an etw** *akk*] ~ to hug [sth]; **das Kleid schmiegte sich an ihren Körper** the dress was figure-hugging **II.** *vt* (*selten: eng anlehnen*) ■**etw** [**an etw** *akk*] ~ to press sth close [to sth]

schmieg·sam *adj* supple

Schmie·re <-, -n> [ˈʃmiːrə] *f* (*schmierige Masse*) grease; (*schmieriger Schmutz*) slimy mess, ooze ▶ WENDUNGEN: ~ **stehen** (*fam*) to keep watch, to act as [*or* to keep a] lookout

schmie·ren [ˈʃmiːrən] **I.** *vt* ❶ (*streichen*) ■**etw** ~ to spread sth; **Butter aufs Brot** ~ to butter [a slice of] bread; **Salbe auf eine Wunde** ~ to apply cream to a wound; **sich Creme ins Gesicht** ~ to rub [*or pej* smear] cream into one's face ❷ (*fetten*) ■**etw** ~ to lubricate [*or* grease] sth ❸ (*pej: malen*) ■**etw** ~ to scrawl sth; **politische Parolen an die Häuser** ~ to daub political slogans on the walls of houses ❹ (*fam: bestechen*) ■**jdn** ~ to grease sb's palm ▶ WENDUNGEN: **jdm eine ~** (*fam*) to give sb a [good] thump [*or* a clout] *fam;* **wie geschmiert** (*fam*) without a hitch, like clockwork [*or* a dream]; *s. a.* **Brot** **II.** *vi* ❶ (*pej: schmierend verbreiten*) ■[**mit etw**] ~ to smear sth about ❷ (*pej: unsauber schreiben*) to smudge; **der Kuli schmiert** this biro smudges ❸ (*Gleitmittel auftragen*) to

S

grease, to lubricate ❹ (*fam: bestechen*) **wenn man einen Auftrag an Land ziehen will, da muss man schon mal ~** if you want to land a contract, you have to [be ready to] grease a few palms

Schmie·re·rei <-, -en> [ʃmi:rəˈrai] *f* (*pej fam*) [smudgy] mess *pej*

Schmier·fett *nt* grease **Schmier·fink** *m* (*pej*) ❶ (*schmutziges Kind*) mucky pup Brit *fam or pej*, dirty kid Am ❷ (*fam: unsauberer Mensch*) [slobbish and] dirty-minded person ❸ (*Wandschmierer*) graffiti artist ❹ (*Journalist*) muckraker, scandalmonger **Schmier·geld** *nt* (*fam*) bribe, kickback *fam* **Schmier·geld·zah·lung** *f* POL payment of bribe money **Schmier·heft** *nt* rough book

schmie·rig [ˈʃmi:rɪç] *adj* ❶ (*nass und klebrig*) greasy ❷ (*pej: schleimig*) slimy *pej*, smarmy Brit *pej*; **was für ein ~er Typ!** what a smarmy guy!

Schmier·öl *nt* lubricating oil **Schmier·pa·pier** *nt* rough paper **Schmier·sei·fe** *f* soft soap

Schmie·rung <-, -en> *f* lubrication

Schmier·zet·tel *m* notepaper

Schmin·ke <-, -n> [ˈʃmɪŋkə] *f* make-up

schmin·ken [ˈʃmɪŋkn̩] *vt* ❶ (*Schminke auftragen*) ■**jdn** ~ to put make-up on sb, to make sb up; ■**sich** ~ to put on make-up, to make up [one's face], to do one's face; **stark/dezent geschminkt sein** to be heavily/discreetly made up ❷ (*mit Schminke bestreichen*) ■**etw** ~ to put make-up on sth, to make sth up; **die Lippen** ~ to put on lipstick *sep*; ■**sich** *dat* [**etw**] ~ to make up one's sth; **sich die Lippen/den Mund** ~ to put on [some] lipstick *sep* ❸ (*fig: beschönigen*) ■**etw ist geschminkt** sth is sanitized

Schmink·kof·fer *m* cosmetic case **Schmink·täsch·chen** *nt* make-up bag **Schmink·tisch** *m* make-up table

schmir·geln [ˈʃmɪrgl̩n] **I.** *vt* ■**etw** ~ to sand sth down; ■**etw** [**von etw**] ~ to remove sth [from sth] with sandpaper **II.** *vi* to sand [down]

Schmir·gel·pa·pier [ˈʃmɪrgl̩-] *nt* sandpaper; (*für die Nägel*) emery board

schmissRR, **schmiß**ALT [ʃmɪs] *imp von* **schmeißen**

SchmissRR <-es, -e> *m*, **Schmiß**ALT <-sses, -sse> [ʃmɪs] *m* ❶ (*Narbe*) duelling [*or* Am dueling] scar ❷ (*veraltend: Schwung*) bounce, drive, whoomph *fam*; ~ **haben** to be bouncy, to have a lot of drive [*or fam* whoomph]

schmis·sig [ˈʃmɪsɪç] *adj* (*veraltend: schwungvoll*) bouncy, foot-tapping

Schmö·ker <-s, -> [ˈʃmø:kɐ] *m* (*fam*) *longish escapist book*

schmö·kern [ˈʃmɔ:kɐn] **I.** *vi* (*fam: genüsslich lesen*) ■[**in etw** *dat*] ~ to bury oneself in sth **II.** *vt* (*fam: etw genüsslich lesen*) ■**etw** ~ to devour sth

schmol·len [ˈʃmɔlən] *vi* to sulk, to be in a huff

Schmoll·mund *m* **einen ~ machen** to pout

schmolz [ʃmɔlts] *imp von* **schmelzen**

Schmor·bra·ten [ˈʃmo:ɐ̯-] *m* pot roast, braised beef

schmo·ren [ˈʃmo:rən] **I.** *vt* ■**etw** ~ to braise sth **II.** *vi* ❶ KOCHK to braise ❷ (*fam: schwitzen*) to swelter; **am Strand/in der Sonne** ~ to roast [*or* swelter] on the beach/in the sun ❸ (*fam: unbearbeitet liegen*) to sit [*or* lie] [around] ▶ WENDUNGEN: **jdn ~ lassen** (*fam*) to let sb stew [in their own juice] [for a bit]; *s. a.* **Saft**

Schmor·pfan·ne *f* shallow braising pan

Schmu <-s> [ʃmu:] *m kein pl* (*fam*) ❶ (*Unsinn*) rubbish Brit, trash Am, claptrap *fam*, twaddle *sl*; **erzähl mir keinen ~!** don't give me that rubbish! ❷ (*Betrug*) trick; [**bei etw**] ~ **machen** to cheat [when doing sth], to work a fiddle

schmuck [ʃmʊk] *adj* (*veraltend geh: hübsch*) handsome; **ein ~es Kleidungsstück** a smart piece of clothing

Schmuck <-[e]s> [ʃmʊk] *m kein pl* ❶ (*Schmuckstücke*) jewellery Brit, jewelry Am *no indef art, no pl*, piece of jewellery ❷ (*Verzierung*) decoration, ornamentation

schmü·cken [ˈʃmʏkn̩] **I.** *vt* ❶ (*Schmuck anlegen*) ■**sich** [**mit etw**] ~ to put on [*or* wear] sth, to adorn *liter* oneself [with sth], to deck oneself out [in sth] ❷ (*dekorieren*) ■**etw** [**mit etw**] ~ to decorate sth [with sth]; **die Stadt war mit bunten Lichterketten geschmückt** the town was illuminated [*or* decorated] with strings of coloured lights; *s. a.* **Beiwerk II.** *vr* (*Schmuck anlegen*) ■**sich** ~ to wear jewellery [*or* Am jewelry]; *s. a.* **Feder**

Schmuck·ge·gen·stand *m s.* **Schmuckstück 1 Schmuck·käst·chen** *nt* jewellery box **schmuck·los** *adj* bare; **~e Fassade** plain facade [*or* front] **Schmuck·sa·chen** *pl* jewellery *no indef art, no pl*, pieces of jewellery **Schmuck·stück** *nt* ❶ (*Schmuckgegenstand*) piece of jewellery Brit [*or* Am jewelry] ❷ (*fam: Prachtstück*) jewel, masterpiece, gem **Schmuck·wa·ren** *pl* jewellery *no indef art, no pl*

Schmud·del [ˈʃmʊdl̩] *m* NORDD (*fam*) muck, filth

Schmud·del·fas·sa·de *f* grimy facade [*or* front]

schmud·de·lig [ˈʃmʊdəlɪç] *adj* grimy, dirty; (*etwas dreckig*) grubby *fam*; (*sehr dreckig*) filthy; (*schmierig*) grimy; **eine ~e Tischdecke** a greasy tablecloth; **ein ~es Lokal** a grotty pub Brit *sl*, a real dive Am *sl*

Schmud·del·kla·mot·ten *pl* dirty clothes [*or* Brit togs], filthy rags **Schmud·del·look** *m* grubby look *fam* **Schmud·del·wet·ter** *nt* dirty [*or* foul] weather

Schmug·gel <-s> [ˈʃmʊgl̩] *m kein pl* smuggling *no art, no pl*

Schmug·ge·lei <-, -en> [ʃmʊgəˈlai] *f* smuggling *no indef art, no pl*

schmug·geln [ˈʃmʊgl̩n] *vt* ■**jdn/etw** ~ to smuggle sb/sth

Schmug·gel·wa·re *f* smuggled goods *pl*, contraband *no pl*

Schmugg·ler(in) <-s, -> [ˈʃmʊglɐ] *m(f)* smuggler

schmun·zeln [ˈʃmʊntsl̩n] *vi* ■[**über jdn/etw**] ~ to grin quietly to oneself [about sb]

Schmun·zeln <-s> [ˈʃmʊntsl̩n] *nt kein pl* grin

Schmu·se·kurs *m* line of least resistance; **sich für den ~ entscheiden** to take the line of least resistance

schmu·sen [ˈʃmu:zn̩] *vi* (*fam*) ■[**mit jdm**] ~ to cuddle [sb], to cuddle up [to sb], to kiss and cuddle [*or sl* to neck] [with sb]; ■[**miteinander**] ~ to kiss and cuddle [*or dated* canoodle], to have a cuddle, to neck

Schmutz <-es> [ʃmʊts] *m kein pl* ❶ (*Dreck*) dirt ❷ (*Schlamm*) mud ▶ WENDUNGEN: ~ **und Schund** trash and muckraking, scandalmongering; **jdn mit ~ bewerfen** to sling mud at sb, to cast aspersions on sb *form*; **jdn/etw in den ~ ziehen** to blacken [*or form* sully] sb's name/sth's reputation, to vilify sb/sth

schmut·zen [ˈʃmʊtsn̩] *vi* ■[**leicht**] ~ to get [slightly] dirty

Schmutz·fink *m* (*fam*) ❶ (*pej*) *s.* **Schmierfink 1, 2** ❷ (*unmoralischer Mensch*) dirty bastard *fam!* **Schmutz·fleck** *m* dirt stain, dirty mark; ~ **in der Landschaft** blot on the landscape **Schmutz·gei·er** *m* ORN Egyptian vulture **Schmutz·häuf·chen** *nt* pile of dirt

schmut·zig [ˈʃmʊtsɪç] *adj* ❶ (*dreckig*) dirty; **sich** *dat* **etw** [**bei etw**] ~ **machen** to get [*or* make] sth dirty [doing sth] ❷ (*obszön*) smutty, dirty, lewd; **~e Witze** dirty jokes ❸ (*pej: unlauter*) shady, dubious, crooked; **~es Geld** dirty money; **~e Geschäfte** shady deals ❹ (*pej: frech*) insolent; *s. a.* **Finger**

Schmutz·kam·pa·gne [-kamˈpanjə] *f* SOZIOL, POL, MEDIA (*pej*) smear campaign *pej* **Schmutz·lö·ser** *m* cleaning agent **Schmutz·ti·tel** *m* TYPO half-title **Schmutz·wä·sche** *f* dirty laundry [*or* Brit washing] **Schmutz·was·ser** *nt* ❶ (*schmutziges Wasser*) dirty water ❷ (*Abwasser*) sewage *no pl*, waste water Am

Schna·bel <-s, Schnäbel> [ˈʃna:bl̩, *pl* ˈʃnɛ:bl̩] *m* ❶ ORN (*Vogel~*) beak, bill ❷ (*lange Tülle*) spout; ~ **eines Krugs** lip of a jug ❸ (*fam: Mund*) trap *sl*, gob Brit *sl*, kisser *sl*; **halt den** [*o* **deinen**] ~**!** (*fam*) shut up! *fam*, shut your trap [*or* Brit gob]! *sl*, button it! *sl* ▶ WENDUNGEN: **reden, wie der ~ gewachsen ist** (*fam*) to say what one thinks, to not mince words

schnä·beln ['ʃnɛːbl̩n] *vi* to bill
Schna·bel·tas·se *f* feeding cup **Schna·bel·tier** *nt* ZOOL platypus
Schna·ke <-, -n> ['ʃnaːkə] *f* ZOOL ① *(Weberknecht)* crane fly, daddy-long-legs *fam* ② DIAL *(fam: Stechmücke)* midge, gnat
Schnal·le <-, -n> ['ʃnalə] *f* ① *(Schließe)* buckle ② *(pej derb: Frau)* **blöde ~!** stupid bitch! *fam!*
schnal·len ['ʃnalən] *vt* ① *(durch eine Schnalle befestigen)* ■**etw ~** to do [*or* buckle] sth up, to fasten sth; **etw enger/weiter ~** to tighten/loosen sth ② *(aufschnallen)* ■**[sich** [*o* **jdm]] etw [auf etw** *akk*] **~** to strap sth on[to sth]; **sich einen Rucksack auf den Rücken ~** to strap a rucksack onto one's back ③ *(losschnallen)* ■**etw [von etw] ~** to unstrap [*or* undo] sth [from sth] ④ *(fam: kapieren)* ■**etw ~** to get sth *fam*, to cotton on to sth BRIT *fam*
Schnal·len·schuh *m* buckle shoe
schnal·zen ['ʃnaltsn̩] *vi* **mit den Fingern ~** to snap one's fingers; **mit der Zunge ~** to click one's tongue
Schnäpp·chen <-s, -> ['ʃnɛpçən] *nt* *(fam)* bargain; **[bei etw] ein ~ machen** to make [*or* get] a bargain [with sth]
Schnäpp·chen·ad·res·se *f* INET *online shopping web sites with especially low prices* **Schnäpp·chen·füh·rer** *m guidebook to the best outlet and bargain stores* **Schnäpp·chen·jagd** *f* *(fam)* bargain hunting **Schnäpp·chen·jä·ger(in)** *m(f)* *(fam)* bargain hunter
schnap·pen ['ʃnapn̩] **I.** *vi* ① *haben* *(greifen)* ■**[nach etw] ~** to grab [for sth], to snatch [at sth]; *s. a.* **Luft** ② *haben* *(mit den Zähnen)* ■**[nach jdm/etw] ~** to snap [at sb/sth] ③ *sein* *(klappen)* ■**etw schnappt** sth snaps; **der Riegel schnappte ins Schloss** the bolt snapped to the holder **II.** *vt haben* *(fam)* ① *(ergreifen)* ■**[sich** *dat*] **etw/jdn ~** to grab sth/sb ② *(fassen)* ■**etw/jdn ~** to catch [*or* get] [*or* grab] sth/sb; **etwas frische Luft ~** to get a gulp of fresh air ③ *(festnehmen)* ■**jdn ~** to catch [*or fam* nab] sb ▶ WENDUNGEN: **etw geschnappt haben** *(fam)* to have understood [*or fam* got] sth; **jdn hat es geschnappt** sb has copped it BRIT *fam* **III.** *vr* *(fam: abpassen)* ■**sich** *dat* **jdn ~** to catch sb
Schnap·per *m* snapper
Schnapp·mes·ser *nt* flick knife BRIT, switchblade AM **Schnapp·schloss^RR^** *nt* spring lock **Schnapp·schuss^RR^** *m* snapshot
Schnaps <-es, Schnäpse> [ʃnaps, *pl* 'ʃnɛpsə] *m* schnapps
Schnäps·chen <-s, -> ['ʃnɛpsçən] *nt dim von* **Schnaps 2**
Schnaps·fah·ne *f* *(fam)* smell of schnapps on one's/sb's breath; **eine ~ haben** to stink of schnapps **Schnaps·fla·sche** *f* bottle of schnapps, schnapps bottle **Schnaps·glas** *nt* schnapps glass **Schnaps·idee** *f* *(fam)* daft *fam* [*or fam* harebrained] [*or fam* crackpot] idea **Schnaps·zahl** *f* *(hum fam)* *a figure consisting of identical digits*
schnar·chen ['ʃnarçn̩] *vi* to snore; ■**das S~** snoring
Schnar·cher <-s, -> *m* *(Geräusch)* snore
Schnar·cher(in) <-s, -> *m(f)* *(Mensch)* snorer; ■**~ sein** to snore
schnar·ren ['ʃnarən] *vi* *(dumpf surren)* to buzz
schnat·tern ['ʃnatɐn] *vi* ① ORN *(klappernde Laute erzeugen)* to cackle ② *(fam: schwatzen)* to chatter [*or* BRIT *fam* natter]
schnau·ben <schnaubte *o veraltet* schnob, geschnaubt *o veraltet* geschnoben> ['ʃnaubn̩] **I.** *vi* ① *(außer sich sein)* ■**[vor etw** *dat*] **~** to snort [with sth]; **vor Wut ~** to snort with rage ② *(durch die Nase pusten)* to snort; **wütend ~d** snorting with rage ③ *(sich schnäuzen)* to blow one's nose **II.** *vr* **sich** *dat* **die Nase ~** to blow one's nose
schnau·fen ['ʃnaufn̩] *vi* ① *haben* *(angestrengt atmen)* to puff [*or* pant] ② *haben bes* SÜDD *(atmen)* to breathe ③ *sein* *(fam: sich keuchend bewegen)* ■**[irgendwohin] ~** to puff [somewhere]; **schwer beladen schnaufte sie den Gang entlang** heavily laden, she puffed along the corridor
Schnau·ferl <-s, - *o* -n> ['ʃnaufɐl] *nt* ÖSTERR *(hum fam)* vintage [*or* veteran] car
Schnauz <-es, Schnäuze> [ʃnauts, *pl* 'ʃnɔytsə] *m* SCHWEIZ *(Schnauzbart)* moustache
Schnauz·bart *m* ① *(großer Schnurrbart)* large moustache; **hängender ~** walrus moustache; **nach oben gezogener ~** handlebar moustache ② *(Schnauzbartträger)* man with a large moustache
Schnau·ze <-, -n> ['ʃnautsə] *f* ① ZOOL *(Maul)* snout ② *(sl: Mund)* gob BRIT *sl*, kisser *sl*, trap *fam*, chops *sl*; **eine große ~ haben** *(sl)* to have a big mouth *fam*; **[über etw** *akk*] **die** [*o* **seine**] **~ halten** *(sl)* to keep quiet [about sth], to keep sth under one's hat, to keep one's trap shut *sl* [about sth]; **~!** *(sl)* shut up! *fam*, shut your trap *fam*!; **immer mit der ~ voran** [*o* **vorneweg**] **sein** to have a big mouth ③ *(fam: Motorhaube)* front ④ *(fam: Bug)* nose ▶ WENDUNGEN: **frei [nach] ~** *(fam)* as one thinks fit [*or* best]; **die ~ [von etw] [gestrichen] voll haben** *(sl)* to be fed up to the [back] teeth [with sth] BRIT, to be sick to death [of sth]; **[mit etw] auf die ~ fallen** *(sl)* to fall flat on one's face [with sth] *fig*
schnau·zen ['ʃnautsn̩] *vi* *(fam: barsch reden)* to bark [*or* snarl]
schnäu·zen^RR^ ['ʃnɔytsn̩] *vr* **sich** *akk* **[in ein Taschentuch] ~** to blow one's nose [with a handkerchief]; *s. a.* **Nase**
Schnau·zer <-s, -> ['ʃnautsɐ] *m* ① ZOOL schnauzer ② *(fam)* *s.* **Schnauzbart**
Schnäu·zer <-s, -> ['ʃnɔytsɐ] *m* DIAL *(Schnauzbart)* moustache
Schne·cke <-, -n> ['ʃnɛkə] *f* ① ZOOL snail; *(Nackt~)* slug ② *meist pl* KOCHK snails *pl* ③ *(Gebäck)* Chelsea bun ④ ANAT cochlea ▶ WENDUNGEN: **jdn [wegen etw] zur ~ machen** *(fam)* to give sb what for [for sth] *fam*, to give sb a dressing-down
Schne·cken·ge·häu·se *nt* *(geh)* *s.* **Schneckenhaus Schne·cken·haus** *nt* snail shell ▶ WENDUNGEN: **sich in sein ~ zurückziehen** to retreat into one's shell **Schne·cken·pfan·ne** *f* snail pan **Schne·cken·tem·po** *nt* **im ~** *(fam)* at a snail's pace **Schne·cken·zan·ge** *f* snail tongs *npl*
Schnee <-s> [ʃneː] *m kein pl* ① METEO snow ② *(sl: Kokain)* snow *sl* ▶ WENDUNGEN: **~ von gestern** [*o* **vorgestern**] *(fam)* stale [news], [ancient] history; *s. a.* **Eiweiß**
Schnee·am·mer *f* ORN snow bunting
Schnee·ball *m* ① *(Schneekugel)* snowball ② BOT snowball tree, guelder rose
Schnee·ball·ef·fekt *m kein pl* snowball effect **Schnee·ball·schlacht** *f* snowball fight; **eine ~ machen** to have a snowball fight **Schnee·ball·sys·tem** *nt* FIN, ÖKON pyramid selling *no art, no pl*
schnee·be·deckt *adj* snow-covered, snowy **Schnee·be·sen** *m* whisk **schnee·blind** *adj* snow-blind **Schnee·blind·heit** *f* snow blindness **Schnee·bril·le** *f* snow goggles **Schnee·de·cke** *f* blanket of snow; **die ~ schmolz rasch dahin** the snow melted quickly **Schnee·fall** *m* snowfall, fall of snow; **gegen 15 Uhr setzte ~ ein** around 3 pm snow began to fall **Schnee·flo·cke** *f* snowflake **schnee·frei** *adj* free of snow *pred* ▶ WENDUNGEN: **~ haben** SCH to have time [*or* a day] off school because of snow **Schnee·gans** *f* snow goose **Schnee·ge·stö·ber** *nt* snowstorm **schnee·glatt** *adj* slippery with packed snow *pred* **Schnee·glät·te** *f* slippery surface of packed snow; **auf den bezeichneten Streckenabschnitten tritt verbreitet ~ auf** the marked stretches of road are prone to be slippery because of packed snow **Schnee·glöck·chen** <-s, -> *nt* snowdrop **Schnee·gren·ze** *f* snowline **Schnee·hemd** *nt* MIL white camouflage suit **Schnee·huhn** *f* ORN ptarmigan **Schnee·ka·no·ne** *f* snow gun [*or* cannon] **Schnee·ket·te** *f meist pl* snow chain[s *pl*] **Schnee·kö·nig** *m* ▶ WENDUNGEN: **sich wie ein ~ freuen** *(fam)* to be as pleased as Punch, to be tickled pink, to be over the moon BRIT *fam* **Schnee·mann** *m* snowman **Schnee·matsch** *m* slush **Schnee·pflug** *m* snowplough, snowplow AM **Schnee·re·gen** *m* sleet **Schnee·schip·pe** *f* DIAL snow shovel **Schnee·schmel·ze** *f* thaw **schnee·si·cher** *adj* **ein ~es Gebiet** an area where snow is assured **Schnee·**

sturm *m* snowstorm **Schnee·trei·ben** *nt* snowstorm, driving snow; **urplötzlich setzte ein munteres ~ ein** a brisk snowstorm set in all of a sudden **Schnee·ver·we·hung** *f* snowdrift **schnee·weiß** [ˈʃneːˈvais] *adj* as white as snow *pred,* snow-white; ■ **~ [im Gesicht] sein** [*o* **werden**] to be [*or* go] as white as a sheet **Schnee·witt·chen** <-s> [ʃneːˈvɪtçən] *nt* Snow White

Schneid <-[e]s> [ʃnait] *m kein pl* (*fam*) guts *npl fam,* bottle BRIT *sl,* balls *vulg;* **~ haben** to have guts; **[nicht den] ~ haben, etw zu tun** to [not] have the guts [*or* balls] [*or* BRIT bottle] to do sth ▸WENDUNGEN: **jdm den ~ abkaufen** to put sb off, to unnerve sb, to intimidate sb

Schneid·bren·ner <-s, -> *m* oxyacetylene torch, blowtorch

Schnei·de <-, -n> [ˈʃnaidə] *f* ❶ ([*Kante*] *der Klinge*) edge, blade ❷ GEOG steep ridge; *s. a.* **Messer**

Schnei·de·boh·ne *f* runner bean

schnei·den <schnitt, geschnitten> [ˈʃnaidn̩] **I.** *vt* ■**etw ~** ❶ (*zerteilen*) to cut sth; **Wurst in die Suppe ~** to slice sausage into the soup ❷ (*kürzen*) to cut [*or* trim] sth; **einen Baum ~** to prune a tree; **das Gras ~** to cut [*or* mow] the grass; **jdm die Haare ~** to cut sb's hair; **sie hat sich die Haare ganz kurz ~ lassen** she has had her hair cut really short ❸ (*gravieren*) to carve sth; **ein markant geschnittenes Gesicht** craggy features; **mit mandelförmig geschnittenen Augen** almond-eyed ❹ (*einschneiden*) to cut sth; **ein Loch in den Stoff ~** to cut a hole in the material ❺ AUTO (*knapp einscheren*) to cut sth; ■**jdn ~** to cut sb ❻ (*kreuzen*) to cut [*or* intersect] [*or* cross] sth ❼ FILM (*cutten*) to edit sth ❽ (*fam: operieren*) **jdn/etw ~** to cut sb/sth open *fam,* to operate [on sb/sth]; **einen Furunkel/Karbunkel ~** to lance a boil/carbuncle ❾ MODE (*zuschneiden*) to cut sth out; **zu eng/zu weit geschnitten sein** to be cut too tight/too loose; **eine gut geschnittene Wohnung** a well-designed flat [*or* AM apartment] ❿ (*meiden*) ■**jdn ~** to cut [*or* snub] sb; *s. a.* **Fratze, Grimasse, Kurve, Luft II.** *vr* ❶ (*sich mit einer Schneide verletzen*) ■**sich ~** to cut oneself; **sich in den Finger ~** to cut one's finger; **sich an einer Glasscherbe ~** to cut oneself on a piece of broken glass; *s. a.* **Fleisch** ❷ (*sich kreuzen*) ■**sich ~** to intersect [*or* cross] ▸WENDUNGEN: **sich [gründlich] geschnitten haben** (*fam*) to have made a [big] mistake **III.** *vi* ❶ MED (*operieren*) to operate ❷ (*zerteilen*) to cut; **das Messer schneidet gut** the knife cuts well ❸ (*geh: schneidend sein*) ■**etw schneidet** sth is biting; ■**jdm [irgendwohin] ~** to hit sb [somewhere]; **der eisige Wind schnitt ihr ins Gesicht** the icy wind hit her in the face; *s. a.* **Herz**

schnei·dend *adj* ❶ (*durchdringend*) biting ❷ (*scharf*) sharp

Schnei·der(in) <-s, -> [ˈʃnaidɐ] *m(f)* ❶ MODE tailor ❷ KARTEN *score of under 30 points in skat;* **im ~ sein** *to have less than 30 points in skat;* **aus dem ~ sein** *to have more than 30 points in skat* ▸WENDUNGEN: **frieren wie ein ~** (*fam*) to freeze [almost] to death *fig,* to be frozen stiff; **aus dem ~ sein** (*fam*) to be over the worst of it [*or* be in the clear]

Schnei·de·rei <-, -en> [ʃnaidəˈrai] *f* ❶ *kein pl* (*Handwerk*) *für Damenkleidung* dressmaking; *für Herrenkleidung* tailoring ❷ (*Werkstatt*) tailor's [shop]

Schnei·de·rin <-, -nen> *f fem form von* **Schneider**

schnei·dern [ˈʃnaidɐn] **I.** *vi* to work as a tailor; (*als Hobby*) to do [some] dressmaking **II.** *vt* (*zuschneiden*) ■**[jdm/sich] etw ~** to make sth [for sb/oneself]; **selbst geschneidert** home-made

Schnei·der·sitz *m* **im ~** cross-legged

Schnei·de·zahn *m* incisor

schnei·dig [ˈʃnaidɪç] *adj* smart, dashing

schnei·en [ˈʃnaiən] **I.** *vi impers* to snow; **es hat geschneit** it has been snowing **II.** *vt impers* ❶ ■**es schneit etw** *akk* it is snowing sth; **es schneite dicke Flocken** it was snowing thick flakes, thick snowflakes were falling ❷ (*herabfallen*) sth is raining down; **es schneite Konfetti** there was a shower of confetti

Schnei·se <-, -n> [ˈʃnaizə] *f* path, aisle

schnell [ʃnɛl] **I.** *adj* ❶ TRANSP (*eine hohe Geschwindigkeit erreichend*) fast ❷ (*zügig*) prompt, rapid ❸ *attr* (*baldig*) swift, speedy; **ein ~er Abschluss** a swift end; **eine ~e Genesung** a speedy recovery; **ein ~er Tod** a quick death **II.** *adv* ❶ (*mit hoher Geschwindigkeit*) fast; **~/~er fahren** to drive fast/faster ❷ (*zügig*) quickly; **~ verderblich** highly perishable; **~ verkäuflich** COM fast-selling; **~ verschleißend** TECH fast-wearing; **~ gehen** to be done quickly; **geht das ~/wie ~ geht das?** will it take long/how long will it take?; **~ machen** to hurry up; **nicht so ~!** not so fast!, slow down!

Schnell·bahn *f* high-speed railway **Schnell·boot** *nt* speedboat **Schnell·brat·pfan·ne** *f* sauté pan

Schnel·le <-> [ˈʃnɛlə] *f kein pl* ❶ (*Schnelligkeit*) speed ❷ (*fam*) **auf die ~** quickly, at short notice; **haben Sie etwas zu essen, was auf die ~ geht?** do you have anything quick to eat?; **etw auf die ~ machen** to do sth at short notice

schnelle·big^ALT *adj getrennt: schnell-lebig s.* **schnelllebig**

schnel·len [ˈʃnɛlən] *vi sein* ❶ (*federnd hochspringen*) **in die Höhe** [*o* **nach oben**] **~** to shoot up ❷ (*federn*) ■**[von etw** *dat*/**irgendwohin] ~** to shoot [from sth/somewhere]; **der Pfeil schnellte vom Bogen in die Zielscheibe** the arrow shot from the bow and hit the target; ■**etw [irgendwohin] ~ lassen** to flick sth [somewhere]

Schnell·feu·er·ge·wehr *nt* automatic pistol **Schnell·gast·stät·te** *f* fast-food restaurant **Schnell·ge·richt**[1] *nt* ready-made meal **Schnell·ge·richt**[2] *nt* JUR summary court **Schnell·hef·ter** *m* loose-leaf binder

Schnel·lig·keit <-, *selten* -en> *f* ❶ (*Geschwindigkeit*) speed ❷ (*Zügigkeit*) speediness; *Ausführung* promptness

Schnell·im·biss^RR *m* takeaway **Schnell·koch·plat·te** *f* high-speed ring **Schnell·koch·topf** *m* pressure cooker **Schnell·kurs** *m* crash course

schnell·le·big^RR *adj* fast-moving **Schnell·pa·ket** *nt* express parcel **Schnell·re·stau·rant** *nt* fast-food restaurant

schnells·tens *adv* as soon [*or* quickly] as possible

Schnell·stra·ße *f* expressway **Schnell·ver·fah·ren** *nt* ❶ JUR summary trial; **im ~** summarily ❷ (*fam*) **im ~** in a rush; **im ~ duschen** to have a quick shower **Schnell·zug** *m* (*veraltend*) fast train

Schnep·fe <-, -n> [ˈʃnɛpfə] *f* ❶ ORN snipe ❷ (*pej fam*) stupid [*or* silly] cow *sl*

schnet·zeln [ˈʃnɛtsl̩n] *vt* KOCHK ■**etw ~** to cut sth into fine strips, to shred sth

schneu·zen^ALT [ˈʃnɔytsn̩] *vr s.* **schnäuzen**

Schnib·bel·boh·ne [ˈʃnɪbl̩-] *f* DIAL runner bean

Schnick·schnack <-s> [ˈʃnɪkʃnak] *m kein pl* (*fam*) ❶ (*Krimskrams*) junk *no pl* ❷ (*dummes Geschwätz*) twaddle *no pl,* poppycock *no pl*

schnie·fen [ˈʃniːfn̩] *vi* to sniffle, to sniff

Schnipp·chen <-s> [ˈʃnɪpçən] *nt* ▸WENDUNGEN: **jdm ein ~ schlagen** (*fam*) to put one over on sb *fam; s. a.* **Tod**

Schnip·pel <-s, -> [ˈʃnɪpl̩] *m o nt* DIAL (*fam: Schnipsel*) shred

schnip·peln [ˈʃnɪpl̩n] **I.** *vi* (*fam*) ■**[an etw** *dat*] **~** to snip [at sth] **II.** *vt* (*fam*) ■**etw ~** to cut sth

schnip·pen [ˈʃnɪpn̩] **I.** *vi* **mit den Fingern ~** to snap one's fingers **II.** *vt* ■**etw [von etw** *dat*] **~** to flick sth [off sth]

schnip·pisch [ˈʃnɪpɪʃ] **I.** *adj* saucy, cocky *fam* **II.** *adv* saucily, cockily

Schnip·sel <-s, -> [ˈʃnɪpsl̩] *m o nt* (*fam*) shred

schnip·seln [ˈʃnɪpsl̩n] *vi* (*fam*) *s.* **schnippeln**

schnitt [ʃnɪt] *imp von* **schneiden**

Schnitt <-[e]s, -e> [ʃnɪt] *m* ❶ (*Schnittwunde*) cut ❷ (*Haarschnitt*) cut ❸ MODE (*Zuschnitt*) cut ❹ FILM (*das Cutten*) editing ❺ ARCHIT, MATH (*Darstellung in der Schnittebene*) section; **im ~** ARCHIT in section; (*durchschnittlich*) on average; **der Goldene ~** MATH the golden section ▸WENDUNGEN: **[bei etw**

dat] **einen** [*o* **seinen**] **bestimmten ~ machen** (*fam*) to make a certain profit [on sth]
Schnitt·blu·men *pl* cut flowers *pl* **Schnitt·boh·nen** *pl* runner beans *pl*
Schnit·te <-, -n> ['ʃnɪtə] *f* ❶ KOCHK slice ❷ (*belegtes Brot*) open sandwich ▶ WENDUNGEN: [**bei jdm/etw**] **keine ~ haben** (*fam*) to have no chance [with sb/sth]
Schnitt·flä·che *f* ❶ cut surface ❷ MATH *s.* **Schnitt 5**
schnit·tig ['ʃnɪtɪç] *adj* stylish, streamlined
Schnitt·kä·se *m* hard cheese **Schnitt·lauch** ['ʃnɪtlaux] *m kein pl* chives *npl* **Schnitt·men·ge** *f* MATH intersection **Schnitt·mus·ter** *nt* MODE ❶ [paper] pattern ❷ *s.* **Schnittmusterbogen** **Schnitt·mus·ter·bo·gen** *m* MODE pattern chart **Schnitt·punkt** *m* ❶ MATH point of intersection ❷ (*Kreuzung*) intersection **Schnitt·sa·lat** *m* mixed salad leaves *pl* **Schnitt·stel·le** *f* ❶ INFORM interface ❷ (*vermittelnde Instanz*) go-between **Schnitt·wun·de** *f* cut
Schnitz <-es, -e> [ʃnɪts] *m* DIAL slice [of fruit]
Schnit·zel[1] <-s, -> ['ʃnɪtsl̩] *nt* KOCHK pork escalope; **Wiener ~** Wiener schnitzel
Schnit·zel[2] <-s, -> ['ʃnɪtsl̩] *nt o m* shred
Schnit·zel·jagd *f* paperchase
schnit·zeln ['ʃnɪtsl̩n] *vt* ■**etw ~** to shred sth
schnit·zen ['ʃnɪtsn̩] **I.** *vt* ❶ (*aus Holz schneiden*) ■**etw** [**aus etw** *dat*] **~** to carve sth [out of sth] ❷ (*in Holz einschneiden*) ■**etw** [**in etw** *akk*] **~** to carve sth [into sth] **II.** *vi* ■[**an etw** *dat*] **~** to carve [sth], to whittle [at sth]; ■**das S~** carving; (*Holz*) woodcarving
Schnit·zer <-s, -> ['ʃnɪtsɐ] *m* (*fam*) blunder, cock-up BRIT *sl,* screw-up AM *sl;* **einen ~ machen** to commit a blunder, to cock up *sl*
Schnit·zer(in) <-s, -> ['ʃnɪtsɐ] *m(f)* woodcarver
Schnit·ze·rei <-, -en> ['ʃnɪtsə'rai] *f* woodcarving
Schnit·ze·rin <-, -nen> *f fem form von* **Schnitzer**
Schnitz·mes·ser *nt* woodcarving knife
schnob [ʃno:p] (*veraltet*) *imp von* **schnauben**
schnod·de·rig ['ʃnɔdərɪç], **schnodd·rig** ['ʃnɔdrɪç] *adj* (*pej fam*) impudent, cheeky BRIT *fam*
schnö·de ['ʃnø:də] **I.** *adj* (*pej geh*) despicable, mean, vile; ■**etw ist ~** [**von jdm**] sth is despicable [*or* mean] [of sb] **II.** *adv* (*pej geh*) despicably, vilely, in a despicable [*or* vile] manner; *s. a.* **Mammon**
Schnor·chel <-s, -> ['ʃnɔrçl̩] *m* snorkel
schnor·cheln ['ʃnɔrçl̩n] *vi* ■[**irgendwo**] **~** to go snorkelling [*or* AM snorkeling] [somewhere]
Schnör·kel <-s, -> ['ʃnœrkl̩] *m* scroll, squiggle *hum*
schnör·ke·lig ['ʃnœrkəlɪç] *adj* full of flourishes *pred,* squiggly *hum*
schnör·kel·los *adj* simple, plain; **~ formuliert** put simply, in simple [*or* plain] words
schnor·ren ['ʃnɔrən] **I.** *vi* (*fam*) ■[**bei jdm**] **~** to scrounge [from sb] *fam* **II.** *vt* (*fam*) ■**etw ~** to scrounge sth *fam*
Schnor·rer(in) <-s, -> *m(f)* (*fam*) scrounger *fam*
Schnö·sel <-s, -> ['ʃnø:zl̩] *m* (*fam*) snotty[-nosed] little git *fam*
schnu·cke·lig ['ʃnʊkəlɪç] *adj* (*fam*) ❶ (*herzig*) cute ❷ (*nett*) cute, nice
Schnüf·fe·lei <-, -en> [ʃnʏfə'lai] *f* (*fam*) ❶ (*ständiges Schnüffeln*) sniffing ❷ (*das Hinterherspionieren*) snooping *fam*
schnüf·feln ['ʃnʏfl̩n] *vi* ❶ (*schnuppern*) ■[**an jdm/etw**] **~** to sniff [sb/sth] ❷ (*fam: spionieren*) ■[**in etw** *dat*] **~** to nose around [in sth] ❸ (*sl: Klebstoff etc ~*) to sniff glue; **das S~** glue-sniffing
Schnüff·ler(in) <-s, -> *m(f)* ❶ (*fam: Detektiv*) detective, snooper BRIT *fam* ❷ (*sl: Süchtiger*) glue-sniffer
Schnul·ler <-s, -> ['ʃnʊlɐ] *m* dummy
Schnul·ze <-, -n> ['ʃnʊltsə] *f* (*fam*) schmaltz, schmalz *fam*
Schnul·zen·sän·ger(in) <-s, -> *m(f)* MUSIK (*pej fam*) singer of schmaltzy *fam* songs
schnul·zig ['ʃnʊltsɪç] *adj* (*fam*) schmaltzy, schmalzy *fam,* corny *fam*
schnup·fen ['ʃnʊpfn̩] **I.** *vi* ❶ (*Schnupftabak nehmen*) to take snuff ❷ (*schniefen*) to sniff *fam,* to sniffle *fam;* ■[**in etw** *akk*] **~** to sniffle [in sth]; **sie schnupfte ins Taschentuch** she sniffled in her hanky ❸ (*selten: unter wiederholtem Schnupfen äußern*) to sniff [*or* sniffle] *fam* **II.** *vt* ■**etw ~** to take a sniff of sth, to snort sth *sl;* **Tabak ~** to take snuff; **Kokain ~** to snort *sl* cocaine **III.** *vr* **sich** *akk* **zu Tode ~** to die snorting cocaine
Schnup·fen <-s, -> ['ʃnʊpfn̩] *m* MED cold; [**einen**] **~ bekommen, sich** *dat* [**irgendwo/bei jdm**] **einen ~ holen** (*fam*) to get a cold [somewhere/from sb]; [**einen**] **~ haben** to have a cold
Schnupf·ta·bak *m* snuff **Schnupf·ta·bak(s)·do·se** *f* snuffbox
schnup·pe ['ʃnʊpə] *adj* (*fam*) ■**es/jd/etw ist** [**jdm**] **~** sb does not care less [about it]/about sb/sth, sb does not give a stuff [about it]/about sb/sth BRIT *fam;* ■**es ist** [**jdm**] **~, ob/was/wie/wo ...** sb does not care less whether/what/how/where ...
Schnup·per·fahrt *f* test drive **Schnup·per·kurs** *m* taster course
schnup·pern ['ʃnʊpɐn] **I.** *vi* ■[**an jdm/etw**] **~** to sniff [at sb/sth] **II.** *vt* ■**etw ~** to sniff sth
Schnup·per·wo·che *f* taster week
Schnur <-, Schnüre> [ʃnu:ɐ̯, *pl* 'ʃny:rə] *f* cord
Schnür·chen <-s, -> ['ʃny:ɐ̯çən] *nt dim von* **Schnur** thin cord ▶ WENDUNGEN: **wie am ~** (*fam*) like clockwork *fam*
schnü·ren ['ʃny:rən] **I.** *vt* ❶ (*verschnüren*) ■**etw** [**zu etw** *dat*] **~** to tie sth together [in sth] ❷ (*mit einer Schnur befestigen*) ■**etw** [**auf etw** *akk*] **~** to tie sth [onto sth]; **er schnürte sich den Rucksack auf den Rücken** he fastened the rucksack to his back ❸ (*zubinden*) ■[**jdm/sich**] **etw ~** to tie [sb's/one's] sth [up]; **seine/jds Schuhe ~** to lace up one's/sb's shoes **II.** *vi* (*fam*) *Hose, Kleider* to be tight **III.** *vr* ■**sich** [**in etw** *akk*] **~** to lace oneself up [in sth]
schnur·ge·ra·de ['ʃnu:ɐ̯gə'ra:də] **I.** *adj* dead straight **II.** *adv* ❶ (*völlig gerade*) in a straight line ❷ (*fam*) *s.* **schnurstracks**
schnur·los *adj* cordless
Schnurr·bart ['ʃnʊrba:ɐ̯t] *m* moustache; ■**einen ~ haben** [*o* **tragen**] to have [*or dated* wear] a moustache
schnurr·bär·tig *adj* ■**~ sein** to have a moustache
schnur·ren ['ʃnʊrən] *vi* ❶ (*Katze*) to purr; **vor Zufriedenheit ~** to purr with contentment ❷ (*surren*) to whirr
Schnurr·haa·re *pl* whiskers *pl*
Schnür·schuh *m* lace-up shoe **Schnür·sen·kel** *m* shoelace **Schnür·stie·fel** *m* laced [*or* lace-up] boot
schnur·stracks ['ʃnu:ɐ̯'ʃtraks] *adv* straight; **~ nach Hause gehen** to go straight home
schnurz [ʃnʊrts] *adj* (*sl*) ■**es ist** [**jdm**] **~** it's all the same [to sb]; **das ist mir ~** I couldn't care less
Schnu·te <-, -n> ['ʃnu:tə] *f* NORDD (*Mündchen*) pout; **eine ~ ziehen** (*fam*) to pout
schob [ʃo:p] *imp von* **schieben**
Scho·ber <-s, -> ['ʃo:bɐ] *m* AGR SÜDD, ÖSTERR ❶ (*Heuhaufen*) haystack ❷ *s.* **Heuschober**
Schock <-[e]s, -s> [ʃɔk] *m* shock; ■**der ~ einer S.** *gen* the shock [*or* trauma] of sth; **einen ~ bekommen** [*o geh* **erleiden**] [*o fam* **kriegen**] to receive [*or fam* get] a shock; **unter ~ stehen** to be in [a state of] shock; [**jdm**] **einen ~ versetzen** to shock [sb]
scho·cken ['ʃɔkn̩] *vt* (*sl*) ■**jdn** [**mit etw** *dat*] **~** to shock sb [with sth]
Scho·cker <-s, -> ['ʃɔkɐ] *m* FILM (*sl*) film designed to shock
scho·ckie·ren* [ʃɔ'ki:rən] *vt* ■**jdn** [**mit etw** *dat*] **~** to shock sb [with sth]; ■**etw schockiert jdn** sth shocks sb; ■[**über etw** *akk*] **schockiert sein** to be shocked [about sth]
scho·fel ['ʃo:fl̩], **scho·fe·lig** ['ʃo:fəlɪç] *adj* DIAL (*sl*) rotten; ■**~** [**zu jdm**] **sein** to be rotten [*or* mean] [to sb]; ■**~** [**von jdm**]

S

sein, etw zu tun to be rotten [of sb] to do sth

Schöf·fe, Schöf·fin <-n, -n> [ˈʃœfə, ˈʃœfɪn] *m, f* JUR juror

Schöf·fen·ge·richt *nt* JUR magistrates' court

Schöf·fin <-, -nen> *f fem form von* **Schöffe**

schof·lig [ˈʃoːflɪç] *adj s.* **schofel**

Scho·ko·la·de <-, -n> [ʃokoˈlaːdə] *f* ❶ (*Kakaomasse*) chocolate ❷ (*geh: Kakaogetränk*) hot chocolate; (*kalt*) chocolate milk

Scho·ko·la·den·creme *f* chocolate cream **Scho·ko·la·den·eis** *nt* chocolate ice cream **Scho·ko·la·den·fi·gur** *f* figure made of chocolate **Scho·ko·la·den·pud·ding** *m* chocolate pudding **Scho·ko·la·den·pul·ver** *nt* chocolate powder **Scho·ko·la·den·rie·gel** *m* chocolate bar, bar of chocolate **Scho·ko·la·den·sei·te** *f* (*fam*) the good part[s]; **sich von seiner ~ zeigen** to show oneself at one's best **Scho·ko·la·den·über·zug** *m* chocolate coating

Scho·ko·rie·gel *m* chocolate bar

Scho·las·tik <-> [ʃoˈlastɪk] *f kein pl* scholasticism *no pl*

Scho·las·ti·ker(in) <-s, -> [ʃoˈlastikɐ] *m(f)* scholastic

scholl [ʃɔl] *imp von* **schallen**

Schol·le[1] <-, -n> [ˈʃɔlə] *f* ZOOL, KOCHK plaice

Schol·le[2] <-, -n> [ˈʃɔlə] *f* ❶ (*flacher Erdklumpen*) clod [of earth] ❷ (*Eisbrocken*) [ice] floe ❸ (*geh: Ackerland*) arable land

Schol·li [ˈʃɔli] *m* ▶ WENDUNGEN: **mein lieber ~!** (*fam: na warte!*) just you wait! *fam;* (*na so was!*) my goodness!

Schöll·kraut [ˈʃœlkraut] *nt* BOT greater celandine

schon [ʃoːn] **I.** *adv* ❶ (*bereits*) already, yet; **sind wir ~ da?** are we there yet?; **hast du ~ gehört?** have you heard?; **du willst ~ gehen?** you want to leave already?; ■**es ist ~ ...** it is already ...; **es ist ~ spät** it is already late, it is late already; **~ damals/gestern/jetzt** even at that time/yesterday/now; **~ lange** for a long time; **~ mal** ever; **hast du ~ mal Austern gegessen?** have you ever eaten oysters?; **~ oft** several times already ❷ (*allein*) ■**~ ...** alone ...; **~ darum/aus dem Grunde** for that reason alone; **~ die Tatsache, dass ...** the fact alone that ..., the very fact that ...; **~ Grund genug sein** to be already reason enough; *s. a.* **allein** ❸ (*irgendwann*) in the end, one day; **es wird ~ noch [mal] klappen** it will work out in the end [*or* one day] ❹ (*durchaus*) well; **so was kann ~ mal vorkommen** that can happen ❺ (*denn*) **was macht das ~** what does it matter ❻ (*fam: nun mal*) **es ist ~ wahr** it's true all right; *s. a.* **gut** ❼ (*irgendwie*) all right; **danke, es geht ~** thanks, I can manage; **es wird ~ klappen** it will work out all right ❽ (*ja*) **ich sehe ~, ...** I can see, ...; **~ immer** always; **ich sagte es ja ~ immer** I've always said it/so; **~ längst** for ages, ages ago; **das wusste ich doch ~ längst** I've known that for ages; **~ wieder** [once] again; **[ja] ~, aber ...** (*fam*) [well] yes, but ...; **und [*o* na] wenn ~!** so what? **II.** *part* ❶ (*endlich*) **jetzt komm ~!** hurry up!; **hör ~ auf damit!** will you stop that! ❷ (*auffordernd*) ■**... ~!** go on, ...!; **geh ~!** go on!; **gib ~ her!** come on, give it here!; **mach ~!** (*fam*) hurry up!; **[nun] sag ~!** go on, tell me! ❸ (*nur*) **wenn ich das ~ rieche/sehe!** (*fam*) the mere smell/sight of that!; **wenn ich das ~ höre!** just hearing about it!; *s. a.* **ja, möglich**

schön [ʃøːn] **I.** *adj* ❶ (*hübsch*) beautiful; (*ansprechend*) lovely, nice ❷ (*angenehm*) good, great, nice, splendid; **ich wünsche euch ~e Ferien** have a good holiday; **heute war ein ~er Tag** today was a lovely [*or* splendid] day; **~es Wochenende** have a good weekend!; ■**etwas S~es** something lovely; **es gibt nichts S~eres, als ...** there could be nothing nicer than ...; ■**[irgendwo [*o* bei jdm]] ist es ~** it is nice [somewhere [*or* at sb's house]]; **nicht ~ [von jdm] sein** not to be very nice [of sb]; **zu ~, um wahr zu sein** (*fam*) too good to be true; **~, dass ...** (*fam*) it's good that ..., I'm pleased that ...; *s. a.* **Kunst, Literatur** ❸ (*iron: unschön*) great, nice; **das sind ja ~e Aussichten!** what wonderful [*or* great] prospects!; **das wird ja immer ~er!** (*iron fam*) things are getting worse and worse!; ■**etwas S~es** (*iron*) a fine mess; ■**das S~ste** the best of it *iron;* **das S~ste kommt erst noch** the best of it is yet to come; **das S~ste [daran] ist, dass ...** the worst thing [about it] is [that] ..., the worst of it is [that] ...; *s. a.* **Bescherung** ❹ (*iron: verblüffend*) astonishing; **mit ~er Regelmäßigkeit fehlt sie immer dann, wenn man sie am dringendsten braucht** she always manages with astonishing regularity to be away when she's needed most ❺ (*beträchtlich*) great, good; **eine ~e Erbschaft** a good [*or* sizeable] inheritance; **ein ~er Erfolg** a great success; **ein ~es Sümmchen** a nice bit of cash *fam;* **ein ~es Stück Arbeit/eine ~e Strecke** quite a bit of work/quite a stretch; **[das ist ja alles] ~ und gut, aber ...** that's all very well, but ..., that may well be, but ...; **~, ~** (*fam*), **[also] ~** (*fam*), **na ~** (*fam*) all right [*or* okay] then, fine; *s. a.* **Stange, Stück II.** *adv* ❶ (*ansprechend*) well; **sich ~ anziehen** to get dressed up; **sich ~ schminken/frisieren** to get dolled up/do one's hair nicely; **~ malen/musizieren/singen/spielen** to paint/play music/sing/play well [*or* nicely] ❷ (*fam: genau*) thoroughly ❸ (*fam: besonders*) **~ groß/kalt/langsam/süß** nice and big/cold/slow/sweet ❹ (*gut*) **sich ~ amüsieren** to have a good time; **sich ~ ausschlafen/ausspannen/ausruhen** to have a good lie-in/break/rest; **es ~ [irgendwo] haben** to live well [somewhere]; **wir wollen es in unserem Urlaub ~ haben** we want to have a good time on holiday ❺ (*fam: ganz*) nicely; **sei ~ brav** be a good boy/girl ❻ (*iron fam: ziemlich*) really; **das hat ganz ~ wehgetan!** that really hurt!; *s. a.* **ganz**

Schon·be·zug *m* protective cover

Schö·ne <-n, -n> *f* beauty; **die ~ und das Biest** Beauty and the Beast

scho·nen [ˈʃoːnən] **I.** *vt* ❶ (*pfleglich behandeln*) ■**etw ~** to look after sth, to take care of sth ❷ (*nicht überbeanspruchen*) ■**etw ~** to be kind to sth, to go easy on sth; **seine Leber mehr ~** to be kinder to one's liver; **seine Gesundheit/sein Herz etwas ~ müssen** to have to go a bit easy on one's health/heart; **das schont die Gelenke** it is easy on the joints ❸ (*vorsichtig einwirken*) ■**etw ~** to be kind to sth; **dieses Waschmittel schont das Gewebe/die Hände** this detergent is kind to the fabric/your hands ❹ (*Rücksicht nehmen*) ■**jdn/etw ~** to spare sb/sth; **jds Gefühle ~** to spare sb's feelings ❺ (*verschonen*) ■**jdn ~** to spare sb **II.** *vr* ■**sich ~** to take things easy

schö·nen [ˈʃøːnən] *vt* (*veraltend*) ■**etw ~** to embellish sth, to dress sth up

scho·nend I. *adj* ❶ (*pfleglich*) careful ❷ (*rücksichtsvoll*) considerate ❸ (*nicht strapazierend*) gentle, kind **II.** *adv* ❶ (*pfleglich*) carefully, with care ❷ (*rücksichtsvoll*) **jdm etw ~ beibringen** to break sth to sb gently

Scho·ner[1] <-s, -> [ˈʃoːnɐ] *m* NAUT schooner

Scho·ner[2] <-s, -> [ˈʃoːnɐ] *m* (*fam*) *s.* **Schonbezug**

schön|fär·ben *vt* (*iron*) ■**etw ~** to whitewash sth *iron*

Schön·fär·be·rei <-, -en> [ʃøːnfɛrbəˈrai] *f* (*iron*) whitewash *iron;* **~ betreiben** to whitewash things, to gloss over things

Schon·frist *f* period of grace **Schon·gang** *m* ❶ AUTO, TECH (*Gang*) overdrive ❷ TECH (*Waschprogramm*) gentle action wash

Schön·geist *m* aesthete, esthete AM

schön·geis·tig *adj* aesthetic, esthetic AM; *s. a.* **Literatur**

Schön·heit <-, -en> *f* ❶ *kein pl* (*schönes Äußeres*) beauty ❷ (*schöne Frau*) beauty

Schön·heits·chir·urg(in) *m(f)* cosmetic [*or* plastic] surgeon **Schön·heits·chir·ur·gie** *f* cosmetic [*or* plastic] surgery **Schön·heits·chir·ur·gin** *f fem form von* **Schönheitschirurg** **Schön·heits·feh·ler** *m* ❶ (*kosmetische Beeinträchtigung*) blemish ❷ (*geringer Makel*) flaw **Schön·heits·ide·al** *nt* ideal of beauty **Schön·heits·kö·ni·gin** *f* beauty queen **Schön·heits·ope·ra·ti·on** *f* cosmetic operation **Schön·heits·pfle·ge** *f* beauty care **Schön·heits·wett·be·werb** *nt* beauty contest

Schon·kost *f* (*Spezialdiät*) special diet; (*Nahrung einer Spezi-*

aldiät) special diet foods *pl*

Schön·ling <-s, -e> *m* (*pej*) pretty boy *fam*

schön|ma·chen *vr* (*fam*) ■**sich** *akk* [**für jdn**] ~ to make oneself up [for sb]; (*sich schön kleiden*) to dress oneself up [for sb], to get dressed up [for sb]

Schön·schreib·dru·cker *m* letter-quality printer

Schön·schrift *f* calligraphy; **in** ~ in calligraphy; (*in Reinschrift*) in one's best handwriting

schön|tun *vi irreg* ■ [**jdm**] ~ to flatter [*or* BRIT *fam* soft-soap] [sb]; (*vor jdm kriechen*) to suck up to sb *fam*

Scho·nung[1] <-> *f kein pl* ① (*das pflegliche Behandeln*) care ② MED (*Entlastung*) care; **du solltest das zur ~ deiner Gelenke tun** you should do that to take care of [*or* look after] your joints ③ (*Schutz*) protection; **die Gartenhandschuhe dienen der ~ der Hände** gardening gloves serve to protect the hands ④ (*Rücksichtnahme*) consideration ⑤ (*Verschonung*) mercy

Scho·nung[2] <-, -en> *f* FORST forest plantation area

scho·nungs·be·dürf·tig *adj* in need of rest; ■[**noch**] ~ **sein** to [still] need to convalesce **scho·nungs·los** I. *adj* blunt, merciless; ~**e Kritik** savage criticism; ~**e Offenheit** unabashed openness II. *adv* bluntly, mercilessly **Scho·nungs·lo·sig·keit** <-> *f kein pl* bluntness, savageness, mercilessness

Schön·wet·ter·la·ge *f* fine weather conditions *pl*

Schon·zeit *f* JAGD close season

Schopf <-[e]s, Schöpfe> [ʃɔpf, *pl* 'ʃœpfə] *m* ① (*Haarschopf*) shock of hair ② ORN tuft, crest; *s. a.* **Gelegenheit**

schöp·fen ['ʃœpfn̩] *vt* ① (*mit einem Behältnis entnehmen*) ■[**sich** *dat*] **etw** [**aus etw** *dat*] ~ to scoop sth [from sth]; **Suppe/Eintopf** [**aus etw** *dat*] ~ to ladle soup/stew [from sth]; **Wasser aus einem Boot** ~ to bale out a boat; *s. a.* **Atem, Luft** ② (*gewinnen*) ■**etw** ~ to draw sth; **Mut/Kraft** ~ to summon [up] courage/strength; *s. a.* **Verdacht** ③ (*kreieren*) ■**etw** ~ to create sth; (*Ausdruck, Wort*) to coin sth

Schöp·fer(in) <-s, -> *m(f)* ① (*Gott*) ■**der** ~ the Creator; **jd dankt seinem ~, dass ...** sb thanks their Maker [*or* Creator] that ... ② (*geh: Erschaffer*) creator

schöp·fe·risch ['ʃœpfərɪʃ] I. *adj* creative II. *adv* creatively; *s. a.* **Augenblick, Pause**

Schöpf·kel·le *f* ladle **Schöpf·löf·fel** *m* ladle

Schöp·fung <-, -en> *f* ① *kein pl* (*Erschaffung*) creation ② (*Kreation*) creation; (*Ausdruck, Wort*) coinage ③ *kein pl* REL ■**die** ~ the Creation; *s. a.* **Herr, Krone**

Schöp·fungs·ge·schich·te *f kein pl* REL ■**die** ~ the story of the Creation

Schop·pen <-s, -> ['ʃɔpn̩] *m* ① (*Viertelliter*) quarter-litre [*or* AM -er] ② SÜDD, SCHWEIZ (*Babyfläschchen*) bottle

Schöps <-es, -e> [ʃœps] *m* ÖSTERR (*Hammel*) mutton

schor [ʃoːɐ̯] *imp von* **scheren**[1]

Schorf <-[e]s, -e> [ʃɔrf] *m* scab

Schor·le <-, -n> ['ʃɔrlə] *f* spritzer

Schorn·stein ['ʃɔrnʃtain] *m* (*Schlot*) chimney ▶WENDUNGEN: **etw in den ~ schreiben** (*fam*) to write off sth *sep*, to forget [about] sth

Schorn·stein·fe·ger(in) <-s, -> *m(f)* chimney sweep

schoss[RR], **schoß**[ALT] [ʃɔs] *imp von* **schießen**

Schoß <-es, Schöße> [ʃɔs, *pl* 'ʃøːsə] *m* ① ANAT lap; **jdn auf den ~ nehmen** to take sb on one's lap ② (*geh: Mutterleib*) womb ③ MODE (*veraltend: Rockschoß*) tail ▶WENDUNGEN: **der ~ der Erde** (*geh*) the bowels of the earth; **im ~ der Familie** in the bosom of the family; **etw fällt jdm in den ~** sth falls into sb's lap; **im ~ einer S.** *gen* (*geh*) in the close circle of a thing; *s. a.* **Abraham, Hand**

Schoß·hund *m* lapdog

Schöss·ling[RR], **Schöß·ling**[ALT] <-s, -e> ['ʃœslɪŋ] *m* shoot

Scho·te <-, -n> ['ʃoːtə] *f* pod

Schott <-[e]s, -e> [ʃɔt] *nt* NAUT bulkhead

Schot·te, Schot·tin <-n, -n> ['ʃɔtə, 'ʃɔtɪn] *m, f* Scot, Scotsman *masc*, Scotswoman *fem*; *s. a.* **Deutsche(r)**

Schot·ten·ka·ro *nt*, **Schot·ten·mus·ter** *nt* tartan **Schot·ten·rock** *m* ① (*Rock mit Schottenmuster*) tartan skirt ② (*Kilt*) kilt

Schot·ter <-s, -> ['ʃɔtɐ] *m* gravel

Schot·ter·de·cke *f* gravel surface

schot·tern ['ʃɔtɐn] *vt* ■**etw** ~ to gravel over sth

Schot·ter·stra·ße *f* gravel road

Schot·tin <-, -nen> *f fem form von* **Schotte** Scotswoman

schot·tisch ['ʃɔtɪʃ] *adj* ① (*Schottland betreffend*) Scottish; *s. a.* **deutsch 1** ② LING Scottish; *s. a.* **deutsch 2**

Schott·land ['ʃɔtlant] *nt* Scotland; *s. a.* **Deutschland**

schraf·fie·ren* [ʃra'fiːrən] *vt* ■**etw** ~ to hatch sth

Schraf·fie·rung <-, -en> *f* ① *kein pl* (*das Schraffieren*) hatching ② *s.* **Schraffur**

Schraf·fur <-, -en> [ʃra'fuːɐ̯] *f* hatching

schräg [ʃrɛːk] I. *adj* ① (*schief*) sloping; (*Position, Wuchs*) slanted; (*Linien, Streifen*) diagonal, oblique; (*Kante*) bevelled, beveled AM ② TYPO (*kursiv*) italic ③ (*fam: unharmonisch*) strident, untuneful ④ (*fam: von der Norm abweichend*) offbeat *fam*; *s. a.* **Vogel** II. *adv* ① (*schief*) at an angle, askew, at a slant; **einen Hut ~ aufsetzen** to put a hat on at a slant [*or* an angle]; **etw ~ schraffieren** to hatch sth with diagonal [*or* oblique] lines; **das Bild hängt ~** the picture is hanging askew; *s. a.* **Auge** ② TYPO (*kursiv*) in italics ③ TRANSP (*im schiefen Winkel*) **links/rechts ~ abbiegen** to bear to the left/right; ~ **abknicken** to fork off; ~ **überqueren** to cross diagonally ▶WENDUNGEN: **jdn ~ ansehen** (*fam*) to look askance at sb

Schrä·ge <-, -n> ['ʃrɛːgə] *f* ① (*schräge Fläche*) slope, sloping surface ② (*Neigung*) slant; **die ~ eines Dachs** the pitch [*or* slope] of a roof; **die ~ einer Wand** the slant of a wall

Schräg·strich *m* oblique

Schram·me <-, -n> ['ʃramə] *f* ① (*längliche Schürfwunde*) graze ② (*länglicher Kratzer*) scratch

Schram·mel·mu·sik ['ʃraml̩-] *f* MUS ÖSTERR *Viennese folk music for violins, guitar and accordion*

Schram·meln ['ʃraml̩n] *pl* MUS ÖSTERR *quartet playing Schrammelmusik*

schram·men ['ʃramən] I. *vi* ■[**über etw** *akk*] ~ to scrape [across sth] II. *vr* ■**sich** *akk* ~ to scratch oneself; **sich** *dat* **die Haut** ~ to scratch one's skin

Schrank <-[e]s, Schränke> [ʃraŋk, *pl* 'ʃrɛŋkə] *m* cupboard; *s. a.* **Tasse**

Schränk·chen <-s, -> ['ʃrɛŋkçən] *nt dim von* **Schrank** small cupboard

Schran·ke <-, -n> ['ʃraŋkə] *f* ① BAHN barrier, gate ② (*Grenze*) limit; **keine ~n kennen** to know no limits [*or* bounds]; **jdn in seine ~n weisen** [*o* **verweisen**] to put sb in their place

Schran·ken <-s, -> ['ʃraŋkn̩] *m* BAHN ÖSTERR (*Schranke 1*) [railway] gate, [railway] barrier

schran·ken·los *adj* unlimited, boundless; ■~ [**in etw** *dat*] **sein** to be boundless [*or* unlimited] [in sth]

Schran·ken·wär·ter(in) *m(f)* BAHN level-crossing attendant

Schrank·fach *nt* shelf **Schrank·kof·fer** *m* wardrobe trunk **Schrank·wand** *f* wall unit

Schrat <-[e]s, -e> [ʃraːt] *m* forest goblin

Schraub·de·ckel *m* screw lid; *Flasche* screw top

Schraub·de·ckel·öff·ner *m* screw-top opener **Schraub·de·ckel·zan·ge** *f* screw-top tongs *pl*

Schrau·be <-, -n> ['ʃraubə] *f* ① TECH screw ② NAUT propeller ③ SPORT twist ▶WENDUNGEN: **eine ~ ohne Ende sein** to be an endless circle; **bei jdm ist eine ~ locker** (*fam*) sb has a screw loose *fam*

schrau·ben ['ʃraubn̩] I. *vt* ① (*mit Schrauben befestigen*) ■**etw** [**an** [*o* **auf**] **etw** *akk*] ~ to screw sth [into/onto sth] ② (*drehen*) **etw höher/niedriger** ~ to raise/lower sth; **etw fester/loser** ~ to tighten/loosen sth; **eine Glühbirne aus der Fassung** ~ to unscrew a light bulb; **einen Schraubdeckel vom Glas** ~ to unscrew a jar ③ (*steigen lassen*) ■**etw** [**auf etw** *akk*] ~ to push sth up [to sth]; *s. a.* **Höhe II.** *vr* **sich** *akk* **nach oben** [*o* **in die Höhe**] ~ to spiral upwards [*or* into the air]

Schrau·ben·dre·her <-s, -> *m* (*geh*) *s.* **Schraubenzieher** **Schrau·ben·ge·win·de** *nt* screw thread **Schrau·ben·kopf** *m* screw head **Schrau·ben·schlüs·sel** *m* spanner [*or* AM wrench] **Schrau·ben·zie·her** <-s, -> *m* screwdriver

Schraub·fas·sung *f* screw fixture **Schraub·stock** *m* vice; **jdn wie in einem ~ umklammern** to hold sb in a vice-like grip **Schraub·ver·schluss**RR *m* screw top

Schre·ber·gar·ten ['ʃreːbɐ] *m* allotment

Schreck <-s> [ʃrɛk] *m kein pl* fright *no pl;* **jdm fährt der ~ in alle Glieder** [*o* **Knochen**] sb's legs turn to jelly *fam;* **jdm sitzt** [*o* **steckt**] **der ~ noch in allen Gliedern** [*o* **Knochen**] sb's legs are still like jelly *fam;* **einen ~ bekommen** [*o fam* **kriegen**] to take fright *form,* to get a fright *fam;* **jdm** [**mit etw** *dat*] **einen ~ einjagen** to give sb a fright [with sth]; **~ lass nach!** (*hum fam*) for goodness sake!; **auf den ~** [**hin**] to get over the fright; **vor ~** with fright

schre·cken ['ʃrɛkn̩] **I.** *vt* <schreckte, geschreckt> *haben* ■**etw schreckt jdn** sth frightens [*or* scares] sb **II.** *vi* <schrak, geschrocken> *sein* ■[**aus etw** *dat*] ~ to be startled [out of sth]

Schre·cken <-s, -> ['ʃrɛkn̩] *m* (*Entsetzen*) fright, horror; (*stärker*) terror; **~ erregend** terrifying, horrifying, horrific; **mit dem ~ davonkommen** to escape with no more than a fright; **einer S.** *dat* **den ~ nehmen** to take the fright out of sth, to make sth less frightening; **mit ~** with horror; **zu jds ~** to sb's horror; *s. a.* **Angst, Ende**

schre·ckens·bleich ['ʃrɛkn̩s'blaiç] *adj* as white as a sheet **Schre·ckens·bot·schaft** *f* horrific news **Schre·ckens·herr·schaft** *f* reign of terror **Schre·ckens·nach·richt** *f* horrifying news **Schre·ckens·vi·si·on** *f* terrifying vision

Schreck·ge·spenst *nt* bogey

schreck·haft *adj* jumpy *fam* [*or* easily startled]

Schreck·haf·tig·keit <-> *f kein pl* nervousness *no pl,* jumpiness *no pl fam*

schreck·lich ['ʃrɛklɪç] **I.** *adj* ❶ (*entsetzlich*) terrible, dreadful; ■**etwas S~es** something dreadful [*or* terrible] ❷ (*hum fam: schlimm*) terrible; ■**~ sein** to be terrible; **du bist ~!** you're terrible! **II.** *adv* ❶ (*entsetzlich*) terribly, awfully, dreadfully ❷ (*fam: sehr*) awfully, terribly; **~ gern!** I'd simply love to!

Schreck·schrau·be *f* (*pej fam*) old bag *pej fam* **Schreck·schuss**RR *m* warning shot; **einen ~** [**auf jdn**] **abgeben** to fire a warning shot [at sb] **Schreck·schuss·pis·to·le**RR *f* blank gun **Schreck·se·kun·de** *f* moment of shock **Schreck·stoff** *m* ZOOL alarm substance

schred·dern ['ʃrɛdɐn] *vt* BAU, TECH ■**etw ~** to shred sth

Schrei <-[e]s, -e> [ʃrai] *m* ❶ (*lautes Aufschreien*) scream, cry; **ein ~ der Empörung** (*geh*) a cry of indignation; **ein spitzer ~** a [piercing] shriek; **einen ~ ausstoßen** to utter a cry, to shriek; **mit einem ~** with a yell ❷ ORN, ZOOL cry; (*Esel*) bray ▸WENDUNGEN: **der letzte ~** MODE (*fam*) the latest thing *fam,* the latest style

Schreib·block <s, -blöcke> *m* writing pad

Schrei·be <-> ['ʃraibə] *f kein pl* (*fam*) writing

schrei·ben <schrieb, geschrieben> ['ʃraibn̩] **I.** *vt* ❶ (*verfassen*) ■**etw ~** to write sth ❷ (*ausstellen*) ■[**jdm**] **etw** [**über etw** *akk*] ~ to write [sb] sth [for sth]; **ich schreibe Ihnen einen Scheck über 200 Euro** I'll write you a cheque for 200 euros ❸ (*schriftlich darstellen*) to spell; **etw falsch/richtig/klein/groß ~** to spell sth wrongly/right/with small/capital letters ❹ (*geh: verzeichnen*) **was ~ wir heute für ein Datum/für einen Tag?** what date/day is it today?; **man schrieb das Jahr 1822** it was the year 1822; **rote Zahlen ~** to be in the red; **dies ist das erste Jahr, in dem wir Gewinne ~** this is the first year we have recorded a profit; *s. a.* **Gesicht, Stirn, Rechnung, Stern¹, krank, stehen II.** *vi* ❶ (*Schrift erzeugen*) to write; **schnell/langsam/mit links/rechts ~** to write quickly/slowly/left-handed/right-handed; **jd schreibt falsch/richtig** sb's spelling is wrong/correct, sb cannot/can spell correctly; ■[**mit etw** *dat*] ~ to write [with/in sth]; ■**etwas zum S~** something to write with ❷ (*schreibend arbeiten*) ■[**an etw** *dat*] ~ to be working on sth, to be writing [sth] ❸ (*einen Brief schicken*) ■**jdm** [**zu etw** *dat*] ~ to write to sb [on sth]; **du könntest ihm eigentlich zum Geburtstag ~** you might write to him on his birthday ❹ (*schriftlich mitteilen*) ■**~, dass** to write that; **in dem Artikel schreibt man, dass ...** the article says that, it is written in the article that ...; ■[**jdm**] **~, dass ...** to tell [sb] in a letter that ..., to write and tell [sb] that ... ❺ (*Verfasser sein*) ■[**für jdn/etw**] ~ to write [for sb/sth] **III.** *vr* (*geschrieben werden*) ■**sich** [**irgendwie**] ~ to be spelt [in a certain way]; **wie schreibt sich das Wort?** how do you spell that word?, how is that word spelt? ▸WENDUNGEN: **sich „von** [**und zu**]**" ~** (*fam*) to have a handle to one's name *fam*

Schrei·ben <-s, -> ['ʃraibn̩] *nt* (*geh*) letter

Schrei·ber <-s, -> ['ʃraibɐ] *m* (*fam*) pen

Schrei·ber(in) <-s, -> ['ʃraibɐ] *m(f)* (*Verfasser*) author, writer

Schrei·ber·ling <-s, -e> ['ʃraibɐlɪŋ] *m* (*pej*) scribbler

schreib·faul *adj* ■**~ sein** to be a bad letter writer, to be lazy about letter writing **Schreib·fe·der** *f* quill *old* **Schreib·feh·ler** *m* spelling mistake **Schreib·ge·rät** *nt* writing implement **schreib·ge·schützt** *adj* INFORM write-protected **Schreib·heft** *nt* exercise book, jotter BRIT **Schreib·kraft** *f* (*geh*) typist **Schreib·krampf** *m* writer's cramp **Schreib·ma·schi·ne** *f* typewriter; **~ schreiben können** to be able to type; **etw** *akk* **auf** [*o* **mit**] **der ~ schreiben** to type sth [up] **Schreib·ma·schi·nen·pa·pier** *nt* typing paper **Schreib·pa·pier** *nt* letter paper, writing paper **Schreib·po·si·ti·on** *f* writing position **Schreib·schrift** *f* script, cursive writing **Schreib·stu·be** *f* ADMIN, MIL orderly room **Schreib·tisch** *m* desk **Schreib·tisch·lam·pe** *f* desk lamp **Schreib·tisch·tä·ter(in)** *m(f)* (*pej*) mastermind behind a crime; **~ sein** to mastermind a crime **Schreib·übung** *f* writing exercise

Schrei·bung <-, -en> *f* spelling

Schreib·un·ter·la·ge *f* desk pad

Schreib·wa·ren *pl* stationery *no pl*

Schreib·wa·ren·ge·schäft *nt* stationer's **Schreib·wa·ren·händ·ler(in)** *m(f)* stationer **Schreib·wa·ren·hand·lung** *f* stationer's

Schreib·wei·se *f* ❶ (*Rechtschreibung*) spelling ❷ (*Stil*) style [of writing]

Schreib·zeug *nt* writing utensils *pl*

schrei·en <schrie, geschrie[e]n> ['ʃraiən] **I.** *vi* ❶ (*brüllen*) to yell ❷ (*fam: laut reden*) ■[**mit jdm**] ~ to shout [at sb] ❸ ORN, ZOOL (*rufen*) to cry; (*Eule*) to screech ❹ (*laut rufen*) ■[**nach jdm**] ~ to shout [for sb] ❺ (*heftig verlangen*) ■[**nach jdm/etw**] ~ to cry out [for sb/sth]; **das Kind schreit nach der Mutter** the child is crying out for its mother ❻ (*lächerlich*) **zum S~** (*fam*) a scream *fam,* a hoot *fam;* **du siehst in dem Anzug einfach zum S~ aus** you look ridiculous in that suit; *s. a.* **Hilfe, Spieß II.** *vt* (*etw brüllen*) ■**etw ~** to shout [out] sth; *s. a.* **Gesicht III.** *vr* **sich in Rage/Wut ~** to get into a rage/become angry through shouting; **sich in den Schlaf ~** to cry oneself to sleep; *s. a.* **heiser**

schrei·end *adj* ❶ (*grell*) garish, loud ❷ (*flagrant*) flagrant, glaring

Schrei·er(in) <-s, -> ['ʃraiɐ] *m(f)* (*fam*) ❶ (*lauter Mensch*) rowdy, bawler BRIT ❷ (*laut fordernder Mensch*) noisy troublemaker

Schrei·e·rei <-, -en> [ʃraiə'rai] *f* (*fam*) yelling

Schrei·e·rin <-, -nen> *f fem form von* **Schreier**

Schrei·hals *m* (*fam*) rowdy, bawler BRIT *fam* **Schrei·krampf** *m* screaming fit; **einen ~ bekommen** [*o geh* **erleiden**] [*o fam* **kriegen**] to have [*or* throw] a screaming fit

Schrein <-[e]s, -e> [ʃrain] *m* (*geh*) ❶ (*Schränkchen*) shrine ❷ (*Sarg*) coffin

Schrei·ner(in) <-s, -> ['ʃrainɐ] *m(f)* DIAL carpenter

Schrei·ne·rei <-, -en> [ʃrainə'rai] *f* TECH, BAU DIAL ❶ (*Tischlerei*) carpenter's workshop ❷ (*das Tischlern*) carpentry

schrei·nern ['ʃrainɐn] *vi, vt* DIAL to do carpentry; ■**etw** ~ to make sth

schrei·ten <schritt, geschritten> ['ʃraitn̩] *vi sein* ❶ (*geh: gehen*) ■**[irgendwohin]** ~ to stride [somewhere] ❷ (*geh: etw in Angriff nehmen*) ■**[zu etw** *dat*] ~ to proceed [with sth]; **zur Tat** ~ to get down to action [*or* work]; **zur Abstimmung** ~ to go to a vote; *s. a.* **äußerste(r,s)**, **Urne, Wahlurne**

schrie [ʃri:] *imp von* **schreien**

schrieb [ʃri:p] *imp von* **schreiben**

Schrieb <-s, -e> [ʃri:p] *m* (*fam*) missive *fam*

Schrift <-, -en> [ʃrɪft] *f* ❶ (*Handschrift*) [hand]writing ❷ (*Schriftsystem*) script ❸ TYPO (*Druckschrift*) type; (*Computer*) font ❹ (*Abhandlung*) paper; **die nachgelassenen ~en eines Autors** an author's posthumous writings [*or* works]; **die Heilige** ~ REL the [Holy] Scriptures *pl*

Schrift·art *f* type, typeface **Schrift·bild** *nt* (*von Handschrift*) script; (*von Druckschrift*) typeface **Schrift·deutsch** *nt* standard German **Schrift·form** *f* JUR writing **Schrift·füh·rer(in)** *m(f)* secretary **Schrift·ge·lehr·te(r)** *f(m) dekl wie adj* REL scribe **Schrift·grad** *m* type size; (*Computer*) font size

schrift·lich ['ʃrɪftlɪç] **I.** *adj* ❶ (*geschrieben*) written; ■**etwas S~es** something in writing ❷ (*fam: die ~e Prüfung*) ■**das S~e** the written exam [*or* test] **II.** *adv* (*durch geschriebene Mitteilung*) in writing; **ich habe mich ~ für all die Geschenke bedankt** I have written to say thank you for all the presents; **jdn ~ einladen** to send out a written invitation to sb; **etw ~ niederlegen** to put sth down in writing; **jdm etw ~ geben** to give sb sth in writing; **das kann ich dir/Ihnen ~ geben** (*iron fam*) do you want that in writing? *iron fam*

Schrift·sach·ver·stän·di·ge(r) *f(m) dekl wie adj* handwriting expert **Schrift·satz** *m* JUR legal document **Schrift·set·zer(in)** *m(f)* typesetter **Schrift·spra·che** *f* standard language

Schrift·stel·ler(in) <-s, -> ['ʃrɪftʃtɛlɐ] *m(f)* author, writer

Schrift·stel·le·rei <-> [ʃrɪftʃtɛlə'rai] *f kein pl* writing

Schrift·stel·le·rin <-, -nen> *f fem form von* **Schriftsteller**

schrift·stel·le·risch ['ʃrɪftʃtɛlərɪʃ] **I.** *adj* literary **II.** *adv* as a writer; ~ **begabt sein** to have talent as a writer

schrift·stel·lern ['ʃrɪftʃtɛlɐn] *vi* (*fam*) to try one's hand as an author *fam;* ■**das S~** writing

Schrift·stück *nt* JUR document **Schrift·ver·kehr** *m* (*geh*) correspondence; **[mit jdm] in ~ treten** to take up correspondence [with sb] **Schrift·wech·sel** *m s.* **Schriftverkehr** **Schrift·zei·chen** *nt* character **Schrift·zug** *m* ❶ (*geschriebenes Wort*) hand[writing] ❷ *meist pl* (*Charakteristik*) stroke

schrill [ʃrɪl] **I.** *adj* ❶ (*durchdringend hell*) shrill; (*Klang*) jarring ❷ (*nicht moderat*) brash; (*Farbe*) garish **II.** *adv* shrilly; ~ **auflachen** to shriek with laughter

schril·len ['ʃrɪlən] *vi* to shrill, to shriek

schritt [ʃrɪt] *imp von* **schreiten**

Schritt[1] <-[e]s, -e> [ʃrɪt] *m* ❶ (*Tritt*) step; **auf ~ und Tritt** everywhere one goes, every move one makes; **er wurde auf ~ und Tritt von ihr beobachtet** she watched his every move; **die ersten ~e machen** [*o* **tun**] to take one's first steps; **ein paar ~e [weit]** a short walk [away]; **ich gehe nur ein paar ~e spazieren** I'm only going for a short walk; **jds ~e beflügeln** to hasten sb's step; **seinen ~** [*o* **seine ~e**] **beschleunigen** (*geh*) to quicken one's step [*or* pace], to walk faster; **einen ~ [irgendwohin] gehen** [*o geh* **treten**] to take a step [somewhere]; **er trat einen ~ von der Bahnsteigkante zurück** he took a step back from the edge of the platform; **[mit jdm/etw] ~ halten** to keep up [with sb/sth]; **lange** [*o* **große**] **~e machen** to take long [*or* big] strides; **langsame/schnelle ~e machen** to walk slowly/quickly; **~ für ~** step by step; **mit großen/kleinen ~en** in big strides/small steps; **mit schleppenden ~en** dragging one's feet; **mit langsamen/schnellen ~en** slowly/quickly; **eines beschwingten ~es** (*geh*) with a spring [*or* bounce] in one's step; **eines würdevollen ~es** (*geh*) with dignity in one's step; *s. a.* **Politik** ❷ *kein pl* (*Gang*) walk, gait; **einen bestimmten ~ am Leibe haben** (*fam*) to walk in a certain way; **der hat aber auch einen ~ am Leibe!** he seems to be in a bit of a hurry!; **einen flotten** [*o* **ziemlichen**] **~ am Leibe haben** to be walking quickly [*or* at a fair pace] ❸ MODE crotch ▶ WENDUNGEN: **den zweiten ~ vor dem ersten tun** to run before one can walk

Schritt[2] <-> [ʃrɪt] *m kein pl* (*fam*) walking speed; **[im] ~ fahren** to drive at walking speed; **„~ fahren"** "dead slow"

Schritt[3] <-[e]s, -e> [ʃrɪt] *m* measure, step; **~e in die Wege leiten** to arrange for steps [*or* measures] to be taken; **der erste ~** the first step; **den ersten ~ [zu etw** *dat*] **tun** to take the first step [in sth]; **~e [gegen jdn/etw] unternehmen** to take steps [against sb/sth]

Schrittem·po[ALT] *nt getrennt: Schritt·tempo s.* **Schritttempo** **Schritt·ge·schwin·dig·keit** *f* walking speed **Schritt·ma·cher** <-s, -> *m* pacemaker

Schritt·tem·po[RR] *nt* walking pace [*or* speed]; **im ~ fahren** to drive at walking speed; **„~"** "dead slow"

schritt·wei·se **I.** *adj* gradual **II.** *adv* gradually

schroff [ʃrɔf] **I.** *adj* ❶ (*barsch*) curt, brusque ❷ (*abrupt*) abrupt ❸ (*steil*) steep **II.** *adv* ❶ (*barsch*) curtly, brusquely ❷ (*steil*) steeply

Schroff·heit <-, -en> *f* ❶ *kein pl* (*barsche Art*) curtness, brusqueness ❷ (*schroffe Äußerung*) brusque comment, curt comment

schröp·fen ['ʃrœpfn̩] *vt* ❶ (*fam: ausnehmen*) ■**jdn [um etw** *akk*] ~ to cheat [*or* BRIT *fam* diddle] sb [out of sth] ❷ MED (*mit dem Schröpfkopf behandeln*) ■**jdn** ~ to bleed [*or* cup] sb

Schröpf·kopf *m* MED cupping glass

Schrot[1] <-[e]s, -e> [ʃro:t] *m o nt kein pl* AGR coarsely ground wholemeal ▶ WENDUNGEN: **von altem** [*o* **echtem**] **~ und Korn** (*veraltend*) of the old school

Schrot[2] <-[e]s, -e> [ʃro:t] *m o nt* JAGD shot

Schrot·brot *nt* [coarse] wholemeal bread

schro·ten ['ʃro:tn̩] *vt* ■**etw** ~ to grind sth coarsely; ■**geschrotet** coarsely ground

Schrot·flin·te *f* shotgun **Schrot·ku·gel** *f* pellet **Schrot·la·dung** *f* round of shot **Schrot·pa·tro·ne** *f* shot cartridge

Schrott <-[e]s> [ʃrɔt] *m kein pl* ❶ (*Metallmüll*) scrap metal ❷ (*fam: wertloses Zeug*) rubbish *no pl*, junk *no pl;* **etw zu ~ fahren** AUTO (*fam*) to write sth off

Schrott·au·to *nt* write-off **Schrott·händ·ler(in)** *m(f)* scrap dealer [*or* merchant] **Schrott·hau·fen** *m* scrap heap **Schrott·platz** *m* scrapyard **schrott·reif** *adj* fit for the scrap heap; **etw ~ fahren** (*fam*) to write sth off **Schrott·wert** *m* scrap value

schrub·ben ['ʃrʊbn̩] **I.** *vt* ■**[jdm/sich] etw** ~ to scrub [sb's/one's] sth **II.** *vr* ■**sich** *akk* ~ to scrub oneself **III.** *vi* to scrub

Schrub·ber <-s, -> ['ʃrʊbɐ] *m* scrubbing brush

Schrul·le <-, -n> ['ʃrʊlə] *f* (*fam*) quirk

schrul·lig ['ʃrʊlɪç] *adj* (*fam*) quirky

schrum·pe·lig ['ʃrʊmpəlɪç] *adj* (*fam*) wrinkled *fam*

schrump·fen ['ʃrʊmpfn̩] *vi sein* ❶ (*einschrumpfen*) ■**[auf etw** *akk*] ~ to shrink [to sth]; (*Ballon*) to shrivel up; (*Frucht*) to shrivel, to get wrinkled; (*Muskeln*) to waste ❷ (*zurückgehen*) ■**[um/auf etw** *akk*] ~ to shrink [*or* dwindle] [by/to sth]

Schrumpf·kopf *m* shrunken head **Schrumpf·le·ber** *f* cirrhosis of the liver **Schrumpf·nie·re** *f* cirrhosis of the kidney

Schrump·fung <-, -en> *f* ❶ (*das Schrumpfen*) shrinking, contraction ❷ (*das Zurückgehen*) shrinking, dwindling

schrump·lig ['ʃrʊmplɪç] *adj s.* **schrumpelig**

Schrun·de <-, -n> ['ʃrʊndə] *f* ❶ MED (*Riss*) crack ❷ GEOG (*Spalte*) crevasse

schrun·dig ['ʃrʊndɪç] *adj* cracked; (*durch Kälte*) chapped

Schub <-[e]s, Schübe> [ʃu:p, *pl* 'ʃy:bə] *m* ❶ PHYS (*Vortrieb*)

thrust ❷ MED (*einzelner Anfall*) phase ❸ (*Antrieb*) drive ❹ (*Gruppe*) batch ❺ (*fam: Schubfach*) drawer

Schu·ber <-s, -> ['ʃu:bɐ] *m* slip case

Schub·fach *nt* drawer **Schub·haft** *f* JUR, POL detention prior to deportation **Schub·häft·ling** *m* JUR, POL deportee **Schub·kar·re** *f*, **Schub·kar·ren** *m* wheelbarrow **Schub·kraft** *f* PHYS *s.* **Schub 1** **Schub·la·de** <-, -n> ['ʃu:pla:də] *f* drawer ▸WENDUNGEN: **für die ~** for nothing; **in der ~** not acted upon **Schub·leh·re** *f* vernier calliper

Schubs <-es, -e> [ʃʊps] *m* (*fam*) shove *fam;* **jdm einen ~ geben** to give sb a shove [*or* push]

schub·sen ['ʃʊpsn̩] *vt* (*fam*) ❶ (*anstoßen*) ■**jdn ~** to shove *fam* [*or* push] sb ❷ (*stoßen*) ■**jdn [irgendwohin/von etw** *dat*] ~ to shove *fam* [*or* push] sb [somewhere/from sth]

schub·wei·se *adv* ❶ MED in phases ❷ (*in Gruppen*) in batches

schüch·tern ['ʃʏçtɐn] *adj* ❶ (*gehemmt*) shy ❷ (*zaghaft*) timid; (*Versuch*) half-hearted

Schüch·tern·heit <-> *f kein pl* shyness

schuf [ʃu:f] *imp von* **schaffen**[1]

Schu·fa <-> ['ʃu:fa] *f kein pl Akr von* **Schutzgemeinschaft für allgemeine Kreditsicherung** credit investigation bureau

Schuft <-[e]s, -e> [ʃʊft] *m* (*pej*) rogue *pej,* villain *pej*

schuf·ten ['ʃʊftn̩] *vi* (*fam*) ■**[für jdn/an etw** *dat*] ~ to slave away [for sb/at sth]; ■**das S~** slaving away, drudgery

Schuf·te·rei <-, -en> [ʃʊftə'rai] *f* (*fam*) drudgery, hard graft *fam*

Schuh <-[e]s, -e> [ʃu:] *m* shoe ▸WENDUNGEN: **umgekehrt wird ein ~ draus** (*fam*) it's quite the opposite; **jd weiß, wo jdn der ~ drückt** (*fam*) sb knows what's bothering sb *fam;* **wo drückt der ~?** (*fam*) what's bothering you? *fam;* **jdm etw in die ~e schieben** (*fam*) to put the blame for sth on sb

Schuh·ab·satz *m* heel [of a/one's shoe] **Schuh·ab·tei·lung** *f* shoe department **Schuh·an·zie·her** <-s, -> *m s.* **Schuhlöffel** **Schuh·bän·del** <-s, -> *m* SÜDD, SCHWEIZ (*Schnürsenkel*) shoelace **Schuh·bürs·te** *f* shoe brush **Schuh·creme** *f* shoe polish **Schuh·ein·la·ge** *f* insole, inner sole **Schuh·fa·brik** *f* shoe factory **Schuh·ge·schäft** *nt* shoe shop **Schuh·grö·ße** *f* shoe size **Schuh·her·stel·ler** *f* shoe manufacturer **Schuh·la·den** *m* shoe shop **Schuh·löf·fel** *m* shoehorn **Schuh·ma·cher(in)** <-s, -> ['ʃu:maxɐ] *m(f)* shoemaker **Schuh·num·mer** *f* shoe size **Schuh·platt·ler** <-s, -> ['ʃu:platlɐ] *m* ÖSTERR, SÜDD *Bavarian folk dance, involving alternate slapping of the knees, shoe heels and Lederhosen* **Schuh·pro·duk·ti·on** *f* shoe production **Schuh·put·zer(in)** <-s, -> *m(f)* shoeshine boy/girl **Schuh·putz·mit·tel** *nt* shoe polish **Schuh·putz·zeug** <-[e]s, -e> *nt meist sing* shoe cleaning kit **Schuh·rie·men** *m s.* **Schnürsenkel** **Schuh·soh·le** *f* sole [of a/one's shoe] **Schuh·span·ner** *m* shoetree

Schu·ko·ste·cker® ['ʃu:koʃtɛkɐ] *m* safety plug

Schul·ab·bre·cher(in) ['ʃu:l-] *m(f)* SCH high school dropout **Schul·ab·gän·ger(in)** <-s, -> *m(f)* (*geh*) school-leaver **Schul·al·ter** *nt* school age; **ins ~ kommen** to reach school age; **im ~** school-age **Schul·amt** *nt* education authority **Schul·an·fang** *m* beginning of term **Schul·an·fän·ger(in)** *m(f) child who has just started school* **Schul·ar·beit** *f* SCH ❶ *meist pl* (*Hausaufgaben*) homework *no pl;* **die/seine ~en machen** to do one's homework ❷ ÖSTERR (*Klassenarbeit*) [class] test **Schul·arzt, -ärz·tin** *m, f* school doctor **Schul·auf·ga·be** *f* ❶ *pl s.* **Schularbeiten 1** ❷ SÜDD *s.* **Schularbeit 2** **Schul·bank** *f* school desk; **die ~ drücken** (*fam*) to go to school **Schul·be·ginn** *m s.* **Schulanfang** **Schul·bei·spiel** *nt* ■**ein ~ [für etw** *akk*] a classic example [of sth]; ■**ein ~ dafür, wie ...** a classic example of how ... **Schul·be·such** *m* (*geh*) school attendance **Schul·bil·dung** *f kein pl* school education *no pl* **Schul·buch** *nt* school book, textbook **Schul·buch·ver·lag** *m* educational publisher **Schul·bus** *m* school bus

schuld [ʃʊlt] *adj* ■**[an etw** *dat*] ~ **sein** to be to blame [for sth]; ■**jd ist ~, dass/wenn etw geschieht** sb is to blame [*or* it is sb's fault] that/when sth happens

Schuld[1] <-> [ʃʊlt] *f kein pl* ❶ (*Verschulden*) fault *no pl,* blame *no pl;* ■**die ~ [an etw** *dat*] the blame [for sth]; **beide trifft die ~ am Scheitern der Ehe** both carry the blame for the break-up of the marriage; **jdm/einer S. [die] ~ [an etw** *dat*] **geben** to blame sb/sth [for sth], to put the blame [for sth] on sb/a thing, to blame sb/sth [for sth]; **~ [an etw** *dat*] **haben** to be [the one] to blame [for sth]; **jdm die ~ [an etw** *dat*] **zuschieben** to blame sb [for sth]; **jdm/einer S. die ~ [daran] geben, dass ...** to blame sb/a thing, that ...; **es ist jds ~, dass/wenn etw geschieht** it is sb's fault that/when sth happens; **~ auf sich** *akk* **laden** (*geh*) to burden oneself with guilt; **die ~ [für etw** *akk*] **liegt bei jdm** sb is to blame [for sth]; **die ~ [an etw** *dat*] **auf sich** *akk* **nehmen** to take [*or* accept] the blame [for sth]; **jdn trifft keine ~ [an etw** *dat*] sb is not to blame [for sth] ❷ (*verschuldete Missetat*) ~ **und Sühne** guilt and atonement; **durch jds ~** due to sb's fault; **nur durch deine ~ habe ich den Zug verpasst** it's your fault that I missed the train; **durch wessen ~ das passiert ist, lässt sich schwer sagen** it's difficult to say whose fault it was; **in jds** *dat* **~ stehen** (*geh*) to be indebted to sb

Schuld[2] <-, -en> [ʃʊlt] *f meist pl* FIN (*Zahlungsverpflichtung*) debt, indebtedness; **~en haben** to have debts, to be in debt; **~en machen** to build up debts, to go into debt ▸WENDUNGEN: **mehr ~en als Haare auf dem Kopf haben** (*fam*) to be up to one's ears in debt *fam*

Schuld·be·kennt·nis *nt* confession; **ein ~ [gegenüber jdm] ablegen** to confess [to sb] **schuld·be·wusst**[RR] **I.** *adj* (*Mensch*) guilt-ridden; (*Gesicht, Miene, Schweigen*) guilty; ■**~ sein** to have a guilty conscience **II.** *adv* guiltily **Schuld·be·wusst·sein**[RR] *nt* guilty conscience

schul·den ['ʃʊldn̩] *vt* ❶ (*zahlen müssen*) ■**jdm etw [für etw** *akk*] ~ to owe sb sth [for sth] ❷ (*verpflichtet sein*) ■**jdm etw ~** to owe sb sth

Schul·den·dienst *m* debt service **schul·den·frei** *adj* ■**~ sein** to be free of debt; (*Besitz*) to be unmortgaged **Schul·den·kri·se** *f* debt crisis **Schul·den·stand** *m* level of debt

Schuld·fra·ge *f* JUR question of guilt **Schuld·ge·fühl** *nt* feeling of guilt

schuld·haft I. *adj* JUR culpable **II.** *adv* culpably

Schul·dienst *m kein pl* schoolteaching *no pl;* **in den ~ gehen** to go into school-teaching; **im ~ [tätig] sein** to be a teacher [*or* in the teaching profession]

schul·dig ['ʃʊldɪç] **I.** *adj* ❶ (*verantwortlich*) to blame; ■**der an etw** *dat* **~e Mensch** the person to blame for sth ❷ JUR guilty; ■**[einer S.** *gen*] ~ **sein** to be guilty [of sth]; **sich ~ bekennen** to plead guilty; **jdn einer S.** *gen* **für ~ befinden** [*o* **erklären**] JUR to find sb guilty of sth; **sich einer S.** *gen* **~ machen** JUR to be guilty of sth ❸ (*geh: gebührend*) due; **jdm die ihm ~e Anerkennung geben** to give sb his/her due recognition ❹ (*zahlungspflichtig*) ■**jdm etw ~ sein** to owe sb sth ❺ (*verpflichtet*) ■**jdm/einer S. etw ~ sein** to owe sb/sth sth ▸WENDUNGEN: **jdm nichts ~ bleiben** to give [sb] as good as one gets **II.** *adv* JUR (*hist*) ~ **geschieden sein/werden** to be/become the guilty party in a divorce

Schul·di·ge(r) *f(m) dekl wie adj* guilty person

Schul·dig·keit <-> *f kein pl* duty; **seine ~ getan haben** to have met one's obligations; **seine ~ tun** to do one's duty; *s. a.* **Pflicht**

schul·dig|spre·chen[RR] *vt irreg* JUR **jdn ~** to find sb guilty

schuld·los I. *adj* blameless; ■**~ [an etw** *dat*] **sein** to be blameless, to have no blame in sth **II.** *adv* blamelessly; ~ **geschieden werden/sein** JUR (*hist*) to become/be the blameless party in a divorce

Schuld·ner(in) <-s, -> ['ʃʊldnɐ] *m(f)* debtor

Schuld·ner·land *nt* debtor nation

Schuld·schein *m* promissory note

Schuld·spruch *m* JUR verdict of guilty

Schuld·ver·schrei·bung *m* debenture bond

Schuld·zu·wei·sung *f* accusation
Schu·le <-, -n> ['ʃuːlə] *f* ❶ SCH (*Lehranstalt*) school; **höhere** ~ grammar school; **hohe** ~ haute école; **zur** [*o* **auf die**] [*o* **in die**] ~ **gehen** to go to school; **von der** ~ **abgehen** to leave school; **an der** ~ **sein** (*fam*) to be a schoolteacher; **in die** ~ **kommen** to start school; **auf** [*o* **in**] **der** ~ at [*or* in] school ❷ (*Schulgebäude*) school ❸ (*Unterricht*) school; **morgen ist keine** ~ there is no school tomorrow; **die** ~ **ist aus** school is out ❹ (*Schüler und Lehrer*) school ❺ (*geh: bestimmte Richtung*) school; **der alten** ~ of the old school ▶ WENDUNGEN: **durch eine harte** ~ **gehen** (*geh*) to learn the hard way; **die hohe** ~ **einer S.** *gen* (*geh*) the perfected art of a thing; ~ **machen** to catch on *fam;* **aus der** ~ **plaudern** to spill the beans *sl*
schu·len ['ʃuːlən] **I.** *vt* ■**jdn/etw** ~ to train sb/sth **II.** *vi* to give lessons
Schul·ent·las·sung *f* school-leaving
Schü·ler(in) <-s, -> ['ʃyːlɐ] *m(f)* ❶ SCH schoolboy *masc,* schoolgirl *fem* ❷ (*Adept*) pupil
Schü·ler·aus·tausch *m* school exchange **Schü·ler·aus·weis** *m* school identity card
Schü·le·rin <-, -nen> *f fem form von* **Schüler** schoolgirl
Schü·ler·lot·se, -lot·sin *m, f* lollipop man *masc* BRIT, lollipop lady *fem* BRIT, crossing guard AM **Schü·ler·mit·ver·wal·tung** *f* school council
Schü·ler·schaft <-, -en> *f* (*geh*) pupils *pl*
Schü·ler·spra·che *f* school slang **Schü·ler·zei·tung** *f* school newspaper
Schul·fach *nt* [school] subject **Schul·fe·ri·en** *pl* school holidays *pl,* summer vacation AM **Schul·fern·se·hen** *nt* schools' programmes BRIT [*or* AM programs] *pl* **schul·frei** *adj* ■**an** [*o* **am**] **... ist** ~ there is no school on ...; **an Feiertagen ist** ~ there is no school on public holidays; [**an** [*o* **am**]] ~ **haben** not to have school [on] **Schul·freund(in)** *m(f)* schoolfriend **Schul·funk** *m* schools' radio **Schul·ge·bäu·de** *nt* school building **Schul·ge·brauch** *m* **für den** ~ for use in schools **Schul·geld** *nt* SCH school fees *pl* ▶ WENDUNGEN: **jdn kann sich** *dat* **sein** ~ **wiedergeben lassen** (*fam*) school was a waste of time for sb *fam* **Schul·heft** *nt* exercise book **Schul·hof** *m* school playground
schu·lisch ['ʃuːlɪʃ] **I.** *adj* ❶ (*die Schule betreffend*) school *attr;* ~**e Angelegenheiten** school matters ❷ (*den Unterricht betreffend*) at school; ~**e Leistungen**/~**es Verhalten** performance/behaviour [*or* AM -or] at school **II.** *adv* at school; ~ **versagen** to fail [*or* be a failure] at school
Schul·jahr *nt* SCH ❶ (*Zeitraum*) school year ❷ (*Klasse*) year **Schul·jun·ge** *m* (*veraltend: Schüler*) schoolboy ▶ WENDUNGEN: **jd behandelt jdn wie einen** [**dummen**] ~**n** sb treats sb like a little boy **Schul·ka·me·rad(in)** *m(f)* (*veraltend*) school friend **Schul·kennt·nis·se** *pl* SCH school knowledge *no pl* **Schul·kind** *nt* schoolchild **Schul·kin·der·gar·ten** *m* pre-school playgroup **Schul·klas·se** *f* (*geh*) [school] class **Schul·land·heim** *nt state-run boarding school in the country used for school trips* **Schul·lei·ter(in)** *m(f)* (*geh*) headmaster/headmistress BRIT, principal AM **Schul·lei·tung** *f* SCH school administration **Schul·mäd·chen** *nt* (*veraltend*) schoolgirl **Schul·map·pe** *f* satchel **Schul·me·di·zin** *f* orthodox medicine **Schul·meis·ter** *m* (*veraltet*) schoolmaster *dated* **schul·meis·ter·lich** *adj* (*pej*) schoolmasterish **schul·meis·tern** *vt* (*pej*) to lecture; ■**jdn schulmeistern jdn** ~ to lecture sb **Schul·pflicht** *f kein pl* compulsory school attendance **schul·pflich·tig** *adj* school-age, of school age; ~ **sein** to be required to attend school **Schul·ran·zen** *m* satchel **Schul·rat, -rä·tin** *m, f* schools inspector **Schul·re·form** *f* educational reform **Schul·schiff** *nt* NAUT training ship **Schul·schluss**[RR] *m kein pl* end of school **Schul·spre·cher(in)** *m(f)* head boy BRIT **Schul·stress**[RR] *m* stress at school **Schul·stun·de** *f* period, lesson **Schul·tag** *m* schoolday **Schul·ta·sche** *f s.* **Schulmappe**
Schul·ter <-, -n> ['ʃʊltɐ] *f* ❶ ANAT shoulder; **mit gebeugten/hängenden** ~**n** with hunched shoulders/with a slouch; **mit gebeugten/hängenden** ~**n gehen/dasitzen** to slouch; **jdm auf die** ~ **klopfen** to tap sb on the shoulder; (*anerkennend*) to give sb a slap on the shoulder; **die** ~**n hängen lassen** to let one's shoulders droop; (*niedergeschlagen*) to hang one's head; **mit den** ~**n zucken** to shrug one's shoulders ❷ MODE (*Schulterpartie*) shoulder ❸ KOCHK shoulder ▶ WENDUNGEN: **jd zeigt jdm die kalte** ~ (*fam*) sb gives sb the cold shoulder; **jd nimmt etw auf die leichte** ~ (*fam*) sb takes sth very lightly, sb doesn't take sth very seriously; **etw ruht auf jds** ~**n** *dat* sth rests on sb's shoulders; ~ **an** ~ shoulder to shoulder; (*gemeinsam*) side by side
Schul·ter·blatt *nt* shoulder blade **schul·ter·frei** *adj* off the shoulder *pred* **Schul·ter·ge·lenk** *nt* shoulder joint **Schul·ter·gür·tel** *m* ANAT pectoral girdle **Schul·ter·hö·he** *f* **bis** [**in**] ~ up to shoulder height; **in** ~ to shoulder height **Schul·ter·klap·pe** *f* epaulette **schul·ter·lang I.** *adj* shoulder-length **II.** *adv* shoulder-length; **das Haar** ~ **tragen** to wear one's hair shoulder-length
schul·tern ['ʃʊltɐn] *vt* **etw** ~ to shoulder sth
Schul·ter·pols·ter *nt* shoulder pad **Schul·ter·schluss**[RR] *m* SCHWEIZ solidarity **Schul·ter·sieg** *m* SPORT fall **Schul·ter·stück** *nt* ❶ MIL epaulette ❷ KOCHK piece of shoulder
Schul·tes ['ʃʊltəs] *m* POL (*iron fam: Bürgermeister*) mayor
Schul·trä·ger *m* (*geh*) *institution supporting a public or private school* **Schul·tü·te** *f colourfully decorated cardboard cone filled with sweets and small gifts, given to children on their very first day of school*
Schu·lung <-, -en> *f* training; (*von Gedächtnis, Auffassungsgabe*) schooling
Schul·un·ter·richt *m kein pl* (*geh*) school lessons *pl* **Schul·ver·sa·gen** *nt* failure at school **Schul·weg** *m* way to/from school; **auf dem** ~ on the way to school **Schul·we·sen** *nt kein pl* school system **Schul·zeit** *f kein pl* schooldays *pl* **Schul·zeug·nis** *nt* (*geh*) school report BRIT, report card AM
schum·meln ['ʃʊml̩n] *vi* (*fam*) to cheat; **bei einem Spiel/einer Klassenarbeit** ~ to cheat at a game/in a test
schum·me·rig ['ʃʊmərɪç], **schumm·rig** ['ʃʊmrɪç] *adj* ❶ (*schwaches Licht gebend*) weak ❷ (*schwach beleuchtet*) dim
Schund <-[e]s> [ʃʊnt] *m kein pl* (*pej*) trash *no pl,* rubbish *no pl;* **das ist wirklich der letzte** ~ that really is a load of rubbish [*or* trash]
Schund- *in Komposita* (*pej*) trashy; ~**literatur/-roman** trash, trashy literature/novel, pulp fiction
schun·keln ['ʃʊŋkl̩n] *vi* to sway rhythmically with linked arms
Schup·fer <-s, -> ['ʃʊpfɐ] *m* ÖSTERR, SCHWEIZ, SÜDD shove
Schup·pe <-, -n> ['ʃʊpə] *f* ❶ ZOOL scale ❷ *pl* MED dandruff *no pl* ▶ WENDUNGEN: **jdm fällt es wie** ~**n von den Augen** the scales fall from sb's eyes
schup·pen ['ʃʊpn̩] **I.** *vt* KOCHK **etw** ~ to remove the scales from sth **II.** *vr* ❶ (*unter schuppender Haut leiden*) **sich** ~ to peel [*or* be peeling] ❷ (*sich abschuppen*) **sich** ~ to flake
Schup·pen <-s, -> ['ʃʊpn̩] *m* ❶ (*Verschlag*) shed ❷ (*fam: Lokal*) joint *sl,* dive *pej sl*
Schup·pen·flech·te *f* MED psoriasis **Schup·pen·tier** *nt* scaly anteater
schup·pig ['ʃʊpɪç] **I.** *adj* ❶ (*Schuppen aufweisend*) scaly; (*Haut*) flaky ❷ (*Kopfschuppen aufweisend*) ~**e Haare haben** to have dandruff **II.** *adv* **sich** ~ **ablösen**/~ **abblättern** to flake [off]
Schur <-, -en> [ʃuːɐ̯] *f* shearing
schü·ren ['ʃyːrən] *vt* ❶ (*anfachen*) **etw** ~ to poke sth ❷ (*anstacheln*) **etw** [**bei jdm**] ~ to stir sth up in sb, to fan the flames of sth [in sb]
schür·fen ['ʃʏrfn̩] **I.** *vi* ❶ (*graben*) [**nach etw** *dat*] ~ to dig [for

sth] ② (*schleifen*) **über etw** *akk* ~ to scrape across sth **II.** *vt* **etw** ~ to mine sth **III.** *vr* **sich** *dat* **etw** ~ to graze one's sth; **sich** *akk* ~ to graze oneself; **sich** *akk* **am Knie** ~ to graze one's knee

Schụ̈rf·wun·de *f* graze

Schü̱r·ha·ken *m* poker

Schur·ke <-n, -n> ['ʃʊrkə] *m* (*veraltend*) scoundrel *dated*

schur·kisch ['ʃʊrkɪʃ] *adj* (*veraltend*) despicable

Schu̱r·wol·le *f* virgin wool; **„reine ~"** "pure new wool"; **aus ~** made from pure new wool

Schurz <-es, -e> [ʃʊrts] *m* apron

Schür·ze <-, -n> ['ʃʏrtsə] *f* MODE apron; (*mit Latz*) pinafore, pinny BRIT *fam* ▶WENDUNGEN: **jd hängt jdm an der ~** (*fam*) sb is tied to sb's apron strings

schür·zen ['ʃʏrtsn̩] *vt* (*geh*) **etw ~** to gather sth up

Schụ̈r·zen·jä·ger *m* (*fam*) philanderer

Schuss^{RR} <-es, Schüsse> *m*, **Schuß**^{ALT} <-sses, Schüsse> [ʃʊs, *pl* 'ʃʏsə] *m* ① (*Ab- o Einschuss*) shot; **ein scharfer ~** a shot using live ammunition; **einen ~** [*o* **Schüsse**] **auf jdn/etw abgeben** to fire a shot [*or* shots] at sb/sth ② (*Patrone*) round; **zehn ~** [*o* **Schüsse**] ten shots [*or* rounds] ③ (*Spritzer*) splash; **Cola mit einem ~ Rum** cola with a splash of rum ④ FBALL (*geschossener Ball*) shot ⑤ (*sl: Drogeninjektion*) shot; **sich** *dat* **den goldenen ~ setzen** to OD *sl* [*or* overdose]; **sich** *dat* **einen ~ setzen** to give oneself a shot, to shoot up *sl* ▶WENDUNGEN: **ein ~ vor den Bug** a warning signal; **einen ~ vor den Bug bekommen** to receive a warning signal; **jdm einen ~ vor den Bug setzen** [*o* **geben**] to give sb a warning signal; **ein ~ in den Ofen** (*sl*) a dead loss *sl;* **keinen ~ Pulver wert sein** (*fam*) not to be worth tuppence [*or* AM a dime] *fam;* **ein ~ ins Schwarze** (*fam*) a bull's eye *fam;* **weit vom ~ sein** [*o* **weitab vom ~ liegen**] (*fam*) to be miles away; **zum ~ kommen** (*fig*) to have a chance to do sth, to get a look-in; **in ~** (*fam*) in top shape; **mit ~** with a shot (*of alcohol*)

schụss·be·reit^{RR} *adj inv* ① (*feuerbereit*) *Waffe* ready to fire *pred,* ready for firing *pred,* cocked ② (*zum Schießen bereit*) ready to fire *pred;* **sich ~ machen** to prepare [*or* get ready] to fire

Schus·sel <-s, -> ['ʃʊsl̩] *m* (*fam*) clumsy clot [*or* AM oaf] *fam*

Schüs·sel <-, -n> ['ʃʏsl̩] *f* ① (*große Schale*) bowl, dish; **etw aus dem Kochtopf in eine ~ umfüllen** to transfer sth from a saucepan into a bowl; **eine ~ Reis** *gen* a bowl of rice; **vor lee·ren ~n sitzen** to have nothing to eat ② (*Waschschüssel*) washbasin ③ (*Satellitenschüssel*) [satellite] dish ④ (*WC-Becken*) toilet bowl [*or* pan]

schus·se·lig ['ʃʊsəlɪç] *adj s.* **schusslig**

Schụ·se·lig·keit <-, -en> *f* ① *kein pl* (*fam: Fahrigkeit*) daftness *no pl* ② (*fahrige Handlung*) clumsiness *no pl*

Schụss·fahrt^{RR} *f* SKI schuss

schuss·lig^{RR} ['ʃʊslɪç] *adj* (*fam*) scatterbrained

Schụss·li·nie^{RR} [-liːniə] *f* line of fire; **sich in die ~ begeben** to put oneself in the firing line *fig;* **in jds ~ geraten** *akk* to come under fire from sb *fig* **Schụss·ver·let·zung**^{RR} *f* MED gunshot [*or* bullet] wound **Schụss·waf·fe**^{RR} *f* firearm[s *pl*]; **von der ~ Gebrauch machen** to use a firearm **Schụss·waf·fen·ge·brauch**^{RR} *m* (*geh*) use of firearms **Schụss·wech·sel**^{RR} *m* exchange of fire **Schụss·wei·te**^{RR} *f* range [of fire]; **sich in/außer ~ befinden** to be within/out of range **Schụss·wun·de**^{RR} *f s.* **Schussverletzung**

Schus·ter(in) <-s, -> ['ʃuːstɐ] *m(f)* (*Schuhmacher*) shoemaker, cobbler *esp dated* ▶WENDUNGEN: **~, bleib bei deinen Leisten!** (*prov*) cobbler, keep [*or* stick] to your last! *prov;* **auf ~s Rappen** (*hum*) on Shanks's pony

Schutt <-[e]s> [ʃʊt] *m kein pl* rubble *no indef art;* **„~ abladen verboten"** "no tipping [*or* dumping]" ▶WENDUNGEN: **etw in ~ und Asche legen** to reduce sth to rubble [*or* raze sth to the ground]; **in ~ und Asche liegen** to be [*or* lie] in ruins

Schụtt·ab·la·de·platz *m* [rubbish [*or* AM garbage]] dump [*or* BRIT tip]

Schụ̈t·tel·frost *m* MED [violent] shivering fit **Schụ̈t·tel·läh·mung** *f* Parkinson's disease

schüt·teln ['ʃʏtl̩n] **I.** *vt* ① (*rütteln*) ■**etw/jdn ~** to shake sth/sb; **das Obst vom Baum ~** to shake fruit from a tree; *s. a.* **Hand, Kopf** ② (*erzittern lassen*) ■**etw schüttelt jdn** sth makes sb shiver; **das Fieber schüttelte sie** she was racked with fever **II.** *vi* to shake; **verneinend mit dem Kopf ~** to shake one's head; **verwundert mit dem Kopf ~** to shake one's head in amazement **III.** *vr* ■**sich** [**vor etw** *dat*] **~** to shudder at the thought [of sth]; **sich vor Kälte ~** to shake [*or* shiver] with [the] cold; **sich vor Lachen ~** to laugh one's head off **IV.** *vi impers* ■**es schüttelt jdn** sb shudders; **es schüttelte sie vor Ekel** she shuddered with disgust

Schụ̈t·tel·reim *m* ≈ deliberate spoonerism **Schụ̈t·tel·rut·sche** *f* TECH shaking chute

schüt·ten ['ʃʏtn̩] **I.** *vt* ① (*kippen*) ■**etw** [**irgendwohin**] **~** to tip sth [somewhere]; **sie schüttete das Mehl in eine Schüssel** she poured the flour into a bowl ② (*gießen*) ■**etw** [**irgendwohin**] **~** to pour sth [somewhere] ③ (*fam: begießen*) ■**jdm/sich etw irgendwohin schütten** to pour sb/oneself sth somewhere; **sich Wein ins Glas schütten** to pour wine into one's glass *fam* **II.** *vi* ■**es schüttet** *impers* (*fam*) it's pouring [down] [*or* BRIT bucketing down], it's tipping [it] down BRIT *fam*

schüt·ter ['ʃʏtɐ] *adj* ① (*nicht dicht*) **~es Haar** thin, sparse hair ② (*schwach*) weak, puny; **mit ~er Stimme** in a thin voice

Schụtt·hal·de *f* pile [*or* heap] of rubble **Schụtt·hau·fen** *m* pile [*or* heap] of rubble

Schụ̈tt·stein *m* SCHWEIZ sink

Schutz <-es, -e> [ʃʊts] *m* ① *kein pl* (*Sicherheit gegen Schaden*) protection; ■**~ vor** *dat* [*o* **gegen**] **etw** protection against [*or* from] sth; **~ vor dem Regen suchen** to seek shelter from the rain; **irgendwo ~ suchen** to seek refuge [*or* shelter] somewhere; **im ~[e] der Dunkelheit** under cover of darkness; **zum ~ der Augen** to protect the eyes; **zum ~ gegen** [*o* **vor**] **Ansteckung** to protect from [*or* against] infection, as a safeguard against infection; MIL cover; **unter dem ~ des Artilleriefeuers** under artillery cover ② *kein pl* (*Absicherung*) protection; ■**der ~ von Personen/Sachen** [**vor jdm/etw**] the protection of people/things [against [*or* from] sb/sth]; **den ~ des Gesetzes genießen** to enjoy the protection of law; **zu jds ~** for sb's own protection ③ *kein pl* (*Beistand*) protection; **~ suchend** seeking refuge *pred;* **jdn jds** *dat* **~ anvertrauen** to entrust sb to sb's care; **sich** *akk* **in jds** *akk* **~ begeben** to place oneself under the protection of sb [*or* sb's protection]; **~ bieten** [*o* **gewähren**] to offer protection; **jdn um** [**seinen**] **~ bitten** to ask sb for protection; **jdn** [**vor jdm/etw**] **in ~ nehmen** to defend sb [against sb/sth], to protect sb [from [*or* against] sb/sth], to stand up for sb [against sb/sth]; **unter jds** *dat* **~ stehen** to be under the protection of sb [*or* sb's protection]; **jdn unter polizeilichen ~ stellen** to put sb under police protection; **jdm ~ zusichern** to guarantee sb protection ④ TECH protector, protecting device; (*Panzer*) armour [*or* AM -or]

Schụtz·an·strich *m* protective coat[ing *no pl*] **Schụtz·an·zug** *m* protective clothes *npl* [*or* clothing *no indef art, no pl*] **schụtz·be·dürf·tig** *adj* in need of protection *pred* **Schụtz·be·haup·tung** *f* self-serving declaration **Schụtz·blech** *nt* mudguard; *Mähdrescher, Rasenmäher* guard plate **Schụtz·brief** *m* [international] travel insurance **Schụtz·bril·le** *f* protective goggles *npl* **Schụtz·dach** *nt* BAU shelter; *Hauseingang* porch

Schüt·ze, Schüt·zin <-n, -n> ['ʃʏtsə, 'ʃʏtsɪn] *m, f* ① (*Mitglied eines Schützenvereins*) member of a shooting [*or* rifle] club ② SPORT (*Schießsportler*) marksman/markswoman; (*beim Fußball*) scorer ③ JAGD hunter ④ MIL private, rifleman ⑤ *kein pl* ASTROL Sagittarius; [**ein**] **~ sein** to be a Sagittarian

schüt·zen ['ʃʏtsn̩] **I.** *vt* ❶ (*beschirmen*) ■**jdn [vor jdm/etw]** ~ to protect sb [against [*or* from] sb/sth]; ■**sich [vor etw** *dat* [*o* **gegen etw]]** ~ to protect oneself [against sth]; **Gott schütze dich!** may the Lord protect you! ❷ (*geschützt aufbewahren*) ■**etw [vor etw** *dat*] ~ to keep sth away from sth; **das Öl ist vor Sonnenlicht zu** ~ this oil must be kept away from [*or* out of] [direct] sunlight ❸ (*unter Naturschutz stellen*) ■**etw/Tiere** ~ to place a protection order on sth/animals [*or* protect sth/animals by law]; **geschützte Pflanzen** protected plants ❹ (*patentieren*) ■**etw** ~ *dat* to patent sth [*or* protect sth by patent]; **ein Firmensignet ~ lassen** to copyright [*or* register] a company logo [*or* protect a company logo by copyright]; **gesetzlich geschützt** registered [as a trade mark]; **patentrechtlich** [*o* **durch das Patentrecht**] **geschützt** protected by patent, patented; **urheberrechtlich** [*o* **durch das Urheberrecht**] **geschützt** protected by copyright, copyright[ed] **II.** *vi* ■**[vor etw** *dat* [*o* **gegen etw]]** ~ to provide [*or* offer] [*or* give] protection [from [*or* against] sth]

schüt·zend *adj* protective; **vor dem Gewitter suchten die Wanderer Zuflucht unter einem ~en Baum** the walkers sheltered [*or* sought shelter] from the storm under a tree; *s. a.* **Hand**

Schüt·zen·fest *nt* rifle [*or* shooting] club['s] festival **Schüt·zen·fisch** *m* ZOOL archerfish

Schutz·en·gel *m* REL guardian angel; **einen [guten] ~ haben** to have a [special] guardian angel looking over one

Schüt·zen·gra·ben *m* MIL trench **Schüt·zen·haus** *nt* rifle [*or* shooting] club clubhouse **Schüt·zen·hil·fe** *f* support; **jdm [bei etw] ~ geben** to support sb [*or* back sb up] [in sth] **Schüt·zen·kö·nig(in)** *m(f)* champion marksman [at a Schützenfest] **Schüt·zen·pan·zer** *m* MIL armoured [*or* AM -ored] personnel carrier **Schüt·zen·ver·ein** *m* rifle [*or* shooting] club

Schutz·far·be *f* protective coat[ing] **Schutz·film** *m* protective varnish **Schutz·frist** *f* JUR term [*or* period] of copyright, copyright term [*or* period] **Schutz·ge·bühr** *f* ÖKON token [*or* nominal] charge **Schutz·geld** *nt* (*euph*) protection money *no pl* **Schutz·geld·er·pres·sung** *f* extortion of protection money **Schutz·git·ter** *nt* protective grille **Schutz·hau·be** *f* protective cover **Schutz·hei·li·ge(r)** *f(m)* REL patron saint **Schutz·helm** *m* protective [*or* safety] helmet, hard hat **Schutz·hül·le** *f* *s.* **Schutzumschlag Schutz·hüt·te** *f* shelter **schutz·imp·fen** ['ʃʊtsʔɪmpfn̩] *vt* MED ■**jdn [gegen etw]** ~ to vaccinate [*or* inoculate] sb [against sth] **Schutz·imp·fung** *f* MED vaccination, inoculation

Schüt·zin <-, -nen> *f fem form von* **Schütze**

Schutz·kon·takt *m* ELEK protective [*or* BRIT earthing] contact, ground AM

Schütz·ling <-s, -e> ['ʃʏtslɪŋ] *m* ❶ (*Protegé*) protégé ❷ (*Schutzbefohlene*) charge

schutz·los I. *adj* defenceless [*or* AM -seless] **II.** *adv* **jdm ~ ausgeliefert** [*o* **preisgegeben**] **sein** to be at the mercy of sb, to be at sb's mercy

Schutz·macht *f* POL protecting power **Schutz·mar·ke** *f* trademark **Schutz·mas·ke** *f* protective mask **Schutz·maß·nah·me** *f* precautionary measure, precaution; ■**eine ~ vor** *dat* [*o* **gegen**] **etw** a precautionary measure [*or* precaution] against sth **Schutz·me·cha·nis·mus** *m* protective mechanism **Schutz·pa·tron(in)** <-s, -e> *m(f)* REL patron saint **Schutz·po·li·zei** *f* (*geh*) police force, constabulary BRIT **Schutz·raum** *m* [fallout] shelter **Schutz·re·flex** *m* BIOL protective reflex **Schutz·trup·pe** *f* ❶ (*Friedenstruppe*) peacekeeping force ❷ (*hist*) colonial force [*or* army] **Schutz·um·schlag** *m* dust jacket, dust cover **Schutz·vor·rich·tung** *f* safety device **Schutz·wald** *m forest for absorbing the impact of avalanches* **Schutz·wall** *m* protective wall **Schutz·weg** *m* TRANSP ÖSTERR pedestrian crossing **Schutz·zoll** *m* ÖKON protective duty [*or* tariff] **Schutz·zo·ne** *f* ÖKOL conservation area

Schwa <-[s], -[s]> [ʃva:] *nt kein pl* LING schwa

schwab·be·lig ['ʃvabəlɪç] *adj* (*fam*) flabby, wobbly

schwab·beln ['ʃvabl̩n] *vi* (*fam*) to wobble

Schwa·be, Schwä·bin <-n, -n> ['ʃva:bə, 'ʃvɛ:bɪn] *m, f* GEOG Swabian

schwä·beln ['ʃvɛ:bl̩n] *vi* (*fam*) to speak in [the] Swabian dialect

Schwa·ben <-s> ['ʃva:bn̩] *nt* GEOG Swabia

Schwä·bin <-, -nen> *f fem form von* **Schwabe**

schwä·bisch ['ʃvɛ:bɪʃ] *adj* Swabian

Schwä·bi·sche Alb *f* ■**die** ~ the Swabian Mountains *pl*

schwach <schwächer, schwächste> [ʃvax] **I.** *adj* ❶ (*nicht stark*) weak; ■**für etw zu ~ sein** to not be strong enough for sth; ■**der Schwächere/Schwächste** the weaker/weakest person; **ein ~er Charakter/Gegner/Wille** a weak character/opponent/will; **~er Widerstand** weak resistance; **krank und** ~ weak and ill ❷ (*wenig leistend*) weak; **ein ~er Mitarbeiter/Sportler** a poor worker/sportsman; **ein ~er Schüler** a poor [*or* weak] pupil; **in Rechtschreibung ist er ziemlich** ~ his spelling is rather poor ❸ (*gering*) weak; **ein ~es Anzeichen** a faint [*or* slight] indication; **ein ~er Bartwuchs** a sparse [growth of] beard; **eine ~e Beteiligung** [*o* **Teilnahme**] poor participation; **ein ~es Interesse** [very] little interest; **eine ~e Resonanz** a lukewarm response ❹ (*leicht*) weak; **~e Atmung** faint breathing; **eine ~e Bewegung** a slight [*or* faint] movement; **~er Druck** light pressure; **ein ~er Herzschlag** a faint heartbeat; **ein ~er Luftzug/Wind** a gentle [*or* light] breeze/wind; **eine ~e Strömung** a light current; ■**schwächer werden** to become fainter ❺ (*eine geringe Leistung aufweisend*) low-powered; **eine ~e Ladung/ein ~es Magnetfeld** a weak charge/magnetic field; **die Batterie muss aufgeladen werden, sie ist** ~ the battery needs recharging, it is low; **dieser Motor ist zu** ~ this engine is not powerful enough; ■**schwächer werden: das Licht wird schwächer** the light is fading [*or* failing] ❻ (*dünn*) thin; **ein ~es Kettenglied** a weak chain-link ❼ (*dürftig*) weak, poor; **ein ~es Argument** a weak argument; **eine ~e Leistung** a poor performance; **ein ~er Trost** little comfort ❽ MED (*unzureichend*) weak; **ein ~es Sehvermögen/Gehör** poor [*or* weak] eyesight/hearing; ■**schwächer werden** to become weaker; **im Alter wird das Gehör schwächer** one's hearing becomes poorer in old age ❾ CHEM (*gering konzentriert*) weak ►WENDUNGEN: **jdm wird ~** [**zumute**] (*fam*) sb feels faint; *s. a.* **Augenblick, Bild, Stelle, Trost II.** *adv* ❶ (*leicht*) faintly; **das Herz schlug nur noch** ~ the heartbeat had become faint; **er hat sich nur ~ gewehrt** he didn't put up much resistance ❷ (*spärlich*) sparsely; **nachts sind die Grenzübergänge ~ besetzt** the border crossings aren't very heavily [*or* well] manned at night; **mit Nachschlagewerken sind wir nun wirklich nicht ~ bestückt** we really have got quite a few [*or* lot of] reference works; **die Ausstellung war nur ~ besucht** the exhibition wasn't very well [*or* was poorly] attended ❸ (*geringfügig*) ~ **applaudieren** to applaud sparingly; **Ihre Tochter beteiligt sich in den letzten Monaten nur noch ~ am Unterricht** your daughter has hardly been participating in class in recent months; **dieses Problem hat mich immer nur ~ interessiert** this problem has never been of any great interest to me ❹ KOCHK (*mild*) slightly; **der Arzt hat mir geraten, ~ gesalzen zu essen** my doctor has advised me not to add [too] much salt to my food; **das Essen ist für meinen Geschmack zu ~ gewürzt** the food isn't spicy enough for my liking [*or* palate]; **den Tee bitte nur ganz ~ gesüßt!** not too much sugar in my tea, please! ❺ (*dürftig*) feebly; **die Mannschaft spielte ausgesprochen** ~ the team put up a feeble performance; **eine ~e Erinnerung an etw haben** to vaguely remember sth

Schwä·che <-, -n> ['ʃvɛçə] *f* ❶ *kein pl* (*geringe Stärke*) weakness; **die militärische ~ des Gegners** the enemy's military weakness; **jds ~ ausnutzen** to exploit sb's vulnerability ❷ *kein pl* (*Unwohlsein*) [feeling of] faintness ❸ *kein pl* (*Vor-*

S

liebe) ■**eine/jds ~ für jdn/etw** a/sb's weakness for sb/sth ❹ *(Unzulänglichkeit)* weakness

Schwä·che·an·fall *m* MED sudden feeling of faintness

schwä·chen ['ʃvɛçn̩] **I.** *vt* ❶ *(entkräften)* ■**jdn/ein Tier ~** to weaken sb/an animal; ■**geschwächt** weakened; **[das] Fieber hat sie geschwächt** the fever weakened her ❷ *(in der Wirkung mindern)* ■**jdn/etw ~** to weaken sb/sth **II.** *vi* to have a weakening effect

Schwach·heit <-, -en> *f kein pl* weakness; *(physisch a.)* frailty ►WENDUNGEN: **~, dein <u>Name</u> ist Weib!** *(prov)* frailty, thy name is woman; **<u>bilde</u> dir bloß keine ~en ein!** *(fam)* don't get your hopes up [*or* kid yourself] *fam*

Schwach·kopf *m (fam)* idiot, bonehead *sl,* blockhead *sl*

schwäch·lich ['ʃvɛçlɪç] *adj* weakly, feeble; **er war immer etwas ~** he had always been a bit weakly [*or* delicate]

Schwäch·ling <-s, -e> ['ʃvɛçlɪŋ] *m* weakling

schwach|ma·chen[RR] *vt* **jdn ~** to lead sb into temptation; **die Aussicht, ihn dort zu treffen, hat mich schwachgemacht** I was unable to resist the prospect of seeing him there; **ihr schmachtender Blick macht mich jedes Mal schwach** her languishing look always makes me go weak at the knees

Schwach·punkt *m* weak spot; **jds ~ treffen** to hit upon sb's weak spot [*or* weakness]

Schwach·sinn *m kein pl* ❶ MED mental deficiency, feeble-mindedness ❷ *(fam: Quatsch)* rubbish *no art* BRIT, garbage AM; **so ein ~!** what a load of rubbish!

schwach·sin·nig *adj* ❶ MED mentally deficient, feeble-minded ❷ *(fam: blödsinnig)* idiotic, daft

Schwach·sin·ni·ge(r) *f(m) dekl wie adj* MED mentally defective [*or* feeble-minded] person, idiot *a. fig*

Schwach·stel·le *f* ❶ *(Problemstelle)* weak spot [*or* point] ❷ *(undichte Stelle)* leak

Schwach·strom *m* ELEK weak [*or* low-voltage] current

Schwach·strom·an·la·ge *f* ELEK weak-current [*or* low-voltage current] system **Schwach·strom·lei·tung** *f* ELEK weak-current line **Schwach·strom·tech·nik** *f* ELEK light-current [*or* weak-current] engineering

Schwä·chung <-, -en> *f* weakening; *Abwehrkraft, Gesundheit, Immunsystem a.* impairment

schwach|wer·den[RR] *vi irreg sein* **[bei jdm/etw] ~** to be unable to refuse [sb/sth]; **nur nicht ~!** *(standhaft bleiben!)* don't weaken!; *(durchhalten!)* don't give in!; **bei Schokoladentorte werde ich immer schwach** I can never resist chocolate gateau; **bei dem Gehalt würde wohl jeder ~** this salary would weaken anybody's resolve, anybody would be tempted by a salary like that

Schwa·den <-s, -> ['ʃva:dn̩] *m meist pl* cloud

Schwa·fe·lei <-, -en> [ʃva:fə'lai] *f (pej fam)* drivel *fam,* waffle BRIT *fam,* twaddle BRIT *fam*

schwa·feln ['ʃva:fl̩n] *vi (pej fam)* ❶ *(faseln)* to talk drivel [*or* BRIT twaddle] *fam,* to waffle [on] BRIT *fam,* to ramble on AM ❷ *(unsinniges Zeug reden)* ■**[von etw] ~** to drivel [*or* waffle] [*or* twaddle] [*or* AM ramble] [on] [about sth] *fam;* **was schwafelst du da?** don't talk such rubbish!

Schwaf·ler(in) <-s, -> *m(f) (pej fam)* waffler BRIT *fam*

Schwa·ger, Schwä·ge·rin <-s, Schwäger> ['ʃva:gɐ, 'ʃvɛ:gərɪn, *pl* 'ʃvɛ:gɐ] *m, f* brother-in-law *masc,* sister-in-law *fem*

Schwal·be <-, -n> ['ʃvalbə] *f* ORN swallow ►WENDUNGEN: **eine ~ macht noch keinen <u>Sommer</u>** *(prov)* one swallow doesn't make a summer

Schwal·ben·nest *nt* ❶ ORN swallow's nest ❷ *pl* KOCHK bird's nest soup ❸ NAUT *(hist)* sponson ❹ MIL, MUSIK [bandman's] epaulette **Schwal·ben·schwanz** *m* ZOOL swallowtail [butterfly]

Schwall <-[e]s, -e> [ʃval] *m* ❶ *(Guss)* stream, gush; **ein ~ von abgestandenem Rauch schlug ihm entgegen** a wave of stale smoke hit him ❷ *(Flut)* torrent *fig;* **sie begrüßte ihn mit einem ~ unverständlicher Worte** she greeted him with an incoherent flood of words

schwamm [ʃvam] *imp von* **schwimmen**

Schwamm <-[e]s, Schwämme> [ʃvam, *pl* 'ʃvɛmə] *m* ❶ *(zur Reinigung)* sponge ❷ ZOOL sponge ❸ *(Hausschwamm)* dry rot *no indef art, no pl;* **den ~ haben** to have dry rot ❹ SÜDD, ÖSTERR, SCHWEIZ *(essbarer Pilz)* mushroom ►WENDUNGEN: **~ <u>drüber</u>!** *(fam)* let's forget it!

Schwämm·chen <-s, -> ['ʃvɛmçən] *nt dim von* **Schwamm**

schwam·mig ['ʃvamɪç] **I.** *adj* ❶ *(weich und porös)* spongy ❷ *(aufgedunsen)* puffy, bloated ❸ *(vage)* vague, woolly ❹ *(vom Schwamm befallen)* affected by dry rot **II.** *adv* vaguely; **sich ~ ausdrücken** to not make oneself clear

Schwan <-[e]s, Schwäne> [ʃva:n, *pl* 'ʃvɛ:nə] *m* ORN swan ►WENDUNGEN: **mein <u>lieber</u> ~!** *(fam: wehe!)* woe betide sb!; *(Donnerwetter!)* my goodness!; **mein lieber ~! eine reife Leistung!** wow! what a performance, damn fine performance! *fam*

schwand [ʃvant] *imp von* **schwinden**

schwa·nen ['ʃva:nən] *vi* **jdm schwant nichts Gutes/Ungutes/Unheil** sb has a sense of foreboding; ■**jdm schwant, dass ...** sb has a feeling [*or* senses] that ...

schwang [ʃvaŋ] *imp von* **schwingen**

Schwang [ʃvaŋ] *m* ►WENDUNGEN: **im ~e <u>sein</u>** to be in vogue

schwan·ger ['ʃvaŋɐ] *adj* pregnant; **sie ist im sechsten Monat ~** she's six months pregnant, she's in the sixth month [of her pregnancy]; ■**[von jdm] ~ sein** to be pregnant [by sb] ►WENDUNGEN: **mit etw ~ <u>gehen</u>** to be full of sth

Schwan·ge·re *f dekl wie adj* pregnant woman, expectant mother

Schwan·ge·ren·kon·flikt·be·ra·tung *f advice for pregnant women who have got into a conflict through their pregnancy*

schwän·gern ['ʃvɛŋɐn] *vt* ❶ *(ein Kind zeugen)* ■**jdn ~** to get [*or* make] sb pregnant, to impregnate sb *form* ❷ *(erfüllen)* ■**mit** [*o* **von**] **etw geschwängert sein** to be thick with sth; **mit Weihrauch geschwängert sein** to be heavy [*or* impregnated] with incense

Schwan·ger·schaft <-, -en> *f* MED pregnancy

Schwan·ger·schafts·ab·bruch *m* abortion, termination of [a] pregnancy **Schwan·ger·schafts·be·ra·tung** *f* MED pregnancy advice **Schwan·ger·schafts·be·ra·tungs·schein** *m* SOZIOL, JUR *proof relating to pregnancy advice* **Schwan·ger·schafts·gym·nas·tik** *f* MED antenatal exercises **Schwan·ger·schafts·mo·nat** *m* MED month [of pregnancy] **Schwan·ger·schafts·strei·fen** *m meist pl* MED stretch marks *pl* **Schwan·ger·schafts·test** *m* MED pregnancy test **Schwan·ger·schafts·un·ter·bre·chung** *f* MED abortion, termination of [a] pregnancy **Schwan·ger·schafts·ur·laub** *m* maternity leave **Schwan·ger·schafts·ver·hü·tung** *f* MED contraception *no indef art, no pl*

Schwank <-[e]s, Schwänke> [ʃvaŋk, *pl* 'ʃvɛŋkə] *m* ❶ THEAT farce ❷ *(Schwankerzählung)* comical [*or* merry] tale ❸ *(lustige Begebenheit)* amusing [*or* funny] story

schwan·ken ['ʃvaŋkn̩] *vi* ❶ *haben (schwingen)* to sway; **ins S~ geraten** to begin to sway [*or* swaying] ❷ *sein (wanken)* to stagger [*or* reel]; ■**irgendwohin ~** to stagger [*or* reel] somewhere; **der Betrunkene schwankte über die Straße** the drunk tottered over the road ❸ *haben (nicht stabil sein)* to fluctuate [*or* vary]; **seine Stimme schwankte** his voice wavered ❹ *haben (unentschlossen sein)* ■**[noch] ~** to be [still] undecided; ■**zwischen zwei Dingen ~** to be torn between two things; ■**das S~** indecision, indecisiveness; **jdn ~[d] machen** to weaken sb's resolve; **ein ~der Charakter** a hesitant character

schwan·kend *adj* ❶ *(sich biegend) Baum* swaying ❷ *(schaukelnd) Boot* rocking; *(heftiger)* rolling ❸ *(bebend) Boden* shaking; **auf ~em Boden stehen** to be on shaky ground ❹ *(unstet) Charakter* vacillating, wavering; *(zögernd)* hesitant; **~ werden** to [begin to] waver; **er ist immer sehr ~ in**

seinen Entscheidungen he can never make up his mind ❺ (*wankend*) staggering; *Schritte* unsteady, wavering; *Gang* rolling; **mit ~en Schritten** with wavering steps ❻ (*veränderlich*) *Kurs, Preis, Zahl* fluctuating, variable, floating; *Gesundheit* unstable; *Stimme* wavering

Schwan·kung <-, -en> *f* ❶ (*Schwingung*) swaying *no pl;* **etw in ~en versetzen** to make sth sway ❷ (*ständige Veränderung*) fluctuation, variation

Schwanz <-es, Schwänze> [ʃvants, *pl* ˈʃvɛntsə] *m* ❶ (*Verlängerung der Wirbelsäule*) tail ❷ ORN train, trail ❸ (*sl: Penis*) cock *vulg,* dick *vulg,* prick *vulg* ▸ WENDUNGEN: **einen ~ bauen** to have to repeat an exam; **den ~ einziehen** (*fam*) to climb down; **jd lässt den ~ hängen** (*fam*) sb's spirits droop; **jdm auf den ~ treten** (*fam*) to tread on sb's toes *fig;* **kein ~** (*sl*) not a bloody *fam* [*or vulg* fucking] soul

schwän·zeln [ˈʃvɛntsl̩n] *vi* to wag one's tail

schwän·zen [ˈʃvɛntsn̩] **I.** *vt* SCH (*fam*) ■**etw ~** to skive off BRIT *sl* [*or fam* cut] sth; **die Schule ~** to skive off [from] [*or* cut] school, to play truant, to play hooky AM **II.** *vi* SCH (*fam*) to skive off BRIT *sl,* to play truant

Schwanz·fe·der *f* ORN tail feather **Schwanz·flos·se** *f* ZOOL tail [*or* caudal] fin **Schwanz·lurch** *m* ZOOL caudate **Schwanz·mei·se** *f* ORN long-tailed tit **Schwanz·rol·le** *f* KOCHK beef topside steak **Schwanz·stück** *nt* beef silverside

schwap·pen [ˈʃvapn̩] *vi* ❶ *sein* (*sich im Schwall ergießen*) ■**irgendwohin ~** to splash [*or fam* splosh] somewhere; **das Wasser schwappte über den Rand des Swimmingpools** the water splashed over the edge of the swimming pool ❷ *haben* (*sich hin und her bewegen*) to slosh around ❸ *sein* (*fam: sich verbreiten*) ■**irgendwohin ~** to have spread somewhere; **eine Welle des Unmuts schwappte über Europa** a wave of dissatisfaction spread over Europe

Schwä·re <-, -n> [ˈʃvɛːrə] *f* (*veraltend geh*) festering sore

Schwarm[1] <-[e]s, Schwärme> [ʃvarm, *pl* ˈʃvɛrmə] *m* ❶ ZOOL swarm; *Fische* shoal ❷ (*Menschenmenge*) swarm

Schwarm[2] <-[e]s> [ʃvarm] *m* ❶ (*fam: schwärmerisch verehrter Mensch*) heart-throb *fam;* **der Englischlehrer war immer mein [geheimer] ~ gewesen** I always had a [secret] crush *sl* on the English teacher ❷ (*selten: Vorliebe*) [secret] passion

schwär·men[1] [ˈʃvɛrmən] *vi sein* ❶ ZOOL to leave the nest [in swarms] ❷ (*im Schwarm fliegen*) ■**irgendwo** [*o* **irgendwohin**] **~** to swarm somewhere ❸ (*sich in Mengen bewegen*) ■**irgendwohin ~** to swarm somewhere *fig*

schwär·men[2] [ˈʃvɛrmən] *vi* ❶ *haben* (*begeistert reden*) ■**[von etw] ~** to go into raptures [about [*or* over] sth]; **[über etw** *akk*] **ins S~ geraten** to go into raptures [about [*or* over] sth] ❷ (*begeistert verehren*) ■**für jdn ~** to be mad [*or* crazy] about sb ❸ (*sich begeistern*) ■**für etw ~** to have a passion for sth

Schwär·mer <-s, -> *m* ❶ (*Schmetterling*) hawkmoth, sphinx moth ❷ (*Feuerwerkskörper*) ≈ serpent, ≈ jumping jack

Schwär·mer(in) <-s, -> *m(f)* ❶ (*sentimentaler Mensch*) sentimentalist ❷ (*Begeisterter*) enthusiast ❸ (*Fantast*) dreamer; **er ist und bleibt ein ~** he's a dreamer and always will be

Schwär·me·rei <-, -en> [ʃvɛrməˈrai] *f* ❶ (*Wunschtraum*) [pipe] dream ❷ (*Passion*) passion ❸ (*Begeisterungsreden*) **sich in ~en [über jdn/etw** *akk*] **ergehen** (*geh*) to go into raptures [about [*or* over] sb/sth]

Schwär·me·rin <-, -nen> *f fem form von* **Schwärmer**

schwär·me·risch *adj* impassioned; **~e Leidenschaft** enraptured passion

Schwar·te <-, -n> [ˈʃvartə, ˈʃvaːɐ̯tə] *f* ❶ KOCHK rind ❷ (*pej fam*) thick old book ▸ WENDUNGEN: **arbeiten, dass** [*o* **bis**] **[einem] die ~ kracht** (*sl*) to work until one drops, to work [*or* sweat] one's guts out *fam*

Schwar·ten·ma·gen *m* KOCHK brawn

schwarz <schwärzer, schwärzeste> [ʃvarts] **I.** *adj* ❶ (*eine tiefdunkle Färbung aufweisend*) black; **es geschah in ~er Nacht** it happened in the dead of night; **~er Kaffee** black coffee; **~ von Menschen** crowded out, packed ❷ (*fam: sehr schmutzig*) black [as an old boot]; **~e Fingernägel haben** to have grimy fingernails; **wo bist du denn so ~ [am Hemd/an der Jacke] geworden?** where did you manage to get [your shirt/jacket] so dirty? ❸ *attr* (*fam: illegal*) illicit; **~es Geld** untaxed money; **die ~e Benutzung von Software** the illegal [*or* illicit] use of software; **der ~e Besitz/Erwerb einer Schusswaffe ist strafbar** ownership of/buying a firearm without [holding] a licence is a criminal offence; **er unterhält neben dem offiziellen noch ein ~es Konto** in addition to his official account he also has another [*or* a separate] one for [all] his shady deals ❹ (*selten fam: katholisch*) Catholic and conservative; **ihre Eltern waren so ~, dass ...** her parents were such staunch Catholics that ...; **~ wählen** (*fam*) to vote for the Christian Democrats [in Germany] ❺ (*unglücklich*) black; **der S~e Freitag** FIN Black Friday ❻ (*abgründig*) black; **~er Humor** black humour; **~e Gedanken** evil thoughts ❼ (*negrid*) black; **der S~e Erdteil** the Dark Continent ▸ WENDUNGEN: **~ auf weiß** in black and white [*or* writing]; **bis jd ~ wird** (*fam*) till the cows come home; *s. a.* **Brett, Erdteil, Gold, Kaffee, Liste, Mann, Magie, Markt, Meer, Messe, Peter, Schaf, Seele, Tee, Tod, Witwe II.** *adv* ❶ (*mit ~er Farbe*) black ❷ (*fam: auf illegale Weise*) illicitly; **etw ~ kaufen** to buy sth illicitly [*or* on the black market]; **etw ~ verdienen** to earn sth without paying tax on it [*or fam* on the side]; **~ über die Grenze gehen** to cross the border illegally

Schwarz <-[es]> [ʃvarts] *nt kein pl* black; **in ~** in black; **in ~ gehen** [*o* **sein**] to wear black

Schwarz·afri·ka *nt* GEOG Black Africa, sub-Saharan Africa

Schwarz·afri·ka·ner(in) *m(f)* Black African

schwarz·afri·ka·nisch *adj inv* Black African

Schwarz·ar·beit *f kein pl* JUR illicit work; **in ~ bauen** [*o* **errichten**] to build using illicit workers [*or* workers paid cash in hand] **schwarz|ar·bei·ten** *vi* to do illicit work, to work cash in hand **Schwarz·ar·bei·ter(in)** *m(f)* person doing illicit work [*or* working [for] cash in hand]; **~ sein** to work illicitly [*or* [for] cash in hand] **schwarz|är·gern**[RR] *vr* **sich** *akk* **[über etw** *akk*] **~** to drive oneself mad [about sth]; **ich könnte mich darüber ~!** that makes me see red! **schwarz·äu·gig** *adj* black-eyed; ■**~ sein** to have black eyes, to be black-eyed **Schwarz·bär** *m* ZOOL Asian black bear **schwarz·blau** *adj* blackish blue **Schwarz·blech** *nt* black plate **schwarz·braun** *adj* blackish brown **Schwarz·brot** *nt* KOCHK brown [*or* rye] bread

Schwar·ze(r) *f(m) dekl wie adj* ❶ (*Mensch*) black ❷ POL (*pej fam: Christdemokrat*) [German] Christian Democrat

Schwar·ze(s) *nt dekl wie adj* ❶ (*schwarze Masse*) ■**etwas ~s** sth black, a black thing ❷ (*schwarze Stelle*) ■**das ~** the bull's eye; **[mit etw] ins ~ treffen** to hit the bull's eye [with sth] *a. fig,* to hit the nail on the head *fig* ▸ WENDUNGEN: **jdm nicht das ~ unter den Fingernägeln gönnen** to begrudge sb the [very] air he/she breathes; **das kleine ~** sb's little black number

Schwär·ze <-, -n> [ˈʃvɛrtsə] *f kein pl* ❶ (*Dunkelheit*) darkness; **in der ~ der Nacht** (*geh*) in the dead of night ❷ (*Farbe*) black; **das Gesicht mit ~ einschmieren** to blacken one's face

schwär·zen [ˈʃvɛrtsn̩] *vt* ❶ (*schwarz machen*) ■**[jdm/sich] etw ~** to blacken [sb's/one's] sth ❷ SÜDD, ÖSTERR (*fam*) ■**etw ~** to smuggle sth

Schwar·zes Meer *nt* Black Sea **schwarz|fah·ren** *vi irreg sein* ❶ (*ohne zu zahlen*) to travel without buying a ticket, to dodge paying one's fare ❷ (*ohne Führerschein*) to drive without a licence [*or* AM -se] **Schwarz·fah·rer(in)** *m(f)* ❶ (*Fahrgast ohne Fahrausweis*) fare-dodger ❷ (*Fahrer ohne Führerschein*) driver without a licence **Schwarz·geld** <-[e]s, -er> *nt* (*fam*) illegal earnings *npl* **schwarz·haa·rig** *adj* black-haired; ■**~ sein** to have black hair **Schwarz·haa·ri·ge(r)** *f(m) dekl wie adj* person with black hair **Schwarz·han·del** *m kein pl* black market (**mit** +*dat* for); **~ [mit etw] treiben** to deal in the black market [in sth] **Schwarz·händ·ler(in)** *m(f)* black marketeer

S

schwarz|hö·ren *vi* RADIO to use a radio without a licence **Schwarz·hö·rer(in)** *m(f)* RADIO [radio] licence-dodger, sb who listens to the radio without a licence **Schwarz·kauf** *m* black-market [*or* illicit] purchase **Schwarz·kon·to** *nt* illicit account

schwärz·lich ['ʃvɛrtslɪç] *adj* blackish

schwarz|ma·len **I.** *vi* to be pessimistic **II.** *vt* **etw** ~ to take a pessimistic view [*or* paint a black [*or* gloomy] picture] of sth; **er malt immer alles schwarz** he always looks on the gloomy side **Schwarz·ma·ler(in)** *m(f)* (*fam*) pessimist, doom-merchant *fam,* doom-monger *fam,* merchant of doom *fam* **Schwarz·ma·le·rei** [ʃvartsma:lə'rai] *f* (*fam*) pessimism, doom-mongering *fam* **Schwarz·ma·le·rin** *f fem form von* **Schwarzmaler** **Schwarz·markt** *m* black market; **auf dem** ~ on the black market **Schwarz·markt·preis** *m* black market price **Schwarz·pul·ver** *nt* black powder **Schwarz-Rot-Gold** ['ʃvarts'ro:t'gɔlt] *nt* black-red-and-gold, *colours of the German flag* **schwarz·rot·gol·den** *adj,* **schwarz-rot-gol·den**^{RR} *adj* black-red-and-gold, *colours of the German flag;* **die ~e Fahne** the black-red-and-gold [German] flag **schwarz|se·hen** *irreg* **I.** *vi* TV to watch television without a licence **II.** *vt, vi* (*pessimistisch sein*) **etw** ~ to be pessimistic about sth, to take a pessimistic view of sth, to paint a black [*or* gloomy] picture of sth; **für jdn/etw** ~ to be pessimistic about sb/sth **Schwarz·se·her(in)** *m(f)* ❶ (*Pessimist*) pessimist ❷ TV [television] licence-[*or* AM -se-]dodger, person who watches television without a licence **Schwarz·se·he·rei** <-> *f kein pl* (*fam*) pessimism, doom-mongering *fam* **Schwarz·se·he·rin** <-, -nen> *f fem form von* **Schwarzseher** **Schwarz·specht** *m* ORN black woodpecker **Schwarz·tee** *m* black tea

Schwär·zung <-, -en> *f* blackening *no pl*

Schwarz·wald ['ʃvartsvalt] *m* GEOG ■**der** ~ the Black Forest

Schwarz·wäl·der ['ʃvartsvɛldɐ] *adj inv, attr* GEOG Black Forest *attr;* ~ **Kirschtorte** Black Forest gateau; ~ **Kirschwasser** Black Forest kirsch[wasser]; **eine** ~ **Spezialität** a Black Forest speciality

Schwarz·wäl·der(in) <-s, -> ['ʃvartsvɛldɐ] *m(f)* GEOG person from [*or* inhabitant of] the Black Forest

schwarz·weiß [ʃvarts'vais], **schwarz-weiß**^{RR} **I.** *adj* FILM, FOTO, MODE black-and-white *attr,* black and white *pred* **II.** *adv* ❶ MODE **ein** ~ **gemusterter/gestreifter Rock** a skirt with a black-and-white pattern/stripes [*or* black-and-white striped skirt] ❷ FILM, FOTO ~ **filmen/fotografieren** to film/photograph in black and white ❸ (*fig*) ~ **malen** to depict in black and white [*or* black-and-white terms]; **etw** ~ **malen** to depict sth in black and white [*or* black-and-white terms]

Schwarz·weiß·auf·nah·me *f* black-and-white photograph **Schwarz·weiß·bild** *nt* black-and-white picture **Schwarz·weiß·fern·se·hen** *nt* black-and-white television [*or* TV] **Schwarz·weiß·fern·se·her** *m* black-and-white television [*or* TV] [set] **Schwarz·weiß·film** *m* FILM, FOTO black-and-white film **Schwarz·weiß·fo·to** *nt s.* **Schwarzweißaufnahme** **Schwarz·weiß·ma·le·rei** *f kein pl* depiction in black and white; ~ **betreiben** to depict in black and white

schwarz|wer·den^{RR} *vi irreg sein* KARTEN (*fam*) to get whitewashed *fam,* to lose every trick

Schwarz·wild *nt* JAGD wild boars *pl* **Schwarz·wur·zel** *f* KOCHK black salsify

Schwatz <-es, -e> [ʃvats] *m* (*fam*) chat, natter BRIT *fam;* **einen [kleinen]** ~ **mit jdm halten** to have a [little [*or* BRIT *fam* wee]] chat with sb

schwat·zen ['ʃvatsn̩], **schwät·zen** ['ʃvɛtsn̩] SÜDD, ÖSTERR **I.** *vi* ❶ (*sich lebhaft unterhalten*) to talk [*or* chat] [*or* BRIT *fam* natter] ❷ (*sich wortreich auslassen*) to talk a lot ❸ (*pej: etw ausplaudern*) to blab ❹ (*im Unterricht reden*) to talk [out of turn] in class ► WENDUNGEN: **es wird viel geschwatzt, wenn der Tag lang ist** (*prov*) you can't believe everything you hear **II.** *vt* ■**etw** ~ to talk sth; **dummes Zeug** ~ to talk rubbish [*or* AM trash]; **Unsinn** ~ to talk nonsense

Schwät·zer(in) <-s, -> *m(f)* (*pej*) ❶ (*Schwafler*) windbag *fam,* blatherer BRIT *fam* ❷ (*Angeber*) boaster ❸ (*Klatschmaul*) gossip, waffler BRIT

schwatz·haft *adj* (*pej*) talkative, garrulous; **erzähl ihm nicht zu viel, er ist sehr** ~ **und kann nichts für sich behalten** you shouldn't tell him everything, he's a gossip and won't keep anything to himself

Schwatz·haf·tig·keit <-> *f kein pl* talkativeness, garrulousness

Schwe·be <-> ['ʃve:bə] *f kein pl* **etw in der** ~ **halten** to balance sth; **sich in der** ~ **halten** to be balanced; **in der** ~ **sein** to be in the balance; **etw in der** ~ **lassen** to leave sth undecided; **in vollkommener** ~ CHEM in full teeter

Schwe·be·bahn *f* TRANSP ❶ (*an Schienen*) overhead [*or* suspension] railway ❷ *s.* **Seilbahn** **Schwe·be·bal·ken** *m* SPORT [balance] beam

schwe·ben ['ʃve:bn̩] *vi* ❶ *haben* (*in der Luft gleiten*) ■**[irgendwo]** ~ to float [somewhere]; *Drachenflieger, Vogel* to hover [somewhere]; **in Lebensgefahr** ~ to be in danger of one's life; (*Patient*) to be in a critical condition; *s. a.* **Gefahr, Angst** ❷ *sein* (*durch die Luft gleiten*) ■**[irgendwohin]** ~ to float [somewhere]; (*an einem Seil*) to dangle [somewhere] ❸ *haben* (*unentschieden sein*) ■**[noch]** ~ to [still] be in the balance; ~ **des Verfahren** lawsuit which is pending [*or* BRIT sub justice]

Schwe·be·zu·stand *m* state of uncertainty; **sich im** ~ **befinden** to be in a state of uncertainty

Schweb·flie·ge *f* ZOOL hoverfly

Schwe·de, Schwe·din <-n, -n> ['ʃve:də, 'ʃve:dɪn] *m, f* (*Nationalität*) Swede; *s. a.* **Deutsche(r)** ► WENDUNGEN: **alter** ~ NORDD (*fam*) my old mucker [*or* mate] [*or* AM buddy] *fam*

Schwe·den <-s> ['ʃve:dn̩] *nt* Sweden; *s. a.* **Deutschland**

Schwe·den·stahl *m* Swedish steel

Schwe·din <-, -nen> *f fem form von* **Schwede**

schwe·disch ['ʃve:dɪʃ] *adj* ❶ GEOG Swedish; *s. a.* **deutsch 1** ❷ LING Swedish; *s. a.* **deutsch 2** ► WENDUNGEN: **hinter ~en Gardinen sitzen** (*fam*) to be behind bars *fam* [*or* BRIT *sl* banged up] [*or* AM *sl* locked up]

Schwe·disch ['ʃve:dɪʃ] *nt dekl wie adj* ❶ LING Swedish; *s. a.* **Deutsch 1** ❷ (*Fach*) Swedish; *s. a.* **Deutsch 2**

Schwe·fel <-s> ['ʃve:fl̩] *m kein pl* CHEM sulphur ► WENDUNGEN: **wie Pech und** ~ **sein** to be inseparable

Schwe·fel·di·o·xid *nt* CHEM sulphur dioxide

schwe·fel·hal·tig *adj inv* sulphur[e]ous; ~ **sein** to contain sulphur

schwe·fe·lig ['ʃve:fəlɪç] *adj s.* **schweflig**

Schwe·fel·koh·len·stoff *m* CHEM carbon disulphide

schwe·feln ['ʃve:fl̩n] *vt* ■**etw** ~ to sulphurize sth

Schwe·fel·pu·der *nt* CHEM sulphur powder **Schwe·fel·säu·re** *f* CHEM sulphuric acid **Schwe·fel·was·ser·stoff** [ʃve:fl̩'vasɐʃtɔf] *m* CHEM hydrogen sulphide

schwef·lig ['ʃve:flɪç] *adj* sulphurous; ~ **riechen** to smell of sulphur; *s. a.* **Säure**

Schweif <-[e]s, -e> [ʃvaif] *m* tail

schwei·fen ['ʃvaifn̩] **I.** *vi sein* (*geh*) to roam, to wander; **durch die Wälder** ~ to roam [*or* wander] through the woods; **seine Blicke** ~ **lassen** to let one's gaze wander; *s. a.* **Ferne II.** *vt* (*fachspr*) **ein Brett** ~ to cut a curve into a board

Schwei·ge·an·ruf *m* silent call **Schwei·ge·geld** *nt* hush money **Schwei·ge·marsch** *m* silent [protest] march **Schwei·ge·mi·nu·te** *f* minute's silence; **eine** ~ **einlegen** to hold a minute's silence

schwei·gen <schwieg, geschwiegen> ['ʃvaign̩] *vi* ❶ (*nicht sprechen*) to remain silent [*or* keep quiet]; **schweig, ich will kein Wort mehr hören** [that's] enough, I don't want to hear another word [from you]; **er schwieg betroffen, als er das hörte** he was so shocked he couldn't say anything; **in** ~ **der Anklage** in silent reproach ❷ (*nicht antworten*) ■**auf** [*o* **zu**] **etw** ~ *akk* to say nothing in [*or* make no] reply to sth ❸ (*aufhören*) to stop; **endlich** ~ **die Waffen** the weapons have finally fallen [*or* are finally] silent ▶WENDUNGEN: **ganz zu ~ von etw, von etw ganz zu ~** quite apart from sth; *s. a.* **Grab**

Schwei·gen <-s> ['ʃvaign̩] *nt kein pl* silence; **das ~ brechen** to break the silence; **jdn zum ~ bringen** (*jdn mundtot machen*) to silence sb; (*euph: jdn liquidieren*) to liquidate sb ▶WENDUNGEN: **~ im Walde** (*aufgrund von Angst*) no volunteers; **sich [über etw** *akk*] **in ~ hüllen** to maintain one's silence [*or* remain silent] [*or* keep quiet] [about sth]

schwei·gend I. *adj* silent; *s. a.* **Mehrheit II.** *adv* in silence; **~ verharren** to remain silent; **~ zuhören** to listen in silence [*or* silently]

Schwei·ge·pflicht *f* obligation to [preserve] secrecy; **die ärztliche/priesterliche ~** a doctor's/priest's duty to maintain confidentiality; **der ~ unterliegen** to be bound to maintain confidentiality

schweig·sam ['ʃvaikza:m] *adj* ❶ (*wortkarg*) taciturn ❷ (*wenig gesprächig*) ■ **~ sein** to be quiet

Schweig·sam·keit <-> *f kein pl* quietness, reticence

Schwein <-s, -e> [ʃvain] *nt* ❶ ZOOL pig ❷ *kein pl* KOCHK (*fam: Schweinefleisch*) pork *no indef art, no pl* ❸ (*pej fam: gemeiner Kerl*) swine *esp dated,* bastard *fam* ❹ (*fam: unsauberer Mensch*) pig *fam* ❺ (*fam: obszöner Mensch*) lewd person, dirty bugger BRIT *fam!* ❻ (*fam: ausgelieferter Mensch*) **[ein] armes ~** (*fam*) [a] poor devil [*or* BRIT *fam!* sod] ▶WENDUNGEN: **faules ~** (*fam*) lazy devil [*or* BRIT *fam!* sod]; **wie ein ~ bluten** (*fam*) to bleed like a [stuck] pig; **ein ~ haben** (*fam*) to be a lucky devil [*or* BRIT *fam!* sod]; **[großes] ~ haben** (*fam*) to be lucky; **ein ~ haben** (*fam*) to be a lucky devil [*or* BRIT *fam!* sod]; **kein ~** (*fam*) nobody, not a [damn *fam*] soul; **wie die ~e** (*fam*) like pigs *fam*

Schwein·chen <-s, -> *nt dim von* **Schwein** little pig, piggy [*or* piggie]

Schwei·ne·bauch *m* belly of pork **Schwei·ne·bra·ten** *m* joint of pork, pork joint **Schwei·ne·fett** *nt* lard, pork fat **Schwei·ne·fleisch** *nt* pork *no indef art, no pl* **Schwei·ne·fraß** *m* (*pej fam*) pigswill, muck **Schwei·ne·fuß** *m* pig's trotter [*or* AM foot] **Schwei·ne·geld** *nt kein pl* (*fam*) packet *no def art fam* **Schwei·ne·ha·sen** *m* KOCHK *larded pork filet in a creamy mushroom sauce* **Schwei·ne·hund** *m* (*sl*) swine *esp dated,* bastard *fam!* ▶WENDUNGEN: **den/seinen inneren ~ überwinden** (*fam*) to overcome one's weaker self **Schwei·ne·ma·gen** *m* pig's stomach **Schwei·ne·mas·ke** *f* KOCHK pig's head **Schwei·ne·netz** *nt* KOCHK pig's mesentery **Schwei·ne·pest** *f* ZOOL swine fever

Schwei·ne·rei <-, -en> [ʃvainə'rai] *f* (*fam*) ❶ (*unordentlicher Zustand*) mess; **wer ist verantwortlich für die ~ im Bad?** who is responsible for that bloody mess in the bathroom? *fam* ❷ (*Gemeinheit*) mean [*or* dirty] trick; **~!** what a bummer! *sl* ❸ (*Skandal*) scandal; **ich finde, es ist eine ~, dass ...** I think it's scandalous [*or* a scandal] that ... ❹ (*fig: Obszönität*) smut

Schwei·ner·ne(s) *nt kein pl, decl wie adj* KOCHK (*fam*) pork *no indef art*

Schwei·ne·rü·cken *m* saddle of pork **Schwei·ne·schmalz** *nt* lard, dripping **Schwei·ne·stall** *m* [pig]sty, pigpen ▶WENDUNGEN: **etw sieht aus wie ein ~** (*fam*) sth looks like a pigsty; **es sieht irgendwo aus wie im [o in einem] ~** (*fam*) sth looks [*or* is] like a pigsty; **hier sieht es ja aus wie in einem ~!** good heavens, this place looks like a pigsty! **Schwei·ne·sül·ze** *f* pork in aspic

Schwein·igel ['ʃvainʔi:gl̩] *m* (*pej fam*) ❶ (*obszöner Mensch*) dirty pig *fam* ❷ (*Ferkel*) mucky pup BRIT *fig*

schwei·nisch I. *adj* (*fam*) smutty, dirty **II.** *adv* (*fam*) **sich ~ aufführen/benehmen** to behave like a pig; **sich ~ hinflegeln** to loll around like a slob

Schwein·kram *m* (*fam*) smut *no indef art, no pl,* filth *no indef art, no pl;* **so einen ~ sehe ich mir doch nicht an** I'm not going to watch such smut [*or* filth]

Schweins·äug·lein *pl* (*fam*) [little] piggy eyes **Schweins·bors·te** *f* pig's bristle **Schweins·ha·xe, Schweins·hach·se** *f* SÜDD knuckle of pork, pork knuckle **Schweins·jung·fer** *f* ÖSTERR (*Schweinefilet*) pork filet [*or* AM fillet] **Schweins·kä·se** *m pork sausage meat baked in an oblong tin* **Schweins·knö·ckel** *pl* KOCHK *dish of cured pig's mouth, neck, ears, trotters and spine* **Schweins·le·der** *nt* pigskin **schweins·le·dern** *adj* pigskin **Schweins·ohr** *nt* ❶ ZOOL (*Schweineohr*) pig's ear ❷ KOCHK (*Gebäck*) pastry [shaped like a pig's ear] ❸ (*Pilz*) cantharellus clavatus

Schweiß <-es> [ʃvais] *m kein pl* sweat, perspiration *form;* **kalter ~** cold sweat; **jdm bricht der ~ aus** sb breaks out in a sweat; **in ~ gebadet sein** to be bathed in [*or* dripping with] sweat ▶WENDUNGEN: **im ~e seines Angesichts** (*geh*) in [*or* by] the sweat of one's brow; **viel ~ kosten** to be really hard work

Schweiß·aus·bruch *m* [profuse] sweating *no indef art, no pl* **schweiß·be·deckt** *adj* covered [*or* bathed] in sweat *pred*

Schweiß·bren·ner *m* TECH welding torch **Schweiß·bril·le** *f* TECH welding goggles *npl*

Schweiß·drü·se *f* ANAT sweat gland

schwei·ßen ['ʃvaisn̩] **I.** *vt* ■ **etw ~** TECH to weld sth **II.** *vi* TECH to weld

Schwei·ßen <-s> ['ʃvaisn̩] *nt kein pl* welding *no indef art, no pl*

Schwei·ßer(in) <-s, -> *m(f)* welder

Schweiß·fleck *m* sweat stain **Schweiß·fuß** *m meist pl* sweaty foot; **Schweißfüße haben** to have sweaty [*or fam* smelly] feet **schweiß·ge·ba·det** *adj* bathed in sweat *pred* **Schweiß·ge·ruch** *m* smell of sweat, body odour [*or* AM -or], BO

Schweiß·naht *f* TECH weld [seam [*or* joint]]

schweiß·nass^RR *adj inv* dripping with sweat *pred,* [very] sweaty **Schweiß·per·le** *f meist pl* (*geh*) bead of sweat [*or form* perspiration]

Schweiß·stel·le *f* TECH weld, welding

schweiß·trei·bend *meist inv adj* MED sudorific *spec,* causing perspiration; (*fig, hum*) arduous **schweiß·trie·fend** *adj* dripping with sweat *pred,* bathed in sweat *pred* **Schweiß·trop·fen** *m* bead [*or* drop] of sweat [*or form* perspiration]

Schweiz <-> [ʃvaits] *f* Switzerland; **die französische/italienische ~** French-speaking/Italian-speaking Switzerland; *s. a.* **Deutschland**

Schwei·zer ['ʃvaitsɐ] *adj attr* Swiss; **Bern ist die ~ Hauptstadt** Berne is the Swiss capital [*or* capital of Switzerland]

Schwei·zer(in) <-s, -> ['ʃvaitsɐ] *m(f)* ❶ GEOG Swiss; *s. a.* **Deutsche(r)** ❷ (*Melker*) dairyman ❸ (*päpstlicher Leibgardist*) Swiss Guard

schwei·zer·deutsch ['ʃvaitsɐdɔytʃ] *adj* LING Swiss-German; *s. a.* **deutsch 2**

Schwei·zer·deutsch <-[s]> ['ʃvaitsɐdɔytʃ] *nt dekl wie adj* LING Swiss German; *s. a.* **Deutsch 1**

Schwei·zer·gar·de *f kein pl* Swiss Guard

Schwei·ze·rin <-, -nen> *f* GEOG *fem form von* **Schweizer**

schwei·ze·risch ['ʃvaitsərɪʃ] *adj* GEOG *s.* **Schweizer**

Schwel·brand *m* smouldering fire

schwe·len ['ʃve:lən] **I.** *vi* to smoulder **II.** *vt* TECH ■ **etw ~** to burn sth slowly

schwel·gen ['ʃvɛlgn̩] *vi* (*geh*) ❶ (*sich gütlich tun*) to indulge oneself ❷ (*übermäßig verwenden*) ■ **in etw** *dat* **~** to over-indulge in sth; **in Erinnerungen ~** to wallow in memories

schwel·ge·risch *adj* (*geh*) sumptuous

Schwel·le <-, -n> ['ʃvɛlə] *f* ❶ (*Tür~*) threshold; (*aus Stein*) sill; **jds ~ betreten, seinen Fuß über jds ~ setzen** to set foot in sb's house ❷ (*Bahn~*) sleeper ❸ PSYCH (*Reizschwelle*) threshold ❹ GEOG rise ❺ BAU joist ▶WENDUNGEN: **an der ~ stehen [o sich befinden]** to be on the threshold; **wir stehen an der ~ eines neuen Jahrtausends** we are on the threshold of a new millennium; **auf der ~ zu etw stehen** to be on the verge of sth

schwel·len[1] <schwoll, geschwollen> ['ʃvɛlən] *vi sein* ❶ MED (*anschwellen*) to swell [up]; **der Knöchel ist ja ganz**

S

geschwollen the ankle is very swollen ❷ (*sich verstärken*) to grow ▶WENDUNGEN: **jdm schwillt der Kamm** (*fam*) sb gets too big for their boots *fam,* sb gets cocky

schwel·len² ['ʃvɛlən] *vt* (*geh*) to swell out [*or* BRIT belly [out]]; **mit geschwellter Brust** [with] one's breast swelled [*or* filled] with pride

Schwel·len·angst *f* PSYCH fear of entering a place; **du willst noch immer nicht mit dem PC arbeiten? das ist nur ~, das lernst du schnell** you are still reluctant to use the PC? once you get started, you'll soon get used to it; **die ~ vor dem Kauf von etw** the fear of buying sth **Schwel·len·land** *nt* threshold country, fast-developing nation (*a developing nation which is on the way to becoming a developed nation*) **Schwel·len·preis** *m* ÖKON threshold price

Schwell·kör·per *m* ANAT corpus cavernosum *spec,* erectile tissue

Schwel·lung <-, -en> *f* ❶ *kein pl* (*das Anschwellen*) swelling ❷ (*geschwollene Stelle*) swelling

Schwem·me <-, -n> ['ʃvɛmə] *f* ❶ (*Überangebot*) glut ❷ (*Bad für Tiere*) watering place ❸ (*Kneipe*) bar

schwem·men ['ʃvɛmən] *vt* to wash ashore; **an Land/an den Strand/ans Ufer** ~ to wash ashore/onto the beach/onto the riverbank; **Tiere** ~ to water cattle; **Pelze** ~ to soak hides

Schwen·gel <-s, -> ['ʃvɛŋl̩] *m* ❶ (*an Pumpe*) handle ❷ (*Klöppel*) clapper

Schwenk <-[e]s, -s> [ʃvɛŋk] *m* ❶ TV (*Schwenkbewegung*) pan, panning movement ❷ (*Richtungsänderung*) wheeling about [*or* round] [*or* AM around] *no indef art, no pl* ❸ (*Änderung der Politik*) about-face, U-turn

Schwenk·arm *m* TECH swivel arm

schwenk·bar **I.** *adj* swivelling, swiveling AM; **eine ~e Kamera** a swivel-mounted camera; **eine ~e Lampe** a swivel lamp **II.** *adv* **etw ~ befestigen** to set up *sep*/mount sth so that it can swivel

schwen·ken ['ʃvɛŋkn̩] **I.** *vt haben* ❶ (*mit etw wedeln*) ■**etw ~** to wave [*or* flourish] sth ❷ (*die Richtung verändern*) ■**etw ~** to swivel sth; *Kamera* to pan sth; *Mikrofon* to swing round [*or* AM around] sth *sep* ❸ (*spülen*) ■**etw [in etw] ~** *dat* to rinse sth [in sth]; **den Pullover in handwarmem Wasser ~** to rinse the pullover in hand-hot water ❹ KOCHK (*hin und her bewegen*) ■**etw [in etw] ~** *dat* to toss sth [in sth]; **das Gemüse in Butter ~** to toss the vegetables in butter; *s. a.* **Arm II.** *vi* ❶ *sein* (*zur Seite bewegen*) to wheel [about [*or* round]] [*or* AM around] ❷ *haben* (*sich richten*) to pan ❸ MIL **links/rechts schwenkt, marsch!** left/right wheel, march!

Schwen·ker <-s, -> ['ʃvɛŋkɐ] *m* brandy [*or* BRIT balloon] glass

Schwenk·kas·se·rol·le *f,* **Schwenk·pfan·ne** *f* sauté pan

Schwen·kung <-, -en> *f s.* **Schwenk**

schwer <schwerer, schwerste> [ʃveːɐ̯] **I.** *adj* ❶ (*nicht leicht*) heavy; ■**20/30 kg ~ sein** to weigh 20/30 kg; **~ wie Blei** as heavy as lead; **ihm ist ~ ums Herz** he is heavy-hearted ❷ (*beträchtlich*) serious; **~e Bedenken** strong [*or* serious] reservations; **eine ~e Enttäuschung** a deep [*or* great] [*or* bitter] disappointment; **ein ~er Fehler** [*o* **Irrtum**] a serious [*or* bad] mistake; **ein ~er Mangel** an acute shortage; **~e Mängel aufweisen** to be faulty, to be badly defective; **ein ~er Schaden** extensive [*or* serious] [*or* severe] damage; **ein ~es Unrecht** a blatant [*or* gross] [*or* rank] injustice; **eine ~e Verletzung** a serious [*or* bad] [*or* severe] injury; **ein ~er Verlust** a bitter loss; **eine ~e Verwundung** a serious [*or* severe] wound; **~e Verwüstung[en] anrichten** to cause utter [*or* complete] [*or* total] devastation ❸ (*hart*) hard; **ein ~es Amt** a difficult [*or* hard] task; **eine ~e Bürde** a heavy burden; **ein ~es Schicksal** a cruel fate; **eine ~e Strafe** a harsh [*or* severe] punishment; **eine ~e Zeit** a hard [*or* difficult] time ❹ (*körperlich belastend*) serious, grave; **eine ~e Geburt/Operation** a difficult [*or* complicated] birth/operation; **ein ~es Leiden** a terrible affliction [*or* illness]; **ein ~er Tod** a painful death; **ein ~er Unfall** a bad [*or* serious] accident; **S~es mitmachen** [*o* **durchmachen**] to live through hard [*or* difficult] times ❺ (*schwierig*) hard, difficult; **die Rechenaufgaben sind heute besonders ~** today's sums are particularly tricky; **ein ~er Moment** a difficult moment; **eine ~e Lektüre/eine ~e Musik** heavy reading/music ❻ *attr* (*fam: heftig*) heavy; **ein ~es Gewitter/ein ~er Sturm** a violent [*or* severe] [*or* heavy] thunderstorm/storm; **eine ~e Welle** a high [*or* tall] wave ❼ *attr* (*stürmisch*) **eine ~e See** a heavy [*or* rough] [*or* stormy] sea ❽ *attr* AUTO (*groß*) big, large; **ein ~er Lkw** a heavy truck ❾ *attr* MIL (*große Kaliber aufweisend*) heavy ❿ (*gehaltvoll*) *Essen* heavy; *Likör, Wein, Zigarre* strong ⓫ (*intensiv*) strong; **ein ~er Duft/ein ~es Parfüm** a pungent scent/perfume ⓬ (*lehmig*) **~er Boden** heavy [*or* hard] soil ⓭ (*fam: reich*) ■**1/2/... Millionen ~ sein** to be worth 1/2/... million ⓮ (*massiv*) solid; **aus ~em Gold** [made of] solid gold; **ein ~er Stoff** a heavy cloth; **ein ~er Boden** rich soil ⓯ (*feucht*) **~e Luft** oppressively humid air; *s. a.* **Geschütz, Schlag, Wasser II.** *adv* ❶ (*hart*) hard; **~ arbeiten** to work hard; **etw ~ büßen müssen** to pay a heavy price [*or* penalty] for sth; **sich etw ~ erkämpfen müssen** to have to fight hard for sth; **es ~ haben** to have it hard [*or* a hard time [of it]]; **es ~ [mit jdm] haben** to have a hard time [of it] [with sb]; **jdm ~ zu schaffen machen** to give sb a hard time; **~ [an etw] zu tragen haben** to have a heavy cross to bear [as a result of sth] ❷ (*mit schweren Lasten*) heavily; **~ bepackt** [*o* **beladen**] **sein** to be heavily laden; **~ zu tragen haben** to have a lot [*or* a heavy load] to carry ❸ (*fam: sehr*) deeply; **sich ~ in Acht nehmen** [*o* **hüten**] to take great care; **~ beleidigt sein** to be deeply offended; **~ betrunken** dead drunk; **etw ~ missbilligen** to strongly disapprove of [*or* object to] sth ❹ (*mit Mühe*) with [great] difficulty; **~ abbaubare Materialien/Verpackungen** materials/packaging which do/does not decompose [*or* degrade] very easily; **~ erarbeitet** hard-earned; **~ erziehbar** maladjusted, recalcitrant; **ein ~ erziehbares Kind** a problem child; **~ löslich** not easily dissoluble; **~ verdaulich** [*o* **verträglich**] indigestible, difficult [*or* hard] to digest; (*fig: schwierig, düster*) indigestible, heavy-going *attr,* heavy going *pred;* **~ zu begreifen/verstehen** difficult to understand; **du musst lauter sprechen, sie hört ~** you'll have to speak up, she's [very] hard of hearing ❺ (*fam: umfänglich*) **jdn ~ zur Kasse bitten** to hit sb hard in the [back] pocket *fig;* **jdn ~ schröpfen** to fleece sb big time *sl;* **~ verdienen** to earn a packet *fam* ❻ (*ernstlich*) seriously; **~ behindert** [*o* **beschädigt**] severely handicapped [*or* disabled]; **sich ~ erkälten** to catch a bad [*or* heavy] cold; **~ erkrankt sein** to be seriously [*or* desperately] [*or* gravely] ill; **~ gestürzt sein** to have had a bad fall; **~ krank** MED seriously [*or* desperately] [*or* gravely] ill; **~ verletzt** seriously [*or* badly] [*or* severely] injured; **sich ~ verletzen** to seriously [*or* badly] [*or* severely] injure oneself; **~ verunglückt sein** to have had a bad [*or* serious] accident; **~ wiegend** serious; **~ wiegende Bedenken** strong [*or* serious] reservations; **eine ~ wiegende Entscheidung, ein ~ wiegender Entschluss** a momentous decision; **ein ~ wiegender Grund** a sound [*or* convincing] [*or* compelling] reason ❼ (*schwierig*) difficult, not easy; **~ verständlich** (*kaum nachvollziehbar*) scarcely comprehensible; (*kaum zu verstehen*) hard [*or* difficult] to understand *pred;* **sich etw zu ~ machen** to make sth too difficult for oneself [*or* more difficult than it need be]; **[jdm] etw ~ machen** to make sth difficult [for sb]; **es [jdm] ~ machen, etw zu tun** to make it difficult [for sb] to do sth; **jdm das Herz ~ machen** to make sb's heart heavy [*or* sad]; **jdm das Leben ~ machen** to make life difficult for sb ❽ (*hart*) severely; **~ bewaffnet sein** to be heavily armed; *s. a.* **Ordnung Schwer·ar·beit** *f kein pl* heavy work, heavy labour [*or* AM -or] **Schwer·ar·bei·ter(in)** *m(f)* heavy worker, heavy labourer [*or* AM -orer] **Schwer·ath·let(in)** *m(f) sportsman/sportswoman who is active in the fields of weight-lifting, wrestling or any other sport requiring great* *strength* **Schwer·ath·le·tik** *f weight-lifting, wrestling or any other sport requiring great strength* **Schwer·ath·le·tin** *f fem form von* **Schwerathlet** **Schwer·be·hin·der·te(r)** *f(m) dekl wie adj* severely handicapped [*or* disabled] person **Schwer·be·schä·dig·te(r)** <-n, -n> *f (m) dekl wie adj* MED, ADMIN (*veraltet*) seriously disabled person

Schwe·re <-> ['ʃveːrə] *f kein pl* ❶ JUR (*Härte*) seriousness, gravity; **die ~ der Strafe** the severity of the punishment ❷ MED (*ernste Art*) seriousness, severity ❸ (*Schwierigkeit*) difficulty; *einer Aufgabe a.* complexity ❹ (*Gewicht*) heaviness, weight; **das Gesetz der ~** the law of gravity ❺ (*Intensität*) *eines Parfüms* pungency ❻ (*Gehalt*) *von Wein* body ❼ (*Luftfeuchtigkeit*) heaviness

Schwe·re·feld *nt* PHYS gravitational field, field of gravity

schwe·re·los *adj* PHYS weightless

Schwe·re·lo·sig·keit <-> *f kein pl* PHYS weightlessness

Schwe·re·nö·ter <-s, -> ['ʃveːrənøːtɐ] *m* (*veraltend geh*) lady-killer, Casanova

schwer|fal·len *vi irreg sein* **es fällt [jdm] schwer, etw zu tun** it is difficult [*or* hard] for sb to do sth; **etw fällt jdm schwer** sth is difficult [*or* hard] for sb [to do], sb has difficulty doing sth; **diese Entscheidung ist mir sehr schwer gefallen** this was a very difficult decision for me to make

schwer·fäl·lig <-er, -ste> **I.** *adj* ❶ (*ungeschickt*) awkward, clumsy ❷ (*umständlich*) pedestrian, ponderous **II.** *adv* awkwardly, clumsily

Schwer·ge·wicht *nt* ❶ (*Gewichtsklasse*) heavyweight ❷ (*Sportler*) heavyweight ❸ (*Schwerpunkt*) emphasis **schwer·ge·wich·tig** *adj inv* heavy **Schwer·ge·wicht·ler(in)** <-s, -> *m(f) s.* **Schwergewicht** **schwer·hö·rig** *adj inv* hard of hearing *pred;* **sich ~ stellen** to turn a deaf ear *fig* **Schwer·hö·rig·keit** *f kein pl* MED hardness of hearing **Schwer·in·dus·trie** *f* heavy industry **Schwer·kraft** *f kein pl* PHYS gravity **Schwer·kran·ke(r)** *f(m) dekl wie adj* MED seriously [*or* desperately] [*or* gravely] ill person **Schwer·kri·mi·nel·le(r)** *f(m) dekl wie adj* criminal, felon *spec*

schwer·lich *adv* hardly, scarcely

Schwer·me·tall *nt* CHEM heavy metal

Schwer·mut <-> *f kein pl* melancholy

schwer·mü·tig <-er, -ste> ['ʃveːɐ̯myːtɪç] *adj* melancholic *form,* melancholy

schwer|neh·men *vt irreg* **etw ~** to take sth hard [*or* [too much] to heart]; **das Leben ~** to take life [too] seriously

Schwer·öl *nt* CHEM heavy oil [*or* fuel]

Schwer·punkt *m* ❶ (*Hauptgewicht*) main emphasis; **auf etw den ~ legen** *akk* to put the main emphasis [*or* stress] on sth; **~e setzen** to establish [*or* set] priorities; **den ~ [auf etw] verlagern** *akk* to shift the emphasis [onto sth] ❷ PHYS centre [*or* AM -er] of gravity

schwer·punkt·mä·ßig **I.** *adj inv, attr* **ein ~er Streik** a pinpoint [*or* selective] strike **II.** *adv* selectively; **etw ~ abhandeln** to focus on sth

Schwer·punkt·streik *m* pinpoint [*or* selective] strike

schwer·reich *adj inv, attr* (*fam*) stinking [*or* AM filthy] rich *fam*

Schwert <-[e]s, -er> [ʃveːɐ̯t] *nt* ❶ (*Hieb- und Stichwaffe*) sword; **einschneidiges/zweischneidiges ~** single-edged/double-edged [*or* two-edged] sword; **das ~ ziehen** [*o* **geh zücken**] to draw one's sword ❷ NAUT centreboard [*or* AM -er-] ▶ WENDUNGEN: **das ~ des Damokles hängt** [*o* **schwebt**] **über jdm** the sword of Damocles is hanging above sb's head; **ein zweischneidiges ~ sein** to be a double-edged sword *fig* [*or* cut two ways]

Schwert·blatt *nt* blade [of a sword] **Schwert·boh·ne** *f* broad bean **Schwert·fisch** *m* ZOOL swordfish **Schwert·li·lie** *f* BOT iris **Schwert·schei·de** *f* sheath [for a sword] **Schwert·schlu·cker(in)** <-s, -> *m(f)* sword-swallower **Schwert·spit·ze** *f* point [of a sword]

schwer|tun *vr irreg* **sich bei** [*o* **mit**] **etw** *dat* **~** to have trouble with sth, to make heavy weather of sth *fam;* **sich mit jdm ~** to have trouble [getting along] with sb

Schwert·wal *m* ZOOL killer whale

Schwer·ver·bre·cher(in) *m(f)* JUR serious offender **Schwer·ver·kehrs·ab·ga·be** *f* road-user charge for trucks, truck tolls **Schwer·ver·letz·te(r)** *f(m) dekl wie adj* MED seriously [*or* badly] [*or* severely] injured person **Schwer·ver·wun·de·te(r)** *f(m) dekl wie adj* MIL seriously wounded person

Schwes·ter <-, -n> ['ʃvɛstɐ] *f* ❶ (*weibliches Geschwisterteil*) sister ❷ (*Krankenschwester*) nurse ❸ (*weibliches Gemeindemitglied*) sister ❹ REL (*Nonne*) nun

Schwes·ter·chen <-s, -> *nt dim von* **Schwester 1** little [*or* baby] sister

Schwes·ter·herz *nt* (*fam*) dear sister; **hallo, ~, schön, dich mal wieder zu sehen!** hello, sister dear, it's [so] lovely to see you again!

Schwes·ter·lein <-s, -> *nt* (*liter*) *s.* **Schwesterchen**

schwes·ter·lich **I.** *adj* sisterly **II.** *adv* **sich ~ lieben/~ verbunden sein/zusammenhalten** to love each other in a sisterly way [*or* be like [*or* as close as] sisters]/have a sisterly relationship/stick together like sisters

Schwes·tern·hel·fe·rin *f* nursing auxiliary BRIT **Schwes·tern·or·den** *m* REL sisterhood **Schwes·tern·wohn·heim** *nt* nurses' home [*or* hostel]

Schwes·ter·schiff *nt* NAUT sister ship

schwieg [ʃviːk] *imp von* **schweigen**

Schwie·ger·el·tern ['ʃviːgɐ-] *pl* parents-in-law *pl* **Schwie·ger·mut·ter** *f* mother-in-law **Schwie·ger·sohn** *m* son-in-law **Schwie·ger·toch·ter** *f* daughter-in-law **Schwie·ger·va·ter** *m* father-in-law

Schwie·le <-, -n> ['ʃviːlə] *f* ❶ (*verdickte Hornhaut*) callus; **~n an den Händen haben** to have calluses on one's hands ❷ MED (*Vernarbung*) weal, callus

schwie·lig ['ʃviːlɪç] *adj* callous

schwie·rig ['ʃviːrɪç] **I.** *adj* ❶ (*nicht einfach*) difficult, hard; **eine ~e Prüfung** a difficult exam ❷ (*verwickelt*) complicated; **eine ~e Situation** a tricky situation ❸ (*problematisch*) complex; **ein ~er Fall sein** to be a problematic[al] case; **ein ~er Mensch** a difficult person **II.** *adv* with difficulty

Schwie·rig·keit <-, -en> *f* ❶ *kein pl* (*Problematik*) difficulty; *eines Falles* problematical nature; *einer Lage, eines Problems* complexity; *einer Situation* trickiness; **mit [einiger] ~** with [some] difficulty ❷ *pl* (*Probleme*) problems *pl;* **finanzielle ~en** financial difficulties *pl;* **jdn in ~en bringen** *akk* to get sb into trouble; **in ~en geraten** [*o* **kommen**] to get into difficulties [*or* trouble] [*or fam* hot water]; **[jdm] ~en machen** [*o* **bereiten**] to make trouble [for sb], to give sb trouble; **[jdm] keine ~en machen** [*o* **bereiten**] to be no trouble [for sb]; **ohne ~en** without any difficulty [*or* problems]

Schwie·rig·keits·grad *m* degree of difficulty; SCH level of difficulty

schwill [ʃvɪl] *imper sing von* **schwellen**

Schwimm·bad *nt* swimming-pool, swimming bath[s *pl*] BRIT; **ins ~ gehen** to go swimming **Schwimm·be·cken** *nt* [swimming-]pool **Schwimm·bla·se** *f* ZOOL air bladder, swimming bladder **Schwimm·bril·le** *f* goggles *npl*

schwim·men <schwamm, geschwommen> ['ʃvɪmən] **I.** *vi* ❶ *sein* (*sich im Wasser fortbewegen*) to swim; **ich kann nicht ~** I can't swim; **~ gehen** to go swimming ❷ *haben* (*fam: sich in einer Flüssigkeit bewegen*) ■**auf etw** *dat* [*o* **in etw** *dat*] **~** to float on/in sth; **auf** [*o* **in**] **der Suppe schwimmt eine Fliege** there's a fly [floating] in the soup ❸ *haben* (*unsicher sein*) to be at sea, to flounder ❹ *haben* (*nass sein*) to be awash [*or* flooded]; **pass auf, dass nicht wieder der ganze Boden schwimmt, wenn du gebadet hast!** mind you don't drench the bathroom floor again when you have your bath! ❺ *haben s.* **verschwimmen** ▶ WENDUNGEN: **in Geld ~** to be rolling in money *fam* [*or fam* it]; **mit/gegen den Strom ~** to

S

swim with/against the current *usu fig; s. a.* **Auge II.** *vt sein o haben* ■**etw** ~ to swim sth; **in welcher Zeit schwimmst du die 100 Meter?** how fast can you [*or* how long does it take you to] swim [the] 100 metres?

Schwim·men <-s> ['ʃvɪmən] *nt kein pl* swimming *no art* ▶WENDUNGEN: **ins ~ geraten** [*o* **kommen**] to get out of one's depth *fig*

Schwim·mer <-s, -> ['ʃvɪmɐ] *m* TECH float

Schwim·mer(in) <-s, -> ['ʃvɪmɐ] *m(f)* (*schwimmender Mensch*) swimmer; ~ **sein** to be a swimmer [*or* able to swim]

Schwim·mer <-s, -> ['ʃvɪmɐ] *m* (*Schwimmkörper*) float

Schwim·mer·be·cken *nt* swimmers' pool

Schwim·me·rin <-, -nen> *f fem form von* **Schwimmer**

Schwimm·flos·se *f* flipper **Schwimm·flü·gel** *m* SPORT water wing, float **Schwimm·fuß** *m* ZOOL *meist pl* web-foot, webbed foot, palmiped[e] *spec* **Schwimm·hal·le** *f* indoor [swimming-]pool, swimming-bath[s *pl*] BRIT **Schwimm·haut** *f* ORN web **Schwimm·kä·fer** *m* ZOOL water beetle **Schwimm·leh·rer(in)** *m(f)* swimming instructor **Schwimm·sport** *m* swimming *no indef art* **Schwimm·stil** *m* stroke **Schwimm·un·ter·richt** *m* swimming lessons *pl* [*or* instruction] **Schwimm·vo·gel** *m* ORN water bird, waterfowl, palmiped[e] *spec* **Schwimm·wes·te** *f* life jacket

Schwin·del <-s> ['ʃvɪndl̩] *m kein pl* ❶ (*Betrug*) swindle, fraud; **es war alles ~** it was all a [big] swindle [*or* fraud]; **alles ~!** it's all lies! ❷ MED dizziness, giddiness, vertigo; **in ~ erregender Höhe** high enough to cause dizziness [*or* giddiness] [*or* vertigo] [*or* to make one [feel] dizzy [*or* giddy]], at a vertiginous height *form;* **mit ~ erregender Geschwindigkeit** at breathtaking speed; **~ erregend** (*fig*) astronomical ▶WENDUNGEN: **der ganze ~** (*pej fam*) the whole lot [*or sl* caboodle] [*or* BRIT *sl* shoot]

Schwin·del·an·fall *m* MED attack of dizziness [*or* giddiness] [*or* vertigo], dizzy turn *fam*

Schwin·de·lei <-, -en> [ʃvɪndə'lai] *f* (*fam*) ❶ (*kleine Lüge*) lying *no indef art, no pl;* **eine kleine ~** a fib [*or* little lie] ❷ (*kleine Betrügerei*) fiddle **schwin·del·frei** *adj inv* ■~ **sein** to have a [good] head for heights [*or* not suffer from vertigo] **Schwin·del·ge·fühl** *nt* feeling of dizziness [*or* giddiness] [*or* vertigo]

schwin·de·lig ['ʃvɪndəlɪç] *adj pred* ❶ ■[**von etw**] ~ **werden/sein** to get [*or* become]/be dizzy [*or* giddy] because of sth ❷ *s.* **Schwindel 2**

schwin·deln ['ʃvɪndl̩n] **I.** *vi* ❶ (*fam: lügen*) to lie; **das glaube ich nicht, du schwindelst!** I don't believe it, you're having me on! *fam;* ■**das S~** lying ❷ (*schwindlig sein*) to be dizzy; **in ~der Höhe** at a dizzy height; **jdn ~ machen** to make sb feel dizzy [*or* giddy] **II.** *vt* (*fam*) ❶ (*etw Unwahres sagen*) ■**etw ~** to lie about sth; ■**etw ist geschwindelt** sth is a pack of lies ❷ (*schmuggeln*) **etw durch den Zoll ~** to smuggle sth through customs **III.** *vr* (*fam*) ■**sich** [**durch etw**] ~ to wangle one's way [through sth] *fam;* **sich durch eine Kontrolle/den Zoll ~** to kid one's way through a checkpoint/customs; **sich durchs Leben ~** to con [*or* BRIT kid] one's way through life **IV.** *vi impers* ■**jdm schwindelt** [**es**] sb feels dizzy [*or* giddy]

schwin·den <schwand, geschwunden> ['ʃvɪndn̩] *vi sein* ❶ (*geh: abnehmen*) to run out, to dwindle; **im S~ begriffen sein** to be running out [*or* dwindling] ❷ (*vergehen*) ■**etw schwindet** sth is fading away; *Effekt,* [*schmerzstillende*] *Wirkung* to be wearing off; *Erinnerung, Hoffnung* to be fading [away]; *Interesse* to be flagging [*or* waning]; *Kräfte* to be fading [away] [*or* failing]; *Lebensmut, Mut, Zuversicht* to be failing; **die Sinne ~ jdm** sb feels faint ❸ (*geh: dahingehen*) *Jahre* to pass ❹ (*fachspr*) to contract, to shrink, to decrease; ELEK to fade

Schwind·ler(in) <-s, -> ['ʃvɪndlɐ] *m(f)* ❶ (*Betrüger*) swindler, con man *fam* ❷ (*fam: Lügner*) liar

schwind·lig ['ʃvɪndlɪç] *adj s.* **schwindelig**

Schwind·sucht *f* MED (*veraltend: Tuberkulose*) consumption, pulmonary tuberculosis; **die ~ haben** to have consumption [*or* pulmonary tuberculosis], to be consumptive

schwind·süch·tig *adj* MED (*veraltend*) consumptive

Schwin·ge <-, -n> ['ʃvɪŋə] *f* ❶ (*geh*) wing, pinion *poet* ❷ TECH (*im Getriebe*) tumbler lever; (*in der Mechanik*) crank

schwin·gen <schwang, geschwungen> ['ʃvɪŋən] **I.** *vt haben* ❶ (*mit etw wedeln*) ■**etw schwingen** to wave sth ❷ (*mit etw ausholen*) ■**mit etw ~** to brandish sth; **er schwang die Axt** he brandished the axe ❸ (*hin und her bewegen*) ■**jdn/etw ~** to swing sb/sth; **der Dirigent schwingt seinen Taktstock** the conductor flourishes his baton; **Fahnen ~** to wave flags; **das Tanzbein ~** to shake a leg *fig* ❹ AGR **Flachs ~** to poken [*or* swingle] flax; *s. a.* **Becher II.** *vi haben o sein* ❶ (*vibrieren*) to vibrate; *Brücke* to sway; **etw zum S~ bringen** to make sth [*or* cause sth to] vibrate ❷ (*pendeln*) ■[**an etw**] [**irgendwohin**] ~ *dat* to swing [somewhere] [on sth]; **im Sport mussten wir heute an die Ringe und ~** we had to swing on the rings in PE today ❸ (*geh: mitschwingen*) ■**etw schwingt** [**in etw**] *dat* sth can be heard [*or* detected] [in sth]; **in seinen Worten schwang eine gewisse Bitterkeit** his words hinted at a certain bitterness ❹ PHYS *Wellen* to oscillate ❺ SCHWEIZ (*ringen*) wrestle; *s. a.* **Rede III.** *vr haben* ❶ (*sich schwungvoll bewegen*) ■**sich auf/in etw** *akk* ~ to jump [*or* leap] onto/into sth; **sich aufs Fahrrad ~** to hop on one's bike; **sich auf den Thron ~** (*fig*) to usurp the throne ❷ (*schwungvoll überspringen*) ■**sich über etw ~** *akk* to jump [*or* leap] over sth; *Turner* to vault [sth] ❸ (*geh: sich ausgedehnt erstrecken*) ■**sich ~** to stretch out; *s. a.* **Luft**

Schwin·ger <-s, -> ['ʃvɪŋɐ] *m* ❶ (*beim Boxen*) swinging blow, haymaker *sl* ❷ SCHWEIZ *s.* **Ringer**

Schwing·tür *f* swing door

Schwin·gung <-, -en> *f* ❶ PHYS oscillation; **in ~ geraten** to begin to vibrate; [**etw**] **in ~ versetzen** to set [sth] swinging ❷ (*Regung*) stirring; **seelische ~en** inner stirrings

Schwips <-es, -e> [ʃvɪps] *m* (*fam*) tipsiness *no indef art, no pl;* **einen ~ haben/bekommen** to be/get tipsy

schwir·ren ['ʃvɪrən] *vi sein* ❶ (*surren*) *Mücken, Bienen* to buzz; *Vogel* to whir[r]; *s. a.* **Kopf** ❷ (*sich verbreiten*) to buzz, to fly about, AM around ❸ (*fam: sich begeben*) ■**irgendwohin ~** to whizz *fam* [*or fam* pop] [*or* BRIT *fam* nip] somewhere; **sie kam ins Zimmer geschwirrt** she popped into the room

Schwitz·bad *nt* steam bath, sweating bath

Schwit·ze <-, -n> ['ʃvɪtsə] *f* KOCHK roux

schwit·zen ['ʃvɪtsn̩] **I.** *vi* ❶ (*Schweiß absondern*) to sweat [*or form* perspire] ❷ (*Kondenswasser absondern*) to steam [*or* become steamed] up ❸ (*brüten*) to sweat over sth; **er schwitzt noch immer über der schwierigen Rechenaufgabe** he's still sweating over the difficult sums **II.** *vr* **sich nass ~** to get soaked with [*or* bathed in] sweat **III.** *vt* KOCHK **Mehl in Butter ~** to brown flour in hot butter ▶WENDUNGEN: **Blut und Wasser ~** to sweat blood

Schwit·zen <-s> ['ʃvɪtsn̩] *nt kein pl* sweating *no indef art,* perspiring *no indef art esp form;* **ins ~ geraten** [*o* **kommen**] to start to sweat [*or form* perspire]

Schwitz·fleck *m* sweat mark **Schwitz·kas·ten** *m* (*Griff*) headlock ▶WENDUNGEN: **jdn im ~ haben** to have sb in a headlock; **jdn in den ~ nehmen** to get sb in a headlock [*or* put a headlock on sb]

Schwof <-[e]s, -e> [ʃvoːf] *m* (*fam*) dance, bop BRIT *fam,* hop *dated fam*

schwo·fen ['ʃvoːfn̩] *vi* (*fam*) ■[**mit jdm**] ~ to dance [*or* BRIT *fam* bop] [with sb]

schwoll [ʃvɔl] *imp von* **schwellen**

schwö·ren <schwor, geschworen> ['ʃvøːrən] **I.** *vi* ❶ (*einen Eid leisten*) to swear; **auf die Verfassung ~** to swear on the constitution ❷ (*fam: verfechten*) ■[**auf jdn/etw**] ~ to swear [by sb/on [*or* by] sth]; **er schwört auf Vitamin C** he swears by vitamin C **II.** *vt* ❶ (*etw beeiden*) ■**etw ~** to swear sth; **ich könnte ~/ich hätte ~ können, dass ich das Fenster zuge-**

macht habe/hatte I could have sworn [that] I closed the window ❷ *(fest versichern)* ■**jdm etw ~** to swear sth to sb; ■**jdm ~, etw zu tun** to swear [to sb] to do sth **III.** *vr (fam: sich vornehmen)* ■**sich** *dat* **etw geschworen haben** to have sworn sth [to oneself]

schwul [ʃvuːl] *adj (fam)* gay *fam,* queer *pej sl*

schwül [ʃvyːl] *adj* ❶ METEO sultry, close, muggy *fam* ❷ *(beklemmend) Stimmung, Atmosphäre* oppressive ❸ *(geh: betörend)* **~er Duft/~e Träume** sultry [*or* sensual] scent/dreams

Schwü·le <-> [ˈʃvyːlə] *f kein pl* METEO sultriness, closeness, mugginess *fam*

Schwu·le(r) *m dekl wie adj (fam)* gay *fam,* queer *pej sl,* shirt-lifter BRIT *pej sl,* faggot AM

Schwu·len·sze·ne *f* gay scene *fam*

Schwu·li·tät <-, -en> [ʃvuliˈtɛːt] *f meist pl (fam)* ❶ *(Schwierigkeiten)* difficulty, trouble *no pl;* **jd in ~en bringen** to get sb into trouble [*or* BRIT *fam* land sb in it]; **in ~en geraten** [*o* **kommen**] to get into a fix *fam* [*or* trouble] ❷ *kein pl* DIAL *(Erregung)* fury

Schwulst <-[e]s> [ʃvʊlst] *m kein pl (pej)* [over-]ornateness, floridity, floridness

schwuls·tig [ˈʃvʊlstɪç] *adj* ❶ *(geschwollen)* swollen, puffed up ❷ ÖSTERR *(schwülstig)* [over-]ornate, florid

schwüls·tig [ˈʃvʏlstɪç] **I.** *adj (pej)* [over-]ornate, florid; **eine ~e Formulierung** bombastic [*or* pompous] wording; **eine ~e Redeweise/ein ~er Stil** a bombastic [*or* pompous] manner of speaking/style **II.** *adv (pej)* bombastically, pompously

Schwund <-[e]s> [ʃvʊnt] *m kein pl* ❶ *(Rückgang)* decline, decrease; *Bestände, Vorräte* dwindling ❷ *(Gewichtsverringerung)* weight loss; *(Schrumpfung)* shrinkage ❸ MED *der Muskulatur* atrophy ❹ RADIO *(Fading)* fading

Schwung <-[e]s, Schwünge> [ʃvʊŋ, *pl* ˈʃvʏŋə] *m* ❶ *(schwingende Bewegung)* swing[ing movement]; **~ holen** to build up [*or* gain] momentum ❷ *kein pl (Antriebskraft)* drive, verve; **etw in ~ bringen** *akk (fam)* to knock [*or* whip] sth into shape; **in ~ kommen** *(fam)* to get going; **[richtig] in ~ sein** *(fam: in Fahrt)* to be in full swing; *(reibungslos funktionieren)* to be doing really well ❸ *(Linienführung)* sweep ❹ *(fam: größere Anzahl)* stack *fam,* pile *fam,* sackful; *Besucher, Gäste, Touristen* batch, bunch

Schwung·fe·der *f* ORN wing feather

schwung·haft I. *adj* flourishing, booming, thriving; **~er Handel** flourishing [*or* roaring] trade **II.** *adv* **sich ~ entwickeln** to be booming

Schwung·rad *nt* TECH flywheel

schwung·voll I. *adj* ❶ *(weit ausholend)* sweeping ❷ *(mitreißend)* lively; **eine ~e Ansprache/Rede** a passionate [*or* rousing] [*or* stirring] speech; **das ~e Spiel eines Orchesters** the invigorating playing of an orchestra **II.** *adv* lively

Schwur <-[e]s, Schwüre> [ʃvuːɐ̯] *m* ❶ *(feierliches Versprechen)* vow ❷ *(Eid)* oath; **einen ~ leisten** to take [*or* make] a vow

Schwur·ge·richt *nt* JUR court with a jury

Schwyz <-> [ˈʃviːts] *nt* GEOG Schwyz

Sci·ence·fic·tion[RR] *f,* **Sci·ence-Fic·tion**[RR] *f,* **Sci·ence-fic·tion**[ALT] <-, -s> [ˈsaiənsˈfɪkʃn̩] *f* LIT science fiction, sci-fi *fam*

Sci·ence·fic·tion·film[RR] *m,* **Sci·ence-Fic·tion-Film**[RR] *m,* **Sci·ence-fic·tion-Film**[ALT] [ˈsaiənsˈfɪkʃn̩-] *m* science-fiction [*or* *fam* sci-fi] film **Sci·ence·fic·tion·ro·man**[RR] *m,* **Sci·ence-Fic·tion-Ro·man**[RR] *m,* **Sci·ence-fic·tion-Ro·man**[ALT] [ˈsaiənsˈfɪkʃn̩-] *m* science-fiction [*or* *fam* sci-fi] novel

Sci·en·to·lo·gy(-Kir·che) <-> [saiənˈtɔlɔdʒi] *f kein pl* [Church of] Scientology *no pl*

Screen·shot <-s, -s> [ˈskriːnʃɔt] *m* FILM *(fachspr)* screenshot

Scyl·la <-> [ˈstsʏla] *f kein pl s.* **Szylla**

SDI <-> *Akr von* **Strategic Defense Initiative** SDI

Seal <-s, -s> [ziːl] *m o nt* seal[skin]

Sé·ance <-, -n> [zeˈãːs(ə)] *f* seance; **eine ~ abhalten** to hold [*or* conduct] a seance

sec *f Abk von* **Sekunde** sec

sechs [zɛks] *adj* six; *s. a.* **acht**[1]

Sechs <-, -en> [zɛks] *f* ❶ *(Zahl)* six ❷ KARTEN six; *s. a.* **Acht**[1] **4** ❸ *(auf Würfel)* **lauter ~en würfeln** to throw nothing but sixes ❹ *(Verkehrslinie)* ■**die ~** the [number] six ❺ SCH *(schlechteste Zensur)* bottom [*or* lowest] mark [*or* AM grade] ❻ SCHWEIZ *(beste Zensur)* top [*or* highest] mark [*or* AM grade]

Sechs·eck *nt* hexagon **sechs·eckig** *adj* hexagonal **sechs·ein·halb** [ˈzɛksʔainˈhalp] *adj* ❶ *(Bruchzahl)* six and a half ❷ *(fam: 6.500 Euro)* six and a half grand *sl*

Sech·ser <-s, -> [ˈzɛksɐ] *m* ❶ SCH *(fam: die Note Ungenügend)* unsatisfactory [mark [*or* AM grade]] ❷ *(6 Richtige)* six [winning] numbers

sech·ser·lei [ˈzɛksɐˈlai] *adj inv* six [different]; *s. a.* **achterlei**

Sech·ser·pack *m* pack of six, six-pack AM

sechs·fach, 6-fach [ˈzɛksfax] **I.** *adj* **die ~e Menge nehmen** to take six times the amount **II.** *adv* six times, sixfold

Sechs·fa·che, 6-fa·che *nt dekl wie adj* **das ~ verdienen** to earn six times as much; *s. a.* **Achtfache**

sechs·hun·dert [ˈzɛksˈhʊndɐt] *adj* six hundred; *s. a.* **hundert** **sechs·hun·dert·jäh·rig** *adj* six-hundred-year-old *attr,* [of] six hundred years *pred;* **das ~e Bestehen von etw feiern** to celebrate the sexcentenary *form* of sth **sechs·jäh·rig, 6-jäh·rig**[RR] *adj* ❶ *(Alter)* six-year-old *attr,* six years old *pred; s. a.* **achtjährig 1** ❷ *(Zeitspanne)* six-year *attr; s. a.* **achtjährig 2** **Sechs·jäh·ri·ge(r), 6-Jäh·ri·ge(r)**[RR] *f(m) dekl wie adj* six-year-old **sechs·köp·fig** *adj* six-person; *s. a.* **achtköpfig**

sechs·mal, 6-mal[RR] *adv* six times; *s. a.* **achtmal**

sechs·ma·lig *adj* six times; *s. a.* **achtmalig**

sechs·stö·ckig *adj inv* six-storey [*or* AM -story] *attr,* with six storeys *pred*

sechs·stün·dig, 6-stün·dig[RR] *adj* six-hour *attr; s. a.* **achtstündig**

sechst [zɛkst] *adv* ■**zu ~ sein** to be a party of six

Sechs·ta·ge·ren·nen [zɛksˈtaːgərɛnən] *nt* six-day [cycling] race

sechs·tau·send [ˈzɛksˈtauzn̩t] *adj* ❶ *(Zahl)* six thousand; *s. a.* **tausend** ❷ *(fam: 6.000 Euro)* six grand, six thou *sl,* six G's [*or* K's] *sing vb* AM *sl*

Sechs·tau·sen·der <-s, -> *m* a mountain over 6,000 metres [*or* AM meters]

sechs·te(r, s) [ˈzɛkstə, ˈzɛkstɐ, ˈzɛkstəs] *adj* ❶ *(nach dem fünften kommend)* sixth; *s. a.* **achte(r, s) 1** ❷ *(Datum)* sixth, 6th; *s. a.* **achte(r, s) 2, Sinn**

Sechs·te(r) [ˈzɛkstə, ˈzɛkstɐ, ˈzɛkstəs] *m dekl wie adj* ❶ *(Person)* sixth; *s. a.* **Achte(r) 1** ❷ *(bei Datumsangaben)* ■**der ~/am ~en** *geschrieben:* **der 6./am 6.** the sixth/on the sixth; *geschrieben:* the 6th/on the 6th; *s. a.* **Achte(r) 2** ❸ *(als Namenszusatz)* **Ludwig der ~** *geschrieben:* Ludwig VI., Louis the Sixth; *geschrieben:* Louis VI

sechs·tel [ˈzɛkstl̩] *adj* sixth

Sechs·tel <-s, -> [ˈzɛkstl̩] *nt* sixth; *s. a.* **Achtel**

sechs·tens [ˈzɛkstn̩s] *adv* sixthly, in sixth place

Sechs·zy·lin·der *m* AUTO ❶ *(Auto)* six-cylinder car ❷ *(Motor)* six-cylinder engine

sech·zehn [ˈzɛçtseːn] *adj* sixteen; *s. a.* **acht**[1]

sech·zehn·te(r, s) *adj* sixteenth; *s. a.* **achte(r, s)**

sech·zig [ˈzɛçtsɪç] *adj* sixty

Sech·zig <-, -en> [ˈzɛçtsɪç] *f* sixty

sech·zi·ger, 60·er *adj attr, inv (das Jahrzehnt von 60 bis 70)* **die ~ Jahre** the sixties; *(geschrieben a.)* the '60s

Sech·zi·ger[1] <-s, -> *m (Wein aus dem Jahre '60)* ■**ein ~** a 1960 [*or* '60] vintage

Sech·zi·ger[2] *pl* ■**die ~** the sixties [*or* 60s]; ■**in den ~n sein** to be in one's sixties; *s. a.* **Achtziger**[3]

Sech·zi·ger(in) <-s, -> *m(f)* ❶ *(Mensch in den Sechzigern)* sexagenarian ❷ *s.* **Sechzigjährige(r)**

Sech·zi·ger·jah·re *pl* ■**die ~** the sixties [*or* 60s] *npl* **sech·zig·**

jäh·rig, 60-jäh·rig[RR] *adj attr* ❶ (*Alter*) sixty-year-old *attr*, sixty years old *pred* ❷ (*Zeitspanne*) sixty-year *attr* **Sech·zig·jäh·ri·ge(r), 60-Jäh·ri·ge(r)**[RR] *f(m) dekl wie adj* sixty-year-old

sech·zig·ste(r, s) *adj* sixtieth; *s. a.* **achte(r, s)**

Se·cond·hand·ar·ti·kel [zɛkn̩t'hɛnt-] *m* second-hand item/goods *npl* **Se·cond·hand·klei·dung** [zɛkn̩t'hɛnt-] *f* second-hand clothes *npl* **Se·cond·hand·la·den** [zɛkn̩t'hɛnt-] *m* second-hand shop **Se·cond·hand·shop** [zɛkn̩t'hɛnt-] *m* second-hand [clothes] shop

SED <-> [ɛsʔe:'de:] *f* HIST *Abk von* **Sozialistische Einheitspartei Deutschlands** *state party of the former GDR*

Se·da·ti·vum <-s, -tiva> [zeda'ti:vʊm] *nt* PHARM sedative

Se·di·ment <-[e]s, -e> [zedi'mɛnt] *nt* sediment

Se·di·ment·ge·stein *nt* GEOL sedimentary rock

See[1] <-s, -n> [ze:] *m* lake; **der ~ Genezareth** REL the Sea of Galilee [*or* Lake of Genesaret]; **der Genfer ~** Lake Geneva; **die Großen ~n** the Great Lakes; **ein künstlicher ~** an artificial lake

See[2] <-, -n> [ze:] *f* ❶ GEOG (*Meer*) sea; **an der ~** at the seaside, by the sea, on the coast ❷ NAUT (*Meer*) sea; **auf ~** at sea; **auf hoher** [*o* **offener**] **~** on the high seas; **auf ~ bleiben** (*euph*) to die at sea; **in ~ gehen** [*o* **stechen**] to put to sea; **zur ~ fahren** to be a sailor [*or* [merchant] seaman]; **zur ~ gehen** to go to sea, to become a sailor ❸ NAUT (*Seegang*) heavy sea, swell ❹ NAUT (*Sturzwelle*) [high [*or* tall]] wave

See·aal *m* KOCHK flake *no indef art* **See·ad·ler** *m* ORN sea eagle **See·ane·mo·ne** *f* ZOOL sea anemone **See·bad** *nt* TOURIST seaside [health] resort **See·bär** *m* ❶ (*hum fam: erfahrener Seemann*) sea dog, old salt ❷ ZOOL fur seal **See·barsch** *m* ZOOL sea bass **See·be·ben** *nt* GEOL seaquake, waterquake **See·bras·se** *f* ZOOL sea bream **See·ele·fant**[RR] *m*, **See-Ele·fant** *m* ZOOL sea elephant, elephant seal **See·fah·rer** *m* NAUT (*veraltend*) seafarer **See·fahrt** *f* NAUT ❶ *kein pl* (*Schifffahrt*) sea travel, seafaring *no art;* **die christliche ~** (*hum*) seafaring *no art*, a life on the ocean waves ❷ (*veraltend*) *s.* **Seereise See·fahrt(s)·buch** *nt* NAUT seaman's [discharge [*or* registration]] book **See·fahrt(s)·schu·le** *f* naval college **See·fisch** *m* ❶ ZOOL saltwater fish, sea fish ❷ *kein pl* KOCHK (*Fleisch von Seefischen*) sea fish *no art*, saltwater fish *no art*

See·fo·rel·le *f* lake [*or* BRIT grey] trout

See·fracht *f* sea freight *no indef art* **See·frau** *f fem form von* **Seemann See·gang** *m kein pl* swell; **schwerer** [*o* **hoher**] [*o* **starker**] **~** heavy [*or* rough] seas [*or* swell] **See·ge·fecht** *nt* MIL naval [*or* sea] battle **see·ge·stützt** *adj* sea-based **See·gras** *nt* BOT seagrass, eelgrass, grass wrack **See·gur·ke** *f* ZOOL sea cucumber **See·ha·fen** *m* ❶ NAUT (*Gegenteil von Binnenhafen*) harbour [*or* AM -or], [sea]port ❷ GEOG (*Küstenstadt mit Hafen*) seaport **See·hecht** *m* ZOOL hake **See·herr·schaft** *f kein pl* maritime [*or* naval] supremacy **See·hund** *m* ZOOL common seal **See·igel** *m* ZOOL sea urchin, sea hedgehog, echinoid *spec* **See·kar·te** *f* NAUT sea [*or* nautical] chart **see·klar** *adj* NAUT ready to put to sea *pred*, ready to sail *pred;* **etw ~ machen** to prepare sth to put to sea [*or* to sail] **See·kli·ma** *nt* METEO maritime climate **see·krank** *adj* MED seasick **See·krank·heit** *f kein pl* MED seasickness **See·krieg** *m* MIL naval warfare **See·kuh** *f* ZOOL sea cow, manatee, sirenian *spec* **See·lachs** *m* coalfish, saithe, coley

See·le <-, -n> ['ze:lə] *f* ❶ REL soul; **die armen ~n** the souls of the dead; **die ~ aushauchen** to breathe one's last ❷ PSYCH (*Psyche*) mind; **mit Leib und ~** wholeheartedly; **Schaden an seiner ~ nehmen** to lose one's moral integrity; **mit ganzer ~** heart and soul, with complete dedication; **aus tiefster** [*o* **innerster**] **~** (*zutiefst*) from the bottom of one's heart; (*aus jds Innerem*) from the heart; **eine kindliche ~ haben** to be a simple soul; **eine schwarze ~ haben** to be a bad lot; **jdm tut etw in der ~ weh** sth breaks sb's heart ❸ (*Mensch*) soul; **eine durstige ~** (*fam*) a thirsty soul; **eine treue ~** a faithful soul; **ein Dorf mit 500 ~n** (*veraltend*) a village of 500 souls ❹ (*an Waffen*) bore ❺ (*eines Seils*) core ❻ *eines Kabels* core ▸ WENDUNGEN: **ein Herz und eine ~ sein** to be inseparable; **sich** *dat* **die ~ aus dem Leibe brüllen** (*fam*) to shout [*or* scream] one's head off; **sich die ~ aus dem Leib husten** to cough one's guts up *sl;* **eine ~ von Mensch** [*o* **einem Menschen**] **sein** to be a good[-hearted] soul; **dann hat die liebe** [*o* **arme**] **~ Ruh** (*fam*) now sb has got what they want, perhaps we'll have some peace; **etw brennt jdm auf der ~** (*fam*) sb is dying to do sth; **dieses Problem brennt mir schon lange auf der ~** this problem's been on my mind for some time [now]; **es brennt jdm auf der ~, etw zu tun** sb can't wait to do sth; **jdm auf der ~ knien** to plead with sb to do sth; **die ~ einer S. sein** *gen* to be the heart and soul of sth; **etw liegt** [*o* **lastet**] **jdm auf der ~** sth is [weighing] on sb's mind; **sich** *dat* **etw von der ~ reden** to get sth off one's chest; **jdm aus der ~ sprechen** (*fam*) to say exactly what sb is thinking; **du sprichst mir aus der ~!** I couldn't have put it better myself!; **meiner Seel!** (*veraltet*) upon my sword *old; s. a.* **Teufel**

See·len·frie·de(n) *m* (*geh*) peace of mind **See·len·grö·ße** *f* (*geh*) magnanimity **See·len·heil** *nt* REL ■**jds ~** the salvation of sb's soul [*or* spiritual welfare] **See·len·la·ge** *f* state [*or* frame] of mind **See·len·le·ben** *nt kein pl* (*geh*) inner [*or* spiritual] life **See·len·qual** *f meist pl* (*geh*) mental anguish [*or* torment] *no pl* **See·len·ru·he** *f* **in aller ~** as cool as you please [*or* calm as you like] **see·len·ru·hig** ['ze:lən'ru:ɪç] *adv inv* calmly **See·len·ver·käu·fer** *m* ❶ NAUT coffin ship, floating death trap ❷ (*skrupelloser Mensch*) the kind of person who would sell his own granny (*unscrupulous, avaricious and exploitative person*) **see·len·ver·wandt** *adj* kindred; **~e Menschen** [people who are] kindred spirits; ■**~ sein** to be kindred spirits **See·len·wan·de·rung** *f* REL transmigration of souls, metempsychosis

See·leu·te *pl von* **Seemann**

see·lisch ['ze:lɪʃ] **I.** *adj* psychological; **~e Belastungen/Nöte** emotional stress/trouble; **~e Erschütterung/Qual** emotional upset/mental ordeal; **~es Gleichgewicht** mental balance; **~es Gleichgewicht** mental balance; **das ~e Gleichgewicht verlieren** to lose one's mental balance; *s. a.* **Grausamkeit II.** *adv* **~ bedingt sein** to have psychological causes

See·lö·we, -lö·win <-n, -n> *m, f* sea lion

Seel·sor·ge *f kein pl* REL spiritual welfare

Seel·sor·ger(in) <-s, -> ['ze:lzɔrgɐ] *m(f)* REL pastor

seel·sor·ge·risch I. *adj* REL pastoral **II.** *adv* REL **~ tätig sein** to carry out pastoral duties

See·luft *f kein pl* sea air **See·macht** *f* POL naval [*or* sea] [*or* maritime] power

See·mann <-leute> ['ze:man, *pl* -lɔytə] *m* sailor, seaman

see·män·nisch ['ze:mɛnɪʃ] *adj* nautical; **~e Tradition** seafaring tradition

See·manns·aus·druck <-ausdrücke> *m* nautical term **See·manns·bar** *f* sailors' pub [*or* AM bar] **See·manns·garn** *nt kein pl* (*fam*) sailor's yarn *fam;* **~ spinnen** (*fig*) to spin a [sailor's] yarn *fig* **See·manns·lied** *nt* [sea] shanty **See·manns·spra·che** *f* nautical jargon, sailor's slang

See·mei·le *f* nautical [*or* sea] mile **See·mi·ne** *f* [sea] mine **See·na·del** *f* ZOOL pipefish

See·not *f kein pl* distress [at sea] *no pl;* **in ~ sein, sich in ~ befinden** to be in distress [at sea]; **in ~ geraten** to get into difficulties

See·not·ret·tungs·dienst *m* sea rescue service, coast guard AM **See·not·ret·tungs·kreu·zer** *m* lifeboat **See·not·ruf** *m* nautical distress signal

Seen·plat·te *f* GEOG *larger lowland plain comprising several lakes;* **die Mecklenburgische ~** the Mecklenburg Lakes

See·pferd(·chen) *nt* sea horse **See·quap·pe** *f* rockling **See·räu·ber(in)** *m(f)* pirate **See·räu·be·rei** [ze:rɔybə'rai] *f kein pl* piracy **See·räu·be·rin** *f fem form von* **Seeräuber See·räu·ber·spe·lun·ke** *f* pirates' den **See·recht** *nt kein pl* maritime law **See·rei·se** *f* voyage; (*Kreuzfahrt*) cruise **See·ro·se** *f*

❶ BOT water lily ❷ ZOOL sea anemone **See·sack** *m* sailor's kitbag, seabag AM **See·schiff·fahrt^RR** *f kein pl* maritime [*or* ocean] shipping **See·schlacht** *f* sea battle **See·schwal·be** *f* ORN tern **See·stern** *m* starfish **See·tang** *m* seaweed **See·teu·fel** *m* ZOOL monkfish, anglerfish **see·tüch·tig** *adj* seaworthy **See·ufer** *nt* lakeside, shore of a lake **See·vo·gel** *m* seabird

see·wärts ['ze:vɛrts] *adv* seaward[s], towards the sea; **der Wind weht** ~ the wind is blowing out to sea

See·was·ser *nt* sea water, salt water **See·weg** *m* sea route; **auf dem** ~ by sea **See·wind** *m* onshore wind **See·wolf** *m* ZOOL wolf fish **See·zei·chen** *nt* navigational sign **See·zun·ge** *f* sole

Se·gel <-s, -> ['ze:gl̩] *nt* NAUT sail; **mit vollen ~n** (*a. fig*) under full sail, full speed ahead *a. fig;* **die ~ hissen** to hoist the sails; [**die**] ~ **setzen** [*o* **aufziehen**] to set sail [*or* the sails]; **die ~ reffen** [*o* **streichen**] to lower [*or* reef] the sails; **unter ~** under sail; **das Schiff verließ unter ~ den Hafen** the ship sailed out of the harbour ▶ WENDUNGEN: [**vor jdm/etw**] **die ~ streichen** (*geh*) to give in [to sb], to throw in the towel

Se·gel·boot *nt* sailing boat, sailboat AM **se·gel·flie·gen** *vi nur infin* to glide; ~ **lernen** to learn to fly a glider **Se·gel·flie·gen** *nt* gliding **Se·gel·flie·ger(in)** *m(f)* glider pilot **Se·gel·flug** *m* ❶ (*Flug mit einem Segelflugzeug*) glider flight ❷ *kein pl s.* **Segelfliegen Se·gel·flug·platz** *m* gliding field **Se·gel·flug·zeug** *nt* glider **Se·gel·jacht** *f* [sailing] yacht **Se·gel·klub** *m* sailing club **Se·gel·ma·cher(in)** <-s, -> *m(f)* sailmaker

se·geln ['ze:gl̩n] **I.** *vt sein o haben* ■**etw** ~ to sail sth; **eine Regatta** ~ to sail in a regatta; **eine Wende** ~ to go about **II.** *vi* ❶ *sein* (*mit einem Segelschiff fahren*) ■[**irgendwo/irgendwohin**] ~ to sail [somewhere]; ~ **gehen** to go sailing ❷ *sein* (*fliegen*) ■[**durch etw**] ~ to sail [through sth]; **durch die Luft** ~ to sail through the air ❸ *sein* (*fig fam: durchfallen*) ■**durch etw** ~ to fail sth, to flop in sth ❹ (*fam: fallen*) **auf den Boden** ~ to fall to the ground ▶ WENDUNGEN: **von der Schule** ~ to be thrown out of school

Se·geln <-s> ['ze:gl̩n] *nt kein pl* sailing; **zum ~ gehen** to go sailing

Se·gel·oh·ren *pl* (*pej fam*) mug [*or* trophy] ears *fam* **Se·gel·re·gat·ta** *f* sailing [*or* yachting] regatta **Se·gel·schiff** *nt* sailing ship **Se·gel·schul·schiff** *nt* training sailing boat **Se·gel·sport** *m* sailing *no art* **Se·gel·törn** *m* yacht cruise **Se·gel·tour** *f* sailing [*or* yacht] cruise **Se·gel·tuch** *nt* sailcloth, canvas **Se·gel·yacht** *f s.* **Segeljacht**

Se·gen <-s, -> ['ze:gn̩] *m* ❶ *no pl* REL (*religiöser Glückwunsch*) blessing; **jdm den ~ erteilen** [*o* **spenden**] to give sb a blessing, to bless sb; **den ~ sprechen** to say the benediction; (*Beistand*) blessing ❷ (*fam: Zustimmung*) blessing; **seinen ~** [**zu etw**] **geben** to give one's blessing [to sth]; **jds ~ haben** to have sb's blessing; **mit jds ~** with sb's blessing ❸ (*Wohltat*) blessing, godsend; **ein ~ für die Menschheit** a benefit for mankind; **ein wahrer ~ sein** to be a real godsend ❹ (*Menge, Fülle*) yield; **der ganze ~** (*iron fam*) the whole lot *fam* ▶ WENDUNGEN: **sich regen bringt ~** (*prov*) hard work brings its own reward

se·gens·reich *adj* (*geh*) beneficial; *Erfindung, Entdeckung* heaven-sent, blessed; *Tätigkeit, Wirken, Schaffen* worthwhile; (*materiellen Gewinn bringend*) prosperous

Seg·ge <-, -n> ['zɛgə] *f* BOT sedge

Seg·ler(in) <-s, -> ['ze:glɐ] *m(f)* yachtsman/yachtswoman

Seg·ler <-s, -> ['ze:glɐ] *m* ❶ (*Segelboot*) sailing boat, sailboat AM ❷ (*Segelflugzeug*) glider ❸ (*geh: segelnder Vogel*) gliding bird; ~ **der Lüfte** bird sailing on currents of air ❹ ZOOL swift

Seg·ment <-[e]s, -e> [zɛ'gmɛnt] *nt* ❶ (*geh: Teilstück*) segment ❷ MATH, MED, ZOOL segment

Seg·men·tie·rung <-, -en> *f* ZOOL segmentation

seg·nen ['ze:gnən] *vt* ❶ REL (*mit einem Segen bedenken*) ■**jdn/etw** ~ to bless sb/sth; **mit ~der Gebärde** in blessing; **segnend die Hände heben** to raise one's hands in blessing; *s. a.* **Gott** ❷ (*geh: reich bedenken, beglücken*) ■**jdn** [**mit etw**] ~ to bless sb [with sth]; ■[**mit etw**] **gesegnet sein** to be blessed with sth; **ein gesegnetes Alter erreichen** to reach a venerable age; **einen gesegneten Appetit haben** to have a healthy appetite; **einen gesegneten Schlaf haben** (*fam*) to sleep like a log ❸ (*veraltend: preisen*) ■**etw** ~ to bless sth

Seg·nung <-, -en> *f* ❶ REL (*das Segnen*) blessing ❷ *meist pl* (*Vorzüge, segensreiche Wirkung*) benefits, advantages; **die ~en der modernen Forschung** *gen* the benefits [*or* advantages] of modern research

seh·be·hin·dert *adj* (*geh*) visually impaired, partially sighted

se·hen <sah, gesehen> ['ze:ən] **I.** *vt* ❶ (*erblicken, bemerken*) ■**jdn/etw** ~ to see sb/sth; **man darf dich bei mir nicht** ~ you can't be seen with me; **etw nicht gerne** ~ to not like sth; **es nicht gern ~, dass** [*o* **wenn**] **...** to not like it when ...; **man sieht es nicht gern, wenn Frauen sich betrinken** it is frowned upon if women get drunk; **jdn/etw zu ~ bekommen** to get to see sb/sth; **hat man so was schon ge~!** did you ever see [*or* have you ever seen] anything like it!; **gut/schlecht zu ~ sein** to be well/badly visible; **etw kommen** ~ to see sth coming; **ich sehe es schon kommen, dass wir wieder die Letzten sein werden** I can see it coming that we are going to be last again; **jdn/etw nicht mehr ~ können** (*fam*) to not be able to stand [*or* bear] the sight of sb/sth; **ich kann kein Blut** ~ I can't stand the sight of blood; **ich kann nicht ~, wie schlecht du sie behandelst** I can't bear to see how badly you treat her; **sich ~ lassen können** to be something to be proud of; **diese Leistung kann sich wirklich ~ lassen** you can be proud of what you've achieved; **in diesem Kostüm kannst du dich wirklich ~ lassen** you look terrific in that suit; **mit dieser Frisur kannst du dich nicht ~ lassen!** you can't go around with your hair like that!; **sich** [**bei jdm**] ~ **lassen** (*fam*) to show one's face [at sb's house] *fam;* **ich möchte den ~, der in der Lage ist, diese Leistung zu überbieten** (*fam*) I'd like to see someone do better; **das muss man ge~ haben** one has to see it to believe it; **das wollen wir** [**doch**] **erst mal ~!** (*fam*) [well,] we'll see about that!; **so ge~** from that point of view, looking at it that way; **da sieht man es mal wieder!** (*fam*) it's the same old story, that's just typical! *fam* ❷ (*ansehen*) ■**etw** ~ to see sth; **eine Fernsehsendung** ~ to watch a television programme; **hast du gestern Abend die Übertragung des Spiels ge~?** did you watch [*or* see] the game last night?; **ich hätte Lust, ein Ballett zu** ~ I quite fancy going to see a ballet; **es gibt hier nichts zu** ~ there's nothing to see here ❸ (*treffen*) ■**jdn** ~ to see sb; **wann sehe ich dich das nächste Mal?** when will I see you again?; ■**sich** [*o* **einander**] ~ to see each other ❹ (*einschätzen*) ■**etw** [**irgendwie**] ~ to see sth [somehow]; **ich sehe die Aussichten wenig rosig** the prospects look less than rosy to me; **ich sehe das so: ...** the way I see it, ...; **ich sehe mich in dieser Angelegenheit als unparteiische Vermittlerin** I consider myself a neutral intermediary in this situation; ■**jdn** [**in jdm**] ~ to see sb [in sb]; **sie sieht in jeder Frau gleich die Rivalin** she sees every woman as a rival **II.** *vi* ❶ (*ansehen*) to look; **lass mal** ~ let me see [*or* have a look] ❷ (*Sehvermögen haben*) to see; **gut/schlecht** ~ to be/not be able to see very well, to have good/bad eyesight; **mit der neuen Brille sehe ich viel besser** I can see much better with my new glasses; **er sieht nur noch auf einem Auge** he can only see out of one eye ❸ (*blicken*) to look; **durch die Brille** ~ to look through one's glasses; **aus dem Fenster** ~ to look out of the window; **auf das Meer** ~ to look at the sea; **sieh doch nur, die schönen Blumen** (*fam*) look at the pretty flowers; **ich sehe sehr positiv in die Zukunft** I'm very optimistic about the future; **auf die** [*o* **nach der**] **Uhr** ~ to look at one's watch ❹ (*feststellen,* [*be*]*merken*) to see; ~ **Sie** [**wohl**]!, **siehste!** (*fam*) you see!; **sie wird schon ~, was sie davon hat** (*fam*) she'll soon get her just desserts; **na siehst du, war doch nicht schlimm** (*fam*) see, it wasn't that bad; **ich sehe sehr wohl, was hier**

S

los ist I can see very well what is happening here ❺ (*sich kümmern um*) ■**nach jdm** ~ to go [*or* come] and see sb; ■**nach etw** ~ to check on sth; **nach dem Essen** ~ to check [on] the meal; **nach der Post** ~ to see if there is any post; **ich werde ~, was ich für Sie tun kann** I'll see what I can do for you; (*nachsehen*) to see; **ich werde ~, wer da klopft** I'll see who is at the door; (*abwarten*) to wait and see; **mal ~!** (*fam*) wait and see!; **wir müssen ~, was die Zukunft bringt** we'll have to wait and see what the future holds ❻ DIAL (*achten*) ■**auf etw/jdn** ~ to pay attention to sth/sb; **auf den Preis** ~ to pay attention to the price; **auf Sauberkeit** ~ to check sth is clean; **könntest du bitte auf die Kinder** ~ could you please keep an eye on the children; **du solltest mehr auf dich selbst** ~ you should think more about yourself; **wir müssen darauf ~, dass wir nicht gegen das Gesetz verstoßen** we'll have to watch out that we don't break the law; (*dafür sorgen*) to look after; **jeder muss ~, wo er bleibt** every man for himself; **heutzutage muss man ~, wo man bleibt** (*fam*) nowadays you've got to make the most of your chances; **sieh, dass du schnell fertig wirst** make sure [*or* see to it that] you're finished quickly ❼ (*geh: herausragen*) ■**etw sieht aus etw** *dat* sth sticks out of sth; **eine Weinflasche sah aus ihrer Einkaufstasche** a wine bottle was sticking out of her shopping bag **III.** *vr* ❶ **sich [irgendwo] ~ lassen** to show up [somewhere] ❷ (*beurteilen, einschätzen*) ■**sich** ~ to consider oneself; **sich betrogen/enttäuscht/verlassen** ~ to consider oneself cheated/disappointed/deserted; (*sich fühlen*) to feel; **sich veranlasst ~, etw zu tun** to feel it necessary to do sth; **sich gezwungen [*o* genötigt] ~, etw zu tun** to feel compelled to do sth

Se·hen <-s> ['ze:ən] *nt kein pl* seeing; **jdn nur vom ~ kennen** to only know sb by sight

se·hens·wert *adj* worth seeing; **eine wirklich ~e Ausstellung** an exhibition well worth seeing

se·hens·wür·dig *adj s.* **sehenswert**

Se·hens·wür·dig·keit <-, -en> *f* sight; **~en besichtigen** to do [*or* see] the sights

Se·her(in) <-s, -> *m(f)* (*veraltend*) seer, prophet

Se·her·blick *m kein pl* prophetic eye, visionary powers *pl*

Se·he·rin <-, -nen> *f fem form von* **Seher**

se·he·risch *adj attr* prophetic

Seh·farb·stoff *m* BIOL retinol **Seh·feh·ler** *m* visual defect **Seh·feld** *nt* BIOL, MED field of vision, visual field **Seh·kraft** *f kein pl* [eye]sight **Seh·leis·tung** *f* eye-sight

Seh·ne <-, -n> ['ze:nə] *f* ❶ ANAT tendon, sinew ❷ (*Bogensehne*) string ❸ MATH chord

seh·nen ['ze:nən] *vr* ■**sich nach jdm/etw** ~ to long for sb/sth

Seh·nen <-s> ['ze:nən] *nt kein pl* (*geh*) longing, yearning

Seh·nen·riss^RR *m* torn tendon **Seh·nen·schei·de** *f* ANAT tendon sheath **Seh·nen·schei·den·ent·zün·dung** *f* MED tendovaginitis *spec*, inflammation of a/the tendon's sheath **Seh·nen·zer·rung** *f* pulled tendon

Seh·nerv *m* optic nerve

seh·nig ['ze:nɪç] *adj* ❶ KOCHK sinewy, stringy ❷ (*drahtig, ohne überflüssiges Fett*) sinewy, stringy; **~e Beine** wiry legs

sehn·lich ['ze:nlɪç] *adj* ardent, eager; **in ~er Erwartung** in eager expectation; **etw ~ [herbei]wünschen** to long for sth [to happen]

Sehn·sucht <-, -süchte> ['ze:nzʊxt, *pl* -zʏçtə] *f* longing, yearning; **~ nach Liebe** yearning to be loved; **~ [nach jdm/etw] haben** to have a longing [*or* yearning] [for sb/sth]; **vor ~** with longing; **du wirst schon mit ~ erwartet** (*fam*) they are longing [*or* can't wait] to see you

sehn·süch·tig ['ze:nzʏçtɪç] *adj attr* longing, yearning; **ein ~er Blick** a wistful gaze [*or* look]; **~e Erwartung** eager expectation; **~es Verlangen** ardent longing; **ein ~er Wunsch** an ardent wish

sehn·suchts·voll *adj* (*geh*) *s.* **sehnsüchtig**

sehr <[noch] mehr, am meisten> ['ze:ɐ̯] *adv* ❶ *vor vb* (*in hohem Maße*) very much, a lot; **danke ~!** thanks a lot; **bitte ~, bedienen Sie sich** go ahead and help yourself; **das will ich doch ~ hoffen** I very much hope so; **das freut/ärgert mich [aber] ~** I'm very pleased/annoyed about that ❷ *vor adj, adv* (*besonders*) very; **jdm ~ dankbar sein** to be very grateful to sb; **das ist aber ~ schade** that's a real shame; *s. a.* **nicht, so, wie, zu**

Seh·schär·fe *f* visual acuity **Seh·stö·rung** *f* visual [*or* sight] defect **Seh·test** *m* eye test **Seh·ver·mö·gen** *nt kein pl* strength of vision, sight **Seh·zel·le** *f* BIOL photoreceptor

sei [zai] *imper, 1. und 3. pers sing Konjunktiv von* **sein**

seicht [zaiçt] *adj* ❶ (*flach*) shallow; **~es Gewässer** shallow stretch of water ❷ (*pej: oberflächlich, banal*) shallow, superficial

seid [zait] *2. pers pl pres* **sein**

Sei·de <-, -n> ['zaidə] *f* silk

Sei·del·bast *m* BOT daphne

sei·den ['zaidn̩] *adj attr* silk; **~e Bettwäsche** silk sheets; **~ glänzen** to gleam silkily

Sei·den·glanz *m* silky sheen **Sei·den·pa·pier** *nt* tissue paper **Sei·den·rau·pe** *f* silkworm **Sei·den·rei·her** *m* ORN egret **Sei·den·schwanz** *m* ORN waxbill **Sei·den·spin·ner** *m* silk moth **Sei·den·stra·ße** *f* HIST Silk Road **Sei·den·strumpf** *m* MODE (*veraltend*) silk stocking **Sei·den·tuch** *nt* silk scarf **sei·den·weich** ['zaidn̩'vaiç] *adj* silky soft; ■**~ sein** to be soft as silk

sei·dig ['zaidɪç] *adj* silky

Sei·fe <-, -n> ['zaifə] *f* soap

sei·fen ['zaifn̩] *vt* DIAL to soap; ■**jdm etw** ~ to soap sb's sth; **jdm die Haare/den Kopf** ~ to shampoo sb's hair

Sei·fen·bla·se *f* soap bubble; **~n machen** to blow [soap] bubbles; **wie eine ~ zerplatzen** to burst like a bubble **Sei·fen·lau·ge** *f* soapy water, soapsuds *npl* **Sei·fen·oper** *f* TV (*sl*) soap opera **Sei·fen·pul·ver** *nt* soap powder **Sei·fen·scha·le** *f* soap dish **Sei·fen·schaum** *m* [soapy] lather **Sei·fen·spen·der** *m* soap dispenser

sei·fig ['zaifɪç] *adj* soapy; **ein ~er Geschmack** a soapy taste

sei·hen ['zaiən] *vt* ■**etw** ~ to strain [*or* sieve] sth

Sei·her <-s, -> *m bes* SÜDD, ÖSTERR strainer, colander

Seih·löf·fel *m* disk skimmer

Seil <-[e]s, -e> [zail] *nt* ❶ (*dünnes Tau*) rope; **in den ~en hängen** (*a. fig*) to be on the ropes, to be shattered *fig* ❷ (*Drahtseil*) cable; **auf dem ~ tanzen** to dance on the high wire

Seil·akro·bat(in) *m(f)* tightrope acrobat **Seil·bahn** *f* ❶ TRANSP cable railway, funicular ❷ (*Drahtseilbahn*) cable car

Sei·ler(in) <-s, -> ['zailɐ] *m(f)* rope-maker

seil|hüp·fen *vi nur infin und pp sein s.* **seilspringen**

Seil·schaft <-, -en> *f* ❶ (*Gruppe von Bergsteigern*) roped party ❷ ([*in der Politik*] *zusammenarbeitende Gruppe*) working party

seil|sprin·gen *vi irreg, nur infin und pp sein* to skip [rope] **Seil·sprin·gen** *nt* [rope-]skipping **Seil·tanz** *m* (*akrobatischer Akt*) tightrope act ►WENDUNGEN: **[wahre] Seiltänze vollführen** (*fam*) to bend over backwards **Seil·tän·zer(in)** *m(f) s.* **Seilakrobat** **Seil·win·de** *f* winch

Seim·ho·nig ['zaim-] *m* pressed honey

sein[1] <bin, bist, ist, sind, seid, war, gewesen> [zain] **I.** *vi sein* ❶ (*existieren*) to be; **nicht mehr ~** (*fam*) to be no more, to no longer be with us; **wenn du nicht gewesen wärest, wäre ich jetzt tot** if it hadn't been for you I'd be dead now; **es ist schon immer so gewesen** it's always been this way; **was nicht ist, kann noch werden** there's still hope; **es kann nicht ~, was nicht ~ darf** some things just aren't meant to be ❷ (*sich befinden*) ■**[irgendwo] ~** to be [somewhere]; **ich bin wieder da** I'm back again; **ist da jemand?** is somebody there? ❸ (*stimmen, zutreffen*) ■**irgendwie ~** to be somehow; **dem ist so** that's right; **dem ist nicht so** it isn't so, that's not the case; **es ist so, wie ich sage** it's like I say ④ (*sich [so] verhalten, Eigenschaft haben*) **böse/lieb/dumm/klug etc.** ~ to be angry/nice/stupid/clever etc.; **sie ist kleiner als er** she is smaller than him; **es ist bitterkalt** it's bitter cold; **freundlich/gemein/lieb zu jdm** ~ to be friendly/mean/kind to sb; **jdm zu dumm/gewöhnlich/primitiv** ~ to be too stupid/common/primitive for sb [to bear]; **was ist mit jdm?** what is the matter with sb?, what's up with sb? *fam;* **er war so freundlich und hat das überprüft** he was kind enough to check it out; **sei so lieb und störe mich bitte nicht** I would be grateful if you didn't disturb me ⑤ (*darstellen*) ■**etw** ~ to be sth; **wer immer sie auch** ~ **möge** whoever she might be; **und der/die/das wäre/wären?** namely?; **es ist nicht mehr das, was es einmal war** it isn't what it used to be; **ich will ja nicht so** ~ I won't be a spoil-sport ⑥ (*in eine Klassifizierung eingeordnet*) ■**jd** ~ to be sb; **sie ist Geschäftsführerin** she is a company director; **etw [beruflich]** ~ to do sth [for a living]; **ein Kind** ~ to be a child; **der Schuldige** ~ to be guilty [*or* the guilty party]; **wer** ~ (*fam*) to be somebody; **wir sind wieder wer** aren't we important? *iron;* **nichts** ~ to be nothing [*or* a nobody]; **ohne Geld bist du nichts** without money you are nothing; **Deutscher/Däne/Franzose** ~ to be German/Danish/French; **aus gutem Hause** ~ to come from a good family; **sie ist aus Rumänien** she is [*or* comes] from Romania ⑦ (*gehören*) **das Buch ist meins** the book is mine; **er ist mein Cousin** he is my cousin ⑧ (*zum Resultat haben*) to be sth; **zwei mal zwei ist [*o* sind] vier** two times two is four ⑨ (*sich ereignen*) to be, to take place; **die Party war gestern** the party was [*or* took place] yesterday; **ist etwas?** what's up?, what's the matter?; **was ist [denn schon wieder]?** what is it [now]?; **ist was [mit mir]?** (*fam*) is there something the matter [with me]?, have I done something?; **was war?** what was that about?; **ist was?** what is it?; **war was?** (*fam*) did anything [*or* something] happen? ⑩ (*etw betreiben*) **wir waren schwimmen** we were swimming ⑪ (*hergestellt* ~) ■**aus etw** ~ to be [made of] sth; **das Hemd ist aus reiner Seide** the shirt is [made of] pure silk ⑫ + *comp* (*gefallen*) **etw wäre jdm lieber/angenehmer [gewesen]** sb would prefer [*or* have preferred] sth; **ein Eis wäre mir lieber gewesen als Schokolade** I would have preferred an ice cream to chocolate ⑬ (*sich fühlen*) **jdm ist heiß/kalt** sb is hot/cold; **jdm ist komisch zumute/übel** sb feels funny/sick ⑭ (*Lust haben auf*) **mir ist jetzt nicht danach** I don't feel like it right now; **mir ist jetzt nach einem Eis** I feel like having an ice cream ⑮ (*vorkommen*) **mir ist, als habe ich Stimmen gehört** I thought I heard voices; **ihm ist, als träume er** he thinks he must be dreaming ⑯ *meist mit modalem Hilfsverb* (*passieren*) **etw kann/darf/muss** ~ sth can/might/must be; **sei's drum** (*fam*) so be it; **das darf doch nicht wahr** ~**!** that can't be true!; **kann es** ~**, dass ...?** could it be that ...?, is it possible that ...?; **etw** ~ **lassen** (*fam*) to stop [doing sth]; **lass das** ~**!** stop it!; **ich lasse es besser** ~ perhaps I'd better stop that; **muss das** ~**?** do you have to?; **es braucht nicht sofort zu** ~ it needn't be done straight away; **das kann doch nicht** ~**, dass er das getan hat!** he can't possibly have done that!; **es hat nicht** ~ **sollen** it wasn't [meant] to be; **was** ~ **muss, muss** ~ (*fam*) what will be will be, that's the way the cookie crumbles *fig* ⑰ *mit infin + zu* (*werden können*) to be; **sie ist nicht zu sehen** she cannot be seen; **mit bloßem Auge ist er nicht auszumachen** you cannot see him with the naked eye; **sie ist nicht ausfindig zu machen** she cannot be found; **etw ist zu schaffen** sth can be done; **die Schmerzen sind kaum zu ertragen** the pain is almost unbearable ⑱ *mit infin + zu* (*werden müssen*) **es ist zu bestrafen/zu belohnen/zu überprüfen** it should be punished/rewarded/checked out; **etw ist zu erledigen/auszuführen/zu befolgen** sth must [*or* is to] be done/carried out/followed; *s. a.* **mehr, nicht, wie, wie, wollen II.** *vi impers* ① (*bei Zeitangaben*) **es ist Januar/Frühling/hell/Nacht** it is January/spring/daylight/night; **es ist jetzt 9 Uhr** the time is now 9 o'clock, it is now 9 o'clock ② (*sich ereignen*) **mit etw ist es nichts** (*fam*) sth comes to nothing; **war wohl nichts mit eurer Ehe** your marriage didn't come to anything, did it ③ (*das Klima betreffend*) **jdm ist es zu kalt/feucht** sb is too cold/wet ④ (*mit Adjektiv*) **jdm ist es peinlich/heiß/kalt** sb is embarrassed/hot/cold; **jdm ist es übel** sb feels sick ⑤ (*tun müssen*) ■**es ist an jdm, etw zu tun** it is for [*or* up to] sb to do sth; **es ist an dir, zu entscheiden** it is up to [*or* for] you to decide ⑥ (*der Betreffende* ~) ■**jd ist es, der etw tut** it is sb who does sth; **immer bist du es, der Streit anfängt** it's always you who starts a fight, you are always the one to start a fight ⑦ (*vorziehen*) **es wäre klüger gewesen, die Wahrheit zu sagen** it would have been wiser to tell the truth ⑧ (*der Fall* ~) **sei es, wie es wolle** be that as it may; **sei es, dass ..., sei es, dass ...** whether ... or whether ...; **sei es, dass sie log, oder sei es, dass sie es nicht besser wusste** whether she lied or whether she didn't know [any] better; **es sei denn, dass ...** unless ...; **wie wäre es mit jdm/etw?** how about sb/sth?; **heute ist es wohl nichts mit Schwimmbad** (*fam*) looks like the pool is out today *fam;* **es war einmal ...** once upon a time ...; **wie dem auch sei** be that as it may, in any case; **es ist so, [dass] ...** it's just that ..., you see, ..., it's like this: ...; **die Geschäfte machen hier um 6 zu; das ist so** the shops here close at 6 - that's just the way it is **III.** *vb aux* ① + *pp* ■**etw gewesen/geworden** ~ to have been/become sth; **sie ist lange krank gewesen** she was [*or* has been] ill for a long time; **er ist so misstrauisch geworden** he has become so suspicious; **das Auto ist früher rot gewesen** the car used to be red ② + *pp, passive* **jd ist gebissen/vergiftet/erschossen/verurteilt worden** sb has been bitten/poisoned/shot dead/convicted ③ *bei Bewegungsverben zur Bildung des Perfekts* **jd ist gefahren/gegangen/gehüpft** sb drove/left/hopped

sein[2] [zain] *pron poss adjektivisch* ① (*einem Mann gehörend*) his; (*zu einem Gegenstand gehörend*) its; (*einem Mädchen gehörend*) her; (*zu einer Stadt, einem Land gehörend*) its ② *auf man bezüglich* one's; *auf jeder bezüglich* his, their *fam;* **jeder bekam** ~ **eigenes Zimmer** everyone got his own room ③ *auf m und nt Nomen bezüglich* (*fam: gut und gerne*) ■~**e** definitely; **er trinkt** ~**e 5 Tassen Kaffee am Tag** he regularly drinks 5 cups of coffee a day

Sein <-s> [zain] *nt kein pl* PHILOS existence; ~ **und Schein** appearance and reality

sei·ne(r, s) ['zainə, -nɐ, -nəs] *pron poss, substantivisch* (*geh*) ① *ohne Substantiv* (*jdm gehörender Gegenstand*) his; ■**der/die/das** ~ his; **ist das dein Schal oder der** ~**?** is that your scarf or his? ② (*jds Besitztum*) ■**das S**~ his [own]; **das S**~ **tun** (*geh*) to do one's bit; **jedem das S**~ each to his own ③ (*Angehörige*) ■**die S**~**n** his family

sei·ner *pron pers* (*veraltend*) *gen von* **er, es**[1] him; **wir wollen** ~ **gedenken** we will remember him

sei·ner·seits ['zainɐ'zaits] *adv* on his part, as far as he is concerned; **ein Missverständnis** ~ a misunderstanding on his part

sei·ner·zeit ['zainɐtsait] *adv* in those days, back then *fam*

sei·nes *pron poss s.* **seine(r,s)**

sei·nes·glei·chen ['zainəs'glaiçn̩] *pron inv* ① (*Leute seines Standes*) people of his [own] kind, his equals ② (*jd wie er*) someone like him ③ (*etw wie dies*) ~ **suchen** to be unparalleled, to have no equal; **das ist ein Gefühl, das** ~ **sucht** that feeling is without equal [*or* unique]

sei·net·hal·ben ['zainət'halbn̩] *adv* (*veraltend geh*), **sei·net·we·gen** ['zainət'veːgn̩] *adv* on his account, because of him; ~ **kamen wir zu spät** because of him we were late **sei·net·wil·len** ['zainət'vɪlən] *adv* **um** ~ for his sake, for him

sei·ni·ge ['zainɪgə] *pron poss* (*veraltend geh*) *s.* **seine(r,s)**

seins *pron poss s.* **seine(r, s)**

Seis·mo·me·ter [zaismo'meːtɐ] *nt* seismometer

S

seit [zait] **I.** *präp +dat* (*Anfangspunkt*) since; (*Zeitspanne*) for; **diese Regelung ist erst ~ kurzem/einer Woche in Kraft** this regulation has only been effective [for] a short while/a week; **~ einiger Zeit** for a while; **~ damals** since then; **~ neuestem** recently; **~ wann?** since when? **II.** *konj* (*seitdem*) since

seit·dem [zait'de:m] **I.** *adv* since then; **~ hat sie kein Wort mehr mit ihr gesprochen** she hasn't spoken a word to her since [then] **II.** *konj* since

Sei·te <-, -n> ['zaitə] *f* ❶ (*Fläche eines Körpers*) side; **die vordere/hintere/untere/obere ~** the front/back/bottom/top ❷ (*rechts oder links der Mitte*) **jdn von der ~ ansehen** (*a. fig*) to look at sb from the side, to look askance at sb *fig;* **auf die andere ~ gehen** to cross the street; **zur ~ gehen** [*o geh* **treten**] to step aside; **[etw/jdn] auf die ~ legen** to lie [sth/sb] on its side; **jdn zur ~ nehmen** to take sb aside; **zur ~ sprechen** THEAT to make an aside; **zur ~** beside; **sieh doch mal zur ~** look beside you ❸ (*sparen*) **etw auf die ~ legen** to put sth on one side [*or* aside] ❹ (*fig: auf nicht ganz legale Weise*) **etw auf die ~ schaffen** (*fam*) to pocket sth ❺ (*Papierblatt*) page; **gelbe ~n** MEDIA Yellow Pages; **eine ~ aufschlagen** to open at a page; (*Seite eines Papierblattes*) side ❻ (*Fläche eines flachen Gegenstandes*) side; **die A-/B-~ einer Schallplatte** A-/B-side of a record; **die bedruckte ~ des Stoffes kommt nach oben** the printed side of the material must face upwards; **das ist die andere ~ der Medaille** (*fig*) that's the other side of the coin *fig;* **alles hat [seine] zwei ~n** there's two sides to everything ❼ ANAT (*seitlicher Teil*) side ❽ (*Unterstützung, Beistand*) **[jdm] nicht von der ~ gehen** [*o* **weichen**] to not leave [sb's] side; **jdm zur ~ springen** (*fam*) to jump to sb's assistance [*or* aid]; **jdm zur ~ stehen** to stand by sb; **jdn [jdm] an die ~ stellen** to give sb [to sb] as support; **sie lebte sehr glücklich an der ~ ihres Mannes** she was very happy living with her husband; **~ an ~** side by side ❾ (*Aspekt*) side; **sich von seiner besten ~ zeigen** to show oneself at one's best, to be on one's best behaviour; **von dritter ~** from a third party; **auf der einen ~..., auf der anderen [~]** ... on the one hand, ..., on the other [hand], ...; **etw von der heiteren ~ sehen** to look on the bright side [of sth]; **etw** *dat* **eine komische ~ abgewinnen** to see the funny side of sth; **von jds ~ aus** as far as sb is concerned; **das ist ja eine ganz neue ~ an dir** that's a whole new side to you; **neue ~n [an jdm] entdecken** to discover new sides [to sb]; **jds schwache ~ sein** (*jds Schwachstelle sein*) to be sb's weakness, to be sb's weak point; (*fam: einen starken Reiz darstellen*) to be tempting for sb; **jds starke ~ sein** (*fam*) to be sb's forte [*or* strong point] ❿ (*Partei, Gruppe, Instanz*) side; **beide ~n zeigten sich verhandlungsbereit** both sides showed they were prepared to negotiate; **jdn auf seine ~ bringen** [*o* **ziehen**] to get sb on one's side; **sich** *akk* **auf jds ~ schlagen** to change over to sb's side; **auf jds** *dat* **~ stehen** [*o* **sein**] to be on sb's side; **die ~n wechseln** SPORT to change ends; (*zu jdm übergehen*) to change sides; **von allen ~n** from everywhere, from all sides; **es wurde von allen ~n bestätigt** it was confirmed by all; **man hört es von allen ~n** it can be heard from all sides [*or* everywhere]; **von bestimmter ~** from certain circles; **von kirchlicher/offizieller ~** from ecclesiastical/official sources ⓫ (*Richtung*) side; **die Bühne ist nur nach einer ~ offen** the stage is only open on one side; **nach allen ~n** in all directions ⓬ (*genealogische Linie*) side; **von mütterlicher ~ her** from the maternal side ▶ WENDUNGEN: **an jds grüner ~ sitzen** (*hum*) to sit by sb

Sei·ten *präp* ■**auf ~** [*o* **aufseiten**] **einer S./eines Menschen** on the part of sth/sb; **auf ~ der Wähler gab es viele Proteste** from the voters came many protests; ■**von ~** [*o* **vonseiten**] **einer S./eines Menschen** from the part of sth/sb

Sei·ten·air·bag [-ærbɛg] *m* AUTO lateral [*or* side] airbag **Sei·ten·al·tar** *m* side altar **Sei·ten·an·ga·be** *f* page reference **Sei·ten·an·sicht** *f* side view **Sei·ten·arm** *m* GEOG branch **Sei·ten·auf·prall·schutz** *m kein pl* AUTO side-impact protection **Sei·ten·aus·gang** *m* side exit **Sei·ten·aus·li·nie** *f* SPORT sideline; (*Fußball*) touchline **Sei·ten·blick** *m* sidelong glance, glance to the side; **jdm einen ~ zuwerfen** to glance at sb from the side **Sei·ten·ein·gang** *m* side entrance **Sei·ten·ein·stei·ger(in)** <-s, -> *m(f)* (*sl*) *sb who got in through the back door* **Sei·ten·flü·gel** *m* ❶ ARCHIT (*seitlicher Teil eines Gebäudes*) side wing ❷ REL (*Flügel eines Flügelaltars*) wing **Sei·ten·hieb** *m* sideswipe; **jdm einen ~ versetzen** to sideswipe sb; **~e [auf jdn] verteilen** to make sideswipes [at sb] **Sei·ten·la·ge** *f* side position; **in ~ schlafen/ruhen/schwimmen** to sleep/rest/swim on one's side; **in der ~** on one's side; **stabile ~** stable side position **sei·ten·lang** **I.** *adj* comprising several pages, several pages long; ■**~ sein** to be several pages long; **~e Briefe schreiben** to write endless letters **II.** *adv* in several pages **Sei·ten·län·ge** *f* ❶ (*Länge einer Seite*) length of a side ❷ (*Umfang einer Manuskriptseite*) page length **Sei·ten·leh·ne** *f* armrest **Sei·ten·li·ni·en·or·gan** *nt* ZOOL lateral-line organ **Sei·ten·num·me·rie·rung** *f* folios *pl,* paging

sei·tens ['zaitn̩s] *präp +gen* (*geh*) on the part of

Sei·ten·schei·tel *m* side parting **Sei·ten·schiff** *nt* side aisle **Sei·ten·schnei·der** *m* cutter, diagonal cutting pliers *npl* **Sei·ten·sprung** *m* (*fam*) bit on the side *fam;* **einen ~ machen** to have a bit on the side [*or* an affair] **Sei·ten·ste·chen** *nt kein pl* stitch; **~ haben** to have a stitch **Sei·ten·stra·ße** *f* side street **Sei·ten·strei·fen** *m* (*Notspur*) hard shoulder; (*Bankett*) verge BRIT; **„~ nicht befahrbar"** "do not drive on the verge" [*or* AM shoulder] **Sei·ten·ta·sche** *f* side pocket **Sei·ten·trakt** *m* side wing **sei·ten·ver·kehrt** *adj* back to front, the wrong way around **Sei·ten·wa·gen** *m* sidecar **Sei·ten·wech·sel** *m* SPORT changeover, change of ends **Sei·ten·wind** *m* crosswind **Sei·ten·wind·emp·find·lich·keit** *f* AUTO crosswind sensitivity **Sei·ten·zahl** *f* ❶ (*Anzahl der Seiten*) number of pages ❷ (*Ziffer*) page number

seit·her [zait'he:ɐ̯] *adv* since then

seit·lich ['zaitlɪç] **I.** *adj* side *attr;* **~er Wind** crosswind; **~ Streifen an der Hose** stripes on the sides of the trousers [*or* AM pants]; **die ~e Begrenzung der Fahrbahn** the side boundaries of the lane **II.** *adv* at the side; **~ stehen** to stand sideways; **~ gegen etw prallen** to crash sideways into sth **III.** *präp +gen* ■**~ eines Menschen/einer S.** at the side of [*or* beside] sb/sth; **~ der Straße verläuft ein Graben** a ditch runs along the side of the road

seit·wärts ['zaitvɛrts] **I.** *adv* ❶ (*zur Seite*) sideways; ❷ (*auf der Seite*) on one's side **II.** *präp +gen* (*geh*) beside; **~ des Weges** on the side of the path

seit·wärts|wen·den[RR] *vt reg o irreg* **den Körper ~** to turn one's body to the side

SEK [ɛsʔe:'ka:] *nt Abk von* **Sondereinsatzkommando** Special Branch BRIT

sek. *f,* **Sek.** *f Abk von* **Sekunde** sec.

Se·kan·te <-, -n> [ze'kantə] *f* secant

Se·kret <-[e]s, -e> [ze'kre:t] *nt* secretion

Se·kre·tär <-s, -e> [zekre'tɛ:ɐ̯] *m* bureau BRIT, secretaire BRIT, secretary AM

Se·kre·tär(in) <-s, -e> [zekre'tɛ:ɐ̯] *m(f)* ❶ (*Assistent*) secretary ❷ (*leitender Funktionär*) secretary ❸ (*Schriftführer*) secretary ❹ (*Beamter des mittleren Dienstes*) middle-ranking civil servant ❺ ORN secretary bird

Se·kre·ta·ri·at <-[e]s, -e> [zekreta'ri̯a:t] *nt* ❶ (*Abteilung für Verwaltung*) secretary's office ❷ (*Räumlichkeit*) office

Se·kre·tä·rin <-, -nen> *f fem form von* **Sekretär**

Se·kre·ti·on <-, -en> [zekre'tsi̯o:n] *f* secretion

Sekt <-[e]s, -e> [zɛkt] *m* sparkling wine

Sek·te <-, -n> ['zɛktə] *f* sect

Sekt·emp·fang *m* champagne reception

Sek·ten·an·hän·ger(in) *m(f)* member of a sect **Sek·ten·füh·rer(in)** *m(f)* leader of a sect **Sek·ten·mit·glied** *nt* member of

a sect **Sek·ten·zen·tra·le** *f* headquarters of a sect
Sekt·früh·stück *nt* champagne breakfast
Sek·tie·rer(in) <-s, -> [zɛk'tiːrɐ] *m(f)* ❶ REL (*Sektenanhänger*) sectarian ❷ (*geh: Abweichender einer Richtung*) deviationist
Sek·ti·on <-, -en> [zɛk'tsi̯oːn] *f* ❶ (*Abteilung*) section ❷ MED autopsy, post mortem [examination] ❸ (*fachspr: vorgefertigtes Bauteil*) section
Sek·ti·ons·chef(in) *m(f)* ADMIN ÖSTERR head of a/the ministry BRIT, section chief AM
Sekt·kelch *m* champagne flute **Sekt·kor·ken** *m* champagne cork **Sekt·lau·ne** *f kein pl* (*hum*) champagne flush
Sek·tor <-s, -toren> ['zɛktoːɐ̯, *pl* zɛk'toːrən] *m* ❶ (*Fachgebiet*) sector, field ❷ MATH (*Kreisausschnitt*) sector ❸ (*hist: Besatzungszone in Berlin*) sector
Sekt·quirl *m* swizzle stick
Se·kun·dant(in) <-en, -en> [zekʊn'dant] *m(f)* HIST, SPORT second
se·kun·där [zekʊn'dɛːɐ̯] *adj* (*geh*) secondary
Se·kun·där·ener·gie *f* secondary energy **Se·kun·där·in·fek·ti·on** *f* secondary infection
Se·kun·dar·leh·rer(in) *m(f)* SCH SCHWEIZ secondary school teacher
Se·kun·där·li·te·ra·tur *f* secondary literature
Se·kun·dar·schu·le *f* SCH SCHWEIZ secondary school **Se·kun·dar·stu·fe** *f* SCH secondary school level; ~ **I** *classes with students aged 10 to 15;* ~ **II** *fifth and sixth form classes*
Se·kun·där·tu·gend *f* PHILOS secondary virtue
Se·kun·de <-, -n> [ze'kʊndə] *f* ❶ (*Zeiteinheit*) second; **auf die ~ genau** to the second ❷ (*fam: Augenblick*) second; **[eine] ~!** hang on a second! *fam;* **wir dürfen keine ~ verlieren** we haven't got a moment to lose ❸ MUS, MATH second
Se·kun·den·bruch·teil *m* fraction of a second **Se·kun·den·kle·ber** *m* instant adhesive **se·kun·den·lang I.** *adj* a few seconds; **nach ~em Zögern** after hesitating for a few seconds **II.** *adv* for a few seconds; **ihre Unentschlossenheit dauerte nur ~** her indecision lasted only a few seconds **Se·kun·den·schnel·le** *f kein pl* **in ~** in a matter of seconds **Se·kun·den·zei·ger** *m* second hand
se·kun·die·ren* [zekʊn'diːrən] *vi* ❶ (*geh: unterstützen*) to second, to back up; ■**jdm [bei/in etw** *dat*] ~ to back sb up [in sth] ❷ (*bei Wettkämpfen o Duellen betreuen*) ■**jdm [bei etw]** ~ to be sb's second [in sth]
sel·be(r, s) ['zɛlbə, 'zɛlbɐ, 'zɛlbəs] *pron* ■**der/die/das ~ ...** the same ...; **im ~n Haus** in the same house; **am ~n Ort** at the same place; **an der ~n Stelle** on the [very] same spot; **zur ~n Zeit** at the same time; ~ **Zeit, ~r Ort** same time, same place
sel·ber ['zɛlbɐ] *pron dem* (*fam*) myself/yourself/himself etc.; **ich geh lieber ~** I'd better go [by] myself
Sel·ber·ma·chen <-s> *nt kein pl* do-it-yourself, DIY *fam;* **zum ~** build-your-own, make-your-own
sel·big ['zɛlbɪç] *pron dem* (*veraltend geh*) the same; **am ~en Tag** on that same [*or* very] day
selbst [zɛlpst] **I.** *pron dem* ❶ (*persönlich*) myself/yourself/himself etc.; **mit jdm ~ sprechen** to speak to sb oneself; **„wie geht es dir?" – „gut! und ~?"** "how are you?" – "fine, and [how are] you?"; **das möchte ich ihm lieber ~ sagen** I'd like to tell him that myself; (*an sich*) itself; **er ist nicht mehr er ~** (*fam*) he is not himself anymore; ~ **eine(r, s)!** (*fam*) so are you! ❷ (*ohne Hilfe, alleine*) by oneself; **etw ~ machen** to do sth by oneself; **von ~** automatically; **etw versteht sich von ~** it goes without saying; **der Rest kommt dann ganz von ~** the rest will take care of itself ❸ (*fam: verkörpern*) ■**etw ~ sein** to be sth in person [*or* itself]; **er ist die Ruhe ~** he is calmness itself [*or* personified]; *s. a.* **Mann, Frau, kommen, um, von II.** *adv* ❶ (*eigen*) self; ~ **ernannt** self-appointed; ~ **gemacht** home-made; ~ **gestrickt** hand-knitted; (*fig: selbst erfunden*) homespun; ~ **verdient** earned by oneself ❷ (*sogar*) even; ~ **der Direktor war anwesend** even the director was present; ~ **wenn** even if
Selbst <-> [zɛlpst] *nt kein pl* (*geh*) self; ■**jds ~** sb's self
Selbst·ab·ho·ler *m person collecting his/her own furniture etc* **Selbst·ach·tung** *f* self-respect
selb·stän·dig ['zɛlpʃtɛndɪç] *adj s.* **selbstständig**
Selb·stän·di·ge(r) *f(m) dekl wie adj s.* **Selbstständige(r)**
Selb·stän·dig·keit <-> *f kein pl s.* **Selbstständigkeit**
Selbst·an·zei·ge *f* JUR self-denunciation; **eine ~ erstatten** to report oneself to the police/Inland Revenue **Selbst·auf·op·fe·rung** *f* (*geh*) self-sacrifice; **bis zur [völligen] ~** [right] down to self-sacrifice **Selbst·aus·lö·ser** *m* FOTO delayed-action shutter release **Selbst·be·die·nung** *f* self-service **Selbst·be·die·nungs·la·den** *m* self-service shop **Selbst·be·frie·di·gung** *f* masturbation **Selbst·be·fruch·tung** *f* self-fertilization **Selbst·be·haup·tung** *f kein pl* self-assertion **Selbst·be·herr·schung** *f* self-control; **die ~ wahren** [*o* **behalten**] to keep one's self-control; **die ~ verlieren** to lose one's self-control [*or* temper] **Selbst·be·stä·ti·gung** *f* self-affirmation **Selbst·be·stäu·bung** *f* self-pollination **Selbst·be·stim·mung** *f kein pl* self-determination **Selbst·be·stim·mungs·recht** *nt kein pl* ❶ POL right to self-determination ❷ (*Recht, selbst zu entscheiden*) right of self-determination **Selbst·be·tei·li·gung** *f* FIN [percentage] excess **Selbst·be·trug** *m kein pl* self-deception **Selbst·be·weih·räu·che·rung** *f* (*pej fam*) self-adulation **selbst·be·wusst**[RR] *adj* self-confident **Selbst·be·wusst·sein**[RR] *nt* (*Selbstsicherheit*) self-confidence; (*Selbstkenntnis*) self-awareness **Selbst·bild·nis** *nt* self-portrait **Selbst·bräu·ner** *m* self-tanning lotion/cream **Selbst·bräu·nungs·creme** *f* self-tanning [*or* autobronzing] cream **Selbst·dar·stel·ler(in)** *m(f)* SOZIOL showman **Selbst·dar·stel·lung** *f* ❶ (*Selbstbeschreibung*) description of oneself; (*Imagepflege*) image ❷ KUNST *s.* **Selbstbildnis Selbst·dis·zi·plin** *f kein pl* self-discipline **Selbst·er·fah·rung** *f kein pl* self-awareness **Selbst·er·fah·rungs·grup·pe** *f* self-awareness group **Selbst·er·hal·tung** *f kein pl* self-preservation *no pl,* survival *no pl* **Selbst·er·hal·tungs·trieb** *m* survival instinct **Selbst·er·kennt·nis** *f kein pl* self-knowledge ▶WENDUNGEN: ~ **ist der erste Schritt zur Besserung** (*prov*) self-knowledge is the first step to self-improvement **Selbst·fi·nan·zie·rung** *f* self-financing **selbst·ge·fäl·lig** *adj* (*fig*) self-satisfied, smug *fam* **Selbst·ge·fäl·lig·keit** *f kein pl* self-satisfaction, smugness *fam* **selbst·ge·nüg·sam** *adj* modest **selbst·ge·recht** *adj* (*pej*) self-righteous **Selbst·ge·spräch** *nt* monologue [*or* AM -og]; **Selbstgespräche führen** [*o* **halten**] to talk to oneself **Selbst·hass**[RR] *m* PSYCH self-hatred **Selbst·hei·lungs·kraft** *f* self-healing power
selbst·herr·lich *adj* (*pej*) high-handed; *Anführer* autocratic
Selbst·herr·lich·keit *f kein pl* (*pej*) high-handedness
Selbst·hil·fe *f kein pl* self-help; **zur ~ greifen** to take matters into one's own hand; **Hilfe zur ~ leisten** to help sb to help himself/herself **Selbst·hil·fe·grup·pe** *f* self-help group **Selbst·in·sze·nie·rung** *f* self-aggrandizement *pej* **selbst·iro·nisch** *adj* self-ironic **Selbst·jus·tiz** *f* JUR vigilantism; ~ **[an jdm] üben** to take the law into one's own hand [with regards to sb] **selbst·kle·bend** *adj* self-adhesive **Selbst·kon·trol·le** *f kein pl* ❶ PSYCH self-control ❷ (*eigenverantwortliche Kontrollinstitution*) self-regulation
Selbst·kos·ten *pl* FIN cost of sales
Selbst·kos·ten·be·tei·li·gung *f* excess **Selbst·kos·ten·preis** *m* cost price BRIT, cost AM; **zum ~** at cost price
Selbst·kri·tik *f kein pl* self-criticism; ~ **üben** to criticize oneself **selbst·kri·tisch** *adj* self-critical **Selbst·laut** *m* vowel **Selbst·ler·ner(in)** *m(f)* self-taught person, autodidact *spec*
selbst·los *adj* selfless, unselfish
Selbst·lo·sig·keit <-> *f kein pl* selflessness
Selbst·mit·leid *nt* self-pity
Selbst·mord *m* suicide; ~ **begehen** to commit suicide
Selbst·mör·der(in) *m(f)* suicidal person; **ich bin doch kein ~!** (*fam*) I'm not about to commit suicide *fam*

S

sẹlbst·mör·de·risch *adj* suicidal
Sẹlbst·mord·kan·di·dat(in) *m(f)* potential suicide **Sẹlbst·mord·kom·man·do** *nt* suicide squad **Sẹlbst·mord·ver·such** *m* suicide attempt, attempted suicide; **einen ~ machen/verhindern** to make/prevent a suicide attempt
sẹlbst·re·dend *adv* of course **Sẹlbst·rei·ni·gung** *f* self-purification **Sẹlbst·rei·ni·gungs·kraft** *f* self-purifying power **Sẹlbst·schutz** *m* self-protection; **zum ~** for self-protection **Sẹlbst·schutz·trupp** *m* MIL self-protection unit **sẹlbst·si·cher** *adj* self-assured, self-confident **Sẹlbst·si·cher·heit** *f kein pl* self-assurance, self-confidence
sẹlbst·stän·digRR *adj* ❶ (*eigenständig*) independent; **~ arbeiten** to work on one's own [*or* independently] ❷ (*beruflich unabhängig*) self-employed; ■**~/~ als jd sein** to be [a] self-employed/a self-employed sb; **sich ~ machen** to start up one's own business ▶WENDUNGEN: **etw macht sich ~** (*hum fam*) sth grows legs *hum fam*
Sẹlbst·stän·di·ge(r)RR *f(m) dekl wie adj* self-employed person
Sẹlbst·stän·dig·keitRR <-> *f kein pl* ❶ (*Eigenständigkeit*) independence ❷ (*selbstständige Stellung*) self-employment **sẹlbst·tä·tig I.** *adj* automatic **II.** *adv* automatically **Sẹlbst·über·schät·zung** *f* over-estimation of one's [own] abilities; **an ~ leiden** to have an exaggerated opinion of oneself **Sẹlbst·über·win·dung** *f* self-discipline; **etw kostet jdn ~** sth takes will power for sb **Sẹlbst·ver·bren·nung** *f* setting fire [*or* light] to oneself **Sẹlbst·ver·lag** *m* **ein Buch im ~ herausgeben** to publish a book at one's own expense; **im ~ erschienen** published at one's own expense **Sẹlbst·ver·leug·nung** *f kein pl* (*geh*) self-denial; **bis zur [völligen] ~** [right] down to self-denial **Sẹlbst·ver·schul·den** *nt* one's [own] fault; **bei ~** if the claimant himself is at fault **sẹlbst·ver·schul·det** *adj* due to one's [own] fault **Sẹlbst·ver·sor·ger(in)** *m(f)* self-sufficient person; **~ sein** to be self-sufficient
sẹlbst·ver·ständ·lich I. *adj* natural; ■**~ sein** to be a natural course of action; **das ist doch ~** don't mention it; **etw ~ finden, etw für ~ halten** to take sth for granted **II.** *adv* naturally, of course; **wie ~** as if it were the most natural thing in the world; **[aber] ~!** [but] of course!
Sẹlbst·ver·ständ·lich·keit <-, -en> *f* naturalness, matter of course BRIT; **etw als ~ ansehen** to regard sth as a matter of course BRIT; **etw mit der größten ~ tun** to do sth as if it were the most natural thing in the world; **eine ~ sein** to be the least that could be done; **für jd eine ~ sein** to be the least that sb could do; **mit einer ~, die ...** with a naturalness that ...
Sẹlbst·ver·ständ·nis *nt kein pl* ■**jds ~** the way sb sees himself **Sẹlbst·ver·stüm·me·lung** *f* self-mutilation **Sẹlbst·ver·such** *m* experiment on oneself **Sẹlbst·ver·tei·di·gung** *f* self-defence [*or* AM -se] **Sẹlbst·ver·trau·en** *nt* self-confidence; **ein gesundes ~ haben** to be reasonably confident; **jds ~ heben** [*o* **stärken**] to increase [*or* raise] sb's self-confidence **Sẹlbst·ver·wal·tung** *f* self-government **Sẹlbst·ver·wirk·li·chung** *f* self-fulfilment, self-realization **Sẹlbst·wahr·neh·mung** *f* PSYCH introspection; ■**seine ~** the way one sees oneself **Sẹlbst·wert·ge·fühl** *nt* [sense of] self-esteem **Sẹlbst·zer·flei·schung** *f* self-laceration **sẹlbst·zer·stö·re·risch** *adj* self-destructive **Sẹlbst·zer·stö·rung** *f* self-destruction **Sẹlbst·zweck** *m kein pl* end in itself; **etw ist reiner ~** sth is really only an end in itself
sel·chen ['zɛlçn̩] *vt* KOCHK SÜDD, ÖSTERR ■**etw ~** to smoke sth
Sẹlch·fleisch *nt* KOCHK SÜDD, ÖSTERR (*Rauchfleisch*) smoked meat
se·lek·tie·ren* [zelɛk'tiːrən] *vt* ■**etw/jdn ~** to select [*or* pick out] sth/sb
Se·lek·ti·on <-, -en> [zelɛk'tsi̯oːn] *f* (*geh*) ❶ *kein pl* (*geh: Auswahl*) selection ❷ BIOL ([*natürliche*] *Auslese*) selection
Se·lek·ti·ons·druck *m* BIOL selection pressure
se·lek·tiv [zelɛk'tiːf] *adj* (*geh*) selective
Se·len <-s> [ze'leːn] *nt* selenium

Self·made·man <-s, -men> ['zɛlfmeːt'mɛn] *m* self-made man
se·lig ['zeːlɪç] *adj* ❶ (*überglücklich*) overjoyed, ecstatic; **jdn ~ machen** to make sb ecstatic [*or* extremely happy]; **er war ~ über die gute Nachricht** he was ecstatic about the good news ❷ (*fam: leicht betrunken*) merry, tipsy; **nach einem Glas Wein ist er bereits ~** he's already tipsy after one glass of wine ❸ REL (*von irdischen Übeln erlöst*) **bis an jds ~es Ende** until sb's dying day; **Gott habe ihn ~** God rest his soul ❹ (*veraltend geh: verstorben*) late; **die ~e Frau Schmidt** the late Mrs Schmidt ▶WENDUNGEN: **wer's glaubt, wird ~** (*iron fam*) that's a likely story *iron fam*; *s. a.* **Angedenken, Ende, Gott**
Se̲·li·ge(r) *f(m) dekl wie adj* ❶ (*verstorbener Ehepartner*) dear departed husband/wife; **um finanzielle Angelegenheiten hat sich immer mein ~r gekümmert** my dear departed husband dealt with all the finances ❷ *pl* (*geh: Tote im Reich Gottes*) blessed spirit; **das Reich der ~n** the spirit world ❸ REL (*Seliggesprochene(r)*) blessed
Se̲·lig·keit <-> *f kein pl* ❶ REL salvation; **die [ewige] ~ erlangen** [*o* **gewinnen**] to attain a state of [eternal] salvation ❷ (*geh: Glücksgefühl*) bliss, ecstasy
se̲·lig|spre·chen *vt irreg* **jdn ~** to bless [*or* beatify] sb
Se̲·lig·spre·chung <-, -en> *f* beatification
Sel·le·rie <-s, -[s]> ['zɛləri] *m* (*Knollensellerie*) celeriac; (*Stangensellerie*) celery
sel·ten ['zɛltn̩] *adj* ❶ (*kaum vorkommend, nicht häufig*) rare; **ein ~es Schauspiel** a rare event; **höchst ~** very [*or* extremely] rare; **~ so gelacht!** (*iron fam*) very funny, I don't think! *iron* ❷ (*besonders*) exceptional; **ein ~ schönes Exemplar** an exceptionally beautiful specimen; *s. a.* **Gast**
Sẹl·ten·heit <-, -en> *f* ❶ *kein pl* (*seltenes Vorkommen*) rare occurrence ❷ (*seltene Sache*) rarity; **bei ihm ist das keine ~** that's not unusual for him
Sẹl·ten·heits·wert *m kein pl* rarity value; **~ haben** to possess a rarity value, to be very rare; **etw von ~** sth very rare
Sel·ters <-, -> ['zɛltɐs] *nt* (*fam*), **Sẹl·ters·was·ser** *nt* DIAL soda [water]
selt·sam ['zɛltzaːm] *adj* strange; *Mensch a.* odd; *Geschichte, Sache, Umstände a.* peculiar; **ein ~es Gefühl haben** to have an odd feeling; **sich ~ benehmen** to behave in an odd way; **mir ist heute ganz ~ zumute** I'm in an odd mood today
sẹlt·sa·mer·we̲i·se *adv* strangely [*or* oddly] enough
Sẹlt·sam·keit <-, -en> *f* ❶ *kein pl* (*seltsame Art*) strangeness, peculiarity ❷ (*seltsame Erscheinung*) oddity
Se·man·tik <-> [ze'mantɪk] *f kein pl* semantics + *sing vb*
se·man·tisch [ze'mantɪʃ] **I.** *adj* semantic **II.** *adv* semantically
Se·ma·si·o·lo·gie <-> [zemazi̯olo'giː] *f kein pl* LING semasiology
Se·mes·ter <-s, -> [ze'mɛstɐ] *nt* ❶ SCH (*akademisches Halbjahr*) semester, term (*lasting half of the academic year*); **ich bin im sechsten ~** I'm in the third year [*or* sixth semester] ❷ SCH (*sl: Student*) **ein siebtes ~** a fourth-year; **ein älteres** [*o* **höheres**] **~** (*fam*) a senior student ▶WENDUNGEN: **ein älteres ~** (*hum fam*) no spring chicken *hum fam*
Se·mẹs·ter·fe·ri·en *pl* [university] vacation; ÖSTERR *a.* (*Schulferien*) school holiday [*or* AM vacation]
Se·mi·fi·na·le ['zeːmifinaːlə] *nt* semi-final
Se·mi·ko·lon <-s, -s *o* -kola> [zemi'koːlɔn, *pl* -koːla] *nt* semicolon
Se·mi·nar <-s, -e *o* ÖSTERR -ien> [zemi'naːɐ̯, *pl* zemi'naːri̯ən] *nt* ❶ SCH (*Lehrveranstaltung an der Universität*) seminar ❷ SCH (*Universitätsinstitut*) department; **das historische ~** the History Department ❸ REL (*fam*) seminary ❹ (*Lehrgang für Referendare*) *course for student teachers prior to the second state examination*
Se·mi·na̲r·ar·beit *f* seminar paper
Se·mi·na·rist(in) <-en, -en> [zemina'rɪst] *m(f)* seminarist
Se·mi·na̲r·schein *m certificate of successful attendance at a seminar*

Se·mi·o·lo·gie <-> [zemi̯olo'gi:] *f kein pl* LING semiology
Se·mi·o·tik <-> [ze'mi̯o:tɪk] *f kein pl* LING semiology
se·mi·per·me·a·bel [zemipɛrme'a:bl̩] *adj* semipermeable
Se·mit(in) <-en, -en> [ze'mi:t] *m(f)* Semite
se·mi·tisch [ze'mi:tɪʃ] *adj* Semitic
Sem·mel <-, -n> [zɛml̩] *f* KOCHK DIAL [bread] roll ▶ WENDUNGEN: **weggehen wie warme ~n** (*fam*) to go [*or* sell] like hot cakes *fam*
Sem·mel·brö·sel *pl* ÖSTERR, SÜDD breadcrumbs **Sem·mel·knö·del** *m* SÜDD, ÖSTERR bread dumpling **Sem·mel·mehl** *nt* fine breadcrumbs *pl*
sen. *adj Abk von* **senior**
Se·nat <-[e]s, -e> [ze'na:t] *m* ❶ HIST, POL, SCH senate ❷ JUR Supreme Court
Se·na·tor, Se·na·to·rin <-s, -toren> [ze'na:to:ɐ̯, zena'to:rɪn, *pl* zena'to:rən] *m, f* senator
Se·nats·aus·schuss[RR] *m* senate committee **Se·nats·be·schluss**[RR] *m* senate decision **Se·nats·sit·zung** *f* senate session **Se·nats·spre·cher(in)** *m(f)* senate speaker
Sen·de·an·stalt *f* broadcasting institution **Sen·de·be·reich** *m* transmission area **Sen·de·fol·ge** *f* ❶ (*Reihenfolge der Sendungen*) sequence of programmes [*or* AM -ams] ❷ (*selten: Fortsetzungssendung*) episode **Sen·de·ge·biet** *nt s.* **Sendebereich Sen·de·ge·rät** *nt* transmission set
sen·den¹ ['zɛndn̩] **I.** *vt* to broadcast; **ein Fernsehspiel ~** to broadcast a television play; **ein Signal/eine Botschaft ~** to transmit a signal/message **II.** *vi* to be on the air
sen·den² <sandte *o* sendete, gesandt *o* gesendet> ['zɛndn̩] **I.** *vt* (*geh*) ■**jdn/etw ~** to send sb/sth; **Truppen ~** to despatch troops; ■**jdm etw ~,** ■**etw an jdn ~** to send sth to sb **II.** *vi* (*geh*) ■**nach jdm ~** to send for sb
Sen·de·pau·se *f* [programme [*or* AM -am]] interval; **~ haben** (*fig fam*) to keep silent, to stop talking; **es herrscht ~** (*fam*) there is deadly silence **Sen·de·platz** *m* TV, RADIO slot
Sen·der <-s, -> ['zɛndɐ] *m* ❶ (*Sendeanstalt*) *TV* channel, station; *Radio* station; **einen ~ gut/schlecht empfangen** to have [*or* get] good/poor reception of a station/channel ❷ TELEK (*Sendegerät*) transmitter
Sen·de·raum *m* studio **Sen·de·rei·he** *f* series + *sing vb* **Sen·de·schluss**[RR] *m* close down **Sen·de·zeit** *f* broadcasting time, airtime; **zur besten ~** at prime time
Sen·dung¹ <-, -en> *f* TV, RADIO ❶ (*Austrahlung*) broadcasting; *Signal* transmission; **auf ~ gehen/sein** to go/be on the air ❷ (*Rundfunk-, Fernsehsendung*) programme [*or* AM -am]; **eine ~ ausstrahlen** to broadcast a programme; **eine ~ hören** to listen to a programme
Sen·dung² <-, -en> *f* ❶ (*etw Gesandtes: Briefsendung*) letter; (*Paketsendung*) parcel; **den Empfang einer ~ bestätigen** to confirm receipt of a parcel; (*Warensendung*) consignment ❷ (*das Senden*) sending *no pl* ❸ *kein pl* (*geh: Mission*) mission
Sen·dungs·be·wusst·sein[RR] *nt* SOZIOL, REL, POL sense of mission
Se·ne·gal <-s> ['ze:negal] *nt kein pl* ❶ (*Fluss in Westafrika*) Senegal [River] ❷ (*Republik Senegal*) Senegal; *s. a.* **Deutschland**
Se·ne·ga·le·se, Se·ne·ga·le·sin <-n, -n> [zenega'le:zə, -'le:zɪn] *m, f* Senegalese; *s. a.* **Deutsche(r)**
se·ne·ga·le·sisch [zenega'le:sɪʃ] *adj inv* Senegalese; *s. a.* **deutsch 1, 2**
Senf <-[e]s, -e> [zɛnf] *m* ❶ KOCHK mustard; **scharfer/mittelscharfer/süßer ~** hot/medium-hot/sweet mustard ❷ BOT mustard ▶ WENDUNGEN: **seinen ~ [zu etw] dazugeben** (*fam*) to get one's three ha'p'orth in [sth] BRIT *hum fam,* to add one's 2 cents [to sth] AM, to have one's say [in sth] *fam*
senf·far·ben *adj,* **senf·far·big** *adj* mustard[-coloured] **Senf·gas** *nt* mustard gas **Senf·gur·ke** *f* gherkin (*pickled with mustard seeds*) **Senf·korn** *nt,* **Senf·sa·men** *m meist pl* mustard seed **Senf·pul·ver** *nt* mustard powder **Senf·so·ße** *f* mustard sauce
sen·gen ['zɛŋən] **I.** *vt* ■**etw ~** to singe sth **II.** *vi* to scorch
sen·gend *adj* scorching; **~e Hitze** scorching heat
se·nil [ze'ni:l] *adj* (*geh*) senile; **~e Demenz** senile dementia
Se·ni·li·tät <-> [zenili'tɛ:t] *f kein pl* (*geh*) senility
se·ni·or ['ze:ni̯o:ɐ̯] *adj* senior
Se·ni·or <-s, Senioren> ['ze:ni̯o:ɐ̯, *pl* ze'ni̯o:rən] *m* ❶ *meist pl* (*ältere Menschen*) senior citizen, OAP BRIT ❷ (*Seniorchef*) [senior] boss; (*hum Vater*) the old man *hum* ❸ *pl* SPORT ■**die ~en** the seniors ❹ (*hum fam: Ältester einer Gruppe*) **der ~ einer Mannschaft sein** to be the granny/grandad of a team
Se·ni·or·chef(in) [-ʃɛf] *m(f)* senior boss
Se·ni·o·ren·kar·te *f* senior citizen's ticket **Se·ni·o·ren·mann·schaft** *f* SPORT senior team **Se·ni·o·ren·pass**[RR] *m* senior citizen's travel pass **Se·ni·o·ren·stu·di·um** *nt* university course for senior citizens **Se·ni·o·ren·tanz·tee** *m* senior citizens' tea-dance
Se·ni·or·part·ner(in) *m(f)* senior partner
Sen·ke <-, -n> ['zɛŋkə] *f* depression
Sen·kel <-s, -> ['zɛŋkl̩] *m* (*fam*) lace ▶ WENDUNGEN: **jdm auf den ~ gehen** (*fam*) to get on sb's nerves *fam*
sen·ken ['zɛŋkn̩] **I.** *vt* ■**etw ~** ❶ (*ermäßigen*) to lower [*or* decrease] sth; **die Preise ~** to reduce [*or* lower] prices; (*niedriger machen*) to lower sth; **den Blutdruck/das Fieber ~** to lower the blood pressure/reduce fever; **den Grundwasserspiegel ~** to lower the groundwater level ❷ (*geh: abwärtsbewegen*) to lower sth; **den Kopf ~** to bow one's head; **ein Boot ins Wasser ~** to lower a boat into the water; **die Stimme ~** (*fig*) to lower one's voice **II.** *vr* ❶ (*niedriger werden*) to sink; ■**sich [um etw] ~** to drop [*or* subside] [by sth]; **das Grundstück senkt sich leicht zu einer Seite** the property subsides slightly to one side ❷ (*sich niedersenken*) ■**sich [auf jdn/etw] ~** to lower itself/oneself [onto sb/sth]; **die Nacht senkt sich über das Land** (*liter*) night is falling over the land *liter*
Senk·fuß *m* MED fallen arches *pl spec,* flat feet *pl;* **Senkfüße haben** to have flat feet **Senk·gru·be** *f* cesspit, cesspool **Senk·ho·nig** *m* liquid honey
senk·recht ['zɛŋkrɛçt] *adj* vertical ▶ WENDUNGEN: **immer schön ~ bleiben!** (*fam*) stay cool! *fam;* **halt dich ~!** (*fam*) keep out of trouble!
Senk·rech·te <-n, -n> *f dekl wie adj* ❶ MATH perpendicular ❷ (*senkrechte Linie*) vertical line
Senk·recht·star·ter *m* LUFT vertical take-off aircraft
Senk·recht·star·ter(in) *m(f)* (*fig fam*) whizz kid *fam;* **der Film entpuppte sich als ~** the film turned out to be an instant sell-out
Sen·kung <-, -en> *f* ❶ *kein pl* (*Ermäßigung*) decrease, lowering; *der Preise* reductions; *Gelder, Löhne, Subventionen* cut; *Steuern a.* decrease ❷ (*das Senken*) drop, subsidence; *des Fiebers* subsidence; *der Stimme* lowering ❸ MED (*Blutsenkung*) sedimentation of the blood ❹ GEOL subsidence ❺ (*selten: Senke*) depression, hollow
Senn <-[e]s, -e> [zɛn] *m* SÜDD, ÖSTERR, SCHWEIZ *s.* **Senner**
Sen·ne <-, -n> ['zɛnə] *f* SÜDD, ÖSTERR Alpine pasture
Sen·ner(in) <-s, -> ['zɛnɐ] *m(f)* SÜDD, ÖSTERR Alpine dairyman
Sen·ne·rei <-, -en> *f* SÜDD, ÖSTERR, SCHWEIZ Alpine dairy
Sen·ne·rin <-, -nen> *f fem form von* **Senner**
Sen·sa·ti·on <-, -en> [zɛnza'tsi̯o:n] *f* sensation
sen·sa·ti·o·nell [zɛnzatsi̯o'nɛl] *adj* sensational
Sen·sa·ti·ons·be·richt *f* sensational report **Sen·sa·ti·ons·blatt** *nt* MEDIA (*pej*) sensationalist newspaper **Sen·sa·ti·ons·gier** *f kein pl* (*pej*) sensationalism *pej* **Sen·sa·ti·ons·lust** *f* desire for sensation **sen·sa·ti·ons·lüs·tern** *adj* (*fig*) sensation-seeking **Sen·sa·ti·ons·ma·che** *f* (*pej*) sensationalism **Sen·sa·ti·ons·mel·dung** *f* sensational news + *sing vb* **Sen·sa·ti·ons·nach·richt** *f* sensational news + *sing vb,* scoop **Sen·sa·ti·ons·pro·zess**[RR] *m* sensational trial

S

Sen·se <-, -n> ['zɛnzə] *f* scythe ▶WENDUNGEN: **jetzt ist aber ~!** (*sl*) that's enough!
Sen·sen·mann <-männer> *m* (*euph*) ■**der ~** the [Grim] Reaper *liter*
sen·si·bel [zɛn'zi:bl̩] *adj* sensitive
Sen·si·bel·chen <-s, -> [zɛn'zi:bl̩çən] *nt* (*fam*) softy *fam*
sen·si·bi·li·sie·ren* [zɛnzibili'zi:rən] *vt* (*geh*) ■**jdn [für etw] ~** to sensitize sb [for sth], to make sb aware [of sth]
Sen·si·bi·li·sie·rung <-, -en> *f* (*geh*) sensitization
Sen·si·bi·li·tät <-, -en> [zɛnzibili'tɛ:t] *f* (*geh*) sensitivity
Sen·sor <-s, -soren> ['zɛnzo:ɐ̯, *pl* zɛn'zo:rən] *m* sensor
Sen·sor·tas·te *f* sensor control
Sen·tenz <-, -en> [zɛn'tɛnts] *f* (*geh*) aphorism
sen·ti·men·tal [zɛntimɛn'ta:l] *adj* sentimental
Sen·ti·men·ta·li·tät <-, -en> [zɛntimɛntali'tɛ:t] *f* sentimentality
se·pa·rat [zepa'ra:t] *adj* separate; **ein ~er Eingang** a separate entrance
Se·pa·ra·tis·mus <-> [zepara'tɪsmʊs] *m kein pl* separatism
Se·pa·ra·tist(in) <-en, -en> [zepara'tɪst] *m(f)* separatist
se·pa·ra·tis·tisch *adj* separatist
Sé·pa·rée <-s, -s> *nt*, **Se·pa·ree** <-s, -s> [zepa're:] *nt* private room
Se·pia <-, Sepien> ['ze:pi̯a, *pl* -pi̯ən] *f* ① ZOOL cuttle fish ② *kein pl* (*Farbstoff*) sepia
Se·pia·tin·te *f* sepia ink **Se·pia·zeich·nung** *f* sepia drawing
Sep·sis <-, Sepsen> ['zɛpsɪs] *f* MED (*geh*) sepsis
Sep·tem·ber <-[s], -> [zɛp'tɛmbɐ] *m* September; *s. a.* **Februar**
Sep·tett <-[e]s, -e> [zɛp'tɛt] *nt* septet, septette BRIT
Sep·tim <-, -en> [zɛp'ti:m] *f*, **Sep·ti·me** <-, -n> [zɛp'ti:mə] *f* MUS seventh
sep·tisch ['zɛptɪʃ] *adj* (*geh*) septic
Se·quenz <-, -en> [ze'kvɛnts] *f* ① (*geh: Aufeinanderfolge von etwas Gleichartigem*) sequence ② MUSIK (*Wiederholung eines musikalischen Motivs*) sequence ③ MUSIK, REL (*hymnusartiger Gesang*) sequence ④ FILM (*kleinere filmische Einheit*) sequence ⑤ KARTEN (*Serie gleicher Karten*) run, flush ⑥ INFORM (*Folge von Befehlen/Daten*) sequence
Se·ra *pl von* **Serum**
Ser·be, Ser·bin <-n, -n> ['zɛrbə, 'zɛrbɪn] *m, f* Serb, Serbian; *s. a.* **Deutsche(r)**
Ser·bi·en <-s> ['zɛrbi̯ən] *nt* Serbia; *s. a.* **Deutschland**
Ser·bin <-, -nen> *f fem form von* **Serbe**
ser·bisch ['zɛrbɪʃ] *adj* Serbian; *s. a.* **deutsch 1, 2**
Ser·bo·kro·a·tisch [zɛrbokro'a:tɪʃ] *nt dekl wie adj* Serbo-Croat; *s. a.* **Deutsche**
Se·ren *pl von* **Serum**
Se·re·na·de <-, -n> [zere'na:də] *f* serenade
Se·rie ['ze:ri̯ə] *f* ① (*Reihe*) series + *sing vb;* **eine ~ Briefmarken** a set of stamps; **eine ~ von Unfällen/Anschlägen** a series of accidents/attacks ② ÖKON line; **diese ~ läuft bald aus** this line will soon be discontinued; **in ~ gehen** to go into production; **etw in ~ produzieren** to mass-produce sth; **in ~** mass-produced ③ MEDIA, TV series + *sing vb; s. a.* **Gesetz**
se·ri·ell [ze'ri̯ɛl] *adj* ① (*als Reihe*) series; **~ herstellbar** mass-produced ② INFORM serial; **~e Schnittstelle** serial interface
Se·ri·en·aus·stat·tung *f* standard fittings *pl*
se·ri·en·mä·ßig *adj* ① (*in Serienfertigung*) mass-produced; **etw ~ anfertigen** [*o* **herstellen**] to mass-produce sth ② (*bereits eingebaut sein*) standard; ■**~ sein** to be a standard feature
Se·ri·en·mör·der(in) *m(f)* serial killer [*or* murderer] [*or fem* murderess], serial *spec sl* **Se·ri·en·num·mer** *f* serial number **Se·ri·en·pro·duk·ti·on** *f* mass production **Se·ri·en·rei·fe** *f* readiness to go into production; **bis zur ~** until the start of production
se·ri·en·wei·se ['ze:riən-] *adv* ① (*als Serien*) in series; **etw [nur] ~ verkaufen** to [only] sell sth in a set; **ein Produkt ~ herstellen** to mass-produce a product ② (*fam: in Mengen*) one after the other
se·ri·ös [ze'ri̯ø:s] **I.** *adj* ① (*ordentlich, gediegen*) respectable; **ein ~er Herr** a respectable gentleman; (*ernst zu nehmend*) serious; **~e Absichten** honourable [*or* AM -orable] intentions ② ÖKON (*vertrauenswürdig*) respectable, reputable; **ein ~es Unternehmen** a reputable business **II.** *adv* respectably
Se·ri·o·si·tät <-> [zeri̯ozi'tɛ:t] *f kein pl* ① (*seriöse Art*) respectability; (*Ernsthaftigkeit*) seriousness ② ÖKON (*Vertrauenswürdigkeit*) repute
Ser·mon <-s, -e> [zɛr'mo:n] *m* ① (*pej fam: langweiliges Gerede*) sermon *pej*, lecture *pej* ② (*veraltet: Rede, Predigt*) sermon
se·ro·po·si·tiv [zero-] *adj* seropositive
Ser·pen·ti·ne <-, -n> [zɛrpɛn'ti:nə] *f* ① (*schlangenförmige Straße*) winding road ② (*steile Kehre, Windung*) sharp bend; **in ~n** in winds; **der Weg führte in ~n um den Berg herum** the road wound [*or* zigzagged] its way around the hill
Se·rum <-s, Seren *o* Sera> ['ze:rʊm, *pl* 'ze:rən, *pl* 'ze:ra] *nt* serum
Ser·ver <-s, -> ['sœ:rvɐ] *m* INFORM server
Ser·vice[1] <-, -s> ['zø:ɐ̯vɪs] *m* ① *kein pl* (*Bedienung, Kundendienst*) service ② TENNIS serve
Ser·vice[2] <-[s], -> [zɛr'vi:s] *nt* dinner/coffee service
Ser·vice·cen·ter[RR], **Ser·vice· Cen·ter** <-s, -> ['zø:ɐ̯vɪs,sɛntɐ] *nt* service centre [*or* AM -er]
Ser·vice·hot·line[RR], **Ser·vice Hot·line** ['zø:ɐ̯vɪshɔtlain] *f* TELEK customer service hotline
ser·vie·ren* [zɛr'vi:rən] **I.** *vt* ■**[jdm] etw ~** to serve sth [to sb]; **was darf ich Ihnen ~?** what can I offer you?; ■**sich** *dat* **etw [von jdm] ~ lassen** to have sth served [by sb] **II.** *vi* ① (*auftragen*) to serve; **zu Tisch, es ist serviert!** dinner is served!; **nach 20 Uhr wird nicht mehr serviert** there is no waiter service after 8 pm ② TENNIS to serve
Ser·vier·wa·gen *m* trolley
Ser·vi·et·te <-, -n> [zɛr'vi̯ɛtə] *f* napkin, serviette
Ser·vi·et·ten·ring *m* napkin ring
ser·vil [zɛr'vi:l] *adj* (*pej geh*) servile
Ser·vi·li·tät <-> [zɛrvili'tɛ:t] *f kein pl* (*pej geh*) servility
Ser·vo·len·kung *f* power steering
ser·vus ['zɛrvʊs] *interj* ÖSTERR, SÜDD (*hallo*) hello; (*tschüs*) [good]bye
Se·sam <-s, -s> ['ze:zam] *m* ① BOT sesame ② (*Samen des Sesams*) sesame seed ▶WENDUNGEN: **~ öffne dich** (*hum fam*) open sesame
Se·sam·kro·kant *m* sesame brittle
Ses·sel <-s, -> ['zɛsl̩] *m* ① (*Polstersessel*) armchair ② ÖSTERR (*Stuhl*) chair
Ses·sel·leh·ne *f* [chair] arm **Ses·sel·lift** *m* chairlift **Ses·sel·pols·te·rung** *f* chair upholstery
sess·haft[RR], **seß·haft**[ALT] ['zɛshaft] *adj* ① (*bodenständig*) settled ② (*ansässig*) ■**~ sein** to be resident; ■**~ werden** to settle down; **~e Stämme** settled tribes
Set <-s, -s> [zɛt] *m o nt* set
Set·ting <-s, -s> ['zɛtɪŋ] *nt* setting
set·zen ['zɛtsn̩] **I.** *vt haben* ① (*platzieren*) **etw ~** to put [*or* place] sth; ■**jdn/etw irgendwohin ~** to put [*or* place] sb/sth somewhere; **ein Gericht auf die Speisekarte ~** to put a dish on the menu; **das Glas an den Mund ~** to put the glass to one's lips; **ein Komma ~** to put a comma; **jdn auf die Liste ~** to put sb on the list; **etw auf die Rechnung ~** to put sth on the bill; **den Topf auf den Herd ~** to place the pot on the stove; **eine Unterschrift unter etw ~** to put a signature to sth, to sign sth ② (*festlegen*) ■**etw ~** to set sth; **einer S.** *dat* **ein Ende ~** to put a stop to sth; **eine Frist ~** to set a deadline; **jdm/etw Grenzen ~** to set limits for sb/sth; **ein Ziel ~** to set a goal ③ JAGD **einen Hund auf die Fährte ~** to put a dog on a trail ④ (*bringen*) **etw in Betrieb ~** to set sth in motion; **jdn auf Diät ~** to put sb on a diet; **keinen Fuß vor die Tür ~** to

not set foot out of the door ❺ HORT (*pflanzen*) ■**etw** ~ to plant [*or* set] sth ❻ (*errichten*) ■**etw** ~ to set [*or* put] up sth, to build sth; [**jdm**] **ein Denkmal** ~ to set [*or* put] up [*or* build] a monument [to sb]; **einen Mast** ~ to put up a mast; **die Segel** ~ to set the sails ❼ (*wetten*) ■**etw** [**auf jdn/etw**] ~ to put [*or* place] [*or* stake] sth [on sb/sth]; **Geld auf jdn/etw** ~ to stake [*or* put] money on sb/sth; **seine Hoffnung in** [*o* **auf**] **jdn** ~ to put [*or* pin] one's hopes on sb; **ein Pfand** ~ to pledge sth; **auf ein Pferd** ~ to place a bet on a horse; **Zweifel in etw** ~ to call sth into question ❽ SPORT **jdn auf 1./2./3. Platz** ~ to seed sb first/second/third; **gesetzte Spieler** seeded players; **die auf Platz 1 gesetzte Spielerin** the no. 1 seeded player ❾ TYPO ■**etw** ~ to set sth ❿ (*sl: spritzen*) ■**etw** ~ to inject [*or sl* shoot] sth; **Heroin** ~ to shoot Heroin; **einen Schuss** ~ (*fam*) to shoot up *fam;* **jdm/sich eine Spritze** ~ to give sb/oneself an injection ▶ WENDUNGEN: **es setzt was** (*fam*) there'll be trouble; *s. a.* **Fall, Land, Tagesordnung, Kopf II.** *vr haben* ❶ (*sich niederlassen*) ■**sich** ~ to sit [down]; **sich ins Auto** ~ to get into the car; **bitte** ~ **Sie sich doch!** please sit down!; ■**sich zu jdm** ~ to sit next to sb; **wollen Sie sich nicht zu uns** ~**?** won't you join us?; **setz dich!** sit down!; (*zu einem Hund*) sit! ❷ (*sich senken*) ■**sich** ~ to settle; **langsam setzt sich der Kaffeesatz** the coffee grounds are slowly settling; (*durchdringen*) to penetrate; **der Rauch setzt sich in die Kleider** smoke gets into your clothes **III.** *vi* ❶ *haben* (*wetten*) ■**auf jdn/etw** ~ to bet on sb/sth; (*sich auf jdn verlassen*) to rely on sb/sth ❷ *sein o haben* (*springen*) ■**über etw** ~ *akk* to jump over sth ❸ (*überschiffen*) ■**über etw** ~ to cross sth; **über den Rhein** ~ to cross the Rhine

Set·zer(in) <-s, -> *m(f)* typesetter

Set·ze·rei <-, -en> [zɛtsəˈrai] *f* composing room

Set·ze·rin <-, -nen> *f fem form von* **Setzer**

Setz·feh·ler *m* typeset error **Setz·kas·ten** *m* ❶ HORT seed box ❷ TYPO case

Setz·ling <-s, -e> [ˈzɛtslɪŋ] *m* ❶ HORT seedling ❷ (*junger Fisch*) fry

Setz·ma·schi·ne *f* typesetting machine, typesetter

Seu·che <-, -n> [ˈzɔyçə] *f* ❶ MED (*Epidemie*) epidemic ❷ (*fig: Plage*) plague

Seu·chen·herd *m* centre [*or* AM -er] of an epidemic

seuf·zen [ˈzɔyftsn̩] *vi* to sigh; **erleichtert** ~ to heave a sigh of relief

Seuf·zer <-s, -> *m* sigh; **einen** ~ **ausstoßen** to heave [*or* to sigh] a sigh; **seinen letzten** ~ **tun** (*fig fam*) to breathe one's last sigh *fig*

Se·vil·la <-s> [zeˈvɪlja] *nt* Seville

Sex <-[es]> [zɛks] *m kein pl* ❶ (*Sexualität*) sex; ~ **zur Kunstform erheben** to elevate sex to an art form ❷ (*sexuelle Anziehungskraft*) sexiness, sex appeal; ~ **haben** to be sexy ❸ (*Geschlechtsverkehr*) sex; ~ **haben** (*fam*) to have sex

Sex·ap·pealRR <-s> [-əpiːl] *m,* **Sex-Ap·peal** <-s> *m kein pl* sex appeal **Sex·bom·be** *f* bombshell, sex bomb **Sex·club** *m* sex club **Sex·film** *m* sex film

Se·xis·mus <-> [zɛˈksɪsmʊs] *m kein pl* sexism *no pl*

Se·xist(in) <-en, -en> [zɛˈksɪst] *m(f)* sexist

se·xis·tisch I. *adj* sexist **II.** *adv* sexist

Sex·ob·jekt *nt* sex object **Sex·or·gie** *f* (*fam*) [sex] orgy **Sex·per·te** <-n, -n> [zɛksˈpɛrtə] *m* (*hum*) sexpert **Sex·shop** <-s, -s> [-ʃɔp] *m* sex shop

Sex·tant <-en, -en> [zɛksˈtant] *m* sextant

Sex·te <-, -n> [ˈzɛkstə] *f* MUS sixth

Sex·tett <-[e]s, -e> [zɛksˈtɛt] *nt* sextet, sextette BRIT

Sex·tou·ris·mus [-turɪsmʊs] *m* (*fam*) sex tourism

Se·xu·al·er·zie·hung *f* sex education **Se·xu·al·for·scher(in)** *m(f)* sexologist **Se·xu·al·for·schung** *f* sexology **Se·xu·al·hor·mon** *nt* sex hormone

Se·xu·a·li·tät <-> [zɛksu̯aliˈtɛːt] *f kein pl* sexuality

Se·xu·al·kun·de *f kein pl* sex education **Se·xu·al·kun·de·un·ter·richt** *m* sex education lesson **Se·xu·al·le·ben** *nt kein pl* sex[ual] life **Se·xu·al·lock·stoff** *m* ZOOL sexual attractant **Se·xu·al·mo·ral** *f* sex morals *pl* **Se·xu·al·ob·jekt** *nt* sex object **Se·xu·al·part·ner(in)** *m(f)* SOZIOL sex partner, lover **Se·xu·al·tä·ter(in)** *m(f)* sex offender **Se·xu·al·trieb** *m* sex[ual] drive **Se·xu·al·ver·bre·chen** *nt* sex crime **Se·xu·al·ver·bre·cher(in)** *m(f)* sex offender **Se·xu·al·ver·hal·ten** *nt* sexual [*or* mating] behaviour [*or* AM -or]

se·xu·ell [zɛˈksu̯ɛl] *adj* sexual; ~**e Belästigung** sexual harassment

se·xy [ˈzɛksi] *adj inv* (*fam*) sexy *fam*

Sey·chel·len <-> [zeˈʃɛlən] *pl* ■**die** ~ the Seychelles *npl; s. a.* **Falklandinseln**

Sey·chel·ler(in) <-s, -> [zeˈʃɛlɐ] *m(f)* Seychellois; *s. a.* **Deutsche(r)**

sey·chel·lisch [zeˈʃɛlɪʃ] *adj* Seychellois, Seychelles AM; *s. a.* **deutsch**

Se·zes·si·on <-, -en> [zetsɛˈsi̯oːn] *f* ❶ POL (*Abspaltung*) secession ❷ KUNST (*Abspaltung einer Künstlergruppe*) disaffiliation

se·zie·ren* [zeˈtsiːrən] **I.** *vt* ■**jdn/etw** ~ to dissect sb/sth; **eine Leiche** ~ to dissect a corpse **II.** *vi* to dissect

Se·zier·saal *m* dissecting room

S-för·mig [ˈɛsfœrmɪç] *adj* S-shaped

Sgraf·fi·to <-s, -s *o* Sgraffiti> [sgraˈfiːto, *pl* -ˈfiːti] *nt s.* **Graffito**

Sham·poo <-s, -s> [ˈʃampu, ˈʃampo] *nt* shampoo

Sher·ry <-s, -s> [ˈʃɛri] *m* sherry

Sher·ry·es·sig *m* sherry vinegar

Shoo·ting <-s, -s> [ˈʃuːtɪŋ] *nt* (*Fototermin*) photocall

shop·pen [ˈʃɔpn̩] *vi* (*sl*) to shop

Shorts [ʃoːɐ̯ts, ʃɔrts] *pl* pair of shorts, shorts *npl*

Show <-, -s> [ʃoː] *f* show; **eine** ~ **abziehen** (*sl*) to put on a show *fam;* **eine** ~ **machen** to make a show [of sth]; **jdm die** ~ **stehlen** (*fam*) to steal the show from sb

Show·bu·si·nessRR, **Show-Bu·si·ness**RR, **Show·bu·si·neß**ALT <-> [ˈʃoːbɪznɪs] *nt kein pl* show business

Show·down <-[s], -s> [ʃoːˈdaun, ˈʃoːdaun] *m* showdown

Show·ein·la·ge [ˈʃoː-] *f* supporting show; (*Zwischenspiel*) interlude **Show·fi·gur** *f* (*pej*) plaything of the media **Show·ge·schäft** *nt kein pl* show business **Show·mas·ter** <-s, -> [-maːstɐ] *m* compère BRIT **Show·pro·gramm** *nt* THEAT show **Show·room** <-s, -s> [-ruːm] *m* showroom

si·a·me·sisch [zi̯aˈmeːzɪʃ] *adj* Siamese; *s. a.* **Zwilling**

Si·am·kat·ze *f* Siamese cat

Si·bi·ri·en <-s> [ziˈbiːri̯ən] *nt* Siberia

si·bi·risch [ziˈbiːrɪʃ] *adj* Siberian; *s. a.* **Kälte**

si·byl·li·nisch [zibʏˈliːnɪʃ] *adj* (*geh*) sibylline, sibyllic

sich [zɪç] *pron refl* ❶ *akk* oneself; ■**er/sie/es ...** ~ he/she/it ... himself/herself/itself; ■**Sie ...** ~ you ... yourself/yourselves; ■**sie ...** ~ they ... themselves; **er sollte** ~ **da heraushalten** he should keep out of it; **man fragt** ~**, was das soll** one asks oneself what it's all about; ~ **freuen** to be pleased; ~ **gedulden** to be patient; ~ **schämen** to be ashamed of oneself; ~ **wundern** to be surprised ❷ *dat* one's; ~ **etw einbilden** to imagine sth; ~ **etw kaufen** to buy sth for oneself; **die Katze leckte** ~ **die Pfote** the cat licked its paw; *s. a.* **kommen, an, von** ❸ *pl* (*einander*) each other, one another; ~ **lieben/hassen** to love/hate each other; ~ **küssen** to kiss each other; ~ **prügeln** to beat each other ❹ *unpersönlich* **hier arbeitet es** ~ **gut** it's good to work here; **das Auto fährt** ~ **prima** the car drives well; **das lässt** ~ **schlecht in Worten ausdrücken** that's difficult to put into words ❺ *mit Präposition* **die Schuld bei** ~ **suchen** to blame oneself; **wieder zu** ~ **kommen** (*fam*) to regain consciousness, to come round; **jdn mit zu** ~ **nehmen** to take sb to one's house; **nicht ganz bei** ~ **sein** (*fam*) to not be quite with it *fam;* **etw von** ~ **aus tun** to do sth of one's own accord; **etw für** ~ **tun** to do sth for oneself; **er denkt immer nur an** ~ he only ever thinks of himself; **er hat etwas an** ~**, das mir nicht gefällt** (*fam*) there's something about him that

S

I don't like

Si·chel <-, -n> ['zɪçl] *f* ❶ AGR sickle ❷ (*sichelförmiges Gebilde*) crescent; **die ~ des Mondes** the crescent of the moon

Si·chel·zel·len·anä·mie *f* MED (*krankhafte Veränderung der roten Blutkörperchen*) sickle-cell anaemia

si·cher ['zɪçɐ] **I.** *adj* ❶ (*gewiss*) certain, sure; **ein ~er Gewinn/Verlust** a sure [*or* certain] win/loss; **eine ~e Zusage** a definite confirmation; ■**~ sein** to be certain, to be for sure, to be a sure thing; ■**~ sein, dass/ob ...** to be certain that/as to whether ...; ■**etwas S~es** something certain; ■**sich** *dat* **~ sein, dass ...** to be sure [*or* certain] that ...; ■**sich** *dat* **einer/seiner S./seiner Sache** *gen* **~ sein** to be sure of sth/of what one is doing/saying; ■**sich** *dat* **seiner selbst ~ sein** to be sure of oneself; **so viel ist ~** that much is certain ❷ (*ungefährdet*) safe; **eine ~e Anlage** a secure investment; **ein ~er Arbeitsplatz** a steady job; ■**~ [vor jdm/etw] sein** to be safe [from sb/sth]; **~ ist ~** you can't be too careful ❸ (*zuverlässig*) reliable; **~er Beweis** definite [*or* reliable] proof; **eine ~e Methode** a foolproof method; **etw aus ~er Quelle haben** [*o* **wissen**] to have [*or* know] sth from a reliable source ❹ (*geübt*) competent; **ein ~es Händchen für etw haben** (*fam*) to have a knack for sth; **ein ~er Autofahrer** a safe driver; **ein ~es Urteil** a sound judgement; **ein ~er Schuss** an accurate [*or* good] shot ❺ (*selbstsicher*) self-confident, self-assured; **ein ~es Auftreten haben** to appear/be self-confident; *s. a.* **Quelle II.** *adv* surely; **du hast ~ Recht** you are certainly right, I'm sure you're right; **es ist ~ nicht das letzte Mal** this is surely not the last time; **[aber] ~!** [*o* **~ doch!**] (*fam*) of course!, sure!

si·cher|ge·hen *vi irreg sein* to make sure; ■**~, dass ...** to make sure that ...; **um sicherzugehen, dass ich da bin, ruf vorher an!** ring me first to be [*or* make] sure that I'm there

Si·cher·heit <-, -en> *f* ❶ *kein pl* (*gesicherter Zustand*) safety; **die öffentliche ~** public safety; **soziale ~** social security; **etw/jdn/sich in ~ bringen** to get sth/sb/oneself to safety; **[irgendwo] in ~ sein** to be safe [somewhere]; **sich in ~ wiegen** [*o* **wähnen**] to think oneself safe; **jdn in ~ wiegen** to lull sb into a false sense of security; **der ~ halber** to be on the safe side, in the interests of safety ❷ *kein pl* (*Gewissheit*) certainty; **mit an ~ grenzender Wahrscheinlichkeit** almost certainly; **mit ~** for certain; **ich kann es nicht mit letzter ~ sagen** I can't be one hundred per cent sure about that ❸ *kein pl* (*Zuverlässigkeit*) reliability; **von absoluter ~ sein** to be absolutely reliable; *eines Urteils* soundness ❹ *kein pl* (*Gewandtheit*) skilfulness, competence; **~ im Auftreten** assured manner ❺ FIN (*Kaution*) surety, security; **~ leisten** [*o* **geben**] to offer security; JUR to stand bail

Si·cher·heits·ab·stand *m* safe distance **Si·cher·heits·aus·schuss**RR *m* (*selten*) security committee **Si·cher·heits·be·am·te(r)**, **-be·am·tin** *m, f* security officer **Si·cher·heits·be·ra·ter(in)** *m(f)* safety advisor **Si·cher·heits·be·stim·mung** *f* safety regulation **Si·cher·heits·bin·dung** *f* safety binding **Si·cher·heits·ex·per·te**, **-ex·per·tin** *m, f* safety expert **Si·cher·heits·glas** *nt* safety glass **Si·cher·heits·grün·de** *pl* **aus ~n** for safety reasons **Si·cher·heits·gurt** *m* safety [*or* seat] belt **si·cher·heits·hal·ber** *adv* to be on the safe side **Si·cher·heits·ket·te** *f* safety chain **Si·cher·heits·kon·trol·le** *f* security check **Si·cher·heits·kraft** *f meist pl* member of security; ■**Sicherheitskräfte** security [staff] *+ sing/pl vb;* ■**eine ~/ Sicherheitskräfte sein** to be [from] security **Si·cher·heits·leis·tung** *f* surety; JUR bail **Si·cher·heits·lü·cke** *f* security breach **Si·cher·heits·mann** <-leute *o* -männer> *m* security man; ■**Sicherheitsleute** security [staff] *+ sing/pl vb;* ■**ein ~ sein** to be a security man [*or* [from] security] **Si·cher·heits·maß·nah·me** *f* safety measure **Si·cher·heits·na·del** *f* safety pin **Si·cher·heits·pe·dal** *nt* safety pedal **Si·cher·heits·po·li·tik** *f kein pl* security policy **Si·cher·heits·rat** *m kein pl* security council **Si·cher·heits·ri·si·ko** *nt* security risk **Si·cher·heits·schloss**RR *nt* safety lock **Si·cher·heits·stan·dard** *m* safety standard **Si·cher·heits·ven·til** *nt* safety valve **Si·cher·heits·ver·schluss**RR *m* safety catch **Si·cher·heits·vor·keh·rung** *f* security [*or* safety] precaution **Si·cher·heits·vor·schrift** *f meist pl* safety regulation **Si·cher·heits·wacht** *f meist sing* security *no pl* **Si·cher·heits·wäch·ter**, **-wäch·te·rin** *m, f* security guard

si·cher·lich *adv* surely

si·chern ['zɪçɐn] *vt* ❶ (*schützen*) ■**etw [durch** [*o* **mit] etw] [gegen etw]** ~ to safeguard sth [with sth] [from sth]; **die Grenzen/den Staat** ~ to safeguard the borders/state ❷ (*mit der Sicherung versehen*) **eine Schusswaffe** ~ to put on a safety catch on a firearm; **die Tür/Fenster** ~ to secure the door/windows ❸ (*absichern*) ■**jdn/etw** ~ to protect sb/sth; ■**sich [durch etw] [gegen etw]** ~ to protect oneself [with sth] [against sth]; **einen Bergsteiger mit einem Seil** ~ to secure [*or* belay] a climber with a rope; **den Tatort** ~ to secure the scene of the crime; ■**gesichert sein** to be protected ❹ (*sicherstellen, verschaffen*) **etw** ~ to secure sth; **ein Vorkaufsrecht** ~ to secure an option to buy; **einen Sieg** ~ to secure a victory ❺ INFORM ■**etw** ~ to save sth; **Daten** ~ to save data ❻ (*sicherstellen, garantieren*) ■**[jdm/sich] etw** ~ to secure sth [for sb/oneself]; **die Verfassung sichert allen Bürgern die Menschenrechte** the constitution guarantees all citizens human rights

si·cher|stel·len *vt* ❶ (*in Gewahrsam nehmen*) ■**etw** ~ to safekeep [*or* confiscate] sth; **die Beute** ~ to confiscate the loot ❷ (*garantieren*) ■**etw** ~ to guarantee [*or* safeguard] sth

Si·cher·stel·lung *f* ❶ (*das Sicherstellen*) safekeeping, confiscation ❷ (*das Garantieren*) guarantee, safeguard

Si·che·rung <-, -en> *f* ❶ (*das Sichern, Schützen*) securing, safeguarding; **zur ~ meiner Existenz** to safeguard my existence; **~ des Friedens** safeguarding peace; **~ des Unfallortes** securing the scene of the accident ❷ ELEK fuse; **die ~ ist durchgebrannt/herausgesprungen** the fuse has blown ❸ (*Schutzvorrichtung*) safety catch ❹ INFORM back-up; **~ auf Band** tape back up ▶ WENDUNGEN: **jdm brennt die ~ durch** (*fam*) sb blows a fuse

Si·che·rungs·kas·ten *m* fuse box **Si·che·rungs·ko·pie** *f* INFORM back-up [*or* AM dump] copy **Si·che·rungs·ver·wah·rung** *f* JUR preventive detention [*or* custody]; **Unterbringung in der ~** commitment to an institution of protective custody

Sicht <-, *selten* -en> [zɪçt] *f* ❶ (*Aussicht*) view; **eine gute/schlechte ~ haben** to have a good/poor view; **du nimmst mir die ~** you're in my way, you're blocking my view; (*klare Sicht*) visibility; **die ~ beträgt heute nur 20 Meter** visibility is down to 20 metres today; **auf kurze/mittlere/lange ~** (*fig*) in the short term/midterm/long term; **nach ~ fliegen** to fly without instruments; **außer ~ sein** to be out of sight; **in ~ sein** to be in [*or* come into] sight; **Land in ~!** land ahoy!; **etw ist in ~** (*fig*) sth is on the horizon *fig* ❷ (*Ansicht, Meinung*) [point of] view; **aus jds ~** from sb's point of view ❸ ÖKON (*Vorlage*) **auf** [*o* **bei**] [*o* **nach**] **~** at sight

sicht·bar *adj* (*mit den Augen wahrnehmbar*) visible; **gut/nicht/kaum/schlecht ~ sein** to be well/not/hardly/poorly visible; (*erkennbar, offensichtlich*) apparent; ■**[für jdn] ~ sein** to be apparent [to sb]

sich·ten ['zɪçtn̩] *vt* ❶ (*ausmachen*) ■**etw** ~ to sight sth; **die Küste/einen Eisberg** ~ to sight the coast/an iceberg; **Wild** ~ to spot game; ■**jdn** ~ to spot sb *fam* ❷ (*durchsehen*) ■**etw** ~ to look through sth; **die Akten** ~ to look through [*or* inspect] the files

Sicht·flug *m* contact flight **Sicht·ge·rät** *nt* monitor

sicht·lich *adj* obvious, visible; **~ beeindruckt sein** to be visibly impressed

Sicht·schutz *m kein pl* partition (*ensuring privacy*); (*zwischen Bürotischen a.*) modesty panel

Sich·tung <-, -en> *f* ❶ *kein pl* (*das Sichten*) sighting

❷ (*Durchsicht*) looking through, sifting; **die ~ des Materials** sifting through the material

Sicht·ver·hält·nis·se *pl* visibility *no pl;* **gute /schlechte ~** good/poor visibility **Sicht·ver·merk** *m* (*geh*) visa [stamp]; *Wechsel* endorsement **Sicht·wei·te** *f* visibility; **außer/in ~ sein** to be out of/in sight; **die ~ beträgt 100 Meter** visibility is 100 metres

Si·cker·gru·be ['zɪkɐ-] *f* soakaway BRIT, recharge basin AM

si·ckern ['zɪkɐn] *vi sein* (*rinnen*) ■**aus etw/durch etw ~** *akk* to seep from sth/through sth; **das Wasser sickert in den Boden** water seeps into the ground; **vertrauliche Informationen ~ immer wieder in die Presse** (*fig*) confidential information is constantly leaked out to the press

Si·cker·was·ser *nt kein pl surface water seeping through the ground*

Side·board <-s, -s> ['zaitbo:ɐ̯t] *nt* sideboard

sie [zi:] *pron pers, 3. pers* ❶ <*gen* ihrer, *dat* ihr, *akk* sie> *sing* she; **~ ist es!** it's her!; (*weibliche Sache bezeichnend*) it; **ich habe meine Jacke gesucht, konnte ~ aber nicht finden** I looked for my jacket but couldn't find it; (*Tier bezeichnend*) it; (*bei weiblichen Haustieren*) she ❷ <*gen* ihrer, *dat* ihnen, *akk* sie> *pl* they; **~ wollen heiraten** they want to get married

Sie[1] <*gen* Ihrer, *dat* Ihnen, *akk* Sie> [zi:] *pron pers, 2. pers sing o pl, mit 3. pers pl vb gebraucht* ❶ (*förmliche Anrede*) you; **könnten ~ mir bitte die Milch reichen?** could you pass me the milk, please? ❷ (*förmliche Aufforderung*) **kommen ~, ich zeige es Ihnen!** come on, I'll show you!; **~! was fällt Ihnen ein!** Sir/Madam! what do you think you're doing!

Sie[2] <-s> [zi:] *nt kein pl* **die Anrede mit „~"** polite form of address using "Sie"; **jdn mit ~ anreden** to address sb "Sie"; **zu etw muss man ~ sagen** (*hum fam*) *sth is so good that it must be treated with respect*

Sie[3] [zi:] *f kein pl* (*fam*) ■**eine ~** a female; **der Hund ist eine ~** the dog is female

Sieb <-[e]s, -e> [zi:p, *pl* 'zi:bə] *nt* ❶ (*Küchensieb*) sieve; (*größer*) colander; (*Kaffeesieb, Teesieb*) strainer ❷ BAU riddle ❸ TECH (*Filtersieb*) filter; *s. a.* **Gedächtnis**

Sieb·de·ckel *m* perforated pan lid (*for straining cooking liquids off food*) **Sieb·druck** *m* ❶ *kein pl* (*Druckverfahren*) [silk-]screen printing ❷ (*Druckerzeugnis*) [silk-]screen print **Sieb·ein·satz** *m* KOCHK steamer insert

sie·ben[1] ['zi:bn̩] *adj* seven; *s. a.* **acht**[1], **Weltwunder**

sie·ben[2] ['zi:bn̩] **I.** *vt* ❶ (*durchsieben*) ■**etw ~** to sieve sth, to pass sth though a sieve; **nach Gold ~** to screen for gold ❷ (*fam: aussortieren*) ■**jdn/etw ~** to pick and choose sth/sb; **Material ~** to select material; **Bewerber ~** to weed out applicants **II.** *vi* (*fam*) to pick and choose *fam,* to be selective

Sie·ben <-, - *o* -en> ['zi:bn̩] *f* ❶ (*Zahl*) seven ❷ KARTEN seven; *s. a.* **Acht**[1] **4** ❸ (*Verkehrslinie*) ■**die ~** the [number] seven

sie·ben·ein·halb ['zi:bn̩ʔain'halp] *adj* ❶ (*Bruchzahl*) seven and a half, seven-and-a-half *attr* ❷ (*fam: 7.500 Euro*) seven-and-a-half grand *fam* [*or* AM *sl* G's] + *sing vb; s. a.* **anderthalb**

sie·be·ner·lei ['zi:bənɐ'lai] *adj inv, attr* seven [different]; *s. a.* **achterlei**

sie·ben·fach, 7·fach ['zi:bn̩fax] **I.** *adj* sevenfold; **die ~e Menge nehmen** to take seven times the amount; **in ~er Ausfertigung** in septuplicate *form* **II.** *adv* seven times, sevenfold

Sie·ben·fa·che, 7·fa·che *nt dekl wie adj* seven times the amount; *s. a.* **Achtfache**

sie·ben·hun·dert ['zi:bn̩'hʊndɐt] *adj* seven hundred; *s. a.* **hundert** **sie·ben·hun·dert·jäh·rig** *adj* seven-hundred-year-old *attr;* **~es Bestehen/~e Herrschaft** seven hundred years' [*or* years of] existence/rule **sie·ben·jäh·rig, 7-jäh·rig**[RR] ['zi:bn̩jɛ:rɪç] *adj* ❶ (*Alter*) seven-year-old *attr,* seven years old *pred; s. a.* **achtjährig 1** ❷ (*Zeitspanne*) seven-year *attr; s. a.* **achtjährig 2** **Sie·ben·jäh·ri·ge(r), 7-Jäh·ri·ge(r)**[RR] *f(m) dekl wie adj* seven-year-old **sie·ben·köp·fig** *adj* seven-person *attr; s. a.* **achtköpfig** **sie·ben·mal** ['zi:bn̩ma:l] *adv* seven times; *s. a.* **achtmal** **sie·ben·ma·lig** ['zi:bn̩ma:lɪç] *adj* seven times; *s. a.* **achtmalig** **Sie·ben·me·ter·brett** *nt* seven-metre [*or* AM -er] [diving] platform **Sie·ben·mo·nats·kind** [zi:bn̩'mo:natskɪnt] *nt* MED seven-month baby **Sie·ben·sa·chen** ['zi:bn̩'zaxn̩] *pl* (*fam*) things, belongings, stuff *fam;* ■**jds ~** sb's things [*or* belongings] [*or fam* stuff] **Sie·ben·schlä·fer** *m* ❶ ZOOL fat [*or* edible] dormouse ❷ (*veraltend fam*) late riser **sie·ben·tau·send** ['zi:bn̩'tauzn̩t] *adj* ❶ (*Zahl*) seven thousand; *s. a.* **tausend 1** ❷ (*fam: 7.000 Euro*) seven grand *no pl,* seven thou *no pl sl,* seven G's [*or* K's] *no pl* AM *sl* **Sie·ben·tau·sen·der** *m* mountain over 7,000 metres [*or* AM meters]

sie·ben·te(r, s) ['zi:bn̩tə, 'zi:bn̩tɐ, 'zi:bn̩təs] *adj* (*geh*) *s.* **siebte(r,s)**

Sie·ben·tel <-s, -> ['zi:bn̩tl̩] *nt s.* **Siebtel**

sie·ben·tens ['zi:bn̩təns] *adv* (*geh*) *s.* **siebtens**

sieb·te(r, s) ['zi:ptə, 'zi:ptɐ, 'zi:ptəs] *adj* ❶ (*nach dem sechsten kommend*) seventh; *s. a.* **achte(r, s) 1** ❷ (*Datum*) seventh, 7th; *s. a.* **achte(r, s) 2**

Sieb·te(r) ['zi:ptə, 'zi:ptɐ] *f(m) dekl wie adj* ❶ (*Person*) seventh; *s. a.* **Achte(r) 1** ❷ (*bei Datumsangaben*) ■**der ~/am ~n** *geschrieben:,* ■**der 7./am 7.** the seventh/on the seventh; *geschrieben:* the 7th/on the 7th; *s. a.* **Achte(r) 2** ❸ (*Namenzusatz*) **Karl der ~,** *geschrieben:* **Karl VII.** Charles the Seventh; *geschrieben:* Charles VII

Sieb·tel <-s, -> ['zi:ptl̩] *nt* seventh

sieb·tens ['zi:ptn̩s] *adv* seventhly

Sieb·tuch *nt* cheese [*or* straining] cloth

sieb·zehn ['zi:ptse:n] *adj* seventeen; *s. a.* **acht**[1]

sieb·zehn·te(r, s) *adj* seventeenth; *s. a.* **achte(r, s)**

sieb·zig ['zi:ptsɪç] *adj* seventy; *s. a.* **achtzig 1, 2**

Sieb·zig <-, -en> ['zi:ptsɪç] *f* seventy

sieb·zi·ger, 70·er *adj attr, inv* **der ~ Bus** the number seventy bus; ■**die ~ Jahre** the seventies; (*geschrieben a.*) the '70s

Sieb·zi·ger[1] <-s, -> *m* (*Wein aus dem Jahre '70*) 1970/1870 vintage

Sieb·zi·ger[2] *pl* ■**die ~** the seventies [*or* 70s]; **in den ~n sein** to be in one's seventies; *s. a.* **Achtziger**[3]

Sieb·zi·ger(in) <-s, -> *m(f)* ❶ (*Mensch in den Siebzigern*) septuagenarian *form* ❷ *s.* **Siebzigjährige(r)**

Sieb·zi·ger·jah·re *pl* (*Jahrzehnt*) **in den ~n** in the seventies; ■**die ~** (*Lebensjahrzehnt*) one's seventies **sieb·zig·jäh·rig, 70-jäh·rig**[RR] *adj attr* ❶ (*Alter*) seventy-year-old *attr,* seventy [years old] *pred* ❷ (*Zeitspanne*) seventy-year **Sieb·zig·jäh·ri·ge(r), 70-Jäh·ri·ge(r)**[RR] *f(m) dekl wie adj* seventy-year-old, septuagenarian *form*

sieb·zigs·te(r, s) *adj* seventieth; *s. a.* **achte(r, s)**

siech [zi:ç] *adj* (*geh*) ailing *attr;* (*von Mensch a.*) infirm; ■**~ sein/werden** to be/become infirm

Siech·tum <-[e]s> *nt kein pl* (*geh*) infirmity, lingering illness, malady *dated form*

sie·deln ['zi:dl̩n] *vi* to settle

sie·den <siedete *o* sott, gesiedet *o* gesotten> ['zi:dn̩] *vi* to boil; **etw zum S~ bringen** to bring sth to the boil ►WENDUNGEN: **jdn [mit etw** *akk*] **zum S~ bringen** to drive sb mad [with sth]; **~d heiß** (*fam*) boiling [*or* scalding] hot; **es ist mir ~d heiß eingefallen, dass ...** (*fig fam*) I remembered in a flash that ... *fam*

Sie·de·punkt *m* (*Kochpunkt*) boiling point; (*Höhepunkt*) boiling point

Sied·fleisch *nt* DIAL boiling meat

Sied·ler(in) <-s, -> ['zi:dlɐ] *m(f)* settler

Sied·lung <-, -en> ['zi:dlʊŋ] *f* ❶ (*Wohnhausgruppe*) housing estate ❷ (*Ansiedlung*) settlement

Sieg <-[e]s, -e> [zi:k, *pl* 'zi:gə] *m* ❶ (*Erfolg*) victory, triumph (**über** +*akk* over); **einer S.** *dat* **zum ~ verhelfen** to help sth to triumph, to make sth triumph ❷ (*militärischer Erfolg*) victory (**über** +*akk* over); **den ~ davontragen** [*o geh* **erringen**] to be victorious ❸ (*sportlicher Erfolg*) win, victory (**über**

S

+*akk* over); **jdn um den ~ bringen, jdn den ~ kosten** to cost sb his/her victory [*or* win]; **den ~ [in etw** *dat*] **davontragen** [*o geh* **erringen**] to be the winner/winners [in sth]; **um den ~ kämpfen** to fight for victory

Sie·gel <-s, -> ['zi:gl̩] *nt* seal; *Behörde* stamp, seal; (*privates a., kleineres*) signet; **das ~ aufbrechen** to break the seal; **das ~ auf etw** *akk* **setzen** to affix the/one's seal to sth; **das ~ am Schluss von etw setzen** to append the/one's seal to sth; **etw mit einem ~ versehen** to affix a seal to sth, to seal sth ► WENDUNGEN: **unter dem ~ der Verschwiegenheit** under pledge [*or* the seal] of secrecy; *s. a.* **Brief, Buch**

Sie·gel·lack *m* sealing wax **Sie·gel·ring** *m* signet ring

sie·gen ['zi:gn̩] *vi* ❶ ■**[bei etw/in etw** *dat*] **~** to be the victor [at sth/in sth] *form;* MIL to triumph [*or* be victorious] [at/in sth]; ■**über jdn ~** to vanquish [*or* triumph over] sb ❷ SPORT to win [sth]; **bei einem Wettbewerb ~** to win a competition, to carry the day *form;* **haushoch ~** to have a crushing victory, to win hands down; **nur knapp ~** to scrape a win; ■**über jdn ~** to beat [*or* win against] sb

Sie·ger(in) <-s, -> *m(f)* ❶ MIL victor; **als ~ aus etw hervorgehen** to emerge victorious [*or* as the victor[s]] from sth ❷ SPORT winner; **der zweite ~** the runner-up; **~ sein** to be the winner, to have won; **~ nach Punkten/durch K.o.** (*Boxen*) to win on points/by a knockout; **[in etw** *dat*] **~ bleiben** to remain the winner [*or* champion] [of sth]; (*Boxen a.*) to have successfully defended one's title [in sth]; **als ~ aus etw** *dat* **hervorgehen** to win sth, to be the winner of sth

Sie·ger·eh·rung *f* SPORT presentation ceremony

Sie·ge·rin <-, -nen> *f fem form von* **Sieger**

Sie·ger·po·se *f* victory pose **Sie·ger·trepp·chen** *nt* [medallists' [*or* AM medalists']] podium **Sie·ger·ur·kun·de** *f* SPORT winner's certificate

sie·ges·be·wusst^RR *adj s.* **siegessicher** **Sie·ges·freu·de** *f* joy over a/the victory **sie·ges·ge·wiss**^RR *adj* (*geh*) *s.* **siegessicher** **Sie·ges·göt·tin** *f* goddess of victory, Victory *no art liter* **Sie·ges·kranz** *m* victor's wreath [*or* laurels] *npl* **Sie·ges·rausch** *m* thrill of victory **sie·ges·si·cher I.** *adj* certain [*or* assured] [*or* sure] of victory *pred;* **ein ~es Lächeln** a confident smile; ■**~ sein** to be certain [*or* assured] [*or* sure] of victory [*or* winning] **II.** *adv* certain [*or* assured] [*or* sure] of victory; **~ lächelnd** with a confident smile **Sie·ges·zug** *m* MIL triumphal march; (*fig: gewaltiger Erfolg*) triumph

sieg·reich I. *adj* ❶ MIL victorious, triumphant ❷ SPORT winning *attr,* successful **II.** *adv* in triumph; **~ heimkehren** to return triumphant [*or* in triumph]; **~ aus etw** *dat* **hervorgehen** to emerge triumphant from sth

sieh [zi:], **sie·he** ['zi:ə] (*geh*) *imper sing von* **sehen**

Siel <-[e]s, -e> [zi:l] *nt o m* NORDD sluice, floodgate

Si·er·ra Le·o·ne <-s> ['zi̯ɛra le'o:nə] *nt* Sierra Leone; *s. a.* **Deutschland**

Si·er·ra-Le·o·ner(in) <-s, -> [zi̯ɛrale'o:nɐ] *m(f)* Sierra Leonean; *s. a.* **Deutsche(r)**

si·er·ra-le·o·nisch *adj* Sierra Leonean; *s. a.* **deutsch**

Sie·vert <-s, -> ['zi:vɐt] *nt* PHYS sievert, Sv

sie·zen ['zi:tsn̩] *vt* ■**jdn/sich ~** to use the formal term of address to sb/each other, to address sb/each other as 'Sie'

Si·gel <-s, -> ['zi:gl̩] *nt* ❶ (*beim Stenographieren*) grammalogue [*or* AM -og] *spec,* logogram *spec* ❷ (*Abkürzung für Buchtitel*) short form, abbreviation

si·geln ['zi:gl̩n] *vt* (*fachspr*) ■**etw ~** to give sth an abbreviation; ■**etw mit etw ~** to give sth the abbreviation sth

Sight·see·ing <-s> ['zaitzi:ɪŋ] *nt* sightseeing *no art;* **~ machen** to do some sightseeing

Si·gle <-, -n> ['zi:gl̩] *f s.* **Sigel**

Si·gnal <-s, -e> [zɪ'gna:l] *nt* ❶ (*Zeichen*) signal; **das ~ zum Angriff/Start** the signal for the attack/start; **[mit etw** *dat*] **[ein] ~ geben** to give a/the signal [with sth]; **mit der Hupe [ein] ~ geben** to sound the horn [as a/the signal]; **~e aussenden** to transmit signals ❷ BAHN signal; **ein ~ überfahren** to pass a signal at danger, to overrun a signal ❸ *pl* (*geh: Ansätze*) signs; **[durch** *akk* **etw** [*o* **mit etw**]] **~e [für etw** *dat*] **setzen** (*geh*) to blaze a trail [for sth] [with sth]

Si·gnal·an·la·ge *f* signals *pl*

si·gna·li·sie·ren* [zɪgnali'zi:rən] *vt* ❶ (*durch Signale übermitteln*) ■**[jdm] etw ~** to signal sth [to sb] ❷ (*geh: zu verstehen geben*) ■**jdm ~, dass ...** to give sb to understand that ...

Si·gnal·lam·pe *f* ❶ (*Taschenlampe*) signalling [*or* AM signaling] lamp ❷ BAHN signal lamp **Si·gnal·mast** *m* signal mast [*or* post] **Si·gnal·wir·kung** *f* signal

Si·gna·tar(in) <-s, -e> [zɪgna'ta:ɐ̯] *m(f)* (*veraltet geh*) signatory (+*gen* to)

Si·gna·tur <-, -en> [zɪgna'tu:ɐ̯] *f* ❶ (*in der Bibliothek*) shelf mark, classification number ❷ (*Kartenzeichen*) symbol ❸ (*geh: Unterschrift*) signature ❹ INFORM signature

Si·gnet <-s, -s> [zɪ'gne:t, zɪn'je:] *nt* printer's [*or* publisher's] mark; (*allgemein*) logo

si·gnie·ren* [zɪ'gni:rən] *vt* ■**etw ~** to sign sth; (*bei einer Autogrammstunde*) to autograph sth; ■**signiert** signed, autographed

Si·gnie·rung <-, -en> *f* signing; (*bei einer Autogrammstunde*) autographing

si·gni·fi·kant [zɪgnifi'kant] *adj* (*geh*) ❶ (*bedeutsam*) significant ❷ (*charakteristisch*) characteristic, typical

Sikh <-s, -s> [zi:k] *m* Sikh

Sil·be <-, -n> ['zɪlbə] *f* syllable; **eine kurze/lange ~** a short/long syllable; **auf etw** *akk* **mit keiner ~ eingehen** to not go into sth, to not say a word about sth; **etw mit keiner ~ erwähnen** not to mention sth at all, not to breathe [*or* say] a word about sth; **keine ~** not one word; **ich verstehe keine ~** I can't hear a word

Sil·ben·rät·sel *nt word game in which words are made up from a given list of syllables* **Sil·ben·tren·nung** *f* LING syllabification; TYPO hyphenation

Sil·ber <-s> ['zɪlbɐ] *nt kein pl* ❶ (*Metal*) silver *no pl* ❷ (*Tafelsilber*) silver[ware] ❸ SPORT (*sl*) silver [medal]; **~ holen** to win a silver [medal]

Sil·ber·bar·ren *m* silver bullion **Sil·ber·blick** *m* (*hum fam*) **einen ~ haben** (*fam*) to have a cast, to [have a] squint **sil·ber·far·ben, sil·ber·far·big** *adj* silver[-coloured] **Sil·ber·fisch·chen** *nt* silverfish **Sil·ber·fuchs** *m* ❶ (*Tierart*) silver fox ❷ (*Pelz*) [fur of the] silver fox **Sil·ber·geld** *nt kein pl* silver *no pl* **sil·ber·grau** *adj* silvery [*or* silver-]grey [*or* AM gray] **Sil·ber·hoch·zeit** *f* silver wedding [anniversary] **Sil·ber·lachs** *m* salmon trout BRIT **Sil·ber·lö·we** *m s.* **Puma** **Sil·ber·me·dail·le** *f* silver medal **Sil·ber·mö·we** *f* ORN herring gull

sil·bern ['zɪlbɐn] *adj* ❶ (*aus Silber bestehend*) silver; **~es Besteck** silverware ❷ (*Farbe*) silver[y]

Sil·ber·no·tie·rung *f* price of silver **Sil·ber·pap·pel** *f* white poplar, abele *spec* **Sil·ber·schmied(in)** *m(f)* silversmith **Sil·ber·streif** *m,* **Sil·ber·strei·fen** *m* silver line [*or* strip] ► WENDUNGEN: **ein ~ am Horizont** (*geh*) a ray of hope **sil·ber·weiß** *adj* silver-white, silvery white

silb·rig ['zɪlbrɪç] **I.** *adj* silver[y] **II.** *adv* **~ glänzen/schimmern** to have a silvery lustre [*or* AM -er]/sheen

Sil·hou·et·te <-, -n> [zi'lu̯ɛtə] *f* silhouette; *Stadt* skyline, outline[s *pl*]; **sich** *akk* **als ~ gegen etw** *akk* **abheben** to be silhouetted against sth

Si·li·ci·um <-s> [zi'li:tsi̯ʊm] *nt s.* **Silizium**

Si·li·kat <-[e]s, -e> [zili'ka:t] *nt* silicate

Si·li·kon <-s, -e> [zili'ko:n] *nt* silicone

Si·li·ko·se <-, -n> [zili'ko:zə] *f* MED silic[at]osis

Si·li·zi·um <-s> [zi'li:tsi̯ʊm] *nt kein pl* silicon *no pl*

Si·lo <-s, -s> ['zi:lo] *m* silo

Sil·va·ner <-s, -> [zɪl'va:nɐ] *m* ❶ (*Rebsorte*) Sylvaner [grape] ❷ (*Wein*) Sylvaner [wine]

Sil·ves·ter <-s, -> [zɪl'vɛstɐ] *m o nt* New Year's Eve; (*in Schott-*

land) Hogmanay
Sil·ves·ter·abend *m* New Year's Eve; (*in Schottland*) Hogmanay **Sil·ves·ter·fei·er** *f* New Year['s Eve] party **Sil·ves·ter·nacht** *f* night of New Year's Eve; (*in Schottland*) night of Hogmanay **Sil·ves·ter·par·ty** *f* New Year's Eve party [*or* celebration]; (*in Schottland*) Hogmanay party
Sim·bab·we <-s> [zɪm'bapvə] *nt* Zimbabwe; *s. a.* **Deutschland**
Sim·bab·wer(in) <-s, -> [zɪm'bapvɐ] *m(f)* Zimbabwean; *s. a.* **Deutsche(r)**
sim·bab·wisch [zɪm'bapvɪʃ] *adj* BRD, ÖSTERR Zimbabwean; *s. a.* **deutsch**
sim·pel ['zɪmpḷ] **I.** *adj* ❶ (*einfach*) simple; **eine simple Erklärung/Lösung/Methode** a simple [*or* straightforward] explanation/solution/method; ■**[ganz]** ~ **sein** to be [really] simple [*or* straightforward]; ■**[jdm] zu** ~ **sein** to be too simple [for sb] ❷ (*schlicht*) simple, plain [old *fam*] **II.** *adv* simply
sim·pli·fi·zie·ren* [zɪmplifi'tsiːrən] *vt* (*geh*) ■**etw** ~ to simplify sth
Sims <-es, -e> [zɪms] *m o nt* (*Fenster~: innen*) [window]sill; (*Fenster~: außen*) [window] ledge; (*Ge~*) ledge; (*Kamin~*) mantelpiece
sim·sa·la·bim [zɪmzala'bɪm] *interj* hey presto
sim·sen ['zɪmzən] **I.** *vt* TELEK (*fam*) ■**jdm etw** ~ to text sb sth, AM *usu* to send sb sth [as a text message] **II.** *vi* TELEK (*fam*) to text, AM *usu* to send text messages
Si·mu·lant(in) <-en, -en> [zimu'lant] *m(f)* malingerer
Si·mu·la·ti·on <-, -en> [zimula'tsi̯oːn] *f* simulation
Si·mu·la·tor <-s, -toren> [zimu'laːtoɐ̯, *pl* zimula'toːrən] *m* simulator; LUFT, RAUM flight simulator
si·mu·lie·ren* [zimu'liːrən] **I.** *vi* to malinger, to pretend to be ill, to sham *pej*, to feign illness *liter* **II.** *vt* ❶ (*vortäuschen*) **eine Krankheit** ~ to pretend to be ill, to feign *liter* [*or pej* sham] illness; **Blindheit** ~ to pretend to be blind, to feign blindness *liter* ❷ (*fachspr*) ■**etw** ~ to [computer-*form*]simulate sth
si·mul·tan [zimʊl'taːn] **I.** *adj* (*geh*) simultaneous **II.** *adv* (*geh*) simultaneously, at the same time; ~ **dolmetschen** to interpret simultaneously
Si·mul·tan·dol·met·scher(in) *m(f)* simultaneous interpreter
sin. *Abk von* **Sinus** sin
Si·nai <-[s]> ['ziːnai] *m*, **Si·nai·halb·in·sel** <-> *f* Sinai, Sinai Peninsula
sind [zɪnt] *1. und 3. pers pl von* **sein**
si·ne tem·po·re ['ziːnə 'tɛmpore] *adv* SCH (*geh*) punctually
Sin·fo·nie <-, -n> [zɪnfo'niː, *pl* -fo'niːən] *f* symphony
Sin·fo·nie·kon·zert *nt* symphony concert **Sin·fo·nie·or·ches·ter** *nt* symphony orchestra
Sin·ga·pur <-s> ['zɪŋgapuːɐ̯] *nt* Singapore
Sin·ga·pu·rer(in) <-s, -> ['zɪŋgapuːrɐ] *m(f)* Singaporean; *s. a.* **Deutsche(r)**
sin·ga·pu·risch ['zɪŋgapuːrɪʃ] *adj* Singaporean; *s. a.* **deutsch**
Sing·dros·sel *f* ORN song thrush
sin·gen <sang, gesungen> ['zɪŋən] **I.** *vi* ❶ MUS to sing; (*Vögel a.*) to carol *liter*; ■**zu etw** ~ to sing to sth ❷ (*sl: gestehen*) to squeal *sl*, to sing *sl* **II.** *vt* ■**etw** ~ to sing sth; **das kann ich schon** ~ (*fig fam*) I know it [all] backwards
Sin·ge·rei <-> [zɪŋə'rai] *f kein pl* (*fam*) singing *no pl*
Sin·gha·le·sisch [zɪŋga'leːzɪʃ] *nt dekl wie adj* Sinhalese, Sinhala; *s. a.* **Deutsch**
Sin·gha·le·si·sche <-n> *nt* ■**das** ~ Sinhalese, the Sinhalese language, Sinhala; *s. a.* **Deutsche**
Sin·gle[1] <-, -[s]> ['zɪŋḷ] *f* (*Schallplatte*) single
Sin·gle[2] <-s, -s> ['zɪŋḷ] *m* (*Ledige[r]*) single person
Sin·gle[3] <-, -[s]> ['zɪŋḷ] *nt* SPORT singles + *sing vb*
Sing·sang <-s, -s> ['zɪŋzaŋ] *m* [monotonous] singing [*or* chanting] [*or pej a.* droning]
Sing·schwan *m* ORN whooper swan **Sing·spiel** *nt* Singspiel *spec* **Sing·stim·me** *f* vocal part, voice
Sin·gu·lar <-s, -e> ['zɪŋgulaːɐ̯] *m* LING singular
Sing·vo·gel *m* songbird, passerine *spec*
si·nis·ter [zi'nɪstɐ] *adj* (*geh*) sinister
sin·ken <sank, gesunken> ['zɪŋkn̩] *vi sein* ❶ (*versinken*) to sink; *Schiff* to go down, to founder; **auf den Grund** ~ to sink to the bottom; **sich** *akk* ~ **lassen** to sink ❷ (*herabsinken*) to descend; *Sonne;* **sich** *akk* ~ **lassen** (*geh*) to go down ❸ (*niedersinken*) to drop, to fall; **ins Bett** ~ to fall into bed; **zu Boden/auf ein Sofa** ~ to sink [*or* drop] to the ground/on[to] a sofa; **sich** *akk* **in den Sessel/in den Schnee** ~ **lassen** to sink into the armchair/snow; **die Hände** ~ **lassen** to let one's hands fall, to drop one's hands; **den Kopf** ~ **lassen** to hang [*or* droop] one's head; *s. a.* **Arm, Schlaf** ❹ (*abnehmen*) to go down, to abate; *Fieber* to fall; *Wasserpegel, Verbrauch* to go down; **die Temperatur sank auf 2°C** the temperature went down to 2°C; *Kurs, Preis* to fall, to drop, to be on the decline ❺ (*schwinden*) to diminish, to decline; *Hoffnung* to sink; **den Mut** ~ **lassen** to lose courage ❻ (*schlechter werden*) **in jds Achtung/Ansehen** ~ to go down [*or* sink] in sb's estimation [*or* esteem], to lose sb's favour [*or* AM -or]; *s. a.* **tief**
Sinn <-[e]s, -e> [zɪn] *m* ❶ *meist pl* (*Organ der Wahrnehmung*) sense; **die fünf** ~**e** the five senses; **seine fünf** ~**e nicht beisammenhaben** (*fam*) to not have [all] one's wits about one, to be not all there *fam;* **der sechste** ~ the sixth sense; **einen sechsten** ~ **für etw haben** to have a sixth sense for sth; **bist du noch bei** ~**en?** (*geh*) have you taken leave of your senses?, are you out of your mind?; **wie von** ~**en sein** (*geh*) to behave as if one were demented; **nicht mehr bei** ~**en sein, von** ~**en sein** (*geh*) to be out of one's [*fam* tiny] mind [*or* one's senses] ❷ *kein pl* (*Bedeutung*) meaning; (*von Wort a.*) sense; **im wahrsten** ~**e des Wortes** in the truest sense of the word; **im eigentlichen** ~**e** in the real [*or* literal] sense, literally; **im engeren/weiteren** ~**e** in a narrower/wider [*or* broader] sense; **der tiefere/verborgene** ~ the deeper/hidden sense [*or* implication]; **im übertragenen** ~**e** in the figurative sense, figuratively; **keinen** ~ **[er]geben** not to make [any] sense, to make no sense; ~ **machen** to make sense; **in gewissem** ~**e** in a certain sense, in a way; **in diesem** ~**e** in that respect ❸ (*Zweck*) point; **der** ~ **des Lebens** the meaning of life; **einen bestimmten** ~ **haben** to have a particular purpose; **es hat keinen** ~[**, etw zu tun**] there's no point [in doing sth]; **etw ohne** ~ **und Verstand tun** to do something without rhyme or reason; **ohne** ~ **und Verstand sein** to make no sense at all, to be pointless ❹ *kein pl* (*Verständnis*) ■**jds** ~ **für etw** sb's appreciation of sth; ~ **für etw haben** to appreciate sth; **keinen** ~ **für etw haben** to have no appreciation of sth, to fail to appreciate sth ❺ (*Intention, Gedanke*) inclination; **in jds** *dat* ~ **handeln** to act according to sb's wishes [*or* as sb would have wished]; **jdn im** ~ **haben** to have sb in mind; **etw [mit jdm/etw] im** ~ **haben** to have sth in mind [with sb/sth]; **sie hat irgendetwas im** ~ she's up to something; **sich** *dat* **etw aus dem** ~ **schlagen** (*fam*) to put [all idea of] sth out of one's mind, to forget all about sth; **jdm in den** ~ **kommen** to come [*or* occur] to sb; **es will jdm nicht in den** ~**, dass man/jd etw tut** sb doesn't even think about doing/sb's doing sth; **so etwas will mir nicht in den** ~**!** I won't even think about such a thing!; **anderen** ~**es sein** (*geh*) to have changed one's mind; **seinen** ~ **ändern** (*geh*) to change one's mind; **mit jdm eines** ~**es sein** (*geh*) to be of one mind *form*, to be of the same mind [as sb] *form;* **in jds** *dat* ~ **sein** to be what sb would have wished
Sinn·bild *nt* symbol
sinn·bild·lich **I.** *adj* symbolic **II.** *adv* symbolically; **etw** ~ **verstehen** to understand sth as being [*or* to be] symbolic
sin·nen <sann, gesonnen> ['zɪnən] *vi* (*geh*) ❶ (*nachgrübeln*) ■**[über etw** *akk*] ~ to brood [*or* muse] [over sth], to ponder [[on] sth], to reflect [on sth]; ■~**d** brooding/broodingly,

S

musing/musingly, pondering/ponderingly ❷ (*trachten*) ■ **auf etw** *akk* ~ to devise [*or* think of [*or* up]] sth; **auf Mord/Vergeltung/Verrat** ~ to plot murder/retribution/treason; **auf Rache** ~ to plot [*or* scheme] revenge; **jds S~ und Trachten** all sb's thoughts and energies

sinn·ent·stel·lend I. *adj* distorting [the meaning *pred*]; ■ ~ **sein** to distort the meaning II. *adv* **etw ~ übersetzen** to render a distorted translation of sth, to render a translation which distorts the meaning of sth; **etw ~ wiedergeben** to give a distorted account of sth; **etw ~ zitieren** to quote sth out of context

Sin·nes·ein·druck *m* sensory impression, impression on the senses **Sin·nes·or·gan** *nt* sense [*or* sensory] organ **Sin·nes·täu·schung** *f* (*Illusion*) illusion; (*Halluzination*) hallucination **Sin·nes·wahr·neh·mung** *f* sensory perception *no pl* **Sin·nes·wan·del** *m* change of heart [*or* mind] **Sin·nes·zel·le** *f* BIOL receptor cell

sinn·ge·mäß I. *adj* **eine ~e Wiedergabe einer Rede** an account giving the gist [*or* general sense] of a speech II. *adv* in the general sense; **etw ~ wiedergeben** to give the gist [*or* general sense] of sth

sin·nie·ren* [zɪ'niːrən] *vi* ■ [**über etw** *akk*] ~ to brood [*or* muse] [over sth], to ponder [[on] sth], to ruminate [about sth]

sin·nig ['zɪnɪç] *adj* appropriate; **sehr** ~ (*iron*) how apt *iron*

sinn·lich I. *adj* ❶ (*sexuell*) sexual, carnal *form;* **~e Liebe** sensual [*or form* carnal] love ❷ (*sexuell verlangend*) sensual; (*stärker*) voluptuous ❸ (*gern genießend*) sensuous, sensual ❹ (*geh: die Sinne ansprechend*) sensory, sensorial; *s. a.* **Wahrnehmung** II. *adv* ❶ (*sexuell*) sexually ❷ (*mit den Sinnen*) sensuously

Sinn·lich·keit <-> *f kein pl* sensuality *no pl, no art,* sensuousness *no pl, no art*

sinn·los *adj* ❶ (*unsinnig*) senseless; **~e Bemühungen** futile efforts; **~es Geschwätz** meaningless [*or* idle] gossip; **das ist doch ~!** that's futile! ❷ (*pej: maßlos*) frenzied; **~er Hass** blind hatred; **~e Wut** blind [*or* frenzied] rage; *s. a.* **betrunken**

Sinn·lo·sig·keit <-, -en> *f* senselessness *no pl,* meaninglessness *no pl,* futility *no pl*

Sinn·spruch *m* LIT aphorism **Sinn·su·che** *f kein pl* search for a deeper meaning **sinn·ver·wandt** *adj* synonymous **sinn·voll** I. *adj* ❶ (*zweckmäßig*) practical, appropriate ❷ (*Erfüllung bietend*) meaningful ❸ (*eine Bedeutung habend*) meaningful, coherent II. *adv* sensibly

Si·no·lo·ge, Si·no·lo·gin <-n, -n> [zino'loːgə, -'loːgɪn] *m, f* sinologist

Si·no·lo·gie <-> [zinolo'giː] *f kein pl* sinology *no pl*

Si·no·lo·gin <-, -nen> *f fem form von* **Sinologe**

Sint·flut ['zɪntfluːt] *f* ■ **die** ~ the Flood [*or form* Deluge] ▸ WENDUNGEN: **nach mir die** ~ (*fam*) who cares when I'm gone [*or* after I've gone]?

sint·flut·ar·tig *adj* torrential

Sin·ti ['zɪnti] *pl* Manush, Sinti

Si·nus <-, - *o* -se> ['ziːnʊs] *m* MATH sine

Si·phon <-s, -s> ['ziːfõ, zi'fõː, zi'foːn] *m* ❶ TECH [anti-syphon *spec*] trap ❷ (*Sodawasser herstellend*) [soda] siphon [*or* syphon]

Sip·pe <-, -n> ['zɪpə] *f* ❶ SOZIOL [extended] family ❷ (*hum fam: Verwandtschaft*) family, relations *pl,* clan *fam*

Sip·pen·haft *f liability of a family for the* (*usu political*) *crimes or activities of one of its members*

Sipp·schaft <-, -en> *f* (*pej fam*) ❶ (*Sippe 2*) clan *fam,* tribe *hum fam,* relatives *pl* ❷ (*Pack*) bunch *fam*

Si·re·ne <-, -n> [zi'reːnə] *f* siren

Si·re·nen·ge·heul *nt* wail of a siren/the sirens

sir·ren ['zɪrən] *vi* ❶ *haben* (*hell surren*) to buzz; ■ **das S~** the buzzing ❷ *sein* (*sirrend fliegen*) to buzz; (*von Geschoss*) to whistle

Si·rup <-s, -e> ['ziːrʊp] *m* ❶ (*Rübensaft*) syrup, treacle BRIT, molasses + *sing vb* AM ❷ (*dickflüssiger Fruchtsaft*) syrup

Si·sal <-s> ['ziːzal] *m kein pl* sisal *no pl*

Si·sal·aga·ve *f* sisal

sis·tie·ren* [zɪs'tiːrən] *vt* ❶ JUR (*festnehmen*) ■ **jdn** ~ to arrest [*or* apprehend] sb ❷ (*geh: unterbinden*) ■ **etw** ~ to suspend [*or form* stay] sth

Si·sy·phus·ar·beit ['ziːzyfʊs-] *f* never-ending task [*or liter* Sisyphean task]

Sit·com <-, -s> ['zɪtkɔm] *f* situation comedy, sitcom *fam*

Sit·te <-, -n> ['zɪtə] *f* ❶ (*Gepflogenheit*) custom; [**bei jdm**] [**so**] ~ **sein** to be the custom [for sb]; **es ist bei uns ~, ...** (*geh*) it is our custom [*or* it is customary with us] ...; **nach alter** ~ traditionally ❷ *meist pl* (*Manieren*) manners *npl;* **was sind denn das für ~n?** (*veraltend*) what sort of a way is that to behave?; **gute ~n** good manners; **das sind ja schöne ~n** (*iron*) that's a nice way to behave *iron;* (*moralische Normen*) moral standards *pl* ❸ (*sl: Sittendezernat*) vice squad ▸ WENDUNGEN: **andere Länder, andere ~n** other countries, other customs

Sit·ten·apos·tel *m* (*iron*) moralizer [*or* BRIT *a.* -iser] *pej* **Sit·ten·de·zer·nat** *nt* vice squad **Sit·ten·ge·schich·te** *f* history of customs **sit·ten·los** <-er, -este> *adj* immoral **Sit·ten·lo·sig·keit** <-, -en> *f* immorality **Sit·ten·po·li·zei** *f kein pl* vice squad **sit·ten·streng** *adj* (*veraltend*) highly moral, having high moral standards **Sit·ten·strolch** *m* (*pej veraltend*) sex fiend *pej* **Sit·ten·ver·fall** *m kein pl* decline in moral standards **sit·ten·wid·rig** *adj* immoral, unethical, contra bonos mores *spec*

Sit·tich <-s, -e> ['zɪtɪç] *m* parakeet

sitt·lich *adj* (*geh*) moral; **~e Verwahrlosung** moral depravity

Sitt·lich·keit <-> *f kein pl* (*veraltend geh*) morality; **öffentliche** ~ public decency

Sitt·lich·keits·ver·bre·chen *nt* sex crime

Si·tu·a·ti·on <-, -en> [zitu̯a'tsi̯oːn] *f* situation; (*persönlich a.*) position; **sich** *akk* **in einer schwierigen ~ befinden** to be in a difficult situation [*or* position]

si·tu·iert [zitu'iːɐ̯t] *adj pred* (*geh*) **entsprechend ~ sein** to have the means; **gut/schlecht ~ sein** to be comfortably off [*or* well-off]/badly off

Sitz <-es, -e> [zɪts] *m* ❶ (*~gelegenheit*) seat; (*auf einem Holzstamm a.*) perch ❷ (*~fläche*) seat; **den ~** [**eines Stuhls**] **neu beziehen** to reseat a chair ❸ (*Amts~*) seat; *Verwaltung* headquarters + *sing/pl vb; Unternehmen* head office; *Universität* seat; (*Hauptniederlassung*) principal establishment ❹ *kein pl* (*Passform*) sit; (*bezüglich Größe*) fit; **einen bequemen/richtigen ~ haben** to sit comfortably/correctly/to be a comfortable/correct fit

Sitz·bad *nt* hipbath; MED sitz-bath; **ein ~ nehmen** to wash [oneself] in a hipbath [*or* sitz-bath] **Sitz·ba·de·wan·ne** *f* hipbath; MED sitz-bath **Sitz·bank** *f* (*geh*) bench **Sitz·blo·cka·de** *f* sit-in **Sitz·ecke** *f* seating corner

sit·zen <saß, gesessen> ['zɪtsn̩] *vi haben o* SÜDD, ÖSTERR, SCHWEIZ *sein* ❶ (*sich gesetzt haben*) to sit; (*von Insekt*) to be; (*von Vogel*) to perch; **gut** ~ to be comfortable [*or* sitting comfortably]; ■ **das S~** sitting; **im S~** when seated, sitting down, in/from a sitting position; [**bitte**] **bleib/bleiben Sie ~!** [please] don't get up; (*stärker, a. form*) [please] remain seated; *s. a.* **Ferse** ❷ (*~d etw tun*) **beim Essen** ~ to be having a meal; **beim Kartenspiel/Wein** ~ to sit playing cards/over a glass of wine ❸ (*beschäftigt sein*) ■ **an etw** *dat* ~ to sit [*or* pore] over sth; **an einer Arbeit** ~ to sit over a piece of work ❹ (*beschäftigt sein*) to have a seat (**in** +*dat* on); **er sitzt im Vorstand** he has a seat on the management board ❺ (*fam: inhaftiert sein*) to do time *fam,* to be inside *fam;* **vier Jahre** ~ to do four years *fam* ❻ (*seinen Sitz haben*) to have its headquarters; (*von Gericht*) to sit ❼ (*angehören*) ■ **in etw** *dat* ~ to be, to sit (**in** +*dat* on); **in der Regierung** ~ to be with the government ❽ (*angebracht o befestigt sein*) to be [installed]; (*von Bild*) to be [hung]; **locker/schief** ~ to be loose/lopsided ❾ (*stecken*) ■ **in etw** *dat* ~ to be in sth; **ihr sitzt der Schreck**

noch in den Gliedern (*fig*) her knees are still like jelly ⑩ (*Passform haben*) to sit; **sitzt die Fliege korrekt?** is my bow tie straight? ⑪ MED (*von etw ausgehen*) to be [located [*or* situated]] ⑫ (*treffen*) to hit [*or* strike] home ⑬ SCH [**in Mathe/ Englisch** *fam*] ~ **bleiben** *dat* to repeat a year [in maths [*or* AM math]/English], to stay down [a year] [in maths/English] BRIT; **jdn** ~ **lassen** (*fam*) to keep sb down [a year], to hold sb back [a year] AM ⑭ (*nicht absetzen können*) **auf etw** *dat* ~ **bleiben** to be left with [*or fam* be sitting on] sth ▶ WENDUNGEN: **einen** ~ **haben** (*fam*) to have had one too many; **jdn** ~ **lassen** (*fam: im Stich lassen*) to leave sb in the lurch; (*versetzen*) to stand sb up *fam;* (*nicht heiraten*) to jilt [*or* walk out on] sb; **etw nicht auf sich** *dat* ~ **lassen** not to take [*or* stand for] sth

sit·zend I. *adj attr* sedentary II. *adv* sitting [down], in/from a sitting position

Sitz·fleisch *nt kein pl* ① (*hum fam: Gesäß*) backside *fam,* derrière *hum* ② (*fam: Beharrlichkeit*) ability to sit still [*or fam* on one's backside]; **kein** ~ **haben** to be restless, to be constantly rushing [*or* BRIT *fam* faffing] about [*or* AM around]; ~ **haben** *Gäste* to be eager to stay a long time **Sitz·ge·le·gen·heit** *f* seats *pl,* seating [accommodation]; (*Stein, Kiste*) seat, perch **Sitz·kis·sen** *nt* ① (*Auflage*) [seat] cushion ② (*Sitzmöbel*) [floor] cushion **Sitz·ord·nung** *f* seating plan **Sitz·platz** *m* seat **Sitz·rei·he** *f* row [of seats]; (*in Theater*) tier **Sitz·streik** *m* sit-in

Sit·zung <-, -en> *f* ① (*Konferenz*) meeting, conference; **zu einer** ~ **zusammentreten** to gather for a meeting, to meet; (*im Parlament*) [parliamentary] session; **außerordentliche** ~ special session; **eine** ~ **anberaumen** to fix a date [*or* to appoint a day] for a [parliamentary] session ② MED (*Behandlung*) visit ③ (*Porträtstunde*) sitting ④ (*spiritistische* ~) seance

Sit·zungs·pe·ri·o·de *f* POL [parliamentary] session; JUR term **Sit·zungs·saal** *m* conference hall

Sitz·ver·tei·lung *f* POL distribution of seats

Six·pack <-s, -s> ['zɪkspɛk] *m* six-pack; **etw im** ~ **kaufen** to buy a six-pack of sth; (*öfter*) to buy sth in six-packs

Si·zi·li·a·ner(in) <-s, -> [zitsi'li̯a:nɐ] *m(f)* Sicilian; *s. a.* **Deutsche(r)**

si·zi·li·a·nisch [zitsi'li̯a:nɪʃ] *adj* ① (*Sizilien betreffend*) Sicilian; *s. a.* **deutsch 1** ② LING Sicilian; *s. a.* **deutsch 2**

Si·zi·li·en <-s> [zi'tsi:li̯ən] *nt* Sicily; *s. a.* **Deutschland**

Ska·bi·o·se <-, -n> [ska'bi̯o:zə] *f* BOT scabious

Ska·la <-, Skalen *o* -s> ['ska:la, *pl* 'ska:lən] *f* ① (*Maßeinteilung*) scale; **runde** ~ dial ② (*geh: Palette*) range, gamut *no indef art*

Skalp <-s, -e> [skalp] *m* scalp

Skal·pell <-s, -e> [skal'pɛl] *nt* scalpel

skal·pie·ren* [skal'pi:rən] *vt* ■**jdn** ~ to scalp sb

Skan·dal <-s, -e> [skan'da:l] *m* scandal; **das ist ja ein** ~**!** that's scandalous [*or* a scandal]!; **einen** ~ **machen** (*fam*) to kick up a fuss [*or* BRIT *fam* row]

skan·da·lös [skanda'lø:s] I. *adj* scandalous, outrageous, shocking II. *adv* outrageously, shockingly

skan·dal·träch·tig *adj* potentially scandalous

skan·die·ren* [skan'di:rən] *vt* (*geh*) ■**etw** ~ to chant sth; **Verse** ~ to scan verse

Skan·di·na·vi·en <-s> [skandi'na:vi̯ən] *nt* Scandinavia

Skan·di·na·vi·er(in) <-s, -> [skandi'na:vi̯ɐ] *m(f)* Scandinavian

skan·di·na·visch [skandi'na:vɪʃ] *adj* Scandinavian

Ska·ra·bä·us <-, Skarabäen> [skara'bɛ:ʊs, *pl* -'bɛ:ən] *m* ① ZOOL dung beetle, scarab [beetle] *spec* ② (*Nachbildung des* ~) scarab[aeus *spec*]

Skat <-[e]s, -e> [ska:t] *m* KARTEN skat; ~ **spielen** to play skat

Skate·board <-s, -s> ['ske:tbo:ɐ̯t] *nt* skateboard; ~ **fahren** to skateboard

ska·ten ['ske:tn̩] *vi* (*fam*) to blade *fam*

Skat·spiel *nt* pack of skat cards **Skat·spie·ler(in)** *m(f)* skat player

Ske·lett <-[e]s, -e> [ske'lɛt] *nt* skeleton; **zum** ~ **abgemagert sein** (*fig*) to be nothing but skin and bone; **das reinste** [*o* **nur noch ein**] ~ **sein** (*fig fam*) to be little more than a skeleton

Skep·sis <-> ['skɛpsɪs] *f kein pl* scepticism BRIT, skepticism AM; **mit/voller** ~ sceptically; **etw** *dat* **mit** ~ **begegnen** to be very sceptical about sth

Skep·ti·ker(in) <-s, -> ['skɛptikɐ] *m(f)* sceptic BRIT, skeptic AM; **eingefleischter** ~ confirmed sceptic

skep·tisch ['skɛptɪʃ] I. *adj* sceptical BRIT, skeptical AM; ■~ **sein[, ob ...]** to be sceptical [whether ...] II. *adv* sceptically BRIT, skeptically AM

Sketch <-[es], -e[s]> [skɛtʃ] *m* sketch

Ski <-s, - *o* -er> [ʃi:, 'ʃi:ɐ] *m* ski; ~ **laufen** [*o* **fahren**] to ski

Ski·an·zug *m* ski suit **Ski·aus·rüs·tung** *f* ski equipment **Ski·bril·le** *f* ski goggles *npl*

Ski·er ['ʃi:ɐ] *pl von* **Ski**

Ski·fah·ren ['ʃi:-] *nt kein pl* skiing *no pl, no art;* [**zum**] ~ **gehen** to go skiing **Ski·fah·rer(in)** *m(f)* skier **Ski·ge·biet** *f* ski[ing] area **Ski·gym·nas·tik** *f kein pl* skiing exercises *pl* **Ski·ho·se** *f* pair of ski pants, ski pants *pl* **Ski·kurs** *m* skiing course [*or* lessons *pl*] **Ski·lang·lauf** *m kein pl* cross-country skiing *no pl, no art* **Ski·lauf** *m kein pl* skiing *no pl, no art* **Ski·läu·fer(in)** *m(f)* skier **Ski·leh·rer(in)** *m(f)* ski instructor **Ski·lift** *m* ski lift **Ski·müt·ze** *f* ski cap

Skin·head <-s, -s> ['skɪnhɛt] *m* skinhead, skin *fam*

Skin·ner·boxRR, **Skin·ner-Box** ['skɪnə-] *f* BIOL, PSYCH Skinner box

Ski·passRR *m* ski pass **Ski·pis·te** *f* ski run **Ski·sport** *m kein pl* skiing *no pl, no art* **Ski·sprin·gen** *nt kein pl* ski jumping *no pl, no art* **Ski·sprin·ger(in)** *m(f)* ski jumper **Ski·stie·fel** *m* ski boot **Ski·stock** *m* ski stick **Ski·trä·ger** *m* AUTO ski rack [*or* carrier] **Ski·ur·laub** *m* skiing holiday

Skiz·ze <-, -n> ['skɪtsə] *f* ① (*knappe Zeichnung*) sketch, rough drawing [*or* plan] ② (*kurze Aufzeichnung*) sketch

Skiz·zen·block <-blöcke> *m* sketch[ing] pad

skiz·zen·haft I. *adj* ① (*einer Skizze ähnelnd*) roughly sketched ② (*in Form einer Skizze*) rough II. *adv* **etw** ~ **beschreiben/ festhalten/zeichnen** to give a rough description of sth/to put sth down in outline/to sketch sth roughly

skiz·zie·ren* [skɪ'tsi:rən] *vt* ① (*umreißen*) ■[**jdm**] **etw** *akk* ~ to outline sth [for sb]; **etw knapp** ~ to give the bare bones of sth ② (*als Skizze 1 darstellen*) ■**etw** ~ to sketch sth

Skiz·zie·rung <-, *selten* -en> *f* ① (*Umreißung*) outlining ② (*skizzenhaftes Darstellen*) sketching

Skla·ve, Skla·vin <-n, -n> ['skla:və, 'skla:vɪn] *m, f* slave; ~**n halten** to keep slaves; **jdn zum** ~**n machen** to make a slave of [*or* to enslave] sb; ■~ **einer S.** *gen* **sein** to be a slave to sth; ■**zum** ~**n einer S.** *gen* **werden** to become a slave to sth; ■**sich** *akk* **zum** ~**n einer S.** *gen* **machen** to become a slave to sth

Skla·ven·ar·beit *f* ① (*pej fam: Schufterei*) slave labour [*or* AM -or], drudgery ② (*von Sklaven geleistete Arbeit*) slave labour [*or* AM -or] **Skla·ven·hal·ter(in)** *m(f)* (*hist*) slave keeper; (*pej, fig: herrschsüchtiger Mensch*) tyrant **Skla·ven·han·del** *m kein pl* slave trade *no pl* **Skla·ven·händ·ler(in)** *m(f)* slave trader, slaver **Skla·ven·trei·ber(in)** *m(f)* (*pej fam*) slave-driver *pej fam*

Skla·ve·rei <-, -en> [skla:və'rai] *f* slavery *no art;* **jdn in die** ~ **führen** to enslave sb, to make sb a slave; **jdn in die** ~ **verkaufen** to sell sb into slavery

Skla·vin <-, -nen> *f fem form von* **Sklave**

skla·visch ['skla:vɪʃ] (*pej*) I. *adj* slavish, servile II. *adv* slavishly, with servility

Skle·ro·se <-, -n> [skle'ro:zə] *f* sclerosis; **multiple** ~ multiple sclerosis, MS

Skon·to <-s, -s *o* Skonti> ['skɔnto, *pl* 'skɔnti] *nt o m* [cash] discount, discount [for cash]; [**jdm**] ~ [**auf etw** *akk*] **geben** [*o geh*

gewähren] to give [*or* award] sb a [cash] discount [*or* discount for cash] [on sth]; **5% ~ gewähren** (*geh*) to allow a 5% discount, to take 5% off the price
Skor·but <-[e]s> [skɔr'bu:t] *m kein pl* scurvy *no pl,* scorbutus *no pl spec*
Skor·pi·on <-s, -e> [skɔr'pi̯o:n] *m* ❶ ZOOL scorpion ❷ ASTROL (*Tierkreiszeichen*) Scorpio; (*im ~ Geborener*) Scorpion; **ein ~ sein** to be a Scorpio
Skript <-[e]s, -en> [skrɪpt] *nt* ❶ SCH set of lecture notes, lecture notes *pl* ❷ (*schriftliche Vorlage*) transcript ❸ FILM [film] script
Skro·tum <-s, Skrota> ['skro:tʊm, *pl* 'skro:ta] *nt* MED (*fachspr*) scrotum
Skru·pel <-s, -> ['skru:pl̩] *m meist pl* scruple, qualms *pl;* **~ haben** to have [one's] scruples, to have qualms; **keine ~ haben** [*o* **kennen**] to have [*or* know] no scruples, to have no qualms; [**keine**] **~ haben, etw zu tun** to have [no] qualms about doing sth; **ohne** [**jeden**] [*o* **den geringsten**] **~** without any qualms [*or* the slightest scruple]
skru̲·pel·los (*pej*) **I.** *adj* unscrupulous **II.** *adv* without scruple
Skru̲·pel·lo·sig·keit <-> *f kein pl* (*pej*) unscrupulousness
Skua <-, -s> ['sku:a] *f* ORN skua
Skulp·tur <-, -en> [skʊlp'tu:ɐ̯] *f* ❶ (*Plastik*) [piece of] sculpture ❷ *kein pl* (*Bildhauerkunst*) sculpture
Skunk <-s, -s *o* -e> [skʊŋk] *m* skunk
skur·ril [skʊ'ri:l] *adj* (*geh*) bizarre
S-Kur·ve ['ɛskʊrvə] *f* S-bend, double bend; **scharfe ~** double hairpin bend [*or* AM turn]
Sky·sur·fing^RR^, **Sky Sur·fing** ['skaizø:ɐfɪŋ] *nt* SPORT sky surfing
Sla·lom <-s, -s> ['sla:lɔm] *m* slalom; **~ fahren** (*fam*) to career [from side to side]
Slang <-s> [slɛŋ] *m kein pl* LING ❶ (*saloppe Umgangssprache*) slang *no art* ❷ (*Fachjargon*) jargon
Slap·stick <-s, -s> ['slɛpstɪk] *m* slapstick [comedy]
Sla·we, Sla·win <-n, -n> ['sla:və, 'sla:vɪn] *m, f* Slav; *s. a.* **Deutsche**(**r**)
sla·wisch ['sla:vɪʃ] *adj* Slav[on]ic; *s. a.* **deutsch 1, 2**
Sla·wist(**in**) <-en, -en> [sla'vɪst] *m(f)* Slav[onic]ist
Sla·wis·tik <-> [sla'vɪstɪk] *f kein pl* Slavonic studies + *sing vb*
Sla·wi̲s·tin <-, -nen> *f fem form von* **Slawist**
Slide Show <-, -s> ['slaɪdʃo:] *f* INET slide show
Slip <-s, -s> [slɪp] *m* panties *pl*
Slip·ein·la·ge *f* panty liner
Slip·per <-s, -> ['slɪpɐ] *m* slip-on [shoe]
Slo·gan <-s, -s> ['slo:gn̩] *m* slogan; (*einer Partei a.*) catchword
Slo·wa·ke, Slo·wa·kin <-n, -n> [slo'va:kə, slo'va:kɪn] *m, f* Slovak; *s. a.* **Deutsche**(**r**)
Slo·wa·kei <-> [slova'kai] *f* ■**die ~** Slovakia; *s. a.* **Deutschland**
Slo·wa̲·kin <-, -nen> *f fem form von* **Slowake**
slo·wa·kisch [slo'va:kɪʃ] *adj* Slovak[ian]; *s. a.* **deutsch 1, 2**
Slo·wa·kisch [slo'va:kɪʃ] *nt dekl wie adj* Slovak; *s. a.* **Deutsch**
Slo·wa̲·ki·sche <-n> *nt* ■**das ~** Slovak, the Slovak language; *s. a.* **Deutsche**
Slo·we·ne, Slo·we·nin <-n, -n> [slo've:nə, slo've:nɪn] *m, f* Slovene; *s. a.* **Deutsche**(**r**)
Slo·we·ni·en <-s> [slo've:ni̯ən] *nt* Slovenia; *s. a.* **Deutschland**
Slo·we̲·nin <-, -nen> *f fem form von* **Slowene**
slo·we·nisch [slo've:nɪʃ] *adj* Slovenian, Slovene; *s. a.* **deutsch**
Slo·we·nisch [slo've:nɪʃ] *nt dekl wie adj* Slovene; *s. a.* **Deutsch**
Slo·we̲·ni·sche <-n> *nt* ■**das ~** Slovene, the Slovene language; *s. a.* **Deutsche**
Slum <-s, -s> [slam] *m* slum
Small·talk *m,* **Small Talk** ['smɔ:ltɔ:k] *m,* **Small talk**^ALT^ <-> ['smɔ:ltɔ:k] *m kein pl* (*geh*) small talk *no pl*
Sma·ragd <-[e]s, -e> [sma'rakt] *m* emerald, smaragd *spec*
Sma·ra̲gd·arm·band *nt* emerald bracelet **Sma·ra̲gd·bro·sche** *f* emerald brooch **Sma·ra̲gd·col·li·er** *nt* emerald necklace
sma·rag·den [sma'rakdn̩] *adj* (*geh*) emerald *attr,* of emeralds *pred*
sma·ra̲gd·grün **I.** *adj* emerald [green] **II.** *adv* like emerald
smart [sma:ɐ̯t, smart] *adj* ❶ (*elegant*) chic ❷ (*clever*) smart
Smart·card <-, -s> *f,* **Smart·kar·te** <-, -n> [smart-] *f* smart card
Smi·ley <-s, -s> ['smaili] *m* smiley, smilie
Smog <-[s], -s> [smɔk] *m* smog
Smog·alarm *m* smog alert; **~ Stufe II** smog warning level 2
Smo·king <-s, -s> ['smo:kɪŋ] *m* dinner jacket, dj *fam,* tuxedo AM, tux AM *fam*
SMS [ˌɛsɛm'ɛs] *f Abk von* **short message service** SMS
Snack <-s, -s> [snɛk] *m* KOCHK (*fam*) snack
Snob <-s, -s> [snɔp] *m* (*pej*) snob *pej*
Sno·bis·mus <-> [sno'bɪsmʊs] *m kein pl* (*pej*) snobbery *pej,* snobbishness *no pl pej*
sno·bis·tisch [sno'bɪstɪʃ] *adj* (*pej*) snobby *pej,* snobbish *pej*
Snow·board <-s, -s> ['sno:bo:ɐ̯t] *nt* snowboard
snow·boar·den ['sno:bo:ɐ̯dn̩] *vi* to snowboard
so [zo:] **I.** *adv* ❶ *mit adj und adv* (*derart*) so; **~ viel** as much; **~ viel wie** as much as; **~ viel wie nötig** as much as is necessary; **~ viel wie etw sein** to be tantamount [*or* to amount] to sth; **~ weit** (*fam*) on the whole, as far as it goes; **das ist ~ weit richtig, aber ...** on the whole that is right, but ..., that is right as far as it goes, but ...; **~ weit sein** (*fam*) to be ready [*or* all set]; **das Essen ist gleich ~ weit** dinner will soon be ready [*or* served];
~ weit das Auge reicht as far as the eye can see; **es war ~ kalt/spät, dass ...** it was so cold/late that ...; **du bist ~ alt/groß wie ich** you are as old/big as me [*or* I am]; **~ wenig wie möglich** as little as possible; **es ist ~, wie du sagst** it is [just] as you say; **mach es ~, wie ich es dir sage** [just] do what I tell you; **dass es ~ lange regnen würde, ...** that it could rain for so long ...; *s. a.* **halb, doppelt** ❷ *mit vb* (*derart*) **sie hat sich darauf so gefreut** she was so [very] looking forward to it; **es hat so geregnet, dass ...** it rained so heavily that ...; **ich habe mich ~ über ihn geärgert!** I was so angry with him; **~ sehr, dass ...** to such a degree [*or* an extent] that ... ❸ (*auf diese Weise*) [just] like this/that, this/that way, thus *form;*
~ musst du es machen this is how you must do it [*or* how to do it]; **es ist** [**vielleicht**] **besser ~** [perhaps] it's better that way; **das war sehr klug ~** that was very clever of you/him/her etc.; **~ ist das eben** [*o* **nun mal**] (*fam*) that's [*or* you'll just have to accept] the way things are; **~ ist das** [**also**]! so that's your/his/her etc. game[, is it]!; **ist das ~?** is that so?; **~ ist es** that's right; **~, als ob ...** as if ...; **mir ist ~, als ob ...** I think [*or* feel] [that] ...; **~ oder ~** either way, in the end; **und ~ weiter** [**und ~ fort**] et cetera[, et cetera], and so on and so forth; **..., ~ der Bundeskanzler in seiner Rede** according to the Federal Chancellor in his speech, ...; **~ genannt** so-called; *s. a.* **doch, gut, nur** ❹ (*solch*) ■**~ ein**(**e**) ... such a/an ...; **~ eine blöde Gans!** what a silly goose!; **~ etwas Dummes/Peinliches, ich habe es vergessen** how stupid of/embarrassing for me, I've forgotten it; **~ etwas Dummes habe ich noch nie gehört!** I've never heard of such a stupid thing; **~ etwas** such a thing; **~ etwas sagt man nicht** you shouldn't say such things [*or* such a thing]; [**na**] **~** [**et**]**was!** (*fam*) well I never!; (*als Erwiderung a.*) [what] you don't say! *a. iron,* really? *a. iron;* **~ manche**(**r**) a number of [*or* quite a few] people ❺ (*fam: etwa*) **wir treffen uns ~ gegen 7 Uhr** we'll meet at about 7 o'clock [*or* at 7 o'clock or so [*or* thereabouts]] ❻ (*fam*) **und/oder ~** or so; **wir gehen was trinken und ~** we'll go and have a drink or something; **ich fahre um 5 oder ~** I'm away at 5 or so ❼ (*wirklich*) **ich habe solche Kopfschmerzen – ~?** I have such a headache – have you [*or* really]?; **er kommt bestimmt! – ~, meinst du?** he must be coming! – you think so? ❽ (*fam: umsonst*) for nothing **II.** *konj*

❶ *(konsekutiv)* ■ ~ **dass,** ■ **sodass** ÖSTERR so that; **er versetzte ihm einen schweren Schlag,** ~ **dass er taumelte** he dealt him a heavy blow, causing him to stagger ❷ *(obwohl)* ~ **leid es mir auch tut** as sorry as I am; ~ **peinlich ihr das auch war, ...** as embarrassing as it was to her, ... **III.** *interj* ❶ *(also)* so, right; ~**, jetzt gehen wir ...** right [*or* well], let's go and ... ❷ *(siehst du)* [well] there we/you have it ❸ *(ätsch)* so there! ❹ ~**,** ~**!** *(fam)* [what] you don't say! *a. iron,* is that a fact? *iron; s. a.* **ach IV.** *part* ❶ *(nachdrücklich)* ~ **komm doch endlich!** do get a move on[, will you]! ❷ *(beiläufig)* **was machst du** ~ **den ganzen Tag?** so what are you doing all day?

s.o. *Abk von* **siehe oben**

SO *Abk von* **Südosten** SE

so·bald [zo'balt] *konj* as soon as

Söck·chen <-s, -> ['zœkçən] *nt dim von* **Socke**

So·cke <-, -n> ['zɔkə] *f* sock ▸WENDUNGEN: **sich auf die** ~**n machen** *(fam)* to get a move on *fam;* **von den** ~**n sein** *(fam)* to be flabbergasted [*or* BRIT *fam* gobsmacked]; **da bist du von den** ~**n!** that's knocked you for six!

So·ckel <-s, -> ['zɔkl̩] *m* ❶ *(Piedestal)* plinth, pedestal, socle *spec* ❷ *(von Gebäude)* plinth, base course AM *spec* ❸ *(Schraubteil)* holder

Sọ·ckel·be·trag *m* ÖKON basic amount [*or* sum]

So·cken <-s, -> ['zɔkn̩] *m* SÜDD, ÖSTERR, SCHWEIZ *(Socke)* sock

So·da <-s> ['zo:da] *nt kein pl* ❶ CHEM soda, sodium carbonate *spec* ❷ *(Sodawasser)* soda [water]

so·dann [zo'dan] *adv inv (veraltend)* ❶ *(dann, darauf, danach)* thereupon *old form* ❷ *(ferner, außerdem)* further

so·dass[RR] [zo'das] *konj* ÖSTERR *(so)* so that

So·da·was·ser *nt* soda [water]

Sọd·bren·nen [zo:t-] *nt* heartburn, [gastric] pyrosis *spec*

So·de <-, -n> ['zo:də] *f* sod, [piece of] turf

So·do·mie <-> [zodo'mi:] *f kein pl* sodomy *no pl, no art*

so·eben [zo'ʔe:bn̩] *adv (geh)* ❶ *(gerade zuvor)* just [this minute [*or* moment]]; **er hat** ~ **das Haus verlassen** he has just [this minute [*or* moment]] left the building ❷ *(gerade)* just; **es ist** ~ **20 Uhr** it has just turned eight

So·fa <-s, -s> ['zo:fa] *nt* sofa, settee *esp* BRIT

So̲·fa·kis·sen *nt* sofa cushion

so·fern [zo'fɛrn] *konj* if, provided that; ~ **es dir keine/nicht zu viel Mühe macht** provided it's no/if it isn't too much trouble to you

soff [zɔf] *imp von* **saufen**

So·fia <-s> ['zɔfi̯a, 'zo:fi̯a] *nt* Sofia

so·fort [zo'fɔrt] *adv* immediately, forthwith *form,* at once, [right] now, this instant; **komm** ~ **her!** come here this instant!

So·fọrt·bild·ka·me·ra *f* instant camera, instamatic *fam* **So·fọrt·hil·fe** *f* emergency relief [*or* aid] *no art* **So·fọrt·hil·fe·pro·gramm** *nt* emergency relief [*or* aid] programme [*or* AM -am]

so·for·tig [zo'fɔrtɪç] *adj* immediate, instant; ~**e Bestrafung** summary punishment; **mit** ~**er Wirkung** immediately effective

So·fọrt·lie·fe·rung *f* immediate delivery **So·fọrt·maß·nah·me** *f* immediate measure [*or* action]; ~**n ergreifen** to take immediate action

Soft·drink <-s, -s> ['zɔft-] *m* soft drink **Sọft·eis** *nt* soft [*or* BRIT whipped] ice cream

Sof·tie <-s, -s> ['zɔfti] *m (fam)* softie *fam,* softy *fam*

Soft·por·no ['sɔft-] *m* TV *(Erotikfilm)* soft[-core] porn [film]

Soft·ware <-, -s> ['sɔftvɛːɐ̯] *f* software

Sọft·ware·feh·ler *m* program error **Sọft·ware·her·stel·ler** *m* software manufacturer, software house **Sọft·ware·pa·ket** *nt* software package

sog [zo:k] *imp von* **saugen**

sog. *adj Abk von* **so genannt**

Sog <-[e]s, -e> [zo:k] *m* suction; *(von Flugzeug)* slipstream; *(von Brechern)* undertow

so·gar [zo'ga:ɐ̯] *adv (emph)* even, no less; **danach war mir** ~ **noch schlechter** after that I felt even more sick; ~ **mein Bruder kam** even my brother came; **die zweite Prüfung war** ~ **schwerer als die erste** the second exam was even more difficult than the first; **er ist krank,** ~ **schwer krank** he is ill, in fact seriously so

so·gleich [zo'glaiç] *adv (geh) s.* **sofort**

Soh·le <-, -n> ['zo:lə] *f* ❶ *(Schuh~)* sole; ~**n aus Leder** leather soles; **sich** *akk* **an jds** ~**n heften** [*o fam* **hängen**] to dog sb's heels [*or* every step] ❷ *(Fuß~)* sole [of the/one's foot], planta *spec;* **mit nackten** ~**n** barefoot; **sich** *akk* **die** ~**n nach etw** *dat* **ablaufen** *(fam)* to walk one's legs off looking for sth ❸ *(Einlege~)* insole ❹ *(eines Tals o. Ä.)* bottom ▸WENDUNGEN: **eine kesse** [*o* **tolle**] ~ **aufs Parkett legen** *(hum fam)* to trip the light fantastic BRIT *hum;* **auf leisen** ~**n** noiselessly, softly

Sohn <-[e]s, Söhne> [zo:n, *pl* 'zø:nə] *m* son; **na, mein** ~ *(fam)* well, son[ny]; **der** ~ **Gottes** the Son of God; **der verlorene** ~ the prodigal son

Söhn·chen <-s, -> ['zø:nçən] *nt (fam) dim von* **Sohn** ❶ *(kleiner Sohn)* baby son ❷ *(Bürschchen)* ■ **[mein]** ~ sonny

So̲h·ne·mann <-s> *m kein pl* DIAL *(fam)* son

So·ja <-s, -jen> ['zo:ja, *pl* 'zo:jən] *meist sing f* soy *no pl,* soya *no pl* BRIT

Sọ·ja·boh·ne *f* soybean, soya bean BRIT **Sọ·ja·boh·nen·kei·me** *pl* bean sprouts *pl* **Sọ·ja·mehl** *nt* soy[a BRIT] flour **Sọ·ja·milch** *f kein pl* soy milk *no pl* **Sọ·ja·öl** *nt* soy [*or* BRIT soya] oil **Sọ·ja·so·ße** *f* soy[a BRIT] sauce

so·lang [zo'laŋ], **so·lan·ge** [zo'laŋə] *konj* as [*or* so] long as; ~ **wir noch hier sind ...** so long as we're still here ...; ~ **sie noch zur Schule geht ...** while she still goes to school ...

So·la̲r·ener·gie *f* solar energy

So·la·ri·um <-s, -ien> [zo'la:ri̯ʊm, -'lari̯ən] *nt* solarium

So·la̲r·kol·lek·tor *m* solar panel

So·la̲r·ple·xus <-, -> *m* solar [*or spec* coeliac] plexus

So·la̲r·strom *m* solar[-generated] electricity **So·la̲r·tech·nik** *f* solar [cell] technology **So·la̲r·zel·le** *f* solar cell

Sol·bad ['zo:l] *nt* ❶ *(Badeort)* saltwater spa ❷ *(medizinisches Bad)* saltwater [*or* brine] bath

Sol·ber·fleisch ['zɔlbɐ-] *nt* KOCHK *dish of cured pig's mouth, neck, ears, trotters and spine*

solch [zɔlç] *adj inv (geh)* such; ~ **ein Mann** such a man, a man like this/that/yours etc.; ~ **ein Luder!** what a brat!; ~ **feiner Stoff** material as fine as this

sọl·che(r, s) *adj* ❶ *attr* such; ~ **Frauen** such women, women like that; **eine** ~ **Frechheit** such impertinence; **sie hatte** ~ **Angst ...** she was so afraid ... ❷ *substantivisch* (~ *Menschen*) such people, people like that; *(ein* ~ *r Mensch)* such a person, a person like this/that; ~ **wie wir** people like us; ~**, denen man nichts recht machen kann** people for whom one can do nothing right; **nicht ein** ~**r/eine** ~ **sein** not to be like that, not to be of that ilk *a. pej;* **als** ~**(r, s)** as such, in itself; **der Mensch als** ~**r** man as such; **es gibt** ~ **und** ~ **Kunden** there are customers and customers

sol·cher·lei ['zɔlçɐ'lai] *adj attr inv (geh)* such; ~ **Dinge** such things, things like that

Sold <-[e]s> [zɔlt] *m kein pl* MIL pay; **in jds** ~ **stehen** *(geh)* to be in sb's pay

Sol·dat(in) <-en, -en> [zɔl'da:t] *m(f)* soldier; ■ ~ **sein** to be a soldier [*or* in the army]; ■ ~ **werden** to join the army, to join up *fam,* to become a soldier; ~ **auf Zeit** *soldier serving for a set time;* ~ **spielen** to play [at] soldiers *a. pej*

Sol·da̲·ten·fried·hof *m* military cemetery

Sol·da·tes·ka <-, -tesken> [zɔlda'tɛska] *f (pej)* band of soldiers

Sol·da̲·tin <-, -nen> *f fem form von* **Soldat**

sol·da·tisch I. *adj* military **II.** *adv* like a [true] soldier

Sọld·buch *nt* HIST military paybook

Söld·ner(in) <-s, -> ['zœldnɐ] *m(f)* mercenary

So·le <-, -n> ['zo:lə] *f* brine, salt water

S

Sol·ei *nt* pickled [hard-boiled] egg
So·le·quel·le *f* saltwater spring
So·li ['zo:li] *pl von* **Solo**
so·lid [zo'li:t], **so·li·de** [zo'li:də] **I.** *adj* ❶ (*haltbar, fest*) solid; **~e Kleidung** durable [*or* hard-wearing] clothes *npl;* **~es Möbel** solid [*or* sturdy] furniture ❷ (*fundiert*) sound, thorough; **eine ~e Ausbildung** a sound education ❸ (*untadelig*) respectable, steady-going; **ein ~es Leben** a steady life ❹ (*finanzkräftig*) solid, sound, well-established *attr;* (*zuverlässig, seriös*) sound **II.** *adv* ❶ (*haltbar, fest*) **~ gebaut** solidly constructed ❷ (*untadelig*) respectably; **~ leben** to lead a steady life, to live respectably
So·li·dar·bei·trag [zoli'da:ɐ̯-] *m* contribution to social security **So·li·dar·ge·mein·schaft** *f* mutually supportive group; (*die Gesellschaft*) caring society
so·li·da·risch [zoli'da:rɪʃ] **I.** *adj* **eine ~e Haltung** an attitude of solidarity; **jds ~es Verhalten** sb's show of solidarity; **sich** *akk* **[mit jdm/etw] ~ erklären** to declare one's solidarity [with sb/sth]; **sich** *akk* **mit jdm ~ fühlen** to feel solidarity with sb **II.** *adv* in solidarity; **sich** *akk* **~ verhalten** to show one's solidarity
so·li·da·ri·sie·ren* [zolidari'zi:rən] *vr* ■**sich** *akk* **[mit jdm/etw] ~** to show [one's] solidarity [with sb/sth]
So·li·da·ri·tät <-> [zolidari'tɛ:t] *f kein pl* solidarity; **aus ~** out of solidarity
So·li·da·ri·täts·bei·trag *m* POL *s.* **Solidaritätszuschlag** **So·li·da·ri·täts·streik** *m* sympathy strike **So·li·da·ri·täts·zu·schlag** *m* POL *additional pay deduction to finance the economic rehabilitation of former East Germany*
So·li·dar·pakt *m* POL solidarity agreement
So·li·di·tät <-> [zolidi'tɛ:t] *f kein pl* (*geh*) solidness, soundness
So·list(in) <-en, -en> [zo'lɪst] *m(f)* MUS soloist
So·li·tär <-s, -e> [zoli'tɛ:ɐ̯] *m* ❶ (*Edelstein*) solitaire [diamond], diamond solitaire ❷ (*Gehölz*) specimen [bush] ❸ *kein pl* (*Brettspiel*) solitaire
Soll <-[s], -[s]> [zɔl] *nt* ❶ (*~seite*) debit side; **~ und Haben** (*veraltend*) debit and credit; **[mit etw** *dat*] **[hoch] im ~ sein/ins ~ geraten** to be [deep] in/to go [*or* slide] [deeply] into the red [by sth] ❷ (*Produktionsnorm*) target; **[X%] unter dem/seinem ~ bleiben** to fall short of the/one's target [by X%]; **ein/sein ~ erfüllen** to reach a/one's target
sol·len ['zɔlən] **I.** *vb aux* <sollte, ~> *modal* ❶ (*etw zu tun haben*) **du sollst herkommen, habe ich gesagt!** I said [you should] come here!; **sag ihm, dass er sich in Acht nehmen soll** tell him to watch out; **soll er/sie doch!** (*pej fam*) [just] let him/her!; **das soll sie erst mal tun!** just let her try!; **man hat mir gesagt, ich soll Sie fragen** I was told to ask you; **du sollst morgen früh anrufen** you're to give her/him a ring tomorrow morning; **was ~ wir machen?** what shall we do? ❷ *optativisch* (*mögen*) **Sie ~ sich ganz wie zu Hause fühlen!** [just] make yourself at home; **du sollst dir deswegen keine Gedanken machen** you shouldn't worry about it; **soll ich/sie dir noch etwas Wein nachgießen?** shall [*or* can] I/should she give you some more wine? ❸ *konditional* (*falls*) **sollte das passieren, ...** if that should happen ..., should that happen ... ❹ *konjunktivisch* (*eigentlich müssen*) **du sollst dich schämen!** you should [*or* ought to] be ashamed [of yourself]; **was hätte ich tun ~?** what should I [*or* ought I to] have done?; **da solltest du mitfahren** you ought to come along; **das solltest du unbedingt sehen** you have to see this, come and look at this; **so soll es sein** that's how it ought to be; (*als Wunsch eines Königs*) so shall it be *liter* ❺ (*angeblich sein*) ■**etw sein/tun ~** to be supposed to be/do sth; **er soll sehr reich sein/gewesen sein** he is said to be/have been very rich, they say he is/was very rich; **der Sommer soll heiß werden** they say we're going to have a hot summer; **soll das [schon] alles [gewesen] sein?** is that [supposed to be] all?; **das/so etwas soll es geben** these things happen; **was soll das heißen?** what's that supposed to mean?, what are you/is he/she etc. getting at?; **wer soll das sein?** who's that [supposed to be]?; **was soll schon sein?** what do you expect? ❻ (*dürfen*) **du hättest ihr das nicht erzählen ~** you should not have told her that; **das hätte nicht vorkommen ~** it should not have [*or* ought not to have] happened ❼ *in Fragen* (*mochte*) **sollte er mich belogen haben?** does that mean [*or* are you/is he/she etc. saying] [that] he lied to me?; **sollte ich mich so getäuscht haben?** could I have been so wrong?; **sollte das wahr sein?** is that true? ❽ (*geh: würde*) **dieser Schicksalsschlag sollte nicht der letzte sein/gewesen sein** this stroke of fate was not to be the last; **es sollten Jahrhunderte vergehen, bevor ...** centuries were to pass before ... *liter* ❾ **es hat nicht sein ~** it wasn't to be; **es hat nicht sein ~, dass die beiden sich je wiedertreffen** the two were destined never to meet again **II.** *vi* <sollte, gesollt> ❶ (*eine Anweisung befolgen*) **soll er reinkommen? – ja, er soll** should he come in? – yes, he should; **er hätte das zwar nicht gesollt, aber ...** [he knows] he should not have done so, but ...; **immer soll ich!** it's always me [who has to do it]!; **du solltest ins Bett** you should go to bed ❷ (*müssen*) **du sollst sofort nach Hause** you should go home at once; **sie hätte eigentlich in die Schule gesollt** she should have gone to school ❸ (*nützen, bedeuten*) **was soll der Quatsch?** (*fam*) what are you/is he/she etc. playing at? *fam;* **was soll der Blödsinn?** (*fam*) what's all this nonsense about?; **was soll das?** (*fam*) what's that supposed to mean?; **was soll's?** (*fam*) who cares?, what the heck? *fam*
Söl·ler <-s, -> ['zœlɐ] *m* (*balkonartiger Anbau*) balcony; (*veraltend: Dachboden*) attic; **auf den/dem ~** into/in the attic
Soll·sei·te *f* ÖKON debit side **Soll·stär·ke** *f* MIL required strength, authorized strength **Soll·zin·sen** *pl* debit interest *no pl,* interest receivable [*or* owing] *no pl*
so·lo ['zo:lo] *adj inv* ❶ MUS solo ❷ (*fam: ohne Begleitung*) ■**~ sein** to be alone, to be on one's own [*or* BRIT *fam* tod]; **~ kommen** to come alone [*or* by oneself]
So·lo <-s, Soli> ['zo:lo, *pl* 'zo:li] *nt* MUS solo
So·lo·al·bum *nt* MUS solo album
So·lo·thurn <-s> ['zo:lotʊrn] *nt* Solothurn
sol·vent [zɔl'vɛnt] *adj* FIN solvent; ■**~ sein** to be solvent [*or* in the black]
Sol·venz <-, -[i]en> [zɔl'vɛnts] *f* solvency
So·ma·li [zo'ma:li] *nt* Somali; *s. a.* **Deutsch**
So·ma·lia <-> [zo'ma:li̯a] *nt* Somalia; *s. a.* **Deutschland**
So·ma·li·er(in) <-s, -> *m(f)* Somali; *s. a.* **Deutsche(r)**
so·ma·lisch *adj inv* Somali; *s. a.* **deutsch 1, 2**
so·mit [zo'mɪt] *adv* therefore, consequently, hence *form*
Som·mer <-s, -> ['zɔmɐ] *m* summer; **im nächsten ~** next summer; **es ist/wird ~** it is/will soon be summer; **im ~** in summer; **~ wie Winter** [*o* **im ~ und im Winter**] all [the] year round; **den ganzen ~ über** throughout the whole summer
Som·mer·an·fang *m* beginning of summer **Som·mer·an·zug** *m* summer suit **Som·mer·fahr·plan** *m* summer timetable **Som·mer·fe·ri·en** *pl* summer holidays *pl* [*or* AM vacation]; **es gibt** [*o* **wir haben**] **~** it's the summer holidays; **wann gibt es ~?** when are the summer holidays?; **~ haben** to have one's summer holidays **Som·mer·halb·jahr** *nt* summer semester **Som·mer·kleid** *nt* summer dress **Som·mer·klei·dung** *f* summer clothing; (*Marktartikel*) summerwear **Som·mer·kol·lek·ti·on** *f* summer collection
som·mer·lich **I.** *adj* ❶ (*im Sommer vorherrschend*) summer *attr;* **~es Wetter** summer[-like] [*or* summery] weather ❷ (*dem Sommer entsprechend*) summer *attr* **II.** *adv* ❶ (*wie im Sommer*) like in summer; **~ warme Temperaturen** warm summer-like temperatures ❷ (*dem Sommer entsprechend*) **sich** *akk* **~ kleiden** to wear summer clothes
Som·mer·loch *nt* POL (*sl*) silly season BRIT *fam* **Som·mer·man·tel** *m* summer coat, coat for summer **Som·mer·mo·nat** *m*

summer month **Sọm·mer·olym·pi·a·de** *f* ■**die** ~ the Summer Olympics *npl* **Sọm·mer·pau·se** *f* POL summer recess **Sọm·mer·rei·fen** *m* normal [*or* summer] tyre [*or* AM tire]

som·mers ['zɔmɐs] *adv* (*geh*) in [the] summer; ~ **wie winters** all [the] year round

Sọm·mer·sa·chen *f* summer clothes [*or* things] **Sọm·mer·sai·son** *f* summer season **Sọm·mer·schluss·ver·kauf**RR *m* summer sale[s *pl*] **Sọm·mer·se·mes·ter** *nt* SCH summer semester, ≈ summer term BRIT **Sọm·mer·smog** *m* summer smog **Sọm·mer·spie·le** *pl* ■**die** [**Olympischen**] ~ the Summer Olympics [*or* Olympic Games] **Sọmm·er·spros·se** *f meist pl* freckle; ~**n haben** to have [got] freckles **sọm·mer·spros·sig** *adj* freckled, freckly; **ein** [**stark**] ~**es Gesicht haben** to have a face full of freckles, to be freckle-faced **Sọm·mer·tag** *m* summer['s] day **Sọm·mer·zeit** *f* summertime; **wann wird auf** ~ **umgestellt?** when are the clocks changed to summertime [*or* put forward]?; **zur** ~ (*geh*) in summertime

So·na·te <-, -n> [zo'na:tə] *f* sonata

Son·de <-, -n> ['zɔndə] *f* ❶ MED (*Schlauch~*) tube; (*Operations~*) probe ❷ (*Raum~*) probe ❸ (*Radio~*) sonde *spec*

Sọn·der·ab·schrei·bung *f meist pl* ÖKON accelerated depreciation **Sọn·der·an·fer·ti·gung** *f* special model [*or* edition]; (*Auto a.*) custom car **Sọn·der·an·ge·bot** *nt* special offer; **etw im** ~ **haben** to have sth on special offer **Sọn·der·aus·füh·rung** *f* custom-built [*or* special] model **Sọn·der·aus·ga·be** *f* ❶ MEDIA, VERLAG (*zusätzliche, einmalige Ausgabe*) special edition ❷ *kein pl* ÖKON additional [*or* contingent] expenses *pl* **Sọn·der·aus·stel·lung** *f* special exhibition

son·der·bar ['zɔndɐba:ɐ̯] **I.** *adj* peculiar, strange, odd; **unter** ~**en Umständen** in strange circumstances; ~**es Verhalten** strange behaviour [*or* AM -or] **II.** *adv* strangely

sọn·der·ba·rer·wei·se *adv* strangely [enough], strange to say

Sọn·der·be·auf·trag·te(r) *f(m) dekl wie adj* POL special emissary **Sọn·der·be·din·gun·gen** *pl* special terms [*or* conditions] **Sọn·der·bei·la·ge** *f* MEDIA, TYPO, VERLAG special supplement **Sọn·der·be·stim·mun·gen** *pl* special terms [*or* conditions] **Sọn·der·bus** *m* extra [*or* special] bus **Sọn·der·de·po·nie** *f* depository for hazardous waste **Sọn·der·ein·heit** *f* special force **Sọn·der·ein·la·gen** *pl* ÖKON, BÖRSE special deposits *pl* **Sọn·der·ein·satz** *m* special operation [*or* action] **Sọn·der·er·mitt·ler** *m* POL special envoy **Sọn·der·fahrt** *f* excursion, [special] trip **Sọn·der·fall** *m* special case; **in Sonderfällen** in special [*or* exceptional] cases **Sọn·der·ge·neh·mi·gung** *f* special authorization *no art;* **eine** ~ **haben** to have special authorization **Sọn·der·ge·richt** *nt* JUR, POL special court [*or* tribunal]

son·der·glei·chen ['zɔndɐ'glaiçn̩] *adj inv* (*geh*) **eine Frechheit/Rücksichtslosigkeit** ~ the height of cheek BRIT /inconsideration; **mit einer Frechheit/Rücksichtslosigkeit** ~ with unparalleled cheek BRIT /inconsideration

Sọn·der·kom·man·do *nt* MIL, POL special unit **Sọn·der·kon·di·ti·o·nen** *pl* special conditions [*or* terms] *pl* **Sọn·der·kon·to** *nt* special [*or* separate] account

son·der·lich ['zɔndɐlɪç] **I.** *adj* ❶ *attr* (*besonders*) particular; **ohne** ~**es Interesse** without much [*or* any particular] interest ❷ (*seltsam*) strange, peculiar, odd **II.** *adv* particularly; **nicht** ~ **begeistert** not particularly [*or* very] enthusiastic

Son·der·ling <-s, -e> ['zɔndɐlɪŋ] *m* queer bird BRIT *fam,* oddball *fam*

Sọn·der·mar·ke *f* special issue [*or* stamp] **Sọn·der·ma·schi·ne** *f* special aircraft **Sọn·der·mel·dung** *f* TV, RADIO special announcement **Sọn·der·müll** *m* hazardous waste

son·dern ['zɔndɐn] *konj* but; **nicht sie war es,** ~ **er** it wasn't her, but him; **ich fahre nicht mehr zurück,** ~ **bleibe lieber da** I won't be driving back now, I would rather stay here [instead]; **ich habe keine Kartoffeln mitgebracht,** ~ **Reis** I didn't bring any potatoes, but rice [instead]

Sọn·der·pos·ten *m* ÖKON exceptional item **Sọn·der·preis** *m* special [reduced] price **Sọn·der·recht** *nt* [special] privilege; (*von Ämtern*) [special] immunity; **ein** ~ [*o* ~**e**] **haben** to have a special privilege [*or* special privileges] **Sọn·der·re·ge·lung** *f* special provision [*or* arrangement] **Sọn·der·schu·le** *f* special school; (*für geistig Behinderte a.*) school for the mentally handicapped **Sọn·der·schul·leh·rer**(**in**) *m(f)* teacher at a special school/a school for the mentally handicapped **Sọn·der·sen·dung** *f* special [programme [*or* AM -am]] **Sọn·der·stel·lung** *f* special [*or* privileged] position **Sọn·der·stem·pel** *m* (*bei der Post*) special [*or* commemorative] postmark **Sọn·der·tisch** *m* bargain counter **Sọn·der·ur·laub** *m* special leave; (*im Todesfall*) compassionate leave BRIT **Sọn·der·ver·gü·tung** *f* fringe benefits *pl* **Sọn·der·voll·macht** *f* JUR special authority, special power of attorney **Sọn·der·wunsch** *m meist pl* special requests; ~ **haben** to have special requests **Sọn·der·zug** *m* special train

son·die·ren* [zɔn'di:rən] **I.** *vt* (*geh*) ■**etw** ~ (*erkunden*) to sound out sth *sep;* MED to probe sth **II.** *vi* (*geh*) ■[**für jdn**] ~ to sound things out [for sb]

So·nett <-[e]s, -e> [zo'nɛt] *nt* sonnet

Song <-s, -s> [zɔŋ] *m* (*fam*) song

Sonn·abend ['zɔn?a:bn̩t] *m* DIAL (*Samstag*) Saturday

sọnn·abends *adv* DIAL (*samstags*) on Saturday[s]

Son·ne <-, -n> ['zɔnə] *f* ❶ *kein pl* ■**die** ~ the sun, Sol *spec;* **die** ~ **steht hoch am Himmel** the sun is high in the sky; **die** ~ **geht auf/unter** the sun rises/sets; **der glücklichste Mensch unter der** ~ **sein** (*liter*) to be the happiest person alive ❷ (*Stern*) star; (*mit Planeten a.*) sun; **schwarze** ~ ASTRON total eclipse [*or* shadow] ❸ *kein pl* (*Sonnenlicht*) sun[light]; **geh mir aus der** ~**!** (*fig fam*) get out of my [*or* the] light!; **in der** ~ **sitzen/liegen** to sit/lie in the sun; **das Zimmer hat viel/wenig** ~ the room gets a lot of/doesn't get much sun[light]

son·nen ['zɔnən] *vr* ❶ (*sonnenbaden*) ■**sich** *akk* ~ to sun oneself, to sunbathe ❷ (*geh: genießen*) ■**sich** *akk* **in etw** *dat* ~ to bask in sth

Sọn·nen·an·be·ter(**in**) <-s, -> *m(f)* sun worshipper **Sọn·nen·an·be·te·rin** *f* ❶ (*fam*) sun worshipper ❷ ZOOL praying mantis **Sọn·nen·auf·gang** *m* sunrise, sunup AM; **bei/nach/vor** ~ at/after/before sunrise [*or* AM sunup] **Sọn·nen·bad** *nt* sunbathing *no art, no pl;* **ein** ~ **nehmen** to sunbathe, to bask in the sun **sọn·nen·ba·den** *vi nur infin und pp* to sunbathe **Sọn·nen·bank** *f* sunbed BRIT, tanning bed AM **Sọn·nen·blo·cker** <-s, -> *m* sunblock

Sọn·nen·blu·me *f* sunflower

Sọn·nen·blu·men·ho·nig *m* sunflower honey **Sọn·nen·blu·men·kern** *m* sunflower seed **Sọn·nen·blu·men·öl** *nt* sunflower oil

Sọn·nen·brand *m* sunburn *no art;* **einen** ~ **bekommen/haben** to get sunburnt/have got sunburn **Sọn·nen·bräu·ne** *f* suntan **Sọn·nen·bril·le** *f* pair of sunglasses [*or fam* shades], sunglasses *npl,* shades *npl* **Sọnn·en·creme** *f* suncream **Sọn·nen·deck** *nt* sun deck **Sọn·nen·ener·gie** *f* solar energy **Sọn·nen·fins·ter·nis** *f* solar eclipse, eclipse of the sun; **eine partielle/totale** ~ a partial/total eclipse of the sun **Sọn·nen·fleck** *m meist pl* ASTRON sunspot **sọn·nen·ge·bräunt** *adj* suntanned **Sọn·nen·ge·flecht** *nt* ANAT solar [*or spec* coeliac] plexus **Sọn·nen·gott** *m* sun god **Sọn·nen·hit·ze** *f* heat [of the sun] **sọn·nen·hung·rig** *adj* sun-seeking **son·nen·klar** ['zɔnən'kla:ɐ̯] *adj* (*fam*) crystal-clear, clear as daylight *pred;* ■[**jdm** [*o* **für jdn**]] ~ **sein** to be crystal-clear [*or* clear as daylight] [to sb]; ■[**jdm**] ~ **sein, dass/was/wie ...** to be crystal-clear [*or* clear as daylight] [to sb] that/what/how ... **Sọnn·en·kol·lek·tor** *m* solar panel **Sọn·nen·kö·nig** *m kein pl* HIST ■**der** ~ the Sun King, the Roi Soleil *liter* **Sọn·nen·kraft·werk** *nt* solar power station **Sọn·nen·licht** *nt kein pl* sunlight *no pl* **Sọn·nen·milch** *f* suntan lotion **Sọn·nen·öl** *nt* suntan oil **Sọn·nen·pad·del** *nt* RAUM solar paddle **Sọn·nen·schein** *m* sunshine; **bei strahlendem** [*o* **im strahlenden**] ~ in brilliant sunshine **Sọn·nen·schirm** *m* sunshade; (*bes. hist: für*

S

Frauen a.) parasol
Sọn·nen·schutz *m* ❶ (*Maßnahme*) protective measure against sunburn ❷ (*Konstruktion*) sunshade
Sọn·nen·schutz·creme *f* suntan cream [*or* lotion] **Sọn·nen·schutz·fak·tor** *m* protection factor **Sọn·nen·schutz·mit·tel** *nt* sun protection product
Sọn·nen·se·gel *nt* ❶ (*Schutzdach*) awning ❷ RAUM solar sail [*or* panel] **Sọn·nen·sei·te** *f* side facing the sun, sunny side; (*fig: positive Seite*) sunny [*or* bright] side **Sọn·nen·stich** *m* sunstroke *no art,* heatstroke *no art;* **einen ~ bekommen/haben** to get/have sunstroke; **du hast wohl einen ~!** (*fig*) the sun must have addled *sl* [*or fam* got to] your brain! **Sọn·nen·strahl** *m* sunbeam, ray of sunshine **Sọn·nen·sys·tem** *nt* solar system **Sọn·nen·tau** *m* BOT sundew **Sọn·nen·uhr** *f* sundial **Sọn·nen·un·ter·gang** *m* sunset; **bei/nach/vor ~** at/after/before sunset [*or* AM sundown] **Sọn·nen·wind** *m* ASTRON solar wind
son·nig ['zɔnɪç] *adj* sunny
Sọnn·sei·te *f* ÖSTERR, SCHWEIZ, SÜDD (*Sonnenseite*) side facing the sun, sunny side
Sonn·tag ['zɔnta:k] *m* ■ **[der] ~** Sunday; BES. REL the Sabbath; **Weißer** [*o* **der Weiße**] **~** Low Sunday; *s. a.* **Dienstag**
Sọnn·tag·a̲bend^RR *m* Sunday evening; *s. a.* **Dienstag sọnn·tag·a̲bends**^RR *adv* [on] Sunday evenings
sọnn·täg·lich *adj* [regular] Sunday *attr*
Sọnn·tag·mịt·tag^RR *m* [around] noon on Sunday; *s. a.* **Dienstag sọnn·tag·mịt·tags**^RR *adv* [around] noon on Sundays
Sọnn·tag·mọr·gen^RR *m* Sunday morning; *s. a.* **Dienstag sọnn·tag·mọr·gens**^RR *adv* [on] Sunday mornings **Sọnn·tag·na̲ch·mit·tag**^RR *m* Sunday afternoon; *s. a.* **Dienstag sọnn·tag·na̲ch·mit·tags**^RR *adv* [on] Sunday afternoons **Sọnn·tag·nạcht**^RR *m* Sunday night; *s. a.* **Dienstag sọnn·tag·nạchts**^RR *adv* [on] Sunday nights
sọnn·tags *adv* on Sundays, on a Sunday
Sọnn·tags·ar·beit *f* Sunday working, work[ing] on Sundays **Sọnn·tags·aus·flug** *m* Sunday outing **Sọnn·tags·bra·ten** *m* Sunday roast **Sọnn·tags·dienst** *m* (*von Polizist*) Sunday duty, duty on Sunday; (*von Apotheker*) opening on Sundays *no art;* **~ haben** (*von Polizist*) to be on duty on a Sunday; (*von Apotheker*) to be open on a Sunday **Sọnn·tags·es·sen** *nt* Sunday meal **Sọnn·tags·fah·rer(in)** *m(f)* (*pej*) Sunday driver *pej* **Sọnn·tags·fra·ge** *f* POL Sunday poll **Sọnn·tags·kind** *nt* child of fortune; **ein ~ sein** to be born under a lucky star, to be born with a silver spoon in one's mouth **Sọnn·tags·re·de** *f* (*pej*) turgid [*or* BRIT *pej* drivelling] [*or* AM *pej* driveling] speech; **eine ~ halten** to deliver a turgid [*or pej* drivelling] speech; **~n halten** (*fam*) to drivel *pej* [*or pej fam* babble] [on] **Sọnn·tags·ru·he** *f* ❶ (*sonntägliche Arbeitsruhe*) Sunday observance ❷ (*sonntägliche Ruhe*) peace and quiet on a Sunday
Sọnn·tag·vo̲r·mit·tag^RR *m* Sunday morning; *s. a.* **Dienstagvormittag sọnn·tag·vo̲r·mit·tags**^RR *adv* [on] Sunday mornings
sọnn- und fe̲i·er·tags *adv* on Sundays and public holidays
Sonn·wend·fei·er ['zɔnvɛntfaiɐ] *f* midsummer/midwinter celebrations *pl*
So·no·gra·phie, So·no·gra·fie^RR <-, -n> [zonogra'fi:] *f* MED sonography
so·nor [zo'no:ɐ̯] *adj* sonorous
sonst [zɔnst] *adv* ❶ (*andernfalls*) or [else], [for *liter*] otherwise; [**aber**] **~ geht's dir gut?** (*sl*) are you feeling all right? *iron* ❷ (*gewöhnlich*) usually; **warum zögerst du, du hast doch ~ keine Bedenken?** why do you hesitate? you don't usually have any doubts; **freundlicher/kälter als ~** more friendly/colder than usual ❸ (*früher*) before; **fuhr er ~ nicht immer einen anderen Wagen?** didn't he always drive a different car before [*or* always used to drive a different car]?; **das war ~, jetzt ist es anders** that was then [*or* before], now it's different ❹ (*außerdem*) **wer war ~ anwesend?** who else was present?; **~ noch Fragen?** any more [*or* further] questions?; **wenn ~ keine Fragen mehr sind, ...** if there are no more [*or* further] questions ...; **kann ich Ihnen ~ noch behilflich sein?** can I help [*or* be of help to] you in any other way?; ■ **~ noch etwas** something else; ■ **~ keine(r/s)** nothing/nobody else; **~ nichts** nothing else; **es gab ~ nichts Neues** other than [*or* apart from] that, there was nothing new; **~ [willst du] nichts?,** **~ noch was?** (*iron fam*) anything else you'd like? *iron;* **~ noch etwas?** will that be all?, will there be anything else?; **wer weiß, was ~ noch alles passiert wäre, wenn ...** (*fam*) goodness knows what would have happened if ...; **was/wer/wie [denn] ~?** (*fam*) what/who/how else?; **~ was** whatever; **von mir aus können Sie ~ was machen** as far as I'm concerned you can do whatever you like; **~ was für ...** all sorts of ...; **~ wer** [*o* **jemand**] (*fam*) somebody else; **es könnte ja ~ wer sein** it could be anybody; **erzähl das ~ wem!** [go [and]] tell that to the marines! *fam;* **denken** [*o* **meinen**] [*o* **sich einbilden**], **man sei ~ wer** to think that one is something else *iron fam;* **~ wie** (*fam*) [in] some other way; **~ wo** (*fam*) somewhere else; **~ wohin** (*fam*) somewhere else
sons·tig ['zɔnstɪç] *adj attr* ❶ (*weitere[s]*) [all/any] other; **~e Auskünfte** [all/any] other [*or* further] information *no pl;* **keine ~en Beschwerden** no other complaints; **„S~es“** “other” ❷ (*anderweitig*) **und wie sind ihre ~en Leistungen?** and how is her performance otherwise?; **aber sein ~es Verhalten ist tadellos** otherwise his conduct is impeccable
so·oft [zo'ʔɔft] *konj* whenever; **~ ich kann** whenever [*or* as often as] I can
Soor <-[e]s, -e> [zo:ɐ̯] *m* MED thrush *no art,* soor *no art spec*
So·phist(in) <-en, -en> [zo'fɪst] *m(f)* (*pej geh*) sophist *liter;* PHILOS Sophist
So·pran <-s, -e> [zo'pra:n] *m* ❶ *kein pl* soprano; (*von Kind a.*) treble ❷ *s.* **Sopranistin**
So·pra·nist(in) <-en, -en> [zopra'nɪst] *m(f)* soprano [singer]; (*Kind a.*) treble [singer]
Sor·be, Sor·bin <-n, -n> ['zɔrbə, 'zɔrbɪn] *m, f* Sorb, Wend
Sor·bet <-s, -s> ['zɔrbɛt, zɔr'be:] *m o nt,* **Sorbett** <-[e]s, -e> ['zɔrbɛt, zɔr'be:] *m o nt* sherbe[r]t
Sọr·bin <-, -nen> *f fem form von* **Sorbe**
Sor·bin·säu·re [zɔr'bi:n-] *f* sorbic acid
sor·bisch ['zɔrbɪʃ] *adj* Sorbian
Sor·bisch ['zɔrbɪʃ] *nt dekl wie adj* Sorbian, Lusatian, Wendish, Wend; *s. a.* **Deutsch**
Sọr·bi·sche <-n> *nt* ■ **das ~** Sorbian, the Sorbian language, Lusatian, Wendish; *s. a.* **Deutsche**
Sor·ge <-, -n> ['zɔrgə] *f* worry (**um** +*dat* for); **das ist meine geringste ~** that's the least of my worries; **eine große ~** a serious worry; **~n mit sich herumtragen** to be worried, to be weighed down with problems; **jdn in ~ versetzen** to worry sb; **~n haben** to have problems; **ständig/nur/nichts als ~n** [**mit jdm/etw**] **haben** to have constant/nothing but trouble [with sb/sth]; **in** *dat* **~ sein[, dass ...]** to be worried [that ...]; **jdm ~n machen** [*o* **bereiten**] to cause sb a lot of worry, to worry sb; **es macht jdm ~n, dass ...** it worries sb that ...; **dass ..., macht mir ~n** it worries me that ..., [the fact] that ... worries me; **sich** *dat* **[jds/einer S. wegen] ~n machen** to worry [about sb/sth]; **wir haben uns solche ~n gemacht!** we were so worried; **machen Sie sich deswegen keine ~n!** don't worry about that; **sei/seien Sie ohne ~!** (*geh*) do not fear *liter* [*or* worry]; **mit ~** with concern; **du hast/ihr habt ~n!, ~n hast du/habt ihr!** (*iron fam*) you call that worries [*or* problems]? *fam or iron,* you think you've got troubles [*or* problems]! *iron fam;* **deine ~n möchte ich haben!** (*iron fam*) I wish I had your problems! *iron fam;* **[keine] ~ haben, dass/ob/wie ...** [not] to be worried that/as to whether/as to how ...; **lassen Sie das meine ~ sein!** let me worry about that; **für etw** *akk* **~ tragen** (*geh*) to attend [*or* see] to sth, to take care of sth; **dafür ~ tragen, dass ...** (*geh*) to see to it [*or*

to ensure] that ...; **keine ~!** (*fam*) don't [you] worry; **eine ~ weniger** one less thing to worry about; **diese ~ bist du los!** you're rid of that worry

sor·ge·be·rech·tigt *adj* entitled to custody *pred*

sor·gen ['zɔrgn̩] **I.** *vi* ❶ (*aufkommen, sich kümmern*) ■**für jdn ~** to provide for sb, to look after sb ❷ (*besorgen*) **für etw ~** to get sth; **ich sorge für die Getränke** I'll get [*or* take care of] the drinks ❸ (*sich kümmern*) **für gute Stimmung/die Musik ~** to create a good atmosphere/attend [*or* see] to the music; ■**dafür ~, dass ...** to see to it [*or* to make sure] that; **dafür ist gesorgt** that's taken care of ❹ (*bewirken*) **für Aufsehen/Unruhe ~** to cause a sensation/disturbance; ■**dafür ~, dass ...** to ensure that ... **II.** *vr* ■**sich** *akk* **um jdn/etw ~** to be worried [*or* to worry] about sb/sth

sor·gen·frei I. *adj* carefree, free of care [*or* worry] *pred* **II.** *adv* free of care [*or* worry] **Sor·gen·kind** *nt* (*fam*) problem child **sor·gen·los** *adj s.* **sorgenfrei** **sor·gen·voll I.** *adj* ❶ (*besorgt*) worried; **mit ~er Stirn** with a worried frown ❷ (*viele Probleme bietend*) full of worries [*or* troubles] *pred* **II.** *adv* worriedly, anxiously; **er sah mich ~ an** he looked at me anxiously

Sor·ge·recht *nt kein pl* JUR custody

Sorg·falt <-> ['zɔrkfalt] *f kein pl* care; **mit mehr/größter/der erforderlichen ~** with more/the greatest/due care

sorg·fäl·tig I. *adj* careful; **eine ~e Arbeit** a conscientious piece of work **II.** *adv* carefully, with care

Sorg·falts·pflicht *f* JUR duty of [*or* duty to take] care

sorg·los ['zɔrklo:s] **I.** *adj* ❶ (*achtlos*) careless ❷ *s.* **sorgenfrei** **II.** *adv* ❶ (*achtlos*) carelessly ❷ (*sorgenfrei*) free of care

Sorg·lo·sig·keit <-> *f kein pl* carelessness; (*ohne Sorge*) carefreeness

sorg·sam ['zɔrkza:m] *adj* (*geh*) *s.* **sorgfältig**

Sor·te <-, -n> ['zɔrtə] *f* ❶ (*Art*) kind, variety; **welche ~ [von] Tomaten?** what kind [*or* sort] of tomatoes? ❷ (*Marke*) brand ❸ (*fam*) **was für eine ~ Mensch ist er?** what's he like?; **diese Werbeleute sind eine komische ~** these admen are a funny bunch *fam* ❹ *pl* FIN foreign currency

sor·tie·ren* [zɔr'ti:rən] *vt* ❶ (*ordnen*) **etw [nach Farbe/Größe/Qualität] ~** to sort [*or* grade] sth [according to colour/size/quality]; **die Post [nach Rechnungen und Werbung] ~** to sort the post [into bills and advertisements]; **etw [alphabetisch] ~** to arrange sth in alphabetical order; (*von Computeralgorithmus a.*) to sort sth [alphabetically] ❷ (*einordnen*) ■**etw in etw** *akk* **~** to sort sth and place it in sth; **Dias in einen Kasten ~** to sort slides and place them in a box

Sor·ti·ment <-[e]s, -e> [zɔrti'mɛnt] *nt* range [of goods]

Sor·ti·ments·brei·te *f* product range **Sor·ti·ments·er·wei·te·rung** *f* product diversification

SOS <-, -> [ɛsʔo:'ʔɛs] *nt Abk von* **save our souls** SOS; **~ funken** to put out an SOS

so·sehr [zo'ze:ɐ̯] *konj* ■**~ [... auch]** however much ..., no matter how much ...; **..., ~ ich es [auch] bedaure ...,** however much I regret it; **er schaffte es nicht, ~ er sich auch anstrengte** he couldn't manage it, no matter how hard he tried

so·so [zo'zo:] **I.** *interj* [what] you don't say? **II.** *adv* (*fam*) so-so *fam*, middling *fam;* **wir kommen ~ zurecht** we're just about managing, we'll muddle through somehow

So·ße <-, -n> ['zo:sə] *f* ❶ KOCHK sauce; (*Braten~*) gravy; (*Salat~*) dressing ❷ (*pej sl*) ooze, gunge

So·ßen·löf·fel *m* sauce spoon [*or* ladle]

sott [zɔt] (*veraltend*) *imp von* **sieden**

Souf·fleur <-s, -e> [zu'flø:ɐ̯] *m*, **Souf·fleu·se** <-, -n> [zu'flø:zə] *f* THEAT prompter

Souf·fleur·kas·ten [zu'flø:ɐ̯-] *m* THEAT prompt[er's] box

souf·flie·ren* [zu'fli:rən] **I.** *vi* THEAT ■**[jdm] ~** to prompt sb **II.** *vt* (*geh*) ■**jdm etw** *akk* **~** to prompt sb by repeating sth

so·und·so ['zo:ʔʊntzo:] **I.** *adv* (*fam*) such and such; **~ breit/groß** of such and such a width/size; **~ oft** a hundred times *fam*, umpteen times *fam;* **~ viele** so and so many **II.** *adj* so-and-so; **auf Seite ~** on page so-and-so [*or* such-and-such]

So·und·so <-s, -s> ['zo:ʔʊntzo:] *m* ■**Frau/Herr ~** (*fam*) M[r]s/Mr what's-her/his-name [*or* what-do-you-call-her/him]

so·und·so·viel·te(r, s) ['zo:ʔʊntzo'fi:ltə, -'fi:ltɐ, -'fi:ltəs] *adj* (*fam*) such and such; **wir treffen uns am ~n August** we're meeting on such and such a date in August; **sie kam als ~, ich glaube als 37.** she finished in such and such a place, I think 37th

Sound·track <-s, -s> ['zaunttrɛk] *m* soundtrack

Sou·ta·ne <-, -n> [zu'ta:nə] *f* REL cassock, soutane *spec*

Sou·ter·rain <-s, -s> [sutɛ'rɛ̃:, 'zu:tɛrɛ̃] *nt* basement

Sou·ve·nir <-s, -s> [zuvə'ni:ɐ̯] *nt* souvenir

sou·ve·rän [zuvə'rɛ:n] **I.** *adj* ❶ (*unabhängig*) sovereign *attr;* ■**~ sein/werden** to be [*or* become] a sovereign state ❷ (*geh: überlegen*) superior **II.** *adv* (*geh*) with superior ease; **etw ~ beherrschen** to have a commanding knowledge of sth; **etw ~ machen** [*o* **meistern**] to do sth with consummate ease [*or* have complete mastery of [*or* over] sth]

Sou·ve·rän <-s, -e> [zuvə'rɛ:n] *m* ❶ SCHWEIZ ■**der ~** the voting public [*or* voters] *pl* ❷ (*veraltend: Herrscher*) sovereign

Sou·ve·rä·ni·tät <-> [zuvərɛni'tɛ:t] *f kein pl* sovereignty *no pl;* (*geh: Überlegenheit*) superior ease (+*gen*/**von** +*dat* in)

so·viel [zo'fi:l] *konj* as [*or* so] far as; **~ ich weiß** as far as I know; **~ ich auch trinke ...** no matter how much I drink ...

so·viel·mal [zo'fi:lma:l] *konj* ■**~ ... auch** no matter how many times ..., however many times ...

so·weit [zo'vait] *konj* as [*or* so] far as; **~ ich sehe/weiß** as [*or* so] far as I can see [*or* tell]/as [*or* so] far as I know

so·we·nig [zo've:nɪç] *konj* ■**~ ... auch** however little ..., as little ...; **~ du auch damit zu tun haben willst, ...** however little you claim to have to do with it, ...

so·wie [zo'vi:] *konj* ❶ (*sobald*) as soon as, the moment [that] ❷ (*geh*) as well as

so·wie·so [zovi'zo:] *adv* anyway, anyhow; **du bist ~ eingeladen** you're invited anyway [*or* anyhow]; **das war ~ klar** that was clear from the start; **das ~!** (*fam*) of course!, does a bear shit in the woods? AM *iron sl*

So·wjet <-s, -s> [zɔ'vjɛt, 'zɔvjɛt] *m* soviet; **der Oberste ~** the Supreme Soviet

So·wjet·bür·ger(in) *m(f)* POL (*hist*) Soviet citizen **So·wjet·re·pub·lik** *f* (*hist*) Soviet Republic **So·wjet·uni·on** [zɔ'vjɛtʔuni̯o:n] *f* (*hist*) ■**die ~** the Soviet Union

so·wohl [zo'vo:l] *konj* ■**~ ... als auch ...** both ... and ..., ... as well as ...

So·zi <-s, -s> ['zo:tsi] *m* (*fam*) *s.* **Sozialdemokrat** Socialist, pinko *pej*

So·zia <-, -s> ['zo:tsi̯a] *f fem form von* **Sozius**

so·zi·al [zo'tsi̯a:l] **I.** *adj* ❶ (*gesellschaftlich*) social; **~e Verhältnisse/Stellung** social conditions/status ❷ (*für Hilfsbedürftige gedacht*) social security *attr*, by social security *pred;* **~e Leistungen** social security [*or* welfare] payments ❸ (*gesellschaftlich verantwortlich*) public-spirited; **eine ~e Ader** a streak of [the] public spirit; **~es Handeln** acting in a public-spirited way **II.** *adv* **~ schwach** socially deprived; **~ denken** to be socially [*or* social-]minded; **~ handeln** to act for the good of all; *s. a.* **Wohnungsbau, Jahr, Friede**

So·zi·al·ab·bau *m kein pl* cuts in social services **So·zi·al·ab·ga·ben** *pl* social security contributions [*or* payments] **So·zi·al·amt** *nt* social security office BRIT, welfare department AM **So·zi·al·ar·beit** *f kein pl* social [*or* welfare] work *no pl* **So·zi·al·ar·bei·ter(in)** *m(f)* social worker **So·zi·al·aus·ga·ben** *pl* public expenditure **So·zi·al·be·ruf** *m* caring profession **So·zi·al·de·mo·krat(in)** [zo'tsi̯a:ldemokra:t] *m(f)* social democrat; ■**die ~en** the Social Democrats **So·zi·al·de·mo·kra·tie** [zo'tsi̯a:ldemokrati:] *f kein pl* social democracy *no pl, no art* **So·zi·al·de·mo·kra·tin** *f fem form von* **Sozialdemokrat** **so·zi·al·de·mo·kra·tisch** *adj* social-democratic **So·zi·al·fall** *m*

S

(*geh*) hardship case **So·zi·al·ge·richt** *nt* [social] welfare tribunal **So·zi·al·hil·fe** *f kein pl* income support, [social] welfare AM **So·zi·al·hil·fe·emp·fän·ger(in)** *m(f)* person receiving income support [*or* supplementary benefit] **So·zi·al·hil·fe·leis·tung** *f* income support, supplementary benefit

So·zi·a·li·sa·ti·on <-> [zotsi̯aliza'tsi̯o:n] *f kein pl* SOZIOL, PSYCH socialization

so·zi·a·li·sie·ren* [zotsi̯ali'zi:rən] *vt* ❶ POL (*verstaatlichen*) ■**etw** ~ to nationalize sth ❷ SOZIOL, PSYCH ■**jdn** ~ to socialize sb; **jdn wieder** ~ to reintroduce sb into society

So·zi·a·li·sie·rung <-, -en> *f* ❶ POL nationalization ❷ SOZIOL, PSYCH socialization

So·zi·a·lis·mus <-> [zotsi̯a'lɪsmʊs] *m kein pl* ■**der** ~ socialism

So·zi·a·list(in) <-en, -en> [zotsi̯a'lɪst] *m(f)* socialist

so·zi·a·lis·tisch [zotsi̯a'lɪstɪʃ] *adj* ❶ (*Sozialismus betreffend*) socialist, leftist *a. pej* ❷ ÖSTERR (*sozialdemokratisch*) social-democratic

So·zi·al·leis·tun·gen *pl* (*des Staates*) social security benefit, job package (*excluding salary*) **So·zi·al·mie·ter(in)** *m(f)* receiver of housing benefit BRIT, subsidized [*or* Section 8] tenant AM; ■**ein** ~/**eine** ~ **in sein** to receive housing benefit BRIT, to be a subsidized [*or* Section 8] tenant AM **So·zi·al·pä·da·go·ge, -pä·da·go·gin** *m, f* social education worker **So·zi·al·pä·da·go·gik** *f* ■**die** ~ social education **So·zi·al·pä·da·go·gin** *f fem form von* **Sozialpädagoge** **So·zi·al·part·ner** *pl* unions and management, both sides of industry **So·zi·al·plan** *m* redundancy payments scheme BRIT, severance scheme AM **So·zi·al·po·li·tik** *f kein pl* social policy **So·zi·al·pres·tige** *nt* social standing **So·zi·al·recht** *nt kein pl* social legislation **So·zi·al·ren·te** *f* (*geh*) state pension **So·zi·al·rent·ner(in)** *m(f)* (*geh*) social insurance pensioner **So·zi·al·staat** *m* welfare state **So·zi·al·ver·hal·ten** *nt* social behaviour [*or* AM -or]

So·zi·al·ver·si·che·rung *f* National Insurance BRIT, Social Security AM

So·zi·al·ver·si·che·rungs·aus·weis *m* National Insurance card BRIT **So·zi·al·ver·si·che·rungs·bei·trag** *m* FIN National Insurance contribution BRIT, Social Security contribution AM

so·zi·al·ver·träg·lich *adj* not reconcilable with a welfare state **So·zi·al·wis·sen·schaf·ten** *pl* social sciences **So·zi·al·woh·nung** *f* council house [*or* flat] BRIT, [housing] project AM

So·zi·o·bi·o·lo·gie ['zo:tsi̯o-] *f* sociobiology **so·zi·o·kul·tu·rell** *adj* sociocultural

So·zi·o·lekt <-[e]s, -e> [zotsi̯o'lɛkt] *m* LING, SOZIOL sociolect

So·zi·o·lin·gu·is·tik [zotsi̯olɪŋ'gu̯ɪstɪk] *f* ■**die** ~ sociolinguistics + *sing vb*

So·zi·o·lo·ge, So·zi·o·lo·gin <-n, -n> [zotsi̯o'lo:gə, -'lo:gɪn] *m, f* sociologist

So·zi·o·lo·gie <-> [zotsi̯olo'gi:] *f kein pl* ■**die** ~ sociology

So·zi·o·lo·gin <-, -nen> *f fem form von* **Soziologe**

so·zi·o·lo·gisch [zotsi̯o'lo:gɪʃ] *adj* sociological

So·zi·us, So·zia¹ <-, Sozii> ['zo:tsi̯ʊs, 'zo:tsi̯a, *pl* 'zo:tsii] *m, f* ❶ ÖKON (*Teilhaber einer Sozietät*) partner ❷ (*veraltend o hum fam: Kumpan*) mate BRIT *fam*, buddy AM *fam*, partner-in-crime *fam or hum*

So·zi·us, So·zia² <-, -se> ['zo:tsi̯ʊs, 'zo:tsi̯a, *pl* 'zo:tsi̯ʊsə] *m, f* ❶ (*Beifahrer*) pillion rider [*or* passenger]; **als** ~ **mitfahren** to ride pillion ❷ *s.* **Soziussitz**

So·zi·us·sitz *m* pillion [seat]

so·zu·sa·gen [zo:tsu'za:gn̩] *adv* as it were, so to speak

Spach·tel¹ <-s, -> ['ʃpaxtl̩] *m* (*Werkzeug*) spatula; KUNST palette knife

Spach·tel² <-s> ['ʃpaxtl̩] *m kein pl* (*Kitt*) filler, screed *spec*

Spach·tel·mas·se *f s.* **Spachtel²**

spach·teln ['ʃpaxtl̩n] **I.** *vt* ■**etw** ~ *Wand, Gips* to fill [in *sep*] [*or sep* smooth over] [*or* stop] sth **II.** *vi* ❶ (*mit Spachtel² arbeiten*) to do some filling [*or* smoothing over] ❷ DIAL (*fam: reichlich essen*) to tuck in

Spa·gat <-[e]s, -e> [ʃpa'ga:t] *m o nt* the splits *npl;* [**einen**] ~ **machen, in den** ~ **gehen** to do the splits; (*schwierige Position*) balancing act

Spa·get·tiRR, **Spa·ghet·ti** [ʃpa'gɛti] *pl* spaghetti + *sing vb*

Spa·ghet·ti·he·ber *m* spaghetti spoon **Spa·ghet·ti·topf** *m* pasta pan **Spa·ghet·ti·zan·ge** *f* spaghetti tongs *npl*

spä·hen ['ʃpɛ:ən] *vi* ❶ (*suchend blicken*) **aus dem Fenster** ~ to peer out of the window; ■**aus etw** *dat* ~ to peer out of sth; (*schnell*) to [quickly] peep out of sth; ■**durch etw** *akk* [**auf/in etw** *akk*] ~ to peep [*or* peek] [at/in[to] sth] through sth; (*schnell*) to take a quick peep [*or* peek] [at/in sth] through sth ❷ (*Ausschau halten*) ■**nach jdm/etw** ~ to look out [*or* keep a lookout] for sb/sth

Spä·her(in) <-s, -> ['ʃpɛ:ɐ] *m(f)* MIL scout

Späh·trupp ['ʃpɛ:-] *m* MIL reconnaissance [*or* scouting] party, patrol

Spa·lier <-s, -e> [ʃpa'li:ɐ̯] *nt* ❶ (*Gittergestell*) trellis; (*für Obst a.*) espalier; **etw** *akk* **an** ~**en ziehen** to trellis/espalier sth, to train sth [on a trellis/an espalier] ❷ (*Gasse aus Menschen*) row, line; **ein** ~ **bilden,** ~ **stehen** to form a line; (*Ehrenformation*) to form a guard of honour [*or* AM -or]

Spalt <-[e]s, -e> [ʃpalt] *m* gap; (*im Vorhang a.*) chink; **kannst du den Vorhang einen** ~ **offen lassen?** can you leave the curtains open slightly?; (*Riss*) crack; (*Fels~*) crevice, fissure; (*Gletscher~*) crevasse; **die Tür einen** ~ **öffnen/offen lassen** to open the door slightly/leave the door ajar

spalt·bar *adj* NUKL fissionable, fissile *spec;* **ein** ~**er Atomkern** a fissile nucleus *spec*

spalt·breit *adj* narrow; **ein** ~**er Schlitz/eine** ~**e Öffnung** a crack

Spalt·breit <-> *m kein pl* gap; **die Tür einen** ~ **öffnen** to open the door slightly

Spal·te¹ <-, -n> ['ʃpaltə] *f* (*Öffnung*) fissure; (*Fels~ a.*) cleft, crevice; (*Gletscher~*) crevasse; **eine** ~ **in der Hauswand** a crack in the wall of the house

Spal·te² <-, -n> ['ʃpaltə] *f* TYPO, MEDIA column

spal·ten ['ʃpaltn̩] **I.** *vt* <*pp* gespalten *o* gespaltet> ❶ (*zerteilen*) ■**etw** ~ to split [*or liter* cleave] sth; **Holz** ~ to chop wood (**in** +*akk* into) ❷ (*trennen*) **etw** ~ to rend [*or* divide] sth; **die Partei** ~ to split [*or* divide] the party; ■**gespalten sein** to be divided ❸ CHEM to split, to break down ❹ NUKL ■**etw** ~ to split [*or spec* fission] sth **II.** *vr* <*pp* gespalten> ❶ (*der Länge nach reißen*) ■**sich** *akk* ~ to split ❷ (*sich teilen o trennen*) ■**sich** *akk* [**in etw** *akk*] ~ to divide [into sth]; (*von Partei a.*) to split [into sth]

Spalt·frucht *f* BOT (*Frucht, die sich bei der Samenreife öffnet*) dehiscent fruit

Spalt·öff·nung *f* BOT (*beim Blatt*) stoma *spec*

Spal·tung <-, -en> *f* ❶ NUKL splitting, fission ❷ (*Aufspaltung in Fraktionen*) division; (*von Partei a.*) split (+*gen* into) ❸ PSYCH split; **die** ~ **des Bewusstseins** [*o* **der Persönlichkeit**] the split in one's mind [*or* personality], schizophrenia

Span <-[e]s, Späne> [ʃpa:n, *pl* 'ʃpɛ:nə] *m* (*Holzspan*) shaving, [wood]chip, wood chipping; (*Bohrspan*) boring, swarf *no pl spec* ►WENDUNGEN: **wo gehobelt wird,** [**da**] **fallen Späne** (*prov*) you can't make an omelette without breaking eggs *prov*

Span·fer·kel ['ʃpa:nfɛrkl̩] *nt* sucking pig

Span·ge <-, -n> ['ʃpaŋə] *f* ❶ (*Haarspange*) hairslide BRIT, barrette AM ❷ (*Armreif*) bracelet; (*um den Oberarm a.*) bangle ❸ (*Zahnspange*) [dental] brace

Spa·ni·en <-s> ['ʃpa:ni̯ən] *nt* Spain

Spa·ni·er(in) <-s, -> ['ʃpa:ni̯ɐ] *m(f)* Spaniard; ■**die** ~ the Spanish; **stolz wie ein** ~ **sein** to be as proud as a peacock, to be puffed up with pride

spa·nisch ['ʃpa:nɪʃ] *adj* Spanish; **das kommt mir** ~ **vor** (*fig fam*) I don't like the look of it/this, there's something fishy [going on] here *fam*

Spa·nisch ['ʃpa:nɪʃ] *nt dekl wie adj* Spanish; ■**das** ~**e** Spanish; **auf S~** in Spanish

Spa·ni·sche Flie·ge *f* ZOOL blister beetle *no pl;* (*Aphrodisiakum a.*) Spanish fly
spann [ʃpan] *imp von* **spinnen**
Spann <-[e]s, -e> [ʃpan] *m* ANAT instep
Spann·bett·tuchRR *nt* fitted sheet **Spann·brei·te** *f kein pl* spectrum
Span·ne <-, -n> ['ʃpanə] *f* ❶ (*Handels~*) [trade] margin; (*Gewinn~*) [profit] margin; (*Zins~*) margin [of interest] ❷ (*geh: Zeit~*) span, space; **eine ~ [Zeit]** a span [*or* space] of time
span·nen ['ʃpanən] **I.** *vt* ❶ (*straffen*) ■**etw ~** to tighten sth, to make sth taut; **die Zügel ~** to pull [back] on the reins ❷ (*auf~*) **eine Hängematte/Wäscheleine über/zwischen etw** *akk* **~** to put [*or* hang] up a hammock/washing line *sep* over/between sth; **ein Seil über/zwischen etw** *akk* **~** to stretch a rope over/between sth ❸ (*an~*) ■**ein Tier vor etw** *akk* **~** to harness an animal to sth; ■**etw ~** *Muskeln* to flex [*or* tense] sth; *Gewehr* to cock sth; *s. a.* **Bogen** ❹ (*straff befestigen*) **einen Bogen in die Schreibmaschine ~** to insert [*or* put] a sheet in the typewriter; **eine Leinwand zwischen die Bretter ~** to stretch a canvas between the boards; **ein Werkstück in/zwischen etw** *akk* **~** to clamp a workpiece in/between sth ❺ DIAL (*sl: merken*) ■**~, dass ...** to catch on that ... **II.** *vr* ❶ (*sich straffen*) ■**sich** *akk* **~** *Seil* to become taut ❷ (*geh: sich wölben*) ■**sich** *akk* **über etw** *akk* **~** to span [*or* stretch across] sth **III.** *vi* ❶ (*zu eng sitzen*) **im Schnitt/unter den Armen/an den Schultern ~** to be too close-fitting/[too] tight under the arms/at the shoulders ❷ (*zu straff sein*) ■**[an/in etw** *dat*] **~** to be [*or* feel] taut [on/in sth]; **meine Haut spannt von der Sonne/an den Schultern/im Gesicht** the sun has made my skin taut/my skin is taut on my shoulders/face ❸ (*fam*) **die Erben ~ darauf, dass sie endlich stirbt** the heirs can't wait for her to die
span·nend I. *adj* exciting; (*stärker*) thrilling; **mach's nicht so ~!** (*fam*) don't keep us/me in suspense **II.** *adv* **etw ~ darstellen** to bring across sth as exciting; **sich** *akk* **~ lesen** to be an exciting/thrilling read; **~ schreiben** to write in an exciting manner
Span·ner1 <-s, -> *m* (*Schuh~*) shoe tree
Span·ner2 <-s, -> *m* (*Falter*) geometer [*or spec* geometrid] [moth]
Span·ner(in) <-s, -> *m(f)* (*sl: Voyeur*) peeping Tom
Spann·kraft *f kein pl* buoyancy; (*von Muskeln*) tone, tonus *spec;* (*von Haar*) elasticity; PHYS tension force **Spann·tep·pich** *m* SCHWEIZ [wall-to-wall] carpet
Span·nung1 <-, -en> *f* ❶ *kein pl* (*fesselnde Art*) tension, suspense ❷ *kein pl* (*gespannte Erwartung*) suspense; **jds/die ~ bis zur letzten Minute aufrechterhalten** to keep sb in suspense/maintain the suspense until the [very] last minute; **mit/voller ~** with/full of excitement; **etw** *akk* **mit ~ erwarten** to await sth full of suspense ❸ *meist pl* tension; (*zwischen Volksgruppen a.*) strained relations *pl* ❹ *kein pl* (*straffe Beschaffenheit*) tension, tautness; TECH stress
Span·nung2 <-, -en> *f* ELEK voltage; **unter ~ stehen** to be live
Span·nungs·ge·biet *nt* POL area of tension
Span·nungs·mes·ser <-s, -> *m* ELEK voltmeter **Span·nungs·prü·fer** *m* voltage detector
Spann·wei·te *f* ❶ ORN, ZOOL wingspan ❷ BAU span
Span·plat·te *f* chipboard *no pl*
Spar·brief *m* savings certificate **Spar·buch** *nt* savings book **Spar·büch·se** *f* piggy bank **Spar·do·se** *f* piggy bank
spa·ren ['ʃpa:rən] **I.** *vt* ❶ FIN (*zurücklegen*) ■**etw ~** to save sth ❷ (*einsparen*) ■**etw ~** to save sth; **Arbeit/Energie/Strom/Zeit ~** to save work/energy/electricity/time ❸ (*ersparen*) ■**jdm/sich etw ~** to spare sb/oneself sth; **jdm/sich die Mühe/Ärger ~** to spare sb/oneself the effort/trouble; **den Weg hätten wir uns ~ können** we could have saved ourself that journey ❹ (*verzichten*) ■**sich** *dat* **etw ~** to keep sth to oneself; **deinen Ratschlag hättest du dir ~ können** you could have kept your advice to yourself **II.** *vi* ❶ FIN (*Geld zurücklegen*) to save; ■**auf** [*o* **für**] **etw ~** to save up for sth ❷ (*sparsam sein*) ■**[an etw** *dat*] **~** to economize [on sth]; **nicht mit Anerkennung/Lob ~** to be unstinting [*or* generous] in one's recognition/praise
Spa·rer(in) <-s, -> *m(f)* saver; **ein ~ sein** to be a saver
Spa·rer·frei·be·trag *m* ÖKON saver's tax allowance
Spar·flam·me *f* ▶ WENDUNGEN: **auf ~ kochen** (*fam*) to go easy [*or* BRIT keep things ticking over] *fam;* **auf ~** just ticking over BRIT *fam*
Spar·gel <-s, -> ['ʃpargl̩] *m* BOT, KOCHK asparagus *no pl*
Spar·gel·boh·ne *f* bird's trefoil **Spar·gel·erb·se** *f* asparagus pea **Spar·gel·he·ber** *m* asparagus server **Spar·gel·kohl** *m* broccoli **Spar·gel·sa·lat** *m* asparagus salad **Spar·gel·schä·ler** *m* asparagus peeler
Spar·gut·ha·ben *nt* FIN savings *npl* **Spar·heft** *nt* SCHWEIZ (*Sparbuch*) savings account **Spar·kas·se** *f* FIN bank (*supported publicly by the commune or district*) **Spar·kon·to** *nt* savings account **Spar·kurs** *m* policy of cutbacks
spär·lich ['ʃpɛ:ɐ̯lɪç] **I.** *adj* (*Haarwuchs, Vegetation*) sparse; **~e Ausbeute/Reste** meagre [*or* scanty] spoil/scraps **II.** *adv* sparsely; **~ bekleidet** scantily clad [*or* dressed]; **~ besucht** poorly attended; **~ bevölkert** sparsely populated
Spar·maß·nah·me *f* cost-cutting measure **Spar·pa·ckung** *f* economy pack **Spar·pa·ket** *nt* government cutbacks package, budget tightening package **Spar·prä·mie** *f* savings premium
Spar·ren <-s, -> ['ʃparən] *m* BAU rafter
Spar·ring <-s> ['ʃparɪŋ] *nt kein pl* SPORT sparring *no pl*
spar·sam ['ʃpa:ɐ̯za:m] **I.** *adj* ❶ (*wenig verbrauchend*) thrifty ❷ (*ökonomisch*) economical; ■**~ [in etw** *dat*] **sein** to be economical [in sth]; **dieses Waschmittel ist sehr ~ im Verbrauch** this washing powder is very economical **II.** *adv* ❶ (*wenig verbrauchend*) thriftily; **mit diesem Balsamico muss man ~ umgehen** this balsamico should be used sparingly ❷ (*ökonomisch*) sparingly
Spar·sam·keit <-> *f kein pl* thriftiness *no pl*
Spar·schä·ler *m* swivel-bladed peeler **Spar·schwein** *nt* piggy bank
Spar·ta·ner(in) <-s, -> [ʃpar'ta:nɐ] *m(f)* HIST Spartan
spar·ta·nisch [ʃpar'ta:nɪʃ] **I.** *adj* ❶ HIST (*Sparta betreffend*) Spartan ❷ (*sehr bescheiden*) spartan **II.** *adv* in a spartan fashion
Spar·te <-, -n> ['ʃpartə] *f* ❶ (*Branche*) line of business ❷ (*Spezialbereich*) area, branch ❸ MEDIA (*Rubrik*) section, column
Spar·ver·trag *m* FIN savings agreement **Spar·zins** *m meist pl* interest *no pl* (*on savings*)
spas·misch ['ʃpasmɪʃ] *adj* MED spasmic
Spaß <-es, Späße> [ʃpa:s, *pl* 'ʃpɛ:sə] *m* ❶ *kein pl* (*Vergnügen*) fun *no pl;* **~ haben** to have fun; **~ an etw haben** *dat* to enjoy sth [*or* get fun out of doing sth]; **[nur] ~ machen** to be [just [*or* only]] kidding; **[jdm] ~ machen** to be fun [for sb]; **mir würde das viel ~ machen** I'd really enjoy that, that'd be a lot of fun; **es macht jdm ~, etw zu tun** sb enjoys doing sth; **es macht mir keinen ~, das zu tun** it's no fun doing it; **sich** *dat* **einen ~ daraus machen, etw zu tun** to get pleasure [*or fam* a kick] out of doing sth; **jdm den ~ verderben** to spoil sb's fun; **„viel ~!"** "have fun [*or* a good time]!", "enjoy yourself/yourselves!" ❷ (*Scherz*) joke; **aus [dem] ~ wurde Ernst** the fun took a serious end; **irgendwo hört [für jdn] der ~ auf** that's going beyond a joke [for sb]; **~ muss sein** (*fam*) there's no harm in a joke; **etw aus** [*o* **zum**] **~ sagen** to say sth as a joke [*or* in jest] [*or fam* for a laugh]; **keinen ~ verstehen** to not stand for any nonsense, to not have a sense of humour [*or* AM -or]; **~ beiseite** (*fam*) seriously, joking apart [*or* aside] ▶ WENDUNGEN: **ein teurer ~ sein** (*fam*) to be an expensive business
Späß·chen <-s, -> *nt dim von* **Spaß** little joke
spa·ßen ['ʃpa:sn̩] *vi* (*geh*) to joke [*or* jest]; **mit jdm ist nicht zu ~, jd lässt nicht mit sich ~** sb doesn't stand for any nonsense;

S

mit etw ist nicht zu ~ sth is no joking [*or* laughing] matter

spa·ßes·hal·ber *adv* for fun, for the fun [*or sl* heck] of it

spaß·haft I. *adj* joking; **das war doch nur ~!** it was only a joke! II. *adv* jokingly

spa·ßig ['ʃpa:sɪç] *adj* funny

Spaß·ma·cher(in) *m(f)* (*veraltend*) joker, jester **Spaß·ver·der·ber(in)** <-s, -> *m(f)* spoilsport *fam* **Spaß·vo·gel** *m* joker

Spas·ti·ker(in) <-s, -> ['ʃpastikɐ] *m(f)* MED spastic

spas·tisch ['ʃpastɪʃ] *adj* MED spastic; *s.* **gelähmt**

Spat <-[e]s, -e> [ʃpa:t, *pl* 'ʃpɛ:tə] *m* spar

spät [ʃpɛ:t] I. *adj* ❶ (*zeitlich nicht früh*) late; **am ~en Abend/Morgen/Nachmittag** in the late evening/morning/afternoon; ■**~ sein/werden** to be/be getting late ❷ (*ausgehend*) late; **das ~e Mittelalter** the late Middle Ages ❸ (*verspätet*) belated; *s. a.* **Mädchen** II. *adv* ❶ (*nicht früh*) late ❷ (*verspätet*) late; **du kommst zu ~** you're too late; **~ dran sein** to be late; **zu ~** too late ▶WENDUNGEN: **wie ~** what time; **wie ~ kommst du heute nach Hause?** what time are you coming home today?

Spät·aus·sied·ler(in) *m(f) German emigrant who returned to Germany long after the end of World War II* **Spät·bu·cher(in)** *m(f)* TOURIST holidaymaker with a late [*or* last-minute] booking

Spa·tel <-s, -> ['ʃpa:tl̩] *m* ❶ MED spatula ❷ *s.* **Spachtel**[1]

Spa·ten <-s, -> ['ʃpa:tn̩] *m* ❶ (*Gartenwerkzeug*) spade ❷ KOCHK angled spatula

Spa·ten·stich *m* cut of the spade ▶WENDUNGEN: **der erste ~** the first cut of the spade

Spät·ent·wick·ler(in) *m(f)* MED, PSYCH late developer

spä·ter ['ʃpɛ:tɐ] I. *adj* later II. *adv* ❶ (*zeitlich danach*) later [on]; **sehen/treffen/sprechen wir uns ~ noch?** will we see each other/meet/talk later [on]?; **bis ~!** see you later!; **nicht ~ als** not later than ❷ (*die Zukunft*) the future; **jeder Mensch sollte für ~ vorsorgen** every person should make provisions for the future; **jdn auf ~ vertrösten** to put sb off; **~ [ein]mal** at a later date; **weißt du denn schon, was du ~ einmal werden willst?** do you know what you want to be when you grow up?

spä·tes·tens ['ʃpɛ:təstn̩s] *adv* at the latest; **der Kredit muss ~ bis zum 31. Mai zurückgezahlt sein** the loan has to be paid back by 31 May at the latest

Spät·heim·keh·rer *m late returnee from a prisoner-of-war camp* **Spät·herbst** *m* late autumn *no pl* **Spät·le·se** *f* AGR late vintage **Spät·schicht** *f* late shift **Spät·som·mer** *m* late summer *no pl* **Spät·sta·di·um** *nt* advanced stadium **Spät·vor·stel·lung** *f* late show[ing]

Spatz <-en *o* -es, -en> [ʃpats] *m* ❶ ORN sparrow ❷ (*fam: Kosewort: Schatz*) darling, sweetie ▶WENDUNGEN: **das pfeifen die ~en von den Dächern** (*fam*) everybody knows that; **besser ein ~ in der Hand als eine Taube auf dem Dach** (*prov*) a bird in the hand is worth two in the bush *prov*

Spätz·chen <-s, -> ['ʃpɛtsçən] *nt dim von* **Spatz** (*fam*) cutiepie *fam*

Spat·zen·hirn *nt* (*pej fam*) birdbrain *fam*

Spätz·le ['ʃpɛtslə] *pl* SÜDD , spaetzle + *sing/pl vb*, spätzle + *sing/pl vb;* **handgeschabte ~** handmade spaetzle

Spätz·le·pres·se *f* KOCHK spaetzle press

Spät·zün·der *m* (*hum fam*) slow person *fam;* **ich bin leider ein ~** I'm a bit slow [on the uptake] unfortunately

Spät·zün·dung *f* AUTO (*verzögerte Zündung*) retarded ignition *no pl* ▶WENDUNGEN: **~ haben** (*fam*) to be a bit slow *fam*

spa·zie·ren* [ʃpa'tsi:rən] *vi sein* to stroll [*or* walk]; **[auf und ab] ~** to stroll [up and down]; **jdn/etw ~ führen** to take sb/sth for a walk; **~ fahren** to go for a drive; **jdn ~ fahren** to take sb out for a drive; **das Baby im Kinderwagen ~ fahren** to take the baby out for a walk in the pram [*or* AM carriage]; **[mit jdm] ~ gehen** to go for a walk [with sb]; **~ sein** to be taking a stroll

Spa·zier·fahrt *f* drive; **eine ~ machen** to go for a drive **Spa·zier·gang** <-gänge> *m* walk, stroll; **~ im All** walk in space; **einen ~ machen** to go for a stroll [*or* walk] ▶WENDUNGEN: **kein ~ sein** to be no child's play [*or* BRIT doddle] **Spa·zier·gän·ger(in)** <-s, -> *m(f)* stroller **Spa·zier·stock** *m* walking stick

SPD <-> [ɛspe:'de:] *f kein pl* POL *Abk von* **Sozialdemokratische Partei Deutschlands** *the largest popular party in Germany*

Specht <-[e]s, -e> [ʃpɛçt] *m* woodpecker

Speck <-[e]s, -e> [ʃpɛk] *m* ❶ (*durchwachsener Schweinespeck*) bacon *no pl;* (*weißer ~*) bacon fat ❷ (*fam: Fettpolster*) fat *no pl;* **~ ansetzen** (*fam*) to get fat *fam* [*or* put on weight] ▶WENDUNGEN: **mit ~ fängt man Mäuse** (*prov*) you have to throw a sprat to catch a mackerel *prov;* **ran an den ~!** (*fam*) let's get stuck in! *fam*

Speck·bauch *m* (*fam*) pot belly *fam* **Speck·boh·ne** *f* broad bean

spe·ckig ['ʃpɛkɪç] *adj* greasy

Speck·man·tel *m* **im ~** KOCHK rolled in bacon **Speck·schwar·te** *f* bacon rind *no pl*

Spe·di·teur(in) <-s, -e> [ʃpedi'tø:ɐ̯] *m(f)* (*Transportunternehmer*) haulage [*or* AM shipping] contractor; (*Umzugsunternehmer*) removal firm BRIT, moving company AM

Spe·di·ti·on <-, -en> [ʃpedi'tsi̯o:n] *f* ÖKON, TRANSP (*Transportunternehmen*) haulage company; (*Umzugsunternehmen*) removal firm

spe·di·tiv [ʃpedi'ti:f] *adj* SCHWEIZ (*geh: zügig*) speedy, swift

Speed[1] <-s, -s> [spi:t] *nt* PHARM speed

Speed[2] <-s, -s> [spi:t] *m* SPORT speed

Speed·golf <-s> ['spi:tgɔlf] *nt kein pl* SPORT speed golf (*where the aim is to get round the golf course in as fast a time as possible*) **Speed·ski·ing** <-s> ['spi:tski:ɪŋ] *nt kein pl* SPORT speed skiing

Speer <-[e]s, -e> [ʃpe:ɐ̯] *m* ❶ SPORT javelin ❷ HIST (*Waffe*) spear

Speer·spit·ze *f* ❶ (*Spitze eines Speers*) spearhead ❷ (*Vorreiter und Verfechter*) spearhead **Speer·wer·fen** *nt kein pl* SPORT the javelin *no pl;* **im ~** in the javelin **Speer·wer·fer(in)** *m(f)* ❶ SPORT javelin thrower ❷ HIST spear carrier

Spei·che <-, -n> ['ʃpaiçə] *f* ❶ TECH spoke ❷ ANAT radius

Spei·chel <-s> ['ʃpaiçl̩] *m kein pl* saliva *no pl*

Spei·chel·drü·se *f* ANAT salivary gland **Spei·chel·fluss**RR <-sses> *m kein pl* salivation **Spei·chel·le·cker(in)** <-s, -> *m(f)* (*pej*) bootlicker BRIT *fam,* toady BRIT, wussy AM *sl*

Spei·cher <-s, -> ['ʃpaiçɐ] *m* ❶ (*Dachboden*) attic, loft; **auf dem ~** in the attic [*or* loft] ❷ (*Informationsspeicher*) memory, store BRIT ❸ (*Lagerhaus*) storehouse

Spei·cher·er·wei·te·rung *f* TECH memory expansion **Spei·cher·ka·pa·zi·tät** *f* ❶ INFORM memory capacity ❷ (*Lagermöglichkeit*) storage capacity

spei·chern ['ʃpaiçɐn] I. *vt* ❶ (*in den Speicher übertragen*) ■**etw [auf etw** *akk*] **~** to save sth [on[to] sth] [*or* store sth [on sth]]; **die Texte sollen auf Diskette gespeichert werden** the texts should be saved on disc [*or* on[to] a disc]; **etw ~ unter ...** to save sth as ...; **die Anlage speichert bis zu zehn Sender** the system stores up to ten stations ❷ (*aufbewahren*) ■**etw ~** to store sth II. *vi* to save

Spei·cher·plat·te *f* KOCHK, ELEK storage hotplate **Spei·cher·platz** *m* INFORM memory [*or* storage] space; (*auf Festplatte*) disk space; **100 MB freier ~** 100 MB free **Spei·cher·schreib·ma·schi·ne** *f* memory typewriter

Spei·che·rung <-, -en> *f* INFORM storage *no pl,* storing *no pl*

spei·en <spie, gespie[e]n> ['ʃpaiən] *vt* ❶ (*ausspeien*) ■**etw [auf etw** *akk*] **~** to spew sth [onto sth] ❷ (*geh: spucken*) ■**etw [irgendwohin] ~** to spit sth [somewhere]; *s. a.* **Gift**

Speis[1] <-, -en> [ʃpais] *f* ÖSTERR (*Speisekammer*) pantry

Speis[2] <-es> [ʃpais] *m kein pl* BAU DIAL mortar *no pl*

Spei·se <-, -n> ['ʃpaizə] *f* ❶ *meist pl* (*geh: Gericht*) meal ❷ (*Nahrung*) food *no pl;* **vielen Dank für Speis und Trank** (*geh*) thank you for your hospitality

Spei·se·eis *nt* (*geh*) ice cream **Spei·se·ho·nig** *m* honey **Spei·**

se·kam·mer *f* larder, pantry **Spei·se·kar·te** *f* menu

spei·sen ['ʃpaizn̩] **I.** *vi* (*geh*) to dine *form*, to eat; **haben Sie/die Herrschaften bereits gespeist?** will you be dining, sir/madam? **II.** *vt* ① (*geh: etw essen*) ■**etw** ~ to eat sth; **haben Sie schon etwas zu Abend gespeist?** have you dined? ② (*fachspr: versorgen*) ■**etw** ~ to feed sth

Spei·se·öl *nt* culinary oil; (*zum Braten*) cooking oil **Spei·se·quark** *m* quark (*with a dry fat content of 40%*) **Spei·se·res·te** *pl* ① (*Reste einer Mahlzeit*) leftovers *pl* ② (*Essensreste zwischen den Zähnen*) food particles *pl*, bits *pl* of food *fam* **Spei·se·röh·re** *f* ANAT gullet **Spei·se·saal** *m* dining room; (*Refektorium*) refectory **Spei·se·salz** *nt* table salt **Spei·se·wa·gen** *m* restaurant car

Spei·sung <-, -en> *f* ① (*geh: Beköstigung*) feeding *no pl* ② (*fachspr: Versorgung*) supply, feeding *no pl*

spei·übel ['ʃpai'ʔy:bl̩] *adj* ■**jdm ist/wird** ~ [**von etw**] sb feels sick [from sth]; **bei solchen Horrorfilmen kann einem wirklich** ~ **werden** these horror films are enough to make you feel sick

Spek·ta·kel[1] <-s, -> [ʃpɛk'ta:kl̩] *m* (*fam*) ① (*Lärm*) racket *no pl fam*, rumpus *no pl fam* ② (*Ärger*) palaver *no pl fam*, fuss *no pl fam*

Spek·ta·kel[2] <-s, -> [ʃpɛk'ta:kl̩] *nt* (*geh*) spectacle

spek·ta·ku·lär [ʃpɛktaku'lɛ:ɐ̯] *adj* spectacular

Spek·tra *pl von* **Spektrum**

Spek·tral·far·be *f* colour [*or* AM -or] of the spectrum

Spek·trum <-s, Spektren *o* Spektra> ['ʃpɛktrʊm, *pl* 'ʃpɛktrən, 'ʃpɛktra] *nt* spectrum

Spe·ku·lant(in) <-en, -en> [ʃpeku'lant] *m(f)* BÖRSE speculator

Spe·ku·la·ti·on <-, -en> [ʃpekula'tsi̯o:n] *f* ① (*geh: Mutmaßung*) speculation; [**über etw** *akk*] ~**en anstellen** (*geh*) to speculate [*or* make speculations] [about sth]; ~**en anstellen, ob ...** to speculate as to whether ... ② BÖRSE (*das Spekulieren*) speculation; ~ **mit Aktien** speculation in shares; ~ **an der Börse** speculation on the stock market

Spe·ku·la·ti·ons·ob·jekt *nt* object of speculation

spe·ku·la·tiv [ʃpekula'ti:f] *adj* (*geh*) speculative

spe·ku·lie·ren* [ʃpeku'li:rən] *vi* ① (*fam: auf etw rechnen*) ■**auf etw** *akk* ~ to speculate on sth; ■**darauf ~, dass ...** to speculate that ... ② BÖRSE (*Spekulant sein*) ■[**mit etw**] ~ to speculate [in sth]

Spe·lun·ke <-, -n> [ʃpe'lʊŋkə] *f* (*pej fam*) dive *fam*

spen·da·bel [ʃpɛn'da:bl̩] *adj* (*fam*) generous

Spen·de <-, -n> ['ʃpɛndə] *f* donation; **bitte** [**um**] **eine kleine ~!** please spare a small donation!

spen·den ['ʃpɛndn̩] **I.** *vt* ① (*kostenlos zur Verfügung stellen*) ■**etw** [**für jdn/etw**] ~ to donate sth [to sb/sth] [*or* contribute sth [to sth]]; ■**jdm etw** ~ to donate sth to sb ② MED (*sich entnehmen lassen*) ■**etw** ~ to donate sth; **Blut** ~ to give blood ③ (*geh: abgeben*) ■**etw** ~ to give sth **II.** *vi* (*Geld schenken*) ■[**für jdn/etw**] ~ to donate [to sb/sth]

Spen·den·af·fä·re *f scandal involving undeclared donations to the CDU* **Spen·den·auf·ruf** *m* donation appeal **Spen·den·kon·to** *nt* donations account **Spen·den·samm·ler(in)** *m(f)* POL *politician who collects party donations from lobbyists* **Spen·den·wasch·an·la·ge** *f* money-laundering facility

Spen·der <-s, -> ['ʃpɛndɐ] *m* (*Dosierer*) dispenser

Spen·der(in) <-s, -> ['ʃpɛndɐ] *m(f)* ① (*jd, der spendet*) donator ② MED donor

Spen·der·aus·weis *m* donor card

spen·die·ren* [ʃpɛn'di:rən] *vt* (*fam*) ■[**jdm**] **etw** ~ to get [*or* buy] [sb] sth; **das Essen spendiere ich** [**dir**] the dinner's on me; **das spendiere ich dir** it's on me

Spen·dier·ho·sen *pl* ▸ WENDUNGEN: **seine ~ anhaben** (*fam*) to be in a generous mood [*or* feeling generous]

Speng·ler(in) <-s, -> ['ʃpɛŋlɐ] *m(f)* SÜDD, ÖSTERR (*Klempner*) plumber

Sper·ber <-s, -> ['ʃpɛrbɐ] *m* sparrowhawk

Spe·renz·chen [ʃpe'rɛntsçən], **Spe·ren·zi·en** [ʃpe'rɛntsi̯ən] *pl* (*fam*) fuss *no pl*; ~ **machen** to play up

Sper·ling <-s, -e> ['ʃpɛrlɪŋ] *m* sparrow

Sper·ma <-s, Spermen *o* -ta> ['ʃpɛrma, 'spɛrma, *pl* -mata] *nt* sperm

sperr·an·gel·weit ['ʃpɛr'ʔaŋl̩'vait] *adv* ~ **offen stehen** [*o* **sein**] (*fam*) to be wide open

Sperr·be·zirk *m* ADMIN *area of town where prostitution is prohibited*

Sper·re <-, -n> ['ʃpɛrə] *f* ① (*Barrikade*) barricade ② (*Kontrollstelle*) control barrier ③ (*Sperrvorrichtung*) barrier ④ SPORT (*Spielverbot*) ban

sper·ren ['ʃpɛrən] **I.** *vt* ① SÜDD, ÖSTERR (*schließen*) ■**etw** [**für jdn/etw**] ~ to close sth off [to sb/sth] ② (*blockieren*) to block; **jdm das Konto** ~ to freeze sb's account; **einen Scheck** ~ to stop a check ③ (*einschließen*) ■**jdn/ein Tier in etw** ~ *akk* to lock sb/an animal up in sth ④ SPORT (*ein Spielverbot verhängen*) ■**jdn** ~ to ban sb ⑤ (*verbieten*) **jdm den Ausgang** ~ to confine sb; **einem Kind den Ausgang** ~ to ground a child; **jdm den Urlaub** ~ to stop sb's [*or* sb from taking his/her] holiday **II.** *vr* ■**sich** [**gegen etw**] ~ to back away [from sth] [*or* jib [at sth]]; **sperr dich nicht länger, sag ja** stop pussyfooting, just say yes

Sperr·frist *f* JUR waiting period **Sperr·ge·biet** *nt* prohibited [*or* no-go] area

Sperr·gut *nt* (*geh*) bulky freight *no pl* **Sperr·holz** *nt* plywood *no pl*

sper·rig ['ʃpɛrɪç] *adj* ① (*unhandlich*) unwieldy, bulky ② (*wenig kooperativ*) uncooperative ③ (*komplex und schwer zu erklären*) unwieldy

Sperr·kon·to *nt* blocked account **Sperr·mi·no·ri·tät** *f* POL, ÖKON blocking [*or* vetoing] minority

Sperr·müll *m* skip refuse *no pl*; **die Matratze gebe ich jetzt zum** ~ I'm going to put that mattress on the skip **Sperr·müll·ab·fuhr** *f* skip collection **Sperr·sitz** *m kein pl* FILM, THEAT back seats *pl*

Sperr·stun·de *f* closing time

Sper·rung <-, -en> *f* ① (*Schließung*) closing off *no pl* ② (*Blockierung*) blocking *no pl*; *eines Schecks* stopping *no pl*; *eines Kontos* freezing *no pl*

Sperr·ver·merk *m* restriction notice

Spe·sen ['ʃpe:zn̩] *pl* expenses *npl*; **auf** ~ on expenses

Spe·zi[1] <-s, -s> ['ʃpe:tsi] *m* SÜDD (*fam: Kumpel*) pal, mate BRIT *fam*

Spe·zi[2] <-, -s> ['ʃpe:tsi] *nt* (*Mixlimonade*) cola and orangeade

spe·zi·al·an·ge·fer·tigt *adj inv* custom-built **Spe·zi·al·aus·füh·rung** *f* special model **Spe·zi·al·ef·fekt** *m* FILM special effect **Spe·zi·al·fall** *m* special case **Spe·zi·al·ge·biet** *nt* special field, speciality **Spe·zi·al·hand·schuh** *m* SPORT special [protective] glove

spe·zi·a·li·sie·ren* [ʃpetsi̯ali'zi:rən] *vr* ■**sich** [**auf etw** *akk*] ~ to specialize [in sth]

Spe·zi·a·li·sie·rung <-, -en> *f* specialization

Spe·zi·a·list(in) <-en, -en> [ʃpetsi̯a'lɪst] *m(f)* specialist

Spe·zi·a·li·tät <-, -en> [ʃpetsi̯ali'tɛ:t] *f* speciality

spe·zi·ell [ʃpe'tsi̯ɛl] **I.** *adj* (*spezialisiert: Beschäftigung, Tätigkeit*) specialized; (*Wunsch, Interessen*) special ▸ WENDUNGEN: **auf dein/Ihr** [**ganz**] **S~es!** to your good health! **II.** *adv* especially, specially

Spe·zi·es <-, -> ['ʃpe:tsi̯ɛs, 'sp-] *f* ① (*Art*) species + *sing vb* ② (*fam: Sorte Mensch*) species + *sing vb*

Spe·zi·fi·ka·ti·on <-, -en> [ʃpetsifika'tsi̯o:n] *f* ① TECH (*spezifiziertes Verzeichnis*) specifications *pl* ② (*geh: das Spezifizieren*) specification

spe·zi·fisch [ʃpe'tsi:fɪʃ] **I.** *adj* ① (*charakteristisch*) specific; *s. a.* **Gewicht** ② (*speziell*) specific **II.** *adv* typically

spe·zi·fi·zie·ren* [ʃpetsifi'tsi:rən] *vt* ■**etw** ~ to specify sth

Spe·zi·fi·zie·rung <-, -en> *f* (*geh*) specification

S

Sphä·re <-, -n> ['sfɛːrə] *f* (*geh*) (*Bereich*) sphere ► WENDUNGEN: **in höheren ~n schweben** to have one's head in the clouds
sphä·risch ['sfɛːrɪʃ] *adj* MATH spherical
Sphinx <-, -e *o* Sphingen> [sfɪŋks, *pl* 'sfɪŋən] *f* sphinx
Spick·aal *m* smoked eel
spi·cken ['ʃpɪkn̩] *vt* ❶ KOCHK ■**etw [mit etw]** ~ to lard sth [with sth]; **einen Braten mit Knoblauchzehen** ~ to insert garlic cloves into a roast ❷ (*fam: durchsetzen*) ■**etw mit etw** ~ to lard sth with sth; ■**gespickt** larded ❸ (*fam: abschreiben*) to crib *fam*
Spick·gans *f* smoked goose breast **Spick·mes·ser** *nt* larding knife **Spick·zet·tel** *m* SCH (*fam*) crib *fam*
spie [ʃpiː] *imp von* **speien**
Spie·gel <-s, -> ['ʃpiːgl̩] *m* mirror ► WENDUNGEN: **jdm den ~ vorhalten** to hold up a mirror to sb; **unser Kind hält uns den ~ vor** seeing our child is like looking in the mirror
Spie·gel·bild *nt* mirror image **spie·gel·bild·lich** *adj* mirror-image **spie·gel·blank** I. *adj* gleaming, shining; ■~ **sein** to gleam [*or* shine] II. *adv* **bis etw ~ ist** until sth is shining like a mirror **Spie·gel·fech·te·rei** <-, -en> *f* shadow-boxing *no pl* **spie·gel·glatt** ['ʃpiːgl̩'glat] *adj* slippery, smooth as glass **Spie·gel·karp·fen** *m* mirror carp
spie·geln ['ʃpiːgl̩n] I. *vi* ❶ (*spiegelblank sein*) to gleam [*or* shine] ❷ (*stark reflektieren*) to reflect [*or* mirror] II. *vr* ■**sich in/auf etw** *dat* ~ to be reflected [*or* mirrored] in/on sth
Spie·gel·re·flex·ka·me·ra *f* reflex camera **Spie·gel·schrift** *f* mirror writing; **sie kann ~ schreiben** she can write backwards **Spie·gel·te·le·skop** *nt* reflexive telescope
Spie·ge·lung <-, -en> ['ʃpiːgəlʊŋ] *f* ❶ MED endoscopy ❷ (*Luftspiegelung*) mirage
spie·gel·ver·kehrt *adj inv* mirror-image
Spiel <-[e]s, -e> [ʃpiːl] *nt* ❶ (*Gesellschafts-, Kinder-, Glücksspiel*) game ❷ (*Kartenspiel*) game of cards ❸ SPORT match; TENNIS (*Teil eines Matches*) game; **die Olympischen ~e** the Olympic Games ❹ THEAT play ❺ MUS piece ❻ KARTEN pack [*or* AM deck] of cards ❼ TECH (*Spielraum*) clearance *no pl,* play *no pl* ► WENDUNGEN: **etw ist ein ~ mit dem Feuer** [*o* **ein gefährliches** ~] that's playing with fire; **ein ~ des Schicksals** [*o* **Zufalls**] a whim of fate; **ein abgekartetes ~** (*fam*) a set-up; **ein doppeltes** [*o* **falsches**] ~ **[mit jdm] spielen** to play a double game [with sb]; **leichtes ~ [mit** [*o* **bei**] **jdm] haben** to have an easy job of it [with sb]; **etw [mit] ins ~ bringen** to bring sth up; **das ~ verloren geben** to throw in the towel; **das ~ ist aus** the game is up; **[bei etw] im ~ sein** to be at play [*or* involved] [in sth]; **jdn/etw aus dem ~ lassen** to keep sb/sth out of it; **etw aufs ~ setzen** to put sth on the line [*or* at stake]; **ein bestimmtes ~ spielen** to play [at] a certain game; **auf dem ~ stehen** to be at stake; **jdm das ~ verderben** (*fam*) to ruin sb's plans
Spiel·art *f* variety **Spiel·au·to·mat** *m* gambling machine, fruit machine BRIT **Spiel·ball** *m* TENNIS game point ► WENDUNGEN: **ein ~ einer S. sein** *gen* (*geh*) to be at the mercy of sth **Spiel·bank** *f s.* **Spielkasino Spiel·be·ginn** *m* start of play **Spiel·brett** *nt* game board
Spiel·chen <-, -> *nt* ❶ *dim von* **Spiel** little game ❷ (*fam: Trick*) little games *pl*
Spiel·com·pu·ter [-kɔmpjuːtɐ] *m* PlayStation® (*computer designed primarily for playing computer games*) **Spiel·do·se** *f* MUS musical box
spie·len ['ʃpiːlən] I. *vt* ❶ MUS ■**etw** ~ to play sth; ■**[für jdn] etw** ~ to play sth [for sb] ❷ (*beherrschen*) ■**etw** ~ to play sth ❸ (*mit einem Spiel beschäftigt sein*) ■**etw** ~ to play sth; **Lotto** ~ to play the lottery ❹ SPORT ■**etw** ~ to play sth; ■**etw irgendwohin/irgendwie** ~ to play sth somewhere/somehow ❺ FILM, THEAT (*darstellen*) ■**jdn/etw** ~ to play sb/sth ❻ (*vortäuschen*) ■**jdn** ~ to act [*or* play] sb; **spiel doch nicht den Nichtsahnenden** don't play the ignorant ❼ (*eine bestimmte Rolle übernehmen*) ■**etw** ~ to act [*or* play] sth; **den Gastgeber** ~ to play [*or* act] the host, to put on the host act ► WENDUNGEN: **was wird hier gespielt?** (*fam*) what's going on here?; *s. a.* **Streich, Vordergrund** II. *vi* ❶ (*sich mit Kinderspielen beschäftigen*) ■**[irgendwo]** ~ to play [somewhere] ❷ FILM, THEAT (*auftreten*) ■**in etw** *dat* ~ to star in sth; **gut/schlecht** ~ to play well/badly; **er hat wieder einmal hervorragend gespielt** he gave another marvellous performance ❸ FILM, LIT, THEAT (*als Szenario haben*) ■**irgendwann/irgendwo** ~ to be set in some time/place; **Macbeth spielt im Schottland des 11. Jahrhunderts** Macbeth is set in 11th century Scotland ❹ SPORT (*ein Match austragen*) ■**irgendwann/irgendwo [gegen jdn]** ~ to play [against sb] in some time/place; **gut/schlecht/unentschieden** ~ to play well/badly/draw ❺ (*Glücksspiel betreiben*) to gamble; **um Geld** ~ to play for money ❻ (*nicht ernst nehmen*) ■**mit jdm/etw** ~ to play [around] with sb/sth ❼ (*übergehen*) ■**in etw** *akk* ~ to have a tinge of sth; **das Grün spielt ins Türkis** this green has a turquoise tinge III. *vr impers* **sich gut/schlecht** ~ it's good/not very good to play on; **auf einem nassen Platz spielt es sich sehr schlecht** a wet pitch isn't very good to play on
spie·lend *adv* easily
Spiel·en·de *nt kein pl* SPORT end of play
Spie·ler(in) <-s, -> ['ʃpiːlɐ] *m(f)* ❶ (*Mitspieler*) player ❷ (*Glücksspieler*) player, gambler
Spie·le·rei <-, -en> [ʃpiːlə'rai] *f* ❶ *kein pl* (*leichte Beschäftigung*) doddle *no pl* BRIT *fam,* child's play *no pl* ❷ *meist pl* (*Kinkerlitzchen*) knick-knacks *pl*
Spie·le·rin <-, -nen> *f fem form von* **Spieler**
spie·le·risch I. *adj* ❶ (*unbekümmert*) playful ❷ SPORT (*durch Spieler erbracht*) playing II. *adv* (*mit unbekümmerter Leichtigkeit*) playfully; **seine Aufgaben bewältigt er mit ~er Leichtigkeit** he manages his duties with consummate ease; **~ war unsere Mannschaft den Gegnern weit überlegen** our team outshone the opponents in terms of playing skill
Spie·ler·na·tur *f* ■**jds** ~ sb's hang towards gambling
Spiel·feld ['ʃpiːlfɛlt] *nt* playing field; FBALL *a.* pitch **Spiel·film** *m* film **Spiel·ge·fähr·te, -ge·fähr·tin** *m, f* playmate **Spiel·geld** *nt* play money *no pl* **Spiel·hal·le** *f* amusement arcade **Spiel·höl·le** *f* (*fam*) gambling den **Spiel·ka·me·rad(in)** *m(f) s.* **Spielgefährte Spiel·kar·te** *f* (*geh*) playing card **Spiel·ka·si·no** *nt* casino **Spiel·klas·se** *f* division **Spiel·kon·so·le** *f* games console **Spiel·lei·den·schaft** *f* gambling passion **Spiel·ma·cher(in)** *m(f)* key player **Spiel·mann** <-leute> *m* HIST minstrel **Spiel·mar·ke** *f* chip **Spiel·mi·nu·te** *f* minute [of play] **Spiel·plan** *m* THEAT, FILM programme [*or* AM -am] **Spiel·platz** *m* playground **Spiel·raum** *m* free play *no pl,* leeway *no pl,* scope *no pl* **Spiel·re·gel** *f* ❶ *meist pl* (*bei einem Spiel*) rules *pl* ❷ *pl* (*Verhaltenskodex*) rules *pl* **Spiel·sa·chen** *pl* toys *pl* **Spiel·schuld** *f meist pl* gambling debts *pl* **Spiel·stand** *m* score **Spiel·stät·te** *f* THEAT stage **Spiel·sucht** *f* compulsive gambling *no pl* **Spiel·süch·ti·ge(r)** *dekl wie adj f(m)* compulsive gambler **Spiel·the·o·rie** *f* game theory **Spiel·tisch** *m* gambling table **Spiel·uhr** *f* musical box **Spiel·ver·bot** *nt* SPORT ban; ~ **haben** to be banned **Spiel·ver·der·ber(in)** <-s, -> *m(f)* spoilsport; **ein ~ sein** to be a spoilsport **Spiel·wa·ren** *pl* (*geh*) toys *pl* **Spiel·wa·ren·ge·schäft** *nt* toy shop **Spiel·wie·se** *f* ❶ SPORT playing field ❷ (*bevorzugter Tummelplatz*) playground **Spiel·zeit** *f* ❶ FILM (*Dauer der Vorführung*) run ❷ THEAT (*Saison*) season ❸ SPORT (*festgesetzte Zeit für ein Match*) playing time
Spiel·zeug *nt* toy
Spiel·zeug·ei·sen·bahn *f* toy train set **Spiel·zeug·re·vol·ver** *m* toy pistol
Spieß <-es, -e> [ʃpiːs] *m* ❶ (*Bratspieß*) spit; (*kleiner*) skewer; (*Cocktailspieß*) cocktail skewer ❷ MIL (*sl: Kompaniefeldwebel*) sarge *sl* ❸ HIST (*Stoßwaffe*) spike ► WENDUNGEN: **wie am ~ brüllen** [*o* **schreien**] (*fam*) to squeal [*or* scream] like a stuck pig; **den ~ umdrehen** [*o* **umkehren**] (*fam*) to turn the tables

Spieß·bra·ten *m* spit roast
Spieß·bür·ger(in) *m(f) s.* **Spießer**
spieß·bür·ger·lich *adj s.* **spießig**
spie·ßen ['ʃpi:sn̩] *vt* ■**etw auf etw** ~ *akk* to spit [*or* skewer] sth on sth; (*auf einer Nadel*) to pin sth on sth
Spieß·en·te *f* ORN pintail
Spie·ßer(in) <-s, -> ['ʃpi:sɐ] *m(f)* (*fam*) pedant, petit-bourgeois person, middle-class person
spie·ßig ['ʃpi:sɪç] *adj* (*fam*) conventional, pedantic
Spieß·ru·te *f* ▶ WENDUNGEN: ~**n laufen** to run the gauntlet
Spikes [ʃpaiks, sp-] *pl* (*an Schuhen*) spikes *pl;* (*an Reifen*) studs *pl*
Spi·nat <-[e]s> [ʃpi'na:t] *m kein pl* BOT, KOCHK spinach *no pl*
Spind <-[e]s, -e> [ʃpɪnt, *pl* 'ʃpɪndə] *m* MIL, SPORT locker
Spin·del <-, -n> ['ʃpɪndl̩] *f* spindle
spin·del·dürr ['ʃpɪndl̩'dʏr] *adj* (*pej fam*) thin as a rake, spindly; ■~ **sein** to be [as] thin as a rake
Spi·nett <-s, -e> [ʃpi'nɛt] *nt* MUS spinet
Spin·na·ker <-s, -> ['ʃpɪnakɐ] *m* NAUT spinnaker
Spin·ne <-, -n> ['ʃpɪnə] *f* spider ▶ WENDUNGEN: **wie die ~ im Netz sitzen** to prey like a hawk
spin·ne·feind ['ʃpɪnə'faint] *adj pred* ■**sich** *dat* [*o* **einander**] ~ **sein** (*fam*) to be arch-enemies
spin·nen <spann, gesponnen> ['ʃpɪnən] **I.** *vt* ❶ (*am Spinnrad verarbeiten*) to spin; **Wolle** ~ to spin wool ❷ (*ersinnen*) to invent [*or* concoct] [*or* spin]; **eine Geschichte/Lüge** ~ to spin [*or* invent] a story/lie **II.** *vi* ❶ (*am Spinnrad tätig sein*) to spin ❷ (*fam: nicht bei Trost sein*) to be mad [*or* crazy] [*or* BRIT *sl* off one's head] [*or* AM *sl* out of one's mind]; **sag mal, spinnt der?** is he off his head?; **spinn doch nicht!** don't talk such rubbish!; **du spinnst wohl!** you must be mad!
Spin·nen·netz *nt* spider's web **Spin·nen·tier** *nt* ZOOL arachnid
Spin·ner(in) <-s, -> ['ʃpɪnɐ] *m(f)* ❶ (*fam*) idiot, nutcase *fam* ❷ (*Beruf*) spinner
Spin·ne·rei <-, -en> [ʃpɪnə'rai] *f* ❶ MODE spinning ❷ *kein pl* (*fam: Blödsinn*) nonsense *no pl,* tomfoolery *no pl*
Spin·ne·rin <-, -nen> *f fem form von* **Spinner**
Spinn·ge·we·be *nt* spider's web
Spinn·rad *nt* spinning wheel
Spinn·we·be <-, -n> *f* cobweb
Spin-off <-s, -s> ['spɪnʔɔf] *m* spin-off
Spi·on <-s, -e> [ʃpi̯o:n] *m* (*fam*) spyhole, peephole
Spi·on(in) <-s, -e> [ʃpi̯o:n] *m(f)* spy
Spi·o·na·ge <-> [ʃpi̯o'na:ʒə] *f kein pl* espionage *no pl;* ~ [**für jdn**] **treiben** to spy [*or* carry out espionage] [for sb]
Spi·o·na·ge·ab·wehr *f* counter-intelligence service **Spi·o·na·ge·sa·tel·lit** *m* spy satellite
spi·o·nie·ren* [ʃpi̯o'ni:rən] *vi* ❶ (*als Spion tätig sein*) ■[**für jdn**] ~ to spy [for sb] ❷ (*fam: heimlich lauschen*) to spy [*or* snoop]
Spi·o·nin <-, -nen> *f fem form von* **Spion**
Spi·ra·le <-, -n> [ʃpi'ra:lə] *f* ❶ (*gewundene Linie*) spiral ❷ MED (*Intrauterinpessar*) coil
spi·ral·för·mig *adj* spiral **Spi·ral·ne·bel** *m* ASTRON spiral nebular
Spi·ri·tis·mus <-> [ʃpiri'tɪsmʊs, sp-] *m kein pl* spiritualism *no pl*
Spi·ri·tist(in) <-en, -en> [ʃpiri'tɪst, sp-] *m(f)* spiritualist
spi·ri·tis·tisch *adj* spiritualistic
spi·ri·tu·ell [ʃpiri'tu̯ɛl, sp-] *adj* (*geh*) spiritual
Spi·ri·tu·o·sen [ʃpiri'tu̯o:zn̩, sp-] *pl* (*geh*) spirits *pl*
Spi·ri·tus <-> [ʃpi:ritʊs] *m kein pl* spirit *no pl;* **etw in ~ legen** to put sth in alcohol
Spi·ri·tus·ko·cher *m* spirit stove
Spi·tal <-s, Spitäler> [ʃpi'ta:l, *pl* -'tɛ:lɐ] *nt* MED ÖSTERR, SCHWEIZ (*Krankenhaus*) hospital
spitz [ʃpɪts] **I.** *adj* ❶ (*mit einer Spitze versehen*) pointed, sharp; *s. a.* **Finger, Bleistift** ❷ (~ *zulaufend*) tapered; **eine ~e Nase/ein ~es Kinn/Gesicht/ein ~er Ellbogen** a pointy nose/chin/face/elbow ❸ (*schrill*) shrill ❹ (*stichelnd*) sharp, curt; *s. a.* **Zunge** ❺ (*veraltend fam: scharf*) keen; ■**auf jdn/etw ~ sein** to be keen on sb/sth [*or* fancy sb/sth] **II.** *adv* ❶ (*fam: sexuell anreizen*) **jdn ~ machen** to turn sb on ❷ (*V-förmig*) tapered ❸ (*spitzzüngig*) sharply ▶ WENDUNGEN: ~ **rechnen** [*o* **kalkulieren**] to miscalculate [*or* soft-pedal]
Spitz·bart *m* ❶ (*spitz zulaufender Bart*) goatee ❷ (*Mann mit ~ 1*) man with a goatee **Spitz·bauch** *m* pot belly *fam* **Spitz·bein** *nt* KOCHK pig's trotter [*or* AM foot] **spitz|be·kom·men*** *vt irreg* (*sl*) ■**etw** ~ to cotton [*or* AM catch] on to sth *fam;* ■~, **dass ...** to cotton on to the fact that ... **Spitz·ber·gen** ['ʃpɪtsbɛrgn̩] *nt* ❶ (*Spitzbergen*) Spitsbergen ❷ (*Svalbard*) Svalbard **Spitz·bo·gen** *m* ARCHIT pointed arch **Spitz·bu·be** *m* (*fam*) scallywag *fam* **spitz·bü·bisch** **I.** *adj* cheeky BRIT, roguish, mischievous **II.** *adv* mischievously, cheekily BRIT
Spit·ze[1] <-, -n> ['ʃpɪtsə] *f* ❶ (*spitzes Ende o spitze Ecke*) point; *Schuh* pointed toe ❷ (*vorderster Teil*) front ❸ SPORT (*erster Platz*) top; **an der ~ liegen** [*o* **stehen**] to be at the top; **sich an die ~ setzen, die ~ übernehmen** to move into [*or* take [over]] first place, to take over at the top [of the table [*or* division] [*or* league]] ❹ (*Höchstwert*) peak; **die Temperaturen erreichten im August ~n von 35, 36° C** the temperature peaked at 35-36° C in August ❺ (*Höchstgeschwindigkeit*) top speed; **bei einer ~ von 250 km/h** with a top speed of 250 km/h ❻ *pl* (*führende Leute*) ■**die ~n** the leaders *pl; Gesellschaft* the top; *Unternehmen* the heads; *Wirtschaft* the leaders ❼ (*fam: Zigarettenspitze*) holder ❽ (*spitze Bemerkung*) dig; **diese ~ war gegen dich gezielt** that was a dig at you ▶ WENDUNGEN: **nur die ~ des Eisbergs sein** to be only the tip of the iceberg; ~ **sein** (*fam*) to be great; ~**!** great!; **einer S.** *dat* **die ~ nehmen** (*geh*) to take the sting out of sth; **etw auf die ~ treiben, es** [**mit etw**] **auf die ~ treiben** to take sth to extremes
Spit·ze[2] <-, -en> ['ʃpɪtsə] *f* MODE lace *no pl*
Spit·zel <-s, -> ['ʃpɪtsl̩] *m* ❶ (*Polizeispitzel*) police informer ❷ (*Informant*) informer, spy
spit·zeln ['ʃpɪtsl̩n] *vi* ■[**für jdn**] ~ to spy [*or* act as an informer] [for sb]
spit·zen ['ʃpɪtsn̩] *vt* ■**etw** ~ to sharpen sth; *s. a.* **Mund, Ohr**
Spit·zen·an·la·ge *f* state-of-the-art [*or* BRIT top-of-the-range] stereo **Spit·zen·be·am·te(r), -be·am·tin** *m, f dekl wie adj* top official **Spit·zen·be·las·tung** *f* ÖKON peak load; **in Zeiten der ~** in peak periods; **er ist ~en ausgesetzt** he is under the greatest of strains **Spit·zen·er·zeug·nis** *nt* top-quality product **Spit·zen·ge·halt** *nt* top salary **Spit·zen·ge·schwin·dig·keit** *f* top speed **Spit·zen·gre·mi·um** *nt* top echelon **Spit·zen·grup·pe** *f* SPORT leading group **Spit·zen·hau·be** *f* MODE lace bonnet **Spit·zen·jahr** *nt* exceptionally good year **Spit·zen·kan·di·dat(in)** *m(f)* POL top candidate **Spit·zen·klas·se** *f* top-class; ~ **sein** (*fam*) to be top-class [*or* first-rate] **Spit·zen·kraft** *f* first-rate professional
Spit·zen·kra·gen *m* lace collar
Spit·zen·leis·tung *f* top [*or* first-rate] performance
spit·zen·mä·ßig **I.** *adj* (*sl*) ace *sl,* brilliant **II.** *adv* (*sl*) brilliantly
Spit·zen·po·li·ti·ker(in) *m(f)* top [*or* senior] politician **Spit·zen·po·si·ti·on** *f* top [*or* leading] position **Spit·zen·qua·li·tät** *f* top quality *no pl* **Spit·zen·rei·ter** *m* top seller, hit **Spit·zen·rei·ter(in)** *m(f)* leader, front runner; ~ **sein** to be on top; (*in der Hitparade*) to be top of the pops, to be number one [in the charts] **Spit·zen·sport·ler(in)** *m(f)* top sportsperson **Spit·zen·tech·no·lo·gie** *f* state-of-the-art technology **Spit·zen·tem·pe·ra·tur** *f* peak temperature **Spit·zen·ver·dienst** *m* top income **Spit·zen·wein** *m* top-quality wine **Spit·zen·wert** *m* MATH peak value
Spit·zer <-s, -> ['ʃpɪtsɐ] *m* (*fam*) sharpener
spitz·fin·dig **I.** *adj* hair-splitting, nit-picking *fam* **II.** *adv* ~ **argumentieren/auslegen** [*o* **interpretieren**] to split hairs
Spitz·fin·dig·keit <-, -en> *f* ❶ (*spitzfindige Art*) hair-splitting nature ❷ (*spitzfindige Äußerung*) hair-splitting *no pl*
Spitz·ha·cke *f* pickaxe **Spitz·keh·re** *f* ❶ TRANSP hairpin bend ❷ SKI kick-turn

S

spitz|krie·gen *vt (fam) s.* **spitzbekommen**
Spitz·maus *f* shrew
Spitz·na·me *m* nickname; **sie gaben ihm den ~n ...** they nicknamed him ...
Spitz·sieb *nt* chinois **Spitz·we·ge·rich** ['ʃpɪtsveːgərɪç] *m* ribwort **spitz·win·ke·lig, spitz·wink·lig I.** *adj Dreieck* acute-angled; *Ecke* sharp[-cornered] **II.** *adv* sharply
Spleen <-s, -s> [ʃpliːn, sp-] *m (fam)* strange habit, eccentricity; **einen ~ haben** to be off [*or* AM out of] one's head
splee·nig ['ʃpliːnɪç, 'sp-] *adj (fam)* nutty *fam,* eccentric
splei·ßen <spliss, gesplissen> ['ʃplaisn̩] *vi* to split
Splint <-[e]s, -e> [ʃplɪnt] *m* ❶ TECH split pin ❷ *kein pl* FORST sapwood *no pl*
Splitt <-[e]s, -e> [ʃplɪt] *m* stone chippings *pl*
Split·ter <-s, -> ['ʃplɪtɐ] *m* splinter
Split·ter·bom·be *f* MIL fragmentation bomb
split·ter(·fa·ser)·nackt ['ʃplɪtɐ('faːzɐ)'nakt] **I.** *adj (fam)* stark naked, starkers BRIT *fam* **II.** *adv (fam)* stark naked, starkers
Split·ter·grup·pe *f* POL splinter group
split·te·rig *adj* ❶ *(leicht splitternd)* splintering ❷ *(mit Splittern bedeckt)* splintered
split·tern *vi sein o haben* to splinter
Split·ter·par·tei *f* POL *s.* **Splittergruppe**
Split·ting <-s, -s> ['ʃplɪtɪŋ, 'sp-] *nt* ❶ FIN, ADMIN *separate taxing of husband and wife* ❷ POL splitting *no pl*
Split·ting·ta·rif *m kein pl* FIN, ADMIN ■**der ~** *tax rate for separate taxing of husband and wife*
SPÖ <-> [ɛspeː'ʔøː] *f kein pl* POL *Abk von* **Sozialdemokratische Partei Österreichs:** ■**die ~** the Austrian Socialist Party
Spoi·ler <-s, -> ['ʃpɔylɐ, 'sp-] *m* spoiler
spon·sern ['ʃpɔnzɐn, 'sp-] *vt* ■**jdn/etw ~** to sponsor sb/sth

> **i Kultur**
>
> The **Sponsion** is an academic ceremony in Austria at which master's degrees are awarded.

Spon·sor, Spon·so·rin <-s, -soren> ['ʃpɔnzɐ, 'sp-, ʃpɔn'zoːrɪn, *pl* ʃpɔn'zoːrən] *m, f* sponsor
Spon·so·ring <-s> ['ʃpɔnzorɪŋ, 'sp-] *nt kein pl* sponsoring *no pl*
spon·tan [ʃpɔn'taːn, sp-] *adj* spontaneous
Spon·ta·ne·i·tät <-> [ʃpɔntanei'tɛːt, sp-] *f kein pl (geh)* spontaneity *no pl*
spo·ra·disch [ʃpo'raːdɪʃ, sp-] *adj* sporadic
Spo·re <-, -n> ['ʃpoːrə] *f* BIOL spore
Spo·ren·tier *nt* ZOOL sporozoan
Sporn <-[e]s, Sporen> [ʃpɔrn, *pl* 'ʃpoːrən] *m* ❶ *meist pl* spur; **einem Reittier die Sporen geben** to spur a mount ❷ BOT spur ▸ WENDUNGEN: **sich** *dat* **die [ersten] Sporen verdienen** to win one's spurs
Sport <-[e]s, *selten* -e> [ʃpɔrt] *m* ❶ SPORT sport *no pl;* **~ treiben** to do sport ❷ SCH games *pl* ❸ MEDIA sports news; **~ sehen** to watch [the] sport ❹ *(Zeitvertreib)* pastime, hobby; **etw aus [***o* **zum] ~ betreiben** to do sth for fun ▸ WENDUNGEN: **sich** *dat* **einen ~ daraus machen, etw zu tun** *(fam)* to get a kick out of doing sth *fam*
Sport·ab·zei·chen *nt* sports certificate **Sport·art** *f* discipline, kind of sport **Sport·ar·ti·kel** *m meist pl* sports equipment; ■**ein ~** a piece of sports equipment **Sport·bril·le** *f* sports glasses **Sport·bund** *m* **Deutscher ~** *German umbrella organization for sports* **Sport·fest** *nt* sports festival **Sport·flug·zeug** *nt* sports aircraft **Sport·ge·rät** *nt* piece of sports equipment **Sport·ge·schäft** *nt* sports shop **Sport·ge·tränk** *nt* isotonic drink **Sport·hal·le** *f* sports hall **Sport·hemd** *nt* casual shirt **Sport·hoch·schu·le** *f* SCH college of physical education
spor·tiv [spɔr'tiːf, ʃp-] *adj* MODE sporty
Sport·klei·dung *f* sportswear **Sport·klub** *m s.* **Sportverein** **Sport·leh·rer(in)** *m(f)* SCH PE teacher
Sport·ler(in) <-s, -> ['ʃpɔrtlɐ] *m(f)* sportsman *masc,* sportswoman *fem*
sport·lich ['ʃpɔrtlɪç] **I.** *adj* ❶ *(den Sport betreffend)* sporting ❷ *(trainiert)* sporty, athletic ❸ *(fair)* sporting, sportsmanlike ❹ MODE *(flott)* casual ❺ AUTO *(rasant)* sporty **II.** *adv* ❶ SPORT *(in einer Sportart)* in sports; **sich ~ betätigen** to do sport ❷ *(flott)* casually ❸ AUTO *(rasant)* sportily
Sport·lich·keit <-> *f kein pl* ❶ *(Trainiertheit)* sportiness *no pl* ❷ *(Fairness)* sportsmanship *no pl*
Sport·me·di·zin *f* sports medicine *no pl* **Sport·nach·rich·ten** *pl* sports news **Sport·platz** *m* sports field **Sport·re·por·ta·ge** *f* sports report **Sport·schuh** *m* SPORT trainer; MODE casual shoe **Sport·schüt·ze, -schüt·zin** *m, f* rifleman *masc,* riflewoman *fem (in a sports club);* *(Bogenschütze)* archer
Sports·freund *m (fam)* sport *fam*
Sport·un·fall *m* sporting accident **Sport·ver·an·stal·tung** *f* sports event **Sport·ver·ein** *m* sports club **Sport·wa·gen** *m* ❶ AUTO sports car ❷ *(offener Kinderwagen)* buggy
Spot <-s, -s> [spɔt, ʃp-] *m* ❶ MEDIA *(kurzer Werbefilm)* commercial, ad *fam* ❷ ELEK *(Punktstrahler)* spot
Spott <-[e]s> [ʃpɔt] *m kein pl* ridicule *no pl,* mockery *no pl;* **seinen ~ mit jdm treiben** *(geh)* to make fun of sb
spott·bil·lig ['ʃpɔt'bɪlɪç] **I.** *adj (fam)* dirt cheap **II.** *adv (fam)* dirt cheap
Spott·dros·sel *f* ORN mockingbird
Spöt·te·lei <-, -en> [ʃpœtə'lai] *f* teasing *no pl*
spöt·teln ['ʃpœtl̩n] *vi* ■**[über jdn/etw] ~** to make fun [of sb/sth]
spot·ten ['ʃpɔtn̩] *vi* ❶ *(höhnen)* to ridicule [*or* mock]; ■**[über jdn/etw] ~** to make fun [of sb/sth] [*or* tease sb] ❷ *(geh: missachten)* **einer Gefahr/Warnung** *gen* **~** to scorn [*or* dismiss] a danger/warning; *s. a.* **Beschreibung**
Spöt·ter ['ʃpœtɐ] *m* ORN warbler
Spöt·ter(in) <-s, -> ['ʃpœtɐ] *m(f)* mocker
spöt·tisch ['ʃpœtɪʃ] *adj* mocking
Spott·preis *m* ridiculously low price, snip BRIT *fam;* **für einen ~** dirt cheap
sprach [ʃpraːx] *imp von* **sprechen**
Sprach·at·las *m* LING linguistic atlas **Sprach·bar·ri·e·re** *f* language barrier **sprach·be·gabt** *adj* linguistically talented; ■**~ sein** to be good at languages **Sprach·be·ga·bung** *f* linguistic talent *no pl*
Spra·che <-, -n> ['ʃpraːxə] *f* ❶ *(Kommunikationssystem)* language; **lebende/tote ~** living/extinct language; **die neueren ~n** modern languages; **eine ~ sprechen** to speak a language ❷ *kein pl (Sprechweise)* way of speaking ❸ *kein pl (Ausdrucksweise)* form of expression, language *no pl* ❹ *kein pl (das Sprechen)* speech *no pl;* **etw zur ~ bringen, die ~ auf etw** *akk* **bringen** to bring sth up; **zur ~ kommen** to come up ▸ WENDUNGEN: **jetzt [***o* **auf einmal] eine ganz andere ~ sprechen** to change one's tune; **die gleiche ~ sprechen** to be on the same wavelength; **eine klare [***o* **deutliche] ~ sprechen** to speak for itself; **jdm bleibt die ~ weg, jd verliert die ~** sb is speechless, the cat got sb's tongue; **die ~ wiederfinden** to find one's tongue again; **mit der ~ herausrücken [***o* **herauskommen]** *(fam)* to come out with it; **jds ~ sprechen** to speak sb's language; **jdm die ~ verschlagen** to leave sb speechless; **nicht mit der ~ herauswollen** to not want to talk; **sie wollte nicht mit der ~ heraus** she didn't want to talk; **heraus mit der ~!** *(fam)* out with it!
Sprach·ebe·ne *f* LING stylistic level **Sprach·er·ken·nung** *f* INFORM voice recognition *no pl* **Sprach·er·ken·nungs·soft·ware** *f* INFORM speech recognition software **Sprach·er·werb** *m* language acquisition *no pl* **Sprach·fa·mi·lie** *f* language family **Sprach·feh·ler** *m* speech impediment; **einen ~ haben** to have a speech impediment **Sprach·for·scher(in)** *m(f) s.* **Sprachwissenschaftler** **Sprach·for·schung** *f kein pl s.*

Sprachwissenschaft **Sprach·füh·rer** *m* phrase book **Sprach·ge·brauch** *m* language usage *no pl* **Sprach·ge·fühl** *nt kein pl* feel for language *no pl;* **ein bestimmtes ~ haben** to have a certain feel for language **Sprach·ge·nie** *nt* linguistic genius **Sprach·ge·schich·te** *f* ❶ LING linguistic history *no pl* ❷ (*Buch*) linguistic history

Sprach·kennt·nis·se *pl* language skills *pl;* **gute ~ haben** to have proficient language skills **Sprach·kom·pe·tenz** *f* linguistic competence **sprach·kun·dig** *adj* proficient in a language; ■**~ sein** to be proficient in [*or* good at] a language **Sprach·kurs** *m* language course **Sprach·la·bor** *nt* language laboratory [*or fam* lab] **Sprach·leh·re** *f* grammar

sprach·lich I. *adj* linguistic II. *adv* ❶ LING grammatically; **~ falsch/korrekt sein** to be grammatically incorrect/correct ❷ (*stilistisch*) stylistically

sprach·los *adj* speechless

Sprach·lo·sig·keit <-> *f kein pl* speechlessness *no pl*

Sprach·re·ge·lung *f* official version **Sprach·rei·se** *f* language holiday **Sprach·rohr** *nt* megaphone ▶WENDUNGEN: **sich zum ~ einer S.** *gen*/**zu jds ~ machen** to become a mouthpiece for [*or* of] sth/sb **Sprach·schu·le** *f* language school **Sprach·stö·rung** *f* speech disorder **Sprach·stu·di·um** *nt* course of study [*or* degree] in languages **Sprach·the·ra·peut(in)** *m(f)* speech therapist **Sprach·the·ra·pie** *f* speech therapy **Sprach·übung** *f* [oral] language exercise **Sprach·un·ter·richt** *m* language instruction *no pl;* (*in der Schule*) language lesson **Sprach·wan·del** *m kein pl* change in language **Sprach·wis·sen·schaft** *f* linguistics + *sing vb;* **allgemeine ~** linguistics; **vergleichende ~en** comparative linguistics **Sprach·wis·sen·schaft·ler(in)** *m(f)* linguist **sprach·wis·sen·schaft·lich** *adj* linguistic **Sprach·witz** *m kein pl* way with words **Sprach·zen·trum** *nt* ❶ MED, PSYCH speech centre [*or* AM -er] ❷ LING (*Sprachschule*) language centre [*or* AM -er]

sprang [ʃpraŋ] *imp von* **springen**

Spray <-s, -s> [ʃpreː, spreː] *m o nt* spray

Spray·do·se [ˈʃpreː-, ˈspreː-] *f* aerosol, spray

spray·en [ˈʃpreːən, ˈsp-] I. *vi* to spray; ■**[mit etw] ~** to spray [with sth] II. *vt* ■**etw [auf etw** *akk*] **~** to spray sth [on sth]

Sprech·an·la·ge *f* intercom **Sprech·bla·se** *f* speech bubble, balloon **Sprech·chor** *m* chorus; **der ~ der Umweltschützer brachte seine Ablehnung von Atomkraft zum Ausdruck** the chorus of environmentalists voiced their opposition to nuclear power; **im ~ rufen** to chorus

spre·chen <spricht, sprach, gesprochen> [ˈʃprɛçn̩] I. *vi* ❶ (*reden*) to speak, to talk; **kann das Kind schon ~?** can the baby talk yet?; **ich konnte vor Aufregung kaum ~** I could hardly speak for excitement; **nun sprich doch endlich!** go on, say something!; **sprich doch nicht so laut** don't talk so loud; **dabei bleibt's, ich habe gesprochen!** what I say goes!; **Schluss damit, jetzt spreche ich!** enough of that, now it's my turn!; **Achtung, hier spricht die Polizei!** attention, this is the police!; **hier können wir nicht ~** we can't talk here; ■**über etw** *akk* **~** to talk [*or* speak] about sth, to discuss sth; **über Sex wurde bei uns zu Hause nie gesprochen** sex was never talked about [*or* discussed] in our house; ■**mit jdm [über etw** *akk*] **~** to talk to sb [about sth]; **sprich nicht in diesem Ton mit mir!** don't speak to me like that!; ■**von etw ~** to talk about sth; **wovon ~ Sie eigentlich?** what are you talking about?; ■**zu jdm ~** to speak [*or* talk] to sb; **auf jdn/etw zu ~ kommen** to come to talk about sb/sth; **jetzt, wo wir gerade darauf zu ~ kommen, ...** now that we've come to mention it, ...; **für sich [selbst] ~** to speak for itself; **über etw** *akk* **spricht man nicht** sth is not talked about; **~ wir nicht mehr darüber** [*o* **davon**] let's not talk about it anymore [*or* change the subject]; **mit sich selbst ~** to talk to oneself; **sprich!/~ Sie!** (*geh*) speak!, speak away!; *s. a.* **sprich** ❷ TELEK (*telefonieren*) ■**mit jdm ~** to speak with sb; **mit wem möchten Sie ~?** who would you like to speak to?; **„hallo, wer spricht denn da?"** "hello, who's speaking?" ❸ (*tratschen*) ■**über jdn ~** to talk about sb [behind their back] ❹ (*empfehlen*) ■**für jdn/etw ~** to be in favour [*or* AM -or] of [*or* speak well for] sb/sth; **seine Pünktlichkeit spricht sehr für ihn** his punctuality is very much a point in his favour; ■**für jdn/etw ~, dass** it says something for sb/sth, that; ■**gegen jdn/etw ~** to speak against sb/sth [*or* not be in sb's/sth's favour] ❺ (*erkennbar sein*) ■**aus jdm/etw spricht Angst/Entsetzen/Hass etc** sb/sth expresses [*or* speaks] fear/horror/hate etc; **aus diesen Worten sprach der blanke Hass** these words expressed pure hate II. *vt* ❶ (*können*) ■**etw ~** to speak sth; **~ Sie Chinesisch?** can you speak Chinese? ❷ (*aussprechen*) ■**etw ~** to say sth; **sie konnte keinen vernünftigen Satz ~** she couldn't say a single coherent sentence; **wie spricht man dieses Wort?** how do you pronounce this word? ❸ (*verlesen*) ■**etw ~** to say sth; **ein Gedicht ~** to recite a poem; **heute spricht Pfarrer W. die Predigt** today, prayer will be taken by Father W. ❹ (*sich unterreden*) ■**jdn ~** to speak to sb ▶WENDUNGEN: **nicht gut auf jdn zu ~ sein, schlecht auf jdn zu ~ sein** to be on bad terms with sb; **darauf ist sie nicht gut zu ~** she doesn't like that; **für jdn/niemanden zu ~ sein** to be available for sb/not be available for anyone; **Sie können eintreten, der Herr Professor ist jetzt zu ~** you can come in, the Professor will see you now; **wir ~ uns noch** [*o* **wieder**]**!** you haven't heard the last of this!

Spre·chen <-s> [ˈʃprɛçn̩] *nt kein pl* ❶ (*die menschliche Sprache*) speech *no pl;* **das ~ lernen** to learn to speak [*or* talk] ❷ (*das Reden*) speaking *no pl,* talking *no pl;* **jdn zum ~ bringen** to make sb talk

spre·chend *adj* ❶ (*menschliche Laute von sich gebend*) talking ❷ (*beredt*) eloquent

Spre·cher(in) <-s, -> *m(f)* ❶ (*Wortführer*) spokesperson; **sich zum ~ von jdm/etw machen** to become the spokesperson for [*or* voice of] sb/sth ❷ ADMIN (*Beauftragter*) speaker ❸ RADIO, TV announcer; (*Nachrichten~*) newsreader, newscaster ❹ LING (*Muttersprachler*) native speaker

Sprech·funk *m* radio; **über ~** over radio **Sprech·funk·ge·rät** *nt* walkie-talkie **Sprech·mu·schel** *f* mouthpiece **Sprech·stun·de** *f* MED surgery; **~ halten** to hold surgery **Sprech·stun·den·hil·fe** *f* receptionist (*in a doctor's or dentist's surgery*) **Sprech·wei·se** *f* way of speaking **Sprech·zeit** *f* ❶ MED *Arzt* surgery [hours *pl*], practice opening hours *pl* ❷ (*Zeit für Gespräche*) consulting hours *pl* ❸ TELEK (*Dauer eines Gesprächs*) call time **Sprech·zim·mer** *nt* MED consultation room

sprei·zen [ˈʃpraitsn̩] I. *vt* ■**etw ~** to spread sth; **die Beine ~** to open [*or* spread] one's legs II. *vr* ❶ (*sich zieren*) ■**sich [gegen etw] ~** to make a fuss [*or* hesitate] [about sth]; **jetzt spreize dich nicht erst lange!** don't be silly [*or* shy]! ❷ (*sich sträuben*) ■**sich gegen etw ~** to be reluctant about sth

Spreiz·fuß *m* MED spread-foot, splay-foot

Spreng·bom·be *f* MIL high-explosive bomb

Spren·gel <-s, -> [ˈʃprɛŋl̩] *m* ❶ REL parish ❷ ÖSTERR (*veraltend: Verwaltungsbezirk*) administrative district

spren·gen¹ [ˈʃprɛŋən] I. *vt* ■**etw ~** ❶ (*zur Explosion bringen*) to blow sth up ❷ (*bersten lassen*) to burst sth; *s. a.* **Kette** ❸ (*gewaltsam auflösen*) to break sth up II. *vi* to blast

spren·gen² [ˈʃprɛŋən] *vt* ■**etw ~** ❶ (*berieseln*) to water sth [*or* spray sth with water] ❷ (*benetzen*) to sprinkle sth with water

spren·gen³ [ˈʃprɛŋən] *vi sein* (*geh*) ■**irgendwohin ~** to thunder somewhere

Spreng·kopf *m* warhead **Spreng·kraft** *f kein pl* explosive force *no pl* **Spreng·la·dung** *f* explosive charge **Spreng·meis·ter(in)** *m(f)* demolition expert **Spreng·satz** *m* explosive device **Spreng·stoff** *m* ❶ (*Substanz zum Sprengen*) explosive ❷ (*Thema*) explosive material *no pl* **Spreng·stoff·an·schlag** *m* bomb attack; **einen ~ [auf jdn/etw] verüben** to launch a bomb attack [on sb/sth]; **auf den Politiker wurde ein ~ verübt** the politician was the subject of a bomb attack

S

Spren·gung <-, -en> *f* ① *kein pl* (*das Sprengen*) blasting *no pl*, blowing-up *no pl* ② (*Explosion*) explosion, blasting *no pl*
Spreng·wir·kung *f* explosive effect
Spren·kel <-s, -> [ˈʃprɛŋkl̩] *m* spot; (*Schmutzfleck*) mark
Spreu <-> [ʃprɔy] *f kein pl* AGR chaff *no pl* ▸ WENDUNGEN: **die ~ vom Weizen trennen** to separate the wheat from the chaff *fig*
sprich [ʃprɪç] namely, in other words, that is, i.e.; **wir müssen schon bald, ~ in drei Stunden, aufbrechen** we have to leave soon, i.e. in three hours; **sie hat das Klassenziel nicht erreicht, ~, sie ist durchgefallen** she didn't meet the class goal, in other words [*or* that is], she failed; **das wird eine Menge Geld, ~ etwa 1.000 Euro, kosten** it will cost a lot of money, namely 1,000 euros
Sprich·wort <-wörter> [ˈʃprɪçvɔrt, *pl* -vœrtɐ] *nt* proverb, saying
sprich·wört·lich *adj* proverbial
sprie·ßen <spross *o* sprießte, gesprossen> [ˈʃpriːsn̩] *vi sein* BOT to spring up [*or* shoot]; *Bart, Brüste, Haare* to grow
Spring·bock *m* ZOOL springbok
Spring·brun·nen *m* fountain
sprin·gen[1] <sprang, gesprungen> [ˈʃprɪŋən] *vi sein* to shatter; (*einen Sprung bekommen*) to crack
sprin·gen[2] <sprang, gesprungen> [ˈʃprɪŋən] **I.** *vi sein* ① (*hüpfen*) to jump [*or* leap]; **die Kinder sprangen hin und her** the children leapt [*or* jumped] about; **der Hase sprang über die Wiese** the rabbit leapt [*or* bounded] across the meadow ② (*hinunterspringen*) to jump ③ SPORT (*durch die Luft schnellen*) to jump ④ (*fam: Anordnungen eilends ausführen*) to jump; **jeder hat zu ~, wenn der Chef es verlangt** everyone has to jump at the boss's request ⑤ DIAL (*eilen*) ■**[irgendwohin] ~** to nip [*or* pop] [*or* AM pop in] [somewhere] *fam;* **springst du mal eben zum Metzger?** can you nip round [*or* out] to the butcher's for me? ⑥ (*fliegen*) to fly; **ihm sprang ein Funke ins Gesicht** a spark flew into his face; **der Knopf sprang ihm von der Hose** the button flew off his trousers ⑦ (*wegspringen*) ■**aus etw ~** to jump out of sth; **beim Zählen sprang ihr eine Münze aus der Hand** while she was counting a coin jumped out of her hand ⑧ (*ruckartig vorrücken*) ■**auf etw** *akk* **~** to jump to sth; **die Ampel sprang auf rot** the traffic light jumped to red ▸ WENDUNGEN: **etw ~ lassen** (*fam*) to fork out sth **II.** *vt haben* SPORT, SKI ■**etw ~** to jump sth; **einen Rekord ~** to make a record jump; **sie sprang die größte Weite** she jumped the furthest distance
Sprin·gen <-s> [ˈʃprɪŋən] *nt kein pl* SPORT jumping *no pl;* (*ins Wasser*) diving *no pl*
Sprin·ger <-s, -> [ˈʃprɪŋɐ] *m* SCHACH knight
Sprin·ger(in) <-s, -> [ˈʃprɪŋɐ] *m(f)* SPORT, SKI jumper
Sprin·ger·stie·fel *pl* army boots *pl*
Spring·flut *f* spring tide **Spring·form** *f* spring-form pan AM, spring-clip tin BRIT **Spring·kraut** *nt* BOT balsam **Spring·maus** *f* ZOOL jumping mouse **Spring·rei·ten** *nt* show jumping *no pl* **Spring·rol·lo** *nt* roller blind **Spring·schwanz** *m* ZOOL springtail **Spring·seil** *nt* skipping [*or* AM jumping] rope
Sprink·ler <-s, -> [ˈʃprɪŋklɐ] *m* TECH sprinkler
Sprink·ler·an·la·ge *f* sprinkler system
Sprint <-s, -s> [ʃprɪnt] *m* SPORT sprint
sprin·ten [ˈʃprɪntn̩] **I.** *vi sein* to sprint **II.** *vt haben* SPORT **400 m ~** to sprint 400 m, to do the 400 m sprint
Sprin·ter(in) <-s, -> *m(f)* sprinter
Sprit <-[e]s> [ʃprɪt] *m kein pl* ① (*fam: Benzin*) petrol *no pl* ② (*fam: Schnaps*) booze *no pl fam* ③ (*Äthylalkohol*) pure spirit *no pl*
Spritz·be·steck *nt* shooting kit *sl* (*equipment used by a drug addict to take his/her drugs*) **Spritz·beu·tel** *m* piping bag
Sprit·ze <-, -n> [ˈʃprɪtsə] *f* ① MED (*Injektionsspritze*) syringe ② MED (*Injektion*) injection, jab *fam;* **eine ~ bekommen** to have an injection [*or fam* a jab]; **jdm eine ~ geben** to give sb an injection ③ (*Motorspritze*) hose
sprit·zen [ˈʃprɪtsn̩] **I.** *vi* ① *haben* (*in Tropfen auseinanderstieben*) *Regen, Schlamm* to spray; *Fett* to spit ② *sein* (*im Strahl gelangen*) *Wasser* to spurt; (*aus einer Wasserpistole*) to squirt ③ *haben* MED (*injizieren*) to inject; (*sl sl: mit Drogen*) to shoot [up] *sl* **II.** *vt haben* ① (*im Strahl verteilen*) ■**etw [auf etw] ~** to squirt sth [onto sth]; **jdm/sich** *dat* **etw ins Gesicht ~** to squirt sth into sb's/one's face ② (*bewässern*) ■**etw ~** to sprinkle [*or* water] sth ③ MED (*injizieren*) ■**etw ~** to inject sth; ■**[jdm/sich** *dat*] **etw ~** to give [sb/oneself] an injection; **die Pfleger spritzten ihr ein starkes Beruhigungsmittel** the nurses injected her with a tranquillizer; **sich** *dat* **Heroin ~** (*sl*) to shoot [up] heroin ④ KOCHK **Sahne/Zuckerguss auf etw ~** to pipe cream/icing onto sth ⑤ (*mit Bekämpfungsmittel besprühen*) ■**etw [gegen etw] ~** to spray sth [against sth] ⑥ AUTO (*mit der Spritzpistole lackieren*) ■**etw ~** to spray sth
Sprit·zer <-s, -> *m* ① (*gespritzte Tropfen*) splash ② (*kleine Flüssigkeitsmenge*) splash; *Whisky* small drop
sprit·zig [ˈʃprɪtsɪç] *adj* ① (*prickelnd*) tangy ② (*flott*) lively, sparkling; **~es Auto** quick [*or* BRIT nippy] car
Spritz·pis·to·le *f* spray gun **Spritz·tour** *f* (*fam*) spin **Spritz·tü·te** *f* piping bag
sprö·de [ˈʃprøːdə] *adj* ① (*unelastisch*) brittle ② (*rau*) rough; *Haar* brittle; *Lippen* chapped ③ (*abweisend*) aloof
spross[RR], **sproß**[ALT] [ʃprɔs] *imp von* **sprießen**
Spross[RR] <-es, -e> *m,* **Sproß**[ALT] <-sses, -sse> [ʃprɔs] *m* ① BOT (*Schössling*) shoot ② (*geh: Nachkomme*) scion *form*
Spros·se <-, -n> [ˈʃprɔsə] *f* ① (*Leitersprosse*) step ② BAU (*Fenstersprosse*) mullion
Spros·sen·kohl *m* Brussels sprouts
Spros·ser <-s, -> [ˈʃprɔsɐ] *m* ORN thrush nightingale
Spröss·ling[RR], **Spröß·ling** [ALT] <-s, -e> [ˈʃprœslɪŋ] *m* (*hum*) offspring
Sprot·te <-, -n> [ˈʃprɔtə] *f* sprat
Spruch <-[e]s, Sprüche> [ʃprʊx, *pl* ˈʃprʏçə] *m* ① (*Ausspruch*) saying, aphorism, slogan; **die Wände waren mit Sprüchen beschmiert** slogans had been scrawled on the walls; **das ist doch nur wieder einer dieser dummen Sprüche** it's all just empty talk [*or fam* meaningless prattle] ② (*einstudierter Text*) quotation ③ (*Schiedsspruch*) award, verdict ▸ WENDUNGEN: **Sprüche machen** [*o* **klopfen**] (*fam*) to drivel [*or* BRIT waffle]
Spruch·band <-bänder> *nt* banner
Sprü·che·klop·fer(in) [ˈʃprʏçəklɔpfɐ] *m(f)* (*fam*) prattle-monger BRIT *fam,* big talker AM *fam*
Sprüch·lein <-s, -> *nt dim von* **Spruch** ▸ WENDUNGEN: **sein ~ sagen** to say one's little piece
spruch·reif *adj* (*fam*) ■**~/noch nicht ~ sein** to be/not be definite
Spru·del <-s, -> [ˈʃpruːdl̩] *m* ① (*Mineralwasser*) sparkling mineral water ② ÖSTERR (*Erfrischungsgetränk*) fizzy drink
spru·deln [ˈʃpruːdl̩n] *vi* ① *haben* (*aufschäumen*) to bubble, to effervesce, to fizz ② *sein* (*heraussprudeln*) to bubble
Spru·del·ta·blet·te *f* effervescent tablet
Sprüh·do·se *f s.* **Spraydose**
sprü·hen [ˈʃpryːən] **I.** *vt haben* to spray; ■**etw auf/über etw** *akk* **~** to spray sth onto/over sth **II.** *vi* ① *haben* (*schwach spritzen*) to spray ② *sein* (*als Aerosol spritzen*) ■**aus etw/irgendwohin ~** to spray from sth/somewhere ③ *sein* (*umherfliegen*) ■**[irgendwohin] ~** to fly [somewhere]; **die Funken des Feuers ~ überall hin** the sparks of the fire spray everywhere ④ *haben* to flash ⑤ *haben* (*lebhaft sein*) to sparkle; **vor Begeisterung** *dat* **~** to sparkle with excitement
sprü·hend *adj* sparkling
Sprüh·re·gen *m* drizzle *no pl*
Sprung[1] <-[e]s, Sprünge> [ʃprʊŋ, *pl* ˈʃprʏŋə] *m* crack
Sprung[2] <-[e]s, Sprünge> [ʃprʊŋ, *pl* ˈʃprʏŋə] *m* ① (*Satz*) leap, jump, bound; **einen ~ [irgendwohin/über etw** *akk*] **machen** to leap [*or* jump] [somewhere/over sth]; **der Bock machte einen ~ in die Luft** the ram bounded into the air; **zum ~ ansetzen** to get ready to jump ② SPORT vault, jump

▶WENDUNGEN: **einen ~ in der <u>Schüssel</u> haben** to not be quite right in the head; **ein <u>großer</u> ~ nach vorn** a giant leap forwards; **[mit etw] keine <u>großen</u> Sprünge machen können** (*fam*) to not be able to live it up [with sth]; **jdm auf die Sprünge <u>helfen</u>** to give sb a helping hand; **wir müssen dir wohl erst auf die Sprünge helfen, was?** looks like we need to help things along a bit; **immer auf dem ~ <u>sein</u>** (*fam*) to be always on the go; **auf dem ~ <u>sein</u>** to be about to leave [*or* go]; **nur einen ~ entfernt von etw <u>sein</u>** to be only a stone's throw away from sth; **jdm auf die Sprünge <u>kommen</u>** (*fam*) to get on to sb; **na warte, wenn ich dir erst auf die Sprünge komme!** just wait until I get a hold of you!; **auf einen ~ [bei jdm] <u>vorbeikommen</u>** (*fam*) to pop in [*or* by] to see sb *fam*

Sprung·brett *nt* ❶ SPORT diving board ❷ SPORT (*Turngerät*) springboard ❸ (*geh: gute Ausgangsbasis*) springboard **Sprung·fe·der** *f* spring **Sprung·ge·lenk** *nt* ankle [joint] **Sprung·gru·be** *f* pit

sprung·haft I. *adj* ❶ (*in Schüben erfolgend*) rapid ❷ (*unstet*) volatile, fickle **II.** *adv* in leaps and bounds

Sprung·haf·tig·keit <-> *f kein pl* fickleness *no pl,* volatile nature

Sprung·schan·ze *f* ski jump **Sprung·stab** *m* vaulting pole **Sprung·tuch** *nt* jumping blanket [*or* sheet] **Sprung·turm** *m* diving platform

Spu·cke <-> ['ʃpʊkə] *f kein pl* (*fam*) (*Speichel*) spit *no pl* ▶WENDUNGEN: **jdm <u>bleibt</u> die ~ weg** sb is flabbergasted; **da bleibt mir die ~ weg** I'm [totally] flabbergasted

spu·cken ['ʃpʊkn̩] **I.** *vi* ❶ (*ausspucken*) to spit ❷ DIAL (*sich übergeben*) to throw up *fam,* to vomit ❸ (*fam: Maschine*) to sputter **II.** *vt* ■**etw ~** to spit sth out; ■**etw [auf etw** *akk*] **~** (*gezielt*) to spit sth [onto sth]; *s. a.* **Hand**

Spuck·napf *m* spittoon

Spuk <-[e]s, -e> [ʃpu:k] *m* ❶ (*Geistererscheinung*) [ghostly] apparition, spook *fam* ❷ (*schreckliches Erlebnis*) nightmare

spu·ken ['ʃpu:kn̩] *vi impers* ❶ (*nicht geheuer sein*) to haunt; ■**irgendwo spukt es** somewhere is haunted; **hier spukt's** this place is haunted ❷ (*fam: nicht ganz bei Trost sein*) ■**bei jdm spukt es** sb is out of his/her mind; **ich glaube, bei ihr spukt's** I think she must be out of her mind

Spuk·ge·schich·te *f* ghost story **Spuk·schloss**[RR] *nt* haunted castle

Spül·be·cken *nt* sink

Spu·le <-, -n> ['ʃpu:lə] *f* ❶ (*Garnrolle*) bobbin ❷ FILM spool, reel ❸ ELEK (*Schaltelement*) coil

Spü·le <-, -n> ['ʃpy:lə] *f* [kitchen] sink

spu·len ['ʃpu:lən] **I.** *vt* ■**etw [von etw] auf etw** *akk* **~** to wind [*or* spool] sth [from sth] onto sth **II.** *vi* to wind [on]

spü·len ['ʃpy:lən] **I.** *vi* ❶ (*Geschirr abwaschen*) to wash up ❷ (*die Toilette abziehen*) to flush **II.** *vt* ❶ (*abspülen*) ■**etw ~** to wash up sth *sep* ❷ (*schwemmen*) ■**etw irgendwohin ~** to wash sth somewhere; **das Meer spülte die Leiche an Land** the sea washed the body ashore

Spül·kas·ten *m* cistern **Spül·ma·schi·ne** *f* dishwasher **spül·ma·schi·nen·fest** *adj* dishwasher-safe

Spül·mit·tel *nt* washing-up liquid, dish soap AM **Spül·stein** *m* DIAL sink

Spü·lung <-, -en> *f* ❶ (*gegen Mundgeruch*) rinsing *no art* ❷ (*Wasserspülung*) flush; **die ~ betätigen** to flush [the toilet] ❸ (*Haarspülung*) conditioner

Spül·was·ser *nt* dishwater, washing-up water BRIT

Spul·wurm *m* roundworm, ascarid *spec*

Spund[1] <-[e]s, Spünde *o* Spunde> [ʃpʊnt, *pl* 'ʃpʏndə] *m* bung, spigot

Spund[2] <-[e]s, -e> [ʃpʊnt] *m* ■**junger ~** (*fam*) stripling, young pup *fam*

Spund·loch *nt* bunghole

Spur <-, -en> [ʃpu:ɐ̯] *f* ❶ (*hinterlassenes Anzeichen*) trace; *Verbrecher a.* clue; **~en der Verwüstung** signs [*or* marks] of devastation; **jdn auf die [richtige] ~ bringen** to put sb on[to] the right track [*or* the scent]; **dieses Beweisstück brachte die Polizei auf die ~ des Täters** this piece of evidence helped the police [to] trace [*or* track down] the culprit; **~en/keine ~en/seine ~en hinterlassen** to leave traces/no trace[s]/one's traces; *Schicksal a.* to leave its/no/its mark; *Verbrecher a.* to leave clues/no clue[s]/clues; **jdm auf der ~ sein** to be on sb's trail [*or* the trail of sb]; **andere ~en verfolgen** to follow up other leads; **auf der falschen/richtigen ~ sein, die falsche/richtige ~ verfolgen** to be on the wrong/right track; **eine heiße ~** a firm lead; **jdm auf die ~ kommen** to get onto sb ❷ (*Fuß~en*) track[s *pl*], trail *no pl;* **die ~ aufnehmen** to pick up the trail ❸ (*kleine Menge*) trace; *Knoblauch, Pfeffer* touch, soupçon *a. hum;* **eine ~ salziger/süßer** a touch saltier/sweeter; **die Suppe könnte eine ~ salziger sein** this soup could do with a touch more salt; **eine ~ zu salzig/süß** a touch too salty/sweet; **keine ~, nicht die ~** (*fam*) not at all ❹ (*Fünkchen*) scrap, shred; **hätte er nur eine ~ mehr Verstand gehabt, wäre dies nicht geschehen** if he'd had just an ounce more common sense this wouldn't have happened ❺ (*Fahrstreifen*) lane; **die linke/rechte ~** the left-hand/right-hand lane; **aus der ~ geraten** to move [*or* swerve] out of lane; **~ halten** to keep in lane ❻ AUTO (*Spurweite*) track [*or* AM tread] width; (*Radstellung*) tracking *no pl, no indef art* ❼ TECH, INFORM track; **das Tonbandgerät hat acht ~en** the tape recorder has eight tracks, this is an 8-track tape recorder ❽ SKI course, track

spür·bar *adj* perceptible, noticeable

Spur·bus *m* bus (*driving on its own special lane*)

spu·ren ['ʃpu:rən] *vi* (*fam*) ■**[bei jdm] ~** to do as one is told, to obey [sb], to toe the line *fam*

spü·ren ['ʃpy:rən] **I.** *vt* ■**etw ~** ❶ (*körperlich wahrnehmen*) to feel sth; **den Alkohol ~** to feel the effects of the alcohol; **einen Schnaps spürt er sofort im Kopf** just one schnapps makes him feel heady; **die Peitsche zu ~ bekommen** to be given a taste of the whip ❷ (*merken*) to sense sth; **sie wird jetzt sein Missfallen zu ~ bekommen** she will get to feel his displeasure now; ■**jdn seine Verärgerung ~ lassen** to let [*or* make] sb feel one's annoyance, to let sb know that one is annoyed, to make no attempt to hide one's annoyance [at sb]; **etw zu ~ bekommen** to feel the [full] force of sth; **[es] zu ~ bekommen, dass ...** to be made conscious [*or* aware] of the fact that ... **II.** *vi* ■**~, dass/ob/wie ...** to sense [*or* notice] that/whether/how ...; ■**jdn [deutlich] ~ lassen, dass ...** to leave sb in no doubt that ...

Spu·ren·ele·ment *nt* trace element **Spu·ren·gas** *nt* trace gas **Spu·ren·si·che·rung** *f* securing of evidence *no pl, no indef art* **Spu·ren·su·cher** *m* forensic detective

Spür·hund *m* tracker dog; (*fig*) sleuth

spur·los I. *adj* without [a] trace *pred* **II.** *adv* ❶ (*keine Spuren hinterlassend*) without [leaving a] trace ❷ (*keine Eindrücke hinterlassend*) **an jdm ~/nicht ~ vorübergehen** to not leave/to leave its/their mark on sb

Spür·na·se *f* ❶ (*detektivischer Scharfsinn*) flair *no pl,* intuition *no pl* ❷ (*ausgeprägter Geruchssinn*) [good] nose [*or* sense of smell]

Spur·ril·le *f* rut

Spür·sinn *m kein pl* nose; **einen [feinen/unfehlbaren] ~ für etw haben** to have a [fine]/a[n infallible] nose for sth

Spurt <-s, -s *o* -e> [ʃpʊrt] *m* sprint, spurt; **zum ~ ansetzen** to make a final spurt

spur·ten ['ʃpʊrtn̩] *vi sein* to sprint, to spurt

spu·ten ['ʃpu:tn̩] *vr* DIAL ■**sich ~** to hurry [up]; **spute dich!** hurry up!, look sharp!

Squash <-> [skvɔʃ] *nt* squash

Squash·hal·le *f* squash courts *pl*

Sri Lan·ka <-s> ['sri: 'laŋka] *nt* Sri Lanka

Sri-Lan·ker(in) <-s, -> [sri'laŋkɐ] *m(f)* Sri Lankan; *s. a.* **Deutsche(r)**

S

sri-lan·kisch [sri'laŋkɪʃ] *adj* Sri Lankan; *s. a.* **deutsch**

SSK *f* NUKL *Abk von* **Strahlenschutzkommission** commission for radiation protection

s.t. *adv* SCH *Abk von* **sine tempore**

St. ❶ *Abk von* **Stück** pce[.], pcs[.] *pl* ❷ *Abk von* **Sankt** St, SS *pl*

Staat <-[e]s, -en> [ʃta:t] *m* ❶ (*Land*) country ❷ (*staatliche Institutionen*) state; **eine Einrichtung des ~es** a state institution; **beim ~ arbeiten** [*o* **sein**] (*fam*) to be employed by the government [*or* state]; **ein ~ im ~e** a state within a state ❸ (*Insekten~*) colony ❹ *pl* (*USA*) ■**die ~en** the States; **die Vereinigten ~en [von Amerika]** the United States [of America], the US[A], the U.S. of A. *hum* ❺ (*Ornat*) finery; **in vollem ~** in all one's finery ▶WENDUNGEN: **damit ist kein ~ zu machen** [*o* **damit kann man keinen ~ machen**] that's nothing to write home about *fam;* **mit diesem alten Anzug kannst du [beim Fest] keinen ~ machen** you'll hardly be a great success [at the celebrations] in [*or* with] that old suit; **mit diesem verwilderten Garten ist kein ~ zu machen** this overgrown garden won't impress anyone; **viel ~ machen** to make a big [*or* lot of] fuss; **von ~s wegen** on the part of the [state] authorities, on a governmental level

Staa·ten·bund <-bünde> *m* confederation [of states], staatenbund *spec* **staa·ten·los** *adj* stateless; ■**~ sein** to be stateless, to be stateless persons/a stateless person **Staa·ten·lo·se(r)** *f(m) dekl wie adj* stateless person **staa·ten·über·grei·fend** *adj inv* POL international

staat·lich I. *adj* ❶ (*staatseigen*) state-owned; (*~ geführt*) state-run; **~e Einrichtungen** state [*or* government] facilities ❷ (*den Staat 1 betreffend*) state *attr,* national ❸ (*aus dem Staatshaushalt stammend*) government *attr,* state *attr* **II.** *adv* **~ anerkannt** state-[*or* government-]approved; **~ gefördert** government-sponsored; **~ geprüft** [state-]certified; **~ subventioniert** state-subsidized, subsidized by the state *pred*

staat·li·cher·seits *adv* POL (*geh*) on the part of the government

Staats·af·fä·re *f* POL affair of state ▶WENDUNGEN: **eine ~ aus etw machen** to make [such] a fuss about [*or pej fam* a song and dance out of] sth **Staats·akt** *m* ❶ (*Festakt*) state ceremony [*or* occasion] ❷ (*Rechtsvorgang*) act of state **Staats·ak·ti·on** *f* POL major operation ▶WENDUNGEN: **aus etw eine ~ machen** (*iron fam*) to make a song and dance out of sth **Staats·an·ge·hö·ri·ge(r)** *f(m) dekl wie adj* citizen, national *form;* **britische ~** British citizens [*or form* nationals] [*or* subjects] **Staats·an·ge·hö·rig·keit** *f* nationality, national status *form* **Staats·an·lei·he** *f* government [*or* state] [*or* public] loan [*or* bond[s *pl*]] **Staats·an·walt, -an·wäl·tin** *m, f* public prosecutor BRIT, District Attorney AM **Staats·an·walt·schaft** <-, -en> *f* public prosecutor's office, prosecuting attorney's office AM **Staats·ap·pa·rat** *m* apparatus of state, government [*or* state] machinery **Staats·ar·chiv** *nt* national [*or* state] archives *pl,* Public Record Office BRIT **Staats·auf·trag** *m* POL appointment of the government; **im ~ handeln** to act by appointment of the government **Staats·aus·ga·ben** *pl* public expenditure **Staats·ban·kett** *nt* state banquet **Staats·be·am·te(r), -be·am·tin** *m, f* public [*or* civil] servant **Staats·be·gräb·nis** *nt* state [*or* AM national] funeral **Staats·be·sitz** *m kein pl* public ownership **Staats·be·such** *m* state visit **Staats·be·trieb** *m* state-owned enterprise, nationalized enterprise **Staats·bür·ger(in)** *m(f)* (*geh*) national *form,* citizen; **britische ~** British nationals *form* [*or* citizens] [*or* subjects] **staats·bür·ger·lich** *adj attr* (*geh*) civic, public; **~e Rechte** civil rights **Staats·bür·ger·schaft** *f* nationality; **doppelte ~** dual nationality **Staats·bür·ger·schafts·recht** *nt* POL ■**das ~** ≈ the Immigrants Act (*German law dealing with nationality and citizenship of immigrants*) **Staats·chef(in)** [-ʃɛf] *m(f)* (*fam*) head of state **Staats·dienst** *m* government service *no art,* civil service; **in den ~ übernommen werden** to become a civil servant **Staats·ei·gen·tum** *nt* state ownership **Staats·emp·fang** *m* state reception; **einen ~ geben** to give [*or* hold] a state reception **Staats·ex·a·men** *nt* state exam[ination]; (*zur Übernahme in den Staatsdienst*) civil service examination

i Kultur

Some university courses in Germany, such as medicine, teaching and law, end with one or two sets of **Staatsexamen** – *state examinations* carried out by university professors and government-approved examiners. The *Staatsexamen* is equivalent to the *Diplom* and the *Magister.*

Staats·feind(in) *m(f)* enemy of the state **staats·feind·lich** *adj* subversive, hostile to the state *pred* **Staats·fi·nan·zen** *pl* public finances *pl* **Staats·flag·ge** *f* national flag **Staats·form** *f* form [*or* system] of government; **die ~ der Monarchie** monarchism, monarchical government *form* **Staats·ge·biet** *nt* national territory **Staats·ge·heim·nis** *nt* state [*or* official] secret **Staats·ge·walt** *f kein pl* state [*or* government[al]] authority **Staats·gren·ze** *f* [national [*or* state]] border **Staats·haus·halt** *m* national budget **Staats·kanz·lei** *f* state chancellery, minister president's office **Staats·ka·ros·se** *f* ❶ (*Staatskutsche*) state coach [*or* carriage] ❷ (*fam: Dienstwagen*) government car **Staats·kas·se** *f* treasury, public purse BRIT **Staats·kne·te** *f* (*sl*) government handout[s *pl*] *a. pej fam* **Staats·kos·ten** *pl* public expenses; ■**auf ~** at [the] public expense **Staats·mann** *m* (*geh*) statesman **staats·män·nisch** *adj* (*geh*) statesmanlike **Staats·ober·haupt** *nt* head of state **Staats·prä·si·dent(in)** *m(f)* president [of a/the state] **Staats·prü·fung** *f* (*geh*) *s.* **Staatsexamen Staats·rä·son** *f* POL reasons *pl* of state **Staats·re·gie·rung** *f* [state [*or* national]] government **Staats·se·kre·tär(in)** *m(f)* state [*or* BRIT permanent] secretary, undersecretary AM; **parlamentarischer ~** parliamentary secretary **Staats·si·cher·heits·dienst** *m kein pl* POL (*hist*) state security service **Staats·streich** *m* coup [d'état] **staats·the·o·re·tisch** *adj* POL, PHILOS concerning theory of state **staats·tra·gend** *adj* representing the interests of the state *pred;* **die ~en Parteien** the established parties **Staats·ver·dros·sen·heit** *f* political apathy *no pl* **Staats·ver·schul·dung** *f* state [*or* government] indebtedness, national debt *no pl, no indef art* **Staats·ver·trag** *m* ❶ (*international*) [international] treaty ❷ (*zwischen Gliedstaaten*) interstate treaty [*or* agreement] **Staats·we·sen** *nt* (*geh*) state [system]

Stab <-[e]s, Stäbe> [ʃta:p, *pl* 'ʃtɛ:bə] *m* ❶ (*runde Holzlatte*) rod, staff ❷ (*Gitter~*) bar ❸ SPORT (*Stabhochsprung~*) pole; (*Staffel~*) baton ❹ MUS (*Taktstock*) baton ❺ (*beigeordnete Gruppe*) staff; *Experten* panel ❻ MIL staff ▶WENDUNGEN: **den ~ über jdn brechen** (*geh*) to roundly condemn sb

Stäb·chen <-s, -> ['ʃtɛ:pçən] *nt* ❶ (*Ess~*) chopstick ❷ (*beim Mikado*) jackstraw, spillikin, pick-up [*or* picka-]stick [*or* styk] ❸ (*Häkelmasche*) treble [crochet] ❹ ANAT (*Augensinneszelle*) rod ❺ (*fam: Zigarette*) cigarette, fag BRIT *fam,* ciggy BRIT *fam*

Stäb·chen·bak·te·ri·um <-s, -rien> *nt* BIOL bacillus

stab·för·mig *adj* rod-shaped; MED *a.* bacilliform *spec* **Stab·hoch·sprin·ger(in)** *m(f)* pole-vaulter **Stab·hoch·sprung** *m* pole vault

sta·bil [ʃta'bi:l, st-] *adj* ❶ (*strapazierfähig*) sturdy, stable ❷ (*beständig*) stable ❸ (*nicht labil*) steady; **~e Gesundheit/Konstitution** sound health/constitution

Sta·bi·li·sa·tor <-s, -toren> [ʃtabili'za:to:ɐ̯, *pl* -za'to:rən] *m* ❶ AUTO stabilizer [*or* BRIT *a.* -iser] [bar], anti-roll bar ❷ CHEM stabilizer [*or* BRIT *a.* -iser], stabilizing agent

sta·bi·li·sie·ren [ʃtabili'zi:rən] **I.** *vt* ❶ (*geh: standfester machen*) ■**etw ~** to stabilize sth, to make sth stable ❷ (*kräftigen*) ■**jdn ~** to stabilize sb **II.** *vr* ■**sich ~** ❶ (*beständig werden*) to stabilize, to become stable ❷ (*sich festigen*) to stabilize, to become stable [*or* steady]

Sta·bi·li·sie·rung <-, -en> *f* stabilization

Sta·bi·li·tät <-> [ʃtabili'tɛ:t, st-] *f kein pl* ❶ (*Festigkeit*) stability, solidity ❷ (*Beständigkeit*) stability

Sta·bi·li·täts·pro·gramm *nt* AUTO **elektronisches** ~ electronic stability program, ESP

Stab·lam·pe *f* [electric] torch BRIT, flashlight AM **Stab·ma·gnet** *m* bar magnet **Stab·mi·xer** *m* hand-held blender

Stab·reim *m* alliteration

Stabs·arzt, -ärz·tin *m, f* MIL captain in the medical corps **Stabs·chef, -che·fin** *m, f* MIL chief of staff **Stabs·of·fi·zier** *m* MIL field officer

stach [ʃta:x] *imp von* **stechen**

Sta·chel <-s, -n> ['ʃtaxl] *m* ❶ (*spitzer Dorn: von Rose*) thorn; (*von Kakteen*) spine; **kleiner** ~ prickle, spinule *spec* ❷ (*von Igel, Seeigel*) spine; (*kleiner*) prickle, spiculum *spec;* (*von ~schwein*) quill ❸ (*Giftstachel*) sting, AM *a.* stinger, aculeus *spec* ❹ (*spitzes Metallstück*) *Zaun, Halsband* spike; *Stacheldraht* barb ▶ WENDUNGEN: **ein** ~ **im Fleisch** (*geh*) a thorn in the flesh [*or* side]; **wider den** ~ **löcken** to kick against the pricks BRIT

Sta·chel·bee·re *f* gooseberry **Sta·chel·beer·strauch** *m* gooseberry bush **Sta·chel·draht** *m* barbed wire; **hinter** ~ (*fig a.*) behind barbed wire, behind bars, locked up **Sta·chel·draht·zaun** *m* barbed wire fence; **elektrisch geladene Stacheldrahtzäune** live [*or* electrically charged] barbed wire fencing *no pl, no indef art* **Sta·chel·häu·ter** <-s, -> *m* ZOOL echinoderm

sta·che·lig ['ʃtaxəlɪç] *adj Rosen* thorny; *Kakteen, Tier* spiny, spinous *spec;* (*mit kleineren Stacheln*) prickly

Sta·chel·schne·cke *f* sting winkle **Sta·chel·schwein** *nt* porcupine

Sta·del <-s, -> ['ʃta:dl] *m* SÜDD, ÖSTERR, SCHWEIZ barn

Sta·di·on <-s, Stadien> ['ʃta:di̯ɔn, *pl* 'ʃta:di̯ən] *nt* stadium, AM *a.* bowl

Sta·di·um <-s, Stadien> ['ʃta:di̯ʊm, *pl* 'ʃta:di̯ən] *nt* stage; **im letzten** ~ MED at a [*or* the] terminal stage

Stadt <-, Städte> [ʃtat, *pl* 'ʃtɛ(:)tə] *f* ❶ (*Ort*) town; (*Groß~*) city; **am Rande der** ~ on the edge of [the] town, on the outskirts of the city; **im Zentrum der** ~ in the centre [*or* AM -er] of town, in the city/town centre; **in** ~ **und Land** (*geh*) throughout the land, the length and breadth of the land ❷ (*fam: ~verwaltung*) [city/town] council; (*von Groß~ a.*) corporation; **bei der** ~ **arbeiten** [*o* **sein**] to work for the council/corporation

städt. *adj Abk von* **städtisch**

stadt·aus·wärts *adv* out of town/the city **Stadt·au·to·bahn** *f* urban motorway [*or* AM freeway] **Stadt·bahn** *f* suburban [*or* metropolitan] railway, city railroad AM **Stadt·bau·amt** *nt* town planning department **stadt·be·kannt** *adj* well-known, known all over town *pred* **Stadt·be·zirk** *m* municipal district, borough **Stadt·bild** *nt* cityscape/townscape **Stadt·bü·che·rei** *f* municipal [*or* city/town] [lending] library **Stadt·bum·mel** *m* stroll in the [*or* through] town; **einen** ~ **machen** to go for a stroll through town

Städt·chen <-s, -> ['ʃtɛ(:)tçən] *nt dim von* **Stadt** small [*or* little] town

Stadt·di·rek·tor(in) *m(f)* chief executive of a city/town, city/town manager AM

Stä·d·te·bau *m kein pl* urban development *no pl*

stä·d·te·bau·lich I. *adj* in/of urban development *pred* **II.** *adv* in terms of urban development

stadt·ein·wärts *adv* [in]to town, downtown AM

Stä·d·te·part·ner·schaft *f* partnership between cities/towns, town twinning BRIT

Städ·ter(in) <-s, -> ['ʃtɛ(:)tɐ] *m(f)* ❶ (*Einwohner einer Stadt*) city/town dweller ❷ (*Stadtmensch*) city/town dweller, townie *pej fam*

Stä·d·te·tag *m* congress of municipalities **Stä·d·te·tou·ris·mus** *m* TOURIST city tourism

Stadt·flit·zer *m* AUTO (*fam*) city nipper *fam,* runabout *fam* **Stadt·flucht** *f kein pl* exodus from the cities, urban outmigration AM **Stadt·füh·rer(in)** <-s, -> *m(f)* ❶ (*Person*) town/city guide ❷ (*Buch*) town/city guidebook **Stadt·füh·rung** *f* guided tour [through the city/town] **Stadt·ge·biet** *nt* municipal area; (*von Großstadt a.*) city zone **Stadt·ge·spräch** *nt* [**das**] ~ **sein** to be the talk of the town **Stadt·gren·ze** *f* municipal border; (*von Großstadt a.*) city limits *pl* **Stadt·hal·le** *f* city hall

städ·tisch ['ʃtɛ(:)tɪʃ] *adj* ❶ (*kommunal*) municipal, city/town *attr* ❷ (*geh: urban*) urban, city/town *attr,* of the city/town *pred*

Stadt·käm·me·rer, -käm·me·rin *m, f* city/town treasurer **Stadt·kas·se** *f* city/town [*or* municipal] treasury **Stadt·kern** *m* city/town centre [*or* AM -er] **Stadt·mau·er** *f* city/town wall **Stadt·mensch** *m* city/town person, townie *pej fam* **Stadt·mit·te** *f* city/town centre; **bis** [**zur**] ~ to the [city/town] centre, to the centre of town **Stadt·park** *m* municipal [*or* city/town] park **Stadt·plan** *m* [street] map [of a/the city/town], A to Z [of a/the city/town] BRIT **Stadt·pla·nung** *f* town/city planning **Stadt·rand** *m* edge of [the] town, outskirts *npl* of the city; **am/an den** ~ on/to the edge of town/the outskirts of the city **Stadt·rat** *m* [city/town [*or* municipal]] council **Stadt·rat, -rä·tin** *m, f* [city/town] councillor [*or* AM councilor] **Stadt·rei·ni·gung** *f* town/city environmental and operational services **Stadt·rund·fahrt** *f* sightseeing tour [of a/the city/town]; **eine** ~ **machen** to go on a [sightseeing] tour of a/the city/town **Stadt·staat** *m* city state **Stadt·strei·cher(in)** *m(f)* city/town tramp [*or esp* AM vagrant] **Stadt·teil** *m* district, part of town **Stadt·tor** *nt* city/town gate **Stadt·ver·kehr** *m* city/town traffic **Stadt·ver·ord·ne·te** *m o f* town/city councillor **Stadt·ver·wal·tung** *f* [city/town] council **Stadt·vier·tel** *nt* district, part of town **Stadt·wap·pen** *nt* municipal coat of arms **Stadt·wer·bung** *f* city/town advertising **Stadt·wer·ke** *pl* [city's/town's] department of [*or* AM public] works + *sing vb,* municipal [*or* council] services *pl* **Stadt·woh·nung** *f* city/town apartment [*or* BRIT flat] **Stadt·zen·trum** *nt* city/town centre; ■**im** ~ in the city/town centre, downtown AM

Sta·fet·te <-, -n> [ʃta'fɛtə] *f* HIST courier, [express] messenger

Staf·fel <-, -n> ['ʃtafl] *f* ❶ MIL (*Luftwaffeneinheit*) squadron; (*Formation*) echelon ❷ SPORT (*~lauf*) relay [race]; (*Mannschaft*) relay team ❸ TV season; **die 3. Staffel von „Deep Space Nine"** the third season of "Deep Space Nine"

Staf·fe·lei <-, -en> [ʃtafə'lai] *f* easel

Staf·fel·lauf *m* relay [race]

staf·feln ['ʃtafl̩n] *vt* ❶ (*einteilen*) ■**etw** ~ to grade [*or* graduate] sth ❷ (*formieren*) ■**etw** ~ to stack [up *sep*] sth [in a pyramid shape] ❸ SPORT **gestaffelte Abwehr/Startzeiten** staggered defence [*or* AM -se]/starting times

Staf·fel·schwim·men *nt* relay swimming *no pl, no indef art*

Staf·fel·ta·rif *m* differential tariff

Staf·fe·lung <-, -en> *f,* **Staff·lung** <-, -en> *f* ❶ (*Einteilung*) graduation, grading ❷ (*Formierung*) stacking [in the shape of a pyramid] ❸ SPORT *Startzeiten* staggering *no pl, no indef art*

Stag·fla·ti·on <-, -en> [ʃtakfla'tsi̯o:n, st-] *f* ÖKON stagflation

Stag·na·ti·on <-, -en> [ʃtagna'tsi̯o:n, st-] *f* stagnation, stagnancy

stag·nie·ren* [ʃta'gni:rən, st-] *vi* to stagnate

stahl [ʃta:l] *imp von* **stehlen**

Stahl <-[e]s, -e *o* Stähle> [ʃta:l, *pl* 'ʃtɛ:lə] *m* ❶ (*legiertes Eisen*) steel; **rostfreier** ~ stainless steel ❷ *kein pl* (*poet: Stichwaffe*) blade

Stahl·bau[1] *m kein pl* (*Bautechnik*) steel construction *no art,* structural steel engineering *no art*

Stahl·bau[2] <-bauten> *m* (*Bauwerk*) steel structure, steel-girder construction

Stahl·be·ton *m* reinforced concrete, R/C *spec,* ferroconcrete **Stahl·blech** *nt* sheet steel, steel sheet

stäh·len ['ʃtɛ:lən] *vt* ■**etw** ~ to harden [*or* toughen] sth

stäh·lern ['ʃtɛ:lɐn] *adj* ❶ (*aus Stahl hergestellt*) steel, of steel *pred* ❷ (*fig geh*) iron *attr,* of iron *pred*

Stahl·ge·rüst *nt* [tubular] steel scaffolding *no pl, no indef art* **stahl·hart** ['ʃta:l'hart] *adj* (*a. fig*) [as] hard as steel *pred*, iron-hard *fig*; ■~ **sein** to be [as] hard as steel; **ein ~er Händedruck** a crushing [*or* an iron] grip **Stahl·helm** *m* MIL steel helmet **Stahl·kam·mer** *f* strongroom, steel vault **Stahl·ko·cher** *m* steelworker **Stahl·pro·duk·ti·on** *f* steel production **Stahl·rohr** *nt* steel tube [*or* pipe] **Stahl·rohr·mö·bel** *pl* tubular steel furniture *no pl* **Stahl·ross**RR <-es, -rösser> *nt* (*Dampflokomotive*) iron horse *liter*, steamer *fam* **Stahl·trä·ger** *m* steel girder **Stahl·werk** *nt* steel mill, steelworks + *sing/pl verb*

stak [ʃta:k] *imp von* **stecken I.**

Sta·ke·ten·zaun [ʃta'kɛtn̩-] *m* paling, BRIT *a.* palings *pl*, picket fence

Stak·ka·to <-s, -s *o* Stakkati> [ʃta'ka:to, *pl* -'ka:ti] *nt* staccato

stak·sen ['ʃta:ksn̩] *vi sein* (*fam*) to stalk; (*mühselig*) to hobble; (*unsicher*) to teeter

stak·sig ['ʃta:ksɪç] **I.** *adj* awkward, clumsy **II.** *adv* ~ **gehen** to hobble, to move clumsily; (*unsicher*) to teeter [*or* wobble]

Sta·lag·mit <-en *o* -s, -en> [ʃtala'gmi:t, st-] *m* stalagmite

Sta·lak·tit <-en *o* -s, -en> [stalak'ti:t, ʃt-] *m* stalactite

Sta·li·nis·mus <-> [ʃtali'nɪsmʊs, st-] *m kein pl* Stalinism *no art*

Sta·li·nist(in) <-en, -en> [ʃtali'nɪst, st-] *m(f)* Stalinist

sta·li·nis·tisch *adj* Stalinist

Sta·lin·or·gel *f* (*fam*) multiple rocket launcher

Stall <-[e]s, Ställe> [ʃtal, *pl* 'ʃtɛlə] *m* ❶ AGR (*Hühner~*) coop, hen house; (*Kaninchen~*) hutch; (*Kuh~*) cowshed, [cow] barn AM, byre BRIT *liter*; (*Pferde~*) stable; (*Schweine~*) [pig]sty, [pig]pen AM ❷ SPORT (*sl: Rennstall*) [racing] team ▸ WENDUNGEN: **ein** [ganzer] ~ **voll** (*fam*) a [whole] bunch [*or* load] *fam*; **ein ganzer ~ voll Kinder** a whole herd of kids **Stalla·ter·ne**ALT *f s.* **Stalllaterne**

Stall·ge·ruch *m kein pl* ❶ (*Geruch in einem Viehstall*) stable smell ❷ SOZIOL (*hum fam*) reputation

Stall·ha·se *m* (*hum fam*) rabbit (*kept in a hutch by breeders*) **Stall·la·ter·ne**RR *f* stable lamp

Stal·lung <-, -en> *f meist pl* stables *pl*, stabling *no pl, no indef art*

Stamm <-[e]s, Stämme> [ʃtam, *pl* 'ʃtɛmə] *m* ❶ (*Baumstamm*) [tree] trunk, bole *liter*; *s. a.* **Apfel** ❷ BIOL (*Kategorie*) phylum; (*von Bakterien, Pflanzen-, Tierzüchtung*) strain ❸ LING stem ❹ (*Volksstamm*) tribe ❺ (*feste Kunden*) regulars *pl*, regular customers *pl*; (*Mitglieder*) regular members *pl*; (*Belegschaft*) permanent staff + *sing/pl verb* ▸ WENDUNGEN: **vom ~e** Nimm **sein** (*hum, pej a. fam*) to be a great one for accepting gifts *hum fam*, to be out for what one can get *pej fam*

Stamm·ak·tie *f* ordinary share, common stock AM **Stamm·baum** *m* family [*or* genealogical] tree, phylogenetic tree *spec* **Stamm·be·leg·schaft** *f* permanent [*or* regular] staff + *sing/pl verb* **Stamm·buch** *nt* family register ▸ WENDUNGEN: **jdm etw ins ~ schreiben** to make sb take note of sth [*or* take sth to heart]

stam·meln ['ʃtamln] **I.** *vi* to stammer; ■**das S~** stammering **II.** *vt* ■**etw ~** to stammer [out] sth

stam·men ['ʃtamən] *vi* ❶ (*gebürtig sein*) **von Berlin/aus dem Ausland ~** to come from Berlin/abroad [*or* overseas]; **woher ~ Sie?** where are you [*or* where do you come] from [originally]? ❷ (*herrühren*) **von jdm/aus dem 16.Jahrhundert ~** to [originally] belong to sb/to date from [*or* back to] the 16th century; **diese Unterschrift stammt nicht von mir** this signature isn't mine

Stam·mes·brauch *m* tribal custom **Stam·mes·ent·wick·lung** *f* BIOL phylogeny **Stam·mes·fürst** *m* tribal chief, chief of a/the tribe **Stam·mes·häupt·ling** *m* chieftain, head of a/the tribe, head honcho AM *fam*

Stamm·form *f* LING base [*or spec* cardinal] form **Stamm·gast** *m* regular [guest], habitué *liter* **Stamm·hal·ter** *m* son and heir **Stamm·haus** *nt* ÖKON parent company

stäm·mig ['ʃtɛmɪç] *adj* stocky, sturdy, thickset

Stamm·ka·pi·tal *nt* ordinary [*or* equity] share capital **Stamm·knei·pe** *f* local [*or* usual] pub [*or* AM bar], local BRIT *fam* **Stamm·kun·de, -kun·din** *m, f* regular [customer] **Stamm·kund·schaft** *f* regulars *pl*, regular customers *pl* **Stamm·lo·kal** *nt* local [*or* usual] café/restaurant/bar; (*Kneipe a.*) local BRIT *fam* **Stamm·mut·ter**RR *f* ancestress, progenitrix *form* **Stamm·platz** *m* regular [*or* usual] seat, regular place **Stamm·sitz** *m* ancestral seat; *Firma* headquarters + *sing/pl verb* **Stamm·tisch** *m* ❶ (*Tisch für Stammgäste*) table reserved for the regulars ❷ (*Stammgäste am ~ 1*) [group of] regulars; [**seinen**] ~ **haben** to meet [[up] with *fam*] one's fellow regulars

i Kultur

The **Stammtisch** – *a table reserved for regulars* can be found in most pubs and restaurants.

Stammut·terALT *f s.* **Stammmutter** **Stamm·va·ter** *m* ancestor, progenitor *form* **Stamm·ver·zeich·nis** *nt* INFORM root directory **Stamm·wäh·ler(in)** *m(f)* staunch supporter, loyal voter; *s. a.* **Wechselwähler** **Stamm·zel·le** *f* stem cell **Stamm·zel·len·for·schung** *f* stem cell research

stamp·fen ['ʃtampfn̩] **I.** *vi* ❶ *haben* (*auf~*) [**mit dem Fuß** [**auf den Boden**]] ~ to stamp [one's foot]; [**mit den Hufen**] ~ to paw the ground [with its hooves] ❷ *sein* (*~ d gehen*) ■**irgendwohin** ~ to stamp off somewhere; (*schweren Schrittes a.*) to tramp somewhere; (*mühselig*) to trudge [*or* plod] somewhere ❸ *haben* (*von Maschine*) to pound ❹ *haben* (*von Schiff*) to pitch **II.** *vt haben* ❶ (*fest~*) ■**etw** ~ to tamp [down *sep*] sth; **gestampfter Lehm** tamped [*or spec* pugged] clay ❷ (*zer~*) ■**etw** [**zu etw**] ~ to mash sth [to sth]; **Kartoffeln** [**zu Kartoffelbrei**] ~ to mash potatoes; **Trauben mit den** [**nackten**] **Füßen** ~ to tread grapes

Stamp·fer <-s, -> *m* ❶ (*Kartoffel~*) [potato] masher ❷ (*für Sand/Schotter*) tamper

stand [ʃtant] *imp von* **stehen**

Stand <-[e]s, Stände> [ʃtant, *pl* 'ʃtɛndə] *m* ❶ (*das Stehen*) standing [position]; **keinen festen/sicheren ~ auf der Leiter haben** to not have a firm/safe [*or* secure] foothold on the ladder; **aus dem ~** from a standing position [*or* start]; **den Motor im ~ laufen lassen** to let the engine idle ❷ (*Verkaufsstand*) stand; (*Messe~ a.*) booth; (*Markt~ a.*) stall BRIT; (*Taxen~*) rank ❸ (*Anzeige*) reading; **laut ~ des Barometers** according to the barometer [reading] ❹ *kein pl* (*Zustand*) state; **der ~ der Forschung** the level of research; **der neueste ~ der Forschung/Technik** state of the art; **der ~ der Dinge** the [present] state of things [*or* affairs]; **beim gegenwärtigen ~ der Dinge** at the present state of affairs, the way things stand [*or* are] at the moment; **sich auf dem neuesten ~ befinden** to be up-to-date; **etw auf den neuesten ~ bringen** to bring sth up-to-date ❺ (*Spielstand*) score ❻ SCHWEIZ (*Kanton*) canton ❼ (*Gesellschaftsschicht*) station, status; (*Klasse*) class, rank; **der geistliche ~** the clergy ▸ WENDUNGEN: **in den ~ der** Ehe **treten** (*geh*) to be joined in matrimony *form*; **der** dritte ~ the third estate; **einen/keinen** festen ~ **unter den Füßen haben** to be settled/unsettled; [**bei jdm**] **einen** schweren [*o* **keinen** leichten] ~ **haben** to have a hard time of it [with sb]; **aus dem ~** verreisen to go away on an impromptu journey; aus dem ~ [**heraus**] off the cuff

Stan·dard <-s, -s> ['ʃtandart, 'st-] *m* ❶ (*Grundausstattung*) standard [equipment]; (*Grundeinrichtung*) standard [facility] ❷ (*Norm*) standard ❸ (*gesetzlicher Feingehalt in Münzen*) standard [for coins]

Stan·dard·ar·ti·kel *m* standard article, stock item **Stan·dard·aus·rüs·tung** *f* standard equipment **Stan·dard·aus·stat·tung** *f* standard facilities *pl* **Stan·dard·brief** *m* standard letter **Stan·dard·ein·stel·lung** *f* standard setting **Stan·dard·for·mu·lie·rung** *f* standard wording *no pl, no indef art* **Stan·**

dard·ge·bühr *f* standard fee **Stan·dard·grö·ße** *f* standard size

stan·dar·di·sie·ren* [ʃtandardi'zi:rən, st-] *vt* ■**etw** ~ to standardize sth; ■**standardisiert** standardized

Stan·dar·di·sie·rung <-, -en> *f* standardization

Stan·dard·mo·dell *nt* standard model **Stan·dard·tanz** *m* set-pattern dance **Stan·dard·werk** *nt* core literature

Stan·dar·te <-, -n> [ʃtan'dartə] *f* ❶ (*Fahne*) standard, banner; *Auto* pennant ❷ HIST [SA/SS] unit

Stand·bild *nt* statue; **jdm ein ~ errichten** to erect [*or* raise] a statue to sb

Stand-by-Tas·te *f* standby button

Ständ·chen <-s, -> ['ʃtɛntçən] *nt* serenade; **jdm ein ~ bringen** to serenade sb

Stan·der <-s, -> ['ʃtandɐ] *m* pennant

Stän·der <-s, -> ['ʃtɛndɐ] *m* ❶ (*Gestell*) stand; (*Stempel~*) [stamp] rack ❷ (*sl: erigierter Penis*) hard-on *sl;* **einen ~ bekommen/haben** (*sl*) to get/have [got] a hard-on *sl*

Stän·de·rat *m* SCHWEIZ upper chamber (*of the Swiss parliament*)

Stän·de·rat, -rä·tin *m, f* SCHWEIZ member of the upper chamber (*of the Swiss parliament*)

Stan·des·amt *nt* registry office *esp* BRIT **stan·des·amt·lich** I. *adj* **eine ~e Bescheinigung** a certificate from the registry office; **eine ~e Heirat** a registry office [*or* civil] wedding II. *adv* **sich ~ trauen lassen** to get married in a registry office, to have a registry office [*or* civil] wedding, to be married by the Justice of the Peace AM **Stan·des·be·am·te(r), -be·am·tin** *m, f* registrar **stan·des·ge·mäß** I. *adj* befitting one's social status [*or* standing] *pred;* **~e Heirat** marriage within one's social class; ■**~ sein** to befit one's social status [*or* standing] II. *adv* in a manner befitting one's social status [*or* standing]; **~ heiraten** to marry within one's social class

stand·fest *adj* stable, steady

Stand·fes·tig·keit *f kein pl* ❶ (*Stabilität*) stability *no pl* ❷ *s.* **Standhaftigkeit**

Stand·geld *nt* stallage, stall rent **Stand·ge·richt** *nt* MIL summary [*or spec* drumhead] court martial; **jdn vor ein ~ stellen** to try sb by martial law, to court-martial sb

stand·haft I. *adj* steadfast; ■**~ sein** to be steadfast, to stand firm II. *adv* steadfastly; **sich ~ weigern** to steadfastly [*or* staunchly] refuse

Stand·haf·tig·keit <-> *f kein pl* steadfastness

stand|hal·ten ['ʃtanthaltn̩] *vi irreg* ❶ (*widerstehen*) ■[**einer S.** *dat*] ~ to hold out against [*or* withstand] sth, to hold out; **der Belastung** *dat* **von etw ~** to put up with the strain of sth; **einer näheren Prüfung/einer kritischen Prüfung ~** to bear [*or* stand up to] closer/a critical examination ❷ (*aushalten*) ■**einer S.** *dat* ~ to endure sth; *Brücke* to hold [*or* bear] sth

Stand·hei·zung *f* AUTO parking heater

stän·dig ['ʃtɛndɪç] I. *adj* ❶ (*dauernd*) constant; **~er Regen** constant [*or* continual] rain ❷ (*permanent*) permanent II. *adv* ❶ (*dauernd*) constantly, all the time; **mit ihr haben wir ~ Ärger** she's a constant nuisance [to us], we're constantly having trouble with her; **musst du mich ~ kritisieren?** do you always have to criticize me?, must you constantly criticize me?, must you keep [on] criticizing me? ❷ (*permanent*) **sich irgendwo ~ niederlassen** to find a permanent home somewhere

Stan·ding·ova·tions, Stan·ding Ova·tions ['stɛndɪŋo've:ʃn̩s] *pl* standing ovation

Stand·kü·chen·ma·schi·ne *f* food processor **Stand·lei·tung** *f* INFORM leased line **Stand·licht** *nt kein pl* sidelights *pl* BRIT, parking lights *pl* AM **Stand·mie·te** *f* stand rent **Stand·mi·xer** *m* blender

Stand·ort <-[e]s, -e> *m* ❶ (*Unternehmenssitz*) site, location ❷ (*Standpunkt*) position ❸ MIL garrison, post ❹ (*von Pflanzen*) site

Stand·ort·fak·tor *m* locational factor **Stand·ort·wahl** *f* choice of location

Stand·pau·ke *f* (*fam*) telling-off, lecture *fam;* **jdm eine ~ halten** to give sb a telling-off [*or fam* lecture]; (*stärker*) to read the Riot Act to sb *hum fam* **Stand·platz** *m* [taxi] rank **Stand·punkt** *m* ❶ (*Meinung*) [point of] view, viewpoint, standpoint; **wie ist Ihr ~, was diese Angelegenheit angeht?** what's your view of this matter?; **etw von einem anderen ~ aus betrachten** to see sth from a different angle [*or* point of view]; [**in etw** *dat*] **auf einem anderen ~ stehen,** [**in etw** *dat*] **einen anderen ~ vertreten** to take a different [point of] view [of [*or* on] sth]; **auf dem ~ stehen, dass ..., den ~ vertreten, dass ...** to take the view [*or form* be of the opinion] that ... ❷ (*Beobachtungsplatz*) vantage point, viewpoint **stand·recht·lich** *adv* summarily; **~ erschossen werden** MIL to be put [straight] before a firing squad **Stand·spur** *f* hard shoulder BRIT, shoulder AM **Stand·uhr** *f* grandfather clock

Stan·ge <-, -n> ['ʃtaŋə] *f* ❶ (*langer, runder, dünner Stab*) pole; (*kürzer*) rod ❷ (*Metall~*) bar ❸ *Gewürz* stick ❹ *Zigaretten* carton ❺ (*Ballett*) barre ❻ (*Vogel~*) perch; (*Hühner a.*) roost ❼ (*zylindrisches Glas*) tall glass ❽ (*Geweihteil*) beam ❾ (*Kandareteil*) bit ❿ (*sl: erigierter Penis*) rod *sl,* hard-on *sl* ▸ WENDUNGEN: **eine** [**schöne**] **~ Geld** (*fam*) a pretty penny, a packet BRIT *fam;* **das ist eine ~ Geld!** (*fam*) that must have cost [you/them etc.] a pretty penny [*or fam* a packet]!; **bei der ~ bleiben** (*fam*) to stick at it *fam;* **jdm die ~ halten** (*fam*) to stand [*or fam* stick] up for sb; **jdn bei der ~ halten** (*fam*) to keep sb at it *fam;* **von der ~** (*fam*) off the peg [*or* AM rack]; **Kleider von der ~ kaufen** to buy clothes off the peg, to buy off-the-peg [*or* ready-to-wear] clothes

Stän·gelRR <-s, -> ['ʃtɛŋl̩] *m* stalk, stem ▸ WENDUNGEN: [**jdm**] **vom ~ fallen** to collapse [*or fam* pass out] [on sb]; **vom ~ fallen** to be floored [*or* bowled over] [*or fam* gobsmacked]

Stan·gen·boh·ne *f* runner bean **Stan·gen·brot** *nt* (*geh*) French loaf **Stan·gen·sel·le·rie** *f* celery *no pl* **Stan·gen·spar·gel** *m* asparagus spears *pl*

stank [ʃtaŋk] *imp von* **stinken**

Stän·ke·rei <-, -en> [ʃtɛŋkə'rai] *f* (*fam*) troublemaking *no pl, no indef art*

Stän·ke·rer, Stän·ke·rin <-s, -> ['ʃtɛŋkərɐ, 'ʃtɛŋkərɪn] *m, f* (*fam*) troublemaker, stirrer BRIT

stän·kern ['ʃtɛŋkɐn] *vi* (*fam*) to make [*or* stir up] trouble, to stir things up *fam*

Stan·ze <-, -n> ['ʃtantsə] *f* [blanking *spec*] press, stencil

stan·zen ['ʃtantsn̩] *vt* ❶ (*aus~*) ■**etw** ~ to press sth ❷ (*ein~*) ■**etw in etw** *akk* ~ to cut sth in sth; **Löcher in etw** *akk* ~ to punch holes in sth

Sta·pel <-s, -> ['ʃta:pl̩] *m* ❶ (*geschichteter Haufen*) stack; (*unordentlicher Haufen*) pile; *Wäsche* mound ❷ NAUT stocks *pl;* **etw vom ~ lassen** to launch sth; **vom ~ laufen** to be launched, to take the water *form* ▸ WENDUNGEN: **etw vom ~ lassen** (*fam*) to come out with sth *fam;* **Flüche vom ~ lassen** to rain down curses, to rail; **Verwünschungen gegen jdn/etw vom ~ lassen** to launch into a tirade against sb/sth; **einen Witz vom ~ lassen** to crack a joke

Sta·pel·lauf *m* NAUT launch[ing]

sta·peln ['ʃta:pl̩n] I. *vt* ■**etw** [**auf/in etw** *dat*] ~ to stack sth [on/in sth]; **Holz ~** to stack [up *sep*] wood II. *vr* ■**sich** [**auf/in etw** *dat*] ~ to pile up [on/in sth]

stap·fen ['ʃtapfn̩] *vi sein* ■**durch etw** ~ to tramp through sth; (*mühseliger*) to trudge [*or* plod] through sth

Stap·fen <-s, -> ['ʃtapfn̩] *m* footprint

Star[1] <-[e]s, -e> [ʃta:ɐ̯] *m* (*Vogelart*) starling

Star[2] <-[e]s, -e> [ʃta:ɐ̯] *m* MED cataract; **grauer ~** grey [*or* AM gray] [*or spec* lenticular] cataract; **grüner ~** glaucoma ▸ WENDUNGEN: **jdm den ~ stechen** (*fam*) to tell sb some home truths *fam*

Star[3] <-s, -s> [ʃta:ɐ̯, st-] *m* ❶ (*berühmte Person*) star ❷ (*be-*

S

rühmter Vertreter seines Fachs) leading light

Star·al·lü·ren [-aly:rən] *pl (pej)* airs and graces *pl pej;* ~ **zeigen** [*o* **haben**] to put on airs and graces, to act like a prima donna *pej* **Star·an·walt, -an·wäl·tin** *m, f* star lawyer, legal eagle *fam* **Star·ar·chi·tekt(in)** *m(f) (fam)* leading [*or* top] architect

starb [ʃtarp] *imp von* **sterben**

Star·di·ri·gent(in) *m(f) (fam)* leading [*or* star] conductor

stark <stärker, stärkste> [ʃtark] **I.** *adj* ❶ *(kräftig)* strong; ~**e Muskeln** strong muscles, brawn ❷ *(mächtig)* powerful, strong ❸ *(dick)* thick; **ein** ~**er Ast** a thick branch, a bough *liter* ❹ *(euph: korpulent)* large, well-built *euph* ❺ *(heftig)* ~**er Frost** severe [*or* heavy] frost; ~**e Hitze/Kälte** intense [*or* severe] heat/cold; ~**e Regenfälle/Schneefälle** heavy rainfall *no pl*/snowfall[s]; ~**e Schwüle** oppressive sultriness; ~**e Strömung** strong [*or* forceful] current; ~**er Sturm** violent storm; ■ ~ **sein/stärker werden** to be severe/heavy etc./to become [*or* get] severer/heavier etc. ❻ *(erheblich)* ~**e Entzündung/Vereiterung** severe inflammation/suppuration; **eine** ~**e Erkältung** a bad [*or* heavy] cold; **ein** ~**es Fieber** a bad [*or* high] fever; **eine** ~**e Grippe/Kolik** a bad case of [the *fam*] flu/colic ❼ *(kräftig)* ~**er Applaus** hearty [*or* loud] applause; **ein** ~**er Aufprall/Schlag/Stoß** a hard [*or* heavy] impact/blow/knock; ~**er Druck** high pressure; **ein** ~**er Erdstoß** a heavy seismic shock; **ein** ~**es Geräusch** a loud noise; **ein** ~**er Händedruck** a powerful grip; **ein** ~**es Rauschen** a [loud] roar[ing] ❽ *(beträchtlich)* intense; ~**e Bedenken** considerable reservations; ~**e Gefühle** strong [*or* intense] feelings; ~**e Krämpfe** bad [*or* severe] cramps; ~**e Liebe** deep [*or* profound] love; ~**er Schmerz** severe [*or* intense] pain ❾ *(leistungsfähig)* powerful ❿ *(wirksam)* strong; ~**e Drogen/**~**er Schnaps** strong [*or* hard] drugs/schnapps; ~**e Medikamente** strong [*or* potent] medicines; **das ist** ~**!** *(fig fam)* that's a bit much! *fam; s. a.* **Stück** ⓫ *(zahlenstark)* large; **120 Mann** ~ 120 strong; **120 Mann** ~ **sein** to be 120 strong, to number 120; **ein 500 Seiten** ~**es Buch** a book of 500 pages ⓬ *(sl: hervorragend)* great *fam* **II.** *adv* ❶ *(heftig)* a lot; ~ **regnen/schneien** to rain/snow heavily [*or* a lot]; **gestern hat es** ~ **gestürmt** there was a heavy [*or* violent] storm yesterday ❷ *(beträchtlich)* badly; ~ **beschädigt** badly [*or* considerably] damaged ❸ *(erheblich)* severely; ~ **bluten** to bleed profusely; ~ **erkältet sein** to have a bad [*or* heavy] cold ❹ *(kräftig)* hard; ~ **applaudieren** to applaud loudly [*or* heartily] ❺ *(eine große Menge verwendend)* strongly; ~ **gewürzt** highly spiced; **zu** ~ **gesalzen** too salty ❻ *(in höherem Maße)* greatly, a lot; **die Ausstellung war** ~ **besucht** there were a lot of visitors to the exhibition; **sich an etw** *dat* ~ **beteiligen** to be heavily involved in sth, to play a big part in sth; ~ **gekauft werden** to sell extremely well [*or fam* like hot cakes]; **sich** ~ **langweilen** to be bored stiff [*or* Brit rigid] *fam;* ~ **übertreiben** to greatly [*or* grossly] exaggerate; ~ **vertreten** strongly represented ❼ *(in großem Maßstab)* greatly ❽ *(sl: hervorragend)* great; **sich** ~ **aufmotzen** *(fam)* to tart [*or* Am do] oneself up *fam,* to get heavily dolled up *fam*

Stark·bier *nt* strong beer

Stär·ke¹ <-, -n> [ˈʃtɛrkə] *f* ❶ *(Kraft)* strength ❷ *(Macht)* power; **militärische** ~ military strength [*or* might] ❸ *(Dicke)* thickness ❹ *(zahlenmäßiges Ausmaß)* size; *Armee* strength; *Partei* numbers *pl* ❺ *(Fähigkeit)* **jds** ~ **sein** to be sb's forte [*or* strong point]

Stär·ke² <-, -n> [ˈʃtɛrkə] *f* ❶ CHEM starch, amylum *spec* ❷ *(Wäschestärke)* starch

Stär·ke·mehl *nt* thickening agent, ≈ cornflour Brit, ≈ cornstarch Am

stär·ken [ˈʃtɛrkn̩] **I.** *vt* ■**etw** ~ ❶ *(kräftigen)* to strengthen sth; **die Konzentrationsfähigkeit** ~ to improve concentration; *s. a.* **Rücken** ❷ *(verbessern)* to strengthen [*or* consolidate] sth ❸ *(steif machen)* **ein Hemd** ~ to starch a shirt **II.** *vi* ■ ~**d** fortifying, restorative; ~**des Mittel** tonic, restorative **III.** *vr* ■**sich** ~ to take some refreshment

stark|ma·chen^RR *vr (fam)* **sich für jdn/etw** ~ to stand up for sb/sth

Stark·strom *m* ELEK heavy [*or* power] current; **„Vorsicht** ~**!"** "danger! – high-voltage lines"

Stark·strom·ka·bel *nt* power cable

Stär·kung <-, -en> *f* ❶ *kein pl (das Stärken)* strengthening *no pl,* consolidation *no pl* ❷ *(Kräftigung)* refreshment

Stär·kungs·mit·tel *nt* tonic, restorative

Star·mo·dell *nt (fam)* top model

starr [ʃtar] **I.** *adj* ❶ *(steif)* rigid ❷ *(erstarrt)* stiff, paralyzed; ■ ~ **vor etw** *dat* paralyzed with sth; ~ **vor Kälte** numb with cold; ~ **vor Schreck** paralyzed with fear [*or* terror]; ~ **vor Staunen/Verblüffung** dumbfounded, gobsmacked Brit ❸ *(reglos)* ~**e Augen** glassy eyes; ~**er Blick** [fixed] stare; **ein** ~**es Grinsen** a forced grin ❹ *(rigide)* inflexible, rigid; **eine** ~**e Haltung** an unbending [*or form* Brit intransigent] attitude *fam* **II.** *adv* ❶ *(bewegungslos)* **jdn/etw** ~ **ansehen** to stare at sb/sth; ~ **lächeln** to force a smile, to give a forced smile ❷ *(rigide)* ~ **an etw** *dat* **festhalten** to hold rigidly to sth

Star·re <-> [ˈʃtarə] *f kein pl* immovability *no pl; Leiche* rigidity *no pl,* stiffness *no pl*

star·ren [ˈʃtarən] *vi* ❶ *(starr blicken)* ■**an/in etw** *akk* ~ to stare at/into sth ❷ *(bedeckt sein)* **von/vor Dreck** *dat* ~ to be thick [*or* covered] with dirt; **von Waffen** ~ to bristle [*or* Brit be stiff] with weapons

Starr·heit <-> *f kein pl* intransigence *no pl form*

starr·köp·fig *adj s.* **starrsinnig** **Starr·sinn** *m* stubbornness *no pl,* pig-headedness *no pl* **starr·sin·nig** *adj* stubborn, pig-headed

Start <-s, -s> [ʃtart, start] *m* ❶ LUFT take-off; **zum** ~ **freigeben** to give clearance to start; **die Maschine kann noch nicht zum** ~ **freigegeben werden** the plane cannot be cleared for take-off yet; RAUM lift-off, launch ❷ SPORT start; **am** ~ **sein** *(von Läufern)* to be on [*or* at] the starting line; *(von Fahrern/Rennwagen)* to be on the starting grid; **fliegender/stehender** ~ flying [*or* rolling]/standing start ❸ *(Beginn)* start; *Projekt* launch[ing]

Start·auf·la·ge *f kein pl* VERLAG first printing **Start·au·to·ma·tik** *f* AUTO automatic choke **Start·bahn** *f* LUFT [take-off] runway **start·be·reit** *adj* ❶ LUFT ready for take-off *pred;* RAUM ready for lift-off *pred* ❷ SPORT ready to start [*or* to go] [*or* Brit *fam* for the off] *pred* **Start·block** *m* SPORT starting block; *(Schwimmen)* starting platform

star·ten [ˈʃtartn̩, ˈst-] **I.** *vi sein* ❶ LUFT to take off; RAUM to lift [*or* blast] off, to be launched ❷ SPORT ■[**zu etw**] ~ to start [[on] sth]; **die Läufer sind gestartet!** the runners have started [*or* are off]!; ■**für jdn/etw** ~ to participate [*or* take part] for sb/sth ❸ *(beginnen)* to start; *Projekt* to be launched **II.** *vt haben* ■**etw** ~ ❶ *(anlassen)* to start sth; **ein Auto** ~ to start a car; **einen Computer** ~ to initialize a computer, to boot [up *sep*] a computer *spec;* **ein Programm** ~ INFORM to start [*or* run] a program ❷ *(abschießen)* to launch sth; **einen Wetterballon** ~ to send up *sep* a weather balloon; *s. a.* **Versuchsballon** ❸ *(beginnen lassen)* to launch [*or* start] sth; **eine Expedition** ~ to get an expedition under way; *s. a.* **Versuch**

Star·ter <-s, -> [ˈʃtarte, ˈst-] *m* AUTO starter, starting motor

Star·ter(in) <-s, -> [ˈʃtarte, ˈst-] *m(f)* SPORT *(Startsignalgeber[in], Wettkampfteilnehmer[in])* starter

Start·er·laub·nis *f* LUFT clearance for take-off; **jdm die** ~ **erteilen** [*o* **geben**] to clear sb for take-off; ~ **haben** to be cleared for take-off **Start·flag·ge** *f* starting flag **Start·frei·ga·be** *f s.* **Starterlaubnis** **Start·geld** *nt* SPORT *(vom Wettkampfteilnehmer)* entry fee; *(an Sportler gezahlt)* appearance money [*or* fee] **Start·hil·fe** *f* ❶ *(Zuschuss)* initial aid, start-up grant, pump-priming ❷ AUTO jump-start; **jdm** ~ **geben** to give sb a jump start **Start·hil·fe·ka·bel** *nt* jump leads *pl,* jumper cables *pl* Am **Start·ka·pi·tal** *nt* starting [*or* initial] capital, seed money [*or* capital]

stạrt·klar *adj s.* **startbereit**

Stạrt·li·nie *f* starting line **Stạrt·loch** *nt* SPORT starting hole (*used before the advent of starting blocks*) ▸ WENDUNGEN: **schon in den Startlöchern sitzen** [*o* **stehen**] (*fig fam*) to be on one's blocks BRIT, to be ready and waiting **Stạrt·num·mer** *f* [starting] number **Stạrt·pha·se** *f* start-up phase **Stạrt·ram·pe** *f* RAUM launch[ing] pad **Stạrt·schuss**[RR] *m* SPORT starting signal ▸ WENDUNGEN: **den ~ [für etw] geben** (*fig*) to give [sth] the green light [*or* the go-ahead]

Start-up <-s, -s> ['sta:tʌp] *nt* INET, ÖKON start-up

Start·up·fir·ma[RR], **Start-up-Fir·ma** ['sta:tʌp-] *f* start-up

Stạrt·ver·bot *nt* ① SPORT ban; **jdn mit einem ~ belegen** to ban [*or* bar] sb [from the sport]; **jdn mit einem befristeten ~ belegen** to suspend sb [from the sport] ② LUFT ban on take-off; **~ haben** to be grounded

Sta·si[1] <-> ['ʃta:zi] *f kein pl kurz für* **Staatsicherheit(sdienst)** *state security service of the former GDR*

Sta·si[2] <-s, -s> ['ʃta:zi] *m* (*fam: Angehöriger des Stasi*[1]) state security man

State·ment <-s, -s> ['ste:tmənt] *nt* statement

Sta·tik <-, -en> ['ʃta:tɪk, 'st-] *f* ① *kein pl* (*Stabilität*) stability *no pl* ② *kein pl* PHYS statics + *sing verb* ③ (*statische Berechnung*) static [*or* structural] calculation

Sta·ti·ker(in) <-s, -> ['ʃta:tikɐ, 'st-] *m(f)* TECH structural engineer

Sta·ti·on <-, -en> [ʃta'tsi̯o:n] *f* ① (*Haltestelle*) stop ② (*Aufenthalt*) stay, stopover; **~ machen** to make a stop, to have a rest; **in einem Rasthaus ~ machen** to stopover [*or* stay] in a motel ③ (*Klinikabteilung*) ward; **innere ~** medical ward; **auf ~ 1 liegen** to be on ward 1 ④ (*Sender*) station ⑤ METEO, MIL, SCI station ⑥ REL station [of the cross]

sta·ti·o·när [ʃtatsi̯o'nɛ:ɐ̯] **I.** *adj* ① MED in-patient *attr;* **ein ~er Aufenthalt** a stay in [AM the] hospital; **~e Einweisung** admission to hospital, hospitalization ② (*örtlich gebunden*) fixed, stationary; **unser ~es Labor befindet sich in Hamburg** our main [*or* permanent] laboratory is in Hamburg **II.** *adv* MED in [AM the] hospital; **jdn ~ aufnehmen** [*o* **einweisen**] to admit sb to hospital, to hospitalize sb; **jdn ~ behandeln** to treat sb in hospital, to give sb in-patient treatment

sta·ti·o·nie·ren* [ʃtatsi̯o'ni:rən] *vt* MIL ① (*installieren*) ■**jdn/etw irgendwo ~** to station [*or* post] sb/sth somewhere ② (*aufstellen*) ■**etw irgendwo ~** to deploy sth somewhere

Sta·ti·o·nie·rung <-, -en> *f* MIL ① (*das Installieren*) stationing, posting ② (*Aufstellung*) deployment

Sta·ti·ons·arzt, -ärz·tin *m, f* ward doctor [*or* physician] **Sta·ti·ons·schwes·ter** *f* ward sister BRIT, senior nurse AM **Sta·ti·ons·vor·ste·her(in)** *m(f)* BAHN stationmaster

sta·tisch ['ʃta:tɪʃ, 'st-] *adj* ① BAU static; **~e Zeichnung** structural drawing ② ELEK static ③ (*keine Entwicklung aufweisend*) in abeyance *pred,* at a standstill *pred*

Sta·tist(in) <-en, -en> [ʃta'tɪst] *m(f)* FILM extra; THEAT supernumerary *spec*

Sta·tis·tik <-, -en> [ʃta'tɪstɪk] *f* ① (*fachspr*) statistics + *sing verb* ② (*statistische Aufstellung*) statistics *pl;* ■**eine ~** a set of statistics; ■**~en** statistics *pl*

Sta·tis·ti·ker(in) <-s, -> [ʃta'tɪstikɐ] *m(f)* statistician

Sta·tịs·tin <-, -nen> *f fem form von* **Statist**

sta·tis·tisch [ʃta'tɪstɪʃ] **I.** *adj* statistical; **~e Zahlen** statistics **II.** *adv* statistically; **etw ~ erfassen** to make a statistical survey of sth, to record the statistics of sth

Sta·tiv <-s, -e> [ʃta'ti:f, *pl* ʃta'ti:və] *nt* tripod

statt [ʃtat] **I.** *präp +gen* ■**~ jds/einer S.** instead of sb/sth, in sb's/sth's place **II.** *konj* (*anstatt*) ■**~ etw zu tun** instead of doing sth

Statt <-> [ʃtat] *f kein pl* ■**an jds ~** in sb's place [*or geh* stead]; *s. a.* **Eid, Kind**

statt·dẹs·sen[RR] *adv* instead; **der Film läuft nicht mehr – wollen wir ~ in den anderen?** the film isn't showing any more – shall we see the other one instead?

Stät·te <-, -n> ['ʃtɛtə] *f* (*geh*) place

statt|fin·den ['ʃtatfɪndn̩] *vi irreg* ① (*abgehalten werden*) to take place; *Veranstaltung a.* to be held ② (*sich ereignen*) to take place, to happen **stạtt|ge·ben** *vi irreg* (*geh*) ■**einer S.** *dat* **~** to grant sth; **einem Antrag/Einspruch ~/nicht ~** to sustain/overrule a motion/an objection; **einer Beschwerde ~** to allow [*or* grant] an appeal

stạtt·haft *adj pred* ■**~ sein** to be allowed [*or* permitted] **Statt·hal·ter(in)** ['ʃtathaltɐ] *m(f)* HIST governor

statt·lich ['ʃtatlɪç] *adj* ① (*imposant*) imposing; **ein ~er Bursche** a strapping [*or* powerfully built] young man; **ein ~es Gebäude** a stately [*or* an imposing] [*or* a magnificent] building; **ein ~es Auto/Tier** a magnificent [*or* splendid] car/animal; **ein ~er Fisch** a whopper *fam;* **ist er nicht ~?** isn't he a hunk? *fam* ② (*beträchtlich*) handsome, considerable; **eine ~e Größe** a considerable height

Sta·tue <-, -n> ['ʃta:tu̯ə, 'st-] *f* statue; (*kleiner*) statuette

Sta·tu·en·grup·pe *f* group of statues

sta·tu·ie·ren* [ʃtatu'i:rən, st-] *vt* (*geh*) **aus etw ein Exempel ~** to make an example out of sth

Sta·tur <-, -en> [ʃta'tu:ɐ̯] *f* (*geh*) build, physique; **von imposanter/kräftiger ~ sein** to be of imposing/powerful stature

Sta·tus <-, -> ['ʃta:tʊs, 'st-] *m* ① (*Stellung*) status, position; **~ quo/~ quo ante** status quo/status quo ante ② JUR status ③ MED state, status

Sta·tus·sym·bol *nt* status symbol

Sta·tut <-[e]s, -en> [ʃta'tu:t] *nt meist pl* statute; *Verein a.* standing rules *pl;* ■**die ~en aufstellen** to draw up the statutes/standing rules

Stau <-[e]s, -e *o* -s> [ʃtau] *m* ① (*Verkehrsstau*) traffic jam, congestion; **ein ~ von 10 km** a 10 km tailback BRIT [*or* AM traffic jam] ② (*von beweglichen Massen*) build-up

Staub <-[e]s, -e *o* Stäube> [ʃtaup, *pl* 'ʃtɔybə] *m* ① *kein pl* (*Dreck*) dust *no pl, no indef art;* **~ saugen** to vacuum, to hoover BRIT; **~ wischen** to dust; **zu ~ werden** [*o* **zerfallen**] (*geh*) to turn to dust; *Mumie, archäologische Fundstücke* to crumble into dust ② *meist pl* (*fachspr*) dust *no pl* ▸ WENDUNGEN: **den ~ [eines Ortes/Landes] von den Füßen schütteln** to shake the dust [of a place/country] off one's feet; **~ aufwirbeln** (*fam*) to kick up a lot of dust; (*in der Öffentlichkeit*) to make [*or* create] a [big] stir; **vor jdm im ~e kriechen** (*veraltet*) to grovel before sb [*or* at sb's feet]; **sich aus dem ~[e] machen** (*fam*) to clear [*or* make] off *fam;* **sich vor jdm in den ~ werfen** (*veraltet*) to throw oneself at sb's feet

Staub·blatt *nt* BOT stamen, stamina

Stau·be·cken *nt* [catchment [*or* storage] *spec*] reservoir [*or* AM basin]

stau·ben ['ʃtaubn̩] *vi impers* (*Staub aufwirbeln*) **bei etw** *dat* **staubt es sehr** sth makes a lot of dust ▸ WENDUNGEN: **pass auf, sonst staubt's!** watch it, or there'll be trouble!

stäu·ben ['ʃtɔybn̩] *vt* ■**etw auf/über etw** *akk* **~** to sprinkle sth on/over sth; **Mehl/Puderzucker auf/über etw** *akk* **~** to dust sth with flour/icing sugar

Staub·fa·den *m* BOT filament **Staub·fän·ger** <-s, -> *m* (*pej*) dust collector **Staub·flo·cke** *f* piece of fluff, fluff *no indef art, no pl* **Staub·ge·fäß** *nt* BOT stamen

stau·big ['ʃtaubɪç] *adj* dusty; ■**~ sein/werden** to be/get dusty

Staub·korn <-körner> *nt* speck [*or liter* mote] of dust, dust particle **Staub·lun·ge** *f* MED black lung, pneumo[no]coniosis *spec* **Staub·par·ti·kel** *f meist pl* dust particle **staub·sau·gen** <*pp* staubgesaugt>, **Staub sau·gen** <*pp* Staub gesaugt> **I.** *vi* to vacuum, to hoover BRIT **II.** *vt* ■**etw ~** to vacuum [*or* BRIT hoover] sth **Staub·sau·ger** *m* vacuum [cleaner], hoover BRIT, vac BRIT *fam* **Staub·schicht** *f* layer of dust **Staub·tuch** *nt* duster, dust cloth **Staub·wol·ke** *f* cloud of dust **Staub·zu·cker** *m* icing sugar, confectioner's sugar AM

Stau·damm *m* dam

S

Stau·de <-, -n> ['ʃtaudə] *f* HORT perennial [plant]; **winterharte** ~ hardy perennial

stau·en ['ʃtauən] **I.** *vt* ■**etw** ~ ❶ BAU to dam [up *sep*] sth; **einen Fluss** ~ to dam [up] a river ❷ NAUT to stow sth **II.** *vr* ❶ (*sich anstauen*) ■**sich** [**in/hinter etw** *dat*] ~ to collect [*or* accumulate] [in/behind sth]; (*von Wasser a.*) to rise [in/behind sth] ❷ (*Schlange bilden*) ■**sich** [**vor etw** *dat*] ~ to pile up [*or* become congested] [at [the site of] sth]; **vor der Unfallstelle stauten sich die Fahrzeuge auf eine Länge von acht Kilometern** the accident caused an 8 km tailback

Stau·ge·fahr *f* risk of congestion; **„~"** "delays likely" **stau·ge·plagt** *adj* TRANSP prone to tailbacks [*or* traffic jams] **Stau·mau·er** *f* dam wall **Stau·mel·dung** *f* traffic news + *sing vb*, traffic jam information [*or* report]

stau·nen ['ʃtaunən] *vi* ■[**über jdn/etw**] ~ to be astonished [*or* amazed] [at sb/sth]; (*mit Bewunderung a.*) to marvel at sb/sth; **mit offenem Mund** ~ to gape in astonishment [*or* amazement]; ■**~, dass ...** to be astonished [*or* amazed] that ...; (*mit Bewunderung a.*) to marvel that ...; ■**~, wie jd etw tut** to be astonished [*or* amazed]/to marvel at sb's ability to do sth; **da staunst du, was?** (*fam*) you weren't expecting that, were you?, that's shocked you, hasn't it?; *s. a.* **Bauklotz**

Stau·nen <-s> ['ʃtaunən] *nt kein pl* astonishment *no pl*, amazement *no pl*; **jdn in ~ versetzen[, dass/wie ...]** to astonish [*or* amaze] sb [that/how ...], to fill sb with astonishment [*or* amazement]; **voller** ~ struck [dumb] with astonishment [*or* amazement]

Stau·raum *m* TRANSP, NAUT cargo space, storage capacity **Stau·see** *m* reservoir, artificial lake

Stau·ung <-, -en> *f* ❶ (*Verkehrsstau*) traffic jam, congestion *no indef art, no pl*; **eine lange** ~ a long tailback [*or* AM traffic jam] ❷ *kein pl* (*das Anstauen*) build-up ❸ MED congestion *no pl*, engorgement, stasis *spec*

Steak <-s, -s> [ste:k, ʃte:k] *nt* steak

Steak·mes·ser *nt* steak knife

ste·chen <sticht, stach, gestochen> ['ʃtɛçn̩] **I.** *vi* ❶ (*pieksen*) to prick; *Werkzeug* to be sharp ❷ (*von Insekten*) to sting; *Mücken, Moskitos* to bite ❸ (*mit spitzem Gegenstand eindringen*) ■[**mit etw**] **durch/in etw** *akk* ~ to stick sth through/into sth ❹ (*brennen*) **auf der Haut/in den Augen/in der Nase** ~ to sting one's skin/eyes/nose; **die Sonne sticht in den Augen** the sun hurts one's eyes ❺ KARTEN ■[**mit etw**] ~ to take the trick [with sth]; **mit einem Trumpf** ~ to trump ❻ (*spielen*) **ins Gelbliche** ~ *Farbe* to have a yellowish tinge [*or* tinge of yellow] **II.** *vt* ❶ (*durch etwas Spitzes verletzen*) ■**jdn** [**mit etw**] ~ to stab sb [with sth] ❷ (*pieksen*) ■**jdn** ~ to prick sb; ■**sich in etw** *akk* ~ to prick one's sth ❸ (*von Insekt*) ■**jdn/ein Tier** ~ to sting sb/an animal; (*von Mücken, Moskitos*) to bite sb/an animal ❹ KARTEN ■**etw** [**mit etw**] ~ to take sth [with sth] ❺ (*gravieren*) ■**etw** [**in etw** *akk*] ~ to engrave sth [in sth]; **wie gestochen** very easy to read; **wie gestochen schreiben** to write a clear hand; *s. a.* **Auge, Spargel, Torf** **III.** *vr* ■**sich** [**an etw** *dat*] ~ to prick oneself [on sth] **IV.** *vi impers* **es sticht** [**jdm** [*o* **jdn**]] **in der Seite** sb has a sharp [*or* stabbing] pain in his/her side

Ste·chen <-s, -> ['ʃtɛçn̩] *nt* ❶ (*stechender Schmerz*) sharp [*or* stabbing] pain, stitch ❷ (*beim Reiten*) jump-off

ste·chend *adj* ❶ (*scharf*) sharp, stabbing ❷ (*durchdringend*) piercing, penetrating ❸ (*beißend*) acrid; **ein ~er Geruch** an acrid [*or* a pungent] smell

Stech·kar·te *f* time [*or* BRIT clocking] card **Stech·mü·cke** *f* gnat, midge; ([*sub*]*tropisch*) mosquito **Stech·pal·me** *f* holly, ilex *spec* **Stech·uhr** *f* time clock, telltale BRIT **Stech·zir·kel** *m* pair of dividers, dividers *pl*

Steck·brief *m* "wanted" poster

steck·brief·lich *adv* ~ **gesucht werden** to be wanted [by the police], to be on the wanted list; **jdn ~ verfolgen** to put up "wanted" posters of sb

Steck·do·se *f* [wall] socket, power point, electrical outlet AM

ste·cken ['ʃtɛkn̩] **I.** *vi* <steckte *o geh* stak, gesteckt> ❶ (*festsitzen*) ■[**in etw** *dat*] ~ *Dorn, Splitter* to be [sticking] in sth; ■**zwischen/in etw** *dat* ~ to be stuck between/in sth; [**in etw** *dat*] ~ **bleiben** to be stuck [fast]/to get stuck [in sth] ❷ (*eingesteckt sein*) ■**hinter/in/zwischen etw** *dat* ~ to be behind/in/among sth; **der Schlüssel steckt im Schloss** the key is in the lock; [**in etw** *dat*] ~ **bleiben** to stick in sth; *Kugel* to lodge [*or* be lodged] in sth; ■**etw** [**in etw** *dat*] ~ **lassen** to leave sth [in sth]; **den Schlüssel ~ lassen** to leave the key in the lock; **lass** [**dein Geld**] **stecken!** leave your money where it is [*or* in your pocket]!, let me pay for this ❸ (*verborgen sein*) ■[**in etw** *dat*] ~ to be [in sth]; (*von Kindern a.*) to be hiding [in sth]; ■**hinter etw** *dat* ~ (*verantwortlich für etw sein*) to be behind [*or* at the bottom of] sth ❹ (*verwickelt sein in*) [**tief**] **in der Arbeit** ~ to be bogged down in [one's] work; **in einer Krise** ~ to be in the throes of a crisis; **in der Scheiße** ~ (*sl*) to be in the shit BRIT *sl*, to be up shit creek [AM without a paddle] *hum sl*; **in Schwierigkeiten/**[**tief**] **in Ärger** ~ to be in difficulties/in [deep] trouble ❺ (*stocken*) [**in etw** *dat*] ~ **bleiben** to falter [in sth]; **in einem Gedicht ~ bleiben** to get stuck in [reciting] a poem; *s. a.* **Hals** **II.** *vt* <steckte, gesteckt> ❶ (*schieben*) ■**etw hinter/in/unter etw** *akk* ~ to put sth behind/in[to]/under sth; **ein Abzeichen an den Kragen** ~ to pin a badge to one's collar; **einen Brief unter die Tür/einen Zehnmarkschein in die Tasche** ~ to slip a letter under the door/a 10 mark note into one's pocket; **sich** *dat* **einen Ring an den Finger** ~ to slip a ring on one's finger, to slip [*or* put] on a ring *sep*; **das kannst du dir irgendwohin ~!** (*fam*) you can stick that where the sun don't shine! *pej fam* ❷ (*fam: befördern*) ■**jdn in etw** *akk* ~ to put [*or fam* stick] sb in sth; **jdn ins Bett** ~ to put sb to bed *fam*; **jdn ins Gefängnis** ~ to stick sb in prison *fam*, to put sb away [*or* inside] *fam* ❸ (*von Kleidungsstück*) ■**etw** ~ to pin sth [together]; **den Saum** ~ to pin up the hem *sep* ❹ (*fam: investieren*) ■**etw in etw** *akk* ~ to put sth into sth; **viel Zeit in etw** *akk* ~ to devote a lot of time to sth ❺ (*sl: verraten*) ■**jdm etw** ~ to tell sb sth; ■**jdm ~, dass ...** to tell sb that ...

Ste·cken <-s, -> ['ʃtɛkn̩] *m* DIAL, SCHWEIZ stick; (*flexibler a.*) switch

Ste·cken·pferd *nt* (*fig a.*) hobby horse, hobby

Ste·cker <-s, -> *m* plug

Steck·na·del *f* pin ▶WENDUNGEN: **eine ~ im Heuhaufen suchen** to look for a needle in a haystack **Steck·platz** *m* INFORM slot **Steck·rü·be** *f* BOT DIAL swede, rutabaga AM **Steck·schuss**[RR] *m* **ein ~ im Kopf** a bullet [lodged] in the/one's head

Steel·drum <-, -s> [sti:ldrʌm] *f* MUS steel drum

Steg <-[e]s, -e> [ʃte:k] *m* ❶ (*schmale Holzbrücke*) footbridge ❷ (*Boots~*) landing stage, jetty ❸ MUS bridge, chevalet *spec* ❹ (*Brillen~*) bridge, nosepiece

Steg·ho·se *f* stirrup pants *npl*

Steg·reif ['ʃte:kraif] *m* ■**etw aus dem ~ tun** to do sth off the cuff [*or* just like that]; **eine Rede aus dem ~ halten** to make an impromptu [*or* off-the-cuff] [*or* ad-lib] speech

Steh·auf·männ·chen ['ʃte:ʔaufmɛnçən] *nt* ❶ (*Spielzeug*) tumbler ❷ (*Mensch, der sich immer wieder erholt*) somebody who always bounces back; **er ist ein richtiges ~** he always bounces back

ste·hen <stand, gestanden> ['ʃte:ən] **I.** *vi haben o* SÜDD, ÖSTERR, SCHWEIZ *sein* ❶ (*in aufrechter Stellung sein*) ■[**in/auf etw** *dat*] ~ (*von Menschen*) to stand [in/on sth]; (*warten a.*) to wait [in/on sth]; (*ungeduldig*) to stand around [in/on sth]; (*von länglichen Gegenständen a.*) to be [placed] upright; **einen ~ haben** (*sl*) to have a hard-on *sl* ❷ (*hingestellt sein*) ■[**hinter/in etw** *dat*] ~ to be [behind/in sth]; (*von Auto a.*) to be parked [behind/in sth]; ~ **bleiben** to be left [behind]; **etw** [**in etw** *dat*] ~ **lassen** to leave sth [in sth]; (*nicht anfassen*) to leave sth where it is; (*vergessen*) to leave sth behind [in sth]; **alles ~ und liegen lassen** to drop everything ❸ (*gedruckt sein*) ■[**auf/in etw** *dat*] ~ to be [on/in sth]; **wo steht das?** where does it say that?; (*fig*) who says so?; **was steht in der Zeitung/seinem Brief?** what does the paper/his letter say?, what does it say in the paper/his letter?; **das steht bei Goethe** that comes from Goethe; **in der Bibel steht, [dass] ...** it is written [in the Bible] [*or* it says in the Bible] that ...; **im Gesetz ~** to be [embodied in *form*] the law; **~ bleiben** to be left [in] ❹ (*nicht mehr in Betrieb sein*) to have stopped; (*von Fließband, Maschine a.*) to be at a standstill; **zum S~ kommen** to come to a stop ❺ (*geparkt haben*) ■**auf/in etw** *dat* ~ to be parked on/in sth; (*von Fahrer*) to have parked on/in sth; **~ bleiben** to stop; *Kraftfahrzeug, Zug a.* to come to a stop [*or* halt] [*or* standstill]; **in welcher Zeile waren wir ~ geblieben?** where did we get to [in the book]?, where did I/we stop reading? ❻ (*nicht verzehren*) **~ bleiben** to be left untouched; **etw ~ lassen** to leave sth untouched ❼ (*von etw betroffen sein*) **unter Alkohol/Drogen** *dat* ~ to be under the influence of alcohol/drugs; **unter Schock** *dat* ~ to be in a state of shock; **unter der Wirkung einer schlimmen Nachricht** ~ to be suffering from [the effects of] bad news ❽ LING (*verbunden werden*) ■**mit etw** ~ to take [*or spec* govern] sth; **mit dem Dativ** ~ to be followed by [*or* to take] the dative; ■**in etw** *dat* ~ to be in sth ❾ (*passen zu*) **jdm [gut/nicht]** ~ to suit sb [well] [*or form* to become sb]/to not suit [*or form* become] sb ❿ (*geahndet werden*) **auf Mord** *akk* **steht Gefängnis** the penalty for murder is imprisonment, murder is punishable by imprisonment ⓫ (*ausgesetzt sein*) **auf die Ergreifung der Terroristen steht eine Belohnung** there is a reward [*or* a reward has been offered] for the capture of the terrorists ⓬ (*einen bestimmten Spielstand haben*) **wie steht das Spiel?** what's the score? ⓭ (*einen bestimmten Wechselkurs haben*) ■**bei etw** ~ to be [*or* stand] at sth; **wie steht das Pfund?** how does the pound stand?, what's the rate for the pound?, how's the pound doing? *fam;* **besser/sehr tief** ~ to be stronger/very low [*or* down a lot] ⓮ (*allein lassen*) **jdn ~ lassen** to leave sb [alone]; **jdn einfach ~ lassen** to walk off and leave sb, to leave sb standing [there], to walk out on sb ⓯ (*fam: fest sein*) to be [*or* have been] finally settled; **die Mannschaft steht noch nicht** the team hasn't been picked [*or* selected] yet; (*fertig sein*) to be ready ⓰ (*an etw festhalten*) ■**zu etw** ~ to stand by sth; **zu einer Abmachung** ~ to stand by [*or* keep to] an agreement; **zu seinem Versprechen** ~ to stand by [*or* keep] one's promise ⓱ (*zu jdm halten*) ■**zu jdm** ~ to stand [*or fam* stick] by sb ⓲ (*stellvertretend eingesetzt sein*) ■**für etw** ~ to stand for sth ⓳ (*eingestellt sein*) **wie ~ Sie dazu?** what are your views on [*or* what is your opinion on [*or* of]] it?; **negativ/positiv zu etw** ~ to have a negative/positive opinion [*or* view] of sth ⓴ (*unterstützen*) ■**hinter jdm/etw** ~ to be behind sb/sth ㉑ (*anzeigen*) ■**auf etw** *dat* ~ to be at sth; (*von Nadel a.*) to point to sth; **im roten Bereich** ~ to be in the red; **die Ampel steht auf Rot** the traffic light is red ㉒ (*sl: gut finden*) ■**auf jdn/etw** ~ to be mad [*or* crazy] about sb/sth *fam;* **stehst du auf Techno?** are you into techno? *sl* ▶ WENDUNGEN: **mit jdm/etw ~ und fallen** to depend on sb/sth; **jdm steht etw bis hier/oben/zum Hals[e]** (*fam*) sb has a surfeit of sth, sb is fed up with sth *fam;* **es steht mir bis hier/oben/zum Hals** I'm fed up [to the back teeth] with it; **die Schulden ~ ihr bis zum Hals** she's up to her neck in debt *fam* **II.** *vr* ❶ (*gestellt sein*) **sich besser/gut/schlecht [bei etw]** ~ to be better/well off/badly off [with sth] ❷ (*auskommen*) ■**sich gut/schlecht mit jdm** ~ to get on [well]/badly with sb **III.** *vi impers* ❶ (*sich darstellen*) **es steht gut/schlecht** it's looking good/bad; **die Dinge ~ nicht gut** things are looking bad; **wie steht es bei euch?** how are things with you? ❷ (*bestellt sein*) **es steht gut/schlecht um jdn/etw** things look [*or* it looks] good/bad for sb/sth, sb/sth is doing well/badly; (*gesundheitlich*) sb is doing well/badly; **wie steht es um deine Gesundheit?** how are you feeling?, how is your health?; **es steht mit jdm/etw gut/schlecht** sb/sth is faring well/badly; **[wie geht's,] wie steht's?** [how are you,] how are [*or* how's] things [*or* how's life]? *fam* ❸ (*geh*) **es steht zu befürchten/erwarten, dass ...** it is to be feared/expected that ...

Ste·hen <-s> ['ʃte:ən] *nt kein pl* ■**das** ~ standing; **gerades** [*o* **aufrechtes**] ~ standing upright; **etw im ~ tun** to do sth standing up; **im ~ essen** to have a stand-up meal, to eat standing up

ste·hend *adj attr* stagnant; **~es Gewässer** stretch of standing [*or* stagnant] water

Steh·gei·ger(in) *m(f)* cafe violinist **Steh·knei·pe** *f* stand-up bar **Steh·kra·gen** *m* stand-up collar, choker *fam* **Steh·lam·pe** *f* floor [*or* standard] lamp **Steh·lei·ter** *f* stepladder

steh·len <stahl, gestohlen> ['ʃte:lən] **I.** *vt* ■**[jdm] etw** ~ to steal [*or hum* purloin] [sb's] sth ▶ WENDUNGEN: **jdm die Zeit** ~ to take up [*or* waste] sb's time; **dem lieben Gott die Zeit** ~ to laze the time away; **das/er/sie usw. kann mir gestohlen bleiben!** (*fam*) to hell with it/him/her etc.! *fam,* he/she etc. can go take a running jump! *fam;* **woher nehmen und nicht ~?** (*hum*) where on earth am I going to find that/them etc.? **II.** *vi* to steal; **es wird dort viel gestohlen** there's a lot of stealing there; ■**das S~** stealing **III.** *vr* ❶ (*sich heimlich schleichen*) ■**sich aus etw/in etw** *akk*/**von etw** ~ to steal [*or* sneak] out of/into/away from sth ❷ (*sich drücken vor*) ■**sich aus etw** ~ to sneak out of sth

Steh·platz *m* **24 Stehplätze** standing room for 24; **es gab nur noch Stehplätze** there was standing room only; **ich bekam nur noch einen** ~ I had to stand **Steh·pult** *nt* high desk **Steh·ver·mö·gen** *nt kein pl* staying power *no pl, no indef art,* stamina *no pl, no indef art;* **[großes] ~ haben** to have [a lot of] staying power [*or* stamina]

Stei·er·mark <-> ['ʃtaiɐmark] *f* ■**die** ~ Styria

steif [ʃtaif] *adj* ❶ (*starr*) stiff; **ein ~er Kragen** a stiff collar; **~ vor Kälte** stiff [*or* numb] with cold; **~ wie ein Brett** as stiff as a board ❷ (*schwer beweglich*) stiff; **ein ~es Bein** a stiff leg; **einen ~en Hals haben** to have a stiff neck; ■**~ sein/werden** to be/grow stiff; **sich ~ machen** to go rigid, to lock one's muscles ❸ (*förmlich*) stiff, starchy BRIT *pej fam;* **ein ~er Empfang/eine ~e Begrüßung** a [rather] formal [*or pej fam* starchy] reception/greeting ❹ (*erigiert*) erect; **ein ~er Penis** an erect [*or* a hard] [*or* a stiff] penis, an erection; ■**~ sein/werden** to be/become erect ❺ (*fam: alkoholische Getränke*) stiff; **ein ~er Grog** a tot [*or* AM shot] of strong grog, a stiff tot of grog ❻ NAUT **ein ~es Boot** a stiff boat; **eine ~e Brise/See** a stiff breeze/heavy sea ▶ WENDUNGEN: **~ und fest** obstinately, stubbornly, categorically; **sich ~ und fest einbilden, dass ...** to have got it into one's head that ...

steif|hal·ten *vt irreg* **die Ohren** [*o* **den Nacken**] ~ (*fig*) to keep one's chin up

Steig·bü·gel ['ʃtaik-] *m* stirrup; MED *a.* stapes *spec* **Steig·bü·gel·hal·ter(in)** *m(f)* (*pej*) backer, supporter; **jds ~ sein** to help sb [to] come to power

Stei·ge <-, -n> ['ʃtaigə] *f* DIAL ❶ (*steile Straße*) steep track ❷ *s.* **Stiege**

Steig·ei·sen *nt* ❶ (*für Schuhe*) climbing iron; (*Bergsteigen*) crampon ❷ (*an Mauern*) step iron, rung [set into a wall]

stei·gen <stieg, gestiegen> ['ʃtaign̩] **I.** *vi sein* ❶ (*klettern*) to climb; **durchs Fenster** ~ to climb through the window; ■**auf etw** *akk* ~ to climb [up] sth ❷ (*be~*) ■**auf etw** *akk* ~ to get on[to] sth; **auf ein Pferd/aufs Fahrrad** ~ to get on[to] [*or* to mount] a horse/to get on one's bike ❸ (*ein~*) ■**in etw** *akk* ~ to get [*or* step] into sth; **in einen Zug** ~ to get on [*or* board] a train, to entrain *liter* ❹ (*aus~*) ■**aus etw** ~ to get [*or* step] out of sth; **aus dem Bett** ~ to get out of bed; **aus einem Bus** ~ to get off [*or* BRIT *form* alight from] a bus; **aus einem Zug** ~ to get off [*or form* alight from] a train, to detrain *liter* ❺ (*ab~*) ■**von etw** ~ to

S

get off sth; **vom Fahrrad** ~ to get off one's bike; **von einer Leiter** ~ to come down off a ladder; **von einem Pferd** ~ to get off a horse, to dismount ❻ (*sich aufwärtsbewegen*) to rise [up]; **die Tränen stiegen ihr in die Augen** her eyes welled up with tears; **das Blut stieg ihm ins Gesicht** the blood rushed to his face, he blushed; **der Sekt ist mir zu Kopf gestiegen** the Sekt has gone to my head; **in die Luft** ~ to rise [*or* soar] into the air; *Flugzeug* to climb [into the air]; *Nebel* to lift; ■ **etw** ~ **lassen** to fly sth; **Drachen/Luftballons** ~ **lassen** to fly kites [*or* go kite-flying]/to release balloons into the air ❼ (*fam: sich begeben*) ■ **in etw** *akk* ~ to get into sth; **ins Examen** ~ to take one's exam ❽ (*sich erhöhen*) ■ **[auf etw** *akk*/**um etw]** ~ *Achtung* to rise [to/by sth]; *Flut* to swell [*or* rise] [to/by sth]; *Preis, Wert* to increase [*or* rise] [to/by sth]; *Temperatur a.* to climb [to/by sth]; **weiter** ~ to continue to rise; **das S~ und Sinken der Kurse** the rise and fall of prices [*or* rates] ❾ (*sich intensivieren*) to increase, to grow; (*von Spannung, Ungeduld, Unruhe a.*) to mount ❿ (*fam: stattfinden*) ■ **[bei jdm]** ~ to be [*or fam* go down] [at sb's place]; **heute Abend steigt das Fest des Sportvereins** the sport club's having a party tonight **II.** *vt sein* ■ **Treppen/Stufen** ~ to climb [up] stairs/steps

Stei·ger <-s, -> ['ʃtaigɐ] *m* BERGB pit foreman, overman

stei·gern ['ʃtaigɐn] **I.** *vt* ❶ (*erhöhen, verstärken*) ■ **etw [auf etw** *akk*/**um etw]** ~ to increase sth [to/by sth]; **die Geschwindigkeit** ~ to increase speed, to accelerate; **die Produktion** ~ to increase [*or sep* step up] production ❷ (*verbessern*) ■ **etw** ~ to add to [*or* improve] sth; **die Qualität** ~ to improve [*or* enhance] the quality ❸ LING ■ **etw** ~ to compare sth, to form the comparative of sth **II.** *vr* ❶ (*sich erhöhen*) ■ **sich [auf etw** *akk*/**um etw]** ~ to increase [*or* rise] [to/by sth] ❷ (*sich intensivieren*) ■ **sich** ~ to increase, to grow; *a. Spannung, Ungeduld, Unruhe, Wind* to mount; **gesteigertes Interesse/Misstrauen** great interest/deep[ening] mistrust ❸ (*seine Leistung verbessern*) ■ **sich** ~ to improve ❹ (*sich hineinsteigern*) ■ **sich in etw** *akk* ~ to work oneself [up] into sth; **sich in Wut** ~ to work oneself [up] into a rage

Stei·ge·rung <-, -en> *f* ❶ (*Erhöhung*) increase (+*gen* in), rise (+*gen* in); **eine** ~ **der Beschleunigung** an increase in [the] acceleration ❷ (*Verbesserung*) improvement (+*gen* to) ❸ LING comparative/superlative

Stei·ge·rungs·form *f* LING comparative/superlative form

Steig·flug *m* LUFT climb, ascent; **in den** ~ **übergehen** to go into a climb

Stei·gung <-, -en> *f* ❶ (*ansteigende Strecke*) ascent, acclivity *spec* ❷ (*Anstieg*) slope; **eine** ~ **von 10%** a gradient of one in ten [*or* of 10%]

steil [ʃtail] **I.** *adj* ❶ (*stark abfallend*) steep; ~**e Klippen** steep [*or* precipitous] [*or* sheer] cliffs; **ein** ~**es Ufer** a steep bank, a bluff ❷ (*eine starke Steigung aufweisend*) steep; ■ ~ **sein/**~**er werden** to be steep/to become [*or* get] steeper ❸ (*sehr rasch*) rapid; **ein** ~**er Aufstieg** a rapid [*or* meteoric] rise ❹ SPORT **ein** ~**er Pass/eine** ~**e Vorlage** a through ball [*or* pass] **II.** *adv* steeply, precipitously; **sich** ~ **aufrichten** to stand up to one's full height

Steil·hang *m* steep slope; (*von Klippe a.*) precipice **Steil·heck** *nt* hatchback **Steil·küs·te** *f* steep coast, bluff **Steil·pass**RR *m* through ball [*or* pass] **Steil·wand** *f* steep face, precipice

Stein <-[e]s, -e> [ʃtain] *m* ❶ (*Gesteinsstück*) stone, rock AM; (*größer*) rock; **mit** ~**en gepflastert** paved with stone ❷ *kein pl* (*Natur~*) stone *no pl;* (~ *schicht in der Erde*) rock *no pl;* **zu** ~ **erstarren/werden** to turn to stone, to petrify *spec* ❸ (*Bau~*) stone; **ein Haus aus** ~ a house [made] of stone, a stone house; (*Ziegel~*) brick; (*Pflaster~*) paving stone, flag[stone]; (*Kopf~ pflaster*) cobblestone ❹ (*Grab~*) gravestone ❺ (*Edel~*) [precious] stone, jewel; (*Diamant a.*) rock AM *fam;* (*in Uhr*) jewel; **imitierte/unechte** ~**e** paste [jewellery [*or* AM jewelry]] + *sing verb* ❻ (*Obstkern*) stone ❼ (*Spiel~*) piece, counter ❽ MED stone, calculus *spec* ▶ WENDUNGEN: **der/ein** ~ **des Anstoßes** (*geh*) the/a thorn in sb's eye; (*umstritten*) the/a bone of contention; (*in Vertrag a.*) the/a stumbling block; **es friert** ~ **und Bein** (*fam*) it's freezing cold, it's brass monkey weather BRIT *sl;* ~ **und Bein schwören, etw getan zu haben** (*fam*) to swear by all that's holy [*or fam* all the gods] that one did sth; **bei jdm einen** ~ **im Brett haben** (*fam*) to be well in with sb *fam;* **mir fällt ein** ~ **vom Herzen!** that's [taken] a load off my mind!; **es fällt dir kein** ~ **aus der Krone!** it won't hurt [*or* kill] you!; **den/einen** ~ **ins Rollen bringen** (*fam*) to start [*or* set] the ball rolling; **jdm** ~**e in den Weg legen** to put a spoke in sb's wheel BRIT, to put obstacles in sb's way; **jdm alle** ~**e aus dem Weg räumen** to remove all obstacles from sb's path, to smooth sb's path, to pave the way for sb; **keinen** ~ **auf dem anderen lassen** to leave no stone standing; **es blieb kein** ~ **auf dem anderen** there wasn't a stone left standing; **wie ein** ~ **schlafen** (*fam*) to sleep like a log *fam*

Stein·ad·ler *m* golden eagle **stein·alt** ['ʃtain'ʔalt] *adj* ancient, as old as Methuselah *pred hum;* ■ ~ **sein/werden** to be/become [*or* grow] as old as Methuselah *hum* **Stein·bock** *m* ❶ ZOOL ibex ❷ ASTROL Capricorn; **[ein]** ~ **sein** to be a Capricorn **Stein·brech** <-s> *m kein pl* BOT saxifrage **Stein·bruch** *m* quarry **Stein·butt** *m* turbot **Stein·dat·tel** *f* date shell **Stein·ei·che** *f* holm [*or* holly] oak

stei·nern ['ʃtainɐn] *adj* stone *attr,* [made] of stone *pred*

Stein·er·wei·chen *nt* ■ **zum** ~ heartbreakingly, fit to break your heart *fam*

Stein·flie·ge *f* ZOOL stonefly **Stein·fraß** *m* stone erosion *no pl, no indef art* **Stein·fuß·bo·den** *m* stone floor **Stein·gut** *nt kein pl* earthenware *no pl, no indef art;* (*Steinzeug*) stoneware *no pl, no indef art* **Stein·gut·ge·schirr** *nt* stoneware crockery *no pl, no indef art* **stein·hart** ['ʃtain'hart] *adj* rock-hard, [as] hard as [a] rock *pred;* ■ ~ **sein/werden** to be/become rock-hard [*or* [as] hard as [a] rock] **Stein·haus** ['ʃtainhaus] *nt* stone house

stei·nig ['ʃtainɪç] *adj* stony; ■ ~ **sein** to be stony [*or* full of stones]

stei·ni·gen ['ʃtainɪgn̩] *vt* ■ **jdn** ~ to stone sb

Stein·kauz *m* ORN little owl **Stein·klee** *m* BOT sweet clover, melilot

Stein·koh·le *f kein pl* hard [*or spec* glance] coal

Stein·koh·len·berg·bau *m* coal mining *no pl, no art* **Stein·koh·len·berg·werk** *nt* coal mine, colliery, pit **Stein·koh·len·för·de·rung** *f* hard-[*or spec* glance-]coal extraction **Stein·koh·len·la·ger** *nt* coal bed **Stein·koh·len·ze·che** *f* coal mine, colliery, pit

Stein·krug *m* earthenware mug [*or* jug]; (*für Bier*) [beer] stein **Stein·lei·den** *nt* MED calculosis **Stein·metz(in)** <-en, -en> ['ʃtainmɛts] *m(f)* stonemason **Stein·obst** *nt* stone fruit[s *pl*] **Stein·pilz** *m* BOT cep, boletus edulis *spec* **Stein·plat·te** *f* stone slab **stein·reich** ['ʃtain'raiç] *adj* (*fam*) stinking [*or pej a.* filthy] rich *fam;* ■ ~ **sein/werden** to be rolling in it/to make loads of money *fam* **Stein·salz** *nt* rock [*or spec* mineral] salt **Stein·schlag** *m* rockfall[s *pl*]; **„Achtung** ~**"** "danger – falling [*or* fallen] rocks" **Stein·schleu·der** *f* catapult BRIT, slingshot AM **Stein·schmät·zer** <-s, -> *m* ORN wheatear **Stein·ta·fel** *f* stone tablet, [stone] plaque **Stein·wäl·zer** *m* ORN turnstone **Stein·wol·le** *f* rock [*or* mineral] wool **Stein·wurf** *m* [thrown] stone; **einen** ~ **weit [entfernt]** (*fig*) a stone's throw [away] *fig* **Stein·wüs·te** *f* stony desert, desert of stones **Stein·zeit** *f kein pl* ■ **die** ~ the Stone Age; **der Mensch der** ~ Stone Age man; **ältere/mittlere/jüngere** ~ Palaeolithic [*or* AM Paleolithic]/Mesolithic/Neolithic period; **aus der** ~ ancient, antediluvian *hum,* from before the Flood *pred hum* **stein·zeit·lich** *adj* ❶ (*aus der Steinzeit stammend*) Stone Age *attr,* from/of the Stone Age *pred* ❷ (*völlig veraltet*) ancient, antediluvian *hum* **Stein·zeit·mensch** *m* BIOL, ARCHÄOL Stone Age man

Steiß <-es, -e> [ʃtais] *m* ❶ (*fam*) bum [*or* bottom] BRIT *fam,* fanny AM *fam* ❷ ANAT coccyx

Steiß·bein *nt* ANAT coccyx **Steiß·huhn** *nt* tinamou **Steiß·la·ge**

f MED breech presentation

Ste·le <-, -n> ['ste:lə, 'ʃte:lə] *f* ARCHÄOL stele

stel·lar [ʃtɛ'la:ɐ̯, st-] *adj* stellar

Stel·le <-, -n> ['ʃtɛlə] *f* ❶ (*Platz*) place; (*genauer*) spot; **an dieser** ~ in this place; (*genauer*) on this spot; (*fig*) at this point; **eine** ~ **im Wald** a place [*or* an area] in the woods; **etw von der** ~ **bekommen** [*o fam* **kriegen**] to be able to move [*or* shift] sth; **auf der** ~ **laufen** to run on the spot; **sich nicht von der** ~ **rühren** to not move [*or fam* budge], to stay where one is; **rühren Sie nicht von der Stelle!** (*von Polizei*) freeze!; **schwache** ~ (*fig*) weak point; **eine undichte** ~ (*fig fam*) a leak, a mole BRIT *fam;* **an anderer** ~ elsewhere, at another place ❷ (*umrissener Bereich*) spot; **fettige/rostige** ~ grease/rust spot; ANAT (*fam: Fleck auf der Haut*) mark, spot ❸ (*im Buch*) place; (*Verweis*) reference; (*Abschnitt*) passage ❹ MUS passage ❺ MATH digit, figure; **eine Zahl mit sieben** ~**n** a seven-digit[*or* -figure] number; **etw auf 5** ~**n** *akk* **hinter dem Komma berechnen** to calculate sth to 5 decimal places ❻ (*Posten*) place; **an jds** ~ *akk* **treten** to take sb's place; (*eines Spielers*) to sub sb; (*in einem Amt*) to succeed sb; **etw an jds** ~ [*o* **an** ~ **einer Person**] **tun** to do sth for sb; **ich gehe an Ihrer** ~ I'll go in your place; **an** ~ **von etw** instead of sth; (*Lage*) position; **an deiner** ~ **würde ich ...** in your position [*or* if I were you] I would ...; **ich möchte nicht an ihrer Stelle sein** I wouldn't like to be in her shoes [*or* place] ❼ (*in der Reihenfolge*) **an erster/zweiter** ~ first[ly] [*or* first and foremost]/secondly, in the first/second place [*or* instance]; **[für jdn** [*o* **bei jdm**]] **an erster/zweiter** ~ **kommen/sein/stehen** to come/be first/second [for sb]; (*in der Wichtigkeit*) to come first/second [for sb]; (*in der Hitparade*) to reach/be [*or* be at] number one/two; **an wievielter** ~ **auf der Liste taucht der Name auf?** where does the name come [up] on the list?; **er ging an 25./letzter** ~ **durchs Ziel** he was 25th/the last to cross the line [*or* to finish] ❽ (*Arbeitsplatz*) job, post *form;* **eine freie** [*o* **offene**] ~ a vacancy; **offene** ~**n** (*in der Zeitung*) situations vacant; **ohne** ~ jobless, without a job ❾ (*Abteilung*) office; (*Behörde*) authority; **höhere/höchste** ~ higher/the highest[-ranking] authority; **sich an höherer** ~ **beschweren** to complain to sb higher up [*or* to a higher authority]; **Sie sind hier/bei mir/bei ihm an der richtigen** ~ (*fam*) you've come/you went to the right place; **Mitleid? da bist du bei mir aber nicht an der richtigen** ~ sympathy? you won't get any out of me [*or iron fam* you're knocking at the wrong door] ▶WENDUNGEN: **sich zur** ~ **melden** MIL to report [for duty]; **zur** ~**!** reporting!, present!; **zur** ~ **sein** to be on the spot [*or* on hand]; **auf der** ~ **treten** [*o* **nicht von der** ~ **kommen**] to not make any progress [*or* headway], to not get anywhere; MIL *a.* to mark time; **auf der** ~ at once, forthwith *form;* **er war auf der** ~ **tot** he died immediately; *s. a.* **Ort**[1]

stel·len ['ʃtɛlən] **I.** *vt* ❶ (*hin~, ab~*) **[jdm] etw [wieder] an/auf/in etw** *akk* ~ to put sth [back] against/on/in[to] sth [for sb]; **das Auto in die Garage** ~ to put the car in the garage; **ein Kind in die Ecke** ~ to put [*or* stand] a child [*or* make a child stand] in the corner; **den Wein kalt** ~ to chill the wine, to put the wine in the fridge ❷ (*aufrecht hin~*) ■**etw** ~ to stand [up *sep*] sth; **den Schwanz/die Ohren** ~ *Tier* to stick up *sep* its tail/prick up *sep* its ears ❸ (*ein~*) **das Badewasser heißer/kälter** ~ to run more hot/cold water in the bath; **die Heizung höher/kleiner** ~ to turn up/down *sep* the heating [*or* AM heater]; **den Fernseher lauter/leiser** ~ to turn up/down the television *sep;* **etw auf volle Lautstärke** ~ to turn sth up [at] full blast; ■**etw auf etw** *akk* ~ to set sth at [*or* to] sth; **die Kochplatte auf Stufe zwei** ~ to turn up/down the heat *sep* to level two; **den Wecker auf 7 Uhr** ~ to set the alarm for 7 o'clock ❹ (*zur Aufgabe zwingen*) ■**jdn** ~ to hunt down sb *sep* ❺ (*zur Aussage zwingen*) ■**jdn** ~ to corner [*or* buttonhole] sb; *s. a.* **Rede** ❻ (*vorgeben*) **[jdm] eine Aufgabe/ein Thema** ~ to set [sb] a task/subject; **[jdm] Bedingungen** ~ to make [*or form* stipulate] conditions, to set sb conditions; **[jdm] eine Frage** ~ to ask [sb] a question ❼ (*richten*) **einen Antrag [an jdn]** ~ to put forward [*or* to table] a motion [to sb]; **Forderungen [an jdn]** ~ to make demands on [*or form* of] sb ❽ (*überlassen*) **etw in jds Belieben/Ermessen** *akk* ~ to leave sth to sb's discretion, to leave sth up to sb ❾ (*konfrontieren*) ■**jdn vor etw** *akk* ~ to confront sb with sth; **jdn vor ein Rätsel** ~ to baffle sb ❿ (*arrangieren*) ■**etw** ~ to set up sth *sep;* **dieses Foto wirkt gestellt** this photo looks posed ⓫ (*er~*) ■**[jdm] etw** ~ to provide [sb with] sth, to make sth [for sb]; **jdm sein Horoskop** ~ to cast [*or sep* draw up] sb's horoscope ⓬ (*zur Verfügung ~*) ■**[jdm] jdn/etw** ~ to provide [*or* supply] [*or* furnish] [sb with] sb/sth; **einen Zeugen** ~ to produce a witness ⓭ (*situiert sein*) **gut/schlecht gestellt sein** to be well/badly off; **entsprechend gestellt sein** to have the means ▶WENDUNGEN: **auf sich** *akk* **selbst gestellt sein** to have to fend for oneself **II.** *vr* ❶ (*sich hin~*) ■**sich an/neben etw/neben jdn** ~ to take up position at/by sth/at sb's side; *s. a.* **Weg, Zehenspitze** ❷ (*entgegentreten*) ■**sich jdm/einer S.** ~ to face sb/sth; **sich einem Herausforderer/einer Herausforderung** ~ to take on [*or* face] a challenger/to take up [*or* face] a challenge; **sich den Journalisten/den Fragen der Journalisten** ~ to make oneself available to the reporters/to be prepared to answer reporters' questions ❸ (*etw von etw halten*) **sich negativ/positiv zu etw** ~ to have a negative/positive attitude to[wards] sth; **wie** ~ **Sie sich dazu?** what do you think of it?, what's your opinion [of [*or* on] it]? ❹ (*Position ergreifen*) ■**sich gegen jdn/etw/zu jdm/etw** ~ to oppose/support sb/sth; ■**sich hinter jdn/etw** ~ to support [*or* back] [*or* stand by] sb/sth; ■**sich vor jdn** ~ to stand up for sb ❺ (*sich melden*) ■**sich [jdm]** ~ to turn oneself in [*or* give oneself up] [to sb] ❻ (*sich als etw erscheinen lassen*) **sich ahnungslos** ~ to play [*or* act] the innocent; **sich dumm** ~ to act stupid [*or* AM dumb]; **sich taub/verständnislos** ~ to pretend not to hear/understand; **sich schlafend/tot** ~ to pretend to be asleep/dead; **sie stellt sich nur so** she's only pretending ❼ (*sich präsentieren*) ■**sich [jdm]** ~ to arise [for sb], to confront sb

Stel·len·ab·bau *m* downsizing *no pl,* personnel cutbacks *pl,* job cuts *pl* **Stel·len·an·ge·bot** *nt* offer of employment, job offer; (*offene Stelle*) vacant position; **„~e"** "situations vacant"; **ein** ~ **[von jdm/etw] bekommen** to be offered a job [from sb/sth]; **jdm ein** ~ **machen** to offer sb a job **Stel·len·an·zei·ge** *f* job advertisement [*or fam* ad] [*or* BRIT advert]; **„~n"** "job advertisements" **Stel·len·aus·schrei·bung** *f* job advertisement **Stel·len·ge·such** *nt* ÖKON (*geh*) "employment wanted" advertisement **Stel·len·su·che** *f kein pl* job search, job-hunt *fam;* **auf** ~ **sein** to be looking for a job, to be on the job-hunt *fam* **Stel·len·ver·mitt·lung** *f* ÖKON ❶ (*das Vermitteln einer Arbeitsstelle*) finding of jobs ❷ (*Einrichtung zur Vermittlung von Arbeitsstellen*) employment agency [*or* bureau] **stel·len·wei·se** *adv* in [some] places; ~ **gibt es Nebel** there is some patchy fog **Stel·len·wert** *m* ❶ MATH [place] value ❷ (*Bedeutung*) status *no art, no pl,* standing *no art, no pl;* **wie hoch der** ~ **der Qualität in dieser Firma ist, kann man an der strengen Qualitätskontrolle erkennen** one can see what emphasis is laid on quality in this company by looking at the strict quality control; **[für jdn] einen bestimmten** ~ **haben** (*geh*) to be of particular importance [*or* value] to sb

Stell·platz *m* AUTO parking space; (*für Wohnwagen*) site, pitch BRIT **Stell·ring** *m* rubber-ringed base (*for mixing bowls*) **Stell·schrau·be** *f* adjusting [*or* regulating] screw, set screw *spec*

Stel·lung <-, -en> *f* ❶ (*Arbeitsplatz*) job, position; **ohne** ~ **sein** to be unemployed [*or* without a job] ❷ (*Rang*) position ❸ (*Körperhaltung*) position; (*beim Geschlechtsakt*) position; **in einer gebückten** ~ bending [over] ❹ (*Position*) position; **in bestimmter** ~ in a particular position; **etw in** ~ **bringen** MIL to put sth into position; **in** ~ **gehen** to take up position; **die** ~ **[gegen jdn/etw] halten** MIL to hold the position [against sb/

S

sth]; **die ~ halten** (*hum*) to hold the fort ❺ (*Standpunkt*) **~ zu etw beziehen** to take a stand [*or* take up a definite position] on sth; **~ zu etw nehmen** to express an opinion on [*or* to state one's view about] sth; **~ für jdn/etw nehmen** [*o* **beziehen**] to take sb's/sth's side; **~ gegen jdn/etw nehmen** [*o* **beziehen**] to come out [*or* take sides] against sb/sth; **ich beziehe weder für noch gegen irgendwen ~** I'm not taking sides

Stel·lung·nah·me <-, -n> *f* ❶ *kein pl* (*das Beziehen einer Position*) ■**jds/eine ~ zu etw** sb's/a view [*or* sb's/an opinion] of [*or* sb's position on] sth *form* ❷ (*Meinungsäußerung*) statement; **eine ~ [zu etw] abgeben** to make a statement [about sth]

Stel·lungs·wech·sel *m* (*Wechsel des Arbeitsplatzes*) change of job

stell·ver·tre·tend I. *adj attr* (*vorübergehend*) acting *attr;* (*zweiter*) deputy *attr* II. *adv* ❶ (*an jds Stelle*) ■**~ für jdn** on sb's behalf; **wegen einer Erkrankung des Ministers führte der Staatssekretär ~ die Verhandlungen** the secretary of state deputized for the minister during the negotiations because he was ill ❷ (*etw ersetzend*) ■**~ für etw sein** to stand for sth

Stell·ver·tre·ter(in) *m(f)* deputy

Stell·ver·tre·tung *f* (*Stellvertreter*) deputy; (*beim Arzt*) *esp* BRIT locum; **die ~ von jdm übernehmen** to act [*or* stand in] for sb, to deputize for sb; **in ~** *dat* **einer Person** *gen*, **in jds ~** *dat* on sb's behalf

Stell·werk *nt* BAHN signal box [*or* AM tower]

Stel·ze <-, -n> ['ʃtɛltsə] *f* ❶ (*hölzerne ~*) stilt; **auf ~n gehen** to walk on stilts ❷ ORN wagtail ❸ *meist pl* KOCHK ÖSTERR (*Schweinsfüße*) pig's trotters BRIT [*or* AM feet] *pl*

stel·zen ['ʃtɛltsn̩] *vi sein* ■**[irgendwohin] ~** (*auf Stelzen gehen*) to walk [somewhere] on stilts; (*staksen*) to stalk [*or* strut] [somewhere]

Stemm·bo·gen *m* SKI stem turn **Stemm·ei·sen** *nt* crowbar; **etw mit einem ~ aufbrechen** to crowbar sth [open]; (*Meißel*) [mortise *spec*] chisel

stem·men ['ʃtɛmən] I. *vt* ❶ (*hochdrücken*) ■**jdn/etw [irgendwohin] ~** to lift sb/sth [somewhere]; **jdn/etw nach oben ~** to lift [up *sep*] sb/sth ❷ (*meißeln*) ■**etw [in etw** *akk*] **~** to chisel sth [into sth], to make sth [in sth]; **Löcher in eine Wand ~** to knock [*or* make] holes in a wall; (*mit einem Bohrer*) to drill holes in a wall ❸ (*stützen*) **die Arme in die Seiten ~** to put one's hands on one's hips, to stand with arms akimbo; **den Rücken/die Füße gegen etw ~** to brace one's back/feet against sth II. *vr* ■**sich gegen etw ~** ❶ (*sich drücken*) to brace oneself [*or* push] against sth ❷ (*sich sträuben*) to be against sth; **er wird sich nicht gegen die neue Umgehungsstraße ~** he won't stand in the way of the bypass

Stem·pel[1] <-s, -> ['ʃtɛmpl̩] *m* ❶ (*Gummi~*) [rubber-] stamp ❷ (*~abdruck*) stamp; **der Brief trägt den ~ vom 23.5.** the letter is stamped [*or* postmarked] 23/5 ❸ (*Punzierung*) hallmark; **den ~ von etw** [*o* **einer S.** *gen*] **tragen** to bear [*or* have] the hallmark of sth ▸ WENDUNGEN: **jdm/etw den/seinen ~ aufdrücken** to leave one's mark on sb/sth; **jds ~/den ~ von etw** [*o* **einer S.** *gen*] **tragen** to bear [*or* have] sb's mark/the mark of sth

Stem·pel[2] <-s, -> ['ʃtɛmpl̩] *m* BOT pistil *spec*

Stem·pel·auf·druck *m* stamp; (*Poststempelaufdruck*) postmark **Stem·pel·far·be** *f* [stamp-pad [*or* stamping]] ink **Stem·pel·ge·bühr** *f* stamp duty **Stem·pel·geld** *nt kein pl* ÖKON (*veraltend fam*) dole [money] BRIT *fam* **Stem·pel·kis·sen** *nt* stamp pad, ink-pad

stem·peln ['ʃtɛmpl̩n] I. *vt* ■**etw ~** to stamp sth; (*frankieren*) to frank sth; **einen Briefumschlag ~** to postmark/frank a letter/an envelope II. *vi* (*fam*) to stamp sth; **ich habe den ganzen Tag nur gestempelt!** I've been stamping things all day ▸ WENDUNGEN: **~ gehen** (*veraltend fam*) to be on the dole BRIT *fam*

Sten·gelALT <-s, -> ['ʃtɛŋl̩] *m s.* **Stängel**

Ste·no <-> ['ʃte:no] *f kein pl* (*fam*) *Abk von* **Stenografie** shorthand *no art, no pl,* stenography *no art, no pl* AM

Ste·no·graf(in)RR, **Ste·no·graph(in)** <-en, -en> [ʃteno'gra:f] *m(f)* shorthand typist BRIT, stenographer AM

Ste·no·gra·fieRR, **Ste·no·gra·phie** <-, -n> [ʃtenogra'fi:] *f* shorthand *no art, no pl,* stenography *no art, no pl* AM

ste·no·gra·fie·renRR*, **ste·no·gra·phie·ren*** [ʃtenogra'fi:rən] I. *vt* ■**etw ~** to take down sth *sep* in shorthand II. *vi* to do shorthand; (*etw ~*) to take down sth *sep* in shorthand

Ste·no·gra·finRR <-, -nen> *f*, **Ste·no·gra·phin** <-, -nen> *f fem form von* **Stenograph**

Ste·no·gramm <-gramme> [ʃteno'gram] *nt* text in shorthand; **ein ~ aufnehmen** to take down sth in shorthand

Ste·no·gramm·block <-blöcke> *m* shorthand pad

Ste·no·ty·pist(in) <-en, -en> [ʃtenoty'pɪst] *m(f)* shorthand typist BRIT, stenographer AM

Stepp·de·cke *f esp* BRIT duvet, comforter AM, [BRIT *a.* continental] quilt

Step·pe <-, -n> ['ʃtɛpə] *f* GEOG steppe

step·pen[1] ['ʃtɛpn̩, 'st-] *vt* (*mit Steppnaht nähen*) ■**etw ~** to backstitch sth

step·pen[2] ['ʃtɛpn̩, 'st-] *vi* to tap-dance

Stepp·tanzRR ['ʃt-, 'st-] *m*, **Step·tanz**ALT *m* ❶ (*Tanzart*) tap[-dancing] *no art, no pl* ❷ (*Vorführung*) tap dance

Ster·be·bett *nt* deathbed *old;* **auf dem ~ liegen** to be on one's deathbed *old;* **auf dem ~** on one's deathbed *old;* **das musste ich ihm auf dem ~ schwören** I had to promise him that when he was on his deathbed *old* **Ster·be·geld** *nt kein pl* death benefit, burial expenses *npl* **Ster·be·hil·fe** *f kein pl* euthanasia *no art, no pl;* **sie hat ihren Arzt um ~ gebeten** she asked her doctor to help her to die; **jdm ~ geben** to help sb [to] die

ster·ben <starb, gestorben> ['ʃtɛrbn̩] *vi sein* ❶ (*aufhören zu leben*) ■**[an etw** *dat*] **~** to die [of sth]; **mein Großonkel ist schon lange gestorben** my great uncle died a long time ago [*or* has been dead for years]; **daran wirst du [schon] nicht ~!** (*hum fam*) it won't kill you! *fam;* **als Held ~** to die a hero[’s death]; *s. a.* **Tod** ❷ (*vergehen*) ■**[fast] vor etw** *dat* **~** to be [nearly] dying of sth ▸ WENDUNGEN: **gestorben sein** (*aufgegeben worden sein*) to be shelved, to have died a death; **für jdn ist jd/etw gestorben** sb is finished with sb/sth

Ster·ben <-s> ['ʃtɛrbn̩] *nt kein pl* death *no art, no pl,* dying *no art, no pl;* **im ~ liegen** to be dying ▸ WENDUNGEN: **zum ~ langweilig** (*fam*) deadly boring, [as] boring as hell *fam;* **zum ~ elend** [*o* **übel**] [as] sick as a pig [*or* AM dog] *fam*

ster·bens·elend ['ʃtɛrbn̩s'ʔe:lɛnt] *adj pred* (*fam*) ■**jdm ist ~,** ■**jd fühlt sich ~** sb feels wretched [*or* terrible] [*or* lousy] **ster·bens·krank** ['ʃtɛrbn̩s'kraŋk] *adj* mortally [*or* severely] ill **Ster·bens·wort** ['ʃtɛrbn̩s'vɔrt] *nt*, **Ster·bens·wört·chen** ['ʃtɛrbn̩s'vœrtçən] *nt* **kein** [*o* **nicht ein**] **~** not a [single] word; **nicht ein ~ kam über meine Lippen!** not a word crossed my lips!

Ster·be·sa·kra·men·te *pl* last rites *pl,* sacraments *pl;* **jdm die ~ spenden** to give sb the last rites **Ster·be·ur·kun·de** *f* death certificate **Ster·be·zim·mer** *nt* ■**jds ~** room in which [*or* where] sb died, sb's death chamber *liter or form*

sterb·lich ['ʃtɛrplɪç] *adj* (*geh*) mortal *a. liter; s. a.* **Hülle, Überrest**

Sterb·li·che(r) *f(m) dekl wie adj* (*geh*) mortal *liter or a. hum*

Sterb·lich·keit <-> *f kein pl* ❶ (*Rate der Todesfälle*) mortality rate; **die ~ bei Frühgeburten** the number of deaths [*or* the mortality rate] amongst premature babies ❷ (*Gegenteil von Unsterblichkeit*) mortality

ste·reo ['ʃte:reo, 'st-] *adj pred* [in *pred*] stereo[phonic *form*]

Ste·reo <-> ['ʃte:reo, 'st-] *nt kein pl* stereo *no art, no pl;* **in ~** in stereo

Ste·reo·an·la·ge *f* stereo [system] **Ste·reo·auf·nah·me** *f* stereo recording **Ste·reo·emp·fang** *m* stereo reception **Ste·reo·fo·nie**RR [ʃtereofo'ni:, st-], **Ste·reo·pho·nie** <-> *f kein pl* (*geh*)

stereophony *no art, no pl spec,* stereophonics *no art, + sing vb spec* **Ste·reo·klang** *m* stereo sound **Ste·reo·sen·dung** *f* programme [*or* AM -am] broadcast in stereo
Ste·re·o·skop <-s, -e> [ʃtereosko:p, st-] *nt* stereoscope *spec*
ste·re·o·typ [ʃtereo'ty:p, st-] **I.** *adj* stereotype *attr pej,* stereotyped *pej,* stereotypical *pej* **II.** *adv* stereotypically *pej;* **„kein Kommentar!" sagte er** ~ "no comment!" was his stereotype answer
ste·ril [ʃte'ri:l, st-] *adj* ❶ (*keimfrei*) sterile ❷ (*unfruchtbar*) infertile, sterile
Ste·ri·li·sa·ti·on <-, -en> [ʃteriliza'tsi̯o:n, st-] *f* sterilization
ste·ri·li·sie·ren* [ʃterili'zi:rən] *vt* ■**jdn/ein Tier** ~ to sterilize sb/an animal; ■**sich/ein Tier** ~ **lassen** to get [oneself]/an animal sterilized
Ste·ri·li·sie·rung <-, -en> *f* sterilization
Ste·ri·li·tät <-> [ʃterili'tɛ:t, st-] *f kein pl* ❶ (*Keimfreiheit*) sterility *no art, no pl* ❷ (*Unfruchtbarkeit*) infertility *no art, no pl,* sterility *no art, no pl*
Ster·let <-te, -ten> ['ʃtɛrlɛt] *m* KOCHK sterlet
Stern <-[e]s, -e> [ʃtɛrn] *m* star ▶WENDUNGEN: **jdm** [*o* **für jdn**] **die** ~**e vom Himmel holen** to go to the ends of the earth and back again for sb; **er wollte die** ~**e vom Himmel holen** he wanted the moon; **jds** ~ **ist im Sinken** [*o* **Untergehen**] sb is on the [*or* his/her] way out; **unter einem/keinem glücklichen** [*o* **guten**] ~ **stehen** to have a promising start/to be ill-starred; *Mensch meist* to be born under a lucky/an unlucky star; **jds** ~ **geht auf** sb is a rising star; **nach den** ~**en greifen** (*geh*) to reach for the stars; ~**e sehen** (*fam*) to see stars; [**noch**] **in den** ~**en** [**geschrieben**] **stehen** to be written in the stars; **es steht noch in den** ~**en**[**geschrieben**], **ob...** whether ... is still written in the stars [*or* is still a matter of speculation]
Stern·anis *m* star anise, star aniseed **Stern·bild** *nt* constellation
Stern·chen <-s, -> *nt dim von* **Stern** ❶ (*kleiner Stern*) little [*or* small] star ❷ TYPO asterisk, star
Ster·ne-Ho·tel *nt* graded hotel
Ster·nen·ban·ner *nt* ■**das** ~ the Star-spangled Banner, the Stars and Stripes *+ sing vb* **ster·nen·be·deckt** *adj* (*geh*) starry, star-studded *attr liter* **Ster·nen·him·mel** *m* starry sky **ster·nen·klar** *adj inv* starry *attr,* starlit
Stern·fahrt *f* rally **stern·för·mig** *adj* star-shaped, stellate *spec* **Stern·frucht** *f* star-fruit **stern·ha·gel·blau, stern·ha·gel·voll** ['ʃtɛrn'ha:gl'fɔl] *adj* (*sl: völlig betrunken*) plastered *fam,* pissed BRIT *fam!* **Stern·hau·fen** *m* cluster of stars, star cluster **stern·hell** *adj* (*geh*) starlit, starry **Stern·kar·te** *f* star map **stern·klar** ['ʃtɛrnkla:ɐ̯] *adj* starlit, starry **Stern·marsch** *m s.* **Sternfahrt Stern·schnup·pe** <-, -n> *f* shooting star **Stern·sin·ger(in)** *m(f)* REL DIAL carol singer **Stern·stun·de** *f* (*geh*) ■**jds** ~ sb's great moment [*or* moment of glory]; **deine** ~ **wird kommen** your time [*or* moment of glory] will come **Stern·sys·tem** *nt* star [*or* stellar] system, galaxy **Stern·tül·le** *f* piping bag **Stern·war·te** *f* observatory **Stern·zei·chen** *nt* [star] sign
Ste·ro·id <-[e]s, -e> [ʃtero'i:t, st-] *nt meist pl* steroid *usu pl*
Stert·spitz [ʃte:ɐ̯t-] *m* prime boiled beef
stet [ʃte:t] *adj attr* (*geh*) *s.* **stetig**
Ste·tho·skop <-s, -e> [ʃteto'sko:p] *nt* stethoscope
ste·tig ['ʃte:tɪç] *adj* steady, constant
stets [ʃte:ts] *adv* always, at all times
Steu·er[1] <-s, -> ['ʃtɔyɐ] *nt* ❶ AUTO [steering] wheel; **jdn ans** ~ **lassen** to let sb drive [*or* get behind the wheel]; **am** [*o* **hinterm**] ~ **sitzen** (*fam*) to drive, to be behind the wheel ❷ NAUT [ship's] wheel, helm; **am** ~ **stehen** [*o* **sein**] to be at the helm [*or* wheel] ▶WENDUNGEN: **das** ~ **herumwerfen** POL to change course
Steu·er[2] <-, -n> ['ʃtɔyɐ] *f* ÖKON tax; ~**n zahlen** to pay tax[es]; **etw von der** ~ **absetzen** to set off sth *sep* against tax
Steu·er[3] <-> ['ʃtɔyɐ] *f kein pl* (*fam: Finanzamt*) ■**die** [**Leute von der**] ~ the taxman
Steu·er·ab·zug *m* tax deduction **Steu·er·an·pas·sung** *f* tax adjustment **Steu·er·an·rech·nung** *f* tax credit **Steu·er·an·spruch** *m* tax claim **Steu·er·auf·kom·men** *nt* tax revenue[s *pl*], revenue[s *pl*] from tax **Steu·er·aus·fall** *m* ADMIN, POL tax deficit **Steu·er·be·am·te(r), -be·am·tin** *m, f* tax official **steu·er·be·güns·tigt** *adj* with tax privileges *pred;* ■~ **sein** to have tax privileges **Steu·er·be·las·tung** *meist sing f* tax burden **Steu·er·be·mes·sungs·grund·la·ge** *f* tax base **Steu·er·be·ra·ter(in)** *m(f)* tax consultant **Steu·er·be·scheid** *m* tax assessment **Steu·er·be·trug** *m kein pl* tax evasion **Steu·er·be·voll·mäch·tig·te(r)** *dekl wie adj f(m)* tax consultant
steu·er·bord ['ʃtɔyɐbɔrt] *adv inv* LUFT, NAUT starboard
Steu·er·bord ['ʃtɔyɐbɔrt] *nt kein pl* starboard *no art, no pl*
steu·er·ehr·lich *adj* honest to the Inland Revenue *pred* **Steu·er·ein·nah·men** *pl* tax revenue **Steu·er·er·hö·hung** *f* increase in tax, tax increase **Steu·er·er·klä·rung** *f* tax return [*or* declaration] **Steu·er·fahn·dung** *f* (*Verfahren*) tax investigation; (*Abteilung*) office for tax investigation **Steu·er·flücht·ling** *m sb who avoids tax by transferring assets abroad;* ■**ein** ~ **sein** to avoid tax by transferring assets abroad; **die US-Firma will deutsche** ~**e anpeilen** the US firm wants to target capital from tax-plagued German investors **steu·er·frei I.** *adj* tax-exempt *attr,* exempt from tax *pred* **II.** *adv* without paying tax **Steu·er·frei·be·trag** *m* tax allowance **Steu·er·fuß** *m* SCHWEIZ (*Steuersatz*) tax rate **Steu·er·ge·hil·fe, -ge·hil·fin** *m, f* articled clerk **Steu·er·gel·der** *pl* taxes *pl,* tax revenue[s *pl*], taxpayers' money *no art, nsing usu pej*
Steu·er·ge·rät *nt* ❶ TECH controller, control unit ❷ RADIO receiver **Steu·er·ge·setz·ge·bung** *f* JUR tax [*or* revenue] legislation [*or* laws *pl*], ≈ Internal Revenue Code AM **Steu·er·har·mo·ni·sie·rung** *f* fiscal harmonization *no art, no pl spec;* **die Europaminister sind noch zu keiner Regelung in der** ~ **gekommen** the EU ministers have still not managed to harmonize the different tax systems **Steu·er·heh·le·rei** *f* JUR purchasing [*or* handling] tax-evaded goods **Steu·er·hin·ter·zie·hung** *f* tax evasion *no art, no pl* **Steu·er·kar·te** *f* tax card **Steu·er·klas·se** *f* tax category [*or* group]; (*für Einkommenssteuer a.*) income-tax bracket *form*
Steu·er·knüp·pel *m* LUFT joystick, control lever [*or* column]
Steu·er·last *f* tax burden
steu·er·lich I. *adj* tax *attr* **II.** *adv* ~ **absetzbar** tax-deductible; **etw** ~ **belasten** to tax sth; ~ **entlasten** to provide tax relief; **etw** ~ **berücksichtigen** to provide tax allowance on sth; ~ **berücksichtigt werden** to receive tax allowance; ~ **günstig** tax-supported, with low tax liability *pred;* ~ **ungünstig** tax-ridden, with high tax liability *pred;* ~ **vorteilhaft** tax-incentive *attr,* carrying tax benefits *pred*
steu·er·los *adj* out of control
Steu·er·mann <-männer *o* -leute> ['ʃtɔyɐman, *pl* -mɛnɐ, -lɔytə] *m* ❶ NAUT helmsman; (*in der Handelsmarine a.*) mate; (*in der Kriegsmarine a.*) navigating boatswain ❷ SPORT cox[swain] *form*
Steu·er·mar·ke *f* [revenue AM] stamp BRIT; (*für einen Hund*) dog licence [*or* AM -se] disk (*attached to a dog's collar*)
steu·ern ['ʃtɔyɐn] **I.** *vt* ❶ AUTO, LUFT (*lenken*) ■**etw** ~ to steer sth ❷ LUFT (*lotsen*) ■**etw** ~ to fly [*or* pilot] sth ❸ (*regulieren*) ■**etw** ~ to control sth ❹ (*in eine gewünschte Richtung bringen*) ■**etw in eine bestimmte Richtung** ~ to steer sth in a particular direction **II.** *vi* ❶ AUTO to drive ❷ NAUT ■**irgendwohin** ~ to go [*or* sail] somewhere
Steu·er·nach·lass[RR] *m* tax abatement [*or* relief] **Steu·er·oa·se** *f* tax haven **Steu·er·pa·ra·dies** *nt* tax haven **Steu·er·pflicht** *f* tax liability *no art, no pl,* liability to [pay] tax; **der** ~ **unterliegen** (*geh*) to be liable to [pay] tax **steu·er·pflich·tig** *adj* ❶ (*zu versteuern*) taxable ❷ (*zur Steuerzahlung verpflichtet*) liable to [pay] tax *pred* **Steu·er·pflich·ti·ge(r)** *f(m)* taxpayer **Steu·er·pro·gres·si·on** *f* progressive taxation *no art,*

S

no pl spec, tax progression *no art, no pl spec* **Steu·er·prü·fer(in)** *m(f)* tax inspector [*or* AM auditor] **Steu·er·prü·fung** *f* tax inspection [*or* AM audit]

Steu·er·rad *nt* ❶ NAUT wheel, helm ❷ AUTO (*veraltend*) *s.* **Lenkrad** driving wheel BRIT *old*

Steu·er·recht *nt kein pl* tax [*or* revenue] law **Steu·er·re·form** *f* tax reform

Steu·er·ru·der *nt* rudder

Steu·er·satz *m* rate of tax[ation], tax rate **Steu·er·schrau·be** *f* ▸ WENDUNGEN: **die ~ anziehen, an der ~ drehen** (*fam*) to squeeze the taxpayer *fam* **Steu·er·schuld** *f* tax[es *pl*] owing [*or* due] *no indef art,* AM *a.* tax delinquency *no art, no pl* **Steu·er·sen·kung** *f* cut [*or* reduction] in taxes, tax cut [*or* reduction] **Steu·er·um·ge·hung** *f* tax evasion

Steu·e·rung[1] <-> *f kein pl* (*Regulierung*) control *no indef art, no pl;* **die ~ des Produktionsprozesses erfolgt von diesem Raum aus** the production process is steered [*or* controlled] from this room

Steu·e·rung[2] <-, -en> *f* ■**die ~ [einer S.** *gen* [*o* **von etw**]] ❶ LUFT piloting [*or* flying] [sth] *no art, no pl;* **die ~ übernehmen** to take over control ❷ NAUT steering [sth] *no art, no pl*

Steu·er·ver·güns·ti·gung *f* tax concession [*or* relief] **Steu·er·vor·aus·zah·lung** *f* advance tax payment; **~en leisten** to pay taxes in advance **Steu·er·vor·teil** *m* tax benefit [*or* advantage] **Steu·er·zah·ler(in)** *m(f)* taxpayer

Ste·ven <-s, -> [ˈʃteːvn̩] *m* NAUT **Vorder~** stem *spec;* **After~** stern[post] *spec*

Ste·ward <-s, -s> [ˈstjuːɐt] *m* steward

Ste·war·dessRR <-, -en> [ˈstjuːɐdɛs, stjuːɐˈdɛs] *f,* **Ste·war·deß**ALT <-, -ssen> [ˈstjuːɐdɛs] *f fem form von* **Steward** steward/stewardess

St. Gal·len <-s> [zaŋkt ˈgalən] *nt* St[.] Gallen

StGB <-[s]> [ɛsteːgeːˈbeː] *nt Abk von* **Strafgesetzbuch**

sti·bit·zen* [ʃtiˈbɪtsn̩] *vt* (*hum fam*) ■**[jdm] etw ~** to swipe [*or* pinch] [*or* nick] [sb's] sth *hum fam*

stich [ʃtɪç] *imper sing von* **stechen**

Stich <-[e]s, -e> [ʃtɪç] *m* ❶ (*~wunde*) stab wound; ■**ein ~ durch/in etw** *akk* a stab through/in sth; **jdm einen ~ [mit etw] [in etw** *akk*] **versetzen** to stab sb [in sth] [with sth]; **sie versetzte ihm mit der Hutnadel einen ~ ins Gesicht** she stabbed him in the face with her hatpin ❷ (*Insekten~*) sting; (*Mücken~*) bite ❸ (*stechender Schmerz*) stabbing [*or* sharp] pain; **~e haben** to have [*or* experience] a stabbing [*or* sharp] pain/stabbing [*or* sharp] pains ❹ (*Nadel~*) stitch; **~ um ~** stitch by stitch ❺ (*Radierung*) engraving ❻ (*Farbschattierung*) ■**ein ~ in etw** *akk* a tinge of sth; **ein ~ ins Rote** a tinge of red; **einen ~ in etw** *akk* **bekommen** to get a tinge of sth, to go a bit sth *fam* ❼ KARTEN trick; **~ auf ~** trick by trick, one trick after the other; **einen ~ machen** to get [*or* win] a trick ▸ WENDUNGEN: **einen ~ haben** (*fam: verdorben sein*) to have gone [*or* to be] off; (*sl: übergeschnappt sein*) to be out to lunch, to be off one's rocker *fam,* to be nuts *fam;* **jdn im ~ lassen** (*jdn verlassen*) to abandon sb; (*jdn in einer Notlage lassen*) to fail [*or* let down] sb; **mit zunehmendem Alter ließ sie ihr Gedächtnis immer mehr im ~** her memory got worse [*or* became more and more unreliable] as she got older

Sti·chel <-s, -> [ˈʃtɪçl̩] *m* KUNST graver, burin *spec*

Sti·che·lei <-, -en> [ʃtɪçəˈlai] *f* (*pej fam*) ❶ (*ständiges Sticheln*) needling *no art, no pl fam;* **sie ließ keine Gelegenheit zu einer ~ aus** she never missed a chance to get at him/her etc. ❷ (*stichelnde Bemerkung*) jibe, AM *usu* gibe, dig, cutting remark

sti·cheln [ˈʃtɪçl̩n] *vi* (*pej fam*) ■**[gegen jdn] ~** to make nasty [*or* cutting] [*or* snide] remarks [about sb]

Stich·ent·scheid *m* SCHWEIZ [president's] casting vote

Stich·flam·me *f* flash, jet [*or liter* tongue] of flame

stich·hal·tig *adj,* **stich·häl·tig** *adj* ÖSTERR (*überzeugend*) **ein ~es Alibi** an unassailable [*or* airtight] alibi; **eine ~e Argumentation** a sound argument, sound reasoning; **ein ~er Beweis** conclusive evidence; ■**[nicht] ~ sein** to [not] hold water

Stich·ling <-s, -e> [ˈʃtɪçlɪŋ] *m* ZOOL stickleback

Stich·pro·be *f* (*die Probe aufs Exempel*) spot check, random sample [*or* survey]; (*Kontrollen*) spot check; **~n machen** [*o* **vornehmen**] to carry out a spot check [*or* random sample] **Stich·punkt** *m* note; **sich ~e machen** to make notes **Stich·sä·ge** *f* compass saw *spec* **Stich·tag** *m* (*maßgeblicher Termin*) fixed [*or* qualifying] date; (*letzter Möglichkeit*) deadline **Stich·waf·fe** *f* stabbing weapon **Stich·wahl** *f* POL final ballot, run-off AM **Stich·wort** [ˈʃtɪçvɔrt] *nt* ❶ (*Haupteintrag*) entry, reference, headword *form* ❷ *meist pl* (*Wort als Gedächtnisstütze*) cue; (*Schlüsselwort*) keyword; **~ Geld, ich wollte mit Ihnen über eine Gehaltserhöhung reden** speaking of [*or form* apropos] money, I wanted to talk to you about a rise; **jdm das [vereinbarte [*o* verabredete]] ~ geben** (*das Zeichen zum Beginn von etw*) to give sb the [pre-arranged] lead-in [*or* cue]; THEAT to cue in sb *sep;* **du sprichst von Geld? damit lieferst du mir das ~** money? now that's something I wanted to talk about; **warum musstest du das sagen? jetzt hast du ihr das ~ gegeben** what did you have to say that for? now you've started her off; **sich** *dat* **~e machen** to make notes **stich·wort·ar·tig** *adv* briefly **Stich·wort·ver·zeich·nis** *nt* index

Stich·wun·de *f* stab wound

sti·cken [ˈʃtɪkn̩] **I.** *vt* (*durch S~ herstellen*) ■**etw [auf etw** *akk*] **~** to embroider sth [on[to] sth]; **das Tischtuch wies am Rand gestickte Verzierungen auf** the tablecloth had an embroidered edge; ■**etw ~** to embroider sth **II.** *vi* ■**[an etw** *dat*] **~** to embroider [sth], to do embroidery; ■**das S~** embroidery; **man braucht viel Geduld zum S~ eines Blumenmotivs** it requires a lot of patience to embroider a flower motif

Sti·cker <-s, -> [ˈstɪkɐ, ˈʃt-] *m* (*fam*) sticker

Sti·cke·rei <-, -en> [ʃtɪkəˈrai] *f* embroidery *no art, no pl*

Stick·garn *nt* embroidery thread, crewel *no art, no pl spec*

sti·ckig [ˈʃtɪkɪç] *adj* stuffy; **~e Luft** stale air

Stick·mus·ter *nt* embroidery pattern **Stick·na·del** *f* embroidery [*or spec* crewel] needle

Stick·oxid, Stick·oxyd *nt* CHEM nitrogen oxide [*or spec* nitric oxide] *no art, no pl*

Stick·rah·men *m* embroidery frame

Stick·stoff [ˈʃtɪkʃtɔf] *m kein pl* nitrogen *no art, no pl*

stie·ben <stob *o* stiebte, gestoben *o* gestiebt> [ˈʃtiːbn̩] *vi* (*geh*) ❶ *haben o sein* (*sprühen*) to spray; **Funken stiebten von dem rot glühenden Eisen** sparks flew from the glowing iron ❷ *sein* (*rennen*) ■**irgendwohin ~** to rush [*or* dash] [off] somewhere; **nach allen Seiten ~** to scatter in all directions; **von dannen ~** to rush [*or* dash] off

Stief·bru·der [ˈʃtiːf-] *m* stepbrother

Stie·fel <-s, -> [ˈʃtiːfl̩] *m* ❶ (*Schuhwerk*) boot; **ein Paar ~** a pair of boots; **~ aus Gummi** wellingtons BRIT, wellington boots BRIT ❷ (*Trinkgefäß*) *large, boot-shaped beer glass;* **einen ~ [Bier] trinken** ≈ to drink a yard BRIT; **er verträgt einen [ordentlichen] ~** he can take his drink

Stie·fe·let·te <-, -n> [ʃtiːfəˈlɛtə] *f* ankle boot

stie·feln [ˈʃtiːfl̩n] *vi sein* (*fam*) ■**irgendwohin ~** to march [*or* stride] somewhere

Stie·fel·schaft *m* leg of a/the boot

Stief·el·tern *pl* step-parents *pl* **Stief·ge·schwis·ter** *pl* stepbrother[s] and sister[s] *+ pl vb* **Stief·kind** *nt* stepchild **Stief·mut·ter** *f* stepmother **Stief·müt·ter·chen** *nt* BOT pansy **stief·müt·ter·lich I.** *adj* poor, shabby **II.** *adv* in a poor fashion, shabbily; **jdn/etw ~ behandeln** to pay little attention to sb/sth **Stief·schwes·ter** *f* stepsister **Stief·sohn** *m* stepson **Stief·toch·ter** *f* stepdaughter **Stief·va·ter** *m* stepfather

stieg [ʃtiːk] *imp von* **steigen**

Stie·ge <-, -n> [ˈʃtiːgə] *f* narrow staircase [*or npl* stairs]

Stie·gen·haus *nt* SÜDD, ÖSTERR (*Treppenhaus*) staircase

Stieg·litz <-es, -e> [ˈʃtiːglɪts] *m* ORN goldfinch *spec*

stiehl [ʃtiːl] *imper sing von* **stehlen**

Stiel <-[e]s, -e> [ʃtiːl] *m* ❶ (*Handgriff, langer Stab*) handle; (*Besen~*) broom handle, broomstick ❷ (*Blumen~*) stem, stalk ❸ (*Stück zwischen Fuß und Kelch*) stem

Stiel·au·gen *pl* ▶ WENDUNGEN: ~ **kriegen** [*o* **machen**] (*fam*) to look goggle-eyed *fam*, BRIT *a.* to have one's eyes out on stalks; **die Nachbarn haben ~ gemacht** the neighbours' eyes almost popped out of their heads *fam* **Stiel·ei·che** *f* BOT common oak **Stiel·kamm** *m* tail comb **Stiel·ko·te·lett** *nt* loin chop

stier [ʃtiːɐ̯] **I.** *adj* (*starr*) vacant, glassy, fixed **II.** *adv* vacantly, glassily, fixedly; ~ **irgendwohin blicken** to look somewhere with a vacant [*or* glassy] stare

Stier <-[e]s, -e> [ʃtiːɐ̯] *m* ❶ (*junger Bulle*) bull; (*kastriert*) steer, bullock; **wie ein ~ brüllen** to scream like a stuck pig ❷ ASTROL Taurus ▶ WENDUNGEN: **den ~ bei den Hörnern packen** [*o* **fassen**] to get [*or* take] the bull by the horns

stie·ren [ˈʃtiːrən] *vi* ■**irgendwohin** *akk* ~ to stare vacantly [*or* glassily] [*or* fixedly] somewhere; **zu Boden ~** to stare vacantly [*or* glassedly] [*or* fixedly] at the floor; ■**auf jdn/etw ~** to stare vacantly [*or* glassedly] [*or* fixedly] at sb/sth

Stier·kampf *m* bullfight **Stier·kampf·are·na** *f* bullring **Stier·kämp·fer(in)** *m(f)* bullfighter, matador **Stier·na·cken** *m* thick neck **stier·na·ckig** *adj* bull-necked, with a thick neck *pred;* ■~ **sein** to be bull-necked, to have a thick neck

stieß [ʃtiːs] *imp von* **stoßen**

Stift¹ <-[e]s, -e> [ʃtɪft] *m* ❶ (*Stahl~*) tack, pin ❷ (*zum Schreiben*) pen/pencil; **haben Sie einen ~?** do you have something to write with [*or* a pen/pencil]?

Stift² <-[e]s, -e> [ʃtɪft] *nt* ❶ (*Heim*) home ❷ REL (*christliches Internat*) church boarding school, seminary *dated;* (*christliches Internat für Mädchen*) convent ❸ REL ÖSTERR (*Männerkloster*) monastery; (*Frauenkloster*) convent

Stift³ <-[e]s, -e> [ʃtɪft] *m* (*fam: Lehrling im handwerklichen Beruf*) apprentice

stif·teln [ˈʃtɪftl̩n] *vt* ■**etw ~** KOCHK to shred sth

stif·ten [ˈʃtɪftn̩] *vt* ❶ (*spenden*) ■[**jdm**] **etw ~** to donate sth [to sb]; [**jdm**] **eine Seelenmesse ~** to pay for mass to be said [for sb's soul] ❷ (*verursachen*) ■**etw ~** to create [*or* cause] sth; **Ärger ~** to cause trouble; **Unruhe ~** to create unrest ❸ (*gründen*) ■**etw ~** to found sth ❹ (*fam: abhauen*) ~ **gehen** to scram *fam*, to do a bunk BRIT *fam*, to scarper BRIT *fam*

Stif·ter(in) <-s, -> [ˈʃtɪftɐ] *m(f)* ❶ (*Spender*) don[at]or ❷ (*Gründer*) founder

Stif·tung <-, -en> *f* ❶ JUR (*gestiftete Organisation*) foundation, institute, trust ❷ (*Schenkung*) donation ❸ (*Gründung*) foundation; **die ~ dieser Universität datiert in das Jahr 1960** this university was founded in 1960

Stif·tungs·rat *m* JUR board of trustees

Stift·zahn *m* post crown *spec*

Stil <-[e]s, -e> [ʃtiːl, st-] *m* ❶ LIT style ❷ (*Verhaltensweise*) ■**jds ~** sb's conduct [*or* manner], sb's way of behaving [*or* behaviour]; **das ist nicht unser ~** that's not the way we do things [here]; **der ~ des Hauses** (*a. euph*) the way of doing things in the company; **das verstößt gegen den ~ des Hauses** that is not the way things are done in this company, that violates the company's code of conduct *form* ❸ (*charakteristische Ausdrucksform*) style ▶ WENDUNGEN: **im großen ~, großen ~s** on a grand scale

Stil·blü·te *f* (*hum*) stylistic blunder, howler **Stil·bruch** *m* inconsistency in style; KUNST, LING stylistic incongruity **Stil·ebe·ne** *f* style level **stil·echt I.** *adj* period *usu attr* **II.** *adv* in period style

Sti·lett <-s, -e> [ʃtiˈlɛt, st-] *nt* stiletto

Stil·feh·ler *m* flaw in style **Stil·ge·fühl** *nt kein pl* sense of style, feeling for style, stylistic sense *no pl* **stil·ge·treu** *adj* true to the original style

sti·li·sie·ren* [ʃtiliˈziːrən, st-] *vt* (*geh*) ■**etw ~** to stylize sth

sti·li·siert I. *adj* stylized **II.** *adv* in a stylized fashion [*or* way]

Sti·li·sie·rung <-, -en> *f* stylization

sti·lis·tisch (*geh*) **I.** *adj* stylistic **II.** *adv* stylistically; ~ **gesehen** from a stylistic standpoint [*or* point of view]

Stil·kun·de *f* ❶ LIT style *no art, no pl* ❷ MEDIA (*Werk*) book on style

still [ʃtɪl] *adj* ❶ (*ruhig*) quiet, peaceful, still *liter;* **ein ~er Mensch** a quiet [*or* calm] person; ■~ **sein/werden** to be/go [*or* grow] quiet; **etw ~ halten** to keep sth still; **sei ~!** be quiet! ❷ (*beschaulich*) quiet; **in ~em Gedenken** in silent memory; **wir wollen uns jetzt des seligen Bischofs in ~em Gedenken erinnern** now we will keep a moment's silence in memory of the late bishop; **eine ~e Stunde** a quiet time ❸ (*verschwiegen*) quiet ❹ (*heimlich*) secret; **in ~em Einvernehmen** in secret; **jds ~e Zustimmung voraussetzen** to assume sb's approval [*or* agreement]; **ein ~er Vorwurf** a silent reproach; **mit einem ~en Seufzen** with a silent [*or* an inner] sigh; **im S~en** in secret; **im S~en hoffen** to secretly hope ▶ WENDUNGEN: **es ist um jdn ~ geworden** you don't hear much about sb anymore; *s. a.* **Stunde, Wasser**

Stil·le <-> [ˈʃtɪlə] *f kein pl* ❶ (*Ruhe*) quiet *no art, no pl;* **die ~ nach der Hektik des Tages war sehr angenehm** the peace [and quiet] after the day's rush and tumble was very pleasant; (*ohne Geräusch*) silence *no art, no pl;* **es herrschte ~** there was silence/peace and quiet; **in aller ~** quietly; **jdn in aller ~ beisetzen** to bury sb quietly, to have a quiet funeral [for sb]; **die Trauung wird in aller ~ stattfinden** it will be a quiet wedding; **er hat sich in aller ~ davongemacht, ohne mir ein Sterbenswörtchen zu sagen!** he left [*or* slipped out] without saying a word! ❷ (*Abgeschiedenheit*) peace *no art, no pl*, calm *no art, no pl*

Stille·ben^ALT *nt s.* **Stillleben**

stille·gen^ALT <stillgelegt> *vt s.* **stilllegen**

Stille·gung^ALT <-, -en> *f s.* **Stilllegung**

stil·len [ˈʃtɪlən] **I.** *vt* ❶ (*säugen*) ■**jdn ~** to breastfeed [*or* suckle] sb ❷ (*befriedigen*) ■**etw ~** to satisfy [*or liter* still] sth; **den Durst ~** to quench [*or* slake] sb's thirst ❸ ■**etw ~** (*aufhören lassen*) to stop sth; (*etw erleichtern*) to relieve [*or* ease] sth; **den Blutverlust ~** to staunch [*or* AM *a.* stanch] the flow of blood **II.** *vi* to breastfeed

Still·hal·te·ab·kom·men *nt* moratorium *form*

still|hal·ten *vi irreg* to keep [*or* stay] still

stillie·gen^ALT <stillgelegen> *vi s.* **stillliegen**

Still·le·ben^RR [ˈʃtɪleːbn̩] *nt* still life

still|le·gen^RR <stillgelegt> *vt* ■**etw ~** to close [*or* shut] [down *sep*] sth; ■**stillgelegt** closed [*or* shut] [down]

Still·le·gung^RR <-, -en> *f* closure, shutdown

still|lie·gen^RR <stillgelegen> *vi sein o haben* to be closed [*or* shut] [down]; **seit diese Bahnlinie stillliegt, kommen kaum mehr Touristen** since the closure of the railway line there have been hardly any tourists

stil·los *adj* lacking [*or* without] any definite style *pred;* ■~ **sein** to lack [a definite] [*or* have no [definite]] style

still|schwei·gen *vi irreg* (*geh*) to be [*or* keep] quiet [*or* silent], to keep quiet [*or* stay silent] [*or form* maintain silence] about sth; **schweig still!** be quiet!, silence!

Still·schwei·gen *nt* silence *no art, no pl;* **jdn** [**in etw** *dat*] **zu strengstem ~ auffordern** to ask sb to maintain the strictest silence [about sth] *form;* **über jdn/etw ~ bewahren, jdn/etw mit ~ übergehen** to keep quiet [*or* stay silent] [*or form* maintain silence] about sb/sth

still·schwei·gend [ˈʃtɪlʃvaiɡn̩t] **I.** *adj* tacit; **ein ~es Einverständnis** a tacit understanding; **ich setze auf Ihr ~es Einverständnis** I [will] assume you are in agreement **II.** *adv* tacitly; **etw ~ billigen** to give sth one's tacit approval

still|sit·zen *vi irreg sein o haben* to sit still [*or* quietly]

Stịll·stand *m kein pl* standstill *no pl;* **etw zum ~ bringen** to bring sth to a standstill; **eine Blutung zum ~ bringen** to staunch a flow of blood; **zum ~ kommen** (*zum Erliegen*) to come to a standstill; (*aufhören*) to stop

stịll|ste·hen *vi irreg sein o haben* ❶ (*außer Betrieb sein*) to be at a standstill, to stand idle ❷ ■**stillgestanden!** MIL attention!; (*von Polizei*) stop!

Stil·mö·bel *nt meist pl* period furniture *no pl* **stil·prä·gend** *adj* **~ sein** to promote a particular style **stil·voll** *adj* stylish

Stịmm·ab·ga·be *f* POL vote, voting *no art, no pl* **Stịmm·band** *nt meist pl* ANAT vocal c[h]ord **stịmm·be·rech·tigt** *adj* entitled to vote *pred;* ■**[bei etw] ~ sein** to be entitled to vote [*or* have a vote] [in sth] **Stịmm·be·rech·tig·te(r)** *f(m) dekl wie adj* voter, person entitled to vote; ■**die ~n** the voters *pl,* the electorate + *sing/pl vb* **Stịmm·be·tei·li·gung** *f* SCHWEIZ (*Wahlbeteiligung*) poll **Stịmm·be·zirk** *m* constituency **Stịmm·bruch** *m* **der ~ setzt zwischen dem 11. und 14. Lebensjahr ein** the voice breaks between the ages of 11 and 14; **er war mit 12 im ~** his voice broke when he was 12 **Stịmm·bür·ger(in)** *m(f)* POL SCHWEIZ voter; **die gesamten ~** the electorate + *sing/pl vb*

Stim·me <-, -n> [ˈʃtɪmə] *f* ❶ (*Art des Sprechens*) voice; **du hast heute so eine heisere ~** you are [*or* your voice is] very hoarse today; **mit bestimmter ~ sprechen** to speak in a particular [tone of] voice; **sprich nicht mit so lauter ~, man könnte uns hören!** don't speak so loudly, someone might hear us!; **er sprach mit erstickter Stimme** there was a catch in his voice; **mit leiser ~ sprechen** to speak in a quiet [tone of] voice [*or* quietly]; **mit honigsüßer ~ sprechen** to speak in honeyed tones ❷ (*sprechender Mensch*) voice; **da rief doch eben eine ~!** there was [*or* I heard] a voice calling! ❸ POL vote; **die entscheidende ~** the deciding vote; **sich der ~ enthalten** to abstain; **seine ~ [für jdn/etw] abgeben** to vote [for sb/sth]; **eine/keine ~ haben** to have/not have a vote ❹ (*Meinungsäußerung*) voice; **es werden ~n laut, die sich gegen das Projekt aussprechen** voices are being raised against the project; **die ~n, die mit dieser Politik nicht einverstanden sind, mehren sich** the number of voices not in favour of this policy is increasing ❺ (*Gefühl*) ■**die ~ einer S.** *gen* the voice of sth; **die ~ des Herzens/der Vernunft/des Gewissens** the voice of one's heart/of reason/of one's conscience; **höre auf die ~ deines Herzens** listen to [the voice of] your heart

stim·men[1] [ˈʃtɪmən] *vi* ❶ (*zutreffen*) to be right [*or* correct]; ■**es stimmt, dass jd etw ist/tut** it is true that sb is/does sth; **stimmt!** (*fam*) right!; **habe ich nicht völlig Recht? – stimmt!** don't you think I'm right? – yes, I do! ❷ (*korrekt sein*) to be correct; **diese Rechnung stimmt nicht!** there's something wrong with this bill!; **etwas stimmt mit jdm nicht** something must be wrong with sb; **da [*o* hier] stimmt was nicht!** (*fam*) there's something wrong [*or fam* funny [going on]] here!; **stimmt so!** (*fam*) that's [*or* the rest is] for you, keep the change!

stim·men[2] [ˈʃtɪmən] *vt* MUS ■**etw ~** to tune sth

stim·men[3] [ˈʃtɪmən] *vi* ■**für/gegen jdn/etw ~** to vote for/against sb/sth

Stịm·men·ab·ga·be *f* vote; **zur ~ schreiten** to move to a vote **Stịm·men·aus·zäh·lung** *f* vote count, count of votes, counting the votes; **eine ~ verlangen** to call a count **Stịm·men·fän·ger(in)** *m(f)* POL (*fam*) canvasser, vote-getter *fam* **Stịm·men·ge·winn** *m* gain of votes; **einen ~ verzeichnen** [*o* **verbuchen**] to record a gain of votes **Stịm·men·gleich·heit** *f* tie

Stịmm·ent·hal·tung *f* abstention; **~ üben** to abstain

Stịm·men·ver·lust *m* loss of votes; **einen ~ hinnehmen müssen** to suffer a loss of votes; **die Umfrage sagte einen ~ von ca. 6% voraus** the survey prophesied a loss of 6% of the votes

Stịmm·ga·bel *f* MUS tuning fork

stịmm·haft LING **I.** *adj* voiced *spec* **II.** *adv* **~ ausgesprochen werden** to be voiced *spec*

stim·mig [ˈʃtɪmɪç] *adj* ■**[in sich] ~ sein** to be consistent [*or* coherent]

Stịmm·la·ge *f* MUS voice

stịmm·los LING **I.** *adj* voiceless *spec* **II.** *adv* **~ ausgesprochen werden** to be voiceless *spec*

Stịmm·recht *nt* right to vote; **[das] ~ haben** to have the right to vote

Stịm·mung <-, -en> *f* ❶ (*Gemütslage*) mood; **jdn in ~** *akk* **bringen** to get [*or* put] sb in a good/the right mood; ■**in der ~ [zu etw] sein** (*fam*) to be in the mood [for sth]; ■**in der ~ sein, etw zu tun** to be in the mood for doing sth; **in ~ kommen** (*fam*) to get in the [right] mood, to liven up ❷ (*Atmosphäre*) atmosphere; **eine geladene ~** a tense [*or* charged] atmosphere ❸ (*öffentliche Einstellung*) public opinion *no art, no pl;* **~ für/gegen jdn/etw machen** to stir up [public] opinion for/against sb/sth ❹ (*geh: Ambiente*) atmosphere *no pl,* ambience *no pl liter*

stịm·mungs·auf·hel·lend *adj* emotionally elevating **Stịm·mungs·ba·ro·me·ter** *nt* mood [of [public] opinion], barometer of public opinion; **das ~ steigt/steht auf null** (*fam*) the mood [of [public] opinion] is improving/pessimistic **Stịm·mungs·ka·no·ne** *f* (*fam: Unterhalter*) entertainer; **eine ~ sein** to be the life and soul of the party **Stịm·mungs·la·ge** *f* mood; **eine gereizte ~** a tense atmosphere **Stịm·mungs·ma·che** *f* (*pej*) [cheap] propaganda *no art, no pl pej* **Stịm·mungs·um·schwung** *m* POL change of mood [*or* atmosphere] **stịm·mungs·voll** *adj* sentimental *usu pej;* **das ~e Gedicht gibt die Atmosphäre der beeindruckenden Gebirgslandschaft gelungen wieder** the poem aptly reflects the atmosphere of the impressive mountain landscape

Stịmm·wech·sel *m s.* **Stimmbruch** **Stịmm·zet·tel** *m* voting slip, ballot [paper]

Sti·mu·lans <-, Stimulantia *o* Stimulanzien> [ˈʃtiːmulans, ˈst-, *pl* ʃtimuˈlantsi̯a, ʃtimuˈlantsi̯ən] *nt* ❶ PHARM stimulant ❷ (*geh: aufreizende Darstellung*) stimulation *no pl*

Sti·mu·la·ti·on <-, -en> [ʃtimulaˈtsi̯oːn] *f* (*geh: sexuelle Reizung*) stimulation

sti·mu·lie·ren* [ʃtimuˈliːrən] *vt* ❶ (*geh: anspornen*) ■**jdn [zu etw] ~** to spur [*or* urge] on sb *sep* [to sth], to encourage sb [to do sth]; **jdn sehr ~** to be a great encouragement to sb ❷ (*geh: sexuell reizen*) ■**jdn/etw ~** to stimulate sb/sth ❸ MED (*auslösen*) ■**etw ~** to stimulate sth

Stịnk·bom·be *f* stink bomb

Stịn·ke·fin·ger *m* (*fam*) **jdm den ~ zeigen** to tell sb to fuck off *fam!, sl,* to flip sb the bird AM

Stịn·ke·fuß *m* smelly feet *pl*

stin·ken <stank, gestunken> [ˈʃtɪŋkn̩] **I.** *vi* ❶ (*unangenehm riechen*) ■**[nach etw] ~** to stink [*or* reek] [of sth] ❷ (*fam: verdächtig sein*) to stink; **die Sache stinkt** the whole business stinks [*or* is [very] fishy] ❸ (*sl: zuwider sein*) ■**jdm stinkt etw** sb is fed up [to the back teeth] [*or* is sick to death] with sth *fam;* ■**etw [an jdm/etw] stinkt jdm** sth [about sb/sth] sickens sb, sb is fed up with sth about sb/sth; ■**jdm stinkt es, etw tun zu müssen** sb is fed up [to the back teeth] with having to do sth *fam;* **mir stinkt's!** I'm fed up [to the back teeth] with it! *fam; s. a.* **Himmel, Pest** **II.** *vi impers* **es stinkt [nach etw]** it stinks [of sth]

stịn·kend *adj* stinking

stink·faul [ˈʃtɪŋkˈfaul] *adj* (*fam*) bone lazy, bone idle BRIT; **du bist wirklich ~** you really are bone idle [*or pej fam* a lazy slob] **stink·lang·wei·lig** *adj* (*fam*) dead boring, deadly boring, boring as hell *pred fam,* [as] dull as ditchwater *pred fam;* **es war ein ~er Vortrag** the lecture was as boring as hell *fam* **Stink·mor·chel** *f* BOT stinkhorn *spec,* carrion fungus *spec* **stink·nor·mal** [ˈʃtɪŋknɔrˈmaːl] *adj* (*fam*) perfectly normal [*or* ordinary]; **wie ein ~er Mensch** like an ordinary mortal *hum*

stink·reich [ˈʃtɪŋkˈraiç] *adj* (*fam*) rolling in it *pred fam*, stinking rich *pred pej fam* **stink·sau·er** [ˈʃtɪŋkˈzauɐ] *adj inv* (*fam*) ~ **auf etw/jdn sein** to be pissed off *sl* with sth/sb **Stịnk·tier** *nt* skunk **Stink·wut** [ˈʃtɪŋkˈvuːt] *f* (*fam*) towering rage *no pl*, savage fury *no pl*; ■**eine ~ haben** to seethe with rage, to be livid [*or* in a raging temper]; ■**eine ~ auf jdn haben** to be in a raging temper [*or* be livid] with sb

Stint <-[e]s, -e> [ʃtɪnt] *m* ZOOL smelt *no indef art, no pl*

Sti·pen·di·at(in) <-en, -en> [ʃtipɛnˈdi̯aːt] *m(f)* person receiving a stipend/scholarship

Sti·pen·di·um <-s, -dien> [ʃtiˈpɛndi̯ʊm, *pl* -di̯ən] *nt* (*für den Klerus*) stipend; (*für Studenten*) scholarship

stip·pen [ˈʃtɪpn̩] *vt* DIAL (*tunken*) ■**etw in etw** *akk* ~ to dunk [*or* dip] sth in sth

Stipp·vi·si·te [ˈʃtɪpviziːtə] *f* (*fam*) quick [*or* BRIT flying] visit; **bei jdm eine ~ machen** to pay sb a flying visit

stirb [ʃtɪrn] *imper sing von* **sterben**

Stirn <-, -en> [ʃtɪrn] *f* forehead, brow *liter;* **die ~ runzeln** [*o* **kraus ziehen**] to frown; **über jdn/etw die ~ runzeln** to frown over sb's doings/sth ▸WENDUNGEN: **mit eiserner ~** (*unverschämt*) brazenly; (*unerbittlich*) resolutely; **jdm etw an der ~ ablesen** to read sth [plainly] in [*or* all over] sb's face; **jdm/einer S. die ~ bieten** (*geh*) to face [*or* stand] up to sb/sth; **da fasst man sich** *dat* **an die ~** you wouldn't believe it, would you?; **auf der ~ geschrieben stehen** (*geh*) to be written on sb's face; **die ~ haben** [*o* **besitzen**], **etw zu tun** to have the nerve [*or* BRIT cheek] to do sth

Stịrn·band <-bänder> *nt* headband **Stịrn·fal·te** *f* wrinkle [*or* line] [on the forehead] **Stịrn·glat·ze** *f* receding hairline; **eine ~ haben** to have a receding hairline

Stịrn·höh·le *f* ANAT [frontal *spec*] sinus

Stịrn·höh·len·ent·zün·dung *f* MED sinusitis *no art, no pl spec* **Stịrn·höh·len·ver·ei·te·rung** *f* MED sinusitis *no art, no pl spec*

Stịrn·run·zeln <-s> *nt kein pl* frown **Stịrn·sei·te** *f* [narrow] side; *eines Hauses* end wall, gable end; **der Hausherr pflegte immer an der ~ des Esstisches Platz zu nehmen** the head of the household always liked to sit at the head of the table **Stịrn·wand** *f* ARCHIT end wall, side

stob [ʃtoːp] *imp von* **stieben**

stö·bern [ˈʃtøːbɐn] *vi* ■**in etw** *dat* [**nach etw**] ~ to rummage in sth [for sth]

sto·chern [ˈʃtɔxɐn] *vi* ■[**mit etw**] **in etw** *dat* ~ to poke [*or* prod] [around in] sth [with sth]

Stock¹ <-[e]s, Stöcke> [ʃtɔk, *pl* ˈʃtœkə] *m* ❶ (*lange Holzstange*) stick ❷ HORT (*Topfpflanze*) plant ❸ (*Bienen~*) [bee]hive ▸WENDUNGEN: **über ~ und Stein** across country; **am ~ gehen** (*fam*) to be worn out [*or* worn to a shadow] [*or* BRIT *fam!* knackered]

Stock² <-[e]s, -> [ʃtɔk] *m* floor, storey BRIT, story AM; **der 1. ~** the ground [*or* AM first] floor, the first storey; **im 2. ~** on the first [*or* AM second] floor, on the second storey

stock·be·sof·fen [ˈʃtɔkbəˈzɔfn̩] *adj* (*fam*) stinking [*or* dead] [*or* BRIT blind] drunk *fam*, pie-eyed *fam*, plastered *fam*

Stọck·bett *nt* bunk bed

Stöck·chen <-s, -> [ˈʃtœkçən] *nt dim von* **Stock 1** little stick

stock·dun·kel [ˈʃtɔkˈdʊŋkl̩] *adj* (*fam*) pitch-black [*or* -dark]

Stö̩·ckel·ab·satz *m* high heel

stö·ckeln [ˈʃtœkl̩n] *vi sein* (*fam*) ■**irgendwohin ~** to strut [*or* stalk] somewhere; (*unsicher gehen*) to totter somewhere; (*affektiert gehen*) to trip [*or* BRIT mince] somewhere *pej*

Stö̩·ckel·schuh *m* high-[*or* stiletto-]heeled shoe, high heel, stiletto

sto·cken [ˈʃtɔkn̩] *vi* ❶ (*innehalten*) ■[**in etw** *dat*] ~ to falter [in sth] ❷ (*zeitweilig stillstehen*) to come to a [temporary] halt [*or* stop], to be held up; **immer wieder stockte der Verkehr** there were constant hold-ups in the [flow of] traffic; **ins S~ geraten** [*o* **kommen**] to stop, to grind to a halt ❸ KOCHK (*gerinnen*) to thicken; *Milch* to curdle; *Eier* to set

Stọck·en·te *f* ORN mallard

stọck·fịns·ter *adj* (*fam*) *s.* **stockdunkel**

Stọck·fisch *m* dried cod, stockfish *spec* **Stọck·fleck** *m* mildew *no art, no pl*, mould [*or* AM mold] spot **Stọck·hieb** *m* blow [with [*or* from] a stick]

Stock·holm <-s> [ˈʃtɔkhɔlm] *nt* Stockholm *no art, no pl*

stock·kon·ser·va·tiv [ˈʃtɔkkɔnzɛrvaˈtiːf] *adj* (*fam*) ultra conservative, diehard, arch-conservative *pej*, stick-in-the-mud *pej fam*, fuddy-duddy BRIT *pej*

Stock-Op·ti·on [ˈstɔkɔpʃn̩] *f* BÖRSE stock option

Stock-Op·ti·on-Mo·dell [ˈstɔkɔpʃn̩-] *nt* BÖRSE stock option model

Stọck·ro·se *f* HORT hollyhock

stock·sau·er [ˈʃtɔkˈzauɐ] *adj* (*fam*) foaming at the mouth *pred fam*, pissed off *pred fam!* BRIT; ■~ [**auf jdn**] **sein** to be sore [at sb], to be pissed off [with sb] BRIT *fam!* **stock·steif** [ˈʃtɔkˈʃtaif] **I.** *adj* (*fam*) [very] stiff, [as] stiff as a poker *pred;* **in ~er Haltung** [as] stiff as a poker/as pokers **II.** *adv* [very] stiffly, as stiff as a poker **stock·taub** [ˈʃtɔkˈtaup] *adj* (*fam*) [as] deaf as a post *pred*, stone deaf *fam*

Stọ·ckung <-, -en> *f* hold-up (+*gen* in); **ohne ~** without a hold-up; **ohne ~ zu Ende gehen/verlaufen** to finish [*or* end]/continue without a hold-up

Stọck·werk *nt s.* **Stock²**

Stoff <-[e]s, -e> [ʃtɔf] *m* ❶ (*Textil*) material, cloth ❷ (*Material*) material ❸ CHEM substance ❹ (*thematisches Material*) material *no indef art, no pl* ❺ (*Lehr~*) subject material *no indef art, no pl* ❻ *kein pl* (*sl: Rauschgift*) dope *no art, no pl fam*, shit *no art, no pl sl*

Stọff·bal·len *m* roll of material [*or* cloth] **Stọff·be·zug** *m* cloth cover **Stọff·fet·zen**[RR] *m*, **Stọffet·zen**[ALT] *m getrennt: Stoff-fetzen* scrap [*or* shred] of material [*or* cloth] **Stọff·pup·pe** *f* rag doll **Stọff·schuh** *m* cloth shoe **Stọff·ser·vi·et·te** *f* [cloth] napkin [*or* BRIT *a.* serviette] **Stọff·tier** *nt* soft [*or* BRIT *a.* cuddly] toy

Stọff·wech·sel *m* metabolism *no art, no pl spec*

Stọff·wech·sel·krank·heit *f* metabolic disease [*or* disorder] *spec*, disease of the metabolism *spec*

stöh·nen [ˈʃtøːnən] *vi* to moan; (*vor Schmerz*) to groan

Stöh·nen <-s> [ˈʃtøːnən] *nt kein pl* moan; (*vor Schmerz*) groan; **unter ~** *dat* **sprechen** to moan/groan, to speak through one's moans/groans; **etw unter ~** *dat* **hervorstoßen** to moan/groan out sth *sep*

stö̱h·nend I. *adj* moaning *no art, no pl;* (*vor Schmerz*) groaning *no art, no pl;* **~e Laute** moans/groans; **mit ~er Stimme** moaning/groaning **II.** *adv* with a moan/groan; **etw ~ hervorpressen** to gasp [out *sep*] sth with a groan, to groan out sth *sep*

sto·isch [ˈʃtoːɪʃ, ˈst-] *adj* (*geh*) stoic[al] *a. form*

Sto·la <-, Stolen> [ˈʃtoːla, ˈst-] *f* ❶ MODE shawl; (*aus Pelz*) stole *form* ❷ REL stole *spec*

Stol·len¹ <-s, -> [ˈʃtɔlən] *m* BERGB tunnel; **senkrechter/waagrechter ~** shaft/gallery

Stol·len² <-s, -> [ˈʃtɔlən] *m* KOCHK stollen AM (*sweet bread made with dried fruit often with marzipan in the centre, eaten at Christmas*)

Stọl·per·draht *m* tripwire

stol·pern [ˈʃtɔlpɐn] *vi sein* ❶ (*zu fallen drohen*) to trip, to stumble; ■**über etw** *akk* ~ to trip [*or* stumble] over sth ❷ (*als auffallend bemerken*) ■**über etw** *akk* ~ to be puzzled by [*or* to wonder at] sth ❸ (*seine Stellung verlieren*) ■**über jdn/etw ~** to come to grief [*or* come unstuck] [*or* BRIT *fam* come a cropper] over sb/sth

stolz [ʃtɔlts] *adj* ❶ (*sehr selbstbewusst*) proud, arrogant; (*pej*) cocky *fam*, conceited *pej* ❷ (*hocherfreut*) proud, delighted; **der ~e Vater** the proud father; ■~ **auf jdn/etw sein** to be proud of [*or* delighted with] sb/sth ❸ (*geh: erhebend*) proud, great, glorious ❹ (*imposant*) proud; **eine ~e Burg** a lofty [*or* majestic| [*or* splendid] castle ❺ (*beträchtlich*) high, stiff, steep *fam;* **eine ~e Summe** a tidy sum *fam*

Stolz <-es> [ʃtɔlts] *m kein pl* ❶ (*starkes Selbstwertgefühl*) pride *no art, no pl;* **jds ganzer ~ sein** to be sb's pride and joy; *Sohn/Tochter a.* to be the apple of sb's eye ❷ (*freudige Zufriedenheit*) pride *no art, no pl*

stol·zie·ren* [ʃtɔl'tsi:rən] *vi sein* ■ **irgendwohin ~** to strut [*or* prance] somewhere

stop [ʃtɔp] *interj s.* **stopp**

Stop^ALT <-s, -s> *m s.* **Stopp**

Stop-and-go(-Ver·kehr) <-s> ['stɔpʔənd'go:-] *nt kein pl* stop-and-go traffic *no art, no pl* AM

stop·fen ['ʃtɔpfn̩] **I.** *vt* ❶ (*hineinzwängen*) ■ **[sich** *dat*] **etw in etw** *akk* **~** to push [*or* stuff] [*or fam* cram] sth into sth; **Essen in den Mund ~** to stuff [*or* cram] food into one's mouth [*or* face] *fam;* **sich** *dat* **Watte in die Ohren ~** to put wool in one's ears ❷ (*mit etw füllen*) ■ **etw [mit etw] ~** to fill sth [with sth]; **zu prall gestopft** overstuffed; **eine Pfeife mit etw ~** to fill [*or* pack] a pipe with sth; **ein Loch mit etw ~** to fill [*or* pack] [*or fam* stuff] a hole with sth; *s. a.* **Loch** ❸ (*mit Nadel und Faden ausbessern*) ■ **etw ~** to darn sth **II.** *vi* ❶ (*flicken*) to darn, to do darning ❷ (*sättigen*) to be filling, to fill up one/sb *sep* ❸ (*fam: hineinschlingen*) to stuff oneself *fam* ❹ (*die Verdauung hemmen*) to cause constipation

Stop·fen <-s, -> ['ʃtɔpfn̩] *m* DIAL (*Stöpsel*) stopper; (*für Badewanne*) plug; (*Fassstöpsel*) bung; (*Korken*) cork

Stopf·garn *nt* darning thread [*or* wool] [*or* cotton] *no art, no pl*

Stopf·na·del *f* darning needle

stopp [ʃtɔp] *interj* stop; **~ mal!** (*fam*) just a moment!

Stopp <-s, -s> [ʃtɔp] *m* ❶ (*Halt*) stop; **ohne ~** without stopping ❷ FIN (*Einfrieren*) freeze; **die Regierung erwägt einen ~ für Löhne/Gehälter und Preise** the government is considering freezing wages/salaries and prices

Stop·pel¹ <-, -n> ['ʃtɔpl̩] *f meist pl* ❶ AGR (*Getreide~*) stubble *no art, no pl* ❷ (*Bart~*) stubble *no art, no pl;* (*gegen Abend a.*) five o'clock shadow *no pl*

Stop·pel² <-s, -> ['ʃtɔpl̩] *m* ÖSTERR (*Stöpsel*) plug

Stop·pel·bart *m* (*stoppeliges Kinn*) stubble [on one's/sb's chin]; (*gegen Abend a.*) five o'clock shadow *no pl;* (*kurzer Bart*) stubbly beard **Stop·pel·feld** *nt* AGR stubble *no art, no pl,* stubble field, field of stubble

stop·pe·lig ['ʃtɔpəlɪç] *adj* stubbly

stop·pen ['ʃtɔpn̩] **I.** *vt* ❶ (*anhalten*) ■ **jdn/etw ~** to stop sb/sth ❷ (*zum Stillstand bringen*) ■ **etw ~** to stop [*or* put a stop to] sth, to bring sth to a halt [*or* stop] [*or* standstill]; **die Verhandlungsgespräche sind gestoppt worden** the negotiations have broken down ❸ SPORT (*Zeit nehmen*) ■ **jdn/etw ~** to time sb/sth **II.** *vi* ■ **[vor etw** *dat*] **~** to stop [at [*or* in front of] [*or form* before] sth]

Stop·per <-s, -> ['ʃtɔpɐ] *m* (*Bremse am Rollschuh*) brake stop

stopp·lig ['ʃtɔplɪç] *adj s.* **stoppelig**

Stopp·schild <-schilder> *nt* stop [*or* BRIT *a.* halt] sign **Stopp·stra·ße** *f* stop street AM (*road with stop signs*) **Stopp·uhr** *f* stopwatch

Stöp·sel <-s, -> ['ʃtœpsl̩] *m* ❶ (*Pfropfen*) stopper; (*für Badewanne/Waschbecken*) plug; (*Fass~*) bung ❷ (*hum fam: Knirps*) [little] nipper *fam,* kid *fam,* sprog BRIT *fam*

stöp·seln ['ʃtœpsl̩n] *vt* ■ **etw in etw** *akk* **~** to put [*or* insert] sth in sth, to plug in sth *sep;* **den Fernsehstecker in die Steckdose ~** to plug in the TV *sep*

Stör <-[e]s, -e> [ʃtø:ɐ̯] *m* ZOOL sturgeon

stör·an·fäl·lig *adj* liable to break down *pred;* **~e Elektronik** interference-prone electronics *spec*

Storch <-[e]s, Störche> [ʃtɔrç, *pl* 'ʃtœrçə] *m* stork

Stor·chen·bei·ne *pl* long thin legs *pl* **Stor·chen·nest** *nt* stork's nest

Stör·chin ['ʃtœrçɪn] *f fem form von* **Storch** female stork

Storch·schna·bel *m* BOT cranesbill, stork's beak [*or form, spec* bill]

Store <-s, -s> [ʃto:ɐ̯, st-] *m* net curtain

stö·ren ['ʃtø:rən] **I.** *vt* ❶ (*beeinträchtigend unterbrechen*) ■ **jdn [bei etw] ~** to disturb sb [when he/she is doing sth]; **jdn bei der Arbeit ~** to disturb sb at his/her work; **lass dich/lassen Sie sich nicht ~!** don't let sb/sth disturb you!; (*allgemein*) don't let anybody/anything disturb you! ❷ (*im Fortgang unterbrechen*) ■ **etw [durch etw] ~** to disrupt sth [by sth/by doing sth] ❸ (*beeinträchtigen*) ■ **jdn ~** to bother [*or* disturb] sb ❹ (*unangenehm berühren*) ■ **etw [an jdm/etw] stört jdn,** ■ **etw stört jdn an jdm/etw** sth [about sb/sth] upsets [*or* bothers] sb, sb doesn't like [*or* dislikes] sth [about sb/sth]; ■ **es stört jdn, wenn jd etw tut** sb minds [*or* it bothers sb] when sb does sth; **stört es Sie, wenn ich ...?** does it bother you [*or* do you mind] if I ...?; **das stört mich nicht** that doesn't bother me; **ich würde gern das Fenster aufmachen – stört dich das?** I'd like to open the window – do [*or* would] you mind?; **hör bitte auf! das stört mich!** please stop! that's annoying me [*or* getting on my nerves] ! **II.** *vi* ❶ (*bei etw unterbrechen*) to disturb sb/sth; **ich will nicht ~, aber ...** I hate to disturb [*or* bother] you, but ... ❷ (*lästig sein*) ■ **[bei etw] ~** to be irritating [*or* annoying] [when sb is doing sth]; *Geräusch, Dröhnen, Musik* to be too loud [to do sth [*or* for doing sth]]; **könntest du die Musik etwas leiser machen, das stört bei der Arbeit** could you turn down the music a bit, I can't [*or* it's too loud to] work; **etw als ~d empfinden** to find sth annoying [*or* irritating]; **es als ~d empfinden, wenn jd etw tut** to find it annoying [*or* irritating] when sb does sth, to find sb's doing sth annoying [*or form* irritating]; **empfinden Sie es als ~d, wenn ich rauche?** do you mind [*or* does it bother you] if I smoke? **III.** *vr* ■ **sich** *akk* **an etw** *dat* **~** to let sth bother [*or* annoy] [*or* irritate] one

Stö·ren·fried <-[e]s, -e> *m* (*fam*) troublemaker, mischief-maker

Stö·rer(in) <-s, -> *m(f)* nuisance, pest *fam*

Stör·fak·tor *m* disruptive element [*or* factor]/pupil **Stör·fall** *m* (*technischer Defekt*) fault; (*Fehlfunktion*) malfunction; **im ~** in case [*or* the event] of malfunction **Stör·ge·räusch** *nt* interference *no art, no pl* **Stör·ma·nö·ver** *nt* attempt to disrupt sth, disruptive action *no pl*

Stor·ni *pl s.* **Storno**

stor·nie·ren* [ʃtɔr'ni:rən] *vt* ■ **etw ~** to cancel sth; **eine Buchung ~** to reverse an entry

Stor·nie·rung <-, -en> *f* cancellation

Stor·no <-s, Storni> ['ʃtɔrno, *pl* 'ʃtɔrni] *m o nt Reise, Auftrag* cancellation; *einer Buchung* reversal

stör·risch ['ʃtœrɪʃ] **I.** *adj* ❶ (*widerspenstig*) obstinate, stubborn ❷ (*schwer zu kämmen*) stubborn, unmanageable **II.** *adv* obstinately, stubbornly

Stör·sen·der *m* jammer, jamming transmitter

Stö·rung <-, -en> *f* ❶ (*Unterbrechung*) interruption, disruption, disturbance ❷ METEO **eine atmosphärische ~** atmospheric disturbance ❸ (*Störsignale*) interference *no art, no pl* ❹ (*technischer Defekt*) fault; (*Fehlfunktion*) malfunction ❺ MED (*Dysfunktion*) disorder, dysfunction *spec* ► WENDUNGEN: **eine atmosphärische ~** a tense atmosphere

Stö·rungs·dienst *m* TELEK faults service BRIT, repair service AM **stö·rungs·frei** *adj inv* TV, RADIO free from interference **Stö·rungs·stel·le** *f* TELEK faults department *hist,* customer hotline, customer service AM

Sto·ry <-, -s> ['sto:ri, 'stɔri] *f* (*fam*) story

Stoß¹ <-es, Stöße> [ʃto:s, *pl* 'ʃtø:sə] *m* ❶ (*Schubs*) push, shove; (*mit dem Ellbogen*) dig; (*schwächer*) nudge; (*mit der Faust*) punch; (*mit dem Fuß*) kick; (*mit dem Kopf*) butt; **jdm einen ~ versetzen** (*geh*) to give sb a push/kick/nudge etc., to push/kick/nudge etc. sb ❷ (*das Zustoßen*) *einer Waffe* thrust ❸ (*Anprall*) bump, jolt ❹ (*Erschütterung*) bump ❺ (*Erdstoß*) tremor ► WENDUNGEN: **sich** *dat* **einen ~ geben** to pull oneself together

Stoß² <-es, Stöße> [ʃto:s, *pl* 'ʃtø:sə] *m* (*Stapel*) pile, stack

Stoß·band <-bänder> *nt* MODE edging [*or* reinforcement] band [*or* tape] *spec* **Stoß·dämp·fer** *m* AUTO shock absorber, shock *spec fam*

Stö·ßel <-s, -> ['ʃtø:sl̩] *m* pestle

sto·ßen <stößt, stieß, gestoßen> ['ʃto:sn̩] **I.** *vt* ❶ (*schubsen*) ■**jdn** ~ to push [*or* shove] sb; ■**jdn in/vor etw** *akk* ~ to push [*or* shove] sb into/in front of sth; ■**jdn aus/von etw** ~ to push [*or* shove] sb out of/off sth; ■**jdn mit etw** ~ to knock sb with sth; **jdn mit der Faust/dem Fuß/dem Kopf** ~ to punch/kick/butt sb; **jdn in die Seite mit dem Ellbogen** ~ to dig sb in the ribs ❷ SPORT **die Kugel** ~ (*in Athletik*) to put the shot; (*in Billard*) to hit [*or* strike] the ball ❸ (*aufmerksam machen*) ■**jdn auf etw** *akk* ~ to point out sth *sep* to sb **II.** *vr* ❶ (*sich verletzen*) ■**sich** [**an etw** *dat*] ~ to hurt [*or* knock] oneself [on sth]; ■[**sich** *dat*] **etw** [**an etw** *dat*] ~ to bang [*or* bump] [*or* hurt] one's sth [on sth]; [**sich** *dat*] **den Kopf** [**an etw** *dat*] ~ to bang [*or* bump] one's head [on sth] ❷ (*Anstoß nehmen*) ■**sich an jdm/etw** ~ to take exception [*or* objection] to sth; **sich an jds Aussehen** *dat* ~ to find fault with sb's appearance **III.** *vi* ❶ *sein* (*aufschlagen*) ■**an etw** *akk* ~ to knock [*or* bang] [*or* bump] against sth; **mit dem Kopf an etw** *akk* ~ to bang one's head on [*or* against] sth; ■**gegen jdn/etw** ~ to knock [*or* bump] into sb/sth; *Auto* to crash into sb/sth ❷ *haben* (*zu~*) ■[**mit etw**] **nach jdm** ~ to thrust at sb [with sth]; **er stieß immer wieder mit dem Stock nach mir** he tried again and again to hit me with the stick; **der Stier stieß** [**mit den Hörnern**] **nach dem Torero** the bull charged the matador [with lowered horns] ❸ *sein* (*grenzen*) ■**an etw** *akk* ~ to be bordered by sth; **mein Grundstück stößt im Süden an einen Bach** my plot is bordered to the south by a stream, a stream borders my plot to the south ❹ *sein* (*direkt hinführen*) ■**auf etw** *akk* ~ to lead to [*or* meet] sth ❺ *sein* (*treffen*) ■**zu jdm** ~ to join sb ❻ *sein* (*finden*) ■**auf jdn/etw** ~ to find [*or* come across [*or* upon]] sb/sth; **auf Erdöl** ~ to strike oil ❼ *sein* (*konfrontiert werden*) ■**auf etw** *akk* ~ to meet with sth ❽ SCHWEIZ (*schieben*) to push, to shove; (*drücken*) to push

stoß·fest *adj* shockproof; **angeblich soll es sich um kratzfeste und ~e Gläser handeln** apparently you can't scratch or break these glasses; **~e Verpackung** padded packaging **Stoß·ge·bet** *nt* [quick [*or* hurried]] prayer; **ein ~ zum Himmel schicken** to send up a [quick [*or* hurried]] prayer **Stoß·seuf·zer** *m* deep sigh **Stoß·stan·ge** *f* bumper; **~ an ~** bumper to bumper **Stoß·trupp** *m* MIL shock troops *pl* **Stoß·ver·kehr** *m* TRANSP rush hour [traffic] *no art, no pl* **Stoß·waf·fe** *f* HIST stabbing weapon, weapon for stabbing

stoß·wei·se *adv* ❶ (*ruckartig*) spasmodically, in fits and starts, fitfully; ~ **atmen** (*hecheln*) to pant; (*unregelmäßig*) to breathe irregularly ❷ (*in Stapeln*) in piles; **auf diese Anzeige kamen ~ Bewerbungen** there were piles of applications in answer to the advert *fam*

Stoß·zahn *m* tusk **Stoß·zeit** *f* ❶ (*Hauptverkehrszeit*) rush hour *no art, no pl* ❷ (*Hauptgeschäftszeit*) peak [*or* busy] time; **kommen Sie doch bitte außerhalb der üblichen ~en** please don't come [*or* it's better not to come] at peak time

Stot·te·rei <-, -en> *f* (*fam*) stuttering *no art, no pl;* (*aus Verlegenheit a.*) stammering *no art, no pl*

Stot·te·rer, Stot·te·rin <-s, -> *m, f* stutterer; (*aus Verlegenheit a.*) stammerer

stot·tern ['ʃtɔtɐn] **I.** *vi* ❶ (*stockend sprechen*) to stutter; (*aus Verlegenheit a.*) to stammer; ■**das S~** stuttering/stammering; **ins S~ geraten** [*o* **kommen**] to start [*or* begin] stuttering/stammering ❷ *Motor* to splutter **II.** *vt* ■**etw** ~ to stammer [out *sep*] sth

Stöv·chen <-s, -> ['ʃtø:fçən] *nt* [teapot/coffee pot] warmer (*small stand with candle, used for keeping a teapot/coffee pot hot*)

StPO <-> *f Abk von* **Strafprozessordnung**

Str. *Abk von* **Straße** St, AM *a.* St.

stracks [ʃtraks] *adv* straight; **jetzt aber ~ nach Hause!** home with you, straight away!

Straf·an·dro·hung *f* threat of punishment **Straf·an·stalt** *f* penal institution, prison, jail **Straf·an·trag** *m* petition *form* (*for a particular penalty or sentence*)*;* **den/seinen ~ stellen** to institute criminal proceedings *form;* **einen ~ gegen jdn stellen** to start [*or form* institute] legal proceedings against sb, to take sb to court **Straf·an·zei·ge** *f* [criminal] charge; ~ [**gegen jdn**] **erstatten** to bring [*or form* prefer] a criminal charge against sb **Straf·ar·beit** *f* SCH [written] punishment; (*geschrieben a.*) lines *pl* BRIT, extra work AM; **jdm eine ~ aufgeben** to punish sb/to give sb lines; **die Lehrerin gab ihm eine ~** [**in Form eines Aufsatzes**] **auf** the teacher gave him an extra essay to do **Straf·aus·set·zung** *f* JUR, ADMIN probation

straf·bar *adj* punishable [by law]; **sich** [**mit etw**] **~ machen** to make oneself liable to prosecution; **sich ~ machen, wenn man etw tut** to make oneself liable to prosecution if one does sth

Straf·bar·keit <-> *f kein pl* illegality

Straf·be·fehl *m* JUR order of summary punishment (*on the application of the public prosecutor's office*)

Stra·fe <-, -n> ['ʃtra:fə] *f* ❶ (*Bestrafung*) punishment *no pl;* **eine gerechte** [*o* **verdiente**] ~ a just punishment; **er hat seine verdiente ~ bekommen!** (*fam*) he got what was coming to him! *fam;* **das ist die ~** [**dafür**]! (*fam*) that's what you get [for doing it]!; **die ~ dafür sein, etw getan zu haben** to be the punishment for doing sth; **er hat einen Unfall gehabt, das war die ~ dafür, bei Glatteis Auto zu fahren** he had an accident, that's what happens when you drive in icy conditions; **eine ~ sein** (*fam*) to be a pest [*or* a real pain in the neck] *fam;* **eine ~ sein, etw tun zu müssen** (*fam*) to be a pain having to do sth; **~ muss sein!** discipline is necessary!; **ab in dein Zimmer, ~ muss sein!** go to your room, you'll have to be punished; **zur ~** as a punishment ❷ (*Geld~*) fine; **~ zahlen** to pay a fine; (*Haft~*) sentence; **seine ~ abbüßen** [*o* **absitzen**] [*o fam* **abbrummen**] to serve [out] one's [*or* a] sentence, to do porridge BRIT *sl,* to do time AM; **sie wird ihre acht Jahre ~ abbrummen müssen** she'll have to go behind bars for eight years [*or* BRIT *fam* to do eight years' porridge]; **es ist bei ~ verboten, etw zu tun** it is forbidden on pain of punishment to do sth *form* ► WENDUNGEN: **die ~ folgt auf dem Fuße** [the] punishment follows swiftly

stra·fen ['ʃtra:fn̩] *vt* ❶ (*geh: be~*) ■**jdn** [**für etw**] ~ to punish sb [for sth]; **das Leben/Schicksal hat sie für ihre früheren Missetaten gestraft** life/fate has been hard on her for her earlier misdeeds; **mit jdm/etw gestraft sein** to suffer under sb/sth, to be stuck with sb/sth *fam;* **mit dieser Arbeit bin ich wirklich gestraft** this work is a real pain *fam* ❷ (*behandeln*) ■**jdn mit etw** ~ to punish sb with sth; **sie strafte meine Warnungen nur mit Hohn** she greeted my warnings with derision; **jdn mit Verachtung** ~ to treat sb with contempt; *s. a.* **Lüge**

stra·fend **I.** *adj attr* punitive, punishing *attr;* **mit einem ~en Blick/~en Worten** with a withering look/sharp words; **jdn mit ~en Worten tadeln** to speak sharply to sb **II.** *adv* punishingly; **jdn ~ ansehen** to give sb a withering look

Straf·er·lass^RR *m* remission [of a/the sentence]; **ein vollständiger ~** a pardon

straff [ʃtraf] **I.** *adj* ❶ (*fest gespannt*) taut, tight ❷ (*nicht schlaff*) firm ❸ (*aufrecht*) erect ❹ (*eng anliegend*) tight; **einen ~en Sitz haben** to fit tightly ❺ (*streng*) strict **II.** *adv* ❶ (*fest gespannt*) tightly ❷ (*eng anliegend*) tightly ❸ (*streng*) severely; **~ gescheiteltes Haar** severely parted hair ❹ (*strikt*) strictly

straf·fäl·lig *adj* JUR punishable, culpable *form,* criminal *attr;* **ein ~er Mensch** a criminal; **ein ~er Jugendlicher** a young of-

S

fender; ■ ~ **sein/werden** to have committed/commit a criminal offence [*or* AM -se], to be/become a criminal [*or* an offender]; **mehrfach ~ gewordene Täter** those with previous convictions

straf·fen ['ʃtrafn̩] I. *vt* ❶ (*straff anziehen*) ■ **etw** ~ to tighten sth ❷ (*kürzen*) ■ **etw** ~ to shorten sth; **einen Artikel/Text** ~ to shorten an article/text; (*präziser machen*) to tighten up an article/text *sep* ❸ MED (*straffer machen*) ■ **[jdm] etw** ~ to make sb's sth firmer, to tighten up sb's sth *sep;* ■ **sich** *dat* **etw ~ lassen** to have one's sth made firmer [*or* tighter]; **sich** *dat* **das Gesicht ~ lassen** to have a facelift II. *vr* ■ **sich** ~ to tighten; *Segel* to fill with wind

straf·frei I. *adj* unpunished; ~ **bleiben** [*o* **ausgehen**] to go unpunished, to get off scot-free; *Kronzeuge* to be immune from criminal prosecution II. *adv* with impunity **Straf·frei·heit** *f kein pl* immunity from criminal prosecution **Straf·ge·fan·ge·ne(r)** *f(m) dekl wie adj* prisoner **Straf·ge·richt** *nt* (*geh*) punishment; **Gottes** ~ divine judgement; **ein ~ abhalten** to hold a trial **Straf·ge·setz·buch** *nt* penal [*or* criminal] code **Straf·la·ger** *nt* prison [*or* detention] camp; POL (*euph: KZ*) concentration camp

sträf·lich ['ʃtrɛːflɪç] *adj* criminal *attr*

Sträf·ling <-s, -e> ['ʃtrɛːflɪŋ] *m* prisoner; (*condemned to do forced labour*) convict

Straf·man·dat *nt* ticket; (*Strafgebühr*) fine; **[für etw] ein ~ bekommen** to get a ticket/fine [for sth] **Straf·maß** *nt* sentence; **das höchste** ~ the maximum penalty [*or* sentence] **straf·mil·dernd** *adj inv* JUR mitigating **Straf·pre·digt** *f* (*fam*) sermon *pej;* **jdm eine ~ halten** to lecture sb; **jetzt hör aber auf, mir ~en zu halten!** stop lecturing [*or pej* preaching at [*or* to]] me! **Straf·pro·zess**[RR] *m* trial, criminal proceedings *pl* **Straf·pro·zess·ord·nung**[RR] *f* code of criminal procedure **Straf·raum** *m* FBALL penalty area **Straf·recht** *nt* criminal law *no art, no pl* **Straf·recht·ler(in)** <-s, -> *m(f)* criminal lawyer **straf·recht·lich** *adj* criminal *attr;* **eine ~e Frage/Problematik** a question/problem concerning criminal law; **jdn [wegen etw] ~ belangen** to prosecute sb [for sth], to bring [*or form* prefer] a criminal charge against sb **Straf·re·gis·ter** *nt* criminal [*or* police] records *pl;* **sein Name erscheint nicht im** ~ he doesn't have a criminal record **Straf·rich·ter(in)** *m(f)* [criminal court] judge **Straf·sa·che** *f* criminal case [*or* matter] **Straf·stoß** *m* FBALL, SPORT penalty [kick] **Straf·tat** *f* [criminal] offence [*or* AM -se], criminal act **Straf·tä·ter(in)** *m(f)* criminal, offender **Straf·ver·fah·ren** *nt* criminal proceedings *pl* **Straf·ver·fol·ger(in)** *m(f)* JUR public prosecutor BRIT, district attorney AM **straf·ver·set·zen*** *vt nur infin und pp* ■ **[irgendwohin] strafversetzt werden** to be transferred [somewhere] for disciplinary reasons [*or* on disciplinary grounds] **Straf·ver·set·zung** *f* disciplinary transfer, transfer for disciplinary reasons [*or* on disciplinary grounds] **Straf·ver·tei·di·ger(in)** *m(f)* defence [*or* AM -se] lawyer, counsel for the defence BRIT, defending counsel AM **Straf·voll·zug** *m* penal system **Straf·voll·zugs·an·stalt** *f* (*geh*) penal institution, prison **Straf·voll·zugs·ge·setz** *nt* JUR ■ **das** ~ the laws *pl* of prison administration **Straf·zet·tel** *m* (*fam*) [parking/speeding] ticket **Straf·zu·mes·sung** *f* JUR determination of the penalty [*or* fine]

Strahl <-[e]s, -en> [ʃtraːl] *m* ❶ (*Licht~*) ray [of light]; (*Sonnen~*) sunbeam BRIT, sunray AM; (*konzentriertes Licht*) beam ❷ *pl* PHYS (*Wellen*) rays *pl* ❸ (*Wasser~*) jet

Strah·le·mann *m* (*fam*) sunny boy

strah·len ['ʃtraːlən] *vi* ❶ (*leuchten*) ■ **irgendwohin** ~ to shine somewhere; **auf jdn** ~ to shine on sb; **jdm ins Gesicht/auf jds Gesicht** *akk* ~ to shine [straight] into sb's eyes ❷ (*Radioaktivität abgeben*) to be radioactive ❸ (*ein freudiges Gesicht machen*) ■ **[vor etw** *dat***]** ~ to beam [*or* be radiant] [with sth]; **vor Gesundheit** *dat* ~ to radiate [good] health; **über das ganze Gesicht** ~ to beam all over one's face ❹ (*glänzen*) ■ **[vor etw** *dat***]** ~ to shine [with sth]

Strah·len·be·hand·lung *f* radiotherapy *no art, no pl* **strah·len·be·las·tet** *adj* radioactive **Strah·len·be·las·tung** *f* radiation *no art, no pl*, radioactive contamination *no pl*

strah·lend I. *adj* ❶ (*sonnig*) glorious ❷ (*freude~*) beaming ❸ (*radioaktiv verseucht*) radioactive II. *adv* **jdn ~ ansehen** to beam [*or* smile happily] at sb

strah·len·ge·schä·digt *adj* suffering from radiation sickness, damaged by radiation **Strah·len·krank·heit** *f* MED radiation sickness *no art, no pl;* **viele Tausende litten nach der Reaktorkatastrophe an der** ~ thousands of people suffered from the effects of radiation after the reactor disaster **Strah·len·mes·ser** *m* actinometer *spec* **Strah·len·op·fer** *nt* victim of radioactivity **Strah·len·ri·si·ko** *nt* risk of radiation **Strah·len·schutz** *m kein pl* radiation protection [*or* shielding] *no art, no pl*, protection against radioactivity **Strah·len·schutz·kom·mis·si·on** *f* NUKL ■ **die** ~ the German Commission on Radiation Protection **Strah·len·the·ra·pie** *f s.* **Strahlenbehandlung strah·len·ver·seucht** *adj* contaminated with radioactivity *pred*

Strah·ler <-s, -> *m* (*Leuchte*) spotlight, spot *fam;* NUKL radiation emitter *spec*

Strahl·trieb·werk *nt* LUFT jet engine

Strah·lung <-, -en> *f* PHYS radiation *no art, no pl;* **radioaktive** ~ radioactivity

strah·lungs·arm *adj* low-radiation

Strah·lungs·grill *m* radiator grille

Strähn·chen <-s, -> *nt meist pl* streak, streaks *pl;* ~ **machen lassen** to have streaks done

Sträh·ne <-, -n> ['ʃtrɛːnə] *f* strand; **dir fallen die ~n in die Stirn** your hair's falling in your eyes; **als Erinnerung an sie bewahrte er eine ~ ihres Haares auf** he kept a lock of her hair as a souvenir of her; **eine weiße** ~ a white streak; **sie hat sich blonde ~n in die Haare machen lassen** she had blond streaks put in her hair, she had her hair streaked blond

sträh·nig ['ʃtrɛːnɪç] *adj* straggly; **~es Haar** straggly hair, hair in rat's tails

stramm [ʃtram] I. *adj* ❶ (*straff*) tight; **etw ~ ziehen** to pull sth tight, to tighten sth; **seinen Gürtel ~ ziehen** to cinch [*or* tighten] one's belt ❷ (*eng anliegend*) tight ❸ (*kräftig*) strong, brawny, strapping *hum fam;* **ein ~es Baby** a bouncing baby ❹ (*drall*) taut; ~ **Beine/Waden** sturdy legs/calves ❺ (*fam: intensiv*) intensive; **~e Arbeit** hard work; **ein ~er Marsch** a brisk march ❻ (*aufrecht*) erect, upright ❼ (*linientreu*) staunch; **ein ~er Katholik** a strict [*or* dyed-in-the-wool] Catholic ❽ **S~er Max** *ham and fried eggs on toast* II. *adv* ❶ (*eng anliegend*) tightly ❷ (*fam: intensiv*) intensively; ~ **arbeiten** to work hard; ~ **marschieren** to march briskly

stramm|ste·hen *vi irreg* ■ **[vor jdm]** ~ to stand to attention [in front of [*or form* before] sb] **stramm|zie·hen** *vt irreg s.* **stramm 1**

Stram·pel·hös·chen [-høːsçən] *nt* romper suit, rompers *npl*, Babygro BRIT

stram·peln ['ʃtrampl̩n] *vi* ❶ *haben* (*heftig treten*) **[mit den Beinen]** ~ to kick [[about *sep*] one's legs], to kick about ❷ *sein* (*fam: Rad fahren*) to cycle; **ganz schön** ~ to pedal like mad [*or* AM crazy] *fam* ❸ *haben* (*fam: sich abmühen*) to struggle, to slave [away]; **ich muss ziemlich ~, um die Miete zahlen zu können** it's a struggle to pay the rent

Strand <-[e]s, Strände> [ʃtrant, *pl* 'ʃtrɛndə] *m* beach, seashore; **am** ~ on the beach [*or* seashore]; *eines Sees* shore

Strand·bad *nt* bathing beach

stran·den ['ʃtrandn̩] *vi sein* ❶ (*auf Grund laufen*) ■ **irgendwo** ~ to run aground somewhere ❷ (*geh: scheitern*) ■ **[in/mit etw** *dat***]** ~ to fail [in sth] ▸ WENDUNGEN: **irgendwo gestrandet sein** to be stranded somewhere

Strand·gut *nt kein pl* (*geh*) flotsam and jetsam + *sing vb*

Strand·ha·fer *m* BOT beach grass *no art, no pl spec* **Strand·**

ho·tel *nt* beach [*or* seaside] hotel, hotel on the beach **Strand·korb** *m* beach chair

i Kultur

Strandkörbe are a characteristic of the beaches on the North and Baltic Sea coasts. They are large, stable, two-seater wicker chairs with a hood and sides of wickerwork to protect the occupants from the sometimes strong, cold north wind, rain or powerful sunshine.

Strand·krab·be *f* ORN common shore crab, harbour [*or* AM -or] crab **Strand·pro·me·na·de** *f* promenade **Strand·schne·cke** *f* ZOOL periwinkle, whelk

Strang <-[e]s, Stränge> [ʃtraŋ, *pl* 'ʃtrɛŋə] *m* ❶ (*dicker Strick*) rope ❷ (*Bündel von Fäden*) hank, skein ►WENDUNGEN: **am gleichen** [*o* **an demselben**] ~ **ziehen** (*fam*) to [all] pull together [*or* in the same direction]; **über die Stränge hauen** [*o* **schlagen**] (*fam*) to run riot, to kick over the traces *dated;* **wenn alle Stränge reißen** if all else fails, as a last resort

Stran·gu·la·ti·on <-, -en> [ʃtraŋgula'tsi̯o:n] *f* strangulation *no art, no pl*

stran·gu·lie·ren* [ʃtraŋgu'li:rən] *vt* ■**jdn** ~ to strangle sb; ■**sich** ~ to strangle oneself

Stra·pa·ze <-, -n> [ʃtra'pa:tsə] *f* stress *no art, no pl,* strain *no art, no pl,* stresses and strains *pl*

stra·paz·fä·hig *adj* ÖSTERR (*strapazierfähig*) robust

stra·pa·zie·ren* [ʃtrapa'tsi:rən] **I.** *vt* ❶ (*stark beanspruchen*) ■**etw** ~ to wear sth; (*abnutzen*) to wear out sth *sep;* **man darf diese Seidenhemden nur nicht zu sehr** [*o* **stark**] ~ you can't put too much wear [and tear] on these silk shirts; **bei fünf Kindern werden die Sitzmöbel ziemlich strapaziert** with five children the furniture takes a lot of punishment [*or* a lot of wear and tear]; **das Leder kann beliebig strapaziert werden** you can be as hard as you like on this leather ❷ (*jds Nerven belasten*) ■**jdn** [**mit etw**] ~ to get on sb's nerves [*or* to put a strain on sb's nerves] [with sth] ❸ (*überbeanspruchen*) ■**etw** ~ to wear out sth *sep;* **jds Geduld** ~ to tax sb's patience; **jds Nerven** ~ to get on sb's nerves; **jds Nerven über Gebühr** ~ to wear sb's nerves to a shred BRIT ❹ (*fam: zu häufig verwenden*) ■**etw** ~ to flog [*or* do] sth to death *fam* **II.** *vr* ■**sich** [**bei etw**] ~ to overdo it/things [when doing sth], to wear oneself out [doing sth]; **ich habe mich beim Umzug zu sehr strapaziert** I overdid it/things when we were moving

stra·pa·zier·fä·hig *adj* hard-wearing, durable

stra·pa·zi·ös [ʃtrapa'tsi̯ø:s] *adj* (*geh*) strenuous, exhausting

Straps <-es, -e> [ʃtraps] *m meist pl* suspender[s *pl*] BRIT, garter AM, suspender [*or* AM garter] belt

Straß·burg <-s> ['ʃtra:sbʊrk] *nt* Strasbourg

Stra·ße <-, -n> ['ʃtra:sə] *f* ❶ (*Verkehrsweg*) road; (*bewohnte ~*) street; (*enge ~ auf dem Land*) lane; **schicken Sie bitte einen Abschleppwagen, ich liege auf der ~ fest** please send a breakdown lorry, I've broken down; **auf die ~ gehen** to demonstrate; **auf der ~ sitzen** [*o* **stehen**] (*fam*) to be [out] on the streets; **die ~ von Dover/Gibraltar/Messina** the Straits of Dover/Gibraltar/Messina ❷ (*das Volk*) ■**die** ~ the mob + *sing/pl vb pej* ►WENDUNGEN: **auf offener** ~ (*vor aller Augen*) in broad daylight; **auf der ~ liegen** (*arbeitslos sein*) to be on the dole BRIT [*or* AM unemployment [insurance]] *fam;* **jdn auf die ~ setzen** (*fam: jdn fristlos kündigen*) to throw sb out *sep*

Stra·ßen·ar·bei·ten *pl* roadworks *pl* BRIT, roadwork *no art, no pl* AM **Stra·ßen·ar·bei·ter(in)** *m(f)* [road] construction worker

Stra·ßen·bahn *f* ❶ *kein pl* (*Verkehrsmittel*) ■**die** ~ the tram BRIT [*or* AM streetcar]; **mit der ~ fahren** to go by tram ❷ (*~wagen*) tram[car] BRIT, streetcar AM, AM *a.* trolley

Stra·ßen·bahn·fah·rer(in) *m(f)* ❶ (*Führer einer Straßenbahn*) tram BRIT [*or* AM streetcar] driver ❷ (*Fahrgast*) tram BRIT [*or* AM *usu* streetcar] passenger; ~ **sein** (*regelmäßig mit der Straßenbahn fahren*) to travel regularly by tram, to be a regular user of the tram **Stra·ßen·bahn·hal·te·stel·le** *f* tram stop **Stra·ßen·bahn·li·nie** *f* tram route BRIT, streetcar line AM **Stra·ßen·bahn·netz** *nt* tram network **Stra·ßen·bahn·schie·ne** *f* tram[line] BRIT, streetcar rail AM

Stra·ßen·bau *m kein pl* road building [*or* construction] *no art;* **drei Firmen des ~s** three road-building firms [*or* road-construction companies] **Stra·ßen·bau·amt** *nt* highways [*or* roads] department, road commission AM **Stra·ßen·be·lag** *m* road surface [*or* surfacing] **Stra·ßen·be·leuch·tung** *f* street lighting **Stra·ßen·be·nut·zungs·ge·bühr** *f* [road] toll **Stra·ßen·bild** *nt* street scene **Stra·ßen·de·cke** *f s.* **Straßenbelag Stra·ßen·ecke** *f* street corner **Stra·ßen·fe·ger(in)** <-s, -> *m(f)* road sweeper, street cleaner AM **Stra·ßen·füh·rung** *f* route **Stra·ßen·glät·te** *f* slippery road surface **Stra·ßen·gra·ben** *m* [roadside] ditch **Stra·ßen·händ·ler(in)** *m(f)* street trader [*or* vendor] **Stra·ßen·kampf** *m meist pl* street fight[ing]; **ihr Sohn wurde bei Straßenkämpfen tödlich verletzt** her son was fatally injured in a street fight [*or* during street fighting] **Stra·ßen·kar·te** *f* road map [*or* atlas] **Stra·ßen·keh·rer(in)** <-s, -> *m(f)* DIAL (*Straßenfeger*) road sweeper **Stra·ßen·kreu·zer** <-s, -> *m* (*fam*) limousine, limo *fam* **Stra·ßen·kreu·zung** *f* crossroads + *sing vb,* intersection AM **Stra·ßen·kri·mi·na·li·tät** *f kein pl* street crime *no pl* **Stra·ßen·la·ge** *f* road-holding *no indef art;* **das Cabrio hat eine gute ~** the convertible holds the road well **Stra·ßen·lärm** *m* street [*or* road] noise **Stra·ßen·la·ter·ne** *f* street lamp, street light **Stra·ßen·mäd·chen** *nt* streetwalker, prostitute **Stra·ßen·mar·kie·rung** *f* road markings *pl* **Stra·ßen·mu·si·kant(in)** *m(f)* street musician, busker BRIT **Stra·ßen·na·me** *m* street name, name of the/a street **Stra·ßen·netz** *nt* road network **Stra·ßen·pla·ner(in)** *m(f)* traffic planner **Stra·ßen·rand** *m* roadside, side of the road **Stra·ßen·rei·ni·gung** *f* street [*or* road] cleaning **Stra·ßen·samm·lung** *f* street collection **Stra·ßen·sän·ger(in)** *m(f)* street singer **Stra·ßen·schild** *nt* street sign **Stra·ßen·schlacht** *f* SOZIOL, MIL street riot **Stra·ßen·schlucht** *f* (*fam*) street (*between high-rise buildings*) **Stra·ßen·sper·re** *f* roadblock **Stra·ßen·sper·rung** *f* closing [off] of a/the street [*or* road]; **wegen eines Unfalls war eine vorübergehende ~ erforderlich geworden** the street had had to be temporarily closed off because of an accident **Stra·ßen·strich** *m* (*fam*) red-light district, prostitutes' [*or* streetwalkers'] patch BRIT; **er/sie arbeitet auf dem ~** he/she works on the street [as a prostitute]; **auf den ~ gehen** to go on the game BRIT *fam,* to become a streetwalker AM **Stra·ßen·ver·hält·nis·se** *pl* road conditions *pl* **Stra·ßen·ver·kehr** *m* [road] traffic; **Gefährdung des ~s** JUR endangering road traffic **Stra·ßen·ver·kehrs·ord·nung** *f* road traffic act **Stra·ßen·ver·zeich·nis** *nt* street index

Stra·te·ge, Stra·te·gin <-n, -n> [ʃtra'te:gə, st-, 'ʃtra'te:gɪn] *m, f* strategist

Stra·te·gie <-, -en> [ʃtrate'gi:, st-, -'gi:ən] *f* strategy

Stra·te·gie·pa·pier *nt* strategy document

Stra·te·gin <-, -nen> *f fem form von* **Stratege**

stra·te·gisch [ʃtra'te:gɪʃ, st-] *adj* strategic

Stra·to·sphä·re [ʃtrato'sfɛ:rə, st-] *f kein pl* stratosphere

sträu·ben ['ʃtrɔybn̩] **I.** *vr* ❶ (*sich widersetzen*) ■**sich** [**gegen etw**] ~ to resist [sth]; **sich gegen einen Plan** ~ to fight against a plan ❷ (*sich aufrichten*) ■**sich** ~ to stand on end; **dem Hund sträubte sich das Fell** the dog raised its hackles; *s. a.* **Haar II.** *vt* ■**etw** ~ to raise [*or* ruffle] sth [up]; **die Katze sträubte das Fell** the cat raised its hackles

Strauch <-[e]s, Sträucher> [ʃtraux, *pl* 'ʃtrɔyçɐ] *m* shrub, bush

Strauch·boh·ne *f,* **Strauch·erb·se** *f* pigeon pea

strau·cheln ['ʃtrauxl̩n] *vi sein* (*geh*) ❶ (*stolpern*) ■[**über etw** *akk*] ~ to stumble [*or* trip] [over sth] ❷ (*straffällig werden*) to go astray; **gestrauchelte Jugendliche** young people who

S

have gone astray

Strauß[1] <-es, Sträuße> [ʃtraus, *pl* 'ʃtrɔysə] *m* bunch [of flowers]

Strauß[2] <-es, -e> [ʃtraus] *m* ostrich

Strau·ßen·fe·der *f* ostrich feather

Strau·ßen·wirt·schaft *f*, **Strauß·wirt·schaft** *f* SÜDD *temporary bar selling new home-grown wine, often signalled by a bunch of twigs hanging above the door*

Stre·be <-, -n> ['ʃtreːbə] *f* brace, strut

stre·ben ['ʃtreːbn̩] *vi* ❶ *haben* (*sich bemühen*) ■**nach etw** ~ to strive [*or* try hard] for sth; ■**danach ~, etw zu tun** to strive [*or* try hard] to do sth ❷ *sein* (*geh: sich hinbewegen*) to make one's way purposefully; **zum Ausgang/zur Tür/an den Strand** ~ to make [*or* head] for the exit/door/beach

Stre·ben <-s> ['ʃtreːbn̩] *nt kein pl* (*geh*) striving; ■~ **nach etw** striving for sth; ~ **nach Geld und Ruhm** aspirations to fame and fortune

Stre·be·pfei·ler *m* ARCHIT buttress

Stre·ber(in) <-s, -> ['ʃtreːbɐ] *m(f)* (*pej fam*) swot BRIT *pej fam*, grind AM *fam*

stre·ber·haft <-er, -este> *adj* (*pej*) ❶ (*ehrgeizig*) pushy *pej* ❷ SCH swotty BRIT *fam or pej*

Stre·ber·tum <-[e]s> *nt kein pl* (*pej*) ❶ (*Ehrgeizigkeit*) pushiness *pej* ❷ SCH swotting BRIT *fam or pej*

streb·sam ['ʃtreːpzaːm] *adj* assiduous, industrious

Streb·sam·keit <-> *f kein pl* assiduousness, assiduity, industriousness

Stre·cke <-, -n> ['ʃtrɛkə] *f* ❶ (*Weg~*) distance; **eine ~ von zehn Kilometern zurücklegen** to cover [*or* do] a distance of ten kilometres; **bis zur Berghütte ist es noch eine ziemliche ~ zu gehen** it's still quite a [long] way to the mountain hut; **die ~ bis zur Hütte führt von jetzt an ziemlich steil bergan** the next stretch up to the hut is rather steep; **ich kann doch nicht die ganze ~ zwei schwere Koffer mitschleppen** I can't carry two heavy suitcases all that way; **ich habe auf der ganzen ~ geschlafen** I slept the whole way; **auf halber ~** halfway; **über weite ~n** *akk* [**hin**] for long stretches; **in nur 20 Jahren wird das Gebiet über weite ~n zur Steppe geworden sein** large parts of the region will have turned to steppe in just 20 years ❷ BAHN (*Abschnitt*) [section of] line; **auf freier** [*o* **offener**] ~ between stations, on the open line ❸ SPORT (*zurückzulegende Entfernung*) distance ▶ WENDUNGEN: **auf der ~ bleiben** *dat* (*fam*) to fall by the wayside, to drop out of the running; **jdn zur ~ bringen** to hunt sb down, to apprehend sb

stre·cken ['ʃtrɛkn̩] **I.** *vt* ❶ (*recken*) to stretch; **den Arm/die Beine** ~ to stretch one's arm/legs; **den Kopf** ~ to crane one's neck; **den Finger** ~ to raise [*or* stick up] one's finger; *s. a.* **Boden** ❷ (*fam: ergiebiger machen*) ■**etw** ~ to stretch sth, to make sth go further; *Drogen etc.* to thin down [*or* dilute] ❸ (*fam: länger ausreichen lassen*) ■**etw** [**um etw**] ~ to eke sth out [for a certain time] **II.** *vr* ■**sich** ~ to [have a] stretch

Stre·cken·ab·schnitt *m* BAHN section of the line **Stre·cken·netz** *nt* BAHN rail network **Stre·cken·still·le·gung**[RR] *f*, **Stre·cken·stille·gung**[ALT] *f* BAHN line closure **Stre·cken·wär·ter(in)** *m(f)* BAHN line[s]man *masc*, track walker AM

stre·cken·wei·se *adv* in parts [*or* places]

Streck·mus·kel *m* ANAT extensor [muscle]

Stre·ckungs·wachs·tum *nt* BOT (*zweite Phase des Wachstums einer Zelle*) enlargement

Street·wor·ker(in) <-s, -> ['striːtvøːɐ̯kɐ] *m(f)* street [*or* community] worker

Streich <-[e]s, -e> [ʃtraiç] *m* ❶ (*Schabernack*) prank; **ein böser** [*o* **bösartiger**] ~ a nasty trick; **jdm einen ~ spielen** to play a trick on sb; **dein Gedächtnis spielt dir einen** ~ your memory is playing tricks on you ❷ (*geh: Schlag*) blow; **jdm einen ~ versetzen** (*geh*) to strike sb, to deal [*or* fetch] sb a blow

Strei·chel·ein·hei·ten *pl* (*Zärtlichkeit*) tender loving care, TLC *fam*; **ein paar** ~ a bit of tender loving care; (*Lob*) praise and appreciation; **ein paar** ~ a little [*or* a few words of] praise and appreciation

strei·cheln ['ʃtraiçl̩n] *vt* ■**jdn/etw** ~ to stroke [*or* caress] sb/sth; ■**jdm etw** ~ to stroke [*or* caress] sb's sth

strei·chen <strich, gestrichen> ['ʃtraiçn̩] **I.** *vt haben* ❶ (*mit Farbe bestreichen*) ■**etw** [**mit etw**] ~ to paint sth [with sth] ❷ (*schmieren*) ■**etw** [**auf etw** *akk*] ~ to spread sth [on sth]; [**sich**] **die Butter aufs Brot** ~ to put butter on one's bread, to butter one's bread ❸ (*ausstreichen*) ■**etw** ~ to delete sth ❹ (*zurückziehen*) ■[**jdm**] **etw** ~ to cancel sth, to withdraw sth [from sb] **II.** *vi* ❶ *haben* (*darüberfahren*) ■**über etw** *akk* ~ to stroke sth; **jdm über die Haare** ~ to stroke sb's hair ❷ *sein* (*streifen*) to prowl

Strei·cher(in) <-s, -> ['ʃtraiçɐ] *m(f)* MUS string player; **die** ~ the strings, the string section

Streich·holz *nt* match **Streich·holz·schach·tel** *f* matchbox **Streich·in·stru·ment** *nt* string[ed] instrument **Streich·kä·se** *m* cheese spread **Streich·mu·sik** *f* music for strings, string music **Streich·or·ches·ter** *nt* string orchestra **Streich·quar·tett** *nt* string quartet **Streich·quin·tett** *nt* string quintet **Streich·trio** *nt* string trio

Strei·chung <-, -en> *f* ❶ (*das Streichen*) deletion ❷ (*das Zurückziehen*) *Auftrag, Projekt* cancellation; *Unterstützung, Zuschüsse* withdrawal ❸ (*gestrichene Textstelle*) deletion

Streich·wurst *f* sausage for spreading

Strei·fe <-, -n> ['ʃtraifə] *f* patrol; **auf ~ sein** [*o* **gehen**] to be [*or* go] on patrol

strei·fen ['ʃtraifn̩] **I.** *vt haben* ❶ (*flüchtig berühren*) ■**jdn** ~ to touch [*or* brush against] sb; **der Schuss streifte ihn nur** the shot just grazed him ❷ (*flüchtig erwähnen*) ■**etw** [**nur**] ~ to [just] touch [up]on sth ❸ (*überziehen*) ■**etw auf etw** *akk/* **über etw** *akk* ~ to slip sth on/over sth; **der Bräutigam streifte der Braut den Ring auf den Finger** the groom slipped the ring onto the bride's finger; **streife dir den Pullover über den Kopf** slip the pullover over your head; **er streifte sich die Mütze über die Ohren** he pulled his cap down over his ears; **sich die Handschuhe über die Hände** ~ to pull on one's gloves ❹ (*abstreifen*) ■**etw von etw** ~ to slip sth off sth; **sich** *dat* **den Schmutz von den Schuhen** ~ to wipe the dirt off one's shoes **II.** *vi sein* (*geh*) to roam [*or* wander]

Strei·fen <-s, -> ['ʃtraifn̩] *m* ❶ (*schmaler Abschnitt*) stripe ❷ (*schmales Stück*) strip ❸ FILM (*fam*) film, flick *fam*

Strei·fen·bar·be *f* black sea bream **Strei·fen·hörn·chen** <-s, -e> *nt* ZOOL chipmunk **Strei·fen·mus·ter** *nt* striped [*or* stripy] pattern; **Krawatten mit ~** striped [*or* stripy] ties

Strei·fen·po·li·zist(in) *m(f)* policeman/policewoman on patrol

Strei·fen·wa·gen *m* patrol car

strei·fig ['ʃtraifɪç] *adj* stripy, streaky; **ein ~es Muster** a stripy pattern; **ein ~er Spiegel/~es Fenster** a streaky mirror/window; ■**~ sein** to be stripy/streaky; **die Fenster sind ja ganz ~** the windows are all streaky

Streif·licht *nt* highlight

Streif·schuss[RR] *m* graze

Streif·zug *m* ❶ (*Bummel*) expedition; **ein ~ durch die Antiquitätengeschäfte/über die Flohmärkte** a trip [*or* tour] round [*or* AM to] the antique shops/flea markets; **einen ~ durch etw machen** to take a wander through sth; **einen ~ durch die Kneipen machen** to go on a pub crawl BRIT, to go bar hopping AM ❷ HIST (*Raubzug*) raid ❸ (*Exkurs*) digression; **ein musikalischer ~ durch die Barockzeit** a brief musical survey of the baroque period

Streik <-[e]s, -s *o selten* -e> [ʃtraik] *m* strike; **mit ~ drohen** to threaten strike action [*or* to [go on] strike]; **in den ~ treten** to come out [*or* go] on strike

Streik·ab·stim·mung *f* POL, ÖKON strike ballot **Streik·auf·ruf** *m* strike call, call for strike action **Streik·bre·cher(in)** *m(f)* strike-breaker, blackleg BRIT *pej*, scab *pej fam*

strei·ken ['ʃtraikn̩] *vi* ① (*die Arbeit niederlegen*) to come out [*or* go] on strike ② (*nicht arbeiten*) to be on strike, to strike; ■**für etw** ~ to strike for sth ③ (*hum fam: nicht funktionieren*) to pack up *fam* ④ (*fam: sich weigern*) to go on strike

Strei·ken·de(r) *f(m) dekl wie adj* striker

Streik·geld *nt* strike pay **Streik·pos·ten** *m* picket; ~ **stehen** to picket, to be [*or* stand] on the picket line; ~ **aufstellen** to mount a picket [*or* set up a picket line] **Streik·recht** *nt kein pl* right to strike **Streik·wel·le** *f* wave [*or* series] of strikes

Streit <-[e]s, -e> [ʃtrait] *m* ① (*Auseinandersetzung*) argument, dispute, quarrel, row BRIT; **[mit jdm] ~ [wegen etw] bekommen** to get into an argument [with sb] [about sth]; **[mit jdm] ~ [wegen etw] haben** to argue [*or* quarrel] [*or* row] [with sb] [about sth], to have an argument [*or* a quarrel] [*or* row]; ~ **suchen** to be looking for an argument [*or* a quarrel]; **keinen ~ [mit jdm] wollen** not to want an argument [*or* a row] [with sb]; **ich will wirklich keinen ~ mit dir** I really don't want to argue [*or* quarrel] with you; **im ~** during an argument [*or* a quarrel] ② (*Kontroverse*) argument, dispute

Streit·axt *f* battleaxe ►WENDUNGEN: **die ~ begraben** to bury the hatchet

streit·bar *adj* ① (*streitlustig*) pugnacious ② (*veraltend: kampfbereit*) combative, valiant

strei·ten <stritt, gestritten> ['ʃtraitn̩] **I.** *vi* ① (*einen Streit haben*) ■**[mit jdm] ~** to argue [*or* quarrel] [with sb] ② (*diskutieren*) ■**mit jdm über etw ~** *akk* to argue with sb about sth; **darüber lässt sich ~** that's open to argument [*or* debatable] **II.** *vr* ① (*einen Streit haben*) ■**sich [miteinander] ~** to quarrel [*or* argue] [with each other]; **habt ihr euch wieder gestritten?** have you quarrelled [*or* been fighting] again?; **wegen jeder Kleinigkeit ~ sie sich** they argue [*or* quarrel] about every little thing [*or* the slightest thing]; **streitet euch nicht mehr [miteinander]!** stop quarrelling [*or* squabbling] [with each other]!; ■**sich um etw ~** to argue [*or* fight] over sth; **die Kinder ~ sich um das neue Spielzeug** the children are squabbling over the new toy; ■**sich mit jdm [wegen etw] ~** to argue with sb [about sth] ② (*diskutieren*) ■**sich [darüber] ~, ob/wer/wie ...** to argue [over] whether/who/how ...

Strei·ter(in) <-s, -> ['ʃtraitɐ] *m(f)* (*geh*) fighter; ~ **für eine gerechte Sache** champion of a just cause

Strei·te·rei <-, -en> [ʃtraitə'rai] *f* (*fam*) arguing [*or* quarrelling] [*or* AM quarreling] [*or* rowing] *no indef art, no pl*

Strei·te·rin <-, -nen> *f fem form von* **Streiter**

Streit·fall *m* dispute, conflict; **das ist ein ~** that is a point of dispute; **im ~** in case of dispute [*or* conflict] **Streit·fra·ge** *f* [disputed] issue **Streit·ge·spräch** *nt* debate, disputation *form* **Streit·ham·mel** *m* (*fam*) quarrelsome so-and-so *fam*

strei·tig ['ʃtraitɪç] *adj* disputed, contentious; JUR contentious; **jdm etw ~ machen** to challenge sb's sth; **jdm eine Stellung ~ machen** to challenge sb's position; **einem Land das Anrecht auf ein Gebiet ~ machen** to contest [*or* dispute] a country's right to a territory

Strei·tig·keit *f meist pl* dispute, quarrel

Streit·kräf·te *pl* [armed] forces *pl* **streit·lus·tig** *adj s.* **streitbar** **Streit·macht** *f* (*veraltend*) troops *pl* **streit·süch·tig** *adj* quarrelsome, argumentative **Streit·wa·gen** *m* chariot **Streit·wert** *m* JUR amount in dispute

streng [ʃtrɛŋ] **I.** *adj* ① (*auf Disziplin achtend*) strict; ■~ **[zu jdm] sein** to be strict [towards [*or* with] sb]; **eine ~e Erziehung** a strict education ② (*unnachsichtig*) severe; **ein ~er Verweis** a severe reprimand; **~e Disziplin** strict [*or* stern] discipline; **~e Kontrolle** strict [*or* stringent] control ③ (*strikt*) strict; **~e Einhaltung der Vorschriften** strict observance of the rules; **~e Anweisung** strict instructions; **eine ~e Diät/Überprüfung** a strict diet/rigorous examination; **~e Bettruhe** complete [*or* absolute] [bed] rest ④ (*durchdringend*) pungent ⑤ (*extrem kalt*) severe; **~er Frost/Winter** sharp [*or* severe] frost/severe winter; **~e Kälte** intense cold ⑥ (*konsequent*) strict; **ich bin ~er Antialkoholiker/Vegetarier/Katholik/Moslem** I am a strict teetotaller/vegetarian/Catholic/Muslim ⑦ SCHWEIZ (*anstrengend*) strenuous, demanding **II.** *adv* ① (*unnachsichtig*) strictly; **wir wurden sehr ~ erzogen** we were brought up very strictly; ~ **durchgreifen** to take rigorous action; **kontrollieren Sie nächstens ~er** make a more rigorous check next time ② (*strikt*) strictly; **ich verbiete Ihnen ~stens, so etwas noch einmal zu machen!** I strictly forbid you to do anything like that again!; ~ **genommen** strictly speaking; **es mit etw ~ nehmen** to be strict on [*or* about] sth; **du solltest es mit seiner Erziehung ~er nehmen** you should take his education more seriously ③ (*durchdringend*) pungently; **was riecht hier so ~?** what's that strong [*or* pungent] smell?; **der Käse schmeckt mir doch etwas zu ~** the cheese is rather too strong [*or* sharp] for me

Stren·ge <-> ['ʃtrɛŋə] *f kein pl* ① (*Unnachsichtigkeit*) strictness *no pl;* **mit unnachsichtiger ~** with unrelenting severity; **mit besonderer ~ darauf achten, dass ...** to take especially strict care that ... ② (*Härte*) severity; **die Kontrollen waren von äußerster ~** the checks were extremely rigorous ③ (*Ernsthaftigkeit*) *Gesichtszüge, Stil* severity ④ (*extreme Kälte*) *Winter, Frost* severity ⑤ (*Intensität*) *Geschmack* sharpness, intensity; *Geruch* pungency **streng·gläu·big** *adj* strict; ■~ **sein** to be strictly [*or* deeply] religious [*or* a strict believer]

Strep·to·kok·kus <-, -ken> [ʃtrɛpto'kɔkʊs, st-] *meist pl m* streptococcus

Stress[RR] <-es, -e> [ʃtrɛs, st-] *m*, **Streß**[ALT] <-sses, -sse> *m* stress; ~ **haben** to experience stress; **im ~ sein/unter ~ stehen** to be under stress; **ich bin voll im ~** I am completely stressed out *fam*

stres·sen ['ʃtrɛsn̩] *vt* ■**jdn ~** to put sb under stress; ■**sich gestresst fühlen** to feel under stress; ■**[durch etw] gestresst sein** to be under stress [because of sth]; **bist du durch deine Arbeit gestresst?** is your work putting you under stress?

stress·frei[RR] *adj* stress-free **stress·ge·plagt**[RR] *adj* highly stressed, stressed-out *fam;* ■~ **sein** to be suffering from stress

stres·sig ['ʃtrɛsɪç] *adj* stressful

Stres·sor <-s, -en> ['ʃtrɛsoːɐ̯] *m* PSYCH (*fachspr*) stressor *spec*

Stress·si·tu·a·ti·on[RR] *f* stress situation

Stret·ching <-, -> ['strɛtʃɪŋ] *nt* SPORT, MED stretching

Streu <-> [ʃtrɔy] *f kein pl* litter

streu·en ['ʃtrɔyən] **I.** *vt* ① (*hinstreuen*) ■**etw auf etw ~** *akk* to scatter [*or* spread] [*or* sprinkle] sth on sth; **Futter/Samen ~** to scatter food/seed; **Dünger ~** to spread fertilizer; **etw auf einen Kuchen/ein Gericht ~** to sprinkle sth on a cake/a dish ② (*gegen Glätte*) ■**etw ~** to grit/salt sth ③ (*verbreiten*) ■**etw ~** to spread sth; **Gerüchte ~** to spread rumours [*or* AM -ors]; **die Opposition ließ ~, [dass] ...** the opposition put it about that ... **II.** *vi* ① (*Streumittel anwenden*) to grit BRIT, to put down salt ② (*Geschosse verteilen*) to scatter ③ PHYS to scatter

Streu·er <-s, -> *m* shaker; **der ~ mit dem Salz/Pfeffer** the salt cellar [*or* AM shaker]/pepper pot [*or* AM shaker]; *Mehl* dredger; *Zucker* dredger, caster [*or* castor]

Streu·fahr·zeug *nt* gritter BRIT, gritting lorry BRIT **Streu·gut** *nt* TRANSP (*geh*) grit BRIT, salt

streu·nen *vi* ① *haben o sein* (*umherstreifen*) to roam about [*or* around]; **durch die Stadt ~** to roam about the town; **~de Hunde/Katzen** stray dogs/cats ② *sein* (*ziellos umherziehen*) to wander around; **durch die Straßen ~** to roam [*or* wander] the streets

Streu·salz *nt* road salt

Streu·sel <-s, -> ['ʃtrɔyzl̩] *nt* streusel *esp* AM, crumble [topping]

Streu·sel·ku·chen *m* streusel [cake] *esp* AM, crumble

Streu·ung <-, -en> *f* ① MIL (*Abweichung*) dispersion ② MEDIA (*Verbreitung*) distribution ③ (*Verteilung*) spread[ing]; **bei einer ~ seiner Anlagen/des Risikos** by spreading one's investments/the risk ④ MED metastasis

S

strich [ʃtrɪç] *imp von* **streichen**
Strich <-[e]s, -e> [ʃtrɪç] *m* ❶ (*gezogene Linie*) line; **einen ~ [unter etw** *akk*] **ziehen** to draw a line [under sth] ❷ (*Skaleneinteilung*) line ❸ (*fam: Gegend mit Prostitution*) red-light district; **auf den ~ gehen** to go on the game BRIT *fam,* to become a streetwalker AM; **auf dem ~** on the game *fam* ▸ WENDUNGEN: **nach ~ und Faden** (*fam*) good and proper *fam,* well and truly; **ein ~ in der Landschaft sein** (*hum fam*) to be as thin as a rake; **jd/etw macht jdm einen ~ durch die Rechnung** sb/sth messes up [*or* wrecks] sb's plans, sb/sth throws a spanner [*or* AM wrench] in the works, sb puts a spoke in sb's wheel; **jdm gegen den ~ gehen** (*fam*) to go against the grain, to rub sb up the wrong way; **einen ~ unter etw machen** [*o* **ziehen**] *akk* to put sth behind one, to put an end to sth; **jdm einen ~ durch etw machen** (*fam*) to mess up [*or* wreck] sb's plans for sth; **der Regen machte uns einen ~ durch alles** the rain wrecked all our plans; **ich werde einen ~ durch ihren sauberen Plan machen** I will foil [*or* thwart] her nice little plan; **unterm ~** (*fam*) at the end of the day, all things considered
Strich·code [-ko:t] *m* bar code
stri·cheln ['ʃtrɪçl̩n] *vt* ■**etw ~** to sketch sth in; ■**gestrichelte Linie** dotted line; *Straße* broken line
Stri·cher <-s, -> *m* (*sl*) rent boy BRIT *fam,* young male prostitute AM
Strich·jun·ge *m* (*fam*) rent boy *fam* **Strich·kode** [-ko:t] *f s.* **Strichcode**
strich·lie·ren* [ʃtrɪç'li:rən] *vt* ÖSTERR (*stricheln*) ■**etw ~** to hatch [*or sep* sketch in] sth
Strich·lis·te *f* list **Strich·mäd·chen** *nt* (*fam*) streetwalker *fam,* hooker AM *sl* **Strich·punkt** *m s.* **Semikolon**
strich·wei·se *adv* METEO here and there, in places
Strich·zeich·nung *f* line drawing
Strick <-[e]s, -e> [ʃtrɪk] *m* rope ▸ WENDUNGEN: **jdm aus etw einen ~ drehen** (*fam*) to use sth against sb; **da kann ich mir gleich einen ~ nehmen** [*o* **kaufen**] (*fam*) I may as well end it all now; **wenn alle ~e reißen** (*fam*) if all else fails
stri·cken ['ʃtrɪkn̩] **I.** *vi* to knit **II.** *vt* ■**etw ~** to knit sth
Strick·garn *nt* knitting wool [*or* yarn] **Strick·ja·cke** *f* cardigan
Strick·lei·ter *f* rope ladder
Strick·ma·schi·ne *f* knitting machine **Strick·mus·ter** *nt* ❶ (*gestricktes Muster*) knitting pattern; **nach ~** from a pattern ❷ (*hum: Machart*) formula **Strick·na·del** *f* knitting needle
Strick·zeug *nt* knitting
Strie·gel <-s, -> ['ʃtri:gl̩] *m* curry-comb
strie·geln ['ʃtri:gl̩n] *vt* (*fam*) ■**etw ~** to groom [*or spec* curry] sth
Strie·men <-s, -> ['ʃtri:mən] *m,* **Strie·me** <-, -n> ['ʃtri:mə] *f* (*selten*) weal
strikt [ʃtrɪkt, st-] **I.** *adj* strict; **eine ~e Ablehnung/Weigerung** a point-blank rejection **II.** *adv* strictly; **~ gegen etw sein** to be totally against sth; **auf das S~este befolgt werden** to be followed to the letter; **sich ~ gegen etw aussprechen** to reject sth point-blank
Strip <-s, -s> [ʃtrɪp, st-] *m* (*sl*) strip[tease]
Strip·pe <-, -n> ['ʃtrɪpə] *f* (*fam*) ❶ (*Schnur*) string ❷ (*Leitung*) cable ▸ WENDUNGEN: **jdn an die ~ bekommen** to get [*or* reach] sb on the phone; **jdn an der ~ haben** to have sb on the line [*or* phone] [*or* BRIT *fam* blower]
strip·pen ['ʃtrɪpn̩, 'st-] *vi* to strip, to do a strip[tease]
Strip·per(in) <-s, -> ['ʃtrɪpɐ, 'st-] *m(f)* (*fam*) stripper
Strip·tease <-> ['ʃtrɪpti:s, 'st-] *m o nt kein pl* striptease
Strip·tease·tän·zer(in) ['ʃtrɪpti:s-, 'strɪp-] *m(f)* striptease artist
stritt [ʃtrɪt] *imp von* **streiten**
strit·tig ['ʃtrɪtɪç] *adj* contentious; **ein ~er Fall** a controversial case; **eine ~e Grenze** a disputed border; **der ~e Punkt** the point at issue; ■**~ sein** to be in dispute [*or* at issue]
Stroh <-[e]s> [ʃtro:] *nt kein pl* straw ▸ WENDUNGEN: [**nur**] **~ im Kopf haben** (*fam*) to be dead from the neck up [*or* BRIT have sawdust between one's ears] *fam;* **~ dreschen** (*fam*) to waffle [*or* AM ramble] [on] *fam;* **wie ~ brennen** to go up like dry tinder
Stroh·bal·len *m* bale of straw, straw bale **stroh·blond** *adj Mensch* flaxen-haired; *Haare* straw-coloured [*or* AM -ored], flaxen **Stroh·blu·me** *f* strawflower **Stroh·dach** *nt* thatched roof, roof thatched with straw **stroh·dumm** *adj* (*fam*) brainless, thick *fam;* ■**~ sein** to have nothing between the ears **Stroh·feu·er** *nt* ▸ WENDUNGEN: **nur ein ~ sein** to be a flash in the pan, to be just a passing fancy **Stroh·frau** *f fem form von* **Strohmann Stroh·halm** *m* straw ▸ WENDUNGEN: **nach jedem ~ greifen, sich an jeden ~ klammern** to clutch at any straw **Stroh·hut** *m* straw hat **Stroh·la·ger** *nt* bed of straw **Stroh·mann, -frau** *m, f* front man *masc,* front woman *fem* **Stroh·mat·te** *f* straw mat **Stroh·pup·pe** *f* straw doll **Stroh·sack** *m* palliasse ▸ WENDUNGEN: **heiliger ~!** (*veraltend fam*) Great Scott! *dated fam,* holy mackerel [*or* AM *esp* cow]! *fam* **Stroh·wit·wer, -wit·we** *m, f* (*hum fam*) grass widower *masc,* grass widow *fem*
Strolch <-[e]s, -e> [ʃtrɔlç] *m* ❶ (*fam: Schlingel*) rascal ❷ (*veraltend: übler Bursche*) ruffian *dated*
Strom¹ <-[e]s, Ströme> [ʃtro:m, *pl* 'ʃtrø:mə] *m* ELEK electricity *no indef art, no pl;* **~ führen** to be live; **elektrischer ~** electric current; **~ führend** live; **unter ~ stehen** (*elektrisch geladen sein*) to be live; (*überaus aktiv sein*) to be a live wire *fig fam*
Strom² <-[e]s, Ströme> [ʃtro:m, *pl* 'ʃtrø:mə] *m* ❶ (*großer Fluss*) [large] river ❷ (*fließende Menge*) river; **Ströme von Blut** rivers of blood; **ein ~ von Schlamm** a torrent of mud; **in Strömen fließen** to flow freely [*or* like water]; **das Blut floss in Strömen** there were rivers of blood, there was heavy bloodshed ❸ (*Schwarm*) stream; **Ströme von Fans/Besuchern/Kunden** streams of fans/visitors/customers ▸ WENDUNGEN: **in Strömen gießen** [*o* **regnen**] to pour [down] [with rain]; **mit dem/gegen den ~ schwimmen** to swim with/against the current, to swim with/against the tide [*or* go with/against the flow] *fig fam*
strom·ab·wärts [ʃtro:m'ʔapvɛrts] *adv* downstream **strom·auf·wärts** [ʃtro:m'ʔaufvɛrts] *adv* upstream
Strom·aus·fall *m* power cut [*or* failure], power outage AM
strö·men ['ʃtrø:mən] *vi sein* ❶ (*in Mengen fließen*) ■[**aus etw**] **~** to pour [out of sth]; **Gas strömte durch die Pipeline** gas flowed through the pipeline ❷ (*in Scharen eilen*) ■[**aus etw**] **~** *akk* to stream [out of sth]; **die Touristen strömten zu den Pforten des Palasts** the tourists flocked to the gates of the palace; *s. a.* **Regen**
Strom·er·zeu·gung *f* generation of electricity **Strom·ka·bel** *nt* electric[ity] [*or* power] cable **Strom·kos·ten** *pl* electricity costs *pl* **Strom·kreis** *m* [electric[al]] circuit **Strom·lei·tung** *f* electric cable [*or* cabling] [*or* wiring]
Strom·li·ni·en·form [-li:niən-] *f* streamlined shape
strom·li·ni·en·för·mig [-li:niən-] *adj* streamlined
Strom·mast *m* ELEK pylon **Strom·netz** *nt* electricity [*or* power] supply system [*or* transmission network] **Strom·rech·nung** *f* electricity [*or* AM electric] bill **Strom·schlag** *m* electric shock **Strom·schnel·le** *f meist pl* rapids *npl* **Strom·stär·ke** *f* current [strength] **Strom·stoß** *m* electric shock, jolt of electricity
Strö·mung <-, -en> *f* ❶ (*stark fließendes Wasser*) current ❷ (*Tendenz*) trend; **es gibt verschiedene ~en innerhalb der Partei** there are various tendencies within the party
Strom·ver·brauch *m* electricity [*or* power] consumption **Strom·ver·sor·gung** *f* electricity [*or* power] supply **Strom·zäh·ler** *m* electricity meter
Stron·ti·um <-s> ['ʃtrɔntsi̯ʊm, 'st-] *nt kein pl* strontium *no pl*
Stro·phe <-, -n> ['ʃtro:fə] *f* ❶ (*Lieder~*) verse ❷ (*Gedicht~*) stanza
strot·zen ['ʃtrɔtsn̩] *vi* ❶ (*überschäumen*) ■**von** [*o* **vor**] **etw ~** to

be bursting with sth ❷ (*besonders viel von etw haben*) ▪**vor etw** ~ *dat* to be covered in [*or* with] sth, to be full of sth; **vor** [*o* **von**] **Gesundheit** ~ to be bursting with health

strub·be·lig ['ʃtrʊblɪç] *adj* (*fam*) tousled; ~**es Fell** tangled fur

Strub·bel·kopf ['ʃtrʊblkɔpf] *m* (*fam*) ❶ (*Haar*) tousled hair, mop [of hair], mop-top *fam* ❷ (*Mensch*) tousle-head, mop-top *fam*

Stru·del[1] <-s, -> ['ʃtru:dl̩] *m* ❶ (*Wasserwirbel*) whirlpool; **kleiner** ~ eddy ❷ (*geh: rascher Lauf*) **der** ~ **der Ereignisse** the whirl of events

Stru·del[2] <-s, -> ['ʃtru:dl̩] *m* (*Gebäck*) strudel

stru·deln ['ʃtru:dl̩n] *vi* to swirl; (*sanfter*) to eddy

Stru·del·wurm *m* ZOOL turbellarina

Struk·tur [ʃtrʊk'tu:ɐ̯, strʊ-] *f* ❶ (*Aufbau*) structure ❷ (*von Stoff usw.*) texture

Struk·tu·ra·lis·mus <-> [ʃtrʊktura'lɪsmʊs] *m kein pl* structuralism *no pl*

struk·tu·rell [ʃtrʊktu'rɛl] *adj inv* ❶ (*geh: eine bestimmte Struktur aufweisend*) structural ❷ LING *s.* **struktural**

Struk·tur·for·mel *f* CHEM structural formula **struk·tur·ge·wan·delt** *adj inv* ÖKON, SOZIOL *Land, Gebiet* having a modernized [*or* BRIT *a.* -ised] structure **Struk·tur·hil·fe** *f* subsidy for infrastructure renewal/development

struk·tu·rie·ren* [ʃtrʊktu'ri:rən, st-] *vt* ▪**etw** ~ to structure sth [*or* put sth together]

Struk·tu·rie·rung <-, -en> *f* ❶ *kein pl* (*das Strukturieren*) structuring ❷ (*Struktur*) structure; (*von Stoff usw.*) texture

Struk·tur·kri·se *f* structural crisis **Struk·tur·po·li·tik** *f* economic development [*or* structural] policy **struk·tur·schwach** *adj* economically underdeveloped **Struk·tur·schwä·che** *f* economic underdevelopment **Struk·tur·ver·än·de·rung** *f* structural change, change in structure **Struk·tur·wan·del** *m* structural change

Strumpf <-[e]s, Strümpfe> [ʃtrʊmpf, *pl* 'ʃtrʏmpfə] *m* ❶ (*Knie*~) knee-high; (*Socke*) sock ❷ (*Damen*~) stocking

Strumpf·band <-bänder> *nt*, **Strumpf·hal·ter** <-s, -> *m* suspender, garter AM **Strumpf·hal·ter·gür·tel** *m* suspender belt, garter belt AM **Strumpf·ho·se** *f* tights *npl*, pantyhose AM; ▪**eine** ~ a pair of tights **Strumpf·mas·ke** *f* stocking mask

Strunk <-[e]s, Strünke> [ʃtrʊŋk, *pl* 'ʃtrʏŋkɛ] *m* stalk

strup·pig ['ʃtrʊpɪç] *adj Haare* tousled, tangled, windswept; *Fell* shaggy, tangled

Struw·wel·pe·ter ['ʃtrʊvlpe:tɐ] *m* ❶ LIT ▪**der** ~ Struwwelpeter, Shock-headed Peter ❷ (*fam: Kind mit Strubbelkopf*) tousle-head *fam*, mop-head *fam*

Strych·nin <-s> [ʃtrʏç'ni:n, st-] *nt kein pl* strychnine

Stu·be <-, -n> ['ʃtu:bə] *f* ❶ DIAL (*Wohnzimmer*) living room; **die gute** ~ the front room, the parlour [*or* AM parlor] *dated* ❷ MIL [barrack] room

Stu·ben·ar·rest *m* ~ **bekommen/haben** (*fam*) to be confined to one's room, to be grounded *fam* **Stu·ben·flie·ge** *f* housefly **Stu·ben·ho·cker(in)** <-s, -> *m(f)* (*pej fam*) house mouse *fam* **stu·ben·rein** *adj* ❶ (*zur Sauberkeit erzogen*) *Haustier* house-trained, housebroken AM ❷ (*hum fam: nicht verdorben*) *Witz usw.* clean

Stuck <-[e]s> [ʃtʊk] *m kein pl* stucco, cornices *pl*

Stück <-[e]s, -e *o nach Zahlenangaben* -> [ʃtʏk] *nt* ❶ (*einzelnes Teil*) piece; **ein** ~ **Kuchen** a piece [*or* slice] of cake; **ein** ~ **Papier** a piece [*or* scrap] of paper; **sechs** ~ **Käsekuchen** six pieces [*or* portions] of cheesecake; **in** ~**e gehen** [*o* **zerbrechen**] [*o* **zerspringen**] to break [*or* shatter] into pieces; **etw in** ~**e reißen** to tear sth to pieces [*or* shreds]; **aus einem** ~ from one [*or* a single] piece; ~ **für** ~ piece by piece, bit by bit; **im** [*o* **am**] ~ in one piece; **geschnitten oder am** ~**?** sliced or unsliced?; **das** [*o* **pro**] ~ each; **vier Euro das** [*o* **pro**] ~ four euros each ❷ (*besonderer Gegenstand*) piece, item; **ein wertvolles** ~ a valuable item ❸ (*Teil*) bit, piece; **etw in** ~**e schlagen** to smash sth to pieces; **in tausend** ~**e schlagen** to smash to smithereens ❹ (*Abschnitt*) part; **ich begleite dich noch ein** ~ [**Weges**] I'll come part of the way with you; **die Straße war auf einem** ~ **von 500 Metern Länge aufgerissen worden** a 500 metre stretch of the road had been ripped up; **mein** ~ **Garten** my bit of garden; **ein** ~ **Acker/Land** part of a field/a plot of land ❺ THEAT play ❻ MUS piece ❼ (*pej fam: Subjekt*) so-and-so *pej fam;* **du mieses** ~**!** you rotten [*or* lousy] bastard!; **sie ist ein ganz niederträchtiges** ~ she's a really nasty piece of work; **ein** ~ **Dreck** [*o* **Scheiße**] (*pej sl*) a piece of shit *pej sl;* (*Mann*) a bastard *pej sl;* (*Frau*) a bitch *pej sl* ▸ WENDUNGEN: **ein** ~ **Arbeit** (*fam*) a job; **ein ziemliches/hartes** ~ **Arbeit** quite a job/a tough job; **ein schönes** ~ **Geld** (*fam*) a pretty penny; **jds bestes** ~ (*hum fam: liebste Sache*) sb's pride and joy; (*Mensch*) the apple of sb's eye; **aus freien** ~**en** of one's own free will, voluntarily; **große** ~**e auf jdn halten** (*fam*) to think highly [*or* the world] of sb; **ein gutes** [*o* **schönes**] ~ a good bit; **ein gutes** ~ **weiterkommen** to get a good bit further [*or* make considerable progress]; **ein starkes** ~ **sein** (*fam*) to be a bit much [*or* thick]; **sich für jdn in** ~**e reißen lassen** (*fam*) to do anything [*or* go through fire and water] for sb; **sich lieber in** ~**e reißen lassen, als ...** (*fam*) to rather die than ...; **kein** ~ (*sl*) not a bit, not at all

Stuck·ar·beit *f* stucco [work] *no indef art, no pl*

Stück·chen <-s, -> *nt dim von* **Stück 1, 3, 4** ❶ (*kleines Teil*) little piece [*or* bit] ❷ (*kleine Strecke*) little way

Stuck·de·cke *f* stucco[ed] ceiling

stü·ckeln ['ʃtʏkl̩n] *vt* FIN ▪**etw** ~ to split sth into denominations

Stü·cke·lung <-, -en> *f* FIN denomination; **in welcher** ~ **hätten Sie die 1.000 Euro gern?** how would you like your [*or* the] 1,000 euros?

Stück·gut *nt* single item, individually packaged goods **Stück·lohn** *m* piecework wage, piece rate **Stück·preis** *m* unit price

stück·wei·se *adv* individually, separately

Stück·werk *nt kein pl* ▸ WENDUNGEN: [**nur**] ~ **sein** [*o* **bleiben**] to be [*or* remain] incomplete

Stück·zahl *f* number of units

stud. *m Abk von* **studiosus:** ~ **med./phil.** student of medicine/philosophy

Stu·dent(in) <-en, -en> [ʃtu'dɛnt] *m(f)* student

Stu·den·ten·aus·weis *m* student card **Stu·den·ten·be·ra·tung** *f* student counselling [*or* AM counseling] [*or* advice] **Stu·den·ten·be·we·gung** *f* student movement **Stu·den·ten·bu·de** *f* student's room [*or* BRIT *fam* digs] **Stu·den·ten·fut·ter** *nt* nuts and raisins **Stu·den·ten·knei·pe** *f* student pub [*or* AM bar] **Stu·den·ten·le·ben** *nt kein pl* student life, life as a student *no pl*

Stu·den·ten·schaft <-, *selten* -en> *f* students *pl*, student body

Stu·den·ten·un·ru·hen *f* student unrest **Stu·den·ten·ver·bin·dung** *f* students' society; *für Männer* fraternity AM; *für Frauen* sorority AM **Stu·den·ten·werk** *nt* student union **Stu·den·ten·wohn·heim** *nt* hall of residence, student hostel BRIT, residence hall AM

Stu·den·tin <-, -nen> *f fem form von* **Student**

stu·den·tisch *adj attr* student *attr*

Stu·die <-, -n> ['ʃtu:di̯ə] *f* ❶ (*wissenschaftliche Abhandlung*) study; **eine** ~ **über Möglichkeiten** a feasibility study ❷ KUNST study, sketch

Stu·di·en ['ʃtu:di̯ən] *pl von* **Studium**

Stu·di·en·ab·bre·cher(in) <-s, -> *m(f)* dropout *fam* (*student who fails to complete his/her course of study*) **Stu·di·en·ab·schluss**[RR] *m* SCH degree **Stu·di·en·an·fän·ger(in)** *m(f)* first-year student, fresher BRIT, freshman AM **Stu·di·en·auf·ent·halt** *m* study visit **Stu·di·en·be·ra·tung** *f* course guidance and counselling [*or* AM counseling] service **Stu·di·en·be·wer·ber(in)** *m(f)* university applicant **Stu·di·en·be·wer·bung** *f* university application **Stu·di·en·buch** *nt* study record BRIT (*detailing courses/lectures attended*), academic transcript AM **Stu·di·en·di·rek·tor(in)** *m(f)* deputy head teacher, vice-principal AM **Stu·di·en·fach** *nt* subject **Stu·di·en·fahrt** *f* study trip **Stu·di·en·freund(in)** *m(f)* university/college friend **Stu·di·en·gang** *m* course [of study] **Stu·di·en·ge·büh·ren** *pl* tuition fees *pl* **Stu·di·en·in·halt** *m* course contents *pl* **Stu·di·en·platz** *m* university/college place; **ein ~ in Mikrobiologie** a place to study microbiology **Stu·di·en·rat, -rä·tin** *m, f* secondary-school teacher (*with the status of a civil servant*) **Stu·di·en·re·fe·ren·dar(in)** *m(f)* student teacher **Stu·di·en·re·form** *f* course reform **Stu·di·en·rei·se** *f* educational trip **Stu·di·en·zeit** *f* student days *pl,* time as a student **Stu·di·en·zweck** *m* **zu ~en** for study purposes [*or* the purposes of study]; **er hielt sich zu ~en in Edinburgh auf** he was studying in Edinburgh

stu·die·ren* [ʃtuˈdiːrən] **I.** *vi* to study; **sie studiert noch** she is still a student; **~ wollen** to want to go to [AM a] university/college; **ich studiere derzeit im fünften/sechsten Semester** I'm in my third year [at university/college]; *s. a.* **probieren** **II.** *vt* ❶ (*als Studium haben*) ■**etw ~** to study [*or* BRIT *form* read] sth ❷ (*genau betrachten*) ■**etw ~** to study sth

Stu·die·ren·de(r) *f(m) dekl wie adj* (*geh*) student

stu·diert *adj* (*fam*) educated; ■**~ sein** to have been to [AM a] university/college, to have had a university education

Stu·dier·zim·mer *nt* (*veraltend*) study

Stu·dio <-s, -s> [ˈʃtuːdi̯o] *nt* ❶ FILM, KUNST, RADIO, TV studio ❷ ARCHIT studio, studio flat [*or* AM apartment] ❸ SPORT fitness studio, gym

Stu·di·um <-, -Studien> [ˈʃtuːdi̯ʊm, *pl* ˈʃtuːdi̯ən] *nt* ❶ SCH studies *pl;* **ein ~ aufnehmen** to begin one's studies; **das ~ der Medizin/Chemie** the medicine/chemistry course ❷ (*eingehende Beschäftigung*) study; **[seine] Studien machen** [*o* **treiben**] to study ❸ *kein pl* (*genaues Durchlesen*) study; **das ~ der Akten ist noch nicht abgeschlossen** the files are still being studied

Stu·fe <-, -n> [ˈʃtuːfə] *f* ❶ (*Treppenabschnitt*) step; **~ um ~** step by step ❷ (*geh: Niveau*) level; **auf der gleichen** [*o* **auf einer**] **~ stehen** to be on the same [*or* on a] level; **sich mit jdm auf die gleiche** [*o* **auf eine**] **~ stellen** to put [*or* place] oneself on the same level [*or* on a level [*or* par]] with sb ❸ (*Abschnitt*) stage, phase ❹ ELEK position ❺ (*Raketen~*) stage

Stu·fen·bar·ren *m* SPORT asymmetric bars *pl* **Stu·fen·füh·rer·schein** *m* [graded] motorcycle licence [*or* AM -se] **Stu·fen·heck** *nt* AUTO notchback **Stu·fen·lei·ter** *f* ladder *fig;* **die ~ des Erfolgs** the ladder of success; **die gesellschaftliche** [*o* **soziale**] **~ erklimmen** to climb the social ladder

stu·fen·los **I.** *adj Regelung, Schaltung* continuously variable **II.** *adv* smoothly; **die Geschwindigkeit der Scheibenwischer kann ~ geregelt werden** the wipers can be adjusted to any speed you like

Stu·fen·plan *m* phased plan **Stu·fen·ra·ke·te** *f* multistage rocket **Stu·fen·schal·ter** *m* sequence switch **Stu·fen·schnitt** *m* (*Frisur*) layered cut

stu·fen·wei·se **I.** *adj* phased **II.** *adv* step by step

stu·fig [ˈʃtuːfɪç] **I.** *adj Haarschnitt* layered **II.** *adv* in layers; **~ schneiden** to layer

Stuhl[1] <-[e]s, Stühle> [ʃtuːl, *pl* ˈʃtyːlə] *m* chair; **elektrischer ~** electric chair; **auf dem elektrischen ~** in the electric chair; **der Heilige ~** the Holy See ▶ WENDUNGEN: **jdm den ~ vor die Tür setzen** (*fam*) to kick sb out *fam;* **jdn vom ~ hauen** (*sl*) to knock sb sideways [*or* bowl sb over] *fam;* **sich zwischen zwei Stühle setzen** to fall between two stools; **zwischen zwei Stühlen sitzen** to have fallen between two stools

Stuhl[2] <-[e]s, Stühle> [ʃtuːl, *pl* ˈʃtyːlə] *m* MED (*geh*) stool *form*

Stuhl·bein *nt* chair leg

Stuhl·gang *m kein pl* MED (*geh*) bowel movement[s]; **~ haben** to have a bowel movement; **keinen ~ haben** not to have any bowel movements

Stuhl·leh·ne *f* chair back

Stuk·ka·teur(in) <-s, -e> [ʃtʊkaˈtøːɐ̯] *m(f)* stucco plasterer

Stul·le <-, -n> [ˈʃtʊlə] *f* NORDD piece [*or* slice] of bread and butter; (*belegt*) sandwich

Stul·pe <-, -n> [ˈʃtʊlpə] *f am Ärmel* [wide] cuff; *am Handschuh* cuff, gauntlet; *am Stiefel* [boot] top

stül·pen [ˈʃtʏlpn̩] *vt* ❶ (*überziehen*) ■**etw auf etw** *akk*/**über etw** *akk* **~** to put sth on/over sth ❷ (*wenden*) ■**etw ~** to turn sth [inside] out

Stul·pen·stie·fel *m* top boot

stumm [ʃtʊm] **I.** *adj* ❶ (*nicht sprechen könnend*) dumb; *s. a.* **Diener, Kreatur** ❷ (*schweigend*) silent; ■**~ werden** to go silent ❸ LING mute, silent ❹ THEAT non-speaking ▶ WENDUNGEN: **jdn [für immer] ~ machen** (*sl*) to silence sb [for good]; **jdn ~ [vor etw** *dat*] **machen** to render sb speechless [with sth] **II.** *adv* silently

Stum·me(r) *f(m) dekl wie adj* dumb person, mute *dated*

Stum·mel <-s, -> [ˈʃtʊml̩] *m Glied* stump; *Bleistift, Kerze* stub

Stumm·film *m* silent film [*or* movie]

Stum·pen <-s, -> [ˈʃtʊmpn̩] *m* cheroot

Stüm·per(in) <-s, -> [ˈʃtʏmpɐ] *m(f)* (*pej*) bungler, incompetent

Stüm·pe·rei <-, -en> [ʃtʏmpəˈrai] *f* (*pej*) ❶ *kein pl* (*stümperhaftes Vorgehen*) bungling *no pl,* incompetence ❷ (*stümperhafte Leistung*) bungled [*or* botched] job

stüm·per·haft **I.** *adj* (*pej*) amateurish; **eine ~e Arbeit/Leistung** a botched job/botch-up; **~es Vorgehen** incompetence **II.** *adv* incompetently; **~ vorgehen** to act [*or form* proceed] amateurishly

Stüm·pe·rin <-, -nen> *f fem form von* **Stümper**

stüm·pern [ˈʃtʏmpɐn] *vi* (*pej*) ■**[bei etw] ~** to be incompetent [at sth], to bungle

stumpf [ʃtʊmpf] *adj* ❶ (*nicht scharf*) blunt; ■**~ werden** to go/become blunt; **eine ~e Nase** a snub nose; **ein Tisch mit ~en Ecken** a table with rounded corners ❷ MATH **ein ~er Winkel** an obtuse angle; **ein ~er Kegel** a truncated cone ❸ (*glanzlos*) dull ❹ (*abgestumpft*) lifeless, impassive, apathetic

Stumpf <-[e]s, Stümpfe> [ʃtʊmpf, *pl* ˈʃtʏmpfə] *m* stump ▶ WENDUNGEN: **mit ~ und Stiel** root and branch BRIT; **etw mit ~ und Stiel beseitigen/vernichten** to eliminate/eradicate sth root and branch; **etw mit ~ und Stiel aufessen** to polish off sth *sep,* to eat up every last scrap *sep*

Stumpf·heit *f kein pl* ❶ (*Nichtscharfsein*) bluntness ❷ (*Abgestumpftheit*) apathy, impassiveness

Stumpf·sinn *m kein pl* ❶ (*geistige Trägheit*) apathy ❷ (*Stupidität*) mindlessness, tedium; **eine Tätigkeit voller ~** a mindless [*or* tedious] activity ❸ (*fam: Blödsinn*) nonsense **stumpf·sin·nig** *adj* ❶ (*geistig träge*) apathetic ❷ (*stupide*) mindless, tedious **stumpf·win·ke·lig, stumpf·wink·lig** *adj* MATH obtuse

Stünd·chen <-s, -> [ˈʃtʏntçən] *nt dim von* **Stunde**: **ein ~** an hour or so

Stun·de <-, -n> [ˈʃtʊndə] *f* ❶ (*60 Minuten*) hour; **in den nächsten ~n** in the next few hours; **nur noch eine knappe ~** just under an hour to go; **in der ~ der Not** in sb's hour of need; **die ~ der Wahrheit** the moment of truth; **jds große ~** sb's big moment; **jds letzte ~ ist gekommen** [*o* **hat geschlagen**] sb's hour has come; **in einer schwachen ~** in a moment of weakness; **zu später** [*o geh* **vorgerückter**] **~** at a late hour; **in einer stillen ~** in a quiet moment; **eine Viertel~** a quarter of an hour; **eine halbe ~** half an hour; **eine Dreiviertel~** three-quarters of an hour; **anderthalb ~n** an hour and a half, one and a half hours; **volle ~** on the hour; **die Kirchturmuhr schlägt die vollen ~n** the church clock strikes on the hour; **der Zug fährt jede volle ~** the train departs every hour on the hour; **~ um ~, ~n um ~n** [for] hour after hour; **~ um ~ verging** hour after hour went by; **ich wartete ~n um ~n** I waited for hour after hour; **von ~ zu ~** from hour to hour, hourly; **es wird jetzt von ~ zu ~ klarer** it's becoming clearer by the hour; **zu dieser ~** (*geh*) at the present time; **zu jeder ~, jede ~** [at] any time; **die Nachricht kann zu jeder ~ eintreffen** the news may arrive at any time; **die Polizei kann jede ~**

hier sein! the police may be here [at] any moment!; **zu jeder ~ bereit sein** to be ready at a moment's notice; **jede** [*o* **alle**] [**halbe**] ~ every [half an] hour; **um diese Zeit verkehrt die S-Bahn nur noch alle halbe** ~ [*o* **halben ~n**] at this time of day/night there's only one [S-Bahn] train every half an hour ❷ *kein pl* (*festgesetzter Zeitpunkt*) time, hour *form;* **jds ~ ist gekommen** sb's hour [*or* time] has come; **bis zur** ~ up to the present moment, as yet ❸ (*Unterrichts~*) lesson, period; **~n geben** to teach; **~n nehmen** to have [*or* take] lessons ❹ *meist pl* (*Zeitraum von kurzer Dauer*) times *pl;* **sich nur an die angenehmen ~n erinnern** to remember only the pleasant times ► WENDUNGEN: **die ~ Null** zero hour, the new beginning; **die ~ X** the appointed hour; **der ersten ~** original, pioneering; **ein Mann/eine Frau der ersten ~** a prime mover; **jdm schlägt die ~** sb's time is up [*or* hour has come]; **wissen, was die ~ geschlagen hat** to know what's coming [*or* how things stand]

stun·den ['ʃtʊndn̩] *vt* ■**jdm etw ~** to give sb time to pay sth; **wir sind bereit, Ihnen den Betrag bis zum 1.9./noch weitere sechs Wochen zu ~** we are prepared to give you until Sept.1st/another six weeks to repay the amount

Stun·den·ge·schwin·dig·keit *f* speed per hour; **bei einer ~ von 80 km** at a speed of 80 kph **Stun·den·ho·tel** *nt* sleazy hotel (*where rooms are rented by the hour*) **Stun·den·ki·lo·me·ter** *pl* kilometres [*or* AM -ers] *pl* per hour **stun·den·lang** **I.** *adj* lasting several hours *pred;* **nach ~em Warten** after hours of waiting; **~e Telefonate** hour-long phone calls, hours on the phone **II.** *adv* for hours **Stun·den·leis·tung** *f* TECH output per hour **Stun·den·lohn** *m* hourly wage [*or* rate]; **einen ~ bekommen** [*o* **erhalten**] to be paid by the hour **Stun·den·plan** *m* SCH timetable, schedule AM **Stun·den·satz** *m* hourly rate **Stun·den·takt** *m* ■**im ~** at hourly intervals

stun·den·wei·se **I.** *adv* for an hour or two [at a time] **II.** *adj* for a few hours *pred;* **~ Beschäftigung** part-time job; **„~ Aushilfe im Büro gesucht"** "part-time temp required"

Stun·den·zei·ger *m* hour hand

Stünd·lein <-s, -> *nt dim von* **Stunde 1**: ■**ein ~** an hour or so, a [short] while; **jds letztes ~ hat geschlagen** (*hum fam*) sb's last hour has come

stünd·lich ['ʃtʏntlɪç] **I.** *adj* hourly **II.** *adv* hourly, every hour; **jdn ~ erwarten** to expect sb at any moment

Stun·dung <-, -en> *f* deferment of payment

Stunk <-s> [ʃtʊŋk] *m kein pl* (*fam*) trouble; **es wird ~ geben** there will be trouble; **~ machen** to make [*or* cause] a stink *fam*

Stunt <-s, -s> [stant] *m* stunt

Stunt·man, -wo·man <-s, -men> ['stantmɛn, -vʊmən, *pl* -vɪmɪn] *m, f* stuntman *masc,* stuntwoman *fem*

Stunt·show ['stantʃo:] *f* stunt show

stu·pend [ʃtu'pɛnt, st-] *adj* (*geh*) amazing

stup·fen ['ʃtʊpfn̩] *vt bes* SÜDD, SCHWEIZ (*stupsen*) ■**jdn ~** to nudge sb; **jdn zur Seite ~** to push sb aside

stu·pid [ʃtu'pi:t, st-], **stu·pi·de** [ʃtu'pi:də, st-] *adj* (*pej geh*) ❶ (*monoton*) mindless; ■[**jdm**] **zu ~ sein** to be too boring [*or* monotonous] [for sb] ❷ (*beschränkt*) mindless, moronic; ■**etwas S~es** sth mindless [*or* idiotic]

Stups <-es, -e> [ʃtʊps] *m* (*fam*) nudge

stup·sen ['ʃtʊpsn̩] *vt* (*fam*) ■**jdn ~** to nudge sb

Stups·na·se *f* snub [*or* turned-up] nose

stur [ʃtu:ɐ̯] **I.** *adj* stubborn, obstinate; **eine ~e Verweigerung** an obdurate refusal **II.** *adv* ❶ (*ohne abzuweichen*) doggedly; **~ geradeaus gehen** to keep going straight on regardless; **~ nach Vorschrift arbeiten** to work strictly to [the] regulations ❷ (*uneinsichtig*) obstinately; **~ auf seinem Standpunkt beharren** to stick obstinately [*or* doggedly] to one's point of view; **~ weitermachen** to carry on regardless; **sich ~ stellen** (*fam*) to dig one's heels in; *s. a.* **Bock**

Stur·heit <-> *f kein pl* stubbornness, obstinacy

Sturm <-[e]s, Stürme> [ʃtʊrm, *pl* 'ʃtʏrmə] *m* ❶ (*starker Wind*) storm, gale; *s. a.* **Barometer** ❷ FBALL forward line; **im ~ spielen** to play in attack [*or* up front] ❸ (*heftiger Andrang*) ■**ein ~ auf etw** *akk* a rush for sth; **ein ~ auf Karten/Plätze/das Flugzeug** a rush for tickets/seats/the plane; **ein ~ auf die Bank** a run on the bank ► WENDUNGEN: **der ~ auf die Bastille** the storming of the Bastille; **~ und Drang** LIT Sturm und Drang, Storm and Stress; **die Menschen** [*o* **die Herzen**] **im ~ erobern** [*o* **nehmen**] to take people by storm [*or* capture people's hearts]; **gegen etw ~ laufen** to be up in arms against sth; **~ läuten** to lean on the [door]bell; **im ~** MIL by storm

Sturm·ab·tei·lung <-,> *f kein pl* POL (*hist*) Storm Troops *pl,* SA

Sturm·bö *f* squall, [heavy] gust of wind

stür·men ['ʃtʏrmən] **I.** *vi impers haben* ■**es stürmt** a gale is blowing **II.** *vi* ❶ *haben* SPORT to attack ❷ *sein* (*rennen*) ■[**irgendwohin**] **~** to storm somewhere; **aus dem Haus ~** to storm out of the house **III.** *vt haben* ❶ MIL ■**etw ~** to storm sth ❷ (*fam: auf etw eindringen*) ■**etw ~** to storm sth; **die Bühne ~** to storm the stage

Stür·mer(in) <-s, -> ['ʃtʏrmɐ] *m(f)* forward; FBALL striker

Sturm·flut *f* storm tide

stür·misch ['ʃtʏrmɪʃ] **I.** *adj* ❶ METEO blustery; (*mit Regen*) stormy ❷ (*vom Sturm aufgewühlt*) rough; **~e See** rough sea ❸ (*vehement*) tumultuous; **eine ~e Begrüßung** a tumultuous welcome; **~er Beifall/Jubel** tumultuous [*or* frenzied] applause/cheering; **ein ~er Mensch** an impetuous person; **nicht so ~!** take it easy! ❹ (*leidenschaftlich*) passionate **II.** *adv* tumultuously; **die Kinder begrüßten ihre Tante ~** the children gave their aunt a tumultuous welcome

Sturm·mö·we *f* ORN common gull **Sturm·scha·den** *m meist pl* storm damage *no indef art, no pl* **Sturm·schritt** *m* **im ~** at the double **Sturm·tau·cher** *m* ORN shearwater **Sturm·tief** *nt* storm front, trough of low pressure **Sturm-und-Drang-Zeit** *f kein pl* LIT Sturm und Drang period, Storm and Stress period **Sturm·vo·gel** *m* ORN fulmar **Sturm·war·nung** *f* gale warning

Sturz¹ <-es, Stürze> [ʃtʊrts, *pl* 'ʃtʏrtsə] *m* ❶ (*Hinfallen*) fall; ■**ein ~ aus/von etw** a fall out of/from [*or* off] sth ❷ (*drastisches Absinken*) [sharp] fall, drop; **ein ~ des Dollars** a slump in [*or* collapse of] the dollar; **ein beträchtlicher ~ der Preise für diesen Artikel** a considerable drop in the price of this article; **ein ~ der Temperaturen um 15° C** a drop in temperature of 15° C ❸ (*erzwungener Rücktritt*) fall, removal; *Regierung, Regime* fall, overthrow, removal from power

Sturz² <-es, Stürze> [ʃtʊrts, *pl* 'ʃtʏrtsə] *m* ❶ BAU lintel ❷ AUTO (*Achs~*) camber ❸ ÖSTERR, SCHWEIZ, SÜDD (*Käseglocke*) cheese cover

Sturz·bach *m* torrent

sturz·be·sof·fen *adj* (*sl*) pissed as a newt BRIT *sl,* drunk as a skunk *fam*

stür·zen ['ʃtʏrtsn̩] **I.** *vi sein* ❶ (*plötzlich fallen*) ■[**irgendwie**] **~** to fall [somehow]; **schwer ~** to fall heavily; **ich wäre fast gestürzt** I nearly fell [down [*or* over]]; ■[**aus** [*o* **von**] **etw**] **~** to fall [out of [*or* from] [*or* off] sth]; **vom Dach/Tisch/Fahrrad/Pferd ~** to fall off the roof/table/bicycle/horse ❷ POL ■[**über etw** *akk*] **~** *Regierung* to fall [*or* collapse] [over sth]; *Mensch* to be forced to resign [over sth] ❸ (*rennen*) ■[**irgendwohin** [*o* **irgendwoher**]] **~** to rush [*or* dash] [somewhere]; **wohin ist der denn so eilig gestürzt?** where did he rush [*or* dash] off to in such a hurry?; **ins Zimmer ~** to burst into the room **II.** *vt haben* ❶ (*werfen*) ■**jdn/sich** [**aus etw/vor etw** *akk*] **~** to throw [*or* hurl] sb/oneself [out of [*or* from] [*or* off]/in front of sth] ❷ POL (*absetzen*) ■**jdn/etw ~** to bring sb/sth down; *Minister* to make sb resign; *Diktator* to overthrow sb; *Regierung* to topple sb/sth; (*mit Gewalt*) to overthrow sb/sth ❸ KOCHK (*aus der Form kippen*) ■**etw ~** to turn sth upside down; **den Kuchen ~** to turn out the cake ❹ (*kippen*) ■**etw ~** to turn sth upside down [*or* over]; **„**[**bitte**] **nicht ~!"** "this way [*or* side] up!" **III.** *vr* ❶ (*sich werfen*) ■**sich** [**auf jdn**] **~** to pounce [on sb]; ■**sich** [**auf etw** *akk*] **~** to fall on sth; **die Gäste stürzten sich aufs kalte Büfett** the guests fell on the cold

S

buffet ❷ (*sich mit etw belasten*) ■**sich [in etw]** ~ *akk* to plunge into sth; **sich in Schulden** ~ to plunge into debt; **sich in solche Unkosten** ~ to go to such expense; *s. a.* **Unglück, Verderben, Vergnügen**

Stụrz·flug *m* LUFT nosedive; ORN steep dive; **im** ~ in a nosedive/steep dive **Stụrz·helm** *m* crash helmet

Stürz·pud·ding *m* nap pudding

Stụrz·see *f* NAUT breaker, breaking [*or* heavy] sea

Stuss[RR] <-es> [ʃtʊs] *m kein pl*, **Stụß**[ALT] <-sses> *m kein pl* (*fam*) rubbish *fam*, twaddle *fam*, garbage AM, codswallop BRIT, AUS *sl*

Stu·te <-, -n> [ˈʃtu:tə] *f* mare

Stutt·gart <-s> [ˈʃtʊtgart] *nt* Stuttgart

Stüt·ze <-, -n> [ˈʃtʏtsə] *f* ❶ (*Stützpfeiler*) support [pillar], strut, prop ❷ (*Halt*) support, prop ❸ (*Unterstützung*) support; **sie war ihm nach dem Tod seiner Eltern eine große** ~ she was a great support [to him] following the death of his parents ❹ (*sl: finanzielle Hilfe vom Staat*) dole BRIT *fam*, welfare *esp* AM; **von der** ~ **leben** to live on the dole [*or* on welfare]

stut·zen[1] [ˈʃtʊtsn̩] *vi* to hesitate [*or* pause], to stop short

stut·zen[2] [ˈʃtʊtsn̩] *vt* ❶ HORT ■**etw** ~ to prune [*or* trim] sth ❷ ZOOL ■**[einem Tier] etw** ~ to clip [an animal's] sth; **die Ohren** ~ to clip the ears; **gestutzte Flügel** clipped wings; **einem Hund den Schwanz** ~ to dock a dog's tail ❸ (*kürzen*) ■**jdm/sich [etw]** ~ to trim sb's/one's sth; **sich den Bart vom Friseur** ~ **lassen** to get the hairdresser [*or* AM barber] to trim one's beard

Stut·zen <-s, -> [ˈʃtʊtsn̩] *m* ❶ (*Gewehr*) carbine ❷ (*Rohrstück*) short piece of connecting pipe; *Zapfsäule* nozzle ❸ SPORT stirrup sock

stüt·zen [ˈʃtʏtsn̩] **I.** *vt* ❶ (*Halt geben*) ■**jdn/etw** ~ to support sb/sth ❷ BAU ■**etw** ~ to support sth, to prop sth up ❸ (*aufstützen*) ■**etw [auf etw]** ~ *akk* to rest sth [on sth]; **die Ellbogen auf den Tisch** ~ to rest [*or* prop] one's elbows on the table; **das Kinn in die Hand** ~ to cup one's chin in one's hand; **den Kopf auf die Hände** ~ to hold one's head in one's hands; **den Kopf auf die Hände gestützt** head in hands ❹ (*gründen*) ■**etw [auf etw** *akk*] ~ to base sth [on sth] ❺ (*untermauern*) ■**etw** ~ to back sth up; **die Theorie/Beweise** ~ to support the theory/evidence ❻ (*verstärken*) ■**etw** ~ to increase sth; **jds Motivation/Vertrauen** ~ to increase sb's motivation/reinforce sb's trust ❼ FIN ■**etw** ~ to support sth **II.** *vr* ❶ (*sich aufstützen*) ■**sich [auf jdn/etw]** ~ to lean [*or* support oneself] [on sb/sth] ❷ (*basieren*) ■**sich [auf etw]** ~ *akk* to be based on sth; **sich auf Tatsachen/Indizien** ~ to be based on facts/circumstantial evidence

stut·zig [ˈʃtʊtsɪç] *adj* **jdn** ~ **machen** to make sb suspicious; ~ **werden** to get suspicious, to begin to wonder

Stụ̈tz·kurs *m special course for weaker pupils* **Stụ̈tz·mau·er** *f* retaining wall **Stụ̈tz·pfei·ler** *m* supporting pillar; (*eines Staudamms*) buttress; (*einer Brücke*) pier **Stụ̈tz·punkt** *m* ❶ MIL base ❷ ÖKON [service] centre [*or* AM -er], dealer **Stụ̈tz·ver·band** *m* support bandage

StVO [ɛste:fau'ʔo:] *Abk von* **Straßenverkehrsordnung**

sty·len [ˈstailən] *vt* ■**etw** ~ to design sth; *Haar* to style

Sty·ling <-s> [ˈstailɪŋ] *nt kein pl* styling

Sty·ro·por® <-s> [ʃtyroˈpo:ɐ̯] *nt kein pl* polystyrene

s.u. *Abk von* **siehe unten**

Su·a·he·li [zu̯aˈhe:li] *nt dekl wie adj* Swahili; *s. a.* **Deutsch**

sub·al·tern [zʊpʔalˈtɛrn] *adj* (*pej geh*) ❶ (*untergeordnet*) subordinate ❷ (*devot*) obsequious

Sub·do·mi·nan·te [zʊpdomiˈnantə] *f* MUS subdominant; (*Dreiklang*) subdominant chord

Sub·jekt <-[e]s, -e> [zʊpˈjɛkt] *nt* ❶ LING subject ❷ (*pej: übler Mensch*) creature; **ein übles** ~ a nasty character [*or* customer] *fam*

sub·jek·tiv [zʊpjɛkˈti:f, ˈzʊp-] *adj* subjective

Sub·jek·ti·vi·tät <-> [zʊpjɛktiviˈtɛ:t] *f kein pl* (*geh*) subjectivity *no pl*

Sub·kon·ti·nent [ˈzʊpkɔntinɛnt] *m* subcontinent; **der Indische** ~ the Indian subcontinent

Sub·kul·tur [ˈzʊpkʊltu:ɐ̯] *f* subculture

sub·ku·tan [zʊpkuˈta:n] *adj* MED subcutaneous

Sụb·netz *nt* subnetwork

Sub·skri·bent(in) <-en, -en> [zʊpskriˈbɛnt] *m(f)* subscriber

sub·skri·bie·ren* [zʊpskriˈbi:rən] *vt* ■**etw** ~ to subscribe to sth

Sub·skrip·ti·on <-, -en> [zʊpskrɪpˈtsi̯o:n] *f* subscription; **bei** ~ **der Enzyklopädie** by subscribing to the encyclopaedia

Sub·skrip·ti·o̲ns·preis *m* subscription price

Sub·stan·tiv <-s, -e *o selten* -a> [ˈzʊpstanti:f] *nt* noun, substantive *rare*

Sub·stanz <-, -en> [zʊpˈstants] *f* ❶ (*Material*) substance ❷ *kein pl* (*geh: Essenz*) essence; **[jdm] an die** ~ **gehen** (*fam*) to take it out of sb ❸ FIN capital; **von der** ~ **leben** to live on [*or* off] one's capital [*or* assets]

sub·stanz·los *adj* insubstantial

sub·stanz·reich *adj* solid

sub·sti·tu·ie·ren [zʊpstituˈi:rən] *vt* (*geh*) ■**etw [durch etw]** ~ to substitute sth for sth, to replace sth with sth; **er substituierte das Buch durch eine Zeitschrift** he substituted a magazine for the book, he replaced the book with a magazine

Sub·strat <-[e]s, -e> [zʊpˈstra:t] *nt* substratum

sub·til [zʊpˈti:l] *adj* (*geh*) subtle

Sub·ti·li·tät <-,-en> [zʊptiliˈtɛ:t] *f* subtlety

Sub·tra·hend <-en, -en> [zʊptraˈhɛnt, *pl* -ˈɛndn̩] *m* MATH subtrahend

sub·tra·hie·ren* [zʊptraˈhi:rən] **I.** *vt* ■**etw [von etw]** ~ to subtract sth [from sth] **II.** *vi* to subtract

Sub·trak·ti·on <-, -en> [zʊptrakˈtsi̯o:n] *f* subtraction

Sub·trak·ti·o̲ns·zei·chen *nt* subtraction sign

Sub·tro·pen [ˈzʊptro:pn̩] *pl* ■**die** ~ the subtropics *pl*

sub·tro·pisch [ˈzʊptro:pɪʃ] *adj* subtropical

Sụb·un·ter·neh·men *nt* subcontractor

Sub·un·ter·neh·mer(in) <-s, -> [ˈzʊpʔʊntɐne:mɐ] *m(f)* subcontractor

Sub·ven·ti·on <-, -en> [zʊpvɛnˈtsi̯o:n] *f* subsidy

sub·ven·ti·o·nie·ren* [zʊpvɛntsi̯oˈni:rən] *vt* ■**etw** ~ to subsidize sth

Sub·ven·ti·o·ni̲e·rung <-, -en> *f* ÖKON subsidization

sub·ver·siv [zʊpvɛrˈzi:f] **I.** *adj* (*geh*) subversive **II.** *adv* (*geh*) subversively; **sich** ~ **betätigen** to engage in subversive activities

Sub·woo·fer <-s, -> [ˈzapvu:fɐ] *m* MUSIK, TECH subwoofer

Suc·ca·nat [zukaˈna:t] *m* raw cane sugar

Su̲ch·ak·ti·on *f* organized search **Su̲ch·be·griff** *m* target word; INFORM search key [*or* word] **Su̲ch·dienst** *m* missing persons tracing service

Su·che <-, -n> [ˈzu:xə] *f* search; **trotz intensiver** ~ despite an intensive search; ■**die** ~ **nach jdm/etw** the search for sb/sth; **auf die** ~ **[nach jdm/etw] gehen, sich auf die** ~ **[nach jdm/etw] machen** to go in search [of sb/sth], to start looking [for sb/sth]; **auf der** ~ **[nach jdm/etw] sein** to be looking [for sb/sth]

su·chen [ˈzu:xn̩] **I.** *vt* ❶ (*zu finden versuchen*) ■**jdn/etw** ~ to look for sb/sth; (*intensiver, von Computer a.*) to search for sb/sth; ■**sich jdn/etw** ~ to look for sb/sth; **irgendwo nichts zu** ~ **haben** to have no business to be somewhere; **du hast hier nichts zu** ~**!** you have no right [*or* business] to be here! ❷ (*nach etw trachten*) ■**etw** ~ to seek sth; **den Nervenkitzel** ~ to be looking for thrills ► WENDUNGEN: **etw sucht ihresgleichen/seinesgleichen** (*geh*) sth is unparalleled [*or* unequalled] [*or* AM unequaled] **II.** *vi* ■**[nach jdm/etw]** ~ to search [*or* be looking] [for sb/sth]; **such!** seek!, find!

Su̲·cher <-s, -> *m* viewfinder

Su̲ch·mann·schaft *f* search party **Su̲ch·me·tho·de** *f* INFORM search method **Su̲ch·schein·wer·fer** *m* searchlight

Sucht <-, Süchte> [zʊxt, *pl* 'zʏçtə] *f* ❶ (*krankhafte Abhängigkeit*) addiction; ~ **erzeugend** addictive ❷ (*unwiderstehliches Verlangen*) obsession; ■**die/jds ~ nach etw** the/sb's craving for sth; **eine ~ nach Süßem** a craving for sweet things; ■**eine/jds ~, etw zu tun** an/sb's obsession with doing sth; **im Lotto zu spielen kann manchmal eine ~ sein** playing the lottery can sometimes be obsessive [*or* an obsession]

Sucht·be·auf·trag·te(r) *f(m) dekl wie adj* addiction counsellor [*or* AM counselor] **Sucht·be·ra·ter(in)** *m(f)* addiction counsellor **Sucht·for·scher(in)** *m(f)* researcher on addiction

süch·tig ['zʏçtɪç] *adj* ❶ MED (*abhängig*) addicted *pred;* ~**e Menschen** addicts; ■~ **sein/werden** to be/become [*or* get] addicted; **von einem Joint wird man nicht ~** one joint won't make you an addict; ~ **machen** to be addictive ❷ (*begierig*) ■[**nach etw**] ~ **sein** to be hooked [on sth]; ~ **nach Anerkennung sein** to be desperate for acceptance [*or* recognition]

Süch·ti·ge(r) *f(m) dekl wie adj* addict

Sucht·kran·ke(r) <-n, -n> *f (m) dekl wie adj* addict

Sud <-[e]s, -e> [zu:t] *m* ❶ KOCHK stock ❷ PHARM decoction

Süd <-[e]s, -e> [zy:t] *m* ❶ *kein pl, kein art bes* NAUT south; *s. a.* **Nord 1** ❷ *pl selten* NAUT (*Südwind*) south wind

Süd·afri·ka ['zy:t'ʔa:frika] *nt* South Africa **Süd·afri·ka·ner(in)** *m(f)* South African **süd·afri·ka·nisch** ['zy:tʔafri'ka:nɪʃ] *adj* South African **Süd·ame·ri·ka** ['zy:tʔa'me:rika] *nt* South America **Süd·ame·ri·ka·ner(in)** *m(f)* South American **süd·ame·ri·ka·nisch** *adj* South American

Su·dan <-> [zu'da:n] *m* [the] Sudan

Su·da·ner(in) <-s, -> [zu'da:nɐ] *m(f),* **Su·da·ne·se, Su·da·ne·sin** <-n, -n> [zuda'ne:zə, zuda'ne:zɪn] *m, f* Sudanese

su·da·ne·sisch [zuda'ne:zɪʃ] *adj* Sudanese

Süd·chi·ne·si·sches Meer *nt* South China Sea **süd·deutsch** ['zy:tdɔytʃ] *adj* South German **Süd·deutsch·land** ['zy:tdɔytʃlant] *nt* South[ern] Germany

su·deln ['zu:dl̩n] *vi* ❶ (*mit Matsch usw. schmieren*) ■[**mit etw**] ~ to make a mess, to mess about with sth; **mit Farbe ~** to daub with paint ❷ (*nachlässig schreiben*) ■[**irgendwohin**] ~ to scribble [somewhere]

Sü·den <-s> ['zy:dn̩] *m kein pl, kein indef art* ❶ (*Himmelsrichtung*) south; *s. a.* **Norden 1** ❷ (*südliche Gegend*) south; **gen ~ ziehen** to fly [*or* migrate] south; *s. a.* **Norden 2**

Süd·eng·land *nt* southern England, the south of England

Su·de·ten [zu'de:tn̩] *pl* ■**die ~** the Sudeten Mountains [*or* Highlands] *npl*

Su·de·ten·deut·sche(r) *f(m)* German from the Sudetenland **Su·de·ten·land** *nt kein pl* ■**das ~** the Sudetenland

Süd·frank·reich *nt* southern France, the south of France **Süd·frucht** *f meist pl* [sub]tropical fruit **Süd·halb·ku·gel** *f* southern hemisphere **Süd·hang** *m* southern slope **Süd·ita·li·en** ['zy:tʔi'ta:li̯ən] *nt* southern Italy, the south of Italy **Süd·je·men** *nt* South Yemen **Süd·ko·rea** ['zy:tko're:a] *nt,* **Süd-Ko·rea** *nt* (*fam*) South Korea; *s. a.* **Deutschland Süd·ko·re·a·ner(in)** *m(f)* South Korean; *s. a.* **Deutsche(r) süd·ko·re·a·nisch** *adj* South Korean; *s. a.* **deutsch 1, 2 Süd·küs·te** *f* south[ern] coast **Süd·la·ge** *f* southern aspect; **Grundstücke in ~** plots with a southern aspect **Süd·län·der(in)** <-s, -> ['zy:tlɛndɐ] *m(f)* Southern European; **sie bevorzugt ~** she prefers Mediterranean types; ■~ **sein: mein Mann ist ~** my husband comes from southern Europe **süd·län·disch** *adj* Southern European; **ein ~es Temperament** a Latin temperament

süd·lich ['zy:tlɪç] **I.** *adj* ❶ (*in ~er Himmelsrichtung befindlich*) southern; *s. a.* **nördlich I. 1** ❷ (*im Süden liegend*) southern; *s. a.* **nördlich I. 2** ❸ (*von/nach Süden*) southwards, southerly; *s. a.* **nördlich I. 3** ❹ (*für den Süden charakteristisch*) southern **II.** *adv* ■~ **von etw** [to the] south of sth **III.** *präp +gen* [to the] south of sth

Süd·licht *nt* (*Polarlicht*) southern lights *pl,* aurora australis *sing* **Süd·os·ten** [zy:t'ʔɔstn̩] *m kein pl, kein indef art* ❶ (*Himmelsrichtung*) south east; *s. a.* **Norden 1** ❷ (*südöstliche Gegend*) south-east; *s. a.* **Norden 2 Süd·ost·eu·ro·pa** *nt* South-East[ern] Europe **süd·öst·lich** [zy:t'ʔœstlɪç] **I.** *adj* ❶ (*im Südosten gelegen*) south-eastern; *s. a.* **nördlich 2** ❷ (*von/nach Südosten*) south-eastwards, south-easterly; *s. a.* **nördlich 3 II.** *adv* ■~ [**von etw**] [to the] southeast [of sth] **III.** *präp +gen* [to the] southeast of sth; *s. a.* **nördlich III. Süd·pol** ['zy:tpo:l] *m* ■**der ~** the South Pole **Süd·see** ['zy:tze:] *f kein pl* ■**die ~** the South Seas *pl,* the South Pacific **Süd·sei·te** *f* south[ern] side **Süd·ti·rol** ['zy:ttiro:l] *nt* South Tyrol; *s. a.* **Deutschland Süd·ti·ro·ler(in)** ['zy:ttiro:lɐ] *m(f)* South Tyrolean; *s. a.* **Deutsche(r) Süd·vi·et·nam** *nt* South Vietnam; *s. a.* **Deutschland Süd·vi·et·na·me·se, -vi·et·na·me·sin** *m, f* South Vietnamese; *s. a.* **Deutsche(r) süd·vi·et·na·me·sisch** *adv* South Vietnamese; *s. a.* **deutsch 1, 2**

süd·wärts ['zy:tvɛrts] *adv* southwards; ~ **blicken/fahren** to look/drive south; **der Wind dreht ~** the wind is moving round to the south

Süd·wein *m* southern wine

Süd·wes·ten [zy:t'vɛstn̩] *m kein pl, kein indef art* ❶ (*Himmelsrichtung*) south-west; ■**nach** [*o geh* **gen**] ~ to[wards] the south-west, south-westwards; *s. a.* **Norden 1** ❷ (*südwestliche Gegend*) south-west; *s. a.* **Norden 2**

Süd·wes·ter <-s, -> [zy:t'vɛstɐ] *m* sou'wester BRIT

süd·west·lich [zy:t'vɛstlɪç] **I.** *adj* ❶ (*in ~er Himmelsrichtung befindlich*) south-western ❷ (*im Südwesten liegend*) south-western; *s. a.* **nördlich 2** ❸ (*von/nach Südwesten*) south-westwards, south-westerly; *s. a.* **nördlich 3 II.** *adv* [to the] south-west; ■~ **von etw** [to the] south-west of sth **III.** *präp +gen* ■~ **einer S.** south-west of sth; *s. a.* **nördlich III.**

Süd·west·rund·funk *m* RADIO *radio broadcasting corporation in South-West Germany*

Süd·wind *m* south wind

Su·es·ka·nal ['zu:ɛskana:l] *m* ■**der ~** the Suez Canal

Suff <-[e]s> [zʊf] *m kein pl* (*fam*) boozing *fam no pl, no indef art;* **dem ~ verfallen** to hit the bottle; **zum ~ finden** to hit the bottle *fam;* **im ~** while under the influence; **das kann ich nur im ~ gesagt haben** I can only have said that when I was under the influence [*or fam* plastered]

süf·feln ['zʏfl̩n] *vt* (*fam*) ■**etw ~** to sip on sth

süf·fig ['zʏfɪç] *adj* very drinkable; ~ **er sein als ...** to be easier to drink than ...; **zu gegrilltem Fleisch eignen sich ~e Weine besser** light wines are a better accompaniment to grilled meat

süf·fi·sant [zʏfi'zant] *adj* (*geh*) smug

Suf·fix <-es, -e> [zʊ'fɪks, 'zʊ-] *nt* suffix

sug·ge·rie·ren* [zʊge'ri:rən] *vt* (*geh*) ■[**jdm**] **etw ~** to suggest sth [to sb], to put sth into sb's mind

Sug·ges·ti·on <-, -en> [zʊgɛs'ti̯o:n] *f kein pl* (*geh*) suggestion

sug·ges·tiv [zʊgɛs'ti:f] *adj* (*geh*) suggestive

Sug·ges·tiv·fra·ge *f* (*geh*) leading question

suh·len ['zu:lən] *vr* ❶ (*geh: sich ergehen*) ■**sich** *akk* [**in etw** *dat*] ~ to revel [*or* wallow] [in sth] ❷ ZOOL (*sich wälzen*) ■**sich** *akk* [**in etw** *dat*] ~ to wallow [in sth]

Süh·ne <-, -n> ['zy:nə] *f* (*geh*) atonement *form,* expiation *form*

süh·nen ['zy:nən] *vt* (*geh*) ■**etw** [**durch** [*o* **mit**] **etw**] ~ to atone for sth [with sth] *form*

Sui·te <-, -n> ['svi:tə, zu'i:tə] *f* ❶ (*Zimmerflucht*) suite ❷ MUS suite

Su·i·zid <-[e]s, -e> [zui'tsi:t] *m* (*geh*) suicide

Su·i·zid·ge·fahr *f kein pl* PSYCH suicidal tendency

Su·jet <-s, -s> [zy'ʒe:] *nt* (*geh*) subject

Suk·ku·lent <-en, -en> [zʊku'lɛnt] *m* BOT succulent [plant]

Sul·fat <-[e]s, -e> [zʊl'fa:t] *nt* sulphate BRIT, sulfate AM

Sul·fid <-[e]s, -e> [zʊl'fi:t] *nt* sulphide BRIT, sulfide AM

Sul·fit <-s, -e> [zʊl'fi:t] *nt* sulphite BRIT, sulfite AM

Sul·fon·a·mid <-[e]s, -e> [zʊlfona'mi:t] *nt* PHARM sulphonamide BRIT, sulfonamide AM

Sul·tan, Sul·ta·nin <-s, -e> ['zʊlta:n, zʊl'ta:nɪn] *m, f* sultan *masc,* sultana *fem*

Sul·ta·nat <-[e]s, -e> [zʊlta'na:t] *nt* sultanate
Sul·ta·nin <-, -nen> *f fem form von* **Sultan**
Sul·ta·ni·ne <-, -n> [zʊlta'ni:nə] *f* sultana
Sül·ze <-, -n> ['zʏltsə] *f* ❶ (*Fleisch*) brawn; (*Fisch*) diced fish in aspic ❷ (*Aspik*) aspic
sül·zen ['zʏltsn̩] **I.** *vi* (*fam*) ■ **[über etw** *akk*] ~ to rabbit [*or* AM ramble] on [about sth] *fam* **II.** *vt* (*fam*) ■ **etw** ~ to spout sth *fam;* **den absoluten Blödsinn** ~ to spout absolute nonsense; **was sülzt der da?** what's he blathering [*or* spouting] on about?
sum·ma cum lau·de ['zʊma kʊm 'laudə] *adv* SCH summa cum laude (*with the utmost distinction*)
Sum·mand <-en, -en> [zʊ'mant] *m* MATH summand
sum·ma·risch [zʊ'ma:rɪʃ] **I.** *adj* summary; **eine ~e Zusammenfassung** a brief summary **II.** *adv* summarily; **etw ~ darstellen** [*o* **zusammenfassen**] to summarize sth
sum·ma sum·ma·rum ['zʊma zʊ'ma:rʊm] *adv* altogether, in all
Sümm·chen <-s> ['zʏmçən] *nt dim von* **Summe 2: ein hübsches** [*o* **nettes**] ~ (*hum fam*) a tidy little sum *fam*
Sum·me <-, -n> ['zʊmə] *f* ❶ (*Additionsergebnis*) sum, total ❷ (*Betrag*) sum, amount ❸ (*geh: Gesamtheit*) sum total
sum·men ['zʊmən] **I.** *vi* ❶ MUS to hum ❷ (*leise surren*) *Biene* to buzz [*or* hum]; *Motor* to hum **II.** *vi impers* ■ **es summt** there's a buzzing/hum[ming] **III.** *vt* ■ **etw** ~ to hum sth
Sum·men·for·mel *f* CHEM molecular formula
sum·mie·ren* [zʊ'mi:rən] **I.** *vt* ■ **etw** ~ ❶ (*zusammenfassen*) to summarize sth, to sum up sth *sep* ❷ (*addieren*) to add sth up **II.** *vr* ■ **sich** [**auf etw** *akk*] ~ to mount up [*or* amount] to sth
Su·mo·rin·ger(in) *m(f)* sumo [wrestler]
Sumpf <-[e]s, Sümpfe> [zʊmpf, *pl* 'zʏmpfə] *m* ❶ (*Morast*) marsh, bog; (*in den Tropen*) swamp ❷ (*Abgrund übler Zustände*) quagmire
Sumpf·blü·te *f* (*fam*) low life **Sumpf·bo·den** *m* marshy ground, bog **Sumpf·dot·ter·blu·me** *f* marsh marigold
sump·fig ['zʊmpfɪç] *adj* marshy, boggy; (*in den Tropen*) swampy
Sumpf·kuh *f* (*sl*) slob *fam or pej* **Sumpf·land** *nt kein pl* marsh[land]; (*in den Tropen*) swamp[land] **Sumpf·mei·se** *f* ORN marsh tit **Sumpf·ohr·eu·le** *f* ORN short-eared owl **Sumpf·ot·ter** *m* mink **Sumpf·pflan·ze** *f* marsh plant **Sumpf·vo·gel** *m* marshbird, wader
Sund <-[e]s, -e> [zʊnt] *m* GEOG sound
Sün·de <-, -n> ['zʏndə] *f* ❶ REL sin; **eine ~ begehen** to commit a sin, to sin ❷ (*Missgriff*) error of judgement, mistake; **es ist eine ~ und Schande** (*fam*) it's a crying shame; **es ist eine ~** (*fam*) it's sinful [*or* a sin] *fam*
Sün·den·bock *m* (*fam*) scapegoat; **jdn zum ~ [für etw] machen** to make sb the scapegoat [for sth] **Sün·den·fall** *m kein pl* REL ■ **der ~** the Fall [of Man] **Sün·den·re·gis·ter** *nt* ■ **jds ~** sb's list of sins [*or* catalogue [*or* AM catalog] of misdeeds]
Sün·der(in) <-s, -> *m(f)* REL sinner
sünd·haft ['zʏnthaft] *adj* ❶ (*exorbitant hoch*) outrageous ❷ REL sinful; *s. a.* **teuer**
sün·dig ['zʏndɪç] *adj* ❶ REL sinful; ■ **~ werden** to sin ❷ (*lasterhaft*) dissolute, salacious, wanton; *s. a.* **Meile**
sün·di·gen ['zʏndɪgn̩] *vi* ❶ REL to sin; **in Gedanken** ~ to have sinful thoughts; **mit Worten/Taten** ~ to say/do sinful things ❷ (*hum fam*) to transgress *hum*
sünd·teu·er ['zʏnt'tɔyɐ] *adj* ÖSTERR (*fam*) extremely [*or fam* wickedly] expensive
su·per ['zu:pɐ] **I.** *adj inv* (*fam*) super *fam,* great *fam* **II.** *adv* (*fam*) great *fam;* **sie kann [wirklich] ~ singen/tanzen** she's a [really] great singer/dancer; **dieser Wagen fährt sich ~/~ leicht** this car is great to drive/handles really easily
Su·per <-s> ['zu:pɐ] *nt kein pl* AUTO four-star BRIT, premium AM
Su·per-8-Film [zu:pɐ'ʔaxt-] *m* super-8-film
Su·per·au·to *nt* (*fam*) great car *fam* **Su·per·chip** *m* superchip **Su·per·com·pu·ter** *m* supercomputer **su·per·ein·fach** *adj* (*fam*) dead easy [*or* simple] BRIT *fam,* super easy AM **su·per·geil** *adj* (*fam*) dead good, [dead] wicked BRIT *fam,* dead cool AM *fam* **su·per·gut** *adj* (*fam*) dead good BRIT *fam*
Su·pe·ri·or, Su·pe·ri·o·rin [zu'pe:ri̯o:ɐ̯, zupe'ri̯o:rɪn] *m, f* REL [Father/Mother] Superior
su·per·klug *adj* (*iron fam*) brilliant *iron,* smart-alec[k] *iron;* **du hältst dich wohl für ~** you think you're brilliant, don't you?
Su·per·la·tiv <-[e]s, -e> ['zu:pɐlati:f] *m* superlative
su·per·leicht ['zu:pɐlaiçt] *adj* (*fam*) dead easy BRIT *fam,* super easy AM **Su·per·macht** *f* superpower **Su·per·mann** *m* (*fam*) ❶ *kein pl* (*Comicfigur*) Superman *no pl* ❷ (*Mann*) superman **Su·per·markt** ['zu:pɐmarkt] *m* supermarket **Su·per·qua·li·tät** *f* (*fam*) brilliant quality *fam;* **der neue Fernseher hat eine ~** the new TV is a real humdinger *fam* **Su·per·re·stau·rant** *nt* (*fam*) super [*or* BRIT brilliant] restaurant *fam* **Su·per·star** *m* superstar **su·per·stark** *adj* (*fam*) really great *fam* **Su·per·weib** *nt* (*iron*) superwoman **Su·per·wein** *m* (*fam*) top-quality [*or* excellent] wine
Sup·pe <-, -n> ['zʊpə] *f* ❶ KOCHK soup; **klare ~** consommé ❷ (*fam: Nebel*) pea-souper BRIT *fam,* pea soup AM *fam* ▶ WENDUNGEN: **die ~ auslöffeln müssen** (*fam*) to have to face the music *fam;* **jetzt musst du die ~, die du dir eingebrockt hast, schon selbst auslöffeln** you've made your [own] bed, [and] now you must lie on it *prov;* **jdm die ~ versalzen** (*fam*) to put a spoke in sb's wheel BRIT *fam,* to screw up sb's plans AM, to queer sb's pitch BRIT *fam; s. a.* **Haar**
Sup·pen·ein·la·ge *f solid ingredients added to a soup* **Sup·pen·fleisch** *nt* meat for making soup/stews **Sup·pen·ge·mü·se** *nt* vegetables for making soup **Sup·pen·ge·würz** *nt* soup seasoning (*herbs for flavouring stock*) **Sup·pen·grün** *nt* herbs and vegetables for making soup **Sup·pen·huhn** *nt* boiling chicken [*or* fowl] **Sup·pen·kel·le** *f* soup ladle **Sup·pen·kü·che** *f* (*veraltend*) soup kitchen ▶ WENDUNGEN: **das ist ja die reinste ~** it's a pea-souper [*or* AM like pea soup] out there **Sup·pen·nu·del** *f meist pl* soup noodles *pl* **Sup·pen·schüs·sel** *f* soup tureen **Sup·pen·tel·ler** *m* soup plate **Sup·pen·ter·ri·ne** *f* KOCHK ❶ (*Terrine*) soup tureen ❷ (*Suppen-, Eintopfgericht*) soup **Sup·pen·wür·fel** *m* stock cube
Sup·ple·ment·band <-bände> [zʊple'mɛnt-] *m* supplement[ary volume]
Sup·po·si·to·ri·um <-s, -torien> [zʊ'pozi'to:ri̯ʊm, *pl* -'to:ri̯ən] *nt* MED (*geh*) suppository
Su·pra·lei·ter ['zu:pra'laitɐ] *m* PHYS superconductor
su·pra·na·ti·o·nal [zupranatsi̯o'na:l] *adj inv* supranational
Su·re <-, -n> ['zu:rə] *f* REL sura
Surf·brett ['zø:ɐ̯f-] *nt* ❶ (*zum Windsurfen*) windsurfer ❷ (*zum Wellensurfen*) surfboard
sur·fen ['zø:ɐ̯fn̩] *vi* ❶ (*windsurfen*) to windsurf ❷ (*wellensurfen*) to surf ❸ (*in Datennetzen*) to surf; **im Internet** ~ to surf [*or* browse] the Internet
Sur·fer(in) <-s, -> *m(f)* ❶ (*Windsurfer*) windsurfer ❷ (*Wellensurfer*) surfer ❸ INET Internet surfer
Sur·fing <-s> ['zø:ɐ̯fɪŋ] *nt kein pl* ❶ (*Windsurfen*) windsurfing ❷ (*Wellensurfen*) surfing
Su·ri·na·me <-s> [zuri'na:mə] *nt* Surinam[e]; *s. a.* **Deutschland**
Su·ri·na·mer(in) <-s, -> *m(f)* Surinamese, Surinamer; *s. a.* **Deutsche(r)**
su·ri·na·misch *adj* Surinamese; *s. a.* **deutsch**
Sur·re·a·lis·mus <-> [zʊrea'lɪsmʊs, zʏr-] *m kein pl* ■ **der ~** surrealism
sur·re·a·lis·tisch [zʊrea'lɪstɪʃ, zʏr-] *adj* **ein ~er Autor/Maler** a surrealist writer/painter; **ein ~er Film/~es Buch** a surrealistic film/book
sur·ren ['zʊrən] *vi* ❶ *haben* (*leise brummen*) *Insekt* to buzz [*or* hum]; *Motor, Hochspannungsleitung* to hum; *Kamera, Ventilator* to whirr ❷ *sein* (*sich ~d bewegen*) ■ **[irgendwohin]** ~ to buzz/hum [somewhere]

Sur·ro·gat <-[e]s, -e> [zuro'ga:t] *nt* surrogate

Su·shi <-s, -s> ['zu:ʃi] *nt* KOCHK sushi

su·spekt [zʊs'pɛkt] *adj* (*geh*) suspicious; ■**jdm ~ sein** to look suspicious to sb

sus·pen·die·ren* [zʊspɛn'di:rən] *vt* ① (*vorübergehend des Amtes entheben*) ■**jdn** [**von etw**] ~ to suspend sb [from sth] ② (*geh: von der Pflicht zur Teilnahme befreien*) ■**jdn** [**von etw**] ~ to excuse [*or* exempt] sb [from sth]

Sus·pen·si·on <-, -en> [zʊspɛn'zi̯o:n] *f* PHARM suspension

süß [zy:s] **I.** *adj* sweet **II.** *adv* ① (*mit Zucker zubereitet*) with sugar; **ich esse nicht gern ~** I don't like [*or* I'm not fond of] sweet things; **ich trinke meinen Kaffee nie ~** I never take sugar in coffee; **sie bereitet ihre Kuchen immer viel zu ~ zu** she always makes her cakes far [*or* much] too sweet ② (*lieblich*) sweetly; **~ duften** to give off a sweet scent

Sü·ße <-> ['zy:sə] *f* ① *kein pl* (*geh: süßer Geschmack*) sweetness *no pl* ② (*Süßstoff*) sweetener

Sü·ße(r) *f(m) dekl wie adj* sweetie *fam*, poppet BRIT *fam*; [**mein**] **~r**/[**meine**] ~ (*fam*) my sweet *fam*, sweetheart [*or fam* sweetie]

sü·ßen ['zy:sn̩] **I.** *vt* ■**etw** [**mit etw**] ~ to sweeten sth [with sth]; **Joghurt und Müsli süße ich nicht noch extra** I don't add [any] sugar to yoghurt or muesli **II.** *vi* ■ [**mit etw**] ~ to sweeten things [with sth]; **ich bin Diabetikerin, ich darf nur mit künstlichem Süßstoff ~** I am a diabetic, I am only allowed to use artificial sweeteners

Süß·holz *nt kein pl* liquorice [*or* AM licorice] [root] ▶ WENDUNGEN: **~ raspeln** (*fam*) to be full of sweet talk, to be honey-tongued

Sü·ßig·keit <-, -en> ['zy:sɪçkait] *f* ① *meist pl* (*etw Süßes zum Essen*) sweet, candy AM ② *pl rare* sweetness

Süß·kar·tof·fel *f* sweet potato, yam AM **Süß·kir·sche** *f* sweet cherry

süß·lich *adj* ① (*unangenehm süß*) sickly sweet; **~es Parfüm** cloying perfume [*or* scent] ② (*übertrieben liebenswürdig*) terribly sweet; **~es Lächeln** sugary smile; **~e Miene** ingratiating [*or* BRIT smarmy] expression; **~er Tonfall** ingratiating [*or* BRIT wheedling] tone of voice; **~e Worte** honeyed words

süß·sau·er ['zy:s'zauɐ] **I.** *adj* ① KOCHK sweet-and-sour; **Schweinefleisch ~** sweet-and-sour pork ② (*fig*) artificially friendly; **süßsaures Lächeln** forced smile; **ein süßsaures Gesicht machen** to make [*or* BRIT pull] a wry face **II.** *adv* ① KOCHK in a sweet-and-sour sauce ② (*fig*) **~ lächeln** to smile wryly **Süß·spei·se** *f* sweet, dessert **Süß·stoff** *m* sweetener **Süß·wa·ren·ge·schäft** *nt* confectionery [*or* chocolate] [*or* BRIT *fam* sweetie] shop

Süß·was·ser *nt* fresh water

Süß·was·ser·fisch *m* freshwater fish

SW [ɛs've:] *Abk von* **Südwesten**

Swa·hi·li [sva'hi:li] *nt dekl wie adj s.* **Suaheli**

Swap[1] <-s, -s> [svɔp] *m o nt kurz für* **Swapgeschäft** swap

Swap[2] <-s, -s> [svɔp] *m* INFORM (*Auslagerung*) swap

Swap·ge·schäft <-[e]s, -e> *nt* ÖKON, BÖRSE swap [deal] **Swap·satz** *m* ÖKON, BÖRSE swap rate, forward margin

Swa·si <-, -> ['sva:zi] *m fem form gleich* BRD Swazi; *s. a.* **Deutsche(r)**

Swa·si·land <-s> ['sva:zilant] *nt* Swaziland; *s. a.* **Deutschland**

Swa·si·län·der(in) <-s, -> *m(f)* ÖSTERR *s.* **Swasi**

swa·si·län·disch *adj* Swazi; *s. a.* **deutsch**

Sweat·shirt <-s, -s> ['svɛtʃœrt] *nt* sweatshirt

Swim·ming·pool, Swim·ming-poolALT <-s, -s> ['svɪmɪŋpu:l] *m* swimming pool

SWR [ɛsve:'ʔɛr] *m* RADIO *Abk von* **Südwestrundfunk** *radio broadcasting corporation in South-West Germany*

Syd·ney <-s> ['sɪdnɪ] *nt* Sydney

Sylt [zʏlt] *nt* Sylt; **auf ~** on Sylt; **nach ~ fahren** to go [*or* travel] to Sylt; **von ~ kommen** to come from Sylt; **auf ~ leben** to live on Sylt

Sym·bi·ont <-en, -en> [zʏm'bi̯ɔnt] *m* BIOL symbiont

Sym·bi·o·se <-, -n> [zʏm'bi̯o:zə] *f* symbiosis; **eine ~ eingehen** to form a symbiotic relationship

Sym·bol <-s, -e> [zʏmbo:l] *nt* symbol

Sym·bol·fi·gur *f* symbol[ic figure]

sym·bo·lisch [zʏm'bo:lɪʃ] *adj* symbolic

sym·bo·li·sie·ren* [zʏmboli'zi:rən] *vt* ■**etw ~** to symbolize sth

Sym·bo·lis·mus <-> [zʏmbo'lɪsmʊs] *m kein pl* ■**der ~** Symbolism

Sym·me·trie <-, -n> [zʏme'tri:, *pl* -'tri:ən] *f* symmetry

sym·me·trisch [zʏ'me:trɪʃ] *adj* symmetrical

Sym·pa·thie <-, -en> [zʏmpa'ti:, *pl* -'ti:ən] *f* sympathy; (*Zuneigung*) affection; **jds ~ haben** to have sb's approval [*or* support]; **die Aktion hat meine volle ~** I sympathize completely with the campaign

Sym·pa·thie·kund·ge·bung *f* demonstration [*or* show] of support

Sym·pa·thi·kus <-> [zʏm'pa:tikʊs] *m kein pl* MED sympathetic nervous system

Sym·pa·thi·sant(in) <-en, -en> [zʏmpati'zant] *m(f)* sympathizer

sym·pa·thisch [zʏm'pa:tɪʃ] *adj* nice, pleasant, likeable; ■**jdm ~ sein** to appeal to sb; **sie war mir gleich ~** I liked her [*or* took to her] at once, I took an immediate liking to her; ■ [**jdm**] **nicht ~ sein** to be not very appealing [to sb]; **es ist mir nicht gerade ~** it doesn't really [*or* exactly] appeal to me

sym·pa·thi·sie·ren* [zʏmpati'zi:rən] *vi* ■**mit jdm/etw ~** to sympathize with sb/sth

Sym·pho·nie <-, -en> [zʏmfo'ni:, *pl* -'ni:ən] *f s.* **Sinfonie**

Sym·po·si·um <-s, Symposien> [zʏm'po:zi̯ʊm, *pl* -zi̯ən] *nt* symposium

Sym·ptom <-s, -e> [zʏmp'to:m] *nt* symptom; **ein ~ für etw** a symptom of sth

sym·pto·ma·tisch [zʏmpto'ma:tɪʃ] *adj* (*geh*) symptomatic; ■**~ für etw sein** to be symptomatic of sth

Sy·na·go·ge <-, -n> [zyna'go:gə] *f* synagogue

Sy·nap·se <-, -n> [zy'napsə] *f* BIOL (*Verknüpfung zweier Nervenzellen*) synapse

syn·chron [zʏn'kro:n] **I.** *adj* ① (*geh: gleichzeitig*) synchronous, simultaneous ② LING *s.* **synchronisch II.** *adv* ① (*geh*) synchronously, simultaneously ② LING *s.* **synchronisch**

Syn·chro·ni·sa·ti·on <-, -en> [zʏnkroniza'tsi̯o:n] *f* ① FILM, TV dubbing ② (*Abstimmung*) synchronization

syn·chro·ni·sie·ren* [zʏnkroni'zi:rən] *vt* ① FILM, TV ■**etw ~** to dub sth ② (*geh: zeitlich abstimmen*) ■**etw ~** to synchronize sth

Syn·chro·ni·sie·rung <-, -en> *f* ① FILM dubbing ② TECH (*Gleichlauf*) synchronization ③ (*geh: zeitliches Abstimmen*) synchronization

Syn·di·kat <-[e]s, -e> [zʏndi'ka:t] *nt* syndicate

Syn·drom <-s, -e> [zʏn'dro:m] *nt* MED, SOZIOL syndrome

Syn·er·gie <-, -n> [zynɛr'gi:, *pl* -'gi:ən] *f* synergy

Syn·er·gie·ef·fekt *m* synergetic effect

Sy·no·de <-, -n> [zy'no:də] *f* REL synod

sy·no·nym [zyno'ny:m] *adj inv* synonym

Sy·no·nym <-s, -e> [zyno'ny:m] *nt* synonym

Sy·no·nym·wör·ter·buch *nt* dictionary of synonyms, thesaurus; **~er** *pl* thesauruses [*or form* thesauri]

syn·tak·tisch [zʏn'taktɪʃ] *adj* syntactic

Syn·tax <-, -en> ['zʏntaks] *f* syntax

Syn·the·se <-, -n> [zʏn'te:zə] *f* synthesis

Syn·the·si·zer <-s, -> ['zʏntəsaizɐ] *m* MUS synthesizer

Syn·the·tik <-> [zʏn'te:tɪk] *nt kein pl* synthetic [*or* man-made] fibre [*or* AM -er]; **das Hemd ist aus ~** the shirt is made of artificial fibres

syn·the·tisch [zʏn'te:tɪʃ] *adj* synthetic; **eine ~e Faser** a man-made fibre

Sy·phi·lis <-> ['zy:filɪs] *f kein pl* syphilis *no pl*

S

Sy·rer(in) <-s, -> [yːrɐ] *m(f)* Syrian; *s. a.* **Deutsche(r)**
Sy·ri·en <-s> [ˈzyːri̯ən] *nt* Syria; *s. a.* **Deutschland**
sy·risch [ˈzyːrɪʃ] *adj* Syrian; *s. a.* **deutsch 1**
Sys·tem <-s, -e> [zʏsˈteːm] *nt* system; ~ **in etw** *akk* **bringen** to bring some order into sth; **nach einem bestimmten ~ vorgehen** to proceed according to a fixed system; **mit ~** systematically; **duales ~** *refuse recycling system implemented in Germany;* **das kommunistische ~** the communist system
Sys·tem·ana·ly·se *f* systems analysis **Sys·tem·ana·ly·ti·ker(in)** *m(f)* systems analyst
Sys·te·ma·tik <-, -en> [zʏsteˈmaːtɪk] *f* ❶ (*geh: Ordnungsprinzip*) system ❷ *kein pl* BIOL systematology
sys·te·ma·tisch [zʏsteˈmaːtɪʃ] *adj* systematic
sys·te·ma·ti·sie·ren* [zʏstematiˈziːrən] *vt* (*geh*) ■**etw** ~ to systemize sth
Sys·tem·aus·las·tung *f* TECH, INFORM full system capacity **Sys·tem·be·treu·er(in)** *m(f)* INFORM computer systems supervisor **Sys·tem·feh·ler** *m* TECH, INFORM system error **Sys·tem·kri·ti·ker(in)** *m(f)* critic of the system **sys·tem·kri·tisch I.** *adj inv* critical of the system **II.** *adv* **sich ~ äußern** to speak critically of the system, to openly criticize the system
sys·tem·los <-er, -este> *adj* unsystematic
Sys·to·le <-, -n> [ˈzʏstolə, zʏˈstoːlə] *f* MED systole
Sze·na·rio <-s, -s> [stseˈnaːri̯o] *nt* (*a. geh*) scenario
Sze·na·ri·um <-s, -ien> [stseˈnaːri̯ʊm] *nt* (*a. fig*) scenario
Sze·ne <-, -n> [ˈstseːnə] *f* ❶ THEAT, FILM scene; **in ~ gehen** *akk* to be staged; **die ~ spielt in Estland** the scene is set in Estonia; **[etw] in ~ setzen** (*a. fig*) to stage sth; **sich in ~ setzen** (*fig*) to play to the gallery, to draw attention to oneself; **auf offener ~** during the performance ❷ (*fam: Krach*) scene; **wenn er angetrunken nach Hause kommt, gibt es jedes Mal eine ~** whenever he comes home drunk there is always a scene; **[jdm] eine ~ machen** (*fam*) to make a scene [in front of sb] *fam;* **bitte, mach mir nicht schon wieder eine ~** please let's not have another scene ❸ *kein pl* (*fam: Milieu*) scene *sl;* ■**die ~** the scene *sl* [*or* subculture]; **sich in der ~ auskennen** to know one's way around the scene; **die literarische ~** the literary scene; **die ~ beherrschen** to dominate the scene; (*fig*) to keep things under control
Sze·ne-Bar *f* (*fam*) fashionable [*or* trendy] bar [*or* pub], bar for the in-crowd **Sze·ne-In·si·der** [-ɪnzaidɐ] *m* scenester **Sze·ne-Kid** *nt* (*fam*) [young] scenester **Sze·ne·knei·pe** *f* fashionable [*or* trendy] pub [*or* bar], bar frequented by the in-crowd
Sze·nen·wech·sel *m* change of scene
Sze·ne·par·ty <-, -s> *f* party for the in-crowd
Sze·ne·rie <-, -n> [stsenəˈriː, *pl* -ˈriːən] *f* ❶ (*geh: landschaftliche Umgebung*) scenery ❷ FILM, LIT setting ❸ (*Bühnendekoration*) set
Sze·ne·volk *nt* scenesters *pl*
Szyl·la <-> [ˈstsʏla] *f* ▶ WENDUNGEN: **zwischen ~ und Charybdis** (*geh*) between the devil and the deep blue sea *fam,* between Scylla and Charybdis *liter*

Tt

T, t <-, - *o fam* -s, -s> [teː] *nt* T, t; ~ **wie Theodor** T for Tommy BRIT, T as in Tare; *s. a.* **A 1**
t *Abk von* **Tonne**
Ta·bak <-s, -e> [ˈtaːbak, ˈtabak] *m* tobacco; **leichter/starker ~** mild/strong tobacco
Ta·bak·an·bau *m* tobacco growing **Ta·bak·ern·te** *f* tobacco crop **Ta·bak·in·dus·trie** *f,* **Ta·bak·in·dus·trie** *f* ÖSTERR tobacco industry **Ta·bak·kon·sum** *m* consumption of tobacco **Ta·bak·la·den** *m* tobacconist's **Ta·bak·mo·sa·ik·vi·rus** *nt* BIOL tobacco mosaic virus **Ta·bak·plan·ta·ge** *f* tobacco plantation **Ta·baks·beu·tel** *m* tobacco pouch **Ta·baks·do·se** *f* tobacco tin **Ta·bak·steu·er** *f* duty on tobacco **Ta·bak·wa·ren** *pl* tobacco products *pl* **Ta·bak·wer·bung** *f* tobacco advertising
ta·bel·la·risch [tabɛˈlaːrɪʃ] **I.** *adj* tabular **II.** *adv* in tabular form
ta·bel·la·ri·sie·ren* *vt* ■**etw** ~ to tabulate sth
Ta·bel·la·ri·sie·rung <-, -en> *f* (*fachspr*) tabulation
Ta·bel·le <-, -n> [taˈbɛlə] *f* table; FBALL *a.* league [table]
Ta·bel·len·form *f* **in ~** in the form of a table [*or* chart] **Ta·bel·len·füh·rer(in)** *m(f)* SPORT league leaders *pl,* top of the league; ~ **sein** to be at the top of the league **Ta·bel·len·füh·rung** *f* SPORT top of the [league/championship] table; **Werder Bremen hat die ~ übernommen** Werder Bremen has taken over at [*or* gone to the] the top of the table **Ta·bel·len·kal·ku·la·tion** *f* INFORM spreadsheet **Ta·bel·len·platz** *m* SPORT league position, position in the league
Ta·ber·na·kel <-s, -> [tabɛrˈnaːkl] *nt o m* tabernacle
Ta·blar <-s, -e> [taˈblaːɐ̯] *nt* SCHWEIZ (*Schrank-, Regalbrett*) shelf
Ta·blett <-[e]s, -s *o* -e> [taˈblɛt] *nt* tray ▶ WENDUNGEN: **[jdm] etw auf einem silbernen ~ servieren** to hand [sb] sth on a plate [*or* platter]
Ta·blet·te <-, -n> [taˈblɛtə] *f* pill, tablet
Ta·blet·ten·miss·brauchRR *m kein pl* pill abuse **Ta·blet·ten·sucht** *f kein pl* addiction to pills **ta·blet·ten·süch·tig** *adj* addicted to pills
ta·blie·ren *vt* KOCHK **Zucker ~** to tablet sugar
ta·bu [taˈbuː] *adj inv* taboo; ■**[für jdn] ~ sein** to be taboo [for sb]
Ta·bu <-s, -s> *nt* (*geh*) taboo [subject]; **[für jdn] ein ~ sein** to be a taboo subject [for sb]
ta·bu·i·sie·ren* [tabuiˈziːrən] *vt* ■**etw** ~ to make sth a taboo subject
Ta·bu·la ra·sa [ˈtaːbula ˈraːza] *f kein pl,* **tabula rasa**ALT *f kein pl* ▶ WENDUNGEN: ~ ~ **machen** (*fam*) to make a clean sweep of sth
Ta·bu·la·tor <-s, -toren> [tabuˈlaːtoːɐ̯] *m* tabulator, tab *fam*
Ta·ch(e)·les [ˈtaxələs] ▶ WENDUNGEN: **[mit jdm] ~ reden** (*fam*) to do some straight talking [to sb] *fam*
Ta·cho <-s, -s> [ˈtaxo] *m* (*fam*) *kurz für* **Tachometer** speedometer
Ta·cho·me·ter *m o nt* speedometer
Ta·del <-s, -> [ˈtaːdl̩] *m* ❶ (*Verweis*) reprimand; **jdm einen ~ erteilen wegen** *gen* **einer S.** to reproach sb for sth ❷ (*Makel*) **ohne ~** impeccable, faultless; **Ritter ohne Furcht und ~** a most perfect gentle knight
ta·del·los I. *adj* (*einwandfrei*) perfect **II.** *adv* perfectly
ta·deln *vt* ❶ (*zurechtweisen*) ■**jdn [für** [*o* **wegen**] **etw] ~** *gen* to reprimand [*or* rebuke] sb [for sth], to scold sb [*or esp childspeak* tell sb off] [for sth]; **jdn scharf ~** to sharply rebuke sb ❷ (*missbilligen*) ■**etw ~** to express one's disapproval; ■**~d** reproachful; **~de Bemerkungen** reproachful remarks
Ta·dschi·ke, Ta·dschi·kin <-n, -n> [taˈdʒiːkə, taˈdʒiːkɪn] *m, f* Tajik; *s. a.* **Deutsche(r)**
ta·dschi·kisch *adj* Tajik[istani]; *s. a.* **deutsch**
Ta·dschi·ki·stan <-s> [taˈdʒiːkistaːn] *nt* Tajikistan, Tadzhikistan; *s. a.* **Deutschland**
Ta·fel <-, -n> [ˈtaːfl̩] *f* ❶ (*Platte*) board; **eine ~ Schokolade** a bar of chocolate; **Anzeige~** board; **Gedenk~** plaque; **Schul~** [black]board; **Schreib~** slate ❷ ELEK panel; **Schalt~** control panel [*or* console] ❸ MEDIA (*Bild~*) plate ❹ (*geh: festlicher Esstisch*) table; **[jdn] zur ~ bitten** to ask [sb] to the table ❺ *kein pl* (*geh: feine Küche*) cuisine
Ta·fel·berg *m kein pl* GEOL table mountain **Ta·fel·be·steck** *nt* cutlery **Ta·fel·en·te** *f* ORN common pochard **Ta·fel·ge·schäft** *nt* over-the-counter transaction **Ta·fel·ge·schirr** *nt* tableware

Ta·fel·ho·nig *m* processed honey **Ta·fel·leuch·ter** *m* candelabra
ta·feln ['ta:fl̩n] *vi* (*geh*) to feast *form*
tä·feln [tɛ:fl̩n] *vt* ■**etw** ~ to panel sth; ■**getäfelt** panelled [*or* AM paneled]
Ta·fel·run·de *f* (*geh*) company at a table **Ta·fel·sil·ber** *nt* silver **Ta·fel·spitz** *m* KOCHK boiled beef topside, prime boiled beef
Tä·fe·lung <-, -en> *f* panelling [*or* AM paneling]
Ta·fel·was·ser *nt* (*geh*) table water, mineral water *fam* **Ta·fel·wein** *m* (*geh*) table wine
Taft <-[e]s, -e> [taft] *m* taffeta
Tag <-[e]s, -e> [tɛk] *pl m* ❶ (*Abschnitt von 24 Stunden*) day; **das Neueste vom ~e** the latest [news]; **weißt du schon das Neueste vom ~e? Hans und Inge wollen doch endlich heiraten** have you heard the latest? Hans and Inge are finally going to get married; **ein freier ~** a day off; **sich** *dat* **einen faulen** [*o* **schönen**] **~ machen** to take things easy for the day; **den ganzen ~** [**lang**] all day long, the whole day; [**s**]**einen guten/schlechten ~ haben** to have a good/bad day; **gestern hatte ich** [**m**]**einen schlechten ~, da ist alles schiefgegangen** yesterday just wasn't my day – everything went wrong; **wenn ich einen schlechten ~ habe, geht alles schief** when I have an off day everything goes wrong; **guten ~!** good day! *form*, hello!, good afternoon/morning!; **~!** (*fam*) morning! *fam*, alright! *fam;* **nur guten ~ sagen wollen** to just want to say hallo; **willst du nicht zum Essen bleiben? – nein, ich wollte nur schnell guten ~ sagen** won't you stay and have something to eat? – no, I just wanted to pop in and say hallo; **den lieben langen ~** all day long, [all] the livelong day *form;* **seinen ... ~ haben** to feel ... today; **da hast du 20 Euro, ich habe heute meinen großzügigen ~** here's 20 euros for you, I'm feeling generous today; **das war heute wieder ein ~!** (*fam*) what a day that was!; **~ für ~** every day; **~ für ~ erreichen uns neue Hiobsbotschaften** every day there's more terrible news; **von einem ~ auf den anderen** overnight; **sie mussten ihr Haus von einem ~ auf den anderen räumen** they had to vacate their house overnight; **von ~ zu ~** from day to day, every day; **die Wechselkurse ändern sich von ~ zu ~** the exchange rates change from day to day; **alle ~e** (*fam*) every day; **eines** [**schönen**] **~es** one day, one of these [fine] days; **eines** [**schönen**] **~es klingelte es und ihre alte Jugendliebe stand vor der Tür** one fine day there was a ring at the door and her old flame was standing at the door; **eines schönen ~es wirst du auf die Schnauze fallen** you'll come a cropper one of these days! *fam;* **jeden ~** every day, at any time, any day now; **der Vulkan kann jetzt jeden ~ ausbrechen** the volcano could erupt at any time; **der Brief muss jeden ~ kommen** the letter should arrive any day now ❷ (*Datum*) day; **lass uns also ~ und Stunde unseres Treffens festlegen** let's fix a day and a time for our meeting; **~ der offenen Tür** open day; **der ~ X** D-day; **bis zum heutigen ~** up to the present day; **am ~**[**e**] **einer S.** *gen* on the day of sth; **auf den ~** [**genau**] [exactly] to the day; **ich kann es Ihnen nicht auf den ~ genau sagen** I can't tell you to the exact day; **dieser ~e** (*fam*) in the next [*or* last] few days ❸ (*Gedenk~*) ■**der ~ des/der ...** ...day; **der ~ des Kindes** Children's Day; **der 4. Juli ist der ~ der Unabhängigkeit Amerikas** 4th July is America's Independence Day; **der ~ der Arbeit** Labour Day; **der 1. Mai ist traditionell der ~ der Arbeit** 1st May is traditionally Labour Day; **der ~ des Herrn** (*geh*) the Lord's Day ❹ (*Tageslicht*) light; **es ist noch nicht ~** it's not light yet; **im Sommer werden die ~e länger** the days grow longer in summer; **am ~** during the day; **am ~ bin ich immer im Büro** I'm always in the office during the day; **bei ~**[**e**] while it's light; **wir reisen besser bei ~e ab** we had better leave while it's light; [**bei**] **~ und Nacht** night and day; **in den letzten Wochen habe ich ~ und Nacht geschuftet** I've been grafting away night and day for these last few weeks; **~ sein/werden** to be/become light; **sobald es ~ wird, fahren wir los** we'll leave as soon as it's light; **im Sommer wird es früher ~ als im Winter** it gets light earlier in summer than in winter ❺ *pl* (*fam: Menstruation*) period; ■**jds ~e** sb's period; **sie hat ihre ~e** [**bekommen**] it's that time of the month for her ❻ *pl* (*Lebenszeit*) days; **die ~e der Jugend** one's salad days *old;* **auf seine/ihres alten ~e** at his/her time of life; **auf seine alten ~e hat er noch ein Studium angefangen** despite his advanced years he has begun some serious studies; **bis in unsere ~e** [**hinein**] up to the present day; **in unseren ~en** nowadays ▸WENDUNGEN: **es ist noch nicht aller ~e Abend** it's not all over yet; **man soll den ~ nicht vor dem Abend loben** (*prov*) one shouldn't count one's chickens before they're hatched *prov;* **schon bessere ~e gesehen haben** to have seen better days; **na, dein Auto hat auch schon bessere ~e gesehen!** well, your car has seen better days, hasn't it?; **ewig und drei ~e** (*hum fam*) for ever and a day; **der Jüngste ~** REL the Day of Judgement; **viel reden** [*o* **erzählen**], **wenn der ~ lang ist** (*fam*) to tell somebody anything; **etw an den ~ bringen** to bring sth to light; **etw kommt an den ~** sth comes to light; **in den ~ hinein leben** to live from day to day; **etw an den ~ legen** *Interesse* to show interest; *Aufmerksamkeit* to pay attention, they showed great interest in the latest machines; **über/unter ~e** above/below ground
Ta·ga·lisch [ta'ga:lɪʃ] *nt* Tagalog; *s. a.* **Deutsch**
Ta·ga·li·sche <-n> *nt* ■**das ~** Tagalog; *s. a.* **Deutsche**
tag·aus [ta:k'ʔaus] *adv* **~, tagein** day after day [*or* day in, day out]
Ta·ge·bau *m kein pl* open-cast mining; **im ~** by open-cast mining; **Braunkohle wird im ~ gefördert** lignite is mined by the open-cast method **Ta·ge·buch** *nt* ❶ (*tägliche Aufzeichnungen*) diary; **ein ~ führen** to keep a diary ❷ (*Terminkalender*) appointments diary **Ta·ge·geld** *nt* ❶ (*tägliches Krankengeld*) daily invalidity pay ❷ (*tägliche Spesenpauschale*) daily allowance
tag·ein [ta:k'ʔain] *adv s.* **tagaus**
ta·ge·lang I. *adj* lasting for days; **nach ~em Warten** after days of waiting **II.** *adv* for days; **nachdem es ~ geregnet hatte, kam endlich mal wieder die Sonne heraus** after it had rained for days the sun finally came out again **Ta·ge·lohn** *m* daily wage; **im ~ stehen/arbeiten** to be paid by the day **Ta·ge·löh·ner(in)** <-s, -> ['ta:gəlø:nɐ] *m(f)* (*veraltend*) day labourer [*or* AM -orer]
ta·gen[1] ['ta:gn̩] *vi impers* (*geh*) **es tagt!** day is breaking! *form*
ta·gen[2] *vi* to meet; **in Berlin tagt zurzeit ein Ärztekongress** there is a medical congress currently meeting in Berlin
Ta·ges·ab·lauf *m* daily routine **Ta·ges·an·bruch** *m* dawn, daybreak; **bei/nach/vor ~** at/after/before daybreak [*or* after] [*or* before] **Ta·ges·aus·flug** *m* day trip **Ta·ges·cre·me** *f* day cream **Ta·ges·de·cke** *f* bedspread **Ta·ges·ein·nah·men** *pl* day's takings *npl* **Ta·ges·ge·sche·hen** *nt* daily events *pl* **Ta·ges·ge·spräch** *nt* talking point of the day **Ta·ges·kar·te** *f* ❶ (*Speisekarte*) menu of the day ❷ (*einen Tag gültige Eintrittskarte*) day ticket **Ta·ges·kas·se** *f* ❶ (*tagsüber geöffnete Kasse*) box-office open during the day; **die ~ hat zwischen 10 und 13 Uhr geöffnet** the box-office is open during the day between 10 a.m. and 1 p.m. ❷ (*Tageseinnahmen*) day's takings *npl* **Ta·ges·kurs** *m* FIN current rate **Ta·ges·licht** *nt kein pl* daylight *no pl;* **bei ~** by [*or* in] daylight; **das müssen wir uns morgen mal bei ~ ansehen** we'll have to have a look at it tomorrow in daylight; (*vor Einbruch der Dunkelheit*) before dark; **ich muss mich beeilen, ich will noch bei ~ zu Hause sein** I must hurry, I want to be home before dark ▸WENDUNGEN: **etw ans ~ bringen** to bring sth to light; **etw kommt ans ~** sth comes to light; **das ~ scheuen** to shun the light of day **Ta·ges·licht·pro·jek·tor** *m* overhead projector **Ta·ges·marsch** *m* day's march **Ta·ges·mut·ter** *f* childminder **Ta·ges·ord·nung** *f* agenda; **etw auf die ~ setzen** to put

T

sth on the agenda; **auf der ~ stehen** to be on the agenda; **dieses Thema steht für morgen auf der ~** this topic is on tomorrow's agenda ▶WENDUNGEN: **an der ~ sein** to be the order of the day; [**wieder**] **zur ~ übergehen** to carry on as usual **Ta·ges·ord·nungs·punkt** *m* item on the agenda **Ta·ges·rei·se** *f* ① (*eintägiger Ausflug*) day trip ② (*Strecke*) day's journey **Ta·ges·satz** *m* ① (*tägliche Kosten*) daily rate ② (*Geldstrafe*) *fine calculated from the daily rate of income* **Ta·ges·schau** *f kein pl* TV news + *sing vb* (*daily TV news show of the ARD*), bulletin; ■**die ~** the news **Ta·ges·um·satz** *m* daily sales returns *pl* **Ta·ges·ver·brauch** *m* daily consumption **Ta·ges·zeit** *f* time [of day]; **zu jeder Tages- und Nachtzeit** (*fam*) at any hour of the night or day **Ta·ges·zei·tung** *f* daily [paper]

Tagetes <-> [ta'ge:tɛs] *f kein pl* HORT marigold

ta·ge·wei·se *adv* on a daily basis

Ta·ge·werk *nt kein pl* (*geh*) day's work

Tag·geld *nt* ÖSTERR, SCHWEIZ (*Tagegeld*) daily allowance

tag·hell ['ta:k'hɛl] *adj* as bright as day

täg·lich ['tɛ:klɪç] **I.** *adj attr* daily; *s. a.* **Brot II.** *adv* daily, every day

tags [ta:ks] *adv* by day; **~ darauf** the following day; **~ zuvor** the day before

tags·über ['ta:ks?y:bɐ] *adv* during the day

tag·täg·lich ['ta:k'tɛ:klɪç] **I.** *adj* daily **II.** *adv* on a daily basis, every day **Tag·traum** *m* daydream **Tag·und·nacht·glei·che** <-, -n> *f* equinox

Ta·gung <-, -en> *f* ① (*Fach~*) conference ② (*Sitzung*) meeting

Ta·gungs·be·ginn *m* beginning of a conference **Ta·gungs·dau·er** *f* duration of a conference **Ta·gungs·ort** *m* conference venue **Ta·gungs·teil·neh·mer(in)** *m(f)* participant in a conference

Ta·hi·ti [ta'hi:ti] *nt* Tahiti; *s. a.* **Sylt**

Tai·fun <-s, -e> [tai'fu:n] *m* typhoon

Tai·ga <-> ['taiga] *f kein pl* ■**die ~** the taiga

Tail·le <-, -n> ['taljə] *f* waist

tail·liert [ta(l)'ji:ɐt] *adj* fitted at the waist

Tai·peh <-s> [tai'pe:] *nt* Taipei

Tai·wan <-s> [tai'va:n] *nt* Taiwan

Ta·ke·la·ge <-, -n> [takə'la:ʒə] *f* NAUT rigging

ta·keln ['ta:kl̩n] *vt* NAUT ■**etw ~** to rig sth

Takt <-[e]s, -e> [takt] *m* ① MUSIK bar; **den ~** [**zu etw**] **schlagen** to beat time to sth ② *kein pl* (*Rhythmus*) rhythm; **den ~ angeben** [*o* **schlagen**] to beat time; **jdn aus dem ~ bringen** to make sb lose their rhythm, to disconcert sb; **jd kommt aus dem ~** to lose one's rhythm [*or* the beat]; **im ~** in time to sth ③ *kein pl* (*Taktgefühl*) tact; **etw mit ~ behandeln** to deal tactfully with sth; **keinen ~** [**im Leib**] **haben** (*fam*) not to have an ounce of tact in one; **gegen den ~ verstoßen** to behave tactlessly ④ AUTO stroke; **4-~-Motor** 4-stroke [engine] ⑤ *kein pl* LING foot ⑥ TECH phase ▶WENDUNGEN: **ein paar ~e** (*fam*) a few words; **ein paar ~e mit jdm reden** to have a word with sb

Takt·ge·fühl *nt* ① (*Feingefühl*) sense of tact; **~ haben** to have a sense of tact ② MUS sense of rhythm

tak·tie·ren* [tak'ti:rən] *vi* to use tactics; **klug/geschickt ~** to use clever/skilful tactics

Tak·tik <-, -en> ['taktɪk] *f* tactics *pl*; [**mit etw**] **eine bestimmte ~ verfolgen** to pursue certain tactics [with sth]; **wir müssen herausbekommen, welche ~ die Konkurrenz verfolgt** we must find out what tactics our competitors are pursuing

Tak·ti·ker(in) <-s, -> ['taktikɐ] *m(f)* tactician

tak·tisch ['taktɪʃ] **I.** *adj* tactical **II.** *adv* tactically

takt·los *adj* tactless

Takt·lo·sig·keit <-, -en> *f* ① *kein pl* (*taktlose Art*) tactlessness ② (*taktlose Aktion*) piece of tactlessness

Takt·stock *m* baton

takt·voll *adj* tactful

Tal <-[e]s, Täler> [ta:l, *pl* tɛ:lɐ] *nt* valley; **zu ~** (*geh*) down into the valley; (*flussabwärts*) downstream

tal·ab·wärts [ta:l'?apvɛrts] *adv* down the valley

Ta·lar <-s, -e> [ta'la:ɐ̯] *m* JUR robe, gown; REL cassock; SCH gown

tal·auf·wärts [ta:l'?vɛrts] *adv* up the valley, upstream

Tal des To·des *nt* Death Valley

Ta·lent <-[e]s, -e> [ta:'lɛnt] *nt* ① (*Begabung*) talent; ■**jds ~ für** [*o* **zu**] **etw** sb's talent for sth; **~** [**für** [*o* **zu**] **etw**] **haben** to have a talent [for sth] ② (*begabter Mensch*) talent *no pl;* **Ihr Sohn ist ein wirkliches ~** your son is a real talent; **junge ~e** young talents

ta·len·tiert [talɛn'ti:ɐ̯t] **I.** *adj* talented **II.** *adv* in a talented way

Ta·ler <-s, -> ['ta:lɐ] *m* HIST thaler

Tal·fahrt *f* ① (*Fahrt ins Tal*) descent [into the valley [*or* down a valley]], journey downstream ② (*starke Verluste*) steep decline

Talg <-[e]s, -e> ['talk, *pl* 'talgə] *m* ① (*festes Fett*) suet ② (*Absonderung der Talgdrüsen*) sebum

Talg·drü·se *f* sebaceous gland

Ta·lis·man <-s, -e> ['ta:lɪsman] *m* talisman, lucky charm, mascot

Talk[1] <-[e]s> [talk] *m kein pl* (*Mineral*) talc

Talk[2] <-s, -s> [tɔ:k] *m* (*Plauderei*) talk

tal·ken ['tɔ:kn] *vi* SOZIOL, MEDIA to chat, to talk

Talk·mas·ter(in) <-s, -> ['tɔ:kma:stɐ] *m(f)* chat show host BRIT, talk show host AM

Talk·pu·der *m o nt s.* **Talkum**

Talk·show[RR] <-, -s> *f*, **Talk-Show** <-, -s> ['tɔ:kʃo:] *f* chat show BRIT, talk show AM

Tal·kum <-s> ['talkʊm] *nt kein pl* talcum powder

Tal·linn <-s> ['talɪn] *nt* Tallin[n]

Tal·mi <-s> ['talmi] *nt kein pl* (*veraltend*) pinchbeck *form,* cheap rubbish [*or* AM garbage]; (*unechter Schmuck*) imitation jewellery [*or* AM jewelery]

Tal·mud <-[e]s, -e> ['talmu:t, *pl* -u:də] *m kein pl* REL Talmud

Tal·schaft <-, -en> *f* SCHWEIZ (*Territorium*) valley area; (*politische Einheit*) valley community

Tal·soh·le *f* ① (*Boden eines Tales*) bottom of a valley ② (*Tiefstand*) rock bottom **Tal·sper·re** *f* TECH *s.* **Staudamm**

Ta·ma·rin·de <-, -n> [tama'rɪndə] *f* tamarind

Ta·ma·ris·ke <-, -n> [tama'rɪskə] *f* tamarisk

Tam·bour <-en, -en> ['tambu:ɐ, tam'bu:ɐ] *m* SCHWEIZ (*Trommler*) drummer

Tam·bur·in <-s, -e> [tãbu'rɛ̃:] *nt* tambourine

Ta·mil [ta:mɪl] *nt* Tamil; *s. a.* **Deutsch**

Tam·pon <-s, -s> ['tampɔn, tam'po:n, tã'põ:] *m* tampon

Tam·tam <-s, -s> *nt* ① (*asiatisches Becken*) tomtom ② *kein pl* (*fam: großes Aufheben*) fuss; **ein** [**großes**] **~** [**um jdn/etw**] **machen** (*fam*) to make a [big] fuss [about [*or* over] sb/sth]

Tand <-[e]s> [tant] *m kein pl* (*veraltend geh*) knick-knacks *pl*

tän·deln ['tɛndl̩n] *vi* (*veraltend geh*) ■[**mit etw**] **~** to dally with sth; ■[**mit jdm**] **~** to trifle [with sb] *dated*

Tan·dem <-s, -s> ['tandɛm] *nt* tandem; **~ fahren** to ride a tandem

Tand·ler(in) <-s, -> ['tandlɐ] *m(f)* ÖSTERR (*fam*) ① (*Trödler*) junk dealer ② (*Charmeur*) flirt, philanderer

Tang <-[e]s, -e> ['taŋ] *m* seaweed

Tan·gens <-, -> ['taŋgɛns] *m* tangent

Tan·gen·te <-, -n> [taŋ'gɛntə] *f* ① MATH tangent ② TRANSP bypass, ring road

Tan·ger <-s> ['taŋɐ] *nt* Tangier[s]

tan·gie·ren* [taŋ'gi:rən] *vt* ① (*geh: streifen*) ■**jdn/etw ~** to touch upon sb/sth; **in unserer Besprechung wurde dieses Problem nur tangiert** this problem was only touched upon in our discussion ② (*geh: betreffen*) ■**jdn/etw ~** to affect sb/sth; **jdn nicht ~** (*fam*) not to bother sb ③ MATH ■**etw ~** to be tangent to

Tan·go <-s, -s> ['taŋgo] *m* tango

Tank <-s, -s> [taŋk] *m* TECH, MIL tank

Tank·de·ckel *m* fuel [*or* BRIT *a.* filler] cap [*or* BRIT *a.* petrol]
tan·ken ['taŋkn̩] **I.** *vi* (*den Tank füllen*) *Auto* to fill up with [*or* get some] petrol [*or* AM gas]; *Flugzeug* to refuel **II.** *vt* ❶ (*als Tankfüllung*) ■**etw** ~ to fill up with sth; **ich tanke nur noch Super bleifrei** I only fill up with Super lead-free ❷ (*fam: in sich aufnehmen*) ■**etw** ~ to get sth; **frische Luft/Sonne** ~ to get some fresh air/sun; **ich fahre an die See, um neue Kräfte zu** ~ I'm going to the seaside to recharge my batteries *fig* ▸ WENDUNGEN: [**ganz schön** [*o* **reichlich**] [*o* **ziemlich**]] **getankt haben** (*fam*) to have downed a fair amount
Tan·ker <-s, -> ['taŋkɐ] *m* NAUT tanker
Tank·füll·lung *f* a tankful **Tank·in·halt** *m* tank capacity **Tank·las·ter** *m* tanker **Tank·last·zug** *m* tanker **Tank·säu·le** *f* petrol [*or* AM gas] pump **Tank·stel·le** *f* garage, filling [*or* AM gas] [*or* BRIT petrol] station **Tank·uhr** *f* fuel [*or* petrol] gauge **Tank·ver·schluss**RR *m* ❶ (*Verschluss eines Tanks 2*) tank lid ❷ AUTO (*geh*) *s.* **Tankdeckel** **Tank·wa·gen** *m* tanker **Tank·wart(in)** *m(f)* petrol pump attendant BRIT, gas station attendant AM
Tan·ne <-, -n> ['tanə] *f* fir; (*Weiß~*) silver fir
Tan·nen·baum *m* ❶ (*Weihnachtsbaum*) Christmas tree ❷ (*fam: Tanne*) fir-tree **Tan·nen·hä·her** *m* ORN nutcracker **Tan·nen·ho·nig** *m* pine honey **Tan·nen·mei·se** *f* ORN coal tit **Tan·nen·na·del** *f* fir needle **Tan·nen·zap·fen** *m* fir cone
Tan·nin <-s> [ta'ni:n] *nt kein pl* tannin
Tan·sa·nia <-> [tanza'ni:a] *nt* Tanzania; *s. a.* **Deutschland**
Tan·sa·ni·er(in) <-s, -> [tan'za:ni̯ɐ] *m(f)* Tanzanian; *s. a.* **Deutsche(r)**
tan·sa·nisch [tan'za:nɪʃ] *adj inv* Tanzanian; *s. a.* **deutsch 1, 2**
Tan·tal <-s> ['tantal] *nt kein pl* CHEM tantalum
Tan·ta·lus·qua·len ['tantalʊs-] *pl* ▸ WENDUNGEN: ~ **leiden** (*geh*) to suffer the torments of Tantalus *liter*
Tan·te <-, -n> ['tantə] *f* ❶ (*Verwandte*) aunt, auntie *fam* ❷ (*pej fam: Frau*) old dear *pej fam* ❸ (*Kindersprache*) lady; **sag der ~ schön guten Tag!** say hello nicely to the lady!
Tan·te-Em·ma-La·den *m* (*fam*) corner shop
Tan·ti·e·me <-, -n> [tã'tie:mə, tã'tiɛ:me] *f* ❶ (*Absatzhonorar*) royalty ❷ *meist pl* (*Gewinnbeteiligung*) percentage of the profits
Tanz <-es, Tänze> ['tants, *pl* 'tɛntsə] *m* ❶ MUS dance; **jdn zum ~ auffordern** to ask sb to dance ❷ *kein pl* (*Tanzveranstaltung*) dance ❸ (*fam: Auseinandersetzung*) song and dance; **einen ~ [wegen etw] machen** [*o* **aufführen**] (*fam*) to make a song and dance [about sth] *fam* ▸ WENDUNGEN: **der ~ ums Goldene Kalb** worship of the golden calf [*or* of Mammon]; **ein ~ auf dem Vulkan** (*geh*) playing with fire
Tanz·abend *m* evening's dancing, ball **Tanz·bein** *nt* **das ~ schwingen** (*hum fam*) to take to the floor *fam* **Tanz·ca·fé** *nt* coffee house with a dance floor
Tänz·chen <-s, -> ['tɛntsçən] *nt dim von* **Tanz** dance; **ein ~ wagen** (*hum*) to venture onto the dance floor
tän·zeln ['tɛntsl̩n] *vi* ❶ *haben* (*auf und ab federn*) *Boxer* to dance; *Pferd* to prance ❷ *sein* (*sich leichtfüßig fortbewegen*) to skip
tan·zen ['tantsn̩] **I.** *vi* ❶ *haben* (*einen Tanz ausführen*) to dance; **wollen wir ~?** shall we dance?; ~ [*o* **zum T~**] **gehen** to go dancing; *s. a.* **Pfeife** ❷ *sein* (*sich tanzend fortbewegen*) to dance; **auf dem Seil** ~ to walk the tightrope [*or* high wire] ❸ *haben* (*hüpfen*) *Gläser, Würfel* to jump in the air; **das kleine Boot tanzte auf den Wellen** the little boat bobbed up and down on the waves; **ihm tanzte alles vor den Augen** the room was spinning before his eyes **II.** *vt haben* **einen Tango/ein Solo** ~ to dance the tango/a solo **III.** *vr* ■**sich ...** ~ to dance oneself into a certain state; **sich in Ekstase** ~ to dance oneself into a state of ecstasy; **sich müde/heiß** ~ to dance oneself into a state of exhaustion/a sweat
Tän·zer(in) <-s, -> ['tɛntsɐ] *m(f)* ❶ (*Tanzpartner*) dancer, [dancing] partner; **ein guter/schlechter ~ sein** to be a good/bad dancer; **kein ~ sein** to be no dancer ❷ (*Ballett~*) ballet dancer
tän·ze·risch **I.** *adj* dancing; **die Paare zeigten ihr ~es Können** the couples showed their dancing ability **II.** *adv* in terms of dancing; **die Kür war ~ ausgezeichnet** the dancing in the free section was excellent
Tanz·flä·che *f* dance floor **Tanz·grup·pe** *f* dance group **Tanz·ka·pel·le** *f* dance band **Tanzkurs** *m,* **Tanzkursus** *m* ❶ (*Lehrgang für [Gesellschafts]tanzen*) dancing lessons ❷ (*Teilnehmer eines Tanzkurses*) dance class **Tanz·leh·rer(in)** *m(f)* dance [*or* dancing] teacher **Tanz·lo·kal** *nt* café with a dance floor **Tanz·mu·sik** *f* dance music **Tanz·or·ches·ter** *nt* dance orchestra **Tanz·part·ner(in)** *m(f)* dancing partner **Tanz·schu·le** *f* dancing school, school of dancing **Tanz·stun·de** *f* ❶ *kein pl* (*Kurs*) dancing class ❷ (*Unterrichtsstunde*) dancing lesson; **~n nehmen** to have dancing lessons
tanz·wü·tig *adj* dance-crazy [*or* -mad]
Tanz·wü·ti·ge(r) *f(m) dekl wie adj* dance addict *hum;* (*bei Techno a.*) raver; ■**eine ~/ein ~r sein** to be dance-crazy [*or* -mad]
Ta·pe·na·de *f* KOCHK tapenade
Ta·pet [ta'pe:t] *nt* ▸ WENDUNGEN: **etw aufs ~ bringen** (*fam*) to bring up sth *sep;* **aufs ~ kommen** (*fam*) to come up
Ta·pe·te <-, -n> [ta'pe:tə] *f* wallpaper *no pl* ▸ WENDUNGEN: **die ~n wechseln** to have a change of scenery
Ta·pe·ten·bahn *f* strip of wallpaper **Ta·pe·ten·far·be** *f* colour [*or* AM -or] of the wallpaper **Ta·pe·ten·ge·schäft** *nt* wallpaper shop [*or* AM store] **Ta·pe·ten·rol·le** *f* roll of wallpaper **Ta·pe·ten·wech·sel** *m* (*fam*) change of scene; **einen ~ brauchen** to need a change of scenery
ta·pe·zie·ren* [tape'tsi:rən] *vt* ■**etw** ~ to wallpaper sth
Ta·pe·zie·rer(in) <-s, -> *m(f)* decorator
tap·fer ['tapfɐ] *adj* ❶ (*mutig*) brave, courageous ❷ (*fam: munter*) heartily; **greif' nur ~ zu!** just help yourself to as much as you like!
Tap·fer·keit <-> *f kein pl* bravery, courage
Ta·pir <-s, -e> ['ta:pi̯ɐ] *m* ZOOL tapir
tap·pen ['tapn̩] *vi* ❶ *sein* (*schwerfällig gehen*) ■[**irgendwohin**] ~ to walk hesitantly; **schlaftrunken tappte er zum Telefon** he shuffled drowsily to the phone ❷ *haben* (*tasten*) ■[**nach etw**] ~ to grope [*or* fumble] [for sth]; *s. a.* **dunkel, Falle**
tap·sen ['tapsn̩] *vi sein* (*fam*) *Kleinkind* to toddle; *Bär* to lumber
tap·sig ['tapsɪç] *adj* (*fam*) awkward, clumsy
Ta·ra <-, Taren> ['ta:ra, *pl* 'ta:rən] *f* tare
Ta·ran·tel <-, -n> [ta'rantl̩] *f* ZOOL tarantula ▸ WENDUNGEN: **wie von der ~ gestochen** (*fam*) as if one had been stung
Ta·rif <-[e]s, -e> [ta'ri:f] *m* ❶ (*gewerkschaftliche Gehaltsvereinbarung*) pay scale; **nach/über/unter ~** according to/above/below the negotiated rate ❷ (*festgesetzter Einheitspreis*) charge
Ta·ri·fa·bschlussRR *m* wage agreement **Ta·rif·au·to·no·mie** *f* right to free collective bargaining **Ta·rif·be·zirk** *m* ÖKON, ADMIN tariff area **Ta·rif·grup·pe** *f* grade, scale, wage group **Ta·rif·kom·mis·sion** *f* ÖKON, ADMIN joint working party on wages **Ta·rif·kon·flikt** *m* pay [*or* wage] dispute **Ta·rif·land·schaft** *f* current pay situation
ta·rif·lich **I.** *adj* negotiated; **der ~e Stundenlohn** the negotiated hourly wage rate **II.** *adv* by negotiation; **in den meisten Branchen sind Löhne und Gehälter ~ festgelegt** in most sectors wages and salaries are determined by negotiation
Ta·rif·lohn *m* standard wage **Ta·rif·par·tei** *f,* **Ta·rif·part·ner(in)** *m(f)* party to a wage agreement **Ta·rif·run·de** *f* pay round, round of collective bargaining **Ta·rif·streit** *m* wage dispute **Ta·rif·sys·tem** *nt* collective wage system **Ta·rif·ver·ein·ba·rung** *f* collective wage agreement **Ta·rif·ver·hand·lung** *f meist pl* collective wage negotiations *pl* **Ta·rif·ver·trag** *m* collective wage agreement

Tarn·an·strich *m* camouflage **Tarn·an·zug** *m* camouflage battledress, battle dress uniform AM

tar·nen ['tarnən] *vt* ❶ MIL (*unkenntlich machen*) ■**sich** ~ to camouflage oneself; ■**etw** [**gegen etw**] ~ to camouflage sth [against sth] ❷ (*Identität wechseln*) ■**etw** [**durch** [*o* **als**] **etw**] ~ to disguise sth [by doing sth]; ■**sich** [**als jd**] ~ to disguise oneself [as sb]; **der Privatdetektiv hatte sich als Mitarbeiter getarnt** the private detective had disguised himself as an employee

Tarn·far·be *f* camouflage paint **Tarn·kap·pe** *f* magic cap of invisibility **Tarn·na·me** *m* cover name

Tar·nung <-, -en> *f* ❶ *kein pl* (*das Tarnen*) camouflage ❷ MIL camouflage ❸ (*tarnende Identität*) cover

Ta·rock <-s, -s> [ta'rɔk] *m o nt* DIAL tarot

Täsch·chen <-s, -> ['tɛʃçən] *nt dim von* **Tasche** small bag

Ta·sche <-, -n> ['taʃə] *f* ❶ (*Hand~*) [hand]bag; (*Einkaufs~*) [shopping] bag; (*Akten~*) briefcase ❷ (*in Kleidungsstücken*) pocket; (*Hosen~*) pocket; **nimm die Hände aus der ~!** take your hands out of your pockets!; **etw in der ~ haben** to have sth in one's pocket ❸ (*Hohlraum*) pouch; (*Backen~*) cheek pouch ▸ WENDUNGEN: **tief in die ~ greifen müssen** (*fam*) to have to dig deep into one's pocket; [**etw**] **aus der eigenen ~ bezahlen** (*fam*) to pay for sth out of one's own pocket; **sich die** [**eigenen**] **~n füllen** to feather one's own nest; **etw in der ~ haben** to have sth in the bag *fig;* **jdm auf der ~ liegen** (*fam*) to live off sb; **sich** *dat* **in die eigene ~ lügen** to fool [*or* kid] oneself; **etw in die eigene ~ stecken** (*fam*) to pocket sth; **jdn in die ~ stecken** (*fam*) to be head and shoulders above sb; **in die eigene ~ wirtschaften** (*fam*) to line one's own pocket[s]; **jdm das Geld aus der ~ ziehen** (*fam*) to con money out of sb

Ta·schen·aus·ga·be *f* pocket edition **Ta·schen·buch** *nt* paperback **Ta·schen·buch·aus·ga·be** *f* paperback edition **Ta·schen·dieb(in)** *m(f)* pickpocket **Ta·schen·for·mat** *nt* pocket size; ~ **haben** to be pocket size[d]; **im ~** pocket-size; **eine Videokamera im ~** a pocket-size video camera **Ta·schen·geld** *nt* pocket money **Ta·schen·ka·len·der** *m* pocket diary **Ta·schen·kamm** *m* pocket comb **Ta·schen·krebs** *m* [common] crab **Ta·schen·lam·pe** *f* torch **Ta·schen·mes·ser** *nt* penknife **Ta·schen·rech·ner** *m* pocket calculator **Ta·schen·spie·gel** *m* pocket mirror **Ta·schen·spie·ler·trick** *m* (*pej*) trick, sleight of hand **Ta·schen·tuch** *nt* handkerchief **Ta·schen·uhr** *f* pocket watch **Ta·schen·wör·ter·buch** *nt* pocket dictionary

Tasch·kent <-s> [taʃ'kɛnt] *nt* Tashkent

Tas·man·see ['tasman-] *f* Tasman Sea

Täss·chenRR, **Täß·chen**ALT <-s, -> ['tɛsçən] *nt dim von* **Tasse** ❶ (*kleine Tasse*) little cup ❷ (*Menge*) drop *fig*

Tas·se <-, -n> ['tasə] *f* ❶ (*Trinkgefäß*) cup ❷ (*Menge einer ~*) cup; **eine ~ Tee** a cup of tea ▸ WENDUNGEN: **nicht alle ~n im Schrank haben** (*fam*) not to be right in the head *fam;* **trübe ~** (*fam*) a drip *fam;* **hoch die ~n!** (*prov fam*) bottoms up! *fam*

Tas·ta·tur <-, -en> [tasta'tuːɐ̯] *f* INFORM, MUSIK keyboard

Tas·ta·tur·ab·de·ckung *f* keyboard cover

Tas·te <-, -n> ['tastə] *f* (*Tastatur, Schreibmaschine*) key; (*Telefon, Sprechfunkgerät*) button; [**mächtig**] **in die ~n greifen** to strike up a tune; **auf die ~n hauen** [*o* **hämmern**] (*hum fam*) to hammer away at the keyboard *hum fam*

tas·ten ['tastn̩] **I.** *vi* (*fühlend suchen*) ■[**nach etw**] ~ to feel [*or* grope] [for sth]; **~de Fragen** tentative questions; **ein erster ~der Versuch** a first tentative attempt **II.** *vr* (*sich vortasten*) ■**sich irgendwohin** ~ to grope one's way to somewhere **III.** *vt* ❶ (*fühlend wahrnehmen*) ■**etw** ~ to feel sth ❷ (*per Tastendruck eingeben*) ■**etw** ~ to enter sth; **taste eine 9** press 9

Tas·ten·feld *nt* key pad **Tas·ten·in·stru·ment** *nt* keyboard instrument **Tas·ten·te·le·fon** *nt* push-button telephone

Tast·sinn *m kein pl* sense of touch

tat [taːt] *imp von* **tun**

Tat <-, -en> [taːt] *f* ❶ (*Handlung*) act, deed *form;* **eine gute ~** a good deed; **eine verhängnisvolle ~** a fateful deed *form;* **zur ~ schreiten** (*geh*) to proceed to action; **etw in die ~ umsetzen** to put sth into effect ❷ (*Straf~*) crime, offence [*or* AM -se]; **jdn auf frischer ~ ertappen** to catch sb red-handed *fig* ▸ WENDUNGEN: **jdm mit Rat und ~ beistehen** to support sb in word and deed [*or* in every way possible]; **in der ~** indeed; *s. a.* **Mann**

Ta·tar <-s> [ta'taːɐ̯] *nt kein pl* KOCHK tartare

Tatar(in) <-en, -en> [ta'taːɐ̯] *m(f)* Tartar

Tat·be·stand *m* ❶ (*Sachlage*) facts [of the matter] ❷ JUR elements of an offence [*or* AM -se]; **sein Verbrechen erfüllt den ~ der vorsätzlichen Tötung** his offence constitutes premeditated murder

Ta·ten·drang *m kein pl* (*geh*) thirst for action [*or* enterprise] **ta·ten·los** *adj inv* idle; ~ **zusehen** to stand and watch, to stand idly by

Tä·ter(in) <-s, -> ['tɛːtɐ] *m(f)* culprit, perpetrator; **unbekannte ~** unknown culprits

Tä·ter·schaft <-> *f kein pl* responsibility for an offence, guilt

tä·tig ['tɛːtɪç] *adj* ❶ (*beschäftigt*) employed; ■[**irgendwo**] ~ **sein** to work [somewhere]; **sie ist als Abteilungsleiterin in der pharmazeutischen Industrie ~** she works as a departmental head in the pharmaceutical industry ❷ *attr* (*tatkräftig*) active ❸ (*aktiv*) active; **unentwegt ~ sein** to be always on the go *fam;* ■[**in etw** *dat*] ~ **werden** (*geh*) to take action [in sth]

tä·ti·gen ['tɛːtɪgn̩] *vt* (*geh*) ■**etw** ~ to carry out sth, to effect sth; **einen Abschluss ~** to conclude a deal

Tä·tig·keit <-, -en> *f* ❶ (*Beschäftigung*) occupation; **das ist eine recht gut bezahlte ~** that's a really well paid occupation; **eine ~ ausüben** to practise a profession ❷ *kein pl* (*Aktivität*) activity; **außer ~ gesetzt** put out of action; **in ~ sein** to be operating [*or* running]; **in ~ treten** to intervene; *Alarmanlage, Überwachungskamera* to come into operation; *Vulkan* to become active

Tä·tig·keits·be·reich *m* field of activity

Tat·kraft *f kein pl* drive *no pl*

tat·kräf·tig *adj* active, energetic

tät·lich ['tɛːtlɪç] *adj* violent; [**gegen jdn**] ~ **werden** to become violent [towards sb]

Tät·lich·keit *f* (*geh*) violence

Tat·mo·tiv *nt* JUR motive **Tat·ort** *m* scene of the crime

tä·to·wie·ren* [tɛto'viːrən] *vt* ■**jdn** ~ to tattoo sb; ■[**jdm**] **etw** [**irgendwohin**] ~ to tattoo sth [on sb] [somewhere]; ■**tätowiert** tattooed

Tä·to·wie·rung <-, -en> *f* ❶ (*eingeritztes Motiv*) tattoo ❷ *kein pl* (*das Tätowieren*) tattooing

Tat·sa·che ['taːtzaxə] *f* fact; **auf dem Boden der ~n stehen** to be realistic; **unter Vorspiegelung falscher ~n** under false pretences [*or* AM -ses]; **etw beruht auf ~n** sth is based on facts; **den ~n entsprechen** to be consistent with [*or* to fit] the facts; **die ~n verdrehen** to distort [*or* twist] the facts; ~ **ist** [**aber**], **dass** the fact of the matter is [however] that; **das ist** [**eine**] ~ (*fam*) that's a fact; **~?** (*fam*) really? *fam;* **~!** (*fam: zur Bekräftigung*) it's a fact!, it's true! ▸ WENDUNGEN: **den ~n ins Auge sehen** to face the facts; **nackte ~n** (*die ungeschminkte Wahrheit*) the naked facts; (*nackte Körper*[*teile*]) bare facts; **vollendete ~n schaffen** to create a fait accompli; **jdn vor vollendete ~n stellen** to present sb with a fait accompli; **vor vollendeten ~n stehen** to be faced with a fait accompli

Tat·sa·chen·be·richt *m* factual report

tat·säch·lich ['taːtzɛçlɪç, taːt'zɛçlɪç] **I.** *adj inv, attr* (*wirklich*) actual *attr,* real; **der Bericht basiert auf ~en Begebenheiten** the report is based on actual events **II.** *adv* ❶ (*in Wirklichkeit*) actually, really, in fact ❷ (*in der Tat*) really; **er hat das ~ gesagt?** did he really say that?; **~?** (*wirklich?*) really?; **er will auswandern – ~?** he wants to emigrate – are you serious?; **~!**

really!

tät·scheln ['tɛːtʃl̩n] *vt* ■**jdn/etw** ~ to pat sb/sth

Tat·te·rich ['tatərɪç] *m* **den ~ haben/bekommen** (*fam*) to have/get the shakes *fam*

tat·te·rig ['tatərɪç] *adj* (*fam*) doddery BRIT, shaky AM; ■~ **sein/werden** to be/become doddery; **eine ~e Schrift** shaky handwriting

Tat·too <-s, -s> [tɛ'tuː, ta'tuː] *nt* ① (*Tätowierung*) tattoo ② (*Tätowieren*) tattooing

Tat·ver·dacht *m* suspicion; **es besteht ~** there are grounds for suspicion; **unter [dringendem] ~ stehen** (*geh*) to be under [strong] suspicion **tat·ver·däc·htig** *adj* suspected, under suspicion; ■~ **sein** to be a suspect **Tat·ver·däch·ti·ge(r)** *f(m) dekl wie adj* suspect **Tat·waf·fe** *f* murder weapon, weapon [used in the crime]

Tat·ze <-, -n> ['tatsə] *f* ① (*Pranke*) paw ② (*pej fam: große Hand*) paw *fam;* **nimm deine ~ da weg!** hands off!, get your hands off that! ③ DIAL (*Stockschlag auf die Hand*) stroke with the cane [on the hand]

Tat·zeit *f* time of the crime [*or* incident]

Tau[1] <-[e]s> [tau] *m kein pl* (*Tautropfen*) dew ▶WENDUNGEN: **vor ~ und Tag** (*geh*) at the crack of dawn

Tau[2] <-[e]s, -e> [tau] *nt* rope

taub [taup] *adj* ① (*gehörlos*) deaf; ■~ **sein** to be deaf; **bist du ~?** (*iron*) are you deaf? *iron;* **sich ~ stellen** to turn a deaf ear ② (*gefühllos*) numb ③ (*ignorant*) ■**[gegen** [*o* **für**] **etw]** ~ **sein** to be deaf [to sth]; **... aber du bist ja ~ für alle gut gemeinten Ratschläge ...** but you never listen to any well-intended advice ④ (*unfruchtbar*) **eine ~e Nuss** an empty nut; **~er Boden** GEOL barren ground; **~es Metall** dull metal; **~es Erz** base [*or* low-grade] metal; *s. a.* **Ohr**

Täub·chen <-s, -> ['tɔypçən] *nt dim von* **Taube** ① (*kleine Taube*) little dove ② (*Schatz*) little cherub

Tau·be <-, -n> ['taubə] *f* ORN dove, pigeon; **sanft wie eine ~** gentle as a dove ▶WENDUNGEN: **~n und Falken** POL (*fam*) doves and hawks; **die gebratenen ~n fliegen einem nicht ins Maul** (*prov fam*) you can't expect things to be handed to you on a plate

Tau·be(r) <Tauben, Taube> *f(m) dekl wie adj* deaf person

tau·ben·blau *adj* bluey-grey [*or* AM gray] **Tau·ben·ei** *nt* pigeon's [*or* dove's] egg **tau·ben·grau** *adj* dove grey [*or* AM gray] **Tau·ben·schlag** *m* (*Verschlag für Tauben*) pigeon loft ▶WENDUNGEN: **[hier geht es zu] wie im ~** (*fam*) [it's] like Piccadilly Circus

Täu·ber <-s, -> ['tɔybɐ] *m* cock pigeon

Taub·heit <-> *f kein pl* ① (*Gehörlosigkeit*) deafness *no pl* ② (*Gefühllosigkeit*) numbness *no pl*

Täub·ling <-s, -e> ['tɔyplɪŋ] *m* BOT, KOCHK russula

Taub·nes·sel *f* dead-nettle **taub·stumm** *adj* deaf and dumb **Taub·stum·me(r)** *f(m) dekl wie adj* deaf mute

tau·chen [tauxn̩] **I.** *vi* ① *haben o sein* (*untertauchen*) to dive; ■**[nach jdm/etw]** ~ to dive [for sb/sth]; **nach Perlen ~** to dive for pearls; *U-Boot* to dive, to submerge ② *sein* (*auftauchen*) ■**[aus etw]** ~ to appear, to emerge, to surface **II.** *vt haben* ① (*eintauchen*) ■**etw [in etw** *akk*] ~ to dip sth [in sth]; **in [gleißendes] Licht getaucht** bathed in [glistening] light ② (*untertauchen*) ■**jdn/etw** ~ to duck sb/sth

Tau·chen <-s> [tauxn̩] *nt kein pl* diving

Tau·cher(in) <-s, -> [tauxɐ] *m(f)* ① (*Tauchender*) diver ② ORN diver

Tau·cher·an·zug *m* diving suit **Tau·cher·aus·rüs·tung** *f* diving equipment **Tau·cher·bril·le** *f* diving goggles *npl* **Tau·cher·glo·cke** *f* diving bell **Tau·cher·helm** *m* diver's [*or* diving] helmet

Tau·che·rin <-, -nen> *f fem form von* **Taucher**

Tau·cher·mas·ke *f* diving mask

Tauch·sie·der <-s, -> *m* immersion heater **Tauch·sta·ti·on** *f* NAUT **auf ~ gehen** to dive ▶WENDUNGEN: **auf ~ gehen** (*fam*) to make oneself scarce; **ich habe Urlaub, ich gehe jetzt für drei Wochen auf ~** I'm on holiday; I'm going to disappear for three weeks

tau·en ['tauən] **I.** *vi* ① *haben* (*Tauwetter setzt ein*) ■**es taut** it is thawing ② *sein* (*schmelzen*) to melt ③ *sein* (*abschmelzen*) ■**[von etw]** ~ to melt [*or* thaw] [on sth] **II.** *vt* ■**etw** ~ to melt sth; **die Sonne hat den Schnee getaut** the sun has melted the snow

Tauf·be·cken *nt* font

Tau·fe <-, -n> ['taufə] *f* (*christliches Aufnahmeritual*) baptism, christening; **jdn aus der ~ heben** to be a godparent to sb ▶WENDUNGEN: **etw aus der ~ heben** (*hum fam*) to launch sth

tau·fen ['taufn̩] *vt* ① (*die Taufe vollziehen*) ■**jdn** ~ to baptize sb, to christen sb; ■**sich ~ lassen** to be baptized; **ein getaufter Jude** a converted Jew ② (*in der Taufe benennen*) ■**jdn** ~ to christen sb ③ (*fam: benennen*) ■**etw** ~ to christen sth; **ein Schiff ~** to christen a ship

Tau·flie·ge *f* ZOOL fruit fly

Täuf·ling <-s, -e> *m* child [*or* person] to be baptized

Tauf·name *m* Christian name **Tauf·pa·te, -pa·tin** *m, f* godfather *masc,* godmother *fem* **Tauf·re·gis·ter** *nt* baptismal register

tau·frisch *adj inv* dewy; **~e Blumen** fresh flowers; **eine ~e Wiese** a meadow covered in dew ▶WENDUNGEN: **nicht mehr [ganz] ~ sein** (*fam*) to be [a bit] over the hill *fam,* to be no spring chicken *fam*

Tauf·schein *m* certificate of baptism

tau·gen ['taugn̩] *vi* ① (*wert sein*) ■**etwas/viel/nichts** ~ to be useful/very useful/useless; ■**jd taugt etwas/nichts** to be of use/no use; **der Kerl taugt nichts** the bloke's useless [*or* no good] ② (*geeignet sein*) ■**als** [*o* **zu**] [*o* **für**] **etw** ~ to be suitable for; **er taugt dazu wie der Esel zum Lautespielen** he's like a pig with a fiddle

Tau·ge·nichts <-[es], -e> ['taugənɪçts] *m* (*veraltend*) good-for-nothing

taug·lich ['tauklɪç] *adj* ① (*geeignet*) suitable; ■**[für etw]** ~ **sein** to be suitable [for sth] ② MIL (*wehrdienst~*) fit [for military service]; ■~ **sein** to be fit [for military service]; **jdn ~ schreiben** to declare sb fit for military service

Taug·lich·keit <-> *f kein pl* ① (*Eignung für einen Zweck*) suitability ② MIL (*Wehrdienst~*) fitness [for military service]

Tau·mel <-s> ['tauml̩] *m kein pl* (*geh*) ① (*Schwindelgefühl*) dizziness, giddiness; **wie im ~** in a daze ② (*geh: Überschwang*) frenzy; **ein ~ des Glücks** a frenzy of happiness; **im ~ der Leidenschaft** in the grip of passion

tau·me·lig ['tauməlɪç] *adj* ① (*schwankend*) dizzy, giddy ② (*benommen*) ■~ **sein/werden** to be/become dizzy [*or* giddy]; **gib mir deinen Arm, ich bin etwas ~** give me your arm, I feel a little dizzy

tau·meln ['tauml̩n] *vi sein* to stagger; **was hast du? du taumelst ja!** what's the matter? why are you staggering?; **die Maschine begann zu ~ und stürzte ab** the plane began to roll and then crashed

Tau·nus ['taunʊs] *m* Taunus

Tausch <-[e]s, -e> [tauʃ] *m* exchange, swap; **jdm etw zum** [*o* **im**] ~ **[für etw] anbieten** to offer sth to sb in exchange [for sth]; **[etw] in ~ geben** to give [sth] in exchange; **einen guten/schlechten ~ machen** to make a good/bad exchange; **ich habe einen guten ~ gemacht** I've made a good exchange; **[etw] in ~ nehmen** to take [sth] in exchange; **im ~ gegen** [*o* **für**] **[etw]** in exchange for [sth]

Tausch·ab·kom·men *nt* ÖKON barter agreement [*or* arrangement] **Tausch·bör·se** *f* INET on-line exchange service

tau·schen ['tauʃn̩] **I.** *vt* ① (*gegeneinander einwechseln*) ■**etw [gegen etw]** ~ to exchange [*or* swap] sth [for sth]; ■**[etw] mit jdm** ~ to swap [sth] with sb; **würden Sie den Platz mit mir ~?** would you swap places with me? ② (*geh: austauschen*) ■**etw** ~ to exchange sth; **mir ist aufgefallen, dass die bei-**

T

den Blicke tauschten I noticed that the two of them were exchanging glances; **die Rollen** ~ to swap parts [*or* roles]; **Zärtlichkeiten** ~ to exchange caresses **II.** *vi* to swap; **wollen wir ~?** shall we swap? ▸ WENDUNGEN: **mit niemandem** [*o* **jdm nicht**] ~ **wollen** not to wish to change places with sb; **ich möchte nicht mit ihr** ~ I wouldn't want to change places with her [*or fig* like to be in her shoes]

täu·schen ['tɔyʃn̩] **I.** *vt* (*irreführen*) ■**jdn** ~ to deceive sb; **durch jds Verhalten/Behauptung getäuscht werden** to be deceived by sb's behaviour [*or* AM -or]/assertion; ■**sich** [**von jdm** [*o* **etw**]] **nicht** ~ **lassen** not to be fooled [by sb [*or* sth]]; **wenn mich nicht alles täuscht** if I'm not completely mistaken; **wenn mich mein Gedächtnis nicht täuscht** unless my memory deceives me **II.** *vr* (*sich irren*) ■**sich** ~ to be mistaken [*or* wrong]; **du musst dich getäuscht haben** you must be mistaken; **ich kann mich natürlich** ~ of course I could be mistaken; ■**sich** [**in jdm/etw**] ~ to be mistaken [*or* wrong] [about sb/sth]; **darin täuschst du dich** you're wrong about that; ■**sich** [**in etw** *dat*] **getäuscht sehen** to be mistaken [*or* wrong] [about sth] **III.** *vi* ❶ (*irreführen*) to be deceptive; **der Schein täuscht** appearances are deceptive ❷ SPORT to feint, to sell sb a dummy BRIT ❸ SCH (*geh: schummeln*) to cheat

täu·schend I. *adj inv* (*trügerisch*) deceptive; (*zum Verwechseln*) apparent; **~e Ähnlichkeit** remarkable [*or* striking] resemblance [*or* similarity] **II.** *adv* (*trügerisch*) deceptively; (*zum Verwechseln*) remarkably, strikingly; **sie sieht ihrer Mutter** ~ **ähnlich** she bears a striking resemblance to her mother

Tausch·ge·schäft *nt* exchange, swap; [**mit jdm**] **ein** ~ **machen** to exchange [*or* swap] sth [with sb] **Tausch·han·del** *m* ❶ *kein pl* ÖKON barter; ~ **treiben** to [practise [*or* AM -ce]] barter ❷ *s.* **Tauschgeschäft**

Täu·schung <-, -en> ['tɔyʃʊŋ] *f* ❶ (*Betrug*) deception; **arglistige** ~ JUR fraud ❷ (*Irrtum*) error, mistake; **optische** ~ optical illusion; **einer** ~ **erliegen** [*o* **unterliegen**] to be the victim of a delusion *form;* **sich einer** ~ *dat* **hingeben** (*geh*) to delude oneself

Täu·schungs·ma·nö·ver *nt* ploy, ruse **Täu·schungs·ver·such** *m* attempt to deceive

tau·send ['tauzn̩t] *adj* ❶ (*Zahl*) a [*or* one] thousand; **ich wette mit dir ~ zu eins, dass er verliert** I'll bet you any money [*or* a thousand to one] that he loses; ~ **Jahre alt sein** to be a [*or* one] thousand years old; **einige** ~ **Euro** several thousand euros; **auf die paar** ~ **Leute kommt es nicht drauf an** those few thousand people won't make a difference; **einer von** ~ **Menschen** one in every thousand people; **in** ~ **Jahren** in a thousand years [from now] ❷ (*fam: sehr viele*) thousands of [*or* a thousand] ...; **ich muss noch** ~ **Dinge erledigen** I've still got a thousand and one things to do; ~ **Grüße auch an deine Kinder** my very best wishes to your children too; ~ **Ausreden** a thousand excuses; ~ **Ängste ausstehen** to be terribly worried; *s. a.* **Dank** ▸ WENDUNGEN: ~ **Tode sterben** to be worried to death

Tau·send[1] <-s, -e> ['tauzn̩t, *pl* -n̩də] *nt* ❶ (*Einheit von 1000 Dingen*) a thousand; **ein halbes** ~ five hundred; **einige** [*o* **mehrere**] ~ several thousand; [**zehn/zwanzig etc**] **von** ~ [ten/twenty etc] per thousand [*or* out of every thousand] ❷ *pl, auch kleingeschrieben* (*viele tausend*) thousands *pl;* **einige ~e ...** several thousand ...; **~e von ...** thousands of ...; **~e von Menschen, ~er Menschen** thousands of people; **einer von** [*o* **unter**] ~ one in a thousand; **in die ~e gehen** *Kosten, Schaden* to run into the thousands; **zu ~en** by the thousands; ~ **und Abertausend ...** thousands and thousands of ...

Tau·send[2] <-, -en> ['tauzn̩t, *pl* -n̩dn̩] *f* thousand

Tau·sen·der <-s, -> ['tauzn̩dɐ] *m* ❶ (*fam: Tausendmarkschein*) thousand-mark note ❷ (*1000 als Bestandteil einer Zahl*) thousands ❸ (*fam: Berg*) *mountain over 1,000 m*

tau·sen·der·lei ['tauzn̩dɐ'lai] *adj inv* (*fam*) a thousand [different]; **ich habe** ~ **zu tun heute** I've a thousand and one things to do today

tau·send·fach, 1000fach ['tauzn̩tfax] **I.** *adj* thousandfold; *s. a.* **achtfach II.** *adv* thousandfold, a thousand times over

Tau·send·fa·che, 1000fache *nt dekl wie adj* a thousand times the amount, the thousandfold *rare; s. a.* **Achtfache**

Tau·send·füß·ler <-s, -> ['tauzn̩tfy:slɐ] *m* centipede

Tau·send·jahr·fei·er *f* millennium [celebrations *pl*] **tau·send·jäh·rig, 1000-jährig**[RR] ['tauzn̩tjɛ:rɪç] *adj* ❶ (*Alter*) thousand-year-old *attr,* one thousand years old *pred; s. a.* **achtjährig 1** ❷ (*Zeitspanne*) thousand year *attr; s. a.* **Reich tau·send·mal, 1000-mal**[RR] ['tauzn̩tma:l] *adv* ❶ a thousand times; *s. a.* **achtmal** ❷ (*fam: sehr viel, sehr oft*) a thousand times, thousands of times; **bitte** ~ **um Entschuldigung!** (*fam*) a thousand apologies!; *s. a.* **hundertmal 2 Tau·send·schön·chen** <-s, -> ['tauzn̩tʃø:nçn̩] *nt* daisy

tau·send·ste(r, s) ['tauzn̩tstə] *adj* [one] thousandth; *s. a.* **achte(r, s)**

Tau·send·ste(r, s) ['tauzn̩tstə] *nt* the [one] thousandth; *s. a.* **achte(r, s)**

Tau·sends·tel ['tauzn̩tstl̩] *nt o* SCHWEIZ *m* thousandth **tau·send·und·ei·ne(r, s)** *adj* a thousand and one; *s. a.* **Nacht tau·send·und·eins** [tauzn̩tʔʊnt'ains] *adj* one thousand and one

Tau·to·lo·gie <-, -ien> [tautolo'gi:, *pl* -'gi:ən] *f* tautology

Tau·trop·fen *m* dewdrop **Tau·wet·ter** *nt* ❶ (*Schneeschmelze*) thaw; ~ **haben** [*o* **sein**] to be thawing; **wir haben** ~ a thaw has set in; **bei** ~ during a thaw, when it thaws ❷ (*fig: politisch versöhnlichere Zeit*) thaw

Tau·zie·hen *nt kein pl* ❶ (*Seilziehen*) tug-of-war ❷ (*fig geh: Hin und Her*) tug-of-war; **nach langem** ~ **einigte man sich auf einen Kompromiss** after a lengthy tug-of-war a compromise was agreed

Ta·xa·me·ter <-s, -> [taksa'me:tɐ] *m* taximeter, clock *fam*

Ta·xa·tor, Ta·xa·to·rin <-s, -toren> [ta'ksato:ɐ̯, taksa'to:rin, *pl* ta'ksato:rən] *m, f* ÖKON valuer

Tax·card <-, -s> *f* SCHWEIZ (*Telefonkarte*) telephone card

Ta·xe <-, -n> ['taksə] *f* ❶ (*Kurtaxe*) charge ❷ (*Schätzwert*) estimate, valuation ❸ DIAL (*Taxi*) taxi

Ta·xi <-s, -s> ['taksi] *nt* cab, taxi; ~ **fahren** (*als Fahrgast*) to go by taxi; (*als Chauffeur*) to drive a taxi; **sich** *dat* **ein** ~ **nehmen** to take a taxi [*or* cab]; **~!** taxi!

ta·xie·ren* [taks'i:rən] *vt* ❶ (*schätzen*) ■**etw** [**auf etw** *akk*] ~ to estimate [*or* value] sth [at sth] ❷ (*fam: abschätzen*) ■**jdn** ~ to look sb up and down ❸ (*geh: einschätzen*) ■**etw** ~ to assess

Ta·xi·fah·rer(in) *m(f)* taxi [*or* cab] driver, cabby *sl* **Ta·xi·fahrt** *f* taxi [*or* cab] journey

Ta·xis <-, Taxen> ['taksɪs, *pl* 'taksn̩] *f* BIOL taxis

Ta·xi·stand *m* taxi [*or* cab] rank

Tb <-, -s> [te:'be:] *f,* **Tbc** <-, -s> [te:be:'t͜se:] *f s.* **Tuberkulose** TB; ~ **haben** to have TB

Tb(c)-krank *adj* to have TB

Teak·holz ['ti:k-] *nt* teak

Team <-s, -s> [ti:m] *nt* team; **im** ~ as a team; **er arbeitet nicht gerne im** ~ he's not a team player

Team·ar·beit ['ti:m-] *f* teamwork; **in** ~ by teamwork **team·fä·hig** *adj* PSYCH able to work in [*or* as part of] a team **Team·fä·hig·keit** *f kein pl* team spirit; ~ **haben** to have team spirit, to work well in a team **Team·geist** *m kein pl* team spirit **Team·work** <-s> *nt kein pl s.* **Teamarbeit**

Tech·ne·ti·um <-s> [tɛç'ne:tsi̯ʊm] *nt kein pl* CHEM technetium, Tc

Tech·nik <-, -en> ['tɛçnɪk] *f* ❶ *kein pl* (*Technologie*) technology; **auf dem neuesten Stand der** ~ state-of-the-art technology ❷ *kein pl* (*technische Ausstattung*) technical equipment; **mit modernster** ~ **ausgestattet** equipped with the most modern technology ❸ *kein pl* (*technische Konstruktion*) technology ❹ (*besondere Methode*) technique; **jeder Hoch-**

springer hat seine eigene ~ every high jumper has his own technique ❺ *inv* (*fam: technische Abteilung*) technical department ❻ ÖSTERR (*technische Hochschule*) college of technology

Tech·ni·ker(in) <-s, -> ['tɛçnɪkɐ] *m(f)* (*Fachmann der Technik 1*) engineer; (*der Technik 2,3,4*) technician; **Fernseh~** TV engineer

Tech·nik·fol·gen·ab·schät·zung *f* technology assessment

Tech·ni·kum <-s, Technika> ['tɛçnɪkʊm, *pl* -ka] *nt* college of technology

tech·nisch ['tɛçnɪʃ] **I.** *adj* ❶ *attr* (*technologisch*) technical; **die ~en Einzelheiten finden Sie in der beigefügten Bedienungsanleitung** you'll find the technical details in the enclosed operating instructions ❷ (*~es Wissen vermittelnd*) technical; **~e Hochschule** college [*or* university] of technology; *s. a.* **Chemie, Medizin** ❸ (*Ausführungsweise*) technical; **~es Können** technical ability; **unvorhergesehene ~e Probleme** unforeseen technical problems **II.** *adv* (*auf ~em Gebiet*) technically; **ein ~ fortgeschrittenes Land** a technologically advanced country; **er ist ~ begabt** he is technically gifted; *s. a.* **Zeichner, unmöglich, Unmöglichkeit**

tech·ni·sie·ren* [tɛçni'zi:rən] *vt* ■**etw ~** to mechanize

Tech·no <-[s]> ['tɛçno] *m o nt kein pl* MUSIK techno

Tech·no·krat(in) <-en, -en> [tɛçno'kra:t] *m(f)* (*geh*) technocrat

Tech·no·kra·tie <-> [tɛçnokra:'ti:] *f kein pl* (*geh*) technocracy form

Tech·no·kra·tin <-, -nen> *f fem form von* **Technokrat**

tech·no·kra·tisch <-er, -ste> *adj* TECH, ÖKON ❶ (*die Technokratie betreffend*) technocratic ❷ (*pej: ohne Rücksicht auf Individuelles*) technocratic

Tech·no·lo·ge, Tech·no·lo·gin <-n, -n> [tɛçno'lo:gə, -'lo:gɪn] *m, f* technologist

Tech·no·lo·gie <-, -n> [tɛçnolo'gi:] *f* technology

Tech·no·lo·gie·park *m* technology park **Tech·no·lo·gie·trans·fer** *m* transfer of technology **Tech·no·lo·gie·zen·trum** *nt* technology centre [*or* AM -er]

Tech·no·lo·gin <-, -nen> [tɛçno'lo:gɪn] *f fem form von* **Technologe**

tech·no·lo·gisch [tɛçno'lo:gɪʃ] *adj* technological

Tech·tel·mech·tel <-s, -> [tɛçtl̩'mɛçtl̩] *nt* (*fam*) affair; **ein ~ [mit jdm] haben** to have an affair [with sb]

Ted·dy·bär ['tɛdi-] *m* teddy [bear]

Tee <-s, -s> [te:] *m* ❶ (*Getränk*) tea; **eine Tasse ~** a cup of tea; (*aus Heilkräutern*) herbal tea; **schwarzer/grüner ~** black/green tea; **jdn zum ~ einladen** to invite sb to tea; **~ kochen** to make some tea ❷ (*Pflanze*) tea ▸ WENDUNGEN: **abwarten und ~ trinken** (*fam*) to wait and see; **einen im ~ haben** (*fam*) to be tipsy *fam*

Tee·au·to·mat *m* tea urn **Tee·baum·öl** *nt* tea tree oil **Tee·beu·tel** *m* tea bag **Tee·blatt** *nt meist pl* tea leaf **Tee·brüh·löf·fel** *m* spoon tea infuser **Tee·ei**[RR], **Tee-Ei** *nt* tea infuser **Tee·ge·bäck** *nt* tea biscuits **Tee·glas** *nt* tea-glass **Tee·kan·ne** *f* teapot **Tee·kes·sel** *m* kettle **Tee·licht** *nt* small candle, tea warmer candle **Tee·löf·fel** *m* ❶ (*Löffel*) teaspoon ❷ (*Menge*) teaspoon[ful]

Teen <-s, -s> [ti:n] *m*, **Teen·ager** <-s, -> ['ti:ne:dʒɐ] *m* teenager

Tee·nie <-s, -s> ['ti:ni] *m* (*fam*) young teenager

Tee·ny <-s, -s> *m* (*fam*) *s.* **Teenie**

Teer <-[e]s, -e> [te:ɐ̯] *m* tar

tee·ren ['te:rən] *vt* ■**etw ~** to tar sth; **jdn ~ und federn** HIST to tar and feather sb

Tee·ro·se *f* tea rose

Teer·pap·pe *f* bituminous roofing felt

Tee·ser·vice [-zɛrvi:s] *nt* tea service **Tee·sieb** *nt* tea strainer **Tee·stu·be** *f* tea-room **Tee·tas·se** *f* teacup **Tee·wa·gen** *m* tea trolley **Tee·wurst** *f smoked sausage spread*

Tef·lon® <-s> ['tɛflo:n] *nt kein pl* teflon®

Teich <-[e]s, -e> [taiç] *m* pond; **der große ~** (*fam*) the pond *fam*

Teich·huhn *nt* ORN moorhen **Teich·molch** *m* ZOOL smooth newt **Teich·mu·schel** *f* ZOOL freshwater mussel **Teich·ro·se** *f* yellow water lily

Teig <-[e]s, -e> [taik] *m* (*Hefe-, Rühr-, Nudelteig*) dough; (*Mürbe-, Blätterteig*) pastry; (*flüssig*) batter; (*in Rezepten*) mixture; **~ kneten** to knead dough

Teig·fla·den *m* flat bread **Teig·förm·chen** *pl* cake tins and moulds [*or* AM molds]

tei·gig [taigɪç] *adj* ❶ (*nicht ausgebacken*) doughy ❷ (*mit Teig bedeckt*) covered in dough [*or* pastry] ❸ (*fahl*) pasty; **ein ~er Teint** a pasty complexion

Teig·kne·ter *m* dough kneading machine **Teig·räd·chen** *nt* pastry wheel **Teig·rol·ler** *m* rolling pin **Teig·wa·ren** *pl* (*geh*) pasta + *sing vb*

Teil[1] <-[e]s, -e> [tail] *m* ❶ (*Bruchteil*) part; **in zwei ~e zerbrechen** to break in two [*or* half]; **zu einem bestimmten ~** for the ... part; **sie waren zum größten ~ einverstanden** for the most part they were in agreement; **zum ~ ..., zum ~ ...** partly..., partly...; **zum ~** partly; **du hast zum ~ recht** you're partly right; (*gelegentlich*) on occasion ❷ (*Anteil*) share; **zu gleichen ~en** equally, in equal shares; **seinen ~ zu etw beitragen** to contribute one's share to sth, to make one's contribution to sth; **seinen ~ dazu beitragen, dass etw geschieht** to do one's bit to ensure that sth happens; **seinen ~ bekommen** to get what is coming to one ❸ (*Bereich*) *einer Stadt* district; (*einer Strecke*) stretch; (*eines Gebäudes*) section, area; (*einer Zeitung, eines Buches*) section ❹ JUR (*Seite*) party ▸ WENDUNGEN: **ein gut ~** (*fam*) quite a bit; **ich habe ein gut ~ dazu beigetragen** I've contributed quite a bit to it; **sich** *dat* **seinen ~ denken** (*fam*) to draw one's own conclusions; **ich** [*o* **wir**] **für meinen** [*o* **unseren**] **~** I, [*or* we] for my [*or* our] part; **tu, was du für richtig hältst, ich für meinen ~ habe mich bereits entschieden** do what you think is right, I, for my part, have already decided

Teil[2] <-[e]s, -e> [tail] *nt* ❶ (*Einzelteil*) component, part ❷ (*sl: Ding*) thing

Teil·ab·schnitt *m* section **teil·ab|schrei·ben*** *vt* ÖKON, ADMIN ■**etw ~** to write sth down **Teil·ab·schrei·bung** *f* ÖKON, ADMIN write-down **Teil·an·sicht** *f* partial view **Teil·as·pekt** *m* aspect

teil·bar *adj* ❶ (*aufzuteilen*) ■**[in etw** *akk*] **~ sein** which can be divided [into sth] ❷ MATH (*dividierbar*) ■**[durch etw] ~ sein** to be divisible [by sth]

Teil·be·reich *m* section, sub-area **Teil·be·trag** *m* instalment, AM installment, part-payment

Teil·chen <-s, -> *nt dim von* **Teil**[1] **1** ❶ (*Partikel*) particle ❷ NUKL nuclear particle ❸ KOCHK DIAL pastries *pl*

Teil·chen·be·schleu·ni·ger <-s, -> *m* particle accelerator

tei·len ['tailən] **I.** *vt* ❶ (*aufteilen*) ■**etw [mit jdm] ~** to share sth [with sb] ❷ MATH (*dividieren*) ■**etw [durch etw] ~** to divide sth [by sth] ❸ (*an etw teilhaben*) ■**etw [mit jdm] ~** to share sth [with sb]; **wir ~ Ihre Trauer** we share your grief; **jds Schicksal ~** to share sb's fate; *s. a.* **Meinung** ❹ (*gemeinsam benutzen*) ■**etw [mit jdm] ~** to share sth [with sb] ❺ (*trennen*) ■**etw ~** to divide [*or* separate] sth ▸ WENDUNGEN: **Freud und Leid miteinander ~** to share the rough and the smooth; **geteiltes Leid ist halbes Leid** (*prov*) a trouble shared is a trouble halved **II.** *vr* ❶ (*sich aufteilen*) ■**sich [in etw** *akk*] **~** to split up [into sth] ❷ (*sich gabeln*) ■**sich [in etw** *akk*] **~** to fork [*or* branch] [into sth]; **da vorne teilt sich die Straße** the road forks up ahead ❸ (*unter sich aufteilen*) ■**sich** *dat* **etw [mit jdm] ~** to share sth [with sb]; **sie teilten sich die Kosten** they split the costs between them ❹ (*gemeinsam benutzen*) ■**sich** *dat* **etw ~** (*geh*) to share sth **III.** *vi* (*abgeben*) to share; **sie teilt nicht gern** she doesn't like to share

Tei·ler <-s, -> *m* MATH *s.* **Divisor**

Teil·er·folg *m* partial success **Teil·ge·biet** *nt* branch **teil|ha-**

T

ben *vi irreg* (*geh: partizipieren*) ■[**an etw** *dat*] ~ to participate [in sth]; **an jds Aktionen** ~ to participate in sb's activities; **an jds Freude** ~ to share in sb's joy **Teil·ha·ber(in)** <-s, -> *m(f)* partner **Teil·ha·ber·schaft** <-, -en> *f* ÖKON partnership **teil·kas·ko·ver·si·chert** *adj* covered by partially comprehensive insurance **Teil·kas·ko·ver·si·che·rung** *f* partially comprehensive insurance **Teil·lie·fe·rung** *f* ÖKON part delivery; (*Übersee*) part shipment **teil·mö·bliert** *adj inv* partly furnished

Teil·nahme <-, -en> ['tailna:mə] *f* ❶ (*Beteiligung*) ■~ [**an etw**] *dat* participation [in sth] ❷ (*geh: Mitgefühl*) sympathy ❸ (*geh: Interesse*) interest

Teil·nah·me·be·din·gung *f* entry condition

teil·nahms·los *adj* apathetic, indifferent; **aus ihrem ~en Gesicht schloss ich völliges Desinteresse** I could tell she couldn't care less by the indifferent look on her face **Teil·nahms·lo·sig·keit** <-> *f kein pl* apathy, indifference **teil·nahms·voll** *adv* compassionately

teil|neh·men *vi irreg* ❶ (*anwesend sein*) ■[**an etw** *dat*] ~ to attend [sth]; **am Gottesdienst** ~ to attend a service ❷ (*sich beteiligen*) ■[**an etw** *dat*] ~ **an einem Wettbewerb** ~ to participate [*or* take part] in a contest; **an einem Kurs** [*o* **Unterricht**] ~ to attend a class [*or* lessons]; **an einem Krieg** ~ to fight in a war ❸ (*geh: Anteil nehmen*) ■[**an etw** *dat*] ~ to share [in sth]

Teil·neh·mer(in) <-s, -> *m(f)* ❶ (*Anwesender*) person present; **alle ~ fanden diese Vorlesung äußerst interessant** everyone present found this lecture extremely interesting ❷ (*Beteiligte*) participant; ■**ein ~ an etw ~ an einem Wettbewerb** contestant [*or* participant in a contest]; ~ **an einem Kurs** person attending a class [*or* lessons], student; ~ **an einem Krieg** combatant ❸ (*Telefoninhaber*) subscriber

teils [tails] *adv* in part, partly; **~, ~** (*fam*) yes and no; **~ ..., ~ ...** (*fam*) partly..., partly...; **im Tagesverlauf ist es ~ heiter, ~ bewölkt** during the day it will be cloudy with sunny intervals

Teil·scha·den *m* partial damage **Teil·stück** *nt* part, stretch

Tei·lung <-, -en> *f* division

teil·wei·se ['tailvaizə] **I.** *adv* partly **II.** *adj attr* partial; **~r Erfolg** partial success

Teil·zah·lung *f* (*Ratenzahlung*) instalment, AM installment, part payment; **auf** ~ on hire purchase **Teil·zah·lungs·kauf** *m* hire purchase **Teil·zah·lungs·preis** *m* hire purchase price **Teil·zeit** *f* part-time; ~ **beschäftigt** employed part-time

Teil·zeit·ar·beit *f* part-time work **Teil·zeit·be·schäf·tig·te(r)** *f(m) dekl wie adj* part-time worker **Teil·zeit·be·schäf·ti·gung** *f* part-time employment **Teil·zeit·kraft** *f* part-timer

Tein <-s> [te'i:n] *nt kein pl* thein BRIT

Teint <-s, -s> [tɛ̃:] *m* complexion

Te·le·brief *m* telemessage

Te·le·fax ['te:ləfaks] *nt* ❶ (*Gerät*) fax ❷ (*gefaxte Mitteilung*) fax

Te·le·fax·an·lage *f* fax installation **Te·le·fax·an·schluss**[RR] *m* fax connection **te·le·fa·xen** ['te:ləfaksn̩] *vt, vi* (*geh*) *s.* **faxen** **Te·le·fax·ge·rät** *nt* fax machine

Te·le·fon <-s, -e> ['te:lefo:n, tele'fo:n] *nt* telephone, phone *fam;* ~ **haben** to be on the [tele]phone; **am ~ verlangt werden** to be wanted on the phone

Te·le·fon·an·la·ge *f* telephone system **Te·le·fon·an·ruf** *m* telephone call **Te·le·fon·an·sa·ge** *f* telephone information service **Te·le·fon·an·schluss**[RR] *m* telephone connection

Te·le·fo·nat <-[e]s, -e> [te:lefo'na:t] *nt* (*geh*) telephone call; **ein ~ führen** to make a telephone call

Te·le·fon·aus·kunft *f* directory enquiries *pl* **Te·le·fon·buch** *nt* telephone book [*or* directory] **Te·le·fon·ge·bühr** *f meist pl* telephone charge[s *pl*] **Te·le·fon·ge·spräch** *nt* telephone call; **ein ~ nach Tokio** a telephone call to Tokyo; **ein ~ führen** to make a telephone call **Te·le·fon·häus·chen** [-hɔysçən] *nt* call [*or* phone] box BRIT, pay phone AM

te·le·fo·nie·ren* [telefo'ni:rən] *vi* (*das Telefon verwenden*) ■[**mit jdm**] ~ to telephone [sb]; **mit wem hast du eben so lange telefoniert?** who have you just been on the phone to for so long?; ■[**irgendwohin**] ~ to telephone [somewhere]

i Kultur

In Großbritannien melden sich die meisten Leute privat mit ihrer Telefonnummer oder einfach mit *Hello?* Die Zahlen einer Telefonnummer werden einzeln gesprochen, z.B. six, three, eight, four, nine für 63849. Bei der Verdoppelung einer Zahl sagt man in Großbritannien z.B. für 55 *double five*, in den USA *five, five*. Für die Null sagt man *oh* oder *zero*.

te·le·fo·nisch I. *adj* telephone; **~e Anfrage** telephone enquiry; **~e Beratung** advice over the telephone **II.** *adv* by telephone, over the telephone; **der Auftragseingang wurde ~ bestätigt** reception of the order was confirmed by telephone

Te·le·fo·nist(in) <-en, -en> [telefo'nɪst] *m(f)* switchboard operator, telephonist

Te·le·fon·kar·te *f* phone card **Te·le·fon·ket·te** *f* telephone chain **Te·le·fon·kon·fe·renz** *f* telephone conference **Te·le·fon·lei·tung** *f* telephone line **Te·le·fon·mar·ke·ting** *nt* telephone marketing **Te·le·fon·netz** *nt* telephone network **Te·le·fon·num·mer** *f* telephone number; **geheime ~** ex-directory number **Te·le·fon·rech·nung** *f* [tele]phone bill **Te·le·fon·seel·sor·ge** *f* Samaritans *pl* **Te·le·fon·sex** *m* telephone sex **Te·le·fon·sys·tem** *nt* telephone system **Te·le·fon·über·wa·chung** *f* telephone surveillance **Te·le·fon·ver·bin·dung** *f* telephone connection **Te·le·fon·zel·le** *f* call [*or* phone] box BRIT, pay phone AM

te·le·gen [tele'ge:n] *adj* telegenic

Te·le·graf <-en, -en> [tele'gra:f] *m* telegraph

Te·le·gra·fen·amt *nt* telegraph office

te·le·gra·fie·ren* [telegra:'fi:rən] **I.** *vi* (*telegrafisch kommunizieren*) ■[**jdm**] ~ to telegraph [sb] **II.** *vt* (*telegrafisch übermitteln*) ■[**jdm**] **etw** ~ to telegraph [sb] sth

te·le·gra·fisch *adj* telegraphic

Te·le·gramm <-gramme> [tele'gram] *nt* telegram

Te·le·gramm·stil *m kein pl* abrupt style; **im ~** in an abrupt style

Te·le·graph [tele'gra:f] *m s.* **Telegraf**

Te·le·kar·te *f* phone card

Te·le·kol·leg ['te:ləkɔle:k] *nt* Open University BRIT

Te·le·kom <-> ['te:ləkɔm] *f kein pl kurz für* **Deutsche Telekom AG:** ■**die** ~ *German telecommunications company*

Te·le·kom·mu·ni·ka·ti·on *f* telecommunication **Te·le·ko·pie** *f* (*veraltend*) fax **Te·le·ko·pie·rer** *m* (*veraltend*) fax machine **Te·le·ob·jek·tiv** *nt* telephoto lens

Te·le·pa·thie <-> [telepa'ti:] *f kein pl* telepathy

te·le·pa·thisch [tele'pa:tɪʃ] *adj* telepathic

Te·le·promp·ter <-s, -> *m* autocue, teleprompter AM

Te·le·shop·ping <-s> ['te:ləʃɔpɪŋ] *nt kein pl* teleshopping

Te·le·skop <-s, -e> [tele'sko:p] *nt* telescope

Te·le·spiel *nt* (*veraltend*) video game

Te·le·tex <-> ['teletɛks] *nt kein pl* teletex *no pl*

Te·lex <-, -e> ['te:lɛks] *nt* telex

te·le·xen ['te:lɛksn̩] *vt* ■[**jdm**] **etw** ~ to telex [sb] sth

Tel·ler <-s, -> ['tɛlɐ] *m* ❶ (*Geschirrteil*) plate; **flacher ~** dinner plate; **tiefer ~** soup plate ❷ (*Menge*) plateful; **ein ~ Spaghetti** a plateful of spaghetti

Tel·ler·be·sen *m* flat whisk **Tel·ler·brett** *nt* shelf for plates **Tel·ler·rand** *m* ▶WENDUNGEN: **über den ~ hinausschauen** (*fam*) to not be restricted in one's thinking; **über den ~ nicht hinausschauen** (*fam*) to not see further than [the end of] one's nose **Tel·ler·wä·scher(in)** *m(f)* dishwasher; **die klassische amerikanische Erfolgsstory: vom ~ zum Millionär** the classic American success story: from rags to riches

Tel·lur <-s> [tɛ'lu:ɐ̯] *nt kein pl* CHEM tellurium

Tem·pel <-s, -> ['tɛmpl̩] *m* temple

Tẹm·pel·tän·ze·rin *f* temple dancer

Tẹm·pe·ra·far·be *f* tempera colour [*or* AM -or]

Tem·pe·ra·ment <-[e]s, -e> [tɛmpəra'mɛnt] *nt* ❶ (*Wesensart*) temperament, character; **sein ~ ist mit ihm durchgegangen** he lost his temper; **ein feuriges/sprudelndes ~** a fiery/bubbly *fam* character ❷ *kein pl* (*Lebhaftigkeit*) vitality, vivacity; **~ haben** to be very lively ▸ WENDUNGEN: **seinem ~ die Zügel schießen lassen** to lose control over one's feelings; **die vier ~e** the four humours [*or* AM -ors]

tem·pe·ra·mẹnt·los *adj* lifeless, spiritless

tem·pe·ra·mẹnt·voll **I.** *adj* lively, vivacious **II.** *adv* in a lively manner, vivaciously

Tem·pe·ra·tur <-, -en> [tɛmpəra'tu:ɐ̯] *f* ❶ (*Wärmegrad*) temperature ❷ (*Körpertemperatur*) temperature; **[seine/die] ~ messen** to take one's temperature; **erhöhte ~** temperature higher than normal; **[erhöhte] ~ haben** to have [*or* be running] a temperature

Tem·pe·ra·tur·an·stieg *m* rise in temperature **Tem·pe·ra·tur·reg·ler** *m* thermostat **Tem·pe·ra·tur·rück·gang** *m* drop [*or* fall] in temperature **Tem·pe·ra·tur·schwan·kung** *f* fluctuation [*or* variation] in temperature **Tem·pe·ra·tur·sturz** *m* plunge in temperature, sudden drop in temperature

tem·pe·rie·ren* [tɛmpə'ri:rən] *vt* ■**etw ~** ❶ (*wärmen*) to bring sth to the correct temperature; ■**temperiert** at the right temperature; **angenehm temperierte Räume** rooms at a pleasant temperature ❷ (*geh: mäßigen*) to curb, to moderate; **seine Gefühle ~** to curb one's feelings

Tempo[1] <-s, -s *o fachspr* Tempi> ['tɛmpo, *pl* 'tempi] *nt* ❶ (*Geschwindigkeit*) speed; **mit [*o* in] einem bestimmten ~** at a certain speed; **mit hohem ~** at high speed; **das erlaubte ~ fahren** to stick to the speed limit; **~!** (*fam*) get a move on! *fam* ❷ (*musikalisches Zeitmaß*) tempo; **das ~ angeben** to set the tempo

Tẹm·po®[2] <-s, -s> *nt* (*fam: Papiertaschentuch*) [paper] tissue

Tem·po-30-Zo·ne [-'draisɪg-] *f* restricted speed zone **Tẹm·po·li·mit** *nt* speed limit

Tem·po·ra ['tɛmpora] *pl von* **Tempus**

tem·po·ral [tɛmpo'ra:l] *adj* LING temporal

Tem·po·ral·satz *m* temporal clause

tem·po·rär [tɛmpo'rɛːɐ̯] *adj* (*geh*) temporarily

Tem·pus <-, Tempora> ['tɛmpʊs, *pl* -pora] *nt* LING tense

Ten·denz <-, -en> [tɛn'dɛnts] *f* ❶ (*Trend*) trend, tendency; **fallende/steigende ~ haben** to have a tendency to fall/rise ❷ (*Neigung*) ■**eine [*o* jds] ~ zu etw** a [*or* sb's] tendency to sth; **die ~ haben[, etw zu tun]** to have a tendency [to do sth] ❸ *meist pl* (*Strömung*) trend; **neue ~en in der Kunst** new trends in art ❹ *kein pl* (*meist pej: Parteilichkeit*) bias, slant

ten·den·zi·ell [tɛndɛn'tsi̯ɛl] *adj inv* **es zeichnet sich eine ~e Entwicklung zum Besseren ab** trends indicate a change for the better

ten·den·zi·ös <-er, -este> [tɛndɛn'tsi̯ø:s] *adj* (*pej*) tendentious

Ten·dẹnz·stück *nt* tendentious play

Ten·der <-s, -> ['tɛndɐ] *m* BAHN, NAUT tender

ten·die·ren* [tɛn'di:rən] *vi* ❶ (*hinneigen*) ■**[zu etw] ~** to tend [towards sth]; ■**dazu ~, etw zu tun** to tend to do sth; **dazu ~, abzulehnen/zuzustimmen** to tend to say no/yes; **dazu ~, zu unterschreiben/bestellen** to be moving towards signing/ordering ❷ (*sich entwickeln*) ■**[irgendwohin] ~** to have a tendency [to move in a certain direction]; **die Aktien tendieren schwächer** shares are tending to become weaker

Tẹn·dron <-s, -s> *nt* KOCHK sliced veal breast

Te·ne·rif·fa [tene'rɪfa] *nt* Tenerife; *s. a.* **Sylt**

Ten·ne <-, -n> ['tɛnə] *f* AGR threshing floor

Ten·nis <-> ['tɛnɪs] *nt kein pl* tennis; **~ spielen** to play tennis

Tẹn·nis·ball *m* tennis ball **Tẹn·nis·hal·le** *f* indoor tennis court **Tẹn·nis·platz** *m* SPORT ❶ (*Spielfeld*) tennis court ❷ (*Anlage*) outdoor tennis complex **Tẹn·nis·schlä·ger** *m* tennis racket **Tẹn·nis·spie·ler(in)** *m(f)* tennis player **Tẹn·nis·tur·nier** *nt* tennis tournament [*or* championship]

Te·nor <-s, Tenöre> [te'no:ɐ̯, *pl* te'nø:rə] *m* ❶ MUS tenor ❷ *kein pl* LING, JUR tenor

Ten·ta·kel <-s, -> [tɛn'takl̩] *m o nt* tentacle

Te·nue <-s, -s> [tə'ny:] *nt* SCHWEIZ (*Bekleidung*) style of dress; MIL (*Uniform*) prescribed style of dress, uniform

Tep·pich <-s, -e> ['tɛpɪç] *m* ❶ (*Fußbodenbedeckung*) carpet; **Wand~** tapestry, wall hanging; **einen ~ klopfen** to beat a carpet ❷ (*Öl~*) slick ▸ WENDUNGEN: **auf dem ~ bleiben** (*fam*) to keep one's feet on the ground *fam;* **etw unter den ~ kehren** (*fam*) to sweep sth under the carpet

Tẹp·pich·bo·den *m* fitted carpet; **etw mit ~ auslegen** to fit sth with wall-to-wall carpeting **Tẹp·pich·flie·se** *f* carpet tile **Tẹp·pich·ge·schäft** *nt* carpet shop **Tẹp·pich·grö·ße** *f* size of carpet **Tẹp·pich·keh·rer** <-s, -> *m* carpet sweeper **Tẹp·pich·kehr·ma·schi·ne** *f* carpet sweeper **Tẹp·pich·klop·fer** <-s, -> *m* carpet-beater **Tẹp·pich·mu·schel** *f* carpet shell **Tẹp·pich·mus·ter** *nt* carpet design **Tẹp·pich·schaum** *m* carpet foam cleaner **Tẹp·pich·stan·ge** *f frame used for carpet beating*

Ter·bi·um <-s> ['tɛrbi̯ʊm] *nt kein pl* CHEM terbium

Ter·min <-s, -e> [tɛr'mi:n] *m* ❶ (*verabredeter Zeitpunkt*) appointment; **einen ~ [bei jdm] [für etw] haben** to have an appointment [with sb] [for sth]; **sich** *dat* **einen ~ [für etw] geben lassen** to make an appointment [for sth]; **einen ~ vereinbaren** to arrange an appointment; **einen ~ verpassen [*o* versäumen]** to miss an appointment; **etw auf einen späteren ~ verschieben** to postpone sth ❷ (*festgelegter Zeitpunkt*) deadline; **der ~ für die Veröffentlichung steht schon fest** the deadline for publishing has already been fixed; **der letzte ~** the deadline [*or* latest date]; SPORT fixture ❸ JUR (*Verhandlungs~*) hearing

Ter·mi·nal[1] <-s-, -s> ['tøɐ̯minl̩] *nt* INFORM terminal

Ter·mi·nal[2] <-s, -s> ['tøɐ̯minl̩] *nt o m* LUFT, TRANSP terminal

Ter·min·bör·se *f* FIN futures market **Ter·min·druck** *m kein pl* time pressure; **unter ~ stehen** to be under time pressure **Ter·min·geld** *nt* fixed-term deposit **ter·min·ge·mäß** *adj inv* on schedule *pred* **ter·min·ge·recht** **I.** *adj* according to schedule **II.** *adv* on time [*or* schedule] **Ter·min·ge·schäft** *nt* forward exchange transaction

Tẹr·mi·ni *pl von* **Terminus**

Ter·min·ka·len·der *m* [appointments] diary [*or* AM calendar]; **einen vollen ~ haben** to have a full appointments diary

ter·min·lich **I.** *adj inv, attr* with regard to the schedule; **~e Verpflichtungen** commitments **II.** *adv* as far as the schedule is concerned; **ja, das kann ich ~ einrichten!** yes, I can fit that into my schedule!

Ter·min·lie·fe·rung *f* on-time delivery

Ter·mi·no·lo·gie <-, -n> [tɛrminolo'gi:, *pl* -'gi:ən] *f* terminology

Ter·min·plan *m* schedule **Ter·min·pla·ner** <-s, -> *m* ❶ (*Kalender*) schedule, diary BRIT, Filofax®, personal organizer ❷ TECH, INFORM (*elektronischer Kleincomputer*) electronic diary [*or* AM organizer] **Ter·min·pla·nung** *f* scheduling

Ter·mi·nus <-, Termini> ['tɛrminʊs, *pl* -ni] *m* term; **~ technicus** technical term; **ein medizinischer ~ technicus** a specialized medical term

Ter·min·ver·kauf *m* ÖKON, BÖRSE futures sale

Ter·mi·te <-, -n> [tɛr'mi:tə] *f* termite

Ter·mi·ten·hü·gel *m* termites' nest **Ter·mi·ten·staat** *m* termite colony

Ter·pen·tin <-s, -e> [tɛrpɛn'ti:n] *nt o* ÖSTERR *m* CHEM ❶ (*flüssiges Harz*) turpentine, turps *fam* ❷ (*fam*) *s.* **Terpentinöl**

Ter·pen·tin·öl *nt* oil of turpentine

Ter·rain <-s, -s> [tɛ'rɛ̃:] *nt* ❶ MIL, GEOG (*Gelände*) terrain ❷ (*a. fig:* [*Bau*]*grundstück*) site; **das ~ sondieren** (*geh*) to see how the land lies; **sich auf unbekanntem ~ bewegen** to be on unknown territory

Ter·ra·kot·ta <-, -kotten> [tɛra'kɔta] *f kein pl* terracotta

T

Ter·ra·ri·um <-s, -rien> [tɛ'ra:ri̯ʊm, *pl* -ri̯ən] *nt* terrarium

Ter·ras·se <-, -n> [tɛ'rasə] *f* ❶ (*Freisitz*) terrace; (*Balkon*) [large] balcony ❷ (*Geländestufe*) terrace

ter·ras·sen·för·mig *adj* terraced **Ter·ras·sen·haus** *nt* split-level house

Ter·raz·zo <-s, Terrazzi> [tɛ'ratso, *pl* -tsi] *m* terrazzo

ter·res·trisch [tɛ'rɛstrɪʃ] *adj* terrestrial

Ter·ri·ne <-, -n> [tɛ'ri:nə] *f* tureen

ter·ri·to·ri·al [tɛrito'ri̯a:l] *adj* territorial

Ter·ri·to·ri·al·an·spruch *m* POL territorial claim (**an** +*akk* on) **Ter·ri·to·ri·al·heer** *nt* territorial army **Ter·ri·to·ri·al·ver·hal·ten** *nt* territorial behaviour BRIT [*or* AM -or]

Ter·ri·to·ri·um <-s, -rien> [tɛri'to:ri̯ʊm, *pl* -ri̯ən] *nt* territory

Te·rroir <-[s], -s> [tɛr'ʀwa] *nt* AGR terroir *spec* (*combination of soil, climate and location for wine-growing*)

Ter·ror <-s> ['tɛro:ɐ̯] *m kein pl* ❶ (*terroristische Aktivitäten*) terrorism ❷ (*Furcht und Schrecken*) terror; **die Verbreitung von** ~ the spreading of terror ❸ (*Schreckensregime*) reign of terror; **blutiger** ~ terror and bloodletting ❹ (*fam: Stunk*) huge fuss; ~ **machen** to make a huge fuss

Ter·ror·akt *m* act of terrorism **Ter·ror·an·schlag** *m* terror[ist] attack **Ter·ror·grup·pe** *f* terrorist group **Ter·ror·herr·schaft** *f kein pl* reign of terror

ter·ro·ri·sie·ren* [tɛrori'zi:rən] *vt* ❶ (*fam: schikanieren*) ■**jdn** ~ to intimidate sb ❷ (*in Angst und Schrecken versetzen*) ■**jdn/etw** ~ to terrorize sb/sth

Ter·ro·ris·mus <-> [tɛro'rɪsmʊs] *m kein pl* terrorism

Ter·ro·ris·mus·be·kämp·fung *f* counterterrorism **Ter·ro·ris·mus·ex·per·te** *m* expert on terrorism

Ter·ro·rist(in) <-en, -en> [tɛro'rɪst] *m(f)* terrorist

ter·ro·ris·tisch *adj* terrorist *attr;* ~**e Aktivitäten** terrorist activities; **eine** ~**e Organisation** a terrorist organization

Ter·ror·wel·le *f* wave of terror

Tertiär <-s> [tɛr'tsi̯ɛ:ɐ̯] *nt kein pl* GEOL tertiary

Terz <-, -en> [tɛrts] *f* MUS third

Ter·zett <-[e]s, -e> [tɛr'tsɛt] *nt* MUS trio

Te·sa·film® ['te:zafɪlm] *m* Sellotape® BRIT, Scotch tape® AM

Tes·sin <-s> [tɛ'si:n] *nt* ■**das** ~ Ticino

Test <-[e]s, -s *o* -e> [tɛst] *m* ❶ (*Versuch*) test; **einen** ~ **machen** to carry out a test ❷ PHARM test; **einen** ~ **machen** to undergo a test ❸ SCH test

Tes·ta·ment <-[e]s, -e> [tɛsta'mɛnt] *nt* ❶ JUR will; **sein** ~ **machen** to make one's will ❷ REL **Altes/Neues** ~ Old/New Testament ▸WENDUNGEN: **dann kann jd sein** ~ **machen** (*fam*) then sb had better make a will

tes·ta·men·ta·risch **I.** *adj* testamentary; **eine** ~**e Verfügung** an instruction in the will **II.** *adv* in the will; **jdn** ~ **bedenken** to include sb in one's will; **etw** ~ **festlegen** to write sth in one's will; **jdm etw** *akk* ~ **vermachen** to leave sb sth in one's will

Tes·ta·ments·er·öff·nung *f* reading of the will **Tes·ta·ments·voll·stre·cker(in)** *m(f)* executor

Test·bild *nt* TV test card BRIT, test pattern AM

tes·ten ['tɛstn̩] *vt* ■**jdn/etw** [**auf etw** *akk*] ~ to test sb/sth [for sth]

Test·fah·rer(in) *m(f)* test driver **Test·fra·ge** *f* test question

tes·tie·ren* [tɛst'i:rən] **I.** *vt* (*geh*) ■**jdm etw** *akk* ~ to certify [*or* testify] sth for sb; ■**jdm** ~, **dass ...** to give sb written proof that ... **II.** *vi* JUR (*geh*) to make a will

Tes·ti·kel <-s, -> [tɛst'i:kl̩] *m* MED testicle

Tes·to·ste·ron <-s, -e> [tɛstoste'ro:n] *nt* testosterone

Test·per·son *f* subject **Test·pi·lot(in)** *m(f)* test pilot **Test·rei·he** *f* series of tests

Te·ta·nus <-> ['te:tanʊs] *m kein pl* tetanus *no pl*

Te·tra·e·der <-s, -> [tetra'ʔe:dɐ] *nt* MATH tetrahedron

teu·er ['tɔyɐ] **I.** *adj* ❶ (*viel kostend*) expensive; ■**jdm zu** ~ **sein** to be too expensive [*or* dear] for sb; **ein teures Vergnügen** an expensive bit of fun ❷ (*hohe Preise verlangend*) expensive ❸ (*geh: geschätzt*) dear; ■**jdm** [**lieb und**] ~ **sein** to be dear to sb; **mein Teurer/meine Teure, mein T~ster/meine T~ste** (*hum*) my dearest; (*unter Männern*) my dear friend **II.** *adv* (*zu einem hohen Preis*) expensively; **das hast du aber zu** ~ **eingekauft** you paid too much for that; **sich** *dat* **etw** *akk* ~ **bezahlen lassen** to demand a high price for sth ▸WENDUNGEN: **etw** *akk* ~ **bezahlen müssen** to pay a high price for sth; ~ **erkauft** dearly bought; **jdn** ~ **zu stehen kommen** to cost sb dear, sb will pay dearly

Teu·e·rung <-, -en> ['tɔyərʊŋ] *f* price rise [*or* increase], rise [*or* increase] in price

Teu·e·rungs·ra·te *f* rate of price increase **Teu·e·rungs·zu·schlag** *m* surcharge

Teu·fel <-s, -> [tɔyfl̩] *m* ❶ *kein pl* (*Satan*) ■**der** ~ the Devil, Satan ❷ (*teuflischer Mensch*) devil, evil person ▸WENDUNGEN: **den** ~ **durch** [*o* **mit dem**] **Beelzebub austreiben** to jump from the frying pan into the fire; **der** ~ **steckt im Detail** it's the little things that cause big problems; **jdn/sich in** ~**s Küche bringen** (*fam*) to get sb/oneself into a hell of a mess *fam;* **in** ~**s Küche kommen** (*fam*) to get into a hell of a mess; **ein/der** ~ **in Menschengestalt** a/the devil in disguise; **den** ~ **an die Wand malen** to imagine the worst; **jdn/etw wie der** ~ **das Weihwasser fürchten** (*hum fam*) to avoid sb/sth like the plague *fam;* **ja bist du denn des** ~**s?** have you lost your senses [*or* mind]?, are you mad [*or* AM crazy]?; **geh zum** ~! (*fam*) go to hell! *fam;* **soll jdn** [**doch**] **der** ~ **holen** (*fam*) to hell with sb *fam;* **irgendwo ist der** ~ **los** (*fam*) all hell is breaking loose somewhere; **in der Firma war gestern der** ~ **los** all hell broke loose in the firm yesterday; **jdn zum** ~ **jagen** [*o* **schicken**] (*fam*) to send sb packing *fam;* **auf** ~ **komm raus** (*fam*) come hell or high water; **die Termine müssen auf** ~ **komm raus eingehalten werden** the dates have to be met, come hell or high water; **sich den** ~ **um etw kümmern** [*o* **scheren**] (*fam*) to not give a damn about sth *sl;* **jdn reitet der** ~ (*fam*) sb is feeling his oats *fam;* **scher dich zum** ~! (*fam*) go to hell! *sl;* **wenn man vom** ~ **spricht**[, **kommt er**] (*prov*) speak [*or* talk] of the devil [and he appears]; **den** ~ **tun werden, etw zu tun** (*fam*) to be damned *sl* if one does sth; **sie wird den** ~ **tun, das zu machen** she'll be damned if she does that; **weiß der** ~ (*fam*) who the hell knows *fam;* **den** ~ **werde ich** [**tun**]! (*fam*) like hell I will! *fam;* **jdn zum** ~ **wünschen** (*fam*) to wish sb in hell; **es müsste mit dem** ~ **zugehen, wenn ...** (*fam*) hell would have to freeze over, before ...; ~ **noch mal** [*o* **aber auch**]! (*fam*) well, I'll be damned! *sl;* **wie der** ~ (*fam*) like hell [*or* the devil] *fam;* **zum** ~! (*fam*) damn [it]! *sl,* blast [it]! *sl or dated;* **... zum** ~ **...?** (*fam*) ... the devil [*or* hell] ...?; **wer zum** ~ **ist Herr Müller?** who the heck [*or* hell] is Mr. Müller? *fam*

Teu·fe·lei <-, -en> [tɔyfə'lai] *f* evil trick

Teu·fels·frat·ze *f* devil's face **Teu·fels·kreis** *m* vicious circle

teuf·lisch ['tɔyflɪʃ] **I.** *adj* devilish, diabolical **II.** *adv* ❶ (*diabolisch*) diabolically, devilishly ❷ (*fam: höllisch*) hellishly, like hell

Teu·to·ne, Teu·to·nin <-n, -n> [tɔy'to:nə, tɔy'to:nɪn] *m, f* Teuton

teu·to·nisch [tɔy'to:nɪʃ] *adj* Teutonic

Text <-[e]s, -e> [tɛkst] *m* ❶ (*schriftliche Darstellung*) text ❷ (*Lied*) lyrics ❸ (*Wortlaut*) text; *Rede* script ▸WENDUNGEN: **jdn aus dem** ~ **bringen** (*fam*) to confuse sb; **aus dem** ~ **kommen** (*fam*) to become confused; **weiter im** ~! (*fam*) let's get on with it *fam*

Text·auf·ga·be *f* MATH problem **Text·bau·stein** *m* text block **Text·buch** *nt* song book, libretto **Text·dich·ter(in)** *m(f)* songwriter, librettist

tex·ten ['tɛkstn̩] **I.** *vt* ■**etw** ~ to write sth **II.** *vi* to write songs; (*in der Werbung*) to write copy

Tex·ter(in) <-s, -> *m(f)* songwriter; (*in der Werbung*) copywriter

tex·til [tɛks'tiːl] *adj* fabric
Tex·til·bran·che *f* textile industry **Tex·til·her·stel·ler** *m* textile manufacturer
Tex·ti·li·en [tɛks'tiːli̯ən] *pl* fabrics *pl*
Tex·til·in·dus·trie *f* textile industry
Text·kri·tik *f* textual criticism **Text·pas·sa·ge** *f* extract [*or* passage] from the text **Text·stel·le** *f* passage **Text·sys·tem** *nt s.* **Textverarbeitungssystem**
Text·ver·ar·bei·tung *f* word processing
Text·ver·ar·bei·tungs·pro·gramm *nt* word processing programme [*or* AM -am], word processor **Text·ver·ar·bei·tungs·sys·tem** *nt* word processor, word processing system
Te·zett ['teːtsɛt] *nt* ▸ WENDUNGEN: **bis ins ~** (*fam*) inside out *fam*
TH <-, -s> [te'ha] *f Abk von* **Technische Hochschule** training college providing degree courses in technical and scientific subjects
Thai [tai] *nt* Thai; *s. a.* **Deutsch**
Thai·land ['tailant] *nt* Thailand
Thal·li·um <-s> ['tali̯ʊm] *nt kein pl* CHEM thallium
The·a·ter <-s, -> [te'atɐ] *nt* ❶ (*Gebäude*) theatre [*or* AM -er] ❷ (*Schauspielkunst*) theatre [*or* AM -er]; **zum ~ gehen** to go on the stage; **~ spielen** to put on a show, to act; **nur ~ sein** (*fam*) to be only an act *fam* ❸ (*fam: Umstände*) drama, fuss *fam;* [**ein**] **~ machen** to make [*or* create] a fuss *fam*
The·a·ter·abon·ne·ment *nt* theatre [*or* AM -er] subscription **The·a·ter·auf·füh·rung** *f* theatre performance, play **The·a·ter·kar·te** *f* theatre ticket **The·a·ter·kas·se** *f* theatre box office **The·a·ter·kri·ti·ker(in)** *m(f)* theatre critic **The·a·ter·ma·cher(in)** *m(f)* theatre maker; (*Theaterregisseur a.*) stage director; (*Theaterintendant a.*) theatre manager **The·a·ter·stück** *nt* play
the·a·tra·lisch [tea'traːlɪʃ] *adj* theatrical
The·is·mus <-> [te'ɪsmʊs] *m kein pl* theism *no pl*
The·ke <-, -n> ['teːkə] *f* counter; (*in einem Lokal*) bar
The·ma <-s, Themen *o* -ta> ['teːma, *pl* -mən, -ta] *nt* ❶ (*Gesprächs~*) subject, topic; **ein ~ ist** [**für jdn**] **erledigt** (*fam*) a matter is closed as far as sb is concerned; **beim ~ bleiben** to stick to the subject [*or* point]; **jdn vom ~ abbringen** to get sb off the subject; **vom ~ abschweifen** to wander [*or fam* get] off the subject; **~ Nr. 1 sein** to be the main subject of discussion; **das ~ wechseln** to change the subject ❷ (*schriftliches ~*) subject ❸ (*Bereich*) subject area ❹ MUS theme ▸ WENDUNGEN: **wir wollen das ~ begraben** (*fam*) let's not talk about that anymore; **ein/kein ~ sein** to be/not be an issue; **etw** *akk* **zum ~ machen** to make an issue out of sth
The·ma·tik <-> [te'maːtɪk] *f kein pl* topic
the·ma·tisch [te'maːtɪʃ] **I.** *adj* regarding subject matter **II.** *adv* as far as the subject is concerned
the·ma·ti·sie·ren* [tematiˈziːrən] *vt* ■**etw ~** to make sth subject of discussion, to discuss sth
The·men ['teːmən] *pl von* **Thema**
The·o·lo·ge, The·o·lo·gin <-n, -n> [teo'loːgə, -'loːgɪn] *m, f* theologian
The·o·lo·gie <-, -n> [teolo'giː, *pl* -giːən] *f* theology
The·o·lo·gin <-,-nen> *f fem form von* **Theologe**
the·o·lo·gisch [teo'loːgɪʃ] **I.** *adj* theological **II.** *adv* ❶ (*in der Theologie*) in theological matters ❷ (*für die Theologie*) theologically, from a theological point of view
The·o·rem <-s, -e> [teo'reːm] *nt* (*geh*) theorem
The·o·re·ti·ker(in) <-s, -> [teo'reːtikɐ] *m(f)* theoretician, theorist
the·o·re·tisch [teo'reːtɪʃ] **I.** *adj* theoretical **II.** *adv* theoretically; **~ betrachtet** in theory, theoretically
the·o·re·ti·sie·ren* [teoretiˈziːrən] *vi* ■[**über etw** *akk*] **~** to theorize [about sth]
The·o·rie <-, -n> [teo'riː, *pl* -riːən] *f* theory; **graue ~ sein** to be all very well in theory; **nur ~ sein** to only be hypothetical; **in der ~** in theory; *s. a.* **Freund**

The·ra·peut(in) <-en, -en> [tera'pɔyt] *m(f)* therapist
The·ra·peu·tik <-> [tera'pɔytɪk] *f kein pl* therapeutics + *sing vb*
The·ra·peu·tin <-, -nen> *f fem form von* **Therapeut**
the·ra·peu·tisch [tera'pɔytɪʃ] **I.** *adj* therapeutic **II.** *adv* as therapy
The·ra·pie <-, -n> [tera'piː, *pl* iːən] *f* therapy
the·ra·pie·ren [tera'piːrən] *vt* MED ■**jdn ~** to treat [*or* give therapy to] sb; ■**etw ~** to treat sth
Ther·mal·bad [tɛr'maːl-] *nt* ❶ (*Hallenbad*) thermal baths *pl* ❷ MED (*Heilbad*) thermal bath, hot springs *npl* ❸ (*Kurort*) spa resort **Ther·mal·quel·le** *f* thermal [*or* hot] spring
ther·misch ['tɛrmɪʃ] *adj attr* thermal
Ther·mo·me·ter <-s, -> [tɛrmo'meːtɐ] *nt* thermometer
ther·mo·nuk·le·ar [tɛrmonukle'aːɐ̯] *adj* thermonuclear
Ther·mo·pa·pier *nt* thermal paper
Ther·mos·fla·sche® ['tɛrmosflaʃə] *f* Thermos® [flask [*or* bottle]], vacuum flask
Ther·mo·stat <-[e]s, -e *o* -en, -en> [tɛrmo'staːt] *m* thermostat
The·se <-, -n> ['teːzə] *f* (*geh*) thesis
Thon <-s> [toːn] *m kein pl* SCHWEIZ (*Tunfisch*) tuna [fish] *no pl*
Tho·ri·um <-s> ['toːri̯ʊm] *nt kein pl* CHEM thorium *no pl*
Thrill <-s> [θrɪl] *m kein pl* (*sl*) thrill
Thril·ler <-s, -> [θrɪlɐ] *m* thriller
Throm·bo·se <-, -n> [trɔm'boːsə] *f* thrombosis
Thron <-[e]s, -e> [troːn] *m* throne ▸ WENDUNGEN: **jds ~ wackelt** sb's throne is shaking
thro·nen ['troːnən] *vi* to sit enthroned
Thron·fol·ger(in) <-s, -> *m(f)* heir [*or* successor] to the throne
Thu·li·um <-s> ['tuːli̯ʊm] *nt kein pl* CHEM thulium *no pl*
Thun·fisch ['tuːnfɪʃ] *m s.* **Tunfisch**
Thur·gau <-s> ['tuɐ̯gau] *nt* Thurgau
Thü·rin·gen <-s> ['tyːrɪŋən] *nt* Thuringia
Thy·mian <-s, -e> ['tyːmi̯aːn] *m* thyme
Ti·a·ra <-, Tiaren> ['ti̯aːra, *pl* -rən] *f* REL triple crown
Ti·bet <-s> ['tiːbɛt] *nt* Tibet; *s. a.* **Deutschland**
Ti·be·ta·ner(in) <-s, -> [tibɛ'taːnɐ] *m(f) s.* **Tibeter**
Ti·be·ter(in) <-s, -> [ti'beːtɐ] *m(f)* Tibetan; *s. a.* **Deutsche(r)**
ti·be·tisch [ti'beːtɪʃ] *adj* Tibetan; *s. a.* **deutsch**
Ti·be·tisch [ti'beːtɪʃ] *nt dekl wie adj* Tibetan; *s. a.* **Deutsch**
Ti·be·ti·sche <-n> [ti'beːtɪʃə] *nt* ■**das ~** Tibetan, the Tibetan language; *s. a.* **Deutsche**
Tick <-[e]s, -s> [tɪk] *m* (*fam*) ❶ (*Marotte*) quirk *fam;* **einen ~ haben** to have a quirk ❷ (*geringe Menge*) tad; **kannst du das einen ~ leiser stellen?** can you turn it down a tad?
ti·cken ['tɪkn̩] *vi* (*ein klickendes Geräusch machen*) to tick ▸ WENDUNGEN: **nicht richtig ~** (*sl*) to be off [*or* AM out of one's mind] one's head *sl*, to not be in one's right mind
Ti·cket <-s, -s> ['tɪkət] *nt* ticket
Tie·break[RR] <-s, -s> *m o nt*, **Tie-Break** <-s, -s> ['taibreːk] *m o nt* tie-break
tief [tiːf] **I.** *adj* ❶ (*eine große Tiefe aufweisend*) deep; ■**ein Meter/Kilometer ~** two metres [*or* AM -ers]/kilometres [*or* AM -ers] deep ❷ (*eine große Dicke aufweisend*) deep; ■**drei Meter/Zentimeter ~** three metres [*or* AM -ers]/centimetres [*or* AM -ers] deep ❸ (*niedrig*) low ❹ MUS (*tief klingend*) low; **eine ~ Stimme** a deep voice ❺ (*intensiv empfunden*) deep, intense ❻ (*tiefgründig, ins Wesentliche dringend*) profound ❼ (*mitten in etw liegend*) deep; **im ~en Wald** in the depths of the forest, deep in the forest; ■**~ in etw** *dat* in the depths of sth, deep in sth, deep; **im ~sten Winter** in the depths of winter ❽ (*weit hineinreichend*) deep; (*Ausschnitt*) low; *s. a.* **Herz, Nacht, Teller II.** *adv* ❶ (*weit eindringend*) deep; **~ greifend** [*o* **schürfend**] far-reaching, extensive ❷ (*vertikal weit hinunter*) deep; **er stürzte 350 Meter ~** he fell 350 metres [deep] ❸ (*dumpf tönend*) low; **zu ~ singen** to sing flat; **~ sprechen** to talk in a deep voice ❹ (*zutiefst*) deeply; **~ betrübt** deeply distressed; **~ bewegt** deeply moved; **etw ~ bedauern** to regret sth profoundly; **jdn ~ erschrecken** to

T

frighten sb terribly ❺ (*intensiv*) deeply; ~ **schlafen** to sleep soundly; ~ **erröten** to deeply redden, to go bright red *fam* ❻ (*niedrig*) low; ~ **liegend** low-lying; ~ **stehend** (*fig*) low-level ▶ WENDUNGEN: **zu tief ins Glas geblickt haben** to have had too much to drink; ~ **blicken lassen** to be very revealing; ~ **fallen** to go downhill; ~ **sinken** to sink low

Tief <-[e]s, -e> [ti:f] *nt* ❶ METEO (*Tiefdruckgebiet*) low, low pressure system, depression ❷ (*depressive Phase*) low [point], depression

Tief·bau *m kein pl* civil engineering *no pl* **Tief·bau·amt** *nt authority in charge of planning, design, construction and maintenance of fixed structures and ground facilities* **tief·blau** *adj* deep blue

Tief·druck[1] *m kein pl* TYPO gravure *no pl*

Tief·druck[2] *m kein pl* METEO low pressure *no pl*

Tief·druck·ge·biet *nt* low pressure area

Tie·fe <-, -n> ['ti:fə] *f* ❶ (*Wasser~*) depth ❷ (*vertikal hinabreichende Ausdehnung*) depth; **der Schacht führt hinab bis in 1200 Meter** ~ the shaft goes 1200 metres deep ❸ (*horizontal hineinreichende Ausdehnung*) depth ❹ *kein pl* (*Intensität*) intensity ❺ (*Tiefgründigkeit*) depth ❻ (*dunkle Tönung*) **die ~ des Blaus** the depth of blue ❼ (*dunkler Klang*) deepness

Tief·ebe·ne *f* lowland plain; **die Norddeutsche** ~ the North German Lowlands *pl;* **die Oberrheinische** ~ the Upper Rhine Valley

Tie·fen·psy·cho·lo·ge, -psy·cho·lo·gin *m, f* psychoanalyst **Tie·fen·psy·cho·lo·gie** *f* psychoanalysis **Tie·fen·psy·cho·lo·gin** *f fem form von* **Tiefenpsychologe** **Tie·fen·schär·fe** *f kein pl* FOTO depth of field *no pl*

tie·fer *adj, adv superl von* **tief**: ~ **gelegt** AUTO lowered

Tief·flie·ger *m* low-flying aircraft **Tief·flug** *m* low-altitude flight; **im** ~ at low altitude; **etw** *akk* **im** ~ **überfliegen** to fly over sth at low altitude **Tief·gang** *m* NAUT draught BRIT, draft AM ▶ WENDUNGEN: ~ **haben** to have depth, to be profound **Tief·ga·ra·ge** *f* underground car park BRIT, underground parking lot AM **tief·ge·frie·ren** *vt irreg* ■**etw** ~ to freeze sth **tief·ge·fro·ren, tief·ge·kühlt** *adj* frozen **tief·grei·fend** *adj* far-reaching, extensive

Tief·kühl·fach *nt* freezer compartment **Tief·kühl·kost** *f* frozen foods *pl* **Tief·kühl·schrank** *m* freezer **Tief·kühl·tru·he** *f* freezer chest

Tief·la·der <-s, -> *m* low-loading vehicle **Tief·land** ['ti:flant] *nt* lowlands *pl* **Tief·punkt** *m* low point; **einen** ~ **haben** to feel worn out, to suffer a low; (*deprimiert sein*) to go through a low patch **Tief·schlag** *m* ❶ SPORT hit below the belt ❷ (*schwerer Schicksalsschlag*) body blow

Tief·see *f* deep sea

Tief·see·fisch *m* deep-sea fish **Tief·see·tau·cher(in)** *m(f)* deep-sea diver

tief·sin·nig *adj s.* **tiefgründig** **Tief·stand** *m* low; **der Dollar ist auf einen neuen ~ gesunken** the dollar has sunk to a new low **Tief·sta·pe·lei** <-> *f kein pl* understatement **tief|sta·peln** *vi* to understate the case, to be modest

Tiefst·preis *m* lowest [*or fam* rock-bottom] price **Tiefst·tem·pe·ra·tur** *f* lowest temperature **Tiefst·wert** *m* lowest value

tief·trau·rig ['ti:f'traurɪç] *adj* extremely sad

Tie·gel <-s, -> ['ti:gl̩] *m* ❶ (*flacher Kochtopf*) [sauce] pan ❷ (*Cremebehälter*) jar ❸ (*Schmelz~*) pot

Tier <-[e]s, -e> [ti:ɐ̯] *nt* animal; **wie ein** ~ like an animal ▶ WENDUNGEN: **ein großes** [*o* **hohes**] ~ (*fam*) big shot *fam,* bigwig

Tier·arzt, -ärz·tin *m, f* vet, veterinary surgeon *form*

Tier·chen <-s, -> *nt dim von* **Tier** little creature ▶ WENDUNGEN: **jedem ~ sein Pläsierchen** each to his own

Tier·freund(in) *m(f)* animal lover **Tier·hal·ter(in)** *m(f)* pet owner **Tier·hal·tung** *f* (*Haustiere*) pet ownership; AGR animal husbandry; *s. a.* **artgerecht** **Tier·hand·lung** *f* pet shop **Tier·heim** *nt* animal home

tie·risch ['ti:rɪʃ] I. *adj* ❶ (*bei Tieren anzutreffend*) animal *attr* ❷ (*sl: gewaltig*) deadly *fam,* terrible; **einen ~en Durst/Hunger haben** to be thirsty/hungry as hell *sl* ❸ (*grässlich*) bestial, brutish II. *adv* (*sl*) loads *fam;* ~ **schuften/schwitzen** to work/sweat like hell *sl;* ~ **wehtun** to hurt like hell *sl*

Tier·kli·nik *f* animal hospital **Tier·kreis** *m kein pl* zodiac **Tier·kreis·zei·chen** *nt* sign of the zodiac, zodiacal sign **Tier·kun·de** *f* zoology **tier·lieb** *adj* animal-loving *attr,* pet-loving *attr;* ■~ **sein** to be fond of animals **Tier·lie·be** *f* love of animals **Tier·me·di·zin** *f* veterinary medicine **Tier·park** *m* zoo **Tier·pfle·ger(in)** *m(f)* zoo-keeper **Tier·quä·ler(in)** <-s, -> *m(f)* person who is cruel to animals **Tier·quä·le·rei** ['ti:ɐ̯kvɛːlərai] *f* animal cruelty, cruelty to animals **Tier·schutz** *m* protection of animals **Tier·schutz·ver·ein** *m* society for the prevention of cruelty to animals **Tier·ver·such** *m* animal experiment **Tier·zucht** *f kein pl* live-stock breeding *no pl,* animal husbandry *no pl*

Tif·lis ['tɪflɪs], **Tbilissi** <-> [dbi'lisi] *nt* Tbilisi

Ti·ger <-s, -> [ti:gɐ] *m* tiger

Ti·ger·au·ge *nt* tiger's-eye

ti·gern ['ti:gɐn] *vi sein* (*fam*) to mooch [about] BRIT *fam,* to loiter AM; ■**durch etw** *akk* ~ to traipse [*or* BRIT mooch] through sth

Til·de <-, -n> ['tɪldə] *f* tilde

til·gen ['tɪlgn̩] *vt* (*geh*) ■**etw** ~ ❶ FIN (*abtragen*) to pay sth off ❷ (*beseitigen*) to wipe out sth *sep;* ■**etw** *akk* **von etw** *dat* ~ to erase sth from sth

Til·gung <-, -en> *f* (*geh*) ❶ FIN (*das Tilgen*) repayment ❷ (*Beseitigung*) erasure, deletion

Tim·bre <-s, -s> ['tɛ̃:brə] *nt* (*geh*) timbre [*or* AM -er]

ti·men ['taimən] *vt* ■**etw** ~ to time sth

Time·sha·ring[RR] <-s> *nt,* **Time·sha·ring**[ALT] <-s> ['taimʃɛːrɪŋ] *nt kein pl* ❶ INFORM (*gemeinsame Benutzung eines Großrechners*) time-sharing ❷ (*gemeinsamer Besitz von Ferienwohnungen*) time share

Ti·ming <-s> ['taimɪŋ] *nt* timing

tin·geln ['tɪŋl̩n] *vi sein* (*fam*) to gig around *fam*

Tink·tur <-, -en> [tɪŋk'tu:ɐ̯] *f* tincture

Tin·te <-, -n> ['tɪntə] *f* ink ▶ WENDUNGEN: **in der ~ sitzen** (*fam*) to be in the soup *fam,* to be in a scrape *fam*

Tin·ten·fass[RR] *nt* inkpot **Tin·ten·fisch** *m* squid **Tin·ten·fleck** *m* ink blot; (*auf Kleidung*) ink stain **Tin·ten·gum·mi** *m* ink rubber **Tin·ten·klecks** *m* ink blot **Tin·ten·stift** *m* indelible pencil

Tipp[RR], **Tip**[ALT] <-s, -s> [tɪp] *m* ❶ (*Hinweis*) tip, hint; **jdm einen ~ geben** to give sb a tip ❷ SPORT (*gewettete Zahlen*) tip

tip·pen[1] [tɪpn̩] I. *vi* ❶ (*Wettscheine ausfüllen*) to fill in one's coupon; **im Lotto/Toto** ~ to play the lottery/pools ❷ (*fam: etw vorhersagen*) to guess; ■**auf jdn/etw** ~ to put one's money on sb/sth; ■**darauf ~, dass jd etw** *akk* **tut/dass etw** *gen* **geschieht** to bet that sb does sth/that sth happens II. *vt* ■**etw ~ eine Zahl** ~ to play a number

tip·pen[2] [tɪpn̩] I. *vi* ❶ (*fam: Schreibmaschine schreiben*) to type ❷ (*kurz anstoßen*) ■**an/auf etw** *akk* ~ to tap on sth; ■**gegen etw** *akk* ~ to tap against sth II. *vt* (*fam*) to type; ■[**jdm**] **etw** *akk* ~ to type sth [for sb]

Tipp-Ex® <-> ['tɪpɛks] *nt kein pl* Tipp-Ex® BRIT, Liquid Paper® AM, whiteout

Tipp·feh·ler *m* typing mistake [*or* error]

Tipp·se <-, -n> ['tɪpsə] *f* (*pej fam*) typist

tipp·topp ['tɪp'tɔp] (*fam*) I. *adj* tip-top *fam,* perfect, immaculate II. *adv* immaculately

Tipp·zet·tel *m* (*fam*) lottery ticket

Ti·ra·de <-, -n> [ti'ra:də] *f meist pl* (*pej geh*) tirade

Ti·ra·na <-s> [ti'ra:na] *nt* GEOG Tirana, Tirane

Ti·rol <-s> [ti'ro:l] *nt* Tyrol

Ti·ro·ler(in) <-s, -> [ti'ro:lɐ] *m(f)* Tyrolese, Tyrolean

Ti·ro·ler·hut *m* Tyrolean hat

Ti·ro·le·rin <-, -nen> *f fem form von* **Tiroler**

Tisch <-[e]s, -e> [tɪʃ] *m* ❶ (*Esstisch*) table; **jdn zu ~ bitten** to ask sb to take their place [at the table]; **etw** *akk* **auf den ~ bringen** (*fam*) to serve sth; **zu ~ gehen** (*geh*) to go to lunch/dinner; **zu ~ sein** (*geh*) to be having one's lunch/dinner; **am** [*o geh* **bei**] [*o geh* **zu**] **~ sitzen** to sit at the table; **bei ~** (*geh*) at the table; **vor/nach ~** (*geh*) before/after the meal; **zu ~!** (*geh*) lunch/dinner is served ❷ (*an einem ~ sitzende Personen*) table ▶ WENDUNGEN: **am grünen ~, vom grünen ~ aus** in theory; **reinen ~ machen** to sort things out, to get things straight; **am runden ~** among equals; **jdn an einen ~ bringen** to get sb round [*or* AM around] the table; **unter den ~ fallen** (*fam*) to go by the board *fam;* **jdn unter den ~ trinken** [*o sl* **saufen**] to drink sb under the table *fam;* **vom ~ sein** to be cleared up; **vom ~ müssen** to need clearing up; **sich** *akk* [**mit jdm**] **an einen ~ setzen** to get round the table [with sb]; **etw** *akk* **vom ~ wischen** to strike sth off the roll, to dismiss sth; **jdn über den ~ ziehen** (*fam*) to lead sb up the garden path *fam*

Tịsch·da·me *f fem form von* **Tischherr Tịsch·de·cke** *f* tablecloth **Tịsch·grill** *m* table-top grill **Tịsch·herr, -da·me** *m, f* dinner partner

Tisch·ler(in) <-s -> [ˈtɪʃlɐ] *m(f)* joiner, carpenter, cabinet maker

Tisch·le·rei <-, -en> [tɪʃləˈrai] *f* joiner's [*or* carpenter's] workshop

Tịsch·le·rin <-, -nen> *f fem form von* **Tischler**

tisch·lern [ˈtɪʃlɐn] **I.** *vi* (*fam*) to do woodwork **II.** *vt* (*fam*) ■**etw ~** to make sth

Tịsch·ler·wer·kstatt *f* joiner's [*or* carpenter's] workshop

Tịsch·rech·ner *m* desk calculator **Tịsch·re·de** *f* after-dinner speech; **eine ~ halten** to hold an after-dinner speech

Tịsch·ten·nis *nt* table tennis, Ping-Pong® *fam*

Tịsch·ten·nis·plat·te *f* table-tennis [*or fam* Ping-Pong®] table **Tịsch·ten·nis·schlä·ger** *m* table-tennis [*or fam* Ping-Pong®] bat

Tịsch·tuch <-tücher> *nt s.* **Tischdecke**

Ti·tan¹ <-en, -en> [tiˈtaːn] *m* Titan

Ti·tan² <-s> [tiˈtaːn] *nt kein pl* CHEM titanium

Ti·tel <-s, -> [ˈtiːtl̩] *m* ❶ (*Überschrift*) heading ❷ (*Namenszusatz*) [academic] title ❸ (*Adels~*) title ❹ MEDIA ([*Name einer*] *Publikation*) title ❺ MUS (*Schlager*) song ❻ SPORT (*sportlicher Rang*) title ❼ JUR (*vollstreckbarer Rechtsanspruch*) section

i Kultur

Die **Titel** *Dr, Mr* und *Mrs*, sowie der neutrale weibliche Titel *Ms* werden in Großbritannien ohne Punkt und in den USA oft mit Punkt geschrieben. Bei Anschriften wird in Großbritannien häufig der Titel *Esq.*, die Abkürzung für *esquire*, hinter den männlichen Nachnamen als Zeichen des Respekts gesetzt, z.B. *John Grant Esq.*. Die Titel *Sir* und *Madam* werden fast nur noch zur Anrede in Briefen verwendet; für *Sehr geehrte Damen und Herren* sagt man im Englischen *Dear Sir or Madam.* Als Ehrentitel gehört *Sir* zum Vornamen, z.B. wird David Attenborough als *Sir David* angesprochen. Frauen werden mit *Dame*, z.B. *Dame Iris Murdoch*, angeredet. Die Ehrentitel *Baron* und *Baroness* werden bei Herren vor den Nachnamen, z.B. Richard Attenborough als *Baron Attenborough*, und bei Frauen vor den Vornamen gestellt, z.B. Ruth Rendell als *Baroness Ruth.* Die Ehrentitel *Lord* und *Lady* werden jeweils nur vor den Nachnamen gestellt.

Ti·tel·bild *nt* cover [picture] **Ti·tel·blatt** *nt* ❶ (*Buchseite mit dem Titel*) title page ❷ (*einer Zeitung*) front page; *Zeitschrift* cover **Ti·tel·held(in)** *m(f)* eponymous hero/*fem* heroine *liter* **Ti·tel·kampf** *m* title fight

ti·teln [ˈtiːtl̩n] *vt* ■**etw ~** to headline sth

Ti·tel·rol·le *f* title role **Ti·tel·sei·te** *f* front page; (*einer Zeitschrift*) cover **Ti·tel·trä·ger(in)** *m(f)* title bearer **Ti·tel·ver·tei·di·ger(in)** *m(f)* title holder

Tit·te <-, -n> [ˈtɪtə] *f* (*derb*) tit *sl*, boob *fam*

ti·tu·lie·ren* [tituˈliːrən] *vt* (*geh*) ■**jdn irgendwie ~** to call sb sth; ■**jdn als** [*o* **mit etw** *dat*] **etw** *akk* **~** to address sb as sth

tja [tja] *interj* well

Toast¹ <-[e]s, -e> [toːst] *m* ❶ *kein pl* (*Toastbrot*) toast ❷ (*Scheibe Toastbrot*) ■**ein ~** a slice [*or* piece] of toast

Toast² <-[e]s, -e> [toːst] *m* toast; **einen ~ auf jdn/etw ausbringen** to propose a toast to sb/sth

Toast·brot *nt* toasting bread

toas·ten¹ [toːstn̩] *vt* ■**etw ~** to toast sth

toas·ten² [toːstn̩] *vi* (*geh*) ■[**auf jdn/etw**] **~** to toast [to sb/sth]

Toas·ter <-s, -> *m* toaster

To·bak [ˈtoːbak] *m* ▶ WENDUNGEN: **das ist starker ~!** (*veraltend fam*) that's a bit much! *fam; s. a.* **Anno**

to·ben [ˈtoːbn̩] *vi* ❶ *haben* (*wüten*) ■[**vor etw** *dat*] **~** to be raging [*or* to go wild] [with sth]; **wie ein Wilder/wie eine Wilde ~** to go berserk ❷ *haben* (*ausgelassen spielen*) to romp [around [*or* about]] ❸ *sein* (*fam: sich ausgelassen fortbewegen*) ■**irgendwohin ~** to romp somewhere

To̱b·sucht *f kein pl* rage, raving madness *no pl*

to̱b·süch·tig *adj* raving mad, maniacal

To̱b·suchts·an·fall *m* (*fam*) fit of rage, raving madness; **einen ~ bekommen/haben** to blow one's top *fam,* to go through/have a tantrum

To·chter <-, Töchter> [ˈtɔxtɐ, *pl* ˈtœçtɐ] *f* ❶ (*weibliches Kind*) daughter; **die ~ des Hauses** (*geh*) the young lady of the house *form* ❷ (*Tochterfirma*) subsidiary

Töch·ter·chen <-s, -> [ˈtœçtɐçən] *nt dim von* **Tochter 1** little daughter

Tọch·ter·fir·ma *f s.* **Tochtergesellschaft Tọch·ter·ge·schwulst** *f* MED secondary growth **Tọch·ter·ge·sell·schaft** *f* subsidiary [firm [*or* company]]

Tod <-[e]s, -e> [toːt] *m* (*Lebensende*) death; ■**der ~** (*liter*) Death, the Grim Reaper *liter;* ■**~ durch etw** *akk* death by sth; **~ durch Erschießen** execution by firing squad; **~ durch Ertrinken** death by drowning; **eines friedlichen ~es sterben** to die a peaceful death; **etw mit dem ~e bezahlen** *akk* (*geh*) to pay for sth with one's life; **jdn ereilt der ~** (*geh*) sb is overtaken by death; **den ~ finden** (*geh*) to meet one's death, to perish; **jdm in den ~ folgen** (*geh*) to follow sb to the grave; [**für jdn/etw**] **in den ~ gehen** (*geh*) to die [for sb]; **bis dass der ~ uns scheidet** 'til death do us part; **des ~es sein** (*geh*) to be doomed; **bis in den ~** until death ▶ WENDUNGEN: **jdn/etw auf den ~ nicht ausstehen können** [*o* **leiden**] (*fam*) to be unable to stand sb/sth *fam;* **sich** *dat* **den ~ holen** (*fam*) to catch one's death [of cold] *fam;* **sich** *akk* **zu ~e langweilen** to be bored to death; **sich** *akk* **zu ~e schämen** to be utterly ashamed; **zu ~e betrübt sein** to be deeply despaired; *s. a.* **Kind, Leben**

tod·ernst [ˈtoːtˈʔɛrnst] **I.** *adj* deadly [*or* absolutely] serious **II.** *adv* in a deadly serious manner, dead earnest

To̱·des·angst *f* ❶ (*fam: entsetzliche Angst*) mortal fear; **Todesängste ausstehen** (*fam*) to be scared to death, to be frightened out of one's wits ❷ (*Angst vor dem Sterben*) fear of death **To̱·des·an·zei·ge** *f* MEDIA obituary **To̱·des·dro·hung** *f* death threat; **gegen jdn eine ~ aussprechen** to threaten sb with death **To̱·des·fall** *m* death **To̱·des·ge·fahr** *f* mortal danger **To̱·des·kampf** *m* death throes **To̱·des·kan·di·dat(in)** *m(f)* doomed man, goner *sl* **to̱·des·mu·tig I.** *adj* [completely] fearless **II.** *adv* fearlessly **To̱·des·op·fer** *nt* casualty; **die Zahl der ~** the death toll **To̱·des·schuss**[RR] *m* ■**der/ein ~ auf jdn** the fatal shot which killed sb; **gezielter ~** JUR shot to kill **To̱·des·schüt·ze, -schüt·zin** *m, f* assassin **To̱·des·schwa·dron** *f* death squad **To̱·des·stoß** *m* deathblow; **jdm den ~ versetzen** to deal sb the deathblow; **einer S.** *dat* **den ~ versetzen** (*fig*) to deal the deathblow to sth *fig* **To̱·des·stra·fe** *f* death penalty; **auf etw** *akk* **steht die** ~ sth is punishable by death **To·des·stun·de** *f* hour of death **To·des·trakt** *m* ■**der** ~ death row; **im** ~ **sitzen** to be on death row **To·des·ur·sa·che** *f* cause of death **To·des·ur·teil** *nt* death sentence; **jds** ~ **bedeuten** to be sb's sure death; **das** ~ **fällen** to pass the death sentence **To·des·ver·ach·tung** *f* ❶ (*Furchtlosigkeit*) fearlessness, defiance of death ❷ (*fam: starke Abneigung*) disgust; **mit** ~ (*fam*) with complete and utter disgust *fam* **To·des·zel·le** *f* death cell

Tod·feind(in) ['to:tfaint] *m(f)* deadly [*or* mortal] enemy **tod·ge·weiht** *adj* (*geh*) doomed **tod·krank** ['to:t'kraŋk] *adj* terminally ill

töd·lich ['tø:tlɪç] **I.** *adj* ❶ (*den Tod verursachend*) deadly; ~**es Gift** lethal [*or* deadly] poison; ~**e Dosis** lethal [*or* deadly] dose ❷ (*lebensgefährlich*) mortal, deadly ❸ (*fam: absolut*) deadly; **das ist mein** ~**er Ernst** I'm deadly [*or* absolutely] serious ❹ (*fam: fatal*) fatal **II.** *adv* ❶ (*mit dem Tod als Folge*) ~ **verunglücken** to be killed in an accident; ~ **abstürzen** to fall to one's death ❷ (*fam: entsetzlich*) **sich** *akk* ~ **langweilen** to be bored to death; **jdm ist** ~ **übel** sb feels horribly [*or* BRIT *fam* dead] sick

tod·mü·de ['to:t'my:də] *adj* (*fam*) dead tired *fam* **tod·schick** *adj* (*fam*) dead smart BRIT *fam*, snazzy *fam* **tod·si·cher I.** *adj* (*fam*) dead certain [*or fam* sure]; **eine** ~**e Methode** a sure-fire Method *fam* **II.** *adv* (*fam*) for sure *fam* **Tod·sün·de** *f* deadly [*or* mortal] sin **tod·un·glück·lich** ['to:t'ʔʊnglʏklɪç] *adj* (*fam*) deeply [*or* dreadfully] unhappy

To·fu ['to:fu] *m* tofu

To·ga <-, Togen> ['to:ga] *f* toga

To·go <-s> ['to:go] *nt* Togo; *s. a.* **Deutschland**

To·go·er(in) <-s, -> ['to:goɐ] *m(f)* Togolese; *s. a.* **Deutsche(r)**

to·go·isch ['to:goɪʃ] *adj* Togolese; *s. a.* **deutsch**

To·go·le·se, To·go·le·sin <-n, -n> [togo'le:zə, togo'le:zɪn] *m, f s.* **Togoer**

To·hu·wa·bo·hu <-[s], -s> [to:huva'bo:hu] *nt* chaos

To·i·let·te <-, -n> [twa'lɛtə] *f* toilet, loo BRIT *fam*; **ich muss mal auf die** ~ I need to go to the toilet [*or fam* loo]; **öffentliche** ~ public toilet

To·i·let·ten·ar·ti·kel *pl* toiletries *pl* **To·i·let·ten·mann, -frau** *m, f* toilet attendant **To·i·let·ten·pa·pier** *nt* toilet paper

toi, toi, toi ['tɔy 'tɔy 'tɔy] *interj* (*fam*) ❶ (*ich drücke die Daumen*) good luck, I'll keep my fingers crossed ❷ (*hoffentlich auch weiterhin*) touch [*or* AM knock on] wood

To·kio <-s> ['tok̯io] *nt* Tokyo

To·ki·o·ter [to'k̯iotɐ] *adj attr* Tokyo

Tö·le <-, -n> ['tø:lə] *f* DIAL (*fam*) mutt *fam*

to·le·rant [tole'rant] *adj* tolerant; ■~ [**gegen jdn** [*o* **gegenüber jdm**]] **sein** to be tolerant [of [*or* towards] sb]

To·le·ranz¹ <-> [tole'rants] *f kein pl* (*geh*) tolerance; ■**jds** ~ **gegen jdn** [*o* **gegenüber jdm**] sb's tolerance of [*or* towards] sb

To·le·ranz² <-, -en> [tole'rants] *f* (*fachspr*) tolerance

to·le·rie·ren* [tole'ri:rən] *vt* (*geh*) ■**etw** ~ to tolerate sth; ■~, **dass jd etw** *akk* **tut** to tolerate, that sb does sth

toll [tɔl] **I.** *adj* (*fam*) great *fam*, fantastic, terrific **II.** *adv* ❶ (*wild*) wild, crazy; **irgendwo geht es** ~ **zu** things are pretty wild somewhere *fam*; **ihr treibt es manchmal wirklich zu** ~! you really go too far sometimes! ❷ (*fam: sehr gut*) very well

tol·len ['tɔlən] *vi* ❶ *haben* (*umhertoben*) to romp around [*or* about] ❷ *sein* (*ausgelassen laufen*) to charge about

Toll·kir·sche *f* deadly nightshade, belladonna **toll·kühn** ['tɔlky:n] *adj* daring, daredevil *attr* **Toll·kühn·heit** *f kein pl* daring *no pl*

Toll·patsch^RR <-es, -e> ['tɔlpatʃ] *m* (*fam*) clumsy fool *fam*

toll·pat·schig^RR **I.** *adj* clumsy **II.** *adv* **sich** *akk* ~ **anstellen** to act clumsily **Toll·wut** *f* rabies **toll·wü·tig** *adj* ■~ **sein** ❶ ZOOL (*von Tollwut befallen*) to be rabid, to have rabies ❷ (*rasend*) to be raving mad

Tol·patsch^ALT <-es, -e> *m s.* **Tollpatsch**

tol·pat·schig^ALT *adj, adv s.* **tollpatschig**

Töl·pel <-s, -> ['tœlpl̩] *m* (*fam*) fool

töl·pel·haft I. *adj* silly **II.** *adv* foolishly

To·ma·te <-, -n> [to'ma:tə] *f* (*Frucht o Strauch*) tomato ►WENDUNGEN: ~**n auf den Augen haben** (*fam*) to be blind; **du treulose** ~! (*fam*) you're a fine friend! *iron*

To·ma·ten·ket·schup^RR *nt*, **To·ma·ten·ket·chup** *nt* [tomato] ketchup [*or* AM *a.* catsup] **To·ma·ten·mark** *nt* tomato puree **To·ma·ten·saft** *m* tomato juice **To·ma·ten·sa·lat** *m* tomato salad **To·ma·ten·so·ße** *f* tomato sauce **To·ma·ten·sup·pe** *f* tomato soup

Tom·bo·la <-, -s *o* Tombolen> ['tɔmbola, *pl* -bolən] *f* raffle

To·mo·graph, To·mo·graf^RR <-en, -en> [tomo'gra:f] *m* tomograph

To·mo·gra·phie, To·mo·gra·fie^RR <-, -n> [tomogra'fi:] *f* tomography

Ton¹ <-[e]s, -e> [to:n] *m* clay

Ton² <-[e]s, Töne> [to:n, *pl* tø:nə] *m* ❶ (*hörbare Schwingung*) sound; **halber/ganzer** ~ MUS semitone/tone ❷ FILM, RADIO, TV (*Laut*) sound ❸ (*fam: Wort*) sound; **ich will keinen** ~ **mehr hören!** not another sound!; **große Töne spucken** (*sl*) to brag about *fam*; **keinen** ~ **herausbringen** [*o* **hervorbringen**] to not be able to utter a word; **keinen** ~ **sagen** [*o* **von sich** *dat* **geben**] (*geh*) to not utter a sound ❹ (*Tonfall*) tone; **einen** ~ **am Leibe haben** (*fam*) to be [very] rude; **einen schärferen/vorsichtigeren** ~ **anschlagen** to strike a harsher/softer note; **einen anderen** ~ **anschlagen** to change one's tune; **sich** *dat* **diesen** ~ **verbitten** to not be spoken to like that; **ich verbitte mir diesen** ~! I will not be spoken to like that! ❺ (*Farb~*) shade, tone; ~ **in** ~ tone in tone ►WENDUNGEN: **der** ~ **macht die Musik** (*prov*) it's not what you say but the way you say it; **der gute** ~ etiquette; **jdn/etw in den höchsten Tönen loben** (*fam*) to praise sb/sth to the skies; **den** ~ **angeben** to set the tone; **hast du Töne!** (*fam*) you're not serious! *fam*

ton·an·ge·bend *adj* setting the tone *pred*; ■~ **sein** to set the tone

Ton·arm *m* pick-up arm **Ton·art** *f* ❶ MUS key ❷ (*Typ von Ton¹*) type of clay

Ton·band <-bänder> *nt* tape; **digitales** ~ digital audiotape, DAT; **etw** *akk* **auf** ~ **aufnehmen** to tape sth

Ton·band·auf·nah·me *f* tape recording; **eine** ~ [**von etw** *dat*] **machen** to record [sth] on tape **Ton·band·ge·rät** *nt* tape recorder

tö·nen¹ ['tø:nən] *vi* ❶ (*klingen*) to sound, to ring ❷ (*großspurig reden*) to boast

tö·nen² ['tø:nən] *vt* ■**etw** ~ to tint sth; [**sich** *dat*] **die Haare** ~ to colour [*or* AM -or] [one's] hair; ■**getönt** tinted; (*Haar*) coloured [*or* AM -ored]

To·ner <-s, -> ['to:nɐ] *m* toner

tö·nern ['tø:nɐn] *adj attr* clay; *s. a.* **Fuß**

Ton·fall *m* tone of voice, intonation **Ton·fol·ge** *f* sequence of notes

Ton·ga <-s> ['tɔŋa] *nt* Tonga; *s. a.* **Sylt**

Ton·ga·er(in) <-s, -> ['tɔŋaɐ] *m(f)* Tongan; *s. a.* **Deutsche(r)**

ton·ga·isch ['tɔŋaɪʃ] *adj* Tongan; *s. a.* **deutsch**

Ton·ge·fäß <-es, -e> *nt* earthenware vessel

To·ni·kum <-s, Tonika> ['to:nikʊm, *pl* -ka] *nt* tonic

Ton·kopf *m* recording head **Ton·la·ge** *f* pitch **Ton·lei·ter** *f* scale **ton·los** *adj* flat

Ton·na·ge <-, -n> [tɔ'na:ʒə] *f* tonnage

Ton·ne <-, -n> ['tɔnə] *f* ❶ (*zylindrischer Behälter*) barrel, cask ❷ (*Müll~*) bin BRIT, AM *usu* can; **gelbe** ~ recycling bin for plastic; **grüne** ~ recycling bin for paper ❸ (*Gewichtseinheit*) ton ❹ NAUT (*Bruttoregister~*) [register] ton ❺ NAUT (*zylindrische Boje*) buoy ❻ (*fam: fetter Mensch*) fatty *fam* ►WENDUNGEN: **etw in die** ~ **treten** [**können**] (*sl*) to kiss sth goodbye *sl*

Ton·stö·rung *f* sound interference

Ton·sur <-, -en> [tɔn'zu:ɐ̯] *f* tonsure

Ton·tau·be *f* clay pigeon **Ton·tau·ben·schie·ßen** *nt* clay pigeon shooting
Ton·tech·ni·ker(in) *m(f)* sound technician **Ton·trä·ger** *m* sound carrier
Tö·nung <-, -en> *f* ❶ (*das Tönen*) tinting ❷ (*Produkt für Haare*) hair colour [*or* AM -or] ❸ (*Farbton*) shade, shading
Top <-s, -s> [tɔp] *nt* top
Top·agent(in) <-en, -en> *m(f)* top agent
To·pas <-es, -e> [to'pa:s] *m* topaz
Topf <-[e]s, Töpfe> [tɔpf, *pl* 'tœpfə] *m* ❶ (*Koch~*) pot, sauce pan ❷ (*Nacht~*) potty *fam,* bedpan ❸ (*sl: Toilette*) loo BRIT *fam,* can AM *sl* ❹ (*~ für Kleinkinder*) potty *fam;* **auf den ~ gehen** to use the potty ▶WENDUNGEN: **alles in einen ~ werfen** to lump everything together
Top·fah·rer(in) *m(f)* SPORT top racer
Topf·blu·me *f* potted flower
Töpf·chen <-s, -> ['tœpfçən] *nt dim von* **Topf** ❶ (*kleiner Kochtopf*) small pot [*or* [sauce] pan] ❷ HORT (*kleiner Blumentopf*) small pot ❸ (*Toilettentopf für Kinder*) potty *fam*
Top·fen <-s, -> ['tɔpfn̩] *m* SÜDD, ÖSTERR quark (*soft cheese made from skimmed milk*)
Töp·fer(in) <-s, -> ['tœpfɐ] *m(f)* potter
Töp·fe·rei <-, -en> [tœpfə'rai] *f* pottery
Töp·fe·rin <-, -nen> *f fem form von* **Töpfer**
töp·fern ['tœpfɐn] **I.** *vi* to do pottery **II.** *vt* ■**etw ~** to make sth from clay
Töp·fer·schei·be *f* potter's wheel
top·fit ['tɔp'fit] *adj* (*fam*) ■**~ sein** to be as fit as a fiddle [*or* in top form]
Topf·ku·chen *m s.* **Napfkuchen** **Topf·lap·pen** *m* oven cloth BRIT, pot holder AM **Topf·pflan·ze** *f* potted plant, pot plant BRIT
Top·ma·na·ger(in) *m(f)* top manager
To·po·gra·phie, To·po·gra·fieRR <-, -n> [topogra'fi:, *pl* -iən] *f* topography
to·po·gra·phisch *adj,* **to·po·gra·fisch**RR *adj* topographic[al]
top·pen ['tɔpn̩] *vt* (*sl*) ■**jdn/etw ~** to top sb/sth
Tor <-[e]s, -e> [to:ɐ̯] *nt* ❶ (*breite Tür*) gate; *Garage* door; **seine ~e schließen** (*fig fam*) to close its gates for the last time ❷ ARCHIT (*Torbau*) gateway ❸ SPORT goal; **es fällt ein ~** a goal is scored; **ein ~ schießen** to score [*or* shoot] a goal; **im ~ stehen** to be goalkeeper ❹ SKI (*Durchgang*) gate
Tor, Tö·rin <-en, -en> [to:ɐ̯, 'tø:rɪn] *m, f* (*veraltend geh*) fool
Tor·bo·gen *m* archway **Tor·ein·fahrt** *f* entrance gate, gateway
To·res·schlussRR *m* ▶WENDUNGEN: **kurz vor ~** at the eleventh hour
Torf <-[e]s, -e> [tɔrf] *m* peat; **~ stechen** to cut peat
tor·fig *adj* peaty
Tor·flü·gel *m* gate (*one of a double gate*)
Torf·moor *nt* peat bog **Torf·moos** *nt* sphagnum [moss] **Torf·mull** *m* garden peat
Tor·heit <-, -en> *f* (*geh*) ❶ *kein pl* (*Unvernunft*) foolishness, folly ❷ (*unvernünftige Handlung*) foolish action
Tor·hü·ter(in) *m(f) s.* **Torwart**
tö·richt ['tœrɪçt] **I.** *adj* (*geh*) foolish, unwise **II.** *adv* (*geh*) foolishly
tö·rich·ter·wei·se *adv* (*geh*) stupidly, foolishly
Tö·rin <-, -nen> *f fem form von* **Tor**
tor·keln ['tɔrkl̩n] *vi sein* ❶ (*taumeln*) to reel ❷ (*irgendwohin taumeln*) to stagger; **er torkelte aus der Kneipe auf die Straße** he staggered out of the bar onto the street
Tor·na·do <-s, -s> [tɔr'na:do] *m* tornado, AM *a.* twister
tor·pe·die·ren* [tɔrpe'di:rən] *vt* ■**etw ~** ❶ NAUT (*mit Torpedos beschießen*) to torpedo sth ❷ (*geh: zu Fall bringen*) to sabotage sth
Tor·pe·do <-s, -s> [tɔr'pe:do] *m* torpedo
Tor·pe·do·boot *nt* torpedo-boat
Tor·pfos·ten *m* goalpost **Tor·schluss·pa·nik**RR *f* (*fam*) **~ haben** to be afraid of missing the boat, BRIT to be left on the shelf *fam* **Tor·schüt·ze, -schüt·zin** *m, f* scorer
Tor·si·on <-, -en> [tɔr'zi̯o:n] *f* torsion
Tor·so <-s, -s *o* Torsi> ['tɔrzo, *pl* -zi] *m* ❶ KUNST (*Statue ohne Gliedmaßen*) torso ❷ (*geh: unvollständiges Ganzes*) skeleton ❸ (*menschlicher Rumpf*) torso
Tör·tchen <-s, -> ['tœrtçən] *nt dim von* **Torte** [small] tart, tartlet BRIT
Tor·te <-, -n> ['tɔrtə] *f* gateau, [fancy] cake; (*Obstkuchen*) flan
Tor·ten·be·lag *m* flan topping **Tor·ten·bo·den** *m* flan case, base **Tor·ten·di·a·gramm** *nt* pie chart **Tor·ten·guss**RR *m* glaze **Tor·ten·he·ber** <-s, -> *m* cake slice **Tor·ten·plat·te** *f* cake plate
Tor·tur <-, -en> [tɔr'tu:ɐ̯] *f* (*geh*) torture
Tor·ver·hält·nis *nt* score **Tor·wart(in)** *m(f)* goalkeeper, goalie *fam*
to·sen ['to:zn̩] *vi* ❶ *haben* (*brausen*) to roar; *Wasserfall* to foam; *Sturm* to rage ❷ *sein* (*sich brausend bewegen*) to roar, to foam; *Sturm* to rage
to·send *adj* thunderous, raging; **~er Beifall ertönte** there was a thunderous applause
tot [to:t] *adj* ❶ (*gestorben*) dead; **~ geboren werden** to be stillborn; **sich ~ stellen** to play dead, to feign death; **~ umfallen** to drop dead; **~ zusammenbrechen** to collapse and die ❷ (*abgestorben*) dead ❸ (*nicht mehr genutzt*) disused ❹ (*fam: völlig erschöpft*) dead *fam,* beat *fam,* whacked BRIT *fam;* **mehr ~ als lebendig** (*fam*) more dead than alive ▶WENDUNGEN: **für jdn ~ sein** to be dead as far as sb is concerned; **ich will ~ umfallen[, wenn das nicht wahr ist]** (*fam*) cross my heart and hope to die[, if it isn't true] *fam; s. a.* **Flussarm, Briefkasten, Winkel, Meer, Punkt, Rennen, Kapital, Gleis, Sprache**
to·tal [to'ta:l] *adj* total, complete
to·ta·li·tär [totali'tɛ:ɐ̯] **I.** *adj* totalitarian **II.** *adv* in a totalitarian manner
To·ta·li·ta·ris·mus <-> [totalita'rɪsmʊs] *m kein pl* totalitarianism *no pl*
To·tal·ope·ra·ti·on *f* extirpation; *Gebärmutter* hysterectomy; *Brust* mastectomy **To·tal·scha·den** *m* write-off
tot|är·gern *vr* (*fam*) ■**sich [über jdn/etw]** *akk* **~** to be/become livid [about sb/sth], to get really annoyed [about sb/sth] *fam,* to be hopping mad [about sb/sth] *fam*
To·te(r) ['to:tə] *f(m) decl wie adj* (*toter Mensch*) dead person, dead man/woman, [dead] body; (*Todesopfer*) fatality
To·tem <-s, -s> ['to:tɛm] *nt* totem
To·tem·pfahl *m* totem pole
tö·ten ['tø:tn̩] *vt* ■**jdn/etw ~** to kill sb/sth; *s. a.* **Blick, Nerv**
To·ten·bett *nt s.* **Sterbebett** **to·ten·blass**RR ['to:tn̩'blas] *adj s.* **leichenblass** **To·ten·bläs·se** *f s.* **Leichenblässe** **to·ten·bleich** ['to:tn̩'blaiç] *adj s.* **leichenblass** **To·ten·grä·ber** <-s, -> *m* ZOOL burying [*or* sexton] beetle **To·ten·grä·ber(in)** <-s, -> *m(f)* gravedigger **To·ten·kopf** *m* ❶ ANAT (*Knochenschädel*) skull ❷ (*Zeichen*) skull and crossbones, death's head **To·ten·mas·ke** *f* death mask **To·ten·mes·se** *f* requiem mass **To·ten·schä·del** *m s.* **Totenkopf 1** **To·ten·schein** *m* death certificate **To·ten·sonn·tag** *m protestant church holiday on the last Sunday of the church year commemorating the dead* **to·ten·still** ['to:tn̩'ʃtɪl] *adj* ■**es/alles ist ~** it/everything is deadly silent [*or* quiet] **To·ten·stil·le** ['to:tn̩'ʃtɪlə] *f* dead[ly] silence **To·ten·tanz** *m* dance of death **To·ten·wa·che** *f* **die ~ halten** to hold the wake
tot|fah·ren *irreg vt* (*fam*) ■**jdn/etw ~** to run over and kill sb/sth *fam* **Tot·ge·burt** *f* stillbirth **Tot·ge·glaub·te(r)** *f(m) decl wie adj* person believed to be dead **tot|ge·hen** *vi irreg sein bes* NORDD (*fam*) to die **Tot·ge·sag·te(r)** *f(m) decl wie adj* person declared dead **tot|krie·gen** *vt* (*fam*) **jd ist nicht totzukriegen** you can't get the better of sb; (*äußerst strapazierfähig*) sb can go on for ever **tot|la·chen** *vr* (*fam*) ■**sich [über etw/jdn]**

T

akk ~ to kill oneself laughing [about sth/sb] *fam,* to split one's sides laughing [about sth/sb]; **zum T~ sein** to be too funny for words, to be dead funny *fam* **totlau·fen** *vr irreg* (*fam*) ■**sich** ~ to peter away [*or* out] **tot|ma·chen I.** *vt* (*fam*) ■**jdn/etw** ~ to kill sb/sth **II.** *vr* (*fam*) ■**sich** [**für jdn/bei etw** *dat*] *akk* ~ to bend over backwards [for sb/sth] *fam,* to go out of one's way [for sb/sth] *fam*

To·to <-s, -s> ['to:to] *nt o m* pools *npl* BRIT, pool AM; [**im**] ~ **spielen** to do the pools BRIT, to be in a [football] pool AM

To·to·schein *m* pool[BRIT -s] ticket

tot|schie·ßen *vt irreg* (*fam*) ■**jdn/etw** ~ to shoot sb/sth dead **Tot·schlag** *m kein pl* JUR manslaughter *no pl* **tot|schla·gen** *vt irreg* (*fam*) ■**jdn/etw** ~ to beat sb/sth to death; **du kannst mich ~, [aber] ..., ..., und wenn du mich totschlägst** (*fig fam*) for the life of me ..., ... for the life of me *fam* **Tot·schlä·ger** *m* cosh BRIT, blackjack AM **Tot·schlä·ger(in)** *m(f)* JUR person convicted of manslaughter **tot|schwei·gen** *vt irreg* ❶ (*über etw nicht sprechen*) ■**etw** ~ to hush up sth; ■**totgeschwiegen** hushed-up ❷ (*über jdn nicht sprechen*) ■**jdn** ~ to keep quiet about sb

Tö·tung <-, *selten* -en> *f* killing; ~ **auf Verlangen** JUR assisted suicide, euthanasia; **fahrlässige** ~ JUR culpable manslaughter

Touch <-s, -s> [tatʃ] *m* touch

tough [tʌf] *adj* (*sl*) tough; **sie war permanent bemüht, ~ zu wirken** she was always trying to act hard *sl*

Tou·pet <-s, -s> [tu'pe:] *nt* toupee, toupet

tou·pie·ren* [tu'pi:rən] *vt* ■**jdm/sich die Haare** ~ to back-comb sb's/one's hair

Tour <-, -en> [tu:ɐ̯] *f* ❶ (*Geschäftsfahrt*) trip; **auf ~ gehen** (*fam*) to go away on a trip, to take to the road *fam;* **auf ~ sein** (*fam*) to be away on a trip, to be on the road *fam* ❷ TOURIST (*Ausflugsfahrt*) tour, outing, excursion; **eine ~/~en machen** to go on a tour [*or* outing]/tours [*or* outings] ❸ TECH (*Umdrehung*) revolution; **auf ~en kommen** to reach top speed; **auf vollen ~en** at top speed ❹ (*fam: Vorhaben*) ploy, wheeling and dealing *fam;* **auf die langsame** ~ slowly, in a slow way; **jdm auf die dumme/linke ~ kommen** to try to cheat sb; **sie versucht es immer auf die krumme** ~ she always tries to wheel and deal ▸WENDUNGEN: **jdn auf ~en bringen** (*fam*) to get sb going *fam;* (*jdn wütend machen*) to get sb worked up *fam;* **auf ~en kommen** (*fam*) to get into top gear; (*wütend werden*) to get worked up; **in einer** ~ (*fam*) non-stop *fam*

Tour de France <-> ['tu:ɐ̯ də 'frã:s] *f kein pl* SPORT ■**die** ~ the Tour de France

tou·ren [tu:rən] *vi* to [be [*or* go] on] tour

Tou·ren·rad [tu:rən-] *nt* tourer **Tou·ren·wa·gen·meis·ter·schaft** *f* SPORT touring car championship **Tou·ren·zahl** *f* number of revolutions **Tou·ren·zäh·ler** *m* revolution counter

Tou·ri <-s, -s> ['tu:ri] *m* (*fam o a. pej*) [mass] tourist

Tou·ris·mus <-> [tu'rɪsmʊs] *m kein pl* tourism *no pl;* **sanfter** ~ eco-tourism

Tou·rist(in) <-en, -en> [tu'rɪst] *m(f)* tourist

Tou·ris·ten·klas·se *f* tourist class

Tou·ris·tik <-> [tu'rɪstɪk] *f kein pl* tourism *no pl,* tourist industry

Tou·ris·tin <-, -nen> *f fem form von* **Tourist**

Tour·nee <-, -n *o* -s> [tʊr'ne:, *pl* -'ne:ən] *f* tour; **auf ~ gehen, eine ~ machen** to go on tour; **auf ~ sein** to be on tour

Tow·er <-s, -> ['taʊə] *m* control tower

To·xi·ko·lo·ge, To·xi·ko·lo·gin <-n, -n> [tɔksiko'lo:gə, -'lo:gɪn] *m, f* toxicologist

To·xi·ko·lo·gie <-> [tɔksikolo'gi:] *f kein pl* toxicology

To·xi·ko·lo·gin <-, -nen> *f fem form von* **Toxikologe**

to·xi·ko·lo·gisch [tɔksiko'lo:gɪʃ] *adj* toxicological

to·xisch ['tɔksɪʃ] *adj* toxic

Trab <-[e]s> [tra:p] *m kein pl* (*Gangart*) trot; **im** ~ at a trot ▸WENDUNGEN: **jdn auf ~ bringen** (*fam*) to make sb get a move on *fam;* **jdn in ~ halten** (*fam*) to keep sb on the go *fam;* **auf ~ kommen** (*fam*) to get a move on *fam;* **auf ~ sein** (*fam*) to be on the go *fam;* **sich** *akk* **in ~ setzen** (*fam*) to get cracking *fam*

Tra·bant <-en, -en> [tra'bant] *m* satellite

Tra·ban·ten·stadt *f* satellite town

tra·ben ['tra:bn̩] *vi* ❶ *haben o sein* (*im Trab laufen o reiten*) to trot ❷ *sein* (*sich im Trab irgendwohin bewegen*) to trot

Tra·ber <-s, -> *m* trotter

Trab·renn·bahn *f* trotting course **Trab·ren·nen** *nt* trotting race

Tracht <-, -en> [traxt] *f* ❶ (*Volks~*) [traditional [*or* national]] costume ❷ (*Berufskleidung*) garb, dress, uniform ▸WENDUNGEN: **eine ~ Prügel** (*fam*) a thrashing *fam,* a good hiding *fam*

trach·ten ['traxtn̩] *vi* (*geh*) ■**nach etw** *dat* ~ to strive for [*or* after] sth; ■**danach ~, etw** *akk* **zu tun** to strive to do sth; *s. a.* **Leben**

trächtig ['trɛçtɪç] *adj* ZOOL pregnant

Track·ball <-s, -s> ['trɛkbɔ:l] *m* trackball

Tra·di·ti·on <-, -en> [tradi'tsi̯o:n] *f* tradition; [**bei jdm**] ~ **haben** to be a tradition [with sb]; **aus** ~ traditionally, by tradition

traditionell [traditsi̯on'ɛl] *adj meist attr* traditional

tra·di·ti·ons·be·wusst[RR] *adj* traditional; ■~ **sein** to be conscious of tradition **tra·di·ti·ons·ge·mäß** *adv* traditionally **tra·di·ti·ons·reich** *adj* rich in tradition

traf [tra:f] *imp von* **treffen**

Tra·fik <-, -en> [tra'fɪk] *f* ÖSTERR tobacconist's [shop], tobacco shop

Tra·fi·kant(in) <-en, -en> [trafi'kant] *m(f)* ÖSTERR tobacconist

Tra·fo <-[s], -s> ['tra:fo] *m kurz für* **Transformator** ELEK (*fam*) transformer

Trag·bah·re *f* stretcher

trag·bar *adj* ❶ (*portabel konstruiert*) portable ❷ (*akzeptabel*) acceptable

Tra·ge <-, -n> ['tra:gə] *f* stretcher

trä·ge ['trɛ:gə] **I.** *adj* ❶ (*schwerfällig*) lethargic; (*faul und schlapp*) sluggish; **jdn ~ machen** to make sb lethargic [*or* sluggish] ❷ PHYS, CHEM (*im Zustand der Trägheit befindlich*) inert **II.** *adv* lethargically, sluggishly

Tra·ge·korb *m* pannier, AM panier

tra·gen <trägt, trug, getragen> ['tra:gn̩] **I.** *vt* ❶ (*schleppen*) ■**jdn/etw** ~ to carry [*or* take] sb/sth ❷ (*mit sich führen*) ■**etw bei sich** ~ to carry [*or* have] sth on [*or* with] one; **er trug eine Pistole bei sich** he had a gun on him, he carried a gun ❸ (*anhaben*) ■**etw** ~ to wear sth ❹ (*in bestimmter Weise frisiert sein*) ■**etw** ~ to have sth; **einen Bart** ~ to have a beard; **das Haar lang/kurz** ~ to have long/short hair ❺ (*stützen*) ■**etw** ~ to support sth ❻ AGR, HORT (*als Ertrag hervorbringen*) ■**etw** ~ to produce sth, to bear sth; **der Birnbaum trägt diesmal nur wenige Früchte** the pear tree has only grown a few fruits this time ❼ (*ertragen*) ■**etw** ~ to bear sth; **Leid** ~ to endure suffering ❽ (*für etw aufkommen*) ■**etw** ~ to bear sth; **die Kosten** ~ to bear [*or* to carry] the costs; **Verlust** ~ to defray loss; **die Folgen/das Risiko** ~ to bear [*or* be responsible for] the consequences/risk ❾ (*versehen sein mit*) ■**etw** ~ to bear [*or* have] sth; **er trägt einen Doktortitel** he has a PhD **II.** *vi* ❶ AGR, HORT (*als Ertrag haben*) to crop ❷ (*trächtig sein*) to be pregnant, to be with young ❸ (*das Begehen aushalten*) to withstand weight ❹ MODE (*in Kleidung bestimmten Sitzes gekleidet sein*) to wear; **sie trägt lieber kurz** she likes to wear short clothes ▸WENDUNGEN: **an etw** *dat* **schwer zu ~ haben** to have a heavy cross to bear with sth; **zum T~ kommen** to come into effect **III.** *vr* ❶ (*sich schleppen lassen*) **sich leicht/schwer** ~ to be light/heavy to carry ❷ MODE ■**sich** ~ to wear; **die Hose trägt sich bequem** the pants are comfortable ❸ (*geh: in Erwägung ziehen*) ■**sich mit etw** ~ to contemplate sth ❹ FIN (*sich allein unterhalten*) ■**sich** ~ to pay for itself

tra·gend *adj* ❶ ARCHIT, BAU, TECH (*stützend*) supportive ❷ (*zugrunde liegend*) fundamental

Trä·ger <-s, -> *m* ❶ *meist pl* MODE strap; *Hose* braces *npl* BRIT, suspenders *npl* AM ❷ BAU (*Stahl~*) girder
Trä·ger(in) <-s, -> *m(f)* ❶ (*Lasten~*) porter ❷ (*Inhaber*) bearer ❸ ADMIN (*verantwortliche Körperschaft*) responsible body; **die Kommunen sind die ~ der öffentlichen Schulen** the local authorities are responsible for public schools
Trä·ger·hemd *nt* sleeveless top **Trä·ger·hose** *f* trousers *npl* with straps, pants *npl* with suspenders AM
Trä·ge·rin <-, -nen> *f fem form von* **Träger**
Trä·ger·kleid *nt* pinafore dress **Trä·ger·ra·ke·te** *f* booster, rocket **Trä·ger·rock** *m* pinafore dress
Tra·ge·ta·sche *f* [carrier] bag
trag·fä·hig *adj* ■**~ sein** to be able to take weight [*or* a load] **Trag·fä·hig·keit** *f kein pl* load-bearing capacity **Trag·flä·che** *f* wing **Trag·flä·chen·boot** *nt* hydrofoil
Träg·heit <-, *selten* -en> *f* ❶ (*Schwerfälligkeit*) sluggishness, lethargy; (*Faulheit*) laziness ❷ PHYS inertia
Tra·gik <-> ['tra:gɪk] *f kein pl* tragedy; ■**die ~ einer S.** *gen* the tragedy of sth
Tra·gi·ko·mik [tra:gi'ko:mɪk] *f* (*geh*) tragicomedy
tra·gi·ko·misch ['tra:giko:mɪʃ] *adj* (*geh*) tragicomical
Tra·gi·ko·mö·die [tra:giko:m'ø:di̯ə] *f* tragicomedy
tra·gisch ['tra:gɪʃ] **I.** *adj* tragic; ■**etwas T~es** [something] tragic, a tragic affair; **es ist nicht [so [*o* weiter]] ~** (*fam*) it's not the end of the world *fam* **II.** *adv* tragically; **etw ~ nehmen** (*fam*) to take sth to heart *fam;* **nimm's nicht so ~!** (*fam*) don't take it to heart! *fam*
Trag·last *f* (*geh*) load **Trag·luft·hal·le** *f* air [*or* AM supported] hall
Tra·gö·die <-, -n> [tra'gø:di̯ə] *f* ❶ LIT, THEAT tragedy ❷ (*tragisches Ereignis*) tragedy; **eine/keine ~ sein** (*fam*) to be/not to be the end of the world *fam*, to be a/no great tragedy *fam;* **eine ~ aus etw** *dat* **machen** (*fam*) to make a mountain out of a molehill *fam*
Trag·rie·men *m* strap; *Gewehr* sling **Trag·wei·te** *f* scale; (*einer Entscheidung, Handlung*) consequence; **von großer ~ sein** to have far-reaching consequences **Trag·werk** *nt* wing assembly
Trai·ler <-s, -> ['tre:lɐ] *m* FILM trailer
Trai·ner <-s, -> ['trɛ:nɐ] *m* SCHWEIZ track-suit
Trai·ner(in) <-s, -> ['trɛ:nɐ] *m(f)* coach
trai·nie·ren* [trɛ'ni:rən] **I.** *vt* SPORT ❶ (*durch Training üben*) ■**etw ~** to practice sth ❷ (*durch Training auf Wettkämpfe vorbereiten*) ■**jdn ~** to coach [*or* train] sb **II.** *vi* ❶ (*üben*) to practice; ■**mit jdm ~** to practice with sb ❷ (*sich auf Wettkämpfe vorbereiten*) to train
Trai·ning <-s, -s> ['trɛ:nɪŋ] *nt* SPORT training, practice; **autogenes ~** PSYCH relaxation through self-hypnosis
Trai·nings·an·zug *m* tracksuit **Trai·nings·ho·se** *f* track-suit trousers *npl* [*or fam* bottoms *npl*], track pants *npl* AM **Trai·nings·ja·cke** *f* track-suit top **Trai·nings·la·ger** *nt* training camp
Trakt <-[e]s, -e> [trakt] *m* wing
Trak·tan·den·lis·te *f* SCHWEIZ agenda
Trak·tan·dum <-s, -den> [trak'tandum] *nt* SCHWEIZ agenda item
Trak·tat <-[e]s, -e> [trak'ta:t] *m o nt* (*geh*) tract
trak·tie·ren* [trak'ti:rən] *vt* (*fam*) ❶ (*schlecht behandeln*) ■**jdn/etw ~** to ill-treat sb/sth ❷ (*misshandeln*) ■**jdn/ein Tier ~** to abuse sb/an animal; **jdn mit Stockschlägen ~** to beat sb with a stick
Trak·tor <-s, -toren> ['trakto:ɐ̯, *pl* -'to:rən] *m* tractor
träl·lern ['trɛlɐn] **I.** *vi* to warble **II.** *vt* ■**etw ~** to warble sth
Tram <-s, -s> [tram] *f o nt* SCHWEIZ tramway
Tram·pel <-s, -> ['trampl̩] *m o nt* (*fam*) clumsy oaf *fam*
tram·peln ['tramplṇ] **I.** *vi* ❶ *haben* (*stampfen*) **mit den Füßen ~** to stamp one's feet ❷ *sein* (*sich ~d bewegen*) to stomp along; **sie trampelten die Treppe hinunter** they stomped down the stairs **II.** *vt haben* ❶ (*durch Trampeln entfernen*) ■**etw** *akk* **von etw** *dat* **~** to stamp sth from sth; *s. a.* **Tod** ❷ (*durch T~ herstellen*) ■**etw ~** to trample sth
Tram·pel·pfad *m* track, path **Tram·pel·tier** *nt* ❶ ZOOL (*zweihöckriges Kamel*) camel ❷ (*fam: unbeholfener Mensch*) clumsy oaf *fam*
tram·pen [trɛmpṇ] *vi sein* to hitch-hike, to hitch *fam*
Tram·per(in) <-s, -> ['trɛmpɐ] *m(f)* hitch-hiker, hitcher *fam*
Tram·po·lin <-s, -e> ['trampoli:n] *nt* trampoline
Tram·way <-, -s> ['tramvai] *f* ÖSTERR (*Straßenbahn*) tram[way]
Tran <-[e]s, -e> [tra:n] *m* train [*or* fish] oil ▸ WENDUNGEN: **im ~** (*fam*) dopey *fam;* **das habe ich im ~ ganz vergessen** it completely slipped my mind; **wie im ~** (*fam*) in a daze
Tran·ce <-, -n> ['trã:s(ə)] *f* trance; **in ~ fallen** to fall [*or* go] into a trance; **jdn/sich in ~ versetzen** to put sb/oneself in[to] a trance
Tran·ce·zu·stand *m* [state of] trance
Tran·che <-, -n> ['trã:ʃ(ə)] *f* BÖRSE tranche
tran·chie·ren* [trã'ʃi:rən] *vt* ■**etw ~** to carve sth
Tran·chier·mes·ser *nt* carving-knife
Trä·ne <-, -n> ['trɛ:nə] *f* tear, teardrop; **in ~n aufgelöst** in tears; **den ~n nahe sein** to be close to tears; **jdm kommen die ~n** sb is starting to cry; **~n lachen** to laugh until one cries; **jdm/etw keine ~ nachweinen** to not shed any tears over sb/sth; **mit den ~n ringen** (*geh*) to fight [to hold back] one's tears; **jdn zu ~n rühren** to move sb to tears; **~n weinen** to shed tears; **unter ~n** in tears
trä·nen ['trɛnən] *vi* to water; **jdm ~ die Augen** sb's eyes are watering
Trä·nen·drü·se *f meist pl* lachrymal gland ▸ WENDUNGEN: **[mit etw** *fam*] **auf die ~ drücken** to get the waterworks going [with sth] *fam;* **mit dem Film will der Regisseur auf die ~ drücken** the director wants the film to be a real tear-jerker **Trä·nen·gas** *nt* tear gas **Trä·nen·sack** *m* lachrymal sac
tra·nig ['tra:nɪç] *adj* ❶ (*nach Tran schmeckend*) tasting of train oil ❷ (*fam: träge*) sluggish, slow
trank [traŋk] *imp von* **trinken**
Trank <-[e]s, Tränke> [traŋk, *pl* 'trɛŋkə] *m* (*geh*) beverage *form*, drink
Trän·ke <-, -n> ['trɛŋkə] *f* watering place
trän·ken ['trɛŋkṇ] *vt* ❶ (*durchnässen*) ■**etw [mit etw** *dat*] **~** to soak sth [with sth]; **er tränkte den Schwamm mit Wasser** he soaked the sponge in water ❷ AGR (*trinken lassen*) ■**ein Tier ~** to water an animal
Trans·ak·ti·on [trans?ak'tsi̯o:n] *f* transaction
trans·at·lan·tisch [trans?at'lantɪʃ] *adj* (*geh*) transatlantic
tran·schie·ren* [tran'ʃi:rən] *vt* ÖSTERR *s.* **tranchieren**
Trans·fer <-s, -s> [trans'fe:ɐ̯] *m* transfer
trans·fe·rie·ren* [transfe'ri:rən] *vt* ■**etw ~** to transfer sth; **Geld auf ein Konto ~** to transfer money [on BRIT]to an account; **etw** *akk* **ins Ausland ~** to transfer sth abroad
Trans·for·ma·tor <-s, -toren> [transfɔr'ma:to:ɐ̯, *pl* -ma'to:rən] *m* transformer
Trans·fu·si·on <-, -en> [transfu'zi̯o:n] *f* transfusion
trans·gen *adj* transgenetic
Tran·sis·tor <-s, -toren> [tran'zɪsto:ɐ̯] *m* transistor
Tran·sit <-s, -e> [tran'zi:t] *m* transit
tran·si·tiv ['tranziti:f] *adj* LING transitive
Tran·sit·raum *m* transit lounge **Tran·sit·ver·kehr** *m* transit traffic
trans·kri·bie·ren* [transkri'bi:rən] *vt* ■**etw ~** ❶ (*in andere Schrift umschreiben*) to transcribe sth ❷ MUS (*für andere Instrumente umschreiben*) to arrange
trans·pa·rent [transpa'rɛnt] *adj* (*durchscheinend*) transparent ▸ WENDUNGEN: **etw** *akk* **[für jdn] ~ machen** (*geh*) to make sth lucid [*or* transparent] [for sb]
Trans·pa·rent <-[e]s, -e> [transpa'rɛnt] *nt* banner
Trans·pa·rent·pa·pier *nt* tracing paper
Trans·pa·renz <-> [transpa'rɛnts] *f kein pl* (*geh*) transparency,

Traurigkeit, Enttäuschung

Traurigkeit ausdrücken	expressing sadness
Es macht/stimmt mich traurig, dass wir uns nicht verstehen.	**It makes me sad that** we don't get on.
Es ist so schade, dass er sich so gehen lässt.	**It's such a shame that** he lets himself go like that.
Diese Ereignisse **deprimieren mich.**	**I find** these incidents **very depressing.**

Enttäuschung ausdrücken	expressing disappointment
Ich bin über seine Reaktion (**sehr**) **enttäuscht.**	**I am (very) disappointed at/by/with** his reaction.
Du hast mich (schwer) enttäuscht.	**You have (deeply) disappointed me.**
Das hätte ich nicht von ihr erwartet.	**I wouldn't have expected that of her.**
Ich hätte mir etwas anderes gewünscht.	**I would have wished for something different.**

Bestürzung ausdrücken	expressing dismay
Das ist (ja) nicht zu fassen!	**That's unbelievable!**
Das ist (ja) ungeheuerlich!	**That's outrageous!**
Das ist ja (wohl) die Höhe!	**That's the limit!**
Das kann doch nicht dein Ernst sein!	**You cannot be serious!**
Ich fass es nicht!	**I don't believe it!**
Das bestürzt mich.	**I find that very disturbing.**
Das kann/darf (doch wohl) nicht wahr sein!	**That can't be true!**

lucidity *no pl*

Trans·pi·ra·ti·on <-> [transpira'tsi̯o:n] *f kein pl* (*geh*) perspiration *no pl*

trans·pi·rie·ren* [transpi'ri:rən] *vi* (*geh*) to perspire

Trans·plan·tat <-[e]s, -e> [transplan'ta:t] *nt* transplant

Trans·plan·ta·ti·on <-, -en> [transplanta'tsi̯o:n] *f* MED transplant; *Haut* graft

trans·plan·tie·ren* [transplan'ti:rən] *vt* ■**[jdm] etw** *akk* ~ to transplant [sb's] sth; **jdm die Haut** ~ to graft sb's skin

Trans·port <-[e]s, -e> [trans'pɔrt] *m* transport

trans·por·ta·bel [transpɔr'ta:bl̩] *adj* (*geh*) transportable

Trans·por·ter <-s, -> [trans'pɔrtɐ] *m* AUTO ❶ (*Lieferwagen*) transporter, van ❷ LUFT (*Transportflugzeug*) transport plane

Trans·por·teur <-s, -e> [transpɔr'tø:ɐ̯] *m* haulage contractor

trans·pọrt·fä·hig *adj* MED movable, transportable **Trans·pọrt·flug·zeug** *nt* transport plane

trans·por·tie·ren* [transpɔr'ti:rən] *vt* ❶ (*befördern*) ■**etw** ~ to transport [*or* carry] sth; ■**jdn** ~ to move sb ❷ FOTO **den Film** ~ to wind the film

Trans·pọrt·kos·ten *pl* transport[ation] costs *pl* **Trans·pọrt·mit·tel** *nt* means [*or* mode] of transport[ation] **Trans·pọrt·un·ter·neh·men** *nt* haulage contractor, forwarding agent **Trans·pọrt·un·ter·neh·mer** *m* haulage contractor

trans·se·xu·ell [transze'ksu̯ɛl] *adj* transsexual

Trans·se·xu·ẹl·le(r) *f(m) decl wie adj* transsexual

Trans·ves·tit <-en, -en> [transvɛs'ti:t] *m* transvestite

trans·zen·den·tal [transtsɛndɛn'ta:l] *adj* transcendental

Tra·pez <-es, -e> [tra'pe:ts] *nt* ❶ MATH trapezium BRIT, trapezoid AM ❷ (*Artistenschaukel*) trapeze

Tra·pez·akt *m* trapeze act

Tra·ra <-s, -s> [tra'ra:] *nt* (*fam*) hoo-ha *fam;* **ein** ~ [**um jdn/etw**] **machen** to create a hoo-ha [about sb/sth]

Trash-TV <-> [trɛʃti:'vi:, -te:'fau] *nt* trash TV

Tras·se <-, -n> ['trasə] *f* ❶ (*abgesteckter Verkehrsweg*) marked route ❷ (*Bahn~*) railway line

trat [tra:t] *imp von* **treten**

Tratsch <-[e]s> [tra:tʃ] *m kein pl* (*fam*) gossip *no pl*

trat·schen ['tra:tʃn̩] *vi* (*fam*) ■[**über jdn/etw**] ~ to gossip [about sb/sth]

Trat·sche·rei <-, -en> [tra:tʃə'rai] *f* (*fam*) gossiping *no pl,* scandalmongering *no pl*

Trau·al·tar *m* altar; [**mit jdm**] **vor den** ~ **treten** (*geh*) to stand at the altar [with sb], to walk down the aisle [with sb]

Trau·be <-, -n> ['traubə] *f* ❶ *meist pl* (*Weintraube*) grape *usu pl* ❷ BOT (*Büschel von Beeren*) bunch of grapes ❸ BOT (*büschelförmiger Blütenstand*) raceme ❹ (*Ansammlung*) cluster; **eine** ~ **von Menschen** a cluster of people

Trau·ben·le·se *f* grape harvest **Trau·ben·saft** *m* grape juice **Trau·ben·zu·cker** *m* glucose, dextrose

trau·en[1] ['trauən] *vt* ■**jdn** ~ to marry sb, to join sb in marriage; ■**sich** *akk* ~ **lassen** to get married, to marry

trau·en[2] ['trauən] **I.** *vi* ❶ (*vertrauen*) ■**jdm** ~ to trust sb ❷ (*Glauben schenken*) ■**einer S.** ~ *dat* to believe [*or* trust] sth; *s. a.* **Auge, Ohr, Weg II.** *vr* ■**sich** *akk* ~, **etw** *akk* **zu tun** to dare to do sth; **er traute sich nicht, das zu tun** he didn't have the courage to do that; ■**sich** *akk* **zu jdm** ~ to dare to go to sb

Trau·er <-> ['trauɐ] *f kein pl* sorrow *no pl,* grief *no pl* ▶ WENDUNGEN: ~ **tragen** to be in mourning

Trau·er·ar·beit *f* mourning, grieving **Trau·er·bin·de** *f* black armband **Trau·er·brief** *m* letter informing of sb's death **Trau·er·es·sen** *nt* SCHWEIZ funeral meal **Trau·er·fall** *m* bereavement, death **Trau·er·fa·mi·lie** *f* SCHWEIZ bereaved family **Trau·er·fei·er** *f* funeral service **Trau·er·klei·dung** *f* mourning **Trau·er·kloß** *m* (*fam*) wet blanket *fam* **Trau·er·marsch** *m* funeral march **Trau·er·mie·ne** *f* (*fam*) long face *fam;* **eine** ~ **aufsetzen** to make a long face; **mit einer** ~ with a long face

trau·ern ['trauɐn] *vi* ■**um jdn** ~ to mourn [for] sb

Trau·er·rand *m* ❶ (*schwarze Einrahmung*) black border ❷ *pl* (*fam: schwarze Fingernägel*) dirty fingernails **Trau·er·spiel** *nt* fiasco; **es ist ein** ~ **mit jdm** (*fam*) sb is really pathetic **Trau·er·wei·de** *f* weeping willow **Trau·er·zir·ku·lar** <-[e]s, -e> *f*

SCHWEIZ obituary **Trau·er·zug** *m* funeral procession

Trau·fe <-, -n> ['traufə] *f* eaves *npl; s. a.* **Regen**

träu·feln ['trɔyfl̩n] **I.** *vt haben* ■**etw** ~ to drip sth; **Medizin** ~ to apply drops of medicine **II.** *vi haben o sein* (*geh*) to trickle

Traum <-[e]s, Träume> [traum, *pl* trɔymə] *m* dream; **es war nur ein** ~ it was only a dream; **ein böser** ~ a bad dream; (*furchtbares Erlebnis*) nightmare; **nicht in meinen kühnsten Träumen** not in my wildest dreams; **es war immer mein ~, mal so eine Luxuslimousine zu fahren** I've always dreamed of being able to drive a limousine like that; **ein** ~ **von etw** *dat* a dream sth; **ein Traum von einem Mann** a dream man ▸WENDUNGEN: **Träume sind Schäume** (*prov fam*) dreams are but shadows; **etw** *gen* **fällt jdm im** ~ **nicht ein** sb wouldn't dream of it; **es fällt mir doch im** ~ **nicht ein, das zu tun** I wouldn't dream of doing that; **aus der** ~**!** it's all over!, so much for that!

Trau·ma <-s, Traumen *o* -ta> ['trauma, *pl* -mən, -mata] *nt* trauma

tra·uma·tisch [trau'ma:tɪʃ] *adj* traumatic

trau·ma·ti·siert *adj* traumatized

Trau·ma·ti·sie·rung <-, -en> *f* PSYCH traumatization [*or* BRIT *a.* -isation]

Traum·be·ruf *m* dream job **Traum·deu·tung** *f* interpretation of dreams, dream interpretation

Trau·men *pl von* **Trauma**

träu·men ['trɔymən] **I.** *vi* ❶ (*Träume haben*) to dream; ■~, **dass jd etw** *akk* **tut/dass etw** *gen* **geschieht** to dream that sb does sth/that sth happens; **schlecht** ~ to have bad dreams [*or* nightmares] ❷ (*Wünsche*) ■**von jdm/etw** ~ to dream about sb/sth; **sie hat immer davon geträumt, Ärztin zu werden** she had always dreamt of becoming a doctor; **jd hätte sich** *dat* **etw** *akk* **nicht/nie** ~ **lassen** sb would not/never have dreamed of sth, sb would not/never have thought sth possible; **jd hätte sich** *dat* **nicht/nie** ~ **lassen, dass ...** sb would not/never have thought it possible, that... ❸ (*abwesend sein*) to daydream, to be on another planet *fam,* to be in a reverie *form* ▸WENDUNGEN: **und wovon träumst du nachts?** (*fam*) not in a million years!; **du träumst wohl!** (*fam*) you must be dreaming [*or* joking]! **II.** *vt* ■**etw** ~ to dream sth

Träu·mer(in) <-s, -> ['trɔymɐ] *m(f)* [day]dreamer

Träu·me·rei <-, -en> [trɔymə'rai] *f meist pl* dream *usu pl;* **das sind alles** ~**en** that's building castles in the air

Träu·me·rin <-, -nen> *f fem form von* **Träumer**

träu·me·risch *adj* dreamy

traum·haft *adj* (*fam*) dreamlike, fantastic

Traum·haus *nt* dream house **Traum·job** *m* dream job **Traum·no·te** *f* SCH, SPORT (*euph fam*) perfect score **Traum·ur·laub** *m* dream holiday [*or* AM vacation] **traum·wand·le·risch** *adj* somnambulistic; [**sich** *akk*] **mit** ~**er Sicherheit** [**bewegen**] to move with the certainty of a sleepwalker

trau·rig ['traurɪç] **I.** *adj* ❶ (*betrübt*) sad, down, unhappy; ■~ [**über jdn/etw**] **sein** to be sad [*or* in a sad mood] [about sb/sth]; ■~ **sein, dass/weil ...** to be sad that/because ... ❷ (*betrüblich*) sorry; **das sind ja** ~**e Verhältnisse** that's a sorry state of affairs; **die** ~**e Tatsache ist, dass ...** it's a sad fact that ...; **in** ~**en Verhältnissen leben** to live in a sorry state ❸ (*sehr bedauerlich*) ■[**es ist**] ~**, dass ...** it's unfortunate [*or* sad] that ... **II.** *adv* (*betrübt*) sadly, sorrowfully; **warum siehst du mich so** ~ **an?** why are you looking at me in such a sad way? ▸WENDUNGEN: **mit etw** *dat* **sieht es** ~ **aus** sth doesn't look too good; **damit sieht es** ~ **aus** it doesn't look too good, it looks pretty bad

Trau·rig·keit <-> *f kein pl* sadness *no pl*

Trau·ring *m* wedding ring [*or* AM *a.* band] **Trau·schein** *m* marriage certificate

traut [traut] *adj* (*geh*) dear; **in** ~**em Kreise** among family and friends; **in** ~**er Runde** among good friends ▸WENDUNGEN: ~**es Heim, Glück allein** (*prov*) home sweet home *prov*

Trau·ung <-, -en> ['trauʊŋ] *f* marriage ceremony, wedding

Trau·zeu·ge, -zeu·gin *m, f* best man, [marriage] witness

Tra·ves·tie <-, -n> [travɛs'ti:, *pl* -i:ən] *f* travesty

Treck <-s, -s> [trɛk] *m* trail, trek

Tre·cker <-s, -> *m* (*fam*) tractor

Tre·cking <-s, -s> ['trɛkɪŋ] *nt s.* **Trekking**

Treff <-s, -s> [trɛf] *m* (*fam*) ❶ (*Treffen*) meeting, get-together *fam,* rendezvous ❷ (*Treffpunkt*) meeting point, rendezvous

tref·fen <trifft, traf, getroffen> [trɛfn̩] **I.** *vt haben* ❶ (*mit jdm zusammenkommen*) ■**jdn** ~ to meet [up with *fam*] sb ❷ (*antreffen*) ■**jdn** ~ to find sb; **ich habe ihn zufällig in der Stadt getroffen** I bumped into him in town ❸ (*mit einem Wurf, Schlag etc. erreichen*) ■**jdn/etw** [**mit etw** *dat*] ~ to hit [*or* strike] sb/sth [with sth]; **ins Ziel getroffen!** it's a hit! ❹ (*innerlich bewegen*) ■**jdn mit etw** *dat* ~ to hit a sore spot with sth; ■**jdn** ~ to affect sb; **sich** *akk* **getroffen fühlen** to take it personally; **fühlst du dich da etwa getroffen?** is that a sore point?; **sich** *akk* **durch etw** *akk* **getroffen fühlen** to take sth personally ❺ (*in die Wege leiten*) ■**etw** ~ to take sth; **Maßnahmen/Vorkehrungen** ~ to take measures/precautions ❻ (*abmachen*) **eine Entscheidung** ~ to make a decision; **eine Abmachung** ~ to have an agreement ❼ (*wählen*) **den richtigen Ton** ~ to strike the right note; **damit hast du genau meinen Geschmack getroffen** that's exactly my taste; **mit dem Geschenk hat sie das Richtige getroffen** her present was just the thing; **gut getroffen sein** to be a good photo [*or fam* shot] [*or* picture] of sb; **auf dem Foto bis du wirklich gut getroffen** that's a good photo [*or fam* shot] [*or* picture] of you; **es** [**mit jdm/etw**] **gut/schlecht getroffen haben** to be fortunate [*or* lucky]/unlucky [to have sb/sth]; **mit seinem Chef hat er es wirklich gut getroffen** he's really fortunate to have a boss like that; **du hättest es auch schlechter** ~ **können** you could have been worse off; **getroffen!** bingo! **II.** *vi* ❶ *sein* (*antreffen*) ■**auf jdn** ~ to meet sb, to bump into sb *fam* ❷ *haben* (*sein Ziel erreichen*) to hit ❸ *haben* (*verletzen*) to hurt **III.** *vr haben* ■**sich** [**mit jdm**] *akk* ~ to meet [sb], to meet up [with sb] *fam;* **das trifft sich** [**gut**] that's [very] convenient; **es trifft sich** [**gut**]**, dass ...** it is [very] convenient, that ...

Tref·fen <-s, -> [trɛfn̩] *nt* (*Zusammenkunft*) meeting ▸WENDUNGEN: **etw** *akk* **ins** ~ **führen** (*geh*) to put sth forward

tref·fend *adj* appropriate, striking

Tref·fer <-s, -> *m* ❶ (*ins Ziel gegangener Schuss*) hit; **einen** ~ **landen** to have a hit ❷ SPORT (*Tor*) goal ❸ SPORT (*Berührung des Gegners*) hit ❹ (*Gewinnlos*) winner

Tref·fer·quo·te *f* hit rate **Treff·punkt** *m* meeting point, rendezvous **treff·si·cher** *adj* accurate; **eine** ~**e Bemerkung** an apt remark; **ein** ~**es Urteil** a sound judgement **Treff·si·cher·heit** *f kein pl* ❶ (*sicher treffende Schussweise*) accuracy *no pl* ❷ (*das präzise Zutreffen*) accuracy *no pl,* soundness *no pl,* aptness *no pl*

Treib·eis *nt* drift ice

trei·ben <trieb, getrieben> ['traibn̩] **I.** *vt haben* ❶ (*durch Antreiben drängen*) ■**jdn/etw** ~ to drive [*or* push] sb/sth ❷ (*fortbewegen*) ■**jdn/etw** [**irgendwohin**] ~ (*durch Wasser*) to wash [*or* carry] sb/sth [somewhere]; (*durch Wind*) to blow [*or* carry] sb/sth [somewhere]; **der Wind treibt mir den Schnee ins Gesicht** the wind is blowing snow in my face ❸ (*bringen*) ■**jdn zu etw** ~ to drive sb to sth; **du treibst mich noch dazu, das zu tun** you'll end up making me do that; **jdn in den Wahnsinn** ~ to drive sb mad; **jdn in den Tod/Selbstmord** ~ to drive sb to sb's death/to commit suicide ❹ (*einschlagen*) ■**etw in etw** ~ *akk* to drive sth into sth; **er trieb den Nagel mit einem Schlag in das Holz** with one blow he drove the nail into the wood ❺ TECH (*antreiben*) ■**etw** ~ to propel sth ❻ (*zum schnellen Handeln antreiben*) **jdn zur Eile** ~ to rush sb, to make sb hurry [up]; **jdn zum Handeln** ~ to rush sb into doing something ❼ (*fam: anstel-*

T

len) ■**etw** ~ to be up to sth; **dass ihr mir bloß keinen Blödsinn treibt!** don't you get up to any nonsense! ❽ *(Tiere treiben)* ■**ein Tier/Tiere durch/in etw** ~ to drive an animal/animals through/into sth ❾ BOT *(hervorbringen)* to sprout ❿ *(betreiben)* ■**etw** ~ to do sth; **Gewerbe** ~ to carry out; **Handel** ~ to trade ⓫ *(fam)* **es zu bunt/wild** ~ to go too far; **es zu toll** ~ to overdo it ⓬ *(sl: Sex haben)* **es [mit jdm]** ~ to do it [with sb]; *s. a.* **Wahnsinn, Verzweiflung II.** *vi* ❶ *sein (sich fortbewegen)* to drift; **im Wasser** ~ to drift [*or* float] in the water; ■**sich [von etw]** ~ **lassen** to drift [with sth] ❷ *haben* BOT *(austreiben)* to sprout ❸ *haben* KOCHK *(aufgehen)* to rise ❹ *haben (diuretisch wirken)* to have a diuretic effect ▶WENDUNGEN: **sich** ~ **lassen** to drift

Trei·ben <-s> ['traibn̩] *nt kein pl* ❶ *(pej: üble Aktivität)* ■**jds** ~ sb's dirty tricks ❷ *(geschäftige Aktivität)* hustle and bustle

Trei·ber <-s, -> ['traibɐ] *m* INFORM driver

Trei·ber(in) <-s, -> ['traibɐ] *m(f)* JAGD beater

Treib·gas *nt* propellant [*or* AM -ent] **Treib·gut** *nt kein pl* flotsam and jetsam *pl*

Treib·haus *nt* HORT greenhouse, hothouse

Treib·haus·ef·fekt *m kein pl* ÖKOL ■**der** ~ the greenhouse effect **Treib·haus·luft** *f kein pl* hothouse [atmosphere]; **lüftet mal, hier herrscht ja eine richtige** ~**!** can't you open a window, it's like an oven in here! **Treib·haus·pflan·ze** *f* HORT hothouse plant

Treib·holz *nt kein pl* driftwood *no pl* **Treib·jagd** *f* JAGD battue **Treib·la·dung** *f* propelling charge **Treib·netz** *nt* drift-net **Treib·sand** *m kein pl* quicksand **Treib·stoff** *m* fuel **Treib·stoff·ver·brauch** *m kein pl* fuel consumption

Trek·king <-s, -s> ['trɛkɪŋ] *nt* trekking

Tre·mo·lo <-s, -s *o* Tremoli> ['tre:molo, *pl* -li] *nt* MUS tremolo

Trench·coat <-[s], -s> ['trɛntʃko:t] *m* trench coat

Trend <-s, -s> [trɛnt] *m* trend; **der** ~ **in der Mode geht wieder in Richtung längere Röcke** the latest fashion trend is towards long[er] skirts again, long[er] skirts are coming back into fashion; **ganz groß der [vorherrschende]** ~ **sein** to be very much the [current] trend [*or fam* very trendy] [*or* very much in [fashion]]; **den** ~ **haben, etw zu tun** to have a tendency to do sth; **mit etw** *dat* **[voll] im** ~ **liegen** *(fam)* to have the very latest sth; **mit diesen Hemden lag der Hersteller voll im** ~ the manufacturer had the very latest [in] fashion shirts; **das Buch liegt voll im** ~ the book is very of the moment

Trend·bar *f* fashionable [*or* trendy] bar [*or* pub], bar for the in-crowd

tren·dig *adj (fam)* trendy

Trend·set·ter(in) <-s, -> *m(f)* trendsetter **Trend·wen·de** *f* change [of direction]

tren·dy ['trɛndi] *adj (fam)* trendy

trenn·bar *adj* ❶ LING *(zu trennen)* separable ❷ *(voneinander zu trennen)* ■**[voneinander]** ~ **sein** to be detachable [from each other]; **Jacke und Kapuze sind** ~ the hood is detachable [*or* can be detached [*or* removed]] from the jacket; **Mantel und Futter sind leicht [voneinander]** ~ the lining is easily detachable [*or* can be easily detached [*or* removed]] from the coat

Trenn·blatt *nt* subject divider

tren·nen ['trɛnən] **I.** *vt* ❶ *(abtrennen)* ■**etw von etw** ~ to cut sth off sth; *(bei einem Unfall)* to sever sth from sth; **vor dem Reinigen müssen die Lederknöpfe vom Mantel getrennt werden** the leather buttons have to removed from [*or* taken off] the coat before cleaning ❷ *(ablösen)* ■**etw aus etw/von etw** ~ to take sth out of [*or* remove sth from sth] sth/detach sth from sth; **die Knöpfe von etw** ~ to remove the buttons from [*or* take the buttons off] sth ❸ *(auseinanderbringen)* ■**[voneinander/von jdm]** ~ to separate [people from each other [*or* one another]/sb from sb]; **es kann gefährlich sein, bei einer Prügelei die Streitenden zu** ~ it can be dangerous to separate people in a fight; **im Krieg werden Kinder oft von ihren Eltern getrennt** children are often separated from their parents in war; ■**[voneinander]** ~ to separate [*or* split up] [from each other [*or* one another]] ❹ *(teilen)* ■**etw [von etw]** ~ to separate [*or* divide] sth [from sth] ❺ *(deutlich unterscheiden)* ■**[voneinander]** ~ to differentiate [*or* distinguish] between sb/each other [*or* one another]; **die unterschiedliche Herkunft kann Menschen** ~ people can be distinguished by their different backgrounds ❻ LING *(durch Silbentrennung zerlegen)* ■**etw** ~ to divide [*or* split up *sep*] sth; *s. a.* **getrennt II.** *vr* ❶ *(getrennt weitergehen)* ■**sich** ~ to part [from each other [*or* one another]], to part company; **hier** ~ **wir uns** this is where we part company [*or* go our separate ways] ❷ *(die Beziehung lösen)* ■**sich [voneinander]** ~ to split up [with each other [*or* one another]], to separate; ■**sich von jdm** ~ to split up with sb ❸ *(von etw lassen)* ■**sich von etw** ~ to part with sth ❹ *(euph: kündigen)* ■**sich von jdm** ~ to part [company] with sb ❺ SPORT *(mit einem Spielstand beenden)* to finish somehow; **Schalke 04 und der Hertha trennten sich mit 5:3** [the game between] Schalke 04 and Hertha finished 5-3, the final score [in the game] between Schalke 04 and Hertha was 5-3; *s. a.* **Weg III.** *vi* ■**[zwischen ihnen]** ~ to differentiate [*or* distinguish] [between them]; **Kommunismus und Sozialismus sind zwei verschiedene Konzepte – man sollte zwischen ihnen** ~ communism and socialism are two different concepts – a distinction should be drawn [*or* made] between them

Trenn·li·nie *f* dividing line **Trenn·schär·fe** *f kein pl* TECH selectivity

Tren·nung <-, -en> *f* ❶ *(Scheidung)* separation; **seit unserer** ~ **habe ich nichts mehr von ihm gehört** I haven't heard anything from him since our separation [*or* we separated] [*or* split up]; **in** ~ **leben** to be separated; **wir leben seit einem Jahr in** ~ we've been separated for a year ❷ *(Unterscheidung)* differentiation, distinction; **die** ~ **einiger Begriffe fällt nicht immer leicht** differentiating [*or* distinguishing] [*or* making [*or* drawing] a distinction] between some terms is not always easy ❸ *(das Auseinanderbringen)* separation, splitting up ❹ LING *(Silben~)* division, splitting up

Tren·nungs·ent·schä·di·gung *f,* **Tren·nungs·geld** *nt* separation allowance **Tren·nungs·strich** *m* LING hyphen

Trenn·wand *f* partition [wall]

Tre·nse <-, -n> ['trɛnzə] *f* snaffle[-bit]

trepp·auf [trɛp'ʔauf] *adv* upstairs, up the stairs; ~**, treppab** up and down stairs

Trep·pe <-, -n> ['trɛpə] *f* stairs *pl,* staircase; **eine steile** ~ a steep staircase [*or* flight of stairs]; **eine steinerne** ~ stone steps *pl;* **der Fahrstuhl ist ausgefallen, wir werden einige** ~**n steigen müssen** the lift is broken, we'll have to use [*or* climb] the stairs; **bis zu Müllers sind es fünf** ~**n** it's five more flights [of stairs] to the Müllers; **Gehwege und** ~**n müssen im Winter rechtzeitig gestreut werden** pavements and steps must be gritted [*or* salted] in good time in [the] winter

Trep·pen·ab·satz *m* landing **Trep·pen·ge·län·der** *nt* ban[n]ister[s *pl*] **Trep·pen·haus** *nt* stairwell **Trep·pen·stu·fe** *f* step

Tre·sen <-s, -> ['tre:zn̩] *m* ❶ *(Theke)* bar ❷ *(Ladentisch)* counter

Tre·sor <-s, -e> [tre'zo:ɐ̯] *m* ❶ *(Safe)* safe ❷ *s.* **Tresorraum**

Tre·sor·raum *m* strongroom, vault

Tres·se <-, -n> ['trɛsə] *f meist pl* MODE braid *no pl,* strip[s *pl*] of braid

Tret·au·to *nt* pedal-car **Tret·boot** *nt* NAUT pedal-boat, pedalo **Tret·ei·mer** *m* pedal bin

tre·ten <tritt, trat, getreten> ['tre:tn̩] **I.** *vt haben* ❶ *(mit dem Fuß stoßen)* ■**jdn/etw [mit etw]** ~ to kick sb/sth [with sth]; **jdn mit dem Fuß/Schuh/Stiefel** ~ to kick sb/kick sb with one's shoe/boot ❷ *(mit dem Fuß betätigen)* ■**etw** ~ to step on sth, to press [*or* depress] sth with one's foot; **die Bremse** ~ to brake [*or* apply [*or* step on] the [*or* one's] brakes]; **die Kupp-**

lung ~ to engage the clutch ❸ *(fam: antreiben)* ■**jdn** ~ to give sb a kick up the backside [*or fam* in the pants] **II.** *vi* ❶ *haben* *(mit dem Fuß stoßen)* ■[**mit etw**] ~ to kick; **sie trat mit den Füßen und schlug mit den Fäusten nach ihm** she kicked and punched out at him; ■**nach jdn** ~ to kick out [*or* aim a kick] at sb; ■**jdm an etw** *akk*/**gegen etw**/**in etw** *akk*/**vor etw** *akk* ~ to kick sb on/in/in/on sth; **sie trat mir ans Bein/vors Schienbein** she kicked my [*or* me on the] leg/shin; **sie trat ihm in den Bauch** she kicked him in the stomach ❷ *sein* *(einen Schritt machen)* to step; ~ **Sie bitte zur Seite** please step [*or* move] aside; **er trat aus der Tür** he walked out [of] the door; **bevor du ins Haus trittst, mach dir bitte die Schuhe sauber** before you come into [*or* enter] the house, wipe your shoes [first], please; **pass auf, wohin du trittst** watch where you tread [*or* step] [*or* you're treading]; *s. a.* **Stelle, Hintergrund, Vordergrund** ❸ *sein o haben* *(den Fuß setzen)* ■**auf etw** ~ *akk* to tread [*or* step] on sth; *s. a.* **Schlips** ❹ *sein o haben* *(betätigen)* ■**auf etw** ~ *akk* to step on sth, to press [*or* depress] sth with one's foot; **die Bremse** ~ to brake [*or* apply [*or* step on] the [*or* one's] brakes]; **die Kupplung** ~ to engage the clutch; *s. a.* **Pedal** ❺ *sein* *(hervorkommen)* ■**aus etw** ~ to come out of sth; **der Schweiß trat ihm aus allen Poren** he was sweating profusely; **die Feuchtigkeit tritt aus den Wänden** the dampness was coming out of the walls; **aus der Wunde trat Blut** blood poured from [*or* out of] the wound; **aus der undichten Stelle im Rohr trat Gas** gas was escaping from the leak in the pipe; **der Fluss trat über seine Ufer** the river broke [*or* burst] its banks; **Schweiß trat ihm auf die Stirn** sweat appeared on his forehead **III.** *vr* ■**sich** *dat* **etw in etw** *akk* ~ to get sth in one's sth; **sie trat sich einen Nagel in den Fuß** she stepped onto a nail [*or* ran a nail into her foot]

Tret·mi·ne *f* MIL anti-personnel mine **Tret·müh·le** *f* *(fam)* treadmill **Tret·rol·ler** *m* pedal scooter

treu [trɔy] **I.** *adj* ❶ *(loyal)* loyal, faithful; ~**e Dienste/Mitarbeit** loyal service/assistance; ~ **ergeben** devoted; ■**jdm** ~ **sein/bleiben** to be/remain loyal [*or* faithful] to sb; **einer S.** *dat* ~ **bleiben** to remain true to a thing; **sich** *dat* **selbst** ~ **bleiben** to remain true to oneself ❷ *(verlässlich)* loyal ❸ *(keinen Seitensprung machend)* faithful; ■[**jdm**] ~ **sein/bleiben** to be/remain faithful [to sb]; **ich weiß, dass mein Mann mir** ~ **ist** I know my husband is [*or* has been] faithful to me ❹ *(treuherzig)* trusting ❺ *(fig)* ■**jdm** ~ **bleiben** to continue for sb; **der Erfolg blieb ihm** ~ his success continued; **hoffentlich bleibt dir das Glück auch weiterhin treu** hopefully your luck will continue to hold [out]; *s. a.* **Gold II.** *adv* ❶ *(loyal)* loyally ❷ *(treuherzig)* trustingly, trustfully

treu·doof ['trɔy'do:f] *adj* *(pej fam)* trusting and naive, gullible

Treue <-> ['trɔyə] *f kein pl* ❶ *(Loyalität)* loyalty, faithfulness *no pl*, fidelity *no pl*; *eines Mitarbeiters/Untertans/Vasalls* loyalty ❷ *(Verlässlichkeit)* loyalty ❸ *(monogames Verhalten)* faithfulness *no pl*, fidelity *no pl*; **jdm die** ~ **brechen** to be unfaithful to sb; **jdm die** ~ **halten** to be [*or* remain] faithful to sb ▸ WENDUNGEN: **auf Treu und Glauben** in good faith

Treue·prä·mie *f* loyalty bonus

Treue·schwur *m* ❶ *(Schwur, jdm treu zu sein)* vow to be faithful [*or* of fidelity] ❷ HIST *(Eid)* oath of allegiance [*or* loyalty]

Treu·hand *f*, **Treu·hand·an·stalt** *f* Treuhand[anstalt], Treuhand agency *(organization which was charged with managing and, if possible, privatizing the property of the former GDR)*

Treu·hän·der(in) <-s, -> ['trɔyhɛndɐ] *m(f)* JUR trustee, fiduciary *form*

Treu·hand·ge·sell·schaft *f* trust company

treu·her·zig **I.** *adj* [naively] trusting [*or* trustful] **II.** *adv* trustingly, trustfully

Treu·her·zig·keit <-> *f kein pl* [naive] trust; **sie ist von großer** ~ she's very trusting

treu·los **I.** *adj* ❶ *(nicht treu)* unfaithful; **ein** ~**er Ehemann** an unfaithful husband ❷ *(ungetreu)* disloyal, unfaithful; **ein** ~**er Vassal** a disloyal vassal **II.** *adv* disloyally

Treu·lo·sig·keit <-> *f kein pl* disloyalty, unfaithfulness *no pl*

Tri·an·gel <-s, -> ['tri:aŋl] *m o* ÖSTERR *nt* MUS triangle

Tri·ath·let(in) <-en, -en> ['tri:atle:t] *m(f)* SPORT triathlete

Tri·ath·lon <-n, -s> ['tri:atlɔn] *m* SPORT triathlon

Tri·bun <-s *o* -en, -e[n]> [tri'bu:n] *m* HIST tribune

Tri·bu·nal <-s, -e> [tribu'na:l] *nt* *(geh)* tribunal

Tri·bü·ne <-, -n> [tri'by:nə] *f* SPORT stand

Tri·but <-[e]s, -e> [tri'bu:t] *m* HIST *(Abgabe von Besiegten)* tribute; **einer S.** *dat* ~ **zollen** *(fig)* to pay tribute to a thing

Tri·chi·ne <-, -n> [trɪ'çi:nə] *f* ZOOL trichina, trichinella

Trich·ter <-s, -> ['trɪçtɐ] *m* ❶ *(Einfüll~)* funnel ❷ *(Explosionskrater)* crater ▸ WENDUNGEN: **jdn auf den** [**richtigen**] ~ **bringen** *(fam)* to get sth over [*or* across] to sb *fam*; **auf den** ~ **kommen** *(fam)* to get it *fam*

trich·ter·för·mig *adj* funnel-shaped

Trick <-s, -s *o selten* -e> [trɪk] *m* ❶ *(Täuschungsmanöver)* trick; **keine faulen** ~**s!** *(fam)* no funny business! *fam* ❷ *(Kunstgriff)* trick, dodge; **es ist ein** ~ **dabei** there's a trick to [doing] it; **den** ~ **raushaben**[**, wie etw gemacht wird**] *(fam)* to have [got] the knack [of doing sth]

Trick·be·trug *m* JUR confidence trick **Trick·be·trü·ger(in)** *m(f)* JUR confidence trickster **Trick·film** *m* cartoon [film] **trick·reich** *adj* *(fam)* clever, cunning

trick·sen ['trɪksn̩] **I.** *vi* *(fam)* to do a bit of wangling *fam* **II.** *vt* *(fam)* ■**etw** ~ to wangle sth *fam*

trieb [tri:p] *imp von* **treiben**

Trieb¹ <-[e]s, -e> [tri:p, *pl* 'tri:bə] *m* BOT *(Spross)* shoot

Trieb² <-[e]s, -e> [tri:p, *pl* 'tri:bə] *m* ❶ BIOL, PSYCH *(innerer Antrieb)* drive, impulse; **das Beschützen eines Kindes scheint ein natürlicher** ~ **zu sein** protecting a child seems to be a natural instinct ❷ *(Sexual~)* sex[ual] drive, libido *form*

Trieb·ab·fuhr *f* sexual gratification **Trieb·fe·der** *f* motivating force; **bei diesem Verbrechen war Eifersucht die** ~ jealousy was the motive for this crime

trieb·haft *adj* driven by physical urges [*or* desires] *pl, pred;* ■~ **sein** to be driven by one's physical urges [*or* desires]

Trieb·haf·tig·keit <-> *f kein pl* domination by one's physical urges [*or* desires]; **ihre** ~ **kennt keine Grenzen** her physical urges [*or* desires] know no bounds

Trieb·tä·ter(in) *m(f)* JUR sex[ual] offender **Trieb·ver·bre·chen** *nt* JUR sex[ual] crime **Trieb·ver·bre·cher(in)** *m(f)* *s.* **Triebtäter** **Trieb·wa·gen** *m* BAHN railcar **Trieb·werk** *nt* engine

Trief·au·ge *nt* MED watering eye

trief·äu·gig *adj* MED bleary-eyed

trie·fen <triefte *o geh* troff, getrieft *o selten* getroffen> ['tri:fn̩] *vi* ❶ *(rinnen)* to run; *(Auge)* to water; **ich habe Schnupfen, meine Nase trieft nur so!** I've got a cold, and it's given me such a runny nose!; ■**aus** [*o* **von**] **etw** *dat* ~ to pour from sth ❷ *(tropfend nass sein)* ■[**von etw** *dat*] ~ to be dripping wet [from sth]; **vor Nässe** ~ to be dripping wet ❸ *(geh: strotzen)* ■**von** [*o* **vor**] **etw** *dat* ~ to be dripping with sth *fig;* **diese Schnulze trieft ja von Schmalz und Sentimentalität** this slushy song just oozes schmaltz and sentimentality

Triel <-s, -e> [tri:l] *m* ORN stone curlew

Trier <-> [tri:ɐ̯] *nt* GEOG Trier

trie·zen ['tri:tsn̩] *vt* *(fam)* ■**jdn** ~ to crack the whip over sb

trifft [trɪft] *3. pers sing von* **treffen**

Tri·foi·ling ['traifɔɪlɪŋ] *nt* SPORT tri-foiling

trif·tig ['trɪftɪç] **I.** *adj* good; **ein** ~**es Argument** a convincing [*or* valid] argument; **eine** ~**e Entschuldigung** an acceptable [*or* good] [*or* valid] excuse; **ein** ~**er Grund** a convincing [*or* good] [*or* sound] [*or* valid] reason **II.** *adv* convincingly; [**jdm etw**] ~ **begründen** to offer [sb] a sound argument in favour [*or* AM -or] of sth, to make a valid case for sth [to sb]

Tri·go·no·me·trie <-> [trigonome'tri:] *f kein pl* MATH trigonometry *no indef art*

T

Tri·ko·lo·re <-, -n> [triko'lo:rə] *f* tricolour [*or* AM -or]
Tri·kot¹ <-s> [tri'ko:, 'trɪko] *m o nt kein pl* MODE (*dehnbares Gewebe*) tricot
Tri·kot² <-s, -s> [tri'ko:, 'trɪko] *nt* MODE shirt, jersey; **das Basketballteam tritt in dunklen ~s an** the basketball team played in dark shirts [*or* jerseys] [*or* a dark strip]; **das gelbe/grüne/rosa ~** SPORT the yellow/green/pink jersey
Tril·ler <-s, -> ['trɪlɐ] *m* ❶ ORN trill, warble ❷ MUS (*rasch wechselnde Tonwiederholung*) trill
tril·lern ['trɪlɐn] *vi* ❶ ORN (*zwitschern*) to trill, warble ❷ (*singen*) to trill
Tril·ler·pfei·fe *f* [shrill-sounding] whistle
Tril·li·on <-, -en> [trɪ'li̯o:n] *f* trillion BRIT, quintillion AM
Tri·lo·gie <-, -n> [trilo'gi:, *pl* -'gi:ən] *f* LIT, FILM trilogy
Tri·mes·ter <-s, -> [tri'mɛstɐ] *nt* SCH trimester, [three-month] term
Trimm-dich-Pfad *m* keep-fit trail
trim·men ['trɪmən] **I.** *vt* ❶ (*trainieren*) ■**jdn [auf etw** *akk*] ~ to train [*or* prepare] sb [for sth] ❷ (*in einen bestimmten Zustand bringen*) ■**jdn auf etw** *akk* ~ to teach sb [*or* school sb in] sth; **sie hatten ihre Kinder auf gute Manieren getrimmt** they had taught their children [*or* schooled their children in] good manners ❸ (*scheren*) ■**etw** ~ to clip sth; **einen Hund** ~ to clip a dog **II.** *vr* ■**sich** *akk* [**durch etw** *akk*] ~ to keep fit [with sth]; **sich durch Radfahren/Schwimmen/Waldläufe** ~ to keep fit by cycling/[going] swimming/going for runs in the forest; **er trimmt sich jeden Morgen durch Yogaübungen** he keeps fit with [*or* by doing] yoga exercises every morning
Tri·ni·dad und To·ba·go <-s> ['trɪnidat ʊnt to'ba:go] *nt* Trinidad and Tobago; *s. a.* **Sylt**
trink·bar *adj* drinkable; **für den Preis ist das ein gut ~er Wein** that's not a bad[-tasting] wine for the price
trin·ken <trank, getrunken> ['trɪŋkn̩] **I.** *vt* ❶ (*Flüssigkeit schlucken*) ■**etw** ~ to drink sth; **Wasser** ~ to drink [*or* have] some water; **kann ich bei Ihnen wohl ein Glas Wasser ~?** could you give [*or* spare] me a glass of water [to drink]?; **möchten Sie lieber Kaffee oder Tee ~?** would you prefer coffee or tea [to drink]?; **ich trinke gerne Orangensaft** I like drinking orange juice; ■**etw zu** ~ sth to drink; **gern [mal] einen** ~ (*fam*) to like a[n occasional] drink; **[mit jdm] einen ~ gehen** (*fam*) to go for a drink [with sb] ❷ (*anstoßen*) ■**auf jdn/etw** ~ to drink to sb/sth; **sie tranken alle auf sein Wohl** they all drank to his health **II.** *vi* ❶ (*Flüssigkeit schlucken*) to drink, to have a drink ❷ (*alkoholische Getränke zu sich nehmen*) to drink; **er ist eigentlich ein netter Mensch, leider trinkt er** he's a nice person really, but he likes his drink
Trin·ker(in) <-s, -> *m(f)* drunkard; (*Alkoholiker*) alcoholic
trink·fest *adj* ■~ **sein** to be able to hold one's drink; **seine ~e Freundin trank ihn unter den Tisch** his hard-drinking girlfriend drank him under the table
Trink·ge·fäß *nt* drinking-vessel; **ich habe keine sauberen ~e** I haven't got anything clean to drink out of **Trink·geld** *nt* tip; **der Rest ist** ~ keep the difference [*or* change]; ~ **bekommen** to receive tips [*or* a tip]; ~ **geben** to give tips [*or* a tip]

i Kultur

Tipping is voluntary but is often expected, as the wages in the service sector are very low. If one is happy with the service, a **Trinkgeld** of 5–10% is usual in cafés and restaurants (around 15% in Austria).

Trink·glas *nt* [drinking-]glass **Trink·hal·le** *f* ❶ (*Kur*) pump-room, tap-room AM ❷ (*Kiosk*) *kiosk that sells alcohol, which can be consumed there and then* **Trink·halm** *m* [drinking-] straw **Trink·kur** *f* mineral water cure; **eine ~ machen** to take the waters **Trink·spruch** *m* toast; **einen ~ auf jdn/etw ausbringen** to propose a toast to sb/sth
Trink·was·ser *nt* drinking-water; **„kein ~!"** "[this water is] not for drinking" **Trink·was·ser·auf·be·rei·tung** *f* drinking-water purification, purification of drinking-water **Trink·was·ser·auf·be·rei·tungs·an·la·ge** *f* drinking water treatment plant **Trink·was·ser·ge·win·nung** *f* recovery of drinking-water **Trink·was·ser·ver·sor·gung** *f* drinking-water supply
Trio <-s, -s> ['tri:o] *nt* ❶ MUS trio ❷ (*dreiköpfige Gruppe*) trio, triumvirate *form*
Trip <-s, -s> [trɪp] *m* ❶ (*fam: Ausflug*) trip ❷ (*sl: Drogenrausch*) trip *fam;* **auf einem ~ sein** to be tripping *fam* ▶ WENDUNGEN: **auf einem bestimmten ~ sein** (*sl*) to be going through a certain phase
Tri·po·lis <-s> ['tri:polɪs] *nt* Tripoli
trip·peln ['trɪpl̩n] *vi sein* to patter; **leichtfüßig trippelte die Primaballerina auf die Bühne** the prima ballerina tiptoed lightly across the stage
Trip·per <-s, -> ['trɪpɐ] *m* MED gonorrhoea [*or* AM -hea] *no art;* **ich habe mir im Puff den ~ geholt!** (*fam*) I got [*or* picked up] a dose of the clap in that brothel! *sl*
Tri·so·mie <-, -n> *f* MED trisomy
trist [trɪst] *adj* (*geh*) dismal, dreary, dull
Tri·ti·um <-s> ['tri:tsi̯ʊm] *nt kein pl* tritium
tritt [trɪt] *3. pers sing von* **treten**
Tritt <-[e]s, -e> [trɪt] *m* ❶ (*Fußtritt*) kick; **einen ~ bekommen** [*o* **kriegen**] to be kicked; **er bekam einen ~ in den Hintern** he got [*or* received] a kick up the backside [*or* in the pants]; **jdm/etw einen ~ geben** [*o geh* **versetzen**] to kick sb/sth [*or* give sb/sth a kick]; **beim Thaiboxen darf man dem Gegner ~e versetzen** one is allowed to kick one's opponent in Thai boxing ❷ *kein pl* (*Gang*) step, tread ❸ (*Stufe*) step ▶ WENDUNGEN: **[wieder] ~ fassen** to get [back] into a routine
Tritt·brett *nt* TRANSP step **Tritt·brett·fah·rer(in)** *m(f)* (*fam*) free-rider *fam;* (*fig: Nachahmer*) copycat *fam* **Tritt·lei·ter** *f* stepladder
Tri·umph <-[e]s, -e> [tri'ʊmf] *m* ❶ (*großartiger Erfolg*) triumph; **ich gratuliere dir zu diesem ~** congratulations on your success; **~e** *pl* [*o* **einen ~ nach dem anderen**] **feiern** to have [*or* enjoy] great success [*or* success after success] [*or* a string of successes] ❷ *kein pl* (*triumphierende Freude*) triumph ❸ (*Triumphzug*) triumphal procession; **im ~** in a triumphal procession; **irgendwo im ~ einziehen** to make a triumphal entrance somewhere
tri·um·phal [triʊm'fa:l] **I.** *adj* ❶ (*im Triumph erfolgend*) triumphal, triumphant ❷ (*überragend*) **ein ~er Erfolg** a tremendous [*or* brilliant] [*or* great] [*or* huge] success; **ein ~er Sieg** a glorious victory **II.** *adv* triumphally, triumphantly
Tri·umph·bo·gen *m* ARCHIT triumphal arch
tri·um·phie·ren* [triʊm'fi:rən] *vi* (*geh*) ❶ (*frohlocken*) to rejoice [*or* exult]; **höhnisch ~** to gloat ❷ (*erfolgreich sein*) ■**über jdn ~** to triumph over sb; ■**über etw** *akk* ~ to overcome [*or* triumph over] sth
tri·um·phie·rend **I.** *adj* triumphant **II.** *adv* triumphantly
Tri·umph·zug *m* triumphal procession; **im ~** in a triumphal procession
Tri·um·vi·rat <-[e]s, -e> [triʊmvi'ra:t] *nt* HIST triumvirate
tri·vi·al [tri'vi̯a:l] *adj* banal, trite
Tri·vi·a·li·tät <-, -en> [trivi̯ali'tɛ:t] *f* (*geh*) ❶ *kein pl* (*das Trivialsein*) triviality ❷ (*triviale Äußerung, Idee*) triviality
Tri·vi·al·li·te·ra·tur *f kein pl* MEDIA, LING, VERLAG light [*or pej* pulp] fiction
tro·cken ['trɔkn̩] **I.** *adj* ❶ (*ausgetrocknet*) dry; **~er Boden** dry [*or* arid] ground; **~e Erde** dry [*or* arid] soil ❷ (*nicht mehr nass*) dry; ■~ **sein/werden** to be/become dry; **dieser Lack wird nach dem Verstreichen rasch ~** this paint dries very quickly [*or* is dry very soon] after being applied; **auf dem**

T~**en** on dry land [*or* terra firma]; **im T~en** in the dry ❸ METEO (*wenig Niederschlag aufweisend*) dry; **ein ~es Gebiet/~er Landstrich/eine ~e Wüste** a dry [*or* arid] region/area/wilderness; **infolge des Treibhauseffektes soll das Klima ~er werden** the climate is expected to become drier as a result of the greenhouse effect ❹ KOCHK (*herb*) dry ❺ (*nüchtern*) dry, dull; **ein ~es Buch** a dull book; **~e Zahlen** dry [*or* bare] figures; (*lapidar*) dry ❻ (*hart*) dry ❼ (*fam: vom Alkoholismus geheilt*) ■ **~ sein** to be on the wagon *sl* ▸ WENDUNGEN: **auf dem ~en sitzen** (*fam*) to be broke *fam* [*or* BRIT *sl* skint]; *s. a.* **Auge, Fuß II.** *adv* **~ aufbewahren** [*o* **lagern**] to keep [*or* store] in a dry place; **sich** *akk* **~ rasieren** to use an electric razor [*or* a[n electric] shaver]

Trọ·cken·bee·ren·aus·le·se *f* KOCHK *a sweet [German] white wine made from selected grapes affected by noble rot* **Trọ·cken·dock** *nt* NAUT dry dock **Trọ·cken·eis·ne·bel** *m* MUS, THEAT dry ice fog **Trọ·cken·erb·se** *f* dried pea **Trọ·cken·ge·stell** *nt* clothes-horse **Trọ·cken·hau·be** *f* [salon] hair-dryer

Trọ·cken·heit <-, *selten* -en> *f* METEO ❶ (*Dürreperiode*) drought ❷ (*trockene Beschaffenheit*) dryness *no pl; eines Gebietes, eines Landstrichs, einer Wüste* dryness *no pl,* aridness *no pl,* aridity *no pl*

Trọ·cken·koch·boh·ne *f* dried cooking bean **Trọ·cken·kurs** *m* beginners' course (*taking place outside the actual environment where the activity normally takes place*) **trọ·cken|le·gen** *vt* ❶ (*windeln*) **ein Baby ~** to change a baby's nappy [*or* AM diaper] ❷ (*durch Drainage entwässern*) ■**etw ~** to drain sth ❸ (*fam: jdm den Alkohol entziehen*) ■**jdn ~** to put sb on the wagon *sl* [*or* help sb dry out] **Trọ·cken·mas·se** *f* KOCHK dry weight **Trọ·cken·milch** *f* dried [*or* powdered] milk **Trọ·cken·obst** *nt kein pl* dried fruit **Trọ·cken·platz** *m* drying area **Trọ·cken·ra·sur** *f* dry shave **Trọ·cken·sham·poo** *nt* dry shampoo **Trọ·cken·spi·ri·tus** *m* fire lighter **Trọ·cken·zeit** *f* dry season

trock·nen ['trɔknən] **I.** *vi sein* to dry; **hänge die nasse Wäsche zum T~ auf die Leine** hang the wet washing [out] on the line to dry; ■**etw ~ lassen** to let sth dry; **die Sonne ließ die nasse Straße rasch wieder ~** the sun soon quickly dried the wet road again **II.** *vt haben* ❶ (*trocken machen*) ■**etw ~** to dry sth; ■**jdm/sich etw ~** to dry sb's/one's sth; **er trocknete sich/der Patientin die schweißige Stirn** he dried [*or* mopped] his/the patient's sweaty brow ❷ KOCHK (*dörren*) ■**etw ~** to dry [*or* desiccate] sth ❸ (*abtupfen*) ■ **[jdm] etw [von etw** *dat*] **~** to dab up [sb's] sth *sep* [*or* sth [from [sb's] sth]]; **sie trocknete ihm den Schweiß [von der Stirn]** she dabbed up his sweat [*or* [the sweat from his brow]]; **komm, ich trockne dir die Tränen** come and let me dry [*or* wipe away] your tears

Trod·del <-, -n> ['trɔdl] *f* tassel

Trö·del <-s> ['trøːdl] *m kein pl* (*fam*) junk *no indef art, no pl*

Trö·de·lei <-, -en> [trøːdə'lai] *f* (*fam*) dawdling *no pl, no indef art,* dilly-dallying *no pl, no indef art fam*

Trö̱·del·markt *m s.* **Flohmarkt**

trö·deln ['trøːdl̩n] *vi* ❶ *haben* (*langsam sein*) to dawdle [*or fam* dilly-dally] ❷ *sein* (*langsam schlendern*) to [take a] stroll

Tröd·ler(in) <-s, -> ['trøːdlɐ] *m(f)* ❶ (*Altwarenhändler*) second-hand dealer ❷ (*fam: trödelnder Mensch*) dawdler, dilly-dallier, slowcoach BRIT *fam*

troff [trɔf] *imp von* **triefen**

trọg *imp von* **trügen**

Trog <-[e]s, Tröge> [troːk, *pl* 'trøːgə] *m* trough

Troll <-s, -e> [trɔl] *m* troll

Trọll·blu·me *f* BOT globeflower

trol·len ['trɔlən] *vr* (*fam*) ■**sich** *akk* **~** to push off *sl;* **ich werd mich jetzt nach Hause ~** I think I'll push off home now *sl*

Trom·mel <-, -n> ['trɔml̩] *f* MUS, TECH, INFORM drum; **die ~ schlagen** to beat the drum, to play the drum[s]; **im Orchester schlägt er die ~** he plays the drum[s] in the orchestra

Trọm·mel·fell *nt* ANAT ear-drum; **da platzt einem ja das ~** (*fam*) the noise is [almost] ear-splitting

trom·meln ['trɔml̩n] **I.** *vi* ❶ MUS (*die Trommel schlagen*) to drum, play the drum[s *pl*] ❷ (*laut klopfen*) ■**an** [*o* **auf**] [*o* **gegen**] **etw** *akk* **~** to drum on sth; **gegen die Tür ~** to bang on the door; **sie trommelte mit den Fingern auf den Schreibtisch** she drummed her fingers on the desk ❸ (*rhythmisch auftreffen*) ■**an** [*o* **auf**] [*o* **gegen**] **etw** *akk* **~** to beat on [*or* against] sth **II.** *vt* MUS ■**etw ~** to beat out sth *sep; s. a.* **Schlaf**

Trom·mel·re·vol·ver [-re'vɔlvɐ] *m* revolver **Trọm·mel·stock** *m* drumstick

Trọm·mler(in) <-s, -> *m(f)* drummer

Trom·pe·te <-, -n> [trɔm'peːtə] *f* trumpet; **~ spielen** [*o* **blasen**] to play the trumpet; *s. a.* **Pauke**

trom·pe·ten* [trɔm'peːtn̩] **I.** *vi* ❶ MUS (*Trompete spielen*) to play the trumpet ❷ (*trompetenähnliche Laute hervorbringen*) to trumpet; **ins Taschentuch ~** (*fam*) to blow one's nose loudly; **~de Elefanten** trumpeting elephants **II.** *vt* (*fam*) ■**etw ~** to shout sth from the roof-tops

Trom·pe̱·ter(in) <-s, -> *m(f)* trumpeter

Tro·pen ['troːpn̩] *pl* GEOG ■**die ~** the tropics *pl*

Tro̱·pen·an·zug *m* safari suit **Tro̱·pen·helm** *m* sun-helmet, pith helmet, topi, topee **Tro̱·pen·holz** *nt* wood from tropical trees *pl* **Tro̱·pen·in·sti·tut** *nt* MED, SCI tropical disease unit **Tro̱·pen·krank·heit** *f* tropical disease **Tro̱·pen·pflan·ze** *f* tropical plant **Tro̱·pen·wald** *m* tropical rain forest

Tropf[1] <-[e]s, -e> [trɔpf] *m* MED drip; **am ~ hängen** (*fam: eine Tropfinfusion erhalten*) to be on a drip; (*fam: subventioniert werden*) to be subsidized

Tropf[2] <-[e]s, Tröpfe> [trɔpf, *pl* 'trœpfə] *m* ▸ WENDUNGEN: **armer ~** (*fam*) poor devil

trọ̈pf·chen·weise [trœpfçən-] *adv* in [small] drops

tröp·feln ['trœpfl̩n] **I.** *vi* ❶ *haben* (*ständig tropfen*) to drip ❷ *sein* (*rinnen*) ■**aus etw** *dat* **~** to drip from sth **II.** *vi impers* to spit [with rain] **III.** *vt* ■**etw auf etw** *akk*/**in etw** *akk* **~** to put sth onto/into sth

trop·fen ['trɔpfn̩] *vi* ❶ *haben* (*Tropfen fallen lassen*) to drip; (*Nase*) to run ❷ *sein* (*tropfenweise gelangen*) ■**aus** [*o* **von**] **etw** *dat* [**irgendwohin**] **~** to drip [somewhere] from sth

Trop·fen <-s, -> ['trɔpfn̩] *m* ❶ (*kleine Menge Flüssigkeit*) drop; (*an der Nase*) dewdrop *euph;* (*Schweiß~*) bead; **bis auf den letzten ~** [down] to the last drop; **~ für ~** drop after drop ❷ *pl* PHARM, MED (*in Tropfen verabreichte Medizin*) drops *pl;* **haben Sie das Mittel auch als ~?** do you also have this medicine in the form of drops [*or* drop-form]? ❸ (*fam*) drop *no pl* ▸ WENDUNGEN: **steter ~ höhlt den Stein** (*prov*) constant dropping wears [*or* will wear] away a stone *prov;* **ein ~ auf den heißen Stein** (*fam*) a [mere] drop in the ocean; **ein guter** [*o* **edler**] **~** (*fam*) a good drop [of wine]

Trop·fen·fän·ger <-s, -> *m* drip-catcher

trọp·fen·wei·se *adv* in drops; **dieses hochwirksame Präparat darf nur ~ verabfolgt werden** this extremely potent preparation should only be administered drop by drop

Trọpf·ho·nig *m* liquid honey **Trọpf·in·fu·si·on** *f* MED intravenous drip **trọpf·nass**[RR] *adj* dripping wet **Trọpf·stein** *m* GEOL ❶ (*Stalaktit*) stalactite ❷ (*Stalagmit*) stalagmite **Trọpf·stein·höh·le** *f* GEOL stalactite cavern [*or* cave]

Tro·phäe <-, -n> [tro'fɛːə] *f* SPORT, JAGD trophy

tro·pisch ['troːpɪʃ] *adj* GEOG tropical

Tro·po·sphä·re [tropo'sfɛːrə] *f* troposphere

Tross[RR] <-es, -e> *m*, **Troß**[ALT] <-sses, -sse> [trɔs] *m* ❶ (*Zug*) procession of followers ❷ MIL (*Nachschubeinheit*) baggage-train ❸ HIST (*Gefolge*) retinue

Tros·se <-, -n> ['trɔsə] *f* NAUT hawser

Trost <-[e]s> [troːst] *m kein pl* ❶ (*Linderung*) consolation; **sie fand in der Kirche ~** she found comfort in the church; **ein schwacher** [*o* **schlechter**] **~ sein** to be of little consolation [*or* pretty cold comfort]; **das ist ein schöner ~** (*iron*) some

T

comfort that is *iron;* **ein/jds ~ sein** to be a consolation/sb's comfort; **als ~** as a [*or* by way of] consolation; **der Hauptgewinner erhielt 50.000 Euro, die nächsten zehn Gewinner als ~ je 100 Euro** the main prize winner received 50,000 euros and the next ten winners 100 euro each as a consolation prize ❷ (*Zuspruch*) words of comfort; **jdm ~ spenden** to console [*or* comfort] sb; **zum ~** as a comfort [*or* consolation]; **zum ~ strich er der Weinenden über die Haare** he comforted the crying girl by stroking her hair ▸WENDUNGEN: **nicht [ganz [*o* recht]] bei ~ sein** (*fam*) to have taken leave of one's senses, not to be [quite] all there

trös·ten ['trø:stn̩] **I.** *vt* (*jds Kummer lindern*) ■**jdn ~** to comfort [*or* console] sb; **sie war von nichts und niemandem zu ~** she was utterly inconsolable; ■**etw tröstet jdn** sth is of consolation to sb **II.** *vr* ■**sich** *akk* **[mit jdm/etw] ~** to find consolation [with sb]/console oneself [with sth], to find solace [in sth] *form;* **~ Sie sich, ...** console yourself with the thought that ...

trös·tend I. *adj* comforting, consoling, consolatory **II.** *adv* **jdm ~ über die Haare streichen** to stroke sb's hair in a comforting [*or* consoling] [*or* consolatory] manner; **jdn ~ umarmen** to give sb a comforting [*or* consoling] [*or* consolatory] hug

Trös·ter(in) <-s, -> *m(f)* comforter

tröst·lich *adj* comforting; ■**etw ist ~ zu hören/sehen/wissen** sth is comforting to hear/see/know; ■**es ist ~[, zu hören/sehen/wissen], dass ...** it's comforting [to hear/see/know] that ...; **dass du dem endlich einmal zugestimmt hast, ist ~** it's comforting to know that you've finally agreed to it

trost·los *adj* ❶ (*deprimierend*) miserable, wretched; **bei diesem ~en Regenwetter habe ich zu nichts Lust** I don't feel like doing anything in this miserable rainy [*or* wet] weather ❷ (*öde und hässlich*) desolate; **eine ~e Landschaft** a bleak landscape

Trost·lo·sig·keit <-> *f kein pl* ❶ (*deprimierende Art*) miserableness *no pl,* wretchedness *no pl;* (*Wetter*) miserableness *no pl* ❷ (*triste Beschaffenheit*) desolateness *no pl*

Trost·pflas·ter *nt* consolation; **als ~** as a [*or* by way of] consolation **Trost·preis** *m* consolation prize

Trös·tung <-, -en> *f* (*geh*) comfort

Trott <-s> [trɔt] *m kein pl* routine; **in einen bestimmten ~ verfallen** to get into a certain rut

Trot·tel <-s, -> ['trɔtl̩] *m* (*fam*) idiot, bonehead *sl,* blockhead *sl,* plonker BRIT *sl*

trot·te·lig ['trɔtəlɪç] **I.** *adj* (*fam*) stupid; **dieser ~e Kerl** this stupid [*or* idiot of a] guy [*or* BRIT bloke] [*or* BRIT plonker] *sl;* **sei nicht so ~** don't be so stupid [*or* BRIT *sl* such a plonker] **II.** *adv* (*fam*) **sich** *akk* **~ anstellen [*o* benehmen]** to act [*or* behave] stupidly [*or* like an idiot] [*or sl* a bonehead] [*or sl* a blockhead] [*or* BRIT *sl* a plonker]

Trot·tel·lum·me *f* ORN common guillemot

trot·ten ['trɔtn̩] *vi sein* to trudge [*or* plod] [along]

Trot·ti·nett <-s, -e> ['trɔtinɛt] *nt* SCHWEIZ (*Kinderroller*) [children's] scooter

Trot·toir <-s, -s *o* -e> [trɔ'to̯a:ɐ̯] *nt* SÜDD, ÖSTERR, SCHWEIZ (*Bürgersteig*) pavement

trotz [trɔts] *präp +gen* in spite of, despite

Trotz <-es> [trɔts] *m kein pl* defiance; **dass die Kleine so widerspenstig ist, ist nichts als ~** the child's rebelliousness is nothing more than contrariness; ■**jds ~ gegen jdn/etw** sb's defiance of sb/sth; **aus ~ [gegen jdn/etw]** out of spite [for sb/sth]; **jdm/einer S. zum ~** in defiance of sb/a thing

Trotz·al·ter *nt* difficult age; **im ~ sein** to be going through [*or* be at] a difficult age

trotz·dem ['trɔtsde:m] *adv* nevertheless; (*aber*) still; **der ist aber teuer – ~! ich finde ihn schön** it sure is expensive – still! I think it's gorgeous

trot·zen ['trɔtsn̩] *vi* ■**jdm/einer S. ~** (*die Stirn bieten*) to resist sb/brave a thing; **einer Herausforderung ~** to meet a challenge; (*sich widersetzen*) to defy sb/a thing

trot·zig ['trɔtsɪç] *adj* difficult, awkward

Trotz·kopf *m* (*fam*) (*trotziges Kind*) awkward [*or* BRIT *fam* bolshie] little so-and-so ▸WENDUNGEN: **einen ~ haben** to be awkward [*or* BRIT *fam* bolshie]; **seinen ~ durchsetzen** to have [*or* get] one's way **Trotz·re·ak·ti·on** *f* act of defiance; **das war doch nur eine ~ von ihr** she merely acted like that out of defiance

Trou·ba·dour <-s, -s *o* -e> ['tru:badu:ɐ̯, truba'du:ɐ] *m* HIST troubadour

trü·be ['try:bə] *adj* ❶ (*unklar*) murky; **~s Bier/~r Saft/~r Urin** cloudy beer/juice/urine; **~s Glas/eine ~ Fensterscheibe/ein ~r Spiegel** dull glass/a dull window/mirror ❷ (*matt*) dim; **~s Licht** dim light ❸ METEO (*dunstig*) dull; **ein ~r Himmel** a dull [*or* overcast] [*or* grey] sky [*or* AM gray] ❹ (*deprimierend*) bleak; **~ Erfahrungen** unhappy experiences; **eine ~ Stimmung** a gloomy mood ▸WENDUNGEN: **im T~n fischen** (*fam*) to fish in troubled waters; **[mit] etw** *dat* **sieht [es] ~ aus** the prospects are [looking] bleak [for sth]; *s. a.* **Tasse**

Tru·bel <-s> ['tru:bl̩] *m kein pl* hurly-burly, hustle and bustle

trü·ben ['try:bn̩] **I.** *vt* ■**etw ~** ❶ (*unklar machen*) to make sth murky; **Bier/Saft ~** to make beer/juice cloudy ❷ (*beeinträchtigen*) to cast a cloud over sth; **Beziehungen/ein Verhältnis ~** to strain [*or* put a strain on] relations/a relationship **II.** *vr* ■**sich** *akk* **~** ❶ (*unklar werden*) to go murky ❷ (*geh: unsicher werden*) to become clouded; **sein Gedächtnis trübte sich im Alter** his memory deteriorated [*or* became hazy] in his old age

Trüb·sal ['try:pza:l] *f kein pl* (*geh*) ❶ (*Betrübtheit*) grief ❷ (*Leid*) suffering, misery ▸WENDUNGEN: **~ blasen** (*fam*) to mope

trüb·se·lig *adj* ❶ (*betrübt*) gloomy, miserable, melancholy; **ein ~es Gesicht/eine ~e Miene** a gloomy [*or* miserable] face/expression ❷ (*trostlos*) bleak, dreary

Trüb·sinn *m kein pl* gloom[iness *no pl*], melancholy

trüb·sin·nig *adj* gloomy, miserable, melancholy; **ein ~er Gesichtsausdruck/eine ~e Miene** a gloomy [*or* miserable] expression

Trü·bung <-, -en> *f* ❶ (*Veränderung zum Unklaren*) clouding; **bei zu starkem Algenwachstum kann eine ~ des Teichwassers eintreten** excessive algae growth can lead to the pond water becoming murky ❷ (*Beeinträchtigung*) straining; **sein Betrug führte zu einer ~ unseres Einvernehmens** his deception put a strain on our friendly relationship

Truck <-s, -s> [trak] *m* truck

tru·deln ['tru:dl̩n] *vi sein o haben* LUFT to spin; **die Maschine begann zu Boden zu ~** the plane went into a [tail]spin; **ins T~ geraten** to go into a [flat] spin

Trüf·fel¹ <-, -n> ['trʏfl̩] *f* BOT (*Pilz*) truffle

Trüf·fel² <-s, -> ['trʏfl̩] *m* KOCHK (*gefüllte Praline*) truffle

Trüf·fel·ho·bel *f* truffle grater **Trüf·fel·öl** *nt* truffle oil

trug [tru:k] *imp von* **tragen**

Trugbild *nt* (*veraltend geh*) illusion, hallucination

trü·gen <trog, getrogen> ['try:gn̩] **I.** *vt* (*täuschen*) ■**jdn ~** (*geh*) to deceive sb; **wenn mich nicht alles trügt** unless I'm very much mistaken **II.** *vi* (*täuschen*) to be deceptive

trü·ge·risch ['try:gərɪʃ] *adj* deceptive

Trug·schluss^RR *m* fallacy; **ein ~ sein, etw zu tun** to be a fallacy to do sth; **einem ~ unterliegen** to labour [*or* AM -or] under a misapprehension

Tru·he <-, -n> ['tru:ə] *f* chest

Trüm·mer ['try:mɐ] *pl* rubble; *eines Flugzeugs* wreckage; **in ~n liegen** to lie in ruins *pl*

Trüm·mer·frau *f* POL (*hist*) *woman who helped clear debris after WWII* **Trüm·mer·hau·fen** *m* heap [*or* pile] of rubble

Trumpf <-[e]s, Trümpfe> [trʊmpf, *pl* 'trʏmpfə] *m* ❶ KARTEN (*Trumpfkarte*) trump [card]; **~ sein** to be trumps ❷ (*fig: ent-*

scheidender Vorteil) trump card *fig;* **den ~ aus der Hand geben** to waste [*or* give up] one's trump card; **noch einen ~ in der Hand haben** to have another ace [*or* card] up one's sleeve; **seinen ~/den entscheidenden ~/seinen letzten ~ ausspielen** to play one's/the decisive/one's last trump card

trump·fen ['trʊmpfn̩] *vi* KARTEN ■ **[mit etw** *dat*] ~ to trump [with sth]

Trumpf·ka·rte *f* KARTEN trump [card]

Trunk <-[e]s, Trünke> [trʊŋk, *pl* 'trʏŋkə] *m* (*geh*) drink, beverage *form;* **dem ~ verfallen** [*o* **ergeben**] **sein** to be a victim of the demon drink [*or* have taken to drink]

trun·ken ['trʊŋkn̩] *adj* (*geh*) ■ ~ **vor etw** *dat* **sein** to be intoxicated [*or* drunk] with sth

Trun·ken·bold <-[e]s, -e> *m* (*pej*) drunkard *pej*

Trun·ken·heit <-> *f kein pl* drunkenness *no pl,* intoxication; **~ am Steuer** JUR drunken driving, driving under the influence of alcohol

Trun·ksucht <-> *f kein pl* (*geh*) alcoholism *no indef art*

trunk·süch·tig *adj* (*geh*) ■ ~ **sein** to be an alcoholic

Trupp <-s, -s> [trʊp] *m* group; MIL squad, detachment; **die Wanderer lösten sich in kleinere ~s auf** the walkers split up into smaller groups

Trup·pe <-, -n> ['trʊpə] *f* ❶ *kein pl* MIL (*Soldaten an der Front*) combat [*or* front-line] unit; ■ **die ~** (*fam*) the army ❷ MIL (*Soldatenverband mit bestimmter Aufgabe*) squad ❸ (*gemeinsam auftretende Gruppe*) troupe, company; **er ist Schauspieler in einer bekannten ~** he's an actor with a famous company ▸ WENDUNGEN: **von der [ganz] schnellen ~ sein** (*fam*) to be a fast worker [*or pl* fast workers]; **Sie sind aber von der ganz schnellen ~!** you're a fast worker!, you don't hang about[, do you?] *fam;* **nicht von der schnellen ~ sein** (*fam*) to be a bit slow [*or* BRIT *fam* not exactly be the brain of Britain]

Trup·pen·ab·bau *m* POL, MIL reduction of troops **Trup·pen·ab·zug** *m* MIL withdrawal of troops, troop withdrawal **Trup·pen·be·we·gung** *f meist pl* MIL troop movement[s *pl*] **Trup·pen·füh·rer** *m* MIL commander **Trup·pen·gat·tung** *f* MIL an arm of the services; **die Kavallerie ist eine ~ der Vergangenheit** the cavalry was formerly an arm of the services **Trup·pen·kon·tin·gent** *nt* POL, MIL contingent **Trup·pen·teil** *m* MIL unit **Trup·pen·übung** *f* military exercise **Trup·pen·übungs·platz** *m* MIL military training area

Trü·sche <-, -n> ['trʏʃə] *f* ZOOL burbot, eelpout

Tru·te <-, -n> *f* SCHWEIZ (*Truthenne*) turkey[hen]

Trut·hahn ['truːthaːn] *m* turkey[cock]; **viele englische Familien essen zu Weihnachten ~** many English families eat turkey at Christmas **Trut·henne** *f* turkey[hen]

Tschad <-s> [tʃat] *nt* Chad; *s. a.* **Deutschland**

Tscha·der(in) <-s, -> ['tʃadɐ] *m(f)* Chadian; *s. a.* **Deutsche(r)**

tscha·disch ['tʃadɪʃ] *adj* Chadian; *s. a.* **deutsch**

Tscha·dor <-s, -s> [tʃa'doːɐ̯] *m* chador

Tschad·see *m* Lake Chad

tschau [tʃau] *interj* (*fam*) cheerio BRIT *fam,* see you *fam,* so long *fam,* ciao *fam*

Tsche·che, Tsche·chin <-n, -n> ['tʃɛçə, 'tʃɛçɪn] *m, f* GEOG Czech; *s. a.* **Deutsche(r)**

Tsche·chei <-> [tʃɛç'ʔai] *f* ■ **die ~** the Czech Republic; *s. a.* **Deutschland**

Tsche·chin <-, -nen> *f fem form von* **Tscheche**

tsche·chisch ['tʃɛçɪʃ] *adj* ❶ GEOG Czech; *s. a.* **deutsch 1** ❷ LING Czech; *s. a.* **deutsch 2**

Tsche·chisch ['tʃɛçɪʃ] *nt decl wie adj* Czech; *s. a.* **Deutsch**

Tsche·chi·sche <-n> *nt* ■ **das ~** Czech, the Czech language; *s. a.* **Deutsche**

Tschechi·sche Re·pu·blik *f* Czech Republic; *s. a.* **Deutschland**

tschil·pen ['tʃɪlpn̩] *vi* to chirp

tschüs, tschüss[RR] [tʃyːs] *interj* (*fam*) bye *fam,* cheerio BRIT *fam,* see you *fam,* so long *fam;* **jdm ~ sagen** to say bye [*or* cheerio] to sb

Tse·tse·fliege ['tseːtseː-] *f* tsetse fly

T-Shirt <-s, -s> ['tiːʃøːɐ̯t] *nt* T-shirt, tee-shirt

tsu·na·mi [tsuː'naːmi] *m* Tsunami

T-Trä·ger ['teː-] *m* BAU T-girder

TU <-, -s> [teː'ʔuː] *f* SCH *Abk von* **technische Universität** technical university

tu(e) [tuː(ə)] *imper sing von* **tun**

Tu·ba <-, Tuben> ['tuːba, *pl* 'tuːbn̩] *f* MUS tuba

Tu·be <-, -n> ['tuːbə] *f* tube ▸ WENDUNGEN: **auf die ~ drücken** (*fam*) to step on it, to put one's foot down

Tu·ber·kel·ba·zil·lus [tu'bɛrkl̩-] *m* MED tubercle [*or* Koch's] bacillus

tu·ber·ku·lös [tubɛrku'løːs] *adj* MED (*geh*) tubercular, tuberculous

Tu·ber·ku·lo·se <-, -n> [tubɛrku'loːzə] *f* MED tuberculosis *no indef art, no pl*

tu·ber·ku·lo·se·krank *adj* MED tubercular, tuberculous; ■ ~ **sein** to be tubercular [*or* tuberculous], to have tuberculosis

Tu·ber·ku·lo·se·kran·ke(r) *f(m) decl wie adj* MED person suffering from tuberculosis

Tuch[1] <-[e]s, Tücher> [tuːx, *pl* 'tyːçɐ] *nt* ❶ (*Kopf~*) [head]scarf; (*Hals~*) scarf ❷ (*dünne Decke*) cloth ▸ WENDUNGEN: **wie ein rotes ~ auf jdn wirken** to be like a red rag to a bull to sb; **so was wirkt wie ein rotes ~ auf ihn** that sort of thing is like a red rag to a bull to him [*or* [really] makes him see red]

Tuch[2] <-[e]s, -e> [tuːx,] *nt* (*textiles Gewebe*) cloth, fabric

Tuch·füh·lung *f* ▸ WENDUNGEN: **auf ~ bleiben** (*fam*) to stay in touch [*or* contact]; **mit jdm auf ~ sein** [*o* **sitzen**] (*fam*) to sit close to sb; **ich mag es nicht, wenn man mit mir auf ~ sitzt** I don't like it when somebody sits [too] close to me **Tuch·han·del** *m* ÖKON (*hist*) ■ **der ~** the cloth trade

tüch·tig ['tʏçtɪç] **I.** *adj* ❶ (*fähig*) capable, competent; **~, ~!** well done! ❷ (*fam: groß*) sizeable, big; **eine ~e Tracht Prügel** a good hiding [*or* beating]; *s. a.* **Welt II.** *adv* (*fam*) ❶ (*viel*) **~ anpacken/mithelfen** to muck in BRIT, to share [tasks/accommodations] AM; **~ essen** to eat heartily; **~ sparen** to save hard ❷ (*stark*) **~ regnen** to rain hard; **~ schneien** to snow hard [*or* heavily]; **es stürmt ~** the [*or* a] storm is raging

Tüch·tig·keit <-> *f kein pl* competence, efficiency

Tücke <-, -n> ['tʏkə] *f* ❶ *kein pl* (*Heimtücke*) malice; (*einer Tat*) maliciousness ❷ *kein pl* (*Gefährlichkeit*) dangerousness; (*von Krankheiten*) perniciousness ❸ (*Unwägbarkeiten*) ■ **~n** *pl* vagaries *pl;* **seine ~n haben** to be temperamental ▸ WENDUNGEN: **das ist die ~ des Objekts** these things have a will of their own!

tu·ckern ['tukɐn] *vi* ❶ *haben* (*blubbernde Geräusche machen*) to chug ❷ *sein* (*mit blubbernden Geräuschen fahren*) to chug

tü·ckisch ['tʏkɪʃ] *adj* ❶ (*hinterhältig*) malicious; **ein ~er Mensch** a malicious [*or* spiteful] person ❷ (*heimtückisch*) pernicious ❸ (*gefährlich*) treacherous

Tüf·te·lei <-, -en> [tʏftə'lai] *f* (*fam*) complicated and awkward [*or* BRIT fiddly] job *fam*

tüf·teln ['tʏftl̩n] *vi* (*fam*) to fiddle about *fam;* ■ **an etw** *dat* ~ to fiddle about [*or* tinker] with sth *fam*

Tu·gend <-, -en> ['tuːgn̩t] *f* ❶ (*wertvolle Eigenschaft*) virtue ❷ *kein pl* (*moralische Untadeligkeit*) virtue; *s. a.* **Not**

tu·gend·haft *adj* virtuous

Tu·gend·haf·tig·keit <-> *f kein pl* virtuousness *no pl*

Tu·kan <-s, -e> ['tuːkan] *m* ORN toucan

Tüll <-s, -e> [tʏl] *m* MODE tulle

Tül·le <-, -n> ['tʏlə] *f* ❶ (*Ausguss*) spout ❷ TECH (*Ansatzstück*) attachment; (*Dichtungsring*) grommet

Tul·pe <-, -n> ['tʊlpə] *f* ❶ BOT tulip ❷ (*konisches Bierglas*) tulip-glass

Tul·pen·zwie·bel *f* BOT tulip-bulb

tumb [tʊmp] *adj* (*pej*) naive *pej;* (*einfältig*) slow

Tumb·ler <-s, -s> ['tamblɐ] *m* SCHWEIZ (*Wäschetrockner*) tum-

T

ble·drier [*or* AM dryer]

tum·meln ['tʊml̩n] *vr* ■ **sich** *akk* ~ ❶ (*froh umherbewegen*) to romp [about] ❷ (*sich beeilen*) to hurry [up]

Tum·mel·platz *m* (*geh*) play area

Tüm·mler <-s, -> ['tʏmlɐ] *m* porpoise

Tu·mor <-s, Tumoren> ['tu:mo:ɐ̯, tu'mo:ɐ̯, *pl* tu'mo:rən] *m* tumour [*or* AM -or]

Tu·mor·mar·ker <-s, -> *m* MED tumour marker **Tu·mor·zel·le** *f* tumour cell

Tüm·pel <-s, -> ['tʏmpl̩] *m* [small] pond

Tu·mult <-[e]s, -e> [tu'mʊlt] *m* ❶ *kein pl* (*lärmendes Durcheinander*) commotion, tumult ❷ *meist pl* (*Aufruhr*) disturbance

tun <tat, getan> [tu:n] **I.** *vt* ❶ (*machen*) ■ **etw** ~ *mit unbestimmtem Objekt* to do sth; **was sollen wir bloß** ~**?** whatever shall we do?; **was tust du da?** what are you doing [there]?; **etw noch** ~ **müssen** to have still got sth to do; **was tut er nur den ganzen Tag?** what does he do all day?; **noch viel** ~ **müssen** to have still got a lot to do; ■ **etw** [**mit etw**] ~ to do sth [with sth]; **das Klopfen tut er mit dem Fuß** he's making that tapping noise with his foot; ■ **etw mit jdm** ~ to do sth with sb; **was haben sie mit dir getan, dass du so verängstigt bist?** what have they done to you to make you so frightened?; ■ **etw aus etw** ~ to do sth out of sth; **etw aus Liebe** ~ to do sth out of [*or* for] love; **nichts** ~**, als ...** (*fam*) to do nothing but ...; **er tut nichts, als sich zu beklagen** he does nothing but complain; ~ **und lassen können, was man will** to do as one pleases [*or* likes]; **was jd zu** ~ **und zu lassen hat** what sb can and can't [*or* should and shouldn't] do; ~**, was man nicht lassen kann** (*fam*) to do sth if one must; **das eine** ~**, und das andere nicht lassen** to do one thing without neglecting the other; **so etwas tut man nicht!** you just don't do things like that!; **etw nicht unter etw** *dat* ~ (*fam*) not to do sth for less than sth; **das Radio muss repariert werden – der Techniker tut es nicht unter 100 Euro** the radio needs repairing – the electrician won't do it for less than 100 euros; **was** ~**?** what's to be done?; ~ **Sie wie zu Hause** make yourself feel at home ❷ (*arbeiten*) ■ **etw** [**für jdn/etw**] ~ to do sth [for sb/sth]; **auch im Urlaub tue ich einige Stunden pro Tag** [**für die Firma**] I even put in [*or* do] a couple of hours[' work] [for the company] when I'm on holiday ❸ (*unternehmen*) ■ **etwas/nichts/einiges** ~ to do something/nothing/quite a lot [*or* bit]; **in dieser Angelegenheit wird derzeit einiges von uns getan** we're currently undertaking a number of things in this matter; ■ **etwas/nichts/einiges für jdn** ~ to do something/nothing/quite a lot [*or* bit] for sb; **der Arzt kann nichts mehr für ihn** ~ the doctor can't do anything [*or* can do nothing] more for him; **was tut man nicht alles für seine Nichten und Neffen!** the things we do for our nephews and nieces!; **etwas/nichts/einiges für etw** ~ to do something/nothing/quite a lot [*or* bit] for sth; **ich muss etwas/mehr für meine schlanke Linie** ~ I must do something/more for my figure; **etw gegen etw** ~ *Beschwerden, Pickel, Belästigungen, Unrecht* to do sth about sth; **etwas für jdn** ~ **können** to be able to do something for sb; **was sich** ~ **lässt** what can be done; **ich will versuchen, was sich da** ~ **lässt** I'll see what I can do [*or* can be done] [about it]; **etwas für sich** ~ **müssen** to need to do something for one's health ❹ (*an~*) ■ [**jdm**] **etwas/nichts** ~ to do something/nothing [to sb]; **keine Angst, der Hund tut Ihnen nichts** don't worry, the dog won't hurt you; **dein Hund tut doch hoffentlich nichts?** your dog won't bite, will it? ❺ (*fam: legen o stecken*) ■ **etw irgendwohin** ~ to put sth somewhere ❻ (*fam: funktionieren*) ■ **es noch/nicht mehr** ~ to be still working [*or* going]/broken [*or sl* kaputt] [*or fam* have had it]; **tut es dein altes Tonbandgerät eigentlich noch?** is your old tape recorder still working? ❼ (*fam: ausmachen*) ■ **etwas/nichts** ~ to matter/not to matter; **das tut nichts** it doesn't matter; **was tut's** (*fam*) what difference does it make?, what does it matter?; **macht es dir was aus, wenn ich das mache? – ja, das tut es** does [*or* would] it matter to you if I do this? – yes, it does [*or* would] ❽ (*fam: ausreichen*) ■ **es** [**für etw**] ~ to do [for sth]; **für heute tut's das** that'll do for today; **tut es das?** will that do?; **mit etw** [**noch**] **nicht getan sein** sth isn't enough ▶ WENDUNGEN: **was kann ich für Sie** ~**?** ÖKON can I help you?, what can I do for you?; **man tut, was man kann** one does what one can; **es** [**mit jdm**] ~ (*sl*) to do it [with sb] *sl; s. a.* **Gefallen, Sache II.** *vr impers* ■ **etwas/nichts/einiges tut sich** something/nothing/quite a lot [*or* bit] is happening; **das tut sich** *dat* **nichts** (*fam*) it doesn't make any difference **III.** *vi* ❶ (*sich benehmen*) to act; **albern/dumm** ~ to play dumb; **informiert/kompetent** ~ to pretend to be well-informed/competent; **so** ~**, als ob** to pretend that; **er schläft doch gar nicht, er tut nur so, als ob** he's not asleep at all, he's only pretending [to be]; **ich tue jetzt so, als ob ich ginge** I'll pretend to be [*or* that I'm] going now; **nur so** ~ to be only pretending; **er ist doch gar nicht wütend, er tut nur so** he's not angry at all, he's [just] pretending [to be]; **der Fußballspieler war gar nicht verletzt, er hat nur so getan** the footballer wasn't injured at all, he was just play-acting; **tu doch nicht so!** (*fam: stell dich nicht so an*) stop pretending!; (*reg dich doch nicht auf*) don't make such a fuss! ❷ (*Dinge erledigen*) ■ **zu** ~ **haben** to be busy; **störe mich jetzt nicht, ich habe** [**noch**] **zu** ~ don't disturb me now, I'm busy; **am Samstag habe ich noch in der Stadt/im Garten/Keller zu** ~ I've got [some] things to do in town/in the garden/cellar on Saturday ▶ WENDUNGEN: **es mit jdm zu** ~ **bekommen** [*o* **kriegen**] (*fam*) to get into trouble with sb; **pass auf, sonst kriegst du es mit mir zu** ~ watch it, or you'll have me to deal with [*or* answer to]; **es mit jdm zu** ~ **haben** to be dealing with sb; **es mit sich selbst zu** ~ **haben** to have problems of one's own [*or* enough on one's own plate]; **mit wem habe ich es zu** ~**?** who might you be [*or* are you]?; **etwas/nichts mit jdm/etw zu** ~ **haben** to have something/nothing to do with sb/sth; **jdm es um jdn/etw zu** ~ **sein** sb is concerned [*or* worried] about sb/sth; **es jdm sehr darum zu** ~ **sein** (*geh*) to be very important to sb; **mit jdm/etw nichts zu** ~ **haben wollen** to want to have nothing to do with sb/sth **IV.** *vb aux modal* ❶ *mit vorgestelltem Infinitiv* **mögen tu ich wohl, nur darf ich es nicht** I'd like to [do it], but I'm not allowed [to]; **singen tut sie ja gut** she's a good singer, she sings well ❷ *mit nachgestelltem Infinitiv* DIAL ■ ~ **...** to do sth; **ich tu nur schnell den Braten anbraten** I'll just brown the joint [off]; **tust du die Kinder ins Bett bringen?** will you put the children to bed?; **er tut sich schrecklich ärgern** he's really getting worked up ❸ *konjunktivisch mit vorgestelltem Infinitiv* DIAL ■ **etw täte jdn ...** sb would ... sth; **deine Gründe täten mich schon interessieren** I would be interested to hear [*or* know] your reasons; **er täte zu gerne wissen, warum ich das nicht gemacht habe** he would love to know why I didn't do it

Tun <-s> [tu:n] *nt kein pl* action; **ihr ganzes** ~ **und Trachten** everything she does [*or* did]; **jds** ~ **und Treiben** what sb does; **berichte mal über euer** ~ **und Treiben in den Ferien** (*hum*) tell me what you did during the holidays

Tün·che <-, -n> ['tʏnçə] *f* whitewash *no pl*

tün·chen ['tʏnçn̩] *vt* ■ **etw** ~ to whitewash sth

Tun·dra <-, Tundren> ['tʊndra] *f* GEOG tundra *no pl*

tu·nen ['tju:nən] *vt* ■ **etw** ~ to tune sth; **einen CD-Player** ~ to tune a CD player

Tu·ner <-s, -> ['tju:nɐ] *m* TECH tuner

Tu·ne·si·en <-s> [tu'ne:ziən] *nt* Tunisia; *s. a.* **Deutschland**

Tu·ne·si·er(in) <-s, -> [tu'ne:ziɐ] *m(f)* Tunisian; *s. a.* **Deutsche(r)**

tu·ne·sisch [tu'ne:zɪʃ] *adj* ❶ (*Tunesien betreffend*) Tunisian; *s. a.* **deutsch 1** ❷ LING Tunisian; *s. a.* **deutsch 2**

Tun·fisch[RR] ['tu:nfɪʃ] *m* tuna [fish]

Tu·nicht·gut <-[e]s, -e> ['tu:nɪçtgu:t] *m* good-for-nothing, ne'er-do-well *dated*

Tu·ni·ka <-, Tuniken> ['tu:nika] *f* MODE, HIST tunic

Tun·ke <-, -n> ['tʊŋkə] *f* KOCHK sauce; (*Braten~*) gravy

tun·ken ['tʊŋkən] *vt* ■**etw in etw** *akk* ~ to dip [*or* dunk] sth into sth

tun·lich *adj* possible, feasible; (*ratsam*) advisable

tun·lichst *adv* if possible; **du solltest ~ von einem so gefährlichen Unterfangen Abstand nehmen** you would be well-advised to steer clear of such a dangerous venture; **wir sollten das aber ~ geheim halten** we should do our best to keep it a secret

Tun·nel <-s, - *o* -s> ['tʊnl̩] *m* tunnel; (*für Fußgänger*) subway

Tun·te <-, -n> ['tʊntə] *f* (*fam*) queen *pej sl,* fairy *pej sl*

tun·tig ['tʊntɪç] *adj* (*pej fam*) fairy-like *pej*

Tüp·fel <-s, -> ['tʏpfl̩] *m* BOT pit

Tüp·fel·chen <-s, -> *nt* (*kleiner Tupfen*) dot ▶ WENDUNGEN: **das ~ auf dem i** the final [*or* finishing] touch; **nicht ein ~** not a single thing, nothing whatsoever

tup·fen ['tʊpfn̩] *vt* ■**etw von etw** *dat* ~ to dab sth from sth; ■**sich** *dat* **etw** ~ to dab one's sth

Tup·fen <-s, -> ['tʊpfn̩] *m* dot

tup·fen·gleich **I.** *adj* SÜDD, SCHWEIZ (*genau gleich*) exactly the same, selfsame *attr;* **ich habe mir gestern das ~e Kleid gekauft** I bought exactly the same [*or* the selfsame] dress yesterday **II.** *adv* SÜDD, SCHWEIZ (*genau gleich*) in exactly the same way

Tup·fer <-s, -> *m* MED swab

Tür <-, -en> [ty:ɐ̯] *f* door; **an die ~ gehen** to go to the door; **jdm die ~ weisen** (*geh*) to show sb the door; **~ an ~** next door to one another [*or* each other] [*or* sb]; **in der ~** in the door[way] ▶ WENDUNGEN: **zwischen ~ und Angel** (*fam*) in passing; **sie fertigte den Vertreter zwischen ~ und Angel ab** she dealt with the sales rep as quickly as she could; **mit der ~ ins Haus fallen** (*fam*) to blurt it [straight] out; **jdm die ~ vor der Nase zumachen/zuschlagen** (*fam*) to slam the door in sb's face; **als sie sah, dass es der Gerichtsvollzieher war, schlug sie ihm rasch die ~ vor der Nase zu** when she saw [that] it was the bailiff, she quickly slammed the door in his face; **einer S.** *dat* **~ und Tor öffnen** to open the door to a thing; [**bei jdm**] [**mit etw** *dat*] **offene ~en einrennen** to be preaching to the converted [with sth]; **hinter verschlossenen ~en** behind closed doors, in camera *form;* **jdm** [**fast**] **die ~ einrennen** (*fam*) to pester sb constantly; **du kriegst die ~ nicht zu!** (*fam*) well, I never!; **vor der ~ sein** to be just [a]round the corner; **jdn vor die ~ setzen** (*fam*) to kick [*or* throw] sb out

Tür·an·gel *f* [door-]hinge

Tur·ban <-s, -e> ['tʊrba:n] *m* turban

Tur·bi·ne <-, -n> [tʊrbi:nə] *f* turbine

Tur·bo <-s, -s> ['tʊrbo] *m* AUTO ❶ (*Turbolader*) turbocharger ❷ (*Auto mit Turbomotor*) car [*or* model] with a turbocharged engine, turbocharged car; **die verbesserte Version der Limousine ist jetzt als ~ herausgekommen** the improved version of this saloon is now available as a turbocharged model [*or* with a turbocharger]

Tur·bo·die·sel *m* car [*or* model] with a turbocharged diesel engine, turbo diesel **Tur·bo·la·der** <-s, -> *m* AUTO turbocharger **Tur·bo·mo·tor** *m* AUTO turbocharged engine **Tur·bo-Prop-Ma·schi·ne** *nt* LUFT turboprop [aircraft]

tur·bu·lent [tʊrbu'lɛnt] **I.** *adj* turbulent, tempestuous; **wir haben ausgiebig gefeiert, es war ein ~es Wochenende** we celebrated long and hard, it was a riotous [*or* tumultuous] weekend; **die Wochen vor Weihnachten waren reichlich ~** the weeks leading up to Christmas were really chaotic **II.** *adv* turbulently; **~ verlaufen** to be turbulent [*or* stormy]; **auf der Aktionärsversammlung ging es sehr ~ zu** the shareholders' meeting was [a] very stormy [*or* tempestuous] [one]

Tur·bu·lenz <-, -en> [tʊrbu'lɛnts] *f* ❶ METEO (*Luftwirbel*) turbulence *no pl* ❷ *meist pl* (*geh: turbulentes Ereignis*) turbulence *no pl,* turmoil *no pl*

Tür·drü·cker *m* automatic [*or* electric] door-opener

Tü·re <-, -n> ['ty:rə] *f* DIAL (*Tür*) door

Tür·fal·le *f* SCHWEIZ (*Türklinke*) door-handle **Tür·flü·gel** *m* one of the doors in a double door **Tür·fül·lung** *f* door panel

Tur·gor <-s> ['tʊrgo:ɐ̯] *m kein pl* BIOL turgor

Tür·griff *m* door-handle

Tür·ke <-n, -n> ['tʏrkə] *m* (*sl*) cock-and-bull story

Tür·ke, Tür·kin <-n, -n> ['tʏrkə, 'tʏrkɪn] *m, f* Turk; *s. a.* **Deutsche**(**r**)

Tür·kei <-> [tʏr'kai] *f* ■**die** ~ Turkey; *s. a.* **Deutschland**

tür·ken ['tʏrkn̩] *vt* (*sl*) ■**etw** ~ to fabricate [*or sep* make up] sth

Tür·ken·bund·li·lie *f* BOT Turk's-cap [lily], martagon *spec* **Tür·ken·tau·be** *f* ORN collard dove

Tür·kin <-, -nen> *f fem form von* **Türke**

tür·kis [tʏr'ki:s] *adj* turquoise

Tür·kis[1] <-es, -e> [tʏr'ki:s] *m* GEOL turquoise

Tür·kis[2] <-> [tʏr'ki:s] *nt kein pl* (*Farbe*) turquoise; *s. a.* **in**

tür·kisch ['tʏrkɪʃ] *adj* ❶ (*die Türkei betreffend*) Turkish; *s. a.* **deutsch 1** ❷ LING Turkish; *s. a.* **deutsch 2**

Tür·kisch ['tʏrkɪʃ] *nt decl wie adj* Turkish; *s. a.* **Deutsch**

Tür·ki·sche <-n> *nt* ■**das** ~ Turkish, the Turkish language; *s. a.* **Deutsche**

tür·kis·far·ben *adj* turquoise

Tür·klin·ke *f* door-handle **Tür·klop·fer** *m* door-knocker

Turk·me·ne, Turk·me·nin <-n, -n> [tʊrk'me:nə, tʊrk'me:nɪn] *m, f* Turkmen; *s. a.* **Deutsche**(**r**)

turk·me·nisch [tʊrk'me:nɪʃ] *adj* Turkmen; *s. a.* **deutsch**

Turk·me·nisch [tʊrk'me:nɪʃ] *nt decl wie adj* Turkmen; *s. a.* **Deutsch**

Turk·me·ni·sche <-n> *nt* ■**das** ~ Turkmen, the Turkmen language; *s. a.* **Deutsche**

Turk·me·ni·stan <-s> [tʊrk'me:nɪsta:n] *nt* Turkmenistan; *s. a.* **Deutschland** **Tür·knauf** *m* doorknob

Tür·knopf *m* AUTO door lock

Turm <-[e]s, Türme> [tʊrm, *pl* 'tʏrmə] *m* ❶ ARCHIT tower; (*spitzer Kirchturm*) spire, steeple ❷ SPORT (*Sprung~*) diving-platform ❸ SCHACH castle, rook

Tur·mal·in <-s, -e> [tʊrma'li:n] *m* GEOL tourmaline

Türm·chen <-s, -> ['tʏrmçən] *nt* ARCHIT *dim von* **Turm** turret

tür·men[1] ['tʏrmən] **I.** *vt haben* ■**etw** [**auf etw** *akk*] ~ to pile up sth *sep* [on sth], to stack [up *sep*] sth [on sth]; **wegen Platzmangels müssen wir die Bücher schon ~** we're already having to stack the books on top of each other due to a lack of space **II.** *vr* ■**sich** *akk* [**auf etw** *dat*] ~ to pile up [on sth]

tür·men[2] ['tʏrmən] *vi sein* (*fam*) ■[**aus etw** *dat*/**irgendwohin**] ~ to clear off *fam* [*or* BRIT *sl* do a bunk] [*or* BRIT *sl* scarper] [from sth/somewhere]; **aus dem Knast ~** to break out of jail [*or* prison]

Turm·fal·ke *m* kestrel **Turm·sprin·gen** *nt kein pl* high diving *no indef art, no pl* **Turm·uhr** *f* [tower] clock

Turn·an·zug *m* leotard

Turn·around·zeit ['tə:nə'raunt-] *f* LUFT turnaround time

tur·nen ['tʊrnən] **I.** *vi haben* ❶ SPORT (*Turnen betreiben*) to do gymnastics; **am Pferd/Boden/Balken ~** to do exercises on the horse/floor/beam ❷ *sein* (*sich flink bewegen*) to dash; **er turnte durch die engen Gänge** he dashed along the narrow corridors *fam* **II.** *vt haben* SPORT ■**etw** ~ to do [*or* perform] sth; **für diese fehlerfrei geturnte Übung erhielt er 9,9 Punkte** he received 9.9 points for this flawlessly performed exercise

Tur·nen <-s> ['tʊrnən] *nt kein pl* ❶ SPORT gymnastics + *sing vb* ❷ SCH (*Unterrichtsfach*) physical education *no pl, no art,* PE *no pl, no art*

Tur·ner(in) <-s, -> ['tʊrnɐ] *m(f)* gymnast

tur·ne·risch **I.** *adj* gymnastic **II.** *adv* gymnastically

Turn·ge·rät *nt* gymnastic apparatus **Turn·hal·le** *f* gymnasium, gym *fam* **Turn·hemd** *nt* gym shirt [*or* vest] **Turn·hose** *f* gym shorts

Tur·nier <-s, -e> [tʊrˈniːɐ̯] *nt* ❶ SPORT (*längerer Wettbewerb*) tournament; *der Springreiter* show-jumping competition ❷ HIST tournament

Tur·nier·pferd *nt* show horse **Tur·nier·rei·ter(in)** *m(f)* show-jumper **Tur·nier·tän·zer(in)** *m(f)* competitive ballroom dancer

Turn·leh·rer(in) *m(f)* SCH PE [*or* gym] teacher **Turn·schuh** *m* trainer, training shoe **Turn·schuh·fir·ma** *f* sports footwear company **Turn·schuh·ge·ne·ra·ti·on** *f* kids of the '80s **Turn·schuh·held(in)** *m(f)* (*pej*) *sb who always goes around in trainers;* ■**ein ~/eine ~ in sein** to always go around in trainers [*or* AM sneakers]; **bis auf ~en lässt der Türsteher sonst alle durchgehen** the doorman lets everyone through if they're not wearing trainers **Turn·übung** *f* gymnastic exercise **Turn·un·ter·richt** *m kein pl* SCH gymnastics + *sing vb,* PE *no pl, no art*

Tur·nus <-, -se> [ˈtʊrnʊs] *m* ❶ (*regelmäßige Abfolge*) regular cycle; **für die Kontrollgänge gibt es einen festgesetzten ~** there is a set rota for the tours of inspection; **im [regelmäßigen] ~ [von etw** *dat*] at regular intervals [of sth] ❷ ÖSTERR MED internship, residency

tur·nus·mä·ßig *adj* regular, at regular intervals

Turn·ver·ein *m* gymnastics club **Turn·zeug** *nt* gym [*or* PE] kit

Tür·öff·ner *m* automatic [*or* electric] door-opener **Tür·pfos·ten** *m* doorpost **Tür·rah·men** *m* door-frame **Tür·schild** *nt* door-plate, name-plate **Tür·schloss**[RR] *nt* door-lock **Tür·schnal·le** *f* ÖSTERR (*Türklinke*) door-handle **Tür·schwel·le** *f* threshold **Tür·spalt** *m space between door frame and door* **Tür·ste·her** *m* doorman, bouncer *fam* **Tür·sturz** *m* BAU lintel

tur·teln [ˈtʊrtl̩n] *vi* ■**[miteinander] ~** to whisper sweet nothings [to one another [*or* each other]], to bill and coo [with one another [*or* each other]] BRIT

Tur·tel·tau·be *f* ❶ ORN turtle-dove ❷ *pl* (*fam: turtelnde Verliebte*) **~n** love-birds

Tür·vor·le·ger *m* doormat

Tusch <-es, -e> [tʊʃ] *m* MUS fanfare, flourish

Tu·sche <-, -n> [ˈtʊʃə] *f* Indian ink

tu·scheln [ˈtʊʃl̩n] *vi* (*heimlich reden*) ■**[über jdn/etw] ~** to gossip secretly [about sb/sth]

Tus·si <-, -s> [ˈtʊsi] *f* (*pej sl*) chick *sl*, girl, bird BRIT *sl;* (*Freundin*) bird *sl*, chick *sl*, girl

Tü·te <-, -n> [ˈtyːtə] *f* bag; **tun Sie mir die Einkäufe doch bitte in eine ~** can you put the shopping in a [carrier] bag, please?; **ich esse heute eine Suppe aus der ~** I'm going to eat a packet soup today; **eine ~ Popcorn** a bag of popcorn ▸ WENDUNGEN: **[das] kommt nicht in die ~!** (*fam*) not on your life! *fam,* no way! *fam*

tu·ten [ˈtuːtn̩] *vi* (*ein Horn o eine Hupe ertönen lassen*) to hoot, to sound one's [*or* the] horn, to toot one's horn; **es hat getutet, das Taxi ist da** I heard a hoot, the taxi is here; *Schiff* to sound its fog-horn ▸ WENDUNGEN: **von T~ und Blasen keine Ahnung haben** (*fam*) not to have a clue [*or* have the faintest idea [about sth]]

Tü·ten·sup·pe *f* packet soup

Tu·tor, Tu·to·rin <-s, Tutoren> [ˈtuːtoːɐ̯, tuˈtoːrɪn, *pl* tuˈtoːrən] *m, f* SCH ❶ (*Leiter eines Universitätstutoriums*) *seminar conducted by a post-graduate student* ❷ (*Mentor*) tutor

TÜV <-s, -s> [tʏf] *m Akr von* **Technischer Überwachungsverein** Technical Inspection Agency (*also performing MOTs on vehicles*); **ich muss noch beim ~ anrufen und einen Termin ausmachen** I must ring up for the car to be MOT'd; **ich muss in der nächsten Woche [mit dem Wagen] zum ~** I've got to get the car MOT'd next week; **jds/der ~ läuft ab** sb's/the MOT BRIT is about to run out; **[noch] eine bestimmte Zeit ~ haben** to have a certain amount of time left on the MOT; **durch den ~ kommen** to get [a [*or* the] vehicle] through its [*or* the] MOT; **mit diesem Wagen komme ich bestimmt nicht durch den ~** I definitely won't get this car through its [*or* the] MOT

i Kultur

The **TÜV** is comparable to the MOT. Every vehicle licensed to drive on a public highway must undergo a **TÜV** – *MOT* inspection first. If no defects are reported, a *TÜV-Plakette – disc* valid for two years is attached to the vehicle's rear numberplate.

Tu·va·lu <-s> [tuˈvaːlu] *nt* Tuvalu; *s. a.* **Sylt**

Tu·va·lu·er(in) <-s, -> *m(f)* Tuvaluan; *s. a.* **Deutsche(r)**

tu·va·lu·isch *adj* Tuvaluan; *s. a.* **deutsch**

TV-An·stalt [teːˈfau-] *f* TV station [*or* company] **TV-Du·ell** *f* [head-to-head] debate on TV **TV-Ka·me·ra** *f* TV camera **TV-Mo·de·ra·tor(in)** *m(f)* TV [*or* television] presenter **TV-Po·si·ti·o·nie·rung** *f* [TV-channel] tuning **TV-Spot** [teːˈfauspɔt] *m* TV short TV advertising film **TV-Zeit·schrift** *f* TV programme [*or* AM -am] guide

Tweed <-s, -s *o* -e> [tviːt] *m* MODE tweed

Tweed·ja·cke *f* tweed jacket

Twen <-[s], -s> [tvɛn] *m* (*veraltend*) person in their twenties

Twin·set <-[s], -s> [ˈtvɪnzɛt] *nt o m* MODE twin set

Twist[1] <-es, -e> [tvɪst] *m* (*Stopfgarn*) twist

Twist[2] <-s, -s> [tvɪst] *m* (*Tanz*) twist *no pl*

Typ <-s, -en> [tyːp] *m* ❶ ÖKON (*Ausführung*) model; ■**der ~ einer S.** *gen* this model of a thing [*or* sth model]; **dieser ~ Computer** this model of computer [*or* computer model]; **dieser ~ Sportwagen** this sports car model ❷ (*Art Mensch*) type [*or* sort] [of person] *fam;* **was ist er für ein ~, dein neuer Chef?** what type [*or* sort] of person is your new boss?; **jds ~ sein** (*fam*) to be sb's type; ■**der ~ ... sein, der ...** to be the type of ... who ...; **dein ~ ist nicht gefragt** (*fam*) we don't want your sort here; **dein ~ wird verlangt** (*fam*) you're wanted ❸ (*sl: Kerl*) fellow *fam,* guy *sl,* bloke BRIT *fam* ❹ (*sl: Freund*) guy *sl,* man, boyfriend, bloke BRIT *fam*

Ty·pe <-, -n> [ˈtyːpə] *f* ❶ TYPO (*Druck~*) type ❷ (*fam: merkwürdiger Mensch*) character; **was ist denn das für eine ~?** what a weirdo!

Ty·pen [ˈtyːpn̩] *pl von* **Typus**

Ty·pen·rad *nt* daisy wheel

Ty·pen·rad·schreib·ma·schi·ne *f* daisy-wheel typewriter

Ty·phus <-> [ˈtyːfʊs] *m kein pl* MED typhoid [fever] *no pl*

ty·pisch [ˈtyːpɪʃ] **I.** *adj* typical; ■**~ für jdn sein** to be typical of sb; **[das ist] ~!** (*fam*) [that's] [just] typical! **II.** *adv* ■**~ jd** [that's] typical of sb, that's sb all over; **~ Frau/Mann!** typical woman/man!; ■**~ etw** typically sth; **~ britisch/deutsch** typically British/German; **sein unterkühlter Humor ist ~ hamburgisch** his dry humour is typical of a person from [*or* the people of] Hamburg

Ty·po·gra·phie <-, -n> [typograˈfiː] *f,* **Ty·po·gra·fie**[RR] <-, -n> *f* typography

ty·po·gra·phisch [typoˈgraːfɪʃ] *adj,* **ty·po·gra·fisch**[RR] *adj* typographic[al]

Ty·po·skript <-s, -e> [typoˈskrɪpt] *nt* typescript

Ty·pus <-, Typen> [ˈtyːpʊs, *pl* tyːpn̩] *m* ❶ (*Menschenschlag*) race [*or* breed] [of people] ❷ (*geh: Typ 2*) type

Ty·rann(in) <-en, -en> [tyˈran] *m(f)* tyrant

Ty·ran·nei <-, -en> [tyranˈnai] *f* tyranny

Tyran·nin <-, -nen> *f fem form von* **Tyrann**

tyran·nisch [tyˈranɪʃ] **I.** *adj* tyrannical **II.** *adv* **sich** *akk* **~ aufführen/herrschen** to behave/rule tyrannically [*or* like a tyrant]

tyrannisieren* *vt* ■**jdn ~** to tyrannize sb; ■**sich** *akk* **[von jdm/etw] ~ lassen** to [allow oneself to] be tyrannized [by sb/sth]

Tyr·rhe·ni·sches Meer [tyˈreːnɪʃəs -] *nt* Tyrrhenian Sea

Tz [ˈteːtsɛt] *nt s.* **Tezett**

U u

U, u <-, - *o fam* -s, -s> [u:] *nt* U, u; ~ **wie Ulrich** U for [*or* AM as in] Uncle; *s. a.* **A 1**
u. *konj Abk von* **und**
u.a. ❶ *Abk von* **und andere(s)** and other things ❷ *Abk von* **unter anderem** among other things
UB [u'be:] *f Abk von* **Universitätsbibliothek**
U-Bahn [u:-] *f* TRANSP ❶ (*Untergrundbahn*) underground BRIT, tube BRIT *fam*, subway AM; **mit der ~ fahren** to go [*or* travel] on the [*or* by] underground [*or* tube] ❷ (*U-Bahn-Zug*) [underground [*or* BRIT *fam* tube]] train
U-Bahn·hof [u:-] *m* TRANSP underground [*or* BRIT *fam* tube] [*or* AM subway] station
U-Bar *f* U-bar
übel ['y:bl] **I.** *adj* ❶ (*schlimm*) bad, nasty; **eine üble Affäre** a sordid [*or* an ugly] affair; **in einer üblen Klemme stecken** to be in a bit of a tight spot ❷ (*unangenehm*) nasty, unpleasant ❸ (*ungut*) bad, wicked; **er ist gar kein so übler Kerl** he's not such a bad bloke BRIT *fam* really ❹ (*verkommen*) low; **ein übles Stadtviertel** a bad area of town ❺ (*schlecht*) ■**jdm ist/wird ~** sb feels sick; **ist dir ~? du siehst so bleich aus** are you not feeling well [*or* feeling all right [*or* OK]]? you look so pale; **es kann einem ~ werden, wenn ..., wenn ..., kann es einem ~ werden** it's enough to make you feel sick when ...; **gar nicht so ~ [sein]** [to be] not too [*or* so] bad at all **II.** *adv* ❶ (*geh: unangenehm*) **was riecht hier so ~?** what's that nasty [*or* unpleasant] smell [in] here?; **bäh, das Zeug schmeckt aber ~!** ugh, that stuff tastes awful!; **das fette Essen scheint mir ~ zu bekommen** the fatty food seems to have disagreed with me; **nicht ~** not too [*or* so] bad [at all]; **ihr wohnt ja gar nicht mal so ~** you live quite comfortably ❷ (*schlecht*) **sich ~ fühlen** to feel bad; **es geht jdm ~** sb feels bad; **jdm ist es ~ zumute** sb feels bad; **~ dran sein** (*fam*) to be in a bad way ❸ (*gemein*) badly; **jdn ~ behandeln** to treat sb badly [*or* ill-treat sb]; **~ über jdn reden** to speak badly [*or* ill] of sb ❹ (*nachteilig*) **jdm etw ~ auslegen** [*o* **vermerken**] to hold sth against sb; **ich habe es dir ~ vermerkt, was du damals angerichtet hast** I've not forgotten what you did back then
Übel <-s, -> ['y:bl] *nt* (*Missstand*) evil ▸WENDUNGEN: **das kleinere** [*o* **geringere**] **~** the lesser evil; **ein notwendiges ~** a necessary evil; **von ~ sein** to be a bad thing [*or* bad]; **von ~ sein, etw zu tun** to be a bad thing to do sth; **ein ~ kommt selten allein** (*prov*) misfortunes never come singly *prov*, it never rains but it pours *prov*; **zu allem ~** to cap [*or* crown] it all
Übel·keit <-, -en> *f* nausea, queasiness
übel·lau·nig *adj* ill-humoured [*or* AM -ored] *attr*, ill humoured *pred*, ill-tempered *attr*, ill tempered *pred*, bad-tempered *attr*, bad tempered *pred*; **der ist heute vielleicht ~!** he's in such a foul mood today!
Übel·lau·nig·keit <-> *f kein pl* ■**jds ~** sb's ill humour [*or* AM -or] [*or* temper] **Übel·tä·ter(in)** *m(f)* wrongdoer
üben ['y:bn̩] **I.** *vt* ❶ (*durch Übung verbessern*) ■**etw ~** to practise [*or* AM -ice] sth ❷ SPORT (*trainieren*) ■**etw ~** to practise [*or* AM -ice] sth ❸ MUS ■**etw ~** to practise [*or* AM -ice] [playing] [*or* [on]] sth; **ich übe 20 Stunden in der Woche Klavier/Flöte** I practise [playing] [*or* [on]] the piano/flute for 20 hours every week **II.** *vr* ■**sich** *akk* **in etw** *dat* **~** to practise sth; *s. a.* **Geduld III.** *vi* ❶ (*sich durch Übung verbessern*) ■**[mit jdm] ~** to practise [*or* AM -ice] [with sb] ❷ *s.* **geübt**
über ['y:bɐ] **I.** *präp* ❶ +*dat* (*oberhalb von etw*) above; **~ der Plane sammelt sich Regenwasser an** rain-water collects on top of the tarpaulin ❷ +*akk* (*quer hinüber*) over; **reichst du mir mal den Kaffee ~ den Tisch?** can you pass me the coffee across the table?; **die Brücke führt ~ den Fluss** the bridge goes over [*or* across] the river; **mit einem Satz sprang er ~ den Graben** with a single leap he jumped over [*or* across] [*or* cleared] the ditch ❸ +*akk* (*höher als etw*) above, over; **bis ~ die Knöchel im Dreck versinken** to sink ankle-deep in mud; **das Schloss ragte ~ das Tal empor** the castle towered above the valley ❹ +*akk* (*etw erfassend*) over; **ein Blick ~ etw** a view of [*or* over] sth; **ein Überblick ~ etw** an overview of sth; **der Scheinwerferstrahl strich ~ die Mauer und den Gefängnishof** the spotlight swept over [*or* across] the wall and the prison courtyard ❺ +*akk* (*quer darüber*) over; **er strich ihr ~ das Haar/die Wange** he stroked her hair/cheek ❻ +*akk* (*jdn/etw betreffend*) about; **ein Buch ~ etw schreiben** to write a book about [*or* on] sth; **ich darf Ihnen keine Auskunft ~ diese Sache geben** I can't give you any information about [*or* on] this affair ❼ +*dat* (*zahlenmäßig größer als*) above ❽ +*akk* (*zahlenmäßig entsprechend*) for; **ich gebe Ihnen einen Scheck ~ 5.000 Euro** I'm giving you a cheque for 5,000 euros ❾ +*dat* (*in Beschäftigung mit etw*) in; **vergiss ~ dem ganzen Ärger aber nicht, dass wir dich lieben** don't forget in the midst of all this trouble that we love you; **irgendwie muss ich ~ diesem Gedanken wohl eingeschlafen sein** I must have somehow fallen asleep [whilst] thinking about it ❿ (*durch jdn/etw*) through; **ich habe diese Stelle ~ Beziehungen bekommen** I got this position through being well connected ⓫ TRANSP (*etw durchquerend*) via; **seid ihr auf eurer Tour auch ~ München gekommen?** did you go through Munich on your trip? ⓬ (*während*) over; **habt ihr ~ die Feiertage/das Wochenende schon was vor?** have you got anything planned for [*or* over] the holiday/weekend? ⓭ RADIO, TV (*etw benutzend*) on; **~ Satellit empfange ich 63 Programme** I can receive 63 channels via [*or* on] satellite ▸WENDUNGEN: **~ alles** more than anything; **... ~ ...** nothing but ...; **Fehler ~ Fehler!** nothing but mistakes!, mistake after [*or* upon] mistake!; **Reden ~ Reden** speech after speech; **es waren Vögel ~ Vögel, die über uns hinwegrauschten!** [what seemed like] an endless stream of birds flew over us!; *s. a.* **ganz, kommen, Sieg, stehen, Verstand II.** *adv* ❶ (*älter als*) over ❷ (*mehr als*) more than; **bei ~ 40° C ...** at a temperature [*or* temperatures] of more than [*or* temperatures over] 40° C ... ▸WENDUNGEN: **~ und ~** all over, completely; **~ und ~ verdreckt sein** to be absolutely filthy; **ihr seid ~ und ~ mit Schlamm verschmiert!** you're completely covered [*or* covered all over] in mud!; **er ist ~ und ~ von einer Schicht Sand bedeckt!** he's completely covered [*or* covered all over] in a layer of sand!; *s. a.* **Gewehr III.** *adj* (*fam*) ❶ (*übrig*) ■**~ sein** to be left; *Essen* to be left [over]; **etw [für jdn] ~ haben** to have sth left [for sb]; *Essen* to have sth left [over] [for sb] ❷ (*überlegen*) ■**jdm [in etw** *dat*/**auf etw** *dat*] **~ sein** to be better than [*or fam* have the edge on] sb [in sth]; **jdm auf einem bestimmten Gebiet ~ sein** to be better than sb in a certain field
über·all [y:bɐ'ʔal] *adv* ❶ (*an allen Orten*) everywhere; (*an jeder Stelle*) all over [the place]; **sie hatte ~ am Körper blaue Flecken** she had bruises all over her body; **~ wo** wherever ❷ (*wer weiß wo*) anywhere ❸ (*in allen Dingen*) everything; **er kennt sich ~ aus** he knows a bit about everything ❹ (*bei jedermann*) everyone; **er ist ~ beliebt/verhasst** everyone likes/hates him
über·all·her [y:bɐʔal'he:ɐ̯] *adv* from all over; ■**von ~** from all over **über·all·hin** [y:bɐʔal'hɪn] *adv* all over; **sie kann ~ verschwunden sein** she could have disappeared anywhere
über·al·tert [y:bɐ'ʔaltɐt] *adj* having a disproportionately high percentage [*or* number] of old people **Über·al·te·rung** <-> [y:bɐ'ʔaltərʊŋ] *f kein pl* increase in the percentage [*or* number] of elderly people **Über·an·ge·bot** *nt* ÖKON surplus; ■**das/ein ~ an etw** *dat* the/a surplus of sth **über·ängst·lich** *adj* over-anxious; ■**[in etw** *dat*] **~ sein** to be over-anxious [about sth]

U

über·an·stren·gen* [y:bɐˈʔanʃtrɛŋən] *vt* ❶ ■**jdn/sich** [**bei etw** *dat*] ~ to over-exert [*or* overtax] sb/oneself [doing sth] ❷ ■**etw** [**durch etw** *akk*] ~ to put too great a strain on sth [by doing sth]; ■**etw** ~ to put too great a strain on sth **Über·an·stren·gung** *f* ❶ *kein pl* (*das Überbeanspruchen*) overstraining *no pl* ❷ (*zu große Beanspruchung*) overexertion

über·ant·wor·ten* [y:bɐˈʔantvɔrtn̩] *vt* (*geh*) ❶ (*übergeben*) ■**etw jdm/einer S.** ~ to entrust sth to sb/a thing, to entrust sb/a thing with sth ❷ (*veraltend: übergeben*) ■**jdn jdm/einer S.** ~ to hand over sb *sep* to sb/a thing

über·ar·bei·ten* [y:bɐˈʔarbaitn̩] **I.** *vt* MEDIA (*bearbeiten*) ■**etw** ~ to revise [*or* rework] sth; ■**überarbeitet** revised **II.** *vr* ■**sich** *akk* ~ to overwork oneself

Über·ar·bei·tung[1] <-, -en> [y:bɐˈʔarbaitʊŋ] *f* MEDIA ❶ *kein pl* (*das Bearbeiten*) revision, reworking ❷ (*bearbeitete Fassung*) revised version [*or* edition]

Über·ar·bei·tung[2] <-, *selten* -en> [y:bɐˈʔarbaitʊŋ] *f* (*überarbeitete Körperverfassung*) overwork *no pl*

über·aus [ˈy:bɐʔaus] *adv* (*geh*) extremely

über·ba·cken* [y:bɐˈbakn̩] *vt irreg* KOCHK ■**etw** [**mit etw** *dat*] ~ to top sth [with sth] and brown it

Über·bau <-[e]s, -ten *o* -e> [ˈy:bɐbau] *m* ❶ *meist sing* POL (*fachspr: Gesamtheit von Vorstellungen*) superstructure ❷ *meist sing* JUR (*teilweise jenseits der Grundstücksgrenze*) encroachment upon adjoining land ❸ BAU superstructure

über·bau·en* [y:bɐˈbauən] *vt* BAU ■**etw** [**mit etw** *dat*] ~ to build [sth] over sth

über·be·an·spru·chen* *vt* ❶ (*zu sehr in Anspruch nehmen*) ■**jdn** ~ to overtax sb; ■**etw** ~ to put too great a strain on sth; ■**überbeansprucht sein** to be overtaxed ❷ (*zu stark beanspruchen*) ■**etw** ~ to over-stress [*or* overload] [*or* over-strain] sth; **das Sofa** ~ to overload the sofa **Über·be·an·spru·chung** *f* ❶ (*die zu große Inanspruchnahme einer Person*) overtaxing *no pl* ❷ (*das zu starke Belasten*) over-stressing *no pl,* overloading *no pl,* over-straining *no pl; von Sofa* overloading **Über·bein** *nt* MED ganglion **über|be·kom·men*** *vt irreg* (*fam*) ■**jdn/etw** ~ to be fed up [to the back teeth] with sb/sth *fam,* to be sick of sb/sth *fam* **Über·be·las·tung** *f* overload[ing] **über·be·le·gen*** *vt* ■**etw** ~ to overcrowd sth **Über·be·le·gung** *f kein pl* overcrowding *no pl* **über·be·lich·ten*** *vt* FOTO ■**etw** ~ to overexpose sth; ■**überbelichtet** overexposed **Über·be·lich·tung** *f* FOTO overexposure **Über·be·schäf·ti·gung** *f kein pl* over-employment **über·be·setzt** *adj inv* overstaffed **Über·be·set·zung** *f kein pl* overstaffing *no pl* **über·be·to·nen*** *vt* ■**etw** ~ ❶ (*zu große Bedeutung beimessen*) to overemphasize [*or* overstress] sth ❷ MODE (*zu stark betonen*) to overaccentuate sth **über·be·völ·kert** *adj inv* overpopulated **Über·be·völ·ke·rung** *f kein pl* overpopulation *no pl* **über·be·wer·ten*** *vt* ❶ (*zu gut bewerten*) ■**etw** ~ to overvalue [*or* overrate] sth; (*Schularbeit*) to mark sth too high [*or* give sth too high a mark] ❷ (*überbetonen*) ■**etw** ~ to overestimate [*or* overrate] sth; **du überbewertest diese Äußerung** you're attaching too much importance [*or* significance] to this comment **Über·be·wer·tung** *f* ❶ *kein pl* (*das Überbewerten*) attaching too much importance [*or* significance] to ❷ (*überbewertende Aussage*) overestimation, overrating, overvaluation **über·be·zah·len*** *f* ■**jdn** ~ to overpay sb [*or* pay sb too much]; ■**etw** ~ to pay too much for sth; ■**überbezahlt sein** to be overpaid [*or* paid too much]

über·biet·bar *adj* ■**nicht** [**mehr**] [*o* **kaum noch**] ~ which would take some beating [*or* could not be beaten]; ■[**an etw** *dat*] **nicht** [**mehr**] [*o* **kaum noch**] ~ **sein** sth could not be beaten [*or* would take some beating] [as far as [its] sth is concerned]

über·bie·ten* [y:bɐˈbi:tn̩] *irreg vt* ❶ SPORT (*übertreffen*) ■**etw** [**um etw** *akk*] ~ to beat [*or* better] sth [by sth]; **einen Rekord** ~ to break a record ❷ (*durch höheres Gebot übertreffen*) ■**jdn/etw** [**um etw** *akk*] ~ to outbid sb/sth [by sth] ❸ (*sich übertreffen*) ■**sich** *akk* [**gegenseitig**] [**an etw** *dat*] ~ to vie with one another [*or* each other] [for sth]

Über·bie·tung <-, -en> *f* SPORT beating; *von Leistung* improvement [on]; *von Rekord* breaking; **er will eine ~ des Weltrekords versuchen** he intends to try and break [*or* to make an attempt on] the world record

über·bin·den [ˈy:bɐbɪndn̩] *vt irreg* SCHWEIZ (*auferlegen*) ■**jdm etw** ~ to impose sth [up]on sb

über|blei·ben *vi irreg sein* (*fam*) ■[**für jdn/etw**] ~ to be left [over] [for sb/sth]

Über·bleib·sel <-s, -> [ˈy:bɐblaipsl̩] *nt meist pl* ❶ (*Relikt*) relic ❷ (*Reste*) remnant, left-over[s *pl*]

Über·blick [ˈy:bɐblɪk] *m* ❶ (*Rundblick*) view ❷ (*Abriss*) outline, summary, résumé; ■**ein** ~ **über etw** *akk* a view of sth ▸WENDUNGEN: **jdm fehlt der** ~ [**über etw** *akk*] sb does not have a very good idea [about sth]; **einen** ~ [**über etw** *akk*] **haben** to have an overview [of sth]; [**von etw** *dat*] **einen** [**bestimmten**] ~ **haben** to have a [certain] view [of sth]; **den** ~ [**über etw** *akk*] **verlieren** to lose track [of sth]; **sich** *dat* **einen** ~ [**über etw** *akk*] **verschaffen** to gain an overview [of sth]

über·bli·cken* [y:bɐˈblɪkn̩] *vt* ❶ (*überschauen*) ■**etw** [**von etw** *dat* **aus**] ~ to be able to see [out over] sth [from sth] ❷ (*in der Gesamtheit einschätzen*) ■**etw** ~ to have an overview of sth; **Verwüstungen** ~ to assess the damage[s] [*or* devastation]; **können Sie schon ~, wie lange Sie dafür brauchen werden?** do you have an idea of how long you will need to do it?; **Kosten** ~ to estimate costs

über·bor·dend [y:bɐˈbɔrdn̩t] *adj* excessive; **~e Defizite/Kosten/Schulden** excessive shortfalls/costs/debts; **~e Produktion** excessive production levels; **~er Verkehr** excessive levels of traffic **über·breit** *adj* of above-average width *pred;* **der Schrank ist ~, er passt nicht durch die Tür** the cupboard is too wide to fit through the door **Über·brei·te** *f* above-average width; **~ haben** to be of above-average width; **mit ~** of above-average width

über·brin·gen* [y:bɐˈbrɪŋən] *vt irreg* ■[**jdm**] **etw** ~ to deliver sth [to sb]; **er ließ ihr die Nachricht durch einen Boten ~** he sent her the news via [*or* through] a messenger

Über·brin·ger(in) <-s, -> *m(f)* bringer, bearer

über·brück·bar *adj* reconcilable

über·brü·cken* [y:bɐˈbrʏkn̩] *vt* ❶ (*notdürftig bewältigen*) ■**etw** ~ to get through sth; **eine Krise** ~ to ride out a crisis ❷ (*ausgleichen*) ■**etw** [**durch etw** *akk*] ~ to reconcile sth [by means of sth]; ■**sich** *akk* ~ **lassen** to be reconcilable

Über·brü·ckung <-, -en> *f* ❶ (*das Überbrücken*) getting through ❷ (*das Ausgleichen*) reconciliation; ■**zur** ~ **von etw** *dat* to reconcile [sth]

Über·brü·ckungs·kre·dit *m* FIN bridging [*or* interim] loan

über|brü·hen *vt* KOCHK ■**etw** ~ to scald sth

über·bu·chen* *vt* ■**etw** ~ to overbook sth

über·da·chen* [y:bɐˈdaxn̩] *vt* BAU ■**etw** ~ to roof over sth *sep;* ■**überdacht** covered

über·dau·ern* *vt* ■**etw** ~ to survive sth

über|de·cken[1] [ˈy:bɐdɛkn̩] *vt* (*fam: auflegen*) ■**jdm etw** ~ to cover [up *sep*] sb with sth

über·de·cken*[2] [y:bɐˈdɛkn̩] *vt* (*verdecken*) ■**etw** ~ to cover [over *sep*] sth; **einen schlechten Geruch/Gestank** ~ to mask [*or sep* cover up] a bad smell; **einen bestimmten Geschmack** ~ to mask a certain taste

über·deh·nen* [y:bɐˈde:nən] *vt* ■**etw** [**bei etw** *dat*] ~ to overstretch sth [[when] doing sth]; **Bänder/Gelenke** [**bei etw** *dat*] ~ to put too great a strain on one's ligaments/joints [[when] doing sth]

über·den·ken* [y:bɐˈdɛŋkn̩] *vt irreg* ■**etw** [**noch einmal**] ~ to think over sth *sep* [*or* [re]consider sth] [again]

über·deut·lich **I.** *adj* perfectly clear, only too clear *pred* **II.** *adv* only too clearly

über·dies [y:bɐˈdi:s] *adv* (*geh*) moreover, furthermore, what is more

über·di·men·si·o·nal *adj* colossal, oversize[d] **über·do·sie·ren*** *vt* to overdose; ■**etw** ~ to overdose sth **Über·do·sis** *f* PHARM overdose, OD *sl;* ■**eine** ~ **einer S.** *gen* [*o* **an etw** *dat*] an overdose of a thing [*or* of sth] **über·dre·hen*** [y:bɐˈdre:ən] *vt* ■**etw** ~ ❶ AUTO to over-rev [*or* overspeed] sth ❷ TECH (*zu stark hineinschrauben*) to over-tighten sth; **eine Uhr** ~ to overwind a clock **über·dreht** *adj* (*fam*) over-excited **Über·druck** *m* PHYS excess pressure *no pl,* over-pressure *no pl* **Über·druck·ven·til** *nt* TECH pressure-relief valve

Über·druss[RR] <-es> *m kein pl,* **Über·druß**[ALT] <-sses> [ˈy:bɐdrʊs] *m kein pl* aversion; **aus** ~ [**an etw** *dat*] out of an aversion [to sth]; **bis zum** ~ until it comes out of one's ears *fam;* **ich habe das nun schon bis zum** ~ **gehört** I've heard that ad nauseum [by now]

über·drüs·sig [ˈy:bɐdrʏsɪç] *adj* ■**jds/einer S.** ~ **sein/werden** to be/grow tired of sb/a thing

über·dün·gen* [y:bɐˈdʏŋən] *vt* ■**etw** ~ to over-fertilize sth **Über·dün·gung** *f* over-fertilization **über·durch·schnitt·lich** **I.** *adj* above-average *attr,* above average *pred* **II.** *adv* above average; **dieser Sommer war** ~ **heiß/feucht** this summer was hotter/damper than the average [one]

über·eck [y:bɐˈʔɛk] *adv* across the [*or* a] corner

Über·ei·fer [ˈy:bɐʔaifɐ] *m* overeagerness *no pl,* overzealousness *no pl;* **in jds** ~**, etw zu tun** in sb's overeagerness [*or* overzealousness] to do sth

über·eif·rig *adj* (*pej*) overeager, overzealous

über·eig·nen* [y:bɐˈʔaignən] *vt* (*geh*) ■**jdm etw** ~ to transfer [*or sep* make over] sth to sb

über·ei·len* *vt* ■**etw** ~ to rush sth; ~ **Sie Ihre Unterschrift nicht** don't rush into signing [*or* be too hasty to sign] it, take your time before you sign

über·eilt **I.** *adj* overhasty, rash, precipitate *form,* precipitous *form;* **eine** ~**e Abreise** an overhasty departure **II.** *adv* overhastily, rashly; **sage nicht** ~ **zu** don't rush into [*or* be overhasty in] agreeing, take your time before agreeing

über·ei·nan·der [y:bɐʔaiˈnandɐ] *adv* ❶ (*eins über dem anderen/das andere*) one on top of the other, on top of each other [*or* one another] ❷ (*über sich*) about each other [*or* one another]; ~ **sprechen** to talk about each other [*or* one another]

über·ei·nan·der|le·gen *vt* **etw** ~ to lay [*or* put] one on top of the other, to lay [*or* put] sth on top of each other [*or* one another] **über·ei·nan·der|lie·gen** *vi irreg* to lie one on top of the other, to lie on top of each other [*or* one another] **über·ei·nan·der|schla·gen** *vt irreg* **etw** ~ to fold [*or* cross] sth; **die Arme/Beine** ~ to fold one's arms/cross one's legs

über·ein|kom·men [y:bɐˈʔainkɔmən] *vi irreg sein* ■**mit jdm** [**darin**] ~**, etw zu tun** to agree with sb to do sth

Über·ein·kom·men [y:bɐˈʔainkɔmən] *nt* agreement; [**in etw** *dat*] **ein** ~ **erzielen** to reach [*or* come to] an agreement [on sth]; [**mit jdm**] **ein** ~ **treffen** to enter into an agreement [with sb]

Über·ein·kunft <-, -künfte> [y:bɐˈʔainkʊnft, *pl* -kʏnftə] *f* agreement, arrangement, understanding *no pl;* [**in etw** *dat*] **eine** ~ **erzielen** to reach [*or* come to] an agreement [*or* arrangement] [*or* understanding] [on sth]; **eine** ~ [**über etw** *akk*] **haben** to have an agreement [*or* arrangement] [*or* understanding] [on sth]

über·ein|stim·men [y:bɐˈʔainʃtɪmən] *vi* ❶ (*der gleichen Meinung sein*) ■**in etw** *dat* [*o* **hinsichtlich einer S.** *gen*] ~ to agree on sth [*or* a thing]; ■**mit jdm darin** ~**, dass** to agree [*or* be in agreement] with sb that; ■**mit jdm insoweit** ~**, dass** to agree [*or* be in agreement] with sb insofar as [*or* inasmuch as] ❷ (*sich gleichen*) ■[**mit etw** *dat*] ~ to match [sth]; **die Unterschriften stimmen überein** the signatures match

über·ein·stim·mend **I.** *adj* ❶ (*einhellig*) unanimous ❷ (*sich gleichend*) concurrent, corresponding; ■~ **sein** to be concurrent [with each other [*or* one another]], to correspond [to each other [*or* one another]], to match [each other [*or* one another]] **II.** *adv* ❶ (*einhellig*) unanimously ❷ (*in gleicher Weise*) concurrently

Über·ein·stim·mung *f* agreement; [**in etw** *dat*] ~ **erzielen** to reach [*or* come to] an agreement [on sth]; **in** ~ **mit jdm/etw** with the agreement of sb/in accordance with sth

über·emp·find·lich **I.** *adj* ❶ (*allzu empfindlich*) over-sensitive, touchy ❷ MED (*allergisch*) hypersensitive; ■~ **gegen etw** *akk* **sein** to be hypersensitive to sth **II.** *adv* ❶ (*überempfindlich*) over-sensitively, touchily ❷ MED (*allergisch*) hypersensitively **Über·emp·find·lich·keit** *f* ❶ (*zu große Empfindlichkeit*) over-sensitivity, touchiness *no pl* ❷ *kein pl* MED (*Neigung zu Allergien*) hypersensitivity **Über·er·näh·rung** *f kein pl* over-nutrition *no pl,* hypernutrition *no pl,* overeating *no pl,* hyperalimentation *no pl* **über|es·sen**[1] *vt irreg* (*bis zum Überdruss verzehren*) ■**sich** *dat* **etw** ~ to gorge oneself on sth **über|es·sen**[2] <überaß, übergessen> [y:bɐˈɛsn̩] *vr* (*von etw zu viel essen*) ■**sich** *akk* **an etw** *dat* ~ to eat too much of sth

über·fah·ren*[1] [y:bɐˈfa:rən] *vt irreg* ❶ (*niederfahren*) ■**jdn/etw** ~ to run over [*or* knock down] sb/sth *sep* ❷ (*als Fahrer nicht beachten*) ■**etw** ~ to go through sth; **eine rote Ampel** ~ to go through a red light ❸ (*fam: übertölpeln*) ■**jdn** ~ to railroad sb [into doing sth]

über|fah·ren[2] [ˈy:bɐfa:rən] *vt irreg* (*über einen Fluss befördern*) ■**jdn/etw** ~ to ferry [*or* take] sb/sth across

Über·fahrt *f* NAUT crossing

Über·fall *m* (*Raub~*) robbery; (*Bank~*) raid, hold-up ▶ WENDUNGEN: **einen** ~ **auf jdn vorhaben** (*hum fam*) to be planning to descend [up]on sb

über·fal·len* [y:bɐˈfalən] *vt irreg* ❶ (*unversehens angreifen*) ■**jdn** ~ to mug [*or* attack] sb; ■**etw** ~ *Bank* to rob [*or* hold up *sep*] sth, to carry out a raid on; *Land* to attack [*or* invade] sth; MIL to raid sth ❷ (*überkommen*) ■**jdn** ~ to come over sb, to overcome sb; **Heimweh überfiel sie** she was overcome by homesickness ❸ (*hum fam: überraschend besuchen*) ■**jdn** ~ to descend [up]on sb ❹ (*hum: bestürmen*) ■**jdn** [**mit etw** *dat*] ~ to bombard sb [with sth]

über·fäl·lig *adj* ❶ TRANSP (*ausstehend*) delayed; ■[**seit einer bestimmten Zeit**] ~ **sein** to be [a certain amount of time] late; **der Zug ist seit 20 Minuten** ~ the train is 20 minutes late ❷ FIN (*längst zu zahlen*) overdue; ■[**seit einem bestimmten Zeitpunkt/Zeitraum**] ~ **sein** to be [a certain amount of time] overdue [*or* overdue [since a certain time]] ❸ (*längst zu tätigen*) overdue, long-overdue *attr,* long overdue *pred;* ■~ **sein** to be [long] overdue

Über·fall·kom·man·do *nt,* **Über·falls·kom·man·do** *nt* ÖSTERR (*fam*) flying squad, sweeney [todd] BRIT *no indef art, no pl sl*

über·fi·schen* [y:bɐˈfɪʃn̩] *vt* ■**etw** ~ to overfish sth **über·flie·gen*** [y:bɐˈfli:gn̩] *vt irreg* ■**etw** ~ ❶ LUFT (*über etw hinweg fliegen*) to fly over [*or rare* overfly] sth ❷ (*flüchtig ansehen*) to take a quick look [*or* glance] at sth; (*Text a.*) to skim through sth **Über·flie·ger-Men·ta·li·tät** *f* high-flyer mentality **über|flie·ßen** [ˈy:bɐfli:sn̩] *vi irreg sein* ❶ (*überlaufen*) to overflow ❷ (*geh: überschwänglich sein*) ■**vor etw** *dat* ~ to overflow with sth **über·flü·geln*** [y:bɐˈfly:gl̩n] *vt* ■**jdn** ~ to outstrip [*or* outdo] sb

Über·fluss[RR] *m kein pl,* **Über·fluß**[ALT] *m kein pl* (*überreichliches Vorhandensein*) [super]abundance; **im** ~ **vorhanden sein** to be in plentiful [*or* abundant] supply; **etw** *akk* **im** ~ **haben** to have plenty [*or* an abundance] of sth [*or* sth in abundance] ▶ WENDUNGEN: **zu allem** [*o* **zum**] ~ to cap [*or* crown] it all

Über·fluss·ge·sell·schaft[RR] *f* SOZIOL affluent society

über·flüs·sig *adj* superfluous; ~**e Anschaffungen/Bestellungen** unnecessary purchases/orders; **eine** ~**e Bemerkung/ein** ~**er Kommentar** an unnecessary remark/comment; **ich bin hier** ~**, ihr schafft das auch ohne mich** [I can see that] I'm surplus to requirements here, you'll manage [it] [quite well] without me; ■~ **sein, dass jd etw tut** to be unnecessary for sb to do sth

über·flüs·si·ger·wei·se *adv* unnecessarily; **du machst dir wirklich ~ Sorgen** you're really worrying unnecessarily [*or* needlessly], there's really no need for you to worry

über·flu·ten* [y:bɐˈflu:tn̩] *vt* ■**etw ~** ❶ (*überschwemmen*) to flood sth ❷ (*über etw hinwegströmen*) to come over the top of sth ❸ (*geh: in Mengen hereinbrechen*) to flood sth *fig* **Über·flu·tung** <-, -en> [y:bɐˈflu:tʊŋ] *f* flooding *no pl* **über·for·dern*** [y:bɐˈfɔrdɐn] *vt* ■**jdn/sich [mit etw** *dat*] ~ to overtax [*or* ask too much of] sb/oneself [with sth], to push sb/oneself too hard [with sth]; ■**jdn ~** to be too much for sb; ■[**mit etw** *dat*/**in etw** *dat*] **überfordert sein** to be out of one's depth [with/in sth] **Über·for·de·rung** <-, -en> *f* ❶ (*zu hohe Anforderung*) excessive demand ❷ *kein pl* (*das Überfordern*) overtaxing *no pl* **über·fra·gen*** [y:bɐˈfra:gn̩] *vt* ■**jdn ~** sb doesn't know [the answer to sth]; ■[**mit/in etw** *dat*] **überfragt sein** not to know [[the answer to] sth/about sth]; **in diesem Punkt bin ich leider überfragt** I'm afraid I don't know about that [*or* can't help you on that point]; **da bin ich überfragt** I don't know [[the answer to] that], you've got [*or* stumped] me there **über·frem·den*** [y:bɐˈfrɛmdn̩] *vt* (*pej*) ■**etw ~** to foreignize sth [*or* swamp sth with foreign influences] **Über·frem·dung** <-, -en> *f* (*pej*) foreignization, overrun by foreign influences; **die irrationale Angst vor ~ wächst in ganz Europa** the irrational fear of foreignization [*or* being foreignized [*or* swamped by foreign influences]] is growing throughout the whole of Europe **über·frie·ren** [y:bɐˈfri:rən] *vi* to freeze over

über·füh·ren*¹ [y:bɐˈfy:rən] *vt* (*woandershin transportieren*) ■**jdn [irgendwohin] ~** to transfer sb [somewhere]; **eine Leiche [irgendwohin] ~** to transport a corpse [somewhere]; ■**etw [irgendwohin] ~** to transport sth [somewhere]

über·füh·ren*² [y:bɐˈfy:rən] *vt* JUR (*jdm eine Schuld nachweisen*) ■**jdn [durch etw** *akk*] ~ to convict sb [*or* find sb guilty] [on account of sth]; ■**jdn einer S.** *gen* ~ to convict sb [*or* find sb guilty] of a thing

Über·füh·rung¹ [y:bɐˈfy:rʊŋ] *f* TRANSP (*überquerende Brücke*) bridge; (*über eine Straße*) bridge, overpass; (*für Fußgänger*) [foot-]bridge

Über·füh·rung² [y:bɐˈfy:rʊŋ] *f* (*das Überführen*) transferring *no pl*, transferral; (*einer Leiche*) transportation *no pl*

Über·füh·rung³ [y:bɐˈfy:rʊŋ] *f* JUR (*das Überführen*) conviction

über·füllt *adj* overcrowded; **ein ~er Kurs** an oversubscribed course; **~e Schulen** overcrowded schools **Über·fül·lung** <-, -en> *meist sing f* overcrowding *no pl*; **wegen ~ geschlossen** closed due to overcrowding **Über·funk·ti·on** *f* MED hyperactivity; *von Schilddrüse* hyperactivity, hyperthyroidism

Über·ga·be *f* ❶ (*das Übergeben*) handing over *no pl* ❷ MIL (*Kapitulation*) surrender

Über·ga·be-Ein·schrei·ben *nt* ÖKON registered post [*or* AM mail], [return receipt requested]

Über·gang¹ <-gänge> *m* ❶ (*Grenz~*) border crossing[-point], checkpoint ❷ *kein pl* (*das Überqueren*) crossing

Über·gang² <-gänge> *m* ❶ *kein pl* (*Übergangszeit*) interim; **für den ~** in the interim [period] ❷ (*Wechsel*) ■**der ~ [von etw** *dat*] **zu etw** *dat* the transition [from sth] to sth ❸ (*eine Zwischenlösung*) interim [*or* temporary] solution

Über·gangs·be·stim·mung *f* interim [*or* transitional] provision, temporary regulation **Über·gangs·frist** *f* ADMIN, POL transition period **Über·gangs·geld** *nt* ADMIN retirement bonus **über·gangs·los** *adv* seamless, without any transition **Über·gangs·lö·sung** *f* temporary solution **Über·gangs·re·ge·lung** *f* temporary regulation **Über·gangs·zeit** *f* ❶ (*Zeit zwischen zwei Phasen, Epochen*) transition, interim [*or* transitional] period ❷ (*Zeit zwischen Hauptjahreszeiten*) in-between [*or* AM off] season

über·ge·ben*¹ [y:bɐˈge:bn̩] *vt irreg* ❶ (*überreichen*) ■[**jdm**] **etw ~** to hand over sth *sep* [to sb], to hand sb sth [*or* sth to sb] ❷ (*ausliefern*) ■**jdn jdm ~** to hand over sb *sep* to sb ❸ MIL (*überlassen*) ■[**jdm**] **etw** [*o* **etw [an jdn]**] ~ to surrender sth [to sb]

über·ge·ben*² [y:bɐˈge:bn̩] *vr irreg* (*sich erbrechen*) ■**sich** *akk* ~ to be sick [*or* vomit] [*or* throw up]

über|ge·hen¹ [ˈy:bɐge:ən] *vi irreg sein* ❶ (*überwechseln*) ■**zu etw** *dat* ~ to move on to sth; ■**dazu ~, etw zu tun** to go over to doing sth ❷ (*übertragen werden*) **in anderen Besitz** [*o* **in das Eigentum eines anderen**] ~ to become sb else's property ❸ (*einen anderen Zustand erreichen*) ■**in etw** *akk* ~ to begin to do sth; **in Fäulnis/Gärung/Verwesung ~** to begin to rot [*or* decay]/ferment/decay ❹ (*verschwimmen*) ■**ineinander ~** to merge [*or* blend] into one another [*or* each other], to blur *fig*

über·ge·hen*² [y:bɐˈge:ən] *vt irreg* ❶ (*nicht berücksichtigen*) ■**jdn [bei** [*o* **in**] **etw** *dat*] ~ to pass over sb [in sth] ❷ (*nicht beachten*) ■**etw ~** to ignore sth ❸ (*auslassen*) ■**etw ~** to skip [over] sth

über·ge·nau *adj* [over-]meticulous, over-precise, pernickety BRIT *fam*; ■[**bei** [*o* **in**] **etw** *dat*] ~ **sein** to be [over-]meticulous [*or* over-precise] [in sth] **über·ge·nug** *adv* more than enough; **~ von jdm/etw haben** to have had more than enough of sb/sth **über·ge·ord·net** *adj* ❶ (*vorrangig*) paramount; **ein ~es Problem** a [most] pressing problem ❷ ADMIN (*vorgesetzt*) higher **Über·ge·päck** *nt* LUFT excess luggage [*or* baggage]

über·ge·schnappt *adj* (*fam*) crazy; **bist du ~?** are you crazy [*or* mad] [*or sl* off your rocker]?

Über·ge·wand *nt* SCHWEIZ (*Arbeitsoverall*) overall **Über·ge·wicht** *nt kein pl* ❶ (*zu hohes Körpergewicht*) overweight *no pl*; **~ haben** to be overweight ❷ (*vorrangige Bedeutung*) predominance; **irgendwo/für jdn ein ~ haben** to be predominant [*or* predominate] somewhere/for sb ▶ WENDUNGEN: **~ bekommen** [*o fam* **kriegen**] to lose one's balance [*or* overbalance] **über·ge·wich·tig** *adj* overweight **über·gie·ßen*** [y:bɐˈgi:sn̩] *vt irreg* ■**jdn/sich/etw mit etw** *dat* ~ to pour sth over sb/oneself/sth **über·glück·lich** *adj* extremely happy, overjoyed *pred*; ■**~ sein** to be overjoyed [*or* extremely happy] [*or* over the moon] **über|grei·fen** *vi irreg* ■[**auf etw** *akk*] ~ to spread [to sth] **Über·griff** *m* infringement of [one's/sb's] rights **über·groß** *adj* oversize[d], enormous; **~e Kleidung** outsize[d] clothing **Über·grö·ße** *f* outsize, extra large size; **~ haben** to be oversize[d]; **Anzüge in ~n** oversize[d] suits

über|ha·ben *vt irreg* (*fam*) ❶ (*satthaben*) ■**jdn/etw ~** to be fed up with [*or* sick [and tired] of] sb/sth *fam*; **jdn/etw gründlich ~** to be fed up to the back teeth with sb/sth *fam* ❷ (*übergehängt haben*) ■**etw ~** to have on sth *sep*

über·hand|neh·men [y:bɐˈhant-] *vi irreg* to get out of hand

Über·hang *m* ❶ (*überhängende Felswand*) overhang[ing ledge [*or* rock *no pl*]] ❷ (*die Nachfrage übersteigender Bestand*) ■**~ [an etw** *dat*] surplus [of sth] **über|hän·gen¹** [ˈy:bɐhɛŋən] *vi irreg haben o sein* ❶ (*hinausragen*) to hang over; **drei Meter weit ~** to hang over [by] three metres ❷ (*vorragen*) ■[**nach vorn**] ~ to project [out] **über|hän·gen²** [ˈy:bɐhɛŋən] *vt* ■**jdm/sich etw ~** to put [*or* hang] sth round sb's/one's shoulders; **sich** *dat* **ein Gewehr ~** to sling a rifle over one's shoulder; **sich** *dat* **eine Tasche ~** to hang a bag over one's shoulder **über·has·ten*** [y:bɐˈhastn̩] *vt* ■**etw ~** to rush sth **über·has·tet I.** *adj* overhasty, hurried **II.** *adv* overhastily; **etw ~ durchführen** to make a rush job of sth *fam*, to rush sth; **sich ~ entschließen** to make hasty decisions/a hasty decision; **~ sprechen** to speak too fast **über·häu·fen*** [y:bɐˈhɔyfn̩] *vt* ■**jdn mit etw ~** ❶ (*überreich bedenken*) to heap sth [up]on sb; **jdn mit Ehrungen ~** to shower sb with honours [*or* honours [up]on sb] ❷ (*in sehr großem Maße konfrontieren*) to heap sth [up]on sb['s head]; **jdn mit Beschwerden ~** to inundate sb with complaints

über·haupt [y:bɐˈhaupt] **I.** *adv* ❶ (*zudem*) **„das ist ~ die Höhe!"** "this is insufferable!" ❷ (*in Verneinungen*) ■**~ kein(e, r)** nobody/nothing/none at all; **~ kein Geld haben** to have no money at all, to not have any money at all;

■ ~ **nicht** not at all; ~ **nicht kalt/heiß** not at all cold/hot, not cold/hot at all; **es hat** ~ **nicht wehgetan** it didn't hurt at all; ■ ~ **nichts** nothing at all; ~ **nichts** [**mehr**] **haben** to have nothing [*or* not have anything] at all; ■ ~ [**noch**] **nie** never [at all [*or hum a.* ever]]; ■ **und** ~, **...?** and anyway, ...?; ■ **wenn** ~ if at all; **Sie bekommen nicht mehr als 4.200 Euro, wenn** ~ you'll get no more than 4,200 euros, if that **II.** *part* (*eigentlich*) **was soll das** ~**?** what's that supposed to mean?; **wissen Sie** ~, **wer ich bin?** do[n't] you know [*or* realize] who I am?

über·heb·lich [y:bɐˈhe:plɪç] *adj* arrogant

Über·heb·lich·keit <-, *selten* -en> *f* arrogance *no pl*

über·hei·zen* [y:bɐˈhaitsn̩] *vt* ■ **etw** ~ to overheat sth **über·hit·zen*** [y:bɐˈhɪtsn̩] *vt* ■ **etw** ~ to overheat sth **über·hitzt** *adj* overheated **über·höht** *adj* exorbitant, excessive; **mit** ~**er Geschwindigkeit** over the speed limit; **mit** ~**er Geschwindigkeit fahren** to drive over [*or* exceed] the speed limit; **ein** ~**er Preis** an excessive [*or* a prohibitive] [*or* exorbitant] price

über·ho·len[*1] [y:bɐˈho:ln̩] **I.** *vt* ■ **jdn/etw** ~ ❶ (*schneller vorbeifahren*) to pass [*or* BRIT overtake] sb/sth ❷ (*übertreffen*) to outstrip [*or* surpass] sb/sth **II.** *vi* to pass, to overtake BRIT

über·ho·len[*2] [y:bɐˈho:ln̩] *vt* ■ **etw** ~ to overhaul [*or* recondition] sth

über|ho·len[3] [ˈy:bɐho:ln̩] *vi* NAUT ■ [**nach Backbord/Steuerbord**] ~ to keel [*or* heel] over [to port/starboard]

Über·hol·ma·nö·ver *nt* overtaking manoeuvre, take-over manoeuvre BRIT, passing maneuver AM **Über·hol·spur** *f* fast [*or* BRIT overtaking] lane

über·holt *adj* outdated, antiquated *a. hum,* outmoded *a. pej*

Über·hol·ver·bot *nt* restriction on passing [*or* BRIT overtaking]; (*Strecke*) no passing [*or* BRIT overtaking] zone

über·hö·ren* [y:bɐˈhø:rən] *vt* ■ **etw** ~ (*nicht hören*) to not [*or form* fail to] hear sth; (*nicht hören wollen*) to ignore sth; **das möchte ich überhört haben!** [I'll pretend] I didn't hear that!

über·in·ter·pre·tie·ren* *vt* ■ **etw** ~ to overinterpret sth **über·ir·disch** [ˈy:bɐʔɪrdɪʃ] *adj* celestial *poet;* ~**e Schönheit** divine beauty **über·kan·di·delt** [ˈy:bɐkandi:dl̩t] *adj* (*veraltend fam*) ❶ (*exzentrisch*) eccentric ❷ (*überspannt*) highly-strung **Über·ka·pa·zi·tät** *f* overcapacity; **seine** ~ **loswerden** to work off excess capacity **über·kle·ben*** [y:bɐˈkle:bn̩] *vt* ■ **etw** [**mit etw**] ~ to paste over sth [with sth]; **etw mit Tapete** ~ to wallpaper over sth **über|ko·chen** [ˈy:bɐkɔxn̩] *vi sein* to boil over

über·kom·men[*1] [y:bɐˈkɔmən] *irreg vt* ■ **etw überkommt jdn** sb is overcome with sth; **es überkam mich plötzlich** it suddenly overcame me

über·kom·men[2] [y:bɐˈkɔmən] *adj* traditional; ~**e Traditionen** traditions

über·krus·tet [y:bɐˈkrʊstət] *adj* covered with a crust *pred;* ■ **mit etw** ~ encrusted with sth

über·la·den[*1] [y:bɐˈla:dn̩] *vt irreg* ■ **etw** ~ to overload sth

über·la·den[2] [y:bɐˈla:dn̩] *adj* ❶ (*zu stark beladen*) overloaded, overladen ❷ (*geh: überreich ausgestattet*) over-ornate; **ein** ~**er Stil** a florid [*or* an over-ornate] style

über·la·gern* [y:bɐˈla:gɐn] *vt* ■ **etw** ~ to eclipse sth **über·lang** *adj* ❶ (*Überlänge besitzend*) extra long, overlong ❷ (*zu lang*) too long **Über·län·ge** *f* extra length; *Film* exceptional length; ~ **haben** to be overlong; *Film* to have an exceptional length; **Hemden mit** ~ extra long shirts **über·lap·pen*** [y:bɐˈlapn̩] **I.** *vi* to overlap; **einen Zentimeter** ~ to overlap by one centimetre **II.** *vr* ■ **sich** ~ to overlap

über·las·sen* [y:bɐˈlasn̩] *vt irreg* ❶ (*zur Verfügung stellen*) ■ **jdm etw** ~ to let sb have sth; **jdm das Haus** ~ to leave one's house in sb's hands ❷ (*verkaufen*) ■ **jdm etw** [**für etw**] ~ to let sb have sth [for sth], to sell sth to sb [for sth] ❸ (*lassen*) ■ **jdm etw** ~ to leave sth to sb; **ich überlasse dir die Wahl** it's your choice; ■ **es jdm** ~, **etw zu tun** to leave it [up] to sb to do sth; **jdm** ~ **sein** [*o* **bleiben**] to be up to sb; **das/solche Dinge müssen Sie schon mir** ~ you must leave that/these things to me ❹ (*preisgeben*) ■ **jdn jdm/etw** ~ to leave sb to sb/to abandon [*or* leave] sb to sth; **sich** *dat* **selbst** ~ **sein** [*o* **bleiben**] to be left to one's own resources [*or* devices]; **jdn sich** *dat* **selbst** ~ to leave sb to his/her own resources [*or* devices]

Über·las·sung <-, -en> *f* (*geh*) ❶ (*das Überlassen*) **die** ~ **des Autos erfolgte kostenlos** the car was handed over free of charge ❷ *kein pl* (*das Anheimstellen*) **die** ~ **der Wahl an jdn** leaving the choice to sb

über·las·ten* [y:bɐˈlastn̩] *vt* ❶ (*zu stark in Anspruch nehmen*) ■ **jdn** ~ to overburden sb; ■ **etw** ~ to put too great a strain on sth, to overstrain sth; ■ [**mit etw**] **überlastet sein** to be overburdened [*or* overtaxed] [with sth] ❷ (*zu stark belasten*) ■ **etw** ~ to overload sth; ■ **überlastet sein** to be overloaded

Über·las·tung <-, -en> *f* ❶ (*Zustand zu starker Inanspruchnahme*) overstrain *no pl;* **bei nervlichen** ~**en** when there is too great a strain on the nerves ❷ (*zu starke Belastung*) overloading *no pl*

Über·lauf *m* overflow

über·lau·fen[*1] [y:bɐˈlaufn̩] *vt irreg* ■ **etw überläuft jdn** sb is seized [*or* overcome] with sth; **es überlief mich kalt** a cold shiver ran down my back [*or* up and down my spine]

über|lau·fen[2] [ˈy:bɐlaufn̩] *vi irreg sein* ❶ (*über den Rand fließen*) to overflow; *Tasse a.* to run over *a. poet* ❷ (*überkochen*) to boil over ❸ MIL (*überwechseln*) ■ [**zu jdm/etw**] ~ to desert [*or* go over] [to sb/sth]

über·lau·fen[3] [y:bɐˈlaufn̩] *adj* overcrowded, overrun

Über·läu·fer(in) *m(f)* MIL deserter

über·le·ben* [y:bɐˈle:bn̩] **I.** *vt* ❶ (*lebend überstehen*) ■ **etw** ~ to survive sth; **du wirst es** ~ (*iron fam*) it won't kill you, you'll survive *iron* ❷ (*lebend überdauern*) ■ **etw** ~ to last sth, to live out [*or* through] sth ❸ (*über jds Tod hinaus leben*) ■ **jdn** [**um etw**] ~ to outlive [*or* survive] sb [by sth] **II.** *vi* to survive **III.** *vr* ■ **sich** [**bald**] ~ to [soon] be[come] a thing of the past

Über·le·ben·de(r) *f(m) decl wie adj* survivor; **der/die einzige** ~ the only survivor

Über·le·bens·chan·ce *f* chance of survival **über·le·bens·fä·hig** *adj* able to survive *pred*

über·le·bens·groß [ˈy:bɐle:bn̩sgro:s] **I.** *adj* larger-than-life **II.** *adv* larger than life

Über·le·bens·grö·ße *f* ■ **in** ~ larger than life

Über·le·bens·kampf *m* fight for survival, struggle to survive **Über·le·bens·trai·ning** *nt* survival training **über·le·bens·wich·tig** *adj* vital, important for survival *pred*

über·lebt *adj* outdated, antiquated *a. hum,* outmoded *a. pej*

über·le·gen[*1] [y:bɐˈle:gn̩] **I.** *vi* to think [about it]; **nach kurzem/langem Ü**~ after a short time of thinking/after long deliberation; **was gibt es denn da zu** ~**?** what's there to think about?; ■ [**sich** *dat*] ~, **dass ...** to think that ...; **ohne zu** ~ without thinking; **überleg** [**doch**] **mal!** just [stop and] think about it! **II.** *vt* ■ **sich** *dat* **etw** ~ to consider [*or* think about] sth, to think sth over; **sich etw reiflich** ~ to give serious thought [*or* consideration] to sth; **ich will es mir noch einmal** ~ I'll think it over again, I'll reconsider it; **es sich** [**anders**] ~ to change one's mind, to have second thoughts about it; **das wäre zu** ~ it is worth considering; **wenn man es sich recht** [*o* **genau**] **überlegt** on second thoughts [*or* AM thought], come [*or* BRIT coming] to think about it; **sich etw hin und her** ~ (*fig*) to consider sth from all angles

über|le·gen[2] [ˈy:bɐle:gn̩] *vt* ■ **jdm etw** ~ to put [*or* lay] sth over sb; **sich** *dat* **etw** ~ to put on sth *sep*

über·le·gen[3] [y:bɐˈle:gn̩] **I.** *adj* ❶ (*jdn weit übertreffend*) superior; **ein** ~**er Sieg** a good [*or* convincing] victory; ■ **jdm** [**auf/in etw** *dat*] ~ **sein** to be superior to sb [in sth], to be sb's superior [in sth]; **dem Feind im Verhältnis von 3:1** ~ **sein** to outnumber the enemy by 3 to 1 ❷ (*herablassend*) superior, supercilious *pej;* **mit** ~**er Miene** with an expression of superiority, with a supercilious look [on one's face] *pej* **II.** *adv* ❶ (*mit großem Vorsprung*) convincingly ❷ (*herablassend*) superciliously *pej*

Über·le̲·gen·heit <-> *f kein pl* ❶ (*überlegener Status*) superiority *no pl* (**über** +*akk* over) ❷ (*Herablassung*) superiority *no pl,* superciliousness *no pl pej*

über·legt [y:bɐ'le:kt] **I.** *adj* [well-]considered; ■**~/~er sein** to have been given good/better consideration **II.** *adv* with consideration, in a considered way

Über·le̲·gung <-, -en> *f* ❶ *kein pl* (*das Überlegen*) consideration *no pl, no indef art,* thought *no pl, no indef art;* **eine ~ wert sein** to be worth considering [*or* consideration] [*or* thinking about] [*or* some thought]; **bei/nach eingehender/nüchterner/sorgfältiger ~** on/after close examination/reflection/careful deliberation ❷ *pl* (*Erwägungen*) considerations; (*Bemerkungen*) observations; **~en [zu etw] anstellen** to think [about sth], to consider [sth], to draw observations [from sth]

u̲ber|lei·ten *vi* ■**zu etw ~** to lead to sth

U̲ber·lei·tung *f* transition; **ohne ~** seamlessly

über·le·sen* [y:bɐ'le:zn̩] *vt irreg* ❶ (*übersehen*) ■**etw ~** to overlook [*or* miss] sth ❷ (*überfliegen*) ■**etw ~** to glance through [*or* skim over] sth

über·lie·fern* [y:bɐ'li:fɐn] *vt* ■**jdm etw ~** to hand down sth *sep* to sb; ■**überliefert sein/werden** to have come down/to be being handed down

über·li̲e·fert *adj* ❶ (*althergebracht*) traditional, handed down through the centuries *pred* ❷ (*tradiert*) bequeathed; **~e Zeugnisse früherer Zeiten** testimonial handed down [*or* come down to us] from earlier times

Über·li̲e·fe·rung *f* ❶ *kein pl* (*das Überliefern*) **im Laufe der ~** in the course of being passed down from generation to generation [*or* through the ages]; **mündliche ~** oral tradition ❷ (*überliefertes Brauchtum*) tradition; **an alten ~en festhalten** to hold on [*or pej* cling] to tradition; **nach [ur]alter ~** according to [ancient] tradition

über·lis·ten* [y:bɐ'lɪstn̩] *vt* ❶ (*durch eine List übervorteilen*) ■**jdn ~** to outwit [*or* outsmart] sb ❷ (*gewieft umgehen*) ■**etw ~** to outsmart sth

überm ['y:bɐm] = **über dem** (*fam*) **~ Berg** over the mountain

Über·macht *f kein pl* superiority *no pl,* superior strength [*or liter* might] *no pl;* **in der ~ sein** to have the greater strength

u̲ber·mäch·tig *adj* ❶ (*die Übermacht besitzend*) superior; **ein ~er Feind** a superior [*or* strong] [*or* powerful] enemy, an enemy superior in strength [*or* numbers] ❷ (*geh: alles beherrschend*) overpowering; **ein ~es Verlangen** an overwhelming desire

über·man·nen* [y:bɐ'ma:nən] *vt* (*geh*) ■**jdn ~** to overcome sb

U̲ber·maß *nt kein pl* ■**das ~ einer S.** *gen* the excess[ive amount] of sth; **unter dem ~ der Verantwortung** under the burden of excessive responsibility; ■**ein ~ an etw** *dat/***von etw** an excess[ive amount] of sth; **ein ~ von Freude** excessive joy; **im ~** in [*or* to] excess

u̲ber·mä·ßig **I.** *adj* excessive; **~e Freude/Trauer** intense joy/mourning; **~er Schmerz** violent pain; **das war nicht ~** that was nothing special *a. iron* **II.** *adv* ❶ (*in zu hohem Maße*) excessively; **sich ~ anstrengen** to overdo things, to try too hard ❷ (*unmäßig*) excessively, to excess, too much; **~ rauchen** to smoke too much, to overindulge in smoking *form*

U̲ber·mensch *m* PHILOS superman

u̲ber·mensch·lich *adj* superhuman; **~e Leistungen** superhuman [*or liter* herculean] achievements; **Ü~es leisten** to perform superhuman feats

über·mit·teln* [y:bɐ'mɪtl̩n] *vt* (*geh*) ❶ (*überbringen*) ■**jdm etw ~** to bring [*or* deliver] sth to sb ❷ (*zukommen lassen*) ■**[jdm] etw ~** to convey sth [to sb] *form*

Über·mi̲t·te·lung <-, -en> *f,* **Über·mi̲tt·lung** <-, -en> *f* (*geh*) *eines Briefs, einer Nachricht* delivery; *einer Aufforderung a.* conveyance *form;* **„vergiss nicht die ~ meiner Grüße!"** "don't forget to give [*or form* convey] my regards!"

über·mor·gen ['y:bɐmɔrgn̩] *adv* the day after tomorrow, in two days' time; ■**~ Abend/früh** the day after tomorrow in the evening/morning, in the evening/morning in two days' time

über·mü·det [y:bɐ'my:dət] *adj* overtired; (*erschöpft a.*) overfatigued *form*

Über·mü̲·dung <-> *f kein pl* overtiredness *no pl;* (*Erschöpfung a.*) overfatigue *no pl form*

U̲ber·mut *m* high spirits *npl,* boisterousness *no pl;* **aus ~** out of wantonness *form,* [just] for kicks [*or* the hell of it] *fam* ▸WENDUNGEN: **~ tut selten gut** (*prov*) pride goes [*or* comes] before a fall *prov;* (*zu Kind*) it'll [all] end in tears

über·mü·tig ['y:bɐmy:tɪç] **I.** *adj* high-spirited, boisterous; (*zu dreist*) cocky *fam* **II.** *adv* boisterously; **~ herumhopsen** to romp about

übern ['y:bɐn] = **über den** (*fam*) **~ Fluss/Graben/See** over the river/ditch/lake

über·nächs·te(r, s) ['y:bɐnɛ:çstə, -tɐ, -təs] *adj attr* **~s Jahr/~ Woche** the year/week after next, in two years'/weeks' time; ■**der/die/das ~** the next but one; **die ~ Tür** the next door but one, two doors down

über·nach·ten* [y:bɐ'naxtn̩] *vi* ■**irgendwo/bei jdm ~** to spend [*or* stay] the night [*or* to stay overnight] somewhere/at sb's place; **in einer Scheune/bei einem Freund ~** to spend the night in a barn/at a friend's

über·näch·tig [y:bɐ'nɛçtɪç] *adj* ÖSTERR, **über·näch·tigt** [y:bɐ'nɛçtɪçt] *adj* worn out [from lack of sleep] *pred;* (*a. mit trüben Augen*) bleary-eyed

Über·na̲ch·tung <-, -en> *f* ❶ *kein pl* (*das Übernachten*) spending the/a night ❷ (*verbrachte Nacht*) overnight stay; **mit zwei ~en in Bangkok** with two nights in Bangkok; **~ mit Frühstück** bed and breakfast

Über·na̲ch·tungs·mög·lich·keit *f* overnight accommodation *no pl,* place/bed for the night

Über·na̲ch·tungs·zahl *f* TOURIST, ÖKON *number of overnight stays over a specific period or in a particular region*

Über·nah·me <-, -n> ['y:bɐna:mə] *f* ❶ (*Inbesitznahme*) taking possession *no pl* ❷ (*das Übernehmen*) assumption *no pl; von Verantwortung a.* acceptance *no pl* ❸ ÖKON takeover; **feindliche/freundliche ~** hostile/friendly takeover

U̲ber·nah·me·an·ge·bot *nt* takeover bid **U̲ber·nah·me·versuch** *m* attempted takeover, takeover attempt **U̲ber·nah·me·zeit·raum** *m* takeover period

u̲ber·na·ti·o·nal *adj* supranational *form*

u̲ber·na·tür·lich *adj* ❶ (*nicht erklärlich*) supernatural; **~e Erscheinungen** supernatural phenomena ❷ (*die natürliche Größe übertreffend*) larger than life

über·neh·men* [y:bɐ'ne:mən] *irreg* **I.** *vt* ❶ (*in Besitz nehmen*) ■**etw ~** to take [possession of *form*] sth; (*kaufen*) to buy sth; **enteigneten Besitz/ein Geschäft ~** to take over expropriated property/a business ❷ (*auf sich nehmen, annehmen*) ■**etw ~** to accept sth; **lassen Sie es, das übernehme ich** let me take care of it; **einen Auftrag ~** to take on a job *sep,* to undertake a job *form;* **die Kosten ~** [to agree] to pay the costs; **die Verantwortung ~** to take on *sep* [*or form* assume] [*or form* adopt] the responsibility; **die Verpflichtungen ~** to assume [*or* enter into] obligations *form;* ■**es ~, etw zu tun** to take on the job of doing sth, to undertake to do sth; **den Vorsitz ~** to take [*or* assume] the chair ❸ (*fortführen*) ■**etw [von jdm] ~** to take over sth *sep* [from sb]; **das Steuer ~** to take the wheel; **die Verfolgung ~** to take up pursuit *sep* ❹ (*verwenden*) ■**etw ~** to take [*or* borrow] sth; **ein übernommenes Zitat** a citation taken [*or* borrowed] from another work [*or* source]; **eine Sendung in sein Abendprogramm ~** to include a broadcast in one's evening programmes ❺ (*weiterbeschäftigen*) ■**jdn ~** to take over sb; **jdn ins Angestelltenverhältnis ~** to employ sb on a permanent basis; **jdn ins Beamtenverhältnis ~** to enter sb in the civil service **II.** *vr* (*sich übermäßig belasten*) ■**sich [mit etw] ~** to take on [*or form* undertake] too much [of sth]; **übernimm dich [nur] nicht!** (*iron fam*) [mind you] don't strain yourself! *iron* **III.** *vi* to take over; **ich bin zu müde, um weiterzufahren, kannst du mal ~?** I'm too tired to drive any more, can you take the wheel?

über·ner·vös [-vøːs] *adj* highly strung BRIT, high-strung AM

Über·nut·zung *f kein pl* overuse (+*gen* of, **von** +*dat* of)

über·par·tei·lich *adj inv* POL non-partisan **Über·pro·duk·ti·on** *f* ■**die** ~ overproduction, surplus production; **die landwirtschaftliche** ~ agricultural overproduction, surplus agricultural production

über·prüf·bar *adj* verifiable; **leicht/schwer ~ sein** to be easy/difficult to verify

über·prü·fen* [yːbɐˈpryːfn̩] *vt* ❶ (*durchchecken*) ■**jdn** ~ to screen [*or* vet] sb; ■**jdn auf etw** *akk* ~ to check sb for sth, to investigate sb's sth [*or* sth of sb]; ■**etw** ~ to verify [*or* check] sth; **jds Papiere/die Rechnung** ~ to check [*or* examine] sb's papers/the invoice; ■**etw auf etw** *akk* ~ to check sth for sth; **etw auf seine Richtigkeit** ~ to check [*or* verify] [[*or* form] the correctness of] sth, to check [*or* verify] that sth is correct ❷ (*die Funktion von etw nachprüfen*) ■**etw** ~ to examine [*or* inspect] [*or* check] sth; ■**etw auf etw** *akk* ~ to check sth of sth; **die Anschlüsse auf festen Sitz** ~ to check the firm fits of the connections, to check that the connections fit firmly ❸ (*erneut bedenken*) ■**etw** ~ to examine [*or* review] sth; **seine Haltung** ~ to reconsider one's view; ■**etw auf etw** *akk* ~ to examine sth of [*or* for] sth; **eine Entscheidung auf Zulässigkeit** *akk* ~ to examine a decision for its admissibility, to examine the admissibility of a decision; **etw erneut** ~ to re-examine sth

Über·prü·fung *f* ❶ *kein pl* (*das Durchchecken*) screening *no pl*, vetting *no pl*; (*das Kontrollieren*) verification *no pl*, check; **eine nochmalige** ~ a re[-]check ❷ (*Funktionsprüfung*) examination, inspection, check; **eine** ~ **der Funktion** a function check *spec* ❸ (*erneutes Bedenken*) review, examination; **eine erneute** ~ a re-examination

über|quel·len *vi irreg sein* ❶ (*übervoll sein*) ■[**vor etw** *dat*] ~ to overflow [with sth] ❷ (*überkochen*) to boil over; *Teig* to rise over the edge

über·que·ren* [yːbɐˈkveːrən] *vt* ■**etw** ~ ❶ (*sich über etw hinweg bewegen*) to cross [over] sth; **einen Fluss** ~ to cross [over] [*or form* traverse] a river ❷ (*über etw hinwegführen*) to lead over sth

über·ra·gen*¹ [yːbɐˈraːgn̩] *vt* ❶ (*größer sein*) ■**jdn** [**um etw**] ~ to tower above [*or* over] sb [by sth]; (*um ein kleineres Maß*) to be [sth] taller than sb, to be taller than sb [by sth]; **jdn um einen Kopf** ~ to be a head taller than sb; ■**etw** [**um etw**] ~ to tower above [*or* over] [*or* rise above] sth [by sth]; (*um ein kleineres Maß*) to be [sth] higher than sth, to be higher than sth [by sth] ❷ (*über etw vorstehen*) ■**etw** [**um etw**] ~ to jut out [*or* project] over sth [by sth] ❸ (*übertreffen*) ■**jdn** ~ to outshine [*or* outclass] sb; ■**etw** ~ to outclass sth

über|ra·gen² [ˈyːbɐraːgn̩] *vi* to jut out, to project

über·ra·gend *adj* outstanding; **von ~er Bedeutung** of paramount importance; **von ~er Qualität** of superior quality

über·ra·schen* [yːbɐˈraʃn̩] *vt* ❶ (*unerwartet erscheinen*) ■**jdn** ~ to surprise sb; **jdn mit einem Besuch** ~ to surprise sb with a visit, to give sb a surprise visit ❷ (*ertappen*) ■**jdn bei etw** ~ to surprise [*or* catch] sb doing sth; ■**jdn dabei ~, wie jd etw tut** to catch sb doing sth ❸ (*überraschend erfreuen*) ■**jdn mit etw** ~ to surprise sb with sth; **lassen wir uns ~!** (*fam*) let's wait and see [what happens] ❹ (*erstaunen*) ■**jdn** ~ to surprise sb; (*stärker*) to astound sb; **du überrascht mich!** you surprise me!, I'm surprised at you! ❺ (*unerwartet überfallen*) ■**jdn** ~ to take sb by surprise; **vom Regen überrascht werden** to get caught in the rain

über·ra·schend **I.** *adj* unexpected; ■~ **sein** to come as a surprise **II.** *adv* unexpectedly; **jdn ~ besuchen** to pay sb a surprise visit; [**für jdn**] **völlig ~ kommen** to come as a complete surprise [to sb]

über·ra·schen·der·wei·se *adv* surprisingly, to my/his/her/etc. surprise

über·rascht **I.** *adj* surprised; (*stärker*) astounded; ■~ **sein, dass/wie ...** to be surprised that/at how ... **II.** *adv* **jdn ~ ansehen** to look at sb in surprise; ~ **aufsehen** to look up surprised [*or* in surprise]; **etw ~ fragen** to ask sth in surprise

Über·ra·schung <-, -en> *f* ❶ *kein pl* (*Erstaunen*) surprise *no pl*; (*stärker*) astonishment *no pl*; **voller** ~ completely surprised, in complete surprise; **zu jds** [**größter**] ~ to sb's [great] surprise, [much] to sb's surprise ❷ (*etwas Unerwartetes*) surprise; **eine ~ für jdn kaufen** to buy something as a surprise for sb; ■[**für jdn**] **eine ~ sein** to come as a surprise [to sb]; **was für eine ~!, ist das eine ~!** (*fam*) what a surprise!

Über·ra·schungs·ef·fekt *m* surprise effect [*or* element]; *von Plan* element of surprise

Über·re·ak·ti·on *f* overreaction *no pl*; **zu ~en neigen** to tend to overreact

über·re·den* [yːbɐˈreːdn̩] *vt* ■**jdn** ~ to persuade [*or sep* talk round] sb; ■**jdn zu etw** ~ to talk sb into sth; ■**jdn** [**dazu**] **~, etw zu tun** to persuade sb to do sth, to talk sb into doing sth; ■**sich ~ lassen, etw zu tun** to let oneself be talked [*or* persuaded] into doing sth

Über·re·dung <-, *selten* -en> *f* persuasion *no pl*

Über·re·dungs·kunst *f* persuasiveness *no pl*, power[s *pl*] of persuasion

über·re·gi·o·nal *adj* national; **ein ~er Sender/eine ~e Zeitung** a national [*or* nationwide] transmitter/newspaper

über·reich *adv* ❶ (*überaus aufwendig*) richly, lavishly ❷ (*überaus reich*) **jdn ~ beschenken** to lavish [*or* shower] gifts [up]on sb

über·rei·chen* [yːbɐˈraiçn̩] *vt* (*geh*) ■**jdm etw** ~ to hand over sth *sep* to sb; (*feierlich*) to present sth to sb [*or* sb with sth]; **den Behörden etw** ~ to submit sth to [*or form* before] the authorities

über·reich·lich **I.** *adj* [more than] ample **II.** *adv* ~ **speisen/trinken** to eat/drink more than ample; **jdn ~ bewirten** to provide sb with [more than] ample fare

Über·rei·chung <-, -en> *f* presentation

über·reif *adj* overripe

über·rei·zen* [yːbɐˈraitsn̩] *vt* ■**jdn** ~ to overexcite sb; ■**etw** ~ to overstrain sth

über·reizt *adj* ❶ (*überanstrengt*) overstrained; **~e Nerven** overstrained [*or* overwrought] nerves ❷ (*übererregt*) overexcited

über·ren·nen* [yːbɐˈrɛnən] *vt irreg* ■**etw** ~ to overrun sth

über·re·prä·sen·tiert *adj* overrepresented

Über·rest *m meist pl* remains *npl*; **jds sterbliche ~e** (*geh*) sb's [mortal] remains *form*

über·rie·seln* [yːbɐˈriːzl̩n] *vt* ■**etw überrieselt jdn** sth runs down sb's spine

Über·roll·bü·gel *m* AUTO rollover bar BRIT, roll bar AM

über·rol·len* [yːbɐˈrɔlən] *vt* ■**jdn/etw** ~ to run over sb/sth; *Panzer* to roll over sb/sth

über·rum·peln* [yːbɐˈrʊmpl̩n] *vt* ■**jdn** ~ ❶ (*fam: unerwartet passieren*) to take sb by surprise, to catch sb unawares; **lass dich nicht ~!** don't get caught out! ❷ (*überraschend angreifen und überwältigen*) to take sb by surprise, to surprise sb

Über·rum·pe·lung <-, -en> *f*, **Über·rump·lung** <-, -en> *f* ❶ (*unerwartetes Ereignis*) ■**die ~ von jdm** catching sb unawares ❷ (*unerwartete Überwältigung*) surprise attack (+*gen* on)

über·run·den* [yːbɐˈrʊndn̩] *vt* ■**jdn** ~ ❶ SPORT to lap sb ❷ (*leistungsmäßig übertreffen*) to outstrip sb; *Schüler* to run rings round sb

übers [ˈyːbɐs] = **über das** (*fam*) *s.* **über**

über·sät [yːbɐˈzɛːt] *adj* covered; **ein mit Sommersprossen**

~es Gesicht a freckled face; ■ **mit** [*o* **von**] **etw ~ sein** to be covered with sth; *Straße, Boden* to be littered [*or* covered] with sth; **mit** [*o* **von**] **Blüten ~ sein** to be carpeted [*or* strewn] with blossoms

über·sät·tigt *adj* sated *form,* satiated *form*

Über·sät·ti·gung *f* satiety *no pl form,* satiation *no pl form*

Über·schall·ge·schwin·dig·keit *f kein pl* supersonic speed; ■ **mit ~** at supersonic speed[s]; **mit ~ fliegen** to fly supersonic [*or* at supersonic speed[s]] **Über·schall·jä·ger** *m* supersonic jet fighter **Über·schall·knall** *m* sonic boom **über·schall·schnell** I. *adj* supersonic II. *adv* at supersonic speed[s]; **~ fliegen** to fly supersonic [*or* at supersonic speed[s]]

über·schat·ten* [y:bɐˈʃatn̩] *vt* (*geh*) ■ **etw ~** to cast a shadow [*or* cloud] over sth

über·schät·zen* [y:bɐˈʃɛtsn̩] *vt* ■ **etw ~** ❶ (*zu hoch schätzen*) to overestimate sth; **die Steuern ~** to overassess taxes ❷ (*zu hoch einschätzen*) ■ **etw/sich ~** to overestimate [*or* overrate] sth/oneself; ■ **sich ~** (*von sich zu viel halten*) to think too highly of oneself

Über·schät·zung *f* overestimation *no pl;* **in ~ einer S.** *gen* overestimating [*or* overrating] sth

über·schau·bar *adj* ❶ (*abschätzbar*) **eine ~e Größe** a manageable size; **~e Kosten/ein ~er Preis** a clear cost/price structure; **ein ~es Risiko** a contained [*or* containable] risk ❷ (*einen begrenzten Rahmen habend*) tightly structured

Über·schau·bar·keit <-> *f kein pl von Projekt* comprehensibility *no pl,* clarity *no pl; von Risiko* containability *no pl;* **die ~ der Kosten/vom Preis** the clear cost/price structure

über·schau·en* [y:bɐˈʃauən] *vt* (*geh*) *s.* **überblicken**

über|schäu·men [ˈy:bɐʃɔymən] *vi sein* ❶ (*mit Schaum überlaufen*) to froth [*or* foam] over; **~der Badeschaum** foaming bubble bath ❷ (*fig: ganz ausgelassen sein*) ■ **vor etw** *dat* **~** to brim [*or* bubble] [over] with sth; ■ **~d** bubbling, exuberant, effervescent

über·schla·fen* [y:bɐˈʃla:fn̩] *vt irreg* ■ **etw** [**bis morgen**] **~** to sleep on sth

Über·schlag *m* ❶ SPORT handspring; **einen ~ machen** to do a handspring ❷ (*überschlägliche Berechnung*) [rough] estimate; [**jdm**] **einen ~ machen** to make [*or* frame] sb an estimate

über·schla·gen*[1] [y:bɐˈʃla:gn̩] *irreg* I. *vt* ■ **etw ~** ❶ (*beim Lesen auslassen*) to skip [over] sth ❷ (*überschläglich berechnen*) to [roughly] estimate sth, to make a rough estimate of sth II. *vr* ❶ (*eine vertikale Drehung ausführen*) ■ **sich ~** *Mensch* to fall head over heels; *Fahrzeug* to overturn ❷ (*rasend schnell aufeinanderfolgen*) ■ **sich ~** to come thick and fast, to follow in quick succession ❸ (*besonders beflissen sein*) **sich** [**vor Freundlichkeit/Hilfsbereitschaft** *dat*] **~** to fall over oneself to be friendly/helpful; **nun überschlag dich mal nicht!** (*fam*) don't get carried away! ❹ (*schrill werden*) ■ **sich ~** to crack

über|schla·gen[2] [ˈy:bɐʃla:gn̩] *irreg* I. *vt haben* **die Beine ~** to cross one's legs; **mit ~en Beinen sitzen** to sit cross-legged II. *vi sein* ■ **in etw** *akk* **~** ❶ (*fig*) to turn into sth ❷ (*brechen*) to overturn; **die Wellen schlugen über** the waves broke ❸ (*übergreifen*) to spread; **die Funken schlugen auf die Tischdecke über** the sparks landed on the table cloth

über·schläg·lich [ˈy:bɐʃlɛ:klɪç] I. *adj* rough, approximate II. *adv* roughly, approximately; **etw ~ schätzen** to roughly estimate sth, to give a rough estimate of sth

über|schnap·pen *vi sein* (*fam*) ❶ (*verrückt werden*) to crack [up] *fam,* to be cracked [*or* crazy] *fam* ❷ (*schrill werden*) to crack, to break

über·schnei·den* [y:bɐˈʃnaidn̩] *vr irreg* ❶ (*sich zeitlich überlappen*) ■ **sich** [**um etw**] **~** to overlap [by sth] ❷ (*sich mehrfach kreuzen*) ■ **sich ~** to intersect

Über·schnei·dung <-, -en> *f* overlapping *no pl*

über·schrei·ben* [y:bɐˈʃraibn̩] *vt irreg* ❶ (*betiteln*) ■ **etw mit etw ~** to head sth with sth ❷ (*darüberschreiben*) ■ **etw ~** to write over sth; INFORM to overwrite sth ❸ (*übertragen*) ■ **jdm etw ~,** ■ **etw auf jdn ~** to make [*or* sign] over sth *sep* to sb

über·schrei·en* [y:bɐˈʃraiən] *vt irreg* ■ **jdn ~** to shout down sb; ■ **etw ~** to shout over sth, to drown out sth *sep* by shouting

über·schrei·ten* [y:bɐˈʃraitn̩] *vt irreg* ❶ (*geh: zu Fuß überqueren*) ■ **etw ~** to cross [over] sth ❷ (*über etw hinausgehen*) ■ **etw** [**um etw**] **~** to exceed sth [by sth] ❸ (*sich nicht im Rahmen von etw halten*) ■ **etw** [**mit etw**] **~** to overstep [*or form* transgress] sth [with sth] ❹ (*geh: über etw hinaussein*) ■ **etw ~** to pass sth

Über·schrift *f* title; *einer Zeitung* headline; **eine/keine ~ haben** to be titled/untitled, to have a/no title

Über·schuh *m* overshoe; ■ **~e** overshoes, galoshes *dated*

Über·schul·dung <-, -en> *f* overindebtedness *no pl,* excessive debts *pl*

Über·schussRR *m,* **Über·schuß**ALT *m* ❶ (*Reingewinn*) profit ❷ (*überschüssige Menge*) surplus *no pl;* ■ **ein ~ an etw** *dat* a surplus [*or* glut] of sth

über·schüs·sig [ˈy:bɐʃʏsɪç] *adj* surplus *attr*

Über·schuss·ma·te·ri·alRR *nt* surplus material

über·schüt·ten* [y:bɐˈʃʏtn̩] *vt* ❶ (*übergießen*) ■ **jdn/sich/etw mit etw ~** to pour sth over sb/oneself/sth ❷ (*bedecken*) ■ **etw mit etw ~** to cover sth with sth ❸ (*überhäufen*) ■ **jdn mit etw ~** to inundate sb with sth; **jdn mit Geschenken/Komplimenten ~** to shower sb with presents/compliments; **jdn mit Vorwürfen ~** to heap accusations on sb

Über·schwang <-[e]s> *m kein pl* exuberance *no pl;* **im ersten ~** in the first flush of excitement; **im ~ der Freude/Gefühle** *gen* in one's joyful exuberance/one's exuberance

über·schwäng·lichRR [ˈy:bɐʃvɛŋlɪç] I. *adj* effusive, gushing *pej* II. *adv* effusively, gushingly *pej;* **jdn ~ begrüßen** to greet sb effusively [*or* with great effusion]

Über·schwäng·lich·keitRR <-> *f* <-> *f kein pl* effusiveness *no pl*

über|schwap·pen [ˈy:bɐʃvapn̩] *vi sein* ❶ (*über den Rand schwappen*) to spill [over the edge] ❷ (*vor übervieler Flüssigkeit überlaufen*) to slop [*or* splash] over

über·schwem·men* [y:bɐˈʃvɛmən] *vt* ❶ (*überfluten*) ■ **etw ~** to flood sth ❷ (*in Mengen hineinströmen*) ■ **etw ~** to pour into sth ❸ (*mit großen Mengen eindecken*) ■ **etw mit etw ~** to flood [*or* inundate] sth with sth

Über·schwem·mung <-, -en> *f* flood[ing *no pl*]

Über·schwem·mungs·ge·biet *nt* flood area **Über·schwem·mungs·ka·ta·stro·phe** *f* flood disaster

über·schweng·lichALT [ˈy:bɐʃvɛŋlɪç] *adj, adv s.* **überschwänglich**

Über·schweng·lich·keitALT <-> *f kein pl s.* **Überschwänglichkeit**

Über·see [ˈy:bɐze:] *kein art* ■ **aus ~** from overseas [*or hum* the other side of the pond]; ■ **in ~** overseas, on the other side of the pond *hum;* ■ **nach ~** overseas, to the other side of the pond *hum*

Über·see·damp·fer *m* ocean[-going] liner **Über·see·ha·fen** *m* international [*or* transatlantic] port **Über·see·han·del** *m* overseas trade

über·see·isch [ˈy:bɐze:ɪʃ] *adj* overseas *attr*

Über·see·markt *m* overseas market

über·seh·bar [y:bɐˈze:ba:ɐ̯] *adj* ❶ (*abschätzbar*) **~e Auswirkungen** containable effects; **eine ~e Dauer/~e Kosten/Schäden** an assessable period/assessable costs/damage; **~e Konsequenzen** clear consequences; ■ **etw ist ~/noch nicht ~** sth is in sight/sth is still not known ❷ (*mit Blicken erfassen*) visible; **schwer ~es Gelände** terrain offering no clear view; **von hier aus ist das Gelände nicht ~** you can't get a good view of the terrain from here

über·se·hen*[1] [y:bɐˈze:ən] *vt irreg* ■ **etw ~** ❶ (*versehentlich nicht erkennen*) to overlook [*or* miss] sth, to fail to see [*or* notice] sth ❷ (*abschätzen*) to assess sth; ■ **etw lässt sich ~** sth can be assessed ❸ (*mit Blicken erfassen*) to have a view of sth; **von hier oben lässt sich das Umland besser** ~ there's a better view of the surroundings from up here

über|se·hen² ['y:bɐze:ən] *vr irreg* ■ **sich** *dat* **an etw** ~ to get [*or* grow] tired [*or* to tire] of seeing sth

über·sen·den* [y:bɐ'zɛndn̩] *vt irreg* (*geh*) ■ **jdm etw** ~ to send sb sth, to forward sth to sb *form,* to dispatch sth to sb

Über·sen·dung *f* (*geh*) sending *no pl,* forwarding *no pl,* dispatch

über·setz·bar *adj* translatable; **nicht** ~ untranslatable; **leicht/schwer** ~ easy/difficult [*or* hard] to translate *pred;* **etw ist [kaum/leicht]** ~ sth can be translated [only with great difficulty]/[easily] translated

über·set·zen*¹ [y:bɐ'zɛtsn̩] **I.** *vt* ■ **etw** ~ to translate sth; **etw nur schwer/annähernd** ~ to translate sth only with difficulty/to do [*or form* render] an approximate translation of sth; **etw [aus dem Polnischen] [ins Französische]** ~ to translate sth [from Polish] [into French], to render sth [into French] [from Polish] *form* **II.** *vi* ■ **[aus etw] [in etw]** ~ to translate [from sth] [into sth]

über|set·zen² ['y:bɐzɛtsn̩] **I.** *vt haben* ■ **jdn** ~ to ferry [*or* take] across sb *sep* **II.** *vi sein* ■ **[auf/in etw** *dat*] ~ to cross [over] [on/in sth]

Über·set·zer(in) *m(f)* translator

Über·set·zung¹ <-, -en> *f* TECH transmission [*or* gear] ratio

Über·set·zung² <-, -en> *f* ❶ (*übersetzter Text*) translation, rendition *form* ❷ *kein pl* (*das Übersetzen*) translation *no pl*

Über·set·zungs·bü·ro *nt* translation agency [*or* bureau]

Über·set·zungs·feh·ler *m* translation error

Über·sicht <-, -en> *f* ❶ *kein pl* (*Überblick*) overall view, general idea; **die** ~ **verlieren** to lose track of things [*or* of what's going on] ❷ (*knappe Darstellung*) outline, summary

über·sicht·lich I. *adj* ❶ (*rasch erfassbar*) clear; **wenig** ~ confused; ■ ~ **sein** to be clear[ly structured], to have [*or form* exhibit] a clear structure ❷ (*gut zu überschauen*) open *attr;* ■ ~ **sein** to offer a clear view [on all sides]; (*wenig Deckung bietend*) to be exposed; ■ **nicht** ~ **sein** to impede the/one's view [on all sides] **II.** *adv* ❶ (*rasch erfassbar*) clearly ❷ (*gut überschaubar*) **etw** ~ **anlegen** to give sth an open layout; **etw** ~ **planen** to plan sth with a clear structure

Über·sicht·lich·keit <-> *f kein pl* ❶ (*rasche Erfassbarkeit*) clarity *no pl* ❷ (*übersichtliche Anlage*) openness *no pl*

Über·sichts·kar·te *f* general [*or* outline] map

über|sie·deln [y:bɐ'zi:dl̩n] *vi sein* (*irgendwohin umziehen*) ■ **in etw** *akk*/**nach etw** ~ to move to sth, to take up residence in sth *form;* **ins Ausland** ~ to emigrate

Über·sie·de·lung <-, -en> *f* move (**an/in** +*akk* to), removal *form* (**an/in** +*akk* to)

Über·sied·ler(in) *m(f)* migrant; (*Einwanderer*) immigrants; (*Auswanderer*) emigrants

über·sinn·lich *adj* paranormal, supernatural

über·span·nen*¹ [y:bɐ'ʃpanən] *vt* ❶ (*beziehen*) **etw mit Seide/Leder** ~ to cover sth with silk/leather, to stretch silk/leather over sth ❷ (*über etw hinwegführen*) ■ **etw** ~ to span sth

über·span·nen² [y:bɐ'ʃpanən] *vt* ■ **etw** ~ ❶ (*zu stark spannen*) to overstrain sth, to put too much strain on sth; *s. a.* **Bogen** ❷ (*über ein vernünftiges Maß hinausgehen*) to push sth too far

über·spannt *adj* ❶ (*übertrieben*) extravagant, wild ❷ (*exaltiert*) eccentric; ■ ~ **sein** to be [an] eccentric ❸ (*überanstrengt*) overexcited, overwrought

über·spie·len*¹ [y:bɐ'ʃpi:lən] *vt* (*audiovisuell übertragen*) ■ **etw [von etw] [auf etw** *akk*] ~ to record sth [from sth] [on[to] sth], to transfer sth [from sth] to sth, to transfer sth from sth [to sth]; **etw auf Kassette** ~ to tape sth, to put [*or* record] sth on[to] [*or* transfer sth to] tape

über·spie·len*² [y:bɐ'ʃpi:lən] *vt* (*verdecken*) ■ **etw [durch etw]** ~ to cover up sth *sep* [with sth]

über·spitzt I. *adj* exaggerated **II.** *adv* in an exaggerated fashion; **etw** ~ **darstellen** to exaggerate the depiction of sth

über·sprin·gen*¹ [y:bɐ'ʃprɪŋən] *vt irreg* ■ **etw** ~ ❶ (*über etw hinwegspringen*) to jump [*or* clear] sth; **eine Mauer** ~ to vault [*or* jump] [*or* clear] a wall ❷ (*auslassen*) to skip [over] sth; **eine Seite/ein Kapitel** ~ to skip [over] [*or* leave out *sep*] a page/chapter ❸ SCH **eine Klasse** ~ to skip [*or* miss out *sep*] a class

über|sprin·gen² ['y:bɐʃprɪŋən] *vi irreg sein* ❶ (*sich übertragen*) ■ **[auf jdn]** ~ to spread [to sb] ❷ (*infizieren*) ■ **auf jdn/etw** ~ to spread [to sb/sth] ❸ (*plötzlich übergreifen*) ■ **[von etw] auf etw** *akk* ~ to spread quickly [from sth] [to sth]

über|spru·deln *vi sein* to bubble over; (*beim Kochen*) to boil over

über·spü·len* [y:bɐ'ʃpy:lən] *vt* ■ **etw** ~ to overflow sth; *Welle* to wash over sth; ■ **überspült werden** to be flooded

über·staat·lich *adj* supranational *form*

über·ste·hen*¹ [y:bɐ'ʃte:ən] *vt* (*durchstehen*) ■ **etw** ~ to come [*or* get] through sth; **die Belastung** ~ to hold out under the stress; **eine Krankheit/Operation** ~ to get over [*or* recover from] an illness/operation; **die nächsten Tage** ~ to live through [*or* live out *sep*] [*or* to last] the next few days; **es überstanden haben** (*euph*) to have passed away [*or* on] *euph;* **jetzt haben wir es überstanden** (*fam*) thank heavens that's over now

über|ste·hen² ['y:bɐʃte:ən] *vi irreg haben o sein* (*herausragen*) to jut [*or* stick] out, to project; **40 cm [weit]** ~ to jut [*or* stick] out [*or* to project] [by] 40 cm

über·stei·gen* [y:bɐ'ʃtaign̩] *vt irreg* ■ **etw** ~ ❶ (*über etw klettern*) to climb over sth; **eine Mauer** ~ to scale [*or* climb over] a wall ❷ (*über etw hinausgehen*) to go beyond [*or* exceed] sth; **jds Erwartungen** ~ to exceed sb's expectations ❸ (*größer als etw sein*) to be beyond [*or* exceed] sth

über·stei·gern* [y:bɐ'ʃtaigɐn] *vt* **seine Forderungen** ~ to go too far with one's demands, to push one's demands too far; **die Preise** ~ to force up prices

über·stei·gert *adj* ❶ (*übernormal verstärkt*) exaggerated, excessive; **ein** ~**es Selbstbewusstsein** an exaggerated sense of one's own importance ❷ (*zu hoch geschraubt*) excessive, exorbitant; ~**e Erwartungen** highly-pitched [*or* lofty] expectations

Über·stei·ge·rung *f* ❶ (*das Übersteigern*) **die** ~ **der Mieten/Preise** forcing up rents/prices ❷ (*Zustand der übernormalen Verstärkung*) excess; **etw zur** ~ **treiben** to push sth to excess

über·stel·len* [y:bɐ'ʃtɛlən] *vt* ■ **jdn jdm** [*o* **an jdn**] ~ to hand over *sep* [*or form* commit] sb to sb

über·steu·ern* **I.** *vi* AUTO to oversteer **II.** *vt* ELEK ■ **etw** ~ to overmodulate sth

über·stim·men* [y:bɐʃtɪmən] *vt* ❶ (*mit Stimmenmehrheit besiegen*) ■ **jdn** ~ to outvote sb ❷ (*mit Stimmenmehrheit ablehnen*) ■ **etw** ~ to defeat [*or* vote down *sep*] sth

über·stra·pa·zie·ren* *vt* ■ **etw** ~ ❶ (*zu sehr ausnutzen*) to abuse sth ❷ (*zu oft verwenden*) to wear out sth *sep;* ■ **überstrapaziert** worn out; **überstrapazierte Ausreden** tired excuses *pej*

über·strei·chen* [y:bɐ'ʃtraiçn̩] *vt irreg* ■ **etw [mit etw]** ~ to paint over sth *sep* [with sth]; **etw mit frischer Farbe** ~ to give sth a fresh coat of paint

über|strei·fen *vt* ■ **[sich** *dat*] **etw** ~ to slip on sth *sep*

über·strö·men* [y:bɐ'ʃtrø:mən] *vt* ■ **etw** ~ to overflow sth; **Schweiß überströmte sein Gesicht** sweat poured down his face, his face was bathed in sweat

über|stül·pen *vt* ■ **jdm/sich etw** ~ to slip sth over sb's/one's head

Über·stun·de *f* hour of overtime; ■ ~**n** overtime *no pl;* ~**n machen** to do [*or* work] overtime

Über·stun·den·lohn *m* overtime pay **Über·stun·den·ta·rif** *m* overtime rate **Über·stun·den·ver·bot** *nt* overtime ban

Über·stun·den·zu·schlag *m* overtime allowance [*or* bonus]

über·stür·zen* [y:bɐˈʃtʏrtsn̩] **I.** *vt* ■**etw** ~ to rush into sth; **eine Entscheidung** ~ to rush [into] a decision; **man soll nichts** ~, **nur nichts** ~ don't rush into anything, look before you leap **II.** *vr* ■**sich** ~ to follow in quick [*or* rapid] succession; *Nachrichten a.* to come thick and fast

über·stürzt **I.** *adj* overhasty, rash, precipitate *form* **II.** *adv* overhastily, rashly, precipitately *form;* ~ **handeln** to go off at half cock *fam,* to go off half-cocked AM *fam*

Über·stür·zung <-> *f kein pl* rashness *no pl,* precipitation *no pl form*

über·ta·rif·lich **I.** *adj* above [*or* in excess of] the agreed [*or* union] rate *pred* **II.** *adv* above [*or* in excess of] the agreed [*or* union] rate

über·teu·ert [y:bɐˈtɔyɐt] *adj* overexpensive, too expensive [*fam* by half] *pred,* overpriced *a. pej;* **ein** ~**er Preis** an excessive [*or* exorbitant] [*or* inflated] price; ■**[um etw]** ~ **sein** to be too expensive [by sth]

über·töl·peln* [y:bɐˈtœlpl̩n] *vt* ■**jdn** ~ to put [a fast] one over on sb, to dupe sb; ■**sich [von jdm]** ~ **lassen** to let oneself be duped [by sb]

Über·töl·pe·lung <-, -en> *f* taking-in *no pl*

über·tö·nen* *vt* ■**jdn** ~ to drown [out *sep*] sb['s words/screams/etc.]; **etw** ~ to drown [out *sep*] sth

Über·topf *m* flower pot holder

Über·trag <-[e]s, Überträge> [ˈy:bɐtra:k, *pl* -trɛ:gə] *m* FIN carryover, amount carried over [*or* forward]; **einen** ~ **[auf/in etw** *akk*] **machen** to carry over [to sth]

über·trag·bar [y:bɐˈtra:kba:ɐ̯] *adj* ❶ (*durch Infektion weiterzugeben*) communicable *form* (**auf** +*akk* to), infectious; (*durch Berührung*) contagious, catching *pred fam;* ■**[auf jdn]** ~ **sein** to be communicable [to sb] *form,* to be infectious [*or fam* catching]; (*durch Berührung*) to be contagious [*or fam* catching]; ■**etw ist von jdm/dem Tier auf jdn/das Tier** ~ sth can be passed from sb/animal to sb/animal ❷ (*anderweitig anwendbar*) ■**auf etw** *akk* ~ **sein** to be applicable to sth ❸ (*von anderen zu benutzen*) ■~ **sein** to be transferable

über·tra·gen*[1] [y:bɐˈtra:gn̩] *irreg* **I.** *vt* ❶ (*senden*) ■**etw** ~ to broadcast sth ❷ (*geh: übersetzen*) ■**etw** ~ to translate sth; **etw wortwörtlich** ~ to translate sth word for word, to do a literal translation of sth; ■**etw aus etw** ~ to translate [*or form* render] sth from sth; ■**etw in etw** *akk* ~ to translate [*or form* render] sth into sth ❸ (*infizieren*) ■**etw [auf jdn]** ~ to communicate [*or form* pass on *sep*] sth [to sb]; ■**etw wird von jdm/dem Tier auf jdn/das Tier** ~ sth is communicated *form* [*or* passed on] from sb/animal to sb/animal ❹ (*von etw woanders eintragen*) ■**etw auf/in etw** *akk* ~ to transfer sth to/into sth; **eine Zwischensumme als Übertrag auf etw** *akk* ~ to carry over to sth ❺ (*mit etw ausstatten*) ■**jdm etw** ~ to vest sb with sth *form;* ■**jdm die Verantwortung** ~ to entrust sb with the responsibility ❻ (*in den Besitz von etw setzen*) ■**jdm etw** ~, ■**etw auf jdn** ~ to transfer sth to sb; ■**jdm ein Recht** ~ to assign sb a right, to transfer a right to sb ❼ (*überspielen*) ■**etw auf etw** *akk* ~ to record sth on sth; **etw auf eine Kassette** ~ to tape sth, to record sth on tape [*or* cassette] ❽ (*anwenden*) ■**etw auf etw** *akk* ~ to apply sth to sth ❾ TECH ■**etw auf etw** *akk* ~ to transmit [*or* transfer] sth to sth **II.** *vr* ❶ MED ■**sich [auf jdn]** ~ to be communicated *form* [*or* passed on] [*or* transmitted] [to sb] ❷ (*ebenfalls beeinflussen*) ■**sich auf jdn** ~ to spread [*or form* communicate itself] to sb

über·tra·gen[2] [y:bɐˈtra:gn̩] **I.** *adj* figurative; (*durch Metapher*) transferred; **im** ~**en Sinn** in a/the figurative sense **II.** *adv* figuratively; ■**etw** ~ **meinen** to mean sth in a [*or* the] figurative/transferred sense

Über·trä·ger(in) [y:bɐˈtrɛ:gɐ] *m(f)* MED carrier

Über·tra·gung <-, -en> *f* ❶ (*das Senden*) broadcasting *no pl,* transmission *no pl;* (*übertragene Sendung*) broadcast, transmission ❷ (*geh: das Übersetzen*) translation *no pl;* ■**die** ~ **in etw** the translation [*or form* rendition] into sth; (*Übersetzung*) translation ❸ (*das Infizieren*) communication *no pl,* transmission *no pl* ❹ (*das Eintragen an andere Stelle*) carryover ❺ (*das Ausstatten*) vesting *no pl form* (+*gen* with); *von Verantwortung* entrusting *no pl* (+*gen* with) ❻ JUR transfer; *von Rechten a.* assignment *no pl* ❼ (*das Anwenden*) application *no pl* (**auf** +*akk* to) ❽ *kein pl* TECH transmission *no pl* (**auf** +*akk* to)

Über·tra·gungs·feh·ler *m* TECH transmission error **Über·tra·gungs·ka·pa·zi·tät** *f* TECH transmission capacity **Über·tra·gungs·ra·te** *f* INET bandwidth **Über·tra·gungs·wa·gen** *m* mobile [broadcast] unit

über·tref·fen* [y:bɐˈtrɛfn̩] *vt irreg* ❶ (*besser sein*) ■**jdn [an/auf/in etw** *dat*] ~ to do better than [*or* to surpass] [*or* to outdo] [*or* to outstrip] sb [in sth]; ■**sich selbst [mit etw]** ~ to surpass [*or* excel] oneself [with sth] ❷ (*über etw hinausgehen*) ■**etw [um etw]** ~ to exceed sth [by sth]; **jds Erwartungen** ~ to exceed [*or* surpass] sb's expectations ❸ (*größer sein*) ■**etw [an etw** *dat*] ~ to surpass sth [in sth]

über·trei·ben* [y:bɐˈtraibn̩] *irreg* **I.** *vi* to exaggerate **II.** *vt* ■**etw** ~ to overdo sth; ■**es mit etw** ~ to carry [*or* take] sth too far; **man kann es auch** ~**/mit etw** ~ (*fam*) you can overdo things/sth, you can go too far/too far with sth; ■**ohne zu** ~ no exaggeration, I'm not joking [*or fam* kidding], no shit [now] *fam!*

Über·trei·bung <-, -en> *f* ❶ *kein pl* (*das Übertreiben*) exaggeration *no pl;* ■**die** ~ **von etw/der S.** *gen* exaggerated sth; **die** ~ **der Sauberkeit** taking cleanliness too far [*or* to extremes] ❷ (*übertreibende Äußerung*) exaggeration; **zu** ~**en tendieren** [*o* **neigen**] to tend to exaggeration [*or* exaggerate]

über|tre·ten[1] [ˈy:bɐtre:tn̩] *vi irreg sein* ❶ (*konvertieren*) ■**zu etw** ~ to go over [*or* convert] to sth ❷ SPORT to overstep ❸ (*übergehen*) ■**[von etw] in etw** *akk* ~ to pass [from sth] into sth; *Krebszellen a.* to metastasize to sth

über·tre·ten*[2] [y:bɐˈtre:tn̩] *vt irreg* ■**etw** ~ to break [*or* violate] [*or form* infringe] [*or form* contravene] sth

Über·tre·tung <-, -en> [y:bɐˈtre:tʊŋ] *f* ❶ (*das Übertreten*) violation *no pl,* infringement *no pl form,* contravention *no pl form* ❷ (*strafbare Handlung*) misdemeanour [*or* AM -or]

über·trie·ben **I.** *adj* exaggerated; (*zu stark*) extreme, excessive; **meinst du nicht, dass deine Reaktion etwas** ~ **war?** don't you think your reaction was a little over the top?; ~**e Forderungen** excessive demands; ~**e Vorsicht** excessive caution, overcaution **II.** *adv* extremely, excessively; ~ **vorsichtig** excessively cautious, overly cautious

Über·tritt *m* ■**der/ein/jds** ~ **zu etw** the/a/sb's conversion to sth

über·trump·fen* [y:bɐˈtrʊmpfn̩] *vt* ■**jdn/etw [mit etw]** ~ to outdo sb [with sth]/surpass sth [with sth]

über·tün·chen* [y:bɐˈtʏnçn̩] *vt* ■**etw** ~ to whitewash over sth; (*anders als weiß*) to paint over sth

über·über·mor·gen [ˈy:bɐʔy:bɐ,mɔrgn̩] *adv* (*fam*) in three days[' time], the day after the day after tomorrow

über·ver·si·chern* *vt* ■**jdn/sich** ~ to overinsure sb/oneself

über·völ·kert [y:bɐˈfœlkɐt] *adj* overpopulated **über·voll** *adj* ❶ (*mehr als voll*) full to the brim [*or* to overflowing] *pred;* **ein** ~**er Teller** a heaped[-up] plate ❷ (*überfüllt*) crowded; ■~ **sein** to be overcrowded [*or fam* crammed] **über·vor·sich·tig** *adj* over[ly]cautious

über·vor·tei·len* [y:bɐˈfɔrtailən] *vt* ■**jdn [durch etw]** ~ to cheat sb [with sth]; (*bei einem Kauf*) to overcharge [*or fam* sting] sb [with sth]

über·wa·chen* [y:bɐˈvaxn̩] *vt* ❶ (*heimlich kontrollieren*) ■**jdn/etw** ~ to keep sb/sth under surveillance, to keep a watch on [*or* to watch] sb/sth; **jdn/etw rund um die Uhr** ~ to keep sb/sth under 24-hour surveillance; **jdn/etw genau** ~ to keep a careful eye on sb/sth; **jds Telefon** ~ to monitor sb's calls, to bug sb's telephone ❷ (*durch Kontrollen sicherstellen*)

etw ~ to supervise sth; *Kamera* to monitor sth

Über·wa·chung <-, -en> *f* ❶ (*das heimliche Kontrollieren*) surveillance *no pl; eines Telefons* monitoring *no pl*, bugging *no pl* ❷ (*das Überwachen*) supervision *no pl;* (*durch eine Kamera*) monitoring *no pl*

Über·wa·chungs·ka·me·ra *f* security [*or* surveillance] camera, CCTV

über·wäl·ti·gen* [y:bɐˈvɛltɪgn̩] *vt* ❶ (*bezwingen*) **jdn/etw** ~ to overpower sb/sth ❷ (*geh: übermannen*) **etw überwältigt jdn** sth overcomes [*or* overwhelms] sb, sb is overcome [*or* overwhelmed] by sth

über·wäl·ti·gend *adj* overwhelming; **ein ~es Gefühl** an overwhelming [*or* overpowering] feeling; **~e Schönheit** stunning beauty; **ein ~er Sieg** a crushing victory, a whitewash BRIT *fam*, a shutout AM *fam;* **nicht gerade ~** (*iron*) nothing to write home about *fam*

Über·wäl·ti·gung <-, -en> *f* overpowering *no pl*

über\|wech·seln [ˈy:bɐvɛksl̩n] *vi sein* ❶ (*sich jd anderem anschließen*) **auf/in etw** *akk*/**zu etw** ~ to go over to/into/to sth; **zu jdm** ~ to go over to sb's side ❷ (*ausscheren*) **auf etw** *akk* ~ to move [in]to sth ❸ (*umsatteln*) **von etw zu etw** ~ to change from sth to sth

Über·weg *m* pedestrian bridge

über·wei·sen* [y:bɐˈvaizn̩] *vt irreg* ❶ (*durch Überweisung gutschreiben lassen*) **[jdm] etw [auf etw** *akk*] ~ to transfer sth [to [sb's] sth] ❷ (*durch Überweisung hinschicken*) **jdn [an jdn/in etw** *akk*] ~ to refer sb [to sb/sth]

Über·wei·sung <-, -en> *f* ❶ (*Anweisung von Geld*) [credit *form*] transfer ❷ (*das Überweisen*) **die/eine ~ an jdn/in etw** *akk* the/a referral to sb/sth; (*Überweisungsformular*) referral form

Über·wei·sungs·auf·trag *m* banker's order, [*form* credit] transfer order **Über·wei·sungs·for·mu·lar** *nt* [credit *form* [*or* bank]] transfer form **Über·wei·sungs·schein** *m* MED letter of referral

Über·wei·te *f* large size; **~ haben** to be oversize[d]; **Kleider in ~** outsize dresses, dresses in the larger sizes [*or euph* for the fuller figure]

über\|wer·fen[1] [ˈy:bɐvɛrfn̩] *vt irreg* **sich** *dat* **etw** ~ to wrap sth around one's shoulders; (*schneller*) to throw on sth *sep;* **jdm etw** ~ to wrap sth round sb's shoulders

über·wer·fen*[2] [y:bɐˈvɛrfn̩] *vr irreg* **sich** ~ to fall out, to break with each other; **sich mit jdm** ~ to fall out [*or* break] with sb

über·wie·gen* [y:bɐˈvi:gn̩] *irreg* **I.** *vi* ❶ (*hauptsächlich vorkommen*) to be predominant, to predominate ❷ (*vorherrschen*) **es überwiegt [bei jdm]** [sb's] sth prevails [*or* gains the upper hand] **II.** *vt* **etw überwiegt etw** sth outweighs sth

über·wie·gend [y:bɐˈvi:gn̩t] **I.** *adj* predominant; **die ~e Mehrheit** the vast [*or* overwhelming] majority **II.** *adv* predominantly, mainly; **Ihre Antworten waren ~ richtig** most of your answers were correct

über·win·den* [y:bɐˈvɪndn̩] *irreg* **I.** *vt* ❶ (*nicht länger an etw festhalten*) **etw** ~ to overcome sth; **ein Vorurteil** ~ to outgrow a prejudice ❷ (*im Kampf besiegen*) **jdn** ~ to defeat sb ❸ (*ersteigen*) **etw** ~ to get over [*or* surmount] sth **II.** *vr* **sich** ~ to overcome one's feelings/inclinations etc.; **sich zu etw ~, sich dazu ~, etw zu tun** to force oneself to do sth

Über·win·dung <-> *f kein pl* ❶ (*das Überwinden*) overcoming *no pl*, surmounting *no pl; Minenfeld* negotiation *no pl* ❷ (*Selbst~*) conscious effort; **jdn ~ kosten[, etw zu tun]** to be an effort of will for sb [to do sth], to take sb a lot of will power [to do sth]

über·win·tern* [y:bɐˈvɪntɐn] *vi* **[in etw** *dat*] ~ to [spend the] winter [in sth]; *Pflanzen* to overwinter [in sth]; (*Winterschlaf halten*) to hibernate [in sth]

Über·win·te·rungs·or·gan *nt* BOT perennating organ

über·wu·chern* [y:bɐˈvu:xɐn] *vt* **etw** ~ to overgrow sth; **Blumen** ~ to choke flowers

Über·zahl *f kein pl* **die [große] ~ einer S.** *gen* (*Mehrzahl*) the greatest number of sth, most of sth; **in der ~ sein** to be in the majority; *Feind* to be superior in number

über·zah·len* [y:bɐˈtsa:lən] *vt* **etw** ~ to pay too much for sth; **etw ist [mit etw] überzahlt** [at sth] sth costs too much

über·zäh·lig *adj* (*überschüssig*) surplus *attr,* excess *attr;* (*übrig*) spare, odd

über·zeich·nen* [y:bɐˈtsaiçnən] *vt* (*geh*) **etw/jdn** ~ to overdraw sth/sb

über·zeu·gen* [y:bɐˈtsɔygn̩] **I.** *vt* **jdn** ~ to convince sb; (*umstimmen a.*) to persuade sb; **den Richter** ~ to satisfy the judge; **jdn von etw** ~ to convince sb of sth; **jdn davon ~, dass ...** to convince sb that ...; **sich [von etw] ~ lassen** to be[come] convinced [of sth]; **sich gern [von etw] ~ lassen** to be willing to listen [to sth] **II.** *vi* ❶ (*überzeugend sein*) **[als jd/in einer Rolle]** ~ to be convincing [*or* carry conviction] [as sb/in a role]; **sie kann nicht ~** she is unconvincing [*or* not convincing] ❷ (*eine überzeugende Leistung zeigen*) **[bei/mit/in etw** *dat*] ~ to prove oneself [in/with/in sth] **III.** *vr* **sich [selbst]** ~ to convince oneself; **~ Sie sich selbst!** [go and] convince [*or* see for] yourself; **sich von etw** ~ to convince oneself of sth, to satisfy oneself as to sth; **sich [selbst] ~, dass ...** to be convinced that ...

über·zeu·gend **I.** *adj* convincing; (*umstimmend a.*) persuasive; **[als jd] ~ sein** to be convincing [*or* carry conviction] [as sb] **II.** *adv* convincingly; **~ argumentieren** to argue convincingly, to bring forward convincing arguments

über·zeugt *adj* ❶ (*an die Richtigkeit von etw glaubend*) convinced, dedicated; **ein ~er Christ/Katholik** a convinced [*or* devout] Christian/Catholic; **von etw ~ sein** to be convinced [*or* be [*or* feel] sure] of sth; **[davon] ~ sein, dass ...** to be convinced that ... ❷ (*selbstbewusst*) **[sehr] von sich ~ sein** to be [very] sure [*or pej* full] of oneself

Über·zeu·gung <-, -en> [y:bɐˈtsɔygʊŋ] *f* convictions *npl*, principles *pl;* **religiöse ~** religious beliefs [*or* convictions] *npl;* **zu der ~ gelangen [*o* kommen], dass ...** to become convinced that ..., to arrive at [*or* reach] the conviction that ...; **der ~ sein** to share the conviction; **der [festen] ~ sein, dass ...** to be [firmly] convinced [*or* of the [firm] conviction] that ...; **nicht der ~ sein, dass ...** to not be convinced that ...; **jds ~ nach [*o* nach jds ~] [...]** sb is convinced [that ...]; *s. a.* **Brustton**

Über·zeu·gungs·ar·beit *f* convincing; **einige ~ kosten** to take some convincing; **~ leisten** to do some convincing **Über·zeu·gungs·kraft** *f kein pl* persuasiveness *no pl*, persuasive power **Über·zeu·gungs·tä·ter(in)** *m(f)* (*politisch*) political[ly motivated] criminal; (*religiös*) religious[ly motivated] criminal

über·zie·hen*[1] [y:bɐˈtsi:ən] *irreg* **I.** *vt* ❶ (*bedecken*) **etw** ~ to cover sth; *Belag* to coat sth ❷ (*ins Debet bringen*) **etw [um etw]** ~ to overdraw sth [by sth]; **er hat sein Konto [um 1.000 Euro] überzogen** he has overdrawn his account [by 1,000 euros], he is [1,000 euros] overdrawn ❸ (*über das zustehende Maß in Anspruch nehmen*) **etw [um etw]** ~ to overrun sth [by sth] ❹ (*zu weit treiben*) **etw** ~ to carry sth too far; **überzogen** exaggerated, over the top *pred fam* ❺ (*übermäßig versehen*) **ein Land mit Krieg** ~ to invade a country; **ein mit Krieg überzogenes Land** a war-stricken [*or* -torn] country; **jdn mit immer neuen Forderungen** ~ to demand more and more from sb; **jdn mit einem Prozess** ~ to bring legal action against sb **II.** *vi* ❶ (*Kredit auf dem Girokonto in Anspruch nehmen*) **[um etw]** ~ to overdraw an/the/one's account [*or* to be overdrawn] [by sth] ❷ (*über die eingeteilte Zeit hinaus*) to overrun [one's allotted time]

über\|zie·hen[2] [ˈy:bɐtsi:ən] *vt irreg* ❶ (*anlegen*) **[sich] etw** ~ to put [*or* slip] on sth *sep;* **jdm etw** ~ to put [*or* slip] sth on sb ❷ (*fam*) **jdm eins [mit etw]** ~ to clobber [*or* clout] sb [one] [with sth] *fam*, to give sb a clout [with sth] *fam*

Über·zie·hungs·kre·dit *m* loan on overdraft, overdraft provi-

U

sion **Über·zie·hungs·zin·sen** *pl* overdraft interest *no pl*

über·züch·tet [y:bɐˈtsʏçtət] *adj* overbred; AUTO overdeveloped

Über·zug *m* ❶ (*überziehende Schicht*) coat[ing]; (*dünner*) film; (*Zuckerguss*) icing, frosting AM ❷ (*Hülle*) cover

üb·lich [ˈy:plɪç] *adj* ❶ (*normalerweise angewandt*) usual; **es ist bei uns hier** [**so**] ~ that's the custom with us here; **wie** ~ as usual ❷ (*gängig*) customary, usual

Üb·li·che(**s**) *nt decl wie adj* ■**das** ~ the usual [thing[s *pl*]]

üb·li·cher·wei·se *adv* usually, generally, normally

U-Boot [ˈu:bo:t] *nt* submarine, sub *fam;* (*während der beiden Weltkriege a.*) U-boat

U-Boo·ting <-s> *nt kein pl* SPORT human powered submarine racing

üb·rig [ˈy:brɪç] *adj* remaining, rest of *attr;* (*andere a.*) other *attr;* ■**die Ü~en** the remaining ones, the rest of them, the others; ■**das Ü~e** the rest, the remainder; ■**alles Ü~e** all the rest, everything else; **ein Ü~es tun** (*geh*) to go a step further; [**von etw**] **etw** ~ **behalten** to have sth left over [from sth]; **etw vom Geld** ~ **behalten** to keep sth [over] of the money; [**von etw**] ~ **bleiben** to be left [over], to be left [of sth]; **für jdn** ~ **bleiben** to be left for sb; **es wird ihm gar nichts anderes** ~ **bleiben** he won't have any choice [*or* any other alternative]; [**jdm**] **etw** [**von etw**] ~ **lassen** to leave sth [[*or* over] of sth] [for sb]; **etw vom Geld** ~ **lassen** to keep sth [over] of the money; ■~ **sein** to be left [over]

üb·ri·gens [ˈy:brɪgn̩s] *adv* ❶ (*nebenbei bemerkt*) incidentally, by the way ❷ (*außerdem*) ■[**und**] ~ [and] besides

üb·rig|ha·benRR *vt irreg* **für jdn etwas/nichts/viel** ~ to have a soft spot for [*or* be fond of] sb/to not care much [*or* have little time] for sb/to be very fond of [*or* have a great liking for] sb; **für etw etwas/nichts/viel** ~ to be interested [*or* have an interest] in sth/to be not at all interested in [*or* have no time at all for] sth/to be very interested in [*or* keen on] sth

Übung[1] <-> [ˈy:bʊŋ] *f kein pl* (*das Üben*) practice *no pl;* **in** ~ **bleiben** to keep in practice, to keep one's hand in; **aus der** ~ **sein** to be out of practice; **das ist alles nur** ~ it's [all] a question of practice, it [all] comes with practice; **aus der** ~ **kommen** to get out of practice; (*von Geschicklichkeit*) to lose touch; **zur** ~ for practice ▸ WENDUNGEN: ~ **macht den Meister** (*prov*) practice makes perfect *prov*

Übung[2] <-, -en> [ˈy:bʊŋ] *f* ❶ (*propädeutische Lehrveranstaltung*) seminar (**zu** *+akk* on) ❷ (*~sstück*) exercise ❸ SPORT exercise (**an** *+dat* on) ❹ (*Gelände~*) exercise ❺ (*Probeeinsatz*) exercise, drill

Übungs·ar·beit *f* SCH practice [*or* mock] test **Übungs·auf·ga·be** *f* SCH exercise **Übungs·buch** *nt* SCH book of exercises

Übungs·ge·län·de *nt* MIL training ground [*or* area]

UdSSR <-> [u:de:ʔɛsʔɛsˈʔɛr] *f Abk von* **Union der Sozialistischen Sowjetrepubliken** HIST ■**die** ~ the USSR [*or* U.S.S.R.]

UEFA-Cup <-s, -s> [uˈe:fakap] *m,* **UEFA-Po·kal** [uˈe:fa-] *m* ■**der** ~ the UEFA Cup

Ufer <-s, -> [ˈu:fɐ] *nt* (*Flussufer*) bank; (*Seeufer*) shore, strand *liter;* **das rettende** [*o* **sichere**] ~ **erreichen** to reach dry land [*or* the shore in safety]; **an das** [*o* **ans**] ~ **schwimmen** to swim ashore/to the bank; **über die** ~ **treten** to break [*or* burst] its banks; **an das** [*o* **ans**] ~ to the bank/shore; **an dem** [*o* **am**] ~ on the waterfront, on [*or* at] the water's edge

Ufer·be·fes·ti·gung *f* ❶ *kein pl* (*das Befestigen*) bank reinforcement *no pl,* protection of banks/shore ❷ (*befestigende Bepflanzung*) bank reinforcement **Ufer·bö·schung** *f* embankment **Ufer·land·schaft** *f* land on each side of a/the river/lake *no indef art, no pl,* riparian landscape *liter* **ufer·los** *adj* endless; **ins U~e gehen** (*zu keinem Ende führen*) to go on forever [*or* on and on]; (*jeden Rahmen übersteigen*) to go up and up **Ufer·pro·me·na·de** *f* [riverside/seaside] promenade **Ufer·schnep·fe** *f* ORN godwit **Ufer·schwal·be** *f* ORN sand martin **Ufer·stra·ße** *f* lakeside/riverside road

uff [ʊf] *interj* (*fam*) phew *fam,* whew *fam;* ~, **das hätten wir geschafft!** phew, that's that done!

Ufo, UFO <-[s], -s> [ˈu:fo] *nt Abk von* **Unbekanntes Flugobjekt** UFO

Ugan·da <-> [uˈganda] *nt kein pl* Uganda; *s. a.* **Deutschland**

Ugan·der(in) <-s, -> [uˈgandɐ] *m(f)* Ugandan; *s. a.* **Deutsche(r)**

ugan·disch [uˈgandɪʃ] *adj inv* Ugandan; *s. a.* **deutsch**

U-Haft [ˈu:-] *f* JUR (*fam*) *s.* **Untersuchungshaft**

Uhr <-, -en> [u:ɐ̯] *f* ❶ (*Instrument zur Zeitanzeige*) clock, timepiece *form;* **die** ~ **in der Küche** the clock in the kitchen, the kitchen clock; (*Armband~*) watch; ■**nach jds** ~ by sb's watch; **auf die** ~ **sehen** to look at the clock/one's watch; **die ~en** [**auf Sommer-/Winterzeit**] **umstellen** to set the clock/one's watch [to summer/winter time]; **diese** ~ **geht nach/vor** this watch is slow/fast; (*allgemein*) this watch loses/gains time; **jds** ~ **geht nach dem Mond** (*fam*) sb's watch can't tell the time [*or fam* is way out]; **jds innere** ~ sb's biological clock; ■**rund um die** ~ round the clock, 24 hours a day; ■**gegen die** ~ against time ❷ (*Zeitangabe*) o'clock; **7** ~ 7 o'clock [in the morning], 7 am [*or* a.m.]; MIL O seven hundred [*or written* 0700] hours; **15** ~ 3 o'clock [in the afternoon], 3 pm [*or* p.m.]; MIL fifteen hundred [*or written* 1500] hours; **9** ~ **15** quarter past nine [in the morning/evening], nine fifteen [*or written* 9.15] [am/pm], 15 minutes past 9 [in the morning/evening] *form;* **7** ~ **30** half past 7 [in the morning/evening], seven thirty [*or written* 7:30] [am/pm]; **8** ~ **23** 23 minutes past 8 [in the morning/evening], eight twenty-three [am/pm] *form;* **10** ~ **früh** [*o* **morgens**]/**abends**/**nachts** ten [o'clock] in the morning/in the evening/at night; **wie viel** ~ **ist es?, wie viel** ~ **haben wir** what time is it?; **um wie viel** ~**?** [at] what time?; **um 10** ~ at ten [o'clock] [in the morning/evening] ▸ WENDUNGEN: **jds** ~ **ist abgelaufen** (*geh*) the sands of time have run out for sb *form or liter*

Uhr·ket·te *f* watch chain, fob [chain] **Uhr·ma·cher(in)** *m(f)* watchmaker/clockmaker, horologist *spec* **Uhr·werk** *nt* ❶ (*Antrieb einer mechanischen Uhr*) clockwork mechanism, works *npl* [of a watch/clock], movements *pl* ❷ (*Antrieb eines Spielzeugs*) clockwork mechanism; **von einem** ~ **angetrieben** clockwork *attr,* driven by clockwork *pred* **Uhr·zei·ger** *m* hand [of a clock/watch]; **der große/kleine** ~ the big [*or* minute]/small [*or* hour] hand **Uhr·zei·ger·sinn** *m* ■**im** ~ clockwise; ■**entgegen dem** ~ anticlockwise, counterclockwise AM **Uhr·zeit** *f* time [of day]; **was haben wir für eine** ~**?** what time [of day] is it?

i Kultur

Die Einteilung des Tages in vierundzwanzig Stunden wird meist nur bei Fahrplänen benutzt. Die Zeit von Mitternacht bis 12 Uhr mittags wird mit **a.m.** bezeichnet, von 12 Uhr mittags bis Mitternacht wird **p.m.** verwendet, z.B. 10.30 Uhr entspricht *10:30 a.m.*, 14.50 Uhr *2:50 p.m.* Mit *half two* ist übrigens *half past two*, also 14.30 Uhr gemeint! Im Englischen gibt es kein *fünf vor/nach halb zwei.* Das *viertel zwei*, also *Viertel nach eins*, gibt es im Englischen ebenfalls nicht.

Uhu <-s, -s> [ˈu:hu] *m* eagle owl

Ukas <-ses, -se> [ˈu:kas] *m* decree

Uke·lei <-, -en> [ˈu:kəlai] *f* (*Fischart*) bleak

Ukra·i·ne <-> [ukraˈi:nə] *f* ■**die** ~ [the] Ukraine; *s. a.* **Deutschland**

Ukra·i·ner(in) <-s, -> [ukraˈi:nɐ] *m(f)* Ukrainian; *s. a.* **Deutsche(r)**

ukra·i·nisch [ukraˈi:nɪʃ] *adj* ❶ (*die Ukraine betreffend*) Ukrainian; *s. a.* **deutsch 1** ❷ LING Ukrainian; *s. a.* **deutsch 2**

Ukra·i·nisch [ukraˈi:nɪʃ] *nt decl wie adj* Ukrainian; *s. a.* **Deutsch**

Ukra·i·ni·sche <-n> *nt* ■**das** ~ Ukrainian, the Ukrainian language; *s. a.* **Deutsche**
UKW <-> [u:ka:'ve:] *nt kein pl Abk von* **Ultrakurzwelle** ≈ VHF *no pl;* **auf** ~ on VHF; **auf** ~ **umschalten** to switch to VHF
UKW-Emp·fang *m* VHF reception
UKW-Sen·der *m* VHF transmitter
Ulan-Ba·tor <-s> ['u:lan 'ba:to:ɐ̯] *nt* Ulan Bator
Ulk <-[e]s, -e> [ʊlk] *m (fam)* joke; **aus** ~ as a joke, for a lark *fam*
ul·ken ['ʊlkn̩] *vi (fam)* to joke; *(herumkaspern)* to clown around
ul·kig ['ʊlkɪç] *adj (fam)* ❶ *(lustig)* funny ❷ *(seltsam)* peculiar, strange, odd
Ul·me <-, -n> ['ʊlmə] *f* elm
Ul·men·krank·heit *f* ■**die** ~ Dutch elm disease
ul·ti·ma·tiv [ʊltima'ti:f] **I.** *adj* ■**eine** ~**e Forderung/ein** ~**es Verlangen** an ultimatum **II.** *adv* in the form of an ultimatum; **jdn** ~ **auffordern, etw zu tun** to give sb an ultimatum to do sth; *Streitmacht* to deliver [*or* issue] an ultimatum to sb to do sth
Ul·ti·ma·tum <-s, -s *o* Ultimaten> [ʊlti'ma:tʊm, *pl* -ma:tən] *nt* ultimatum; **jdm ein** ~ **stellen** to give sb an ultimatum; *Streitmacht* to deliver [*or* issue] an ultimatum to sb
Ul·ti·mo <-s, -s> ['ʊltimo] *m* ÖKON end [*or* last [day]] of the month; **bis/vor** ~ till [*or* until]/before the end [*or* last [day]] of the month
Ul·tra <-s, -s> ['ʊltra] *m* extremist
Ul·tra·kurz·wel·le [ʊltra'kʊrtsvɛlə] *f s. a.* **UKW** ❶ *(elektromagnetische Welle)* ultrashort [*or spec* metric] wave ❷ *(Empfangsbereich)* ≈ very high frequency [*or* VHF]
ul·tra·leicht *adj* ultralight *spec* **ul·tra·links** *adj* extreme leftist *a. pej*
Ul·tra·ma·rin <-s> [ʊltrama'ri:n] *nt kein pl* ultramarine *no pl*
ul·tra·or·tho·dox *adj* extremely orthodox **ul·tra·rechts** *adj* extreme[ly] right-wing
Ul·tra·schall ['ʊltraʃal] *m* ultrasound *no pl*
Ul·tra·schall·auf·nah·me *f* ultrasound picture, scan **Ul·tra·schall·di·a·gnos·tik** *f* ultrasound [*or* ultrasonic] diagnosis **Ul·tra·schall·ge·rät** *nt* [ultrasound] scanner **Ul·tra·schall·un·ter·su·chung** *f* ultrasound, scan **Ul·tra·schall·wel·len** *pl* ultrasonic waves *pl*
ul·tra·vi·o·lett [ʊltravi̯o'lɛt] *adj* ultraviolet
um [ʊm] **I.** *präp +akk* ❶ *(etw umgebend)* ■~ **etw** [**herum**] around [*or* BRIT round] sth; **ganz um etw** [**herum**] all around [*or* BRIT round] sth ❷ *(gegen)* ~ **Ostern/den 15./die Mitte des Monats** [**herum**] around Easter/the 15th/the middle of the month; ~ **fünf Uhr** [**herum**] at [*or* around] about five o'clock; *s. a.* **Uhr** ❸ *(im Hinblick auf etwas)* about; ~ **etw streiten** to argue about sth; *s. a.* **bitten, gehen** ❹ *(Unterschiede im Vergleich ausdrückend* ~ **einiges** [*o* **manches**] **besser** quite a bit better; ~ **nichts enger/breiter** no narrower/wider; ~ **einen Kopf größer/kleiner** a head taller/shorter by a head; ~ **10 cm länger/kürzer** 10 cm longer/shorter ❺ *(wegen)* ■~ **jdn/etw** for sb/sth; ■~ **jds/einer S. willen** for the sake of sb [*or* for sb's sake]/for the sake of sth; ~ **meinetwillen** for my sake; *s. a.* **Gott, Himmel** ❻ *(für)* **Minute** ~ **Minute** minute by minute; **Zentimeter** ~ **Zentimeter** centimetre by [*or* after] centimetre [*or* AM -er] ❼ *(nach allen Richtungen)* ~ **sich schlagen/treten** to hit/kick out in all directions ❽ *(vorüber)* ■~ **sein** to be over; *Zeit* to be up; *Frist* to expire **II.** *konj* ■~ **etw zu tun** [in order] to do sth; *s. a.* **so III.** *adv* ~ **die 80 Meter** about 80 metres [*or* AM -ers], 80 metres [*or* AM -ers] or thereabouts
um|ad·res·sie·ren* *vt* ■**etw** ~ to readdress sth; *(nachsenden)* to redirect sth
um|än·dern *vt* ■**etw** ~ to alter sth
um|ar·bei·ten *vt* ❶ *(umgestalten)* ■**etw** ~ to rework [*or* revise] sth; **ein Buch** ~ to rewrite a book; **ein Drehbuch/Manuskript** ~ to rewrite [*or* rework] a script/manuscript ❷ *s.* **umändern**
um·ar·men* [ʊm'ʔarmən] *vt* ■**jdn** ~ to embrace sb; *(fester)* to hug sb; *(zum Grüßen a.)* to give sb a hug; **„lass dich** ~**!"** "give me a hug!"
Um·ar·mung <-, -en> *f* embrace/hug; **die/eine** ~ **zweier Liebenden** two lovers embracing
Um·bau[1] *m kein pl* rebuilding *no pl,* renovation *no pl; (zu etw anderem a.)* conversion *no pl;* **sich im** ~ **befinden** to be being rebuilt/renovated/converted
Um·bau[2] <-bauten> *m* renovated/converted building; *(Teil von Gebäude)* renovated/converted section
um|bau·en[1] ['ʊmbauən] **I.** *vt* ■**etw** ~ to convert [*or* make structural alterations to] sth **II.** *vi* to renovate
um·bau·en*[2] [ʊm'bauən] *vt* ■**etw** [**mit etw**] ~ to enclose sth [with sth]; *s. a.* **Raum**
um|be·nen·nen* *vt irreg* ■**etw** [**in etw** *akk*] ~ to rename sth [sth]
Um·be·nen·nung *f* ■**die/eine** ~ **von etw/einer S.** *gen* renaming sth; **Tausende von** ~**en von Straßen** renaming thousands of streets
Um·ber·fisch ['ʊmbɐ-] *m* croaker, dumbfish
um|be·set·zen* *vt* ❶ FILM, THEAT ■**etw** ~ to recast sth ❷ POL ■**etw** ~ to reassign sth
Um·be·set·zung *f* ❶ FILM, THEAT recasting *no pl;* **eine** ~ **vornehmen** to alter the cast ❷ POL reassignment; *vom Ministerium* ministry shake-up; *vom Kabinett* reshuffle; ~**en vornehmen** to reshuffle the cabinet
um|be·stel·len* **I.** *vt* ❶ *(zu einem anderen Zeitpunkt bestellen)* ■**jdn** [**auf etw** *akk*] ~ to give another [*or* a new] appointment to sb [for sth] ❷ *(ändern)* ■**etw** ~ to change one's/the order/orders for sth **II.** *vi* to change the/one's order/orders
um|bet·ten *vt* ❶ *(in ein anderes Bett legen)* ■**jdn** ~ to move [*or* transfer] sb [to another bed]; ■**jdn** [**in/auf etw** *akk*] ~ to move [*or* transfer] sb [to sth] ❷ *(euph: woanders beerdigen)* ■**etw** ~ to transfer sth [to another grave], to rebury sth
um|bie·gen *irreg* **I.** *vt haben* ❶ *(durch Biegen krümmen)* ■**etw** ~ to bend sth ❷ *(auf den Rücken biegen)* **jdm den Arm** ~ to twist sb's arm [behind sb's back]; **mit umgebogenem Arm** with one's arm twisted behind one's back **II.** *vi sein* ❶ *(kehrtmachen)* to turn back [*or* round] ❷ *(abbiegen)* **nach links/rechts** ~ to take the left/right road/path/etc.; *Pfad, Straße* to turn [*or* bend] to the left/right
um|bil·den *vt* ■**etw** ~ to reshuffle [*or* shake up *sep*] sth
Um·bil·dung *f* reshuffle, shake-up
um|bin·den ['ʊmbɪndn̩] *vt irreg* ■**jdm etw** ~ to put [*or* wrap] sth around sb's neck; *(mit Knoten a.)* to tie sth around sb's neck; ■**sich** *dat* **etw** ~ to put on sth *sep; (mit Knoten a.)* to tie on sth *sep*
um|blät·tern *vi* to turn over; **ein paarmal** ~ to turn over a few pages; *(ohne Interesse)* to flip through a few pages
um|bli·cken *vr* ❶ *(nach hinten blicken)* ■**sich** ~ to look back; ■**sich nach jdm/etw** ~ to turn round to look at sb/sth ❷ *(zur Seite blicken)* **sich nach links/rechts** ~ to look to the left/right; *(vor Straßenüberquerung a.)* to look left/right; **sich nach allen Seiten** ~ to look in all directions
Um·bra <-> ['ʊmbra] *f kein pl* umber *no pl*
um|bre·chen[1] *irreg* **I.** *vt haben* ■**etw** ~ ❶ *(umknicken)* to break down sth *sep* ❷ *(geh: umpflügen)* to turn over [*or* break up] sth *sep* **II.** *vi sein* to break
um·bre·chen*[2] *vt irreg* TYPO ■**etw** ~ to make up sth *sep*
um|brin·gen *irreg* **I.** *vt* ■**jdn** ~ to kill sb; *(vorsätzlich a.)* to murder sb; **jdn mit/durch Gift** ~ to kill/murder sb with poison [*or* by poisoning]; **jdn mit einem Messer/durch Messerstiche** ~ to stab sb to death ▶ WENDUNGEN: **es wird mich noch** ~**!** *(fig fam)* it'll be the death of me! *fam;* **nicht umzubringen sein** *(fam)* to be indestructible **II.** *vr* ❶ *(Selbstmord begehen)* ■**sich** ~ to kill oneself; **sich mit Gift** ~ to kill one-

U

self by taking poison [*or* with poison]; **sich mit einem Messer ~** to stab oneself to death ❷ (*fam: sich allzu sehr ereifern*) **sich [fast] vor Freundlichkeit/Höflichkeit ~** to [practically] fall over oneself to be friendly/polite; **bringen Sie sich nur nicht um!** (*fig fam*) [mind you] don't kill yourself! *iron;* (*als Appell an die Vernunft*) you'll kill yourself [if you go [*or* carry] on like that]!

Um·bruch ['ʊmbrʊx, *pl* 'ʊmbrʏçə] *m* ❶ (*grundlegender Wandel*) radical change, upheaval; **sich in einem ~ befinden** to be going through a radical change, to be in upheaval ❷ *kein pl* TYPO making up *no pl;* **beim ~ sein** to be being made up; (*umbrochener Satz*) make-up

Um·bruch·pha·se *f* POL, SOZIOL, ÖKON upheaval phase

um|bu·chen I. *vt* ❶ (*auf einen anderen Termin verlegen*) ■**etw [auf etw** *akk*] **~** to alter [*or* change] one's booking/reservation for sth [to sth]; **den Flug auf einen anderen Tag ~** to change one's flight reservation to another day ❷ (*auf ein anderes Konto buchen*) ■**etw [von etw] [auf etw** *akk*] **~** to transfer sth [from sth] [to sth] **II.** *vi* ■**[auf etw** *akk*] **~** to alter [*or* change] one's booking/reservation [to sth]

Um·bu·chung *f* ❶ (*umgebuchter Termin*) changed [*or* altered] booking/reservation, change [*or* alteration] to a/the booking/reservation; **eine ~ [auf etw** *akk*] **vornehmen** to change [*or* alter] one's booking/reservation [to sth] ❷ (*Überweisung*) transfer

um|de·kla·rie·ren* *vt* ÖKON, JUR ■**etw ~** *Ware, Ladung* to avoid declaring sth

um|den·ken *vi irreg* ■**[in etw** *dat*] **~** to change [*or* modify] one's ideas/views [of sth]

um|di·ri·gie·ren* *vt* ■**etw [nach/zu etw] ~** to redirect sth [to sth]

um|dis·po·nie·ren* *vi* to change one's plans [*or* arrangements], to make new arrangements

um|dre·hen I. *vt haben* ❶ (*auf die andere Seite drehen*) ■**jdn/etw ~** to turn over sb/sth *sep; s. a.* **Arm, Hals** ❷ (*herumdrehen*) ■**etw ~** to turn sth ▸ WENDUNGEN: **jdm jedes Wort im Mund ~** to twist sb's every word **II.** *vr haben* (*in die andere Richtung wenden*) ■**sich [nach jdm/etw] ~** to turn round [to look at sb/sth]; *s. a.* **Magen** ▸ WENDUNGEN: **sich im Grab[e] ~** to turn in one's grave **III.** *vi haben o sein* to turn round; *Mensch a.* to turn back

Um·dre·hung [ʊm'dreːʊŋ] *f* AUTO revs *pl,* revolutions *pl form;* **3100 ~en** 3100 rpm

um·ei·nan·der [ʊmʔai'nandɐ] *adv* about each other [*or* one another]; **wir haben uns nie groß ~ gekümmert** we never really had much to do with each other

um|fah·ren[1] ['ʊmfaːrən] *irreg vt* (*fam*) ❶ (*überfahren*) ■**jdn ~** to knock down [*or* run over] sb *sep* ❷ (*anfahren und abknicken*) ■**etw ~** to hit sth; ■**umgefahren werden** to be hit by a vehicle

um·fa·hren*[2] [ʊm'faːrən] *vt irreg* ■**etw ~** ❶ (*vor etw ausweichen*) to circumvent sth *form; Auto a.* to drive around sth ❷ (*Umweg fahren*) to make a detour around sth

Um·fah·rung <-, -en> [ʊm'faːrʊŋ] *f* ÖSTERR, SCHWEIZ bypass

Um·fall *m* POL (*pej fam*) turnaround *a. pej*

um|fal·len *vi irreg sein* ❶ (*umkippen*) to topple [*or* fall] over; *Baum a.* to fall [down] ❷ (*zu Boden fallen*) to fall over [*or* down], to fall [*or* drop] to the floor/ground; (*schwerfällig*) to slump to the floor/ground; **tot ~** to drop [down] dead ❸ (*fam: die Aussage widerrufen*) to retract one's statement

Um·fang <-[e]s, Umfänge> *m* ❶ (*Perimeter*) circumference; *eines Baums a.* girth ❷ (*Ausdehnung*) area; **einen ~ von 5 Hektar haben** to cover an area of 5 hectares ❸ (*Ausmaß*) **in großem ~** on a large scale; **in vollem ~** completely, entirely, fully; **in vollem ~ freigesprochen werden** to be found not guilty on all points; **eine Katastrophe in vollem ~ erkennen** to recognize the full scale of a disaster

um·fan·gen* [ʊm'faŋən] *vt irreg* (*geh*) ■**jdn ~** to embrace sb; **jdn/sich ~ halten** to hold sb/each other in one's/their arms

um·fang·reich *adj* ❶ (*voluminös*) extensive; **ein ~es Buch** a thick book ❷ (*ein erhebliches Ausmaß besitzend*) extensive

um·fas·sen* [ʊm'fasn̩] *vt* ❶ (*umschließen*) ■**jdn/etw/sich ~** to clasp sb/sth/each other; (*umarmen*) to embrace sb/sth/[each other] ❷ (*aus etw bestehen*) ■**etw ~** to comprise sth; **vier Seiten/zwei Spalten ~** to have four pages/cover two columns

um·fas·send [ʊm'fasn̩t] **I.** *adj* ❶ (*weitgehend*) extensive; **~e Vollmachten/Maßnahmen** sweeping [*or* extensive] powers/measures ❷ (*alles enthaltend*) full; **ein ~er Bericht/ein ~es Geständnis** a full report/confession **II.** *adv* **etw ~ berichten** to report all the details of sth, to cover sth thoroughly; **~ gestehen** to admit to everything; **jdn ~ informieren** to keep sb informed of everything

Um·feld *nt* sphere

um|fi·nan·zie·ren* *vt* ÖKON ■**etw ~** to refinance sth

um·flie·gen* [ʊm'fliːgn̩] *vt irreg* ❶ (*um etw herumfliegen*) ■**etw ~** to fly around [*or* BRIT round] sth ❷ (*um etw kreisen*) ■**jdn/etw ~** to fly [in circles] around [*or* BRIT round] sb/sth

um|for·men *vt* ■**jdn ~** to transform sb

um|for·mu·lie·ren* *vt* ■**etw ~** to redraft sth; *Satz* to reword sth

Um·fra·ge *f* survey; POL [opinion] poll; **eine ~ [zu etw/über etw** *akk*] **machen** to hold [*or* carry out *sep*] [*or form* conduct] a survey [on sth]

Um·fra·ge·wer·te *pl* SOZIOL ■**jds ~** public opinion of sb

um·frie·den* [ʊm'friːdn̩] *vt* (*geh*) ■**etw [mit etw] ~** to enclose sth [with sth]; **etw mit einer Mauer/einem Zaun ~** to wall/fence in sth *sep*

Um·frie·dung <-, -en> *f* ❶ (*Einfriedigung*) enclosing fence/wall/hedge etc. ❷ *kein pl* (*das Einzäunen*) ■**die ~ von etw/einer S.** *gen* **[mit etw]** enclosing sth [with sth]; **die ~ von etw mit einem Zaun/einer Mauer** fencing/walling in sth

um|fül·len *vt* ■**etw [von etw] [in etw** *akk*] **~** to transfer sth [from sth] into sth; **Wein in eine Karaffe ~** to decant wine

um|funk·ti·o·nie·ren* *vt* ■**etw [zu etw] ~** to remodel sth [into sth], to change [*or* turn] sth [into sth]

Um·funk·ti·o·nie·rung <-, -en> *f* ■**die ~ von etw/einer S.** *gen* **[in etw** *akk*] remodelling sth [into sth], changing sth [into sth], turning sth into sth

Um·gang <-gänge> *m* ❶ (*gesellschaftlicher Verkehr*) ■**jds ~** sb's dealings *pl;* **~ mit jdm haben** (*geh*) to associate with sb, to have dealings with sb; **kein ~ für jdn sein** (*fam*) to be not fit [*or* be no] company for sb ❷ (*Beschäftigung*) ■**jds ~ mit etw** sb's having to do [*or* deal] with sth *form*

um·gäng·lich ['ʊmgɛŋlɪç] *adj* sociable, friendly; (*entgegenkommend*) obliging

Um·gangs·for·men *pl* [social] manners *pl;* **keine ~ haben** to have no manners **Um·gangs·spra·che** *f* ❶ LING colloquial language [*or* speech] *no pl;* **die griechische ~** colloquial Greek ❷ (*übliche Sprache*) **in dieser Schule ist Französisch die ~** the language spoken at this school is French **um·gangs·sprach·lich** *adj* colloquial; **ein ~er Ausdruck/ein ~es Wort** a colloquial expression/word, a colloquialism *spec;* ■**~ sein** to be a colloquial expression/word [*or spec* a colloquialism] **Um·gangs·ton** *m* tone, way of speaking

um·gar·nen* [ʊm'garnən] *vt* (*geh*) ■**jdn ~** to ensnare [*or* beguile] sb; ■**sich [von jdm/etw] ~ lassen** to let oneself be ensnared [*or* beguiled] [by sb]/beguiled [by sth]

um·ge·ben* [ʊm'geːbn̩] *irreg* **I.** *vt* ❶ (*einfassen*) ■**etw mit etw ~** to surround sth with sth; **mit einer Mauer/einem Zaun ~ sein** to be walled/fenced in, to be surrounded [*or* enclosed] by a fence/wall ❷ (*sich rings erstrecken*) ■**etw ~** to lie to all sides of sth; **etw von drei Seiten ~** to lie to three sides of sth ❸ (*in Gesellschaft von*) ■**von jdm ~ sein** to be surrounded by sb **II.** *vr* ■**sich mit jdm/etw ~** to surround oneself with sb/sth

Um·ge·bung <-, -en> [ʊm'ge:bʊŋ] *f* ❶ (*umgebende Landschaft*) environment, surroundings *pl; einer Stadt a.* environs *npl,* surrounding area; (*Nachbarschaft*) vicinity, neighbourhood; **in nächster ~** in the direct [*or* close] vicinity ❷ (*jdn umgebender Kreis*) people around one

Um·ge·gend *f* (*fam*) surrounding area

um|ge·hen¹ ['ʊmge:ən] *vi irreg sein* ❶ (*behandeln*) **mit jdm vorsichtig/rücksichtslos ~** to treat [*or* handle] sb carefully [*or* with care]/inconsiderately [*or* with inconsideration]; **mit jdm umzugehen wissen** to know how to handle [*or* deal with] sb, to have a way with sb; **mit jdm nicht ~ können** to not know how to handle [*or* deal with] sb; **mit etw gleichgültig/vorsichtig ~** to handle sth indifferently [*or* with indifference]/carefully [*or* with care]; *s. a.* **Geld** ❷ (*kolportiert werden*) to circulate, to go about [*or* around] ❸ (*spuken*) to walk [abroad *liter*]; **im Schloss geht ein Gespenst um** the castle is haunted [by a ghost]

um·ge·hen*² [ʊm'ge:ən] *vt irreg* ■**etw ~** ❶ (*vermeiden*) to avoid sth ❷ (*an etw vorbei handeln*) to circumvent sth *form*

um·ge·hend ['ʊmge:ənt] **I.** *adj* immediate; **eine ~e Antwort** an immediate [*or* a prompt] reply; **ich bitte um ~e Antwort** please inform me at your earliest convenience *form* **II.** *adv* immediately; **jdm ~ antworten** to reply [to sb] at one's earliest convenience *form*

Um·ge·hung¹ <-, -en> [ʊm'ge:ʊŋ] *f* ❶ (*das Vermeiden*) avoidance *no pl* ❷ (*das Umgehen*) circumvention *no pl form;* **unter ~ einer S.** *gen* by getting round [*or form* circumventing] sth

Um·ge·hung² <-, -en> [ʊm'ge:ʊŋ] *f,* **Um·ge·hungs·stra·ße** *f* bypass

um·ge·kehrt **I.** *adj* reversed, reverse *attr;* **in ~er Reihenfolge** in reverse order; (*rückwärts*) backwards; **die ~e Richtung** the opposite direction; **in ~em Verlauf** in reverse; **[es ist] gerade ~!** just the opposite!, quite the contrary!; *s. a.* **Vorzeichen** **II.** *adv* ❶ (*anders herum*) the other way round ❷ (*in der entgegengesetzten Reihenfolge*) **einen Film ~ abspielen** to run a film backwards; **es hat sich genau ~ abgespielt** just the opposite happened

um|ge·stal·ten* *vt* ■**etw ~** to reorganize sth; **die Anordnung von etw ~** to rearrange sth; **ein Gesetzeswerk/die Verfassung ~** to reform a body of laws/the constitution; **einen Park/ein Schaufenster ~** to redesign a park/shop window

Um·ge·stal·tung <-, -en> *f* reorganization *no pl; von Gesetzeswerk, Verfassung* reformation *no pl; eines Parks, Schaufensters* redesign *no pl; Anordnung* rearrangement *no pl*

um|ge·wöh·nen* *vr* ■**sich ~** to re-adapt, to adapt to a/the new situation

um|gra·ben *vt irreg* ■**etw ~** to dig over sth *sep;* **die Erde ~** to turn [over *sep*] the soil

um|grup·pie·ren* *vt* ■**jdn/etw ~** to regroup sb/sth; **die Möbel/Skulpturen ~** to rearrange the furniture/sculptures

um·gu·cken *vr* (*fam*) ■**sich ~** *s.* **umsehen**

Um·hang <-[e]s, Umhänge> *m* cape

um|hän·gen¹ ['ʊmhɛŋən] *vt* (*umlegen*) ■**sich** *dat* **etw ~** to put on sth *sep;* ■**jdm etw ~** to wrap [*or* drape] sth around sb; **jdm/sich Decken ~** to wrap blankets around sb/oneself, to wrap sb/oneself in blankets

um|hän·gen² ['ʊmhɛŋən] *vt* (*woanders hinhängen*) ■**etw ~** to rehang sth, to hang sth somewhere else

Um·hän·ge·ta·sche *f* shoulder bag

um|hau·en ['ʊmhauən] *vt irreg* (*fam*) ❶ (*fällen*) ■**etw ~** to chop [*or* cut] down sth *sep;* **Bäume ~** to fell trees, to chop [*or* cut] down *sep* ❷ (*völlig verblüffen*) ■**jdn ~** to stagger sb, to bowl over sb *sep fam* ❸ (*lähmen*) ■**jdn ~** to knock out sb *sep*

um·he·gen* [ʊm'he:gn̩] *vt* (*geh*) ■**jdn/etw ~** to look after sb/sth with loving care; **jdn ~ und umpflegen** to look after sb's every [little] wish; **etw ~ und umpflegen** to look after sth as if it were the apple of one's eye

um·her [ʊm'he:ɐ̯] *adv* around, about; **überall ~** everywhere; **weit ~** all around, as far as you can see

um·her|fah·ren *vi irreg sein* to drive around **um·her|ge·hen** *vi irreg sein* ■**in etw** *dat* **~** to walk about [*or* around] sth **um·her|ir·ren** *vi sein* to wander about [*or* around] **um·her|lau·fen** *vi irreg sein* ■**[in etw** *dat*] **~** to walk around [*or* about] [sth]; (*rennen*) to run around [*or* about] [sth] **um·her|wan·dern** *vi sein* ■**[in etw** *dat*] **~** to wander [*or* roam] around [*or* about] [sth] **um·her|zie·hen** *vi irreg sein* to wander [*or* roam] about [*or* around]

um·hin|kön·nen [ʊm'hɪnkœnən] *vi irreg* **jd kann nicht umhin, etw zu tun** sb cannot avoid doing sth

um|hö·ren *vr* ■**sich [nach jdm/etw] ~** to ask around [about sb/for sth]; ■**sich [irgendwo] ~** to ask around [somewhere]

um·hül·len* [ʊm'hʏlən] *vt* ■**jdn/etw [mit etw] ~** to wrap [up *sep*] sb/sth [in sth]

um·ju·beln* [ʊm'ju:bl̩n] *vt* ■**jdn ~** to cheer sb

um·kämpft [ʊm'kɛmpft] *adj* disputed; **ein ~es Gebiet** a disputed area, a war zone; ■**~ sein** to be disputed [*or* the centre of a dispute]

Um·kehr <-> ['ʊmke:ɐ̯] *f kein pl* turning back

um·kehr·bar *adj* reversible; ■**nicht ~** irreversible

um|keh·ren **I.** *vi sein* to turn back; **nach Hause/zum Ausgangspunkt ~** to go back home/back to where one started [out] **II.** *vt haben* (*geh*) ■**etw ~** to reverse sth

Um·keh·rung <-, -en> *f* (*geh*) reversal

um|kip·pen **I.** *vi sein* ❶ (*seitlich umfallen*) to tip [*or* fall] over; ■**[mit etw** *dat*] **~** *Stuhl, Fahrrad, Roller* to fall over [with sth] ❷ (*fam: bewusstlos zu Boden fallen*) to pass out ❸ (*sl: die Meinung ändern*) to come round ❹ ÖKOL to become polluted; **durch die Mülldeponie in Ufernähe ist der See umgekippt** the balance in the lake has been upset by the rubbish tip near the riverbank ❺ (*ins Gegenteil umschlagen*) to change course [*or* tack], to do a U-turn [*or* an about-face]; ■**in etw** *akk* **~** to turn into sth; **seine Laune kann von einer Minute auf die andere ~** his mood can blow hot and cold from one minute to the next **II.** *vt haben* ■**etw ~** to tip [*or* knock] over sth *sep*

um·klam·mern* [ʊm'klamɐn] *vt* ❶ (*sich an jdm festhalten*) ■**jdn ~** to cling [on] to sb, to hold on tightly to sb ❷ (*fest umfassen*) ■**etw ~,** ■**etw** *akk* **umklammert halten** to hold sth tight

Um·klam·me·rung <-, -en> *f* ❶ *kein pl* (*Umarmung*) embrace ❷ (*umklammernder Griff*) clutch; SPORT clinch

um|klap·pen *vt* ■**etw ~** to fold down sth *sep*

Um·klei·de·ka·bi·ne *f* changing cubicle [*or* AM stall]

um|klei·den ['ʊmklaidn̩] *vt* (*geh*) ■**sich ~** to change, to get changed

Um·klei·de·raum *m* changing room

um|kni·cken **I.** *vi sein* ❶ (*brechen*) *Stab, Zweig* to snap ❷ (*zur Seite knicken*) **[mit dem Fuß] ~** to twist one's ankle **II.** *vt haben* ■**etw ~** to snap sth; (*Papier, Pappe*) to fold over; (*Pflanze, Trinkhalm*) to bend sth [over]

um|kom·men *vi irreg sein* ❶ (*sterben*) to be [*or* get *fam*] killed, to die; **bei [*o* in] einem Verkehrsunfall/Flugzeugabsturz/etc ~** to be killed in a traffic accident/plane crash ❷ (*fam: verderben*) to go off [*or* bad] *fam* ❸ (*fam: es nicht mehr aushalten*) to be unable to stand sth [any longer]; **vor Langeweile ~** to be bored to death

Um·kreis *m* ■**im ~ [einer S.** *gen*] in the vicinity [*or* surroundings] [of sth], within the environs [of sth] BRIT; **im ~ von 100 Metern/Kilometern** within a radius of 100 metres/kilometres

um·krei·sen* [ʊm'kraizn̩] *vt* ■**etw ~** ❶ ASTRON (*um etw kreisen*) to revolve around sth, to orbit sth ❷ RAUM (*in einer Umlaufbahn sein*) to orbit sth, to circle sth

Um·krei·sung <-, -en> *f* ASTRON (*das Umkreisen*) orbiting;

ASTRON, RAUM (*Vollendung einer Umlaufbahn*) orbit

ụm|krem·peln *vt* ❶ (*aufkrempeln*) ■ **sich** *dat* **etw** *akk* ~ to roll up sth *sep;* (*Hosenbein*) to turn up sth *sep* ❷ (*fam: gründlich durchsuchen*) ■ **etw** ~ to turn sth upside down *fam* ❸ (*fam: grundlegend umgestalten*) ■ **etw/jdn** ~ to turn sth/sb inside out, to shake up sth/sb *sep,* to give sth/sb a good shake up *fam*

Ụm·la·ge *f* ❶ FIN share of the cost ❷ KOCHK garnish

um·la·gern* [ʊmla:gɐn] *vt* ■ **jdn** ~ to surround sb

Ụm·land *nt kein pl* surrounding area

Um·lauf [ˈʊmlauf, *pl* -lɔyfə] *m* ❶ ASTRON (*Umkreisung*) rotation ❷ ADMIN (*internes Rundschreiben*) circular; **etw** *akk* **in ~ bringen** [*o* **setzen**] to circulate sth, to put sth into circulation; *Gerücht, Lüge, Parole* to spread sth, to put about sth *sep;* ÖKON (*etw kursieren lassen*) *Banknoten, Geld, Falschgeld* to put into circulation; **im ~ sein** to be in circulation *a. fig*

Ụm·lauf·bahn *f* ASTRON, RAUM (*Kreisbahn, Orbit*) orbit; **die ~en um die Sonne** solar orbits

um|lau·fen [ˈʊmlaufn̩] **I.** *vi sein irreg* ❶ ÖKON (*zirkulieren*) to be in circulation ❷ (*weitererzählt werden*) to go round, to be circulating **II.** *vt haben* (*fam: umrennen*) ■ **jdn/etw** ~ to knock sb/sth over

Ụm·laut *m* LING umlaut, vowel mutation

ụm|lau·ten *vt* LING ■ [**zu etw** *dat*] **umgelautet werden** to be modified [into sth]

um|le·gen [ˈʊmle:gn̩] *vt* ❶ (*auf andere Seite kippen*) ■ **etw** ~ to turn sth; **einen Schalter** ~ to turn a switch ❷ (*um Körperteil legen*) ■ **jdm/sich etw** *akk* ~ to put [*or* wrap] sth around sb/oneself ❸ (*flachdrücken*) ■ **etw** ~ to flatten sth ❹ (*fällen*) ■ **etw** ~ to bring down sth *sep* ❺ (*sl: umbringen*) ■ **jdn** [**mit etw** *dat*] ~ to do in sb [with sth] *sep;* (*mit Pistole*) to bump sb off *sep;* ■ **jdn** [**von jdm**] ~ **lassen** to have sb done in [by sb] ❻ FIN (*anteilig verteilen*) ■ **etw** *akk* **auf jdn/etw** ~ to split sth between sb/sth ❼ ([*auf einen anderen Zeitpunkt*] *verlegen*) ■ **etw** [**auf etw** *akk*] ~ to change sth [to sth], to reschedule sth [for sth]

ụm|lei·ten *vt* BAU, TRANSP (*um etw herum leiten*) ■ **etw** [**irgendwohin**] ~ to divert sth [somewhere]

Ụm·lei·tung <-, -en> *f* TRANSP ❶ (*Strecke für umgeleiteten Verkehr*) diversion, detour ❷ *kein pl* (*das Umleiten*) diversion, re-routing

ụm|ler·nen *vi* to rethink, to change one's attitudes

um·lie·gend [ˈʊmli:gn̩t] *adj* surrounding

Ụm·luft *f kein pl* TECH recirculating air

Ụm·luft·herd *m* ELEK fan-assisted [*or* convection] oven

um·mau·ern* [ʊmˈmauɐn] *vt* ■ **etw** ~ to wall [in] sth *sep;* ■ **ummauert** walled; (*von Gefängnisbereich*) walled in

ụm|mel·den *vt* ADMIN **jdn/sich an einen anderen Wohnort** ~ to register sb's/one's change of address

Ụm·mel·dung <-, -en> *f* ADMIN registration of [one's] change of address

um·nach·tet [ʊmˈnaxtət] *adj* **geistig** ~ [**sein**] (*geh*) [to be] mentally deranged

Um·nạch·tung <-, -en> *f* **geistige** ~ (*geh*) mental derangement

Ụm·or·ga·ni·sa·ti·on *f* reorganization

ụm|or·ga·ni·sie·ren* *vt* ■ **etw** ~ to reorganize sth

um|pflan·zen [ˈʊmpflantsn̩] *vt* AGR, HORT ❶ (*woandershin pflanzen*) ■ **etw** ~ to transplant sth ❷ (*umtopfen*) ■ **etw** *akk* [**in etw** *akk*] ~ to repot sth [into sth]

um|pflü·gen [ˈʊmpfly:gn̩] *vt* AGR ■ **etw** ~ to plough [*or* AM plow] up sth *sep*

ụm·pro·gram·mie·ren *vt* ■ **etw** ~ *Steuerung, Computer, System* to reprogramme [*or* AM -am]

ụm|quar·tie·ren* *vt* ■ **jdn** ~ to relocate [*or* move] sb

um·rah·men* [ʊmˈra:mən] *vt* ❶ (*einrahmen*) ■ **etw** ~ to frame sth ❷ HORT (*einfassen*) ■ **etw** *akk* [**mit etw** *dat*] ~ to border sth [with sth]

Um·ra̱h·mung <-, -en> *f* ❶ (*Bilderrahmen*) frame ❷ *kein pl* (*das Einrahmen*) framing

um·ran·den* [ʊmˈrandn̩] *vt* ■ **etw** *akk* [**rot/mit einem Stift**] ~ to mark [*or* circle] sth [in red/with a pen]

Um·rạn·dung <-, -en> *f* ❶ (*einfassender Rand*) border; (*Markierung einzelner Wörter*) marking ❷ *kein pl* (*das Umranden*) marking

um·ran·ken* [ʊmˈraŋkn̩] *vt* ■ **etw** ~ to twine [*or* climb] around sth

ụm|räu·men **I.** *vi* to rearrange **II.** *vt* ❶ (*woandershin räumen*) ■ **etw** [**irgendwohin**] ~ to move sth [somewhere] ❷ (*die Möblierung umordnen*) ■ **etw** ~ to rearrange sth

ụm|rech·nen *vt* ❶ MATH (*in andere Zahleneinheiten übertragen*) ■ **etw** *akk* [**in etw** *akk*] ~ to convert sth [into sth] ❷ FIN (*in andere Währung übertragen*) ■ **etw** *akk* **in etw** *akk* ~ to convert sth into sth; **wie viel ist das, umgerechnet in Pfund?** how much is that in pounds?

Ụm·rech·nung <-, -en> *f* conversion

Ụm·rech·nungs·kurs *m* exchange rate

um·rei·ßen* [ʊmˈraisn̩] *vt irreg* ■ [**jdm**] **etw** *akk* ~ (*Situation, Lage*) to outline sth [to sb]; (*Ausmaß, Kosten*) to estimate sth [for sb]

ụm|ren·nen *vt irreg* ■ **jdn/etw** ~ to [run into and] knock sb/sth over

um·rin·gen* [ʊmˈrɪŋən] *vt* ■ **jdn/etw** ~ to surround sb/sth; (*drängend umgeben*) to crowd around sb/sth

Ụm·riss[RR] *m meist pl,* **Ụm·riß**[ALT] *m meist pl* contour[s *pl*], outline[s *pl*]; **in Umrissen** in outline

ụm|rüh·ren *vi, vt* ■ [**etw**] ~ to stir [sth]

ụm|rüs·ten **I.** *vi* MIL ■ **auf etw** *akk* ~ to rearm with sth **II.** *vt* ❶ MIL (*anders ausrüsten*) ■ **etw** *akk* **auf etw** *akk* ~ to rearm sth with sth ❷ TECH (*für etw umbauen*) ■ **etw** *akk* **auf etw** *akk* ~ to re-equip sth with sth

Ụm·rüs·tung <-, -en> *f* ❶ MIL (*Ausrüsten*) re-equipping ❷ TECH (*Umbauen*) conversion

ums [ʊms] = **um das** (*fam*) *s.* **um**

ụm|sat·teln *vi* (*fam*) [**auf einen anderen Beruf**] ~ to change jobs, to switch from one job to another

Ụm·satz *m* ÖKON turnover; ~ **machen** (*fam*) to be earning; **1.000 Euro ~ machen** to do 1,000 euros worth of business

Ụm·satz·be·richt *m* sales report **Ụm·satz·be·tei·li·gung** *f* ÖKON commission **Ụm·satz·kur·ve** *f* ÖKON sales curve **Ụm·satz·plus** *nt* increase in turnover **Ụm·satz·pro·gno·se** *f* ÖKON sales projection, turnover forecast **Ụm·satz·rück·gang** *m* ÖKON drop in turnover

ụm·satz·schwach *adj* ÖKON slow-selling, low-volume

Ụm·satz·sta·tis·tik *f* ÖKON sales analysis [*or pl* statistics] **Ụm·satz·stei·ge·rung** *f* ÖKON sales increase, increase in turnover **Ụm·satz·steu·er** *f* FIN sales tax **Ụm·satz·steu·er·iden·ti·fi·ka·ti·ons·num·mer** *f* sales tax identification number

um·säu·men* [ʊmˈzɔymən] *vt* (*geh*) ■ **etw** ~ to line sth

ụm|schal·ten **I.** *vi* ❶ RADIO, TV, INFORM (*andere Verbindung herstellen*) to switch over; **auf einen anderen Kanal/Sender** ~ change the channel/station ❷ TRANSP (*Anzeigenfarbe ändern*) to change; **auf Rot/Orange/Grün** ~ to turn [*or* go] red/amber [*or* AM yellow]/green ❸ (*fam: sich einstellen*) **ich brauche ein bisschen Zeit umzuschalten** I need a little time to shift gears; ■ **auf etw** *akk* ~ to adapt to sth **II.** *vt* RADIO, TV (*auf anderen Sender wechseln*) ■ **etw** *akk* **auf etw** *akk* ~ to switch sth to sth; **das Fernsehgerät/Radio** [*o* SÜDD, ÖSTERR, SCHWEIZ **den Radio**] ~ to change the television channel/radio station

Ụm·schalt·tas·te *f* INFORM shift-key

Ụm·schal·tung <-, -en> *f* TV change of channel; RADIO change of station

Ụm·schau *f* **nach jdm/etw ~ halten** to look out for sb/sth, to keep an eye out for sb/sth

ụm|schau·en *vr* (*geh*) *s.* **umsehen**

umlschich·ten *vt* ❶ *(anders aufschichten)* ■**[jdm] etw** *akk* ~ to restack sth [for sth] ❷ *(anders verteilen)* ■**etw** ~ to redistribute sth

Um·schich·tung <-, -en> *f* redistribution

um·schif·fen* ['ʊmʃɪfn̩] *vt* NAUT ■**etw** ~ to sail around sth; *Kap a.* to round, to double; *s. a.* **Klippe**

Um·schlag¹ <-[e]s> *m kein pl* ÖKON transfer, trans-shipment

Um·schlag² <-[e]s, -schläge> *m* ❶ *(Kuvert)* envelope; **selbstklebender** ~ self-adhesive envelope ❷ *(Buchumschlag)* jacket ❸ MED *(Wickel)* compress

umlschla·gen¹ ['ʊmʃla:gn̩] *irreg* **I.** *vt haben (wenden)* ■**etw** ~ *(Kragen, Ohrenklappe)* to turn down sth *sep; (Ärmelaufschlag)* to turn up sth *sep* **II.** *vi sein* METEO *(Wechseln der Wetterlage)* to change

umlschla·gen² ['ʊmʃla:gn̩] *vt irreg* ÖKON ■**etw** ~ *(umladen)* to transfer [*or* trans-ship] sth

Um·schlag·ha·fen *m* ÖKON, NAUT entrepot port, port of trans-shipment [*or* transhipment] **Um·schlag·platz** *m* ÖKON place of transshipment

um·schlie·ßen* [ʊm'ʃli:sn̩] *vt irreg* ❶ *(umgeben, umzingeln)* ■**etw** ~ to enclose sth ❷ *(geh: umarmen)* **jdn/etw mit den Händen/Armen** ~ to take sb/sth in one's hands/arms ❸ *(eng anliegen)* ■**jdn/etw** ~ to fit sb/sth closely [*or* tightly] ❹ *(einschließen)* ■**etw** ~ to include [*or* comprise] sth

um·schlin·gen* [ʊm'ʃlɪŋən] *vt irreg* ❶ *(geh: eng umfassen)* ■**jdn** ~ to embrace sb; **jdn mit den Armen** ~ to hold sb tightly in one's arms, to clasp sb in one's arms *liter* ❷ BOT *(rankend umgeben)* ■**etw** ~ to twine around sth

um·schlun·gen *adj* **eng** ~ with one's arms tightly around one another; **jdn [fest]** ~ **halten** *(geh)* to hold sb [tightly] in one's arms, to embrace sb [tightly]

um·schmei·cheln* [ʊm'ʃmaiçl̩n] *vt* ❶ *(jdm schöntun)* ■**jdn** ~ to flatter sb ❷ *(geh: sanft berühren)* ■**etw** *gen* **umschmeichelt jdn/etw** sth is caressing sb/sth

umlschmei·ßen *vt irreg (fam)* ❶ *(umwerfen)* ■**[jdm] etw** ~ to knock [sb's] sth over ❷ *(zunichtemachen)* ■**etw** ~ *Planung, Plan* to mess up sth *sep*

umlschnal·len *vt* ■**[jdm/sich] etw** *akk* ~ to buckle on *sep* [sb's/one's] sth

umlschrei·ben¹ ['ʊmʃraibn̩] *vt irreg* ❶ MEDIA *(grundlegend umarbeiten)* ■**etw** ~ to rewrite sth ❷ JUR *(im Grundbuch übertragen)* ■**etw** *akk* **auf jdn** ~ to transfer sth to sb [*or* sb's name]; ■**etw** *akk* **auf jdn** ~ **lassen** to have sth transferred to sb [*or* sb's name]

um·schrei·ben*² [ʊm'ʃraibn̩] *vt irreg* ■**etw** ~ ❶ *(indirekt ausdrücken)* to talk around sth, to skate over [*or* around] sth, to gloss over sth ❷ *(beschreiben)* to outline [*or* describe] sth; *(in andere Worten fassen)* to paraphrase sth

Um·schrei·bung <-, -en> *f* ❶ *(indirektes Ausdrücken)* glossing-over, dodging ❷ *(das Beschreiben)* outline, description, paraphrase

Um·schrift *f* ❶ LING *(Transkription)* transcription, transliteration; **phonetische** ~ phonetic transcription ❷ *(kreisförmige Beschriftung)* circumscription

umlschul·den ÖKON **I.** *vt* ■**etw** ~ to refinance [*or* reschedule] [*or* roll over] sth **II.** *vi* to refinance; **einen Kredit** ~ to convert [*or* fund] a loan

Um·schul·dung <-, -en> *f* FIN funding *no pl*

umlschu·len *vt* ❶ *(für andere Tätigkeit ausbilden)* ■**jdn [zu etw** *dat*] ~ to retrain sb [as sth]; ■**sich** *akk* ~ **lassen** to undergo retraining ❷ SCH *(auf andere Schule schicken)* ■**jdn** ~ to transfer sb to another school

Um·schü·ler(in) *m(f)* retrainee

Um·schu·lung *f* ❶ *(Ausbildung für andere Tätigkeit)* retraining ❷ SCH *(das Umschulen)* transfer

Um·schu·lungs·kurs *m* SCH, ÖKON retraining course

um·schwär·men* [ʊmʃvɛrmən] *vt* ■**jdn** ~ to idolize sb; *(bedrängen)* to swarm around sb

um·schwärmt *adj* idolized

Um·schwei·fe ['ʊmʃvaifə] *pl* beating about [*or* AM around] the bush; **ohne** ~ without mincing one's words, straight up; **keine** ~**!** stop [*or* no] beating about the bush!

umlschwen·ken *vi sein o haben* ❶ *(zur Seite schwenken) exerzierende Rekruten* to do an about-face [*or* about-turn]; **nach links/rechts** ~ to swing [out] to the left/right ❷ *(seine Meinung ändern)* ■**[auf etw** *akk*] ~ to swing round [to sth]

Um·schwung *m* ❶ *(plötzliche Veränderung)* drastic change; **ein politischer/wirtschaftlicher** ~ a political/economic U-turn ❷ SCHWEIZ *(umgebendes Gelände)* surrounding property

um·se·geln* [ʊm'ze:gl̩n] *vt* NAUT ■**etw** ~ to sail around sth

umlse·hen *vr irreg* ❶ *(in Augenschein nehmen)* ■**sich** *akk* **irgendwo/bei jdm** ~ to have [*or esp* AM take] a look around somewhere/in sb's home ❷ *(nach hinten blicken)* ■**sich** ~ to look back [*or* BRIT round]; ■**sich** *akk* **nach jdm/etw** ~ to turn to look at sb/sth, to look back [*or* BRIT round] at sb/sth ❸ *(zu finden suchen)* ■**sich** *akk* **nach jdm/etw** ~ to look around for sb/sth

um·sei·tig ['ʊmzaitɪç] **I.** *adj* overleaf; **der Text zur** ~**en Abbildung** the text to the illustration overleaf **II.** *adv* overleaf; **die Lösung ist** ~ **erwähnt** the solution is given overleaf

umlset·zen¹ ['ʊmzɛtsn̩] *vt* ❶ *(an anderen Platz setzen)* ■**jdn** ~ to move sb ❷ *(nutzbringend anwenden)* ■**etw** *akk* **[in etw** *akk*] ~ to convert sth [to sth]; **etw** *akk* **in die Praxis** ~ to put sth to practice, to translate sth into practice; **etw** *akk* **in Geld** ~ to sell sth, to turn sth into cash [*or* money]; *s. a.* **Tat**

umlset·zen² ['ʊmzɛtsn̩] *vt* ÖKON *(verkaufen)* ■**etw** ~ to turn over sth, to have a turnover of sth

Um·sicht *f kein pl* prudence, circumspection *form*

um·sich·tig **I.** *adj* level-headed, prudent, circumspect *form* **II.** *adv* prudently, circumspectly *form*

umlsie·deln **I.** *vt haben* ■**jdn [irgendwohin]** ~ to resettle [*or* relocate] sb [somewhere] **II.** *vi sein* ■**irgendwohin** ~ to resettle somewhere

Um·sie·de·lung <-, -en> *f* resettlement

Um·sied·ler(in) *m(f)* resettler, resettled person

um·sonst [ʊm'zɔnst] *adv* ❶ *(gratis)* for free, free of charge; ■~ **sein** to be free [of charge]; *(Pröbchen, Werbegeschenk)* to be complimentary; **etw** *akk* ~ **bekommen** to receive sth free of charge [*or* for free]; **etw** *akk* ~ **geben** to give sth free of charge [*or* for free] ❷ *(vergebens)* in vain; ■~ **sein** to be pointless; **nicht** ~ not without reason, not for nothing *fam*

um·sor·gen* [ʊm'zɔrgn̩] *vt* ■**jdn** ~ to look after sb, to care for sb

um·span·nen* [ʊm'ʃpanən] *vt* ❶ *(umfassen)* to clasp; ■**etw** *akk* **mit den Armen/Händen** ~ to get [*or* put] one's arms/hands around sth ❷ *(zeitlich einschließen)* ■**etw** ~ *Zeitraum* to span sth

Um·spann·werk *nt* ELEK transformer station

um·spie·len* [ʊm'ʃpi:lən] *vt (geh: andeutungsweise zu sehen sein)* ■**etw** ~ to have a hint [*or* suggestion] of sth; **ein leises Lächeln umspielte ihre Lippen** a faint smile played about her lips

umlsprin·gen ['ʊmʃprɪŋən] *vi irreg sein* ❶ *(grob behandeln)* ■**mit jdm schlecht [***o* **grob]** ~ to treat sb badly [*or* roughly]; **so lasse ich nicht mit mir** ~**!** I won't be treated like that! ❷ METEO *(rasch die Richtung wechseln)* to veer round ❸ TRANSP *(plötzlich umschalten)* to change **(auf** +*akk* to); **auf Rot/Orange/Grün** ~ to change to red/amber [*or* AM yellow]/green

umlspu·len *vt* to rewind; **ein Tonband auf eine andere Spule** ~ to wind a tape onto another spool

um·spü·len* [ʊm'ʃpy:lən] *vt (geh)* ■**etw** ~ to wash around [*or* BRIT round] sth

Um·stand <-[e]s, -stände> *m* ❶ *(wichtige Tatsache)* fact; **mildernde Umstände** JUR mitigating circumstances; **den**

U

Umständen entsprechend [**gut**] [as good] as can be expected under the circumstances; **unter Umständen** possibly, maybe, perhaps; **unter diesen Umständen hätte ich das nie unterschrieben** I would never have signed this under these circumstances; **unter allen Umständen** at all costs ❷ *pl* (*Schwierigkeiten*) bother, trouble; [**jdm**] **Umstände machen** [*o geh* **bereiten**] to put [sb] out, to cause trouble [*or* bother] [*or* inconvenience] [for sb]; [**jdm**] **Umstände machen** [*o geh* **bereiten**], **etw** *akk* **zu tun** to be a bother [to sb] to do sth; **nicht viel Umstände** [**mit jdm/etw**] **machen** to not waste any time [with sb/sth], to make short work [of sb/sth]; **ohne** [**große**] **Umstände** without any [great deal of] fuss [*or* bother]; **bitte keine Umstände!** please don't put yourself out!, please don't go to any bother! ❸ *pl* (*Förmlichkeiten*) fuss; **wozu die Umstände?** why are you making such a fuss?, what's this fuss all about? ►WENDUNGEN: **in anderen Umständen sein** (*geh: schwanger sein*) to be expecting *form*

um·stän·de·hal·ber *adv* due [*or* owing] to circumstances

um·ständ·lich [ˈʊmʃtɛntlɪç] **I.** *adj* ❶ (*weitschweifig: Erklärung, Formulierung*) long-winded, ponderous ❷ (*mit großem Aufwand verbunden*) laborious; (*Anweisung, Beschreibung*) elaborate, involved; (*Aufgabe, Reise*) complicated, awkward; (*Erklärung, Anleitung*) long-winded; ■**~ sein** to be a [lot of] bother, to be inconvenient; (*Erklärung, Anleitung*) to be long-winded; ■**~ sein, etw** *akk* **zu tun** to be a [real [*or* a lot of]] bother [*or* inconvenience] to do sth; ■**etw** *gen* **ist jdm zu ~** sth's too much [of a] bother for sb ❸ (*unpraktisch veranlagt*) ■**~ sein** to be awkward [*or* fussy], to have a ponderous manner *form* **II.** *adv* ❶ (*weitschweifig*) long-windedly, ponderously *form* ❷ (*mühselig und aufwändig*) laboriously, with some bother

Um·ständ·lich·keit <-> *f kein pl* ❶ (*Weitschweifigkeit*) long-windedness, awkwardness, ponderousness *form* ❷ (*Aufwändigkeit*) laboriousness, awkwardness

Um·stands·be·stim·mung *f* LING *s.* **Adverbialbestimmung** **Um·stands·kleid** *nt* maternity dress **Um·stands·klei·dung** *f* maternity wear **Um·stands·krä·mer** *m* (*fam o fig*) pedant, fusspot *fam* **Um·stands·mo·de** *f* maternity wear **Um·stands·wort** *nt* LING *s.* **Adverb**

um·ste·hend [ˈʊmʃteːənt] **I.** *adj attr* ❶ (*ringsum stehend*) standing round, surrounding ❷ (*geh*) *s.* **umseitig II.** *adv* (*geh*) *s.* **umseitig**

um|stei·gen *vi irreg sein* ❶ TRANSP to change; **in Mannheim müssen Sie nach Frankfurt ~** in Mannheim you must change for Frankfurt ❷ (*überwechseln*) ■**auf etw** *akk* **~** to switch [*or* change] [over] to sth

Um·stei·ger(in) <-s, -> *m(f)* TRANSP passenger needing to change; (*im Flughafen*) transfer passenger, passenger in transit

um|stel·len[1] [ˈʊmʃtɛlən] **I.** *vt* ❶ (*anders hinstellen*) ■**etw ~** to move sth ❷ (*anders anordnen*) ■**etw ~** to change sth round, to reorder sth ❸ (*anders einstellen*) ■**etw** *akk* [**auf etw** *akk*] **~** to switch sth over [to sth]; **die Uhr ~** to turn [*or* put] the clock back/forward ❹ (*zu etw anderem übergehen*) ■**etw** *akk* **auf etw** *akk* **~** to convert [*or* switch] sth to sth; **die Ernährung ~** to change one's diet **II.** *vi* (*zu etw anderem übergehen*) ■**auf etw** *akk* **~** to change over to sth **III.** *vr* (*sich veränderten Verhältnissen anpassen*) ■**sich** [**auf etw** *akk*] *akk* **~** to adapt [*or* adjust] [to sth]

um·stel·len*[2] [ʊmˈʃtɛlən] *vt* (*umringeln*) ■**jdn/etw ~** to surround sb/sth; ■**umstellt sein** to be surrounded

Um·stel·lung *f* ❶ (*Übergang*) ■**die ~** [**von etw** *dat*] [**auf etw** *akk*] the switch [*or* change] [from sth] [to sth]; (*Beheizung, Ernährung*) the conversion [from sth] [to sth] ❷ (*Anpassung an veränderte Verhältnisse*) adjustment

um|stim·men *vt* ■**jdn ~** to change sb's mind, to win sb over *sep*, to win sb [a]round *sep;* ■**sich** *akk* [**von jdm**] **~ lassen** to let oneself be persuaded [by sb]

um|sto·ßen *vt* ■**etw ~** *irreg* ❶ (*durch Anstoßen umkippen*) to knock sth over ❷ (*wieder rückgängig machen*) to change sth; (*Plan*) to upset sth

um·strit·ten [ʊmˈʃtrɪtn̩] *adj* ❶ (*noch nicht entschieden*) disputed; ■[**bei jdm/in etw** *dat*] **~ sein** to be disputed [amongst sb/in sth] ❷ (*in Frage gestellt*) controversial; ■[**als jd**] **~ sein** to be [a] controversial [sb]; **sie ist als Politikerin ~** she's a controversial politician

um|struk·tu·rie·ren* *vt* ■**etw ~** to restructure sth

Um·struk·tu·rie·rung *f* restructuring

um|stül·pen [ˈʊmʃtʏlpn̩] *vt* ■**etw ~** ❶ (*das Innere nach außen kehren*) to turn sth out ❷ (*auf den Kopf stellen*) to turn sth upside down

Um·sturz *m* POL putsch, coup [d'état]

um|stür·zen **I.** *vi sein* to fall **II.** *vt haben* ■**etw ~** to knock sth over, to overturn sth; (*politisches Regime etc*) to overthrow, to topple

um·stürz·le·risch *adj* POL subversive

Um·sturz·ver·such *m* POL attempted putsch [*or* coup [d'état]]

um|tau·fen *vt* ■**etw** [**auf etw** *akk*] **~** to rename [*or* rechristen] sth [sth]

Um·tausch *m* ÖKON ❶ (*das Umtauschen eines Kaufobjektes*) exchange; **im ~ gegen etw** *akk* in exchange for sth ❷ FIN exchange

um|tau·schen *vt* ❶ ÖKON (*im Tausch gegen etw zurückgeben*) ■**etw ~** to exchange sth; ■**etw** *akk* **in** [*o* **gegen**] **etw** *akk* **~** to exchange sth for sth ❷ (*im Umtausch geben*) ■**jdm etw** *akk* **~** to exchange sth for sb ❸ FIN (*in andere Währung wechseln*) ■**etw** *akk* [**in etw** *akk*] **~** to change sth [into sth]

um|top·fen *vt* BOT ■**etw ~** to repot sth

Um·trieb *m* ❶ *pl* (*pej: Aktivitäten*) activities *pl* ❷ SCHWEIZ (*Mühe, Aufwand*) bother

um·trie·big *adj* dynamic, go-getting

Um·trunk *m* drink

um|tun *vr irreg* (*fam*) ❶ (*sich um etw bemühen*) ■**sich** *akk* [**nach etw** *dat*] **~** to look around [for sth] ❷ (*sich umsehen*) ■**sich** *akk* [**irgendwo/nach jdm**] **~** to have a look around [somewhere/for sb]

U-Mu·sik [ˈuː-] *f kurz für* **Unterhaltungsmusik** easy-listening [music]

Um·ver·pa·ckung *f* wholesale packaging

um|ver·tei·len* *vt* ÖKON ■**etw ~** to redistribute sth

Um·ver·tei·lung *f* ÖKON redistribution

um|wäl·zen [ˈʊmvɛltsn̩] *vt* ■**etw ~** to circulate sth

um·wäl·zend <-er,-este> *adj* radical; **eine ~e Veränderung** a sweeping change; **~e Ereignisse** revolutionary events

Um·wälz·pum·pe *f* circulating pump

Um·wäl·zung <-, -en> *f* ❶ *kein pl* TECH (*das Zirkulieren*) circulation ❷ (*grundlegende Veränderung*) revolution, radical change

um|wan·deln [ˈʊmvandl̩n] *vt* (*die Bestimmung verändern*) ■**etw** *akk* [**in etw** *akk*] **~** to convert sth [into sth]; **wie umgewandelt sein** to be a changed person, to be like a completely different person

Um·wand·lung *f* conversion

um|wech·seln [-ks-] *vt* ■[**jdm**] **etw** *akk* [**in etw** *akk*] **~** to change sth [into sth] [for sb]; **können Sie mir wohl 5.000 Euro in Dollar ~?** could you give me 5,000 euros in dollars please?

Um·weg *m* detour, long way round; **ein großer** [*o* **weiter**] [*o* **ziemlicher**] **~ sein** to be completely out of the way; **einen ~ machen/gehen/fahren** to make a detour, to go the long way round; **etw** *akk* **auf ~en erfahren** to find out about sth indirectly; **auf ~en sein Ziel erreichen** to achieve one's goal the roundabout way; **auf dem ~ über jdn** indirectly through [*or* via] sb

Um·welt [ˈʊmvɛlt] *f kein pl* ❶ ÖKOL environment ❷ (*Menschen in jds Umgebung*) environment

Ụm·welt·auf·la·ge *f* environmental [protection] regulations *pl* **Ụm·welt·be·din·gun·gen** *pl* environmental conditions *pl* **ụm·welt·be·las·tend** *adj* damaging to the environment *pred,* environmentally harmful **Ụm·welt·be·las·tung** *f* environmental damage [*or* costs *pl*] **Ụm·welt·be·wusst·sein**[RR] *nt kein pl* environmental consciousness **Ụm·welt·ein·flüs·se** *pl* environmental influences *pl* **Ụm·welt·en·gel** *nt* ≈ eco-label (*symbol on packaging denoting a product that is environmentally friendly*) **Ụm·welt·er·hal·tung** *f kein pl* preservation of the environment, environmental conservation **Ụm·welt·for·schung** *f kein pl* ❶ ÖKOL, BIOL (*Ökologie*) ecology ❷ SOZIOL (*Erforschung der Umwelt*) environmental research **ụm·welt·freund·lich** *adj* environmentally friendly, eco-friendly *fam;* ~**es Auto** clean [*or* low pollution] car **ụm·welt·ge·fähr·dend** *adj* endangering [*or* harmful to] the environment *pred* **Ụm·welt·ge·fähr·dung** *f* environmental threat **Ụm·welt·gift** *nt* environmental pollution **Ụm·welt·ka·ta·stro·phe** *f* ecological disaster **Ụm·welt·kri·mi·na·li·tät** *f* environmental crime **Ụm·welt·mi·nis·te·ri·um** *nt* POL ■**das** ~ the Ministry for the Environment BRIT, Department of the Environment AM **Ụm·welt·or·ga·ni·sa·ti·on** *f* environmental organization **Ụm·welt·pa·pier** *nt* recycled paper **Ụm·welt·po·li·tik** *f* environmental policy **Ụm·welt·schä·den** *pl* environmental damage **ụm·welt·scho·nend** *adj* environmentally friendly, eco-friendly *fam* **Ụm·welt·schutz** *m* conservation, environmental protection **Ụm·welt·schüt·zer(in)** *m(f)* environmentalist, conservationist **Um·welt·schụtz·ge·setz** *nt* environmental protection law **Um·welt·schụtz·or·ga·ni·sa·ti·on** *f* environmental organization **Ụm·welt·sün·der(in)** *m(f)* (*fam*) *s.* **Umweltverschmutzer 1** **Ụm·welt·ver·schmut·zer(in)** <-s, -> *m(f)* ❶ (*die Umwelt verschmutzender Mensch*) **ein** ~ **sein** to be environmentally irresponsible ❷ (*Quelle der Umweltverschmutzung*) pollutant **Ụm·welt·ver·schmut·zung** *f* pollution **ụm·welt·ver·träg·lich** *adj* environmentally friendly **Ụm·welt·ver·träg·lich·keit** *f kein pl* environmental tolerance **Ụm·welt·zei·chen** *nt s.* **Umweltengel** **Ụm·welt·zer·stö·rung** *f* destruction of the environment, environmental destruction

ụm|wen·den *vr irreg* ■**sich** *akk* [**nach jdm/etw**] ~ to turn around [to face sb/sth]

um·wer·ben* [ʊmˈvɛrbn̩] *vt irreg* ■**jdn** [**mit etw** *dat*] ~ to woo [*or* court] sb [with sth]

ụm|wer·fen *vt irreg* ❶ (*zum Umfallen bringen*) ■**etw/jdn** ~ to knock sth/sb over ❷ (*fam: fassungslos machen*) ■**jdn** ~ to bowl sb over, to stun sb ❸ (*zunichtemachen*) ■**etw** ~ (*Ordnung, Plan*) to upset sth; (*Vorhaben*) to knock sth on the head ❹ (*rasch umlegen*) ■**sich** *dat* **etw** *akk* ~ to throw on one's sth; ■**jdm etw** *akk* ~ to throw sth on sb; **er warf seinen Mantel um** he threw on his coat

ụm·wer·fend *adj* incredible, fantastic

um·wi·ckeln* [ʊmˈvɪkl̩n] *vt* ■**etw** *akk* **mit etw** *dat* ~ to wrap sth around sth

ụm|wid·men *vt* (*geh: anderer Nutzung zuführen*) ■**etw** *akk* [**zu etw** *dat*/**in etw** *akk*] ~ to convert sth [into sth]

um·wọ̈lkt *adj* shrouded in clouds

um·zäu·nen* *vt* ■**etw** ~ to fence around sth, to fence in sth

um·zäunt *adj* fenced round [*or* in]

Um·zäu·nung <-, -en> *f* ❶ *kein pl* (*das Umzäunen*) fencing round ❷ (*umgebender Zaun*) fence, fencing

um|zie·hen[1] [ˈʊmtsiːən] *vi irreg sein* to move [house]; **sie ziehen am Wochenende um** they're moving house at the weekend

um|zie·hen[2] [ˈʊmtsiːən] *vt irreg* ■**sich** ~ to get changed, to change

um·zin·geln* [ʊmˈtsɪŋl̩n] *vt* ■**jd/etw** ~ to surround sb/sth; (*durch die Polizei*) to cordon off sth *sep*

Um·zịn·ge·lung <-, -en> *f* ❶ (*das Umzingeln*) surrounding ❷ (*umzingelter Zustand*) encirclement; (*durch die Polizei*) cordon

Ụm·zug *m* ❶ (*das Umziehen*) move ❷ (*gemeinsames Umherziehen*) procession, parade

Ụm·zugs·kar·ton *m* removal [*or* AM moving] box **Ụm·zugs·kos·ten** *pl* removal [*or* AM moving] costs *pl*

UN <-> [uːˈʔɛn] *pl* POL *Abk von* **Vereinte Nationen** UN

un·ab·än·der·lich [ʊnʔapˈʔɛndɐlɪç] *adj* unchangeable; (*Tatsache*) well-established; (*Entschluss*) irrevocable, irreversible

un·ab·ding·bar [ʊnʔapˈdɪŋbaːɐ̯] *adj* indispensable; ■[**für jdn**] ~ **sein** to be indispensable [for sb]

un·ab·hän·gig [ˈʊnʔaphɛŋɪç] *adj* ❶ POL (*souverän*) independent; ■~ **werden** to become independent, to gain independence ❷ (*von niemandem abhängig*) independent; ■[**von jdm/etw**] ~ **sein** to be independent [of sb/sth]; ■[**von jdm/etw**] ~ **werden** to become independent [of sb/sth]; **sich** *akk* ~ **machen** to become self-employed ❸ (*ungeachtet*) ■~ **von etw** *dat* regardless [*or* irrespective] of sth, disregarding sth; ~ **davon, ob/wann/was/wie ...** regardless [*or* irrespective] of whether/when/what/how ...; ~ **voneinander** separately

Ụn·ab·hän·gig·keit *f kein pl* ❶ POL (*Souveränität*) independence ❷ (*Eigenständigkeit*) ■**jds** ~ [**von jdm/etw**] sb's independence [of sb/sth]

Ụn·ab·hän·gig·keits·er·klä·rung *f* POL declaration of independence

un·ab·kömm·lich [ʊnʔapkœmlɪç] *adj* ■~ **sein** to be unavailable [*or* engaged] *form*

un·ab·läs·sig [ʊnʔapˈlɛsɪç] **I.** *adj* unremitting, continual; (*Lärm*) incessant; (*Versuche, Bemühungen*) unceasing, unremitting **II.** *adv* incessantly, unremittingly

un·ab·seh·bar [ʊnʔapˈzeːbaːɐ̯] *adj* unforeseeable; (*Schäden*) incalculable, immeasurable, not yet known *pred*

un·ab·sicht·lich [ʊnʔapzɪçtlɪç] **I.** *adj* unintentional; (*Beschädigung*) accidental **II.** *adv* unintentionally, accidentally

un·ab·wend·bar [ʊnʔapˈvɛntbaːɐ̯] *adj* inevitable

un·acht·sam [ˈʊnʔaxtzaːm] *adj* careless; (*unsorgsam*) thoughtless; (*unaufmerksam*) inattentive

Ụn·acht·sam·keit *f* carelessness

un·ähn·lich [ˈʊnʔɛːnlɪç] *adj* dissimilar; ■**jdm** ~ **sein** to be unlike sb; ■**jdm nicht** ~ **sein** to be not unlike [*or* dissimilar to] sb

un·an·fecht·bar [ʊnʔanˈfɛçtbaːɐ̯] *adj* ❶ JUR (*nicht anfechtbar*) incontestable ❷ (*unbestreitbar*) irrefutable; (*Tatsache*) indisputable

un·an·ge·bracht [ˈʊnʔangəbraxt] *adj* ❶ (*nicht angebracht*) misplaced, uncalled-for; **Bescheidenheit ist hier ganz** ~ there's no need to be modest here ❷ (*unpassend*) inappropriate, uncalled-for

un·an·ge·foch·ten [ˈʊnʔangəfɔxtn̩] **I.** *adj* unchallenged, uncontested **II.** *adv* without challenger; **er liegt** ~ **an der Spitze** he remains unchallenged at the top

un·an·ge·mel·det [ˈʊnʔangəmɛldət] **I.** *adj* unexpected, unannounced; (*Patient*) without an appointment **II.** *adv* unexpectedly, unannounced; (*Patient*) without an appointment

un·an·ge·mes·sen [ˈʊnʔangəmɛsn̩] **I.** *adj* ❶ (*überhöht*) unreasonable ❷ (*nicht angemessen*) inappropriate **II.** *adv* unreasonably, inappropriately

un·an·ge·nehm [ˈʊnʔangəmɛsn̩] **I.** *adj* ❶ (*nicht angenehm*) unpleasant ❷ (*unerfreulich*) unpleasant, disagreeable, unfortunate *a. iron;* **wie** ~**!** how unfortunate! *a. iron* ❸ (*peinlich*) ■**jdm ist etw** *gen* ~ sb feels bad about sth; ■**jdm** ~ **sein, etw** *akk* **tun zu müssen** sb feels bad [*or* awkward] about having to do sth; **jdn** ~ **berühren** to embarrass sb ❹ (*unsympathisch*) disagreeable, unpleasant; ~ **werden** to get nasty; ~ **werden können** to be able to get nasty; **sie kann ganz schön** ~ **werden** she can get quite nasty **II.** *adv* unpleasantly

un·an·ge·passt[RR] [ˈʊnʔangəpast] *adj* non-conformist

un·an·ge·tas·tet [ˈʊnʔangətastət] *adj* ~ **bleiben** to remain unviolated, to not be violated

U

un·an·greif·bar [ˈʊnʔangraifba:ɐ̯] *adj* irrefutable, unassailable
un·an·nehm·bar [ʊnʔanˈne:mba:ɐ̯] *adj* ■ **[für jdn] ~ [sein]** [to be] unacceptable [to sb]
Un·an·nehm·lich·keit [ˈʊnʔanne:mlɪçkait] *f meist pl* trouble *no pl;* **~en bekommen** [*o fam* **kriegen**]/**haben** to get into/be in trouble; **jdm ~en machen** [*o* **bereiten**] to create trouble for sb
un·an·sehn·lich [ˈʊnʔanze:nlɪç] *adj* ❶ (*unscheinbar*) unprepossessing, unsightly ❷ (*heruntergekommen*) shabby
un·an·stän·dig [ˈʊnʔanʃtɛndɪç] **I.** *adj* ❶ (*obszön*) dirty, rude, indecent ❷ (*rüpelhaft*) rude, ill-mannered *form* **II.** *adv* rudely
Ụn·an·stän·dig·keit <-, -en> *f* ❶ *kein pl* (*obszöne Art*) rudeness, bad manners *pl* ❷ (*Obszönität*) dirt, smut *pej*
un·an·tast·bar [ʊnʔanˈtastba:ɐ̯] *adj* inviolable, sacrosanct
un·ap·pe·tit·lich [ˈʊnʔapeti:tlɪç] *adj* ❶ (*nicht appetitlich*) unappetizing ❷ (*ekelhaft*) disgusting, vile
Un·art [ˈʊnʔa:ɐ̯t] *f* terrible [*or* bad] habit
un·ar·tig [ˈʊnʔa:ɐ̯tɪç] *adj* naughty, misbehaving; ■ **~ sein/werden** to be/become naughty, to misbehave/to start misbehaving
un·ar·ti·ku·liert [ˈʊnʔartikuli:ɐ̯t] *adj* inarticulate
un·äs·the·tisch [ˈʊnʔɛste:tɪʃ] *adj* unappetizing, unsavoury [*or* AM -ory]
ụn·at·trak·tiv *adj* unattractive
un·auf·dring·lich [ˈʊnʔaufdrɪŋlɪç] *adj* ❶ (*dezent*) unobtrusive; (*Duft*) delicate, unobtrusive ❷ (*nicht aufdringlich*) unobtrusive, discrete
Ụn·auf·dring·lich·keit *f kein pl* ❶ (*dezente Beschaffenheit*) delicateness ❷ (*zurückhaltende Art*) unobtrusiveness, discretion
un·auf·fäl·lig [ˈʊnʔauffɛlɪç] **I.** *adj* ❶ (*nicht auffällig*) inconspicuous, discrete ❷ (*unscheinbar*) not very noticeable, unobtrusive, discrete **II.** *adv* ❶ (*ohne Aufsehen zu erregen*) inconspicuously, discreetly ❷ (*zurückhaltend*) unobtrusively, discretely
un·auf·find·bar [ʊnʔaufˈfɪntba:ɐ̯] *adj* nowhere to be found; (*Person*) untraceable, missing
un·auf·ge·for·dert [ˈʊnʔaufgəfɔrdɐt] **I.** *adj* unsolicited; (*Kommentar, Bemerkung*) uncalled-for **II.** *adv* without having been asked; **~ eingesandte Manuskripte** unsolicited manuscripts
un·auf·ge·klärt [ˈʊnʔaufgəklɛ:ɐ̯t] *adj* unsolved
un·auf·halt·sam [ʊnʔaufˈhaltza:m] **I.** *adj* unstoppable, inexorable *form* **II.** *adv* without being able to be stopped
un·auf·hör·lich [ʊnʔaufˈhø:ɐ̯lɪç] **I.** *adj* constant, incessant **II.** *adv* ❶ (*fortwährend*) constantly ❷ (*ununterbrochen*) incessantly
un·auf·merk·sam [ˈʊnʔaufmɛrkza:m] *adj* ❶ (*nicht aufmerksam*) inattentive ❷ (*nicht zuvorkommend*) thoughtless, inconsiderate; ■ **~ von jdm sein** to be thoughtless [*or* inconsiderate] of sb
Ụn·auf·merk·sam·keit *f kein pl* ❶ (*unaufmerksames Verhalten*) inattentiveness ❷ (*unzuvorkommende Art*) thoughtlessness
un·auf·rich·tig [ˈʊnʔaufrɪçtɪç] *adj* insincere; ■ **~ gegen jdn** [*o* **gegenüber jdm**] **sein** to be insincere towards sb
Ụn·auf·rich·tig·keit *f* insincerity
un·auf·schieb·bar [ʊnʔaufˈʃi:pba:ɐ̯] *adj* urgent; ■ **~ sein** to be urgent, to not be able to be delayed [*or* postponed]
un·aus·bleib·lich [ʊnʔausˈblaiplɪç] *adj s.* **unausweichlich**
un·aus·denk·bar [ʊnʔausˈdɛŋkba:ɐ̯] *adj* unimaginable, unthinkable
un·aus·führ·bar [ʊnʔausˈfy:ɐ̯ba:ɐ̯] *adj* unfeasible; ■ **[für jdn] ~ sein** to be impracticable [for sb]
un·aus·ge·füllt [ˈʊnʔausgəfʏlt] *adj* ❶ (*nicht ausgefüllt*) blank; ■ **~ sein/bleiben** to be/be left blank ❷ (*nicht voll beansprucht*) unfulfilled
un·aus·ge·gli·chen [ˈʊnʔausgəglɪçn̩] *adj* unbalanced; (*Mensch*) moody, unevenly tempered; (*Wesensart*) uneven
Ụn·aus·ge·gli·chen·heit *f* moodiness, imbalance
un·aus·ge·go·ren [ˈʊnʔausgəgo:rən] *adj* raw, half-baked *fam*
ụn·aus·ge·reift *adj* not properly thought out *pred,* half-baked *pej fam*
un·aus·ge·schla·fen [ˈʊnʔausgəʃla:fn̩] **I.** *adj* tired; ■ **~ sein** to not have had enough sleep **II.** *adv* not having slept long enough, not having had enough sleep
ụn·aus·ge·spro·chen *adj* unspoken; **~ bleiben** to be left unsaid
ụn·aus·ge·wo·gen *adj* unbalanced
Ụn·aus·ge·wo·gen·heit *f* imbalance
un·aus·rott·bar [ʊnʔausˈrɔtba:ɐ̯] *adj* deep-rooted, ineradicable
un·aus·sprech·bar [ʊnʔausˈʃprɛçba:ɐ̯] *adj* unpronounceable; ■ **~ sein** to be impossible to pronounce
un·aus·sprech·lich [ʊnʔausˈʃprɛçlɪç] *adj* ❶ (*unsagbar*) inexpressible ❷ *s.* **unaussprechbar**
un·aus·steh·lich [ʊnʔausˈʃte:lɪç] *adj* intolerable; *Mensch, Art a.* insufferable
un·aus·weich·lich [ʊnʔausˈvaiçlɪç] **I.** *adj* unavoidable, inevitable **II.** *adv* unavoidably, inevitably
un·bän·dig [ˈʊnbɛndɪç] **I.** *adj* ❶ (*ungestüm*) unruly, boisterous ❷ (*heftig*) enormous; (*Hunger*) huge; (*Wut*) unbridled **II.** *adv* ❶ (*ungestüm*) boisterously ❷ (*überaus*) enormously
un·barm·her·zig [ˈʊnbarmhɛrtsɪç] **I.** *adj* merciless; ■ **~ sein** to be merciless, showing little [*or* no] mercy **II.** *adv* mercilessly
Ụn·barm·her·zig·keit *f* mercilessness
ụn·be·ab·sich·tigt **I.** *adj* (*versehentlich*) accidental; (*nicht beabsichtigt*) unintentional **II.** *adv* accidentally, unintentionally
un·be·ach·tet [ˈʊnbəʔaxtət] **I.** *adj* overlooked *pred,* unnoticed; **~ bleiben** to remain [*or* go] unnoticed; **etw** *akk* **~ lassen** to overlook sth; (*absichtlich*) to ignore sth, to not take any notice of sth **II.** *adv* without any notice [*or* attention]
un·be·an·stan·det [ˈʊnbəʔanʃtandət] **I.** *adj* not objected to; **~ bleiben** to be allowed to pass; **etw** *akk* **~ lassen** to let sth go [*or* pass] **II.** *adv* without objection
un·be·ant·wor·tet [ˈʊnbəʔantvɔrtət] **I.** *adj* unanswered; **~ bleiben** to remain unanswered; **etw** *akk* **~ lassen** to leave sth unanswered **II.** *adv* ■ **etw** *akk* **~ zurückgehen lassen** to send sth back unanswered
ụn·be·auf·sich·tigt *adj inv* unattended
un·be·baut [ˈʊnbəbaut] *adj* (*Land*) undeveloped; (*Grundstück*) vacant
un·be·dacht [ˈʊnbədaxt] **I.** *adj* thoughtless; (*Handlung*) hasty; ■ **~ [von jdm] sein** to be thoughtless [of sb] **II.** *adv* thoughtlessly; (*handeln*) hastily
un·be·darft [ˈʊnbədarft] *adj* (*fam*) simple-minded
un·be·denk·lich [ˈʊnbədɛŋklɪç] **I.** *adj* harmless, innocuous; (*Situation, Vorhaben*) acceptable, admissible **II.** *adv* quite safely
Ụn·be·denk·lich·keit <-> *f kein pl* harmlessness
un·be·deu·tend [ˈʊnbədɔytn̩t] **I.** *adj* ❶ (*nicht bedeutend*) insignificant, unimportant, inconsiderable ❷ (*geringfügig*) minimal; (*Änderung, Modifikation*) minor **II.** *adv* insignificantly, minimally
un·be·dingt [ˈʊnbədɪŋt] **I.** *adj attr* absolute **II.** *adv* (*auf jeden Fall*) really; **erinnere mich ~ daran, sie anzurufen** you mustn't forget to remind me to call her; **nicht ~** not necessarily; **~!** absolutely!, definitely!
un·be·ein·druckt [ˈʊnbəʔaindrʊkt] **I.** *adj* unimpressed, indifferent; (*Gesicht, Miene*) unaffected; ■ **[von etw** *dat*] **~ sein** to be unimpressed [by sth], to be not impressed [by sth]; **[von etw** *dat*] **~ bleiben** to remain indifferent [to sth], to not raise an eyebrow [at sth]; **etw lässt jd ~** sth doesn't impress sb, sth leaves sb cold *fam* **II.** *adv* indifferently
un·be·ein·fluss·bar[RR] [ˈʊnbəˈʔainflʊsba:ɐ̯] *adj* unswayable, uninfluenceable
un·be·fahr·bar [ˈʊnbəfa:ɐ̯ba:ɐ̯] *adj* impassable; ■ **~ sein** to be impassable

un·be·fan·gen [ˈʊnbəfaŋən] **I.** *adj* ❶ (*unvoreingenommen*) objective, impartial; (*Ansicht*) unbiased ❷ (*nicht gehemmt*) natural, uninhibited **II.** *adv* ❶ (*unvoreingenommen*) objectively, impartially; **etw** *akk* ~ **betrachten** to look at sth objectively; **etw** ~ **beurteilen** to judge sth impartially ❷ (*nicht gehemmt*) uninhibitedly

Un·be·fan·gen·heit *f kein pl* ❶ (*Unvoreingenommenheit*) objectiveness, impartiality ❷ (*ungehemmte Art*) uninhibitedness, naturalness

un·be·fleckt [ˈʊnbəflɛkt] *adj inv* ❶ (*selten: fleckenlos*) spotless, untarnished ❷ (*geh: sittlich makellos, rein*) undefiled; ~**e Empfängnis** REL Immaculate Conception

un·be·frie·di·gend [ˈʊnbəfriːdɪgn̩t] **I.** *adj* unsatisfactory; ■ [**für jdn**] ~ **sein** to be unsatisfactory [to sb] **II.** *adv* in an unsatisfactory way

un·be·frie·digt [ˈʊnbəfriːdɪçt] *adj* ❶ (*nicht zufriedengestellt*) unsatisfied; (*Gefühl, Mensch*) dissatisfied; ■ [**von etw** *dat*] ~ [**sein**] [to be] unsatisfied [*or* dissatisfied] [with sth] ❷ (*sexuell nicht befriedigt*) unsatisfied, frustrated

un·be·fris·tet [ˈʊnbəfrɪstət] **I.** *adj* lasting for an indefinite period; (*Aufenthaltserlaubnis, Visum*) permanent; ■ ~ **sein** to be [valid] for an indefinite period **II.** *adv* indefinitely, permanently; ~ **gelten** to be valid indefinitely

un·be·fugt [ˈʊnbəfuːkt] **I.** *adj* unauthorized **II.** *adv* without authorization

Un·be·fug·te(r) *f(m) decl wie adj* unauthorized person

un·be·gabt [ˈʊnbəgaːpt] *adj* untalented; ■ [**für etw** *akk*] ~ **sein** to be untalented [*or* useless [at sth] *fam*] [in sth]; **für Mathematik bin ich einfach** ~ I'm absolutely useless at maths; **handwerklich** ~ **sein** to be no handyman, to have two left hands *fam or hum*

un·be·greif·lich [ˈʊnbəgraiflɪç] *adj* incomprehensible; (*Dummheit, Leichtsinn*) inconceivable; ■ **jdm** ~ **sein** to be incomprehensible [*or* inconceivable] [*or* inexplicable] to sb

un·be·greif·li·cher·wei·se *adv* inexplicably

un·be·grenzt [ˈʊnbəgrɛntst] **I.** *adj* unlimited; (*Vertrauen*) boundless, infinite; *s. a.* **Zeit II.** *adv* indefinitely; ~ **gültig sein** to be valid indefinitely; **etw** ~ **erlauben/einräumen** to allow/grant sth for an indefinite period

un·be·grün·det [ˈʊnbəgrʏndət] *adj* ❶ (*grundlos*) unfounded; (*Kritik, Maßnahme*) unwarranted ❷ JUR (*nicht begründet*) unfounded; **eine Klage als** ~ **abweisen** to dismiss a case as being unfounded

un·be·haart [ˈʊnbəhaːɐ̯t] *adj* hairless; (*Kopf*) bald; ■ ~ **sein** to be hairless [*or* bald], to have no hair

Un·be·ha·gen [ˈʊnbəhaːgn̩] *nt* uneasiness, apprehension, disquiet *form;* **mit** ~ with apprehension [*or* an uneasy feeling]; **mit** ~ **feststellen** [*o* **sehen**] [*o* **verfolgen**], **dass ...** to be concerned to find that ...

un·be·hag·lich [ˈʊnbəhaːklɪç] **I.** *adj* uneasy; **sich** *akk* ~ **fühlen** to feel uneasy [*or* uncomfortable] **II.** *adv* uneasily, uncomfortably; *s. a.* **zumute**

un·be·hel·ligt [ˈʊnbəhɛlɪçt] **I.** *adj* undisturbed; (*von Mücken*) unplagued; [**von jdm/etw**] ~ **bleiben** to remain undisturbed [by sb/sth]; **jdn** ~ **lassen** to leave sb alone [*or* be] **II.** *adv* freely; ~ **passieren dürfen** to be allowed to pass [freely]; ~ **schlafen** to sleep undisturbed

un·be·herrscht [ˈʊnbəhɛrʃt] **I.** *adj* uncontrolled, lacking self-control, intemperate *form;* ■ ~ **sein** to lack self-control **II.** *adv* ❶ (*ohne Selbstbeherrschung*) in an uncontrolled manner [*or* way], without self-control, intemperately *form* ❷ (*gierig*) greedily

un·be·hin·dert [ʊnbɛˈhɪndɐt] *adj s.* **ungehindert**

un·be·hol·fen [ˈʊnbəhɔlfn̩] **I.** *adj* (*schwerfällig*) clumsy; (*wenig gewandt*) awkward **II.** *adv* ❶ (*schwerfällig*) clumsily ❷ (*wenig gewandt*) awkwardly, clumsily

Un·be·hol·fen·heit <-> *f kein pl* ❶ (*schwerfällige Art*) clumsiness, awkwardness ❷ (*fehlende Gewandtheit*) clumsiness, helplessness

un·be·irr·bar [ʊnbəˈʔɪrbaːɐ̯] **I.** *adj* unwavering, enduring, unfaltering **II.** *adv* perseveringly

un·be·irrt [ʊnbəˈʔɪrt] *adv s.* **unbeirrbar**

un·be·kannt [ˈʊnbəkant] *adj* ❶ (*nicht bekannt*) unknown; **ein jdm** ~**er Mensch/Sachverhalt/etc** a person/fact unknown to sb; ■ **jdm** ~ **sein** to be unknown to sb; (*Gesicht, Name, Wort*) to be unfamiliar to sb; **der Name ist mir** ~ I have never come across that name before; **sie dürfte dir nicht ganz** ~ **sein** you may have met her before, you may know her; **nicht** ~ **sein, dass...** to be aware, that ...; ~ **verzogen** moved – address unknown; **er ist** ~ **verzogen** he has moved to an unknown address ❷ (*nicht berühmt*) unknown; [**noch**] **eine** ~**e Größe sein** up-and-coming ❸ (*fam: fremd*) ■ **irgendwo** ~ **sein** to be not from somewhere; *s. a.* **Anzeige, Ziel**

Un·be·kann·te <-n, -n> *f* MATH unknown

Un·be·kann·te(r) *f(m) decl wie adj* (*unbekannte Person*) stranger; **der große** ~ the mystery man; **kein** ~**r mehr sein** to be known to everyone

un·be·kann·ter·wei·se *adv* **jdn** ~ **von jdm grüßen** to give sb sb's regards (*without knowing him/her*)

un·be·klei·det [ˈʊnbəklaidət] **I.** *adj* (*geh*) unclothed, bare; ■ ~ **sein** to have no clothes [*or* nothing] on **II.** *adv* (*geh*) without any clothes on

un·be·küm·mert [ˈʊnbəkʏmɐt] **I.** *adj* carefree; **sei/seien Sie** [**ganz**] ~ don't upset yourself [*or* worry] [*or esp* BRIT fret] **II.** *adv* in a carefree manner

Un·be·küm·mert·heit <-> *f kein pl* carefree mind [*or* manner], light-heartedness; **voller** ~ full of light-heartedness, in high spirits

un·be·las·tet [ˈʊnbəlastət] **I.** *adj* ❶ (*frei*) ■ **von etw** *dat* ~ [**sein**] [to be] free of [*or* from] sth, [to be] unhampered [*or form* unencumbered] [*or* AM *a.* unincumbered] by sth ❷ FIN (*nicht mit Grundschulden belastet*) unencumbered, AM *a.* unincumbered **II.** *adv* freely; **er fühlt sich wieder frei und** ~ he feels free and easy again

un·be·lebt [ˈʊnbəleːpt] *adj* quiet; (*stärker*) deserted

un·be·lehr·bar [ˈʊnbəleːɐ̯baːɐ̯] *adj* obstinate, stubborn, headstrong; **jd ist und bleibt** [**einfach**] ~ sb [just] won't be told by anyone, sb [just] will not learn

Un·be·lehr·bar·keit <-> *f kein pl* ■ **jds** ~ sb's stubbornness, sb's refusal to listen [to anyone]

un·be·leuch·tet [ˈʊnbəlɔʏçtət] **I.** *adj* unlit; (*Fahrzeug*) without lights switched [*or esp* AM turned] on; ■ ~ **sein** to be unlit; (*Fahrzeug*) to have no light[s] on **II.** *adv* without any light[s]; **etw** *akk* ~ **abstellen/parken** to leave sth standing/park sth without any lights on

un·be·liebt [ˈʊnbəliːpt] *adj* (*nicht beliebt*) unpopular; ■ [**irgendwo/bei jdm**] ~ **sein** to be unpopular [somewhere/with sb]; **sich** *akk* [**bei jdm**] [**durch etw** *akk*/**mit etw** *dat*] ~ **machen** to make oneself unpopular [with sb] [by doing [*or* with] sth]

Un·be·liebt·heit *f kein pl* ■ **jds** ~ sb's unpopularity

un·be·mannt [ˈʊnbəmant] *adj* ❶ RAUM (*nicht bemannt*) unmanned ❷ (*hum fam: ohne Partner*) ■ ~ **sein** to be single, to not have a partner [*or hum* man]

un·be·merkt [ˈʊnbəmɛrkt] **I.** *adj* unnoticed; ~ **bleiben** to remain [*or* go] unnoticed **II.** *adv* unnoticed

un·be·nom·men *adj pred* (*geh*) **es bleibt** [*o* **ist**] **jdm** ~, **etw** *akk* **zu tun** sb's free [*or* at liberty] to do sth; **etw** *gen* **bleibt** [*o* **ist**] **jdm** ~ sb's free [*or* at liberty] to do so

un·be·nutz·bar [ˈʊnbənʊtsbaːɐ̯] *adj* unusable, useless

un·be·nutzt [ˈʊnbənʊtst] **I.** *adj* unused; (*Bett*) not slept in; (*Kleidung*) unworn **II.** *adv* unused, unworn

un·be·ob·ach·tet [ˈʊnbəʔoːbaxtət] *adj* unnoticed, unobserved; (*Gebäude, Platz*) unwatched; **sich** *akk* ~ **fühlen** [*o* **glauben**] to think that nobody is looking; *s. a.* **Augenblick, Moment**

un·be·quem [ˈʊnbəkveːm] *adj* ❶ (*nicht bequem*) uncomfort-

U

able, *esp* BRIT uncomfy *fam* ❷ (*lästig*) awkward, bothersome; ■**jdm ~ sein/werden** to be/become awkward [*or* a bother] to sb

Un·be·quem·lich·keit <-, -en> *f* ❶ *kein pl* (*unbequeme Art*) uncomfortableness, discomfort, lack of comfort ❷ *meist pl* (*unangenehme Umstände*) unpleasantness, awkwardness, bother

un·be·re·chen·bar [ʊnbəˈrɛçn̩baːɐ̯] *adj* ❶ (*nicht einschätzbar: Gegner, Mensch*) unpredictable ❷ (*nicht vorhersehbar*) unforeseeable

Un·be·re·chen·bar·keit *f kein pl* unpredictability

un·be·rech·tigt [ˈʊnbərɛçtɪçt] *adj* unfounded; (*Vorwurf*) unwarranted, unjustified

un·be·rech·tig·ter·wei·se *adv* without permission

un·be·rück·sich·tigt [ˈʊnbərʏkzɪçtɪçt] *adj* unconsidered; **~ bleiben** to be not taken into consideration, to be ignored; **jdn/etw ~ lassen** to not take sb/sth into consideration, to leave sb/sth out of consideration

Un·be·rühr·ba·re(r) [ʊnbəˈryːɐ̯baːrə, -rɐ] *f(m) decl wie adj* (*a. fig*) untouchable; ■**die ~n** REL the Untouchables

un·be·rührt [ˈʊnbəˈryːɐ̯t] *adj* ❶ (*im Naturzustand erhalten*) unspoiled ❷ (*nicht benutzt*) untouched, unused; **ihr Bett war morgens ~** in the morning her bed had not been slept in; **etw** *akk* **~ lassen** (*nicht anrühren*) to not touch sth ❸ (*fig*) **[von etw** *dat*] **~ bleiben** (*das seelische Gleichgewicht bewahren*) to remain unmoved [*or* unaffected] [by sth]

un·be·scha·det [ˈʊnbəʃaːdət] *präp +gen* (*geh*) regardless of, disregarding

un·be·schä·digt I. *adj* undamaged II. *adv* undamaged, without damage; **etw ~ zurückgeben** to return sth undamaged

un·be·schei·den [ˈʊnbəʃaidn̩] *adj* bold, presumptuous

Un·be·schei·den·heit *f* presumptuousness, boldness

un·be·schol·ten [ˈʊnbəʃɔltn̩] *adj inv* upstanding, upright

un·be·schrankt [ˈʊnbəʃraŋkt] *adj* BAHN without barriers [*or* gates]; ■**~ sein** to have no barriers [*or* gates]

un·be·schränkt [ˈʊnbəʃrɛŋkt] *adj* unrestricted, unlimited; (*Macht*) limitless, absolute; (*Möglichkeiten*) unlimited, limitless

un·be·schreib·lich [ˈʊnbɛʃraiplɪç] I. *adj* ❶ (*maßlos*) tremendous, enormous ❷ (*nicht zu beschreiben*) indescribable, incredible, unimaginable II. *adv* **sich** *akk* **~ freuen** to be enormously [*or* tremendously] happy; **sich** *akk* **~ ärgern** to be terribly angry; **sie war einfach ~ schön** she was indescribably [*or* incredibly] beautiful

un·be·schrie·ben [ʊnbəʃriːbn̩] *adj* blank; *s. a.* **Blatt**

un·be·schwert [ˈʊnbəʃveːɐ̯t] *adj* carefree

un·be·se·hen [ʊnbəˈzeːən] *adv* ❶ (*ungeprüft*) without checking ❷ (*ohne weiteres*) without hesitation [*or* thinking twice], unquestioningly; **und das soll ich Ihnen so einfach ~ abnehmen?** and you expect me to believe it just like that?

un·be·setzt *adj inv* empty; (*Platz*) vacant, free

un·be·sieg·bar [ʊnbəˈziːkbaːɐ̯] *adj* ❶ MIL (*a. fig: nicht zu besiegen*) invincible ❷ SPORT (*unschlagbar*) unbeatable

un·be·siegt *adj* ❶ MIL (*nicht besiegt*) undefeated ❷ SPORT (*ungeschlagen*) unbeaten, undefeated; ■**[in etw** *dat*] **~ sein** to be undefeated [*or* unbeaten] [in sth]

un·be·son·nen [ˈʊnbəzɔnən] *adj* ❶ (*nicht besonnen: Entschluss*) rash, hasty; (*Wesensart*) impulsive, impetuous ❷ (*unbedacht*) rash, hasty, unthinking

Un·be·son·nen·heit <-,-en> *f* ❶ *kein pl* (*unbesonnene Art*) impetuosity, impulsiveness ❷ (*unbesonnene Äußerung*) hasty remark ❸ (*unbesonnene Handlung*) rashness

un·be·sorgt [ˈʊnbəzɔrkt] I. *adj* unconcerned; **da bin ich ganz ~** I'm very confident of that II. *adv* without worrying; **die Pilze kannst du ~ essen** you needn't worry about eating the mushrooms

un·be·stän·dig [ˈʊnbəʃtɛndɪç] *adj* ❶ METEO (*nicht beständig*) unsettled, changeable ❷ (*wankelmütig*) fickle, changeable

Un·be·stän·dig·keit *f* ❶ METEO (*unbeständige Beschaffenheit*) unsettledness ❷ PSYCH (*Wankelmut*) changeability, fickleness

un·be·stä·tigt [ˈʊnbəʃtɛːtɪçt] *adj* unconfirmed

un·be·stech·lich [ˈʊnbɛʃtɛçlɪç] *adj* ❶ (*nicht bestechlich*) incorruptible ❷ (*nicht zu täuschen*) unerring

Un·be·stech·lich·keit *f* ❶ (*nicht zu bestechende Mensch*) incorruptibility ❷ (*nicht zu täuschende Art*) unerring

un·be·stimm·bar [ˈʊnbɛʃtɪmbaːɐ̯] *adj* indeterminable

un·be·stimmt [ˈʊnbəʃtɪmt] *adj* ❶ (*unklar*) vague ❷ (*noch nicht festgelegt*) indefinite; (*Alter*) uncertain; (*Anzahl, Menge*) indeterminate; (*Grund, Zeitspanne*) unspecified, indefinite

un·be·streit·bar [ˈʊnbəʃtraitbaːɐ̯] I. *adj* (*nicht zu bestreiten*) indisputable, unquestionable; ■**~ sein, dass ...** to be unquestionable [*or* without [a shadow of a] doubt ...] that ..., to be no doubt that ... II. *adv* unquestionably, unarguably

un·be·strit·ten [ˈʊnbɛʃtrɪtn̩] I. *adj* ❶ (*nicht bestritten*) undisputed, undenied, unquestionable; (*Argument*) irrefutable; ■**~ sein, dass ...** to be an undisputed fact that ..., to be without doubt that ...; **~ ist doch wohl, dass ...** one/you cannot deny that ... ❷ JUR (*nicht streitig*) uncontested II. *adv* ❶ (*wie nicht bestritten wird*) unquestionably, indisputably ❷ (*unstreitig*) unarguably, irrefutably

un·be·tei·ligt [ˈʊnbətailɪçt] *adj* ❶ (*an etw nicht beteiligt*) uninvolved, non-participating; ■**an etw** *dat* **~ sein** to be uninvolved in sth ❷ (*desinteressiert*) indifferent; (*in einem Gespräch*) uninterested; [**innerlich**] **~ sein** to be absent-minded

Un·be·tei·lig·te(r) *f(m) decl wie adj* non-participant; **bei Attentaten kommen oft auch ~ zu Schaden** innocent bystanders are often hurt during assassinations

un·be·tont [ˈʊnbətoːnt] *adj* LING unstressed

un·be·trächt·lich [ˈʊnbətrɛçtlɪç] *adj* insignificant; (*Problem*) minor; (*Preisänderung*) slight; **im letzten Jahr war die Inflationsrate relativ ~** last year's inflation rate was relatively insignificant; **nicht ~** not insignificant

un·beug·sam [ʊnˈbɔykzaːm] *adj* ❶ (*nicht zu beeinflussen*) uncompromising ❷ (*unerschütterlich*) unshakable, unflagging, tireless

un·be·wacht [ˈʊnbəvaxt] *adj* (*nicht bewacht: Person*) unguarded; (*Parkplatz*) unattended; **etw/jdn ~ lassen** to leave sth/sb unguarded; (*Gepäck*) unattended; **~ abgestellt sein/liegen/stehen** to be left/left lying/standing unguarded; *s. a.* **Augenblick**

un·be·waff·net [ˈʊnbəvafnət] *adj* unarmed

un·be·wäl·tigt [ˈʊnbəvɛltɪçt] *adj* unresolved; (*Aufgabe*) unmastered; **jds ~e Vergangenheit** sb's unresolved past

un·be·weg·lich [ˈʊnbɛveːklɪç] *adj* ❶ (*starr*) fixed, rigid; (*Konstruktion, Teil*) immovable ❷ (*unveränderlich*) inflexible; (*Gesichtsausdruck*) rigid; (*bes fig*) unmoved

Un·be·weg·lich·keit <-> *f kein pl* ❶ (*sich nicht bewegen lassen*) stiffness, inflexibility ❷ (*Starre des Gesichtsausdrucks*) rigidity ❸ (*unbeweglicher Zustand*) immovability

un·be·wegt [ˈʊnbəveːkt] *adj* ❶ (*glatt*) fixed; (*Oberfläche eines Gewässers*) motionless, still, unruffled *liter* ❷ *s.* **unbeweglich 2**

un·be·wie·sen [ˈʊnbəviːzn̩] *adj* unproven

un·be·wohn·bar [ʊnbəˈvoːnbaːɐ̯] *adj* uninhabitable

un·be·wohnt *adj* ❶ (*nicht besiedelt*) uninhabited ❷ (*nicht bewohnt*) unoccupied

un·be·wusstRR [ˈʊnbəvʊst] I. *adj a.* PSYCH (*nicht bewusst gesteuert*) unconscious II. *adv* (*unwissentlich*) unconsciously

Un·be·wuss·te(s)RR *nt kein pl, decl wie adj* PSYCH ■**das ~** the unconscious

un·be·zahl·bar [ʊnbəˈtsaːlbaːɐ̯] *adj* ❶ (*nicht aufzubringen*) totally unaffordable, prohibitively expensive, extortionate; ■**[für jdn] ~ sein** to be unaffordable [for sb] ❷ (*äußerst nützlich*) invaluable; ■**[für jdn] ~ sein** to be invaluable [to sb] ❸ (*immens wertvoll*) priceless

un·be·zahlt *adj* ① (*noch nicht beglichen*) unsettled, outstanding ② ÖKON, ADMIN (*nicht entlohnt*) unpaid; **~er Urlaub** unpaid leave

un·be·zähm·bar [ʊnbəˈtsɛmba:ɐ̯] *adj* irrepressible; (*Lust, Zorn*) uncontrollable

un·be·zwei·fel·bar *adj* undeniable, undisputable; (*Tatsache*) irrefutable, undisputable

un·be·zwing·bar [ʊnbəˈtsvɪŋlɪç], **un·be·zwing·lich** [ʊnbəˈtsvɪŋlɪç] *adj* (*geh*) ① (*uneinnehmbar: Festung*) impregnable ② (*unbezähmbar*) uncontrollable ③ *s.* **unüberwindlich**

Un·bil·den [ˈʊnbɪldn̩] *pl* (*geh*) rigours [*or* AM -ors] *pl*

un·bil·lig [ˈʊnbɪlɪç] *adj* JUR unreasonable

UN-Blau·helm *m* UN soldier

un·blu·tig [ˈʊnblu:tɪç] **I.** *adj* ① (*ohne Blutvergießen*) bloodless, without bloodshed ② MED (*nicht chirurgisch*) non-invasive **II.** *adv* ① (*ohne Blutvergießen*) without bloodshed ② MED (*nicht chirurgisch*) non-invasively

un·bot·mä·ßig [ˈʊnbo:tmɛ:sɪç] **I.** *adj* (*geh*) unruly, recalcitrant *form;* (*Untertan, Verhalten*) riotous, unruly, insubordinate; (*Kind*) unruly, rebellious, obstreperous; (*Mitarbeiter*) uncooperative **II.** *adv* (*geh*) in a recalcitrant *form* [*or* unruly] manner

Un·bot·mä·ßig·keit <-> *f kein pl* (*geh*) unruliness, recalcitrance *form*

un·brauch·bar [ˈʊnbrauxba:ɐ̯] *adj* useless, [of] no use; ■ **[für jdn/etw] ~ sein/werden** to be/become useless [*or* of no use] [to sb/for sth]

un·bü·ro·kra·tisch [ˈʊnbyrokra:tɪʃ] **I.** *adj* unbureaucratic **II.** *adv* unbureaucratically, avoiding [*or* without] [the] red tape *fam*

un·christ·lich [ˈʊnkrɪstlɪç] **I.** *adj* ① REL (*nicht christlich*) unchristian ② (*fig fam: unüblich*) unearthly, ungodly; **wer ruft denn zu dieser ~en Stunde an?** who is that calling at such an ungodly hour? **II.** *adv* REL uncharitably, in an unchristian way

un·cool [ˈʊnku:l] *adj* (*sl*) uncool *sl*

und [ʊnt] *konj* ① *verbindend* (*dazu*) and; **sie redeten ~ redeten, aber taten nichts** they talked and talked, but did nothing; **es regnete ~ regnete** it kept on [and on] raining ② *konsekutiv* (*mit der Folge*) and ③ *konzessiv* (*selbst*) ■ **~ wenn jd etw** *akk* **tut** even if sb does sth; **~ wenn es auch stürmt und schneit, wir müssen weiter** we must continue our journey, come storm or snow ④ *elliptisch* (*dann*) and ⑤ *fragend* (*aber*) and; **~ dann?** [and] what then?, then what?; **~ warum/~ warum nicht?** and [*or* but] why/why not?; **~ was hat er dann gesagt?** and what did he say next?; **~?** (*nun*) well?; *herausfordend;* **na ~?** (*was soll's*) so what?; *s. a.* **noch, so**

Un·dank [ˈʊndaŋk] *m* (*geh*) (*undankbares Verhalten*) ingratitude; [**für etw** *akk*] **~ ernten** to receive no [*or* little] thanks [for sth], to meet only with ingratitude for sth ► WENDUNGEN: **~ ist der Welt Lohn** (*prov*) that's all the thanks one gets, [one should] never expect any thanks for anything

un·dank·bar [ˈʊndaŋkba:ɐ̯] *adj* ① (*nicht dankbar*) ungrateful ② (*nicht lohnend*) thankless

Un·dank·bar·keit *f* ungratefulness, ingratitude *form*

un·da·tiert [ˈʊndati:ɐ̯t] *adj* undated

un·de·fi·nier·bar [ˈʊndefini:ɐ̯ba:ɐ̯] *adj* ① (*nicht eindeutig bestimmbar*) indescribable, indefinable, indeterminate ② KOCHK (*fam: hinsichtlich der Konsistenz unbestimmbar*) indefinable, difficult to make out

un·de·kli·nier·bar [ˈʊndeklini:ɐ̯ba:ɐ̯] *adj* LING indeclinable

un·de·mo·kra·tisch [ˈʊndemokra:tɪʃ] *adj* POL undemocratic

un·denk·bar [ʊnˈdɛŋkba:ɐ̯] *adj* unimaginable, inconceivable, unthinkable; ■ **~ sein, dass etw geschieht/dass jd etw** *akk* **tut** to be inconceivable [*or* unthinkable], that sth happens/that sb does sth

Un·der·co·ver·agent(in) [ˈandɐkavaʔagɛnt] *m(f)* undercover agent

Un·der·dog <-s, -s> [ˈandɐdɔk] *m* underdog

Un·der·state·ment <-s, -s> [andɐˈste:tmənt] *nt* understatement

un·deut·lich [ˈʊndɔytlɪç] **I.** *adj* ① (*nicht deutlich vernehmbar*) unclear ② (*nicht klar sichtbar*) blurred; (*Schrift*) illegible ③ (*vage*) vague, hazy **II.** *adv* ① (*nicht deutlich vernehmbar*) unclearly; **~ sprechen** to mumble ② (*nicht klar*) unclearly ③ (*vage*) vaguely

un·dicht [ˈʊndɪçt] *adj* (*luftdurchlässig*) not airtight; (*wasserdurchlässig*) not watertight, leaking; ■ **~ sein/werden** to be leaking/start to leak; **die Fenster sind ~** the windows let in draught; *s. a.* **Stelle**

Un·ding [ˈʊndɪŋ] *nt kein pl* **ein ~ sein**[, **etw** *akk* **zu tun**] to be absurd [*or* preposterous] [to do sth]

un·dip·lo·ma·tisch [ˈʊndiploma:tɪʃ] **I.** *adj* undiplomatic **II.** *adv* undiplomatically

un·dis·zi·pli·niert [ˈʊndɪstsiplini:ɐ̯t] **I.** *adj* (*geh*) undisciplined **II.** *adv* in an undisciplined manner

un·duld·sam [ˈʊndʊltza:m] **I.** *adj* intolerant (**gegen** +*akk* of) **II.** *adv* intolerantly

Un·duld·sam·keit *f* intolerance; ■ **jds ~ [gegen jdn** [*o* **gegenüber jdm**]] sb's intolerance [of sb [*or* towards sb]]

un·durch·dring·lich [ˈʊndʊrçdrɪŋlɪç] *adj* ① (*kein Durchdringen ermöglichend*) impenetrable, dense ② (*verschlossen*) inscrutable

un·durch·führ·bar [ˈʊndʊrçfy:ɐ̯ba:ɐ̯] *adj* impracticable, unfeasible; (*Vorhaben*) impracticable, unviable; (*Plan*) unworkable, unviable

un·durch·läs·sig [ˈʊndʊrçlɛsɪç] *adj* impermeable

un·durch·schau·bar [ʊndʊrçˈʃauba:ɐ̯] *adj* (*schwer zu durchschauen*) unfathomable, inexplicable; (*Verbrechen*) baffling; (*Wesensart*) enigmatic, inscrutable; (*Miene, Lächeln*) enigmatic

un·durch·sich·tig [ˈʊndʊrçzɪçtɪç] *adj* ① (*nicht transparent*) non-transparent; (*Glas*) opaque ② (*fig: zwielichtig: Geschäfte*) shadowy, devious, shady ③ (*fig: zweifelhaft*) obscure; (*Motive*) obscure, shady

un·eben [ˈʊnʔe:bn̩] *adj* ① (*nicht eben*) uneven; (*Straße*) uneven, bumpy ② GEOG (*Bodenerhebungen aufweisend*) rough, uneven

Un·eben·heit <-, -en> *f* ① *kein pl* (*unebene Beschaffenheit*) unevenness ② GEOG (*gegliederte Bodenbeschaffenheit*) roughness, unevenness ③ (*unebene Stelle*) bump ④ GEOG (*Bodenerhebung*) uneven patch, bump

un·echt [ˈʊnʔɛçt] *adj* ① (*imitiert*) fake *usu pej;* **~er Schmuck/~es Leder** imitation [*or* fake] jewellery [*or* AM jewelry]/leather; **~er Pelz** fake fur; **~es Haar** artificial [*or* imitation] hair; **~e Zähne** artificial [*or* false] teeth ② (*unaufrichtig*) fake, false, artificial; *s. a.* **Bruch**

un·ehe·lich [ˈʊnʔe:əlɪç] *adj* illegitimate

un·eh·ren·haft [ˈʊnʔe:rənhaft] **I.** *adj* ① (*geh: unlauter*) dishonourable [*or* AM -or-] ② MIL (*aufgrund eines Verstoßes*) dishonourable [*or* AM -or-]; **~e Entlassung** dishonourable discharge **II.** *adv* ① (*unlauter*) dishonourably [*or* AM -or-] ② MIL (*aufgrund eines Verstoßes*) dishonourably [*or* AM -or-]; **jdn ~ entlassen** to discharge sb for dishonourable [*or* AM dishonorable] conduct

un·ehr·lich [ˈʊnʔe:ɐ̯lɪç] **I.** *adj* dishonest **II.** *adv* dishonestly

Un·ehr·lich·keit *f* dishonesty

un·ei·gen·nüt·zig [ˈʊnʔaigŋ̍nʏtsɪç] *adj* selfless, unselfish

un·ein·ge·löst *adj inv* unredeemed

un·ein·ge·schränkt [ˈʊnʔaingəʃrɛŋkt] **I.** *adj* absolute, total; (*Handel*) free, unrestricted; (*Lob*) unreserved **II.** *adv* absolutely, unreservedly, one hundred percent *fam*

un·ein·ge·weiht [ˈʊnʔaingəvait] *adj* uninitiated; ■ **~ sein** to be in the dark, to have no idea

un·ei·nig [ˈʊnʔainɪç] *adj* disagreeing; ■ [**sich** *dat*] [**in etw** *dat*/**über etw** *akk*] **~ sein** to disagree [*or* be in disagreement] [on sth/about sth]; ■ [**sich** *dat*] **mit jdm** [**in etw** *dat*/**über etw**

akk] ~ **sein** to disagree [*or* be in disagreement] with sb [on sth/ about sth]

Un·ei·nig·keit *f* disaccord, disagreement; [**über etw** *akk*] **herrscht** [*o* **besteht**] ~ there are sharp divisions [over sth]

un·ein·nehm·bar [ʊnʔainˈne:mba:ɐ̯] *adj* impregnable

un·eins [ˈʊnʔains] *adj pred s.* **uneinig**

un·emp·fäng·lich [ˈʊnʔɛmpfɛŋlɪç] *adj* impervious; ■**für etw** *akk* ~ **sein** to be impervious [*or* unsusceptible] to sth

un·emp·find·lich [ˈʊnʔɛmpfɪntlɪç] *adj* unsusceptible, insensitive; (*durch Erfahrung*) inured; (*Pflanze*) hardy; (*Material*) practical; ■[**gegen etw** *akk*] ~ **sein** to be insensitive [to sth]

Un·emp·find·lich·keit *f kein pl* unsusceptibility, hardiness

un·end·lich [ʊnˈʔɛntlɪç] **I.** *adj* ❶ (*nicht überschaubar*) infinite ❷ (*unbegrenzt*) endless, infinite, boundless ❸ (*überaus groß*) infinite, immense; **mit ~er Liebe/Geduld/Güte** with infinite [*or* endless] love/patience/goodness; **~e Strapazen** immense [*or* endless] strain ❹ FOTO (*Einstellung für Entfernung*) **etw** *akk* **auf ~ einstellen** to focus sth at infinity **II.** *adv* (*fam*) endlessly, infinitely; ~ **viele Leute** heaven [*or* god] knows how many people; ~ **froh sein, sich** *akk* ~ **freuen** to be terribly [*or* immensely] happy

Un·end·lich·keit *f kein pl* infinity; **eine** ~ (*fam: ewig lange*) ages *pl fam*

un·ent·behr·lich [ˈʊnʔɛntbe:ɐ̯lɪç] *adj* ❶ (*unbedingt erforderlich*) essential; ■[**für jdn/etw**] ~ **sein** to be essential [for [*or* to] sb/for sth]; **sich** *akk* [**irgendwo/bei jdm**] ~ **machen** to make oneself indispensable [somewhere/to sb] ❷ (*unverzichtbar*) indispensable

un·ent·gelt·lich [ˈʊnʔɛntgɛltlɪç] **I.** *adj* free of charge; **die ~e Benutzung von etw** *dat* free use of sth **II.** *adv* free of charge, for free; ~ **arbeiten** to work on a voluntary basis, to work for free

un·ent·schie·den [ˈʊnʔɛntʃi:dn̩] **I.** *adj* ❶ SPORT (*gleicher Punktstand*) drawn ❷ (*noch nicht entschieden*) undecided; ■**noch ~ sein** to be still [*or* as yet] undecided **II.** *adv* SPORT ~ **ausgehen** [*o* **enden**] to end in a draw; ~ **spielen** to draw

Un·ent·schie·den <-s, -> [ˈʊnʔɛntʃi:dn̩] *nt* SPORT draw; **das Spiel endete mit einem** ~ the game ended in a draw

un·ent·schlos·sen [ˈʊnʔɛntʃlɔsn̩] **I.** *adj* indecisive, irresolute; ■~ **sein** [**darüber**], **was jd tun soll** to be torn over what to do **II.** *adv* indecisively

Un·ent·schlos·sen·heit *f* indecision, undecidedness

un·ent·schuld·bar [ˈunʔɛntˈʃʊltba:ɐ̯] *adj* inexcusable; ■~ **sein, dass jd etw** *akk* **getan hat** to be inexcusable of sb, to do sth

un·ent·schul·digt [ˈʊnʔɛntʃʊldɪçt] **I.** *adj* unexcused **II.** *adv* unexcused, without an excuse; ~ **fehlen** [*o* **dem Unterricht fernbleiben**] to play truant, AM *usu* to cut *fam* [*or* be missing from] class

un·ent·wegt [ʊnʔɛntˈve:kt] **I.** *adj* persevering; **~er Einsatz/Fleiß** untiring commitment/efforts, perseverance **II.** *adv* constantly, incessantly

Un·ent·weg·te(r) *f(m) decl wie adj* stalwart

un·er·bitt·lich [ʊnʔɛɐ̯ˈbɪtlɪç] *adj* ❶ (*nicht umzustimmen*) unrelenting, merciless, inexorable ❷ (*gnadenlos*) pitiless, merciless

Un·er·bitt·lich·keit <-> *f kein pl* (*nicht umzustimmende Art*) mercilessness, inexorableness

un·er·fah·ren [ˈʊnʔɛɐ̯fa:rən] *adj* inexperienced, *fam* green; ■[**auf/in etw** *dat*] ~ **sein** to be inexperienced [in sth]

Un·er·fah·re·ne(r) *f(m) decl wie adj* inexperienced person

Un·er·fah·ren·heit *f* lack of experience, inexperience

un·er·find·lich [ˈʊnʔɛɐ̯fɪntlɪç] *adj* (*geh*) incomprehensible, unfathomable; ■[**jdm**] ~ **sein, warum/wie ...** to be incomprehensive [*or* inexplicable] [*or* unfathomable] [to sb], why/how ...; *s. a.* **Grund**

un·er·freu·lich [ˈʊnʔɛɐ̯frɔylɪç] **I.** *adj* unpleasant; *Neuigkeiten, Nachrichten* bad; *Zwischenfall* unfortunate; ■[**für jdn**] ~ **sein** to be unfortunate [for sb]; ■**etwas U~es** bad news **II.** *adv* unpleasantly

un·er·füll·bar [ʊnʔɛɐ̯ˈfʏlba:ɐ̯] *adj* unattainable, unviable, unrealizable; (*Forderungen, Träume*) unfulfillable; (*Wünsche*) unattainable

un·er·füllt [ˈʊnʔɛɐ̯fʏlt] *adj* unattained, unrealized; *Traum* unfulfilled

un·er·gie·big [ˈʊnʔɛɐ̯gi:bɪç] *adj* unproductive, unrewarding; (*Ernte*) poor; (*Produkt*) uneconomical

un·er·gründ·bar [ʊnʔɛɐ̯ˈgrʏntba:ɐ̯], **un·er·gründ·lich** [ʊnʔɛɐ̯ˈgrʏntlɪç] *adj* obscure, unfathomable, puzzling; (*Blick, Lächeln*) enigmatic

un·er·heb·lich [ˈʊnʔɛɐ̯he:plɪç] **I.** *adj* insignificant, minor; ■~ **sein, ob ...** to be irrelevant whether ...; **nicht** ~ not insignificant, considerable **II.** *adv* insignificantly; **nicht** ~ not insignificantly, considerably

un·er·hört [ˈʊnɛɐ̯ˈhø:ɐ̯t] **I.** *adj attr* ❶ (*pej: skandalös*) outrageous; [**das ist ja**] **~!** that's [simply] outrageous! ❷ (*außerordentlich*) incredible, enormous, outrageous *hum* **II.** *adv* ❶ (*skandalös*) outrageously ❷ (*außerordentlich*) incredibly

un·er·kannt [ˈʊnʔɛɐ̯kant] *adv* unrecognized; **bitte keine Namen, ich will ~ bleiben** please, no names, I want to remain incognito

un·er·klär·bar [ʊnʔɛɐ̯ˈklɛ:ɐ̯ba:ɐ̯], **un·er·klär·lich** [ʊnʔɛɐ̯ˈklɛ:ɐ̯lɪç] *adj* inexplicable; ■**jdm ist ~, warum/was/wie ...** sb cannot understand why/what/how ...

un·er·läss·lich[RR], **un·er·läß·lich**[ALT] [ʊnʔɛɐ̯ˈlɛslɪç] *adj* essential, imperative; ■[**für jdn/etw**] ~ **sein** to be imperative [*or* essential] [for sb/for sth]

un·er·laubt [ˈʊnʔɛɐ̯laupt] **I.** *adj* ❶ (*nicht gestattet*) unauthorized ❷ JUR (*ungesetzlich*) illegal **II.** *adv* without permission

un·er·le·digt [ˈʊnʔɛɐ̯le:dɪçt] **I.** *adj* unfinished; (*Antrag*) incompleted; (*Post*) unanswered, not seen to **II.** *adv* unfinished; ~ **liegen bleiben** to be left unfinished

un·er·mess·lich[RR], **un·er·meß·lich**[ALT] [ʊnʔɛɐ̯ˈmɛslɪç] **I.** *adj* (*geh*) ❶ (*schier unendlich*) immeasurable ❷ (*gewaltig*) immense, vast; (*Wert, Wichtigkeit*) inestimable; (*Zerstörung*) untold **II.** *adv* (*geh*) immensely

un·er·müd·lich [ʊnʔɛɐ̯ˈmy:tlɪç] **I.** *adj* untiring, tireless **II.** *adv* tirelessly, ceaselessly

un·er·quick·lich [ˈʊnʔɛɐ̯kvɪklɪç] *adj* (*geh*) unedifying *form*, dismal, disagreeable

un·er·reich·bar [ʊnʔɛɐ̯ˈraiçba:ɐ̯] *adj* unattainable; (*telefonisch nicht zu erreichen*) unavailable

un·er·reicht [ʊnʔɛɐ̯ˈraiçt] *adj* unequalled BRIT, AM *usu* unequaled; (*Anforderungen, Ziel*) unattained

un·er·sätt·lich [ʊnʔɛɐ̯ˈzɛtlɪç] *adj* ❶ (*nicht zu stillen*) insatiable; (*Wissensdurst*) unquenchable ❷ (*gierig*) insatiable, voracious

un·er·schöpf·lich [ʊnʔɛɐ̯ˈʃœpflɪç] *adj* ❶ (*ein reiches Reservoir bietend*) inexhaustible ❷ (*schier nicht zu erschöpfen*) inexhaustible

un·er·schro·cken [ˈʊnʔɛɐ̯ʃrɔkn̩] **I.** *adj* courageous, fearless **II.** *adv* courageously, fearlessly

un·er·schüt·ter·lich [ʊnʔɛɐ̯ˈʃʏtɐlɪç] **I.** *adj* unshakable **II.** *adv* unshakably, ceaselessly

un·er·schwing·lich [ʊnʔɛɐ̯ˈʃvɪŋlɪç] *adj* exorbitant; ■**für jdn ~ sein** to be beyond sb's means; *s. a.* **teuer**

un·er·setz·lich [ʊnʔɛɐ̯ˈzɛtslɪç] *adj* indispensable; (*Wertgegenstand*) irreplaceable; (*Schaden*) irreparable; ■[**für jdn**] ~ **sein** to be indispensable [to sb]

un·er·sprieß·lich [ʊnʔɛɐ̯ˈʃpri:slɪç] *adj* (*geh*) *s.* **unerfreulich**

un·er·träg·lich [ʊnʔɛɐ̯ˈtrɛ:klɪç] **I.** *adj* ❶ (*nicht auszuhalten*) unbearable, intolerable ❷ (*pej: unmöglich*) impossible, intolerable **II.** *adv* ❶ (*nicht auszuhalten*) unbearably ❷ (*pej: unmöglich*) impossibly

un·er·wähnt [ˈʊnʔɛɐ̯vɛ:nt] *adj* unmentioned

un·er·war·tet [ˈʊnʔɛɐ̯vartət] **I.** *adj* unexpected **II.** *adv* unexpectedly

un·er·wünscht [ˈʊnʔɛɐ̯vʏnʃt] *adj* ❶ (*nicht willkommen*) unwelcome ❷ (*lästig*) undesirable

un·er·zo·gen ['ʊnʔɛɐ̯tso:gn̩] *adj* ill-mannered, badly behaved

UNESCO <-> [u'nɛsko] *f Akr von* **United Nations Educational, Scientific and Cultural Organization** UNESCO; ■**die** ~ UNESCO

un·fä·hig ['ʊnfɛ:ɪç] *adj* ❶ (*inkompetent*) incompetent ❷ (*nicht imstande*) incapable; ■**zu etw** *dat* ~ **[sein]** [to be] incapable of sth; ■~ **sein, etw** *akk* **zu tun** to be incapable of doing sth

Un·fä·hig·keit *f kein pl* incompetence

un·fair ['ʊnfɛ:ɐ̯] **I.** *adj* unfair; ■~ **[gegen jdn** [*o* **jdm gegenüber**]] **sein** to be unfair [to [*or* towards] sb] **II.** *adv* unfairly

Un·fall ['ʊnfal] *m* accident, mishap *hum;* **einen ~ haben** to have an accident

Un·fall·be·tei·lig·te(r) <-n, -n> *decl wie adj f (m)* person involved in an accident **Un·fall·fah·rer(in)** *m(f)* driver at fault in an accident **Un·fall·flucht** *f* failure to stop after being involved in an accident; (*mit Verletzten*) hit-and-run [driving] **Un·fall·fol·ge** *f meist pl* MED injury resulting from an/the accident **un·fall·frei I.** *adj* accident-free **II.** *adv* without an accident **Un·fall·kran·ken·haus** *nt hospital dealing solely with accidents and emergencies* **Un·fall·op·fer** *nt* accident victim **Un·fall·ort** *m* scene of an/the accident **Un·fall·scha·den** *m* accident damage *no pl* **Un·fall·sta·tis·tik** *f* accident statistics *pl* **Un·fall·stel·le** *f* place of the accident **Un·fall·tod** *m* accidental death **Un·fall·to·te(r)** *f(m) decl wie adj* road casualty **un·fall·träch·tig** <-er, -ste> *adj* accident-prone, prone to accidents *pred* **Un·fall·ur·sa·che** *f* cause of a/the accident **Un·fall·ver·letz·te(r)** *f(m)* casualty **Un·fall·ver·si·che·rung** *f* accident insurance **Un·fall·zeu·ge, -zeu·gin** *m, f* witness of an/the accident

un·fass·barRR, **un·faß·bar**ALT [ʊn'fasba:ɐ̯], **un·fass·lich**RR, **un·faß·lich**ALT [ʊn'faslɪç] *adj* ❶ (*unbegreiflich*) incomprehensible; (*Phänomen*) incredible; ■**jdm** [*o* **für jdn**] ~ **sein, was/wie ...** to be incomprehensible to sb, what/how ... ❷ (*unerhört*) outrageous

un·fehl·bar [ʊn'fe:lba:ɐ̯] **I.** *adj* infallible, unfailing; (*Geschmack*) impeccable; (*Gespür, Instinkt*) unerring **II.** *adv* without fail

Un·fehl·bar·keit <-> *f kein pl* infallibility

un·fer·tig ['ʊnfɛrtɪç] *adj* ❶ (*noch nicht fertig gestellt*) unfinished ❷ (*unreif*) immature

un·flä·tig ['ʊnflɛ:tɪç] **I.** *adj* (*geh*) uncouth, crude; (*Ausdrucksweise*) obscene; (*Verhaltensweise*) coarse **II.** *adv* crudely, in an uncouth manner, coarsely

un·för·mig ['ʊnfœrmɪç] **I.** *adj* shapeless; (*groß*) cumbersome; (*Gesicht*) misshapen; (*Bein*) unshapely **II.** *adv* shapelessly; **sich** *akk* ~ **vergrößern** to grow unshapely

Un·för·mig·keit <-> *f kein pl* unshapeliness, shapelessness, cumbersomeness

un·fran·kiert ['ʊnfraŋki:ɐ̯t] **I.** *adj* unstamped **II.** *adv* without a stamp

un·frei ['ʊnfrai] *adj* ❶ (*nicht frei*) not free; (*gehemmt*) inhibited; ■~ **sein** *a.* HIST to be a slave [*or* serf] ❷ *s.* **unfrankiert**

Un·frei·e(r) *f(m) decl wie adj* HIST serf

Un·frei·heit *f kein pl* lack of freedom; *a.* HIST slavery *no indef art, no pl,* bondage *no indef art, no pl form*

un·frei·wil·lig ['ʊnfraivɪlɪç] **I.** *adj* ❶ (*gezwungen*) compulsory ❷ (*unbeabsichtigt*) unintentional **II.** *adv* ■**etw** *akk* ~ **tun** to be forced to do sth

un·freund·lich ['ʊnfrɔyntlɪç] **I.** *adj* ❶ (*nicht liebenswürdig*) unfriendly; ■**zu jdm** ~ **sein** to be unfriendly to sb ❷ (*unangenehm*) unpleasant; (*Wetter*) unpleasant, inclement *form;* (*Klima*) inhospitable, disagreeable; (*Jahreszeit, Tag*) dreary; (*Raum*) cheerless **II.** *adv* **sich** *akk* **jdm gegenüber ~ benehmen** to be unfriendly [*or* cold] to sb; **jdn ~ behandeln** to treat sb in an unfriendly [*or* cold] manner, to be unfriendly [*or* cold] to sb

Un·freund·lich·keit *f* unfriendliness

Un·frie·de(n) ['ʊnfri:də] *m kein pl* trouble, strife *no pl, no indef art,* conflict; **in ~n** on bad terms; **~n stiften** to cause trouble [*or* strife]; **in ~n leben** to live in conflict; **in ~n auseinandergehen** to part unamicably

un·frucht·bar ['ʊnfrʊxtba:ɐ̯] *adj* ❶ MED (*steril*) infertile, sterile ❷ AGR (*nicht ertragreich*) infertile, barren

Un·frucht·bar·keit *f kein pl* ❶ MED (*Sterilität*) infertility, sterility ❷ AGR (*fehlende Bodenfruchtbarkeit*) barrenness

Un·fug <-s> ['ʊnfu:k] *m kein pl* nonsense; ~ **machen** to get up to mischief; **mach keinen ~!** stop that nonsense!; **grober ~** JUR public nuisance

Un·gar(in) <-n, -n> ['ʊŋgar] *m(f)* Hungarian; *s. a.* **Deutsche(r)**

un·ga·risch ['ʊŋgarɪʃ] *adj* ❶ GEOG Hungarian; *s. a.* **deutsch 1** ❷ LING Hungarian; *s. a.* **deutsch 2**

Un·ga·risch ['ʊŋgarɪʃ] *nt decl wie adj* Hungarian; *s. a.* **Deutsch**

Un·ga·ri·sche <-n> *nt* ■**das** ~ Hungarian, the Hungarian language; *s. a.* **Deutsche**

Un·garn <-s> ['ʊŋgarn] *nt* Hungary; *s. a.* **Deutschland**

un·gast·lich ['ʊngastlɪç] *adj* uninviting, inhospitable *form*

un·ge·ach·tet ['ʊngəʔaxtət] *präp +gen* (*geh*) despite sth, in spite of sth; ■~ **dessen, dass ...** in spite of [*or* despite] the fact that ...

un·ge·ahnt ['ʊngəʔa:nt] *adj* undreamed [*or* BRIT undreamt] of

un·ge·bär·dig ['ʊngəbɛ:ɐ̯dɪç] *adj* unruly

un·ge·be·ten ['ʊngəbe:tn̩] **I.** *adj* ❶ (*nicht eingeladen*) uninvited, unwelcome ❷ (*ohne Aufforderung erfolgt*) unwelcome **II.** *adv* ❶ (*ohne eingeladen zu sein*) without being invited ❷ (*ohne aufgefordert zu sein*) without an invitation

un·ge·bil·det ['ʊngəbɪldət] *adj* uneducated

un·ge·bo·ren ['ʊngəbo:rən] *adj* unborn

un·ge·bräuch·lich ['ʊngəbrɔyçlɪç] *adj* uncommon, not in use *pred;* (*Methode, Verfahren*) [out]dated

un·ge·braucht I. *adj* unused; ■~ **sein** to have never been used, to be unused **II.** *adv* unused

un·ge·bro·chen ['ʊngəbrɔxn̩] **I.** *adj* unbroken **II.** *adv* ~ **weiterkämpfen/weitermachen** to carry on fighting/carry on incessantly

un·ge·bühr·lich ['ʊngəby:ɐ̯lɪç] **I.** *adj* (*geh*) ❶ (*ungehörig*) improper ❷ (*nicht angemessen*) unreasonable **II.** *adv* (*geh*) ❶ (*ungehörig*) improperly ❷ (*über Gebühr*) **sich** *akk* ~ **ärgern** [*o* **aufregen**] to overreact, to make a mountain out of a molehill

un·ge·bun·den ['ʊngəbʊndn̩] *adj* unattached, [fancy-]free; **ein ~es Leben führen** to lead a fancy-free life; ■~ **sein** (*unliiert*) to be unattached, to be footloose and fancy-free

un·ge·deckt ['ʊngədɛkt] *adj* ❶ FIN uncovered ❷ (*noch nicht gedeckt*) unlaid

Un·ge·duld ['ʊngədʊlt] *f* impatience; **voller** ~ impatiently; **vor** ~ with impatience

un·ge·dul·dig ['ʊngədʊldɪç] **I.** *adj* impatient **II.** *adv* impatiently

un·ge·eig·net ['ʊngəʔaignət] *adj* unsuitable; ■**[für etw** *akk*] ~ **sein** to be unsuited [for sth]

un·ge·fähr ['ʊngəfɛ:ɐ̯] **I.** *adv* ❶ (*zirka*) approximately, roughly, about *fam;* **um ~ ...,** ~ **um ...** by about ...; (*Zeit*) at about [*or* around] ... ❷ (*etwa*) ~ **da** [*o* **dort**] around there, *esp* BRIT thereabouts; ~ **hier** around here; ~ **so** something like this/that ❸ (*in etwa*) more or less; **das dürfte ~ hinkommen** that's more or less it, that's near enough right ▸ WENDUNGEN: **von** ~ by chance, by the by *fam;* **nicht von** ~ not without good reason [*or* cause], not for nothing **II.** *adj attr* approximate, rough

un·ge·fähr·det ['ʊngəfɛ:ɐ̯dət] **I.** *adj* safe **II.** *adv* safely

un·ge·fähr·lich ['ʊngəfɛ:ɐ̯lɪç] *adj* harmless; ■~ **sein, etw** *akk* **zu tun** to be safe to do sth

un·ge·färbt ['ʊngəfɛrpt] *adj* undyed, natural

un·ge·fragt ['ʊngəfra:kt] *adv* without being asked

un·ge·hal·ten ['ʊngəhaltn̩] **I.** *adj* (*geh*) indignant; ■~ **[über etw** *akk*] **sein/werden** to be/become indignant [about sth] **II.** *adv* (*geh*) indignantly

un·ge·heizt ['ʊngəhaitst] *adj* unheated

un·ge·hemmt ['ʊngəhɛmt] **I.** *adj* uninhibited **II.** *adv* uninhibitedly

un·ge·heu·er ['ʊngəhɔyɐ] **I.** *adj* ❶ (*ein gewaltiges Ausmaß besitzend*) enormous ❷ (*größte Intensität besitzend*) tremendous; (*Schmerz, Leiden*) dreadful ❸ (*größte Bedeutung besitzend*) tremendous **II.** *adv* ❶ (*äußerst*) terribly ❷ (*ganz besonders*) enormously, tremendously

Un·ge·heu·er <-s, -> ['ʊngəhɔyɐ] *nt* monster, ogre

ungeheuerlich [ʊngə'hɔyɐlɪç] *adj* ❶ (*unerhört*) outrageous, preposterous; **das ist ja ~!** that's outrageous! ❷ *s.* **ungeheuer 1**

Un·ge·heu·er·lich·keit <-, -en> *f* ❶ *kein pl* (*empörende Art*) outrageousness ❷ (*unerhörte Bemerkung*) outrageous remark; **das ist ja eine ~!** how outrageous! ❸ (*unerhörte Handlung*) monstrosity; (*Verbrechen*) atrocity

un·ge·hin·dert ['ʊngəhɪndɐt] **I.** *adj* unhindered **II.** *adv* without hindrance

un·ge·ho·belt ['ʊngəho:bl̩t] *adj* ❶ (*schwerfällig*) uncouth, boorish; (*grob*) coarse ❷ (*nicht glatt gehobelt*) unplaned

un·ge·hö·rig ['ʊngəhø:rɪç] **I.** *adj* impertinent **II.** *adv* impertinently

Un·ge·hö·rig·keit <-, -en> *f kein pl* impertinence *no pl*

un·ge·hor·sam ['ʊngəho:ɐza:m] *adj* disobedient; ■[**jdm gegenüber**] **~ sein** to be disobedient [towards sb]

Un·ge·hor·sam ['ʊngəho:ɐza:m] *m* disobedience; **ziviler ~** civil disobedience

un·ge·hört *adv* unheard

Un·geist *m kein pl* (*geh*) ■**der ~ einer S.** *gen* the demon of sth

un·ge·kämmt **I.** *adj* (*nicht gekämmt*) uncombed; (*nicht frisiert*) unkempt **II.** *adv* unkempt

un·ge·klärt ['ʊngəklɛ:ɐt] **I.** *adj* ❶ (*nicht aufgeklärt*) unsolved; ■[**noch**] **~ sein** to be [yet] unsolved; *s. a.* **Ursache** ❷ ÖKOL (*nicht geklärt*) untreated **II.** *adv* ÖKOL untreated

un·ge·kün·digt ['ʊngəkʏndɪçt] *adj* **ein ~es Arbeitsverhältnis/eine ~e Stellung haben** to not be under notice of resignation; ■**~ sein** to not be under notice of resignation

un·ge·küns·telt <-er, -este> ['ʊngəkʏnstl̩t] *adj* natural, unaffected

un·ge·kürzt ['ʊngəkʏrtst] **I.** *adj* MEDIA unabridged; (*FILM*) uncut **II.** *adv* in its unabridged version; FILM in its uncut version

un·ge·la·den ['ʊngəla:dn̩] *adj* ❶ (*nicht geladen*) unloaded ❷ (*nicht eingeladen*) uninvited

un·ge·le·gen ['ʊngəle:gn̩] *adj* inconvenient; [**jdm**] **~ kommen** to be inconvenient [for sb], to be an inconvenience [for sb]; (*zeitlich*) to be an inconvenient time [for sb]

Un·ge·le·gen·hei·ten *pl* inconvenience; **jdm ~ machen** [*o geh* **bereiten**] to inconvenience sb

un·ge·lenk ['ʊngəlɛŋk] **I.** *adj* clumsy, awkward **II.** *adv* clumsily, awkwardly

un·ge·len·kig ['ʊngəlɛŋkɪç] *adj* inflexible, unsupple

un·ge·lernt ['ʊngəlɛrnt] *adj attr* unskilled

un·ge·liebt ['ʊngəli:pt] *adj* ❶ (*nicht geliebt*) unloved ❷ (*nicht gemocht*) loathed ❸ *s.* **unbeliebt**

un·ge·lo·gen ['ʊngəlo:gn̩] *adv* (*fam*) honestly, honest *fam;* **das ist die Wahrheit, ~!** honestly, it's the truth!

un·ge·löst ['ʊngəlø:st] *adj* unsolved; (*Fragen*) unresolved

Un·ge·mach <-s> ['ʊngəma:x] *nt kein pl* (*geh*) inconvenience

un·ge·mah·len *adj* unground

un·ge·mein ['ʊngəmain] **I.** *adv* immensely, terribly; **das freut mich ganz ~** I'm immensely happy about that **II.** *adj* immense, tremendous

un·ge·müt·lich ['ʊngəmy:tlɪç] *adj* ❶ (*nicht gemütlich*) uninviting ❷ (*unerfreulich*) uncomfortable, disagreeable ▸WENDUNGEN: **~ werden, ~ werden können** (*fam*) to become nasty, to be able to become nasty

Un·ge·müt·lich·keit *f* uncomfortableness, unpleasantness

un·ge·nannt ['ʊngənant] *adj* unnamed

un·ge·nau ['ʊngənau] **I.** *adj* ❶ (*nicht exakt*) vague, inexact; ■**~** [**in etw** *dat*] **sein** to be vague [in sth] ❷ (*nicht korrekt*) inaccurate **II.** *adv* ❶ (*nicht exakt*) vaguely, inexactly ❷ (*nicht korrekt*) incorrectly

Un·ge·nau·ig·keit <-, -en> *f* ❶ *kein pl* (*nicht exakte Beschaffenheit*) vagueness ❷ *kein pl* (*mangelnde Korrektheit*) inaccuracy ❸ (*ungenaues Zitat*) inaccuracy

un·ge·niert ['ʊnʒeni:ɐt] **I.** *adj* uninhibited, unembarrassed, unconcerned **II.** *adv* uninhibitedly, freely

Un·ge·niert·heit <-> *f kein pl* lack of inhibition

un·ge·nieß·bar ['ʊngəni:sba:ɐ] *adj* ❶ (*nicht zum Genuss geeignet*) inedible; (*Getränke*) undrinkable ❷ (*schlecht schmeckend*) unpalatable ❸ (*fam: unausstehlich*) unbearable, loathsome, horrid

un·ge·nü·gend ['ʊngəny:gn̩t] **I.** *adj* ❶ (*nicht ausreichend*) insufficient; *Information* inadequate ❷ SCH (*schlechteste Zensur*) unsatisfactory (*the lowest mark*) **II.** *adv* insufficiently, inadequately

un·ge·nutzt ['ʊngənʊtst], **un·ge·nützt** ['ʊngənʏtst] **I.** *adj* unused; (*materielle/personelle Ressourcen*) unexploited; (*Gelegenheit*) missed; **~ bleiben** to not be taken advantage of; **etw** *akk* **~ lassen** to not take advantage of sth **II.** *adv* **eine Chance ~ verstreichen lassen** [*o* **vorübergehen**] to miss a chance, to let a chance go by [*or* slip]

un·ge·pflegt ['ʊngəpfle:kt] *adj* ❶ (*nicht gepflegt*) ungroomed, unkempt; (*Hände*) neglected, uncared-for ❷ (*vernachlässigt*) neglected, not very well looked after

un·ge·prüft ['ʊngəpry:ft] **I.** *adj* unchecked **II.** *adv* without checking

un·ge·ra·de ['ʊngəra:də] *adj* odd; **eine ~ Zahl** an odd number

un·ge·recht ['ʊngərɛçt] **I.** *adj* unjust, unfair; **~e Behandlung** unjust treatment; **ein ~er Richter** a partial judge; ■**~** [**gegen jdn** [*o* **jdm gegenüber**]] **sein** to be unfair [to sb]; ■**~** [**von jdm**] **sein, etw zu tun** to be unfair [of sb] to do sth **II.** *adv* unjustly, unfairly; **sich ~ verhalten** to behave unfairly

un·ge·rech·ter·wei·se *adv* unjustly, unfairly

un·ge·recht·fer·tigt ['ʊngərɛçtfɛrtɪçt] *adj* unjustified

Un·ge·rech·tig·keit <-, -en> *f* ❶ *kein pl* (*ungerechte Art*) injustice, unfairness; **die ~ der Beurteilung** the injustice of the judgement; **so eine ~!** how unjust! [*or* unfair!] ❷ (*ungerechte Handlung*) injustice, unfairness

un·ge·re·gelt ['ʊngəre:gl̩t] *adj* ❶ (*unregelmäßig*) unsettled, disordered ❷ (*selten: nicht erledigt*) unsettled ▸WENDUNGEN: **~er Katalysator** open-loop catalyst

un·ge·reimt ['ʊngəraimt] *adj* ❶ (*verworren*) muddled; **er redet völlig ~es Zeug** he is talking a load of nonsense ❷ (*keinen Reim aufweisend*) unrhymed; **~e Verse** blank verse

Un·ge·reimt·heit <-, -en> *f* ❶ *kein pl* (*verworrene Art*) muddle ❷ (*ungereimte Äußerung*) inconsistency; **der Bericht weist viele ~en auf** there are many inconsistencies in the report

un·gern ['ʊngɛrn] *adv* reluctantly; **etw ~ tun** to do sth reluctantly; [**höchst**] **~!** with [the greatest of] reluctance!

un·ge·rührt ['ʊngəry:ɐt] **I.** *adj* unmoved; **mit ~er Miene** with a deadpan expression [*or* face] **II.** *adv* unmoved

un·ge·sal·zen ['ʊngezaltsn̩] *adj* unsalted

un·ge·sät·tigt ['ʊngezɛtɪçt] *adj* ❶ (*geh: noch hungrig*) unsatisfied ❷ CHEM unsaturated

un·ge·schält ['ʊngəʃɛ:lt] **I.** *adj* *Frucht, Obst* unpeeled; *Getreide, Reis* unhusked **II.** *adv* unpeeled

un·ge·sche·hen ['ʊngəʃe:ən] *adj* undone; **etw ~ machen** to undo sth

Un·ge·schick <-[e]s> ['ʊngɛʃɪk] *nt kein pl* (*geh*) *s.* **Ungeschicklichkeit**

Un·ge·schick·lich·keit <-, -en> *f* ❶ *kein pl* (*ungeschickte Art*) clumsiness ❷ (*ungeschicktes Verhalten*) clumsiness

un·ge·schickt ['ʊngəʃɪkt] *adj* ❶ (*unbeholfen*) clumsy; **eine ~e Bewegung** a clumsy movement; (*unbedacht*) careless, inept;

eine ~e **Äußerung** a careless comment; ■~ **[von jdm] sein** to be inept [of sb] ❷ DIAL, SÜDD (*selten: unhandlich*) unwieldy; **ein ~es Werkzeug** an unwieldy tool; (*ungelegen*) awkward; **etw kommt ~** sth happens at an awkward time

Un·ge·schickt·heit *f s.* **Ungeschicklichkeit**

un·ge·schlecht·lich *adj inv* BIOL asexual

un·ge·schlif·fen ['ʊngəʃlɪfn̩] *adj* ❶ (*nicht geschliffen*) uncut; *Messer, Klinge* blunt; ~**e Diamanten** uncut diamonds ❷ (*pej: grob, ohne Manieren*) uncouth; ~**es Benehmen** uncouth behaviour [*or* AM -or]; **ein ~er Kerl** an uncouth man

un·ge·schminkt ['ʊngəʃmɪŋkt] *adj* ❶ (*nicht geschminkt*) without make-up ❷ (*unbeschönigt*) unvarnished; **die ~e Wahrheit** the unvarnished truth; **jdm ~ die Wahrheit sagen** to tell sb the unvarnished truth

un·ge·schnit·ten *adj inv* FILM, TV *Film* unedited

un·ge·scho·ren ['ʊngəʃo:rən] **I.** *adj* unshorn; ~**e Schafe** unshorn sheep **II.** *adv* unscathed; ~ **davonkommen** to get away with it

un·ge·schrie·ben ['ʊngəʃri:bn̩] *adj pred* unwritten; ~ **bleiben** to be left unwritten; **etw ~ lassen** not to write sth; *s. a.* **Gesetz**

un·ge·se·hen ['ʊngəze:ən] **I.** *adj inv* (*selten*) unseen **II.** *adv inv* unseen, without being seen

un·ge·sel·lig ['ʊngəzɛlɪç] *adj* unsociable

un·ge·setz·lich ['ʊngəzɛtslɪç] *adj* unlawful, illegal

un·ge·setzt *adj* SPORT unseeded

un·ge·si·chert *adj* unsecured

un·ge·stem·pelt ['ʊngəʃtɛmpl̩t] *adj* unstamped; **eine ~e Briefmarke** an unfranked stamp

un·ge·stillt ['ʊngəʃtɪlt] *adj inv* (*geh*) unstilled

un·ge·stört ['ʊngəʃtø:ɐ̯t] **I.** *adj* undisturbed; ~ **sein wollen** to want to be left alone **II.** *adv* without being disturbed

un·ge·straft ['ʊngəʃtra:ft] *adv* with impunity; ~ **davonkommen** to get away scot-free

un·ge·stüm ['ʊngəʃty:m] **I.** *adj Art, Temperament* impetuous; *Wind* gusty; *Meer* rough, turbulent; **eine ~e Begrüßung** an enthusiastic greeting **II.** *adv* enthusiastically, passionately

Un·ge·stüm <-[e]s> ['ʊngəʃty:m] *nt kein pl* impetuosity; **jugendliches ~** youthful impetuosity; **voller ~** passionately, boisterously

un·ge·sühnt ['ʊngəzy:nt] *adj* unatoned, unexpiated

un·ge·sund ['ʊngəzʊnt] **I.** *adj* ❶ (*der Gesundheit abträglich*) unhealthy; **ein ~es Klima** an unhealthy climate ❷ (*nicht gesund, kränklich*) unhealthy; **ein ~es Aussehen** an unhealthy appearance **II.** *adv* unhealthily; **sich ~ ernähren** to not have a healthy diet

un·ge·süßt *adj* unsweetened

un·ge·trübt ['ʊngətry:pt] *adj Freude, Glück* unclouded; *Tage, Zeit* perfect

Un·ge·tüm <-[e]s, -e> ['ʊngəty:m] *nt* ❶ (*veraltend: monströses Wesen*) monster ❷ (*fam: riesiger Gegenstand*) monster *fam;* **dieses ~ von Schrank passt nicht durch die Haustür** this monster of a cupboard won't go through the front door

un·ge·übt ['ʊngəʔy:pt] *adj* unpractised [*or* AM -ced]; ~**e Lehrlinge** inexperienced apprentices; ■**[in etw** *dat***] ~ sein** to be out of practice [at sth]

un·ge·wissRR ['ʊngəvɪs] *adj,* **ungewiß**ALT *adj* ❶ (*nicht feststehend*) uncertain; **eine ~e Zukunft** an uncertain future; ■**noch ~ sein, ob/wie ...** to be still uncertain, whether/how ...; **Sprung ins U~e** a leap into the unknown ❷ (*unentschlossen*) uncertain, unsure; ■**sich noch ~ sein** to be still uncertain; **sich über etw** *akk* **im Ungewissen sein** to be uncertain [*or* unsure] about sth; **jdn [über etw** *akk***] im Ungewissen lassen** to leave sb in the dark [about sth] *fam;* **etw im Ungewissen lassen** to leave sth vague [*or* indefinite] ❸ (*geh: unbestimmbar*) undefinable; **Augen von ~er Farbe** eyes of an indefinable colour [*or* AM -or]

Un·ge·wiss·heitRR <-, -en> *f* uncertainty

un·ge·wöhn·lich ['ʊngəvø:nlɪç] **I.** *adj* ❶ (*vom Üblichen abweichend*) unusual; **eine ~e Bitte** an unusual request; ■**etwas/nichts U~es** something/nothing unusual ❷ (*außergewöhnlich*) unusual, remarkable; **eine ~e Leistung** a remarkable achievement **II.** *adv* ❶ (*äußerst*) exceptionally; ~ **schön/klein** exceptionally beautiful/small; ~ **begabt** unusually gifted ❷ (*in nicht üblicher Weise*) unusually; **sich ~ benehmen** to behave unusually [*or* strangely]

un·ge·wohnt ['ʊngəvo:nt] *adj* unusual; **ein ~er Anblick** an unusual sight; ~**e Freundlichkeit** unusual friendliness; ■**jdm ~ sein** to be unfamiliar to sb

un·ge·wollt ['ʊngəvɔlt] **I.** *adj* unintentional, inadvertent; **eine ~e Schwangerschaft** an unwanted pregnancy **II.** *adv* unintentionally, inadvertently; **ich musste ~ grinsen** I couldn't help grinning

un·ge·zählt ['ʊngətsɛ:lt] *adj inv* ❶ (*selten: unzählig*) innumerable, countless ❷ (*nicht nachgezählt*) uncounted

Un·ge·zie·fer <-s> ['ʊngətsi:fɐ] *nt kein pl* pests *pl,* vermin

un·ge·zo·gen ['ʊngətso:gn̩] **I.** *adj Kind* naughty, badly-behaved; *Bemerkung* impertinent; ■~ **[von jdm] sein** to be ill-mannered [of sb] **II.** *adv* impertinently, naughtily; **sich ~ benehmen** to behave badly

Un·ge·zo·gen·heit <-, -en> *f* ❶ *kein pl* (*ungezogene Art*) naughtiness, bad behaviour [*or* AM -or] ❷ (*ungezogene Äußerung*) impertinent remark; (*ungezogene Handlung*) bad manners *npl*

un·ge·zü·gelt ['ʊngətsy:gl̩t] *adj* unbridled

un·ge·zwun·gen ['ʊngətsvʊŋən] *adj* casual, informal; **eine ~e Atmosphäre** an informal atmosphere; **frei und ~** without restraint

Un·ge·zwun·gen·heit *f* casualness, informality

Un·glau·be ['ʊnglaubə] *m* ❶ (*Zweifel*) disbelief, scepticism ❷ (*Gottlosigkeit*) unbelief, lack of faith

un·glaub·haft ['ʊnglauphaft] **I.** *adj* unbelievable, incredulous; ~ **wirken** to appear to be implausible **II.** *adv* unbelievably, incredulously

un·gläu·big ['ʊnglɔybɪç] *adj* ❶ (*etw nicht glauben wollend*) disbelieving, incredulous; **ein ~es Gesicht machen** to raise one's eyebrows in disbelief; **ein ~es Kopfschütteln** an incredulous shake of the head ❷ (*gottlos*) unbelieving, irreligious; ~**e Menschen bekehren** to convert the unbelievers

Un·gläu·bi·ge(r) *f(m) decl wie adj* unbeliever, infidel

un·glaub·lich ['ʊnglauplɪç] **I.** *adj* ❶ (*nicht glaubhaft*) unbelievable, incredible ❷ (*unerhört*) outrageous; **ein ~es Benehmen** outrageous behaviour [*or* AM -or]; ~**e Zustände** outrageous conditions **II.** *adv* (*fam: überaus*) incredibly, extremely

un·glaub·wür·dig ['ʊnglaupvʏrdɪç] **I.** *adj* implausible, dubious; **eine ~e Geschichte** an implausible story; **ein ~er Zeuge** an unreliable witness; **sich ~ machen** to lose credibility **II.** *adv* implausibly, dubiously; **seine Aussage klingt ~** his statement sounds dubious [*or* fishy] *fam*

Un·glaub·wür·dig·keit *f* implausibility, unreliability

un·gleich ['ʊnglaiç] **I.** *adj* ❶ (*unterschiedlich*) *Bezahlung* unequal; *Belastung* uneven; *Paar* odd; *Gegenstände, Waffen* different, dissimilar, unalike; **mit ~en Mitteln kämpfen** to fight using different methods ❷ (*unterschiedliche Voraussetzungen aufweisend*) unequal; **ein ~er Kampf** an unequal fight **II.** *adv* ❶ (*unterschiedlich*) unequally; ~ **stark sein** to be unevenly matched ❷ *vor comp* (*weitaus*) far **III.** *präp mit dat* (*geh*) unlike

Un·gleich·ge·wicht *nt* imbalance

Un·gleich·heit <-, -en> *f* dissimilarity, difference, inequality

un·gleich·mä·ßig **I.** *adj* ❶ (*unregelmäßig*) irregular; **ein ~er Puls** an irregular pulse ❷ (*nicht zu gleichen Teilen*) uneven; **eine ~e Belastung** an uneven load; **eine ~e Verteilung** an uneven distribution **II.** *adv* ❶ (*unregelmäßig*) irregularly; ~ **atmen** to breathe irregularly ❷ (*ungleich*) unevenly

Un·gleich·mä·ßig·keit <-, -en> *f* ❶ (*Unregelmäßigkeit*) ir-

regularity ❷ (*Ungleichheit*) unevenness
Un·glück <-glücke> ['ʊnglʏk] *nt* ❶ *kein pl* (*Pech*) bad luck, misfortune; [**jdm**] ~ **bringen** to bring [sb] bad luck; **in sein** ~ **rennen** (*fam*) to rush headlong into disaster; **jdn ins** ~ **stürzen** (*geh*) to be sb's undoing; **zu allem** ~ to make matters worse ❷ (*katastrophales Ereignis*) disaster, tragedy; **ein** ~ **verhindern** to prevent a disaster ❸ *kein pl* (*Elend*) unhappiness ▸ WENDUNGEN: ~ **im Spiel, Glück in der Liebe** (*prov*) unlucky at cards, lucky in love; **ein** ~ **kommt selten allein** (*prov*) it never rains but it pours *prov*
un·glück·lich ['ʊnglʏklɪç] **I.** *adj* ❶ (*betrübt*) unhappy; **ein ~es Gesicht machen** to make [*or* BRIT pull] an unhappy face; **sich** ~ **machen** to bring misfortune on oneself; **jdn** ~ **machen** to make sb unhappy ❷ (*ungünstig*) unfortunate; **ein ~er Zufall** an unfortunate incident; **eine ~e Liebe** unrequited love ❸ (*einen Unglücksfall verursachend, ungeschickt*) unfortunate, unlucky; **eine ~e Figur abgeben** (*fig*) to cut a sorry figure; **eine ~e Bewegung machen** to move awkwardly **II.** *adv* ❶ (*ohne glücklichen Ausgang*) unfortunately; ~ **verliebt sein** to be crossed in love ❷ (*ungeschickt*) unluckily, unfortunately
un·glück·li·cher·wei·se *adv* unfortunately
Un·glücks·bo·te, -bo·tin *m, f* bearer of bad news **Un·glücks·bot·schaft** *f* bad news + *sing vb*
un·glück·se·lig ['ʊnglʏkze:lɪç] *adj* ❶ (*vom Unglück verfolgt*) unfortunate ❷ (*unglücklich* [*verlaufend*]) disastrous, unfortunate
Un·glücks·fall *m* ❶ (*Unfall*) accident ❷ (*unglückliche Begebenheit*) mishap **Un·glücks·ra·be** *m* (*fam*) unlucky person **Un·glücks·tag** *m* ❶ (*fam: unglücklich verlaufener Tag*) bad day ❷ (*Tag eines Unglücks*) day of the accident **Un·glücks·zahl** *f* (*fam*) unlucky number
Un·gna·de ['ʊngna:də] *f* disgrace, disfavour [*or* AM -or]; [**bei jdm**] **in** ~ **fallen/sein** to be out of favour [with sb]; **sich** *dat* **jds** ~ **zuziehen** to fall out of favour with sb
un·gnä·dig ['ʊngnɛ:dɪç] **I.** *adj* ❶ (*gereizt, unfreundlich*) ungracious, bad-tempered ❷ (*geh: verhängnisvoll*) fated; **ein ~es Schicksal** a cruel fate **II.** *adv* bad temperedly, ungraciously; **jdn** ~ **ansehen** to look at sb with little enthusiasm
un·gül·tig ['ʊngʏltɪç] *adj* (*nicht mehr gültig*) invalid; **ein ~er Pass** an invalid passport; **ein ~es Tor** a disallowed goal; **ein ~er Sprung** a no-jump; (*nichtig*) void; **eine ~e Stimme** a spoiled ballot-paper; **etw für** ~ **erklären** to declare sth null and void; **eine Ehe für** ~ **erklären** to annul a marriage
Un·gül·tig·keit *f* (*fehlende Gültigkeit*) invalidity; (*Nichtigkeit*) invalidity, voidness
Un·gül·tig·keits·er·klä·rung *f* invalidation
Un·gunst *f* ❶ (*geh: Unwillen*) disgrace; *Wetter* inclemency; **sich jds** ~ **zuziehen** to get into sb's bad books BRIT *fam*, to get on sb's bad side AM ❷ (*Nachteil*) **zu jds ~en** to sb's disadvantage
un·güns·tig ['ʊngʏnstɪç] *adj Augenblick, Zeit, Zeitpunkt* inopportune, inconvenient; *Wetter* inclement; **in einem ~en Licht** (*fig*) to appear in an unfavourable [*or* AM -or] light *fig*; **Sie kommen in einem ~en Augenblick** you've come at a very inopportune moment; ■[**für jdn/etw**] ~ **sein** to be inconvenient [for sb]/unfavourable [for sth]; *s. a.* **Fall**
un·gut ['ʊngu:t] *adj* bad; *Verhältnis* strained; **ein ~es Gefühl bei etw haben** to have an uneasy [*or* bad] feeling about sth ▸ WENDUNGEN: **nichts für ~!** no offence [*or* AM -se]!
un·halt·bar ['ʊnhaltba:ɐ̯] *adj* ❶ (*haltlos*) untenable; **eine ~e Theorie** an untenable theory ❷ (*unerträglich*) intolerable; **eine ~e Situation** an intolerable situation; **~e Zustände** intolerable conditions ❸ SPORT (*fam*) unstoppable; **ein ~er Ball** an unstoppable ball
un·hand·lich ['ʊnhantlɪç] *adj* unwieldy
un·har·mo·nisch ['ʊnharmo:nɪʃ] *adj* ❶ (*nicht harmonisch, in Einklang*) unharmonious ❷ (*in Farbe, Form o. Ä. nicht zusammenpassend*) unharmonious
Un·heil ['ʊnhail] *nt* (*geh*) disaster; ~ **anrichten** (*fam*) to get up to mischief; **jdm droht** ~ sth spells disaster for sb; **großes/viel** ~ **anrichten** to wreak havoc
un·heil·bar ['ʊnhailba:ɐ̯] **I.** *adj* incurable **II.** *adv* incurably; ~ **krank sein** to be terminally ill
un·heil·voll ['ʊnhailfɔl] *adj* fateful, ominous; **eine** ~ **Botschaft** a fateful message; **ein ~er Blick** an ominous look
un·heim·lich ['ʊnhaimlɪç] **I.** *adj* ❶ (*Grauen erregend*) eerie, sinister; **eine ~e Begegnung** an eerie encounter; ■**etw/jd ist jdm** ~ sth/sb gives sb the creeps ❷ (*fam: unglaublich, sehr*) incredible; **du hattest ~es Glück** you're incredibly lucky ❸ (*fam: sehr groß, sehr viel*) terrific, terrible; **~en Hunger haben** to die of hunger *fig*; **es hat ~en Spaß gemacht** it was terrific fun **II.** *adv* (*fam*) incredibly; ~ **dick/groß sein** to be incredibly fat/tall
UN-Hilfs·flug *m* UN relief flight
un·höf·lich ['ʊnhø:flɪç] *adj* impolite
Un·höf·lich·keit *f* ❶ *kein pl* (*unhöfliche Art*) impoliteness ❷ (*unhöfliche Bemerkung*) discourteous remark; (*unhöfliche Handlung*) rudeness
Un·hold <-[e]s, -e> ['ʊnhɔlt] *m* fiend, monster
un·hör·bar [ʊn'hø:ɐ̯ba:ɐ̯] *adj* inaudible; ■[**für jdn**] ~ **sein** to be inaudible [to sb]
un·hy·gi·e·nisch ['ʊnhygi̯e:nɪʃ] *adj* unhygienic
uni ['yni] *adj inv* plain; **ein** ~ **gefärbtes Hemd** a plain shirt
Uni[1] <-, -s> ['ʊni] *f* (*fam*) *kurz für* **Universität** university, uni BRIT
Uni[2] <-s, -s> ['yni] *nt* MODE plain colour [*or* AM -or]
UNICEF <-> ['u:nit͜sɛf] *f kein pl Akr von* **United Nations International Children's Emergency Fund:** ■[**die**] ~ UNICEF
un·idi·o·ma·tisch *adj* unidiomatic
uni·far·ben ['yni-] *adj* plain
Uni·form <-, -en> [uni'fɔrm, 'ʊnifɔrm] *f* uniform
uni·for·miert [unifɔr'mi:ɐ̯t] *adj* uniformed; ■~ **sein** to be in uniform; **~e Polizisten** uniformed policemen
Uni·for·mier·te(r) *f(m) decl wie adj* person in uniform
Uni·kat <-[e]s, -e> [uni'ka:t] *nt* ❶ (*geh: einzigartiges Exemplar*) unique specimen ❷ (*einzigartige Ausfertigung eines Schriftstücks*) unicum
Uni·kum <-s, -s *o* Unika> ['u:nikʊm, *pl* -ka] *nt* ❶ (*geh: einzigartiges Exemplar*) unique thing ❷ (*fam: merkwürdiger Mensch*) real character *fam*
un·in·te·res·sant ['ʊnʔɪntərɛsant] *adj* ❶ ÖKON (*nicht interessant*) of no interest; ■[**für jdn**] ~ **sein** to be of no interest [to sb]; **ein ~es Angebot** an offer that is of no interest ❷ (*nicht interessant*) uninteresting; **ein ~es Buch** an uninteresting [*or* boring] book
un·in·te·res·siert ['ʊnʔɪntərɛsi:ɐ̯t] *adj* disinterested; **ein ~es Gesicht machen** to appear disinterested; ■[**an etw** *dat*] ~ **sein** to not be interested [in sth]
Uni·on <-, -en> [u'ni̯o:n] *f* ❶ (*Bund*) union; **die Europäische** ~ the European Union; **die Westeuropäische** ~ the Western European Union ❷ *kein pl* POL (*fam: die CDU/CSU*) ■**die** ~ the CDU and CSU; **die Junge** ~ the young CDU and CSU members
uni·so·no [uni'zo:no] *adv* ❶ MUS (*einstimmig*) in unison; ~ **singen** to sing in unison ❷ (*geh: übereinstimmend*) unanimously
uni·ver·sal [univɛr'za:l] **I.** *adj* (*geh*) universal; **ein ~es Werkzeug** an all-purpose tool; **~es Wissen** broad knowledge **II.** *adv* (*geh*) universally; **das Gerät ist** ~ **verwendbar** the appliance can be used for all purposes
Uni·ver·sal·dün·ger *m* universal fertilizer **Uni·ver·sal·er·be, -er·bin** *m, f* sole heir *masc*, sole heiress *fem* **Uni·ver·sal·ge·nie** *nt* all-round genius **Uni·ver·sal·kle·ber** *m* all-purpose glue **Uni·ver·sal·mes·ser** *nt* general-purpose knife, slicing knife **Uni·ver·sal·rei·ni·ger** *m* general-purpose cleaner **Uni·ver·sal·werk·zeug** *nt* all-purpose tool

uni·ver·sell [univɛrˈzɛl] *adj s.* **universal**

Uni·ver·si·tät <-, -en> [univɛrziˈtɛːt] *f* university; **die ~ München** the University of Munich; **an der ~ studieren** to study at university; **die ~ besuchen** to attend university; **auf die ~ gehen** (*fam*) to go to university

Uni·ver·si·täts·an·ge·stell·te(r) *f(m)* university employee **Uni·ver·si·täts·bib·li·o·thek** *f* university library **Uni·ver·si·täts·buch·hand·lung** *f* university bookshop [*or* AM bookstore] **Uni·ver·si·täts·in·sti·tut** *nt* university institute **Uni·ver·si·täts·kar·ri·e·re** *f* university career **Uni·ver·si·täts·kli·nik** *f* university hospital [*or* clinic] **Uni·ver·si·täts·lauf·bahn** *f* university career **Uni·ver·si·täts·pro·fes·sor, -pro·fes·so·rin** *m, f* university professor **Uni·ver·si·täts·stadt** *f* university town [*or* city] **Uni·ver·si·täts·stu·di·um** *nt* course of study at university; **mit/ohne ~** with/without a university education

Uni·ver·sum <-s, *selten* -sen> [uniˈvɛrzʊm] *nt* universe; ■**das ~** the universe

un·ka·me·rad·schaft·lich I. *adj* unfriendly; **~es Verhalten** unfriendly behaviour [*or* AM -or] II. *adv* in an unfriendly way

Un·ke <-, -n> [ˈʊŋkə] *f* ❶ (*Kröte*) toad ❷ (*fam: Schwarzseher*) prophet of doom, Jeremiah

un·ken [ˈʊŋkn̩] *vi* (*fam*) to prophesy doom

un·kennt·lich [ˈʊnkɛntlɪç] *adj* unrecognizable, indecipherable; **eine ~e Eintragung** an indecipherable entry; **etw ~ machen** to make sth unrecognizable; **sich [mit etw] ~ machen** to disguise oneself [with sth]

Un·kennt·lich·keit <-> *f* unrecognizable state, indecipherability; **bis zur ~** beyond recognition

Un·kennt·nis [ˈʊnkɛntnɪs] *f kein pl* ignorance; **in ~ über etw** *akk* **sein** to be ignorant of sth; **jdn in ~ über etw** *akk* **lassen** not to keep sb informed about sth, to keep sb in the dark about sth *fam;* **aus ~** out of ignorance ▶ WENDUNGEN: **~ schützt vor Strafe nicht** (*prov*) ignorance of the law is no excuse

Un·ken·ruf *m* ❶ (*fam: pessimistische Äußerung*) prophecy of doom ❷ ZOOL croak

un·klar [ˈʊnklaːɐ̯] I. *adj* ❶ (*unverständlich*) unclear ❷ (*ungeklärt*) unclear; **eine ~e Situation** an unclear situation; ■**~ sein, warum/was/wie/ob ...** to be unclear [as to] why/what/how/whether ...; **[sich** *dat*] **im ~en [über etw** *akk*] **sein** to be uncertain [about sth]; **jdn [über etw** *akk*] **im U~en lassen/halten** to leave/keep sb in the dark [about sth] ❸ (*verschwommen*) indistinct; *Wetter* hazy; **~e Umrisse** blurred outlines; **~e Erinnerungen** vague memories II. *adv* ❶ (*verschwommen*) **nur ~ zu erkennen sein** to be difficult to make out ❷ (*unverständlich*) unclearly; **sich ~ ausdrücken** to express oneself unclearly

Un·klar·heit <-, -en> *f* ❶ *kein pl* (*Ungewissheit*) uncertainty ❷ (*ungeklärter Tatbestand*) unclarified point

un·klug [ˈʊnkluːk] *adj* imprudent, unwise; **ein ~er Entschluss** an unwise decision

un·kol·le·gi·al [ˈʊnkɔlegi̯aːl] I. *adj unaccommodating towards one's colleagues* II. *adv in an unaccommodating way towards one's colleagues*

un·komp·li·ziert [ˈʊnkɔmplitsiːɐ̯t] *adj* straightforward, simple, uncomplicated; **ein ~er Vorgang** a straightforward process; **ein ~er Fall** a simple case; **ein ~es Gerät** a straightforward appliance; **ein ~er Mensch** an uncomplicated [*or* straightforward] person

un·kon·trol·lier·bar [ˈʊnkɔntrɔliːɐ̯baːɐ̯] *adj* uncontrollable

un·kon·trol·liert [ˈʊnkɔntrɔliːɐ̯t] I. *adj* (*keiner Kontrolle unterliegend*) unsupervised; **das ~e Betreten des Labors** unsupervised entry to the laboratory; (*ohne kontrolliert zu werden*) unchecked; (*ungehemmt*) uncontrolled; **ein ~er Wutanfall** an uncontrolled fit of anger II. *adv* without being checked

un·kon·ven·ti·o·nell [ˈʊnkɔnvɛntsi̯onɛl] *adj* (*geh*) unconventional

UN-Kon·voi *m* UN convoy

un·kon·zen·triert [ˈʊnkɔntsɛntriːɐ̯t] *adj* unconcentrated

Un·kos·ten [ˈʊnkɔstn̩] *pl* [additional] expense, costs *npl;* **[mit etw] ~ haben** to incur expense [with sth]; **sich** *akk* **in ~ stürzen** (*fam*) to go to a lot of expense; **die Einnahmen decken nicht einmal die ~** the takings don't even cover the costs

Un·kos·ten·bei·trag *m* contribution towards expenses [*or* costs]

Un·kraut [ˈʊnkraut] *nt* weed ▶ WENDUNGEN: **~ vergeht nicht** (*prov*) it will take more than that to finish me/him etc. off

Un·kraut·be·kämp·fung *f* weed control **Un·kraut·be·kämp·fungs·mit·tel** *nt,* **Un·kraut·ver·til·gungs·mit·tel** *nt,* **Un·kraut·ver·nich·ter** <-s, -> *m* herbicide, weed killer *fam*

un·kri·tisch [ˈʊnkriːtɪʃ] *adj* uncritical

un·kul·ti·viert [ˈʊnkʊltiviːɐ̯t] I. *adj* (*pej*) uncultured II. *adv* (*pej*) in an uncultured manner; **sich ~ benehmen** to behave badly

Un·kul·tur [ˈʊnkʊltuːɐ̯] *f* (*pej: Mangel an kultivierten Umgangsformen*) lack of culture, plebianism, philistinism

un·künd·bar [ˈʊnkʏntbaːɐ̯] *adj Stellung* not subject to notice; *Vertrag* not subject to termination, binding

un·kun·dig [ˈʊnkʊndɪç] *adj* (*geh*) ignorant; **der ~e Leser** the uninformed reader; ■**einer S.** *gen* **~ sein** to have no knowledge of a thing

un·längst [ˈʊnlɛŋst] *adv* (*geh*) recently

un·lau·ter [ˈʊnlautɐ] *adj* dishonest; **~e Absichten** dishonourable [*or* AM -or-] intentions; **~er Wettbewerb** unfair competition

un·leid·lich [ˈʊnlaitlɪç] *adj* ❶ (*schlecht gelaunt*) bad-tempered ❷ (*unerträglich*) intolerable; **ein ~er Zustand** an intolerable situation

un·le·ser·lich [ˈʊnleːzɐlɪç] *adj* illegible

un·leug·bar [ˈʊnlɔykbaːɐ̯] *adj* undeniable, indisputable; **eine ~e Tatsache** an indisputable fact

un·lieb [ˈʊnliːp] *adj* ■**jdm nicht ~ sein** to be rather glad of sth

un·lieb·sam [ˈʊnliːpzaːm] I. *adj* unpleasant II. *adv* **~ auffallen** to make a bad impression

un·li·ni(·i)ert *adj* unlined, unruled

un·lo·gisch *adj* illogical

un·lös·bar [ʊnˈløːsbaːɐ̯], **un·lös·lich** [ˈʊnˈløːslɪç] *adj* ❶ (*nicht zu lösen*) insoluble; **ein ~es Problem** an unsolvable problem; **ein ~er Widerspruch** an irreconcilable contradiction ❷ CHEM insoluble

Un·lust [ˈʊnlʊst] *f kein pl* reluctance, lack of enthusiasm; **~ verspüren** to feel a lack of enthusiasm; **etw mit ~ tun** to do sth with reluctance

Un·mas·se [ˈʊnmasə] *f* (*fam*) *s.* **Unmenge**

un·maß·geb·lich [ˈʊnmaːsgeːplɪç] *adj* inconsequential; **nach meiner ~en Meinung** in my humble opinion *hum*

un·mä·ßig [ˈʊnmɛːsɪç] I. *adj* excessive, immoderate; **~er Alkoholgenuss** excessive consumption of alcohol; **~ in seinen Forderungen sein** to make excessive demands II. *adv* excessively, immoderately; **~ essen/trinken** to eat/drink to excess [*or* far too much]

Un·mä·ßig·keit *f* excessiveness, immoderation; **jds ~ im Rauchen** sb's excessive smoking

Un·men·ge [ˈʊnmɛŋə] *f* enormous amount [*or* number]; ■**eine ~/~n an etw** *dat*/**von etw** an enormous amount/enormous amounts of sth; **eine ~ an Post** an enormous amount of post [*or* AM mail]

Un·mensch [ˈʊnmɛnʃ] *m* (*übler Mensch*) monster, brute; **[doch [*o* ja] [*o* schließlich]] kein ~ sein** (*fam*) not to be a monster [*or* ogre]; **sei kein ~!** don't be a brute!

un·mensch·lich [ˈʊnmɛnʃlɪç] *adj* ❶ (*grausam*) inhuman[e], brutal; **ein ~er Diktator** a brutal [*or* inhuman] dictator; **~e Grausamkeit** inhuman cruelty ❷ (*inhuman*) appalling; **~e Bedingungen** appalling conditions ❸ (*fam: mörderisch, unerträglich*) tremendous, terrible; **~e Hitze** tremendous heat

Un·mensch·lich·keit *f* ❶ *kein pl* (*unmenschliche Art*) inhumanity ❷ (*unmenschliche Tat*) inhuman act

un·merk·lich [ˈʊnmɛrklɪç] *adj* imperceptible

U

un·me·tho·disch *adj* unmethodical
un·miss·ver·ständ·lich[RR] ['ʊnmɪsfɛɐ̯ʃtɛntlɪç] **I.** *adj* unequivocal, unambiguous; **eine ~e Antwort** a blunt answer **II.** *adv* unequivocally
un·mit·tel·bar ['ʊnmɪtl̩baːɐ̯] **I.** *adj* ❶ (*direkt*) direct ❷ (*räumlich/zeitlich nicht getrennt*) immediate; **in ~er Nähe des Bahnhofs** in the immediate vicinity of the station; **ein ~er Nachbar** a next-door neighbour [*or* AM -or] **II.** *adv* ❶ (*sofort*) immediately ❷ (*ohne Umweg*) directly, straight ❸ (*direkt*) imminently; **etw ~ erleben** to experience sth at first hand
un·möb·liert ['ʊnmøbliːɐ̯t] *adj* unfurnished
un·mo·dern ['ʊnmodɛrn] **I.** *adj* old-fashioned; ■**~ sein/werden** to be unfashionable/go out of fashion **II.** *adv* in an old-fashioned way; **sich ~ kleiden** to wear old-fashioned clothes
un·mög·lich ['ʊnmøːklɪç] **I.** *adj* ❶ (*nicht machbar*) impossible; **~e Bedingungen** impossible conditions; **ein ~es Vorhaben** an unfeasible plan; **es jdm etw ~ machen** to make sth impossible for sb; **jdm ~ machen, etw zu tun** to make it impossible for sb to do sth; **jdn/sich [bei jdm/irgendwo] ~ machen** to make a fool of sb/oneself [in front of sb/somewhere]; ■**etwas/nichts U~es** something/nothing that's impossible; **das U~e möglich machen** to make the impossible happen ❷ (*pej fam: nicht tragbar/lächerlich*) ridiculous, impossible *pej;* **sie hatte einen ~en Hut auf** she was wearing a ridiculous hat; (*seltsam*) incredible; **du hast manchmal die ~sten Ideen!** sometimes you have the most incredible ideas! **II.** *adv* (*fam*) not possibly; **das geht ~** that's out of the question
Ụn·mög·lich·keit *f kein pl* impossibility; *s. a.* **Ding**
Ụn·mo·ral *f* immorality
un·mo·ra·lisch ['ʊnmoraːlɪʃ] *adj* immoral
un·mo·ti·viert ['ʊnmotiviːɐ̯t] **I.** *adj* unmotivated; **ein ~er Wutausbruch** an unprovoked outburst [*or* fit] of anger **II.** *adv* without motivation; **~ loslachen** to start laughing for no reason
un·mün·dig ['ʊnmʏndɪç] *adj* ❶ (*noch nicht volljährig*) underage; **~e Jugendliche** young people who are underage; **sie hat vier ~e Kinder** she has four underage children; **jdn für ~ erklären** to declare sb to be a minor [*or* underage] ❷ (*geistig unselbstständig*) dependent
Ụn·mün·dig·keit <-> *inv f* sheepishness
un·mu·si·ka·lisch ['ʊnmuzikaːlɪʃ] *adj* unmusical
Un·mut ['ʊnmuːt] *m* (*geh*) displeasure, annoyance; **seinem ~ freien Lauf lassen** to give vent to one's displeasure; **sich jds ~ zuziehen** to be in sb's bad books BRIT *fam,* to be on sb's bad side AM
un·mu·tig ['ʊnmuːtɪç] *adj* (*geh*) annoyed, irritated
un·nach·ahm·lich ['ʊnnaːxʔaːmlɪç] *adj* inimitable
un·nach·gie·big ['ʊnnaːxgiːbɪç] **I.** *adj* intransigent, inflexible **II.** *adv* in an intransigent way; **sich ~ zeigen** to show oneself to be intransigent
Ụn·nach·gie·big·keit *f* intransigence, inflexibility
un·nach·sich·tig ['ʊnnaːxzɪçtɪç] **I.** *adj* strict, severe; **eine ziemlich ~e Chefin** a fairly strict boss; **ein ~er Kritiker** a severe critic **II.** *adv* mercilessly; **jdn ~ bestrafen** to punish sb unmercifully
Ụn·nach·sich·tig·keit *f* strictness, severity
un·nah·bar [ʊn'naːbaːɐ̯] *adj* unapproachable
un·na·tür·lich ['ʊnnatyːɐ̯lɪç] *adj* ❶ (*nicht natürlich*) unnatural; **ein ~er Tod** an unnatural death; ■**~ sein, etw zu tun** to be unnatural to do sth; (*abnorm*) abnormal; **eine ~e Länge** an abnormal length ❷ (*gekünstelt*) artificial; **ein ~es Lachen** a forced laugh
Ụn·na·tür·lich·keit *f* unnaturalness
un·nor·mal ['ʊnnɔrmaːl] *adj* ❶ (*geistig nicht normal*) abnormal ❷ (*entgegen der Norm, ungewöhnlich*) abnormal; **~es Wetter** abnormal weather
un·nö·tig ['ʊnnøːtɪç] *adj* unnecessary, needless
un·nö·ti·ger·wei·se *adv* unnecessarily, needlessly
un·nütz ['ʊnnʏts] **I.** *adj* useless, pointless **II.** *adv* needlessly

UNO <-> ['uːno] *f kein pl Akr von* **United Nations Organisation:** ■**die ~** the UN
UNO-Frie·dens·trup·pen *pl* UN peacekeeping forces *npl*
un·or·dent·lich ['ʊnʔɔrdn̩tlɪç] **I.** *adj* ❶ (*nachlässig*) untidy, disorderly ❷ (*nicht aufgeräumt*) untidy; **ein ~es Zimmer** an untidy room **II.** *adv* untidily; **~ arbeiten** to work carelessly; **sich ~ kleiden** to dress carelessly
Ụn·or·dent·lich·keit *f* untidiness
Un·ord·nung ['ʊnʔɔrdnʊŋ] *f kein pl* disorder, mess; **etw in ~ bringen** to get sth in a mess [*or* muddle]; **in ~ geraten** to get into a mess; **~ machen** to make a mess
un·or·tho·dox ['ʊnʔɔrtodɔks] *adj* (*geh*) unorthodox
Un·paar·hu·fer <-s, -> ['ʊnpaːɐ̯huːfɐ] *m* ZOOL odd-toed ungulate, perissodactyl
un·par·tei·isch ['ʊnpartaiɪʃ] *adj* impartial
Ụn·par·tei·i·sche(r) *f(m) decl wie adj* ❶ (*neutrale Person*) ■**ein ~r/eine ~** an impartial [*or* neutral] person ❷ (*fam: Schiedsrichter*) ■**der/die ~** the referee
un·pas·send ['ʊnpasn̩t] *adj* ❶ (*unangebracht*) inappropriate; **eine ~e Bemerkung** an inappropriate remark; **~e Kleidung** unsuitable clothing ❷ (*ungelegen*) inconvenient, inopportune; **ein ~er Augenblick** an inopportune moment
un·pas·sier·bar ['ʊnpasiːɐ̯baːɐ̯] *adj* impassable
un·päss·lich[RR], **un·päß·lich**[ALT] ['ʊnpɛslɪç] *adj* (*geh*) indisposed *form;* **sich ~ fühlen** to feel unwell; **~ sein** to be indisposed
Ụn·päss·lich·keit[RR] <-, *selten* -en> *f* indisposition *form*
un·per·sön·lich ['ʊnpɛrzøːnlɪç] *adj* ❶ (*distanziert*) *Mensch* distant, aloof; *Gespräch, Art* impersonal ❷ LING impersonal
un·pfänd·bar [ʊn'pfɛntbaːɐ̯] *adj* unseizable
un·po·li·tisch ['ʊnpoliːtɪʃ] *adj* unpolitical
un·po·pu·lär ['ʊnpopulɛːɐ̯] *adj* unpopular
un·prak·tisch ['ʊnpraktɪʃ] *adj* ❶ (*nicht handwerklich veranlagt*) unpractical ❷ (*nicht praxisgerecht*) impractical; **ein ~es Gerät** an impractical appliance; ■**~ sein, etw zu tun** to be impractical to do sth
un·pro·ble·ma·tisch ['ʊnproblemaːtɪʃ] **I.** *adj* unproblematic **II.** *adv* without problem
un·pro·duk·tiv ['ʊnprodʊktiːf] *adj* ❶ ÖKON (*keine Werte schaffend*) unproductive ❷ (*nichts erbringend, unergiebig*) unproductive
ụn·pro·fes·si·o·nell *adj* unprofessional; (*unpassend*) unsuitable
un·pünkt·lich ['ʊnpʏŋktlɪç] **I.** *adj* (*generell nicht pünktlich*) unpunctual; (*verspätet*) late; **eine ~e Zahlung** a late payment **II.** *adv* late
Ụn·pünkt·lich·keit *f* ❶ (*unpünktliche Art*) unpunctuality; **ich hasse deine ~** I hate you always being late ❷ (*verspätetes Eintreffen*) late arrival
un·qua·li·fi·ziert ['ʊnkvalifitsiːɐ̯t] **I.** *adj* ❶ (*keine Qualifikation besitzend*) unqualified; ■**~ [für etw] sein** to be unqualified [for sth]; **~e Arbeit** unskilled work ❷ (*pej: inkompetent*) incompetent; **eine ~e Bemerkung** an inept remark **II.** *adv* incompetently
un·ra·siert ['ʊnraziːɐ̯t] *adj* unshaven
Un·rat <-[e]s> ['ʊnraːt] *m kein pl* (*geh*) refuse; **~ wittern** (*fig*) to smell a rat
un·re·a·lis·tisch ['ʊnrealɪstɪʃ] **I.** *adj* unrealistic; ■**etwas U~es** something unrealistic **II.** *adv* unrealistically
un·recht ['ʊnrɛçt] *adj* ❶ (*geh: nicht rechtmäßig*) wrong; ■**~ sein, etw zu tun** to be wrong to do sth; **jdm ~ tun** to do sb wrong [*or* an injustice]; **~ daran tun** to make a mistake; (*falsch*) wrong; **zur ~en Zeit** at the wrong time ❷ (*nicht angenehm*) ■**jdm ~ sein** to disturb sb; **es ist mir nicht ~, dass sie heute nicht kommt** I don't really mind if she doesn't come today
Un·recht ['ʊnrɛçt] *nt kein pl* ❶ (*unrechte Handlung*) wrong, injustice; **ein großes ~** a great injustice; **ein ~ begehen** to

commit a wrong; **jdm ein ~ antun** to do sb an injustice ❷ (*dem Recht entgegengesetztes Prinzip*) **jdm ~ geben** to contradict sb; **~ haben** to be wrong; **nicht ~ haben** not to be so wrong; **im ~ sein** to be [in the] wrong; **jdn/sich [durch etw] ins ~ setzen** to put sb/oneself in the wrong [as a result of sth]; **zu ~** wrongly; **~ bekommen** to be shown to be in the wrong; JUR to lose a case; **jdm ~ geben** to disagree with sb; **nicht zu ~** not without good reason

un·recht·mä·ßig ['ʊnrɛçtmɛ:sɪç] *adj* illegal; **der ~e Besitzer** the unlawful owner

U̱n·rechts·be·wusst·seinRR *nt kein pl* awareness of wrongdoing

un·re·gel·mä·ßig ['ʊnre:glmɛ:sɪç] *adj* irregular; *s. a.* **Abstand**

U̱n·re·gel·mä·ßig·keit <-, -en> *f* irregularity

un·reif ['ʊnraif] **I.** *adj* ❶ AGR, HORT (*noch nicht reif*) unripe ❷ (*noch nicht gereift*) immature; **~e Schüler** immature pupils **II.** *adv* AGR, HORT (*in nicht reifem Zustand*) unripe

un·rein ['ʊnrain] *adj* impure; *Haut* bad; *Teint* poor; **ein ~er Ton** poor sound quality; **~e Gedanken** (*fig*) impure thoughts; **ins U~e sprechen** (*hum fam*) to talk off the top of one's head; **etw ins U~e schreiben** to write out sth in rough

un·ren·ta·bel ['ʊnrɛnta:bl̩] *adj* unprofitable

un·rett·bar [ʊn'rɛtba:ɐ̯] *adv s.* **rettungslos**

un·rich·tig ['ʊnrɪçtɪç] *adj* incorrect, inaccurate

Un·ru·he ['ʊnru:ə] *f* ❶ (*Ruhelosigkeit*) restlessness *no pl;* **in [o voller] ~ [wegen etw] sein** to be anxious [about sth]; **eine innere ~** inner disquiet; (*fehlende Ruhe*) restlessness; **die ~ der Großstadt** the restlessness of the city; (*Lärm*) noise ❷ (*ständige Bewegung*) agitation ❸ (*erregte Stimmung*) agitation *no pl;* **~ stiften** to cause trouble, disquiet *no pl;* (*hektische Betriebsamkeit*) hustle and bustle *no pl*

Un·ru·hen ['ʊnru:ən] *pl* riots *pl;* **politische ~** political unrest

U̱n·ru·he·stif·ter(in) <-s, -> *m(f)* (*pej*) troublemaker *pej*

un·ru·hig ['ʊnru:ɪç] **I.** *adj* ❶ (*ständig gestört*) restless; *Zeit* troubled; **eine ~e Nacht** a restless night; (*ungleichmäßig*) uneven; **ein ~er Herzschlag** an irregular heartbeat ❷ (*laut*) noisy ❸ (*ruhelos*) agitated; *Leben* eventful, busy; **~e Bewegungen** agitated movements; **ein ~er Geist** a restless spirit; **ein ~er Schlaf** fitful sleep **II.** *adv* ❶ (*ruhelos*) anxiously, agitatedly ❷ (*unter ständigen Störungen*) restlessly; **~ schlafen** to sleep fitfully, to have a restless night

un·rühm·lich ['ʊnry:mlɪç] *adj* ignominious

uns [ʊns] **I.** *pron pers* ❶ *dat von* **wir** [to/for] us; ■**bei ~** at our house [*or* place]; **er hat den Tag mit ~ verbracht** he spent the day with us; ■**von ~** from us ❷ *akk von* **wir** us **II.** *pron reflexiv* ❶ *akk, dat von* **wir** ourselves; **wir haben ~ die Entscheidung nicht leicht gemacht** we've made the decision difficult for ourselves ❷ (*einander*) each other; **wir sollten ~ immer gegenseitig helfen** we always ought to help each other; *s. a.* **unter**

un·sach·ge·mäß ['ʊnzaxgəmɛ:s] **I.** *adj* improper; **der ~e Umgang [mit etw]** the improper use [of sth] **II.** *adv* improperly

un·sach·lich ['ʊnzaxlɪç] *adj* unobjective

U̱n·sach·lich·keit <-, -en> *f* ❶ *kein pl* (*mangelnde Objektivität*) lack of objectivity, unobjectiveness ❷ (*unsachliche Bemerkung*) irrelevance

un·sag·bar [ʊn'za:kba:ɐ̯], **un·säg·lich** [ʊn'zɛ:klɪç] *adj* (*geh*) ❶ (*unbeschreiblich, sehr groß/stark*) indescribable ❷ (*übel, albern*) awful

un·sanft ['ʊnzanft] **I.** *adj* rough; **ein ~er Stoß** a hard push; **ein ~es Erwachen** a rude awakening **II.** *adv* roughly; **~ geweckt werden** to be rudely awoken; **jdn ~ zurechtweisen** to reprimand sb curtly

un·sau·ber ['ʊnzaubɐ] **I.** *adj* ❶ (*schmutzig*) dirty; **~e Hände** dirty hands; **~e Geschäfte** (*fig*) shady deals; (*nicht reinlich*) dirty; **ein ~er Mensch** a dirty person ❷ (*unordentlich, nachlässig*) careless, untidy; (*unpräzise*) unclear; **eine ~e Definition** a woolly definition **II.** *adv* carelessly, untidily; **etw ~ zeichnen** to draw sth carelessly; **~ singen** to sing unclearly

un·schäd·lich ['ʊnʃɛ:tlɪç] *adj* harmless; **etw ~ machen** to render sth harmless; **jdn ~ machen** (*euph fam*) to eliminate sb, to take care of sb *sl*

un·scharf ['ʊnʃarf] **I.** *adj* ❶ (*keine klar umrissenen Konturen aufweisend*) blurred, fuzzy; **ein ~es Foto** a blurred photo ❷ (*nicht scharf*) out of focus; **eine ~e Brille** glasses that are out of focus ❸ (*nicht präzise*) imprecise, woolly **II.** *adv* ❶ (*nicht präzise*) out of focus ❷ (*nicht exakt*) imprecisely, unclearly; **~ formuliert** not clearly formulated

U̱n·schär·fe *f* blurredness, fuzziness

un·schätz·bar [ʊn'ʃɛtsba:ɐ̯] *adj* inestimable; **etw ist von ~em Wert** sth is priceless

un·schein·bar ['ʊnʃainba:ɐ̯] *adj* inconspicuous, nondescript; **eine ~e Person** an inconspicuous person

un·schlag·bar [ʊn'ʃla:kba:ɐ̯] *adj* unbeatable; ■**[in etw *dat*] ~ sein** (*fam*) to be unbeatable [at sth]

un·schlüs·sig ['ʊnʃlʏsɪç] *adj* ❶ (*unentschlossen*) indecisive; **eine ~e Miene** an indecisive expression; ■**sich *dat* ~ [über etw *akk*] sein** to be undecided [about sth]; ■**sich *dat* ~ sein, was man tun soll** to be undecided what to do ❷ (*selten: nicht schlüssig*) undecided; **die Argumentation ist in sich ~** the argumentation is itself tentative

U̱n·schlüs·sig·keit *f* indecision

un·schön ['ʊnʃø:n] *adj* ❶ (*unerfreulich*) unpleasant; **eine ~e Szene** an ugly scene; ■**~ von jdm sein[, etw zu tun]** to be unkind of sb [to do sth] ❷ (*nicht zusagend, hässlich*) *Farbe* unsightly; *Musik* unattractive; *Wetter* unpleasant; **~ aussehen/klingen** to look/sound unpleasant

Un·schuld ['ʊnʃʊlt] *f* ❶ (*Schuldlosigkeit*) innocence ❷ (*Reinheit*) purity; (*Naivität*) innocence; **in aller ~** in all innocence; **~ vom Lande** (*hum fam*) an innocent young girl ❸ (*veraltend: Jungfräulichkeit*) virginity; **jdm die ~ rauben** to rob sb of their virginity; **die ~ verlieren** to lose one's virginity

un·schul·dig ['ʊnʃʊldɪç] **I.** *adj* ❶ (*nicht schuldig*) innocent; **~ verurteilt sein** to be found innocent; ■**an etw *dat* ~ sein** not to be responsible [*or* without blame] for sth ❷ (*arglos*) innocent; **ein ~es Gesicht haben [*o* machen]** to have an innocent [*or* angelic] face; **~ tun** (*fam*) to act the innocent **II.** *adv* ❶ JUR despite sb's/one's innocence ❷ (*arglos*) innocently; **jdn ~ anschauen** to look at sb innocently

U̱n·schul·di·ge(r) *f(m) decl wie adj* innocent person

U̱n·schulds·be·teu·e·rung *f meist pl* protestation of innocence **U̱n·schulds·en·gel** *m* (*iron*), **U̱n·schulds·lamm** *nt* (*iron*) little innocent *iron;* **kein ~ sein** to be no angel **U̱n·schulds·mie·ne** *f kein pl* innocent expression [*or* face]; **mit ~** with an air of innocence

un·schwer ['ʊnʃve:ɐ̯] *adv* easily; **~ zu sehen sein** to be easy to see

un·selb·stän·dig ['ʊnzɛlpʃtɛndɪç] *adj s.* **unselbstständig**

U̱n·selb·stän·dig·keit *f s.* **Unselbstständigkeit**

un·selbst·stän·digRR ['ʊnzɛlpstʃtɛndɪç] *adj* (*von anderen abhängig*) dependent on others; (*angestellt*) employed; **~e Arbeit** paid employment

U̱n·selbst·stän·dig·keitRR *f* lack of independence, dependence

un·se·lig ['ʊnze:lɪç] *adj* (*geh*) ❶ (*beklagenswert*) **ein ~es Schicksal** a cruel fate ❷ (*verhängnisvoll*) ill-fated; **ein ~er Plan** an ill-fated plan

un·ser ['ʊnzɐ] **I.** *pron poss* ❶ (*das uns gehörende*) our; **auf ~em Schulweg liegt ein Bäcker** there's a bakery on our way to school ❷ (*uns betreffend*) **~er Meinung nach** in our opinion **II.** *pron pers gen von* **wir** (*geh*) of us; **in ~ aller Interesse** in all our interests

un·se·re(r, s) <*nt* u̱nsers> ['ʊnzərə, -zərɐ, - zərəs] *pron,* **uns·re(r, s)** <*nt* u̱nsers> ['ʊnzrə, -zrɐ, - zrəs] *pron poss, substantivisch* (*geh*) ours; ■**der/die/das ~** ours; ■**das U~** what is ours; **wir tun das U~** we're doing our part

U

un·ser·ei·ner ['ʊnzɐʔainɐ], **un·ser·eins** ['ʊnzɐʔains] *pron indef* (*fam*) ❶ (*jemand, wie wir*) the likes of us ❷ (*ich*) people like me
un·ser·(er·)seits ['ʊnzər(ər)'zaits] *adv* (*von uns*) on our part; ~ **bestehen keinerlei Bedenken** there are no misgivings whatsoever on our part; *s. a.* **ganz**
un·se·res·glei·chen ['ʊnzərəs'glaiçn̩] *pron indef, inv* people like us
un·se·ret·we·gen ['ʊnzərət've:gn̩] *adv s.* **unsertwegen**
un·se·ret·wil·len ['ʊnzərət'vɪlən] *adv s.* **unsertwillen**
un·se·ri·ge(r, s) ['ʊnzərɪgə, -zərɪgɐ, -zərɪgəs] *pron poss* ❶ (*veraltend*) ■**der/die/das** ~ *s. a.* **unsere** ❷ (*geh: unsere Familie*) ■**die U~n** our family
un·se·ri·ös ['ʊnreri̯ø:s] *adj Firma, Geschäftsmann* untrustworthy, shady; *Angebot* dubious
un·sert·we·gen ['ʊnzɐt've:gn̩] *adv* ❶ (*wegen uns*) because of us, on our account ❷ (*von uns aus*) as far as we are concerned; ~ **kannst du das Auto gerne leihen** as far as we are concerned you're welcome to borrow the car
un·sert·wil·len ['ʊnzɐt'vɪlən] *adv* **um** ~ for our sake
un·si·cher ['ʊnzɪçɐ] **I.** *adj* ❶ (*gefährlich*) unsafe, dangerous; **ein** ~**er Reaktor** an unsafe reactor; **eine** ~**e Gegend** a dangerous area; **die Kneipen** ~ **machen** (*fam o hum*) to live it up in the pubs [*or* AM bars]; **die Stadt** ~ **machen** (*fam o hum*) to paint the town red ❷ (*gefährdet*) insecure, at risk *pred;* **ein** ~**er Arbeitsplatz** an insecure job ❸ (*nicht selbstsicher*) unsure, uncertain; **ein** ~**er Blick** an uncertain [*or* hesitant] look; **jdn** ~ **machen** to make sb uncertain, to put sb off ❹ (*unerfahren, ungeübt*) **sich** ~ **fühlen** to feel unsure of oneself; **noch** ~ **sein** to still be uncertain ❺ (*schwankend*) unsteady; *Hand* shaky; **ein** ~**er Gang** an unsteady gait; **auf** ~**en Beinen** on unsteady legs ❻ (*ungewiss*) uncertain; **eine** ~**e Zukunft** an uncertain future; **ein** ~**er Ausgang** an uncertain outcome ❼ (*nicht verlässlich*) unreliable; **eine** ~**e Methode** an unreliable method; **das ist mir zu** ~ that's too dodgy for my liking *fam* **II.** *adv* ❶ (*schwankend*) unsteadily ❷ (*nicht selbstsicher*) ~ **fahren** to drive with little confidence
Un·si·cher·heit *f* ❶ *kein pl* (*mangelnde Selbstsicherheit*) lack of assurance, insecurity ❷ *kein pl* (*mangelnde Verlässlichkeit*) unreliability, uncertainty ❸ *kein pl* (*Ungewissheit*) uncertainty ❹ (*Gefährlichkeit*) dangers *pl* ❺ *meist pl* (*Unwägbarkeit*) uncertainty
un·sicht·bar ['ʊnzɪçtba:ɐ̯] *adj* invisible; **für das menschliche Auge** ~ **sein** to be invisible to the human eye; **sich** ~ **machen** (*hum fam*) to make oneself invisible
Un·sicht·bar·keit *f* invisibility
Un·sinn ['ʊnzɪn] *m kein pl* nonsense, rubbish; **lass den** ~**!** stop fooling around! [*or* about], stop messing about! [*or* around]; ~ **machen** to mess about, to get up to mischief; **mach kein** ~**!** don't do anything stupid!; ~ **reden** (*fam*) to talk nonsense [*or* rubbish] [*or* AM trash]; **so** [*o* **was für**] **ein** ~**!** (*fam*) what nonsense! [*or* rubbish!]; ~**!** (*fam*) nonsense!, rubbish!
un·sin·nig ['ʊnzɪnɪç] **I.** *adj* ❶ (*absurd*) absurd, ridiculous; **ein** ~**er Plan** a ridiculous plan; ■~ **sein, etw zu tun** to be ridiculous to do sth ❷ (*fam: sehr stark*) terrible *fam;* ~**en Hunger haben** to be terribly hungry, to be dying of hunger *fam* **II.** *adv* (*fam: unerhört*) terribly; ~ **hohe Preise** ridiculously high prices
Un·sit·te ['ʊnzɪtə] *f* (*fig*) bad habit; **eine** ~ [**von jdm**] **sein, etw zu tun** to be a bad habit [of sb's] to do sth
un·sitt·lich ['ʊnzɪtlɪç] **I.** *adj* ❶ (*unmoralisch*) indecent; **ein** ~**er Antrag** an indecent proposal ❷ JUR immoral, indecent **II.** *adv* indecently; **jdn** ~ **berühren** to indecently assault sb
un·so·li·de ['ʊnzoli:də] *adj* dissolute, loose; *Arbeit* shoddy; *Bildung* superficial; *Möbel* flimsy; **ein** ~**s Leben** a dissolute life
un·so·zi·al ['ʊnzotsi̯a:l] *adj* anti-social; **eine** ~**e Gesetzgebung** anti-social legislation; ~**es Verhalten** anti-social behaviour [*or* AM -or]; *Arbeitszeit* unsocial
un·sport·lich [ʊn'ʃpɔrtlɪç] *adj* ❶ (*nicht sportlich*) unathletic ❷ (*nicht fair*) unsporting
Un·sport·lich·keit *f* lack of sporting prowess, lack of sportsmanship
uns·re ['ʊnzrə] *pron s.* **unser**
uns·rer·seits ['ʊnzrɐ'zaits] *adv s.* **unsererseits**
uns·res·glei·chen ['ʊnzrəs'glaiçn̩] *pron indef s.* **unseresgleichen**
uns·ret·we·gen *adv s.* **unsertwegen**
uns·ret·wil·len *adv s.* **unsertwillen**
uns·ri·ge(r, s) ['ʊnzrɪgə, -zrɪgɐ, -zrɪgəs] *pron s.* **unserige(r, s)**
un·statt·haft ['ʊnʃtathaft] *adj* (*geh*) inadmissible *form,* not allowed; ■~ **sein, etw zu tun** not to be allowed to do sth
un·sterb·lich ['ʊnʃtɛrplɪç] **I.** *adj* ❶ (*ewig lebend*) immortal; **die** ~**e Seele** the immortal soul; **jdn** ~ **machen** to immortalize sb ❷ (*unvergänglich*) undying; **eine** ~**e Liebe** an undying love; **der** ~**e Goethe** the immortal Goethe **II.** *adv* (*fam: über alle Maßen*) incredibly; **sich** ~ **blamieren** to make a complete fool of oneself; **sich** ~ **verlieben** to fall madly in love
Un·sterb·lich·keit *f* immortality
un·stet ['ʊnste:t] *adj* ❶ (*unbeständig*) unstable ❷ (*rastlos*) restless; *Leben* unsettled
un·still·bar [ʊnʃtɪlba:ɐ̯] *adj* (*geh*) *Wissensdurst* unquenchable; *Sehnsucht, Verlangen* insatiable
Un·stim·mig·keit <-, -en> ['ʊnʃtɪmɪçkait] *f* ❶ *meist pl* (*Meinungsverschiedenheit/Differenz*) differences *pl* ❷ (*Ungenauigkeit*) discrepancy, inconsistency
un·strei·tig ['ʊnʃtraitɪç] **I.** *adv* indisputable; **eine** ~**e Tatsache** an indisputable fact **II.** *adv* indisputably; ~ **feststehen** to be indisputable
Un·sum·men ['ʊnzʊmən] *pl* vast sums *pl* [of money]
Un·sym·path(in) <-en, -en> *m(f)* (*selten*) disagreeable person
un·sym·pa·thisch ['ʊnzʏmpa:tɪʃ] *adj* ❶ (*nicht sympathisch*) unpleasant, disagreeable; **ein** ~**er Mensch** a disagreeable person; ■**jd ist** ~ sb finds sb disagreeable ❷ (*nicht gefallend*) unpleasant; **ein** ~**er Gedanke** an unpleasant thought; ■**jdm** ~ **sein** to be disagreeable to sb
un·sys·te·ma·tisch ['ʊnzʏstema:tɪʃ] *adj* unsystematic
un·tade·lig ['ʊnta:dəlɪç], **un·tad·lig** ['ʊnta:dlɪç] **I.** *adj* (*geh*) impeccable; **ein** ~**es Verhalten** irreproachable behaviour [*or* AM -or] **II.** *adv* impeccably; ~ **gekleidet sein** to be impeccably dressed
Un·tat ['ʊnta:t] *f* atrocity
un·tä·tig ['ʊntɛ:tɪç] **I.** *adj* (*müßig*) idle; ■**nicht** ~ **sein** to be busy; ~ **bleiben** to do nothing; **nicht** ~ **bleiben** to not be idle **II.** *adv* idly; ~ **zusehen** to stand idly by
Un·tä·tig·keit *f kein pl* idleness, inactivity
un·taug·lich ['ʊntauklɪç] *adj* ❶ (*ungeeignet*) unsuitable ❷ MIL (*nicht tauglich*) unfit
Un·taug·lich·keit *f kein pl* unsuitability
un·teil·bar [ʊn'tailba:ɐ̯] *adj* indivisible
un·ten ['ʊntn̩] *adv* ❶ (*an einer tieferen Stelle*) down; **dort** ~ (*fam*) down there; **hier** ~ down here; **weiter** ~ further down; **nach** ~ **zu** further down; **von** ~ from down below; **von** ~ [**her**] from the bottom up[wards]; **bis** ~ [**an etw** *akk*] down [to sth]; ~ **an** *dat* **etw/in etw** *dat* at/in the bottom of sth; **das Buch steht weiter** ~ **im Bücherschrank** the book is lower down in the bookcase; ~ **in etw** *akk* down [below] in sth; **ich habe die Bücher** ~ **ins Regal gelegt** I've put the books down below on the shelf; ~ **links/rechts** [at the] bottom left/right ❷ (*Unterseite*) bottom ❸ (*in einem tieferen Stockwerk*) down below, downstairs; **nach** ~ downstairs; **der Aufzug fährt nach** ~ the lift is going down; **nach** ~ **gehen** to go downstairs; ~ **in etw** *dat* down in sth ❹ (*in sozial niedriger Position*) bottom; **ganz** ~ (*fam*) right at the bottom; **sie hat sich von ganz** ~ **hochgearbeitet** she has worked her way up right from the bottom ❺ (*hinten im Text*) bottom; ~ **erwähnt** [*o* **genannt**] [*o* **stehend**] mentioned below *pred;* **siehe** ~ see

unterbrechen

jemanden unterbrechen	interrupting someone
Entschuldigen Sie bitte, dass ich Sie unterbreche, …	Sorry for interrupting, …
Wenn ich Sie einmal kurz unterbrechen dürfte: …	If I may interrupt you for a moment: …
anzeigen, dass man weitersprechen will	**indicating that you wish to continue speaking**
Moment, ich bin noch nicht fertig.	Just a moment, I haven't finished.
Lässt du mich bitte ausreden?/Könntest du mich bitte ausreden lassen?	Will you please let me finish?/Could you please let me finish?
Lassen Sie mich bitte ausreden!	Please let me finish!
Lassen Sie mich bitte diesen Punkt noch zu Ende führen.	Please let me finish my point.
ums Wort bitten	**asking to speak**
Darf ich dazu etwas sagen?	May I say something (to that)?
Wenn ich dazu noch etwas sagen dürfte: …	If I may add to that: …

below ⑥ (*am hinteren Ende*) at the bottom; ~ **an etw** *dat* at the bottom of sth ⑦ (*fam: im Süden*) down ▶ WENDUNGEN: **bei jdm ~ durch sein** (*fam*) to be through with sb

un·ten·drun·ter [ˈʊntn̩ˈdrʊntɐ] *adv* (*fam*) underneath; **etw ~ legen** to put sth underneath; **eine lange Unterhose ~ anhaben** to have long underwear on underneath **un·ten·he·rum** [ˈʊntn̩hɛˈrʊm] *adv* (*fam*) down below; (*im Intimbereich a.*) one's nether regions *fam*

un·ter [ˈʊntɐ] **I.** *präp* ① +*dat* (*unterhalb von etw*) under, underneath; ~ **freiem Himmel** in the open air; **etw ~ dem Mikroskop betrachten** to look at sth under the microscope ② +*akk* (*in den Bereich unterhalb von etw*) under; **sich ~ die Dusche stellen** to have a shower ③ +*dat* (*zahlenmäßig kleiner als*) below; **die Temperaturen liegen hier immer ~ null** the temperatures here are always below zero; **etw ~ Wert verkaufen** to sell sth at less than its value; ~ **dem Durchschnitt liegen** to be below average ④ +*dat* (*inmitten*) among[st]; (*von*) among; ~ **sich** *dat* **sein** to be by themselves; ~ **uns gesagt** between you and me; ~ **anderem** amongst other things; **sich ~ das Volk mischen** (*fam*) to mix with the people; ~ **Menschen gehen** to get out [of the house] ⑤ +*dat* (*unterhalb eines Kleidungsstückes*) under ⑥ +*dat* (*begleitet von, hervorgerufen durch*) under; ~ **Zwang** under duress; ~ **Lebensgefahr** at risk to one's life; ~ **der Bedingung, dass …** on condition that …; ~ **Umständen** possibly ⑦ +*dat o akk* (*zugeordnet sein*) under; **etw ~ ein Motto stellen** to put sth under a motto; ~ **jds Schirmherrschaft** under sb's patronage; **jdn ~ sich haben** to have sb under one ⑧ +*dat* (*in einem Zustand*) under; ~ **Druck/Strom stehen** to be under pressure; ~ **einer Krankheit leiden** to suffer from an illness ⑨ +*dat* SÜDD (*während*) during; ~ **der Woche** during the week; ~ **Mittag** in the morning **II.** *adv* ① (*jünger als*) under; **er ist noch ~ 30** he's not yet turned 30 ② (*weniger als*) less than

Un·ter·arm [ˈʊntɐʔarm] *m* forearm **Un̲·ter·art** *f* subspecies + *sing vb* **Un·ter·bau** [ˈʊntɐbau] *m* ① (*Fundament*) foundations *pl;* **theoretischer ~** (*fig*) the theoretical substructure *fig* ② BAU (*Tragschicht*) substructure; *Straße* road-bed **Un̲·ter·be·griff** *m* subsumed concept **un̲·ter·be·legt** *adj* not full **un·ter·be·lich·ten*** *vt* ■**etw ~** to underexpose sth; ■**unterbelichtet** underexposed; **geistig unterbelichtet** (*fam*) to be a bit dim *fam* **Un̲·ter·be·lich·tung** *f kein pl* underexposure **Un̲·ter·be·schäf·ti·gung** *f* (*selten*) underemployment **un̲·ter·be·wer·ten*** *vt* ■**etw ~** to undervalue [*or* underrate] sth **Un̲·ter·be·wer·tung** *f* undervaluation, underrating **un̲·ter·be·wusst**[RR] *adj* subconscious; ■**das U~e** the subconscious **Un·ter·be·wusst·sein**[RR] [ˈʊntɐbəvʊstzain] *nt* ■**das/jds ~** the/sb's subconscious; **im ~** subconsciously **un̲·ter·be·zahlt** *adj* underpaid; ■**[mit etw] ~ sein** to be underpaid [at sth] **Un̲·ter·be·zah·lung** *f* ① *kein pl* (*das Unterbezahlen*) underpaying ② (*das Unterbezahltsein*) underpayment **un·ter·bie·ten*** [ʊntɐˈbiːtn̩] *vt irreg* ① (*billiger sein*) ■**jdn/etw [um etw] ~** to undercut sb/sth [by sth] ② SPORT (*durch bessere Leistung deklassieren*) ■**jdn/etw [um etw] ~** to improve on sb's/sth's sth [by sth]; **einen Rekord ~** to beat a record

un·ter·bin·den* [ʊntɐˈbɪndn̩] *vt irreg* (*geh*) ■**etw ~** to stop sth

un·ter·blei̲·ben* *vi irreg sein* (*geh*) ① (*aufhören*) to stop [*or* cease] ② (*nicht geschehen*) not to happen

Un·ter·bo̲·den·schutz *m* underseal

un·ter·bre·chen* [ʊntɐˈbrɛçn̩] *vt irreg* ① (*vorübergehend beenden*) ■**etw ~** to interrupt sth; **seine Arbeit ~** to interrupt one's work; **eine Reise ~** to break a journey; **eine Schwangerschaft ~** to terminate a pregnancy; ■**jdn ~** to interrupt sb; **unterbrich mich nicht immer!** don't keep interrupting me! ② (*vorübergehend aufheben*) ■**etw ~** to interrupt sth ③ (*räumlich auflockern*) ■**etw ~** to break up sth *sep*

Un·ter·bre̲·chung <-, -en> *f* ① (*das Unterbrechen, Störung*) interruption ② (*vorübergehende Aufhebung*) interruption, suspension ③ (*unterbrechende Pause*) interruption; **mit ~en** with breaks; **ohne ~** without a break

un·ter·brei·ten* [ʊntɐˈbraitn̩] *vt* (*geh*) ① (*vorlegen*) ■**jdm etw ~** to present [*or* put] sth to sb ② (*informieren*) ■**jdm ~, dass** to advise sb that

un̲·ter|brin·gen *vt irreg* ① (*Unterkunft verschaffen*) ■**jdn ~** to put sb up, to accommodate sb *form;* ■**untergebracht sein** to be housed, to have accommodation; **die Kinder sind gut untergebracht** (*fig*) the children are being well looked after; **er konnte ihr Gesicht nicht ~** (*fig fam*) he couldn't place her face ② (*abstellen*) ■**etw ~** to put sth somewhere ③ (*fam: eine Anstellung verschaffen*) ■**jdn ~** to get sb a job

Un̲·ter·brin·gung <-, -en> *f* ① (*das Unterbringen*) accommodation ② (*Unterkunft*) accommodation *no indef art*

Un·ter·bruch [ˈʊntɐbrʊx] *m* SCHWEIZ (*Unterbrechung*) interruption

un̲·ter|but·tern *vt* (*fam*) ■**jdn ~** to ride roughshod over sb; **sich [von jdm] ~ lassen** to allow oneself to be pushed around [by sb]

Un̲·ter·deck *nt* lower deck; **im ~** below deck

U

un·ter·der·hand^ALT *adv s.* **Hand 5**

un·ter·des·sen [ʊntɐˈdɛsn̩] *adv* (*geh*) in the meantime, meanwhile

Ụn·ter·druck <-drücke> *m* ① PHYS negative pressure, vacuum ② *kein pl* (*niedriger Blutdruck*) low blood pressure

un·ter·drü·cken* [ʊntɐˈdrʏkn̩] *vt* ① (*niederhalten*) ■**jdn** ~ to oppress sb; ■**etw** ~ to suppress sth, to put down sth *sep* ② (*zurückhalten*) ■**etw** ~ to suppress sth, hold back; **ein Gähnen** ~ to suppress a yawn; **Kritik** ~ to hold back criticism

Un·ter·drụ̈·cker(in) <-s, -> *m(f)* oppressor

Un·ter·drụ̈·ckung <-, -en> *f* ① *kein pl* (*das Unterdrücken*) *Bürger, Einwohner, Volk* oppression; *Aufstand, Unruhen* suppression ② (*das Unterdrücktsein*) oppression, repression

un·ter·durch·schnitt·lich [ˈʊntɐdʊrçʃnɪtlɪç] **I.** *adj* below average; **ein ~es Gehalt** a below average salary; ■**U~es** below average **II.** *adv* below the average; ~ **intelligente Kinder** children of below average intelligence

un·te·re(r, s) <unterste(r, s)> [ˈʊntərə, -tərɐ, -tərəs] *adj attr* ① (*unten befindlich*) lower; **das ~ Ende** the lower end; **die unterste Schicht** the lowest layer ② (*rangmäßig niedriger*) lower; **die ~n Gehaltsklassen** the lower income groups ③ GEOG (*im Unterlauf befindlich*) lower; **der ~ Rhein** the lower part [*or* stretch] of the Rhine

un·ter·ei·nan·der [ʊntɐʔaiˈnandɐ] *adv* ① (*miteinander*) among yourselves/themselves etc; **sich ~ helfen** to help each other [*or* one another] ② (*eines unterhalb des anderen*) one below the other

ụn·ter·ent·wi·ckelt *adj* ① (*nicht genügend entwickelt*) underdeveloped; **geistig** ~ mentally retarded; **körperlich** ~ physically underdeveloped ② (*ökonomisch zurückgeblieben*) underdeveloped; **ein ~es Land** an underdeveloped country

ụn·ter·er·nährt *adj* undernourished **Ụn·ter·er·näh·rung** *f* malnutrition

Un·ter·fan·gen <-s, -> [ʊntɐˈfaŋən] *nt* undertaking; **ein gefährliches** ~ a dangerous undertaking

ụn·ter|fas·sen *vt* (*fam*) ① (*stützen*) ■**jdn** ~ to take sb's arm ② (*einhaken*) ■**jdn** ~ to link arms with sb

ụn·ter·fi·nan·ziert *adj inv* underfunded, underfinanced

Un·ter·fi·nan·zi̱e·rung *f kein pl* POL, FIN underfinancing

un·ter·fọr·dern* *vt* ■**jdn** ~ to not challenge sb enough

Un·ter·füh·rung [ʊntɐˈfyːrʊŋ] *f* underpass; *Fußgänger* subway

Ụn·ter·funk·ti·on *f* hypofunction

Ụn·ter·gang <-gänge> *m* ① (*das Versinken*) sinking; **der ~ der Titanic** the sinking of the Titanic ② (*Sinken unter den Horizont*) setting; **der ~ der Sonne** the setting of the sun ③ (*Zerstörung*) destruction; **der ~ einer Zivilisation** the decline of civilization [*or* BRIT -sation]; **vom ~ bedroht sein** to be threatened by destruction; **etw/jd geht seinem ~ entgegen** sth/sb is heading for disaster; **der ~ des Römischen Reiches** the fall of the Roman Empire

Ụn·ter·gangs·stim·mung *f* feeling of doom

un·ter·ge·ben [ʊntɐˈgeːbn̩] *adj* subordinate; ■**jdm ~ sein** to be subordinate to sb

Un·ter·ge̱·be·ne(r) *f(m) decl wie adj* subordinate

ụn·ter|ge·hen *vi irreg sein* ① (*versinken*) to sink, to go down *fam*; ■**untergegangen** sunken; **ihre Worte gingen in dem Lärm unter** (*fig*) her words were drowned [*or* lost] in the noise ② (*unter den Horizont sinken*) to set ③ (*zugrunde gehen*) to be destroyed; ■**untergegangen** extinct, lost; **untergegangene Kulturen** lost civilizations; *s.* **Welt**

ụn·ter·ge·ord·net *adj* ① (*zweitrangig*) secondary; **von ~er Bedeutung sein** to be of secondary importance ② (*subaltern*) subordinate; **eine ~e Stellung** a subordinate position **Ụn·ter·ge·schoss**^RR *nt* basement **Ụn·ter·ge·stell** *nt* ① (*Fahrgestell*) base ② (*hum fam: Beine*) pins *npl fam* **Ụn·ter·ge·wicht** *nt* underweight; ~ **haben** to be underweight **ụn·ter·ge·wich·tig** *adj* underweight **un·ter·gli̱e·dern*** *vt* (*gliedern*) ■**etw** [**in etw** *akk*] ~ to subdivide sth [into sth]

un·ter·gra·ben*¹ [ʊntɐˈgraːbn̩] *vt irreg* ■**etw** ~ to undermine sth

un·ter|gra·ben² [ˈʊntɐgraːbn̩] *vt irreg* ■**etw** ~ to dig sth into the soil

Un·ter·grund [ˈʊntɐgrʊnt] *m* ① GEOL (*Bodenschicht*) subsoil; **ein fester, sandiger ~** a firm, sandy subsoil; (*Boden*) bottom; **der ~ des Meeres** the bottom of the sea [*or* ocean] ② *kein pl* (*politische Illegalität*) underground; **in den ~ gehen** to go underground; **im** ~ underground ③ KUNST, MODE (*tragende Fläche*) background; (*unterste Farbschicht*) undercoat

Ụn·ter·grund·bahn *f* underground **Ụn·ter·grund·be·we·gung** *f* underground movement **Ụn·ter·grund·or·ga·ni·sa·ti·on** *f* POL underground organization; **sich einer ~ anschließen** to join an underground organization; **einer ~ angehören** to belong to an underground organization

ụn·ter|ha·ken *vt* (*fam: einhaken*) ■**jdn** ~ to link arms with sb; ■**sich bei jdm** ~ to link arms with sb; [**mit jdm**] **untergehakt gehen** to walk arm in arm [with sb]

un·ter·halb [ˈʊntɐhalp] **I.** *präp* (*darunter befindlich*) below; ■~ **einer S.** *gen* below sth **II.** *adv* (*tiefer gelegen*) below; *Fluss* downstream; ■~ **von etw** below sth

Un·ter·halt <-[e]s> [ˈʊntɐhalt] *m kein pl* ① (*Lebens~*) keep, maintenance; **für jds ~ aufkommen** to pay for sb's keep; (*Unterhaltsgeld*) maintenance; [**für jdn**] ~ **zahlen** to pay maintenance [for sb] ② (*Instandhaltung*) upkeep, maintenance

un·ter·hal·ten*¹ [ʊntɐˈhaltn̩] *vt irreg* ① (*für jds Lebensunterhalt sorgen*) ■**jdn** ~ to support sb; **er muss vier Kinder** ~ he has to support four children ② (*instand halten, pflegen*) ■**etw** ~ to maintain sth ③ (*betreiben*) ■**etw** ~ to run sth ④ (*innehaben*) ■**etw** ~ to have sth; **ein Konto** ~ (*geh*) to have an account ⑤ (*aufrechterhalten*) ■**etw** ~ to maintain sth

un·ter·hal·ten² [ʊntɐˈhaltn̩] *irreg* **I.** *vt* (*die Zeit vertreiben*) ■**jdn** ~ to entertain sb **II.** *vr* ① (*sich vergnügen*) ■**sich** ~ to keep oneself amused, to have a good time; **die Kinder können sich alleine** ~ the children can amuse themselves alone ② (*sprechen*) ■**sich** [**mit jdm**] [**über jdn/etw**] ~ to talk [to sb] [about sb/sth]; **wir müssen uns mal** ~ we must have a talk

un·ter·hal·ten³ [ˈʊntɐhaltn̩] *vt* (*fam*) ■**etw** ~ to hold sth underneath

un·ter·hal·tend [ʊntɐˈhaltənt], **un·ter·halt·sam** [ʊntɐˈhaltzaːm] *adj* entertaining; **ein ~er Abend** an entertaining evening

Ụn·ter·halts·an·spruch *m* ADMIN, SOZIOL, ÖKON entitlement to maintenance **ụn·ter·halts·be·rech·tigt** *adj* entitled to maintenance; ■[**jdm gegenüber**] ~ **sein** to be entitled to maintenance [from sb] **Ụn·ter·halts·kla·ge** *f* action for maintenance **Ụn·ter·halts·kos·ten** *pl* ① JUR maintenance ② (*Instandhaltungskosten*) maintenance costs *npl* ③ (*Betriebskosten*) running costs *pl* **Ụn·ter·halts·pflicht** *f* obligation to pay maintenance **ụn·ter·halts·pflich·tig** *adj* under obligation to provide maintenance; ■[**jdm gegenüber**] ~ **sein** to be under obligation to provide maintenance [for sb] **Ụn·ter·halts·pflich·ti·ge(r)** *f(m) decl wie adj* person liable to provide maintenance **Ụn·ter·halts·zah·lung** *f* maintenance payment

Un·ter·hạl·tung¹ <-> *f kein pl* ① (*Instandhaltung*) maintenance, upkeep ② (*Betrieb*) running

Un·ter·hạl·tung² <-, -en> *f* ① (*Gespräch*) talk, conversation; **eine ~ mit jdm führen** [*o* **haben**] to have a conversation with sb ② *kein pl* (*Zeitvertreib*) entertainment; **gute** [*o* **angenehme**] **~!** enjoy yourselves!, have a good time!

Un·ter·hạl·tungs·elek·tro·nik *f* (*Industrie*) consumer electronics; (*Geräte*) audio and video systems *pl* **Un·ter·hạl·tungs·in·dust·rie** *f* entertainment industry **Un·ter·hạl·tungs·kunst** *f* art of entertainment **Un·ter·hạl·tungs·mu·sik** *f* light music **Un·ter·hạl·tungs·pro·gramm** *nt* light entertainment programme [*or* AM -am] **Un·ter·hạl·tungs·wert** *m* entertainment value

Un·ter·händ·ler(in) ['ʊntɐhɛndlɐ] *m(f)* negotiator
un·ter|he·ben *vt* ■**etw** ~ KOCHK to fold in sth
Un·ter·hemd ['ʊntɐhɛmt] *nt* vest
un·ter·höh·len* [ʊntɐ'hø:lən] *vt* ❶ *(durch Auswaschung aushöhlen)* ■**etw** ~ to hollow out sth *sep* ❷ *s.* **unterminieren**
Un·ter·holz *nt kein pl* undergrowth
Un·ter·ho·se ['ʊntɐho:zə] *f* [under]pants; **kurze** ~[**n**] pants *npl;* **lange** ~[**n**] long johns *npl*
un·ter·ir·disch ['ʊntɐʔɪrdɪʃ] **I.** *adj* underground, subterranean; **ein** ~**es Kabel** an underground cable; **ein** ~**er Fluss** a subterranean river **II.** *adv* underground; ~ **verlegte Stromkabel** electricity cables laid underground
un·ter·jo·chen* ['ʊntɐ'jɔxn̩] *vt* ■**jdn** ~ to subjugate sb
Un·ter·jo·chung <-, -en> *f* subjugation
un·ter|ju·beln *vt (sl)* ❶ *(andrehen)* ■**jdm etw** ~ to palm sth off on sb; ■**sich** [**von jdm**] **etw** *akk* ~ **lassen** to allow sb to palm sth off on[to] one ❷ *(anlasten)* ■**jdm etw** ~ to pin sth on sb
un·ter·kel·lern* [ʊntɐ'kɛlɐn] *vt* ■**etw** ~ to build sth with a cellar; ■**unterkellert** with a cellar; **ein unterkellertes Haus** a house with a cellar; ■**unterkellert sein** to have a cellar
Un·ter·kie·fer ['ʊntɐki:fɐ] *m* lower jaw; **jds** ~ **fällt** [*o* **klappt**] **herunter** *(fam)* sb's jaw drops [open]
un·ter|kom·men *vi irreg sein* ❶ *(eine Unterkunft finden)* ■**bei jdm/irgendwo** ~ to find accommodation at sb's house/somewhere ❷ *(fam: eine Anstellung bekommen)* ■[**irgendwo/bei jdm**] [**als etw**] ~ to find employment [*or fam* a job] [somewhere/with sb] [as sth] ❸ DIAL *(begegnen)* ■**jdm** ~ to come across sth/sb; **so einer ist mir ja noch nie untergekommen!** I've never come across anyone like him before ❹ DIAL *(erleben)* ■**jdm** ~ to experience; **ein so wundersame Gelegenheit kommt einem nicht alle Tage unter** you don't get such a wonderful opportunity like that every day
Un·ter·kör·per *m* lower part of the body
un·ter|krie·gen *vt (fam)* ■**jdn** ~ to bring sb down; **die Konkurrenz will uns** ~ our competitors want to bring us down; **ein guter Mann ist nicht unterzukriegen** you can't keep a good man down; ■**sich** [**von jdm/etw**] ~ **lassen** to allow sb/sth to get one down; **von einem kleinen Rückschlag darf man sich nicht** ~ **lassen** you shouldn't allow a trivial setback to get you down
un·ter·küh·len* [ʊntɐ'ky:lən] **I.** *vt* ■**jdn** ~ to reduce sb's body temperature **II.** *vr (fam)* ■**sich** ~ to get cold; **ich muss mich im Schatten unterkühlt haben** I must have got cold standing in the shade
un·ter·kühlt *adj* ❶ *(mit niedriger Körpertemperatur)* suffering from hypothermia; **stark** ~ **sein** to be suffering from advanced hypothermia; **in dem** ~**en Zustand konnte sie sich kaum bewegen** she was so cold she could scarcely move ❷ *(betont kühl, distanziert)* cool, reserved; ~**e Beziehungen** cool relations
Un·ter·küh·lung *f* hypothermia
Un·ter·kunft <-, -künfte> ['ʊntɐkʊnft, *pl* -kynftə] *f* accommodation; **eine** ~ **suchen** to look for accommodation; ~ **mit Frühstück** bed and breakfast; ~ **und Verpflegung** board and lodging; MIL *(Kaserne)* quarters *npl;* *(privat)* billet; **die Soldaten kehrten in ihre Unterkünfte zurück** the soldiers returned to their billets [*or* quarters]
Un·ter·la·ge ['ʊntɐla:gə] *f* ❶ *(flacher Gegenstand zum Unterlegen)* mat, pad; **bei der Notoperation diente eine Decke als** ~ during the emergency operation a blanket was used for the patient to lie on; **lege bitte eine** ~ **unter den Topf!** please put the pot on a mat!; *(Bett~)* draw sheet ❷ *meist pl (Beleg, Dokument)* document *usu pl*
Un·ter·lass[RR], **Un·ter·laß**[ALT] ['ʊntɐlas] *m* **ohne** ~ *(geh)* incessantly, continuously
un·ter·las·sen* [ʊntɐ'lasn̩] *vt irreg* ❶ *(nicht ausführen)* ■**etw** ~ not to carry out sth, to omit [*or* fail] to do sth; **die letzte Untersuchung wurde** ~ the final examination was not carried out; ■**es** ~, **etw zu tun** to fail to do sth; **warum haben Sie es** ~, **mich zu benachrichtigen?** why did you fail to inform me? ❷ *(mit etw aufhören)* ■**etw** ~ to refrain from doing sth; **diese dumme Bemerkung hättest du auch** ~ **können** you could have refrained from making this stupid remark; **etw nicht** ~ **können** not to be able to refrain from doing sth; **scheinbar kann er diese Dummheiten nicht** ~ apparently, he can't stop doing these silly things; **unterlass/~ Sie das!** stop that!; *s. a.* **Hilfeleistung**
Un·ter·las·sung <-, -en> [ʊntɐ'lasʊŋ] *f* omission, failure [to do sth]; **ich bestehe auf sofortiger** ~ **dieser Lärmbelästigung** I insist that this noise pollution be stopped immediately
Un·ter·las·sungs·fall <-s> *m kein pl* JUR **im** ~**sfall** *(geh)* in case of default
Un·ter·lauf ['ʊntɐlauf, *pl* -lɔyfə] *m* lower reaches *pl*
un·ter·lau·fen* [ʊntɐ'laufn̩] *irreg* **I.** *vt* ❶ *haben (umgehen)* ■**etw** ~ to evade [*or* circumvent] sth; **die Zensur/ein Embargo** ~ to evade a censure/an embargo ❷ SPORT **einen Spieler** ~ *to charge a player who is in the air and knock him down* **II.** *vi sein* ❶ *(versehentlich vorkommen)* ■**jdm unterläuft etw** sth happens to sb; **da muss mir ein Fehler** ~ **sein** I must have made a mistake ❷ *(fam: begegnen)* ■**jdm** ~ to happen to sb; **so etwas Lustiges ist mir selten** ~ something as funny as that has rarely happened to me
un·ter|le·gen[1] ['ʊntɐle:gn̩] *vt* ❶ *(darunter platzieren)* ■[**jdm**] **etw** ~ to put sth under[neath] [sb] ❷ *(abweichend interpretieren)* ■**einer S.** *dat* **etw** ~ to read another meaning into sth
un·ter·le·gen*[2] [ʊntɐ'le:gn̩] *vt* ❶ *(mit Untermalung versehen)* ■**etw mit etw** ~ to use sth to form the background to sth; **einem Film Musik** ~ to put music to a film; **die Modenschau wurde mit Musik unterlegt** music formed the background to the fashion show ❷ *(mit einer Unterlage versehen)* ■**etw** *akk* **mit etw** ~ to underlay sth with sth
un·ter·le·gen[3] [ʊntɐ'le:gn̩] *adj* ❶ *(schwächer als andere)* inferior; ~**e Kräfte** inferior forces; ■**jdm** ~ **sein** to be inferior to sb; **zahlenmäßig** ~ **sein** to be outnumbered ❷ SPORT *(schwächer)* defeated; ■**jdm** ~ **sein** to be defeated by sb
Un·ter·le·ge·ne(r) *f(m) decl wie adj* loser
Un·ter·le·gen·heit <-, *selten* -en> *f* inferiority
Un·ter·leib *m* [lower] abdomen
Un·ter·leibs·be·schwer·den *f pl* abdominal complaint [*or* pain]
un·ter·lie·gen* ['ʊnteli:gn̩] *vi irreg sein* ❶ *(besiegt werden)* ■[**jdm**] ~ to lose [to sb], to be defeated [*or* beaten] [by sb] ❷ *(unterworfen sein)* ■**einer S.** *dat* ~ to be subject to sth; **einer Täuschung** ~ to be the victim of a deception; **der Schweigepflicht** ~ to be bound to maintain confidentiality; **Sie** ~ **offensichtlich einem Irrtum** you have obviously made a mistake; *s. a.* **Zweifel**
Un·ter·lip·pe *f* bottom [*or* lower] lip
un·term ['ʊntɐm] *(fam)* = **unter dem**
un·ter·ma·len* [ʊntɐ'ma:lən] *vt* ❶ *(mit Musik begleiten)* ■**etw** [**mit etw**] ~ to provide sth as a background to sth; **der Gedichtvortrag wurde leise mit Musik untermalt** soft music was provided as a background to the poetry reading ❷ KUNST ■**etw** ~ to prime sth
Un·ter·ma·lung <-, -en> *f* background music
un·ter·mau·ern* [ʊntɐ'mauɐn] *vt* ■**etw** [**mit etw**] ~ to support sth [with sth]; BAU to underpin sth with sth; **seine Theorie ist wissenschaftlich gut untermauert** his theory is scientifically well supported
Un·ter·mie·te ['ʊntɐmi:tə] *f* ❶ *(Mieten eines Zimmers)* subtenancy; **in** [*o* **zur**] ~ **wohnen** *to rent a room from an existing tenant* ❷ *(das Untervermieten)* sublease; **jdn in** ~ **nehmen** to take in sb as a lodger; **wir mussten jemanden in** ~ **nehmen** we had to take in a lodger
Un·ter·mie·ter(in) *m(f)* subtenant

U

un·ter·mi·nie·ren* [ʊntɐmiˈniːrən] *vt* ■**etw** ~ to undermine sth

un·ter|mi·schen [ˈʊntɐmɪʃn̩] *vt* (*mit etw vermengen*) ■**etw** ~ to add [*or sep* mix in] sth

un·tern [ˈʊntɐn] (*fam*) = **unter den** *s.* **unter**

un·ter·neh·men* [ʊntɐˈneːmən] *vt irreg* ❶ (*in die Wege leiten*) ■**etw/nichts** [**gegen jdn/etw**] ~ to take action/no action [against sb/sth]; **Schritte gegen etw** ~ to take steps against sth ❷ (*Vergnügliches durchführen*) ■**etw** [**mit jdm**] ~ to do sth [with sb]; **wollen wir nicht etwas zusammen ~?** why don't we do something together? ❸ (*geh: machen*) ■**etw** ~ to do sth; **einen Ausflug** ~ to go on an outing; **eine Reise** ~ to go on a journey; **einen Versuch** ~ to make an attempt ❹ (*geh: auf sich nehmen*) ■**es ~, etw zu tun** to take it upon oneself to do sth

Un·ter·neh·men <-s, -> [ʊntɐˈneːmən] *nt* ❶ ÖKON firm, company ❷ (*Vorhaben*) undertaking, venture; **ein gewagtes** ~ a risky venture

Un·ter·neh·mens·be·ra·ter(in) *m(f)* management consultant **Un·ter·neh·mens·be·ra·tung** *f* ÖKON ❶ *kein pl* (*Consulting, Betriebsberatung*) management consultancy *no pl* ❷ (*Firma*) management consultancy firm **Un·ter·neh·mens·be·steu·e·rung** *f* FIN corporation tax **Un·ter·neh·mens·form** *f* type [*or* form] of business [*or* enterprise] **Un·ter·neh·mens·füh·rung** *f* ÖKON ❶ *kein pl* (*Management*) management ❷ (*Führungskräfte in einem Unternehmen*) management **Un·ter·neh·mens·fu·si·on** *f* company merger **Un·ter·neh·mens·ge·winn** *m* FIN corporate profit **Un·ter·neh·mens·grün·dung** *f* setting [*or* starting] up a business **Un·ter·neh·mens·grup·pe** *f* group, consortium **Un·ter·neh·mens·lei·ter(in)** *m(f)* director **Un·ter·neh·mens·lei·tung** *f* ÖKON ❶ *kein pl* (*Leitung, Führung eines Unternehmens*) management ❷ (*Führungskräfte eines Unternehmens*) management **Un·ter·neh·mens·plan** *m* corporate plan **Un·ter·neh·mens·po·li·tik** *f kein pl* corporate policy **Un·ter·neh·mens·spit·ze** *f* top management, executive level

Un·ter·neh·mer(in) <-s, -> [ʊntɐˈneːmɐ] *m(f)* employer, entrepreneur

un·ter·neh·mer·freund·lich *adj* POL employer-friendly

un·ter·neh·me·risch [ʊntɐˈneːmərɪʃ] **I.** *adj* entrepreneurial **II.** *adv* in a business-like manner; ~ **denken** to think in a business-like manner

Un·ter·neh·mer·lohn *m* employer's remuneration **Un·ter·neh·mer·ri·si·ko** *nt* management risk

Un·ter·neh·mer·schaft <-, *selten* -en> *f* business men *pl*, entrepreneurs *pl*

Un·ter·neh·mer·ver·band *m* employer's association

Un·ter·neh·mung <-, -en> [ʊntɐˈneːmʊŋ] *f* (*geh*) *s.* **Unternehmen 2**

Un·ter·neh·mungs·geist *m kein pl* enterprise, entrepreneurial spirit **Un·ter·neh·mungs·lust** *f kein pl* enterprise, initiative **un·ter·neh·mungs·lus·tig** *adj* enterprising, adventurous

Un·ter·of·fi·zier [ˈʊntɐʔɔfitsiːɐ̯] *m* non-commissioned officer; **Offiziere und ~e** officers and other ranks; ~ **vom Dienst** duty NCO

un·ter|ord·nen I. *vt* ❶ (*vor etw hintanstellen*) ■**etw einer S.** *dat* ~ to put sth before sth; **die meisten Mütter ordnen ihre eigenen Bedürfnisse denen ihrer Kinder unter** most mothers put the needs of their children before their own ❷ (*jdm/einer Institution unterstellen*) ■**jdm/einer S. untergeordnet sein** to be [made] subordinate to sb/sth **II.** *vr* ■**sich** [**jdm**] ~ to take on a subordinate role [to sb]

Un·ter·re·dung <-, -en> *f* discussion; **eine ~ mit jdm haben** [*o* **führen**] to have a discussion with sb

un·ter·re·prä·sen·tiert *adj* under-represented; **in einem Ausschuss ~ sein** to be under-represented on a committee

Un·ter·richt <-[e]s, *selten* -e> [ˈʊntɐrɪçt] *m* lesson; **theoretischer/praktischer** ~ theoretical/practical classes; **im Sommer beginnt der ~ um zehn vor acht** in summer lessons begin at ten to eight; **dem ~ fernbleiben** to play truancy [*or* AM hooky]; [**jdm**] ~ [**in etw** *dat*] **geben** to give [sb] lessons [in sth]; **bei jdm ~ haben** to have lessons with sb; **bei wem haben wir nächste Stunde ~?** who's our next lesson with?; **im ~ sein** to be in a lesson; **heute fällt der ~ in Mathe aus** there will be no maths lesson today

un·ter·rich·ten* [ʊntɐˈrɪçtn̩] **I.** *vt* ❶ (*als Lehrer unterweisen*) ■**jdn/etw** [**in etw** *dat*] ~ to teach sb/sth [sth]; **eine Klasse in Französisch** ~ to teach a class French; **ich habe ihn früher in Mathematik unterrichtet** I used to teach him mathematics ❷ (*ein Fach lehren*) ■**etw** ~ to teach sth; **Chemie** ~ to teach Chemistry ❸ (*geh: informieren*) ■**jdn** [**über etw** *akk/* **von etw**] ~ to inform [*or* advise] sb [about sth]; **ich bin unterrichtet** I have been informed **II.** *vi* (*als Lehrer tätig sein*) ■[**in etw** *dat*] ~ to teach [at sth]; **in einem Fach** ~ to teach a subject; **an welcher Schule ~ Sie?** which school do you teach at? **III.** *vr* (*sich informieren*) ■**sich über etw** ~ *akk* to obtain information about sth; ■**sich von jdm über etw** *akk* ~ **lassen** to be informed by sb about sth

un·ter·rich·tet *adj* informed; **gut ~ sein** to be well-informed

Un·ter·richts·er·fah·rung *f* SCH teaching experience **Un·ter·richts·fach** *nt* subject **Un·ter·richts·stoff** *m* SCH subject matter **Un·ter·richts·stun·de** *f* lesson, period

Un·ter·rich·tung <-, -en> [ʊntɐˈrɪçtʊŋ] *f* (*geh*) information

Un·ter·rock [ˈʊntɐrɔk] *m* petticoat, slip *dated*

un·ter|rüh·ren *vt* ■**etw** ~ to stir in sth

un·ters [ˈʊntɐs] (*fam*) = **unter das**

un·ter·sa·gen* [ʊntɐˈzaːgn̩] *vt* ■**jdm etw** ~ to forbid sb to do sth, to prohibit sb from doing sth; ■**jdm ~, etw zu tun** to forbid sb to do sth; **ich untersage Ihnen, sich den Medien gegenüber zu äußern** I forbid you to make statements to the media; ■[**irgendwo**] **untersagt sein** to be prohibited [somewhere]; **das Rauchen ist in diesen Räumen untersagt** smoking is prohibited in these rooms

Un·ter·satz [ˈʊntɐzats] *m* (*untergesetzter Gegenstand*) mat, coaster; **die Tasse auf einen ~ stellen** to put the cup on a mat; **fahrbarer** ~ (*hum fam*) wheels *pl hum fam*

Un·ter·scha·le *f* KOCHK (*Rind*) beef silverside; (*Schwein*) gammon piece

un·ter·schät·zen* [ʊntɐˈʃɛtsn̩] *vt* ■**jdn** ~ to underestimate sb; **nicht zu** ~ not to be underestimated; (*beträchtlich*) not inconsiderable; **ein nicht zu ~der Konkurrent** a rival who is not to be underestimated; **sich in nicht zu ~de Schwierigkeiten begeben** to get oneself into not inconsiderable difficulties

un·ter·scheid·bar *adj* distinguishable

un·ter·schei·den* [ʊntɐˈʃaidn̩] *irreg* **I.** *vt* ❶ (*durch Unterschiede differenzieren*) ■**etw** ~ to distinguish [*or* make a distinction] between sth; **der Botaniker unterscheidet Fichten und Kiefern** the botanist makes a distinction between firs and pines; ■**etw** [**von etw**] ~ to tell sth from sth ❷ (*auseinanderhalten*) ■[**voneinander/an etw** *dat*] ~ to tell the difference [between things/by sth], to tell things apart; **ich kann die beiden nie** ~ I can never tell the difference between the two; **Ulmen und Linden kann man leicht** ~ you can easily tell elm trees from lime trees; **er kann ein Schneeglöckchen nicht von einer Schlüsselblume** ~ he can't tell the difference between a snowdrop and a cowslip ❸ (*als anders erscheinen lassen*) ■**jdn von jdm** ~ to distinguish sb from sb; **was sie so sehr von ihrer Schwester unterscheidet, ist ihre musikalische Begabung** what distinguishes her so much from her sister is her musical talent **II.** *vi* [**zwischen Dingen**] ~ to differentiate [*or* make a distinction] [between things]; **zwischen ... und ... nicht ~ können** to not be able to distinguish [*or* tell the difference] between ... and ... **III.** *vr* ■**sich voneinander/von jdm/etw** ~ to differ from sb/sth; **er unterscheidet sich von seiner Kollegin in seiner Gelassenheit** he differs from his colleague in that he is much more relaxed; **ihr unterscheidet euch echt nicht voneinander!** you're as bad as each other!

Un·ter·schei·dung *f* distinction, differentiation; **eine ~/~en treffen** to make a distinction/distinctions

Un·ter·schen·kel *m* ANAT lower leg; KOCHK [chicken] drumstick

Un·ter·schicht *f* lower class

un·ter·schie·ben*¹ [ʊntɐˈʃiːbn̩] *vt irreg (fam)* ■**jdm etw ~** to attribute sth falsely to sb; **diese Äußerung unterschiebt mir die Presse** this statement has been falsely attributed to me by the press; ■**jdm ~, dass jd etw tut** to imply that sb does sth; **wollen Sie mir etwa ~, dass ich beabsichtigt habe, Sie zu hintergehen?** are you trying to imply that it was my intention to deceive you?

un·ter|schie·ben² [ˈʊntɐʃiːbn̩] *vt irreg* ■**jdm etw ~** to push sth under[neath] sb; **schiebst du mir noch ein Kissen unter?** will you push another cushion under me?

Un·ter·schied <-[e]s, -e> [ˈʊntɐʃiːt] *m* difference, distinction; **ein feiner/großer ~** a slight/large difference; **ich sehe keinen ~ zum Original** I can't see a difference to the original; **einen/keinen ~** [*o* **~e**] **[zwischen Dingen] machen** to draw a/no distinction [between things]; **einen/keinen ~ machen** to make a/no difference; **es macht keinen ~, ob du heute bezahlst oder morgen** it makes no difference whether you pay today or tomorrow; **im ~ zu jdm** unlike sb, in contrast to sb; **im ~ zu dir bin ich aber vorsichtiger** unlike you I'm more careful; **[nur] mit dem ~, dass** [only] the difference is that; **sicher tut ihr die gleiche Arbeit, mit dem ~, dass sie das Doppelte verdient** of course you do the same work, only the difference is that she earns double what you do; **ohne ~** indiscriminately; **ein ~ wie Tag und Nacht** *(fam)* as different as chalk and cheese [*or* AM night and day]; **vergleiche mal diese mit der ursprünglichen Version – das ist ein ~ wie Tag und Nacht** just you compare this to the original version – they are worlds apart!; **der kleine ~** *(iron fam)* la petite différence *(distinguishing men and women)*

un·ter·schied·lich [ˈʊntɐʃiːtlɪç] **I.** *adj* different; **~er Auffassung sein** to have different views; **das Klima in Australien ist sehr ~** the climate in Australia varies a lot **II.** *adv* differently

un·ter·schieds·los *adv* indiscriminately

un·ter·schla·gen* [ʊntɐˈʃlaːgn̩] *vt irreg* ❶ *(unrechtmäßig für sich behalten)* ■**etw ~** to misappropriate; **Geld ~** to embezzle money; **einen Brief/Beweise ~** to withhold a letter/evidence; **eine Nachricht ~** to keep quiet about sth ❷ *(vorenthalten)* ■**jdm etw ~** to withhold sth from sb; **warum hat man mir diese Information ~?** why was this information withheld from me?

Un·ter·schla·gung <-, -en> [ʊntɐˈʃlaːgʊŋ] *f* misappropriation, embezzlement

Un·ter·schlupf <-[e]s, -e> [ˈʊntɐʃlʊpf] *m* hideout, cover; **bei jdm ~ suchen/finden** to look for/find shelter with sb

un·ter|schlup·fen *vi* SÜDD *(fam)*, **un·ter|schlüp·fen** *vi sein (fam)* ■**[bei jdm] ~** to find shelter [at sb's house]; *(verstecken)* to hide [out] [in sb's house]; *(hum)* to stay [at sb's house]; **ich habe keine Ahnung, wo der Kerl untergeschlüpft ist** I've no idea where the guy's staying at

un·ter·schrei·ben* [ʊntɐˈʃraibn̩] *irreg* **I.** *vt* ■**[jdm] etw ~** to sign sth [for sb]; **eine Meinung/Ansicht ~ können** *(fig)* to be able to subscribe to an opinion/point of view *fig* **II.** *vi* ■**[auf etw** *dat***] ~** to sign [sth]

un·ter·schrei·ten* [ʊntɐˈʃraitn̩] *vt irreg* ❶ *(unterbieten)* ■**etw [um etw] ~** to undercut sth [by sth] ❷ *(unter einer Grenze liegen)* ■**etw [um etw] ~** to fall below sth [by sth]; **ihr tatsächliches Einkommen unterschreitet deutlich ihre Schätzungen** her actual income falls well short of her estimates

Un·ter·schrift [ˈʊntɐʃrɪft] *f* ❶ *(eigene Signatur)* signature; **seine ~ leisten** to give one's signature; **seine ~ unter etw** *akk* **setzen, etw mit seiner ~ versehen** to put one's signature to sth, to sign sth ❷ *(Bildunterschrift)* caption

Un·ter·schrif·ten·lis·te *f* POL, SOZIOL petition **Un·ter·schrif·ten·samm·lung** *f* collection of signatures

un·ter·schwel·lig [ˈʊntɐʃvɛlɪç] *adj* subliminal

Un·ter·see·boot [ˈʊntɐzeːboːt] *nt* submarine

un·ter·see·isch [ˈʊntɐzeːɪʃ] *adj* underwater

Un·ter·sei·te *f* underside, bottom

Un·ter·set·zer <-s, -> [ˈʊntɐzɛtsɐ] *m s.* **Untersatz 1**

un·ter·setzt [ʊntɐˈzɛtst] *adj* stocky

un·ter·spü·len* [ʊntɐˈʃpyːlən] *vt* ■**etw ~** to wash away the bottom of sth

Un·ter·stand *m* ❶ *(Platz zum Unterstellen)* shelter ❷ MIL dugout

un·ters·te(r, s) [ˈʊntɐstə, -tɐstɐ, tɐstəs] *adj superl von* **untere(r, s)**: **das U~ zuoberst kehren** *(fam)* to turn everything upside down; **die Einbrecher hatten das U~ zuoberst gekehrt** the burglars had turned everything upside down

un·ter·ste·hen*¹ [ʊntɐˈʃteːən] *irreg* **I.** *vi* ■**jdm/einer S. ~** to be subordinate to sb/sth, to come under sb's/sth's control; **der Abteilungsleiterin ~ 17 Mitarbeiter** seventeen employees report to the departmental head; **jds Befehl ~** to be under sb's command; **ständiger Kontrolle ~** to be subject to constant checks **II.** *vr* ■**sich ~, etw zu tun** to have the audacity to do sth; **er hat sich tatsächlich unterstanden, uns zu drohen?** he actually dared to threaten us?; **untersteh dich!** don't you dare!; **was ~ Sie sich!** how dare you!

un·ter|ste·hen² [ˈʊntɐʃteːən] *vi irreg haben* SÜDD, ÖSTERR, SCHWEIZ to take shelter [*or* cover]; **es hat so stark geregnet, dass wir eine ganze Weile ~ mussten** it rained so heavily that we had to take shelter for quite a while

un·ter·stel·len*¹ [ʊntɐˈʃtɛlən] **I.** *vt* ❶ *(unterordnen)* ■**jdm jdn/etw ~** to put sb in charge of sb/sth; **wir unterstellen Ihnen vier Abteilungen** we're putting you in charge of four departments; ■**jdm/einer S.** *gen* **unterstellt sein** to be under sb/sth; **Sie sind ab sofort der Redaktion III unterstellt** as from now you report to editorial department III ❷ *(unterschieben)* ■**jdm etw ~** to imply [*or* insinuate] that sb has said/done sth; **~ Sie mir Nachlässigkeit?** are you implying that I have been negligent? **II.** *vi* ■**~, [dass] ...** to suppose [*or* assume] [that] ...; **ich unterstelle einfach einmal, dass Sie recht haben** I'm just supposing for once that you are right

un·ter|stel·len² [ˈʊntɐʃtɛlən] **I.** *vt* ❶ *(abstellen)* ■**etw irgendwo/bei jdm ~** to store sth somewhere/at sb's house; **ein Auto bei jdm ~** to leave one's car at sb's house; **er stellt ein paar Möbelstücke bei uns unter** he's storing a few items of furniture at our place ❷ *(darunter stellen)* ■**etw ~** to store sth underneath; **einen Eimer ~** to put a bucket underneath **II.** *vr* ■**sich ~** to take shelter [*or* cover]

Un·ter·stell·mög·lich·keit *f (Überdachung)* bus shelter

Un·ter·stel·lung *f* ❶ *(falsche Behauptung)* insinuation ❷ *kein pl (Unterordnung)* subordination; ■**die/jds ~ unter jdn/etw** the/sb's subordination to sb/sth

un·ter·steu·ern* [ʊntɐˈʃtɔyɐn] *vi* AUTO to understeer

un·ter·strei·chen* [ʊntɐˈʃtraiçn̩] *vt irreg* ■**etw ~** ❶ *(markieren)* to underline sth; **sein Name war rot unterstrichen** his name was underlined in red ❷ *(betonen)* to emphasize sth; **seine Worte mit Gesten ~** to emphasize one's words with gestures; **Herbstfarben ~ Ihren Hauttyp** autumn colours enhance your skin type ❸ *(zustimmen)* **das kann ich nur ~** there's no doubt about that

Un·ter·strei·chung <-, -en> *f* ❶ *(das Unterstreichen)* underlining; **~en vornehmen** *(geh)* to underline ❷ *kein pl (das Betonen)* emphasizing

Un·ter·strich <-s, -e> *m* TYPO underscore

Un·ter·strö·mung *f* undercurrent

Un·ter·stu·fe *f* lower school

un·ter·stüt·zen* [ʊntɐˈʃtʏtsn̩] *vt* ❶ *(durch Hilfe fördern)* ■**jdn [bei etw/in etw** *dat***] ~** to support sb [in sth]; **die Heilung ~** to assist sb's recovery ❷ *(materiell/finanziell fördern)* ■**jdn/**

etw [mit etw] ~ to support sb/sth [with sth]; **wirst du noch von deinen Eltern finanziell unterstützt?** do your parents still financially support you? ❸ (*sich dafür einsetzen*) ■**etw** ~ to back [*or* support] sth; **diesen Plan kann ich voll** ~ I'm fully behind [*or* supportive of] this plan ❹ INFORM ■**etw** ~ to support sth

Un·ter·stüt·zung *f* ❶ *kein pl* (*Hilfe*) support; **ich möchte Sie um Ihre ~ bitten** I should like to ask you for your support; **zur ~ einer S.** *gen* in support of sth ❷ (*finanzielle Hilfeleistung*) income support; (*Arbeitslosen~*) benefit; **nimm die 1.000 Euro als kleine** ~ take the 1,000 euros to help you out a bit; **eine ~ beantragen** to apply for assistance; **eine ~ beziehen** to be on income support/[unemployment] benefit

Un·ter·such <-s, -e> [ʊntɐˈzuːx] *m* SCHWEIZ (*Untersuchung*) examination, investigation

un·ter·su·chen* [ʊntɐˈzuːxn̩] *vt* ❶ (*den Gesundheitszustand überprüfen*) ■**jdn** ~ to examine sb; ■**jdn auf etw** *akk* ~ to examine sb for sth; **hat man Sie auf Allergien untersucht?** have you been examined for allergies?; ■**sich [von jdm] ~ lassen** to be examined [by sb]; **manche Frauen wollen sich nur von Ärztinnen ~ lassen** some women only want to be examined by a woman doctor; ■**etw [auf etw** *akk***]** ~ (*medizinisch überprüfen*) to examine sth [for sth]; **wir schicken das Blut ein, um es auf Krebszellen ~ zu lassen** we're sending the blood in to have it examined for cancer cells ❷ (*überprüfen*) ■**etw/jdn** ~ to investigate [*or* look into] sth/sb; **einen Plan auf Schwachstellen hin** ~ to check a plan for weaknesses; **ein Fahrzeug** ~ to check a vehicle ❸ (*genau betrachten*) ■**etw/jdn** ~ to scrutinize sth/sb; **die sozialen Verhältnisse** ~ to examine the social conditions; **jds Lebensgewohnheiten** ~ to scrutinize sb's habits ❹ (*durchsuchen*) ■**jdn/etw [auf etw** *akk***]** ~ to search sb/sth [for sth]; **die Zollbeamten ~ das Gepäck auf Sprengstoff** the customs officers search the luggage for explosives ❺ (*aufzuklären suchen*) ■**etw** ~ to investigate sth; **die Polizei untersucht den Vorfall** the police are investigating the incident

Un·ter·su·chung <-, -en> *f* ❶ (*Überprüfung des Gesundheitszustandes*) examination; **jdn einer ~** *dat* **unterziehen** (*geh*) to give sb a medical examination; **sich einer ~** *dat* **unterziehen** (*geh*) to undergo a medical examination; (*medizinische Überprüfung*) examination ❷ (*Durchsuchung*) search; **die ~ des Busses förderte Sprengstoff zutage** the search of the coach unearthed explosives ❸ (*Überprüfung*) investigation; **die ~ der Unfallursache ergab, dass die Bremsen versagt hatten** the investigation into the cause of the accident revealed that the brakes had failed; **die ~ des Wagens war ergebnislos** an inspection of the car proved fruitless ❹ (*analysierende Arbeit*) investigation, survey; **eine ~ veröffentlichen** to publish an investigation [*or* survey]

Un·ter·su·chungs·aus·schuss[RR] *m* committee of inquiry **Un·ter·su·chungs·be·am·te(r)** *f(m) decl wie adj*, **Un·ter·su·chungs·be·am·tin** *f* ADMIN, JUR investigator **Un·ter·su·chungs·be·fund** *m* examination report **Un·ter·su·chungs·er·geb·nis** *nt* ❶ JUR findings *pl* ❷ MED (*Befund*) results *pl*, findings *pl* **Un·ter·su·chungs·ge·fan·ge·ne(r)** *f(m) decl wie adj* prisoner on remand **Un·ter·su·chungs·ge·fäng·nis** *nt* remand prison **Un·ter·su·chungs·haft** *f* custody, detention pending trial; **in ~ sein** [*o fam* **sitzen**] to be on remand; **jdn in ~ nehmen** to commit sb for trial **Un·ter·su·chungs·kom·mis·si·on** *f* investigating [*or* inquiry] committee **Un·ter·su·chungs·me·tho·de** *f* examination [*or* investigation] [*or* research] method **Un·ter·su·chungs·rich·ter(in)** *m(f)* examining magistrate **Un·ter·su·chungs·zim·mer** *nt* examination room

Un·ter·ta·ge·bau [ʊntɐˈtaːgəbau] *m kein pl* ❶ (*Abbau*) underground mining ❷ (*Grube*) coal mine

un·ter·tags [ʊntɐˈtaːks] *adv* ÖSTERR, SCHWEIZ, SÜDD (*tagsüber*) during the day

un·ter·tan [ˈʊntɐtaːn] *adj* **sich** *dat* **jdn/etw ~ machen** (*geh*) to subjugate sb/dominate sth

Un·ter·tan(in) <-en, -en> [ˈʊntɐtaːn] *m(f)* subject

un·ter·tä·nig <-er, -ste> [ˈʊntɐtɛːnɪç] *adj* (*pej*) subservient, submissive *pej*; **Ihr ~ster Diener** (*veraltet*) your humble [*or* most obedient] servant

Un·ter·tas·se *f* saucer; **fliegende ~** (*fam*) flying saucer *fam*

un·ter|tau·chen [ˈʊntɐtauxn̩] **I.** *vt haben* ■**jdn** ~ to duck [*or* AM dunk] sb's head under water, BRIT to give sb a ducking *fam* **II.** *vi sein* ❶ (*tauchen*) to dive [under]; *U-Boot* to submerge ❷ (*sich verstecken*) to disappear, to go underground; ■**bei jdm** ~ to hide out at sb's place; **im Ausland** ~ to go underground abroad ❸ (*verschwinden*) ■**irgendwo** ~ to disappear somewhere; **der Taschendieb war bereits in der Menschenmenge untergetaucht** the pickpocket had already disappeared into the crowd

Un·ter·teil [ˈʊntɐtail] *nt o m* bottom [*or* lower] part

un·ter·tei·len* [ʊntɐˈtailən] *vt* ❶ (*einteilen*) ■**etw [in etw** *akk***]** ~ to subdivide sth [into sth]; **das Formular war in drei Spalten unterteilt** the form was subdivided into three columns ❷ (*aufteilen*) ■**etw [in etw** *akk***]** ~ to partition [*or* divide] sth [into sth]; **das große Zimmer war in zwei kleinere Räume unterteilt** the large room was partitioned into two smaller rooms

Un·ter·tei·lung <-, -en> *f* subdivision

Un·ter·tel·ler *m* SCHWEIZ, SÜDD (*Untertasse*) saucer **Un·ter·tem·pe·ra·tur** *f* low body temperature **Un·ter·ti·tel** [ˈʊntɐtiːtl̩] *m* ❶ (*eingeblendete Übersetzung*) subtitle ❷ (*zusätzlich erläuternder Titel*) subheading **Un·ter·ton** *m* undertone **un·ter·tou·rig** [-tuːrɪç] *adj* at low revs; **eine ~e Fahrweise schadet Motor und Getriebe** driving at low revs damages the engine and gears

un·ter·trei·ben* [ʊntɐˈtraibn̩] *irreg* **I.** *vt* (*etw geringer darstellen*) ■**etw** ~ to understate sth; **musst du immer ~?** do you always have to understate everything? **II.** *vi* to play sth down; **manche Menschen neigen dazu, zu ~** some people have a tendency to play things down

Un·ter·trei·bung <-, -en> *f* understatement

un·ter·tun·neln* [ʊntɐˈtʊnl̩n] *vt* ■**etw** ~ to tunnel under sth; **der untertunnelte Ärmelkanal** the Channel Tunnel, the Chunnel *fam*

un·ter·ver·mie·ten* **I.** *vt* ■**etw** ~ to sublet sth **II.** *vi* to sublet; **laut Mietvertrag darf ich nicht ~** according to the lease I am not allowed to sublet

un·ter·ver·si·chert *adj* underinsured

Un·ter·ver·si·che·rung *f* underinsurance

un·ter·wan·dern* [ʊntɐˈvandɐn] *vt* ■**etw** ~ to infiltrate sth

Un·ter·wan·de·rung *f* infiltration

Un·ter·wä·sche <-, -n> [ˈʊntɐvɛʃə] *f* ❶ *kein pl* MODE underwear *no pl* ❷ AUTO (*fam: Unterbodenwäsche*) underbody cleaning

Un·ter·was·ser·ka·me·ra [ˈʊntɐvasɐ-] *f* underwater camera **Un·ter·was·ser·mas·sa·ge** *f* underwater massage **Un·ter·was·ser·sport** *m* underwater sport

un·ter·wegs [ʊntɐˈveːks] *adv* ❶ (*auf dem Weg*) on the way; **wir müssen los, ~ können wir dann Rast machen** we must be off, we can have a break on the way; ■**[irgendwohin/zu jdm] ~ sein** to be on the way [to somewhere/sb]; **Herr Müller ist gerade nach München ~** Mr. Müller is on his way to Munich at the moment; **für ~** for the journey; **nehmt ein paar belegte Brote für ~ mit!** take a few sandwiches for the journey; **von ~** from our/your trip [*or* outing]; **wir haben ein paar Blumen von ~ mitgebracht** we've brought a few flowers back from our outing; **er hat mich von ~ angerufen** he phoned me while he was on his way ❷ (*fam: schwanger*) **ein Kind ist ~** a child is on the way, she is/they/we are expecting a child

un·ter·wei·sen* [ʊntɐˈvaizn̩] *vt irreg* (*geh*) ■**jdn [in etw** *dat***]** ~ to instruct sb [in sth] *form*; **ich werde Sie in der Benutzung**

des Computers ~ I will instruct you how to use the computer
Un·ter·wei·sung *f (geh)* instruction *form*
Un·ter·welt ['ʊntɐvɛlt] *f kein pl* underworld
un·ter·wer·fen* [ʊntɐ'vɛrfn̩] *irreg* **I.** *vt* ❶ *(unterjochen)* ■**jdn/etw** ~ to subjugate [*or* conquer] sb/sth; **die Conquistadores haben weite Teile Südamerikas unterworfen** the Conquistadores subjugated large parts of South America ❷ *(unterziehen)* ■**jdn einer S.** *dat* ~ to subject sb to sth; **die Zollbeamten unterwarfen die Einreisenden endlosen Prozeduren** the customs officers subjected the people entering the country to endless procedures **II.** *vr* ❶ *(sich fügen)* **sich jds Willkür** ~ to bow to sb's will; **sich einem Herrscher** ~ to obey a ruler ❷ *(sich unterziehen)* ■**sich einer S.** *dat* ~ to submit to sth; **sich einer Prüfung** ~ to do a test
Un·ter·wer·fung <-, -en> *f* subjugation
un·ter·wor·fen *adj* ■**jdm/einer S.** *dat* ~ **sein** to be subject to sb/sth; **die vorherrschende Mode ist vielen Strömungen** ~ the prevailing fashion is subject to many trends
un·ter·wür·fig [ʊntɐ'vʏrfɪç] *adj (pej)* servile; **manche meiner Kollegen sind** ~ **in Gegenwart des Chefs** some of my colleagues grovel in the presence of the boss
Un·ter·wür·fig·keit <-> *f kein pl (pej)* servility
un·ter·zeich·nen* [ʊntɐ'tsaiçnən] *vt (geh)* ■**etw** ~ to sign sth
Un·ter·zeich·ner(in) [ʊntɐ'tsaiçnɐ] *m(f) (geh)* signatory
Un·ter·zeich·ner·staat *m* signatory state
Un·ter·zeich·nung *f (geh)* signing
Un·ter·zeug ['ʊntɐtsɔyk] *nt (fam)* underclothes *npl*
un·ter·zie·hen*¹ [ʊntɐ'tsi:ən] *irreg* **I.** *vt* ■**jdn/etw einer S.** *dat* ~ to subject sb/sth to sth; **der Arzt unterzog mich einer gründlichen Untersuchung** the doctor examined me thoroughly; **das Fahrzeug muss noch einer Generalinspektion unterzogen werden** the vehicle still has to undergo a general inspection **II.** *vr* ■**sich einer S.** ~ *dat* to undergo sth; **sich einer Operation** ~ to have an operation; **sich einem Verhör** ~ to undergo a hearing; **sich einer Aufgabe** ~ to take on a task
un·ter|zie·hen² ['ʊntɐtsi:ən] *vt irreg* ■**[sich** *dat*] **etw** ~ to put on sth *sep* underneath; **Sie sollten sich einen Pullover** ~ you ought to put a pullover on underneath
Un·ter·zieh·pul·li *m thin pullover worn underneath normal clothes for added protection; (als Skiunterwäsche)* long-sleeved thermal T-shirt
Un·ter·zu·cke·rung <-, -en> *f* low blood sugar level
Un·tie·fe ['ʊnti:fə] *f* ❶ *(seichte Stelle)* shallow *usu pl* ❷ *(geh: große Tiefe)* depth *usu pl;* **in den ~n des Ozeans** in the depths of the ocean
Un·tier ['ʊnti:ɐ̯] *nt* monster
un·trag·bar [ʊn'tra:kba:ɐ̯] *adj* ❶ *(unerträglich)* unbearable ❷ *(nicht tolerabel)* intolerable; ■**[für jdn]** ~ **sein/werden** to be/become intolerable [to sb]; **dieser Politiker ist/wird für seine Partei** ~ this politician is/is becoming a liability to his party
un·trai·niert *adj* untrained
un·trenn·bar [ʊn'trɛnba:ɐ̯] *adj* LING inseparable
un·treu ['ʊntrɔy] *adj* unfaithful; ■**jdm** ~ **sein/werden** to be unfaithful to sb; *(hum)* to forget all about sb; **wir hatten schon gedacht, du wolltest uns** ~ **werden** we were beginning to think that you'd forgotten all about us; **sich** *dat* ~ **werden** *(geh)* to be untrue to oneself; **einer S.** *dat* ~ **werden** to be disloyal to sth
Un·treue *f* ❶ *(untreues Verhalten)* unfaithfulness ❷ JUR *(finanzieller Missbrauch)* embezzlement
un·tröst·lich [ʊn'trø:stlɪç] *adj* inconsolable; ■~ **sein, dass** to be inconsolable [*or* so [very] sorry] that
un·trüg·lich [ʊn'try:klɪç] *adj* unmistakable, sure
Un·tu·gend ['ʊntu:gn̩t] *f* bad habit; **ihre größte** ~ **ist das Kettenrauchen** her worst vice is [her] chain-smoking; **eine** ~ **[von jdm] sein** to be a bad habit [of sb's]

un·ty·pisch *adj* untypical; ■~ **[für jdn] sein** to be untypical [of sb]
un·übel *adj* **[gar] nicht [so]** ~ *(fam)* not bad [at all], not so bad; **er ist gar nicht so** ~**, wenn man ihn näher kennt** he's not so bad [*or* BRIT *fam* such a bad bloke [*or* sort]] when you get to know him better
un·über·brück·bar [ʊnʔy:bɐbrʏkba:ɐ̯] *adj* irreconcilable
un·über·hör·bar [ʊnʔy:bɐhø:ɐ̯ba:ɐ̯] *adj* ❶ *(nicht zu überhören)* ■~ **sein** to be clearly audible; **das Läuten des Telefons muss** ~ **gewesen sein** you could hardly [*or* [surely] couldn't] have missed the phone ringing ❷ *(deutlich herauszuhören)* unmistakable
un·über·legt ['ʊnʔy:bɐle:kt] **I.** *adj* rash **II.** *adv* rashly
Un·über·legt·heit <-, -en> *f* ❶ *kein pl (unüberlegte Art)* rashness ❷ *kein pl (Übereiltheit)* rashness ❸ *(unüberlegte Äußerung)* rash [*or* ill-considered] comment ❹ *(unüberlegte Handlung)* rash act
un·über·seh·bar [ʊnʔy:bɐ'ze:ba:ɐ̯] *adj* ❶ *(nicht zu übersehen)* obvious; **ein ~er Fehler** an obvious [*or* glaring] mistake; **ein ~er Unterschied** an obvious [*or* striking] difference ❷ *(nicht abschätzbar)* incalculable, inestimable; **~e Konsequenzen** unforeseeable consequences
un·über·setz·bar [ʊnʔy:bɐ'zɛtsba:ɐ̯] *adj* untranslatable
un·über·sicht·lich ['ʊnʔy:bɐzɪçtlɪç] *adj* ❶ *(nicht übersichtlich)* confusing ❷ *(schwer zu überblicken)* unclear; **eine ~e Kurve** a blind bend [*or* curve]
un·über·treff·lich [ʊnʔy:bɐ'trɛflɪç] **I.** *adj* unsurpassable, matchless; **ein ~er Rekord** an unbeatable record **II.** *adv* superbly, magnificently; **ein** ~ **gutes/gelungenes Design** an unsurpassably good/unsurpassable [*or* matchless] design
un·über·trof·fen [ʊnʔy:bɐ'trɔfn̩] *adj* unsurpassed, unmatched; **ein ~er Rekord** an unbroken record; ■~ **sein** to be unsurpassable [*or* unmatchable]; **dieser Rekord ist noch/seit Jahren** ~ this record is still unbroken/hasn't been broken for [some] years
un·über·wind·lich [ʊnʔy:bɐ'vɪntlɪç] *adj* ❶ *(nicht abzulegen)* deep[-rooted]; **eine ~e Antipathie** a deep [*or* strong] antipathy; **ein ~er Hass** an implacable [*or* a deep-rooted] hatred; **~e Vorurteile** deep[-rooted] [*or* ingrained] prejudices ❷ *(nicht zu meistern)* insurmountable, insuperable *form* ❸ *(unbesiegbar)* invincible
un·üb·lich ['ʊnʔy:plɪç] **I.** *adj* uncustomary; ■~ **sein** to be unusual, not to be customary **II.** *adv* unusually; ~ **lange dauern** to take an unusually long time
un·um·gäng·lich [ʊnʔʊm'gɛŋlɪç] *adj* unavoidable, inevitable; ■~ **sein/werden** to be/become inevitable; *(dringend notwendig)* **ein baldiger Abschluss des Vertrages wird** ~ it's imperative that the contract is concluded soon
un·um·schränkt [ʊnʔʊm'ʃrɛŋkt] **I.** *adj* absolute, unlimited **II.** *adv* ~ **herrschen** to have absolute rule [*or* power]
un·um·stöß·lich [ʊnʔʊm'ʃtø:slɪç] **I.** *adj* irrefutable, incontrovertible; **ein ~er Entschluss** an irrevocable [*or* irreversible] decision **II.** *adv* irrefutably, incontrovertibly; **die Entscheidung des Gerichts steht** ~ **fest** the court's decision is irrevocable [*or* irreversible]
un·um·strit·ten [ʊnʔʊm'ʃtrɪtn̩] **I.** *adj* undisputed, indisputable; ■~ **sein, dass** to be undisputed [*or* indisputable] that **II.** *adv* undisputedly, indisputably; **das ist** ~ **einer der besten Rotweine der Welt** this is without doubt one of the best red wines in the world
un·um·wun·den ['ʊnʔʊmvʊndn̩] *adv* frankly, openly
un·un·ter·bro·chen ['ʊnʔʊntɐbrɔxn̩] **I.** *adj* ❶ *(unaufhörlich andauernd)* incessant, constant ❷ *(nicht unterbrochen)* unbroken, uninterrupted **II.** *adv* constantly, incessantly
un·ver·än·der·lich [ʊnfɛɐ̯'ʔɛndɐlɪç] *adj* ❶ *(gleich bleibend)* unchanging, unvarying ❷ *(feststehend)* constant, invariable, unchanging
un·ver·än·dert ['ʊnfɛɐ̯ʔɛndɐt] **I.** *adj* ❶ *(keine Änderungen auf-*

U

weisend) unrevised; **bis auf einige Korrekturen ist der Text** ~ apart from a few corrections there are no revisions to the text ❷ (*gleich bleibend*) unchanged; ~**er Einsatz/Fleiß** unchanging [*or* unvarying] dedication/hard work; **mein Großvater ist weiterhin bei** ~**er Gesundheit** my grandfather's health is still unchanged **II.** *adv* **trotz dieser Meinungsverschiedenheiten begegnete sie uns** ~ **freundlich** her greeting was as friendly as ever, despite our [little] difference of opinion; **ihr** ~ **gutes Befinden verdankt sie diesen Knoblauchpillen** she puts her continued good health down to these garlic pills; **auch morgen ist es wieder** ~ **heiter/kalt/kühl** it will remain [just as] clear/cold/cool [*or* be clear/cold/cool again] tomorrow; **auch für den neuen Auftraggeber arbeitete er** ~ **zuverlässig** his work was just as reliable for his new client

un·ver·ant·wort·lich [ʊnfɛɐ̯ˈʔantvɔrtlɪç] **I.** *adj* irresponsible; **in ihrem** ~**en Leichtsinn ließ sie ihr Auto unverschlossen stehen** in her irresponsible recklessness she left her car unlocked **II.** *adv* irresponsibly; **du hast** ~ **viel getrunken** it was irresponsible of you to drink so much

un·ver·äu·ßer·lich [ʊnfɛɐ̯ˈʔɔysɐlɪç] *adj inv* ❶ (*geh: nicht zu entäußern*) inalienable ❷ (*selten: unverkäuflich*) unmarketable, unsaleable [*or* unsalable]

un·ver·bes·ser·lich [ʊnfɛɐ̯ˈbɛsɐlɪç] *adj* incorrigible; **ein** ~**er Optimist/Pessimist** an incurable optimist/pessimist

un·ver·bind·lich [ˈʊnfɛɐ̯bɪntlɪç] **I.** *adj* ❶ (*nicht verpflichtend*) not binding *pred;* **ein** ~**es Angebot machen** to make a non-binding offer ❷ (*distanziert*) detached, impersonal; **meine** ~**en Geschäftspartner wollten sich wohl ein Hintertürchen offen halten** my non-committal business partners obviously wanted to leave themselves a way out **II.** *adv* without obligation; **jdm einen Preis** ~ **ausrechnen** to calculate a price for sb that is not binding

Ụn·ver·bind·lich·keit <-, -en> *f* ❶ *kein pl* (*Distanziertheit*) detachment, impersonality ❷ (*unverbindliche Äußerung*) non-committal remark

un·ver·bleit [ˈʊnfɛɐ̯blait] *adj* unleaded, lead-free

un·ver·blümt [ʊnfɛɐ̯ˈblyːmt] **I.** *adj* blunt **II.** *adv* bluntly, in plain terms

un·ver·braucht [ˈʊnfɛɐ̯brauxt] *adj* fresh, unused; **sie wurde durch eine junge,** ~**e Mitarbeiterin ersetzt** she was replaced by a fresh, young colleague; ■**[noch]** ~ **sein** to be [still] fresh; **mit 40 war sie noch voller Energie und** ~ as a 40-year-old she was still full of youthful energy

un·ver·däch·tig [ˈʊnfɛɐ̯dɛçtɪç] **I.** *adj* ❶ (*nicht unter Verdacht stehend*) unsuspected; **der Einzige, der hier** ~ **ist, ist das zweijährige Kind** the only person who is above suspicion here is the two-year-old ❷ (*nicht verdächtig*) unsuspicious; **legen Sie bitte ein ganz** ~**es Verhalten an den Tag** please try not to arouse any suspicion [with your behaviour]; **sein Auftreten selbst ist völlig** ~ he doesn't look suspicious at all **II.** *adv* ~ **auftreten/sich** ~ **benehmen** to behave in a way which won't arouse suspicion, not to behave in a way which will arouse suspicion

un·ver·dau·lich [ˈʊnfɛɐ̯daulɪç] *adj* indigestible

un·ver·daut [ˈʊnfɛɐ̯daut] **I.** *adj* undigested **II.** *adv* **etw** ~ **wieder ausscheiden** to pass sth in an undigested state

un·ver·dient [ˈʊnfɛɐ̯diːnt] **I.** *adj* ❶ (*nicht durch Verdienst erfolgend*) unearned ❷ (*unberechtigt*) undeserved, unmerited **II.** *adv* undeservedly

ụn·ver·dien·ter·ma̱·ßen *adv,* **ụn·ver·dien·ter·wei̱·se** *adv* undeservedly

un·ver·dor·ben [ˈʊnfɛɐ̯dɔrbn̩] *adj inv* unspoilt

un·ver·dros·sen [ˈʊnfɛɐ̯drɔsn̩] *adv* undauntedly

un·ver·dünnt [ˈʊnfɛɐ̯dʏnt] **I.** *adj* undiluted; ~**er Alkohol** neat alcohol **II.** *adv* **etw** ~ **anwenden/auftragen/trinken** to use/apply/drink sth in an undiluted state; **ich trinke meinen Whisky** ~ I like [to drink] my whisky neat

un·ver·ein·bar [ʊnfɛɐ̯ˈʔainbaːɐ̯] *adj* incompatible; ~**e Gegensätze** irreconcilable differences; ■**[mit etw]** ~ **sein** to be incompatible [with sth]

un·ver·fälscht [ˈʊnfɛɐ̯fɛlʃt] *adj* unadulterated

un·ver·fäng·lich [ˈʊnfɛɐ̯fɛŋlɪç] *adj* harmless; **auf die Trickfragen hat er mit** ~**en Antworten reagiert** he gave non-committal answers to the trick questions; ■~ **sein, etw zu tun** to be perfectly harmless to do sth

un·ver·fro·ren [ˈʊnfɛɐ̯froːrən] *adj* insolent, impudent

Ụn·ver·fro·ren·heit <-, -en> *f* ❶ (*Dreistigkeit*) audacity, impudence ❷ (*Äußerung*) insolent remark; **solche** ~**en muss ich mir nicht anhören** I don't have to listen to such insolent remarks [*or* insolence] ❸ (*dreistes Benehmen*) insolence *no pl;* **also ehrlich, mir so was zu sagen, ist schon eine** ~ well really, you've got a cheek saying something like that to me

un·ver·gäng·lich [ˈʊnfɛɐ̯gɛŋlɪç] *adj* ❶ (*bleibend*) abiding; **ein** ~**er Eindruck** a lasting [*or* an indelible] impression; **eine** ~**e Erinnerung** an abiding [*or* enduring] memory ❷ (*nicht vergänglich*) immortal

un·ver·ges·sen [ˈʊnfɛɐ̯gɛsn̩] *adj* unforgotten; **jd/etw bleibt [jdm]** ~ sb/sth will always be remembered [by sb], sb will always remember [*or* never forget] sb/sth

un·ver·gess·lich[RR], **un·ver·geß·lich**[ALT] [ʊnfɛɐ̯ˈgɛslɪç] *adj* unforgettable; **die schönen Stunden mit dir bleiben mir [auf ewig]** ~ I'll never [ever] forget [*or* I will always remember] the wonderful hours I spent with you; ■**[jdm]** ~ **bleiben** sb will always remember [*or* never forget] sth; **die Eindrücke von meiner Weltreise sind immer noch** ~ the impressions of my round-the-world trip are still with me as if they happened yesterday

un·ver·gleich·bar [ʊnfɛɐ̯ˈglaiçbaːɐ̯] *adj* incomparable; ■~ **[miteinander] sein** to be incomparable [to [*or* with] each other [*or* one another]]; **diese Fälle sind** ~ **[miteinander]** these cases can't be compared [*or* are incomparable] to [*or* with] each other [*or* one another]

un·ver·gleich·lich [ʊnfɛɐ̯ˈglaiçlɪç] **I.** *adj* incomparable, unique **II.** *adv* incomparably

un·ver·hält·nis·mä·ßig [ˈʊnfɛɐ̯hɛltnɪsmɛːsɪç] *adv* excessively; **wir alle litten unter dem** ~ **heißen/kalten Wetter** we are all suffering as a result of the unusually [*or* exceptionally] hot/cold weather; **das Essen in diesem Restaurant ist zwar erstklassig, aber** ~ **teuer** the food in this restaurant is first-rate, but extremely expensive

un·ver·hei·ra·tet [ˈʊnfɛɐ̯hairaːtət] *adj* unmarried, single

un·ver·hofft [ˈʊnfɛɐ̯hɔft] **I.** *adj* unexpected **II.** *adv* (*unerwartet*) unexpectedly; **sie besuchten uns** ~ they paid us an unexpected visit; **manchmal kommt die glückliche Wende ganz** ~ sometimes a turn for the better happens quite unexpectedly [*or* is quite unexpected [when it comes]] ► WENDUNGEN: ~ **kommt oft** (*prov*) the nicest things happen when you don't expect them, life is full of surprises

un·ver·hoh·len [ˈʊnfɛɐ̯hoːlən] **I.** *adj* undisguised, unconcealed **II.** *adv* openly

un·ver·hüllt <-er, -este> [ˈʊnfɛɐ̯hʏlt] *adj* unveiled, undisguised

un·ver·käuf·lich [ˈʊnfɛɐ̯kɔyflɪç] *adj* not for sale *pred;* **ein** ~**es Muster** a free sample

un·ver·kenn·bar [ʊnfɛɐ̯ˈkɛnbaːɐ̯] *adj* unmistakable; ■~ **sein/werden, dass** to be/become clear that

ụn·ver·läss·lich[RR] *adj* unreliable

un·ver·letzt [ˈʊnfɛɐ̯lɛtst] *adj inv* unhurt

un·ver·meid·bar [ʊnfɛɐ̯ˈmaitbaːɐ̯] *adj s.* **unvermeidlich**

un·ver·meid·lich [ʊnfɛɐ̯ˈmaitlɪç] *adj* unavoidable; **sich ins U**~**e fügen** to [have to] accept the inevitable, to bow to the inevitable

un·ver·min·dert [ˈʊnfɛɐ̯mɪndɐt] **I.** *adj* undiminished **II.** *adv* unabated

un·ver·mit·telt [ˈʊnfɛɐ̯mɪtl̩t] **I.** *adj* sudden, abrupt **II.** *adv* suddenly, abruptly; ~ **bremsen** to brake suddenly [*or* sharply]

Un·ver·mö·gen ['ʊnfɛɐ̯møːgn̩] *nt kein pl* powerlessness; ■**jds ~, etw zu tun** sb's inability to do sth

un·ver·mö·gend ['ʊnfɛɐ̯møːgn̩t] *adj* (*geh*) without means *pred;* **nicht ~** [quite] well-to-do; **sie hat einen nicht ~en Mann geheiratet** she['s] married [quite] a well-to-do man

un·ver·mu·tet ['ʊnfɛɐ̯muːtət] **I.** *adj* unexpected **II.** *adv* unexpectedly; **sie haben mich gestern ~ besucht** they paid me an unexpected visit yesterday

Un·ver·nunft ['ʊnfɛɐ̯nʊnft] *f* stupidity; **so eine ~!** what [*or* such] stupidity!; **es ist/wäre eine ~, dieses günstige Angebot abzulehnen** it's/it would be sheer stupidity [*or* madness] [*or* folly] to turn down this good offer

un·ver·nünf·tig ['ʊnfɛɐ̯nʏnftɪç] *adj* stupid, foolish; **so etwas U~es, wagt sich allein in die Höhle des Löwen!** how foolish [*or* what madness [*or* folly]], to [dare] enter the lion's den alone!; **tu nichts U~es** don't do anything foolish [*or* stupid]

un·ver·öf·fent·licht ['ʊnfɛɐ̯ʔœfn̩tlɪçt] *adj* unpublished; ■[**noch**] **~ sein** to be [as yet] unpublished

un·ver·packt ['ʊnfɛɐ̯pakt] *adj* without packaging *pred;* **ein ~es Geschenk** an unwrapped present; ■**~ sein** to be unpackaged; **auf dem Markt verkauftes Obst ist in aller Regel ~** fruit at a market is generally sold loose

un·ver·putzt ['ʊnfɛɐ̯pʊtst] *adj* BAU unplastered

un·ver·rich·tet ['ʊnfɛɐ̯rɪçtət] *adj* **~er Dinge** without having achieved anything; **ihr bringt mir das Geld mit, kommt bloß nicht ~er Dinge zurück!** [you must] bring me the money back with you, don't [[you] dare] come back empty handed!

un·ver·rück·bar [ʊnfɛɐ̯'rʏkbaːɐ̯] *adj inv* unshakable, firm, unalterable

un·ver·schämt ['ʊnfɛɐ̯ʃɛːmt] **I.** *adj* ❶ (*dreist*) impudent; **eine ~e Antwort/Bemerkung/ein ~es Grinsen** an insolent [*or* impudent] answer/remark/grin; **ein ~er Bursche/Kerl/Mensch** an impudent [*or* insolent] fellow/chap/person ❷ (*unerhört*) outrageous **II.** *adv* ❶ (*dreist*) insolently, impudently; **~ lügen** to tell barefaced [*or* blatant] lies ❷ (*fam: unerhört*) outrageously

Un·ver·schämt·heit <-, -en> *f* ❶ *kein pl* (*Dreistigkeit*) impudence, insolence; **wer so dreist lügen kann, muss eine gehörige Portion ~ besitzen** anybody who can tell such blatant lies must have a fair amount of front; **die ~ besitzen** [*o* **haben**], **etw zu tun** to have the impudence [*or* brazenness] to do sth ❷ (*unverschämte Bemerkung*) impertinent [*or* insolent] remark, impertinence *no pl* [*or* insolence] *no pl;* [**das ist eine**] **~!, so eine ~!** that's outrageous! ❸ (*unverschämte Handlung*) impertinence *no pl*

un·ver·schlos·sen ['ʊnfɛɐ̯ʃlɔsn̩] *adj* ❶ (*nicht abgeschlossen*) unlocked; **ein ~es Fenster** an open window [*or* window which is off the latch] ❷ (*nicht zugeklebt*) unsealed; **Drucksachen zu ermäßigter Gebühr müssen ~ sein** printed matter sent at a reduced rate must be left unsealed

un·ver·schul·det ['ʊnfɛɐ̯ʃʊldət] **I.** *adj* through no fault of one's own **II.** *adv* through no fault of one's own

un·ver·se·hens ['ʊnfɛɐ̯zeːəns] *adv s.* **unvermutet II.**

un·ver·sehrt ['ʊnfɛɐ̯zeːɐ̯t] *adj* undamaged; (*Mensch*) unscathed

un·ver·söhn·lich ['ʊnfɛɐ̯zøːnlɪç] *adj* irreconcilable

Un·ver·söhn·lich·keit *f* irreconcilability

un·ver·sorgt ['ʊnfɛɐ̯zɔrkt] *adj* unprovided for *pred*

Un·ver·stand ['ʊnfɛɐ̯ʃtant] *m* (*geh*) foolishness; **so ein ~!** what foolishness!

un·ver·stan·den ['ʊnfɛɐ̯ʃtandn̩] *adj* not understood; **sich ~ fühlen** to feel misunderstood

un·ver·stän·dig [ʊnfɛɐ̯ʃtɛndɪç] *adj* (*geh*) ignorant; **du darfst ihm das nicht übel nehmen, er ist eben noch ein ~es Kind** don't be too hard on him, he's still too young to understand

un·ver·ständ·lich ['ʊnfɛɐ̯ʃtɛntlɪç] *adj* ❶ (*akustisch nicht zu verstehen*) unintelligible; ■[**jdm**] **~ sein** to be unintelligible [to sb] ❷ (*unbegreifbar*) incomprehensible; ■[**jdm**] **~ sein, warum/wie ...** to be incomprehensible [to sb] why/how ...

Un·ver·ständ·nis *nt kein pl* lack of understanding; **ich bin ja nun leider an ~ für meine Ideen gewöhnt** unfortunately, I'm used to my ideas not being understood

un·ver·steu·ert ['ʊnfɛɐ̯ʃtɔyɐ̯t] *adj* FIN untaxed

un·ver·sucht ['ʊnfɛɐ̯zuːxt] *adj* **nichts ~ lassen** to leave no stone unturned [*or* try everything]; **nichts ~ lassen, um etw zu tun** to leave no stone unturned in trying to do sth

un·ver·träg·lich ['ʊnfɛɐ̯trɛːklɪç] *adj* ❶ (*sich mit keinem vertragend*) cantankerous, quarrelsome ❷ (*nicht gut bekömmlich*) indigestible; **ich habe solche Magenbeschwerden, vielleicht habe ich etwas U~es gegessen** I've got [a] really bad stomach-ache, perhaps I've eaten something that didn't agree with me

un·ver·wandt *adv* (*geh*) intently, steadfastly; **jdn/etw ~ anschauen/anstarren** to look/stare at sb/sth with a fixed [*or* steadfast] gaze [*or* fixedly] [*or* steadfastly]

un·ver·wech·sel·bar [ʊnfɛɐ̯'vɛksl̩baːɐ̯] *adj* unmistakable, distinctive

un·ver·wund·bar [ʊnfɛɐ̯'vʊntbaːɐ̯] *adj inv* invulnerable

un·ver·wüst·lich [ʊnfɛɐ̯'vyːstlɪç] *adj* tough, hard-wearing; [**eine**] **~e Gesundheit** robust health

un·ver·zagt ['ʊnfɛɐ̯tsaːkt] **I.** *adj* undaunted; **sei ~** don't lose heart [*or* be discouraged] **II.** *adv* undauntedly

un·ver·zeih·lich [ʊnfɛɐ̯'tsailɪç] *adj* inexcusable, unpardonable, unforgivable; ■**~ sein, dass** to be inexcusable [*or* unpardonable] [*or* unforgivable] that

un·ver·zicht·bar [ʊnfɛɐ̯'tsɪçtbaːɐ̯] *adj* essential, indispensable; ■[**für jdn**] **~ sein** to be essential [*or* indispensable] [to [*or* for] sb]

un·ver·zins·lich [ʊnfɛɐ̯'tsɪnslɪç] *adj inv* ÖKON interest-free

un·ver·züg·lich [ʊnfɛɐ̯'tsyːklɪç] **I.** *adj* immediate, prompt **II.** *adv* immediately, at once, without delay; **~ gegen jdn vorgehen** to take immediate action against sb; **da die Polizei ~ eingegriffen hat, konnte Schlimmeres verhindert werden** thanks to prompt intervention by the police, an escalation of the situation was avoided

un·voll·en·det ['ʊnfɔlʔɛndət] *adj* unfinished

un·voll·kom·men ['ʊnfɔlkɔmən] *adj* incomplete; **jeder Mensch ist ~** nobody is perfect

Un·voll·kom·men·heit *f* imperfection

un·voll·stän·dig ['ʊnfɔlʃtɛndɪç] **I.** *adj* incomplete **II.** *adv* incompletely; **Sie haben das Formular leider ~ ausgefüllt** I'm afraid [that] you haven't finished filling out [*or* completed] the form; **das gesamte Mobiliar ist in dieser Aufstellung noch ~ verzeichnet** not all the furnishings are included on this list

Un·voll·stän·dig·keit *f* incompleteness

un·vor·be·rei·tet ['ʊnfoːɐ̯bəraitət] **I.** *adj* unprepared; **eine ~e Rede** an impromptu speech; ■[**auf etw** *akk*] **~ sein** not to be prepared [for sth]; **auf diesen Besuch sind wir völlig ~** we're not prepared for this visit at all [*or* totally unprepared for this visit] **II.** *adv* ❶ (*ohne sich vorbereitet zu haben*) without any preparation ❷ (*unerwartet*) unexpectedly

un·vor·ein·ge·nom·men ['ʊnfoːɐ̯ʔaingənɔmən] **I.** *adj* unbiased, impartial **II.** *adv* impartially

Un·vor·ein·ge·nom·men·heit *f* impartiality

un·vor·her·ge·se·hen ['ʊnfoːɐ̯heːɐ̯gəzeːən] **I.** *adj* unforeseen; **ein ~er Besuch** an unexpected visit **II.** *adv* unexpectedly; **jdn ~ besuchen** to pay sb an unexpected visit; **das ist völlig ~ passiert** that was quite unexpected [*or* happened quite unexpectedly]

un·vor·schrifts·mä·ßig ['ʊnfoːɐ̯ʃrɪftsmɛːsɪç] **I.** *adj* contrary to [the] regulations *pred* **II.** *adv* contrary to [the] regulations; **~ geparkt** illegally parked

un·vor·sich·tig ['ʊnfoːɐ̯zɪçtɪç] **I.** *adj* ❶ (*unbedacht*) rash; **eine ~e Äußerung/Bemerkung** a rash [*or* an indiscreet] comment/remark ❷ (*nicht vorsichtig*) careless; **~es Fahren/eine ~e Fahrweise** reckless driving/a reckless way of driving **II.** *adv* ❶ (*unbedacht*) rashly; **sich ~ äußern** to make a rash [*or* an indiscreet] comment [*or* rash [*or* indiscreet] comments] ❷ (*nicht vorsichtig*) carelessly; **~ fahren** to drive recklessly

u̦n·vor·sich·ti·ger·wei·se *adv* carelessly; **er verplapperte sich ~, nachher tat es ihm dann leid** he blabbed it out without thinking, but was sorry afterwards; **dieses Wort ist mir ~ entschlüpft** this word just [kind of] slipped out

U̦n·vor·sich·tig·keit <-, -en> *f* ❶ *kein pl* (*unbedachte Art*) rashness; **ihre Fahrweise ist von ~ gekennzeichnet** she's doesn't pay attention when she's driving ❷ (*unbedachte Bemerkung*) rash [*or* indiscreet] comment; **so eine ~!** how rash [*or* indiscreet]! ❸ (*unbedachte Handlung*) rash act; **es war eine ~ [von dir], so etwas zu tun** it was rash of you to do something like that

un·vor·stell·bar [ʊnfoːɐ̯ˈʃtɛlbaːɐ̯] **I.** *adj* ❶ (*gedanklich nicht erfassbar*) inconceivable; **■~ sein, dass** to be inconceivable that ❷ (*unerhört*) unimaginable, inconceivable **II.** *adv* unimaginably, inconceivably

un·vor·teil·haft [ˈʊnfɔrtailhaft] **I.** *adj* ❶ (*nicht vorteilhaft aussehend*) unflattering, unbecoming ❷ (*nachteilig*) disadvantageous, unfavourable [*or* AM -orable]; **ein ~es Geschäft** an unprofitable business **II.** *adv* unattractively, unflatteringly; **sich ~ kleiden** not to dress in a very flattering way; **[mit [*o* in] etw *dat*] ~ aussehen** sth doesn't look very flattering [*or* becoming] [on sb], sth doesn't flatter [*or* become] sb

un·wäg·bar [ʊnˈvɛːkbaːɐ̯] *adj* incalculable; **~e Konsequenzen** unforeseeable consequences; **~e Kosten** incalculable [*or* inestimable] costs

Un·wäg·bar·keit <-, -en> *f* unpredictability

un·wahr [ˈʊnvaːɐ̯] *adj* untrue, false; **■~ sein, dass** to be untrue that, not to be true that

U̦n·wahr·heit *f* untruth; **die ~ sagen** to lie, to tell untruths

un·wahr·schein·lich [ˈʊnvaːɐ̯ʃainlɪç] **I.** *adj* ❶ (*kaum denkbar*) improbable, unlikely; **ein ~er Zufall** a remarkable coincidence; **■~ sein, dass** to be improbable [*or* unlikely] that ❷ (*fam: unerhört*) incredible *fam;* **~es Glück/Pech** incredible [*or* incredibly good] luck/incredibly bad luck; **eine ~e Intrigantin/ein ~er Intrigant** an unbelievable schemer; **ein ~er Mistkerl** an absolute [*or* a real] bastard *sl* **II.** *adv* (*fam*) incredibly *fam;* **ich habe mich ~ darüber gefreut** I was really pleased about it; **letzten Winter haben wir ~ gefroren** we were incredibly cold last winter; **du hast ja ~ abgenommen!** you've lost a hell of a lot [*or* an incredible amount] of weight! *fam*

un·weg·sam [ˈʊnveːkzaːm] *adj* [almost] impassable

u̦n·weib·lich *adj* unfeminine

un·wei·ger·lich [ʊnvaigɐlɪç] **I.** *adj attr* inevitable **II.** *adv* inevitably

un·weit [ˈʊnvait] **I.** *präp* **■~ einer S.** *gen* not far from a thing **II.** *adv* **■~ von etw** not far from sth; **die Fähre lief ~ vom Ufer auf eine Sandbank** the ferry ran aground on a sandbank not far from [*or* close to] the shore

Un·we·sen [ˈʊnveːzn̩] *nt kein pl* dreadful state of affairs; **es wird Zeit, dass dem ~ der Korruption ein Ende bereitet wird** it's time that an end was put to this dreadful [*or* disgraceful] corruption; **[irgendwo] sein ~ treiben** to ply one's dreadful trade [somewhere]; **dieser Anschlag zeigt, dass die Terroristen ihr [verbrecherisches] ~ noch treiben** this attack proves that the terrorists are still plying their murderous trade; **in gewissen Horrorfilmen treiben die Vampire bevorzugt in Transsilvanien ihr ~** in certain horror films Transylvania is the place vampires prefer to terrorize

un·we·sent·lich [ˈʊnveːzn̩tlɪç] **I.** *adj* insignificant **II.** *adv* slightly, marginally; **es unterscheidet sich nur ~ von der ursprünglichen Fassung** there are only insignificant [*or* very slight [*or* marginal]] differences between it and the original [version]; **er hat sich in den letzten Jahren nur ~ verändert** he's hardly changed at all over the last few years

Un·wet·ter [ˈʊnvɛtɐ] *nt* violent [thunder]storm

un·wich·tig [ˈʊnvɪçtɪç] *adj* unimportant, trivial; **■~ sein** to be unimportant, not to be important

un·wi·der·leg·bar [ʊnviːdɐˈleːkbaːɐ̯] *adj* irrefutable

un·wi·der·ruf·lich [ʊnviːdɐˈruːflɪç] **I.** *adj* irrevocable, irreversible **II.** *adv* irrevocably; **sich ~ entscheiden [*o* entschließen]** to make an irrevocable [*or* irreversible] decision; **steht der Termin nun ~ fest?** is that a firm date now?

un·wi·der·spro·chen [ʊnviːdɐˈʃprɔxn̩] *adj* unchallenged, undisputed; **eine ~e Meldung** an uncontradicted report

un·wi·der·steh·lich [ʊnviːdɐˈʃteːlɪç] *adj* irresistible

un·wie·der·bring·lich [ʊnviːdɐˈbrɪŋlɪç] *adj inv* (*geh*) irretrievable

Un·wil·le <-ns> [ˈʊnvɪlə] *m,* **Un·wil·len** <-s> [ˈʊnvɪlən] *m* displeasure; **voller ~n** with evident displeasure

un·wil·lig [ˈʊnvɪlɪç] **I.** *adj* ❶ (*verärgert*) angry ❷ (*widerwillig*) reluctant, unwilling; **ein ~es Kind** a contrary child **II.** *adv* reluctantly, unwillingly; **ich bat sie um ihre Hilfe, aber sie zeigte sich ~** I asked her for [her] help, but she was reluctant to give it

un·will·kom·men [ˈʊnvɪlkɔmən] *adj* unwelcome; **■[bei jdm/irgendwo] ~ sein** to be unwelcome [at sb's [sth]/somewhere], not to be welcome [at sb's [sth]/somewhere]; **Ihre Anwesenheit ist ~** you're not welcome here

un·will·kür·lich [ˈʊnvɪlkyːɐ̯lɪç] **I.** *adj* instinctive, involuntary; **er konnte sich ein ~es Grinsen nicht verkneifen** he couldn't help grinning **II.** *adv* instinctively, involuntarily; **~ grinsen/lachen** not to be able to help grinning/laughing

un·wirk·lich [ˈʊnvɪrklɪç] *adj* unreal; **■[jdm] ~ sein** to seem unreal [to sb]

un·wirk·sam [ˈʊnvɪrkzaːm] *adj* ineffective

un·wirsch <-er, -[e]ste> [ˈʊnvɪrʃ] *adj* curt, *esp* BRIT brusque

un·wirt·lich [ˈʊnvɪrtlɪç] *adj* inhospitable

un·wirt·schaft·lich [ˈʊnvɪrtʃaftlɪç] *adj* uneconomic[al]; **ein ~es Auto/eine ~e Fahrweise** an uneconomical car/way of driving

U̦n·wis·sen *nt s.* **Unwissenheit**

un·wis·send [ˈʊnvɪsn̩t] *adj* (*über kein Wissen verfügend*) ignorant; **der Vertreter hat so manchen ~en Kunden hereingelegt** the sales rep tricked many an unsuspecting customer; (*ahnungslos*) unsuspecting

Un·wis·sen·heit <-> [ˈʊnvɪsn̩thait] *f kein pl* (*mangelnde Erfahrung*) ignorance; **gewiefte Vertreter haben schon die ~ manch eines Interessenten ausgenutzt** crafty sales reps have exploited the innocence of many an interested party ►WENDUNGEN: **~ schützt vor Strafe nicht** ignorance is no excuse

un·wis·sen·schaft·lich [ˈʊnvɪsn̩ʃaftlɪç] *adj* unscientific

un·wis·sent·lich [ˈʊnvɪsn̩tlɪç] *adv* unwittingly, unknowingly

un·wohl [ˈʊnvoːl] *adj* **■jdm ist ~, ■jd fühlt sich ~** ❶ (*gesundheitlich nicht gut*) sb feels unwell [*or* AM *usu* sick] ❷ (*unbehaglich*) sb feels uneasy [*or* ill at ease]

Un·wohl·sein [ˈʊnvoːlzain] *nt* [slight] nausea; **ein [leichtes] ~ verspüren** to feel [slightly] ill [*or* queasy] [*or esp* AM sick]

u̦n·wohn·lich *adj* unhomely, cheerless

un·wür·dig [ˈʊnvʏrdɪç] *adj* ❶ (*nicht würdig*) unworthy; **■[einer S. *gen*] ~ sein** to be unworthy [of a thing]; **■[jds] ~ sein** to be unworthy [of sb], not to be worthy [of sb] ❷ (*schändlich*) disgraceful, shameful

Un·zahl [ˈʊntsaːl] *f* **■eine ~ [von etw]** a huge [*or* an enormous] number [of sth], multitude; **wie soll ich aus dieser ~ von verschiedenen Schrauben die passende herausfinden?** how am I supposed to find the right one amongst all these different screws?; **die surrende, schwarze Wolke bestand aus einer ~ von Heuschrecken** the buzzing black cloud consisted of a multitude of locusts

un·zäh·lig [ʊnˈtsɛːlɪç] *adj* innumerable, countless; ~**e Anhänger/Fans** huge [*or* enormous] numbers of supporters/fans; ~**e Bekannte/Freunde** a [very] wide circle of acquaintances/friends; ~**e Mal** time and again, over and over again

Un·ze <-, -n> [ˈʊntsə] *f* ounce

Un·zeit [ˈʊntsait] *f* ■**zur** ~ (*geh*) at an inopportune moment

un·zeit·ge·mäß [ˈʊntsaitgəmɛːs] *adj* old-fashioned, outmoded

un·zer·brech·lich [ˈʊntsɛɐ̯brɛçlɪç] *adj* unbreakable

un·zer·kaut **I.** *adj* unchewed **II.** *adv* unchewed; ~ **hinunterschlucken** to swallow whole

un·zer·stör·bar [ʊntsɛɐ̯ˈʃtøːɐ̯baːɐ̯] *adj inv* indestructible

un·zer·trenn·lich [ʊntsɛɐ̯ˈtrɛnlɪç] *adj* inseparable

un·zi·vi·li·siert [ˈʊntsiviliziːɐ̯t] **I.** *adj* uncivilized **II.** *adv* **sich** ~ **benehmen** to behave in an uncivilized manner

Un·zucht [ˈʊntsʊxt] *f kein pl* (*veraltend*) illicit sexual relations *pl;* ~ **mit Abhängigen** JUR illicit sexual relations with dependants

un·züch·tig [ˈʊntsʏçtɪç] *adj* ❶ (*veraltend: unsittlich*) immoral, indecent ❷ JUR (*pornografisch*) pornographic, obscene

un·zu·frie·den [ˈʊntsufriːdn̩] *adj* dissatisfied, discontent[ed], disgruntled; ■[**mit jdm/etw**] ~ **sein** to be dissatisfied [with sb/sth], not to be happy [with sb/sth]

Un·zu·frie·den·heit *f* dissatisfaction, discontent[ment]

un·zu·gäng·lich [ˈʊntsuːgɛŋlɪç] *adj* ❶ (*schwer erreichbar*) inaccessible ❷ (*nicht aufgeschlossen*) unapproachable

Un·zu·kömm·lich·keit <-, -en> [ˈʊntsuːkœmlɪçkait] *f* SCHWEIZ (*Unzulänglichkeit*) shortcoming[s *pl*], inadequacy

un·zu·läng·lich [ˈʊntsuːlɛŋlɪç] **I.** *adj* inadequate; ~**e Erfahrungen/Kenntnisse** insufficient experience/knowledge **II.** *adv* inadequately; ~ **unterstützt sein** to have inadequate [*or* insufficient] support

Un·zu·läng·lich·keit <-, -en> *f* ❶ *kein pl* (*Mangelhaftigkeit*) inadequacy ❷ *meist pl* (*mangelhafter Zug*) shortcoming[s *pl*], inadequacy

un·zu·läs·sig [ˈʊntsuːlɛsɪç] *adj* inadmissible; ~**e Maßnahmen/Methoden** improper measures/methods

un·zu·mut·bar [ˈʊntsuːmuːtbaːɐ̯] *adj* unreasonable; ■~ **sein, dass** [**jd etw tut**] to be unreasonable [for sb to do sth]

un·zu·rech·nungs·fä·hig [ˈʊntsuːrɛçnʊŋsfɛːɪç] *adj* MED of unsound mind *pred,* not responsible for one's actions *pred;* **jdn für** ~ **erklären** JUR, MED to certify sb insane

Un·zu·rech·nungs·fä·hig·keit *f* JUR, MED unsoundness of mind, insanity

un·zu·rei·chend [ˈʊntsuːraiçn̩t] *adj s.* **unzulänglich**

un·zu·sam·men·hän·gend [ˈʊntsuzamənhɛŋənt] *adj* incoherent

un·zu·stän·dig [ˈʊntsuːʃtɛndɪç] *adj* ADMIN, JUR incompetent; ■[**für etw**] ~ **sein** not to be competent [for sth]

un·zu·stell·bar [ˈʊntsuːʃtɛlbaːɐ̯] *adj* undeliverable

un·zu·tref·fend [ˈʊntsuːtrɛfn̩t] *adj* incorrect; ■~ **sein, dass** to be untrue that; **„U~es bitte streichen"** "please delete if [*or* where] not applicable"

un·zu·ver·läs·sig [ˈʊntsuːfɛɐ̯lɛsɪç] *adj* unreliable

Un·zu·ver·läs·sig·keit *f* unreliability

un·zweck·mä·ßig [ˈʊntsvɛkmɛːsɪç] *adj* ❶ (*nicht zweckdienlich*) inappropriate; ■~ **sein, etw zu tun** to be inappropriate to do sth ❷ (*nicht geeignet*) unsuitable

Un·zweck·mä·ßig·keit *f* inappropriateness, unsuitableness

un·zwei·deu·tig [ˈʊntsvaidɔytɪç] **I.** *adj* unambiguous, unequivocal **II.** *adv* unambiguously, unequivocally; **er gab ihm** ~ **zu verstehen, dass er verschwinden möge** he told him in no uncertain terms to make himself scarce

un·zwei·fel·haft [ˈʊntsvaifl̩haft] **I.** *adj* (*geh*) unquestionable, undoubted **II.** *adv* (*geh*) *s.* **zweifellos**

Up·date <-s, -s> [ˈapdeːt] *m* INFORM update

Up·load <-s, -s> [ˈaploːt] *m* INET upload

üp·pig [ˈʏpɪç] *adj* ❶ (*schwellend*) voluptuous; ~**e Brüste** ample bosom, ample [*or* large] [*or* voluptuous] breasts ❷ (*reichhaltig*) sumptuous ❸ (*geh: in großer Fülle vorhanden*) luxuriant, lush

Üp·pig·keit <-> *f kein pl* (*geh*) luxuriance, lushness

Ur <-[e]s, -e> [uːɐ̯] *m* ZOOL aurochs

Ur·ab·stim·mung *f* POL ballot [vote] **Ur·adel** *m* ancient nobility, ancienne noblesse **Ur·ahn, -ah·ne** [ˈuːɐ̯ʔaːn, ˈuːɐ̯ʔaːnə] *m, f* ancestor [*or* forefather]

Ural <-s> [uˈraːl] *m* GEOG ■**der** ~ ❶ (*Gebirge*) the Urals *pl,* the Ural Mountains *pl* ❷ (*Fluss*) the [river] Ural

ur·alt [ˈuːɐ̯ʔalt] *adj* ❶ (*sehr alt*) very old ❷ (*schon lange existent*) ancient, age-old ❸ (*fam: schon lange bekannt*) ancient *fam;* **ein** ~**es Problem** a perennial problem

Uran <-s> [uˈaːn] *nt kein pl* CHEM uranium

Uran·berg·werk *nt* uranium mine **Uran·erz** *nt* uranium ore **Uran·kon·ver·si·on** *nt* uranium conversion

Ura·nus <-s> [ˈuːranʊs] *m kein pl* Uranus *no art*

ur·auf·füh·ren [ˈuːɐ̯ʔauffyːrən] *vt nur infin und pp* FILM, THEAT ■**etw** ~ [**wollen**] [to plan] to première sth, to perform sth for the first time; **einen Film** ~ [**wollen**] [to plan] to première a film, to show a film for the first time

Ur·auf·füh·rung *f* FILM, THEAT première, first night [*or* performance]; *Film* première, first showing

ur·ban [ʊrˈbaːn] *adj* (*geh*) ❶ (*städtisch*) urban ❷ (*weltmännisch*) urbane

Ur·ba·ni·tät <-> *f kein pl* (*geh*) urbanity

ur·bar [ˈuːɐ̯baːɐ̯] *adj* **etw** ~ **machen** to cultivate sth; (*Wald*) to reclaim sth

Ur·ba·yer(in) *m(f)* typical [*or* BRIT dyed in the wool] Bavarian **Ur·be·völ·ke·rung** *f* native population [*or* inhabitants] *pl*

ur·chig [ˈʊrçɪç] *adj* SCHWEIZ (*urig*) original

Urd·boh·ne *f* urd bean, black gram

Ur·du [ˈʊrdu] *nt* Urdu; *s. a.* **Deutsch**

ur·ei·gen [ˈuːɐ̯ˈʔaign̩] *adj* very own; **das sind meine** ~**en Angelegenheiten** these matters are of concern to me, and me alone [*or* only of concern to me]; **es ist in Ihrem** ~**en Interesse** it's in your own best interests

Ur·ein·woh·ner(in) *m(f)* native [*or* original] inhabitant **Ur·en·kel(in)** [ˈuːɐ̯ʔɛŋkl̩] *m(f)* great-grandchild, great-grandson *masc,* great-granddaughter *fem*

ur·ge·müt·lich [ˈuːɐ̯gəˈmyːtlɪç] *adj* (*fam*) really cosy; ■**es ist** [**irgendwo**] ~ it is really cosy [somewhere]

Ur·ge·schich·te [ˈuːɐ̯gəʃɪçtə] *f kein pl* prehistory **Ur·ge·stein** *nt* GEOL primitive [*or* primary] rocks *pl* **Ur·ge·walt** *f* (*geh*) elemental force

Ur·groß·el·tern [ˈuːɐ̯groːsʔɛltɐn] *pl* great-grandparents *pl* **Ur·groß·mut·ter** [ˈuːɐ̯groːsmʊtə] *f* great-grandmother **Ur·groß·va·ter** *m* great-grandfather

Ur·he·ber(in) <-s, -> [ˈuːɐ̯heːbɐ] *m(f)* ❶ (*Autor*) author ❷ (*Initiator*) originator; **der geistige** ~ the spiritual father

Ur·he·ber·recht *nt* JUR ❶ (*Recht des Autors*) copyright; ■~ **an etw** *dat* copyright on sth ❷ (*Gesamtheit der urheberrechtlichen Bestimmungen*) copyright law

ur·he·ber·recht·lich **I.** *adj* JUR copyright *attr* **II.** *adv* JUR ~ **geschützt** copyright[ed]

Ur·he·ber·schaft <-, -en> *f* JUR ■**jds** ~ sb's authorship

Uri <-s> [ˈuːri] *nt* Uri

urig [ˈuːrɪç] *adj* (*fam*) ❶ (*originell*) eccentric; **ein** ~**er Kauz** a queer [*or* an odd] bird [*or* strange character] ❷ (*Lokalkolorit besitzend*) with a local flavour [*or* AM -or] *pred;* **dieses Lokal ist besonders** ~ this pub has a real local flavour

Urin <-s, -e> [uˈriːn] *m* (*Harn*) urine ▶ WENDUNGEN: **etw im** ~ **haben** (*sl*) to feel sth in one's bones [*or* BRIT *fam* water], to have a gut feeling *fam*

Uri·nal <-s, -e> [uriˈnaːl] *nt* urinal

uri·nie·ren* [uriˈniːrən] *vi* (*geh*) to urinate; ■**das U~** urinating

Ur·in·stinkt *m* PSYCH primary [*or* basic] instinct

Urin·zu·cker <-> *m kein pl* MED urinal sugar

Ur·knall *m* ASTRON big bang
ur·ko·misch ['u:ɐ̯'ko:mɪʃ] *adj* (*fam*) hilarious, side-splittingly funny
Ur·kraft *f* NUKL elemental force
Ur·kun·de <-, -n> ['u:ɐ̯kʊndə] *f* document
Ur·kun·den·fäl·schung *f* JUR forgery [*or* falsification] of a document [*or pl* documents]
ur·kund·lich ['u:ɐ̯kʊntlɪç] **I.** *adj* documentary **II.** *adv* ~ **belegen** [*o* **beweisen**] [*o* **bezeugen**] to prove [*or* support] by documents [*or* documentary evidence]
Ur·land·schaft *f* GEOG primeval landscape
Ur·laub <-[e]s, -e> ['u:ɐ̯laup] *m* holiday BRIT, AM vacation; **wir verbringen unseren ~ auf Jamaika** we're going to spend our holiday[s] in Jamaica; **bezahlter/unbezahlter ~** paid/unpaid leave; **in ~ fahren** to go on holiday [*or* AM vacation]; **~ haben** to be on holiday [*or* AM vacation]; **~ machen** to go on holiday [*or* AM vacation]; **sie machten ~ von dem ganzen Stress im Büro** they took a holiday to get away from all the stress at the office; **in** [*o* **auf**] **~ sein** (*fam*) to be on holiday [*or* AM vacation]; **[irgendwo] ~ machen** to go on holiday [*or* AM vacation] [to somewhere], to take a holiday [*or* AM vacation] [somewhere], to holiday [*or* AM vacation] [somewhere]
Ur·lau·ber(in) <-s, -> *m(f)* holiday-maker BRIT, vacationer AM, vacationist AM
Ur·laubs·an·spruch *m* holiday [*or* AM vacation] entitlement **Ur·laubs·fee·ling** [-fi:lɪŋ] *nt* (*fam*) holiday feeling [*or* mood] **Ur·laubs·geld** *nt* holiday pay [*or* money] **Ur·laubs·ort** *m* [holiday] resort, [holiday] destination **ur·laubs·reif** *adj* (*fam*) ■~ **sein** to be ready for a holiday **Ur·laubs·rei·se** *f* holiday [trip]; **wohin soll denn eure ~ gehen?** where are you going on holiday, then? **Ur·laubs·schein** *m* MIL pass **Ur·laubs·tag** *m* ❶ (*Tag eines Urlaubes*) day of one's holiday; **ich verlebte in dieser reizvollen Gegend erholsame ~e** I spent some relaxing days in this charming region ❷ (*Tag, an dem jd beurlaubt ist*) day of annual leave **Ur·laubs·ver·tre·tung** *f* ÖKON ❶ *kein pl* (*stellvertretende Übernahme von Arbeit*) temporary replacement ❷ (*Person*) temporary replacement **Ur·laubs·wo·che** *f* week of one's holiday; **wir können uns im Jahr nur zwei ~n leisten** we can only afford to go away for two weeks each year **Ur·laubs·zeit** *f* holiday season [*or* period]
Ur·mensch *m* prehistoric [*or* primitive] man
Ur·ne <-, -n> ['ʊrnə] *f* ❶ (*Grab~*) urn ❷ (*Wahl~*) ballot-box; **zu den ~n gehen** POL to go to the polls
Ur·nen·fried·hof *m* urn cemetery, cinerarium **Ur·nen·gang** *m* POL going to the polls, election; **der diesjährige ~ dürfte für einige Überraschungen sorgen** this year's election should be good for a few surprises; **in drei Monaten ist die Bevölkerung wieder zum ~ aufgerufen** in three months [time] the people will be asked to go to the polls again **Ur·nen·grab** *nt* urn grave **Ur·nen·hal·le** *f* columbarium
Uro·lo·ge, Uro·lo·gin <-n, -n> [uro'lo:gə, -'lo:gɪn] *m, f* MED urologist
Uro·lo·gie <-> [urolo'gi:] *f kein pl* MED urology
Uro·lo·gin <-, -nen> *f fem form von* **Urologe**
uro·lo·gisch *adj* MED urological
Ur·oma *f* (*fam*) great-grandma *fam,* great-granny *childspeak,* great-grandmother **Ur·opa** *m* (*fam*) great-granddad *fam,* great-grandpa *childspeak,* great-grandfather
ur·plötz·lich **I.** *adj attr* (*fam*) very sudden **II.** *adv* very suddenly
Ur·sa·che *f* (*Grund*) reason; **das war zwar der Auslöser für diesen Streit, aber nicht dessen eigentliche ~** that may have been what triggered this dispute, but it wasn't its actual cause; **ich suche immer noch die ~ für das Flackern der Lampen** I'm still trying to find out why the lights are flickering; **~ und Wirkung** cause and effect; **alle/keine ~ [zu etw] haben** to have good/no cause [*or* every/no reason] [for sth]; **alle/keine ~ haben, etw zu tun** to have good/no cause [*or* every/no reason] to do [*or* for doing] sth; **die ~ [für etw** [*o* **einer S.** *gen*]] **sein** to be the cause [of sth [*or* a thing]] [*or* reason [for sth]]; **defekte Bremsen waren die ~ für den Unfall** the accident was caused by faulty brakes; **aus einer bestimmten ~** for a certain reason; **das Flugzeug raste aus noch ungeklärter ~ gegen einen Berg** the plane crashed into a mountain for an as yet unknown reason; **ohne [jede] ~** without any real reason; **er kann doch nicht ohne ~ so wütend sein** there must be a [*or* some] reason why he's so angry ▶ WENDUNGEN: **keine ~!** don't mention it, you're welcome; **kleine ~, große Wirkung** (*prov*) great oaks from little acorns grow *prov*
ur·säch·lich ['u:ɐ̯zɛçlɪç] *adj* causal; ■**[für etw] ~ sein** to be the cause [of sth] [*or* reason [for sth]]; *s. a.* **Zusammenhang**
Ur·schrift *f* original [copy]
Ur·sprung <-s, Ursprünge> ['u:ɐ̯ʃprʊŋ, *pl* -ʃprʏŋə] *m* origin; **seinen ~ [in etw] haben** *dat* to originate [in sth] [*or* have its origins in sth]; **bestimmten ~s sein** to be of a certain origin; **das Wort „Wolf" ist indogermanischen ~s** the word "wolf" is of Indo-Germanic extraction [*or* origin] [*or* is Indo-Germanic in origin]
ur·sprüng·lich ['u:ɐ̯ʃprʏŋlɪç] **I.** *adj* ❶ *attr* (*anfänglich*) original, initial ❷ (*im Urzustand befindlich*) unspoiled, BRIT unspoilt ❸ (*urtümlich*) ancient, [age-]old **II.** *adv* originally, initially
Ur·sprüng·lich·keit <-> *f kein pl* ❶ (*ursprüngliche Beschaffenheit*) unspoiled [*or* BRIT unspoilt] nature ❷ (*Urtümlichkeit*) originality
Ur·sprungs·flug·ha·fen *m* airport of [original] departure; **die Polizei konnte herausfinden, dass die Bombe vom ~ Athen stammte** the police were able to ascertain that the bomb was put on board in Athens [*or* at Athens airport] **Ur·sprungs·land** *nt* country of origin **Ur·sprungs·nach·richt** *f* INFORM source message **Ur·sprungs·ort** *m* GEOG place of origin
Ur·sü·ße *f* raw cane sugar
Ur·teil <-s, -e> ['ʊrtail] *nt* ❶ JUR judgement, verdict, decision [of the court]; **ein ~ fällen** JUR to pronounce [*or* pass] [*or* deliver] a judgement ❷ (*Meinung*) opinion; **zu einem ~ kommen** to arrive at [*or* reach] a decision; **dein ~ ist etwas vorschnell** you've made a rather hasty decision; **sich** *dat* **ein ~ [über etw** *akk*] **bilden** to form an opinion [about sth]; **ich bilde mir lieber selber ein ~ [über den Fall]** I'll form my own opinion [*or sep* make up my own mind] [about the case]; **sich** *dat* **ein ~ [über etw** *akk*] **erlauben** to be in a position to judge [sth]; **ein ~ [über jdn/etw] fällen** to pass [*or* pronounce] judgement [on sb/sth]; **nach jds ~** in sb's opinion; **nach dem ~ von jdm** in the opinion of sb
ur·tei·len ['ʊrtailən] *vi* ■**[über jdn/etw] ~** to judge [sb/sth] [*or* pass judgement [on sb/sth]]; ■**[irgendwie] ~** to judge [somehow]; **du neigst aber dazu, voreilig zu ~** you [do] like to make hasty judgements[, don't you?]; **nach etw zu ~** to take sth as a yardstick; **nach seinem Gesichtsausdruck zu ~, ist er unzufrieden mit dem Ergebnis** judging by his expression he is dissatisfied with the result
Ur·teils·be·grün·dung *f* JUR reasons *pl* [*or* grounds *pl*] for [a/the] judgement, opinion **Ur·teils·bil·dung** *f* JUR formation of a judgement **Ur·teils·kraft** *f kein pl* faculty [*or* power] of judgement **Ur·teils·spruch** *m* JUR judgement, verdict **Ur·teils·ver·kün·dung** *f* JUR pronouncement [*or* passing] [*or* delivering] of [a] judgement **Ur·teils·ver·mö·gen** *nt kein pl* power [*or* faculty] of judgement
Ur·tier·chen *nt* BIOL protozoon
ur·tüm·lich ['u:ɐ̯ty:mlɪç] *adj* ancient, primeval, [age-]old
Uru·gu·ay·er(in) <-s, -> [u:ru'gu̯aiɐ] *m(f)* Uruguayan; *s. a.* **Deutsche(r)**
uru·gu·ay·isch ['u:rugvaiɪʃ] *adj* Uruguayan; *s. a.* **deutsch**
Ur·ur·enkel(in) ['u:ɐ̯ʔu:ɐ̯-] *m(f)* great-great-grandchild, great-great-grandson *masc,* great-great-granddaughter *fem* **Ur·ur·groß·mut·ter** *f* great-great-grandmother **Ur·ur·groß·va·ter** *m*

great-great-grandfather
ur·ver·wandt *adj* LING cognate; ■**~** [**mit etw**] **sein** to be cognate [with sth]; ■[**miteinander**] **~ sein** to be cognate [with each other [*or* one another]] **Ur·vo·gel** *m* BIOL archaeopteryx **Ur·wald** ['u:ɐ̯valt] *m* GEOG primeval forest **Ur·welt** ['u:ɐ̯vɛlt] *f kein pl* GEOL ■**die ~** the primeval world **ur·welt·lich** *adj* GEOL primeval, primordial **ur·wüch·sig** *adj* ❶ (*im Urzustand erhalten*) unspoiled, unspoilt BRIT ❷ (*unverbildet*) earthy ❸ (*ursprünglich*) original; **das Litauische ist wohl die ~ste Sprache Europas** Lithuanian is probably Europe's oldest language **Ur·zeit** *f kein pl* GEOL ■**die ~** primeval times *pl;* **seit ~en** (*fam*) for [donkey's *fam*] years; **vor ~en** (*fam*) [donkey's *fam*] years ago **ur·zeit·lich** *adj s.* **urweltlich** **Ur·zu·stand** *m kein pl* original [*or* primordial] state
USA [u:ʔɛs'ʔa:] *pl Abk von* **United States of America:** ■**die ~** the USA + *sing vb,* the US + *sing vb*
US-Ame·ri·ka·ner(in) [u:'ʔɛs-] *m(f)* GEOG American **US-ame·ri·ka·nisch** [u:'ʔɛsʔamerika:nɪʃ] *adj* GEOG American, US
Us·be·ke, Us·be·kin <-n, -n> [ʊs'be:kə, ʊs'be:kɪn] *m, f* Uzbek[istani]; *s. a.* **Deutsche(r)**
us·be·kisch [ʊs'be:kɪʃ] *adj* Uzbek, AM *a.* Uzbekistani; *s. a.* **deutsch**
Us·be·kisch [ʊs'be:kɪʃ] *nt decl wie adj* Uzbek; *s. a.* **Deutsch**
Us·be·ki·sche <-n> *nt* ■**das ~** Uzbek, the Uzbek language; *s. a.* **Deutsche**
Usur·pa·tor, Usur·pa·to·rin <-s, -toren> [uzʊr'pa:to:ɐ̯, uzʊrpa'to:ɐ̯ɪn] *m, f* (*geh*) usurper
usur·pie·ren* [uzʊr'pi:rən] *vt* (*geh*) ■**etw ~** to usurp sth
Usus <-> ['u:zʊs] *m* custom *no pl;* **irgendwo** [**so**] **~ sein** to be the custom somewhere
usw. *Abk von* **und so weiter** etc.
Uten·sil <-s, -ien> [utɛn'zi:l, *pl* -li̯ən] *nt meist pl* utensil, piece of equipment; **packen Sie bitte Ihre ~ien zusammen, Sie ziehen um in ein anderes Büro** pack up your things, you're moving to a different office
Ute·rus <-, Uteri> ['u:terʊs, *pl* -ri] *m* ANAT (*geh*) uterus
Ute·rus·krebs *m* MED (*geh*) cancer of the uterus, uterine cancer
Uti·li·ta·ris·mus <-> [utilita'rɪsmʊs] *m kein pl* utilitarianism
uti·li·ta·ris·tisch [utilita'rɪstɪʃ] *adj inv* (*geh*) utilitarian
Uto·pie <-, -n> [uto'pi:, *pl* -pi:ən] *f* (*geh*) Utopia
uto·pisch [u'to:pɪʃ] *adj* ❶ (*geh: völlig absurd*) utopian ❷ LIT Utopian
Ut·recht <-> ['u:trɛçt] *nt* GEOG Utrecht
u.U. *Abk von* **unter Umständen**
UV [u:'fau] *adj Abk von* **ultraviolett** UV
u.v.a.(m.) *Abk von* **und vieles andere (mehr)**
U.v.D. <-s, -s> *m* MIL *Abk von* **Unteroffizier vom Dienst**
UV-Fil·ter [u:'fau-] *m* PHYS UV [*or* ultraviolet] filter **UV-Licht** *nt* PHYS UV light **UV-Strah·len** *pl* UV-rays *pl* **UV-Strah·lung** *f* PHYS UV [*or* ultraviolet] radiation
Ü-Wa·gen *m* RADIO, TV OB [*or* outside broadcast] vehicle

V v

V, v <-, - *o fam* -s, -s> [fau] *nt* V, v; **~ wie Viktor** V for [*or* AM as in] Victor; *s. a.* **A 1**
V *Abk von* **Volt** V
Va·banque·spiel [va'bã:k-] *nt* (*geh*) dangerous [*or* risky] game
Va·duz [fa'dʊts] *nt* GEOG Vaduz
Va·ga·bund(in) <-en, -en> [vaga'bʊnt, *pl* -bʊndn̩] *m(f)* vagabond
va·ge ['va:gə] **I.** *adj* vague **II.** *adv* vaguely
Va·gi·na <-, Vaginen> [va'gi:na, 'va:gina] *f* ANAT vagina
va·gi·nal [vagi'na:l] **I.** *adj* MED, ANAT vaginal **II.** *adv* MED vaginally
Va·gi·nal·zäpf·chen <-s, -> *f* MED vaginal suppository
va·kant [va'kant] *adj* (*geh*) vacant; **eine ~e Stelle** a vacant post, vacancy; ■[**bei jdm**] **~ sein/werden** to be/become vacant [at sb's]
Va·kanz <-, -en> [va'kants] *f* (*geh*) vacancy
Va·ku·o·le <-, -n> [va'ku̯olə] *f* BIOL vacuole
Va·ku·um <-s, Vakuen *o* Vakua> ['va:kuʊm, 'va:kuən, 'va:kua] *nt* ❶ PHYS vacuum ❷ (*geh: Lücke*) vacuum *fig*
Va·ku·um·pa·ckung *f* ÖKON vacuum pack[aging *no pl*] **va·ku·um·ver·packt** *adj* ÖKON vacuum-packed
Va·len·tins·tag ['va:lɛnti:ns-] *m* Valentine's Day
Va·lu·ta <-, Valuten> [va'lu:ta, *pl* -tən] *f* FIN ❶ (*ausländische Währung*) foreign currency ❷ (*Wertstellung*) value [*or* availability] date
Vamp <-s, -s> [vɛmp] *m* vamp
Vam·pir <-s, -e> [vam'pi:ɐ̯] *m* vampire
Va·na·di·um <-s> [va'na:diʊm] *nt kein pl* CHEM vanadium
Van·da·le, Van·da·lin <-n, -n> [van'da:lə, van'da:lɪn] *m, f* ❶ (*zerstörungswütiger Mensch*) vandal ❷ HIST Vandal
Van·da·lis·mus <-> [vanda'lɪsmʊs] *m kein pl* vandalism
Va·nil·le <-, -en> [va'nɪljə, va'nɪlə] *f* vanilla
Va·nil·le·eis [va'nɪljə-, va'nɪlə-] *nt* vanilla ice-cream **Va·nil·le·kip·ferl** *nt* KOCHK SÜDD, ÖSTERR *small crescent-shaped biscuit made with almonds or nuts, dusted with vanilla sugar and traditionally eaten around Christmas* **Va·nil·le·mark** *nt* KOCHK pulp of a vanilla pod **Va·nil·le·plätz·chen** *nt* vanilla[-flavoured] biscuit BRIT, vanilla[-flavored] cookie AM **Va·nil·le·pud·ding** *m* vanilla pudding **Va·nil·le·sau·ce** *f* vanilla sauce; (*mit Ei*) custard **Va·nil·le·stan·ge** *f* vanilla pod [*or* AM bean] **Va·nil·le·zu·cker** *m* vanilla sugar
va·nil·lie·ren *vt* ■**etw ~** KOCHK to add vanilla flavouring [*or* AM flavoring] to sth, to aromatize sth with vanilla
Va·nil·lin [vanɪ'li:n] *m* KOCHK vanillin
Va·nil·lin·zu·cker *m* vanillin sugar
Va·nu·a·tu·er(in) <-s, -> [va:nʊa'tu:ɐ] *m(f)* Vanuatan; *s. a.* **Deutsche(r)**
va·nu·a·tu·isch [va:nʊa'tu:ɪʃ] *adj* Vanuatan; *s. a.* **deutsch**
va·ri·a·bel [va'ri̯a:bl̩] *adj* variable; **~e Wochenarbeitszeiten** a flexible working week; ■[**in etw** *dat*] **~ sein** to be flexible [in sth]
Va·ri·ab·le <-n, -n> [va'ri̯a:blə] *decl wie adj f* variable
Va·ri·an·te <-, -n> [va'ri̯antə] *f* ❶ (*geh: Abwandlung*) variation ❷ (*veränderte Ausführung*) variant
Va·ri·a·ti·on <-, -en> [varia'tsi̯o:n] *f* ❶ (*Abwandlung*) variation ❷ MUS (*Abwandlung eines Themas*) variation
Va·ri·e·tee[RR] <-s, -s> *nt,* **Va·ri·e·té** <-s, -s> [vari̯e'te:] *nt* THEAT variety show
va·ri·ie·ren* [vari'i:rən] *vi* to vary
Va·sall <-en, -en> [va'zal] *m* HIST vassal
Va·se <-, -n> ['va:zə] *f* vase
Va·se·li·ne <-> [vaze'li:nə] *f kein pl* Vaseline
Va·so·re·sek·ti·on <-, -n> *f* MED vasectomy
Va·ter <-s, Väter> ['fa:tɐ, *pl* 'fɛtɐ] *m* ❶ (*männliches Elternteil*) father; **ganz der ~ sein** to be just like [*or* the spitting image of] one's father ❷ (*Urheber*) father; **er ist der ~ dieses Gedankens** this idea is his brainchild, this is his idea ▶ WENDUNGEN: **~ Staat** (*hum*) the State, AM *a.* Uncle Sam; **der Heilige ~** REL the Holy Father; **~ unser** REL Our Father
Va·ter·haus *nt* (*geh*) parental home **Va·ter·land** ['fa:tɐlant] *nt* fatherland, motherland BRIT **va·ter·län·disch** *adj* (*geh*) patriotic **Va·ter·lands·lie·be** *f kein pl* (*geh*) patriotism, love of one's country
vä·ter·lich ['fɛtɐlɪç] **I.** *adj* ❶ (*dem Vater gehörend*) sb's father's ❷ (*einem Vater gemäß*) paternal, fatherly ❸ (*zum Vater gehörend*) paternal ❹ (*fürsorglich*) fatherly **II.** *adv* like a father

V

vä·ter·li·cher·seits *adv* on sb's father's side

Va·ter·lie·be *f* ❶ (*Liebe zum Vater*) love of one's father ❷ (*Liebe eines Vaters*) fatherly [*or* paternal] love **va·ter·los** *adj* fatherless **Va·ter·mord** *m* patricide **Va·ter·mör·der(in)** *m(f)* patricide

Va·ter·schaft <-, -en> *f* JUR paternity; **die ~ bestreiten/leugnen** to contest/deny paternity; **eine gerichtliche Feststellung der ~** a[n af]filiation, an affiliation order

Va·ter·schafts·kla·ge *f* JUR paternity suit **Va·ter·schafts·nach·weis** *m* proof [*or* establishment] of paternity **Va·ter·schafts·ur·laub** *m kein pl* ADMIN paternity leave

Va·ter·stadt *f* (*geh*) home town **Va·ter·stel·le** *f* **[bei jdm] ~ vertreten** (*geh*) to take the place of a father [to sb], to take the place of sb's father, to act as sb's father **Va·ter·tag** *m* Father's Day **Va·ter·un·ser** <-s, -> [faːtɐˈʔʊnzɐ] *nt* REL ■**das ~** the Lord's Prayer; ■**ein ~** one recital of the Lord's Prayer

Va·ti <-s, -s> [ˈfaːti] *m s.* **Papa**

Va·ti·kan <-s> [vatiˈkaːn] *m* REL ■**der ~** the Vatican

va·ti·ka·nisch *adj* Vatican; *s. a.* **deutsch**

Va·ti·kan·stadt [vatiˈkaːn-] *f kein pl* GEOG, REL ■**die ~** the Vatican City

V-Aus·schnitt [ˈfau-] *m* V-neck; **mit ~** V-neck; **ein Pullover mit ~** a V-neck jumper

v.Chr. *Abk von* **vor Christus** BC

Ve·ge·ta·ri·er(in) <-s, -> [vegeˈtaːri̯ɐ] *m(f)* vegetarian

ve·ge·ta·risch [vegeˈtarɪʃ] **I.** *adj* vegetarian **II.** *adv* **sich ~ ernähren, ~ essen** [*o* **leben**] to be a vegetarian [*or* eat a vegetarian diet]

Ve·ge·ta·ti·on <-, -en> [vegetaˈtsi̯oːn] *f* vegetation

ve·ge·ta·tiv [vegetaˈtiːf] **I.** *adj* ❶ MED (*nicht vom Willen gesteuert*) vegetative; **~es Nervensystem** vegetative [*or* autonomic] nervous system ❷ BIOL (*ungeschlechtlich*) vegetative **II.** *adv* ❶ MED (*durch das ~e Nervensystem*) autonomically ❷ BIOL (*ungeschlechtlich*) vegetatively

ve·ge·tie·ren* [vegeˈtiːrən] *vi* to eke out a miserable existence, to vegetate

ve·he·ment [veheˈmɛnt] **I.** *adj* (*geh*) vehement **II.** *adv* (*geh*) vehemently

Ve·he·menz <-> [veheˈmɛnts] *f kein pl* (*geh*) vehemence

Ve·hi·kel <-s, -> [veˈhiːkl̩] *nt* (*fam*) vehicle; **ein altes/klappriges ~** an old banger [*or* BRIT *fam* boneshaker] [*or* AM *fam* wreck]

Veil·chen <-s, -> [ˈfailçən] *nt* ❶ BOT violet ❷ (*fam: blaues Auge*) black eye, shiner *sl*

Vek·tor <-s, -toren> [ˈvɛktoːɐ̯, *pl* -rən] *m* MATH vector

Ve·lar <-s, -e> [veˈlaːɐ̯] *m*, **Ve·lar·laut** *m* LING velar

Ve·lo <-s, -s> [ˈveːlo] *nt* SCHWEIZ (*Fahrrad*) bicycle, bike *fam*

Ve·lours[1] <-, -> [vəˈluːɐ̯] *nt s.* **Veloursleder**

Ve·lours[2] <-, -> [vəˈluːɐ̯] *m* MODE velour[s]

Ve·lours·le·der [vəˈluːɐ̯-] *nt* suede

Ve·lours·tep·pich·bo·den [vəˈluːɐ̯-] *m* cut-pile [*or* velvet[-pile]] carpet

Ve·ne <-, -n> [ˈveːnə] *f* ANAT vein

Ve·ne·dig <-s> [veˈneːdɪç] *nt kein pl* Venice

Ve·nen·ent·zün·dung [ˈveː-] *f* MED phlebitis *no pl*

ve·ne·risch [veˈneːrɪʃ] *adj* MED venereal

Ve·ne·zi·a·ner(in) [veneˈtsi̯aːnɐ] *m(f)* GEOG Venetian

Ve·ne·zo·la·ner(in) <-s, -> [venetsoˈlaːnɐ] *m(f)* Venezuelan; *s. a.* **Deutsche(r)**

ve·ne·zo·la·nisch [venetsoˈlaːnɪʃ] *adj* Venezuelan; *s. a.* **deutsch**

Ve·ne·zu·e·la <-s> [veneˈtsu̯eːla] *nt* Venezuela; *s. a.* **Deutschland**

ve·ne·zu·e·lisch [veneˈtsu̯eːlɪʃ] *adj s.* **venezolanisch**

ve·nös [veˈnøːs] *adj* MED venous

Ven·til <-s, -e> [vɛnˈtiːl] *nt* ❶ (*Absperrhahn*) stopcock ❷ (*Schlauch~*) valve ❸ AUTO valve ❹ MUS valve ❺ (*geh: Mittel des Abbaus von Emotionen*) outlet

Ven·ti·la·ti·on <-, -en> [vɛntilaˈtsi̯oːn] *f* ❶ (*Belüftung*) ventilation ❷ TECH (*Belüftungsanlage*) ventilation [system]

Ven·ti·la·tor <-s, -toren> [vɛntiˈlaːtoːɐ̯] *m* ventilator, fan

Ve·nus <-s> [ˈveːnʊs] *f kein pl* Venus

Ve·nus·flie·gen·fal·le *f* BOT Venus flytrap **Ve·nus·mu·schel** *f* Venus clam

ver·ab·fol·gen* [fɛɐ̯ˈʔapfɔlgn̩] *vt s.* **verabreichen 1**

ver·ab·re·den* **I.** *vr* ■**sich [mit jdm] [irgendwo/für eine Zeit] ~** to arrange to meet [sb] [somewhere/for a certain time]; ■**[mit jdm/irgendwo] verabredet sein** to have arranged to meet [sb/somewhere] **II.** *vt* ■**etw [mit jdm] ~** to arrange sth [with sb]; **einen Ort/Termin/eine Uhrzeit ~** to arrange [*or* fix] [*or* agree upon] a place/date/time; ■**verabredet** agreed; **wie verabredet** as agreed [*or* arranged] **III.** *vi* ■**[mit jdm] ~, dass/was ...** to agree [with sb] that/what ...

Ver·ab·re·dung <-, -en> *f* ❶ (*Treffen*) date, meeting ❷ (*Vereinbarung*) arrangement, agreement; **eine ~ treffen** to come to an arrangement, to reach [*or* come to] an agreement ❸ (*das Verabreden*) arranging; *Termin* arranging, fixing, agreeing upon; **[mit jdm] eine ~ [für etw] treffen** (*geh*) to arrange a meeting [with sb] [for a certain time]

ver·ab·rei·chen* *vt* (*geh*) ■**[jdm] etw ~** to administer sth [to sb]

ver·ab·scheu·en* *vt* ■**jdn/etw ~** to detest [*or* loathe] sb/sth; ■**~, etw zu tun** to hate doing sth

ver·ab·schie·den* **I.** *vr* ❶ (*Abschied nehmen*) ■**sich [von jdm] ~** to say goodbye [to sb] ❷ (*sich distanzieren*) ■**sich [aus etw] ~** to dissociate oneself from sth **II.** *vt* ❶ POL (*parlamentarisch beschließen*) ■**etw ~** to pass sth; **einen Haushalt ~** to adopt a budget ❷ (*geh: offiziell von jdm Abschied nehmen*) ■**jdn ~** to take one's leave of sb ❸ (*geh: feierlich entlassen*) ■**jdn ~** to give sb an official farewell [*or* send-off]

Ver·ab·schie·dung <-, -en> *f* ❶ POL (*Beschließung*) passing; *Haushalt* adoption ❷ (*feierliche Entlassung*) honourable [*or* AM honorable] discharge

ver·ach·ten* *vt* ■**jdn/etw ~** ❶ (*verächtlich finden*) to despise sb/sth ❷ (*geh: nicht achten*) to scorn sb/sth; **nicht zu ~ sein** (*fam*) [sth is] not to be sneezed [*or* scoffed] at *fam*

Ver·äch·ter(in) <-s, -> [fɛɐ̯ˈʔɛçtɐ] *m(f)* ▶ WENDUNGEN: **kein ~ [von etw] sein** (*euph*) to be quite partial to sth

ver·ächt·lich [fɛɐ̯ˈʔɛçtlɪç] **I.** *adj* ❶ (*Verachtung zeigend*) contemptuous, scornful ❷ (*verabscheuungswürdig*) contemptible, despicable **II.** *adv* contemptuously, scornfully

Ver·ach·tung *f* contempt, scorn; **jdn mit ~ strafen** (*geh*) to treat sb with contempt; **voller ~** contemptuously

ver·al·bern* *vt* (*fam*) ■**jdn ~** to pull sb's leg [*or* BRIT have sb on] *fam*

ver·all·ge·mei·nern* **I.** *vt* ■**etw ~** to generalize about sth **II.** *vi* to generalize

Ver·all·ge·mei·ne·rung <-, -en> *f* ❶ *kein pl* (*das Verallgemeinern*) generalization ❷ (*verallgemeinernde Darstellung*) generalization

ver·al·ten* [fɛɐ̯ˈʔaltn̩] *vi sein* to become obsolete; *Ansichten, Methoden* to become outdated [*or* outmoded]; ■**veraltet** obsolete

Ve·ran·da <-, Veranden> [veˈranda, *pl* -dən] *f* veranda

ver·än·der·lich *adj* ❶ METEO (*unbeständig*) changeable ❷ (*variierbar*) variable

ver·än·dern* **I.** *vt* ❶ (*anders machen*) ■**etw ~** to change sth; ■**jdn ~** (*im Wesen*) to change sb ❷ (*ein anderes Aussehen verleihen*) ■**jdn/etw ~** to make sb/sth look different/change sb's sth **II.** *vr* ❶ (*anders werden*) ■**sich ~** to change; ■**sich [zu etw] ~** (*im Wesen*) to change [for the sth]; **er hat sich zu seinem Nachteil/Vorteil ~** he's changed for the worse/better; **sich äußerlich ~** to change [in appearance] ❷ (*Stellung wechseln*) ■**sich [irgendwohin] ~** to change one's job

Ver·än·de·rung *f* ❶ (*Wandel*) change; (*leicht*) alteration, modification ❷ (*Stellungswechsel*) change of job

sich verabschieden

sich verabschieden	saying goodbye
Auf Wiedersehen!	Goodbye!
Auf ein baldiges Wiedersehen!	Hope to see you again soon!
Tschüss! *(fam)*/Ciao! *(fam)*	Bye!/Cheerio!
Mach's gut! *(fam)*	See you!/Take care!/All the best!/Take it easy!
(Also dann,) bis bald! *(fam)*	(OK then,) see you soon/later!
Bis morgen!/Bis nächste Woche!	See you tomorrow!/See you next week!
Man sieht sich! *(fam)*	See you!
Komm gut heim! *(fam)*	Safe journey home!
Pass auf dich auf! *(fam)*	Look after yourself!/Take care!
Kommen Sie gut nach Hause!	Safe journey home!
Einen schönen Abend noch!	Have a nice evening!
sich am Telefon verabschieden	**saying goodbye on the phone**
Auf Wiederhören! *(form)*	Goodbye!
Also dann, bis bald wieder! *(fam)*	OK then, talk to you again soon!
Tschüss! *(fam)*/Ciao! *(fam)*	Bye!/Cheerio!

ver·äng·sti·gen* *vt* ■**jdn** ~ to frighten [*or* scare] sb; ■**verängstigt** frightened, scared; **völlig verängstigt** terrified

ver·ạn·kern* *vt* ❶ TECH (*mit Halteseilen*) ■**etw [in etw** *dat*] ~ to anchor sth [in sth] ❷ NAUT ■**etw** ~ to anchor sth

Ver·ạn·ke·rung <-, -en> *f* ❶ *kein pl* (*das Verankern*) anchoring ❷ (*Fundament für Halteseil*) anchorage

ver·an·la·gen* [fɛɐ̯ˈʔanlaːgn̩] *vt* FIN (*steuerlich einschätzen*) ■**jdn [mit etw]** ~ to assess sb [at sth]

ver·an·lagt [fɛɐ̯ˈʔanlaːkt] *adj* ■**ein [irgendwie] ~er Mensch** a person with a certain bent; **ein homosexuell ~er Mensch** a person with homosexual tendencies; **ein künstlerisch/musikalisch ~er Mensch** a person with an artistic/a musical disposition; **ein praktisch ~er Mensch** a practically minded person; ■**[irgendwie] ~ sein** to have a certain bent; **mein Mann ist praktisch** ~ my husband is practically minded

Ver·ạn·la·gung[1] <-, -en> *f* (*angeborene Anlage*) disposition; **eine bestimmte ~ haben** to have a certain bent; **eine homosexuelle ~ haben** to have homosexual tendencies; **eine künstlerische/artistische ~ haben** to have an artistic/a musical bent; **eine praktische ~ haben** to be practically minded; **eine ~ [zu etw] haben** to have a tendency towards sth

Verạnlagung[2] <-, -en> *f s.* **Steuerveranlagung**

ver·ạn·las·sen* **I.** *vt* ❶ (*in die Wege leiten*) ■**etw** ~ to arrange sth [*or* see to it that sth is done] ❷ (*dazu bringen*) ■**jdn [zu etw]** ~ to induce sb to do sth; ■**jdn [dazu] ~, dass jd etw tut** to prevail upon sb to do sth; **sich dazu veranlasst fühlen, etw zu tun** to feel obliged [*or* compelled] to do sth **II.** *vi* ■**~, dass jd etw tut** to see to it that sb does sth; ■**~, dass etw geschieht** to see to it that sth happens

Ver·ạn·las·sung <-, -en> *f* ❶ (*Einleitung*) **auf jds ~, auf ~ [von jdm]** at sb's instigation ❷ (*Anlass*) cause, reason; **jdm ~ [dazu] geben, etw zu tun** to give sb [good] cause [*or* reason] to do sth; **nicht die leiseste ~ haben, etw zu tun** to not have the slightest reason [*or* cause] to do sth; **keine ~ [zu etw] haben** to have no reason [*or* cause] [for sth]; **keine ~ [dazu] haben, etw zu tun** to have no reason [*or* cause] to do sth

ver·an·schau·li·chen* [fɛɐ̯ˈʔanʃaulɪçn̩] *vt* ■**[jdm] etw** ~ to illustrate sth [to sb]

Ver·ạn·schau·li·chung <-, -en> *f* illustration; **zur** ~ as an illustration

ver·ạn·schla·gen* *vt* ■**etw [mit etw]** ~ to estimate sth [at sth]; **mit wie viel würden Sie das ganze Haus ~?** how much would you say the whole house is [*or* was] worth?; ■**etw [für etw]** ~ to estimate that sth will cost sth

ver·an·stal·ten* [fɛɐ̯ˈʔanʃtaltn̩] *vt* ❶ (*durchführen*) ■**etw** ~ to organize sth; **eine Demonstration** ~ to organize [*or* stage] a demonstration; **ein Fest/eine Feier** ~ to give [*or* throw] [*or* organize] a party ❷ (*fam: machen*) ■**etw** ~ to make sth; **Lärm** ~ to make a lot of noise

Ver·ạn·stal·ter(in) <-s, -> *m(f)* organizer [*or* BRIT *a.* -iser]

Ver·ạn·stal·tung <-, -en> *f* ❶ *kein pl* (*das Durchführen*) organizing, organization; *Feier* giving, throwing, organizing, organization; *öffentliches Ereignis* staging, organizing ❷ (*veranstaltetes Ereignis*) event

Ver·ạn·stal·tungs·ka·len·der *m* calendar of events **Ver·ạn·stal·tungs·ort** *m* venue

ver·ạnt·wor·ten* **I.** *vt* ■**etw [vor jdm]** ~ to take [*or* accept] responsibility for sth [*or* [have to] answer to sb for sth]; **etwaige negative Konsequenzen werden Sie [vor der Geschäftsleitung] zu ~ haben** you will have to answer [to the management] for any negative consequences; ■**[es] ~, wenn** [*o* **dass**] **jd etw tut** to take [*or* accept] responsibility for sb doing sth **II.** *vr* ■**sich [für etw] [vor jdm]** ~ to answer [to sb] [for sth]

ver·ạnt·wort·lich *adj* ❶ (*Verantwortung tragend*) responsible; **~e Redakteurin/~er Redakteur** editor-in-chief; **[jdm [gegenüber]] dafür ~ sein, dass etw geschieht** to be answerable [to sb] for seeing to it that sth happens; ■**für jdn/etw ~ sein** to be responsible for sb/sth ❷ (*schuldig*) responsible *pred;* ■**[für etw] ~ sein** to be responsible [for sth] ❸ (*mit Verantwortung verbunden*) responsible; **eine ~e Aufgabe** a responsible task

Ver·ạnt·wort·li·che(r) *f(m) decl wie adj* person responsible; (*für Negatives a.*) responsible party; ■**der/die für etw** ~ the person responsible for sth

Ver·ạnt·wort·lich·keit <-, -en> *f* responsibility

Ver·ạnt·wor·tung <-, -en> *f* ❶ (*Verpflichtung, für etw einzustehen*) responsibility; **jdn [für etw] zur ~ ziehen** to call sb to

V

account [for sth]; **auf deine** [*o* **Ihre**] **~!** on your head be it! BRIT, it'll be on your head! AM ② (*Schuld*) ■**die/jds ~** [**für etw**] the/sb's responsibility [for sth]; **die ~** [**für etw**] **tragen** to be responsible [for sth]; **die ~** [**für etw**] **übernehmen** to take [*or* accept] responsibility [for sth] ③ (*Risiko*) **auf eigene ~** on one's own responsibility, at one's own risk; **die ~** [**für jdn/etw**] **haben** [*o* **tragen**] to be responsible [for sb/sth] ▸ WENDUNGEN: **sich aus der ~ stehlen** to dodge [*or* evade] [*or* shirk] responsibility

ver·ạnt·wor·tungs·be·wusst[RR] **I.** *adj* responsible **II.** *adv* **~ handeln, sich ~ verhalten** to act responsibly [*or* in a responsible manner] **Ver·ạnt·wor·tungs·be·wusst·sein**[RR] *nt* sense of responsibility **ver·ạnt·wor·tungs·los I.** *adj* irresponsible; ■**~ sein, etw zu tun** to be irresponsible to do sth **II.** *adv* **~ handeln, sich ~ verhalten** to act irresponsibly [*or* in an irresponsible manner] **Ver·ạnt·wor·tungs·lo·sig·keit** <-> *f kein pl* irresponsibility **ver·ạnt·wor·tungs·voll** *adj* ① (*mit Verantwortung verbunden*) responsible ② *s.* **verantwortungsbewusst**

ver·äp·peln* [fɛɐ̯ˈʔɛpl̩n] *vt* (*fam*) *s.* **veralbern**

ver·ạr·bei·ten* *vt* ① ÖKON (*als Ausgangsprodukt verwenden*) ■**etw ~** to use sth; **Fleisch ~** to process meat; ■**etw** [**zu etw**] **~** to make sth into sth ② (*verbrauchen*) ■**etw ~** to use sth [up]; **der Mörtel muss rasch verarbeitet werden, bevor er fest wird** the plaster must be applied [*or* used] immediately before it hardens ③ PSYCH (*innerlich bewältigen*) ■**etw ~** to assimilate sth; **eine Enttäuschung/Scheidung/jds Tod ~** to come to terms with a disappointment/divorce/sb's death

ver·ạr·bei·tet *adj* ÖKON finished; **gut/schlampig/schlecht ~** well/sloppily/badly finished [*or* crafted]

Ver·ạr·bei·tung <-, -en> *f* ① ÖKON (*das Verarbeiten*) processing ② (*Fertigungsqualität*) workmanship *no pl, no indef art*

ver·ar·gen* [fɛɐ̯ˈʔarɡn̩] *vt* ■[**jdm**] **etw ~** to hold sth against sb; ■[**es**] **jdm ~, dass/wenn ...** to hold it against sb that/[*or* blame sb] if ...

ver·ạ̈r·gern* *vt* ■**jdn ~** to annoy sb

ver·ạ̈r·gert I. *adj* angry, annoyed; ■[**über jdn/etw**] **~ sein** to be annoyed [at [*or* with] sb/sth]; ■**~ sein, dass/weil ...** to be annoyed that/because ... **II.** *adv* in an annoyed manner

Ver·ạ̈r·ge·rung <-, -en> *f* annoyance

ver·ar·men* [fɛɐ̯ˈʔarmən] *vi sein* to become poor [*or* impoverished]; ■**verarmt** impoverished

Ver·ạr·mung <-, -en> *f* impoverishment *no pl*

ver·ar·schen* [fɛɐ̯ˈʔarʃn̩] *vt* (*derb*) ■**jdn ~** to mess around with sb, to take the piss out of sb BRIT *vulg*

ver·arz·ten* [fɛɐ̯ˈʔaːɐ̯tstn̩] *vt* (*fam*) ① (*behandeln*) ■**jdn ~** to treat sb ② (*versorgen*) ■[**jdm**] **etw ~** to fix *fam* [*or fam* patch up *sep*] [sb's] sth

ver·äs·teln* [fɛɐ̯ˈʔɛstl̩n] *vr* ① BOT ■**sich ~** to branch out [*or* ramify] ② GEOG ■**sich** [**in etw** *akk*] **~** *Fluss* to branch out [into sth]

Ver·ạ̈t·zung <-, -en> *f* ① *kein pl* (*das Verätzen*) cauterization; (*Metall*) corrosion ② (*Beschädigung, Verletzung*) burn

ver·aus·ga·ben* [fɛɐ̯ˈʔausɡaːbn̩] *vr* ① (*sich überanstrengen*) ■**sich ~** to overexert [*or* overtax] oneself ② (*über seine finanziellen Möglichkeiten leben*) ■**sich** [**finanziell**] **~** to overspend [*or* spend too much]

ver·aus·la·gen* [fɛɐ̯ˈʔauslaːɡn̩] *vt* (*geh*) ■**etw** [**für jdn**] **~** to pay sth [for sb]; **könnten Sie das Geld wohl bis morgen für mich ~** could you advance [*or* lend] [*or* BRIT *fam* sub] [*or* AM *fam* front] me the money until tomorrow?

ver·äu·ßern* *vt* (*geh*) ■**etw** [**an jdn**] **~** to sell sth [to sb]

Ver·äu·ße·rung *f* (*geh*) disposal, sale

Ver·äu·ße·rungs·ge·winn *m* JUR, ÖKON capital gains **Ver·äu·ße·rungs·wert** *m* JUR disposal value

Verb <-s, -en> [vɛrp] *nt* LING verb; **ein ~ konjugieren** to conjugate a verb; **schwaches/starkes ~** weak/strong verb

ver·bal [vɛrˈbaːl] **I.** *adj* verbal **II.** *adv* verbally

ver·ball·hor·nen* [fɛɐ̯ˈbalhɔrnən] *vt* LING ■**etw ~** to corrupt sth

Ver·bal·ra·di·ka·lis·mus *m kein pl* POL verbal radicalism

Ver·band¹ <-[e]s, Verbände> [fɛɐ̯ˈbant, *pl* -bɛndə] *m* ① (*Bund*) association ② MIL unit

Ver·band² <-[e]s, Verbände> [fɛɐ̯ˈbant, *pl* -bɛndə] *m* MED bandage, dressing *no pl*

ver·bạn·delt *adj inv* SÜDD (*iron fam*) ■**mit jdm ~ sein** to have a relationship with sb

Ver·bạnd(s)·kas·ten *m* first-aid box [*or* kit] **Ver·bạnd(s)·ma·te·ri·al** *nt* dressing material **Ver·bạnd(s)·päck·chen** *nt* first-aid kit **Ver·bạnd(s)·zeug** *nt* dressing material

ver·bạn·nen* *vt* ① (*zwangsweise ins Exil schicken*) ■**jdn** [**irgendwohin**] **~** to exile [*or* banish] sb [to somewhere] ② (*geh: ausmerzen*) ■**etw** [**aus etw**] **~** to ban sth [from sth]

Ver·bạnn·te(r) *f(m) decl wie adj* exile

Ver·bạn·nung <-, -en> *f* ① *kein pl* (*das Verbannen*) exile, banishment ② (*Leben als Verbannter*) exile, banishment

ver·bar·ri·ka·die·ren* **I.** *vt* ■**etw ~** to barricade sth **II.** *vr* ■**sich** [**in etw**] **~** *dat* to barricade oneself in [sth]

ver·bau·en*¹ *vt* ① (*versperren*) ■[**jdm**] **etw ~** to spoil [*or* ruin] sth [for sb]; **jdm die ganze Zukunft ~** to spoil all sb's prospects for the future [*or* future prospects]; ■**sich** *dat* **etw ~** to spoil [*or* ruin] one's sth ② (*durch ein Bauwerk nehmen*) ■[**jdm**] **etw ~** to block [sb's] sth

ver·bau·en² *vt* (*beim Bauen verbrauchen*) ■**etw ~** to use sth

ver·baut *adj* badly built

ver·bei·ßen* *irreg* **I.** *vr* ① (*die Zähne in etw schlagen*) ■**sich** [**in etw** *akk*] **~** to bite [into sth] [*or* sink one's teeth into sth] ② (*sich intensivst mit etw beschäftigen*) ■**sich** [**in etw** *akk*] **~** to immerse oneself [in sth] **II.** *vt* (*fam: unterdrücken*) ■[**sich** *dat*] **etw ~** to suppress sth; **sich einen Aufschrei/ein Lachen ~** to stifle [*or* suppress] a scream/laugh; **sich** [**den**] **Schmerz ~** to bear [*or* endure] [the] pain

Ver·be·ne <-, -n> [vɛrˈbeːnə] *f* HORT verbena

ver·bẹr·gen* *vt irreg* ① (*geh: verstecken*) ■**sich** [**vor jdm**] **~** to hide [oneself] [*or* conceal oneself] [from sb]; ■**jdn/etw** [**vor jdm**] **~** to hide [*or* conceal] sb/sth [from sb]; **einen Partisanen/Verbrecher** [**vor jdm**] **~** to harbour [*or* AM -or] [*or* hide] [*or* conceal] a partisan/criminal [from sb] ② (*verheimlichen*) ■[**jdm**] **etw ~** to hide [*or* conceal] sth [from sb] [*or* keep sth from sb]; *s. a.* **verborgen**

ver·bẹs·sern* **I.** *vt* ① (*besser machen*) ■**etw ~** to improve sth ② SPORT (*auf einen besseren Stand bringen*) ■**etw ~** to improve [up]on [*or* better] sth; **einen Rekord ~** to break a record ③ SCH (*korrigieren*) ■**etw ~** to correct sth ④ (*jds Äußerung korrigieren*) ■**jdn ~** to correct sb; ■**sich ~** to correct oneself **II.** *vr* ① (*sich steigern*) ■**sich** [**in etw** *dat*] **~** to improve [in sth] [*or* do better [at sth]] ② (*eine bessere Stellung bekommen*) ■**sich ~** to better oneself

Ver·bẹs·se·rung <-, -en> *f* ① (*qualitative Anhebung*) improvement; (*das Verbessern*) improvement *no pl*, bettering *no pl; Rekord* breaking *no pl* ② (*Korrektur*) correction

ver·bẹs·se·rungs·fä·hig *adj* improvable, capable of improvement *pred;* ■**~ sein** to be capable of improvement **Ver·bẹs·se·rungs·vor·schlag** *m* suggestion for improvement; **einen ~ machen** to make a suggestion for improvement **ver·bẹs·se·rungs·wür·dig** *adj* worthy of improvement *pred*

ver·beu·gen* *vr* ■**sich** [**vor jdm/etw**] **~** to bow [to sb/sth]

Ver·beu·gung *f* bow; **eine ~** [**vor jdm/etw**] **machen** to bow [to sb/sth]

ver·beu·len* *vt* ■[**jdm**] **etw ~** to dent [sb's] sth

ver·bie·gen* *irreg* **I.** *vt* ■**etw ~** to bend sth; ■**verbogen** bent **II.** *vr* ■**sich ~** to bend [*or* become bent]

ver·bies·tert [fɛɐ̯ˈbiːstɐt] *adj* (*fam*) grumpy, *esp* BRIT crotchety *fam*

ver·bie·ten <verbot, verboten> **I.** *vt* ① (*offiziell untersagen*) ■**etw ~** to ban sth; **eine Organisation/Partei/Publikation ~** to ban [*or* outlaw] an organization/a party/publication ② (*untersagen*) ■[**jdm**] **etw ~** to forbid sth [*or* sb to do sth];

verbieten

verbieten	forbidding
Du darfst heute **nicht** fernsehen.	**You're not allowed** to watch TV today.
Das kommt gar nicht in Frage.	**That's out of the question.**
Finger weg von meinem Computer! *(fam)*	**Hands off** my computer!
Lass die Finger von meinem Tagebuch! *(fam)*	**Keep out of/away from** my diary!
Das kann ich nicht zulassen.	**I can't allow that.**
Ich verbiete Ihnen diesen Ton!	**I forbid you to use this tone of voice with me!**
Bitte unterlassen Sie das. *(form)*	**Please stop/refrain from doing that.**

■ **etw ist [jdm] verboten** sth is forbidden [as far as sb is concerned]; ■ **jdm ~, etw zu tun** to forbid sb to do sth; ■ **es ist verboten, etw zu tun** it is forbidden to do sth; **ist es verboten, hier zu fotografieren?** am I allowed to take photo[graph]s [in] here?; *s. a.* **verboten II.** *vr* (*undenkbar sein*) **etw verbietet sich von selbst** sth is unthinkable

ver·bil·li·gen* **I.** *vt* ÖKON ■ **etw ~** to reduce sth [in price]; **die Eintrittskarten sind um 50 % verbilligt worden** the tickets have been reduced [in price] [*or* ticket prices have been reduced] by 50%, there has been a 50% reduction in the ticket prices; ■ **[jdm] etw [um etw] ~** to reduce sth [by sth] [for sb] **II.** *vr* ÖKON ■ **sich ~** to become [*or* get] cheaper [*or* come down in price]

ver·bil·ligt **I.** *adj* reduced; **~er Eintritt/eine ~e Eintrittskarte** reduced entry/a reduced entrance ticket, entry/an entrance ticket at a reduced rate [*or* price] **II.** *adv* **etw ~ abgeben/anbieten** to sell sth/offer sth for sale at a reduced price

ver·bin·den*1 *vt irreg* (*einen Verband anlegen*) ■ **jdn ~** to dress sb's wound[s]; ■ **[jdm/sich] etw ~** to dress [sb's/one's] sth

ver·bin·den2 *irreg* **I.** *vt* ❶ (*zusammenfügen*) ■ **etw [miteinander] ~** to join [up *sep*] sth; ■ **etw [mit etw] ~** to join sth [to sth] ❷ TELEK ■ **jdn [mit jdm] ~** to put sb through [*or* AM *usu* connect sb] [to sb]; **falsch verbunden!** [you've got the] wrong number!; **[ich] verbinde!** I'll put [*or* I'm putting] you through, AM *usu* I'll connect you ❸ TRANSP ■ **etw [miteinander] ~** to connect [*or* link] sth [with each other [*or* one another]]; ■ **etw [mit etw] ~** to connect [*or* link] sth [with sth] ❹ (*verknüpfen*) ■ **etw [miteinander] ~** to combine sth [with each other [*or* one another]]; ■ **etw [mit etw] ~** to combine sth [with sth]; **das Nützliche mit dem Angenehmen ~** to combine business with pleasure ❺ (*assoziieren*) ■ **etw [mit etw] ~** to associate sth with sth ❻ (*mit sich bringen*) ■ **der [*o* die] [*o* das] damit verbundene[n]** ... the ... involved; ■ **[mit etw] verbunden sein** to involve [sth] ❼ (*innerlich vereinen*) ■ **jdn/etw [mit jdm] ~** to unite sb/sth [with sb]; **uns ~ lediglich Geschäftsinteressen** we are business associates and nothing more **II.** *vr* ❶ CHEM (*eine Verbindung eingehen*) ■ **sich [mit etw] ~** to combine [with sth] ❷ (*sich zu einem Bündnis zusammenschließen*) ■ **sich [mit jdm/etw] [zu etw] ~** to join forces [with sb/sth] [to form sth]; **sich [mit jdm/etw] zu einer Initiative ~** to join forces [with sb/sth] to form a pressure group

ver·bind·lich [fɛɐ̯ˈbɪntlɪç] **I.** *adj* ❶ (*bindend*) binding; **die Auskunft ist ~, Sie können sich darauf verlassen** this information is reliable, I can assure you of that ❷ (*entgegenkommend*) friendly **II.** *adv* ❶ (*bindend*) **~ zusagen** to make a binding commitment; **~ vereinbaren** to enter into a binding agreement ❷ (*entgegenkommend*) in a friendly manner

Ver·bind·lich·keit <-, -en> *f* ❶ *kein pl* (*bindender Charakter*) binding nature; *Auskunft* reliability ❷ *kein pl* (*entgegenkommende Art*) friendliness ❸ *meist pl* FIN (*geh: Schuld*) liability *usu pl*

Ver·bin·dung *f* ❶ CHEM (*aus Elementen bestehender Stoff*) compound; **[mit etw] eine ~ eingehen** to combine [with sth] ❷ (*direkte Beziehung*) contact; **[mit jdm] in ~ bleiben** to keep in touch [with sb]; **eine ~ [mit jdm/etw] eingehen** (*geh*) to join forces [with sb/sth]; **die Parteien gingen eine ~ [zu einem Wahlbündnis/einer Koalition] miteinander ein** the parties joined forces with each other [to form [*or* in] an electoral alliance/a coalition]; **~ [*o* ~en] mit [*o* zu] jdm/etw haben** to have good connections *pl* with sb/sth; **seine ~en spielen lassen** (*fam*) to [try and] pull a few strings; **~ [mit jdm] aufnehmen** to contact sb; **sobald wir eintreffen, werden wir ~ aufnehmen** as soon as we arrive we'll get in touch with [*or* contact] you; **sobald wir etwas Neues erfahren, nehmen wir mit Ihnen ~ auf** as soon as we find out anything new we'll be [*or* get] in touch with [*or* contact] you; **sich [mit jdm] in ~ setzen** to contact [*or* get in touch with] sb; **[mit jdm/miteinander] in ~ stehen** to be in contact [with sb/each other [*or* one another]]; **sie bestritt, jemals mit dem Staatssicherheitsdienst in ~ gestanden zu haben** she denied ever having had any [*or* having been in] contact with the secret police; **[mit etw] in ~ stehen** to be in contact [*or* touch] with sth; **[mit jdm] in ~ treten** to contact sb ❸ TELEK (*Gesprächs~*) connection; **die ~ nach Tokio war ausgezeichnet** the line to [*or* connection with] Tokyo was excellent; **ich bekomme keine ~** I can't get a connection [*or* line], I can't get through; **telefonische ~** telephone connection; **die telefonische ~ war sehr schlecht** the telephone line [*or* connection] was very poor; **eine/keine ~ [irgendwohin] bekommen** to get through/not to be able to get through [to somewhere]; **[jdm] eine ~ [irgendwohin] machen** (*fam*) to put sb through [*or* AM *usu* connect sb] [to somewhere] ❹ LUFT, BAHN (*Verkehrs~*) connection; **was ist die günstigste ~ [mit dem Zug] zwischen Hamburg und Dresden?** what's the best [*or* easiest] [*or* quickest] way to get from Hamburg to Dresden [by train]?; **direkte ~ [nach etw]** direct connection [to sth]; **es gibt eine direkte ~ mit dem Zug nach Kopenhagen** there's a through train to Copenhagen; **eine direkte ~ mit dem Flugzeug gibt es leider nicht** I'm afraid there isn't a direct flight ❺ TRANSP (*Verbindungsweg*) connection, link; **der Panamakanal schafft eine ~ zwischen dem Pazifik und dem Atlantik** the Panama Canal provides a link [*or* connection] between the Pacific and the Atlantic [*or* connects the Pacific with the Atlantic] ❻ (*Verknüpfung*) combining; **in ~ mit etw** in conjunction with sth; **die Eintrittskarte gilt nur in ~ mit dem Personalausweis** this entrance ticket is only valid [together] with your ID card; **in ~ mit dem Einkauf hat sich dieser Besuch gelohnt** combined with the shopping trip this visit was well worth it ❼ (*Zusammenhang*) ■ **die/eine ~ zwischen Dingen** the/a connection between things; **jdn [mit jdm/etw] in ~ bringen** to connect sb with sb/sth; **in ~ mit** in connection with ❽ SCH (*Korporation*) [student] society BRIT; (*für Männer*) fraternity AM; (*für Frauen*) sorority AM; **eine**

schlagende ~ a duelling [*or* AM dueling] fraternity

Ver·bin·dungs·bru·der *m* SCH member of a student society [*or* AM fraternity] **Ver·bin·dungs·haus** *nt* SCH student society [*or* AM fraternity] house

Ver·bin·dungs·ka·bel *nt bes* BAU, TECH connection [*or* connecting] cable **Ver·bin·dungs·lei·tung** *f bes* BAU, TECH connecting conduit **Ver·bin·dungs·mann, -frau** *m, f* intermediary **Ver·bin·dungs·stra·ße** *f* link road **Ver·bin·dungs·tür** *f* connecting door

ver·bis·sen I. *adj* ❶ (*hartnäckig*) dogged ❷ (*verkrampft*) grim **II.** *adv* doggedly

Ver·bis·sen·heit <-> *f kein pl* doggedness, dogged determination

ver·bit·ten* *vr irreg* ■ **sich** *dat* **etw [von jdm]** ~ not to tolerate sth [from sb]; **ich verbitte mir diesen Ton!** I won't be spoken to like that!

ver·bit·tern* [fɛɐ̯'bɪtɐn] *vt* ■ **jdn** ~ to embitter sb [*or* make sb bitter]

ver·bit·tert I. *adj* embittered, bitter **II.** *adv* bitterly

Ver·bit·te·rung <-, *selten* -en> *f* bitterness, embitterment *form*

ver·blas·sen* *vi sein* ❶ (*blasser werden*) to [*or* grow] pale ❷ (*schwächer werden*) to fade ❸ (*geh: in den Hintergrund treten*) ■ **[gegenüber** [*o* **neben**] **etw]** ~ to pale [into insignificance] [in comparison with/beside sth] ❹ (*immer schlechter sichtbar werden*) to fade

ver·bläu·en[RR]* *vt* (*fam*) ■ **jdn** ~ to beat up sb *sep*

Ver·bleib <-[e]s> [fɛɐ̯'blaip] *m kein pl* (*geh*) ❶ (*das Verbleiben*) ■ **jds** ~ **in etw** *dat* sb's remaining in sth; **die Mitglieder werden über Ihren ~ in unserem Verein abstimmen** the members will vote on whether to allow you to remain [*or* stay] in our club ❷ (*Aufenthaltsort*) whereabouts *npl*

ver·blei·ben* *vi irreg sein* ❶ (*eine Vereinbarung treffen*) ■ **[in etw** *dat*] **irgendwie** ~ to agree [in sth]; **wir sind ja bisher noch nicht verblieben** we still haven't agreed anything as yet; ■ **[mit jdm] so ~, dass** to agree [with sb] that ❷ (*geh: bleiben*) ■ **irgendwo/bei jdm** ~ to remain somewhere/with sb; **das Original ist für uns bestimmt, der Durchschlag verbleibt [bei] Ihnen** the original is ours and you keep [*or* retain] the [carbon] copy

ver·blei·chen *vi irreg sein* to fade

ver·bleit *adj* leaded

ver·blen·den[*1] *vt* (*die Einsicht nehmen*) ■ **jdn** ~ to blind sb; ■ **verblendet sein** to be blinded

ver·blen·den[*2] *vt* BAU (*verkleiden*) ■ **etw [mit etw]** ~ to face sth [with sth]

Ver·blen·dung[1] *f* blindness

Ver·blen·dung[2] *f* BAU ❶ *kein pl* (*das Verblenden*) facing ❷ (*Verkleidungsmaterial*) facing

ver·bleu·en[ALT]* *vt s.* **verbläuen**

Ver·bli·che·ne(r) *f(m) decl wie adj* (*geh*) the deceased

ver·blö·den* [fɛɐ̯'blø:dn̩] **I.** *vi sein* (*fam*) to turn into a zombie *fam* **II.** *vt haben* (*fam*) ■ **jdn** ~ to dull sb's mind

Ver·blö·dung <-> *f kein pl* (*fam*) dulling of people's minds

ver·blüf·fen* [fɛɐ̯'blʏfn̩] *vt* ■ **jdn [mit etw]** ~ to astonish [*or* amaze] sb [with sth]; ■ **sich durch** [*o* **von**] **etw verblüffen lassen** to be amazed by sth

ver·blüfft I. *adj* astonished, amazed **II.** *adv* in astonishment [*or* amazement]; **warum reagierst du denn auf diese Nachricht so ~?** why are you so astonished by this news?

Ver·blüf·fung <-, -en> *f* astonishment, amazement; **zu jds ~** to sb's astonishment [*or* amazement]

ver·blü·hen* *vi sein* to wilt [*or* fade] [*or* wither]

ver·blu·ten* *vi sein* to bleed to death

ver·bo·cken* *vt* (*fam*) ■ **etw** ~ to mess up *sep* [*or* botch] sth

ver·boh·ren* *vr* (*fam*) ■ **sich [in etw** *akk*] ~ ❶ (*von etw nicht loskommen*) to become obsessed [with sth] ❷ (*sich verbeißen*) to immerse oneself [in sth]

ver·bohrt *adj* (*pej*) obstinate, stubborn, pigheaded

Ver·bohrt·heit <-, -en> *f* (*pej*) obstinacy, stubbornness, pigheadedness

ver·bor·gen[*1] *vt s.* **verleihen**

ver·bor·gen[2] *adj* ❶ (*geh: versteckt*) hidden, concealed; **jdm ~ bleiben** to remain a secret to sb; **nicht ~ bleiben** not to remain [a] secret; **im V~en bleiben** (*geh*) to remain [a] secret; **sich [irgendwo/bei jdm] ~ halten** to hide [somewhere/at sb's] ❷ (*geh: nicht offen*) hidden

ver·bot [fɛɐ̯'bo:t] *imp von* **verbieten**

Ver·bot <-[e]s, -e> [fɛɐ̯'bo:t] *nt* ban; **Sie haben gegen mein ausdrückliches ~ gehandelt** you did it even though I expressly forbade you to

ver·bo·ten [fɛɐ̯'bo:tn̩] *adj* ❶ (*untersagt*) prohibited; **hier ist das Parken ~!** this is a "no parking" area!; ■ **~ sein, etw zu tun** to be prohibited to do sth; ■ **jdm ~ sein** sb is prohibited from doing sth; **Unbefugten ist das Betreten des Firmengeländes [strengstens] ~** access to the company site is [strictly] prohibited to unauthorised persons; ■ **jdm ~ sein, etw zu tun** sb is prohibited from doing [*or* forbidden to do] sth ❷ (*fam: unmöglich*) ridiculous; **[in etw** *dat*] **~ aussehen** (*fam*) to look a real sight [in sth] *fam*

Ver·bots·schild *nt* ❶ TRANSP sign [prohibiting something]; **hier dürfen Sie nicht parken, sehen Sie nicht das ~?** you can't park here, can't you see the ["no parking"] sign? ❷ (*eine Handlung untersagendes Schild*) sign [*or* notice] [prohibiting something]

ver·brach *imp von* **verbrechen**

ver·brä·men* [fɛɐ̯'brɛ:mən] *vt* ❶ (*geh*) ■ **etw** ~ to embellish sth ❷ MODE (*geh*) ■ **etw [mit etw]** ~ to trim sth [with sth]

ver·bra·ten* *vt irreg* (*sl: vergeuden, verschleudern*) ■ **etw** ~ to blow sth *sl*; **seine Energie ~** to waste [one's] energy; ■ **etw [für etw]** ~ to blow sth [on sth] *sl*

Ver·brauch *m kein pl* ❶ (*das Verbrauchen*) consumption; ■ **der ~ an** *dat* [*o* **von**] **etw** the consumption of sth; **sparsam im ~ sein** to be economical ❷ (*verbrauchte Menge*) consumption; **einen bestimmten ~ [an** *dat* [*o* **von**] **etw] haben** to have a certain consumption [of sth]

ver·brau·chen* **I.** *vt* ❶ (*aufbrauchen*) ■ **etw** ~ to use up sth *sep*; **Lebensmittel ~** to eat [*or* consume] food [*or* BRIT foodstuffs]; **Vorräte ~** to use up [one's] provisions ❷ FIN (*ausgeben*) ■ **etw** ~ to spend sth ❸ ÖKON (*für den Betrieb von etw verwenden*) ■ **etw** ~ to consume sth **II.** *vr* (*bis zur Erschöpfung arbeiten*) ■ **sich** ~ to wear [*or fam* burn] oneself out

Ver·brau·cher(in) <-s, -> *m(f)* ÖKON consumer

Ver·brau·cher·ab·hol·markt *m* ÖKON cash and carry **Ver·brau·cher·auf·klä·rung** *f* consumer information *no pl* **Ver·brau·cher·aus·ga·ben** *pl* ÖKON consumer spending **Ver·brau·cher·be·fra·gung** *f* ÖKON consumer survey **Ver·brau·cher·be·ra·tung** *f* ÖKON ❶ *kein pl* (*Beratung von Verbrauchern*) consumer advice ❷ (*Beratungsstelle für Verbraucher*) consumer advice centre [*or* AM -er] **ver·brau·cher·feind·lich** *adj* not in the interests of the consumer [*or* consumers] *pred* **ver·brau·cher·freund·lich** *adj* consumer-friendly **Ver·brau·cher·grup·pe** *f* consumer group

Ver·brau·che·rin <-n, -nen> *f fem form von* **Verbraucher**

Ver·brau·cher·markt *m* cut-price supermarket **Ver·brau·cher·preis** *m* ÖKON consumer price **Ver·brau·cher·schutz** *m* consumer protection *no pl* **Ver·brau·cher·schüt·zer** *m* consumer advocate **Ver·brau·cher·tipp**[RR] *m* consumer information **Ver·brau·cher·ver·band** *m* consumer[s'] association **Ver·brau·cher·zen·tra·le** *f* consumer advice centre [*or* AM -er]

Ver·brauchs·gü·ter *pl* ÖKON consumer [*or* non-durable] goods *npl* **Ver·brauchs·steu·er** *f* FIN excise [duty], consumption [*or* excise] tax

ver·braucht *adj inv* exhausted, burnt-out *fam,* AM *usu* burned-out *fam*

ver·bre·chen <verbrach, verbrochen> *vt* (*fam*) ❶ (*anstellen*) ■ **etw** ~ to be up to sth; **was hast du denn da wieder ver-**

brochen! what have you been up to now? ② (*hum: stümperhaft anfertigen*) ■**etw ~** to be the perpetrator of sth

Ver·bre̤·chen <-s, -> *nt* crime

Ver·bre̤·chens·auf·klä·rung *f* [crime] clear-up rate **Ver·bre̤·chens·be·kämp·fung** *f no pl* crime fighting *no pl, no indef art,* fight against crime *no pl,* combating crime *no art* **Ver·bre̤·chens·ra·te** *f* crime rate **Ver·bre̤·chens·vor·beu·gung** *f* crime prevention

Ver·bre̤·cher(in) <-s, -> *m(f)* criminal

ver·bre̤·che·risch **I.** *adj* criminal; ■**~ sein** to be a criminal act; ■**~ sein, etw zu tun** to be a criminal act [*or* crime] to do sth **II.** *adv* **sie hat mich ~ verraten** it was [almost] criminal the way she betrayed me

Ver·bre̤·cher·kar·tei *f* criminal records *pl*

Ver·bre̤·cher·tum <-[e]s> *nt kein pl* ■**das ~** the criminal world *no pl*

ver·brei̲·ten* **I.** *vt* ① (*ausstreuen*) ■**etw ~** to spread sth; **falsche Informationen/Propaganda ~** to spread [*or* disseminate] false information/propaganda ② MEDIA (*vertreiben*) ■**etw ~** to sell [*or* distribute] sth ③ (*sich ausbreiten lassen*) ■**etw ~** to spread sth; **ein Virus/eine Krankheit ~** to spread a virus/a disease [*or* an illness] ④ (*erwecken*) ■**etw ~** to spread sth; **eine gute/schlechte Stimmung ~** to radiate a good/bad atmosphere **II.** *vr* ① (*umgehen*) ■**sich [in etw** *dat*] ~ to spread [through sth] [*or* circulate [[a]round sth]] [*or* get [a]round [sth]]; **schlechte Nachrichten ~ sich immer am schnellsten** bad news always gets around the quickest ② (*sich ausbreiten*) ■**sich [in etw** *dat*] ~ to spread [through sth]; ■**eine gute/schlechte Stimmung verbreitet sich** a good/bad atmosphere spreads through the place ③ AGR, HORT (*das Wachstum ausdehnen*) ■**sich [in** *dat* [*o* **durch**] **etw**] ~ to spread [through sth] ④ MED (*um sich greifen*) ■**sich ~** to spread ⑤ (*geh: sich auslassen*) ■**sich [über etw** *akk*] ~ to hold forth [on sth]

ver·brei·tern* [fɛɐ̯ˈbraitɐn] **I.** *vt* BAU ■**etw ~** to widen sth [*or* make sth wider] **II.** *vr* ■**sich [auf** *akk*/**um etw**] ~ to widen [out] [to/by sth]

Ver·brei̲·te·rung <-, -en> *f* ① BAU (*Aktion des Verbreiterns*) widening ② (*verbreiterter Abschnitt*) widened section

ver·brei̲·tet *adj* popular; ■**[in etw** *dat*] **[weit] ~ sein** to be [very] widespread [*or* popular] [in sth]

Ver·brei̲·tung <-, -en> *f* ① *kein pl* (*das Verbreiten*) spreading; *von Fehlinformationen, Propaganda* spreading, dissemination ② MEDIA (*Vertrieb*) sale *no pl,* selling *no pl,* distribution *no pl;* **eine [bestimmte] ~ finden** to have a certain circulation; **eine große ~ finden** to have a large circulation [*or* sell well] ③ MED (*Ausbreitung*) spread ④ BOT (*das allgemeine Auftreten*) distribution, dispersal

ver·bre̤n·nen* *irreg* **I.** *vt haben* ① (*in Flammen aufgehen lassen*) ■**etw ~** to burn sth; **Abfall** [*o* **Müll**] **~** to burn [*or* incinerate] waste [*or* AM garbage]; ■**sich ~** to set fire to oneself ② HIST ■**jdn ~** to burn sb [to death]; **jdn auf dem Scheiterhaufen/bei lebendigem Leibe ~** to burn sb at the stake/alive ③ (*versengen*) ■**etw ~** to scorch sth **II.** *vr haben* ① (*sich verbrühen*) ■**sich ~** to scald oneself; **sich die Zunge ~** to scald [*or* burn] one's tongue; *s. a.* **Zunge, Mund, Schnabel** ② (*sich ansengen*) ■**sich** *dat* **etw [an etw** *dat*] ~ to burn one's sth [on sth] **III.** *vi sein* to burn; *Gebäude* to burn [down]; *Fahrzeug* to burn [out]; *Mensch* to burn [to death]; **im Garten unseres Nachbarn verbrennt wieder Abfall!** our neighbour is burning [*or* incinerating] rubbish in his garden again!; ■**verbrannt** burnt; *s. a.* **riechen**

Ver·bre̤n·nung <-, -en> *f* ① *kein pl* (*das Verbrennen*) burning; *Abfall, Müll* burning, incineration ② AUTO, TECH (*das Verbrennen*) combustion ③ MED (*Brandwunde*) burn; **~ ersten/zweiten/dritten Grades** first-/second-/third-degree burn

Ver·bre̤n·nungs·mo·tor *m* AUTO [internal] combustion engine

ver·brie·fen* [fɛɐ̯ˈbriːfn̩] *vt* ■**[jdm] etw ~** to confirm sth in writing [*or* by document[s]] [for sb]; ■**verbrieft** confirmed in writing [*or* by document[s]]; **verbriefte Rechte** vested [*or* chartered] rights

ver·bri̲n·gen* *vt irreg* ① (*zubringen*) ■**etw [irgendwo] ~** to spend sth [somewhere]; ■**etw [mit/in** *dat* **etw**] ~ to spend sth doing/in sth; **ich verbringe fast den ganzen Tag mit meiner Arbeit/am Computer** I spend almost all day working/at [*or* on] my computer ② (*geh: transportieren*) ■**jdn/etw [irgendwohin]** ~ to transport [*or* take] sb/sth [somewhere]

ver·bro̲·chen *pp von* **verbrechen**

ver·brü·dern* [fɛɐ̯ˈbryːdɐn] *vr* ■**sich [mit jdm] ~** to fraternize [with sb]

Ver·brü̲·de·rung <-, -en> *f* fraternization

ver·brü̲·hen* *vt* ■**jdn ~** to scald sb; ■**sich [mit etw] ~** to scald oneself [with sth]; ■**[jdm/sich] etw ~** to scald [sb's/one's] sth

Ver·brü̲·hung <-, -en> *f* scald

ver·bu̲·chen* *vt* ① FIN (*buchen*) ■**etw [auf etw** *dat*] ~ to credit sth [to sth] ② (*verzeichnen*) ■**etw [als etw] ~** to mark up sth [as sth] *sep;* ■**etw [für sich] ~** to notch up sth [for oneself]; **hoffentlich können wir bald einen erfolgreichen Ausgang des Prozesses für uns ~** hopefully, we'll soon be able to celebrate a successful outcome to the trial

ver·bu̲d·deln* *vt* (*fam*) ■**etw ~** to bury sth

Ver·bum <-s, Verba> [ˈvɛrbʊm, *pl* ˈvɛrba] *nt* (*geh*) *s.* **Verb**

ver·bu̲m·meln* *vt* (*fam*) ① (*vertrödeln*) ■**etw ~** to waste [*or* BRIT fritter away] sth *sep* ② (*abhandenkommen lassen*) ■**etw ~** to mislay [*or* lose] sth

Ver·bund <-bunde> [fɛɐ̯ˈbʊnt, *pl* -bʏndə] *m* ÖKON combine

ver·bu̲n·den *adj* (*geh*) ■**jdm [für etw] ~ sein** to be obliged to sb [for sth]; **danke für den Tipp, ich bin Ihnen sehr ~** thanks for the tip, I'm much obliged [to you]

ver·bün·den* [fɛɐ̯ˈbʏndn̩] *vr* ① POL ■**sich [miteinander/mit jdm] ~** to form an alliance [with each other [*or* one another]/sb] [*or* ally oneself with [*or* to] sb]; ■**[miteinander/mit jdm] verbündet sein** to be allies [*or* allied with [*or* to] each other [*or* one another]/sb], to have formed an alliance [with each other [*or* one another]/sb] ② (*sich zusammenschließen*) ■**sich [mit jdm] [gegen jdn] ~** to form an alliance [*or* join forces] [with sb] [against sb] [*or* ally [oneself] with [*or* to] sb [against sb]]

Ver·bu̲n·den·heit <-> *f kein pl* closeness, unity

Ver·bü̲n·de·te(r) *f(m) decl wie adj* ally

Ver·bu̲nd·fahr·aus·weis *m* TRANSP travel pass **Ver·bu̲nd·glas** *nt kein pl* laminated glass **Ver·bu̲nd·ma·te·ri·al** *nt* composite [material] **Ver·bu̲nd·netz** *nt* ① TECH, ELEK grid system ② TRANSP public transport [*or* AM transportation] network **Ver·bu̲nd·sys·tem** *nt* TRANSP public transport [*or* AM transportation] system **Ver·bu̲nd·werk·stoff** *m* TECH composite material

ver·bü̲r·gen* **I.** *vr* ① (*für jdn einstehen*) ■**sich für jdn ~** to vouch for sb ② (*garantieren*) ■**sich für etw ~** to vouch for sth; ■**sich [dafür] ~, dass etw irgendwie ist** to vouch for sth being a certain way; **ich verbürge mich dafür, dass der Schmuck echt ist** I can vouch for the jewellery being genuine, I guarantee that the jewellery is genuine **II.** *vt* (*die Gewähr bieten*) ■**etw ~** to guarantee sth

ver·bü̲rgt *adj* guaranteed, established

ver·bü̲·ßen* *vt* JUR ■**etw ~** to serve sth

Ver·bü̲·ßung <-> *f kein pl* JUR serving; **nach/vor ~ [von etw]** after/before serving [sth]

ver·chro·men* [fɛɐ̯ˈkroːmən] *vt* TECH ■**etw ~** to chromium-plate [*or* chrome-plate] sth; ■**verchromt** chromium-plated, chrome-plated

ver·chro̲mt *adj inv* chrome-plated

Ver·dacht <-[e]s, -e *o* Verdächte> [fɛɐ̯ˈdaxt, *pl* -dɛçtə] *m kein pl* suspicion; **gibt es schon irgendeinen ~?** do you have a[ny particular] suspect [*or* suspect anyone [in particular]] yet?; **jdn [bei jdm] in ~ bringen** to cast suspicion on sb [in the eyes of sb]; **~ erregen** to arouse suspicion; **einen ~ haben** to have a suspicion, to suspect; **jdn in** [*o* **im**] **~ haben** to suspect sb; **jdn**

V

in [*o* im] ~ **haben, etw getan zu haben** to suspect sb of having done [*or* doing] sth; **den ~ auf jdn lenken** to cast [*or* throw] suspicion on sb; **den ~ von sich auf jdn lenken** to deflect suspicion [away] from oneself onto sb [else]; **[gegen jdn] ~ schöpfen** to become suspicious [of sb]; **im ~ stehen, etw getan zu haben** to be suspected of having done [*or* doing] sth; **etw auf ~ tun** to do sth on the strength of a hunch

ver·däch·tig [fɛɐ̯'dɛçtɪç] **I.** *adj* ❶ JUR (*suspekt*) suspicious; ■**[einer S.** *gen*] ~ **sein** to be suspected [of a thing] ❷ (*Argwohn erregend*) suspicious; **jdm ~ vorkommen** to seem suspicious to sb; **sich ~ machen** to arouse suspicion **II.** *adv* suspiciously

Ver·däch·ti·ge(r) *f(m) decl wie adj* suspect

ver·däch·ti·gen* [fɛɐ̯'dɛçtɪgn̩] *vt* ■**jdn [einer S.** *gen*] ~ to suspect sb [of a thing]; ■**jdn ~, etw getan zu haben** to suspect sb of having done [*or* doing] sth

Ver·däch·ti·gung <-, -en> *f* suspicion

Ver·dachts·mo·ment *nt* JUR (*Indiz*) [piece of] circumstantial evidence

ver·dad·deln* [fɛɐ̯'dadl̩n] *vt* (*fam*) ■**etw** ~ to gamble away *sep* [*or sl* blow] sth

ver·dam·men* [fɛɐ̯'damən] *vt* ■**jdn/etw** ~ to condemn sb/sth; ■**[zu etw] verdammt sein** to be doomed [to sth]

Ver·damm·nis <-> [fɛɐ̯'damnɪs] *f kein pl* **die ewige** ~ REL eternal damnation *no art*

ver·dammt *adj* ❶ (*sl o pej: Ärger ausdrückend*) damned *fam,* bloody BRIT *fam,* sodding BRIT *fam,* goddam[ned] *esp* AM; **~!** damn! *fam,* shit! *fam,* bugger! BRIT *vulg;* **du ~er Idiot!** (*fam*) you bloody [*or* goddam] idiot! *fam!* ❷ (*sehr groß*) **wir hatten ~es Glück!** we were damn [*or* BRIT *fam! a.* bloody] lucky! ❸ (*sehr, äußerst*) damn[ed] *fam,* bloody BRIT *fam*

ver·damp·fen* *vi sein* to evaporate [*or* vaporize]

ver·dan·ken* *vt* ❶ (*durch etw erhalten*) ■**[jdm] etw** ~ to have sb to thank for sth; ■**[es] jdm ~, dass** to have sb to thank that; ■**es ist jdm/etw zu ~, dass/wenn ...** it is thanks [*or* due] to sb/a thing that/if ...; **jdm etw zu ~ haben** (*iron*) to have sb to thank for sth *iron* ❷ SCHWEIZ (*geh: Dank aussprechen*) ■**[jdm] etw** ~ to express one's thanks [*or* gratitude] [to sb]

Ver·dan·kung <-, -en> *f* SCHWEIZ (*geh*) [official] expression of thanks [*or* gratitude]

ver·darb [fɛɐ̯'darp] *imp von* **verderben**

ver·dat·tert [fɛɐ̯'datɐt] **I.** *adj* (*fam*) flabbergasted *fam,* stunned; **mach nicht so ein ~es Gesicht!** don't look so flabbergasted [*or* nonplussed] [*or* stunned]! **II.** *adv* (*fam*) in a daze

ver·dau·en* [fɛɐ̯'dauən] **I.** *vt* ❶ (*durch Verdauung zersetzen*) ■**etw** ~ to digest sth ❷ (*fam: bewältigen*) ■**etw** ~ to get over sth **II.** *vi* PHYSIOL to digest one's food

ver·dau·lich *adj* digestible; **gut/schlecht** [*o* **schwer**] ~ easy to digest [*or* easily digestible]/difficult to digest; ■**[irgendwie]** ~ **sein** to be digestible [in a certain way]

Ver·dau·lich·keit <-> *f kein pl* digestibility

Ver·dau·ung <-> *f kein pl* digestion; **eine gute/schlechte ~ haben** to have good/poor digestion [*or spec* be eupeptic/dyspeptic]

Ver·dau·ungs·be·schwer·den *pl* indigestion **Ver·dau·ungs·or·gan** *nt* ANAT digestive organ **Ver·dau·ungs·säf·te** *pl* gastric juices *pl* **Ver·dau·ungs·spa·zier·gang** *m* (*fam*) after-dinner walk **Ver·dau·ungs·stö·rung** *f meist pl* MED dyspepsia, indigestion **Ver·dau·ungs·trakt** *m* digestive tract

Ver·deck <-[e]s, -e> *nt* hood, [folding [*or* convertible]] top; *Kinderwagen* hood; *Schiff, Bus* upper deck

ver·de·cken* *vt* ❶ (*die Sicht auf etw nehmen*) ■**[jdm] etw [mit etw]** ~ to cover [up *sep*] [sb's] sth [with sth]; **jdm die Sicht [mit etw]** ~ to block sb's view [with sth] ❷ (*maskieren*) ■**etw** ~ to conceal sth

ver·deckt *adj* ❶ (*geheim*) undercover; **eine ~e Kamera** a hidden [*or* concealed] camera; **eine ~e Operation** an undercover [*or* a covert] operation ❷ (*verborgen*) hidden; **~e Arbeitslosigkeit** concealed unemployment

ver·den·ken* *vt irreg* (*geh*) ■**[jdm] etw** ~ to hold sth against sb; ■**[jdm] etw nicht ~ können** not to be able to hold sth against sb; ■**es jdm nicht ~ können** [*o* **werden**], **dass/wenn jd etw tut** not to be able to blame sb for doing/if sb does sth

Ver·derb <-[e]s> [fɛɐ̯'dɛrp] *m kein pl* (*geh*) spoilage

ver·der·ben <verdarb, verdorben> [fɛɐ̯'dɛrbn̩] **I.** *vt haben* ❶ (*moralisch korrumpieren*) ■**jdn/etw** ~ to corrupt sb/sth ❷ (*ruinieren*) ■**[jdm] etw** ~ to ruin [sb's] sth; ■**jdn** ~ to ruin sb ❸ (*zunichtemachen*) ■**[jdm] etw** ~ to spoil [*or* ruin] [sb's] sth ❹ (*verscherzen*) ■**es sich** *dat* **[mit jdm]** ~ to fall out [with sb]; **es sich** *dat* **mit niemandem ~ wollen** to try to please [*or* want to keep in with] everybody **II.** *vi sein* to spoil, to go off *esp* BRIT, to go bad *esp* AM; *s. a.* **verdorben**

Ver·der·ben <-s> [fɛɐ̯'dɛrbn̩] *nt kein pl* (*geh*) doom; **jds ~ sein** to be sb's undoing [*or* ruin]; **in sein ~ rennen** to be heading for the rocks; **jdn ins ~ stürzen** to bring ruin upon sb

ver·derb·lich [fɛɐ̯'dɛrplɪç] *adj* ❶ (*nicht lange haltbar*) perishable; ■**[leicht** [*o* **rasch**]] ~ **sein** to be [highly] perishable ❷ (*unheilvoll*) corrupting, pernicious

ver·deut·li·chen* [fɛɐ̯'dɔytlɪçn̩] *vt* ■**[jdm] etw** ~ to explain sth [to sb]; **die zusätzlichen Schautafeln sollen den Sachverhalt ~** the additional illustrative charts should make the facts clearer; ■**jdm ~, was/wie ...** to explain to sb what/how ...; ■**sich** *dat* **[etw]** ~ to be clear [about sth]; ■**sich** *dat* **~, dass/was ...** to be clear that/as to what ...

Ver·deut·li·chung <-, -en> *f* clarification; **zur ~ [von etw]** to clarify [sth]

ver·deut·schen* [fɛɐ̯'dɔytʃn̩] *vt* ■**[jdm] etw** ~ ❶ (*fam*) to translate sth [for sb] into everyday language ❷ (*veraltend*) to translate sth [for sb] into German

Ver·di ['vɛrdi] *f* ÖKON *Akr von* **Vereinte Dienstleistungsgewerkschaft** *combined trade union for the service industry*

ver·dich·ten* **I.** *vt* ■**etw** ~ ❶ (*komprimieren*) to compress sth ❷ (*ausbauen*) *Verkehrsnetz* to develop sth **II.** *vr* ■**sich** *akk* ~ ❶ METEO (*dichter werden*) to become [*or* get] thicker ❷ (*sich intensivieren*) *Eindruck, Gefühl* to intensify; *Verdacht* to grow, to deepen ❸ TRANSP *Verkehr* to increase [in volume]

ver·di·cken* **I.** *vt* (*andicken*) ■**etw** ~ to thicken sth **II.** *vr* (*dicker werden*) ■**sich** *akk* ~ *Haut* to thicken; *Glied, Gelenk, Stelle* to swell

Ver·di·ckung <-, -en> *f* ❶ (*das Verdicken*) thickening *no pl* ❷ (*verdickte Stelle*) swelling

ver·die·nen* **I.** *vt* ❶ (*als Verdienst bekommen*) ■**etw** ~ to earn sth; **er verdient nur 3.000 Euro im Monat** he only earns 3,000 euros a month ❷ (*Gewinn machen*) ■**etw [an etw** *dat*] ~ to make sth [on sth]; **ich verdiene kaum 500 Euro am Wagen** I'm scarcely making 500 euros on the car ❸ (*sich erarbeiten*) ■**[sich** *dat*] **etw** ~ to earn the money for sth; **seinen Lebensunterhalt/sein Brot** *fam* ~ to earn one's living [*or* BRIT a crust] *fam* ❹ (*zustehen*) ■**etw [für etw** *akk*] ~ to deserve sth [for sth]; **eine glänzende Leistung, dafür ~ Sie Anerkennung** a magnificent achievement, you deserve recognition for that; **es nicht anders** [*o* **besser**] ~ to not deserve anything else [*or* better]; **sich** *dat* **etw verdient haben** to have earned sth; **nach dieser Leistung haben wir uns ein Glas Champagner verdient** we deserve a glass of champagne after this achievement **II.** *vi* ❶ (*einen Verdienst bekommen*) to earn a wage; ■**[irgendwie]** ~ to earn a [certain] wage; **als Verkäuferin verdienst du doch viel zu wenig** you earn far [*or* much] too little as a sales assistant ❷ (*Gewinn machen*) ■**[an etw** *dat*] ~ to make a profit [on [*or* from] sth]; **an diesem Projekt verdiene ich kaum** I'm scarcely making a profit on this project

Ver·die·ner(in) <-s, -> *m(f)* wage-earner

Ver·dienst¹ <-[e]s, -e> [fɛɐ̯'di:nst] *m* FIN income, earnings *npl*

Ver·dienst² <-[e]s, -e> [fɛɐ̯'di:nst] *nt* (*anerkennenswerte Tat*) ■**jds ~e** *pl* **[um etw** *akk*] sb's credit [for sth]; **seine ~e** *pl* **um**

die Heimatstadt his services *pl* to his home town; **sich** *dat* **~e** *pl* [**um etw** *akk*] **erwerben** to make a contribution [to sth]; **jds ~** [*o* **das ~ einer S.** *gen*] **sein, dass** to be thanks to sb [*or* a thing] that; **es ist einzig sein ~, dass die Termine eingehalten werden konnten** it's solely thanks to him that the schedules could be adhered to

Ver·dienst·aus·fall *m* loss of earnings *pl*

Ver·dienst·kreuz *nt national decoration awarded for services to the community*

Ver·dienst·mög·lich·keit *f* source of income

Ver·dienst·or·den *m* Order of Merit **ver·dienst·voll** *adj* ❶ (*anerkennenswert*) commendable ❷ *s.* **verdient 2**

ver·dient [fɛɐ̯'di:nt] **I.** *adj* ❶ (*zustehend*) well-deserved; **~e Strafe/~er Tadel** rightful punishment/admonition ❷ (*Verdienste aufweisend*) of outstanding merit; **ein ~er Wissenschaftler** a scientist of outstanding merit; **sich** *akk* **um etw** *akk* **~ machen** to render outstanding services to sth ❸ SPORT (*sl: der Leistung gemäß*) deserved **II.** *adv* SPORT (*sl: leistungsgemäß*) deservedly; **die Mannschaft hat ~ gewonnen** the team deserved to win

ver·dien·ter·ma·ßen, ver·dien·ter·wei·se *adv* deservedly

ver·din·gen* [fɛɐ̯'dɪŋən] *vr* (*veraltend*) ■**sich** *akk* [**bei jdm**] **~** to enter service [with sb] *dated*

ver·dirbt [fɛɐ̯'dɪrpt] *3. pers pres von* **verderben**

ver·dol·met·schen* *vt* (*fam*) ■[**jdm**] **etw ~** to interpret sth [for sb]

ver·don·nern* *vt* (*fam*) ❶ (*verurteilen*) ■**jdn** [**zu etw** *dat*] **~** to sentence sb [to sth]; **den Einbrecher hat man zu drei Jahren Knast verdonnert** the burglar was sentenced to three years' imprisonment ❷ (*anweisen*) ■**jdn** [**zu etw** *dat*] **~** to order sb to do sth; **meine Frau hat mich zum Spülen verdonnert** my wife has ordered me to do the washing up; ■**jdn dazu ~, etw zu tun** to order sb to do sth

ver·don·nert *adj* (*veraltend fam*) thunderstruck *dated*

ver·dop·peln* **I.** *vt* ❶ (*auf das Doppelte erhöhen*) ■**etw** [**auf etw** *akk*] **~** to double sth [to sth]; **sie verdoppelte ihren Einsatz auf hundert Euro** she doubled her stake to one hundred euros ❷ (*deutlich verstärken*) ■**etw ~** to redouble sth; **seine Anstrengungen ~** to redouble one's efforts; **mit verdoppeltem Eifer** with redoubled enthusiasm **II.** *vr* (*sich auf das Doppelte erhöhen*) ■**sich** *akk* [**auf etw** *akk*] **~** to double [to sth]; **im letzten Jahr hat sich unser Gewinn auf Euro 250.000,- verdoppelt** last year our profit doubled to two hundred and fifty thousand euros

Ver·dop·pe·lung <-, -en> *f*, **Ver·dopp·lung** <-, -en> *f* ❶ (*Erhöhung auf das Doppelte*) doubling ❷ (*deutliche Verstärkung*) redoubling

ver·dor·ben [fɛɐ̯'dɔrbn̩] **I.** *pp von* **verderben II.** *adj* ❶ (*ungenießbar geworden*) bad, off *pred* BRIT; **das Fleisch riecht so merkwürdig, wahrscheinlich ist es ~** the meat smells so peculiar, it's probably off ❷ (*moralisch korrumpiert*) corrupt ❸ MED **einen ~en Magen haben** to have an upset stomach

Ver·dor·ben·heit <-> *f kein pl* [moral] corruptness [*or* corruption] *no pl*

ver·dor·ren* [fɛɐ̯'dɔrən] *vi sein* to wither; **ein verdorrter Baum** a withered tree

ver·drän·gen* *vt* ❶ (*vertreiben*) ■**jdn** [**aus etw** *dat*] **~** to drive sb out [of sth] ❷ (*unterdrücken*) ■**etw ~** to suppress [*or* repress] sth; **eine Erinnerung ~** to suppress [*or* repress] a memory ❸ PHYS **Wasser ~** to displace water

Ver·drän·gung <-, -en> *f* ❶ (*Vertreibung*) driving out, ousting ❷ (*Unterdrückung*) suppression, repression ❸ PHYS displacement

Ver·drän·gungs·künst·ler(in) *m(f)* master at suppressing things *pl* **Ver·drän·gungs·wett·be·werb** *m* ÖKON cutthroat competition

ver·dre·cken* **I.** *vi sein* (*fam: sehr dreckig werden*) to get filthy; ■**etw ~ lassen** to let sth get filthy **II.** *vt haben* (*sehr dreckig machen*) ■**etw ~** to make sth filthy [*or* dirty]

ver·dreckt *adj* filthy

ver·dre·hen* *vt* ■**etw ~** ❶ (*wenden*) to twist sth; **die Augen/den Hals/Kopf ~** to roll one's eyes/crane one's neck/twist one's head round ❷ (*entstellen*) to distort sth; **die Tatsachen ~** to distort the facts ▶ WENDUNGEN: **jdm den Kopf ~** to turn sb's head

ver·drei·fa·chen* [fɛɐ̯'draifaxn̩] **I.** *vt* (*auf das Dreifache erhöhen*) ■**etw** [**auf etw** *akk*] **~** to treble [*or* triple] sth [to sth] **II.** *vr* (*sich auf das Dreifache erhöhen*) ■**sich** *akk* [**auf etw** *akk*] **~** to treble [*or* triple]; **ihr Einkommen hat sich verdreifacht** her income has increased threefold

Ver·drei·fa·chung <-, -en> *f* trebling, tripling

ver·dre·schen* *vt irreg* (*fam*) ■**jdn ~** to beat up sb *sep fam*, to thrash sb

ver·drie·ßen <verdross, verdrossen> [fɛɐ̯'dri:sn̩] *vt* (*geh*) ■**jdn ~** to irritate [*or* annoy] sb; **es sich** *dat* **nicht ~ lassen** to not be put off

ver·drieß·lich [fɛɐ̯'dri:slɪç] *adj* (*geh*) ❶ (*missmutig*) **~es Gesicht** sullen face; **~e Stimmung** morose mood ❷ (*misslich*) tiresome

ver·dross^{RR}, **ver·droß**^{ALT} [fɛɐ̯'drɔs] *imp von* **verdrießen**

ver·dros·sen [fɛɐ̯'drɔsn̩] **I.** *pp von* **verdrießen II.** *adj* sullen, morose

Ver·dros·sen·heit <-> *f kein pl* sullenness *no pl*, moroseness *no pl*

ver·drü·cken* **I.** *vt* (*fam: verzehren*) ■**etw ~** to polish off sth *sep fam* **II.** *vr* (*fam: verschwinden*) ■**sich** *akk* [**irgendwohin**] **~** to slip away [somewhere]; **er verdrückte sich durch den Hintereingang** he slipped away through the rear entrance

Ver·druss^{RR} <-es, -e> *m*, **Ver·druß**^{ALT} <-sses, -sse> [fɛɐ̯'drʊs] *m meist sing* (*geh*) annoyance; **jdm ~ bereiten** to annoy sb; **zu jds ~, jdm zum ~** to sb's annoyance

ver·duf·ten* *vi sein* (*fam*) to clear off *fam*

ver·dum·men* [fɛɐ̯'dʊmən] **I.** *vt haben* (*jds geistiges Niveau senken*) ■**jdn ~** to dull sb's mind **II.** *vi sein* (*verblöden*) to become stupid

Ver·dum·mung <-> *f kein pl* dulling of sb's mind *no pl*

ver·dun·gen *pp von* **verdingen**

ver·dun·keln* **I.** *vt* ❶ (*abdunkeln*) ■**etw ~** to black out sth ❷ (*verdüstern*) ■**etw ~** to darken sth; **düstere Gewitterwolken begannen den Himmel zu ~** murky storm clouds began to darken the sky ❸ JUR (*verschleiern*) ■**etw ~** to obscure sth **II.** *vr* (*dunkler werden*) ■**sich** *akk* **~** to darken; **der Himmel verdunkelt sich** the sky is growing darker

Ver·dun·ke·lung <-, -en> *f*, **Ver·dunk·lung** <-, -en> *f* ❶ *kein pl* (*das Verdunkeln*) black-out ❷ JUR (*Verschleierung*) suppression of evidence *no pl*

Ver·dun·ke·lungs·ge·fahr *f*, **Ver·dunk·lungs·ge·fahr** *f* JUR danger of suppression of evidence

ver·dün·nen* [fɛɐ̯'dʏnən] *vt* ■**etw** [**mit etw** *dat*] **~** to dilute sth [with sth]; ■**verdünnt** diluted

Ver·dün·ner <-s, -> *m* thinner

ver·dün·ni·sie·ren* [fɛɐ̯dʏni'zi:rən] *vr* (*hum fam*) ■**sich** *akk* **~** to make oneself scarce *fam*

Ver·dün·nung <-, -en> *f kein pl* ❶ (*das Verdünnen*) dilution *no pl* ❷ (*verdünnter Zustand*) diluted state, dilution ❸ TECH (*Verdünner*) diluent

ver·duns·ten* *vi sein* to evaporate

Ver·duns·tung <-> *f kein pl* evaporation *no pl*

ver·durs·ten* *vi sein* ❶ (*an Durst sterben*) to die of thirst ❷ (*fam: furchtbar durstig sein*) to be dying of thirst *fam*

ver·düs·tern* **I.** *vr* (*geh*) ■**sich** *akk* **~** to darken [*or* grow dark]; **der Himmel verdüstert sich zusehends** the sky is visibly growing darker **II.** *vt* (*geh*) ■**etw ~** to darken sth; **die Regenwolken begannen den Himmel zu ~** the rainclouds began to darken the sky

ver·dut·zen* *vt* (*fam*) ■**jdn** [**mit etw** *dat*] **~** to confuse sb

V

[with sth], to take sb aback [with sth]
ver·dutzt [fɛɐ̯ˈdʊtst] I. *adj* (*fam*) ❶ (*verwirrt*) baffled, confused; **ein ~es Gesicht machen** to appear baffled [*or* nonplussed] ❷ (*überrascht*) taken aback *pred* II. *adv* in a confused [*or* baffled] manner; **sich** *akk* **~ umdrehen** to turn round in confusion [*or* bafflement]
ver·ẹb·ben* *vi sein* (*geh*) to subside
ver·edeln* [fɛɐ̯ˈʔeːdl̩n] *vt* ■**etw ~** ❶ (*qualitätsmäßig verbessern*) to refine sth; ■**veredelt** refined ❷ HORT (*durch Aufpfropfen verändern*) to graft sth; ■**veredelt** grafted
Ver·ẹd(e)·lung <-, -en> *f* ❶ TECH refinement ❷ HORT (*das Veredeln*) grafting *no pl*
ver·ẹhe·li·chen* *vr* (*geh*) ■**sich** *akk* [**mit jdm**] ~ to marry [sb]
Ver·ẹhe·li·chung <-, -en> *f* (*geh*) marriage
ver·ẹh·ren* *vt* ❶ (*bewundernd schätzen*) ■**jdn ~** to admire sb ❷ REL (*anbeten*) ■**jdn** [*o* **ein Tier**] [*o* **etw**] ~ to worship sb [*or* an animal] [*or* sth] ❸ (*hum: schenken*) ■[**jdm**] **etw ~** to give [sb] sth
Ver·ẹh·rer(in) <-s, -> *m(f)* ❶ (*Bewunderer*) admirer ❷ REL (*Anbeter*) worshipper
ver·ẹhrt *adj* ❶ (*Floskel in einer Ansprache: geschätzt*) **~e Anwesende!** *pl* Ladies and Gentlemen! *pl* ❷ (*Floskel im Brief: geehrt*) dear; **~e Frau Professorin!** Dear Professor,
Ver·ẹh·rung *f kein pl* ❶ (*bewundernde Schätzung*) admiration *no pl*; **jdm seine ~ bezeigen** to show one's admiration for sb; ■**jds ~ für jdn** sb's admiration for sb ❷ REL (*Anbetung*) worship *no pl*
ver·ẹh·rungs·wür·dig *adj* (*geh*) honourable [*or* AM -orable], estimable *form*
ver·ei·di·gen* [fɛɐ̯ˈʔaidɪgn̩] *vt* JUR ❶ (*einen Eid leisten lassen*) ■**jdn ~** to swear in sb *sep* ❷ (*eidlich auf etw verpflichten*) ■**jdn** [**auf etw** *akk*] ~ to make sb swear to sth; **der Präsident wurde auf die Verfassung vereidigt** the president was sworn to uphold the constitution
ver·ei·digt [fɛɐ̯ˈʔaidɪçt] *adj* JUR sworn; **ein ~er Übersetzer** a sworn [*or* certified] translator; **gerichtlich ~** certified before the court
Ver·ei·di·gung <-, -en> *f* JUR swearing in
Ver·ein <-[e]s, -e> [fɛɐ̯ˈʔain] *m* ❶ (*Organisation Gleichgesinnter*) club, association; **aus einem ~ austreten** to resign from a club; **in einen ~ eintreten** to join a club; **eingetragener ~** registered society; **gemeinnütziger ~** charitable organization ❷ (*pej fam: Haufen*) bunch, crowd *fam*, outfit *fam*; **von dem ~ kommt mir keiner ins Haus!** none of that lot is setting foot in my house! ▶ WENDUNGEN: **im ~ mit jdm** in conjunction with sb
ver·ein·bar *adj* compatible; ■[**mit etw** *dat*] ~ **sein** to be compatible [with sth]
ver·ein·ba·ren* [fɛɐ̯ˈʔainbaːrən] *vt* ❶ (*miteinander absprechen*) ■**etw** [**mit jdm**] ~ to agree sth [with sb]; **wir hatten 20 Uhr vereinbart** we had agreed eight o'clock, our arrangement was for eight o'clock; ■[**mit jdm**] **~, dass** to agree [*or* arrange] [with sb] that ❷ (*in Einklang bringen*) ■**etw** [**mit etw** *dat*] ~ to reconcile sth [with sth]; **ich weiß nicht, wie ich diese Handlungsweise mit meinem Gewissen ~ soll** I don't know how to reconcile this behaviour with my conscience; ■**sich** *akk* [**mit etw** *dat*] ~ **lassen** [*o* [**mit etw** *dat*] **zu ~ sein**] to be compatible [with sth]
ver·ein·bart *adj inv* agreed
Ver·ein·ba·rung <-, -en> *f* ❶ *kein pl* (*das Vereinbaren*) arranging *no pl* ❷ (*Abmachung*) agreement; **laut ~** as agreed; **nach ~** by arrangement
ver·ein·ba·rungs·ge·mäß *adv* as agreed [*or* arranged]
ver·ei·nen* *vt* ❶ (*zusammenschließen*) ■**etw ~** to unite [*or* combine] sth ❷ (*vereinbaren*) ■[**miteinander**] **zu ~ sein** to be able to be reconciled [with each other]; *s. a.* **Hand**
ver·ein·fa·chen* [fɛɐ̯ˈʔainfaxn̩] *vt* ■**etw ~** to simplify sth
ver·ein·facht I. *adj* simplified; **eine ~e Skizze** a simplified sketch II. *adv* in a simplified way
Ver·ein·fa·chung <-, -en> *f* simplification
ver·ein·heit·li·chen* [fɛɐ̯ˈʔainhaitlɪçn̩] *vt* ■**etw ~** to standardize sth
Ver·ein·heit·li·chung <-, -en> *f* standardization
ver·ei·ni·gen* I. *vt* (*zusammenschließen*) ■**etw** [**zu etw** *dat*] ~ to unite [*or* combine] [to form sth]; **Staaten ~** to unite states; **Firmen/Organisationen** *pl* ~ to merge firms/organizations *pl* II. *vr* ❶ (*sich zusammenschließen*) ■**sich** *akk* [**zu etw** *dat*] ~ to merge [to form sth] ❷ GEOG (*zusammenfließen*) ■**sich** *akk* [**zu etw** *dat*] ~ to meet [to form sth]; **die beiden Flüsse ~ sich zur Weser** the two rivers meet to form the Weser
ver·ei·nigt *adj* united; *s. a.* **Emirat, Königreich, Staat**
Ver·ei·nig·te Ara·bi·sche Emi·ra·te *pl* United Arab Emirates *pl*; *s. a.* **Deutschland**
Ver·ei·nig·tes Kö·nig·reich *nt* United Kingdom
Ver·ei·nig·te Staa·ten (**von Ame·ri·ka**) *pl* United States [of America] *pl*; *s. a.* **Deutschland**
Ver·ei·ni·gung <-, -en> *f* ❶ (*Organisation*) organization; **kriminelle ~** criminal organization ❷ *kein pl* (*Zusammenschluss*) amalgamation; **die ~ verschiedener Chemiefirmen** the amalgamation of various chemical companies; **die deutsche ~** German reunification
Ver·ei·ni·gungs·kri·mi·na·li·tät *f* organized crime
ver·ein·nah·men* [fɛɐ̯ˈʔainnaːmən] *vt* ❶ (*mit Beschlag belegen*) ■**jdn ~** to take up sb's time, to monopolize sb ❷ (*geh: einnehmen*) ■**etw ~** to collect sth; **Steuern ~** *pl* to collect taxes *pl*
ver·ein·sa·men* [fɛɐ̯ˈʔainzaːmən] *vi sein* to become lonely
Ver·ein·sa·mung <-> *f kein pl* loneliness *no pl*
Ver·eins·bei·trag *m* membership fee **Ver·eins·fuß·bal·ler(in)** *m(f)* club player **Ver·eins·mei·er** [fɛɐ̯ainsˈmaiɐ] *m* (*pej fam*) **ein richtiger ~** a clubman through and through **Ver·eins·mit·glied** *nt* club member **Ver·eins·sat·zung** *f* club rules *pl*, a society's constitution **Ver·eins·vor·sit·zen·de(r)** *m(f)* club chairman [*or* chair]
ver·eint *adj inv* united
ver·ein·zelt [fɛɐ̯ˈʔaintsl̩t] I. *adj* ❶ METEO (*örtlich*) isolated; **~e Regenschauer** *pl* isolated [*or* scattered] showers *pl* ❷ (*sporadisch auftretend*) occasional II. *adv* METEO (*örtlich*) in places *pl*; **es kam ~ zu länger anhaltenden Regenfällen** there were longer outbreaks of rain in places
ver·ei·sen* I. *vi sein* to ice up [*or* over]; ■**vereist** iced up [*or* over]; **eine ~e Fahrbahn** an icy road; **fahr vorsichtig, die Straße ist vereist!** drive carefully, there's ice on the road! II. *vt haben* (*lokal anästhesieren*) ■**etw ~** to freeze sth
ver·ei·teln* [fɛɐ̯ˈʔaitl̩n] *vt* ■**etw ~** to thwart [*or* prevent] sth
Ver·ei·te·lung <-> *f kein pl* thwarting *no pl*, prevention *no pl*
ver·ei·tern* *vi sein* (*sich eitrig entzünden*) to go septic; (*eitrig entzündet sein*) to have turned septic; **eine vereiterte Wunde** a septic wound; ■**vereitert sein** to be septic
Ver·ei·te·rung <-, -en> *f* sepsis *no pl*
ver·elen·den* [fɛɐ̯ˈeːlɛndn̩] *vi sein* (*geh*) to become impoverished
ver·ẹn·den* *vi sein* to perish [*or* die]
ver·en·gen* [fɛɐ̯ˈʔɛŋən] I. *vr* ❶ MED, ANAT (*sich zusammenziehen*) ■**sich** *akk* ~ *Pupillen* to contract; *Gefäße* to become constricted ❷ TRANSP (*enger werden*) ■**sich** *akk* [**auf etw** *akk*] ~ to narrow [to sth]; **die Autobahn verengt sich auf zwei Fahrspuren** the motorway narrows to [*or* goes into] two lanes II. *vt* MED, ANAT (*enger werden lassen*) ■**etw ~** to constrict sth; **Nikotin verengt die Gefäße** nicotine constricts the blood vessels
Ver·ẹn·gung <-, -en> *f* ❶ *kein pl* MED, ANAT (*das Kontrahieren*) *Gefäß* constriction; *Pupillen* contraction ❷ TRANSP (*verengte Stelle*) narrow section ❸ MED (*verengte Stelle*) stenosis *spec*, stricture *spec*
ver·ẹr·ben* I. *vt* ❶ (*als Erbschaft hinterlassen*) ■[**jdm**] **etw ~**

to leave [*or form* bequeath] [sb] sth ❷ (*durch Vererbung weitergeben*) ■ [**jdm**] **etw** ~, ■ **etw** [**auf jdn**] ~ to pass on sth *sep* [to sb]; (*hum fam: schenken*) to hand on sth *sep* [to sb] **II.** *vr* ■ **sich** *akk* [**auf jdn**] ~ to be passed on [to sb], to be hereditary

Ver·ẹr·bung <-, *selten* -en> *f* BIOL heredity *no pl, no art*

Ver·ẹr·bungs·ge·setz *nt* law of heredity, Mendelian law **Ver·ẹr·bungs·leh·re** *f* genetics + *sing vb, no art*

ver·ewi·gen* [fɛɐ̯ˈʔeːvɪɡn̩] **I.** *vr* (*fam: Spuren hinterlassen*) ■ **sich** *akk* [**auf etw** *dat*] ~ to leave one's mark for posterity [on sth] **II.** *vt* ■ **etw** ~ ❶ (*perpetuieren*) to perpetuate sth ❷ (*unvergesslich, unsterblich machen*) to immortalize sth

ver·fah·ren*[1] [fɛɐ̯ˈʔfaːrən] *vi irreg sein* ❶ (*vorgehen*) ■ [**irgendwie**] ~ to proceed [*or* act] [in a certain way] ❷ (*umgehen*) ■ [**mit jdm**] [**irgendwie**] ~ to deal with sb [in a certain way]

ver·fah·ren*[2] [fɛɐ̯ˈʔfaːrən] *irreg* **I.** *vt* (*durch Fahren verbrauchen*) ■ **etw** ~ to use up sth *sep* **II.** *vr* (*sich auf einer Fahrt verirren*) ■ **sich** *akk* ~ to lose one's way

ver·fah·ren[3] [fɛɐ̯ˈʔfaːrən] *adj* muddled; **die Situation ist völlig** ~ the situation is a total muddle

Ver·fah·ren <-s, -> [fɛɐ̯ˈʔfaːrən] *nt* ❶ TECH (*Methode*) process; **dieses ~ soll die Produktion wesentlich verbilligen** this process should make production considerably cheaper ❷ JUR (*Gerichts~*) proceedings *npl;* **gegen jdn läuft ein** ~ proceedings are being brought against sb; **ein** ~ [**gegen jdn**] **einleiten** to institute proceedings [against sb]

Ver·fa̲h·rens·be·schleu·ni·gung *f* JUR speeding up of the proceedings **Ver·fa̲h·rens·kos·ten** *pl* JUR, ADMIN costs *pl* [of the proceedings] **Ver·fa̲h·rens·weg** *m* JUR procedure **Ver·fa̲h·rens·wei·se** *f* procedure

Ver·fall [fɛɐ̯ˈfal] *m kein pl* ❶ (*das Verfallen*) dilapidation *no pl, no indef art;* **der ~ historischer Gebäude** the dilapidation of historical buildings; **in ~ geraten** to fall into decay ❷ MED decline *no pl* ❸ (*das Ungültigwerden*) expiry *no pl, no indef art* ❹ (*geh: Niedergang*) decline *no pl;* **der ~ der Moral** the decline in morals *npl;* **der ~ des Römischen Reiches** the fall of the Roman Empire

Ver·fạll·da·tum *nt s.* **Verfallsdatum**

ver·fạl·len*[1] *vi irreg sein* ❶ (*zerfallen*) to decay, to fall into disrepair ❷ (*immer schwächer werden*) to deteriorate ❸ (*ungültig werden*) *Eintritts-, Fahrkarte, Ticket, Gutschein* to expire; *Anspruch, Recht* to lapse ❹ FIN (*rapide weniger wert werden*) to fall ❺ (*erliegen*) ■ [**jdm**] ~ to be captivated [by sb]; ■ [**einer S.** *dat*] ~ to become enslaved [by a thing] ❻ (*sich einfallen lassen*) ■ [**auf etw** *akk*] ~ to think of sth; **wer ist denn auf so einen verrückten Plan ~?** whoever thought up such an insane plan?; ■ **darauf ~, etw zu tun** to give sb the idea of doing sth ❼ (*kommen auf*) ■ [**auf jdn**] ~ to think of sb; **wir suchten einen Spezialisten, da sind wir auf ihn** ~ we were looking for a specialist and we thought of him ❽ JUR ■ **jdm** ~ to be forfeited to sb

ver·fạl·len[2] *adj* ❶ (*völlig baufällig*) dilapidated ❷ (*abgelaufen*) expired

Ver·fạlls·da·tum *nt* ÖKON ❶ (*der Haltbarkeit*) use-by date; **Packungen mit Nahrungsmitteln müssen mit einem ~ gekennzeichnet sein** packets containing food must be labelled with a best-before-date ❷ (*der Gültigkeit*) expiry date ❸ (*der Zahlbarkeit*) expiry date

ver·fạ̈l·schen* *vt* ❶ (*falsch darstellen*) ■ **etw** ~ to distort sth ❷ (*in der Qualität mindern*) ■ **etw** [**durch etw** *akk*] ~ to adulterate sth [with sth]

Ver·fạ̈l·schung *f* ❶ (*das Verfälschen*) distortion ❷ (*Qualitätsminderung*) adulteration

ver·fạn·gen* *irreg* **I.** *vr* ■ **sich** *akk* [**in etw** *dat*] ~ ❶ (*hängen bleiben*) to get caught [in sth] ❷ (*sich verstricken*) to become entangled [in sth]; **sich** *akk* **in Lügen** ~ to become entangled in a web of lies **II.** *vi* (*den erstrebten Effekt hervorrufen*) ■ [**bei jdm**] **nicht** [*o* **nicht mehr**] ~ to not cut [*or* to no longer cut] any ice [with sb]

ver·fäng·lich [fɛɐ̯ˈfɛŋlɪç] *adj* awkward, embarrassing

ver·fạ̈r·ben* **I.** *vr* ■ **sich** *akk* [**irgendwie**] ~ to turn [a certain colour [*or* AM -or]]; **im Herbst ~ sich die Blätter** the leaves change colour in autumn **II.** *vt* ■ **etw** ~ to discolour [*or* AM -or] sth; **nicht farbechte Kleidungsstücke ~ andere** items of clothing that are not colourfast discolour other items

Ver·fạ̈r·bung *f* ❶ *kein pl* (*Wechsel der Farbe*) change of colour [*or* AM -or] ❷ *kein pl* (*Annahme anderer Farbe*) discolouration [*or* AM -oration] *no pl, no indef art* ❸ (*abweichende Färbung*) discolouration [*or* AM -oration] *no pl, no indef art*

ver·fạs·sen* *vt* ■ **etw** ~ to write sth; **einen Entwurf/ein Gesetz/eine Urkunde** ~ to draw up a design/a law/a document

Ver·fas·ser(in) <-s, -> [fɛɐ̯ˈfasɐ] *m(f)* author

Ver·fạs·sung *f* ❶ *kein pl* (*Zustand*) condition *no pl;* (*körperlich*) state [of health]; (*seelisch*) state [of mind]; **in einer bestimmten ~ sein** [*o* **sich** *akk* **in einer bestimmten ~ befinden**] to be in a certain state; **in guter** ~ in good form [*or* shape] ❷ POL constitution

Ver·fạs·sungs·än·de·rung *f* constitutional amendment **Ver·fạs·sungs·be·schwer·de** *f* complaint about constitutional infringements *pl* **Ver·fạs·sungs·bruch** *m* POL violation of the constitution **ver·fạs·sungs·feind·lich** *adj* JUR anticonstitutional **Ver·fạs·sungs·ge·richt** *nt* constitutional court **Ver·fạs·sungs·kla·ge** *f formal complaint about unconstitutional decision made by the courts* **ver·fạs·sungs·mä·ßig** *adj* constitutional, according to the constitution **Ver·fạs·sungs·re·form** *f* constitutional reform **Ver·fạs·sungs·rich·ter(in)** *m(f)* constitutional judge **Ver·fạs·sungs·schutz** *m* ❶ (*Schutz*) protection of the constitution ❷ (*fam: Amt*) Office for the Protection of the Constitution **Ver·fạs·sungs·treue** *f* POL loyalty to the constitution **ver·fạs·sungs·wid·rig** *adj* unconstitutional

ver·fa̲u·len* *vi sein* ❶ (*durch Fäulnis verderben*) to rot; **verfaulte Kartoffeln** *pl* rotten potatoes *pl* ❷ (*verwesen*) to decay; **verfaulte Zähne** *pl* decayed [*or* rotten] teeth *pl*

ver·fẹch·ten* *vt irreg* ■ **etw** ~ to champion [*or* advocate] sth

Ver·fẹch·ter(in) *m(f)* advocate, champion

ver·fe̲h·len* *vt* ❶ (*nicht treffen*) ■ **jdn/etw** ~ to miss sb/sth; ■ **nicht zu ~ sein** to be impossible to miss ❷ (*verpassen*) ■ **jdn/etw** ~ to miss sb/sth; **beeil dich, sonst ~ wir noch unseren Anschluss!** hurry up or we'll miss our connection! ❸ (*nicht erreichen*) ■ **etw** ~ not to achieve sth; **das Thema** ~ to go completely off the subject; **seinen Beruf** ~ to miss one's vocation ❹ (*versäumen*) ■ [**es**] **~, etw zu tun** to fail to do sth

ver·fe̲hlt *adj* ❶ (*misslungen*) unsuccessful; **eine ~e Politik** an unsuccessful policy ❷ (*unangebracht*) inappropriate; ■ **es wäre ~, etw zu tun** it would be inappropriate to do sth

Ver·fe̲h·lung <-, -en> *f* misdemeanour [*or* AM -or]

ver·fein·den* [fɛɐ̯ˈfaindn̩] *vr* ■ **sich** *akk* [**mit jdm/miteinander**] ~ to fall out [with sb/each other]; ■ **verfeindet sein** to have quarrelled [*or* AM quareled], to be enemies; **verfeindete Staaten** enemy states

ver·fei·nern* [fɛɐ̯ˈfainɐn] *vt* ❶ KOCHK ■ **etw** [**mit etw** *dat*] ~ to improve sth [with sth] ❷ (*raffinierter gestalten*) ■ **etw** ~ to refine sth

Ver·fe̲i·ne·rung <-, -en> *f* ❶ KOCHK improvement ❷ (*raffiniertere Gestaltung*) refinement

ver·fe·men* [fɛɐ̯ˈfeːmən] *vt* (*geh*) ■ **jdn/etw** ~ to ban sb/sth

ver·fẹr·ti·gen* *vt* (*geh*) ■ **etw** ~ to produce sth

ver·fẹs·ti·gen* *vr* ■ **sich** *akk* ~ ❶ (*fester werden*) to harden [*or* solidify]; *Farbe, Lack* to dry; *Klebstoff* to set ❷ (*erinnert werden*) to become firmly established

ver·fẹt·ten* *vi sein* MED to become fatty

Ver·fẹt·tung <-, -en> *f* MED fatty degeneration

ver·fe̲u·ern* *vt* ❶ (*verschießen*) ■ **etw** ~ to fire sth ❷ (*verbrennen*) ■ **etw** ~ to burn sth

ver·fi̲l·men* *vt* ■ **etw** ~ to film sth, to make a film of sth

Ver·fịl·mung <-, -en> *f* ❶ *kein pl* (*das Verfilmen*) filming *no pl, no indef art* ❷ (*Film*) film
ver·fịl·zen* *vi sein Kleidungsstück aus Wolle* to become felted; *Kopfhaar* to become matted; **ein verfilzter Pullover** a felted pullover; **verfilzte Haare** matted hair
ver·fịlzt *adj* (*fam*) interconnected; ■**[miteinander]** ~ **sein** to be inextricably linked
ver·fins·tern* [fɛɐ̯'fɪnstɐn] **I.** *vt* to darken; **den Mond/die Sonne** ~ to eclipse the moon/the sun **II.** *vr* ■**sich** *akk* ~ to darken
ver·fla·chen* [fɛɐ̯'flaxn̩] **I.** *vt* (*flach machen*) ■**etw** ~ to flatten sth, to level out sth *sep* **II.** *vi* (*flach werden*) to flatten [*or* level] out; (*seicht werden*) *Wasser* to become shallow; (*fig: oberflächlich werden*) to become superficial [*or* trivial]
ver·flẹch·ten* *vt irreg* ■**etw [miteinander]** ~ to interweave [*or* intertwine] sth
Ver·flẹch·tung <-, -en> *f* interconnection; POL, FIN integration
ver·flie̲·gen* *irreg* **I.** *vi sein* ❶ (*schwinden*) *Zorn* to pass; *Heimweh, Kummer* to vanish ❷ (*sich verflüchtigen*) to evaporate **II.** *vr haben* ■**sich** *akk* ~ *Pilot* to lose one's bearings *pl; Flugzeug* to stray off course
ver·flie̲·ßen* *vi irreg sein* ❶ (*verschwimmen*) to merge [*or* blend] ❷ (*geh: vergehen*) to go by, to pass; **die Tage und Wochen verflossen** the days and weeks went by
ver·flixt [fɛɐ̯'flɪkst] **I.** *adj* (*fam*) ❶ (*verdammt*) damn[ed] *fam,* blasted *fam;* **der ~e Schlüssel will nicht ins Schloss gehen!** the blasted key won't go into the lock! ❷ (*ärgerlich*) unpleasant; *s. a.* **Jahr II.** *adv* (*fam: ziemlich*) damn[ed] *fam;* **diese Matheaufgabe ist ~ schwer** this maths exercise is damned difficult **III.** *interj* (*fam: verdammt*) blast [it]! *fam*
ver·flọs·sen *adj* ❶ (*veraltet geh: vergangen*) past; **in den ~en Jahren** in past years; **in den ~en Tagen** these past days ❷ (*fam: frühere*) former; **eine ~e Freundin** a former [*or* an ex-] girlfriend
Ver·flọs·se·ne(r) *f(m) decl wie adj* (*fam*) ■**jds** ~ sb's ex- [*or* former] husband/girlfriend etc.
ver·flu̲·chen* *vt* ■**jdn/etw** ~ to curse sb/sth
ver·flu̲cht **I.** *adj* (*fam: verdammt*) damn[ed] *fam,* bloody BRIT *fam;* **jetzt ist dieser ~e Computer schon wieder kaputt!** this damned computer has broken down again now! **II.** *adv* (*fam: äußerst*) damn[ed] *fam;* **gestern war es ~ kalt** it was damned cold yesterday **III.** *interj* (*fam: verdammt*) damn!
ver·flüch·ti·gen* [fɛɐ̯'flʏçtɪgn̩] *vr* ■**sich** *akk* ~ ❶ (*sich in Luft auflösen*) to evaporate ❷ (*hum fam: sich davonmachen*) to disappear ▶WENDUNGEN: **sich** *akk* **verflüchtigt haben** (*hum fam*) to have disappeared *hum*
ver·flüs·si·gen* [fɛɐ̯'flʏsɪgn̩] **I.** *vt* ■**etw** ~ ❶ (*flüssig machen*) to liquefy [*or* liquify] sth; ■**verflüssigt** liquefied ❷ (*hydrieren*) to hydrogenate sth **II.** *vr* ■**sich** *akk* ~ (*flüssig werden*) to liquefy [*or* liquify], to become liquid
Ver·flụ̈s·si·gung <-, -en> *f* TECH, CHEM ❶ (*das Verflüssigen*) liquefaction ❷ (*Hydrierung*) hydrogenation
ver·fọl·gen* *vt* ❶ (*nachsetzen*) ■**jdn** ~ to follow sb ❷ (*nachgehen*) **eine Spur/einen Weg/eine Diskussion** ~ to follow a lead/a way/ a discussion ❸ (*politisch drangsalieren*) ■**jdn** ~ to persecute sb ❹ (*zu erreichen suchen*) ■**etw [mit etw** *dat*] ~ to pursue sth [with sth]; **eine Absicht** ~ to have sth in mind; **eine Laufbahn** ~ to pursue a career ❺ JUR (*gegen etw vorgehen*) ■**etw [irgendwie]** ~ to prosecute sth [in a certain way]; **jdn gerichtlich** ~ to institute legal proceedings against sb; **jdn strafrechtlich** ~ to prosecute sb; **jeder Ladendiebstahl wird von uns verfolgt** shoplifters will be prosecuted ❻ (*belasten*) ■**jdn** ~ to dog sb; **vom Unglück/Pech verfolgt sein** to be dogged by ill fortune/bad luck
Ver·fọl·ger(in) <-s, -> *m(f)* pursuer
Ver·folg·te(r) [fɛɐ̯'fɔlktə, -tɐ] *f(m) decl wie adj* victim of persecution
Ver·fọl·gung <-, -en> *f* ❶ (*das Verfolgen*) pursuit *no pl, no indef art;* **die ~ der Flüchtigen** the pursuit of the fugitives; **die ~ [von jdm] aufnehmen** to start in pursuit [of sb], to take up the chase ❷ (*politische Drangsalierung*) persecution *no pl, no indef art;* **die ~ der Juden** the persecution of the Jews ❸ *kein pl* (*Bezweckung*) pursuance *no pl, no indef art form;* **die ~ verfassungsfeindlicher Ziele** the pursuance of anti-constitutional objectives *pl* ❹ JUR (*das Vorgehen gegen etw*) prosecution
Ver·fọl·gungs·jagd *f* pursuit, chase **Ver·fọl·gungs·wahn** *m* PSYCH persecution mania
ver·fọr·men* **I.** *vt* ■**etw** ~ to distort sth **II.** *vr* ■**sich** *akk* ~ to become distorted, to go out of shape
Ver·fọr·mung *f* ❶ (*das Verformen*) distortion ❷ (*verformte Stelle*) distortion
ver·frach·ten* [fɛɐ̯'fraxtn̩] *vt* ❶ (*fam: bringen*) ■**jdn [irgendwohin]** ~ to bundle sb off [somewhere]; **jdn ins Bett** ~ to bundle sb off to bed; ■**etw [irgendwohin]** ~ to put sth somewhere ❷ ÖKON ■**etw** ~ to ship [*or* transport] sth
ver·frạn·zen* *vr* (*fam*) ■**sich** *akk* ~ ❶ (*sich verirren*) to lose one's way ❷ LUFT (*sich verfliegen*) to lose one's bearings *pl,* to stray off course
ver·frẹm·den *vt* ■**etw** ~ to make sth [appear] unfamiliar
Ver·frẹm·dung <-, -en> *f* LIT, THEAT alienation
ver·frẹs·sen* *adj* (*pej sl*) [piggishly] greedy *pej*
Ver·frẹs·sen·heit <-> *f kein pl* (*pej sl*) [piggish] greediness *no pl pej*
ver·frü·hen* [fɛɐ̯'fry:ən] *vr* ■**sich** *akk* ~ to arrive too early
ver·frü̲ht *adj* premature; **eine ~e Steuererhöhung** a premature rise in taxes *pl;* **etw für ~ halten** to consider sth to be premature
ver·fü̲g·bar *adj* available
ver·fu̲·gen* *vt* ■**etw** ~ *Mauer, Wand* to point sth; *Fliesen* to grout sth
ver·fü̲·gen* **I.** *vi* ❶ (*besitzen*) ■**über etw** *akk* ~ to have sth at one's disposal; **wir ~ nicht über die nötigen Mittel** we don't have the necessary resources at our disposal; ■**über etw** *akk* **[frei]** ~ **können** to be able to do as one wants with sth ❷ (*bestimmen*) ■**über jdn** ~ to be in charge of sb; ~ **Sie über mich!** I am at your disposal! **II.** *vt* ADMIN (*behördlich anordnen*) ■**etw** ~ to order sth; ■~**, dass** to order that
Ver·fü̲·gung <-, -en> *f* ❶ (*behördliche Anordnung*) order; **einstweilige** ~ JUR temporary injunction; **letztwillige** ~ last will and testament ❷ (*Disposition*) ■**etw zur ~ haben** to have sth at one's disposal; ■**sich** *akk* **zu jds** [*o* **zur**] ~ **halten** to be available to sb; **halten Sie sich bitte weiterhin zur ~** please continue to be available; ■**[für etw** *akk*] **zur ~ stehen** to be available [for sth]; ■**jdm zur ~ stehen** to be available to sb; ■**zu jds** [*o* **jdm zur**] ~ **stehen** to be at sb's disposal; ■**etw zur ~ stellen** to offer to give up sth; ■**[jdm] etw zur ~ stellen** to make sth available [to sb]
Ver·fü̲·gungs·ge·walt *f* JUR (*geh*) power of disposal; ■**die** [*o* **jds**] ~ **[über etw** *akk*] the [*or* sb's] power to use sth
ver·fü̲h·ren* *vt* ❶ (*verleiten*) ■**jdn [zu etw** *dat*] ~ to entice sb [into doing sth]; ■**jdn** ~ (*sexuell*) to seduce sb ❷ (*hum: verlocken*) ■**jdn zu etw** *dat* ~ to tempt sb to sth
Ver·fü̲h·rer(in) *m(f)* seducer *masc,* seductress *fem*
ver·füh·re·risch [fɛɐ̯'fy:rərɪʃ] *adj* ❶ (*verlockend*) tempting; **ein ~es Angebot** a tempting offer; **das riecht aber ~!** that smells tempting! ❷ (*aufreizend*) seductive; ~ **angezogen** seductively dressed
Ver·fü̲h·rung *f* ❶ (*Verleitung*) seduction; ~ **Minderjähriger** *pl* JUR seduction of minors *pl* ❷ (*Verlockung*) temptation
ver·fu̲hr·wer·ken *vt* SCHWEIZ, SÜDD (*verpfuschen*) ■**etw** ~ to bungle [*or* botch] sth
ver·fü̲nf·fa·chen* **I.** *vt* ■**etw** ~ to increase sth fivefold **II.** *vr* ■**sich** *akk* ~ to increase fivefold
ver·fü̲t·tern* *vt* ■**etw [an Tiere]** ~ to feed sth to animals
Ver·ga·be [fɛɐ̯'ga:bə] *f von Arbeit, Studienplätze* allocation;

eines Auftrag, Preises, Stipendiums award

ver·gäl·len* [fɛɐ̯ˈgɛlən] *vt* ① (*verderben*) ■ **[jdm] etw** ~ to spoil [sb's] sth ② (*fachspr: ungenießbar machen*) ■ **etw** ~ to denature sth

ver·gam·meln* **I.** *vi sein* (*fam*) *Wurst, Essen* to go bad [*or* BRIT *fam* off]; *Brot, Käse* to go stale; ■ **vergammelt** bad, stale **II.** *vt haben* (*fam: müßig zubringen*) ■ **etw** ~ to idle away sth *sep*

ver·gam·melt <-er, -este> *adj* (*fam o pej*) scruffy, tatty; (*Auto*) decrepit

ver·gan·gen *adj* past, former

Ver·gan·gen·heit <-, *selten* -en> [fɛɐ̯ˈgaŋənhait] *f* ① *kein pl* (*Vergangenes*) past; **die jüngste** ~ the recent past; **der** ~ **angehören** to belong to the past ② (*bisheriges Leben*) ■ **jds** ~ sb's past; **eine bewegte** ~ **haben** to have an eventful past ③ LING (*Präteritum*) past [tense]

Ver·gan·gen·heits·be·wäl·ti·gung *f* coming to terms with the past

ver·gäng·lich [fɛɐ̯ˈgɛŋlɪç] *adj* transient, transitory

Ver·gäng·lich·keit <-> *f kein pl* transience *no pl,* transitoriness *no pl*

ver·ga·sen* *vt* ① (*durch Giftgas umbringen*) ■ **jdn/Tiere** ~ to gas sb/animals ② TECH (*zu Gas transformieren*) ■ **etw** ~ to gasify sth

Ver·ga·ser <-s, -> *m* AUTO carburettor, carburetor AM

Ver·ga·ser·ein·stel·lung *f* TECH adjustment to a/the carburettor [*or* AM carburetor] [*or sl* carb]

ver·gaß [fɛɐ̯ˈgaːs] *imp von* **vergessen**

Ver·ga·sung <-, -en> *f* ① (*Tötung durch Giftgas*) gassing ② TECH (*Transformierung in Gas*) gasification ▶ WENDUNGEN: **bis zur** ~ (*fam*) ad nauseam; **wir mussten bis zur** ~ **Gedichte lernen** we had to learn poems ad nauseam

ver·ge·ben* *irreg* **I.** *vi* (*verzeihen*) ■ **[jdm]** ~ to forgive [sb] **II.** *vt* ① (*geh: verzeihen*) ■ **[jdm] etw** ~ to forgive [sb] sth; ■ **ich habe ihm** ~**, dass er meinen Geburtstag vergessen hat** I've forgiven him for forgetting my birthday; **das alles ist doch** ~ **und vergessen** all that has been forgiven and forgotten ② (*in Auftrag geben*) ■ **etw [an jdn]** ~ to award [*or* allocate] sth [to sb]; **haben Sie den Auftrag bereits** ~**?** have you already awarded the contract? ③ (*verleihen*) ■ **etw [an jdn]** ~ to award sth [to sb]; **der Nobelpreis wird für herausragende Leistungen** ~ the Nobel Prize is awarded for outstanding achievements ④ (*zuteilen*) ■ **etw [an jdn]** ~ to allocate sth [to sb]; **tut mir leid, die vorderen Plätze sind schon alle** ~ sorry, all the front seats have already been allocated; **zu** ~ to be allocated ⑤ (*verpassen*) ■ **etw** ~ to miss sth; **eine Chance/eine Möglichkeit** ~ to pass up *sep* an opportunity ▶ WENDUNGEN: **bereits** [*o* **schon**] ~ **sein** (*liiert*) to be already spoken for; (*geschäftlicher Termin*) to be booked up; **die ganze nächste Woche bin ich bereits** ~ I'm booked up for the whole of next week; **sich** *dat* **nichts** ~**, wenn ...** not to lose face, if ...; **was vergibst du dir [schon]** ~**, wenn ...** what have you got to lose, if ...

ver·ge·bens [fɛɐ̯ˈgeːbn̩s] **I.** *adj pred* in vain *pred,* to no avail *pred* **II.** *adv s.* **vergeblich**

ver·geb·lich [fɛɐ̯ˈgeːplɪç] **I.** *adj* (*erfolglos bleibend*) futile; **ein** ~**er Versuch** a futile attempt **II.** *adv* (*umsonst*) in vain; **Sie warten** ~**, der Bus ist schon weg** you're waiting in vain, the bus has already gone

Ver·geb·lich·keit <-> *f kein pl* futility *no pl, no indef art*

Ver·ge·bung <-, -en> *f* forgiveness *no pl, no indef art;* **[jdn] um** ~ **[für etw] bitten** to ask for [sb's] forgiveness [for sth]; **ich bitte um** ~**!** (*geh*) I do apologize!; **die** ~ **der Sünden** REL the forgiveness of sins, absolution

ver·ge·gen·wär·ti·gen* [fɛɐ̯ˈgeːgn̩vɛrtɪgn̩] *vt* (*sich klarmachen*) ■ **sich** *dat* **etw** ~ to realize sth; ■ **sich** *dat* ~**, dass** [*o* **was**] **...** to realize that [*or* what] ...

ver·ge·hen* [fɛɐ̯ˈgeːən] *irreg* **I.** *vi sein* ① (*verstreichen*) to go by, to pass ② (*schwinden*) to wear off; **igitt! da vergeht einem ja gleich der Appetit** yuk! it's enough to make you lose your appetite ③ (*sich zermürben*) ■ **[vor etw** *dat*] ~ to die [*or* be dying] [of sth]; **vor Scham/Hunger/Sehnsucht** ~ to die of shame/be dying of hunger/pine away **II.** *vr haben* ① (*an jdm eine Sexualstraftat begehen*) ■ **sich** *akk* **[an jdm]** ~ to indecently assault sb ② (*verstoßen*) ■ **sich** *akk* **[gegen etw** *akk*] ~ to violate sth; *s. a.* **Lachen**

Ver·ge·hen <-s, -> [fɛɐ̯ˈgeːən] *nt* offence [*or* AM -se], misdemeanour [*or* AM -or] *spec*

ver·geis·tigt *adj* spiritual

ver·gel·ten *vt irreg* ① (*lohnen*) ■ **[jdm] etw [irgendwie]** ~ to repay sb for sth [in a certain way]; **wie kann ich Ihnen das nur** ~**?** how can I ever repay you? ② (*heimzahlen*) ■ **[jdm] etw [mit etw** *dat*] ~ to repay sth [with sth]; *s. a.* **Gott**

Ver·gel·tung <-, -en> *f* (*Rache*) revenge; ~ **[für etw** *akk*] **üben** to take revenge [for sth]

Ver·gel·tungs·maß·nah·me *f* reprisal **Ver·gel·tungs·schlag** *m* retaliatory strike

ver·ge·sell·schaf·ten* [fɛɐ̯gəˈzɛlʃaftn̩] *vt s.* **verstaatlichen**

Ver·ge·sell·schaf·tung *f s.* **Verstaatlichung**

ver·ges·sen <vergisst, vergaß, vergessen> [fɛɐ̯ˈgɛsn̩] **I.** *vt* ① (*aus dem Gedächtnis verlieren*) ■ **etw/jdn** ~ to forget sth/sb; **jd wird jdm etw nie** [*o* **nicht**] ~ sb will never [*or* not] forget sb's sth, sb will never forget what sb did; **das werde ich ihm nicht** ~**, das zahle ich ihm heim** I won't forget what he did, I'll pay him back for that; **dass ich es nicht vergesse, ehe ich es vergesse** before I forget; **nicht zu** ~ **...** not forgetting; **vergessen wir das!** let's just forget it!; **schon vergessen!** never mind! ② (*nicht an die Ausführung von etw denken*) ■ **etw** ~ to forget sth; ■ ~**, etw zu tun** to forget to do sth ③ (*liegen lassen*) ■ **etw [irgendwo]** ~ to leave sth behind [somewhere] ④ (*nicht mehr bekannt sein*) ■ **etw ist** ~ sth has been forgotten **II.** *vr* (*die Selbstbeherrschung verlieren*) ■ **sich** *akk* ~ to forget oneself

Ver·ges·sen·heit <-> *f kein pl* oblivion *no pl, no art;* **in** ~ **geraten** to be forgotten, to fall [*or* sink] into oblivion

ver·gess·lichRR, **ver·geß·lich**ALT [fɛɐ̯ˈgɛslɪç] *adj* forgetful; ■ ~ **sein** [*o* **werden**] to be [*or* become] forgetful

Ver·gess·lich·keitRR <-> *f kein pl* forgetfulness *no pl;* ■ **jds** ~ sb's forgetfulness

ver·geu·den* [fɛɐ̯ˈgɔydn̩] *vt* ■ **etw** ~ to waste [*or* squander] sth; *s. a.* **Zeit**

Ver·geu·dung <-, -en> *f* waste *no pl,* squandering *no pl*

ver·ge·wal·ti·gen* [fɛɐ̯gəˈvaltɪgn̩] *vt* ① (*zum Geschlechtsverkehr zwingen*) ■ **jdn** ~ to rape sb ② (*einem fremden Willen unterwerfen*) **eine Kultur/Traditionen** ~ to oppress a culture/traditions; **die Sprache** ~ to murder the language

Ver·ge·wal·ti·gung <-, -en> *f* ① (*das Vergewaltigen*) rape ② (*Unterwerfung unter einen fremden Willen*) oppression *no pl*

ver·ge·wis·sern* [fɛɐ̯gəˈvɪsɐn] *vr* ■ **sich** *akk* **[einer S.** *gen*] ~ to make sure [of a thing]; **wir sollten uns der Zustimmung der Geschäftsleitung** ~ we ought to make sure that we have the agreement of the management; ■ **sich** *akk* ~**, dass** [*o* **ob**] **etw geschehen ist** to make sure that sth has happened

ver·gie·ßen* *vt irreg* ■ **etw** ~ ① (*versehentlich danebengießen*) to spill sth ② (*als Körperflüssigkeit verlieren*) **Tränen** ~ to shed tears; *s. a.* **Blut**

ver·gif·ten* **I.** *vt* ① (*durch Gift töten*) ■ **jdn/ein Tier** ~ to poison sb/an animal; ■ **sich** *akk* ~ to poison oneself ② (*giftig machen*) ■ **etw** ~ to poison sth; ■ **[mit etw** *dat*] **vergiftet** poisoned [with sth]; **mit Curare vergiftete Pfeile** arrows poisoned with curare **II.** *vr* (*sich eine Vergiftung zuziehen*) ■ **sich** *akk* **[an etw** *dat* [*o* **durch etw** *akk*]] ~ to be poisoned [by sth]

Ver·gif·tung <-, -en> *f* ① *kein pl* (*das Vergiften*) poisoning *no pl, no indef art* ② MED poisoning *no pl, no indef art,* intoxication *no pl, no indef art spec,* toxicosis *no pl, no indef art spec* ③ ÖKOL pollution *no pl, no indef art*

V

sich vergewissern

sich vergewissern	making sure
Alles in Ordnung?	Everything OK?
Habe ich das so richtig gemacht?	Have I done that right?
Hat es Ihnen geschmeckt?	Did you like it?
Ist das der Bus nach Frankfurt?	**Is that/this the** bus for/to Frankfurt?
am Telefon: **Bin ich hier richtig beim** Jugendamt?	*on the phone:* **Is that the** youth office?
Ist das der Film, von dem du so geschwärmt hast?	**Is that** the film you were raving about? *(fam)*
Bist du dir sicher, dass die Hausnummer stimmt?	**Are you sure** you've got the right house number?
jemandem etwas versichern, beteuern	**affirming something to someone**
Der Zug hatte **wirklich** Verspätung.	The train **really was** late.
Wirklich! Ich habe nichts davon gewusst.	**Honestly**! I didn't know anything about it.
Ob du es nun glaubst oder nicht: Sie haben sich **tatsächlich** getrennt.	**Believe it or not**; they **really** have split up.
Ich kann Ihnen versichern, dass das Auto noch einige Jahre fahren wird.	**I can assure you** (**that**) the car will go on running for several more years.
Glaub mir, das Konzert wird ein Riesenerfolg.	**Believe/Trust me**, the concert is going to be a huge success.
Du kannst ganz sicher sein, er hat nichts gemerkt.	**You can be sure** he didn't notice a thing.
Ich garantiere Ihnen, dass die Mehrheit dagegen stimmen wird.	**I guarantee** (**you**) (**that**) the majority will vote against (it).
Die Einnahmen sind ordnungsgemäß versteuert, **dafür lege ich meine Hand ins Feuer.**	The takings have been properly declared, **I'd swear to it/vouch for it.**

ver·gil·ben* *vi sein* to turn yellow; ■**vergilbt** yellowed

Ver·giss·mein·nicht^RR, Ver·giß·mein·nicht^ALT <-[e]s, -[e]> [fɛɐ̯'gɪsmainnɪçt] *nt* BOT forget-me-not

ver·gisst^RR, ver·gißt^ALT [fɛɐ̯'gɪst] *3. pers pres von* **vergessen**

ver·git·tern* *vt* ■**etw** ~ to put a grille [*or* AM grill] on [*or* over] sth; **vergitterte Fenster** barred windows

Ver·git·te·rung <-, -en> *f* ❶ *kein pl* (*das Vergittern*) putting bars *pl* [*or* a grille] on [*or* AM grill] ❷ (*Gitter*) grille [*or* AM grill], grating; (*Stangen*) bars *pl*

ver·gla·sen* *vt* ■**etw** ~ to glaze sth; ■**verglast** glazed

Ver·gla·sung <-, -en> *f* ❶ *kein pl* (*das Verglasen*) glazing *no pl, no indef art* ❷ (*verglaste Fläche*) panes *pl* of glass

Ver·gleich <-[e]s, -e> [fɛɐ̯'glaiç] *m* ❶ (*vergleichende Gegenüberstellung*) comparison; ■~ **mit etw** *dat* comparison with sth; **ein schiefer** ~ an inappropriate [*or* poor] [*or* false] comparison; **den** ~ [**mit etw** *dat*] **aushalten, dem** ~ [**mit etw** *dat*] **standhalten** to bear [*or* stand] comparison [with sth]; **jeden** ~ **aushalten** to bear [*or* stand] every comparison; **einen** ~ **machen** to make [*or* draw] a comparison; **in keinem** ~ [**zu etw** *dat*] **stehen** to be out of all proportion [to sth]; **im** ~ [**zu** [*o* **mit**] **jdm/etw**] in comparison [with sb/sth], compared with [*or* to] sb/sth ❷ JUR (*Einigung*) settlement; **einen gütlichen/außergerichtlichen** ~ **schließen** to reach an amicable/out-of-court settlement ▸ WENDUNGEN: **der** ~ **hinkt** that's a poor [*or* weak] comparison

ver·gleich·bar *adj* comparable; ■[**mit etw** *dat*] ~ **sein** to be comparable [to [*or* with] sth]; ■[**voll** [**miteinander**]] ~ **sein** to be [fully] comparable [with each other], to be [totally] alike; ■**etwas V~es** something comparable; **ich kenne nichts V~es** I know nothing comparable [*or* to compare]

Ver·gleich·bar·keit <-> *f kein pl* comparability *no pl*

ver·glei·chen* *irreg* **I.** *vt* ❶ (*prüfend gegeneinander abwägen*) ■[**miteinander**] ~ to compare things [with each other]; **ich vergleiche die Preise immer genau** I always compare prices very carefully; ■**jdn** [**mit jdm**] ~ to compare sb with sb; ■**etw** [**mit etw** *dat*] ~ to compare sth [with sth]; **verglichen mit** compared with [*or* to]; **vergleiche S. 102** compare p. 102 ❷ (*durch etw bezeichnen*) ■**jdn/etw** [**mit etw** *dat*] ~ to compare sb/sth with sth, to liken sb/sth to sth **II.** *vr* ■**sich** *akk* [**mit jdm**] ~ ❶ (*sich gleichsetzen*) to compare oneself with sb ❷ JUR (*einen Vergleich schließen*) to reach a settlement [*or* to settle] [with sb]

ver·glei·chend *adj* comparative; **die** ~**e Sprachwissenschaft** comparative linguistics + *sing vb;* **eine** ~**e Überprüfung** a comparative evaluation; ~**e Werbung** comparative advertising

Ver·gleichs·jahr *nt* base year, year of comparison **Ver·gleichs·test** *m* ÖKON test, comparison **Ver·gleichs·ver·fah·ren** *nt* JUR insolvency proceedings *npl,* scheme of arrangement, Chapter 11 receivership AM **ver·gleichs·wei·se** *adv* comparatively; **das ist** ~ **wenig/viel** that is a little/a lot in comparison **Ver·gleichs·zahl** *f meist pl* comparative figure *usu pl*

ver·glim·men* *vi irreg sein* (*geh*) to [die down and] go out

ver·glü·hen* *vi sein* ❶ (*verglimmen*) to die away ❷ (*weiß glühend werden und zerfallen*) to burn up; **fast alle Meteoriten** ~ **in der Erdatmosphäre** nearly all meteorites burn up in the earth's atmosphere

ver·gnü·gen* [fɛɐ̯'gny:gn̩] **I.** *vr* ■**sich** *akk* [**mit jdm/etw**] ~ to amuse oneself [with sb/sth], to enjoy oneself **II.** *vt* (*belustigen*) ■**etw vergnügt jdn** sth amuses sb

Ver·gnü·gen <-s, -> [fɛɐ̯'gny:gn̩] *nt* (*Freude*) enjoyment *no pl;* (*Genuss*) pleasure *no pl;* **ein teures** [*o* **kein billiges**] ~ **sein** (*fam*) to be an expensive [*or* not a cheap] way of enjoying oneself [*or* form of entertainment] [*or* bit of fun]; **ein zweifelhaftes** ~ a dubious pleasure; ~ [**an etw** *dat*] **finden** to find pleasure in sth; ~ **daran finden, etw zu tun** to find pleasure in doing sth; [**jdm**] **ein** ~ **sein, etw zu tun** to be a pleasure [for sb] to do sth; **es ist** [*o* **war**] **mir ein** ~ it is [*or* was] a pleasure; **kein** [**reines**] [*o* **nicht gerade ein**] ~ **sein, etw zu tun** to not be exactly a pleasure doing sth; [**jdm**] ~ **machen** [*o geh* **bereiten**] to give sb pleasure; [**jdm**] ~ **machen** [*o geh* **bereiten**], **etw zu tun** to give sb pleasure doing sth; **sich** *dat* **ein** ~ **daraus machen, etw zu tun** to find pleasure in doing sth; **mit** [**bestimmtem**] ~ with [a certain] pleasure; **mit großem** ~ with great pleasure; **mit größtem** ~ with the greatest of pleasure ▸ WENDUNGEN: **mit wem habe ich das** ~**?** (*geh*) with whom do I have the pleasure of speaking? *form;* **sich ins** ~ **stürzen** (*fam*) to join the fun; **hinein ins** ~**!** (*fam*) let's start enjoying ourselves!; **viel** ~**!** have a good time!; [**na dann**] **viel** ~**!** (*iron*) have fun [then]! *iron*

ver·gnüg·lich [fɛɐ̯ˈgny:klɪç] *adj* (*geh*) enjoyable, pleasurable; **ein** ~**er Abend** an enjoyable evening

ver·gnügt [fɛɐ̯ˈgny:kt] **I.** *adj* happy, cheerful; **ein** ~**es Gesicht** a cheerful face; ■ ~ [**über etw** *akk*] **sein** to be happy [about sth] **II.** *adv* happily, cheerfully

Ver·gnü·gung <-, -en> *f* pleasure

Ver·gnü·gungs·damp·fer *m* pleasure steamer **Ver·gnü·gungs·park** *m* amusement park **Ver·gnü·gungs·steu·er** *f* entertainment tax **Ver·gnü·gungs·sucht** *f* craving for pleasure **ver·gnü·gungs·süch·tig** *adj* pleasure-seeking **Ver·gnü·gungs·vier·tel** *nt* entertainment quarter

ver·gol·den* [fɛɐ̯ˈgɔldn̩] *vt* ❶ (*mit einer Goldschicht überziehen*) **ein Schmuckstück** ~ to gold-plate a piece of jewellery [*or* AM jewelery]; **einen Bilderrahmen** ~ to gild a picture frame; **ein vergoldetes Schmuckstück** a gold-plated piece of jewellery; **ein vergoldeter Bilderrahmen** a gilded picture frame; ■ **etw ist vergoldet** sth is gold-plated [*or* gilded] ❷ (*mit goldener Farbe überziehen*) ■ **etw** ~ to paint sth gold ❸ (*fam: gut bezahlen*) ■ [**jdm**] **etw** ~ to reward sb for sth; ■ [**sich** *dat*] **etw** ~ **lassen** to put a price on sth; **na, wenn die mich schon loswerden wollen, dann werde ich mir meinen Weggang wenigstens** ~ **lassen** well, if they want to get rid of me, then at least my departure is going to cost them

ver·gön·nen* *vt* ❶ (*geh: gewähren*) ■ **jdm etw** ~ to grant sb sth; **du vergönnst einem keinen Moment Ruhe!** you don't grant a person a single moment's peace!; ■ [**jdm**] **vergönnt sein** to be granted [to sb]; **vielleicht sind mir in drei Monaten ein paar Tage Urlaub vergönnt** perhaps in three months I will be granted a few days holiday; ■ [**jdm**] **vergönnt sein, etw zu tun** to be granted to sb to do sth ❷ SCHWEIZ (*nicht gönnen*) ■ [**jdm**] **etw** ~ to begrudge sb sth; **die neidischen Kollegen vergönnten ihr den Erfolg** her envious colleagues begrudged her her success

ver·göt·tern* [fɛɐ̯ˈgœtɐn] *vt* ■ **jdn** ~ to idolize sb

ver·gra·ben* *irreg* **I.** *vt* ■ **etw** ~ to bury sth **II.** *vr* ❶ (*sich ganz zurückziehen*) ■ **sich** *akk* ~ to hide oneself away ❷ (*sich intensivst mit etw beschäftigen*) ■ **sich** *akk* [**in etw** *akk*] ~ to bury oneself in sth; **wenn sie Kummer hat, vergräbt sie sich in ihre Arbeit** if she has a problem, she buries herself in her work

ver·grä·men* *vt* ■ **jdn** ~ to antagonize sb

ver·grämt *adj* troubled; **eine** ~**e Miene** a troubled expression

ver·grät·zen* [fɛɐ̯ˈgrɛtsn̩] *vt* (*fam*) ■ **jdn** ~ to vex sb

ver·grau·len* *vt* (*fam*) ■ **jdn** ~ to scare sb away [*or* off]

ver·grei·fen* *vr irreg* ❶ (*stehlen*) ■ **sich** *akk* [**an etw** *dat*] ~ to misappropriate sth *form,* to steal sth [*or* BRIT *fam* pinch] ❷ (*Gewalt antun*) ■ **sich** *akk* [**an jdm**] ~ to assault sb; (*geschlechtlich missbrauchen*) to indecently assault sb ❸ (*sich unpassend ausdrücken*) ■ **sich** *akk* [**in etw** *dat*] ~ to adopt the wrong approach; **Sie** ~ **sich im Ton!** that's the wrong tone to adopt with me! ❹ MUS ■ **sich** *akk* ~ to play a wrong note ❺ (*fam: sich befassen*) ■ **sich** *akk* **an etw** *dat* ~ to touch sth; **ohne Anweisung werde ich mich nicht an dem neuen Computer** ~ I won't touch the new computer without [some] instruction

ver·grei·sen [fɛɐ̯ˈgraizn̩] *vi sein* ❶ (*senil werden*) to become senile ❷ SOZIOL *Bevölkerung* to age

Ver·grei·sung <-> *f kein pl* ❶ (*das Vergreisen*) senility *no pl* ❷ SOZIOL ag[e]ing *no pl*

ver·grif·fen *adj Buch* out of print [OP] *pred; Ware* unavailable, sold out, out of stock

ver·grö·ßern [fɛɐ̯ˈgrø:sɐn] **I.** *vt* ❶ (*in der Fläche größer machen*) ■ **etw** [**um etw** *akk*] [**auf etw** *akk*] ~ to extend [*or* enlarge] sth [by sth] [to sth] ❷ (*die Distanz erhöhen*) ■ **etw** ~ to increase sth ❸ (*die Zahl der Mitarbeiter erhöhen*) ■ **etw** [**um etw** *akk*] [**auf etw** *akk*] ~ to expand sth [by sth] [to sth]; **ich plane, die Firma um 35 Mitarbeiter auf 275 zu** ~ I plan to expand the company by thirty-five employees to two hundred and seventy-five ❹ TECH (*etw größer erscheinen lassen*) ■ **etw** ~ to magnify sth ❺ FOTO ■ **etw** [**auf etw** *akk*] ~ to enlarge [*or sep* blow up] sth [to sth] ❻ MED (*anschwellen lassen*) ■ **etw** ~ to enlarge sth; **die Leber wird durch ständigen Alkoholmissbrauch vergrößert** the liver becomes enlarged as a result of constant alcohol abuse **II.** *vr* ■ **sich** *akk* ~ ❶ MED (*anschwellen*) to become enlarged ❷ (*fam: eine größere Wohnung nehmen*) to move to a bigger place ❸ (*fam: Familienzuwachs bekommen*) to increase in number **III.** *vi* (*größer erscheinen lassen*) ■ [**irgendwie**] ~ to magnify [by a certain amount]; **Elektronenmikroskope** ~ **erheblich stärker** electron microscopes have a considerably greater magnification

ver·grö·ßert I. *adj* enlarged; **die Abbildung auf der nächsten Seite ist 25-fach** ~ the picture on the next page has been enlarged twenty-five times **II.** *adv* in an enlarged format

Ver·grö·ße·rung <-, -en> *f* ❶ (*das Vergrößern*) enlargement, increase, expansion, magnification ❷ (*vergrößertes Foto*) enlargement, blow-up; (*vergrößerte Vorlage*) enlargement; **eine** ~ [**von etw** *dat*] **machen** to make an enlargement [of sth]; **in bestimmter** ~ enlarged [*or* magnified] by a certain factor; **in 20.000-facher** ~ enlarged by a factor of twenty thousand ❸ MED (*Anschwellung*) enlargement

Ver·güns·ti·gung <-, -en> *f* ❶ (*finanzieller Vorteil*) perk ❷ (*Ermäßigung*) reduction, concession

ver·gü·ten* [fɛɐ̯ˈgy:tn̩] *vt* ❶ (*ersetzen*) ■ [**jdm**] **etw** ~ to reimburse sb for sth, to refund [sb] sth ❷ (*geh: bezahlen*) ■ [**jdm**] **etw** ~ to pay [*or form* remunerate] sb for sth ❸ TECH ■ **etw** ~ (*legieren*) to temper sth; **vergüteter Stahl** tempered steel; (*beschichten*) to coat sth; **vergütete Linsen** coated lenses

Ver·gü·tung <-, -en> *f* ❶ (*das Ersetzen*) refunding *no pl,* reimbursement *no pl* ❷ (*geh: das Bezahlen*) payment *no pl,* remuneration *no pl form* ❸ (*Geldsumme*) payment, remuneration; (*Honorar*) fee

ver·hack·stü·cken* [fɛɐ̯ˈhak-] *vt* (*fam*) ❶ (*verreißen*) ■ **etw** ~ to tear sth to pieces ❷ NORDD (*besprechen*) ■ **etw** [**mit jdm**] ~ to discuss sth [with sb]

ver·haf·ten* *vt* ■ **jdn** ~ to arrest sb; **Sie sind verhaftet!** you are under arrest!, you're nicked! [*or* AM busted!] *sl*

Ver·haf·te·te(r) *f(m) decl wie adj* person under arrest, arrested man/woman

Ver·haf·tung <-, -en> *f* arrest

ver·hal·len* *vi sein* to die away; *s. a.* **ungehört**

ver·hal·ten*[1] [fɛɐ̯ˈhaltn̩] **I.** *vr irreg* ❶ (*sich benehmen*) ■ **sich** *akk* [**jdm gegenüber**] [**irgendwie**] ~ to behave [in a certain manner] [towards sb] ❷ (*beschaffen sein*) ■ **sich** *akk* [**irgendwie**] ~ to be [a certain way]; **die Sache verhält sich anders, als du denkst** the matter is not as you think ❸ CHEM (*als Eigenschaft zeigen*) ■ **sich** *akk* [**irgendwie**] ~ to react [in a certain way]; **die neue Verbindung verhält sich äußerst stabil** the new compound reacts extremely stably ❹ (*als Relation haben*) ■ **sich** *akk* **zu etw** *dat* ~ to be to sth as; **8 verhält sich zu 16 wie 16 zu 32** eight is to sixteen as sixteen is to thirty-two **II.** *vt irreg* ■ **etw** ~ ❶ (*unterdrücken, zurückhalten*) to restrain sth; **seinen Atem** ~ to hold one's breath; **Tränen** ~ to hold back tears; **Lachen/Zorn** ~ to contain one's laughter/anger; **seine Stimme** ~ to dampen one's voice ❷ *vi a.* (*geh*) ■ [**den Schritt**] ~ to pause [*or* stop]

V

ver·hal·ten² [fɛɐ̯ˈhaltn̩] **I.** *adj* ❶ (*zurückhaltend*) restrained; **~er Atem** bated breath; **~e Fahrweise/~er Markt** cautious way of driving/cautious market; **~e Farben/Stimmen** *pl* muted colours [*or* AM -ors]/voices *pl;* **~er Spott** gentle mocking; **~es Tempo** measured tempo ❷ (*unterdrückt*) **~er Ärger/Zorn** suppressed anger **II.** *adv* in a restrained manner; **~ fahren** to drive cautiously

Ver·hal·ten <-s> [fɛɐ̯ˈhaltn̩] *nt kein pl* ❶ (*Benehmen*) behaviour [*or* AM -or] *no pl* ❷ CHEM reaction

Ver·hal·tens·for·schung *f kein pl* behavioural [*or* AM -oral] research *no pl* **ver·hal·tens·ge·stört** *adj* disturbed; **ein ~es Kind** a disturbed child, a child with a behavioural disorder **Ver·hal·tens·maß·re·gel** *f meist pl* rule of conduct **Ver·hal·tens·mus·ter** *nt* behavioural pattern **Ver·hal·tens·öko·lo·gie** *f* behavioural ecology **Ver·hal·tens·stö·rung** *f meist pl* behavioural disturbance **Ver·hal·tens·the·ra·pie** *f* behavioural therapy **Ver·hal·tens·wei·se** *f* behaviour

Ver·hält·nis <-ses, -se> [fɛɐ̯ˈhɛltnɪs] *nt* ❶ (*Relation*) ratio; **in keinem ~ [zu etw *dat*] stehen** to bear no relation to sth, to be out of all proportion [to sth]; **im ~** relatively, comparatively; **im ~ [von etw *dat*] [zu etw *dat*]** in a ratio [of sth] [to sth]; **im ~ [zu jdm]** in comparison [with sb]; **im ~ zu 1966** in comparison with [*or* compared to] 1966 ❷ (*persönliche Beziehung*) ■**jds ~ zu jdm** sb's relationship with sb; (*Liebes~*) affair; **ein ~ [miteinander] haben** to have a relationship [with each other]; **ein ~ [mit jdm] haben** to have an affair [with sb]; **ein bestimmtes ~ [zu jdm] haben** to have a certain relationship [with sb]; **ein gestörtes [*o* getrübtes] ~ [zu jdm/etw] haben** to have a disturbed relationship [with sb]/to have a peculiar idea [of sth] ❸ *pl* (*Zustände*) conditions *pl,* circumstances *pl;* **wir fahren erst, wenn die ~se auf den Straßen es zulassen** we'll only leave when the road conditions permit it; **räumliche ~se** physical conditions; **unter anderen ~sen** under different circumstances ❹ *pl* (*Lebensumstände*) circumstances *pl;* **etw geht über jds ~se** *pl* sth is beyond sb's means *pl;* **über seine ~se** *pl* **leben** to live beyond one's means *pl;* **in bescheidenen ~sen leben** to live in modest circumstances; **in geordneten ~sen leben** to live an orderly life; **für klare ~se sein** to want to know how things stand; **klare ~se schaffen, für klare ~ sorgen** to get things straightened out

ver·hält·nis·mä·ßig *adv* relatively; **sie verdient ~ viel** she earns a relatively large amount

Ver·hält·nis·mä·ßig·keit <-, -en> *f meist sing* appropriateness *no pl*

Ver·hält·nis·mä·ßig·keits·prin·zip *nt* ■**das ~** the principle of proportionality

Ver·hält·nis·wahl *f* proportional representation *no art* **Ver·hält·nis·wahl·recht** *nt* [system of] proportional representation **Ver·hält·nis·wort** *nt* LING preposition

Ver·hal·tung *f* MED retention

ver·han·deln* **I.** *vi* ❶ (*im Gespräch erörtern*) ■**[mit jdm] [über etw *akk*] ~** to negotiate [with sb] [about sth] ❷ JUR (*eine Gerichtsverhandlung abhalten*) ■**[gegen jdn][in etw *dat*] ~** to try sb [in sth] **II.** *vt* ■**etw ~** ❶ (*aushandeln*) to negotiate sth ❷ JUR (*gerichtlich erörtern*) to hear sth; **das Gericht wird diesen Fall wohl erst nach der Sommerpause ~** the court will probably hear this case after the summer break

Ver·hand·lung *f* ❶ *meist pl* (*das Verhandeln*) negotiation; **~en** *pl* **[mit jdm] aufnehmen, [mit jdm] in ~en** *pl* **treten** to enter into negotiations *pl* [with sb]; **in ~en** *pl* **[mit jdm] stehen** to be engaged in negotiations *pl* [*or* to be negotiating] [with sb] ❷ JUR (*Gerichts~*) trial, hearing

Ver·hand·lungs·aus·schuss^RR *m* negotiating committee **Ver·hand·lungs·ba·sis** *f* basis for negotiation[s]; *Preis* or near offer, o.n.o. BRIT, or best offer AM, o.b.o. AM **ver·hand·lungs·be·reit** *adj* ready [*or* prepared] to negotiate *pred;* **jdn ~ machen** to force sb to the negotiating table **Ver·hand·lungs·be·reit·schaft** *f* readiness [*or* willingness] to negotiate *no pl* **ver·hand·lungs·fä·hig** *adj* JUR able to stand trial *pred* **Ver·hand·lungs·füh·rer(in)** *m(f)* negotiator **Ver·hand·lungs·ge·schick** *nt kein pl* negotiating skills *pl* **Ver·hand·lungs·part·ner(in)** *m(f)* negotiating party, opposite number [in the negotiations *pl*] **Ver·hand·lungs·po·si·ti·on** *f* bargaining position **Ver·hand·lungs·punkt** *m* negotiating point, point for negotiation **Ver·hand·lungs·sa·che** *f* matter of [*or* for] negotiation **Ver·hand·lungs·stär·ke** *f* bargaining power **Ver·hand·lungs·tisch** *m* negotiating table **Ver·hand·lungs·weg** *m* ■**auf dem ~** by negotiation

ver·han·gen *adj* overcast

ver·hän·gen* *vt* ❶ (*zuhängen*) ■**etw [mit etw *dat*] ~** to cover sth [with sth] ❷ SPORT (*aussprechen*) ■**etw ~** to award [*or* give] sth; **für das Foul verhängte der Schiedsrichter einen Elfmeter** the referee awarded a penalty for the foul ❸ JUR (*verfügen*) ■**etw [über etw *akk*] ~** to impose sth [on sth]; **einen Ausnahmezustand ~** to declare a state of emergency; **eine Ausgangssperre über die Stadt ~** to impose a curfew on the town

Ver·häng·nis <-, -se> [fɛɐ̯ˈhɛŋnɪs] *nt* disaster; **[jdm] zum ~ werden, [jds] ~ werden** to be sb's undoing

ver·häng·nis·voll *adj* disastrous, fatal

ver·harm·lo·sen* [fɛɐ̯ˈharmloːzn̩] *vt* ■**etw ~** to play down sth *sep*

ver·härmt [fɛɐ̯ˈhɛrmt] *adj* careworn

ver·har·ren* *vi haben o sein* (*geh*) ❶ (*stehen bleiben*) ■**[irgendwo] ~** to pause [somewhere]; **sie verharrte eine Weile und dachte nach** she paused for a while and reflected ❷ (*hartnäckig bleiben*) ■**[bei etw *dat*] ~** to persist [in sth]

ver·här·ten* **I.** *vt* ■**jdn/etw ~** to harden sb/sth **II.** *vr* ■**sich** *akk* **~** ❶ (*starrer werden*) to become hardened; **die Parteien verhärteten sich immer mehr** the positions of the parties became more and more entrenched ❷ MED (*härter werden*) to become hardened

Ver·här·tung *f* ❶ *kein pl* (*Erstarrung*) hardening *no pl* ❷ MED (*verhärtete Stelle*) induration

ver·has·peln* *vr* (*fam*) ❶ (*sich verfangen*) ■**sich** *akk* **[irgendwo] ~** to become entangled [somewhere] ❷ (*sich versprechen*) ■**sich** *akk* **~** to get into a muddle

ver·hasst^RR, **ver·haßt**^ALT [fɛɐ̯ˈhast] *adj* ❶ (*gehasst*) hated; ■**[wegen etw *dat*] ~ sein [*o* werden]** to be [*or* become] hated [for sth]; **sich** *akk* **[bei jdm] ~ machen** to make oneself deeply unpopular [with sb] ❷ (*tief zuwider*) ■**[jdm] ~ sein [*o* werden]** to be [*or* come to be] hated [by sb]; **dieser Beruf wurde mir immer ~er** I hated [*or* detested] this profession more and more

ver·hät·scheln *vt* ■**jdn ~** to spoil [*or* pamper] sb

Ver·hau <-[e]s, -e> [fɛɐ̯ˈhau] *m* ❶ MIL entanglement ❷ *kein pl* (*fam: heilloses Durcheinander*) mess *no pl*

ver·hau·en* <verhaute, verhauen> **I.** *vt* (*fam*) ❶ (*verprügeln*) ■**jdn ~** to beat up sb *sep;* ■**sich** *akk* **~** to have a fight ❷ SCH (*schlecht schreiben*) ■**etw ~** to make a mess of sth; **ich habe den Aufsatz [gründlich] ~!** I've made a [complete] mess of the essay!, I've [completely] mucked up *sep* the essay! *fam* **II.** *vr* (*fam: sich verkalkulieren*) ■**sich** *akk* **[um etw *akk*] ~** to slip up [by sth]

ver·hed·dern* [fɛɐ̯ˈhɛdɐn] *vr* (*fam*) ❶ (*sich verfangen*) ■**sich** *akk* **[in etw *dat*] ~** to get tangled up [in sth] ❷ (*sich versprechen*) ■**sich** *akk* **~** to get into a muddle ❸ (*sich verschlingen*) ■**sich** *akk* **~** to get into a tangle; **die Wolle hat sich völlig verheddert** the wool has got into a complete tangle [*or* has got completely tangled]

ver·hee·ren* [fɛɐ̯ˈheːrən] *vt* ■**etw ~** to devastate sth

ver·hee·rend **I.** *adj* devastating; **ein ~es Erdbeben** a devastating earthquake **II.** *adv* devastatingly; **sich** *akk* **~ auswirken** to have a devastating effect, to be devastating; **~ aussehen** (*fam*) to look dreadful

Ver·hee·rung <-, -en> *f* devastation; **~en** *pl* **anrichten** to cause devastation *no pl*

ver·heh·len* *vt* (*geh*) ■**etw** [**jdm gegenüber**] ~ to conceal [*or* hide] sth [from sb]; **ich konnte mir die Schadenfreude nicht** ~ I could not conceal my delight in his/her etc. misfortune; ■[**jdm**] **nicht** ~**, dass** to not hide the fact that

ver·hei·len* *vi sein* to heal [up]

ver·heim·li·chen* [fɛɐ̯ˈhaimlɪçn̩] *vt* (*geheim halten*) ■[**jdm**] **etw** ~ to conceal sth [from sb], to keep sth secret [from sb]; ■**jdm** ~**, dass** to conceal the fact from sb that; **etw** [*o* **nichts**] **zu** ~ **haben** to have sth [*or* nothing] to hide; **sich** [**nicht**] ~ **lassen** [not] to be able to be concealed; **sich nicht** ~ **lassen, dass** not to be able to conceal the fact that

Ver·heim·li·chung <-, -en> *f* concealment; *Tatsache* suppression

ver·hei·ra·ten* *vr* ■**sich** *akk* [**mit jdm**] ~ to marry [sb], to get married [to sb]

ver·hei·ra·tet *adj* married; **glücklich** ~ **sein** to be happily married; ■[**mit jdm**] ~ **sein** to be married [to sb]; **mit etw** *dat* ~ **sein** (*hum fam*) to be married [*or* wedded] to sth *hum fam*

ver·hei·ßen* *vt irreg* (*geh*) ■[**jdm**] **etw** ~ to promise [sb] sth; *s. a.* **Gute(s)**

Ver·hei·ßung <-, -en> *f* (*geh*) promise

ver·hei·ßungs·voll **I.** *adj* promising; **ein** ~**er Anfang** a promising start; **wenig** ~ unpromising **II.** *adv* full of promise; **Ihr Vorschlag hört sich** [**wenig**] ~ **an** your suggestion sounds [rather un]promising

ver·hei·zen* *vt* ❶ (*als Brennstoff verwenden*) ■**etw** ~ to burn sth ❷ (*sl: sinnlos opfern*) ■**jdn** ~ *Soldaten* to send sb to the slaughter, to use sb as cannon fodder; *Star* to run sb into the ground [*or* cause sb to burn out]

ver·hel·fen* *vi irreg* ❶ (*bewirken, dass jd etw erhält*) ■[**jdm**] **zu etw** ~ to help sb to get sth; **jdm zur Erreichung eines Zieles** ~ to help sb achieve an objective ❷ (*bewirken, dass eine S. etw nach sich zieht*) ■[**jdm/einer S.**] **zu etw** *dat* ~ to help sb [*or* a thing] achieve sth; **dieser Erfolg verhalf dem Produkt endlich zum Durchbruch** this success finally helped the product achieve a breakthrough

ver·herr·li·chen* [fɛɐ̯ˈhɛrlɪçn̩] *vt* ■**etw** ~ to glorify sth; **die Gewalt** ~ to glorify violence

Ver·herr·li·chung <-, -en> *f* glorification *no pl*, extolling *no pl*

ver·het·zen* *vt* ■**jdn** ~ to incite sb

ver·heult *adj* (*fam*) puffy [*or* swollen] from crying

ver·he·xen* *vt* ■**jdn** ~ to bewitch sb, to cast a spell on sb; **wie verhext sein** (*fam*) to be jinxed

ver·hin·dern* *vt* ■**etw** ~ to prevent [*or* stop] sth; ■~**, dass jd etw tut** to prevent [*or* stop] sb from doing sth; ■~**, dass etw geschieht** to prevent [*or* stop] sth from happening

ver·hin·dert *adj* ❶ (*aus bestimmten Gründen nicht anwesend*) ■[**irgendwie**] ~ **sein** to be unable to come [for certain reasons] ❷ (*fam: mit einer verborgenen Begabung*) ■**ein** ~**er** [*o* **eine** ~**e**] **... sein** to be a would-be ...

Ver·hin·de·rung <-, -en> *f* ❶ (*das Verhindern*) prevention *no pl, no indef art* ❷ (*zwangsläufiges Nichterscheinen*) inability to come [*or* attend]

ver·hoh·len [fɛɐ̯ˈho:lən] *adj* ~**e Neugier/Schadenfreude** concealed [*or* hidden] curiosity/schadenfreude; ~**es Gähnen/Grinsen** suppressed yawn/grin; **kaum** ~ barely concealed [*or* suppressed]

ver·höh·nen* *vt* ■**jdn** ~ to mock [*or* ridicule] sb

Ver·höh·nung <-, -en> *f* mocking *no pl, no indef art*, ridiculing *no pl, no indef art*

ver·hö·kern* *vt* (*fam*) ■**etw** [**an jdn**] ~ to flog sth [off] [to sb] *fam*

Ver·hör <-[e]s, -e> [fɛɐ̯ˈhø:ɐ̯] *nt* questioning *no pl, no art*, interrogation; **jdn ins** ~ **nehmen** to question [*or* interrogate] sb; **jdn einem** ~ **unterziehen** to subject sb to questioning [*or* interrogation]

ver·hö·ren* **I.** *vt* (*offiziell befragen*) ■**jdn** ~ to question [*or* interrogate] sb **II.** *vr* (*etw falsch hören*) ■**sich** *akk* ~ to mishear, to hear wrongly

ver·hül·len* *vt* ■**etw** [**mit etw** *dat*] ~ to cover sth [with sth]; ■**sich** *akk* [**mit etw** *dat*] ~ to cover oneself [with sth]

ver·hül·lend *adj* euphemistic

ver·hüllt *adj* ❶ (*bedeckt*) covered ❷ (*versteckt*) veiled; **eine** ~**e Drohung** a veiled threat

ver·hun·dert·fa·chen* [fɛɐ̯ˈhʊndɐtfaxn̩] **I.** *vt* ■**etw** ~ to increase sth a hundredfold **II.** *vr* ■**sich** *akk* ~ to increase a hundredfold

ver·hun·gern* *vi sein* ❶ (*Hungers sterben*) to starve [to death], to die of starvation *no pl, no art*; ■**jdn** ~ **lassen** to let sb starve [to death]; **am V**~ **sein** to be starving; [**fast**] **am V**~ **sein** (*fig fam*) to be [just about] starving *fig fam* ❷ (*fam: stehen bleiben*) ■[**irgendwo**] ~ to come to a stop [somewhere]; **der Golfball verhungerte nur wenige Zentimeter vor dem Loch** the golf ball came to a stop just a few centimetres from the hole

ver·hun·gert **I.** *adj* (*fam*) starved **II.** *adv* (*fam*) half-starved

ver·hun·zen* *vt* (*fam*) ■**etw** ~ to ruin sth

ver·huscht *adj* (*fam*) timid

ver·hü·ten* *vt* ■**etw** ~ to prevent sth; **eine Empfängnis verhüten** to prevent conception; *s. a.* **Gott**

Ver·hü·ter·li <-s, -> [fɛɐ̯ˈhy:tɐli] *nt* SCHWEIZ (*Kondom*) condom

ver·hüt·ten [fɛɐ̯ˈhʏtn̩] *vt* ■**etw** ~ to smelt sth

Ver·hüt·tung <-, -en> *f* smelting *no pl, no indef art*

Ver·hü·tung <-, -en> *f* ❶ (*das Verhindern*) prevention *no pl, no indef art* ❷ (*Empfängnis*~) contraception *no pl, no art*

Ver·hü·tungs·mit·tel *nt* contraceptive

ver·hut·zelt [fɛɐ̯ˈhʊts|t] *adj* (*fam*) wizened; *Haut a.* wrinkled; *Obst a.* shrivelled [*or* AM shriveled]

ve·ri·fi·zie·ren* [verifiˈtsi:rən] *vt* (*geh*) ■**etw** ~ to verify sth

ver·in·ner·li·chen* [fɛɐ̯ˈʔɪnɐlɪçn̩] *vt* ■**etw** ~ to internalize sth

Ver·in·ner·li·chung <-, -en> *f* internalization

ver·ir·ren* *vr* ■**sich** *akk* ~ to get lost

Ver·ir·rung *f* aberration

ver·ja·gen* *vt* ■**jdn/ein Tier** ~ to chase away sb/an animal *sep*

ver·jäh·ren* *vi sein* JUR ❶ (*nicht mehr eingetrieben werden können*) to come under the statute of limitations ❷ (*nicht mehr verfolgt werden können*) to become statute-barred; ■**verjährt** statute-barred

ver·jährt *adj inv* ❶ (*veraltend: sehr alt*) *Person* past it *pred fam* ❷ JUR (*gerichtlich nicht mehr verfolgbar*) *Ansprüche* in lapse

Ver·jäh·rung <-, -en> *f* JUR limitation

Ver·jäh·rungs·frist *f* JUR [statutory] period of limitation

ver·ju·beln* *vt* (*fam: leichtsinnig ausgeben*) ■**etw** ~ to blow sth *sl*

ver·jün·gen* [fɛɐ̯ˈjʏŋən] **I.** *vi* (*vitalisieren*) to make one feel younger **II.** *vt* ❶ (*vitalisieren*) ■**jdn** ~ to rejuvenate sb; **ich fühle mich um Jahre verjüngt** I feel years younger ❷ ÖKON (*mit jüngeren Mitarbeitern auffüllen*) ■**etw** ~ to create a younger sth; **wir sollten das Management der Firma** ~ we should bring some young blood into the management of the company **III.** *vr* ■**sich** *akk* ~ ❶ (*schmaler werden*) to narrow; *Säule* to taper ❷ (*ein jüngeres Aussehen bekommen*) to look younger; *Haut* to rejuvenate

Ver·jün·gung <-, -en> *f* ❶ (*das Verjüngen*) rejuvenation; *Personal* recruitment of younger blood ❷ (*Verengung*) narrowing *no pl*, tapering *no pl*

ver·ka·beln* *vt* ■**etw** ~ to connect sth to the cable network

Ver·ka·be·lung <-, -en> *f* connecting *no pl* to the cable network

ver·kal·ken* *vi sein* ❶ TECH (*Kalk einlagern*) to fur [*or* AM clog] up, to become furred [*or* AM clogged]; ■**verkalkt** furred up ❷ ANAT (*durch Kalkeinlagerung verhärten*) *Arterien* to become hardened; *Gewebe* to calcify [*or* become calcified] ❸ MED (*fam*) ■**jd verkalkt** (*Arteriosklerose bekommen*) sb suffers from hardening of the arteries *pl;* (*senil werden*) sb's going senile *fam;* **verkalkt sein** to be senile [*or* BRIT *fam* gaga]

ver·kal·ku·lie·ren* *vr* ❶ (*sich verrechnen*) ■**sich** *akk* [**bei/in etw** *dat*] ~ to miscalculate [sth] ❷ (*fam: sich irren*) ■**sich** *akk* ~ to be mistaken

Ver·kal·kung <-, -en> *f* ❶ TECH (*das Verkalken*) furring *no pl* BRIT, clogging AM ❷ ANAT *Arterien* hardening *no pl; Gewebe* calcification *no pl* ❸ MED (*fam: Arteriosklerose*) hardening of the arteries *pl;* (*Senilität*) senility *no pl*

ver·kannt *adj* unrecognized

ver·kan·ten *vt* ■**etw** ~ to tilt sth; SKI *improper use of the edges of the skis which causes imbalance and usually leads to a fall*

ver·kappt *adj attr* disguised; **ein ~er Kommunist** a communist in disguise

ver·kars·ten* [fɛɐ̯'karstn̩] *vi sein* GEOL to become karstified

ver·ka·tert [fɛɐ̯'ka:tɐt] *adj* (*fam*) hung-over *pred*

Ver·kauf [fɛɐ̯'kauf, *pl* fɛɐ̯'kɔyfə] *m* ❶ (*das Verkaufen*) sale, selling *no pl;* **etw zum ~ anbieten** to offer sth [*or* put sth up] for sale; **zum ~ stehen** to be up for sale ❷ *kein pl* (*Verkaufsabteilung*) sales *no art,* + *sing o pl verb*

ver·kau·fen* **I.** *vt* ❶ (*gegen Geld übereignen*) ■[**jdm**] **etw** [**für etw** *akk*] ~ to sell [sb] sth [for sth]; ■**etw** [**an jdn**] ~ to sell sth [to sb]; **zu ~ sein** to be for sale; **„zu ~"** 'for sale' ❷ (*sl: glauben machen*) ■[**jdm**] **etw** [**als etw** *akk*] ~ to sell sth [to sb] [as sth]; *s. a.* **dumm II.** *vr* ■**sich** *akk* [**irgendwie**] ~ ❶ (*verkauft werden*) to sell [in a certain way]; **das Buch verkauft sich gut** the book is selling well ❷ (*sich selbst darstellen*) to sell oneself [in a certain way]

Ver·käu·fer(in) [fɛɐ̯'kɔyfɐ] *m(f)* ❶ (*verkaufender Angestellter*) sales [*or* shop] assistant ❷ (*verkaufender Eigentümer*) seller; JUR vendor

ver·käuf·lich *adj* ❶ (*zu verkaufen*) for sale *pred* ❷ ÖKON ■**irgendwie** ~ saleable [*or* sellable] in a certain way; **kaum/schnell ~e Artikel** *pl* slow-moving/fast-selling items *pl;* **problemlos ~e Produkte** *pl* products *pl* that are easy to sell

Ver·kaufs·ab·tei·lung *f* sales department **Ver·kaufs·an·ge·bot** *nt* sales offer, offer for sale **Ver·kaufs·auf·for·de·rung** *f* sale incitement **Ver·kaufs·be·din·gun·gen** *pl* conditions [*or* terms] *pl* of sale **Ver·kaufs·er·lös** *m* ÖKON sales revenue, proceeds *pl* of a/the sale **Ver·kaufs·flä·che** *f* retail [*or* sales *pl*] area **Ver·kaufs·ge·spräch** *nt* sales talk [*or* pitch] **Ver·kaufs·lei·ter(in)** *m(f)* sales manager **ver·kaufs·of·fen** *adj* open for business; **der erste Samstag im Monat ist immer ~** the shops are always open late on the first Saturday of every month **Ver·kaufs·preis** *m* retail price **Ver·kaufs·re·kord** *m* sales record **Ver·kaufs·ren·ner** <-s, -> *m* top-selling item, best seller **Ver·kaufs·schla·ger** *m* best-seller **Ver·kaufs·stil** *m* style of selling **Ver·kaufs·stra·te·gie** *f* sales strategy **Ver·kaufs·un·ter·la·gen** *pl* sales documents *pl* **Ver·kaufs·zah·len** *pl* sales figures *pl* **Ver·kaufs·ziel** *nt* sales target

Ver·kehr <-[e]s> [fɛɐ̯'ke:ɐ̯] *m kein pl* ❶ (*Straßen~*) traffic *no pl, no indef art;* **ruhender ~** (*geh*) stationary traffic; **den ~ regeln** to control the [*or* regulate the [flow of]] traffic ❷ (*Transport*) transport *no pl, no indef art* ❸ (*Umgang*) contact, dealings *pl;* **jdn aus dem ~ ziehen** (*fam*) to take sb out of circulation, to withdraw sb from the field of operations ❹ (*Handel*) **etw in den ~ bringen** to put sth into circulation; **etw aus dem ~ ziehen** to withdraw sth from circulation ❺ (*euph geh: Geschlechts~*) intercourse; ~ [**mit jdm**] **haben** (*form*) to have intercourse [with sb]

ver·keh·ren* **I.** *vi* ❶ *haben o sein* (*fahren*) *Boot, Bus, Zug* to run [*or* go]; **der Zug verkehrt auf dieser Nebenstrecke nur noch zweimal am Tag** the train only runs twice a day on this branch line; *Flugzeug* to fly [*or* go] ❷ *haben* (*geh: häufiger Gast sein*) ■[**irgendwo/bei jdm**] ~ to visit somewhere/sb regularly ❸ *haben* (*Umgang pflegen*) ■[**mit jdm**] ~ to associate [with sb]; **sie verkehrt mit hochrangigen Diplomaten** she associates with high-ranking diplomats ❹ *haben* (*euph geh: Geschlechtsverkehr haben*) ■[**mit jdm**] ~ to have intercourse [with sb] **II.** *vr haben* (*sich umkehren*) ■**sich** *akk* [**in etw** *akk*] ~ to turn into sth; *s. a.* **Gegenteil**

Ver·kehrs·ader *f* arterial road **Ver·kehrs·am·pel** *f* traffic lights *pl* **Ver·kehrs·amt** *nt* tourist information office **ver·kehrs·arm** *adj* quiet, low-traffic *attr* **Ver·kehrs·auf·kom·men** *nt* volume [*or* density] of traffic **Ver·kehrs·be·hin·de·rung** *f* JUR obstruction [of the traffic] **ver·kehrs·be·ru·higt** *adj* traffic-calmed **Ver·kehrs·be·ru·hi·gung** *f* traffic calming *no pl, no indef art* **Ver·kehrs·be·schrän·kun·gen** *pl* traffic restriction **Ver·kehrs·be·schrän·kun·gen** *pl* traffic restrictions [*or* restraints] **Ver·kehrs·be·trie·be** *pl* transport services *pl* **Ver·kehrs·cha·os** *nt* road chaos, chaos on the roads **Ver·kehrs·de·likt** *nt* traffic offence [*or* AM -se] **Ver·kehrs·durch·sa·ge** *f* traffic announcement **Ver·kehrs·er·zie·hung** *f* road safety training **Ver·kehrs·flug·zeug** *nt* commercial aircraft **Ver·kehrs·funk** *m* radio traffic service **Ver·kehrs·ge·fähr·dung** *f* hazard to other traffic **ver·kehrs·güns·tig** *adj* conveniently situated for [*or* close to] public transport **Ver·kehrs·hin·der·nis** *nt* obstruction to traffic **Ver·kehrs·in·farkt** *m* traffic jam **Ver·kehrs·in·sel** *f* traffic island **Ver·kehrs·kno·ten·punkt** *m* traffic junction **Ver·kehrs·kon·trol·le** *f* spot check on the traffic **Ver·kehrs·la·ge** *f* TRANSP ❶ (*Situation im Straßenverkehr*) traffic [conditions *pl*] ❷ (*Nähe zu Verkehrsverbindungen*) location with regards to transport facilities, proximity to public transport **Ver·kehrs·lärm** *m kein pl* traffic noise **Ver·kehrs·leit·sys·tem** *nt* traffic guidance system **Ver·kehrs·mi·nis·te·ri·um** *nt* Ministry of Transport, Department of Transportation AM **Ver·kehrs·mit·tel** *nt* means + *sing/pl vb* of transport; **öffentliches/privates ~** public/private transport **Ver·kehrs·netz** *nt* transport system, traffic network **Ver·kehrs·ord·nung** *f kein pl* Road Traffic Act **Ver·kehrs·pla·ner(in)** *m(f)* traffic planner **Ver·kehrs·po·li·zist(in)** *m(f)* traffic policeman *masc,* policewoman *fem* **Ver·kehrs·re·gel** *f* traffic regulation **ver·kehrs·reich** *adj* **~e Straße** busy street **Ver·kehrs·schild** *nt* road sign **Ver·kehrs·si·cher·heit** *f kein pl* road safety **Ver·kehrs·spra·che** *f* language of communication, lingua franca **Ver·kehrs·sün·der(in)** *m(f)* (*fam*) traffic offender **Ver·kehrs·sün·der·kar·tei** *f* (*fam*) *s.* **Verkehrszentralregister** **Ver·kehrs·teil·neh·mer(in)** *m(f)* (*geh*) road-user **ver·kehrs·tüch·tig** *adj* roadworthy **Ver·kehrs·un·fall** *m* road accident **Ver·kehrs·un·ter·richt** *m* road safety instruction **Ver·kehrs·ver·bin·dung** *f* (*durch Verkehrswege*) route; (*durch Verkehrsmittel*) connection **Ver·kehrs·ver·bund** *m* association of transport companies *pl*

Ver·kehrs·ver·ein *m* tourist promotion agency

Ver·kehrs·ver·stoß *m* road traffic offence [*or* AM -se]

Ver·kehrs·wert *m* FIN current market value

ver·kehrs·wid·rig *adj* contrary to road traffic regulations *pl;* **~es Verhalten** disobeying road traffic regulations **Ver·kehrs·zäh·lung** *f* traffic census **Ver·kehrs·zei·chen** *nt s.* **Verkehrsschild** **Ver·kehrs·zen·tral·re·gis·ter** *m* central index of traffic offenders *pl*

ver·kehrt **I.** *adj* (*falsch*) wrong; **die ~e Richtung** the wrong direction; ■**der V~e** the wrong person; ■**etwas V~es** the wrong thing; **es gibt nichts V~eres, als ...** there's nothing worse than ...; **jd/etw ist gar nicht** [**so**] ~ (*fam*) sb/sth is not all that bad; **unser neuer Klassenlehrer ist gar nicht so ~** our new class teacher is not all that bad ▶ WENDUNGEN: **mit dem ~en Bein aufgestanden sein** to have got out of bed on the wrong side; **Kaffee ~** *little coffee with a lot of milk* **II.** *adv* ❶ (*falsch*) wrongly; **du machst ja doch wieder alles ~!** you're doing everything wrong again! ❷ (*falsch herum*) the wrong way round; **das Bild hängt ~** the picture is hanging the wrong way round; **~ herum** the wrong way round

ver·keilt *adj inv* [**ineinander**] ~ gridlocked

ver·ken·nen* *vt irreg* (*falsch einschätzen*) ■**etw** ~ to misjudge sth; ■**~, dass** to fail to recognize [*or* appreciate] that; ■[**von**

jdm] verkannt werden to remain unrecognized [by sb]; **es ist nicht zu ~, dass** it cannot be denied that; **ich will nicht ~, dass** I would not deny that

Ver·ken·nung *f* misjudgement, underestimation; **in ~ einer S.** *gen* misjudging a thing; **sie verlangte 12.000 Euro in ~ des Machbaren** her demand for twelve thousand euros was out of touch with reality

ver·ket·ten* **I.** *vt* ❶ (*durch eine Kette verbinden*) ■**etw [mit etw** *dat*] ~ to chain sth [to sth] ❷ (*durch eine Kette verschließen*) ■**etw** ~ to put a chain on sth **II.** *vr* ■**sich** *akk* ~ ❶ (*sich aneinander anschließen*) to follow close on one another ❷ (*sich zu einer Einheit verbinden*) *Moleküle* to combine

Ver·ket·tung <-, -en> *f* chain

ver·kit·schen [fɛɐ̯ˈkɪtʃn̩] *vt* ■**etw** ~ ❶ (*kitschig gestalten*) to turn sth into kitsch, to make sth kitschy ❷ (*sl: billig verkaufen*) to flog [off *sep*] sth *fam*

ver·kla·gen* *vt* JUR ■**jdn [wegen etw** *dat*] ~ to take proceedings against sb [for sth]; ■**jdn [auf etw** *akk*] ~ to sue sb [for sth]

ver·klam·mern* **I.** *vt* ■**etw** ~ to clamp sth, to staple together sth *sep;* TECH to brace sth, to put braces *pl* around sth; **eine Wunde** ~ to apply clips *pl* to a wound **II.** *vr* ■**sich** *akk* [**ineinander**] ~ to clutch each other

ver·klap·pen* *vt* ■**etw [irgendwo]** ~ to dump sth [in the sea] [somewhere]

Ver·klap·pung <-, -en> *f* dumping [in the sea]

ver·klä·ren* *vr* ❶ (*heiter werden*) ■**sich** *akk* ~ to become elated; ■**verklärt** with an elated look ❷ (*nostalgisch werden*) ■**etw verklärt sich** sth takes on a nostalgic air

ver·klärt <-er, -este> *adj* transfigured

ver·klau·su·liert **I.** *adj* limited with qualifying clauses *pred* **II.** *adv* in a convoluted [*or* roundabout] manner

ver·kle·ben* **I.** *vt haben* ❶ (*zukleben*) ■**etw [mit etw** *dat*] ~ to cover sth [with sth] ❷ (*zusammenkleben*) ■**etw [mit etw** *dat*] ~ to stick sth together [with sth] ❸ (*festkleben*) ■**etw** ~ to stick sth [down] **II.** *vi sein* (*zusammenkleben*) to stick together; **verklebte Hände** *pl* sticky hands *pl*

ver·klei·den* **I.** *vt* ❶ (*kostümieren*) ■**jdn [als etw** *akk*] ~ to dress up *sep* sb [as sth]; **ihr verkleideter Bruder** her brother in fancy dress ❷ (*ausschlagen*) ■**etw [mit etw** *dat*] ~ to line sth [with sth] ❸ BAU (*überdecken*) ■**etw [mit etw** *dat*] ~ to cover sth [with sth] **II.** *vr* ■**sich** *akk* [**als etw** *akk*] ~ to dress up [as sth]

Ver·klei·dung *f* ❶ (*Kostüm*) disguise, fancy dress; **in dieser ~** in this disguise [*or* fancy dress] ❷ BAU (*das Verkleiden*) covering; (*verkleidende Überdeckung*) lining

ver·klei·nern* [fɛɐ̯ˈklainɐn] **I.** *vt* ■**etw** ~ ❶ (*in der Fläche verringern*) to reduce sth ❷ (*die Zahl der Mitarbeiter verringern*) to reduce sth ❸ FOTO to reduce sth ❹ MED (*schrumpfen lassen*) to shrink sth; **einen Tumor** ~ to shrink a tumour BRIT [*or* AM tumor] **II.** *vr* ❶ (*sich verringern*) ■**sich** *akk* [**um etw** *akk*] ~ to be reduced in size [by sth]; **das Grundstück hat sich um 10 % verkleinert** the property has been reduced in size by 10% ❷ (*schrumpfen*) ■**sich** *akk* ~ to shrink

Ver·klei·ne·rung <-, -en> *f* ❶ *kein pl* (*das Verkleinern*) reduction *no pl* ❷ (*verkleinerte Vorlage*) reduction

Ver·klei·ne·rungs·form *f* LING diminutive [form]

ver·klem·men* *vr* ■**sich** ~ to jam, to get stuck

ver·klemmt *adj* (*fam*) [sexually] inhibited, uptight [about sex *pred*] *fam*

ver·kli·ckern* *vt* (*fam*) ■[**jdm**] **etw** ~ to explain sth [*or* to make sth clear] [to sb], to spell out sth *sep* [to sb] [in words of one syllable]; ■[**jdm**] **~, dass/wie ...** to tell sb [that]/how ...

ver·klin·gen* *vi irreg sein* to fade [*or* die] away

ver·klop·pen* *vt* DIAL (*fam*) ❶ (*verprügeln*) ■**jdn** ~ to beat [*or* BRIT *fam* duff] up sb *sep,* to give sb what for *fam* ❷ (*verkaufen*) ■**etw** ~ to sell [*or fam* flog] sth

ver·kna·cken* *vt* (*fam*) ■**jdn** ~ to put sb away [*or fam* inside]; **jdn zu einer Geldstrafe/zu zehn Jahren** ~ to fine sb/to give sb ten years; ■[**für etw**] **verknackt werden** to get done [*or* get put away] [for sth]

ver·knack·sen* *vt* **sich den Fuß verknacksen** to sprain [*or* twist] one's ankle

ver·knal·len* (*fam*) **I.** *vt* (*verschwenden*) ■**etw** ~ to squander sth **II.** *vr* (*sich verlieben*) ■**sich [in jdn]** ~ to fall head over heels in love [with sb]; ■[**in jdn**] **verknallt sein** to be head over heels in love [with sb], to be crazy [*or fam* nuts] about sb

Ver·knap·pung *f* shortage

ver·knaut·schen* **I.** *vt* ■**etw** ~ to crease [*or* crumple] sth; (*unabsichtlich a.*) to get sth creased **II.** *vi sein* to be/get creased [*or* crumpled [up]]

ver·knei·fen* *vr irreg* (*fam*) ■**sich** *dat* **etw** ~ ❶ (*nicht offen zeigen*) to repress sth; **sich** *dat* **eine Äußerung nicht ~ können** to be unable to resist [*or* bite back] a remark; **ich konnte mir ein Grinsen nicht** ~ I couldn't keep a straight face [*or* help grinning] ❷ (*sich versagen*) to do without sth; **sich** *dat* **etw ~ müssen** to have to do [*or* manage] without sth

ver·knif·fen *adj* **eine ~e Miene** a pinched [*or* a strained] [*or* an uneasy] expression; **etw ~ sehen** (*fam*) to take a narrow view of sth, to be small-minded [*or pej* petty[-minded]] [*or* uncharitable] about sth; **etwas V~es haben** to look as if one has sucked on a lemon *hum*

ver·knö·chert [fɛɐ̯ˈknœçɐt] *adj* inflexible, rigid; **ein ~er Mensch** a[n old] fossil *fam;* **~e Bürokraten** old fossils of bureaucrats *fam*

ver·kno·ten* **I.** *vt* ■**etw** ~ to knot [*or* make [*or* tie] a knot in] sth; ■**etw miteinander** ~ to tie together sth *sep,* to knot together sth *sep* **II.** *vr* ■**sich** ~ to become [*or* get] knotted

ver·knüp·fen* *vt* ❶ (*verknoten*) ■**etw [miteinander]** ~ to knot together sth *sep,* to tie [together *sep*] sth ❷ (*verbinden*) ■**etw [mit etw]** ~ to combine sth [with sth] ❸ INFORM ■**etw [mit etw]** ~ to combine [*or* integrate] sth [with sth] ❹ (*in Zusammenhang bringen*) ■**etw [mit etw]** ~ to link sth [to [*or* with] sth]

Ver·knüp·fung <-, -en> *f* ❶ (*Verbindung*) combination ❷ (*Zusammenhang*) link, connection

ver·ko·chen* *vi sein* ❶ (*verdampfen*) to boil away ❷ (*zerfallen*) to fall apart; (*zu einer breiigen Masse*) to go mushy *fam*

ver·koh·len*[1] *vi sein* to turn to charcoal

ver·koh·len[2] *vt* (*fam*) ❶ (*veräppeln*) ■**jdn** ~ to pull sb's leg, to have [*or* AM put] sb on *fam* ❷ (*auf die falsche Spur führen*) to lead sb up the garden path

ver·kom·men*[1] *vi irreg sein* ❶ (*verwahrlosen*) to decay; *Mensch* to go to rack [*or esp* AM wrack] and ruin [*or fam* to the dogs]; *Gebäude* to decay, to become run-down, to fall into disrepair; **im Elend** ~ to sink into misery, to become destitute ❷ (*herunterkommen*) to go to the dogs [*or* to rack [*or esp* AM wrack] [*or fam* pot] and ruin]; ■**zu etw** ~ to degenerate into sth ❸ (*sittlich sinken*) ■[**zu etw**] ~ to degenerate [into sth] ❹ (*verderben*) to spoil, to go rotten [*or* bad] [*or* BRIT off] ❺ (*versumpfen*) to stay out late [*or* be out on the town,] drinking

ver·kom·men[2] *adj* ❶ (*verwahrlost*) degenerate ❷ (*im Verfall begriffen*) decayed, dilapidated

Ver·kom·men·heit <-> *f kein pl* ❶ (*Verwahrlosung*) degeneration *no art, no pl* ❷ (*moralische Verwahrlosung*) profligacy *no art, no pl form;* (*schlimmer*) depravity *no art, no pl*

ver·kon·su·mie·ren* *vt* (*fam*) ■**etw** ~ to get through [*or sep fam* polish off] [*or esp* AM kill] sth

ver·kop·peln* *vt* ■**etw [mit etw]** ~ to couple sth [to sth]

ver·kor·ken* *vt* ■**etw** ~ to cork [up *sep*] sth

ver·kork·sen* [fɛɐ̯ˈkɔrksn̩] (*fam*) **I.** *vt* ■**etw** ~ to make a mess of sth, to screw *fam* [*or* BRIT *fam!* cock] up sth *sep;* ■**jdm etw** ~ to wreck [*or sep* mess up] sth for sb; **ein verkorkster Magen** an upset stomach; **eine verkorkste Person** a screwed-up person *fam;* **jds Vergnügen** ~ to spoil [*or* ruin] sb's fun **II.** *vr* **sich** *dat* **den Magen** ~ to upset one's stomach

V

ver·korkst <-er, -este> *adj* screwed-up *sl*, ruined; **ein ~er Magen** an upset stomach
ver·kör·pern* [fɛɐ̯ˈkœrpɐn] **I.** *vt* ❶ FILM, THEAT ■**jdn/etw ~** to play [the part of] sb/sth ❷ (*personifizieren*) ■**etw ~** to personify sth **II.** *vr* ■**etw verkörpert sich in jdm/etw** sb/sth is the embodiment of sth
Ver·kör·pe·rung <-, -en> *f* ❶ *kein pl* FILM, THEAT portrayal ❷ (*Inbegriff*) personification ❸ (*Abbild*) embodiment
ver·kos·ten* *vt* ■**etw ~** to try [*or* taste] sth; (*prüfend*) to sample sth
ver·kös·ti·gen* [fɛɐ̯ˈkœstɪgn̩] *vt bes* ÖSTERR ■**jdn ~** to feed [*or* cater for] sb, to provide a meal/meals for sb; ■**sich ~** to cater for [*or fam* feed] oneself
ver·kra·chen* (*fam*) **I.** *vr* (*fam*) ■**sich [mit jdm] ~** to fall out [*or* quarrel] [with sb] **II.** *vi sein* ❶ (*bankrottgehen*) to go bankrupt [*or fam* bust]; ■**verkracht** bankrupt ❷ (*scheitern*) to fail
ver·kracht *adj* (*fam*) failed; *s. a.* **Existenz**
ver·kraf·ten* [fɛɐ̯ˈkraftn̩] *vt* ■**etw ~** ❶ (*innerlich bewältigen*) to cope with sth ❷ (*aushalten*) to cope with [*or* stand] sth; **ich könnte ein Bier ~** (*hum*) I could do with a beer
ver·kral·len* *vr* ■**sich in jdm/etw ~** to dig one's nails/to dig [*or* stick] its claws into sb/sth
ver·kramp·fen* *vr* ■**sich ~** ❶ (*zusammenkrümmen*) to be/become [*or* get] cramped ❷ (*sich anspannen*) to tense [up] ❸ (*sich verspannen*) to tense [up], to get [*or* go] tense
ver·krampft **I.** *adj* ❶ (*unnatürlich wirkend*) tense, strained ❷ (*innerlich nicht gelöst*) tense, nervous **II.** *adv* ❶ (*unnatürlich*) tensely; **~ wirken** to seem unnatural ❷ (*in angespannter Verfassung*) tensely, nervously
Ver·kramp·fung <-, -en> *f* tension *no art, no pl; Muskulatur* muscular tension, [muscular] cramp
ver·krie·chen* *vr irreg* ❶ (*in ein Versteck kriechen*) ■**sich ~** to creep [*or* crawl] away [to hide [oneself]] ❷ (*fam: sich begeben*) ■**sich [irgendwohin] ~** to crawl [somewhere] ❸ (*aus dem Weg gehen*) **vor ihm brauchst du dich nicht zu ~** you don't have to worry about him
ver·krü·meln* *vr* (*fam*) ■**sich ~** to make oneself scarce, to do a bunk BRIT *fam*
ver·krüm·men* **I.** *vt* ■**etw ~** to bend sth **II.** *vr* ■**sich ~** to bend; *Baum* to grow crooked; *Holz* to warp
Ver·krüm·mung <-, -en> *f* bend (+*gen* in); *Finger* crookedness *no art, no pl; Holz* warp; *Rückgrat* curvature
ver·krüp·peln* **I.** *vt* ■**jdn/etw ~** to cripple sb/sth **II.** *vi sein* to be/grow [*or* become] stunted
ver·krüp·pelt <-er, -este> *adj* ❶ (*missgestaltet gewachsen*) stunted ❷ (*missgestaltet zugerichtet*) crippled
ver·krus·tet *adj* time-honoured [*or* AM -ored], set *attr*
ver·küh·len* *vr* DIAL, BES ÖSTERR (*fam*) ■**sich ~** to catch [*or* get] a cold [*or* chill]; ■**sich** *dat* **etw ~** to catch [*or* get] a chill [*or* cold] in sth; **sich die Blase ~** to get a chill on the bladder
Ver·küh·lung <-, -en> *f* DIAL, ÖSTERR chill, cold
ver·küm·mern* *vi sein* ❶ MED to waste away, to atrophy; (*durch einen natürlichen Prozess*) to degenerate ❷ (*eingehen*) to [shrivel and] die ❸ (*verloren gehen*) to wither away ❹ (*die Lebenslust verlieren*) to waste away
ver·kün·den* *vt* ❶ (*geh: mitteilen*) ■**[jdm] etw ~** to announce sth [to sb]; ■**[jdm] ~, dass ...** to announce [to sb] that ... ❷ JUR **einen Beschluss ~** to announce a decision; **ein Urteil ~** to pronounce sentence ❸ (*geh: ankündigen*) ■**etw ~** to speak [*or* promise] sth; **Gutes/Unheil ~** to augur/to not augur well *form*
Ver·kün·der(in) <-s, -> *m(f)* (*geh*) messenger, bringer of [good/bad/etc.] news *liter*
ver·kün·di·gen* *vt* (*geh*) ■**[jdm] etw ~** to proclaim sth [to sb] *form*
Ver·kün·di·gung *f* (*geh*) ❶ (*das Verkündigen*) announcement; *Evangelium* preaching *no art, no pl*, propagation *no art, no pl;* **Mariä ~** the Annunciation ❷ (*Proklamation*) proclamation
Ver·kün·dung <-, -en> *f* JUR announcement; *Urteil* pronouncement
ver·kup·peln* *vt* ■**jdn [mit jdm/an jdn] ~** to pair off sb *sep* [with sb]
ver·kür·zen* **I.** *vt* ❶ (*kürzer machen*) ■**etw [auf/um etw** *akk*] **~** to shorten sth [to/by sth] ❷ (*zeitlich vermindern*) ■**etw [auf/um etw** *akk*] **~** to reduce [*or* shorten] sth [to/by sth]; **die Arbeitszeit ~** to reduce working hours; **das Leben ~** to shorten life; **einen Urlaub ~** to shorten [*or sep* cut short] a holiday [*or* AM vacation] ❸ (*verringern*) ■**etw [auf etw** *akk*] **~** to reduce sth [to sth]; **den Abstand ~** to reduce [*or* shorten] sb's lead; (*den Vorsprung aufholen*) to close the gap ❹ (*weniger lang erscheinen lassen*) ■**[jdm] etw ~** to make sth pass more quickly [for sb] **II.** *vr* ■**sich ~** to become shorter, to shorten
Ver·kür·zung *f* ❶ (*das Verkürzen*) ■**die ~ [einer S.** *gen* [*o* **von etw**]] shortening [sth], cutting short [sth *sep*] ❷ (*zeitliche Verminderung*) reduction, cutting short *no art, no pl* ❸ (*Verringerung*) reduction
ver·la·chen* *vt* ■**jdn ~** to laugh at [*or* ridicule] sb
ver·la·den* *vt irreg* ❶ (*zur Beförderung laden*) ■**etw [auf/in etw** *akk*] **~** to load sth [on/in sth] ❷ (*sl: hintergehen*) ■**jdn ~** to pull the wool over sb's eyes, to take sb for a ride *fam;* ■**sich [von jdm] ~ lassen** to get taken for a ride *fam*
Ver·la·de·ram·pe *f* TECH loading ramp [*or* platform]; (*für Autos*) loading bay
Ver·la·dung *f* loading *no art, no pl*
Ver·lag <-[e]s, -e> [fɛɐ̯ˈlaːk, *pl* -aːgə] *m* publisher's, publishing house *form;* **in welchem ~ ist der Titel erschienen?** who published the book?, which publisher brought out the book?
ver·la·gern* **I.** *vt* ❶ (*auslagern*) ■**etw [irgendwohin] ~** to move [*or* shift] sth [somewhere] ❷ (*an eine andere Stelle bringen*) ■**etw [auf etw** *akk*] **~** to move [*or* shift] sth [to sth]; **den Schwerpunkt ~** to shift the emphasis **II.** *vr* METEO ■**sich [irgendwohin] ~** to move [somewhere]
Ver·la·ge·rung *f* ❶ (*das Auslagern*) **die ~ der Kunstgegenstände diente dem Schutz vor Bombenangriffen** the works of art were moved to protect them from bombs ❷ METEO **die ~ des Hochs lässt feuchtwarme Luftmassen nach Mitteleuropa strömen** the high is moving and that allows warm, humid air to flow towards central Europe
Ver·lags·an·ge·stell·te(r) *m(f)* sb who works for a publisher; ■**~/~r sein** to work for a publisher **Ver·lags·buch·han·del** *m* publishing trade *no indef art, no pl* **Ver·lags·buch·händ·ler(in)** *m(f)* (*veraltend*) *s.* **Verleger** **Ver·lags·buch·hand·lung** *f publishing house purveying its own booksellers* **Ver·lags·haus** *nt* publishing house *form* **Ver·lags·ka·ta·log** *m* publisher's catalogue [*or* AM -og] **Ver·lags·lei·ter(in)** *m(f)* publishing director **Ver·lags·re·dak·teur(in)** *m(f)* [publishing] editor **Ver·lags·we·sen** *nt* publishing
ver·lan·den* *vi sein* GEOG (*zu Land werden*) to silt up; (*austrocknen*) to dry up
Ver·lan·dung *f* GEOG ❶ (*Landwerdung*) silting up *no art, no pl* ❷ (*Austrocknung*) drying up *no art, no pl*
ver·lan·gen* **I.** *vt* ❶ (*fordern*) ■**etw [von jdm] ~** to demand sth [from sb]; **einen Preis ~** to ask [*or* charge] a price; **eine Bestrafung/das Eingreifen/eine Untersuchung ~** to demand [*or* call for] punishment/intervention/an investigation; **Maßnahmen ~** to demand that steps [*or* measures] be taken; ■**~, dass jd etw tut/etw geschieht** to demand that sb does sth/sth be done ❷ (*erfordern*) ■**etw [von jdm] ~** to require sth [from sb], to call for sth ❸ (*erwarten*) ■**etw [von jdm] ~** to expect sth [from sb]; **das ist ein bisschen viel verlangt** that's a bit much, that's too much to expect; **das ist nicht zu viel verlangt** that is not too much to expect ❹ (*sich zeigen lassen*) ■**etw ~** to ask [*or* want] to see [*or* to ask for] sth **II.** *vi* ❶ (*erfordern*) ■**nach etw ~** to demand [*or* require] sth ❷ (*geh: jdn zu sehen, sprechen wünschen*) ■**nach jdm ~** to

ask for sb ❸ (*geh: um etw bitten*) ■ **nach etw** ~ to ask for sth **III.** *vt impers* (*geh*) ■ **es verlangt jdn nach jdm/etw** sb longs [*or* yearns] for sb/sth; ■ **es verlangt jdn danach, etw zu tun** sb longs [*or* yearns] to do sth

Ver·lạn·gen <-s, -> *nt* ❶ (*dringender Wunsch*) desire; **kein ~ nach etw haben** (*geh*) to have no desire for sth ❷ (*Forderung*) demand; **auf ~** on demand; **auf jds ~** *akk* [**hin**] at sb's request

ver·län·gern* [fɛɐ̯'lɛŋɐn] **I.** *vt* ❶ (*länger machen*) ■ **etw** [**um etw**] ~ to lengthen [*or* extend] sth [by sth] [*or* to make sth longer] ❷ (*länger dauern lassen*) ■ [**jdm**] **etw** ~ to extend sth [for sb]; **jdm das Leben** ~ to prolong sb's life; **einen Vertrag** ~ to renew [*or* extend] a contract **II.** *vr* ■ **sich** [**um etw**] ~ to be longer [by sth]; *Leben, Leid* to be prolonged [by sth]; **das Abonnement verlängert sich automatisch um ein weiteres Jahr** the subscription will be renewed automatically for another year

Ver·län·ge·rung <-, -en> *f* ❶ *kein pl* (*Vergrößerung der Länge*) ■ **die** ~ [**einer S.** *gen* [*o* **von etw**]] lengthening sth; (*durch ein Zusatzteil*) the extension [to sth] ❷ *kein pl* (*zeitliche Ausdehnung*) extension ❸ SPORT extra time *no art, no pl* ❹ (*fam*) *s.* **Verlängerungskabel**

Ver·län·ge·rungs·ka·bel *nt*, **Ver·län·ge·rungs·schnur** *f* extension [cable [*or* lead]]

ver·lang·sa·men* [fɛɐ̯'laŋza:mən] **I.** *vt* ■ **etw** ~ ❶ (*langsamer werden lassen*) to reduce sth; **die Fahrt/das Tempo** ~ to reduce [one's] speed; **die Schritte** ~ to slow [*or* slacken] one's pace ❷ (*aufhalten*) to slow down sth *sep;* **Verhandlungen** ~ to hold up *sep* negotiations **II.** *vr* ■ **sich** ~ to slow [down], to slacken off [*sep* one's pace]

Ver·lang·sa·mung <-, -en> *f* ❶ (*Herabsetzung des Tempos*) slowing down *no art, no pl* ❷ (*das Verlangsamen*) slowing down *no art, no pl,* slackening off *no art, no pl*

Ver·lassRR <-es> *m*, **Ver·laß**ALT <-sses> [fɛɐ̯'las] *m kein pl* ■ **auf jdn/etw ist/ist kein** ~ you can/cannot rely on sb/sth, sb/sth can/cannot be relied [*or* depended] [up]on; ■ **es ist ~ darauf, dass jd etw tut/etw geschieht** you can depend on sb [*or form* sb's] doing sth/on sth happening, you can bet your shirt [*or* bottom dollar] [*or* BRIT boots] [that] ... *fam*

ver·lạs·sen*1 *irreg* **I.** *vt* ❶ (*im Stich lassen*) ■ **jdn** ~ to abandon [*or* leave] [*or* desert] sb ❷ (*aus etw hinausgehen, fortgehen*) ■ **etw** ~ to leave sth ❸ (*euph: sterben*) ■ **jdn** ~ to pass away [*or* on] ❹ (*verloren gehen*) ■ **jdn** ~ to desert sb; **der Mut verließ ihn** he lost courage, his courage left him ▶ WENDUNGEN: [**und**] **da**[**nn**] **verließen sie ihn/sie** (*fam*) after that he/she was at a loss [for words] **II.** *vr* ■ **sich auf jdn/etw** ~ to rely [*or* depend] [up]on sb/sth; **man kann sich auf ihn** ~ he's reliable, you can rely on him; ■ **sich** [**darauf**] **~, dass jd etw tut/etw geschieht** to rely [*or* depend] [up]on sb [*or form* sb's] doing sth/sth happening; **darauf können Sie sich** ~ you can rely [*or* depend] [up]on it, you can be sure of it; **worauf du dich ~ kannst!** (*fam*) you bet! *fam,* you can bet your shirt [*or* bottom dollar] [*or* BRIT boots] on it! *fam*

ver·lạs·sen2 *adj* deserted; (*verwahrlost*) desolate; **ein ~es Haus/eine ~e Straße** a deserted [*or* an empty] house/street

ver·läss·lichRR, **ver·läß·lich**ALT [fɛɐ̯'lɛslɪç] *adj* reliable; **ein ~er Mensch** a reliable [*or* dependable] person

Ver·lạ̈ss·lich·keitRR <-> *f kein pl* reliability *no art, no pl,* dependability *no art, no pl*

Ver·laub [fɛɐ̯'laup] *m* ■ **mit** ~ (*geh*) forgive [*or form* pardon] me for saying so, with respect

Ver·lauf [fɛɐ̯'lauf] *m* ❶ (*Ablauf*) course; **im ~ einer S.** *gen* during [*or* in the course of] sth; **im ~ der Zeit** (*in der Zukunft*) in time; (*in der Vergangenheit*) over the years; **im ~ der nächsten Monate** in the course of the next few months; **einen bestimmten ~ nehmen** to take a particular course; **der Prozess nahm einen unerwartet guten** ~ the case went unexpectedly well ❷ (*sich erstreckende Linie*) route; *Fluss* course

ver·lau·fen* *irreg* **I.** *vi sein* ❶ (*ablaufen*) **die Disku**[…] **lief stürmisch** the discussion was stormy [*or* w[…] stormily]; **das Gehaltsgespräch verlief nicht ganz so** […] **erhofft/erwartet** the discussion about salaries didn't go [oft[…] [*or* were not] as hoped/expected ❷ (*sich erstrecken*) ■ **irgendwo/irgendwie** ~ to run somewhere/somehow; **der Fluss verläuft ruhig** the river flows gently; *s. a.* **Sand** **II.** *vr* ❶ (*sich verirren*) ■ **sich** [**in etw** *dat*] ~ to get lost [*or* lose one's way] [in sth] ❷ (*auseinandergehen*) ■ **sich** ~ to disperse; (*panisch*) to scatter ❸ (*abfließen*) to subside

ver·laust *adj* louse-ridden; ■ ~ **sein** to have [*or fam* be crawling with] lice

ver·laut·ba·ren* [fɛɐ̯'lauba:rən] (*geh*) **I.** *vt* ■ **etw** ~ to announce sth; **eine Ankündigung** ~ to make an announcement; ■ **etw ~ lassen** to let sth be announced [*or* make known] **II.** *vi sein* ■ **es verlautbarte, dass ...** rumour [*or* AM -or] had it that ...; ■ **etw verlautbart über jdn/etw** sth is said about sb/sth

Ver·laut·ba·rung <-, -en> *f* (*geh*) ❶ *kein pl* (*Bekanntgabe*) announcement, statement ❷ (*bekannt gegebene Mitteilung*) statement; (*amtlich a.*) bulletin

ver·lau·ten* **I.** *vt sein* ■ **etw** ~ to announce sth; ■ **etw** [**über etw** *akk*] ~ **lassen** to say sth [about sth]; **kein Wort über etw** *akk* ~ to hush up sth *sep pej,* to not say a word about sth; **wie** [**aus etw**] **verlautet, ...** as announced [*or* stated] [by sth], ..., according to reports [from sth], ... **II.** *vi impers sein o haben* ■ **es verlautet, dass ...** there are reports that ...

ver·le·ben* *vt* ■ **etw** ~ ❶ (*verbringen*) to spend sth; **eine schöne Zeit** ~ to have a nice time; **seine Kindheit in der Großstadt** ~ to spend one's childhood [*or* to grow up] in the city ❷ (*zum Lebensunterhalt verbrauchen*) to spend sth; **etw schnell** ~ to fritter [away *sep*] sth

ver·lebt *adj* ruined, raddled; **ein ~es Aussehen** a disreputable appearance

ver·le·gen*1 [fɛɐ̯'le:gn̩] **I.** *vt* ❶ (*verbummeln*) ■ **etw** ~ to mislay [*or* lose] sth ❷ (*verschieben*) ■ **etw** [**auf etw** *akk*] ~ to postpone [*or* defer] sth [until sth]; **etw auf einen anderen Zeitpunkt** ~ to postpone [*or* defer] sth [until another time] ❸ (*auslegen*) **Gleise/einen Teppich** ~ to lay rails/a carpet; ■ [**irgendwo**] **etw ~ lassen** to have sth laid [somewhere] ❹ (*ziehen*) **Fenster/Türen** ~ to put in *sep* windows/doors; **Kabel** ~ to lay cables ❺ (*publizieren*) ■ **etw** ~ to publish sth ❻ (*woandershin bringen*) ■ **jdn/etw** [**irgendwohin**] ~ to move [*or* transfer] sb/sth [somewhere] **II.** *vr* ■ **sich** [**auf etw** *akk*] ~ to take up sth *sep;* **sich aufs Bitten/Betteln/Leugnen** ~ to resort to pleas/begging/lies

ver·le·gen2 [fɛɐ̯'le:gn̩] **I.** *adj* embarrassed; [**nicht/nie**] **um etw ~ sein** to be [never] lost [*or* at a loss] for sth; **egal, wie oft er zu spät kommt, er ist nie um eine Entschuldigung** ~ it doesn't matter how often he arrives late, he's always got an excuse ready [*or* at the ready] [*or* he's never lost [*or* at a loss] for an excuse] **II.** *adv* in embarrassment

Ver·le·gen·heit <-, -en> *f* ❶ *kein pl* (*peinliche Situation*) embarrassment *no pl;* **jdn in ~ bringen** to embarrass sb, to put sb in an embarrassing situation; **jdn in große ~ bringen** to put sb in a very embarrassing situation ❷ (*finanzielle Knappheit*) financial embarrassment *no art, no pl;* **in ~ sein** to be in financial difficulties

Ver·le·gen·heits·lö·sung *f* stopgap

Ver·le·ger(in) <-s, -> *m(f)* publisher, owner of a publishing house *form*

ver·le·ge·risch *inv* VERLAG **I.** *adj* publishing **II.** *adv* from the publishing standpoint

Ver·le·gung <-, -en> *f* ❶ (*Verschiebung*) rescheduling *no art, no pl;* (*auf einen späteren Zeitpunkt*) postponement ❷ (*Auslegung*) laying *no art, no pl* ❸ TECH installation, laying *no art, no pl* ❹ (*das Publizieren*) publication ❺ (*Ortswechsel*) transfer,

V

moving *no art, no pl*

ver·lei·den* *vt* ❶ (*die Freude verderben*) ■**jdm etw** ~ to spoil [*or* ruin] sth for sb ❷ *sein* SÜDD (*zuwider werden*) ■**etw verleidet jdm** sth has been ruined [*or* spoiled] for sb

Ver·leih <-[e]s, -e> [fɛɐ̯ˈlai] *m* ❶ (*Unternehmen*) rental company [*or* BRIT hire]; (*Auto~*) car rental [*or* hire] company ❷ *kein pl* (*das Verleihen*) renting [*or* BRIT hiring] out *no art, no pl*

ver·lei·hen* *vt irreg* ❶ (*verborgen*) ■**etw [an jdn]** ~ to lend sth [to sb] [*or* sb sth]; (*gegen Geld*) to rent [*or* BRIT hire] out sth *sep*; **Geld** ~ to lend money ❷ (*jdm mit etw auszeichnen*) ■**[jdm] etw** ~ to award sth [to sb] [*or* sb sth], to confer [*or form* bestow] sth [on sb] ❸ (*stiften*) ■**jdm etw** ~ to give sb sth, to fill sb with sth; **die Wut verlieh ihm neue Kräfte** anger gave him new strength ❹ (*verschaffen*) **seinen Worten Nachdruck** ~ to emphasize one's words; **etw** *dat* **Ausdruck** ~ to lend [*or* give] expression to sth

Ver·lei·her <-s, -> *m* hire company

Ver·lei·hung <-, -en> *f* ❶ (*das Verleihen*) lending *no art, no pl*; (*für Geld*) renting [*or* BRIT hiring] out *no art, no pl*; **die ~ von Geld** lending money, moneylending *pej* ❷ (*Zuerkennung*) award, conferment *form*, bestowal *form*

ver·lei·ten* *vt* ❶ (*dazu bringen*) ■**jdn [zu etw]** ~ to persuade [*or form* induce] sb [to do sth]; ■**sich [von jdm] [zu etw]** ~ **lassen** to let oneself be persuaded [to do sth] [by sb], to let oneself be induced [to do sth] [by sb] *form* ❷ (*verführen*) ■**jdn [zu etw]** ~ to entice sb to do sth

Ver·lei·tung *f* **die ~ zum Meineid ist strafbar** encouraging someone to perjure themselves is punishable by law, subornation is a punishable act *spec*

ver·ler·nen* *vt* ■**etw** ~ to forget sth; **das Tanzen** ~ to forget how to dance

ver·le·sen*[1] *irreg* **I.** *vt* (*vorlesen*) ■**etw** ~ to read [aloud *sep*] sth **II.** *vr* (*falsch lesen*) ■**sich** ~ to make a mistake, to read sth wrongly

ver·le·sen[2] *vt irreg* (*aussortieren*) ■**etw** ~ to sort sth

ver·letz·bar *adj s.* **verletzlich**

ver·let·zen* [fɛɐ̯ˈlɛtsn̩] *vt* ❶ (*verwunden*) ■**jdm etw** ~ to injure [*or* hurt] sb's sth; ■**jdn [an etw** *dat*] ~ to injure [*or* hurt] sb['s sth]; ■**sich** ~ to injure [*or* hurt] oneself; **sich beim Schneiden** ~ to cut oneself; ■**sich** *dat* **etw** [*o* **sich an etw** *dat*] ~ to injure [*or* hurt] one's sth ❷ (*kränken*) ■**jdn** ~ to offend sb; **jdn in seinem Stolz** ~ to hurt sb's pride ❸ (*missachten*) ■**etw** ~ to wound [*or* injure] sth; **den Anstand** ~ to overstep the mark; **jds Gefühle** ~ to hurt sb['s feelings] ❹ (*übertreten*) ■**etw** ~ to violate [*or form* infringe] sth; **die Grenze** ~ to violate the frontier

ver·let·zend *adj* hurtful

ver·letz·lich *adj* vulnerable, sensitive, oversensitive *pej*

Ver·letz·te(r) *f(m) decl wie adj* injured person; (*Opfer*) casualty; ■**die ~n** the injured + *pl vb*

Ver·let·zung <-, -en> *f* ❶ MED injury; **innere** ~ internal injury ❷ *kein pl* (*Übertretung*) violation, infringement *form*

Ver·let·zungs·ge·fahr *f* risk of injury

ver·leug·nen* *vt* ■**jdn** ~ to deny [*or* disown] sb; **sich [von jdm] ~ lassen** to pretend [*or* get sb to say] one is absent [*or* isn't there]; **ich kann nicht ~, dass ...** I cannot deny that ...

ver·leum·den* [fɛɐ̯ˈlɔymdn̩] *vt* ■**jdn** ~ to slander sb; (*schriftlich*) to libel sb, to commit libel against sb

Ver·leum·der(in) <-s, -> *m(f)* slanderer, libeller [*or* AM libeler]

ver·leum·de·risch [fɛɐ̯ˈlɔymdərɪʃ] *adj* slanderous, libellous [*or* AM libelous]

Ver·leum·dung <-, -en> *f* slander *no art, no pl*, libel *no art, no pl*

Ver·leum·dungs·kam·pa·gne *f* smear campaign

ver·lie·ben* *vr* ■**sich [in jdn]** ~ to fall in love [with sb]; **sich hoffnungslos [in jdn]** ~ to fall hopelessly [*or* be head over heels] in love [with sb]; (*für jdn schwärmen*) *Schulmädchen* to have a crush on sb *fam*; **zum V~ aussehen/sein** to look perfect/be adorable

ver·liebt *adj* ❶ (*durch Liebe bestimmt*) loving, amorous, affectionate; **~e Worte** words of love, loving [*or* amorous] [*or* affectionate] words ❷ (*von Liebe ergriffen*) enamoured [*or* AM -ored], charmed; (*stärker*) infatuated; ■**[in jdn/etw] ~ sein** to be in love [with sb/sth]; **in eine Idee ~ sein** to be infatuated by an idea, to have an idée fixe *liter*

Ver·lieb·te(r) *f(m) decl wie adj* lover; **die beiden ~** the two lovers

Ver·liebt·heit <-> *f kein pl* state *no pl* of being in love, infatuation *no art, no pl*

ver·lie·ren <verlor, verloren> [fɛɐ̯ˈliːrən] **I.** *vt* ❶ (*jdm abhandenkommen*) ■**etw** ~ to lose sth; **nichts mehr zu ~ haben** to have nothing [else] to lose ❷ (*abwerfen*) ■**etw** ~ to lose [*or* shed] sth ❸ (*nicht halten können*) ■**jdn/etw** ~ to lose sb/sth ❹ (*entweichen lassen*) ■**etw** ~ to lose sth; **Flüssigkeit/Gas** ~ to leak ❺ (*nicht gewinnen*) ■**etw** ~ to lose sth ❻ (*einbüßen*) ■**an etw** *dat* ~ to lose sth; **an Schönheit** ~ to lose some of his/her/their/etc. beauty ▸WENDUNGEN: **irgendwo nichts verloren haben** (*fam*) to have no business [being] somewhere; **was haben Sie hier verloren?** (*fam*) what are you doing here? **II.** *vr* ❶ (*verschwinden*) ■**sich [in etw** *akk*] ~ to disappear [*or* to vanish] [in sth] ❷ (*sich verirren*) ■**sich [in etw** *akk*] ~ to get lost [in sth] ❸ (*ganz in etw aufgehen*) ■**sich in etw** *dat* **verlieren** to get carried away with sth; **sich in Gedanken** *dat* ~ to be lost in thought **III.** *vi* ■**[an etw** *dat*] ~ to lose [sth]

Ver·lie·rer(in) <-s, -> *m(f)* loser

Ver·lie·rer·stra·ße *f* ▸WENDUNGEN: **auf der ~ sein** to be playing a losing game; (*verkommen*) to be on the downward slope

Ver·lies <-es, -e> [fɛɐ̯ˈliːs, *pl* ˈliːzə] *nt* dungeon

ver·lo·ben* *vr* ■**sich [mit jdm/miteinander]** ~ to get engaged [to sb/[each other]]

ver·lobt *adj* engaged (**mit** +*dat* to), betrothed *old form* (**mit** +*dat* to); **so gut wie ~ sein** to be as good as engaged; ■**sie sind miteinander ~** they are engaged [to each other]

Ver·lob·te(r) *f(m) decl wie adj* fiancé *masc*, fiancée *fem*; ■**jds ~/~r** sb's fiancée/fiancé [*or old* betrothed]; ■**die ~n** the engaged couple; **wir sind seit kurzem ~e** we got engaged recently

Ver·lo·bung <-, -en> *f* engagement, betrothal *form or old*; **eine ~ auflösen/bekannt geben** to break off/announce an engagement

ver·lo·cken* *vi* (*geh*) ■**[zu etw]** ~ to make sth a tempting [*or* an attractive] prospect [for sb], to tempt [*or* entice] sb [to do sth], to make sb want to do sth; ■**dazu ~, etw zu tun** to make sb want [*or* to tempt [*or* entice] sb] to do sth

ver·lo·ckend *adj* tempting

Ver·lo·ckung <-, -en> *f* temptation; **der ~ widerstehen** to resist [the] temptation

ver·lo·gen [fɛɐ̯ˈloːgn̩] *adj* ❶ (*lügnerisch*) lying *attr*, untruthful, mendacious *form*; **durch und durch ~ sein** *Behauptung* to be a blatant lie; *Mensch* to be a rotten liar ❷ (*heuchlerisch*) insincere, phoney [*or* phony] *pej fam*

Ver·lo·gen·heit <-> *f kein pl* ❶ (*lügnerisches Wesen*) untruthfulness *no art, no pl*, mendacity *no art, no pl form*; (*mit falschem Spiel*) duplicity *no art, no pl form* ❷ (*Heuchelei*) insincerity *no art, no pl*, phoniness *no art, no pl pej fam*

ver·lor [fɛɐ̯ˈloːɐ̯] *imp von* **verlieren**

ver·lo·ren [fɛɐ̯ˈloːrən] **I.** *pp von* **verlieren** **II.** *adj* ■**~ sein** to be finished [*or fam* done for]; **sich ~ fühlen** to feel lost; **jdn/etw ~ geben** to give up sb/sth *sep* for lost; **einen Plan ~ geben** to write off *sep* a plan; **~ gehen** (*abhandenkommen*) to get lost; (*sich verirren a.*) to go astray; **etw geht jdm ~** sb loses sth ▸WENDUNGEN: **an jdm ist eine Malerin/Musikerin/etc. ~ gegangen** (*fam*) you would have made a good artist/musician/etc.; *s. a.* **Posten**

Ver·lo·ren·heit <-> *f kein pl* (*geh*) loneliness *no art, no pl*, isolation *no art, no pl*

ver·lö·schen* <verlọsch, verlọschen> *vi sein* (*geh*) to go out

ver·lo·sen* *vt* ■**etw** ~ to raffle sth

Ver·lo·sung *f* raffle, draw

ver·lö·ten* *vt* TECH ❶ (*durch Löten schließen*) ■**etw** ~ to solder [up *sep*] sth ❷ (*durch Löten verbinden*) ■**etw [miteinander]** ~ to solder [together *sep*] sth

ver·lot·tern* *vi sein* to fall into disrepair, to become run-down; *Mensch* to run to seed, to go to the dogs *fam;* ■**etw ~ lassen** to let sth get run-down; ■**verlottert** run-down; **ein verlottertes Gebäude** a dilapidated building; **ein verlotterter Mensch** someone who has gone to the dogs [*or* run to seed]

ver·lu·dern* (*fam*) **I.** *vt* ■**etw** ~ *Geld* to squander sth, to fritter away sth *sep* **II.** *vi* to go to the bad *fam*

Ver·lust <-[e]s, -e> [fɛɐ̯'lʊst] *m* ❶ (*das Verlieren*) loss ❷ FIN (*finanzielle Einbuße*) loss; **der ~ von etw** the loss of sth; **~ bringend** loss-making; **große ~** huge losses; **~e aus unternehmerischen Tätigkeiten** losses incurred from business activities; **~e/einen ~ haben** [*o* **erleiden**] to make losses/a loss; **~e machen** to make losses; **mit ~** at a [financial] loss ❸ (*schmerzliche Einbuße*) loss (+*gen* of) ❹ *pl* MIL losses *pl;* **schwere ~e erleiden** [*o* **haben**] to suffer heavy losses

Ver·lust·brin·ger *m* ÖKON unprofitable product; (*Lockartikel*) loss leader **Ver·lust·fak·tor** *m* downside [*or* loss] factor **Ver·lust·ge·schäft** *nt* losing business *no pl;* (*einzelnes*) loss-making deal

ver·lus·tie·ren* [fɛɐ̯lʊs'tiːrən] *vr* (*hum fam*) ■**sich [mit jdm]** ~ to have a good time [*or* to have fun] [*or* to enjoy oneself] [with sb]; (*sexueller Natur a.*) to have a bit of hanky-panky [with sb] *dated fam*

ver·lus·tig [fɛɐ̯'lʊstɪç] *adj* **einer S.** *gen* **~ gehen** (*geh*) to forfeit [*or* lose] sth; **jdn seiner Rechte für ~ erklären** to declare sb's rights forfeit

Ver·lust·zo·ne *f* ÖKON loss [situation]; **in die ~ kommen** [*o* **geraten**] to start making a loss, to get into a loss situation [*or fam* the red] **Ver·lust·zu·wei·sung** *f* FIN allocation of losses; (*in der Buchführung*) proven loss

ver·ma·chen* *vt* ❶ (*vererben*) ■**[jdm] etw** ~ to leave [*or form* bequeath] sth [to sb] [*or* sb sth] ❷ (*fam: überlassen*) ■**[jdm] etw** ~ to give [sb] sth, to make [sb] a present of sth *a. iron;* **kannst du mir nicht deine Lederjacke ~?** can't you let me have your leather jacket?

Ver·mächt·nis <-ses, -se> [fɛɐ̯'mɛçtnɪs] *nt* JUR legacy, bequest

ver·mäh·len* [fɛɐ̯'mɛːlən] *vr* (*geh*) ■**sich [mit jdm]** ~ to marry [*or old* wed] [sb]; ■**sich [miteinander]** ~ to marry; **frisch vermählt** newly married, newly wed *attr;* **die frisch Vermählten** the newly-weds

Ver·mähl·te(r) <-, -n> *f* (*m*) *decl wie adj* (*veraltend*) wed *dated;* **die frisch ~n** the newly-weds

Ver·mäh·lung <-, -en> *f* (*geh*) marriage, wedding

ver·ma·le·deit [fɛɐ̯male'dait] *adj inv* (*emph veraltend fam*) damnable *dated,* blasted *dated fam*

ver·mark·ten* *vt* ■**etw** ~ ❶ ÖKON (*auf den Markt bringen*) to market sth; **sich leicht/schwer ~ lassen** to be easy/difficult to market ❷ (*verwerten*) to capitalize on sth

Ver·mark·tung <-, -en> *f* ■**die/eine ~ [einer S.** *gen* [*o* **von etw**]] ❶ (*das Vermarkten*) marketing [sth] ❷ (*das Veröffentlichen*) the publication/publication [of sth]

ver·mas·seln* [fɛɐ̯'masl̩n] *vt* (*sl*) ■**[jdm] etw** ~ to spoil [*or* wreck] sth [for sb], to mess up [*or* muck up] sth *sep* [for sb] *fam*

ver·meh·ren* **I.** *vr* ❶ (*sich fortpflanzen*) ■**sich** ~ to reproduce; (*stärker*) to multiply ❷ (*zunehmen*) ■**sich [auf/um etw** *akk*] ~ to increase [*or* grow] [to/by sth] **II.** *vt* ❶ HORT (*die Anzahl erhöhen*) ■**etw** ~ to propagate sth ❷ (*größer werden lassen*) ■**etw [um etw]** ~ to increase sth [by sth], to let sth grow [by sth]

Ver·meh·rung <-, -en> *f* ❶ (*Fortpflanzung*) reproduction *no art, no pl;* (*stärker*) multiplying *no art, no pl* ❷ HORT propagation ❸ (*das Anwachsen*) increase, growth

ver·meid·bar *adj* avoidable

ver·mei·den* *vt irreg* ■**etw** ~ to avoid sth; **sich nicht/kaum ~ lassen** to be inevitable [*or* unavoidable]/almost inevitable [*or* unavoidable]; **es lässt sich nicht/kaum ~, dass ...** it is inevitable [*or* unavoidable]/almost inevitable [*or* unavoidable] that ...

Ver·mei·dung <-, -en> *f* avoidance *no art, no pl;* ■**zur ~ einer S.** *gen* [*o* **von etw**] [in order] to avoid sth

ver·meint·lich [fɛɐ̯'maintlɪç] **I.** *adj attr* supposed *attr;* **der ~e Täter** the suspect **II.** *adv* supposedly; **das Angebot war nur ~ günstig** the offer only appeared [*or* seemed] to be good

ver·mel·den* *vt* ■**etw** ~ to announce [*or* report] sth; **etw zu ~ haben** (*geh*) to have sth to announce [*or* report]

ver·men·gen* *vt* ❶ (*vermischen*) ■**etw [mit etw]** ~ to mix sth [with sth] ❷ (*durcheinanderbringen*) ■**etw** ~ to confuse [*or sep* mix up] sth

ver·mensch·li·chen* [fɛɐ̯'mɛnʃlɪçn̩] *vt* ■**etw/ein Tier** ~ to give sth/an animal human characteristics, to humanize sth/an animal *spec*

Ver·merk <-[e]s, -e> [fɛɐ̯'mɛrk] *m* note

ver·mer·ken* *vt* ❶ (*eintragen*) ■**[sich** *dat*] **etw [auf/in etw** *dat*] ~ to note [down *sep*] [*or* make a note of] sth [on/in sth]; **etw im Kalender rot ~** to make sth a red-letter day ❷ (*zur Kenntnis nehmen*) ■**etw** ~ to take note of sth; **etw negativ/übel ~** to take sth amiss, to be annoyed by sth

ver·mes·sen*1 [fɛɐ̯'mɛsn̩] *irreg* **I.** *vt* ■**etw** ~ to measure sth; **ein Grundstück/ein Gebäude amtlich ~** to survey a plot of land/a building **II.** *vr* ❶ (*falsch messen*) ■**sich** ~ to make a mistake in measuring [sth], to measure [sth] wrongly ❷ (*geh: sich anmaßen*) ■**sich ~, etw zu tun** to presume to do sth

ver·mes·sen² [fɛɐ̯'mɛsn̩] *adj* (*geh*) presumptuous, arrogant; ■**~ sein, etw zu tun** to be presumptuous [*or* arrogant] to do sth

Ver·mes·sen·heit <-, -en> *f* (*geh*) presumption *no art, no pl,* arrogance *no art, no pl*

Ver·mes·sung *f* measurement; (*bei einem Katasteramt*) survey, surveying *no art, no pl*

Ver·mes·sungs·amt *nt* [land] surveyor's office; (*zu Steuerzwecken*) cadastral office *spec* **Ver·mes·sungs·in·ge·ni·eur(in)** *m(f)* [land] surveyor

ver·mie·sen* [fɛɐ̯'miːzn̩] *vt* (*fam*) ■**[jdm] etw** ~ to spoil sth [for sb]; ■**[sich** *dat*] **etw nicht [durch jdn/etw] ~ lassen** to not let sth be spoilt [by sb/sth]

ver·miet·bar *adj* to let *pred;* **ein ~es Zimmer** a room to let [*or* rent out]; **ein schwer ~es Haus** a house which is difficult to let [*or* rent out]; **eine kaum ~e Wohnung** a flat [*or* AM apartment] which is almost impossible to let [*or* rent out]

ver·mie·ten* **I.** *vt* ■**[jdm] etw [für etw]** ~ to lease out *sep* sth [to sb] [for sth]; (*für kurze Zeit a.*) to rent [*or* BRIT hire] out sth *sep* [to sb] [for sth]; **ein Haus ~** to let [*or* rent out] a house; **„Autos zu ~"** "cars for hire"; **„Zimmer zu ~"** "rooms to let" **II.** *vi* ■**[an jdn]** ~ to let [*or* rent [out]] [to sb]

Ver·mie·ter(in) *m(f)* ❶ (*Hausbesitzer*) landlord *masc,* landlady *fem* ❷ (*Verleiher*) lessor *spec;* **der ~ nimmt zwölf Euro die Stunde für ein Ruderboot** it costs twelve euros an hour to hire a rowing boat

Ver·mie·tung <-, -en> *f* letting *no art, no pl,* renting out *no art, no pl; Auto, Boot* renting [*or* BRIT hiring] [out] *no art, no pl*

ver·min·dern* **I.** *vt* ❶ (*verringern*) ■**etw** ~ to reduce [*or* lessen] sth; **Anstrengungen** [*o* **Bemühungen**] **nicht ~** to spare no effort ❷ FIN ■**[jdm] etw** ~ to reduce [*or* cut] [sb's] sth; **seine Ausgaben ~** to reduce [*or form* retrench] one's costs **II.** *vr* ❶ (*geringer werden*) ■**sich** ~ to decrease, to diminish ❷ FIN ■**sich [auf/um etw** *akk*] ~ to go down [*or* decrease] [to/by sth]; *Preise, Kosten a.* to drop [to/by sth]

Ver·min·de·rung *f* reduction, decrease

ver·mi·nen* [fɛɐ̯'miːnən] *vt* ■**etw** ~ to mine [*or* lay mines in] sth

V

Ver·mi·nung <-, -en> *f* ■**die/eine ~ [einer S.** *gen* [*o* **von etw**]] mining [sth]
ver·mi·schen* **I.** *vt* ■**etw [mit etw]** ~ to mix sth [with sth]; (*um eine bestimmte Qualität zu erreichen*) to blend sth [with sth]; **einen Kopfsalat mit Dressing** ~ to toss a salad **II.** *vr* ■**sich [miteinander]** ~ to mix
Ver·mi·schung *f* mixing *no art, no pl*
ver·mis·sen* *vt* ❶ (*das Fehlen von etw bemerken*) ■**etw** ~ to have lost sth, to notice that sth is lost; **ich vermisse meinen Pass** I've lost my passport, my passport is missing ❷ (*jds Abwesenheit bedauern*) ■**jdn** ~ to miss sb ❸ (*jds Abwesenheit feststellen*) **wir ~ unsere Tochter** our daughter is missing; ■**vermisst werden** to be missing ❹ (*das Fehlen von etw bedauern*) ■**etw** ~ to be of the opinion [*or* think] that sth is lacking; **was ich an den meisten jungen Menschen vermisse, ist Höflichkeit** what I think most young people lack is politeness; ■**etw ~ lassen** to lack [*or* be lacking in] sth
Ver·miss·ten·an·zei·ge^RR^ *f* **eine ~ aufgeben** to report sb as missing
Ver·miss·te(r)^RR^ *f(m)*, **Ver·miß·te(r)**^ALT^ *f(m) decl wie adj* missing person
ver·mit·tel·bar *adj* employable; **ältere Arbeiter sind kaum mehr** ~ it is almost impossible to find jobs for older people
ver·mit·teln* **I.** *vt* ❶ (*durch Vermittlung beschaffen*) ■[**jdm** [*o* **an jdn**]] **etw** ~ to find sth [for sb] [*or* sb sth]; **jdm eine Stellung** ~ to find sb a job; ■[**jdm**] **jdn** ~ to find sb [for sb]; **jdn an eine Firma** ~ to place sb with a firm ❷ (*weitergeben*) ■[**jdm**] **etw** ~ to pass on *sep* [*or form liter* impart] sth [to sb]; **seine Gefühle** ~ to communicate [*or* convey] one's feelings ❸ (*geh*) ■[**jdm**] **etw** ~ to give [sb] sth, to convey sth [to sb]; **jdm ein schönes Gefühl** ~ to give sb [*or* fill sb with] a good feeling ❹ (*arrangieren*) ■**etw** ~ to arrange sth; **einen Kontakt** ~ to arrange for a contact **II.** *vi* ■[**in etw** *dat*] ~ to mediate [*or* act as [a/the] mediator] [in sth]
ver·mit·telnd **I.** *adj* conciliatory; **~e Bemühungen** attempts [*or* efforts] to mediate, attempts at conciliation **II.** *adv* ~ **eingreifen/sich ~ einschalten** to intervene as a mediator
Ver·mitt·ler(in) <-s, -> *m(f)* ❶ (*Schlichter*) mediator, arbitrator ❷ ÖKON agent
Ver·mitt·lung <-, -en> *f* ❶ ÖKON *Geschäft* negotiating *no art, no pl; Stelle* finding *no art, no pl; Wohnung* finding *no art, no pl,* locating *no art, no pl* ❷ (*Schlichtung*) mediation ❸ (*Telefonzentrale*) operator ❹ (*das Weitergeben*) imparting *no art, no pl form,* conveying *no art, no pl form,* communicating *no art, no pl*
Ver·mitt·lungs·aus·schuss^RR^ *m* JUR, POL mediation committee **Ver·mitt·lungs·ge·bühr** *f* ÖKON commission
ver·mo·dern* *vi sein* to rot, to decay, to moulder, to molder AM
ver·mö·gen [fɛɐ̯ˈmøːgn̩] *vt irreg* (*geh*) ■**etw** ~ to be capable of [doing] [*or* be able to do] sth; ■**~, etw zu tun** to be capable of doing [*or* be able to do] sth
Ver·mö·gen <-s, -> [fɛɐ̯ˈmøːgn̩] *nt* ❶ FIN assets *pl;* (*Geld*) capital *no art, no pl;* (*Eigentum*) property *no art, no pl* ❷ *kein pl* (*geh*) ■**jds** ~ sb's ability [*or* capability]; **jds ~ übersteigen/über jds ~ gehen** to be/go beyond sb's abilities
ver·mö·gend [fɛɐ̯ˈmøːgn̩t] *adj* (*geh*) wealthy, well-off
Ver·mö·gens·ab·ga·be *f* ÖKON, ADMIN (*hist*) capital levy, wealth tax **Ver·mö·gens·an·la·ge** *f* investments *pl* **Ver·mö·gens·be·ra·ter(in)** *m(f)* financial consultant **Ver·mö·gens·be·ra·tung** *f kein pl* financial consulting **Ver·mö·gens·bi·lanz** *f* financial statement **Ver·mö·gens·bil·dung** *f* FIN ❶ (*Entstehung von Vermögen*) wealth creation *no art, no pl,* creation of wealth *no art, no pl* ❷ (*staatlich geförderte Sparmethode*) *savings scheme whereby employees' contributions are supplemented by the employer* **Ver·mö·gens·steu·er** *f* net worth [*or* capital] tax **Ver·mö·gens·ver·hält·nis·se** *pl* financial circumstances *pl* **Ver·mö·gens·ver·wal·ter(in)** *m(f)* trustee **Ver·mö·gens·wer·te** *pl* FIN assets **ver·mö·gens·wirk·sam** *adj* FIN asset-creating *attr;* **~e Leistungen** wealth [*or* asset] creation benefits
ver·mum·men* [fɛɐ̯ˈmʊmən] **I.** *vt* ■**jdn/sich [dick]** ~ to wrap up sb/oneself *sep* [well] **II.** *vr* ■**sich** ~ to wear a mask, to mask one's face; ■**vermummt** masked
ver·mummt *adj inv* masked
Ver·mum·mung <-, -en> *f* disguise
Ver·mum·mungs·ver·bot *nt law which forbids demonstrators to wear masks at a demonstration*
ver·mu·ten* *vt* ❶ (*annehmen*) ■**etw [hinter etw** *dat*] ~ to suspect sth [[is] behind sth]; ■**~, [dass]** ... to suspect [that] ...; ■**~ lassen, dass ...** to give rise to the suspicion [*or* supposition] that ... ❷ (*als jds Aufenthalt annehmen*) ■**jdn irgendwo** ~ to think that sb is [*or* to suppose sb to be] somewhere
ver·mut·lich **I.** *adj attr* probable, likely; **der ~e Täter** the suspect **II.** *adv* probably
Ver·mu·tung <-, -en> *f* assumption, supposition; **eine ~/~en haben** to have an idea/suspicions; **auf ~en** *akk* **angewiesen sein** to have to rely on suppositions [*or* assumptions] [*or* guesswork]
ver·nach·läs·si·gen* [fɛɐ̯ˈnaxlɛsɪgn̩] *vt* ❶ (*nicht genügend nachkommen*) ■**etw** ~ to neglect sth; **seine Verpflichtungen** ~ to be neglectful of [*or* negligent about [*or* in]] one's duties ❷ (*sich nicht genügend kümmern*) ■**jdn** ~ to neglect sb; **sich vernachlässigt fühlen** to feel neglected; ■**sich** ~ to be neglectful of [*or* careless about] oneself ❸ (*unberücksichtigt lassen*) ■**etw** ~ to ignore [*or* disregard] sth
Ver·nach·läs·si·gung <-, -en> *f* ❶ *kein pl* (*das Vernachlässigen*) neglect *no art, no pl* ❷ (*die Nichtberücksichtigung*) disregard *no pl*
ver·na·geln* *vt* ■**etw** ~ ❶ (*mit Nägeln verschließen*) to nail up sth *sep* ❷ (*durch Bretter und Nägel schließen*) to board up sth *sep*
ver·nä·hen* *vt* ■**etw** ~ to sew [*or* stitch] together [*or* up] sth *sep*
ver·nar·ben* *vi sein* to form a scar; (*heilen*) to heal; ■**vernarbt** scarred/healed
ver·nar·ren* *vr* (*fam*) ■**sich in jdn/etw** ~ to be besotted by [*or* crazy about] sb/sth [*or fam* nuts about]; ■**in jdn/etw vernarrt sein** to be besotted by sb/sth
ver·na·schen* *vt* ❶ (*fam*) ■**etw** ~ to like to eat sth; **gern Süßigkeiten** ~ to have a sweet tooth ❷ (*sl: mit jdm Geschlechtsverkehr haben*) ■**jdn** ~ to lay sb *fam,* to have it off [*or* away] [with sb] BRIT *fam!*
ver·ne·beln* *vt* ■**etw** ~ ❶ (*versprühen*) to spray sth ❷ (*verschleiern*) to obscure sth
ver·nehm·bar *adj* audible; **deutlich** [*o* **gut**]/**undeutlich** [*o* **kaum**] ~ **sein** to be clearly/scarcely audible
ver·neh·men* *vt irreg* ❶ JUR ■**jdn [zu etw]** ~ to question sb [about sth] ❷ (*geh: hören*) ■**etw** ~ to hear sth ❸ (*geh: erfahren*) ■**etw [von jdm]** ~ to hear sth [from sb], to learn sth [from [*or old* of] sb]
Ver·neh·men *nt* **dem ~ nach** from what I hear/one hears; **nach sicherem** ~ according to reliable sources
Ver·nehm·las·sung <-, -en> *f* SCHWEIZ announcement
ver·nehm·lich [fɛɐ̯ˈneːmlɪç] (*geh*) **I.** *adj* [clearly] audible; **laut und** ~ loud and clear; **mit ~er Stimme** in a loud [and clear] voice **II.** *adv* audibly; **laut und** ~ loud and clear
Ver·neh·mung <-, -en> *f* JUR questioning; **die/eine ~ durchführen** to question sb
ver·neh·mungs·fäh·ig *adj* in a fit state to be questioned [*or* examined] *pred;* ■**[nicht] ~ sein** to be [not] fit for questioning [*or* examination] **ver·neh·mungs·un·fä·hig** *adj inv* JUR unable to be examined [*or* questioned]
ver·nei·gen* *vr* (*geh*) ■**sich [vor jdm/etw]** ~ to bow [to [*or form* before] sb/sth]
Ver·nei·gung *f* (*geh*) bow, obeisance *form;* **eine ~ [vor jdm/**

etw] machen to bow [to [*or form* before] sb/sth]; **eine ~ vor dem König machen** to bow to [*or form* before] the king; *wichtiger Besuch a.* to make one's obeisance to the king *form*

ver·nei·nen* [fɛɐ̯ˈnainən] *vt* ■**etw** ~ ❶ (*negieren*) to say no to sth; **eine Frage** ~ to answer a question in the negative ❷ (*leugnen*) to deny sth

ver·nei·nend I. *adj* negative II. *adv* negatively; ~ **den Kopf schütteln** to shake one's head

Ver·nei·nung <-, -en> *f* ❶ (*das Verneinen*) **die ~ einer Frage** a negative answer to a question ❷ (*Leugnung*) denial ❸ LING negative; **doppelte** ~ double negative

ver·nẹt·zen *vt* ❶ INFORM ■**etw** ~ to network sth, to link up sth *sep* ❷ (*fig: verknüpfen*) ■**etw** ~ link [*or* associate] something; ■[**mit etw**] **vernetzt sein** to be linked [up] [to sth]; **eng vernetzt** closely connected [*or* linked]; **Kräfte** ~ to combine forces

Ver·nẹt·zung <-, -en> *f* ❶ INFORM networking *no art, no pl* ❷ (*Verflechtung*) network

Ver·nẹt·zungs·ge·dan·ke *m kein pl* spirit of cooperation

ver·nich·ten* [fɛɐ̯ˈnɪçtn̩] *vt* ❶ (*zerstören*) ■**etw** ~ to destroy sth ❷ (*ausrotten*) ■**jdn/etw** ~ to exterminate sb/sth

ver·nịch·tend I. *adj* devastating; **eine ~e Niederlage** a crushing [*or* resounding] [*or* total] defeat; **jdm einen ~en Blick zuwerfen** to look at sb with hatred [in one's eyes] II. *adv* **jdn ~ schlagen** to inflict a crushing [*or* resounding] [*or* total] defeat on sb

Ver·nịch·tung <-, -en> *f* ❶ (*Zerstörung*) destruction; *Gebäude* destruction, demolition ❷ (*Ausrottung*) extermination; *Bevölkerung a.* annihilation; **die ~ von Arbeitsplätzen** the [drastic] reduction in the number of jobs

Ver·nịch·tungs·la·ger *nt* extermination [*or* death] camp

ver·ni·ckeln* [fɛɐ̯ˈnɪkl̩n] *vt* ■**etw** ~ to nickel[-plate] sth, to cover sth with nickel

ver·nied·li·chen* [fɛɐ̯ˈniːtlɪçn̩] *vt* ■**etw** ~ to trivialize sth, to play down sth *sep*

ver·nie·ten* *vt* TECH ■**etw** ~ to rivet sth

Ver·nis·sa·ge <-, -n> [vɛrnɪˈsaːʒə] *f* opening day, vernissage *spec*

Ver·nunft <-> [fɛɐ̯ˈnʊnft] *f kein pl* reason *no art, no pl,* common sense *no art, no pl;* ~ **annehmen** to see sense; **nimm doch ~ an!** be reasonable!, use your common sense!; ~ **beweisen** to show sense; **jdn zur ~ bringen** to make sb see sense; **ohne ~ handeln** to behave rashly; **zur ~ kommen** to be reasonable, to see sense; **mit jds ~ rechnen** to think that sb will be reasonable [*or* show more common sense]

Ver·nụnft·ehe *f* marriage of convenience

ver·nünf·tig [fɛɐ̯ˈnʏnftɪç] I. *adj* ❶ (*einsichtig*) reasonable, sensible ❷ (*einleuchtend*) reasonable, sensible ❸ (*fam*) proper, decent; **~e Preise** decent [*or* reasonable] prices II. *adv* (*fam*) properly, decently

Ver·nụnft·mensch *m* rational human being [*or* person]

ver·öden* I. *vt haben* MED [**jdm**] **die Krampfadern** ~ to treat sb's varicose veins by injection; **sich die Krampfadern ~ lassen** to have one's varicose veins treated by injection II. *vi sein* ❶ (*sich entvölkern*) to be deserted ❷ (*stumpfsinnig werden*) to become tedious [*or* banal]

Ver·ö̱dung <-, -en> *f* ❶ MED treatment; *Krampfadern* treatment by injection ❷ (*Entvölkerung*) depopulation *no art, no pl*

ver·öf·fent·li·chen* [fɛɐ̯ˈʔœfn̩tlɪçn̩] *vt* ■**etw** ~ to publish sth

Ver·ọ̈f·fent·li·chung <-, -en> *f* publication

ver·ọrd·nen* *vt* ❶ (*verschreiben*) ■**jdm etw** ~ to prescribe sth [for sb] [*or* sb sth]; ■**sich** *dat* **etw** [**von jdm**] ~ **lassen** to get a prescription for sth [from sb] ❷ (*geh*) ■**etw** ~ to decree [*or* ordain] sth; ■**es wurde verordnet, dass ...** the authorities have decreed that ...

Ver·ọrd·nung <-, -en> *f* ❶ (*Verschreibung*) prescribing *no art, no pl* ❷ (*Rezept*) prescription ❸ (*geh*) order, enforcement

ver·ọr·ten* *vt* (*geh*) ■**etw/jdn** ~ to place sth/sb somewhere

ver·pạch·ten* *vt* JUR ■[**jdm**] **etw** ~, ■**etw** [**an jdn**] ~ to lease [*or* rent [out *sep*]] sth [to sb]

Ver·pạ̈ch·ter(in) *m(f)* landlord *masc,* landlady *fem*

Ver·pạch·tung <-, -en> *f* ❶ *kein pl* (*das Verpachten*) ■**die/eine ~** [**einer S.** *gen* [*o* **von etw**]] *dat* leasing [sth] ❷ (*Verpachtetes*) lease

ver·pạ·cken* *vt* ■**etw** [**in etw** *dat*] ~ to pack [up *sep*] sth [in sth]; **etw als Geschenk** ~ to wrap [up *sep*] sth [as a present], to gift-wrap sth; **etw diplomatisch** ~ to couch sth in diplomatic terms

Ver·pạ·ckung <-, -en> *f* ❶ *kein pl* (*das Verpacken*) packing *no art, no pl* ❷ (*Hülle*) packaging *no art, no pl*

Ver·pạ·ckungs·fa·brik *f* packaging factory **Ver·pạ·ckungs·ge·wicht** *nt* ÖKON tare **Ver·pạ·ckungs·kos·ten** *pl* packing charges **Ver·pạ·ckungs·ma·te·ri·al** *nt* packaging *no art, no pl* [material] **Ver·pạ·ckungs·müll** *m* waste [*or* superfluous] packaging

ver·pạs·sen* *vt* ❶ (*versäumen*) ■**jdn/etw** ~ to miss sb/sth ❷ (*nicht erreichen*) ■**etw** ~ to miss sth ❸ (*fam: aufzwingen*) ■**jdm etw** ~ to give sb sth, to make sb have sth ❹ (*fam: zuteilen*) ■**jdm etw** ~ to give sb sth; **jdm eine Ohrfeige** ~ to box sb's ears [*or* sb on the ear]; *s. a.* **Denkzettel**

ver·pạt·zen* *vt* (*fam*) ■**etw** ~ to make a mess of sth, to mess [*or* muck] up *sep* sth *fam,* to botch [*or* BRIT *a.* bodge] sth

ver·pẹn·nen* (*fam*) I. *vt* ■**etw** ~ to miss [*or* forget] sth II. *vi* ■[**sich**] ~ to oversleep

ver·pes·ten* [fɛɐ̯ˈpɛstn̩] *vt* ❶ (*fam*) ■[**jdm**] **etw** ~ to pollute [sb's] sth; **die Luft im Büro** ~ to stink out *sep* the office *fam* ❷ (*mit giftigen Gasen verseuchen*) ■**etw** ~ to pollute sth

Ver·pẹs·tung <-> *f kein pl* pollution *no art, no pl*

ver·pẹt·zen* *vt* (*fam*) ■**jdn** [**bei jdm**] ~ to tell on sb, to split on sb [to sb] BRIT *fam*

ver·pfạ̈n·den* *vt* JUR ■**etw** ~ to pawn sth; **ein Grundstück/Haus** ~ to mortgage a plot/house

Ver·pfạ̈n·dung *f* pawning *no art, no pl; Grundstück, Haus* mortgaging *no art, no pl*

ver·pfei·fen* *vt irreg* (*fam*) ■**jdn** [**bei jdm**] ~ to inform on sb, to split [*or* grass] on sb [to sb] BRIT *fam*

ver·pflạn·zen* *vt* ❶ (*umpflanzen*) ■**etw** [**irgendwohin**] ~ to replant [*or* transplant] sth [somewhere]; (*umtopfen*) to repot sth, to pot on sth *sep* BRIT ❷ MED ■**jdm ein Organ** ~ to give sb an organ transplant; **jdm ein Stück Haut** ~ to give sb a skin graft

Ver·pflạn·zung *f* ❶ (*das Umpflanzen*) replanting *no art, no pl,* transplantation; (*das Umtopfen*) repotting *no art, no pl* ❷ MED transplantation

ver·pfle·gen* *vt* ■**jdn** ~ to look after [*or* cater for] sb; ■**sich selbst** ~ to cater for oneself

Ver·pfle·gung <-, *selten* -en> *f* ❶ *kein pl* (*das Verpflegen*) catering *no art, no pl;* **mit voller** ~ with full board ❷ (*Nahrung*) food *no art, no pl*

ver·pflich·ten* [fɛɐ̯ˈpflɪçtn̩] I. *vt* ❶ (*durch eine Pflicht binden*) ■**jdn** [**zu etw**] ~ to oblige sb [*or* make sb promise] to do sth; **jdn zum Stillschweigen/zu einer Zahlung** ~ to oblige sb to keep quiet/to pay; **jdn durch einen Eid zum Stillschweigen** ~ to swear sb to secrecy ❷ (*vertraglich binden*) ■**jdn** [**zu etw**] ~ to commit [*or* oblige] sb to do sth; ■**verpflichtet sein, etw zu tun** to be obliged to do sth; ■**zu etw verpflichtet sein** to be obliged to do sth ❸ (*eine bestimmte Pflicht auferlegen*) ■**jdn zu etw** ~ to oblige sb to do sth; **jdn zu etw durch einen Eid** ~ to swear sb to sth; ■**zu etw verpflichtet sein** to be sworn to sth ❹ (*einstellen*) ■**jdn** [**an/für etw** *akk*] ~ to engage sb [at/for sth]; **einen Fußballspieler** ~ to sign [up *sep*] a football player II. *vi* ■[**zu etw**] ~ ❶ JUR (*vertraglich binden*) to bind sb by contract [to do sth], to oblige sb to do sth ❷ (*eine bestimmte Haltung erfordern*) to be an obligation [to do sth]; **jdm verpflichtet sein** to be obliged [*or* indebted] to sb; **jdm zu Dank verpflichtet sein** to be obliged [*or* indebted]

V

to sb, to be in sb's debt *form* **III.** *vr* ❶ (*sich vertraglich zu etw bereit erklären*) ■**sich zu etw** ~ to sign a contract saying that one will do sth, to commit oneself by contract to doing sth; **ich habe mich zu strengstem Stillschweigen verpflichtet** I am committed to absolute confidentiality; ■**sich** ~**, etw zu tun** to commit oneself to doing sth ❷ MIL ■**sich für etw** ~ to sign up for sth

ver·pflịch·tet *adj* ■**jdm** ~ **sein** to be indebted to sb, to owe sb a favour [*or* AM -or]; **sich jdm** ~ **fühlen** to feel obliged to sb, to owe sb a favour; **sich** ~ **fühlen, etw zu tun** to feel obliged to do sth

Ver·pflịch·tung <-, -en> *f* ❶ *meist pl* (*Pflichten*) duty *usu pl;* **die** ~ **haben, etw zu tun** to have a duty to do sth; **seinen** ~**en nachkommen** to do [*or form* discharge] one's duties ❷ *kein pl* (*das Engagieren*) engagement *no pl; Fußballspieler* signing [up *sep*] ❸ FIN **finanzielle** ~**en** financial commitments [*or* obligations]; ~**en eingehen** to make financial commitments; **seinen** ~**en nachkommen** to fulfil [*or* AM -fill]/meet one's obligations

ver·pfụ·schen* *vt* (*fam*) ■[**jdm/sich**] **etw** ~ to make a mess of [*or sep fam* mess [*or* muck] up] [sb's/one's] sth

ver·pịs·sen *vr* (*vulg*) ■**sich** ~ to piss off *fam!*

ver·pla̲·nen* *vt* ❶ (*falsch planen*) ■**etw** ~ to plan sth badly [*or* wrongly]; (*falsch berechnen*) to miscalculate sth ❷ (*für etw vorsehen*) ■**etw** [**für etw**] ~ to mark off *sep* sth [for sth]; **einen Etat** ~ to plan a budget; **einen bestimmten Tag für eine Konferenz/eine Veranstaltung** ~ to plan [to have] a conference/an event on a particular day ❸ (*fam*) ■[**für etw**] **verplant sein** to be booked up [*or* have no time] [for sth]

ver·plạp·pern* *vr* (*fam*) ■**sich** ~ to blab *fam*

ver·plẹm·pern* *vt* (*fam*) ❶ (*verschwenden*) ■**etw** [**für etw**] ~ to waste [*or* to throw [*or pej* fritter] away *sep* sth [on sth]] sth [on sth] ❷ DIAL (*verschütten*) ■**etw** ~ to spill sth

ver·plom·ben* [fɛɐ̯'plɔmbn̩] *vt* ■**etw** ~ to seal [up *sep*] sth; ■**verplombt** sealed

ver·pönt [fɛɐ̯'pøːnt] *adj* (*geh*) deprecated *form;* **so ein Benehmen ist verpönt** such behaviour is frowned upon; ■[**bei jdm**] ~ **sein** to be deprecated [by sb] *form*

ver·prạs·sen* *vt* ■**etw** [**für etw**] ~ to squander [*or sep pej* fritter away] sth [on sth]; **sein Vermögen** ~ to dissipate one's fortune *form*

ver·prẹl·len* *vt* ❶ (*verärgern*) ■**jdn** ~ to annoy [*or fam* aggravate] sb ❷ (*verscheuchen*) **Wild** ~ to scatter game

ver·prü̲·geln* *vt* ■**jdn** ~ to beat up sb *sep;* (*als Strafe*) to thrash sb, to give sb a thrashing [*or hum* hiding]; (*früher in der Schule a.*) to cane/birch sb; ■**jdn** [**von jdm**] ~ **lassen** to have sb beaten up [by sb]

ver·pụf·fen* *vi sein* ❶ (*plötzlich abbrennen*) to go phut [*or* AM pop] *fam* ❷ (*fam: ohne Wirkung bleiben*) to fizzle out

Ver·puf·fung <-, -en> *f* (*Explosion*) explosion

ver·pụl·vern* *vt* (*fam*) ■**etw** [**für etw**] ~ to throw [*or pej* fritter] away sth *sep* [on sth], to blow sth [on sth] *fam*

ver·pụm·pen* *vt* (*fam*) ■**etw** ~ to lend [out *sep*] sth

ver·pụp·pen* *vr* BIOL ■**sich** ~ to develop into a pupa, to pupate *spec*

Ver·pụtz *m* ❶ (*das Verputzen*) ■**der** ~ [**einer S.** *gen*] the plaster[ing] of [sth] ❷ (*Putz*) plaster *no pl;* (*Rauputz*) roughcast *no pl;* (*mit kleinen Steinen*) pebble-dash *no pl* BRIT

ver·pụt·zen* *vt* ■**etw** ~ ❶ (*mit Rauputz versehen*) to plaster sth; (*mit der ersten Außenschicht*) to render sth *spec;* ■**etw** ~ **lassen** to have sth plastered/rendered ❷ (*fam*) to polish off sth *sep fam,* to wolf [down *sep*] sth *fam*

ver·qua̲l·men* *vt* ■[**jdm**] **etw** ~ to make [sb's] sth smok[e]y, to fill [up *sep*] [sb's] sth with smoke; ■**verqualmt** smoke-filled *attr,* full of [*or* filled with] smoke *pred*

ver·qua̲lmt <-er, -este> *adj* (*pej*) smoke-filled *attr,* full of [*or* filled with] smoke *pred*

ver·qua̲st *adj* confused, incoherent

ver·quer [fɛɐ̯'kveːɐ̯] *adv* muddled, weird ▶WENDUNGEN: **jdm** ~ **gehen** (*fam*) to go wrong for sb

ver·qui·cken* [fɛɐ̯'kvɪkn̩] *vt* ■**etw mit etw** ~ to combine sth with sth; ■**zwei Sachen** [**miteinander**] ~ to combine two things [together]

ver·quịr·len* *vt* KOCHK ■**etw** [**mit etw**] ~ to whisk sth [with sth], to mix sth [[together] with sth] with a whisk

ver·quọl·len *adj* swollen

ver·rạm·meln* *vt* (*fam*) ■**etw** ~ to barricade [up *sep*] sth

ver·rạm·schen* *vt* (*fam*) ■**etw** ~ to sell sth dirt cheap *fam,* to flog [off *sep*] sth [cheaply] BRIT *fam*

Ver·rat <-[e]s> [fɛɐ̯'raːt] *m kein pl* ❶ (*das Verraten*) betrayal *no art, no pl;* ~ **an jdm begehen** [*o* **üben**] to betray sb ❷ JUR treason *no art, no pl*

ver·ra̲·ten <verriet, verraten> **I.** *vt* ❶ (*ausplaudern*) ■**etw** [**an jdn**] ~ to betray [*or sep* give away] sth [to sb]; **nichts** ~**!** keep it to yourself!, don't give anything away! ❷ (*verräterisch an jdm handeln*) ■**jdn** ~ to betray sb ❸ (*preisgeben*) ■**etw** ~ to betray sth; **seine Meinung nicht** ~ **wollen** to be reluctant to express one's opinion [*or* view] ❹ (*als jdn erweisen*) ■**jdn** ~ to betray [*or sep* give away] sb ❺ (*deutlich erkennen lassen*) ■**etw** ~ to show sth, to make sth clear [*or* obvious] ▶WENDUNGEN: ~ **und verkauft sein** (*fam*) to be sunk **II.** *vr* ❶ (*sich preisgeben*) ■**sich** [**durch etw**] ~ to give oneself away [with sth] ❷ (*sich zeigen*) ■**sich** ~ to reveal oneself

Ver·rä̲·ter(in) <-s, -> [fɛɐ̯'rɛːtɐ] *m(f)* ❶ (*verräterischer Mensch*) traitor *pej* ❷ (*etw ausplaudernder Mensch*) traitor *pej,* snake [in the grass]; (*aus Versehen a.*) big mouth *fam*

ver·rä̲·te·risch **I.** *adj* ❶ (*auf Verrat zielend*) treacherous ❷ (*etw andeutend*) revealing, meaningful, give-away *attr,* tell-tale *attr* **II.** *adv* meaningfully, in a tell-tale [*or* meaningful] fashion

ver·rau̲·chen* **I.** *vi sein* to disappear; *Zorn, Ärger* to blow over **II.** *vt* ■**etw** ~ to smoke sth

ver·räu̲·chern* *vt s.* **verqualmen**

ver·rẹch·nen* **I.** *vr* ❶ (*falsch rechnen*) ■**sich** [**um etw**] ~ to miscalculate [by sth], to make a mistake ❷ (*sich irren*) ■**sich** ~ to be mistaken, to miscalculate ❸ (*sich in jdm täuschen*) ■**sich in jdm** ~ to make a mistake [*or* to be mistaken] about sb **II.** *vt* ❶ (*rechnerisch gegenüberstellen*) ■**etw mit etw** ~ to set off sth *sep* against sth ❷ FIN ■**etw** ~ to credit sth, to pass sth to account

Ver·rẹch·nung *f* ❶ (*rechnerische Gegenüberstellung*) settlement ❷ (*Gutschrift*) credit (*on an account*)*;* **„nur zur ~"** 'A/C payee only' BRIT

Ver·rẹch·nungs·scheck *m* FIN crossed cheque BRIT *spec,* voucher [*or* non-negotiable] check AM *spec*

ver·rẹ·cken* *vi sein* (*sl*) ❶ (*krepieren*) to come to a miserable end, to die a miserable [*or* wretched] death; ■[**jdm**] ~ to die [off] [on sb *fam*] ❷ (*kaputtgehen*) ■[**jdm**] ~ to break down [on sb *fam*] ▶WENDUNGEN: **nicht ums V~!** not on your life! *fam*

ver·re̲g·nen *vi sein* to be spoiled by rain; ■**verregnet** spoiled [*or* spoilt] by rain, rainy

ver·re̲g·net <-er, -este> *adj* spoiled [*or* spoilt] by rain; **ein** ~**er Tag** a rainy day

ver·rei̲·ben* *vt irreg* ■**etw** [**in/auf etw** *dat*] ~ to rub in sth *sep,* to rub sth into/on[to] sth *sep*

ver·rei̲·sen* *vi sein* ■[**irgendwohin**] ~ to go away [somewhere]; **ins Ausland** ~ to go abroad; **in die Berge/an die See** ~ to go to the mountains/the seaside; **dienstlich/geschäftlich verreist sein** to be away on business [*or* a business trip]

ver·rei̲·ßen* *vt irreg* ■**jdn/etw** ~ to tear sb/sth apart [*or* into pieces]

ver·rẹn·ken* *vt* ■**jdm etw** ~ to twist sb's sth; **sich** *dat* **ein Gelenk** ~ to dislocate a joint; ■**sich** [**nach jdm/etw**] ~ to twist one's neck [looking round at sb/sth]

Ver·rẹn·kung <-, -en> *f* distortion; *Gelenk* dislocation; ~**en**

machen müssen to have to perform contortions

ver·ren·nen* *vr irreg* ❶ *(sich irren)* ■ **sich** ~ to get on the wrong track ❷ *(hartnäckig an etw festhalten)* ■ **sich in etw** *akk* ~ to be obsessed with sth

ver·rich·ten* *vt* ■ **etw** ~ to perform [*or sep* carry out] sth; **ein Gebet** ~ to say a prayer; **seine Notdurft** ~ *(veraltend)* to relieve oneself *dated*

Ver·rich·tung *f* ❶ *kein pl (Ausführung)* performance *no art, no pl,* execution *no art, no pl* ❷ *(Erledigung)* duty

ver·rie·geln* *vt* ■ **etw** ~ to bolt sth

ver·riet *imp von* **verraten**

ver·rin·gern* [fɛɐ̯'rɪŋɐn] **I.** *vt* ❶ *(verkleinern)* ■ **etw** ~ to reduce sth ❷ *(geringer werden lassen)* ■ **etw** [**um etw**] ~ to reduce sth [by sth]; **die Geschwindigkeit** ~ to slow down, to slacken off **II.** *vr* ■ **sich** ~ ❶ *(kleiner werden)* to decrease ❷ *(abnehmen)* to decrease, to diminish

Ver·rin·ge·rung <-> *f kein pl* ❶ *(Verkleinerung)* reduction ❷ *(Herabsetzung)* reduction *(+gen/***von** *+dat* in/of), decrease *(+gen/***von** *+dat* in)

ver·rin·nen* *vi irreg sein* ❶ *(geh: vergehen)* to pass *form or liter* ❷ *(versickern)* ■ **in etw** *dat* ~ to seep into sth

Ver·riss[RR] *m,* **Ver·riß**[ALT] *m* damning criticism *no art, no pl*

ver·ro·hen* [fɛɐ̯'ro:ən] **I.** *vi sein* to become brutal[ized] **II.** *vt* ■ **jdn** ~ to brutalize sb, to make sb brutal

Ver·ro·hung <-, -en> *f* brutalization

ver·ros·ten* *vi sein* to go rusty, to rust; ■ **verrostet** rusted, rusty

ver·ros·tet <-er, -este> *adj* rusty

ver·rot·ten* [fɛɐ̯'rɔtn̩] *vi sein* ❶ *(faulen)* to rot ❷ *(verwahrlosen)* to decay

ver·rot·tet <-er, -este> *adj* ❶ *(faul)* rotted ❷ *(verwahrlost)* decayed

ver·rucht [fɛɐ̯'ru:xt] *adj* ❶ *(anstößig)* despicable, wicked ❷ *(lasterhaft)* depraved; **ein ~es Lokal/Viertel** a disreputable pub [*or* AM bar]/area

ver·rü·cken* *vt* ■ **etw** [**irgendwohin**] ~ to move [*or* push] sth [somewhere]

ver·rückt [fɛɐ̯'rʏkt] *adj* ❶ *(geisteskrank)* mentally ill, nuts *fam,* insane *fam or dated,* mad *fam or dated;* ■ ~ **sein/werden** to be/become mentally ill, to be/go nuts [*or dated* insane] [*or* mad] *fam;* **du bist wohl/bist du ~!** you must be/are you out of your mind [*or* off your head] [*or hum* out to lunch]! *fam;* **jdn ~ machen** to drive sb crazy [*or fam* nuts] [*or* up the wall] [*or* BRIT round the bend] ❷ *(in starkem Maße)* **wie** ~ like crazy [*or fam* mad]; *(wie übergeschnappt a.)* like a madman; **wie ~ regnen** to rain cats and dogs, to pour with rain; **wie ~ stürmen** to blow a gale; **wie ~ wehtun** to hurt like hell *fam* ❸ *(fam: ausgefallen)* crazy, wild *fam* ❹ *(fam: versessen)* ■ ~ **auf etw** *akk*/**nach etw sein** to be crazy [*or fam* mad] about sth; ■ ~ **nach jdm sein** to be crazy [*or fam* mad] [*or fam* wild] about sb ▸ WENDUNGEN: **ich werd' ~!** *(fam)* well, I'll be damned [*or dated* blowed] *fam,* well I never [did]!

Ver·rück·te(r) *f(m) decl wie adj (fam)* lunatic, madman *masc pej,* madwoman *fem pej*

Ver·rückt·heit <-, -en> *f* ❶ *(fam: etwas Verrücktes)* craziness *no art, no pl,* madness *no art, no pl,* folly *no art, no pl* ❷ *kein pl* MED insanity *no art, no pl,* madness *no art, no pl*

Ver·rückt·wer·den *nt* **es ist zum ~** *(fam)* it's enough to drive you mad [*or* up the wall] [*or* BRIT round the bend]

Ver·ruf *m kein pl* **jdn in ~ bringen** to give sb a bad name; **etw in ~ bringen** to bring sth into disrepute; **in ~ kommen** [*o* **geraten**] to fall into disrepute, to get a bad name *fam*

ver·ru·fen *adj* disreputable, doubtful

ver·rüh·ren* *vt* ■ **etw** [**mit etw**] ~ to stir [*or* mix] sth [[together] with sth]

ver·ruß·en* *vi sein* to get [*or* become] sooty; ■ **verrußt** sooty

ver·rut·schen* *vi sein* to slip

Vers <-es, -e> [fɛrs, *pl* 'fɛrzə] *m* ❶ *(Gedichtzeilen)* verse, lines *pl* ❷ *meist pl (Gereimtes)* verse, poetry; **~e deklamieren** [*o* **vortragen**] to recite verse [*or* poetry]; **etw in ~en schreiben** [*o* **~e setzen**] to put sth into verse ▸ WENDUNGEN: **ich kann mir keinen ~ darauf machen** there's no rhyme or reason to it; **kannst du dir einen ~ darauf machen?** can you get any sense out of it?

ver·sach·li·chen* [fɛɐ̯'zaxlɪçn̩] *vt* ■ **etw** ~ to make sth more objective, to objectify sth *spec;* ■ **versachlicht** objective

ver·sa·cken* *vi sein* ❶ *(einsinken)* ■ [**in etw** *dat*] ~ to sink in[[to] sth], to get bogged down [in sth] ❷ *(fam: versumpfen)* to stay out late drinking ❸ *(fam: verwahrlosen)* to go to the dogs [*or* rack [*or esp* AM wrack] and ruin] *fam*

ver·sa·gen* **I.** *vi* ❶ *(scheitern)* ■ [**in etw** *dat*] ~ to fail [*or* to be a failure] [in sth]; **in der Schule** ~ to be a failure [*or* to fail] at school ❷ *(erfolglos bleiben)* to fail, to be unsuccessful; **eindeutig** ~ to fail miserably ❸ *(nicht mehr funktionieren)* to fail [to function], to not work **II.** *vt (geh)* ■ **jdm etw** ~ to refuse sb sth; **jdm seine Hilfe** ~ to refuse sb aid [*or* to come to sb's aid] **III.** *vr (geh)* ❶ *(nicht gönnen)* ■ **sich** *dat* **etw** ~ to deny oneself sth ❷ *(vorenthalten)* ■ **sich jdm** ~ to refuse to give oneself to sb

Ver·sa·gen <-s> *nt kein pl* ❶ *(Scheitern)* failure *no art, no pl;* *(Erfolglosigkeit)* lack of success *no art, no pl;* **menschliches ~** human error ❷ *(Fehlfunktion)* failure; **ein ~ des Herzens/der Nieren** a heart/kidney failure

Ver·sa·gens·angst *f* fear of failure

Ver·sa·ger(in) <-s, -> *m(f)* failure

Ver·sa·ger <-s, -> *m* failure, flop *fam*

Ver·sa·gung <-, -en> *f* refusal

ver·sal·zen* *vt irreg* ❶ *(zu viel salzen)* ■ **etw** ~ to put too much salt in/on sth, to oversalt sth ❷ *(fam)* ■ **jdm etw** ~ to spoil [*or* ruin] sth for sb, to muck up sth *sep* for sb *fam*

ver·sam·meln* **I.** *vr* ■ **sich** ~ to gather [*or* come] [together], to assemble **II.** *vt* ❶ *(zusammenkommen lassen)* ■ **jdn** [**irgendwo**] ~ to call [*or* gather] together *sep* sb [somewhere]; **Truppen** ~ to rally [*or* muster] troops ❷ *(zu gespannter Aufmerksamkeit zwingen)* **das Pferd** ~ to collect one's horse *spec*

Ver·samm·lung *f* ❶ *(Zusammenkunft)* meeting; ■ **auf einer ~** at a meeting ❷ *(versammelte Menschen)* assembly

Ver·samm·lungs·frei·heit *f kein pl* freedom of assembly **Ver·samm·lungs·lo·kal** *f* meeting place **Ver·samm·lungs·ver·bot** *nt* prohibition of assembly

Ver·sand <-[e]s> [fɛɐ̯'zant] *m kein pl* ❶ *(das Versenden)* despatch, dispatch; **im ~** by post [*or* AM mail]; **im ~ beschädigt werden** to be damaged in the post ❷ *(~abteilung)* despatch, dispatch, distribution ❸ *(~firma)* mail-order company

Ver·sand·ab·tei·lung *f* despatch [*or* dispatch] [*or* distribution] department, shipping department

ver·san·den* *vi sein* ❶ *(sich mit Sand füllen)* to silt up ❷ *(schwächer werden)* to peter [*or* fizzle] out

Ver·sand·han·del *m* mail-order selling *no art* [*or* trade] *no indef art, no pl* **Ver·sand·haus** *nt* mail-order company [*or* business] **Ver·sand·haus·ka·ta·log** *m* mail-order catalogue [*or* AM catalog] **Ver·sand·kos·ten** *pl* shipping charges *pl* **Ver·sand·pa·pie·re** *pl* transport [*or* shipping] documents **Ver·sand·ta·sche** *f* large envelope; **eine wattierte ~** a padded envelope, a Jiffy® bag BRIT **Ver·sand·vor·schrift** *f meist pl* forwarding [*or* shipping] instructions *pl*

Ver·satz·stück *nt* ❶ *(Abklatsch)* hackneyed phrase *pej,* stale [*or* AM *pej* warmed-over] idea ❷ *(Teil der Bühne)* movable piece of scenery

ver·sau·beu·teln* [fɛɐ̯'zaubɔytl̩n] *vt (pej fam)* ■ **etw** ~ to muck [*or* AM mess] sth up *fam*

ver·sau·en* *vt (sl)* ❶ *(völlig verdrecken)* ■ [**jdm**] **etw** ~ to make [sb's] sth dirty [*or* filthy] [*or fam* mucky] ❷ *(verderben)* ■ **jdm etw** ~ to ruin [*or* spoil] [*or* wreck] sb's sth, to mess *fam*

V

[*or* BRIT *fam!* bugger] up *sep* sb's sth
Ver·sau·e·rung <-, -en> *f* ÖKOL acidification
ver·sau·fen* *vt irreg* (*sl*) ■**etw** ~ to drink away sth *sep*, to drink one's way through sth
ver·säu·men* *vt* ❶ (*nicht erreichen*) ■**etw** ~ to miss sth ❷ (*sich entgehen lassen*) ■**etw** ~ to miss sth; **eine Gelegenheit** ~ to let an opportunity slip by, to miss an opportunity ❸ (*nicht wahrnehmen*) ■**etw** ~ to miss sth; **den richtigen Zeitpunkt** ~ to let the right moment slip by ❹ (*geh: unterlassen*) ■[**es**] ~, **etw zu tun** to not [*or* neglect to] do sth; ■[**es**] **nicht** ~, **etw zu tun** to not forget to do sth
Ver·säum·nis <-ses, -se> [fɛɐ̯ˈzɔymnɪs] *nt* (*geh*) ❶ (*unterlassene Teilnahme*) absence *no art, no pl* ❷ (*Unterlassung*) omission, oversight
Ver·säum·nis·ur·teil *nt* JUR judgement by [*or* in] default
ver·scha·chern* *vt* (*fam*) *s.* **verscheuern**
ver·schaf·fen* *vt* ❶ (*beschaffen*) ■**jdm/sich etw** ~ to get [hold of] [*or* obtain] sth for sb/oneself, to procure sth for sb/myself [*or* sb/myself sth] *form* ❷ (*vermitteln*) to earn sth; **was verschafft mir die Ehre?** to what do I owe the honour? *iron;* **jdm eine Möglichkeit** ~ to give sb an opportunity; **jdm Respekt** ~ to gain [*or* earn] sb respect; **jdm eine Stellung** ~ to get sb a job; **jdm einen Vorteil** [*o* **Vorsprung**] ~ to give sb an advantage; **sich** *dat* **eine gute Ausgangsposition** ~ to give oneself a good starting position; **sich** *dat* **Gewissheit** ~ to make certain
ver·scha·len* TECH **I.** *vi* ■[**für etw**] ~ to line sth [for sth] **II.** *vt* ■**etw** ~ to line sth; **eine Tür/ein Fenster** ~ to board [up *sep*] a door/window
Ver·scha·lung <-, -en> *f* TECH planking *no art, no pl*
ver·schämt [fɛɐ̯ˈʃɛːmt] *adj* shy, bashful
ver·schan·deln* [fɛɐ̯ˈʃandl̩n] *vt* ■**etw** ~ ❶ (*ruinieren*) to ruin [*or* spoil] sth; **die Landschaft** ~ to ruin [*or* spoil] the landscape; *Gebäude, Grube* to be a blot on the landscape ❷ (*verunstalten*) to disfigure [*or* mutilate] sth
Ver·schan·de·lung <-, -en> *f*, **Ver·schand·lung** <-, -en> *f* disfigurement *no art, no pl*, mutilation *no art, no pl; Landschaft* ruination *no art, no pl*
ver·schan·zen* **I.** *vt* MIL to fortify **II.** *vr* ❶ MIL ■**sich** ~ to take up a fortified position; **sich in einem Graben** ~ to dig [oneself] in; ■**sich hinter etw** *dat* ~ to barricade oneself in ❷ (*hinter etw verstecken*) ■**sich hinter etw** *dat* ~ to take refuge [*or* to hide] behind sth
ver·schär·fen* **I.** *vr* ■**sich** ~ to get bad/worse; *Krise* to intensify, to become acute **II.** *vt* ■**etw** ~ ❶ (*rigoroser machen*) to make sth more rigorous, to tighten [up *sep*] sth; **eine Strafe** ~ to make a punishment more severe ❷ (*zuspitzen*) to aggravate sth, to make sth worse
Ver·schär·fung <-, -en> *f* ❶ (*Zuspitzung*) intensification, worsening *no art, no pl* ❷ (*das Verschärfen*) tightening up *no art, no pl;* **die** ~ **einer Strafe** increasing the severity of a punishment
ver·schar·ren* *vt* ■**etw** ~ to bury sth [just below the surface]; **jdn** ~ to bury sb in a shallow grave
ver·schät·zen* *vr* ❶ (*sich vertun*) ■**sich** [**um etw**] ~ to misjudge sth [by sth] ❷ (*sich täuschen*) ■**sich** ~ to be mistaken [*or* make a [big] mistake]; ■**sich in jdm** ~ to be [very much] mistaken about sb
ver·schau·keln* *vt* (*fam*) ■**jdn** ~ to fool sb, to take sb for a ride *fam;* ■**sich** [**von jdm**] ~ **lassen** to let sb take one for a ride *fam*, to let oneself be fooled
ver·schei·den* *vi irreg sein* (*geh*) to die, to pass away [*or* on] *euph*
ver·schen·ken* *vt* ❶ (*schenken*) ■**etw** [**an jdn**] ~ to give sth *sep* [to sb] ❷ (*ungenutzt lassen*) ■**etw** ~ to waste [*or sep* throw away] sth
ver·scher·beln* *vt* (*fam*) ■**etw** ~ to sell [*or* BRIT flog] [off *sep*] sth *fam; Hausierer a.* to peddle sth *pej*
ver·scher·zen* *vr* ❶ (*sich um etw bringen*) ■**sich** *dat* **etw** ~ to lose [*or* forfeit] sth ❷ (*sich mit jdm überwerfen*) ■**es sich** *dat* **mit jdm** ~ to fall out with sb
ver·scheu·chen* *vt* ■**jdn/Tiere** ~ to chase away [*or* off] *sep* sb/animals; (*durch Angst a.*) to frighten [*or* scare] away [*or* off] *sep* sb/animals; **jdm seine Sorgen** ~ to drive away *sep* sb's cares
ver·scheu·ern* *vt* (*sl*) ■[**jdm**] **etw** [*o* **etw an jdn**] ~ to sell [off *sep*] sth [to sb], to flog [off *sep*] sth [to sb] BRIT *fam*
ver·schi·cken* *vt* ❶ (*schicken*) ■**etw** [**an jdn**] ~ to send [sb] sth, to send [out *sep*] sth [to sb] ❷ (*zur Erholung reisen lassen*) ■**jdn irgendwohin** ~ to send away sb *sep* somewhere; **jdn zur Kur** ~ to send away sb *sep* to a health resort [*or dated* to take a cure]
ver·schie·ben* *irreg* **I.** *vt* ❶ (*verrücken*) ■**etw** [**um etw**] ~ to move [*or* shift] sth [by sth] ❷ (*verlegen*) ■**etw** [**auf/um etw** *akk*] ~ to postpone [*or sep* put off] sth [until/for sth] ❸ (*illegal exportieren*) ■**etw** [**irgendwohin**] ~ to smuggle sth [somewhere] **II.** *vr* ❶ (*später stattfinden*) ■**sich** [**auf/um etw** *akk*] ~ to be postponed [until sth/for sth] ❷ (*verrutschen*) ■**sich** ~ to slip
Ver·schie·bung *f* postponement
ver·schie·den [fɛɐ̯ˈʃiːdn̩] **I.** *adj* ❶ (*unterschiedlich, abweichend*) different; (*mehrere*) various ❷ (*vielgestaltig*) various ❸ *attr* (*einige*) several *attr,* a few *attr* ❹ *substantivisch* (*einiges*) ■**V~es** various things *pl* ▶ WENDUNGEN: **das ist** ~ (*das kommt darauf an*) it depends **II.** *adv* differently; ~ **breit/lang/stark** of different widths/lengths/thicknesses
ver·schie·den·ar·tig *adj* different kinds [*or* sorts] of *attr,* diverse
ver·schie·de·ner·lei *adj inv* ❶ *attr* (*verschiedenartig*) different kinds [*or* sorts] of *attr,* diverse ❷ *attr* (*alle möglichen*) all sorts [*or* kinds] of *attr,* various different *attr* ❸ *substantivisch* (*alles Mögliche*) various things *pl*
Ver·schie·den·heit <-, -en> *f* ❶ (*Unterschiedlichkeit*) difference (+*gen*/**von** +*dat* between/in); (*Unähnlichkeit*) dissimilarity (+*gen*/**von** +*dat* in) ❷ (*charakterliche Andersartigkeit*) difference, dissimilarity
ver·schie·dent·lich [fɛɐ̯ˈʃiːdn̩tlɪç] *adv* ❶ (*mehrmals*) several times, on several [*or* various] occasions ❷ (*vereinzelt*) occasionally
ver·schie·ßen* *irreg* **I.** *vt* ❶ (*durch Abfeuern verbrauchen*) ■**etw** ~ to use up *sep* all of sth ❷ (*abschießen*) ■**etw** ~ to fire sth; **einen Pfeil** ~ to shoot [*or liter* loose] [off *sep*] an arrow ❸ (*fam*) **einen Film** ~ to use up *sep* a film ❹ FBALL **einen Elfmeter** ~ to shoot wide **II.** *vi sein* to fade **III.** *vr* ❶ (*fam*) ■**sich in jdn** ~ to fall head over heels in love with sb; ■**in jdn verschossen sein** to be crazy [*or fam* mad] about sb ❷ (*nicht treffen*) ■**sich** ~ to shoot wide
ver·schif·fen* *vt* ■**etw** [**irgendwohin**] ~ to ship sth somewhere, to transport sth by ship [somewhere]
Ver·schif·fung <-, -en> *f* ■**die** ~ [**einer S.** *gen* [*o* **von etw**]] shipping [sth], the transportation [of sth] [by ship]
ver·schim·meln* *vi sein* to go mouldy [*or* AM moldy]; ■**etw** ~ **lassen** to let sth go mouldy; ■**verschimmelt** mouldy
ver·schis·sen *adj* (*sl*) ■**bei jdm** ~ **haben** to be finished with sb; **du hast bei mir** ~**!** I'm finished with you, we're finished
ver·schla·fen*[1] *irreg* **I.** *vi, vr* ■[**sich**] ~ to oversleep **II.** *vt* ■**etw** ~ ❶ (*fam*) to miss sth ❷ (*schlafend verbringen*) to sleep through sth; **sein Leben** ~ to sleep away *sep* one's life
ver·schla·fen[2] *adj* ❶ (*müde*) sleepy, half-asleep ❷ (*wenig Leben zeigend*) sleepy
Ver·schlag <-[e]s, -schläge> *m* shed
ver·schla·gen*[1] *vt irreg* ❶ (*nehmen*) ■**jdm etw** ~ to rob sb of sth; **jdm den Atem** [*o* **die Sprache**] ~ to leave sb speechless ❷ (*geraten*) ■**jdn irgendwohin** ~ to lead sb to finish up somewhere; ■**irgendwohin** ~ **werden** to end up somewhere ❸ (*verblättern*) [**jdm/sich**] **die Seite** ~ to lose sb's/one's

place; *Wind* to turn [*or* blow] over the page[s *pl*] ❹ (*nicht treffen*) ■ **etw** ~ to mishit sth

ver·schla·gen[2] **I.** *adj* devious, sly *pej;* **ein ~er Blick** a furtive look; **ein ~es Grinsen** a sly grin *pej* **II.** *adv* slyly *pej;* (*verdächtig*) shiftily; ~ **grinsen** to have a sly grin

Ver·schla·gen·heit <-> *f kein pl* deviousness *no art, no pl,* slyness *no art, no pl pej*

ver·schlam·men* *vi sein* to silt up, to fill up with mud

ver·schlam·pen* *vt* (*fam*) ■ **etw** ~ to manage to lose sth

ver·schlech·tern* [fɛɐ̯ˈʃlɛçtɐn] **I.** *vt* ■ **etw** ~ to make sth worse; **den Zustand eines Patienten** ~ to weaken a patient's condition **II.** *vr* ■ **sich** ~ ❶ (*schlechter werden*) to get worse, to worsen, to deteriorate ❷ (*beruflich schlechter dastehen*) to be worse off

Ver·schlech·te·rung <-, -en> *f* deterioration *no art* (+*gen*/ **von** +*dat* in), worsening *no art, no pl* (+*gen*/**von** +*dat* of)

ver·schlei·ern* [fɛɐ̯ˈʃlaiɐn] *vt* ❶ (*mit einem Schleier bedecken*) ■ **jdn/etw** ~ to cover sb/sth with a veil; **sich das Gesicht** ~ to wear a veil, to veil one's face, to cover one's face with a veil ❷ (*verdecken*) ■ **etw** ~ to cover up sth *sep; Himmel* to become hazy ❸ (*vertuschen*) ■ **etw** ~ to cover [*or pej* hush] up sth *sep;* **die Tatsachen** ~ to disguise the facts

Ver·schlei·e·rung <-, -en> *f* cover-up

ver·schlei·men* *vi sein* to become [*or* get] congested; *Nase* to be blocked [up]

Ver·schleiß <-es, -e> [fɛɐ̯ˈʃlais] *m* wear [and tear] *no art, no pl;* **einem erhöhten/geringen** ~ **unterliegen** to be likely/unlikely to wear out quickly

ver·schlei·ßen <verschliss, verschlissen> **I.** *vi sein* to wear out **II.** *vt* ❶ (*abnutzen*) ■ **etw** ~ to wear out sth *sep* ❷ (*jds Kräfte verzehren*) ■ **sich** ~ to wear oneself out, to get worn out; ■ **jdn** ~ to wear out sb *sep,* to go through sb

Ver·schleiß·er·schei·nung *f* sign of wear [and tear] **ver·schleiß·fest** *adj* hard-wearing, immune to wear and tear *pred*

Ver·schleiß·teil *nt* TECH working [*or* wearing] part

ver·schlep·pen* *vt* ❶ (*deportieren*) ■ **jdn [irgendwohin]** ~ to take away sb *sep* [somewhere]; (*amtlich*) to transport sb somewhere ❷ (*hinauszögern*) ■ **etw** ~ to prolong [*or sep* drag out] sth ❸ MED ■ **etw** ~ to delay treatment [of sth]; **eine verschleppte Krankheit** an illness made worse [*or* aggravated] by neglect ❹ (*weiterverbreiten*) ■ **etw** ~ to spread sth

Ver·schlep·pung <-, -en> *f* ❶ (*Deportation*) ■ **die** ~ **von jdm** taking away sb *sep, no art, no pl;* (*amtlich*) the transportation of sb ❷ (*Hinauszögerung*) prolonging *no art, no pl* ❸ MED **die** ~ **einer Krankheit** neglecting *no art, no pl* an illness

ver·schleu·dern* *vt* ■ **etw** ~ to sell [off *sep*] sth cheaply, to flog [off *sep*] sth BRIT *fam;* (*mit Verlust*) to sell [off *sep*] sth at a loss

ver·schließ·bar *adj* lockable

ver·schlie·ßen* *irreg* **I.** *vt* ❶ (*abschließen*) ■ **etw** ~ to close sth; (*mit einem Schlüssel*) to lock [up *sep*] sth ❷ (*zumachen*) ■ **etw [mit etw]** ~ to close sth [with sth]; **eine Flasche [wieder]** ~ to put the top [back] on a bottle; **eine Flasche mit einem Korken** ~ to cork a bottle, to put a/the cork in a bottle ❸ (*wegschließen*) ■ **etw [vor jdm]** ~ to lock [*or* hide] away sth *sep* [from sb]; **die Gedanken/Gefühle in sich/in seinem Herzen** ~ to keep one's thoughts/feelings to oneself ❹ (*versagt bleiben*) ■ **jdm verschlossen bleiben** to be closed off to sb **II.** *vr* ❶ (*sich entziehen*) ■ **sich einer S.** *dat* ~ to ignore sth ❷ (*sich jdm versagen*) ■ **sich jdm** ~ to shut oneself off from sb

ver·schlimm·bes·sern* [fɛɐ̯ˈʃlɪmbɛsɐn] *vt* (*hum fam*) ■ **etw** ~ to make sth worse (*by trying to improve it*)

Ver·schlimm·bes·se·rung <-, -en> *f* (*hum fam*) improvement for the worse *hum*

ver·schlim·mern* **I.** *vt* ■ **etw** ~ to make sth worse **II.** *vr* ■ **sich** ~ to get worse, to worsen; *Zustand, Lage a.* to deteriorate

Ver·schlim·me·rung <-, -en> *f* worsening *no art, no pl* (+*gen*/**von** +*dat* of); *Zustand, Lage a.* deterioration *no pl* (+*gen*/**von** +*dat* in)

ver·schlin·gen*[1] *vt irreg* ❶ (*hastig essen*) ■ **etw** ~ to devour sth, to gobble [down [*or* up] *sep*] sth *fam,* to bolt [*or* AM choke] [down *sep*] sth ❷ (*verbrauchen*) ■ **etw** ~ to consume [*or sep* use up] sth ❸ (*voll Begierde anstarren*) **jdn mit Blicken** [*o* **den Augen**] ~ to devour sb with one's eyes ❹ (*in einem Zug lesen*) ■ **etw** ~ to devour sth ❺ (*aufnehmen*) **jds Worte** ~ to hang on to every one of sb's words

ver·schlin·gen[2] *vt irreg* ■ **sich [ineinander]** ~ to intertwine, to get intertwined; (*zu einem Knoten*) to become entangled; *s. a.* **Arm**

ver·schliss[RR], **ver·schliß[ALT]** *imp von* **verschleißen**

ver·schlis·sen **I.** *pp von* **verschleißen** **II.** *adj* worn-out

ver·schlos·sen [fɛɐ̯ˈʃlɔsn̩] *adj* ❶ (*abgeschlossen*) closed; (*mit einem Schlüssel*) locked ❷ (*zugemacht*) closed; ~ **bleiben** to be [kept] closed ❸ (*sehr zurückhaltend*) reserved; (*schweigsam*) taciturn ▸ WENDUNGEN: **jdm** ~ **bleiben** to be a mystery to sb; *Fachwissen a.* to be a closed book to sb

Ver·schlos·sen·heit <-> *f kein pl* (*verschlossenes Wesen*) reservedness *no art, no pl;* (*Schweigsamkeit*) taciturnity *no art, no pl*

ver·schlu·cken* **I.** *vt* ■ **etw** ~ ❶ (*hinunterschlucken*) to swallow sth ❷ (*unhörbar machen*) to absorb [*or* deaden] sth ❸ (*undeutlich aussprechen*) to slur sth; (*nicht aussprechen*) to bite back on sth ❹ (*verbrauchen*) to consume [*or sep* swallow up] sth **II.** *vr* ■ **sich [an etw** *dat*] ~ to choke [on sth]

Ver·schluss[RR] *m,* **Ver·schluß[ALT]** *m* ❶ (*Schließvorrichtung*) clasp; *Deckel* fastening; *Gürtel* buckle; *Klappe, Tür* catch; *Benzintank* cap; **etw unter** ~ **halten/nehmen** to keep/put sth under lock and key ❷ (*Deckel*) lid; *Flasche* top

ver·schlüs·seln* [fɛɐ̯ˈʃlʏsl̩n] *vt* ■ **etw** ~ to [en]code sth, to put sth into code; ■ **das V~ [einer S.** *gen* [*o* **von etw**]] [en]coding [sth]

ver·schlüs·selt **I.** *adj* coded, in code *pred* **II.** *adv* in code

Ver·schlüs·se·lung, **Ver·schlüss·lung[RR]** <-, -en> *f* [en]coding *no art, no pl*

Ver·schlüs·se·lungs·tech·nik *f* INFORM encryption technology

Ver·schluss·laut[RR] *m* LING plosive

Ver·schluss·sa·che[RR] *f* confidential information *no art, no pl,* confidential matter

ver·schmach·ten* *vi sein* (*geh*) ■ **[vor etw** *dat*] ~ to die of sth; **vor Durst/Hunger** *dat* ~ to die of thirst/hunger [*or* to starve to death]; **vor Sehnsucht** *dat* ~ to pine away

ver·schmä·hen* *vt* (*geh*) ■ **etw** ~ to reject [*or form a.* spurn] sth; (*stärker*) to scorn sth; **das Essen** ~ to turn up one's nose at the food; **verschmähte Liebe** unrequited love

ver·schmel·zen* *irreg* **I.** *vi sein* ■ **mit etw/miteinander** ~ to melt together [with sth] **II.** *vt* ■ **etw [miteinander]** ~ (*löten*) to solder/braze sth [together]; (*verschweißen*) to weld sth [together]

Ver·schmel·zung <-, -en> *f* ■ **die/eine** ~ **[von etw mit etw]** ❶ (*das Verschmelzen*) fusing *no art, no pl* [sth to sth]; (*das Löten*) soldering *no art, no pl* [sth to sth]; (*das Verschweißen*) welding *no art, no pl* [sth to sth] ❷ ÖKON a/the merger [between sth and sth]

ver·schmer·zen* *vt* ■ **etw** ~ to get over sth

ver·schmie·ren* **I.** *vt* ❶ (*verstreichen*) ■ **etw [auf etw** *dat*] ~ to apply sth [to sth]; **etw auf der Haut** ~ to apply sth to the skin, to rub sth in[to the skin]; **etw auf einer Scheibe Brot** ~ to spread sth on[to] a piece of bread ❷ (*verwischen*) ■ **etw** ~ to smear sth ❸ (*zuschmieren*) ■ **etw** ~ to fill [in *sep*] sth ❹ (*beschmieren*) ■ **etw** ~ to make sth dirty [*or fam* grubby] **II.** *vi* to smear, to get smeared

ver·schmitzt [fɛɐ̯ˈʃmɪtst] **I.** *adj* mischievous, roguish; (*listig*) sly *pej* **II.** *adv* mischievously, roguishly; (*listig*) slyly *pej;* ~ **lächeln** to smile mischievously/slyly, to give a mischievous/ sly smile

ver·schmut·zen* **I.** *vt* ■ **etw** ~ ❶ (*schmutzig werden lassen*) to make sth dirty [*or fam* grubby] ❷ ÖKOL to pollute sth **II.** *vi*

V

sein ❶ (*schmutzig werden*) to get dirty [*or fam* grubby] ❷ ÖKOL to get polluted

Ver·schmut·zung <-, -en> *f* ❶ *kein pl* soiling *no art, no pl form;* **starke ~** heavy soiling *form* ❷ ÖKOL pollution *no art, no pl* ❸ *meist pl* (*anhaftender Dreck*) dirt *no art, no pl*

ver·schnau·fen* *vi, vr* (*fam*) ■**[sich]** ~ to have [*or* take] a breather

Ver·schnauf·pau·se *f* breather, respite *form;* **eine ~ einlegen** to have [*or* take] a breather

ver·schnei·den* *vt irreg* ■**etw [mit etw]** ~ to blend sth [with sth]

ver·schneit *adj* snow-covered *attr;* ■~ **sein** to be covered in [*or* with] snow

Ver·schnitt *m* blend

ver·schnupft [fɛɐ̯ˈʃnʊpft] *adj* (*fam*) ❶ (*erkältet*) with [*or* suffering from] a cold *pred;* ■~ **sein** to have a cold ❷ (*indigniert*) ■~ **sein** to be in a huff, to be het up [*or* AM sore] *fam*

ver·schnü·ren* *vt* ■**etw** ~ to tie up sth *sep* [with a string]; **die Schuhe** ~ to lace [*or* tie] up one's/sb's shoes

ver·schol·len [fɛɐ̯ˈʃɔlən] *adj* missing; **eine ~e Handschrift** a lost manuscript; (*in Vergessenheit geraten a.*) a forgotten manuscript; ■**[irgendwo]** ~ **sein** to have gone missing [*or* AM *usu* have disappeared] [somewhere]

ver·scho·nen* *vt* ■**jdn/etw** ~ to spare sb/sth; ■**jdn mit etw** ~ (*fam*) to spare sb sth; **verschone mich bitte mit den Einzelheiten!** please spare me the details!; **von etw verschont bleiben** to escape sth

ver·schö·nern* [fɛɐ̯ˈʃøːnɐn] *vt* ■**etw** ~ to brighten up sth *sep*

Ver·schö·ne·rung <-, -en> *f* ❶ *kein pl* (*das Verschönern*) ■**die ~ [einer S.** *gen* [*o* **von etw**]] brightening up [sth *sep*] ❷ (*verschönernder Faktor*) improvement [in appearance]

Ver·scho·nung *f* sparing sb/sth

ver·schram·men* **I.** *vt* ■**etw** ~ to scratch sth **II.** *vi sein* to get [*or* become] scratched

ver·schrän·ken* *vt* **die Arme/Beine/Hände** ~ to fold one's arms/cross one's legs/clasp one's hands; **mit verschränkten Armen/Beinen/Händen** with one's arms folded/legs crossed/hands clasped

ver·schrau·ben* *vt* ■**etw** ~ to screw [*or* bolt] on sth *sep;* ■**etw mit etw** ~ to screw [*or* bolt] sth on[to] sth *sep;* **etw [miteinander]** ~ to screw [*or* bolt] together

ver·schreckt *adj* frightened, scared

ver·schrei·ben* *irreg* **I.** *vt* ❶ (*verordnen*) ■**jdm etw [gegen etw]** ~ to prescribe sb sth [for sth], to prescribe sth for sb; ■**sich** *dat* **etw [gegen etw]** ~ **lassen** to get sth prescribed [*or* get a prescription] [for sth] ❷ (*durch Schreiben verbrauchen*) ■**etw** ~ to use up sth *sep* ❸ (*Besitz übertragen*) ■**jdm etw** ~ to make sth over to sb **II.** *vr* ❶ (*falsch schreiben*) ■**sich** ~ to make a mistake [*or* slip of the pen] ❷ (*sich ganz widmen*) ■**sich einer S.** *dat* ~ to devote oneself to sth

Ver·schrei·bung *f* prescription

ver·schrei·bungs·pflich·tig *adj* available only on [*or* by] prescription *pred*

ver·schrie·en [fɛɐ̯ˈʃriːən], **ver·schrien** [fɛɐ̯ˈʃriːn] *adj* notorious; ■**[als/wegen etw]** ~ **sein** to be notorious [for being/for sth]; **als Chauvi/Geizhals ~ sein** to be notorious for one's chauvinism/stinginess

ver·schro·ben [fɛɐ̯ˈʃroːbn̩] *adj* eccentric, cranky *fam*

ver·schrot·ten* *vt* ■**etw** ~ to scrap sth, to turn sth into scrap; ■**etw ~ lassen** to scrap sth

Ver·schrot·tung <-, -en> *f* ■**die/eine ~ [einer S.** *gen* [*o* **von etw**]] turning [sth] into scrap, scrapping [sth]; **etw zur ~ geben** to send sth to be scrapped [*or* to the scrap yard]

ver·schrum·peln* *vi sein* (*fam*) to shrivel [up]

ver·schrum·pelt <-er, -este> *adj* shrivelled BRIT, shriveled AM

ver·schüch·tert *adj* intimidated

ver·schul·den* **I.** *vt* ■**etw** ~ to be to blame for sth **II.** *vi sein* to get [*or* go] into debt; **immer mehr** ~ to get [*or* go] deeper and deeper into debt; ■**verschuldet sein** to be in debt **III.** *vr* ■**sich [bei jdm]** ~ to get into debt [to sb]

Ver·schul·den <-s> *nt kein pl* fault *no indef art, no pl;* **das ~ [an etw** *dat*] **tragen** to be to blame [for sth]; **ohne jds ~** through no fault of sb's [own]; **ohne mein ~** through no fault of my own [*or* mine]

Ver·schul·dung <-, -en> *f* ❶ (*verschuldet sein*) indebtedness *no art, no pl* ❷ (*Schulden*) debts *pl*

ver·schüt·ten* [fɛɐ̯ˈʃʏtən] *vt* ❶ (*danebenschütten*) ■**etw** ~ to spill sth ❷ (*unter etw begraben*) ■**jdn** ~ to bury sb [alive]; ■**verschüttet [sein]** (*begraben*) [to be] buried [alive *pred*]; (*eingeschlossen*) [to be] trapped

ver·schwä·gert [fɛɐ̯ˈʃvɛːgɐt] *adj* related by marriage *pred;* ■**mit jdm ~ sein** to be related [by marriage] to sb; ■**sie sind [miteinander] ~** they are related [to each other] [by marriage]; ■**die V~en** the in-laws

ver·schwei·gen* *vt irreg* ■**jdn/etw** ~ to hide [*or* conceal] sb/sth (**vor** +*dat* from); **Informationen ~** to withhold information; **eine Vorstrafe ~** to keep quiet about [*or* not reveal] a previous conviction; ■**jdm ~, dass ...** to keep from sb the fact that ...

Ver·schwei·gen *nt* concealing, withholding

ver·schwen·den* *vt* ■**etw** ~ to waste sth; **keinen Blick an jdn** ~ to not spare sb a glance; **Geld/Ressourcen** ~ to squander money/resources; **seine Worte** ~ to waste one's breath; ■**etw an etw** *dat*/**für/mit etw** ~ to waste sth on sth

Ver·schwen·der(in) <-s, -> *m(f)* waster, wasteful [*or form* prodigal] person; *Geld a.* spendthrift *pej fam;* **du bist wirklich ein ~!** you are [being] really wasteful!; *Geld* you're a real spendthrift! *pej fam*

ver·schwen·de·risch **I.** *adj* ❶ (*sinnlos ausgebend*) wasteful; **ein ~er Mensch** a wasteful [*or form* prodigal] person ❷ (*sehr üppig*) extravagant, sumptuous; **~e Pracht** lavish splendour [*or* AM -or]; **in ~er Fülle** in prodigal abundance *form;* **in ~em Luxus leben** to live in the lap of luxury **II.** *adv* wastefully; **~ leben** to live extravagantly [*or form* prodigally]

Ver·schwen·dung <-, -en> *f* wasting *no art, no pl,* wastefulness *no art, no pl;* **so eine ~!** what a waste!

Ver·schwen·dungs·sucht *f kein pl* prodigality *no art, no pl form* **ver·schwen·dungs·süch·tig** *adj* prodigal *form*

ver·schwie·gen [fɛɐ̯ˈʃviːgn̩] *adj* ❶ (*diskret*) discreet; **~ wie ein Grab [sein]** [to be] [as] silent as the grave ❷ (*geh: abgelegen*) secluded

Ver·schwie·gen·heit <-> *f kein pl* ❶ (*Diskretion*) discretion *no art, no pl* ❷ (*Verborgenheit*) seclusion *no art, no pl*

ver·schwie·melt *adj* (*fam: erschöpft*) knocked-out *pred;* (*verkatert*) hung-over *pred*

ver·schwim·men* *vi irreg sein* to become blurred

ver·schwin·den* *vi irreg sein* ❶ (*nicht mehr da sein*) ■**[irgendwo]** ~ to disappear [*or* vanish] [somewhere]; **am Horizont/im Wald/in der Ferne** ~ to disappear [*or* vanish] over the horizon/into the forest/into the distance; ■**verschwunden [sein]** [to be] missing; **etw in etw** *dat* **~ lassen** to slip sth into sth ❷ (*sich auflösen*) to vanish; ■**etw ~ lassen** to make sth disappear [*or* vanish] ❸ (*fam: sich davonmachen*) ■**[irgendwohin]** ~ to disappear [somewhere]; **nach draußen/in den Keller** ~ to pop outside/down to the [wine] cellar *fam;* **verschwinde!** clear off!, get lost!, beat it! *fam,* hop it! BRIT *fam*
▸ WENDUNGEN: **mal ~ müssen** (*euph fam*) to have to pay a visit [*or* AM go to the bathroom], to have to spend a penny BRIT *dated fam*

Ver·schwin·den <-s> *nt kein pl* disappearance (+*gen*/**von** +*dat* of)

ver·schwin·dend **I.** *adj* ❶ (*winzig*) tiny ❷ (*unbedeutend*) insignificant **II.** *adv* extremely; **~ gering** extremely remote [*or* slight]; **~ klein** tiny, minute; **~ wenig** a tiny amount; **~ wenige** very, very few

ver·schwis·tert [fɛɐ̯ˈʃvɪstɐt] *adj* ■**sie sind [miteinander] ~**

they are brother/brothers and sister/sisters, they are brothers/sisters

ver·schwit·zen* *vt* ❶ (*mit Schweiß durchtränken*) ■**etw** ~ to make sth sweaty; ■**verschwitzt** sweaty; ■**ganz verschwitzt sein** to be all sweaty [*or* soaked [*or* bathed] in sweat] ❷ (*fam: durch Unachtsamkeit vergessen*) ■**etw** ~ to forget sth; **etw völlig** ~ to forget all about sth

ver·schwitzt <-er, -este> *adj* ❶ (*mit Schweiß durchsetzt*) sweaty ❷ (*fam: vergessen*) forgotten

ver·schwol·len *adj* swollen

ver·schwom·men *adj* ❶ (*undeutlich*) blurred, fuzzy; ~**e Umrisse** vague outlines ❷ (*unklar*) hazy, vague

ver·schwo·ren *adj attr* sworn *attr;* (*verschwörerisch*) conspiratorial; (*heimlichtuend*) secretive

ver·schwö·ren* *vr irreg* ❶ (*konspirieren*) ■**sich [mit jdm] gegen jdn** ~ to conspire [*or* plot] [with sb] against sb; ■**sich zu etw** ~ to plot sth, to conspire to do sth; ■**etw hat sich gegen jdn verschworen** sth conspired against sb ❷ (*geh: sich ganz verschreiben*) ■**sich einer S.** *dat* ~ to dedicate [*or* devote] oneself to sth

Ver·schwö·rer(in) <-s, -> *m(f)* conspirator

ver·schwö·re·risch <-er, -este> *adj* conspiratorial, clandestine

Ver·schwö·rung <-, -en> *f* conspiracy, plot; **eine** ~ **gegen jdn/etw organisieren** to conspire against sb/sth

ver·sechs·fa·chen* [-'zɛks-] **I.** *vt* ■**etw** ~ to increase sth sixfold, to multiply sth by six **II.** *vr* ■**sich** ~ to increase sixfold

ver·se·hen* [fɛɐ̯'ze:ən] *irreg* **I.** *vt* ❶ (*ausüben*) ■**etw** ~ to perform sth; **seinen Dienst** ~ to perform [*or form* discharge] one's duties ❷ (*ausstatten*) ■**jdn mit etw** ~ to provide [*or* supply] sb with sth; ■**mit etw** ~ **sein** to be provided [*or* supplied] with sth ❸ (*geh: geben*) ■**etw mit etw** ~ to provide sth with sth; **etw mit seiner Unterschrift** ~ to append one's signature to sth *form;* **etw mit einem Vermerk** ~ to add a note to sth **II.** *vr* ■**sich** ~ to make a mistake; ■**sich in etw** *dat* ~ to get sth wrong ▶WENDUNGEN: **ehe man sich's versieht** (*fam*) before you know where you are, before you could [*or* can] say Jack Robinson *dated*

Ver·se·hen <-s, -> [fɛɐ̯'ze:ən] *nt* (*Irrtum*) mistake; (*Unachtsamkeit*) oversight; **aus** [*o* **durch ein**] ~ inadvertently; (*aufgrund einer Verwechslung a.*) by mistake [*or* accident]

ver·se·hent·lich [fɛɐ̯'ze:əntlɪç] **I.** *adj attr* inadvertent; **ein** ~**er Anruf** a wrong number **II.** *adv* inadvertently; (*aufgrund einer Verwechslung a.*) by mistake [*or* accident]

ver·seh·ren* [fɛɐ̯'ze:rən] *vt* (*geh*) ■**jdn** ~ to injure [*or* hurt] sb; ■**etw** ~ to damage sth; ■**versehrt sein/werden** to be/get [*or* become] injured [*or* hurt/damaged]

ver·selbst·stän·di·genRR* [fɛɐ̯'zɛlpstʃtɛndɪgn̩], **ver·selb·stän·di·gen*** [fɛɐ̯'zɛlpʃtɛndɪgn̩] *vr* ■**sich** ~ ❶ (*sich selbstständig machen*) to become self-employed [*or* independent] ❷ (*hum fam: verschwinden*) ■**sich** ~ to disappear, to go AWOL *fam*

ver·sen·den* *vt irreg o reg* ■**etw [an jdn]** ~ to send sth [to sb]; **bestellte Waren** ~ to dispatch [*or sep* send out] [*or form* consign] ordered goods; (*verschiffen a.*) to ship ordered goods

Ver·sen·dung *f* sending *no art, no pl,* sending out *sep, no art, no pl,* dispatch *no art, no pl,* consignment *no art, no pl;* (*per Schiff a.*) shipment *no art, no pl*

ver·sen·gen* *vt* ■**etw** ~ to singe sth; **etw mit einem Bügeleisen** ~ to scorch sth with an iron; ■**sich** *dat* **etw [an etw** *dat*] ~ to singe one's sth [on sth]; **sie hatte sich die Haare an der Kerze versengt** the candle had singed [*or* caught] her hair

ver·senk·bar *adj* lowerable; **eine** ~**e Brotschneidemaschine/Nähmaschine** a foldaway bread slicer/sewing machine; ~**e Scheinwerfer** retractable headlights; **ein** ~**es Verdeck** a folding top

ver·sen·ken* **I.** *vt* ❶ (*sinken lassen*) ■**etw** ~ to sink sth; **das eigene Schiff** ~ to scuttle one's own ship ❷ (*einklappen*) ■**etw** ~ to lower sth; **die Scheinwerfer** ~ to retract the headlights ❸ (*hinunterlassen*) ■**etw in etw** *akk* ~ to lower sth into sth ❹ TECH (*ausfräsen*) **eine Bohrung** ~ to countersink a bore **II.** *vr* (*geh*) ■**sich in etw** *akk* ~ to immerse oneself [*or* become engrossed] in sth; **sich ganz in sich selbst** ~ to become totally absorbed in oneself

Ver·sen·kung *f* ❶ (*das Versenken*) ■**die** ~ [**einer S.** *gen* [*o* **von etw**]] sinking/lowering/retracting etc. [sth] ❷ (*das Sichversenken*) contemplation *no art, no pl* (**in** +*akk* of) ❸ THEAT trap[door] ▶WENDUNGEN: **aus der** ~ **auftauchen** (*fam*) to re[-]emerge on the scene; **in der** ~ **verschwinden** to vanish [*or* disappear] from the scene

ver·ses·sen [fɛɐ̯'zɛsn̩] *adj* ■**auf jdn/etw** ~ **sein** to be crazy [*or* mad] about [*or esp* BRIT keen on] sb/sth *fam;* **auf[s] Geld** ~ **sein** to be obsessed with money; ■~ **darauf sein, etw zu tun** to be dying to do sth

Ver·ses·sen·heit <-> *f kein pl* keenness *no art, no pl* (**auf** +*akk* on); **seine** ~ **aufs Geld** one's obsession with [*or* avidity for] money

ver·set·zen* **I.** *vt* ❶ (*woandershin beordern*) ■**jdn [irgendwohin]** ~ to move [*or* transfer] [*or* post] sb [somewhere] ❷ SCH **einen Schüler [in die nächste Klasse]** ~ to move up *sep* a pupil [to the next class], to promote a student to the next class [*or* grade] AM ❸ (*bringen*) **jdn in Angst** ~ to frighten sb, to make sb afraid; **jdn in Begeisterung** ~ to fill sb with enthusiasm; **eine Maschine in Bewegung** ~ to set a machine in motion; **jdn in Panik/Wut** ~ to send sb into a panic/a rage; **jdn in Sorge** ~ to worry sb, to make sb worried, to set sb worrying; **jdn in Unruhe** ~ to make sb uneasy; **jdn in die Lage** ~**, etw zu tun** to make it possible for sb to do sth ❹ (*verrücken*) ■**etw** ~ to move sth ❺ (*verpfänden*) ■**etw** ~ *Uhr, Schmuck, Silber* to pawn sth ❻ (*fam: verkaufen*) ■**etw** ~ to sell sth, to flog sth BRIT *fam* ❼ (*fam: warten lassen*) ■**jdn** ~ to stand up sb *sep fam* ❽ (*geben*) **jdm einen Hieb/Schlag/Stich/Tritt** ~ to punch/hit/stab/kick sb ❾ (*mischen*) ■**etw mit etw** ~ to mix sth with sth; **etw mit Wasser** ~ to dilute sth [with water] ❿ (*energisch antworten*) ■~**, dass ...** to retort that ... **II.** *vr* (*sich hineindenken*) ■**sich in jdn/etw** ~ to put oneself in sb's shoes [*or* place] [*or* position]/sth; **versetz dich doch mal in meine Lage** just put yourself in my place [*or* shoes] for once

Ver·set·zung <-, -en> *f* ❶ ADMIN transfer ❷ SCH moving up *no art, no pl,* AM *a.* promotion *no art, no pl;* **jds** ~ **ist gefährdet** sb's moving up [a class] [*or* AM promotion] is at risk

Ver·set·zungs·zeug·nis *nt* SCH end-of-year report, report card AM

ver·seu·chen* [fɛɐ̯'zɔyçn̩] *vt* ■**etw** ~ ❶ (*vergiften*) to contaminate sth; **die Umwelt** ~ to pollute the environment ❷ INFORM to infect sth

Ver·seu·chung <-, -en> *f* contamination/pollution/infection *no art, no pl*

Vers·fuß *m* LIT [metrical] foot *spec*

Ver·si·che·rer <-s, -> *m* insurer, underwriter; (*Lebensversicherung a.*) assurer BRIT

ver·si·chern*¹ *vt* ■**jdn/etw [gegen etw]** ~ to insure sb/sth [against sth]; ■**[gegen etw] versichert sein** to be insured [against sth]

ver·si·chern*² **I.** *vt* ❶ (*beteuern*) ■**jdm** ~**, [dass] ...** to assure sb [that] ... ❷ (*geh: zusichern*) ■**jdn einer S.** *gen* ~ to assure sb of sth; **jdn seiner Freundschaft** ~ to pledge sb one's friendship **II.** *vr* (*geh*) ■**sich einer S.** *gen* ~ to make sure [*or* certain] of sth; **sich jds Unterstützung/Zustimmung** ~ to secure sb's support/agreement

Ver·si·cher·te(r) *f(m) decl wie adj* insured; (*Lebensversicherung a.*) assured BRIT, insured/assured person [*or* party]

Ver·si·cher·ten·kar·te *f* medical [*or* health] insurance card

Ver·si·che·rung¹ *f* ❶ (*Versicherungsvertrag*) insurance *no pl,* insurance policy; *Lebensversicherung a.* assurance *no pl* BRIT ❷ (*Versicherungsgesellschaft*) insurance company ❸ *kein pl*

V

(*das Versichern*) insurance *no art, no pl,* insuring *no art, no pl* ❹ (*Versicherungsgebühr*) premium

Ver·sị·che·rung² *f* (*Beteuerung*) assurance; **jdm die ~ geben,** [**dass**] ... to assure sb [that] ...

Ver·sị·che·rungs·agent(**in**) *m(f)* insurance agent **Ver·sị·che·rungs·an·spruch** *m* insurance claim **Ver·sị·che·rungs·bei·trag** *m* insurance premium [*or* contribution] **Ver·sị·che·rungs·be·trug** *m* insurance fraud; (*Anspruch*) fraudulent claim **Ver·sị·che·rungs·dau·er** *f* term of an insurance policy **ver·sị·che·rungs·fä·hig** *inv adj* insurable **Ver·sị·che·rungs·fall** *m* event covered by insurance, insurance job **Ver·sị·che·rungs·ge·sell·schaft** *f* insurance company; (*Lebensversicherung a.*) assurance company BRIT **Ver·sị·che·rungs·kauf·mann, -kauf·frau** *m, f* insurance salesman *masc* [*or fem* saleswoman] **Ver·sị·che·rungs·lauf·zeit** *f* term of an insurance [policy] **Ver·sị·che·rungs·mak·ler**(**in**) *m(f)* insurance broker **Ver·sị·che·rungs·neh·mer**(**in**) *m(f)* policy holder, insurant *spec* **Ver·sị·che·rungs·pflicht** *f* compulsory [*or* statutory] insurance *no art, no pl;* **der ~ unterliegen** to be liable to [take out] compulsory insurance, to be subject to compulsory insurance **ver·sị·che·rungs·pflich·tig** *adj* **eine ~e Person** a person liable to pay compulsory insurance; **eine ~e Tätigkeit** an activity subject to compulsory insurance **Ver·sị·che·rungs·po·li·ce** *f* insurance policy; (*Lebensversicherung a.*) assurance policy BRIT **Ver·sị·che·rungs·prä·mie** *f* insurance premium **Ver·sị·che·rungs·schutz** *m kein pl* insurance cover [*or* coverage] **Ver·sị·che·rungs·sum·me** *f* sum insured; (*Lebensversicherung a.*) sum assured BRIT **Ver·sị·che·rungs·ver·tre·ter**(**in**) *m(f)* insurance agent **Ver·sị·che·rungs·wert** *m* insured value **Ver·si·che·rungs·we·sen** *nt* insurance [business] *no art, no pl*

ver·sị·ckern* *vi sein* ■[**irgendwo**] ~ to seep away [somewhere]

ver·sie·ben·fa·chen* **I.** *vt* ■**etw** ~ to increase sth sevenfold, to multiply sth by seven **II.** *vr* ■**sich** ~ to increase sevenfold [*or* by a factor of seven]

ver·sie·geln* *vt* ■**etw** ~ ❶ (*verschließen*) to seal [up *sep*] sth ❷ (*widerstandsfähiger machen*) to seal sth

ver·sie·gen* *vi sein* ❶ (*zu fließen aufhören*) to dry up; *Fluss a.* to run dry ❷ (*nicht mehr zur Verfügung stehen*) to dry up ❸ (*allmählich verstummen*) to peter out [*or* BRIT *a.* away]

ver·siert [vɛr'ziːɐ̯t] *adj* experienced; ■[**auf/in etw** *dat*] ~ **sein** to be experienced [in sth], to be well-versed in sth, to be an expert [on/in sth]

Ver·siert·heit <-> [vɛr'ziːɐ̯thait] *f kein pl* prowess *no art, no pl a. form* (**in** +*dat* in), knowledge and experience + *sing vb no art, no pl*

ver·sil·bern* [fɛɐ̯'zɪlbɐn] *vt* ■**etw** ~ ❶ (*mit Silber überziehen*) to silver-plate sth; **Glas** ~ to silver glass ❷ (*fam: verkaufen*) to sell sth, to flog sth BRIT *fam*

ver·sịn·ken *vi irreg sein* ❶ (*untergehen*) ■[**in etw** *dat*] ~ to sink [in sth]; ■**versunken** sunken *attr* ❷ (*einsinken*) ■**in etw** *dat* ~ to sink into sth

ver·sinn·bild·li·chen* [fɛɐ̯'zɪnbɪltlɪçn̩] *vt* ■**etw** ~ to symbolize [*or* represent] sth

Ver·si·on <-, -en> [vɛr'zi̯oːn] *f* version

ver·sippt [fɛɐ̯'zɪpt] *adj* related by marriage *pred;* ■**mit jdm ~ sein** to be related to sb by marriage

ver·skla·ven* [fɛɐ̯'sklaːvn̩] *vt* ■**jdn** ~ to enslave sb

Ver·skla·vung <-, -en> [-vʊŋ] *f* enslavement *no art, no pl*

ver·slu·men* [fɛɐ̯'slamən] *vi sein* to become a slum; **ein verslumtes Viertel** a slum quarter

Vẹrs·maß *nt* LIT metre [*or* AM -er] *spec*

ver·snobt [fɛɐ̯'snɔpt] *adj* snobbish, snobby *fam*

ver·sof·fen [fɛɐ̯'zɔfn̩] *adj* (*sl*) boozy *fam;* **ein ~er Kerl** a boozer *fam,* a lush *sl,* a soak *dated fam*

ver·soh·len* *vt* (*fam*) ■**jdn** ~ to whack sb *fam;* ■**jdm etw** ~ to whack sb's sth

ver·söh·nen* [fɛɐ̯'zøːnən] **I.** *vr* ■**sich mit jdm** ~ to make it up with sb, to be reconciled with sb; ■**sich** [**miteinander**] ~ to become reconciled, to make [it] up **II.** *vt* ❶ (*aussöhnen*) ■**jdn mit jdm** ~ to reconcile sb with sb ❷ (*besänftigen*) ■**jdn** [**mit etw**] ~ to mollify [*or* placate] [*or pej* appease] sb [with sth] *form*

ver·söhn·lich [fɛɐ̯'zøːnlɪç] *adj* ❶ (*zur Versöhnung bereit*) conciliatory; **jdn ~ stimmen** to appease sb *pej form* ❷ (*erfreulich*) upbeat

Ver·söh·nung <-, -en> *f* reconciliation *no art, no pl;* **zur ~** in reconciliation

ver·son·nen [fɛɐ̯'zɔnən] **I.** *adj* dreamy; ■~ **sein** to be lost in thought **II.** *adv* dreamily, lost in thought

ver·sọr·gen* *vt* ❶ (*betreuen*) ■**jdn** ~ to take care of [*or* look after] sb; **die Schweine/meine Blumen** ~ to take care of the pigs/my flowers; ■**etw** ~ to look after sth; **die Heizung** ~ to look after [*or* see to] the heating ❷ (*versehen*) ■**jdn mit etw** ~ to supply sb with sth; ■**sich mit etw** ~ to provide oneself with sth; **jdn mit Bargeld** ~ to provide sb with cash; **sich selbst** ~ to look after [*or* take care of] oneself; ■[**mit etw**] **versorgt sein** to be supplied [with sth] ❸ (*medizinisch behandeln*) ■**jdn/etw** ~ to treat sb/sth ❹ (*zukommen lassen*) ■**etw mit etw** ~ to supply sth with sth

Ver·sọr·gung <-> *f kein pl* ❶ (*das Versorgen*) care *no art, no pl;* **die ~ des Haushalts** the housekeeping ❷ (*das Ausstatten*) supply *no pl,* supplying *no art, no pl;* **die ~ der Stadt mit Strom** the supply of electricity [*or* electricity supply] to the town; **medizinische ~** provision of medical care

Ver·sọr·gungs·flug *m* relief flight **Ver·sọr·gungs·ket·te** *f* supply chain **Ver·sọr·gungs·kon·voi** *m* supply [*or* relief] [*or* aid] convoy **Ver·sọr·gungs·la·ge** *f* supply situation **Ver·sọr·gungs·lei·tung** *f* supply line **Ver·sọr·gungs·netz** *nt* supply grid [*or* network]

ver·span·nen* **I.** *vr* ■**sich** ~ to tense up; ■**verspannt** tense[d up] **II.** *vt* ■**etw** ~ to brace [*or spec* stay] [*or spec* guy] sth

Ver·span·nung *f* tenseness *no art, no pl;* **eine ~ der Schultern** shoulder tension

ver·spä·ten* [fɛɐ̯'ʃpɛːtn̩] *vr* ■**sich** ~ to be late

ver·spä·tet **I.** *adj* ❶ (*zu spät eintreffend*) delayed ❷ (*zu spät erfolgend*) late **II.** *adv* late; (*nachträglich*) belatedly

Ver·spä·tung <-, -en> *f* delay; *Flugzeug* late arrival; **entschuldigen Sie bitte meine ~** I'm sorry I'm late; **~ haben** to be late; **mit ~** late; **mit** [**zwanzigminütiger/einer Stunde**] **~ abfahren/ankommen** to leave/arrive [twenty minutes/an hour] late

ver·spei·sen* *vt* (*geh*) ■**etw** ~ to consume sth

ver·spe·ku·lie·ren* **I.** *vr* ■**sich** ~ ❶ (*fam: sich verrechnen*) to miscalculate ❷ FIN to speculate very badly; (*sich ruinieren*) to ruin oneself by speculation **II.** *vt* ■**etw** ~ to lose sth through speculation

ver·spẹr·ren* *vt* ❶ (*blockieren*) ■[**jdm**] **etw** ~ to block [sb's] sth; **jdm den Weg** ~ to bar sb's way ❷ DIAL (*abschließen*) ■**etw** ~ to lock sth ❸ (*nehmen*) **jdm die Sicht** ~ to block [*or* obstruct] sb's view

ver·spie·len* **I.** *vt* ■**etw** ~ ❶ (*beim Glücksspiel verlieren*) to gamble away sth *sep,* to lose sth [by gambling] ❷ (*sich leichtfertig um etw bringen*) to squander [*or sep* throw away] sth **II.** *vi* ► WENDUNGEN: **verspielt haben** to have had it; **bei jdm verspielt haben** to burn one's bridges [*or* BRIT *a.* boats] with sb **III.** *vr* ■**sich** ~ to play a bum note *fam*

ver·spielt *adj* ❶ (*gerne spielend*) playful ❷ MODE fanciful, fussy *pej*

ver·spon·nen [fɛɐ̯'ʃpɔnən] *adj* foolish, airy-fairy BRIT *fam;* **~e Ideen** [*o* **Vorstellungen**] odd [*or* eccentric] [*or* wild] ideas

ver·spọt·ten* *vt* ■**jdn/etw** ~ to mock [*or* ridicule] sb/sth

Ver·spọt·tung <-, -en> *f* mocking *no art, no pl,* ridiculing *no art, no pl*

ver·spre·chen*¹ *irreg* **I.** *vt* ❶ (*zusichern*) ■[**jdm**] **etw** ~ to promise [sb] sth [*or* sth to sb]; ■[**jdm**] **~, etw zu tun** to promise to do sth, to promise sb [that] one will do sth; ■[jdm] ~**, dass etw geschieht** to promise [sb] [that] sth will happen; **ich kann nicht ~, dass es klappt** I can't promise it will work ❷ (*erwarten lassen*) ■**etw ~** to promise sth; ■**~, etw zu werden** to promise to be sth; **das Wetter verspricht schön zu werden** the weather looks promising; *s.* **Gute(s) 1 II.** *vr* ❶ (*sich erhoffen*) ■**sich** *dat* **etw von jdm/etw ~** to hope for sth from sb/sth ❷ (*falsch sprechen*) to make a slip of the tongue; **sich ständig versprechen** to keep getting the words mixed up

ver·spre̱·chen*² *irreg vr* ■**sich ~** to slip up, to make a mistake; (*etw ungewollt preisgeben*) to make a slip of the tongue

Ver·spre̱·chen <-s, -> *nt* promise; **jdm das ~ geben, etw zu tun** to promise to do sth, to promise sb [that] one will do sth; **jdm das ~ abnehmen, etw zu tun** to make sb promise to do sth

Ver·spre̱·cher <-s, -> *m* (*fam*) slip of the tongue; **ein freudscher ~** a Freudian slip

Ver·spre̱·chung <-, -en> *f meist pl* promise; **leere ~en** empty promises

ver·spre̱n·gen* *vt* ❶ (*auseinandertreiben*) ■**jdn/etw ~** to scatter sb/sth; **versprengte Soldaten** soldiers who have been separated from their units ❷ (*verspritzen*) ■**etw ~** to sprinkle sth; **Weihwasser ~** to sprinkle holy water

ver·spri̱t·zen* *vt* ❶ (*verteilen*) ■**etw ~** to spray sth; **Weihwasser ~** to sprinkle holy water ❷ (*versprühen*) ■**etw ~** to spray sth; **Tinte ~** to squirt [*or* spray] ink ❸ (*ausspritzen*) ■**etw ~** to spray sth ❹ (*verkleckern*) ■**[jdm] etw ~** to sp[l]atter [sb's] sth

ver·sprü̱·hen* *vt* ■**etw [auf etw** *akk o dat*] ~ to spray sth [on[to] sth]; **Funken ~** to cut [*or sep* send up] sparks; **Gülle auf den Feldern ~** to spray [*or* spread] slurry on the fields; **Optimismus ~** to dispense optimism

ver·spü̱·ren* *vt* (*geh*) ■**etw ~** to feel sth; **keinerlei Reue ~** to feel no remorse at all; **er verspürte plötzlich eine panische Angst, dass...** he was suddenly terrified that ...

ver·staat·li·chen* [fɛɐ̯ˈʃtaːtlɪçn̩] *vt* ■**etw ~** to nationalize sth; ■**verstaatlicht** nationalized

Ver·sta̱at·li·chung <-, -en> *f* nationalization *no art, no pl*

ver·stand [fɛɐ̯ˈʃtant] *imp von* **verstehen**

Ver·stand <-[e]s> [fɛɐ̯ˈʃtant] *m kein pl* reason *no art, no pl;* **jdm ~ zutrauen** to think sb has [common] sense; **bei klarem ~ sein** to be in full possession of one's faculties [*or* in one's right mind]; **bist du noch bei ~?** (*fam*) are you quite right in the head? *fam;* **seinen ~ anstrengen** (*fam*) to think hard; **jdn um den ~ bringen** to drive sb out of his/her mind; **über jds ~ gehen** to be beyond sb; **nicht bei ~ sein** to not be in one's right mind; **da bleibt einem der ~ stehen** the mind boggles; **den ~ verlieren** to lose [*or* go out of] one's mind; **etw mit ~ essen/genießen/trinken** to savour [*or* AM -or] sth; **etw ohne ~ essen/rauchen/trinken** to eat/smoke/drink sth without savouring [*or* AM -oring] it

ver·sta̱n·den *pp von* **verstehen**

Ver·sta̱n·des·mensch *m s.* **Vernunftmensch**

ver·stän·dig [fɛɐ̯ˈʃtɛndɪç] *adj* (*vernünftig*) sensible; (*einsichtig*) cooperative; (*sach~*) informed; (*klug*) intelligent; **sich ~ zeigen** to show cooperation, to be cooperative

ver·stän·di·gen* [fɛɐ̯ˈʃtɛndɪgn̩] **I.** *vt* ■**jdn [von etw] ~** to notify [*or* inform] sb [of sth] **II.** *vr* ❶ (*sich verständlich machen*) ■**sich [durch etw] ~** to communicate [*or* make oneself understood] [by sth] ❷ (*sich einigen*) ■**sich mit jdm [über etw** *akk*] ~ to come to an understanding with sb [about sth]; ■**sich [miteinander] [über etw** *akk*] ~ to reach an agreement [with each other] [about sth]

Ver·stä̱n·dig·keit <-> *f kein pl* common sense *no art, no pl*

Ver·stä̱n·di·gung <-, *selten* -en> *f* ❶ (*Benachrichtigung*) notification *no art, no pl* ❷ (*Kommunikation*) communication *no art, no pl;* **die ~ am Telefon war schlecht** the telephone line was bad ❸ (*Einigung*) agreement *no pl,* understanding *no pl;* **mit jdm zu einer ~ kommen** [*o* **eine ~ erzielen**] (*geh*) to reach an agreement with sb

Ver·stä̱n·di·gungs·be·reit·schaft *f kein pl* readiness [*or* willingness] *no pl* to reach an agreement; **~ zeigen** to be willing [*or* prepared] to reach an agreement **Ver·stä̱n·di·gungs·schwie·rig·kei·ten** *pl* communication difficulties *pl,* difficulties *pl* in communicating

ver·ständ·lich [fɛɐ̯ˈʃtɛntlɪç] **I.** *adj* ❶ (*begreiflich*) understandable; ■**etw ist jdm ~** sb understands sth; **jdm etw ~ machen** to make sb understand sth [*or* sth clear to sb]; **sich ~ machen** to make oneself understood [*or* clear] ❷ (*gut zu hören*) clear, intelligible; **sich ~ machen** to make oneself understood [*or* heard] ❸ (*leicht zu verstehen*) clear, comprehensible **II.** *adv* ❶ (*vernehmbar*) clearly ❷ (*verstehbar*) in a comprehensible way, comprehensibly

ver·ständ·li·cher·wei̱·se *adv* understandably

Ver·stä̱nd·lich·keit <-> *f kein pl* ❶ (*Begreiflichkeit*) understandability *no art, no pl* ❷ (*Hörbarkeit*) audibility *no art, no pl* ❸ (*Klarheit*) clarity *no art, no pl,* comprehensibility *no art, no pl*

Ver·ständ·nis <-ses, *selten* -se> [fɛɐ̯ˈʃtɛntnɪs] *nt* ❶ (*Einfühlungsvermögen*) understanding *no art, no pl;* **für etw ~ haben** [*o* **aufbringen**] to have sympathy for sth, to sympathize with sth; **für etw kein ~ haben** [*o* **aufbringen**] to have no sympathy for sth; **dafür habe ich absolut kein ~** that is completely beyond my comprehension ❷ (*das Verstehen*) comprehension *no art, no pl,* understanding *no art, no pl*

ver·stä̱nd·nis·los I. *adj* uncomprehending; **ein ~er Blick** a blank look **II.** *adv* uncomprehendingly, blankly **Ver·stä̱nd·nis·lo·sig·keit** *f* lack of understanding **ver·stä̱nd·nis·voll** *adj* understanding; (*voller Einfühlungsvermögen*) sympathetic

ver·stä̱r·ken* **I.** *vt* ❶ (*stärker machen*) ■**etw ~** to strengthen sth; (*durch stärkeres Material a.*) to reinforce sth ❷ (*vergrößern*) ■**etw [auf/um etw** *akk*] ~ to increase sth [to/by sth]; **Truppen ~** to reinforce troops ❸ (*intensivieren*) ■**etw ~** to intensify [*or* increase] sth ❹ (*erhöhen*) ■**etw ~** to increase sth ❺ (*Lautstärke erhöhen*) ■**etw ~** to amplify [*or* boost] sth **II.** *vr* ■**sich ~** to increase; **der anfängliche Eindruck verstärkte sich** the initial impression was reinforced

Ver·stä̱r·ker <-s, -> *m* ❶ TECH amplifier, amp *fam* ❷ BIOL, PSYCH reinforcer

Ver·stä̱r·kung *f* ❶ (*das Verstärken*) strengthening *no art, no pl; Signale* amplification ❷ (*Vergrößerung*) reinforcement *no art, no pl* ❸ (*Intensivierung*) intensification *no art, no pl,* increase ❹ (*Erhöhung*) increase ❺ BIOL, PSYCH reinforcement

ver·sta̱u·ben* *vi sein* (*staubig werden*) to get dusty [*or* covered in dust]; (*unberührt liegen*) to gather dust; ■**verstaubt** dusty, covered in dust *pred*

ver·sta̱ubt *adj* (*altmodisch*) outmoded *pej,* old-fashioned *a. pej*

ver·sta̱u·chen* *vt* ■**sich** *dat* **etw ~** to sprain one's sth

Ver·sta̱u·chung <-, -en> *f* sprain

ver·sta̱u·en* *vt* ■**etw [auf/in etw** *dat*] ~ to pack [away *sep*] sth [on/in sth]; **das Fass können wir doch im Keller ~** we can stow [*or* put] that barrel in the cellar; **etw in der Spülmaschine ~** to load sth into the dishwasher

Ver·steck <-[e]s, -e> [fɛɐ̯ˈʃtɛk] *nt* hiding place; *Verbrecher* hide-out

ver·ste̱·cken* *vt* ■**etw [vor jdm] ~** to hide sth [from sb]; ■**sich [hinter/in/unter etw** *dat*] ~ to hide [behind/in/under sth]; ■**sich vor jdm ~** to hide from sb; **sich vor** [*o* **neben**] **jdm/etw nicht zu ~ brauchen** to not need to fear comparison with sb/sth; *s. a.* **versteckt**

Ver·ste̱·cken *nt* **~ spielen** to play hide-and-seek; **[vor** [*o* **mit**] **jdm] ~ spielen** to hide [*or* conceal] sth [from sb]

Ver·ste̱ck·spiel *nt* ❶ (*Kinderspiel*) [game of] hide-and-seek ❷ (*Versuch, etw zu verbergen*) pretence at concealment

ver·ste̱ckt I. *adj* ❶ (*verborgen*) hidden; (*vorsätzlich a.*) concealed ❷ (*abgelegen*) secluded ❸ (*unausgesprochen*) veiled

V

verstehen

Verstehen signalisieren	signalling understanding
(Ja, ich) verstehe!	(Yes,) I understand!
Genau!	Exactly!
Ja, das kann ich nachvollziehen.	Yes, I can understand that.
Nicht-Verstehen signalisieren	**signalling non-comprehension**
Was meinen Sie damit?	What do you mean by that?
Wie bitte? – Das habe ich eben akustisch nicht verstanden.	Excuse me?/Pardon? – I didn't quite catch that.
Könnten Sie das bitte (noch einmal) wiederholen?	Could you repeat that please?
Versteh ich nicht!/Kapier ich nicht! *(fam)*	I don't understand!/I don't get it!
Das verstehe ich nicht (ganz).	I don't (quite) understand that.
(Entschuldigen Sie bitte, aber) das hab ich eben nicht verstanden.	(I'm sorry, but) I didn't understand that.
Ich kann Ihnen nicht ganz folgen.	I don't quite follow you.
kontrollieren, ob man akustisch verstanden wird	**ascertaining whether one can be understood**
an ein Publikum: Verstehen Sie mich alle?	*to an audience:* Can everyone hear me?
am Telefon: Können Sie mich hören?	*on the phone:* Can you hear me?
am Telefon: Verstehen Sie, was ich sage?	*on the phone:* Can you hear what I'm saying?

II. *adv* ~ **liegen** to be secluded

ver·ste·hen <verstand verstanden> **I.** *vt* ❶ *(akustisch unterscheiden)* ■**jdn/etw** ~ to hear [*or* understand] sb/sth; **ich verstehe nicht, was da gesagt wird** I can't make out what's being said; ~ **Sie mich gut** [*o* **können Sie mich gut** ~?]**?** can you hear me properly?; **ich kann Sie nicht** [**gut**] ~ I don't understand [very well] what you're saying ❷ *(begreifen)* ■**etw** ~ to understand sth; **haben Sie das jetzt endlich verstanden?** have you finally got it now?; ■~**, dass/warum/was/wie ...** to understand [that]/why/what/how ...; **jdm etw zu ~ geben** to give sb to understand sth, to make sb understand sth; **sie gab ihm ihren Unmut deutlich zu** ~ she clearly showed him her displeasure; **jdm zu ~ geben, dass ...** to give sb to understand that ...; [**ist das**] **verstanden?** [is that] understood?, [do you] understand? ❸ *(sich einfühlen können)* ■**jdn** ~ to understand sb; **jdn falsch** ~ [*o* **nicht recht**] to misunderstand sb; **versteh mich recht** don't misunderstand me, don't get me wrong; **sich nicht verstanden fühlen** to feel misunderstood ❹ *(mitempfinden können)* ■**etw** ~ to understand sth; ■~**, dass ...** to understand [*or* see] [that] ... ❺ *(können, beherrschen)* ■**etw** ~ to understand sth; **ich verstehe genügend Französisch, um mich in Paris zu verständigen** I know enough French to make myself understood in Paris; ■**es** ~**, etw zu tun** to know how to do sth; **du verstehst es wirklich meisterhaft, im unpassendsten Moment zu kommen** you're an absolute genius at [*or* you have an amazing knack of] turning up at the most inconvenient moment; ■**etwas/viel/nichts von etw** ~ to know something/a lot/nothing about sth ❻ *(auslegen)* ■**etw unter etw** *dat* ~ to understand sth by [*or* as] sth; **wie darf** [*o* **soll**] **ich das** ~**?** how am I to interpret that?, what am I supposed to make of that?; **darf ich unter dieser Bemerkung ~, dass ...?** am I to understand by this remark that ...?; **unter diesem schwammigen Begriff kann man vieles** ~ this woolly concept can be interpreted in a number of ways; **dieser Brief ist durchaus als Drohung zu** ~ this letter is certainly to be taken [*or* seen] as a threat; **meiner Meinung nach ist diese Textstelle anders zu** ~ I believe this passage has a different meaning [*or* interpretation] **II.** *vr* ❶ *(auskommen)* ■**sich mit jdm** ~ to get on [*or* AM along] with sb; ■**sie ~ sich** they get on [*or* AM along] with each other, they get on together; **sich prächtig** ~ to get along like a house on fire; ~ **wir uns?** do we understand each other?; **wir ~ uns** we understand one another ❷ *(beherrschen)* ■**sich auf etw** *akk* ~ to know all about [*or* be [an] expert at] sth ❸ *(sich einschätzen)* ■**sich als etw** *nom* ~ to see oneself as [*or* consider oneself to be] sth ❹ *(zu verstehen sein)* **alle Preise ~ sich inklusive Mehrwertsteuer** all prices are inclusive of VAT; **etw versteht sich von selbst** sth goes without saying; **versteht sich!** *(fam)* of course! **III.** *vi* ❶ *(hören)* to understand; **können Sie mich überhaupt hören? – ja, ich verstehe Sie** can you even hear me? – yes, I hear you ❷ *(begreifen)* to understand, to see; **wenn ich recht verstehe** if I understand correctly; **verstehst du?, verstanden?** [do you] understand?, understood?; **verstehst du/versteht ihr/~ Sie?** you know?, [you] see?

ver·stei·fen* **I.** *vr* ❶ *(sich verhärten)* ■**sich** ~ to harden ❷ *(auf etw beharren)* ■**sich auf etw** *akk* ~ to insist on sth ❸ MED ■**sich** ~ to stiffen [up], to become stiff **II.** *vt* ■**etw** ~ to strengthen [*or* reinforce] sth

Ver·stei·fung <-, -en> *f* ❶ *(Verhärtung)* hardening *no art, no pl* ❷ *(das Beharren)* insisting, entrenchment ❸ MED stiffening *no art, no pl*

ver·stei·gen* *vr irreg (geh)* ■**sich zu etw** ~ to have the presumption to do sth; **sie verstieg sich zu den abstrusesten Anschuldigungen** she was propounding the most abstruse accusations

ver·stei·gern* *vt* ■**etw** ~ to auction [off *sep*] sth; **etw meistbietend** ~ to sell [*or* auction [off *sep*]] sth to the highest bidder; ■**etw ~ lassen** to put up *sep* sth for auction

Ver·stei·ge·rung *f* ❶ *(das Versteigern)* auctioning *no art, no pl;* **zur ~ kommen** *(geh)* to be auctioned, to be put up for auction ❷ *(Auktion)* auction

ver·stei·nern* [fɛɐ̯ˈʃtainɐn] **I.** *vi sein* to fossilize, to become fossilized; *Holz* to petrify, to become petrified **II.** *vt* ■**etw** ~ to harden sth **III.** *vr* ■ **sich** ~ to harden; *Lächeln* to become fixed

ver·stei·nert *adj* ① (*zu Stein geworden*) fossilized; ~**es Holz** petrified wood ② (*geh: starr*) stony

Ver·stei·ne·rung <-, -en> *f* fossil

ver·stell·bar *adj* adjustable; ■ [**in etw** *dat*] ~ **sein** to be adjustable [for sth]; **in der Höhe** ~ **sein** to be adjustable for height [*or* height-adjustable]

ver·stel·len* **I.** *vt* ■ **etw** ~ ① (*anders einstellen*) to adjust sth; **etw in der Höhe** ~ to adjust sth for height ② (*anders regulieren*) to adjust [*or* alter the setting of] sth ③ (*woandershin stellen*) to move sth ④ (*unzugänglich machen*) to block sth; **jdm den Weg** ~ to block sb's path, to stand in sb's way ⑤ (*verändern*) to disguise sth **II.** *vr* ■ **sich** ~ to put on an act, to dissemble *form, liter*

Ver·stel·lung *f* ① (*das Verstellen*) ■ **die** ~ [**einer S.** *gen* [*o* **von etw**]] an adjustment [to sth], adjusting [sth] ② *kein pl* (*Heuchelei*) pretence *no pl,* sham *no pl*

ver·ster·ben* *vi irreg sein* (*geh*) ■ [**an etw** *dat*] ~ to die [from [*or* of] sth], to pass away [*or* on]

ver·steu·ern* *vt* ■ **etw** ~ to pay tax on sth; ■ **zu** ~**d** taxable

Ver·steu·e·rung *f* payment of tax

ver·stim·men* *vt* ① MUS ■ **etw** ~ to put sth out of tune ② (*verärgern*) ■ **jdn** ~ to put sb out [*or* in a bad mood], to annoy sb

ver·stimmt **I.** *adj* ① MUS out of tune ② (*verärgert*) ■ [**über etw** *akk*] ~ **sein** to be put out [*or* disgruntled] [about sth]; *s.* **Magen** **II.** *adv* ill-temperedly, *esp* BRIT tetchily

Ver·stim·mung *f* disgruntled [*or* bad] mood, *esp* BRIT tetchiness *no art, no pl*

ver·stockt *adj* obstinate, stubborn, obdurate *pej form*

Ver·stockt·heit <-> *f kein pl* stubbornness *no art, no pl,* obstinacy *no art, no pl,* obduracy *no art, no pl pej form*

ver·stoh·len [fɛɐ̯'ʃto:lən] **I.** *adj* furtive, surreptitious **II.** *adv* furtively, surreptitiously; **jdn** ~ **ansehen** to give sb a furtive [*or* surreptitious] look

ver·stop·fen* **I.** *vt* ① (*zustopfen*) ■ **etw** [**mit etw**] ~ to block up *sep* sth [with sth]; **sich** *dat* **die Ohren** ~ to stop up *sep* one's ears ② (*blockieren*) ■ **etw** ~ to block up sth **II.** *vi sein* to get [*or* become] blocked [up]; ■ **verstopft** blocked [up]

ver·stopft *adj* ① (*überfüllt*) blocked, congested; **eine** ~**e Innenstadt** a gridlock ② (*verschnupft*) blocked, congested, stuffed [*or* BRIT bunged] up ③ MED constipated

Ver·stop·fung <-, -en> *f* ① MED constipation *no art, no pl;* ~ **haben** to be constipated ② (*Blockierung*) blockage

ver·stor·ben [fɛɐ̯'ʃtɔrbn̩] *adj* (*geh*) deceased *form,* late *attr*

Ver·stor·be·ne(r) *f(m) decl wie adj* deceased *form*

ver·stö·ren* *vt* ■ **jdn** ~ to distress sb

ver·stört [fɛɐ̯'ʃtø:ɐ̯t] **I.** *adj* distraught; **einen** ~**en Eindruck machen** to appear distraught [*or* distressed] **II.** *adv* in distress [*or* agitation]

Ver·stoß [fɛɐ̯'ʃto:s] *m* violation; JUR offence; ■ **Verstöße gegen etw** violations [*or* infringements] [*or form* contraventions] of sth; **einen** ~ **gegen etw begehen** to commit a violation of sth

ver·sto·ßen* *irreg* **I.** *vi* ■ **gegen etw** ~ to violate [*or* infringe] [*or form* contravene] [*or* be in breach of] sth; **gegen das Gesetz** ~ to contravene [*or* be in contravention of] the law *form;* **gegen die Disziplin** ~ to violate [*or* commit a breach of] discipline **II.** *vt* ■ **jdn** [**aus/wegen etw**] ~ to expel sb [out of/on the grounds of sth]; **jdn aus dem Elterhaus** ~ to throw [*or* cast] sb out of the parental home

ver·strah·len *vt* ■ **jdn/etw** ~ to contaminate sb/sth with radiation; ■ **verstrahlt** contaminated by radiation *pred*

ver·strahlt <-er, -este> *adj* ÖKOL, PHYS contaminated [by radiation]

ver·strei·chen* *irreg* **I.** *vt* ① (*streichend auftragen*) ■ **etw** ~ to apply [*or sep* put on] sth; **Farbe** ~ to apply a coat of paint; ■ **etw auf etw** *dat* ~ to apply sth to [*or* put sth on[to]] sth ② (*streichend verbrauchen*) ■ **etw** ~ to use up sth *sep* ③ KOCHK ■ **etw** [**auf etw** *dat*] ~ to spread sth [on sth]; ■ **Butter auf etw** *dat* ~ to spread butter on [*or* to butter] sth **II.** *vi sein* to pass [by]; *Zeitspanne a.* to elapse; ■ **eine Frist/einen Termin** ~ **lassen** to let a deadline pass, to miss a deadline

ver·streu·en* *vt* ① (*ausstreuen*) ■ **etw** [**auf etw** *dat*] ~ to scatter [about *sep*] sth [on sth]; **Salz/Vogelfutter** ~ to put down *sep* salt/bird feed ② (*versehentlich verschütten*) ■ **etw** ~ to spill sth ③ (*achtlos hinwerfen*) ■ **etw irgendwo** ~ to scatter sth somewhere; **Spielsachen im ganzen Haus** ~ to scatter toys all round the house

ver·streut *adj* (*einzeln liegend*) isolated; (*verteilt*) scattered

ver·stri·cken* **I.** *vt* ① (*beim Stricken verbrauchen*) ■ **etw** ~ to use [up *sep*] sth ② (*geh: verwickeln*) ■ **jdn in etw** *akk* ~ to involve sb in sth, to draw sb into sth **II.** *vr* ■ **sich in etw** *akk* ~ to become [*or* get] entangled [*or* caught up] in sth

Ver·stri·ckung <-, -en> *f* involvement *no pl;* **trotz der** ~ **in Widersprüche** despite getting entangled [*or* caught up] in contradictions

ver·strö·men* *vt* (*geh*) ■ **etw** ~ to exude sth

ver·stüm·meln* [fɛɐ̯'ʃtʏmln̩] *vt* ① (*entstellen*) ■ **jdn** ~ to mutilate sb; (*verkrüppeln*) to maim sb; ■ **sich** ~ to mutilate/maim oneself ② (*durch Lücken entstellen*) ■ **etw** ~ to disfigure sth ③ (*unverständlich machen*) ■ **etw** ~ to garble sth; **einen Text** ~ (*schriftlich*) to mutilate a text; (*mündlich*) to mangle a text

Ver·stüm·me·lung <-, -en> *f* ① *kein pl* (*das Verstümmeln*) mutilation *no art, no pl,* maiming *no art, no pl* ② (*verstümmelter Körperteil*) mutilation

ver·stum·men* [fɛɐ̯'ʃtʊmən] *vi sein* (*geh*) ① (*in Schweigen verfallen*) to fall silent; ■ **jdn/etw** ~ **lassen** to silence sb/sth; **vor Entsetzen** ~ to be struck dumb [*or* be speechless] with terror ② (*sich legen*) to die away, to subside

Ver·such <-[e]s, -e> [fɛɐ̯'zu:x] *m* ① (*Bemühen*) attempt; **ein vergeblicher** ~ a vain [*or* futile] attempt; **der** ~**, etw zu tun** the attempt to do/at doing sth; **einen** ~ **machen** to make an attempt, to give it a try; **einen** ~ **starten** to have a go; **es auf einen** ~ **ankommen lassen** to give it a try [*or* go]; **mit jdm einen** ~ **machen** to give sb a try ② (*Experiment*) experiment; **einen** ~**/**~**e** [**an jdm/einem Tier**] **machen** to carry out an experiment/experiments [on sb/an animal] ③ SPORT attempt

ver·su·chen* **I.** *vt* ① (*probieren*) ■ **etw** ~ to try [*or* attempt] sth; ■ **es mit jdm/etw** ~ to give sb/sth a try, to try sb/sth ② (*kosten*) ■ **etw** ~ to try [*or* taste] sth ③ (*in Versuchung führen*) ■ **jdn** ~ to tempt sb; ■ **versucht sein, etw zu tun** to be tempted to do sth **II.** *vi* ■ ~**, etw zu tun** to try doing/to do sth; ■ ~**, ob ...** to [try and] see whether [*or* if] ... **III.** *vr* ■ **sich an/auf/in etw** *dat* ~ to try one's hand at sth

Ver·suchs·ab·tei·lung *f* testing department **Ver·suchs·an·la·ge** *f* ① (*Prüffeld*) testing plant ② (*Erprobungsanlage*) experimental [*or* pilot] plant **Ver·suchs·an·stalt** *f* research institute **Ver·suchs·bal·lon** *m* METEO sounding balloon ▶ WENDUNGEN: **einen** ~ <u>**loslassen**</u> to fly a kite **Ver·suchs·ge·län·de** *nt* testing [*or* proving] ground **Ver·suchs·grup·pe** *f* test group **Ver·suchs·ka·nin·chen** *nt* (*fam*) guinea pig **Ver·suchs·per·son** *f* test subject **Ver·suchs·pro·jekt** *nt* pilot project **Ver·suchs·rei·he** *f* series of experiments **Ver·suchs·sta·di·um** *nt* experimental stage **Ver·suchs·stre·cke** *f* test route; (*auf Firmengelände*) test track **Ver·suchs·tier** *nt* laboratory animal

ver·suchs·wei·se *adv* on a trial basis

Ver·su·chung <-, -en> *f* temptation *no art, no pl;* **der** ~ **erliegen** to succumb to temptation; **jdn in** ~ **führen** to lead sb into temptation; **in** ~ **geraten** [*o* **kommen**][**, etw zu tun**] to be tempted [to do sth]

ver·sump·fen* *vi sein* ① (*sumpfig werden*) to become marshy [*or* boggy] ② (*sl: die Nacht durchzechen*) to booze it up *fam,* to have a real booze-up *esp* BRIT *fam*

ver·sün·di·gen* *vr* (*geh*) ① REL ■ **sich** [**an jdm/etw**] ~ to sin [against sb/sth] ② (*etw misshandeln*) ■ **sich an etw** *dat* ~ to abuse sth

ver·sun·ken [fɛɐ̯'zʊŋkn̩] *adj* ① (*untergegangen*) sunken *attr;*

eine ~e **Kultur** a submerged [*or* long-vanished] culture; **eine ~e Zivilisation** a lost [*or* long-vanished] civilization ❷ (*vertieft*) ■**in etw** *akk* ~ **sein** to be absorbed [*or* immersed] in sth; **in ihren Anblick ~ sein** to be absorbed in looking at her; **in Gedanken ~ sein** to be lost [*or* immersed] in thought

ver·sü·ßen* *vt* ■**jdm etw** [**mit etw**] ~ to sweeten sb's sth [with sth], to make sth more pleasant for sb; ■**sich** *dat* **etw** [**mit etw**] ~ to sweeten one's sth [with sth]

ver·ta·gen* **I.** *vt* ■**etw** [**auf etw** *akk*] ~ to adjourn sth [until sth]; **eine Entscheidung** [**auf etw** *akk*] ~ to postpone [*or sep* hold over] [*or fam* shelve] a decision [until sth]; **das Parlament** ~ to prorogue parliament *spec* **II.** *vr* ■**sich** [**auf etw** *akk*] ~ to be adjourned [until sth]; **das Parlament wird** ~ parliament is prorogued *spec*

Ver·ta·gung *f* adjournment; *Parlament* prorogation *spec*

ver·täu·en* [fɛɐ̯ˈtɔyən] *vt* NAUT ■**etw** ~ to moor sth

ver·tau·schen* *vt* (*austauschen*) ■**etw/sie** ~ to switch sth/them, to mix up sth/them *sep;* ■**etw mit etw** ~ to exchange sth for sth

ver·tei·di·gen* [fɛɐ̯ˈtaidɪgn̩] **I.** *vt* ❶ MIL ■**etw** [**gegen jdn/etw**] ~ to defend sth [against sb/sth] ❷ JUR ■**jdn** ~ to defend sb ❸ (*rechtfertigen*) ■**jdn/etw** ~ to defend sb/sth; ■**sich** [**gegen jdn/etw**] ~ to defend oneself [against sb/sth] ❹ SPORT ■**etw** ~ to defend sth; **das Tor** ~ to play in goal **II.** *vi* SPORT to defend, to be [*or* play] in defence [*or* AM -se]

Ver·tei·di·ger(in) <-s, -> *m(f)* ❶ JUR defence [*or* AM -se] counsel [*or* lawyer] ❷ SPORT defender

Ver·tei·di·gung <-, -en> *f* ❶ MIL defence [*or* AM -se] *no art, no pl;* ■**die ~ gegen jdn/etw** the defence against sb/sth; **sich auf die ~ gegen den Angriff vorbereiten** to prepare to defend against the attack ❷ JUR (*Verteidiger*) defence [*or* AM -se] *no pl* ❸ SPORT (*Schutz*) defence [*or* AM -se] *no pl;* (*Gesamtheit der Verteidiger*) defence [*or* AM -se] *no indef art, no pl;* **in der ~ spielen** to play in defence, to guard the goal ❹ (*Rechtfertigung*) defence [*or* AM -se] *no art, no pl*

Ver·tei·di·gungs·al·li·anz *f* defence [*or* AM -se] [*or* defensive] alliance **Ver·tei·di·gungs·be·reit·schaft** *f* defensive readiness, readiness to defend **Ver·tei·di·gungs·bünd·nis** *nt s.* **Verteidigungsallianz Ver·tei·di·gungs·etat** *m* defence [*or* AM -se] budget **Ver·tei·di·gungs·fall** *m* ■**ein/der** ~ [the event of a] defensive war; **im** ~ in the event of having to defend oneself [from invasion/attack] **Ver·tei·di·gungs·krieg** *m* defensive war **Ver·tei·di·gungs·mi·nis·ter(in)** *m(f)* minister of defence BRIT, defence minister BRIT, secretary of defense AM **Ver·tei·di·gungs·mi·nis·te·ri·um** *nt* Ministry of Defence BRIT, Defence Ministry BRIT, Department of Defense AM **Ver·tei·di·gungs·waf·fe** *f* defensive weapon

ver·tei·len* **I.** *vt* ❶ (*austeilen*) ■**etw** [**an jdn**] ~ to distribute sth [to sb]; **Geschenke/Flugblätter** ~ to distribute [*or sep* hand out] presents/leaflets; **Auszeichnungen/Orden** ~ to give [*or* hand] [*or fam* dish] out decorations/medals *sep* ❷ (*platzieren*) ■**etw irgendwo** ~ to place [*or* arrange] sth somewhere ❸ (*ausstreuen*) ■**etw auf etw** *dat* ~ to spread [out *sep*] sth on sth ❹ (*verstreichen*) ■**etw** [**auf etw** *dat*] ~ to spread sth [on sth] **II.** *vr* ❶ (*sich verbreiten*) ■**sich** [**auf etw** *akk*] ~ to spread out [round [*or* over] sth]; ■**sich irgendwo** ~ to spread out somewhere; **sich unter den Gästen** ~ to mingle with the guests ❷ (*umgelegt werden*) ■**sich auf jdn** ~ to be distributed to sb

Ver·tei·ler *m* ❶ AUTO [ignition *form*] distributor ❷ (*Empfänger*) ■„~:" "copies to:", "cc:"

Ver·tei·ler·netz *nt* ❶ ELEK distribution system ❷ ÖKON distribution network, network of distributors **Ver·tei·ler·schlüs·sel** *m* distribution [*or* cc] list

Ver·tei·lung *f* ■**die ~ [einer S.** *gen* [*o* **von etw**]] distribution *no pl,* the distribution of sth; ~ **von Flugblättern** handing out leaflets *sep*

Ver·tei·lungs·kampf *m* ■~ **um etw** *akk* battle for a share of sth; **einen ~ um etw** *akk* **führen** to battle for a share of sth; ~ **auf dem Arbeitsmarkt** battle for jobs on the labour [*or* AM -or] market

ver·teu·ern* [fɛɐ̯ˈtɔyɐn] **I.** *vt* ■**etw** [**auf/um etw** *akk*] ~ to make sth more expensive, to increase [*or* raise] the price of sth [to/by sth] **II.** *vr* ■**sich** [**auf/um etw** *akk*] ~ to become more expensive, to increase [*or* go up] in price [to/by sth]

Ver·teu·e·rung *f* increase [*or* rise] in price; **die ~ von Energie** the increase in the price of energy

ver·teu·feln* [fɛɐ̯ˈtɔyfl̩n] *vt* ■**jdn** ~ to demonize [*or* condemn] sb

ver·teu·felt (*fam*) **I.** *adj* devilish[ly tricky] **II.** *adv* damned *fam,* devilishly

Ver·teu·fe·lung <-, -en> *f* demonization *no art, no pl,* condemnation *no art, no pl*

ver·tie·fen* [fɛɐ̯ˈtiːfn̩] **I.** *vt* ❶ (*tiefer machen*) ■**etw** [**auf/um etw** *akk*] ~ to make sth deeper, to deepen sth [to/by sth] ❷ (*verschlimmern*) ■**etw** ~ to deepen sth ❸ (*festigen*) ■**etw** ~ to reinforce [*or* consolidate] sth **II.** *vr* ■**sich in etw** *akk* ~ to become absorbed [*or* engrossed] [*or* immersed] in sth; **sich in die Zeitung/ein Buch** ~ to bury oneself in the paper/a book; ■**in etw** *akk* **vertieft sein** to be engrossed [*or* absorbed] in sth; **in Gedanken vertieft sein** to be deep [*or* sunk] [*or* lost] in thought

Ver·tie·fung <-, -en> *f* ❶ (*vertiefte Stelle*) depression; (*Boden a.*) hollow ❷ *kein pl* (*das Vertiefen*) ■**die/eine ~ [einer S.** *gen* [*o* **von etw**]] deepening [sth] ❸ (*Festigung*) consolidation *no art, no pl,* reinforcement *no art, no pl*

ver·ti·kal [vɛrtiˈkaːl] **I.** *adj* vertical **II.** *adv* vertically

Ver·ti·ka·le <-, -n> [vɛrti-] *f* vertical [line]; ■**in der ~n** vertically

ver·til·gen* *vt* ■**etw** ~ ❶ (*fam: ganz aufessen*) to demolish sth, to polish off sth *sep fam* ❷ (*ausrotten*) to eradicate sth, to kill off sth *sep;* **Ungeziefer** ~ to exterminate [*or* eradicate] [*or sep* kill off] vermin

Ver·til·gung *f* eradication *no art, no pl; Ungeziefer a.* extermination *no art, no pl*

ver·tip·pen* *vr* (*fam*) ■**sich** ~ to make a typing error [*or fam* typo] [*or* typing mistake]

ver·to·nen* *vt* ■**etw** ~ to set sth to music

Ver·to·nung <-, -en> *f* ❶ *kein pl* (*das Vertonen*) ■**die ~ [einer S.** *gen* [*o* **von etw**]] setting sth to music ❷ (*vertonte Fassung*) musical setting

ver·trackt [fɛɐ̯ˈtrakt] *adj* (*fam*) tricky, complicated

Ver·trag <-[e]s, Verträge> [fɛɐ̯ˈtraːk, *pl* -trɛːgə] *m* contract; (*international*) treaty; **der Berliner/Moskauer/Versailler** ~ the Treaty of Berlin/Moscow/Versailles; **jdn unter ~ haben** to have sb under contract; **jdn unter ~ nehmen** to contract sb, to put [*or* place] sb under contract

ver·tra·gen* *irreg* **I.** *vt* ❶ (*aushalten*) ■**etw** [**irgendwie**] ~ to bear [*or* stand] sth [somehow]; **dieses Klima vertrage ich nicht/schlecht** this climate doesn't/doesn't really agree with me ❷ (*gegen etw widerstandsfähig sein*) ■**etw** [**irgendwie**] ~ to tolerate sth [somehow]; **diese Pflanze verträgt kein direktes Sonnenlicht** this plant does not tolerate [*or* like] direct sunlight ❸ (*verarbeiten können*) ■**etw** [**irgendwie**] ~ to take [*or* tolerate] sth [somehow]; **diese ständige Aufregung verträgt mein Herz nicht** my heart can't stand this constant excitement ❹ (*fam: zu sich nehmen können*) **nervöse Menschen ~ starken Kaffee nicht gut** nervous people cannot cope with [*or* handle] strong coffee ❺ (*fam: benötigen*) **das Haus könnte mal einen neuen Anstrich ~** the house could do with [*or* could use] a new coat of paint ❻ SCHWEIZ (*austragen*) ■**etw** ~ to deliver sth **II.** *vr* ❶ (*auskommen*) ■**sich mit jdm** ~ to get on [*or* along] with sb, to get on [with each other] ❷ (*zusammenpassen*) ■**sich mit etw** ~ to go with sth; ■**sich mit etw nicht** ~ to not go [*or* to clash] with sth

ver·trag·lich [fɛɐ̯'tra:klɪç] **I.** *adj* contractual **II.** *adv* contractually, by contract; ~ **festgelegt werden** to be laid down in a/the contract

ver·träg·lich [fɛɐ̯'trɛ:klɪç] *adj* ① (*umgänglich*) good-natured; ■ ~ **sein** to be easy to get on with ② (*bekömmlich*) digestible; **gut/schwer** ~ easily digestible/indigestible; **für die Umwelt ~ sein** to be not harmful to the environment

Ver·träg·lich·keit <-> *f kein pl* ① (*Umgänglichkeit*) good nature *no art, no pl* ② (*Bekömmlichkeit*) digestibility *no art, no pl;* **Speisen von besonderer** ~ food that is especially easy to digest

Ver·trags·ab·schluss[RR] *m* completion [*or* conclusion] of [a/the] contract **Ver·trags·be·din·gun·gen** *pl* ÖKON terms [*or* conditions] of a contract **Ver·trags·bruch** *m* breach of contract **ver·trags·brü·chig** *adj* in breach of contract *pred;* ■ ~ **sein/werden** to be in breach of contract **Ver·trags·dau·er** *f* ÖKON term [*or* life] of a contract **Ver·trags·ent·wurf** *m* draft [of a] contract/treaty **ver·trags·ge·mäß I.** *adj* as per [*or* as stipulated in the] contract **II.** *adv* as per [*or* as stipulated in the] contract **Ver·trags·ge·sprä·che** *f pl* contract talks *pl* **Ver·trags·händ·ler(in)** *m(f)* authorized [*or* appointed] dealer **Ver·trags·part·ner(in)** *m(f)* party to a/the contract, contracting party *spec* **Ver·trags·stra·fe** *f* penalty for breach of contract, contractual penalty *spec* **Ver·trags·text** *m* text [*or* wording] *no indef art, no pl* of a/the contract **Ver·trags·ver·hand·lung** *f* contract negotiations [*or* talks] *pl* **Ver·trags·ver·let·zung** *f* breach of contract **Ver·trags·werk** *nt* comprehensive contract/treaty **Ver·trags·werk·statt** *f* authorized garage **ver·trags·wid·rig I.** *adj* contrary to [the terms of] the contract/treaty *pred* **II.** *adv* in breach of contract

ver·trau·en* *vi* ① (*vertrauensvoll glauben*) ■ **jdm** ~ to trust sb; ■ **auf jdn** ~ to trust in sb ② (*sich fest verlassen*) ■ **auf etw** *akk* ~ to trust in sth; **auf sein Glück** ~ to trust to luck; **auf Gott** ~ to put one's trust in God; **auf jds Können** ~ to have confidence in sb's ability; ■ **darauf ~, dass ...** to put one's trust in the fact [*or* be confident] that ...

Ver·trau·en <-s> *nt kein pl* trust *no art, no pl,* confidence *no art, no pl;* ~ **erweckend** that inspires trust [*or* confidence]; **einen ~ erweckenden Eindruck auf jdn machen** to make a trustworthy impression on sb; ~ **erweckend sein** to inspire confidence; **jdm das ~ aussprechen/entziehen** POL to pass a vote of confidence/no confidence in sb; ~ **zu jdm fassen** to come to trust [*or* have confidence in] sb; ~ **[zu jdm] haben** to have confidence [in sb], to trust sb; **jds ~ haben** [*o geh* **genießen**] to have [*or* enjoy] sb's trust, confidence; **jdm ~ schenken** (*geh*) to put one's trust in sb; **jdn ins ~ ziehen** to take sb into one's confidence; **im ~ [gesagt]** [strictly] in confidence; **im ~ auf etw** *akk* trusting to [*or* in] sth; **im ~ darauf, dass ...** trusting that ...; **voller** ~ full of trust, trustingly

Ver·trau·ens·arzt, -ärz·tin *m, f* independent examining doctor **Ver·trau·ens·bruch** *m* breach of confidence [*or* trust] **Ver·trau·ens·fra·ge** *f* **es ist eine ~, ob ...** it is a question [*or* matter] of trust [*or* confidence] whether ...; **die ~ stellen** POL to ask for a vote of confidence **Ver·trau·ens·kri·se** *f* lack of [mutual] trust **Ver·trau·ens·mann** <-leute> *m* ① (*Versichertenvertreter*) representative, intermediary agent; (*gewerkschaftlich*) union representative; (*Fabrik*) shop steward ② (*vertrauenswürdiger Mann*) representative, proxy **Ver·trau·ens·per·son** *f* (*vertrauenswürdige Person*) someone *no art* you can trust; (*Busenfreund*) a close [*or* intimate] confidant *masc* [*or fem* confidante] **Ver·trau·ens·sa·che** *f* ① (*vertrauliche Angelegenheit*) confidential matter ② *s.* **Vertrauensfrage ver·trau·ens·se·lig** *adj* [too] trusting; (*leichtgläubig*) credulous **Ver·trau·ens·stel·lung** *f* position of trust; **[bei jdm] eine ~ haben** to be in [*or* have] a position of trust [with sb] **Ver·trau·ens·ver·hält·nis** *nt* trusting relationship, relationship based on trust, mutual trust *no art, no pl* **Ver·trau·ens·ver·lust** *m* SOZIOL loss of trust [*or* faith] **ver·trau·ens·voll I.** *adj* trusting, trustful, based on trust *pred* **II.** *adv* trustingly; **sich ~ an jdn wenden** to turn to sb with complete confidence **Ver·trau·ens·vo·tum** *nt* POL vote of confidence **ver·trau·ens·wür·dig** *adj* trustworthy **Ver·trau·ens·wür·dig·keit** <-> *f inv* trustworthiness

ver·trau·lich I. *adj* ① (*mit Diskretion zu behandeln*) confidential; **streng** ~ strictly confidential ② (*freundschaftlich*) familiar, chummy *fam,* pally *fam* **II.** *adv* confidentially, with confidentiality

Ver·trau·lich·keit <-, -en> *f* ① *kein pl* (*das Vertraulichsein*) confidentiality *no art, no pl* ② *pl* (*Zudringlichkeit*) familiarity *no art, no pl*

ver·träumt *adj* ① (*idyllisch*) sleepy ② (*realitätsfern*) dreamy

ver·traut *adj* ① (*wohlbekannt*) familiar; **sich mit etw ~ machen** to familiarize [*or* acquaint] oneself with sth; **sich mit dem Gedanken/der Vorstellung ~ machen, dass ...** to get used to the idea that ... ② (*eng verbunden*) close, intimate ③ (*kennt etw gut*) ■ **mit etw ~ sein** to be familiar [*or* acquainted] with sth

Ver·trau·te(r) *f(m) decl wie adj* close [*or* intimate] friend, confidant *masc,* confidante *fem*

Ver·traut·heit <-, -en> *f* ① *kein pl* (*gute Kenntnis*) ■ **jds ~ mit etw** sb's familiarity with sth ② (*Verbundenheit*) closeness *no art, no pl,* intimacy *no art, no pl*

ver·trei·ben*[1] *vt irreg* ① (*gewaltsam verjagen*) ■ **jdn [aus etw]** ~ to drive out sb *sep,* to drive sb out of sth ② (*verscheuchen*) ■ **ein Tier [aus/von etw]** ~ to drive away *sep* an animal, to drive an animal away out of/from sth ③ (*beseitigen*) ■ **etw** ~ to drive away sth *sep,* to banish sth; **seine Müdigkeit** ~ to fight [*or* stave] off *sep* tiredness; *s. a.* **Zeit**

ver·trei·ben*[2] *vt irreg* (*verkaufen*) ■ **etw** ~ to sell [*or* market] sth

Ver·trei·bung <-, -en> *f* driving out [*or* away] *no art, no pl;* **die ~ aus dem Paradies** the expulsion from Paradise

ver·tret·bar *adj* ① (*zu vertreten*) tenable, defensible; ■ **nicht** ~ untenable, indefensible ② (*akzeptabel*) justifiable; ■ **nicht** ~ unjustifiable

ver·tre·ten*[1] *vt irreg* ① (*jdn vorübergehend ersetzen*) ■ **jdn** ~ to stand in [*or* deputize] for sb, to cover for sb; **durch jdn ~ werden** to be replaced by sb; ■ **sich [durch jdn] ~ lassen** to be represented [by sb] ② JUR ■ **jdn** ~ to represent sb, to act [*or* appear] for sb ③ (*repräsentieren*) ■ **jdn/etw** ~ to represent sb/sth ④ (*verfechten*) ■ **etw** ~ to support sth; **eine Ansicht/Meinung/Theorie** ~ to take a view/hold an opinion/advocate a theory ⑤ (*repräsentiert sein*) ■ **irgendwo ~ sein** to be represented somewhere; **Picassos Werke sind hier zahlreich** ~ there is a large number of works by Picasso here ⑥ (*verantwortlich sein*) ■ **etw zu ~ haben** to be responsible for sth

ver·tre·ten[2] *vr irreg* (*verstauchen*) **sich** *dat* **den Fuß** [*o* **das Fußgelenk**] ~ to twist one's ankle ▸ WENDUNGEN: **sich** *dat* **die Füße** *fam* ~ [*o* **Beine**] to stretch one's legs

Ver·tre·ter(in) <-s, -> *m(f)* ① (*Stell~*) deputy, stand-in, [temporary] replacement; *Arzt, Geistlicher* locum BRIT; **einen ~ bestimmen** [*o* **stellen**] to appoint a deputy ② (*Handels~*) sales representative ③ (*Repräsentant*) representative; (*Abgeordneter*) member of parliament

Ver·tre·ter·pro·vi·si·on *f* ÖKON agent's commission

Ver·tre·tung <-, -en> *f* ① (*das Vertreten*) deputizing *no art, no pl;* **zur ~ von Kollegen verpflichtet sein** to be officially obliged to deputize for colleagues; **die ~ für jdn haben** to stand in [*or* deputize] for sb; **die ~ von jdm übernehmen** to stand in [*or* deputize] for sb; **in [jds]** ~ in sb's place, on behalf of sb; **einen Brief in ~ unterschreiben** to sign a letter as a proxy [*or spec* per pro], to pp a letter ② (*Stellvertreter*) deputy, stand-in, [temporary] replacement; *Arzt, Geistlicher* locum BRIT; **eine diplomatische** ~ a diplomatic mission; **die ~ für etw haben** to have the agency [*or* be the agent] for sth

V

❸ (*Handels~*) agency, branch
ver·tre·tungs·wei·se *adv* as a stand-in [*or* [temporary] replacement]
Ver·trieb <-[e]s, -e> *m* ❶ *kein pl* (*das Vertreiben*) sale[s *pl*]; **den ~ [für etw] haben** to be in charge of sales [for sth] ❷ (*~ sabteilung*) sales *pl* [department]
Ver·trie·be·ne(r) *f(m) decl wie adj* deportee, expellee *spec* (*from his/her homeland*), displaced person
Ver·triebs·ab·tei·lung *f* sales department **Ver·triebs·ge·sell·schaft** *f* sales [*or* marketing] company **Ver·triebs·kos·ten** *pl* marketing costs, distribution costs **Ver·triebs·lei·ter(in)** *m(f)* sales manager **Ver·triebs·netz** *nt* ÖKON network of distributors, distribution [*or* marketing] network **Ver·triebs·weg** *m* ÖKON channel of distribution, distribution channel **Ver·triebs·we·ge** *pl* TRANSP transport route
ver·trim·men* *vt* (*fam*) ■**jdn** ~ to beat up sb *sep*, to give sb a going-over, to give sb the one-two AM
ver·trock·nen* *vi sein Vegetation* to dry out, to wither; *Lebensmittel* to dry up, to go dry; **vertrocknete Blätter** dried leaves
ver·trö·deln* *vt* (*fam*) ■**etw** ~ to idle [*or* dawdle] away sth *sep*
ver·trös·ten* *vt* ■**jdn [auf etw** *akk*] ~ to put off *sep* sb [until sth]
ver·trot·telt *adj* (*fam*) senile
ver·tun* *irreg* **I.** *vr* (*fam*) ❶ (*sich irren*) ■**sich** ~ to make a mistake, to be mistaken; **vertu dich nur nicht, ...** make no mistake, ...; **da gibt es kein V~!** there are no two ways about it! ❷ (*sich verrechnen*) ■**sich [um etw]** ~ to make a mistake, to be out by sth **II.** *vt* ■**etw** ~ to waste [*or* squander] sth
ver·tu·schen* *vt* ■**etw** ~ to hush up sth *sep*; ■**~, dass ...** to hush up the fact that ...
ver·übeln* [fɛɐ̯ˈʔyːbl̩n] *vt* ■**jdm etw** ~ to hold sth against sb; ■**[es] jdm ~, dass ...** to take it amiss [*or* hold it against sb] that ...; **das kann man ihm kaum** ~ one can hardly blame him for that
ver·üben* *vt* ■**etw** ~ to commit sth; **einen Anschlag** ~ to carry out *sep* an attack; **einen Anschlag auf jdn** ~ to make an attempt on sb's life; **ein Attentat [auf jdn]** ~ to assassinate sb; (*fehlgeschlagen*) to make an assassination attempt on sb; **Gräueltaten/ein Verbrechen** ~ to commit [*or form* perpetrate] atrocities/a crime; **ein Massaker** ~ to carry out *sep* [*or form* perpetrate] a massacre; **Selbstmord** ~ to commit suicide
ver·un·fal·len* [fɛɐ̯ˈʊnfalən] *vi sein* SCHWEIZ to have an accident; **der verunfallte Skifahrer** the skier involved in the accident
ver·un·glimp·fen* [fɛɐ̯ˈʔʊnglɪmpfn̩] *vt* (*geh*) ■**jdn** ~ to denigrate [*or* disparage] [*or form* vilify] sb, to cast a slur on sb; ■**etw** ~ to denigrate [*or* cast a slur on] [*or form* decry] sth
Ver·un·glimp·fung <-, -en> *f* denigration *no art, no pl*, disparagement *no art, no pl*, vilification *no art, no pl*
ver·un·glü·cken* [fɛɐ̯ˈʔʊnglʏkn̩] *vi sein* ❶ (*einen Unfall haben*) to have [*or* be involved in] an accident; **mit dem Auto** ~ to have [*or* be in] a car accident [*or* crash]; **mit dem Flugzeug** ~ to be in a plane crash; **tödlich** ~ to be killed in an accident; **der verunglückte Bergsteiger** the climber involved in the accident ❷ (*fam: misslingen*) to go wrong; ■**etw verunglückt jdm** sb's sth goes wrong; **leider ist mir der Kuchen verunglückt** I'm afraid my cake is a disaster; ■**verunglückt** unsuccessful
Ver·un·glück·te(r) *f(m) decl wie adj* accident victim
ver·un·mög·li·chen* [fɛɐ̯ˈʔʊnmøːklɪçn̩] *vt* SCHWEIZ ■**[jdm] etw** ~ to make sth impossible [for sb]
ver·un·rei·ni·gen* *vt* ■**etw** ~ ❶ (*geh: beschmutzen*) to dirty [*or form* soil] sth; (*Hund*) to foul sth BRIT, to mess up *sep* sth AM ❷ ÖKOL to pollute [*or* contaminate] sth
Ver·un·rei·ni·gung *f* ❶ (*geh: das Beschmutzen*) dirtying *no art, no pl*, soiling *no art, no pl form; Gehwege* fouling *no art, no pl* BRIT, messing up *no art, no pl* AM ❷ ÖKOL pollution *no art, no pl*, contamination *no art, no pl* ❸ (*Schmutz*) impurity
ver·un·si·chern* [fɛɐ̯ˈʔʊnzɪçɐn] *vt* ■**jdn** ~ to make sb [feel] unsure [*or* uncertain] [*or* insecure]; (*verstören*) to unsettle sb; ■**jdn in etw** *dat* ~ to make sb unsure of sth
ver·un·si·chert <-er, -este> *adj* uncertain
Ver·un·si·che·rung <-, -en> *f* ❶ (*das Verunsichern*) unsettling *no art, no pl* ❷ (*verunsicherte Stimmung*) [feeling of] uncertainty
ver·un·stal·ten* [fɛɐ̯ˈʔʊnʃtaltn̩] *vt* ■**jdn/etw** ~ to disfigure sb/sth; **wie konnte der Friseur dich nur so ~?** how could the hairdresser spoil your looks like that?
Ver·un·stal·tung <-, -en> *f* disfigurement
ver·un·treu·en* [fɛɐ̯ˈʔʊntrɔyən] *vt* JUR ■**etw** ~ to embezzle [*or* misappropriate] sth [*or spec* defalcate]
Ver·un·treu·ung <-, -en> *f* JUR embezzlement *no art, no pl*, misappropriation *no art, no pl*, defalcation *no art, no pl spec*
ver·ur·kun·den* *vt* SCHWEIZ ■**etw** ~ to notarize [*or* legally certify] sth
ver·ur·sa·chen* [fɛɐ̯ˈʔuːɐ̯zaxn̩] *vt* ■**etw** ~ to cause sth; **[jdm] Schwierigkeiten** ~ to create [*or* give rise to] difficulties [for sb]; **jdm Umstände** ~ to put sb to [*or* cause sb] trouble
Ver·ur·sa·cher(in) <-s, -> *m(f)* causal agent, causative agent
Ver·ur·sa·cher·prin·zip *nt kein pl* ÖKOL polluter pays principle
ver·ur·tei·len* *vt* ❶ (*für schuldig befinden*) ■**jdn** ~ to convict sb ❷ (*durch Urteil mit etw bestrafen*) ■**jdn zu etw** ~ to sentence sb to sth; **jdn zu 7.500 Euro Geldstrafe** ~ to fine sb 7,500 euros, to impose a fine of 7,500 euros on sb; **jdn zu lebenslänglicher Haft** ~ to sentence sb to life imprisonment; **jdn zum Tode** ~ to sentence [*or* condemn] sb to death ❸ (*verdammen*) ■**jdn** ~ to condemn [*or form* censure] sb; ■**etw** ~ to condemn sth ❹ (*zwangsläufig bestimmt sein*) ■**zu etw verurteilt sein** to be condemned to sth; **zum Scheitern verurteilt sein** to be bound to fail [*or* doomed to failure]
Ver·ur·teil·te(r) *f(m) decl wie adj* convicted man *masc* [*or fem* woman]; (*zum Tode*) condemned man *masc* [*or fem* woman]
Ver·ur·tei·lung <-, -en> *f* conviction *no art, no pl*, sentencing *no art, no pl*; ■**eine/jds ~ zu etw** a/sb's sentence of sth; **die ~ zum Tode** the death sentence
ver·viel·fa·chen* [fɛɐ̯ˈfiːlfaxn̩] **I.** *vt* ■**etw** ~ to increase sth greatly; **die Inflation** ~ to cause a sharp rise in inflation; ■**etw mit etw** ~ MATH to multiply sth with sth **II.** *vr* ■**sich** ~ to increase greatly, to multiply [several times]
Ver·viel·fa·chung <-, -en> *f* ❶ (*starke Erhöhung*) steep increase; **~ der Inflation** a steep rise in inflation ❷ MATH multiplication
ver·viel·fäl·ti·gen* [fɛɐ̯ˈfiːlfɛltɪgn̩] *vt* ■**etw** ~ to duplicate [*or* make copies of] sth; (*fotokopieren*) to photocopy sth
Ver·viel·fäl·ti·gung <-, -en> *f* ❶ *kein pl* (*das Vervielfältigen*) duplication, duplicating *no art, no pl*, copying *no art, no pl* ❷ (*geh: Kopie*) copy
ver·vier·fa·chen* [fɛɐ̯ˈfiːɐ̯faxn̩] **I.** *vt* ■**etw** ~ to quadruple sth **II.** *vr* ■**sich** ~ to quadruple
ver·voll·komm·nen* [fɛɐ̯ˈfɔlkɔmnən] **I.** *vt* ■**etw** ~ to perfect sth, to make sth [more] perfect **II.** *vr* ■**sich [auf/in etw** *dat*] ~ to become [more] perfect [in sth]
Ver·voll·komm·nung <-, -en> *f* perfection *no art, no pl*
ver·voll·stän·di·gen* [fɛɐ̯ˈfɔlʃtɛndɪgn̩] *vt* ■**etw** ~ to complete sth, to make sth [more] complete
Ver·voll·stän·di·gung <-, -en> *f* completion *no art, no pl*
ver·wach·sen* [-ˈvaksn̩] *irreg* **I.** *vi sein* ❶ (*zusammenwachsen*) ■**[mit etw]** ~ to grow together [with sth] ❷ (*zuwuchern*) to become overgrown; **ein ~er Garten** an overgrown garden **II.** *vr* MED ■**sich** ~ to right [*or* correct] itself
ver·wa·ckeln* *vt* FOTO (*fam*) ■**etw** ~ to make sth blurred
ver·wäh·len* *vr* TELEK ■**sich** ~ to dial [*or* get] the wrong number
ver·wah·ren* [fɛɐ̯ˈvaːrən] **I.** *vt* ■**etw [für jdn]** ~ to keep sth safe [for sb]; ■**etw in etw** *dat* ~ to keep sth in sth; **jdm etw zu ~ geben** to give sth to sb for safekeeping **II.** *vr* (*geh*) ■**sich**

gegen etw ~ to protest against sth

ver·wahr·lo·sen* [fɛɐ̯ˈvaːɐ̯loːzn̩] *vi sein* to get into a bad state; *Grundstück, Gebäude* to fall into disrepair, to become dilapidated; *Mensch* to let oneself go, to go to pot, to run to seed *fam;* **völlig** ~ to go to rack [*or esp* AM wrack] and ruin; ■**etw** ~ **lassen** to let sth fall into disrepair [*or* become dilapidated], to neglect sth; ■**verwahrlost** dilapidated; **ein verwahrloster Garten** a neglected [*or* an overgrown] garden; **verwahrloste Kleidung** ragged [*or* BRIT tatty] [*or* AM tattered] clothes; **ein verwahrloster Mensch** an unkempt person, a scruff BRIT *fam*

ver·wahr·lost <-er, -este> *adj* neglected

Ver·wahr·lo·sung <-> *f kein pl Grundstück, Gebäude* dilapidation *no art, no pl; Mensch* neglect *no art, no pl;* **bis zur völligen** ~ **herunterkommen** to sink into a state of total neglect; **jdn vor der** ~ **bewahren** to save sb from degradation

Ver·wah·rung <-> *f kein pl* ❶ (*das Verwahren*) [safe]keeping *no art, no pl;* **jdm etw** [*o* **etw bei jdm**] **in** ~ *akk* **geben** to give sth to sb for safekeeping; **etw in** ~ *akk* **nehmen** to take sth into safekeeping ❷ (*zwangsweise Unterbringung*) detention *no art, no pl;* **jdn in** ~ *akk* **nehmen** to take sb into custody ❸ (*geh: Einspruch*) protest; ~ **gegen etw einlegen** to lodge a protest against sth

ver·wai·sen* [fɛɐ̯ˈvaizn̩] *vi sein* ❶ (*zur Waise werden*) to be orphaned, to become an orphan; ■**verwaist** orphaned ❷ (*verlassen werden*) to become deserted; ■**verwaist** deserted

ver·waist *adj inv* orphaned; (*fig: verlassen*) deserted, abandoned

ver·wal·ten* *vt* ■**etw** ~ ❶ FIN to administer sth; **jds Besitz** ~ to manage sb's property ❷ ADMIN to administer sth; **eine Kolonie/Provinz** ~ to govern a colony/province ❸ INFORM to manage sth

Ver·wal·ter(in) <-s, -> *m(f)* administrator; *Gut* manager; *Nachlass* trustee

Ver·wal·tung <-, -en> *f* ❶ *kein pl* (*das Verwalten*) administration *no art, no pl,* management *no art, no pl* ❷ (*Verwaltungsabteilung*) administration *no pl,* admin *no pl fam;* **städtische** ~ municipal authority [*or* administration] ❸ INFORM management *no art, no pl*

Ver·wal·tungs·an·ge·stell·te(r) *f(m)* admin[istration] employee **Ver·wal·tungs·ap·pa·rat** *m* administrative machine[ry] *no pl* **Ver·wal·tungs·ar·beit** *f* administration, admin BRIT *fam* **Ver·wal·tungs·aus·schuss**RR *m* management committee **Ver·wal·tungs·be·am·te(r)** *f(m)* admin[istration] official, government [administrative] official **Ver·wal·tungs·be·zirk** *m* administrative district, precinct AM **Ver·wal·tungs·chef(in)** *m(f)* head of administration **Ver·wal·tungs·dienst** *m* administration, admin BRIT *fam* **Ver·wal·tungs·ge·bäu·de** *nt* admin[istration] building **Ver·wal·tungs·ge·richt** *nt* administrative court [*or* tribunal] **Ver·wal·tungs·kos·ten** *pl* admin[istrative] costs [*or* expenses] *pl* **Ver·wal·tungs·rat** *m* board of directors

ver·wan·deln* **I.** *vt* ❶ (*umwandeln*) ■**jdn in etw/ein Tier** ~ to turn [*or* transform] sb into sth/an animal; ■**jd ist wie verwandelt** sb is a changed [*or* different] person [*or* is transformed] ❷ TECH ■**etw in etw** *akk* ~ to convert [*or* turn] sth into sth ❸ (*anders erscheinen lassen*) ■**etw** ~ to transform sth ❹ FBALL ■**etw** [**zu etw**] ~ to convert sth [into sth]; **einen Strafstoß/Eckball** ~ to convert a penalty/score from a corner **II.** *vr* ❶ (*zu etw werden*) ■**sich in etw** *akk* ~ to turn [*or* change] into sth ❷ ■**sich in etw/ein Tier** ~ to turn [*or* transform] oneself into sth/an animal

Ver·wand·lung *f* ❶ (*Umformung*) ■**jds** ~ [**in etw/ein Tier**] sb's transformation [into sth/an animal] ❷ TECH conversion

ver·wandt1 [fɛɐ̯ˈvant] *adj* related (**mit** + *dat* to); ■**sie sind** [**miteinander**] ~ they are related [to each other]; ~**e Anschauungen/Methoden** similar views/methods; ~**e Sprachen/Wörter** cognate languages/words *spec*

ver·wandt2 [fɛɐ̯ˈvant] *pp von* **verwenden**

ver·wand·te *imp von* **verwenden**

Ver·wand·te(r) *f(m) decl wie adj* relation, relative; **ein entfernter** ~**r von mir** a distant relation of mine

Ver·wandt·schaft <-, -en> *f* ❶ (*die Verwandten*) relations *pl,* relatives *pl;* ■**jds** ~ sb's relations [*or* relatives]; **zu jds** ~ **gehören** to be a relative of sb's; **die nähere** ~ close relatives *pl* ❷ (*gemeinsamer Ursprung*) affinity; *Sprachen* cognation *no pl spec* (**mit** + *dat* with)

ver·wandt·schaft·lich I. *adj* family *attr* **II.** *adv* ■ ~ [**miteinander**] **verbunden sein** to be related [to each other]

ver·wan·zen* [fɛɐ̯ˈvantsn̩] *vt* ■**etw** ~ to bug sth; ■**verwanzt sein** to be bugged

ver·war·nen* *vt* ■**jdn** ~ ❶ (*streng tadeln*) to warn [*or form* caution] sb ❷ (*gebührenpflichtig* ~) to fine sb

Ver·war·nung *f* warning, caution; **eine gebührenpflichtige** ~ a fine; **jdm eine gebührenpflichtige** ~ **erteilen** [*o* **aussprechen**] to fine sb

Ver·war·nungs·geld *nt* exemplary fine

ver·wa·schen *adj* faded

ver·wäs·sern* *vt* ■**etw** ~ ❶ (*mit Wasser mischen*) to water down sth *sep;* **Saft** ~ to dilute juice ❷ (*abschwächen*) to water down sth *sep*

ver·we·ben* *vt irreg* ■**etw** ~ ❶ (*ineinanderweben*) to interweave sth ❷ (*beim Weben verbrauchen*) to use [up *sep*] sth [*for weaving*]

ver·wech·seln* [-ˈvɛksl̩n] *vt* ❶ (*irrtümlich vertauschen*) ■**etw** ~ to mix up sth *sep,* to get sth mixed up ❷ (*irrtümlich für jdn halten*) ■**jdn** [**mit jdm**] ~ to mix up *sep* sb [with sb], to confuse sb with sb, to mistake sb for sb; ■**etw mit etw** ~ to confuse sth with sth, to mistake sth for sth; **sich zum V~ gleichen** to be alike as two peas [in a pod]; **jdm zum V~ ähnlich sehen** to be the spitting image of sb

Ver·wechs·lung <-, -en> [-ˈvɛkslʊŋ] *f* ❶ (*das Verwechseln*) mixing up *no art, no pl,* confusing *no art, no pl* ❷ (*irrtümliche Vertauschung*) mistake, confusion *no art, no pl,* mix-up *fam;* **das muss eine** ~ **sein** there must be some mistake

ver·we·gen [fɛɐ̯ˈveːgn̩] *adj* daring, bold; (*Kleidung*) rakish; (*frech a.*) audacious, cheeky, mouthy AM

Ver·we·gen·heit <-> *f kein pl* boldness *no art, no pl;* (*Frechheit a.*) audacity *no art, no pl,* cheekiness *no art, no pl*

ver·we·hen* **I.** *vt* ■**etw** ~ ❶ (*auseinandertreiben*) to scatter [*or sep* blow away] sth ❷ (*verwischen*) to cover [over [*or* up] *sep*] sth **II.** *vi* to die down

ver·weh·ren* *vt* (*geh*) ❶ (*verweigern*) ■**jdm etw** ~ to refuse [*or* deny] sb sth; ■**jdm** ~, **etw zu tun** to stop [*or* bar] sb from doing sth ❷ (*versperren*) ■**jdm etw** ~ to block sb's sth; **Unbefugten den Zutritt** ~ to deny access to unauthorized persons

Ver·we·hung <-, -en> *f* ❶ *kein pl* (*das Verwehen*) covering over [*or* up] *no art, no pl* ❷ (*Schnee~*) [snow]drift; (*Sand~*) [sand]drift

ver·weich·li·chen* [fɛɐ̯ˈvaiçlɪçn̩] **I.** *vi sein* to grow soft; ■**verweichlicht sein** to have grown soft; **ein verweichlichter Mensch** a weakling *pej* **II.** *vt* ■**jdn** ~ to make sb soft *pej*

Ver·weich·li·chung <-> *f kein pl* softening *no art, no pl*

ver·wei·gern* **I.** *vt* ■[**jdm**] **etw** ~ to refuse [sb] sth; **jede Auskunft/die Kooperation** ~ to refuse to give any information/to cooperate; **die Herausgabe von Akten** ~ to refuse to hand over files; **jdm eine Hilfeleistung** ~ to refuse sb assistance [*or* to assist sb] [*or* to render assistance to sb]; **seine Zustimmung zu etw** ~ to refuse to agree [*or* to give one's agreement] to sth, to refuse one's consent to sth; **jdm die Ausreise** ~ to prohibit sb from leaving [the/a country], to refuse sb permission to leave [the/a country]; **jdm die Einreise/die Erlaubnis/den Zutritt** ~ to refuse sb entry/permission/admission [*or* access]; **einen Befehl** ~ to refuse to obey an order; **jdm den Gehorsam** ~ to refuse to obey sb; **den Kriegsdienst** ~ to refuse to do military service, to be a conscientious objector; *s. a.*

Annahme **II.** *vi* to refuse **III.** *vr* ■**sich jdm** ~ to refuse [to have] intimacy with sb

Ver·wei·ge·rung *f* refusal; **zur ~ der Herausgabe der Akten berechtigt sein** to have the right to refuse to hand over the files; **die ~ eines Befehls/des Wehrdienstes** the refusal to obey an order/to do military service

ver·wei·len* *vi* (*geh*) ❶ (*sich aufhalten*) ■**irgendwo** ~ to stay [*or poet, old* tarry] somewhere; **kurz** ~ to stay for a short time; **vor einem Gemälde** ~ to linger in front of a painting ❷ (*sich mit etw beschäftigen*) ■**bei etw** ~ to dwell on sth

ver·weint *adj* **~e Augen** eyes red from crying; **ein ~es Gesicht** a tear-stained face

Ver·weis <-es, -e> [fɛɐ̯ˈvais] *m* ❶ (*Tadel*) reprimand, rebuke *form;* **einen ~ bekommen** to be reprimanded [*or form* rebuked]; **jdm einen ~ erteilen** (*geh*) to reprimand [*or form* rebuke] sb ❷ (*Hinweis*) reference (**auf** +*akk* to); (*Quer~*) cross-reference (**auf** +*akk* to)

ver·wei·sen* *irreg* **I.** *vt* ❶ (*weiterleiten*) ■**jdn an jdn/etw** ~ to refer sb to sb/sth ❷ (*hinweisen*) ■**jdn auf etw** *akk* ~ to refer sb to sth ❸ SPORT ■**jdn von etw** ~ to banish sb from sth; **jdn vom Spielfeld** ~ to send off *sep* [*or* AM eject] sb ❹ JUR ■**etw an etw** *akk* ~ to refer sth to sth **II.** *vi* ■**auf etw** *akk* ~ to refer [*or form* advert] to sth

Ver·wei·sung *f* referral (**an** +*akk* to)

ver·wel·ken* *vi sein* to wilt

ver·wend·bar *adj* usable; **erneut ~ sein** to be reusable

ver·wen·den <verwendete *o* verwandte, verwendet *o* verwandt> **I.** *vt* ❶ (*gebrauchen*) ■**etw [für etw]** ~ to use sth [for sth]; ■**etw ist noch zu** ~ sth can still be used [*or* is still usable] ❷ (*für etw einsetzen*) ■**etw für etw/irgendwie** ~ to use [*or* employ] sth for sth/somehow ❸ (*benutzen*) ■**etw** ~ to make use of sth; **etw vor Gericht** ~ to use sth in court **II.** *vr* ■**sich [bei jdm] für jdn** ~ to intercede [with sb] on sb's behalf

Ver·wen·dung <-, -en> *f* ❶ (*Gebrauch*) use; **[für etw] ~ finden** to be used [for sth]; **für jdn/etw ~ finden** to find a use for sb/sth; **~/keine ~ für jdn/etw haben** to have a/no use for sb/sth ❷ (*veraltend: Fürsprache*) intercession; ■**auf jds ~ hin** at sb's intercession

ver·wen·dungs·fä·hig *adj s.* **verwendbar Ver·wen·dungs·mög·lich·keit** *f* [possible] use [*or* employment] **Ver·wen·dungs·zweck** *m* purpose; (*Feld auf Überweisungsformularen*) reference

ver·wer·fen* *irreg* **I.** *vt* ❶ (*als unbrauchbar ablehnen*) ■**etw [als etw]** ~ to reject sth [as sth]; **den Gedanken** ~ to dismiss the thought; **einen Plan** ~ to reject [*or* discard] [*or sep* throw out] a plan; **einen Vorschlag** ~ to reject [*or sep* turn down] a suggestion ❷ JUR ■**etw** ~ to reject [*or* dismiss] sth **II.** *vr* ■**sich** ~ ❶ (*sich stark verziehen*) to warp ❷ GEOL to fault *spec* ❸ KARTEN to deal the wrong number of cards

ver·werf·lich *adj* (*geh*) reprehensible *form*

Ver·werf·lich·keit <-> *f kein pl* (*geh*) reprehensibleness *no art, no pl form* [*or* reprehensibility] *no art, no pl form*

Ver·wer·fung <-, -en> *f* ❶ *kein pl* (*Ablehnung*) rejection, dismissal ❷ GEOL fault ❸ SOZIOL **gesellschaftliche ~en** societal fractures

ver·wert·bar *adj* ❶ (*brauchbar*) usable; **erneut ~ sein** to be reusable; ■**[etwas]/nichts V~es** something/nothing usable ❷ (*auszuwerten*) utilizable [*or* BRIT *a.* -isable]; **[nicht] ~ vor Gericht sein** to be [in]admissible in court

Ver·wert·bar·keit <-> *f kein pl* usability *no pl*

ver·wer·ten* *vt* ■**etw** ~ ❶ (*ausnutzen, heranziehen*) to use [*or* utilize] [*or* make use of] sth; **etw erneut** ~ to reuse sth ❷ (*nutzbringend anwenden*) to exploit [*or* make use of] sth

Ver·wer·tung <-, -en> *f* ❶ (*Ausnutzung*) utilization *no art, no pl* ❷ (*Heranziehung*) use ❸ (*nutzbringende Anwendung*) exploitation *no art, no pl*

ver·we·sen* [fɛɐ̯ˈveːzn̩] *vi sein* to rot, to decompose; ■**verwest** decomposed

Ver·we·sung <-> *f kein pl* decomposition *no art, no pl,* decay *no art, no pl;* **in ~ übergehen** to start to rot [*or* decompose]

ver·wet·ten* *vt* ■**etw** ~ to gamble away sth *sep*

ver·wi·ckeln* **I.** *vt* ■**jdn in etw** *akk* ~ to involve sb in sth; **jdn in ein Gespräch** ~ to engage sb in conversation; **jdn in einen Skandal** ~ to get sb mixed up [*or* embroiled] in a scandal; ■**in etw** *akk* **verwickelt sein/werden** to be/become [*or* get] involved [*or* mixed up] in sth; **in eine Affäre verwickelt sein** to be entangled [*or* tangled up] in an affair; **in einen Skandal verwickelt sein** to be embroiled in [a] scandal **II.** *vr* ❶ (*sich verheddern*) ■**sich** ~ to get tangled up ❷ (*sich verstricken lassen*) ■**sich in etw** *akk o dat* ~ to get tangled [*or* caught up] [*or* become entangled] in sth; **sich in eine Auseinandersetzung** ~ to get involved [*or* caught up] in an argument

ver·wi·ckelt *adj* complicated, intricate, involved; **eine ~e Angelegenheit** a tangled affair

Ver·wi·cke·lung <-, -en> *f,* **Ver·wick·lung** <-, -en> *f* ❶ (*Verstrickung*) ■**jds ~ in etw** *akk* sb's involvement in sth ❷ *pl* (*Komplikationen*) complications *pl*

ver·wil·dern* *vi sein* ❶ (*zur Wildnis werden*) to become overgrown; ■**verwildert** overgrown ❷ (*wieder zum Wildtier werden*) to go wild, to return to the wild; ■**verwildert** feral ❸ (*undiszipliniert werden*) to become wild [and unruly], to run wild

Ver·wil·de·rung <-> *f kein pl* ❶ (*das Verwildern*) *Garten, Park* growing wild *no art, no pl; Tier* becoming wild *no art, no pl,* returning to the wild *no art, no pl* ❷ (*Disziplinlosigkeit*) becoming wild [and unruly] *no art, no pl,* running wild *no art, no pl*

ver·win·den* *vt irreg* (*geh*) ■**etw** ~ to get over sth; ■**es ~, dass ...** to get over the fact that ...

ver·win·kelt [fɛɐ̯ˈvɪŋklt] *adj* twisting, twisty *fam,* winding, windy *fam;* **ein ~es Gebäude** a building full of nooks and crannies

ver·wir·ken* *vt* (*geh*) ■**etw** ~ to forfeit sth

ver·wirk·li·chen* [fɛɐ̯ˈvɪrklɪçn̩] **I.** *vt* ■**etw** ~ to realize sth; **eine Idee/einen Plan** ~ to put an idea/a plan into practice [*or* effect], to translate an idea/a plan into action; **ein Projekt/Vorhaben** ~ to carry out *sep* a project **II.** *vr* ■**sich** ~ to fulfil [*or* AM *a.* -ll] oneself, to be fulfilled; **sich voll und ganz** ~ to realize one's full potential; **sich in etw** *dat* ~ to find fulfilment [*or* AM *usu* -ll-] in sth

Ver·wirk·li·chung <-, -en> *f* realization

ver·wir·ren* *vt* ■**jdn [mit etw]** ~ to confuse sb [with sth], to bewilder sb

ver·wir·rend <-er, -este> *adj* confusing

ver·wirrt <-er, -este> *adj* confused

Ver·wir·rung <-, -en> *f* ❶ (*Verstörtheit*) confusion *no art, no pl,* bewilderment *no art, no pl;* **jdn in ~ bringen** to confuse [*or* bewilder] sb, to make sb confused [*or* bewildered] ❷ (*Chaos*) chaos *no art, no pl*

ver·wi·schen* **I.** *vt* ■**etw** ~ ❶ (*verschmieren*) to smudge sth; **Farbe** ~ to smear paint ❷ (*unkenntlich machen*) to cover [up *sep*] sth; **seine Spur** ~ to cover one's tracks **II.** *vr* ■**sich** ~ to become blurred; (*Erinnerung*) to fade

ver·wit·tern* *vi sein* to weather; ■**verwittert** weathered; **ein verwittertes Gesicht** a weather-beaten face

Ver·wit·te·rung *f* weathering *no art, no pl*

ver·wit·wet [fɛɐ̯ˈvɪtvət] *adj* widowed; **Frau Huber, ~e Schiller** Mrs Huber, [the] widow of Mr Schiller

ver·wöh·nen* [fɛɐ̯ˈvøːnən] *vt* ■**jdn** ~ to spoil sb; ■**sich** ~ to spoil [*or* treat] oneself; **jdn zu sehr** ~ to pamper sb, to mollycoddle sb BRIT *pej fam;* ■**sich [von jdm] ~ lassen** to be pampered [by sb]

ver·wohnt *adj* the worse for wear *pred;* **eine ~e Wohnung** a run-down flat; **ein ~es Gebäude** a ramshackle building; **~e Möbel** worn-out [*or* battered] furniture

ver·wöhnt *adj* ❶ (*Exquisites gewöhnt*) gourmet *attr* ❷ (*anspruchsvoll*) discriminating *form*

Ver·wöh·nung <-> *f kein pl* spoiling *no art, no pl*
ver·wor·fen I. *adj* (*geh*) degenerate; (*stärker*) depraved **II.** *adv* degenerately; ~ **handeln** to act like a degenerate *form*
Ver·wor·fen·heit *f* (*geh*) depravity
ver·wor·ren [fɛɐ̯ˈvɔrən] *adj* confused, muddled; **eine ~e Angelegenheit** a complicated affair
ver·wund·bar *adj* vulnerable
ver·wun·den* [fɛɐ̯ˈvʊndn̩] *vt* ■**jdn** ~ to wound sb; **schwer verwundet** seriously wounded
ver·wun·der·lich *adj* odd, strange, surprising; **was ist daran ~?** what is strange [*or* odd] about that?; ■**es ist kaum ~, dass/wenn ...** it is hardly surprising that/when ..; ■**nicht ~ sein** to be not surprising; ■**es ist nicht ~, dass ...** it is not surprising [*or* no wonder] that ...
ver·wun·dern* **I.** *vt* ■**jdn** ~ to surprise [*or* astonish] sb; ■**es verwundert jdn, dass ...** sb is surprised that ... **II.** *vr* ■**sich über etw** *akk* ~ to be surprised [*or* astonished] at sth; **sich sehr** ~ to be amazed [*or* very surprised]
ver·wun·dert I. *adj* astonished, surprised; **über etw** *akk* **verwundert sein** to be amazed [*or* astonished] [*or* very surprised] at sth **II.** *adv* in amazement
Ver·wun·de·rung <-> *f kein pl* amazement *no art, no pl;* **voller** ~ full of amazement; **zu jds** ~ to sb's amazement [*or* astonishment] [*or* great surprise]
ver·wun·det *adj inv* (*fig a.*) wounded, hurt
Ver·wun·de·te(r) *f(m) decl wie adj* casualty, wounded person; ■**die ~n** the wounded + *pl vb*
Ver·wun·dung <-, -en> *f* wound
ver·wun·schen [fɛɐ̯ˈvʊndn̩] *adj* enchanted
ver·wün·schen* *vt* ① (*verfluchen*) ■**jdn/etw** ~ to curse sb/sth; ■**verwünscht, dass ...** cursed be the day ... ② LIT (*verzaubern*) ■**jdn/etw** ~ to cast a spell on [*or* to bewitch] sb/sth
ver·wünscht *adj* cursed, confounded *dated fam*
Ver·wün·schung <-, -en> *f* curse, oath *dated;* **~en ausstoßen** to utter curses [*or dated* oaths]
ver·wur·zelt *adj* ① (*mit Wurzeln befestigt*) ■**irgendwie** ~ somehow rooted; **gut/fest** ~ well-/firmly rooted ② (*fest eingebunden*) ■**in etw** *dat* ~ **sein** to be [deeply] rooted [*or a. pej* entrenched] in sth
ver·wüs·ten* *vt* ■**etw** ~ to devastate sth; **die Wohnung** ~ to wreck the flat [*or* AM apartment]; **das Land** ~ to ravage [*or* lay waste to] the land
Ver·wüs·tung <-, -en> *f meist pl* devastation *no art, no pl;* **die ~en des Krieges** the ravages of war; **~en anrichten** to cause devastation
ver·za·gen* *vi sein o selten haben* (*geh*) to give up, to lose heart
ver·zagt I. *adj* despondent, disheartened **II.** *adv* despondently
ver·zäh·len* *vr* ■**sich** ~ to miscount
ver·zah·nen* *vt* ① TECH ■**Teile [miteinander]** ~ to dovetail pieces [together]; **Maschinenteile** ~ to gear machinery ② (*fig: eng verbinden*) ■**etw mit etw** *dat* ~ to link sth to sth; **diese Probleme sind miteinander verzahnt** these problems are all linked [together]
ver·zan·ken* *vr* (*fam*) ■**sich** *akk* **[wegen etw** *dat*] ~ to fall out [*or* quarrel] [over sth]
ver·zap·fen* *vt* ① (*fam o pej: schreiben*) ■**etw** ~ to concoct sth; **ein kitschiges Gedicht** ~ to concoct a kitschy poem; (*erzählen*) to come out with sth; **du verzapfst wieder mal nur Blödsinn!** you're talking a load of rubbish again! ② (*verbinden*) **Bretter** ~ to mortise planks of wood ③ (*ausschenken*) **Bier** ~ to sell beer on draught [*or* AM *usu* draft]
ver·zär·teln* *vt* (*pej*) ■**jdn** ~ to pamper, to mollycoddle sb BRIT
ver·zau·bern* *vt* ① (*verhexen*) ■**jdn** ~ to put [*or* cast] a spell on sb; ■**jdn in jdn/etw** ~ to turn sb into sb/sth ② (*betören*) ■**jdn** ~ to enchant sb
ver·zehn·fa·chen* [fɛɐ̯ˈtseːnfaxn̩] **I.** *vt* (*auf das Zehnfache erhöhen*) ■**etw** ~ to increase sth tenfold **II.** *vr* (*sich auf das Zehnfache erhöhen*) ■**sich** *akk* ~ to increase tenfold
Ver·zehr <-[e]s> [fɛɐ̯ˈtseːɐ̯] *m kein pl* (*geh*) consumption *form;* **nicht zum ~ geeignet** unfit for consumption
ver·zeh·ren* **I.** *vt* ① ■**etw** ~ (*geh: essen*) to consume sth *form* ② (*verbrauchen*) to use up sth **II.** *vr* (*geh*) ① (*intensiv verlangen*) ■**sich** *akk* **nach jdm** ~ to pine for sb ② (*sich zermürben*) ■**sich** *akk* **vor etw** *dat* ~ to be consumed by [*or* with] sth *form*
ver·zeich·nen* *vt* ① (*aufführen*) ■**etw** ~ to list sth; **etw ~ können** (*fig*) to be able to record sth; **einen Erfolg** ~ to score a success ② (*falsch zeichnen*) ■**etw** ~ to draw sth wrongly
Ver·zeich·nis <-ses, -se> *nt* list; (*Tabelle*) table; (*Computer*) directory
ver·zei·gen* *vt* SCHWEIZ (*anzeigen*) to report sb [to the police]
ver·zei·hen <verzieh, verziehen> **I.** *vt* (*vergeben*) ■**etw** ~ to excuse sth; **ein Unrecht/eine Sünde** ~ to forgive an injustice/a sin; ■**jdm etw** ~ to forgive sb sth, to excuse [*or* pardon] sb for sth **II.** *vi* (*vergeben*) to forgive sb; **kannst du mir noch einmal ~?** can you forgive me just this once?; ~ **Sie!** I beg your pardon!, AM *usu* excuse me!; ~ **Sie, dass ich störe** excuse me for interrupting; ~ **Sie, wie komme ich am schnellsten zum Rathaus?** excuse me, which is the quickest way to the town hall?
ver·zeih·lich *adj* excusable, forgivable; ■**etw ist nicht** ~ sth is inexcusable [*or* unforgivable]
Ver·zei·hung <-> *f kein pl* (*geh: Vergebung*) forgiveness; **[jdn] um ~ [für etw** *akk*] **bitten** to apologize [to sb] [for sth]; **ich bitte vielmals um ~!** I'm terribly sorry; **~!** sorry!; **~, darf ich mal hier vorbei?** excuse me, may I get past?
ver·zer·ren* **I.** *vt* ① (*verziehen*) ■**etw [vor etw** *dat*] ~ to distort sth; **das Gesicht [vor Schmerzen]** ~ to contort one's face [with pain]; **Hass verzerrte seine Züge** hatred distorted his features ② (*fig: etw entstellen*) ■**etw** ~ to distort sth; **dieser Artikel verzerrt die wahren Ereignisse** this article distorts the true events ③ (*überdehnen*) ■**[sich** *dat*] **etw** ~ to pull [*or* strain] sth; **sich eine Sehne/einen Muskel** ~ to strain a tendon/to pull a muscle ④ PHYS (*entstellt wiedergeben*) ■**etw** ~ to distort sth; **dieser Spiegel verzerrt die Gesichtszüge** this mirror distorts features; **der Anrufer hat seine Stimme technisch verzerrt** the caller used a technology to distort his voice **II.** *vr* (*sich verziehen*) ■**sich** *akk* **[zu etw** *dat*] ~ to become contorted [in sth]; **die Züge ihrer Schwester verzerrten sich zu einer grässlichen Fratze** her sister's features became contorted in a hideous grin
ver·zerrt <-er, -este> *adj* ① (*verzogen, verändert*) distorted; **ein ~es Gesicht** a contorted face; (*fig*) a distorted face ② *inv* MED (*durch zu starke Dehnung verletzt*) strained, pulled
Ver·zer·rung *f* distortion
ver·zet·teln* **I.** *vt* ■**etw** ~ to waste sth; **Energie** ~ to dissipate energy; **Geld** ~ to fritter away money; **Zeit** ~ to waste time **II.** *vr* ■**sich** *akk* **[bei/in/mit etw** *dat*] ~ to take on too much at once [when doing sth]; **wenn du keinen Plan machst, verzettelst du dich in deiner Aufgabe** if you don't make a plan you'll get bogged down in your task *fam*
Ver·zicht <-[e]s, -e> [fɛɐ̯ˈtsɪçt] *m* renunciation (**auf** +*akk* of); *eines Amtes, auf Eigentum* relinquishment; **man muss im Leben auch mal ~ üben** there are times when you have to forego things in life; **der ~ auf Alkohol fällt mir schwer** I am finding it hard to give up alcohol; **sie versuchten, ihn zum ~ auf sein Recht zu bewegen** they tried to persuade him to renounce his rights
ver·zich·ten* [fɛɐ̯ˈtsɪçtn̩] *vi* to go without, to relinquish; **zu jds Gunsten** ~ to do without in favour [*or* AM -or] of sb; **ich werde auf meinen Nachtisch** ~ I will go without dessert; ■**auf etw** *akk* ~ to do without sth; **auf Alkohol/Zigaretten** ~ to abstain from drinking/smoking; **auf sein Recht** ~ to renounce one's right; **auf die Anwendung von Gewalt** ~ to renounce the use of violence; **ich verzichte auf meinen**

V

Anteil I'll do without my share; **ich möchte im Urlaub auf nichts** ~ on holiday I don't want to miss out on anything; **ich verzichte dankend** (*iron*) I'd rather not; **auf jdn/etw** [**nicht**] ~ **können** to [not] be able to do without sb/sth; **wir können nicht auf diese Mitarbeiter verzichten** we can't do without these employees; **auf dein Mitgefühl kann ich** ~ I can do without your sympathy

Ver·zicht·klau·sel *f* JUR waiver [*or* disclaimer] clause **Ver·zicht(s)·er·klä·rung** *f* JUR waiver, disclaimer

ver·zieh *imp von* **verzeihen**

ver·zie·hen*¹ *irreg* **I.** *vi sein* (*umziehen*) to move [somewhere]; **sie ist schon lange verzogen** she moved a long time ago; **er ist ins Ausland verzogen** he moved abroad; **unbekannt verzogen** (*geh*) moved – address unknown **II.** *vr haben* (*fam: verschwinden*) ■**sich** *akk* ~ to disappear; *Nebel, Wolken* to disperse; **verzieh dich!** clear off!; **sie verzogen sich in eine stille Ecke** they went off to a quiet corner; **das Gewitter verzieht sich** the storm is passing

ver·zie·hen*² *irreg* **I.** *vt* ❶ (*verzerren*) ■**etw** ~ to twist sth, to screw up sth *sep;* **sie verzog ihren Mund zu einem gezwungenen Lächeln** she twisted her mouth into a contrived smile; **das Gesicht** [**vor Schmerz**] ~ to pull a face [*or* to grimace] [with pain] ❷ (*schlecht erziehen*) to bring up badly; **ein Kind** ~ to bring up a child badly; **ein verzogener Bengel** a spoilt [*or* AM -ed] brat; *s. a.* **Miene II.** *vr* ■**sich** *akk* ~ ❶ (*verzerren*) to contort, to twist; **sein Gesicht verzog sich zu einer Grimasse** he grimaced ❷ (*verformen*) to go out of shape; **die Schublade hat sich verzogen** the drawer has warped; **der Pullover hat sich beim Waschen verzogen** the pullover has lost its shape in the wash

ver·zie·hen³ *pp von* **verzeihen**

ver·zie·ren* *vt* ■**etw** [**mit etw** *dat*] ~ to decorate sth [with sth]

Ver·zie·rung <-, -en> *f* decoration; (*an Gebäuden*) ornamentation; **die Salatblätter sind nur als** ~ **gedacht** the lettuce leaves are only intended to be a garnish; **zur** ~ [**einer S.** *gen*] **dienen** to serve as a decoration [*or* ornamentation] [of sth] ▶WENDUNGEN: **brich dir** [**nur/bloß**] **keine** ~**en ab!** (*fam*) stop making such a fuss [*or* song and dance]! *fam*

ver·zin·sen* **I.** *vt* (*für etw Zinsen zahlen*) ■[**jdm**] **etw** ~ to pay [sb] interest on sth; **Sparbücher werden niedrig verzinst** savings books yield a low rate of interest; **die Bank verzinst dein Erspartes mit 3 Prozent** the bank pays three percent on your savings **II.** *vr* (*Zinsen erwirtschaften*) ■**sich** *akk* **mit etw** *dat* ~ to bear [*or* yield] a certain rate of interest; **ihre längerfristigen Einlagen** ~ **sich mit 7 %** her longer-term investments bear a 7% rate of interest

ver·zins·lich **I.** *adj* interest-bearing; ~**es Darlehen** a loan bearing interest; ■[**mit etw** *dat*] ~ **sein** bearing interest [at a rate of sth]; **das Sparbuch war mit 3,25 %** ~ the savings book yielded an interest rate of 3.25% **II.** *adv* at interest; **die monatlich ersparten Beträge legen wir** ~ **an** we invest the monthly amounts saved at interest

Ver·zin·sung <-, -en> *f* payment of interest; **5,85 % sind für deine Anlage keine gute** ~ 5.85% is not a good return on your investment

ver·zo·cken* *vt* (*sl*) ■**etw** ~ to gamble away sth *sep*

ver·zo·gen [fɛɐ̯'tsoːgn̩] *adj* badly brought up; **die Kinder unserer Nachbarn sind völlig** ~ our neighbour's children are completely spoilt

ver·zö·gern* **I.** *vt* ❶ (*später erfolgen lassen*) ■**etw** [**um etw** *akk*] ~ to delay sth [by sth]; **ich habe sie gebeten, ihre Ankunft um ein paar Stunden zu** ~ I have asked them to delay their arrival by a few hours; **das schlechte Wetter verzögerte den Abflug um eine Stunde** bad weather delayed the flight by an hour ❷ (*verlangsamen*) to slow down; **das Spiel** ~ to slow down the game **II.** *vr* (*später erfolgen*) ■**sich** *akk* [**um etw** *akk*] ~ to be delayed [by sth]; **die Abfahrt des Zuges verzögerte sich um circa fünf Minuten** the departure of the train was delayed by about five minutes

Ver·zö·ge·rung <-, -en> *f* delay, hold-up *fam;* (*Verlangsamung*) slowing down; **die** ~ **eines Angriffs wäre fatal** delaying an attack would be fatal

Ver·zö·ge·rungs·tak·tik *f* delaying tactics *pl*

ver·zol·len* *vt* ■**etw** ~ to pay duty on sth; **haben Sie etwas zu** ~**?** have you anything to declare?

ver·zückt **I.** *adj* (*geh*) ecstatic, enraptured **II.** *adv* (*geh*) ecstatically

Ver·zü·ckung <-, -en> *f* (*geh*) ecstasy; [**über etw** *akk*] **in** ~ **geraten** to go into raptures *pl* [about/over sth]

Ver·zug <-[e]s> *m kein pl* delay; **die Sache duldet keinen** ~ this is an urgent matter; **etw** *akk* **ohne** ~ **ausführen** to do [*or* carry out *sep*] sth immediately; **sich** *akk* [**mit etw** *dat*] **in** ~ **befinden** [*o* **sein**] to be behind [with sth]; [**mit etw** *dat*] **in** ~ **geraten** [*o* **kommen**] to fall/be behind [with sth]; **mit einer Bezahlung in** ~ **geraten/sein** to fall into/be in arrears on [*or* with] a payment; **jdn in** ~ **setzen** JUR to put sb in default; **ohne** ~ without delay; *s. a.* **Gefahr**

Ver·zugs·zin·sen *pl* interest on arrears

ver·zwei·feln* *vi sein* (*völlig verzagen*) to despair; [**nur**] **nicht** ~**!** don't despair!; ■**an jdm** ~ to despair of sb; **an den Politikern bin ich schon lange verzweifelt** I have despaired of politicians for a long time; **es ist zum V~ mit dir!** you drive me to despair; **es ist zum V~ mit diesem Projekt!** this project makes you despair!

ver·zwei·felt **I.** *adj* ❶ (*völlig verzagt*) despairing; **ein** ~**es Gesicht machen** to look despairingly; **ein** ~**er Zustand** a desperate state; ■~ **sein** to be in despair; **ich bin völlig** ~ I'm at my wits' end ❷ (*hoffnungslos*) desperate; **eine** ~**e Lage** [*o* **Situation**] a desperate situation ❸ (*mit aller Kraft*) desperate; **ein** ~**er Kampf ums Überleben** a desperate struggle for survival **II.** *adv* (*völlig verzagt*) despairingly; **sie rief** ~ **nach ihrer Mutter** she called out desperately for her mother

Ver·zweif·lung <-> *f kein pl* (*Gemütszustand*) despair; (*Ratlosigkeit*) desperation; **in** ~ **geraten** to despair; **jdn zur** ~ **bringen** [*o* **treiben**] to drive sb to despair; **etw** *akk* **aus/vor/in** ~ **tun** to do sth out of desperation

Ver·zweif·lungs·tat *f* act of desperation

ver·zwei·gen* [fɛɐ̯'tsvaign̩] *vr* ■**sich** *akk* ~ to branch out; *Straße* to branch off

ver·zweigt [fɛɐ̯'tsvaikt] *adj* branched, having many branches; **wir sind eine weit verzweigte Familie** we belong to a large, extended family; **ihr Vertriebsnetz besteht aus einem international** ~**en System** their sales network comprises a system that has many international branches

Ver·zwei·gung <-, -en> *f* ❶ (*verzweigtes Astwerk*) branches *pl;* (*verzweigter Teil*) fork; **durch die vielen** ~**en wird der Plan sehr unübersichtlich** the plan is becoming very confused thanks to all the ramifications ❷ (*weite Ausbreitung*) intricate network ❸ SCHWEIZ (*Kreuzung*) crossroads *sing o pl,* intersection AM

ver·zwickt [fɛɐ̯'tsvɪkt] *adj* (*fam*) complicated, tricky *fam*

Ves·per¹ <-, -n> ['fɛspɐ] *f* REL vespers *npl;* ~ **halten** to celebrate vespers; **zur** ~ **gehen** to go to vespers

Ves·per² <-s, -> ['fɛspɐ] *f o nt* DIAL snack; ~ **machen** to have a snack; **etw** *akk* **zur** ~ **essen** to have a snack

ves·pern ['fɛspɐn] *vi* DIAL to have a snack

Ve·te·ran <-en, -en> [vete'raːn] *m* ❶ (*altgedienter Soldat*) veteran ❷ AUTO *s.* **Oldtimer**

Ve·te·ri·när(in) <-s, -e> [veteri'nɛːɐ̯] *m(f)* (*fachspr*) vet *fam,* veterinary surgeon BRIT, veterinarian AM

Ve·te·ri·när·me·di·zin [ve-] *f* veterinary medicine

Ve·to <-s, -s> ['veːto] *nt* (*Einspruch*) veto; [**gegen etw** *akk*] **sein** ~ **einlegen** to exercise [*or* use] one's veto [against sth]; (*Vetorecht*) veto; **von seinem** ~ **Gebrauch machen** to exercise one's right to veto

Ve·to·recht ['veː-] *nt* right of veto

Vet·ter <-s, -n> ['fɛtɐ] *m* cousin
Vet·tern·wirt·schaft *f kein pl* (*fam*) nepotism *no pl*
V-Form ['fau-] *f* V-shape; ■ **in** ~ in a V-shape
v-för·mig *adj,* **V-för·mig** *adj* V-shaped
V-Frau ['fau-] *f fem form von* **Verbindungsmann**
vgl. *interj Abk von* **vergleiche** cf.
v.H. *Abk von* **vom Hundert** per cent
VHS <-> [fauha:'ʔɛs] *f Abk von* **Volkshochschule**
via ['vi:a] *präp +akk* (*geh*) ❶ (*über*) via; **wir fahren ~ Köln** we're travelling via Cologne ❷ (*durch*) by; **das muss ~ Anordnung geregelt werden** that must be settled by an order
Via·dukt <-[e]s, -e> [via'dʊkt] *m o nt* viaduct
Vi·bra·ti·on <-, -en> [vibra'tsi̯o:n] *f* vibration
Vi·bra·tor <-s, -toren> [vi'bra:to:ɐ̯] *m* vibrator
vi·brie·ren* [vi'bri:rən] *vi* to vibrate; *Stimme* to quiver, to tremble
Vi·deo <-s, -s> ['vi:deo] *nt* ❶ (*Videoclip, Videofilm*) video ❷ *kein pl* (*Medium*) video *no pl;* **etw** *akk* **auf ~ aufnehmen** to video sth, to record sth on video; **~ kann das Kinoerlebnis nicht ersetzen** video cannot replace going to the cinema
Vi·deo·auf·nah·me ['vi:-] *f* video recording **Vi·deo·band** *nt* videotape **Vi·deo·clip** <-s, -s> *m* video clip **Vi·deo·disc** <-, -s> [-dɪsk] *f* INFORM videodisc **Vi·deo·film** *m* video film **Vi·deo·fil·mer(in)** *m(f)* video film maker **Vi·deo·ge·rät** *nt s.* **Videorecorder Vi·deo·ka·bel** *nt* video cable **Vi·deo·ka·me·ra** *f* video camera **Vi·deo·kas·set·te** *f* video cassette; **etw** *akk* **auf ~ haben** to have sth on video **Vi·deo·kon·fe·renz** *f* video conference **Vi·deo·künst·ler(in)** *m(f)* video artist **Vi·deo·print** <-s, -s> *m* video print **Vi·deo·prin·ter** <-s, -> *m* video printer **Vi·deo·re·kor·der** <-s, -> *m,* **Vi·deo·re·cor·der** <-s, -> *m* video [recorder], AM *usu* VCR **Vi·deo·spiel** *nt* video game **Vi·deo·te·le·fon** *nt* videophone **Vi·deo·text** *m kein pl* teletext *no pl*
Vi·deo·thek <-, -en> [video'te:k] *f* video shop [*or* AM *usu* store]; (*Sammlung*) video library
Vi·deo·the·kar(in) <-s, -e> [videote'ka:ɐ̯] *m(f)* (*selten*) video shop [*or* AM *usu* store] owner
Vi·deo·über·wa·chung *f* monitoring by closed circuit TV
Viech <-[e]s, -er> [fi:ç] *nt* (*pej fam*) creature
Vieh <-[e]s> [fi:] *nt kein pl* ❶ AGR livestock; (*Rinder*) cattle; **20 Stück ~** twenty head of cattle; **das ~ füttern** to feed the livestock; **jdn wie ein Stück ~ behandeln** (*fam*) to treat sb like dirt *fam* ❷ (*fam: Tier*) animal, beast ❸ (*pej fam: bestialischer Mensch*) swine *pej fam*
Vieh·be·stand *m* livestock **Vieh·fut·ter** *nt* cattle feed [*or* fodder]
vie·hisch ['fi:ɪʃ] **I.** *adj* ❶ (*pej: menschenunwürdig*) terrible; **hier herrschen ~e Zustände** the conditions here are terrible ❷ (*pej: grob bäurisch*) coarse; **er hat wirklich ~e Manieren** he has really coarse manners **II.** *adv* ❶ (*höllisch*) terribly; **so eine Brandwunde kann ~ wehtun** a burn like that can hurt terribly ❷ (*pej: bestialisch*) coarsely; **jdn ~ quälen** to torture sb brutally [*or* cruelly]
Vieh·markt *m* cattle market **Vieh·wag·gon** *m* cattle truck **Vieh·zeug** *nt* (*fam*) ❶ (*Kleinvieh*) animals *pl,* stock ❷ (*pej: lästige Tiere*) creatures *pl;* (*lästiges Insekten*) creepy-crawlies *pl* BRIT, bugs *pl* AM **Vieh·zucht** *f* cattle [*or* livestock] breeding **Vieh·züch·ter(in)** *m(f)* cattle [*or* livestock] breeder
viel [fi:l] **I.** *adj* <mehr, meiste> ❶ *sing, adjektivisch, inv* (*eine Menge von etw*) a lot of, a great deal of; **für so ein Hobby braucht man ~ Geld** for a hobby like that you need a lot of money; **~ Erfolg!** good luck!, I wish you every success!; **~ Spaß!** enjoy yourself/yourselves!, have fun! ❷ *sing, mit Artikel, Possessivpronomen* ■ **der/die/das ~e ...** all this/that; **das ~e Essen über die Weihnachtstage ist mir nicht bekommen** all that food over Christmas hasn't done me any good; **der ~e Ärger lässt mich nicht mehr schlafen** I can't get to sleep with all this trouble; **er wusste nicht mehr, wo er sein ~es Geld noch anlegen sollte** he didn't know where to invest all his money; **ich weiß nicht, wie ich meine ~e Arbeit erledigen soll** I don't know how I'm going to finish all my work; **~es Unangenehme lässt sich nicht vermeiden** many unpleasant things cannot be avoided ❸ *substantivisch* (*eine Menge*) a lot, a great deal, much; **ich habe zu ~ zu tun** I have too much to do; **obwohl er ~ weiß, prahlt er nicht damit** although he knows a lot, he doesn't brag about it; **von dem Plan halte ich, offen gestanden, nicht ~** frankly, I don't think much of the plan; **das hat nicht ~ zu bedeuten** that doesn't mean much ❹ *sing, substantivisch* ■ **~es** a lot, a great deal, much; **sie weiß ~es** she knows a lot [*or* a great deal]; **ich habe meiner Frau ~es zu verdanken** I have to thank my wife for a lot; **~es, was du da sagst, trifft natürlich zu** a lot [*or* much] of what you say is correct; **in ~em hast du Recht** in many respects you're right; **mit ~em, was er vorschlägt, bin ich einverstanden** I agree with many of the things he suggests; **mein Mann ist um ~es jünger als ich** my husband is much younger than me; **schöner ist dieser Lederkoffer natürlich, aber auch um ~es teurer** this leather suitcase is nicer, of course, but a lot more expensive ❺ *pl, adjektivisch* (*eine Menge von Dingen*) ■ **~e** a lot of, a great number of, many; **und ~e andere** and many others; **unglaublich ~e Heuschrecken fraßen die Ernte** an unbelievable number of grasshoppers ate the harvested crops; **~e deiner Bücher kenne ich schon** I know many of your books already; **wir haben gleich ~e Dienstjahre** we've been working here for the same number of years ❻ + *pl, substantivisch* (*eine große Anzahl von Menschen*) ■ **~e** a lot, many; **diese Ansicht wird immer noch von ~en vertreten** this view is still held by many people; (*eine große Anzahl von Dingen*) a lot; **es sind noch einige Fehler in dem Text, aber ~e haben wir bereits verbessert** there are still some errors in the text, but we've already corrected a lot **II.** *adv* <mehr, am meisten> ❶ (*häufig*) a lot; **~ ins Kino gehen** to go to the cinema frequently; **im Sommer halten wir uns ~ im Garten auf** we spend a lot of time in the garden in summer; **früher hat sie ihre Mutter immer ~ besucht** she always used to visit her mother a lot; **~ diskutiert** *Thema, Problem* much discussed; **~ gekauft** *Produkt* popular; **~ geliebt** (*veraltend*) much-loved; **eine ~ gestellte Frage** a question that comes up frequently; **ein ~ gereister Mann** a man who has travelled a great deal; **eine ~ befahrene Straße** a [very] busy street; **ein ~ gefragtes Model** a model that is in great demand ❷ (*wesentlich*) a lot; **woanders ist es nicht ~ anders als bei uns** there's not a lot of difference between where we live and somewhere else; **mit dem Flugzeug wäre die Reise ~ kürzer** the journey time would be far shorter by plane; **die Mütze ist für das Kind ~ zu groß** the cap is far too big for the child
viel·deu·tig *adj* ambiguous
Viel·deu·tig·keit <-> *f kein pl* ambiguity
Viel·eck ['fi:lʔɛk] *nt* polygon **viel·eckig** *adj* polygonal
vie·ler·lei *adj inv* ❶ (*viele verschiedene*) all kinds [*or* sorts] of, many different; **wir führen ~ Sorten Käse** we stock all kinds of cheese ❷ *substantivisch* (*eine Menge von Dingen*) all kinds [*or* sorts] of things; **sie hatte ~ zu erzählen, als sie zurückkam** she had all sorts of things to tell us when she returned
vie·ler·orts ['fi:lɐʔɔrts] *adv* in many places
viel·fach ['fi:lfax] **I.** *adj* ❶ (*mehrere Male so groß*) many times; **die ~e Menge [von etw** *dat*] many times that amount [of sth]; **der Jupiter hat einen ~en Erdumfang** the circumference of Jupiter is many times that of the Earth ❷ (*mehrfach*) multiple; **ein ~er Millionär** a multimillionaire; **die Regierung ist in ~er Hinsicht schuld** in many respects the government is at fault; *s. a.* **Wunsch II.** *adv* (*häufig*) frequently, in many cases; **seine Voraussagen treffen ~ ein** his predictions frequently come true; (*mehrfach*) many times; **er zog einen ~**

gefalteten Brief hervor he pulled out a letter that had been folded many times

Viel·fa·che(s) *nt decl wie adj* ▪**das ~/ein ~s [von etw** *dat*] many times sth; *Mathematik* multiple; **für eine echte Antiquität müssten Sie das ~ von dem Preis bezahlen** you would have to pay many times that price for a genuine antique; **um ein ~s** many times over; **nach der Renovierung war das Wohnhaus um ein ~s schöner** after the house had been renovated it looked a lot better

Viel·fah·rer(in) *m(f) person who travels a lot by car/train;* **~ achten besonders auf den Komfort ihres Wagens** people who use their cars a lot pay particular attention to comfort; **für ~ rentiert sich der Kauf einer Bahncard** for people who travel a lot by train it's worthwhile buying a rail card

Viel·falt <-> ['fi:lfalt] *f* diversity, [great] variety; ▪**eine ~ an** [*o* **von**] **etw** *dat* a variety of sth

viel·fäl·tig ['fi:lfɛltɪç] *adj* diverse, varied

Viel·fäl·tig·keit <-> *f kein pl s.* **Vielfalt**

viel·far·big *adj* multicoloured [*or* AM -ored] **Viel·flie·ger(in)** *m(f)* frequent flier [*or* flyer] **Viel·fraß** <-es, -e> ['fi:lfra:s] *m* ❶ (*fam: verfressener Mensch*) glutton; **du ~!** you greedy guts! ❷ (*Raubtierart*) wolverine

viel·köp·fig *adj* (*fam*) large; **eine ~e Familie** a large family

viel·leicht [fi'laiçt] **I.** *adv* ❶ (*eventuell*) perhaps, maybe; ▪**~, dass ...** it could be that ...; **~, dass ich mich geirrt habe** perhaps I'm mistaken ❷ (*ungefähr*) about; **der Täter war ~ 30 Jahre alt** the perpetrator was about 30 years old **II.** *part* ❶ (*fam: bitte [mahnend]*) please; **würdest du mich ~ einmal ausreden lassen?** would you please let me finish [what I was saying] for once? ❷ (*fam: etwa*) by any chance; **erwarten Sie ~, dass ausgerechnet ich Ihnen das Geld gebe?** you don't, by any chance, expect me of all people to give you the money?; **bin ich ~ Jesus?** who do you suppose I am, the Almighty?; **wollen Sie mich ~ provozieren?** surely you're not trying to provoke me, are you? ❸ (*fam: wirklich*) really; **du bist mir ~ ein Blödmann!** you really are a stupid idiot!; **du erzählst ~ einen Quatsch** you're talking rubbish

viel·mals ['fi:lma:ls] *adv* ❶ (*sehr*) **danke ~!** thank you very much; **entschuldigen Sie ~ die Störung** I do apologize for disturbing you; *s. a.* **Entschuldigung** ❷ (*selten: oft*) many times

viel·mehr ['fi:lme:ɐ̯] *adv* (*im Gegenteil*) rather; **ich bin ~ der Meinung, dass du richtig gehandelt hast** I rather think that you did the right thing; (*genauer gesagt*) just; **es war schlimm, ~ grauenhaft** it was bad, even terrible

Viel·schrei·ber(in) *m(f)* (*pej*) prolific writer

viel·sei·tig ['fi:lzaitɪç] **I.** *adj* ❶ (*in vielerlei Hinsicht tätig*) versatile; **er hat ein ~es Talent** he has various talents *pl;* (*viele Gebiete umfassend*) varied; **ein ~es Freizeitangebot** a varied range of leisure activities; (*viele Verwendungsmöglichkeiten bietend*) versatile; **eine moderne Küchenmaschine ist ein sehr ~es Gerät** a modern food processor is a very versatile appliance ❷ (*vielfach*) many; **auf ~en Wunsch** by popular request **II.** *adv* ❶ (*in vieler Hinsicht*) widely; **er war ~ gebildet** he had a very broad education; **Journalisten müssen ~ interessiert sein** journalists must be interested in a variety of things ❷ (*in verschiedener Weise*) having a variety of...; **eine Küchenmaschine ist ~ anwendbar** a food processor has a variety of applications

viel·spra·chig *adj* multilingual **viel·stim·mig** *adj attr* of many voices; **ein ~er Chor** a choir of many voices; **ein ~er Gesang** a song for many voices **Viel·völ·ker·staat** *m* multiracial state **Viel·wei·be·rei** <-> [fi:lvaibə'rai] *f kein pl* polygamy *no pl* **Viel·zahl** *f kein pl* ▪**eine ~ von etw** a multitude [*or* large number] of sth; **in den Bergen gibt es eine ~ verschiedener Kräuter** in the mountains there is a large number of different herbs **Viel·zweck·rei·ni·ger** *m* multi-purpose cleaner

vier [fi:ɐ̯] *adj* four; *s. a.* **acht**[1] ►WENDUNGEN: **ein Gespräch unter ~ Augen führen** to have a private conversation [*or* tête-à-tête]; **sich auf seine ~ Buchstaben setzen** to sit oneself down, to plant oneself AM *fam;* **in den eigenen ~ Wänden wohnen** to live within one's own four walls; *s. a.* **Augen, Wand**

Vier <-, -en> [fi:ɐ̯] *f* ❶ (*Zahl*) four ❷ KARTEN four; *s. a.* **Acht**[1] **4** ❸ (*auf Würfel*) **eine ~ würfeln** to roll a four ❹ (*Zeugnisnote*) **er hat in Deutsch eine ~** he got a D in German ❺ (*Verkehrslinie*) ▪**die ~** the [number] four ►WENDUNGEN: **alle ~e von sich strecken** (*fam*) to stretch out; *Tier* to give up the ghost; **auf allen ~en** (*fam*) on all fours

vier·ar·mig *adj* with four arms **Vier·au·gen·ge·spräch** [fi:ɐ̯'ʔaugŋ̩gəʃprɛç] *nt* (*fam*) private discussion **vier·bän·dig** *adj* four-volume *attr* **Vier·bei·ner** <-s, -> *m* four-legged friend *hum* **vier·bei·nig** ['fi:ɐ̯bainɪç] *adj* four-legged **vier·blät·te·rig, vier·blätt·rig** *adj* four-leaf *attr,* four-leaved; **~es Kleeblatt** a four-leaved clover **vier·di·men·si·o·nal** ['fi:ɐ̯dimɛnzi̯ona:l] *adj* four-dimensional *attr,* four dimensional *pred* **Vier·eck** ['fi:ɐ̯ʔɛk] *nt* four-sided figure; MATH quadrilateral **vier·eckig** ['fi:ɐ̯ʔɛkɪç] *adj* rectangular

vier·ein·halb ['fi:ɐ̯ʔain'halp] *adj* four and a half; *s. a.* **anderthalb**

Vie·rer <-s, -> ['fi:rɐ] *m* ❶ (*Ruderboot mit 4 Ruderern*) four ❷ (*fam: vier richtige Gewinnzahlen*) four winning numbers ❸ SCH (*fam: Zeugnisnote*) D ❹ SPORT foursome

Vie·rer·bob *m* four-man bob

vie·rer·lei ['fi:rɐ'lai] *adj inv, attr* four [different]; *s. a.* **achterlei**

Vie·rer·rei·he *f* row of four

vier·fach, 4-fach I. *adj* fourfold; **in ~er Ausführung** four copies of; **die ~e Menge** four times the amount **II.** *adv* fourfold, four times over

Vier·fa·che, 4-fa·che *nt decl wie adj* four times the amount; *s. a.* **Achtfache**

Vier·far·ben·druck <-drucke> [fi:ɐ̯'farbn̩drʊk] *m* ❶ *kein pl* (*Verfahren*) four-colour [*or* AM -or] printing *no pl* ❷ (*gedruckte Darstellung*) four-colour [*or* AM -or] print **Vier·fü·ßer** <-s, -> ['fi:ɐ̯fy:sɐ] *m* quadruped **vier·fü·ßig** ['fi:ɐ̯fy:sɪç] *adj* ❶ (*vier Füße habend*) four-legged; ▪**etw ist ~** sth has four legs ❷ LIT (*vier Hebungen aufweisend*) tetrameter **Vier·gang·ge·trie·be** *nt* four-speed transmission [*or* BRIT gearbox] **vier·ge·schos·sig I.** *adj* four-storey [*or* AM -story] *attr,* four-storeyed [*or* AM -storied] **II.** *adv* with four storeys [*or* AM stories] **vier·hän·dig** ['fi:ɐ̯hɛndɪç] **I.** *adj* MUS four-handed **II.** *adv* MUS as a duet

vier·hun·dert ['fi:ɐ̯'hʊndɐt] *adj* four hundred; *s. a.* **hundert**

vier·hun·dert·jäh·rig *adj* four hundred-year-old *attr;* **~es Bestehen** four hundred years of existence

vier·jäh·rig, 4-jäh·rigRR *adj* ❶ (*Alter*) four-year-old *attr,* four years old *pred; s. a.* **achtjährig 1** ❷ (*Zeitspanne*) four-year *attr; s. a.* **achtjährig 2**

Vier·jäh·ri·ge(r), 4-Jäh·ri·ge(r)RR *f(m) decl wie adj* four-year-old

vier·kan·tig *adj* square **Vier·kant·schlüs·sel** *m* square spanner **vier·köp·fig** *adj* four-person *attr; s. a.* **achtköpfig**

Vier·ling <-s, -e> ['fi:ɐ̯lɪŋ] *m* quadruplet, quad *fam*

vier·mal, 4-malRR ['fi:ɐ̯ma:l] *adv* four times; *s. a.* **achtmal**

vier·ma·lig ['fi:ɐ̯ma:lɪç] *adj* four times over; *s. a.* **achtmalig**

Vier·mas·ter <-s, -> *m* NAUT four-master **vier·mo·to·rig** *adj* four-engined **Vier·rad·an·trieb** *m* four-wheel drive **vier·räd(e)·rig** *adj* four-wheel *attr,* four-wheeled

vier·schrö·tig ['fi:ɐ̯ʃrø:tɪç] *adj* burly, stocky

vier·sei·tig *adj* ❶ (*vier Seiten umfassend*) four-page *attr,* four pages *pred* ❷ MATH four-sided **Vier·sit·zer** <-s, -> ['fi:ɐ̯zɪtsɐ] *m* four-seater **vier·sit·zig** ['fi:ɐ̯zɪtsɪç] *adj* four-seater *attr,* with four seats **vier·spal·tig** *adj* four-column *attr;* ▪**~ sein** to have four columns **vier·spu·rig I.** *adj* four-lane *attr;* ▪**~ sein** to have four lanes **II.** *adv* to four lanes; **die Umgehungsstraße wird in Kürze ~ ausgebaut** the by-pass will shortly be widened to four lanes **vier·stel·lig** *adj* four-figure *attr;* **eine ~e Zahl** a four-figure number; ■ ~ **sein** to be four figures; **sicher ist ihr Honorar** ~ her fee is certainly four figures **vier·stim·mig** *adj* MUS four-part *attr;* **ein** ~**es Lied** a song for four voices **vier·stö·ckig** *adj* four-storey [*or* AM -story] *attr,* with four storeys **vier·strah·lig** *adj* four-engined **vier·stro·phig** *adj* four-verse *attr;* ■ ~ **sein** to have four verses **vier·stün·dig, 4-stün·dig**[RR] *adj* four-hour *attr; s. a.* **achtstündig vier·stünd·lich I.** *adj attr* four-hourly; **eine** ~**e Kontrolle** a four-hourly inspection **II.** *adv* every four hours

viert ['fi:ɐ̯t] *adv* **zu** ~ **sein** to be a party of four; **wir waren zu** ~ there were four of us

Vier·ta·ge·wo·che *f* four-day week **vier·tä·gig, 4-tä·gig**[RR] *adj* four-day *attr*

vier·tau·send ['fi:ɐ̯tauzn̩t] *adj* ❶ (*Zahl*) four thousand; *s. a.* **tausend 1** ❷ (*fam: 4.000 Euro*) four grand *no pl,* four thou *no pl sl,* four G's [*or* K's] *no pl* AM *sl*

Vier·tau·sen·der <-s, -> *m* mountain over 4,000 metres [*or* AM meters]

vier·te(r, s) ['fi:ɐ̯tə, -tɐ, -təs] *adj* ❶ (*nach dem dritten kommend*) fourth; **die** ~**e Klasse** the fourth class [*or* AM grade] (*class for 9-10 year olds*); *s. a.* **achte(r, s) 1** ❷ (*Datum*) 4th; *s. a.* **achte(r, s) 2**

Vier·te(r) ['fi:ɐ̯tɐ] *f(m) decl wie adj* ❶ (*Person*) fourth; *s. a.* **Achte(r) 1** ❷ (*bei Datumsangabe*) ■ **der** ~ [*o geschrieben* **der 4.**] the fourth *spoken,* the 4th *written; s. a.* **Achte(r) 2** ❸ (*Namenszusatz*) **Karl der** ~ [*o geschrieben* **Karl IV.**] Charles the Fourth *spoken,* Charles IV *written*

vier·tei·len *vt* ■ **jdn** ~ HIST to quarter sb

Vier·tei·ler *m* four-part film

vier·tei·lig, 4-tei·lig[RR] *adj Film* four-part; *Besteck* four-piece

vier·tel ['fɪrtl̩] *adj* quarter; **drei** ~ three-quarters; **drei** ~ **...** SÜDD, ÖSTERR (*Uhrzeit*) quarter to ..., quarter before [*or* of] ... AM; **es ist drei** ~ **drei** it's quarter to three BRIT, it's a quarter before [*or* of] three AM, it's 2:45

Vier·tel[1] <-s, -> ['fɪrtl̩] *nt* district, quarter

Vier·tel[2] <-s, -> ['fɪrtl̩] *nt o* SCHWEIZ *m* ❶ (*der vierte Teil*) quarter; **im ersten** ~ **des 20.Jahrhunderts** in the first quarter of the twentieth century; **ein** ~ **der Bevölkerung** a quarter of the population ❷ MATH quarter ❸ (*fam: Viertelpfund*) quarter; **ich nehme von den Krabben auch noch ein** ~ I'll have a quarter of shrimps as well, please ❹ (*0,25 Liter [Wein]*) a quarter of a litre [*or* AM liter] [of wine]; *s. a.* **Achtel** ❺ (*15 Minuten*) ■ ~ **vor/nach** [**etw** *dat*] [a] quarter to/past [*or* AM *a.* after] [sth]; **akademisches** ~ *lecture/lesson begins a quarter of an hour later than the time stated* ❻ KOCHK lamb quarter

Vier·tel·dre·hung *f* quarter-turn **Vier·tel·fi·na·le** *nt* quarter-final **Vier·tel·jahr** [fɪrtl̩'ja:ɐ̯] *nt* quarter of the year; **die Krise dauerte ein** ~ the crisis lasted three months **Vier·tel·jahr·hun·dert** [fɪrtl̩ja:ɐ̯'hʊndɐt] *nt* quarter of a century **vier·tel·jäh·rig** [fɪrtl̩ja:ɐ̯ɛ:rɪç] *adj attr* three-month; **ein** ~**er Aufenthalt** a three-month stay **vier·tel·jähr·lich** [fɪrtl̩ja:ɐ̯ɛ:ɐ̯lɪç] **I.** *adj* quarterly **II.** *adv* quarterly, every quarter; **die Abrechnung der Provisionen erfolgt einmal** ~ calculation of commission takes place once every three months; **die Inspektion wird regelmäßig** ~ **durchgeführt** the inspection is conducted regularly on a quarterly basis **Vier·tel·li·ter** *m o nt* quarter of a litre [*or* AM liter]

vier·teln ['fɪrtl̩n] *vt* ■ **etw** ~ to divide sth into quarters; **Tomaten** ~ to cut tomatoes into quarters

Vier·tel·no·te *f* MUS crotchet **Vier·tel·pau·se** *f* crotchet rest **Vier·tel·pfund** [fɪrtl̩pfʊnt] *nt* quarter of a pound; **geben Sie mir bitte ein** ~ **Salami** please give me a quarter of [a pound of] Salami **Vier·tel·stun·de** [fɪrtl̩'ʃtʊndə] *f* quarter of an hour; **vor einer** ~ a quarter of an hour ago **vier·tel·stün·dig** ['fɪrtl̩ʃtʏndɪç] *adj attr* lasting [*or* of] a quarter of an hour; **eine** ~**e Verspätung ist nichts Außergewöhnliches** a delay of a quarter of an hour is nothing unusual **vier·tel·stünd·lich** ['fɪrtl̩ʃtʏndlɪç] **I.** *adj attr* quarter-hour, of a quarter of an hour; **die Wehen kamen jetzt in** ~**en Abstände**[n] tions were now coming at 15-minute intervals **II.** quarter of an hour, quarter-hourly; **die Linie 16 fährt** [...] **Bahnhof ab** the number 16 leaves quarter-hourly from the s[ta]tion; **ab 17 Uhr verkehrt diese S-Bahn nur noch** ~ this train only runs every quarter of an hour after 5 p.m. **Vier·tel·ton** *m* quarter tone

vier·tens ['fi:ɐ̯tn̩s] *adv* fourth[ly], in the fourth place

Vier·ton·ner <-s, -> *m* four-tonner, four-ton truck **Vier·tü·rer** <-s, -> *m* four-door model; **das Modell kann als Zweitürer oder als** ~ **geliefert werden** the car can be supplied as a two or four-door model **vier·tü·rig** *adj* four-door *attr;* ■ ~ **sein** to have four doors

Vier·vier·tel·takt [-'fɪrtl-] *m* four-four [*or* common] time

Vier·wald·stät·ter See [fi:ɐ̯'valtʃtɛtɐ'ze:] *m kein pl* ■ **der** ~ Lake Lucerne

vier·wer·tig *adj* CHEM quadrivalent, tetravalent **vier·wö·chent·lich** *adj* every four weeks; **im** ~**en Wechsel arbeiten** to work four-week shifts **vier·wö·chig** *adj* four-week *attr;* **die Reparaturarbeiten werden von** ~**er Dauer sein** (*geh*) the repair work will last four weeks

vier·zehn ['fɪrtse:n] *adj* fourteen; ~ **Tage** a fortnight *esp* BRIT; *s. a.* **acht**[1]

vier·zehn·tä·gig *adj* two-week *attr;* **eine** ~**e Reise** a two-week journey **vier·zehn·täg·lich I.** *adj* every two weeks, *esp* BRIT every fortnight; **diese Probleme besprechen wir auf unserer** ~**en Konferenz** we discuss these problems during our fortnightly conference **II.** *adv* every two weeks, *esp* BRIT fortnightly

vier·zehn·te(r, s) *adj* fourteenth; *s. a.* **achte(r, s)**

Vier·zei·ler <-s, -> ['fi:ɐ̯tsailɐ] *m* four-line stanza; (*Gedicht*) quatrain; **bei jeder Gelegenheit trug er seine** ~ **vor** he recited his four-line poems whenever he had the opportunity

vier·zei·lig *adj* four-line *attr;* **ein** ~**es Gedicht** a four-line poem; ■ ~ **sein** to be four lines long; **die Mitteilung war nur** ~ the message was only four lines

vier·zig ['fɪrtsɪç] *adj* ❶ (*Zahl*) forty; *s. a.* **achtzig 1** ❷ (*fam: Stundenkilometer*) forty [kilometres [*or* AM -meters] an hour]; *s. a.* **achtzig 2**

Vier·zig ['fɪrtsɪç] *f* forty

vier·zi·ger *adj,* **40er** ['fɪrtsɪgɐ] *adj attr inv* (*das Jahrzehnt von 40 bis 50*) the forties; (*geschrieben a.*) the '40s

Vier·zi·ger[1] <-s, -> ['fɪrtsɪgɐ] *m* (*Wein von 1940*) a 1940 vintage

Vier·zi·ger[2] ['fɪrtsɪgɐ] *pl* **in den** ~**n sein** to be in one's forties

Vier·zi·ger(in) <-s, -> ['fɪrtsɪgɐ] *m(f) a person in his/her forties*

Vier·zi·ger·jah·re *pl* ■ **die** ~ the forties

vier·zig·jäh·rig ['fɪrtsɪç-], **40-jährig**[RR] *adj attr* ❶ (*Alter*) forty-year-old *attr,* forty years old *pred* ❷ (*Zeitspanne*) forty-year *attr*

Vier·zig·jäh·ri·ge(r) ['vɪrtsɪç-], **40-Jährige(r)**[RR] *f(m) decl wie adj* forty-year-old

vier·zig·ste(r, s) *adj* fortieth; *s. a.* **achte(r, s)**

Vier·zig·stun·den·wo·che *f* 40-hour week

Vier·zim·mer·woh·nung *f* four-room flat [*or* AM apartment] **Vier·zy·lin·der·mo·tor** *m* four-cylinder engine **vier·zy·lin·drig** *adj* four-cylinder *attr*

Viet·cong <-s, -[s]> [vi̯ɛt'kɔŋ] *m* HIST ❶ *kein pl* (*Guerillabewegung*) ■ **der** ~ the Vietcong *no pl* ❷ (*Mitglied des* ~ *1*) Vietcong

Viet·nam <-s> [vi̯ɛt'na(:)m] *nt* Vietnam; *s. a.* **Deutschland**

Viet·na·me·se, Viet·na·me·sin <-n, -n> [vi̯ɛtna'me:zə, vi̯ɛtna'me:zɪn] *m, f* Vietnamese; *s. a.* **Deutsche(r)**

viet·na·me·sisch [vi̯ɛtna'me:zɪʃ] *adj* Vietnamese; *s. a.* **deutsch 1, 2**

Viet·na·me·sisch [vi̯ɛtna'me:zɪʃ] *nt decl wie adj* Vietnamese; *s. a.* **Deutsch**

Viet·na·me·si·sche <-n> [vi̯ɛtna'me:zɪʃə] *nt* ■ **das** ~ Vietnam-

V

ese, the Vietnamese language; *s. a.* **Deutsche**

Vi·gi·lan·ten·tum <-s> [vigi'lantəntu:m] *nt kein pl (selten)* vigilance

Vi·gnet·te <-, -n> [vɪn'jɛtə] *f* ❶ KUNST *(Titelblattornament)* vignette ❷ TRANSP *(Gebührenmarke) sticker showing fees paid*

Vi·kar(in) <-s, -e> [vi'ka:ɐ̯] *m(f)* curate

Vik·to·ria·see [vɪk'to:ri̯aze:] *m* Lake Victoria

Vil·la <-, Villen> ['vɪla, *pl* 'vɪlən] *f* villa

Vil·len·vier·tel ['vɪlənfɪrtl] *nt exclusive residential area with many mansions*

Vin·cen·ter(in) <-s, -> [-'sɛn-] *m(f)* [St] Vincentian; *s. a.* **Deutsche(r)**

vin·cen·tisch *adj* [St] Vincentian; *s. a.* **deutsch**

vi·o·lett [vi̯o'lɛt] *adj* violet, purple

Vi·o·lett <-s, -> [vi̯o'lɛt] *nt* violet, purple

Vi·o·li·ne <-, -n> [vi̯o'li:nə] *f* violin

Vi·o·lin·kon·zert *nt* violin concerto **Vi·o·lin·quar·tett** *nt* violin quartet **Vi·o·lin·quin·tett** *nt* violin quintet **Vi·o·lin·schlüs·sel** *m* treble clef **Vi·o·lin·so·na·te** *f* violin sonata **Vi·o·lin·trio** *nt* trio of violinists

Vi·o·lon·cel·lo <-s, -celli> [violɔn'tʃɛlo] *nt* violoncello

VIP <-, -s> [vɪp] *m Abk von* **very important person** VIP

Vi·per <-, -n> [vi:pɐ] *f* viper, adder

Vi·ren ['vi:rən] *pl von* **Virus**

Vi·ren·prüf·pro·gramm ['vi:rən-] *nt* INFORM virus check [programme] **vi·ren·ver·seucht** *adj* contaminated [*or* infected] with a virus

Vi·ro·lo·ge, Vi·ro·lo·gin <-n, -n> [viro'lo:gə, -'lo:gɪn] *m, f* virologist

Vi·ro·lo·gie <-> [virolo'gi:] *f kein pl* virology

Vi·ro·lo·gin <-, -nen> *f fem form von* **Virologe**

Vir·tual Re·ali·ty <-, -ties> ['vɪrtʃuɛl ri'ɛliti] *m* virtual reality

vir·tu·ell [vɪr'tuɛl] *adj* virtual; **~e Realität** virtual reality

vir·tu·os [vɪr'tu̯o:s] **I.** *adj (geh)* virtuoso; **ein ~er Musiker** a virtuoso musician **II.** *adv (geh)* in a virtuoso manner; **ein Instrument ~ beherrschen** to be a virtuoso on an instrument

Vir·tu·o·se, Vir·tu·o·sin <-n, -n> [vɪrtu'o:zə, vɪrtu'o:zɪn] *m, f* virtuoso

vi·ru·lent [viru'lɛnt] *adj* ❶ MED *(ansteckend)* virulent ❷ *(geh: gefährlich)* dangerous; **das Problem ist ~** the problem is fraught with risks

Vi·rus <-, Viren> ['vi:rʊs, *pl* 'vi:rən] *nt o m* virus; INFORM computer virus; **auf Viren überprüfen** scan for virus

Vi·rus·er·kran·kung ['vi:rʊs-] *f* viral illness **Vi·rus·grip·pe** *f* virus of influenza **Vi·rus·in·fek·ti·on** *f* viral [*or* virus] infection

Vi·sa ['vi:za] *pl von* **Visum**

Vi·sa·ge <-, -n> [vi'za:ʒə] *f (pej sl)* mug; **jdm in die ~ schlagen** to smash sb in the face *fam*

Vi·sa·gist(in) <-en, -en> [viza'ʒɪst] *m(f)* make-up artist

vis-à-vis, vis-a-vis [viza'vi:] **I.** *adv* opposite; **kennst du den Mann ~?** do you know the man opposite?; **sie saß mir im Restaurant genau ~** she sat exactly opposite me in the restaurant; **Sie sind doch die neue Nachbarin von ~** you're the new neighbour from across the road **II.** *präp +dat* ■**~ einer S.** *dat* opposite a thing; **~ dem Park befindet sich ein See** there's a lake opposite the park

Vis·a·vis <-, -> [viza'vi:] *nt (geh)* ■**jds ~** the person opposite sb; **mein ~ im Restaurant war eine nette junge Dame** the person opposite me in the restaurant was a nice young lady

Vi·sen ['vi:zen] *pl von* **Visum**

Vi·sier <-s, -e> [vi'zi:ɐ̯] *nt* ❶ *(Zielvorrichtung)* sight; **der Jäger bekam einen Hirsch ins ~** the hunter got a stag in his sights ❷ *(Klappe am Helm)* visor ▶ WENDUNGEN: **etw ins ~ fassen** [*o* **nehmen**] to train one's sights on sth; **ins ~/in jds ~ geraten** to attract [the] attention [of sb]; **er war ins ~ der Polizei geraten** he had attracted the attention of the police; **jdn/etw im ~ haben** to keep tabs on sb/sth; **die Polizei hat mich bereits seit Jahren im ~** the police have been keeping tabs on me for years; **jdn ins ~ nehmen** *(jdn beobachten)* to target sb, to keep an eye on sb; *(jdn kritisieren)* to pick on sb; **das ~ herunterlassen** to put up one's guard, to become evasive; **mit offenem ~ kämpfen** to be open and above board [in one's dealings]

Vi·si·on <-, -en> [vi'zi̯o:n] *f* ❶ *(übernatürliche Erscheinung)* apparition; *(Halluzination)* vision; **~en haben** to see things ❷ *(Zukunftsvorstellungen)* vision; **die ~ eines geeinten Europas** [the] vision of a united Europe; **ein guter Manager muss ~en haben** a good manager must be far-sighted

vi·si·o·när [vizi̯o'nɛɐ̯] *adj inv (geh)* visionary

Vi·si·o·när(in) <-s, -e> [vizi̯o'nɛɐ̯] *m(f) (geh)* visionary

Vi·si·te <-, -n> [vi'zi:tə] *f* ❶ *(Arztbesuch)* round; **~ machen** to do one's round; **der Arzt ist noch nicht von der ~ zurück** the doctor is not back from his rounds *pl* yet; **die ~ auf der Station dauert immer etwa eine Stunde** the visit to the ward always lasts about an hour ❷ *(geh: Besuch)* visit; **[bei jdm] ~ machen** to pay [sb] a visit

Vi·si·ten·kar·te *f* business card

Vis·ko·se <-> [vɪs'ko:zə] *f kein pl* viscose *no pl*

vi·su·ell [vi'zu̯ɛl] *adj (geh)* visual

Vi·sum <-s, Visa *o* Visen> ['vi:zʊm, *pl* 'vi:za, 'vi:zən] *nt* visa

Vi·sum·zwang ['vi:zʊm-] *m* compulsory visa requirement

Vi·ta <-, Viten *o* Vitae> ['vi:ta, *pl* -tən, -tɛ] *f (geh)* life

vi·tal [vi'ta:l] *adj (geh)* ❶ *(Lebenskraft besitzend)* lively, vigorous ❷ *(lebenswichtig)* vital

vi·ta·li·sie·ren* [vitali'zi:rən] *vt (geh)* ■**etw/jdn ~** to vitalize sth/sb

Vi·ta·li·tät <-> [vitali'tɛt] *f kein pl* vitality, vigour [*or* AM -or]

Vi·tal·tee *m* NATURMED *energy[-giving] tea*

Vi·ta·min <-s, -e> [vita'mi:n] *nt* vitamin ▶ WENDUNGEN: **~ B** *(hum fam)* good contacts [*or* connections] *pl*

vi·ta·min·arm *adj* low [*or* deficient] in vitamins **Vi·ta·min·be·darf** *m* vitamin requirement **Vi·ta·min·ge·halt** *m* vitamin content **Vi·ta·min·man·gel** *m* vitamin deficiency **Vi·ta·min·man·gel·krank·heit** *f* illness due to a vitamin deficiency **Vi·ta·min·prä·pa·rat** *nt* vitamin supplement **vi·ta·min·reich** *adj* rich in vitamins **Vi·ta·min·ta·blet·te** *f* vitamin tablet [*or* AM *usu* pill]

Vi·tri·ne <-, -n> [vi'tri:nə] *f (Schaukasten)* display [*or* show] case; *(Glas~)* glass cabinet

Vi·vi·sek·ti·on <-, -en> [vivizɛk'tsi̯o:n] *f (fachspr)* vivisection

Vi·ze <-s, -s> ['fi:tsə] *m (fam)* second-in-command, number two *fam*

Vi·ze·ad·mi·ral *m* vice admiral **Vi·ze·kanz·ler(in)** *m(f)* vice-chancellor **Vi·ze·kö·nig** *m* HIST viceroy **Vi·ze·prä·si·dent(in)** *m(f)* vice president

Vlies <-es, -e> [fli:s, *pl* 'fli:zə] *nt* fleece; **das Goldene ~** the Golden Fleece

V-Mann <-leute> ['fau-] *m s.* **Verbindungsmann**

Vo·gel <-s, Vögel> ['fo:gl̩, *pl* 'fø:gl̩] *m* ❶ *(ORN)* bird; **der ~ ist schon im Ofen** *(fam)* the bird is already in the oven ❷ *(fam: auffallender Mensch)* bloke *fam;* **ein lustiger ~** a bit of a joker; **ein seltsamer ~** a queer [*or* AM strange] bird [*or* customer] ❸ *(fam: Flugzeug)* kite *fam;* **ich werde den ~ sicher zur Erde bringen** I'll bring this kite down to earth safely ▶ WENDUNGEN: **[mit etw** *dat***] den ~ abschießen** *(fam)* to surpass everyone [with sth]; **der ~ ist ausgeflogen** *(fam)* the bird has flown [the coup] *fam;* **~ friss oder stirb!** *(prov)* sink or swim!, do or die!; **einen ~ haben** *(sl)* to have a screw loose *fam,* to be round the bend BRIT *fam;* **jdm den [*o* einen] ~ zeigen** *(fam) to indicate to sb that they're crazy by tapping one's forehead*

Vo·gel·bau·er *nt o m* birdcage **Vo·gel·bee·re** *f* rowan berry

Vö·gel·chen <-s, -> ['fø:glçən] *nt dim von* **Vogel** little bird

Vo·gel·dreck *m (fam)* bird droppings *npl* **Vo·gel·fän·ger(in)** *m(f)* bird-catcher **vo·gel·frei** *adj* HIST outlawed; **jdn für ~**

erklären to outlaw sb **Vo·gel·fut·ter** *nt* bird food **Vo·gel·kä·fig** *m* birdcage **Vo·gel·kir·sche** *f* BOT gean **Vo·gel·kun·de** *f* ornithology **Vo·gel·männ·chen** *nt* cock [bird], male bird **Vo·gel·mie·re** <-, -n> *f* BOT chickweed

vö·geln ['fø:gl̩n] *vi* (*derb*) to screw *sl;* ■ **[mit jdm]/[jdn]** ~ to screw [sb]

Vo·gel·nest *nt* bird's nest **Vo·gel·per·spek·ti·ve** *f* bird's eye view; **das Bild stellt Danzig aus der** ~ **dar** the picture depicts a bird's eye view of Gdansk **Vo·gel·schei·ße** *f* (*derb*) *s.* **Vogeldreck Vo·gel·scheu·che** <-, -n> *f* ❶ AGR, HORT (*a fig*) scarecrow ❷ (*fig fam: dürre, hässliche Frau*) ugly old bat *fam or pej* **Vo·gel·schutz** *m* protection of birds **Vo·gel·schutz·ge·biet** *nt* bird reservoir [*or* AM reserve] **Vo·gel·schwarm** *m* swarm of birds **Vo·gel·spin·ne** *f* bird spider **Vo·gel-Strauß-Po·li·tik** [fo:gl̩'ʃtrauspoliti:k] *f kein pl* (*fam*) head-in-the-sand policy **Vo·gel·war·te** *f* ornithological station **Vo·gel·weib·chen** *nt* hen [bird], female bird **Vo·gel·zug** *m* ORN bird migration

Vo·gerl·sa·lat *m* ÖSTERR (*Feldsalat*) lamb's lettuce *no pl*

Vo·ge·sen <-> [vo'ge:zn̩] *pl* ■ **die** ~ the Vosges *pl*

Vög·lein <-s, -> ['fø:glain] *nt s.* **Vögelchen**

Voice-Re·cor·der <-s, -> ['vɔysrekɔrdɐ] *m* LUFT voice recorder

Vo·ka·bel <-, -n> [vo'ka:bl̩] *f* ❶ (*zu lernendes Wort*) vocabulary; ~**n** *pl* **lernen** to learn vocabulary *sing;* **jdn die** ~**n** *pl* **abfragen** to test sb's vocabulary *sing* ❷ (*geh: großartiger Begriff*) word, buzzword *fam;* **die großen** ~**n der Politik** the great catchwords of politics

Vo·ka·bu·lar <-s, -e> [vokabu'la:ɐ̯] *nt* ❶ (*Wörterverzeichnis*) glossary ❷ (*geh: Wortschatz*) vocabulary

Vo·kal <-s, -e> [vo'ka:l] *m* vowel

vo·ka·lisch [vo'ka:lɪʃ] *adj* vocalic; ~**e Anlaute/Auslaute** initial/final vowels

Vo·ka·tiv <-[e]s, -e> ['vo:kati:f, *pl* -və] *m* LING vocative

Volk <-[e]s, Völker> [fɔlk, *pl* 'fœlkɐ] *nt* ❶ (*Nation*) nation, people; **ein** ~ **unbekannter Herkunft** a people of unknown origin; **der Präsident wandte sich in einer Fernsehansprache direkt ans** ~ the president made a direct appeal to the nation in a television address; (*Angehörige einer Gesellschaft*) people *pl;* **gewählte Vertreter des** ~**es** chosen [*or* elected] representatives of the people ❷ *kein pl* (*fam: die Masse Mensch*) masses *pl;* **mit Fernsehen und Fußball wird das** ~ **ruhig gehalten** the masses are kept quiet with television and football; **das** ~ **aufwiegeln** to incite the masses; **etw** *akk* **unters** ~ **bringen** to make sth public; **sich** *akk* **unters** ~ **mischen** to mingle with the people; **viel** ~ **sammelte sich auf den Marktplatz** many people gathered at the market square ❸ *kein pl* (*untere Bevölkerungsschicht*) people *npl;* **ein Mann aus dem** ~ a man of the people; **fahrendes** ~ (*veraltend*) itinerants *pl* ❹ *kein pl* (*fig: Sorte von Menschen*) bunch, rabble *pej;* **in diesem Lokal verkehrt ein übles** ~ a rough bunch come regularly to this pub; **ein merkwürdiges** ~ a strange bunch ❺ (*Insektengemeinschaft*) colony; (*Bienen~, Ameisen~*) a bee/an ant colony ▶ WENDUNGEN: **jedes** ~ **hat die Regierung, die es verdient** (*prov*) every nation has the government it deserves

Völk·chen <-s, -> ['fœlkçən] *nt dim von* **Volk** people *npl,* lot *fam;* **die Slowenen sind ein liebenswertes** ~ the Slovenians are a nice lot; **ein** ~ **für sich sein** (*fam*) to be a race [*or* people] apart

Völ·ker·ball *m kein pl* SPORT *game played by two teams who try to eliminate the members of the opposing team by hitting them with a ball* **Völ·ker·bund** *m kein pl* HIST League of Nations **Völ·ker·ge·mein·schaft** *f* community of nations, international community **Völ·ker·kun·de** <-> *f kein pl* ethnology **Völ·ker·mord** *m* genocide **Völ·ker·recht** *nt kein pl* international law **völ·ker·recht·lich I.** *adj* of international law; **die** ~**e Anerkennung eines Staates** the recognition of a state under international law **II.** *adv* under international law; **die Genfer Konvention ist** ~ **bindend** the Geneva Convention is binding under international law **Völ·ker·ver·stän·di·gung** *f kein pl* international understanding **Völ·ker·wan·de·rung** *f* ❶ HIST ■ **die** ~ the migration of peoples ❷ (*fam: Bewegung einer Menschenmasse*) mass exodus [*or* migration]; **diese Massen von Menschen, das ist ja die reinste** ~**!** all these hordes of people, it's like a mass invasion!

völ·kisch *adj* HIST *s.* **national**

Volks·ab·stim·mung *f* referendum, plebiscite **Volks·bank** *f* ÖKON people's bank **Volks·be·fra·gung** *f* referendum **Volks·be·geh·ren** *nt* petition for a referendum **Volks·ein·kom·men** *nt* national income **Volks·emp·fän·ger**® *m* HIST Volksempfänger® *spec* (*tabletop radio during the Third Reich*) **Volks·emp·fin·den** *nt kein pl* public feeling; **das gesunde** ~ popular opinion **Volks·ent·scheid** *m* referendum **Volks·fest** *nt* fair

> **i Kultur**
>
> A **Volksfest** is a traditional fair lasting several days with various attractions such as a big wheel, rollercoaster and beer tents. One of the most famous is the *Oktoberfest* in Munich.

Volks·ge·richts·hof *m kein pl* HIST ■ **der** ~ the People's Court **Volks·ge·sund·heit** *f* (*veraltend*) ■ **die** ~ public health **Volks·glau·be(n)** *m* popular belief **Volks·grup·pe** *f* ethnic group; (*Minderheit*) ethnic minority **Volks·held(in)** *m(f)* national hero **Volks·hoch·schu·le** *f* adult education centre [*or* AM -er]

> **i Kultur**
>
> **Volkshochschulen** are autonomous, public institutions of further education. Their range of courses covers fields such as computing, languages, philosophy and dancing. They are intended for people from all walks of life and every age group, and are becoming increasingly recognized as providers of further vocational training.

Volks·in·it·ia·ti·ve *f* SCHWEIZ (*Volksbegehren*) petition for a referendum **Volks·krank·heit** *f* common illness; **die** ~ **Nummer eins** the most common illness **Volks·kun·de** *f* folklore **Volks·kund·ler(in)** <-s, -> ['fɔlkskʊntlɐ] *m(f)* folklorist **volks·kund·lich** ['fɔlkskʊntlɪç] *adj* folkloric **Volks·lauf** *m* open cross-country race **Volks·lied** *nt* folk song **Volks·mehr** <-s> *nt kein pl* SCHWEIZ (*Mehrheit des Volkes*) national majority **Volks·mund** *m kein pl* vernacular; **im** ~ in the vernacular **Volks·mu·sik** *f* folk music **Volks·par·tei** *f* people's party **Volks·re·de** *f* (*veraltend*) public speech [*or* address]; ~**n** **[über etw** *akk***] halten** (*a pej fam*) to make a public speech [about sth]; **halte keine** ~**n!** (*fam*) spare us/me the lecture! *fam* **Volks·re·pu·blik** *f* People's Republic **Volks·schicht** *f meist pl* social stratum [*or* class] *usu pl;* **die unteren** ~**en** the lower classes **Volks·schu·le** *f* SCH ❶ (*hist: allgemeinbildende öffentliche Pflichtschule*) *basic primary and secondary school* ❷ ÖSTERR (*Grundschule*) primary school **Volks·sport** *m* national sport **Volks·stamm** *m* tribe **Volks·stück** *nt* folk play **Volks·sturm** *m kein pl* HIST ■ **der** ~ *the German territorial army created to defend the home front in World War II* **Volks·tanz** *m* folk dance **Volks·tracht** *f* traditional costume

volks·tüm·lich ['fɔlksty:mlɪç] *adj* ❶ (*traditionell*) traditional; **ein** ~**er Brauch** a traditional custom ❷ (*veraltend: populär*) popular; **ein** ~**er Schauspieler** a popular actor

Volks·ver·dum·mung <-> *f kein pl* (*fam o pej*) stupefaction of the people **Volks·ver·het·zung** *f* incitement of the people **Volks·ver·tre·ter(in)** *m(f)* representative [*or* delegate] of the people **Volks·ver·tre·tung** *f* representative body of the people

V

Vọlks·wirt(in) *m(f)* economist

Vọlks·wirt·schaft *f* ❶ (*Nationalökonomie*) national economy ❷ *s.* **Volkswirtschaftslehre**

Vọlks·wirt·schaft·ler(in) <-s, -> *m(f)* economist

vọlks·wirt·schaft·lich **I.** *adj* economic; **ein ~es Studium** [an] economics *nsing* [course] **II.** *adv* economically, from an economic point of view; **~ betrachtet** looked at from an economic point of view

Vọlks·wirt·schafts·leh·re *f* economics *nsing*

Vọlks·zäh·lung *f* [national] census

voll [fɔl] **I.** *adj* ❶ (*gefüllt, bedeckt*) full; **mit ~em Munde spricht man nicht!** don't speak with your mouth full!; **achte darauf, dass die Gläser nicht zu ~ werden** mind that the glasses don't get too full; **~ [mit etw] sein** to be full [of sth]; **das Glas ist ~ Wasser** the glass is full of water; **das Haus ist ~ von** [*o* **mit**] **unnützen Dingen** the house is full of useless things; **die Regale sind ganz ~ Staub** the shelves are covered in [*or* full of] dust; **beide Hände ~ haben** to have both hands full; **eine Hand ~ Reis** a handful of rice; **jdn [mit etw] ~ pumpen** to fill sb up *sep* [with sth]; **~ gepumpt sein mit Drogen** to be pumped up with drugs; **etw ~ schmieren** to mess up sth *sep;* **~ sein** (*fam: satt*) to be full up *fam;* **etw [mit etw] ~ stellen** *Zimmer* to cram sth full [with sth]; **ein ~es Arschloch** (*derb*) a fat arsehole [*or* AM asshole]; **~ gepfropft** crammed full; **~ gestopft** *Koffer* stuffed full; *s. a.* **gerammelt, gerüttelt** ❷ (*ganz, vollständig*) full, whole; **das ~e Ausmaß der Katastrophe** the full extent of the disaster; **den ~en Preis bezahlen** to pay the full price; **etw in ~en Zügen genießen** to enjoy sth to the full; **die ~e Wahrheit** the absolute truth; **ein ~er Erfolg** a total success; **ich musste ein ~es Jahr warten** I had to wait a whole year; **es ist ja kein ~er Monat mehr bis Weihnachten** there is less than a month till Christmas; **nun warte ich schon ~e 20 Minuten** I've been waiting a full twenty minutes; **der Intercity nach München fährt jede ~e Stunde** the intercity to Munich runs every hour on the hour; **in ~er Gala** in full evening dress; **den Verteidigern lagen drei Divisionen in ~er Ausrüstung gegenüber** the defenders faced three fully equipped divisions; **in ~em Lauf/Galopp** at full speed/gallop; **in ~er Größe** full-size; **Sie können entweder auf Raten kaufen oder die ~e Summe sofort bezahlen** you can either buy it on hire purchase or pay the whole sum immediately ❸ (*prall, rundlich*) **ein ~es Gesicht** a full face; **ein ~er Busen** an ample bosom; **~e Wangen** chubby cheeks; **ein ~er Hintern/~e Hüften** a well-rounded bottom/well-rounded hips; **du hast zugenommen, du bist deutlich ~er geworden** you've put on weight, you've distinctly filled out ❹ (*volltönend, kräftig*) full, rich; **eine ~e Stimme** a rich voice; **der ~e Geschmack** the real flavour ❺ (*dicht*) thick; **~es Haar** thick hair; **ein ~er Bart** a thick beard ❻ (*sl: betrunken*) ■ **~ sein** to be plastered *fam,* to be well tanked up *sl;* **du warst ja gestern Abend ganz schön ~!** you were pretty drunk yesterday evening! ► WENDUNGEN: **jdn nicht für ~ nehmen** not to take sb seriously; **in die V~en gehen** to go to any lengths; **aus dem V~en leben** [*o* **wirtschaften**] to live in the lap of luxury; **aus dem V~en schöpfen** to draw on plentiful resources; *s. a.* **Lob** **II.** *adv* ❶ (*vollkommen*) completely; **~ bezahlen müssen** to have to pay in full; **etw [mit etw] ~ füllen** to fill up sth *sep* [with sth]; **durch die Operation wurde das Sehvermögen wieder ~ hergestellt** as a result of the operation her sight was completely restored ❷ (*uneingeschränkt*) fully; **~ und ganz** totally; **die Mehrheit der Delegierten stand ~ hinter dieser Entscheidung** the majority of the delegates were fully behind this decision; **ich kann den Antrag nicht ~ unterstützen** I cannot fully support the application; **~ in der Arbeit stecken** (*fam*) to be in the middle of a job; **~ in Problemen stecken** (*fam*) to be right in it *fam;* **etw ~ ausnutzen** to take full advantage of sth; **nicht ~ da sein** (*fam*) to not be quite with it *sl;* (*total*) really; **die Band finde ich ~ gut** I think the band is brilliant; **die haben wir ~ angelabert** we really chatted her up ❸ (*fam: mit aller Wucht*) right, smack *fam;* **der Wagen war ~ gegen den Pfeiler geprallt** the car ran smack into the pillar; **er ist ~ mit dem Hinterkopf auf der Bordsteinkante aufgeschlagen** the back of his head slammed onto the edge of the curb; **seine Faust traf ~ das Kinn seines Gegners** he hit his opponent full on the chin with his fist

voll·auf ['fɔlʔauf] *adv* fully, completely; **~ zufrieden sein** to be absolutely satisfied; **ein Teller Suppe ist mir ~ genug** one plate of soup is quite enough for me; **mit den fünf Kindern habe ich ~ zu tun** with the five children I have quite enough to do

vọll·au·to·ma·tisch **I.** *adj* fully automatic **II.** *adv* fully automatically **vọll·au·to·ma·ti·siert** *adj* fully automated **Vọll·bad** *nt* bath; **ein ~ nehmen** to have [*or* AM *usu* take] a bath **Vọll·bart** *m* full beard; **sich** *dat* **einen ~ wachsen lassen** to grow a full beard **vọll·be·schäf·tigt** *adj* full-time **Vọll·be·schäf·ti·gung** *f kein pl* full [*or* full-time] employment **Vọll·be·sitz** *m* in full possession of; **im ~ seiner Kräfte/Sinne sein** to be in full possession of one's strength *sing*/faculties **Vọll·bild** *nt* MED full-blown state; **das ~ Aids** full-blown aids

Vọll·blut *nt* ❶ (*reinrassiges Pferd*) thoroughbred ❷ *kein pl* MED whole blood

Vọll·blü·ter <-s, -> *m s.* **Vollblut 1**

Vọll·blut·hengst *m* thoroughbred stallion

vọll·blü·tig *adj* ❶ (*reinrassig*) thoroughbred ❷ (*vital*) full-blooded

Vọll·blut·jour·na·list(in) *m(f)* full-blooded journalist **Vọll·blut·po·li·ti·ker(in)** *m(f)* thoroughbred politician

Vọll·brem·sung *f* emergency stop; **eine ~ machen** to slam on the brakes *pl,* to make an emergency stop

voll·brịn·gen* *vt irreg* ■ **etw ~** to accomplish [*or* achieve] sth; **ein Wunder ~** to perform a miracle; **ich kann nichts Unmögliches ~** I cannot achieve the impossible

vọll·bu·sig *adj* buxom, busty *fam;* **~e Frauen** women with large breasts; ■ **~ sein** to have large breasts

Vọll·dampf *m* ► WENDUNGEN: **~ [hinter etw** *dat*] **machen** (*fam*) to work flat out [on sth]; **wir müssen ~ hinter unsere Bemühungen machen, wenn wir erfolgreich sein wollen** we must redouble our efforts, if we want to be successful; **mit ~** (*fam*) flat out; **mit ~ fahren** to drive at full speed; **~ voraus** (*fam*) full steam ahead

Vọ̈l·le·ge·fühl <-[e]s> *nt kein pl* unpleasant feeling of fullness

voll·en·den* [fɔlˈʔɛndn̩] *vt* ■ **etw ~** to complete sth; **vollendete Gegenwart/Vergangenheit** the present perfect/past perfect; **sein Leben ~** (*euph geh*) to bring one's life to an end; **er hat sein zwanzigstes Lebensjahr vollendet** (*geh*) he has completed his twentieth year; **jdn vor ~e Tatsachen stellen** to present sb with a fait accompli

voll·ẹn·det *adj* perfect, accomplished; **ein ~er Redner** an accomplished speaker; **~e Schönheit** perfect beauty; **ein Konzert ~ spielen** to play a concert in an accomplished way

voll·ends ['fɔlɛnts] *adv* (*völlig*) completely, totally; **jetzt bin ich ~ durcheinander!** I'm completely confused now!; **durch das Nachbeben wurde die Stadt ~ zerstört** the town was totally destroyed by aftershocks

Voll·en·dung <-, -en> [fɔlˈʔɛndʊŋ] *f* ❶ (*das Vollenden*) completion; **mit ~ des 50. Lebensjahres** (*fig*) on completion [*or* at the end] of his/her fiftieth year; **nach ~ dieser Aufgabe kann ich mich zur Ruhe setzen** after I have completed this task I can retire ❷ *kein pl* (*Perfektion*) perfection; **dieses Gebäude gilt als klassische Architektur in höchster ~** this building is regarded as a classical piece of architecture in its most perfect form; **der** [*o* **seiner**] **~ entgegengehen** (*geh*) to be nearing completion

vọl·ler *adj* full of ❶ (*voll bedeckt*) **ein Gesicht ~ Falten** a very wrinkled face; **ein Hemd ~ Flecken** a shirt covered in stains

❷ (*erfüllt, durchdrungen*) full; **ein Leben ~ Schmerzen** a life full of pain; **~ Wut schlug er mit der Faust auf den Tisch** full of anger he thumped the table with his fist; **er steckt ~ Widersprüche** you never know where you are with him *fam*

Völ·le·rei <-, -en> [fœlə'rai] *f* (*pej*) gluttony; **zur ~ neigen** to have a tendency for gluttony

Vol·ley <-s, -s> ['vɔli] *m* volley

Vol·ley·ball ['vɔli-] *m* volleyball

voll·fett *adj* full fat

voll·füh·ren* [fɔl'fy:rən] *vt* (*liter*) ■**etw ~** to perform sth

Voll·gas *nt kein pl* full speed; **~ geben** to put one's foot down; **mit ~** at full throttle; (*fam: mit größter Intensität*) flat out *fam;* **um die Termine einhalten zu können, müssen die Arbeiten mit ~ vorangetrieben werden** we will have to work flat out to meet the deadlines **Voll·ge·fühl** *nt kein pl* (*geh*) **im ~ einer S.** *gen* fully aware of a thing; **die Sprinterin winkte den Zuschauern im ~ ihres Triumphes** fully aware of her triumph the sprinter waved to the spectators **Voll·idi·ot(in)** *m(f)* (*pej fam*) complete idiot, prat *pej fam*

völ·lig ['fœlɪç] **I.** *adj* complete **II.** *adv* completely; **sie ist ~ betrunken** she is completely drunk; **Sie haben ~ recht** you're absolutely right

voll·jäh·rig ['fɔljɛ:rɪç] *adj* of age; ■**~ sein** [*o* **werden**] to be [*or* come] of age; **Jugendliche werden in Deutschland mit dem 18. Lebensjahr ~** adolescents come of age in Germany at eighteen

Voll·jäh·rig·keit <-> *f kein pl* majority

Voll·ju·rist(in) *m(f)* fully qualified lawyer **voll·kas·ko·ver·si·chert** *adj* comprehensively insured; ■**~ sein** to have fully comprehensive insurance; **ist Ihr Auto ~?** is your car fully comp? *fam* **Voll·kas·ko·ver·si·che·rung** *f* fully comprehensive insurance

voll·kli·ma·ti·siert *adj* fully air-conditioned

voll·kom·men [fɔl'kɔmən] **I.** *adj* ❶ (*perfekt*) perfect; **~e Kunstwerke** perfect works of art; **niemand ist ~** nobody's perfect; **jetzt ist mein Leben ~** now my life is complete ❷ (*völlig*) complete; **~e Übereinstimmungen erzielen** to reach total agreement; **sie hat die Aufgaben zu unserer ~en Zufriedenheit erledigt** she has completed the tasks to our complete satisfaction; **das ist ja der ~e Wahnsinn!** why, that's complete madness! **II.** *adv* completely; **~ unmöglich sein** to be absolutely impossible; **~ verzweifelt sein** to be absolutely desperate; **er blieb ~ ruhig** he remained completely calm; **ich bin ~ einverstanden mit Ihrem Vorschlag** I'm in complete agreement with your proposal

Voll·kom·men·heit <-> *f kein pl* perfection

Voll·korn·brot *nt* wholemeal [*or* AM whole-grain] bread

Voll·macht <-, -en> ['fɔlmaxt] *f* ❶ (*Ermächtigung*) authorization; **jdm [die] ~ für etw** *akk* **geben** [*o* **erteilen**] to authorize sb to do sth; **in ~** (*geh*) in authority ❷ (*bevollmächtigendes Schriftstück*) power of attorney; **eine ~ haben** to have power of attorney; **eine ~ ausstellen** to grant a power of attorney

Voll·ma·tro·se *m* able-bodied seaman **Voll·milch** *f* full-cream milk BRIT, whole milk AM **Voll·milch·jo·ghurt** *m* whole-milk yoghurt **Voll·milch·scho·ko·la·de** *f* full-cream [*or* AM whole] milk chocolate **Voll·mit·glied** *nt* full member **Voll·mond** *m kein pl* full moon; **es ist ~, wir haben ~** there's a full moon; **bei ~** when the moon is full

voll·mun·dig **I.** *adj* ❶ (*voll im Geschmack*) full-bodied ❷ (*pej: übertrieben formuliert*) overblown *pej;* **vor den Wahlen machen Politiker immer diese ~en Versprechungen** before the election politicians always make these overblown promises **II.** *adv* ❶ (*abgerundet*) full-bodied; **süddeutsche Biere schmecken besonders ~** southern German beer has a particularly full-bodied taste ❷ (*pej: großspurig*) grandiosely *pej;* **was gestern noch ~ versprochen wurde, ist heute vergessen** all the grandiose promises made yesterday are forgotten today

Voll·nar·ko·se *f* general anaesthetic; **in ~** under a general anaesthetic **Voll·pen·si·on** *f kein pl* full board; **mit ~** for full board; **mit ~ kostet das Zimmer 45 Euro pro Tag mehr** the room costs an additional 45 euros per day for full board **Voll·rausch** *m* drunken stupor; **einen ~ haben** to be in a drunken stupor **voll·reif** *adj* fully ripe

Voll·rohr·zu·cker *m* unrefined cane sugar, raw cane sugar

voll·schlank *adj* (*euph*) plump

voll·stän·dig ['fɔlʃtɛndɪç] **I.** *adj* (*komplett*) complete, entire; **nicht ~** incomplete; **etw ~ haben** to have sth complete; **etw ~ machen** to complete sth; **ich kaufte die Briefmarken, um die Sammlung ~ zu machen** I bought the stamps to complete the collection **II.** *adv* (*in der Gesamtheit, total*) completely; **etw ~ zerstören** to totally destroy sth; **die Altstadt ist noch ~ erhalten** the old town is still preserved in its entirety

Voll·stän·dig·keit <-> *f kein pl* completeness *no pl;* **der ~ halber** for the sake of completeness, to get a complete picture; **achten Sie bei der Angabe Ihrer Adresse bitte auf deren ~** please ensure when submitting your address that it is complete

voll·streck·bar *adj* enforceable

voll·stre·cken* [fɔl'ʃtrɛkn̩] *vt* ■**etw ~** ❶ (*geh: ausführen*) to carry out [*or* execute] sth; **ein Testament ~** to execute a will; **ein Urteil ~** to carry out a sentence; ■**etw ~ lassen** to have sth enforced; **ein Urteil ~ lassen** to have a ruling enforced ❷ SPORT **einen Strafstoß ~** to score from a penalty

Voll·stre·cker(in) <-s, -> *m(f)* ❶ (*fam: Gerichtsvollzieher*) bailiff ❷ (*geh: vollstreckende Person*) executor *masc,* executrix *fem*

Voll·stre·ckung <-, -en> *f* ❶ (*geh: das Vollstrecken*) execution, carrying out; **die ~ eines Willens** the execution of a will ❷ (*fam: Zwangs~*) enforcement

Voll·stre·ckungs·be·fehl *m* enforcement order, writ of execution

Voll·text·su·che *f* INFORM whole text search

voll·tö·nend *adj* resonant, sonorous; **eine ~e Stimme** a sonorous voice

Voll·tref·fer *m* ❶ (*direkter Treffer*) direct hit, bull's eye *fig fam;* **einen ~ erhalten** to receive a direct hit; **einen ~ landen** to land a good punch; (*fig, iron*) to land a whammy ❷ (*fam: voller Erfolg*) complete success

voll·trun·ken *adj* completely [*or* totally] drunk; **etw** *akk* **im ~en Zustand tun** to do sth while plastered [*or* smashed] [*or* BRIT paralytic] **Voll·ver·samm·lung** *f* general meeting; *der UNO* General Assembly **Voll·wai·se** *f* orphan; **~ sein** to be an orphan

Voll·wasch·mit·tel *nt laundry detergent that can be used for all programmes and all temperatures*

Voll·wert·er·näh·rung <-> *f kein pl* wholefood diet

voll·wer·tig *adj* ❶ (*alle Wirkstoffe enthaltend*) nutritious; **~es Lebensmittel** nutritious food; ■**~ sein** to be fully nutritious ❷ (*gleichwertig*) fully adequate; **ein ~er Ersatz** a fully adequate replacement; **jdn als ~ behandeln** to treat sb as an equal

Voll·wert·kost *f kein pl* wholefoods *pl* **Voll·wert·zu·cker** *m* unrefined sugar

voll·zäh·lig ['fɔltsɛ:lɪç] **I.** *adj* (*komplett, in voller Anzahl*) complete, whole; **ein ~er Satz Briefmarken** a complete set of stamps; **die ~e Klasse nahm an der Wanderung teil** the whole class took part in the hike; ■**~ sein** to be all present; **ausnahmsweise war die Mannschaft ~** for once the team was complete [*or* they fielded a full team] **II.** *adv* (*in gesamter Anzahl*) at full strength; **nun, da wir ~ versammelt sind, können wir ja anfangen** well, now everyone's here, we can begin

voll·zie·hen* [fɔl'tsi:ən] *irreg* **I.** *vt* (*geh: ausführen*) ■**etw ~** to carry out *sep* sth; **eine Trennung ~** to separate; **die Ehe ~** to

V

consummate marriage; **die Unterschrift** ~ to put one's signature to sth; **ein Urteil** ~ (*geh*) to execute [*or* enforce] a judgement [*or* sentence]; **die vollziehende Gewalt** (*geh*) the executive **II.** *vr* (*geh: stattfinden, ablaufen*) ■**sich** *akk* ~ to take place; **seit einiger Zeit vollzieht sich in ihr ein Wandel** a change has been taking place in her for quite a while

Voll·zug [fɔl'tsu:k] *m kein pl* ❶ (*geh: das Vollziehen*) carrying out, execution; **etw** *akk* **außer** ~ **setzen** to suspend the execution of sth; **die Haftstrafe gegen ihn wurde vom Berufungsgericht außer** ~ **gesetzt** his custodial sentence was suspended by the court of appeal ❷ JUR (*geh: Straf~*) imprisonment; **geschlossener** ~ (*geh*) *penal system in which prisoners remain in their cells when not working;* **offener** ~ imprisonment in an open prison ❸ (*fam: Vollzugsanstalt*) penal institution; **im** ~ **leben** to be in a penal institution

Voll·zugs·an·stalt *f* penal institution

Vo·lon·tär(in) <-s, -e> [volɔn'tɛ:ɐ̯] *m(f)* trainee, internship AM

Vo·lon·ta·ri·at <-[e]s, -e> [volɔnta'ri̯a:t] *nt* ❶ (*Ausbildungszeit*) period of training, internship AM ❷ (*Stelle*) trainee position, internship AM

vo·lon·tie·ren* [volɔn'ti:rən] *vi* ■[**bei jdm/in etw** *dat*] ~ to work as a trainee [*or* AM intern] [with sb/in sth]

Volt <-[e]s, -> [vɔlt] *nt* volt

Vo·lu·men <-s, - *o* Volumina> [vo'lu:mən, *pl* -mina] *nt* ❶ (*Rauminhalt*) volume; **das** ~ **einer Kugel berechnen** to calculate the volume of a sphere; **eine Magnumflasche Champagner hat das doppelte** ~ **einer Normalflasche** a magnum of Champagne has twice the capacity of a normal bottle; **er hat eine Stimme von großem** ~ (*fig*) he has a sonorous voice ❷ (*Gesamtumfang*) *von Auftrag* total amount; *von Export* volume; **es handelt sich um einen Großauftrag, mit einem** ~ **von 35 Millionen Euro** it's a major contract worth 35 million euros in total

vo·lu·mi·nös [volumi'nø:s] *adj* (*geh*) voluminous

vom [fɔm] = **von dem** from; *s. a.* **von**

von [fɔn] *präp +dat* ❶ *räumlich* (*ab, herkommend*) from; ~ **woher...?** where ...from?, from where...?; ~ **weit her kommen** to come from a long way away; **ich fliege morgen mit der Maschine** ~ **München nach Hamburg** tomorrow I'm flying from Munich to Hamburg; ~ **hier bis zur Wand müssten es etwa fünf Meter sein** it must be about five metres from here to the wall; ~ **diesem Fenster kann man alles gut beobachten** you can see everything very well from this window; **wie komme ich vom Bahnhof am besten zum Rathaus?** how can I best get from the station to the town hall?; **diese Eier sind** ~ **unserem eigenen Hof** these eggs are from our own farm; (*aus ... herab/heraus*) off, out of; **er fiel** ~ **der Leiter** he fell off the ladder; **sie fiel vom Baum** she fell out of the tree ❷ *räumlich* (*etw entfernend*) from, off; **die Wäsche** ~ **der Leine nehmen** to take the washing in off the line; **sich den Schweiß** ~ **der Stirn wischen** to wipe sweat from one's brow; **er nahm die Whiskyflasche** ~ **der Anrichte** he took the bottle of whisky from the sideboard ❸ *zeitlich* (*stammend*) from; **die Zeitung** ~ **gestern** yesterday's paper; **Ihr Brief vom ...** your letter from ...; **ich kenne sie** ~ **früher** I knew her a long time ago; **ich will nichts mehr** ~ **damals wissen!** I don't want to know any more about that time!; ~ **jetzt/morgen an** from now/tomorrow on [*or* onwards]; **die neue Regelung gilt** ~ **März an** the new regulation is valid from March [onwards]; ~ **wann ist der Brief?** when is the letter from?; **ich bin** ~ **morgen bis zum 23. verreist** I'm away from tomorrow until 23rd; **für Jugendliche** ~ **12 bis 16 gilt ein gesonderter Tarif** there is a special price for adolescents from twelve to sixteen ❹ (*Urheber, Ursache*) from; ~ **der Sonne gebräunt werden** [*o* **sein**] to be browned by the sun; ~ **jdm gelobt werden** to be praised by sb; **müde** ~ **der Arbeit** tired of work; ~ **Hand gefertigt** (*fig*) handmade; ~ **einem Auto angefahren werden** to be hit by a car; ~ **wem ist dieses schöne Geschenk?** who is this lovely present from?; ~ **wem hast du das Buch geschenkt bekommen?** who gave you the book?; ~ **wem weißt du das?** who told you that?; ~ **wem ist dieser Roman?** who is this novel by?; ~ **wem ist dieses Bild?** who is this a picture of?; **das Bild ist** ~ **einem unbekannten Maler** the picture is by an unknown painter; ~ **solchen Tricks bin ich nicht sehr beeindruckt** I'm not very impressed by tricks like that; **das war nicht nett** ~ **dir!** that was not nice of you!; ~ **was ist hier eigentlich die Rede?** (*fam*) what are we talking about here!; ~ **was sollen wir eigentlich leben?** (*fam*) what are we supposed to live on? ❺ *statt Genitiv* (*Zugehörigkeit*) of; **die Königin** ~ **England** the Queen of England; **Mutter** ~ **vier Kindern sein** to be the mother of four children; **die Musik** ~ **Beethoven** Beethoven's music; **das Auto** ~ **meinem Vater ist blau** my father's car is blue; **er wohnt in der Nähe** ~ **Köln** he lives near Cologne; **ich möchte die Interessen** ~ **mir und meinen Geschwistern vertreten** I should like to represent the interests of myself and my brothers and sisters ❻ (*Menge, Gruppenangabe*) of; **einer** ~ **vielen/hundert** one of many/one in a hundred; **keiner** ~ **diesen Vorwürfen ist wahr** none of these accusations are true; **keiner** ~ **uns wusste Bescheid** none of us knew about it ❼ (*geh: Eigenschaft*) of; **ein Mann** ~ **Charakter** a real character; **eine Frau** ~ **Schönheit** a beautiful woman; **eine Angelegenheit** ~ **größter Wichtigkeit** an extremely important matter ❽ (*veraltend: Zusammensetzung*) of; **ein Strauß** ~ **Rosen** a bunch of roses; **ein Ring** ~ **purem Gold** a ring made of pure gold ❾ (*bei Maßangaben*) of; **ein Kind** ~ **sieben Jahren** a seven year old child; **eine Pause** ~ **zehn Minuten** a ten minute break; **einen Abstand** ~ **zwei Metern** a distance of two metres; **Städte** ~ **über 100.000 Einwohnern** cities with over 100,000 inhabitants ❿ (*bei deutschem Adelstitel*) von ▸ WENDUNGEN: ~ **wegen!** (*fam*) not a chance!, no way! *fam;* ~ **wegen verschwiegen, das ist die größte Klatschbase, die ich kenne** no way will she keep that quiet, she's the biggest gossip I know!

von·ein·an·der [fɔnʔai'nandɐ] *adv* ❶ (*einer vom anderen*) from each other, from one another; **wir könnten viel** ~ **lernen** we could learn a lot from each other; **wir haben lange nichts** ~ **gehört** we haven't been in touch with each other for a long time ❷ (*Distanz betreffend*) from each other, from one another; **die beiden Ortschaften sind 20 Kilometer** ~ **entfernt** the two towns are twenty kilometres apart; **wir wohnen gar nicht so weit** ~ **weg** we don't live very far away from each other

von·nö·ten [fɔn'nø:tn̩] *adj* (*geh*) ■~ **sein** to be necessary

von·stat·ten|ge·henRR [fɔn'ʃtatn̩-] *vi irreg sein* [**irgendwie**] ~ to take place [in a certain manner]; **die Vorführung ging mit ein paar kleineren Pannen vonstatten** the demonstration went off with a few minor hiccups

vor [foːɐ̯] **I.** *präp* ❶ *+dat* (*davor befindlich*) ■~ **jdm/etw** in front of sb/sth; **eine Binde** ~ **den Augen tragen** to have a bandage over one's eyes; **ich sitze zwölf Stunden am Tag** ~ **dem Bildschirm!** I spend twelve hours a day sitting in front of a screen!; **sie ließ ihn** ~ **sich her gehen** she let him go in front of her; ~ **sich hin summen** (*fam*) to hum to oneself; ~ **Gott sind alle gleich** in the eyes of God everyone is equal; **der Unfall geschah 2 km** ~ **der Stadt** the accident happened 2 km outside the town; ~ **Gericht/dem Richter stehen** (*fig*) to stand before the court/judge; ~ **etw davonlaufen** (*fig*) to run away from sth; ~ **Zuschauern** [*o* **Publikum**] in front of spectators; **sich** ~ **jdm schämen** to feel ashamed in front of sb; **etw** ~ **Zeugen erklären** to declare sth in front of witnesses; (*gegen*) from; **sich** ~ **jdm/etw schützen** to protect oneself from sb/sth; (*in Bezug auf*) regarding, with regards to; **jdn** ~ **jdm warnen** to warn sb about sb ❷ *+akk* (*frontal gegen*) ■~ **jdn/etw** in front of; **jdn** ~ **ein Ultimatum stellen** to give sb an ultimatum; **sich ~ jdn stellen** *(fig)* to put oneself in front of sb; **setz dich bitte nicht direkt ~ mich** please don't sit directly in front of me; **der Sessel kommt ~ den Fernseher** the armchair goes in front of the television; **das Auto prallte frontal ~ die Mauer** the car hit the wall head on ❸ *+dat* *(eher)* ■ **~ etw/jdm** before sth/sb; **vor kurzem/wenigen Augenblicken/hundert Jahren** a short time/few moments/hundred years ago; **wenn du dich beeilst, kannst du noch ~ Dienstag in Berlin sein** if you hurry, you can be in Berlin before Tuesday; **es ist zehn ~ zwölf** it is ten to twelve; **~ jdm am Ziel sein** to get somewhere before sb else [arrives]; **ich wette, dass ich ~ dir am See bin** I bet I'm at the lake before you; **ich war ~ dir dran** I was before you ❹ *+dat* *(bedingt durch)* ■ **~ etw** *dat* with sth; **starr ~ Schreck** rigid with horror; **~ Furcht/Kälte zittern** to shake with fear/cold; **~ Wut rot anlaufen** to turn red with rage; **~ Schmerz schreien** to cry out in pain; **ich konnte ~ Schmerzen die ganze Nacht nicht schlafen** I couldn't sleep all night because of the pain; *s. a.* **Christus, Ding II.** *adv* ❶ *(nach vorne)* forward; **~ und zurück** backwards and forwards; **Freiwillige ~!** volunteers one step forward! ❷ *(fam: davor)* of sth; **da habe ich Angst ~** I'm afraid of that; **da hat er sich ~ gedrückt** he got out of that nicely *fam*

vor·ab [foːɐ̯ˈʔap] *adv* first, to begin with; **~ einige Informationen** let me first give you some information; **über Änderungen des Plans möchte ich bitte ~ informiert werden** I would like to be told first about any changes to the plan

Vor·abend <-s,-e> [ˈfoːɐ̯ʔaːbn̩t] *m* **am ~ [einer S.** *gen***]** on the evening before [sth], on the eve [of sth] **Vor·ah·nung** *f* presentiment, premonition; **~en haben** to have a premonition

vo·ran [foˈran] *adv* ❶ *(vorn befindlich)* first; **~ geht die Entenmutter, und dann kommen die Küken** the mother duck goes first followed by the ducklings; **da kommen die Schüler von der Wanderung, mit den Lehrern ~** the pupils are returning from the hike, led by their teachers ❷ *(vorwärts)* forwards; **immer langsam ~!** gently does it!; **~, wir müssen weiter!** let's get moving, we must continue!; **~, nicht aufgeben, bald sind wir daheim** come on, don't give up, we'll soon be home

vo·ran|brin·gen [foˈranbrɪŋən] *vt irreg* *(fördern, weiterbringen)* ■ **etw ~** to advance sth; **die Entschlüsselung der DNS-Moleküle hat die Genforschung weit vorangebracht** the decoding of the DNA molecule advanced genetic research enormously; ■ **jdn ~** to allow sb to advance; **diese Erfindung brachte die Raumfahrtexperten um Jahrzehnte voran** this invention allowed space experts to advance decades **vo·ran|ge·hen** *vi irreg sein* ❶ *(an der Spitze gehen)* ■ **[jdm] ~** to go ahead [*or* in front] [of sb]; **geht ihr mal voran, ihr kennt den Weg** you go ahead, you know the way; ■ **jdn ~ lassen** to let sb go ahead [*or* lead the way] ❷ *a impers* *(Fortschritte machen)* to make progress; **die Arbeiten gehen zügig voran** rapid progress is being made with the work; **die Vorbereitungen gehen gut voran** preparations are progressing [*or* coming along] nicely; ■ **[mit etw** *dat***] geht es voran** to make progress [with sth]; **mit den Vorbereitungen für die Veranstaltung ist es bisher zügig vorangegangen** rapid progress has been made so far with the preparations for the event ❸ *(einer Sache vorausgehen)* to precede sth; **in den vorangegangenen Wochen** in the previous weeks; **dem Projekt gingen lange Planungsphasen voran** the project was preceded by long phases of planning **vo·ran|kom·men** *vi irreg sein* ❶ *(vorwärtskommen)* to make headway ❷ *(Fortschritte machen)* ■ **[mit etw** *dat***] ~** to make progress [with sth]; **ich komme jetzt besser voran** I'm making better progress now; **wie kommt ihr voran mit der Arbeit?** how are you getting along with the work?

Vor·an·kün·di·gung *f* advance notice **Vor·an·mel·dung** [ˈfoːɐ̯ʔanmɛldʊŋ] *f* appointment, booking

vo·ran|pu·schen *vt* *(fam)* ■ **jdn/etw ~** *(vorantreiben)* to push [*or* drive] sb/sth on [*or* forward]

Vor·an·schlag *m* estimate **Vor·ar·beit** *f* groundwork, preliminary [*or* preparatory] work; **[gute] ~ leisten** to prepare the ground [well] *a fig;* **es ist noch einige ~ zu leisten** there's still some preparatory work to do

vor|ar·bei·ten I. *vt* *(durch vorherige Mehrarbeit erarbeiten)* ■ **etw ~** to work sth in advance; **ich habe länger Urlaub, weil ich ein paar Tage vorgearbeitet habe** I have got a longer holiday because I have worked a few days ahead **II.** *vi* *(fam)* ❶ *(im Voraus arbeiten)* to do some work in advance ❷ *(Vorarbeit leisten)* ■ **[jdm/für jdn] ~** to do some work in advance [for sb]; **Sie haben wirklich ganz ausgezeichnet vorgearbeitet** you've really done some excellent work in advance **III.** *vr* *(vorankommen)* ■ **sich** *akk* **[durch etw** *akk***] ~** to work one's way forward [through sth]; **sie mussten sich durch dichten Dschungel ~** they had to work their way forward through thick jungle; **seine Frau hat sich bis in die höchste Position vorgearbeitet** his wife has worked her way up to the highest position; ■ **sich** *akk* **[zu jdm/etw] ~** to work one's way through [to sb/sth]; **sie arbeiteten sich zu den eingeschlossenen Bergleuten vor** they worked their way through to the miners who had been cut off

Vor·ar·bei·ter(in) *m(f)* foreman *masc*, forewoman *fem*

Vor·arl·berg [ˈfoːɐ̯ʔarlbɛrk] Vorarlberg

vo·raus [foˈraus] *adv* in front, ahead; **Achtung, ~ sehen wir jetzt die Ruine der Burg** your attention please, we can now see in front of us the castle ruins; **die nächste Autobahntankstelle liegt etwa 30 Kilometer ~** the next motorway petrol station is about thirty kilometres further on; **jdm [in/auf etw** *dat***] ~ sein** to be ahead of sb [in sth]; **seiner Zeit [weit] ~ sein** to be [far] ahead of one's time; **die Konkurrenz ist uns etwas ~** the competition has a bit of a lead over us; **im V~** in advance

vo·raus|be·rech·nen* *vt* ■ **etw ~** to calculate sth in advance; **die Projektkosten lassen sich ziemlich exakt ~** the costs involved in the project can be calculated fairly accurately in advance **vo·raus|be·stim·men*** *vt* ■ **etw ~** to determine sth in advance; **der Verlauf einer Erkrankung kann nicht immer genau vorausbestimmt werden** the exact course of an illness cannot always be determined in advance; **manche glauben, das Schicksal sei dem Menschen bereits vorausbestimmt** some believe that a person's fate is predetermined **vo·raus·bli·ckend** *adj* *(geh)* *s.* **vorausschauend vo·raus|fah·ren** *vi irreg sein* to drive [*or* go] on ahead; **dem Umzug fährt immer ein Polizeiwagen ~** a police car always drives ahead of the procession; **fahr du voraus, ich folge dir** go on ahead, I'll follow you **vo·raus|ge·hen** [foˈrausgeːən] *vi irreg sein* to go on ahead; **die anderen wollten nicht warten und sind schon vorausgegangen** the others didn't want to wait and have already gone on ahead; **dem Unwetter geht meistens ein Sturm voraus** bad weather is usually preceded by a storm

vo·raus·ge·setzt *adj* ■ **~, [dass]** ... provided [that]; *s. a.* **voraussetzen**

vo·raus|ha·ben *vt irreg* ■ **[jdm] etw/viel/nichts ~** to have the/a great/no advantage of sth [over sb]; ■ **[jdm] an etw/nichts an etw** *dat* **~** to have an/no advantage [over sb] with regard to sth; **was er an Spezialkenntnissen mehr hat, das hat sie ihm an Lebenserfahrung voraus** she has the advantage of experience of life over his greater degree of specialist knowledge

Vo·raus·sa·ge <-, -en> *f* prediction **vo·raus|sa·gen** *vt* ■ **[jdm] etw ~** to predict sth [to sb]; **der exakte Verlauf der Klimaveränderungen ist schwer vorauszusagen** the exact course of the climatic changes is difficult to predict **vo·raus·schau·end I.** *adj* foresighted; **ein ~er Mensch** a person with foresight [*or* vision] **II.** *adv* foresightedly; **~ fahren** to be alert

V

to potential dangers while driving; **bei langfristigen Projekten muss ~ geplant werden** with long-term projects planning must be conducted with an eye to the future **vo·raus|schi·cken** *vt* ❶ (*vor jdm losschicken*) ■**jdn/etw** ~ to send sb/sth on ahead; **wir schicken immer das schwere Gepäck** ~ we always send heavy luggage on ahead ❷ (*geh: vorher sagen*) ■**etw** ~ to say sth in advance; **ich möchte erst eine Vorbemerkung** ~ I would like to make a statement in advance; ■~**, dass** to say in advance that **vo·raus·seh·bar** *adj inv* foreseeable, predictable **vo·raus|se·hen** *vt irreg* ■**etw** ~ to foresee sth; ■~**, dass** to foresee that; **das war vorauszusehen!** that was to be expected!

vo·raus|set·zen *vt* ❶ (*als selbstverständlich erachten*) ■**etw** ~ to assume sth; **deine Zustimmung ~d habe ich den Auftrag angenommen** assuming you would agree, I have accepted the order; **gewisse Fakten muss ich als bekannt** ~ I have to assume that certain facts are known; **ein Kind sollte die Liebe seiner Eltern ~ dürfen** a child should be able to take his parents' love for granted; **wenn man voraussetzt, dass** assuming that ❷ (*erfordern*) ■**etw** ~ to require [*or* demand] sth; **diese Position setzt besondere Kenntnisse voraus** this position requires special knowledge

Vo·raus·set·zung <-, -en> *f* (*Vorbedingung*) prerequisite, precondition; **unter der ~, dass** on condition that; **unter bestimmten ~en** under certain conditions; **er hat für diesen Job nicht die richtigen ~en** he hasn't got the right qualifications for this job; (*Prämisse, Annahme*) assumption, premise; **von falschen ~en ausgehen** to begin with a false assumption; **der Schluss beruht auf der irrigen ~, dass noch genügend Rohstoffe vorhanden sind** this conclusion is based on the false assumption that there are enough available raw materials

Vo·raus·sicht *f kein pl* foresight; **in weiser** ~ (*hum*) with great foresight; **aller ~ nach** in all probability **vo·raus·sicht·lich** [foˈrausz͜ɪçtlɪç] **I.** *adj* (*erwartet, vermutet*) expected; **~e Ankunft** expected arrival; **wir bedauern die ~e Verspätung des Zuges** we apologize for the expected delay to the train **II.** *adv* (*wahrscheinlich*) probably **Vo·raus·zah·lung** *f* advance payment, payment in advance; **eine ~ leisten** to make [*or* put down] an advance payment

Vor·bau <-[e]s, -bauten> [ˈfoːɐ̯bau, *pl* -bautən] *m* ❶ (*vorspringender Gebäudeteil*) porch; **ein überdachter** ~ a porch with a roof ❷ (*hum fam: Busen*) **die Kellnerin hat einen ziemlichen** ~ the waitress is fairly well-endowed [*or* well-stacked]

vor|bau·en I. *vt* (*als Vorbau anfügen*) ■**[einer S.** *dat*] **[etw]** ~ to build sth onto the front [of a thing]; **wir wollen dem Haus eine Veranda** ~ we want to build a veranda onto the house **II.** *vi* to take precautions; **wir haben vorgebaut und Geld für den Notfall gespart** we've taken precautions and have put away some money for emergencies *pl;* **er hat mit einer Lebensversicherung fürs Alter vorgebaut** he has made provision for his old age with a life assurance policy; ■**[einer S.** *dat*] ~ to prevent [a thing]; **ich will einem möglichen Missverständnis** ~ I want to prevent a possible misunderstanding ▸ WENDUNGEN: **der kluge Mann baut vor** (*prov*) a wise man makes provisions *pl* for the future

Vor·be·dacht [ˈfoːɐ̯bədaxt] *m* **aus/mit/voll** ~ deliberately, intentionally; **ohne** ~ unintentionally

Vor·be·din·gung *f* precondition

Vor·be·halt <-[e]s, -e> [ˈfoɐ̯bəhalt] *m* reservation; **~e gegen etw** *akk* **haben** to have reservations about sth; **ohne** ~ without reservation, unreservedly; **unter** ~ with reservations *pl;* **unter dem ~, dass** with the reservation that, under the proviso that

vor|be·hal·ten* *vt irreg* ■**sich** *dat* **[etw]** ~ to reserve [sth] for oneself; **Änderungen** ~ (*geh*) subject to alterations; **alle Rechte** ~ (*geh*) all rights reserved; **ich behalte mir das Recht vor, meine Meinung zu ändern** I reserve the right to change my opinion; **[jdm] ~ bleiben** to leave sth [to sb]; **das sind unsere Vorstellungen, die Entscheidung bleibt natürlich Ihnen** ~ those are our ideas, the decision will be left to you of course

vor·be·halt·lich I. *präp +gen* (*geh: unter dem Vorbehalt*) ■~ **einer S.** *gen* subject to sth; ~ **behördlicher Genehmigung** subject to permission from the relevant government department **II.** *adj* (*geh: unter Vorbehalt erfolgend*) **eine ~e Genehmigung** conditional approval

vor·be·halt·los I. *adj* unconditional, unreserved; **die Maßnahmen der Regierung genießen unsere ~e Zustimmung** we unreservedly approve of the measures taken by the government **II.** *adv* unreservedly, without reservation

vor·bei [foːɐ̯ˈbai] *adv* ❶ (*vorüber*) ■~ **an etw** *dat* past sth; **es war eine schöne Wanderung ~ an Wiesen und Wäldern** it was a lovely walk past meadows and forests; **wir sind schon an München** ~ we have already passed [*or* gone past] Munich; **~!** missed!; **schon wieder ~, ich treffe nie** missed again, I never score/hit the mark ❷ (*vergangen*) ■~ **sein** to be over; **zum Glück ist die Prüfung jetzt endlich** ~ fortunately the exam is now finally over; **die Zeit der fetten Jahre ist** ~ gone are the years of plenty!; **es ist drei Uhr** ~ it's gone three o'clock; **[mit etw/jdm] ~ sein** to be the end [of sth/sb]; **mit meiner Geduld ist es** ~ I've lost patience; **mit der schönen Zeit war es** ~ the good times were over; **bald wird es mit ihm ~ sein** (*fig*) he will soon be dead; **mit uns ist es** ~ (*fam*) it's over between us; **aus und** ~ over and finished; **~ ist ~** what's past is past

vor·bei|brin·gen *vt irreg* (*fam*) ■**[jdm] etw** ~ to drop sth off [*or* BRIT round] [for sb] *fam;* **wir bringen Ihnen Ihre Pizza zu Hause vorbei** we'll deliver your pizza to your doorstep; **ich möchte Ihnen Ihr Geburtstagsgeschenk** ~ I would like to drop off your birthday present **vor·bei|dür·fen** *vi irreg* (*fam*) ■**[irgendwo]** ~ to be allowed past [somewhere]; **entschuldigen Sie, darf ich gerade mal hier vorbei?** excuse me, can I just get through here? **vor·bei|fah·ren** *irreg* **I.** *vt haben* (*fam: hinbringen*) ■**jdn [bei jdm]** ~ to drop sb off [at sb's]; **kannst du mich bei Wilfried ~?** could you drop me off at Wilfried's? **II.** *vi sein* ❶ (*vorüberfahren*) ■**[an jdm/etw]** ~ to drive past [sb/sth]; **der Wagen ist eben hier vorbeigefahren** the car drove past here a few moments ago; **ich habe im V~ nicht genau sehen können, was auf dem Schild stand** I couldn't exactly see in passing what was on the sign ❷ (*fam: kurz aufsuchen*) ■**[bei jdm/etw]** ~ to call [*or* drop] in [at sb's/sth]; **ich möchte auf dem Rückweg noch bei meiner Tante** ~ I would like to call in at my aunt's on the way home; **ich fahre erst noch beim Supermarkt vorbei** I'm just going to call in at the supermarket first **vor·bei|ge·hen** [foːɐ̯ˈbaigeːən] *vi irreg sein* ❶ (*vorübergehen*) to go past [*or* by]; ■**[an jdm/etw]** ~ to go past [sb/sth]; **sie ging dicht an uns vorbei, erkannte uns aber nicht** she walked right past us, but didn't recognize us; **er ging an den Schönheiten der Natur vorbei** he walked past the things of natural beauty; (*überholen*) to overtake; **der Russe geht an dem Briten vorbei** the Russian is overtaking the Briton; (*danebengehen*) to miss [sb/sth]; **du musst genau zielen, sonst geht der Schuss am Ziel vorbei** you must aim accurately, otherwise your shot will miss the target; ■**im V~** in passing; **im V~ konnte ich nichts Ungewöhnliches feststellen** I didn't notice anything unusual in passing ❷ (*fam: aufsuchen*) ■**[bei jdm/etw]** ~ to call [*or* drop] in [at sb's/sth]; **gehe doch bitte auf dem Rückweg bei der Apotheke vorbei** please could you drop in at the chemist's on the way back ❸ (*vergehen*) ■**etw geht vorbei** sth passes; **irgendwann geht die Enttäuschung vorbei** the disappointment will pass sometime or other; **keine Gelegenheit ungenutzt ~ lassen** (*fig*) to not let an opportunity slip [*or* pass] **vor·bei|kom·men** *vi irreg sein* ❶ (*passieren*) to pass; **wir sind an vielen schönen Häusern vorbeigekommen** we passed many beautiful houses; **sag Bescheid, wenn wir an einer Telefonzelle** ~ let me know when we pass a telephone box ❷ (*fam: besuchen*) ■[**bei jdm**] ~ to call [*or* drop] in [at sb's]; **komm doch mal bei mir vorbei, wenn du in der Gegend bist** drop in at my place when you're in the area ❸ (*vorübergelangen können*) ■[**irgendwo** [*o* **an etw/jdm**]] [**nicht**] ~ to [not] get past [*or* by] [somewhere [*or* sth/sb]]; **an einen Hindernis** ~ to get past an obstacle; **an einer Wache** ~ to get past a guard; **an dieser Tatsache kommen wir nicht vorbei** (*fig*) we can't escape this fact; **nicht daran ~, dass** (*fig*) not to be able to get around [*or* BRIT round] the fact that; **wir kommen nicht daran vorbei, dass wir verantwortlich sind** we can't get round the fact that we're responsible **vor·bei|kön·nen** *vi irreg* ■[**irgendwo/an jdm**] ~ to be able to get past [*or* by] [somewhere/sb]; **entschuldigen Sie, kann ich mal vorbei?** excuse me, may I get past?; **es kann keiner an mir vorbei, ohne bemerkt zu werden** nobody can get past me without being noticed **vor·bei|las·sen** *vt irreg* ❶ (*vorbeigehen lassen*) ■**jdn/etw** [**an jdm**] ~ to let sb/sth past [sb]; **lassen Sie uns bitte vorbei, wir müssen zu den Verletzten!** let us through please, we must get to the injured!; **er ließ mich nicht an sich vorbei** he wouldn't let me [get] past him; **Linksabbieger müssen erst den geradeaus fahrenden Verkehr** ~ vehicles turning left must give way to oncoming traffic ❷ (*verstreichen lassen*) to let sth go by; **eine Gelegenheit ungenutzt** ~ to let an opportunity slip **vor·bei|lau·fen** *vi* ■[**an etw/jdm**] ~ to walk past [*or* by] [sb/sth] **Vor·bei·marsch** *m* march-past **vor·bei|mar·schie·ren*** *vi* ■[**an etw/jdm**] ~ to march past [*or* by] [sth/sb] **vor·bei|re·den** *vi* to skirt around [*or* BRIT round] sth; **am Thema** ~ to miss the point; **aneinander** ~ to be talking at cross purposes *pl* **vor·bei|schau·en** *vi* (*fam: besuchen*) ■[**bei jdm/etw**] ~ to look in [on sb/sth]; **hast du auf dem Nachhauseweg noch mal bei Mutter vorbeigeschaut?** did you look in on mother on the way home? **vor·bei|schie·ßen** *vi irreg* ❶ *haben* (*danebenschießen*) ■[**an jdm/etw**] ~ to miss [sb/sth] ❷ *sein* (*eilig vorbeilaufen*) ■[**an jdm/etw**] ~ to shoot past [sb/sth] **vor·bei|schleu·sen** *vt* (*fam*) **Gelder am Finanzamt** ~ to run secret accounts; **Gelder an offiziellen Konten** ~ to channel funds into secret accounts **vor·bei|schram·men** *vi sein* (*fam*) ■[**an etw** *dat*] ~ to escape [sth] by the skin of one's teeth **vor·bei|zie·hen** *vi irreg sein* ❶ (*vorüberziehen*) ■[**an jdm/etw**] ~ to pass by [sb/sth]; *Wolken, Rauch* to drift past; **die Ereignisse in der Erinnerung ~ lassen** (*fig fam*) to let events go through one's mind ❷ (*überholen*) ■[**an jdm**] ~ to pull past [sb]

vor·be·las·tet *adj* at a disadvantage; **erblich ~ sein** to have an inherited defect

Vor·be·mer·kung *f* preface, foreword

vor|be·rei·ten* **I.** *vt* ❶ (*im Voraus bereiten*) ■**etw** [**für etw** *akk*] ~ to prepare sth [for sth] ❷ (*einstimmen, einstellen*) ■**jdn** [**auf etw** *akk*] ~ to prepare sb [for sth] **II.** *vr* ■**sich** *akk* [**auf etw** *akk*] ~ to prepare oneself [for sth]; **ich möchte dich auf eine unangenehme Nachricht ~!** I would like you to prepare yourself for some bad news!; **wir bereiten uns auf ihre Ankunft vor** we're preparing for her arrival; ■**sich** *akk* **für etw** *akk* ~ to prepare oneself for sth; **sich** *akk* **für eine Prüfung** ~ to prepare for an exam

vor·be·rei·tend *adj attr* preparatory

vor·be·rei·tet *adj* ❶ (*vorher erledigt, hergestellt*) prepared ❷ (*eingestellt*) ■[**auf etw/jdn**] ~ **sein** to be prepared [for sth/sb]

Vor·be·rei·tung <-, -en> *f* preparation; **~en** [**für etw** *akk*] **treffen** to make preparations [for sth]

Vor·be·spre·chung *f* preliminary discussion [*or* meeting]

vor|be·stel·len* *vt* ■**etw** ~ to order sth in advance, to reserve; **ich möchte bitte zwei Karten** ~ I'd like to book two tickets please **Vor·be·stel·lung** *f* advance booking [*or* order]

Vor·be·stim·mung <-, -en> *f* fate; ■**es war ~, dass** it was fate, that; **an ~ glauben** to believe in fate

vor·be·straft *adj* (*fam*) previously convicted; **mehrfach ~ sein** to have a previous convictions; **nicht ~ sein** to not have a criminal record [*or* a previous conviction]; ■[**wegen etw** *dat*] ~ **sein** to have a previous conviction [for sth]

Vor·be·straf·te(r) *f(m) decl wie adj* person with a previous conviction

vor|be·ten **I.** *vt* (*fam: hersagen*) ■[**jdm**] **etw** ~ to hold forth on/about sth [to sb]; **er hat uns die ganzen Gesetze vorgebetet** he held forth to us about all the laws **II.** *vi* (*als Vorbeter tätig sein*) to lead the prayer[s]

Vor·be·ter(in) *m(f)* prayer leader

vor|beu·gen **I.** *vt* (*nach vorne beugen*) ■**etw** ~ to bend sth forward; **den Kopf** ~ to bend [one's head] forward; **beuge den Oberkörper nicht zu weit vor, sonst verlierst du das Gleichgewicht!** don't lean too far forward, or you'll lose your balance **II.** *vi* (*Prophylaxe betreiben*) ■[**etw** *dat*] ~ to prevent sth; **einer Krankheit/Gefahr** ~ to prevent an illness/danger; **in Zeiten erhöhter Erkältungsgefahr beuge ich vor** in times of increased risk of colds I take preventive measures ▶ WENDUNGEN: **~ ist besser als heilen** (*prov*) prevention is better than cure *prov* **III.** *vr* ■**sich** *akk* ~ to lean forward

vor·beu·gend **I.** *adj* preventive, preventative; **eine ~e Maßnahme** a preventive measure **II.** *adv* as a precautionary measure; **sich** *akk* ~ **impfen lassen** to be vaccinated as a precaution

Vor·beu·gung <-, -en> *f* prevention; **regelmäßiges Zähneputzen dient der ~ gegen Karies** regular brushing of one's teeth helps prevent tooth decay; **zur** ~ [**gegen etw** *akk*] as a prevention [*or esp* BRIT prophylactic] [against sth]

Vor·beu·gungs·maß·nah·me *f* preventative measure

Vor·bild <-[e]s, -er> ['fo:ɐ̯bɪlt] *nt* example; **nach dem ~ von ...** following the example set by ...; **ihr Vater war ihr großes** ~ her father was a great example for her; **ein leuchtendes/schlechtes** ~ a shining/poor example; [**jdm**] **als ~ dienen** to serve as an example [for sb]; [**sich** *dat*] **jdn zum ~ nehmen** to model oneself on sb; **das ist ohne** ~ (*fig*) that has no equal

Vor·bild·funk·ti·on *f* exemplary function

vor·bild·lich **I.** *adj* exemplary **II.** *adv* in an exemplary manner; **sie haben sich ~ benommen** they behaved in an exemplary manner

Vor·bil·dung *f kein pl* educational background; (*allgemeiner*) previous experience **Vor·bo·te** *m* harbinger, herald

vor|brin·gen *vt irreg* ■**etw** *akk* [**gegen etw** *akk* [*o* **zu etw** *dat*]] ~ to have sth to say [about sth]; **ein Argument** ~ to put forward [*or* present] [*or* offer] an argument; **eine Meinung** ~ to voice [*or* express] [*or* offer] one's opinion; **Bedenken** ~ to express one's misgivings; **einen Einwand** ~ to raise [*or* make] [*or* lodge] an objection; **Fakten** ~ to cite facts; **bitte beschränken Sie sich lediglich auf die Fakten** please stick to the facts; **darf ich eine Frage** ~ may I raise a question

Vor·dach *nt* ARCHIT canopy **vor|da·tie·ren*** [fo:ɐ̯dati:rən] *vt* ■**etw** ~ to post-date sth **Vor·den·ker(in)** *m(f)* progressive thinker

Vor·der·ach·se *f* AUTO front axle **Vor·der·an·sicht** *f* front view **Vor·der·aus·gang** *m* front exit **Vor·der·bein** *nt* ZOOL foreleg **Vor·der·deck** *nt* NAUT foredeck

vor·de·re(r, s) ['fɔrdərə, -rɐ, -rəs] *adj* front; **die Explosion zerstörte den ~n Bereich des Domes** the explosion destroyed the front [section [*or* part]] of the cathedral

Vor·der·ein·gang *m* front entrance **Vor·der·front** *f* frontage **Vor·der·grund** *m a.* KUNST, FOTO foreground; **sich** *akk* **in den ~ drängen** [*o* **schieben**] to push oneself to the fore; **etw** *akk* **in den ~ rücken** [*o* **stellen**] to give priority to sth; **im ~ stehen** to be the centre [*or* AM -er] of attention; **in den ~ treten** to come to the fore **vor·der·grün·dig** **I.** *adj* superficial **II.** *adv* at first glance **Vor·der·haus** *nt* front part of a house, part of a house which faces the street **Vor·der·la·der** <-s, -> *m* (*Waf-*

V

fenart) muzzle-loader **Vor·der·lauf** *m* JAGD foreleg **Vor·der·mann** *m* ■**jds** ~ person in front of sb ▶WENDUNGEN: **etw/jdn auf** ~ **bringen** (*fam*) to lick sth/sb into shape **Vor·der·pfo·te** *f* ZOOL front paw, fore-paw **Vor·der·rad** *nt* front wheel **Vor·der·rad·an·trieb** *m* AUTO front-wheel drive; **mit** ~ [with] front-wheel drive; **ein Wagen mit** ~ a car with front-wheel drive [*or* front-wheel drive car] **Vor·der·rei·fen** *m* front tyre [*or* AM tire] **Vor·der·schin·ken** *m* KOCHK shoulder ham *no indef art, no pl*, shoulder of ham **Vor·der·sei·te** *f* front [side] **Vor·der·sitz** *m* front seat

vor·der·ste(r, s) ['fɔrdɐstə, -ste, -stəs] *adj superl von* **vordere(r, s)** foremost; **die** ~**n Plätze/Reihen** the seats/rows at the very front

Vor·ders·te(r) ['fɔrdɐstə, -stɐ] *f(m) decl wie adj* person at the front; **wir waren die** ~**n in der Schlange** we were at the head of the queue

Vor·der·teil ['fɔrdɐtail] *m o nt* front [part]

Vor·di·plom *nt* SCH intermediate diploma (*first part of the final exams towards a diploma*)

vor|drän·geln *vr*, **vor|drän·gen** *vr* ■**sich** ~ to push to the front

vor|drin·gen *vi irreg sein* ❶ (*vorstoßen*) ■**[bis] irgendwohin** ~ to reach [*or* get as far as] somewhere; **wir müssen bis zum Fluss** ~**, dann sind wir gerettet** we must get as far as the river, then we'll be saved ❷ (*gelangen*) ■**[bis] zu jdm** ~ to reach [*or* get as far as] sb; **ist die Nachricht seines Rücktritts bis zu dir vorgedrungen?** have you heard that he's resigned? ❸ (*beim Lesen angelangen*) ■**[bis] irgendwohin** ~ to read [*or* get] as far as somewhere; **ich bin erst bis Seite 35 vorgedrungen** I've only reached page 35 [so far]

vor·dring·lich ['fo:ɐ̯drɪŋlɪç] **I.** *adj* urgent, pressing **II.** *adv* as a matter of urgency; **hier ist eine Liste der** ~ **zu besprechenden Punkte** here is a list of the points which urgently need discussing [*or* are in most urgent need of discussion]

Vor·druck <-drucke> *m* form

vor·ehe·lich *adj attr* pre-marital

vor·ei·lig ['fo:ɐ̯ʔailɪç] **I.** *adj* rash, over-hasty **II.** *adv* rashly, hastily; **sich** *akk* ~ **entschließen** to make a rash [*or* an over-hasty] decision; ~ **schließen, dass ...** to jump to the conclusion that ...; **diese Entscheidung ist zu** ~ **erfolgt** this decision was taken too hastily; **man sollte sich hüten,** ~ **über andere Menschen zu urteilen** one should be careful not to be too quick to judge others

vor·ein·an·der [fo:ɐ̯ʔai'nandɐ] *adv* in front of one another [*or* each other]; **Angst** ~ **haben** to be afraid of each other [*or* one another]; **Geheimnisse** ~ **haben** to have secrets from each other [*or* one another]; **Respekt** ~ **haben** to have respect for each other [*or* one another]; **sich** *akk* ~ **schämen/genieren** to be ashamed/embarrassed to look each other in the face [*or* in the eye]

vor·ein·ge·nom·men ['fo:ɐ̯ʔaingənɔmən] *adj* prejudiced; ■~ **sein [gegenüber jdm]** to be prejudiced [against sb]; **die Prüfer waren mir gegenüber** ~ the examiners were biased against me

Vor·ein·ge·nom·men·heit <-> *f kein pl* prejudice

Vor·ein·stel·lung *f* INFORM previously installed setting

vor|ent·hal·ten* ['fo:ɐ̯ʔɛnthaltn̩] *vt irreg* ■**[jdm] etw** *akk* ~ to withhold [*or* keep] sth [from sb]

Vor·ent·schei·dung *f* ❶ (*Entscheidung vorwegnehmender Beschluss*) preliminary decision ❷ SPORT (*entscheidendes Zwischenergebnis*) preliminary round; **das 2:0 war so etwas wie eine** ~ **im heutigen Spiel** today's game was [as good as] decided when the 2-0 was scored [*or* lead was extended to 2-0]

vor·erst ['fo:ɐ̯ʔe:ɐ̯st] *adv* for the time being, for the present [*or* moment]; **ich habe** ~ **noch nichts erfahren können** I haven't been able to find out anything as yet

Vor·fahr(in) <-en, -en> ['fo:ɐ̯fa:ɐ̯] *m(f)* forefather, ancestor

vor|fah·ren *irreg* **I.** *vi sein* ❶ (*vor ein Gebäude fahren*) ■**[in/mit etw** *dat*] ~ to drive up [in sth] ❷ (*ein Stück weiterfahren*) to move up [*or* forward]; **fahren Sie bitte vor, hier dürfen Sie nicht halten!** can you move on please, you're not allowed to stop here! ❸ (*früher fahren*) to go [*or* drive] on ahead **II.** *vt haben* ❶ (*weiter nach vorn fahren*) ■**etw** ~ to move sth up [*or* forward] ❷ (*vor ein Gebäude fahren*) ■**etw** ~ to bring sth around [*or* BRIT *a.* round]; ■**etw** *akk* ~ **lassen** to have sth brought around [*or* BRIT *a.* round], to send for sth

Vor·fahrt ['fo:ɐ̯fa:ɐ̯t] *f kein pl* TRANSP right of way; ~ **haben** to have [the] right of way; **jdm die** ~ **nehmen** to fail to give way to sb

Vor·fahrts·schild *nt* right of way sign **Vor·fahrts·stra·ße** *f* main [*or* major] road **Vor·fahrts·zei·chen** *nt s.* **Vorfahrtsschild**

Vor·fall *m* ❶ (*Geschehnis*) incident, occurrence; **dieser** ~ **darf nicht an die Öffentlichkeit dringen** this incident must not become public [knowledge] ❷ MED (*Prolaps*) prolapse

vor|fal·len *vi irreg sein* to happen, to occur *form;* **ist irgendwas vorgefallen, du bist so nervös?** has anything happened, you seem so nervous?

Vor·feld *nt* ❶ MIL (*Gelände vor Stellung*) approaches *pl;* **das** ~ **der Stellungen war vermint und mit Stacheldrahtverhauen versehen worden** the approaches to the placements were mined and covered with barbed wire ❷ LUFT apron ▶WENDUNGEN: **im** ~ **von etw** *dat* in the run-up to sth **Vor·film** *m* FILM supporting film

vor|fi·nan·zie·ren* *f* FIN ■**[jdm] etw** *akk* ~ to pre-finance sth [for sb], to provide advance financing [to sb] for sth

vor|fin·den *vt irreg* ■**jdn/etw** ~ to find sb/sth; **jdn krank/wohlauf** ~ to find sb unwell/in good health; **Sie werden eine nervöse Gereiztheit** ~**, wenn Sie dort sind** you'll notice a nervous irritability while you're there

Vor·freu·de *f* [excited] anticipation; ■**die** [*o* **jds**] ~ **[auf etw** *akk*] the/sb's [excited] anticipation [of sth] **Vor·früh·ling** *m* early [taste of] spring

vor|füh·len *vi* to put [*or* send] out a few feelers; ■**bei jdm** ~ to sound sb out *sep*

vor|füh·ren *vt* ❶ MODE (*präsentieren*) ■**[jdm] etw** *akk* ~ to model sth [for sb]; **darf ich Ihnen wohl unser neuestes Modell** ~**?** please allow me to show you our new model ❷ (*darbieten*) ■**[jdm] etw** *akk* ~ to perform sth [for sb] ❸ JUR (*in den Gerichtssaal bringen*) ■**jdn** ~ to bring in sb *sep;* **jdn dem Richter** ~ to bring sb before the judge ❹ (*fam: bloßstellen*) ■**jdn** ~ to show sb up

Vor·führ·raum *m* FILM projection room

Vor·füh·rung *f* ❶ FILM (*Filmvorführung*) showing ❷ MODE (*Präsentation*) modelling

Vor·führ·wa·gen *m* AUTO demonstration model [*or* car]

Vor·ga·be *f* ❶ *meist pl* (*Richtwert*) guideline ❷ SPORT (*zur Verfügung gestellter Vorsprung*) [head] start

Vor·gang <-gänge> *m* ❶ (*Geschehnis*) event; **ich beobachte seit einiger Zeit merkwürdige Vorgänge um mich herum** I've been noticing for some time strange occurrences happening around me ❷ (*Prozess*) process ❸ (*geh: angelegte Akte*) file

Vor·gän·ger(in) <-s, -> *m(f)* ■**jds** ~ sb's predecessor

vor·gän·gig **I.** *adj* SCHWEIZ (*vorausgehend*) previous, prior **II.** *adv* (*vorher*) beforehand

Vor·gar·ten *m* HORT front garden

vor|gau·keln *vt* (*geh*) ■**jdm etw** *akk* ~ to lead sb to believe in sth; ■**jdm** ~**, dass ...** to lead sb to believe that ...

vor|ge·ben *irreg* **I.** *vt* ❶ (*vorschützen*) ■**etw** ~ to use sth as an excuse [*or* a pretext] ❷ (*fam: nach vorn geben*) ■**etw** *akk* **[zu jdm]** ~ to pass sth forward [to sb] ❸ (*festlegen*) ■**[jdm] etw** *akk* ~ to set sth in advance [for sb] **II.** *vi* ■~ **[, dass ...]** to pretend [that ...]

Vor·ge·bir·ge *nt* foothills *pl*

vor·geb·lich ['fo:ɐ̯ge:plɪç] *adj* (*geh*) *s.* **angeblich**

vor·ge·fasstRR *adj*, **vor·ge·faßt**ALT *adj* preconceived

Vor·ge·fühl *nt s.* **Vorahnung**

vor|ge·hen *vi irreg sein* ❶ (*vorausgehen*) to go on ahead ❷ (*zu schnell gehen*) to be fast; **meine Uhr geht fünf Minuten vor** my watch is five minutes fast ❸ (*Priorität haben*) to have [*or* take] priority, to come first ❹ MIL (*vorrücken*) ■**[gegen jdn/etw]** ~ to advance [on [*or* towards] sb/sth] ❺ (*Schritte ergreifen*) ■**[gegen jdn/etw]** ~ to take action [against sb/sth]; **gerichtlich gegen jdn** ~ to take legal action [*or* proceedings] against sb ❻ (*sich abspielen*) ■**[irgendwo]** ~ to go on [*or* happen] [somewhere]; ■**[in jdm]** ~ to go on [inside sb]; ■**[mit jdm]** ~ to happen [to sb] ❼ (*verfahren*) ■**[bei etw** *dat*] **irgendwie** ~ to proceed somehow [in sth]

Vor·ge·hen <-s> *nt kein pl* ❶ (*Einschreiten*) action; **es wird Zeit für ein energisches ~ gegen das organisierte Verbrechen** its time for concerted action to be taken against organized crime ❷ (*Verfahrensweise*) course of action

Vor·ge·hens·wei·se *f* procedure

vor·ge·la·gert *adj* GEOG offshore; ■**[einer S.** *dat*] ~ **sein** to be [situated] [*or* lie] off sth **Vor·ge·schich·te** *f* ❶ (*vorausgegangener Verlauf*) [past] history ❷ *kein pl* (*Prähistorie*) prehistory *no indef art, no pl,* prehistoric times *pl* **vor·ge·schicht·lich** *adj* prehistoric **Vor·ge·schmack** *m kein pl* foretaste; **jdm einen ~ [von etw** *dat*] **geben** to give sb a foretaste [of sth]

Vor·ge·setz·te(r) *f(m) decl wie adj* superior; ■**jds** ~**(r)** sb's superior

vor·ges·tern ['foːɐ̯gɛstɐn] *adv* ❶ (*Tag vor gestern*) the day before yesterday; ~ **Abend/Früh/Mittag** the evening before last/early on the morning of the day before yesterday/ the day before yesterday at midday; ~ **Morgen/Nacht** the morning/ night before last; **von** ~ (*vorgestrig*) from the day before yesterday; **haben wir noch die Zeitung von ~?** have we still got the paper from the day before yesterday? ❷ (*antiquiert*) old-fashioned, outdated, outmoded

vor·gest·rig *adj* ❶ (*vorgestern liegend*) of [*or* from] the day before yesterday *pred;* ~**er Abend/Morgen/Nacht** the evening/morning/night before last; ~**er Mittag** the day before yesterday at midday ❷ (*antiquiert*) old-fashioned, outdated, outmoded

vor|grei·fen *vi irreg* ❶ (*jds Handeln vorwegnehmen*) ■**jdm** ~ to anticipate what sb is planning to do; **aber fahren Sie doch fort, ich will Ihnen nicht** ~ do continue, I didn't mean to jump in ahead of you ❷ (*etw vorwegnehmen*) ■**einer S.** *dat* ~ to anticipate sth

Vor·griff *m* **im** [*o* **in**] [*o* **unter**] ~ **[auf etw** *akk*] in anticipation [of sth]

vor|ha·ben ['foːɐ̯haːbn̩] *vt irreg* ■**etw** ~ to plan sth [*or* have sth planned]; ■**etw** *akk* **[mit jdm]** ~ to have sth planned [for sb]; **wir haben große Dinge mit Ihnen vor** we've got great plans for you; **was die Terroristen wohl mit ihren Geiseln ~?** I wonder what the terrorists intend to do with their hostages?; ■**etw** *akk* **[mit etw** *dat*] ~ to plan [*or* intend] to do sth [with sth]; ■~, **etw** *akk* **zu tun** to plan to do sth; **hast du etwa vor, nach dem Abendessen noch weiterzuarbeiten?** do you intend to carry on working after dinner?

Vor·ha·ben <-s, -> ['foːɐ̯haːbn̩] *nt* plan; **das ist wirklich ein anspruchsvolles** ~ this really is an ambitious project

Vor·hal·le *f* ARCHIT entrance hall; (*eines Hotels/Theaters*) foyer

vor|hal·ten *irreg* **I.** *vt* ❶ (*vorwerfen*) ■**jdm etw** *akk* ~ to reproach sb for [*or* with] sth ❷ (*davorhalten*) ■**[jdm] etw** *akk* ~ to hold sth [in front of sb]; **halt dir gefälligst die Hand vor, wenn du hustest!** kindly put your hand over your mouth when you cough! **II.** *vi* to last; **ich habe fünf Teller Eintopf gegessen, das hält erst mal eine Weile vor** I've eaten five bowlfuls of stew, that should keep me going for a while

Vor·hal·tung *f meist pl* reproach; **jdm [wegen etw** *dat*] ~**en machen** to reproach sb [for [*or* with] sth]

Vor·hand <-> ['foːɐ̯hant] *f kein pl* ❶ SPORT (*Schlag*) forehand ❷ ZOOL (*Vorderbeine von Pferd*) forehand

vor·han·den ['foːɐ̯'handn̩] *adj* ❶ (*verfügbar*) available *inv;* **aus noch ~en Reststücken nähte sie eine neue Tagesdecke** she used the pieces [of material] which were left to make a new bedspread; ■~ **sein** to be left ❷ (*existierend*) which [still] exist *pred,* existing; **es waren noch einige Fehler** ~ there were still some mistakes [[left] in it]

Vor·hang <-s, Vorhänge> ['foːɐ̯haŋ, *pl* 'foːɐ̯hɛŋə] *m* curtain; **der Eiserne** ~ HIST the Iron Curtain

Vor·hän·ge·schlossRR *nt* padlock

Vor·haus *nt* ÖSTERR (*Hausflur*) [entrance] hall **Vor·haut** *f* ANAT foreskin, prepuce *spec*

vor·her [foːɐ̯'heːɐ̯] *adv* beforehand; **das hätte ich doch ~ wissen müssen** I could have done with knowing that before[hand]; **wir fahren bald los, ~ sollten wir aber noch etwas essen** we're leaving soon, but we should have something to eat before we go; **die Besprechung dauert bis 15 Uhr, ~ darf ich nicht gestört werden** the meeting is due to last until 3 o'clock, I mustn't be disturbed until then

vor·her|be·stim·men* *vt* ■**etw** ~ to predetermine [*or* foreordain] sth; ■**vorherbestimmt sein** to be predestined [*or* pre-ordained] **vor·her·be·stimmt** *adj* ~ **sein** to be predestined [*or* preordained]; **etw ist jdm** ~ sb is predestined for sth **vor·her·ge·hend** *adj* previous *attr,* preceding; **am ~en Tag** on the previous [*or* preceding] day, the day before; **im vorhergehenden Satz** in the preceding sentence

vor·he·rig [foːɐ̯'heːrɪç] *adj attr* ❶ (*zuvor erfolgend*) prior; (*Abmachung, Vereinbarung*) previous, prior; **wenn Sie mich sprechen wollen, dann bitte ich um einen ~en Anruf** if you would like to speak to me, then I would ask you to call [me] beforehand; **die Verhandlung ist am 17. März, ein ~es Treffen ist dringend nötig** the case will be heard on the 17th March, a meeting prior to that date is vital; **ich unternehme nichts ohne ~e Genehmigung durch die Geschäftsleitung** I won't undertake anything without having first obtained the management's approval ❷ *s.* **vorhergehend**

Vor·herr·schaft *f* POL hegemony, [pre]dominance, supremacy

vor|herr·schen *vi* ❶ (*überwiegen*) to predominate [*or* be predominant], to prevail ❷ GEOG (*überwiegend vorhanden sein*) to predominate [*or* be predominant]

vor·herr·schend *adj* predominant, prevailing; (*weitverbreitet*) prevalent; **nach ~er Meinung** according to the prevailing opinion

Vor·her·sa·ge [foːɐ̯'heːɐ̯zaːgə] *f* ❶ METEO (*Wettervorhersage*) forecast ❷ (*Voraussage*) prediction **vor·her|sa·gen** *vt s.* **voraussagen vor·her·seh·bar** *adj inv* foreseeable **vor·her|se·hen** *vt irreg* ■**etw** ~ to foresee sth

vor·hin [foːɐ̯'hɪn] *adv* a moment ago, just [now]; **das habe ich ~ gehört** I've just heard about that

vor·hi·nein ['foːɐ̯hɪnain] *adv* **im V~** in advance; **[etw** *akk*] **im V~ sagen/wissen** to say/know [sth] in advance [*or* beforehand]

Vor·hof *m* ❶ ANAT (*Vorkammer*) atrium, auricle ❷ ARCHIT (*Burghof*) forecourt **Vor·höl·le** *f* REL limbo

Vor·hut <-, -en> *f* MIL vanguard, advance-guard

vo·rig ['foːrɪç] *adj attr* last, previous; **diese Konferenz war genauso langweilig wie die ~e** this conference was just as boring as the previous one

Vor·jahr *nt* last year; **im Vergleich zum** ~ compared to last year; **im** ~ last year

vor·jäh·rig *adj* last year's *attr;* **dieser Beschluss wurde auf unserer ~en Konferenz gefasst** this decision was made at our conference last year

vor|jam·mern *vt* (*fam*) ■**jdm etw** *akk* **[von etw** *dat*] ~ to moan [*or sl* gripe] to sb [about sth]

Vor·kam·mer *f* ANAT (*Vorhof*) atrium **Vor·kämp·fer(in)** *m(f)* pioneer, champion, advocate **Vor·kas·se** *f* ÖKON advance payment; **wir liefern Ihnen die Waren nur gegen** ~ we'll only supply the goods to you on advance payment

V

vor|kau·en *vt (fam: in allen Details darlegen)* ■[jdm] **etw** *akk* ~ to spell out sth [to sb] *sep*

Vor·kaufs·recht *nt* JUR right of first refusal, [right of] pre-emption

Vor·kehr <-, -en> *f* SCHWEIZ *(Vorkehrung)* precaution, precautionary measure

Vor·keh·rung <-, -en> *f* precaution, precautionary measure; **~en treffen** to take precautions [*or* precautionary measures]

Vor·kennt·nis *f meist pl* previous experience *no pl, no indef art*

vor|knöp·fen *vt (fam)* ■**sich** *dat* **jdn** ~ to give sb a good talking-to *fam,* to take sb to task; **sie erzählt wieder Lügen über mich? na, die werde ich mir mal ~!** she's telling lies about me again? well, I'll give her a [good] piece of my mind!

vor|kom·men *vi irreg sein* ❶ *(passieren)* to happen; ■**es kommt vor, dass ...** it can happen that ...; **es kommt selten vor, dass ich mal etwas vergesse** I rarely forget anything; **das kann [schon mal]** ~ it happens, these things [can] happen; **das soll [*o* wird] nicht wieder** ~ it won't happen again; **so was soll ~!, das kommt vor** these things [can] happen; **so etwas ist mir noch nie vorgekommen** I've never known anything like it before ❷ *(vorhanden sein)* ■[**irgendwo**] ~ to be found [somewhere], to occur [somewhere]; **in seinen Artikeln kommt auffällig oft das Wort „insbesondere" vor** its noticeable how often the words "in particular" are used in his articles; **das ist ein Fehler, der in vielen Wörterbüchern vorkommt** this is a mistake which occurs in many dictionaries ❸ *(erscheinen)* to seem; ■**sich** *dat* [**irgendwie**] ~ to feel [somehow]; **du kommst dir wohl sehr schlau vor?** you think you're very clever, don't [*or* a bit clever, do] you?; **das Lied kommt mir bekannt vor** this song sounds familiar to me; **Sie können mich gar nicht kennen, das kommt Ihnen allenfalls so vor** you can't [possibly] know me, it only seems like you do ❹ *(nach vorn kommen)* to come to the front [*or* forward] ❺ *(zum Vorschein kommen)* to come out; **hinter etw** *dat* ~ to come out from behind sth ▸WENDUNGEN: **wie kommst du mir eigentlich [*o* denn] vor?, wie kommen Sie mir eigentlich [*o* denn] vor?** *(fam)* who on earth do you think you are? *fam*

Vorkommen <-s, -> *nt* ❶ *kein pl* MED *(das Auftreten)* incidence ❷ *meist pl* BERGB *(Lagerstätte)* deposit

Vor·komm·nis <-ses, -se> ['foːɐ̯kɔmnɪs] *nt* incident, occurrence; **besondere/keine besonderen ~se** particular incidents [*or* occurrences]/nothing out of the ordinary; **es wird über Sichtungen von Ufos und über andere unerklärliche ~se berichtet** there are reports of UFO sightings and other unexplained incidents; **irgendwelche besonderen ~se? – keine besonderen ~se, Herr Oberleutnant!** anything to report? – nothing to report, sir!

Vor·kriegs·au·to *nt* pre-war car **Vor·kriegs·zeit** *f* pre-war period; **dieses Medikament war in der ~ noch unbekannt** this medicine was still unknown before the war; **er hat einen Teil der ~ in Brasilien verbracht** he spent some time in Brazil before the war

vor|la·den *vt irreg* JUR ■**jdn** ~ to summon [*or* cite] sb, issue [*or* serve] a summons on sb; *(unter Strafandrohung)* to subpoena sb

Vor·la·dung *f* JUR ❶ *(das Vorladen)* summoning, citation ❷ *(Schreiben)* summons, citation; *(unter Strafandrohung)* subpoena

Vor·la·ge *f* ❶ *kein pl (das Vorlegen)* presentation; *(von Dokumenten, Unterlagen)* presentation, production; **ohne ~ von Beweisen können wir der Sache nicht nachgehen** if you can't produce [*or* provide [*or* furnish] us with] any evidence we can't look into the matter; **wann dürfen wir mit der ~ der fehlenden Unterlagen rechnen?** when can we expect you to produce the missing documents?; **gegen [*o* bei] ~ einer S.** *gen* on presentation [*or* production] of sth; [**mit etw** *dat*] **in ~ treten** ÖKON, FIN to make an advance payment [of sth]; **meine Bank tritt mit 450.000 Euro in ~** my bank made an advance payment of 450,000 euros ❷ KUNST *(Zeichenvorlage)* pattern ❸ POL *(Gesetzesvorlage)* bill ❹ SCHWEIZ *(Vorleger)* mat

Vor·land ['foːɐ̯lant] *nt kein pl* GEOG ❶ *(Ausläufer)* foothills *pl* ❷ *(Deichvorland)* foreshore

vor|las·sen *vt irreg* ❶ *(fam: den Vortritt lassen)* ■**jdn** ~ to let sb go first [*or* in front] ❷ *(nach vorn durchlassen)* ■**jdn** ~ to let sb past [*or* through] ❸ *(Zutritt gewähren)* ■**jdn [zu jdm]** ~ to let [*or* allow] sb in [to see sb], to admit sb [to sb] *form*

Vor·lauf *m* ❶ SPORT *(Qualifikationslauf)* qualifying [*or* preliminary] [*or* trial] heat, qualifying [*or* preliminary] round ❷ TECH *(schnelles Vorspulen)* fast-forward[ing]; *(Heizungsvorlauf)* flow [pipe] ❸ TRANSP, ÖKON forward planning

vor|lau·fen *vi irreg sein (fam)* ■[**irgendwohin**] ~ to run on ahead [*or* in front] [somewhere]

Vor·läu·fer(in) *m(f)* precursor, forerunner

vor·läu·fig ['foːɐ̯lɔyfɪç] **I.** *adj* temporary; *(Ergebnis)* provisional; *(Regelung)* interim, provisional, temporary **II.** *adv* for the time being [*or* present]; **jdn ~ festnehmen** to take sb into temporary custody

vor·laut ['foːɐ̯laut] *adj* cheeky, impertinent

Vor·le·ben *nt kein pl* ■**jds** ~ sb's past [life]; **ein ~ haben** to have a past

Vor·le·ge·be·steck *nt* serving cutlery **Vor·le·ge·ga·bel** *f* serving fork

vor|le·gen *vt* ❶ *(einreichen)* ■[**jdm**] **etw** *akk* ~ to present sth [to sb] [*or* [sb with] sth]; [**jdm**] **Beweise** ~ to produce [*or* provide] evidence [for sb], to furnish [*or* provide] sb with evidence; [**jdm**] **Dokumente [*o* Unterlagen]** ~ to present documents [to sb] [*or* [sb with] documents], to produce documents [for sb]; [**jdm**] **Zeugnisse** ~ to produce one's certificates [for sb], to show [sb] one's certificates [*or* one's certificates [to sb]] ❷ *(vor etw schieben)* ■**etw** ~ to put on sth *sep;* **einen Riegel** ~ to put [*or* slide] a bolt across

Vor·le·ger <-s, -> *m* ❶ *(Fußabtreter)* [door]mat ❷ *(Bettvorleger)* [bedside] rug; *(Toilettenvorleger)* mat

vor|leh·nen *vr* ■**sich** ~ to lean forward

Vor·leis·tung *f* POL advance [*or* prior] concession

vor|le·sen *irreg* **I.** *vt* ■[**jdm**] **etw** *akk* ~ to read out *sep* sth [to sb]; **soll ich dir den Artikel aus der Zeitung ~?** shall I read you the article from the newspaper?; **vor dem Zubettgehen liest sie den Kindern immer eine Gutenachtgeschichte vor** she always reads the children a bedtime story before they go to bed; ■[**jdm**] **~, was ...** to read out [to sb] what ... **II.** *vi* ■[**jdm**] ~ *dat* to read aloud [*or* out [loud]] [to sb] (**aus** +*akk* from); **liest du den Kindern bitte vor?** will you read to the children, please?

Vor·le·ser(in) *m(f)* reader

Vor·le·sung *f* SCH lecture; **eine ~/~en [über etw** *akk*] **halten** to give [*or* deliver] a lecture/course [*or* series] of lectures [on sth]

vor·le·sungs·frei *adj* SCH **in der ~en Zeit** during the semester break, outside of term-time BRIT, when there are no lectures [*or* AM classes] **Vor·le·sungs·ver·zeich·nis** *nt* SCH lecture timetable, timetable of lectures

vor·letz·te(r, s) ['foːɐ̯lɛtstə, -stɐ, -stəs] *adj* ❶ *(vor dem Letzten liegend)* before last *pred;* **das ~ Treffen** the meeting before last, penultimate [*or* second last] [*or* AM next to last] meeting ❷ *(in einer Aufstellung)* penultimate, last but one BRIT, next to last AM; **sie ging als ~ Läuferin durchs Ziel** she was the second last runner to finish; **bisher liegt dieser Wagen in der Wertung an ~r Stelle** up to now, this car is last but one in the ranking; **Sie kommen leider erst als V~r dran** I'm afraid you'll be the last but one [person] to be seen; **Sie springen als V~** you'll be [the] second last to jump

Vor·lie·be [foːɐ̯'liːbə] *f* preference, particular liking [of], predilection *form;* ■**jds/eine ~ für jdn/etw** sb's/a preference for sb/sth; **~n [*o* eine ~] [für jdn/etw] haben** to have a particular liking [of sb/sth]; **etw** *akk* **mit ~ essen/trinken** to particularly like eating/drinking [*or* be very partial to] sth; **sie beschäftigt sich mit ~ damit, anderen Leuten Fehler nachzuweisen** she takes great delight in pointing out other people's mistakes [to them]

vor·lieb|neh·men [fo:ɐ̯ˈli:p-] *vi irreg* **mit jdm/etw ~** to make do with sb/sth

vor|lie·gen *vi irreg* ❶ (*eingereicht sein*) ■**[jdm] ~** to have come in [to sb], to have been received [by sb]; **mein Antrag liegt Ihnen jetzt seit vier Monaten vor!** my application's been with you for four months now!; **zurzeit liegen uns noch keine Beweise vor** as yet we still have no proof; **der Polizei liegen belastende Fotos vor** the police are in possession of incriminating photo[graph]s ❷ MEDIA (*erschienen sein*) to be out [*or* available] [*or* published]; **das Buch liegt nunmehr in einer neu bearbeiteten Fassung vor** a revised edition of the book has now been published ❸ (*bestehen*) to be; **hier muss ein Irrtum ~** there must be some mistake here ❹ JUR (*erstattet sein*) ■**[gegen jdn] ~** to be charged with sth, sb is charged with sth; **ich habe ein Recht, zu erfahren, was gegen mich vorliegt** I have a right to know what I've been charged with; **uns liegt hier eine Beschwerde gegen Sie vor** we have received a complaint about you

vor·lie·gend *adj attr* available *inv;* **die ~en Tatsachen/Unterlagen** the available facts/documents [*or* facts/documents available to sb]; *s. a.* **Fall**

vor|lü·gen *vt irreg* ■**[jdm] etwas ~** to lie to sb; ■**sich** *dat* **etwas/nichts [von jdm] ~ lassen** to be taken in/not be taken in [by sb]; **lass dir nichts von ihm ~** don't believe [a word of] what he says; ■**jdm ~, dass ...** to trick sb into believing that ...

vor|ma·chen *vt* ❶ (*täuschen*) ■**jdm etwas ~** to fool [*or sl* kid] sb, to pull the wool over sb's eyes; ■**sich** *dat* **etwas ~** to fool [*or sl* kid] oneself; **machen wir uns doch nichts vor** let's not kid ourselves *sl;* ■**sich** *dat* **nichts ~ lassen** to not be fooled; **von dir lasse ich mir nichts ~!** you can't fool me!; **sie ist eine Frau, die sich nichts ~ lässt** she's nobody's fool ❷ (*demonstrieren*) ■**jdm etw** *akk* **~** to show sb [how to do] sth; ■**jdm ~, wie ...** to show sb how ...; **jdm [noch] etwas ~ können** to be able to show sb a thing or two; **jdm macht [auf/in etw** *dat*] **keiner etwas vor** no one is better than sb [at sth] [*or* can teach sb anything [about sth]]

Vor·macht·stel·lung *f kein pl* POL hegemony, supremacy, [pre]dominance; **eine ~ [gegenüber jdm] [inne]haben** to have supremacy [*or* be [pre]dominant] [over sb]

vor·ma·lig [ˈfo:ɐ̯ma:lɪç] *adj attr* former; **der ~e Parkplatz wurde in eine grüne Oase verwandelt** what was once a car park had been transformed into a [little] green oasis

vor·mals [ˈfo:ɐ̯ma:ls] *adv* (*geh*) in former times *form,* formerly; **das sind antiquierte Vorstellungen, die man vielleicht ~ mal hatte** those are [rather] antiquated notions which one might have had in times gone by

Vor·marsch *m a.* MIL advance; **auf dem ~ sein** to be advancing [*or* on the advance]; (*fig*) to be gaining ground

Vor·merk·da·tei *f* waiting list; **in der ~ sein** to be on the waiting list

vor|mer·ken *vt* ❶ (*im Voraus eintragen*) ■**jdn/sich [für etw** *akk*] **~** to put sb's/one's name down [for sth]; ■**jdn/sich [für etw** *akk*] **~ lassen** to put sb's/one's name down [for sth]; **lassen Sie bitte zwei Doppelzimmer ~** please book two double rooms for me; ■**[sich** *dat*] **etw** *akk* **~** to make a note of sth; **ich habe mir den Termin vorgemerkt** I've made a note of the appointment ❷ MEDIA (*reservieren*) ■**etw** *akk* **[für jdn] ~** to reserve sth [*or* put sth by] [for sb]; ■**vorgemerkt** reserved

Vor·mie·ter(in) *m(f)* previous tenant

Vor·mit·tag [ˈfo:ɐ̯mɪta:k] *m* morning; **die letzten ~e** the last few mornings; **am [frühen/späten] ~** [early/late] in the morning; **wir könnten die Konferenz am ~ stattfinden lassen** we could schedule the conference for the morning

vor·mit·tags [ˈfo:ɐ̯mɪta:ks] *adv* in the morning

Vor·mund <-[e]s, -e *o* Vormünder> [ˈfo:ɐ̯mʊnt, *pl* -mʏndɐ] *m a.* JUR guardian; **keinen ~ brauchen** (*fam*) to not need anyone to tell one what to do; **ich brauche keinen ~!** I don't need anyone giving me orders!

Vor·mund·schaft <-, -en> [ˈfo:ɐ̯mʊntʃaft] *f* JUR guardianship

vorn [fɔrn] *adv* ❶ (*an der Vorderfront*) at the front ❷ (*im vorderen Bereich*) at the front; ■**~ in etw** *dat* at the front of sth ❸ MEDIA (*zu Beginn*) at the front ❹ (*auf der Vorderseite*) at the front ❺ (*Richtung*) **nach ~** to the front; **nach ~ fallen** to fall forward; **von ~** (*von der Vorderseite her*) from the front; (*von Anfang an*) from the beginning; **von ~ bis hinten** (*fam*) from beginning to end; **sie hat mich die ganze Zeit von ~ bis hinten belogen** she was telling me a pack of lies from start to finish; **ich habe alles verkehrt gemacht, jetzt kann ich wieder von ~ anfangen** I've messed everything up, now I'll have to start again from scratch

Vorname *m* first [*or* Christian] name

vorne *adv s.* **vorn**

vor·nehm [ˈfo:ɐ̯ne:m] *adj* ❶ (*adelig*) aristocratic, noble ❷ (*elegant*) elegant, distinguished, refined; (*Aufzug, Kleidung*) elegant, stylish ❸ (*luxuriös*) fashionable, exclusive, posh *fam;* (*Limousine*) expensive; (*Villa*) elegant, exclusive ❹ **sich** *dat* **zu ~ [für etw** *akk*] **sein** [sth is] beneath sb *iron;* **~ tun** (*pej fam*) to put on airs [and graces], to act [all] posh *fam*

vor|neh·men *vt irreg* ❶ (*einplanen*) ■**sich** *dat* **etw** *akk* **~** to plan sth; **für morgen haben wir uns viel vorgenommen** we've got a lot planned for tomorrow; ■**sich** *dat* **~, etw** *akk* **zu tun** to plan [*or* intend] to do sth; **für das Wochenende habe ich mir vorgenommen, meine Akten zu ordnen** I plan to tidy up my files at the weekend ❷ (*sich eingehend beschäftigen*) ■**sich** *dat* **etw** *akk* **~** to get to work on sth, to have a stab at sth *fam;* **am besten, Sie nehmen sich das Manuskript noch mal gründlich vor** it would be best if you had another good look at the manuscript ❸ (*fam: sich vorknöpfen*) ■**sich** *dat* **jdn ~** to give sb a good talking-to *fam,* to take sb to task; **nimm ihn dir mal in einer stillen Stunde vor** can't you [try and] have a quiet word with him? ❹ ■**etw ~** to carry out sth *sep;* **Änderungen ~** to make changes; **Messungen ~** to take measurements; **eine Überprüfung ~** to carry out a test *sep;* **eine Untersuchung ~** to do [*or* make] an examination

Vor·nehm·heit <-> *f kein pl* elegance, stylishness

vor·nehm·lich *adv* (*geh*) primarily, principally, above all

vorn·he·rein [ˈfɔrnhɛrain] *adv* ■**von ~** from the start [*or* beginning] [*or* outset]

vorn·über [fɔrnˈʔy:bɐ] *adv* forwards

Vor·ort [ˈfo:ɐ̯ʔɔrt] *m* suburb **Vor·platz** *m* forecourt **Vor·pos·ten** *m* MIL outpost; **auf ~ stehen** to be on outpost duty

vor|pro·gram·mie·ren* *vt* ❶ (*unausweichlich machen*) ■**etw ~** to make sth inevitable [*or* unavoidable], to determine sth; ■**[durch etw** *akk*] **vorprogrammiert sein** to be inevitable [as a result of sth]; **durch seiner Herkunft war sein Erfolg vorprogrammiert** his background meant that his success was determined ❷ (*im Voraus einprogrammieren*) ■**etw ~** to preprogramme [*or* AM -am] sth; **einen Zeitschalter ~** to set a timer **vor·pro·gram·miert** *adj* pre-programmed; *Antwort* automatic; *Weg* predetermined; **[durch etw** *akk*] **vorprogrammiert sein** (*unausweichlich*) to be inevitable [as a result of sth]

Vor·rang *m kein pl* ❶ (*Priorität*) priority; **einer S.** *dat* **den ~ [vor etw** *dat*] **geben** [*o geh* **einräumen**] to give sth priority [over sth]; **~ [vor etw** *dat*] **haben** [*o geh* **genießen**] to have [*or* take] priority [*or* take precedence] [over sth]; **mit ~** as a matter of priority; *s. a.* **streitig** ❷ TRANSP ÖSTERR (*Vorfahrt*) right of way

vor·ran·gig I. *adj* priority *attr,* of prime importance *pred;* **von ~er Bedeutung** of prime [*or* the utmost] importance; ■**~ sein**

V

to have priority **II.** *adv* as a matter of priority

Vor·rang·stel·lung *f* pre-eminence *no pl, no indef art*

Vor·rat <-[e]s, Vorräte> ['fo:ɐ̯ra:t, *pl* 'fo:ɐ̯rɛtə] *m* stocks *pl,* supplies *npl;* (*Lebensmittel*) stocks *pl,* supplies *pl,* provisions *pl;* ■**ein ~ an etw** *dat* a stock [*or* supply] of sth; **unser ~ an Heizöl ist erschöpft** our stock[s] of heating oil has[/have] run out; **etw** *akk* **auf ~ haben** ÖKON to have sth in stock; **etw** *akk* **auf ~ kaufen** to stock up on [*or* with] sth, to buy sth in bulk; **Vorräte anlegen** to lay in stock[s *pl*]; **so lange der ~ reicht** while stocks last

vor·rä·tig ['fo:ɐ̯rɛtɪç] *adj* ÖKON in stock *pred;* ■**~ sein** to be in stock; **bedauere, aber dieser Titel ist derzeit nicht ~** I'm sorry, but that title isn't in stock [*or* available] at the moment; **etw ~ haben** to have sth in stock

Vor·rats·kam·mer *f* store cupboard; (*kleiner Vorratsraum*) larder, pantry **Vor·rats·raum** *m* store room

vor|rech·nen *vt* ❶ (*durch Rechnen erläutern*) ■[**jdm**] **etw** *akk* **~** to calculate [*or* work out *sep*] sth [for sb]; ■**jdm ~, dass/was/wie viel/wie ...** to calculate [*or* work out] for sb that/what/how much/how ... ❷ MATH ■[**jdm**] **etw** *akk* **~** to [show sb how to] calculate [*or* work out *sep*] sth

Vor·recht *nt* privilege; [**bestimmte**] **~e genießen** to enjoy [certain] privileges

Vor·re·de *f* preface, foreword

Vor·red·ner(in) *m(f)* ■**jds ~** the previous speaker

Vor·rei·ter(in) *m(f)* (*fam*) pioneer, trailblazer; [**für jdn**] **den ~ machen** to lead the way [for sb]

Vor·rich·tung <-, -en> *f* device, gadget

vor|rü·cken **I.** *vi* *sein* ❶ MIL (*vormarschieren*) to advance; **gegen jdn/etw ~** to advance on [*or* against] sb/sth ❷ (*nach vorn rücken*) to move forward; **könnten Sie wohl mit Ihrem Stuhl ein Stück ~** could you move your chair forward a bit, please?; *s. a.* **Alter, Stunde** ❸ SPORT (*aufsteigen*) ■[**auf etw** *akk*] **~** to move up [to sth] ❹ SCHACH (*auf anderes Spielfeld rücken*) ■[**mit etw** *dat*] **~** to move [sth] [forward] **II.** *vt haben* ■**etw ~** to move sth forward

Vor·ru·he·stand *m* early retirement; **er ist mit 55 in den ~ gegangen** he took early retirement at 55

Vor·ru·he·stands·re·ge·lung *f* early retirement scheme [*or* AM plan]

Vor·run·de *f* SPORT preliminary [*or* qualifying] round

vor|sa·gen **I.** *vt* SCH ■[**jdm**] **etw** *akk* **~** to whisper sth [to sb] **II.** *vi* SCH ■[**jdm**] **~** to whisper the answer [to sb]

Vor·sai·son *f* TOURIST low season, start of the [*or* early [part of the]] season

Vor·sän·ger(in) *m(f)* ❶ REL precentor, cantor ❷ MUS leading voice

Vor·satz[1] <-[e]s, Vorsätze> ['fo:ɐ̯zats, *pl* fo:ɐ̯zɛtsə] *m* resolution; **den ~ fassen, etw** *akk* **zu tun** to resolve to do sth; **diese Drohung konnte mich in meinem ~ nicht erschüttern** this threat wasn't enough to shake my resolve; **ist es wirklich dein unabänderlicher ~, diese Frau zu heiraten?** is it really your firm intention to marry this woman?; *s. a.* **treu**

Vor·satz[2] <-[e]s, Vorsätze> ['fo:ɐ̯zats, *pl* fo:ɐ̯zɛtsə] *m* MEDIA, TYPO end-paper

Vor·satz·blatt *nt s.* **Vorsatz**[2]

vor·sätz·lich ['fo:ɐ̯zɛtslɪç] **I.** *adj* deliberate, intentional, wil[l]ful **II.** *adv* deliberately, intentionally, wil[l]fully

Vor·schau <-, -en> *f* FILM, TV trailer; ■**die ~** [**auf etw** *akk*] the trailer [for sth]

Vor·schein *m* **etw** *akk* **zum ~ bringen** (*finden*) to find sth; (*zeigen*) to produce sth; **zum ~ kommen** (*sich bei Suche zeigen*) to turn up; (*offenbar werden*) to come to light, to be revealed; **immer wieder kommt ihre Eifersucht zum ~** her jealousy keeps on coming out

vor|schie·ben *vt irreg* ❶ (*vorschützen*) ■**etw ~** to use sth as an excuse [*or* a pretext]; **das ist doch nur eine Ausrede, die er vorschiebt, um nicht kommen zu müssen** that's just an excuse [that] he's using not to come; ■**vorgeschoben** used as an excuse [*or* a pretext]; **ich kann diese vorgeschobenen Gründe leider nicht akzeptieren** I'm afraid I can't accept these reasons which are just a pretext ❷ (*für sich agieren lassen*) ■**jdn ~** to use sb as a front man/woman ❸ (*nach vorn schieben*) ■**etw ~** to push sth forward ❹ (*vor etw schieben*) ■**etw ~** to push [*or* slide] sth across

vor|schie·ßen *vt irreg* ■[**jdm**] **etw** *akk* **~** to advance [sb] sth

Vor·schiff *nt* NAUT forecastle, fo'c'sle

Vor·schlag *m* proposal, suggestion; **ein ~ zur Güte** (*fam*) a [helpful] suggestion; [**jdm**] **einen ~ machen** to make a suggestion [to sb] [*or* [sb] a suggestion]; **auf jds ~** [**hin**] on sb's recommendation; **auf ~ von jdm** on the recommendation of sb

vor|schla·gen *vt irreg* ❶ (*als Vorschlag unterbreiten*) ■[**jdm**] **etw** *akk* **~** to propose [*or* suggest] sth [to sb]; ■**jdm ~, etw** *akk* **zu tun** to suggest to sb that he/she do sth, to suggest that sb do sth ❷ (*empfehlen*) ■**jdn** [**als jdn/für etw** *akk*] **~** to recommend sb [as sb/for sth]

Vor·schlag·ham·mer *m* sledgehammer

vor·schnell *adj s.* **voreilig**

vor|schrei·ben *vt irreg* ❶ (*befehlen*) ■**jdm etw** *akk* **~** to stipulate sth to sb; **jdm eine Verhaltensweise** [*o* **Vorgehensweise**] **~** to tell sb how to behave/proceed; **einigen Leuten muss man jeden Handgriff buchstäblich ~** you have to spell every little thing out to some people; ■**jdm ~, wann/was/wie ...** to tell sb when/what/how ... ❷ ADMIN (*zwingend fordern*) ■[**jdm**] **etw** *akk* **~** to stipulate sth/[that sb should do sth]; ■**~, etw** *akk* **zu tun** to stipulate that sth should be done

Vor·schrift *f* ADMIN regulation, rule; (*Anweisung*) instructions *pl;* (*polizeilich*) orders *pl;* **für jeden möglichen Ausnahmefall existieren genaue ~en** there are very precise instructions on how to act in any possible emergency; **~ sein** to be the regulation[s]; **jdm ~en machen** to tell sb what to do [*or* give sb orders]; **machen Sie mir bitte keine ~, was ich zu tun und zu lassen habe!** don't try and tell me what I can and can't do!; **sich** *dat* **von jdm ~en/keine ~en machen lassen** to be/not be told what to do by sb [*or* let/not let sb order one about]; **nach ~** to rule

vor·schrifts·mä·ßig **I.** *adj* according to the regulations; **bei ~er Einnahme des Medikaments sind keine Nebenwirkungen zu befürchten** if you only take the prescribed amount of the medicine, you needn't fear any side-effects; **in zweiter Reihe zu parken ist nicht ~** it's against [*or* contrary to] the regulations to park in the second row **II.** *adv* according to the regulations; **von dem Hustensaft dürfen ~ nur drei Teelöffel pro Tag eingenommen werden** [the prescription [*or* label] says that] only three teaspoons a day of the cough mixture should be taken; **Sie parken hier leider nicht ~** I'm afraid it's against [*or* contrary to] the regulations to park here

vor·schrifts·wid·rig **I.** *adj* against [*or* contrary to] the regulations *pred* **II.** *adv* against [*or* contrary to] the regulations

Vor·schub *m* **einer S.** *dat* **~ leisten** to encourage [*or* foster] sth

Vor·schul·al·ter *nt kein pl* ■**das ~** the pre-school age; **im ~ sein** to be of pre-school age

Vor·schu·le *f* SCH ❶ (*für Kinder im Vorschulalter*) preschool ❷ (*Vorbereitung für höhere Schule*) preparatory school

i Kultur

In Switzerland, every child has the right to spend at least one or two years at **Vorschule** which is voluntary and free. In most cantons the children are looked after for 4-5 hours a day and prepared for primary school.

Vor·schuss[RR] <-es, Vorschüsse> *m,* **Vor·schuß**[ALT] <-sses,

Vorschüsse> ['fo:ɐ̯ʃʊs] *m* FIN advance; ■**ein ~ auf etw** *akk* an advance on sth; **einen ~ [auf etw** *akk*] **leisten** to give sb an advance [on sth]

Vor·schuss·lor·bee·renRR *pl* premature praise; (*im Voraus gespendetes Lob*) early praise; [**für etw** *akk*] **~ ernten** to receive premature praise [for sth]; (*im Voraus gelobt werden*) to receive early praise [for sth]

vor|schüt·zen *vt* ■**etw ~** to use sth as an excuse; **Nichtwissen ~** to plead ignorance; ■**~, [dass ...]** to pretend [that ...]; *s. a.* **Müdigkeit**

vor|schwär·men *vi* ■**jdm [von jdm/etw] ~** to rave [on] to sb [about sb/sth] *fam;* ■**jdm ~, wie ...** to rave [on] to sb about how ... *fam*

vor|schwe·ben *vi* to have in mind; **was schwebt dir da genau vor?** what exactly is it that you have in mind?; **mir schwebt da so eine Idee vor** I have this idea in my head

vor|schwin·deln *vt* (*fam*) *s.* **vorlügen**

vor|se·hen[1] *irreg* **I.** *vr* ❶ (*sich in Acht nehmen*) ■**sich [vor jdm]** *akk* **~** to watch out [for sb] [*or* be wary [of sb]] ❷ (*aufpassen*) ■**sich** *akk* **~, dass/was ...** to take care [*or* be careful] that/what ...; **sieh dich bloß vor, dass du nichts ausplauderst!** mind you don't let anything slip out!; **sehen Sie sich bloß vor, was Sie sagen!** [just [you]] be careful what you say!; **sieh dich vor!** (*fam*) watch it! *fam* [*or fam* your step] **II.** *vt* ❶ (*eingeplant haben*) ■**etw** *akk* [**für etw** *akk*] **~** to intend to use [*or* earmark] sth for sth; ■**jdn [für etw** *akk*] **~** to designate sb [for sth]; **Sie hatte ich eigentlich für eine andere Aufgabe ~** I had you in mind for a different task ❷ (*bestimmen*) ■**etw ~** to call for sth; (*in Gesetz, Vertrag*) to provide for sth; ■**etw** *akk* [**für etw** *akk*] **~** to mean sth [for sth]; **für Landesverrat ist die Todesstrafe vorgesehen** the death sentence is intended as the penalty for treason **III.** *vi* (*bestimmen*) ■**~, dass/wie ...** to provide for the fact that/for how ...; **der Erlass sieht ausdrücklich vor, dass auch ausnahmsweise nicht von dieser Regelung abgewichen werden darf** under no circumstances does the decree provide for any exceptions to this ruling; **es ist vorgesehen, [dass ...]** it is planned [that ...]

vor|se·hen[2] *vi irreg* (*sichtbar sein*) ■[**hinter etw** *dat*] **~** to peep out [from behind sth]

Vor·se·hung <-> ['fo:ɐ̯ze:ʊŋ] *f kein pl* providence

vor|set·zen **I.** *vt* ❶ (*auftischen*) ■[**jdm**] **etw** *akk* **~** to serve up *sep* [*or sep* dish] sth [to sb]; **immer setzt du mir nur Fertiggerichte vor** all you ever serve me up are oven-ready meals ❷ (*fam: offerieren*) ■[**jdm**] **etw ~** to serve up sth [to sb] *sep fig* **II.** *vr* ■**sich ~** to move forward; **auf Anordnung der Lehrerin musste sich der Schüler ~** the teacher told the child to move to the front [of the class]

Vor·sicht <-> ['fo:ɐ̯zɪçt] *f kein pl* (*vorsichtiges Verhalten*) care; **ich kann dir nur zu ~ raten** I must urge you to exercise caution; **etw ist mit ~ zu genießen** (*fam*) sth should be taken with a pinch [*or* grain] of salt; **mit ~** carefully; **etw** *akk* **mit äußerster ~ behandeln** to handle sth very carefully [*or* with great care] [*or* with kid gloves]; **zur ~** as a precaution, to be on the safe side; **~!** watch [*or* look] out!; **~, der Hund beißt!** be careful, the dog bites!; **„~ bei Abfahrt des Zuges!"** "please stand clear as the train leaves the station!"; **„~, Glas!"** "glass – handle with care!" ▸WENDUNGEN: **~ ist die Mutter der Porzellankiste** (*sl*) caution is the mother of wisdom; **~ ist besser als Nachsicht** (*prov*) better [to be] safe than sorry

vor·sich·tig **I.** *adj* ❶ (*umsichtig*) careful; **in diesem Fall ist ~es Vorgehen angeraten** we ought to tread carefully in this case ❷ (*zurückhaltend*) cautious, guarded; **eine ~e Schätzung** a conservative estimate **II.** *adv* ❶ (*umsichtig*) carefully; **bei der Untersuchung ist sehr ~ vorzugehen** we must proceed with great care in this investigation ❷ (*zurückhaltend*) cautiously, guardedly

vor·sichts·hal·ber *adv* as a precaution, just to be on the safe side **Vor·sichts·maß·nah·me** *f* precaution, precautionary measure; **~n treffen** to take precautions [*or* precautionary measures] **Vor·sichts·maß·re·gel** *f* (*geh*) *s.* **Vorsichtsmaßnahme**

Vor·sil·be *f* LING prefix

vor|sin·gen *irreg* **I.** *vt* ■[**jdm**] **etw** *akk* **~** ❶ (*singend vortragen*) to sing sth [to sb]; **sing uns doch bitte was vor!** sing us something[, please]! ❷ (*durch Singen demonstrieren*) to sing sth [for [*or* to] sb] first **II.** *vi* ■[**jdm**] **~** to [have a singing] audition [in front of sb]

vor·sint·flut·lich ['fo:ɐ̯zɪntflu:tlɪç] *adj* (*fam*) antiquated, ancient *fam,* prehistoric *fam*

Vor·sitz ['fo:ɐ̯zɪts] *m* chairmanship; **den ~ haben** to be chairman/-woman/-person; **den ~ bei etw** *dat* **haben** [*o* **führen**] to chair [*or* preside over] sth; **unter dem ~ von jdm** under the chairmanship of sb

vor|sit·zen *vi irreg* (*geh*) ■**einer S.** *dat* **~** to chair [*or* preside over] sth

Vor·sit·zen·de(r) *f(m) decl wie adj* ❶ (*vorsitzende Person*) chairman/-woman/-person; **wer wird die Kommission als ~r leiten?** who will chair the commission? ❷ JUR (*vorsitzender Richter*) presiding judge

Vor·sor·ge *f* provisions *pl;* **~ für etw** *akk* **treffen** (*geh*) to make provisions for sth; **ich habe für das Alter eine zusätzliche ~ getroffen** I've made extra provisions for my old age

vor|sor·gen *vi* ■[**für etw** *akk*] **~** to make provisions [for sth], to provide for sth; ■[**dafür**] **~, dass etw** *gen* **nicht geschieht** to take precautions to ensure that sth doesn't happen

Vor·sor·ge·un·ter·su·chung *f* MED medical check-up

vor·sorg·lich **I.** *adj* precautionary **II.** *adv* as a precaution, to be on the safe side

Vor·spann <-[e]s, -e> ['fo:ɐ̯ʃpan] *m* FILM, TV opening credits *npl*

Vor·spei·se *f* KOCHK starter, hors d'oeuvre

vor|spie·geln *vt* ■[**jdm**] **etw** *akk* **~** to feign sth [to sb]; ■**jdm ~, dass ...** to pretend to sb that ...

Vor·spie·ge·lung *f* feigning; *Notlage* pretence; [**eine**] **~ falscher Tatsachen** [all [*or* a total]] sham; **unter ~ von etw** *dat* under the pretence of sth

Vor·spiel *nt* ❶ MUS (*das Vorspielen*) audition ❷ (*Zärtlichkeiten vor dem Liebesakt*) foreplay *no pl, no indef art*

vor|spie·len **I.** *vt* ❶ MUS (*auf einem Instrument vortragen*) ■[**jdm**] **etw** *akk* **~** to play sth [for sb] [*or* [sb] sth] ❷ MUS (*durch Spielen demonstrieren*) ■**jdm etw** *akk* **~** to play sth for [*or* to] sb first ❸ (*vorheucheln*) ■**jdm etw** *akk* **~** to put on sth for sb **II.** *vi* MUS ■[**jdm**] **~** to play [for [*or* to] sb]

Vor·spra·che *f* (*geh*) visit

vor|spre·chen *irreg* **I.** *vt* ■**jdm etw** *akk* **~** to say sth for sb first **II.** *vi* ❶ (*geh: offiziell aufsuchen*) ■**bei jdm/etw ~** to call on sb/at sth ❷ THEAT, TV (*einen Text vortragen*) ■[**jdm**] **~** to recite [sth to sb]; **dann sprechen Sie mal vor!** let's hear your recital!; **ich lasse mir morgen von 20 Bewerbern ~** I'm going to be auditioning 20 applicants tomorrow

vor|sprin·gen *vi irreg sein Fels* to project [*or* jut out]; *Nase* to be prominent

vor·sprin·gend *adj* prominent, protruding; (*Backenknochen*) prominent, high

Vor·sprung *m* ❶ (*Distanz*) lead; **er konnte seinen ~ zum Feld der Verfolger noch ausbauen** he was able to increase his lead over the chasing pack even further; **die entflohenen Häftlinge haben mittlerweile einen beträchtlichen ~** the escaped convicts will have got a considerable start by now ❷ ARCHIT (*vorspringendes Gesims*) projection

Vor·stadt *f* suburb; **in der ~ wohnen** to live in the suburbs

Vor·stadt·ki·no *nt* suburban cinema **Vor·stadt·the·a·ter** *nt* suburban theatre

Vor·stand *m* ❶ (*geschäftsführendes Gremium*) board [of management] [*or* [executive] directors]; (*einer Kirche*) [church] council; (*einer Partei*) executive; (*eines Vereins*) [executive] committee ❷ (*Vorstandsmitglied*) director, board member,

member of the board [of [executive] directors]; (*einer Kirche*) [church] warden; (*einer Partei*) executive; (*eines Vereins*) [member of the] executive [committee]

Vor·ständ·ler(in) <-s, -> *m(f)* SOZIOL board member

Vor·stands·eta·ge *f* boardroom **Vor·stands·mit·glied** *m* director, board member, member of the board [of [executive] directors]; (*einer Kirche*) [church] warden; (*einer Partei*) executive; (*eines Vereins*) [member of the] executive [committee] **Vor·stands·sit·zung** *f* board meeting, meeting of the board [of [executive] directors]; (*einer Kirche*) church council meeting; (*einer Partei*) meeting of the [party] executive; (*eines Vereins*) meeting of the [executive] committee **Vor·stands·spre·cher(in)** *m(f)* company spokesperson [*or masc* spokesman] [*or fem* spokeswoman] **Vor·stands·vor·sit·zen·de(r)** *f(m) decl wie adj* chief executive, chairman [*or* chairwoman] of the board of [executive] directors [*or* management board]

vor|ste·hen¹ *vi irreg haben o sein* (*hervorragen*) to be prominent [*or* protrude]; *Backenknochen* to be prominent [*or* high]; *Zähne* to stick out, to protrude; *Augen* to bulge

vor|ste·hen² *vi irreg haben o sein* (*veraltend geh: Vorsteher sein*) ■**einer S.** *dat* ~ to be the head of sth; **einer Schule** ~ to be [the] principal [*or* BRIT head[master]/head[mistress]] of a school

Vor·ste·her(in) <-s, -> [ˈfoːɐ̯ʃteːɐ] *m(f)* head; (*einer Schule*) principal, headteacher BRIT, head[master] BRIT *masc*, head[mistress] BRIT *fem*

Vor·ste·her·drü·se *f* ANAT prostate [gland]

Vor·ste·he·rin <-, -nen> *f fem form von* **Vorsteher** headmistress

vor·stell·bar *adj* conceivable, imaginable; **kaum** [*o* **schwer**] ~ almost inconceivable [*or* unimaginable], scarcely conceivable [*or* imaginable]; **leicht** ~ easy to imagine, quite conceivable; **nicht** ~ inconceivable, unimaginable

vor|stel·len I. *vt* ❶ (*gedanklich sehen*) ■**sich** *dat* **etw** *akk* ~ to imagine sth; **das muss man sich mal ~!** just imagine [it]!; ■**sich** *dat* **~, dass/wie ...** to think [*or* imagine] that/how ... ❷ (*als angemessen betrachten*) ■**sich** *dat* **etw** *akk* ~ to have sth in mind ❸ (*mit etw verbinden*) ■**sich** *dat* **etw** *dat* ~ to mean sth to sb; ■**sich** *dat* **nichts unter etw** *dat* to mean nothing to sb; **was stellst du dir unter diesem Wort vor?** what does this word mean to you?; **unter dem Namen Schlüter kann ich mir nichts** ~ the name Schlüter doesn't mean anything [*or* means nothing] to me ❹ (*bekannt machen*) ■**jdm jdn** ~ to introduce sb to sb ❺ ÖKON (*präsentieren*) ■**jdm etw** *akk* ~ to present sth to sb ❻ (*darstellen*) ■**etw** ~ to represent sth ❼ (*vorrücken*) ■**etw** ~ to move sth forward; **den Uhrzeiger** ~ to move [*or* put] the [watch [*or* clock]] hand forward **II.** *vr* ❶ (*bekannt machen*) ■**sich** [**jdm**] *akk* ~ to introduce oneself [to sb]; ■**sich** *akk* **jdm als jd** ~ to introduce oneself to sb as sb ❷ (*vorstellig werden*) ■**sich** [**irgendwo/bei jdm**] *akk* ~ to go for an interview [somewhere/with sb]; **stellen Sie sich doch bei uns vor, wenn Sie mal in der Gegend sind** do drop in and see us if you're in the area

vor·stel·lig [ˈfoːɐ̯ʃtɛlɪç] *adj* **bei jdm ~ werden** (*geh*) to go to see sb [about sth]

Vor·stel·lung *f* ❶ (*gedankliches Bild*) idea; **bestimmte Gerüche können beim Menschen immer die gleichen ~en auslösen** certain smells [can] always trigger the same thoughts in people; **in jds ~** in sb's mind; **gewiss ist sie jetzt älter, aber in meiner ~ bewahre ich ihr Bild als junge, hübsche Frau** she may be older now, but in my mind's eye I still see her as a pretty young woman; **jds ~ entsprechen** to meet sb's requirements; **dieser Pullover entspricht genau meinen ~en** this jumper is just what I'm looking for; **das Gehalt entspricht nicht ganz meinen ~en** the salary doesn't quite match [up to] my expectations; **bestimmte ~en haben** [*o* **sich** *dat* **bestimmte ~en machen**] to have certain ideas; **falsche ~en haben** to have false hopes; **unrealistische ~en haben** to have unrealistic expectations; **sich** *dat* **keine ~ machen, was/wie ...** to have no idea what/how ...; **alle ~en übertreffen** to be almost inconceivable [to the human mind] [*or* beyond the [powers of] imagination of the human mind]; **Traumstrände hatten wir erwartet, aber die Realität übertraf alle ~en** we expected [to find] beautiful beaches, but the reality exceeded all our expectations [*or* was beyond [all] our wildest dreams] ❷ THEAT (*Aufführung*) performance; FILM showing ❸ ÖKON (*Präsentation*) presentation ❹ (*Vorstellungsgespräch*) interview

Vor·stel·lungs·ge·spräch *nt* interview **Vor·stel·lungs·kraft** *f kein pl*, **Vor·stel·lungs·ver·mö·gen** *nt kein pl* [powers *npl* of] imagination

Vor·steu·er *f* prior [turnover] tax, input tax BRIT

Vor·stoß *m* ❶ MIL (*plötzlicher Vormarsch*) advance, push, thrust ❷ (*Versuch, zu erreichen*) ■**ein/jds ~ bei jdm** an/sb's attempt to put in a good word with sb ▸ WENDUNGEN: **einen ~** [**bei jdm**] **machen** [*o* **unternehmen**] to attempt to put in a good word [with sb]; **wir haben bei der Firmenleitung einen ~ in dieser Frage unternommen** we tried to put over our case to the [company['s]] management in this matter

vor|sto·ßen *irreg* **I.** *vi sein* ■[**irgendwohin**] ~ to venture [somewhere]; *Truppen, Panzer* to advance [*or* push forward] [somewhere] **II.** *vt haben* ■**jdn** ~ to push sb forward

Vor·stra·fe *f* JUR previous conviction

Vor·stra·fen·re·gis·ter *nt* JUR criminal [*or* police] record

vor|stre·cken *vt* ❶ (*vorübergehend leihen*) ■**jdm etw** *akk* ~ to advance sb sth ❷ (*nach vorn strecken*) ■**etw** ~ to stretch sth forward; **den Arm/die Hand** ~ to stretch out one's arm/hand

Vor·stu·fe *f* preliminary stage

Vor·tag *m* **am ~** the day before; **am ~ einer S.** *gen* [on] the day before sth; **vom ~** from yesterday; **diese Nachricht stand in der Zeitung vom ~** this news was in yesterday's newspaper; **ich habe nur noch Brot vom ~** I've only got bread left from yesterday [*or* yesterday's bread left]

vor|täu·schen *vt* ■[**jdm**] **etw** *akk* ~ to feign sth [for sb]; **Hilfsbedürftigkeit/einen Unfall** ~ to fake neediness/an accident; **Interesse** ~ to feign interest; **er hatte seine Heiratsabsichten nur vorgetäuscht** he had only been faking his intentions to marry [her]

Vor·täu·schung *f* pretence, faking; **unter ~ falscher Tatsachen** under false pretences

Vor·teil <-s, -e> [ˈfoːɐ̯tail] *m* (*vorteilhafter Umstand*) advantage; **materielle ~e** material benefits; **er sucht nur seinen eigenen ~** he only [ever] looks out for himself; **er ist nur auf seinen ~ bedacht** he only ever thinks of [*or* has an eye to] his own interests; **den ~ haben, dass ...** to have the advantage that ...; [**jdm gegenüber**] **im ~ sein** to have an advantage [over sb]; [**für jdn**] **von ~ sein** to be advantageous [to sb]; **sich** *akk* **zu seinem ~ verändern** to change for the better; **zu jds ~** to sb's advantage; **ich hoffe, dass der Schiedsrichter einmal zu unserem ~ entscheidet** I hope the ref[eree] decides in our favour [just] for once

vor·teil·haft I. *adj* ❶ FIN (*günstig*) favourable [*or* AM -or-]; (*Geschäft, Geschäftsabschluss*) lucrative, profitable; **ein ~er Kauf** a good buy, a bargain; ■[**für jdn**] **~ sein** to be favourable [for sb]; **ich würde von dem Geschäft abraten, es ist für Sie wenig ~** I would advise [you] against entering into this deal, it won't be very profitable [for you]; **der Kauf eines Gebrauchtwagens kann durchaus ~ sein** a used car can often prove to be a really good buy ❷ MODE (*ansprechend*) flattering **II.** *adv* ❶ FIN (*günstig*) **etw** *akk* **~ erwerben** [*o* **kaufen**] to buy sth at an attractive [*or* a bargain] [*or* a reasonable] price ❷ MODE (*ansprechend*) **in dem schlabberigen Pullover siehst du nicht sehr ~ aus** that baggy [old] sweater doesn't do you any favours; **du solltest dich etwas ~er kleiden** you should wear clothes which are a bit more flattering

Vor·trag <-[e]s, Vorträge> ['fo:ɐ̯tra:k, *pl* 'fo:ɐ̯trɛ:gə] *m* (*längeres Referat*) lecture; **einen ~ [über etw *akk*/zu etw *dat*] halten** to give [*or* deliver] a lecture [on [*or* about] sth] ▶ WENDUNGEN: **halt keine [langen] Vorträge!** (*fam*) don't beat about the bush!, get to the point!

vor|tra·gen *vt irreg* ❶ (*berichten*) ■**[jdm] etw** *akk* ~ to present sth [to sb]; **[jdm] einen Beschluss** [*o* **eine Entscheidung**] ~ to convey a decision [to sb]; **[jdm] einen Wunsch** ~ to express a desire [*or* wish] [to sb] ❷ (*rezitieren*) ■**etw** ~ to recite sth; **ein Lied** ~ to sing a song; **ein Musikstück** ~ to play [*or* perform] a piece of music

Vor·trags·rei·he *f* course [*or* series] of lectures *npl*

vor·treff·lich [fo:ɐ̯'trɛflɪç] **I.** *adj* (*geh*) excellent; (*Gedanke, Idee a.*) splendid; (*Gericht, Wein a.*) superb; ~ **munden** [*o* **schmecken**] to taste excellent [*or* superb] **II.** *adv* (*geh*) excellently; **alle Speisen waren ~ zubereitet worden** all the dishes had been exquisitely prepared

Vor·treff·lich·keit *f* excellence

vor|tre·ten *vi irreg sein* ❶ (*nach vorn treten*) to step [*or* come] forward ❷ (*vorstehen*) *Fels* to jut out; *Backenknochen* to protrude; *Augen* to bulge

Vor·tritt[1] *m* precedence, priority; ■**jdm den ~ lassen** (*jdn zuerst gehen lassen*) to let sb go first [*or* in front [of one]]; (*jdn zuerst agieren lassen*) to let sb go first [*or* ahead]

Vor·tritt[2] *m kein pl* SCHWEIZ (*Vorfahrt*) right of way

vo·rü·ber [fo'ry:bɐ] *adv* ■~ **sein** ❶ *räumlich* (*vorbei*) to have gone past; **er ist auf seinem Fahrrad schon** ~ he's already gone past on his bike; **wir sind an dem Geschäft sicher schon ~, da vorne ist schon die Post** we must have already passed the shop, there's the post office coming up [already] ❷ *zeitlich* (*vorbei*) to be over; (*Schmerz*) to be [*or* have] gone

vo·rü·ber|ge·hen [fo'ry:bɐge:ən] *vi irreg sein* ❶ (*entlanggehen*) ■**an jdm/etw** ~ to go [*or* walk] past sb/sth, to pass sb/sth by *sep;* **im V~** in passing, en passant; **etw im V~ erledigen** to do sth just like that ❷ (*vorbeigehen*) to pass; *Schmerz* to go

vo·rü·ber·ge·hend I. *adj* temporary **II.** *adv* for a short time; **das Geschäft bleibt wegen Renovierungsarbeiten ~ geschlossen** the business will be temporarily closed [*or* closed for a short time] due to [*or* for] renovation work; **die Wetterbesserung wird nur ~ anhalten** the improvement in the weather will only be [a] temporary [one]

Vor- und Zu·na·me *m* Christian [*or* first] name and surname

Vor·ur·teil ['fo:ɐ̯ʔʊrtail] *nt* prejudice; **~e [gegenüber jdm] haben** [*o geh* **hegen**] to be prejudiced [against sb]; **das ist ein ~** that's prejudiced

vor·ur·teils·frei *adj* unbiased; (*Gutachter*) unprejudiced **vor·ur·teils·los I.** *adj* unprejudiced, unbiased **II.** *adv* without prejudice [*or* bias]; **unser Chef verhält sich Ausländern und Frauen gegenüber nicht ganz** ~ our boss is not always without prejudice in his dealings with foreigners and women

Vor·vä·ter *pl* (*geh*) forefathers *npl,* ancestors *npl,* for[e]bears *npl form* **Vor·ver·gan·gen·heit** *f* LING pluperfect **Vor·ver·kauf** *m* THEAT, SPORT advance sale *no pl* [of tickets *npl*], advance ticket sales *npl* **Vor·ver·kaufs·stel·le** *f* THEAT, SPORT advance ticket office

vor|ver·le·gen* *vt* ❶ (*auf früheren Zeitpunkt verlegen*) ■**etw** *akk* **[auf etw** *akk*] ~ to bring sth forward [to sth] ❷ BAU (*weiter nach vorn verlegen*) ■**etw** ~ to move sth forward

Vor·ver·stär·ker *f* TECH pre-amplifier

vor·vor·ges·tern ['fo:ɐ̯fo:ɐ̯gɛstɐn] *adv* (*fam*) three days ago

vor·vo·rig ['fo:ɐ̯fo:rɪç] *adj* (*fam*) before last *pred;* **~es Jahr/~er Monat/~e Woche** the year/month/week before last

vor·vor·letz·te(r, s) *adj* third last, third to last AM; **in der Wertung liegt sie an ~r Stelle** she's third last [*or* BRIT *a.* last but two] in the rankings; ■**V~(r)** third last; **im Marathonlauf war er V~r** he was third last in the marathon

vor|wa·gen *vr* ❶ (*hervorzukommen wagen*) ■**sich** *akk* **[aus etw** *dat*] ~ to venture out [of sth] ❷ (*sich zu exponieren wagen*) ■**sich** *akk* **[mit etw** *dat*] **[zu weit]** ~ to stick one's neck out [too far] [with sth]; **jetzt haben sie sich wieder aus ihren Rattenlöchern vorgewagt** they've begun crawling out of the woodwork again now

Vor·wahl *f* ❶ (*vorherige Auswahl*) pre-selection [process] ❷ POL preliminary election, primary AM ❸ TELEK *s.* **Vorwahlnummer**

vor|wäh·len *vt* TELEK ■**etw** ~ to dial sth first

Vor·wahl·num·mer *f* TELEK area code, dialling code BRIT

Vor·wand <-[e]s, Vorwände> ['fo:ɐ̯vant, *pl* -vɛndə] *m* (*vorgeschobener Einwand*) pretext, excuse; **er nahm es als ~, um nicht dahin zu gehen** he used it as a pretext [*or* an excuse] not to go; **unter einem** ~ on [*or* under] a pretext; **unter dem ~, etw** *akk* **tun zu müssen** under the pretext of having to do sth

vor|wär·men *vt* KOCHK ■**etw** ~ to preheat sth; **einen Teller** ~ to warm a plate; ■**vorgewärmt** preheated

vor|war·nen *vt* ■**jdn** ~ to warn sb [in advance [*or* beforehand]]

Vor·war·nung *f* [advance [*or* prior]] warning; **ohne** ~ without warning

vor·wärts ['fo:ɐ̯vɛrts] *adv* forward; **~!** onwards! [*or esp* AM onward!], move! *s. a.* **Schritt**

vor·wärts|brin·gen *vt irreg* **jdn** ~ to help sb to make progress; **der berufliche Erfolg hatte sie auch gesellschaftlich vorwärtsgebracht** success at work also helped her get on in her social life

Vor·wärts·gang <-gänge> *m* AUTO forward gear [*or* speed]; **im ~** in forward gear

vor·wärts|ge·hen *vi irreg sein* to make progress; **wie geht's mit deiner Doktorarbeit vorwärts?** how's your thesis coming along?; **jetzt geht es hoffentlich wirtschaftlich wieder vorwärts** hopefully things will start getting better on the business side **vor·wärts|kom·men** *vi irreg sein* **[in etw** *dat*] ~ to get on [in sth]

Vor·wä·sche <-, -n> *f* pre-wash

Vor·wasch·gang *m kein pl* TECH pre-wash

vor·weg [fo:ɐ̯'vɛk] *adv* ❶ (*zuvor*) beforehand ❷ (*an der Spitze*) in front

vor·weg|ge·hen[RR] *vi irreg sein* **geh du vorweg, du kennst dich hier aus** you lead the way, you know this area

Vor·weg·nah·me <-, -n> [fo:ɐ̯'vɛkna:mə] *f* (*geh*) indication **vor·weg|neh·men** [fo:ɐ̯'vɛkne:mən] *vt irreg* ■**etw** ~ to anticipate sth; **lies das Buch selbst, ich will den Ausgang jetzt nicht** ~ you'll have to read the book yourself, I don't want to give away what happens

vor|wei·sen *vt irreg* ❶ (*nachweisen*) ■**etw** *akk* ~ **können** to have [*or* possess] sth; **dieser Bewerber kann einen mehrjährigen Auslandsaufenthalt** ~ this candidate has [the experience of having] spent a number of years [working] abroad ❷ (*geh: vorzeigen*) ■**etw** ~ to show [*or* produce] sth

vor|wer·fen *vt irreg* ❶ (*als Vorwurf vorhalten*) ■**jdm etw** *akk* ~ to reproach sb for sth; ■**jdm ~, etw** *akk* **zu tun** [*o* **getan zu haben**] to reproach sb for doing [*or* having done] sth; ■**jdm ~, dass ...** to reproach/blame sb for ...; **mir wird vorgeworfen, im Überholverbot überholt zu haben** I've been charged with overtaking in a "no overtaking" zone; **sich** *dat* **[in etw** *dat*] **nichts vorzuwerfen haben** to have a clear conscience [in sth] ❷ (*als Futter hinwerfen*) ■**einem Tier etw** *akk* ~ to throw sth to an animal; **er warf dem Hund einen dicken Knochen vor** he threw the dog a big bone ❸ HIST (*zum Fraß lassen*) ■**jdn den Tieren** ~ to throw sb to the animals

vor·wie·gend *adv* ❶ (*hauptsächlich*) predominantly, mainly; **am Wochenende halten wir uns ~ in unserem Wohnwagen auf** we mostly spend our weekends [staying] in our caravan ❷ METEO (*überwiegend*) predominantly, mainly

vor·wit·zig *adj* cheeky

Vor·wort <-worte> *nt* MEDIA foreword, preface

V

Vor·wurf <-[e]s, Vorwürfe> *m* (*anklagende Vorhaltung*) reproach; **jdm [wegen etw** *dat*] **Vorwürfe** [*o* **einen** ~] **machen** to reproach sb [for sth]; **jdm zum ~ machen, etw** *akk* **getan zu haben** to reproach [*or* blame] sb for having done sth, to hold it against sb that he/she did sth

vor·wurfs·voll I. *adj* reproachful **II.** *adv* reproachfully

vor|zäh·len *vt* ■**jdm etw** *akk* ~ to count out sth *sep* to sb; ■**sich** *dat* **etw** *akk* [**von jdm**] ~ **lassen** to have sth counted out [by sb]

Vor·zei·chen *nt* ❶ (*Omen*) omen ❷ (*Anzeichen*) sign ❸ MUS (*Versetzungszeichen*) accidental ❹ MATH sign; **positives/negatives** ~ plus/minus sign

vor|zeich·nen *vt* ❶ (*durch Zeichnen demonstrieren*) ■**jdm etw** *akk* ~ to show sb how to draw sth ❷ (*vorherbestimmen*) ■[**jdm**] **etw** *akk* ~ to predetermine [*or* preordain] sth [for sb]; ■[**durch etw** *akk*] **vorgezeichnet sein** to be predestined [by sth]

vor·zeig·bar *adj inv* presentable

Vor·zei·ge·fir·ma *f* model company **Vor·zei·ge·frau** *f* shining example of a woman

vor|zei·gen *vt* ■[**jdm**] **etw** *akk* ~ to show [sb] sth [*or* sth [to sb]] [*or* produce sth [for sb]]

Vor·zei·ge·ob·jekt *nt* showpiece

Vor·zeit ['fo:ɐ̯tsait] *f* (*prähistorische Zeit*) prehistoric times ▸WENDUNGEN: **in grauer** ~ in the dim and distant past

vor·zei·tig ['fo:ɐ̯tsaitɪç] *adj* early; (*Geburt*) premature; (*Tod*) untimely; **wir alle haben den ~en Weggang dieser geschätzten Mitarbeiter bedauert** we were all sorry to see these well-respected colleagues retire early

vor·zeit·lich ['fo:ɐ̯tsaitlɪç] *adj* prehistoric

vor|zie·hen *vt irreg* ❶ (*bevorzugen*) ■**jdn** ~ to prefer sb; ■**jdn jdm** ~ to prefer sb to sb; **Eltern sollten kein Kind dem anderen** ~ parents shouldn't favour one child in preference to another; ■**etw** *akk* [**einer S.** *dat*] ~ to prefer sth [to sth] ❷ (*den Vorrang geben*) ■**es** ~, **etw** *akk* **zu tun** to prefer to do sth; **ich ziehe es vor, spazieren zu gehen** I'd rather go for a walk ❸ (*zuerst erfolgen lassen*) ■**etw** ~ to bring sth forward ❹ (*nach vorn ziehen*) ■**etw** ~ to move [*or* pull] sth forward; **ich habe den Sessel zum Kamin vorgezogen, da ist es wärmer** I've pulled the armchair [up] closer to the fire, where it's warmer

Vor·zim·mer *nt* ❶ (*Sekretariat*) secretariat, secretary's office ❷ ÖSTERR (*Diele*) hall

Vor·zug[1] <-[e]s, Vorzüge> ['fo:ɐ̯tsu:k, *pl* 'fo:ɐ̯tsy:gə] *m* ❶ (*gute Eigenschaft*) asset, merit; **seine Vorzüge haben** to have one's assets [*or* merits] [*or* good qualities] ❷ (*Vorteil*) advantage; **den ~ haben, [dass ...]** to have the advantage [that ...] ❸ (*Bevorzugung*) **jdm/einer S. den ~ [vor jdm/etw] geben** (*geh*) to prefer sb/sth [to sb/sth]

Vor·zug[2] ['fo:ɐ̯tsu:k] *m* BAHN (*Entlastungszug*) relief train

vor·züg·lich [fo:ɐ̯'tsy:glɪç] **I.** *adj* excellent, first-rate; (*Gericht*) sumptuous, superb, excellent; (*Hotel*) first-class [*or* -rate], excellent; (*Wein*) excellent, exquisite, superb **II.** *adv* ❶ (*hervorragend*) excellently; ~ **speisen** to have a sumptuous [*or* superb] [*or* an excellent] meal; ~ **übernachten** to find a first-class [*or* an excellent] place to stay for the night ❷ (*hauptsächlich*) especially, particularly; **diesen Punkt sollte man ~ beachten** particular emphasis should be placed on this point

Vor·zugs·ak·tie *f* preference share **Vor·zugs·be·din·gun·gen** *pl* preferential terms *pl* **Vor·zugs·be·hand·lung** *f* preferential treatment *no pl, no indef art* **Vor·zugs·milch** *f* KOCHK [full cream] whole milk, *milk with a high fat content and of high quality* **Vor·zugs·preis** *m* concessionary [*or* AM discount] fare

vor·zugs·wei·se *adv* primarily, chiefly, mainly; **wenn ich auf Geschäftsreise bin, übernachte ich ~ im Hotel** when I'm on a business trip, I mostly stay in hotels

Vo·ta ['vo:ta], **Vo·ten** ['vo:tən] *pl von* **Votum**

vo·tie·ren* [vo:'ti:rən] *vi* (*geh*) ■**für/gegen jdn/etw** ~ to vote for/against sb/sth

Vo·tiv·bild [vo'ti:f-] *nt* REL votive picture **Vo·tiv·ga·be** *f* REL votive gift [*or* offering] **Vo·tiv·ta·fel** *f* REL votive tablet

Vo·tum <-s, Voten *o* Vota> ['vo:tʊm, *pl* 'vo:tən, 'vo:ta] *nt* (*geh*) ❶ (*Entscheidung*) decision; **das ~ der Geschworenen** the jury's verdict ❷ POL (*Wahlentscheidung*) vote

Vo·yeur <-s, -e> [voa'jø:ɐ̯] *m* voyeur

Vo·yeu·ris·mus <-> [voa'jø:ɐ̯ɪsmʊs] *m kein pl* voyeurism

vo·yeu·ris·tisch *adj inv* voyeuristic

vul·gär [vʊl'gɛ:ɐ̯] **I.** *adj* (*pej geh*) vulgar **II.** *adv* ~ **aussehen** to look vulgar [*or* common]; **sich** *akk* ~ **ausdrücken** to use vulgar [*or* coarse] language; **sich** *akk* ~ **benehmen** to behave in a vulgar [*or* rude] manner; **sie beschimpfte ihn** ~ she swore at him

Vul·ga·ri·tät <-, -en> [vʊlgari'tɛt] *f* (*pej geh*) ❶ *kein pl* (*vulgäre Art*) vulgarity ❷ *meist pl* (*vulgäre Bemerkung*) vulgar expression, vulgarity

Vul·kan <-[e]s, -e> [vʊl'ka:n] *m* volcano; **erloschener/tätiger** ~ extinct/active volcano ▸WENDUNGEN: **wie auf einem ~ leben** (*geh*) to be like living on the edge of a volcano, to be [like] sitting on a powder-keg [*or* time-bomb]

Vul·kan·aus·bruch [vʊ-] *m* volcanic eruption

vul·ka·nisch [vʊl'ka:nɪʃ] *adj* volcanic

vul·ka·ni·sie·ren* [vʊlkani'zi:rən] *vt* TECH ■**etw** ~ to vulcanize sth

Vul·va <-, Vulven> ['vʊlva, *pl* 'vʊlvən] *f* ANAT vulva

v.u.Z. *Abk von* **vor unserer Zeitrechnung** BC

W w

W, w <-, - *o fam* -s, -s> [ve:] *nt* W, w; ~ **wie Wilhelm** W for [*or* AM as in] William; *s. a.* **A 1**

W *Abk von* **Westen** W, W.

WAA <-, -s> [ve:ʔa:'ʔa:] *f Abk von* **Wiederaufarbeitungsanlage**

Waadt <-s> [va:t] *nt* Vaud

Waa·ge <-, -n> ['va:gə] *f* ❶ TECH (*Gerät zum Wiegen*) scales *npl;* **eine** ~ a pair *n sing* of scales ❷ *kein pl* ASTROL (*Tierkreiszeichen*) Libra; [**eine**] ~ **sein** to be a Libra[n] ▸WENDUNGEN: **sich** *dat* **die ~ halten** to balance out one another [*or* each other] *sep;* **Vor- und Nachteile halten sich die** ~ the advantages and disadvantages are roughly equal

waa·ge·recht ['va:gərɛçt] **I.** *adj* level, horizontal; **eine ~e Linie** a horizontal line **II.** *adv* horizontally

Waage·rech·te <-n, -n> *f* (*Horizontale*) horizontal [line]; **in der ~n, in die** ~ level; **in die ~ bringen** to make sth level

Waag·scha·le *f* TECH (*Schale einer Waage*) [scale-]pan ▸WENDUNGEN: **etw** *akk* **auf die ~ legen** (*geh*) to take sth literally; **etw** *akk* [**für jdn/etw**] **in die ~ werfen** (*geh*) to bring one's influence to bear [on sb's behalf/in support of sth]

wab·be·lig ['vabəlɪç] *adj* (*fam*) wobbly; **ein ~er Fettbauch** a flabby paunch

wab·beln ['vabl̩n] *vi* (*fam*) to wobble

Wa·be <-, -n> ['va:bə] *f* honeycomb

wa·ben·för·mig *adj* honeycombed

Wa·ben·ho·nig *m* KOCHK comb honey

wach [vax] *adj* ❶ (*nicht schlafend*) awake; ■~ **sein** to be awake; ■~ **werden** to wake up; ~ **bleiben** to stay awake; **jdn ~ halten** to keep sb awake; ~ **liegen** to lie awake ❷ (*aufgeweckt*) alert, keen, sharp; **etw ~ halten** to keep sth alive; **das/jds Interesse** ~ to hold sb's interest [*or* keep sb interested]

Wạch·ab·lö·sung *f* ❶ (*Ablösung der Wache*) changing of the guard *no pl* ❷ (*Führungswechsel*) change of leadership
Wa·che <-, -n> ['vaxə] *f* ❶ *kein pl a.* MIL (*Wachdienst*) guard duty; ~ **haben** to be on guard duty; **auf ~ sein** to be on guard duty; ~ **stehen** [*o fam* **schieben**] to be on guard duty; **auf ~** on [guard] duty ❷ MIL (*Wachposten*) guard, sentry ❸ (*Polizeiwache*) police station; **kommen Sie mal mit auf die ~!** you'll have to accompany me to the [police] station, please! ❹ (*behüten*) [**bei jdm**] ~ **halten** to keep watch [over sb]
wa·chen ['vaxn̩] *vi* ❶ (*Wache halten*) ■[**irgendwo/bei jdm**] ~ to keep watch [somewhere/over sb] ❷ (*geh: wach sein*) to be awake ❸ (*auf etw genau achten*) ■**über etw** *akk* ~ to ensure [*or* see to it] that sth is done; ■**darüber ~, dass ...** to ensure [*or* see to it] that ...
wạch·ha·bend *adj attr* ADMIN, MIL duty
Wạch·ha·ben·de(r) *f(m) decl wie adj* ADMIN, MIL duty officer
Wạch·hund *m* watchdog, guard dog
wạch·küs·sen *vt* ■**jdn** ~ to wake up sb *sep* with a kiss, to give sb a wake-up kiss
Wạch·lo·kal *nt* guardhouse, guardroom
Wạch·ma·cher *m* (*fam*) stimulant
Wạch·mann <-leute *o* -männer> *m* ❶ (*Wächter*) [night-] watchman ❷ ÖSTERR (*Polizist*) policeman **Wạch·mann·schaft** *f* men on guard, guard
Wa·chol·der <-s, -> [va'xɔldɐ] *m* ❶ (*Busch*) juniper [tree]; (*Beeren*) juniper berry ❷ (*fam*) *s.* **Wacholderschnaps**
Wa·chọl·der·bee·re *f* juniper berry **Wa·chọl·der·dros·sel** *f* ORN fieldfare **Wa·chọl·der·schnaps** *m* ≈ gin (*schnapps made from juniper berries*) **Wa·chọl·der·zweig** *m* branch from a juniper [tree], juniper branch
Wạch·pos·ten *m s.* **Wachtposten**
wạch|ru·fen *vt irreg* ■**etw** *akk* [**in jdm**] ~ to awaken [*or* evoke] [*or* stir up *sep*] sth [in sb] **wạch·rüt·teln** *vt* ■**jdn** ~ to wake up sb *sep* by shaking them, to give sb a shake to wake them up
Wachs <-es, -e> [vaks] *nt* ❶ (*Bienenwachs*) [bees]wax ❷ (*Bohnerwachs*) [floor] polish [*or* wax] ❸ (*Antikwachs*) [French] polish ▶WENDUNGEN: ~ **in jds <u>Händen</u> sein** (*geh*) to be [like] putty in sb's hands
Wachs·ab·druck *m* wax impression
wach·sam ['vaxza:m] **I.** *adj* vigilant, watchful; **seid ~!** be on your guard! **II.** *adv* vigilantly, watchfully
Wạch·sam·keit <-> *f kein pl* vigilance *no indef art, no pl*
Wạchs·boh·ne *f* wax [*or* butter] bean
wạch|schüt·teln *vt* ■**jdn** ~ to wake up sb *sep* by shaking them, to give sb a shake to wake them up
wach·sen[1] <wuchs, gewachsen> ['vaksn̩] *vi sein* ❶ (*größer werden*) to grow; **in die Breite/Höhe** ~ to grow broader [*or* to broaden [out]]/taller ❷ MED (*sich vergrößern*) to grow ❸ (*sich ausbreiten*) to grow; *Wurzeln* to spread ❹ (*länger werden*) ■[**jdm**] **wächst etw** *gen* [sb's] sth is growing; **dir ~ die Haare ja schon bis auf die Schultern!** your hair [is so long it] has almost reached your shoulders!; ■**sich** *dat* **etw** *akk* ~ **lassen** to grow sth; **sich** *dat* **die Haare ~ lassen** to grow one's hair [long] [*or* let one's hair grow] ❺ (*intensiver werden*) *Spannung, Unruhe* to mount ❻ (*sich vermehren*) ■[**auf/um etw** *akk*] ~ to grow [*or* increase] [to/by sth]; **in den letzten Jahren ist die Stadt um rund 1500 Einwohner gewachsen** the population of the town has grown by about 1,500 [people] over the last few years ▶WENDUNGEN: <u>**gut**</u> **gewachsen** evenly-shaped
wach·sen[2] ['vaksn̩] *vt* (*mit Wachs einreiben*) ■**etw** ~ to wax sth
wäch·sern ['vɛksɐn] *adj* waxen
Wạchs·fi·gur *f* wax figure **Wạchs·fi·gu·ren·ka·bi·nett** *nt* waxworks *npl* [museum *nsing*] **Wạchs·ker·ze** *f* wax candle **Wạchs·mal·krei·de** *f*, **Wạchs·mal·stift** *m* wax crayon **Wạchs·mas·ke** *f* wax mask **Wạchs·mo·dell** *nt* wax mould **Wạchs·pa·pier** *nt* wax-paper **Wạchs·ta·fel** *f* HIST wax tablet
Wạch·stu·be *f s.* **Wachlokal**
Wachs·tum <-[e]s> ['vakstu:m] *nt kein pl* ❶ (*das Wachsen*) growth ❷ ÖKON (*Wirtschaftswachstum*) growth ❸ (*das Anwachsen*) growth, increase; (*einer Ortschaft*) growth, expansion
Wạchs·tums·bran·che *f* growth sector **wạchs·tums·för·dernd** *adj* ❶ BIOL (*dem Wachstum förderlich*) growth-promoting ❷ ÖKON (*wirtschaftliches Wachstum fördernd*) boosting economic growth **Wạchs·tums·för·de·rung** *f* ❶ BIOL (*Förderung des Wachstums*) growth promotion ❷ ÖKON (*Förderung des wirtschaftlichen Wachstums*) boost of economic growth **Wạchs·tums·hor·mon** *nt* growth hormone **Wạchs·tums·in·dust·rie** *f* ÖKON growth industry **Wạchs·tums·markt** *m* growth market **wạchs·tums·ori·en·tiert** *adj inv* growth-orientated **Wạchs·tums·ra·te** *f* ÖKON growth rate **Wạchs·tums·stö·rung** *f* MED disturbance of growth
Wach·tel <-, -n> ['vaxtl̩] *f* ORN quail
Wạch·tel·boh·ne *f* pinto bean **Wạch·tel·ei** *nt* quail's egg
Wäch·ter(in) <-s, -> ['vɛçtɐ] *m(f)* ❶ (*veraltend: Hüter in einer Anstalt*) guard; (*Wachmann*) [night-]watchman ❷ ([*moralischer*] *Hüter*) guardian
Wạcht·meis·ter(in) *m(f)* [police] constable BRIT, police officer AM **Wạcht·pos·ten** *m* guard
Wạcht·raum *m* PSYCH daydream, waking dream
Wạch(t)·turm *m* watchtower
Wạch- und Schließ·ge·sell·schaft *f kein pl* ÖKON ■**die** ~ the security corps BRIT
Wạch·zu·stand *m* **im ~** [**sein**] [to be] awake [*or* in a waking state]
wa·cke·lig ['vakəlɪç] *adj* ❶ (*nicht fest stehend*) rickety; (*Konstruktion*) rickety, unsound; (*Säule*) shaky; (*Steckdose*) loose; (*Stuhl, Tisch*) unsteady ❷ (*nicht solide*) shaky; (*Firma*) unsound, shaky
Wạ·ckel·kon·takt *m* ELEK loose connection
wa·ckeln ['vakl̩n] *vi* ❶ *haben* (*wackelig sein*) to wobble; *Konstruktion, Säule* to shake ❷ *haben* (*hin und her bewegen*) ■**mit etw** *dat* ~ to rock on [one's] sth; **mit dem Kopf** ~ to shake one's head; **mit den Hüften** ~ to wiggle one's hips; **mit den Ohren** ~ to wiggle [*or* waggle] one's ears ❸ *sein* (*sich unsicher fortbewegen*) ■**irgendwohin** ~ to totter somewhere; *Kleinkind* to toddle somewhere
wa·cklig ['vaklɪç] *adj s.* **wackelig**
Wa·de <-, -n> ['va:də] *f* ANAT calf
Wa̱·den·bein *nt* ANAT fibula **Wa̱·den·krampf** *m* cramp in the [*or* one's] calf **Wa̱·den·wi·ckel** *m* MED leg compress
Wad·li <-s, -> ['vɛ:tli] *nt* KOCHK SCHWEIZ (*Eisbein*) cured knuckle of pork
Waf·fe <-, -n> ['vafə] *f* ❶ *a.* MIL (*Angriffswaffe*) weapon, arm; **zu den ~n greifen** to take up arms; **die ~n strecken** to lay down one's arms [*or* surrender] ❷ (*Schusswaffe*) gun, firearm; **eine ~ tragen** to carry a gun ▶WENDUNGEN: **jdn mit seinen <u>eigenen</u> ~n schlagen** to beat sb at his own game
Waf·fel <-, -n> ['vafl̩] *f* KOCHK waffle
Wạf·fel·ei·sen *nt* waffle iron
Wạf·fen·ar·se·nal *nt* MIL arsenal, stockpile [of weapons] **Wạf·fen·be·sitz** *m* possession of firearms [*or* a firearm] **Wạf·fen·em·bar·go** *nt* MIL arms embargo; **ein ~ verhängen** to impose an arms embargo **Wạf·fen·gat·tung** *f* MIL arm of the services **Wạf·fen·ge·setz** *nt* gun laws *pl* **Wạf·fen·ge·walt** *f kein pl* armed force; **mit ~** by force of arms **Wạf·fen·han·del** *m* MIL arms trade **Wạf·fen·händ·ler** *m* MIL arms dealer **Wạf·fen·la·ger** *nt* MIL arsenal, ordnance depot **Wạf·fen·lie·fe·rung** *f* arms supply **Wạf·fen·narr** *m* (*pej fam*) gun freak [*or fam* nut] **Wạf·fen·ru·he** *f* MIL ceasefire **Wạf·fen·schein** *m* ADMIN firearms [*or* gun] licence **Wạf·fen·schmug·gel** *m* MIL gunrunning, arms smuggling **Wạf·fen·schmugg·ler(in)** *m(f)* MIL gunrunner **Wạf·fen-SS** [-ɛsʔɛs] *f* HIST ■**die** ~ the Waffen SS **Wạf·fen·still·stand** *m* MIL armistice **Wạf·fen·stịll·stands·**

ver·hand·lun·gen *pl* armistice negotiations *pl* **Waf·fen·sys·tem** *nt* MIL weapon system

Wä·gel·chen <-s, -> ['vɛːglçən] *nt dim von* **Wagen** (*kleiner Karren*) [little] cart; (*Auto*) car, motor BRIT *fam*

Wa·ge·mut *m* (*geh*) daring *no indef art, no pl,* boldness *no indef art, no pl*

wa·ge·mu·tig *adj* daring, bold

wa·gen ['vaːgn̩] **I.** *vt* ❶ (*riskieren*) ■**etw** ~ to risk sth ❷ (*sich getrauen*) ■**es** ~, **etw** *akk* **zu tun** to dare [to] do sth ▶WENDUNGEN: **wer nicht wagt, der nicht gewinnt** (*prov*) nothing ventured, nothing gained *prov; s. a.* **frisch II.** *vr* ❶ (*sich zutrauen*) ■**sich** *akk* **an etw** *akk* ~ to venture to tackle sth ❷ (*sich trauen*) ■**sich** *akk* **irgendwohin/irgendwoher** ~ to venture [out] to/from somewhere

Wa·gen <-, Wagen *o* SÜDD, ÖSTERR Wägen> ['vaːgn̩, *pl* 'vɛːgn̩] *m* ❶ (*Pkw*) car; **ich nehme den** ~ I'll take [*or* go in] [*or* drive] the car; (*Lkw*) truck, BRIT *a.* lorry; (*Wagenladung*) truckload, BRIT *a.* lorryload ❷ BAHN (*Waggon*) carriage, car, coach ❸ (*Fahrzeug mit Deichsel*) cart ❹ (*Kinder~*) pram BRIT, baby carriage AM ❺ (*Teil einer Schreibmaschine*) carriage ❻ ASTRON **der Große/Kleine** ~ the Great Bear [*or* Plough] [*or* Big Dipper]/ Little Bear [*or* Little Dipper] ▶WENDUNGEN: **sich** *akk* **nicht vor jds** ~ **spannen lassen** (*fam*) to not let oneself be roped into sb's sth

wä·gen <wog *o* wägte, gewogen *o* gewägt> ['vɛːgn̩] *vt* (*geh*) ■**etw** ~ to weigh sth

Wa·gen·burg *f* HIST corral, defensive ring of wagons **Wa·gen·he·ber** <-s, -> *m* (*Werkzeug*) jack **Wa·gen·la·dung** *f* truckload, BRIT *a.* lorryload **Wa·gen·len·ker** *m* HIST charioteer **Wa·gen·park** *m s.* **Fuhrpark Wa·gen·pfle·ge** *f* AUTO car care **Wa·gen·rad** *nt* cartwheel **Wa·gen·ren·nen** *nt* HIST chariot race **Wa·gen·schmie·re** *f* cart grease **Wa·gen·wä·sche** *f* AUTO car wash

Wag·gon <-s, -s> [va'gɔŋ] *m* BAHN [goods] wag[g]on

wag·hal·sig ['vaːkhalzɪç] *adj* fearless, daring, bold

Wag·nis <-ses, -se> ['vaːknɪs] *nt* ❶ (*riskantes Vorhaben*) risky venture ❷ (*Risiko*) risk

Wa·gon <-s, -s> [va'gõ, va'gɔŋ] *m s.* **Waggon**

Wahl <-, -en> [vaːl] *f* ❶ POL (*Abstimmung*) election; ■[**die**] ~**en** [**zu etw**] [the] elections [to sth]; **geheime/freie** ~ secret ballot/free elections *pl;* **zur** ~ **gehen** to vote; **die** ~ **annehmen** to accept one's election; **zur** ~ **schreiten** (*geh*) to [take a] vote ❷ *kein pl* (*Ernennung durch Abstimmung*) election; ■**jds** ~ **in etw** *akk* sb's election to sth; ■**jds** ~ **zu etw** sb's election as sth ❸ *kein pl* (*das Auswählen*) choice; **meine** ~ **fiel auf den roten Sportwagen** the red sports car was my choice; **die/jds** ~ **fällt auf jdn/etw** sb/sth is chosen/sb chooses sb/sth; **die** ~ **haben** to have a choice; **seine** [*o* **eine**] ~ **treffen** to make one's [*or* a] choice ❹ (*Alternative*) **keine andere** ~ **bleiben** [*o* **haben**] sb has [*or* there is] no alternative [*or* choice]; **die** ~ **haben, etw zu tun** to be able to choose to do sth; **jdm die** ~ **lassen** to let sb choose [*or* leave it up to sb [to choose]]; **jdm keine** ~ **lassen** to leave sb [with] no alternative [*or* other choice] ❺ ÖKON (*Klasse*) **erste/zweite** ~ top[-grade] [*or* first[-class]] quality/second-class quality; **... erster/zweiter** ~ top[-grade] [*or* first[-class]] quality/second-class quality ...; **Eier erster/zweiter** ~ grade one/two eggs; **Waren erster/zweiter** ~ firsts/seconds, top[-grade] quality/ second-class quality goods ❻ ÖKON (*Auswahl*) **zur** ~ **stehen** there is a choice [*or* selection] of ▶WENDUNGEN: **wer die** ~ **hat, hat die Qual** (*prov*) sb is spoilt for choice

Wahl·amt *nt* ADMIN *authority responsible for organising elections in constituencies* **Wahl·aus·gang** *m* POL election results *pl,* election outcome, outcome of an/the election

wähl·bar *adj* POL eligible; ■**zu jdm/in etw** *akk* ~ **sein** to be eligible for election as sb/to sth; ■~ **sein** to be eligible, to stand for election

Wahl·be·nach·rich·ti·gung *f* POL polling card **wahl·be·rech·tigt** *adj* POL eligible [*or* entitled] to vote *pred* **Wahl·be·rech·tig·te(r)** <-n, -n> *f (m) decl wie adj* person entitled to vote **Wahl·be·tei·li·gung** *f* POL turnout, poll; **eine hohe** ~ a high turnout [at the election], BRIT *a.* a heavy poll **Wahl·be·trug** *m* ballot [*or* vote] rigging **Wahl·be·zirk** *m* POL ward **Wahl·boy·kott** *m* POL election boycott

wäh·len ['vɛːlən] **I.** *vt* ❶ *a.* POL ■**jdn/etw** ~ to vote for sb/sth ❷ (*durch Abstimmung berufen*) ■**jdn in etw** *akk*/**zu etw** *dat* ~ to elect sb to sth/as sth ❸ TELEK ■**etw** ~ to dial sth; **ich glaube, Sie haben die falsche Nummer gewählt** I think you've dialled the wrong number [*or* misdialled] **II.** *vi* ❶ POL to vote; ~ **gehen** to vote ❷ (*auswählen*) ■[**unter etw** *dat*] ~ to choose [from sth] ❸ TELEK to dial

Wäh·ler(in) <-s, -> *m(f)* POL voter; (*Gesamtheit der Wähler*) electorate *sing*

Wahl·er·folg *m* success at an/the election **Wahl·er·geb·nis** *nt* POL election result

Wäh·ler·gunst *f kein pl* POL popularity with the voters; **wieder in der** ~ **steigen** to be back in [*or* regain] favour [*or* AM -or] with the voters

Wäh·le·rin <-, -nen> *f fem form von* **Wähler**

wäh·le·risch ['vɛːlərɪʃ] *adj* particular, selective, choos[e]y *fam or a. pej;* (*Kunde*) discerning; (*Weinkenner*) discriminating

Wäh·ler·schaft <-, -en> *f* POL (*geh*) electorate *no indef art, no pl,* constituents *pl*

Wäh·ler·stim·me *f* POL vote

Wahl·fach *nt* SCH option[al subject] **Wahl·gang** *m a.* POL ballot **Wahl·ge·heim·nis** *nt kein pl* secrecy of the ballot **Wahl·ge·schenk** *nt* POL (*fam*) pre-election promise **Wahl·hei·mat** *f* ■**jds** ~ sb's adopted place of residence [*or* country] **Wahl·hel·fer(in)** *m(f)* POL ❶ (*Helfer eines Kandidaten*) election assistant ❷ (*amtlich bestellte Aufsicht*) polling officer **Wahl·jahr** *nt* POL election year **Wahl·ka·bi·ne** *f* POL polling booth **Wahl·kampf** *m* POL election campaign **Wahl·kreis** *m* POL constituency **Wahl·lei·ter(in)** *m(f)* POL returning officer BRIT **Wahl·lo·kal** *nt* POL polling station [*or* AM place] **wahl·los** ['vaːlloːs] **I.** *adj* indiscriminate **II.** *adv* indiscriminately **Wahl·nie·der·la·ge** *f* POL electoral defeat, defeat in [*or* at] the election[s] **Wahl·pflicht** *f* POL electoral duty, compulsory voting **Wahl·pla·kat** *nt* POL election poster **Wahl·pro·pa·gan·da** *f* election propaganda **Wahl·recht** *nt kein pl* ❶ POL (*das Recht, zu wählen*) [right to] vote; **das aktive** ~ the right to vote; **das allgemeine** ~ universal suffrage; **das passive** ~ eligibility [to stand for election] ❷ JUR (*Wahlen regelnde Gesetze*) electoral law *no indef art* **Wahl·schein** *m* POL postal vote form BRIT, absentee ballot AM **Wahl·schlap·pe** *f* POL (*fam*) electoral defeat, defeat in [*or* at] the election[s] **Wahl·sieg** *m a.* POL election [*or* electoral] victory **Wahl·sie·ger(in)** *m(f)* winner of an/the election

Wahl·spruch *m* motto, slogan

Wahl·sys·tem *nt* POL electoral system **Wahl·tag** *m* POL election [*or* BRIT polling] day

Wähl·ton *m* TELEK dialling [*or* AM dial] tone

Wahl·ur·ne *f* POL ballot box; **zu den** ~**n schreiten** (*geh*) to go to the polls **Wahl·ver·spre·chen** *nt* POL election promise **wahl·wei·se** *adv* as desired; **Sie dürfen sich entscheiden, es gibt** ~ **Wein oder Champagner** you can choose between wine or champagne **Wahl·wie·der·ho·lung** *f* TELEK automatic redial

Wahn <-[e]s> [vaːn] *m kein pl* ❶ (*geh: irrige Vorstellung*) delusion; **in einem** ~ **leben** to labour [*or* AM -or] under a delusion ❷ MED (*Manie*) mania

wäh·nen ['vɛːnən] **I.** *vt* (*geh: irrigerweise annehmen*) to believe [wrongly], to labour [*or* AM -or] under the delusion that *form;* ■**jdn irgendwo** ~ to think sb is somewhere else; **ich wähnte dich auf hoher See** I imagined you to be on the high seas; ■**jdn etw** ~ to imagine sb to be sth; **er wähnte sie längst tot** he [wrongly] believed her to be long since dead **II.** *vr* (*geh*) ■**sich** *akk* **etw** *akk* ~ to consider oneself to be sth; **sich verlo-**

ren ~ to believe oneself to be lost

Wahn·sinn *m kein pl* ❶ (*fam: Unsinn*) madness, lunacy ❷ MED (*Verrücktheit*) insanity, lunacy, madness; (*fig fam: Grenzenlosigkeit*) craziness; **heller ~ sein** (*fam*) to be sheer [*or* utter] madness; **jdn zum ~ treiben** (*fam*) to drive sb mad; **so ein ~** (*fam*) what madness!; **~!** (*sl*) amazing!, wild! *sl*, cool! *fam*

wahn·sin·nig **I.** *adj* ❶ MED (*geisteskrank*) insane, mad; ■**~ sein/werden** to be/become insane [*or* mad] ❷ *attr* (*fig fam: gewaltig*) terrible *fam*, dreadful; **eine ~e Arbeit/Aufgabe** a massive amount of work/task; (*Hitze*) sweltering, blistering; (*Kälte*) biting, bitter; (*Sturm*) heavy, severe, violent ❸ (*pej fam: wahnwitzig*) crazy; **wie ~** (*fam*) like mad [*or* crazy], mad ❹ (*sl: herrlich*) incredible *fam* ❺ (*kirre*) **jdn** [**noch**] **~ machen** (*fam*) to drive sb mad [*or* crazy], to drive sb around [*or* BRIT *a.* round] the bend *fam*; **ich werde** [**noch**] **~!** (*fam*) it's enough to drive me mad! **II.** *adv* (*fam*) terribly *fam*, dreadfully; **~ viel** a heck [*or* hell] of a lot *fam*; **~ heiß** swelteringly [*or* blisteringly] hot; **~ kalt** bitingly [*or* bitterly] cold

Wahn·sin·ni·ge(r) *f(m) decl wie adj* madman *masc*, madwoman *fem*

Wahn·sin·nig·wer·den *nt* **es ist zum ~** (*fam*) it's enough to drive you mad [*or* crazy], it's enough to drive you around [*or* BRIT *a.* round] the bend *fam*

Wahn·sinns·ar·beit <-> *f kein pl* (*fam*) a crazy [*or* hellish] amount of work *fam*

Wahn·vor·stel·lung *f* MED delusion **Wahn·witz** *m kein pl* [sheer [*or* utter]] madness **wahn·wit·zig** *adj* crazy, mad; **mit einer ~en Geschwindigkeit fahren** to drive at a lunatic [*or* an insane] speed

wahr [vaːɐ̯] *adj* ❶ (*zutreffend*) true; **eine ~e Geschichte** a true story; **~ werden** to become a reality; **wie ~!** (*fam*) very true! *fam* ❷ *attr* (*wirklich*) real; **der ~e Täter** the real culprit ❸ (*aufrichtig*) real, true; **ein ~er Freund** a real [*or* true] friend; **das ~e Glück** real [*or* true] happiness; **die ~e Liebe** true love ▸ WENDUNGEN: **das einzig W~e** (*fam*) the thing needed, just the thing *fam*; **vier Wochen Urlaub, das wäre jetzt das einzig W~e** to have four weeks holiday would be just what the doctor ordered; **das darf** [*o* **kann**] **doch nicht ~ sein!** (*fam: verärgert*) I don't believe this [*or* it]!; (*entsetzt*) it can't be true!; **da ist etwas W~es dran** (*fam*) there's some truth in it; (*als Antwort*) you're not wrong there *fam*; **das ist schon gar nicht mehr ~** (*fam*) that was ages ago *fam*; **etw ist** [**auch**] **nicht das W~e** (*fam*) sth is not quite the thing [*or* the real McCoy]; **etw ~ machen** to carry out sth; **so ~ ich hier stehe** (*fam*) as sure as I'm standing here

wah·ren [ˈvaːrən] *vt* ❶ (*schützen*) ■**etw ~** to protect [*or* safeguard] sth; **jds Interessen ~** to look after sb's interests; **jds Rechte ~** to protect sb's rights ❷ (*erhalten*) ■**etw ~** to maintain [*or* preserve] sth; **es fiel mir nicht leicht, meine Fassung zu ~** it wasn't easy for me to keep my composure

wäh·ren [ˈvɛːrən] *vi* (*geh*) **über einen gewissen Zeitraum ~** to last a certain period of time

wäh·rend [ˈvɛːrənt] **I.** *präp +gen* during **II.** *konj* ❶ (*zur selben Zeit*) while ❷ (*wohingegen*) whereas; **er trainiert gerne im Fitnessstudio, ~ ich lieber laufen gehe** he likes to work out in the gym, whereas I prefer to go for a run

wäh·rend·des·sen [ˈvɛːrəntˈdɛsn̩] *adv* meanwhile, in the meantime

wahr·ha·ben *vt irreg* ■**etw nicht ~ wollen** not to want to admit sth; [**es**] **nicht ~ wollen, dass** not to want to admit that

wahr·haft [ˈvaːɐ̯haft] *adj attr* (*geh*) *s.* **wahr 3**

wahr·haf·tig [vaːɐ̯ˈhaftɪç] **I.** *adj* (*veraltend geh*) real, true **II.** *adv* (*geh*) really

Wahr·heit <-, -en> [ˈvaːɐ̯hait] *f* ❶ (*tatsächlicher Sachverhalt*) truth *no pl*; **die ganze** [*o* **volle**]/**halbe ~** the whole truth/half the truth; **es mit der ~ nicht so genau nehmen** (*fam*) to stretch the truth; **um die ~ zu sagen** to tell the truth; **die ~ sagen** to tell the truth; **jdm die ~ sagen** to tell sb the truth; **in ~** in truth, actually ❷ *kein pl* (*Richtigkeit*) accuracy *no pl* ▸ WENDUNGEN: **wer einmal lügt, dem glaubt man nicht, und wenn er auch die ~ spricht** (*prov*) a liar is never believed even when he's telling the truth

Wahr·heits·fin·dung *f kein pl* establishment of the truth **wahr·heits·ge·mäß** *adj inv* truthful **wahr·heits·ge·treu** **I.** *adj* truthful; **eine ~e Darstellung** an accurate depiction **II.** *adv* **etw ~ berichten** to report sth truthfully; **etw ~ darstellen** to depict sth accurately **Wahr·heits·lie·be** *f* love of truth **wahr·heits·lie·bend** *adj* truthful

wahr·lich [ˈvaːɐ̯lɪç] *adv* (*geh*) really

wahr·nehm·bar *adj* audible; **ein ~er Geruch** a perceptible smell

wahr|neh·men [ˈvaːɐ̯neːmən] *vt irreg* ❶ (*merken*) ■**etw ~** to perceive [*or* detect] sth; **einen Geruch ~** to perceive a smell; **ein Geräusch/Summen/Vibrieren ~** to detect a sound/humming/vibration ❷ (*teilnehmen*) ■**etw** [**für jdn**] **~** to attend sth [for sb]; **einen Termin ~** to keep an appointment ❸ (*ausnutzen*) ■**etw ~** to take advantage of sth; **eine günstige Gelegenheit ~** to take advantage of a favourable [*or* AM -orable] opportunity ❹ (*vertreten*) ■**etw** [**für jdn**] **~** to look after sth [for sb]; **jds Interessen ~** to look after sb's interests ❺ (*ausüben*) **seine Rechte ~** to exercise one's rights; **seine Pflichten ~** to attend to one's duties, to fulfill [*or* AM fulfil] one's obligations

Wahr·neh·mung <-, -en> *f* ❶ (*das Merken*) *Geräusch* detection *no pl*; *Geruch* perception *no pl* ❷ (*Erfüllung*) attending ❸ (*Vertretung*) looking after *no pl, no art*; **~ von jds Interessen** looking after [*or* safeguarding] [*or* protecting] sb's interests ❹ (*Ausübung*) making use of; *Rechte* exercising; *Pflichten* attending, fulfilling

wahr|sa·gen [ˈvaːɐ̯zaːgn̩] **I.** *vi* (*Zukunft vorhersagen*) to tell fortunes, to predict the future; ■**aus etw ~** to predict the future from sth; **aus** [**den**] **Teeblättern ~** to read [the] tea leaves; **sich** *dat* [**von jdm**] **~ lassen** to have one's fortune told [by sb] **II.** *vt* (*voraussagen*) ■**jdm etw ~** to tell sb's fortune, to predict the future for sb

Wahr·sa·ger(in) <-s, -> [ˈvaːɐ̯zaːgɐ] *m(f)* fortune teller

währ·schaft [ˈvɛːɐ̯ʃaft] *adj* SCHWEIZ ❶ (*gediegen*) well-made; **eine ~e Arbeit** a sound piece of work ❷ (*tüchtig*) competent; **~es Essen** good food

wahr·schein·lich [vaːɐ̯ˈʃainlɪç] **I.** *adj* probable, likely; ■**es ist ~, dass** it is probable [*or* likely] that; ■**es ist nicht ~, dass** it is improbable [*or* unlikely] that **II.** *adv* probably

Wahr·schein·lich·keit <-, -en> *f* probability, likelihood *no pl*; **in aller ~, aller ~ nach** in all probability [*or* likelihood]

Wahr·schein·lich·keits·rech·nung *f kein pl* MATH probability calculus, theory of probability

Wah·rung <-> [ˈvaːrʊŋ] *f kein pl* protection *no pl*, safeguarding *no pl*

Wäh·rung <-, -en> [ˈvɛːrʊŋ] *f* currency

Wäh·rungs·aus·gleich *m kein pl* currency conversion compensation **Wäh·rungs·ein·heit** *f* currency unit **Wäh·rungs·fonds** *m* monetary fund; **Internationaler ~** International Monetary Fund **Wäh·rungs·ge·biet** *nt* monetary [*or* currency] area **Wäh·rungs·kri·se** *f* monetary [*or* currency] crisis **Wäh·rungs·kurs** *m* exchange rate, rate of exchange **Wäh·rungs·pa·ri·tät** *f* exchange rate [*or* monetary] parity **Wäh·rungs·po·li·tik** *f* monetary policy **wäh·rungs·po·li·tisch** *adj inv* in terms of monetary policy **Wäh·rungs·re·form** *f* currency [*or* monetary] reform **Wäh·rungs·re·ser·ven** *f pl* foreign exchange reserves *pl*, currency [*or* monetary] reserves *pl* **Wäh·rungs·sta·bi·li·tät** *f* currency stability **Wäh·rungs·sys·tem** *nt* monetary system **Wäh·rungs·uni·on** *f* monetary union

Wahr·zei·chen [ˈvaːɐ̯tsaiçn̩] *nt* landmark

Wai·se <-, -n> [ˈvaizə] *f* orphan

Wai·sen·haus *nt* orphanage **Wai·sen·kind** *nt* orphan **Wai·**

W

sen·kna·be *m* (*veraltet*) orphan [boy] ▶WENDUNGEN: **jd ist gegen jdn ein ~** [*o* **Waisenkind**] (*fam*) sb is no match for sb **Wai·sen·ren·te** *f* orphan's allowance

Wake·boar·ding <-s> ['weːkbɔːɐ̯dɪŋ] *nt kein pl* SPORT wakeboarding, *riding on a short, wide board and performing acrobatic manoeuvres while being towed by a motor boat*

Wal <-[e]s, -e> [vaːl] *m* whale

Wald <-[e]s, Wälder> [valt, *pl* 'vɛldɐ] *m* (*mit Bäumen bestandenes Land*) wood, forest; **Bayrischer ~** the Bavarian Forest; **Thüringer ~** the Thuringian Forest ▶WENDUNGEN: **den ~ vor lauter Bäumen nicht sehen** (*fam*) to not be able to see the wood [*or* forest] for the trees; **wie man in den ~ hineinruft, so schallt es heraus** (*prov*) you are treated as you treat others **Wald·amei·se** *f* red ant **Wald·ar·bei·ter(in)** *m(f)* forestry worker **Wald·baum·läu·fer** *m* ORN common tree creeper **Wald·be·stand** *m* forest land **Wald·bo·den** *m* forest soil **Wald·brand** *m* forest fire

Wäl·dchen <-s, -> ['vɛltçən] *nt dim von* **Wald** small wood

Wald·geiß·blatt *nt* BOT common honeysuckle, woodbine **Wald·ho·nig** *m* honeydew honey **Wald·horn** *nt* MUS French horn

wal·dig ['valdɪç] *adj* wooded; **eine ~e Gegend** a wooded region

Wald·kauz *m* ORN tawny owl **Wald·land** *nt* woodland **Wald·lauf** *m* cross-country run; **einen ~ machen** to go on a cross-country run **Wald·maus** *f* ZOOL wood mouse, long-tailed field mouse **Wald·meis·ter** *m* BOT woodruff **Wald·ohr·eu·le** *f* ORN long-eared owl

Wal·dorf·schule ['valdɔrf-] *f* Rudolf Steiner School

Wald·pilz *m* woodland mushroom **Wald·re·be** *f* BOT clematis **Wald·schnep·fe** *f* ORN woodcock **Wald·ster·ben** *nt* death of the forest[s] as a result of pollution

Wal·dung <-, -en> ['valdʊŋ] *f* (*geh*) forest

Wald·weg *m* forest path, path through the woods

Wales <-> [weɪlz] *nt* Wales *no pl*

Wal·fang ['vaːlfaŋ] *m kein pl* whaling **Wal·fisch** ['valfɪʃ] *m* (*fam*) *s.* **Wal**

Wal·hal·la <-s> [val'hala] *f*, **Wal·hall** <-s> ['valhal] *f kein pl* Valhalla *no pl*

Wa·li·ser(in) <-s, -> [va'liːzɐ] *m(f)* Welshman *masc,* Welsh woman *fem; s. a.* **Deutsche(r)**

Wa·li·sisch [va'liːzɪʃ] *nt decl wie adj* Welsh; *s. a.* **Deutsch**

wa·li·sisch [va'liːzɪʃ] *adj* ❶ GEOG Welsh; **die ~e Küste** the Welsh coast; *s. a.* **deutsch 1** ❷ LING Welsh; **der ~e Dialekt** the Welsh dialect; *s. a.* **deutsch 2**

Wa·li·si·sche <-n> [va'liːzɪʃə] *nt* ■**das ~** Welsh, the Welsh language; *s. a.* **Deutsche**

wal·ken ['valkn̩] *vt* ❶ (*durch~*) ■**etw ~** to tumble sth ❷ (*durchkneten*) ■**etw ~** to knead sth

Wal·kie-Tal·kieRR <-[s], -s> ['vɔːki'tɔːki] *nt,* **Wal·kie-tal·kie**ALT <-[s], -s> *nt* walkie-talkie

Walk·man <-s, -men> ['vɔːkmɛn] *m* walkman®

Wal·kü·re <-, -n> [val'kyːrə] *f* Valkyrie

Wall <-[e]s, Wälle> [val, *pl* 'vɛlə] *m* embankment; *Burg* rampart

Wal·lach <-[e]s, -e> ['valax] *m* gelding

wal·len ['valən] *vi Wasser* to bubble; *Suppe* to simmer

wal·lend *adj* (*geh*) flowing; **ein ~er Bart** a flowing beard

Wal·ler <-s, -> ['valɐ] *m* ZOOL, KOCHK European catfish

Wall·fah·rer(in) *m(f)* pilgrim

Wall·fahrt ['valfaːɐ̯t] *f* pilgrimage; **eine ~ [irgendwohin] machen** to go on a pilgrimage [somewhere]

Wall·fahrts·kir·che *f* pilgrimage church **Wall·fahrts·ort** *m* place of pilgrimage

Wal·lis <-> ['valɪs] *nt* ■**das ~** Valais

Wal·lo·ne, Wal·lo·nin <-n, -n> [va'loːnə, va'loːnɪn] *m, f* Walloon; *s. a.* **Deutsche(r)**

Wal·lung <-, -en> *f* MED (*Hitze~*) [hot] flush *usu pl* ▶WENDUNGEN: **jdn in ~ bringen** to make sb's blood surge/sb seethe; **in ~ geraten** to fly into a rage

Walm·dach [valm-] *nt* ARCHIT hipped roof

Wal·nussRR ['valnʊs] *f* ❶ (*Frucht des Walnussbaums*) walnut ❷ *s.* **Walnussbaum**

Wal·nuss·baumRR *m* walnut [tree] **Wal·nuss·holz**RR *nt* walnut **Wal·nuss·öl**RR *nt* walnut oil

Wal·pur·gis·nacht [val'pʊrgɪs-] *f* ■**die ~** Walpurgis night

i Kultur

The **Walpurgisnacht** is the eve of May 1st and according to ancient German folklore is the night of the witches' sabbath on the Blocksberg, a more recent name for the Brocken, the highest peak of the Harz mountains in central Germany.

Wal·rossRR ['valrɔs] *nt* walrus ▶WENDUNGEN: **wie ein ~ schnaufen** (*fam*) to puff like a grampus BRIT *fam,* to huff and puff AM

wal·ten ['valtn̩] *vi* (*geh*) ❶ (*herrschen*) to reign ❷ (*üben*) ■**etw ~ lassen** to show sth; **Nachsicht ~ lassen** to show leniency

Walz·blech *nt* sheet metal

Wal·ze <-, -n> ['valtsə] *f* ❶ (*zylindrischer Gegenstand*) roller ❷ TECH (*rotierender Zylinder*) roller ❸ (*Straßen~*) steamroller

wal·zen ['valtsn̩] *vt* ■**etw ~** ❶ (*mit einer Walze ausrollen*) to roll sth ❷ (*zu Blech ausrollen*) to roll sth

wäl·zen ['vɛltsn̩] **I.** *vt* ❶ (*fam: durchblättern*) ■**etw ~** to pore over sth; **Unterlagen wälzen** to pore over documents ❷ (*hin und her bedenken*) ■**etw ~** to turn over sth in one's mind ❸ (*rollen*) ■**etw irgendwohin ~** to roll sth somewhere ❹ KOCHK (*hin und her wenden*) ■**etw in etw ~** *dat* to roll sth in sth, to coat sth with [*or* in] sth **II.** *vr* (*sich hin und her rollen*) ■**sich irgendwo ~** to roll somewhere; **sie wälzte sich im Bett hin und her** she tossed and turned in bed; ■**sich in etw ~** *dat* to roll in sth; **sich im Schlamm ~** to roll in the mud

Wal·zen·nu·del·ma·schi·ne *f* pasta machine

Wal·zer <-s, -> ['valtsɐ] *m* waltz; **Wiener ~** Viennese waltz

Wäl·zer <-s, -> ['vɛltsɐ] *m* (*fam*) heavy tome *form*

Wal·zer·mu·sik *f* waltz music

Wam·me <-, -n> ['vamə] *f* KOCHK prime streaky bacon

Wam·pe <-, -n> ['vampə] *f* DIAL (*fam*) paunch

Wams <-es, Wämser> [vams, *pl* 'vɛmzɐ] *nt* DIAL (*veraltet*) doublet *old*

wand *imp von* **winden**[1]

Wand <-, Wände> [vant, *pl* 'vɛndə] *f* ❶ (*Mauer*) wall ❷ (*Wandung*) side ❸ (*Fels~*) [rock] face ▶WENDUNGEN: **die Wände haben Ohren** (*fam*) walls have ears *fam;* **spanische ~** folding screen; **in jds vier Wänden** within sb's own four walls; **weiß wie die ~ werden** to turn as white as a sheet; **jdn an die ~ drücken** to drive sb to the wall; **die ~** [*o* **Wände**] **hoch gehen können** (*fam*) to drive sb up the wall *fam;* **[bei jdm] gegen eine ~ reden** to be like talking to a brick wall [with sb]; **jdn an die ~ spielen** SPORT to thrash sb; MUS, THEAT to outshine sb; **jdn an die ~ stellen** MIL to put sb up against the wall; **dass die Wände wackeln** (*fam*) to raise the roof; **~ an ~** right next door to each other; *s. a.* **Kopf**

Wan·da·le, Wan·da·lin <-n, -n> [van'daːlə, van'daːlɪn] *m, f* ❶ HIST (*germanischer Volksstamm*) Vandal ❷ (*zerstörungswütiger Mensch*) vandal ▶WENDUNGEN: **wie die ~n** like madmen

Wan·da·lis·mus [vanda'lɪsmʊs] *m s.* **Vandalismus**

Wand·be·hang *m s.* **Wandteppich**

Wan·del <-s> ['vandl̩] *m kein pl* (*geh*) change; **einem ~ unterliegen** to be subject to change; **im ~ einer S.** *gen* over [*or* through] sth; **im ~ der Jahrhunderte** over the centuries; **im ~ der Zeiten** through the ages

wan·del·bar *adj* (*geh*) changeable

Wạn·del·gang <-gänge> *m* covered walkway **Wạn·del·hal·le** *f* foyer
wan·deln¹ ['vandl̩n] **I.** *vt* (*geh: ändern*) ■**etw** ~ to change sth **II.** *vr* (*geh*) ■**sich** ~ (*sich [ver]ändern*) to change
wan·deln² ['vandl̩n] *vi sein* (*geh*) to stroll
Wạn·der·aus·stel·lung *f* travelling [*or* AM traveling] exhibition **Wạn·der·dü·ne** *f* shifting dune
Wan·de·rer, Wan·de·rin <-s, -> ['vandərɐ, 'vandərɪn] *m, f* hiker, rambler
Wạn·der·fal·ke *m* ORN peregrine falcon
Wạn·der·heu·schre·cke *f* migratory locust
Wạn·de·rin <-, -nen> *f fem form von* **Wanderer**
Wạn·der·kar·te *f* map of walks
wan·dern ['vandɐn] *vi sein* ❶ (*eine Wanderung machen*) to hike, to go rambling, to go on a hike; ■**irgendwoher/irgendwohin** ~ to hike from somewhere/to somewhere; **am Wochenende ~ wir gerne um den See** at the weekend we like to go on a ramble around the lake ❷ GEOG (*sich weiterbewegen*) ■**[irgendwoher/irgendwohin]** ~ to shift [*or* move] [from somewhere/to somewhere] ❸ (*geh: streifen*) to move ❹ (*fam: geworfen werden*) to go; ■**irgendwohin** ~ to go somewhere; **„wohin mit den Küchenabfällen?" – „die ~ auf den Kompost"** "where does the kitchen waste go?" – "it goes on the compost heap" ❺ ZOOL (*den Aufenthaltsort wechseln*) to migrate ❻ MED (*sich weiterbewegen*) ■**[irgendwohin]** ~ to migrate [to somewhere] **Wạn·der·nie·re** *f* MED floating kidney **Wạn·der·po·kal** *m* challenge cup **Wạn·der·rat·te** *f* brown rat
Wạn·der·schaft <-> *f kein pl* (*Zeit als fahrender Geselle*) travels *npl;* **auf ~ sein** (*fam*) to be on one's travels ▶ WENDUNGEN: **auf ~ gehen** (*fam*) to go off on one's travels
Wạn·der·schu·he *pl* hiking boots *pl* **Wạn·der·tag** *m day on which a German school class goes on an excursion*
Wan·de·rung <-, -en> ['vandərʊŋ] *f* hike, ramble; **eine ~ machen** [*o* **unternehmen**] to go on a hike [*or* ramble]
Wạn·der·weg *m* walk, trail
Wạnd·ge·mäl·de *nt* mural, wall painting **Wạnd·ka·len·der** *m* wall calendar **Wạnd·kar·te** *f* wall map **Wạnd·lam·pe** *f* wall lamp [*or* light]
Wạnd·lung <-, -en> ['vandlʊŋ] *f* ❶ (*geh: Veränderung*) change ❷ REL transubstantiation *no pl*
wạnd·lungs·fä·hig *adj* adaptable; **ein ~er Schauspieler** a versatile actor
Wạnd·rer(in) <-s, -> *m(f) s.* **Wanderer**
Wạnd·schrank *m* built-in cupboard **Wạnd·ta·fel** *f* blackboard
wạnd·te ['vantə] *imp von* **wenden**
Wạnd·tep·pich *m* tapestry **Wạnd·uhr** *f* wall clock **Wạnd·ver·klei·dung** *f* ❶ (*Paneel*) panelling [*or* AM paneling] *no pl* ❷ (*Plattierung*) facing, wall covering **Wạnd·zei·tung** *f* wall news-sheet
Wan·ge <-, -n> ['vaŋə] *f* (*geh*) cheek; ~ **an** ~ cheek to cheek
Wạn·kel·mo·tor *m* rotary piston engine
Wan·kel·mut ['vaŋkl̩muːt] *m* (*geh*) fickleness *no pl,* inconsistency *no pl*
wan·kel·mü·tig ['vaŋkl̩myːtɪç] *adj* (*geh*) inconsistent
Wạn·kel·mü·tig·keit *f s.* **Wankelmut**
wan·ken ['vaŋkn̩] *vi* ❶ *haben* (*hin und her schwanken*) to sway ❷ *sein* (*sich wankend bewegen*) ■**irgendwohin** ~ to stagger somewhere ▶ WENDUNGEN: **etw ins W~ bringen** to shake sth; **ins W~ geraten** to begin to sway [*or* waver]; **sein Entschluss geriet ins W~** he began to waver in his decision
wann [van] *adv interrog* ❶ (*zu welchem Zeitpunkt*) when; ~ **kommst du wieder?** when will you be back?; **bis ~** until when; **bis ~ ist der Pass gültig?** when is the passport valid until?; **seit ~** since when; **von ~ an** from when; ~ **etwa** [*o* **ungefähr**] when approximately [*or* roughly]; ~ **[auch] immer** whenever ❷ (*in welchen Fällen*) when
Wan·ne <-, -n> ['vanə] *f* ❶ (*Bade~*) [bath]tub ❷ (*längliches Gefäß*) tub ❸ (*Öl~*) oilpan
Wạn·nen·bad *nt* bath; **ein ~ nehmen** to have [*or* take] a bath
Wanst <-[e]s, Wänste> [vanst, *pl* 'vɛnstə] *m* (*Fett~*) paunch ▶ WENDUNGEN: **sich** *dat* **den ~ vollschlagen** (*sl*) to stuff oneself *sl*
Want <-, -en> [vant] *f meist pl* NAUT shroud
Wan·ze <-, -n> ['vantsə] *f* ❶ (*Blut saugender Parasit*) bug ❷ (*fam: Miniabhörgerät*) bug *fam*
WAP [vap] *nt Abk von* **Wireless Application Protocol** WAP
WAP-Han·dy *nt* WAP phone
Wap·pen <-s, -> ['vapn̩] *nt* coat of arms ▶ WENDUNGEN: **ein ~ führen** to have a coat of arms; **etw im ~ führen** to bear sth on one's coat of arms
Wạp·pen·kun·de *f kein pl* heraldry *no pl* **Wạp·pen·schild** *m o nt* shield **Wạp·pen·tier** *nt* heraldic animal
wapp·nen ['vapnən] *vr* (*geh*) ■**sich [gegen etw]** ~ to prepare oneself [for sth]; ■**gewappnet sein** to be prepared
war [vaːɐ̯] *imp von* **sein¹**
Wa·ran <-s, -e> [va'raːn] *m* ZOOL dragon
warb [varp] *imp von* **werben**
ward [vart] (*liter*) *imp von* **werden I.**
Wa·re <-, -n> ['vaːrə] *f* article, product, commodity; **Lebensmittel sind leicht verderbliche ~n** food is a commodity that can easily go off ▶ WENDUNGEN: **heiße ~** (*sl*) hot goods *sl*
Wạ·ren·an·ge·bot *nt* range of goods on offer **Wạ·ren·aus·fuhr** *f* export of goods **Wạ·ren·aus·gang** *m kein pl* ÖKON ❶ *kein pl* (*Abteilung*) sales department ❷ *meist pl* (*zum Abschicken vorbereitete Waren*) outgoing goods *pl* **Wạ·ren·aus·tausch** *m* exchange of goods **Wạ·ren·be·stand** *m* stock *no pl* **Wạ·ren·be·stel·lung** *f* order for goods **Wạ·ren·bör·se** *f* commodity exchange **Wạ·ren·ein·fuhr** *f* import of goods **Wạ·ren·ein·gang** *m* ÖKON ❶ *kein pl* (*Abteilung*) incoming goods department ❷ *meist pl* (*eingehende, gelieferte Waren*) goods received **Wạ·ren·han·del** *m* trade in goods **Wạ·ren·haus** *nt* (*veraltend*) *s.* **Kaufhaus Wạ·ren·haus·ket·te** *f* department store chain **Wạ·ren·korb** *m* basket of goods **Wạ·ren·la·ger** *nt* goods depot **Wạ·ren·lie·fe·rung** *f* ÖKON ❶ *kein pl* (*das Liefern von Waren*) delivery of goods ❷ (*gelieferte Waren*) goods delivered **Wạ·ren·mus·ter** *nt,* **Wạ·ren·pro·be** *f* commercial sample **Wạ·ren·re·gal** *nt* shelf for goods **Wạ·ren·sen·dung** *f* ❶ *kein pl* ÖKON (*das Senden von Waren*) shipment ❷ ÖKON (*die gesandten Waren*) shipment, consignment of goods ❸ ADMIN, TRANSP (*Postsendung*) shipment **Wạ·ren·sor·ti·ment** *nt* assortment [*or* range] of goods **Wạ·ren·ter·min·ge·schäft** *nt* commodity futures trading *no pl* **Wạ·ren·test** *m* goods quality test **Wạ·ren·um·satz·steu·er** *f* SCHWEIZ (*Mehrwertsteuer*) value added tax **Wạ·ren·ver·kehr** *m kein pl* movement of goods **Wạ·ren·vor·rat** *m* inventory, stock-in-trade **Wạ·ren·wirt·schaft** *f kein pl* goods trade **Wạ·ren·zei·chen** *nt* trade mark
warf [varf] *imp von* **werfen**
warm <wärmer, wärmste> [varm] **I.** *adj* ❶ (*nicht kalt*) warm; **ein Glas ~e Milch** a glass of hot milk; **etw ~ halten** to keep sth warm; **[jdm] etw ~ machen** to heat sth up [for sb]; (*Wärme aufweisend*) warm; **ein ~es Bett** a warm bed; **es [irgendwo] ~ haben** to be warm [somewhere]; **mir ist zu ~** I'm too hot; (*eine angenehme Wärme spüren*) [to feel] pleasantly warm ❷ (*nicht kalt*) warm ❸ (*wärmend*) warm; **etw ~ machen** to warm sth up; **etw macht jdn ~** sth warms sb up ❹ (*geh: aufrichtig*) warm; **ein ~es Interesse** a keen interest; **~e Zustimmung** enthusiastic agreement ▶ WENDUNGEN: **sich ~ laufen** SPORT to warm up; **sich ~ spielen** SPORT **ich würde mich gerne 5 Minuten ~ spielen** I would like a five minute warm-up; *s. a.* **Bruder II.** *adv* (*im Warmen*) warmly; (*gewärmt*) warm; **den Motor ~ laufen lassen** to let the engine warm up ▶ WENDUNGEN: **jdn/etw [jdm] wärmstens empfehlen** to recommend sb/sth most warmly [to sb]
Wạrm·blut *nt* cross-bred horse **Wạrm·blü·ter** <-s, -> *m* warm-

blooded animal **wạrm·blü·tig** *adj* warm-blooded **Wạrm·du·scher** <s, -> *m* (*pej sl*) prude *pej*

Wär·me <-> ['vɛrmə] *f kein pl* ① (*warme Temperatur*) warmth *no pl;* ~ **suchend** heat-seeking ② (*Warmherzigkeit*) warmth *no pl*

Wär·me·be·hand·lung *f* ① TECH (*Erwärmung von Metall*) heat treatment ② MED (*therapeutische Anwendung von Wärme*) heat treatment **Wär·me·däm·mung** *f* heat insulation

wär·men ['vɛrmən] **I.** *vt* ① (*warm machen*) ■**jdn** ~ to warm sb up; ■**sich** [**gegenseitig**] ~ to keep each other warm ② (*aufwärmen*) ■**jdn/etw** ~ to warm sb/sth up; ■**sich** ~ to warm oneself up **II.** *vi* (*warm machen*) to be warm; **wollene Unterwäsche wärmt** woollen underclothes are warm

Wär·me·pfan·ne *f* chafing pan **Wär·me·pum·pe** *f* heat pump **Wär·me·strah·lung** *f* thermal radiation *no pl* **Wär·me·tau·scher** <-s, -> *m* heat exchanger

Wạrm·fla·sche *f* hot-water bottle

Wạrm·front *f* METEO warm front **wạrm|hal·ten** *vt irreg* (*fam*) **sich** *dat* **jdn** ~ to keep sb warm [*or* BRIT in with sb] **Wạrm·hal·te·plat·te** *f* hotplate **wạrm·her·zig** *adj* warm-hearted **Wạrm·luft** *f* warm air *no pl* **Wạrm·mie·te** *f* (*fam*) rent including heating [*or* AM heat] **Wạrm·start** *m* INFORM soft reset, warm start

Warm-up <-s, -s> [vɔːɐ̯m'ʔap] *nt* SPORT warm-up

Warm·was·ser·be·rei·ter <-s, -> [varm'vasɐbəraitɐ] *m* water heater **Warm·wạs·ser·hei·zung** *f* hot-water central heating **Warm·wạs·ser·ver·sor·gung** *f* hot-water supply

wạrm|wer·den *vi irreg sein* (*fam*) **mit jdm** ~ to warm to sb

Wạrn·blink·an·la·ge *f* hazard warning lights *pl* **Wạrn·blink·leuch·te** *f* hazard warning light **Wạrn·drei·eck** *nt* hazard warning triangle

war·nen ['varnən] **I.** *vt* ■**jdn** ~ to warn sb; ■**jdn vor jdm/etw** *dat* ~ to warn sb about sb/sth; **ich muss dich vor ihm** ~ I must warn you about him; ■**jdn** [**davor**] ~, **etw zu tun** to warn sb about doing sth; **ich warne dich/Sie!** I'm warning you! **II.** *vi* (*Warnungen herausgeben*) ■[**vor jdm/etw**] ~ to issue a warning [about sb/sth]

wạr·nend **I.** *adj* warning; **ein ~es Signal** a warning signal **II.** *adv* as a warning; **sie hob ~ den Zeigefinger** she held up her index finger as a warning

Wạrn·hin·weis *m* warning label **Wạrn·kreuz** *nt* BAHN warning cross **Wạrn·licht** *nt* AUTO hazard warning light **Wạrn·ruf** *m* warning cry **Wạrn·schild** *nt* ① (*warnendes Verkehrsschild*) warning sign ② (*Schild mit einer Warnung*) warning sign [*or* notice] **Wạrn·schuss**[RR] *m* warning shot **Wạrn·sig·nal** *nt* (*warnendes Lichtzeichen*) warning signal; (*warnender Ton*) warning signal **Wạrn·streik** *m* token strike **Wạrn·tracht** *f* ZOOL warning colouration BRIT [*or* AM -oration]

Wạr·nung <-, -en> *f* warning; ■~ **vor etw** *dat* warning about sth; **lass dir das eine ~ sein!** let that be a warning to you!; **als** ~ as a warning

Wạrn·zei·chen *nt* ① (*Warnsignal*) warning signal ② (*warnendes Anzeichen*) warning sign

War·schau <-s> ['varʃau] *nt* Warsaw

Wạr·te <-, -n> ['vartə] *f* observation point; **von der hohen ~ einer S.** *gen* from the vantage-point of a thing; **von jds ~** [**aus**] from sb's point of view [*or* standpoint]

Wạr·te·frist *f s.* **Wartezeit** **Wạr·te·hal·le** *f* BAHN waiting room **Wạr·te·lis·te** *f* waiting list

war·ten[1] ['vartn̩] *vi* ① (*harren*) to wait; ■**auf jdn/etw** *akk* ~ to wait for sb/sth; ■**mit etw** [**auf jdn**] ~ to wait [for sb] before doing sth; **jdn/etw kann** ~ sb/sth can [*or* has to] wait; **auf sich ~ lassen** *akk* to be a long time [in] coming; **nicht** [**lange**] **auf sich** *akk* ~ **lassen** to not be long in coming; **warte mal!** wait!, hold on!; **na warte!** (*fam*) just you wait! *fam;* **worauf wartest du noch?** (*fam*) what are you waiting for? *fam* ② (*er~*) ■**auf jdn** ~ to await sb; *s. a.* **schwarz**

war·ten[2] ['vartn̩] *vt* ■[**jdm**] **etw** ~ to service [*or* maintain] sth [for sb]

Wär·ter(in) <-s, -> ['vɛrtɐ] *m(f)* (*veraltend*) ① (*Gefängnis~*) prison officer [*or* AM guard], warder BRIT ② (*Tierpfleger*) keeper

Wạr·te·raum *m* waiting room

Wär·te·rin <-, -nen> *f fem form von* **Wärter**

Wạr·te·saal *m* waiting room **Wạr·te·schlan·ge** *f* queue, line AM **Wạr·te·schlei·fe** *f* LUFT holding pattern, stack; ■**in der ~ sein** to be stacked, to be stacking

Wạr·te·stand *m* temporary retirement

Wạr·te·zeit *f* ① (*Zeit des Wartens*) wait *no pl* ② (*Karenzzeit*) waiting period **Wạr·te·zim·mer** *nt* waiting room

Wạr·tung <-, -en> *f* service, maintenance *no pl*

wạr·tungs·frei *adj* maintenance-free **Wạr·tungs·ver·trag** *m* JUR service contract [*or* agreement]

wa·rum [va'rʊm] *adv interrog* why; ~ **nicht?** why not?; ~ **nicht gleich so!** (*fam*) why couldn't you do that before!

War·ze <-, -n> ['vartsə] *f* ① MED (*Fibrom*) wart ② ANAT (*Brust~*) nipple

Wạr·zen·hof *m* ANAT areola **Wạr·zen·me·lo·ne** *f* KOCHK cantaloupe melon **Wạr·zen·schwein** *nt* ZOOL wart hog

was [vas] **I.** *pron interrog* ① (*welches Ding*) what ② (*welcher Grund*) what; ~ **ist** [*o* **gibt's**]**?** what's up?, what's the matter? ③ (*fam: wie sehr*) how; ~ **war das für eine Anstrengung!** that really was an effort!, what an effort that was!; ~ **für ein**(**e**) ... what sort [*or* kind] of; ~ **für ein Glück!** what a stroke of luck!; ~ **für eine sie ist, weiß ich auch nicht** I don't know either what sort of a person she is; *s. a.* **los sein, sollen** ④ (*fam: warum?*) why? ⑤ (*fam: nicht wahr?*) isn't it/doesn't it/aren't you? **II.** *pron rel* what; ■**das,** ~ that which *form,* what; **das Einzige, ~ ich Ihnen sagen kann, ist, dass er morgen kommt** the only thing I can tell you is that he's coming tomorrow; **das Wenige, ~ ich besitze, will ich gerne mit dir teilen** the little that I possess I will gladly share with you; *s. a.* **alle**(**r, s**)**, auch, immer, können III.** *pron indef* (*fam*) ① (*etwas*) something, anything; **kann ich ~ helfen?** is there anything I can do to help?; **lassen Sie es mich wissen, wenn ich ~ für Sie tun kann!** let me know when I can do something for you; **iss nur, es ist ~ ganz Leckeres!** just eat it, it's something really tasty! ② (*irgend~*) anything; **ob er ~ gemerkt hat?** I wonder if he noticed anything?; **fällt Ihnen an dem Bild ~ auf?** does anything strike you about the picture?; *s. a.* **so**

Wạsch·an·la·ge *f* ① (*Auto~*) car wash ② (*fig: Schwarzgeld*) laundering facility; (*für Spenden*) front

wạsch·bar *adj* washable

Wạsch·bär *m* racoon **Wạsch·be·cken** *nt* washbasin **Wạsch·brett·bauch** *m* (*hum fam*) washboard stomach

Wä·sche <-, -en> *f* ① *kein pl* (*Schmutz~*) washing *no pl;* **in der ~ sein** to be in the wash; **etw in die ~ tun** to put sth in the wash; (*das Waschen*) washing *no pl* ② *kein pl* (*Unter~*) underwear *no pl* ③ *kein pl* (*Haushalts~*) linen *no pl* ④ (*Wagen~*) car wash ⑤ (*Legalisierung*) **die ~ illegaler Gelder** the laundering of stolen money ▸ WENDUNGEN: **dumm aus der ~ gucken** (*fam*) to look dumbfounded; [**seine**] **schmutzige ~ waschen** to wash one's dirty linen in public

Wä·sche·beu·tel *m* laundry bag

wạsch·echt *adj* ① (*fam: typisch*) genuine, real ② (*beim Waschen nicht verbleichend*) colourfast, colorfast AM

Wä·sche·ge·schäft *nt* draper's [shop] BRIT **Wä·sche·klam·mer** *f* [clothes]peg **Wä·sche·korb** *m* laundry basket **Wä·sche·lei·ne** *f* [clothes]line

wa·schen <wusch, gewaschen> ['vaʃn̩] *vt* ① (*durch Abwaschen säubern*) ■**jdn/etw** ~ to wash sb/sth; ■**sich** *akk* ~ to wash [oneself]; **sich kalt/warm** ~ to wash [oneself] in cold/hot water; ■[**sich** *dat*] **etw** ~ to wash [one's] sth ② (*mit Waschmittel reinigen*) ■**etw** ~ to wash sth ③ (*sl: legalisieren*) ■**etw** ~ to launder sth; **Drogengeld** ~ to launder drugs/money ▸ WENDUNGEN: **..., der/die/das sich gewaschen hat**

(*fam*) real good ...; **eine Ohrfeige, die sich gewaschen hat** a real good box on the ears; **eine Prüfung, die sich gewaschen hat** a swine of an exam

Wä·sche·puff *m* dirty linen box

Wä·scher(in) <-s, -> ['vɛʃɐ] *m(f)* launderer

Wä·sche·rei <-, -en> [vɛʃə'rai] *f* laundry

Wä·sche·rin <-, -nen> *f fem form von* **Wäscher**

Wä·sche·schleu·der *f* spin dryer **Wä·sche·schrank** *m* linen cupboard **Wä·sche·stän·der** *m* clothes horse **Wä·sche·stär·ke** *f* starch *no pl* **Wä·sche·trock·ner** <-s, -> *m* drier

Wasch·gang <-gänge> *m* wash (*stage of a washing programme*) **Wasch·ge·le·gen·heit** *f* washing facilities *pl* **Wasch·kes·sel** *m* wash boiler **Wasch·kü·che** *f* ❶ (*Raum zum Wäschewaschen*) wash house ❷ (*fam: dichter Nebel*) pea-souper BRIT, fog as thick as pea soup AM **Wasch·lap·pen** *m* ❶ (*Lappen zur Körperwäsche*) flannel ❷ (*fam: Feigling*) sissy, wet rag BRIT **Wasch·lau·ge** *f* suds *npl* **Wasch·le·der** *nt* chamois leather **Wasch·ma·schi·ne** *f* washing machine **wasch·ma·schi·nen·fest** *adj* machine-washable **Wasch·mit·tel** *nt* detergent **Wasch·pul·ver** *nt* washing powder **Wasch·raum** *m* washroom **Wasch·sa·lon** *m* launderette BRIT, laundromat AM **Wasch·schüs·sel** *f* washtub **Wasch·stra·ße** *f* car wash **Wasch·tag** *m* washday; ~ **haben** to be one's washing-day **Wasch·tisch** *m* washstand

Wa·schung <-, -en> *f* ❶ MED washing *no pl* ❷ REL ablution *no pl*

Wasch·was·ser *nt kein pl* washing water *no pl* **Wasch·weib** *nt* (*fam*) gossip **Wasch·zet·tel** *m* blurb **Wasch·zeug** *nt* washing things *pl*

Wa·shing·ton <-s> ['vɔʃɪŋtn̩] *nt* Washington

Was·ser <-s, - *o* Wässer> ['vasɐ, *pl* 'vɛsɐ] *nt* ❶ *kein pl* (*H2O*) water *no pl;* ~ **abweisend** [*o* **abstoßend**] water-repellent; ~ **durchlässig** porous ❷ (*Wasseroberfläche*) water *no pl;* **Wasserflugzeuge können auf dem** ~ **landen** amphibious aircraft can land on water ❸ *pl* (*geh: Fluten*) waters *pl* ▶WENDUNGEN: **bis dahin fließt noch viel** ~ **den Bach** [*o* **Rhein**] **hinunter** (*fam*) a lot of water will have flowed under the bridge by then; **bei** ~ **und Brot** behind bars; **das** ~ **bis zum Hals stehen haben** (*fam*) to be up to one's ears in debt; ~ **auf jds Mühle sein** to be grist to sb's mill; **jdm läuft das** ~ **im Mund[e] zusammen** sb's mouth is watering; **duftende Wässer** *pl* toilet water BRIT, cologne AM; **fließend** ~ running water; **nah am** ~ **gebaut haben** to be prone to tears; **... reinsten** ~**s** (*fam*) pure ...; **schweres** ~ heavy water; **stilles** ~ [a bit of] a dark horse; **stille** ~ **sind tief** still waters run deep *prov;* **ins** ~ **fallen** (*fam*) to fall through *fam;* **ins** ~ **gehen** (*euph*) to drown oneself; **mit allen** ~**n gewaschen sein** (*fam*) to know every trick in the book *fam;* **jdm das** ~ **abgraben** to take away sb's livelihood; **sich über** ~ **halten** to keep oneself above water; (*sich vorm Untergehen bewahren*) to keep afloat; **das** ~ **nicht halten können** to be incontinent; **jdm das** ~ **reichen können** to be a match for sb; **auch nur mit** ~ **kochen** (*fam*) to be no different from anybody else; ~ **lassen** MED to pass water; **etw zu** ~ **lassen** NAUT to launch sth; **sein** ~ **abschlagen** (*sl*) to relieve oneself; **etw unter** ~ **setzen** to flood sth; **unter** ~ **stehen** to be flooded [*or* under water]; ~ **treten** MED to paddle; **zu** ~ by sea

Was·ser·ader *f* subterranean watercourse **Was·ser·am·sel** *f* ORN dipper, water ouzel **Was·ser·an·schluss**[RR] *m* ❶ *inv* (*Anschließen an Wasserversorgung*) connection to the mains water supply [*or* AM water main] ❷ (*Anschlussvorrichtung an Wasserversorgung*) mains hose BRIT, water main connection AM **was·ser·arm** *adj* arid **Was·ser·auf·be·rei·tung** *f* water treatment **Was·ser·auf·be·rei·tungs·an·la·ge** *f* water treatment plant **Was·ser·bad** *nt* ❶ *inv* KOCHK (*Topf mit kochendem Wasser*) bain-marie, double boiler ❷ FOTO (*zum Wässern von Abzügen*) water bath ❸ (*veraltet: Bad mit Wasser*) bath **Was·ser·ball** *m* ❶ *kein pl* (*Wasserhandball*) water polo *no pl* ❷ (*Ball für* ~ *1*) water polo ball ❸ (*aufblasbarer Spielball*) beach ball **Was·ser·bau** *m kein pl* canal, harbour [*or* AM -or] and river engineering **Was·ser·be·häl·ter** *m* water container **Was·ser·bett** *nt* waterbed **Was·ser·bom·be** *f* MIL depth charge **Was·ser·büf·fel** *m* water buffalo **Was·ser·burg** ['vasɐbʊrk] *f* castle surrounded by moats

Wäs·ser·chen <-s, -> ['vɛsɐçən] *nt* (*Duftwasser*) scent ▶WENDUNGEN: **jd sieht aus, als ob er kein** ~ **trüben könnte** (*fam*) sb appears innocent while being guilty, sb looks as if butter wouldn't melt in his/her mouth BRIT

Was·ser·dampf *m* steam *no pl* **was·ser·dicht** *adj* ❶ (*kein Wasser eindringen lassend*) watertight; **eine** ~**e Uhr** a water-resistant watch ❷ (*sl: nicht zu erschüttern*) watertight; **ein** ~**es Alibi** a watertight alibi ▶WENDUNGEN: **etw** ~ **machen** (*sl*) to make sth watertight **Was·ser·ei·mer** *m* bucket, pail **Was·ser·ent·här·ter** <-s, -> *m* water softener **Was·ser·er·hit·zer** <-s, -> *m* water heater **Was·ser·fahr·zeug** *nt* watercraft **Was·ser·fall** *m* waterfall ▶WENDUNGEN: **wie ein** ~ **reden** (*fam*) to talk non-stop, to talk nineteen to the dozen BRIT *fam* **Was·ser·far·be** *f* watercolour [*or* AM -or] **was·ser·fest** *adj* ❶ (*für Wasser undurchlässig*) waterproof, water-resistant ❷ *s.* **wasserdicht Was·ser·fla·sche** *f* water bottle **Was·ser·floh** *m* ZOOL water flea **Was·ser·flug·zeug** *nt* seaplane **Was·ser·frosch** *m* water [*or* edible] frog **was·ser·ge·kühlt** *adj* water-cooled **Was·ser·glas** *nt* glass, tumbler **Was·ser·glät·te** *f* surface water *no pl* **Was·ser·gra·ben** *m* ❶ (*Graben*) ditch ❷ SPORT (*Hindernis beim Reitsport*) water jump; (*Hindernis beim Hürdenlauf*) water jump ❸ (*Burggraben*) moat **Was·ser·hahn** *m* [water] tap [*or* AM faucet] **Was·ser·här·te** *f* hardness of the water **Was·ser·huhn** *nt* coot

wäs·se·rig ['vɛsərɪç] *adj s.* **wäßrig**

Was·ser·in·sekt *nt* aquatic insect **Was·ser·kas·ta·nie** *f* water chestnut **Was·ser·kopf** *m* ❶ MED hydrocephalus ❷ (*überproportionales Gebilde*) *sth that has been blown out of proportion;* **die Stadtverwaltung hatte einen enormen Wasserkopf entwickelt** the municipal authorities had developed a tremendously bloated bureaucracy **Was·ser·kraft** *f kein pl* water power *no pl* **Was·ser·kraft·werk** *nt* hydroelectric power station **Was·ser·kreis·lauf** *m* water circulation **Was·ser·küh·lung** *f* water cooling *no pl;* **... mit** ~ water-cooled **Was·ser·las·sen** <-s> *nt kein pl* MED passing [of] water *no pl* **Was·ser·lauf** *m* watercourse **Was·ser·läu·fer** *m* ZOOL pond skater **Was·ser·le·be·we·sen** *nt* ZOOL aquatic creature **Was·ser·lei·che** *f* corpse found in water **Was·ser·lei·tung** *f* water pipe **Was·ser·li·nie** *f* NAUT waterline **Was·ser·lin·se** *f* BOT duckweed **Was·ser·loch** *nt* waterhole **was·ser·lös·lich** *adj* soluble in water **Was·ser·man·gel** *m* water shortage **Was·ser·mann** ['vasɐman] *m* ❶ ASTROL Aquarius *no pl, no def art;* [ein] ~ **sein** to be an Aquarian ❷ (*Nöck*) water sprite **Was·ser·me·lo·ne** *f* watermelon **Was·ser·müh·le** *f* watermill

was·sern ['vasɐn] *vi Wasserflugzeug* to land on water; *Raumkapsel* to splash down

wäs·sern ['vɛsɐn] *vt* ❶ (*be~*) ■**etw** ~ to water sth ❷ KOCHK ■**etw** ~ to soak sth

Was·ser·ni·xe *f s.* **Nixe Was·ser·ober·flä·che** *f* surface of the water **Was·ser·pfei·fe** *f* hookah **Was·ser·pflan·ze** *f* aquatic plant **Was·ser·pis·to·le** *f* water pistol **Was·ser·qua·li·tät** *f* water quality **Was·ser·ral·le** <-, -n> *f* ORN water rail **Was·ser·rat·te** *f* ❶ (*Schermaus*) water rat ❷ (*fam: gerne badender Mensch*) keen swimmer **was·ser·reich** *adj* abundant in water **Was·ser·re·ser·voir** *nt* ❶ (*Reservoir für Wasser*) reservoir ❷ *s.* **Wasservorrat Was·ser·rohr** *nt* water pipe **Was·ser·scha·den** *m* water damage *no pl* **Was·ser·schei·de** *f* watershed **was·ser·scheu** *adj* scared of water **Was·ser·schild·krö·te** *f* turtle **Was·ser·schlan·ge** *f* water snake **Was·ser·schlauch** *m* hose **Was·ser·schloss**[RR] *nt* castle surrounded by moats

Was·ser·schutz·ge·biet *nt* water protection area **Was·ser·**

W

schutz·po·li·zei *f* river police
Wạs·ser·schwein *nt* ZOOL capybara **Wạs·ser·ski** *m* ❶ *kein pl* (*Sportart*) waterskiing *no pl* ❷ (*Sportgerät*) waterski **Wạs·ser·spei·er** <-s, -> *m* gargoyle **Wạs·ser·spie·gel** *m* ❶ (*Wasseroberfläche*) surface of the water ❷ (*Wasserstand*) water level **Wạs·ser·spin·ne** *f* ZOOL water spider **Wạs·ser·sport** *m* water sports *pl* **Wạs·ser·spü·lung** *f* flush; **die ~ betätigen** to flush the toilet **Wạs·ser·stand** *m* water level; **niedriger/hoher ~** low/high water **Wạs·ser·stands·an·zei·ger** *m* water level indicator **Wạs·ser·stands·mel·dung** *f meist pl* NAUT water level report
Wạs·ser·stoff *m* hydrogen *no pl*
Wạs·ser·stoff·bom·be *f* hydrogen bomb **Wạs·ser·stoff·per·oxid** *nt* hydrogen peroxide
Wạs·ser·strahl *m* jet of water **Wạs·ser·stra·ße** *f* waterway **Wạs·ser·tank** *m* water tank **Wạs·ser·tem·pe·ra·tur** *f* water temperature **Wạs·ser·tre·ten** <-s> *nt kein pl* MED paddling *no pl* **Wạs·ser·tre·ter** *m* ORN phalarope **Wạs·ser·trop·fen** *m* water drop **Wạs·ser·turm** *m* water tower **Wạs·ser·uhr** *f* water meter
Wạs·se·rung <-, -en> *f* landing on water
Wạ̈s·se·rung <-, -en> *f* watering *no pl*
Wạs·ser·ver·brauch *m* water consumption **Wạs·ser·ver·sor·ger** *m* ÖKON water company **Wạs·ser·ver·sor·gung** *f* water supply **Wạs·ser·ver·un·rei·ni·gung** *m* water pollution **Wạs·ser·vo·gel** *m* aquatic bird, waterfowl **Wạs·ser·vor·rat** *m* supplies *pl* of water **Wạs·ser·waa·ge** *f* spirit level **Wạs·ser·weg** *m* waterway; **auf dem ~** by water **Wạs·ser·wer·fer** *m* water cannon **Wạs·ser·werk** *nt* waterworks + *sing/pl vb* **Wạs·ser·zäh·ler** *m* water meter **Wạs·ser·zei·chen** *nt* watermark
wäss·rig[RR], **wäß·rig**[ALT] [ˈvɛsrɪç] *adj* ❶ (*zu viel Wasser enthaltend*) watery; **~e Suppe** watery soup ❷ CHEM, MED (*mit Wasser hergestellt*) aqueous; **eine ~e Lösung** an aqueous solution; *s. a.* **Mund**
wa·ten [ˈva:tn̩] *vi sein* to wade; ■**durch etw ~** to wade through sth
Wa·ter·kant <-> [ˈva:tɐkant] *f kein pl* GEOG NORDD ■**die ~** the North German coast
wat·scheln [ˈva:tʃl̩n] *vi sein* to waddle
Wat·schen <-, -> [ˈva:tʃn̩] *f* ÖSTERR, SÜDD (*fam: Ohrfeige*) clip round the ear, thick ear BRIT
Watt[1] <-s, -> [vat] *nt* PHYS watt
Watt[2] <-[e]s, -en> [vat] *nt* mudflats *pl*

i Kultur

The **Watt** is a large area of tidal mudflats (tideland in the USA) on the North Sea coast. At low tide one can walk on the sandy seabed; at high tide it lies several metres underwater and flat-bottomed coastal ships sail over it.

Wat·te <-, -n> [ˈvatə] *f* cotton wool *no pl* ▶WENDUNGEN: **jdn in ~ packen** (*fam*) to wrap sb in cotton wool
Wạt·te·bausch *m* wad of cotton wool
Wạt·ten·meer *nt kein pl* GEOG ■**das ~** mud-flats *pl*
Wạt·te·stäb·chen *nt* cotton bud
wat·tie·ren* [vaˈti:rən] *vt* ■**etw ~** to pad [*or* quilt] sth; **wattierte Schultern** padded shoulders
Wat·tie·rung <-, -en> *f* MODE ❶ *kein pl* (*das Wattieren*) padding *no pl*, quilting *no pl* ❷ (*Polsterung*) padding
Wạtt·wurm *m* ZOOL lugworm
wau wau [ˈvau ˈvau] *interj* woof-woof
WC <-s, -s> [veːˈtse:] *nt* WC BRIT, bathroom AM
Web·cam <-, -s> [ˈwɛbkɛm] *f* webcam
we·ben <webte *o geh* wob, gewebt *o geh* gewoben> [ˈve:bn̩] **I.** *vt* ❶ (*auf Webstühlen herstellen*) ■**etw ~** to weave sth ❷ (*hinein~*) ■**etw in etw** *akk* **~** to weave sth into sth **II.** *vi* ❶ (*als Handweber tätig sein*) to weave; **von Hand ~** to weave by hand; ■**an etw** *dat* **~** to weave sth ❷ (*geh: geheimnisumwittert sein*) **von etw** *dat* **umwoben sein** to be woven around sb/sth **III.** *vr* (*geh: in geheimnisvoller Weise entstehen*) ■**sich um jdn/etw ~** to be woven around sb/sth
We·ber(in) <-s, -> [ˈve:bɐ] *m(f)* weaver
We·be·rei <-, -en> [ve:bəˈrai] *f* weaving mill
We·be·rin <-, -nen> *f fem form von* **Weber**
We·ber·knecht *m* ZOOL daddy-long-legs **We·ber·vo·gel** *m* ORN weaver
Web·site <-, -s> [ˈwɛbˌsaɪt] *f* INET web site
Web·stuhl *m* loom
Wech·sel[1] <-s, -> [ˈvɛksl̩] *m* ❶ *kein pl* (*das Wechseln*) change; **ein häufiger ~ der Arbeitgeber** a frequent change of employer; **in bestimmtem ~** in a certain rotation; **in stündlichem ~** in hourly rotation ❷ SPORT (*Übergabe*) changeover ▶WENDUNGEN: **in buntem ~** in colourful [*or* AM -orful] succession
Wech·sel[2] <-s, -> [ˈvɛksl̩] *m* ❶ FIN (*Schuldurkunde*) bill [of exchange]; **auf ~** against a bill of exchange ❷ FIN (*fam: Monats~*) allowance
Wẹch·sel·au·to·mat *m* change machine **Wẹch·sel·bad** *nt* alternating hot and cold water baths *pl*; **jdn einem ~ aussetzen** (*fig*) to blow hot and cold with sb; **das ~ der Gefühle** emotional roller coaster **Wẹch·sel·be·zie·hung** *f* correlation, interrelation; **in ~ [miteinander/zueinander] stehen** to be correlated [*or* interrelated] **Wẹch·sel·fäl·le** *pl* changeabilities *pl*, vicissitudes *pl* **Wẹch·sel·geld** *nt* change *no pl*, *no indef art*
wech·sel·haft [ˈvɛksl̩-] **I.** *adj* changeable **II.** *adv* (*mit häufigen Veränderungen*) in a changeable way
Wẹch·sel·jah·re *pl* menopause *no pl*; **in den ~n sein** to be going through the menopause; **in die ~ kommen** to reach the menopause
Wẹch·sel·kurs *m* exchange rate, rate of exchange
Wẹch·sel·kurs·schwan·kung *f* BÖRSE fluctuations in the exchange rate, exchange rate fluctuations
wech·seln [ˈvɛksl̩n] **I.** *vt* ❶ (*austauschen*) ■**etw ~** to change sth ❷ (*umtauschen*) ■**[jdm] etw ~** to change sth [for sb] ❸ (*etw anderes nehmen*) ■**etw ~** to change sth; **macht es Ihnen was aus, mit mir den Platz zu ~?** would you mind if we changed [*or* traded] places? **II.** *vi* ❶ FIN (*Geld umtauschen*) to change sth; **können Sie mir ~?** can you change that for me? ❷ (*den Arbeitgeber ~*) to go to a different job ❸ METEO (*sich ändern*) to change; *s. a.* **bewölkt**
wẹch·sel·sei·tig *adj* mutual
Wẹch·sel·strom *m* alternating current **Wẹch·sel·stu·be** *f* exchange booth, bureau de change BRIT **Wẹch·sel·wäh·ler(in)** *m(f)* floating [*or* AM undecided] voter **wẹch·sel·warm** *adj* cold-blooded, poikilotherm **wẹch·sel·wei·se** *adv* alternately **Wẹch·sel·wir·kung** *f* interaction; **in ~ [miteinander/zueinander] stehen** to interact [with each other]
Weck <-s, -e> [vɛk] *m* ÖSTERR, SÜDD *s.* **Wecken**
We·cke <-, -n> [ˈvɛkə] *f* ÖSTERR, SÜDD *s.* **Wecken**
we·cken [ˈvɛkn̩] *vt* ❶ (*auf~*) ■**jdn ~** to wake sb [up]; **von Lärm geweckt werden** to be woken by noise; ■**sich [von jdm/etw] ~ lassen** to have sb/sth wake one up; ■**das W~** MIL reveille *no pl*; **eine Stunde nach dem W~** an hour after reveille; *s. a.* **Ausgang** ❷ (*hervorrufen*) ■**etw ~** to bring back sth *sep*; **Assoziationen ~** to create associations; **jds Interesse/Neugier/Verdacht ~** to arouse sb's interest/curiosity/suspicion
We·cken <-s, -> [ˈvɛkn̩] *m* ÖSTERR, SÜDD (*Brötchen*) long roll
We·cker <-s, -> [ˈvɛkɐ] *m* alarm clock ▶WENDUNGEN: **jdm auf den ~ gehen** [*o* **fallen**] (*sl*) to drive sb up the wall *fam*
Wẹck·glas® *nt s.* **Einmachglas** **Wẹck·ring**® *m s.* **Einmachring**

We·del <-s, -> ['ve:dl̩] *m* ① (*gefiedertes Blatt*) *Farn* frond; (*Palm~*) palm leaf ② (*Staub~*) feather duster

we·deln ['ve:dl̩n] **I.** *vi* ① (*fuchteln*) ■**mit etw ~** to wave sth; *s. a.* **Schwanz** ② SKI (*hin und her schwingen*) to wedel **II.** *vt* (*wischen*) ■**etw von etw ~** to waft sth off sth; **die Krümel vom Tisch ~** to waft the crumbs off the table

we·der ['ve:dɐ] *konj* **~ ... noch ...** neither ... nor; **~ du noch er** neither you nor him; **es klappt ~ heute noch morgen** it won't work either today or tomorrow; **~ noch** neither

weg [vɛk] *adv* ① (*fort*) ■**~ sein** to have gone; **ich finde meinen Schlüssel nicht wieder, er ist ~** I can't find my key, it's vanished!; **~ mit dir/euch** (*fam*) away with you!; **von etw ~** from sth; **sie wurde vom Arbeitsplatz ~ verhaftet** she was arrested at her place of work; **bloß** [*o* **nichts wie**] **~ hier!** let's get out of here!; **~ da!** (*fam*) [get] out of the way! ② (*fam: hinweggekommen*) ■**über etw** *akk* **~ sein** to have got over sth ③ (*sl: begeistert*) ■**von jdm/etw ~ sein** to be gone on sb/sth; *s. a.* **Fenster**

Weg <-[e]s, -e> [ve:k, *pl* 've:gə] *m* ① (*Pfad*) path ② TRANSP (*unbefestigte Straße*) track ③ (*Route*) way; **der kürzeste ~ nach Berlin** the shortest route to Berlin ④ (*Strecke*) way; **bis zu euch muss ich einen ~ von über drei Stunden zurücklegen** I've got a journey of more than three hours to get to your place ⑤ (*Methode*) way ▸ WENDUNGEN: **auf dem ~e der Besserung sein** (*geh*) to be on the road to recovery; **viele ~e führen nach Rom** (*prov*) all roads lead to Rome *prov;* **den ~ des geringsten Widerstandes gehen** to take the line of least resistance; **auf dem besten ~e sein, etw zu tun** to be well on the way to doing sth; **auf friedlichem ~e** (*geh*) by peaceful means; **jdm auf halbem ~e entgegenkommen** to meet sb halfway; **vom rechten ~ abkommen** to wander from the straight and narrow *fam;* **auf schriftlichem ~e** (*geh*) in writing; **etw auf den ~ bringen** to introduce sth; **~e zu erledigen haben** to have some shopping to do; **geh mir aus dem ~!** stand aside!, get out of my way!; **seinen ~ gehen** to go one's own way; **seiner ~e gehen** (*geh*) to continue [*or* carry on] regardless; **jdm/einer Sache** *dat* **aus dem ~e gehen** to avoid sb/sth; **jdm etw mit auf den ~ geben** to give sb sth to take with him/her; **jdm eine Ermahnung/einen Ratschlag mit auf den ~ geben** to give sb a warning/piece of advice for the future; **du brauchst mir nichts mit auf den ~ zu geben, ich weiß das schon** I don't need you to tell me anything, I already know; **auf dem ~ [zu jdm/irgendwohin] sein** to be on one's way [to sb/somewhere]; **des ~es kommen** (*geh*) to approach; **jdm über den ~ laufen** to run into sb; **lauf mir nicht noch mal über den ~!** don't come near me again!; **etw in die ~e leiten** to arrange sth; **auf jds** *gen* **~ liegen** to be on sb's way; **sich auf den ~ [irgendwohin] machen** to set off [for somewhere]; **es wird schon spät, ich muss mich auf den ~ machen** it's getting late, I must be on my way!; **jdn aus dem ~ räumen** to get rid of sb; **etw aus dem ~ räumen** to remove sth; **sich** *dat* **den ~ frei schießen** to shoot one's way out; **jdm/einer S. im ~e stehen** to stand in the way of sb/sth; **nur die Kostenfrage steht der Verwirklichung des Projekts im ~e** only the issue of cost is an obstacle to this project being implemented; **sich** *dat* **selbst im ~ stehen** to be one's own worst enemy; **sich jdm in den ~ stellen** to bar sb's way; **jdm etw in den ~ stellen** to place sth in sb's way; **jdm nicht über den ~ trauen** (*fam*) not to trust sb an inch; **hier trennen sich unsere ~e** this is where we part company; **sich** *dat* **einen ~ verbauen** to ruin one's chances; **jdm den ~ versperren** to block [*or* bar] sb's way; **jdm den ~ vertreten** to bar sb's way; **auf illegalem ~e** by illegal means, illegally; **aus dem ~!** stand aside!, make way!; **woher des ~[e]s?** (*veraltet*) where do you come from?; **wohin des ~[e]s?** (*veraltet*) where are you going to?; *s. a.* **Hindernis, Stein**

weg|an·geln *vt* (*fam*) ■**jdm jdn/etw ~** to snatch sb/sth away from sb **weg|be·kom·men*** *vt irreg* (*fam*) ① (*entfernen können*) ■**etw [mit etw] ~** to remove sth [with sth]; **den Dreck bekommst du nur mit heißem Wasser weg** you'll only get the dirt off with hot water ② (*fortbewegen können*) ■**etw [irgendwo/von etw] ~** to move sth away [from somewhere/from sth]; **ich bekomme den schweren Schrank nicht von der Wand weg** I can't get this heavy cupboard away from the wall ③ (*sich anstecken*) ■**etw ~** to catch sth

Weg·be·rei·ter(in) <-s, -> *m(f)* forerunner, precursor; **ein ~ einer S.** *gen* **sein** to pave the way for sth **Weg·bie·gung** *f* bend [in the road]

weg|bla·sen *vt irreg* ■**etw ~** to blow away sth *sep* ▸ WENDUNGEN: **wie weggeblasen sein** to have completely disappeared; **von etw völlig weggeblasen sein** (*fam*) to be completely blown away by sth **weg|blei·ben** *vi irreg sein* to stay away; **stundenlang ~** to stop [*or* AM stay] out for hours; **bleib nicht so lange weg!** don't stay out too long **weg|brin·gen** *vt irreg* ① (*irgendwohin bringen*) ■**jdn ~** to take sb away ② (*zur Reparatur bringen*) ■**etw ~** to take in sth *sep* **weg|den·ken** *vt irreg* ■**sich** *dat* **etw ~** to imagine [*or* picture] sth without sth; **[aus etw] nicht mehr wegzudenken sein** not to be able to imagine sth without sth **weg|dis·ku·tie·ren*** *vt* ■**etw ~** to argue away sth *sep;* **sich nicht ~ lassen** not to be able to be argued away; **sich nicht ~ lassen, dass** not to be able to argue the fact away that **weg|dür·fen** *vi irreg* (*fam*) to be allowed to go out

we·gen ['ve:gn̩] *präp +gen* ① (*aus Gründen*) ■**~ einer S.** because of, on account of, due to ② (*bedingt durch*) ■**~ jdm** on account of sb ③ (*bezüglich*) ■**~ einer S.** *gen* regarding a thing; *s. a.* **Recht, von**

We·ge·rich <-s, -e> ['ve:gərɪç] *m* BOT plantain

weg|fah·ren *irreg* **I.** *vi sein* ① (*verreisen*) to leave ② (*abfahren*) to leave **II.** *vt haben* ① (*mit einem Fahrzeug wegbringen*) ■**jdn ~** to take sb away ② (*etw woandershin fahren*) ■**etw ~** to move sth

weg|fal·len *vi irreg sein* to cease to apply; **in unserem Vertrag können wir den Absatz wohl ~ lassen** we can probably omit the clause from our contract

weg|fe·gen *vt* ■**etw ~** to sweep away sth *sep* **weg|flie·gen** *vi irreg sein* ① LUFT (*abfliegen*) to leave, to take off ② (*fortfliegen*) to fly away ③ (*vom Wind weggeblasen werden*) to blow away **weg|füh·ren I.** *vt* (*fortbringen*) ■**jdn ~** to lead sb away **II.** *vt, vi* (*sich zu weit entfernen*) ■**[jdn] [von etw] ~** to lead sb too far away [from sth]

Weg·ga·be·lung *f* fork [in the road]

Weg·gang *m kein pl* (*geh*) departure

weg|ge·ben *vt irreg* ① (*verschenken*) ■**etw/ein Tier ~** to give away sth/an animal *sep* ② (*adoptieren lassen*) ■**jdn ~** to give away sb *sep*

Weg·ge·fähr·te, -ge·fähr·tin *m, f* ① (*Begleiter auf einer Wanderung*) fellow-traveller [*or* AM -traveler] ② POL (*Gesinnungsgenosse*) like-minded political companion

weg|ge·hen *vi irreg sein* ① (*fortgehen*) to go away; **geh weg, lass mich in Ruhe!** go away, leave me alone! ② (*fam: sich entfernen lassen*) to remove; **der Fleck geht einfach nicht weg** the stain simply won't come out ③ ÖKON (*fam*) to sell; **reißend ~** to sell like mad ④ (*fam: hin~*) ■**über etw** *akk* **~** to ignore [*or* pass over] sth ▸ WENDUNGEN: **geh mir weg damit!** (*fam*) don't come to me with that! *fam*

weg|gie·ßen *vt irreg* ■**etw ~** to pour away sth *sep* **weg|gu·cken** *vi* (*fam*) *s.* **wegsehen Weg·guck·men·ta·li·tät** *f kein pl* look-away mentality

weg|ha·ben *vt irreg* (*fam*) ① (*entfernt haben*) ■**etw ~** to have got rid of sth ② (*entfernt wissen wollen*) ■**jdn [aus etw] ~ wollen** to want to get rid [*or* BRIT *sl* shot] of sb [from sth] ③ (*beschlagen sein*) ■**[auf etw** *dat*/**in etw** *dat*] **was ~** to be good [at sth] ④ (*fam: verpasst bekommen haben*) ■**etw ~** to have had sth; **er hat seine Strafe weg** he has had his punishment ⑤ (*aufweisen*) ■**etw ~** to show sth ▸ WENDUNGEN: **einen ~** (*sl*)

to have had one too many *fam*
wẹg|hin·ken *vi* to limp off **wẹg|hop·peln** *vi* to lollop off **wẹg|ja·gen** *vt* ❶ (*verscheuchen*) ■**ein Tier** ~ to drive away an animal *sep* ❷ (*fortjagen*) ■**jdn** ~ to drive away sb *sep,* to send sb packing
wẹg|kom·men *vi irreg sein* (*fam*) ❶ (*weggehen können*) to get away; **mach, dass du wegkommst!** clear off! ❷ (*abhandenkommen*) to disappear ❸ (*abschneiden*) to fare somehow; **in einer Prüfung gut/schlecht** ~ to do well/badly in an exam
wẹg|krat·zen *vt* ■**etw** ~ to scratch off sth *sep*
We̲g·kreuz *nt* wayside cross **We̲g·kreu·zung** *f* crossroads
wẹg|krie·chen *vi* to creep away [*or* off] **wẹg|krie·gen** *vt s.* **wegbekommen 1** **wẹg|las·sen** *vt irreg* ❶ (*auslassen*) ■**etw** ~ to leave out sth *sep* ❷ (*weggehen lassen*) ■**jdn** ~ to let sb go ❸ (*darauf verzichten*) ■**etw** ~ not to have sth, to give sth a miss BRIT *fam;* **der Arzt riet ihr, das Salz im Essen wegzulassen** the doctor advised her not to have any salt with her meals **wẹg|lau·fen** *vi irreg sein* ❶ (*fortlaufen*) to run away; ■**vor jdm/einem Tier** ~ to run away from sb/an animal ❷ (*jdn verlassen*) ■**jdm** ~ to run off [and leave sb] ▸WENDUNGEN: **etw läuft jdm nicht weg** (*fam*) sth will keep **wẹg|le·gen** *vt* ❶ (*beiseitelegen*) ■**etw** ~ to put down sth *sep* ❷ (*aufbewahren*) ■**etw für jdn** ~ to put sth aside for sb **wẹg|leug·nen** *vt s.* **wegdiskutieren** **wẹg|lo·ben** *vt* ■**jdn** ~ to give sb a sideways promotion **wẹg|lü·gen** *vt* (*fam*) ■**etw** ~ to cloud [*or* blur] sth **wẹg|ma·chen** *vt* (*fam*) ■[**jdm**] **etw** ~ to get rid of sth [for sb]
wẹg|müs·sen *vi irreg* (*fam*) ❶ (*weggehen müssen*) to have to go [*or* leave] ❷ (*weggebracht werden müssen*) to have to go; **das Paket muss vor Ende der Woche weg** the parcel must go before the end of the week ❸ (*weggeschmissen werden müssen*) to have to be thrown away
wẹg|neh·men *vt irreg* ❶ (*von etw entfernen*) ■**etw** [**von etw**] ~ to take away sth *sep*/take sth [from/off sth] ❷ (*fortnehmen*) ■**jdm etw** ~ to take away sth *sep* from sb
wẹg|pa·cken *vt* (*fam*) ■**etw** ~ to pack [*or* put] away sth *sep* **wẹg|pus·ten** *vt* ■**etw** ~ to blow away sth *sep;* ■**etw von etw** ~ to blow sth off sth **wẹg|put·zen** *vt* ■**etw** ~ to wipe away [*or* off] sth *sep*
We̲g·rand *m* side of the road [*or* path]
wẹg|ra·sie·ren* *vt* ■[**sich**] **etw** ~ to shave off [one's] sth *sep* **wẹg|ra·ti·o·na·li·sie·ren*** *vt* (*fam*) ■**jdn/etw** ~ to get rid of sb/sth as part of a rationalization programme [*or* AM -am] **wẹg|räu·men** *vt* ■**etw** ~ to clear away sth *sep* **wẹg|rei·ßen** *vt irreg* ❶ (*aus der Hand reißen*) ■**jdm etw** ~ to snatch away sth *sep* from sb ❷ (*abreißen*) ■[**jdm**] **etw** ~ to tear off [sb's...] sth *sep* **wẹg|ren·nen** *vi irreg sein* (*fam*) *s.* **weglaufen** **wẹg|re·tu·schie·ren*** *vt* FOTO ■**etw** ~ to remove sth by retouching a photograph **wẹg|rü·cken** **I.** *vi sein* (*sich durch Rücken entfernen*) ■[**von jdm/etw**] ~ to move away [from sb/sth] **II.** *vt haben* (*durch Rücken entfernen*) ■**etw** [**von etw**] ~ to move sth away [from sth] **wẹg|rut·schen** *vi sein* ■[**von jdm**] ~ to slip away [from sb] **wẹg|schaf·fen** *vt* ■**etw** ~ to remove sth; ■**jdn/etw** ~ to get rid of sb/sth **wẹg|schau·en** *vi* (*geh*) *s.* **wegsehen** **wẹg|schen·ken** *vt* (*fam*) ■**etw** ~ to give away sth *sep* **wẹg|schi·cken** *vt* ❶ (*abschicken*) ■**etw** ~ to send off sth *sep* ❷ (*fortgehen heißen*) ■**jdn** ~ to send sb away; **jdn ~, um etw abzuholen** to send sb off to collect sth **wẹg|schlei·chen** *vi* to creep away **wẹg|schlep·pen** **I.** *vt* (*fortschleppen*) ■**jdn/etw** ~ to drag away sb/sth *sep* **II.** *vr* (*sich fortschleppen*) ■**sich** ~ to drag oneself away **wẹg|schlie·ßen** *vt irreg* ■**etw** [**vor jdm**] ~ to lock away sth *sep* [from sb] **wẹg|schmei·ßen** *vt irreg* (*fam*) *s.* **wegwerfen** **wẹg|schnap·pen** *vt* (*fam*) ■**jdm etw** ~ to take sth from sb; *s. a.* **Nase** **wẹg|schüt·ten** *vt s.* **weggießen** **wẹg|schwem·men** *vt* ■**etw** ~ to wash away sth *sep* **wẹg|se·hen** *vi irreg* ❶ (*nicht hinsehen*) to look away ❷ (*fam: hinwegsehen*) ■**über etw** *akk* ~ to overlook sth
wẹg|set·zen **I.** *vt* (*woandershin setzen*) ■**jdn/etw** ~ to move [away *sep*] sb/sth **II.** *vr* (*sich woandershin setzen*) ■**sich** ~ to move away
wẹg|sol·len *vi irreg* (*fam*) **jdn/etw soll weg** sb/sth ought to go; **die alten Möbel sollen weg** the old furniture should [*or* is to] go **wẹg|sprin·gen** *vi* to jump aside **wẹg|spü·len** *vt* ■**etw** ~ to wash away sth *sep* **wẹg|ste·cken** *vt* ■**etw** ~ ❶ (*einstecken*) to put away sth *sep* ❷ (*sl: verkraften*) to get over sth **wẹg|stel·len** *vt* ■**etw** ~ to move sth out of the way
We̲g·stre·cke *f* stretch of road
wẹg|tau·chen *vi sein* (*sl*) to disappear
wẹg|tor·keln *vi* to stagger off **wẹg|tra·gen** *vt irreg* to carry away [*or* off]; ■**jdn/etw** ~ to carry away [*or* off] sb/sth *sep* **wẹg|trei·ben** *irreg* **I.** *vt haben* ❶ (*woandershin treiben*) ■**etw** ~ to carry away [*or* off] sth ❷ (*vertreiben*) ■**Tiere** ~ to drive away animals *sep* **II.** *vi sein* (*woandershin getrieben werden*) to drift away
wẹg|tre·ten *vi irreg sein* MIL to fall out; ■**jdn** ~ **lassen** to have sb fall out, to dismiss sb ▸WENDUNGEN: **weggetreten sein** (*fam*) to be miles away *fam*
wẹg|trot·ten *vi* to trot off **wẹg|tun** *vt irreg* ❶ (*wegwerfen*) ■**etw** ~ to throw away sth *sep* ❷ (*weglegen*) ■**etw** ~ to put down sth *sep*
we̲g·wei·send *adj* pioneering *attr,* revolutionary; ~**e Taten** pioneering deeds; **eine** ~**e Erfindung** a revolutionary invention
We̲g·wei·ser <-s, -> *m* signpost
Wẹg·werf·ar·ti·kel *m* disposable item
wẹg|wer·fen *vt irreg* ■**etw** ~ to throw away sth *sep*
wẹg·wer·fend *adj* dismissive
Wẹg·werf·ge·sell·schaft *f* throwaway society **Wẹg·werf·pa·ckung** *f* disposable packaging **Wẹg·werf·ver·pa·ckung** *f* disposable packaging *no pl* **Wẹg·werf·win·del** *f* disposable nappy [*or* AM diaper]
wẹg|wi·schen *vt* ■**etw** ~ to wipe away [*or* off] sth *sep* **wẹg|wol·len** *vi irreg* ❶ (*weggehen wollen*) ■[**von irgendwo**] ~ to want to leave [somewhere] ❷ (*verreisen wollen*) to want to go away
We̲g·zei·ger *m* signpost
wẹg|zie·hen *vi irreg sein* ❶ (*woandershin ziehen*) ■[**von irgendwo**] ~ to move away [from somewhere] ❷ ORN (*woandershin fliegen*) to migrate
weh [veː] *adj* sore
we·he [ˈveːə] *interj* [don't] you dare!; ~ **dem, der ...!** woe betide anyone who...!; ~ [**dir**], **wenn ...!** woe betide you if...!
We·he[1] <-, -n> [ˈveːə] *f* drift
We·he[2] <-, -n> [ˈveːə] *f meist pl* labour [*or* AM -or] pains *pl,* contractions *pl;* **in den** ~**n liegen** to be in labour; **die** ~**n setzen ein** she's going into labour, her contractions have started
we·hen [ˈveːən] **I.** *vi* ❶ *haben* (*blasen*) to blow; ■**es weht etw** sth is blowing ❷ *haben* (*flattern*) *Haare* to blow about; *Fahne* to flutter ❸ *sein* (*irgendwohin getragen werden*) ■**irgendwohin** ~ *Duft* to waft somewhere; *Klang* to drift somewhere; **etw weht auf die Erde** sth is blown onto the floor **II.** *vt haben* (*blasen*) ■**etw von etw** ~ to blow sth off sth
weh·kla·gen [ˈveːklaːgn̩] *vi* (*geh*) to lament *form*
we̲h·lei·dig *adj* oversensitive
We̲h·lei·dig·keit <-> *f kein pl* oversensitiveness *no pl*
Weh·mut <-> [ˈveːmuːt] *f kein pl* (*geh*) wistfulness *no pl;* **mit ~ an etw zurückdenken** to think back to sth nostalgically; **voller** ~ melancholy
weh·mü·tig [ˈveːmyːtɪç] *adj* (*geh*) melancholy; ~**e Erinnerungen** nostalgic memories
Wehr[1] <-, -en> [veːɐ̯] *f* (*fam*) fire brigade
Wehr[2] [veːɐ̯] *f* defence [*or* AM -se] *no pl;* **sich** [**gegen jdn/etw**] **zur** ~ **setzen** to defend oneself [against sb/sth]
Wehr[3] <-[e]s, -e> [veːɐ̯] *nt* BAU weir
We̲hr·be·auf·trag·te(r) *f(m) decl wie adj* parliamentary commissioner for the armed forces **We̲hr·dienst** *m kein pl* military service *no pl;* **den/seinen** ~ [**ab**]**leisten** to do one's military

service; **den ~ verweigern** to refuse to do military service **Wehr·dienst·ver·wei·ge·rer** *m* conscientious objector; **~ sein** to be a conscientious objector **Wehr·dienst·ver·wei·ge·rung** *f* refusal to do military service

weh·ren ['ve:rən] **I.** *vr* ① (*Widerstand leisten*) ■**sich [gegen jdn/etw] ~** to defend oneself [against sb/sth] ② (*sich widersetzen*) ■**sich gegen etw ~** to fight against sth ③ (*sich sträuben*) ■**sich dagegen ~, etw zu tun** to resist doing sth **II.** *vi* (*geh: Einhalt gebieten*) ■**einer S.** *dat* **~** to prevent a thing spreading; **dieser Entwicklung muss schon in den Anfängen gewehrt werden** this development must be nipped in the bud

Wehr·er·satz·dienst *m* alternative to national service **wehr·los I.** *adj* defenceless [*or* AM -seless]; ■**[gegen jdn/etw] ~ sein** to be defenceless [against sb/sth] **II.** *adv* in a defenceless state; **etw ~ gegenüberstehen** to be defenceless against sth **Wehr·lo·sig·keit** <-> *f kein pl* defencelessness [*or* AM -selessness] *no pl* **Wehr·macht** *f* HIST ■**die ~** the Wehrmacht **Wehr·mann** *m* SCHWEIZ (*Soldat*) soldier **Wehr·pass**RR *m* service record [book] **Wehr·pflicht** *f kein pl* compulsory military service *no pl;* **allgemeine ~** universal compulsory military service **wehr·pflich·tig** *adj* liable for military service **Wehr·pflich·ti·ge(r)** *f(m) decl wie adj* person liable for military service **Wehr·sold** *m* military pay *no pl* **Wehr·übung** *f* reserve duty training *no pl*

weh|tun *vt* to hurt; ■**jdm ~** to hurt sb; ■**sich** *dat* **~** to hurt oneself; ■**jdm/einem Tier ~** to hurt sb/an animal

Weh·weh·chen <-s, -> [ve:'ve:çən] *nt* (*fam*) slight pain; **ein ~ haben** to suffer from a little complaint

Weib <-[e]s, -er> [vaip, *pl* 'vaibɐ] *nt* (*sl*) woman; (*pej*) woman; **ein furchtbares ~** a terrible woman ► WENDUNGEN: **~ und Kind haben** (*hum*) to have a wife and family

Weib·chen <-s, -> ['vaipçən] *nt* ORN, ZOOL female

Wei·ber·fast·nacht *f* DIAL *day during the carnival period when women are in control* **Wei·ber·held** *m* (*pej*) ladykiller *pej*

wei·bisch ['vaibɪʃ] *adj* effeminate

Weib·lein <-s, -> *nt* little old woman

weib·lich ['vaiplɪç] *adj* ① (*fraulich*) feminine; **~e Rundungen** feminine curves ② ANAT female; **die ~en Geschlechtsorgane** the female sex organs ③ (*eine Frau bezeichnend*) feminine; **eine ~e Stimme** a woman's voice ④ BOT (*die Frucht erzeugend*) female ⑤ LING (*das feminine Genus haben*) feminine; **eine ~e Endung** a feminine ending

Weib·lich·keit <-> *f kein pl* femininity *no pl* ► WENDUNGEN: **die holde ~** (*hum*) the fair sex *hum*

Weibs·bild *nt* SÜDD, ÖSTERR (*pej fam: Frau*) woman **Weibs·stück** *nt* (*pej sl*) bitch *sl or pej,* cow *sl or pej*

weich [vaiç] **I.** *adj* ① (*nachgiebig*) soft; **ein ~er Teppich** a soft carpet ② KOCHK (*nicht hart*) soft; **ein ~es Ei** a soft-boiled egg; **~es Fleisch** tender meat ③ (*ohne Erschütterung*) soft; **eine ~e Bremsung** gentle breaking ④ (*voll*) full; **~e Gesichtszüge** full features ⑤ FIN soft ⑥ (*sanft*) soft; **~er Boykott** passive resistance; **~e Drogen** soft drugs; **~er Tourismus** unobtrusive tourism; *s. a.* **Wasser, Konsonant II.** *adv* softly; **~ abbremsen** to brake gently; **etw ~ garen** to cook sth until soft; **~ gerinnen** to cure mildly; **~ gerinnende Milch** mild cured milk; **etw ~ kochen** to do sth; **~ gekocht** (*zu weicher Konsistenz gekocht*) boiled until soft; **ein ~ gekochtes Ei** a soft-boiled egg; (*nur halb gar gekocht*) soft-boiled; **~ gekochtes Fleisch** meat cooked until tender; **~ gekochtes Gemüse** overcooked vegetables

Weich·bild ['vaiçbɪlt] *nt* (*geh*) outskirts *npl* of a/the town

Wei·che <-, -n> ['vaiçə] *f* BAHN points *pl* ► WENDUNGEN: **die ~n [für etw] stellen** to determine the course [for sth]

wei·chen <wich, gewichen> ['vaiçn̩] *vi sein* ① (*nachgeben*) ■**einer S.** *dat* **~** to give way to a thing ② (*schwinden*) to subside ③ (*verschwinden*) to go; **er wich nicht von der Stelle** he didn't budge from the spot

Wei·chen·stel·lung *f* (*fig*) setting *no pl* the course; **die ~en von 2000** the courses set in 2000

weich·ge·spült *adj* (*iron sl*) weary, tired

Weich·heit <-, *selten* -en> *f* ① (*Nachgiebigkeit*) softness *no pl* ② (*geh: Fülle*) fullness *no pl*

weich·her·zig *adj* soft-hearted **Weich·her·zig·keit** <-, *selten* -en> *f* soft-heartedness *no pl* **Weich·holz** *nt* softwood **Weich·kä·se** *m* soft cheese

weich|klop·fen *vt* **jdn ~** to soften sb up; ■**sich von jdm ~ lassen** to be softened up by sb **weich|krie·gen** *vt* **jdn ~** to soften sb up

weich·lich *adj* weak; **ein ~er Charakter** a weak character

Weich·ling <-s, -e> ['vaiçlɪŋ] *m* (*pej*) weakling *pej*

Weich·ma·cher *m* ① (*in Waschmittel*) softener ② (*für Plastik*) softening agent

Weich·sel <-> ['vaiksl̩] *f* GEOG ■**die ~** the Vistula

Weich·sel·kir·sche *f* morello cherry

Weich·spü·ler <-s, -> *m* fabric softener **Weich·tei·le** *pl* ① ANAT (*Eingeweide*) soft parts *pl* ② (*sl: Geschlechtsteile*) private parts *pl* **Weich·tier** *nt* mollusc

weich|wer·denRR *vi irreg sein* to weaken

Wei·de1 <-, -n> ['vaidə] *f* BOT willow

Wei·de2 <-, -n> ['vaidə] *f* AGR meadow

Wei·de·land *nt* pastureland *no pl*

wei·den ['vaidn̩] **I.** *vi* (*grasen*) to graze **II.** *vt* (*grasen lassen*) to put out to graze [*or* pasture]; ■**Tiere ~** to put animals out to graze [*or* pasture] **III.** *vr* ① (*sich ergötzen*) ■**sich an etw** *dat* **~** to feast one's eyes on sth ② (*genießen*) ■**sich an etw** *dat* **~** to revel in sth

Wei·den·ast *m* willow branch **Wei·den·holz** *m* willow [wood] *no pl* **Wei·den·kätz·chen** *nt* willow catkin **Wei·den·korb** *m* wicker[work] basket **Wei·den·mei·se** *f* ORN willow tit **Wei·den·rös·chen** *nt* BOT rosebay willowherb, fireweed **Wei·den·ru·te** *f* willow rod

weid·ge·recht I. *adj* in accordance with hunting protocol **II.** *adv* in accordance with hunting protocol

weid·lich ['vaitlɪç] *adv* (*geh*) pretty; **ich habe mich ~ bemüht, dir zu helfen** I've gone to great lengths to help you

weid·män·nisch *adj* hunting, huntsman's; **ein ~er Gruß** a huntsman's greeting; **~e Gepflogenheiten und Bräuche** hunting practices and customs

Weid·manns·dank [vaitmans'daŋk] *interj an acknowledgement to the expression "good hunting";* **„Weidmannsheil!" – „~!"** "good hunting!" – "thank you!" **Weid·manns·heil** [vaitmans'hail] *interj* good hunting!

wei·gern ['vaigɐn] *vr* ■**sich ~** to refuse; ■**sich ~, etw zu tun** to refuse to do sth

Wei·ge·rung <-, -en> *f* refusal

Weih·bi·schof [vai-] *m* suffragan bishop

Wei·he1 <-, -n> ['vaiə] *f* REL consecration *no pl;* **die niederen/höheren ~n** the minor/major orders; **die [geistlichen] ~n empfangen** to take [holy] orders ► WENDUNGEN: **die höheren ~n** the top

Weihe2 <-, -n> ['vaiə] *f* ORN harrier

wei·hen ['vaiən] *vt* ① REL (*konsekrieren*) ■**etw ~** to consecrate sth; **jdn zum Diakon/Priester ~** to ordain sb deacon/priest; **jdn zum Bischof ~** to consecrate sb bishop ② (*widmen*) ■**jdm geweiht sein** to be dedicated to sb

Wei·her <-s, -> ['vaiɐ] *m* pond

Weih·nacht <-> ['vainxt] *f kein pl s.* **Weihnachten**

Weih·nach·ten <-, -> ['vainaxtn̩] *nt* Christmas, Xmas *fam;* **fröhliche [***o geh* **gesegnete] ~!** merry Christmas!; **zu [***o* **an] ~** at [*or* for] Christmas ► WENDUNGEN: **weiße ~** a white Christmas; **grüne ~** a Christmas without snow; *s. a.* **Gefühl**

weih·nacht·lich I. *adj* ① (*an Weihnachten üblich*) Christmassy, festive; **~e Lieder** festive songs ② (*an Weihnachten denken lassend*) Christmassy, festive **II.** *adv* festively

Weih·nachts·abend *m* Christmas Eve **Weih·nachts·baum** *m* Christmas tree **Weih·nachts·bot·schaft** *f* ■**die/eine ~** one's Christmas speech **Weih·nachts·bra·ten** *m* Christmas roast

Weih·nachts·de·ko·ra·ti·on *f* Christmas decoration **Weih·nachts·ein·kauf** *m meist pl* Christmas shopping **Weih·nachts·fei·er** *f* Christmas celebrations *pl* **Weih·nachts·fest** *nt kein pl* Christmas; ■**das** ~ Christmas **Weih·nachts·gans** *f* KOCHK Christmas goose ▶WENDUNGEN: **jdn ausnehmen wie eine** ~ (*sl*) to take sb to the cleaners *sl* **Weih·nachts·ge·bäck** *nt* Christmas biscuits [*or* AM cookies] *pl* **Weih·nachts·geld** *nt* Christmas bonus **Weih·nachts·ge·schenk** *nt* Christmas present **Weih·nachts·ge·schich·te** *f* Christmas story **Weih·nachts·in·seln** *pl* ■**die** ~ the Christmas Islands *pl; s. a.* **Falklandinseln** **Weih·nachts·karp·fen** *m* carp eaten at Christmas **Weih·nachts·kar·te** *f* Christmas card **Weih·nachts·kirch·gang** *m* attendance at the Christmas [church] service **Weih·nachts·lied** *nt* [Christmas] carol **Weih·nachts·mann** *m* Father Christmas, Santa Claus **Weih·nachts·markt** *m* Christmas fair

i Kultur

The most famous **Weihnachtsmarkt** in Germany is in Nürnberg (Nuremberg) but there are similar markets in most towns, where Christmas presents, Christmas decorations, special types of food and *Glühwein – mulled wine* are sold.

Weih·nachts·mo·tiv *nt* Christmas theme **Weih·nachts·plätz·chen** *pl s.* **Weihnachtsgebäck** **Weih·nachts·pu·ter** *m* Christmas turkey **Weih·nachts·tag** *m meist pl* Christmas; **erster/zweiter** ~ Christmas Day/Boxing Day **Weih·nachts·tel·ler** *m* plate of Christmas goodies **Weih·nachts·zeit** *f kein pl* ■**die** ~ Christmas time, Yuletide *no pl*

Weih·rauch ['vairaux] *m* incense **Weih·rauch·fass**[RR] *nt* censer **Weih·was·ser** *nt* holy water **Weih·was·ser·be·cken** *nt* holy-water font, stoup

weil [vail] *konj* (*da*) because, as, cos *sl*

Weil·chen <-s> *nt kein pl* ■**ein** ~ a little while, a bit

Wei·le <-> ['vailə] *f kein pl* while *no pl;* ■**eine** ~ a while; **eine ganze** ~ quite a while; **nach/vor einer [ganzen]** ~ after [quite] a while/[quite] a while ago

wei·len ['vailən] *vi* (*geh*) ■**irgendwo** ~ to stay somewhere ▶WENDUNGEN: **nicht mehr unter uns** ~ (*euph*) to be no longer with us *euph*

Wei·ler <-s, -> ['vailɐ] *m* (*geh*) hamlet *form*

Wei·ma·rer Re·pu·blik ['vaimarɐ -] *f kein pl* HIST ■**die** ~ ~ the Weimar Republic

Wein <-[e]s, -e> [vain] *m* ❶ (*alkoholisches Getränk*) wine; **neuer** ~ new wine; **offener** ~ open wine; **bei einem Glas** ~ over a glass of wine ❷ *kein pl* AGR (*Weinrebe*) vines *pl;* **wilder** ~ Virginia creeper ▶WENDUNGEN: **neuen** [*o* **jungen**] ~ **in alte Schläuche füllen** to put new wine in old bottles; **im** ~ **ist** [*o* **liegt die**] **Wahrheit** (*prov*) in vino veritas *prov;* ~, **Weib und Gesang** wine, women and song; **jdm reinen** [*o* **klaren**] ~ **einschenken** to tell sb the truth, to be completely open with sb

Wein·bau *m kein pl* wine-growing *no pl,* viniculture *no pl form* **Wein·bau·er(in)** *m(f) s.* **Winzer** **Wein·bau·ge·biet** *nt* wine-growing area **Wein·bee·re** *f* ❶ (*Traube*) grape ❷ SÜDD, ÖSTERR, SCHWEIZ (*Rosine*) raisin **Wein·berg** *m* vineyard **Wein·berg·schne·cke** *f* edible snail **Wein·brand** *m* brandy **Wein·brand·boh·nen** *pl bean-shaped chocolates containing brandy*

wei·nen ['vainən] I. *vi* (*Tränen vergießen*) to cry; **vor Freude** ~ to cry with joy; ■**um jdn/etw** ~ to cry for sb/sth ▶WENDUNGEN: **es ist zum W~!** it's enough to make you weep; *s. a.* **Schlaf** II. *vt* ■**etw** ~ to cry sth; **sie weinte Tränen der Freude** she cried tears of joy

wei·ner·lich I. *adj* tearful; **eine ~e Stimme** a tearful voice II. *adv* tearfully

Wein·ern·te *f* grape harvest **Wein·es·sig** *m* wine vinegar **Wein·fass**[RR] *nt* wine cask **Wein·fil·ter** *m* lees filter **Wein·fla·schen·re·gal** *nt* wine rack **Wein·gar·ten** ['vaingartn̩] *m* AGR SÜDD vineyard **Wein·ge·gend** *f* wine-growing area **Wein·geist** *m kein pl* ethyl alcohol *no pl* **Wein·gum·mi** *nt o m* wine gum **Wein·gut** *nt* wine-growing estate **Wein·händ·ler(in)** *m(f)* wine merchant [*or* dealer] **Wein·hand·lung** *f* wine merchant's **Wein·kar·te** *f* wine list **Wein·kel·ler** *m* ❶ (*Keller*) wine cellar ❷ (*Lokal*) wine bar **Wein·kel·le·rei** *f* wine cellar **Wein·ken·ner(in)** *m(f)* wine connoisseur

Wein·krampf *m* crying fit

Wein·küh·ler *m* wine cooler **Wein·kun·de** *f* study of wine, oenology BRIT, enology AM **wein·kund·lich** *adj* oenological BRIT, enological AM **Wein·la·den** *m* wine shop **Wein·la·ge** *f* location of a vineyard **Wein·lau·ne** *f kein pl* wine-induced mood of elation **Wein·le·se** *f* grape harvest **Wein·lieb·ha·ber(in)** *m(f)* wine connoisseur **Wein·lis·te** *f* wine list **Wein·lo·kal** *nt* wine bar **Wein·öl** *nt* green cognac oil, wine yeast oil **Wein·pal·me** *f* raffia [palm] **Wein·pro·be** *f* wine-tasting; **eine ~/~n machen** to have a wine-tasting session **Wein·ran·ke** *f* vine branch **Wein·re·be** *f* grape[vine] **wein·rot** *adj* claret, wine-coloured [*or* AM -ored] **Wein·säu·re** *f* tartaric acid **Wein·schaum** *m* zabaglione **wein·se·lig** *adj* merry with wine **Wein·stein** *m* tartar *no pl* **Wein·stock** *m s.* **Weinrebe** **Wein·stu·be** *f* wine bar **Wein·ther·mo·me·ter** *nt* wine thermometer **Wein·trau·be** *f* grape

wei·se ['vaizə] I. *adj* (*geh*) ❶ (*kluge Einsicht besitzend*) wise; **ein ~er alter Mann** a wise old man ❷ (*von kluger Einsicht zeugend*) wise; **eine ~e Entscheidung** a wise decision II. *adv* wisely

Wei·se <-, -n> ['vaizə] *f* ❶ (*Methode*) way; **auf andere** ~ in another way; **auf bestimmte** ~ in a certain way; **auf geheimnisvolle** ~ in a mysterious way; **in der** ~, **dass** in such a way that; **auf diese** ~ in this way; **in gewisser** ~ in certain respects; **auf jds** ~ in sb's own way; **auf jede [erdenkliche]** ~ in every [conceivable] way; **in keinster** ~ (*fam*) in no way ❷ (*geh: Melodie*) tune, melody

Wei·se(r) ['vaizə, -zɐ] *f(m) decl wie adj* wise man ▶WENDUNGEN: **die [drei]** ~**n aus dem Morgenland** the three Wise Men from the East; **die fünf** ~**n** FIN *panel of five economic experts advising the government*

wei·sen <wies, gewiesen> ['vaizn̩] I. *vt* (*geh*) (*gehen heißen*) ■**jdn aus/von etw** ~ to expel sb from sth ▶WENDUNGEN: **etw [weit] von sich** *dat* ~ to reject sth [emphatically] II. *vi* (*geh*) ■**irgendwohin** ~ to point somewhere

Weis·heit <-, -en> ['vaishait] *f* ❶ *kein pl* (*kluge Einsicht*) wisdom; **eine alte** ~ **sein** to be a wise old saying ❷ *meist pl* (*weiser Rat*) word *usu pl* of wisdom ▶WENDUNGEN: **mit seiner** ~ **am Ende sein** to be at one's wits' end; **die** ~ **[wohl] mit Löffeln gegessen** [*o* **gefressen**] **haben** (*fam*) to think one knows it all *fam;* **der** ~ **letzter Schluss sein** to be the ideal solution; **die** ~ **gepachtet haben** (*fam*) to act as if one were the only clever person around

Weis·heits·zahn *m* wisdom tooth

weis|ma·chen *vt* ■**jdm etw** ~ to have sb believe sth; ■**jdm** ~, **dass** to lead sb to believe, that; **sich von jdm etw/nichts** ~ **lassen** to believe sth that sb tells one/not to believe a word sb tells one

weiß [vais] I. *adj* ❶ (*nicht farbig*) white ❷ (*blass*) pale; ~ **werden** to go [*or* turn] white; *s. a.* **Fleck, Haus, Meer, Nil, Sonntag, Sport, Tod, Gesicht, Wand, Rasse, Wut** II. *adv* white; ~ **gekleidet** dressed in white

Weiß <-[es]> [vais] *nt* white; **[ganz] in** ~ dressed [all] in white

weis·sa·gen I. *vi* ■**jdm** ~ to tell sb's fortune; ■**sich** *dat* **[von jdm]** ~ **lassen** to have one's fortune told [by sb] II. *vt* ■**[jdm] etw** ~ to prophesy sth [to sb]

Weis·sa·gung <-, -en> *f* prophecy

Weiß·bier *nt* weissbier (*light, top-fermented beer*) **weiß·blau**

adj (*fam*) Bavarian **Weiß·blech** *nt* tin plate **weiß·blond** *adj* platinum blond; ■ ~ **sein** to have platinum-blond hair **Weiß·brot** *nt* white bread **Weiß·buch** *nt* POL White Paper **Weiß·dorn** *m* hawthorn

Wei·ße <-> ['vaisə] *f kein pl* (*geh*) whiteness; **Berliner** ~ *light, fizzy beer*

Wei·ße(r) *f(m) decl wie adj* white, white man/woman; ■ **die** ~**n** white people, the whites

wei·ßeln ['vaisl̩n] *vt* SÜDD, **wei·ßen** ['vaisn̩] *vt* ■ **etw** ~ to whitewash sth

Weiß·fel·chen *nt* ZOOL, KOCHK whitefish **Weiß·fisch** *m* whitefish **Weiß·fisch·chen** *pl* whitebaits *pl* **weiß·glü·hend** *adj* white-hot **Weiß·glut** *f kein pl* (*Weißglühen*) white heat ▶ WENDUNGEN: **jdn zur** ~ **bringen** [*o* **treiben**] to make sb livid with rage [*or* see red] **Weiß·gold** *nt* white gold **weiß·haa·rig** *adj* white-haired **Weiß·herbst** *m* rosé **Weiß·kä·se** *m* DIAL *s.* **Quark** **Weiß·kohl** *m*, **Weiß·kraut** *nt* SÜDD, ÖSTERR white cabbage **Weiß·kopf·see·ad·ler** *m* ORN white-headed bald eagle

weiß·lich *adj* whitish

Weiß·ma·cher *m* whitener **Weiß·reis** *m* white rice

Weiß·rus·se, -rus·sin <-n, -n> *m, f* BRD *s.* **Belarusse**

Weiß·rus·sisch *nt decl wie adj* B[y]elorussian; *s. a.* **Deutsch**

weiß·rus·sisch *adj* BRD Belarusian; *s. a.* **deutsch**

Weiß·rus·si·sche <-n> *nt* ■ **das** ~ B[y]elorussian, the B[y]elorussian language; *s. a.* **Deutsche**

Weiß·russ·landRR *nt* Belorussia, White Russia **Weiß·storch** *m* ORN white stork **Weiß·tan·ne** *f* silver fir **Weiß·wand·rei·fen** *m* whitewall tyre [*or* AM tire] **Weiß·wein** *m* white wine **Weiß·wurst** *f* Bavarian veal sausage (*cooked in hot water and served mid-morning with sweet mustard*) **Weiß·zu·cker** *m* refined [*or* white] sugar

Wei·sung <-, -en> *f* instruction, direction; ~ **haben, etw zu tun** to have instructions to do sth; ■ **auf** ~ [**von jdm**] on [sb's] instructions

wei·sungs·ge·mäß I. *adj* according to [*or* as per] instructions, as directed [*or* instructed] II. *adv* according to [*or* as per] instructions, as instructed [*or* directed]

weit [vait] I. *adj* ① MODE (*locker sitzend*) wide, baggy; **etw** ~**er machen** to let sth out ② (*räumlich ausgedehnt*) long; (*zeitlich*) long; **bis dahin ist es noch** ~ it will be a long time yet before we get there ③ SPORT long ④ (*breit*) wide, vast; (*Meer, Wüste*) open; ~**er werden** to widen [*or* broaden out] II. *adv* ① (*Entfernung zurücklegend*) far, a long way; ~ **gereist** well [*or* widely] travelled [*or* AM *usu* traveled]; **... Meter** ~ **springen** to jump ... meters; ■ **...** ~**er ...** further on ② *räumlich* (*ganz*) wide; **etw** ~ **öffnen** to open sth wide ③ (*eine erhebliche Strecke*) far; **am** ~**esten** furthest, farthest; **es noch** ~ **haben** to have a long way to go; ~ **bekannt** widely known; ~ **weg** [*o* **entfernt**] **sein** far away; **von** ~**em** from afar; **von** ~ **her** from far [*or* a long way] away ④ (*erheblich*) far; ~ **besser/schöner/teurer** far better/more beautiful/more expensive; ~ **hergeholt** far-fetched; ~ **reichend** (*umfassend*) extensive, far-reaching; (*Vollmachten*) sweeping; MIL long-range; ~ **verbreitet** widespread, common; **eine** ~ **verbreitete Meinung** a widely-held view, common; ~ **verzweigt** TRANSP widely spread *pred;* (*gut ausgebaut*) extensive; (*vielfach verzweigt*) with many branches; **jdn** ~ **hinter sich lassen** to leave sb far behind; **jdn/etw** ~ **übertreffen** to outdo sb/sth by far; ■ **bei** ~**em/bei** ~**em nicht** by far/not nearly [*or* not by a long shot]; **bei** ~**em besser/schöner als** far better/more beautiful than, better/more beautiful than ... by far; **bei** ~**em nicht alles** not nearly all [*or* everything]; **bis** ~ **in etw** *akk* late [*or* well] into sth; ~ **nach etw** well [*or fam* way] after sth ⑤ (*zeitlich lang*) ~ **zurückliegen** to be a long time ago ▶ WENDUNGEN: ~ **und breit** for miles around; **so** ~, **so gut** (*prov*) so far so good *prov;* **es** [**noch**] **so** ~ **bringen, dass etw passiert/dass jd etw tut** to bring it about that sth happens/sb does sth; **jdn so** ~ **bringen, dass er/sie etw tut** to bring sb to the point where he/she does sth; **es weit** [**im Leben**] **bringen** to go far [in life]; **das würde zu** ~ **führen** that would be getting too far away from the issue; **es** ~ **gebracht haben** to have come a long way; **mit jdm/etw ist es** ~ **gediehen** sb has gone far/sth has progressed a great deal; **es gedeiht noch so** ~**, dass** it will come to [*or* reach] the point [*or* stage] where; ~ **gefehlt!** (*geh*) quite the opposite!, you're way out! BRIT *fam* [*or* AM *fam* way off!]; **so** ~ **gehen, etw zu tun** to go so far as to do sth; **zu** ~ **gehen** to go too far; **das geht** [**entschieden**] **zu** ~**!** that's [definitely] going [*or* taking it] too far!; ~ **hergeholt sein** to be far-fetched; **mit etw ist es nicht** ~ **her** (*fam*) sth is nothing much to write home about *fam;* **so** ~ **kommt es** [**noch**] (*fam*) you'd like that, wouldn't you! *fam;* **es zu** ~ **treiben** to take it too far; *s. a.* **Abstand, Feld, Ferne, Sicht, Sinn, verbreitet**

weit·ab ['vait'ʔap] *adv* far [*or* a long way] away; ■ ~ **von etw** far [*or* a long way [away]] from sth

weit·aus ['vait'ʔaus] *adv* ① *vor comp* (*in hohem Maße*) far, much; ~ **besser/schlechter sein als etw** to be far [*or* much] better/worse than sth ② *vor superl* (*bei weitem*) [by] far

Weit·blick *m kein pl* ① (*Fähigkeit, vorauszuschauen*) far-sightedness, vision ② *s.* **Fernblick** **weit·bli·ckend** *adj* ■ ~ **sein** to have vision, to be far-sighted [*or* visionary]

Wei·te1 <-, -n> ['vaitə] *f* ① (*weite Ausdehnung*) expanse, vastness ② SPORT (*Länge*) length ③ BAU (*Durchmesser*) width ④ MODE (*Breite*) width; **in der** ~ as far as the width goes

Wei·te2 <-n> ['vaitə] *nt* (*Entfernung*) distance ▶ WENDUNGEN: **das** ~ **suchen** (*geh*) to take to one's heels

wei·ten ['vaitn̩] I. *vt* MODE ■ [**jdm**] **etw** ~ to widen sth [for sb]; (*Schuh, Stiefel*) to stretch [sb's] sth II. *vr* ■ **sich** ~ to widen; (*Pupille*) to dilate

wei·ter ['vaitɐ] *adv* (*sonst*) further; ~ **keiner** [*o* **niemand**] no one else; **wenn es** ~ **nichts ist, ...** well, if that's all ...; ~ **bestehen** to continue to exist, to survive; [**für jdn**] ~ **bestehen** to remain in force [for sb], to hold good [for sb]; **nicht** ~ **wissen** not to know what [else] to do; ~ **nichts?** is that it?; ~ **nichts als etw** nothing more than sth; **und** ~**?** and apart from that?; **und so** ~ [**und so fort**] et cetera[, et cetera], and so on [and so forth]; ~**!** keep going!; *s. a.* **immer, nichts**

wei·ter|ar·bei·ten ['vaitɐʔarbaitn̩] *vi* ■ [**an etw** *dat*] ~ to carry on [*or* continue] working [on sth] **wei·ter|be·för·dern*** *vt* ■ **jdn** ~ to take [*or* drive] sb further **Wei·ter·be·ste·hen** *nt* continued existence, continuation **wei·ter|bil·den** I. *vt* ■ **jdn/sich** ~ to continue [*or* further] one's education II. *vr* ■ **sich in etw** *dat* ~ to develop one's knowledge of sth **Wei·ter·bil·dung** *f* further education

wei·ter|brin·gen *vt irreg* ■ **jdn** ~ to help sb along

wei·ter|den·ken *vi irreg* to think ahead

wei·te·re(r, s) *adj* (*zusätzlich*) further, additional; **alles W**~ everything else, all the rest ▶ WENDUNGEN: **bis auf** ~**s** until further notice, for the time being; **ohne** ~**s** easily, just like that

wei·ter|emp·feh·len* *vt irreg* ■ **jdn** [**jdm**] ~ to recommend sb [to sb]; ■ [**jdm**] **etw** ~ to recommend sth [to sb] **wei·ter|ent·wi·ckeln*** I. *vt* ■ **etw** ~ to develop sth further; ■ **weiterentwickelt** further developed II. *vr* ■ **sich** ~ to develop [further] [*or* progress] **Wei·ter·ent·wick·lung** *f* TECH further development **wei·ter|er·zäh·len*** *vt* ■ [**jdm**] **etw** ~ to pass on sth *sep* [to sb], to repeat sth [to sb] **wei·ter|fah·ren** *irreg* I. *vi sein* to continue driving; ■ [**irgendwohin**] ~ to drive on [to somewhere] II. *vt haben* ■ **etw** ~ to move sth forward **Wei·ter·fahrt** *f kein pl* continuation of the/one's journey **wei·ter|flie·gen** *vi irreg sein* ■ [**irgendwohin**] ~ to fly on [to somewhere], to continue one's flight [to somewhere] **Wei·ter·flug** *m kein pl* continuation of the/one's flight **wei·ter|füh·ren** *vt* ① (*fortsetzen*) ■ **etw** ~ to continue sth ② (*weiterbringen*) **jdn** [**ziemlich**] ~ to be a [real] help to sb; **jdn schwerlich** ~ not to be a great help to sb, not to help sb very much **wei·ter·füh·rend** *adj* SCH secondary **Wei·ter·ga·be** *f* transmission, passing on **wei·ter|ge·ben** *vt irreg* ■ **etw** [**an jdn**] ~ to pass on sth *sep* [to sb]

W

wei·ter|ge·hen *vi irreg sein* ❶ (*seinen Weg fortsetzen*) to walk on ❷ (*seinen Fortgang nehmen*) to go on; **so kann es nicht** ~ things can't go on like this **wei·ter·ge·hend** *adj comp von* **weitgehend** more far-reaching, more extensive **wei·ter|hel·fen** *vi irreg* ■**jdm** [**in etw** *dat*] ~ to help sb further [with sth], to provide sb with further assistance [in sth]; ■**jdm** ~ (*auf die Sprünge helfen*) to help sb along

wei·ter·hin ['vaitɐ'hɪn] *adv* ❶ (*fortgesetzt*) still ❷ (*außerdem*) furthermore, in addition

wei·ter|hüp·fen *vi* to continue hopping **wei·ter|kämp·fen** *vi* to fight on **wei·ter|kom·men** *vi irreg sein* ❶ (*vorankommen*) to get further; *s. a.* **machen** ❷ (*Fortschritte machen*) ■[**mit etw**] ~ to get further [with sth], to make progress [*or* headway] [with sth]; **mit etw nicht** ~ not to get very far with sth, not to make much progress [*or* headway] with sth **Wei·ter·kom·men** <-s> *nt kein pl* ❶ (*Durchkommen*) progression ❷ (*beruflich vorankommen*) advancement **wei·ter|kön·nen** *vi irreg* to be able to continue [*or* carry on] **wei·ter|lau·fen** *vi irreg sein* ❶ (*den Lauf fortsetzen*) to continue running [*or* walk on], to continue ❷ TECH to continue [*or* keep] running ❸ *Produktion* to continue, to go on; *Gehalt* to continue to be [*or* get] paid **wei·ter|le·ben** *vi* ❶ (*am Leben bleiben*) to continue to live, to live on ❷ (*fig*) ■[**in jdm/etw**] ~ to live on [in sb/sth] **wei·ter|lei·ten** *vt* ■**etw** [**an jdn/etw**] ~ to pass on sth *sep* [to sb/sth] **wei·ter|ma·chen** *vi* to carry on, to continue **wei·ter|rei·chen** *vt* (*geh*) ■**etw** [**an jdn**] ~ to pass on sth *sep* [to sb]

Wei·ter·rei·se *f kein pl* continuation of the/one's journey, onward journey; **gute** ~**!** have a pleasant [onward] journey

wei·ters ['vaitɐs] *adv* ÖSTERR (*ferner*) further **wei·ter|sa·gen** *vt* ■[**jdm**] **etw** ~ to repeat sth [to sb], to pass on sth *sep* [to sb]; **nicht** ~**!** don't tell anyone! **wei·ter|schlei·chen** *vi* to creep on **wei·ter|sprin·gen** *vi* to continue jumping

Wei·te·run·gen *pl* (*geh*) repercussions, unpleasant consequences

wei·ter|ver·ar·bei·ten* *vt* ■**etw** [**zu etw**] ~ to process sth [into sth] **Wei·ter·ver·ar·bei·tung** *f* [re]processing **wei·ter|ver·fol·gen*** *vt* ■**etw** ~ to follow up sth *sep,* to pursue sth further **Wei·ter·ver·kauf** *m* resale **wei·ter|ver·kau·fen*** I. *vt* ■**etw** ~ to resell sth II. *vi* to resell **wei·ter|ver·mie·ten*** *vt* ■**etw** [**an jdn**] ~ to sublet sth [to sb] **wei·ter·ver·wei·sen*** *vt irreg* ■**jdn an jdn/etw** ~ *Facharzt/Amt* to refer sb to sb else **wei·ter|ver·wen·den*** *vt* ■**etw** ~ to reuse sth **wei·ter|ver·wer·ten*** *vt* ■**etw** ~ to recycle sth **wei·ter|wis·sen** *vi irreg* (*wissen, wie weiter vorzugehen ist*) to know how to proceed; **nicht** [**mehr**] ~ to be at one's wits' end **wei·ter|wol·len** *vi irreg* to want to go on

wei·test·ge·hend I. *adj superl von* **weitgehend** most far-reaching, most extensive II. *adv* to the greatest possible extent

weit·ge·hend <weitgehender *o* ÖSTERR weitergehend, weitestgehend *o* weitgehendste(r, s)> I. *adj* (*umfassend*) extensive, far-reaching; ~**e Übereinstimmung/Unterstützung** extensive agreement/support II. *adv* extensively, to a large extent

weit·her ['vait'he:ɐ̯] *adv* (*geh*) from far away, from afar *form*

weit·hin ['vait'hɪn] *adv* ❶ (*weitgehend*) to a large [*or* great] extent; ~ **bekannt/beliebt/unbekannt** widely known/popular/largely unknown ❷ (*geh: rings umher*) all around

weit·läu·fig ['vaitlɔyfɪç] I. *adj* ❶ (*ausgedehnt*) extensive ❷ (*entfernt*) distant II. *adv* extensively, distantly

Weit·läu·fig·keit <-> *f kein pl* spaciousness, ampleness

weit·räu·mig I. *adj* spacious; **eine** ~**e Absperrung/Umleitung** a cordon/diversion covering a wide area II. *adv* spaciously; **den Verkehr** ~ **umleiten** to divert the traffic around a wide area **weit·rei·chend** *adj s.* **weit II. 4 weit·schwei·fig** ['vaitʃvaifɪç] I. *adj* long-winded, protracted *form;* ■[**jdm**] **zu** ~ **sein** to be too long-winded [for sb] II. *adv* long-windedly, at great length **Weit·sicht** ['vaitzɪçt] *f s.* **Weitblick weit·sich·tig** ['vaitzɪçtɪç] *adj* ❶ MED long-sighted BRIT, farsighted AM ❷ *s.* **weitblickend Weit·sich·tig·keit** <-> *f kein pl* MED long-sightedness BRIT, far-sight AM **Weit·sprin·ger(in)** *m(f)* long-jumper **Weit·sprung** *m* SPORT ❶ *kein pl* (*Disziplin*) long-jump ❷ (*einzelner Sprung*) long-jump **Weit·win·kel·ob·jek·tiv** *nt* wide-angle lens

Wei·zen[1] <-s, -> ['vaitsn̩] *m* wheat; *s. a.* **Spreu**

Wei·zen[2] <-s, -> ['vaitsn̩] *nt s.* **Weizenbier**

Wei·zen·bier *nt* weissbier (*light, top fermented beer*) **Wei·zen·brot** *nt* wheat bread **Wei·zen·grieß** *m* semolina **Wei·zen·kei·me** *pl* wheatgerm *sing* **Wei·zen·keim·öl** *nt* wheatgerm oil **Wei·zen·kleie** *f* wheat bran [*or* germ] **Wei·zen·mehl** *nt* wheat flour **Wei·zen·voll·korn** *m kein pl* wholewheat, wholemeal wheat BRIT **Wei·zen·voll·korn·mehl** *nt* wholewheat [*or* BRIT wholemeal] [wheat] flour

welch [vɛlç] *pron* ■~ [**ein**] what [a]

wel·che(r, s) I. *pron interrog* ❶ (*was für* (*eine*)) which ❷ *in Ausrufen* (*was für ein*) what; ~ **Schande!** what a disgrace! II. *pron rel* (*der, die, das: Mensch*) who; (*Sache*) which III. *pron indef* ❶ (*etwas*) some; **wenn du Geld brauchst, kann ich dir gerne** ~**s leihen** if you need money, I can lend you some ❷ *pl* (*einige*) some; ■~**, die ...** some [people], who

welk [vɛlk] *adj* ❶ (*verwelkt*) wilted; ■~ **sein/werden** to be wilted/to wilt ❷ (*schlaff*) worn-out

wel·ken ['vɛlkn̩] *vi sein* (*geh*) to wilt

Well·blech *nt* corrugated iron

Wel·le <-, -n> ['vɛlə] *f* ❶ (*Woge*) wave ❷ (*massenhaftes Auftreten*) wave; **grüne** ~ TRANSP synchronized traffic lights; **die neue** ~ MODE the latest craze; **die weiche** ~ (*fam*) the soft line *fam* ❸ PHYS wave ❹ RADIO wavelength ❺ (*wellenförmige Erhebung*) wave ❻ TECH (*Drehbewegungen übertragender Schaft*) shaft ►WENDUNGEN: [**hohe**] ~**n schlagen** to create a [big] stir

wel·len ['vɛlən] *vr* ■**sich** ~ to be/become wavy; (*Papier*) to crinkle; *s. a.* **Haar**

Wel·len·bad *nt* wave pool **Wel·len·bre·cher** <-s, -> *m* breakwater, groyne BRIT, groin AM **wel·len·för·mig** I. *adj* wavy II. *adv* **sich** ~ **verziehen** to crinkle **Wel·len·gang** <-[e]s> *m kein pl* waves *pl,* swell; **starker** ~ heavy seas *pl* [*or* swell] **Wel·len·kamm** *m* crest **Wel·len·kraft·werk** *nt* hydroelectric power station (*using wave power as a source of energy*) **Wel·len·län·ge** *f* PHYS wavelength ►WENDUNGEN: **die gleiche** ~ **haben** [*o* **auf der gleichen** ~ **liegen**] (*fam*) to be on the same wavelength **Wel·len·li·nie** *f* wavy line **Wel·len·rei·ten** *nt* surfing **Wel·len·sit·tich** *m* budgerigar, budgie *fam*

wel·lig ['vɛlɪç] *adj* ❶ (*gewellt*) wavy ❷ (*wellenförmig*) uneven; ■~ **sein/werden** to be/become uneven [*or* crinkly]

Wel·ling·ton <-s> ['vɛlɪŋtɔn] *nt* Wellington

Well·ness <-> ['vɛlnɛs] *f kein pl* wellness **Well·ness·be·ra·ter**[RR], **Well·ness-Be·ra·ter** *m* wellness advisor **Well·ness·boom**[RR], **Well·ness-Boom** <-s -s> ['vɛlnɛsbu:m] *m* NATURMED boom on wellness programmes **Well·ness·cen·ter**[RR], **Well·ness-Cen·ter** <-s, -> *nt* wellness centre [*or* AM center] **Well·ness·drink**[RR], **Well·ness-Drink** <-s, -s> *m* wellness drink **Well·ness·pro·dukt**[RR], **Well·ness-Pro·dukt** *nt* wellness product **Well·ness·rei·se**[RR], **Well·ness-Rei·se** *f* wellness holiday **Well·ness·ur·laub**[RR], **Well·ness-Ur·laub** *m* wellness holiday

Well·pap·pe *f* corrugated cardboard

Wel·pe <-n, -n> ['vɛlpə] *m Hund* pup, whelp; *Wolf, Fuchs* cub, whelp

Wels <-es, -e> [vɛls] *m* catfish

welsch [vɛlʃ] *adj* SCHWEIZ Romance-speaking

Welsch·kohl *m* savoy [cabbage]

Welsch·schweiz *f* SCHWEIZ ■**die** ~ French Switzerland

Welsch·schwei·zer(in) *m(f)* French Swiss

welsch·schwei·ze·risch *adj* French Swiss

Welt <-, -en> [vɛlt] *f* ❶ *kein pl* (*unsere Erde*) ■**die/unsere** ~ the/our world; **auf der** ~ in the world; **in aller** ~ all over the world; **... in aller** ~ (*fam*) ... on earth *fam* ❷ ASTRON (*erdähnlicher Planet*) world ❸ (*Bereich*) world; **die** ~ **des Films/**

Kinos/Theaters the world of film/cinema/theatre, the film/cinema/theatre world ❹ *kein pl* ASTRON (*das Weltall*) ■**die** ~ the world [*or* cosmos] ▶WENDUNGEN: **die Alte/Neue** ~ the Old/New World; **die dritte/vierte** ~ the Third/Fourth World; **in seiner eigenen** ~ **leben** to live in a world of one's own; **die heile** ~ the ideal world; **nobel geht die** ~ **zugrunde** (*fam*) there's nothing like going out with a bang *fam;* **die** [**große**] **weite** ~ (*geh*) the big wide world; **eine** ~ **bricht für jdn zusammen** sb's whole world collapses about sb; **jdn zur** ~ **bringen** to bring sb into the world, to give birth to sb; **davon** [*o* **deswegen**] **geht die** ~ **nicht unter** (*fam*) it's not the end of the world *fam;* **nicht aus der** ~ **sein** not to be on the other side of the world; **auf die** [*o* **zur**] ~ **kommen** to be born; **das kostet nicht die** ~ (*fam*) it doesn't cost the earth; **in einer anderen** ~ **leben** to live on another planet, to live in another world; **etw aus der** ~ **schaffen** to eliminate sth; **etw in die** ~ **setzen** to spread sth; **sie trennen** ~**en** they are worlds apart; **mit sich und der** ~ all around [*or* BRIT *a.* round]; **mit sich und der** ~ **zufrieden sein** to be happy all around [*or* BRIT *a.* round]; **vor aller** ~ in front of everybody; **um nichts in der** ~, **nicht um alles in der** ~ not [*or* never] for the world; **alle** ~ (*fam*) the whole world, everybody, the world and his wife *hum; s. a.* **Kind**

Welt·all *nt kein pl* universe **welt·an·schau·lich** *adj* ideological **Welt·an·schau·ung** *f* philosophy of life; (*philosophisch und politisch*) ideology **Welt·auf·la·ge** *f einer Zeitung* circulation worldwide; *eines Buchs* number of copies sold worldwide **Welt·aus·stel·lung** *f* world exhibition **Welt·bank** *f kein pl* ■**die** ~ the World Bank **welt·be·kannt** *adj* world-famous, world-renowned **welt·be·rühmt** *adj* world-famous **welt·bes·te(r, s)** ['vɛltbɛstə, -tɐ, -təs] *adj attr* world's best **Welt·bes·te(r)** *f(m)* world's best **Welt·best·leis·tung** *f* world's best performance **Welt·be·völ·ke·rung** *f kein pl* world population **welt·be·we·gend** *adj* earth-shaking [*or* -shattering] **Welt·bild** *nt* world view **Welt·emp·fän·ger** <-s, -> *m* world receiver [*or* receiving set]

Wel·ten·bumm·ler(in) *m(f)* (*fam*) globetrotter *fam*

Welt·er·folg *m* world[-wide] success

Wel·ter·ge·wicht ['vɛltɐ-] *nt* SPORT ❶ *kein pl* (*Gewichtsklasse*) welterweight ❷ *s.* **Weltergewichtler**

Wel·ter·ge·wicht·ler(in) <-s, -> *m(f)* welterweight [boxer]

welt·er·schüt·ternd *adj* earth-shattering, world-shaking **welt·fremd** *adj* unworldly **Welt·frie·de(n)** *m* world peace **Welt·gel·tung** *f* world-wide recognition, international standing; ■**... von** ~ internationally renowned **Welt·ge·schich·te** *f kein pl* world history ▶WENDUNGEN: **in der** ~ (*fam*) all over the place *fam* **welt·ge·schicht·lich** *adj* **von** ~**er Bedeutung sein** to be of great significance in world history; **ein** ~**es Ereignis** an important event in world history **Welt·ge·sund·heits·or·ga·ni·sa·ti·on** *f* World Health Organization, W.H.O. **welt·ge·wandt** *adj* sophisticated, urbane **welt·größ·te(r, s)** *adj* world's greatest **Welt·han·del** *m* world trade **Welt·han·dels·or·ga·ni·sa·ti·on** *f kein pl* ■**die** ~ the World Trade Organization [*or* WTO] **Welt·herr·schaft** *f kein pl* world domination **Welt·kar·te** *f* world map **Welt·klas·se** *f kein pl* world class; ■~ **sein** (*fam*) to be world-class **Welt·krieg** *m* world war; **der Erste/Zweite** ~ World War One/Two, the First/Second World War

welt·lich ['vɛltlɪç] *adj* (*geh*) ❶ (*irdisch*) worldly ❷ (*profan*) mundane

Welt·li·te·ra·tur *f kein pl* world literature **Welt·macht** *f* world power **welt·män·nisch** *adj* sophisticated, wordly-wise **Welt·markt** *m* world [*or* international] market **Welt·markt·preis** *m* ÖKON world market price **Welt·meis·ter(in)** *m(f)* world champion; ■~ **in etw** *dat* world champion in [*or* at] sth **Welt·meis·ter·schaft** *f* world championship; ■**die** ~ **in etw** *dat* the world championship in sth **Welt·mu·sik** *f* world music *no indef art, no pl* **welt·of·fen** *adj* liberal[-minded], cosmopolitan **Welt·öf·fent·lich·keit** *f kein pl* ■**die** ~ the whole world **Welt·po·li·tik** *f* world politics + *sing/pl vb* **welt·po·li·tisch** **I.** *adj* concerning world politics **II.** *adv* in terms of world politics **Welt·rang·lis·te** *f* world rankings *pl*

Welt·raum *m kein pl* [outer] space

Welt·raum·fahrt *f kein pl* space journey, journey into space **Welt·raum·for·schung** *f kein pl* space research **Welt·raum·te·le·skop** *nt* space telescope **Welt·raum·waf·fe** *f* space weapon

Welt·reich *nt* empire **Welt·rei·se** *f* world trip; **eine** ~ **machen** to go on a journey around the world **Welt·re·kord** *m* world record; ■**der/ein** ~ **in etw** *dat* the/a world record in sth **Welt·re·kord·ler(in)** *m(f)* world record holder **Welt·re·li·gi·on** *f* world religion **Welt·ruf** *m kein pl* international [*or* world-wide] reputation; **... von** ~ internationally renowned **Welt·schmerz** *m kein pl* (*geh*) Weltschmerz *liter* **Welt·si·cher·heits·rat** *m* [United Nations] Security Council **Welt·spra·che** *f* world language **Welt·stadt** *f* international [*or* cosmopolitan] city **welt·städ·tisch** *adj* cosmopolitan **Welt·tour·nee** *f* world tour **welt·um·span·nend** *adj inv* (*geh*) global **Welt·un·ter·gang** *m* end of the world, apocalypse **Welt·un·ter·gangs·stim·mung** *f* apocalyptic mood **Welt·ur·auf·füh·rung** *f* world premiere **Welt·ver·bes·se·rer, -bes·se·rin** *m, f* (*pej*) sb who thinks they can cure the world's ills **welt·weit** **I.** *adj* global, world-wide **II.** *adv* globally **Welt·wirt·schaft** *f* world [*or* global] economy **Welt·wirt·schafts·kri·se** *f* world economic crisis **Welt·wun·der** *nt* **die sieben** ~ the Seven Wonders of the World; **wie ein** ~ (*fam*) as if from another planet

wem [ve:m] **I.** *pron interrog dat von* **wer** (*welcher Person?*) who ... to, to whom *form;* ~ **gehört dieser Schlüsselbund?** who does this bunch of keys belong to?; **mit/von** ~ with/from whom **II.** *pron rel dat von* **wer** (*derjenige, dem*) ■~ **...,** [**der**] ... the person to whom ..., the person who ... to **III.** *pron indef dat von* **wer** (*fam*) to/for somebody

Wem·fall *m* dative [case]

wen [ve:n] **I.** *pron interrog akk von* **wer** (*welche Person?*) who, whom; **an** ~ to whom *form,* who ... to; **für** ~ for whom *form,* who ... for **II.** *pron rel akk von* **wer** (*derjenige, den*) ■~ **...,** [**der**] ... the person who [*or* whom] ...; **an** ~ to whom *form,* who ... to; **für** ~ for whom *form,* who ... for **III.** *pron indef akk von* **wer** (*fam*) somebody

Wen·de <-, -n> ['vɛndə] *f* ❶ POL (*sl: politische Kehrtwendung*) [political] change [*or* U-turn] ❷ (*einschneidende Veränderung*) change, turn; **die/eine** ~ **zum Besseren/Schlechteren** the/a turn [*or* change] for the better/worse; **eine** ~ **zum Positiven** a positive change ❸ SPORT face [*or* front] vault ❹ (*Übergangszeit*) ■**an der** ~ [**von**] **... zu etw** at the transition from ... to sth

Wen·de·kreis *m* ❶ AUTO turning circle ❷ GEOG, ASTRON tropic; **der nördliche** ~, **der** ~ **des Krebses** the Tropic of Cancer; **der** ~ **des Steinbocks** the Tropic of Capricorn

Wen·del <-, -n> ['vɛndl̩] *f* ❶ ELEK (*Glühfaden*) coil ❷ (*Gewinde*) spiral

Wen·del·rüh·rer *m* spiral mixer **Wen·del·trep·pe** *f* spiral staircase

wen·den ['vɛndn̩] **I.** *vr* <wendete *o geh* wandte, gewendet *o geh* gewandt> ❶ (*sich drehen*) ■**sich irgendwohin** ~ to turn to somewhere ❷ (*kontaktieren*) ■**sich** [**in etw** *dat*] **an jdn** ~ to turn to sb [regarding sth] ❸ (*zielen*) ■**sich an jdn** ~ to be directed at sb ❹ (*entgegentreten*) ■**sich gegen jdn** ~ to turn against sb; ■**sich gegen etw** ~ to oppose sth ❺ (*sich verkehren*) **sich zum Besseren** [*o* **Guten**]**/Schlechteren** ~ to take a turn for the better/worse ▶WENDUNGEN: **sich zum Gehen** ~ to be about to go **II.** *vt* <wendete, gewendet> (*umdrehen*) ■**etw** ~ to turn over sth *sep;* **bitte** ~**!** please turn over ▶WENDUNGEN: **wie man es auch wendet ..., man kann es** ~**, wie man will** whichever way one looks/you look *fam* at it **III.** *vi* <wendete, gewendet> AUTO to turn

W

Wẹn·de·platz *m* turning area **Wẹn·de·punkt** *m* turning point
wen·dig ['vɛndɪç] *adj* ❶ TECH manoeuvrable BRIT, maneuverable AM ❷ (*geistig beweglich*) agile
Wẹn·dig·keit <-> *f kein pl* ❶ (*gute Manövrierfähigkeit*) manoeuvrability, maneuverability AM ❷ (*geistige Beweglichkeit*) agility
Wẹn·dung <-, -en> *f* ❶ (*tiefgreifende Veränderung*) turn; **eine bestimmte ~ nehmen** to take a certain turn; **eine ~ zu etw nehmen** to take a turn for sth ❷ LING (*Rede~*) expression
We̱n·fall *m* accusative [case]
we·nig ['ve:nɪç] **I.** *pron indef* ❶ *sing* (*nicht viel*) ■**~ sein** to be not [very] much; **~ genug** little enough; **nicht ~** more than a little ❷ *pl, substantivisch* (*ein paar*) ■**~e** a few **II.** *adv* ❶ (*nicht viel*) little, not a lot of; **ein ~** a little; **nicht ~** more than a little; **zu ~** too little, not enough; **zu ~ schlafen** to not get enough sleep; **~ genug** little enough; ■**~e ...** few; *s. a.* **einige** ❷ *mit comp* (*kaum*) little ❸ (*nicht sehr*) not very; **~ interessant** of little interest; **ein ~** a little
we·ni·ger ['ve:nɪgɐ] **I.** *pron indef comp von* **wenig** (*nicht so viel*) less; **du solltest ~ essen/rauchen/trinken** you should eat/smoke/drink less **II.** *adj comp von* **wenig** less, fewer; **~ werden** to be dwindling away ▸ WENDUNGEN: **~ ist mehr** it's quality not quantity that counts **III.** *adv comp von* **wenig** (*nicht so sehr*) ■**~ ... als ...** less ... than ▸ WENDUNGEN: **je mehr ... desto ~ ...** the more ... the less ...; *s. a.* **so, viel IV.** *konj* MATH minus, less
We̱·nig·keit <-> *f kein pl* (*geh: Kleinigkeit*) ■**eine ~** a little, a small amount ▸ WENDUNGEN: **meine ~** (*hum fam*) little old me *hum fam*
we̱·nig·ste(r, s) **I.** *pron* (*fast niemand*) ■**die ~n** very few; ■**das ~, was** the least that; **das ist noch das ~!** (*fam*) that's the least of it! **II.** *adv* least; *pl* fewest; **am ~n** least of all
we·nigs·tens ['ve:nɪçstn̩s] *adv* at least
wenn [vɛn] *konj* ❶ *konditional* (*falls*) if; **~ das so ist** if that's the way it is; ■**~ ... doch** [*o* **bloß**] **...!** if only ...! ❷ *temporal* (*sobald*) as soon as; *s. a.* **als, auch, erst, immer, nicht, nichts, nur, schon, selbst, und**
wenn·gleich [vɛn'glaiç] *konj* (*geh*) *s.* **obgleich**
wenn·schon [vɛn'ʃo:n] *adv* ▸ WENDUNGEN: **~, dennschon!** (*fam*) I/you etc. may as well go the whole hog [*or* AM the whole nine yards] *fam*, there's no point in doing things by halves *fam* [*or* AM *fam* a half-assed job]; **[na,] ~!** so what?, what of it?
wer [ve:ɐ̯] **I.** *pron interrog* (*welcher*) who; ■**~ von ...** which of ...; **~ da?** who's there? **II.** *pron rel* (*derjenige, der*) ■**~ ..., [der]** ... the person who ..., whoever ... **III.** *pron indef* (*fam*) (*jemand*) somebody; ■**~ von ...** which of ... ▸ WENDUNGEN: **~ sein** to be somebody *fam*
Wẹr·be·ab·tei·lung *f* advertising [*or* publicity] [*or* marketing] department **Wẹr·be·agen·tur** *f* advertising agency **Wẹr·be·ak·ti·on** *f* advertising promotion **Wẹr·be·auf·druck** *m* advertising print **Wẹr·be·bei·la·ge** *f* advertising supplement **Wẹr·be·block** *nt* advertising block **Wẹr·be·bran·che** *f* advertising **Wẹr·be·bro·schü·re** *f* brochure, pamphlet **Wẹr·be·ein·nah·men** *pl* advertising revenue *sing* **Wẹr·be·fach·leu·te** *pl* advertising people [*or* experts], admen *sl* **Wẹr·be·fach·mann, -fach·frau** *m, f* publicity expert, adman *fam* **Wẹr·be·fern·se·hen** *nt* commercials *pl*, advertisements *pl*, adverts *pl fam* **Wẹr·be·film** *m* promotional film **Wẹr·be·funk** *m* radio advertisements *pl* [*or* commercials] *pl* **Wẹr·be·ge·schenk** *nt* promotional gift **Wẹr·be·kam·pa·gne** *f* advertising campaign **Wẹr·be·kon·zept** *nt* ÖKON advertising concept **Wẹr·be·lei·ter, -lei·te·rin** *m, f* advertising manager, head of publicity [*or* promotions] **Wẹr·be·ma·te·ri·al** *nt* advertising material
wer·ben <wịrbt, wạrb, gewọrben> ['vɛrbn̩] **I.** *vt* ■**jdn [für etw] ~** to recruit sb [for sth] **II.** *vi* ❶ (*Reklame machen*) ■**für etw ~** to advertise [*or* promote] sth; **für eine Partei ~** to try to win support for a party ❷ (*zu erhalten suchen*) **um eine Frau/einen Mann ~** to woo a woman/pursue a man; **um Unterstützung ~** to try to enlist support; **um neue Wähler ~** to try to attract new voters; **um Vertrauen ~** to try to gain trust
Wẹr·be·pros·pekt *m* promotional brochure [*or* leaflet], advertising leaflet **Wẹr·be·slo·gan** *m* advertising [*or* publicity] slogan **Wẹr·be·spot** *m* commercial, advertisement, advert *fam* **Wẹr·be·stra·te·gie** *f* ÖKON advertising strategy **Wẹr·be·tex·ter(in)** *m(f)* advertising copywriter **Wẹr·be·trä·ger** *m* advertising medium **Wẹr·be·trei·ben·de(r)** <-n, -n> *f(m)* ÖKON (*Firma*) advertising agency, advertiser; (*Person*) advertising agent, adman **Wẹr·be·trom·mel** *f* ▸ WENDUNGEN: **die ~ für jdn/etw rühren** (*fam*) to beat the drum for sb/sth *fam* **wẹr·be·wirk·sam** *adj* promotionally effective **Wẹr·be·zweck** *m meist pl* advertising purpose; **für ~e** [*o* **zu ~en**] for advertising purposes
Wẹr·bung <-> *f kein pl* ÖKON ❶ (*Branche*) advertising ❷ (*Reklame*) advertisement; **~ für etw machen** to advertise sth ❸ (*Werbespot*) commercial, TV advert *fam;* (*Werbeprospekte*) advertising literature ❹ (*das Werben*) recruitment; *von Kunden* attracting, winning
Wẹr·bungs·kos·ten *pl* professional expenses *pl; von Firma* business expenses *pl*
We̱r·de·gang <*selten* -gänge> *m* career
wer·den ['ve:ɐ̯dn̩] **I.** *vi* <wụrde *o liter* wạrd, gewọrden> *sein* ❶ (*in einen anderen Zustand übergehen*) ■**etw ~** to become [*or* get] sth; **alt/älter ~** to get old/older; **verrückt ~** to go mad; **kalt ~** to go cold; **es wird dunkel/spät/kalt** it is getting dark/late/cold; **es wird besser ~** it is going to become [*or* get] better; **es wird anders ~** things are going to change ❷ (*als Empfindung auftreten*) **jdm wird heiß/kalt/besser/übel** sb feels hot/cold/better/sick ❸ (*einen Ausbildung zu etw machen*) ■**etw ~** to become sth; **was möchtest du einmal ~?** what do you want to be? ❹ (*eine Entwicklung durchmachen*) ■**etw ~** to become sth; **Wirklichkeit/Tatsache/Mode ~** to become reality/a fact/fashionable; ■**aus jdm wird etw** sb will turn out to be sth; ■**aus etw wird etw** sth turns into sth; ■**zu etw ~** to turn into sth, to become sth; **aus jdm wird etwas/nichts** sb will get somewhere/won't get anywhere in life; **zur Gewissheit/zum Albtraum ~** to become a certainty/nightmare ❺ (*auf eine bestimmte Zeit zugehen*) **es wird Abend/Tag** it is getting dark/light; **es wird Sommer** summer is coming; **es wird 15 Uhr** it's coming up to 3 o'clock ❻ (*ein bestimmtes Alter erreichen*) ■**etw ~** to be sth; **sie ist gerade 98 geworden** she has just turned 98 ❼ (*fam: sich gut entwickeln*) **es wird langsam** it's slowly getting somewhere; **aus etw wird etwas/nichts** sth will turn into sth/nothing is going to come of sth; **daraus wird nichts** that won't come to anything, nothing's going to come of that; **es wird schon [wieder] ~** (*fam*) it'll turn out okay in the end; **nicht wieder ~** (*fam*) not to recover ▸ WENDUNGEN: **was soll nun ~?** what's going to happen now?, what are we going to do now?; **ich werd' nicht mehr!** (*sl*) well, I never!, I don't believe it! **II.** *vb aux* <wụrde, wọrden> ❶ *zur Bildung des Futurs* ■**etw tun ~** to be going to do sth; ■**es wird etw geschehen** sth is going to happen; ■**jd wird etw getan haben** sb will have done sth ❷ *zur Bildung des Konjunktivs* ■**jd würde etw tun** sb would do sth ❸ *mutmaßend* (*dürfte*) ■**es wird ...** it probably ...; **es wird gegen 20 Uhr sein** it's probably getting on for 8 o'clock ❹ *in Bitten und Aufforderungen* ■**würde jd etw tun?** would [*or* could] sb please do sth? ▸ WENDUNGEN: **wer wird denn gleich ... !** (*fam*) you're not going to ... now, are you? **III.** *vb aux* <wụrde, wọrden> *zur Bildung des Passivs* ■**... ~** to be ...; **sie wurde entlassen** she was dismissed; ■**etw wird ...** sth is ...; **das wird bei uns häufig gemacht** that is often done in our house; ■**es wird etw getan** sth will be done; **jetzt wird gearbeitet!** let's get some work done!
Wer·den <-s> ['ve:ɐ̯dn̩] *nt kein pl* (*geh*) development; **im ~**

sein to be in the making

wer·dend *adj* developing, emergent; **~e Mutter/~er Vater** expectant mother/father, mother-to-be/father-to-be

Wer·fall *m* LING nominative [case]

wer·fen <wirft, warf, geworfen> ['vɛrfn̩] **I.** *vt* ❶ (*schleudern*) ■**etw irgendwohin** ~ to throw sth somewhere; **jdm etw an den Kopf/ins Gesicht** ~ to throw sth at sb's head/in sb's face; ■**etw nach jdm/einem Tier** ~ to throw sth at sb/an animal ❷ ZOOL (*Junge gebären*) ■**etw** ~ to have [*or spec* throw] sth ❸ (*ruckartig bewegen*) ■**etw irgendwohin** ~ to throw [*or fam* fling] sth somewhere ❹ (*bilden*) *etw* ~ to produce [*or* make] sth; **der Mond warf ein silbernes Licht auf den See** the moon threw a silver light onto the lake **II.** *vi* ❶ (*Werfer sein*) to throw ❷ (*Wurfgeschosse verwenden*) ■**mit etw [auf jdn/etw]** ~ to throw sth [at sb/sth] ❸ ZOOL (*Junge gebären*) to throw *spec,* to give birth **III.** *vr* ❶ (*sich verziehen*) ■**sich** ~ to warp ❷ (*sich rasch fallen lassen*) ■**sich irgendwohin** ~ to throw oneself somewhere ❸ (*sich stürzen*) ■**sich auf jdn/etw** ~ to throw oneself at sb/sth

Wer·fer(in) <-s, -> *m(f)* thrower

Werft <-, -en> [vɛrft] *f* shipyard

Werft·ar·bei·ter(in) *m(f)* shipyard worker **Werft·ge·län·de** *nt* dockland[s *pl*]; **im** ~ on [the] dockland[s]

Werg <-[e]s> [vɛrk] *nt kein pl* tow

Werk <-[e]s, -e> [vɛrk] *nt* ❶ (*gesamtes Schaffen*) works *pl* ❷ KUNST, LIT work ❸ *kein pl* (*geh: Arbeit*) work; **ans** ~ **gehen** [*o* **sich ans** ~ **machen**] (*geh*) to go [*or* set] to work; **am** ~ **sein** (*pej*) to be at work ❹ (*Fabrik*) factory, works + *sing/pl verb;* **ab** ~ ex works ▶ WENDUNGEN: **ein gutes** ~ **tun** to do a good deed; **irgendwie zu** ~**e gehen** (*geh*) to proceed [*or* go to it] in a certain way; **das ist jds** ~ (*pej*) that's his doing *fam*

Werk·bank <-bänke> *f* workbench

wer·keln ['vɛrkl̩] *vi* (*fam*) ■~ to potter [*or* AM putter] about

wer·ken ['vɛrkn̩] *vi* (*geh*) ■**[irgendwo]** ~ to work [somewhere]

Wer·ken <-s> ['vɛrkn̩] *nt kein pl s.* **Werkunterricht**

Werk·leh·rer(in) *m(f)* woodwork/metalwork teacher

Werk·meis·ter(in) *m(f)* foreman

Werks·arzt, -ärz·tin <-es, -ärzte> *m, f* company doctor **Werks·ge·län·de** *nt* works [*or* factory] premises *npl*

Werkspionage *f* industrial espionage

Werk·statt *f* ❶ (*Arbeitsraum eines Handwerkers*) workshop ❷ AUTO (*Autoreparaturwerkstatt*) garage

Werk·stät·te *f* (*geh*) *s.* **Werkstatt**

Werk·statt·wa·gen *m* breakdown [*or* AM tow] truck

Werk·stoff *m* material **Werk·stück** *nt* workpiece

Werk(s)·woh·nung *f* company flat

Werk·tag *m* workday, working day *esp* BRIT

werk·täg·lich ['vɛrktɛ:klɪç] *adj attr* working day; **~e Pflichten** duties during a working day

werk·tags *adv* on workdays [*or esp* BRIT working days]

Werk·un·ter·richt *m* woodwork/metalwork class

Werk·zeug <-[e]s, -e> *nt* ❶ TECH tool *usu pl* ❷ INFORM (*Tool*) tool ❸ (*geh: gefügiger Helfer*) instrument

Werk·zeug·kas·ten *m* toolbox **Werk·zeug·ma·cher(in)** *m(f)* toolmaker **Werk·zeug·ma·schi·ne** *f* machine tool

Wer·mut <-[e]s> ['ve:ɐ̯mu:t] *m kein pl* ❶ BOT wormwood ❷ (*aromatisierter Wein*) vermouth

Wer·mut·be·cher *m* vermouth tumbler

Wer·muts·trop·fen *m* (*geh*) a bitter pill, drop of bitterness

wert [ve:ɐ̯t] *adj* ❶ (*einen bestimmten Wert besitzen*) ■**[jdm] etw** ~ **sein** to be worth sth [to sb] ❷ (*verdienen*) ■**einer S.** *gen* ~ **sein** (*geh*) to deserve a thing, to be worthy of a thing ❸ (*veraltend geh: geschätzt*) valued

Wert <-[e]s, -e> [ve:ɐ̯t] *m* ❶ (*zu erlösender Preis*) value; **einen bestimmtem ~/einen ~ von etw haben** to have a certain value/a value of sth, to be worth [*or* valued at] sth; **im ~ steigen, an** *dat* ~ **zunehmen** to increase in value; **an** *dat* ~ **verlieren, im ~ sinken** to decrease in value; **im ~e von etw** worth [*or* to the value of] sth; **über/unter** ~ above/below its value ❷ *pl* (*Daten*) results *pl* ❸ (*wertvolle Eigenschaft*) worth ❹ (*Wichtigkeit*) value; **[bestimmten]** ~ **auf etw** *akk* **legen** to attach [a certain] value [*or* importance] to sth; **[besonderen/gesteigerten]** ~ **darauf legen, etw zu tun** to find it [especially/increasingly] important to do sth; **einer S.** *dat* **einen bestimmten** ~ **beilegen** [*o* **beimessen**] (*geh*) to attach a certain significance to sth ❺ (*Wertevorstellung*) value ▶ WENDUNGEN: **das hat keinen** ~ (*fam*) it's useless *fam,* that won't help us

Wert·an·la·ge *f* investment **Wert·ar·beit** *f* first-class workmanship; ~ **sein** to be a product of craftsmanship [*or* workmanship] **wert·be·stän·dig** *adj* stable in value *pred;* ■~ **sein** to have a stable value **Wert·be·stän·dig·keit** *f kein pl* stability of value **Wert·brief** *m* registered letter (*with valuable content*)

wer·ten *vt* ❶ SPORT (*anrechnen*) ■**etw** ~ to rate sth ❷ SCH (*benoten*) ■**etw** ~ to grade sth ❸ (*bewerten*) ■**etw [irgendwie]** ~ to rate sth [somehow]

Wer·te·wan·del *m* change in values

Wert·ge·gen·stand *m* valuable object; ■**Wertgegenstände** valuables

Wer·tig·keit <-, -en> [ve:ɐ̯tɪç-] *f* CHEM, LING valency

Wert·kar·ten·han·dy [-hɛndi] *nt* TELEK *mobile phone using a payment card*

wert·kon·ser·va·tiv *adj* conservative **wert·los** *adj* worthless; ■**für jdn** ~ **sein** to be worthless to sb **Wert·maß·stab** *m* standard; **nach jds Wertmaßstäben** to sb's standards; **einen bestimmten ~/bestimmte Wertmaßstäbe anlegen** to apply a certain standard/certain standards **Wert·min·de·rung** *f* decrease in value **Wert·pa·ket** *nt* registered parcel

Wert·pa·pier *nt* bond, security

Wert·pa·pier·bör·se *f* stock exchange **Wert·pa·pier·han·del** *m* stockbroking **Wert·pa·pier·händ·ler(in)** *m(f)* stockbroker **Wert·pa·pier·markt** *m* stock [*or* securities] market

Wert·sa·che *f meist pl* valuable object; ■~**en** valuables

Wert·schät·zung *f* (*geh*) esteem

Wert·schöp·fung *f* net product **Wert·schrift** *f* SCHWEIZ (*Wertpapier*) bond, security **Wert·stei·ge·rung** *f* increase in value **Wert·stel·lung** *f* value

Wert·stoff *m* recyclable material

Wert·stoff·con·tai·ner *m* recycling container **Wert·stoff·hof** *m* collection station, recycling centre [*or* AM center]

Wer·tung <-, -en> *f* ❶ SPORT (*Be~*) rating, score ❷ (*das Werten*) grading ❸ (*Be~*) evaluation, assessment

Wert·ur·teil *nt* value judgement; **ein** ~ **[über etw** *akk*] **abgeben** to make a value judgement [on sth] **Wert·ver·lust** *m* depreciation, decline in value **wert·voll** *adj* valuable **Wert·vor·stel·lung** *f meist pl* moral concept *usu pl*

Wer·wolf ['ve:ɐ̯vɔlf] *m* werewolf

We·sen <-s, -> ['ve:zn̩] *nt* ❶ (*Geschöpf*) being; (*tierisch*) creature; **das höchste** ~ the Supreme Being; **kleines** ~ little thing; **menschliches** ~ human being ❷ *kein pl* (*kennzeichnende Grundzüge*) nature

We·sens·art *f* nature, character **we·sens·fremd** *adj inv* different in nature *inv, pred* **We·sens·zug** *m* characteristic, [character] trait

we·sent·lich ['ve:zn̩tlɪç] **I.** *adj* ❶ (*erheblich*) considerable ❷ (*gewichtig*) substantial, essential; ■**das W~e** the essential part; **im W~en** essentially **II.** *adv* (*erheblich*) considerably

Wes·fall *m* genitive [case]

wes·halb [vɛs'halp] **I.** *adv interrog* why **II.** *adv rel* why

We·sir <-s, -e> [ve'zi:ɐ̯] *m* vizier

Wes·pe <-, -n> ['vɛspə] *f* wasp

Wes·pen·nest *nt* ZOOL wasp's nest ▶ WENDUNGEN: **in ein ~ stechen** (*fam*) to stir up a hornets' nest **Wes·pen·stich** *m* wasp sting **Wes·pen·tail·le** *f* wasp waist; **eine ~ haben** to have a wasp waist

wes·sen ['vɛsn̩] **I.** *pron gen von* **wer** ❶ *interrog* whose ❷ *rel,*

W

indef whose; ■~ ... **auch** [**immer**] ... no matter whose ... **II.** *pron interrog* (*geh*) *gen von* **was** of what, what ... of; ~ ... **auch** [**immer**] ... *rel, indef* whatever [it is] ... of, ...

wes·sent·wil·len ['vɛsn̩t'vɪlən] *adv interrog* **um** ~ (*geh*) for whose sake

Wes·si <-s, -s> *m*, **Wes·si** <-, -s> ['vɛsi] *f* (*fam*) West German

> **i Kultur**
>
> As a counterpoint to *Ossi*, the expression **Wessi** emerged after reunification amongst the citizens of former East Germany to describe – often pejoratively – their fellow citizens in former West Germany.

West <-[e]s, -e> [vɛst] *m* ❶ *kein art, kein pl bes* NAUT west; **der Konflikt zwischen Ost und** ~ POL the conflict between East and West; *s. a.* **Nord 1** ❷ *pl selten* NAUT (*Westwind*) west wind

West·af·ri·ka *nt* West Africa **west·af·ri·ka·nisch** *adj* West African **West·bür·ger(in)** *m(f)* West German **west·deutsch** ['vɛstdɔytʃ] *adj* West German, in West Germany **West·deutsch·land** ['vɛstdɔytʃlant] *nt* West Germany

Wes·te <-, -n> ['vɛstə] *f* ❶ (*ärmellose Jacke*) waistcoat ❷ (*Strickjacke*) cardigan ▶WENDUNGEN: **eine reine** [*o* **saubere**] [*o* **weiße**] ~ **haben** (*fam*) to have a clean slate *fam*

Wes·ten <-s> ['vɛstn̩] *m kein indef art, kein pl* ❶ (*Himmelsrichtung*) west; *s. a.* **Norden 1** ❷ (*westliche Gegend*) west; **der Wilde** ~ the Wild West; *s. a.* **Norden 2** ❸ POL (*die Länder der westlichen Welt*) ■**der** ~ the West

Wes·ten·ta·sche *f* MODE (*Tasche einer Weste*) waistcoat pocket ▶WENDUNGEN: **etw wie seine** ~ **kennen** (*fam*) to know sth like the back of one's hand *fam*

Wes·tern <-[s], -> ['vɛstɐn] *m* western

West·eu·ro·pa ['vɛstʔɔy'ro:pa] *nt* Western Europe

west·eu·ro·pä·isch ['vɛstʔɔyro'pɛ:ɪʃ] *adj* West European

West·fa·le, West·fä·lin <-n, -n> [vɛst'fa:lə, -'fɛ:lɪn] *m, f* Westphalian

West·fa·len <-s> [vɛst'fa:lən] *nt* Westphalia

West·fä·lin <-, -nen> [vɛst'fɛ:lɪn] *f fem form von* **Westfale**

west·fä·lisch [vɛst'fɛ:lɪʃ] *adj* ❶ GEOG (*Westfalen betreffend*) Westphalian, in Westphalia ❷ (*in Westfalen anzutreffend*) Westphalian; *s. a.* **Friede** ❸ KOCHK ~**es Tottchen** *ragout of calf's heart, lung and brain*

west·ger·ma·nisch ['vɛstgɛrma:nɪʃ] *adj* West Germanic **West·go·te, -go·tin** ['vɛstgo:tə, -go:tɪn] *m, f* Visigoth **West·gren·ze** *f* western border **West·hang** *m* west-facing slope **west·in·disch** ['vɛst'ʔɪndɪʃ] *adj* ~**e Kirsche** acerola cherry; ~**e Languste** Caribbean spiny lobster; ~**er Nierenbaum** cashew nut; ~**es Sandelholzöl** amyris oil **West·küs·te** *f* west coast

west·lich ['vɛstlɪç] **I.** *adj* ❶ (*in ~er Himmelsrichtung befindlich*) western; *s. a.* **nördlich I. 1** ❷ (*im Westen liegend*) western; *s. a.* **nördlich I. 2** ❸ (*von/nach Westen*) westwards, westerly; *s. a.* **nördlich I. 3** **II.** *adv* GEOG ■~ **von etw** to the west of sth **III.** *präp +gen* GEOG ■~ **einer S.** [to the] west of sth; *s. a.* **nördlich III.**

West·mäch·te *pl* ■**die** ~ the western powers **West·preu·ßen** *nt* West Prussia **West·rom** ['vɛstro:m] *nt* Western Roman Empire **West·sei·te** *f* west side **West·wall** *m* ■**der** ~ the Siegfried Line

west·wärts ['vɛstvɛrts] *adv* westwards, to the west

West·wind *m* west wind

wes·we·gen [vɛs've:gn̩] *adv s.* **weshalb**

Wett·be·werb <-[e]s, -e> ['vɛtbəvɛrp] *m* ❶ (*Veranstaltung zur Ermittlung des Besten*) competition; **sportlicher** ~ sports competition ❷ *kein pl* ÖKON (*Konkurrenzkampf*) competition; **miteinander im** ~ **stehen** to be competing [*or* in competition] with each other

Wett·be·wer·ber(in) *m(f)* competitor

wett·be·werbs·fä·hig *adj* competitive

Wett·be·werbs·fä·hig·keit <-> *inv f* competitiveness

Wet·te <-, -n> ['vɛtə] *f* bet; **jede** ~ **auf etw** *akk* **eingehen** (*fam*) to bet sb anything *fam;* ■**jede** ~ **eingehen, dass** to bet anything that; **die** ~ **gilt!** (*fam*) you're on! *fam;* **um die** ~ **essen/trinken** to race each other eating/drinking; **um die** ~ **laufen** to race each other, to run a race; **eine** ~ **machen** to make a bet

Wett·ei·fer <-s> ['vɛtʔaifɐ] *m kein pl* competitiveness, competitive zeal

wett·ei·fern *vi* (*geh*) ❶ (*sich gegenseitig zu übertreffen bemühen*) ■**miteinander** ~ to contend [*or* compete] with each other ❷ (*ringen*) ■[**mit jdm**] **um etw** ~ to compete [*or* contend] [with sb] for sth

wet·ten ['vɛtn̩] **I.** *vi* (*als Wette einsetzen*) to bet; ■[**mit jdm**] **um etw** ~ to bet [sb] sth; **um was wollen wir** ~**?** what shall we bet?; ■**auf ein Tier** ~ to bet on an animal; ■[**mit jdm**] **darauf wetten, dass** to bet [sb] that; [**wollen wir**] ~**?** (*fam*) [do you] want to bet? ▶WENDUNGEN: **so haben wir nicht gewettet!** (*fam*) that's not on! BRIT *fam*, that wasn't the deal! AM **II.** *vt* ■**etw** ~ to bet sth

Wet·ter <-s, -> ['vɛtɐ] *nt* ❶ *kein pl* METEO (*klimatische Verhältnisse*) weather; **bei jedem** ~ in all kinds of weather, in all weathers ❷ METEO (*fam: Un~*) storm ▶WENDUNGEN: **bei jdm gut** ~ **machen** (*fam*) to make it up to sb *fam;* **schlagende** ~ firedamp *sing*

Wet·ter·aus·sich·ten *pl* weather outlook [*or* prospects *pl*] **Wet·ter·be·richt** *m* weather report **Wet·ter·bes·se·rung** *f* improvement in the weather **wet·ter·be·stän·dig** *adj s.* **wetterfest**

Wet·ter·chen <-s> *nt kein pl* (*fam*) lovely [*or* fine] weather

Wet·ter·dienst *m* weather [*or* meteorological] service **wet·ter·fest** *adj* weatherproof **wet·ter·füh·lig** *adj* sensitive to weather changes *pred* **Wet·ter·füh·lig·keit** <-> *f kein pl* sensitivity to changes in the weather **Wet·ter·kar·te** *f* weather chart **Wet·ter·la·ge** *f* weather situation **Wet·ter·leuch·ten** ['vɛtɐlɔyçtn̩] *nt kein pl* sheet lightning

wet·tern ['vɛtɐn] *vi* (*geh*) ■[**gegen jdn/etw**] ~ to curse [sb/sth], to lash out [at sb/against sth]

Wet·ter·sei·te *f* windward side, side exposed to the weather **Wet·ter·sturz** *m* sudden temperature drop **Wet·ter·um·schwung** *m* sudden change in the weather **Wet·ter·ver·än·de·rung** *f* change in the weather **Wet·ter·ver·schlech·te·rung** *f* deterioration in the weather **Wet·ter·vor·aus·sa·ge** *f*, **Wet·ter·vor·her·sa·ge** *f* weather forecast **Wet·ter·war·te** *f* weather station

Wett·fahrt *f* race **Wett·kampf** *m* competition **Wett·kämp·fer(in)** *m(f)* competitor, contestant **Wett·lauf** *m* (*Lauf um die Wette*) race; **einen** ~ **machen** to run a race ▶WENDUNGEN: **ein** ~ **mit der** [*o* **gegen die**] **Zeit** a race against time **Wett·läu·fer(in)** *m(f)* runner [in a/the] race

wett|ma·chen ['vɛtmaxn̩] *vt* ❶ (*aufholen*) ■**etw** ~ to make up sth ❷ (*gutmachen*) ■**etw** ~ to make up for sth

Wett·ren·nen *nt s.* **Wettlauf** **Wett·rüs·ten** <-s> *nt kein pl* MIL, POL arms race; **das atomare** ~ the nuclear arms race **Wett·schwim·men** *nt* swimming competition; **ein** ~ **machen** to swim a race

wet·zen ['vɛtsn̩] **I.** *vt haben* ❶ (*schleifen*) ■**etw** ~ to whet sth ❷ (*reiben*) ■**etw** [**an etw** *dat*] ~ to rub sth [on sth] **II.** *vi sein* (*fam*) ■[**irgendwohin**] ~ to scoot [off] [somewhere] *fam*

Wetz·stahl *f* whetting [*or* sharpening] iron

WEU <-> [ve:ʔe:ʔu:] *f kein pl Abk von* **Westeuropäische Union** WEU

WEZ <-> [ve:ʔe:'tsɛt] *f kein pl Abk von* **Westeuropäische Zeit** GMT

WG <-, -s> [ve:'ge:] *f Abk von* **Wohngemeinschaft**

Whirl·pool <-s, -s> ['vø:ɐ̯lpu:l] *m* whirlpool **Whirl·wan·ne** *f*

whirlpool
Whis·ky <-s, -s> ['vɪski] *m* whisky; ~ **mit Eis/[mit] Soda** whisky on the rocks [*or* and ice]/and soda; **irischer Whiskey** [Irish] whiskey; **schottischer** ~ Scotch
wich [vɪç] *imp von* **weichen²**
wich·sen ['viksn̩] **I.** *vi* (*vulg*) to jack [*or esp* AM jerk] off *vulg, sl,* to wank BRIT *vulg, sl* **II.** *vt* DIAL ▪**etw** ~ to polish sth
Wich·ser <-s, -> *m* (*vulg*) ❶ (*Onanist*) wanker BRIT *vulg sl,* jack-off AM *vulg sl* ❷ (*Mistkerl*) wanker BRIT *vulg sl,* asshole AM *vulg*
Wicht <-[e]s, -e> [vɪçt] *m* ❶ (*schmächtiger Kerl*) wimp *pej fam;* **armer** ~ poor wretch ❷ (*Kobold*) goblin; (*Zwerg*) dwarf; **kleiner** ~ little one
Wich·tel <-s, -> ['vɪçtl̩] *m* ❶ (*Kobold*) goblin ❷ (*kleine Pfadfinderin*) Brownie
wich·tig ['vɪçtɪç] *adj* ❶ (*bedeutsam*) important; ▪**etwas W~es** something important; **W~eres zu tun haben** to have more important things to do; **nichts W~eres zu tun haben, als ...** to have nothing better to do than ...; ▪**das W~ste** the most important thing ❷ (*iron: bedeutungsvoll*) serious; **eine ~e Miene aufsetzen** to put on an air of importance; **sich** *dat* ~ **vorkommen** (*fam*) to be full of oneself *fam;* **sich ~ nehmen** to take oneself [too] seriously; ~ **tun** (*fam*) to act important *fam*
Wich·tig·keit <-> *f kein pl* importance, significance; **von bestimmter ~ sein** to be of a certain importance [*or* significance]; **einer S.** *dat* **besondere/große ~ beilegen** [*o* **beimessen**] to consider a thing especially/very important, to attach particular/great importance to a thing
wich·tig|ma·chen^RR *vr* (*fam*) **sich** ~ to be full of one's own importance
Wi·chtig·ma·cher(in) *m(f)* ÖSTERR, **Wich·tig·tu·er(in)** <-s, -> [-tu:ɐ] *m(f)* (*pej*) stuffed shirt *fam,* pompous git [*or* AM ass] *sl*
Wich·tig·tu·e·rei <-> [vɪçtɪçtu:ə'rai] *f kein pl* (*pej*) pompousness **wich·tig·tu·e·risch** ['vɪçtɪçtu:ərɪʃ] *adj* (*pej*) pompous *pej;* ▪~ **sein** to be pompous, to be full of oneself
Wi·cke <-, -n> ['vɪkə] *f* vetch
Wi·ckel <-s, -> ['vɪkl̩] *m* MED (*Umschlag*) compress; **jdm einen bestimmten ~ machen** MED to make sb a certain compress ▸WENDUNGEN: **jdn am** [*o* **beim**] ~ **packen** [*o* **kriegen**] (*fam*) to grab sb by the scruff of the neck *fam*
Wi·ckel·kom·mo·de *f* [baby] changing table
wi·ckeln ['vɪkl̩n] **I.** *vt* ❶ (*fest herumbinden*) ▪**[jdm/sich] etw um etw** ~ to wrap sth round [sb's/one's] sth ❷ (*einwickeln*) ▪**jdn/etw in etw** *akk* ~ to wrap sb/sth in sth ❸ (*aufwickeln*) ▪**etw auf etw** *akk* ~ to wrap sth round sth; **etw auf eine Spule** ~ to coil sth on a spool ❹ (*abwickeln*) ▪**etw von etw** ~ to unwrap sth from sth ❺ (*windeln*) ▪**ein Kind** ~ to change a baby's nappy [*or* AM diaper], to change a baby **II.** *vr* (*sich herumwickeln*) ▪**sich um etw** ~ to wrap itself around sth
Wi·ckel·tisch *m* [baby] changing table; (*im Restaurant etc.*) [baby] changing unit [*or* AM station]
Wid·der <-s, -> ['vɪdɐ] *m* ❶ ZOOL (*Schafbock*) ram ❷ *kein pl* ASTROL Aries; [**ein**] ~ **sein** to be [an] Aries ❸ ASTROL (*im ~ Geborener*) Aries
wi·der ['vi:dɐ] *präp* +*akk* (*geh*) against; *s. a.* **Erwarten**
wi·der·bors·tig ['vi:dɐbɔrstɪç] *adj* contrary; (*Haare, Fragen*) unruly
wi·der·fa·hren* [vi:dɐ'fa:rən] *vi irreg sein* (*geh*) to happen, to befall
Wi·der·ha·ken *m* barb
Wi·der·hall <-s, -e> ['vi:dɐhal] *m* (*geh*) (*Echo*) echo ▸WENDUNGEN: [**bei jdm**] **keinen ~ finden** to meet with no response [from sb]
wi·der|hal·len ['vi:dɐhalən] *vi* ▪**von etw** ~ to reverberate [*or* echo] with sth
Wi·der·hand·lung *f* SCHWEIZ (*Zuwiderhandlung*) violation, contravention
wi·der·leg·bar *adj* ▪~/**nicht ~ sein** to be refutable/irrefutable
wi·der·le·gen* [vi:dɐ'le:gn̩] *vt* ▪**etw** ~ to refute [*or* disprove] sth; **sich ohne weiteres** [*o* **leicht**] ~ **lassen** to be easily refuted [*or* disproved]
Wi·der·le·gung <-, -en> [vi:dɐ'le:gʊŋ] *f* ❶ *kein pl* (*das Widerlegen*) disproving, refutation ❷ MEDIA (*widerlegender Text*) refutation
wi·der·lich ['vi:dɐlɪç] *adj* ❶ (*ekelhaft*) disgusting, revolting; ▪**etw ist jdm** ~ sb finds sth disgusting [*or* revolting], sb thinks sth is disgusting [*or* revolting] ❷ (*äußerst unsympathisch*) repulsive ❸ (*äußerst unangenehm*) nasty, horrible
Wi·der·ling <-[e]s, -e> *m* (*pej*) creep *fam or pej*
wi·der·na·tür·lich ['vi:dɐnaty:ɐ̯lɪç] *adj* perverted, unnatural
wi·der·recht·lich **I.** *adj* unlawful **II.** *adv* unlawfully
Wi·der·re·de ['vi:dɐre:də] *f* **ohne** ~ without protest; **keine ~!** don't argue!
Wi·der·ruf ['vi:dɐru:f] *m* revocation; (*Angebot, Einladung*) cancellation, withdrawal; **bis auf** ~ until revoked
wi·der·ru·fen* [vi:dɐ'ru:fn̩] *irreg* **I.** *vt* ▪**etw** ~ ❶ ADMIN (*für ungültig erklären*) to revoke [*or* cancel] sth ❷ (*zurücknehmen*) to retract [*or* withdraw] sth **II.** *vi* to recant
wi·der·ruf·lich ['vi:dɐru:flɪç] **I.** *adj* ADMIN revocable **II.** *adv* until revoked
Wi·der·sa·cher(in) <-s, -> ['vi:dɐzaxɐ] *m(f)* adversary, antagonist
Wi·der·schein <-[e], -e> ['vi:dɐʃain] *m* reflection; **im ~ von etw** in the reflection of sth
wi·der·set·zen* [vi:dɐ'zɛtsn̩] *vr* ❶ (*Widerstand leisten*) ▪**sich jdm** ~ to resist sb ❷ (*sich gegen etw sträuben*) ▪**sich einer S.** *dat* ~ to refuse to comply with a thing
wi·der·setz·lich [vi:dɐ'zɛtslɪç] *adj* obstreperous *form,* uncooperative, contrary
wi·der·sin·nig *adj* absurd
wi·der·spens·tig ['vi:dɐʃpɛnstɪç] *adj* ❶ (*störrisch*) stubborn ❷ (*schwer zu handhaben*) unmanageable
Wi·der·spens·tig·keit <-> *f kein pl* stubbornness, unmanageableness
wi·der|spie·geln ['vi:dɐʃpi:gl̩n] **I.** *vt* (*geh*) ▪**etw** ~ to mirror [*or* reflect] sth **II.** *vr* (*geh*) **sich in/auf** *dat* **etw** ~ to be reflected [*or* mirrored] in/on sth
wi·der·spre·chen* [vi:dɐ'ʃprɛçn̩] *irreg* **I.** *vi* ❶ (*sich gegen etw äußern*) ▪**[jdm/einer S.]** ~ to contradict [sb/sth] ❷ (*nicht übereinstimmen*) ▪**sich** *dat* ~ to contradict oneself; **einer S.** ~ to contradict sth, to be inconsistent with sth **II.** *vr* (*einander ausschließen*) ▪**sich** *dat* ~ to be contradictory
wi·der·spre·chend *adj* ▪**sich/einander** ~ contradictory
Wi·der·spruch ['vi:dɐʃprʊx] *m* ❶ *kein pl* (*das Widersprechen*) contradiction, dissent; **in** [*o* **im**] ~ **zu etw** contrary to ❷ (*Unvereinbarkeit*) inconsistency; **in** [*o* **im**] ~ **zu** [*o* **mit**] **etw stehen** to conflict with sth, to be inconsistent with sth ❸ JUR (*Einspruch*) protest (**gegen** +*akk* against), objection (**gegen** +*akk* to); ~ **[gegen etw] einlegen** to file [*or* make] an objection [against sth], to make a protest [against sth]; ~ **erheben** to raise objections, to lodge an objection [*or* opposition]
wi·der·sprüch·lich ['vi:dɐʃprʏçlɪç] **I.** *adj* ❶ (*Unvereinbarkeiten aufweisend*) inconsistent ❷ (*sich widersprechend*) ▪~ **sein** to be contradictory **II.** *adv* contradictory; **sich ~ äußern** to contradict oneself
wi·der·spruchs·los **I.** *adj* unopposed, without contradiction **II.** *adv* without protest [*or* opposition], without contradiction
Wi·der·stand¹ <-[e]s, -ständee> ['vi:dɐʃtant, *pl* -ʃtɛndə] *m* ❶ *kein pl* PHYS (*Hemmung des Stromflusses*) resistance ❷ ELEK (*Schaltelement*) resistor
Wi·der·stand² <-[e]s, -stände> ['vi:dɐʃtant, *pl* -ʃtɛndə] *m* ❶ *kein pl* (*Gegenwehr*) opposition; ~ **gegen die Staatsgewalt** resistance to state authority; ~ **gegen die Staatsgewalt leisten** to obstruct an officer in the performance of his duty; **hinhaltender** ~ delaying action; **passiver** ~ passive resis-

W

widersprechen, einwenden

widersprechen	contradicting
Das stimmt (doch) gar nicht. *(fam)*	That's not right at all.
Ach was!/Unsinn!/Blödsinn!/Quatsch! *(fam)*	Nonsense!/Rubbish! *(fam)*
Das sehe ich anders.	I see it differently.
Nein, das finde ich nicht.	No, I don't think so.
Da muss ich Ihnen widersprechen.	I have to contradict you there.
Das entspricht nicht den Tatsachen.	That doesn't fit the facts.
So kann man das nicht sehen.	You can't see it like that.
Davon kann gar nicht die Rede sein.	There can be no question of that.
einwenden	**objecting**
Ja, aber ...	Yes, but ...
Du hast vergessen, dass ...	You have forgotten that ...
Das siehst du aber völlig falsch.	You're completely wrong about that.
Sie haben schon Recht, aber bedenken Sie doch auch ...	You may well be right, but consider too ...
Das ist ja alles schön und gut, aber ...	That's all well and good but ...
Ich habe dagegen einiges einzuwenden.	I've got several objections to that.
Das ist aber weit hergeholt.	That's rather far-fetched.

tance; [**gegen etw**] ~ **leisten** to put up resistance [against sth] ❷ POL (*Widerstandsbewegung*) resistance ❸ *meist pl* (*hindernder Umstand*) resistance; *s. a.* **Weg**

Wi̱·der·stands·be·we·gung *f* POL resistance movement; **bewaffnete** ~ partisan movement **wi̱·der·stands·fä·hig** *adj* ❶ BAU (*Belastungen standhaltend*) resistant, robust ❷ MED resistant; ■~ [**gegen etw**] resistant [to sth] **Wi̱·der·stands·fä·hig·keit** *f kein pl* robustness, resistance; ■**jds** ~ **gegen etw** sb's resistance to sth **Wi̱·der·stands·kämp·fer(in)** *m(f)* partisan, resistance fighter **Wi̱·der·stands·kraft** *f s.* **Widerstandsfähigkeit**

wi̱·der·stands·los I. *adj* without resistance II. *adv* without resistance

wi·der·ste·hen* [vi:dɐˈʃte:ən] *vi irreg* ❶ (*standhalten*) ■[**jdm/einer S.**] ~ to withstand [sb/a thing] ❷ (*nicht nachgeben*) ■[**einer S.** *dat*] ~ to resist [a thing] ❸ (*aushalten können*) ■**einer S.** ~ *dat* to withstand a thing

wi·der·stre·ben* [vi:dɐˈʃtre:bn̩] *vi* (*geh*) ■**jdm widerstrebt es, etw zu tun** sb is reluctant to do sth

Wi·der·stre·ben <-s> [vi:dɐˈʃtre:bn̩] *nt kein pl* (*geh*) reluctance; **etw mit** ~ **tun** to do sth reluctantly

wi·der·stre̱·bend *adv* (*geh*) *s.* **widerwillig**

wi·der·wär·tig [ˈvi:dɐvɛrtɪç] I. *adj* disgusting, revolting; (*Bursche, Kerl, Typ*) nasty, repulsive II. *adv* disgustingly, revoltingly

Wi·der·wil·le [ˈvi:dɐvɪlə] *m* distaste, aversion, disgust; [**gegen etw**] **einen** ~**n haben** to have a distaste [for sth], to have an aversion [to sth], to find [sth] disgusting; **etw mit** ~**n tun** to do sth reluctantly [*or* with reluctance]

wi̱·der·wil·lig I. *adj* reluctant II. *adv* reluctantly, unwillingly

Wi̱·der·wor·te *pl* answering back; [**jdm**] ~ **geben** to answer [sb] back BRIT, to talk back [BRIT at sb]/[AM to sb]; **ohne** ~ without protest

wid·men [ˈvɪtmən] I. *vt* ❶ (*dedizieren*) ■**jdm etw** ~ to dedicate sth to sb ❷ (*für etw verwenden*) ■**etw einer S.** ~ *dat* to dedicate [*or* devote] sth to a thing ❸ ADMIN (*offiziell übergeben*) ■**etw einer S.** ~ *dat* to open sth officially to a thing II. *vr* ❶ (*sich um jdn kümmern*) ■**sich jdm** ~ to attend to sb ❷ (*sich intensiv beschäftigen*) ■**sich einer S.** *dat* ~ to devote oneself [*or* attend] to sth

Wid·mung <-, -en> [ˈvɪtmʊŋ] *f* ❶ (*schriftliche Dedikation*) dedication ❷ ADMIN (*offizielle Übergabe*) official opening

wid·rig [ˈvi:drɪç] *adj* (*geh*) adverse; (*Umstände, Verhältnisse*) unfavourable; *s. a.* **Wind**

wie [vi:] I. *adv* ❶ *interrog* (*auf welche Weise*) how?; **können Sie mir sagen,** ~ **ich nach Köln komme?** can you tell me how to get to Cologne?; ■~ **... auch** [**immer**] whatever, however; **wie heißt er?** what is he called?, what's his name?; ~**?** what?, [I beg your] pardon?, excuse me?; ~ **bitte?** pardon?, sorry? ❷ *interrog* (*von welchen Merkmalen bestimmt*) how?, what ... like?; ~ **geht es Ihnen?** how do you do? *form;* ~ **geht es dir?** how are you?, how's it going? *fam,* how are things? *fam,* how's life? *fam;* ~ **ist es, wenn ...?** what happens if ...?; ~ **ist's, ...?** (*fam*) how [*or* what] about it?; ~ **wär's mit ...?** (*fam*) how [*or* what] about ...?; ~ **wär's jetzt mit einem Spaziergang?** how about going for a walk now?; ~ **das?:** ~ **das? ich verstehe nicht recht** what do you mean? I don't quite understand; ~ **viel** how much [*or* many]; ~ **viele ...?** how many ...?; *s. a.* **beide, können** ❸ (*in welchem Maße*) how; [**um**] ~ **viel ...** how much; (*in Ausrufen*) how; ~ **klein die Welt doch ist!** it's a small world!; ~ **oft ...!** how often ...! [*or* many times]; ~ **sehr** [*o* ÖSTERR **wiesehr**] **...?** how much ...?; ~ **sehr ...!** how ...!; **und** [*o* **aber**] ~**!** and how! ❹ *interrog* (*stimmt's?*) right?, OK? II. *konj* ❶ (*vergleichend*) ■**...** ~ **...** as ... as; **er ist genau** ~ **du** he's just like you ❷ (*so* ~) ■~ **man etw tut** as; ~ **man sagt, war der Film langweilig** apparently it was a boring film ❸ (*genau* ~) just as ❹ (*beispielsweise*) like; **K** ~ **Konrad** K for kilo ❺ (*und*) and ... [alike], as well as ❻ *nach Verben der Wahrnehmung* (*die Art und Weise, in der*) how; **er sah,** ~ **sie aus dem Bus ausstieg** he saw her get off the bus ❼ ■**...,** ~ **wenn** (*fam*) as if; *s. a.* **etwa, gewöhnlich, immer, noch nie**

Wie <-s> [vi:] *nt kein pl* **der Plan ist grundsätzlich klar, nur das** ~ **muss noch festgelegt werden** the plan is basically clear, we just have to establish how to implement it

Wie·de·hopf <-[e]s, -e> [ˈvi:dəhɔpf] *m* ORN hoopoe ▶WENDUN-

GEN: **stinken wie ein ~** *(fam)* to smell like a bad egg

wie·der ['vi:dɐ] *adv* ❶ *(erneut)* again, once more [*or* again]; **etw ~ aufladen** to recharge sth; **~ aufladbar** rechargeable; **Gespräche/Verhandlungen ~ aufnehmen** to resume talks/negotiations; **Beziehungen/Kontakte ~ aufnehmen** to re-establish relations/contacts; **etw ~ einführen** to reintroduce sth; ÖKON to reimport sth; **jdn/etw [in etw] ~ eingliedern** to reintegrate sb/sth [into sth]; **jdn/etw ~ einsetzen** to reinstate sb/sth; **jdn ~ einstellen** to reappoint [*or* re-employ] [*or* re-engage] sb; *(nach ungerechtfertigter Entlassung)* to reinstate sb; **~ erwachen** to reawake[n]; ■ **[jdm] etw ~ erzählen** to retell sth [to sb]; **etw ~ tun** to do sth again; **tu das nie ~!** don't ever do it [*or* you ever do that] again; **~ mal** again; **~ und ~** time and again ❷ *(wie zuvor)* [once] again ❸ *(nochmal)* yet; *s. a.* **nie, schon**

Wie·der·auf·ar·bei·tung <-, -en> *f* recycling; *von Atommüll* reprocessing

Wie·der·auf·ar·bei·tungs·an·la·ge *f* recycling plant; *von Atommüll* reprocessing plant

Wie·der·auf·bau <-bauten> [vi:dɐ'ʔaufbau] *m* reconstruction, rebuilding

wie·der|auf|bau·en *vt* ■ **etw ~** to reconstruct [*or* rebuild] sth

wie·der|auf|be·rei·ten* *vt* ■ **etw ~** to reprocess sth

Wie·der·auf·be·rei·tung <-, -en> *f s.* **Wiederaufarbeitung**

Wie·der·auf·nah·me [vi:dɐ'ʔaufna:mə] *f von Gesprächen, Verhandlungen* resumption; *von Beziehungen, Kontakten* re-establishment

wie·der|auf|rüs·ten *vi* MIL to rearm

Wie·der·auf·rüs·tung *f* MIL rearmament

wie·der|be·kom·men* *vt irreg* ■ **etw** *akk* **[von jdm] ~** to get sth back [from sb]

wie·der|be·le·ben* *vt* MED ■ **jdn ~** to revive [*or* resuscitate] sb; *Scheintote* to bring sb back from the dead; ■ **etw ~** to revive sth

Wie·der·be·le·bung *f* MED resuscitation; *s. a.* **Mund**

Wie·der·be·le·bungs·ver·such *m meist pl* MED attempt at resuscitation; **~e [bei jdm] anstellen** to attempt [*or* try] to resuscitate sb

wie·der|be·schaf·fen* *vt* ■ **[jdm/sich] etw** *akk* **~** *gestohlener Gegenstand, persönliches Eigentum* to recover [sb's/one's] sth; *verbrannte Wohnungseinrichtung* to replace [sb's/one's] sth

Wie·der·be·schaf·fung *f (Wiederauffindung)* recovery; *(Ersetzung)* replacement

wie·der·be·schreib·bar *adj CD* rewritable

Wie·der·ein·fuhr *f* reimport, reimportation

Wie·der·ein·füh·rung *f* reintroduction

Wie·der·ein·glie·de·rung *f* reintegration

Wie·der·ein·tritt ['vi:dɐʔaintrɪt] *m* ❶ RAUM *(Eintritt in die Erdatmosphäre)* re-entry ❷ *(erneuter Eintritt)* re-entry, readmittance

wie·der|ent·de·cken* *vt* ■ **etw ~** to rediscover sth

Wie·der·ent·de·ckung *f* rediscovery

wie·der|er·hal·ten* ['vi:dɐ'ɛɐ̯haltn̩] *vt irreg (geh) s.* **wiederbekommen**

wie·der|er·ken·nen* *vt irreg* ■ **jdn/etw ~** to recognize sb/sth; **nicht wiederzuerkennen sein** to be unrecognizable [*or* BRIT *a.* -isable]

wie·der|er·lan·gen* ['vi:dɐʔɛɐ̯laŋən] *vt (geh)* ■ **etw ~** to regain sth; **seine Freiheit ~** to regain one's freedom, to be set free again

wie·der|er·nen·nen*RR *vt irreg* **jdn zu jdm/etw ~** to reappoint sb [as] sb/sth

Wie·der·er·nen·nung *f* reappointment

wieder|eröffnen* *vt* ÖKON ■ **etw ~** to reopen sth

Wiedereröffnung *f* ÖKON reopening

wie·der|fin·den *irreg* **I.** *vt* ❶ *(auffinden)* ■ **jdn/etw ~** to find sb/sth again ❷ *(erneut erlangen)* ■ **etw ~** to regain sth; **seine Fassung ~** to regain one's composure **II.** *vr* ■ **sich ~** to turn up again; **der Schlüssel findet sich bestimmt wieder** the key is sure to turn up again

Wie·der·ga·be ['vi:dɐga:bə] *f* ❶ *(Schilderung)* account, report; **um schriftliche/ausführliche ~ bitten** to request a written/detailed report ❷ FOTO, TYPO *(Reproduktion)* reproduction

wie·der|ge·ben ['vi:dɐge:bn̩] *vt irreg* ❶ *(zurückgeben)* ■ **jdm etw** *akk* **~** to give sth back to sb ❷ *(schildern)* ■ **etw ~** to give an account of [*or* describe] sth ❸ *(zitieren)* ■ **etw ~** to quote sth; **etw wortwörtlich ~** to report sth literally

Wie·der·ge·burt ['vi:dɐgəbu:ɐ̯t] *f* rebirth, reincarnation

wie·der|ge·win·nen* ['vi:dɐgəvɪnən] *vt irreg* ■ **etw ~** ❶ ÖKOL *(zurückgewinnen)* to reclaim sth ❷ *s.* **wiedererlangen**

wie·der|gut|ma·chen *vt* **etw ~** to make good [*or* compensate [*or* make up] for] sth; **irgendwie wiedergutzumachen sein** to somehow make up for sth

Wie·der·gut·ma·chung <-, -en> *f* ❶ *selten pl (das Wiedergutmachen)* compensation ❷ *(finanzieller Ausgleich)* [financial] compensation

wie·der|ha·ben ['vi:dɐha:bn̩] *vt irreg (fam)* ■ **jdn/etw ~** to have sb/sth back

wie·der·her|stel·len [vi:dɐ'he:ɐ̯ʃtɛlən] *vt* ❶ *(restaurieren)* ■ **etw ~** to restore sth ❷ *(erneut eintreten lassen)* ■ **etw ~** to re-establish sth; **der Polizei gelang es, die öffentliche Ordnung wiederherzustellen** the police succeeded in re-establishing public order ❸ MED *(wieder gesund machen)* ■ **jdn ~** to restore sb to health

Wie·der·her·stel·lung *f* ❶ *(Restaurierung)* restoration ❷ *(das Wiederherstellen)* re-establishment

wie·der·hol·bar *adj* ■ **~ sein** to be repeatable

wie·der·ho·len*1 [vi:dɐ'ho:lən] **I.** *vt* ■ **etw ~** ❶ *(abermals durchführen)* to repeat sth ❷ TV *(erneut zeigen)* to repeat sth ❸ *(repetieren)* to revise sth ❹ SCH *(erneut absolvieren)* to retake, BRIT *a.* to resit; **Klassenarbeiten ~** to resit written tests; **das Staatsexamen ~** to retake the state examination ❺ *(nachsprechen)* to repeat sth ❻ *(erneut vorbringen)* to repeat sth; **eine Frage [noch einmal] ~** to repeat a question [once again] **II.** *vr* ■ **sich ~** ❶ *(sich wiederum ereignen)* to recur ❷ *(noch einmal sagen)* to repeat oneself

wie·der|ho·len2 ['vi:dɐho:lən] *vt* ■ **jdn ~** to get [*or* fetch] sb back; ■ **[jdm] etw ~** to bring sth back for sb

wie·der·holt I. *adj* repeated **II.** *adv* repeatedly; *s. a.* **Mal**2

Wie·der·ho·lung <-, -en> [vi:dɐ'ho:lʊŋ] *f* ❶ *(erneute Durchführung)* repetition ❷ *(erneutes Zeigen)* repeat ❸ *(Repetition)* revision ❹ SCH *(erneutes Absolvieren)* retake, BRIT *a.* resit ❺ *(erneutes Vorbringen)* repetition

Wie·der·ho·lungs·fall *m* **im ~** *(geh)* if it should happen again; **im ~ ist aber mit einem Bußgeld zu rechnen** if you do it again you can expect a fine **Wie·der·ho·lungs·jahr** *nt* SCH repeated year **Wie·der·ho·lungs·kurs** *m* refresher course **Wie·der·ho·lungs·prü·fung** *f* SCH retake, BRIT *a.* resit **Wie·der·ho·lungs·spiel** *nt* replay **Wie·der·ho·lungs·tä·ter(in)** *m(f)* JUR repeat offender; *(mehr als zweimalig)* persistent offender; *s. a.* **Rückfalltäter**

Wie·der·hö·ren ['vi:dɐhø:rən] *nt* **[auf] ~!** TELEK goodbye!

wie·der|käu·en ['vi:dɐkɔyən] **I.** *vt* ■ **etw ~** ❶ ZOOL *(erneut kauen)* to ruminate ❷ *(fam: ständig wiederholen)* to go over sth again and again *fam,* to harp on about sth *fam* **II.** *vi* ZOOL to ruminate

Wie·der·käu·er <-s, -> *m* ZOOL ruminant

Wie·der·kehr <-> ['vi:dɐke:ɐ̯] *f kein pl (geh)* return

wie·der|keh·ren ['vi:dɐke:rən] *vi sein (geh)* ❶ *Mensch* to return ❷ *Problem s.* **wiederkommen 3**

wie·der|ken·nen *vt irreg (fam)* ■ **jdn ~** to recognize sb

wie·der|kom·men ['vi:dɐkɔmən] *vi irreg sein* ❶ *(zurückkommen)* to come back; **nie ~** never to come back ❷ *(erneut kommen)* to come again; **kommen Sie bitte noch mal/morgen wieder** please come again/again tomorrow ❸ *(sich noch einmal bieten)* to reoccur, to recur

Wie·der·schau·en *nt* **[auf] ~!** goodbye!; *s. a.* **Wiedersehen**

W

wie·der|se·hen ['vi:dɐze:ən] *vt irreg* ❶ ■**jdn** ~ to see sb again ❷ (*zusammentreffen*) ■**sich** *akk* ~ to meet again
Wie·der·se·hen <-s, -> ['vi:dɐze:ən] *nt* [another] meeting; (*nach längerer Zeit*) reunion; **ich freue mich jetzt schon auf unser** ~ I am already looking forward to our meeting; **[auf]** ~ **sagen** to say goodbye; **[auf]** ~ goodbye
Wie·der·täu·fer <-s, -> ['vi:dɐtɔyfɐ] *m* HIST Anabaptist
wie·de·rum ['vi:dərʊm] *adv* ❶ (*abermals*) again ❷ (*andererseits*) on the other hand, though ❸ (*für jds Teil*) in turn
wie·der|ver·ei·ni·gen* **I.** *vt* POL ■**etw** ~ to reunify sth **II.** *vr* POL ■**sich** ~ to be reunited
Wie·der·ver·ei·ni·gung ['vi:dɐfɛɐ̯ʔainɪgʊŋ] *f* POL reunification
wie·der|ver·hei·ra·ten* *vr* ■**sich** ~ to remarry
wie·der·ver·wend·bar *adj* ÖKOL reusable
wie·der|ver·wen·den* *vt* ÖKOL ■**etw** ~ to reuse sth
Wie·der·ver·wen·dung *f* ÖKOL reuse
wie·der|ver·wer·ten *vt* ■**etw** ~ to recycle sth
Wie·der·ver·wer·tung *f* recycling
Wie·der·wahl ['vi:dɐva:l] *f* re-election; **für die** ~ **kandidieren** to stand for re-election
wie·der|wäh·len *vt* ■**jdn** ~ to re-elect sb
Wie·ge <-, -n> ['vi:gə] *f* cradle ▶ WENDUNGEN: **jdm ist etw in die** ~ **gelegt worden** sb inherits sth; **jds** ~ **stand irgendwo** (*geh*) sb was born somewhere
Wie·ge·mes·ser *nt* KOCHK chopping knife
wie·gen¹ <wog, gewogen> ['vi:gn̩] **I.** *vt* ■**jdn/etw** ~ to weigh sb/sth; ■**sich** *akk* ~ to weigh oneself **II.** *vi* to weigh; **viel/wenig/eine bestimmte Anzahl von Kilo** ~ to weigh a lot/not to weigh much/to weigh a certain number of kilos
wie·gen² **I.** *vt* ❶ (*hin und her bewegen*) ■**jdn/etw** ~ to rock sb/sth; **den Kopf** ~ to shake one's head [slowly]; **die Hüften/den Oberkörper** ~ to sway one's hips/one's torso ❷ KOCHK (*fein hacken*) ■**etw** ~ to chop sth [finely] **II.** *vr* ❶ (*sich hin und her bewegen*) ■**sich** [**zu etw** *dat*] *akk* ~ to sway [to sth] ❷ (*fälschlich glauben*) ■**sich in etw** *dat* ~ to gain [*or* get] a false impression of sth; **sich [nicht zu früh] in Sicherheit** ~ [not] to lull oneself [too early on] into a false sense of security
wie·hern [vi:ɐn] *vi* ❶ ZOOL *Pferd* to neigh, to whinny ❷ (*fam: meckernd lachen*) to bray [with laughter]
Wien <-s> [vi:n] *nt* Vienna
Wie·ner ['vi:nɐ] *adj attr* ❶ GEOG Viennese ❷ KOCHK (*aus Wien stammend*) Viennese; *s. a.* **Schnitzel, Würstchen**
Wie·ner(in) <-s, -> ['vi:nɐ] *m(f)* Viennese
wie·nern ['vi:nɐn] *vt* (*fam*) ■**etw** ~ to polish sth
wies [vi:s] *imp von* **weisen**
Wie·se <-, -n> [vi:zə] *f* (*mit Gras bewachsene Fläche*) meadow ▶ WENDUNGEN: **auf der grünen** ~ in the open countryside
wie·sehr *konj* ÖSTERR *s.* **wie sehr**
Wie·sel <-s, -> ['vi:zl̩] *nt* weasel ▶ WENDUNGEN: **flink wie ein** ~ **sein** (*fam*) to be as quick as a flash
Wie·sen·ker·bel *m* BOT cow parsley **Wie·sen·ris·pen·gras** *nt* BOT bluegrass **Wie·sen·wei·he** *f* ORN Montagu's harrier
wie·so [vi'zo:] *adv* ❶ *interrog* (*warum*) why, how come ❷ *rel* (*weshalb*) why
wie·viel·mal [vi'fi:lma:l] *adv interrog* how many times [*or* often]
wie·viel·te(r, s) ['vi:fi:ltə -tɐ, -təs] *adj interrog* (*an welcher Stelle kommend*) ■**der/die/das** ~ **...?** how many ...?; **der W~ ist heute?, den W~n haben wir heute?** what's the date today?
wie·weit [vi'vait] *konj s.* **inwieweit**
Wi·kin·ger(in) <-s, -> ['vi:kɪŋɐ] *m(f)* HIST Viking
wild [vɪlt] **I.** *adj* ❶ BOT, ZOOL (*in freier Natur*) wild ❷ GEOG (*ursprünglich und natürlich*) wild, rugged ❸ (*rau*) wild, unruly; **ein ~er Geselle** an unruly fellow ❹ (*illegal*) illegal; *Müllkippe* unofficial; *Streik* wildcat ❺ (*maßlos*) wild; **~e Fantasie/Spekulationen** a wild imagination/wild speculation ❻ (*hemmungslos*) wild; *Fahrt, Leidenschaft* reckless; *Kampf* frenzied ❼ (*fam: versessen*) ■~ **auf jdn sein** to be crazy [*or* mad] about sb; ■~ **auf etw** *akk* **sein** to be crazy about [*or* addicted to] sth; **er ist ganz ~ auf Himbeereis** he is absolutely mad about raspberry ice cream ❽ (*zum Äußersten gereizt*) furious; ~ **werden können** to feel like screaming; **ich könnte ~ werden** (*fam*) I could scream *fam;* **jdn ~ machen** (*fam*) to drive sb wild [*or* crazy] [*or* mad] *fam;* ~ **werden** to go wild; *Bulle, Rhinozeros* to become enraged; **wie ~** wildly ▶ WENDUNGEN: **halb [o nicht] so ~ sein** (*fam*) to not be important, to be nothing **II.** *adv* ❶ (*ungeordnet*) strewn around ❷ (*hemmungslos*) wildly, furiously ❸ (*in freier Natur*) ORN, ZOOL ~ **lebend** wild *pred,* living in the wild; ~ **leben** to live in the wild; BOT ~ **wachsend** wild; ~ **wachsen** to grow wild
Wild <-[e]s> [vɪlt] *nt kein pl* ❶ KOCHK (*Fleisch wilder Tiere*) game; *von Rotwild* venison ❷ ZOOL (*wild lebende Tiere*) wild animals
Wild·bach *m* torrent
Wild·bahn *f* **in freier** ~ **leben** to live in the wild **Wild·bei·ze** *f* KOCHK game marinade (*of red wine, spices and onions*) **Wild·bra·ten** *m* roast game **Wild·bret** <-s> ['vɪltbrɛt] *nt kein pl* JAGD game *kein pl,* venison **Wild·dieb(in)** *m(f) s.* **Wilderer Wild·dieb·stahl** *m s.* **Wilderei**
Wil·de(r) ['vɪldə -dɐ] *f(m) decl wie adj* (*wilder Eingeborener*) savage ❷ (*fig: übergeschnappte Person*) madman, maniac; **wie ein ~r/eine ~** like a madman [*or* maniac]
wil·deln ['vɪldl̩n] *vi* ÖSTERR ❶ (*sich wild benehmen*) to go wild ❷ (*nach Wild schmecken*) to have a taste typical of game
Wild·en·te *f* ORN, KOCHK wild duck
Wil·de·rei <-, -en> [vɪldə'rai] *f* poaching
Wil·de·rer(in) <-s, -> [vɪldə'rai] *m(f)* poacher
wil·dern ['vɪldɐn] *vi* ❶ (*Wilderer sein*) to poach ❷ (*Wild schlagen*) to kill game
Wild·es·senz *f,* **Wild·fond** *m* KOCHK game consommé
wild·fremd ['vɪlt'frɛmt] *adj* (*fam*) completely strange
Wild·frem·de(r) *f(m) decl wie adj* complete stranger
Wild·gans ['vɪltgans] *f* ❶ ORN wild goose ❷ *kein pl* KOCHK goose **Wild·ge·flü·gel** *nt kein pl* feathered game **Wild·ha·se** *m* wild hare
Wild·heit <-, -en> *f* ❶ *kein pl* (*gewalttätiges Wesen*) savagery ❷ (*Hemmungslosigkeit*) lack of restraint; (*Leidenschaft*) wild passion
Wild·ka·nin·chen *nt* wild rabbit **Wild·kat·ze** *f* wildcat **Wild·kraft·brü·he** *f* game consommé **Wild·le·der** *nt* suede **wild·le·dern** *adj* MODE suede
Wild·nis <-, -se> ['vɪltnɪs] *f* wilderness
Wild·park *m* game park; (*für Rotwild*) deer park
Wild·reis *m* wild rice
wild·ro·man·tisch ['vɪltro'mantɪʃ] *adj* wild and romantic
Wild·sau *f* wild sow **Wild·schaf** *nt* mouf[f]lon **Wild·schwein** *nt* ❶ (*wild lebendes Schwein*) wild boar [*or* pig] ❷ *kein pl* KOCHK boar **Wild·tau·be** *f* wild pigeon **Wild·trut·hahn** *m* wild turkey
Wild·was·ser·ren·nen *nt* SPORT white-water racing
Wild·wech·sel *m* JAGD ❶ *kein pl* (*Straßenüberquerung durch Wild*) [wild] animals' crossing ❷ (*vom Wild benutzter Pfad*) path used by game
Wild·west·film [vɪlt'vɛst-] *m s.* **Western**
Wil·helm <-s> ['vɪlhɛlm] *m* William
Wil·le <-ns> ['vɪlə] *m kein pl* (*Intention*) will *kein pl,* intention; **er sollte aufhören zu rauchen, aber dazu fehlt ihm der [nötige]** ~ he should stop smoking but he has not got the [necessary] willpower; **der ~ zur Macht** the will to rule; **kein/böser ~ sein** not to intend any ill-will/to intend to cause ill-will; **seinen eigenen ~n haben** to have a mind of one's own, to be self-willed; **beim besten ~n nicht** not even with the best [*or* all the] will in the world; **etw aus freiem ~n tun** to do sth of one's own free will [*or* voluntarily]; **der gute ~** good will; **jds letzter ~** (*geh*) sb's last will and testament; **seinen ~n durchsetzen** to get one's own way; **keinen ~n haben** to have no will of one's own; **jdm zu ~n sein** to com-

ply with sb's wishes; (*sich jdm hingeben*) to yield; **jdm seinen ~ lassen** to let sb have his own way; **gegen jds ~n** against sb's will; **[ganz] wider ~n** unintentionally ▸WENDUNGEN: **wo ein ~ ist, ist auch ein Weg** (*prov*) where there is a will there is a way *prov*

wil·len ['vɪlən] *präp* **um jds/einer S. ~** for the sake of sb/a thing

wil·len·los *adj* weak-willed, spineless

wil·lens ['vɪləns] *adj* (*geh*) ■**~ sein, etw zu tun** to be willing [*or* prepared] to do sth

Wil·lens·frei·heit *f kein pl* freedom of will **Wil·lens·kraft** *f kein pl* willpower, strength of mind; **~ erfordern** to require willpower **wil·lens·schwach** *adj* weak-willed **Wil·lens·schwä·che** *f kein pl* weakness of will **wil·lens·stark** *adj* strong-willed, determined **Wil·lens·stär·ke** *f kein pl* willpower

wil·lent·lich ['vɪləntlɪç] *adj* (*geh*) *s.* **absichtlich**

wil·lig ['vɪlɪç] *adj* willing; **ein ~er Schüler** a willing pupil; *Kind* obedient

will·kom·men [vɪl'kɔmən] *adj* ① (*gerne empfangen*) welcome; ■**[jdm] ~ sein** to be welcome [to sb]; **jdn ~ heißen** (*geh*) to welcome [*or* greet] sb, to bid sb welcome *form;* **seid/seien Sie [herzlich] ~!** welcome! ② (*durchaus erwünscht*) welcome

Will·kom·men <-s, -> [vɪl'kɔmən] *nt* welcome; **jdm ein bestimmtes ~ bereiten** (*geh*) to welcome sb in a certain way; **ein herzliches ~** a warm welcome

Will·kom·mens·trunk *m* (*geh*) welcoming drink, cup of welcome *dated*

Will·kür <-> ['vɪlky:ɐ̯] *f kein pl* capriciousness, arbitrariness; (*politisch*) despotism

Will·kür·herr·schaft *f* tyranny, despotic rule

will·kür·lich ['vɪlky:ɐ̯lɪç] **I.** *adj* arbitrary **II.** *adv* arbitrarily

Wil·na <-s> ['vɪlna] *nt* Vilnius

wim·meln ['vɪmḷn] *vi* ① *haben impers* (*in Mengen vorhanden sein*) ■**es wimmelt von etw** *dat* it is teeming with sth; **in diesem Gewässer wimmelte es von Forellen und Karpfen** this stretch of water was teeming with trout and carp; *Menschen* to swarm [*or* be overrun] with ② *sein* (*sich bewegen*) ■**auf/in/unter etw** *dat* **~** *Tiere* sth is teeming with sth/it's teeming with sth under sth; *Insekten, Menschen* sth is swarming with sth/it's swarming with sth under sth ③ (*fam: voll sein*) ■**von etw** *dat* **~** to be full of sth

Wim·merl <-s, -n> ['vɪməl] *nt* ① ÖSTERR (*Pickel*) spot, pimple ② ÖSTERR (*am Gurt befestigtes Täschchen*) pouch ③ ÖSTERR (*hum: Bauch*) belly

wim·mern ['vɪmɐn] *vi* to whimper

Wim·mern <-s> ['vɪmɐn] *nt kein pl* whimpering

Wim·pel <-s, -> ['vɪmpḷ] *m* pennant

Wim·per <-, -n> ['vɪmpɐ] *f* (*Härchen des Augenlids*) [eye]lash ▸WENDUNGEN: **nicht mit der ~ zucken** to not bat an eyelid; **ohne mit der ~ zu zucken** without batting an eyelid

Wim·pern·tu·sche *f* mascara

Wim·per·tier·chen *nt* ZOOL ciliate

Wind <-[e]s, -e> [vɪnt, *pl* 'vɪndə] *m* METEO wind ▸WENDUNGEN: **jdm den ~ aus den Segeln nehmen** to take the wind out of sb's sails; **wer ~ sät, wird Sturm ernten** (*prov*) sow the wind and reap the whirlwind *prov;* **bei [*o* in] ~ und Wetter** in all weathers; **~ von etw bekommen [*o* kriegen]** (*fam*) to get [*or* have] wind of sth; **viel ~ um etw machen** (*fam*) to make a fuss [*or* to-do] about sth; **etw in den ~ schlagen** to turn a deaf ear to sth; *Vorsicht* to throw [*or* cast] sth to the wind; **irgendwo weht jetzt ein anderer [*o* neuer]/frischer ~** (*fam*) sth has changed somewhere/for the better; **daher weht [also] der ~!** (*fam*) so that's the way the wind is blowing!; **in alle [vier] ~e zerstreut werden** to be scattered to the four winds

Wind·bä·cke·rei *f* ÖSTERR meringue **Wind·be·stäu·bung** *f* BOT anemophily **Wind·beu·tel** *m* ① KOCHK cream puff ② (*pej: Schürzenjäger*) rake *pej*

Win·de¹ <-, -n> ['vɪndə] *f* TECH winch, windlass

Win·de² <-, -n> ['vɪndə] *f* BOT bindweed, convolvulus

Win·del <-, -n> ['vɪndḷ] *f* napkin BRIT, nappy BRIT *fam,* diaper AM

Win·del·ein·la·ge *f* nappy [*or* AM diaper] liner **Win·del·hös·chen** *nt* nappy [*or* AM diaper] pants, waterproof pull-ups **Win·del·kind** *nt* child that still wears nappies [*or* AM diapers]

win·del·weich I. *adj* feeble, lame; ■**~ sein** to be a wimp **II.** *adv* **jdn ~ schlagen [*o* prügeln]** (*fam*) to beat sb black and blue [*or* the living daylights out of sb]

win·den¹ <wand, gewunden> ['vɪndn̩] **I.** *vr* ① (*nach Ausflüchten suchen*) ■**sich ~** to attempt to wriggle out of sth ② (*sich krümmen*) ■**sich [in/vor etw** *dat*] **~** to writhe [in sth] ③ (*sich in Schlangenlinien verlaufen*) ■**sich irgendwohin ~** to wind its way somewhere; *Bach* to meander; **die Straße windet sich in Serpentinen den Pass hinauf** the road snakes its way up the pass ④ ZOOL (*sich schlängeln*) ■**sich irgendwohin ~** to wind itself somewhere ⑤ BOT (*sich herumschlingen*) ■**sich um etw** *akk* **~** to wind [itself] around sth **II.** *vt* ① (*entwinden*) ■**jdm etw aus etw** *dat* **~** to wrest sth from sb's sth ② (*herumschlingen*) ■**etw um etw** *akk* **~** to wind [*or* bind] sth around sth ③ (*binden*) ■**jdm/sich etw irgendwohin ~** to bind sb's/one's sth with sth; **sie wand sich ein Seidentuch ins Haar** she bound [*or* tied] her hair with a silk scarf

win·den² ['vɪndn̩] *vi impers* to blow

Wind·ener·gie *f* wind energy

Win·des·ei·le *f* **in [*o* mit] ~** in no time at all [*or* two minutes flat]; **sich in [*o* mit] ~ verbreiten** to spread like wildfire

Wind·fang <-s, -fänge> *m* ARCHIT porch

wind·ge·schützt I. *adj* sheltered [from the wind] **II.** *adv* in a sheltered place **Wind·ge·schwin·dig·keit** *f* wind speed **Wind·hauch** *m* breath of wind **Wind·ho·se** *f* METEO vortex **Wind·huk** <-s> ['vɪnthʊk] *nt* Windhoek **Wind·hund** *m* ① ZOOL greyhound ② (*pej: Schürzenjäger*) rake *pej,* reprobate

win·dig ['vɪndɪç] *adj* ① (*viel Wind*) windy ② (*fam*) dubious, BRIT *a.* dodgy; **ein ~es Geschäft** a shady business

Wind·ja·cke *f* MODE windcheater BRIT, windbreaker AM **Wind·jam·mer** <-s, -> *m* NAUT windjammer **Wind·ka·nal** *m* wind tunnel **Wind·kraft** *f kein pl* wind power **Wind·kraft·an·la·ge** *f,* **Wind·kraft·werk** *nt* TECH wind[-driven] power station **Wind·licht** *nt* table lantern **Wind·ma·schi·ne** *f* ① THEAT wind machine ② MEDIA (*fam*) sb full of hot air; **der Erfolg spricht für ihn – er ist keine ~** his success speaks for itself – he's not full of hot air **Wind·müh·le** *f* (*windbetriebene Mühle*) windmill ▸WENDUNGEN: **gegen ~n [an]kämpfen** to tilt at windmills *fig* **Wind·müh·len·flü·gel** *m* windmill sail [*or* vane] **Wind·park·an·la·ge** *f* wind power station

Wind·po·cken *pl* MED chickenpox *sing*

Wind·rad *nt* wind turbine **Wind·rich·tung** *f* wind direction **Wind·ro·se** *f* wind rose **Wind·schat·ten** *m* ① (*keinen Fahrtwind aufweisender Bereich*) slipstream; **in jds ~ fahren** to drive in sb's slipstream ② (*windgeschützter Bereich*) lee; ■**im ~ [von etw** *dat*] under the lee [of sth] **wind·schief** *adj* crooked **wind·schnit·tig** *adj* streamlined **Wind·schutz·schei·be** *f* AUTO windscreen BRIT, windshield AM **Wind·sei·te** *f* METEO windward side **Wind·stär·ke** *f* METEO wind force, strength of the wind **wind·still** *adj* METEO still, windless; ■**~ sein** to be calm **Wind·stil·le** *f* calm **Wind·stoß** *m* gust of wind; **ein plötzlicher ~** a sudden gust of wind **Wind·surf·brett** *nt* SPORT sailboard, windsurfer **Wind·sur·fer(in)** *m(f)* SPORT sailboarder, windsurfer **Wind·sur·fing** ['vɪntzø:ɐ̯fɪŋ] *nt* SPORT windsurfing

Win·dung <-, -en> *f* GEOG ① (*Mäander*) meander ② (*Serpentine*) bend, curve

Wink <-[e]s, -e> [vɪŋk] *m* ① (*Hinweis*) hint; **einen ~ [von jdm] bekommen** to receive a tip-off [from sb] ② (*Handbewegung*) signal ▸WENDUNGEN: **ein ~ mit dem Kopf** a nod of the head; **ein ~ mit dem Zaunpfahl** (*fam*) a broad hint; **jdm**

W

einen ~ geben to drop [*or* give] sb a hint

Win·kel <-s, -> ['vɪŋkl̩] *m* ❶ MATH angle; **rechter/spitzer/stumpfer ~** a right/an acute/obtuse angle; **im richtigen ~** at the right angle ❷ (*Ecke*) corner ❸ (*Bereich*) place, spot; **toter ~** a blind spot ❹ MIL (*Rangabzeichen*) stripe ❺ *s.* **Winkelmaß**

Win·kel·ad·vo·kat(in) *m(f)* (*pej*) incompetent lawyer

win·ke·lig ['vɪŋkəlɪç] *adj s.* **winklig**

Win·kel·maß *nt Werkzeug* square **Win·kel·mes·ser** *m* MATH protractor

Win·kel·zug *m meist pl* (*pej*) dodge, trick

win·ken <gewinkt *o* DIAL gewunken> ['vɪŋkn̩] **I.** *vi* ❶ (*mit der Hand wedeln*) to wave ❷ (*wedeln*) ■**mit etw ~** to wave sth; **er winkte mit der Zeitung, um ein Taxi auf sich aufmerksam zu machen** he waved a newspaper to hail a taxi ❸ (*Handzeichen zum Näherkommen geben*) ■**jdm ~** to beckon sb; **dem Kellner/Ober ~** to beckon [*or* signal] the waiter to come over; **einem Taxi ~** to hail a taxi ❹ (*fam: in Aussicht stehen*) ■**mit etw** *dat* ~ *Prämie, Belohnung* to promise sth; **dem Gewinner winken 50.000 Euro** the winner will receive 50,000 euros **II.** *vt* ■**jdn zu sich** *dat* ~ to beckon sb over to one

wink·lig ['vɪŋklɪç] *adj* full of nooks and crannies; *Gasse* twisty

win·seln ['vɪnzl̩n] *vi* ❶ (*jaulen*) to whimper ❷ (*pej: erbärmlich flehen*) ■**um etw ~** to plead for sth

Win·ter <-s, -> ['vɪntɐ] *m* winter; **ein harter ~** a hard [*or* severe] winter; **im ~** in the winter; **nuklearer ~** nuclear winter

Win·ter·abend *m* winter evening; ■**an einem ~** on a winter['s] evening **Win·ter·an·fang** *m* beginning of winter; **am ~** at the beginning of winter **Win·ter·ein·bruch** *m* onset of winter **Win·ter·fahr·plan** *m* winter timetable **win·ter·fest** *adj* ■**~ sein** to be suitable for winter; **ein Auto ~ machen** to get a car ready for winter, AM *a.* to winterize a car **Win·ter·gar·ten** *m* winter garden **Win·ter·halb·jahr** *nt* winter [period] **win·ter·hart** *adj* HORT hardy **Win·ter·käl·te** *f* cold winter weather **Win·ter·klei·dung** *f* MODE winter clothing [*or* clothes *pl*] **Win·ter·kohl** *m* kale **Win·ter·kres·se** *f* winter cress **Win·ter·kur·ort** *m* winter health resort **Win·ter·land·schaft** *f* winter landscape

win·ter·lich ['vɪntɐlɪç] **I.** *adj* wintry, winter; **~e Temperaturen** winter temperatures **II.** *adv* **~ gekleidet/vermummt** dressed/wrapped up for winter

Win·ter·man·tel *m* winter coat **Win·ter·mo·nat** *m* winter month **Win·ter·mor·gen** *m* winter['s] morning; **an dunklen ~** on dark winter mornings **Win·ter·nach·mit·tag** *m* winter['s] afternoon **Win·ter·nacht** *f* winter['s] night **Win·ter·olym·pi·a·de** *f* SPORT Winter Olympics *pl* **Win·ter·pull·o·ver** *m* winter pullover [*or* BRIT *a.* jumper] [*or* AM *usu* sweater] **Win·ter·rei·fen** *m* AUTO winter tyre [*or* AM tire]

win·ters ['vɪntɐs] *adv* in winter; *s. a.* **sommers**

Win·ter·saat *f* AGR *seeds of winter[-sown] grains* **Win·ter·sai·son** *f* winter season **Win·ter·schlaf** *m* ZOOL hibernation; **~ halten** to hibernate **Win·ter·schluss·ver·kauf**RR *m* winter sale; **etw im ~ kaufen** to buy sth in the winter sale **Win·ter·schu·he** *pl* winter shoes **Win·ter·se·mes·ter** *nt* SCH winter semester **Win·ter·spie·le** *pl* [**Olympische**] **~** SPORT Winter Olympics **Win·ter·sport** *m* winter sport **Win·ter·tag** *m* winter['s] day **Win·ter·zeit** *f* wintertime *no pl, no indef art* **Win·ter·zi·cho·rie** *m* winter chicory **Win·ter·zwie·bel** *f* Welsh onion

Win·zer(in) <-s, -> ['vɪntsɐ] *m(f)* AGR wine-grower

win·zig ['vɪntsɪç] *adj* tiny; **~ klein** minute

Win·zig·keit <-, -en> *f* ❶ *kein pl* (*geringe Größe*) tininess ❷ (*winzige Menge*) tiny amount

Winz·ling <-s, -e> ['vɪntslɪŋ] *m* (*fam: Person*) tiny person [*or* thing]; (*Gegenstand*) tiny thing

Wip·fel <-s, -> ['vɪpfl̩] *m* treetop

Wip·pe <-, -n> ['vɪpə] *f* ❶ (*Spielgerät für Kinder*) seesaw ❷ (*für Babys*) baby rocker, cozy AM

wip·pen ['vɪpn̩] *vi* ■[**auf etw** *dat*] **~** to bob up and down on sth; (*auf einer Wippe*) to seesaw

wir <*gen* unser, *dat* uns, *akk* uns> [vi:ɐ̯] *pron pers* we; **~ nicht** we are not, not us; **kommt ihr auch mit? – nein, ~ nicht** are you coming too? – no, we are not; *s. a.* **uns, unser**

Wir·bel1 <-s, -> ['vɪrbl̩] *m* ANAT vertebra

Wir·bel2 <-s, -> ['vɪrbl̩] *m* ❶ (*fam: Trubel*) turmoil; **einen [großen] ~ [um etw] machen** to make a [big [*or* great]] commotion [*or* fuss] [about sth] ❷ (*kleiner Strudel*) whirlpool, eddy

Wir·bel·kör·per *m* ANAT vertebra

wir·bel·los *adj* BIOL invertebrate

wir·beln ['vɪrbl̩n] **I.** *vi* ❶ *sein* (*sich drehend wehen*) to swirl ❷ *sein* (*sich drehend bewegen*) to whirl ❸ *haben* (*fam: sehr geschäftig sein*) to rush around getting things done **II.** *vt haben* (*herumwirbeln und wehen*) ■**etw irgendwohin ~** to whirl sth somewhere

Wir·bel·säu·le *f* spinal column

Wir·bel·sturm *m* whirlwind

Wir·bel·tier *nt* vertebrate

Wir·bel·wind *m* whirlwind; **wie ein ~** like a whirlwind

wir·ken ['vɪrkn̩] **I.** *vi* ❶ (*Wirkung haben*) to have an effect; (*beabsichtigten Effekt haben*) to work; **dieses Medikament wirkt sofort** this medicine takes effect immediately; **etw auf sich ~ lassen** to take sth in; **ich lasse die Musik auf mich ~** I let the music flow over me ❷ (*etwas ausrichten*) to be effective ❸ (*einen bestimmten Eindruck machen*) to seem, to appear; **ängstlich ~** to appear to be frightened; **gelassen ~** to give the impression of being calm; **natürlich/unnatürlich ~** to seem [*or* appear] natural/unnatural; **unecht ~** to not appear to be genuine ❹ (*tätig sein*) ■**irgendwo ~** to work somewhere **II.** *vt* (*veraltend geh: tun*) ■**etw ~** to do sth; **Schwester Agatha hat viel Gutes gewirkt** Sister Agatha did a great deal of good

Wir·ken <-s> ['vɪrkn̩] *nt kein pl* (*geh*) work *no pl;* **das ~ des Teufels sein** to be the work of the devil

wirk·lich ['vɪrklɪç] **I.** *adj* ❶ (*tatsächlich*) real ❷ (*echt*) *Freund* real, true **II.** *adv* really; **~ und wahrhaftig** really and truly; **nicht ~** not really; **~ nicht?** really not?; **ich kann leider nicht kommen – ~ nicht?** I am sorry I cannot come – are you sure?

Wirk·lich·keit <-, -en> *f* reality; **den Bezug zur ~ verlieren** to lose one's grip on reality; **~ werden** to come true; **in ~** in reality

wirk·lich·keits·fremd *adj* unrealistic **wirk·lich·keits·ge·treu** **I.** *adj* realistic **II.** *adv* realistically, in a realistic way; **etw ~ abbilden** to paint a realistic picture of sth

wirk·sam ['vɪrkza:m] **I.** *adj* ❶ PHARM, MED (*effektiv*) effective ❷ (*den Zweck erfüllend*) effective ❸ ADMIN **~ werden** to take effect **II.** *adv* effectively

Wirk·sam·keit <-> *f kein pl* ❶ PHARM, MED (*Effektivität*) effectiveness ❷ (*Erfolg*) effectiveness

Wirk·stoff *m* PHARM active substance [*or* agent]

Wir·kung <-, -en> ['vɪrkʊŋ] *f* effect; **ohne ~ bleiben** [*o* **seine ~ verfehlen**] to have no effect, to not have any effect; **eine bestimmte ~ haben** [*o geh* **entfalten**] PHARM, MED to have a certain effect; **Kaffee hat eine anregende ~** coffee has a stimulating effect [*or* is a stimulant]; **eine schnelle ~ haben** [*o geh* **entfalten**] PHARM, MED to take effect quickly

Wir·kungs·dau·er *f* period of effectiveness

Wir·kungs·grad *m* [degree of] effectiveness **Wir·kungs·kreis** *m* sphere of activity

wir·kungs·los *adj* ineffective

wir·kungs·voll *adj* (*geh*) *s.* **wirksam**

wirr [vɪr] *adj* ❶ (*unordentlich*) tangled ❷ (*verworren*) weird ❸ (*durcheinander*) confused, muddled; **jdn [ganz] ~ machen** to make sb [very] confused

Wir·ren ['vɪrən] *pl* confusion *sing,* turmoil *sing*

Wirr·kopf *m* (*pej*) scatterbrain *pej*, muddle-headed person *pej*
Wirr·warr <-s> ['vɪrvar] *m kein pl* ❶ (*Durcheinander*) confusion, chaos ❷ (*Unordnung*) tangle
Wir·sing <-s> ['vɪrzɪŋ] *m kein pl,* **Wir·sing·kohl** ['vɪrzɪŋ-] *m* KOCHK, HORT savoy [cabbage]
Wirt(in) <-[e]s, -e> [vɪrt] *m(f)* ❶ (*Gast~*) landlord, publican ❷ BIOL (*Wirtsorganismus*) host
Wirt·schaft <-, -en> ['vɪrtʃaft] *f* ❶ ÖKON (*Volks~*) economy; (*Industrie und Handel*) industry [and commerce]; **er ist in der ~ tätig** he works in industry; **freie ~** free market economy ❷ (*Gast~*) public house BRIT *form*, pub BRIT *fam*, bar AM, saloon AM; **in eine ~ einkehren** to stop off at a pub ❸ (*fam: Zustände*) state of affairs *iron;* **reine ~ machen** DIAL to put the house in order
wirt·schaf·ten ['vɪrtʃaftn̩] *vi* ❶ (*den Haushalt führen*) to keep house; **sparsam ~** to economize, to budget carefully ❷ (*sich betätigen*) to busy oneself; **mein Mann wirtschaftet gerade im Keller** my husband is pottering around in the cellar
Wirt·schaf·ter(in) <-s, -> *m(f)* ❶ (*Haushälter*) housekeeper ❷ (*sl: Aufsichtsperson im Bordell*) madam
wirt·schaft·lich ['vɪrtʃaftlɪç] **I.** *adj* ❶ ÖKON (*volks~*) economic; **ein ~er Aufschwung** an economic upturn ❷ (*finanziell*) economic; **sich in einer ~en Notlage befinden** to have [*or* be in] financial difficulties ❸ (*Sparsamkeit zeigend*) economical; *Hausfrau, Verwalter* careful ❹ AUTO, TECH (*im Betrieb sparsam*) economical ❺ ÖKON (*ökonomisch*) economical **II.** *adv* ❶ (*finanziell*) economically; **es geht mir ~ besser/gut/schlechter** I am in a better/good/worse financial position ❷ (*ökonomisch*) economically, carefully
Wirt·schaft·lich·keit <-> *f kein pl* economicalness, economy
Wirt·schafts·ab·kom·men *nt* economic agreement **Wirt·schafts·auf·schwung** *m* economic upturn [*or* upswing] **Wirt·schafts·be·zie·hun·gen** *f pl* business relations *pl* **Wirt·schafts·block** *m* economic bloc **Wirt·schafts·blo·cka·de** *f* economic embargo **Wirt·schafts·em·bar·go** *nt* economic embargo **Wirt·schafts·eng·lisch** *nt* business [*or* commercial] English **Wirt·schafts·ent·wick·lung** *f* economic development **Wirt·schafts·flücht·ling** *m* economic refugee **Wirt·schafts·form** *f* economic system **Wirt·schafts·ge·bäu·de** *nt meist pl* AGR working quarters *pl* **Wirt·schafts·ge·mein·schaft** *f* economic community **Wirt·schafts·gym·na·si·um** *nt* SCH *grammar school where the emphasis is on business studies, economics and law* **Wirt·schafts·kri·mi·na·li·tät** *f* JUR white-collar crime **Wirt·schafts·kri·mi·nel·le(r)** *m* ÖKON, JUR economic criminal **Wirt·schafts·kri·se** *f* economic crisis **Wirt·schafts·la·ge** *f* economic situation **Wirt·schafts·le·ben** *nt kein pl* business life **Wirt·schafts·mi·nis·te·ri·um** *nt* Ministry of Economic Affairs [*or* of Trade and Commerce] BRIT, Department of Trade and Industry [*or* AM of Commerce] **Wirt·schafts·ord·nung** *f* economic order [*or* system] **Wirt·schafts·po·li·tik** *f* economic policy **wirt·schafts·po·li·tisch** **I.** *adj* relating to economic policy **II.** *adv* in terms of economic policy **Wirt·schafts·prü·fer(in)** *m(f)* accountant **Wirt·schafts·teil** *m* MEDIA business [*or* financial] section **Wirt·schafts- und Wäh·rungs·uni·on** *f* economic and monetary union **Wirt·schafts·uni·on** *f* economic union **Wirt·schafts·wachs·tum** *nt kein pl* economic growth **Wirt·schafts·wis·sen·schaft** *f meist pl* economics *sing* **Wirt·schafts·wis·sen·schaft·ler(in)** *m(f)* economist **Wirt·schafts·wun·der** *nt* (*fam*) economic miracle

i Kultur

Triggered by the currency reform of 1948, the **Wirtschaftswunder** was a dramatic upturn in the German economy during the post-war years which secured the onset of a phase stability and prosperity in the FRG.

Wirt·schafts·zei·tung *f* MEDIA financial [*or* business] [news]paper **Wirt·schafts·zweig** *m* branch of industry
Wirts·haus *nt* pub BRIT, bar AM, saloon AM, inn *dated*
Wirtsorganismus *m* BIOL host [organism]
Wisch <-[e]s, -e> [vɪʃ] *m* (*pej fam*) piece of bumph *pej* [*or* paper]
wi·schen ['vɪʃn̩] **I.** *vt* ❶ (*feucht ab~*) ■**etw ~** to wipe sth ❷ (*ab~*) ■**jdm/sich etw aus/von etw** *dat* **~** to wipe sth from sth/sb's sth; **sich den Schweiß von der Stirn ~** to wipe the sweat from one's brow ❸ SCHWEIZ (*fegen*) ■**etw ~** to sweep sth ▶ WENDUNGEN: **einen gewischt bekommen** [*o* **kriegen**] (*sl*) to get an electric shock; [**von jdm**] **eine gewischt bekommen** [*o* **kriegen**] (*sl*) to get a clout [from sb] **II.** *vi* ❶ (*putzen*) ■[**in etw** *dat*] **~** to clean sth; **haben Sie im Bad schon gewischt?** have you already done [*or* cleaned] the bathroom? ❷ SCHWEIZ (*fegen*) to sweep
Wi·scher <-s, -> *m* AUTO wiper, windscreen [*or* AM windshield] wiper
Wi·scher·blatt *nt* AUTO wiper blade
Wi·schi·wa·schi <-s> [vɪʃi'vaʃi] *nt kein pl* (*pej fam*) drivel
Wisch·lap·pen *m* cloth, floorcloth
Wi·sent <-s, -e> ['vi:zɛnt] *nt* ZOOL bison
Wis·mut <-[e]s> ['vɪsmu:t] *nt o* ÖSTERR *m kein pl* CHEM bismuth
wis·pern ['vɪspɐn] **I.** *vt* ■**etw ~** to whisper sth **II.** *vi* to whisper; **miteinander ~** to whisper to each other
Wis·pern <-s> ['vɪspɐn] *nt kein pl* whisper
Wiss·be·gier[RR], **Wiß·be·gier**[ALT] <-> ['vɪsbəgi:ɐ̯] *f kein pl,* **Wiss·be·gier·de**[RR], **Wiß·be·gier·de**[ALT] ['vɪsbəgi:ɐ̯də] *f kein pl* thirst for knowledge; **jds ~ befriedigen** to satisfy sb's thirst for knowledge
wiss·be·gie·rig[RR] *adj,* **wiß·be·gie·rig**[ALT] *adj* eager to learn
wis·sen <wusste, gewusst> ['vɪsn̩] **I.** *vt* ❶ (*kennen*) ■**etw ~** to know sth; **weißt du ein gutes Restaurant?** do you know [of] a good restaurant?; **wenn ich das gewusst hätte!** if only I had known [that]!; **jdn etw ~ lassen** to let sb know [*or* tell sb] sth; **wir lassen Sie dann unsere Entscheidung ~** we will let you know [*or* inform you of] our decision; **woher soll jd das ~?** how should sb know that?; [**nicht**] **~, was man will** to [not] know what one wants; **es nicht anders ~** to not know any different [*or* better]; **dass du es** [**nur**] [**gleich**] **weißt** just so you know; **davon weiß ich nichts** [*o fam* **da weiß ich nichts von**] I don't know anything about it; **du musst ~, dass ...** you must realize that ...; **ich wüsste nicht, dass/was ...** I would not know that/what ...; (*fam*) not to my knowledge, not as far as I know; **wenn ich nur wüsste, wann/was/wer/wie/wo/ob** if only I knew when/what/who/how/where/whether ❷ (*als Kenntnisse besitzen*) ■**etw ~** to know sth; **von nichts ~** to have no idea [about sth]; **weißt du noch/~ Sie noch?** do you remember?; **soviel** [*o* **soweit**] **jd weiß** as far as sb knows; ■**~, wann/warum/wie/wo/wozu** to know when/why/how/where/what for ❸ (*können*) ■**etw zu tun ~** to know how to do sth; **jdn/etw zu nehmen ~** to know how to deal with sb/sth; **jdn/etw zu schätzen ~** to appreciate sb/sth; **sich nicht anders zu helfen ~** to not know what to do; **sich nicht mehr zu helfen ~** to be at one's wits' end; **sich zu helfen ~** to be resourceful ❹ (*sicher sein, dass jd/etw ist*) ■**jdn/sich ... ~** to know that sb/one ...; **wir ~ unsere Tochter in guten Händen** we know our daughter is in good hands; **man weiß nie, wann/was/wie/wozu** you never know when/what/how/what ... for; ■**etw ... ~** to know sth ▶ WENDUNGEN: **sich vor etw** *dat* **nicht zu lassen ~** to be delirious with emotion; **als sie die Stelle bekommen hat, wusste sie sich vor Freude kaum zu lassen** when she got the job she was over the moon *fam;* **von jdm/etw nichts** [**mehr**] **~ wollen** (*fam*) to not want to have anything more to do with sb/sth; **oder was weiß ich** (*fam*) ... or sth *fam;* **weißt du was?** (*fam*) [do] you know what?; **und was weiß ich noch alles** (*fam*) ... and goodness knows what else **II.** *vi*

W

wissen

Nichtwissen ausdrücken	expressing ignorance
Das weiß ich (auch) nicht./Weiß nicht. *(fam)*	I don't know (either)./Don't know./Dunno.
Keine Ahnung. *(fam)*	No idea.
Hab keinen blassen Schimmer. *(fam)*	Haven't the foggiest/faintest (idea). *(fam)*
Ich kenne mich da leider nicht aus.	I'm afraid I don't know the area/much about it.
Da bin ich überfragt.	That I don't know./I don't know the answer to that./ You've got me there.
Darüber weiß ich nicht Bescheid.	I don't know about that.
Die genaue Anzahl **entzieht sich meiner Kenntnis.** *(geh)*	**I have no knowledge of** the exact number.
Woher soll ich das wissen?	How should I know?
Antwort verweigern	**refusing to answer**
Sag ich nicht! *(fam)*	Not telling! *(fam)*
Das kann ich dir (leider) nicht sagen.	(I'm afraid) I can't tell you.
Dazu möchte ich nichts sagen.	I don't want to say anything about it.
Ich möchte mich zu dieser Angelegenheit nicht äußern. *(form)*	I don't want to express an opinion on the matter.

❶ (*informiert sein*) ■**von** [*o* **um**] **etw** ~ (*geh*) to know sth; **~, wovon man redet** to know what one is talking about; **man kann nie wissen!** (*fam*) you never know! ❷ ■**[ach,] weißt du/wissen Sie, ...** [oh] ... you know; **ich weiß, ich weiß** I know, I know; **wer weiß warum/was/wer/wen/wem** (*fam*) goodness [*or fam* God] knows why/what/who/whom; **er hält sich für wer weiß wie klug** he doesn't half think he is clever; **wer weiß wo** (*fam*) who knows where; **wer weiß wo er bleibt** who knows where he's got to ►WENDUNGEN: **nicht mehr aus noch ein** ~ to be at one's wits' end; **gewusst wie/wo!** (*fam*) sheer brilliance!; *s. a.* **Henker**

Wis·sen <-s> ['vɪsn̩] *nt kein pl* knowledge *no pl;* **nach bestem ~ und Gewissen** (*geh*) to the best of one's knowledge; **~ ist Macht** knowledge is power; **wider/gegen besseres ~** against one's better judgement; **ohne jds ~ und Willen** without sb's knowledge and consent

wis·send I. *adj* (*geh*) knowing; **~e Blicke [aus]tauschen** to exchange knowing looks **II.** *adv* (*geh*) knowingly

Wis·sen·de(r) *f(m) decl wie adj* (*geh*) initiate

Wis·sen·schaft <-, -en> ['vɪsn̩ʃaft] *f* ❶ (*wissenschaftliches Fachgebiet*) science; **eine ~ für sich sein** to be a science in itself ❷ *kein pl* (*fam: die Wissenschaftler*) ■**die** ~ science

Wis·sen·schaft·ler(in) <-s, -> *m(f)* scientist

wis·sen·schaft·lich ['vɪsn̩ʃaftlɪç] **I.** *adj* (*der Wissenschaft zugehörig*) scientific; (*akademisch*) academic **II.** *adv* (*wissenschaftlich*) scientifically; (*akademisch*) academically

Wis·sen·schaft·lich·keit <-> *f kein pl* scientific nature [*or* character]

Wis·sen·schafts·mi·nis·ter(in) *m(f)* POL Minister [*or* AM Secretary] of Science

Wis·sens·drang *m,* **Wis·sens·durst** *m* (*geh*) thirst for knowledge **Wis·sens·ge·biet** *nt* field [*or* area] of knowledge **Wis·sens·lü·cke** *f* gap in sb's knowledge **Wis·sens·stoff** *m kein pl* SCH material **wis·sens·wert** *adj* worth knowing; ■**etwas W~es** sth worth knowing

wis·sent·lich ['vɪsn̩tlɪç] **I.** *adj* deliberate, intentional **II.** *adv* intentionally, deliberately, knowingly

Wit·frau ['vɪtfrau] *f* SCHWEIZ (*veraltet*) *s.* **Witwe** widow

wit·tern ['vɪtɐn] **I.** *vt* ❶ (*ahnen*) ■**etw** ~ to suspect [*or* sense] sth ❷ JAGD (*durch Geruch erkennen*) ■**jdn/ein Tier** ~ to smell [*or* get wind of] sb/an animal **II.** *vi* JAGD (*Witterung aufnehmen*) to sniff the air

Wit·te·rung <-, -en> *f* ❶ METEO weather; **bei günstiger/guter/schlechter** ~ if the weather is favourable/good/bad; **schwüle** ~ humid weather ❷ JAGD (*Geruchssinn*) sense of smell; ~ **aufnehmen** to find the scent ❸ *kein pl* (*Ahnungsvermögen*) hunch; ~ **von etw bekommen** to get wind of sth

Wit·te·rungs·ver·hält·nis·se *pl* weather conditions *pl*

Witt·ling <-s, -e> ['vɪtlɪŋ] *m* ZOOL, KOCHK whiting

Wit·we <-, -n> ['vɪtvə] *f fem form von* **Witwer** widow *fem;* ~ **werden** to be widowed; **grüne** ~ (*hum*) lonely suburban housewife; **Schwarze** ~ black widow

Wit·wen·ren·te *f* widow's pension **Wit·wen·schlei·er** *m* widow's veil **Wit·wen·ver·bren·nung** *f* HIST suttee

Wit·wer <-s, -> ['vɪtvɐ] *m* widower *masc;* ~ **werden** to be widowed

Witz <-es, -e> [vɪts] *m* ❶ (*Scherz*) joke; **lass die ~e!** cut the jokes!; **einen ~ machen** [*o fam* **reißen**] to make [*or* crack] a joke; **mach keine ~e!** (*fam*) don't be funny!; **das ist doch wohl ein** ~ you must be joking [*or* kidding] ❷ *kein pl* (*geh: Esprit*) wit ❸ **der ~ daran** [*o* **an der Sache**] **ist, dass ...** the great thing about it is ...; **was soll nun der ~ daran sein?** what is so special about it?

Witz·bold <-[e]s, -e> *m* joker; **du ~!** (*iron fam*) you're a good one! BRIT *iron fam,* you're [*or* very] funny! AM *iron fam*

Witz·fi·gur *f* (*fam*) figure of fun

wit·zig ['vɪtsɪç] *adj* funny; **das ist ja ~!** (*fam*) that's strange [*or* weird]; **alles andere als ~ sein** to be anything but funny; **sehr ~!** (*iron fam*) very funny! *iron fam*

witz·los *adj* (*fam*) ■~ **sein** to be pointless [*or* futile]

WM <-, -s> *f Abk von* **Weltmeisterschaft** world championship; (*im Fußball*) World Cup

wo [voː] **I.** *adv* ❶ *interrog* (*an welcher Stelle*) where ❷ *rel* (*an welcher Stelle*) where; **pass auf, ~ du hintrittst!** look where you are going! ❸ *rel, zeitlich* when; **zu dem Zeitpunkt, wo ...** when ... ❹ *rel* DIAL (*fam: welche*) ■**der/die/das,** ~ who, which ►WENDUNGEN: **ach** [*o* **i**] **~!** (*fam*) nonsense! **II.** *konj* (*zumal*) when, as; ~ **er doch wusste, dass ich keine Zeit hatte** when he knew that I had no time; *s. a.* **möglich**

wo·an·ders [vo'ʔandɐs] *adv* somewhere else, elsewhere

wo·ạnders·her *adv* ① (*von anderem Ort*) from elsewhere ② (*von jemand anderem*) from someone else **wo·an·ders·hin** [vo'ʔandɐs'hɪn] *adv* somewhere else

wo·bei [vo'bai] *adv* ① *interrog* (*bei was*) how; ~ **ist denn das passiert?** how did that happen? ② *rel* (*im Verlauf von*) in which; ~ **mir gerade einfällt ...** which reminds me ...

Wo·che <-, -n> ['vɔxə] *f* week; **sich eine ~/mehrere ~en Urlaub nehmen** to take a week/several weeks off; **etw auf nächste ~ verschieben** to postpone sth until next week; **diese/nächste ~** [*o* **in dieser/in der nächsten ~**] this/next week; **jede ~** every week; **pro** [*o* **in der**] **~** a week; **während** [*o* **unter**] **der ~** during the week

Wọ·chen·ab·rech·nung *f* end of week accounts **Wọ·chen·ar·beits·zeit** *f* working week **Wọ·chen·be·richt** *m* weekly report **Wọ·chen·bett** *nt* (*veraltet*) ■**im ~ liegen** to be lying in **Wọ·chen·ein·nah·men** *pl* weekly earnings *pl*

Wọ·chen·end·aus·flug *m* weekend trip **Wọ·chen·end·aus·ga·be** *f* MEDIA weekend edition **Wọ·chen·end·bei·la·ge** *f* MEDIA weekend supplement **Wọ·chen·end·be·zie·hung** *f* SOZIOL weekend relationship

Wo·chen·en·de ['vɔxn̩ʔɛndə] *nt* weekend; **langes** [*o* **verlängertes**] **~** long weekend; **schönes ~!** have a nice weekend!; **am ~** at the weekend

Wọ·chen·end·ehe *f marriage in which partners only see each other at the weekend* **Wọch·en·end·fahrt** *f* weekend trip **Wọ·chen·end·flug** *m* weekend flight **Wo·chen·end·haus** ['vɔxn̩ʔɛnthaus] *nt* weekend home [*or* house] **Wọ·chen·end·pau·scha·le** *f* weekend rate **Wọ·chen·end·se·mi·nar** *nt* SCH weekend seminar **Wọ·chen·end·ta·rif** *m* weekend tariff

Wọ·chen·kar·te *f* TRANSP weekly season ticket

wo·chen·lang ['vɔxn̩laŋ] **I.** *adj* for weeks, week after week **II.** *adv* for weeks

Wọ·chen·lohn *m* weekly wage **Wọ·chen·markt** *m* weekly market **Wọ·chen·pau·scha·le** *f* weekly rate **Wọ·chen·rück·blick** *m* weekly review **Wọ·chen·tag** *m* weekday; **an ~en** on weekdays; **was ist heute für ein ~?** what day of the week is it today? **wo·chen·tags** ['vɔxn̩ta:ks] *adv* on weekdays

wö·chent·lich ['vœçn̩tlɪç] **I.** *adj* weekly **II.** *adv* weekly, once a week

Wọ·chen·zeit·schrift *f* MEDIA weekly [magazine] [*or* [periodical]]

Wöch·ne·rin <-, -nen> ['vœçnərɪn] *f* MED (*veraltet*) *woman who has recently given birth*

Wod·ka <-s, -s> ['vɔtka] *m* vodka

wo·durch [vo'dʊrç] *adv* ① *interrog* (*durch was*) how? ② *rel* (*durch welchen Vorgang*) which

wo·für [vo'fy:ɐ̯] *adv* ① *interrog* (*für was*) for what, what ... for; ~ **hast du denn so viel Geld bezahlt?** what did you pay so much money for? ② *interrog* (*fam: gegen was*) what ... for?; ~ **sollen die Pillen gut sein?** what are these pills supposed to be good for? ③ *rel* (*für welche Tat*) for which

wog [vo:k] *imp von* **wägen, wiegen²**

Wo·ge <-, -n> ['vo:gə] *f* ① (*große Welle*) wave ② (*fig: Welle*) surge; **eine ~ des Protests** a surge of protest; **wenn sich die ~n geglättet haben** when things have calmed down

wo·ge·gen [vo'ge:gn̩] *adv* ① *interrog* (*gegen was*) against what; ~ **hilft dieses Mittel?** what is this medicine for? ② *rel* (*gegen das*) against what/which

wo·gen ['vo:gn̩] *vi* ① (*auf und nieder bewegen*) to surge; **die See beginnt zu ~** the sea is getting rough ② (*geh: unentschieden toben*) to rage

wo̱·gend *adj* (*geh*) *Fluten, Meer, See* rough, choppy; *Busen* heaving

wo·her [vo'he:ɐ̯] *adv* ① *interrog* (*von wo*) where ... from?; ~ **sie diese Informationen wohl hat?** I wonder where she got this information [from]? ② *rel* (*aus welcher*) from ... which, where ... from; **wir müssen dahin zurück, ~ wir gekommen sind** we must go back the way we came ▶WENDUNGEN: **ach ~!** DIAL (*fam*) nonsense!

wo·hin [vo'hɪn] *adv* ① *interrog* (*an welche Stelle*) where [to]?; ~ **damit?** where shall I put it? ② *rel* (*an welchen Ort*) where ▶WENDUNGEN: [**mal**] **~ müssen** (*euph fam*) to have to go somewhere *euph fam;* **ich komme gleich wieder, ich muss mal ~** I'll be back in a moment, I've got to go somewhere

wo·hin·ge·gen [vohɪn'ge:gn̩] *konj* (*geh*) while, whereas

wohl¹ [vo:l] *adv* ① (*wahrscheinlich*) probably, no doubt; ~ **kaum** hardly; **ob ... ~ ...?** perhaps; **ob ich ~ noch ein Stück Torte haben darf?** could I perhaps have another piece of cake? ② (*durchaus*) well; **das ist ~ wahr** that is perfectly true ③ (*doch*) after all ④ (*zwar*) **~ ..., aber ...: es regnet ~, aber das macht mir nichts aus** it may be raining, but that does not bother me; **~ aber** but; **sie mag nicht, ~ aber ich** she may not like it, but I do ⑤ (*zirka*) about; **was wiegt der Karpfen ~?** how much do you think the carp weighs? ▶WENDUNGEN: **siehst du ~!** I told you!; **willst du ~ tun!** I wish you would ...; **willst du ~ tun, was ich sage!** you're to do what I say now!; *s. a.* **wahr**

wohl² [vo:l] *adv* ① (*gut*) well; ■**jdm ist ~** sb is well; ■**jdm ist nicht ~** sb is not well; **~ bekomm's!** (*geh*) your good health!; **~ ausgewogen** (*geh*) well-balanced; **~ bedacht** (*geh*) well-considered; **~ begründet** (*geh*) well-founded; **~ bekannt** (*geh*) well-known; **jdm ~ bekannt sein** to be well-known to sb; **~ durchdacht** (*geh*) well [*or* carefully] thought out [*or* through]; **~ erwogen** (*geh*) well-considered; **~ geformt** (*geh*) well-formed; *Körperteil* shapely; **~ gemeint** (*geh*) well-meant [*or* -intentioned]; **~ genährt** (*geh*) well-fed; **~ geordnet** (*geh*) well-ordered; **~ überlegt** (*geh*) well thought out; **sich ~ fühlen** to feel well; **es sich ~ ergehen lassen** to enjoy oneself; **jdm ~ tun** (*veraltend*) to benefit sb; **jdm ~ wollen** (*geh*) to wish sb well ② (*behaglich*) ■**jdm ist ~ bei etw** sb is contented [*or* comfortable] with sth; ■**jdm ist nicht ~ bei etw** sb is unhappy [*or* uneasy] about sth; **mir ist jedenfalls nicht ~ bei der ganzen Sache** in any event, I am not very happy about the whole thing; **sich irgendwo ~ fühlen** to feel at home somewhere; **~ dem, der ...** happy the man who ...; **~ tun** (*geh*) to do good; **es tut ~, etw zu tun** it is good to do sth ▶WENDUNGEN: **~ oder übel** whether you like it or not; **sie muss mir ~ oder übel Recht geben** whether she likes it or not she has to admit I am right; **gehab dich ~!** (*geh*) take care!; **leb ~/leben Sie ~** farewell; *s. a.* **möglich, sehr**

Wohl <-[e]s> [vo:l] *nt kein pl* welfare, well-being; **jds ~ und Wehe** (*geh*) the weal and woe; **jds leibliches ~** (*geh*) sb's well-being; **auf jds ~ trinken** to drink to sb's health; **auf dein/Ihr ~!** cheers!; **zu jds ~** for sb's [own] good; **zum ~!** cheers!

wohl·an [vo:l'ʔan] *interj* (*geh*) come now

wohl·auf [vo:l'ʔauf] *adj pred* ■**~ sein** to be well [*or* in good health]

Wo̱hl·be·fin·den <-s> *nt kein pl* (*geh*) well-being **Wo̱hl·be·ha·gen** <-s> *nt kein pl* (*geh*) feeling of well-being **wo̱hl·be·hal·ten** *adv* safe and sound; **irgendwo ~ eintreffen** to arrive safe and sound somewhere; **die Ware ist ~ bei uns eingetroffen** the product has arrived intact

Wo̱hl·er·ge·hen <-s> *nt kein pl* welfare *no pl*

wo̱hl·er·zo·gen <bẹsser erzogen, bẹsterzogen> *adj* (*geh*) well-bred *form* [*or* -mannered]

Wohl·fahrt ['vo:lfa:ɐ̯t] *f kein pl* (*veraltend*) welfare; **von der ~ leben** to be on welfare

Wo̱hl·fahrts·mar·ke *f* charity stamp **Wo̱hl·fahrts·staat** *m* (*pej*) welfare state **Wo̱hl·fahrts·ver·band** *m* charity, charitable institution

Wohl·ge·fal·len [vo:lgəfalən] *nt* (*geh: großes Gefallen*) pleasure, satisfaction; **sein ~ an jdm/etw haben** (*geh*) to take pleasure in sb/sth; **mit** [*o* **voller**] **~** with pleasure; **zu jds ~** to sb's pleasure ▶WENDUNGEN: **sich in ~ auflösen** (*hum*) *Ärger, Freundschaft* to peter out; *Probleme* to vanish into thin air;

W

(*entzweigehen*) to fall apart
wohl·ge·lit·ten <wohlgelittener, wohlgelittenste> *adj* (*geh*) well-liked; ■[**irgendwo**] ~ **sein** to be well-liked [somewhere]
wohl·ge·merkt ['vo:lgəmɛrkt] *adv* mind [*or* BRIT *a.* mark] you; ~, **das ist unser einziges Angebot** mind you, that is our only offer **wohl·ge·ra·ten** *adj inv* ❶ (*gut gelungen, geraten*) successful ❷ (*gut entwickelt und erzogen*) well turned-out *pred,* well-adjusted *attr*
Wohl·ge·ruch *m* (*geh*) pleasant smell [*or* fragrance] **Wohl·ge·schmack** *m* (*geh*) pleasant taste
wohl·ge·sinnt <wohlgesinnter, wohlgesinnteste> *adj* (*geh*) well-meaning; ■**ein jdm W~er** sb who is well-meaning to sb; ■**jdm** ~ **sein** to be well-disposed towards sb
wohl·ha·bend <wohlhabender, wohlhabendste> *adj* well-to-do, prosperous
woh·lig ['vo:lɪç] **I.** *adj* (*behaglich*) pleasant **II.** *adv* (*genießerisch*) luxuriously
Wohl·klang *m* (*geh*) melodious sound **wohl·klin·gend** <wohlklingender, wohlklingendste> *adj* (*geh*) melodious **wohl·mei·nend** <wohlmeinender, wohlmeinendste> *adj* ❶ (*freundlich gesinnt*) well-meaning ❷ *s.* **wohlgemeint** **wohl·rie·chend** <wohlriechender, wohlriechendste> *adj* (*geh*) fragrant **wohl·schme·ckend** <wohlschmeckender, wohlschmeckendste> *adj* (*geh*) palatable *form,* tasty
Wohl·sein *nt* ■[**auf Ihr/dein** [*o* **zum**]] ~! DIAL cheers!
Wohl·stand *m kein pl* affluence, prosperity
Wohl·stands·ge·sell·schaft *f* affluent society **Wohl·stands·müll** *m kein pl* (*pej*) refuse of the affluent society
Wohl·tat *f* ❶ *kein pl* (*Erleichterung*) relief; **eine** ~ **sein** to be a relief ❷ (*wohltätige Unterstützung*) good deed; **jdm eine** ~/~**en erweisen** to do sb a favour [*or* AM -or]/a few favours [*or* AM -ors] [*or* a good turn/a few good turns]
Wohl·tä·ter(in) *m(f)* benefactor *masc,* benefactress *fem;* **ein** ~ **der Menschheit** a champion of mankind
wohl·tä·tig *adj* ❶ (*karitativ*) charitable ❷ (*geh: wohltuend*) beneficial
Wohl·tä·tig·keit *f kein pl* (*veraltend*) charity; **auf die** ~ **anderer angewiesen sein** to have to rely on the charity of others
Wohl·tä·tig·keits·kon·zert *nt* charity concert **Wohl·tä·tig·keits·ver·an·stal·tung** *f* charity event
wohl·tu·end <wohltuender, wohltuendste> *adj* (*geh*) agreeable
wohl·ver·dient *adj* (*geh*) well-earned; **seine** ~**e Strafe erhalten** to get one's just deserts [*or* what one deserves]
Wohl·ver·hal·ten *nt* (*iron*) good conduct [*or* behaviour] [*or* AM -or]
wohl·weis·lich ['vo:lvaislɪç] *adv* very wisely; ~ **schwieg er** he very wisely kept quiet
Wohl·wol·len <-s> ['vo:lvɔlən] *nt kein pl* goodwill; **auf jds** ~ **angewiesen sein** to rely on sb's goodwill; **bei allem** ~ with the best will in the world
wohl·wol·lend <wohlwollender, wohlwollendste> **I.** *adj* benevolent; ■**jdm gegenüber** ~ **sein** to be kindly disposed towards sb *form* **II.** *adv* benevolently
Wohn·bau <-bauten> *m* residential building **Wohn·be·rech·ti·gungs·schein** *m certificate of eligibility for a council flat* **Wohn·block** *m* block of flats BRIT, apartment building [*or* house] AM **Wohn·con·tai·ner** *m* Portakabin® BRIT **Wohn·ein·heit** *f* (*geh*) unit, accommodation [*or* AM accommodations] unit, unit of accommodation [*or* AM accommodations]
woh·nen ['vo:nən] *vi* ■**irgendwo** ~ to live somewhere; **ich wohne im Hotel** I am staying at the hotel; ■**irgendwie** ~ to live somehow; **in diesem Viertel wohnt man sehr schön** this area is a nice place to live
Wohn·flä·che *f* ARCHIT living space **Wohn·ge·bäu·de** *nt* residential building **Wohn·ge·biet** *nt* residential area; **allgemeines** ~ general residential area; **reines** ~ area for purely residential purposes **Wohn·ge·gend** *f* residential area; **eine/keine gute** ~ **sein** to be/not to be a nice area to live in **Wohn·geld** *nt* housing benefit **Wohn·ge·mein·schaft** *f* communal residence, commune, house- [*or* flat-] [*or* AM apartment-] share; **in einer** ~ **leben** to share a house/flat with sb **Wohn·gift** *nt poisonous substance found in the home*
wohn·haft ['vo:nhaft] *adj* (*geh*) ■**der/die in ...** ~**e** the person resident [*or* residing] in ...; ■**irgendwo** ~ **sein** to live somewhere
Wohn·haus *nt* residential building **Wohn·heim** *nt* (*Studenten~*) hall of residence BRIT, residence hall AM, dormitory AM; (*Arbeiter~*) hostel; (*Altersheim*) old people's home **Wohn·kom·fort** *m* comfort of one's home **Wohn·kü·che** *f* kitchen-cum-living room **Wohn·la·ge** *f* residential area
wohn·lich ['vo:lɪç] *adj* cosy BRIT, cozy AM; **es sich irgendwo** ~ **machen** to make oneself cosy [*or* comfortable] somewhere
Wohnm·ob·il <-s, -e> *nt* AUTO camper, BRIT *a.* Dormobile®
Wohn·ne·ben·kos·ten *pl* heating, lighting and services, *additional costs after rent* **Wohn·ort** *m* place of residence **Wohn·qua·li·tät** *f* housing quality **Wohn·raum** *m* ❶ (*Zimmer*) living room ❷ *kein pl* (*Fläche*) living space **Wohn·schlaf·zim·mer** *nt combined living room and bedroom* **Wohn·sied·lung** *f* housing estate [*or* AM development] **Wohn·si·lo** *m o nt* (*pej*) concrete monolith *pej* **Wohn·sitz** *m* ADMIN (*geh*) domicile; **erster** ~ main place of residence; **ohne festen** ~ of no fixed abode **Wohn·stock** *m* SCHWEIZ *s.* **Stockwerk** storey BRIT, story AM, floor
Woh·nung <-, -en> *f* flat, apartment; **freie** ~ **haben** to have free lodging
Woh·nungs·amt *nt* housing department **Woh·nungs·an·ge·bot** *nt* housing market **Woh·nungs·bau** *m kein pl* house building; **sozialer** ~ council houses **Woh·nungs·be·darf** *m kein pl* housing requirements *pl* **Woh·nungs·ein·rich·tung** *f* furnishings *pl* **Woh·nungs·in·ha·ber(in)** *m(f)* (*geh*) householder, occupant **Woh·nungs·man·gel** *m kein pl* housing shortage **Woh·nungs·markt** *m* housing market **Woh·nungs·mie·te** *f* (*geh*) rent **Woh·nungs·not** *f kein pl* serious housing shortage **Woh·nungs·not·stand** *m* serious housing shortage [*or* lack of housing] **Woh·nungs·su·che** *f* flat- [*or* apartment-] hunting; **auf** ~ **sein, sich auf** ~ **befinden** (*geh*) to be flat-hunting [*or* looking for a flat] **Woh·nungs·tausch** *m* exchange [of flats [*or* apartments]/houses] **Woh·nungs·tür** *f* front door **Woh·nungs·wech·sel** *m* change of address
Wohn·vier·tel *nt* residential area [*or* district] **Wohn·wa·gen** *m* AUTO ❶ (*Campinganhänger*) caravan BRIT, trailer AM ❷ (*mobile Wohnung*) mobile home; (*Zigeunerwohnwagen*) gypsy caravan
Wohn·zim·mer *nt* living room, lounge
Wohn·zim·mer·fens·ter *nt* living room window; **die Vorhänge am** ~ the living room curtains
Wok <-, -s> [vɔk] *m* KOCHK wok
wöl·ben ['vœlbn̩] *vr* ❶ (*sich biegen*) ■**sich** ~ to bend [*or* bulge] ❷ (*in einem Bogen überspannen*) ■**sich über etw** *akk* ~ to arch over sth; **das Zeltdach wölbte sich über die Tribüne** the roof of the tent formed an arch over the rostrum
Wöl·bung <-, -en> *f* ❶ BAU (*gewölbte Konstruktion*) dome; (*Bogen*) arch ❷ (*Rundung*) bulge ❸ ANAT (*gewölbte Beschaffenheit*) curvature
Wolf <-[e]s, Wölfe> [vɔlf, *pl* 'vœlfə] *m* ❶ ZOOL wolf ❷ TECH shredder; **etw durch den** ~ **drehen** to shred sth; (*Fleischwolf*) mincer BRIT, grinder AM ❸ MED (*Intertrigo*) intertrigo ▸WENDUNGEN: **ein** ~ **im Schafspelz sein** to be a wolf in sheep's clothing; **jdn durch den** ~ **drehen** (*sl*) to put sb through his paces; **mit den Wölfen heulen** to run with the pack
Wölf·chen <-s, -> ['vœlfçən] *nt dim von* **Wolf** wolf cub
Wöl·fin <-, -nen> ['vœlfɪn] *f* she-wolf
Wölf·ling <-s, -e> ['vœlflɪŋ] *m* cub [scout]
Wolf·ram <-s> ['vɔlfram] *nt kein pl* CHEM tungsten, wolfram

Wọlfs·barsch *m* KOCHK, ZOOL sea bass

Wol·go·grad <-s> ['vɔlgogra:t] *nt* Volgograd

Wölk·chen <-s, -> ['vœlkçən] *nt dim von* **Wolke** small cloud

Wol·ke <-, -n> ['vɔlkə] *f* cloud ▶ WENDUNGEN: **aus allen ~n fallen** to be flabbergasted *fam;* **über den ~n schweben** (*geh*) to have one's head in the clouds

Wọl·ken·bank <-bänke> *f* cloudbank **Wọl·ken·bruch** *m* cloudburst **wọl·ken·bruch·ar·tig** *adj* torrential **Wọl·ken·de·cke** *f* cloud cover **Wọl·ken·krat·zer** *m* (*fam*) skyscraper

wọl·ken·los *adj* cloudless

wọl·ken·ver·han·gen *adj* overcast

wol·kig ['vɔlkɪç] *adj* cloudy

Wọll·de·cke *f* [woollen] blanket

Wol·le <-, -n> ['vɔlə] *f* MODE, ZOOL wool ▶ WENDUNGEN: **sich mit jdm [wegen etw** *dat*] **in der ~ haben** (*fam*) to be at loggerheads with sb [about [*or* over] sth]; **sich mit jdm [wegen etw** *dat*] **in die ~ kriegen** (*fam*) to start squabbling with sb [about [*or* over] sth]

wol·len¹ ['vɔlən] *adj attr* MODE woollen

wol·len² ['vɔlən] **I.** *vb aux* <wịll, wọllte, wọllen> *modal* ❶ (*mögen*) ■**etw tun ~** to want to do sth; **seinen Kopf durchsetzen ~** to want one's own way; **keine Widerrede hören ~** to not want to hear any arguments; **willst du nicht mitkommen?** do you want [*or* would you like] to come [along]?; **etw haben ~** to want [to have] sth; **etw nicht haben ~** to not allow sth; **etw nicht tun ~** to not want [*or* refuse] to do sth; **der Wagen will schon wieder nicht anspringen** the car does not want [*or* refuses] to start again; **wollen wir uns nicht setzen?** why don't we sit down? ❷ (*zu tun beabsichtigen*) ■**etw tun ~** to want to do sth; **etw schon lange tun ~** to have been wanting to do sth for ages; **ihr wollt schon gehen?** are you leaving already?; ■**etw gerade tun ~** to be [just] about to do sth; **wir wollten gerade gehen** we were just leaving [*or* about to go]; **ich wollte mich mal nach Ihrem Befinden erkundigen** I wanted to find out how you were ❸ (*behaupten*) ■**etw getan haben ~** to claim to have done sth; **von etw nichts gewusst haben ~** to claim to have known nothing about sth; **keiner will etwas gesehen/gehört haben** nobody will admit to having seen/heard anything; **und so jemand will Arzt sein!** and he calls himself a doctor! ❹ (*höfliche Aufforderung*) ■**jd wolle etw tun** sb would do sth; **wenn Sie jetzt bitte still sein ~** if you would please be quiet now; **man wolle doch nicht vergessen, wie teuer ein Auto ist** we should not forget how expensive a car is ❺ *passivisch* (*müssen*) ■**etw will etw sein** [*o* **werden**] sth has to be sth; **einige wichtige Anrufe ~ auch noch erledigt werden** some important calls still have to be made; **eine komplizierte Aktion will gut vorbereitet sein** a complicated operation has to be well prepared ❻ (*werden*) ■**..., als wolle es etw tun** ... as if it is going to do sth; **es sieht aus, als wolle es gleich regnen** it looks like rain, it looks as if it's about to rain; **er will und will sich nicht ändern** he just will not change; *s. a.* **besser II.** *vi* <wịll, wọllte, gewọllt> ❶ (*den Willen haben*) to want; **du musst es nur ~, dann klappt das auch** if you want it to work, it will; **ob du willst oder nicht** whether you like it or not; **wenn du willst** if you like; **gehen wir? – wenn du willst** shall we go? – if you like [*or* want to]; **[ganz] wie du willst** just as you like, please yourself ❷ (*gehen ~*) ■**irgendwohin ~** to want to go somewhere; **er will unbedingt ins Kino** he is set on going [*or* determined to go] to the cinema; **ich will hier raus** I want to get out of here; ■**zu jdm ~** to want to see sb; **zu wem ~ Sie?** who[m] do you wish to see? ❸ *optativisch* (*anstreben*) ■**jd wollte, jd würde etw tun/etw würde geschehen** sb wishes that sb would do sth/sth would happen; **ich wollte, ich dürfte noch länger schlafen** I wish I could sleep in a bit longer; **ich wollte, es wäre schon Weihnachten** I wish it were Christmas already; **ich wollte, das würde nie passieren** I would never want that to happen; ■**ich wollte, ich/jd wäre irgendwo** I wish I/sb were somewhere ▶ WENDUNGEN: **wer nicht will, der hat schon** (*prov*) if he doesn't/you don't like it he/you can lump it! *fam;* **dann ~ wir mal** let's get started [*or fam* going]; **etw will nicht mehr** (*fam*) sth refuses to go on; **meine Beine ~ einfach nicht mehr** my legs refuse to carry me any further; **sein Herz will einfach nicht mehr** he has a weak heart; **wenn man so will** as it were; **das war, wenn man so will, eine einmalige Gelegenheit** it was, as it were, a once in a lifetime opportunity **III.** *vt* <wịll, wọllte, gewọllt> ❶ (*haben ~*) ■**etw ~** to want sth; **willst du lieber Tee oder Kaffee?** would you prefer tea or coffee?; **~ Sie nicht noch ein Glas Wein?** wouldn't you like another glass of wine?; ■**etw von jdm ~** to want sth from sb; **was willst du [noch] mehr!** what more do you want! ❷ (*bezwecken*) ■**etw mit etw ~** to want sth with [*or* for] sth; **was ~ Sie mit Ihren ständigen Beschwerden?** what do you hope to achieve with your incessant complaints?; **was willst du mit dem Messer?** what are you doing with that knife?; **ohne es zu ~** without wanting to, unintentionally ❸ (*verlangen*) ■**etw von jdm ~** to want sth from sb; **was ~ Sie von mir? ich habe doch gar nichts getan!** what do you want? I have done nothing wrong!; (*ein Anliegen haben*) to want sth [with sb]; **was wollte er von mir?** what did he want with me?; **Frau Jung hat angerufen, hat aber nicht gesagt, was sie wollte** Mrs Jung rang, but she didn't say what she wanted [*or* why she wanted to talk to you]; ■**~, dass jd etw tut** to want sb to do sth; **ich will, dass du jetzt sofort gehst!** I want you to go immediately; **ich hätte ja gewollt, dass er kommt, aber sie war dagegen** I wanted him to come, but she was against it ❹ (*besitzen ~*) ■**jdn ~** to want sb ❺ (*fam: brauchen*) ■**etw ~** to want [*or* need] sth; **Kinder ~ nun mal viel Liebe** children need a great deal of love ▶ WENDUNGEN: **da ist nichts zu ~** (*fam*) there is nothing we/you can do [about it]; **da ist nichts mehr zu ~** (*fam*) that's that, there is nothing else we/you can do; **was du nicht willst, dass man dir tu', das füg auch keinem andern zu** (*prov*) do unto others as you would others unto you *prov;* **etwas von jdm ~** (*fam*) to want sb *fam;* (*jdm Böses wollen*) to want to do sth to sb; **nichts von jdm ~** (*fam*) to not be interested in sb; **sie ist in Manfred verliebt, aber er will nichts von ihr** she is in love with Manfred, but he is not interested [in her]; (*jdm nicht böse wollen*) to mean sb no harm; **der Hund will nichts von dir** the dog will not harm [*or* hurt] you; **[gar] nichts zu ~ haben** (*fam*) to have no say [in the matter]; *s. a.* **wissen**

Wọll·garn *nt* woollen [*or* AM woolen] yarn

wol·lig ['vɔlɪç] *adj* woolly

Wọll·knäu·el *nt* ball of wool **Wọll·sa·chen** *pl* (*fam*) woollies *pl fam,* woollens *npl* BRIT, woolens *npl* AM

Wol·lust <-, lüste> ['vɔlʊst, *pl* 'vɔlʏstə] *f* (*geh*) lust; **voller ~** lustfully; **etw** *akk* **mit wahrer** [*o* **einer wahren**] **~ tun** (*fig*) to take great delight in doing sth, to delight in doing sth

wol·lüs·tig ['vɔlʏstɪç] *adj* (*geh*) lustful, lascivious *form or pej;* **ein ~er Blick** a lascivious look

Wom·bat <-s, -s> ['vɔmbat] *m* ZOOL wombat

wo·mit [vo'mɪt] *adv* ❶ *interrog* (*mit was*) with what, what ... with; **~ reinigt man diese Seidenhemden?** what do you/does one use to clean these silk shirts with ?; **~ habe ich das verdient?** what did I do to deserve this?; **~ kann ich dienen?** what can I do you for?; **~ ich es auch versuchte, der Fleck ging nicht raus** whatever I tried it with, the stain wouldn't shift ❷ *rel* (*mit welcher Sache*) with which; **das ist das Messer, ~ der Mord begangen wurde** that's the knife with which the murder was committed; **sie tat etwas, ~ ich nie gerechnet hatte** she did something I would never have expected

wo·mög·lich [vo'mø:klɪç] *adv* possibly; **~ schneit es in den nächsten Tagen** it's likely to snow in the next few days; **sind Sie ~ Peter Müller?** could your name possibly be Peter Müller?

wo·nach [vo'na:x] *adv* ❶ *interrog* (*nach was*) what ... for, what ... of; ~ **suchst du?** what are you looking for?; ~ **riecht das hier so komisch?** what's that funny smell in here?; ~ **ich ihn auch fragte, er wusste eine Antwort** whatever [it was] I asked him, he had an answer ❷ *rel* (*nach welcher Sache*) which [*or* what] ... for, of which; **das ist der Schatz, ~ seit Jahrhunderten gesucht wird** that is the treasure that has been hunted for for centuries; **das, ~ es hier so stinkt, ist Sulfat** the stuff that smells so bad here is sulphur; **ich vermute, es ist Gold, ~ die hier schürfen** I presume it is gold they are digging for here; (*demzufolge*) according to which; **es gibt eine Zeugenaussage, ~ er unschuldig ist** according to one witness's testimony he is innocent; *s. a.* **nach**

Won·der·bra <-[s], -s> ['wʌndəʔbra:] *m* Wonderbra®

Won·ne <-, -n> ['vɔnə] *f* (*geh*) joy, delight; **die ~n der Liebe** the joys of love; **es ist [für jdn] eine [wahre] ~, etw zu tun** (*fam*) it is a [real] joy [for sb] to do sth; **die Kinder kreischten vor ~** the children squealed with delight; **mit ~** (*veraltend geh*) with great delight; **ich habe mit ~ vernommen, dass es dir besser geht** (*hum*) I was delighted to hear that you are getting better

won·nig ['vɔnɪç] *adj* ❶ (*fam: Wonne hervorrufend*) delightful; **ein ~es Baby** a delightful baby; **ist sie nicht ~?** isn't she gorgeous? ❷ (*geh: von Wonne erfüllt*) blissful; **einen ~en Moment genießen** to enjoy a moment of bliss

wo·ran [vo'ran] *adv* ❶ *interrog* (*an welchem/welchen Gegenstand*) what ... on, on what; ~ **soll ich das befestigen?** what should I fasten this to?; (*an welchem/welchen Umstand*) what ... of, of what; ~ **haben Sie ihn wiedererkannt?** how did you recognize him again?; ~ **können Sie sich noch erinnern?** what can you still remember?; ~ **denkst du gerade?** what are you thinking of just now?; ~ **ist sie gestorben?** what did she die of?; **ich weiß nie, ~ ich bei ihr bin** I never know where I stand with her ❷ *rel* (*an welchem/welchen Gegenstand*) on which; **es gab nichts, ~ sie sich festhalten konnte** there was nothing for her to hold on to; **das Seil, ~ der Kübel befestigt war, riss** the rope on which the pail was fastened broke [*or* snapped]; (*an welchem/welchen Umstand*) by which; **das ist das einzige, ~ ich mich noch erinnere** that's the only thing I can remember; **es gibt einige Punkte, ~ man echte Banknoten von Blüten unterscheiden kann** there are a few points by which you can distinguish real bank notes from counterfeits; **~ ... auch [immer]** whatever ...; ~ **ich im Leben auch glaubte, immer wurde ich enttäuscht** whatever I believed in in life, I was to be disappointed

wo·rauf [vo'rauf] *adv* ❶ *interrog* (*auf welchen/welchem Umstand*) on what ..., what ... on; ~ **wartest du noch?** what are you waiting for?; ~ **stützen sich deine Behauptungen?** what are your claims based on?; (*auf welche/welcher Sache*) on what, what ... on; ~ **darf ich mich setzen?** what can I sit on?; ~ **steht das Haus?** what is the house built on? ❷ *rel* (*auf welcher/welche Sache*) on which; **das Bett, ~ wir liegen, gehörte meinen Großeltern** the bed we're lying on belonged to my grandparents; **der Grund, ~ das Haus steht, ist sehr hart** the ground on which the house is built is very hard; **das Papier, ~ ich male, mache ich selbst** I make the paper I'm painting on myself; **~ ... auch [immer]** whatever ... on; **alle Gebäude stürzten ein, ~ sie auch gebaut waren** all the buildings caved in, regardless of what they were built upon; (*woraufhin*) whereupon; **er schoss, ~ man sich sofort auf ihn stürzte** he fired a shot, whereupon they pounced on him; *s.* **verlassen**

wo·rauf·hịn *adv* ❶ *interrog* (*auf welche Veranlassung hin*) for what reason; ~ **können wir ihn verhaften lassen?** for what reason can we have him arrested?; ~ **hast du das getan?** why did you do that? ❷ *rel* (*wonach*) whereupon, after which; **sie beschimpfte ihn, ~ er wütend den Raum verließ** she swore at him whereupon he stormed out of the room

wo·raus [vo'raus] *adv* ❶ *interrog* (*aus welcher Sache/welchem Material*) what ... out of, out of what; ~ **bestehen Rubine?** what are rubies made out of?; **und ~ schließen Sie das?** and from what do you deduce that?; ~ **haben Sie das entnommen?** where did you get that from? ❷ *rel* (*aus welcher Sache/welchem Material*) from which, what ... out of, out of which; **das Material, ~ die Socken bestehen, kratzt** the material the socks are made of is itchy; **ich liebte das Buch, ~ sie mir immer vorlas** I loved the book she always read out of; (*aus welchem Umstand*) from which; **es gab gewisse Anzeichen, ~ das geschlossen werden konnte** there were certain signs from which this could be deduced; ~ **auch immer dieses Gehäuse gefertigt ist, es ist sehr stabil** whatever this shell is made of it's very robust; ~ **sie das auch abgeschrieben hat, es ist gut** wherever she copied this from it's good

wọr·den *pp von* **werden I.3**

wo·rin [vo'rɪn] *adv* ❶ *interrog* (*in welcher Sache*) in what, what ... in; ~ **besteht der Unterschied?** wherein *form* lies [*or* where is] the difference? ❷ *rel* (*in dem*) in which; **es gibt etwas, ~ sich Original und Fälschung unterscheiden** there is one point in which the original and the copy differ; **das, ~ ihr euch gleicht, ist die Geldgier** greed for money is one thing which you have in common; **~ ... auch [immer]** wherever; ~ **auch immer du Talent hast, nutze es!** whatever you have talent in, use it!

Work·a·ho·lic <-s, -s> [vø:ɐ̯kə'hɔɪk] *m* (*sl*) workaholic **Work·shop** <-s, -s> ['vø:ɐ̯kʃɔp] *m* workshop **Work·sta·tion** <-, -s> ['vø:ɐ̯kste:ʃn̩] *f* INFORM workstation

Worst-Case-Sze·na̲·rio [ˌwɜ:stke:s-] *nt* worst case scenario

Wort[1] <-[e]s, Wörter> [vɔrt, *pl* 'vœrtɐ] *nt* LING word; **im wahrsten Sinne des ~es** in the true sense of the word; ~ **für ~** word for word

Wọrt[2] <-[e]s, -e> *nt* ❶ *meist pl* (*Äußerung*) word *usu pl;* **etw mit knappen/umständlichen ~en ausdrücken** to express sth briefly/in a roundabout way; **erzählen Sie mit möglichst knappen ~en, was vorgefallen ist** tell me as briefly as you can what happened; **das letzte ~ ist noch nicht gesprochen** that's not the end of it, the final decision hasn't been made yet; **immer das letzte ~ haben wollen** to always want to have the last word; **das ist ein wahres ~** (*geh*) you can say that again; **daran ist kein wahres ~, davon ist kein ~ wahr** not a word of it is true, don't believe a word of it; **1.000 Euro, in ~en: eintausend** 1,000 euros in words: one thousand; **du sprichst ein wahres ~ gelassen aus** how right you are; **hat man denn da noch ~e?** what can you say?, words fail me; **für so ein Verhalten finde ich keine ~e mehr** such behaviour leaves me speechless; **ein ~ gab das andere** one thing led to another; **ein ~ Goethes** a quotation from Goethe; **denk an meine ~e!** remember what I said!; **freundliche/harte ~e** friendly/harsh words; **ich habe nie ein böses ~ von ihr gehört** I've never heard a bad word from her; **in ~ und Bild** in words and pictures; **in ~ und Schrift** (*geh*) spoken and written; **sie beherrscht Französisch in ~ und Schrift** she has command of both written and spoken French; **auf ein ~!** (*geh*) a word!; **das sind große ~e** (*fig*) sb talks big *fam;* **in ~ und Tat** in word and deed; **seinen ~en Taten folgen lassen** actions speak louder than words, to follow one's words with action; **mit anderen ~en** in other words; **mit einem ~** in a word; **man kann sein eigenes ~ nicht [mehr] verstehen** one can't hear oneself speak; **jdn mit schönen ~en abspeisen** to fob sb off nicely; **[bei jdm] ein gutes ~ für jdn einlegen** to put in a good word for sb [with sb]; **etw in ~e fassen** to put sth into words; **jdm fehlen die ~e** sb is speechless; **jd findet keine ~e für etw** sb can't find the right words to express sth; **hättest du doch ein ~ gesagt** if only you had said something; **davon hat man mir kein ~ gesagt** no one has said a word to me about it; **jdm kein ~ glauben** to not believe a word sb says; **kein ~ herausbringen** to not get a word out; **nicht viele ~e machen** (*fig*) to be a man of action [rather than words]; **ein ernstes ~ mit jdm reden** to have a serious talk with sb; **kein ~ miteinander reden** to not say a word to each other; **einer S.** *dat* **das ~ reden** to put the case for sth; **kein ~ verstehen** to not understand a word; (*hören*) to be unable to hear a word [that's being said]; **meine Erleichterung lässt sich in ~en kaum schildern** I can't possibly describe in words how relieved I am; **etw mit keinem ~ erwähnen** to not say a [single] word about sth; **darüber brauchen wir kein ~ zu verlieren** we don't need to waste any words on it; **kein ~ über jdn/etw verlieren** to not say a word about sb/sth, to not mention sb/sth; **aufs ~ parieren** to jump to it; **~e des Dankes** words of thanks; **er bat uns ohne ein ~ des Grußes herein** he motioned us to enter without a word of greeting; **genug der ~e!** (*geh*) that's enough talk!; **kein ~ mehr!** (*fam*) not another word!; **das sind nichts als ~e** they're only [*or* nothing but] words; **nach dem ~ des Evangeliums** (*fig*) according to the Gospel ❷ *kein pl* (*Ehren~*) word; **das ist ein ~!** [that's a] deal!, you've got it!; **sein ~ brechen/halten** to break/keep one's word; **jdm sein ~** *akk* **[auf etw] geben** to give sb one's word [on sth]; **jdm [etw] aufs ~ glauben** to believe every word sb says [about sth]; **das glaube ich dir aufs ~** I can well believe it; **jdn beim ~ nehmen** to take sb at his word, to take sb's word for it; **auf mein ~!** I give you my word!; **bei jdm im ~ stehen** [*o* **sein**] (*geh*) to have given one's word [to sb]; **ich bin bei ihm im ~** I gave him my word ❸ *kein pl* (*Rede[erlaubnis]*) word; **gestatten Sie mir ein ~** allow me to say a few words; **jdm das ~ abschneiden** to cut sb short; **ums ~ bitten** to ask to speak; **jdm das ~ entziehen** to cut sb short; **das ~ ergreifen** [*o* **führen**] to begin to speak; *Diskussionsteilnehmer* to take the floor; **jdm das ~ erteilen** [*o* **geben**] to allow sb to speak; *Diskussionsleiter etc.* to allow sb to take the floor; **jdm ins ~ fallen** to interrupt sb; **das ~ haben** to have one's turn to speak; **als Nächstes haben Sie das ~** it's your turn to speak next; **zu ~ kommen** to get a chance to speak; **sich zu ~ melden** to ask to speak; **das ~ an jdn richten** (*geh*) to address sb; **jdm das ~ verbieten** to forbid sb to speak ❹ (*Befehl, Entschluss*) word; **das ~ des Vaters ist ausschlaggebend** the father's word is law; **das ~ des Königs** the king's command; **ein ~ mitzureden haben** to have sth to say about sth; **jds ~ ist Gesetz** sb's word is law, what sb says goes ▶ WENDUNGEN: **dein/sein/ihr ~ in Gottes Ohr!** (*fam*) let's hope so! *fam;* **jdm das ~** [*o* **die ~e**] **im Munde herumdrehen** to twist sb's words; **geflügeltes ~** quotation; **das ~ zum Sonntag** *short religious broadcast on Saturday evening;* **aufs ~ gehorchen** to obey sb's every word

Wọrt·art *f* LING part of speech **Wọrt·bruch** *m* (*geh*) breaking of a promise **wọrt·brü·chig** *adj* (*geh*) treacherous, false; **gegen jdn ~ sein, ~ werden** to break one's word [to sb]

Wört·chen <-s, -> ['vœrtçən] *nt dim von* **Wort** (*fam*) word; **zu keinem ein ~ darüber!** not a word of it to anyone!; **mit jdm noch ein ~ zu reden haben** (*fig fam*) to have a bone to pick with sb *fig fam;* **da habe ich [noch/wohl] ein ~ mitzureden** (*fig fam*) I think I have something to say about [*or* some say in] that *fam*

Wö̱r·ter·buch *nt* dictionary

Wọrt·er·ken·nung *f* INFORM word recognition

Wö̱r·ter·ver·zeich·nis *nt* LING, VERLAG, SCH ❶ (*Vokabular*) glossary ❷ (*Wortverzeichnis, -index*) index

Wọrt·fet·zen *pl* scraps of conversation *pl*

Wọrt·füh·rer(in) *m(f)* spokesperson, spokesman *masc,* spokeswoman *fem;* **sich** *akk* **zum ~ von jdm/etw machen** to designate oneself as the spokesman/spokeswoman for sth/sb **Wọrt·ge·fecht** *nt* battle [*or* war] of words **wọrt·ge·treu I.** *adj* verbatim *inv form;* **eine ~e Übersetzung** a faithful translation **II.** *adv* verbatim *inv form,* word for word; **etw ~ wiedergeben** to repeat sth word for word **wọrt·ge·wandt** *adj* eloquent **Wọrt·gut** *nt kein pl* (*geh*) *s.* **Wortschatz wọrt·karg** *adj* taciturn; **eine ~e Antwort** a taciturn reply; **ein ~er Mensch** a taciturn person; **warum bist du heute so ~?** why are you so quiet today? **Wort·klau·be·rei** <-, -en> [vɔrtklaubə'rai] *f* (*pej*) hair-splitting *no pl,* nit-picking *no pl;* **das ist doch reine ~** you're just splitting hairs **Wọrt·laut** *m kein pl* wording; **einen anderen/diesen/folgenden ~ haben** to read differently/like this/as follows; **im vollen/originalen ~** word for word/in its original wording

Wört·lein <-s, -> *nt dim von* **Wort** *s.* **Wörtchen**

wört·lich ['vœrtlɪç] **I.** *adj* ❶ (*originalgetreu*) word-for-word, verbatim; **die ~e Wiedergabe eines Textes** a word-for-word account of a text ❷ (*in der Originalbedeutung*) **eine ~e Übersetzung** a literal [*or* word-for-word] translation **II.** *adv* ❶ (*genauso*) word for word; **hat er das wirklich ~ so gesagt?** did he actually say that? ❷ (*dem originalen Wortlaut gemäß*) literally; **etw ~ übersetzen** to translate sth literally; **etw ~ nehmen** to take sth literally

wọrt·los I. *adj* silent **II.** *adv* silently, without saying a word

Wọrt·mel·dung *f* request to speak; **um ~ bitten** to ask for permission to speak **wọrt·reich I.** *adj* ❶ (*mit vielen Worten*) long-winded *pej,* wordy *pej;* **eine ~e Entschuldigung** a profuse apology ❷ (*mit großem Wortschatz*) rich in vocabulary; **eine ~e Sprache** a language that is rich in vocabulary **II.** *adv* profusely, in a long-winded manner **Wọrt·schatz** *m* vocabulary **Wọrt·spiel** *nt* pun, play on words **Wọrt·stel·lung** *f* word order **Wọrt·wahl** *f kein pl* choice of words **Wọrt·wech·sel** *m* (*geh*) verbal exchange

wort·wört·lich ['vɔrt'vœrtlɪç] **I.** *adj* word-for-word; **eine ~e Übersetzung** a literal translation **II.** *adv* word for word; **jdn ~ zitieren** to quote sb word for word; **hier heißt es doch ~, dass ich den Preis gewonnen habe** it says here quite literally that I've won the prize

wo·rü·ber [vo'ryːbɐ] *adv* ❶ *interrog* (*über welches Thema*) what ... about, about what; **~ habt ihr euch so lange unterhalten?** what was it you talked about for so long?; **~ hast du so lange gebrütet?** what have you been pondering about for so long? ❷ *interrog* (*über welchem/welchen Gegenstand*) above which; **~ soll ich das Handtuch breiten?** what should I spread the towel out over? ❸ *rel* (*über welche Sache*) about which, what ... about, for which; **es geht Sie gar nichts an, ~ wir uns unterhalten haben!** it's none of your business what we were talking about!; **das Problem, ~ ich schon so lange gebrütet habe, ist gelöst** the problem I was brooding about for so long has been solved; **das ist die bestellte Ware, ~ Ihnen die Rechnung dann später zugeht** here is the ordered merchandise, for which you will receive the bill later ❹ *rel* (*über welchen/welchem Gegenstand*) over which; **der Koffer, ~ du gestolpert bist, gehört mir** the suitcase you stumbled over is mine

wo·rum [vo'rʊm] *adv* ❶ *interrog* (*um welche Sache/Angelegenheit*) what ... about; **~ ging es eigentlich bei eurem Streit?** what was your fight all about?; **~ handelt es sich?** what is this about? ❷ *interrog* (*um welchen Gegenstand*) what ... around; **~ hatte sich der Schal gewickelt?** what had the scarf wrapped itself around? ❸ *rel* (*um welche Sache/Angelegenheit*) what ... about; **alles, ~ du mich bittest, sei dir gewährt** (*geh*) all that you ask of me will be granted ❹ *rel* (*um welchen Gegenstand*) around; **das Bein, ~ der Verband gewickelt ist, ist viel dünner** the leg the bandage is around is much thinner

wo·run·ter [vo'rʊntɐ] *adv* ❶ *interrog* (*unter welcher Sache/Angelegenheit*) what ... from; **~ leidet Ihre Frau?** what is your wife suffering from?; **~ darf ich Sie eintragen, unter „Besucher" oder „Mitglieder"?** where should I put your name down, "visitors" or "members"? ❷ *interrog* (*unter welchem/welchen Gegenstand*) under what, what ... under;

~ **hattest du dich versteckt?** what did you hide under? ❸ *rel* (*unter welcher Sache*) under which, which ... under; **Freiheit ist ein Begriff, ~ vieles verstanden werden kann** freedom is a term that can mean many different things ❹ *rel* (*unter welchem/welchen Gegenstand*) under which; **das ist der Baum, ~ wir uns zum ersten Mal küssten** that's the tree under which we kissed for the first time ❺ *rel* (*inmitten deren: örtlich*) amongst which; **Tierschützer, ~ ich mich selber zähle, verdienen Respekt** animal conservationists, of which I am one, deserve to be respected

Wo·tan <-s> ['vo:tan] *m* Wotan

wo·von [vo'fɔn] *adv* ❶ *interrog* (*von welcher Sache/Angelegenheit*) what ... about; ~ **war auf der Versammlung die Rede?** what was the subject of discussion at the meeting?; ~ **bist du denn so müde?** what has made you so tired? ❷ *interrog* (*von welchem Gegenstand*) from what, what ... from; ~ **mag dieser Knopf wohl stammen?** where could this button be from? ❸ *rel* (*von welchem Gegenstand*) from which; **der Baum, ~ das Holz stammt, ist sehr selten** the tree from which the wood originates is very rare ❹ *rel* (*von welcher Sache/Angelegenheit*) about which, which ... about; **das ist eine Sache, ~ du nun mal nichts verstehst** it's something you just don't know anything about ❺ *rel* (*durch welchen Umstand*) as a result of which; **er hatte einen Unfall, ~ er sich nur langsam erholte** he had an accident from which he only recovered slowly

wo·vor [vo'fo:ɐ̯] *adv interrog* ❶ *interrog* (*vor welcher Sache*) what ... of; ~ **fürchtest du dich denn so?** what are you so afraid of? ❷ *interrog* (*vor welchem/welchen Gegenstand*) in front of what, what ... in front of; ~ **sollen wir den Schrank stellen** what should we put the cupboard in front of? ❸ *rel* (*vor welcher Sache*) what ... of, of which; **ich habe keine Ahnung, ~ er solche Angst hat** I have no idea what he's so frightened of ❹ *rel* (*vor welchem/welchen Gegenstand*) in front of which; **die Wand, ~ der Schrank stand, ist feucht** the wall behind where the cupboard stood is damp

wo·zu [vo'tsu:] *adv* ❶ *interrog* (*zu welchem Zweck*) why, how come, what ... for; ~ **musste dieses Unglück geschehen?** why did this tragedy have to happen?; ~ **soll das gut sein?** what's the purpose [*or* good] of that?; ~ **hast du das gemacht?** what did you do that for? ❷ *interrog* (*zu welcher Sache*) for what, what ... for; ~ **haben Sie sich entschlossen?** what have you decided on?; ~ **bist du so lange interviewt worden?** what were you interviewed so long for? ❸ *rel* (*zu welchem Zweck*) for which reason; **er hat eine Reise geplant, ~ er noch Geld braucht** he has planned a journey for which he still needs money ❹ *rel* (*zu welcher Sache/Angelegenheit*) what; **ich ahne schon, ~ du mich wieder überreden willst!** I know what you want to talk me into!; **das war ein Schritt, ~ ich mich schon längst bereitgefunden hatte** that was a step which I had long been prepared for ❺ *rel* (*zusätzlich zu dem*) to which; **das Buch umfasst 128 Seiten Text, ~ noch ein Schlusswort kommt** the book has 128 pages of text and a summary in addition to that

Wrack <-[e]s, -s> [vrak] *nt* ❶ (*Schiffs~*) wreck; (*Flugzeug~*) wreckage; (*Auto~*) wreckage ❷ (*fig fam: völlig verbrauchter Mensch*) wreck; **ein körperliches/seelisches ~ sein** to be a physical/emotional wreck; **ein menschliches ~ sein** to be a human wreck

Wrack·barsch *m* KOCHK, ZOOL wreckfish, stone bass

wrin·gen <wrạng, gewrụngen> ['vrɪŋən] *vt* ❶ (*aus~*) ■**etw** ~ to wring sth ❷ (*durch Wringen herauspressen*) ■**etw aus etw** *dat* ~ to wring sth out of sth; **Wasser aus einem Lappen ~** to wring water out of a cloth

Wu·cher <-s> ['vu:xɐ] *m kein pl* (*pej*) extortion *no pl*, profiteering *no pl*; (*Zinsen*) usury; **das ist [doch/ja] ~!** that's daylight [*or* AM highway] robbery!, that's extortionate!; ~ **treiben** to profiteer, to extort

Wu·che·rer, Wu·che·rin <-s, -> ['vu:xərɐ, 'vu:xərɪn] *m, f* (*pej*) profiteer, usurer

wu·che·risch ['vu:xərɪʃ] *adj* (*pej*) extortionate, exorbitant; ~**e Zinsen verlangen** to lend money at usurious rates

Wu̲·cher·mie·te *f* (*pej*) extortionate rent

wu·chern ['vu:xɐn] *vi* ❶ *sein o haben* HORT to grow rampant ❷ *sein* MED to proliferate, to spread rampantly; **eine ~de Geschwulst** a fast-growing tumour ❸ *haben* (*Wucher treiben*) ■**[mit etw** *dat***]** ~ to practise usury [with sth]

Wu̲·cher·preis *m* (*pej*) extortionate [*or* exorbitant] price

Wu̲·che·rung <-, -en> *f* ❶ (*krankhafte Gewebevermehrung*) proliferation ❷ (*Geschwulst*) growth

Wu̲·cher·zins *m meist pl* (*pej*) usurious [*or* exorbitant] interest

wuchs [vu:ks] *imp von* **wachsen**[1]

Wuchs <-es> [vu:ks] *m kein pl* ❶ HORT (*Wachstum*) growth ❷ (*Form, Gestalt*) stature, build ❸ (*Pflanzenbestand*) cluster; **ein ~ junger Bäume** a clump of saplings

Wucht <-> [vʊxt] *f kein pl* force; (*Schläge, Hiebe*) brunt; **mit aller ~** with all one's might; **mit voller ~** with full force; **der Stein traf ihn mit voller ~ an der Schläfe** the stone hit him full force on the temple; **hinter seinen Schlägen steckt eine ungeheure ~** there is enormous force behind his punches, he packs a very powerful punch; **eine ~ sein** (*fam*) to be smashing [*or* great]; **deine Mutter ist eine ~** your mum is a star

wuch·ten ['vʊxtn̩] *vt* (*fam*) ■**etw irgendwohin/aus etw** *dat* ~ to heave sth somewhere/out of sth; **wir mussten die ganzen Steine vom Auto ~** we had to heave all of the stones out of the car; **wir ~ gerade die Statue von ihrem Sockel** we're just about to heave the statue off its plinth

wuch·tig ['vʊxtɪç] *adj* ❶ (*mit großer Wucht*) forceful, mighty, heavy; **ein ~er Schlag** a powerful punch ❷ (*massig*) massive; **dieser Schrank wirkt viel zu ~ für das kleine Zimmer** this cupboard is far too overpowering for this little room

wüh·len ['vy:lən] **I.** *vi* ❶ (*kramen*) ■**in etw** *dat* **[nach etw** *dat***]** ~ to rummage [*or* root] through sth [for sth]; **wonach wühlst du denn in der alten Truhe?** what are you rummaging for in that old chest?; **einen Schlüssel aus der Tasche ~** to root [*or* dig] a key out of a bag ❷ (*graben, aufwühlen*) ■**in etw** *dat* **[nach etw** *dat***]** ~ to root through sth [for sth]; **bei uns im Garten ~ wieder Maulwürfe** we've got moles in our garden again; **in jds Haaren ~** to tousle sb's hair; **in den Kissen ~** (*fig*) to bury oneself in the cushions [*or* pillows] ❸ (*pej fam: intrigieren*) to stir things up; **gegen die Regierung ~** to stir things up against the government **II.** *vr* ❶ (*sich vorwärtsarbeiten*) ■**sich** *akk* **durch etw** *akk* ~ to burrow one's way through sth; **der Wurm wühlt sich durch das Erdreich** the worm burrows its way through the soil ❷ (*fam: sich durcharbeiten*) ■**sich** *akk* **durch etw** *akk* ~ to slog *fam* through sth; **ich muss mich durch einen Stapel Akten ~** (*fam*) I have to wade through a pile of files; **sich durch eine Menschenmenge ~** (*fig*) to burrow one's way through a crowd

Wü̲hl·korb *m* ÖKON (*fam*) bargain bin **Wü̲hl·maus** *f* vole **Wü̲hl·tisch** *m* (*fam*) bargain counter

Wulst <-es, Wülste> [vʊlst, *pl* 'vʏlstə] *m o f* bulge; *Flasche, Glas* lip

wuls·tig ['vʊlstɪç] *adj* bulging; (*Lippen*) thick

Wu̲lst·lip·pen *pl* (*fam*) thick lips *pl*

wum·mern ['vʊmɐn] *vi* to boom

wund [vʊnt] **I.** *adj* sore; **ich bin an den Hacken ganz ~** my heels are all sore **II.** *adv* ~ **gelegen** having [*or* suffering from] bedsores *pl*; **eine ~ gelegene Stelle** a bedsore; **sich** *akk* **~ liegen** to get bedsores *pl*; **sich** *dat* **etw ~ liegen** to get bedsores *pl* on sth; **sie hat sich den Rücken ganz ~ gelegen** she had bedsores *pl* all over her back; **sich** *akk* **~ reiten** to become saddle-sore; **sich** *dat* **die Finger ~ schreiben** (*fig fam*) to wear one's fingers to the bone writing; **etw ~ kratzen/reiben/scheuern** to make sth sore by scratching/rubbing/chafing it; **sich** *akk* **~ kratzen** to scratch oneself to soreness;

ich habe mir die Fersen ~ gelaufen I got sore heels from walking; *s.* **Punkt**

Wund·brand *m kein pl* MED gangrene *no pl*

Wun·de <-, -n> ['vʊndə] *f* wound; **tödliche ~** deadly wound ▶WENDUNGEN: **[bei jdm] alte ~n wieder aufreißen** (*geh*) to open up an old wound [for sb]; **Salz in jds ~ streuen** (*fig*) to turn the knife in a wound *fig,* to rub salt into sb's wounds *fig;* **seine ~ lecken** to lick one's wounds; **an einer alten ~ rühren** to touch on a sore point

Wun·der <-s, -> ['vʊndɐ] *nt* (*übernatürliches Ereignis*) miracle; **~ was/wer/wie** (*fam*) who knows what/who/how; **er möchte ~ was erreichen** goodness knows what he wants to achieve; **das hat er sich ~ wie einfach vorgestellt** he imagined it would be ever so easy; **~ *pl* tun** [*o* **wirken**] to work [*or* perform] a miracle *sing;* **an ein ~ grenzen** to be almost a miracle; **ein/kein ~ sein, dass ...** (*fam*) to be a/no wonder, that ...; **ist es ein ~, dass ich mich so aufrege?** (*fig fam*) is it any wonder that I'm so upset?; **es ist kein ~, dass ...** (*fam*) it's no [*or* little] [*or* small] wonder that ...; **wie durch ein ~** miraculously; **~ über ~** (*fam*) wonders will never cease; **er kann nur durch ein ~ gerettet werden** only a miracle can save him; **was ~[, dass]** no wonder; **was ~, dass sie jetzt eingeschnappt ist** no wonder she's in a huff; (*Phänomen*) wonder; **das ~ des Lebens** the miracle of life; **die ~ der Natur** the wonders of nature; ■**ein ~ an etw** *dat* **sein** to be a miracle of sth; **diese Uhr ist ein ~ an Präzision** this watch is a miracle of precision ▶WENDUNGEN: **sein blaues ~ erleben** (*fam*) to be in for a nasty surprise

wun·der·bar ['vʊndɐba:ɐ̯] **I.** *adj* ❶ (*herrlich*) wonderful, marvellous; **[das ist ja] ~!** [that's] wonderful [*or* marvellous]!; **sie ist eine ~e Frau** she's a wonderful woman ❷ (*wie ein Wunder*) miraculous; **eine ~e Fügung** a wonderful stroke of luck; **die Geschichte ihrer Rettung ist ~** the story of how she was rescued is miraculous **II.** *adv* (*fam*) wonderfully; **dieses Kissen ist ~ weich** this cushion is wonderfully soft

wun·der·ba·rer·wei·se *adv* miraculously

Wun·der·dro·ge *f* (*meist iron fam*) miracle drug **Wun·der·hei·ler(in)** <-s, -> *m(f)* miracle healer

wun·der·hübsch *adj* wonderfully pretty

Wun·der·ker·ze *f* sparkler **Wun·der·kind** *nt* child prodigy **Wun·der·land** *nt* wonderland

wun·der·lich ['vʊndɐlɪç] *adj* odd, strange; **ein ~er Mensch** an oddball; **manchmal passieren die ~sten Dinge** sometimes the strangest things happen

Wun·der·mit·tel *nt* miracle cure; (*Zaubertrank*) magic potion

wun·dern [vʊndɐn] **I.** *vt* ■**jdn ~** to surprise sb; **das wundert mich [nicht]** I'm [not] surprised at that; **das hätte uns eigentlich nicht ~ dürfen** that shouldn't have come as a surprise to us; **es wundert mich, dass ...** I am surprised that ..., it surprises me that ...; **es würde mich nicht ~, wenn ...** I wouldn't be [at all] surprised if ...; **wundert dich das [etwa]?** does that surprise you [at all]?, are you [in the least bit] surprised?; **es sollte mich ~, wenn ...** it would surprise me if ..., are you [in the least bit] surprised? **II.** *vr* ■**sich** *akk* **~** to be surprised; **du wirst dich ~!** you'll be amazed, you're in for a surprise; ■**sich** *akk* **über jdn/etw ~** to be surprised at sb/sth; **ich wundere mich über gar nichts mehr** nothing surprises me any more; **dann darfst du dich nicht ~, wenn sie sauer auf dich ist** then don't be surprised if she's cross with you; **ich muss mich doch sehr/wirklich ~!** well, I am very/really surprised [at you/him etc]

wun·der|neh·men ['vʊndɐne:mən] *irreg, impers* (*geh*) **I.** *vt* ❶ (*erstaunen*) ■**es nimmt jdn wunder, dass ...** it surprises sb that ...; **es würde mich ~, wenn sie käme** I'd be surprised if she came ❷ SCHWEIZ (*interessieren*) ■**es nimmt jdn wunder, ob/wie/dass ...** sb is interested [to know] whether/how/that ...; **es nimmt mich wunder, wie sie von der Sache erfahren hat** I'd like to know how she found out [about it] **II.** *vi* ■**es nimmt wunder, dass/wie/warum** it is surprising that/how/why; **es nimmt wunder, dass sie so lange überlebt hat** it's amazing that she has survived so long

wun·der·sam ['vʊndɐza:m] *adj* (*geh*) wondrous *liter;* **ein ~er Traum** a wondrous dream

wun·der·schön ['vʊndɐ'ʃø:n] *adj* (*emph*) wonderful, lovely

wun·der·voll *adj s.* **wunderbar**

Wund·fie·ber *nt* traumatic fever **Wund·sal·be** *f* ointment **Wund·starr·krampf** *m kein pl* MED tetanus *no pl*

Wunsch <-[e]s, Wünsche> [vʊnʃ, *pl* 'vʏnʃə] *m* ❶ (*Verlangen*) wish; (*stärker*) desire; (*Bitte*) request; **jdm/sich** *dat* **einen ~ erfüllen** to fulfil [*or* AM *usu* -ll] a wish for sb/oneself; **jdm jeden ~ erfüllen** to grant sb's every wish; **jdm jeden ~ von den Augen ablesen** to anticipate sb's every wish; **einen bestimmten ~ haben/äußern** to have/make a certain request; **ihr sehnlichster ~ ging in Erfüllung** her most ardent desire was fulfilled; **nur ein frommer ~ sein** to be just a pipe dream; **haben Sie sonst noch einen ~?** would you like anything else?; **einen ~ frei haben** to have one wish; **danke, das war alles, ich habe keinen ~ mehr** thank you, that will be all, I don't need anything else; **Ihr ~ ist mir Befehl** (*hum*) your wish is my command; (*geh*) on request; **keinen ~ offenlassen** to leave nothing to be desired; **auf jds [ausdrücklichen/besonderen] ~ [hin]** (*geh*) at/on sb's [express/special] request; **nach ~** just as I/he etc. wanted; (*wie geplant*) according to plan, as planned; **das Auto entsprach nicht seinen Wünschen** the car didn't come up to his expectations ❷ *meist pl* (*Glück~*) wish; **alle guten Wünsche zum Geburtstag** Happy Birthday; **mit besten Wünschen** (*geh*) best wishes ▶WENDUNGEN: **hier ist der ~ der Vater des Gedankens** (*prov*) the wish is father to the thought *prov*

wünsch·bar *adj* SCHWEIZ *s.* **wünschenswert**

Wunsch·den·ken *nt kein pl* wishful thinking *no pl*

Wün·schel·ru·te ['vʏnʃlru:tə] *f* divining [*or* dowsing] rod

Wün·schel·ru·ten·gän·ger(in) <-s, -> *m(f)* diviner, dowser

wün·schen ['vʏnʃn̩] **I.** *vt* ❶ (*als Glückwunsch sagen*) ■**jdm etw ~** to wish sb sth; **jdm zum Geburtstag alles Gute ~** to wish sb a happy birthday; **ich wünsche dir gute Besserung** get well soon!; **jdm eine gute Nacht ~** to wish [*or form* bid] sb good night; **ich wünsche dir alles Glück dieser Welt!** I wish you all the luck in the world!, I hope you get everything you could possibly wish for! ❷ (*als Geschenk erbitten*) ■**sich** *dat* **etw [von jdm] ~** to ask for sth [from sb]; **ich habe mir zu Weihnachten eine elektrische Eisenbahn gewünscht** I've asked for an electric railway for Christmas; **was wünschst du dir?** what would you like?; **nun darfst du dir etwas ~** now you can say what you'd like for a present; (*im Märchen*) now you may make a wish ❸ (*erhoffen*) ■**etw ~** to wish; **ich wünsche nichts sehnlicher, als dass du glücklich wirst** my greatest wish is for you to be happy; **ich wünschte, der Regen würde aufhören** I wish the rain would stop; ■**jdm etw ~** to wish sb sth; **ich will dir ja nichts Böses ~** I don't mean to wish you any harm; **das würde ich meinem schlimmsten Feind nicht ~** I wouldn't wish that on my worst enemy; **ich wünsche dir gutes Gelingen** I wish you every success; **er wünschte ihr den Tod** he wished she would drop dead; ■**~, dass** to hope for; **ich wünsche, dass alles gut geht** I hope everything goes well; **ich wünsche, dass du wieder gesund nach Hause kommst** I hope that you'll come home safe and sound; **das ist/wäre zu ~** that would be desirable ❹ (*haben wollen, erhoffen*) ■**sich** *dat* **etw ~** to want [*or* hope for] sth; **sich eine bessere Zukunft ~** to wish [*or* hope] for a better future; **sie ~ sich schon lange ein Kind** they've been wanting [*or* hoping for] a child for a long time; **man hätte sich kein besseres Wetter ~ können** one couldn't have wished for better weather; ■**sich** *dat* **jdn als** [*o* **zu**] **etw ~** to want sb to be sth; **dich wünsche ich mir als**

W

Lehrerin I would love [for] you to be my teacher; **alles, was man/jd sich** *dat* **nur ~ kann** everything one/sb could wish for; ■ **sich** *dat* **[von jdm] ~, [dass ...]** to wish [sb would ...]; **ich wünsche mir von dir, dass du in Zukunft pünktlicher bist** I wish you'd be more punctual in future; **wir haben uns immer gewünscht, einmal ganz reich zu sein!** we've always dreamed of becoming really wealthy; **~ wir nur, dass diese Katastrophe niemals eintreten möge!** let's just hope that this catastrophe never happens ❺ (*verlangen*) ■ **etw ~** to want sth; **ich wünsche sofort eine Erklärung [von Ihnen]!** I demand an explanation [from you] immediately!; **ich wünsche, dass ihr mir gehorcht** I want you to do as I say; **wenn Sie noch etwas ~, dann klingeln Sie einfach** if you require anything else, please just ring; **ich wünsche ein Zimmer mit Bad** I would like a room with bathroom; **jemand wünscht Sie zu sprechen** somebody would like to speak with you; **was ~ Sie?** how may I help you?; **die Wiederholung wurde von der ganzen Klasse gewünscht** the whole class requested that it be repeated; **wie gewünscht** just as I/we etc. wanted [*or* wished for] ❻ (*woandershin haben wollen*) ■ **jdn irgendwohin ~** to wish sb would go somewhere; **ich wünsche dich in die Hölle!** [I wish you would] go to hell!; ■ **sich irgendwohin ~** to wish oneself somewhere; **sie wünschte sich auf eine einsame Insel** she wished she were on a desert island **II.** *vi* (*geh: wollen*) to want; **Sie können so lange bleiben, wie Sie ~** you can stay as long as you want; **wenn Sie ~, kann ich ein Treffen arrangieren** if you want I can arrange a meeting; **ich wünsche, dass der Fernseher heute Abend ausbleibt** I would like the television to stay off tonight; **~ Sie, dass ich ein Taxi für sie bestelle?** would you like me to order a taxi for you?; **meine Vorschläge waren dort nicht gewünscht** my suggestions were not wanted; **sollten Sie mich zu sehen ~, klingeln Sie bitte nach mir** if you should wish to see me, please ring for me; **Sie ~?** may I help you?; (*Bestellung*) what would you like?; **[ganz] wie Sie ~** just as you wish [*or* please]; **nichts/viel zu ~ übrig lassen** to leave nothing/much to be desired

wün·schens·wert *adj* desirable; **etw [nicht] für ~ halten** to consider sth [un]desirable

Wunsch·form *f* LING optative [mood] **Wunsch·geg·ner(in)** *m(f)* ideal opponent **wunsch·ge·mäß I.** *adj* requested, desired; **wir können nur auf einen ~en Verlauf hoffen** we can only hope that things go as planned **II.** *adv* as requested; **das Projekt ist ~ verlaufen** the project went as planned **Wunsch·kind** *nt* planned child **Wunsch·kon·zert** *nt* RADIO musical request programme [*or* AM -am] **Wunsch·lis·te** *f* wish list

wunsch·los *adj* **~ glücklich sein** (*hum*) to be perfectly happy, to not want for anything *hum*

Wunsch·part·ner(in) *m(f)* ideal partner **Wunsch·satz** *m* optative clause **Wunsch·traum** *m* dream **Wunsch·vor·stel·lung** *f* illusion, pipe-dream; **sich** *akk* **[keinen] ~en hingeben** to [not] harbour [*or* AM -or] illusions **Wunsch·zet·tel** *m* wish list; **auf jds ~ stehen** to be sth sb wants; **eine neue Stereoanlage steht schon lange auf unserem ~** we've wanted a new stereo for a long time

wur·de ['vʊrdə] *imp von* **werden**

Wür·de <-, -n> ['vʏrdə] *f* ❶ *kein pl* (*innerer Wert*) dignity; **die menschliche ~** human dignity; **~ ausstrahlen** to appear dignified; **etw mit ~ tragen** to bear sth with dignity; **jds ~ verletzen** to affront sb's dignity; **scheinbar ist es für unseren Chef unter seiner ~, das zu tun** our boss seemingly finds it beneath him to do that; **unter aller ~ sein** to be beneath contempt; **unter jds ~ sein** to be beneath sb['s dignity]; (*Erhabenheit*) venerability; **die ~ des Gerichts** the integrity of the court; **die ~ des Alters** venerability ❷ (*Rang*) rank; (*Titel*) title; **akademische ~n** academic honours [*or* AM -ors]; **zu hohen ~n gelangen** *pl* to attain a high rank *sing*

wür·de·los I. *adj* undignified **II.** *adv* without dignity

Wür·den·träg·er(in) *m(f)* (*geh*) dignitary

wür·de·voll *adj* (*geh*) **ein ~er Abgang** a dignified exit; **mit ~er Miene** with a dignified expression

wür·dig ['vʏrdɪç] **I.** *adj* ❶ (*ehrbar*) dignified; **ein ~er Herr** a dignified gentleman; **ein ~es Aussehen haben** to have a dignified appearance ❷ (*wert, angemessen*) worthy; **einen ~en Vertreter finden** to find a worthy replacement; **jds/einer Sache** *gen* **[nicht] ~ sein** to be [not] worthy of sb/sth; **sie ist deiner nicht ~** she doesn't deserve you; **ich bezweifle, dass sie deines Vertrauens ~ ist** I doubt that she's worthy of your trust; **sich** *akk* **einer S.** *gen* **~ erweisen** to prove oneself to be worthy of sth; **es ist seiner nicht ~, das zu tun** it is not worthy of him to do that **II.** *adv* (*mit Würde*) with dignity; **jdn ~ empfangen** to receive sb with dignity; (*gebührend*) worthy; **jdn ~ vertreten** to be a worthy replacement for sb

wür·di·gen ['vʏrdɪɡn̩] *vt* ❶ (*anerkennend erwähnen*) ■ **etw/jdn ~** to acknowledge sth/sb; **ihre Leistung wurde in vielen Artikeln gewürdigt** her performance was acknowledged in many articles ❷ (*schätzen*) ■ **etw ~** to appreciate sth; **etw zu ~ wissen** to appreciate sth ❸ (*geh*) ■ **jdn einer S.** *gen* **~** to deem sb worthy of sth; **sie würdigte ihn keines Blickes** she didn't deign to look at him

Wür·di·gung <-, -en> *f* ❶ (*das Würdigen*) appreciation, acknowledgement; **in ~ seiner Leistung bekam er eine Auszeichnung** he received recognition in appreciation of his achievement ❷ (*schriftliche Anerkennung*) acknowledgement

Wurf <-[e]s, Würfe> [vʊrf, *pl* 'vʏrfə] *m* ❶ (*das Werfen*) throw; (*gezielter ~*) shot; (*Baseball*) pitch; (*Kegeln*) bowl; (*Würfel*) throw; **zum ~ ausholen** to get ready to throw; **alles auf einen ~ setzen** (*fig*) to go for it *fam* ❷ ZOOL (*Tierjunge einer Geburt*) litter ❸ (*gelungenes Werk*) **jdm gelingt ein großer ~ [mit etw** *dat***]** sth is a great success [*or* big hit] for sb, sb has a great success [*or* big hit] with sth

Wür·fel <-s, -> ['vʏrfl̩] *m* ❶ (*Spiel~*) dice, die; **~ spielen** to play dice ❷ MATH (*Kubus*) cube ❸ (*kubisches Stück*) cube; **etw in ~ schneiden** to cut sth into cubes, to dice [*or* cube] sth ▶ WENDUNGEN: **die ~ sind gefallen** the dice is cast

Wür·fel·be·cher *m* shaker

würfe·lig ['vʏrfəlɪç] **I.** *adj* cubed **II.** *adv* in small cubes

wür·feln ['vʏrfl̩n] **I.** *vi* ■ **[mit jdm] ~** to play dice [with sb]; ■ **um etw** *akk* **~** to throw dice for sth; **wir haben darum gewürfelt, wer anfangen darf** we threw dice to decide who should go first **II.** *vt* ❶ (*Würfel werfen*) ■ **etw ~** to throw sth; **eine sechs ~** to throw a six; **hast du schon gewürfelt?** have you had your go [*or* throw] ? ❷ KOCHK (*in Würfel schneiden*) ■ **etw ~** to cut sth into cubes, to dice sth

Wür·fel·spiel *nt* game of dice **Wür·fel·spie·ler(in)** *m(f)* dice player **Wür·fel·zu·cker** *m kein pl* sugar cube[s]

Wurf·ge·schoss[RR] *nt* missile, projectile

würf·lig ['vʏrflɪç] *adj s.* **würfelig**

Wurf·mes·ser *nt* knife for throwing **Wurf·pfeil** *m* dart **Wurf·sen·dung** *f* direct mail item, junk mail *fam* **Wurf·stern** *m metal star used as a weapon when thrown*

Wür·ge·griff *m* stranglehold; **im ~ des Todes** (*fig*) in the throes *npl* of death

wür·gen ['vʏrɡn̩] **I.** *vt* ❶ (*die Kehle zudrücken*) ■ **jdn ~** to throttle [*or* strangle] sb ❷ (*hindurchzwängen*) **etw durch etw ~** to force sth through sth ▶ WENDUNGEN: **mit Hängen und W~** (*fam*) by the skin of one's teeth **II.** *vi* ❶ (*kaum schlucken können*) ■ **an etw** *dat* **~** to choke on sth ❷ (*hoch~*) to retch; **mir war so schlecht, dass ich ständig ~ musste** I felt so bad that I had to retch constantly

Wür·ger(in) <-s, -> ['vʏrɡɐ] *m(f)* ❶ (*fig veraltet*) strangler ❷ ORN shrike

Wurm[1] <-[e]s, Würmer> [vʊrm, *pl* 'vʏrmɐ] *m* ZOOL (*Regen~*) worm; *meist pl* (*Faden~*) worm *usu pl*; (*fam: Made*) maggot;

Würmer haben to have worms; **der Hund leidet an Würmern** the dog has got worms; **in dem Holz ist der** ~ the wood has got woodworm ▸WENDUNGEN: **jdm die Würmer [einzeln] aus der Nase ziehen** (*fam*) to drag it all out of sb; **da ist** [*o* **sitzt**] **der** ~ **drin** (*fam*) there's something fishy *fam* [*or* not quite right] about it

Wurm² <-[e]s, Würmer> [vʊrm, *pl* 'vʏrmɐ] *nt* (*kleines Wesen*) little mite

wur·men ['vʊrmən] *vt* (*fam*) ■**jdn** ~ to bug [*or* nag] sb *fam;* **was wurmt dich denn so?** what's bugging [*or* nagging] you?; **es wurmt mich sehr, dass ich verloren habe** it really bugs me that I lost

Wurm·farn *m* BOT male fern **Wurm·fort·satz** *m* appendix

wurm·sti·chig ['vʊrmʃtɪçɪç] *adj* ❶ HORT maggoty; **ein** ~**er Apfel** a maggoty apple ❷ (*von Holzwürmern befallen*) full of woodworm

Wurst <-, Würste> [vʊrst, *pl* 'vʏrstə] *f* ❶ KOCHK sausage; (*Brotauflage*) sliced, cold sausage BRIT, cold cuts *pl* AM; **rote** ~ smoked Polish sausage ❷ (*Wurstähnliches*) sausage; **eine** ~ **machen** (*fam*) to do a turd, to make a biggie ▸WENDUNGEN: **jetzt geht es um die** ~ (*fam*) the moment of truth has come; **jdm** ~ [*o* **Wurscht**] **sein** (*fam*) to be all the same to sb, to not matter to sb; **das ist mir alles** ~**!** I don't care about any of that!

Wurst·brot *nt open sandwich with slices of sausage*

Würst·chen <-s, -> ['vʏrstçən] *nt* ❶ *dim von* **Wurst** little sausage; **Frankfurter/Wiener** ~ frankfurter/wiener-wursts BRIT, hot dog AM; **heiße** ~ *pl* hot boiled [Frankfurter] sausages; (*im Brötchen*) hot dogs ❷ (*pej fam: unbedeutender Mensch*) squirt *fam;* **armes** ~ (*fam*) poor soul [*or* BRIT sod] *fam*

Würst·chen·bu·de *f,* **Würst·chen·stand** *m* hot dog stand [*or* vendor]

wurs·teln ['vʊrstl̩n] *vi* (*fam*) ■**(vor sich hin)** ~ to muddle [along [*or* on]]

Wurst·fin·ger *pl* (*pej fam*) podgy [*or* chubby] fingers *pl fam* **Wurst·mes·ser** *nt* serrated knife (*for slicing cold sausage*) **Wurst·sa·lat** *m* sausage salad **Wurst·wa·ren** *pl* sausages and cold meats *pl,* cold cuts AM *pl*

Würz·burg <-s> ['vʏrtsbʊrk] *nt* Würzburg

Wür·ze <-, -n> ['vʏrtsə] *f* ❶ (*Gewürzmischung*) seasoning ❷ (*Aroma*) aroma; **an der Geschichte fehlt die** ~ (*fig*) there's no spice to the story

Wur·zel <-, -n> ['vʊrtsl̩] *f* ❶ (*Pflanzen~*) root; ~**n schlagen** (*a fig*) to put down roots; (*Zahn~*) root; (*Haar~*) root ❷ MATH root; ■**die [zweite/dritte]** ~ **aus etw** *dat* the [square/cube] root of sth; **die** ~ **aus etw** *dat* **ziehen** to find the root of sth ❸ (*geh: Ursprung*) root; **die** ~ **allen Übels** the root of all evil; **etw mit der** ~ **ausrotten** to eradicate sth ❹ LING (*gemeinsamer Wortstamm*) root ❺ *meist pl* NORDD (*Karotte*) carrot

Wur·zel·bal·len *m* root bale **Wur·zel·be·hand·lung** *f* root treatment

wur·zeln ['vʊrtsl̩n] *vi* (*geh*) ■**in etw** *dat* ~ to be rooted in sth, to have its roots in sth

Wur·zel·stock *m* BOT rhizome **Wur·zel·zei·chen** *nt* MATH radical sign **Wur·zel·zie·hen** <-s> *nt kein pl* MATH root extraction

wür·zen ['vʏrtsn̩] *vt* ■**etw [mit etw** *dat*] ~ to season sth [with sth]; **eine Rede mit Anekdoten** ~ (*fig*) to spice up a speech with anecdotes

wür·zig ['vʏrtsɪç] **I.** *adj* tasty; **eine** ~**e Suppe** a tasty soup **II.** *adv* tastily; ~ **duften/schmecken** to smell/taste good

Würz·mi·schung *f* spice mixture **Würz·tun·ke** *f* marinade

wusch [vuːʃ] *imp von* **waschen**

wu·sche·lig ['vʊʃəlɪç] *adj* (*fam*) woolly, fuzzy *fam;* ~**es Tier** shaggy animal

Wu·schel·kopf *m* (*fam*) ❶ (*wuschelige Haare*) mop of curls, fuzz *fam* ❷ (*Mensch mit wuscheligen Haaren*) woolly-haired person

wu·seln ['vuːzl̩n] *vi* to bustle about

wussteRR, wußteALT *imp von* **wissen**

Wust¹ <-[e]s> [vʊst] *m kein pl* (*fam*) pile; **ein** ~ **von Papieren** a pile of papers; **ein** ~ **von Problemen** (*fig*) a load of problems

Wust² [vʊst] *f kein pl* SCHWEIZ *Akr von* **Warenumsatzsteuer** *s.* **Umsatzsteuer**

wüst [vyːst] **I.** *adj* ❶ (*öde*) waste, desolate; ~**e Einöde** desolate [*or* desert] wasteland; **eine** ~**e Gegend** a wasteland ❷ (*fig: wild, derb*) vile, rude; **ein** ~**er Kerl** a rude bloke; ~**es Treiben** chaos; ~**e Lieder singen** to sing rude songs ❸ (*fam: unordentlich*) hopeless, terrible; **ein** ~**es Durcheinander** a hopeless [*or* terrible] mess; ~ **aussehen** to look a real mess; **eine** ~**e Frisur** wild hair **II.** *adv* vilely, terribly; **jdn** ~ **beschimpfen** to use vile language to sb

Wüs·te <-, -n> ['vyːstə] *f* desert, wasteland *fig;* **die** ~ **Gobi** the Gobi Desert; **in eine** ~ **verwandeln** (*fig*) to turn into a wilderness ▸WENDUNGEN: **jdn in die** ~ **schicken** (*fam*) to send sb packing *fam*

Wüs·ten·kli·ma *nt kein pl* desert climate **Wüs·ten·sand** *m* desert sand

Wut <-> [vuːt] *f kein pl* fury, rage; **voller** ~ furiously; **seine** ~ **an jdm/etw auslassen** to take one's anger out on sb/sth; **eine** ~ **bekommen** to get into [such] a rage, to become furious; **jdn in** ~ **bringen** to make sb furious, to infuriate sb; **in** ~ **geraten** to get [*or* fly] into a rage; **eine** ~ **[auf jdn] haben** (*fam*) to be furious [with sb]; **ich habe vielleicht eine** ~**!** I am so furious!; **vor** ~ **kochen** to seethe with rage [*or* anger]; **eine** ~ **im Bauch haben** (*fam*) to seethe with anger, to be hopping mad *fam*

Wut·an·fall *m* fit of rage; (*Kind*) tantrum; **einen** ~ **bekommen** [*o fam* **kriegen**] to throw a tantrum

wü·ten ['vyːtn̩] *vi* to rage; *Sturm* to cause havoc; **der Sturm hat hier ganz schön gewütet** the storm has caused havoc here; **gegen die Obrigkeit** ~ to riot against authority

wü·tend **I.** *adj* (*äußerst zornig*) furious, enraged; **ein** ~**es Raubtier** an enraged predator; **mit** ~**em Geheul/Geschrei** crying/screaming furiously; **in** ~**er Raserei** in a wild frenzy; **jdn** ~ **machen** to make sb mad; ~ **auf/über jdn** ~ **sein** to be furious with sb; ~ **über etw** *akk* **sein** to be furious about sth; **meine Frau ist** ~**, weil ich sie versetzt habe** my wife is furious because I stood her up; (*erbittert, sehr heftig*) fierce; **ein** ~**er Kampf** a fierce battle **II.** *adv* furiously, in a rage

wut·ent·brannt *adv* in a fury

Wü·te·rich <-s, -e> ['vyːtərɪç] *m* (*pej veraltend*) brute

Wut·ge·heul *nt* roar of fury **wut·schäu·mend** *adj* foaming at the mouth *pred* **wut·schnau·bend** **I.** *adj* snorting with rage **II.** *adv* in a mad fury

WWU <-> [veːveːʔuː] *f kein pl Abk von* **Wirtschafts- und Währungsunion** EMU

Wz *nt Abk von* **Warenzeichen** TM

X x

X, x <-, -> [ɪks] *nt* ❶ (*Buchstabe*) X, x; ~ **wie Xanthippe** X for Xmas BRIT, X as in X-ray AM; *s. a.* **A 1** ❷ (*unbekannter Namen*) x; **Herr/Frau** ~ Mr/Mrs X; **der Tag X** the day X ❸ *mit Kleinschreibung* (*fam: eine unbestimmte Zahl*) x amount of; ~ **Bücher** x number of books; **ich habe sie schon** ~**-mal gefragt, aber sie antwortet nie** I have already asked her umpteen times, but she never answers; MATH (*unbekannter Wert*) x; **eine Gleichung nach** ~ **auflösen** to solve an equation for x ▸WENDUNGEN: **jdm ein** ~ **für ein U vormachen wollen** (*fam*) to pull one over on sb *fam;* **sich** *dat* **kein** ~ **für**

ein U vormachen lassen (*fam*) to not be easily fooled

x-Ach·se *f* x-axis

Xan·thip·pe <-, -n> [ksan'tɪpə] *f* (*pej fam*) shrew *dated*

X-Bei·ne ['ɪksbainə] *pl* knock-knees *pl;* ~ **haben** to be knock-kneed, to toe in

x-bei·nig *adj* knock-kneed

x-be·lie·big [ɪksbə'li:bɪç] **I.** *adj* (*fam*) any old *fam;* **jeder X~e** anyone, any old person *fam;* **es kann nicht jeder X~e hier Mitglied werden** we/they don't let just anybody become a member here **II.** *adv* (*fam*) as often as one likes; **etw ~ verwenden** to use sth as many times as one likes

X-Chro·mo·som ['ɪkskromozo:m] *nt* X-chromosome

Xe·non <-s> ['kse:nɔn] *nt kein pl* xenon *no pl*

xe·no·phob [ksenoˈfo:p] *adj* (*geh*) xenophobic

x-fach ['ɪksfax] **I.** *adj* (*fam*) umpteen *fam;* **zum ~en Mal** for the umpteenth time; **die ~e Menge** MATH n times the amount **II.** *adv* (*fam*) umpteen times

x-fa·che(s) *nt kein pl, decl wie adj* (*fam*) n times more; **in einer anderen Firma könnte ich das ~ verdienen** I could earn n times as much in another company; **um das ~** [*o* **ein ~s**] **größer/schneller/weiter sein** to be n times as big/fast/far away

x-mal ['ɪksma:l] *adv* (*fam*) umpteen times *fam*

x-te(r, s) ['ɪkstə, 'ɪkstɐ, 'ɪkstəs] *adj* (*fam*) ■**der/die/das ~** the umpteenth; **beim ~n Mal** after the umpteenth time; **zum ~n Mal** for the umpteenth time

Xy·lo·phon <-s, -e> *nt,* **Xy·lo·fon**RR <-s, -e> [ksylo'fo:n] *nt* xylophone

Yy

Y, y <-, - *o fam* -s, -s> ['ʏpsilɔn] *nt* Y, y; ~ **wie Ypsilon** Y for Yellow Brit, Y as in Yoke Am; *s. a.* **A 1**

y-Ach·se ['ʏpsilɔnʔaksə] *f* y-axis

Yacht <-, -en> [jaxt] *f s.* **Jacht**

Yak <-s, -s> [jak] *nt* ZOOL yak

Yams·boh·ne ['jams-] *f* yam bean, potato bean

Y-Chro·mo·som <-[e]s, -e> ['ʏpsilɔnkromozo:m] *nt* Y-chromosome

Yen <-[s], -[s]> [jɛn] *m* yen

Ye·ti <-s, -s> ['je:ti] *m* yeti, the Abominable Snowman

Yo·ga <-[s]> ['jo:ga] *m o nt* yoga

Yo·ghurt <-s, -s> ['jo:gʊrt] *m o nt s.* **Joghurt**

Yo·gi, Yo·gin <-s, -s> ['jo:gi, 'jo:gɪn] *m, f s.* **Jogi**

Yo-Yo <-s, -s> [jo'jo:] *nt s.* **Jo-Jo**

Yp·si·lon <-[s], -s> ['ʏpsilɔn] *nt* ① (*Buchstabe*) upsilon ② *s.* **Y**

Yt·ter·bi·um <-s> [ʏ'tɛrbi̯ʊm] *nt kein pl* ytterbium *no pl*

Yt·tri·um <-s> ['ʏtriʊm] *nt kein pl* yttrium *no pl*

Yuc·ca <-, -s> ['jʊka] *f* yucca

Yup·pie <-s, -s> ['jʊpi] *m* yuppie

Zz

Z, z <-, -> [tsɛt] *nt* Z, z; ~ **wie Zacharias** Z for [*or* Am as in] Zebra; *s. a.* **A 1**

Zab·ber <-s, -n> ['tsabɐ] *m* KOCHK neck of beef

zack [tsak] *interj* (*fam*) zap *fam;* **bei ihr muss alles ~, ~ gehen** for her everything has to be done chop-chop; **~, ~!** chop-chop! *fam*

Zack <-s> [tsak] *m kein pl* **jdn auf ~ bringen** (*fam*) to make sb get a move on, to get sb to get their skates on Brit *fam;* **etw auf ~ bringen** (*fam*) to knock sth into shape *fam;* **auf ~ sein** (*fam: gewitzt sein*) to be on the ball *fam;* (*bestens funktionieren*) to be in good shape

Za·cke <-, -n> ['tsakə] *f* point; (*vom Kamm, Sägeblatt*) tooth; *Berg* peak; *Gabel* prong

Za·cken <-s, -> ['tsakn̩] *m* DIAL *s.* **Zacke** ►WENDUNGEN: **sich** *dat* **keinen ~ aus der Krone brechen** (*fam*) to not lose face by doing sth; **einen [ganz schönen] ~ draufhaben** (*fam*) to go like crazy [*or* Brit the clappers] *fam;* **jdm bricht** [*o* **fällt**] **kein ~ aus der Krone** (*fam*) sb won't lose face, it won't tarnish sb's glory

Zạ·cken·barsch *m* ZOOL, KOCHK grouper **Zạ·cken·kor·ken·zie·her** *m* pronged cork remover **Zạ·cken·scha·ber** *m* jagged-edged scraper

za·ckig ['tsakɪç] *adj* ① (*gezackt*) jagged; **ein ~er Stern** a pointed star; **ein ~er Rand** a jagged edge ② (*fam: schmissig*) upbeat *fam;* **~e Bewegungen** brisk movements; **~e Musik** upbeat music ③ (*veraltend fam: schneidig*) smart; **ein ~er junger Mann** a smart young man

zag·haft ['tsa:khaft] *adj* timid; **~e Bewegungen machen** to make timid movements

Zag·haf·tig·keit *f* timidity

zäh [tsɛ:] **I.** *adj* ① (*eine feste Konsistenz aufweisend*) tough; **ein ~es Stück Fleisch** a tough piece of meat; **~ wie Leder** (*fam*) tough as old boots ② (*zähflüssig*) glutinous; **ein ~er Saft** a glutinous [*or* thick] juice ③ (*hartnäckig, schleppend*) tenacious; **ein ~es Gespräch** a dragging conversation; **~e Verhandlungen** tough negotiations **II.** *adv* tenaciously

Zä·heitALT <-> ['tsɛ:hait] *f kein pl s.* **Zähheit**

zäh·flüs·sig *adj* glutinous, thick; **~er Verkehr** (*fig*) slow-moving traffic

Zäh·flüs·sig·keit *f kein pl* thickness, viscosity *form; Verkehr* slow-moving

Zäh·heitRR <-> *f kein pl* toughness, tenacity

Zä·hig·keit <-> ['tsɛ:ɪçkait] *f kein pl* tenacity *no pl,* toughness *no pl;* **die Verhandlungen wurden mit Ausdauer und großer ~ geführt** the negotiations were tough and long-drawn out

Zahl <-, -en> [tsa:l] *f* ① MATH number, figure; **ganze/gerade/ungerade ~** whole/even/uneven number; **eine vierstellige ~** a four figure number; **Kopf oder ~** heads or tails; **~en addieren/subtrahieren** to add/subtract numbers; **~en [miteinander] multiplizieren/ [durcheinander] dividieren** to multiply numbers [by numbers]/divide numbers [by numbers] ② *pl* (*Zahlenangaben*) numbers; (*Verkaufszahlen*) figures; **arabische/römische ~en** Arabic/Roman numerals; **in die roten/schwarzen ~en geraten** [*o* **kommen**] to get into the red/black ③ *kein pl* (*Anzahl*) number; **die ~ der Besucher** the number of visitors; **in großer/größerer ~** in great/greater numbers; **in voller ~** with a full turn-out ④ LING (*Numerus*) number

i Kultur

Die Null heißt *zero* und in Großbritannien auch *nought*; die Eins wir handschriftlich als einfacher Strich geschrieben, die Sieben wird ohne kleinen Querstrich geschrieben. Dadurch kann es passieren, dass unsere Eins als eine Sieben gelesen wird. In den USA lässt man nach *hundred* oft das *and* weg, z.B. *one hundred twenty.* Eine Milliarde heißt jetzt auch in Großbritannien *one billion.* Im Englischen werden Tausender mit einem Komma gegliedert – im Deutschen mit einem Punkt. Dagegen werden Dezimalzahlen mit einem Punkt gegliedert, z.B. *2.4* (gesprochen *two point four*) *metres*. Bei Währungsangaben folgt die Zahl direkt nach dem Währungszeichen, also ohne Freizeichen, z.B. *$32.50* (gesprochen *thirty-two dollars fifty*).

zahl·bar *adj* (*geh*) payable; ~ **bei Erhalt/innerhalb von 14 Tagen/nach Lieferung** payable upon receipt/within 14 days/upon delivery; **in Raten** [*o* **Teilbeträgen**] ~ **sein** to be payable in instalments BRIT [*or* AM installments]

zäh·le·big *adj* hardy, tough

zah·len ['tsa:lən] **I.** *vt* ❶ (*be~*) ■ [**jdm**] **etw** [**für etw** *akk*] ~ to pay [sb] sth [for sth]; **seine Miete/Schulden** ~ to pay one's rent/debts; **das Hotelzimmer/Taxi** ~ (*fam*) to pay for a hotel room/taxi ❷ (*Gehalt auszahlen*) ■ [**jdm**] **etw** ~ to pay [sb] sth **II.** *vi* ❶ (*Gehalt auszahlen*) [**gut/besser/schlecht**] ~ to pay [well/more/badly] ❷ (*bezahlen*) ■ **für etw** *akk* ~ to pay for sth; **bitte** ~ **Sie an der Kasse** please pay at the till [*or* AM register]; [**bitte**] ~**!** [can I/we have] the bill please! ❸ (*Unterhalt entrichten*) ■ **für jdn** ~ to pay for sb

zäh·len ['tsɛ:lən] **I.** *vt* ❶ (*addieren*) ■ **etw** ~ to count sth; **das Geld auf den Tisch** ~ to count the money on the table ❷ (*geh: Anzahl aufweisen*) ■ **etw** ~ to number sth *form*, to have sth; **der Verein zählt 59 Mitglieder** the club has [*or* numbers] 59 members ❸ (*geh: dazurechnen*) ■ **jdn/sich zu etw** *dat* ~ to regard sb/oneself as belonging to sth **II.** *vi* ❶ (*Zahlen aufsagen*) **bis zehn** ~ to count to ten ❷ (*addieren*) [**richtig/langsam**] ~ to count [correctly/slowly]; **falsch** ~ to miscount ❸ (*gehören*) ■ **zu jdm/etw** ~ to belong to sb/sth; **er zählt zu den zehn reichsten Männern der Welt** he is one of the ten richest men in the world ❹ (*sich verlassen*) ■ **auf jdn/etw** ~ to count [*or* rely] on sb/sth; **auf mich können Sie** ~**!** you can count on me! ❺ (*wert sein*) to count; **der Sprung zählte nicht** that jump didn't count; (*Bedeutung haben*) to count

Zah·len·an·ga·be *f* figure; **genaue** ~**n machen** to give [*or* quote] exact figures **Zah·len·fol·ge** *f* numerical sequence **Zah·len·ge·dächt·nis** *nt* memory for numbers **Zah·len·kom·bi·na·ti·on** *f* combination of numbers

zah·len·mä·ßig I. *adj* numerical; ~**e Unterlegenheit** numerical disadvantage **II.** *adv* (*an Anzahl*) in number; **Frauen waren auf der Versammlung** ~ **sehr schwach vertreten** at the meeting women were few in number; (*in Zahlen*) in numbers [*or* figures]; **etw** ~ **ausdrücken** to express sth in numbers; ~ **überlegen sein** to have a numerical advantage

Zah·len·ma·te·ri·al *nt kein pl* figures *pl;* **das** ~ **analysieren** to analyse [*or* AM -ze] the figures **Zah·len·rei·he** *f s.* **Zahlenfolge**

Zah·len·schloss[RR] *nt* combination lock

Zah·ler(in) <-s, -> *m(f)* payer; **ein pünktlicher/säumiger** ~ a prompt/defaulting payer

Zäh·ler <-s, -> *m* ❶ MATH numerator ❷ TECH meter

Zäh·ler(in) *m(f)* (*Teilnehmer einer Zählung*) *official conducting traffic census*

Zäh·ler·ab·le·sung *f* meter reading **Zäh·ler·stand** *m* meter reading

Zahl·kar·te *f* giro transfer form

zahl·los *adj* (*euph*) countless

Zahl·meis·ter(in) *m(f)* purser; (*MIL*) paymaster

zahl·reich I. *adj* ❶ (*sehr viele*) numerous ❷ (*eine große Anzahl*) large; **ein** ~**es Publikum war erschienen** a large audience had come **II.** *adv* (*in großer Anzahl*) ~ **erscheinen/kommen** to appear/come in large numbers

Zahl·stel·le *f* cashier **Zahl·tag** *m* payday

Zah·lung <-, -en> *f* ❶ (*gezahlter Betrag*) payment ❷ (*das Bezahlen*) payment; **eine** ~/~**en** [**an jdn**] **leisten** (*geh*) to make a payment [to sb]; ~ **erfolgte in bar** (*geh*) payment was made in cash; [**jdm**] **etw** [**für etw** *akk*] **in** ~ **geben** to give [sb] sth in part-exchange [for sth]; **etw** [**von jdm**] [**für etw** *akk*] **in** ~ **nehmen** to take sth [from sb] in part-exchange [for sth]; (*als Zahlungsmittel akzeptieren*) to accept sth [from sb] as payment [for sth]; **die** ~**en einstellen** (*euph*) to go bankrupt

Zäh·lung <-, -en> *f* count; **eine** ~ **durchführen** to carry out a census; (*Verkehrs~*) traffic census; (*Volks~*) census

Zah·lungs·ab·kom·men *nt* payment agreement **Zah·lungs·an·wei·sung** *f* giro transfer order **Zah·lungs·art** *f* mode [*or* method] of payment **Zah·lungs·auf·for·de·rung** *f* request for payment **Zah·lungs·auf·schub** *m extension* (*of payment due date*) **Zah·lungs·auf·trag** *m* payment order **Zah·lungs·be·din·gun·gen** *pl* terms *pl* [of payment] **Zah·lungs·emp·fän·ger(in)** *m(f)* payee **zah·lungs·fä·hig** *adj* solvent **Zah·lungs·fä·hig·keit** *f kein pl* solvency **Zah·lungs·frist** *f period allowed for payment*

zah·lungs·kräf·tig *adj* (*fam*) wealthy; **ein** ~**er Kunde** a wealthy client

Zah·lungs·mit·tel *nt* means of payment + *sing vb;* **gesetzliches** ~ legal tender **Zah·lungs·mo·ral** *f kein pl* ÖKON paying habits *pl* **zah·lungs·pflich·tig** *adj inv* liable to pay **Zah·lungs·ter·min** *m* COM payment day, date for payment; **letzter** ~ final date of payment **zah·lungs·un·fä·hig** *adj* insolvent, unable to pay **Zah·lungs·un·fä·hig·keit** *f* insolvency, inability to pay **Zah·lungs·ver·kehr** *m* payment transactions *pl;* **im bargeldlosen** ~ payment by money transfer **Zah·lungs·ver·pflich·tung** *f meist pl* financial commitment[s *pl*], obligation to pay; **seinen** ~**en** [**nicht**] **nachkommen** to [not] honour [*or* AM -or] one's financial commitments **Zah·lungs·wei·se** *f* mode [*or* method] of payment **Zah·lungs·ziel** *nt* payment period

Zähl·werk *nt* counter

Zahl·wort <-wörter> *nt* numeral

zahm [tsa:m] *adj* ❶ (*zutraulich*) tame ❷ (*fam: gefügig*) tame; **eine** ~**e Schulklasse** an obedient class; (*gemäßigt*) moderate; ~**e Kritik üben** to offer mild criticism; ~**en Widerstand leisten** to put up slight opposition

zähm·bar *adj* tam[e]able

zäh·men ['tsɛ:mən] *vt* ❶ (*zahm machen*) ■ **ein Tier** ~ to tame an animal; ■ **gezähmt** tamed ❷ (*geh: zügeln*) ■ **etw/sich** ~ to control sth/oneself

Zäh·mung <-, -en> *f* taming

Zahn <-[e]s, Zähne> [tsa:n, *pl* tsɛ:nə] *m* ❶ (*Teil des Gebisses*) tooth; **die dritten Zähne** (*hum*) false teeth; **die ersten Zähne** milk [*or* AM *a.* baby] teeth; **falsche** [*o* **künstliche**] **Zähne** false teeth *fam,* artificial dentures; **fauler** ~ rotten tooth; **vorstehende Zähne** protruding [*or* goofy] teeth *fam,* overbite; **die zweiten Zähne** one's second set of teeth, adult teeth; **einen Zahn/Zähne bekommen** [*o fam* **kriegen**] to cut a tooth/be teething; **jdm die Zähne einschlagen** (*fam*) to smash sb's face in *fam;* **jd klappert mit den Zähnen** sb's teeth chatter; **mit den Zähnen knirschen** to grind one's teeth; **jdm/sich die Zähne putzen** to brush sb's/one's teeth; **die Zähne zeigen** to show [*or* bare] one's teeth; **sich** *dat* [**von jdm**] **einen** ~ **ziehen lassen** to have a tooth pulled [*or* extracted] [by sb]; **jdm einen/einen** ~ **ziehen** to pull sb's/a tooth ❷ (*Zacke*) tooth; *Blatt* point; *Zahnrad* cog ❸ (*fam: hohe Geschwindigkeit*) **einen** ~ **draufhaben** (*fam*) to drive at a breakneck speed; **einen** ~ **zulegen** (*fam*) to step on it ❹ (*sl: Mädchen, Frau*) **ein steiler** ~ (*veraltend fam*) a knockout *fam,* looker *dated* ▶ WENDUNGEN: **der** ~ **der Zeit** (*fam*) the ravages *pl* of time; **das reicht gerade für den hohlen** ~ that wouldn't keep a sparrow alive; **lange Zähne machen** (*fam*) to pick at one's food; **sich** *dat* **an jdm/etw die Zähne ausbeißen** to have a tough time of it with sb/sth; **bis an die Zähne bewaffnet sein** (*fam*) to be armed to the teeth *fam;* **jdm auf den** ~ **fühlen** (*fam*) to grill sb *fam or sl;* [**jdm**] **die Zähne zeigen** (*fam*) to show one's teeth [to sb]; **jdm den** ~ **ziehen lassen** (*fam*) to put an idea right out of sb's head

Zahn·arzt, -ärz·tin *m, f* dentist
Zahn·arzt·be·such *m* dentist appointment, visit to the dentist **Zahn·arzt·hel·fer(in)** *m(f)* dental nurse [*or* AM *a.* assistant]
zahn·ärzt·lich I. *adj* dental *attr* **II.** *adv* ~ **behandelt werden/sich ~ behandeln lassen** to have [*or* undergo] dental treatment
Zahn·be·hand·lung *f* dental treatment **Zahn·be·lag** *m kein pl* plaque *no pl* **Zahn·bras·se** *f* ZOOL, KOCHK dentex **Zahn·brü·cke** *f* bridge **Zahn·bürs·te** *f* toothbrush **Zahn·creme** *f* toothpaste
Zäh·ne·flet·schen <-s> *nt kein pl* **unter ~** while snarling **zäh·ne·flet·schend I.** *adj attr* snarling **II.** *adv* snarling **Zäh·ne·klap·pern** *nt kein pl* chattering of teeth **zäh·ne·klap·pernd I.** *adj attr* teeth-chattering *attr* **II.** *adv* with one's teeth chattering **Zäh·ne·knir·schen** *nt kein pl* grinding of one's teeth; **unter ~** while gnashing one's teeth **zäh·ne·knir·schend** *adv* gnashing one's teeth
zah·nen ['tsa:nən] *vi* to teethe
Zahn·er·satz *m* dentures *pl* **Zahn·fleisch** *nt* gum[s *pl*] ►WENDUNGEN: **auf dem ~ gehen** [*o* **kriechen**] (*fam*) to be on one's last legs *fam* **Zahn·fleisch·blu·ten** *nt kein pl* bleeding of the gums **Zahn·fül·lung** *f* filling **Zahn·hals** *m* neck of the tooth **Zahn·heil·kun·de** *f* (*geh*) *s.* **Zahnmedizin Zahn·klam·mer** *f s.* **Zahnspange Zahn·kli·nik** *f* dental clinic [*or* hospital] **Zahn·kranz** *m* gear rim; *Fahrrad* sprocket **Zahn·kro·ne** *f* crown **Zahn·laut** *m* LING dental [consonant]
zahn·los *adj* toothless
Zahn·lü·cke *f* gap between the teeth **Zahn·me·di·zin** *f kein pl* dentistry *no pl* **Zahn·pas·ta** *f s.* **Zahncreme Zahn·pfle·ge** *f kein pl* dental hygiene **Zahn·pro·the·se** *f* dentures *pl* **Zahn·putz·glas** *nt* toothbrush glass
Zahn·rad *nt* AUTO gearwheel; TECH cogwheel
Zahn·rad·bahn *f* rack railway, cog railway
Zahn·schein *m* (*fam*) *dental voucher for free treatment* **Zahn·schmelz** *m* [tooth] enamel **Zahn·schmer·zen** *pl* toothache *no pl* **Zahn·sei·de** *f* dental floss **Zahn·span·ge** *f* braces *pl* **Zahn·spü·lung** *f* ❶ MED (*Spülung der Zähne bzw. des Munds*) rinse ❷ MED, PHARM (*Mundwasser*) mouthwash, mouth rinse **Zahn·stein** *m kein pl* tartar *no pl* **Zahn·sto·cher** <-s, -> *m* toothpick **Zahn·stum·mel** *m* stump **Zahn·tech·ni·ker(in)** *m(f)* dental technician **Zahn·wal** *m* toothed whale **Zahn·weh** *nt* (*fam*) *s.* **Zahnschmerzen Zahn·wur·zel** *f* root [of a tooth]
Zan·der <-s, -> ['tsandɐ] *m* pikeperch
Zan·ge <-, -n> ['tsaŋə] *f* pliers *npl*, a pair of pliers; *Hummer, Krebs* pincer; MED forceps *npl*; (*für Zucker*) tongs *npl* ►WENDUNGEN: **jdn/etw nicht mit der ~ anfassen** to not touch sb/sth with a bargepole [*or* AM 10-foot pole] *fam*; **jdn in der ~ haben** (*fam*) to have sb right where one wants him/her *fam*; **jdn in die ~ nehmen** to give sb the third degree *fam*; SPORT to sandwich sb
Zank <-[e]s> [tsaŋk] *m kein pl* row, squabble, quarrel; ~ **und Streit** trouble and strife
Zank·ap·fel *m* bone of contention *fig*
zan·ken ['tsaŋkn̩] **I.** *vi* ❶ (*streiten*) to quarrel, to row, to squabble; ■**mit jdm ~** to quarrel [*or* squabble] with sb ❷ DIAL (*schimpfen*) to scold; ■**mit jdm ~** to tell sb off **II.** *vr* (*sich streiten*) ■**sich** *akk* [**um etw** *akk*] ~ to quarrel [*or* row] [*or* squabble] [over/about sth]
zän·kisch ['tsɛŋkɪʃ] *adj* quarrelsome; **ein ~es altes Weib** an argumentative [*or* nagging] old woman
Zäpf·chen <-s, -> ['tsɛpfçən] *nt* ❶ *dim von* **Zapfen** small plug ❷ ANAT uvula ❸ MED (*Medikamentenform*) suppository
zap·fen ['tsapfn̩] *vt* to draw sth, to tap sth; ■**etw ~: hier wird Bier noch vom Fass gezapft** they have draught beer [*or* beer on tap] here
Zap·fen <-s, -> ['tsapfn̩] *m* ❶ BOT (*Fruchtstand*) cone ❷ (*Eis~*) icicle ❸ (*länglicher Holzstöpsel*) spigot, bung ❹ ANAT cone
Zap·fen·streich *m* ❶ (*Ende der Ausgehzeit*) **um 22 Uhr ist ~!** lights out at 10! ❷ (*Signal*) last post BRIT, taps AM; **den ~ blasen** to sound the last post; **der Große ~** the Ceremonial Tattoo
Zap·fen·zie·her <-s, -> *m* SCHWEIZ *s.* **Korkenzieher**
Zapf·hahn *m* tap **Zapf·pis·to·le** *f* petrol [*or* AM gas] nozzle **Zapf·säu·le** *f* petrol [*or* AM gas] pump
zap·pe·lig ['tsapəlɪç] *adj* (*fam*) ❶ (*sich unruhig bewegend*) fidgety; **ein ~es Kind** a fidgety [*or* restless] child ❷ (*voller Unruhe*) ■[**ganz**] ~ [**vor etw** *dat*] **sein** to be [all] restless [*or* fidgety] [with sth]
zap·peln ['tsapl̩n] *vi* to wriggle ❶ (*fam: sich unruhig bewegen*) **an der Angel/im Netz ~** to wriggle on the fishing rod/in the net ❷ ■[**mit etw** *dat*] ~ to fidget [with sth] ►WENDUNGEN: **jdn ~ lassen** (*fam*) to keep sb in suspense
Zap·pel·phi·lipp <-s, -e *o* -s> ['tsap|fɪlɪp] *m* (*fig fam*) fidget *fam*
zap·pen ['tsapn̩] *vi* TV (*sl*) to channel-hop *fam*, AM *a.* to zap *fam*
zap·pen·dus·ter ['tsapn̩'du:stɐ] *adj* (*fam: völlig dunkel*) pitch-black [*or* dark]; **eine ~e Nacht** a pitch-black night; **mit etw** *dat* **sieht es ~ aus** (*fig*) things are looking grim for sth *fam*, it's not looking too good for sth *fam*
Zap·ping <-s> ['tsapɪŋ, 'zɛpɪŋ] *nt kein pl* TV (*sl*) channel-hopping *no pl fam*, AM *a.* zapping *no pl fam*
zapp·lig ['tsaplɪç] *adj s.* **zappelig**
Zar(in) <-en, -en> [tsa:ɐ̯] *m(f)* tsar, czar
Zar·ge <-, -n> ['tsargə] *f* (*fachspr*) ❶ (*Tür~*) frame ❷ (*Gehäuseteil*) case, casing; *Plattenspieler* plinth
Za·rin <-, -nen> ['tsa:rɪn] *f fem form von* **Zar**
zart [tsa:ɐ̯t] *adj* ❶ (*mürbe*) tender; **~es Fleisch/Gemüse** tender meat/vegetable; **~es Gebäck** delicate biscuits/cakes ❷ (*weich und empfindlich*) soft, delicate; **im ~en Alter von zehn Jahren** at the tender age of ten; **ein ~es Geschöpf** a delicate creature; **~e Haut** soft skin; **eine ~e Pflanze** a delicate plant; ~ **besaitet sein** to be highly strung; ~ **fühlend** (*taktvoll*) tactful; (*empfindlich*) sensitive; ~ **fühlende Gemüter** sensitive souls ❸ (*mild, dezent*) mild; **eine ~e Berührung** a gentle touch; **ein ~es Blau** a delicate [*or* soft] blue; **ein ~er Duft** a delicate perfume; **eine ~e Andeutung** a gentle hint
zart·bit·ter *adj* plain, dark **Zart·bit·ter·scho·ko·la·de** *f* dark chocolate; (*zum Kochen*) plain chocolate **zart·blau** *adj* pastel blue
Zart·ge·fühl <-[e]> *nt kein pl* (*geh*) ❶ (*ausgeprägtes Einfühlungsvermögen, Taktgefühl*) delicacy ❷ (*selten: Empfindlichkeit*) sensitivity
zart·gelb *adj* pastel yellow **zart·grün** *adj* pastel green
Zart·heit <-> *f kein pl* tenderness *no pl*; *Gebäck* delicateness *no pl*, softness *no pl*; *s. a.* **zart**
zärt·lich ['tsɛ:ɐ̯tlɪç] **I.** *adj* ❶ (*liebevoll*) tender, affectionate; **~e Küsse** tender kisses; ~ **werden** (*euph*) to come on strong [to sb] *fam*, to start to caress sb ❷ (*geh: fürsorglich*) solicitous; **ein ~er Ehemann** an affectionate husband **II.** *adv* tenderly, affectionately
Zärt·lich·keit <-, -en> *f* ❶ *kein pl* (*zärtliches Wesen*) tenderness *no pl*, affection; **voller ~** tenderly ❷ *pl* (*Liebkosung*) caresses *pl*; (*zärtliche Worte*) tender words *pl*; **jdm ~en ins Ohr flüstern** to whisper sweet nothings in sb's ear ❸ *kein pl* (*geh: Fürsorglichkeit*) solicitousness; **jdn mit der größten ~ behandeln** to treat sb solicitously
ZASt <-> *f kein pl s.* **Zinsabschlagsteuer**
Zas·ter <-s> ['tsastɐ] *m kein pl* (*sl*) dough *sl*, loot *sl*, dosh BRIT *sl*, lolly BRIT *fam*
Zä·sur <-, -en> [tsɛ'zu:ɐ̯] *f* (*geh: Einschnitt*) break [with tradition]; LIT, MUS caesura
Zau·ber <-s, -> ['tsaubɐ] *m* ❶ (*magische Handlung*) magic; (*~trick*) magic trick; **fauler ~** (*fam*) humbug *fam*; **einen ~ anwenden** to cast a spell; **einen ~ aufheben** [*o* **lösen**] to

break a spell; (*magische Wirkung*) spell ❷ *kein pl* (*Faszination, Reiz*) magic, charm; **der ~ der Liebe** the magic of love; **etw übt einen ~ auf jdn aus** sth holds a great fascination for sb; **der ~ des Verbotenen** the fascination of what is forbidden ❸ *kein pl* (*fam: Aufhebens*) palaver; **einen großen ~ veranstalten** to make a great fuss; (*Kram*) stuff; **der ganze ~** (*fam*) the whole lot *fam*

Zau·be·rei <-, -en> [tsaubəˈrai] *f* ❶ *kein pl* (*Magie*) magic ❷ *s.* **Zauberkunststück**

Zau·be·rer, Zau·be·rin <-s, -> [ˈtsaubərɐ, ˈtsaubərɪn] *m, f* ❶ (*Magier*) sorcerer *masc,* sorceress *fem,* wizard ❷ (*Zauberkünstler*) magician

Zau·ber·for·mel *f* ❶ (*magische Formel*) magic formula ❷ (*Patentmittel*) magic formula

zau·ber·haft *adj* charming, enchanting; **ein ~es Kleid** a gorgeous dress; **ein ~er Abend/Urlaub** a splendid [*or* magnificent] evening/holiday

Zau·be·rin <-, -nen> *f fem form von* **Zauberer**

Zau·ber·künst·ler(in) *m(f)* magician, conjurer **Zau·ber·kunst·stück** *nt* magic trick **Zau·ber·leh·rer(in)** *m(f) sb who teaches conjuring tricks* **Zau·ber·lehr·gang** *m* conjuring course **Zau·ber·lehr·ling** *m* magician's pupil

zau·bern [ˈtsaubɐn] **I.** *vt* ❶ (*erscheinen lassen*) ■**etw** *akk* **aus etw** *dat* ~ to conjure sth from sth; **einen Hasen aus einem Hut ~** to pull a rabbit out of a hat ❷ (*a. fam: schaffen*) ■**etw ~** to conjure up sth **II.** *vi* (*Magie anwenden*) to perform [*or* do] magic; (*Zauberkunststücke vorführen*) to do magic tricks

Zau·ber·schu·le *f* conjuring school **Zau·ber·spruch** *m* magic spell **Zau·ber·stab** *m* magic wand **Zau·ber·trank** *m* magic potion **Zau·ber·trick** *m s.* **Zauberkunststück Zau·ber·wort** *nt* ❶ (*magisches Wort*) magic word; **wie heißt das ~?** (*fig*) what's the magic word? *fig* ❷ *s.* **Zauberformel 2**

Zau·de·rer, Zau·de·rin <-s, -> [ˈtsaudərɐ, ˈtsaudərɪn] *m, f* irresolute person, ditherer

zau·dern [ˈtsaudɐn] *vi* to hesitate, to be irresolute; ■**mit etw** *dat* ~ to hesitate with sth; ■**~, etw zu tun** to hesitate to do sth; **ohne zu ~** without hesitation [*or* vacillation]

Zau·dern <-s> [ˈtsaudɐn] *nt kein pl* hesitation *no pl*

Zaum <-[e]s, Zäume> [tsaum, *pl* ˈtsɔymə] *m* bridle; **einem Pferd den ~ anlegen** to bridle a horse, to put a bridle on a horse; **etw/jdn/sich in** [*o* **im**] **~ halten** (*fig*) to keep sth/sb/oneself in check, to keep a tight rein on sth/sb/oneself

zäu·men [ˈtsɔymən] *vt* ■**ein Tier ~** to bridle an animal

Zaum·zeug <-[e]s, -e> *nt* bridle

Zaun <-[e]s, Zäune> [tsaun, *pl* ˈtsɔynə] *m* fence ▸WENDUNGEN: **etw vom ~ brechen** to provoke sth; **einen Streit/eine Auseinandersetzung vom ~ brechen** to pick a fight/start an argument

Zaun·gast <-gäste> *m uninvited spectator* **Zaun·kö·nig** *m* wren **Zaun·pfahl** *m* [fence] post

zau·sen [ˈtsauzn̩] **I.** *vt* ■**etw ~** to tousle [*or* ruffle] sth; **jdm das Haar ~** to tousle sb's hair **II.** *vi* ■**in/an etw** *dat* ~ to play with sth; **an jds Ohren ~** to play with sb's ears

z.B. *Abk von* **zum Beispiel** e.g.

ZDF <-s> [tsɛtdeːˈʔɛf] *nt Abk von* **Zweites Deutsches Fernsehen** *second public service television station in Germany*

Ze·bra <-s, -s> [ˈtseːbra] *nt* zebra

Ze·bra·strei·fen *m* zebra [*or* AM *a.* pedestrian] crossing

Ze·bu <-s, -s> [ˈtseːbu] *nt* zebu

Ze·che[1] <-, -n> [ˈtsɛçə] *f* BERGB coal mine, *esp* BRIT colliery

Ze·che[2] <-, -n> [ˈtsɛçə] *f* (*Rechnung für Verzehr*) bill; **eine hohe ~ machen** to run up a large bill; **die ~ prellen** (*fam*) to leave without paying; **die ~ bezahlen müssen** to have to foot the bill

ze·chen [ˈtsɛçn̩] *vi* (*hum*) to booze *fam,* to booze it up *fam,* to have a booze-up BRIT *fam,* to go on the piss BRIT *sl*

Ze·cher(in) <-s, -> [ˈtsɛçɐ] *m(f)* boozer *fam*

Zech·ge·la·ge *nt* binge, booze-up BRIT *fam* **Zech·kum·pan(in)** *m(f)* (*fam*) drinking-mate BRIT *fam,* drinking-buddy AM *fam* **Zech·prel·ler(in)** <-s, -> *m(f)* walk-out (*person who leaves without paying the bill*) **Zech·prel·le·rei** <-, -en> [tsɛçprɛləˈrai] *f* walking out (*leaving without paying the bill*)

Zeck <-[e]s, -en> [tsɛk] *m* ÖSTERR (*fam*), **Ze·cke** <-, -n> [ˈtsɛkə] *f* tick

Ze·cken·bissRR *m* tick bite **Ze·cken·imp·fung** *f* vaccination for tick bites

Ze·der <-, -n> [ˈtseːdɐ] *f* ❶ BOT cedar ❷ *kein pl* (*Zedernholz*) cedar[wood]

Ze·dern·holz *nt* cedarwood

Zeh <-s, -en> [tseː] *m,* **Ze·he** <-, -n> [ˈtseːə] *f* ❶ ANAT toe; **großer/kleiner ~** big/little toe; **sich** *akk* **auf die ~en stellen** to stand on tiptoes; **jdm auf die ~en treten** (*fig fam*) to tread on sb's toes *fig fam* ❷ KOCHK (*Knoblauchzehe*) clove

Ze·hen·na·gel *m* toenail **Ze·hen·spit·ze** *f* tip of the toe; **auf** [**den**] **~n** on tiptoe; **auf** [**den**] **~n gehen** to tiptoe, to walk on tiptoe; **auf die ~n stellen** to stand on tiptoe

zehn [tseːn] *adj* ten; *s. a.* **acht**[1]

Zehn <-, -en> [tseːn] *f* ❶ (*Zahl*) ten ❷ KARTEN ten; *s. a.* **Acht**[1] **4** ❸ (*Verkehrslinie*) ■**die ~** the [number] ten

zehn·bän·dig *adj* in ten volumes

Zeh·ner <-s, -> [ˈtseːnɐ] *m* ❶ (*fam: Geldstück*) ten-cents piece [*or* coin]; (*Geldschein*) ten-euros note ❷ MATH (*Zahl zwischen 10 und 90*) ten; **die Einer und die ~ addieren** to add the ones and the tens

Zeh·ner·kar·te *f* TRANSP ten-journey ticket; TOURIST ten-visit ticket

zeh·ner·lei [ˈtseːnɐˈlai] *adj inv, attr* ten [different]; *s. a.* **achterlei**

Zeh·ner·pa·ckung *f* packet of ten

zehn·fach, 10·fach [ˈtseːnfax] **I.** *adj* tenfold **II.** *adv* tenfold, ten times over

Zehn·fa·che, 10·fa·che *nt decl wie adj* ten times as much/many; *s. a.* **Achtfache**

Zehn·fin·ger·sys·tem <-s> [tseːnˈfɪŋɐzʏsteːm] *nt kein pl* TYPO touch-typing method **zehn·jäh·rig, 10-jäh·rig**RR *adj* ❶ (*Alter*) ten-year-old *attr,* ten years old *pred; s. a.* **achtjährig 1** ❷ (*Zeitspanne*) ten-year *attr; s. a.* **achtjährig 2 Zehn·jäh·ri·ge(r), 10-Jäh·ri·ge(r)**RR *f(m) decl wie adj* ten-year-old **Zehn·kampf** [ˈtseːnkampf] *m* decathlon **Zehn·kämp·fer(in)** *m(f)* decathlete

zehn·mal, 10-malRR [ˈtseːnmaːl] *adv* ten times; *s. a.* **achtmal**

Zehn·me·ter·brett *nt* ten-metre [*or* AM -er] board

zehn·stö·ckig *adj inv* ten-storey [*or* AM -story] *attr,* with ten storeys **zehn·stün·dig, 10-stün·dig**RR *adj* ten-hour *attr; s. a.* **achtstündig**

zehnt [tseːnt] *adv* ■**zu ~ sein** to be a party of ten

zehn·tä·gig, 10-tä·gigRR *adj* ten-day *attr*

zehn·tau·send [ˈtseːnˈtauzn̩t] *adj* ❶ (*Zahl*) ten thousand; *s. a.* **tausend 1** ❷ ■**sehr viele,** ■**Z~e von ...** tens of thousands of ...; **die oberen Z~** (*fam o fig*) the top ten thousand ❸ (*fam: 10.000 Euro*) ten grand, ten thou *sl,* ten G's [*or* K's] AM *sl*

zehn·te(r, s) [ˈtseːntə, ˈtseːntɐ, ˈtseːntəs] *adj* ❶ (*nach dem neunten kommend*) tenth; **die ~ Klasse** [*o fam* **die Z~**] fourth year (*secondary school*), fourth form [*or* AM grade]; *s. a.* **achte(r, s) 1** ❷ (*Datum*) tenth, 10th; *s. a.* **achte(r, s) 2**

Zehn·te(r) *f(m) decl wie adj* ❶ (*Person*) tenth; *s. a.* **Achte(r) 1** ❷ (*bei Datumsangaben*) ■**der ~** [*o geschrieben* **der 10.**] the tenth *spoken,* the 10th *written; s. a.* **Achte(r) 2** ❸ HIST ■**der ~** tithe

zehn·tel [ˈtseːntl̩] *adj* tenth

Zehn·tel <-s, -> [ˈtseːntl̩] *nt o* SCHWEIZ *m* ■**ein ~** a tenth; *s. a.* **Achtel**

zehn·tens [ˈtseːntn̩s] *adv* tenth[ly], in [the] tenth place

zeh·ren [ˈtseːrən] *vi* ❶ (*erschöpfen, schwächen*) ■**an jdm/etw ~** to wear sb/sth out; **an jds Nerven/Gesundheit ~** to ruin sb's nerves/health ❷ (*sich ernähren*) ■**von etw** *dat* ~ to live on [*or* off] sth; **von seinen Erinnerungen ~** (*fig*) to live in

Z

the past

Zei·chen <-s, -> ['tsaiçn̩] *nt* ❶ (*Symbol*) symbol; **chemische ~** chemical symbols; (*Notations~*) symbol; (*Schrift~*) character; (*Satz~*) punctuation mark ❷ (*Markierung*) sign; **ein ~ auf** *akk* **etw** [*o* **in**] **machen** to make a mark on sth; **sein ~ unter ein Schriftstück setzen** to put one's [identification] mark at the end of a text; **die Forscher fanden viele seltsame ~** the researchers found many strange marks; **seines/ihres ~s** (*hum veraltend*) by trade ❸ (*Hinweis*) sign; (*Symptom*) symptom; **ein untrügliches/sicheres/schlechtes ~** a[n] unmistakable/sure/bad sign; **wenn nicht alle ~ trügen** if I'm/we're not completely mistaken; **die ~ der Zeit erkennen** [*o* **richtig zu deuten wissen**] to recognise the mood of the times; **es geschehen noch ~ und Wunder** (*hum, fig*) wonders will never cease *hum* ❹ (*Signal*) signal; **jdm ein ~ geben** [*o* **machen**] to give sb a signal; **sich** *akk* **durch ~ verständigen** to communicate using signs; **das ~ zu etw** *dat* **geben** to give the signal to do sth; **ein ~ setzen** to set an example; **die ~ stehen auf Sturm** (*fig*) there's trouble ahead; (*Ausdruck*) expression; **als/zum ~ einer S.** *gen* as an expression [*or* indication] of sth; **zum ~, dass** to show that ❺ ASTROL (*Stern~*) sign; **im ~ einer S.** *gen* **geboren sein** to be born under the sign of sth

Zei·chen·block <-blöcke *o* -blocks> *m* sketch pad **Zei·chen·brett** *nt* drawing board **Zei·chen·drei·eck** *nt* setsquare BRIT, triangle AM

Zei·chen·er·klä·rung *f* key; (*Landkarte*) legend

Zei·chen·fe·der *f* pen for drawing **Zei·chen·leh·rer(in)** *m(f)* art teacher **Zei·chen·pa·pier** *nt* drawing paper **Zei·chen·saal** *m* art room

Zei·chen·set·zung <-> *f kein pl* punctuation **Zei·chen·spra·che** *f* sign language

Zei·chen·trick·film *m* cartoon, animated film *form* **Zei·chen·un·ter·richt** *m* art [lesson]

zeich·nen ['tsaiçnən] **I.** *vt* ❶ KUNST, ARCHIT ■**jdn/etw ~** to draw sb/sth; **eine Landschaft ~** to draw a landscape; **einen Akt ~** to draw a nude; **einen Grundriss ~** to draw an outline ❷ (*schriftlich anerkennen*) ■**etw ~** to subscribe for sth; **Aktien ~** to subscribe for shares; **einen Scheck ~** to validate a cheque ❸ (*mit Zeichen versehen*) to mark; **Wäsche ~** to mark the laundry; **von einer Krankheit gezeichnet sein** (*fig*) to be scarred by an illness *fig* **II.** *vi* ❶ KUNST ■**[mit etw** *dat*] **~** to draw [with sth]; ■**an etw** *dat* **~** to draw sth ❷ (*geh: verantwortlich sein*) **für etw** *akk* **[verantwortlich] ~** to be responsible for sth

Zeich·nen <-s> ['tsaiçnən] *nt kein pl* ❶ (*Anfertigung einer Zeichnung*) drawing ❷ (*Zeichenunterricht*) art lesson ❸ (*schriftliches Anerkennen*) validation

Zeich·ner(in) <-s, -> *m(f)* ❶ KUNST draughtsman *masc,* AM *a.* draftsman *masc,* draughtswoman *fem,* AM *a.* draftswoman *fem;* **technischer ~/technische Zeichnerin** engineering draughtsman/draughtswoman ❷ FIN subscriber

zeich·ne·risch **I.** *adj* graphic; **~e Begabung/~es Können** talent/ability for drawing **II.** *adv* graphically; **etw ~ erklären** to explain sth with a drawing

Zeich·nung <-, -en> *f* ❶ KUNST drawing; (*Entwurf*) draft, drawing; **eine ~ [von jdm/etw] anfertigen** to make a drawing [of sb/sth] ❷ BOT, ZOOL (*farbige Musterung*) markings *pl* ❸ FIN subscription

Zei·ge·fin·ger *m* index finger, forefinger

zei·gen ['tsaign̩] **I.** *vt* ❶ (*deutlich machen*) ■**jdm etw ~** to show sb sth; **jdm die Richtung/den Weg ~** to show sb the way ❷ (*vorführen*) ■**[jdm] jdn/etw ~** to show [sb] sb/sth; **sich** *dat* **von jdm ~ lassen, wie etw gemacht wird** to get sb to show one how to do sth; **sich** *dat* **sein Zimmer ~ lassen** to be shown one's room; **zeig mal, was du kannst!** (*fam*) let's see what you can do! *fam;* **es jdm zeigen** (*fam*) to show sb ❸ (*geh: erkennen lassen*) to show; **Wirkung ~** to have an effect; **Interesse/Reue ~** to show interest/regret; **seine Gefühle [nicht] ~** to [not] show one's feelings; **guten Willen ~** to show good will; **Mut ~** to show courage **II.** *vi* ❶ (*deuten/hinweisen*) to point; **nach rechts/oben/hinten ~** to point right [*or* to the right]/upwards/to the back; **nach Norden ~** to point north [*or* to the north]; ■**auf etw** *akk* **~** to point at sth; **der Zeiger der Benzinuhr zeigt auf „leer"** the needle on the fuel gauge reads "empty"; ■**[mit etw** *dat*] **auf jdn/etw ~** to point [with sth] at sb/sth ❷ (*erkennen lassen*) ■**~, dass** to show that, to be a sign that **III.** *vr* ❶ (*sich sehen lassen*) ■**sich** *akk* **[jdm] ~** show oneself [to sb]; **sich** *akk* **mit jdm ~** to let oneself be seen with sb; **sich** *akk* **in** [*o* **mit**] **etw** *dat* **~** to be seen in sth; **komm, zeig dich mal!** let me see what you look like ❷ (*erkennbar werden*) ■**sich** *akk* **~** to appear; **am Himmel zeigten sich die ersten Wolken** the first clouds appeared in the sky ❸ (*sich erweisen*) ■**sich** *akk* **[als jd/irgendwie] ~** to prove oneself [to be sb/somehow]; **sich** *akk* **befriedigt/erfreut/erstaunt ~** to be satisfied/happy/amazed; **sich** *akk* **von seiner besten Seite ~** to show oneself at one's best

Zei·ger <-s, -> ['tsaige] *m* (*Uhr~*) hand; **der große/kleine ~** the big/small [*or* little] hand; (*Messnadel*) needle, indicator

Zei·ge·stock *m* pointer

Zei·le <-, -n> ['tsailə] *f* ❶ (*geschriebene Reihe*) line; **~ für ~** line for line; **jdm ein paar ~n schrieben** (*fam*) to drop sb a line; **bis zur letzten ~** to the last line; **zwischen den ~n lesen** to read between the lines ❷ (*Reihe*) row; **eine ~ von Bäumen/Häusern** a row of trees/houses

Zei·len·ab·stand *m* line spacing **Zei·len·ho·no·rar** *nt* payment per line **Zei·len·län·ge** *f* length of a line

zeit [tsait] *präp +gen* time; **~ meines Lebens** all my life

Zei·sig <-s, -e> ['tsaizɪç] *m* ORN spinus, siskin

zeit [tsait] *präp +gen* time; **~ meines Lebens** all my life

Zeit <-, -en> [tsait] *f* ❶ (*verstrichener zeitlicher Ablauf*) time; **die genaue ~** the exact time; **westeuropäische ~** Greenwich Mean Time; **mitteleuropäische ~** Central European Time; **mit der ~** in time; **~ raubend** time-consuming; **~ sparend** time-saving; **etw ~ sparend tun** to save time in doing sth; **durch die ~ reisen** to travel through time; **die ~ totschlagen** (*fam*) to kill time *fam* ❷ (*Zeitraum*) time; **in jds bester ~** at sb's peak; **auf bestimmte ~** for a certain length of time; **Vertrag auf ~** fixed-term contract; **Beamter auf ~** *non-permanent civil servant;* **die ganze ~ [über]** the whole time; **in letzter ~** lately; **vor seiner ~ alt werden/sterben** to get old/die before one's time; **in nächster ~** in the near future; **auf unabsehbare ~** for an unforeseeable period, unforeseeably; **auf unbestimmte ~** for an indefinite period, indefinitely; **eine ganze/einige/längere ~ dauern** to take quite some/some/a long time; **~ gewinnen** to gain time; **[keine] ~ haben** to [not] have time; **~ haben, etw zu tun** to have the time to do sth; **zehn Minuten/zwei Tage ~ haben[, etw zu tun]** to have ten minutes/two days [to do sth]; **haben Sie einen Augenblick ~?** have you got a moment to spare?; **das hat noch ~** [*o* **mit etw hat es noch ~**] that/sth can wait, there's no rush [*or* hurry]; **sich [mit etw] ~ lassen** to take one's time [with sth]; **sich** *dat* **[mehr] ~ [für jdn/etw] nehmen** to devote [more] time [to sb/sth]; **~ schinden** (*fam*) to play for time; **jdm die ~ stehlen** (*fam*) to waste sb's time; **wie doch die ~ vergeht!** how time flies!; **keine ~ verlieren** to not lose any more time; **jdm/sich die ~ mit etw vertreiben** to help sb/one pass the time with sth; **jdn auf ~ beschäftigen/einstellen** to employ sb on a temporary basis; **jdm wird die ~ lang** sb is bored; **etw auf ~ mieten** to rent sth temporarily; **nach ~** by the hour ❸ (*Zeitpunkt*) time; **zu gegebener ~** in due course; **feste ~en haben** to have set times; **jds ~ ist gekommen** (*euph geh*) sb's time has come *euph;* **zur gleichen ~** at the same time; **es ist** [*o* **wird**] [*o* **höchste**] **~, etw zu tun, es ist an der ~, etw zu tun** it's [high] time to do sth; **es ist höchste Zeit, dass wir die Tickets kaufen** it's high time we bought the tickets; **wenn es an der ~ ist** when the time is right; **zu nachtschlafender ~** in the middle of the night; **seit dieser/der ~** since then; **von ~ zu ~** from time to time; **zur ~** at the moment; **zu jeder ~** at any time; **zur rechten ~** at the right time; **alles zu seiner ~** all in good time ❹ (*Epoche, Lebensabschnitt*) time, age; **mit der ~ gehen** to move with the times; **die ~ der Aufklärung** the age of enlightenment; **... aller ~en ...** of all times; **die gute alte ~** the good old days; **seit uralten** [*o* **ewigen**] **~en** since/from time immemorial; **für alle ~en** for ever, for all time *liter;* **etw war vor jds ~** sth was before sb's time; **zu jener ~** at that time; **vor ~en** (*liter*) a long time ago; **zur ~** [*o* **zu ~en**] **einer Person** *gen* in sb's times; **die ~en ändern sich** times are changing ❺ LING (*Tempus*) tense ❻ SPORT time; **eine gute ~ laufen** to run a good time; **auf ~ spielen** to play for time ▶WENDUNGEN: **~ ist Geld** time is money; **spare in der ~, dann hast du in der Not** (*prov*) waste not, want not; **kommt ~, kommt Rat** (*prov*) things have a way of sorting themselves out; **die ~ heilt alle Wunden** (*prov*) time heals all wounds *prov;* **ach du liebe ~!** (*fam*) goodness me! *fam;* **die ~ arbeitet für jdn** (*fig*) time is on sb's side; **die ~ drängt** time presses; **wer nicht kommt zur rechten ~, der muss nehmen, was übrig bleibt** (*prov*) the early bird catches the worm *prov*

Zeit·ab·schnitt *m* period [of time] **Zeit·al·ter** *nt* age; **das viktorianische ~** the Victorian age; **in unserem ~** nowadays, in our day and age; **das goldene ~** the golden age **Zeit·an·ga·be** *f* ❶ (*Angabe der Uhrzeit*) time; (*Angabe des Zeitpunktes*) date ❷ LING temporal adverb **Zeit·an·sa·ge** *f* TELEK speaking clock; RADIO time check **Zeit·ar·beit** *f kein pl* temporary work *no pl* **Zeit·ar·beits·fir·ma** *f* temporary employment agency, temping agency *fam* **Zeit·auf·wand** *m* expenditure of time; **nach ~ bezahlen** to pay by the hour; **mit großem ~ verbunden sein** to be extremely time-consuming **zeit·auf·wän·dig**[RR] *adj* time-consuming **Zeit·bom·be** *f* time bomb **Zeit·do·ku·ment** *nt* contemporary document **Zeit·druck** *m kein pl* time pressure; **sich** *akk* [**von jdm**] **unter ~ setzen lassen** to let oneself be rushed [by sb]; **jdn unter ~ setzen** to put sb under time pressure; **unter ~ stehen/arbeiten** to be/work under time pressure **Zeit·ein·tei·lung** *f* time planning, time management **Zeit·er·spar·nis** *f* saving of time **Zeit·fra·ge** *f* ❶ *kein pl* (*Frage der Zeit*) question of time ❷ (*Problem der Zeit*) contemporary concern **Zeit·ge·fühl** *nt kein pl* sense of time; **das ~ verlieren** to lose all sense of time **Zeit·geist** *m kein pl* Zeitgeist, spirit of the times

zeit·ge·mäß I. *adj* modern, up-to-date; **ein ~es Design** a modern design II. *adv* up-to-date, modern

Zeit·ge·nos·se, -ge·nos·sin *m, f* ❶ (*zur gleichen Zeit lebender Mensch*) **jds ~, ein ~ von jdm** sb's contemporary, a contemporary of sb ❷ (*fam: Mensch*) **ein verschrobener ~** an odd bod BRIT *fam,* an oddball AM *fam;* **ein übler ~** a bad guy *fam* **zeit·ge·nös·sisch** ['tsaitgənœsɪʃ] *adj* contemporary; **~e Kunst/Musik** contemporary art/music **Zeit·ge·sche·hen** *nt kein pl* events of the day **Zeit·ge·schich·te** *f kein pl* contemporary history *no pl* **Zeit·ge·schmack** *m kein pl* prevailing taste

zeit·gleich I. *adj* contemporaneous II. *adv* at the same time; **~ ins Ziel kommen** to finish [the race] at the same time [as sb else]

zei·tig ['tsaitɪç] I. *adj* early II. *adv* early, in good time

zei·ti·gen ['tsaitɪgn̩] *vt* (*geh*) ■**etw ~** to bring sth about; **Früchte ~** to bear fruit

Zeit·kar·te *f* TRANSP monthly/weekly/weekend etc. ticket [*or* pass] **zeit·kri·tisch** I. *adj commenting on contemporary issues;* **ein ~er Film** a film on contemporary issues II. *adv* **etw ~ analysieren** *to analyse sth by looking at the contemporary issues;* **etw ~ beleuchten** *to shed light on the contemporary issues affecting sth* **Zeit·lang** *f* ■**eine ~** for a while [*or* a time] **zeit·le·bens** [tsait'le:bn̩s] *adv* one's whole life, all one's life

zeit·lich I. *adj* ❶ (*chronologisch*) chronological; **der ~e Ablauf** the chronological sequence of events; (*terminlich*) temporal; **die ~e Planung** time planning ❷ REL (*irdisch, vergänglich*) transitory; **das Z~e segnen** (*euph veraltet: sterben*) to depart from this life; (*fam: kaputtgehen*) to pack in *fam* II. *adv* ❶ (*terminlich*) timewise *fam,* from a temporal point of view; **~ zusammenfallen** to coincide; **etw ~ abstimmen** to synchronize sth ❷ (*vom Zeitraum her*) **~ begrenzt** for a limited time; **etw ~ hinausschieben** to postpone sth; **eine ~e Zahlung** a payment received on time

zeit·los *adj* timeless; **~e Kleidung** classic clothes *pl;* **~er Stil** style that doesn't date [*or* go out of date]

Zeit·lu·pe *f kein pl* slow motion *no art;* **etw in** [**der**] **~ zeigen** to show sth in slow motion **Zeit·lu·pen·tem·po** *nt* **im ~** in slow motion; **sich** *akk* **im ~ bewegen** (*hum*) to move at a snail's pace *hum* **Zeit·man·gel** *m kein pl* lack of time; **aus ~/wegen ~s** due to lack of time **Zeit·ma·schi·ne** *f* time machine **Zeit·mes·sung** *f* timekeeping **Zeit·neh·mer(in)** <-s, -> *m(f)* SPORT timekeeper **Zeit·not** *f kein pl* shortage of time; **in ~ geraten** to run out of time; **in ~ sein** to be short of time [*or* pressed for time] **Zeit·plan** *m* schedule, timetable; **den ~ einhalten** to stick to the timetable, to be [*or* stay] on schedule **Zeit·punkt** *m* time; **zu diesem ~** at that point in time; **zu dem ~** at that time; **zu einem bestimmten ~** at a certain time; **zum jetzigen ~** at this moment in time; **den richtigen ~ abwarten** to find the right time **Zeit·raf·fer** <-s> *m kein pl* time-lapse photography; **etw im ~ filmen** to film sth using time-lapse photography **Zeit·raum** *m* period of time; **in einem ~ von** [**drei Wochen**] over a period of [three weeks]; **über einen längeren Zeitraum** over a longer period of time **Zeit·rech·nung** *f* ❶ (*Kalendersystem*) calendar; **nach moslemischer ~** according to the Muslim calendar; **vor/nach unserer ~** before Christ/anno Domini ❷ (*Berechnung der Zeit*) calculation of time **Zeit·rei·se** *f* travel through time **Zeit·rei·sen·de(r)** *f(m) decl wie adj* time-traveller

Zeit·schrift ['tsaitʃrɪft] *f* magazine; (*wissenschaftlich*) periodical, journal

Zeit·schrif·ten·abon·ne·ment *nt* magazine subscription **Zeit·schrif·ten·bei·la·ge** *f* pull-out section **Zeit·schrif·ten·stän·der** *m* magazine rack **Zeit·schrif·ten·zu·stel·lung** *f* mailing of magazines

Zeit·span·ne *f* period of time **Zeit·takt** *m* unit length; **in einem ~ von drei Minuten** every three minutes **zeit·ty·pisch** *adj* contemporary **Zeit·um·stel·lung** *f* changing the clocks

Zei·tung <-, -en> ['tsaitʊŋ] *f* newspaper, paper; **etw in die ~ bringen** to put sth in the paper; **bei einer ~ sein** *fam* [*o* **arbeiten**] to work for a newspaper

Zei·tungs·abon·ne·ment *nt* newspaper subscription **Zei·tungs·an·non·ce** *f* newspaper advertisement, ad *fam;* (*Geburt, Tod, Ehe*) announcement **Zei·tungs·an·zei·ge** *f* newspaper advertisement [*or fam* ad] **Zei·tungs·ar·ti·kel** *m* newspaper article **Zei·tungs·aus·schnitt** *m* newspaper cutting **Zei·tungs·aus·trä·ger(in)** *m(f)* paper boy/girl **Zei·tungs·bei·la·ge** *f* newspaper supplement **Zei·tungs·be·richt** *m* newspaper article [*or* report] **Zei·tungs·en·te** *f* (*fam*) canard, false newspaper report **Zei·tungs·ki·osk** *m* newspaper kiosk [*or* stand] **Zei·tungs·le·ser(in)** *m(f)* newspaper reader; **~ sein** to like to read newspapers **Zei·tungs·mel·dung** *f* newspaper report **Zei·tungs·pa·pier** *nt* newsprint, newspaper **Zei·tungs·re·dak·ti·on** *f editorial office of a newspaper* **Zei·tungs·stand** *m* news stand **Zei·tungs·stän·der** *m* [news]paper stand [*or* rack] **Zei·tungs·ver·käu·fer(in)** *m(f)* person selling newspapers **Zei·tungs·ver·lag** *m* newspaper publisher **Zei·tungs·ver·trä·ger(in)** *m(f)* SCHWEIZ *s.* **Zeitungsausträger**

Zeit·ver·geu·dung *f kein pl s.* **Zeitverschwendung** **Zeit·ver·lust** *m* loss of time; **ohne ~** without losing any time; **einen ~**

aufholen to make up time **Zeit·ver·schie·bung** *f* time difference **Zeit·ver·schwen·dung** *f kein pl* waste of time; [**reine**] ~ **sein, etw zu tun** to be a [total] waste of time to do sth **Zeit·ver·trag** *m* temporary contract **Zeit·ver·treib** <-[e]s, -e> *m* pastime; **zum** ~ to pass the time, as a way of passing the time; (*als Hobby*) as a pastime **Zeit·vor·ga·be** *f* ÖKON time standard

zeit·wei·lig ['tsaitvailɪç] **I.** *adj* ❶ (*gelegentlich*) occasional ❷ (*vorübergehend*) temporary **II.** *adv s.* **zeitweise**

zeit·wei·se *adv* ❶ (*gelegentlich*) occasionally, at times ❷ (*vorübergehend*) temporarily

Zeit·wert *m* current value **Zeit·wort** *nt* LING verb **Zeit·zei·chen** *nt* time signal **Zeit·zeu·ge, -zeu·gin** *m, f* (*geh*) contemporary witness **Zeit·zo·ne** *f* time zone **Zeit·zün·der** *m* time fuse

ze·le·brie·ren* [tsele'bri:rən] *vt* ❶ REL (*Messe lesen*) ■**etw** ~ to celebrate sth ❷ (*hum geh: betont feierlich gestalten*) ■**etw** ~ to celebrate sth; **ein Essen** ~ to have a sumptuous [*or* BRIT slap-up] meal *fam* ❸ (*selten geh: feiern*) to celebrate; **jds Geburtstag** ~ to celebrate sb's birthday

Zell·bi·o·lo·gie *f* cell biology

Zel·le <-, -n> ['tsɛlə] *f* cell; (*Telefon~*) [phone] booth [*or* BRIT box] ▶ WENDUNGEN: **die** [**kleinen**] **grauen** ~**n** (*hum fam*) one's grey matter

Zell·fu·si·on *f* cell fusion **Zell·ge·we·be** *nt* cell tissue **Zell·kern** *m* nucleus [of a/the cell] **Zell·kul·tur** *f* BIOL cell culture **Zell·mem·bran** *f* cell membrane

Zel·lo·phan <-s> [tsɛlo'fa:n] *nt kein pl s.* **Cellophan**

Zell·plas·ma *nt* cell plasma **Zell·stoff** ['tsɛlʃtɔf] *m s.* **Zellulose**

Zell·tei·lung *f* cell division

Zel·lu·li·tis <-, Zellulitiden> [tsɛlu'li:tɪs, *pl* -li'ti:dn̩] *f meist sing s.* **Cellulitis**

Zel·lu·loid <-[e]s> [tsɛlu'lɔyt] *nt kein pl* celluloid *no pl*

Zel·lu·lo·se <-, -n> [tsɛlu'lo:zə] *f* cellulose

Zell·wu·che·rung *f* rampant cell growth

Zelt <-[e]s, -e> [tsɛlt] *nt* tent; (*Fest~*) marquee; (*Zirkus~*) big top; **ein** ~ **aufschlagen** to pitch a tent; **das himmlische** ~ (*liter*) the canopy *liter* ▶ WENDUNGEN: **seine** ~**e abbrechen** (*hum fam*) to up sticks BRIT, to pack one's bags AM; **seine** ~**e irgendwo aufschlagen** (*hum fam*) to settle down somewhere

Zelt·bla·che <-, -n> [-blaxə] *f* SCHWEIZ (*Zeltplane*) tarpaulin

Zelt·dach *nt* ARCHIT ❶ (*pyramidenförmiges Hausdach*) pyramid roof ❷ (*als Dach gespannte Zeltplane*) tent-roof

zel·ten ['tsɛltn̩] *vi* to camp [somewhere]; ~ **gehen** to go camping

Zel·ter(in) <-s, -> ['tsɛltɐ] *m(f)* camper

Zel·ter <-s, -> ['tsɛltɐ] *m* (*hist: Reitpferd*) palfrey *hist*

Zelt·la·ger *nt* camp **Zelt·mast** *m* tent pole **Zelt·pflock** *m* tent peg **Zelt·pla·ne** *f* tarpaulin **Zelt·platz** *m* campsite **Zelt·stan·ge** *f* tent pole

Ze·ment <-[e]s, -e> [tse'mɛnt] *m* ❶ BAU cement; (*Zementfußboden*) cement floor ❷ MED (*Zahn~*) [dental] cement

Ze·ment·fuß·bo·den *m* cement floor

ze·men·tie·ren* [tsemɛn'ti:rən] *vt* ❶ BAU ■**etw** ~ to cement sth ❷ (*geh: festigen*) ■**etw** ~ to cement sth; **ein politisches System** ~ to reinforce a political system

Ze·nit <-[e]s> [tse'ni:t] *m kein pl* ❶ ASTRON (*Scheitelpunkt*) zenith ❷ (*geh: Höhepunkt*) zenith; **im** ~ **einer S. stehen** to be at the peak of sth; **er stand im** ~ **seiner Karriere** he was at the peak of his career

zen·sie·ren* [tsɛn'zi:rən] *vt* ❶ (*der Zensur unterwerfen*) ■**etw** ~ to censor sth ❷ SCH ■**etw** ~ to mark [*or* AM *usu* grade] sth, to give sth a mark [*or* AM *usu* grade]; **etw schlechter** ~ to mark down sth *sep*, to give sth a lower grade

Zen·sor, Zen·so·rin <-s, -soren> ['tsɛnzo:ɐ̯, tsɛn'zo:rɪn, *pl* tsɛn'zo:rən] *m, f* censor

Zen·sur <-, -en> [tsɛn'zu:ɐ̯] *f* ❶ SCH mark; **jdm eine bestimmte** ~ **geben** to give sb a certain mark; **schlechte/gute** ~**en bekommen** to get [*or* obtain] good/poor marks; **schlechte/gute** ~**en geben** to give low/high marks ❷ *kein pl* (*prüfende Kontrolle*) censorship, the censors *pl; Filme* board of censors; **einer** ~ **unterliegen** to be subject to censorship

zen·su·rie·ren* [tsɛnzu'ri:rən] *vt* ÖSTERR, SCHWEIZ *s.* **zensieren**

Zen·sus <-, -> ['tsɛnzʊs] *m* census

Zen·ti·gramm [tsɛnti'gram] *nt* centigramme [*or* AM -am] **Zen·ti·li·ter** [tsɛnti'li:tɐ] *m o nt* centilitre [*or* AM -er] **Zen·ti·me·ter** [tsɛnti'me:tɐ] *m o nt* centimetre [*or* AM -er] **Zen·ti·me·ter·maß** *nt* [metric] tape measure

Zent·ner <-s, -> ['tsɛntnɐ] *m* [metric] hundredweight; ÖSTERR, SCHWEIZ 100kg

Zent·ner·last *f* (*geh*) heavy burden; **mir fiel eine** ~ **vom Herzen** it was a great load [*or* weight] off my mind **zent·ner·schwer** **I.** *adj* ❶ (*zig Kilo schwer*) [heavy] weight ❷ (*fig*) heavy *fig;* ~ **auf jdm/jds Seele lasten** to weigh sb down/weigh heavy on sb's mind **II.** *adv* heavily

zent·ner·wei·se *adv* by the hundredweight

zen·tral [tsɛn'tra:l] **I.** *adj* central; **von** ~**er Bedeutung sein** to be central to sth **II.** *adv* centrally

Zen·tral·abi·tur *nt national A-level examination board* **Zen·tral·af·ri·ka** *nt* central Africa

Zen·tral·af·ri·ka·ner(in) <-s, -> *m(f)* Central African; *s. a.* **Deutsche(r)**

zen·tral·af·ri·ka·nisch *adj* Central African; *s. a.* **deutsch**

Zen·tral·af·ri·ka·ni·sche Re·pub·lik *f s.* **Zentralafrika** **Zen·tral·bank** *f* FIN central bank

Zen·tra·le <-, -n> [tsɛn'tra:lə] *f* ❶ (*Hauptgeschäftsstelle: Bank, Firma*) head office; (*Militär, Polizei, Taxiunternehmen*) headquarters + *sing/pl vb;* (*Busse*) depot; (*Schalt~*) central control [office] ❷ TELEK exchange; *Firma* switchboard

Zen·tral·ein·heit *f* INFORM CPU, central processing unit **Zen·tral·ein·kauf** *m* ÖKON central purchasing **Zen·tral·hei·zung** *f* central heating

Zen·tra·li·sa·ti·on <-, -en> [tsɛntraliza'tsi̯o:n] *f s.* **Zentralisierung**

zen·tra·li·sie·ren* [tsɛntrali'zi:rən] *vt* ■**etw** ~ to centralize sth

Zen·tra·li·sie·rung <-, -en> *f* centralization

Zen·tra·lis·mus <-> [tsɛntra'lɪsmʊs] *m kein pl* centralism

zen·tra·lis·tisch [tsɛntra'lɪstɪʃ] **I.** *adj* centralist **II.** *adv* centralist

Zen·tral·ko·mi·tee *nt* central committee **Zen·tral·mas·siv** *nt kein pl* GEOG central massif **Zen·tral·ner·ven·sys·tem** *nt* central nervous system **Zen·tral·or·gan** *nt* ❶ POL (*Parteizeitung*) central organ, mouthpiece ❷ BIOL (*Organ*) central organ **Zen·tral·rech·ner** *m* mainframe **Zen·tral·re·gie·rung** *f* central government **Zen·tral·schweiz, In·ner·schweiz** *f central Switzerland, namely the Cantons of Uri, Schwyz, Unterwalden, Luzern and Zug* **Zen·tral·stel·le** *f* central point; ~ **für die Vergabe von Studienplätzen** ≈ University Central Admissions Service BRIT **Zen·tral·ver·rie·ge·lung** <-, -en> *f* AUTO central [door] locking **Zen·tral·ver·schluss**^RR *m* leaf shutter **Zen·tral·ver·wal·tung** *f* centralized administration

Zen·tren *pl von* **Zentrum**

zen·trie·ren* [tsɛn'tri:rən] *vt* ■**etw** ~ to centre [*or* AM -er] sth

zen·tri·fu·gal [tsɛntrifu'ga:l] *adj* centrifugal

Zen·tri·fu·gal·kraft *f* centrifugal force

Zen·tri·fu·ge <-, -n> [tsɛntri'fu:gə] *f* centrifuge

Zen·trum <-s, Zentren> ['tsɛntrʊm, *pl* 'tsɛntrən] *nt* ❶ (*Mittelpunkt*) centre [*or* AM -er]; **im** ~ **des Interesses** [**stehen**] [to be] the centre of attention; **es ist nicht weit ins** ~ it is not far to the [town] centre ❷ (*zentrale Stelle*) centre [*or* AM -er]

Zep·pe·lin <-s, -e> ['tsɛpəli:n] *m* zeppelin

Zep·ter <-s, -> ['tsɛptɐ] *nt* sceptre [*or* AM -er]; **das** ~ **führen** [*o fam* **schwingen**] to wield the sceptre

Zer <-s> [tse:ɐ̯] *nt kein pl s.* **Cer**

zer·bei·ßen* [tsɛɐ̯'baisn̩] *vt irreg* ❶ (*kaputtbeißen*) ■**etw** ~ to chew sth; **ein Bonbon/ein Keks** ~ to crunch a sweet [*or* AM [piece of] candy]/biscuit [*or* AM *a.* cookie]; **die Hundeleine/-kette** ~ to chew through the dog lead/chain ❷ (*überall ste-*

chen) ■**jdn** ~ *Stechmücke* to bite sb
zer·bers·ten* *vi irreg sein* to burst; *Glas, Vase* to shatter
Zer·be·rus <-> ['tsɛrberʊs] *m kein pl* MYTH ■**der** ~ Cerberus ▶ WENDUNGEN: **wie ein** ~ like a watchdog
zer·beult *adj* battered; *s.* **zerbeulen**
zer·bom·ben* *vt* ■**etw** ~ to flatten sth with bombs, to bomb sth to smithereens
zer·bre·chen* *irreg* **I.** *vt haben* ❶ (*in Stücke* ~) ■**etw** ~ to break sth into pieces; **ein Glas/einen Teller** ~ to smash [*or* shatter] a glass/plate; **eine Kette** ~ to break [*or* sever] a chain ❷ (*zunichtemachen*) to break down; **jds Lebenswille** ~ to destroy sb's will to live; **eine Freundschaft** ~ to destroy [*or* break up] a friendship; *s. a.* **Kopf II.** *vi sein* ❶ (*entzweibrechen*) to break into pieces ❷ (*in die Brüche gehen*) to destroy; *Partnerschaft* to break up ❸ (*seelisch zugrunde gehen*) ■**an etw** ~ *dat* to be destroyed by sth
zer·brech·lich *adj* ❶ (*leicht zerbrechend*) fragile; **Vorsicht,** ~ fragile, handle with care ❷ (*geh: zart*) frail
zer·brö·ckeln* **I.** *vt haben* ■**etw** ~ to crumble sth **II.** *vi sein* to crumble
zer·dep·pern* [tsɛɐ̯'dɛpɐn] *vt* (*fam*) ■**etw** ~ to smash sth
zer·drü·cken* *vt* ❶ ■**etw** ~ (*zu einer Masse pressen*) to crush [*or* squash] sth; **eine Knoblauchzehe** ~ to crush a clove of garlic; **Kartoffeln** ~ to mash potatoes ❷ (*durch Druck zerstören*) **eine Zigarette** ~ to stub out a cigarette ❸ (*zerknittern*) **Stoff** ~ to crush [*or* crease] [*or* crumple] fabric ❹ (*fam*) **ein paar Tränen** ~ to squeeze out tears
Ze·re·mo·nie <-, -n> [tseremo'niː, -'moːni̯ə, *pl* -mo'niːən, -'moːni̯ən] *f* ceremony
ze·re·mo·ni·ell [tseremo'ni̯ɛl] **I.** *adj* (*geh*) ceremonial, formal **II.** *adv* (*geh*) ceremonially
Ze·re·mo·ni·ell <-s, -e> [tseremo'ni̯ɛl] *nt* (*geh*) ceremonial
zer·fah·ren *adj* scatty, distracted
Zer·fall *m* ❶ *kein pl* (*das Auflösen*) disintegration *no pl; Fassade, Gebäude* decay; *Leiche, Holz* decomposition ❷ NUKL decay ❸ (*das Auseinanderbrechen*) decline; *Land, Kultur* decline, decay, fall
zer·fal·len* *vi irreg sein* ❶ (*sich zersetzen*) to disintegrate; *Fassade, Gebäude* to disintegrate, to decay, to fall into ruin; *Körper, Materie* to decompose; *Atom* to decay; *Gesundheit* to decline ❷ (*auseinanderbrechen*) *Reich, Sitte* to decline, to fall ❸ NUKL to decay ❹ (*sich gliedern*) ■**in etw** ~ *akk* to fall into sth ❺ ■**mit jdm** ~ to fall out with sb
Zer·falls·er·schei·nung *f* sign of decay **Zer·falls·ge·schwin·dig·keit** *f* rate of decay **Zer·falls·pro·dukt** *nt* NUKL daughter product
zer·fet·zen* *vt* ❶ (*klein reißen*) ■**etw** ~ to tear [*or* rip] sth up [into tiny pieces]; **einen Körper** ~ to mangle a body, to tear a body to pieces ❷ (*zerreißen*) ■**jdn/etw** ~ to tear [*or* rip] sb/sth to pieces [*or* shreds]
zer·fetzt *adj* ragged, torn
zer·fled·dern*, [tsɛɐ̯'flɛdɐn], **zer·fle·dern*** [tsɛɐ̯'fleːdɐn] *vt* (*fam*) ■**etw** ~ to get sth tatty [*or* dog-eared]
zer·flei·schen* [tsɛɐ̯'flaiʃn̩] **I.** *vt* ■**jdn/ein Tier** ~ to tear sb/an animal limb from limb [*or* to pieces] **II.** *vr* ❶ (*sich quälen*) ■**sich** ~ to torture oneself ❷ (*sich streiten*) ■**sich** ~ to tear each other apart *fig*
zer·flie·ßen* *vi irreg sein* ❶ (*sich verflüssigen*) *Butter, Make-up, Salbe* to run; *Eis* to melt ❷ (*etw übertrieben zur Schau stellen*) ■**vor etw** ~ *dat* to be overcome with sth; **vor Mitleid** ~ to be overcome with compassion; **in Tränen** ~ to dissolve in[to] tears
zer·franst *adj* frayed
zer·fres·sen* *vt irreg* ■**etw** ~ to eat sth away ❶ (*korrodieren*) to corrode sth ❷ (*durch Fraß zerstören*) to eat sth, to gnaw on/at sth; **von Motten/Würmern** to be moth-/worm-eaten ❸ MED (*durch Wuchern zerstören*) to eat sth
zer·fur·chen* *vt* ■**etw** ~ to furrow sth; **Wind und Wetter hatten das Gesicht des alte[n …]** [… the el]ements had lined the old seaman[…]
zer·ge·hen* *vi irreg sein* (*schmelze[n]* …) melt in/on sth; **dieses Filetsteak ist [… auf der] Zunge zergeht** this steak is so tender [… it melts] in your mouth; **vor Mitleid** ~ to be overc[ome …]
zer·glie·dern* *vt* ❶ (*physisch auseinander[nehmen]* …) to dismember sth; BIOL to dissect sth ❷ (*logi[sch …]nehmen*) **einen Satz** ~ to parse [*or fig* analyze [… a] sentence
zer·ha·cken* *vt* ■**etw** [**in etw** *akk*] ~ to chop sth u[p …]
zer·kau·en* *vt* ■**etw** ~ ❶ (*durch Kauen zerkleinern*) […] sth ❷ (*durch Kauen beschädigen*) to chew sth up; **die F[inger]nägel** ~ to chew on [*or* bite] one's fingernails
zer·klei·nern [tsɛɐ̯'klainɐn] *vt* ■**etw** ~ to cut up sth; **Holz** ~ [to] chop wood; **eine Zwiebel** ~ to finely chop an onion; **Pfefferkörner** ~ to crush peppercorns
zer·klüf·tet [tsɛɐ̯'klʏftət] *adj* rugged; **tief ~es Gestein** rock with deep fissures, deeply fissured rock
zer·knaut·schen* *vt* (*fam*) ■**etw** ~ to crease [*or* crumple] sth; **er kam völlig zerknautscht an** he arrived looking somewhat the worse for wear
zer·knirscht [tsɛɐ̯'knɪrʃt] *adj* remorseful, overcome with remorse
zer·knit·tern* *vt* ■**etw** ~ to crease [*or* crumple] sth; **ein zerknittertes Gesicht** a wrinkled face
zer·knül·len* *vt* ■**etw** ~ to crumple [*or fam* scrunch] up sth [into a ball] *sep*
zer·ko·chen* *vi sein* to cook to a pulp; ■**zerkocht** overcooked
zer·krat·zen* *vt* ■**jdn/etw** ~ to scratch sb/sth
zer·krie·gen *vt* ÖSTERR to quarrel
zer·krü·meln* *vt* to crumble; *Erde* to loosen
zer·las·sen* *vt irreg* KOCHK ■**etw** ~ to melt [*or* dissolve] sth
zer·lau·fen* *vi irreg sein s.* **zerfließen 1**
zer·le·gen* *vt* ■**etw** *akk* ~ ❶ KOCHK to cut [up] sth *sep;* **den Braten** ~ to carve the roast; BIOL to dissect sth ❷ (*auseinandernehmen*) to take sth apart [*or* to pieces]; **eine Maschine** ~ to dismantle a machine; **ein Getriebe/einen Motor** ~ to strip down a transmission/motor ❸ (*analysieren*) **eine Theorie** ~ to break down a theory; **einen Satz** ~ to analyze [*or* BRIT *a.* -se] a sentence; MATH to reduce [to]
Zer·le·gung <-, -en> *f* ❶ KOCHK carving ❷ (*das Zerlegen*) dismantling, taking apart [*or* to pieces]; *s.* **zerlegen**
zer·le·sen *adj* well-thumbed
zer·lumpt *adj* ragged, tattered
zer·mah·len* *vt* ■**etw** ~ to crush sth
zer·mal·men* *vt* ■**jdn/etw** ~ to crush sb/sth; **zu Brei** ~ to crush to a pulp, to pulverize
zer·mar·tern *vt* to torment ▶ WENDUNGEN: **sich** *dat* **den Kopf** [*o* **das Hirn**] ~ to rack [*or* cudgel] one's brain
zer·mür·ben* [tsɛɐ̯'mʏrbn̩] *vt* ■**jdn** ~ to wear sb down
zer·na·gen* *vt* ■**etw** ~ to chew sth to pieces; *Nagetier* to gnaw sth to pieces
zer·nepft [tsɛɐ̯'nɛpft] *adj* ÖSTERR dishevelled
zer·pflü·cken* *vt* ■**etw** ~ to pluck sth; (*fig*) to pick sth to pieces
zer·plat·zen* *vi sein* to burst; *Glas* to shatter
zer·quet·schen* *vt* ❶ (*zermalmen*) ■**jdn/etw** ~ to squash [*or* crush] sb/sth ❷ (*zerdrücken*) ■**etw** ~ to mash sth ▶ WENDUNGEN: **eine Träne** ~ (*fam*) to squeeze out a tear
Zer·quetsch·te *pl* ▶ WENDUNGEN: **... und ein paar** ~ (*fam*) **20 Euro und ein paar** ~ 20 euros sth [or other] [*or* odd]
zer·rau·fen* *vr* **sich** *dat* **die Haare** ~ to ruffle one's hair
Zerr·bild *nt* distorted picture, caricature *fig,* travesty
zer·re·den* *vt* ■**etw** ~ to flog sth to death *fig fam*
zer·rei·ben* *vt irreg* ■**etw** ~ to crush [*or* crumble] sth
zer·rei·ßen* *irreg* **I.** *vt haben* ❶ (*in Stücke reißen*) ■**etw** ~ to tear sth to pieces [*or* shreds] ❷ (*durchreißen*) ■**etw** ~ to tear

Z

…Brief/Scheck ~ to tear up a letter/cheque [*or* AM …] (*mit den Zähnen in Stücke reißen*) ■**jdn/ein Tier/** … tear sb/an animal/sth apart ❹ (*zerfetzen*) ■**jdn** ~ to … shreds ▸WENDUNGEN: **jdn ~ können** (*fam*) to tear a … sb **II.** *vi sein* to tear; *Seil, Faden* to break **III.** *vr haben* … *sich überschlagen*) ■**sich vor etw** ~ *dat* to go to no end … ouble to do sth ▸WENDUNGEN: **ich kann mich doch nicht** … (*fam*) I can't be in two places at once; **ich könnte mich** … **or Wut ~!** (*fam*) I'm hopping mad! *fam*

…er·reiß·pro·be *f* real test

Zer·ren ['tsɛrən] **I.** *vt* ■**jdn/etw irgendwohin** ~ to drag sb/sth somewhere; **etw an die Öffentlichkeit** ~ to drag sth into the public eye **II.** *vi* ❶ (*ruckartig ziehen*) ■**an etw** ~ *dat* to tug [*or* pull] at sth; **an den Nerven** ~ to be nerve-racking ❷ (*abzureißen versuchen*) ■**an etw** ~ *dat* to tug at sth **III.** *vr* MED ■**sich** *dat* etw ~ to pull [*or* strain] sth; **ich habe mir beim Sport einen Muskel gezerrt** I pulled a muscle doing sports

zer·rin·nen* *vi irreg sein* (*geh*) ❶ (*zunichtewerden*) to melt [*or* fade] away ❷ (*ausgegeben werden*) to disappear; **das Geld zerrinnt mir unter den Händen/zwischen den Fingern** money runs through my hands/slips through my fingers like water; **die Zeit zerrinnt mir unter den Händen** I keep losing track of time

zer·ris·sen *adj Mensch* [inwardly] torn; *Partei, Volk* disunited

Zer·ris·sen·heit <-> *f kein pl Mensch* [inner] conflict; *Partei, Volk* disunity

Zerr·spie·gel *m* distorting mirror

Zer·rung <-, -en> *f* MED pulled muscle

zer·rüt·ten* [tsɛɐ̯'rʏtn̩] *vt* ■**etw** ~ to destroy [*or* ruin] [*or* wreck] sth; **eine Ehe** ~ to ruin [*or* destroy] a marriage; **eine zerrüttete Ehe/Familie** a broken marriage/home; **jds Geist** ~ to break sb's spirit; **jds Nerven** ~ to shatter sb's nerves; **sich in einem zerrütteten Zustand befinden** to be in a bad way

zer·sä·gen* *vt* ■**etw** ~ to saw sth up

zer·schel·len* *vi sein Flugzeug, Schiff* to be dashed [*or* smashed] to pieces; *Krug, Vase* to be smashed to pieces [*or* smithereens]

zer·schie·ßen* *vt irreg* ■**etw** ~ to shoot sth to pieces

zer·schla·gen*¹ *irreg* **I.** *vt* ❶ (*durch Schläge zerbrechen*) ■**etw** ~ to smash sth to pieces [*or* smithereens], to shatter [*or* destroy] sth ❷ (*zerstören*) ■**etw** ~ to break up [*or* destroy] sth; **ein Drogenkartell** ~ to break up [*or* smash] a drug ring; **einen Angriff/die Opposition** ~ to crush an attack/the opposition; **einen Plan** ~ to shatter a plan **II.** *vr* (*nicht zustande kommen*) ■**sich** ~ to fall through; **meine Hoffnung hat sich** ~ my hopes have been shattered

zer·schla·gen² *adj pred* shattered, worn-out

Zer·schla·gen·heit *f* exhaustion

Zer·schla·gung <-, *selten* -en> *f* suppression; *Hoffnungen, Pläne* shattering

zer·schlis·sen *adj s.* **verschlissen**

zer·schmei·ßen* *vt irreg* (*fam*) ■**etw** ~ to shatter sth, to smash sth to pieces

zer·schmet·tern* *vt* ■**etw** ~ to shatter [*or* smash] sth

zer·schnei·den* *vt irreg* ❶ (*in Stücke schneiden*) ■**etw** ~ to cut up sth *sep* ❷ (*durchschneiden*) ■**etw** ~ to cut sth in two; **die Stille** ~ to pierce the silence *fig;* **jdm das Herz** ~ to break sb's heart *fig*

zer·schram·men* *vt* ■**etw** ~ to scratch sth badly; ■**sich** *dat* **etw** ~ to scratch oneself [badly]

zer·set·zen* **I.** *vt* ❶ (*auflösen*) ■**etw** ~ *Säure* to corrode sth; **eine Leiche** ~ to decompose a body ❷ (*untergraben*) ■**etw** ~ to undermine [*or* subvert] sth **II.** *vr* (*sich auflösen*) ■**sich** ~ to decompose; **der Kadaver/die Leiche zersetzt sich** the cadaver/dead body is decomposing

zer·set·zend *adj* (*pej*) subversive

Zer·set·zung <-> *f kein pl* ❶ (*Auflösung*) decomposition; (*durch Säure*) corrosion ❷ (*Untergrabung*) undermining, subversion; *Gesellschaft* decline, decay

Zer·set·zungs·pro·zessRR *m* decomposition; (*fig*) decline, decay

zer·sie·deln* *vt* ÖKOL ■**etw** ~ to spoil sth [by development]

Zer·sie·de·lung <-, -en> *f,* **Zer·sied·lung** <-, -en> *f* ÖKOL urban sprawl, overdevelopment

zer·spal·ten* *vt* ■**etw** ~ to split sth

zer·split·tern* **I.** *vt haben* ■**etw** ~ to shatter sth; **seine Kräfte/Zeit** ~ to dissipate [*or* squander] one's energies/time; **eine Gruppe/Partei** ~ to fragment a group/party **II.** *vi sein* to shatter; *Holz, Knochen* to splinter

zer·spren·gen* *vt* **die Menge** ~ to disperse [*or* scatter] the crowd

zer·sprin·gen* *vi irreg sein* ❶ (*zerbrechen*) to shatter ❷ (*einen Sprung bekommen*) to crack ❸ (*zerspringen*) *Saite* to break

zer·stamp·fen* *vt* ❶ (*zerkleinern*) ■**etw** ~ to crush sth; **Kartoffeln** ~ to mash potatoes ❷ (*völlig zertreten*) ■**jdn/etw** ~ to stamp [*or* trample] on sb/sth

zer·stäu·ben* *vt* ■**etw** ~ to spray sth

Zer·stäu·ber <-s, -> *m* spray; (*Parfüm*) atomizer [*or* BRIT *a.* -iser]

zer·ste·chen* *vt irreg* ❶ (*durch Stiche beschädigen*) ■**etw** ~ to stab sth [repeatedly], to lay into sth with a knife; **sich den Finger** ~ to prick one's finger [several times] ❷ (*durch Bisse verletzen*) ■**jdn/etw** ~ *Mücken, Moskitos* to bite sb/sth [all over]; *Bienen, Wespen* to sting sb/sth [all over]

zer·stie·ben* *vi irreg sein* (*geh*) to scatter; *Wasser* to spray

zer·stör·bar *adj* destructible; **nicht** ~ indestructible

zer·stö·ren* *vt* ■**etw** ~ ❶ (*kaputtmachen*) to destroy sth ❷ (*zugrunde richten*) to ruin sth; **eine Ehe/die Gesundheit** ~ to ruin [*or* wreck] a marriage/one's health ▸WENDUNGEN: **am Boden zerstört sein** (*fig*) to be shattered [*or* devastated] *fig*

Zer·stö·rer <-s, -> *m* NAUT destroyer

Zer·stö·rer(in) <-s, -> *m(f)* destroyer

zer·stö·re·risch **I.** *adj* destructive; **die ~e Wirkung des Wirbelsturmes war verheerend** the destructive effect of the tornado was devastating **II.** *adv* destructively

Zer·stö·rung <-, -en> *f* ❶ *kein pl* (*das Zerstören*) destruction *no pl* ❷ (*Verwüstung*) wrecking, ruining; *Katastrophe, Krieg* destruction *no pl,* devastation *no pl; s. a.* **Tod**

Zer·stö·rungs·trieb *m kein pl* PSYCH destructive urge [*or* impulse] **Zer·stö·rungs·wut** *f kein pl* destructive frenzy [*or* fury]; **in blinder** ~ in a wild frenzy of destruction

zer·sto·ßen* *vt irreg* ■**etw** ~ to crush [*or* grind] sth; **Gewürze im Mörser** ~ to grind spices using a pestle and mortar

zer·strei·ten* *vr irreg* ■**sich [über etw** *akk*/**wegen einer S.** *dat*] ~ to quarrel [about sth], to fall out [over sth]; ■**sich mit jdm [über etw** *akk*] ~ to quarrel with sb [over sth]; ■**zerstritten** estranged, to not be on speaking terms [with each other]; ■**mit jdm [über etw** *akk*] **zerstritten sein** to be on bad terms with sb

zer·streu·en* **I.** *vt* ❶ (*auseinandertreiben*) ■**etw** ~ to disperse sth; **berittene Polizisten zerstreuten die Menge** mounted police dispersed the crowd ❷ (*unterhalten*) ■**jdn** ~ to take sb's mind off sth, to divert sb ❸ (*durch Zureden beseitigen*) **Ängste/Sorgen** ~ to dispel [*or form* allay] fears/worries ❹ (*verteilen*) to scatter; **Licht** ~ to diffuse light **II.** *vr* ❶ (*auseinandergehen*) ■**sich** ~ to scatter; *Menge* to disperse ❷ (*auseinandertreiben*) ■**sich** ~ to disperse ❸ (*sich auflösen*) ■**sich** ~ to be dispelled [*or form* allayed] ❹ (*sich amüsieren*) ■**sich** ~ to amuse oneself

zer·streut *adj* ❶ (*gedankenlos*) absent-minded ❷ (*weit verteilt*) scattered; **meine Verwandten sind über ganz Europa** ~ my relatives are scattered all over Europe

Zer·streut·heit <-> *f kein pl* absent-mindedness *no pl*

Zer·streu·ung <-, -en> *f* ❶ (*unterhaltender Zeitvertreib*) diversion; **zur** ~ as a diversion ❷ (*Verteilung*) scattering, dis-

persal ❸ *s.* **Zerstreutheit**
zer·strit·ten *adj inv* estranged
zer·stü·ckeln* *vt* ❶ (*zerschneiden*) ■**etw** ~ to cut up sth *sep;* **eine Leiche** ~ to dismember a body ❷ (*aufteilen*) **eine Parzelle Land** ~ to carve [*or* divide] up a piece of land *fig;* **den Tag** ~ to break up the day
Zer·stü·cke·lung <-, -en> *f* dismemberment, division; *s. a.* **zerstückeln**
zer·tei·len* **I.** *vt* (*geh*) ■**etw** [**in etw** *akk*] ~ to cut up sth *sep* [into sth]; **etw in zwei Teile** ~ to divide sth into two pieces/parts ▶WENDUNGEN: **ich kann mich nicht** ~ I can't be in two places at once **II.** *vr* (*geh*) ■**sich** ~ *Wolken, Wolkendecke* to part
Zer·ti·fi·kat <-[e]s, -e> [tsɛrtifiˈkaːt] *nt* certificate; FIN (*Investment~*) investment trust certificate [*or* unit certificate]
zer·tram·peln* *vt* ■**etw** ~ to trample on sth
zer·tren·nen *vt* to sever, to cut through; **die Nähte** ~ to undo the seams
zer·tre·ten* *vt irreg* ■**etw** ~ to crush sth [underfoot]; **den Rasen** ~ to ruin the lawn ▶WENDUNGEN: **jdn wie einen Wurm** ~ to grind sb into the ground
zer·trüm·mern* [tsɛɐ̯ˈtrʏmɐn] *vt* to smash; **ein Gebäude/die Ordnung** ~ to wreck [*or* destroy] a building/the order; **während der Sturmflut wurden viele Boote am Strand zertrümmert** at the height of the storm many boats were dashed against the shore
Zer·ve·lat·wurst [tsɛrvəˈlaːt-, zɛ-] *f* cervelat
zer·wüh·len* *vt* ■**etw** ~ to ruffle sth up *sep,* to tousle; **das Bett/die Kopfkissen** ~ to rumple [up] the bed/pillows; **den Acker/die Erde** ~ to churn up the field/earth; *s. a.* **Haare**
Zer·würf·nis <-ses, -se> [tsɛɐ̯ˈvʏrfnɪs] *nt* (*geh*) row, disagreement; **ein ernstes** ~ a serious disagreement
zer·zau·sen* *vt* to ruffle; **der Wind zerzauste ihr das Haar** the wind tousled her hair; ■**zerzaust** windswept, dishevelled, tousled
zer·zaust *adj inv* dishevelled, tousled
Ze·ter [ˈtseːtɐ] *m* ▶WENDUNGEN: ~ **und Mordio schreien** (*fam*) to scream blue [*or* AM bloody] murder *fam,* to raise a hue and cry *fig*
ze·tern [ˈtseːtɐn] *vi* (*pej*) to nag, to scold
Zett [tsɛt] *nt kein pl* (*sl*) jail, the slammer *sl,* BRIT *a.* gaol *dated*
Zet·tel <-s, -> [ˈtsɛtl̩] *m* piece of paper; (*Bekanntmachung*) notice; (*Beleg*) receipt; **einen** ~ **schreiben** to make a note of sth; **bitte beachten Sie auch den beiliegenden** ~ please read the enclosed leaflet; ~ **ankleben verboten** stick no bills
Zet·tel·kar·tei *f* card index **Zet·tel·kas·ten** *m* (*Kasten für Zettel*) file-card box [*or* holder]; (*Zettelkartei*) card index **Zet·tel·wirt·schaft** *f* (*pej*) **eine** ~ **haben** to have bits of paper everywhere
zet·ten [tsɛtn̩] *vt* SCHWEIZ to scatter
Zeug <-[e]s> [tsɔyk] *nt kein pl* ❶ (*fam: Krempel*) stuff *no pl, no indef art fam,* things *pl;* **altes** ~ junk, trash; **... und solches** ~ ... and such things ❷ (*fam: Quatsch*) nonsense, rubbish, crap *fam!;* **dummes** ~ **reden** to talk a lot [*or* load] of nonsense [*or fam* drivel] [*or fam* twaddle]; **dummes** ~ **treiben** [*o* **machen**] to mess [*or* fool] about [*or* around] ❸ (*fam: persönliche Sachen*) stuff; (*Ausrüstung*) gear *fam;* (*Kleider*) clothes, things ❹ (*fam: undefinierbare Masse*) stuff; **was trinkst du denn da für ein** ~**?** what's that stuff you're drinking? *fam* ▶WENDUNGEN: **jdm** [**was**] **am** ~[**e**] **flicken wollen** to find fault with sb; **das** ~ **zu etw haben** to have [got] what it takes [to be/do sth] *fam;* **was das** ~ **hält** for all one is worth; **lügen, was das** ~ **hält** to lie one's head off *fam;* **sich ins** ~ **legen** to put one's shoulder to the wheel, to work flat out; **sich für jdn ins** ~ **legen** to stand up for sb
Zeu·ge, Zeu·gin <-n, -n> [ˈtsɔygə, ˈtsɔygɪn] *m, f* JUR witness; ~ **einer S. sein** *gen* to be a witness to sth; **unter** [*o* **vor**] ~**n** in front of witnesses; **die** ~**n Jehovas** Jehovah's Witnesses
zeu·gen¹ [ˈtsɔygn̩] *vt* (*geh*) ■**jdn** ~ to father [*or old* beget] sb
zeu·gen² [ˈtsɔygn̩] *vi* ❶ (*auf etw schließen lassen*) ■**von etw** ~ to show sth ❷ JUR (*geh*) ■**für/gegen jdn** ~ to testify [*or* give evidence] for/against sb
Zeu·gen·aus·sa·ge *f* JUR testimony; **den** ~**n zufolge ...** according to witnesses ...; **eine** ~ **machen** to give a statement **Zeu·gen·bank** *f* JUR witness box [*or* AM stand] **Zeu·gen·ein·ver·nah·me** *f* ÖSTERR examination of witnesses **Zeu·gen·la·dung** *f* summoning of witnesses **Zeu·gen·stand** *m* witness box [*or* AM stand]; **jdn in den** ~ **rufen** to call a witness [to the stand]; **in den** ~ **treten** to go into the witness box, to take the stand **Zeu·gen·ver·ei·di·gung** *f* swearing in of witnesses **Zeu·gen·ver·neh·mung** *f* examination of the witness[es]
Zeug·herr *m* SCHWEIZ *member of Canton parliament responsible for military affairs*
Zeu·gin <-, -nen> *f fem form von* **Zeuge**
Zeug·nis <-ses, -se> [ˈtsɔyknɪs] *nt* ❶ SCH report ❷ (*Empfehlung*) certificate; (*Arbeits~*) reference, testimonial; **gute** ~**se haben** to have good references; ■**jdm ein** ~ **ausstellen** to give sb a reference [*or* testimonial] ❸ JUR (*Zeugenaussage*) evidence; **für/gegen jdn** ~ **ablegen** to give evidence [*or* testify] for/against sb; **falsches** ~ **ablegen** to bear false witness
Zeugs <-> [tsɔyks] *nt kein pl* (*pej fam*) stuff; *s.* **Zeug**
Zeu·gung <-, -en> *f* (*geh*) fathering, begetting *old*
zeu·gungs·fä·hig *adj* (*geh*) fertile **Zeu·gungs·fä·hig·keit** *f kein pl* (*geh*) fertility **zeu·gungs·un·fä·hig** *adj* (*geh*) sterile; *Pflanze* barren **Zeu·gungs·un·fä·hig·keit** *f kein pl* (*geh*) sterility
zeu·seln [ˈtsɔyzl̩n] *vi* SCHWEIZ *s.* **zündeln**
z.H(d). *Abk von* **zu Händen** attn.
Zi·be·be [tsiˈbeːbə] *f* ÖSTERR, SÜDD large raisin
Zi·cho·rie <-, -n> [tsɪˈçoːri̯ə] *f* chicory
Zi·cke <-, -n> [ˈtsɪkə] *f* ❶ (*weibliche Ziege*) nanny goat ❷ (*pej fam: launische Frau*) bitch *fam!,* BRIT *a.* cow *fam!*
Zi·cken [ˈtsɪkn̩] *pl* (*fam*) nonsense *no pl;* **ich bin deine** ~ **langsam leid** [I have had] enough of your nonsense!; ~ **machen** to make trouble
zi·ckig [ˈtsɪkɪç] *adj* uptight, bad-tempered
Zick·lein <-s, -> *nt* (*junge Ziege*) kid
Zick·zack [ˈtsɪktsak] *m* zigzag; **im** ~ **gehen/fahren** to zigzag
zick·zack·för·mig **I.** *adj* zigzag **II.** *adv* zigzag **Zick·zack·kurs** *m* ❶ (*zickzackförmiger Kurs*) zigzag course; **im** ~ **fahren** to zigzag ❷ (*widersprüchliches Vorgehen*) dithering, humming [*or* AM hemming] and hawing
Zie·che [ˈtsiːçə] *f* ÖSTERR, SÜDD (*fam*) cover
Zie·ge <-, -n> [ˈtsiːgə] *f* ❶ (*Tier*) goat ❷ (*pej fam: blöde Frau*) bitch *fam!,* BRIT *a.* cow *fam!*
Zie·gel <-s, -> [ˈtsiːgl̩] *m* ❶ (*Ziegelstein*) brick ❷ (*Dach~*) tile
Zie·gel·bau <-bauten> *m* brick building **Zie·gel·bren·ner(in)** <-s, -> *m(f)* brickmaker **Zie·gel·dach** *nt* tiled roof
Zie·ge·lei <-, -en> [tsiːgəˈlai] *f* brickworks + *sing/pl vb; Dachziegel* tile-making works + *sing/pl vb*
zie·gel·rot [ˈtsiːgl̩roːt] *adj* brick-red **Zie·gel·stein** *m* brick
Zie·gen·bart *m* ❶ (*vom Tier*) goatbeard ❷ (*hum fam: Spitzbart*) goatee *fam; Tirolerhut* brush ❸ BOT (*Pilz*) goat's beard mushroom **Zie·gen·bock** *m* billy goat **Zie·gen·fell** *nt* goatskin **Zie·gen·hirt** *m,* **Zie·gen·hir·te, -hir·tin** *m, f* goatherd **Zie·gen·kä·se** *m* goat's cheese **Zie·gen·le·der** *nt* kid [leather], kidskin **Zie·gen·mel·ker** *m* ORN European nightjar **Zie·gen·milch** *f* goat's milk **Zie·gen·pe·ter** <-s, -> [ˈtsiːgn̩peːtɐ] *m* (*fam: Mumps*) mumps + *sing/pl vb*
Zie·ger [ˈtsiːgɐ] *m* ❶ ÖSTERR, SÜDD (*veraltet*) *s.* **Quark** ❷ ÖSTERR, SCHWEIZ herb cheese
Zieh·brun·nen *m* well
zie·hen <zog, gezogen> [ˈtsiːən] **I.** *vt haben* ❶ (*hinter sich her schleppen*) to pull; **die Kutsche wurde von vier Pferden gezogen** the coach was drawn by four horses ❷ (*bewegen*) **den Hut** ~ to raise [*or* to take off] one's hat; **den Choke/Star-**

Z

ter ~ to pull out the choke/starter; **die Handbremse** ~ to put on the handbrake; ■**jdn/etw irgendwohin** ~ to pull sb/sth somewhere; **sie zog das Kind an sich** she pulled the child to[wards] her; **die Knie in die Höhe** ~ to raise one's knees; **die Stirn kraus/in Falten ziehen** to knit one's brow ❸ (*Richtung ändern*) **er zog das Auto in letzter Minute nach rechts** at the last moment he pulled the car to the right; **der Pilot zog das Flugzeug nach oben** the pilot put the plane into a climb; **etw ins Komische** ~ to ridicule sth ❹ (*zerren*) ■**jdn an etw** ~ *dat* to drag sb to sth; **das Kind zog mich an der Hand zum Karussell** the child dragged me by the hand to the carousel; **warum ziehst du mich denn am Ärmel?** why are you tugging at my sleeve?; **der Felix hat mich an den Haaren gezogen** Felix pulled my hair ❺ (*ab~*) ■**etw von etw** ~ to pull sth [off sth]; **den Ring vom Finger** ~ to pull one's ring off [one's finger] ❻ (*hervorholen*) ■**etw [aus etw]** ~ to pull sth [out of sth]; **sie zog ein Feuerzeug aus der Tasche** she took a lighter out of her pocket/bag ❼ (*heraus~*) ■**jdn/etw** ~ **[aus]** to pull sb/sth [out]; **wer hat den Ertrinkenden aus dem Wasser gezogen?** who pulled [*or* dragged] the drowning man out of the water?; **muss ich dich aus dem Bett ~?** do I have to drag you out of bed?; **die Fäden** ~ to take out [*or* remove] the stitches; **den Revolver/das Schwert** ~ to draw the revolver/sword; **einen Zahn** ~ to take out [*or* extract] a tooth; **ein Los/eine Spielkarte** ~ to draw a lottery ticket/a card; **einen Vergleich** ~ to draw [*or* make] a comparison; **eine Wasserprobe** ~ to take a sample of water; **die Wahrsagerin forderte mich auf, irgendeine Karte zu** ~ the fortune teller told me to pick a card; **Zigaretten aus dem Automaten** ~ to get [*or* buy] cigarettes from a machine; **hast du eine Straßenbahnkarte gezogen?** have you bought a tram ticket? ❽ (*betätigen*) ■**etw** ~ to pull sth; **er zog die Handbremse** he put the handbrake on; **kannst du nicht die Wasserspülung ~?** can't you flush the toilet? ❾ (*verlegen, anlegen*) **ein Kabel/eine Leitung** ~ to lay a cable/wire; **einen Bewässerungskanal/einen Graben** ~ to dig an irrigation canal/a ditch; **eine Mauer/einen Zaun** ~ to erect [*or* build] a wall/a fence ❿ (*durch~*) ■**durch etw** ~ to pull sth through sth; **ich kann den Faden nie durchs Öhr** ~ I can never thread a needle ⓫ ■**etw auf etw** ~ *akk* to pull sth onto sth; **neue Saiten auf die Gitarre** ~ to restring a guitar; **Perlen auf eine Schnur** ~ to thread pearls; **ein Bild auf Karton** ~ to mount a picture onto cardboard ⓬ (*rücken*) ■**etw irgendwohin** ~ to pull sth somewhere; **er zog sich den Hut tief ins Gesicht** he pulled his hat down over his eyes; **den Mantel fest um sich** ~ to pull one's coat tight around oneself; **zieh bitte die Vorhänge vor die Fenster** please draw the curtains; **die Rollläden nach oben** ~ to pull up the blinds; **zieh doch eine Bluse unter den Pulli** put on a blouse underneath the jumper; **er zog sich die Schutzbrille über die Augen** he put on protective glasses ⓭ (*züchten*) **Blumen/Früchte/Pflanzen** ~ to grow flowers/fruit/plants; **Tiere** ~ to breed animals ⓮ (*erziehen*) to bring up; **sie haben die Kinder gut gezogen** they have brought the children up well ⓯ KUNST (*zeichnen*) **einen Kreis/eine Linie** ~ to draw a circle/line ⓰ (*machen*) **einen Draht/eine Kerze/eine Kopie** ~ to make a wire/candle/copy; **Computerprogramme schwarz** ~ to pirate computer programs ⓱ (*dehnen*) **einen Laut/eine Silbe/ein Wort** ~ to draw out a sound/syllable/word; **zieh doch die Worte nicht so** stop drawling ⓲ (*an~*) ■**etw auf sich** ~ *akk* to attract sth; **sie zog die Aufmerksamkeit/Blicke auf sich** she attracted attention; **jds Hass auf sich** ~ to incur sb's hatred; **jdn ins Gespräch** ~ to draw sb into the conversation ⓳ (*zur Folge haben*) ■**etw nach sich** ~ to have consequences **II.** *vi* ❶ *haben* (*zerren*) to pull; ■**an etw** ~ *dat* to pull [*or* tug] on/at sth; **ich kann es nicht leiden, wenn der Hund so zieht** I hate it when the dog pulls [on the lead] like that; **ein ~der Schmerz** an aching pain ❷ *sein* (*um~*) ■**irgendwohin/zu jdm** ~ to move somewhere/in with sb; **nach München** ~ to move to Munich; **sie zog zu ihrem Freund** she moved in with her boyfriend ❸ *sein* (*einen bestimmten Weg einschlagen*) ■**irgendwohin** ~ to move [*or* go] somewhere; *Armee, Truppen, Volksmasse* to march; *Schafe, Wanderer* to wander [*or* roam], to rove; *Rauch, Wolke* to drift; *Gewitter* to move; *Vogel* to fly; **durch die Stadt** ~ to wander through the town/city; **in den Krieg/die Schlacht** ~ to go to war/into battle; **Zigeuner** ~ **kreuz und quer durch Europa** gypsies wander [*or* roam] all over Europe; **die Schwalben zogen nach Süden** the swallows migrated south [*or* flew south for the winter]; **Tausende von Schafen zogen über die Straße** thousands of sheep roamed onto the road; **Aale und Lachse** ~ **zum Laichen flussaufwärts** eels and salmon swim upstream to breed ❹ *haben* (*angezündet bleiben*) *Kamin, Ofen, Pfeife* to draw; **das Feuer zieht gut/schlecht** the fire is drawing well/poorly ❺ *haben* (*saugen*) ■**an etw** ~ *dat* **an einer Pfeife/Zigarette/Zigarre** ~ to pull [*or* puff] on a pipe/cigarette/cigar ❻ *sein* (*eindringen*) to penetrate; **mach die Tür zu, sonst zieht der Fischgeruch durchs ganze Haus!** close the door, otherwise we will be able to smell the fish throughout the house; **Giftgas kann durch die kleinste Ritze** ~ poisonous gas can penetrate [*or fam* get through] the smallest crack; **die Imprägnierung muss richtig ins Holz** ~ this waterproofing solution has to really sink into the wood ❼ *haben* KOCHK *Marinade* to marinade; *Tee* to brew, to steep; ■**etw** ~ **lassen** *Teig* to leave sth to stand; *Tee* to let sth brew [*or* steep] ❽ *haben* (*fam: beschleunigen*) to pull ❾ *haben* (*fam: Eindruck machen*) ■**[bei jdm]** ~ to go down well [with sb]; **hör auf, das zieht bei mir nicht!** stop it, I don't like that sort of thing!; **diese Masche zieht immer** this one always works [*or fam* does the trick]; **die Ausrede zieht bei mir nicht** that excuse won't work with me ❿ KARTEN to play ⓫ SCHACH to move; **mit dem Bauer** ~ to move the pawn; **wer hat die letzte Karte gezogen?** who drew the last card? ⓬ (*Waffe*) **die Pistole** ~ to draw a gun ⓭ (*umfüllen*) **Wein auf Flaschen ziehen** to bottle wine ▸ WENDUNGEN: **einen** ~ [*o* **fahren**] lassen (*sl*) to let off *fam*, to fart *fam* **III.** *vi impers haben* ❶ (*einen Luftzug verursachen*) **es zieht** there is a draught [*or* AM draft]; **wenn es dir zieht, kannst du ja das Fenster schließen** if you are in a draught [*or* if you find it draughty], go ahead and close the window; **es zieht hier an die Beine** I can feel [*or* there is] a draught round my legs ❷ (*Schmerz empfinden*) **mir zieht es manchmal so im Knie** sometimes my knee really hurts [*or* is really painful]; **ich habe so einen ~den Schmerz im ganzen Körper** I ache [*or* my body aches] all over **IV.** *vt impers haben* (*drängen*) to feel drawn to sth; **es zog ihn in die weite Welt** the big wide world lured him away; **was zieht dich hierhin/nach Hause?** what brings you here/home?; **mich zieht es stark zu ihm** I feel very attracted to him; **am Sonntag zog es mich ins Grüne** on Sunday I couldn't resist going to the country; **heute zieht mich aber auch gar nichts nach draußen** wild horses wouldn't get me [*or* couldn't drag me] outside today *fam* **V.** *vr haben* ❶ (*sich hinziehen*) ■**sich** ~ *Gespräch, Verhandlungen* to drag on; **dieses Thema zieht sich durch das ganze Buch** this theme runs through the entire book ❷ (*sich erstrecken*) ■**sich an etw** *dat* **entlang** ~ to stretch along sth; **beiderseits der Autobahn zieht sich eine Standspur entlang** there is a hard shoulder along both sides of the motorway; **der Sandstrand zog sich kilometerweit am Meer entlang** the sandy beach stretched for miles along the shore; **sich in Schlingen durch etw** ~ to wind [*or* twist] its way through sth ❸ (*sich hoch~*) ■**sich [an etw** *dat*] **irgendwohin** ~ to pull oneself up [onto sth]; ■**sich aus etw** ~ to pull oneself out of sth; *s. a.* **Affäre, Patsche** ❹ (*sich dehnen*) *Holz, Rahmen* to warp; *Klebstoff* to become tacky; *Metall* to bend

Zie·hen <-s> ['tsi:ən] *nt kein pl* ache

Zieh·har·mo·ni·ka *f* MUS concertina

Zieh·sohn *m* ❶ (*Adoptivsohn*) foster son ❷ (*Günstling*) favourite BRIT, favorite AM

Zie·hung <-, -en> *f* draw

Ziel <-[e]s, -e> [tsiːl] *nt* ❶ (*angestrebtes Ergebnis*) goal, aim, objective; *Hoffnung, Spott* object; **mit dem ~** with the aim [*or* intention]; **etw zum ~ haben** to have as one's goal [*or* aim]; **am ~ sein** to be at one's destination, to have achieved one's goal *fig;* **[bei jdm] zum ~ kommen** [*o* **gelangen**] to reach one's goal; **sich** *dat* **etw zum ~ setzen** to set sth as one's goal; **sich** *dat* **ein ~ setzen** to set oneself a goal; **einer Sache** *dat* **ein ~ setzen** to put a limit on sth; **jdm/sich ein ~ setzen/stecken** to set sb/oneself a goal ❷ SPORT, MIL target; **ins ~ treffen** to hit the target ❸ SPORT (*Rennen*) finish, finishing [*or* AM finish] line; **durchs ~ gehen** to cross the finishing line; (*beim Pferderennen*) to cross the winning [*or* finishing] [*or* AM finish] post ❹ TOURIST (*Reise~*) destination; *Expedition* goal ❺ ÖKON (*Zahlungs~*) credit period, period [*or* time] allowed for payment ❻ (*Produktions~*) production [*or* output] target ▶ WENDUNGEN: **über das ~ hinausschießen** to overshoot the mark

Ziel·bahn·hof *m* destination **ziel·be·wusst**RR **I.** *adj* purposeful, decisive **II.** *adv* purposefully; **~ auf etw zusteuern** to aim purposefully for sth **Ziel·be·wusst·sein**RR *nt* purposefulness, decisiveness

zie·len ['tsiːlən] *vi* ❶ (*anvisieren*) ■ **[auf jdn/etw]** ~ to aim [at sb/sth] ❷ (*gerichtet sein*) ■ **auf jdn/etw ~** to be aimed at sb/sth ❸ (*sich beziehen*) ■ **auf jdn/etw ~** to be aimed [*or* directed] at sb/sth; **diese Werbung zielt auf den jungen Käufer** this advertisement is directed at young consumers

Ziel·fern·rohr *nt* telescopic sight, scope **Ziel·fo·to** *nt* SPORT photograph of the finish **Ziel·ge·ra·de** *f* SPORT finishing [*or* AM finish] straight, home stretch **ziel·ge·rich·tet** *adj inv* well mapped-out **Ziel·grup·pe** *f* target group **Ziel·grup·pen·for·schung** *f kein pl* market research **Ziel·ha·fen** *m* port of destination **Ziel·ka·me·ra** *f* SPORT photo-finish camera **Ziel·kauf** *m* credit purchase **Ziel·li·nie** *f* finishing [*or* AM finish] line **ziel·los I.** *adj* aimless **II.** *adv* aimlessly **Ziel·markt** *m* target market **Ziel·ort** *m* destination **Ziel·per·son** *f* target **Ziel·schei·be** *f* ❶ (*runde Scheibe*) target ❷ (*Opfer*) object, butt **Ziel·set·zung** <-, -en> *f* target, objective **ziel·si·cher** *adj* unerring, purposeful **Ziel·spra·che** *f* LING target language **ziel·stre·big** ['tsiːlʃtreːbɪç] **I.** *adj* determined, single-minded **II.** *adv* with determination, single-mindedly **Ziel·stre·big·keit** <-> *f kein pl* determination, single-mindedness

zie·men ['tsiːmən] *vr* (*geh*) ■ **es ziemt sich nicht für jdn, etw zu tun** it is not proper [*or* seemly] for sb to do sth

ziem·lich ['tsiːmlɪç] **I.** *adj* ❶ *attr* (*beträchtlich*) considerable, fair; **ein ~es Vermögen** a siz[e]able fortune; **eine ~e Genugtuung** reasonable satisfaction ❷ (*einigermaßen zutreffend*) reasonable; **das stimmt mit ~er Sicherheit** it is fairly certain to be true **II.** *adv* ❶ (*weitgehend*) quite, reasonably ❷ (*beträchtlich*) quite, pretty *fam,* fairly; **ich habe ~ lange warten müssen** I had to wait quite a long time; **ich habe mich ~ darüber geärgert** I was pretty *fam* annoyed about it ❸ (*beinahe*) almost, nearly; **so ~** more or less; **so ~ alles** just about everything; **so ~ dasselbe** pretty well [*or* much] the same

Zier·de <-, -n> ['tsiːɐ̯də] *f* (*schmückender Gegenstand*) ornament, decoration; **zur ~** for decoration ▶ WENDUNGEN: **eine ~ des männlichen/weiblichen Geschlechts** a fine specimen of the male/female sex

zie·ren ['tsiːrən] **I.** *vr* ■ **sich ~** to make a fuss; *Mädchen* to act coyly; **du brauchst dich nicht zu ~** there is no need to be polite; **ohne sich zu ~** without having to be pressed **II.** *vt* (*schmücken*) ■ **etw ~** to adorn [*or fig* grace] sth; **eine Speise/ein Gericht mit Petersilie ~** to garnish a meal/dish with parsley; **einen Kuchen ~** to decorate a cake

Zier·farn *m* decorative fern **Zier·fisch** *m* ornamental fish **Zier·gras** *nt* ornamental grass **Zier·kür·bis** *m* ornamental gourd **Zier·leis·te** *f* border; AUTO trim; *Möbel* edging; *Wand* moulding

zier·lich ['tsiːɐ̯lɪç] *adj* dainty; **eine ~e Frau** a petite woman; **~es Porzellan** delicate porcelain

Zie·sel <-s, -> ['tsiːzl̩] *nt* ZOOL gopher

Zif·fer <-, -n> ['tsɪfɐ] *f* ❶ (*Zahlzeichen*) digit; (*Zahl*) figure, numeral, number; **römische/arabische ~n** Roman/Arabic numerals ❷ (*nummerierter Abschnitt*) clause

Zif·fer·blatt *nt* [clock]/[watch] face; *Sonnenuhr* dial

zig [tsɪç] *adj* (*fam*) umpteen; **~mal** umpteen [*or* a thousand] times

Zi·ga·ret·te <-, -n> [tsiga'rɛtə] *f* cigarette

Zi·ga·ret·ten·an·zün·der *m* cigarette lighter **Zi·ga·ret·ten·au·to·mat** *m* cigarette machine **Zi·ga·ret·ten·etui** *nt* cigarette case **Zi·ga·ret·ten·län·ge** *f* ▶ WENDUNGEN: **auf eine ~** for a cigarette [*or* smoke] **Zi·ga·ret·ten·pa·pier** *nt* cigarette paper **Zi·ga·ret·ten·pau·se** *f* (*fam*) cigarette [*or fam!* fag] break **Zi·ga·ret·ten·rau·cher(in)** *m(f)* cigarette smoker **Zi·ga·ret·ten·schach·tel** *f* cigarette packet [*or* AM pack] **Zi·ga·ret·ten·spit·ze** *f* cigarette holder

Zi·ga·ril·lo <-s, -s> [tsiga'rɪlo] *m o nt* small cigar, cigarillo

Zi·gar·re <-, -n> [tsi'garə] *f* cigar

Zi·gar·ren·kis·te *f* cigar-box **Zi·gar·ren·rau·cher(in)** *m(f)* cigar smoker

Zi·ger <-s, -> ['tsiːgɐ] *m* KOCHK SCHWEIZ ❶ (*veraltet*) *s.* **Quark** ❷ (*Kräuterkäse*) herb cheese

Zi·ger·krap·fen *m* SCHWEIZ *sweet pastry filled with curd cheese*

Zi·geu·ner(in) <-s, -> [tsi'gɔynɐ] *m(f)* Gypsy, Gipsy, Romany

Zi·geu·ner·schnit·zel *nt pork escalope served in spicy sauce with red and green peppers* **Zi·geu·ner·spra·che** *f kein pl* Romany [*or* Gypsy] [*or* Gipsy] language

zig·hun·dert *adj* (*fam*) umpteen hundred **zig·mal** ['tsɪçmaːl] *adv* (*fam*) umpteen [*or* a thousand] times *fam* **zig·mil·li·o·nen** *adj* (*fam*) umpteen million *fam* **zig·tau·send** *adj* (*fam*) umpteen thousand

Zi·ka·de <-, -n> [tsi'kaːdə] *f* cicada

Zil·le ['tsɪlə] *f* barge

Zil·ler·ta·ler Al·pen ['tsɪlɐtaːlɐ] *nt* Zillertal Alps

Zilp·zalp <-s, -e> ['tsɪlptsalp] *m* ORN chiffchaff

Zim·bab·we <-s> [tsɪm'bapvə] *nt* SCHWEIZ *s.* **Simbabwe**

zim·bab·wisch *adj* SCHWEIZ *s.* **simbabwisch**

Zim·bal <-s, -e *o* -s> ['tsɪmbal] *nt* cimbalom

Zim·bel <-, -n> ['tsɪmbl̩] *f* cymbal

Zim·mer <-s, -> ['tsɪmɐ] *nt* room; **~ frei haben** to have vacancies

Zim·mer·de·cke *f* ceiling

Zim·me·rei <-, -en> [tsɪmə'rai] *f* (*Handwerk*) carpentry; (*Zimmerwerkstatt*) carpenter's shop

Zim·mer·ein·rich·tung *f* furniture, furnishings *pl*

Zim·me·rer <-s, -> *m s.* **Zimmermann**

Zim·mer·frau *f* ÖSTERR landlady **Zim·mer·kell·ner(in)** *m(f)* TOURIST room service waiter **Zim·mer·laut·stär·ke** *f* low volume; **etw auf ~ stellen** to turn sth down **Zim·mer·lin·de** *f* HORT African hemp **Zim·mer·mäd·chen** *nt* chambermaid

Zim·mer·mann <-leute> *m* carpenter

zim·mern ['tsɪmɐn] **I.** *vt* ❶ (*aus Holz herstellen*) ■ **etw ~** to make [*or* build] [*or* construct] sth from wood ❷ (*konstruieren*) **ein Alibi ~** to construct an alibi; **eine Ausrede ~** to make up an excuse **II.** *vi* (*an einer Holzkonstruktion tätig sein*) to do woodwork [*or* carpentry]; ■ **an etw** *dat* **~** to make sth from wood, to work on sth *fig*

Zim·mer·nach·weis *m* accommodation [*or* AM accommodations] service **Zim·mer·pflan·ze** *f* house plant **Zim·mer·ser·vice** *m* room service **Zim·mer·su·che** *f* room hunting, hunting for a room/rooms; **auf ~ sein** to be looking for rooms/a room **Zim·mer·tem·pe·ra·tur** *f* room temperature **Zim·mer·ver·le·sen** *nt* MIL SCHWEIZ barrack room inspection **Zim·mer·ver·mitt·lung** *f* accommodation [*or* AM accomodations] ser-

vice **Zim·mer·werk·statt** *f* one-room carpenter's shop
zim·per·lich ['tsɪmpɐlɪç] *adj* prim; (*Ekel*) squeamish; (*empfindlich*) [hyper]sensitive; **sei nicht so ~** don't be such a sissy
Zim·per·lich·keit <-> *f kein pl* squeamishness
Zimt <-[e]s, -e> [tsɪmt] *m* ❶ KOCHK cinnamon; **weißer ~** canelle ❷ (*fam: Quatsch*) rubbish, garbage, nonsense
Zimt·ap·fel *m* custard apple, sweetsop **Zimt·kas·sia·blät·ter** *pl* Chinese cinnamon leaves **Zimt·kas·sie** *f* Saigon cinnamon **Zimt·rin·de** *f* cinnamon bark **Zimt·stan·ge** *f* stick of cinnamon
Zink <-[e]s> [tsɪŋk] *nt kein pl* ❶ CHEM zinc ❷ MUS cornet
Zink·blech *nt* sheet zinc
Zin·ke <-, -n> ['tsɪŋkə] *f* ❶ (*spitz hervorstehendes Teil*) *Kamm, Rechen* tooth; *Gabel* prong ❷ (*Holzzapfen*) tenon
zin·ken ['tsɪŋkn̩] *vt* KARTEN ■**etw ~** to mark sth; **Falschspieler verwenden gezinkte Karten** card sharps use marked cards
Zink·sal·be *f* MED zinc ointment **Zink·weiß** *nt* KUNST Chinese white
Zinn <-[e]s> [tsɪn] *nt kein pl* ❶ CHEM tin *no pl* ❷ (*Gegenstände aus ~*) pewter *no pl,* pewterware
Zinn·be·cher *m* pewter tankard
Zin·ne <-, -n> ['tsɪnə] *f* ❶ ARCHIT merlon *old;* (*Burg*) battlement; (*Stadt*) tower ❷ (*Gebirge*) peak, pinnacle ❸ SCHWEIZ (*Dachterrasse*) *flat area on the roof of an old house used for hanging out washing*
Zin·nie <-, -n> ['tsɪni̯ə] *f* BOT zinnia
Zinn·krug *m* pewter jug
Zin·no·ber[1] <-s> [tsɪ'no:bɐ] *nt* ÖSTERR *kein pl* (*gelblich rote Farbe*) vermilion *no pl,* cinnabar *no pl*
Zin·no·ber[2] <-s> [tsɪ'no:bɐ] *m* ÖSTERR *kein pl* mineral
zin·no·ber·rot *adj* (*gelblichrot*) vermilion
Zinn·sol·dat *m* tin soldier **Zinn·tel·ler** *m* pewter plate
Zins[1] <-es, -en> [tsɪns] *m* FIN interest *no pl,* rate; **[jdm] etw mit ~ und ~eszins zurückzahlen** to pay sb back for sth with interest *fig;* **gesetzliche ~en** JUR legal rate of [*or* statutory] interest; **Kapital auf ~en legen** (*geh*) to invest capital at interest; **~en bringen** [*o* **tragen**] to earn interest; **zu hohen/niedrigen ~en** at a high/low rate of interest
Zins[2] <-es, -e> [tsɪns] *m* ❶ (*hist*) tax ❷ SÜDD, ÖSTERR, SCHWEIZ (*Miete*) rent
Zins·ab·schlag·steu·er *f tax paid on interest earned* **Zins·be·las·tung** *f* interest charge **Zins·be·steu·e·rung** *f* taxation of interest **Zins·er·hö·hung** *f* rise [*or* increase] in interest rates **Zins·er·trag** *m* interest yield
Zin·ses·zins *m* compound interest
Zins·fluss[RR] *m kein pl* interest rate **zins·güns·tig** *adj* at a favourable [*or* AM favorable] rate of interest
Zins·haus *nt* ÖSTERR rented house; *s.* **Zins**
zins·los *adj* interest free, free of interest
zins·pflich·tig *adj* obliged to pay tax
Zins·po·li·tik *f kein pl* interest rate policy **Zins·satz** *m* interest rate, rate of interest; (*Darlehen*) lending rate **Zins·sen·kung** *f* reduction [*or* decrease] in the interest rate
Zins·woh·nung *f* ÖSTERR rented flat [*or* AM *a.* apartment]; *s.* **Zins**
Zins·zah·lung *f* interest payment
Zi·o·nis·mus <-> [tsi̯o'nɪsmʊs] *m kein pl* POL Zionism *no pl*
Zi·o·nist(in) <-en, -en> [tsi̯o'nɪst] *m(f)* POL Zionist
zi·o·nis·tisch *adj* POL Zionist
Zip·fel <-s, -> ['tsɪpfl̩] *m* corner; *Hemd, Jacke* tail; *Saum* dip; *Wurst* end
Zip·fel·müt·ze *f* pointed cap
Zipp·ver·schluss[RR] ['tsɪp-] *m* ÖSTERR *s.* **Reißverschluss**
Zir·bel·drü·se ['tsɪrbl̩-] *f* ANAT pineal gland **Zir·bel·kie·fer** *f* BOT Swiss stone pine **Zir·bel·nuss**[RR] *f* pistachio nut
zir·ka ['tsɪrka] *adv* about, approximately; **ich hole dich in ~ 10 Minuten ab** I'll pick you up in approximately 10 minutes
Zir·kel <-s, -> ['tsɪrkl̩] *m* ❶ (*Gerät*) pair of compasses ❷ (*Gruppe*) group; **nur der engste ~ seiner Freunde wurde eingeladen** he only invited his closest [circle of] friends
Zir·kel·kas·ten *m* compasses case **Zir·kel·schluss**[RR] *m* circular argument
Zir·ko·ni·um <-s> [tsɪr'ko:ni̯ʊm] *kein pl nt* CHEM Zirconium *no pl*
Zir·ku·lar [tsɪrku'la:ɐ̯] *nt* SCHWEIZ circular
Zir·ku·la·ti·on <-, -en> [tsɪrkula'tsi̯o:n] *f* ❶ (*das Zirkulieren*) circulation ❷ TECH (*Umlaufleitung*) circulation, circulatory flow
zir·ku·lie·ren* [tsɪrku'li:rən] *vi* ❶ (*kreisen*) to circulate ❷ (*kursieren*) to circulate; **über diese Frau ~ einige Gerüchte** there are some rumours going around about this woman
Zir·kum·flex <-es, -e> ['tsɪrkʊmflɛks] *m* LING circumflex
Zir·kus <-, -se> ['tsɪrkʊs] *m* ❶ (*Unterhaltung*) circus; **zum ~ gehen** to join the circus ❷ (*fam: großes Aufheben*) fuss, to-do *fam;* **einen ~ machen** to make a fuss
Zir·kus·ar·tist(in) *m(f)* circus performer, artiste **Zir·kus·clown** *m* circus clown **Zir·kus·zelt** *nt* big top
zir·pen ['tsɪrpn̩] *vi* ZOOL (*vibrierende Töne erzeugen*) to chirp, to cheep
Zir·rho·se <-, -n> [tsɪ'ro:zə] *f* MED cirrhosis
Zir·rus·wol·ke ['tsɪrʊs-] *f* METEO cirrus [cloud]
zi·scheln ['tsɪʃl̩n] *vi* (*pej*) ■**[über jdn] ~** to whisper [about sb]
zi·schen ['tsɪʃn̩] **I.** *vi* ❶ *haben* (*ein Zischen verursachen*) to hiss; **das Fett zischte in der Pfanne** the fat sizzled in the pan ❷ *haben* (*ein Zischen von sich geben*) to hiss ❸ *sein* (*sich mit einem Zischen bewegen*) to swoosh; **nach dem Anstich des Fasses zischte das Bier heraus** after broaching the barrel the beer streamed out **II.** *vt* (*mit einem Z~ sagen*) ■**etw ~** to hiss sth [at sb] ► WENDUNGEN: **einen ~** (*sl*) to have a quick one *fam;* **jdm eine ~** to belt [*or* clout] sb *fam;* **eine gezischt bekommen** to get belted [*or* clouted] *fam*
Zi·schen <-s> ['tsɪʃn̩] *nt kein pl* hiss
Zisch·laut *m* LING sibilant
zi·se·lie·ren* [tsizə'li:rən] *vt* KUNST ■**etw ~** to engrave sth
Zis·ter·ne <-, -n> [tsɪs'tɛrnə] *f* cistern, tank
Zi·ta·del·le <-, -n> [tsita'dɛlə] *f* citadel
Zi·tat <-[e]s, -e> [tsi'ta:t] *nt* quotation
Zi·ta·ten·le·xi·kon *nt* LING dictionary of quotations
Zi·ther <-, -n> ['tsɪtɐ] *f* MUS zither
Zi·ther·spie·ler(in) *m(f)* MUS zither player
zi·tie·ren* [tsi'ti:rən] *vt* ❶ (*wörtlich anführen*) ■**jdn/etw ~** to quote sb/sth; **ein Beispiel ~** to quote [*or* cite] an example ❷ (*vorladen*) ■**jdn irgendwohin ~** to summon sb somewhere; **sie wurde zum Chef zitiert** she was summoned to her boss
Zi·tro·nat <-[e]s, -e> [tsitro'na:t] *nt* KOCHK candied lemon peel
Zi·tro·nat·zi·tro·ne *f* cedrate
Zi·tro·ne <-, -n> [tsi'tro:nə] *f* lemon ► WENDUNGEN: **jdn ausquetschen** [*o* **auspressen**] **wie eine ~** (*fam*) to squeeze sb dry
Zi·tro·nen·baum *m* lemon tree **Zi·tro·nen·eis** *nt* lemon flavoured [*or* AM flavored] ice cream **Zi·tro·nen·fal·ter** *m* ZOOL brimstone butterfly **zi·tro·nen·gelb** *adj* lemon yellow **Zi·tro·nen·ku·chen** *m* lemon cake [*or* bread] **Zi·tro·nen·li·mo·na·de** *f* lemonade **Zi·tro·nen·me·lis·se** *f* lemon balm **Zi·tro·nen·pres·se** *f* lemon squeezer **Zi·tro·nen·rei·be** *f* lemon rind grater **Zi·tro·nen·saft** *m* citrus fruit **Zi·tro·nen·thy·mi·an** *m* lemon thyme
Zi·trus·frucht ['tsi:trʊs-] *f* citrus fruit **Zi·trus·pres·se** *f* citrus squeezer
Zit·ter·aal ['tsɪtɐ-] *m* ZOOL electric eel
Zit·te·rer *m* ÖSTERR shaking, weakness
zit·te·rig ['tsɪtərɪç] *adj* shaky
zit·tern ['tsɪtɐn] *vi* ❶ (*vibrieren*) to shake ❷ (*beben*) ■**[vor etw dat] ~** to shake [*or* tremble] [with sth]; **vor Kälte ~** to shiver

with cold; **vor Angst** ~ to quake with fear; *Stimme* to quaver; *Blätter, Gräser, Lippen* to tremble, to quiver; *Pfeil* to quiver ❸ (*fam*) ■[**vor jdm/etw**] ~ to be terrified [of sb/sth]

Zit·tern <-s> ['tsɪtɐn] *nt kein pl* ❶ (*Vibrieren*) shaking, trembling; **ein** ~ **ging durch seinen Körper** a shiver ran through his body ❷ (*bebende Bewegung*) trembling; *Erdbeben* tremor; *Stimme a.* quaver ▸ WENDUNGEN: **da hilft kein** ~ **und Zagen** there is no use being afraid

Zit·ter·pap·pel *f* BOT aspen **Zit·ter·par·tie** *f* nail-biter *fam* **Zit·ter·ro·chen** *m* ZOOL electric ray

zitt·rig ['tsɪtrɪç] *adj s.* **zitterig**

Zit·ze <-, -n> ['tsɪtsə] *f* ZOOL teat, dug

Zi·vi <-s, -s> ['tsi:vi] *m* (*fam*) *kurz für* **Zivildienstleistender** *young man doing community service as an alternative to military service*

zi·vil [tsi'vi:l] *adj* ❶ (*nicht militärisch*) civilian; ~**er Bevölkerungsschutz** civil defence [*or* AM -se] ❷ (*fam: akzeptabel*) ~**e Bedingungen/Forderungen/Preise** reasonable conditions/demands/prices ❸ (*höflich*) polite

Zi·vil <-s> [tsi'vi:l] *nt kein pl* civilian clothes *npl,* civvies *fam npl;* **in** ~ in civilian clothes [*or fam* civvies], in mufti *dated*

Zi·vil·be·ruf *m* civilian profession [*or* trade] **Zi·vil·be·völ·ke·rung** *f* civilian population **Zi·vil·cou·ra·ge** *f* courage [of one's convictions] **Zi·vil·die·ner** *m* ÖSTERR *s.* **Zivildienstleistende(r)** **Zi·vil·dienst** *m kein pl* ADMIN *community service as alternative to military service*

i Kultur

Conscientious objectors in Germany have to do nine months of **Zivildienst** – *community service* – the time required for military service. Since 1997, community service has also been an option in Switzerland; it is usually undertaken in the field of health care and in Austria and Switzerland lasts 12 months. In Germany, a *Zivi*, short for *Zivildienstleistender,* will often act as a carer for the aged, driver for the handicapped or assistant in a youth hostel.

Zi·vil·dienst·leis·ten·der *m decl wie adj* ADMIN *young man doing community service as alternative to military service* **zi·vi·le Hilfs·she·riffs** *pl* civilian security officers *pl* **Zi·vil·fahn·der(in)** *m(f)* plain-clothes policeman **Zi·vil·ge·richt** *nt* civil court **Zi·vil·ge·sell·schaft** *f* SOZIOL, POL civil society **Zi·vil·ge·setz·buch** *nt* JUR SCHWEIZ (*Bürgerliches Gesetzbuch*) code of civil law

Zi·vi·li·sa·ti·on <-, -en> [tsiviliza'tsi̯o:n] *f* civilization

Zi·vi·li·sa·ti·ons·er·schei·nung *f* MED *symptoms caused by a civilized society* **Zi·vi·li·sa·ti·ons·krank·heit** *f* MED *illness caused by civilization* **zi·vi·li·sa·ti·ons·mü·de** *adj* SOZIOL tired of modern-day society

zi·vi·li·sie·ren* [tsivili'zi:rən] *vt* ■**jdn** ~ to civilize sb

zi·vi·li·siert I. *adj* civilized II. *adv* civilly; **könnt ihr euch nicht** ~ **benehmen?** can't you behave like civilized human beings?

Zi·vi·list(in) <-en, -en> [tsivi'lɪst] *m(f)* civilian

Zi·vil·kam·mer *f* JUR civil division **Zi·vil·klei·dung** *f s.* **Zivil** **Zi·vil·le·ben** *nt* civilian life, BRIT *a.* Civvy Street *dated fam* **Zi·vil·per·son** *f* (*geh*) *s.* **Zivilist** **Zi·vil·pro·zess**RR *m* JUR civil action **Zi·vil·pro·zess·ord·nung**RR *f* JUR code of civil procedure **Zi·vil·recht** *nt* JUR civil law **zi·vil·recht·lich** I. *adj* JUR of civil law II. *adv* JUR of civil law; **jdn** ~ **verfolgen/belangen** to bring a civil action against sb **Zi·vil·rich·ter(in)** *m(f)* JUR civil court judge **Zi·vil·sa·che** *f* JUR matter for a civil court **Zi·vil·schutz** *m* ADMIN ❶ (*Schutz der Zivilbevölkerung*) civil defence [*or* AM -se] ❷ (*Truppe für den* ~) civil defence [*or* AM -se] **Zi·vil·stand** *m* ADMIN SCHWEIZ marital status **Zi·vil·stands·amt** *nt* ADMIN SCHWEIZ registry office **Zi·vil·stands·re·gis·ter** *nt* ADMIN SCHWEIZ register of births, marriages and deaths

zi·zerl·weis ['tsi:tsɐlvais] *adv* ÖSTERR, SÜDD (*fam*) bit by bit

Zlo·ty <-s, -> ['zlɔti, '(t)slɔti] *m* zloty

Zmit·tag <-s> ['tsmɪta:k] *m o nt kein pl* SCHWEIZ (*Mittagessen*) lunch

Zmor·gen <-, -> ['tsmɔrgn̩] *m o nt* SCHWEIZ (*Frühstück*) breakfast

Znacht <-s> [tsnaxt] *m o nt kein pl* SCHWEIZ (*Abendessen*) supper

Znü·ni <-, -> ['tsny:ni] *m* KOCHK SCHWEIZ (*zweites Frühstück*) elevenses *pl* BRIT *fam*

Zo·bel <-s, -> ['tso:bl̩] *m* ❶ ZOOL sable ❷ (*Pelz aus Zobelfellen*) sable [fur]

Zoc·co·li ['tsɔkoli] *pl* SCHWEIZ *wooden sandals*

zo·ckeln ['tsɔkl̩n] *vi sein* (*fam*) *s.* **zuckeln**

zo·cken ['tsɔkn̩] *vi* KARTEN (*sl*) ■~ to gamble

Zo·cker(in) <-s, -> ['tsɔkɐ] *m(f)* KARTEN (*sl*) gambler

Zo·fe <-, -n> ['tso:fə] *f* lady-in-waiting

Zoff <-s> [tsɔf] *m kein pl* (*sl*) trouble; **es gibt/dann gibt's** ~ then there'll be trouble; **mit jdm** ~ **haben** to have trouble with sb; ~ **machen** to cause trouble

zof·fen ['tsɔfn̩] *vr* (*sl*) ■**sich mit jdm** ~ to quarrel with sb

zog [tso:k] *imp von* **ziehen**

Zö·ger ['tsø:gɐ] *m* ÖSTERR (*fam*) net shopping bag

zö·ger·lich ['tsø:gɐlɪç] I. *adj* (*zaudernd*) hesitant II. *adv* hesitantly

zö·gern ['tsø:gɐn] *vi* to hesitate; ■**mit etw** ~ to wait [too long] [*or* hesitate] with sth; ■~, **etw zu tun** to hesitate before doing sth; **ohne zu** ~ without [a moment's] hesitation, unhesitatingly; **sie unterschrieb, ohne zu** ~ she signed without hesitation

Zö·gern <-s> ['tsø:gɐn] *nt kein pl* hesitation *no pl;* **ohne langes** ~ without hesitating for a long time [*or* [a moment's] hesitation]

zö·gernd I. *adj* hesitant, hesitating; **dieser Frage hat sich die Regierung nur sehr** ~ **angenommen** the government accepted this question but only with [strong] reservations II. *adv* hesitantly

Zög·ling <-s, -e> ['tsø:klɪŋ] *m* (*veraltend*) pupil

Zö·li·bat <-[e]s, -e> [tsøli'ba:t] *nt o m* REL celibacy *no pl*

Zoll1 <-[e]s, -> [tsɔl] *m* TECH inch; (*zollbreit*) one inch wide ▸ WENDUNGEN: **jeder** ~ ... every inch; **er ist jeder** ~ **ein Ehrenmann/Gentleman** he is every inch a gentleman; **keinen** ~**[breit] [zurück]weichen** to not yield [*or* give] an inch; *s. a.* **Zentimeter**

Zoll2 <-[e]s, Zölle> [tsɔl, *pl* 'tsœlə] *m* ❶ ÖKON customs duty; **für etw** ~ **bezahlen** to pay [customs] duty on sth; **durch den** ~ **kommen** to come through customs; **durch den** ~ **müssen** (*fam*) to have to go through customs; **einem** ~ **unterliegen** to carry duty ❷ *kein pl* ÖKON (*fam: Zollverwaltung*) customs *npl*

Zoll·ab·fer·ti·gung *f* ÖKON ❶ (*Gebäude*) customs post, checkpoint ❷ (*Vorgang*) customs clearance **Zoll·ab·ga·be** *f* customs duty **Zoll·amt** *nt* ÖKON customs office [*or* house] **Zoll·be·am·te(r), -be·am·tin** *m, f* ÖKON customs officer [*or* official] **Zoll·be·hör·de** *f* customs [authority] **Zoll·be·stim·mung** *f meist pl* ÖKON customs regulation[s *pl*] **Zoll·ein·he·bung** *f* ÖSTERR collection of customs duty

zol·len ['tsɔlən] *vt* (*geh*) ■**jdm/etw etw** ~ to give sb/sth sth; **jdm Achtung/Anerkennung/Bewunderung** ~ to respect/appreciate/admire sb; **jdm Beifall** ~ to applaud sb, to give sb applause; **jdm Dank** ~ to extend [*or* offer] one's thanks [*or* express one's gratitude] to sb; **jdm seinen Tribut** ~ to pay tribute to sb

Zoll·er·klä·rung *f* ÖKON customs declaration **Zoll·fahn·dung** *f* ÖKON customs investigation department **zoll·frei** I. *adj* ÖKON duty-free II. *adv* ÖKON duty-free **Zoll·in·halts·er·klä·rung** *f* ÖKON customs declaration **Zoll·kon·trol·le** *f* ÖKON customs check **zoll·pflich·tig** *adj* ÖKON dutiable

Zoll·stock *m* ruler, inch rule

Zoll·wa·che *f* ÖSTERR customs office [*or* house]

Zom·bie <-[s], -s> ['tsɔmbi] *m* zombie

Zo·ne <-, -n> ['tso:nə] *f* ❶ (*Bereich*) zone; **entmilitarisierte ~** demilitarized zone ❷ (*Beratungszone*) **die [Ost]~** the Eastern Zone *fam or dated,* East Germany ❸ TRANSP fare stage, zone
Zo·nen·ord·nung *f* SCHWEIZ *regulations governing usage of areas of land*
Zoo <-s, -s> [tso:] *m* zoo
Zo·o·lo·ge, Zo·o·lo·gin <-n, -n> [tsoo'lo:gə, -'lo:gɪn] *m, f* zoologist
Zo·o·lo·gie <-> [tsoolo'gi:] *f kein pl* zoology
Zo·o·lo·gin <-, -nen> *f fem form von* **Zoologe**
zo·o·lo·gisch [tsoo'lo:gɪʃ] **I.** *adj* zoological **II.** *adv* zoologically
Zoom <-s, -s> [zu:m, tso:m] *nt* FOTO *s.* **Zoomobjektiv**
zoo·men ['zu:mən, 'tso:mən] *vt* FOTO ■**jdn/etw ~** to zoom in on sb/sth
Zoom·ob·jek·tiv *nt* FOTO zoom lens
Zoo·tier *nt* animal in a zoo
Zopf <-[e]s, Zöpfe> [tsɔpf, *pl* tsœpfə] *m* ❶ (*geflochtene Haarsträhnen*) plait, AM *usu* braid, pigtail ❷ KOCHK plait, plaited loaf ❸ FORST top of tree trunk ▸WENDUNGEN: **ein alter ~** an antiquated custom
Zopf·mus·ter *nt* MODE cable stitch **Zopf·span·ge** *f* hair clip
Zor·bing <-s> ['zɔrbɪŋ] *nt kein pl* SPORT zorbing (*rolling downhill while strapped inside an enormous air-cushioned bouncing ball*)
Zorn <-[e]s> [tsɔrn] *m kein pl* anger, rage, wrath *liter;* **der ~ Gottes** the wrath of God; **in ~ geraten/ausbrechen** to lose one's temper, to fly into a rage; **einen ~ auf jdn haben** to be furious with sb; **jds ~ heraufbeschwören** to incur sb's wrath; **im ~** in anger [*or* a rage]; **im ~ sagt man manches, was man später bereut** when you are angry you say things you later regret
Zorn·bin·kel, Zorn·binkl [-bɪŋkl] *m* ÖSTERR person with a violent temper, irascible person
Zor·nes·aus·bruch *m* fit of anger [*or* rage] **Zor·nes·rö·te** *f* (*zornige Röte*) flush of anger
zor·nig ['tsɔrnɪç] *adj* angry, furious; ■**~ auf jdn sein** to be angry [*or* furious] with sb; **leicht ~ werden** to lose one's temper easily; **ein ~er junger Mann** (*fig*) an angry young man
Zo·te <-, -n> ['tso:tə] *f* dirty [*or* obscene] joke
zo·tig ['tso:tɪç] *adj* dirty, filthy, smutty
Zot·tel <-, -n> ['tsɔtl̩] *f* (*fam*) rat's tail; *Mütze* pompom
Zot·tel·haar *nt* (*fam*) shaggy hair
zot·te·lig ['tsɔtəlɪç] *adj* (*fam*) shaggy
zot·teln ['tsɔtl̩n] *vi sein* (*fam*) to amble
zot·tig ['tsɔtɪç] *adj s.* **zottelig**
z.T. *Abk von* **zum Teil** partly
Ztr. *m Abk von* **Zentner**
zu [tsu:] **I.** *präp +dat* to ❶ (*wohin*) to; **ich muss gleich ~m Arzt/~m Bäcker/~m Supermarkt** I must go to the doctor's/baker's/supermarket; **~r Stadt/Stadtmitte gehen** to go to town/the town centre; **wie weit ist es von hier ~m Bahnhof?** how far is it from here to the train station?; **wie komme ich [von hier] ~r Post?** how do I get [from here] to the post office?; **~m Militär gehen** to join the army; **~m Theater gehen** to go on the stage [*or* into the theatre]; **~m Schwimmbad geht es da lang!** the swimming pool is that way!; **fahr mich bitte ~r Arbeit/Kirche/Schule** please drive me to work/church/school; **~ Fuß/Pferd** on foot/horseback; **~ Fuß gehen Sie etwa 20 Minuten** it will take you about 20 minutes on foot; **~ Schiff** by ship [*or* sea] ❷ (*örtlich: Richtung*) **~m Fenster herein/hinaus** in/out of the window; **~r Tür herein/hinaus** in/out the door; **~m Himmel weisen** to point heavenwards [*or* up at the heavens]; **~r Decke sehen** to look [up] at the ceiling; **~ jdm/etw hinaufsehen** to look up at sb/sth; **das Zimmer liegt ~r Straße hin** the room looks out onto the street; **~m Meer/zur Stadtmitte hin** towards the sea/town [*or* city centre]; **der Kerl vom Nachbartisch sieht dauernd ~ uns hin** the bloke at the next table keeps looking across at us ❸ (*neben*) ■**~ jdm/etw** next to sb/sth; **etw ~ etw legen: legen Sie ~ den Tellern bitte jeweils eine Serviette!** put one serviette next to each plate; **darf ich mich ~ Ihnen setzen?** may I sit next to [*or* beside] you?; **setz dich ~ uns** [come and] sit with us; **etw ~ etw tragen** to wear sth with sth ❹ *zeitlich* at; **~ Ostern/Pfingsten/Weihnachten** at Easter/Whitsun/Christmas; **letztes Jahr ~ Weihnachten** last Christmas; **~ früher/später Stunde** at an early/late hour; **~ Mittag** at [*or* by] midday/noon; **[bis] ~m 31. Dezember/Montag/Abend** until [*or* by] 31st December/Monday/[this] evening; **~m Wochenende fahren wir weg** we are going away at [*or* AM on] the weekend; **~m 1. Januar fällig** due on January 1st; **~m Monatsende kündigen** to give in one's notice for [*or* to take effect from] the end of the month; *s. a.* **Anfang, Schluss, Zeit** ❺ (*anlässlich einer S.*) **etw ~m Geburtstag/~ Weihnachten bekommen** to get sth for one's birthday/for Christmas; **~ Ihrem 80. Geburtstag** (*geh*) on the occasion of your 80th birthday; ■**jdm ~ etw gratulieren** to congratulate sb on sth; **jdn ~m Essen einladen** to invite sb for a meal; **Ausstellung ~m Jahrestag seines Todes** exhibition to mark the anniversary of his death; **~ dieser Frage möchte ich Folgendes sagen** to this question I should like to say the following; **was sagst du ~ diesen Preisen?** what do you say to these prices?; **eine Rede ~m Thema Umwelt** a speech on the subject of the environment; **jdn ~ etw vernehmen** to question sb about sth ❻ (*für etw bestimmt*) **Papier ~m Schreiben** paper to write on, writing paper; **Wasser ~m Trinken** drinking water; **der Knopf ~m Abstellen** the off-button; **das Zeichen ~m Aufbruch** the signal to leave; **etw ~r Antwort geben** to say sth in reply; **~ nichts taugen/~ nichts zu gebrauchen sein** to be no use at all; **mögen Sie Milch/Zucker ~m Kaffee?** do you take your coffee with milk [*or* white]/with sugar; **~m Frühstück trinkt sie immer Tee** she always has tea at breakfast ❼ (*um etw herbeizuführen*) **~r Einführung ...** by way of an introduction ...; **~ seiner Entschuldigung/~r Erklärung** in apology/explanation, by way of an apology/explanation; **sie sagte das nur ~ seiner Beruhigung** she said that just to set his mind at rest; **~ was** (*fam*) for what, why; **~ was soll das gut sein?** what do you need that for?, what is that for? ❽ *mit Infinitiv* **bei dem Regenwetter habe ich keine Lust zum Wandern** I don't fancy walking if it is raining; **wir haben nichts ~m Essen** we have nothing to eat; **gib dem Kind doch etwas ~m Spielen** give the child something to play with; **auf die Reise habe ich mir etwas ~m Lesen mitgenommen** I've brought something to read on the trip; **das ist ja ~m Lachen** that's ridiculous [*or* really funny]; **das ist ~m Weinen** it's enough to make you want to cry [*or* weep] ❾ (*Veränderung*) **~ etw werden** to turn into [*or* become] sth; **manch einer wird aus Armut ~m Dieb** often it is poverty that turns sb into a thief; **wieder ~ Staub werden** to [re]turn to dust; ■**jdn/etw ~ etw machen** to make sb/sth into sth; **jdn ~m Manne machen** to make a man of sb; **~m Kapitän befördert werden** to be promoted to captain; **~m Vorsitzenden gewählt werden** to be elected to [*or* chosen for] the post of chairman; **~ Asche verbrennen** to burn to ashes; **etw ~ Pulver zermahlen** to grind sth [in]to powder ❿ (*Beziehung*) **Liebe ~ jdm** love for sb; **aus Freundschaft ~ jdm** because of one's friendship with sb; **das Vertrauen ~ jdm/etw** trust in sb/sth; **meine Beziehung ~ ihr** my relationship with her ⓫ (*im Verhältnis zu*) in relation [*or* proportion] to; **im Vergleich ~** in comparison with, compared to; **im Verhältnis 1 ~ 4** MATH in the ratio of one to four; **unsere Chancen stehen 50 ~ 50** our chances are fifty-fifty ⓬ (*einer Sache zugehörig*) **~ den Lehrbüchern gehören auch Kassetten** there are cassettes to go with the text books; **wo ist der Korken ~ der Flasche?** where is the cork for this bottle?; **mir fehlt nur der Schlüssel ~ dieser Tür** I've only got to find the key to this door ⓭ SPORT **Bayern München gewann mit 5 ~ 1** Bayern Munich won

five-one; **das Fußballspiel ging unentschieden 0 ~ 0 aus** the football match ended in a nil-nil draw ⑭ *bei Mengenangaben* ~ **drei Prozent** at three percent; **diese Äpfel habe ich ~ zwei Euro das Stück gekauft** I bought these apples for [*or* at] two euros each; **sechs [Stück] ~ fünfzig Cent** six for fifty cents; **~m halben Preis** at half price; **wir sind ~ fünft in den Urlaub gefahren** five of us went on holiday together; **sie kommen immer ~ zweit** those two always come as a pair; **der Pulli ist nur ~r Hälfte fertig** the jumper is only half finished; **hast du das Buch nur ~ einem Viertel gelesen?** have you only read a quarter of the book?; **~m ersten Mal** for the first time; **~m Ersten ..., ~m Zweiten** firstly ..., secondly; **~m Ersten, ~m Zweiten, ~m Dritten** (*bei Auktionen*) going once, going twice, sold ⑮ (*örtlich: Lage*) in; **der Dom ~ Köln** the cathedral in Cologne, Cologne cathedral; **der Reichstag ~ Worms** (*hist*) the Diet of Worms; **~ Hause** at home; **~ seiner Rechten/Linken...** on his right/left [hand side]...; **~ Lande und ~ Wasser** on land and sea; **jdm ~r Seite sitzen** (*geh*) to sit at sb's side; **sich ~ Tisch setzen** (*geh*) to sit down to dinner ⑯ (*bei Namen*) **der Graf ~ Blaubeuren** the Count of Blaubeuren; **der Gasthof ~m blauen Engel** the Blue Angel Inn ⑰ (*als*) **jdn ~m Präsidenten wählen** to elect as president; ■**jdn ~ etw ernennen** to nominate sb for sth; **er machte sie ~ seiner Frau** he made her his wife; **er nahm sie ~r Frau** he took her as his wife; ■**jdn/etw ~m Vorbild nehmen** to take sb/sth as one's example, to model oneself on sb/sth; **~m Arzt geboren sein** to be born to be a doctor ⑱ (*in Wendungen*) **~ Deutsch** (*veraltet*) in German; **~m Beispiel** for example; **~r Belohnung** as a reward; **~r Beurteilung/Einsicht** for inspection; **~m Gedächtnis von jdm** in memory of sb, in sb's memory; **~m Glück** luckily; **~ Hilfe** help; **jdm ~ Hilfe kommen** to come to sb's aid; **~m Lobe von jdm/etw** in praise of sb/sth; **~r Probe** as a trial [*or* test]; **~r Ansicht** on approval; **~r Strafe** as a punishment; **~r Unterschrift** for signature [*or* signing]; **~r Warnung** as a warning; **~ jds Bestem/Vorteil sein** to be for one's own good/to one's advantage; *s.* **bis** ⑲ SCHWEIZ (*in Wendungen*) **~r Hauptsache** mainly; **~m voraus** in front of; **~m vorn[e]herein** from in front; **~m Rechten schauen** to look to the right **II.** *adv inv* ① (*all~*) too; **~ sehr** too much; **er hat sich nicht ~ sehr bemüht** he didn't try too [*or* very] hard; **ich wäre ~ gern mitgefahren** I would have loved to have gone along ② (*geschlossen*) shut, closed; **dreh den Wasserhahn ~!** turn the tap off!; **Tür ~, es zieht!** shut the door, there's a draught!; **mach die Augen ~, ich hab da was für dich** close your eyes, I've got sth for you; **die Geschäfte haben sonntags ~** stores are closed on Sundays; **~ sein** to be shut [*or* closed] ③ (*örtlich*) towards; **nach hinten/vorne ~** towards the back/front; **dem Ausgang ~** towards the exit ④ (*fam: betrunken sein*) ■**~ sein** to be pissed *fam!*, to have had a skinful *fam* ⑤ (*in Wendungen*) **dann mal ~!** go ahead, off we go; **immer/nur ~!** go ahead; **schimpf nur ~, es hilft doch nichts** go on, scream, it won't do any good; **mach ~** hurry up, get a move on; **lauf schon ~, ich komme nach** you go on [*or* go on ahead], I'll catch up **III.** *konj* ① *mit Infinitiv* to; ■**etw ~ essen** sth to eat; **dieser Auftrag ist unverzüglich ~ erledigen** this task must be completed straight away; **ich habe heute einiges ~ erledigen** I have got a few things to do today; **sie hat ~ gehorchen** she has to obey [*or* do as she is told]; **die Rechnung ist bis Freitag ~ bezahlen** the bill has to be paid by Friday; **~m Stehen kommen** to come to a halt; **~m Erliegen kommen** to come to rest; **ich habe ~ arbeiten** I have some work to do; **ohne es ~ wissen** without knowing it; **ich komme, um mich zu verabschieden** I have come to say goodbye ② *mit Partizip* **~ bezahlende Rechnungen** outstanding bills; **es gibt verschiedene noch ~ kaufende Gegenstände** some things still have to be bought; **der ~ Prüfende** the candidate to be examined; **nicht ~ unterschätzende Probleme** problems [that are] not to be underestimated

zu·al·ler·erst [tsuˈʔalɐʔeːɐ̯st] *adv* first of all **zu·al·ler·letzt** [tsuˈʔalɐlɛtst] *adv* last of all

Zu·bau *m* ÖSTERR extension

zu|bau·en *vt* ■**etw ~** to fill sth in

Zu·be·hör <-[e]s, *selten* -e> [ˈtsuːbəhøːɐ̯] *nt o m* equipment *no pl* ① (*zusätzliche Accessoirs*) accessories *pl* ② (*Ausstattung*) attachments *pl*; **diese Küchenmaschine wird mit speziellem ~ geliefert** this food processor comes with special attachments

Zu·be·hör·teil *nt* accessory, attachment

zu|bei·ßen *vi irreg* to bite

zu|be·kom·men* *vt irreg* (*fam*) ■**etw ~** to get sth shut [*or* closed]; **eine Hose, einen Reißverschluss ~** to do [*or* zip] up trousers/a zipper

Zu·ber <-s, -> [ˈtsuːbɐ] *m* DIAL, SCHWEIZ washtub

zu|be·rei·ten* *vt* ■**[jdm] etw ~** to prepare sth [for sb]; **einen Cocktail ~** to mix a cocktail

Zu·be·rei·tung <-, -en> *f* ① (*das Zubereiten*) preparation ② (*von Arzneimitteln*) making up ③ PHARM (*zubereitetes Präparat*) preparation

Zu·bett·ge·hen <-s> [tsuˈbɛtgeːən] *nt kein pl* **vor dem/beim/nach dem ~** before [going to] bed/ on going to bed/ after going to bed

zu|bil·li·gen *vt* ■**jdm etw ~** ① (*zugestehen*) to grant [*or* allow] sb sth ② (*für jdn gelten lassen*) to grant sb sth; **ich will ihm gerne ~, dass er sich bemüht hat** he made an effort, I'll grant/allow him that

zu|bin·den *vt irreg* ■**etw ~** to tie [*or* do up] sth; **sich die Schuhe ~** to lace [*or* do] up [*or* tie] shoes

zu|blei·ben *vi irreg sein* (*fam*) **kann die Tür nicht ~?** can't we keep the door shut?; **wegen Inventur wird unser Geschäft am 3. Januar ~** our shop will be closed for stocktaking on January 3rd

zu|blin·zeln *vi* ■**jdm ~** to wink at sb; ■**sich** *dat*/**einander ~** to wink at each other

zu|brin·gen *vt irreg* ① (*verbringen*) to spend ② (*herbeibringen*) to bring/take to; **jdm ~, dass ...** to inform sb that ... *fig;* **es ist mir zugebracht worden** (*geh*) it has been brought to my attention [*or* notice] ③ DIAL *s.* **zukriegen**

Zu·brin·ger <-s, -> *m* TRANSP ① (*Zubringerstraße*) feeder road ② (*Flughafenbus*) shuttle [bus], airport bus

Zu·brin·ger·dienst *m* shuttle service **Zu·brin·ger·flug** *m* feeder plane **Zu·brin·ger·stra·ße** *f* (*geh*) *s.* **Zubringer 1**

Zu·brot *nt kein pl* extra income; **[sich** *dat*] **ein ~ verdienen** to earn [*or* make] a bit on the side

zu|but·tern *vt* (*fam*) ■**etw ~** to contribute sth; **wegen eines Fehlers musste der Konzern Millionen ~** due to a mistake the corporation had to pay out millions [on top]

Zuc·chi·ni <-, -> [tsʊˈkiːni] *f meist pl* courgette BRIT, zucchini AM

Zucht <-, -en> [tsʊxt] *f* ① *kein pl* HORT cultivation *no art, no pl,* growing *no art, no pl* ② *kein pl* ZOOL breeding *no art, no pl* ③ (*gezüchtete Pflanze*) stock, variety; (*gezüchtetes Tier*) breed; *von Bakterien* culture *spec* ④ *kein pl* (*Disziplin*) discipline *no art, no pl;* **~ und Ordnung** discipline; **jdn in ~ halten** to keep a tight rein on sb

Zucht·bul·le *m* breeding bull

züch·ten [ˈtsʏçtn̩] *vt* ① HORT ■**etw ~** to grow [*or* cultivate] sth ② ZOOL ■**Tiere ~** to breed animals; **Bienen ~** to keep bees

Züch·ter(in) <-s, -> *m(f) von Rassetieren* breeder; *von Blumen* grower, cultivator; *von Bienen* keeper; *von Bakterien* culturist *spec*

Zucht·fo·rel·le *f* farmed trout **Zucht·haus** *nt* HIST ① (*Strafe*) prison sentence; **~ bekommen** to be given a prison sentence ② (*Strafanstalt*) prison, jail, BRIT *dated a.* gaol **Zucht·hengst** *m* stud horse, breeding stallion

züch·tig [ˈtsʏçtɪç] **I.** *adj* (*veraltet*) chaste *form or liter* **II.** *adv* (*veraltet*) chastely *form or liter,* in a chaste manner *form or*

Z

liter

züch·ti·gen ['tsʏçtɪgn̩] *vt* (*geh*) ■**jdn** ~ to beat sb

Zụcht·mu·schel *f* farmed mussel **Zụcht·per·le** *f* cultured pearl **Zụcht·stu·te** *f* breeding [*or* brood] mare

Zụ̈ch·tung <-, -en> *f* ❶ *kein pl* HORT cultivation *no art, no pl,* growing *no art, no pl* ❷ *kein pl* ZOOL breeding *no art, no pl* ❸ (*gezüchtete Pflanze*) variety; (*gezüchtetes Tier*) breed; **eine neue ~ Schweine** a new breed of pig

zu·ckeln ['tsʊkl̩n] *vi sein* (*fam*) ■**irgendwohin** ~ to trundle off somewhere; **über die Landstraßen** ~ to trundle along country roads

zu·cken ['tsʊkn̩] *vi* ❶ *haben Augenlid* to flutter; *Mundwinkel* to twitch ❷ *haben* **mit den Achseln** [*o* **Schultern**] ~ to shrug one's shoulders; **ohne mit der Wimper zu** ~ without batting an eyelid ❸ *haben* (*aufleuchten*) *Blitz* to flash; *Flamme* to flare up ❹ *sein* (*sich zuckend bewegen*) *Blitz* to flash; **hast du diesen Blitz über den Himmel ~ sehen?** did you see that bolt of lightning flash across the sky? ❺ *haben* (*fam: weh tun*) ■**es zuckt jdm irgendwo** sb has/gets a twinge somewhere

zü·cken ['tsʏkn̩] *vt* ■**etw** ~ ❶ (*blankziehen*) to draw sth; **mit gezückten Schwertern** with swords drawn ❷ (*fam: rasch hervorziehen*) to pull [*or* whip] out sth *sep*

Zu·cker[1] <-s, -> ['tsʊkɐ] *m* sugar *no art, no pl;* **brauner** ~ brown sugar; **bunter** ~ rainbow sugar crystals *pl* ▸ WENDUNGEN: ~ **sein** (*sl*) to be terrific [*or* BRIT *fam!* shit hot] [*or* AM *fam!* hot shit]

Zu·cker[2] <-s> ['tsʊkɐ] *m kein pl* MED diabetes *no art, no pl;* ~ **haben** (*fam*) to have diabetes

Zu·cker·aus·tausch·stoff *m* artificial sweetener **Zụ·cker·ba·na·ne** *f* lady finger banana

Zụ·cker·brot *nt* (*veraltet: Süßigkeit*) sweetmeat *dated* ▸ WENDUNGEN: **mit ~ und Peitsche** (*prov*) with the carrot and the stick **Zụ·cker·do·se** *f* sugar bowl **Zụ·cker·erb·se** *f* sugar snap pea **Zụ·cker·guss**RR *m* icing *no art, no pl,* AM *esp* frosting *no art, no pl*

zụ·cker·hal·tig <-er, -[e]ste> *adj* containing sugar

Zu·cker·hut ['tsʊkɐhu:t] *m* ❶ GEOL sugarloaf ❷ KOCHK winter chicory

zu·cke·rig ['tsʊkərɪç] *adj* ❶ (*viel Zucker enthaltend*) sugary ❷ (*mit Zucker bestreut*) sugary

zụ·cker·krank *adj* diabetic **Zụ·cker·kran·ke(r)** *f(m) decl wie adj* diabetic **Zụ·cker·krank·heit** *f* diabetes *no art, no pl*

Zu·ckerl <-s, -[n]> ['tsʊkɐl] *nt* SÜDD, ÖSTERR (*Bonbon*) sweet BRIT, candy AM

Zụ·cker·le·cken *nt* ▸ WENDUNGEN: **kein ~ sein** (*fam*) to be no picnic **Zụ·cker·me·lo·ne** *f* musk melon

zu·ckern ['tsʊkɐn] *vt* ■**etw** ~ to sugar sth; **seinen Tee** ~ to put [*or* take] sugar in one's tea

Zụ·cker·rohr *nt* sugar cane *no art, no pl* **Zụ·cker·rü·be** *f* sugar beet *no art, no pl* **Zụ·cker·schle·cken** *nt s.* **Zuckerlecken** **Zụ·cker·scho·te** *f* mangetout **Zụ·cker·si·rup** *m* sugar syrup

zụ·cker·süß ['tsʊkɐ'zy:s] *adj* ❶ (*sehr süß*) as sweet as sugar *pred* ❷ (*übertrieben freundlich*) sugar-sweet *a. pej;* ■~ [**zu jdm**] **sein** to be as sweet as pie [to sb] **Zụ·cker·waa·ge** *f* saccarometer **Zụ·cker·wat·te** *f* candy floss BRIT, cotton candy AM **Zụ·cker·zan·ge** *f* sugar tongs *npl*

zuck·rig ['tsʊkrɪç] *adj s.* **zuckerig**

Zụ·ckung <-, -en> *f meist pl von Augenlid, Lippe, Mundwinkel* twitch; **nervöse ~en** a nervous twitch; *eines Epileptikers* convulsion; **die letzten ~en** the death throes

Zu·de·cke *f* DIAL cover

zu|de·cken *vt* ■**jdn/etw** [**mit etw**] ~ to cover [up *sep*] sb/sth [with sth]; ■**sich** [**mit etw**] ~ to cover oneself up *sep* [with sth]

zu·dem [tsu'de:m] *adv* (*geh*) moreover *form,* furthermore *form,* in addition

zu|den·ken *vt irreg* (*geh*) ■**jdm etw** ~ ❶ (*zu schenken beabsichtigen*) to intend sth for sb ❷ (*zuzuweisen beabsichtigen*) to intend [*or* earmark] sth for sb; ■**zugedacht** intended; ■**jdm zugedacht sein** to be intended for sb; *Posten* to be earmarked for sb

zu|dre·hen **I.** *vt* ❶ (*verschließen*) ■**etw** ~ to screw on sth *sep* ❷ (*abstellen*) ■**etw** ~ to turn off sth *sep* ❸ (*festdrehen*) ■**etw** ~ to tighten sth ❹ (*zuwenden*) **jdm den Kopf** ~ to turn [one's face] towards sb; **jdm den Rücken** ~ to turn one's back on sb; **jdm die Schulter** ~ to turn away from sb **II.** *vr* ■**sich jdm/etw** ~ to turn to[wards] sb/sth

zu·dring·lich ['tsu:drɪŋlɪç] *adj* pushy *pej;* ~ [**zu jdm**] **werden** to get pushy *pej;* (*sexuell belästigen*) to make advances [to sb], to act improperly [towards sb]

Zu·dring·lich·keit <-, -en> *f* ❶ *kein pl* (*zudringliche Art*) pushiness *no art, no pl pej* ❷ *meist pl* (*zudringliche Handlung*) advances *pl*

zu|dröh·nen *vr* (*sl*) ■**sich** [**mit etw**] ~ to be/become intoxicated [with sth]; **sich mit Rauschgift** ~ to get high [on drugs]; ■**zugedröhnt sein** to be intoxicated/high

zu|drü·cken *vt* ❶ (*durch Drücken schließen*) ■**etw** ~ to press sth shut; **ein Fenster/eine Tür** ~ to push a window/door shut; *s. a.* **Auge** ❷ (*fest drücken*) **jdm/einem Tier den Hals/die Kehle** ~ to throttle sb/an animal

zu·ein·an·der [tsuʔai'nandɐ] *adv* to each other [*or form* one another]; ~ **passen** *Menschen* to suit each other [*or form* one another], to be suited; *Farben, Kleidungsstücke, Muster* to go well together [*or* together well]

zu|er·ken·nen* *vt irreg* (*geh*) ■**jdm etw** ~ to award sth to sb; **jdm eine Auszeichnung/einen Orden** ~ to confer [*or form* bestow] an award/a medal on sb; **das Kind wurde dem Vater zuerkannt** the father was given custody of the child; **jdm eine Strafe** ~ to impose [*or* inflict] a penalty [up]on sb

zu·erst [tsu'ʔe:ɐ̯st] *adv* ❶ (*als erster*) the first; (*als erstes*) first; **was sollen wir ~ kaufen?** what should we buy first? ❷ (*anfangs*) at first, initially ❸ (*zum ersten Mal*) first, for the first time ▸ WENDUNGEN: **wer ~ kommt, mahlt** ~ (*prov*) first come, first served *prov*

zu|fä·cheln *vt* (*geh*) ■**jdm/sich** [**mit etw**] **Luft** [*o* **Kühlung**] ~ to fan sb/oneself [with sth]

zu|fah·ren *vi irreg sein* ❶ (*in eine bestimmte Richtung fahren*) ■**auf jdn/etw** ~ to drive towards sb/sth; (*direkt*) to head towards sb/sth ❷ (*fam: schneller fahren*) to drive faster; **fahren Sie doch zu!** [drive] faster!

Zu·fahrt ['tsu:fa:ɐ̯t] *f* ❶ (*Einfahrt*) entrance ❷ *kein pl* (*das Zufahren*) access *no art, no pl* (**auf** +*akk* to); **jdm die ~ versperren** to block sb's access

Zu·fahrts·stra·ße *f* access road; (*zur Autobahn*) approach road

Zu·fall *m* coincidence; (*Schicksal*) chance; **das ist** ~ that's a coincidence; **es ist** [**ein bestimmter**] **~/kein ~, dass ..** it is [a certain] coincidence/no coincidence [*or* accident] that ...; **es ist reiner ~, dass ...** it's pure coincidence that ...; **etw dem ~ überlassen** to leave sth to chance; **es dem ~ überlassen, ob/wann/wie/wo ...** to leave it to chance whether/when/how/where ...; **etw dem ~ verdanken** to owe sth to chance; **es dem ~ verdanken, dass ...** to owe it to chance that ...; **der ~ wollte es, dass ...** chance would have it that ...; **etw durch** [*o fam* **per**] **~ erfahren** to happen to learn of sth; **welch ein ~!** what a coincidence!

zu|fal·len *vi irreg sein* ❶ (*sich schließen*) to close, to shut ❷ (*zuteilwerden*) ■**jdm** ~ to go to sb ❸ (*zugewiesen werden*) ■**jdm** ~ to fall to sb; *Rolle* to be assigned to sb ❹ (*zukommen*) **diesem Treffen fällt große Bedeutung zu** great importance is attached to this meeting ❺ (*leicht erwerben*) ■**jdm** ~ to come naturally to sb

zu·fäl·lig **I.** *adj* chance *attr* **II.** *adv* ❶ (*durch einen Zufall*) by chance; **rein** ~ by pure chance; **jdn ~ treffen** to happen to meet sb ❷ (*vielleicht*) **wissen Sie ~, ob/wie/wann/wo ...?** do you happen to know whether/how/when/where ...?

zu·fäl·li·ger·wei·se *adv s.* **zufällig II.**

Zu·fäl·lig·keit <-, -en> *f* coincidence

Zu·falls·be·kannt·schaft *f* chance acquaintance; **eine ~ machen** to make a chance acquaintance **Zu·falls·fund** *m* chance find **Zu·falls·tor** *nt* lucky [*or fam* fluke] goal **Zu·falls·tref·fer** *m* fluke *fam*

zu|fas·sen *vi* ❶ (*zugreifen*) to make a grab, to grab [at] sth ❷ (*die Gelegenheit ergreifen*) to seize the opportunity

zu|flie·gen *vi irreg sein* ❶ (*in eine bestimmte Richtung fliegen*) ■**auf etw** *akk* ~ to fly towards sth ❷ (*zu jdm hinfliegen und bleiben*) ■**jdm** ~ to fly to sb; **der Wellensittich ist uns zugeflogen** the budgie flew into our house ❸ (*fam: zufallen*) ■[**jdm**] ~ to slam shut [on sb *fam*] ❹ *s.* **zufallen 5**

zu|flie·ßen *vi irreg sein* ❶ (*in etw münden*) ■**einer S.** *dat* ~ to flow into sth ❷ (*dazufließen*) ■**einer S.** *dat* ~ to flow into sth ❸ (*zuteilwerden*) ■**jdm/etw** ~ to go to sb/sth; **die Spenden flossen einem Hilfsfonds zu** the donations went to a relief fund

Zu·flucht <-, -en> ['tsu:flʊxt] *f* refuge; **irgendwo** [**vor jdm/etw**] **~ finden/suchen** to take [*or* find]/seek refuge somewhere [from sb/sth] ▸ WENDUNGEN: **jds letzte ~ sein** to be sb's last resort [*or* hope]; **in etw** *dat* **~ finden** to find refuge in sth; **zu etw ~ nehmen** to resort to sth; **zu Lügen ~ nehmen** to resort to lying

Zu·fluchts·ort *m* place of refuge

Zu·fluss[RR] *m* ❶ *kein pl* (*das Zufließen*) inflow ❷ (*Nebenfluss*) tributary

zu|flüs·tern *vt* ■**jdm etw** ~ to whisper sth to sb

zu·fol·ge [tsu'fɔlgə] *präp* (*geh*) ■**einer S.** *dat* ~ according to sth

zu·frie·den [tsu'fri:dn̩] **I.** *adj* (*befriedigt*) satisfied (**mit** +*dat* with); **danke, ich bin sehr ~** thanks, everything's fine; (*glücklich*) contented (**mit** +*dat* with), content *pred;* **ein ~er Kunde** a satisfied customer; **ein ~es Lächeln** a satisfied smile, a smile of satisfaction **II.** *adv* with satisfaction; (*glücklich*) contentedly; **~ lächeln** to smile with satisfaction, to give a satisfied smile; **jdn/etw ~ stellen** to satisfy sb/sth; **jds Wissendurst ~ stellen** to satisfy sb's thirst for knowledge; **~ stellend** satisfactory

zu·frie·den|ge·ben *vr irreg* **sich** [**mit etw**] ~ to be satisfied/content[ed] [with sth]

Zu·frie·den·heit <-> *f kein pl* satisfaction *no art, no pl;* (*Glücklichsein*) contentedness *no art, no pl;* **zu jds ~** to sb's satisfaction; **zu allgemeiner ~** to everyone's satisfaction

zu·frie·den|las·sen *vt irreg* **jdn/ein Tier ~** to leave sb/an animal alone [*or* in peace]; **jdn mit etw ~** to stop bothering sb with sth

zu|frie·ren *vi irreg sein* to freeze [over]; ■**zugefroren** frozen [over *pred*]

zu|fü·gen *vt* ❶ (*erleiden lassen*) **jdm Kummer/Leid ~** to cause sb sorrow/pain; **jdm Schaden/eine Verletzung ~** to harm/injure sb; **jdm Unrecht ~** to do sb an injustice, to wrong sb *form* ❷ (*geh: hinzufügen*) ■**einer S.** *dat* **etw ~** to add sth [to sth]

Zu·fuhr <-, -en> ['tsu:fu:ɐ̯] *f* ❶ (*Versorgung*) supply ❷ (*das Zuströmen*) supply; *von Kalt-, Warmluft* stream

zu|füh·ren **I.** *vt* ❶ (*verschaffen*) ■**jdm/etw jdn ~** to supply sb/sth with sb; **einer Firma Mitarbeiter ~** to supply a company with employees ❷ (*zufließen lassen*) ■**jdm/etw etw ~** to supply sth to sb/sth ❸ (*fam: werden lassen*) ■**etw einer S.** *dat* ~ to devote sth to sth; **dieses Gebäude kann nun wieder seiner Bestimmung zugeführt werden** this building can be devoted again to its intended use **II.** *vi* ■**auf etw** *akk* ~ to lead to sth; **direkt auf etw** *akk* ~ to lead direct to sth

Zug[1] <-[e]s, Züge> [tsu:k, *pl* 'tsy:gə] *m* ❶ (*Bahn*) train ❷ AUTO (*Last~*) truck [*or* BRIT *a.* lorry] and [*or* with] trailer + *sing vb* ▸ WENDUNGEN: **auf den fahrenden ~ [auf]springen** to jump [*or* climb] [*or* get] on the bandwagon; **der ~ ist abgefahren** (*fam*) you've missed the boat

Zug[2] <-[e]s, Züge> [tsu:k, *pl* 'tsy:gə] *m* ❶ (*inhalierte Menge*) puff (**an** +*dat* on/at), drag *fam* (**an** +*dat* of/on); **einen ~ machen** to have a puff, to take a drag *fam* ❷ (*Schluck*) gulp, swig *fam;* **in** [*o* **mit**] **einem** [*o* **auf einen**] ~ in one gulp; **sein Bier/seinen Schnaps in einem ~ austrinken** to down one's beer/schnapps in one [go], to knock back *sep* one's beer/schnapps *fam* ❸ *kein pl* (*Luft~*) draught BRIT, draft AM; **einem ~ ausgesetzt sein** to be sitting in a draught ❹ *kein pl* PHYS (*~kraft*) tension *no art, no pl* ❺ (*Spiel~*) move; **am ~ sein** to be sb's move; **einen ~ machen** to make a move ❻ MIL (*Kompanieabteilung*) section ❼ (*Streif~*) tour; **einen ~ durch etw machen** to go on a tour of sth ❽ (*lange Kolonne*) procession ❾ (*Gesichts~*) feature; **sie hat einen bitteren ~ um den Mund** she has a bitter expression about her mouth ❿ (*Charakter~*) characteristic, trait; **ein bestimmter ~ von** [*o* **an**] **jdm sein** to be a certain characteristic of sb ⓫ *pl* (*spiralförmige Vertiefungen*) grooves *pl* ⓬ (*ohne Ver~*) ■**~ um ~** systematically; (*schrittweise*) step by step, stage by stage ⓭ (*Linienführung*) ■**in einem ~** in one stroke ⓮ (*Umriss*) **in großen** [*o* **groben**] **Zügen** in broad [*or* general] terms; **etw in großen Zügen darstellen/umreißen** to outline sth, to describe/outline sth in broad [*or* general] terms ⓯ ■**im ~e einer S.** *gen* in the course of sth ▸ WENDUNGEN: **im falschen ~ sitzen** to be on the wrong track [*or fam* barking up the wrong tree]; **in den letzten Zügen liegen** (*fam*) to be on one's last legs *fam;* (*fast tot sein*) to be at death's door; **etw in vollen Zügen genießen** to enjoy sth to the full; [**mit etw**] [**bei jdm**] **zum ~e/nicht zum ~e kommen** (*fam*) to get somewhere/to not get anywhere [with sb] [with sth]

Zug[3] <-s> [tsu:k] *nt* Zug

Zu·ga·be ['tsu:ga:bə] *f* ❶ (*Werbegeschenk*) free gift ❷ MUS (*zusätzliche Darbietung*) encore; **~, ~!** encore! encore!, more! more! ❸ *kein pl* (*das Hinzugeben*) addition

Zug·ab·teil *nt* train [*or* railway] compartment

Zu·gang <-gänge> ['tsu:gaŋ, *pl* 'tsu:gɛŋə] *m* ❶ (*Eingang*) entrance ❷ *kein pl* (*Zutritt*) access *no art, no pl* (**zu** +*akk* to) ❸ *kein pl* (*Zugriff*) access *no art, no pl* (**zu** +*akk* to); **~ zu etw haben** to have access to sth ❹ *meist pl* (*geh: Aufnahme*) intake; *von Büchern, Waren* receipt; *von Patienten* admission

zu·gan·ge [tsu'gaŋə] *adj* NORDD ■**irgendwo** [**mit jdm/etw**] **~ sein** to be busy [with sb/sth] somewhere

zu·gäng·lich ['tsu:gɛŋlɪç] *adj* ❶ (*erreichbar*) accessible; ■**nicht ~** inaccessible; **jdm etw ~ machen** to allow sb access to sth ❷ (*verfügbar*) available (+*dat* to); ■[**jdm**] **~ sein** to be available [to sb] ❸ (*aufgeschlossen*) approachable; ■**für etw** [*o* **etw gegenüber**] [**nicht**] **~ sein** to be [not] receptive to sth

Zu·gäng·lich·keit <-> *f kein pl* ❶ (*Erreichbarkeit*) accessibility *no art, no pl* ❷ (*Verfügbarkeit*) availability *no art, no pl* ❸ (*Aufgeschlossenheit*) receptiveness *no art, no pl* (**für** +*akk* to); (*Umgänglichkeit*) approachability *no art, no pl*

Zug·be·glei·ter(in) *m(f)* (*Informationsheft*) train timetable [*or* AM *usu* schedule]

Zugbegleiter(in) *m(f)* (*Schaffner*) guard BRIT, conductor AM

Zug·brü·cke *f* drawbridge

zu|ge·ben *vt irreg* ❶ (*eingestehen*) ■**etw ~** to admit sth; ■**~, dass ...** to admit [that] ... ❷ (*zugestehen*) ■**jdm ~, dass ...** to grant sb that ... ❸ (*erlauben*) ■**etw ~** to allow sth; ■**es nicht ~, dass jd etw tut** to not allow sb to do sth

zu·ge·ge·be·ner·ma·ßen *adv* admittedly

zu·ge·gen [tsu'ge:gn̩] *adj* (*geh*) ■**bei etw ~ sein** to be present at sth

zu|ge·hen *irreg* **I.** *vi sein* ❶ (*sich schließen lassen*) to shut, to close ❷ (*in eine bestimmte Richtung gehen*) ■**auf jdn/etw ~** to approach sb/sth ❸ (*sich versöhnen*) ■**aufeinander ~** to become reconciled ❹ (*übermittelt werden*) ■**jdm ~** to reach sb; ■**jdm etw ~ lassen** to send sb sth ❺ (*fam: sich beeilen*) **geh zu!** get a move on! *fam; s. a.* **Ende II.** *vi impers sein* **auf ihren Partys geht es immer sehr lustig zu** her parties are always great fun; **musste es bei deinem Geburtstag so laut ~?** did you have to make such a noise on your birthday?; *s. a.*

Z

Teufel
Zu·geh·frau *f* SÜDD, ÖSTERR (*Putzfrau*) charwoman, BRIT *a.* charlady
zu|ge·hö·ren* *vi* (*geh*) ■**jdm/etw** ~ to belong to sb/sth
zu·ge·hö·rig ['tsu:gəhø:rɪç] *adj attr* (*geh*) accompanying *attr*
Zu·ge·hö·rig·keit <-> *f kein pl* (*Verbundenheit*) affiliation *no art, no pl* (**zu** +*akk* to); **ein Gefühl der** ~ a sense of belonging; ■**jds** ~ **zu etw** sb's affiliation to sth; **ohne** ~ **zu einer Familie** without belonging to a family; (*Mitgliedschaft*) membership (**zu** +*akk* of)
zu·ge·kifft ['tsu:gəkɪft] *adj* (*sl*) high [on hash or marijuana] *sl*
zu·ge·knöpft *adj* (*fam*) ❶ (*mit Knöpfen geschlossen*) buttoned-up ❷ (*verschlossen*) reserved, close *pred,* tight-lipped
Zü·gel <-s, -> ['tsy:gl̩] *m* reins *npl;* **die** ~ **anziehen** to draw in the reins, to rein back [*or* in] ▶ WENDUNGEN: **die** ~ [**fest**] **in der Hand** [**be**]**halten** to keep a firm grip [*or* hold] on things; **die** ~ **aus der Hand geben** [*o* **legen**] to relinquish hold over sth *form;* **jdn am langen** ~ **führen** to keep sb on a long lead *pej;* **jdm/etw** ~ **anlegen** to take sb in hand/to contain [*or* control] sth; **die** ~ [**straffer**] **anziehen** to keep a tighter rein on things; **bei etw die** ~ **lockern** [*o* **schleifen lassen**] to give free rein to sth; **seinen Gefühlen die** ~ **schießen lassen** to give full vent [*or* free rein] to one's feelings
zü·gel·los *adj* unrestrained, unbridled *form or liter*
Zü·gel·lo·sig·keit *f* unrestraint
Zü·gel·mann <-männer *o* -leute> *m* SCHWEIZ (*Umzugsspediteur*) removal man BRIT, mover AM
zü·geln ['tsy:gl̩n] **I.** *vt* ❶ (*im Zaum halten*) ■**etw** ~ to rein in [*or* back] sth *sep* ❷ (*beherrschen*) ■**etw** ~ to curb sth ❸ (*zurückhalten*) ■**jdn/sich** ~ to restrain sb/oneself **II.** *vi sein* SCHWEIZ (*umziehen*) ■[**irgendwohin**] ~ to move [somewhere]
Zu·ge·reis·te(r) *f(m) decl wie adj* SÜDD, ÖSTERR (*Zugezogene(r)*) newcomer; (*Austauschstudent(in)*) foreigner
zu|ge·sel·len* *vr* (*geh*) ■**sich jdm** ~ to join sb
Zu·ge·ständ·nis ['tsu:gəʃtɛntnɪs] *nt* concession; ~**se machen** to make concessions
zu|ge·ste·hen* *vt irreg* ■**jdm etw** ~ to grant sb sth; ■**jdm** ~, [**dass**] ... to grant sb [that] ...
zu·ge·tan ['tsu:gəta:n] *adj* (*geh*) ■**jdm/etw** ~ **sein** to be taken with sb/sth
Zu·ge·winn *m* gain
Zu·ge·winn·ge·mein·schaft *f* JUR community of goods (*acquired during marriage*) *spec*
Zu·ge·zo·ge·ne(r) *f(m) decl wie adj* newcomer
Zug·fahr·kar·te *f* train ticket **zug·fest** *adj* high-tensile *spec*
Zug·füh·rer(in) *m(f)* ❶ BAHN guard BRIT, conductor AM ❷ MIL platoon leader **Zug·ge·schwin·dig·keit** *f* train speed
zu|gie·ßen *vt irreg* ❶ (*hinzugießen*) ■[**jdm**] **etw** ~ to add sth [for sb] ❷ (*verschließen*) ■**etw** [**mit etw**] ~ to fill [in *sep*] sth [with sth]
zu·gig ['tsu:gɪç] *adj* draughty BRIT, drafty AM; ■**irgendwo ist es** ~ there's a draught somewhere
zü·gig ['tsy:gɪç] **I.** *adj* ❶ (*rasch erfolgend*) rapid, speedy ❷ SCHWEIZ (*eingängig*) catchy **II.** *adv* rapidly, speedily
zu|gip·sen *vt* ■**etw** ~ to fill in sth *sep* with plaster, to plaster up sth *sep*
Zug·kraft *f* ❶ PHYS tensile force *spec* ❷ *kein pl* (*Anziehungskraft*) attraction *no pl,* appeal *no art, no pl* **zug·kräf·tig** *adj* attractive, appealing; (*eingängig a.*) catchy
zu·gleich [tsu'glaiç] *adv* ❶ (*ebenso*) both ❷ (*gleichzeitig*) at the same time
Züg·le·te <-, -n> ['tsy:glətə] *f* SCHWEIZ (*Umzug*) move
Zug·luft *f kein pl* draught BRIT, draft AM
Zug·ma·schi·ne *f* AUTO traction engine, tractor **Zug·num·mer** *f* train number
zu|grei·fen *vi irreg* ❶ (*sich bedienen*) to help oneself ❷ INFORM ■**auf etw** *akk* ~ to access sth
Zug·res·tau·rant *nt* dining [*or* BRIT *a.* restaurant] car
Zu·griff *m* ❶ (*das Zugreifen*) grab ❷ INFORM access *no art, no pl* (**auf** +*akk* to) ❸ (*Einschreiten*) **sich jds** ~/**dem** ~ **einer S.** *gen* **entziehen** to escape sb's clutches/the clutches of sth; **sich dem** ~ **der Justiz entziehen** to evade justice
Zu·griffs·ge·schwin·dig·keit *f,* **Zu·griffs·zeit** *f* INFORM access speed
zu·grun·de, zu Grun·de [tsu'grʊndə] *adv* [**an etw** *dat*] ~ **gehen** to be destroyed [*or* ruined] [by sth]; **an inneren Zwistigkeiten** ~ **gehen** to be destroyed by internal wrangling; **etw einer S.** *dat* ~ **legen** to base sth on sth; **der Autor legte seinem Bericht aktuelle Erkenntnisse** ~ the author based his report on current findings; **einer S.** *dat* ~ **liegen** to form the basis of sth; ~ **liegend** underlying *attr;* **jdn/etw** ~ **richten** (*ausbeuten*) to exploit sb/sth; (*zerstören*) to destroy [*or* ruin] sb/sth
Zu·grun·de·le·gung *f* ■**unter** ~ **einer S.** *gen* taking sth as a basis
Zug·tier *nt* draught [*or* AM draft] animal
zu|gu·cken *vi* (*fam*) *s.* **zusehen**
Zug·un·glück *nt* railway [*or* train] accident; (*Zusammenstoß a.*) train crash
zu·guns·ten, zu Guns·ten [tsu'gʊnstn̩] *präp* +*gen* for the benefit of; (*zum Vorteil von*) in favour [*or* AM -or] of
zu·gu·te|hal·ten[RR] [tsu'gu:tə-] *vt irreg* **jdm etw** ~ to make allowances for sb's sth; **sich** *dat* **etw auf etw** *akk* ~ (*geh*) to pride oneself on sth **zu·gu·te|kom·men**[RR] *vi irreg sein* **jdm** ~ to come in useful to sb; *Erfahrung a.* to stand sb in good stead; **jdm/etw** ~ to be for the benefit of [*or* of benefit to] sb/sth
Zug·ver·bin·dung *f* train connection **Zug·ver·kehr** *m* train [*or* rail] services *pl*
Zug·vo·gel *m* migratory bird **Zug·zwang** *m* pressure to act; **unter** [*o* **in**] ~ *akk* **geraten** to come under pressure to act; **jdn unter** [*o* **in**] ~ *akk* **setzen** [*o* **in** ~ *akk* **bringen**] to put pressure on sb to act; **unter** ~ *dat* **stehen** to be under pressure to act
zu|ha·ben *irreg* (*fam*) **I.** *vi* to be closed [*or* shut] **II.** *vt* ■**etw** ~ to have got sth shut; **die Hose/Schuhe** ~ to have one's trousers/shoes done up
zu|hal·ten *irreg* **I.** *vt* ❶ (*geschlossen halten*) ■**etw** ~ to hold sth closed [*or* shut] ❷ (*mit der Hand bedecken*) ■**jdm/sich etw** ~ to hold one's hand over sb's/one's sth; (*in Berührung kommen*) to put one's hand over sb's/one's sth; **sich** *dat* **die Nase** ~ to hold one's nose **II.** *vi* ■**auf jdn/etw** ~ to head for sb/sth
Zu·häl·ter(in) <-s, -> ['tsu:hɛltɐ] *m(f)* pimp *masc,* procurer *form*
Zu·häl·te·rei <-> [tsu:hɛltə'rai] *f kein pl* pimping *no art, no pl,* procuring *no art, no pl form*
Zu·häl·te·rin <-, -nen> *f fem form von* **Zuhälter**
zu·han·den [tsu'handn̩] *adv* SCHWEIZ ❶ (*zu Händen von*) for the attention of ❷ (*zur Hand*) to hand; ■[**jdm**] ~ **kommen/sein** to come/have come to hand [*or* into sb's hands]
zu|hau·en *irreg* **I.** *vt* ■**etw** ~ ❶ (*behauen*) to hew sth into shape ❷ (*fam: zuschlagen*) to slam [*or* bang] sth shut **II.** *vi s.* **zuschlagen**
zu·hauf [tsu'hauf] *adv* (*geh*) in droves *fam*
Zu·hau·se <-s> [tsu'hauzə] *nt kein pl* home *no art, no pl*
zu|hei·len *vi sein* to heal up [*or* over]
Zu·hil·fe·nah·me <-> [tsu'hɪlfəna:mə] *f* ■**unter** ~ **einer S.** *gen* (*geh*) with the aid [*or* help] of sth
zu|hö·ren *vi* to listen; ■**jdm/etw** ~ to listen to sb/sth; **nun hör mir doch mal richtig zu!** now listen carefully to me!
Zu·hö·rer(in) *m(f)* listener; ■**die** ~ (*Publikum*) the audience + *sing/pl vb;* (*Radio~ a.*) the listeners
zu|ju·beln *vi* ■**jdm** ~ to cheer sb
zu|kau·fen *vt* ■**etw** ~ to buy more of sth
zu|klap·pen I. *vt* ■**etw** ~ to snap sth shut; **ein Buch** ~ to clap a book shut **II.** *vi sein* to snap shut; *Fenster* to click shut; (*lauter*)

to slam shut

zu|kle·ben *vt* ■**etw** ~ to stick down sth *sep*

zu|knal·len (*fam*) **I.** *vt* ■**etw** ~ to slam [*or* bang] sth shut **II.** *vi sein* to slam [*or* bang] shut

zu|knei·fen *vt irreg* ■**etw** ~ to shut sth tight[ly]; **die Augen** ~ to screw up one's eyes *sep*

zu|knöp·fen *vt* ■[**jdm**] **etw** ~ to button up sth *sep* [for sb]; ■[**sich** *dat*] **etw** ~ to button up one's sth *sep; s. a.* **zugeknöpft**

zu|kno·ten *vt* ■**etw** ~ to tie up sth *sep*, to fasten sth with a knot

zu|kom·men *vi irreg sein* ① (*sich nähern*) ■**auf jdn/etw** ~ to come towards [*or* up to] sb/sth ② (*bevorstehen*) ■**auf jdn** ~ to be in store for sb; **alles auf sich** *akk* ~ **lassen** to take things as they come ③ (*gebühren*) ■**jdm** ~ to befit sb *form;* **mir kommt heute die Ehre zu, Ihnen zu gratulieren** I have the honour today of congratulating you; ■**es kommt jdm [nicht] zu, etw zu tun** it is [not] up to sb to do sth; **jdm etw** ~ **lassen** (*geh*) to send sb sth; (*jdm etw gewähren*) to give sb sth; (*jdm etw übermitteln*) to give sb sth ④ (*angemessen sein*) **dieser Entdeckung kommt große Bedeutung zu** great significance must be attached to this discovery

zu|krie·gen *vt* (*fam*) *s.* **zubekommen**

Zu·kunft <-> ['tsu:kʊnft] *f kein pl* ① (*das Bevorstehende*) future *no pl;* ■**die/jds** ~ the/sb's future; **in ferner/naher** ~ in the distant/near future; ~ **haben** to have a future; **in die** ~ **schauen** to look into the future; **in** ~ in future; **mit/ohne** ~ with/without a future ② LING (*Futur*) future [tense]

zu·künf·tig ['tsu:kʏnftɪç] **I.** *adj* ① (*in der Zukunft bevorstehend*) future *attr;* **die** ~**e Generation** the future generation ② (*designiert*) prospective; **sein** ~**er Nachfolger** his prospective successor **II.** *adv* in future

Zu·kunfts·angst *f* (*Angst vor der Zukunft*) fear of the future; (*Angst um die Zukunft*) fear for the future **Zu·kunfts·aus·sich·ten** *pl* prospects for the future, future prospects *pl;* **jdm** ~ **eröffnen** to open new doors for sb **Zu·kunfts·bran·che** *f* new [*or* sunrise] industry **Zu·kunfts·for·scher(in)** *m(f)* futurologist **Zu·kunfts·for·schung** *f kein pl* futurology *no art, no pl* **Zu·kunfts·mu·sik** *f* ▸ WENDUNGEN: [**noch**] ~ **sein** (*fam*) to be [still] a long way off **Zu·kunfts·per·spek·ti·ve** *f meist pl* future prospects *pl* **Zu·kunfts·plä·ne** *pl* plans for the future, future plans *pl;* ~ **haben** to have plans for the future **Zu·kunfts·ro·man** *m* LIT (*veraltend*) science-fiction [*or* SF] [*or fam* sci-fi] novel **zu·kunfts·si·cher** *adj* with a guaranteed future *pred* **Zu·kunfts·sze·na·rio** *nt* future scenario **Zu·kunfts·tech·no·lo·gie** *f* new [*or* future] technology **zu·kunfts·träch·tig** *adj* with a promising future *pred;* ■~ **sein** to have a promising future **zu·kunft(s)·wei·send** *adj inv* forward-looking

zu|lä·cheln *vi* ■**jdm** ~ to smile at sb

Zu·la·ge <-, -n> ['tsu:la:gə] *f* bonus [payment]; (*Geld~*) additional allowance

zu|lan·gen *vi* (*fam*) ① (*zugreifen*) to help oneself ② (*zuschlagen*) to land a punch ③ (*hohe Preise fordern*) to ask a fortune

zu|las·sen *vt irreg* ① (*dulden*) ■**etw** ~ to allow [*or* permit] sth; ■~, **dass jd etw tut** to allow [*or* permit] sb to do sth ② (*fam: geschlossen lassen*) ■**etw** ~ to keep [*or* leave] sth shut [*or* closed]; **sein Hemd/seinen Mantel** ~ to keep one's shirt/coat done [*or* buttoned] up ③ (*die Genehmigung erteilen*) ■**jdn** [**zu etw**] ~ to admit sb [to sth]; **jdn zu einer Prüfung** ~ to admit sb to an exam; ■**jdn als etw** ~ to register sb as sth; ■**zugelassen** registered; **ein zugelassener Anwalt** a legally qualified lawyer; ■**bei etw zugelassen sein** to be licensed to practise [*or* AM -ce] [in] sth ④ (*anmelden*) ■**etw** [**auf jdn**] ~ to register sth [in sb's name] ⑤ (*erlauben*) ■**etw** ~ to allow [*or* permit] sth ⑥ (*plausibel sein lassen*) ■**etw** ~ to allow [*or* permit] sth; **diese Umstände lassen nur einen Schluss zu** these facts leave [*or form* permit of] only one conclusion

zu·läs·sig ['tsu:lɛsɪç] *adj* permissible *form;* JUR admissible *form;* ■**nicht** ~ JUR inadmissible *form;* **die** ~**e Höchstgeschwindigkeit** the maximum permitted speed; ■~ **sein, etw zu tun** to be permissible to do sth *form*

Zu·las·sung <-, -en> *f* ① *kein pl* (*Genehmigung*) authorization *no pl;* (*Lizenz*) licence [*or* AM -se]; **die** ~ **entziehen** to revoke sb's licence; **die** ~ **zu einem Auswahlverfahren** the admission to a selection process; **die/jds** ~ **als Anwalt/Arzt** the/sb's call to the bar/registration as a doctor ② (*Anmeldung*) registration ③ (*Fahrzeugschein*) vehicle registration document ④ FIN ~ **zur Börse** listing on the Stock Exchange

Zu·las·sungs·be·din·gun·gen *pl* conditions of admission **Zu·las·sungs·be·schrän·kung** *f* restriction on admission[s] **Zu·las·sungs·num·mer** *f* registration number **Zu·las·sungs·pa·pier** *nt meist pl* TRANSP, ADMIN vehicle registration document **zu·las·sungs·pflich·tig** *adj inv* ADMIN (*geh*) requiring licensing [*or* registration] **Zu·las·sungs·stel·le** *f* registration office **Zu·las·sungs·ver·fah·ren** *nt* qualification procedure; *bes* SCH admissions procedure; ÖKON listing procedure

Zu·lauf ['tsu:lauf] *m* (*Zufluss*) inlet ▸ WENDUNGEN: ~ **haben** to be popular

zu|lau·fen *vi irreg sein* ① (*Bewegung zu jdn/etw*) ■**auf jdn/etw** ~ to run [*or* come running] towards sb/sth; (*direkt*) to run [*or* come running] up to sb/sth ② (*hinführen*) to lead to ③ (*schnell weiterlaufen*) to hurry [up]; **lauf zu!** get a move on! ④ (*zusätzlich hinzufließen*) to run in; ■**etw** ~ **lassen** to add sth ⑤ (*spitz auslaufen*) to taper [to a point]; **manche Hosen laufen an den Knöcheln eng zu** some trousers taper at the ankles ⑥ (*zu jdm laufen und bleiben*) ■**jdm** ~ to stray into sb's home; **ein zugelaufener Hund/eine zugelaufene Katze** a stray [dog/cat]

zu|le·gen **I.** *vt* ■**etw** ~ ① (*fam: zunehmen*) to put on sth *sep* ② (*dazutun*) to add sth ▸ WENDUNGEN: **einen Zahn zulegen** to step on it **II.** *vi* ① (*fam: zunehmen*) to put on weight ② BÖRSE (*sich steigern*) to improve its position ③ (*fam: das Tempo steigern*) to get a move on *fam; Läufer* to increase the pace **III.** *vr* (*fam*) ■**sich** *dat* **jdn/etw** ~ to get oneself sb/sth

zu·lei·de, zu Lei·de [tsu'laidə] *adv* **jdm etwas/nichts** ~ **tun** (*veraltend*) to harm/to not harm sb

zu|lei·ten *vt* ① (*geh: übermitteln*) ■**jdm etw** ~ to forward sth to sb ② (*zufließen lassen*) ■[**einer S.** *dat*] **etw** ~ to supply sth [to sth]; **durch diese Röhre wird das Regenwasser dem Teich zugeleitet** rain water is fed into the pond through this pipe

Zu·lei·tung *f* ① *kein pl* (*geh: das Übermitteln*) forwarding *no art, no pl* ② (*zuleitendes Rohr*) supply pipe

zu·letzt [tsu'lɛtst] *adv* ① (*als Letzte(r)*) ~ **eingetroffen** to be the last to arrive; ~ **durchs Ziel gehen** to finish last ② (*endlich*) finally, in the end ③ (*zum letzten Mal*) last ④ (*zum Schluss*) **bis** ~ until the end; **ganz** ~ right at the [*or* at the very] end ⑤ ([*besonders*] *auch*) **nicht** ~ not least [of all]

zu·lie·be [tsu'li:bə] *adv* ■**jdm/etw** ~ for sb['s sake]/for the sake of sth

Zu·lie·fer·be·trieb *m*, **Zu·lie·fe·rer(in)** <-s, -> *m(f)* supplier **Zu·lie·fer·in·dus·trie** *f* supply industry

zu|lie·fern *vi* to supply

zum [tsʊm] = **zu dem** *s.* **zu**

zu|ma·chen **I.** *vt* ① (*zuklappen*) ■**etw** ~ to close [*or* shut] sth ② (*verschließen*) ■**etw** ~ to close sth; **eine Flasche/ein Glas** ~ to put the top on a bottle/jar ③ (*zukleben*) **einen Brief** ~ to seal a letter ④ (*schließen*) **die Augen** ~ to close one's eyes; **letzte Nacht habe ich kein Auge** ~ **können** I didn't get a wink of sleep last night ⑤ (*zuknöpfen*) ■[**jdm/sich**] **etw** ~ to button [up] [*or sep* do up] sb's/one's sth ⑥ (*den Betrieb einstellen*) ■**etw** ~ to close [down *sep*] sth; **den Laden** ~ to shut up shop **II.** *vi* ① (*den Laden schließen*) to close, to shut ② (*fam: sich beeilen*) to get a move on *fam*, to step on it

zu·mal [tsu'ma:l] **I.** *konj* particularly [*or* especially] as **II.** *adv* particularly, especially

zu|mau·ern *vt* ■**etw** ~ to brick [*or* wall] up sth *sep*

zu·meist [tsu'maist] *adv* (*geh*) mostly, for the most part

zu·min·dest [tsu'mɪndəst] *adv* ❶ (*wenigstens*) at least ❷ (*jedenfalls*) at least

zu·mut·bar *adj* reasonable; ■**für jdn ~ sein** to be reasonable for sb; ■**es ist ~, dass jd etw tut/etw zu tun** sb can be reasonably expected to do sth

Zu·mut·bar·keit <-, -en> *f* reasonableness *no art, no pl*

zu·mu·te, zu Mu·te [tsu'mu:tə] *adv* **mir ist so merkwürdig ~** I feel so strange; **mir ist nicht zum Scherzen ~** I'm not in a joking mood

zu|mu·ten ['tsu:mu:tn̩] *vt* ■**jdm/etw etw ~** to expect [*or* ask] sth of sb/sth; **jdm zu viel ~** to expect [*or* ask] too much of sb; ■**sich** *dat* **etw ~** to undertake sth; **sich zu viel ~** to overtax oneself

Zu·mu·tung *f* unreasonable demand; ■**eine ~ sein** to be unreasonable; **das ist eine ~!** it's just too much!

zu·nächst [tsu'nɛːçst] *adv* ❶ (*anfangs*) at first, initially ❷ (*vorerst*) for the moment [*or* time being]

zu|na·geln *vt* ■**etw ~** to nail up sth *sep;* **einen Sarg ~** to nail down a coffin *sep;* ■**zugenagelt** nailed

zu|nä·hen *vt* ■[**jdm**] **etw ~** to sew up sth *sep* [for sb]; **eine Wunde ~** to stitch [*or spec* suture] a wound

Zu·nah·me <-, -n> ['tsu:na:mə] *f* increase

Zu·na·me ['tsu:na:mə] *m* (*geh*) surname, family [*or* BRIT *a.* second] [*or* AM *a.* last] name

Zünd·an·la·ge [tsʏnt-] *f* AUTO ignition [system]

zün·deln ['tsʏndl̩n] *vi* to play [about [*or* around]] with fire; **mit Streichhölzern ~** to mess around [*or* play [about [*or* around]]] with matches

zün·den ['tsʏndn̩] **I.** *vi* ❶ TECH to fire *spec* ❷ (*zu brennen anfangen*) to catch fire; *Streichholz* to light; *Pulver* to ignite *form* **II.** *vt* ❶ TECH ■**etw ~** to fire sth *spec* ❷ (*wirken*) to kindle enthusiasm ▶ WENDUNGEN: **hat es bei dir endlich gezündet?** have you cottoned on? *fam,* BRIT *a.* has the penny dropped? *fam*

zün·dend *adj* stirring, rousing; **eine ~e Idee** a great idea

Zun·der ['tsʊndɐ] *m* tinder *no art, no pl;* **wie ~ brennen** to burn like tinder

Zün·der <-s, -> ['tsʏndɐ] *m* detonator; *Airbag* ignitor *spec*

Zünd·holz <-es, -hölzer> *nt bes* SÜDD, ÖSTERR match **Zünd·ka·bel** *nt* AUTO [spark] plug lead **Zünd·ker·ze** *f* AUTO spark [*or* BRIT *a.* sparking] plug **Zünd·plätt·chen** <-s, -> *nt* cap **Zünd·schloss**^RR *nt* AUTO ignition [and steering *form*] lock **Zünd·schlüs·sel** *m* AUTO ignition key **Zünd·schnur** *f* fuse **Zünd·spu·le** *f* AUTO [ignition *form*] coil **Zünd·stoff** *m kein pl* inflammatory [*or* explosive] stuff *no art, no pl;* **~ bieten** to be dynamite *fam*

Zün·dung <-, -en> *f* ❶ AUTO ignition *no pl* ❷ TECH firing *no art, no pl*

Zün·dungs·schlüs·sel *m* SCHWEIZ (*Zündschlüssel*) ignition key

Zünd·ver·tei·ler *m* AUTO [ignition *form*] distributor **Zünd·zeit·punkt** *m* AUTO ignition point [*or* timing] *no pl*

zu|neh·men *irreg vi* ❶ (*schwerer werden*) to gain [*or* put on] weight; **an Gewicht** *dat* **~** to gain [*or* put on] weight ❷ (*anwachsen*) ■[**an etw** *dat*] **~** to increase [in sth] ❸ (*sich verstärken*) to increase; *Schmerzen* to intensify ❹ (*sich vergrößern*) to increase

zu·neh·mend **I.** *adj* increasing *attr,* growing *attr;* **eine ~e Verbesserung** a growing improvement **II.** *adv* increasingly

zu|nei·gen **I.** *vi* ■**einer S.** *dat* **~** to be inclined towards sth; **der Ansicht ~, dass ...** to be inclined to think that ... **II.** *vr* ❶ (*begünstigen*) ■**sich jdm/etw ~** to favour [*or* AM -or] sb/sth ❷ (*sich nähern*) **sich dem Ende ~** to draw to a close

Zu·nei·gung *f* affection *no pl,* liking *no pl*

Zunft <-, Zünfte> [tsʊnft, *pl* 'tsʏnftə] *f* HIST guild

zünf·tig ['tsʏnftɪç] *adj* (*veraltend fam*) proper

Zun·ge <-, -n> ['tsʊŋə] *f* ❶ ANAT tongue; **auf der ~ brennen** to burn one's tongue; **die ~ herausstrecken** to stick out one's tongue; **auf der ~ zergehen** to melt in one's mouth ❷ *kein pl* KOCHK (*Rinder~*) tongue *no art, no pl* ❸ (*geh: Sprache*) tongue *form or liter;* **in fremden ~n sprechen** to speak in foreign tongues *form or liter;* **die Menschen arabischer ~** Arabic-speaking people ▶ WENDUNGEN: **jdm hängt die ~ zum Hals heraus** (*fam*) sb's tongue is hanging out; **seine ~ im Zaum halten** (*geh*) to mind one's tongue, AM *usu* to watch one's language; **böse ~n** malicious gossip; **eine feine ~ haben** to be a gourmet; **mit gespaltener ~ sprechen** to be two-faced, to speak with a forked tongue; **eine schwere ~** slurred speech; **meine ~ wurde schwer** my speech became slurred; **sich** *dat* **fast die ~ abbeißen** to have trouble keeping quiet; **sich** *dat* **eher** [*o* **lieber**] **die ~ abbeißen**[**, als etw zu sagen**] to do anything rather than say sth; **sich** *dat* **die ~ an etw** *dat* **abbrechen** to tie one's tongue in knots [trying to say sth]; **eine böse/lose ~ haben** to have a malicious/loose tongue; **seine ~ hüten** [*o* **zügeln**] to mind one's tongue, AM *usu* to watch one's language; **es lag mir auf der ~, zu sagen, dass ...** I was on the point of saying that ...; **etw liegt jdm auf der ~** sth is on the tip of sb's tongue; **die ~n lösen sich** people begin to relax and talk; [**jdm**] **die ~ lösen** to loosen sb's tongue

zün·geln ['tsʏŋl̩n] *vi* ❶ (*die Zunge bewegen*) *Schlange* to dart its tongue in and out ❷ (*hin und her bewegen*) to flicker, to dart; ■**aus etw ~** to dart out of sth

Zun·gen·be·lag *m* coating of the tongue **Zun·gen·bre·cher** <-s, -> *m* (*fam*) tongue twister, jawbreaker *fam* **Zun·gen·kuss**^RR *m* French kiss **Zun·gen·spit·ze** *f* tip of the tongue

Züng·lein ['tsʏŋlain] *nt* pointer ▶ WENDUNGEN: **das ~ an der Waage sein** to tip the scales; POL to hold the balance of power

zu·nich·te|ma·chen^RR [tsu'nɪçtə-] *vt* ■**etw ~** (*geh*) to wreck [*or* ruin] sth; **jds Hoffnungen ~** to dash [*or* shatter] sb's hopes

zu|ni·cken *vi* ■**jdm ~** to nod to [*or* at] sb

zu·nut·ze, zu Nut·ze [tsu'nʊtsə] *adv* **sich** *dat* **etw ~ machen** to make use [*or* take advantage] of sth

zu|ord·nen ['tsu:ʔɔrdnən] *vt* ■**etw einer S.** *dat* **~** to assign sth to sth; ■**jdn einer S.** *dat* **~** to classify sb as belonging to sth

Zu·ord·nung *f* assignment; ■**die ~** [**einer S.** *gen*] assigning sth [to sth]

zu|pa·cken *vi* (*fam*) ❶ (*zufassen*) to grip sth; (*schneller*) to make a grab ❷ (*kräftig mithelfen*) ■[**mit**] **~** to lend a [helping] hand ❸ (*mit Gegenständen füllen*) ■**etw ~** to fill sth; **einen Fußboden ~** to cover a floor

zu|par·ken *vt* ■**etw ~** to obstruct sth; **eine Ausfahrt ~** to park across a driveway

zu·paß^ALT [tsu'pas] *adv s.* **zupasskommen**

zu·pass|kom·men^RR *vi irreg sein* **jdm ~** to have come at the right time

zup·fen ['tsʊpfn̩] *vt* ❶ (*ziehen*) ■**jdn an etw** *dat* **~** to pluck at sb's sth; (*stärker*) to tug at sb's sth ❷ (*herausziehen*) ■**etw aus/von etw ~** to pull sth out of/off sth; **jdm/sich die Augenbrauen ~** to pluck sb's/one's eyebrows

Zupf·in·stru·ment *nt* plucked string instrument

zu|pros·ten *vi* ■**jdm ~** to drink [to] sb's health, to raise one's glass to sb

zur [tsu:ɐ̯, tsʊr] = **zu der** *s.* **zu**

zu|ra·sen *vi* ■**auf jdn/etw ~** to come/go hurtling towards sb/sth

zu|ra·ten ['tsu:ra:tn̩] *vi irreg* ■**jdm zu etw ~** to advise sb to do sth; ■**jdm ~, etw zu tun** to advise sb to do sth; **auf jds Z~** *akk* [**hin**] on sb's advice

Zür·cher ['tsʏrçɐ] *adj* Zurich *attr*

Zür·cher(in) <-s, -> ['tsʏrçɐ] *m(f)* native of Zurich

zu|rech·nen *vt* ❶ (*zur Last legen*) ■**etw jdm ~** to attribute [*or* ascribe] sth to sb ❷ *s.* **zuordnen** ❸ (*dazurechnen*) ■**etw einer S.** *dat* **~** to add sth [to sth]

zu·rech·nungs·fä·hig *adj* JUR responsible for one's actions *pred,* compos mentis *pred spec;* **eingeschränkt ~ sein** to be

zurechtweisen

zurechtweisen	rebuking
Ihr Verhalten lässt einiges zu wünschen übrig.	Your behaviour leaves quite a lot to be desired.
Ich verbitte mir diesen Ton!	I will not be spoken to in that tone of voice!
Das brauch ich mir von Ihnen nicht gefallen zu lassen!	I don't have to put up with that from you!
Unterstehen Sie sich!	(Don't) you dare!
Was erlauben Sie sich!	How dare you!
Was fällt Ihnen ein!	What do you think you're doing!

responsible for one's actions to a limited extent ▶WENDUNGEN: **bist du noch ~?** (*fam*) are you all there? *pej fam* **Zu·rech·nungs·fä·hig·keit** *f kein pl* soundness of mind *no art, no pl,* responsibility for one's actions *no art, no pl;* **verminderte ~** diminished responsibility [*or* AM capacity] *spec*

zu·recht|fin·den [tsu'rɛçtfɪndn̩] *vr irreg* ■**sich irgendwo ~** to get used to somewhere; **sich in einer Großstadt ~** to find one's way around a city **zu·recht|kom·men** *vi irreg sein* ❶ (*auskommen*) ■[**mit jdm**] ~ to get on [*or* along] [with sb] ❷ (*klarkommen*) ■[**mit etw**] ~ to cope [*or* manage] [with sth] ❸ (*rechtzeitig kommen*) to come in time; **gerade noch ~** to come just in time **zu·recht|le·gen I.** *vt* ■**jdm etw ~** to lay out sth *sep* [for sb] **II.** *vr* ■**sich** *dat* **etw ~** ❶ (*sich etw griffbereit hinlegen*) to get sth ready, to get out sth *sep* ❷ (*sich im Voraus überlegen*) to work out sth *sep* **zu·recht|ma·chen** *vt* (*fam*) ❶ (*vorbereiten*) ■[**jdm**] **etw ~** to get sth ready [for sb] ❷ (*zubereiten*) ■[**jdm**] **etw ~** to prepare sth [for sb] ❸ (*schminken*) ■**jdn ~** to make up sb *sep;* ■**sich ~** to put on one's make-up *sep* ❹ (*schick machen*) ■**sich ~** to get ready; ■**jdn ~** to dress up sb *sep* **zu·recht|rü·cken** *vt* ■[**jdm/sich**] **etw ~** to adjust sb's/one's sth **zu·recht|wei·sen** *vt irreg* (*geh*) ■**jdn** [**wegen etw**] ~ to reprimand [*or form* rebuke] sb [for sth]

Zu·recht·wei·sung *f* reprimand, rebuke *form*

zu|re·den ['tsu:re:dn̩] *vi* ■**jdm** [**gut**] ~ to encourage sb; **auf jds Z~** *akk* [**hin**] with sb's encouragement

zu|rei·ten *irreg* **I.** *vt* ■**ein Tier ~** to break in an animal *sep* **II.** *vi sein* ■**auf jdn/etw ~** to ride towards sb/sth; (*direkt*) to ride up to sb/sth

Zü·rich <-s> ['tsy:rɪç] *nt* Zurich *no art, no pl*

Zü·ri·cher(in) <-s, -> ['tsy:rɪçɐ] *m(f) s.* **Zürcher**

Zü·rich·see *m kein pl* ■**der ~** Lake Zurich

zu|rich·ten ['tsu:rɪçtn̩] *vt* ❶ (*verletzen*) ■**jdn irgendwie ~** to injure sb somehow; **jdn übel ~** to beat up sb *sep* badly ❷ (*beschädigen*) **etw übel/ziemlich ~** to make a terrible mess/quite a mess of sth ❸ (*vorbereiten*) ■**etw ~** to finish [*or* dress] sth; **Holz/Stein ~** to square wood/stone

zür·nen ['tsʏrnən] *vi* (*geh*) to be angry; ■**jdm ~** to be angry [with sb]

Zur·schau·stel·lung *f* (*meist pej*) flaunting

zu·rück [tsu'rʏk] *adv* ❶ (*wieder da*) back; ■[**von etw**] ~ **sein** to be back [from sth] ❷ (*mit Rückfahrt, Rückflug*) return; **hin und ~ oder einfach?** single or return? ❸ (*einen Rückstand haben*) behind; ■~ **sein** [*o* **liegen**] to be behind ❹ (*verzögert*) late; ■~ **sein** to be late ▶WENDUNGEN: **~!** go back!

Zu·rück <-s> [tsu'rʏk] *nt kein pl* **es gibt** [**für jdn**] **ein/kein ~** there is a way out/no going back [for sb]

zu·rück|be·hal·ten* *vt irreg* ❶ (*behalten*) ■**etw** [**von etw**] ~ to be left with sth [from sth] ❷ (*vorläufig einbehalten*) ■**etw ~** to retain [*or* withhold] sth **zu·rück|be·kom·men*** *vt irreg* ■**etw ~** to get back sth *sep* **zu·rück|be·ru·fen*** *vt irreg* ■**jdn ~** to recall sb **zu·rück|beu·gen I.** *vt* ■**etw ~** to lean back sth *sep* **II.** *vr* ■**sich ~** to lean back **zu·rück|bil·den** *vr* MED ■**sich ~** to recede

zu·rück|blei·ben *vi irreg sein* ❶ (*nicht mitkommen*) ■**irgendwo ~** to stay [*or* remain] behind somewhere ❷ (*zurückgelassen werden*) ■**irgendwo ~** to be left [behind] somewhere ❸ (*nicht mithalten können*) to fall behind ❹ (*als Folge bleiben*) ■[**von etw**] ~ to remain [from sth] ❺ (*geringer ausfallen*) ■**hinter etw** *dat* ~ to fall short of sth

zu·rück|bli·cken [tsu'rʏkblɪkn̩] *vi s.* **zurückschauen zu·rück|brin·gen** *vt irreg* ❶ (*wieder herbringen*) ■**jdn/etw ~** to bring/take back sb/sth *sep* ❷ (*wieder hinschaffen*) ■**jdn** [**irgendwohin**] ~ to bring back sb *sep* [somewhere] **zu·rück|da·tie·ren*** *vt* ■**etw ~** to backdate sth **zu·rück|den·ken** *vi irreg* ■[**an etw** *akk*] ~ to think back [to sth] **zu·rück|drän·gen** *vt* ■**jdn ~** to force [*or* push] back sb *sep* **zu·rück|dre·hen** *vt* ■**etw** [**auf etw** *akk*] ~ to turn back sth *sep* [to sth] **zu·rück|dür·fen** *vi irreg* (*fam*) ■[**irgendwohin/zu jdm**] ~ to be allowed [to go] back [somewhere/to sb] **zu·rück|er·hal·ten*** *vt irreg* (*geh*) *s.* **zurückbekommen zu·rück|er·in·nern*** *vr* ■**sich** [**an jdn/etw**] ~ to remember [*or* recall] [sb/sth] **zu·rück|er·o·bern*** *vt* ■**etw ~** ❶ MIL to recapture [*or* retake] sth; **ein Land ~** to reconquer a country ❷ POL (*erneut gewinnen*) to win back sth *sep* **zu·rück|er·stat·ten*** *vt s.* **rückerstatten zu·rück|er·war·ten*** *vt* ■**jdn ~** to expect sb back **zu·rück|fah·ren** *irreg* **I.** *vi sein* ❶ (*zum Ausgangspunkt fahren*) to go/come [*or* travel] back ❷ (*geh: zurückweichen*) ■[**vor jdm/etw**] ~ to recoil [from sb/sth] **II.** *vt* ❶ (*etw rückwärtsfahren*) ■**etw ~** to reverse sth ❷ (*mit dem Auto zurückbringen*) ■**jdn ~** to drive [*or* bring] [*or* take] back sb *sep* ❸ (*reduzieren*) ■**etw ~** to cut back sth *sep*

zu·rück|fal·len *vi irreg sein* ❶ SPORT (*zurückbleiben*) to fall behind; **weiter ~** to fall further behind ❷ SPORT (*absteigen*) ■[**auf etw** *akk*] ~ to go down [to sth] ❸ (*in früheren Zustand verfallen*) ■**in etw** *akk* ~ to lapse [*or* fall] back into sth ❹ (*darunter bleiben*) ■**hinter etw** *akk* ~ to fall short of sth ❺ (*jds Eigentum werden*) ■**an jdn ~** to revert to sb *spec* ❻ (*angelastet werden*) ■**auf jdn ~** to reflect on sb ❼ (*sinken*) ■**sich** [**in/auf etw** *akk*] ~ **lassen** to fall back [*or* flop] into/on[to] sth

zu·rück|fin·den *vi irreg* ❶ (*Weg zum Ausgangspunkt finden*) ■[**irgendwohin**] ~ to find one's way back [somewhere] ❷ (*zurückkehren*) ■**zu jdm ~** to go/come back to sb ❸ ■**zu sich selbst ~** to find oneself again **zu·rück|flie·gen** *irreg* **I.** *vi sein* to fly back **II.** *vt* ■**jdn/etw ~** to fly back sb/sth *sep;* **als sie erkrankte, flog man sie zurück nach Europa** when she got ill, she was flown back to Europe **zu·rück|flie·ßen** *vi irreg sein* ❶ (*wieder zum Ausgangspunkt fließen*) to flow back ❷ FIN to flow back **zu·rück|for·dern** *vt* ■**etw** [**von jdm**] ~ to demand sth back [from sb] **zu·rück|fra·gen** *vi* to ask a question in return

zu·rück|füh·ren I. *vt* ❶ (*Ursache bestimmen*) ■**etw auf etw** *akk* ~ to attribute sth to sth; (*etw aus etw ableiten*) to put sth down to sth; **etw auf seinen Ursprung ~** to put sth down to its cause; ■**das ist darauf zurückzuführen, dass ...** that is attributable/can be put down to the fact that ... ❷ (*zum Ausgangsort zurückbringen*) ■**jdn irgendwohin ~** to lead sb

Z

back somewhere **II.** *vi* ■**irgendwohin** ~ to lead back somewhere

zu·rụ̈ck|ge·ben *vt irreg* ❶ (*wiedergeben*) ■**[jdm] etw** ~ to return [*or sep* give back] sth [to sb] ❷ ÖKON (*retournieren*) ■**etw** ~ to return sth ❸ (*erwidern*) ■**[jdm] etw** ~ to return sth [to sb]; **ein Kompliment** ~ to return a compliment; **„das ist nicht wahr!" gab er zurück** "that isn't true!" he retorted *form* [*or form liter* rejoined] ❹ (*erneut verleihen*) ■**jdm etw** ~ to give sb back sth, to restore sb's sth

zu·rụ̈ck·ge·blie·ben *adj* slow, retarded *dated*

zu·rụ̈ck|ge·hen *vi irreg sein* ❶ (*wieder zum Ausgangsort gehen*) to return, to go back ❷ (*zum Aufenthaltsort zurückkehren*) **ins Ausland** ~ to return [*or* go back] abroad ❸ (*abnehmen*) to go down ❹ MED (*sich zurückbilden*) to go down; *Bluterguss* to disappear; *Geschwulst* to be in recession ❺ (*stammen*) **die Sache geht auf seine Initiative zurück** the matter was born of his initiative ❻ (*verfolgen*) **weit in die Geschichte** ~ to go [*or* reach] back far in history

zu·rụ̈ck·ge·zo·gen I. *adj* secluded; **ein ~es Leben** a secluded life **II.** *adv* secluded; ~ **leben** to lead a secluded life

Zu·rụ̈ck·ge·zo·gen·heit <-> *f kein pl* seclusion; **in [völliger]** ~ **leben** to live in [complete] seclusion

zu·rụ̈ck|grei·fen *vi irreg* ■**auf etw** *akk* ~ to fall back [up]on sth

zu·rụ̈ck|ha·ben *vt irreg* (*fam*) ■**etw** ~ to have [got] sth back; **ich will mein Geld ~!** I want my money back!

zu·rụ̈ck|hal·ten *irreg* **I.** *vr* ❶ (*sich beherrschen*) ■**sich** ~ to restrain [*or* control] oneself; **Sie müssen sich beim Essen sehr** ~ you must cut down a lot on what you eat; ■**sich [mit etw]** ~ to be restrained [in sth]; **sich mit seiner Meinung** ~ to be careful about voicing one's opinion ❷ (*reserviert sein*) to be reserved, to keep to oneself **II.** *vt* ❶ (*aufhalten*) ■**jdn** ~ to detain *form* [*or sep* hold up] sb ❷ (*nicht herausgeben*) ■**etw** ~ to withhold sth ❸ (*abhalten*) ■**jdn [von etw]** ~ to keep sb from doing sth; **er hielt mich von einer unüberlegten Handlung zurück** he stopped me before I could do anything rash **III.** *vi* ■**mit etw** ~ to hold sth back

zu·rụ̈ck·hal·tend I. *adj* ❶ (*reserviert*) reserved ❷ (*vorsichtig*) cautious, guarded **II.** *adv* cautiously, guardedly; **sich** ~ **über etw** *akk* **äußern** to be cautious [*or* guarded] in one's comments about sth

Zu·rụ̈ck·hal·tung *f kein pl* reserve *no art, no pl;* **mit [bestimmter]** ~ with [a certain] reserve; **die Presse beurteilte das neue Wörterbuch mit** ~ the press were reserved in their judgement of the new dictionary; **er reagierte mit ziemlicher** ~ he reacted with a fair amount of reserve

zu·rụ̈ck|ho·len *vt* ❶ (*wieder zum Ausgangspunkt holen*) ■**jdn** ~ to fetch back sb *sep* ❷ (*in seinen Besitz zurückbringen*) ■**[sich** *dat***] etw [von jdm]** ~ to get back sth *sep* [from sb]; **ich komme, um die Videokassette zurückzuholen** I've come for my video cassette **zu·rụ̈ck|käm·men** *vt* ■**[jdm/sich] etw** ~ to comb back sb's/one's sth *sep* **zu·rụ̈ck|keh·ren** *vi sein* ❶ (*zurückkommen*) ■**[irgendwohin/von irgendwoher]** ~ to return [*or* come back] [somewhere/from somewhere]; **nach Hause** ~ to return [*or* come back] home ❷ (*wieder zuwenden*) ■**zu jdm/etw** ~ to return [*or* go/come back] to sb/sth **zu·rụ̈ck|kom·men** *vi irreg sein* ❶ (*erneut zum Ausgangsort kommen*) ■**[irgendwohin/von irgendwoher]** ~ to return [*or* come/go back] [somewhere/from somewhere]; **aus dem Ausland** ~ to return [*or* come/go back] from abroad; **nach Hause** ~ to return [*or* come/go back] home ❷ (*erneut aufgreifen*) ■**auf etw** *akk* ~ to come back to sth; ■**auf jdn** ~ to get back to sb **zu·rụ̈ck|kön·nen** *vi irreg* ❶ (*fam: zurückkehren können*) **ich kann nicht mehr dahin zurück** I can't return [*or* go back] there any more; **du kannst jederzeit wieder zu uns zurück** you can come back to us any time ❷ (*sich anders entscheiden können*) **noch habe ich den Vertrag nicht unterschrieben, noch kann ich zurück** I haven't signed the contract yet, I can still change my mind **zu·rụ̈ck|krie·gen** *vt* (*fam*) *s.* **zurückbekommen** **zu·rụ̈ck|las·sen** *vt irreg* ❶ (*nicht mitnehmen*) ■**jdn/ein Tier/etw** ~ to leave behind sb/an animal/sth *sep;* **als sie in Urlaub fuhren, ließen sie ihren Hund bei Freunden zurück** they left their dog with friends during their holiday; ■**jdm etw** ~ to leave sth for sb [*or* sb sth] ❷ (*fam: zurückkehren lassen*) ■**jdn** ~ to allow sb to return [*or* go back]; **jdn nach Hause** ~ to allow sb to return home

zu·rụ̈ck|le·gen *vt* ❶ (*wieder hinlegen*) ■**etw** ~ to put back sth *sep;* **leg das Buch bitte zurück auf den Tisch** please put the book back on the table ❷ (*reservieren*) ■**jdm etw** ~ to put sth aside [*or* by] for sb; **das zurückgelegte Kleid** the dress that has been put aside ❸ (*hinter sich bringen*) ■**etw** ~ to cover [*or* do] sth; **35 Kilometer kann man pro Tag leicht zu Fuß** ~ you can easily do 35 kilometres a day on foot ❹ (*sparen*) ■**[jdm/sich] etw** ~ to put away sth [for sb] *sep*

zu·rụ̈ck|leh·nen *vr* ■**sich** ~ to lean back **zu·rụ̈ck|lie·gen** *vi irreg* **sein Examen liegt vier Jahre zurück** it's four years since his exam; **wie lange mag die Operation ~?** how long ago was the operation?; **wie lange mag es jetzt ~, dass Großmutter gestorben ist?** how long is it now since grandma died? **zu·rụ̈ck|mel·den** *vr* ❶ MIL (*seine Rückkehr melden*) ■**sich [bei jdm/irgendwo]** ~ to report back [to sb/somewhere]; **sich in der Kaserne** ~ to report back to barracks ❷ (*wieder dabei sein*) ■**sich** ~ to be back **zu·rụ̈ck|müs·sen** *vi irreg* (*fam*) ■**[irgendwohin]** ~ to have to return [*or* go back] [somewhere]

zu·rụ̈ck|neh·men *vt irreg* ❶ (*als Retour annehmen*) ■**etw** ~ to take back sth *sep* ❷ (*widerrufen*) ■**etw** ~ to take back sth *sep* ❸ (*rückgängig machen*) ■**etw** ~ to withdraw sth; **ich nehme alles zurück** I take it all back; **seine Entscheidung** ~ JUR to reverse judgement; **sein Versprechen** ~ to break [*or* go back on] one's promise ❹ (*verringern*) **die Lautstärke** ~ to turn down the volume *sep* ❺ MIL (*nach hinten verlegen*) ■**etw** ~ to withdraw sth

zu·rụ̈ck|pfei·fen *vt irreg* ❶ (*fam: eine Aktion abbrechen*) ■**jdn** ~ to bring back sb *sep* into line ❷ (*durch einen Pfiff*) ■**einen Hund** ~ to whistle back a dog *sep* **zu·rụ̈ck|pral·len** *vi sein* ❶ (*zurückspringen*) ■**von etw** ~ to bounce off sth; *Geschoss* to ricochet off sth ❷ (*zurückschrecken*) ■**[vor etw** *dat***]** ~ to recoil [from sth] **zu·rụ̈ck|rei·chen I.** *vi* ■**irgendwohin** ~ to go back to sth; **ins 16. Jahrhundert** ~ to go back to the 16th century **II.** *vt* (*geh*) ■**jdm etw** ~ to hand [*or* pass] back sth *sep* to sb **zu·rụ̈ck|rei·sen** *vi sein* ■**[irgendwohin]** ~ to travel back [*or* return] [somewhere]; **ins Ausland/nach Hause** ~ to return abroad/home **zu·rụ̈ck|rei·ßen** *vt irreg* ■**jdn** ~ to pull back sb *sep* **zu·rụ̈ck|rol·len I.** *vi sein* to roll back **II.** *vt* ■**etw** ~ to roll back sth *sep* **zu·rụ̈ck|ru·fen** *irreg* **I.** *vt* ❶ (*durch Rückruf anrufen*) ■**jdn** ~ to call back sb *sep* ❷ (*zurückbeordern*) ■**jdn/etw** ~ to recall sb ❸ (*fig*) **jdm etw in die Erinnerung [o ins Gedächtnis]** ~ to conjure up sth *sep* for sb; **sich** *dat* **etw in die Erinnerung [o ins Gedächtnis]** ~ to recall sth, to call sth to mind **II.** *vi* to call back **zu·rụ̈ck|schal·ten** *vi* AUTO **in den 1./2. Gang/einen niedrigeren Gang** ~ to change down into 1st/2nd gear/a lower gear **zu·rụ̈ck|schau·en** *vi* ❶ (*sich umsehen*) to look back ❷ (*rückblickend betrachten*) ■**auf etw** *akk* ~ to look back on sth **zu·rụ̈ck|scheu·en** *vi sein* *s.* **zurückschrecken 2** **zu·rụ̈ck|schi·cken** *vt* ❶ (*wieder hinschicken*) ■**[jdm] etw** ~ to send back sth *sep* [to sb], to send sb back sth *sep* ❷ (*abweisen*) ■**jdn** ~ to send back sb *sep* **zu·rụ̈ck|schie·ben** *vt irreg* ■**etw** ~ to push back sth *sep*

zu·rụ̈ck|schla·gen *irreg* **I.** *vt* ❶ MIL (*abwehren*) ■**jdn/etw** ~ to repulse *form* [*or sep* beat back] sb/sth ❷ SPORT ■**etw** ~ to return [*or sep* hit back] sth ❸ (*umschlagen*) ■**etw** ~ to turn back sth *sep;* **ein Verdeck** ~ to fold back a top **II.** *vi* ❶ (*einen Schlag erwidern*) to return ❷ (*sich auswirken*) ■**auf jdn/etw** ~ to have an effect on sb/sth

zu·rụ̈ck|schrau·ben *vt* (*fam*) ■**etw [auf etw** *akk***]** ~ to lower [*or* reduce] sth [to sth]; **seine Ansprüche** ~ to lower one's sights **zu·rückischre·cken** *vi irreg sein* ❶ (*Bedenken vor etw haben*) ■**vor etw** *dat* ~ to shrink [*or* recoil] from sth; **vor nichts** ~ (*völlig skrupellos sein*) to stop at nothing; (*keine Angst haben*) to not flinch from anything ❷ (*erschreckt zurückweichen*) to start back **zu·rückise·hen** *vi irreg s.* **zurückschauen zu·rückiseh·nen** *vr* ■**sich irgendwohin** ~ to long to return somewhere; **sich nach Hause/auf die Insel** ~ to long to return home/to the island **zu·rückisen·den** *vt irreg* (*geh*) *s.* **zurückschicken 1**

zu·rückiset·zen I. *vt* ❶ (*zurückstellen*) ■**etw** [**wieder**] ~ *akk* to put back sth *sep* [on sth]; **einen Zähler auf null** ~ to put a counter back to zero, to reset a counter ❷ AUTO (*weiter nach hinten fahren*) ■**etw** ~ to reverse [*or sep* back up] [sth] ❸ (*herabsetzen*) ■**etw** ~ to reduce [*or sep* mark down] sth ❹ (*benachteiligen*) ■**jdn** ~ to neglect sb; **sich** [**gegenüber jdm**] **zurückgesetzt fühlen** to feel neglected [next to sb] **II.** *vr* ■**sich** ~ ❶ (*sich zurücklehnen*) to sit back ❷ (*den Platz wechseln*) **setzen wir uns einige Reihen zurück** let's sit a few rows back **III.** *vi* ■[**mit etw**] ~ to reverse [*or sep* back up] [sth]

zu·rückispu·len *vt* TECH **etw** ~ to rewind sth

zu·rückiste·cken I. *vt* ■**etw** [**irgendwohin**] ~ to put back sth *sep* [somewhere] **II.** *vi* to back down; ~ **müssen** to have to back down **zu·rückiste·hen** *vi irreg* ❶ (*weiter entfernt stehen*) to stand back ❷ (*hintangesetzt werden*) ■[**hinter jdm/etw**] ~ to take second place [to sb/sth]; (*an Leistung*) to be behind [sb/sth] ❸ (*sich weniger einsetzen*) ■[**hinter jdm**] ~ to show less commitment [than sb [does]]

zu·rückistel·len *vt* ❶ (*wieder hinstellen*) ■**etw** [**wieder**] ~ to put back sth *sep* ❷ (*nach hinten stellen*) ■**etw** ~ to move back sth *sep* ❸ (*kleiner stellen*) ■**etw** ~ *Heizung, Ofen* to turn sth lower, to turn down sth *sep* ❹ (*aufschieben*) ■**etw** ~ to put back sth *sep;* (*hintanstellen*) to shelve sth; (*verschieben*) to postpone sth; **man stellte die Arbeiten um einige Wochen zurück** work was put back [by] a few weeks; **die Uhr** ~ to turn [*or* AM *a.* set] back the clock *sep* ❺ (*vorläufig befreien*) ■**jdn** ~ to keep sb back; **wird er eingeschult oder noch ein Jahr zurückgestellt?** is he going to start school or he is being kept down a year? ❻ (*vorerst nicht geltend machen*) **seine Bedenken/Wünsche** ~ to put aside one's doubts/wishes ❼ ÖSTERR (*zurückgeben*) ■**etw** ~ to return [*or sep* give/send back] sth

zu·rückisto·ßen *vt irreg* ■**jdn/etw** ~ to push away sb/sth *sep* **zu·rückistu·fen** *vt* ■**jdn/etw** ~ to downgrade sb/sth **zu·rückitra·gen** *vt irreg* ■**jdn/etw** ~ to carry back sb/sth *sep,* to take back sth *sep*

zu·rückitre·ten *vi irreg sein* ❶ (*nach hinten treten*) ■[**von etw**] ~ to step back [from sth] ❷ (*seinen Rücktritt erklären*) to resign ❸ JUR (*rückgängig machen*) ■**von etw** ~ to withdraw from [*or* back out of] sth; **von einem Anspruch/einem Recht** ~ to renounce a claim/right *form*

zu·rückiver·fol·gen* *vt* ■**etw** ~ to trace back sth *sep;* **diese Tradition lässt sich bis ins 17. Jahrhundert** ~ this tradition can be traced back to the 17th century **zu·rückiver·set·zen*** **I.** *vt* ■**jdn** ~ to transfer sb back; **in zwei Jahren werde ich nach Frankfurt zurückversetzt** I'll be transferred back to Frankfurt in two years **II.** *vr* ■**sich** ~ to be transported back; **in die Jugendzeit zurückversetzt werden** to be transported back to one's youth **zu·rückiwei·chen** *vi irreg sein* ■[**vor etw** *dat*] ~ to fall back [before sth *form*]; **vor einem Anblick** ~ to shrink back from a sight **zu·rückiwei·sen** *vt irreg* ❶ (*abweisen*) ■**jdn** ~ to turn away sb *sep;* ■**etw** ~ to reject sth ❷ (*sich gegen etw verwahren*) ■**etw** ~ to repudiate sth *form* **Zu·rück·wei·sung** *f* ❶ (*das Abweisen*) rejection *no art, no pl* ❷ (*das Zurückweisen*) repudiation *no art, no pl* **zu·rückiwer·fen** *vt irreg* ❶ (*jdm etw wieder zuwerfen*) ■[**jdm**] **etw** ~ to throw back sth *sep* [to sb], to throw sb back sth *sep* ❷ (*Position verschlechtern*) ■**jdn/etw** [**um etw**] ~ to set back sb/sth *sep* [by sth]; **das wirft uns um Jahre zurück** that will/has set us back years **zu·rückiwol·len** *vi* (*fam*) ■[**irgendwohin/zu jdm**] ~ to want to return [*or* go back] [somewhere/to sb]; **nach Hause** ~ to want to return [*or* go back] home **zu·rückizah·len** *vt* ■[**jdm**] **etw** ~ to repay [sb] [*or sep* pay [sb] back] sth

zu·rückizie·hen *irreg* **I.** *vt* ❶ (*nach hinten ziehen*) ■**jdn/etw** ~ to pull back sb/sth *sep;* **den Vorhang** ~ to draw back the curtain *sep* ❷ (*widerrufen*) ■**etw** ~ to withdraw sth **II.** *vr* ❶ (*sich hinbegeben*) ■**sich** [**irgendwohin**] ~ to withdraw [*or form* retire] [somewhere] ❷ MIL (*abziehen*) ■**sich** [**aus etw**] ~ to withdraw [from sth] **III.** *vi sein* ■[**irgendwohin**] ~ to move back [somewhere]; **nach Hause** ~ to move back home

zu·rückizu·cken *vi sein* ■[**vor etw** *dat*] ~ to recoil [*or* start back] [from sth]

Zu·ruf ['tsu:ru:f] *m* call; (*nach Hilfe*) cry; **auf** ~ **gehorchen** to obey a call; **bei Auktionen erfolgen die Gebote auf** ~ at auctions bids are made by calling

zuiru·fen I. *vt irreg* ■**jdm etw** ~ to shout [*or sep* call out] sth to sb **II.** *vi* ■**jdm** ~**, dass er/sie etw tun soll** to call out to sb to do sth

zur·zeit [tsʊr'tsait] *adv* ÖSTERR, SCHWEIZ (*derzeit*) at present [*or* the moment]

Zu·sa·ge ['tsu:za:gə] *f* assurance, promise; [**jdm**] **eine** ~ **geben** to give [sb] an assurance, to make [sb] a promise

zuisa·gen I. *vt* ■[**jdm**] **etw** ~ to promise sth [to sb], to promise sb sth; **jdm sein Kommen** ~ to promise sb that one will come **II.** *vi* ❶ (*die Teilnahme versichern*) ■[**jdm**] ~ to accept, to give sb an acceptance ❷ (*gefallen*) ■**jdm** ~ to appeal to sb

zu·sam·men [tsu'zamən] *adv* ❶ (*gemeinsam*) together (**mit** +*dat* with); ■~ **sein** (*beieinander sein*) to be together; ■**mit jdm** ~ **sein** to be with sb ❷ (*ein Paar sein*) ■~ **sein** to be going out [with each other]; **Werner und Ulrike sind seit 12 Jahren** ~ Werner and Ulrike have been together for 12 years ❸ (*insgesamt*) altogether ❹ (*euph: mit jdm schlafen*) ■**mit jdm** ~ **sein** to go with sb

Zu·sam·men·ar·beit *f kein pl* cooperation *no art, no pl;* **in** ~ **mit jdm** in cooperation with sb **zu·sam·menar·bei·ten** *vi* ■**mit jdm** ~ to work [together] with sb; (*kooperieren*) to cooperate with sb **zu·sam·menba·cken** *vt* ■**etw** ~ KOCHK to agglomerate [*or* cake] sth **zu·sam·menbau·en** *vt* ■**etw** ~ to assemble [*or sep* put together] sth **zu·sam·menbei·ßen I.** *vt* **die Zähne** ~ to clench *fig* [*or* grit] one's teeth **II.** *vr* (*fam*) ■**sich** ~ to get one's act *fam* [*or sl* it] together **zu·sam·menbin·den** *vt irreg* ■**etw** ~ to tie [*or* bind] together sth *sep* **zu·sam·menblei·ben** *vi irreg sein* to stay together; ■**mit jdm** ~ to stay with sb **zu·sam·menbrau·en I.** *vt* (*fam*) ■**etw** ~ KOCHK to concoct sth **II.** *vr* ■**sich** ~ to be brewing; **da braut sich ein Gewitter/Ungutes zusammen** there's a storm/sth nasty brewing

zu·sam·menbre·chen *vi irreg sein* ❶ (*kollabieren*) to collapse ❷ (*in sich zusammenfallen*) to collapse, to give way ❸ (*zum Erliegen kommen*) to collapse; *Verkehr* to come to a standstill; *Versorgung* to be paralyzed [*or* BRIT *a.* -ysed]; *Kommunikation* to break down; *Markt* to collapse; *Computer* to crash

zu·sam·menbrin·gen *vt irreg* ❶ (*beschaffen*) ■**etw** ~ to raise sth; **das Geld für etw** ~ to raise the [necessary] money for sth ❷ (*in Kontakt bringen*) ■**jdn** [**mit jdm**] ~ to introduce sb [to sb]; **ihr Beruf bringt sie mit vielen Menschen zusammen** in her job she gets to know a lot of people; **Menschen** ~ to bring people together; **der Pfarrer ist bestrebt, seine Gemeinde wieder zusammenzubringen** the vicar endeavours to promote reconciliation among his parishioners ❸ (*fam: aus dem Gedächtnis abrufen*) ■**etw** ~ to remember [*or* recall] sth; **mal sehen, ob ich das Gedicht noch zusammenbringe** let's see if I can still recall the poem ❹ (*in Beziehung setzen*) ■**etw** [**mit etw**] ~ to reconcile sth with sth, to make sense of sth ❺ (*anhäufen*) ■**etw** ~ to amass; **er hat ein Vermögen zusammengebracht** he amassed a fortune

Zu·sam·men·bruch *m* ① (*das Zusammenbrechen*) collapse; *Land* [down]fall; *Firma* ruin, downfall; **der ~ der Wirtschaft** economic collapse ② MED (*Kollaps*) collapse; (*Nerven~*) [nervous] breakdown

zu·sam·men|drän·gen **I.** *vr* ■**sich ~** to crowd [together]; (*vor Kälte a.*) to huddle together [on sth]; **sich auf engstem Raum ~** to crowd together in a very confined space **II.** *vt* ■**etw ~** to concentrate, to condense; **die Menschenmenge wurde von den Polizeikräften zusammengedrängt** the crowd was herded together by the police

zu·sam·men|fah·ren *vi irreg sein* to start; (*vor Schmerzen*) to flinch; (*vor Ekel a.*) to recoil

zu·sam·men|fal·len *vi irreg sein* ① (*einstürzen*) to collapse; *Gebäude a.* to cave in; *Hoffnungen, Pläne* to be shattered; *Lügen* to fall apart; ■**in sich** *akk* **~** to collapse ② (*sich gleichzeitig ereignen*) ■**[zeitlich] ~** to coincide ③ (*körperlich schwächer werden*) to wither away, to weaken

zu·sam·men|fal·ten *vt* ■**etw ~** to fold [up *sep*] sth

zu·sam·men|fas·sen **I.** *vt* ① (*als Resümee formulieren*) ■**etw ~** to summarize sth; **etw in wenigen Worten ~** to put sth in a nutshell ② (*zu etw vereinigen*) ■**jdn ~** to divide sb up; **die Bewerber in Gruppen ~** to divide the applicants into groups; **Truppen ~** to concentrate troops; ■**jdn/etw in etw** *dat* **~** to unite [*or* combine] sb/sth into sth; ■**etw unter etw** *dat* **~** to class[ify] sth under sth; **etw unter einem Oberbegriff ~** to subsume sth under a generic term **II.** *vi* to summarize, to sum up; **..., wenn ich kurz ~ darf** just to sum up, ...

zu·sam·men·fas·send **I.** *adj* **eine ~e Darstellung** a summary; **ein ~er Bericht** a summary [account], a résumé **II.** *adv* **etw ~ darstellen** to summarize sth; **der Vorgang kann leider nicht ~ in 2 Sätzen dargestellt werden** I'm afraid the process can't be summarized in a couple of sentences

Zu·sam·men·fas·sung *f* ① (*Resümee*) summary, résumé; **eine knappe ~ eines Vortrags/einer Rede geben** to give a précis [*or* summary] of a lecture/speech ② (*resümierende Darstellung*) abstract; *Buch a.* synopsis

zu·sam·men|fe·gen *vt* ■**etw ~** to sweep together sth *sep;* (*ordentlich a.*) to sweep sth into a pile **zu·sam·men|fin·den** *irreg* **I.** *vr* (*geh*) ■**sie finden sich ~** to meet, to come together; (*sich versammeln*) to congregate, to gather **II.** *vi* to be reconciled; **die beiden haben wieder zusammengefunden** there has been a reconciliation between the two of them **zu·sam·men|fli·cken** *vt* (*fam*) ① (*reparieren*) ■**etw ~** to patch sth up, to cobble sth together; **eine zerrissene Hose notdürftig ~** to patch up torn trousers as well as one can ② (*fam: operieren*) ■**jdn ~** to patch up sb *sep fam* ③ (*fam: zusammenschustern*) **einen Artikel/Aufsatz ~** to knock together an article/essay **zu·sam·men|flie·ßen** *vi irreg sein* to flow together, to meet, to join **Zu·sam·men·fluss**[RR] *m* confluence *spec;* **am ~ der beiden Flüsse** where the two rivers meet **zu·sam·men|fü·gen** **I.** *vt* (*geh*) ■**etw ~** to assemble, to join together *sep;* **die Teile eines Puzzles ~** to piece together a jigsaw puzzle *sep;* **Bauteile ~** to assemble parts ► WENDUNGEN: **was Gott zusammengefügt hat, soll der Mensch nicht trennen** [Matth. 19,6] (*prov*) what God has brought together, let no man put asunder **II.** *vr* ■**sie fügen sich zusammen** *akk* to fit together; **die Teile fügen sich nahtlos zusammen** the parts fit together seamlessly [*or* perfectly] **zu·sam·men|ge·hen** *vi irreg sein* ① (*sich vereinen*) to unite; *Linien* to meet ② (*koalieren*) to make common cause ③ (*schrumpfen*) to shrink; (*schwinden*) to dwindle ④ (*zueinander passen*) to go together **zu·sam·men|ge·hö·ren*** *vi* ① (*zueinander gehören*) to belong together ② (*ein Ganzes bilden*) to go together, to match; *Karten* to form a deck [*or* pack]; *Socken* to form a pair, to match **zu·sam·men·ge·hö·rig** *adj inv, pred* ① (*eng verbunden*) close; **wir fühlen uns ~** we feel close ② (*zusammengehörend*) matching; **die ~en Karten** the cards of a deck [*or* pack] **Zu·sam·men·ge·hö·rig·keit** <-> *f kein pl* unity **Zu·sam·men·ge·hö·rig·keits·ge·fühl** *nt kein pl* sense of togetherness

zu·sam·men·ge·setzt *adj* compound *attr spec;* **ein ~es Wort** a compound [word]; **aus etw ~ sein** to be composed of sth

zu·sam·men·ge·wür·felt *adj* oddly assorted, ill-assorted, mismatched; **eine ~e Wohnungseinrichtung** ill-assorted furnishings *pl;* **ein [bunt] ~er Haufen** a motley crowd; **eine wild ~e Schar von Flüchtlingen** a horde of refugees, thrown together by chance **zu·sam·men|ha·ben** *vt irreg* (*fam*) ■**etw ~** ① (*zusammengestellt haben*) **Informationen/Unterlagen ~** to have got information/documents together ② (*aufgebracht haben*) to have raised [*or sep* got together] sth; **wir haben ein Jahr gespart, bis wir das Geld für das neue Auto zusammenhatten** we saved [up] for a year, until we had enough money for the new car

Zu·sam·men·halt *m kein pl* ① (*Solidarität*) solidarity; *Mannschaft* team spirit (*+gen* [with]in); **revolutionärer ~** revolutionary solidarity ② TECH cohesion

zu·sam·men|hal·ten *irreg* **I.** *vi* to stick [*or* keep] together ► WENDUNGEN: **wie <u>Pech</u> und Schwefel ~** to be inseparable [*or fam* as thick as thieves] **II.** *vt* ■**etw ~** ① (*beisammenhalten*) to hold on to [*or* be careful with] [*or* take care of] sth; **seine Gedanken ~** to keep one's thoughts together; **sein Geld ~ müssen** to have to be careful with one's money ② (*verbinden*) ■**etw/sie** *pl* **~** to keep sth/sb together; **die Schnur hält das Paket zusammen** the packet is held together by a string ③ (*zum Vergleich nebeneinanderhalten*) **zwei Sachen ~** to hold up two things side by side

Zu·sam·men·hang <-[e]s, -hänge> *m* connection; (*Verbindung*) link (**zwischen** *+dat* between); **gibt es zwischen den Wohnungseinbrüchen irgendeinen ~?** are the burglaries in any way connected?; **sein Name wurde im ~ mit der Verschwörung genannt** his name was mentioned in connection with the conspiracy [*or* linked]; **ein ursächlicher ~** a causal relationship *form;* **keinen ~ sehen** to see no [*or* not see any] connection; **jdn/etw mit etw in ~ bringen** to connect sb/sth with sth, to establish a connection between sth and sth *form;* **etw aus dem ~ reißen** to take sth out of [its] [*or form* divorce sth from its] context; **im [*o* in] ~ mit etw** in connection with sth; **im [*o* in] ~ mit etw stehen** to be connected with sth; **in ursächlichem ~ [mit etw] stehen** to be causally related [to sth] *form;* **nicht im ~ mit etw stehen** to have no connection with sth

zu·sam·men|hän·gen **I.** *vt irreg* **Kleider/Bilder ~** to hang [up] clothes/pictures together **II.** *vi irreg* ① (*in Zusammenhang stehen*) ■**mit etw ~** to be connected [*or* have to do] with sth; **es wird wohl damit ~, dass ...** it must have sth to do with the fact that ... ② (*lose verbunden sein*) to be joined [together]

zu·sam·men·hän·gend **I.** *adj inv* ① (*kohärent*) coherent ② (*betreffend*) ■**mit etw ~** connected [*or* to do] with sth *pred* **II.** *adv* coherently; **etw ~ berichten/darstellen** to give a coherent account of sth

Zu·sam·men·hang·lo·sig·keit <-, *selten* -en> *f,* **Zu·sam·men·hangs·lo·sig·keit** <-, *selten* -en> *f meist sing* incoherence, disjointedness

zu·sam·men·hang(s)·los **I.** *adj* incoherent, disjointed; (*weitschweifig a.*) rambling; **wirres, ~es Geschwätz** incoherent, rambling talk *fam* **II.** *adv* incoherently; **etw ~ darstellen** to give an incoherent [*or* a disjointed] account of sth

zu·sam·men|hau·en *vt irreg* (*fam*) ① (*zusammenschlagen*) ■**jdn ~** to beat sb up *sep;* ■**etw ~** to smash [up *sep*] sth, to smash sth to pieces ② (*schnell machen*) ■**etw ~** to knock together sth *sep;* **einen Aufsatz eilig ~** to scribble [down *sep*] [*or sep* knock together] an essay hastily

zu·sam·men|hef·ten *vt* ■**etw ~** to clip together sth *sep;* (*mit einem Hefter*) to staple together sth *sep;* **Stoffteile ~** to tack [*or* baste] cloth together *sep* **zu·sam·men|hei·len** *vi sein* to knit [together]; (*Wunde*) to heal [up] **zu·sam·men|keh·ren** *vt* *s.* **zusammenfegen zu·sam·men·klapp·bar** *adj* folding *attr;* **ein ~er Stuhl/Tisch** a collapsible [*or* folding] chair/table; ■~ **sein** to fold **zu·sam·men|klap·pen I.** *vt haben* ■**etw** ~ to fold up sth *sep* ▸ WENDUNGEN: **die** __Hacken__ ~ to click one's heels **II.** *vi sein* ❶ (*sich klappend zusammenlegen*) to collapse ❷ (*fam: kollabieren*) to collapse; (*durch Ermüdung*) to flake [*or* BRIT *a.* fag] out *fam* **zu·sam·men|kle·ben I.** *vt haben* ■**etw** ~ to stick [*or* glue] together sth *sep* **II.** *vi haben o sein* to stick together **zu·sam·men|knei·fen** *vt irreg* ■**etw** ~ to press together sth *sep;* **die Augen** ~ to screw up one's eyes *sep;* (*geblendet a.*) to squint; **die Lippen** ~ to press together one's lips; (*missbilligend*) to pinch one's lips **zu·sam·men|kno·ten** *vt* ■**etw** ~ to knot [*or* tie] together sth *sep*

zu·sam·men|kom·men *vi irreg sein* ❶ (*sich treffen*) to meet, to come together; ■**mit jdm** ~ to meet sb; **zu einer Besprechung** ~ to get together for a discussion ❷ (*sich akkumulieren*) to combine; **heute kommt wieder alles zusammen!** it's another of those days!; **wenn Arbeitslosigkeit, familiäre Probleme, allgemeine Labilität ~, gerät jemand leicht auf die schiefe Bahn** a combination of unemployment, family troubles and general instability can easily bring sb off the straight and narrow ❸ (*sich summieren*) *Schulden* to mount up, to accumulate; *Spenden* to be collected

zu·sam·men|kra·chen *vi sein* (*fam*) ❶ (*einstürzen*) *Brücke* to crash down; *Brett* to give way [*or* break] [with a loud crack]; *Bett, Stuhl* to collapse with a crash; *Börse, Wirtschaft* to crash ❷ (*zusammenstoßen*) to smash together, to collide; *Auto a.* to crash [into each other]

zu·sam·men|krat·zen *vt* (*fam*) ■**etw** ~ to scrape together sth *sep* **zu·sam·men|krie·gen** *vt* (*fam*) *s.* **zusammenbekommen Zu·sam·men·kunft** <-, -künfte> [tsu'zamənkʊnft, *pl* -kʏnftə] *f* meeting; **eine** ~ **der Mitarbeiter** a staff meeting; **eine gesellige** ~ a social gathering; **eine** ~ **vereinbaren** to arrange a meeting **zu·sam·men|läp·pern** *vr* (*fam*) ■**sich** *akk* ~ to add [*or* mount] up

zu·sam·men|lau·fen *vi irreg sein* ❶ (*aufeinandertreffen*) to meet (**in** +*dat* at), to converge (**in** +*dat* at); *Flüsse* to flow together; *Straßen* to converge ❷ (*zusammenströmen*) to gather, to congregate ❸ (*einlaufen*) *Stoff* to shrink

zu·sam·men|le·ben I. *vi* ■[**mit jdm**] ~ to live [together] [with sb] **II.** *vr* ■**sich** ~ to get used to one another

Zu·sam·men·le·ben *nt kein pl* living together *no art;* ■**das** ~ **mit jdm** living [together] with sb; (*in Memoiren*) one's life with sb; **eheliches** ~ (*geh*) marital togetherness; **außereheliches** ~ (*geh*) cohabitation; **das menschliche** ~ social existence; **das** ~ **verschiedener Rassen** multiracial society

zu·sam·men|le·gen I. *vt* ❶ (*zusammenfalten*) ■**etw** ~ to fold [up *sep*] sth; **sauber zusammengelegte Wäsche** neatly folded washing ❷ (*vereinigen*) ■**etw** [**mit etw**] ~ to combine sth (**mit** +*dat* into); (*zentralisieren*) to centralize sth; **Abteilungen** ~ to merge [*or* combine] departments into sth; **Klassen** ~ to join [*or sep* put together] classes; **Grundstücke** ~ to join plots of land; **Termine** ~ to combine appointments ❸ (*in einen Raum legen*) ■**jdn** [**mit jdm**] ~ to put sb [together] with sb **II.** *vi* ■[**für etw**] ~ to club together [*or* pool one's money] [for sth]

Zu·sam·men·le·gung <-, -en> *f* amalgamation; *Firmen, Organisationen* merging; *Grundstücke* joining; *Termine* combining; *Patienten, Häftlinge* putting together; **die Häftlinge forderten ihre** ~ the prisoners demanded to be put together

zu·sam·men|nä·hen *vt* ■**etw** ~ to sew [*or* stitch] together sth *sep*

zu·sam·men|neh·men *irreg* **I.** *vt* ❶ (*konzentriert einsetzen*) ■**etw** ~ to summon [*or* muster] [up *sep*] sth; **seinen ganzen Mut** ~ to summon up all one's courage; **den Verstand** ~ to get one's thoughts together [*or* in order]; (*schimpfend*) to get one's head screwed on [properly] *fam;* **nimm doch mal deinen Verstand zusammen!** get your thinking cap on! *fig* ❷ ■**alles zusammengenommen** all in all, all things considered **II.** *vr* ■**sich** *akk* ~ to control oneself, to get [*or* keep] a grip on oneself

zu·sam·men|pa·cken *vt* ■**etw/sie** *pl* ~ ❶ (*packen*) to pack sth; (*abräumen*) to pack away sth *sep;* **pack deine Sachen zusammen!** get packed! ❷ (*zusammen in etwas packen*) to pack sth up together; **packen Sie mir die einzelnen Käsesorten ruhig zusammen!** just pack the different cheeses together, that'll be fine! **zu·sam·men|pas·sen** *vi* ❶ (*zueinander passen*) *Menschen* to suit [*or* be suited to] each other; ■**nicht** ~ to be ill-suited to each other; **gut/schlecht** ~ to be well-suited/ill-suited; **überhaupt nicht** ~ *Menschen* to not suit each other at all ❷ (*miteinander harmonieren*) to go together, to match, to harmonize; *Farben* to go together; *Kleidungsstücke* to match **zu·sam·men|pfer·chen** *vt* ■**Menschen/Tiere** ~ to herd together people/animals *sep* **Zu·sam·men·prall** *m* collision (+*gen* between) **zu·sam·men|pral·len** *vi sein* ■[**mit etw**] ~ to collide [with sth] **zu·sam·men|pres·sen** *vt* ■**etw** ~ to press [*or* squeeze] together sth *sep;* **die Faust** ~ to clench one's fist; **zusammengepresste Fäuste/Lippen** clenched fists/pinched lips **zu·sam·men|raf·fen** *vt* ■**etw** ~ ❶ (*eilig einsammeln*) to snatch up sth *sep* ❷ (*pej: anhäufen*) to amass [*or sep* pile up] sth ❸ (*raffen*) ■**etw** ~ to gather up sth *sep* **zu·sam·men|rau·fen** *vr* (*fam*) ■**sich** *akk* ~ to get it together *fam* **zu·sam·men|rech·nen** *vt* ■**etw** ~ to add [*or* total] [*or fam* tot] up sth *sep;* **alles zusammengerechnet** all in all

zu·sam·men|rei·men *vr* ■**sich** *dat* **etw** ~ to put two and two together from [*or* make sense of] sth; **ich kann es mir einfach nicht** ~ I can't make head or tail of it; **das reimt man sich** *dat* **leicht zusammen, wenn ...** it's easy to see when ...; **was sie sich da alles zusammengereimt hat, und all das nur, weil ...** you wouldn't believe the things she was thinking, and all because ...

zu·sam·men|rei·ßen *irreg* **I.** *vr* (*fam*) ■**sich** *akk* ~ to pull oneself together **II.** *vt* (*sl*) **die Hacken** ~ to click one's heels **zu·sam·men|rol·len I.** *vt* ■**etw** ~ to roll up sth *sep* **II.** *vr* ■**sich** *akk* ~ to curl up; **ein Igel rollt sich zusammen** a hedgehog rolls [*or* curls] [itself] up [into a ball]; *Schlange* to coil up **zu·sam·men|rot·ten** *vr* (*pej*) ■**sich** *akk* ~ to gather into [*or* form] a mob; ■**sich gegen jdn** ~ to gang up on [*or* band together against] sb **zu·sam·men|rü·cken I.** *vi sein* (*enger aneinanderrücken*) to move up closer, to move closer together; (*auf einer Bank a.*) to budge up BRIT *fam,* to scoot over AM *fam;* (*enger zusammenhalten*) to join in common cause **II.** *vt haben* ■**etw** ~ to move sth closer together **zu·sam·men|ru·fen** *vt irreg* ■**Menschen** ~ to call together people *sep;* **die Mitglieder** ~ to convene [a meeting of] the members *form* **zu·sam·men|sa·cken** *vi sein* ❶ (*zusammensinken*) ■[**in sich** *akk*] ~ *Mensch* to collapse, to slump ❷ (*einsacken*) *Brücke, Gerüst* to collapse **zu·sam·men|scha·ren** *vr* ■**sich** *akk* ~ to gather, to congregate; **die Demonstranten begannen, sich auf dem Platz vor dem Rathaus zusammenzuscharen** the demonstrators began to gather in the square in front of the town hall **zu·sam·men|schei·ßen** *vt irreg* (*derb*) ■**jdn** ~ to read sb the Riot Act *fig,* BRIT *a. fam!* to give sb a bollocking

zu·sam·men|schla·gen *irreg* **I.** *vt irreg haben* ❶ (*verprügeln*) ■**jdn** ~ to beat up sb *sep* ❷ (*zertrümmern*) ■**etw** ~ to smash [up *sep*] [*or* wreck] sth **II.** *vi sein* ■**über jdm/etw** ~ to close over sb/sth; (*heftiger*) to engulf sb/sth

zu·sam·men|schlie·ßen *irreg* **I.** *vt* ■**sie** *pl* ~ **2 Fahrräder** ~ to lock 2 bicycles together **II.** *vr* ❶ (*sich vereinigen*) ■**sich** *akk* [**zu etw**] ~ to join together [*or* combine] [to form sth]; **Firmen schließen sich zusammen** companies amalgamate [*or* merge] ❷ (*sich verbinden*) ■**sich** *akk* ~ to band together, to join forces

Zu·sam·men·schluss^RR^ *m* union; *Firmen* amalgamation, merger

zu·sạm·men|schre·cken *vi irreg sein* to start

zu·sạm·men|schrei·ben *vt irreg* ❶ ■**etw** ~ (*als ein Wort schreiben*) to write sth as one word ❷ (*pej fam*) ■**etw** ~ (*gedankenlos hinschreiben*) to dash off sth; **was für einen Unsinn er zusammenschreibt!** what rubbish he writes! ❸ (*fam*) ■**sich** *dat* **etw** ~ (*erwerben*) to earn by writing; **sie hat sich mit ihren Romanen ein Vermögen zusammengeschrieben** she has earned a fortune with her novels

zu·sạm·men|schrump·fen *vi sein* ❶ (*ganz einschrumpfen*) *Äpfel* to shrivel [up] ❷ (*sich stark vermindern*) ■[**auf etw** *akk*] ~ to dwindle [to sth] **Zu·sạm·men·sein** <-s> *nt kein pl* meeting; (*zwanglos*) get-together; *Verliebte* rendezvous; **ein geselliges** ~ a social [gathering]

zu·sạm·men|set·zen I. *vt* ❶ (*aus Teilen herstellen*) ■**etw** [**zu etw**] ~ to assemble [*or sep* put together] sth [to make sth]; **die Archäologen setzten die einzelnen Stücke der Vasen wieder zusammen** the archaeologists pieced together the vases ❷ (*nebeneinandersetzen*) **Schüler/Tischgäste** ~ to put pupils/guests beside each other **II.** *vr* ❶ (*bestehen*) ■**sich aus etw** ~ to be composed [*or* made up] [*or* to consist] of sth, to comprise sth; **die Regierung setzt sich aus Roten und Grünen zusammen** the government is composed of socialists and environmentalists; *s.* **zusammengesetzt** ❷ (*sich zueinander setzen*) ■**sich** *akk* ~ to sit together; ■**sich mit jdm** [**am Tisch**] ~ to join sb [at his/her table]; (*um etw zu besprechen*) to get together

Zu·sạm·men·set·zung <-, -en> *f* ❶ (*Struktur*) composition, make-up; *Ausschuss a.* constitution *form; Mannschaft* line-up; *Wählerschaft* profile *spec* ❷ (*Kombination der Bestandteile*) ingredients *pl; Rezeptur, Präparat* composition; *Teile* assembly ❸ LING (*Kompositum*) compound

zu·sạm·men|sin·ken *irreg sein* **I.** *vi* to collapse; **ohnmächtig** ~ to collapse unconscious; **tot** ~ to fall dead to the earth **II.** *vt* ■**in sich** *akk* ~ ❶ (*alle Kraft verlieren*) to slump; (*letzte Hoffnung verlieren*) to seem to crumble; ■**zusammengesunken** limp ❷ (*zusammenfallen*) to collapse; **ein Gebäude sinkt zusammen** a building caves in; **ein Dach sinkt zusammen** a roof falls in; **Feuer/Glut fällt zusammen** fire/embers go out

zu·sạm·men|stau·chen *vt* (*fam*) ❶ (*maßregeln*) ■**jdn** ~ to give sb a dressing-down *fam* ❷ (*zusammendrücken*) ■**etw ist zusammengestaucht** sth is crushed **zu·sạm·men|ste·cken I.** *vt* ■**etw** ~ to pin together sth *sep* **II.** *vi* (*fam*) to be together; **die beiden stecken aber auch immer zusammen!** the two of them are quite inseparable! ▸WENDUNGEN: **die Köpfe** ~ to put one's heads together **zu·sạm·men|ste·hen** *vi irreg* ❶ (*nebeneinanderstehen*) to be together [*or* side by side]; *Menschen a.* to stand together [*or* side by side] ❷ (*einander unterstützen*) to stand by each other [*or form* one another]

zu·sạm·men|stel·len *vt* ❶ (*auf einen Fleck stellen*) ■**sie** *pl* ~ to put [*or* place] together *sep;* **die Betten** ~ to place the beds side by side ❷ (*aufstellen*) ■**etw** ~ to compile sth; **eine Delegation** ~ to assemble a delegation; **eine Liste** ~ to compile [*or sep* draw up] a list; **etw in einer Liste** ~ to list sth, to compile [*or sep* draw up] a list of sth; **ein Menü** ~ to draw up a menu; **ein Programm** ~ to arrange [*or* compile] a programme [*or* AM -am]

Zu·sạm·men·stel·lung *f* ❶ (*Aufstellung*) compilation; (*Liste*) list; *Programm* arrangement ❷ *kein pl* (*Herausgabe*) compilation

Zu·sạm·men·stoß *m* collision (+*gen* between), crash (+*gen* between); (*Auseinandersetzung*) clash

zu·sạm·men|sto·ßen *vi irreg sein* ❶ (*kollidieren*) to collide, to crash; ■**mit etw** ~ to collide with [*or* crash into] sth; **die beiden Autos sind frontal zusammengestoßen** the two cars collided head-on; *Personen* to bump into each other; ■**mit jdm** ~ to bump into sb ❷ (*aneinandergrenzen*) to adjoin ❸ (*selten: eine Auseinandersetzung haben*) ■**mit jdm** ~ to clash with sb

zu·sạm·men|strö·men *vi sein* to flock [*or* swarm] together; ■**zu etw** ~ to flock to sth **zu·sạm·men|stür·zen** *vi sein* to collapse; **nach der Scheidung ist für ihn die Welt zusammengestürzt** his world fell to pieces after the divorce **zu·sạm·men|su·chen** *vt* ■[**sich** *dat*] **etw** ~ to find [*or sep* get together] sth; **ich muss die Unterlagen erst noch** ~ first of all I have to gather the papers together; ■**zusammengesucht** (*unharmonisch*) oddly assorted, ill-assorted **zu·sạm·men|tra·gen** *vt irreg* ■**etw** ~ ❶ (*auf einen Haufen tragen*) to collect [*or sep* gather together] sth; **Holz und Reisig** ~ to gather wood and twigs ❷ (*sammeln*) to collect [*or* gather [together *sep*]] sth; **Informationen mühselig** ~ to glean information

zu·sạm·men|tref·fen *vi irreg sein* ❶ (*sich treffen*) to meet; ■**mit jdm** ~ to meet sb; (*unverhofft*) to encounter ❷ (*gleichzeitig auftreten*) *Faktoren, Umstände* to coincide **Zu·sạm·men·tref·fen** *nt* ❶ (*Treffen*) meeting ❷ (*gleichzeitiges Auftreten*) coincidence **zu·sạm·men|trei·ben** *vt* **Menschen/Tiere** ~ to drive people/animals together **zu·sạm·men|tre·ten I.** *vi irreg sein* to meet, to convene *form; Gericht* to sit; *Parlament a.* to assemble; **wieder** ~ to meet again, to reassemble, to reconvene *form* **II.** *vt* (*fam*) ■**jdn** ~ to give sb a severe [*or fam* one hell of a] kicking **zu·sạm·men|trom·meln** *vt* (*fam*) ■**sie** *pl* ~ to rally [*or sep* round up]; **Anhänger/Mitglieder** ~ to rally supporters/members **zu·sạm·men|tun** *irreg* **I.** *vt* (*fam*) ■**sie** *pl* ~ to put together; **Tomaten und Kartoffeln darf man nicht in einem Behälter zusammentun** you can't keep tomatoes and potatoes together in one container **II.** *vr* (*fam*) ■**sich** *akk* [**zu etw**] **zusammentun** to get together [*or* join forces] [in sth]; ■**sich mit jdm** ~ to get together with sb; **die Betroffenen haben sich zu einer Bürgerinitiative zusammengetan** those concerned have formed a citizens' action group **zu·sạm·men|wach·sen** *vi irreg sein* ❶ (*zusammenheilen*) to knit [together]; *Knochen* to knit [together]; *Wunde* to heal [up]; **sie hat zusammengewachsene Augenbrauen** her eyebrows meet in the middle ❷ (*sich verbinden*) to grow together; ■**mit/zu etw** ~ to grow into sth; **die früher eigenständigen Gemeinden sind inzwischen zu einer großen Stadt zusammengewachsen** the previously autonomous communities have meanwhile grown together into a big city **zu·sạm·men|wer·fen** *vt irreg* ■**etw** ~ ❶ (*auf einen Haufen werfen*) to throw together sth *sep* ❷ (*wahllos vermengen*) to lump together ❸ (*fam: zusammenlegen*) **seine Ersparnisse** ~ to pool one's savings **zu·sạm·men|wir·ken** *vi* (*geh*) ❶ (*gemeinsam tätig sein*) to work together ❷ (*vereint wirken*) to combine, to act in combination; **mehrere Faktoren haben hier glücklich zusammengewirkt** there has been a happy coincidence of several factors here **zu·sạm·men|zäh·len** *vt* ■**sie** *pl* ~ to count [up *sep*]; **ich habe gerade alle Anmeldungen zusammengezählt, es kommen 121 Teilnehmer** I've just added up all the enrolments, there will be 121 participants; **die Kosten** ~ to add [*or fam* tot] up *sep* the costs; **alles zusammengezählt** all in all

zu·sạm·men|zie·hen *irreg* **I.** *vi sein* to move in together; ■**mit jdm** ~ to move in [together] with sb **II.** *vr* ■**sich** ~ ❶ (*sich verengen*) to contract; *Schlinge* to tighten; *Pupillen, Haut* to contract; *Wunde* to close [up] ❷ (*sich ballen*) to be brewing; *Gewitter a.* to be gathering; **es zieht sich ein Gewitter zusammen** there's a storm brewing [*or* gathering]; *Wolken* to gather; *Unheil* to be brewing **III.** *vt* ■**etw** ~ ❶ (*sammeln*) **Truppen/Polizei** ~ to assemble [*or* concentrate] [*or* mass] troops/police forces ❷ (*addieren*) **Zahlen** ~ to add together ❸ (*schließen*) **ein Loch in einem Strumpf** ~ to mend a hole in a stocking; **die Augenbrauen** ~ to knit one's brows

zu·sạm·men|zu·cken *vi sein* to start; (*vor Schmerz/Unangenehmem*) to flinch, to wince; **als das Telefon läutete, zuckte er unwillkürlich zusammen** the phone's ring made him start

Zu·satz ['tsu:zats] *m* ❶ (*zugefügter Teil*) appendix, annex;

(*Verb~*) separable element; (*Abänderung*) amendment; (*Gesetzentwurf*) rider *spec;* (*Testament*) codicil; (*Vertragsklausel*) clause; (*Vorbehaltsklausel*) reservation *spec* ② (*Nahrungs~*) additive; (*Beimischung a.*) admixture *form;* **ohne ~ von Farbstoffen** without the addition of artificial colouring [*or* AM coloring]

Zu·satz·ab·kom·men *nt* supplementary [*or* additional] agreement **Zu·satz·an·trag** *m* amendment to an amendment *form;* **einen ~ stellen** to move [*or* table] an amendment **Zu·satz·be·mer·kung** *f* additional remark **Zu·satz·be·stim·mung** *f* supplementary [*or* additional] provision **Zu·satz·ge·rät** *nt* attachment; INFORM add-on, peripheral [device]; **ein ~ zum Empfang von Pay-TV** an [additional] attachment for reception of pay TV **Zu·satz·klau·sel** *f* additional clause, rider BRIT

zu·sätz·lich ['tsu:zɛtslɪç] **I.** *adj inv* ① (*weitere*) further *attr;* **~e Kosten** supplementary [*or* additional] costs ② (*darüber hinaus möglich*) additional, extra; (*als Option a.*) optional; **eine ~e Versicherung** a collateral insurance *spec* **II.** *adv* in addition; **das kostet hundert Euro ~** that costs an extra hundred euros; **ich will sie nicht noch ~ belasten** I don't want to put any extra pressure on her

Zu·satz·pen·si·on *f* ÖKON supplementary pension **Zu·satz·stoff** *m* additive **Zu·satz·ta·rif** *m* additional [*or* extra] rate [*or* charge]; (*Straftarif*) penalty rate [*or* tariff] **Zu·satz·ver·si·che·rung** *f* additional [*or* supplementary] insurance; (*für Krankenhaus a.*) hospitalization insurance AM **Zu·satz·zahl** *f* bonus number (*drawn in the national lottery*)

zu·schan·den, zu Schan·den [tsu'ʃandn̩] *adv* (*geh*) **ein Auto ~ fahren** to wreck [*or* BRIT *a.* write off *sep*] a car; **jds Hoffnungen ~ machen** to wreck [*or* ruin] sb's hopes; **ein Pferd ~ reiten** to ruin a horse; **alle seine Hoffnungen gingen ~** all his plans came to nought

zu|schan·zen *vt* (*fam*) ■**jdm etw ~** to see to it that [*or* to make sure [that]] sb gets sth; **jdm einen guten Posten ~** to manoeuvre [*or* AM maneuver] sb into a good post

zu|schau·en *vi s.* **zusehen**

Zu·schau·er(in) <-s, -> *m(f)* ① SPORT spectator; ■**die ~** the spectators; FBALL *a.* the crowd + *sing/pl vb* ② FILM, THEAT member of the audience; TV viewer; ■**die ~** FILM, THEAT the audience + *sing/pl vb;* TV the viewers, the [television] audience + *sing/pl vb* ③ (*Augenzeuge*) witness

Zu·schau·er·raum *m* auditorium **Zu·schau·er·tri·bü·ne** *f* stands *pl,* BRIT *a.* stand; (*billig*) bleachers *pl* AM; (*teuer*) grandstand **Zu·schau·er·zahl** *f* THEAT, SPORT attendance figures *pl;* TV viewing figures *pl*

zu|schi·cken *vt* ■**jdm etw ~** to send sb sth [*or* sth to sb]; (*mit der Post a.*) to post [*or* AM mail] [off *sep*] sth to sb; ■**sich** *dat* **etw ~ lassen** to send for sth; **[von jdm] etw zugeschickt bekommen** to receive sth [from sb], to have sth sent to one

zu|schie·ben *vt irreg* ① (*hinschieben*) ■**jdm etw ~** to push sth over to sb ② (*durch Schieben schließen*) ■**etw ~ eine Tür/Schublade ~** to shut [*or* close] a door/drawer, to push sth closed [*or* shut] ③ (*jdm zur Last legen*) **jdm die Schuld ~** to lay the blame at sb's door, to put the blame on sb, to blame sb; **jdm die Verantwortung ~** to saddle sb with the responsibility

zu|schie·ßen *irreg* **I.** *vt haben* ① FBALL **jdm den Ball ~** to pass sb the ball [*or* the ball to sb]; **jdm einen wütenden Blick ~** to dart a furious glance at sb ② (*zusätzlich zur Verfügung stellen*) ■**[jdm] etw ~** to contribute sth [towards [*or* toward] sb's costs]; **jdm Geld ~** to give sb money **II.** *vi sein* (*fam*) ■**auf jdn/etw ~** to shoot [*or* rush] [*or* dash] up to sb/sth; **auf jdn zugeschossen kommen** to come rushing up to sb

Zu·schlag <-[e]s, Zuschläge> *m* ① (*Preisaufschlag*) supplementary charge ② (*zusätzliche Fahrkarte*) supplement[ary ticket *form*]; (*zusätzlicher Fahrpreis*) extra fare, supplementary charge *form* ③ (*zusätzliches Entgelt*) bonus, extra pay *no indef art, kein pl* ④ (*auf Briefmarke*) supplement ⑤ (*bei Versteigerung*) acceptance of a bid ⑥ (*Auftragserteilung*) acceptance of a tender; **jdm den ~ erteilen** (*geh*) to award sb the contract, to accept sb's tender; **~ bei Auftragserteilung** conferring the contract, award of the order; **die Firma hat den ~ zum Bau des neuen Rathauses erhalten** the company has won the contract to build the new town hall

zu|schla·gen *irreg* **I.** *vt haben* ① (*schließen*) ■**etw ~** to bang sth shut, to slam sth [shut]; **ein Buch ~** to close [*or* shut] a book [with a bang]; **eine Kiste ~** to slam a box shut; **die Tür hinter sich** *dat* **~** to slam the door behind one ② (*offiziell zusprechen*) ■**jdm etw ~** (*bei Versteigerung*) to knock sth down to sb; **der Auftrag wurde der Firma zugeschlagen** the company was awarded the contract; **ein Gebiet einem Staat ~** to annex a territory to a state ③ (*zuspielen*) **jdm den Ball ~** to kick the ball to sb; **lass uns ein paar Bälle ~** let's have a kick-about *fam* ④ (*aufschlagen*) ■**etw ~** to add sth; **auf den Preis werden ab Juli 20 Euro zugeschlagen** the price will be raised by 20 euros from July **II.** *vi* ① *haben* (*einen Hieb versetzen*) to strike; **mit der Faust ~** to strike with one's fist; **mit erhöhten Steuern ~** to hit with increased taxes; **das Schicksal hat erbarmungslos zugeschlagen** fate has dealt a terrible blow ② *sein* (*krachend zufallen*) *Tür* to slam [*or* bang] shut ③ *haben* (*fam: zugreifen*) to act [*or fam* get in] fast [*or* quickly]; (*viel essen*) to pig out *fam;* **schlag zu!** get stuck in! *fam,* dig in! *fam;* ■**[bei etw] ~** (*schnell annehmen*) to grab sth with both hands ④ (*fam: aktiv werden*) to strike; **die Armee schlug zu** the army struck

zu|schlie·ßen *irreg vt* ■**etw ~** to lock sth; **den Laden ~** to lock up the shop *sep*

zu|schnal·len *vt* ■**etw ~** to fasten [*or* buckle] sth; **einen Koffer ~** to strap up a case *sep*

zu|schnap·pen *vi* ① *haben* to snap ② *sein* to snap [*or* click] shut; *s. a.* **Falle**

zu|schnei·den *vt irreg* ① ■**[jdm/sich** *dat*] **etw ~** to cut sth to size [for sb]; **Stoff ~** to cut out material *sep;* **ein Kleid nach einem Muster ~** to cut out a dress from a pattern ② (*fig*) ■**auf jdn [genau] zugeschnitten sein** (*jds Fähigkeiten entsprechen*) to be cut out for sb; ■**auf etw/jdn zugeschnitten sein** (*genau zutreffen*) to be geared to sth/the needs of sb; **das Produkt ist auf den Geschmack der Massen zugeschnitten** the product is designed to suit the taste of the masses; **der Lehrplan war auf das Examen zugeschnitten** the syllabus was geared to the exam

zu|schnei·en *vi sein* ■**zugeschneit sein** to be snowed in [*or* up]; *Wagen* to be buried in snow

Zu·schnitt *m* ① (*Form eines Kleidungsstücks*) cut ② *kein pl* (*das Zuschneiden*) cutting; *Stoff a.* cutting out ③ (*fig: Format*) calibre [*or* AM -er]

zu|schnü·ren *vt* ① (*durch Schnüren verschließen*) ■**etw ~** to lace up sth *sep* ② (*abschnüren*) **die Angst/Sorge schnürte ihr den Hals/die Kehle zu** she was choked with fear/worry

zu|schrau·ben *vt* ■**etw ~** to screw on sth *sep*

zu|schrei·ben *vt irreg* ① (*beimessen*) ■**jdm etw ~** to ascribe [*or* attribute] sth to sb; (*ungerecht*) to impute sth to sb *form;* **jdm übernatürliche Kräfte ~** to attribute supernatural powers to sb ② (*zur Last legen*) ■**jdm/einer S. etw ~** to blame sb/sth for sth; **jdm/etw die Schuld an etw** *dat* **~** to blame sb/sth [*or* give sb/sth the blame] for sth; ■**jdm ist etw zuzuschreiben** sb is to blame for sth; **das/deine Entlassung hast du dir selbst zuzuschreiben** you've only got yourself to blame [for it]/for your dismissal

Zu·schrift *f* (*geh*) reply

zu·schul·den, zu Schul·den [tsu'ʃʊldn̩] *adv* **sich** *dat* **etwas/nichts ~ kommen lassen** to do sth/nothing [*or* to not do anything] wrong

Zu·schuss^{RR} <-es, -schüsse> *m,* **Zu·schuß**^{ALT} <-sses, -schüsse> ['tsu:ʃʊs, *pl* 'tsu:ʃʏsə] *m* grant, subsidy; (*regelmäßig von den Eltern*) allowance

Zu·schuss·be·triebRR *m* subsidized [*or* loss-making] business **Zu·schuss·ge·schäft**RR *nt* loss-making deal **Zu·schuss·pro·jekt**RR *nt* loss-making project

zu|schus·tern *vt* ❶ (*fam*) *s.* **zuschanzen** ❷ *s.* **zuschießen I.2**

zu|schüt·ten I. *vt* ■**etw** ~ ❶ (*durch Hineinschütten füllen*) to fill in [*or* up] sth *sep* ❷ (*fam: hinzufügen*) to add sth **II.** *vr* (*sl*) ■**sich** *akk* ~ to get pissed BRIT *fam!* [*or* AM drunk]

zu|se·hen *vi irreg* ❶ (*mit Blicken verfolgen*) to watch; *unbeteiligter Zuschauer a.* to look on; ■~, **wie jd etw tut/wie etw getan wird** to watch sb doing sth/sth being done; *unbeteiligter Zuschauer a.* to look on as sb does sth/as sth is being done; ■**jdm** [**bei etw**] ~ to watch sb [doing sth]; **jdm bei der Arbeit** ~ to watch sb work[ing] [*or* at work]; **bei näherem Z~** [up]on closer inspection ❷ (*etw geschehen lassen*) ■**einer S.** *dat* ~ to sit back [*or* stand [idly] by] and watch sth; **tatenlos musste er ~, wie ...** he could only stand and watch, while ...; **da sehe ich nicht mehr lange zu!** I'm not going to put up with this spectacle for much longer! ❸ (*dafür sorgen*) ■**~, dass ...** to see [to it] [*or* make sure] that ...; **wir müssen ~, dass wir rechtzeitig losfahren** we must take care to [watch out that we] get away in good time; **sieh mal zu!** (*fam*) see what you can do!; **sieh mal zu, was du machen kannst!** (*fam*) see what you can do!; **sieh zu, wo du bleibst!** (*fam*) that's your look-out! *fam,* sort out your own shit! *fam!*

zu·se·hends ['tsu:ze:ənts] *adv* noticeably

zu|sen·den *vt irreg s.* **zuschicken**

zu|set·zen I. *vt* ❶ ■[**einer S.** *dat*] **etw** ~ to add sth [to sth] ❷ (*verlieren*) **Geld** ~ to make a loss ►WENDUNGEN: **jd hat nichts zuzusetzen** sb has nothing in reserve **II.** *vi* ■**jdm** ~ ❶ (*bedrängen*) to badger [*or* pester] sb; (*unter Druck setzen*) to lean on sb *fam;* **dem Feind** ~ to harass [*or sep* press hard] the enemy; (*verletzen*) to lay into *fam* ❷ (*überbelasten*) to take a lot out of sb; *jds Tod* to hit sb hard, to affect sb badly

zu|si·chern *vt* ■**jdm etw** ~ to assure sb of [*or* promise sb] sth; **jdm seine Hilfe** ~ to promise sb one's help; **jdm freies Geleit** ~ to guarantee sb safe conduct; **er hat mir zugesichert, dass der Betrag heute noch überwiesen wird** he assured me the sum would be transferred today

Zu·si·che·rung *f* promise, assurance

Zu·spät·kom·men·de(r) [tsu'ʃpɛtkɔməndə, -kɔməndɐ] *f(m) decl wie adj* (*geh*) latecomer

zu|sper·ren *vt* ■**etw** ~ to lock sth; **das Haus/den Laden** ~ to lock up the house/shop *sep*

zu|spie·len *vt* ❶ FBALL ■**jdm den Ball** ~ to pass the ball to sb ❷ (*heimlich zukommen lassen*) ■**jdm etw** ~ to pass on sth *sep* to sb, to slip sth to sb; **etw der Presse** ~ to leak sth [to the press]

zu|spit·zen I. *vr* ■**sich** *akk* ~ to come to a head; **sich weiter** ~ to escalate; **sich immer mehr** ~ to get worse and worse, to become increasingly critical; **sich bedrohlich** ~ to take on threatening dimensions **II.** *vt* ■**etw** ~ to sharpen sth; **einen Pfahl** ~ to sharpen a post; **das Attentat hat die Lage bedrohlich zugespitzt** the assassination attempt has brought the situation to boiling point

Zu·spit·zung <-, -en> *f* worsening, increasing gravity; **eine weitere** ~ **einer S.** *gen* an escalation of sth

zu|spre·chen *irreg* **I.** *vt* ❶ (*offiziell zugestehen*) ■**jdm etw** ~ to award sth to sb; **jdm ein Kind** ~ to award [*or* grant] sb custody [of a child] ❷ (*geh: zuteilwerden lassen*) **jdm Mut/Trost** ~ to encourage/comfort [*or* console] sb ❸ (*zuerkennen*) ■**jdm/einer S.** *dat* **etw** ~ to attribute sth to sb/sth; **dem Baldrian wird eine beruhigende Wirkung zugesprochen** valerian is said to have a soothing effect **II.** *vi* (*geh*) ❶ (*zu sich nehmen*) ■**einer S.** *dat* ~ to do justice to sth; **dem Essen/Cognac kräftig** ~ to eat the food/to drink the cognac heartily, to tuck into the food/to guzzle the cognac BRIT *fam* ❷ (*zureden*) **jdm beruhigend** ~ to calm sb; **jdm ermutigend** ~ to encourage sb

Zu·spruch *m kein pl* (*geh*) ❶ (*Popularität, Anklang*) **sich großen** [*o* **regen**] **~s erfreuen** to be very popular, to enjoy great popularity; [**bei jdm**] ~ **finden** to go down well [with sb], to be greatly appreciated [by sb]; **wir rechnen mit starkem** ~ (*viele Besucher*) we're expecting a lot of visitors; (*starkem Anklang*) we're expecting this to be very popular ❷ (*Worte*) words *pl;* **ermutigender/tröstender** ~ words of encouragement/comfort; **geistlichen** ~ **suchen** to seek spiritual comfort [*or* support]

Zu·stand <-[e]s, -stände> ['tsu:ʃtant, *pl* 'tsu:ʃtɛndə] *m* ❶ (*Verfassung*) state, condition; **in einem beklagenswerten/traurigen** ~ in a miserable/sad state [*or* condition]; *Mensch a.* in miserable/sad shape; **in deinem/meinem** ~ in your/my condition; **jdn in Besorgnis erregendem** ~ **antreffen** to find sb in an alarming state; **im wachen** ~ while awake; (*Gesundheits~*) [state of] health; **wie ist sein** ~ **nach der Operation?** how's he faring after the operation?; **sein** ~ **ist kritisch** his condition is critical; (*geistiger* ~) mental state; (*seelischer* ~) [emotional] state; (*Aggregatzustand*) state; **in flüssigem/gasförmigem** ~ in a fluid/gaseous state ❷ *pl* (*Verhältnisse*) conditions; (*skandalöse Zustände*) disgraceful [*or* appalling] conditions; **in den besetzten Gebieten herrschen katastrophale Zustände** conditions are catastrophic in the occupied zones; **das ist doch kein ~!** it's a disgrace!; **bei euch herrschen ja Zustände!** your house is a disgrace!, you're living in a pigsty *pej* ►WENDUNGEN: **Zustände bekommen** [*o* **kriegen**] (*fam*) to have a fit *fam,* to hit the roof *fam,* BRIT *a.* to throw a wobbly *sl*

zu·stan·de, zu Stan·de [tsu'ʃtandə] *adv* **etw** ~ **bringen** to manage sth; **die Arbeit** ~ **bringen** to get the work done; **eine Einigung** ~ **bringen** to reach an agreement; **es** ~ **bringen, dass jd etw tut** to [manage to] get sb to do sth; ~ **kommen** to materialize; (*stattfinden*) to take place; (*besonders Schwieriges*) to come off [*or* about]; **nicht** ~ **kommen** to fail

Zu·stan·de·kom·men <-s> *nt kein pl* materialization, realization; **das** ~ **des Treffens ist noch fraglich** the planned meeting is not yet sure to take place

zu·stän·dig ['tsu:ʃtɛndɪç] *adj* ❶ (*verantwortlich*) responsible; **der ~e Beamte** the official in charge; **der dafür ~e Beamte** the official responsible for [*or* in charge of] such matters; **dafür ist er** ~ that's his responsibility; **dafür will keiner** ~ **gewesen sein** nobody wants to own up responsibility for it ❷ (*Kompetenz besitzend*) competent *form;* **die ~e Behörde** the proper [*or form* competent] authority; ■[**für etw**] ~ **sein** to be the competent office [for sth] *form;* JUR to have jurisdiction [in [*or* over] sth]

Zu·stän·dig·keit <-, -en> *f* ❶ (*betriebliche Kompetenz*) competence; **in jds** ~ *akk* **fallen** to fall within sb's competence [*or* the competence of sb] *form* ❷ JUR (*Jurisdiktion*) jurisdiction *no indef art,* cognizance *no indef art form*

Zu·stän·dig·keits·be·reich *m* area of responsibility; **in jds** ~ **fallen** to fall into sb's area of responsibility

zu·stat·ten|kom·menRR [tsu'ʃtatn̩-] *vi irreg sein* **jdm** ~ to come in useful [*or* handy] for sb, to avail sb *liter*

zu|ste·chen *vi irreg* ■[**mit etw**] ~ to stab sb [with sth]

zu|ste·cken *vt* ❶ (*schenken*) ■**jdm etw** ~ to slip sb sth ❷ (*heften*) ■**etw** ~ to pin up sth *sep;* **eine Naht** ~ to pin up a seam *sep*

zu|ste·hen *vi irreg* ❶ (*von Rechts wegen gehören*) ■**etw steht jdm zu** sb is entitled to sth; **etw steht jdm von Rechts wegen zu** sb is lawfully entitled to sth, sth is sb's lawful right; **ein Anspruch auf etw** *akk* **steht jdm zu** sb has a right to sth ❷ (*zukommen*) ■**etw steht jdm zu/nicht zu** sb has the/no right to do/say sth; **es steht dir nicht zu, so über ihn zu reden** it's not for you to speak of him like that

zu|stei·gen *vi irreg sein* to get on, to board; **noch jemand zugestiegen?** (*im Bus*) any more fares, please?; (*im Zug*)

Zuständigkeit

nach Zuständigkeit fragen	asking about responsibility
Sind Sie die behandelnde Ärztin?	Are you the doctor in attendance?
Sind Sie dafür zuständig?	Is it your responsibility?/Are you in charge/the person responsible?
Zuständigkeit ausdrücken	**expressing responsibility**
Ja, bei mir sind Sie richtig.	Yes, you've come to the right person.
Ich bin für die Organisation des Festes **verantwortlich/zuständig.**	**I am responsible for** organizing the party.
Nicht-Zuständigkeit ausdrücken	**expressing non-responsibility**
Da sind Sie bei mir an der falschen Adresse. *(fam)*	You've come to the wrong person.
Dafür bin ich (leider) nicht zuständig.	I'm not responsible for that (I'm afraid).
Dazu bin ich (leider) nicht berechtigt/befugt.	I'm not entitled/authorized to do that (I'm afraid).
Das fällt nicht in unseren Zuständigkeitsbereich. *(form)*	That isn't our responsibility.

tickets please!; **zugestiegene Fahrgäste müssen einen Fahrschein lösen** passengers must buy a ticket as soon as they board

Zu·stell·dienst *m* ÖKON delivery service

zu|stel·len *vt* ❶ (*geh: überbringen*) ■[jdm] **etw** ~ to deliver sth [to sb] ❷ JUR (*offiziell aushändigen*) ■[jdm] **etw** ~ to serve [sb with] sth ❸ (*fam: durch Gegenstände verstellen*) ■[jdm] **etw** ~ to block sth

Zu·stel·ler(in) <-s, -> *m(f)* postman *masc*, postwoman *fem*, AM *usu* mailman [*or fem* -woman]

Zu·stell·ge·bühr *f* delivery charge, portage *spec*

Zu·stel·lung <-, -en> *f* ❶ (*das Überbringen*) delivery ❷ JUR (*offizielle Aushändigung*) serving, service *form*

Zu·stel·lungs·ur·kun·de *f* JUR writ of summons *spec*

zu|steu·ern I. *vt* ■**etw auf etw** *akk*/**jdn** ~ to steer sth towards sth/sb; **er steuerte den Wagen direkt auf uns zu** he drove directly at us II. *vi sein* ❶ (*fam: darauf zugehen*) ■**auf jdn/etw** ~ to head for sb/sth; (*schnurstracks a.*) to make a beeline for sb/sth ❷ (*darauf zutreiben*) ■**auf etw** *akk* ~ to be heading for sth; **das Land steuert auf eine Katastrophe zu** the country is heading for disaster

zu|stim·men *vi* ❶ (*einer Meinung sein*) ■**jdm** ~ to agree [with sb] ❷ ■[**einer S.** *dat*] ~ (*mit etw einverstanden sein*) to agree [to sth]; **dem kann ich ~!** I'll go along with that!; (*billigen*) to approve [[of] sth]; (*einwilligen*) to consent [to sth]

zu·stim·mend I. *adj* affirmative; **eine ~e Antwort** an affirmative answer, an answer in the affirmative; **ein ~es Nicken** a nod of assent II. *adv* in agreement

Zu·stim·mung *f* agreement, assent; (*Einwilligung*) consent; (*Billigung*) approval; **sein Vorschlag fand allgemeine** ~ his suggestion met with general approval; **einer S.** *dat* **seine ~ geben/verweigern** (*geh*) to give/refuse to give one's consent [*or* assent] to sth; **einem Gesetzentwurf seine ~ verweigern** to veto a bill; **mit/ohne jds** ~ with/without sb's consent [*or* the consent of sb]

zu·stim·mungs·pflich·tig *adj inv* POL (*geh*) *Gesetzesantrag, Reform* requiring approval (**in** +*dat* from)

zu|sto·ßen *irreg* I. *vi* ❶ *haben* (*in eine Richtung stoßen*) ■[**mit etw**] ~ to stab sb [with sth]; *Schlange* to strike; *Nashorn, Stier a.* to gore sb; [**mit seinem Schwert/Speer**] ~ to run sb through [with one's sword/spear] ❷ *sein* (*passieren*) ■**jdm** ~ to happen to sb; **hoffentlich ist ihr kein Unglück zugestoßen!** I hope she hasn't had an accident! II. *vt* ■**etw** ~ to push sth shut; **die Tür mit dem Fuß** ~ to push the door shut with one's foot

Zu·strom *m kein pl* ❶ METEO inflow ❷ (*massenweise Zuwanderung*) influx ❸ (*Andrang*) **auf der Messe herrschte reger ~ von Besuchern** crowds of visitors thronged to the fair

zu·ta·ge, zu Ta·ge [tsu'ta:gə] *adj* **offen ~ liegen** to be evident [*or* clear]; **etw ~ bringen** [*o* **fördern**] to bring sth to light, to reveal sth; ~ **treten** to be revealed [*or* exposed], to come to light *fig;* **ein Fels liegt** ~ a rock outcrops *spec*

Zu·tat <-, -en> ['tsu:ta:t] *f meist pl* ❶ (*Bestandteil*) ingredients *pl* ❷ (*benötigte Dinge*) necessaries *pl* ❸ (*Hinzufügung*) addition; **ohne schmückende ~en** without any decorative trimmings

zu|tei·len *vt* ■**jdm etw** ~ ❶ (*austeilen*) to apportion *form* [*or sep* portion out] sth among/between; **im Krieg wurden die Lebensmittel zugeteilt** food was rationed during the war ❷ (*zuweisen*) to allocate sb sth [*or* sth to sb]; **jdm eine Aufgabe/Rolle** ~ to assign [*or* allot] a task/role to sb; **jdm Mitarbeiter** ~ to assign staff to sb's department

Zu·tei·lung *f* ❶ (*das Zuteilen*) ■**die ~ einer S.** *gen*/**von etw** portioning out sth *sep* [*or* apportioning]; **auf** ~ (*rationiert*) on rations ❷ (*Zuweisung*) allocation; *einer Aufgabe, Rolle a.* allotment; *von Mitarbeitern* assignment

zu·teil|wer·denRR [[tsu'tail-] *vi irreg sein* (*geh*) ■**jdm etw ~ lassen** to grant [*or* allow] sb sth; **ich hoffe, Sie lassen uns die Ehre Ihres Besuches** ~ I hope you will honour us with a visit; ■**jdm wird etw zuteil** sb is given sth, sth is given to [*or form* bestowed [up]on] sb; (*durch Zustimmung*) sb is granted sth; **jdm wird die Ehre zuteil, etw zu tun** sb has [*or* is given] the honour [*or* AM -or] of doing sth; **ihm wurde ein schweres Schicksal zuteil** he has had a hard fate

zu·tiefst [tsu'ti:fst] *adv* deeply; **etw ~ bedauern** to regret sth deeply; ~ **betroffen** deeply shaken; ~ **betrübt** greatly [*or* extremely] saddened; ~ **verärgert** furious

zu|tra·gen *irreg* I. *vt* (*geh*) ■**jdm etw** ~ ❶ (*übermitteln*) to report sth to sb; **es ist mir erst gerade eben zugetragen worden** I've just this moment been informed of it ❷ (*hintragen*) to carry sth to sb II. *vr* (*geh*) ■**sich** *akk* ~ to happen, to take place, to transpire *a. hum;* **weißt du, wie es sich zugetragen hat?** do you know how it happened?

Zu·trä·ger(in) *m(f)* (*pej*) informer; (*Pressequelle*) informant

zu·träg·lich ['tsu:trɛ:klɪç] *adj* (*geh*) good (+*dat* for), beneficial (+*dat* to); ■**jdm/einer S.** *dat* ~ **sein** to be beneficial to sb/sth;

zustimmen

zustimmen, beipflichten	agreeing
Ja, das denke ich auch.	Yes, I think so too.
Da bin ich ganz deiner Meinung.	I completely agree with you there.
Dem schließe ich mich an.	I endorse that.
Ich stimme Ihnen voll und ganz zu.	I absolutely agree with you.
Ja, das sehe ich (ganz) genauso.	Yes, that's exactly my view too.
Ich sehe es nicht anders.	That's exactly how I see it.
Ich gebe Ihnen da vollkommen Recht.	You're absolutely right there.
Da kann ich Ihnen nur Recht geben.	I can only agree with you there.
(Das) habe ich ja (auch) gesagt.	That's (just) what I said.
Finde ich auch. *(fam)*	I think so too.
Genau!/Stimmt! *(fam)*	Exactly!/(That's) right!
einwilligen	**consenting**
Einverstanden!/Okay!/Abgemacht!	Agreed!/Okay!/It's a deal!
Kein Problem!	No problem!
Geht in Ordnung!	That's all right!
Wird gemacht!/Mach ich!	Will do!/I'll do that!

ein der Gesundheit ~es Klima a pleasant [*or* agreeable] climate; (*gesundheitsfördernd*) healthy, wholesome, salubrious *form,* conducive to good health *pred form;* ■**etw ist jdm nicht** ~ sth doesn't agree with sb; **das Klima in der Wüste ist Europäern nicht** ~ the climate in the desert affects Europeans badly

zu|trau·en *vt* ■**jdm/sich etw** ~ to believe [*or* think] sb/one [is] capable of [doing] sth; **jdm viel Mut** ~ to believe [*or* think] sb has great courage; **sich** *dat* **nichts** ~ to have no confidence in oneself [*or* no self-confidence]; **sich** *dat* **zu viel** ~ to take on too much, to bite off more than one can chew *fig;* **das ist ihm zuzutrauen!** (*iron fam*) I wouldn't put it past him! *fam,* I can well believe it [of him]!; **das hätte ich dir nie zugetraut!** I would never have expected that from you!; (*bewundernd*) I never thought you had it in you!; **dem traue ich alles zu!** I wouldn't put anything past him!

Zu·trau·en <-s> *nt kein pl* confidence, trust; ■**jds** ~ **zu jdm** sb's confidence in sb; [**vollstes**] ~ **zu jdm haben** to have [complete [*or* every]] confidence in sb; **jds** ~ **gewinnen** to win sb's trust, to gain sb's confidence

zu·trau·lich ['tsu:traulɪç] *adj* trusting; **ein ~er Hund** a friendly dog

zu|tref·fen *vi irreg* ❶ (*richtig sein*) to be correct; **das dürfte wohl nicht ganz ~!** I don't believe that's quite correct; (*sich bewahrheiten*) to prove right; (*gelten*) to apply; (*wahr sein*) to be [*or* hold] true, to be the case; ■**es trifft zu, dass ...** it is true that ... ❷ (*anwendbar sein*) ■**auf jdn** [**nicht**] ~ to [not] apply to sb; **genau auf jdn** ~ *Beschreibung* to fit [*or* match] sb['s description] perfectly; ■**auf etw** *akk* [**nicht**] ~ to [not] apply [*or* to be [in]applicable] to sth; **auf einen Fall** ~ to be applicable to a case

zu·tref·fend I. *adj* ❶ (*richtig*) correct; **eine ~e Diagnose** a correct diagnosis; **Z~es bitte ankreuzen** tick [*or* AM mark] [*or* AM check off] where applicable ❷ (*anwendbar*) ■**auf jdn** ~ applying to sb *pred;* **eine auf jdn ~e Beschreibung** a description fitting [*or* matching] that of sb **II.** *adv* correctly; **wie meine Vorrednerin schon ganz ~ sagte, ...** as the previous speaker quite rightly said ...

zu|trin·ken *vi irreg* ■**jdm** ~ to drink [*or* raise one's glass] to sb; (*mit Trinkspruch*) to toast sb

Zu·tritt *m kein pl* ❶ (*Einlass*) admission, admittance, entry; (*Zugang*) access; ■~ **zu etw** admission [*or* admittance] [*or* entry] [*or* access] to sth; **jdm den** ~ **verwehren/verweigern** to deny/refuse sb admission [*or* admittance]; [**keinen**] ~ **zu etw haben** to [not] be admitted to sth; **freien** ~ **zu etw haben** to have free admission/access to sth; **jederzeit freien** ~ **haben** to have the run of the place; ~ **verboten!** [*o* **kein** ~**!**] no admittance [*or* entry]; (*als Schild a.*) private; **sich** *dat* [**mit Gewalt**] ~ [**zu etw**] **verschaffen** to gain admission [*or* access] [to sth] [by force] ❷ CHEM contact

Zu·tun *nt* **ohne jds** ~ (*ohne jds Hilfe*) without sb's help; (*ohne jds Schuld*) through no fault of sb's own; **es geschah ohne mein** ~ I did not have a hand in the matter

zu·un·guns·ten [tsu'ʔʊngʊnstn̩] **I.** *präp +gen* to the disadvantage of **II.** *adv* ~ **einer S.** *+gen*/**von jdm** to the disadvantage of sth/sb

zu·un·terst [tsu'ʔʊntɐst] *adv* right at the bottom; (*im Stapel a.*) at the very bottom; **ganz** ~ at the very bottom

zu·ver·läs·sig ['tsu:fɛɐ̯lɛsɪç] *adj* ❶ (*verlässlich*) reliable, dependable; **absolut** ~ **sein** to be 100 % reliable [*or* as good as one's word] ❷ (*glaubwürdig*) reliable; **ein ~er Zeuge** a reliable [*or* credible] witness; (*durch Charakter a.*) an unimpeachable witness *form*

Zu·ver·läs·sig·keit <-> *f kein pl* ❶ (*Verlässlichkeit*) reliability, dependability ❷ (*Glaubwürdigkeit*) reliability; *eines Zeugen a.* credibility; (*durch Charakter a.*) unimpeachability *form*

Zu·ver·sicht <-> ['tsu:fɛɐ̯zɪçt] *f kein pl* confidence; **voller** ~ full of confidence; ~ **ausstrahlen** to radiate confidence

zu·ver·sicht·lich *adj* confident; ■~ **sein, dass ...** to be confident that ...; **was den Umzug angeht, da bin ich ganz** ~ as for the move, I'm very optimistic

zu·vor [tsu'fo:ɐ̯] *adv* before; (*zunächst*) beforehand; **nach der Behandlung ging es ihm schlechter als** ~ after the treatment he felt worse than before; **im Monat/Jahr** ~ the month/year before, in the previous month/year; **am Tag** ~ the day before, on the previous day; **in der Woche** ~ the week before, the previous week; **noch nie** ~ never before

zu·vor|kom·men *vi irreg sein* ❶ (*schneller handeln*) ■**jdm** ~ to beat sb to it *fam;* ■**jdm [mit etw]** ~ to get in ahead of sb [with sth], to steal a march on sb [by doing sth] ❷ (*verhindern*) ■**einer S.** *dat* ~ *Vorwürfen, Unheil* to forestall sth

zu·vor·kom·mend I. *adj* (*gefällig*) obliging, accommodating; (*höflich*) courteous, civil **II.** *adv* (*gefällig*) obligingly; (*höflich*) courteously, civilly

Zu·vor·kom·men·heit <-> *f kein pl* (*gefällige Art*) obligingness, helpfulness; (*höfliche Art*) courtesy, civility; **einen Kunden mit großer ~ behandeln** to be exceedingly helpful towards a customer

Zu·wachs <-es, Zuwächse> ['tsu:vaks, *pl* 'tsu:vɛksə] *m* increase, growth *kein pl;* **die Familie hat ~ bekommen** (*hum fam*) they have had a [small] addition to the family; **auf ~: Philipp wächst so schnell, da kaufen wir den Pulli besser auf ~** since Philipp is growing so quickly we'd better buy him a jumper big enough to last

zu|wach·sen *vi irreg sein* ❶ (*überwuchert werden*) to become overgrown, to grow over ❷ (*sich schließen*) *Wunde* to heal [over [*or* up]]; *Fontanelle* to close up ❸ (*geh: zuteilwerden*) ■**jdm wächst etw zu** sb gains in sth; **jdm wachsen immer mehr Aufgaben zu** sb is faced with ever more responsibilities, sb is given more and more jobs; **der Krebsforschung sind bedeutende neue Erkenntnisse zugewachsen** cancer research has made important advances in knowledge

Zu·wachs·ra·te *f* rate of growth, growth rate

Zu·wan·de·rer, Zu·wan·de·rin *m, f* immigrant

zu|wan·dern *vi sein* to immigrate

Zu·wan·de·rung *f* immigration

zu·we·ge, zu We·ge [tsu've:gə] *adv* **gut/schlecht ~ sein** to be in good/poor health; **etw ~ bringen** to achieve [*or* accomplish] sth; **es ~ bringen, dass jd etw tut** to [manage to] get sb to do sth

zu·wei·len [tsu'vailən] *adv* (*geh*) occasionally, [every] now and then [*or* again], every once in a while, from time to time; (*öfter*) sometimes, at times

zu|wei·sen *vt irreg* ■**jdm etw** ~ to allocate sb sth; **jdm Aufgaben ~** to assign [*or* allot] duties to sb; **die mir zugewiesenen Aufgaben** my allotted tasks

zu|wen·den *irreg* **I.** *vt* ❶ (*hinwenden*) **jdm das Gesicht/den Kopf ~** to turn one's face towards [*or* toward] sb, to [turn to] face sb; **jdm den Rücken ~** to turn one's back on sb; **einer S.** *dat* **seine Aufmerksamkeit ~** to turn one's attention to sth; **die dem Garten zugewandten Fenster des Hauses** those of the houses' windows which face the garden ❷ (*zukommen lassen*) ■**jdm etw** ~ to give sb sth; (*im Testament, als Gunst*) to bestow sth [up]on sb **II.** *vr* ■**sich** *akk* **jdm/einer S.** ~ to devote oneself to sb/sth; **wollen wir uns dem nächsten Thema ~?** shall we go on to the next topic?; **das Glück hatte sich ihm wieder zugewandt** fortune had once again smiled on him

Zu·wen·dung *f* ❶ *kein pl* (*intensive Hinwendung*) love and care ❷ (*zugewendeter Betrag*) sum [of money]; (*Beitrag*) [financial] contribution; (*regelmäßig*) allowance

zu|wer·fen *vt irreg* ❶ (*hinwerfen*) ■**jdm/einem Tier etw** ~ to throw sth to sb/an animal; **jdm einen Blick ~** to cast a glance at sb ❷ (*zuschlagen*) ■**etw** ~ to slam [*or* bang] sth [shut]; **eine Tür ~** to slam [*or* bang] a door [shut] ❸ (*geh: zuschütten*) ■**etw** ~ to fill up [*or* in] sth *sep*

zu·wi·der[1] [tsu'vi:dɐ] *adv* ■**jdm ist jd/etw** ~ sb finds sb/sth unpleasant; (*stärker*) sb loathes [*or* detests] sb/sth; (*widerlich*) sb finds sb/sth revolting [*or* disgusting], sb/sth disgusts sb

zu·wi·der[2] [tsu'vi:dɐ] *präp* ■**einer S.** *dat* ~ contrary to sth; **dem Gesetz ~ sein** to be against the law; **allen Verboten ~** in defiance of all bans

zu·wi·der|han·deln [tsu'vi:dɐhandḷn] *vi* (*geh*) ■**einer S.** *dat* ~ to act against [*or* contrary to] sth; **den Anordnungen ~** to act against [*or* contrary to] [*or form* to contravene] the rules; **der Ausgangssperre ~** to defy [*or* disregard] [*or* violate] the curfew; **einem Befehl ~** to act against [*or* defy] [*or* disregard] an order

Zu·wi·der·han·deln·de(r) *f(m) decl wie adj* (*geh*) offender, transgressor *form;* (*Unbefugte(r)*) trespasser

Zu·wi·der·hand·lung *f* (*geh*) contravention, violation; *von Regeln a.* infringement

zu|win·ken *vi* ■**jdm** ~ to wave to sb

zu|zah·len I. *vt* ■**etw** ~ (*extra zahlen*) to pay an extra sth; (*beitragen*) to contribute sth; **100 Euro ~** to pay an extra [*or* another] 100 euros **II.** *vi* to pay extra

zu|zie·hen *irreg* **I.** *vt haben* ❶ (*fest zusammenziehen*) ■**etw** ~ to tighten [*or sep* pull tight] sth; **einen Gürtel ~** to tighten [*or* AM *a.* cinch] a belt ❷ (*schließen*) ■**etw** ~ to draw sth; **die Gardinen ~** to draw the curtains; **die Tür ~** to pull the door shut ❸ (*hinzuziehen*) ■**jdn** ~ to consult [*or sep* call in] sb; **einen Gutachter ~** to consult an expert **II.** *vr haben* ❶ (*erleiden*) **sich** *dat* **eine Krankheit ~** to catch [*or form a.* contract] an illness; **sich** *dat* **eine Verletzung ~** to sustain an injury *form* ❷ (*auf sich ziehen*) ■**sich** *dat* **jds etw** ~ to incur sb's sth [*or* sth of sb]; **sich** *dat* **jds Zorn ~** to incur sb's wrath *form* ❸ (*sich eng zusammenziehen*) ■**sich** *akk* ~ to tighten, to pull tight **III.** *vi sein* to move into the area

Zu·zug *m* ❶ (*Zustrom*) influx ❷ (*einer Familie*) move, arrival ❸ (*Verstärkung*) reinforcement; **die Armee hat starken ~ bekommen** the army has been strongly reinforced

zu·züg·lich ['tsu:tsy:glɪç] *präp* ■~ **einer S.** *gen* plus sth; (*geschrieben a.*) excl[.] sth

zu|zwin·kern *vi* ■**jdm** ~ to wink at sb; (*als Zeichen a.*) to give sb a wink; **mit einem aufmunternden Z~** with a wink of encouragement

Zvie·ri <-s, -> ['tsfi:ri] *m o nt* SCHWEIZ afternoon snack

ZVS <-> [tsɛtfau'ɛs] *f Abk von* **Zentralstelle für die Vergabe von Studienplätzen** ≈ UCAS BRIT

zwang [tsvaŋ] *imp von* **zwingen**

Zwang <-[e]s, Zwänge> [tsvaŋ, *pl* tsvɛŋə] *m* ❶ (*Gewalt*) force; (*Druck*) pressure; **gesellschaftliche Zwänge** social constraints; **seinen Gefühlen ~ antun** to suppress one's feelings; **~ ausüben** to put on pressure; **~ auf jdn ausüben** to exert pressure on sb; **~ auf jdn ausüben, damit er/sie etw tut** to pressurize [*or* AM pressure] sb into doing sth; **etw ohne ~ tun** to do sth voluntarily [*or* without being forced [to]]; **unter ~** under duress [*or* pressure]; **ein Geständnis unter ~ machen** to make a confession under duress ❷ (*Notwendigkeit*) compulsion, necessity; **aus ~** under compulsion, out of necessity; ■**der ~ einer S.** *gen* the pressure of sth; **es besteht kein ~, etw zu kaufen** there is no obligation to buy sth ❸ (*Einfluss*) influence ▶WENDUNGEN: **tu dir keinen ~ an** feel free [to do sth]; **darf man hier rauchen? – klar, tu dir keinen Zwang an!** is it OK to smoke here? – of course, feel free!

zwän·gen ['tsvɛŋən] *vt* ■**etw in/zwischen etw** *akk* ~ to force sth into/between sth; **Sachen in einen Koffer ~** to cram things into a case; ■**sich durch etw/in etw** *akk* ~ to squeeze through/into sth; **sich in die überfüllte U-Bahn ~** to squeeze [one's way] into the overcrowded tube; **sich durch die Menge ~** to force one's way through the crowd

zwang·haft *adj* compulsive; (*besessen*) obsessive

zwang·los I. *adj* ❶ (*ungezwungen*) casual, free and easy; (*ohne Förmlichkeit*) informal; **ein ~es Beisammensein** a relaxed get-together ❷ (*unregelmäßig*) irregular; **die Zeitschrift erscheint in ~er Folge** the journal appears at irregular intervals **II.** *adv* (*ungezwungen*) casually; (*ohne Förmlichkeit*) informally; **sich ~ über etw** *akk* **unterhalten** to have an informal talk [*or* a chat] about sth

Zwang·lo·sig·keit <-, -en> *f* informality

Zwangs·ab·ga·be *f* compulsory contribution **Zwangs·an·lei·he** *f* forced [*or* compulsory] loan **Zwangs·ar·beit** *f kein pl* JUR hard labour [*or* AM -or] **Zwạngs·ein·wei·sung** *f* compulsory hospitalization **Zwạngs·ent·eig·nung** *f* compulsory expropriation *form* **Zwạngs·er·näh·rung** *f* force-feeding *no indef art* **Zwạngs·ja·cke** *f* strai[gh]tjacket; **jdn in eine ~ stecken** to put sb in a strai[gh]tjacket, to strai[gh]tjacket sb **Zwạngs·la·ge** *f* predicament, dilemma; **in eine ~ geraten** to get into a predicament [*or fam* [real] fix]; **in einer ~ sein** [*o* **stecken**] to be in a predicament [*or fam* fix]; (*zwischen zwei Wahlen a.*) to be between the devil and the deep blue sea **zwạngs·läu·fig** **I.** *adj* inevitable **II.** *adv* inevitably; **dazu musste es ja ~ kommen** it had [*or* was bound] to happen, it was inevitable that would happen **Zwạngs·läu·fig·keit** <-, -en> *meist sing f* inevitability **Zwạngs·maß·nah·me** *f* compulsory [*or form* coercive] measure **Zwạngs·räu·mung** *f* eviction **Zwạngs·um·tausch** *m* compulsory currency exchange (*imposed on West Germans entering the former GDR*) **zwạngs·ver·stei·gern*** *vt* ■**etw ~** to put up sth *sep* for compulsory auction **Zwạngs·ver·stei·ge·rung** *f* compulsory sale [*or* auction]; *von Beschlagnahmtem* distress sale *spec* **Zwạngs·voll·stre·ckung** *f* execution [*or form* enforcement] [of a writ], distraint *spec* **Zwạngs·vor·stel·lung** *f* PSYCH obsession, idée fixe **zwạngs·wei·se** **I.** *adj* compulsory; **eine ~ Räumung** an eviction **II.** *adv* compulsorily; **ein Haus ~ räumen** to force the tenants to evacuate a house

zwan·zig ['tsvantsɪç] *adj* ❶ (*Zahl*) twenty; *s. a.* **achtzig 1** ❷ (*fam: Stundenkilometer*) twenty [kilometres [*or* AM -meters] an hour]; *s. a.* **achtzig 2**

Zwan·zig ['tsvantsɪç] *f* twenty

zwan·zi·ger, 20er ['tsvantsɪgɐ] *adj attr, inv* ■**die ~ Jahre** the twenties; (*geschrieben a.*) the '20s

Zwan·zi·ger[1] <-s, -> ['tsvantsɪgɐ] *m* ❶ (*fam: Geldstück*) twenty-cents piece [*or* coin]; (*Geldschein*) twenty-euros note ❷ SCHWEIZ twenty-rappen coin ❸ (*Wein aus dem Jahre '20*) ■**ein ~** a 1920 vintage

Zwan·zi·ger[2] ['tsvantsɪgɐ] *pl* ■**die ~** the twenties; (*geschrieben a.*) the 20[']s; **in den ~n sein** to be in one's twenties; *s. a.* **Achtziger**[3]

Zwan·zi·ger(in) ['tsvantsɪgɐ] *m(f)* person in her/his twenties; **ein ~/eine ~ in sein** to be in one's twenties

Zwạn·zi·ger·jah·re *pl* ■**die ~** the twenties; (*geschrieben a.*) the 20[']s

zwạn·zig·jäh·rig, 20-jäh·rig[RR] *adj attr* ❶ (*Alter*) twenty-year-old *attr*, twenty years old *pred*, of twenty years *pred form* ❷ (*Zeitspanne*) twenty-year *attr*

Zwạn·zig·jäh·ri·ge(r), 20-Jäh·ri·ge(r)[RR] *f(m) decl wie adj* twenty-year-old

zwan·zig·ste(r, s) ['tsvantsɪçstə, -stɐ, -stəs] *adj attr* ❶ (*nach dem 19. kommend*) twentieth; *s. a.* **achte(r, s) 1** ❷ (*Datum*) twentieth; *s. a.* **achte(r, s) 2**

Zwan·zig·ste(r) ['tsvantsɪçstə, -stɐ] *f(m) decl wie adj* ❶ (*Person*) twentieth; *s. a.* **Achte(r) 1** ❷ (*bei Datumsangabe*) **der ~/am ~n**, *geschrieben* **der 20./am 20.** the twentieth/on the twentieth *spoken*, the 20th/on the 20th *written*

zwar [tsvaːɐ̯] *adv* (*einschränkend*) **sie ist ~ 47, sieht aber wie 30 aus** although she's 47, she looks like 30, it's true she's [*or* she may be] 47, but she looks like 30; **das mag ~ stimmen, aber ...** that may be true, but ...; **es steht mir ~ zu, aber ...** although it's my right, ..., it is in fact my right, but ...; ■**und ~** (*erklärend*) namely, to wit *form*; **Sie haben ein dringendes Anliegen? und ~?** you have an urgent matter? so what is it?

Zweck <-[e]s, -e> [tsvɛk] *m* ❶ (*Verwendungs~*) purpose; **einem bestimmten ~ dienen** to serve a particular purpose; **welchem ~ dient dieses Werkzeug?** what's this tool [used] for?, what's the purpose of this tool?; **etw seinem ~ entsprechend verwenden** to use sth for the purpose it was intended for; **ein guter ~** a good cause; **einem guten ~ dienen** to be for [*or* in] a good cause; **ein wohltätiger ~/wohltätige ~e** charity; **seinen ~ erfüllen** to serve its/one's purpose, to do the trick *fam* ❷ (*Absicht*) aim, object *kein pl;* **einen ~ verfolgen** to have a specific aim [*or* object]; **üble ~e verfolgen** to be planning evil, to be pursuing evil designs [*or* intentions]; **seinen ~ verfehlen** to fail to achieve its/one's object; **einem bestimmten ~ dienen** to serve a particular aim [*or* object]; **zu welchem ~?** for what purpose?, to what end? ❸ (*Sinn*) point; **der ~ soll sein, dass ...** the point of it/this [*or* the idea] is that ...; **das hat doch alles keinen ~!** there's no point in any of that, it's pointless; (*a. ineffektiv*) it's/that's no use; ■**es hat keinen ~, etw zu tun** there's no point [in] [*or* it's pointless] doing sth; **was soll das für einen ~ haben?** what's the point of that?; **was ist der ~ der Übung?** (*iron*) what's the object of the exercise? *iron* ▶ WENDUNGEN: **der ~ heiligt die Mittel** (*prov*) the end justifies the means *prov*

Zwẹck·bau <-bauten> *m* functional building **Zwẹck·bünd·nis** *nt* convenient [*or* expedient] alliance; (*zwischen politischen Parteien a.*) marriage of convenience **zwẹck·dien·lich** *adj* (*nützlich*) useful; (*angebracht*) appropriate; **~e Hinweise nimmt jede Polizeidienststelle entgegen** (*geh*) contact any police station with relevant information **zwẹck·ent·frem·den*** *vt* ■**etw [als etw] ~** to use sth as sth **Zwẹck·ent·frem·dung** *f* misuse **Zwẹck·ge·mein·schaft** *f* partnership of convenience **zwẹck·los** *adj* futile, useless, of no use *pred;* (*sinnlos a.*) pointless; ■**es ist ~, etw zu tun** it's futile [*or* useless] [*or* no use]/pointless [*or* there's no point in] doing sth **Zwẹck·lo·sig·keit** <-> *f kein pl* futility, uselessness; (*Sinnlosigkeit a.*) pointlessness **zwẹck·mä·ßig** *adj* ❶ (*für den Zweck geeignet*) practical, suitable ❷ (*sinnvoll*) appropriate; (*ratsam*) advisable, expedient; ■**~ sein, etw zu tun** to be advisable to do sth **Zwẹck·mä·ßig·keit** <-, -en> *f* usefulness, suitability **Zwẹck·op·ti·mis·mus** *m* calculated optimism; **mit dem ihr üblichen ~ behauptet sie immer noch, dass der Termin gehalten werden kann** with her usual calculated optimism she still maintains that the deadline can be met **Zwẹck·pes·si·mis·mus** *m* [calculated] pessimism

zwecks [tsvɛks] *präp* (*geh*) ■**~ einer S.** *gen* for [the purpose of *form*] sth

Zwẹck·ver·band *m* ADMIN, POL special purpose association (*of local authorities for joint mastering of certain tasks*)

zwei [tsvai] *adj* two; **für ~ arbeiten/essen** to work/eat for two; *s. a.* **acht**[1] ▶ WENDUNGEN: **~ Gesichter haben** to be two-faced; **~ Seelen, ein Gedanke** (*prov*) great minds think alike

Zwei <-, -en> [tsvai] *f* ❶ (*Zahl*) two ❷ (*Verkehrslinie*) ■**die ~** the [number] two ❸ KARTEN ■**die ~** the two; *s. a.* **Acht**[1] **4** ❹ (*Schulnote*) ≈ B, good

zwei·bän·dig *adj inv* two-volume *attr*, in two volumes *pred* **Zwei·bei·ner** <-s, -> *m* (*hum fam*) human being **Zwei·bett·zim·mer** *nt* twin [*or* double] room **zwei·deu·tig** ['tsvaidɔytɪç] **I.** *adj* ambiguous; (*anrüchig*) suggestive **II.** *adv* ambiguously; (*anrüchig*) suggestively; **sich ~ ausdrücken** to use ambiguous expressions; (*anrüchig*) to use double entendres **Zwei·deu·tig·keit** <-, -en> *f* ❶ (*Ambiguität*) ambiguity, equivocalness ❷ (*zweideutige Äußerung*) ambiguity **zwei·di·men·si·o·nal** **I.** *adj inv* two-dimensional, 2D **II.** *adv* in two dimensions [*or* 2D] **Zwei·drit·tel·mehr·heit** *f* two-thirds majority; **mit ~** with a two-thirds majority **zwei·ein·halb** ['tsvaiʔain'halp] *adj* ❶ (*Bruchzahl*) two-and-a-half; **~ Meter** two-and-a-half metres [*or* AM -ers] ❷ (*fam: 2.500 Euro*) two-and-a-half thou [*or* grand] [*or* AM a. G[']s] *fam; s. a.* **anderthalb**

Zwei·er <-s, -> ['tsvaiɐ] *m* (*fam: Note gut*) ≈ B

Zwei·er·be·zie·hung *f* relationship **Zwei·er·bob** *m* two-man bob **Zwei·er·kis·te** *f* (*sl*) relationship

zwei·er·lei ['tsvaiɐ'lai] *adj inv, attr* two [different]; **etwas versprechen und das dann halten ist ~** to make a promise is one thing, to keep it quite another; **mit ~ Maß messen** to apply double standards; *s. a.* **achterlei**

Zwei·er·rei·he *f* row of two abreast, double row; **in ~n antre-**

zweifeln

Zweifel ausdrücken	expressing doubt
Ich bin mir da nicht so sicher.	I'm not so sure about that.
Es fällt mir schwer, das zu glauben.	I find that hard to believe.
Das kaufe ich ihm nicht ganz ab. *(fam)*	I don't quite buy it/his story.
So ganz kann ich da nicht dran glauben.	I cannot really believe that.
Ich weiß nicht so recht.	I don't really know.
Ob die Kampagne die gewünschten Ziele erreichen wird, **ist (mehr als) zweifelhaft.**	**It is (more than) doubtful** whether the campaign will achieve the desired aims.
Ich hab da so meine Zweifel, ob er es wirklich ernst gemeint hat.	**I have my doubts as to whether** he really was serious about it/that.
Ich glaube kaum, dass wir noch diese Woche damit fertig werden.	**I very much doubt (that)** we will finish this week.

ten to line up in twos; **in ~n marschieren** to march two abreast

zwei·fach, 2·fach ['tsvaifax] **I.** *adj* ❶ *(doppelt)* **die ~e Dicke** twice [*or* double] the thickness; **die ~e Menge** twice as much, twice [*or* double] the amount ❷ *(zweimal erstellt)* **eine ~e Kopie** a duplicate; **in ~er Ausfertigung** in duplicate **II.** *adv* **etw ~ ausfertigen** to issue sth in duplicate; *s. a.* **achtfach**

Zwei·fa·che, 2·fa·che *nt decl wie adj* ■**das ~** twice as much; *s. a.* **Achtfache**

Zwei·fa·mi·li·en·haus [tsvaifa'mi:li̯ənhaus] *nt* two-family house **zwei·far·big** ['tsvaifarbɪç] **I.** *adj inv* two-colour [*or* AM -or]; **eine ~e Lackierung** two-tone paint **II.** *adv* **etw ~ drucken** to print sth in two colours [*or* AM -ors]; **etw ~ lackieren** to give sth a coat of two-tone paint

Zwei·fel <-s, -> ['tsvaifl̩] *m* doubt; *(Bedenken a.)* reservation; **leiser/banger Zweifel stieg in ihm auf** he began to have slight/severe misgivings; **jds ~ ausräumen** to dispel sb's doubts; **jds ~ beheben** [*o* **beseitigen**] to dispel sb's doubts; **es bestehen ~ an etw** *dat* there are doubts about sth; **darüber besteht kein ~** there can be no doubt about that; **es besteht kein ~ [mehr] [daran], dass ...** there is no [longer any] doubt that ...; **seine ~ haben, ob ...** to have one's doubts [about [*or* as to]] [*or* to be doubtful] whether ...; **da habe ich meine ~!** I'm not sure about that!; **~** *pl* **hegen** to entertain doubts; **bei jdm regt sich der ~** sb begins to doubt; **sich** *dat* **[noch] im ~ sein** to be [still] in two minds; **ich bin mir im ~, ob der Mann auf dem Foto der ist, den ich bei dem Überfall gesehen habe** I'm not quite sure whether the man in the photo is really the one I saw at the hold-up; **jdm kommen ~** sb begins to doubt [*or* to have his/her doubts]; **jdn im ~ lassen** to leave sb in doubt; **ich habe ihn über meine Absichten nicht im ~ gelassen** I left him in no doubt as to my intentions; **außer ~ stehen** to be beyond [all] doubt; *(stärker)* to be beyond the shadow of a doubt; **außer ~ stehen, dass ...** to be beyond [all] doubt that ...; **für mich steht es außer ~, dass ...** I have absolutely no doubt that ...; **etw in ~ ziehen** to doubt [*or* question] sth; **eine Aussage in ~ ziehen** to call a testimony in[to] question, to challenge a testimony; **kein** [*o* **ohne**] **~** without [a] doubt, no doubt about it *fam;* **es ist ohne ~ dasselbe** it's undoubtedly [*or* unquestionably] the same, it's the same, and no mistake

zwei·fel·haft *adj* ❶ *(anzuzweifelnd)* doubtful; **von ~em Wert** of doubtful [*or* questionable] merit; ■**es ist ~, ob ...** it is doubtful [*or* debatable] whether [*or fam* if] ... ❷ *(pej: dubios)* dubious, shady *fam*

zwei·fel·los ['tsvaifl̩lo:s] *adv inv* without [a] doubt, undoubtedly, unquestionably; **Sie haben ~ recht** you are undoubtedly [*or* unquestionably] right

zwei·feln ['tsvaifl̩n] *vi* ■**an jdm/etw ~** to doubt [*or* have one's doubts about] sb/sth; *(skeptisch sein a.)* to be sceptical [*or* AM skeptical] about sb/sth; ■**[daran] ~, ob ...** to doubt [*or* have doubts [about [*or* as to]]] whether ...; ■**nicht [daran] ~, dass ...** to not [*or* have no] doubt that ...; **ich habe keine Minute gezweifelt, dass ...** I did not doubt for a minute that ...

Zwei·fels·fall *m* ■**im ~** in case of [*or* when [*or* if] in] doubt **zwei·fels·frei** *adj inv* without doubt *pred,* unambiguous, unequivocal **zwei·fels·oh·ne** [tsvaifl̩s'ʔo:nə] *adv inv (geh) s.* **zweifellos**

Zweif·ler(in) <-s, -> *m(f)* sceptic BRIT, skeptic AM, doubter

Zwei·fron·ten·krieg *m* warfare [*or* war] *no indef art* on two fronts; **einen ~ führen** to wage war on two fronts

Zweig <-[e]s, -e> [tsvaik] *m* ❶ *(Ast)* branch; *(dünner, kleiner)* twig; *(mit Blättern/Blüten a.)* sprig ❷ *(Sparte)* branch ❸ *(Fachrichtung)* branch; **der naturwissenschaftliche ~** the branch of natural sciences ▶WENDUNGEN: **auf keinen grünen ~ kommen** *(fam)* to get nowhere; **du wirst nie auf einen grünen ~ kommen** you'll never get anywhere [*or* ahead in life]

Zwei·gang·ge·trie·be *nt* TECH two-speed gearbox *spec*

Zweig·be·trieb *m* branch

Zwei·ge·spann *nt (fam)* duo, twosome

Zweig·ge·schäft *nt* branch

zwei·glei·sig ['tsvaiglaizɪç] **I.** *adj inv* ❶ *(liter)* double tracked, double-track *attr* ❷ *(fig)* **~e Verhandlungen führen** to transact negotiations along two [different] lines **II.** *adv* **etw ~ verhandeln** to negotiate sth along two [different] lines; **~ fahren** *(fig fam)* to have two strings to one's bow

Zweig·stel·le *f* branch office

zwei·hun·dert ['tsvai'hʊndɐt] *adj* two hundred; *s. a.* **hundert**

zwei·hun·dert·jäh·rig *adj inv* ❶ *(Alter)* two-hundred-year-old *attr,* two hundred years old *pred* ❷ *(Zeitspanne)* two-hundred-year *attr;* **nach ~er Unabhängigkeit** after two hundred years of [*or* years'] independence; **das ~e Bestehen der Universität** the university's two hundred years of existence

zwei·jäh·rig, 2-jäh·rigRR *adj inv* ❶ *(Alter)* two-year-old *attr,* two years old *pred; s. a.* **achtjährig 1** ❷ *(Zeitspanne)* two-year *attr,* two years *pred; s. a.* **achtjährig 2** ❸ BOT biennial **Zwei·jäh·ri·ge(r), 2-Jäh·ri·ge(r)**RR *f(m) decl wie adj* two-year-old

Zwei·kampf *m* duel; **jdn zum ~ herausfordern** to challenge sb to a duel **zwei·köp·fig** *adj inv* two- [*or* double-]headed; *s. a.* **achtköpfig**

zwei·mal, 2-malRR ['tsvaima:l] *adv inv* twice, two times; **sich** *dat* **etw nicht ~ sagen lassen** to not need telling twice, to jump at sth; **sich** *dat* **etw ~ überlegen** to think over sth *sep* carefully; (*zweifelnd*) to think twice about sth; *s. a.* **achtmal**

zwei·ma·lig ['tsvaima:lɪç] *adj* two times over; **nach ~er Aufforderung/Bitte** after being told/asked twice; *s. a.* **achtmalig**

Zwei·mas·ter <-s, -> ['tsvaimastɐ] *m* NAUT two-master; (*Rahsegler a.*) brig **zwei·mo·na·tig** *adj attr, inv* ① (*zwei Monate dauernd*) two-month; **von ~er Dauer sein** to last/take two months; **nach ~em Warten** after two months of [*or* months'] waiting ② (*zwei Monate alt*) two-month-old **zwei·mo·nat·lich** *adj attr, inv* bimonthly, every two months *pred* **zwei·mo·to·rig** *adj inv* twin-engined; **~ sein** to have [*or* be fitted with] twin engines, to be a twin-engine model **Zwei·par·tei·en·sys·tem** *nt* two-party system **Zwei·plät·zer** <-s, -> *m* SCHWEIZ (*Zweisitzer*) two-seater **Zwei·rad** *nt* (*allgemein*) two-wheeled vehicle *form;* (*Motorfahrrad*) motorcycle, [motor]bike *fam;* (*Fahrrad*) [bi]cycle, bike *fam;* (*für Kinder a.*) two-wheeler **Zwei·rei·her** <-s, -> *m* double-breasted suit/coat **zwei·rei·hig** ['tsvairaiɪç] **I.** *adj inv* double-row *attr,* in two rows *pred;* **ein ~er Anzug** a double-breasted suit **II.** *adv* in two rows **Zwei·sam·keit** <-, -en> ['tsvaiza:m-] *f* (*geh*) togetherness **zwei·schnei·dig** ['tsvaiʃnaidɪç] *adj inv* two- [*or* double-]edged ▸ WENDUNGEN: **ein ~es Schwert** a double-edged sword **zwei·sei·tig** *adj inv* ① (*zwei Seiten umfassend*) two-page *attr,* of two pages *pred;* **~ sein** to be [*or* cover] two pages ② (*von zwei Parteien unterzeichnet*) bilateral, bipartite *spec* **zwei·sil·big** *adj inv* of two syllables *pred,* disyllabic *spec;* **ein ~es Wort** a disyllable [word] *spec* **Zwei·sit·zer** ['tsvaizɪtsɐ] *m* two-seater; **ein offener ~** a roadster **zwei·sit·zig** *adj inv* two-seated *attr;* ■**~ sein** to have two seats **zwei·spal·tig** *adj inv* double-column[ed] *attr,* in two columns *pred* **zwei·spra·chig** ['tsvaiʃpra:xɪç] **I.** *adj inv* ① (*in zwei Sprachen gedruckt*) in two languages *pred;* **ein ~es Wörterbuch** a bilingual dictionary ② (*zwei Sprachen anwendend*) bilingual **II.** *adv* **~ erzogen sein** to be brought up speaking two languages [*or form* in a bilingual environment] **Zwei·spra·chig·keit** <-> *f kein pl* bilingualism *form* **zwei·spu·rig** *adj inv* two-lane *attr;* ■**~ sein** to have two lanes **zwei·stel·lig** *adj inv* two-digit *attr,* with two digits *pred* **zwei·stim·mig** **I.** *adj inv* two-part *attr,* for two voices *pred* **II.** *adv* **etw ~ singen** to sing sth in two parts **zwei·stö·ckig** **I.** *adj inv* two-storey [*or* AM -story] *attr* **II.** *adv* **etw ~ bauen** to build sth with two storeys [*or* AM stories] **zwei·strah·lig** *adj inv* twin-jet *attr,* with twin jets *pred;* ■**~ sein** to be a twin-jet model **Zwei·strom·land** *nt kein pl* ■**das ~** Mesopotamia **zwei·stün·dig, 2-stün·dig**^RR ['tsvaiʃtʏndɪç] *adj inv* two-hour *attr; s. a.* **achtstündig** **zwei·stünd·lich** ['tsvaiʃtʏntlɪç] **I.** *adj inv* two-hourly *attr,* every two hours *pred* **II.** *adv* every two hours, at two-hour intervals

zweit [tsvait] *adv s.* **zwei**

zwei·tä·gig, 2-tä·gig^RR *adj inv* two-day *attr* **Zwei·tak·ter** <-s, -> *m* two-stroke engine, two-stroke[r] *fam*

zweit·äl·tes·te(r, s) *adj attr, inv* second oldest [*or* eldest]; ■**jds Z~[r]** sb's second [child]

zwei·tau·send ['tsvai'tauznt] *adj* ① (*Zahl*) two thousand; *s. a.* **tausend 1** ② (*fam: 2.000 Euro*) two grand *no pl,* two thou *no pl sl,* two grand [*or* AM *a.* G[']s] *sl*

Zwei·tau·sen·der *m* mountain over 2,000 metres [*or* AM meters]

zweit·bes·te(r, s) ['tsvait'bɛstə, -'bɛstɐ, -'bɛstəs] *adj* second best, second-best *attr;* ■**Z~[r] sein/werden** to be/come [in] second best

zwei·te(r, s) ['tsvaitə, 'tsvaitɐ, 'tsvaitəs] *adj* ① (*nach dem ersten kommend*) second; **die ~ Klasse** [*o fam* **die ~**] ≈ primary two BRIT, second form BRIT, second grade AM; *s. a.* **achte(r, s) 1** ② (*Datum*) second [*or* 2nd]; *s. a.* **achte(r, s) 2** ▸ WENDUNGEN: **der ~ Bildungsweg** night school; **die ~ Geige spielen** to play second fiddle; **das ~ Gesicht haben** to have second sight; **etw aus ~r Hand kaufen** to buy sth second-hand; **etw nur aus ~r Hand wissen** to know sth only by hearsay

Zwei·te(r) ['tsvaitə, 'tsvaitɐ] *f(m) decl wie adj* ① (*Person*) second; *s. a.* **Achte(r) 1** ② (*bei Datumsangaben*) ■**der ~/am ~n** [*o geschrieben* **der 2./am 2.**] the second/on the second *spoken,* the 2nd/on the 2nd *written; s. a.* **Achte(r) 2** ③ (*bei Namen*) **Ludwig der ~** Ludwig II; *geschrieben* Louis the Second *spoken,* Louis II *written* ▸ WENDUNGEN: **wie kein ~r** as no one else can

zwei·tens ['tsvaitṇs] *adv* secondly; (*bei Aufzählung a.*) second

Zweit·fahr·zeug *nt* alternative [*or* second] vehicle; (*Zweitauto*) second car **Zweit·ge·rät** *nt* second radio/television [set]/set **zweit·größ·te(r, s)** *adj attr* second-biggest; *Mensch a.* second-tallest; **die ~ Stadt** the second-biggest [*or* -largest] town/city; (*einer Nation a.*) the second city **zweit·höchs·te(r, s)** *adj attr* second-highest; *Gebäude a.* second-tallest; *Beamter* second most senior **zweit·klas·sig** *adj inv* (*pej*) inferior, second-rate *pej;* **ein ~es Restaurant** a second-rate restaurant *pej,* a greasy spoon *pej sl* **Zweit·li·gist** <-en, -en> ['tsvaitligɪst] *m* SPORT, FBALL second Bundesliga team **zweit·ran·gig** *adj inv s.* **zweitklassig** **Zweit·schlüs·sel** *m* duplicate key **Zweit·schrift** *f* (*geh*) copy, duplicate copy *form* **Zweit·stim·me** *f* second vote (*for the party and its "Landesliste", the first being for the local candidate*)

Zwei·tü·rer *m* two-door car [*or* model]

zwei·tü·rig *adj inv* two-door *attr;* ■**~ sein** to have two doors, to be a two-door car [*or* model]

Zweit·wa·gen *m* second car **Zweit·woh·nung** *f* second home; **eine ~ auf dem Land** a country retreat

Zwei·we·ge·box *f* plastic container box

zwei·wer·tig *adj inv* divalent *spec,* bivalent *spec* **zwei·wö·chent·lich** **I.** *adj inv* biweekly, fortnightly **II.** *adv* every two weeks, biweekly, fortnightly **zwei·wö·chig** *adj inv* two-week *attr,* of two weeks *pred;* **von ~er Dauer sein** to last/take two weeks **Zwei·zei·ler** *m* ① (*Gedicht*) couplet, distich *spec* ② (*Text aus zwei Zeilen*) two-line text, two-liner *fam* **zwei·zei·lig** *adj inv* ① (*aus zwei Zeilen bestehend*) two-line *attr,* of two lines *pred;* ■**~ sein** to have two lines ② TYPO **mit ~em Abstand** double-spaced; **etw mit ~em Abstand setzen** to double-space sth *spec* **Zwei·zim·mer·woh·nung** *f* two-room [*or* -roomed] flat, two apartment flat AM **Zwei·zy·lin·der** *m* two-cylinder model [*or* motorcycle] [*or fam* [motor]bike] **Zwei·zy·lin·der·mo·tor** *m* two-cylinder engine, twin[-cylinder] engine **zwei·zy·lind·rig** *adj inv* two-cylinder *attr;* **ein ~er Motor** a two-cylinder [*or* twin[-cylinder]] engine; ■**~ sein** to be powered by [*or* fitted with] a two-cylinder engine; *Motor* to have two cylinders

Zwerch·fell ['tsvɛrçfɛl] *nt* MED diaphragm

Zwerg(in) <-[e]s, -e> [tsvɛrk, *pl* 'tsvɛrgə] *m(f)* ① (*im Märchen*) dwarf; **Schneewittchen und die sieben ~e** Snow White and the Seven Dwarfs ② (*zwergwüchsiger Mensch*) dwarf, midget; **gegen jdn ein ~ sein** to be dwarfed by [*or* a dwarf compared to] sb ③ (*Garten~*) [garden] gnome ④ (*pej: minderwertiger Mensch*) [little] squirt

Zwerg·da·ckel *m* toy dachshund

zwer·gen·haft *adj* dwarfish; (*auffallend klein*) tiny

Zwerg·huhn *nt* bantam

Zwer·gin <-, -nen> ['tsvɛrgɪn] *f fem form von* **Zwerg**

Zwerg·kie·fer *f* dwarf pine **Zwerg·pu·del** *m* toy poodle **Zwerg·staat** *m* miniature state **Zwerg·wels** <-s, -e> *m* ZOOL, KOCHK catfish, bullhead **Zwerg·wuchs** *m* dwarfism, stunted growth **zwerg·wüch·sig** *adj attr* dwarfish

Zwetsch·ge <-, -n> ['tsvɛtʃgə] *f* damson; (*~nbaum*) damson tree ▸ WENDUNGEN: **seine sieben ~n [ein]packen** (*fam*) to pack one's things

Zwetsch·gen·ku·chen *m* plum cake **Zwetsch·gen·mus** *nt* plum jam **Zwetsch·gen·was·ser** *nt* plum brandy

Zwetsch·ke <-, -n> ['tsvɛtʃkə] *f* ÖSTERR *s.* **Zwetschge**

Zwi·ckel <-s, -> ['tsvɪkl̩] *m* ① MODE gusset; **einen ~ einsetzen** to insert a gusset ② ARCHIT spandrel

zwi·cken ['tsvɪkn̩] **I.** *vi Hosenbund, Kragen* to pinch **II.** *vt bes* ÖSTERR, SÜDD (*fam*) ■**jdn [in etw** *akk*] ~ to pinch sb['s sth]; **die Katze in den Schwanz** ~ to pinch the cat's tail

Zwi·cker <-s, -> ['tsvɪkɐ] *m* ÖSTERR, SÜDD (*Kneifer*) pince-nez

Zwick·müh·le *f* ▶ WENDUNGEN: **in der** ~ **sein** [*o* **sitzen**] (*fam*) to be in a dilemma [*or* a Catch-22 [situation]]

Zwie·back <-[e]s, -e *o* -bäcke> ['tsvi:bak, *pl* -bɛkə] *m* rusk, zwieback *spec*

Zwie·bel <-, -n> ['tsvi:bl̩] *f* ❶ KOCHK onion ❷ HORT (*Blumen~*) bulb

zwie·bel·för·mig *adj inv* onion-shaped **Zwie·bel·ku·chen** *m* onion tart **Zwie·bel·kup·pel** *f* imperial roof

zwie·beln ['tsvi:bl̩n] *vt* (*fam*) ■**jdn** ~ to harass sb

Zwie·bel·ring *m* onion ring **Zwie·bel·scha·le** *f* onion skin **Zwie·bel·sup·pe** *f* onion soup

Zwie·ge·spräch *nt* (*geh*) tête-à-tête *form;* **ein vertrauliches** ~ a tête-à-tête [*or* private conversation] **Zwie·licht** ['tsvi:lɪçt] *nt kein pl* twilight; (*morgens a.*) half-light; (*abends a.*) dusk ▶ WENDUNGEN: **ins** ~ **geraten** to lay oneself open [*or* to expose oneself] to suspicion; **wegen seiner dubiosen Kontakte ist er jetzt selbst ins** ~ **geraten** on account of his dubious contacts he now himself appears in an unfavourable light **zwie·lich·tig** *adj* (*pej*) dubious, shady *fam;* **ein** ~**er Geschäftemacher** a shady wheeler-dealer **Zwie·spalt** ['tsvi:ʃpalt] *m kein pl* (*geh*) conflict; **ein innerer** ~ an inner conflict; **im** ~ **sein** to be in conflict [*or* at odds] with oneself **zwie·späl·tig** ['tsvi:ʃpɛltɪç] *adj* (*geh*) conflicting, mixed; **ein** ~**er Charakter** an ambivalent [*or* ambiguous] character; ~**e Gefühle** mixed feelings

Zwie·tracht <-> ['tsvi:traxt] *f kein pl* (*geh*) discord *form;* ~ **säen** [*o* **stiften**] to sow [the seeds of] discord

Zwil·le <-, -n> ['tsvɪlə] *f* catapult BRIT, slingshot AM

Zwil·ling <-s, -e> ['tsvɪlɪŋ] *m* ❶ (*meist pl*) twin; ~**e bekommen** to have [*or* give birth to] twins; **eineiige** ~**e** identical twins; **siamesische** ~**e** Siamese twins; **siamesische** ~**e trennen** to separate Siamese twins; **zweieiige** ~**e** fraternal twins ❷ (*zweiläufiges Gewehr*) double-barrelled [*or* AM *a.* barreled] gun/shotgun ❸ *pl* ASTROL ■**die** ~**e** Gemini; **im Zeichen der** ~**e geboren** born under the sign of Gemini; **[ein]** ~ **sein** to be [a] Gemini

Zwil·lings·bru·der *m* twin brother **Zwil·lings·ge·burt** *f* twin birth **Zwil·lings·paar** *nt* twins *pl;* **drei** ~**e** three pairs [*or* sets] of twins **Zwil·lings·rei·fen** *pl* twin [*or* double] tyres [*or* AM tires], dual fitment [*or* assembly] *spec* **Zwil·lings·schwes·ter** *f* twin sister

Zwin·ge <-, -n> ['tsvɪŋə] *f* TECH [screw [*or spec* C]] clamp; (*kleiner*) thumbscrew *spec*

zwin·gen <zwang, gezwungen> ['tsvɪŋən] **I.** *vt* ❶ (*mit Druck veranlassen*) ■**jdn [zu etw]** ~, ■**jdn** ~**[, etw zu tun]** to force sb [into doing [*or* to do] sth], to make sb [do sth], to compel sb [to [do sth]]; **ich lasse mich nicht [dazu]** ~ I won't be forced [into [doing] it]; (*allgemein*) I won't give in to force [*or* be forced into anything]; **du musst noch nicht gehen, es zwingt dich niemand!** you don't have to go yet, nobody's forcing you!; **man kann niemanden zu seinem Glück** ~ you can lead a horse to water but you can't make it drink *prov* ❷ (*geh: gewaltsam drängen*) ■**jdn** ~ to force sb; **zwei Wärter zwangen den tobenden Häftling in die Zelle** two warders forced the raging prisoner into his cell; **jdn zu Boden** ~ to wrestle sb to the ground ❸ (*notwendig veranlassen*) ■**jdn** ~ to force [*or* compel] sb; **die Situation zwang uns zu raschem Handeln** the situation compelled us to act quickly; ■**gezwungen sein, etw zu tun** to be forced into [doing] [*or* to do] [*or* compelled [*or* made] to do] sth; **sich gezwungen sehen, etw zu tun** to feel [*or* find] [oneself] compelled [*or form* obliged] to do sth **II.** *vr* ■**sich zu etw** ~ ■**sich** ~**, etw zu tun** to force oneself to [*or* make oneself] do sth; **ich war so müde, ich musste mich** ~**, die Augen aufzuhalten** I was so tired it was a great effort to keep my eyes open; **seit 3 Tagen rauche ich jetzt nicht mehr, aber ich muss mich** ~ I haven't smoked for 3 days, but it's an effort **III.** *vi* ■**zu etw** ~ to force sb to do sth, to necessitate sth *form;* **zum Handeln/Umdenken** ~ to force sb to act/rethink; *s. a.* **Knie**

zwin·gend **I.** *adj* urgent; ~**e Gründe** compelling [*or* urgent] reasons; **eine Aussage von** ~**er Logik** a statement of compelling [*or* inescapable] logic **II.** *adv* **sich** ~ **ergeben** to follow conclusively; ~ **vorgeschrieben** obligatory

Zwin·ger <-s, -> ['tsvɪŋɐ] *m* cage

zwin·kern ['tsvɪŋkɐn] *vi* **[mit den Augen]** ~ to blink [one's eyes]; **[mit einem Auge]** ~ to wink; **mit dem rechten Auge** ~ to wink one's right eye; **freundlich** ~ to give [sb] a friendly wink

zwir·beln ['tsvɪrbl̩n] *vt* ■**etw** ~ to twirl sth [between [one's] finger and thumb]

Zwirn <-s, -e> [tsvɪrn] *m* [strong] thread [*or* yarn]

Zwirns·fa·den *m* thread

zwi·schen ['tsvɪʃn̩] *präp* ❶ +*dat* (*sich dazwischen befindend:* ~ *2 Personen, Dingen*) between; ■~ **etw und etw** between sth and sth; **das Kind saß** ~ **seinem Vater und seiner Mutter** the child sat between its father and mother; **der Garten liegt** ~ **Haus und Straße** the garden is between the house and the street; **mein Kalender muss irgendwo** ~ **den Büchern liegen** my diary must be somewhere between my books; (~ *mehreren: unter*) among[st]; **es kam zu einem Streit** ~ **den 10 Angestellten der Firma** it came to a quarrel among the firm's 10 employees ❷ +*akk* (*etw dazwischen platzierend:* ~ *zwei*) between; ■~ **etw und etw** between sth and sth; (~ *mehrere: unter*) among[st] ❸ +*akk* (*in die Mitte*) among[st], between; **der Terrorist warf die Handgranate** ~ **die Bischöfe** the terrorist threw the grenade among the bishops; **die Reisetasche passt gerade noch** ~ **die Koffer** the travelling bag just fits in between the suitcases ❹ +*dat* (*zeitlich dazwischenliegend*) between; ~ **Weihnachten und Neujahr** between Christmas and New Year ❺ +*dat* (*als wechselseitige Beziehung*) between; ~ **dir und mir** between you and me; ~ **Wunsch und Wirklichkeit** between desire and reality ❻ +*dat* (*zahlenmäßig dazwischenliegend*) between; **sein Gewicht schwankt** ~ **70 und 80 kg** his weight fluctuates between 70 and 80 kilos

Zwi·schen·ab·rech·nung *f* FIN intermediate account **Zwi·schen·auf·ent·halt** *m* stopover; **einen** ~ **einlegen** to stop over **Zwi·schen·be·mer·kung** *f* interruption; **wenn Sie mir eine** ~ **gestatten, ...** (*geh*) if I may interrupt you there ...; **machen Sie bitte keine** ~**en** please don't interrupt me **Zwi·schen·be·richt** *m* interim report **Zwi·schen·be·scheid** *m* provisional notification *no indef art* **zwi·schen·be·trieb·lich** *adj* intercompany *attr;* ■~ **sein** to be on an intercompany level **Zwi·schen·bi·lanz** *f* FIN interim [*or* struck] balance **Zwi·schen·blu·tung** *f* MED breakthrough [*or spec* intermenstrual] bleeding *kein pl, no indef art* **Zwi·schen·deck** *nt* 'tween decks *pl* **Zwi·schen·de·cke** *f* false [*or spec* intermediate] ceiling **Zwi·schen·ding** *nt s.* **Mittelding** **zwi·schen·durch** [tsvɪʃn̩'dʊrç] *adv* ❶ *zeitlich* in between times; (*inzwischen*) [in the] meantime; (*nebenbei*) on the side; **du isst zu viel** ~**!** you eat too much between meals! ❷ *örtlich* in between [them]; **ein Tannenwald und** ~ **ein paar Buchen** a pine forest with a few beech trees thrown in *fam* **Zwi·schen·er·geb·nis** *nt* interim result; *Untersuchung a.* interim findings *pl* **Zwi·schen·exa·men** *nt* intermediate exam[ination *form*] **Zwi·schen·fall** *m* ❶ (*unerwartetes Ereignis*) incident ❷ (*Störfall*) incident, accident; **die Demonstration verlief ohne Zwischenfälle** the demonstration went off without incident ❸ *pl* (*Ausschreitungen*) serious incidents; (*schwerwiegend*) clashes **Zwi·schen·fra·ge** *f* question [thrown in] **zwi·schen·ge·schlecht·lich** *adj* between the sexes *pred,* intersexual *spec* **Zwi·schen·grö·ße** *f* in-between size **Zwi·schen·halt** *m* SCHWEIZ *s.* **Zwischenaufenthalt** **Zwi·schen·händ·ler(in)**

Z

m(f) middleman **zwi·schen·kirch·lich** *adj* interconfessional; (*zwischen Freikirchen*) inter-denominational **Zwi·schen·kriegs·zeit** *f* HIST ■**die** ~ the interwar years *pl* **Zwi·schen·la·ger** *nt* temporary store; (*für Produkte*) intermediate store **zwi·schen|la·gern** *vt* ■**etw** ~ to store sth [temporarily], to put [*or* place] sth in temporary storage **Zwi·schen·la·ge·rung** *f* temporary storage **zwi·schen·lan·den** *vi sein* LUFT to stop over (**in** *+dat* in), to make a stopover (**in** *+dat* in) **Zwi·schen·lan·dung** *f* LUFT stopover; **eine** ~ **machen** to make a stopover, to stop over **Zwi·schen·lö·sung** *f* temporary [*or* interim] [*or* provisional] solution **Zwi·schen·mahl·zeit** *f* snack [between meals] **zwi·schen·mensch·lich** *adj* interpersonal; ~**e Beziehungen** interpersonal [*or* human] relations; ~**e Wärme** [personal] warmth **Zwi·schen·pau·se** *f* [short] break **Zwi·schen·prü·fung** *f* intermediate exam[ination *form*] (*on completion of an obligatory set of studies*) **Zwi·schen·raum** *m* ❶ (*Lücke*) ■**der/ein** ~ **zwischen etw** *dat* the/a gap between sth; **einen** ~ **von anderthalb Zeilen lassen** TYPO to leave a space of one-and-a-half lines ❷ (*zeitlicher Intervall*) interval; **ein** ~ **von 3 Jahren** an interval of 3 years, a 3-year interval **Zwi·schen·ruf** *m* interruption; ■~**e** heckling; **der Redner wurde durch** ~**e immer wieder unterbrochen** the speaker was repeatedly interrupted by hecklers **Zwi·schen·ru·fer(in)** <-s, -> *m(f)* heckler **Zwi·schen·spiel** *nt* ❶ MUS (*Interludium*) interlude ❷ MUS (*instrumentale Überleitung zwischen Strophen*) intermezzo ❸ MUS (*Entreakt*) interlude ❹ LIT (*Episode*) interlude **Zwi·schen·spurt** *m* short spurt; **einen** ~ **einlegen** to put in spurt **zwi·schen·staat·lich** *adj attr* international; (*bundesstaatlich*) interstate **Zwi·schen·sta·di·um** *nt* intermediate stage; (*bei einer Planung a.*) intermediate phase **Zwi·schen·sta·ti·on** *f* [intermediate] stop; **in einer Stadt** ~ **machen** to stop off in a town **Zwi·schen·stück** *nt* TECH connection, connecting piece **Zwi·schen·sum·me** *f* subtotal; **eine** ~ **machen** to give a subtotal **Zwi·schen·ur·teil** *nt* JUR interlocutory decree *spec* **Zwi·schen·wand** *f* dividing wall; (*Stellwand*) partition **Zwi·schen·zeit** *f* ■**in der** ~ [in the] meantime, meanwhile, in the interim **zwi·schen·zeit·lich** *adv* [in the] meantime, meanwhile **Zwi·schen·zeug·nis** *nt* ❶ (*vorläufiges Arbeitszeugnis*) interim reference ❷ (*vorläufiges Schulzeugnis*) end of term report

Zwist <-es, -e> [tsvɪst] *m* (*geh*) discord *form;* (*stärker*) strife *no indef art;* (*Streit*) dispute

Zwis·tig·keit <-, -en> ['tsvɪstɪç-] *f meist pl* (*geh*) dispute

zwit·schern ['tsvɪtʃɐn] **I.** *vi* to twitter, to chir[ru]p; **das Z~ der Vögel** the twittering [*or* chir[ru]ping] of birds **II.** *vt* ▶WENDUNGEN: **einen** ~ (*fam*) to have a drink, to crack a bottle *fam*

Zwit·ter <-s, -> ['tsvɪtɐ] *m* hermaphrodite

zwo [tsvo:] *adj* (*fam*) two

zwölf [tsvœlf] *adj* twelve; *s. a.* **acht**[1] ▶WENDUNGEN: **die Z~ Nächte** the Twelve Days of Christmas; **es ist schon fünf vor** ~**!** it's almost too late!

Zwölf·en·der <-s, -> *m* JAGD royal [stag] *spec* **Zwölf·fin·ger·darm** [tsvœlf'fɪŋɐdarm] *m* duodenum **Zwölf·mei·len·zo·ne** *f* twelve-mile zone

zwölf·te(r, s) ['tsvœlftə, 'tsvœlftɐ, 'tsvœlftəs] *adj attr* ❶ (*nach dem elften kommend*) twelfth; **die** ~ **Klasse** [*o fam* **die** ~] sixth year (*of secondary school*), sixth form BRIT, Upper Sixth BRIT, twelfth grade AM; *s. a.* **achte(r, s) 1** ❷ (*Datum*) twelfth, 12th; *s. a.* **achte(r, s) 2**

Zwölf·te(r) ['tsvœlftə, 'tsvœlftɐ] *f(m) decl wie adj* ❶ (*Person*) twelfth; *s. a.* **Achte(r) 1** ❷ (*bei Datumsangaben*) **der ~/am ~n** [*o* **der 12./am 12.**] *geschrieben* the twelfth/on the twelfth *spoken,* the 12th/on the 12th *written; s. a.* **Achte(r) 2** ❸ (*als Namenszusatz*) **Ludwig der** ~ Louis the Twelfth *spoken,* Louis XII *written*

Zwölf·ton·mu·sik ['tsvœlfto:nmuzi:k] *f* twelve-tone [*or spec* dodecaphonic] music

zwo·te(r, s) ['tsvo:tə, 'tsvo:tɐ, 'tsvo:təs] *adj attr* (*fam*) *s.* **zweite(r, s)**

Zy·an·ka·li <-s> [tsy̆a:nka:li] *nt kein pl* CHEM potassium cyanide

Zy·klon <-s, -e> [tsy'klo:n] *m* cyclone

Zy·klop <-en, -en> [tsy'klo:p] *m* MYTH Cyclops

Zy·klus <-, Zyklen> ['tsy:klʊs, *pl* 'tsy:klən] *m* ❶ (*geh: Kreislauf*) cycle; **der** ~ **der Jahreszeiten** the cycle of the seasons ❷ (*Folge*) cycle, series; **ein** ~ **von Vorträgen** a series of lectures

Zy·lin·der <-s, -> [tsi'lɪndɐ] *m* ❶ MATH cylinder ❷ TECH cylinder, roller ❸ AUTO cylinder, pot *spec fam* ❹ (*Hut*) top hat, topper *fam*

Zy·lin·der·block <-blöcke> *m* AUTO engine [*or* cylinder] block, block *fam* **zy·lin·der·för·mig** *adj s.* **zylindrisch** **Zy·lin·der·kopf** *m* AUTO cylinder head **Zy·lin·der·kopf·dich·tung** *f* AUTO [cylinder] head gasket **Zy·lin·der·schloss**[RR] *nt* cylinder lock

zy·lind·risch [tsi'lɪndrɪʃ] *adj* cylindrical

Zy·ni·ker(in) <-s, -> ['tsy:nikɐ] *m(f)* cynic *a. pej*

zy·nisch ['tsy:nɪʃ] **I.** *adj* cynical *a. pej* **II.** *adv* cynically *a. pej;* ~ **grinsen** to give a cynical grin *a. pej*

Zy·nis·mus <-, -ismen> [tsy'nɪsmʊs, *pl* -'nɪsmən] *m* ❶ *kein pl* (*zynische Art*) cynicism *a. pej* ❷ (*zynische Bemerkung*) cynical remark *a. pej;* ■**Zynismen** cynical remarks *a. pej,* cynicism *a. pej*

Zy·pern ['tsy:pɐn] *nt* Cyprus; *s. a.* **Sylt**

Zy·prer(in) <-s, -> ['tsy:prɐ] *m(f)* Cypriot; *s. a.* **Deutsche(r)**

Zy·pres·se <-, -n> [tsy'prɛsə] *f* cypress

Zy·pri·er(in) <-s, -> ['tsy:priɐ] *m(f) s.* **Zyprer**

zy·prisch ['tsy:prɪʃ] *adj* Cypriot; *s. a.* **deutsch**

Zys·te <-, -n> ['tsʏstə] *f* cyst

Zy·to·plas·ma [tsyto'plasma] *nt* BIOL cytoplasm *spec*

Zy·to·sta·ti·kum <-s, -ka> [tsyto'sta:tikʊm, *pl* -'sta:tika] *nt* MED cytostatic [drug [*or* agent]] *spec*

z. Z(t). = **zur Zeit**

▶ GEGENÜBERSTELLUNG: AMERIKANISCHES UND BRITISCHES ENGLISCH
AMERICAN ENGLISH AND BRITISH ENGLISH – A BRIEF COMPARISON

Amerikanisches Englisch (AM) **American English** (AM)	**Britisches Englisch** (BRIT) **British English** (BRIT)	**Deutsch** **German**
airplane	aeroplane	Flugzeug *nt*
antenna	aerial	Antenne *f*
apartment	flat	(Miet)wohnung *f*
apartment house	block of flats	Mietshaus *nt*
attorney	lawyer, solicitor, barrister	Rechtsanwalt, -anwältin *m, f*
baby carriage	pram	Kinderwagen *m*
baby-stroller	pushchair, buggy	(*für Babys*) Sportwagen *m*
backpack	rucksack, backpack	Rucksack *m*
baggage car	luggage van	Gepäckwagen *m*
band-aid	plaster, elastoplast	Pflaster *nt*
bangs	fringe	Pony *m* (*Frisur*)
bathroom	toilet	Toilette *f*
bill	(bank)note	Geldschein *m*
billfold	wallet	Brieftasche *f*
bleachers	uncovered stand (seats)	Zuschauersitze (*im Freien*)
blow away (*sl*)	hammer (*sl*)	vernichtend schlagen
bookstore	bookshop	Buchhandlung *f*
buck (*sl: $*)	quid (*sl: £*)	Dollar *m*/Pfund *nt*
buddy (*fam*)	mate (*fam*)	Kumpel *m*
bulletin board	notice board	schwarzes Brett
burglarize	burgle	einbrechen in
busy TELEC	engaged TELEC	besetzt TELEK
candy, a piece of	sweet	Bonbon *nt*
candy store	sweet shop	Süßwarenladen *m*
car	carriage	Waggon *m*
car, freight car	(goods) waggon	(Güter)wagen *m*
carnival	funfair	Jahrmarkt *m*
casket, coffin	coffin	Sarg *m*
catchall	junk room	Rumpelkammer *f*
checkbook	cheque-book	Scheckheft *nt*
checkers	draughts	Damespiel *nt*
checking account	current account	Girokonto *nt*
chips, potato chips	crisps	Kartoffelchips *pl*
clothes-dryer	tumble-dryer	Wäschetrockner *m*
coat check	cloakroom	Garderobe *f*
collect call	reverse-charge call	R-Gespräch *nt*
condo(minium)	owner-occupied flat	Eigentumswohnung *f*
conductor	chief guard	Zugführer(in) *m(f)*
cookie	biscuit	Keks *m*
cot	folding bed	Klappbett *nt*
counterclockwise	anticlockwise	gegen den Uhrzeigersinn
crossing guard	lollipop man/lady	Schülerlotse, -lotsin *m, f*
crosswalk	pedestrian crossing	Fußgängerüberweg *m*
curb(stone)	kerb(stone)	Bordstein *m*
custom-made clothes	made-to-measure clothes	Maßkleidung *f*
diaper	nappy	Windel *f*
dishtowel, tea towel	tea towel	Geschirrtuch *nt*
divided highway	dual carriageway	vierspurige Schnellstraße
dorm(itory)	hall of residence	Studentenwohnheim *nt*
downtown	city/town centre	Stadtzentrum *nt*
dresser	dressing table	(Frisier)kommode *f*

Amerikanisches Englisch (AM) **American English** (AM)	**Britisches Englisch** (BRIT) **British English** (BRIT)	**Deutsch** **German**
driver's license	driving licence	Führerschein *m*
duplex	semi-detached house	Doppelhaushälfte *f*
efficiency (apartment)	bedsit	Einzimmerapartment *nt*
eggplant	aubergine	Aubergine *f*
elective	option	Wahlfach *nt*
elementary school	primary school	Grundschule *f*
elevator	lift	Aufzug *m*
emergency room	casualty	Notaufnahme *f*
exclamation point	exclamation mark	Ausrufezeichen *nt*
fall, autumn	autumn	Herbst *m*
fanny pack	bum bag	Gürteltasche *f*
faucet, tap	tap	Wasserhahn *m*
fender	wing	Kotflügel *m*
fire department	fire brigade	Feuerwehr *f*
first floor	ground floor	Erdgeschoss *nt*
flashlight	torch	Taschenlampe *f*
freeway	motorway	Autobahn *f*
french fries	chips	Pommes frites *pl*
galoshes	Wellingtons	Gummistiefel *pl*
garbage	rubbish	Müll *m*
garbage can	rubbbish bin	Mülleimer *m*
garbageman	dustman, bin man (*fam*)	Müllmann *m*
garbage truck	dustcart, bin lorry (*fam*)	Müllwagen *m*
gas(oline)	petrol	Benzin *nt*
gas station	petrol station	Tankstelle *f*
gawker (*pej*)	gawper (*fam*)	Gaffer(in) *m(f)*
general delivery	poste restante	postlagernd
German shepherd	Alsatian	Schäferhund *m*
girl scout	girl guide	Pfadfinderin *f*
godawful (*fam*)	terrible	fürchterlich
goddam(ned) (*sl*)	bloody awful (*sl*)	beschissen (*sl*)
gotten	got	bekommen (haben)
grade	1. class; 2. mark	1. Klasse *f*; 2. Note *f*
grade school	primary school	Grundschule *f*
green thumb	green fingers	grüner Daumen
ground ELEC	earth ELEC	Erde, erden ELEK
guy (*fam*)	bloke (*fam*), guy (*fam*)	Kerl *m*
high school	secondary school	weiterführende Schule
hightail it (*fam*)	clear off (*fam*)	abhauen (*fam*)
highway	motorway	Autobahn *f*
hood	bonnet	Motorhaube *f*
hooky, play hooky (*fam*)	play truant, bunk off (*fam*)	(die Schule) schwänzen (*fam*)
house-break *(an animal)*	house-train	(ein Tier) stubenrein machen
housing development	housing estate	Wohnsiedlung *f*
ice pop, popsicle	ice lolly	Eis *nt* am Stiel
John Doe	Joe Bloggs	Otto Normalverbraucher
jumper	pinafore dress	Trägerkleid *nt*
jumper cables	jump leads	Starthilfekabel *nt*
know-it-all (*fam*)	know-all (*fam*)	Besserwisser(in) *m(f)*
ladybug	ladybird	Marienkäfer *m*
last name	surname	Nachname *m*
layover, stopover	stopover	Zwischenlandung *f*
license plate	number plate	Autokennzeichen *nt*
life preserver	lifebelt	Rettungsring *m*
line	queue	(*Menschen-*) Schlange *f*

Amerikanisches Englisch (AM) **American English** (AM)	**Britisches Englisch** (BRIT) **British English** (BRIT)	**Deutsch** **German**
line up, stand in line	queue	Schlange stehen
liquor store	off-licence	Wein- und Spirituosenhandlung *f*
lunchroom	canteen	Kantine *f*
lush (*sl pej*)	piss artist (*sl pej*)	Säufer(in) *m(f)* (*pej*)
mailbox	letter box	Briefkasten *m*
mailman	postman	Briefträger *m*
major	main subject	Hauptfach *nt*
math	maths	Mathe *f*
men's room	Gents	Herrentoilette *f*
metermaid	traffic warden	Politesse *f*
movie	film	Film *m*
natality, birthrate	birthrate	Geburtenziffer *f*
neat (*fam*)	ace (*fam*)	super (*fam*)
newsdealer	newsagent	Zeitungshändler(in) *m(f)*
nightstick	truncheon	Schlagstock *m*
notebook	exercise book	Übungsheft *nt*
odometer	mileage indicator, mileometer	Kilometerzähler *m*
on-ramp, off-ramp	slip road	Zubringer *m*; Auffahrt, Ausfahrt *f*
pacifier	dummy	Schnuller *m*
pack (*of cigarettes*)	packet	Schachtel *f* (*Zigaretten*)
panhandle	scrounge	schnorren
panhandler	scrounger	Schnorrer(in) *m(f)*
pants	trousers	Hose *f*
pantsuit	trouser suit	Hosenanzug *m*
pantyhose	tights	Strumpfhose *f*
parentheses	brackets	(runde) Klammern *pl*
parking lot	car park	Parkplatz *m*
parochial school	denominational school	Konfessionsschule *f*
part (*in hair*)	parting	Scheitel *m*
patrolman	policeman on patrol	Streifenpolizist *m*
pavement	road surface	Fahrbahn *f*
paycheck	pay packet	Gehalt *nt*
pen pal	penfriend	Brieffreund(in) *m(f)*
period	full stop	Punkt *m*
pharmacist	chemist	Drogist(in) *m(f)*/Apotheker(in) *m(f)*
phone booth	phone box, phone booth	Telefonzelle *f*
pickle	gherkin	Essiggurke *f*
plastic wrap	cling film	Frischhaltefolie *f*
principal	headteacher	Rektor(in) *m(f)*
pry (open)	prize (open)	aufbrechen
public school	state school	staatliche Schule
purse, pocketbook	handbag	Handtasche *f*
quiz	short test	kurze Prüfung
railroad	railway	Eisenbahn *f*
railroad crossing	level crossing	Bahnübergang *m*
realtor, real estate agent	estate agent	Grundstücksmakler(in) *m(f)*
recreational vehicle, RV	camper van	Wohnmobil *nt*
regular, normal	normal	normal
rent, to	rent, hire	mieten
rent (out)	rent out, let; hire out	vermieten
re-run (TV)	repeat	Wiederholung *f*
restroom	toilet	Toilette *f*
résumé	CV	Lebenslauf *m*
review	revision	Wiederholung *f* (*von Stoff*)
robe, bathrobe	dressing gown	Morgenmantel *m*

Amerikanisches Englisch (AM) **American English** (AM)	**Britisches Englisch** (BRIT) **British English** (BRIT)	**Deutsch** **German**
round-trip ticket	return ticket	Rückfahrkarte *f*
rowboat	rowing boat	Ruderboot *nt*
rowhouse	terraced house	Reihenhaus *nt*
rumpus room	playroom	Spielzimmer *nt*
run (*in stocking*)	ladder	Laufmasche *f*
sailboat	sailing boat	Segelschiff *nt*
sales clerk, salesperson	shop assistant	Verkäufer(in) *m(f)*
sales tax	value-added tax	Mehrwertsteuer *f*
schedule	timetable	Stundenplan *m*
school principal	headteacher; headmaster, headmistress	Rektor(in) *m(f)*
second floor	first floor	erster Stock
Secretary of the Interior	Home Secretary	Innenminister(in) *m(f)*
sedan	saloon	Limousine *f*
semi(trailer)	articulated lorry	Sattelschlepper *m*
shopping cart	shopping trolley	Einkaufswagen *m*
sick	ill	krank
sidewalk	pavement	Gehweg *m*
silent partner	sleeping partner	stiller Gesellschafter
squad car	patrol car	Streifenwagen *m*
station wagon	estate (car)	Kombi(wagen) *m*
store	shop	Laden *m*
storekeeper	shopkeeper	Ladenbesitzer(in) *m(f)*
strip mining	open-cast mining	Tagebau *m*
stroller	pushchair, buggy	(*für Babys*) Sportwagen *m*
student	pupil	Schüler(in) *m(f)*
subway	underground, tube (*fam*)	U-Bahn *f*
sunroom	conservatory	Wintergarten *m*
suspenders	braces	Hosenträger *pl*
switch	points	Weiche *f*
switchblade (knife)	flick knife	Schnappmesser *nt*
tailpipe, exhaust pipe	exhaust pipe	Auspuffrohr *nt*
third-class mail, printed matter	printed matter	Drucksache *f*
thumb-tack	drawing pin	Reißnagel *m*
tideland	mud-flats	Watt *nt*
toiletries bag	sponge bag	Kulturbeutel *m*
toll-free	free of charge	gebührenfrei
tow-truck	breakdown vehicle	Abschleppwagen *m*
tractor-trailer	articulated lorry	Sattelschlepper *m*
traffic circle	roundabout	Kreisverkehr *m*
training wheels	stabilisers	Stützräder *pl*
trainman	railway man	Eisenbahner *m*
trash	rubbish	Abfall *m*
trash can	rubbish bin	Abfalleimer *m*
Treasury Secretary	Chancellor of the Exchequer	Finanzminister(in) *m(f)*
truck	lorry	Lastwagen *m*
trucker	lorry driver	Lastwagenfahrer(in) *m(f)*
trucking	road haulage	Spedition *f*
trunk	boot	Kofferraum *m*
turn signal	indicator	Blinker *m*
tuxedo	dinner-jacket	Smoking *m*
undershirt	vest	Unterhemd *nt*
underwear	pants	Unterhose *f*
upgrade	upward slope	Steigung *f* (*im Gelände*)
vacation	holiday	Ferien *pl*
vacationer	holiday-maker	Urlauber(in) *m(f)*

Amerikanisches Englisch (AM) **American English** (AM)	**Britisches Englisch** (BRIT) **British English** (BRIT)	**Deutsch** **German**
vendue, auction	auction	Auktion *f*
vest	waistcoat	(Herren)weste *f*
vocational school	technical college	Berufsschule *f*
wallet	purse	Geldbeutel *m*
washcloth, wash-rag	flannel	Waschlappen *m*
windshield	windscreen	Windschutzscheibe *f*
workweek	working week	Arbeitswoche *f*
wrecker	breakdown vehicle	Abschleppwagen *m*
wrench	spanner	Schraubenschlüssel *m*
yard	garden	Garten *m*
yellow (*color of traffic light*)	amber	gelb (*Ampelfarbe*)
yellow jacket	wasp	Wespe *f*
zip code, ZIP code	postcode, postal code	Postleitzahl *f*
zipper	zip (fastener)	Reißverschluss *m*
zucchini	courgette	Zucchini *f*

ENGLISCHE KURZGRAMMATIK
BRIEF ENGLISH GRAMMAR

Das Substantiv – Nouns

Das **Geschlecht** der Substantive stimmt im Englischen mit dem natürlichen Geschlecht überein. Da der Artikel immer gleich ist, erkennt man es nur an dem Pronomen (persönliches Fürwort).

the boy	**he**	er
the girl	**she**	sie
the book	**it**	es

Schiffsnamen sind meist weiblich. Auch Länder und Flugzeuge werden oft durch den Gebrauch der weiblichen Pronomen personifiziert.

Im **Plural** wird an den Singular eines Substantivs ein **-s** angehängt. Dieses **s** wird stimmhaft [z] gesprochen nach Vokalen und stimmhaften Konsonanten:

days	Tage
dogs	Hunde
boys	Jungen

und stimmlos nach allen stimmlosen Konsonanten:

books	Bücher
hats	Hüte

Bei Wörtern, die auf **-ce**, **-ge**, **-se**, **-ze** enden, wird das im Singular stumme **-e** wie [ɪ] ausgesprochen:

pie**ces**	Stücke
si**zes**	Größen

Auf einen Zischlaut – **s**, **ss**, **sh**, **ch**, **x**, **z** – endende Wörter bekommen **-es**, wie [ɪz] ausgesprochen, angehängt:

box**es**	Schachteln
boss**es**	Chefs

Auslautendes **y**, dem ein Konsonant vorausgeht, wird im Plural zu **-ies** [ɪz]:

lad**y**	lad**ies**	Damen
bod**y**	bod**ies**	Körper

auch Wörter, die auf **-o** enden und einen Konsonanten vorangestellt haben, bekommen oft **-es**:

tomat**o**	tomat**oes**	Tomaten
her**o**	her**oes**	Helden

Einige auf **-f** oder **-fe** endende Wörter erhalten im Plural die Endung **-ves**:

Singular	**Plural**	
hal**f**	hal**ves**	Hälften
kni**fe**	kni**ves**	Messer
lea**f**	lea**ves**	Blätter
wi**fe**	wi**ves**	Ehefrauen

Andere ändern ihren Vokal bzw. ihre Vokale:

Singular	**Plural**	
foot	feet	Füße
man	men	Männer
woman	women	Frauen

Unregelmäßige Pluralbildungen und solche auf **-ves**, **-oes** bzw. **-os** sind im englisch-deutschen Teil des Wörterbuchs angegeben.

Nominativ/Akkusativ/Dativ/Genitiv – Nominative/Accusative/Dative/Genitive

Nominativ und **Akkusativ** haben dieselbe Form. Der **Genitiv** wird meist mit Hilfe von **of**, der **Dativ** mit **to** ausgedrückt.

- Der **Dativ** kann auch ohne **to** gebildet werden, wenn das Dativobjekt unbetont ist. Das Dativobjekt steht dann direkt hinter dem Verb:

	He gives the porter the ticket.
anstelle von:	He gives the ticket **to** the porter.

- Im Unterschied zum Deutschen wird auch bei folgenden Ausdrücken die Form des **Genitivs** mit **of** gebraucht:

a cup **of** coffee	eine Tasse Kaffee
the city **of** London	London
the Isle **of** Wight	die Insel Wight

- Der **sächsische Genitiv**, der häufig bei Personen und personifizierten Begriffen zur Bezeichnung des Besitzes verwendet wird und vor dem Substantiv steht, das er näher bestimmt, ist ähnlich wie im Deutschen: „Mutters Mantel“. Er wird im Singular durch **Apostroph und s** gekennzeichnet:

my sister**'s** room	das Zimmer meiner Schwester

  und im **Plural** durch den **Apostroph** allein:

my sisters**'** room	das Zimmer meiner Schwestern

  Wörter wie z. B. **shop**, **church**, **cathedral** werden nach dem sächsischen Genitiv oft weggelassen:

at the butcher's	*statt:* at the butcher's shop	beim Metzger
St. Paul's	*statt:* St. Paul's Cathedral	die St.-Pauls-Kathedrale

Das Adjektiv – Adjectives

Das Adjektiv bleibt nach Geschlecht und Zahl immer unverändert.

Die regelmäßige Steigerung

Bei der regelmäßigen Steigerung erhalten einsilbige Adjektive im Komparativ die Endung **-er** und im Superlativ **-est**.

great	greater (than)	greatest
groß	größer (als)	am größten

- Bei Adjektiven, die auf **-e** enden, entfällt bei der Steigerung mit **-er**, **-est** ein **e**: fin**e**, fin**er**, fin**est**.
- Die Endbuchstaben **d**, **g**, **n** und **t** werden bei der Steigerung mit **-er**, **-est** verdoppelt, wenn ihnen ein kurzes, betontes *a*, *e*, *i* oder *o* vorausgeht: bi**g**, bi**gg**er, bi**gg**est.

Zwei- und mehrsilbige Adjektive werden im Komparativ mit **more** (mehr) und im Superlativ mit **most** (meist) gesteigert.

difficult	more difficult (than)	most difficult
schwierig	schwieriger (als)	am schwierigsten

Die unregelmäßige Steigerung

good	**better**	**best**
gut	besser	am besten
bad	**worse**	**worst**
schlecht	schlechter	am schlechtesten
much/many	**more**	**most**
viel/viele	mehr	am meisten

Unregelmäßige Steigerungsformen sind im englisch-deutschen Teil des Wörterbuchs angegeben.

Das Adverb – Adverbs

Adverbien werden gebildet, indem man an ein Adjektiv **-ly** anhängt

slow	slow**ly**	He speaks slowly.	Er spricht langsam.
quick	quick**ly**	He runs quickly.	Er läuft schnell.

- Ein Sonderfall ist **well**, das Adverb zu **good** (gut).

He speaks English **well**.	Er spricht gut Englisch.

Adverbien mit der Endung **-ly** werden mit **more** und **most** gesteigert.

slow**ly**	**more** slowly	**most** slowly
langsam	langsamer	am langsamsten

Das Verb – Verbs

Präsens

Infinitiv: (Grundform)		**to knock** klopfen	**to call** rufen	**to go** gehen	**to wash** waschen	**to study** studieren
I	(ich)	knock	call	go	wash	study
you	(du, Sie)	knock	call	go	wash	study
he she it	(er) (sie) (es)	knocks	calls	goes	washes	studies
we	(wir)	knock	call	go	wash	study
you	(ihr, Sie)	knock	call	go	wash	study
they	(sie)	knock	call	go	wash	study

Nur die 3. Person Singular wird verändert.

Das **-s** ist stimmlos nach stimmlosen Konsonanten (*he knocks*) und stimmhaft nach Vokalen (*he goes*) sowie stimmhaften Konsonanten (*he calls*).

Präteritum und Partizip Perfekt

Die Vergangenheitsform wird gebildet, indem man **-ed** an die Grundform des Verbs anhängt.

Infinitiv: (Grundform)	**to open** öffnen	**to arrive** ankommen	**to stop** anhalten	**to carry** tragen
I, you, he, she, it, we, you, they	opened	arrived	stopped	carried

- Bei Verben, die auf **-e** enden, entfällt ein **e**: agr**ee**d, arriv**e**d.
- Ein auslautendes **-y** verwandelt sich in **-ied**.
- Auslautendes **b**, **d**, **g**, **m**, **n**, **p**, **s**, **t** wird verdoppelt, wenn es nach kurzem, betonten Vokal steht.
- Bei mehrsilbigen Verben, die auf **l** enden, wird im britischen Englisch dieses meist verdoppelt: trave**l**, trave**ll**ed.
- Das Partizip Perfekt ist gleich dem Präteritum:

open**ed**	arriv**ed**	stopp**ed**	carr**ied**
geöffnet	angekommen	angehalten	getragen

Die Formen der **unregelmäßigen Verben** sind in einer gesonderten Liste aufgeführt.

Die Hilfsverben – Auxiliary verbs

Präsens und Partizip Präsens

Infinitiv: (Grundform)	**to be** sein	**to have** haben	**to do** tun, machen
I	**am** ich bin	**have** ich habe	**do** ich tue
you	**are** du bist; Sie sind	**have** du hast; Sie haben	**do** du tust; Sie tun
he, she, it	**is** er, sie, es ist	**has** er, sie, es hat	**does** er, sie, es tut
we	**are** wir sind	**have** wir haben	**do** wir tun
you	**are** ihr seid; Sie sind	**have** ihr habt; Sie haben	**do** ihr tut; Sie tun
they	**are** sie sind	**have** sie haben	**do** sie tun
Partizip:	**being** seiend	**having** habend	**doing** tuend

Im gesprochenen Englisch werden häufig **Kurzformen** gebraucht:

am	→	'm	**I'm**
are	→	're	**you're**
is	→	's	**he's**
have	→	've	**I've**
has	→	's	**he's**

Verneinung		**Kurzform**
are not	→	are**n't**
is not	→	is**n't**
have not	→	have**n't**
has not	→	has**n't**
do not	→	do**n't**
does not	→	does**n't**

Präteritum und Partizip Perfekt

Infinitiv: (Grundform)	**to be** sein	**to have** haben	**to do** tun, machen
I	**was** ich war	**had** ich hatte	**did** ich tat
you	**were** du warst; Sie waren	**had** du hattest; Sie hatten	**did** du tatest; Sie taten
he, she, it	**was** er, sie, es war	**had** er, sie, es hatte	**did** er, sie, es tat
we	**were** wir waren	**had** wir hatten	**did** wir taten
you	**were** ihr wart; Sie waren	**had** ihr hattet; Sie hatten	**did** ihr tatet; Sie taten
they	**were** sie waren	**had** sie hatten	**did** sie taten
Partizip:	**been** gewesen	**had** gehabt	**done** getan
Kurzform:		**'d**	
Verneinung:	**wasn't** **weren't**	**hadn't**	**didn't**

Perfekt

Das Perfekt bildet man im Unterschied zum Deutschen immer mit **have** (haben) + Partizip Perfekt.

I **have** had	ich habe gehabt
I **have** been	ich bin gewesen
I **have** done	ich habe getan
I **have** called	ich habe gerufen
I **have** arrived	ich bin angekommen
I **have** gone	ich bin gegangen

Plusquamperfekt

Das Plusquamperfekt wird mit **had** (hatten) + Partizip Perfekt gebildet.

I **had** had	ich hatte gehabt
I **had** been	ich war gewesen
I **had** done	ich hatte getan
I **had** called	ich hatte gerufen
I **had** arrived	ich war angekommen
I **had** gone	ich war gegangen

Unselbstständige Hilfsverben

Unselbstständige Hilfsverben können nicht selbstständig auftreten, sondern müssen immer von einem anderen Verb (im Infinitiv ohne **to**) begleitet werden.

I, you, he, she, it we, you, they	**can**	**may**	**shall**	**will**	**must**
	können	dürfen	sollen werden	wollen	müssen

Verneinung:	**cannot**	**must not**	**shall not**	**will not**	**need not**
Kurzform:	**can't**	**mustn't**	**shan't**	**won't**	**needn't**

Diese Verben sind bei allen Personen gleich; die dritte Person Singular hat **kein -s**.

Präteritum		**Ersatz**	
could	konnte	to be able (to)	können, im Stande sein (zu)
might	könnte	to be allowed (to)	mögen, dürfen, können
would	würde	to want, to wish (to)	wollen, wünschen
should	sollte	to be obliged (to)	verpflichtet sein (zu)

Verneinung:	**could not**	**might not**	**would not**	**should not**
Kurzform:	**couldn't**	**mightn't**	**wouldn't**	**shouldn't**

- Die Formen des Präteritums, die denen des Konditionals gleich sind, findet man oft in Höflichkeitswendungen:

Could you give me ...?	Können Sie mir ... geben?
Would you ..., please.	Würden Sie bitte ...
Would you like ...?	Wollen/Möchten Sie ...?

Futur und Konditional

Das Futur wird mit Hilfe von **shall/will** (1. Person Singular und Plural) und **will** in den übrigen Personen und das Konditional mit **should/would** (1. Person Singular und Plural) und **would** in den übrigen Personen gebildet. Heutzutage wird **shall** jedoch kaum noch verwendet und für alle Personen ist **will** die gebräuchlichere Form. In der gesprochenen Sprache wird fast ausschließlich die Kurzform verwendet.

Futur		**Konditional**	
I **will(/shall)** go	ich werde gehen	I **should/would** go	ich würde gehen
you **will** go	du wirst gehen; Sie werden gehen	you **would** go	du würdest gehen; Sie würden gehen
he, she, it **will** go	er, sie, es wird gehen	he, she, it **would** go	er, sie, es würde gehen

Futur		Konditional	
we **will** (/**shall**) go	wir werden gehen	we **should/would** go	wir würden gehen
you **will** go	ihr werdet gehen; Sie werden gehen	you **would** go	ihr würdet gehen; Sie würden gehen
they **will** go	sie werden gehen	they **would** go	sie würden gehen
Kurzform:	I'**ll** go, you'**ll** go, he'**ll** go etc. I'**d** go, you'**d** go, he'**d** go etc.		

Frage und Verneinung mit do

Das Hilfsverb **do** wird zur Bildung der fragenden und der mit **not** verneinten Form der selbstständigen Verben verwendet.

Do you speak German?	Sprechen Sie Deutsch?
Does he know?	Weiß er es?
Did you call?	Haben Sie angerufen?
I **do not** (**don't**) speak German.	Ich spreche nicht Deutsch.
He **does not** (**doesn't**) know.	Er weiß es nicht.
I **did not** (**didn't**) call.	Ich habe nicht angerufen.
Didn't he come?	Ist er nicht gekommen?
Didn't she call?	Hat sie nicht angerufen?

- **do** wird nicht verwendet in Fragesätzen, in denen ein Fragewort selbst das Subjekt ist:

Who wrote the letter?	Wer schrieb den Brief?
Which of these trains goes to London?	Welcher dieser Züge fährt nach London?

und auch nicht in Sätzen mit den Hilfsverben:

am, are, is, was, were, can, could, may, might, must, shall, should, will, would

Verlaufsform

Die Verlaufsform wird mit dem Hilfsverb **be** und dem Partizip Präsens (-**ing**) gebildet. Mit der Verlaufsform wird eine Handlung ausgedrückt, die gerade abläuft, noch andauert, noch nicht abgeschlossen ist, war oder sein wird.

I **am** work**ing**.	Ich arbeite gerade./Ich bin am Arbeiten.
I **was** work**ing**.	Ich arbeitete (gerade).
I **will** be work**ing**.	Ich werde arbeiten.
It **is** rain**ing**.	Es regnet.

- Bei Verben, die auf -**e** enden, entfällt das **e**: arrive, arriv**ing**.
- Bei Verben, die auf -**ie** enden, verwandelt sich dies in **y**: lie, l**ying**.
- Für die Verdoppelung der Endkonsonanten gelten dieselben Regeln wie zur Bildung des Präteritums: stop, sto**pping**; travel, trave**lling**.
- Die Form **be going** to bezeichnet die gegenwärtige Gewissheit über eine beabsichtigte Handlung, die in naher Zukunft stattfinden wird.

I **am going to** go to London next week.	Ich werde nächste Woche nach London fahren.
I **am going to** buy a new dress.	Ich werde mir ein neues Kleid kaufen.

Gerundium

Das Gerundium (Verb + -**ing**) ist die substantivierte Form des Infinitivs.

Im Deutschen dagegen steht anstelle des Gerundiums der Infinitiv.

Smoking is dangerous.	Rauchen ist gefährlich.

Passiv

Zur Bildung des Passivs verwendet man das Hilfsverb **be** und das Partizip Perfekt.

The doctor examines Peter.	Peter **is examined** (by the doctor).
Der Arzt untersucht Peter.	Peter wird (vom Arzt) untersucht.
Somebody stole my bike.	My bike **was stolen**.
Jemand hat mein Fahrrad gestohlen.	Mein Fahrrad wurde gestohlen.

Die Personalpronomen – Personal pronouns

Subjektsfall		Objektsfall	
I	ich	**me**	mir/mich
you	du; Sie	**you**	dir/dich; Ihnen/Sie
he	er	**him**	ihm/ihn
she	sie	**her**	ihr/sie
it	es	**it**	ihm/es
we	wir	**us**	uns/uns
you	ihr; Sie	**you**	euch/euch; Ihnen/Sie
they	sie	**them**	ihnen/sie

- Im Objektsfall steht **to** (Dativ), wenn das Pronomen besonders hervorgehoben werden soll:

I gave the book to him.	Ich gab ihm (*betont*) das Buch.
anstatt: I gave him the book.	Ich gab ihm (*unbetont*) das Buch.

Die Possessivpronomen – Possessive pronouns

Das Possessivpronomen ist für Singular und Plural gleich. Es hat adjektivische und substantivische Formen.

Adjektivisch (verbunden)

my	book	mein Buch	**my**	books	meine Bücher
your	book	dein/Ihr Buch	**your**	books	deine/Ihre Bücher
his	book	sein Buch	**his**	books	seine Bücher
her	book	ihr Buch	**her**	books	ihre Bücher
its	book	sein Buch	**its**	books	seine Bücher
our	car	unser Auto	**our**	cars	unsere Autos
your	car	euer/Ihr Auto	**your**	cars	eure/Ihre Autos
their	car	ihr Auto	**their**	cars	ihre Autos

Substantivisch (allein stehend)

mine	meines/der, die, das meinige/die meinigen
yours	deines/Ihres; der, die, das deinige/Ihrige; die deinigen/Ihrigen
his	seines/der, die, das seinige/die seinigen
hers	ihres/der, die, das ihrige/die ihrigen
ours	unseres/der, die, das unsrige/die unsrigen
yours	eures/Ihres; der, die, das eurige/ihrige; die eurigen/Ihrigen
theirs	ihres/der, die, das ihrige/die ihrigen

It's not my book. It's **yours**.	Es ist nicht mein Buch. Es ist deines.

Die Demonstrativpronomen – Demonstrative pronouns

Singular:	**this**	dieser, diese, dieses	**Plural:**	**these**	diese
	that	jener, jene, jenes		**those**	jene

This is an English book and **that** is a German book.
Dies hier ist ein englisches Buch und das da ist ein deutsches Buch.

These pictures are nicer than **those**.
Diese Bilder sind schöner als jene.

Die Reflexivpronomen – Reflexive pronouns

myself	mich	**ourselves**	uns
yourself	dich; sich	**yourselves**	euch; sich
himself	sich	**themselves**	sich
herself	sich		
itself	sich		

I enjoy **myself.**	Ich amüsiere mich.
You enjoy **yourself.**	Du amüsierst dich./Sie amüsieren sich.
He enjoys **himself.**	Er amüsiert sich.
She enjoys **herself.**	Sie amüsiert sich.
We enjoy **ourselves.**	Wir amüsieren uns.
You enjoy **yourselves.**	Ihr amüsiert euch./Sie amüsieren sich.
They enjoy **themselves.**	Sie amüsieren sich.

Die Relativpronomen – Relative pronouns

	Personen	Sachen	Personen und Sachen
Nominativ (Wer? Was?)	**who**	**which**	**that**
Genitiv (Wessen?)	**whose**	**of which**	
Dativ (Wem?)	**to whom**	**to which**	
Akkusativ (Wen? Was?)	**whom/who**	**which**	**that**

Das Relativpronomen hat im Singular und im Plural die gleiche Form.

- Im Akkusativ kann **that** auch wegfallen:

This is the strangest book (**that**) I've ever read.	Das ist das merkwürdigste Buch, das ich je gelesen habe.

Die Interrogativpronomen – Interrogative pronouns

Substantivisch (allein stehend)

who?	wer?	**Who** are you?	Wer sind Sie?
whose?	wessen?	**Whose** car is this?	Wessen Auto ist das?
whom?/who?	wem/wen?	**Who(m)** did you help?	Wem hast du geholfen?
		Who(m) did you see?	Wen hast du gesehen?
what?	was?	**What** is that?	Was ist das?
which?	welche/welcher/welches?	**Which** is the quickest way?	Welches ist der kürzeste Weg?

who/whose/whom fragen nach Personen, **what** nach Sachen und **which** nach Personen oder Sachen aus einer bestimmten Anzahl.

- Präpositionen im Fragesatz werden nachgestellt:

Where do you come **from**?	woher?
What are you looking **for**?	wonach?
What do you want this **for**?	wofür?
What are you laughing **at**?	worüber?
Who are you speaking **to**?	mit wem?

- Statt **whom** als Akkusativ- oder Dativobjekt wird heutzutage in Wort und Schrift ausschließlich **who** verwendet. **Who** kann nicht direkt nach einer Präposition stehen. In solchen Fällen wird die Präposition oft nachgestellt:

The man (**who**) he sold his car to. *anstatt*: The man to **whom** he sold his car.	Der Mann, dem er sein Auto verkauft hat.
Who did you buy the flowers for? *anstatt*: For **whom** did you buy the flowers?	Für wen hast du die Blumen gekauft?

Adjektivisch (verbunden)

What book?	Was für ein Buch?
What English songs?	Welche englische Lieder?
Which book?	Welches Buch? (von mehreren Büchern)

Die Indefinitpronomen: some and any

1. some/somebody/someone/something

some und seine Zusammensetzungen stehen

1. in bejahenden Sätzen,
2. in Fragesätzen, wenn darauf eine bejahende Antwort erwartet wird.

1.	I'd like **some** strawberry jam. Give me **some** stamps, please. **Somebody/Someone** has stolen my purse. I'd like **something** to drink.	Ich hätte gern die Erdbeermarmelade. Bitte geben Sie mir ein paar Briefmarken. Jemand hat meinen Geldbeutel gestohlen. Ich hätte gern etwas zu trinken.
2.	May I have **some** more tea, please? – Yes, of course.	Kann ich noch etwas Tee haben? – Aber selbstverständlich.

2. any/anybody/anyone/anything

any und seine Zusammensetzungen werden verwendet in

1. verneinten Sätzen,
2. in Fragesätzen, auf welche die Antwort ungewiss ist,
3. in Bedingungssätzen.

1.	I haven't got **any** friends in London.	Ich habe keine Freunde in London.
2.	Is there **anybody/anyone** who speaks German? Have you got **any** stamps? Can I do **anything** for you?	Spricht hier jemand Deutsch? Haben Sie vielleicht ein paar Briefmarken? Kann ich irgendetwas für Sie tun?
3.	If I had **any** stamps I would post the letter.	Wenn ich Briefmarken hätte, würde ich den Brief einwerfen.

▶ ÜBERSICHT ÜBER DIE WICHTIGSTEN ENGLISCHEN UNREGELMÄßIGEN VERBEN LIST OF THE MOST IMPORTANT ENGLISH IRREGULAR VERBS

Infinitiv Infinitive	Präteritum Imperfect	Partizip Perfekt Past Participle
abide	abode, abided	abode, abided
arise	arose	arisen
awake	awoke	awaked, awoken
be	was *sing*, were *pl*	been
bear	bore	borne
beat	beat	beaten
become	became	become
beget	begot, *obs* begat	begotten
begin	began	begun
behold	beheld	beheld
bend	bent	bent
beseech	besought	besought
beset	beset	beset
bet	bet, betted	bet, betted
bid	bade, bid	bid, bidden
bind	bound	bound
bite	bit	bitten
bleed	bled	bled
blow	blew	blown
break	broke	broken
breed	bred	bred
bring	brought	brought
build	built	built
burn	burned, burnt	burned, burnt
burst	burst	burst
buy	bought	bought
can	could	-
cast	cast	cast
catch	caught	caught
chide	chided, chid	chided, chidden, chid
choose	chose	chosen
cleave[1] *(cut)*	clove,	cloven,
	cleaved	cleaved, cleft
cleave[2] *(adhere)*	cleaved, clave	cleaved
cling	clung	clung
come	came	come
cost	cost, costed	cost, costed
creep	crept	crept
cut	cut	cut
deal	dealt	dealt
dig	dug	dug
do	did	done

Infinitiv Infinitive	Präteritum Imperfect	Partizip Perfekt Past Participle
draw	drew	drawn
dream	dreamed, dreamt	dreamed, dreamt
drink	drank	drunk
drive	drove	driven
dwell	dwelt	dwelt
eat	ate	eaten
fall	fell	fallen
feed	fed	fed
feel	felt	felt
fight	fought	fought
find	found	found
flee	fled	fled
fling	flung	flung
fly	flew	flown
forbid	forbad(e)	forbidden
forget	forgot	forgotten
forsake	forsook	forsaken
freeze	froze	frozen
get	got	got, AM gotten
gild	gilded, gilt	gilded, gilt
gird	girded, girt	girded, girt
give	gave	given
go	went	gone
grind	ground	ground
grow	grew	grown
hang	hung, LAW hanged	hung, LAW hanged
have	had	had
hear	heard	heard
heave	heaved, hove	heaved, hove
hew	hewed	hewed, hewn
hide	hid	hidden
hit	hit	hit
hold	held	held
hurt	hurt	hurt
keep	kept	kept
kneel	knelt	knelt
know	knew	known
lade	laded	laden, laded
lay	laid	laid
lead	led	led
lean	leaned, leant	leaned, leant
leap	leaped, leapt	leaped, leapt
learn	learned, learnt	learned learnt
leave	left	left
lend	lent	lent
let	let	let

Infinitiv Infinitive	Präteritum Imperfect	Partizip Perfekt Past Participle
lie	lay	lain
light	lit, lighted	lit, lighted
lose	lost	lost
make	made	made
may	might	-
mean	meant	meant
meet	met	met
mistake	mistook	mistaken
mow	mowed	mown, mowed
pay	paid	paid
put	put	put
quit	quit, quitted	quit, quitted
read	read	read
rend	rent	rent
rid	rid	rid
ride	rode	ridden
ring	rang	rung
rise	rose	risen
run	ran	run
saw	sawed	sawed, sawn
say	said	said
see	saw	seen
seek	sought	sought
sell	sold	sold
send	sent	sent
set	set	set
sew	sewed	sewed, sewn
shake	shook	shaken
shave	shaved	shaved, shaven
shear	sheared	sheared, shorn
shed	shed	shed
shine	shone	shone
shit	shit, *hum* shat	shit, *hum* shat
shoe	shod	shod
shoot	shot	shot
show	showed	shown, showed
shrink	shrank	shrunk
shut	shut	shut
sing	sang	sung
sink	sank	sunk
sit	sat	sat
slay	slew	slain
sleep	slept	slept
slide	slid	slid
sling	slung	slung
slink	slunk	slunk
slit	slit	slit
smell	smelled, smelt	smelled, smelt

Infinitiv Infinitive	Präteritum Imperfect	Partizip Perfekt Past Participle
smite	smote	smitten
sow	sowed	sowed, sown
speak	spoke	spoken
speed	speeded, sped	speeded, sped
spell	spelled spelt	spelled, spelt
spend	spent	spent
spill	spilled, spilt	spilled, spilt
spin	spun, *obs* span	spun
spit	spat	spat
split	split	split
spoil	spoiled, spoilt	spoiled, spoilt
spread	spread	spread
spring	sprang	sprung
stand	stood	stood
stave	stove, staved	stove, staved
steal	stole	stolen
stick	stuck	stuck
sting	stung	stung
stink	stank	stunk
strew	strewed	strewed, strewn
stride	strode	stridden
strike	struck	struck
string	strung	strung
strive	strove	striven
swear	swore	sworn
sweep	swept	swept
swell	swelled	swollen
swim	swam	swum
swing	swung	swung
take	took	taken
teach	taught	taught
tear	tore	torn
tell	told	told
think	thought	thought
thrive	throve, thrived	thriven, thrived
throw	threw	thrown
thrust	thrust	thrust
tread	trod	trodden
wake	woke, waked	woken, waked
wear	wore	worn
weave	wove	woven
weep	wept	wept
win	won	won
wind	wound	wound
wring	wrung	wrung
write	wrote	written

DIE ENGLISCHE ZEICHENSETZUNG
ENGLISH PUNCTUATION

Das folgende Kapitel gibt einen Überblick über die wichtigsten englischen Satzzeichen und deren Funktion im Satzgefüge. Dabei werden die wichtigsten Satzzeichen kurz erklärt und jeweils mit Anwendungsbeispielen versehen.

. Der Punkt – Full stop or period

- Trennt zwei Sätze voneinander und wird von einem Leerzeichen gefolgt. Der erste Buchstabe nach dem Leerzeichen wird großgeschrieben.

He walked to the train station to buy some tickets. When he got there, the vending machines were broken.

- Zeigt eine Abkürzung an, z. B. bei Namen.

Jonathan F. Giles wrote a letter to the editor.

- Der Punkt trennt den Bruchteil von einer Dezimalzahl ab.

The average CD is 55.3 minutes long.

- Der Punkt steht nach indirekten Fragesätzen.

She asked him what time it was.

? Das Fragezeichen – Question mark

- Das Fragezeichen beendet einen Satz, der die grammatische Funktion der Frage übernimmt. Nach dem Fragezeichen wird der nächste Buchstabe großgeschrieben.

Would you like to come to my garden party on Saturday? The Johnsons will be there.

! Das Ausrufezeichen – Exclamation mark

- Dient der Emphase bei Sätzen, welche einen starken emotionalen Inhalt haben, und wird eher in weniger formalen Texten benutzt.

Oh, he's so cute!

- Auch Imperative werden mit Ausrufezeichen beendet.

Watch out!

, Das Komma – Comma

- Das Komma trennt Teile in einer Auflistung. Wenn der letzte Teil in der Liste von einem **and** oder einem **or** gefolgt wird, ist das Komma im britischen Englisch optional, wird jedoch im amerikanischen Englisch grundsätzlich gebraucht.

He brought coffee, sandwiches, cheese(,) and soda.
He is a tall, handsome(,) and witty man.
apples, peaches(,) or pears

- Das Komma trennt zwei beigeordnete Sätze, wenn diese nicht zu kurz sind. Englische Koordinatoren sind: **and, but, or, nor, so**.

She invited him to her party and he accepted. [*kein Komma notwendig*]
He had always wanted to become a professional racing driver, but he never actually put all his energy into it.
Mr Jones wanted to be a writer, so he wrote to writers, but not a single one of them wrote back.

- Das Komma leitet eine direkte Rede ein.

He said, 'You are just in time.'

- Falls der ankündigende Satz der direkten Rede folgt, dann steht ein Komma statt einem Punkt vor dem schließenden Anführungszeichen.

'I have a better idea,' he replied.
'She won't be much trouble,' Clara protested, 'and we have plenty of room.'

- Adverbiale in der Anfangs- oder Mittenposition eines Satzes werden von einem Komma getrennt.

Suddenly, she bent forward and kissed him.
Jennifer Tannen is, in my opinion, the most talented actress of all times.

- Falls ein Adverbial zu Ambiguitäten führen kann, sollte ein Komma gesetzt werden.

He tried in vain to find him, in his underclothes.

- Satzmodifikatoren werden durch ein Komma abgetrennt.

My friends, however, are extremely interested in classical music.

- Nicht einschränkende Relativsätze werden durch Kommata abgetrennt.
  Die englischen Relativpronomen sind: **that, which, who, whom** und **whose**.
  Man beachte, dass einschränkende Relativsätze nicht durch ein Komma markiert werden.

George Madison, who was a manager, had been ill for some time. (*nicht einschränkender Relativsatz*)
People who live in glass houses shouldn't throw stones. (*einschränkender Relativsatz*)

- Kommata setzen Einschübe voneinander ab, die eine gegenteilige Meinung ausdrücken.

We went to New Hampshire, not New Jersey, for our vacation.
On the contrary, all our hopes were crushed.

- Bei der Aufführung von Beispielen (durch **namely, for example**) wird ein Komma gesetzt.

There were occasions, for example, when he just burst out into laughter.

- Direkte Anreden werden durch ein Komma vom restlichen Satz abgetrennt.

Hey, Debby, what's going on?

- „Tag questions" werden durch ein Komma vom restlichen Satz abgetrennt.

You baked a cake, didn't you?

- Appositionen werden üblicherweise durch Kommata getrennt, diese können aber auch entfallen oder durch Gedankenstriche ersetzt werden.

My brother, the research associate, works at a large internet company.
My brother(–) the research associate(–) works at a large internet company.

- Bei informellen Briefen steht im amerikanischen Englisch das Komma nach der Anrede.

Dear John,

- Bei Zahlen wird an jeder dritten Stelle ein Komma gesetzt. Bei Dezimalzahlen wird der Bruchteil durch einen Punkt abgesetzt.

Germany has an area of 349,223 square kilometres.
Germany has an area of 349,223.72 square kilometres.

- **Kommata werden in den folgenden Fällen nicht gesetzt:**
  - bei **that**-Sätzen:

    I know that you are tired.

  - bei indirekten Fragesätzen:

    He asked if he could leave early.

– in notwendigen Relativsätzen. Bei diesen kann oftmals das Relativpronomen wegfallen:

The man whose glasses I broke was quite angry.
The hotel (that) we stayed in wasn't bad.

– bei Adverbialen in der Endposition:

He wanted to go home quite badly.

;

Das Semikolon – Semicolon

- Das Semikolon verbindet unabhängige Satzteile im zusammengesetzten Satz. Es ist insbesondere in der formalen Schriftsprache zu finden. Das Semikolon entspricht am ehesten der Konjunktion **and**.

Opinions are divided on the matter; more discussion is still needed.

'

Der Apostroph – Apostrophe

- Bei Kontraktionen werden die ausgefallenen Buchstaben durch den Apostroph ersetzt.

can't (cannot) it's (it is/has) I'd (I would/had) who's (who is/has)

- Bei Substantiven wird im Singular vor dem Genitiv-*s*, im Plural nach dem Plural-*s* ein Apostroph gesetzt.

the boy's mother Charles's wife three hours' walk

- Bei Wörtern, die normalerweise keinen Plural bilden (z. B. auch Buchstaben, Zahlen und Abkürzungen), wird der Plural durch einen Apostroph angedeutet.

She writes t's instead of d's.
He was born in the early 1960's.
Meetings with local MP's

:

Der Doppelpunkt – Colon

- Der Doppelpunkt trennt zwei Sätze oder Satzteile, bei denen der zweite eine nähere Bestimmung des ersten darstellt.

Every society needs its great thinkers: those who are not afraid to hold a mirror to its shortcomings.

- Er führt eine oder mehrere eng miteinander verbundene Ideen ein.

Pam shocked the entire group yesterday: she announced she was pregnant.

- Der Doppelpunkt kann auch kleinere Satzeinheiten, wie z. B. Phrasen, trennen.

But in managing a large company, the workers need a role model: a partner and an idol.

- In technischer oder spezialisierter Literatur geht der Doppelpunkt einer formalen Liste voraus.

In order to liquefy metal, you need to control a number of variables: (i) temperature; (ii) pressure; and (iii) time.

- Der Doppelpunkt kann auch am Anfang einer direkten Rede stehen, hier findet sich jedoch häufiger das Komma.

Mr Lawson said: 'This is the price of Mr Smith's mismanagement and complacency.'
Jill said, 'Why can't you ever be on time?'

- Im britischen Englisch wird nach dem Doppelpunkt das erste Wort üblicherweise kleingeschrieben, außer es folgt ein Zitat. Folgen vollständige Sätze, so schreibt man mit großem Anfangsbuchstaben weiter. Im amerikanischen Englisch wird das erste Wort nach dem Doppelpunkt häufiger großgeschrieben.

I have one good piece of advice to give you: Avoid wasting your time and energy thinking about things you can't change.

- Im amerikanischen Englisch steht in formalen Briefen nach der Anrede ein Doppelpunkt. Im britischen Englisch wird in solchen Fällen kein Satzzeichen verwendet.

Dear Sir:
I am writing to…

() [] Die Klammer – Brackets or Parentheses

- Runde Klammern zeigen zusätzliches, nicht zwingend benötigtes Satzmaterial an.

Foreign Music Distribution Group (Chester, New York) will distribute it for us in the Middle East.

- Eckige Klammern werden benutzt, um bibliographische Informationen oder Kommentare des Autors anzuzeigen.

Frank Holmes [page 97] describes the world as mysterious and dangerous.

- In Aufzählungen stehen die Aufzählungszeichen in runden Klammern.

In order to liquefy metal, you need to control a number of variables: (i) temperature; (ii) pressure; and (iii) time.

— Der Gedankenstrich – Dash

- Der Gedankenstrich wird häufig in informellen Schreiben für einen dramatischen Effekt benutzt, indem Nebenbemerkungen eingefügt werden. Er wird aber vor allem als Ersatz für Komma, Semikolon und Klammern benutzt.

To some of them, my proposals seemed radical – even revolutionary.
The girls – Anne, Virginia and Susan – left the party early.

‘ ’ / “ ” Anführungszeichen – Quotation marks or quotes or inverted commas

- Im britischen Englisch werden einfache Anführungszeichen (‘...’) benutzt. Im amerikanischen Englisch herrschen doppelte Anführungszeichen (“...”) vor. Zwischen zwei Anführungszeichen steht entweder der Inhalt einer direkten Rede oder der Titel eines Buches oder Artikels.

‘You are just in time,’ he said. (*BrE*)	
“You are just in time,” he said (*AmE*)	
She enjoyed the article “Romantic Hotels.”	(*im amerikanischen Englisch schließen die Anführungszeichen nach dem Punkt*)
She enjoyed the article ‘Romantic Hotels’.	(*im britischen Englisch markieren die Anführungszeichen nur den Titel und schließen vor dem Punkt*)

- Anführungszeichen werden auch benutzt, um die Bedeutung eines Ausdrucks zu verdeutlichen oder um metalinguistische Information zu übertragen.

The word angst, which means ‘anxiety’, is quite fashionable in English.
He doesn’t know how to spell ‘antidisestablishmentarianism’.

- Des Weiteren wird die Benutzung der Anführungszeichen immer populärer bei der Auszeichnung von Ironie.

Their ‘yacht’ was in fact a very ordinary little boat.

/ Der Schrägstrich – Slash

- Der Schrägstrich wird benutzt, um Alternativen anzuzeigen.

Please hit the Refresh/Reload button.

- Er wird außerdem benutzt, um bei Jahreszahlen Abkürzungen anzuzeigen.

The academic year 2005/6 will be extremely taxing.

● ● ● Die Ellipse – Ellipsis

- Bei Zitaten werden Auslassungen durch drei Punkte (...) gekennzeichnet.

The ceremony honoured twelve athletes ... visiting Russia.

- In wissenschaftlicher Literatur wird die Ellipse durch eckige Klammern eingerahmt.

The regulation states, 'All agencies must document overtime [...]'.

- Wenn die Auslassung am Ende eines Satzes erfolgt, so kann auf einen zusätzlichen Punkt als Satzabschluss verzichtet werden.

The regulation states, 'All agencies must document overtime ...' (.)

- Auch unbeendete Sätze oder solche, bei denen sie als Mittel der Emphase dient, schließen mit einer Ellipse.

I had hoped that you would have helped me ...

Der Bindestrich – Hyphen

- Der Bindestrich dient der Silbentrennung. Falls ein Wort über die Zeilengrenze hinausgeschrieben wird, kann es getrennt werden, auch wenn in der Praxis dieses Mittel eher vermieden wird. Die Trennung erfolgt in aller Regel nach phonologischem, morphologischem oder etymologischem Gesichtspunkt.

structure:	struc- ture
basement:	base- ment

- Sollten diese phonologischen oder morphologischen Grenzen sehr kleine Resultate, z. B. nur einen Buchstaben hervorbringen, so wird auf eine Trennung verzichtet:

irresistible:	*ir- resistible

- In seltenen Fällen stehen zwei Kriterien, z. B. das phonologische und das etymologische, miteinander im Konflikt. Auch in diesen Fällen sollte man auf die Trennung verzichten oder die phonologische Trennung bevorzugen.

helicopter:	heli- copter (*phonologisch*)
	?helico- pter (*etymologisch*)

- Der Bindestrich dient auch dazu, zusammengesetzte Nomen oder ein Präfix von seiner Basis zu trennen. Nominalkomposita, bei denen der zweite Teil ein Adverb ist, werden häufig durch einen Bindestrich getrennt.

runner-up, break-in

- Adjektivkomposita mit -**ed**, aus Nominalphrasen oder solche, die mit Partizipien geformt werden, werden auch durch einen Bindestrich getrennt.

cold-blooded, brown-eyed
far-fetched, habit-forming

- Modifizierende Phrasen oder Satzteile können durch einen Bindestrich abgetrennt werden.

Your take-it-or-leave-it attitude helps no one.
That's a do-it-yourself job.

- Koordinierte Komposita werden durch einen Bindestrich verbunden.

He bought a Russian-English dictionary.

- Komposita, die Zahlen oder Brüche ausdrücken, werden durch einen Bindestrich verbunden.

He bought twenty-five apples.
Three-fifths of the population like apples.

- Komposita, bei denen der erste Teil ein einzelner Buchstabe ist, erhalten einen Bindestrich.

He made a U-turn.
The H-bomb is a powerful weapon.

- Verwandtschaftsbezeichnungen enthalten einen Bindestrich.

great-uncle, mother-in-law

BRIEF GERMAN GRAMMAR DEUTSCHE KURZGRAMMATIK

Articles – Der Artikel

A German noun can be either **masculine**, **feminine** or **neuter**.

The **gender** of a noun can be recognized by its article: **der**, **die** or **das**.

	Definite article				Indefinite article			
	m	f	nt	pl	m	f	nt	pl
Nominative	der	die	das	die	ein	eine	ein	–
Accusative	den	die	das	die	einen	eine	ein	–
Genitive	des	der	des	der	eines	einer	eines	–
Dative	dem	der	dem	den	einem	einer	einem	–

Nouns – Das Substantiv

In German the declension of nouns is characterized as strong, weak and mixed (compare the declension of adjectives).

Nouns with a strong declension are recognizable by the endings **-s**, **-sch**, **-ß** and **-z**. The genitive singular of these nouns adds an **-es** to the word:

Hals – Halses, Busch – Busches, Fuß – Fußes, Reiz – Reizes.

1. Strong declension: masculine and neuter

	Plural with ~e	Plural with ~̈e	Plural with ~er	Plural with ~̈er
Singular				
Nominative	der Tag	der Traum	das Kind	das Dach
Accusative	den Tag	den Traum	das Kind	das Dach
Genitive	des Tag(e)s	des Traum(e)s	des Kind(e)s	des Dach(e)s
Dative	dem Tag(e)	dem Traum(e)	dem Kind(e)	dem Dach(e)
Plural				
Nominative	die Tage	die Träume	die Kinder	die Dächer
Accusative	die Tage	die Träume	die Kinder	die Dächer
Genitive	der Tage	der Träume	der Kinder	der Dächer
Dative	den Tagen	den Träumen	den Kindern	den Dächern

	Plural with ~s	Plural without any ending ~	Plural with ~̈
Singular			
Nominative	das Auto	der Tischler	der Vogel
Accusative	das Auto	den Tischler	den Vogel
Genitive	des Autos	des Tischlers	des Vogels
Dative	dem Auto	dem Tischler	dem Vogel
Plural			
Nominative	die Autos	die Tischler	die Vögel
Accusative	die Autos	die Tischler	die Vögel
Genitive	der Autos	der Tischler	der Vögel
Dative	den Autos	den Tischlern	den Vögeln

2. Strong declension: feminine

	Plural with ⁻̈e	Plural without any ending	Plural with ~s
Singular			
Nominative	die Wand	die Mutter	die Bar
Accusative	die Wand	die Mutter	die Bar
Genitive	der Wand	der Mutter	der Bar
Dative	der Wand	der Mutter	der Bar
Plural			
Nominative	die Wände	die Mütter	die Bars
Accusative	die Wände	die Mütter	die Bars
Genitive	der Wände	der Mütter	der Bars
Dative	den Wänden	den Müttern	den Bars

3. Weak declension: masculine

Singular			
Nominative	der Bauer	der Bär	der Hase
Accusative	den Bauern	den Bären	den Hasen
Genitive	des Bauern	des Bären	des Hasen
Dative	dem Bauern	dem Bären	dem Hasen
Plural			
Nominative	die Bauern	die Bären	die Hasen
Accusative	die Bauern	die Bären	die Hasen
Genitive	der Bauern	der Bären	der Hasen
Dative	den Bauern	den Bären	den Hasen

4. Weak declension: feminine

Singular				
Nominative	die Uhr	die Feder	die Gabe	die Ärztin
Accusative	die Uhr	die Feder	die Gabe	die Ärztin
Genitive	der Uhr	der Feder	der Gabe	der Ärztin
Dative	der Uhr	der Feder	der Gabe	der Ärztin
Plural				
Nominative	die Uhren	die Federn	die Gaben	die Ärztinnen
Accusative	die Uhren	die Federn	die Gaben	die Ärztinnen
Genitive	der Uhren	der Federn	der Gaben	der Ärztinnen
Dative	den Uhren	den Federn	den Gaben	den Ärztinnen

5. Mixed declension: masculine and feminine

Declined in the singular as a **strong** noun and in the plural as a **weak** noun.

Singular				
Nominative	das Auge	das Ohr	der Name	das Herz
Accusative	das Auge	das Ohr	den Namen	das Herz
Genitive	des Auges	des Ohr(e)s	der Namens	des Herzens
Dative	dem Auge	dem Ohr(e)	dem Namen	dem Herzen
Plural				
Nominative	die Augen	die Ohren	die Namen	die Herzen
Accusative	die Augen	die Ohren	die Namen	die Herzen
Genitive	der Augen	der Ohren	der Namen	der Herzen
Dative	den Augen	den Ohren	den Namen	den Herzen

6. Declension of adjectives

	Masculine	
Singular		
Nominative	der Reisende	ein Reisender
Accusative	den Reisenden	einen Reisenden
Genitive	des Reisenden	eines Reisenden
Dative	dem Reisenden	einem Reisenden
Plural		
Nominative	die Reisenden	Reisende
Accusative	die Reisenden	Reisende
Genitive	der Reisenden	Reisender
Dative	den Reisenden	Reisenden

	Feminine	
Singular		
Nominative	die Reisende	eine Reisende
Accusative	die Reisende	eine Reisende
Genitive	der Reisenden	einer Reisenden
Dative	der Reisenden	einer Reisenden
Plural		
Nominative	die Reisenden	Reisende
Accusative	die Reisenden	Reisende
Genitive	der Reisenden	Reisender
Dative	den Reisenden	Reisenden

	Neuter	
Singular		
Nominative	das Neugeborene	ein Neugeborenes
Accusative	das Neugeborene	ein Neugeborenes
Genitive	des Neugeborenen	eines Neugeborenen
Dative	dem Neugeborenen	einem Neugeborenen
Plural		
Nominative	die Neugeborenen	Neugeborene
Accusative	die Neugeborenen	Neugeborene
Genitive	der Neugeborenen	Neugeborener
Dative	den Neugeborenen	Neugeborenen

7. Declension of proper nouns

The genitive of proper nouns is determined by various rules:

Proper noun with an article	remains unchanged:	des Aristoteles, des (schönen) Berlin
Proper noun without any article	adds an -s:	Maria**s** Auto, die Straßen Berlin**s**
Proper noun ending in -s, -ß, -x, -z	adds an apostrophe:	Aristoteles' Schriften, die Straßen Calais'
Several proper nouns, one after the other	the last name adds an -s:	Johann Sebastian Bach**s** Musik
Proper noun with apposition	is declined like a noun:	Nominative: Karl **der Große** Accusative: Karl **den Großen** Genitive: Karls **des Großen** Dative: Karl **dem Großen**
Surnames add an -s in the plural:		die Schneider**s**
If a surname ends in s, ß, x or z, -ens is added:		die Schmitz**ens**

The proper names of streets, buildings, companies, ships, newspapers and organizations are always declined.

Adjectives – Das Adjektiv

When an adjective stands in front of a noun, the adjective has to agree with the **gender**, **case** and **number** of the noun. As with nouns, the declension of adjectives is characterized as **strong**, **weak** and **mixed**.

1. The strong form

- with adjective + noun combinations **without** any article
- when an adjective precedes a noun without indicating the gender

mehrere liebe Kinder, manch guter Wein.

- after **cardinal numbers**, as well as **'ein paar'**, **'ein bisschen'**

Sie hörte zwei laute Schritte.	She heard two loud steps.
Wir machen eine Reise mit ein paar guten Freunden.	We are going away with a few good friends.
Mit einem bisschen guten Willen schaffst du das.	All being well, you'll manage that.

	m	f	nt
Singular			
Nominative	guter Wein	schöne Frau	liebes Kind
Accusative	guten Wein	schöne Frau	liebes Kind
Genitive	guten Wein(e)s	schöner Frau	lieben Kindes
Dative	gutem Wein(e)	schöner Frau	liebem Kind(e)
Plural			
Nominative	gute Weine	schöne Frauen	liebe Kinder
Accusative	gute Weine	schöne Frauen	liebe Kinder
Genitive	guter Weine	schöner Frauen	lieber Kinder
Dative	guten Weinen	schönen Frauen	lieben Kindern

2. The weak form

- with adjective + noun combinations with the definite article **der**, **die**, **das**
- and with pronouns which indicate the gender of the noun

diese(r), folgende(r), jede(r), welche(s,r)

	m	f	nt
Singular			
Nominative	der gute Wein	die schöne Frau	das liebe Kind
Accusative	den guten Wein	die schöne Frau	das liebe Kind
Genitive	des guten Wein(e)s	der schönen Frau	des lieben Kindes
Dative	dem guten Wein	der schönen Frau	dem lieben Kind
Plural			
Nominative	die guten Weine	die schönen Frauen	die lieben Kinder
Accusative	die guten Weine	die schönen Frauen	die lieben Kinder
Genitive	der guten Weine	der schönen Frauen	der lieben Kinder
Dative	den guten Weinen	den schönen Frauen	den lieben Kindern

3. The mixed form

- with adjective + noun combinations with the indefinite article **ein**, **kein** (with masculine and neuter nouns in the singular)
- and the possessive pronouns **mein**, **dein**, **sein**, **unser**, **euer**, **ihr**

	m	nt
Singular		
Nominative	ein guter Wein	ein liebes Kind
Accusative	einen guten Wein	ein liebes Kind
Genitive	eines guten Wein(e)s	eines lieben Kindes
Dative	einem guten Wein(e)	einem lieben Kind

4. Adjectives ending in -abel, -ibel, -el

When declined, these adjectives lose the **-e**.

	miserab**e**l	penib**e**l	heik**e**l
Singular			
Nominative	ein miserabler Stil	eine penible Frau	ein heikles Problem
Accusative	einen miserablen Stil	eine penible Frau	ein heikles Problem
Genitive	eines miserablen Stils	einer peniblen Frau	eines heiklen Problems
Dative	einem miserablen Stil	einer peniblen Frau	einem heiklen Problem
Plural			
Nominative	miserable Stile	penible Frauen	heikle Probleme
Accusative	miserable Stile	penible Frauen	heikle Probleme
Genitive	miserabler Stile	penibler Frauen	heikler Probleme
Dative	miserablen Stilen	peniblen Frauen	heiklen Problemen

5. Adjectives ending in -er, -en

– normally retain the **e** in the declined form, but not in formal literary style

finst**e**r → seine finstren Züge

– the same applies to adjectives whose origins are not German

makab**e**r → eine makabre Geschichte
integ**e**r → ein integrer Beamter

6. Adjectives ending in -auer, -euer

– normally drop the **e** in the declined form

teu**e**r → ein teures Geschenk
sau**e**r → saure Gurken

7. Adjectives ending in -ß

– keep the **ß** after a long vowel

groß → mein großer Bruder
bloß → eine bloße Freundschaft

8. Comparison of adjectives

	m	f	nt
Positive	schön	schöne	schönes
Comparative	schöner	schönere	schöneres
Superlative	der schönste	die schönste	das schönste

If you want to use the comparative/superlative forms in the accusative, genitive or dative, then the same rules apply as for an adjective in its base form before a noun.

der Garten mit den schönsten Blumen (dative, plural)	the garden with the prettiest flowers

Exceptions:

1. Adjectives and adverbs add an 'e' before the superlative endings when:

– they have only one syllable
– the last syllable is stressed
– the ending is **-s**, **-ß**, **-st**, **-x**, **-z** (always)
– the ending is **-d**, **-t**, **-sch** (usually)

spitz	adjective	spitz**e**(r,s)
	adverb	am spitz**e**sten
beliebt	adjective	beliebt**e**ste(r,s)
	adverb	am beliebt**e**sten

This applies equally to compound adjectives and adverbs as well as those with a prefix, regardless of stress:

unsanft	adjective	unsanfteste(r,s)
	adverb	am unsanftesten

2. Single syllable adjectives whose root vowel is ‘a’, ‘o’, ‘u’ add an umlaut in the comparative and superlative forms:

arm	ärmer	ärmste(r,s)
gr**o**ß	größer	größte(r,s)
kl**u**g	klüger	klügste(r,s)

3. The following groups of adjectives never have an umlaut in the comparative and superlative forms:

– those with the diphthong -**au**:

f**au**l	fauler	faulste(r,s)
kr**au**s	krauser	krauseste(r,s)
schl**au**	schlauer	schlaueste(r,s)

– those with the suffixes -**bar**, -**haft**, -**ig**, -**lich**, -**sam**:

dank**bar**	dankbarer	dankbarste(r,s)
schwatz**haft**	schwatzhafter	schwatzhafteste(r,s)
schatt**ig**	schattiger	schattigste(r,s)
statt**lich**	stattlicher	stattlichste(r,s)
sorg**sam**	sorgsamer	sorgsamste(r,s)

– adjectives which occur as participles:

überrascht	überraschter	überraschteste(r,s)

– adjectives of foreign origin:

banal	banaler	banalste(r,s)
interessant	interessanter	interessanteste(r,s)
grandios	grandioser	grandioseste(r,s)

– irregular comparative/superlative forms of adjectives and adverbs:

gut	besser	beste(r,s)
viel	mehr	meiste(r,s)
gern	lieber	am liebsten
bald	eher	am ehesten

Adverbs – Das Adverb

When an adjective is used as an adverb, it remains unchanged:

er singt gut
sie schreibt schön
er läuft schnell

The rules for the comparison of adverbs are the same as those for adjectives:

er singt besser
sie schreibt schöner
er läuft schneller

Most adverbs form the superlative after the pattern **am.......sten**:

er singt am besten
sie schreibt am schönsten
er läuft am schnellsten

Verbs – Das Verb

PRESENT TENSE

The present tense in German is used to express an act in the present, a general statement of fact or an event in the future:

Was machst du? Ich lese.	What are you doing? I'm reading.
Die Erde dreht sich um die Sonne.	The Earth revolves around the Sun.
Morgen fliege ich nach Rom.	I'm flying to Rome tomorrow.

1. Regular verbs (weak conjugation)

	machen	**legen**	**sagen**	**sammeln**
ich	mache	lege	sage	sammle
du	machst	legst	sagst	sammelst
er sie es	macht	legt	sagt	sammelt
wir	machen	legen	sagen	sammeln
ihr	macht	legt	sagt	sammelt
sie	machen	legen	sagen	sammeln

Verbs with a stem ending in **s**, **ss**, **ß** and **z**:

	rasen	**passen**	**grüßen**	**reizen**
ich	rase	passe	grüße	reize
du	rast	passt	grüßt	reizt
er sie es	rast	passt	grüßt	reizt
wir	rasen	passen	grüßen	reizen
ihr	rast	passt	grüßt	reizt
sie	rasen	passen	grüßen	reizen

Verbs with a stem ending in **d** or **t**, or with a **consonant + m**, or a **consonant + n** add an **-e** in the 2nd person singular:

	reden	**wetten**	**atmen**	**trocknen**
ich	rede	wette	atme	trockne
du	redest	wettest	atmest	trocknest
er sie es	redet	wettet	atmet	trocknet
wir	reden	wetten	atmen	trocknen
ihr	redet	wettet	atmet	trocknet
sie	reden	wetten	atmen	trocknen

Verbs with a stem ending in an **unstressed -e** or **-er** drop the **-e** in the 1st person singular:

ang**el**n	ich angle
zitt**er**n	ich zittre

2. Irregular verbs (strong conjugation) usually change their stem vowels.

	tragen	**blasen**	**laufen**	**essen**
ich	trage	blase	laufe	esse
du	trägst	bläst	läufst	isst
er sie es	trägt	bläst	läuft	isst
wir	tragen	blasen	laufen	essen
ihr	tragt	blast	lauft	esst
sie	tragen	blasen	laufen	essen

⇒ See also the irregular verbs in the main body of the dictionary and in the list on page 2598.

PAST SIMPLE (IMPERFECT) TENSE

The imperfect tense expresses a past event:

Letztes Jahr reisten wir nach Spanien.	We went to Spain last year.

1. Regular verbs

	machen	**sammeln**	**grüßen**	**reizen**
ich	machte	sammelte	grüßte	reizte
du	machtest	sammeltest	grüßtest	reiztest
er sie es	machte	sammelte	grüßte	reizte
wir	machten	sammelten	grüßten	reizten
ihr	machtet	sammeltet	grüßtet	reiztet
sie	machten	sammelten	grüßten	reizten

Verbs with a stem ending in **d**, **t**, a **consonant + m** or a **consonant + n**:

	reden	**wetten**	**atmen**	**trocknen**
ich	redete	wettete	atmete	trocknete
du	redetest	wettetest	atmetest	trocknetest
er sie es	redete	wettete	atmete	trocknete
wir	redeten	wetteten	atmeten	trockneten
ihr	redetet	wettetet	atmetet	trocknetet
sie	redeten	wetteten	atmeten	trockneten

2. Irregular verbs usually change their stem vowels.

	tragen	**blasen**	**laufen**	**essen**
ich	trug	blies	lief	aß
du	trugst	bliest	liefst	aßt
er sie es	trug	blies	lief	aß
wir	trugen	bliesen	liefen	aßen
ihr	trugt	bliest	lieft	aßt
sie	trugen	bliesen	liefen	aßen

⇒ See also the irregular verbs in the main body of the dictionary and in the list on page 2598.

PERFECT TENSE

The perfect tense is used to express an isolated event or condition in the past:

Der Zug ist abgefahren.	The train has left.
Heute Nacht hat es geregnet.	It rained last night.

The perfect tense is formed with the present tense of the auxiliary verbs haben or sein and the past participle.

1. Verbs which express movement or a change of state, form the perfect tense with sein.

	radeln	**fahren**	**verstummen**	**sterben**
ich	bin geradelt	bin gefahren	bin verstummt	bin gestorben
du	bist geradelt	bist gefahren	bist verstummt	bist gestorben
er sie es	ist geradelt	ist gefahren	ist verstummt	ist gestorben
wir	sind geradelt	sind gefahren	sind verstummt	sind gestorben
ihr	seid geradelt	seid gefahren	seid verstummt	seid gestorben
sie	sind geradelt	sind gefahren	sind verstummt	sind gestorben

2. Transitive, reflexive and impersonal verbs form the perfect tense with haben, as do most intransitive verbs when they express a permanent condition.

	legen	**sich freuen**	**regnen**	**leben**
ich	habe gelegt	habe mich gefreut		habe gelebt
du	hast gelegt	hast dich gefreut		hast gelebt
er sie es	hat gelegt	hat sich gefreut	es hat geregnet	hat gelebt
wir	haben gelegt	haben uns gefreut		haben gelebt
ihr	habt gelegt	habt euch gefreut		habt gelebt
sie	haben gelegt	haben sich gefreut		haben gelebt

Forming the past participle: with or without 'ge-':

Most past participles are formed by putting **ge-** in front of the verb stem and adding either **-t** (weak verbs) or **-en** (strong verbs). In the past participles of strong verbs, the vowel of the verb stem is usually changed:

bauen → **ge**bau**t**
hören → **ge**hör**t**
lesen → **ge**les**en**
singen → **ge**s<u>u</u>ng**en**

In compound German verbs formed with a so-called 'separable' (and always stressed) adverbial prefix (indicated by a thin vertical line between prefix and verb, see below), the syllable -ge- is inserted between the prefix and the stem of the verb:

auf|bauen	auf**ge**baut
zu|hören	zu**ge**hört
vor|lesen	vor**ge**lesen

<u>**Important:**</u> A great number of verbs form the past participle without the prefix **ge-**. Most of these verbs (with very few exceptions) belong to two basic groups:

All verbs ending in -**ieren**:

marschieren	marschierte	(ist) marschiert
probieren	probierte	(hat) probiert

NB These verbs still form the past participle without **ge-** when they contain a 'separable' (stressed) prefix:

ab|marschieren	marschierte ab	(ist) abmarschiert
aus|probieren	probierte aus	(hat) ausprobiert

All verbs beginning with one of the following, always unstressed (and therefore 'inseparable') prefixes: **be-**, **emp-**, **ent-**, **er-**, **ge-**, **ver-**, **zer-**

bebauen	bebaute	(hat) bebaut
erhören	erhörte	(hat) erhört
gestalten	gestaltete	(hat) gestaltet
verlangen	verlangte	(hat) verlangt

Those verbs with an 'inseparable' (and also unstressed) prefix (indicated by the lack of a thin vertical line – see below) also belong to this group:

umgehen	umging	(hat) umgangen
untersuchen	untersuchte	(hat) untersucht
übersetzen	übersetzte	(hat) übersetzt

NB Again, these verbs still form the past participle without **ge-** when they have a 'separable' (stressed) prefix:

um|gestalten	gestaltete um	(hat) umgestaltet
ab|verlangen	verlangte ab	(hat) abverlangt
zurück|übersetzen	übersetzte zurück	(hat) zurückübersetzt

A very few verbs which do not belong to either of these two groups (e.g. *miauen*, *trompeten*, *stibitzen* – but note the stress!), also form their past participle without **ge-** and are accordingly so indicated in the dictionary.

THE PAST PERFECT (PLUPERFECT) TENSE

The past perfect tense is used to describe an event that had already finished when another event happened

It is formed with the past (imperfect) tense of **haben** or **sein** and the past participle.

Als er im Kino ankam, hatte der Film schon begonnen.	When he arrived at the cinema the film had already started.

	fahren	**sterben**	**legen**	**leben**
ich	war gefahren	war gestorben	hatte gelegt	hatte gelebt
du	warst gefahren	warst gestorben	hattest gelegt	hattest gelebt
er sie es	war gefahren	war gestorben	hatte gelegt	hatte gelebt
wir	waren gefahren	waren gestorben	hatten gelegt	hatten gelebt
ihr	wart gefahren	wart gestorben	hattet gelegt	hattet gelebt
sie	waren gefahren	waren gestorben	hatten gelegt	hatten gelebt

THE FUTURE TENSE

The future tense is used to express something that will happen in or refers to the future: e.g. advance notification, intentions, suppositions, promises.

It is formed with the present tense of the auxiliary verb **werden** and the infinitive of the main verb:

Morgen wird es schneien.	It will (or is going to) snow tomorrow.
Er wird noch im Urlaub sein.	He will still be on holiday.
Ich werde dich immer lieben.	I will always love you.

	legen	**fahren**	**sein**	**haben**	**können**
ich	werde legen	werde fahren	werde sein	werde haben	werde können
du	wirst legen	wirst fahren	wirst sein	wirst haben	wirst können
er sie es	wird legen	wird fahren	wird sein	wird haben	wird können
wir	werden legen	werden fahren	werden sein	werden haben	werden können
ihr	werdet legen	werdet fahren	werdet sein	werdet haben	werdet können
sie	werden legen	werden fahren	werden sein	werden haben	werden können

THE PRESENT SUBJUNCTIVE

The present subjunctive is formed from the present stem of the verb with the endings: **-e**, **-est**, **-e**, **-en**, **-et**, **-en** added.
It is used to express indirect speech:

„Kannst du mir helfen?“ (Direkte Rede)	'Can you help me?' (Direct speech)
Er fragt sie, ob sie ihm helfen könne. (Indirekte Rede)	He asked her if she could help him. (Indirect speech)

Some irregular verbs add an umlaut to or change the vowel in the indicative but do not in the subjunctive:

Infinitive	Present Indicative	Present Subjunctive
fallen	du f**ä**llst	du fallest
geben	du g**i**bst	du gebest

As well as in indirect speech, the present subjunctive is also used in a few set expressions:

Er lebe hoch!	Three cheers for him!
Gott sei Dank!	Thank God!
Man nehme Salz, Mehl und Butter ...	Take salt, flour and butter ...

	legen	küssen	reden
ich	lege	küsse	rede
du	legst	küssest	redest
er sie es	lege	küsse	rede
wir	legen	küssen	reden
ihr	leget	küsset	redet
sie	legen	küssen	reden

Present subjunctive of the auxiliary verbs *sein, haben* and *werden:*

	sein	haben	werden
ich	sei	habe	werde
du	seist	habest	werdest
er sie es	sei	habe	werde
wir	seien	haben	werden
ihr	seiet	habet	werdet
sie	seien	haben	werden

Present subjunctive of the modal verbs:

	können	dürfen	mögen	müssen	sollen	wollen
ich	könne	dürfe	möge	müsse	solle	wolle
du	könnest	dürfest	mögest	müssest	sollest	wollest
er sie es	könne	dürfe	möge	müsse	solle	wolle
wir	können	dürfen	mögen	müssen	sollen	wollen
ihr	könn(e)t	dürf(e)t	mög(e)t	müss(e)t	soll(e)t	woll(e)t
sie	können	dürfen	mögen	müssen	sollen	wollen

THE IMPERFECT SUBJUNCTIVE

The imperfect subjunctive is formed from the past stem of the verb with the endings **-e**, **-(e)st**, **-e**, **-en**, **-(e)t**, **-en**. With regular verbs the imperfect subjunctive is identical to the past indicative; irregular verbs with **i** or **ie** in the forms of the past tense retain these spellings in the imperfect subjunctive.

The imperfect subjunctive is used to express hypothetical statements, comparisons and as an expression of politeness:

Wenn ich Zeit hätte, ginge ich mit dir ins Kino.	If I had time, I would come with you to the cinema.
Die Leiter schwankte so, als fiele sie gleich um.	The ladder was swaying so much it looked like it was about to fall.
Könnten Sie uns bitte eine Auskunft geben?	Could you give us some information, please?

	gehen/ging	**rufen/rief**	**greifen/griff**
ich	ginge	riefe	griffe
du	ging(e)st	rief(e)st	griff(e)st
er sie es	ginge	riefe	griffe
wir	gingen	riefen	griffen
ihr	ging(e)t	rief(e)t	griff(e)t
sie	gingen	riefen	griffen

Verbs with the vowels **a**, **o** and **u** in the past indicative add an umlaut in the imperfect subjunctive:

	singen/ sang	**fliegen/ flog**	**fahren/ fuhr**	**sein/ war**	**haben/ hatte**	**werden/ wurde**
ich	sänge	flöge	führe	wäre	hätte	würde
du	säng(e)st	flög(e)st	führ(e)st	wär(e)st	hättest	würdest
er sie es	sänge	flöge	führe	wäre	hätte	würde
wir	sängen	flögen	führen	wären	hätten	würden
ihr	säng(e)t	flög(e)t	führ(e)t	wär(e)t	hättet	würdet
sie	sängen	flögen	führen	wären	hätten	würden

Conditional clauses

A conditional clause often starts with 'if' or 'unless'; it is used to express something that might happen if certain conditions were met and is formed with the imperfect subjunctive of **werden** and the infinitive of the main verb.

Wenn ihr uns einladen würdet, würden wir kommen.	If you were to invite us, we would come.

	legen	**fahren**
ich	würde legen	würde fahren
du	würdest legen	würdest fahren
er sie es	würde legen	würde fahren
wir	würden legen	würden fahren
ihr	würdet legen	würdet fahren
sie	würden legen	würden fahren

THE IMPERATIVE

The imperative expresses a demand, command, request, warning or ban and is formed with either the 2nd person singular or plural.

Regular verbs add to the stem an **-e** in the singular and a **-t** in the plural. The plural form of the imperative is identical to the 2nd person plural, present indicative.

In the polite form using **Sie**, the verb is inverted (i.e. predicate before subject):

Sie schreiben einen Brief. (eine Feststellung/Indikativ)	You are writing a letter. (a statement/indicative)
Schreiben Sie einen Brief! (eine Aufforderung/Imperativ)	Write a letter! (a command/imperative)

Infinitive	Singular	Plural	Polite form
schreiben	schreibe	schreibt	schreiben Sie
singen	singe	singt	singen Sie
trinken	trinke	trinkt	trinken Sie
atmen	atme	atmet	atmen Sie
reden	rede	redet	reden Sie

Exceptions: Verbs which end in **-eln**, **-ern** can drop the **-e** in the singular.

Infinitive	Singular	Plural	Polite form
sammeln	samm(e)le	sammelt	sammeln Sie
fördern	förd(e)re	fördert	fördern Sie
handeln	hand(e)le	handelt	handeln Sie

If the verb stem ends in **-m** or **-n** and is preceded by an **h**, **l**, **m**, **n** or **r**, the **-e** ending in the singular can be dropped.

Infinitive	Singular	Plural	Polite form
rühmen	rühm(e)	rühmt	rühmen Sie
qualmen	qualm(e)	qualmt	qualmen Sie
kämmen	kämm(e)	kämmt	kämmen Sie
rennen	renn(e)	rennt	rennen Sie
lernen	lern(e)	lernt	lernen Sie

If, however, the **-m** or **-n** is preceded by another consonant, the **-e** ending must be retained:

atme, rechne

Irregular verbs without a vowel change to **-i** or **-ie** in the present tense, form the imperative according to the same rules as regular verbs.

⇒ The imperative forms are given in the list of irregular verbs.

Vowel change to *-i* or *-ie*

Infinitive	Singular	Plural
lesen	l**ie**s	lest
werfen	w**i**rf	werft
essen	**i**ss	esst
sehen	s**ie**h	seht

The auxiliary verbs *sein*, *haben* and *werden*

Infinitive	Singular	Plural
sein	sei	seid
haben	habe	habt
werden	werde	werdet

ACTIVE AND PASSIVE

In an active sentence the subject performs the stated action; in the passive, the subject is being acted upon

Die Parlamentarier wählen den Präsidenten. (Aktiv)	The members of Parliament elect the President. (Active)
Der Präsident wird von den Parlamentariern gewählt. (Passiv)	The President is elected by the members of Parliament. (Passive)

The passive is formed with **werden** and the past participle.

Present	ich werde geliebt	ich werde gelobt
Past	ich wurde geliebt	ich wurde gelobt

The auxiliary verbs *haben*, sein *and werden*

They are called auxiliary verbs because with their help, certain tenses (e.g. the perfect, pluperfect, future) and the passive are formed.

Present

	sein	haben	werden
ich	bin	habe	werde
du	bist	hast	wirst
sie es	ist	hat	wird
wir	sind	haben	werden
ihr	seid	habt	werdet
sie	sind	haben	werden

The Present Participle

The present participle is formed by adding **-d** to the infinitive of the verb:

singend, lachend, etc.

It expresses a shorter version of a subordinate clause:

Er saß in der Badewanne und sang. He sat in the bath and sang.	Er saß *singend* in der Badewanne. He sat in the bath *singing.*
Sie öffnete die Tür und lachte. She opened the door and laughed.	Sie öffnete *lachend* die Tür. She opened the door *laughing.*

The Past participle

The past participle of regular verbs is formed according to the following rule:

	Prefix	+ Stem	+ Ending
machen	ge	+ mach	+ t

legen	gelegt
sagen	gesagt
vierteln	geviertelt
rasen	gerast
hassen	gehasst
küssen	geküsst
reizen	gereizt
reden	geredet
wetten	gewettet
trocknen	getrocknet

Verbs ending in **-ieren** omit the prefix **ge-**, as do those with the prefix **be-**, **em-**, **ent-**, **er-**, **ver-** and **zer-**. They are marked in the German-English part of the dictionary with an asterisk *.

The following rule applies:

	Stem	+ Ending
manövrieren*	manövrier	+ t

empören*	empört
entgiften*	entgiftet
ersetzen*	ersetzt
vertrösten*	vertröstet
zerreden*	zerredet

Inseparable compound verbs also drop the **ge-**. These verbs are indicated as *insep* and are marked with an asterisk *.

übersetzen*	übersetzt
durchwaten*	durchwatet
unterlegen*	unterlegt
umarmen*	umarmt

The past participle of separable compound verbs (e.g. *durchmachen*) is formed according to the following rule:

Prefix Verb	+	Prefix PP ge-	+	Verb Stem	+	Ending t
durch	+	ge	+	mach	+	t

anbeten	angebetet
überschnappen	übergeschnappt
umdeuten	umgedeutet

⇒ Every separable German verb is indicated in the dictionary by a vertical line. Irregular verb forms are given in their base form.

Pronouns – Die Pronomen

Pronouns are declined in German just as articles, nouns, adjectives and adverbs are.

1. The personal pronoun

A personal pronoun denotes the person who is speaking or about whom someone is speaking.

Nominative	Accusative	Genitive	Dative
ich	mich	meiner	mir
du	dich	deiner	dir
er	ihn	seiner	ihm
sie	sie	ihrer	ihr
es	es	seiner	ihm
wir	uns	unser	uns
ihr	euch	euer	euch
sie	sie	ihrer	ihnen

2. The reflexive pronoun

A reflexive pronoun refers to the subject of a sentence and must agree with the subject in case and number.

ich wasche **mich**
du wäschst **dich**
er/sie/es wäscht **sich**
wir waschen **uns**
ihr wascht **euch**
sie waschen **sich**

3. The possessive pronoun

A possessive pronoun indicates belonging or ownership and agrees in case, gender and number with the noun to which it refers. It may appear before a noun, like an adjective, or stand in place of a noun.

Used as an adjective

	m	f	nt	pl
1st person singular				
Nominative	mein	meine	mein	meine
Accusative	meinen	meine	mein	meine
Genitive	meines	meiner	meines	meiner
Dative	meinem	meiner	meinem	meinen

	m	f	nt	pl
2nd person singular	dein	deine	dein declined like *mein*	deine
3rd person singular	sein	seine	sein declined like *mein*	seine
3rd person singular	ihr	ihre	ihr declined like *mein*	ihre
3rd person singular	sein	seine	sein declined like *mein*	seine
1st person plural				
Nominative	unser	uns(e)re	unser	uns(e)re
Accusative	uns(e)ren	uns(e)re unsern	unser	uns(e)re
Genitive	uns(e)res	uns(e)rer	uns(e)res	uns(e)rer
Dative	uns(e)rem	uns(e)rer unserm	uns(e)rem	uns(e)ren unserm
2nd person plural				
Nominative	euer	eure	euer	eure
Accusative	euren	eure	euer	eure
Genitive	eures	eurer	eures	eurer
Dative	eurem	eurer	eurem	euren
3rd person plural				
Nominative	ihr	ihre	ihr	ihre
Accusative	ihren	ihre	ihr	ihre
Genitive	ihres	ihrer	ihres	ihrer
Dative	ihrem	ihrer	ihrem	ihren

Used as a noun

	m	f	nt	pl
1. pers. sing.	meiner	meine	mein(e)s	meine
2. pers. sing	deiner	deine	dein(e)s	deine
3. pers. sing. m, nt	seiner	seine	sein(e)s	seine
3. pers. sing. f	ihrer	ihre	ihr(e)s	ihre
1. pers. pl.	uns(e)rer	uns(e)re	uns(e)res	uns(e)re
2. pers. pl.	eurer	eure	eures, euers	eure
3. pers. pl.	ihrer	ihre	ihr(e)s	ihre

4. The demonstrative pronoun

A demonstrative pronoun indicates which person or thing is being referred to.

	m	f	nt	Plural
Nominative	dieser	diese	dieses	diese
Accusative	diesen	diese	dieses	diese
Genitive	dieses	dieser	dieses	dieser
Dative	diesem	dieser	diesem	diesen
Nominative	jener	jene	jenes	jene
Accusative	jenen	jene	jenes	jene
Genitive	jenes	jener	jenes	jener
Dative	jenem	jener	jenem	jenen
Nominative	derjenige	diejenige	dasjenige	diejenigen
Accusative	denjenigen	diejenige	dasjenige	diejenigen
Genitive	desjenigen	derjenigen	desjenigen	derjenigen
Dative	demjenigen	derjenigen	demjenigen	denjenigen

	m	f	nt	Plural
Nominative	derselbe	dieselbe	dasselbe	dieselben
Accusative	denselben	dieselbe	dasselbe	dieselben
Genitive	desselben	derselben	desselben	derselben
Dative	demselben	derselben	demselben	denselben

The definite article **der, die, das** is also used as a demonstrative pronoun.

5. The relative pronoun

The most common relative pronouns are **der, die, das**; less common are **welcher, welche, welches.** All relative pronouns introduce a subordinate clause which supplements the main clause. Relative pronouns agree in gender and number with the word in the main clause to which they refer.

Er putzt sein neues Auto, das/welches er sich gekauft hat.	He is cleaning the new car that/which he bought.

	m	f	nt	Plural
Nominative	welcher	welche	welches	welche
Accusative	welchen	welche	welches	welche
Genitive	dessen	deren	dessen	deren
Dative	welchem	welcher	welchem	welchen

Wer and **was** can also be used as relative pronouns:

Wer das behauptet, lügt.	Whoever says that is lying.
Mach doch, was du willst!	Just do what you want!

6. The interrogative pronoun

An interrogative pronoun distinguishes between a person (**wer?**) and a thing (**was?**). It only occurs in the singular.

	Person	Thing
Nominative	*Wer* spielt mit?	*Was* ist das?
Accusative	*Wen* liebst du?	*Was* höre ich da?
Genitive	*Wessen* Haus ist das?	
Dative	*Wem* gehört das Haus?	

Nowadays the genitive of the interrogative pronoun: **wessen** (whose?) is being replaced by the dative **wem.**

Wem gehört das Haus? (statt: Wessen Haus ist das?)	Whose house is that?

Was für ein(er)... (What sort of a ...) is used to ask about the particular nature of a person or thing:

Was für ein Mensch ist Peter eigentlich?	What sort of a person is Peter really?/What is Peter really like?
Was für einen Anzug möchten Sie?	What sort of suit would you like?

The interrogative pronouns **welcher, welche** and **welches** are used to ask about one particular person or item among several:

Welche Schuhe soll ich nehmen? (die braunen oder die schwarzen?)	Which shoes should I take? (the brown or the black ones?)
Mit welchem Bus kommst du? (mit dem um 16 oder 17 Uhr?)	Which bus will you be on? (the 4 or 5 o'clock?)
Welches Eis schmeckt dir besser? (Erdbeer- oder Schokoladeneis?)	Which ice cream do you like better?(strawberry or chocolate?)

	m	f	nt	Plural
Nominative	welcher	welche	welches	welche
Accusative	welchen	welche	welches	welche
Genitive	welches	welcher	welches	welcher
Dative	welchem	welcher	welchem	welchen

Prepositions – Die Prepositionen

+ Accusative:	
bis	durch
für	gegen
je	ohne
pro	um
wider	

+ Dative:	
ab	aus
außer	bei
binnen	entgegen
entsprechend	gegenüber
gemäß	mit
nach	nächst
nahe	nebst
samt	seit
von	zu
zufolge	zuwider

+ Accusative/Dative*:	
an	auf
entlang	hinter
in	neben
über	unter
vor	zwischen

* With movement and change of direction the **accusative** is used (**wohin?** – Where to?/Whither?).

With details of location the **dative** is used (**wo?** – Where?):

Er hängt die Uhr an die Wand. (wohin?)	He is hanging the clock on the wall.
Die Uhr hängt an der Wand. (wo?)	The clock is hanging on the wall.

⇒ Every prepositional headword in the dictionary has the necessary case indicated next to it.

Some prepositions can be amalgamated with the correct form of the definite article to form a single word:

an/in	+	dem	*becomes*	am/im
bei	+	dem	*becomes*	beim
von	+	dem	*becomes*	vom
zu	+	dem/der	*becomes*	zum/zur
an/in	+	das	*becomes*	ans/ins

▶ LIST OF THE GERMAN IRREGULAR VERBS DEUTSCHE UNREGELMÄSSIGE VERBEN

Infinitive Infinitiv	Imperfect Präteritum	Past Participle Partizip Perfekt
backen	backte (buk)	gebacken
befehlen	befahl	befohlen
beginnen	begann	begonnen
beißen	biss	gebissen
bergen	barg	geborgen
bersten	barst	geborsten <sein>
bewegen	bewog	bewogen
biegen	bog	gebogen
bieten	bot	geboten
binden	band	gebunden
bitten	bat	gebeten
blasen	blies	geblasen
bleiben	blieb	geblieben <sein>
bleichen	bleichte (blich)	gebleicht (geblichen) <sein>
braten	briet	gebraten
brechen	brach	gebrochen <sein>
brennen	brannte	gebrannt
bringen	brachte	gebracht
denken	dachte	gedacht
dreschen	drosch	gedroschen
dringen	drang	gedrungen <sein>
dürfen	durfte	dürfen, gedurft
empfehlen	empfahl	empfohlen
essen	aß	gegessen
fahren	fuhr	gefahren <sein>
fallen	fiel	gefallen <sein>
fangen	fing	gefangen
fechten	focht	gefochten
finden	fand	gefunden
flechten	flocht	geflochten
fliegen	flog	geflogen <sein>
fliehen	floh	geflohen <sein>
fließen	floss	geflossen <sein>
fragen	fragte	gefragt
fressen	fraß	gefressen
frieren	fror	gefroren <sein>
gären	gor (gärte)	gegoren (gegärt) <sein>
gebären	gebar	geboren
geben	gab	gegeben
gedeihen	gedieh	gediehen <sein>
gehen	ging	gegangen <sein>
gelingen	gelang	gelungen <sein>
gelten	galt	gegolten
genesen	genas	genesen <sein>
genießen	genoss	genossen
geschehen	geschah	geschehen <sein>
gewinnen	gewann	gewonnen
gießen	goss	gegossen
gleichen	glich	geglichen
gleiten	glitt (gleitete)	geglitten (gegleitet) <sein>
glimmen	glomm, glimmte	geglommen, geglimmt
graben	grub	gegraben
greifen	griff	gegriffen
haben	hatte	gehabt
hangen	hing	gehangen
hängen	hing (hängte)	gehangen (gehängt) <sein>
hängen	hängte (hing)	gehängt (gehangen)
hauen	haute	gehauen (hieb)
hauen	hieb (haute)	gehauen
heben	hob (hub)	gehoben
heißen	hieß	geheißen
helfen	half	geholfen
kennen	kannte	gekannt
klimmen	klomm	geklommen <sein>
klingen	klang	geklungen
kneifen	kniff	gekniffen
kommen	kam	gekommen <sein>
können	konnte	können, gekonnt
laden	lud	geladen
lassen	ließ	lassen, gelassen
laufen	lief	gelaufen <sein>
leiden	litt	gelitten
leihen	lieh	geliehen
lesen	las	gelesen
liegen	lag	gelegen <sein>
löschen	losch	geloschen <sein>
lügen	log	gelogen
mahlen	mahlte	gemahlen
meiden	mied	gemieden
melken	molk, melkte	gemolken, gemelkt
messen	maß	gemessen
misslingen	misslang	misslungen <sein>
mögen	mochte	mögen, gemocht
müssen	musste	müssen, gemusst
nehmen	nahm	genommen
nennen	nannte	genannt
pfeifen	pfiff	gepfiffen
preisen	pries	gepriesen
quellen	quoll	gequollen <sein>
raten	riet	geraten
reiben	rieb	gerieben
reißen	riss	gerissen <sein>
reiten	ritt	geritten <sein>
rennen	rannte (rennte)	gerannt <sein>
riechen	roch	gerochen
ringen	rang	gerungen
rinnen	rann	geronnen <sein>
rufen	rief	gerufen

Infinitive Infinitiv	Imperfect Präteritum	Past Participle Partizip Perfekt
salzen	salzte	gesalzen (gesalzt)
saufen	soff	gesoffen
saugen	sog, saugte	gesogen, gesaugt
schaffen	schuf, schaffte	geschaffen, geschafft
schallen	schallte, scholl	geschallt
scheiden	schied	geschieden <sein>
scheinen	schien	geschienen
scheißen	schiss	geschissen
schelten	schalt	gescholten
scheren	schor (scherte)	geschoren (geschert)
schieben	schob	geschoben
schießen	schoss	geschossen <sein>
schinden	schindete	geschunden
schlafen	schlief	geschlafen
schlagen	schlug	geschlagen <sein>
schleichen	schlich	geschlichen <sein>
schleifen	schliff	geschliffen
schließen	schloss	geschlossen
schlingen	schlang	geschlungen
schmeißen	schmiss	geschmissen
schmelzen	schmolz	geschmolzen <sein>
schneiden	schnitt	geschnitten
schrecken	schreckte, schrak	geschreckt <sein>
schreiben	schrieb	geschrieben
schreien	schrie	geschrie(e)n
schreiten	schritt	geschritten <sein>
schweigen	schwieg	geschwiegen
schwellen	schwoll	geschwollen <sein>
schwimmen	schwamm	geschwommen <sein>
schwinden	schwand	geschwunden <sein>
schwingen	schwang	geschwungen
schwören	schwor (schwur)	geschworen
sehen	sah	gesehen
sein	war	gewesen <sein>
senden	sandte (sendete)	gesandt (gesendet)
sieden	sott, siedete	gesotten, gesiedet
singen	sang	gesungen
sinken	sank	gesunken <sein>
sinnen	sann	gesonnen
sitzen	saß	gesessen <sein>
sollen	sollte	sollen, gesollt
spalten	spaltete	gespaltet, gespalten
speien	spie	gespie(e)n
spinnen	spann	gesponnen
spleißen	spliss	gesplissen
sprechen	sprach	gesprochen
sprießen	spross	gesprossen <sein>
springen	sprang	gesprungen <sein>
stechen	stach	gestochen <sein>
stecken	steckte (stak)	gesteckt

Infinitive Infinitiv	Imperfect Präteritum	Past Participle Partizip Perfekt
stehen	stand	gestanden <sein>
stehlen	stahl	gestohlen
steigen	stieg	gestiegen <sein>
sterben	starb	gestorben <sein>
stieben	stob	gestoben <sein>
stinken	stank	gestunken
stoßen	stieß	gestoßen <sein>
streichen	strich	gestrichen <sein>
streiten	stritt	gestritten
tragen	trug	getragen
treffen	traf	getroffen
treiben	trieb	getrieben <sein>
treten	trat	getreten <sein>
triefen	triefte	getrieft (getroffen) <sein>
trinken	trank	getrunken
trügen	trog	getrogen
tun	tat	getan
verderben	verdarb	verdorben <sein>
verdrießen	verdross	verdrossen
vergessen	vergaß	vergessen
verlieren	verlor	verloren
wachsen	wuchs	gewachsen <sein>
wägen	wog	gewogen
waschen	wusch	gewaschen
weben	webte	gewebt (gewoben)
weichen	wich	gewichen <sein>
weisen	wies	gewiesen
wenden	wendete, wandte	gewendet, gewandt
werben	warb	geworben
werden	wurde	worden, geworden <sein>
werfen	warf	geworfen
wiegen	wog	gewogen
winden	wand	gewunden
winken	winkte	gewinkt (gewunken)
wissen	wusste	gewusst
wollen	wollte	wollen, gewollt
wringen	wrang	gewrungen
ziehen	zog	gezogen <sein>
zwingen	zwang	gezwungen

▶ GERMAN PUNCTUATION DIE DEUTSCHE ZEICHENSETZUNG

The aim of this chapter is to give an overview over the most important aspects of German punctuation. It is written in accordance with the Neue deutsche Rechtschreibung of 1998. In addition to the discussion of punctuation, you will find a chapter on hyphenation at the end. In this section, the main punctuation marks are given with a German translation of their names, and every explanation of their use is followed by one or more examples.

. Full stop or period – Der Punkt

- Separates two sentences and is followed by *a space*. In this case, the first following letter is capitalized.

Thomas biss in den Apfel. Der Apfel war grün.

- A full stop is used after abbreviations of words. It is also used to mark numbers as ordinals.

Tel. (Telefon), Rechnungs-Nr. (Rechnungsnummer), z.B. (zum Beispiel), Dr. med. (Doktor der Medizin), 14. September (vierzehnter September)

- Some abbreviations are **not** followed by a full stop. These include certain official national and international abbreviations.

m (Meter), g (Gramm), N (Norden), BGB (Bürgerliches Gesetzbuch)

, Comma – Das Komma

- A comma separates two equal clauses.

Die Sonne war warm, ich war fast eingeschlafen.
Dass sie ihn nicht nur belog, sondern auch noch betrog, verletzte ihn zutiefst.

- It also separates words or groups of words in lists.

Er wollte einkaufen gehen, mit seiner Mutter telefonieren, zur Post gehen und dann fernsehen.
Er fuhr ein blaues, schnelles Auto.

- If two adjectives form a group, they are not separated by a comma.

Die letzten großen Fernsehshows liefen in den 1990ern.

- If two equal clauses, groups of words or words are coordinated by a conjunction such as **und**, **oder**, **bzw.**, **sowie**, **wie**, **entweder ... oder**, **sowohl ... als (auch)**, **weder ... noch**, then no comma is used.

Er fuhr weder mit der Bahn noch mit dem Fahrrad.

- A comma is used before restrictive conjunctions such as **aber**, **doch**, **jedoch**, **sondern**.

Er mag nicht nur die bürgerliche Küche, sondern auch die exotische.

- Subordinate clauses are separated by a comma.

Als wir nach England kamen, war die Bergarbeiterkrise auf ihrem Höhepunkt.
Der Kuchen, den ich gebacken habe, ist noch im Ofen.
Ich weiß nicht, wie ich enden soll.

- Parenthetical expressions and appositions are set off with commas.

Eines Tages, es war im Sommer, wollte er plötzlich in den Urlaub fahren.
Herr Meyer, ein Hautarzt, freute sich über die Blumen.

- Exclamations and interjections are set off with commas.

Oh, wie kalt das ist.
Du hast abgenommen, oder?

- An opening line of a letter can end with a comma.

Sehr geehrter Herr Schröder,

; Semicolon – Das Semikolon

- The semicolon is related to the comma, but shows a higher degree of separation. It is mainly used to separate coordinate clauses.

Martin wünschte sich schon lange einen Hund; aber seine Eltern waren allergisch.

: Colon – Der Doppelpunkt

- A colon signals that a continuative clause follows.
- Especially if that message is direct speech:

Er sagte: „Ich liebe dich."

- But also in lists or specifications:

Er hatte schon viele Länder gesehen: Spanien, Portugal, Frankreich und die Schweiz.
Nationalität: deutsch
Familienstand: ledig.

- That message can also be a summary or conclusion of the first part.

Hab und Gut, Frau und Kinder: Alles war verloren.

( ) [ ] Brackets or Parentheses – Die Klammer

- Brackets mark extra, nonessential or explanatory material included in a sentence. These can also include parenthetical expressions and appositions, but in these cases the comma is more common.

Eines Tages (es war im Sommer) wollte er plötzlich in den Urlaub fahren.
Merzig (Saarland)
Herr Meyer (ein alter Schwerenöter) hatte seine Rechnung nicht bezahlt. (*Apposition*)

- Brackets can also be used to include whole sentences or even longer stretches of text in order to mark them as extra, independent material. In this case the full stop, question or exclamation mark appears inside the brackets.

Er war viele Jahre lang nach Österreich in den Urlaub gefahren. (Obwohl ihm klar war, dass es auch viele andere attraktive Orte gibt.) Dort besuchte er immer dasselbe Hotel.

— Dash – Der Gedankenstrich

- A dash is often used for including impromptu asides and conveying a dramatic effect. Sometimes a comma is also possible.

Herr Meyer – der alte Schwerenöter – trat ins Gasthaus ein.
Herr Meyer, der alte Schwerenöter, trat ins Gasthaus ein.
Er öffnete die Tür zum dunklen Keller und sah – ein Gespenst.

- A dash can also be used in order to mark a speaker's turn in a conversation. In that case it follows the full stop, question or exclamation mark.

Willst du mich heiraten? – Ja.

‚ '/ „ " Quotation marks or inverted commas – Die Anführungsstriche

- Quotation marks surround quotations and direct speech.
- Those punctuation marks which belong to the quotation are put before the closing quotation mark.
- The accompanying sentence will start with a comma if it follows the direct quotation. If a direct quotation finishes a sentence, then the full stop, question or quotation mark will appear inside the quotation marks. If a direct quotation is followed by an accompanying sentence, then the full stop is left out. A question or exclamation mark is always inserted inside the quotation marks if it belongs to the quotation.

Er sagte: „Ich komme morgen."
„Ich komme morgen", sagte er.
Er sagte: „Ich komme morgen", und verschwand durch die Tür.
„Kommst du morgen?", fragte er.

- Quotation marks are also used in order to mark a group of words you are commenting on or to give the meaning of an expression.

Er las „Warten auf Godot" von Samuel Beckett.
Das Sprichwort „Eile mit Weile" ist heutzutage nicht mehr sehr gebräuchlich.
Das Wort „Berg" in „Bergisches Land" bezieht sich auf Herrn Berg, nicht auf Berge.

- Another, increasingly more popular, function of inverted commas is to show irony.

„Vielen Dank!" für deine große Hilfe!

? Question mark – Das Fragezeichen

- A question mark terminates a sentence and marks it as a question. The next word begins with a capital letter.

Willst du mich heiraten? – Ja.

! Exclamation mark – Das Ausrufezeichen

- Puts special emphasis on the emotive content of a sentence and is thus found mainly outside academic or formal writing.

Das war aber eine schöne Überraschung!

- Another function is to emphasize a command.

Geh da weg!

- An exclamation mark can also be used at the end of the opening line of a letter.

Sehr geehrte Damen und Herren!

- This function can also be fulfilled by a comma.

Sehr geehrte Damen und Herren,

••• Ellipsis – Die Auslassungspunkte

- An ellipsis is used to convey that original material, e.g. in a quote, has been left out. If the ellipsis occurs at the end of a sentence, then the full stop (but not a question or exclamation mark) is left out.

Man sagte, dass viele … Menschen … in der Dritten Welt … hungern müssten. (Original: Man sagte, dass viele arme Menschen, deren Schicksal unerbittlich ist, in der Dritten Welt ohne Grund hungern müssten.)
Scher dich zum …
Willst du mich …?

- In addition, the ellipsis is used to convey that parts of a word or sentence have been omitted.

Du be… Idiot!

,

The Apostrophe – Der Apostroph

- An apostrophe is used to show that one or more letters have been left out of a word.

Das war'n noch Zeiten.

- Proper names which end in an s-sound are marked with an apostrophe at the end if they are in the genitive case and are not accompanied by an article or a possessive pronoun.

Carlos' neues Auto war in der Werkstatt.
(But:) Das Auto des Carlos war in der Werkstatt.
Heinz' Wohnung wurde von einem Innenarchitekten eingerichtet.
(But:) Die Wohnung des Heinz wurde von einem Innenarchitekten eingerichtet.

- If a writer wants to represent that a sound is silent in the spoken version of a word, then an apostrophe is used.

Das war'n noch Zeiten, als man in wen'gen Worten über Liebe sprechen konnte.

- Some geographical names are often abbreviated with an omission in the middle of the word. This is also represented with an apostrophe.

D'dorf (= Düsseldorf)

/

Dash – Der Schrägstrich

- A dash is used in order to show that two words or groups of words belong together or are alternative versions of one another. It is also possible to mark an abbreviation with the dash, especially for seasons, months or years.

Die CDU/CSU hat beschlossen, dass sie einen neuen Kanzlerkandidat stellen will.
Im akademischen Jahr 2005/6 werden neue Bücher angeschafft.
Im Februar/März werde ich auf Mallorca sein.

- Ratios and percentages are also indicated with a dash.

¾ aller Menschen mögen Äpfel.
Er fuhr mit 80 km/h.

-

Hyphenation – Silbentrennung

- Words are divided between syllables. If two syllables are joined by a number of consonants, then only the last consonant will appear at the beginning of the new line; the others remain in the old one. Certain combinations of letters are never hyphenated (**ch**, **sch**. If **ph**, **rh**, **sh** or **ck** stand for a single consonant sound, then they are not separated either.)

lang-sam, wei-ter, drei-hun-dert, Au-to-bahn
Ach-tel, Bus-bahn-hof, Rech-ner

- Single vowels are not split off from the rest of the word if they occur at the end of a line.

*Brau-e, *Klau-e, *Klei-e

- Compound nouns or words containing prefixes are separated so that either the first part of the compound or the prefix remains at the end of the line.

Ver-bindung, Pro-gramm, Dys-lexie

- Words with opaque etymological sources can be split either phonologically or at the point where the etymological criterion would dictate a separation.

He-li-kop-ter (phonological separation)
He-li-ko-pter (etymological separation)

An das Verkehrsamt: Anforderung von Prospekten
To: the tourist information board – request for information

Peter Unger
Schneiderstraße 6
28717 Bremen
Germany
Tel: 0049/0221 5672238
E-Mail: unger@bc.de

The Tourist Information Board
36 Newbridge Street
Bath
BT3 4YX
England

23rd May 2005

Dear Sir or Madam,

As my wife and I are considering spending our summer holiday in Bath this year, we would be grateful if you could send us a list of hotels, as well as any further information you may have on Bath.

Thank you in advance for your assistance.

Yours faithfully,

Peter Unger

I would like to spend my holiday in	*Ich möchte meinen Urlaub in … verbringen.*
forward information	*Prospekte zuschicken*

Ein Hotelzimmer reservieren
Hotel room reservation

Monika Ottke
Daimlerstraße 23/1
97072 Würzburg
Germany
Tel: ++49 (0)421 46 78 23
E-Mail: m.ottke@sv.de

The Brigstow Hotel
FAO Mrs Taylor
13 Broad Street
Bristol BS1 2EL
Great Britain

25th June 2005

Dear Mrs Taylor,

Many thanks for your letter dated 19th June 2005 and hotel brochure, which gave us an insight into the hotel. All of our club members were delighted with the hotel details.

Based on your price list, we would like to reserve the following rooms:
 4 double rooms with en-suite facilities
 4 single rooms with en-suite facilities

We assume that the prices stated include bed and breakfast.

We intend arriving on 2nd October, 2005 at about 2 p.m. Please find enclosed a complete list of our group's details.

We are looking forward to our stay and thank you for all your efforts.

Yours sincerely,

Monika Ottke

your detailed brochure	*Ihr Faltblatt, das mich über alle Einzelheiten informiert.*
I would like to make a reservation…	*Ich bitte Sie, … zu reservieren.*

Eine Ferienwohnung mieten
Renting a holiday apartment

Alexander Kuppe
Mohlstraße 78
890712 München
Germany
Tel: ++49 (0)89 76 45 555

"Harmony" Guest House
1 Christchurch Road
Scarborough YO9 4CY
ENGLAND

Dear Mrs Jameson,

Many thanks for your quick reply.

We are in agreement with your terms and conditions and would therefore like to confirm our reservation of holiday apartment Number 3, for 5 persons, from 15th July – 4th August inclusive.

A deposit of £250.00 has been transferred today to the account you stated and, as already discussed, the remainder of the rent, being £700.00, is to be paid upon our departure date.

We are looking forward to the holiday.

Yours sincerely,

Alexander Kuppe

P.S. Could you please let us know, in due course, where & when we should collect the keys upon arrival?

… which you were kind enough to inform us	*… die Sie uns freundlicherweise mitgeteilt haben*
I confirm my decision … to rent	*ich bestätige meine Entscheidung, … zu mieten*
as a deposit	*als Anzahlung*
The remainder will be paid…	*Der Restbetrag wird … bezahlt.*
Could you let us know where exactly…	*Würden Sie uns bitte genau angeben, wo …*

To: the tourist information board – request for information
An das Verkehrsamt: Anforderung von Prospekten

Mr & Mrs N Little
5 Bread Street
Manchester
MA11 2BS
England
n.little@ay.co.uk

An das
Fremdenverkehrsamt
Postfach 66 38 92

82211 Herrsching
DEUTSCHLAND

Bremen, 02.05.2005

Sehr geehrte Damen und Herren,

wir möchten in diesem Sommer unseren Urlaub am Ammersee verbringen und bitten Sie um Zusendung eines Hotelverzeichnisses und weiterer Informationsmaterialien.

Für Ihre Bemühungen danken wir Ihnen im Voraus.

Mit freundlichen Grüßen

Nicholas Little

Wir bitten um Zusendung von …	*We would be grateful if you could forward …*
Für Ihre Bemühungen danken wir Ihnen im Voraus.	*Thank you in advance for your assistance*

Hotel room reservation
Ein Hotelzimmer reservieren

James Cameron
129 Cosham Road
Leeds
LE21 4GH
Great Britain
Tel. +44 (0) 113 243 1751

Hotel Charlottenburg
z. H. Frau Werner
Uhlandstraße 22

10793 Berlin
Deutschland

Leeds, 1. Juli 2005

Sehr geehrte Frau Werner,

vielen Dank für Ihren freundlichen Brief vom 17. Juni sowie den Prospekt, der uns einen Einblick in Ihr Haus gegeben hat. Alle Clubmitglieder waren begeistert.

Entsprechend Ihrer Preisliste bitten wir Sie um die Reservierung von:

4 Doppelzimmern mit Dusche und WC,
4 Einzelzimmern mit Dusche und WC.

Wir gehen davon aus, dass sich die Preise jeweils auf die Übernachtung mit Frühstück beziehen.

Wir werden voraussichtlich am 2. Oktober 2005 gegen 14 Uhr eintreffen. Beiliegend schicken wir Ihnen die genaue Teilnehmerliste.

Wir freuen uns auf unseren Aufenthalt und danken Ihnen für Ihre Mühe.

Mit freundlichen Grüßen

James Cameron

… hat uns einen Einblick in Ihr Haus gegeben	*… gave us an insight into your hotel*
Wir werden voraussichtlich am … eintreffen	*We intend arriving on …*

Renting a holiday apartment
Eine Ferienwohnung mieten

David Edwardson
1 Christchurch Road
Scarborough YO9 4CY
ENGLAND
Tel. 0044 (0)1723 232 323

Ferienwohnung „Am See“
Mangoldstraße 2

76904 Konstanz
Deutschland

Scarborough, 1. Mai 2005

Sehr geehrte Frau Schober,

herzlichen Dank für Ihre rasche Antwort.

Wir sind mit Ihren Konditionen einverstanden und bestätigen hiermit, Ihre Ferienwohnung Nr. 3 für fünf Personen vom 15. Juli bis einschließlich 4. August zu mieten.

Die Vorauszahlung in Höhe von € 400,– haben wir heute auf das von Ihnen angegebene Konto überwiesen, die restliche Miete in Höhe von € 1.050,– erhalten Sie wie abgesprochen an unserem Abreisetag.

Wir freuen uns auf den Urlaub bei Ihnen.

Mit freundlichen Grüßen

David Edwardson

P.S.: Könnten Sie uns bitte rechtzeitig Bescheid geben, wo und bis wann wir am Anreisetag unsere Schlüssel abholen können?

vom 15. Juli bis einschließlich 4. August	*from 15th July – 4th August inclusive*
die restliche Miete … erhalten Sie wie abgesprochen an unserem Abreisetag	*you will receive the remainder of the rent, as already discussed, on our departure date*

Caroline Thomson
5 Harbour Street
Chester
CH2 2BT
Tel: 01402 54434

Elang International Ltd
Attn Dr W Burton
17 St Catherine's Square
Cheltenham
GL51 5QK

15th November 2005

Dear Dr Burton,

Application for the post of Sales and Marketing Trainee

With reference to our phone conversation of 9 September, 2005 I'm sending you my application for the above post.

I'm a graduate of business studies and have already gathered some valuable experience of sales and marketing during my internships with Search International in Manchester and ETT Publishing in Munich. I was fascinated with the work and am now seeking to extend my knowhow in this field and learn new skills. The main focus of my interest lies in the acquisition and advising of new clients. I like to think that I bring creativity and good communication skills to my work and that I am successful at conceptualizing and realizing a project through to its end.

I believe I have the necessary commitment and willingness to take risks and make difficult decisions and as such would welcome the opportunity to discuss this letter and the enclosed curriculum vitae with you. I'm seeking my first fulltime position and hope very much that I might find it in your company.

Yours sincerely,

Caroline Thomson

Curriculum vitae (BRIT)/Resume (AM)

PERSONAL INFORMATION

Name:	Caroline Thomson
Address:	5 Harbour Street, Chester, CH2 2BT
Telephone:	(01402) 54434
Nationality:	British
Date of birth:	10.06.1981
Marital Status:	Single

EDUCATION/QUALIFICATIONS:

2001–2005	Leeds University: BA in Business Studies (First Class Hons)
1998–2000	Mapletree Sixth Form College, Sheffield 3 A levels: Economics (A), Design and Technology (B), German (A)
1993–1998	George VII Secondary School, Sheffield 10 GCSEs

INTERNSHIPS AND WORK EXPERIENCE:

04/2004–09/2004	Internship with ETT Publishing, Munich – project leader for 'Successful online marketing strategies'
07/2003–09/2003	Internship with Search International, Manchester – focus on market research and analysis
10/2000–08/2001	gap year: volunteered in Mozambique for the International Red Cross

SKILLS AND INTERESTS:

fluent German, adequate French, basic Spanish
clean driving licence
sailing, web design, travel

References can be requested from:

ETT Verlags GmbH
Personalabteilung
Attn Ms Anette Schmidt
Postfach 14 60 99
80333 München
Germany

Prof Tom Jeffreys
Department of Economics
University of Leeds
Leeds
L10 098

Claudia Schmid
Breite Straße 5
70123 Stuttgart
Tel.: 0711/44 079 32
E-Mail: claudia.schmid@ax.de

Uni-Pro AG
z. H. Herrn Dr. Kunze
Seestraße 10

60202 Frankfurt am Main

Stuttgart, 10.09.2005

Ihre Stellenanzeige in der Süddeutschen Zeitung vom 05.09.2005
Bewerbung als Trainee Marketing/Vertrieb

Sehr geehrter Herr Dr. Kunze,

vielen Dank für das informative Telefonat vom 07.09.2005.

Wie besprochen sende ich Ihnen meine vollständigen Bewerbungsunterlagen.

Ich bin Diplom-Betriebswirtin und verfüge bereits über Erfahrungen in verschiedenen Bereichen von Marketing und Vertrieb. Mit dem Wunsch, mich Ihnen vorzustellen, verbinde ich die Hoffnung, Sie davon zu überzeugen, mich in das Traineeprogramm Marketing und Vertrieb Ihres Unternehmens aufzunehmen. Dieses Gebiet finde ich außerordentlich reizvoll, verlangt es doch höchste Konzentration, Sachkenntnisse und Mut zur Entscheidung.

Der Schwerpunkt meiner Begabung und meines Interesses liegt in der Akquise und Beratung von Neukunden. Zu meinen Stärken gehören konzeptionelles Denken, eine ausgeprägte Kommunikationsfähigkeit, planerisches Denken und zielorientiertes Vorgehen in meiner Arbeitsweise.

Ich suche einen Berufseinstieg und bin sehr interessiert, Ihr Unternehmen und das für mich sehr interessante Aufgabengebiet Marketing und Vertrieb kennen zu lernen.

Über eine Einladung zu einem persönlichen Gespräch mit Ihnen freue ich mich.

Mit freundlichen Grüßen

Claudia Schmid

Anlagen

Lebenslauf

Persönliche Daten

Claudia Schmid
geboren am 10.06.1978
in Karlsruhe
unverheiratet, keine Kinder
ortsunabhängig

Studium

10/1999–06/2005	Betriebswirtschaftlehre TU München Studienschwerpunkte: Industrie- und Dienstleistungsmarketing Marktkommunikation Medienwirtschaft Betriebliches Rechnungswesen
22.06.2005	Examensabschluss mit der Gesamtnote „gut“

Praktika und berufliche Erfahrung

Studienbegleitend:	Werksstudentin bei Walter AG und Siemens
05/2001–09/2001	Praktikum bei Search Int. Ltd, Frankfurt – Projektmitarbeit: „Erfolgreich verkaufen im Internet“
03/2002–04/2003	Seminar bei der IHK: Controlling, Produktmarketing, Akquise und Beratung
06/2004–09/2004	Praktikum beim EFG Verlag, Stuttgart – Schwerpunkte: Organisation und Marktanalyse

Schulischer und beruflicher Werdegang

Schulbildung:

08/1985–06/1989	Rennbuckel-Grundschule in Karlsruhe
08/1989–07/1996	Hölderlin-Gymnasium in Stuttgart

Ausbildung:

09/1996–06/1999	Akademie für Bürokommunikation und Welthandelssprachen – ABW in Stuttgart Abschluss: Diplom-Europasekretärin

Zusatzqualifikationen

Sprachkenntnisse:	Englisch in Wort und Schrift (fließend) Französisch (gute Kenntnisse) Spanisch (gute Kenntnisse) Italienisch (Grundkenntnisse)
EDV-Kenntnisse:	Windows XP, MS-Office Anwendungen
Interessen:	Sprachen, Lesen, Klavierspielen, Wassersport

Stuttgart, 10.09.2005

Claudia Schmid

▶ DIE ZAHLWÖRTER

▶ NUMERALS

null	0	nought, zero
eins	1	one
zwei	2	two
drei	3	three
vier	4	four
fünf	5	five
sechs	6	six
sieben	7	seven
acht	8	eight
neun	9	nine
zehn	10	ten
elf	11	eleven
zwölf	12	twelve
dreizehn	13	thirteen
vierzehn	14	fourteen
fünfzehn	15	fifteen
sechzehn	16	sixteen
siebzehn	17	seventeen
achtzehn	18	eighteen
neunzehn	19	nineteen
zwanzig	20	twenty
einundzwanzig	21	twenty-one
zweiundzwanzig	22	twenty-two
dreiundzwanzig	23	twenty-three
dreißig	30	thirty
einunddreißig	31	thirty-one
zweiunddreißig	32	thirty-two
vierzig	40	forty
einundvierzig	41	forty-one
fünfzig	50	fifty
einundfünfzig	51	fifty-one
sechzig	60	sixty
einundsechzig	61	sixty-one
siebzig	70	seventy
einundsiebzig	71	seventy-one
achtzig	80	eighty
einundachtzig	81	eighty-one
neunzig	90	ninety
einundneunzig	91	ninety-one
hundert	100	a [*o* one] hundred
hundert(und)eins	101	hundred and one
hundert(und)zwei	102	hundred and two
hundert(und)zehn	110	hundred and ten
zweihundert	200	two hundred
dreihundert	300	three hundred
vierhundert(und)einundfünfzig	451	four hundred and fifty-one
tausend	1000	a [*o* one] thousand
zweitausend	2000	two thousand
zehntausend	10 000	ten thousand
eine Million	1 000 000	a [*o* one] million
zwei Millionen	2 000 000	two million
eine Milliarde	1 000 000 000	a [*o* one] billion
eine Billion	1 000 000 000 000	a [*o* one] trillion

Die Ordnungszahlen

Ordinal numbers

erste	1.	1st	first
zweite	2.	2nd	second
dritte	3.	3rd	third
vierte	4.	4th	fourth
fünfte	5.	5th	fifth
sechste	6.	6th	sixth
siebente	7.	7th	seventh
achte	8.	8th	eighth
neunte	9.	9th	ninth
zehnte	10.	10th	tenth
elfte	11.	11th	eleventh
zwölfte	12.	12th	twelfth
dreizehnte	13.	13th	thirteenth
vierzehnte	14.	14th	fourteenth
fünfzehnte	15.	15th	fifteenth
sechzehnte	16.	16th	sixteenth
siebzehnte	17.	17th	seventeenth
achtzehnte	18.	18th	eighteenth
neunzehnte	19.	19th	nineteenth
zwanzigste	20.	20th	twentieth
einundzwanzigste	21.	21st	twenty-first
zweiundzwanzigste	22.	22nd	twenty-second
dreiundzwanzigste	23.	23rd	twenty-third
dreißigste	30.	30th	thirtieth
einunddreißigste	31.	31st	thirty-first
vierzigste	40.	40th	fortieth
einundvierzigste	41.	41st	forty-first
fünfzigste	50.	50th	fiftieth
einundfünfzigste	51.	51st	fifty-first
sechzigste	60.	60th	sixtieth
einundsechzigste	61.	61st	sixty-first
siebzigste	70.	70th	seventieth
einundsiebzigste	71.	71st	seventy-first
achtzigste	80.	80th	eightieth
einundachtzigste	81.	81st	eighty-first
neunzigste	90.	90th	ninetieth
hundertste	100.	100th	(one) hundredth
hundertunderste	101.	101st	hundred and first
zweihundertste	200.	200th	two hundredth
dreihundertste	300.	300th	three hundredth
vierhundert(und)einundfünfzigste	451.	451st	four hundred and fifty-first
tausendste	1000.	1000th	(one) thousandth
tausend(und)einhundertste	1100.	1100th	thousand and (one) hundredth
zweitausendste	2000.	200th	two thousandth
einhunderttausendste	100 000.	$100\,000^{th}$	(one) hundred thousandth
millionste	1 000 000.	$1\,000\,000^{th}$	millionth
zehnmillionste	10 000 000.	$10\,000\,000^{th}$	ten millionth

Die Bruchzahlen

Fractions

ein halb	$^1/_2$		one [*o* a] half
ein Drittel	$^1/_3$		one [*o* a] third
ein Viertel	$^1/_4$		one [*o* a] quarter
ein Fünftel	$^1/_5$		one [*o* a] fifth
ein Zehntel	$^1/_{10}$		one [*o* a] tenth
ein Hundertstel	$^1/_{100}$		one hundredth
ein Tausendstel	$^1/_{1000}$		one thousandth
ein Millionstel	$^1/_{1\,000\,000}$		one millionth
zwei Drittel	$^2/_3$		two thirds
drei Viertel	$^3/_4$		three quarters
zwei Fünftel	$^2/_5$		two fifths
drei Zehntel	$^3/_{10}$		three tenths
anderthalb	$1^1/_2$		one and a half
zwei(und)einhalb	$2^1/_2$		two and a half
fünf drei achtel	$5^3/_8$		five and three eighths
eins Komma eins	1,1	1.1	one point one
zwei Komma drei	2,3	2.3	two point three

Vervielfältigungszahlen

Multiples

einfach	single
zweifach	double
dreifach	threefold, treble, triple
vierfach	fourfold, quadruple
fünffach	fivefold
hundertfach	(one) hundredfold

BRITISCHE UND AMERIKANISCHE MASSE UND GEWICHTE
BRITISH AND AMERICAN MEASURES AND WEIGHTS

Längenmaße – Linear Measures

1 inch (in) 1″	= 2,54 cm	
1 foot (ft) 1′	= 12 inches	= 30,48 cm
1 yard (yd)	= 3 feet	= 91,44 cm
1 furlong (fur)	= 220 yards	= 201,17 m
1 mile (m)	= 1760 yards	= 1,609 km
1 league	= 3 miles	= 4,828 km

Nautische Maße – Nautical Measures

1 fathom	= 6 feet	= 1,829 m
1 cable	= 608 feet	= 185,31 m
1 nautical, sea mile	= 10 cables	= 1,852 km
1 sea league	= 3 nautical miles	= 5,550 km

Feldmaße – Surveyors' Measures

1 link	= 7,92 inches	= 20,12 cm
1 rod, perch, pole	= 25 links	= 5,029 m
1 chain	= 4 rods	= 20,12 m

Flächenmaße – Square Measures

1 square inch	= 6,452 cm^2	
1 square foot	= 144 sq inches	= 929,029 cm^2
1 square yard	= 9 sq feet	= 0,836 m^2
1 square rod	= 30,25 sq yards	= 25,29 m^2
1 acre	= 4840 sq yards	= 40,47 Ar
1 square mile	= 640 acres	= 2,59 km^2

Raummaße – Cubic Measures

1 cubic inch	= 16,387 cm^3	
1 cubic foot	= 1728 cu inches	= 0,028 m^3
1 cubic yard	= 27 cu feet	= 0,765 m^3
1 register ton	= 100 cu feet	= 2,832 m^3

Britische Hohlmaße – Measures of Capacity

Flüssigkeitsmaße – Liquid Measures of Capacity

1 gill	= 0,142 l	
1 pint (pt)	= 4 gills	= 0,568 l
1 quart (qt)	= 2 pints	= 1,136 l
1 gallon (gal)	= 4 quarts	= 4,546 l
1 barrel	= *(für Öl)* 35 gallons	= 159,106 l
	(Bierbrauerei) 36 gallons	= 163,656 l

Trockenmaße – Dry Measures of Capacity

1 peck	= 2 gallons	= 9,092 l
1 bushel	= 4 pecks	= 36,368 l
1 quarter	= 8 bushels	= 290,935 l

Amerikanische Hohlmaße – Measures of Capacity

Flüssigkeitsmaße – Liquid Measures of Capacity

1 gill	= 0,118 l	
1 pint	= 4 gills	= 0,473 l
1 quart	= 2 pints	= 0,946 l
1 gallon	= 4 quarts	= 3,785 l
1 barrel	= *(für Öl)* 42 gallons	= 159,106 l

Handelsgewichte – Avoirdupois Weights

1 grain (gr)	= 0,0648 g	
1 dram (dr)	= 27,3438 grains	= 1,772 g
1 ounce (oz)	= 16 drams	= 28,35 g
1 pound (lb)	= 16 ounces	= 453,59 g
1 stone	= 14 pounds	= 6,348 kg
1 quarter	= 28 pounds	= 12,701 kg
1 hundredweight (cwt)	= (BRIT *long cwt*) 112 pounds	= 50,8 kg
	(AM *short cwt*) 100 pounds	= 45,36 kg
1 ton	= (BRIT *long ton*) 20 cwt	= 1016 kg
	(AM *short ton*) 2000 pounds	= 907,185 kg

TEMPERATURUMRECHNUNG
TEMPERATURE CONVERSION TABLE

Fahrenheit–Celsius		Celsius–Fahrenheit	
°F	°C	°C	°F
0	–17,8	–10	14
32	0	0	32
50	10	10	50
70	21,1	20	68
90	32,2	30	86
98.4	37	37	98.4
212	100	100	212

zur Umrechnung 32 abziehen und durch 1,8 teilen
to convert, subtract 32 and divide by 1.8

zur Umrechnung mit 1,8 multiplizieren und 32 addieren
to convert, multiply by 1.8 and add 32

OFFICIAL GERMAN MEASURES AND WEIGHTS
AMTLICHE DEUTSCHE MASSE UND GEWICHTE

Linear Measures – Längenmaße

		Zeichen	Vielfaches der Einheit
Seemeile	*nautical mile*	sm	1852 m
Kilometer	*kilometre*	km	1000 m
Meter	*metre*	m	Grundeinheit
Dezimeter	*decimetre*	dm	0,1 m
Zentimeter	*centimetre*	cm	0,01 m
Millimeter	*millimeter*	mm	0,001 m

Square Measures – Flächenmaße

Quadratkilometer	*square kilometre*	km^2	1 000 000 m^2
Hektar	*hectare*	ha	10 000 m^2
Ar	*are*	a	100 m^2
Quadratmeter	*square metre*	m^2	1 m^2
Quadratdezimeter	*square decimetre*	dm^2	0,01 m^2
Quadratzentimeter	*square centimetre*	cm^2	0,0001 m^2
Quadratmillimeter	*square millimetre*	mm^2	0,000 001 m^2

Measures of Capacity – Kubik- und Hohlmaße

Kubikmeter	*cubic metre*	m^3	1 m^3
Hektoliter	*hectolitre*	hl	0,1 m^3
Kubikdezimeter	*cubic decimetre*	dm^3	0,001 m^3
Liter	*litre*	l	
Kubikzentimeter	*cubic centimetre*	cm^3	0,000 001 m^3

Weights – Gewichte

Tonne	*ton*	t	1000 kg
Doppelzentner	–	dz	100 kg
Kilogramm	*kilogramme*	kg	1000 g
Gramm	*gramme*	g	1 g
Milligramm	*milligramme*	mg	0,001 g

VEREINIGTES KÖNIGREICH
UNITED KINGDOM

England

Grafschaft County	Abkürzung Abbreviation	Hauptstadt Administrative centre
Bedfordshire	Beds	Bedford
Berkshire	Berks	Reading
Buckinghamshire	Bucks	Aylesbury
Cambridgeshire	Cambs	Cambridge
Cheshire	Ches	Chester
Cornwall	Corn	Truro
Cumbria		Carlisle
Derbyshire	Derbs	Matlock
Devon		Exeter
Dorset		Dorchester
Durham	Dur	Durham
East Sussex	E. Sussex	Lewes
Essex		Chelmsford
Gloucestershire	Glos	Gloucester
Greater London		London
Greater Manchester		Manchester
Hampshire	Hants	Winchester
Hertfordshire	Herts	Hertford
Kent		Maidstone
Lancashire	Lancs	Preston
Leicestershire	Leics	Leicester
Lincolnshire	Lincs	Lincoln
Merseyside		Liverpool
Norfolk		Norwich
Northamptonshire	Northants	Northampton
Northumberland	Northd	Morpeth
North Yorkshire	N. Yorks	Northallerton
Nottinghamshire	Notts	Nottingham
Oxfordshire	Oxon	Oxford
Shropshire	Salop	Shrewsbury
Somerset	Som	Taunton
South Yorkshire	S. Yorks	Barnsley
Staffordshire	Staffs	Stafford
Suffolk	Suff	Ipswich
Surrey		Kingston upon Thames
Tyne and Wear		Newcastle upon Tyne
Warwickshire	Warks	Warwick
West Midlands	W. Midlands	Birmingham
West Sussex	W. Sussex	Chichester
West Yorkshire	W. Yorks	Wakefield
Wiltshire	Wilts	Trowbridge
Worcestershire	Worcs	Worcester

Wales
Wales, *Welsh:* **Cymru**

Verwaltungsregion **Unitary authority**	**Hauptstadt** **Administrative centre**
Anglesey	Llangefni
Blaenau Gwent	Ebbw Vale
Bridgend	Bridgend
Caerphilly	Hengoed
Cardiff	**Cardiff**
Carmarthenshire	Carmarthen
Ceredigion	Aberaeron
Conwy	Conwy
Denbighshire	Ruthin
Flintshire	Mold
Gwynedd	Caernarfon
Merthyr Tydfil	Merthyr Tydfil
Monmouthshire	Cwmbran
Neath Port Talbot	Port Talbot
Newport	Newport
Pembrokeshire	Haverfordwest
Powys	Llandrindod Wells
Rhondda Cynon Taff	Clydach Vale
Swansea	Swansea
Torfaen	Pontypool
Vale of Glamorgan	Barry
Wrexham	Wrexham

Schottland
Scotland

Grafschaft **County**	**Hauptstadt** **Administrative centre**
Aberdeen City	
Aberdeenshire	Aberdeen
Angus	Forfar
Argyll and Bute	Lochgilphead
Clackmannanshire	Alloa
Dumfries and Galloway	Dumfries
Dundee City	
East Ayrshire	Kilmarnock
East Dunbartonshire	Kirkintilloch
East Lothian	Haddington
East Renfrewshire	Giffnock
Edinburgh City	
Falkirk	Falkirk
Fife	Glenrothes
Glasgow City	
Highland	Inverness
Inverclyde	Greenock
Midlothian	Dalkeith
Moray	Elgin
North Ayrshire	Irvine
North Lanarkshire	Motherwell
Orkney Islands	Kirkwall
Perth and Kinross	Perth

Grafschaft County	Hauptstadt Administrative centre
Renfrewshire	Paisley
Scottish Borders	Melrose
Shetland Islands	Lerwick
South Ayrshire	Ayr
South Lanarkshire	Hamilton
Stirling	Stirling
West Dunbartonshire	Dunbarton
Western Isles	Stornoway
West Lothian	Livingston

Nordirland
Northern Ireland

Grafschaft County	Hauptstadt Principal town
Antrim	**Belfast**
Armagh	Armagh
Down	Downpatrick
Fermanagh	Enniskillen
Londonderry	Londonderry
Tyrone	Omagh

▶ REPUBLIK IRLAND
REPUBLIK OF IRELAND, *GAELIC:* ÈIRE

Provinz und Grafschaften Province and counties	Hauptstadt Principal town
Connacht, *formerly:* **Connaught**	
Galway, *Gaelic:* Gaillimh	Galway
Leitrim, *Gaelic:* Liathdroma	Carrick-on-Shannon
Mayo, *Gaelic:* Mhuigheo	Castlebar
Roscommon, *Gaelic:* Ros Comáin	Roscommon
Sligo, *Gaelic:* Sligeach	Sligo
Leinster	
Carlow, *Gaelic:* Cheatharlach	Carlow
Dublin, *Gaelic:* Baile Átha Cliath	Dublin
Kildare, *Gaelic:* Chill Dara	Naas
Kilkenny, *Gaelic:* Chill Choinnigh	Kilkenny
Laois/Laoighis/Leix	Portlaoise
Longford, *Gaelic:* Longphuirt	Longford
Louth, *Gaelic:* Lughbhaidh	Dundalk
Meath, *Gaelic:* na Midhe	Navan
Offaly, *Gaelic:* Ua bhFailghe	Tullamore
Westmeath, *Gaelic:* na h-Iarmhidhe	Mullingar
Wexford, *Gaelic:* Loch Garman	Wexford
Wicklow, *Gaelic:* Cill Mhantáin	Wicklow
Munster	
Clare, *Gaelic:* An Cláir	Ennis
Cork, *Gaelic:* Chorcaigh	Cork
Kerry, *Gaelic:* Chiarraighe	Tralee
Limerick, *Gaelic:* Luimneach	Limerick
Tipperary, *Gaelic:* Thiobrad Árann	Clonmel
Waterford, *Gaelic:* Phort Láirge	Waterford
Ulster	
Cavan, *Gaelic:* Cabháin	Cavan
Donegal, *Gaelic:* Dún na nGall	Lifford
Monaghan, *Gaelic:* Mhuineachain	Monaghan

▶ VEREINIGTE STAATEN VON AMERIKA
UNITED STATES OF AMERICA

Bundesstaat Federal state	Hauptstadt Capital
Alabama	Montgomery
Alaska	Juneau
Arizona	Phoenix
Arkansas	Little Rock
California	Sacramento
Colorado	Denver
Connecticut	Hartford
Delaware	Dover
Florida	Tallahassee
Georgia	Atlanta
Hawaii	Honolulu
Idaho	Boise
Illinois	Springfield
Indiana	Indianapolis
Iowa	Des Moines
Kansas	Topeka
Kentucky	Frankfort
Louisiana	Baton Rouge
Maine	Augusta
Maryland	Annapolis
Massachusetts	Boston
Michigan	Lansing
Minnesota	Saint Paul
Mississippi	Jackson
Missouri	Jefferson City
Montana	Helena
Nebraska	Lincoln
Nevada	Carson City
New Hampshire	Concord
New Jersey	Trenton
New Mexico	Santa Fe
New York	Albany
North Carolina	Raleigh
North Dakota	Bismarck
Ohio	Columbus
Oklahoma	Oklahoma City
Oregon	Salem
Pennsylvania	Harrisburg
Rhode Island	Providence
South Carolina	Columbia
South Dakota	Pierre
Tennessee	Nashville
Texas	Austin
Utah	Salt Lake City
Vermont	Montpelier
Virginia	Richmond
Washington	Olympia
West Virginia	Charleston
Wisconsin	Madison
Wyoming	Cheyenne

KANADA
CANADA

Provinz Province	Hauptstadt Capital
Alberta	Edmonton
British Columbia	Victoria
Manitoba	Winnipeg
New Brunswick	Fredericton
Newfoundland	Saint John's
Novia Scotia	Halifax
Ontario	Toronto
Prince Edward Island	Charlottetown
Québec	Québec
Saskatchewan	Regina
Territorium Territory	**Hauptstadt Capital**
Northwest Territories	Yellowknife
Nunavut Territory (*since 1st April 1999*)	Iqaluit
Yukon Territory	Whitehorse

AUSTRALIEN
AUSTRALIA

Staat State	Hauptstadt Capital
New South Wales	Sydney
Queensland	Brisbane
South Australia	Adelaide
Tasmania	Hobart
Victoria	Melbourne
Western Australia	Perth
Territorium Territory	**Hauptstadt Capital**
Australian Capital Territory	Canberra
Northern Territory	Darwin

NEUSEELAND
NEW ZEALAND

North Island
South Island
Kleinere Inseln **Small outlying islands**
Auckland Islands
Kermadec Islands
Campbell Island
the Antipodes
Three Kings Islands
Bounty Island
Snares Island
Solander Island
Stewart Island
Chatham Islands
Zugehörige Territorien **Dependencies**
Tokelau Islands
Ross Dependency
Niue Island (free associate)
Cook Islands (free associates)

FEDERAL REPUBLIC OF GERMANY
BUNDESREPUBLIK DEUTSCHLAND

Federal states (and capitals)	Bundesländer (und Hauptstädte)
Baden-Württemberg (Stuttgart)	Baden-Württemberg (Stuttgart)
Bavaria (Munich)	Bayern (München)
Berlin (Berlin)	Berlin (Berlin)
Brandenburg (Potsdam)	Brandenburg (Potsdam)
Bremen (Bremen)	Bremen (Bremen)
Hamburg (Hamburg)	Hamburg (Hamburg)
Hesse (Wiesbaden)	Hessen (Wiesbaden)
Mecklenburg-West Pomerania (Schwerin)	Mecklenburg-Vorpommern (Schwerin)
Lower Saxony (Hanover)	Niedersachsen (Hannover)
North Rhine-Westphalia (Düsseldorf)	Nordrhein-Westfalen (Düsseldorf)
Rhineland-Palatinate (Mainz)	Rheinland-Pfalz (Mainz)
Saarland (Saarbrücken)	Saarland (Saarbrücken)
Saxony (Dresden)	Sachsen (Dresden)
Saxony-Anhalt (Magdeburg)	Sachsen-Anhalt (Magdeburg)
Schleswig-Holstein (Kiel)	Schleswig-Holstein (Kiel)
Thuringia (Erfurt)	Thüringen (Erfurt)

AUSTRIA ÖSTERREICH

Federal states (and capitals)	Bundesländer (und Hauptstädte)
Burgenland (Eisenstadt)	Burgenland (Eisenstadt)
Carinthia (Klagenfurt)	Kärnten (Klagenfurt)
Lower Austria (St. Pölten)	Niederösterreich (St. Pölten)
Upper Austria (Linz)	Oberösterreich (Linz)
Salzburg (Salzburg)	Salzburg (Salzburg)
Styria (Graz)	Steiermark (Graz)
Tyrol (Innsbruck)	Tirol (Innsbruck)
Vorarlberg (Bregenz)	Vorarlberg (Bregenz)
Vienna (Vienna)	Wien (Wien)

SWITZERLAND DIE SCHWEIZ

Cantons (and capitals)	Kantone (und Hauptorte)
Aargau (Aarau)	Aargau (Aarau)
Appenzell Outer Rhodes (Herisau)	Appenzell Außerrhoden (Herisau)
Appenzell Inner Rhodes (Appenzell)	Appenzell Innerrhoden (Appenzell)
Basel-Land (Liestal)	Basel-Land (Liestal)
Basel-Stadt (Basel, Basle)	Basel-Stadt (Basel)
Bern (Bern)	Bern (Bern)
Fribourg (Fribourg)	Freiburg (Freiburg)
Geneva (Geneva)	Genf (Genf)
Glarus (Glarus)	Glarus (Glarus)
Graubünden, Grisons (Chur)	Graubünden (Chur)
Jura (Delémont)	Jura (Delémont)
Lucerne (Lucerne)	Luzern (Luzern)
Neuchâtel (Neuchâtel)	Neuenburg (Neuenburg)
St. Gall(en) (St. Gall(en)	Sankt Gallen (Sankt Gallen)

Cantons (and capitals)	Kantone (und Hauptorte)
Schaffhausen (Schaffhausen)	Schaffhausen (Schaffhausen)
Schwyz (Schwyz)	Schwyz (Schwyz)
Solothurn (Solothurn)	Solothurn (Solothurn)
Ticino (Bellinzona)	Tessin (Bellinzona)
Thurgau (Frauenfeld)	Thurgau (Frauenfeld)
Nidwalden (Stans)	Unterwalden nid dem Wald (Stans)
Obwalden (Sarnen)	Unterwalden ob dem Wald (Sarnen)
Uri (Altdorf)	Uri (Altdorf)
Vaud (Lausanne)	Waadt (Lausanne)
Valais (Sion)	Wallis (Sitten)
Zug (Zug)	Zug (Zug)
Zürich (Zürich)	Zürich (Zürich)

DAS BUCHSTABIERALPHABET
THE PHONETIC ALPHABET

		Deutsch			British	American
A	wie	Anton	**A**	as in	Andrew	Abel
B	wie	Berta	**B**	as in	Benjamin	Baker
C	wie	Cäsar	**C**	as in	Charlie	Charlie
D	wie	Dora	**D**	as in	David	Dog
E	wie	Emil	**E**	as in	Edward	Easy
F	wie	Friedrich	**F**	as in	Frederick	Fox
G	wie	Gustav	**G**	as in	George	George
H	wie	Heinrich	**H**	as in	Harry	How
I	wie	Ida	**I**	as in	Isaac	Item
J	wie	Johannes	**J**	as in	Jack	Jig
K	wie	Kaufmann	**K**	as in	King	King
L	wie	Ludwig	**L**	as in	Lucy	Love
M	wie	Martha	**M**	as in	Mary	Mike
N	wie	Nordpol	**N**	as in	Nelly	Nan
O	wie	Otto	**O**	as in	Oliver	Oboe
P	wie	Paula	**P**	as in	Peter	Peter
Q	wie	Quelle	**Q**	as in	Queenie	Queen
R	wie	Richard	**R**	as in	Robert	Roger
S	wie	Siegfried	**S**	as in	Sugar	Sugar
T	wie	Theodor	**T**	as in	Tommy	Tare
U	wie	Ulrich	**U**	as in	Uncle	Uncle
V	wie	Viktor	**V**	as in	Victor	Victor
W	wie	Wilhelm	**W**	as in	William	William
X	wie	Xanthippe	**X**	as in	Xmas	X
Y	wie	Ypsilon	**Y**	as in	Yellow	Yoke
Z	wie	Zeppelin	**Z**	as in	Zebra	Zebra

Notizen

Notizen

Notizen

Notizen

▶ ZEICHEN UND ABKÜRZUNGEN SYMBOLS AND ABBREVIATIONS

▶	phraseologischer Block	phrase block
|	trennbares Verb	separable verb
=	Kontraktion	contraction
*	Partizip ohne ge-	German past participle formed without *ge-*
≈	entspricht etwa	comparable to
–	Sprecherwechsel in einem Dialog	change of speaker in a dialogue
®	Warenzeichen	trade mark
ALT	alte Schreibung	unreformed German spelling
RR	reformierte Schreibung	reformed German spelling
■	zeigt eine grammatische Konstruktion auf	grammatical construction
⊂	zeigt variable Stellung des Objektes und der Ergänzung bei Phrasal Verbs auf	indicates the variable position of the object in phrasal verb sentences
a.	auch	also
abbrev *Abk*	Abkürzung	abbreviation
acr	Akronym	acronym
adj	Adjektiv	adjective
ADMIN	Verwaltung	administration
adv	Adverb	adverb
AEROSP	Raum- und Luftfahrt	aerospace
AGR	Landwirtschaft	agriculture
akk	Akkusativ	accusative
Akr	Akronym	acronym
AM	amerikanisches Englisch	American English
ANAT	Anatomie	anatomy
approv	aufwertend	approving
ARCHÄOL ARCHEOL	Archäologie	archaeology
ARCHIT	Architektur	architecture
art	Artikel	article
ART	Kunst	
ASTROL	Astrologie	astrology
ASTRON	Astronomie	astronomy
attr	attributiv	attributive
AUS	australisches Englisch	Australian English
AUTO	Auto	automobile
aux	Hilfsverb	auxiliary verb
AVIAT	Luftfahrt	aviation
BAHN	Eisenbahnwesen	railway
BAU	Bauwesen	construction
BERGB	Bergbau	mining
bes	besonders	especially
BIBL	biblisch	biblical
BIOL	Biologie	biology
BÖRSE	Börse	stock exchange
BOT	Botanik	botany
BOXEN BOXING	Boxen	boxing
BRD	Binnendeutsch	German of Germany
BRIT	britisches Englisch	British English
CAN	kanadisches Englisch	Canadian English
CARDS	Karten	cards
CHEM	Chemie	chemistry
CHESS	Schach	chess
childspeak	Kindersprache	language of children
COMM	Handel	business
comp	komparativ	comparative
COMPUT	Informatik	computing
conj	Konjunktion	conjunction
dat	Dativ	dative
dated	veraltend	dated
def	bestimmter Artikel	definite
dekl	dekliniert	declined
dem	demonstrativ	demonstrative
derb		coarse language
det	Bestimmungswort	determiner
DIAL	dialektal	dialect
dim	Diminutiv	diminutive
ECOL	Ökologie	ecology
ECON	Wirtschaft	economy
ELEC ELEK	Elektrizität	electricity
emph	emphatisch	emphatic
esp	besonders	especially
etw	etwas	something
EU	Europäische Union	European Union
euph	euphemistisch	euphemistic
f	Femininum	feminine
fachspr	fachsprachlich	specialist term
fam	umgangssprachlich	informal
fam!	sehr umgangssprachlich	very informal
FASHION	Mode	
FBALL	Fußball	football
fem	feminine Form in der Zielsprache	feminine form
fig	bildlich	figurative
FILM	Film, Kino	film, cinema
FIN	Finanzen	finance
FOOD	Kochkunst	food and cooking
form	förmlicher Sprachgebrauch	formal
FORST	Forstwirtschaft	forestry
FOTO	Fotografie	photography
geh	gehobener Sprachgebrauch	formal
gen	Genitiv	genitive
GEN	Genetik	genetics
GEOG	Geographie	geography
GEOL	Geologie	geology
HANDEL		commerce
hist	historisch	historical
HIST	Geschichte	history
HORT	Gartenbau	gardening
hum	scherzhaft	humorous
HUNT	Jagd	hunting
imp	Imperfekt	imperfect tense
imper	Imperativ	imperative
impers	unpersönliches Verb	impersonal verb
IND	Englisch aus Indien	Indian English
indef	unbestimmt	indefinite
INET	Internet	internet
infin	Infinitiv	infinitive
INFORM	Informatik	computing
interj	Interjektion	interjection
interrog	fragend	interrogative
inv	unveränderlich	invariable
iron	ironisch	ironic
irreg	unregelmäßig	irregular
JAGD	Jagd	hunting
jd, jdn, jdm	jemand, jemanden, jemandem	somebody